D1029884

VOX

Diccionario Actual de la Lengua Española

NTC Publishing Group

Library of Congress Cataloging-in-Publication Data

VOX diccionario actual de la lengua española.
p. cm.
Rev. ed. of: Diccionario actual de la lengua española. 1. ed. 1993.
ISBN 0-8442-7952-8 (hard : alk. paper)
1. Spanish language–Dictionaries. I. Diccionario actual de la lengua española.
PC4628.V64 1996 95-49488
463–dc20 CIP

Manufactured in the United States.

90 98765432

Índice General

	Pág.
Prólogo	V
Abreviaturas utilizadas en este diccionario	VII
Guía para consultar este diccionario	XI
Diccionario	1

Índice de Cuadros

	Pág.
Acento	18
Adjetivo	37
Adverbio	42
Alfabeto	76
Anfibologías	108
Barbarismos	201
Complemento directo	409
Composición	411
Concordancia	418
Conjugación	427
Conjunción y nexos conjuntivos	458
Consonantes	459
Derivación	533
Fonética	755
Género	792
Gerundio	796
Infinitivo	896
Mayúsculas	1029
Numeración	1109
Número	1112
Ortografía	1142
Palabras	1168
Participio	1192
Poesía	1261
Pronombre personal	1296
Puntuación	1312
Sílaba	1456
Sintaxis	1463
Substantivo	1489
Verbo	1618
Versificación clásica	1623
Vicios de dicción	1628
Vocales	1639

Prólogo

El *VOX Diccionario Actual de la Lengua Española* ocupa una posición central en la serie de los diccionarios de VOX. Este tomo es el más grande de la serie, y contiene más de 100.000 palabras traducidas, cada una con una definición clara y con información lingüística que incluye sinónimos, antónimos, etimologías, y anotaciones sobre el uso y la gramática. Hay tratamiento completo del español de las Américas, con palabras y expresiones de las varias regiones. El cuadro de conjugación incluye más de 100 modelos y empieza en la página 427. La alfabetización del dicionnario sigue el esquema internacional, en el cual las palabras que empiezan con **ch** y las que empiezan con **ll** aparecen con **c** y **l** en vez de secciones separadas. El *VOX Diccionario Actual de la Lengua Española* es el diccionario ideal para el uso general de la lengua española.

Prologue

The *VOX Diccionario Actual de la Lengua Española* occupies a central position in the VOX series of dictionaries. This volume is the largest of the series containing more than 100,000 entries, each with comprehensive definitions and linguistic information including synonyms, antonyms, etymologies, usage notes, and grammar notes. The Spanish of the Americas is covered extensively, including individual words and idioms. More than 100 verb conjugations are listed in charts starting on page 427. The dictionary is alphabetized according to the international scheme whereby words beginning with **ch** and those beginning with **ll** are entered as **c** and **l** respectively, instead of in separate sections. The *VOX Diccionario Actual de la Lengua Española* is the ideal general purpose dictionary for the Spanish language.

Abreviaturas utilizadas en este Diccionario

A

abs. absoluto.
acept.; aceps. aceptación, acepciones.
adj. adjetivo.
adj.-f. adjetivo usado también como substantivo femenino.
adj.-m. adjetivo usado también como substantivo masculino.
adj.-s. adjetivo usado también como substantivo.
adv. adverbio.
adv. c. adverbio de cantidad.
adv. l. adverbio de lugar.
adv. m adverbio de modo.
adv. neg. adverbio de negación.
adv. o. adverbio de orden.
adv. t. adverbio de tiempo.
AERON. Aeronáutica.
AGR. Agricultura.
al. alemán.
Ál. Álava.
Albac. Albacete.
ALBAÑ. Albañilería.
Alic. Alicante.
Alm. Almería.
alterac. alteración.
amb. substantivo ambiguo.
Amér. América.
Amér. Central América Central.
Amér. Merid. América Meridional.
ANAT. Anatomía.
And. Andalucía.
ANGL., ANGLIC. anglicismo
ant. anticuado o antiguo.
Ant. Antillas.
antig. antiguamente.
apı. aplicado o aplícase.
apóc. apócope.
ár. árabe.
Ar. Aragón.
arauc. araucano.
Argent. República Argentina.
ARQ. Arquitectura.
ARQUEOL. Arqueología.
art. artículo.
ARTILL. Artillería.
Ast. Asturias.
ASTROL. Astrología.
ASTRON. Astronomía.
aum. aumentativo.
Áv. Ávila.

B

b. gr. bajo griego.
b.l. bajo latín.
Bad. Badajoz.
BARB. barbarismo.
berb. berberisco.
BIB. Biblia.
bíb. bíblico.
BIOL. Biología.
BLAS. Blasón.
Bol. Bolivia.
BOT. Botánica.
Burg. Burgos.
burl. burlesco.

C

c. ciudad.
Các. Cáceres.
Cád. Cádiz.
Can. Canarias.
cap. capital.
CARP. Carpintería.
cast. castellano.
cat. catalán.
célt. céltico.
CETR. Cetrería.
científ. científico.
CINEM. Cinematografía.
CIR. Cirugía.
Colomb. Colombia.
COM. Comercio.
com. substantivo del género común.
com.-adj. substantivo del género común usado también como adjetivo.

conj.	conjunción.
CONJUG.	conjugación.
CONSTR.	Construcción.
CONTR.	contrario o antónimo.
contract.	contracción.
Córd.	Córdoba.
C. Real.	Ciudad Real.
C. Rica.	Costa Rica.
CRIST.	Cristalografía.
Cuba	Cuba
Cuen.	Cuenca.

D

dat.	dativo.
def.	defectivo.
dep.	departamento.
DEP.	Deportes.
DER.	Derecho.
der.	derivado.
desp. o despec.	despectivo.
desus.	desusado.
DIAL.	Dialéctica.
dial.	dialectal.
díc.	dícese.
dim.	diminutivo.
dir.	directo.
doble etim.	doble etimológico.

E

ECON.	Economía.
Ecuad.	Ecuador.
ELECTR.	Electricidad, Electrónica.
en gral.	en general.
EQUIT.	Equitación.
ESC.	Escultura.
escand.	escandinavo.
ESGR.	Esgrima.
esp.	especialmente.
et. dud.	etimología dudosa.
etim.	etimología o etimológico.
ETNOL.	Etnología.
eufem.	eufemismo o eufemístico.
expr.	expresión.
Extr.	Extremadura

F

f. o *fem.*	substantivo femenino.
f. m.	substantivo femenino o masculino.
f.-adj.	substantivo femenino usado también como adjetivo.
FÁB.	Fábula.
fact.	factitivo.
fam.	familiar.
FARM.	Farmacia.
fest.	festivo.
fig.	sentido figurado.
FIL.	Filosofía.
FILOL.	Filología.
Filip.	Filipinas.
FÍS.	Física.
FISIOL.	Fisiología.
flam.	flamenco.
FON.	Fonética.
FORT.	Fortificación.
FOT.	Fotografía.
fr., frs.	francés o frase, frases.
frecuent.	verbo frecuentativo.
fut.	futuro.

G

gaél.	gaélico.
Gal.	Galicia.
GALIC.	galicismo.
gall.	gallego.
gasc.	gascón.
gén.	género (en gramática y en historia natural).
GEOD.	Geodesia.
GEOGR.	Geografía.
GEOL.	Geología.
GEOM.	Geometría.
ger.	gerundio.
germ.	germanía.
GERMAN.	germanismo.
git.	gitano.
gót.	gótico.
gr.	griego.
gralte.	generalmente.
GR. O GRAM.	Gramática.
Gran.	Granada.
Guadal.	Guadalajara.
Guat.	Guatemala.
Guip.	Guipúzcoa.

H

H. NAT.	Historia Natural.
hebr.	hebreo.
hol.	holandés.
HOMÓF.	homófono.
Hond.	Honduras.
Huelva	Huelva.
hum.	humorístico.

I

imperat.	imperativo.
imperf.	imperfecto.
impers.	impersonal.
IMPR.	imprenta.
incoat.	incoativo.
INCOR.	incorrecto.
indef.	indefinido.
indet.	indeterminado.
indic.	indicativo.
inf.	infinitivo.
INFORM.	Informática.
ing. o ingl.	inglés.
insep.	inseparable.
intens.	intensivo.
interj.	interjección.
interr.	interrogativo.
intr.	verbo intransitivo.
intr.-tr.	verbo intransitivo usado también como transitivo
intr.-prnl.	verbo intransitivo usado también como pronominal
inus.	inusitado.

irón.	irónico o irónicamente.
irreg.	irregular.
it.	italiano.
ITALIAN.	italianismo.

L

l.	latín, latino.
l. ecl.	latín eclesiástico.
l. med.	latín medieval.
l. mod.	latín moderno.
l. v.	latín vulgar.
La Mancha	La Mancha.
LING.	Lingüística.
LIT.	Literatura.
lit.	literario.
LITURG.	Liturgia.
loc.	locución.
loc. adj.	locución adjetiva.
loc. adv.	locución adverbial.
loc. conj.	locución conjuntiva.
loc. prep.	locución prepositiva.
loc. lat.	locución latina.
LÓG.	Lógica.
Logr.	Logroño, La Rioja.

M

m. o masc.	substantivo masculino.
m-adj.	substantivo masculino usado también como adjetivo.
m. conj.	modo conjuntivo.
m. f.	substantivo masculino y femenino.
m. f-adj.	substantivo masculino o femenino usado también como adjetivo.
m. pl.	masculino plural.
m. prep.	modo prepositivo.
Mál.	Málaga.
MAR.	Marina.
MAT.	Matemáticas.
MEC.	Mecánica.
med.	medieval.
MED.	Medicina.
Méj.	Méjico.
mej.	mejicano.
METAL.	Metalurgia.
METEOR.	Meteorología.
MÉTR.	Métrica.
MIL.	Milicia.
MIN.	Minería.
MINERAL.	Mineralogía.
MIT.	Mitología.
MONT.	Montería.
MOR.	Moral.
moz.	mozárabe.
Murc.	Múrcia.
MÚS.	Música.

N

n.	nombre.
n. pr.	nombre propio.
náhu.	náhuatle.
Nav.	Navarra.
neerl.	neerlandés.
neol.	neologismo.
Nicar.	Nicaragua.
NUMIS.	Numismática.

O

Obser.	Observación u observaciones.
onomat.	onomatopeya.
ÓPT.	Óptica.
orig.	origen.
ORTOGR.	Ortografía

P

p.	participio.
p. a.	participio activo.
p. anal.	por analogía.
p. ant.	por antonomasia.
p. ej.	por ejemplo.
p. excel.	por excelencia.
p. ext.	por extensión.
p. us.	poco usado.
Pal.	Palencia.
PALEONT.	Paleontología.
Pan.	Panamá.
Parag.	Paraguay.
paras.	parasintético.
partic.	participio.
PAT.	Patología.
pers.	persona o personal.
[pers.]	aplicado a personas.
PERS.	Perspectiva.
Perú	Perú.
PINT.	Pintura.
pl.	plural.
pleb.	plebeyo.
poét.	poético.
POL.	Política.
port.	portugués.
pos.	posesivo.
pot.	modo potencial.
pp.	participio pasivo.
pralte.	principalmente.
prep.	preposición.
pres.	presente.
pret. indef.	pretérito indefinido.
P. Rico.	Puerto Rico.
prerrom.	prerromano.
priv.	privativo.
prnl.	verbo pronominal.
probl.	probablemente.
proc.	procedente.
pron.	pronombre.
pron. indef.	pronombre indefinido.
pron. relat.	pronombre relativo.
propte.	propiamente.
prov.	provincia o provenzal.
PSICO.	Psicología.

Q

QUÍM.	Química.

R

R. de la Plata	Río de la Plata.

rec.	verbo recíproco.
reg.	regular o región.
REL.	Vocablos relacionados con el que se define.
relac.	relacionado.
RET.	Retórica.
rúst.	rústico.

S

s.	substantivo.
Sal.	Salamanca.
Salv.	El Salvador.
sáns.	sánscrito.
Sant.	Santander.
S. Dom.	Santo Domingo y República Dominicana.
s. e. d.	sin especie determinada.
Seg.	Segovia.
Sev.	Sevilla.
simplte.	simplemente.
SIN.	Sinonimia.
sing.	singular.
sobren.	sobrenombre.
Sor.	Soria.
subj.	subjuntivo.
superl.	superlativo.

T

TAUROM.	Tauromaquia.
TECN.	Tecnicismo.
TECNOL.	Tecnología.
TEOL.	Teología.
t. f.	terminación femenina.
Tol.	Toledo.
TOPOGR.	Topografía.
tr.	verbo transitivo.
tr.-intr.	verbo transitivo usado también como intransitivo.
tr.-prnl.	verbo transitivo usado también como pronominal.
TRIG.	Trigonometría

U

unipers.	unipersonal.
Urug.	Uruguay.
ús.	úsase.
us.	usado o usual.

V

v. o V.	véase
v., vb., vbs.	verbo, verbos.
Val.	Valencia.
Vallad.	Valladolid.
var.	variante.
vasc.	vascuence.
Venez.	Venezuela.
VETER.	Veterinaria.
vulg.	vulgar o vulgarismo.

Z

Zam.	Zamora.
Zar.	Zaragoza.
ZOOL.	Zoología.
>	da.
<	viene o procede de.
+	composición.
×	cruce fonético o semántico.
*	forma hipotética.
**	referencia a cuadros sinópticos.
~	indica la palabra que encabeza el artículo.
◇	introduce observaciones y notas gramaticales.

Guía para consultar este diccionario

Elementos formadores de compuestos

-rrea (gr. *rheo*, fluir) V. reo-.
-rrino (gr. *rhis, rhinós*, nariz) V. rino-.
-rrizo (gr. *rhiza*, raíz) V. rizo-.
-rro, -rra, sufijo de origen ibérico que entra en la formación de voces como *pizarra, cerro, cazurro, guijarro* ; se ha propagado a palabras romances: *abejorro, cacharra, chicharro, ventorro, ceburro*. El mismo origen parece tener el despectivo *-orrio; aldeorrio, villorio*.

rubefaciente *adj.-m.* MED. Que produce rubefacción.
SIN. **Epispástico, revulsivo; vesicante,** cuando llega a producir vejigas.

Indicación de especialidad

Categoría gramatical

rubelana *f.* Mica de color pardo rojizo que se encuentra asociada con rocas efusivas.

Entrada

rubia (l.) *f.* Planta rubiácea, cuya raíz sirve para preparar una materia colorante roja muy usada en tintorería *(Rubia tinctorum; R. cordifolia)*. 2 Raíz de esta planta. 3 Pececillo, muy común en los ríos y arroyos de España. 4 Moneda árabe de oro. 5 fam. Peseta que no es de plata, sino de metal dorado. 6 Camioneta con caja de madera en su color natural.
SIN. *1* **Granza.**

Indicación del nivel de lengua

Indicación de cambio de categoría gramatical

rubiáceo, -a (de *rubia*) *adj.-f.* Planta de la familia de las rubiáceas. -2 *f. pl.* Familia de plantas dicotiledóneas de hojas enteras, opuestas, con estípulas; flores actinomorfas, hermafroditas o unisexuales por aborto, y fruto en cápsula, baya o drupa; como la rubia.

rubial *m.* Tierra donde se cría la rubia. -2 *adj.* [tierra, planta] Que tira al color rubio.

Contorno del adjetivo

rubicela *f.* Espinela de color vinoso más bajo que el del balaje. 2 Cuarzo hialino al que se da un color rojo artificial.

Definición

Nombre propio lexicalizado

Rubicón *n. pr.* Río situado entre Italia y la Galia Cisalpina, el cual cruzó César (101-44 a. C.) al frente de sus tropas para dirigirse a Roma y proclamarse dictador. De aquí la frase ***pasar el Rubicón*** por tomar una decisión atrevida.

Números para separar acepciones

rubicundo, -da (l. *-du*) *adj.* Rubio que tira a rojo. 2 [pers.] De buen color y aspecto saludable. 3 [pelo] Que tira a colorado.

rubificar (l. *ruber*, rojo + *facere*, hacer) *tr.* Poner colorada [una cosa] o teñirla de color rojo. ◇ ** CONJUG. [1] como ***sacar.***

Contorno del verbo

rúbrica (l.) *f.* desus. Señal encarnada o roja. 2 Rasgo o rasgos de figura determinada, que como parte de la firma pone cada cual después de su nombre o título. 3 Epígrafe o rótulo; se dijo porque en los libros antiguos solía escribirse con tinta roja. 4 Regla que enseña la ejecución y práctica de las ceremonias y ritos de la Iglesia. 5 Conjunto de estas reglas. 6 ~ ***fabril,*** almagre con que los carpinteros hacen las líneas en la madera que han de aserrar. 7 ~ ***lemnia,*** bol arménico. 8 ~ ***sinópica,*** minio; bermellón.
FRS. *Ser de ~ una cosa*, en estilo eclesiástico, ser conforme a ella; en el habla corriente, ser conforme a la costumbre o práctica establecida.

Indicación de uso

Guía para consultar este diccionario

Distinta entrada para palabras de distinta procedencia

I) ruche, -cho (de *rucio*) ***m.*** Pollino (asno). 2 *Áv.* Dinero.
II) ruche ***m.*** *S. Dom.* Entendido, secreto.

Aclaraciones a la definición

rueca (l. v. **rocca* < germ. común **rokko*) ***f.*** Instrumento para hilar, compuesto de una vara delgada con un rocadero en la extremidad superior. 2 fig. Vuelta o torcimiento de una cosa.

Etimología

Ejemplos

Construcciones fijas

I) rueda (l. *rota*) ***f.*** Máquina elemental, en forma circular y de poco grueso respecto a su radio, que puede girar sobre un eje: *~ de bicicleta; ~ del automóvil; ~ de apoyo;* ***~ catalina*** o ***de Santa Catalina,*** la de dientes agudos y oblicuos que hace mover el volante de ciertas clases de relojes; ***~ de molino,*** muela (disco); ***~ hidráulica,*** la de álabes, cangilones o paletas, que transforma en energía mecánica la energía disponible de un pequeño salto de agua. 2 Círculo o corro. 3 Tajada circular de ciertas frutas, carnes o pescados. 4 Despliegue en abanico que hace el pavo con las plumas de la cola. 5 Signo rodado. 6 Círculo hecho con los rimeros de los distintos pliegos de una obra impresa, a fin de ir sacándolos por su orden para formar cada tomo. 7 Partida de billar que se juega entre tres, y en que cada uno de los jugadores va cada mano contra los otros dos. 8 Turno, vez, orden sucesivo. 9 Pez luna. 10 ***~ de prensa*** o ***informativa,*** coloquio que una personalidad sostiene con periodistas convocados por ella para informarles de algún asunto o responder a las preguntas que le hagan. 11 fig. ***~ de la fortuna,*** inconstancia y poca estabilidad de las cosas humanas en lo próspero y en lo adverso: ***clavar la ~ de la fortuna,*** fijar, hacer estable su prosperidad ◇ Dim.: ***rodezuela*** y ***ruedecilla.***

FRS. *Deshacer la ~*, conocerse y humillarse; *hacer la ~ a uno,* rondar (persuadir); *comulgar uno con ruedas de molino* o *tragárselas como ruedas de molino,* creer las cosas más inverosímiles o los mayores disparates. SIN. *3* **Rodaja, roncha.** *9* **Rodador, troco.**

Fraseología

rugir (l. *-ire*) ***intr.*** Bramar el león. 2 p. anal. Dar bramidos (gritos). 3 Crujir o rechinar o hacer ruido fuerte. -4 ***unipers.*** Sonar una cosa: *durante la tempestad el mar ruge.* 5 Empezarse a decir o saberse lo que estaba ignorado. 6 fig. *y* fam. Oler mal. ◇ ** CONJUG. [6] como ***dirigir.***

Nota gramatical

ruibarbo (l. *rheubarbaru* < l. *rheu barbaru*) ***m.*** Planta poligonácea, de hojas anchas y rizoma grueso que se usa como purgante *(Rheum rhabarbarum).* 2 Raíz de esta planta.

Nombre científico de flora

Sinónimos

ruin (de *ruina*) ***adj.*** Vil. 2 [pers.] De malas costumbres y procedimientos. 3 [costumbre y procedimiento] Malo. 4 [animal] De malas mañas. 5 Mezquino y avariento. 6 Pequeño, desmedrado y humilde. -7 ***m.*** Extremo de la cola de los gatos. -8 ***adj.*** ***Cuba.*** [hembra] Salido. ◇ Dim.: ***ruincillo.***
SIN. *1* y *2* v. **Malo.**

ruiseñor (prov. ant. *rosinhol* < l. v. **lusciniolu;* dim. de *luscinia* o *lusciniu*) ***m.*** Ave paseriforme de plumaje pardo rojizo, notable por la belleza de su canto *(Luscinia megarhynchos).*

Nombre científico de fauna

Variantes dialectales

Americanismos

rula ***f.*** *Ar.* Juego parecido a la chueca I. 2 *Ar.* Palo encorvado en uno de sus extremos, con el que se juega a la rula. 3 *La Mancha.* Aro I, juguete. 4 *Ast.* y *Mál.* Lonja de contratación del pescado. 5 *Ast.* y *Mál.* Rueda o grupo de pescadores que forman una compañía para la compra o venta del pescado. 6 *Extr.* Tórtola. 7 *Colomb.* y *Pan.* Cuchillo de monte, machete recto y angosto.

I) A, a *f.* Primera letra del **alfabeto español que representa gráficamente a la vocal baja o abierta y central. 2 ***A por a y be por be,*** punto por punto. 3 *A*, símbolo químico del *argón*. 4 Abreviatura de amperio. 5 Abreviatura de angstrom. 6 *a*, abreviatura de año. 7 MAT. Abreviatura de área. 8 MÚS. En notación alfabética, representación de la nota *la* ◇ Pl.: *aes.*

II) a (l. *ad*) ***prep.*** Expresa en general el movimiento material o figurado. Denota: dirección: *voy a Madrid; miré al suelo;* término a que se encamina una persona o cosa: *llegó a Madrid; voy a mi casa.* 2 Orientación o exposición: *de cara al norte.* 3 Cercanía, proximidad: *a la lumbre; a la muerte.* 4 Lugar o tiempo en que sucede una cosa, aunque con cierta vaguedad: *le cogieron a la puerta; vino a las doce.* 5 Distancia en el espacio: *se halla a un kilómetro.* 6 Distancia moral: *de Antonia a María.* 7 Manera: *a la española; a obscuras.* 8 Modo de hacer alguna cosa: *a pie; a mano; a la carrera.* 9 Da principio a muchas locuciones adverbiales: *a bulto; a obscuras; a regañadientes; a todo correr;* y conjuntivas: *a menos que; a fin de que.* 10 Instrumento: *a palos; a cal y canto.* 11 Precio: *a 20 pesetas metro; al 5 por ciento.* 12 Mandato, con infinitivo: *a callar; a saltar las tapias.* 13 Distribución o cuenta proporcional: *a dos por ciento; tres a tres.* 14 Comparación o contraposición entre dos personas o conceptos: *va mucho de mandar a obedecer.* 15 Expresa la relación de complemento directo: *busco a mi padre;* indirecto: *escribo una carta a mi padre;* circunstancial: *voy a Madrid.* 16 Precediendo a tiempos de infinitivo en expresiones de sentido condicional, equivale a la conjunción *si* con indicativo o subjuntivo: *a saber yo que había de fallar esto.* 17 Se utiliza en substitución de algunas preposiciones y conjunciones que expresan movimiento, dirección, intención, causa, etc.: *a qué me llamas* (para qué)*; siempre al norte* (hacia)*; por el agua a la rodilla* (hasta)*; a instancias mías* (por)*; a la orilla del mar* (junto a)*; a beneficio de los damnificados* (para)*; a lo que parece* (según), etc. ◇ HOMÓF.: *¡ah!* (interj.), *ha* (vb.).
GRAM. *Se distinguen* **a** y **en** por indicar movimiento y reposo respectivamente. Sin embargo, la lengua clásica usaba con frecuencia *en* con vbs. de movimiento. De ello han quedado supervivencias en expr. modernas como *caer en el mar, ir de puerta en puerta.*SOLECISMOS.: *motores a gas pobre,* por *de gas pobre; criterio a adoptar, fletes a percibir,* por *criterio que se ha de adoptar,* etc.

I) a- (de la prep. *a*) Prefijo que, con los valores de la prep. *a*, forma verbos parasintéticos de base substantiva *(acepillar, amontonar)* y de base adjetiva *(acanalar, agravar).* 2 V. ad-.

II) a-, an-, (gr. *a, an,* privativo) prefijo que expresa negación o privación: *anormal, asimétrico, anepigráfico*
De igual manera que los pref. gr. de que procede se usa **a-** delante de consonante *(a-céfalo)* y **an-** ante vocal *(an-alfabeto).*

aarónico, -ca ***adj.*** Relativo a Aarón.

aaronita ***adj.-com.*** [pers.] Descendiente de Aarón (h. s. XIV a. C.), primer sumo sacerdote hebreo. -2 ***adj.-s.*** Perteneciente o relativo a Aarón.

ab (l. *ab*) Preposición latina que aparece en locuciones latinas introducidas en nuestro idioma: *ab initio, ab aeterno,* etc.

ab-, abs- (l. *ab*) Prefijo que expresa alejamiento, separación, origen, privación: *abjurar, abstenerse.* 2 Se usa en voces cultas con los valores que tiene en latín la prep. *ab* de donde procede, pero únicamente bajo la forma *ab-*: *abducción, aborigen*
REL. *2* Se suele oponer a **ad-**.

¡aba! (l. *apage*) ***interj.*** inus. ¡Cuidado!, ¡quita!

ababa *f.* Amapola. 2 fam. Simplón, ingenuo.

ababán ***m.*** *Argent.* Árbol frutal de madera sólida *(gén. Caesalpina).*

ababillarse ***prnl.*** *Chile.* Enfermar de la babilla un animal.

ababol (l. *papaver*) ***m.*** Amapola. 2 fig. Persona distraída, simple, abobada.

ababuy (voz caribe) ***m.*** Arbusto silvestre de América, especie de ciruelo *(Ximenia americana).*

abacá (tagalo *abaká*) ***m.*** Planta musácea tropical, variedad de plátano, de cuyas hojas se obtiene una fibra textil *(Musa textilis).* 2 Esta misma fibra. 3 Tejido hecho con ella.
REL. **Saja,** pecíolo de esta planta. SIN. **Cáñamo de Manila.**

abacal ***adj.*** *Filip.* Perteneciente o relativo al abacá. -2 ***m.*** *Filip.* Terreno donde se cría el abacá.
SIN. **Abacalero.**

abacalero, -ra ***adj.*** *Filip.* Perteneciente o relativo al abacá. -2 ***m. f.*** *Filip.* Persona que cultiva, comercia o trafica en abacá.

abacería *f.* Establecimiento de abacero.

abacero, -ra (de *haba,* uno de los artículos que vendía) ***m. f.*** Persona que tiene por oficio vender aceite, vinagre, legumbres secas, etc.

abacial (l. *abbatiale*) ***adj.*** Perteneciente o relativo al abad, a la abadesa o a la abadía.

ábaco (l. *-cu* < gr. *ábax*) ***m.*** Cuadro de madera con alambres horizontales y paralelos con unas bolas agujereadas que corren a lo largo de éstos, usado para hacer cálculos aritméticos y para marcar los puntos que ganan los jugadores de billar. 2 p. ext. Tabla o cuadro que sirve para el cómputo. 3 Instrumento, artificio o gráfico destinado a resolver determinados problemas matemáticos. 4 Nomograma. 5 Parte superior en forma de tablero, que corona el capitel de la columna, aumentando su saliente. 6 Artesa para lavar los minerales. 7 Tablero o plancha en general, especialmente el decorativo en muebles, techos, etc.
SIN. *1* y *2* **Tablero.**

abacorar ***tr.*** *Can., Ant.* y *Venez.* Acosar, acometer, sujetar [a alguien].

abad (l. *abbate* < hebr. *abba,* padre; doble etim. *abate*) ***m.*** Superior de un monasterio con facultad de conferir órdenes meno-

res a sus monjes: ~ **mitrado,** el que en ciertas funciones usa de insignias episcopales; ~ **nullius,** el que tiene plena autoridad en un territorio libre de ajena jurisdicción. 2 Título del superior de algunas colegiatas. 3 El que preside un cabildo durante cierto tiempo. 4 En algunas provincias, cura párroco. 5 Cantárida (insecto). 6 *Can.* Abadejo.
abada (port.) *f.* Rinoceronte.
abadejo *m.* Pez marino teleósteo gadiforme de cuerpo alargado, mandíbula prominente, color pardo oliva y hasta 10 kgs. de peso, parecido al bacalao *(Pollachius pollachius).* 2 Bacalao. 3 Reyezuelo (pájaro). 4 Cantárida (insecto).
abadengo, -ga *adj.* Perteneciente o relativo a la dignidad o jurisdicción del abad. -2 *m.* Abadía (territorios). 3 Poseedor de bienes abadengos.
abadernar (paras.) *tr.* MAR. Sujetar con badernas: ~ *la caña del timón.*
abadesa (l. *abbatissa*) *f.* Superiora en ciertos monasterios de religiosas.
abadí *adj.-com.* [pers.] Descendiente de Abbad (m. en 1042), fundador de una dinastía árabe tras el desmembramiento del califato de Córdoba. -2 *adj.-s.* Perteneciente o relativo al abad. ◇ Pl.: *abadíes.*
abadía (l. *abbatia*) *f.* Dignidad de abad o de abadesa. 2 Iglesia o monasterio regido por un abad o abadesa. 3 Territorio, jurisdicción y bienes pertenecientes al abad o abadesa. 4 En algunas provincias, casa del cura. 5 Especie de luctuosa que en algunos puntos, esp. en Galicia, se paga al párroco a la muerte de un feligrés.
abadiado *m.* Abadía (dignidad, iglesia y territorio).
abadiato *m.* Abadiado.
abagó *m. Colomb.* Entre campesinos, porción escogida de una cosa.
abajadero *m.* Cuesta (terreno).
abajamiento *m.* Acción de abajar. 2 Efecto de abajar.
abajar *intr.-tr.* p. us., rúst. Bajar.
abajeño, -ña *adj.-s. Amér.* Que procede de las costas o tierras bajas. 2 *Amér.* Perteneciente o relativo a dichas tierras. 3 *Argent.* Sureño.
SIN. *1* **Abajino.** CONTR. *1* **Arribeño.**
abajera *f.* Rama baja del olivo. 2 *Argent.* Sudadero de las caballerías, que se pone bajo la silla o aparejo.
abajero, -ra *adj.* Abajeño.
abajino, -na *adj.-s. Chile* y *Colomb.* Abajeño; esp., habitante de las provincias del norte del país.
CONTR. **Arribano.**
abajo *adv. l.* Hacia el lugar o parte inferior: *echar ~; de arriba ~.* 2 En lugar o parte inferior: *está ~.* 3 En lugar posterior o que está después de otro: *del rey ~, ninguno.* 4 En dirección a lo que está más bajo (en función de prep. pospuesta): *río ~.*
¡abajo! Interjección con que se denota desaprobación u hostilidad: *¡abajo los capitalistas!*
abalanzar (paras.) *tr.* Poner la balanza en el fiel. 2 Igualar, equilibrar. 3 Lanzar, impeler violentamente [alguna cosa]. -4 *prnl.* Arrojarse inconsideradamente: *abalanzarse a los peligros.* 5 Lanzarse, arrojarse en dirección a [alguien o algo]. 6 *Argent.* Encabritarse una caballería. ◇ ** CONJUG. [4] como ***realizar.***
abalar *tr.* Aballar (llevar). ◇ HOMÓF.: *avalar.*
abalaustrado, -da *adj.* Balaustrado.
abalaustrar *tr. Cuba.* Poner balaustres o figurarlos.
abaldonar (paras. de *baldón*) *tr.* Ofender, insultar. 2 Hacer vil y abatida [una cosa].
SIN. *1* **Baldonar.**
abaleador, -ra *m. f.* Persona que abalea.
abaleadura *f.* Acción de abalear. 2 Efecto de abalear. -3 *f. pl.* Granzas o residuos que quedan después de abalear (separar).
I) abalear (b. l. *baleiu,* escoba) *tr.* Separar con escoba [del trigo, cebada, etc.] los granzones, paja, etc., después de aventados.
II) abalear *tr. Amér.* Balear.
I) abaleo *m.* Acción de abalear (separar). 2 Escoba con que se abalea. 3 Planta dura y espinosa con que se hacen escobas.
II) abaleo *m. Colomb.* Acción de disparar balas. 2 *Colomb.* Efecto de disparar balas.
abalizamiento *m.* Acción de abalizar. 2 Efecto de abalizar.
abalizar *tr.* Señalar con balizas [algún paraje] en aguas navegables. 2 Señalar con balizas [las pistas de los aeropuertos y aeródromos, o las desviaciones en las carreteras]. -3 *prnl.* MAR. Marcarse. ◇ ** CONJUG. [4] como ***realizar.***
SIN. *1* y *2* **Balizar.**
I) aballar (l. *ad vallem,* al valle) ***tr.-intr.-prnl.*** Mover. 2 *Sal.* Transportar, acarrear. -3 ***tr.-intr.*** Bajar, abatir. -4 ***tr.*** Llevar o conducir [el ganado]. 5 *Sal.* Ahuecar la tierra labrándola.
II) aballar *tr.* Esfumar (rebajar).
aballestar (paras.) *tr.* MAR. Forzar la tirantez [de un cabo] tensándolo.
abalorio (ár. *albalor,* cristal) *m.* Cuentecilla de vidrio agujereada con que se hacen adornos y labores. 2 Adorno o bisutería hecho con ellas
SIN. **Rocalla,** ~ grueso.
abaluartar (paras.) *tr.* Fortificar [un espacio] con baluartes.
abambolo *m.* Pez marino abisal de color grisáceo y vientre negruzco, cuerpo rechoncho y boca grande *(Malacocephalus laevis).*
abamperio *m.* FÍS. Unidad de intensidad de corriente eléctrica en el sistema electromagnético de unidades.
abanador *m. And.* y *Can.* Soplillo para avivar la lumbre.
abanar (de *abano*) *tr.* ant. Hacer aire [sobre alguna cosa] con el abano. 2 *And.* y *Can.* Avivar la lumbre con el soplillo.
abancaíno, -na *adj.-s.* De Abancay, capital y provincia del centro de Perú.
abancalar *tr.* Trazar bancales [en un terreno].
abancayno, -na *adj.-s.* Abancaíno.
abancuchar *tr. Cuba.* Desbancar [al banquero] de un juego.
abandalizar (paras. de *bando*) *tr.* Abanderizar. ◇ ** CONJUG. [4] como ***realizar.***
abanderado *m.* MIL. Oficial que lleva la bandera. 2 El que lleva bandera en las procesiones. 3 Portavoz o representante de una causa, movimiento u organización.
abanderamiento *m.* Acción de abanderar o abanderarse.
abanderar (paras.) *tr.* Matricular bajo la bandera de un Estado [un buque extranjero]. 2 Proveer [un buque] de los documentos que acreditan su bandera. 3 *R. de la Plata.* Dotar de ideas políticas [a un grupo].
abanderizar (paras.) *tr.* Dividir [un grupo o colectividad] en banderías. -2 *prnl.* Adherirse una persona a un partido o bando. ◇ ** CONJUG. [4] como ***realizar.***
SIN. *1* **Banderizar.**
abandonado, -da *adj.* Descuidado, desidioso. 2 Sucio, desaseado. 3 Alumbrado (hereje).
abandonamiento *m.* p. us. Abandono.
abandonar (fr. *abandonner,* de *bandon,* poder, autoridad) *tr.* Dejar desamparada [a una pers. o cosa]: ~ *a sus hijos;* ~ *la nave al viento.* 2 Desistir [de algo] o renunciar [a ello]: ~ *una empresa;* ~ *un cargo.* 3 Prescindir o no hacer caso de [algo o alguien]: ~ *las reglas de cortesía.* -4 ***tr.-prnl.*** Apoyar, reclinar con dejadez. -5 *tr.* DER. Dejar el asegurado por cuenta del asegurador, a consecuencia de determinados accidentes del comercio marítimo, las cosas aseguradas, a fin de obtener el pago del seguro. -6 *prnl.* fig. Dejarse dominar por las pasiones o vicios. 7 Descuidar uno sus actos, obligaciones o aseo: *abandonarse a la suerte,* o *en manos de la suerte.* 8 Confiarse uno a una persona o cosa. 9 fig. Caer de ánimo, rendirse en los contratiempos.
abandonismo *m.* Tendencia a abandonar sin lucha algo que poseemos o nos corresponde: ~ *de una colonia por parte de la metrópoli.*
abandonista *adj.* Relativo al abandonismo: *política ~.* -2 ***adj.-com.*** Partidario del abandonismo.
abandono *m.* Acción de abandonar o abandonarse. 2 Efecto de abandonar o abandonarse. 3 Entrega total que el alma hace de sí misma a Dios. 4 Desaliño, negligencia, etc. 5 DER. Renuncia sin beneficiario determinado con pérdida de todo dominio sobre bienes, que recobran la condición de libres. 6 DER. Derecho del asegurado para exigir el pago del asegurador, a consecuencia de determinados accidentes del comercio marítimo. 7 DER. Incumplimiento de la obligación legal de suministrar alimentos a quien tiene derecho a recibirlos.
abanicar *tr.* Hacer aire con el abanico. 2 fig. Maltratar, reprender [a alguien]. 3 TAUROM. Incitar al toro, agitando ante él el capote de un lado a otro, generalmente para que cambie de lugar en la suerte de varas. ◇ ** CONJUG. [1] como ***sacar.***
abanicazo *m.* Golpe dado con el abanico.
abanico (de *abano*) *m.* Instrumento para hacer o hacerse aire; esp. el plegable y de figura semicircular. 2 fig. Cosa en figura de abanico. 3 Pastita de hojaldre, con forma triangular. 4 fig. Conjunto más o menos amplio de asuntos, proposiciones, soluciones, etc., presentadas o propuestas por una persona, autoridad, sector industrial o partido político. 5 DEP. Disposición extendida y escalonada que, durante la carrera, adoptan los ciclis-

tas al intentar que el viento no dificulte su marcha. 6 MAR. Especie de cabria hecha con un palo vertical y otro inclinado desde el pie de aquél hacia afuera y sujeto a él con cuerdas. 7 En armaduras antiguas, parte lateral del codal o de la rodillera, en forma de abanico. 8 fig. *y* fam. Sable (arma). 9 *Amér.* ~ ***eléctrico,*** ventilador. 10 *Colomb.* Amaranto. 11 *Colomb.* Pieza de madera que forma parte de un aparato para indicar al maquinista el punto en que las vías férreas se bifurcan. 12 *Ecuad.* Utensilio de forma cuadrangular, hecho de esparto o totora, que se usa para avivar el fuego.
REL. Del l. *flabellum* se han formado varias palabras cultas para designar lo que tiene relación o semejanza con el abanico: *flabeliforme, flabelífero,* etc.

abanillo *m.* ant. Adorno de lienzo de que se formaban ciertos cuellos alechugados. 2 Abanico (instrumento).

abanino *m.* ant. Adorno femenino de gasa con que se guarnecía el escote del jubón.

abaniqueo *m.* Acción de abanicar o abanicarse. 2 fig. Acción de mover exageradamente las manos.

abaniquería *f.* Fábrica o tienda de abanicos.

abaniquero, -ra *m. f.* Persona que tiene por oficio hacer o vender abanicos.

abano (l. *vannu,* aventador) *m.* ant. Abanico (instrumento). 2 Aparato que colgado del techo sirve para hacer aire. ◇ HOMÓF.: *habano.*

abanto *adj.* [toro] Espantadizo. 2 [pers.] Aturdido, torpe. 3 [pers.] Ansioso y vehemente. -4 *m.* Alimoche.

abañador, -ra *m. f.* Persona que abaña.

abañadura *f.* Acción de abañar.

abañar (l. **evannare < vannus,* cribo) *tr.* Seleccionar [la simiente] sometiéndola a un cribado especial.

abarajar (de *barajar*) *tr. Argent., Parag.* y *Urug.* Parar con el cuchillo [los golpes del adversario]. 2 *Argent., Parag.* y *Urug.* Recoger [una cosa] en el aire.

abaratamiento *m.* Acción de abaratar. 2 Efecto de abaratar.

abaratar *tr.* Disminuir o bajar el precio [de una cosa]: *la competencia abarata los géneros; el pan abarata,* o *se abarata.*
SIN. **Desencarecer,** p. us. v. **Depreciar.**

abarbar *intr.* Enjambrar (criar). 2 *Extr.* Beber de bruces.

abarbechar *tr.* Barbechar.

abarbetar *tr.* MIL. Fortificar con barbetas.

abarca (vasc.) *f.* Calzado rústico de cuero que se ata con cuerdas o correas y cubre la planta, los dedos o la mayor parte del pie. 2 ***Como abarcas,*** comparación usual por ancho.
SIN. *1* **Albarca.**

abarcado, -da *adj.* Calzado con abarcas.

abarcador, -ra *adj.* Que abarca.

abarcadura *f.* Abarcamiento.

abarcamiento *m.* Acción de abarcar. 2 Efecto de abarcar.

abarcar (*ad,* a + *bracchiu,* brazo) *tr.* Ceñir con los brazos [alguna cosa]. 2 fig. Ceñir, rodear, comprender, contener: *el capítulo abarca tres siglos; las fuerzas abarcan media provincia.* 3 Alcanzar con la vista. 4 Tomar uno a su cargo [muchas cosas a un tiempo]. 5 Rodear [un territorio] para sorprender la caza. 6 *Amér.* Acaparar. 7 *Ecuad.* Empollar la gallina [los huevos]. ◇ ** CONJUG. [1] como ***sacar.***

abaritonado, -da *adj.* [voz humana o sonido de instrumento] Con timbre de barítono.

abarloar (paras. de *barloa*) *tr.* Situar [un buque] de costado casi en contacto con otro buque o con un muelle, etc.
SIN. **Barloar.**

abarque *m. Ecuad.* Porción de pollos que nacen en una misma nidada.

abarquero, -ra *m. f.* Persona que tiene por oficio hacer o vender abarcas.

abarquillado, -da *adj.* De figura de barquillo.

abarquillamiento *m.* Acción de abarquillar o abarquillarse. 2 Efecto de abarquillar o abarquillarse.

abarquillar (paras.) *tr.-prnl.* Encorvar [un cuerpo ancho y delgado] a semejanza de un barquillo: *esta tabla se abarquilla.*

abarracar (paras.) *intr.-prnl.* Acampar construyendo chozas o barracas. ◇ ** CONJUG. [1] como ***sacar.***

abarrado, -da *adj.* Barrado.

abarraganamiento *m.* Amancebamiento.

abarraganarse (paras. de *barragana*) *prnl.* Amancebarse.

abarrajado, -da *adj. Amér.* Desvergonzado, insolente.

abarrajar *tr.* Acometer y dispersar o destrozar [al enemigo]. 2 Abarrar. -3 *prnl. Perú.* Encanallarse. 4 *Perú.* Tropezar.

abarrajo *m. Perú.* Tropezón. 2 *Perú.* ***Tonto de ~,*** tonto de capirote.

abarramiento *m.* Acción de abarrar. 2 Efecto de abarrar.

abarrancadero *m.* Lugar donde es fácil abarrancarse. 2 fig. Negocio o lance del que no se puede salir fácilmente.

abarrancamiento *m.* Acción de abarrancar o abarrancarse. 2 Efecto de abarrancar o abarrancarse.

abarrancar (paras.) *tr.* Hacer barrancos [en un sitio]. -2 *tr.-prnl.* Meter en un barranco [a alguna persona o cosa]. -3 *intr.-prnl.* Varar (encallar). -4 *prnl.* fig. Meterse en lance difícil. ◇ ** CONJUG. [1] como ***sacar.***

abarrar *tr.* Arrojar violentamente [alguna cosa]. 2 Varear o sacudir.

abarredera *f.* p. us. Escoba (barrer). 2 Red. 3 fig. Cosa que barre y limpia.

abarrenado, -da *adj. Can.* Animoso, fuerte, fecundo.

abarrer *tr.* p. us. Barrer.

abarrisco *adv. m.* A barrisco; v. barrisco.

abarrocado, -da *adj.* Que tiene forma o aspecto barroco.

abarrotado, -da *adj.* Muy lleno. -2 *m. Chile.* Establecimiento donde se venden abarrotes.

abarrotador, -ra *m. f. Amér.* Abarrotero, -ra.

I) abarrotar (paras.) *tr.* Apretar o fortalecer [alguna cosa] con barrotes.
SIN. **Embarrotar.**

II) abarrotar *tr.* Cargar [un buque] aprovechando todos los huecos. 2 Asegurar [la estiba] con abarrotes. 3 p. ext. Atestar de personas o cosas un local. 4 *Amér.* Monopolizar [un artículo]. 5 *Chile* y *Méj.* En varios juegos, economizar [los triunfos mayores]. -6 *prnl. Amér.* Abaratarse un género, a causa de su abundancia.

abarrote *m.* MAR. Fardo pequeño para llenar los huecos de la estiba. -2 *m. pl. Amér.* Artículos comestibles: ***tienda de abarrotes,*** establecimiento en el que se venden artículos alimenticios, bebidas, especias, velas, cigarros, cerillas, etc.

abarrotería *f. Amér. Central.* Ferretería.

abarrotero, -ra *m. f. Amér.* Persona que tiene tienda de abarrotes.

abarse (de *¡aba!*) *prnl.* inus. Apartarse, quitarse del paso. ◇ Verbo defectivo; se utiliza únicamente en el infinitivo y en el imperativo.

abasí *adj.* Abasida. ◇ Pl.: *abasíes.*

abasida *adj.* Perteneciente o relativo a la dinastía de califas (750-1258) descendiente de Abbas (¿562-652?), tío de Mahoma (h. 570-632), y al descendiente de ella.

abasia (*a-* II + gr. *básis,* marcha) *f.* Trastorno motor que consiste en la imposibilidad de andar por falta de coordinación de los movimientos.

abaskokerketa *adj.-s.* Conjunto de lenguas pertenecientes al grupo caucásico septentrional occidental, habladas en el sudeste de la Unión Soviética; como el abjasio y el cherqués.

abastamiento *m.* Acción de abastar o abastarse. 2 Efecto de abastar o abastarse.

abastanza *f.* Abundancia.

abastar *tr.* Abastecer. 2 Bastar. -3 *prnl.* Satisfacerse o contentarse.

abastardar (paras.) *intr.* Bastardear.

abastecedor, -ra *adj.-s.* Que abastece.
SIN. **Proveedor, aprovisionador, suministrador, municionero,** es hoy desus. fuera del ejército.

abastecer (l. v. *bastare,* del gr. *bastazo,* sostener un peso) *tr.-prnl.* Proveer de bastimentos u otras cosas [a una persona, ciudad, etc.]. ◇ **CONJUG. [43] como ***agradecer.***
SIN. **Aprovisionar.**

abastecimiento *m.* Acción de abastecer. 2 Efecto de abastecer.
SIN. **Aprovisionamiento.**

abastero *m. Cuba* y *Chile.* Abastecedor o proveedor de ganado, frutas, hortalizas, etc.

abastionar (paras.) *tr.* Fortificar con bastiones [algún recinto].

abasto *m.* Provisión de bastimentos, y esp. de víveres: ***dar ~,*** proveer o disponer de lo necesario; *con estos niños no doy ~.* 2 Abundancia. 3 En los bordados, pieza de poca importancia. 4 *Méj.* Matadero. ◇ En la acep. 1 se usa generalmente en pl.: *inspección de abastos.*

abatanado, -da *adj.* Espeso como paño. 2 Diestro, hábil.

abatanar *tr.* Batir [el paño o los tejidos de lana] en el batán. 2 fig. Golpear, maltratar. -3 *prnl.* Apelmazarse la lana esponjosa de ciertos tejidos al ser lavados. 4 *Bol.* Desgastarse, apelmazarse un tejido por el uso o el lavado.
SIN. **Batanar.**

abatatar *tr. R. de la Plata.* Amedrentar, dominar. -2 *prnl. Can.* Aturdirse, turbarse, perder el aplomo. 3 *R. de la Plata.* Abatirse, avergonzarse.
abate (v. *abad*) *m.* Eclesiástico de órdenes menores que solía vestir traje clerical a la romana. 2 Clérigo extranjero, esp. italiano o francés.
abatí (voz guaraní) *m. Argent.* y *Parag.* Maíz. 2 *Argent.* y *Parag.* Aguardiente de maíz.
abatible *adj.* Que se puede abatir.
abatidamente *adv. m.* Con abatimiento.
abatidero *m.* Cauce de desagüe.
abatido, -da *adj.* [pers.] Que ha perdido el ánimo, las fuerzas. 2 eufem. Abyecto, despreciable. 3 [mercancía o fruto] Que ha caído de su estimación y precio regular. 4 ARQ. V. arco deprimido.
abatimiento *m.* Acción de abatir o abatirse. 2 Efecto de abatir o abatirse. 3 fig. Postración física o moral de una persona. 4 CONSTR. Maniobra consistente en elevar un sillar, una viga, u otros materiales pesados que se emplean en las construcciones. 5 GEOM. Operación de geometría descriptiva consistente en hacer girar un plano sobre otro plano de proyección, tomando como eje de giro la intersección de ambos, hasta que los dos se confundan, de modo que cualquier figura del primero pueda ser construida en el segundo. 6 MAR. Ángulo que forma la línea de la quilla con el rumbo.
abatir (l. *abbattuere*) *tr.* Derribar, echar por tierra [alguna cosa]: *~ un árbol al suelo.* 2 Derribar, hacer caer a tierra [una pieza de caza]. 3 Hacer que baje [una cosa]: *~ la bandera.* 4 Inclinar, poner tendido [lo que estaba vertical]. 5 En determinados juegos de naipes, conseguir la jugada máxima y descubrir el jugador sus cartas, gralte. en forma de abanico sobre la mesa. 6 MAR. Desarmar [alguna cosa] para reducir su volumen: *~ la pipería.* -7 *tr.-prnl.* fig. Humillar. 8 Hacer perder o perder las fuerzas, el ánimo, el vigor: *abatirse por,* o *en, la enfermedad; abatirse de espíritu; aquella enfermedad le abatió.* 9 GEOM. Hacer girar alrededor de su traza un plano secante a otro, hasta superponerlo a este. -10 *intr.* Separarse un buque de su rumbo: *la nave abatió a la derecha.* -11 *prnl.* Descender el ave de rapiña: *el gerifalte se abatió.*
SIN. *9* **Davalar, devalar, derivar.**
abatismo *m.* Poder de los abates; conjunto de abates.
abayado, -da *adj.* Baciforme.
abazón *m.* Buche que, en número de dos, tienen algunos monos en los carrillos, donde guardan los alimentos para masticarlos después.
abderitano, -na *adj.-s.* De Abdera, actual Balastra, ciudad de Tracia; y de la actual Adra, ciudad de Almería.
Abdías *n. pr.* Profeta menor de la Biblia. Se le cita con la abreviatura *Abd.*
abdicación (l. *-atione*) *f.* Acción de abdicar. 2 Efecto de abdicar. 3 Documento en que consta la abdicación.
abdicar (l. *-are*) *tr.* Ceder o renunciar [una dignidad soberana]: *abdicó la corona en su hijo; el rey abdicó,* o *abdicó en su hijo.* 2 Dejar, abandonar [creencias, opiniones]: *~ los principios.* 3 *Ar.* Revocar, anular. -4 *tr.-intr.* desus. Privar a uno de un estado favorable, de un derecho, facultad o poder. ◇ Modernamente se usa la acep. 2 como intr.: *~ de los principios* ◇ ** CONJUG. [1] como *sacar.*
abdicativamente *adv. m.* Por delegación.
abdicativo, -va *adj.* Relativo a la abdicación.
abdomen (l.) *m.* Vientre (cavidad interna). 2 En los insectos, crustáceos, arácnidos y otros artrópodos, región posterior del cuerpo, a continuación del tórax.
SIN. Se usa sólo como voz técnica. Gralte. **vientre, barriga, panza. Andorga** es término burlesco, jocoso.
abdominal *adj.* Relativo al abdomen.
abdomino- (de *abdomen*) Elemento prefijal que entra en la formación de palabras con el valor de *abdomen*: *abdominoscopia.*
abducción (l. *-uctione,* separación) *f.* Movimiento por el cual un miembro o un órgano cualquiera se aleja del plano medio del cuerpo: *~ del brazo.* 2 DIAL. Silogismo en que la mayor es evidente y la menor probable; pero más creíble, o más fácilmente demostrable que la conclusión. 3 QUÍM. Operación que consiste en conducir un gas desde un recipiente a otro que contiene un sólido o líquido para retenerlo.
abductor (l.) *adj.-s.* Músculo que sirve para producir abducción. -2 *m.* QUÍM. Tubo que recoge y canaliza los gases desprendidos en una reacción.
abeadores *m. pl.* Especie de lizos (hilos fuertes) empleados en la fabricación de terciopelo.
abecé *m.* Abecedario. 2 fig. Rudimentos de una ciencia, facultad, etc.: *no sabe ni el ~ de las matemáticas.*
abecedario (l. *-ium,* de *a, b, c*) *m.* Serie ordenada de las letras de un idioma: *~* ***manual,*** sistema de signos que en equivalencia de las letras del alfabeto se hacen con los dedos de la mano, y que usan principalmente los sordomudos; *~* ***telegráfico,*** conjunto de signos o cifras que se emplean en la telegrafía. 2 Cartel o librito para aprender las letras. 3 Lista en orden alfabético. 4 Abecé (rudimento). 5 IMPR. Orden de las signaturas de los pliegos de una impresión cuando van señalados con letras.
SIN. *1* v. **Alfabeto.**
abedul (célt. l. *betula*) *m.* Árbol betuláceo de las altas montañas, de corteza plateada, ramas flexibles y colgantes, hojas alternas aovadas, y fruto en sámaras *(Betula pendula).* 2 Madera de este árbol.
abeja (l. *apicula,* abejita) *f.* Insecto himenóptero que vive en sociedad y produce la cera y la miel *(Apis mellifera): ~* ***reina, machiega, maesa*** o ***maestra,*** hembra fecunda, única en cada colmena; *~* ***neutra*** u ***obrera,*** hembra infecunda, hay millares en cada colmena y son las que elaboran la cera y la miel. 2 *~* ***albañil,*** insecto himenóptero que forma nido en las tapias y en los terrenos duros *(Megachile muraria).* 3 *~* ***carpintera,*** insecto himenóptero, de abdomen ancho y velloso, que fabrica su panal en troncos secos *(Xilocopa violacea).* 4 fig. Persona laboriosa y allegadora. 5 ASTRON. Mosca (constelación).
REL. **Enjambre,** colectividad de abejas; **enjambrar,** formar enjambre, vb; **colmena,** lugar donde vive un enjambre; **apicultura,** arte de criarlas; **colmenero** o **apicultor,** el que se dedica a su cría y aprovechamiento; **panal,** conjunto de celdillas donde las abejas depositan la miel.
abejar *m.* Colmenar. -2 *adj.* V. Uva ~.
abejarrón *m.* Abejorro (insecto himenóptero). 2 Abejón (juego).
abejaruco *m.* Ave coraciforme de plumaje castaño y amarillo en su parte superior y verde azulado en la inferior, de pico largo y curvado, que se alimenta especialmente de abejas y otros himenópteros *(Merops apiaster).* 2 fig. Persona noticiera y chismosa.
SIN. *1* **Azulejo.**
abejear *intr.* Revolar como las abejas.
abejera *f.* Colmenar. 2 Toronjina.
abejero, -ra *m. f.* Colmenero. -2 *m.* Abejaruco. 3 *Guat.* Multitud de abejas formando nube.
abejón (aum. de *abeja*) *m.* Zángano (insecto). 2 Abejorro (insecto himenóptero). 3 Juego en el que uno de los participantes imita con las manos ante la boca el ruido del abejón. 4 *Chile* y *C. Rica.* Insecto coleóptero, en general. 5 *C. Rica.* Semilla del café germinada. 6 *C. Rica.* ***Hacer ~,*** cuchichear. 7 *Ecuad.* y *Méj.* Planta leguminosa medicinal. 8 *Venez.* ***Hacer ~,*** silbar a un orador.
abejonear *intr. Colomb.* y *S. Dom.* Hablar quedo, susurrar.
abejorreo *m.* Zumbido de las abejas. 2 fig. Rumor confuso de voces o conversaciones.
abejorro (de abeja) *m.* Insecto himenóptero, velludo, con la trompa muy desarrollada; vive en enjambres poco numerosos, y zumba mucho al volar *(Bombus terrestris).* 2 Insecto coleóptero, que roe las hojas de las plantas cuando adulto, y en estado de larva, sus raíces *(Melolontha vulgaris).* 3 fig. Persona de conversación pesada y molesta. 4 fig. Juego de muchachos consistente en golpear a uno en la palma de la mano sin que éste vea al que lo hace para adivinar de quién se trata.
SIN. *2* **Abejorro de San Juan.**
abejuno, -na *adj.* Relativo a la abeja.
Abel *n. pr.* BÍBL. Hijo de Adán y Eva, asesinado por su hermano Caín (Gén. VI).
abeldar *tr.* Beldar.
abellacado, -da *adj.* Bellaco, vil.
abellacar (paras.) *tr.-prnl.* Hacer bellaco, envilecer [a alguno]. ◇ ** CONJUG. [1] como *sacar.*
abellotado, -da (paras.) *adj.* De figura de bellota.
abelmosco (ár. *habbalmosc,* grano de almizcle) *m.* Planta malvácea de tallo velludo y hojas acorazonadas, cuyas semillas, de color almizclado, se emplean en medicina y perfumería *(Hibiscus abelmoschus).*
SIN. **Algalia, ambarillo, ambarina.**
abemoladamente (v. *bemol*) *adv. m.* Dulcemente.
abemolar *tr.* Suavizar, dulcificar [la voz]. 2 Poner bemoles [a una nota].

abencerraje *m.* Individuo de una familia del reino granadino, famosa por su rivalidad con los cegríes. -2 *f.* Mariposa diurna de pequeño tamaño, de color azul oscuro con amplios bordes negros *(Pseudophilotes abencerragus).*
abenuz (ár. *abnūs* < l. *ebenus*) *m.* Ébano.
abéñula *f.* Cosmético para la higiene y embellecimiento de las pestañas.
aberenjenado, -da *adj.* De color o figura de berenjena.
aberia *f.* Arbusto que sirve para formar setos vivos *(Aberia caffra).*
aberración (l. *-atione*) *f.* Desviación, esp. de la verdad, de la rectitud, de lo que parece natural y lógico. 2 Extravío momentáneo de la razón o de los sentidos. 3 Desvío aparente de los astros que proviene de la velocidad de propagación de la luz combinada con la del movimiento de traslación de la Tierra. 4 ~ ***esférica,*** en una lente o espejo esférico, falta de convergencia en un solo foco de los rayos de luz que emanan de un solo punto. 5 ~ ***cromática,*** incapacidad de una lente de reunir en un mismo foco rayos de longitud de onda distinta, lo cual produce cromatismo. 6 BIOL. Desviación del tipo normal que en determinados casos experimenta un carácter morfológico o fisiológico.
aberrante *adj.* Que se separa de la norma o regla general.
aberrar (l. *-are*) *intr.* Errar, equivocarse.
aberrear *tr.-prnl. Perú.* Encolerizar.
abertal *adj. Terreno* ~, el que se agrieta con la sequía. 2 [campo o finca rústica] Que no está cerrado de ninguna manera.
abertura *f.* Efecto de abrir o abrirse. 2 Apertura (de un testamento). 3 Hendidura, agujero o grieta. 4 Hueco practicado en las fachadas, como las ventanas, balcones, etc. 5 Terreno ancho y abierto entre dos montañas. 6 Ensenada. 7 fig. Franqueza en el trato. 8 Acción de deshilachar las masas de algodón en bruto de las balas. 9 ASTRON. Diámetro útil de un anteojo, telescopio u objetivo. 10 FON. Amplitud que los órgano articulatorios dejan al paso del aire, al producirse la emisión de un sonido. 11 FON. Cualidad que el sonido recibe según sea la amplitud que los órganos articulatorios dejan al paso del aire, cuando es emitido.
abertzale (voz vasca) *adj.-s.* Nacionalista vasco radical, partidario de la independencia.
abesana *f.* Besana.
abesón *m.* Eneldo (hierba).
abestiado, -da *adj.* Que parece bestia o de bestia.
abestiarse (paras. de *bestia*) *prnl.* Embrutecerse. ◇ ** CONJUG. [12] como ***cambiar.***
abéstola *f.* Aguijada (limpiadera).
abetal *m.* Terreno poblado de abetos.
I) abete *m.* Abeto.
II) abete (fr. *happette,* tenacilla de hierro) *m.* Hierrecillo con un gancho en cada extremo, para asegurar en el tablero la parte del paño que se tunde de una vez.
abetinote *m.* Resina del abeto.
SIN. **Abietino.**
abeto *m.* Árbol abietáceo, propio de la alta montaña, de tronco recto y elevado, copa cónica de ramas horizontales y fruto casi cilíndrico (gén. *Abies).* 2 Madera de este árbol. 3 ~ ***blanco,*** la variedad común en España *(Abies pectinata).* 4 ~ ***de Douglas,*** el que se distingue por presentar los conos cilíndricos y dirigidos hacia abajo *(Pseudotsuga mentiessi).* 5 ~ ***gigante,*** el de crecimiento muy rápido, cuyas hojas al ser frotadas despiden olor a naranja *(Abies grandis).* 6 ~ ***noble,*** el cónico de follaje gris azulado *(Abies procera).* 7 ~ ***del Norte, falso*** o ***rojo,*** picea.
SIN. *1* **Pinabete, sapino.**
abetunado, -da *adj.* Parecido al betún.
abetunar (paras.) *tr.* Embetunar.
abey (voz indígena antillana) *m.* Árbol de las Antillas, de la familia de las leguminosas, de unos 20 m. de altura, con hojas alternas y ovaladas, que sirven para mantener el ganado; su madera se usa en carpintería *(Poeppigia excelsa).* También *abey hembra.* 2 Árbol tropical de la familia de las bignoniáceas, de gran altura, cuya madera se aprecia mucho para obras de torno *(Jacaranda coerula, J. caroba).*
abiar *m.* Manzanilla loca. ◇ HOMÓF.: *aviar* (v.).
abibute *f. And.* Abubilla.
abicar *intr. Can.* Morir. ◇ ** CONJUG. [1] como ***sacar.***
abicharse (de *bicho*) *prnl. And., Argent.* y *Urug.* Agusanarse la fruta. 2 *And., Argent.* y *Urug.* Criar gusanos las heridas de una persona o de un animal.
abichón *m.* Pez marino teleósteo, pequeño, de cuerpo estrecho, aleta caudal ahorquillada y característica línea plateada a ambos lados del cuerpo *(Atherina presbyter).*
abieldar *tr.* Beldar.
abiertamente *adv. m.* Sin reserva, francamente.
abierto, -ta (l. *apertu*) pp. irreg. de *abrir.* 2 *adj.* Llano, raso: *campo* ~. 3 No murado o cerrado: ***ciudad abierta,*** fig., ciudad no fortificada ni guarnecida, indefensa. 4 Libre de limitaciones: *puerto* ~. 5 fig. Ingenuo, franco: *rostro* ~; ***con los brazos abiertos,*** fig., cordialmente. 6 Claro, indudable. 7 Comprensivo, tolerante. 8 [caballería] Que, por la disposición de los dientes, demuestra ser joven, o que sufre relajación de ciertos músculos torácicos. 9 [embarcación] Que no tiene cubierta; [carruaje] descubierto. 10 Especificativo, con varia significación, de ciertos substantivos: *cuenta* ~; *guerra* ~; *concejo* ~; *crédito* ~; *testamento* ~; ***traducir, explicar a libro*** ~, sin preparación. -11 ***adj.-m.*** DEP. [prueba, torneo, etc.] Con participación de profesionales y no profesionales. -12 *m. Colomb.* Terreno adecuado para la siembra.
SIN. *5* V. **Sincero.**
abietáceo, -a *adj.-f.* Planta de la familia de las abietáceas. -2 *f. pl.* Familia de plantas coníferas de hojas esparcidas aciculares, flores femeninas de muchos carpelos y fruto en piña; como el abeto y el pino.
abiete *m.* Abeto.
abietíneo, -a *adj.-s.* Abietáceo.
abietino, -na (l. *-nu*) *adj.* Relativo a la resina del abeto. -2 *m.* Abetinote.
abigarrado, -da (fr. *bigarré*) *adj.* De varios colores mal combinados. 2 Que no presenta uniformidad de color, esp. los minerales y las hojas de los vegetales. 3 en gral. Heterogéneo e inconexo: *discurso* ~; *libro* ~.
SIN. **Bigarrado,** p. us.
abigarramiento *m.* Calidad de abigarrado. 2 Acción de abigarrar. 3 Efecto de abigarrar.
abigarrar *tr.* Poner [a una cosa] varios colores combinados en desorden.
abigeato (l. *-tu*) *m.* DER. Hurto de ganado o bestias.
abigeo (l. *-eu*) *m.* El que hurta ganado o bestias.
abigotado, -da (paras.) *adj.* Bigotudo.
abijar *tr. Colomb.* Azuzar [a los perros].
abinar *tr.* Binar.
abintestato (l. *ab intestato*) *m.* Procedimiento judicial sobre herencia y adjudicación de bienes del que muere sin testar: *de este* ~ *conoce el juez competente.*
abio- (de *a-* II + *bio-*) Elemento prefijal que entra en la formación de palabras con el significado de sin vida: *abiogénesis.*
abiogenesia *f.* Abiogénesis.
abiogénesis (*abio-* + *-génesis*) *f.* Generación espontánea. Teoría refutada por Pasteur (1822-1895).
abiología (*abio-* + *-logía*) *f.* Ciencia que se ocupa de la vida inorgánica.
abioquímica (*abio-* + *química*) *f.* Química inorgánica.
abiosis *f.* Suspensión aparente de la vida por sustracción de oxígeno, agua, etc.
abiótico, -ca *adj.* [región] En donde no es posible la vida.
abiotrofia (*abio-* + *-trofia*) *f.* Pérdida de resistencia específica debida a una disminución de vitalidad.
abipón, -na *adj.-s.* De un pueblo amerindio que habitaba cerca del Paraná. -2 ***adj.-m.*** Lengua precolombina hablada antiguamente en Paraguay.
abirritación *f.* MED. Disminución de los fenómenos vitales en los tejidos al cesar la irritación.
abirritar (de *ab-* + *irritar*) *tr.* MED. Hacer disminuir la irritación y con ella la sensibilidad [de una parte del cuerpo].
abisagrar *tr.* Clavar o fijar bisagras [en las puertas y sus marcos o en otros objetos]. 2 *Chile.* Alisar y dar lustre a los zapatos con la bisagra II.
abisal *adj.* lit. Abismal. 2 [zona del mar profundo] Que se extiende más allá del talud continental, y corresponde a profundidades mayores de 2.000 m. 3 Perteneciente o relativo a dicha zona.
abiselar *tr.* Biselar.
abisinio, -nia *adj.-s.* De Abisinia, actual Etiopía, nación del nordeste de África. -2 *m.* Etiópico.
abismado, -da *adj.* [pers.] Ensimismado, reconcentrado. 2 BLAS. [piedra del escudo] Que está en el abismo.
abismal *adj.* Relativo al abismo. 2 Profundo, insondable, incomprensible.
abismar *tr.* Hundir [una cosa] en un abismo: fig., *el mal gusto abisma la poesía y la elocuencia.* 2 Confundir, abatir: *la grande-*

za de Dios abisma nuestra inteligencia. -3 ***prnl.*** Entregarse del todo a la contemplación, al dolor, etc.: *abismarse en el dolor.* 4 *Amér.* Asombrarse, extrañarse.
abismático, -ca ***adj.*** Profundo como un abismo; insondable.
abismo (l. *abyssimu* < gr. *ábyssos,* sin fondo) ***m.*** Profundidad grande, imponente y peligrosa. 2 Infierno. 3 fig. Cosa inmensa, insondable o incomprensible: ~ *de crueldad.* 4 fig. Gran diferencia u oposición: *entre sus opiniones media un ~; entre tu carácter y el mío hay un ~.* 5 BLAS. Punto o parte central del escudo.
abiso- (gr. *ábyssos,* sin fondo) Elemento prefijal que entra en la formación de palabras con el significado de muy profundo: *abisodinamia.*
abisodinamia (*abiso-* + gr. *dynamis,* fuerza) ***f.*** Parte de la dinámica que estudia las fuerzas a grandes profundidades.
abisopelágico (*abiso-* + *pelágico*) ***adj.*** Que flota en las profundidades del océano.
abitadura ***f.*** MAR. Acción de abitar.
abitaque ***m.*** Cuartón (madero).
abitar (paras.) ***tr.*** Amarrar a las bitas [el cable del ancla fondeada]. ◇ HOMÓF.: *habitar.*
abitón (de *bita*) ***m.*** MAR. En un buque, madero vertical para amarrar cabos.
abizcochado, -da (paras.) ***adj.*** Parecido al bizcocho.
abjasio, -sia ***adj.-s.*** De Abjasia, república del sudeste del la Unión Soviética. -2. ***adj.-m.*** Lengua abaskokerketa, hablada en esta república soviética.
abjurable ***adj.*** Que se debe o se puede abjurar.
abjuración (l. *-atione*) ***f.*** Acción de abjurar. 2 Efecto de abjurar.
abjurar (l. *abiurare*) ***tr.*** Retractar con juramento [una doctrina religiosa]: *abjuró el calvinismo.* 2 p. ext. Renunciar solemnemente un error, opinión o estado: ~ *el sacerdocio.* ◇ Modernamente se usa como intr. ~ *de la poesía.*
SIN. Para matices de signif., v. **apostatar.**
ablación (l. *-atione*) ***f.*** Separación, extirpación de cualquier parte del cuerpo. 2 CIR. Extirpación de algún tejido del cuerpo. 3 GEOL. Fusión parcial de un glaciar a causa del calor: ***zona de ~,*** zona de deshielo en un glaciar. 4 GEOL. Arrastre de materiales de la corteza terrestre efectuado por los ríos, vientos, olas, etc. 5 TECNOL. Pérdida de materia superficial por fusión o por sublimación.
ablactación ***f.*** Supresión de la lactancia.
ablactar ***tr.*** Incorporar leche a una salsa o masa.
ablana ***f.*** *Ast.* Avellana.
ablanar ***m.*** *Ast.* Avellano.
ablancado, -da ***adj.*** Blanquecino; de color claro y desvaído, tirando a blanco.
ablandabrevas ***com.*** fig. *y* fam. Persona inútil o perezosa. ◇ Pl.: *ablandabrevas.*
ablandador, -ra ***adj.*** Que ablanda.
ablandadura ***f.*** Acción de ablandar o ablandarse. 2 Efecto de ablandar o ablandarse.
ablandahígos ***com.*** ant. Ablandabrevas. ◇ Pl.: *ablandahígos.*
ablandamiento ***m.*** Acción de ablandar o ablandarse. 2 Efecto de ablandar o ablandarse. 3 ~ ***del agua,*** acción de eliminar del agua las sales cálcicas y magnésicas que contiene. 4 QUÍM. Procedimiento especial de refinación que tiene por objeto suprimir el mal olor o las propiedades corrosivas de ciertas esencias y productos derivados del petróleo.
ablandar (paras.) ***tr.-prnl.*** Poner blanda [una cosa]: *el fuego ablanda la cera; la cera se ablanda.* 2 Mitigar la fiereza o el enojo [de alguno]. 3 Laxar, suavizar: *las ciruelas ablandan el vientre.* -4 ***intr.-prnl.*** Ceder en sus rigores o fuerza el frío o el viento: *el invierno ablanda; se ablandó el vendaval.* -5 ***prnl.*** Acobardarse.
SIN. *1* y *2* **Blandear, emblandecer.** *1, 2* y *3* **Enmollecer, reblandecer, lentecer, relentecer.** *1* y *3* **Molificar,** esp. en MED.
ablandativo, -va ***adj.*** Que tiene virtud de ablandar.
ablande (de *ablandar*) ***m.*** *Argent.* y *Urug.* Rodaje de un automóvil, situación en que se encuentra mientras no ha recorrido la distancia inicial prescrita por el constructor.
ablandecer (paras.) ***tr.*** Ablandar (poner blando). ◇ ** CONJUG. [43] como ***agradecer.***
ablativo (l. *-vu*) ***m.*** Caso de la declinación indoeuropea que expresa relaciones diversas, clasificables todas ellas como complementos circunstanciales. Habiéndose perdido la declinación latina, el español expresa dichos complementos por medio de las prep. *con, de, desde, en, por, sin,* etc., y en ciertos casos *a* y *para:* ~ ***absoluto,*** elemento subordinado, en español puesto en aposición, y en latín formado por un nombre y un participio los dos en ablativo; *limpia la armadura, vistiósela; hablando, le dio una congoja; agraviado, tuvo que defenderse.*
-able, v. -ble.
ablefaria (gr. * abléfaros,* sin párpados) ***f.*** MED. Falta congénita de los párpados.
ablegado (l. *-atu*) ***m.*** Enviado apostólico encargado de llevar el birrete a los nuevos cardenales.
ablentador ***m.*** *Logr.* Bieldo.
ablentar ***tr.*** Aventar.
ablepsia (*a-* II + gr. *blepsis,* vista) ***f.*** MED. Ceguedad (de la vista).
ablución (l. *-utione*) ***f.*** Lavatorio (acción). 2 Acción de purificarse por medio del agua, según ritos de las religiones judaica, mahometana, etc. 3 Ceremonia de purificar el cáliz y de lavarse los dedos el sacerdote después de consumir. 4 QUÍM. Lavado abundante de un cuerpo para eliminar las sales sobrantes que contenga. -5 ***f. pl.*** Vino y agua con que el sacerdote hace la purificación y el lavatorio.
abluente (l. *abluere,* lavar) ***adj.*** Detersorio.
ablusado, -da ***adj.*** [prenda de vestir] Holgado.
abnegación ***f.*** Sacrificio o renuncia de la voluntad, de los afectos o de los bienes materiales en servicio de Dios, del prójimo, ideales, etc.
abnegadamente ***adv. m.*** De manera abnegada.
abnegado, -da ***adj.*** Que tiene abnegación.
abnegar (l. *-are*) ***tr.-prnl.*** Renunciar uno voluntariamente [a sus afectos o intereses]. ◇ ** CONJUG. [48] como ***regar.***
abobado, -da ***adj.*** Que parece bobo, o de bobo.
abobamiento ***m.*** Acción de abobar o abobarse. 2 Efecto de abobar o abobarse.
abobar (paras.) ***tr.-prnl.*** Hacer bobo [a alguno]. 2 Embobar.
abobilla ***f.*** Abubilla.
abobillo ***m.*** *And.* Abubilla.
abobito ***m.*** *Can.* Abubilla.
abobo ***m.*** *Can.* Abubilla.
abobra ***f.*** Género de plantas cucurbitáceas, trepadoras, de jardín.
abocadear ***tr.*** Herir o maltratar a bocados [a alguno]. 2 Tomar bocados [de alguna cosa].
abocado ***adj.*** fig. Próximo, expuesto a. 2 V. vino abocado. -3 ***m.*** *Filip.* Aguacate.
abocamiento ***m.*** Acción de abocar o abocarse. 2 Efecto de abocar o abocarse.
abocanar ***intr.*** *Ast.* Escampar, cesar de llover. 2 *Ast.* Guarecerse de la lluvia.
abocar (paras.) ***tr.*** Asir con la boca [alguna cosa]. 2 Verter [el contenido de un recipiente] en otro. 3 Acercar, aproximar: ~ *la artillería; abocarse las tropas;* fig., *verse abocado a un peligro, a la quiebra.* -4 ***prnl.*** Juntarse una o más personas con otra para tratar un negocio. -5 ***intr.*** Comenzar a entrar en un canal, puerto, etc.: *la nave abocó en el estrecho.* -6 ***tr.*** *Logr.* Poner dos colmenas boca con boca para partir una de ellas. ◇ HOMÓF.: *avocar.* ◇ ** CONJUG. [1] como ***sacar.***
abocardado, -da ***adj.*** [arma de fuego] Que tiene la boca semejante a la de la trompeta. 2 ARQ. V. arco abocinado.
SIN. *1* **Atrompetado.**
abocardar (paras.) ***tr.*** Ensanchar la boca [de un tubo o de un agujero].
abocardo ***m.*** Alegra.
abocatero ***m.*** GALIC. Aguacate.
abocelado, -da ***adj.*** Que tiene forma de bocel.
abocelar ***intr.*** Abocinar (caer).
abocetado, -da ***adj.*** Hecho de manera de boceto.
abocetamiento (de *boceto*) ***m.*** Acción de abocetar. 2 Efecto de abocetar.
abocetar (paras.) ***tr.*** Hacer el boceto [de un cuadro o escultura]. 2 Pintar [un cuadro] de manera que parezca un boceto.
abochornado, -da ***adj.*** Bochornoso.
abochornar (paras.) ***tr.-prnl.*** Causar bochorno [a uno] el excesivo calor: *el sol nos abochorna.* 2 fig. Sonrojar: *abochornarse de algo, o por, alguien.* -3 ***prnl.*** Enfermar las plantas a causa del calor.
I) abocinado, -da ***adj.*** De figura semejante a la bocina. 2 ARQ. [vano] Cuya anchura aumenta o disminuye progresivamente. 3 ARQ. V. arco ~.
SIN. *2* **Embocinado.**

II) abocinado, -da *adj.* [caballería] Que va con la cabeza baja y con el cuerpo cargado hacia adelante.
I) abocinar (paras.) *tr.* Dar forma de bocina [a alguna cosa].
II) abocinar *intr.* Caer de bruces. -2 *prnl.* Marchar una caballería con el cuerpo abocinado. 3 y *Chile.* Refiriéndose al cubo de las ruedas, agrandarse el agujero.
abofado, -da *adj.* Fofo, hinchado.
abofarse *prnl.* Afofarse, hincharse, abotargarse.
abofellar *tr.* Poner huecos [los vestidos, cintas, telas, etc.].
abofeteador, -ra *adj.-s.* Que abofetea.
abofetear (paras.) *tr.* Dar de bofetadas [a uno].
abogacía *f.* Profesión y ejercicio de abogado.
abogadear *intr.* Ejercer la abogacía poco dignamente, o sin títulos para ello.
abogaderas *f. pl. Amér. Merid.* Argumentos capciosos: *no me venga usted con abogaderas.*
abogadesco, -ca *adj.* desp. Relativo al abogado o a su profesión.
abogadil *adj.* desp. Propio de abogados.
abogadillo *m.* Dim. desp. de *abogado.*
abogadismo *m.* desp. Intervención excesiva de los abogados en asuntos públicos. 2 Método o espíritu abogadil en cuestiones ajenas a la abogacía.
abogado, -da (l. *advocatu*) *m. f.* Licenciado en derecho que se dedica a defender en juicio los derechos e intereses de los litigantes y a dar dictamen sobre cuestiones judiciales: ~ *de pobres,* el que defiende de oficio; ~ *del diablo,* fig., promotor de la fe, y, p. ext., contradictor de buenas costumbres; ~ *de secano,* fig., el que sin haber cursado jurisprudencia entiende de leyes o presume de ello; por ext., el que se mete a hablar de cosas en que es lego; rústico avisado y astuto en el manejo de los negocios superiores a su educación. 2 fig. Intercesor o medianero. -3 *f.* Mujer del abogado.
SIN. **Letrado; licenciado,** en algunos países de Amér.; **vocero,** antig.; **jurisconsulto, jurista, jurisperito, legista,** estimativos; **abogadillo, leguleyo, picapleitos, rábula,** despectivos.
abogador (l. *advocatore,* el que convoca) *m.* Muñidor (criado).
abogar (l. *advocare,* llamar cerca de sí) *intr.* Defender en juicio. 2 fig. Interceder, hablar en favor de alguien: ~ *por,* o *contra, alguien* o *alguna cosa.* ◇ ** CONJUG. [7] como *llegar.*
abohetado, -da *adj.* Abuhado.
abohmio *m.* FÍS. Unidad de resistencia en el sistema electromagnético.
abolaga *f.* Tojo (arbusto).
abolengo (de *abuelo*) *m.* Ascendencia de abuelos o antepasados. Solera, alcurnia: *es una familia de rancio* ~. 3 DER. Patrimonio o herencia que viene de los abuelos.
SIN. *1* **Abolorio.**
abolición *f.* Acción de abolir. 2 Efecto de abolir.
abolicionismo *m.* Doctrina nacida en Inglaterra, en el s. XVIII, que defendía la inmediata abolición de la esclavitud.
abolicionista *adj.-com.* Que procura la abolición de una ley o costumbre, y esp. partidario del abolicionismo.
abolindio *m. La Mancha.* Gentío tumultuario.
abolir (l. *abolere*) *tr.* Derogar, dejar sin vigor [un precepto o costumbre]. 2 Suprimir la vitalidad a alguna de las actividades [de un órgano]. ◇ Verbo defectivo; se usa sólo en los tiempos y personas cuya desinencia contiene la vocal *i: abolía, aboliré, aboliendo*; pero no en los que no contienen dicha vocal, p. ej., en los presentes.
SIN. **Abrogar, derogar, revocar, casar, cancelar, rescindir. Abolir,** es el más gral. entre ellos, puesto que puede abolirse no sólo una ley, orden, convenio, etc., sino también una costumbre, moda, etiqueta. Pero, por ser v. defectivo, se le sustituye a menudo por vbs. de significación más extensa (**anular, suprimir**), o por los de aceps. particulares adecuadas, como los que siguen. **Abrogar** (p. us.) y **derogar,** son términos exclus. legales, y su ejecución compete al legislador. En **revocar** predomina el matiz de dejar sin efecto una orden, disposición, etc., por voluntad del mismo que la dictó, o de un superior suyo: *el padre revocó su testamento; el ingeniero ha revocado las disposiciones del capataz;* **casar,** es término judicial, e indica la anulación de una resolución o sentencia por un tribunal superior; ***cancelar,*** es extinguir una obligación, esp. una deuda: ~ *una hipoteca;* ***rescindir,*** es anular un contrato.
abolorio *m.* Abolengo (ascendencia).
abolsado, -da *adj.* Que hace o forma bolsas.
abolsarse (paras.) *prnl.* Tomar figura de bolsa, ahuecarse: *sus ojeras se abolsaron con los años; las paredes se han abolsado con la humedad.*
abomaso (l. *omasu,* tripas del buey) *m.* Cuajar (cavidad).
abombado, -da *adj.-s.* De figura convexa. 2 [agua] Que se ha echado a perder y, por ext., [hombre] que ha perdido el prestigio. 3 *Amér.* Que está achispado, ebrio, aturdido o entontecido.
abombar (paras.) *tr.-prnl.* Dar o adquirir forma convexa [alguna cosa]: *el techo se ha abombado con la lluvia; la presión interior abombó la tapa.* 2 fig. Aturdir: *tanto ruido me abomba la cabeza.* -3 *intr.* Dar a la bomba. -4 *prnl. Amér.* Empezar a corromperse una cosa. 5 *Amér.* Achisparse.
abominable (l. *-abile*) *adj.* Digno de ser abominado.
abominablemente *adv. m.* De modo abominable.
abominación *f.* Acción de abominar. 2 Efecto de abominar. 3 Cosa abominable.
abominar (l. *-ari*) *tr.* Condenar, maldecir [a pers. o cosa] muy enérgicamente: ~ *la mentira;* intr., ~ *de los libros de caballerías.* 2 Aborrecer (tener aversión).
SIN. *1* **Derrenegar,** decir peste de alguien, **execrar.** *2* **Detestar.**
abonable *adj.* Que puede o debe ser abonado.
I) abonado, -da *adj.* Que es de fiar. 2 Dispuesto a decir o hacer una cosa. -3 *m.* Acción de abonar tierras laborables: ~ *foliar,* el que se ejecuta, los años secos, en las viñas y otras plantaciones, para suministrarles elementos fertilizantes a través de las hojas. 4 Efecto de abonar tierras laborables.
II) abonado, -da *m. f.* Persona que ha tomado un abono.
abonador, -ra *adj.* Que abona. -2 *m. f.* Persona que abona al fiador y responde por él. -3 *m.* Barrena de mango largo que usan los toneleros.
abonamiento *m.* Acción de abonar (acreditar).
abonanzar (paras.) *intr.* Calmarse la tormenta o serenarse el tiempo. 2 fig. Calmarse una situación borrascosa. ◇ ** CONJUG. [4] como ***realizar.***
I) abonar (b. l. *-are* < *ad,* a + *bonus,* bueno) *tr.* Acreditar o calificar de bueno [a alguno]. 2 Salir por fiador [de alguno]. 3 Dar por cierta [alguna cosa]. 4 Mejorar [alguna cosa] en su condición o estado; esp., beneficiar [la tierra] con materias fertilizantes. -5 *intr.* Abonanzar.
SIN. *4* v. **Fertilizar.**
II) abonar (fr. *abonner,* der. del ant. *bonne,* límite) *tr.-prnl.* Inscribir [a alguno] mediante pago para que pueda disfrutar de alguna comodidad o servicio: *me aboné al casino.* -2 *tr.* Pagar; tomar en cuenta, admitir [algo] en parte de pago. 3 COM. Asentar en las cuentas corrientes [las partidas que corresponden al haber]. 4 COM. Pagar la cantidad correspondiente a cada uno de los vencimientos de una venta o un préstamo a plazos. -5 *prnl. Bol.* Reconciliarse.
SIN. *3* **Adatar,** ant.
abonaré *m.* Documento expedido en equivalencia de una partida de cargo sentada en cuenta.
abondo *m. Extr.* Abundamiento. -2 *adv. m.* fam. Abundantemente.
abonero, -ra *m. f. Méj.* Comerciante callejero y ambulante que vende por abonos, pralte. entre las clases populares.
I) abono (de *abonar* I) *m.* Fianza, garantía. 2 Substancia mineral u orgánica que se añade a la tierra para fertilizarla.
II) abono (de *abonar* II) *m.* Acción de abonar o abonarse. 2 Derecho que adquiere el que se abona. 3 Asiento en el haber de una cuenta. 4 Lote de entradas o billetes que se compran conjuntamente, y que permiten a una persona el uso periódico o limitado de algún servicio, de alguna instalación deportiva, sanitaria o recreativa, o la asistencia a una serie predeterminada de espectáculos. 5 Documento en que consta el derecho de quien se abona a alguna cosa. 6 *Méj. Nicar.* COM. Pago parcial de un préstamo o una compra a plazos.
CONTR. *3* **Adeudo.** FR. *Ser de abono una cosa,* tener validez en favor de una persona.
abonuco *m. Cuba.* Babunuco.
aboquillado, -da *adj.* Que tiene forma de boquilla.
aboquillar (paras.) *tr.* Poner boquilla [a alguna cosa]. 2 Dar [a una abertura] la forma abocardada. 3 ARQ. Chaflanar.
aboral *adj.* ZOOL. Opuesto a la boca. 2 Distante de la boca.
abordable *adj.* Que se puede abordar. 2 fig. Accesible, tratable.
abordador, -ra *adj.* Que aborda.
abordaje *m.* Acción de abordar dos embarcaciones: ***entrar, saltar, tomar, al*** ~, pasando la gente del buque abordador al abordado para pelear.
abordar (paras.) *tr.-intr.* Rozar o chocar una embarcación [con otra]. 2 Atracar una nave [al desembarcadero o muelle]. 3 p. anal.

Acercarse [a alguno] para tratar con él de un asunto. 4 p. ext. Emprender o plantear [un asunto o negocio difíciles]. 5 Aportar, tomar puerto: ~ *a la isla; ~ la tierra; ~ en un escollo.*
abordo *m.* Abordaje.
abordonar *intr.* Andar apoyándose en un bordón.
aborigen (l. *-igine < ab,* de + *origine,* origen) *adj.* Originario del suelo en que vive. -2 *adj.-m.* Primitivo morador de un país: *los aborígenes de la Galia.* ◇ INCOR.: *aborígena.*
CONTR. **Alienígena.**SIN. *2* **Autóctono,** sólo suele emplearse como adj.: *raza autóctona;* **indígena,** se aplica a pueblos de civilización inferior; **originario, natural** y **nativo,** por tener otras aceps., no indican con exactitud la idea de *aborigen.*
aborlonado, -da *adj. Colomb., Chile* y *Ecuad.* Acanillado.
aborrachado, -da (paras.) *adj.* De color encarnado muy encendido.
aborrajar (paras. de *borrajo*) *tr.-prnl.* Secarse antes de tiempo las mieses. -2 *tr. Colomb.* Rebozar [alguna comida].
aborrascarse (paras.) *prnl.* Ponerse el tiempo borrascoso. ◇ ** CONJUG. [1] como ***sacar.***
aborrecedor, -ra *adj.-s.* Que aborrece.
aborrecer (l. *abhorrescere*) *tr.* Tener aversión [a alguna persona o cosa]: ~ *de muerte a uno.* 2 Abandonar las aves [el nido, los huevos, las crías]. 3 Aburrir (fastidiar). ◇ ** CONJUG. [43] como ***agradecer.***
SIN. *1* **Odiar, detestar** (intensivo).
aborrecible *adj.* Digno de ser aborrecido.
aborreciblemente *adv. m.* De modo aborrecible.
aborrecido, -da *adj.* Que está aburrido.
aborrecimiento *m.* Acción de aborrecer. 2 Efecto de aborrecer. 3 ant. Aburrimiento.
SIN. V. **Antipatía.**
aborregarse (paras. de *borrego*) *prnl.* Cubrirse el cielo de nubes blanquecinas a modo de vellones de lana. 2 Volverse gregaria, estúpida, sin iniciativa ni ideas propias una persona. 3 *Perú* y *R. de la Plata.* Acobardarse. ◇ ** CONJUG. [7] como ***llegar.***
aborricarse *prnl.* Atontarse, embrutecerse. ◇ ** CONJUG. [1] como ***sacar.***
aborronar *intr. Ast.* Hacer borrones u hormigueros para quemar las hierbas inútiles.
abortamiento *m.* Aborto.
abortar *tr.-intr.* Dar a luz antes de tiempo, ya sea fortuitamente, ya intencionadamente. -2 *tr.* fig. Producir [alguna cosa] imperfecta o abominable. 3 fig. Interrumpir voluntariamente una acción o proceso en desarrollo: *el piloto abortó el despegue del avión.* -4 *intr.* BOT. No alcanzar las plantas el desarrollo de algunos de sus órganos. 5 MED. Desaparecer una enfermedad antes del tiempo previsto. 6 fig. Fracasar, malograse alguna cosa.
SIN. *1* **Malparir, mover, amover.**
abortista *com.* Partidario de la despenalización del aborto intencionado.
abortivo, -va *adj.* Nacido antes de tiempo. -2 *adj.-m.* Que hace abortar.
aborto (*-tu < ab* priv. + *ortu,* nacimiento) *m.* Acción de abortar. 2 Cosa abortada. 3 fig. Engendro, criatura informe. 4 fig. Fracaso. 5 fam. Persona o cosa desagradable.
SIN. *1* **Malparto.**
abortón *m.* Cuadrúpedo abortado. 2 Piel del cordero abortón.
aborujar (paras.) *tr.* Hacer que [una cosa] forme borujos. -2 *prnl.* Arrebujarse.
SIN. **Emburujar, aburujar.**
abotagamiento *m.* Acción de abotagarse. 2 Efecto de abotagarse.
abotagarse, abotargarse (ant. *buétago,* bofe; sobre la raíz *bott-,* hinchazón × *botarga*) *prnl.* Hincharse el cuerpo de una persona o de un animal, gralte. por enfermedad. ◇ ** CONJUG. [7] como ***llegar.***
abotijarse *prnl.* Adquirir la forma de botijo.
abotinado, -da (paras.) *adj.* Hecho en figura de botín.
abotonador *m.* Instrumento con un gancho o agujero en el extremo, que sirve para abotonar (ajustar).
abotonadura *f.* Acción de abotonar. 2 Efecto de abotonar. 3 Botonadura.
abotonar (paras.) *tr.-prnl.* Ajustar [una prenda de vestir] con botones. -2 *tr.* Adornar un plato con guarniciones o alimentos en forma de botón. -3 *intr.* Echar botones las plantas. 4 Arrojar el huevo por la cáscara botoncillos de clara cuando se cuece. 5 *Méj.* Tapar una acequia con el fin de desviar una corriente. 6 *Nicar.* fig. Adular.
abovedado, -da *adj.* Corvo, combado.
abovedar (paras.) *tr.* Cubrir con bóveda, dar figura de bóveda.
SIN. **Embovedar.**
aboyado, -da (paras.) *adj.* [finca rústica] Que se arrienda juntamente con bueyes para labrar. 2 [finca rústica] Que se destina al mantenimiento de ganado vacuno.
aboyar *tr.* MAR. Poner boyas [en un sitio]. -2 *intr.* Flotar un objeto en el agua.
abozalar (paras.) *tr.* Poner bozal [a un animal].
abozo (del l. *albucium,* gamón) *m. Ar.* Gamón.
abra (fr. *havre,* puerto de mar) *f.* Bahía no muy extensa. 2 Abertura entre dos montañas. 3 Grieta en un terreno producida por concusiones sísmicas. 4 MAR. Distancia entre los palos de la arboladura. 5 *Amér.* Lugar despejado en un bosque. 6 *Nicar.* y *S. Dom.* Trocha (camino). 7 *Colomb.* Hoja de una puerta o ventana. ◇ HOMÓF.: *abra* (v.).
abracadabra *m.* Palabra cabalística que se escribía en once renglones, de modo que formasen un triángulo, y a la cual se atribuía la propiedad de curar ciertas enfermedades.
abracadabrante *adj.* hum. Sorprendente, confuso, alegre: *un lío ~; chistes abracadabrantes; una situación ~.*
abracadera *f. Cuba* y *Perú.* Acto de agarrarse, riñendo, dos personas.
abracar *tr.-prnl. Can.* y *Amér.* Ceñir, abrazar, abarcar. ◇ ** CONJUG. [1] como ***sacar.***
abracijo *m.* fam. Abrazo.
Abraham *m.* BIBL. Primer patriarca de los hebreos. 2 V. seno de Abraham.
abrahonar (paras.) *tr.* Abrazar con fuerza [a otro] por los brahones.
abrandecosta *m. Cuba.* Árbol de madera compacta y de color parecido a la caobilla *(Bunchosia nitida).*
abrano, -na *adj.-s.* De Abra, provincia de Filipinas, en la isla de Luzón.
abranquio, -a (*a-* II + *-branquio*) *adj.* Que carece de branquias.
abrasador, -ra *adj.* Que abrasa.
abrasamiento *m.* Acción de abrasar o abrasarse. 2 Efecto de abrasar o abrasarse.
abrasante *adj.* Abrasador.
abrasar (paras.) *tr.-prnl.* Reducir [alguna cosa] a brasa; quemarla. 2 Secar el excesivo calor o frío [una planta]. 3 Calentar en exceso. -4 *tr.* Producir una sensación de dolor o picor, la sed o algunas substancias. 5 fig. Consumir [los bienes o caudales]. 6 fig. Confundir o avergonzar [a uno] con acciones o palabras. -7 *prnl.* Sentir uno demasiado calor. 8 fig. Estar muy agitado [de alguna pasión]: *abrasarse de amores.* -9 *intr.* Quemar, estar muy caliente.
SIN. *2* **Quemar, agostar.**
abrasilado, -da (paras.) *adj.* Del color del palo brasil. 2 Parecido a este color.
abrasión (*-one < abradere < ab* + *radere,* raspar) *f.* Acción de quitar o arrancar algo por fricción. 2 Proceso destructor debido a agentes de la dinámica externa desarrollados en la superficie terrestre. 3 Acción irritante de los purgantes drásticos. 4 MED. Ulceración superficial de las membranas cuando se desprenden en pequeños fragmentos.
abrasivo, -va *adj.* Relativo a la abrasión o que la produce. -2 *m.* Material duro que sirve para pulir, cortar o afilar uno más blando que él, por ej. el diamante, carborundo, etc.
abrastol *m.* Compuesto químico antiséptico usado en medicina para combatir las neuralgias y reuma articular.
abravecer *tr.* Embravecer (irritar). ◇ ** CONJUG. [43] como ***agradecer.***
abraxas (gr. *abraxás*) *m.* Palabra simbólica, entre los gnósticos, que expresaba el conjunto de las 365 manifestaciones sucesivas atribuidas a Dios. 2 Talismán gnóstico en que estaba grabada esta palabra.
abrazadera *f.* Pieza de metal o madera que sirve para asegurar una cosa a otra: ~ *del fusil.* 2 Sierra grande utilizada por los chiquichaques. 3 IMPR. Corchete (signo).
SIN. *1* **Cuchillero, manija.**
abrazador, -ra *adj.* Que abraza; v. hoja abrazadora. -2 *m.* Hierro o palo combado que en la noria mantiene el peón sujeto al puente. 3 Especie de almohada que se usa en Filipinas para evitar el calor.
abrazamiento *m.* Abrazo.

abrazar (paras.) ***tr.-prnl.*** Ceñir con los brazos [alguna cosa]: *~ un árbol; abrazarse de,* o *con, un árbol.* 2 esp. Estrechar [a uno] entre los brazos en señal de cariño. 3 fig. Rodear, ceñir: *~ mucho terreno.* 4 Comprender, contener, incluir: *~ un período de la historia.* 5 fig. Admitir, seguir: *~ la religión católica.* 6 Tomar uno a su cargo [algo]: *~ un negocio.* ◇ ** CONJUG. [4] como ***realizar.***
abrazo ***m.*** Acción de abrazar o abrazarse. 2 Efecto de abrazar o abrazarse.
abrebalas ***m.*** Máquina para abrir y limpiar las fibras de algodón al ser extraídas de las balas. ◇ Pl.: *abrebalas.*
abreboca (de *abrir + boca*) ***com.*** Abriboca. -2 ***m.*** *Ecuad.* y *Venez.* Aperitivo.
abrebocas ***m.*** Instrumento para mantener abierta la boca del paciente, usado en cirugía oral. ◇ Pl.: *abrebocas.*
abrebotellas (de *abrir + botella*) ***m.*** Descapsulador. ◇ Pl.: *abrebotellas.*
abrecartas ***m.*** Instrumento a manera de cuchillo para abrir cartas o cortar papel. ◇ Pl.: *abrecartas.*
abrecoches (de *abrir + coche*) ***m.*** Persona que abre la puerta de los automóviles a sus usuarios para recibir una propina.
ábrego (l. *africu*) ***m.*** Viento sudoeste.
abrelatas ***m.*** Instrumento para abrir las latas de conservas. ◇ Pl.: *abrelatas.*
abremanos ***m.*** Hierba anual compuesta cuyos capítulos son amarillos y sus brácteas espinosas. Las hojas y tallos son comestibles *(Centaurea solstitialis).* ◇ Pl.: *abremanos.*
abrense ***adj.-com.*** Abrano.
abrenuncio (l.) Voz familiar para dar a entender que se rechaza alguna cosa.
abrepuño (de *abrir + puño*) ***m.*** Arzolla (planta espinosa). 2 Cardencha (planta).
abretonar (paras. de *bretón,* a la bretona) ***tr.*** Amarrar [los cañones] al costado del buque en dirección de popa a proa.
abrevadero ***m.*** Lugar donde se abreva el ganado. 2 *Colomb.* Mina o lugar subterráneo que queda lleno de agua.
SIN. *1* **Bebedero.**
abrevador, -ra ***adj.-s.*** Que abreva. -2 ***m.*** Abrevadero.
abrevar (b. l. **adbiberare < ad + bibere,* beber) ***tr.*** Dar de beber [al ganado]. 2 Regar (esparcir agua). 3 Remojar [las pieles] para adobarlas. 4 fig. Saciar. -5 ***tr.-prnl.*** fig. Beber: *abrevarse en sangre un tirano.*
abreviación ***f.*** Acción de abreviar. 2 Efecto de abreviar.
abreviadamente ***adv. m.*** Compendiosa, sumariamente.
abreviado, -da ***adj.*** Que es resultado de abreviar: *libro de gramática ~.* 2 Parvo, escaso.
abreviador, ***adj.-m.*** Que abrevia o compendia. -2 ***m.*** Oficial de la Cancillería Romana o de la Nunciatura Apostólica que extracta los documentos y las preces.
abreviaduría ***f.*** Empleo u oficina del abreviador.
abreviamiento ***m.*** Reducción del cuerpo fónico de una palabra, generalmente por pérdida de sílabas completas: *cine* por *cinematógrafo.*
REL. v. **Abreviar.**
abreviar (l. *abbreviare*) ***tr.*** Acortar, reducir a menos tiempo y espacio: *~ el camino; ~ la partida;* ***intr.,*** *~ en irse; ~ de razones.* 2 Reducir gráficamente o fónicamente el cuerpo de una palabra, sintagma o enunciado. 3 Acelerar, apresurar: *la ansiedad abrevia los minutos.* 4 *C. Rica* y *Nicar.* Darse prisa. ◇ **CONJUG. [12] como ***cambiar.***
REL. Se llama **abreviatura** a la reducción gráfica, y **abreviamiento,** a la reducción del cuerpo fónico.
abreviatura (l. *abbreviatura*) ***f.*** Acortamiento en la escritura de una o varias palabras, representadas con una o varias de sus letras: *admón.* por *administración; d.e.p.* por *descanse en paz.* 2 Formación resultante de dicho acortamiento. 3 Abreviaduría. 4 Compendio o resumen. 5 fam. *y* fest. Con brevedad o prisa. -6 ***loc. adv. En ~,*** sin alguna de las letras que en la escritura corresponden a cada palabra.
SIN. *1* Entre paleógrafos y bibliógrafos se llama gralte. **sigla** la letra inicial (A. = *Año*) o cualquier signo usado como abreviatura. **Cifra, monograma;** *1* y *2* **Cifra.** REL. **Braquigrafía,** estudio de las abreviaturas. *1* v. **Abreviar.**
abreviaturía ***f.*** Abreviaduría.
abriboca ***com.*** Persona muy distraída que no advierte lo que sucede o se dice a su lado.
abribonado, -da ***adj.*** Que tiene inclinaciones o rasgos de bribón.
abribonarse (paras.) ***prnl.*** Hacerse bribón.
abridero, -ra ***adj.*** Que se abre fácilmente: *ciruela ~.* -2 ***m.*** Variedad del pérsico, cuyo fruto se abre con facilidad *(Prunus persica).* 3 Fruto de este árbol.
abridor, -ra ***adj.*** Que abre. -2 ***m.*** Abridero (árbol y fruto). 3 Cuchilla para despegar la corteza del árbol al hacer un injerto. 4 Arete de oro que se ponen a las niñas de poca edad en cada uno de los lóbulos de las orejas. 5 Abrebotellas, abrelatas. 6 Máquina para deshacer los copos de algodón o de otra fibra textil comprimida por el embalado. 7 *~* ***de láminas,*** grabador. 8 *Ecuad.* Peine de púas largas, gruesas y ralas, escarpidor.
SIN. *3* **Engeridor.**
abrigadero ***m.*** Abrigo (paraje).
abrigado, -da ***m. f.*** Abrigo (paraje).
abrigador, -ra ***adj.*** *Amér.* Que abriga. -2 ***m. f.*** *Méj.* Encubridor de un delito.
abrigaño ***adj.*** Que abriga o da calor. -2 ***m.*** Abrigo (paraje).
abrigar (l. *apricare* o *-ari*) ***tr.-prnl.*** Defender, proteger, resguardar del viento y, p. ext., de cualquier fenómeno atmosférico: *abrigarse bajo techado* o *en el portal; abrigarse del aguacero; ~ con ropa a uno.* 2 fig. Auxiliar, amparar. 3 fig. Aplicar las piernas al vientre [del caballo] para ayudarle. 4 fig. Resguardar [la nave] del viento o de las olas. 5 Guardar [ideas, afectos, etc.]: *~ proyectos; ~ sospechas.* ◇ ** CONJUG. [7] como ***llegar.***
abrigo ***m.*** Defensa contra el frío. 2 Cosa que abriga. 3 Prenda de vestir larga, provista de mangas, que se pone sobre las demás y sirve para abrigar. 4 Paraje defendido de los vientos. 5 Lugar para protegerse en las montañas. 6 fig. Auxilio. 7 ARQUEOL. Covacha natural poco profunda. 8 MAR. Lugar de la costa para abrigar las naves. 9 ***De ~,*** de cuidado.
FR. *Estar al abrigo,* galic. por *estar libre de.* SIN. *3* **Gabán, sobretodo,** el usado por los hombres.
ábrigo ***m.*** Ábrego.
abril (l. *aprile < aperire,* abrir) ***m.*** Cuarto mes del año. 2 fig. Primera juventud: *el ~ de la vida.* 3 fig. Cosa grata por su gentileza o color. -4 ***m. pl.*** Años de la primera juventud: *tiene quince abriles.*
abrileño, -ña ***adj.*** Propio del mes de abril.
abrillantador ***m.*** Artífice que abrillanta piedras preciosas. 2 Instrumento para abrillantar. 3 Producto comercial que se emplea para dar brillo.
abrillantamiento ***m.*** Acción de abrillantar.
abrillantar (paras.) ***tr.*** Labrar en facetas como las de los brillantes [una piedra preciosa]. 2 Iluminar o dar brillantez [a alguna cosa]. 3 fig. Dar más valor o lucimiento [a alguna cosa].
abrimiento ***m.*** Abertura (efecto de abrir).
abrina ***f.*** Mezcla de dos toxinas que aglutina los glóbulos rojos.
abriolar ***tr.*** MAR. Poner a las velas sus brioles.
abrir (l. *aperire*) ***tr.-prnl.*** Descubrir [lo que está cerrado u oculto]: *~ una caja; ~ un aposento; ~ los ojos.* 2 Separar [las hojas de una puerta o cortina], descorrer [un cerrojo]. Tirar [de un cajón, etc.], para descubrir lo que está cerrado u oculto: *la puerta abre,* o *se abre, bien.* 3 Extender [lo que está doblado o encogido]: *~ la mano;* ocupar mayor espacio, extenderse: *el batallón abre sus filas; el batallón se abre; ~ un abanico.* 4 Hender, rasgar, dividir: *~ la tierra; abrirse el techo; ~ de arriba abajo; ~ en canal.* 5 Ir a la cabeza o delante: *~ la lista; ~ la procesión.* 6 Salir en las flores [los pétalos del capullo]: *la flor abre sus pétalos; la flor se abre.* -7 ***tr.*** fig. Hacer accesible: *~ la casa a alguno; ~ unas tierras a la religión.* 8 Separar en ángulo [lo que está unido por los goznes o habitualmente junto]: *~ las tenazas; ~ los brazos.* 9 Cortar por los dobleces las páginas [de un libro]. Romper o despegar [cartas o paquetes]. 10 Cortar algo que está entero o cerrado: *~ un melón.* 11 Mover un mecanismo para dar paso a un fluido por un conducto: *~ un grifo.* 12 Hacer: *~ un agujero; ~ un canal; ~ un camino.* 13 Grabar, esculpir: *~ un troquel; ~ a buril.* 14 Romper la continuidad en alguna cosa: *~ una ventana en la fachada.* 15 fig. Vencer, apartar o destruir un obstáculo: *~ paso.* 16 Desatracar [una embarcación menor]. 17 fig. Confiar una persona a otra su secreto: *se abrió a ella.* 18 Dar principio [a determinadas tareas] o anunciarlas: *~ las Cortes; ~ un concurso; ~ los estudios.* 19 FON. Hacer que se separen los órganos articulados al emitir un sonido, franqueando mayor paso al aire. 20 TAUROM. Separar el toro de la barrera para colocarlo en suerte. -21 ***prnl.*** Relajarse [una parte del cuerpo]. 22 Clarear o serenarse el tiempo. 23 Hablando del vehículo o del conductor que toma una curva, hacerlo por el lado de menor curvatura. 24 *And.* y *Amér.* Irse, apartarse, des-

viarse, hacerse a un lado, separarse de una compañía o amigo. 25 *Amér.* Desmontar [el monte]. -26 ***intr.*** *Amér.* Huir. ◇ CONJUG. reg.; pp. irreg. ***abierto.*** ◇ HOMÓF.: *habría* (v.), *abra* (f.).

EXPR. Declarar, confiar una persona a otra su corazón: *abrirse a,* o *con, los amigos;* ~ *el alma;* ~ *los ojos,* salir de un error; asombrarse; ~ *los labios* o ~ *la boca,* ponerse a hablar; ~ *el apetito,* excitarlo; ~ *cuenta,* iniciarla; ~ *crédito,* concederlo por una cantidad determinada; ~ *el tiempo,* serenarse, aclarar; ~ *un paréntesis,* comenzarlo; fig., romper la continuidad de un trabajo, obra, etc.; ~ *los brazos a alguien,* acogerle bien.

abrochador ***m.*** Abotonador.

abrochadura ***f.*** Abrochamiento.

abrochamiento ***m.*** Acción de abrochar o abrocharse. 2 Efecto de abrochar o abrocharse.

abrochar (paras.) ***tr.-prnl.*** Cerrar o ajustar [una cosa, esp. prendas de vestir] con broches, corchetes, botones, etc. 2 *Chile* y *Ecuad.* Asir a uno para castigarle; reprender, castigar. -3 ***rec.*** *Chile.* Reñir dos personas cuerpo a cuerpo.

abrogable ***adj.*** Que se puede abrogar.

abrogación ***f.*** Acción de abrogar. 2 Efecto de abrogar.

abrogar (l. *-are*) ***tr.*** Abolir, revocar [una ley, un código, etc.]. ◇ ** CONJUG. [7] como ***llegar.***

SIN. v. **Abolir.**

abrogativo, -va ***adj.*** Abrogatorio.

abrogatorio, -ria ***adj.*** Que abroga.

abrojal ***m.*** Terreno poblado de abrojos.

abrojín ***m.*** Molusco gasterópodo marino, con tres filas de púas rectas en la concha, del cual obtenían la mejor púrpura los antiguos (gén. *Murice).*

abrojo (de *abre* + *ojo*) ***m.*** Planta cigofilácea perjudicial a los sembrados, de hojas paripinnadas y fruto capsular y espinoso (gén. *Tribulus).* 2 Fruto de esta planta. 3 Cardo estrellado. 4 Instrumento metálico en figura de abrojo que solían poner los disciplinantes en el azote para herirse las espaldas. 5 fig. Penas, dolores. 6 MAR. Peñas agudas que suelen encontrarse en el mar, a flor de agua. 7 MIL. Pieza de hierro con cuatro púas o cuchillas que se diseminaba por el terreno para embarazar el paso al enemigo.

SIN. *1* y *3* **Tríbulo.**

abroma ***m.*** Género de arbustos bitneriáceos tropicales, de cuya corteza se hacen cuerdas muy resistentes.

abromado, -da ***adj.*** Obscurecido con vapores o nieblas.

abromarse (paras.) ***prnl.*** Llenarse de broma los fondos de un buque.

SIN. **Bromar.**

abroncar (paras. de *bronca*) ***tr.-prnl.*** Avergonzar, escarnecer, enfadar [a uno]. 2 Reprender ásperamente. 3 Manifestar colectiva y ruidosamente desagrado en un espectáculo público. ◇ ** CONJUG. [1] como ***sacar.***

abroquelado, -da ***adj.*** De forma de broquel. 2 fig. Defendido. 3 BOT. [órgano] Inserto por un punto próximo a su centro.

abroquelar ***tr.*** Maniobrar [con las velas] para que reciban el viento por la proa: *abroquelaron los penoles de las vergas.*

abroquelarse (paras.) ***prnl.*** Cubrirse con el broquel. 2 fig. Valerse de cualquier medio de defensa: *abroquelarse con,* o *de, su inocencia.* ◇También *embroquelarse* y *broquelarse,* p. us.

abrótano (l. *abrotanu* < gr. *-tonon* < *abrós,* tierno, delicado) ***m.*** ~ ***macho,*** o simplemente ~, planta herbácea compuesta de hojas finas y blanquecinas, tallos tiernos y flores de olor suave; se emplea como vermífugo *(Artemisia abrotanum).* 2 ~ ***hembra,*** planta herbácea compuesta, con cuyas flores se hace una infusión antiespasmódica y antihelmíntica *(Santolina chamaecyparissus).*

SIN. *1* **Boja, botija, brótano, incienso, hierba lombriguera, guardarropa** o **hierba guardarropa.**

abrotoñar (paras.) ***intr.*** Brotar (salir renuevos).

abrumador, -ra ***adj.*** Que abruma.

abrumadoramente ***adv. m.*** De manera abrumadora.

abrumar ***tr.*** Agobiar [a uno] con algún grave peso. 2 fig. Causar gran molestia [a uno] prodigándole alabanzas, atenciones, burlas, etc.

abrumarse (paras.) ***prnl.*** Llenarse de bruma la atmósfera.

abrupción (l. *abruptione*) ***f.*** CIR. Desgarro, fractura, separación. 2 RET. Figura retórica que consiste en suprimir toda transición para dar más viveza al discurso.

abrupto, -ta (*-tu* < *ab* + *ruptu,* roto) ***adj.*** Escarpado. 2 fig. Áspero, desapacible.

abrutado, -da (paras.) ***adj.*** Que parece bruto, o de bruto.

abruzadera ***f.*** *Murc.* Columpio.

abruzar ***tr.*** *Murc.* Mecer, acunar; columpiar. ◇ ** CONJUG. [4] como ***realizar.***

abruzo, -za ***adj.-s.*** De los Abruzos, región de Italia meridional.

abs-, v. ab-.

Absalón ***n. pr.*** Hijo predilecto de David, que más tarde se rebeló contra su padre.

abscedarse ***prnl.*** VETER. Apostemarse.

absceso (l. *-essu,* tumor) ***m.*** Acumulación de pus en un tejido orgánico. ◇ INCOR.: *abceso.*

abscisa (l. *abscissa,* cortada) ***f.*** Coordenada horizontal en un plano cartesiano rectangular. 2 Distancia de la proyección del punto al origen medio sobre este eje.

abscisión (l. *-issione,* cortadura) ***f.*** Separación de una parte pequeña de un cuerpo con instrumento cortante. 2 fig. Interrupción o renunciación.

absenta (del cat. *absenta,* del fr. *absinthe*) ***f.*** Ajenjo (bebida alcohólica).

absentina ***f.*** Principio amargo del ajenjo.

absentismo (l. *absente,* ausente) ***m.*** Costumbre de residir el propietario fuera de la localidad en que radican sus bienes inmuebles. 2 Costumbre de abandonar el desempeño de funciones y deberes anejos a un cargo. 3 Abstención frecuente o prolongada de acudir al trabajo. 4 Estadística de dicha abstención. ◇ También *ausentismo.*

absentista ***adj.*** Perteneciente o relativo al absentismo. -2 ***com.*** Persona que practica el absentismo laboral. 3 Propietario, generalmente latifundista, que normalmente reside fuera de sus fincas o de la localidad en que radican sus bienes.

ábsida ***f.*** ARQ. Ábside (parte abovedada).

absidal ***adj.*** Que tiene ábside; en forma de ábside.

ábside (gr. *apsis -idos,* clave de la bóveda) ***m.*** Parte abovedada y gralte. semicircular que sobresale de la fachada posterior de una iglesia: ~ ***lobulado,*** el de planta semicircular o poligonal, en torno al cual se abren absidiolos; ~ ***triconque, trebolado*** o ***tricoro,*** el que tiene una cabecera con tres ábsides semicirculares, en forma de trébol. 2 ASTRON. Ápside.

absidiola ***f.*** Capilla levantada en la parte anterior del ábside de las iglesias.

absidiolo ***m.*** Ábside pequeño o secundario. 2 Absidiola.

absintio (gr. *apsínthion*) ***m.*** Ajenjo (planta).

absintismo ***m.*** Intoxicación producida por el uso del ajenjo (bebida).

absolución (l. *-utione*) ***f.*** Acción de absolver: ~ ***de la demanda,*** DER., terminación del pleito enteramente favorable al demandado; ~ ***de posiciones,*** DER., acto de responder a ellas el litigante, bajo juramento. 2 ~ ***sacramental,*** acto de absolver el confesor al penitente.

absoluta ***f.*** Aserción dicha en tono de seguridad. 2 Licencia absoluta o total del servicio militar concedida a un soldado.

absolutamente ***adv. m.*** De manera absoluta. 2 De ningún modo.

absolutidad ***f.*** Calidad de absoluto.

absolutismo ***m.*** Sistema de gobierno en que el soberano o corporación dirigente no tiene limitadas sus facultades por ninguna ley constitucional.

absolutista ***adj.-com.*** Partidario del absolutismo. -2 ***adj.*** Relativo al absolutismo.

absolutividad (de *absoluto,* con influencia formal de *relatividad*) ***f.*** Absolutidad.

absoluto, -ta (l. *-tu;* pp. de *absolvere,* desatar) ***adj.*** Que excluye toda relación: *verdad absoluta;* ***lo*** ~, la idea suprema e incondicionada. 2 Sin restricción, limitación o condición: *dominio, gobierno, licencia* ~. 3 fig. De genio imperioso. 4 ***En*** ~, de manera general y terminante; no, de ningún modo. 5 ***Alcohol*** ~, substancia química líquida en estado puro y sin agua, como el alcohol o el éter. 6 FÍS. [magnitud] Que se mide a partir de su valor cero y que corresponde realmente a la ausencia de la magnitud en cuestión.

CONTR. *1* y *2* **Relativo.**

absolutorio, -ria (l. *-iu*) ***adj.*** DER. Que absuelve.

absolvederas ***f. pl. Buenas, grandes, anchas*** ~, facilidad de algunos confesores en absolver, y p. ext. benignidad de cualquier persona para perdonar.

absolvedor, -ra ***adj.-s.*** Que absuelve.

absolver (l. *-ere*) ***tr.*** Dar por libre de algún cargo. 2 Remitir [a un penitente de sus pecados]. 3 ant. Resolver (una dificultad).

4 DER. Dar por libre [al reo]. ◇ ** CONJUG. [32] como *mover*; pp. irreg., ***absuelto.***
SIN. *1, 2* y *4* v. **Perdonar.**
absorbencia *f.* Acción de absorber.
absorbente ***adj.-s.*** Que absorbe. 2 fig. Que ocupa del todo: *trabajo ~.* -3 ***adj.-com.*** [pers.] De carácter dominante, que trata de imponer su voluntad a los demás. -4 ***m.*** Substancia que tiene un elevado poder de absorción. 5 ~ ***nuclear,*** substancia que capta neutrones; se utiliza para regular el funcionamiento de los reactores.
absorber (l. *-ere*) ***tr.*** Retener [gases o líquidos] entre las moléculas de otros cuerpos. 2 esp. Aspirar los tejidos orgánicos [las substancias que contribuyen a la nutrición]: *las raíces absorben la humedad.* 3 fig. Consumir, anular, acabar por completo [una cosa]: *el color negro absorbe la luz; el juego ha absorbido su fortuna.* 4 Atraer a sí, cautivar: *el orador absorbe la atención del público; los negocios le absorben.* 5 Retener o captar energía por medio de un material. 6 FÍS. Amortiguar, extinguir [un cuerpo las radiaciones que lo atraviesan]. ◇ CONJUG. reg.; p.a. ***absorbente,*** pp. ***absorbido, absorto.***
absorbible ***adj.*** Que puede ser absorbido.
absorbimiento ***m.*** Absorción.
absorciómetro ***m.*** Aparato para determinar la solubilidad de un gas en un líquido.
absorción (l. *-ptione*) ***f.*** Acción de absorber.
absortar ***tr.-prnl.*** Suspender, arrebatar [el ánimo] con algo extraordinario.
absorto, -ta ***adj.*** Admirado, pasmado. 2 Enfrascado en una meditación, lectura, contemplación, etc., con descuido de cualquier otra cosa.
abstemio, -mia (l. *-iu*) ***adj.-s.*** Que se abstiene de toda bebida alcohólica.
SIN. **Aguado.**
abstención ***f.*** Abstinencia (acción). 2 Renuncia de los electores al ejercicio del derecho de sufragio, o de un miembro de la asamblea deliberante a votar.
abstencionismo ***m.*** Actitud o criterio de los que se abstienen o propugnan la abstención de participar en alguna actividad, como votar en unas elecciones.
abstencionista ***adj.-com.*** Partidario del abstencionismo. 2 Que se abstiene de opinar o intervenir en un asunto esp. en política.
abstenerse (l. *abstinere*) ***prnl.*** Privarse de alguna cosa: *~ de lo vedado.* ◇ ** CONJUG. [87] como ***tener.***
abstergente (l.) ***adj.*** Que absterge.
absterger (l. *-ere*) ***tr.*** MED. Limpiar [las llagas]. ◇ ** CONJUG. [5] como ***proteger.***
abstersión ***f.*** Acción de absterger. 2 Efecto de absterger.
abstersivo, -va ***adj.*** Que tiene virtud para absterger.
abstinencia (l. *-ntia*) ***f.*** Acción de abstenerse. 2 Virtud que consiste en privarse total o parcialmente de los goces materiales. 3 Ejercicio de esta virtud. 4 Privación de comer carne por motivos religiosos: *día de ~.* 5 Conjunto de síntomas de fenómenos orgánicos y psíquicos producidos por la cesación brusca de un tóxico, como el alcohol, o droga, como la morfina, los hipnóticos, etc., que se ha venido ingiriendo de modo habitual.
SIN. *1* **Abstención.** *2* v. **Templanza.**
abstinente (l.) ***adj.*** Que practica la abstinencia.
abstinentemente ***adv. m.*** Con abstinencia.
abstracción ***f.*** Acción de abstraer o abstraerse. 2 Efecto de abstraer o abstraerse. 3 GALIC. Distracción o turbación mental.
abstractamente, abstractivamente ***adv. m.*** Con abstracción.
abstractivo, -va ***adj.*** Que abstrae o tiene virtud para abstraer.
abstracto, -ta (l. *-tu*) ***adj.*** pp. irreg. de *abstraer*; ús. sólo como adjetivo. Que de una cualidad se ha excluido el sujeto o lo concreto: *ideas abstractas; ciencia abstracta.* -2 ***adj.-m.*** MAT. V. número ~. -3 ***m.*** Resumen científico. 4 ***En*** ~, con exclusión del sujeto en quien se halla cualquier cualidad. 5 GRAM. ***Nombre, substantivo*** ~, v. nombre ~.
CONTR. **Concreto.**
abstraer (l. *abstrahere,* sacar de, retirar) ***tr.*** Aislar mentalmente o considerar por separado [las cualidades o una cualidad] de un objeto. 2 Considerar [un objeto] en su esencia. -3 ***intr.-prnl.*** Prescindir: ~, o ***abstraerse, de algo.*** -4 ***prnl.*** Enajenarse de los objetos sensibles para entregarse a la consideración de lo que se tiene en el pensamiento. ◇ ** CONJUG. [88] como ***traer.***
SIN. *4* **Ensimismarse, reconcentrarse.**
abstraído ***adj.*** Retirado o apartado del trato de las gentes. 2 Ensimismado, distraído.
abstricción ***f.*** Separación de una espora de su tallo.
abstruso (l. *su,* oculto) ***adj.*** Recóndito; de difícil comprensión.
absuelto, -ta, pp. irreg. de *absolver.*
absurdidad (l. *-itate*) ***f.*** Absurdo (dicho o hecho).
absurdo, -da (l. *-du*) ***adj.*** Contrario a la razón. -2 ***m.*** Dicho o hecho repugnante a la razón.
abubilla (l. *upupula*) ***f.*** Ave coraciforme insectívora, del tamaño de una tórtola, con el pico largo y delgado y un penacho de plumas eréctiles en la cabeza *(Upupa epops).*
abubillo ***m.*** *And.* y *Tol.* Abubilla.
abubo ***m.*** *Hierro.* Abubilla.
abucharar ***tr.*** Dejar, abandonar, tirar.
abuchear (del ant. *ahuchear,* achuchar, excitar a un animal) ***tr.*** Manifestar ruidosamente el público su desagrado o protesta: *han abucheado al orador; el cantante fue abucheado.*
abucheo ***m.*** Acción de abuchear.
abuelastro, -tra ***m. f.*** Padre o madre del padrastro o de la madrastra. 2 Segundo marido de la abuela, o segunda mujer del abuelo.
abuelita ***f.*** *Colomb.* Cuna semiesférica fabricada con cuerdas y bejucos, o hecha de hierro, madera y lona. 2 *Chile.* fig. Moña, gorra de tejido fino para proteger del frío a los niños.
abuelo (b. l. *aviolu* < l. *avu*) ***m. f.*** Progenitor del padre o de la madre. 2 fig. Anciano. 3 fig. *y* fam. En el juego de la lotería de cartones, el número 90. -4 ***m. pl.*** El abuelo y la abuela. 5 p. ext. Ascendientes. 6 fig. Mechoncito que tienen las mujeres en la nuca a ambos lados del nacimiento del cabello. -7 ***m.*** MIL. fig. Soldado al que le quedan menos de seis meses de servicio militar. 8 *Extr.* Raspojo que queda en el racimo después de quitarle las uvas. 9 *Murc.* Escarabajo pelotero.
abuhado, -da (de *a* + *bufado*) ***adj.*** Hinchado, abotagado. 2 Pálido, de mal color.
abuhardillado, -da (paras.) ***adj.*** De forma de buhardilla.
abuinche ***m.*** *Colomb.* Machete que usan los quineros para derribar y descortezar árboles de quina.
abujardar (de *bujarda*) ***tr.*** Labrar la piedra con bujarda.
abuje (voz indígena) ***m.*** *Ant.* Ácaro que se cría en la hierba, de donde se propaga a las personas y pica fuertemente. ◇ También *abuse.*
abujilla, abujita ***f.*** *And.* Abubilla.
abulaga ***f.*** Tojo (arbusto).
abulagar ***m.*** Aulagar.
abulense (de *Abula,* Ávila) ***adj.-s.*** De Ávila.
abulia (gr. *aboulía*) ***f.*** Falta o debilitación notable de la voluntad.
abúlico, -ca ***adj.*** Que adolece de abulia.
abulo- (gr. *aboulía*) Elemento prefijal que entra en la formación de palabras con el significado de sin voluntad: *abulomanía.*
abulomanía (*abulo-* + *manía*) ***f.*** MED. Indecisión de carácter.
abulón ***m.*** ZOOL. Caracol marino de California, de concha grande, gruesa, auriculada y muy nacarada *(gén. Haliotis).*
abultado, -da ***adj.*** Grueso, de mucho bulto.
SIN. **Rebultado.**
abultamiento ***m.*** Acción de abultar. 2 Efecto de abultar. 3 Hinchazón, prominencia. 4 Cúmulo, montón, aglomeración.
abultar (paras.) ***tr.*** Aumentar el bulto [de una cosa]: *~ una columna en mármoles.* 2 Aumentar la cantidad, intensidad [de algo]. 3 fig. Ponderar, exagerar: *~ una noticia.* 4 Preparar el embrión [de una escultura]. -5 ***intr.*** Tener o hacer bulto: *el paquete abulta.*
abundamiento ***m.*** Abundancia. - ***loc. adv. A mayor*** ~, además, con mayor razón y seguridad.
abundancia (l. *-ntia*) ***f.*** Copia, gran cantidad. 2 QUÍM. En un sistema, razón entre las cantidades existentes de un nucleido, elemento, compuesto, etc., y las de otro que se toma como término de referencia.
SIN. *1* **Sobreabundancia, superabundancia, plétora,** cuando es muy grande.
abundancial ***adj.*** GRAM. [adj. derivado] Que denota abundancia; como *pedregoso, mentiroso.*
abundante (l.) ***adj.*** Copioso, en gran cantidad.
abundantemente ***adv. m.*** Con abundancia.
abundar (l. *-are,* inundar) ***tr.*** p. us. Dotar en abundancia [algo o a alguien]. -2 ***intr.*** Haber gran cantidad de una cosa: *el aceite abunda en esta comarca; este país abunda en, o de, trigo.* 3 Adherirse a una opinión, parecer, criterio: *hay quien opina que la situación económica mejora, y yo abundo en esta opinión.*

abundo *adv. m.* Abundosamente.
abundosamente *adv. m.* Abundantemente.
abundoso, -sa *adj.* Abundante.
abuñolado, -da *adj.* De figura de buñuelo.
abuñolar (paras. de *buñuelo*) *tr.* Freír [huevos u otros manjares] dejándolos huecos y dorados. 2 fig. Apañuscar. ◇ ** CONJUG. [31] como ***contar.***
abuñuelado, -da *adj.* Abuñolado.
abuñuelar (paras.) *tr.* Abuñolar.
¡abur! (vasco *agur;* probl. del l. *augurius*) fam. Interjección ¡Adiós!
aburar (l. *ab* + *urere,* quemar) *tr.* Quemar por completo, abrasar. 2 *S. Dom.* Producir escozor la picadura de hormigas, avispas o abejas.
aburelado, -da *adj.* Semejante o relativo al color o paño buriel.
aburguesamiento *m.* Acción de aburguesarse. 2 Efecto de aburguesarse.
aburguesar (paras.) *tr.-prnl.* Volver burgués.
aburrado, -da *adj.* Semejante a un burro. 2 [pers.] De modales toscos y groseros. 3 *Méj.* [yegua] Destinada a la cría de mulos.
aburrarse *prnl.* Embrutecerse.
aburrición *f.* vulg. Aburrimiento. 2 *Amér.* Antipatía, odio.
aburrido, -da *adj.* Que aburre o cansa. 2 Fastidioso.
aburridor, -ra *adj.* Que aburre.
aburrimiento *m.* Fastidio, tedio.
aburrión *m. Can.* Gorrión.
I) aburrir (l. *abhorrere,* sentir horror) *tr.* Molestar o cansar [a uno]. 2 Aborrecer (dejar el nido). -3 *prnl.* fig. Fastidiarse de alguna cosa: *aburrirse con, de,* o *por, todo.* 4 Sufrir un estado del ánimo producido por falta de estímulo, diversiones o distracciones.
II) aburrir (*ad* + **porrigere,* extender, prolongar) *tr.* fam. Arriesgar o gastar [dinero o tiempo] en algún propósito o empresa: ~ *una tarde;* ~ *un duro.*
aburujar *tr.-prnl.* Aborujar.
abusado, -da *adj. Guat.* y *Méj.* Alerta, atento.
abusador, -ra *adj.* Abusón.
abusar *intr.* Usar mal o indebidamente una cosa. 2 Hacer objeto de trato deshonesto a una persona de menor experiencia, fuerza, etc. -3 *prnl. Guat.* y *Méj.* Estar alerta, estar listo.
abuse *m.* Abuje.
abusión *f.* Abuso. 2 ant. Superstición, agüero. 3 RET. Catacresis.
abusionero, -ra *adj.* Supersticioso, agorero.
abusivamente *adv.* Con abuso.
abusivo, -va *adj.* Que se introduce o practica por abuso.
abuso (l. *-su*) *m.* Acción de abusar: ~ ***de confianza,*** mal uso que uno hace de la confianza que le ha sido depositada; ~ ***de poder,*** el cometido por la Administración pública o algunos de sus organismos, al extralimitarse en el ejercicio de las facultades que le son propias, en perjuicio de los particulares; ~ *de superioridad,* DER., agravante determinada por aprovecharse de la desproporción entre delincuentes y víctimas; ~ *de autoridad,* DER., delito que consiste en la exageración o extralimitación que las autoridades o funcionarios públicos hacen de las facultades que les están concedidas para el desempeño de su cargo u oficio. 2 Efecto de abusar.
SIN. v. **Exceso.**
abusón, -sona *adj.* fam. Que abusa.
abutilón *m.* Yute chino.
abuzarse (del ant. *buz*) *prnl.* Echarse de bruces. ◇ ** CONJUG. [4] como ***realizar.***
abyección (l. *abiectione*) *f.* Bajeza, envilecimiento. 2 Abatimiento (acción y efecto).
abyecto (l. *abiectu;* pp. de *abicere,* envilecer) *adj.* Despreciable, vil.
acá (**eccum* + *hac*) *adv. l.* Indica lugar cercano, como *aquí,* pero es más indeterminado y admite grados: *ven ~; más ~; muy ~.* 2 En este mundo o vida temporal, en contraposición a lo ultraterreno. 3 fam. Designa a la persona que habla o a un grupo de personas en el cual se incluye: ~ *nos entendemos.* 4 fam. Señala a veces a la persona cercana al que habla, con valor semejante al del demostrativo *éste:* ~ *tiene razón.* -5 *adv. t.* Precedido de las preposiciones *de* o *desde* y una expresión de tiempo, denota lo presente: *de ayer ~; desde entonces ~; de lunes ~.* -6 *m. adv.* ~ ***y allá*** o ~ ***y acullá,*** aquí y allí; ***de ~ para allá,*** o ***de ~ para acullá,*** de aquí para allí.
aca (quechua *aka*) *f. Argent.* y *Bol.* Excremento.
acabable *adj.* Que se puede acabar.
SIN. **Finible,** lit.
acabadamente *adv. m.* Entera, completamente.
acabado, -da *adj.* Perfecto, completo: *virtud acabada.* 2 Destruido, malparado: *su salud está acabada.* -3 *m.* Perfeccionamiento o último retoque que se da a una obra.
acabador, -ra *adj.-s.* Que concluye alguna cosa.
acabalar (paras. de *cabal*) *tr.* Completar.
acaballadero *m.* Parada (lugar de sementales). 2 Tiempo de la procreación del ganado mayor.
acaballado, -da (paras.) *adj.* Parecido al perfil de la cabeza del caballo.
acaballar *tr.* Cubrir el ganado mayor [a la hembra]. -2 *tr.-prnl.* Poner o montar parte de una cosa [sobre otra].
acaballerado, -da *adj.* Que parece caballero, o que se precia de serlo.
acaballerar (paras.) *tr.-prnl.* Dar [a uno] la condición de caballero.
acaballonar (paras.) *tr.* AGR. Hacer caballones [en un terreno].
acabamiento *m.* Efecto o cumplimiento de alguna cosa. 2 Término, fin. 3 Muerte (defunción).
acabanzas *f. pl. La Mancha.* Fiestas que, al acabar las faenas de la recolección, se celebran en algunos lugares.
acabañar (paras.) *intr.* Construirse cabañas los pastores.
acabar (paras. de *cabo*) *tr.* Dar fin [a una cosa], terminarla: *acabaremos la tela esta tarde.* 2 esp. Dar el último retoque [a un cuadro, una joya, etc.]. 3 Apurar, consumir: ~ *su ruina;* ~ *las provisiones.* 4 Con la prep. *con,* conseguir [una cosa] de alguien: *acabaron con el rey que lo hiciera.* -5 *intr.* Rematar, finalizar: *la espada acaba en punta; acaba con,* o *por, la letra Z.* 6 Llegar una cosa a su fin: *al ~ Pedro, los pastores se fueron.* 7 Concluir cualquier tipo de relación. 8 Con la prep. *con,* destruir, aniquilar: *los disgustos acabarán con Pedro.* 9 Morir: *acabó en brazos de su padre.* 10 Matar. 11 Con la prep. *de* y un infinitivo, haber ocurrido un suceso un poco antes: *acaba de llegar.* 12 Con la prep. *por* y un infinitivo, llegar el momento de producirse un suceso: ~ *por despreciarlo.* -13 *intr.-prnl.* Extinguirse, aniquilarse: *no se acaba del todo el hombre cuando muere.* -14 *tr. Ecuad.* Hablar mal [de una pers.], desollarla. ◇ La acep. 12 con un gerundio se diría ~ *despreciándolo.*
SIN. *1, 2, 5* y *6* v. **Terminar.** *9* v. **Morir.**
acabe *m. Colomb.* Acción de acabar; fin, extinción. 2 *Colomb.* Efecto de acabar; fin, extinción. 3 *P. Rico.* Fiesta con baile que los recolectores y demás peonajes de las haciendas de café celebran después de terminada la recolección del grano.
acabellado, -da *adj.* p. us. De color castaño claro.
acabestrar *tr.* Acostumbrar [a un animal] al cabestro o ramal.
acabestrillar *intr.* MONT. Cazar con buey de cabestrillo.
acabezuelado, -da *adj.* BOT. En forma de cabezuela.
acabijo *m.* fam. Término, remate.
acabildar (paras.) *tr.* Juntar [a muchos] para tomar acuerdos.
acabiray *m. R. de la Plata.* Variedad del iribú, ave de rapiña (gén. *Catharista).*
acabo *m.* Acabamiento (cumplimiento).
acabóse *m.* ***Ser una cosa el ~,*** haber llegado a su último extremo; esp., acabar en ruina o desastre.
acabronado, -da *adj.* Semejante en algo al cabrón.
acacalote *m. Méj.* Cuervo de agua *(Tantalus mexicanus).*
¡acacau! (voz quechua) *Perú.* Interjección con que se denota una fuerte sensación de dolor o calor.
acacharse *prnl.* fam. Agacharse. 2 *Chile.* Paralizarse o cesar la venta de un artículo de comercio.
acachetar *tr.* TAUROM. Rematar [al toro] con el cachete o puntilla.
acachetear *tr.* Dar cachetes [a uno].
acacia (l.) *f.* Género de plantas leguminosas mimosáceas, árboles o arbustos con flores en racimos colgantes. De algunas de sus especies se obtiene la goma arábiga. 2 Madera de estos árboles. 3 Substancia medicinal que se extrae de la acacia de Egipto o del endrino. 4 ~ ***bastarda,*** endrino. 5 ~ ***falsa,*** árbol de América, parecido a la acacia; se planta en Europa para dar sombra *(Robinia pseudoacacia).* 6 ~ ***rosa,*** la de flores rosadas. 7 ~ ***francesa,*** *Amér.,* mimosa.
SIN. *1* **Guancia.**
acacianos *m. pl.* Herejes arrianos, discípulos de Acacio (s. IV).

acacoyol (náhu.) *m. Méj.* Planta gramínea con cuya semilla se hacen rosarios.

academia (gr. *akadémeia*) *f.* Lugar, cerca de Atenas, donde enseñaba Platón (428-347 ó 348 a. C.). 2 Escuela filosófica fundada por Platón. 3 p. ext. Institución oficial cuyos miembros se ocupan de las letras, las artes, las ciencias, etc. 4 Junta de académicos. 5 Lugar en que se reúne. 6 Establecimiento docente de carácter privado. 7 ESC. y PINT. Estudio de una figura desnuda, tomada del natural.

académicamente *adv. m.* De manera académica.

academicismo *m.* En las Bellas Artes, sujeción al espíritu y técnica de la tradición artística gralte. aceptada, que se simboliza en las academias.

academicista *adj.* Perteneciente o relativo al academicismo. -2 *com.* Persona que lo practica.

académico, -ca (gr. *akademikós*) *adj.* Relativo a la academia. 2 [estudio o título] Que causa efectos legales. -3 *adj.-s.* Partidario de la academia (escuela filosófica). -4 *m. f.* Miembro de una academia (sociedad).

academismo *m.* Academicismo.

academista *com.* p. us. Académico. 2 Alumno de una academia.

academizar *tr.* Dar forma, aspecto o carácter académico [a un escrito, discurso, obra de arte, etc.]; muchas veces tiene sentido peyorativo. ◇ ** CONJUG. [4] como ***realizar.***

acadio, -dia *adj.-s.* De Acad, antigua ciudad y región del centro de Mesopotamia. -2 *adj.-m.* Lengua perteneciente al grupo semítico oriental, hablada antiguamente en Acad, de la que proceden el asirio y el babilónico.

acaecedero, -ra *adj.* Que puede acaecer.

acaecer (l. *ad.,* a+ *cadere,* caer) *unipers.* Suceder (realizarse un hecho). ◇ ** CONJUG. [43] como ***agradecer.***

acaecimiento *m.* Suceso.
SIN. v. **Acontecimiento.**

acafresna *f.* Serbal.

acaguasarse *prnl. Gran.* y *Cuba.* Medrar poco el tallo de la caña de azúcar y multiplicarse en cambio sus hojas.

acahé *m.* Picaza del Paraguay.

acahual (náhu. *acahualli*) *m. Méj.* Especie de girasol. Se conocen con este nombre dos especies distintas: *Helianthus annuus* y *Encelia mexicana.* 2 *Méj.* Hierba alta y de tallo grueso, de que suelen cubrirse los barbechos *(Bidens leucantha).*

acahualillo *m. Méj.* Planta herbácea llamada también *té de milpa (Chenopodium ambrosioides).*

acairelar *tr.* Cairelar.

acajú (voz tupí < port. *acaju* < fr. *acajou*) *m. Colomb.* y *P. Rico.* Anacardo (planta). 2 *Cuba.* Caoba (árbol meliáceo).

acal (náhu. *acalli* < *atl.,* agua + *cali,* casa) *m.* ant. Nombre que los mejicanos daban a la canoa.

acalabazado, -da *adj.* Que se parece a la calabaza.

acalabrotar *tr.* MAR. Formar un calabrote de tres cordones.
SIN. **Calabrotar.**

acalaca *f.* Hormiga americana del tamaño del saltamontes.

acalambrarse (paras.) *prnl.* Contraerse los músculos a causa del calambre.

acaldar *tr. Sant.* Acomodar, poner en orden. 2 *Sant.* Tumbar, postrar. 3 *Perú.* Agobiar, acobardar.

acalefo (gr. *acalephe,* ortiga de mar) *m.* Medusa. -2 *m. pl.* Escifozoos.

acalenturarse (paras.) *prnl.* Empezar a tener calentura.

acalia *f.* Malvavisco.

acalicino, -na (de *a-* II + *cáliz*) *adj.* Asépalo.

acalla *f.* Malvavisco, planta.

acallador, -ra *adj.* Que acalla.

acallantar *tr.* p. us. Acallar.

acallar *tr.* Hacer callar. 2 fig. Aplacar, aquietar.
SIN. **Callantar,** p. us.

acaloradamente *adv. m.* Con acaloramiento (apasionamiento).

acaloramiento *m.* Ardor, arrebato de calor. 2 fig. Apasionamiento; enardecimiento.

acalorar (paras.) *tr.* Dar o causar calor. 2 Encender, fatigar con el trabajo o ejercicio: *esta labor me acalora; prnl., me acaloro con esta labor.* 3 fig. Fomentar, promover: *acaloran su pretensión.* 4 fig. Excitar, alentar, entusiasmar: *acaloraban a los tibios; tales ideas acaloraban la mente.* -5 *prnl.* fig. Enardecerse uno en la discusión: *acalorarse en, con,* o *por, la discusión.* 6 fig. Hacerse viva y ardiente la misma disputa o conversación. -7 *impers. Logr.* Hacer calor.

acaloro *m.* Acaloramiento, sofocación.

acalote (mej. *acalotl*) *m. Méj.* Ave zancuda *(Tantalus mexicanus).* 2 *Méj.* Parte de un río que se limpia de hierbas flotantes para abrir paso a las canoas.

acamadero *m. And.* Cama de liebre.

acamado, -da (de *acamar*) *adj.* BLAS. [pieza o figura] Colocado sobre otro u otros.

acamar (paras. de *cama I*) *tr.-prnl.* Hacer la lluvia o el viento que se tiendan [las mieses, el lino, el cáñamo, etc.]. -2 *prnl. Murc.* Agostarse la fruta; echarse a perder por exceso de calor. 3 *Sal.* Echarse el ganado en la dormida para pasar la noche.

acamastronarse *prnl. Perú.* Hacerse camastrón.

acamaya *f.* Especie de papagayo.

acambrayado, -da (paras.) *adj.* Parecido al cambray.
SIN. **Cambrayado.**

acamellado, -da (paras.) *adj.* Parecido al camello.

acamellonar *tr. Amér. Central* y *Méj.* Acaballonar, formar camellones [en las tierras].

acampada *f.* Acción de acampar. 2 Efecto de acampar. 3 Campamento, lugar al aire libre, dispuesto para alojar turistas, viajeros, etc.

acampado, -da *adj.-s.* Instalado o residente en un campamento.

acampador, -ra *m. f.* Persona que practica el acampamento, acampamiento o camping.

acampamento *m.* Acción de acampar. 2 Campamento.

acampamiento *m.* Acción de acampar. 2 Efecto de acampar.

acampanado, -da *adj.* De figura de campana.
SIN. **Encampanado.**

acampanar (paras.) *tr.-prnl.* Dar figura de campana: *~ una falda.*

acampar *intr.-tr.* Detenerse, hacer alto en el campo: *los soldados acamparon; los ingleses se acamparon a la otra orilla; el general acampó a los soldados.* 2 Practicar el acampamiento o camping.
SIN. *1* **Campar.**

acampo *m.* Dehesa.

ácana *amb.* Árbol sapotáceo de América cuya madera se emplea para la construcción *(Labourdonnaisia albescens).* 2 Madera de este árbol. 3 *S. Dom.* Balata (árbol).

acanalado, -da *adj.* Que pasa por canal o paraje estrecho: *viento ~.* 2 De figura larga y abarquillada. 3 De figura de estría, o con estrías: *columna acanalada.*
SIN. *2* y *3* **Canalado.**

acanalador *m.* CARP. Herramienta para hacer canales o estrías.

acanaladura *f.* Acción de acanalar. 2 Efecto de acanalar. 3 Estría.

acanalar (paras.) *tr.* Hacer canales o estrías [en alguna cosa]. 2 Dar [a una cosa] la forma de canal.

acanallado, -da *adj.* Que participa de los defectos de la canalla.

acanallar *tr.-prnl.* Encanallar.

acancerarse *prnl.* Cancerarse.

acandilado, -da *adj.* De figura de candil. 2 Encandilado.

acanelado, -da *adj.* De color o sabor de canela.
SIN. **Canelado.**

acanelonar (paras.) *tr.* Azotar [a alguno] con disciplina de canelones.

acanillado, -da (paras.) *adj.* [paño] Que forma canillas.
SIN. **Canillado.**

acanilladura (paras.) *f.* Defecto del paño acanillado.

acansinarse *prnl.* Cansarse, volverse cansino, lento o perezoso.

acanta *f.* Pincho, púa o espina.

acantáceo, -a *adj.* Relativo o parecido al acanto. -2 *adj.-f.* Planta de la familia de las acantáceas. -3 *f. pl.* Familia de plantas dicotiledóneas, que incluye arbustos y hierbas, de tallo y ramas nudosos, hojas opuestas, flores gamopétalas, axilares o terminales, y fruto en caja; como el acanto.

acantarar (paras.) *tr.* Medir por cántaras.

acantear *tr.* Tirar piedras o cantos [a uno].

acantilado (paras.) *adj.* [fondo del mar] Que forma escalones o cantiles. -2 *adj.-m.* Costa cortada verticalmente. -3 *m.* Escarpa casi vertical en un terreno.

acantilar *tr.* Echar [un buque] en un cantil por una mala maniobra. 2 Dragar [un fondo de mar] para que quede acantilado.

acantio (gr. *akanthion*) *m.* Cardo borriquero.
acanto *m.* Planta acantácea, de hojas grandes, lobuladas, de color verde obscuro, y flores blancas con el labio superior de la corola teñido de violeta o verde *(Acanthus mollis).* 2 ~ ***espinoso,*** el de hojas espinosas *(Acanthus spinosus).* 3 ARQ. Ornamento que imita las hojas del acanto.
SIN. *2* **Hierba giganta.**
acanto-, -acanto (gr. *ákantha,* espina) Elemento prefijal y sufijal que entra en la formación de palabras con el significado de espinoso, provisto de espinas: *acantocéfalo, braquiacanto.*
acantocárpico, -ca *adj.* BOT. Acantocarpo.
acantocarpo, -pa (*acanto-* + *-carpo*) *adj.* BOT. De fruto cubierto de espinas.
acantocéfalo (*acanto-* + *-céfalo*) *adj.-s.* ZOOL. Gusano del tipo de los acantocéfalos. -2 *m. pl.* Tipo de gusanos que carecen de aparato digestivo y tienen en el extremo anterior de su cuerpo una trompa armada de ganchos, con los que el animal, que es parásito, se fija a las paredes del intestino de su hospedador (un vertebrado).
acantóclado, -da (*acanto-* + *-clado*) *adj.* BOT. De ramas espinosas o convertidas en espinas.
acántolis *m. Cuba.* Reptil que tiene el lomo cubierto de una especie de tubérculos puntiagudos.
acantonamiento *m.* Acción de acantonar. 2 Efecto de acantonar. 3 Sitio en que hay tropas acantonadas.
SIN. *3* **Cantón.**
acantonar *tr.-prnl.* Distribuir y alojar [tropas] en diversos lugares o cantones. -2 *prnl.* fig. Limitarse a un trabajo: *acantonarse en las ciencias.*
SIN. **Cantonar,** menos us.
acantopterigio, -gia (*acanto-* + *-pterigio*) *adj.* De aletas espinosas. -2 *adj.-s.* Pez teleósteo, caracterizado por tener móvil la mandíbula superior, pectiniformes las branquias, y óseos los radios de la aleta dorsal si es única, y, si no, los anteriores de la dorsal y la anal y uno, por lo menos, de los abdominales. -3 *m. pl.* Orden de estos peces, según la antigua nomenclatura.
acantosis *f.* Engrosamiento de la capa córnea de la epidermis que se observa en diversas afecciones cutáneas como las verrugas.
acantozoide (*acanto-* + *zoo-* + *-oide*) *adj.-m.* ZOOL. Pólipo degenerado en forma de espinas en las colonias polimorfas de los hidrozoarios.
acañaverear *tr.* Herir con cañas cortadas en punta.
SIN. **Cañaverear.**
acañonear *tr.* Cañonear.
acaobado, -da *adj.* Que tiene color de caoba.
acapacle *m. Méj.* Especie de caña medicinal *(Iresine calea).*
acaparador, -ra *adj.-s.* Que acapara.
acaparamiento *m.* Acción de acaparar. 2 Efecto de acaparar.
acaparar (fr. *accaparer*) *tr.* Adquirir y retener [de un producto comercial] todo lo que existe en el mercado. 2 Apropiarse [de cosas] en perjuicio de los demás; fig., ~ *la atención, el éxito.*
acaparrarse (paras. de *caparra* II) *prnl.* inus. Ajustarse o concertar con alguno.
acaparrosado, -da (paras.) *adj.* De color de caparrosa.
acápite (l. *a capite*) *m. Amér.* Párrafo, especialmente en textos legales.
acapnia (*a-* II + gr. *kapnós,* humo) *f.* Disminución de la cantidad de anhídrido carbónico en la sangre.
acaponado, -da *adj.* Que parece de capón (castrado).
acapulco *m.* Cóctel hecho con tequila, ron y zumo de piña. 2 *Amér.* Arbusto leguminoso, cuyas raíces tienen propiedades medicinales *(Cassia alata).*
SIN. *2* **Guajaba, guajabo, laureño, majagüillo, majagua, sorocontil, taratana.**
acapullarse *prnl.* Tomar forma de capullo. 2 fig. *y* fam. Volverse estúpido o torpe.
acapulquense *adj.* Acapulqueño.
acapulqueño, -ña *adj.-s.* De Acapulco, ciudad del estado mejicano de Guerrero.
acaracolado, -da *adj.* De figura de caracol.
acaraira *f. Cuba.* vulg. Caraira.
acarambanado, -da *adj.* Carambanado.
acaramelar (paras.) *tr.* Bañar de caramelo. -2 *prnl.* fig. Mostrarse uno excesivamente dulce o galante. 3 fig. *y* fam. Darse los enamorados visibles muestras de su mutuo cariño.
SIN. *1* **Caramelizar.**
acarar (paras.) *tr.* Carear.
acardenalar (paras.) *tr.* Causar cardenales [a uno]. -2 *prnl.* Salir al cutis manchas de color cárdeno.
acardenillarse *prnl.* Cubrirse de cardenillo los objetos de cobre.
acareamiento *m.* Acción de acarear. 2 Efecto de acarear.
acarear *tr.* Carear. 2 Hacer cara, arrostrar.
acari-, v. acaro-.
acariciador, -ra *adj.-s.* Que acaricia.
acariciar (paras.) *tr.* Hacer caricias. 2 p. ext. Tratar [a alguno] con ternura. 3 fig. Tocar suavemente [una cosa a otra]: *la brisa le acariciaba.* 4 fig. Complacerse en pensar en [alguna cosa] con deseo o esperanza de conseguirla o llevarla a cabo: ~ *un proyecto.* ◇ ** CONJUG. [12] como ***cambiar.***
SIN. *2* v. **Halagar.**
acaricida (*acari-* + *-cida*) *adj.-s.* Que sirve para matar acáridos y esp. el arador de la sarna.
acárido, -da *adj.* Ácaro (arácnido). -2 *m. pl.* ZOOL. Orden de estos animales.
acariñar (voz gallega) *tr. Amér.* Acariciar.
acariote (*a-* II, priv. + gr. *karyon,* núcleo) *adj.-m.* BIOL. Célula que carece de núcleo.
acarminado, -da *adj.* Que tiene color de carmín.
acarnerado, -da (paras.) *adj.* [caballo o yegua] Que tiene arqueada la parte delantera de la cabeza, como el carnero.
ácaro (gr. *ákari,* insecto pequeño) *adj.-m.* Arácnido del orden de los ácaros. -2 *m. pl.* Orden de arácnidos diminutos, de abdomen sentado; muchos de ellos son parásitos de vegetales o animales; como el arador de la sarna.
acaro-, acari- (de *ácaro*) Elemento prefijal que entra en la formación de palabras con el valor de ácaro: *acarofilia, acaricida.*
acarofilia (*acaro-* + *-filia*) *f.* BOT. Adaptación de las plantas a la vida en comunidad con los ácaros.
acarpo, -pa (*a-* II + *-carpo*) *adj.* BOT. Que no produce fruto.
acarraladura *f. Chile* y *Perú.* Carrera, línea de puntos que se sueltan en la media. 2 *Perú.* Adelgazamiento de una tela por el uso.
acarralar *tr.* Encogerse [un hilo] en los tejidos. -2 *prnl.* Desmedrarse las uvas a causa de heladas tardías.
acarrarse *prnl.* Resguardarse del sol en estío el ganado lanar.
acarrascado, -da *adj.* Semejante a la carrasca.
acarrazarse *prnl. Ar.* Abrazarse con fuerza. ◇ ** CONJUG. [4] como ***realizar.***
acarreadizo, -za *adj.* Que se puede acarrear.
acarreador, -ra *adj.-s.* Que acarrea. -2 *m.* Encargado de conducir la mies a la era.
acarreamiento *m.* Acarreo.
acarrear (paras.) *tr.* Transportar en carro; transportar en general: *el agua acarrea arena.* 2 fig. Ocasionar, causar: ~ *una desgracia.*
acarreo *m.* Acción de acarrear. 2 Precio que se cobra por acarrear. 3 ***Terreno de*** ~, el formado por el arrastre de las aguas. 4 fig. Material que un escritor, investigador, orador, etc., aporta, tomándolo de diversas fuentes y sin someterlo a una elaboración personal.
SIN. *2* **Transporte.**
acarreto *m.* Acarreo. 2 *Can.* Pago de una cantidad a cambio del transporte de una cosa.
acarroñar *tr. Colomb.* fam. Acobardar, amilanar.
acartonarse (paras.) *prnl.* Ponerse como cartón. 2 fig. Quedarse enjuta una persona vieja. 3 *Amér.* Parecer el tísico que no ha tenido tal enfermedad.
acasamatado, -da (paras.) *adj.* De forma de casamata. 2 [batería o fortificación] Que tiene casamata.
acasanate (náhu.) *m. Méj.* Pájaro negro del tamaño del estornino, que hace estragos en las milpas *(Quiscalus macrurus).*
SIN. **Sanate** o **zanate,** desusado.
acaseramiento *m. Perú.* Costumbre de comprar siempre en una misma tienda.
acaserarse *prnl. Chile* y *Perú.* Hacerse parroquiano de una tienda. 2 *Chile* y *Perú.* Encariñarse.
I) acaso (de *a* + *caso*) *m.* Casualidad, suceso imprevisto.
SIN. v. **Casualidad.**
II) acaso *adv. m.* Por casualidad, al azar. -2 *adv. d.* Quizá, tal vez. -3 *loc. conj.* ***Si*** ~ o ***por si*** ~, en caso de, o en todo caso: *si* ~ *no le gusta, que lo diga; no es mala persona, si* ~, *un poco brusco.*
acastañado, -da (paras.) *adj.* De color que tira a castaño.

acastorado, -da (paras.) ***adj.*** Parecido a la piel del castor.
acatable ***adj.*** Digno de acatamiento o respeto.
acatadamente ***adv. m.*** Con acatamiento o respeto.
acatador, -ra ***adj.-s.*** Que acata.
acataléctico (gr. *akatalektikós,* de *a-* II, priv. + *katalektikós,* que termina antes de llegar al fin) ***adj.-s.*** V. verso acataléctico.
acatalecto ***adj.-s.*** Acataléctico.
acatalepsia (gr. *akatalepsis,* de *a-* II, priv. + *katalepsis* < *katalambano,* comprender) ***f.*** FIL. Imposibilidad de la mente de llegar a la certidumbre.
acatamiento ***m.*** Acción de acatar. 2 Efecto de acatar.
acatanca (del quechua *aka,* excremento + *tankay,* empujar) ***f.*** *Argent., Bol., Chile* y *Perú.* Catanga (escarabajo).
acatar (de *a* + *catar,* mirar) ***tr.*** Tributar homenaje de sumisión y respeto [a uno]. 2 Obedecer. 3 *Amér.* Caer en la cuenta, notar.
acatarrar (paras.) ***prnl.*** Contraer catarro. -2 ***tr.*** *Chile* y *Méj.* Importunar, hostigar. -3 ***prnl.*** *Perú.* fam. Ponerse casi ebrio, achisparse.
acatechili ***m.*** Pájaro mejicano muy parecido al verderón *(Fringila mexicana).*
Acates ***n. pr.*** Compañero de Eneas, en la *Eneida*, cuya fidelidad es proverbial.
acato ***m.*** Acatamiento.
acatólico, -ca ***adj.*** [cristiano] Que no pertenece a la Iglesia Católica. 2 [culto y doctrina] De dicho cristiano.
acaudalado, -da ***adj.*** Que tiene mucho caudal: *familia acaudalada.*
SIN. **Adinerado, rico.**
acaudalador, -ra ***adj.-s.*** Que acaudala.
acaudalar (paras.) ***tr.*** Hacer o reunir caudal [de una cosa]: *~ ciencia; el padre acaudaló mucho* (sobreentiéndese *dinero).*
acaudillador, -ra ***adj.-s.*** Que acaudilla.
acaudillamiento ***m.*** Acción de acaudillar.
acaudillar (paras.) ***tr.*** Mandar [gente de guerra] en calidad de jefe. 2 Ser jefe [de un partido o bando]. 3 p. ext. Guiar, conducir. -4 ***prnl.*** Elegir caudillo.
acaule (*a-* II + *-caule)* ***adj.*** [planta] Que tiene el tallo tan corto que parece carecer de él.
acautelarse ***prnl.*** Cautelarse.
acceder (l. *-ere*) ***intr.*** Consentir en lo que otro solicita o quiere. 2 Ceder uno en su opinión, conviniendo con un dictamen o una idea de otro. 3 Tener acceso, paso o entrada a un lugar. 4 Tener acceso a una situación, condición o grados superiores, llegar a alcanzarlos.
accesibilidad ***f.*** Calidad de accesible.
accesible ***adj.*** Que tiene acceso. 2 fig. De fácil acceso o trato. 3 Inteligible. ◇ No se debe confundir con *asequible.*
accesión ***f.*** Acción de acceder. 2 Efecto de acceder. 3 Cosa accesoria. 4 DER. Derecho por el que el propietario de una cosa hace suyo todo lo que ésta produce, y además todo lo que se le une o incorpora, natural o artificialmente. 5 DER. Lo adquirido de este modo. 6 MED. Ataque de las fiebres intermitentes.
accesional ***adj.*** Que aparece y desaparece súbitamente, por accesos. 2 MED. Relativo a las enfermedades o síntomas que evolucionan de este modo, esp. ciertas fiebres.
accésit (l. *accessit,* se acercó) ***m.*** En un certamen, recompensa inmediatamente inferior al premio. ◇ Pl.: *accésits* o *accesis.*
acceso (l. *-essu*) ***m.*** Acción de llegar o acercarse. 2 Entrada o paso: *~ prohibido;* fig., *~ de los campesinos a la propiedad; persona de fácil ~.* 3 Arrebatamiento. 4 Acometimiento brusco de un fenómeno morboso: *~ de tos.* 5 ASTRON. *~* ***del Sol,*** movimiento aparente con que se acerca el Sol al Ecuador. 6 INFORM. Forma en que una memoria de ordenador puede ser leída o escrita. 7 MED. Accesión (ataque). 8 TECNOL. Punto o cavidad que permite llegar a un órgano oculto de una máquina para inspeccionarlo o reemplazarlo.
accesoria ***f.*** Edificio contiguo a otro principal y dependiente de éste, más us. en pl. -2 ***f. pl.*** Habitaciones bajas aparte del resto del edificio principal.
accesoriamente ***adv. m.*** Por accesión o agregación.
accesorio, -ria (de *acceso*) ***adj.-s.*** Que depende de lo principal o se le une por accidente. -2 ***adj.*** Secundario. -3 ***m.*** Herramienta o utensilio auxiliar: *accesorios de automóvil, de pesca.*
accidentado, -da ***adj.*** Turbado, agitado. 2 fig. Quebrado, fragoso: *terreno ~.* 3 Revuelto, borrascoso: *vidas accidentadas.* -4 ***adj.-s.*** Víctima de un accidente.
accidental (l. *-ale*) ***adj.*** No esencial. 2 Casual, contingente. 3 [pers.] Que desempeña ocasionalmente un cargo: *director, secretario ~.* 4 Relativo a la gloria que, además de la vista y posesión de Dios, gozan los bienaventurados. 5 MÚS. Accidente (signo).
SIN. V. **Interino.**
accidentalidad ***f.*** Calidad de accidental.
accidentalmente ***adv. m.*** De modo accidental.
SIN. **Por incidencia, incidentalmente, incidentemente.**
accidentar ***tr.*** Producir accidente [a una persona]. -2 ***prnl.*** Sufrir un accidente.
SIN. **Insultarse,** p. us.
accidentario, -ria ***adj.*** Accidental.
accidente (l. *-ente*) ***m.*** FIL. Lo que puede aparecer o desaparecer, sin destrucción del sujeto; cualidad que no es ni esencial ni constante. 2 Lo que altera el curso regular de las cosas; suceso eventual, esp. desgraciado: *un ~ automovilístico; por ~,* por casualidad. 3 Indisposición que repentinamente priva de sentido o de movimiento. 4 Lo que altera la uniformidad: *accidentes del terreno.* 5 Pasión o movimiento del ánimo. 6 GRAM. Modificación que sufren en su forma las palabras variables para expresar diversas categorías gramaticales. En español los accidentes gramaticales son: género y número en la flexión nominal; modo, tiempo, número y persona, en el verbo. Subsisten sólo algunos restos de los casos (en los pron. personales) y de la voz pasiva del latín. 7 MED. Síntoma grave que se da inopinadamente en una enfermedad, sin ser característica de ella. 8 MÚS. Signo con que se altera la tonalidad de un sonido. -9 ***m. pl.*** TEOL. Figura, color, sabor y olor que en la Eucaristía quedan del pan y del vino después de la consagración.
SIN. *2* **Emergencia;** V. **Casualidad.** *3* **Insulto,** p. us.
acción (l. *actione*) ***f.*** Operación de un ser, considerada como producida por este ser y no por una causa exterior: *buena* o *mala ~; dejar sin ~.* 2 esp. Ejecución de un acto voluntario: *unir la ~ a la palabra; ~* ***de gracias,*** expresión o manifestación de agradecimiento. 3 Actividad, dinamismo: *le aburren las películas de ~; el país necesita hombres de ~.* 4 Ademán, gesto; esp. los del orador o actor, para reforzar la expresión de lo que dice. 5 Influencia ejercida sobre otro ser: *la ~ de la luz sobre los organismos; ~ física; ~ química.* 6 Hecho de armas, esp. combate entre fuerzas poco numerosas. 7 En un drama, poema, novela, etc., serie de actos y sucesos determinados por el objeto principal de la obra, y enlazados entre sí. 8 DER. Derecho de pedir algo en juicio, y modo legal de ejercitarlo: *ejercitó una ~ civil.* 9 COM. Parte alícuota del capital social de una empresa, generalmente de una sociedad anónima, que proporciona a su propietario una renta variable, dependiendo de los resultados obtenidos por la empresa. 10 Documento en que se refleja la participación económica del socio y la pertenencia de su titular a la sociedad: *~* ***liberada,*** la que una sociedad anónima entrega sin desembolso por parte del que la recibe, en premio de gestión, servicios, planteamiento, etc. 11 FÍS. Magnitud que se define como producto de la energía absorbida durante un proceso, por la duración del mismo. 12 PINT. Actitud o postura del modelo natural para dibujarlo o pintarlo. 13 En filmación de películas, voz con que se advierte a actores y técnicos que en aquel momento comienza una toma.
accionado ***m.*** Conjunto de acciones o gestos, ademanes y movimientos que acompañan a la palabra hablada.
accionamiento ***m.*** Puesta en marcha de un mecanismo, negocio, etc.
accionar ***intr.*** Hacer movimientos y gestos para dar a entender alguna cosa o para acompañar a la palabra. -2 ***tr.*** Poner en marcha [un mecanismo]. -3 ***intr.*** *Amér.* DER. Demandar un derecho en juicio.
accionariado ***m.*** Conjunto de accionistas de una sociedad.
accionario, -ria ***adj.*** Relativo a las acciones de una sociedad anónima. -2 ***m. f.*** Accionista o poseedor de acciones.
accionista ***com.*** En la sociedad anónima, poseedor de una o varias acciones.
accípitre ***m.*** ZOOL. Ave de rapiña.
accisa ***f.*** Tributo indirecto sobre consumos en determinados países.
accitano, -na ***adj.-s.*** De Acci, actual Guadix, ciudad de Granada.
accos ***m.*** *Perú.* Hombre que se alquila para transportar la coca y otras mercancías.
acebadamiento ***m.*** Encebadamiento.

acebadar *tr.-prnl.* Encebadar.
acebal *m.* Acebedo.
acebeda *f.* Acebedo.
acebedo *m.* Terreno poblado de acebos.
acebo (l. v. *acifu;* por l. cl. *aquifoliu*) *m.* Árbol ilicíneo, de hojas grandes, duras y espinosas, flores pequeñas y blancas, y fruto en baya; su madera se usa en ebanistería y tornería *(Ilex aquifolium).* 2 Madera de este árbol.
SIN. **Agrifolio, aquifolio.** En Cuba se da el nombre de acebo a varias especies indígenas, como *Ilex occidentalis, myrtifolia, montana.*
acebollado, -da (paras.) *adj.* Que tiene acebolladura.
acebolladura (paras. de *cebolla*) *f.* Defecto de algunas maderas por desunión de dos de las capas que forman el tejido leñoso del árbol.
SIN. **Colaina.**
acebrado, -da *adj.* Cebrado.
acebuchal *adj.* Relativo al acebuche. -2 *m.* Terreno poblado de acebuches.
acebuchazo *m. Can.* Golpe dado con un palo.
acebuche (berb. *azebuch*) *m.* Olivo silvestre, de menor talla que la forma cultivada y con las ramas espinosas *(Olea silvestris).* 2 Madera de este árbol.
SIN. **Oleastro, zambullo.**
acebucheno, -na *adj.* Acebuchal (adjetivo).
acebuchina *f.* Fruto del acebuche.
acechadera *f.* Acechadero. 2 *S. Dom.* Acción de acechar reiteradamente.
acechadero *m.* Lugar desde donde se puede acechar, esp. la caza.
acechador, -ra *adj.-s.* Persona que acecha.
REL. **Cechero** o **acechador,** el que acecha en la caza.
acechamiento *m.* Acecho.
acechanza *f.* Acecho, espionaje.
acechar (l. *assectari,* perseguir) *tr.* Observar, aguardar cautelosamente [a una persona o cosa] con algún propósito.
SIN. MONT. **Recechar;** v. **Asechar.**
aceche (ár. *azech,* vitriolo) *m.* Caparrosa.
SIN. **Acije.**
acecho *m.* Acción de acechar. 2 Lugar desde el cual se acecha. 3 *Al,* o *en* ~, observando a escondidas.
SIN. MONT. **Rececho.**
acechón, -chona *adj.* desp. Acechador habitual.
acecido *m.* fam. Acezo.
acecinamiento *m.* Acción de acecinar o acecinarse. 2 Efecto de acecinar o acecinarse.
acecinar (de *cecina*) *tr.* Salar [las carnes], y secarlas al aire y al humo para que se conserven. -2 *prnl.* fig. Quedarse uno muy enjuto de carnes. ◇ Más us. *cecinar.*
SIN. *2* **Amojamar.**
acedamente *adv. m.* Con desabrimiento.
acedar *tr.* Poner agria [alguna cosa]. 2 fig. Desazonar o disgustar [a uno]. 3 Alterar con acidez el estómago o los humores. -4 *prnl.* Tratándose de plantas, ponerse amarillas.
SIN. **Agriar, revenirse, volverse,** us. *prnl.: la compota se aceda, se reviene* o *se vuelve;* **acidificar,** es tecnicismo; **avinagrar(se),** se aplica no sólo al vino, sidra, cerveza, sino también a otros líquidos como la leche; **acidular** (tecn.), es acidificar ligeramente.
acedera (l. *acetaria* < *acetu,* vinagre) *f.* Planta poligonácea, de tallo fistuloso y hojas sagitales, obtusas y de sabor ácido, que se emplean como condimento *(Rumex acetosa).* ◇ HOMÓF.: *hacedera* (adj.).
SIN. **Agrilla, vinagrera.** REL. **Sal de acederas,** oxalato potásico.
acederaque (ár. *azeddirajt*) *m.* Cinamomo (árbol meliáceo).
acederilla *f.* Planta poligonácea, parecida a la acedera *(Rumex acetosella).* 2 Planta oxalidácea perenne, con las hojas trifoliadas y pubescentes, y flores blancas en el extremo de pedúnculos *(Oxalis acetosella).*
SIN. **Acetosilla, aleluya.**
acederón *m.* Planta poligonácea, de hojas anchas y flores hermafroditas *(gén. Rumex).*
acedia *f. Chile.* Acidia.
I) acedia *f.* Calidad de acedo. 2 Indisposición del estómago, por haberse acedado la comida. 3 Amarillez que toman las plantas cuando se acedan. 4 fig. Desabrimiento (aspereza).
II) acedia *f.* Pez marino de cuerpo comprimido, de color gris pardusco con manchas ordenadas en series longitudinales *(Dicologoglossa cuneata).* 2 *Cuba.* Pez comestible pequeño, que tiene los ojos del lado izquierdo *(Symphurus plagusia).*
acedo, -da (l. *-tu,* vinagre) *adj.* Ácido. 2 Que se ha acedado. 3 Desabrido (tiempo destemplado). -4 *m.* Zumo ácido.
acefalia *f.* Calidad de acéfalo.
acefalismo *m.* Acefalia. 2 Secta y doctrina de ciertos herejes del s. VI que no reconocían jefe ni jerarquía.
acéfalo, -la (gr. *aképhalos*) *adj.* Falto de cabeza. 2 [sociedad, secta, etc.] Que no tiene jefe. 3 [feto] Sin cabeza o sin parte considerable de ella. -4 *m.* ZOOL. Lamelibranquio. -5 *adj.-s.* Partidario del acefalismo.
acefalo- (de *acéfalo* < *a-* II + *-céfalo*) Elemento prefijal que entra en la formación de palabras con el significado de falto de cabeza: *acefalocardia.*
aceguero *m.* Leñador que recoge las leñas muertas.
aceitada *f.* Cantidad de aceite derramada. 2 Torta o bollo amasado con aceite.
aceitado *m.* Acción de untar con aceite, lubricación.
aceitar *tr.* Untar con aceite.
aceitazo *m.* Aceitón (aceite).
aceite (ár. *azeit*) *m.* Líquido graso de color verde amarillento que se extrae de la aceituna: ~ ***de hojuela,*** el que se saca del alpechín; ~ ***de pie*** o ***de talega,*** el que se obtiene pisando las aceitunas metidas en una talega; ~ ***onfacino,*** el que se extrae de aceitunas sin madurar; ~ ***virgen,*** el que resulta de la primera presión de la aceituna en el molino; ~ ***puro,*** el que es mezcla de aceite virgen y aceite refinado; ~ ***refinado,*** el aceite virgen sometido a refino. 2 Substancia de origen animal, vegetal o mineral, formada por ésteres de ácidos grasos o por hidrocarburos derivados del petróleo, líquida, insoluble en agua, soluble en éter, combustible y gralte. menos densa que el agua: ~ *aislante,* ELECTR., aceite mineral que se usa en las instalaciones eléctricas de alta tensión como aislante y como refrigerante; ~ ***de abeto,*** abetinote; ~ ***de Aparicio,*** preparación vulneraria cuyo principal ingrediente es el corazoncillo; ~ ***de ballena,*** grasa líquida de la ballena y otros cetáceos; ~ ***de cada,*** miera; ~ ***de María,*** bálsamo de María; ~ ***de palo,*** bálsamo de copaiba de la India; ~ ***esencial*** o ***volátil,*** esencia líquida, oxidable en el aire, insoluble en el agua, soluble en el alcohol y el éter y disolvente de las grasas y resinas, que se extrae de muchas plantas; ~ ***fijo,*** el que no se evapora; ~ ***mineral,*** petróleo; ~ ***pesado,*** el que se obtiene del petróleo y se emplea para la tracción de trenes, barcos, etc. y otros usos industriales; ~ ***secante,*** el que en contacto con el aire se seca pronto; *lamparilla de* ~. 3 Substancia de aspecto aceitoso: ~ ***de arsénico,*** cloruro de arsénico; ~ ***de vitriolo,*** ácido sulfúrico.
REL. *1* **Oleicultura, eleotecnia,** fabricación y conservación de ~; *lat.* **oleo-, olei-,** o gr. **eleo-,** *contenidos en las voces compuestas* **oleómetro, oleífero, oleoso, oleína, eleometría, almazara, trujal, molino de** ~.
aceitería *f.* Establecimiento donde se vende aceite. 2 Oficio de aceitero.
aceitero, -ra *adj.* Relativo al aceite: *molino ~; producción aceitera.* -2 *m. f.* Persona que tiene por oficio vender aceite. -3 *m.* Árbol de las Antillas, de madera amarilla, que admite hermoso pulimento *(Sebastiania lucida).* 4 Cuerno en que los pastores guardan el aceite. -5 *f.* Alcuza. -6 *m. f.* Meloe. -7 *f. pl.* Vinagreras.
aceitillo *m.* Aceite de tocador. 2 *Cuba.* Árbol de madera semejante a la del aceitero *(Sebastiania lucida).* 3 *Méj.* Copal santo, árbol *(Bursera mexicana).* 4 *P. Rico.* Nombre de varios árboles del género *Simaruba,* de madera semejante. 5 *Bol., Chile, Ecuad., Perú* y *P. Rico.* Preparación cosmética de aceite perfumado para tocador.
aceitón *m.* Aceite gordo y turbio. 2 Líquido pegajoso que depositan ciertos insectos en algunos árboles, y en el cual se desarrolla la negrilla. 3 Impurezas que el aceite deja en el fondo de las vasijas al purificarlo.
aceitoso, -sa *adj.* Que tiene aceite, grasiento. 2 Parecido al aceite.
SIN. **Oleaginoso,** TECN.; **oleario,** es latinismo docto p. us. **oleoso.**
aceituna (ár. *azeituna*) *f.* Fruto del olivo; ~ ***corval,*** la más larga que la común; ~ ***de la Reina,*** la de mayor tamaño y superior calidad; ~ ***manzanilla,*** la que produce el olivo manzanillo; ~ ***zapatera,*** la que ha comenzado a pudrirse; ~ ***zorzaleña,*** la muy pequeña y redonda
SIN. **Oliva.**
aceitunada *f.* Cosecha de la aceituna.
aceitunado, -da *adj.* De color de aceituna.
aceitunero, -ra *m. f.* Persona que tiene por oficio coger, acarrear o vender aceitunas. -2 *m.* Lugar para guardar la aceituna. -3 *f. Extr.* Época y recolección de la aceituna.
SIN. *2* **Olivero.**

aceituní (ár. *azeituní,* de la ciudad china de *Tseuthung*; en ár. *Zaitum*) ***m.*** Tela muy rica, de Oriente, usada durante la Edad Media. 2 Detalle ornamental de los edificios árabes. ◇ Pl.: *aceituníes.*
SIN. **Setuní.**
aceitunil ***adj.*** Aceitunado.
aceitunillo ***m.*** Árbol estiracáceo de las Antillas *(Agotoxylum punctatum).*
aceituno ***m.*** Olivo. 2 ~ ***silvestre,*** aceitunillo. 3 *Amér.* Árbol verbenáceo que produce un fruto parecido a la aceituna *(Vitex orinocensis).* -4 ***adj.*** *Amér.* De color de aceituna, aceitunado.
SIN. *3* **Talchocote** *(Hond.).*
acelajado, -da ***adj.*** Que tiene celajes.
aceleración (l. *acceleratione*) ***f.*** Acción de acelerar o acelerarse. 2 Efecto de acelerar o acelerarse. 3 ASTRON. ~ ***de las estrellas fijas,*** intervalo variable en que se adelanta diariamente el paso de una estrella al del Sol por un mismo meridiano. 4 MEC. Cociente de los incrementos de velocidad y tiempo cuando ambos tienden a cero.
acelerada ***f.*** Aumento súbito de la velocidad de un motor.
aceleradamente ***adv. m.*** Con aceleración.
acelerado ***m.*** En cinematografía, artificio con que se da a los movimientos mayor rapidez en la pantalla que en la realidad. -2 ***adj.*** MEC. V. movimiento ~.
acelerador, -ra ***adj.-m.*** Que acelera. -2 ***m.*** Mecanismo que regula la entrada de la mezcla explosiva en la cámara de combustión y permite acelerar más o menos el régimen de revoluciones del motor de explosión. 3 Pedal u otro dispositivo con que se acciona dicho mecanismo. 4 Mecanismo destinado a acelerar el funcionamiento de otro: ~ ***nuclear*** o ***de partículas,*** aparato electromagnético que imprime gran velocidad a partículas elementales con objeto de desintegrar el núcleo de los átomos que bombardea. 5 QUÍM. Substancia que, añadida en pequeñísima cantidad a un catalizador, aumenta su poder y alarga su acción.
aceleramiento ***m.*** Aceleración.
acelerar (l. *accelerare*) ***tr.*** Hacer más rápido, más vivo [un movimiento, un proceso]. 2 Anticipar (una cosa). 3 Aumentar la velocidad de un vehículo o de un motor. -4 ***prnl.*** fig. Azorarse, asustarse; ponerse nervioso.
aceleratriz ***adj.*** V. fuerza ~.
acelero- (l. *acceleratione,* aceleración) Elemento prefijal que entra en la formación de palabras con el significado de aceleración: *acelerómetro.*
acelerógrafo (*acelero-* + *-grafo*) ***m.*** FÍS. Aparato que representa gráficamente la aceleración de un movimiento.
acelerómetro (*acelero-* + *-metro*) ***m.*** Instrumento que usan los aviones y que mide la aceleración en una dirección específica determinada.
acelerón ***m.*** Acción de acelerar de manera rápida o violenta.
acelga (ár. *acilca* < l. *siliqua*) ***f.*** Planta quenopodiácea hortense, de hojas comestibles, radicales, grandes, carnosas y con el nervio medio muy desarrollado *(Beta vulgaris,* variedad *Cicla).*
acémila (ár. *azémila*) ***f.*** Mula o macho de carga. 2 Persona ruda.
acemilado, -da ***adj.*** Parecido a una acémila.
acemilar ***adj.*** Relativo a la acémila o al acemilero.
acemilería ***f.*** Lugar destinado para tener las acémilas y sus aparejos.
acemilero, -ra ***adj.*** Relativo a la acemilería. -2 ***m.*** El que tiene por oficio cuidar de las acémilas.
acemita ***f.*** Pan hecho de acemite.
acemite (ár. *acemid*) ***m.*** Salvado mezclado con harina. 2 Potaje de trigo tostado y medio molido.
SIN. *1* **Rollón.**
acendrado, -da ***adj.*** Depurado, sin mancha ni defecto.
acendramiento ***m.*** Acción de acendrar. 2 Efecto de acendrar.
acendrar (de *cendra*) ***tr.*** Purificar [los metales] en la cendra por la acción del fuego. 2 fig. Depurar, dejar sin mancha ni efecto [una cosa].
acenefar ***tr.*** Adornar [alguna cosa] con cenefas.
acenoria ***f.*** vulg. Zanahoria.
acensar ***tr.*** Acensuar.
acensuar (*a-* I + ant. *censuar*) ***tr.*** Imponer censo [a una cosa]. ◇ ** CONJUG. [11] como ***actuar.***
****acento** (l. *accentus*) ***m.*** Rasgo prosódico que permite poner de relieve una unidad lingüística superior al fonema (p. ej. la sílaba) para diferenciarla de otras unidades lingüísticas del mismo nivel (llámase también ~ *prosódico, tónico* o *de intensidad).* ***Ritmo de*** ~, distribución del acento prosódico en la frase. El acento español no es intensivo, sino debido a la elevación del tono. 2 Tilde que en ciertos casos se pone sobre la vocal de la sílaba que recibe el acento prosódico, o para indicar otras particularidades de la pronunciación (llámase también ~ *ortográfico*): ~ ***agudo,*** el único acento ortográfico que hoy se usa en español, cuya forma es (´); ~ ***grave,*** el que se emplea en algunas lenguas como signo diacrítico sobre las vocales, cuya forma es (`); ~ ***circunflejo,*** el que se compone de uno agudo y otro grave unidos por arriba (ˆ). 3 Conjunto de particulares inflexiones de pronunciación con que se distingue el modo de hablar de los grupos lingüísticos: ***habla el español con ~ andaluz.*** 4 Sonido, tono, entonación particular que caracteriza determinados estilos de dicción o declamación: ~ *solemne, enfático, persuasivo, suplicante, lloroso, animado,* etc. 5 Lenguaje, voz, canto: *cantó las glorias del Santo con ~ divino.* 6 Aumento de intensidad de ciertos sonidos para marcar el compás. 7 Énfasis, intensidad: *el gobierno puso especial ~ en las medidas económicas.* 8 MÉTR. Elemento constitutivo del verso que exige la acentuación de determinadas sílabas: ~ ***métrico*** o ***rítmico,*** el del verso. 9 MÚS. Modulación de la voz.
SIN. *3* **Deje, dejillo, dejo.**
acentor ***m.*** Ave de pequeño tamaño, parecido al gorrión, de plumaje pardo y pico fino y obscuro *(Prunella modularis).*
acéntrico ***adj.*** ZOOL. Periférico. 2 ZOOL. No originado en un centro nervioso.
acentuable ***adj.*** Que puede acentuarse.
acentuación ***f.*** Acción de acentuar. 2 Efecto de acentuar. 3 ELECTR. Refuerzo de un cierto margen de frecuencias en un amplificador o dispositivo electrónico.
acentuadamente ***adv. m.*** Con pronunciación acentuada. 2 fig. Señaladamente.
acentuador ***m.*** QUÍM. Substancia que intensifica la acción de un colorante.
acentual ***adj.*** GRAM. Relativo al acento.
acentuar (l. *accentuare*) ***tr.*** Dar acento prosódico [a las palabras], o ponerles acento ortográfico. 2 fig. Recalcar (con énfasis). 3 Realzar, resaltar. -4 ***prnl.*** Tomar cuerpo. ◇ ** CONJUG. [11] como ***actuar.***
aceña (ár. *aceniya;* doble etim. *cenia*) ***f.*** Molino harinero de agua situado en el cauce de un río. 2 Azud (máquina). 3 Anea.
aceñero ***m.*** El que tiene por oficio trabajar en una aceña o cuidar de ella.
-áceo, -ácea (l. *-aceum*) Sufijo que entra en la formación de adjetivos denotando pertenencia, semejanza, cualidad. Algunos son de origen latino: *coriáceo, arenáceo;* otros son de origen español: *acantáceo, amentáceo.* 2 Sirve para formar adjetivos cultos, sobre todo en las ciencias naturales, para la denominación taxonómica de clases de animales o familias de plantas: *crustáceos, rosáceos.*
acepar (paras.) ***intr.*** Encepar (echar raíces).
acepción (l. *acceptione*) ***f.*** Significado en que se toma una palabra o frase. 2 ~ ***de personas,*** acción de favorecer arbitrariamente a unas personas más que a otras.
SIN. y REL. v. **Significación.**
acepilladora ***f.*** Máquina para cepillar.
acepilladura ***f.*** Acción de acepillar. 2 Efecto de acepillar. 3 Viruta.
acepillar ***tr.*** vulg. Cepillar.
aceptabilidad ***f.*** Calidad de aceptable. 2 Conjunto de caracteres que hacen que una cosa sea aceptable.
aceptable (l. *acceptabile*) ***adj.*** Que se puede aceptar.
aceptablemente ***adv. m.*** De modo aceptable.
aceptación ***f.*** Acción de aceptar. 2 Efecto de aceptar. 3 Aprobación, aplauso. 4 ~ ***de personas,*** acepción de personas.
aceptador, -ra (l. *acceptatore*) ***adj.-s.*** Que acepta. 2 ~ ***de personas,*** el que hace acepción de personas.
aceptante ***adj.-s.*** Que acepta.
aceptar (l. *acceptare*) ***tr.*** Recibir uno voluntariamente [lo que se le da u ofrece]. 2 Aprobar, dar por bueno. 3 Admitir, conformarse: *aceptó sus errores.* 4 Obligarse por escrito a pagar [las letras o libranzas].
acepto, -ta (l. *acceptu*) ***adj.*** Agradable, admitido con gusto: ~ *a Dios;* ~ *a los padres.*
aceptor ***m.*** Aceptador: ~ *de personas.* 2 FÍS. Impureza que se introduce en la red cristalina de ciertos semiconductos para que acepten electrones en exceso. 3 QUÍM. Átomo que interviene en

ACENTO

En toda palabra polisílaba hay una sílaba que pronunciamos con más fuerza que las demás de la misma palabra. De esta sílaba decimos que es acentuada, tónica, o que sobre ella carga el acento prosódico.

Las palabras que tienen este acento en la última sílaba se llaman AGUDAS; las que lo tienen en la penúltima, LLANAS O GRAVES; las que lo tienen en la antepenúltima, ESDRÚJULAS, y las que lo tienen antes de la antepenúltima, SOBRESDRÚJULAS (formas sobresdrújulas).

En la escritura, el acento prosódico de algunas palabras se indica con una tilde, o acento ortográfico(´), que se pone sobre la vocal de la sílaba acentuada. Si en vez de una vocal sola hay un diptongo o triptongo (V. **sílaba**), la tilde se coloca sobre la vocal abierta —que no sea *u, i*—, o sobre la segunda, si se trata de un diptongo homogéneo formado por las vocales cerradas *u, i.*

El empleo de la tilde se rige por las siguientes reglas:

REGLAS GENERALES

I) Las palabras ESDRÚJULAS y las formas SOBRESDRÚJULAS se acentúan todas: *miércoles, regímenes, exámenes, resúmenes.*
II) Las palabras AGUDAS se acentúan si terminan en vocal, *n* o *s: sofá, bisturí, amaré, sinfín, melón, cafés, Galdós.*
III) Las palabras GRAVES O LLANAS llevan tilde si no acaban en vocal, *n* o *s: útil, débil, fútil, césped, mármol.*
IV) Los MONOSÍLABOS no llevan tilde: *fe, la, ti, no, a, da, pues, bien, di,* aunque hay unas pocas excepciones, expuestas en las REGLAS ESPECIALES.
También son monosílabos y no llevan tilde las formas verbales: *fue, fui, vio* y *dio,* según señalan las últimas normas académicas.

REGLAS ESPECIALES

1. Para distinguir entre sí los siguientes MONOSÍLABOS HOMÓNIMOS, unos llevan tilde y otros no:

él	pronombre	*trabajo con él*	**el**	artículo	*tengo el lapiz*
tú	»	*tú lo sabes*	**tu**	poses.	*vi a tu padre*
mí	»	*piensa en mí*	**mi**	»	*vi a mi padre*
			mi	nota musical	*toca el mi*
sí	»	*dice para sí*	**si**	conjunción	*si lo ves, calla*
sí	adverbio	*sí, lo quiero*	**si**	nota musical	*sonata en si*
más	»	*no iré más*	**mas**	conjunción	*callo, mas no cedo*
sé	vbo. saber y ser	*lo sé todo, sé bueno*	**se**	pron. refl.	*se ha pinchado*
dé	vbo. dar	*no me lo dé*	**de**	preposición	*casa de madera*
té	nombre	*el té me gusta*	**te**	letra	*la te es consonante*
			te	pronombre	*te llamo*

No todos los monosílabos homónimos se distinguen por el acento: *sol* (astro y nota musical); *la* (artículo, pronombre y nota musical); *di* (imperat. de *decir* y pretérito de *dar*); *ve* (imperat. de *ir* y presente de indicativo de *ver*).|| Obsérvese que la conjunción *o* no lleva acento entre letras, pero sí entre cifras: *dos o tres; 2 ó 3.* En cambio: *de dos a tres* y *2 a 3; siete u ocho* y *7 u 8.*

la formación de moléculas, sin suministrar electrones en los enlaces.

acequia (ár. *asagiya*) *f.* Zanja para conducir agua. 2 *Amér.* Arroyo.
SIN. *1* **Cequia,** menos us.; **presa.**

acequiaje *m. Murc.* Tributo que se paga por la conservación de las acequias.

acequiar *intr.* Hacer acequias. ◇ ** CONJUG. [12] como ***cambiar.***

acequiero *m.* El que rige el uso de las acequias, o cuida de ellas.

acera (de *faz,* cara) *f.* Parte lateral, destinada a los peatones, de una calle o vía pública. 2 p. ext. Fila de casas a cada lado de la calle o plaza. 3 ARQ. Piedra que forma, junto a otras, los paramentos de un muro. 4 ARQ. Paramento de un muro. ◇ Se escribe también *hacera.*
SIN. *2* **Facera,** ant.

aceráceo, -a (l. *acer,* arce) ***adj.-f.*** Planta de la familia de las aceráceas. -2 ***f. pl.*** Familia de plantas dicotiledóneas, árboles o arbustos, de hojas opuestas, flores actinomorfas, generalmente unisexuales, y frutos en doble sámara; como el arce.

aceración *f.* Acción de acerar (de acero).

acerado, -da ***adj.*** De acero. 2 Parecido a él. 3 Incisivo, mordaz, penetrante. 4 [tapia] Guarnecido con mortero en sus dos paramentos. 5 [órgano animal o vegetal] Cilíndrico, acuminado y punzante. 6 fig. Que tiene fuerza, fuerte. -7 ***m.*** Aceración.

I) acerar (de *acero*) ***tr.*** Dar [a un hierro] las propiedades del acero; esp., convertir en acero [el corte o las puntas de las armas o herramientas]: *~ un sable.* 2 Dar [a un líquido] propiedades medicinales con tintura de acero o apagando en él acero hecho ascua. 3 Dar los grabadores un baño de acero [a las planchas de cobre]. -4 ***tr.-prnl.*** fig. Fortalecer, vigorizar: *esta penalidad aceró su ánimo; acerarse en la lucha.*

II) acerar (de *acera*) ***tr.*** Poner aceras [a una vía pública o a un muro].

acerbamente ***adv. m.*** Cruel, rigurosa o desapaciblemente.

acerbidad (l. *-itate*) *f.* Calidad de acerbo.

acerbo, -ba (*-bu*) ***adj.*** Áspero al gusto. 2 fig. Cruel, riguroso. ◇ HOMÓF.: *acervo* (m.).

acerca (*ad + circa*) ***adv. l. t.*** ant. Cerca. -2 ***loc. prep. ~ de,*** sobre la cosa de que se trata; en orden a ella: ***hace mil preguntas ~ de Héctor.*** ◇ INCOR.: su utilización sin la prep. *de.*

acercador, -ra ***adj.*** Que acerca.

acercamiento *m.* Acción de acercar. 2 Efecto de acercar.

acercar ***tr.-prnl.*** Poner cerca o a menor distancia, en orden al espacio, tiempo, números, cualidades, etc.: *nos acerca a nuestro propósito; se acercó para saludarle; tu número se acerca a ochenta.* ◇ ** CONJUG. [1] como ***sacar.***

ACENTO (continuación)

2. La Real Academia Española en su *Ortografía* (1974) dice:

> La partícula *aun* llevará tilde *(aún)* y se pronunciará como bisílaba cuando pueda sustituirse por *todavía* sin alterar el sentido de la frase: *aún está enfermo.* En los demás casos, es decir, con el significado de *hasta, también, inclusive* (o *siquiera,* con negación), se escribirá sin tilde: *aun los sordos han de oírme; no hizo nada por él ni aun lo intentó.*

Y con respecto a la palabra *solo* señala:

> La palabra *solo,* en función adverbial, podrá llevar acento ortográfico si con ello se ha de evitar una anfibología: *le encontrarás solo en casa* (en soledad, sin compañía); *le encontrarás sólo en casa* (solamente, únicamente).

3. Para distinguir algunos PRONOMBRES DEMOSTRATIVOS de los adjetivos demostrativos (determinantes demostrativos), los pronombres pueden llevar tilde:

Pronombres demostrativos	Determinantes demostrativos
éste — *Con éste me conformo. ¿Cuál quieres? Éste.*	**este** — *En este papel. Dame este libro.*
ése — *Dame ése. En ése no hay nada escrito.*	**ese** — *Con ese martillo no harás nada.*
aquél — *Se quedó con aquél. Lo ha hecho aquel* (señalándolo), *a quien no conozco. No me des éste sino aquél, que es el que te he pedido.*	**aquel** — *Aquel piso. Aquel árbol. Aquel que ama se salvará. Aquel cuyo nombre me das no es apto. Aquel por quien te interesas, ha sido admitido.*

Igual ocurre con sus plurales y femeninos. Se podrá prescindir de la tilde cuando no exista riesgo de confusión. Las formas neutras *esto, eso, aquello,* nunca llevan tilde.

4. En oraciones INTERROGATIVAS directas o indirectas (y dubitativas), DISYUNTIVAS, EXCLAMATIVAS, por SUBSTANTIVACIÓN, con sentido DISTRIBUTIVO, por ÉNFASIS y razones análogas, llevan tilde, según los casos, algunas palabras que por lo común van sin ella:

qué — Interr. directa. *¿Qué quieres? ¿Por qué callas?* || Interr. indirecta. *No sé qué quieres. Dime qué quieres. Dime por qué lo hiciste.* || Excl. ¡Qué día! ¡Qué triste viene! ¡Qué de gente! ¡Pues qué! || Énfasis. *Sin qué ni para qué.* || Substantivación. *El qué dirán.*
que — *Lo que quieras. La casa que he comprado. El que te guste más. Deseo que* (conj.) *vengas. Que quiera, que no quiera.*

quién — Interr. dir. *¿Quién llega? ¿A quién temes?* || Interr. ind. *Dime quién llega. No comprendo a quién temes. Sospecho quién es. Dudo de quién sea.* || Excl. *¡Quién lo hubiera dicho!* || Disyuntiv. *Quién aconseja la retirada, quién morir peleando* (o sea: unos aconsejan..., otros morir...).

quien — *El hombre a quien hablas. Quien así lo crea, se engaña.*

cuál — Interr. dir. *¿Cuál es el mejor?* || Interr. ind. *Ignoro cuál escoger.* || Excl. *¡Si supieras cuál tengo! ¡Cuál* (de qué modo) *se verían los pobres!* || Disyunt. *Todos contribuyeron, cuál más, cuál menos. Cuáles de historia, cuáles de poesía.*
cual — *Es la pluma con la cual escribes.*

cuyo — Interr. dir. *¿Cúyo es el libro?* || Interr. ind. *Ignoro cúyo es el libro* || Enf. *No hay cúyo posible en la atribución de esta obra.* El uso de *cuyo* interrogativo es frecuente en los clásicos, pero en la actualidad es muy raro.
cuyo — *El caballero cuya hija murió ayer.*

SIN. **Aproximar.**

acerdol ***m.*** QUÍM. Preparado a base de permanganato cálcico que se utiliza para esterilizar las aguas potables.

ácere (**acere*) ***m.*** Arce.

acerería ***f.*** Fábrica de acero.

acería ***f.*** Acerería.

acerico (de *faz,* cara) ***m.*** Almohada pequeña. 2 Almohadilla para clavar en ella alfileres y agujas.
SIN. *2* **Acerillo, alfiletero, almohadilla.**

acerillo ***m.*** Acerico.

aceríneo, -a (l. *acer,* arce) ***adj.-s.*** Aceráceo.

acerino, -na ***adj.*** poét. Acerado.

acerista ***com.*** Perito en la fabricación de aceros o dedicado a su producción.

acernadar (paras.) ***tr.*** Aplicar o poner cernadas [a las bestias].

acero (b. l. *aciariu* < *acies,* filo, corte) ***m.*** Hierro combinado con pequeñas cantidades de carbono y que adquiere con el temple gran dureza y elasticidad: ~ ***fundido,*** el que se obtiene por combustión parcial del carbono del hierro colado; ~ ***inoxidable,*** el resistente a la corrosión por contener cromo; ~ ***rápido,*** el que contiene una proporción elevada de volframio, lo cual permite emplearlo para construir herramientas que han de actuar a gran velocidad. 2 fig. Arma blanca. 3 MED. Medicamento para las opiladas. -4 ***m. pl.*** Temple y corte de las armas blancas: *buenos aceros.* 5 fig. Ánimo, brío, resolución. 6 fam. Ganas de comer: *valientes aceros tienes.* ◇ HOMÓF.: *haceros* (v. *hacer,* pron. *os*).

acerola (ár. *azerora*) ***f.*** Fruto del acerolo.

acerolo ***m.*** Árbol rosáceo, de ramas cortas y frágiles, hojas pubescentes, flores blancas; fruto en pomo, redondo, encarnado o amarillo, y agridulce *(Crataegus azarolus).*

aceroso, -sa ***adj.*** Ácido, picante.

acérrimamente ***adv. m.*** De modo acérrimo.

acérrimo, -ma (l. *-mu*) ***adj.*** Superl. irreg. de *acre.* 2 fig. Muy fuerte, decidido o tenaz: *partidario ~; creyente ~.*

acerrojar (paras.) ***tr.*** Poner bajo cerrojo [una cosa].

acertadamente ***adv. m.*** Con acierto.

acertado, -da ***adj.-s.*** Que tiene o incluye acierto.

acertajo ***m.*** fam. Acertijo.

acertamiento ***m.*** Acierto.

acertante ***adj.-s.*** Que acierta.

acertar (l. *ad,* a + *certu,* cosa cierta) ***tr.*** Dar [en el punto previsto o propuesto]. 2 p. anal. Conseguir [el fin adecuado]: *pocos han acertado la historia.* 3 Dar [con lo cierto en lo dudoso u oculto]: *no le acertaban la enfermedad.* 4 Entre sastres, recorrer o igualar [la ropa cortada]. -5 ***tr.-intr.*** Encontrar, hallar: *acertó la casa,* o *con la casa.* 6 Hacer con acierto [una cosa]: *he acertado en encomendarme a Dios; ~ el empleo.* -7 ***intr.*** Con un inf. y

ACENTO (continuación)

cuánto — Interr. dir. *¿Cuánto vale?* || Interr. ind. *No sé cuánto vale.* || Excl. *¡Cuánto llueve!*
cuanto — *Le dio cuanto tenía.*

cuán — Interr. ind. *Yo sé cuán desgraciado soy.* || Excl. *¡Cuán rápidamente caminan las malas nuevas!*
cuan — *Se tendió cuan largo era. Cuan hermosa era, así fue desdichada.*

cuándo — Interr. dir. *¿Cuándo llegarás?* || Interr. ind. *Ignoro cuándo llegará.* || Excl. *Cuándo volverá, dios mío!* || Disyunt. *Siempre está riñendo, cuándo con motivo, cuándo sin él.* || Sustantivación. *El cuándo es lo que no puedo determinar.*
cuando — *Cuando vayas, visítale. De cuando en cuando.*

cómo — Interr. dir. *¿Cómo te encuentras? ¿Cómo no fuiste a la boda?* || Interr. ind. *Cuenta cómo sucedió. No sé cómo no le maté.* || Excl. *¡Cómo llueve! ¡Cómo!* || Substantivación. *El cómo y el cuándo.*
como — *Hazlo como te digo. Sabrás como* (o que) *hemos llegado.*

dónde — Interr. dir. *¿Dónde vives?* || Interr. ind. *No sé donde vives.* || Excl. ¡Dónde vives, Dios mío! || Substantivación. *Sin más dónde que éste.*
donde — *La casa donde vivo.*

porqué — Substantivación. *Ignoro el porqué.* || En la interr. dir. e ind. se escribe **por qué** (V. **qué**).

porque — *No viene porque está enfermo.*

OBSERVACIÓN: para *por qué / porqué; donde / adonde, dónde / adónde.* V. los artículos **que** y **donde.**
ADVERTENCIA: Pueden aparecer las palabras anteriores en oraciones interrogativas y exclamativas sin tilde, porque no poseen acento de intensidad: se pregunta o se destacan otras palabras de la frase. Ejemplo: *¿Me lo darás cuando cobres?*

5. Las formas verbales con pronombres ENCLÍTICOS conservan la tilde si antes la tenían: *déme, dispónte, manténte, estáte.* También llevan tilde cuando del conjunto resultan supuestas palabras esdrújulas o sobresdrújulas: *dárselo, dímelo, decídnoslo* (en contraste con *da, di decid*), antójasele, dijérasemelo, repítemelo. Son incorrectas las formas como *dále, dióme, pónte, dióse, héme, vióse, dénles,* pues *da, pon, dio, he, vio, den* no llevan tilde.

DIPTONGOS y TRIPTONGOS. HIATO.
(V. en **sílaba** y en los correspondientes artículos estos conceptos)

Como se ha expuesto al principio de este cuadro, las palabras polisílabas con sílaba tónica formada por un diptongo o triptongo se rigen por las reglas generales y llevan la tilde en la vocal que no sea *i, u,* o en la segunda en los diptongos *ui, iu.* Ejemplos: agudas: *después, también, sepáis, hacéis, lidió, averiguó, averigüé, benjuí, interviú* (regla II); llanas: *huésped, estiércol, alféizar* (regla III); esdrújulas: *viésemos, miércoles, piénsalo, cuádruple, porciúncula, lingüística* (regla I); ejemplos con triptongos: *despreciéis, amortiguáis, averigüéis.*

ADVERTENCIA: palabras como *liáis, actuéis,* etc., no forman triptongo, llevan tilde por ser agudas como *sepáis* o *hacéis.*

Se llama hiato al encuentro de vocales sin formar diptongo o triptongo. La vocal tónica en hiato lleva tilde de acuerdo con las normas generales: *le-ón, to-re-ó, tra-éis, arrá-ez, po-é-ti-co* (vocales abiertas). Pero, si la vocal tónica en hiato es *i* o *u* (vocales cerradas), se acentúa sin atenerse a las reglas de acentuación; con esta tilde diacrítica se señala que no hay diptongo o triptongo y se ayuda, a veces, a una correcta pronunciación. Ejemplos: *ha-cí-a, re-ú-no, re-í-an, hu-í, o-ír, pro-hí-be, re-hú-so, rí-o, ri-ó, fri-ó, gui-ón, tru-hán, com-pren-dí-ais, te-ní-ais, de-cí-ais.*

la prep. *a*, suceder por casualidad: *acertó a ser jueves.* 8 Prevalecer las plantas y semillas. ◇ ** CONJUG. [27].
acertijo ***m.*** Especie de enigma para entretenerse en acertarlo. 2 fig. Cosa o afirmación muy problemática.
SIN. v. **Enigma.**
aceruelo ***m.*** Especie de albardilla para cabalgar. 2 Acerico (almohadilla).
acervo (l. *vu*) ***m.*** Montón de cosas menudas, como trigo, legumbres, etc. 2 Haber que pertenece en común a los que forman una pluralidad o colectividad de personas. 3 Conjunto de valores morales, culturales, etc., de una persona o colectividad. 4 DER. ~ ***común,*** el todo de una herencia indivisa; ~ *pío*, conjunto de valores entregados al diocesano para redimir de cargas piadosas las fincas de particulares. ◇ HOMÓF.: *acerbo* (adj.).
acescencia ***f.*** Disposición a agriarse.
acescente (l. *-ente*) ***adj.*** Que se agria o empieza a agriarse.
acet-, v. aceto-.
acetabularia ***f.*** Alga clorofícea unicelular con forma de sombrilla, de color verde claro *(Acetabularia mediterranea).*
acetábulo (l. *-u*) ***m.*** Ant. medida para líquidos (cuarta parte de la hemina). 2 Cavidad de un hueso en que encaja otro. 3 Cavidad que, en ciertas especies animales, en particular parásitas, como las tenias, actúa a modo de ventosa.
acetal ***m.*** Unión de una molécula de aldehído con dos de alcohol perdiendo una de agua. 2 En particular, unión del acetaldehído con alcohol etílico.
acetaldehído ***m.*** CH_3 CHO, líquido miscible en agua y alcohol, de olor característico, tóxico, que se emplea para fabricar plásticos, cauchos y colorantes.
acetato (v. *aceto-*) ***m.*** Sal o éter del ácido acético.
aceti-, v. aceto-.
acético, -ca (v. *aceto-*) ***adj.*** Relativo al vinagre; que produce vinagre: *fermentación acética.* 2 ***Ácido*** ~, el producido por oxidación del alcohol vínico, CH_3 COOH; ~ ***glacial,*** ácido acético concentrado.
acetificación ***f.*** Acción de acetificar o acetificarse.
acetificador ***m.*** QUÍM. Aparato para acelerar la acetificación iniciada en los líquidos fermentados por oxidación atmosférica.
acetificar ***tr.-prnl.*** Convertir en ácido acético: ~ *el alcohol.* ◇ ** CONJUG. [1] como ***sacar.***
SIN. **Avinagrar(se),** tratándose del vino.
acetilación ***f.*** Reacción que tiene lugar cuando se introduce un radical acetilo en una molécula orgánica.
acetileno (de *acetilo* + *-eno*) ***m.*** Hidrocarburo gaseoso, C_2H_2, obtenido por la acción del agua sobre el carburo de calcio; arde con llama muy brillante y se emplea para el alumbrado y en la soldadura.

ACENTO (continuación)

La combinación *ui* sigue las reglas generales cualquiera que sea su pronunciación, pues esta es muy vacilante según los usos regionales y personales; por lo tanto: *hu-i, hu-ís, flu-í* (bisílabos agudos terminados en vocal o *s*); *atribuí, construí* (polisílabos agudos terminados en vocal); *lingüístico, casuístico* (esdrújulos); *atribuir, huir, jesuita, circuito* (sin tilde: agudas y llanas que no cumplen las reglas generales).

OBSERVACIONES:

— Las palabras agudas terminadas en *ay, uay, ey, iey, uey, oy uy; au, eu, ou,* se escribirán sin tilde: *taray, Paraguay, virrey, curiey, maguey, convoy, Espeluy; Aribau, Bayeu, Paolu.* Los onomásticos y patronímicos de origen catalán terminados en *iu* o *ius* (con la *i* tónica) se escriben también sin tilde por respeto a su forma catala: *Rius, Codorniu, Arderius,* etc. La Academia señala que *Túy* (bisílabo y llano) lleva tilde en la *u*.

— La *h* entre dos vocales no impide que éstas formen diptongo: *de-sahu-cio,* por lo tanto, cuando alguna de dichas vocales, por virtud de la regla correspondiente, haya de ir con tilde por ser tónica, se pondrán como si no existiera esa *h: prohíbe, cohíbe, rehúso, búho,* etc.

— Con respecto a las terminaciones *uo, ua, ue,* la Academia en su *Ortografía* dice que cuando ninguna de sus vocales es tónica *(averiguó, acentúa, acentúe),* se consideran siempre diptongo a efectos ortográficos, cualquiera que sea su pronunciación real. Se entiende, pues, que son llanas y no deben llevar tilde en la vocal tónica tanto palabras como *agua, ambiguo, antiguo, exiguo, fragua, exangüe, bilingüe,* que siempre se pronuncian con diptongo, como *congrua, ingenuo, superfluo,* donde la pronunciación vacila entre el diptongo y el hiato.

VOCES COMPUESTAS Y DERIVADAS

Las palabras que entran en un compuesto como primer elemento del mismo se escriben sin la tilde que como simples les hubiera correspondido: *asimismo, decimoséptimo, sabelotodo, metomentodo* (estos dos últimos, compuestos de verbo con enclítico más complemento se escriben sin la tilde que le correspondería: *sábelo*). Se exceptúan de esta regla los ADVERBIOS EN -MENTE, que conservan la tilde si les correspondía llevarla como palabra simple: *ágilmente, fácilmente;* pero *buenamente, tontamente.*

También conservan su tilde los compuestos de dos o más palabras unidas por un guión: *cántabro-astur, histórico-crítico-filosífico.*

En los COMPUESTOS ERUDITOS de vocablos latinos o griegos se sigue, por lo general, la regla del latín, o sea: se acentúa la primera parte si la segunda es bisílaba y tiene breve la vocal de la primera sílaba (V. **vocales latinas**): *bípedo, centímetro.* || Si dicha vocal es larga, en ella recae el acento prosódico: *telegrama, centigramo.* || Indicamos a continuación la acentuación de algunas palabras eruditas:

Incorrecto	Correcto	Incorrecto	Correcto
hectógramo y sus similares	*hectogramo*	*oftalmia*	*oftalmía*
hectólitro y sus similares	*hectolitro*	*periferia*	*periferia*
kilometro y sus similares	*kilómetro*	*salmodía*	*salmodia*
paralelógramo	*paralelogramo*	*supremacia*	*supremacía*
telégrama	*telegrama*	*quechúa*	*quechua o quichua*
epígrama	*epigrama*	*pedícuro*	*pedicuro*
nostalgía	*nostalgia*	*peritóneo*	*peritoneo*
neumonia	*neumonía*	*triúnviro*	*triunviro*
		záfiro	*zafiro*
		cuadrupedo	*cuadrúpedo*
		telegrafo	*telégrafo*

acetilo (*acet-* + *-ilo*) *m.* Radical orgánico correspondiente al ácido acético.

acetimetría *f.* QUÍM. Procedimiento para determinar la cantidad de ácido acético contenida en el vinagre o en otras substancias, mediante las técnicas de análisis volumétrico.

acetímetro (*aceti-* + *-metro*) *m.* QUÍM. Aparato para medir el ácido acético que contiene un líquido, esp. el vinagre.

acetín (v. *aceto-*) *m.* Agracejo (arbusto).

acetite *m.* ant. Combinación del vinagre con un óxido. 2 Acetato de cobre, en algunas comarcas de España.

aceto-, aceti-, acet- (l. *acetum,* vinagre) Elemento prefijal que entra en la formación de palabras con el significado de vinagre. 2 QUÍM. Entra en la formación de términos en los que indica que contienen ácido acético o derivan de él.

acetocelulosa *f.* Acetato de celulosa.

acetol *m.* Vinagre común.

acetomiel (*aceto-* + *miel*) *m.* Jarabe de vinagre con miel.

acetona *f.* Compuesto orgánico, CH_3COCH_3, líquido, incoloro, inflamable, volátil, de olor característico. Se obtiene calentando acetato cálcico, destilando madera; y se produce en los organismos como combustión incompleta de las grasas. Se emplea como disolvente de lacas, barnices, pinturas, etc.

acetonemia (de *acetona* + *-emia*) *f.* Hecho de hallarse acetona en la sangre.

acetonuria (de *acetona* + *-uria*) *f.* Eliminación excesiva de acetona por la orina.

acetosa (l.) *f.* Acedera.

acetosidad *f.* Calidad de acetoso.

acetosilla *f.* Acederilla.

acetoso, -sa (l. *-su*) *adj.* Ácido. 2 Relativo al vinagre. 3 Que sabe a vinagre.

acetre (l. *situla,* arabizado en la forma *acetl*) *m.* Caldero pequeño para sacar agua de las tinajas o pozos. 2 Caldero pequeño en que se lleva el agua bendita para las aspersiones.

acetrinar *tr.* Poner [algo] de color cetrino.

acevía *f.* Pez teleósteo muy parecido al lenguado, de color pardusco o rosáceo *(Microchirus acevia).* 2 Tambor (pez).

acezante *adj.* Anhelante, ansioso.

acezar (var. del l. *oscitare,* bostezar, echar el aliento) *intr.* Jadear. 2 Sentir anhelo, deseo vehemente o codicia de alguna cosa. ◇ ** CONJUG. [4] como ***realizar.***

acezo *m.* Jadeo.

acezoso, -sa *adj.* Jadeante.

achabacanamiento *m.* Chabacanería (falta de gusto). 2 Proceso por el cual [algo o alguien] se hace chabacano.

achabacanar *tr.-prnl.* Hacer chabacano [algo].

achacable *adj.* Que se puede achacar.

ACENTO (continuación)

PALABRAS LATINAS

Las palabras latinas empleadas en nuestra lengua se acentúan con arreglo a las leyes fonéticas para las palabras españolas: *referéndum, médium, tránseat.*

PALABRAS EXTRANJERAS

Los nombres propios extranjeros se escriben, por lo general, sin las tildes que no tengan en su lengua de procedencia; pero podrán acentuarse a la española cuando lo permitan su pronunciación y grafía originales: *Wagner* o *Wágner; Lyon* o *Lyón; Mozart* o *Mózart.*

Los nombres geográficos ya incorporados al español o adaptados a su fonética no se consideran extranjeros y llevarán tilde según las reglas: *París, Córcega, Nápoles.*

VULGARISMOS DE ACENTO

Indicamos a continuación algunos de los errores que vulgarmente se cometen en la acentuación:

Incorrecto	Correcto	Incorrecto	Correcto
ahi	*ahí*	*mútuo*	*mutuo*
aunqué	*aunque*	*pais*	*país*
bilbaino	*bilbaíno*	*paises*	*países*
cénit	*cenit*	*peró*	*pero*
circúito	*circuito*	*ráiz*	*raíz*
cólega	*colega*	*réptil*	*reptil*
conqué	*conque*	*resedá*	*reseda*
cuádriga	*cuadriga*	*retáhila*	*retahíla*
distraido	*distraído*	*sauco*	*saúco*
fortuíto	*fortuito*	*sinó*	*sino*
gratuíto	*gratuito*	*sútil*	*sutil*
intérvalo	*intervalo*	*traido*	*traído*
mausóleo	*mausoleo*	*transeunte*	*transeúnte*
míope	*miope*	*vamonós*	*vámonos*
miopia	*miopía*	*vizcaino*	*vizcaíno*
miramé	*mírame*		

Este Diccionario señala en sus artículos otros casos.

La Academia admite las dos acentuaciones en ciertas palabras: *amoniaco-amoníaco; austriaco-austríaco; bímano-bimano; centímano-centimano; cuadrúmano-cuadrumano; período-periodo; policromo-polícromo; zodiaco-zodíaco,* etc.

Este Diccionario indica los casos de doble acentuación.

Notas:

1.ª mayúsculas (V. **mayúsculas, 13**). La Academia en su *Ortografía* dice: el uso de mayúscula no quita la obligatoriedad de la tilde exigida por las normas.

2.ª Se escriben sin tilde la preposición *a* y las conjunciones *e, u.*

3.ª Las palabras agudas terminadas en *n* o *s* precedida de otra consonante se exceptúan de la regla general: *Milans, Mayans, Almorox* (pronunciado Almoro*ks*); por lo tanto, las palabras llanas que terminan en consonante seguida de *n* o *s* llevan tilde, a pesar de las reglas generales: *fórceps, bíceps, trémens, fénix.*

achacacheñuo, -ñua *adj.-s.* De Achacachi, ciudad y península de la provincia boliviana de Omasuyos.

achacana *f.* Especie de alcachofa del Potosí cuya raíz es comestible *(*gén. *Cinara).*

achacani *m. Bol.* Variedad de papa, usada para curar el azogamiento de los mineros.

achacar (de *achaque*) *tr.* Atribuir, imputar [algo] a uno: *me achacan mil mentiras.* ◇ ** conjug. [1] como *sacar.*
sin. v. **Atribuir.**

achachay *m. Bol.* y *Ecuad.* Juego de muchachos.

¡achachay! (voz quechua o arauc.) *Ecuad.* Interjección con que se expresa la sensación de frío. 2 *Colomb.* Interjección que denota aplauso o aprobación.

achacosamente *adv. m.* Con achaques, con poca salud.

achacosidad *f.* Predisposición o tendencia a sufrir achaques.

achacoso, -sa *adj.* Que padece achaque (indisposición). 2 Indispuesto, levemente enfermo. 3 Riguroso en la acusación. 4 Que tiene defecto.

achaflanar *tr.* Dar [a una esquina] forma de chaflán. ◇ También *chaflanar.*

achagrinado, -da (paras.) *adj.* Relativo a la piel curtida a imitación del chagrín.

achagual *m. Amér. Merid.* Rey de los arenques.

achahuistlarse *prnl. Méj.* Enfermar de chahuistle las plantas. 2 *Méj.* fig. Sufrir una contrariedad.

achajuanarse *prnl. Bol.* y *Colomb.* Sofocarse las bestias por trabajar mucho cuando hace calor o están muy gordas.

-achal, v. -al.

achala *f. Argent.* Abalorio.

¡achalau! *Perú.* Interjección con que se denota admiración por lo bello.

¡achalay! *Argent.* y *Ecuad.* Interjección con que se denota, a menudo irónicamente, admiración por lo lindo o bonito.

achambergado, -da *adj.* [sombrero] Parecido al chambergo. 2 *And.* [cinta] Semejante a la chamberga.

achampanado, -da *adj.* Achampañado.

achampañado, -da *adj.* [bebida] Que imita al vino de Champaña: *sidra achampañada.*

achamparse *prnl. Chile.* Arraigar como la champa. 2 *Chile.* Con la prep. *con,* quedarse con una cosa ajena.

achancar (*a-* I + *chancar*) *tr. And.* Triturar, aplastar, estrujar. 2 *Sal.* Pisar charcos, barro, etc. 3 *Sal.* Encajar, encasquetar. 4 *And.* fig. Chafar a uno, dejarlo cortado sin saber qué hacer o qué decir. -5 *prnl. And.* Sentarse, agacharse, aplastarse. 6 *And.* Callarse, aguantarse, achantarse. ◇ ** conjug. [1] como *sacar.*

achanchar *tr.-prnl.* Ahorcar (en el dominó). 2 *Chile.* Acochinar, encerrar en el juego de damas. 3 *Perú.* Debilitarse una persona perder el vigor. 4 *R. de la Plata.* Engordar.

achantarse (port.) ***prnl.*** vulg. Ocultarse mientras dura un peligro. 2 Acobardarse. 3 fam. Conformarse. 4 fam. Callarse. 5 *Amér.* Detenerse, estacionarse en un lugar.

achaparrado, -da ***adj.*** Relativo a las cosas bajas y extendidas. 2 fig. Rechoncho. 3 *Hond.* fig. [pers.] Que se apoca espiritualmente.

SIN. **Aparrado.**

achaparrarse (paras.) ***prnl.*** Tomar un árbol la forma de chaparro. 2 p. ext. Adquirir [las personas, animales o plantas] una configuración baja y gruesa en su desarrollo. 3 fig. Acobardarse.

achapinarse ***prnl.*** *Guat.* Adquirir los extranjeros los usos y costumbres de los chapines o guatemaltecos.

achaque (ár. *axaque,* enfermedad) ***m.*** Indisposición habitual. 2 fig. Vicio o defecto común o frecuente. 3 Excusa o pretexto. 4 Asunto o materia: *saber poco de achaques de amores.* 5 ant. Multa. 6 fig. Apariencia o reputación. 7 fig. Gravidez. -8 ***m. pl.*** *C. Rica.* Indisposiciones que padecen las mujeres embarazadas.

SIN. *1* v. **Enfermedad.**

achaquiento, -ta ***adj.*** Achacoso.

achara ***f.*** *Filip.* Encurtido.

¡achará! *Amér. Central.* Interjección con que se denota lástima.

acharado, -da ***adj.*** germ. Celoso.

acharar ***tr.-prnl.*** Avergonzar, azarar, sobresaltar. 2 *And.* Disgustar, enojar, desazonar. 3 *And.* Dar achares, celos.

achares (git. *hachare,* quemazón) ***m. pl.*** fam. *y* vulg. Celos (sospechas).

FR. Ús. gralte. en la expr. *dar ~,* dar celos.

acharolado, -da ***adj.*** Parecido al charol.

acharolar ***tr.*** Charolar.

acharranarse ***prnl.*** Adquirir las costumbres de charrán, tornarse charrán.

achatamiento ***m.*** Acción de achatar o achatarse. 2 Efecto de achatar o achatarse.

achatar (paras.) ***tr.-prnl.*** Poner chata [una cosa]. -2 ***prnl.*** *Argent.* y *Chile.* Amilanarse.

achavado, -da ***adj.*** Que tiene ocho ángulos iguales o dos series de cuatro lados alternados iguales entre sí.

Achernar ***f.*** ASTRON. Estrella de primera magnitud en la constelación de Erídano.

achicado, -da ***adj.*** Aniñado. 2 Cobarde. 3 *Cuba.* Calamocano, achispado.

achicador, -ra ***adj.-s.*** Que achica. -2 ***m.*** MAR. Especie de cucharón de madera para achicar el agua en los botes.

SIN. *2* **Cuchara, vertedor.**

achicadura ***f.*** Achicamiento.

achicamiento ***m.*** Acción de achicar o achicarse. 2 Efecto de achicar o achicarse.

achicar (paras. de *chico*) ***tr.-prnl.*** Amenguar el tamaño [de una cosa]. 2 fig. Humillar, acobardar. -3 ***tr.*** Extraer [el agua] de una mina, embarcación, etc. 4 DEP. Lanzar [un balón, pelota, bola, etc.] lo más lejos posible sin intención de crear jugada. 5 *Can.* Convidar o regalar con exceso. 6 *Amér. Central.* Sujetar o amarrar. 7 *Chile.* vulg. Enchiquerar. 8 *Colomb.* Matar, despachar [a uno]. ◇ ** CONJUG. [1] como ***sacar.***

SIN. 1 **Parvificar, empequeñecer.** 3 **Jamurar.**

achichar ***intr.*** *Colomb.* Abundar.

achicharradero ***m.*** Lugar donde hace mucho calor.

achicharrante ***adj.*** [calor] Muy fuerte, que achicharra.

achicharrar (paras. de *chicharro*) ***tr.-prnl.*** Freír, asar o tostar [un manjar] hasta que tome sabor a quemado. 2 En gral., calentar demasiado: *este sol achicharra.* -3 ***tr.*** fig. Molestar con exceso [a uno]. 4 fig. Matar con arma de fuego, acribillar a balazos. 5 *Amér.* Estrujar, aplastar [algo].

SIN. **Chicharrar.**

achicharronar ***tr.*** *Amér. Central.* Achicharrar. -2 ***prnl.*** *Méj.* Encogerse, arrugarse por exceso de sequedad.

achichicle ***m.*** *Méj.* Estalactita.

achichinque (náhu. *-ncle*) ***m.*** *Méj.* Operario que en las minas se ocupa de achicar el agua. 2 *Méj.* El que de ordinario acompaña a un superior y sigue sus órdenes ciegamente.

achicopalarse ***prnl.*** *Méj.* Desanimarse, afligirse.

achicoria ***f.*** Planta compuesta, de hojas y raíces amargas que se usan como febrífugo y estomacal; esp., la variedad llamada amarga, que se usa también para falsificar el café *(Cichorium intybus).*

SIN. **Almirón, amargón, chicoria.** La ~ silvestre se llama **camarroya.**

achiguar (quechua) ***tr.*** *Chile* y *Perú.* Dar a una cosa la forma de un quitasol. -2 ***prnl.*** *Argent.* y *Chile.* Combarse una cosa, echar panza una persona. ◇ ** CONJUG. [22] como ***averiguar.***

achihua (quechua) ***f.*** *Perú.* Toldo que usan las vivanderas.

achilarse ***prnl.*** *Colomb.* Acoquinarse.

achilenado, -da ***adj.-s.*** Que ha adquirido costumbres chilenas o que se parece a los chilenos.

achimero ***m.*** *Guat.* y *Salv.* Buhonero.

achimes ***m. pl.*** *Guat.* Buhonerías.

-achin, v. -in.

achín, -na ***m. f.*** *Hond.* Buhonero.

achinado, -da ***adj.-s.*** Persona que por los rasgos de su rostro se parece a los naturales de China. 2 p. ext. Que tiene semejanza con los usos y caracteres o rasgos chinos. 3 *Amér.* Aplebeyado. 4 *Amér.* De tez trigueña y algo cobriza.

achinar ***tr.*** fam. Acochinar.

achinelado, -da (paras.) ***adj.*** De figura de chinela.

achinería ***f.*** *Hond.* Buhonería.

achinero, -ra ***m. f.*** *Guat.* Buhonero.

achingar ***tr.*** *Amér. Central.* Acortar, achicar [vestidos]. ◇ ** CONJUG. [7] como ***llegar.***

achiotal ***m.*** Terreno plantado de achiotes.

achiote (náhu. *achiotl*) ***m.*** *Amér. Central, Bol.* y *Méj.* Bija.

achiotero, -ra ***adj.*** Perteneciente o relativo al achiote. -2 ***m.*** *Méj.* Achiote, bija. 3 *Ecuad.* Utensilio de cocina típica, que consiste en una pequeña sartén de barro provista de un cernidor. -4 ***f.*** *P. Rico.* Vasija destinada a contener achiote.

achiotillo ***m.*** Planta gutiferácea con ramas cuadrangulares y frutos carnosos de América tropical *(Vismia guianensis).*

achiperre ***m.*** *Extr.* Trasto viejo e inútil.

achique ***m.*** Acción de achicar (extraer agua). 2 Efecto de achicar (extraer agua).

achiqué (quechua) ***f.*** *Perú.* Bruja, embaucadora.

achiquillado, -da ***adj.*** *Chile* y *R. de la Plata.* Aniñado.

achiquitar ***tr.*** *Amér.* Achicar. -2 ***prnl.*** *Amér.* Acobardarse.

achira (quechua) ***f.*** *Amér.* Planta alismácea de América meridional, de tallo nudoso y flor colorada *(Sagittaria monteridensis).* 2 *Amér. Merid.* Planta del Perú, canácea y de raíz comestible *(Canna edulis).* 3 *Chile.* Cañacoro.

achirarse (quechua *chiri,* frío) ***prnl.*** *Colomb.* Nublarse, encapotarse el cielo.

¡achís!, voz onomatopéyica que se emplea para imitar el estornudo y, a veces, para designarlo.

achispado, -da ***adj.*** Algo ebrio.

achispar (paras. de *chispa*) ***tr.-prnl.*** Poner casi ebrio [a uno].

-acho, -acha, sufijo de valor despectivo: *hombracha, ricacho;* se combina con *-ar: dicharacho.*

achocadura ***f.*** Acción de achocar. 2 Efecto de achocar.

achocar (paras. de *choque*) ***tr.*** Arrojar [a uno] contra la pared. 2 p. ext. Herir [a uno]. 3 fig. Guardar [dinero] en cantidad. -4 ***intr.*** *P. Rico* y *S. Dom.* Perder el sentido por efecto de golpes en la cabeza. ◇ ** CONJUG. [1] como ***sacar.***

achocharse ***prnl.*** fam. Comenzar a chochear.

achocolatado, -da ***adj.*** De color de chocolate.

achogcha (voz quechua) ***f.*** *Ecuad.* y *Perú.* Chayote.

acholado, -da ***adj.*** *Amér.* Que tiene la tez del mismo color que la del cholo. 2 *Amér.* Avergonzado, corrido.

acholador, -ra ***adj.-s.*** *Chile.* Que achola.

acholamiento ***m.*** *Chile.* Acción de acholar o acholarse. 2 *Chile.* Efecto de acholar o acholarse.

acholar ***tr.-prnl.*** *Amér.* Correr, avergonzar, amilanar [a uno]. -2 ***prnl.*** *Argent.* Sufrir una insolación.

acholencado, -da ***adj.*** *Méj.* Enclenque, enfermizo.

acholloncarse ***prnl.*** *Chile.* Acuclillarse. ◇ ** CONJUG. [1] como ***sacar.***

acholo ***m.*** *Chile.* Acholamiento.

achole ***m.*** *Méj.* Agua sobrante del riego y que se escurre del campo.

achololear ***intr.*** *Méj.* Escurrirse el achole.

achololera ***f.*** *Méj.* Zanja para recoger el achole.

-achón, -achona, v. -ón.

achonado, -da ***adj.*** *Méj.* Atontado. 2 *Méj.* Indiscreto.

achongar ***tr.-prnl.*** *P. Rico.* Abochornar. ◇ ** CONJUG. [7] como ***llegar.***

achoque ***m.*** *Méj.* Ajolote, anfibio.

achotar *tr. Amér. Central.* Teñir [algo] con achote. 2 *Pan.* Azotar: *el viento achota el rostro.*
achote (v. *achiote*) *m. Amér.* Bija.
achotera *f. P. Rico.* Vasija para guardar achote.
achotillo *m.* Arbusto de Honduras, cuyas ramas se usan para arcos de flechas *(Vismia guianensis).*
achubascarse (paras.) *prnl.* Cubrirse el cielo de nubarrones que amenazan lluvia. ◇ ** CONJUG. [1] como ***sacar.***
achuchado, -da *adj.* fam. Complicado, intrincado, difícil. 2 fig. *y* fam. Escaso de dinero: *no voy al cine porque estoy ~.*
I) achuchar *tr.* fam. Aplastar, estrujar con fuerza [una cosa]. 2 Empujar una persona [a otra]. 3 fig. *y* fam. Abrazar o acariciar una persona [a otra] con fines eróticos.
II) achuchar (de *chucho*) *tr.* Azuzar. -2 *intr.-prnl. R. de la Plata.* Tiritar, estremecerse a causa del frío o de la fiebre. -3 *prnl. R. de la Plata.* Contraer la enfermedad llamada chucho, o fiebre intermitente. 4 *Chile.* Asustarse, anonadarse, cohibirse.
achucharrar *tr. Amér.* Achuchar, aplastar con la fuerza de algún golpe o peso. -2 *prnl. Méj.* Encogerse, amilanarse.
achuchón *m.* fam. Empujón, embestida. 2 fig. *y* fam. Abrazo o caricia hechos con fines eróticos. 3 TAUROM. Revuelco.
¡achuchuy! *Amér.* Interjección con que se denota sensación de frío o de calor.
achucutar (de *chucuto,* cierto mono feo, poco vivo y poco inteligente) *tr.-prnl. Amér. Central* y *Amér. Merid.* Abatir, humillar, sonrojar. 2 *Guat.* Marchitarse, ajarse.
achucuyarse *prnl. Amér. Central* y menos *Nicar.* Achucutarse (abatirse).
achuela *f. S. Dom.* Azuela.
-achuelo, sufijo de valor diminutivo que entra en la formación de palabras combinado con el sufijo *-acho*: *riachuelo.*
achuete *m. Filip.* Achote.
achuicarse *prnl. Chile.* Apocarse, avergonzarse. ◇ ** CONJUG. [1] como ***sacar.***
achujar *tr. Cuba.* Achuchar o azuzar.
achulado, -da *adj.* fam. Que tiene aire o modales de chulo.
SIN. **Flamenco.**
achulaparse (paras. de *chulapo*) *prnl.* Achularse.
achularse (paras.) *prnl.* Adquirir modales de chulo.
achunchamiento *m. Chile.* Acción de achunchar. 2 *Chile.* Efecto de achunchar.
achunchar (de *chuncho,* cosa de mal agüero) *tr.-prnl. Bol., Chile, Ecuad.* y *Perú.* Asustar, amedrentar, avergonzar [a uno]. 2 *Chile.* Hacer [a alguien] mal de ojo. -3 *prnl. Chile.* Amedrentarse, temer que suceda algún suceso adverso.
achuñuscar *tr. Chile.* Achucharrar (achuchar). -2 *prnl.* Achicarse, estrujarse. ◇ ** CONJUG. [1] como ***sacar.***
achupalla (voz quechua) *f. Amér. Merid.* Piña de América. 2 *Perú.* Cupalla (planta).
achura (voz quechua) *f. Amér. Merid.* Intestino o menudo del animal vacuno, lanar o cabrío. 2 *Perú.* Zona de un mineral que ocupa el centro de una veta.
achurador *adj. Amér. Merid.* [pers.] Que achura.
achurar *tr.* fam. Herir, matar [a alguien]. 2 *Amér. Merid.* Quitar las achuras [a una res]. 3 *R. de la Plata.* fig. *y* fam. Herir o matar a cuchilladas. 4 *Parag.* Apoderarse de algo.
achurear *tr.* Achurar.
achurrar *tr. Pan.* Achucharrar, estrujar.
achurruscar *tr.-prnl. Amér.* Comprimir, apretar. -2 *prnl. Colomb., Ecuad.* y *Guat.* Encogerse, ensortijarse. ◇ ** CONJUG. [1] como ***sacar.***
achurucarse *prnl. Guat.* Ponerse churucas las plantas. ◇ ** CONJUG. [1] como ***sacar.***
aciago, -ga (l. *aegyptiacus dies*) *adj.* Infausto, de mal agüero.
SIN. v. **Desgraciado.**
acial (ár. *aziyar*) *m.* Instrumento que oprime el hocico o una oreja de las bestias para tenerlas sujetas. 2 *Amér. Central.* y *Ecuad.* Látigo.
SIN. *1* **Badal.**
aciano (gr. *kynáneos,* azul) *m.* Planta compuesta, de tallo erguido y ramoso, de flores singenésicas en cabezuelas grandes y redondas, con receptáculo pajoso *(Centaurea cyanus).* 2 Centaurea menor.
SIN. *1* **Azulejo, aldiza, liebrecilla.**
acianos *m.* Escobilla (brezo). ◇ Pl.: *acianos.*
acíbar (ár. *açábir*) *m.* Áloe (planta y su jugo). 2 fig. Amargura, disgusto.
acíbara *f.* Pita (planta amarilidácea).
acibarar *tr.* Echar acíbar [en una cosa]. 2 fig. Turbar [el ánimo] con algún pesar: *~ la vida; ~ las horas,* etc.
acibarrar *tr.* fam. Abarrar.
aciberar (paras. de *cibera*) *tr.* Moler (triturar).
acicalado, -da *adj.* [pers.] Pulcro, bien arreglado. -2 *m.* Acción de acicalar. 3 Efecto de acicalar.
acicalador, -ra *adj.-s.* Que acicala. -2 *m.* Instrumento con que se acicala.
acicaladura *f.* Acicalamiento.
acicalamiento *m.* Acción de acicalar o acicalarse. 2 Efecto de acicalar o acicalarse.
acicalar (ár. *açiquel,* pulimento) *tr.* Limpiar, bruñir [pralte. las armas blancas]. -2 *tr.-prnl.* p. ext. Adornar, aderezar [a uno]. -3 *tr.* fig. Adelgazar, aguzar [las funciones del espíritu]. 4 ARQ. Dar [a una pared] el último pulimento.
SIN. **Repulir.**
acicate (ár. *azaucat,* puntas) *m.* Espuela con sólo una punta de hierro. 2 fig. Incentivo, estímulo. -3 *m. pl. Colomb.* fest. Pies.
SIN. *2* v. **Incentivo.**
acicatear *tr.* Incitar, estimular. 2 *Amér.* vulg. Espolear.
I) aciche (l. *acisculu*) *m.* Herramienta de solador con dos bocas en forma de azuela.
II) aciche *m.* Aceche, caparrosa.
acícula (l., aguja pequeña) *f.* Hoja de las coníferas. 2 Espina endeble de algunas especies de rosales.
acicular (l. *acicula,* aguja pequeña) *adj.* De figura de aguja: *hoja acicular.* 2 Relativo a la textura de algunos minerales en fibras delgadas.
acidalio, -lia *adj.* Relativo a la diosa Venus.
acidaque (ár. *acidac,* dote) *m.* Arras que está obligado a dar el mahometano a la mujer por razón de casamiento.
acidez *f.* Calidad de ácido. 2 *~* ***de estómago,*** hiperclorhidria. 3 QUÍM. Exceso de iones de hidrógeno en una solución acuosa. 4 QUÍM. Cantidad de ácido libre en los aceites, resinas, etc.
acidi-, v. acido-.
acidia (l. *acedia*) *f.* Pereza (tardanza).
acidífero, -ra (*acidi-* + *-fero*) *adj.* Que contiene uno o más ácidos.
acidificable *adj.* Que es capaz de adquirir propiedades ácidas o susceptible de ser transformado en ácido.
acidificación *f.* Acción de acidificar.
acidificante *adj.* Que acidifica.
acidificar (*acidi-* + l. *facere,* hacer) *tr.* Añadir ácido a [una sustancia básica o neutra] para darle propiedades ácidas. ◇ ** CONJUG. [1] como ***sacar.***
SIN. v. **Acedar.**
acidimetría *f.* Método de análisis volumétrico para determinar la cantidad de ácido libre existente en una solución.
acidímetro (*acidi-* + *-metro*) *m.* Instrumento o solución para determinar la cantidad de ácido libre existente en una solución.
acidioso, -sa (de *acidia*) *adj.* Perezoso, flojo.
ácido, -da (l. *-du*) *adj.* Agrio; que tiene sabor parecido al del agraz o el vinagre. 2 fig. Áspero, desabrido. 3 QUÍM. Relativo a un ácido o que tiene sus propiedades. -4 *m.* Droga alucinógena derivada del ácido lisérgico, que modifica las sensaciones visuales y auditivas (L.S.D). 5 QUÍM. Substancia capaz de ceder protones. En general se combina con las bases para dar sales. El lector hallará las definiciones de los ácidos más conocidos en los artículos correspondientes al nombre específico de cada uno: *acético, bórico,* etc. 6 QUÍM. Nombre que se da corrientemente, aunque con impropiedad científica, a algunos anhídridos: *~* ***carbónico,*** anhídrido carbónico; *~* ***sulfuroso,*** anhídrido sulfuroso.
NOMENCLATURA. Los ácidos se denominan con el nombre genérico **ácido**, seguido de un nombre específico que se forma por adjetivación del elemento que hace de átomo central: SO_4H_2, *ácido sulfúrico.* Las normas de esta derivación son las siguientes: 1.ª Los **hidrácidos** (= que no contienen oxígeno) terminan en *-hídrico*: CNH, *~ cianhídrico*; ClH, *~ clorhídrico*; SH_2, *~ sulfhídrico.* 2.ª Los **oxácidos** (= que contienen oxígeno) se nombran según la proporción en que se combinen los elementos componentes. Si se unen en dos proporciones, el que tiene más oxígeno termina en *-ico,* y el que tiene menos, en *-oso*: p. ej., SeO_4H_2, *~ selénico*; SeO_3H_2, *~ selenioso.* Cuando los elementos se unen en más de dos proporciones, se emplean además prefijos, como **hipo-, per-, hiper-, orto-, meta-, tetra-** y otros: $(NOH)_2$, *~ hiponitroso*; NO_2H, *~ nitroso*; NO_3H, *~ nítrico*; NO_4H, *~ pernítrico.*
acidólisis (*acido-* + *-lisis*) *f.* Hidrólisis de un ácido.

acidómetro (*acido-* + *-metro*) ***m.*** FÍS. Aparato en forma de tubo muy sensible que sirve para determinar la densidad de agua acidulada en un acumulador y ver su estado de carga.
acidorresistente (*acido-* + *resistente*) ***adj.*** BIOL. [bacilo] Que, después de coloreado por la fucsina básica, no se decolora por la acción de un ácido mineral diluido.
acidosis (*acido-* + *-osis*) ***f.*** PAT. Estado anormal producido por exceso de ácidos en los tejidos y en la sangre.
acidular ***tr.*** Poner acídulo [un líquido]. 2 En vitivinicultura, añadir a un producto una pequeña cantidad de ácido.
acídulo, -la (l. *-lu*) ***adj.*** Ligeramente ácido.
acierto ***m.*** Acción de acertar. 2 Efecto de acertar. 3 Coincidencia, casualidad. 4 Cordura, tino. 5 fig. Destreza.
acigarrado, -da ***adj.*** *Chile.* Que participa de los efectos producidos por el tabaco en los fumadores: *voz acigarrada.*
acigo- (gr. *ázygos,* no puesto bajo yugo, no apareado) Elemento prefijal que entra en la formación de palabras con el significado de no puesto bajo yugo, no apareado. ◇ También *azigo-.*
ácigos (gr. *ázygos,* no aparejado) ***adj.-f.*** V. vena ácigos.
aciguatado, -da ***adj.*** Ciguato. 2 fig. Pálido, amarillento como el que padece ciguatera. 3 *C. Rica.* fig. *y* fam. Triste, decaído.
aciguatar (paras.) ***tr.*** *And.* Atisbar, acechar. 2 *And.* y *Murc.* Asir con fuerza. -3 ***prnl.*** Contraer ciguatera. 4 *Cuba, Méj.* y *S. Dom.* Volverse o ponerse lelo, imbécil. 5 *Urug.* Esterilizarse la mujer. 6 *C. Rica.* fig. *y* fam. Entristecerse.
acigutre ***m.*** Hierba escrofulariácea bienal, de hasta 2 m. de altura, con hojas cubiertas de borra grisácea o amarillenta; es venenosa para el ganado *(Verbascum sinnatum).*
acijado, -da ***adj.*** De color de acije.
acije (doble etim. *aceche*) ***m.*** Caparrosa.
acijoso, -sa ***adj.*** Que tiene acije.
acilo (de *ácido* + *-ilo*) ***m.*** Radical derivado de un ácido orgánico.
acimboga ***f.*** Naranjo amargo.
ácimo ***adj.*** Ázimo.
acimut, azimut (ár. *açomut,* caminos) ***m.*** ASTRON. Ángulo que forma el meridiano con el círculo vertical que pasa por un punto de la esfera celeste o del globo terráqueo.
acimutal, azimutal ***adj.*** Relativo al acimut.
acinaciforme ***adj.*** BOT. En forma de alfanje.
acinesia (gr. < *a-* II + *-cinesia*) ***f.*** Aquinesia.
acinturar ***tr.*** Ceñir, estrechar [algo].
ación (ár. *siyur,* correa, en plural) ***f.*** Correa de que pende el estribo en la silla de montar.
-ación, v. -ción.
acionera ***f.*** *Argent.* y *Chile.* Pieza de metal o de cuero, fija en la silla de montar, y de la que cuelga la ación.
acionero ***m.*** El que tiene por oficio hacer aciones.
acipado, -da (l. *stipatu,* apretado) ***adj.*** Bien tupido; apl. esp. al paño cuando se saca de la percha.
acipenseriforme ***adj.-m.*** Pez del orden de los acipenseriformes. -2 ***m. pl.*** Orden de peces condrósteos que incluye formas arcaicas, con el esqueleto cartilaginoso y placas óseas cutáneas; como los esturiones.
aciprés ***m.*** Ciprés.
acirate (ár. *açirat,* camino) ***m.*** Loma que sirve de lindero en las heredades. 2 Caballón. 3 Paseo que separa dos hileras de árboles.
acirón ***m.*** Árbol aceráceo, de capa cupulada, hojas muy largas y flores amarillas en inflorescencias *(Acer granatense).*
acitara (ár. *acitara,* velo y muro) ***f.*** Citara (pared). 2 Pretil de puente. 3 Cobertura de una silla de estrado o de montar.
acitrón (*a-* I + l. *citreum,* cidra) ***m.*** Cidra confitada. 2 *Méj.* Tallo de la biznaga mejicana, descortezado y confitado.
SIN. *1* **Diacitrón.**
acivilarse ***prnl.*** *Chile.* Contraer matrimonio civil prescindiendo del canónico.
aclamación (l. *acclamatione*) ***f.*** Acción de aclamar. 2 Efecto de aclamar: ***por*** ~, sin discusión.
aclamador, -ra ***adj.-s.*** Que aclama.
aclamar (l. *acclamare*) ***tr.*** Dar voces la multitud en honor y aplauso [de una pers.]: ~ *a un orador;* ~ *por más diestro.* 2 Conferir por voz común algún cargo u honor: *le aclamaron rey.* 3 Llamar [a las aves].
SIN. *1* **Convocar.** *1* y *2* **Proclamar.**
aclamídeo, -a (gr. *a,* priv. + *chlamys, -ydos,* clámide) ***adj.*** V. flor aclamídea.
aclaración ***f.*** Acción de aclarar. 2 Efecto de aclarar. 3 Nota o comentario en un escrito. 4 DER. Enmienda del texto de una sentencia por el mismo juzgador inmediatamente después de noticiarla.
aclarado, -da ***adj.*** BLAS. [figura] Rodeado de un campo o espacio de determinado color. -2 ***m.*** Acción de aclarar la ropa. 3 DEP. En el juego del baloncesto, movimiento táctico para evitar las ayudas de la defensa contraria.
aclarador, -ra ***adj.*** Que aclara.
aclarar (l. *acclarare*) ***tr.-prnl.*** Hacer que [algo] sea menos obscuro, más perceptible: ~ *el sol las tinieblas; aclararse el día; pastillas para* ~ *la voz.* 2 Hacer que [algo] sea menos espeso: ~ *el bosque.* 3 fig. Poner en claro, manifestar, explicar, dilucidar: *nos aclaró la lección.* -4 ***tr.*** Volver a lavar [la ropa] con agua sola; análogamente, lavar por segunda vez [los minerales]. 5 fig. Aguzar [los sentidos y facultades]. 6 MAR. Desliar, desenredar. -7 ***impers.*** Amanecer, clarear; serenarse el tiempo. -8 ***prnl.*** Purificarse un líquido posándose las partículas sólidas que llevan en suspensión. 9 Abrirse o declarar a uno lo que se tenía en secreto.
aclaratorio, -ria ***adj.*** Que aclara (explica).
aclarecer ***tr.*** Hacer [algo] más claro de luz y de color. 2 Poner [una cosa] más espaciada. 3 Poner [algo] en claro. ◇ ** CONJUG. [43] como ***agradecer.***
aclareo ***m.*** Acción de hacer que algo sea menos espeso.
aclavelado, -da ***adj.*** Que se parece al clavel.
acle (voz malaya) ***m.*** Árbol filipino de la familia de las leguminosas cuya madera se utiliza para la construcción de edificios y buques *(Albizzia lebbeck; A. procera).* 2 Madera de este árbol.
acleido, -da (gr. *a,* priv. + *kleis, kleidós,* clavícula) ***adj.-s.*** Animal mamífero que no tiene clavículas.
aclimatable ***adj.*** Que se puede aclimatar.
aclimatación ***f.*** Acción de aclimatar. 2 Efecto de aclimatar. 3 fig. Adaptación a un ambiente humano diferente del que uno procede.
aclimatar (paras.) ***tr.-prnl.*** Acostumbrar [a un ser orgánico] a un clima que no le es habitual: ~ *los naranjos.* 2 fig. Hacer que [una cosa] medre en lugar distinto de aquel en que tuvo origen: ~ *una moda.*
SIN. *1* **Naturalizar.**
aclínico, -ca (gr. *a,* priv. + *klinikós,* inclinado) ***adj.*** Relativo a los lugares donde es nula la inclinación magnética, y a la línea que pasa por todos ellos.
aclocar (v. *clocar, cloquear*) ***intr.-prnl.*** Enclocar. -2 ***prnl.*** fig. Arrellanarse. ◇ ** CONJUG. [49] como ***trocar.***
aclorhidria ***f.*** Falta de ácido clorhídrico en las secreciones gástricas.
aclorhídrico, -ca ***adj.*** Relativo a la aclorhidria. 2 Que padece aclorhidria.
acmé (gr. *akmé,* cumbre, cima) ***f.*** Punto o grado más alto de una enfermedad.
acmita ***f.*** GEOL. Mineral del grupo de los piroxenos formado por un silicato de hierro y sodio.
acné (gr. *akné,* madurez, fluorescencia) ***f.*** Enfermedad cutánea debida a la obstrucción de los folículos sebáceos de la piel. ◇ INCOR.: su uso como masculino.
acnodo ***m.*** MAT. Nodo en el que las tangentes son imaginarias y distintas.
-aco, -aca, sufijo de valor despectivo: *hombraco.* Sufijo que se utiliza para la creación de gentilicios: *austríaco.*
acobardamiento ***m.*** Acción de acobardarse. 2 Efecto de acobardarse.
acobardar (paras.; fact.) ***tr.-prnl.*** Amedrentar, poner miedo [a uno]: ~ *a los buenos, el paje se acobardó; acobardarse en las empresas; acobardarse del peligro.*
SIN. En su uso tr. signif. causar temor (serie intensiva): **intimidar, atemorizar, amedrentar, acobardar, arredrar, acoquinar** (fam.), **achantar** (vulg.), **amilanar, aterrar;** significan hacer perder el valor: **desanimar, desmayar, desalentar, descorazonar;** en su empleo pronominal se obscurece mucho la diferencia entre uno y otro grupo, pero cada verbo conserva su intensidad propia.
acobijar ***tr.*** Abrigar [las cepas y plantones] con cobijos.
acobijo ***m.*** Montón de tierra que se apisona alrededor de las vides y de los plantones.
acobrado, -da (paras. de *cobre*) ***adj.*** De color de cobre.
acocarse ***prnl.*** Agusanarse los frutos. ◇ ** CONJUG. [1] como ***sacar.***
acoceador, -ra ***adj.*** Que acocea.

acoceamiento *m.* Acción de acocear. 2 Efecto de acocear.
acocear *tr.* Dar coces [contra una pers. o cosa]. 2 fig. *y* fam. Abatir, ultrajar.
acochambrar *tr. Amér.* Ensuciar, manchar [algo].
acocharse *prnl.* Agazaparse.
acochinar (paras. de *cochino*) *tr.* Matar [a uno que no puede defenderse]. 2 En el juego de las damas, encerrar, inmovilizar [un peón]. 3 fig. Acoquinar. -4 *prnl.* Adquirir hábitos contrarios a la limpieza física o moral.
acocil, -ile *m. Méj.* Especie de camarón de agua dulce *(Cambarus montezumae).*
acocorar *tr. Guat.* Encocorar.
acocotar (paras. de *cocote*) *tr.* Acogotar.
acocote (del náhu. *acocohtli,* de *atl,* agua + *cocohtli,* garguero) *m.* Calabaza larga, agujereada por ambos extremos, que se usa en México para extraer, por succión, el aguamiel del maguey.
acocuyado, -da *adj. Amér. Merid.* Encandilado, alegre por la bebida.
acodado, -da *adj.* Doblado en forma de codo. 2 Que se apoya en los codos.
acodadura *f.* Acción de acodar. 2 Efecto de acodar.
acodalamiento *m.* Acción de acodalar. 2 Efecto de acodalar.
acodalar (paras.) *tr.* ARQ. Poner codales [a un vano o a una excavación].
acodar (der. del l. *cubitu,* codo) *tr.-prnl.* Apoyar uno el codo sobre alguna parte: *acodó el brazo; se acodó.* -2 *tr.* Enterrar [el vástago de una planta] en forma de codo y sin separarlo del tronco para que eche raíces. 3 Poner codales [en la superficie de una piedra o de un madero] para ver si está plana. 4 Acodillar (doblar). 5 Disponer en ángulo piezas de maquinaria. 6 ARQ. Acodalar. 7 VETER. Clavar mal [los clavos] al herrar, desviándolos sobre las partes sensibles.
SIN. *2* **Cerchar, ensarmentar,** si se trata de vides.
acoderamiento *m.* Acción de acoderar. 2 Efecto de acoderar.
acoderar (paras.) *tr.* Asegurar con codera la dirección [de una nave fondeada].
acodiciar *tr.-prnl.* Encender en deseo o codicia [de una cosa]. ◇ En los clásicos, *acodiciarse a las riquezas,* o *de un manto.* ◇ ** CONJUG. [12] como *cambiar.*
acodillado, -da *adj. Argent.* [caballo] Con pequeñas manchas blancas en los codillos. -2 *m. Chile.* Cinchera, enfermedad de las caballerías.
acodillar (paras.) *tr.* Doblar [barras metálicas, tubos, clavos, etc.] formando codo. 2 En ciertos juegos de naipes, dar codillo. 3 Clavar las espuelas detrás de los codillos del caballo. -4 *intr.* Tocar el suelo con el codillo los cuadrúpedos. -5 *prnl. Chile.* Padecer cinchera una caballería.
acodo *m.* Vástago acodado. 2 AGR. Acción de acodar. 3 AGR. Efecto de acodar. 4 ARQ. Resalto de una dovela prolongada por debajo de ella. 5 ARQ. Resalto de moldura que forma el cerco de un vano.
acofrar *tr.* Labrar [un campo] de modo que la tierra quede formando lomos.
acogedizo, -za *adj.* Que se acoge fácilmente y sin elección.
acogedor, -ra *adj.-s.* Que acoge.
acogencia *f. Amér. Central.* Aceptación.
acoger (b. l. *accolligere*) *tr.* Admitir uno en su casa o compañía [a otra persona]. 2 p. ext. Proteger, amparar: *España acoge a los extranjeros.* 3 Dar parte en la dehesa [al ganado] para que paste. 4 fig. Dar asenso o admitir [noticias, creencias] como buenas. 5 Recibir con un sentimiento especial la aparición [de personas o hechos]. -6 *prnl.* Refugiarse, tomar amparo: *se acogieron a la nave.* 7 Valerse de pretextos para esquivar algo: *se acogió a los textos de la ley.* 8 Invocar para sí los beneficios y derechos que conceden una disposición legal, un reglamento, una costumbre, etc. ◇ ** CONJUG. [5] como *proteger.*
acogeta *f.* Lugar a propósito para acogerse al huir de algún peligro.
acogida *f.* Acción de acoger. 2 Efecto de acoger. 3 Lugar donde se acogen personas o cosas. 4 Afluencia de aguas y p. ext. de otro líquido. 5 Recibimiento u hospitalidad que ofrece una persona o un lugar. 6 fig. Protección o amparo. 7 fig. Aceptación o aprobación.
acogido, -da *m. f.* Persona mantenida en establecimientos de beneficencia. -2 *m.* Conjunto de reses entregadas al dueño de un rebaño para que las alimente por precio determinado. 3 Precio que debe pagarse por la admisión de reses en una dehesa o cortijo.
acogimiento *m.* Acogida.
I) acogollar (paras. del ant. *cogolla,* cogulla) *tr.* Cubrir [las plantas] para defenderlas de los hielos o lluvias.
II) acogollar (paras.) *intr.-prnl.* Echar cogollos las plantas.
acogombradura *f.* AGR. Acción de acogombrar. 2 AGR. Efecto de acogombrar.
acogombrar *tr.* Aporcar.
acogotar (paras.) *tr.* Matar [a una persona o animal] con herida o golpe en el cogote. 2 Derribar [a una persona] sujetándola por el cogote. 3 fig. Dominar, vencer.
SIN. *1* **Apercollar,** p. us.
acografía *f.* Grabado químico que se obtiene por la acción de un ácido sobre una plancha metálica o piedra litográfica.
acogullado, -da *adj.* En forma de cogulla.
acohombrar *tr.* Aporcar.
acojinamiento *m.* MEC. Entorpecimiento en las máquinas de vapor, por la interposición de éste entre el émbolo y la tapa del cilindro.
acojinar (paras. de *cojín*) *tr.* Acolchar (poner lana). -2 *prnl.* Entorpecerse una máquina de vapor por la interposición de éste entre el émbolo y la tapa del cilindro.
acojolado, -da *adj. S. Dom.* [fruto] Raquítico.
acojonado, -da *adj.-s.* vulg. Cobarde; asustado. 2 vulg. Sorprendido, asombrado.
acojonante *adj.* vulg. Atemorizador. 2 vulg. Asombroso, impresionante, increíble. 3 vulg. Magnífico, estupendo, formidable.
acojonar *tr.-prnl.* vulg. Asustar, acobardar. 2 vulg. Sorprender, asombrar.
acojone, acojono *m.* vulg. Miedo, temor.
acolada (fr. *accolade*) *f.* Abrazo que, acompañado de un espaldarazo, se daba al que acababa de ser armado caballero.
acolar (fr. *accoler*) *tr.* BLAS. Juntar, combinar [dos escudos de armas]. 2 BLAS. Añadir [al escudo] ciertas señales de distinción.
acolchado, -da *m.* Acción de acolchar (poner lana). 2 Efecto de acolchar (poner lana). 3 Labor que se ejecuta poniendo una capa de guata entre dos telas y despunteando después. 4 Revestimiento que sirve para fortalecer los tendidos de algunos diques. 5 *Argent.* Cobertor relleno de plumón o de otras cosas, que se pone sobre la cama para adorno o abrigo.
I) acolchar *tr.* Poner lana, algodón, etc. [entre dos telas] y bastearlas.
SIN. **Colchar** y **acojinar.**
II) acolchar *tr.* MAR. Corchar.
acolchonar *tr. Amér.* Acolchar I. -2 *prnl. Hond.* Apelmazarse.
acolia *f.* Suspensión total de la sección biliar hacia el intestino delgado.
acólita *f. Chile.* Religiosa que en su convento hace de ceroferario.
acolitado *m.* La superior de las cuatro órdenes menores, que da facultad para servir al sacerdote en el altar.
acolitar *intr.-tr. Amér.* Hacer de acólito. 2 *Ecuad.* fam. Tomar parte en la comida o bebida de otro.
acolitazgo *m.* Oficio de acólito, en la Iglesia.
acólito (gr. *akolouthos,* servidor) *m.* Clérigo que ha recibido la orden del acolitado. 2 Monaguillo que sirve con sobrepelliz en la iglesia. 3 irón. El que sigue o acompaña constantemente a otro.
acollador *m.* MAR. Cabo para tesar las jarcias.
acollar (paras. de *cuello*) *tr.* Cobijar con tierra [el pie de los árboles y otras plantas]. 2 Meter estopa [en las costuras de un buque]. 3 Halar de los acolladores [de una jarcia]. 4 *La Mancha.* Unir varias caballerías, sujetando del cuello a cada una con el ramal de la de al lado, y tirando del de la última. -5 *intr. Cuba.* Estar de tercia de alto el tabaco. ◇ ** CONJUG. [31] como *contar.*
acollarado, -da *adj.* [animal] Que tiene el cuello de color distinto que el resto del cuerpo.
acollaramiento *m.* Acción de acollarar. 2 Efecto de acollarar. 3 *Argent., Chile* y *Urug.* Acción de unir dos o más bestias o cosas, y p. ext., personas.
acollarar (paras.) *tr.* Poner collar [a un animal]. 2 Atar [a los perros] por sus collares. 3 Poner colleras [a los caballos]. -4 *prnl.* Asirse al cuello de alguno. -5 *tr. Chile* y *R. de la Plata.* fig. Unir o atar [dos seres o cosas]. 6 *Argent.* y *Chile.* Unir por el pescuezo [un animal a otro] para que formen pareja. -7 *prnl. Amér.* Unirse las personas; confabularse, contraer matrimonio.
acollonar *tr.-prnl.* Acobardar.

acolmillado *adj.* [diente] Excesivamente grande y muy triscado.

acolochar *tr.-prnl.* *Guat.* Hacer colochos; poner colocho [el cabello].

acombar *tr.* Combar.

acomedido, -da *adj.* *Amér.* Servicial, oficioso.

acomedirse *prnl.* *Amér.* Prestarse espontánea y graciosamente a hacer un servicio. ◇ ** CONJUG. [34] como *servir.*

acometedor, -ra *adj.-s.* Que acomete.

acometer (*a-* I + *cometer*) *tr.* Embestir [a alguno]: ~ *a uno por la espalda.* 2 Emprender, intentar. 3 Venir súbitamente una enfermedad, el sueño, un deseo, etc.: *fue acometido de un accidente.* 4 Con la preposición *a*, decidirse o empezar a ejecutar [una acción]. 5 Procurar forzar [la voluntad]. 6 ALBAÑ. y MIN. Desembocar una cañería o una galería [con otra]. ◇ En los clásicos: *acometió contra,* o *hacia, los turcos.*
SIN. v. **Arremeter.**

acometida *f.* Acometimiento. 2 Punto donde la línea de conducción de un fluido enlaza con la principal.

acometimiento *m.* Acción de acometer. 2 Efecto de acometer. 3 Ramal de cañería que desemboca en la alcantarilla.

acometividad *f.* Propensión a acometer (embestir).

acomodable *adj.* Que se puede acomodar.

acomodación (l. *accommodatione*) *f.* Acción de acomodar o acomodarse. 2 Efecto de acomodar o acomodarse. 3 Facultad que tiene el ojo de modificar la curvatura de sus medios refringentes en relación con la distancia a que se halla un objeto, para obtener una visión distinta.

acomodadamente *adv. m.* Ordenadamente. 2 Con comodidad, conveniencia.

acomodadizo, -za *adj.* Que a todo se aviene fácilmente.
SIN. **Acomodaticio.**

acomodado, -da *adj.* Conveniente, oportuno. 2 Rico, abundante de medios. 3 Amigo de la comodidad. 4 Moderado en el precio.
SIN. *1* v. **Conveniente.**

acomodador, -ra *adj.* Que acomoda. -2 *m. f.* En los espectáculos, persona encargada de indicar a los concurrentes sus asientos.

acomodamiento *m.* Transacción. 2 Comodidad, conveniencia.

acomodar (l. *accommodare*) *tr.* Ordenar, componer, ajustar [unas cosas con otras]. 2 Aplicar, adaptar: *podemos ~ este ejemplo al Salvador.* 3 Concertar [a los que riñen y pleitean]: *el capitán los acomodó lo mejor que pudo.* 4 Proporcionar ocupación o empleo. 5 Proveer de lo necesario: *acomodarse de dinero, de criados.* -6 *tr.-prnl.* Poner en sitio conveniente: *acomodó a los visitantes; se acomodaron bien.* -7 *intr.* Venir a uno bien alguna cosa, convenir: *en estos discursos el estilo florido acomoda.* -8 *prnl.* Avenirse, conformarse: *acomodarse a,* o *con, un dictamen.* 9 *Argent.* y *Chile.* Componerse, ataviarse.

acomodaticio, -cia *adj.* Acomodadizo. 2 [pers.] Que por medrar se adapta a cualquier situación o doctrina. 3 irón. [interpretación, manera de pensar] Que puede aplicarse a diversas circunstancias.
SIN. *3* **Elástico.**

acomodo *m.* Acción de acomodar o acomodarse. 2 Empleo, ocupación; conveniencia. 3 Casamiento por conveniencia. 4 Arreglo, ornato. 5 *Chile.* Aderezo, compostura, ornato.

acompañado, -da *adj.* Concurrido: *sitio ~; calle acompañada.* -2 *adj.-s.* Que acompaña. -3 *m.* *Colomb.* Atarjea o caja de ladrillo de las cañerías. 4 *Ecuad.* Guarnición, aditamento, gralte. de hortalizas. -5 *adj.* *Cuba.* Borracho.

acompañador, -ra *adj.-s.* Que acompaña.

acompañamiento *m.* Acción de acompañar o acompañarse. 2 Efecto de acompañar o acompañarse. 3 Gente que acompaña a alguno. 4 Conjunto de personas que en las representaciones teatrales figuran y no hablan. 5 MÚS. Sostén armónico de una melodía principal por uno o más instrumentos o voces. 6 Arte de la armonía aplicado a la ejecución del bajo continuo.
SIN. *3* **Comitiva, séquito, cortejo, corte, escolta, comparsa. Acompañamiento,** es voz genérica y puede sustituir a las demás. *Comitiva, séquito* y *cortejo* significan la importancia de la persona, corporación, etc., acompañados, o tienen carácter religioso. Los dos últimos contienen especial solemnidad, y más aún *corte*, que sólo se aplica a reyes, grandes señores, religión. *Escolta* es acompañamiento militar. *Comparsa* en esta acep. es despect. o burlesco. *4* **Comparsa** (teatro).

acompañanta *f.* Mujer que acompaña. 2 Aya.

acompañante *adj.-s.* Que acompaña. -2 *m.* MAR. Reloj que bate segundos, usado en las observaciones astronómicas.

acompañar (paras.) *tr.-prnl.* Estar o ir en compañía de otro: *mi padre me acompañaba; acompañarse con,* o *de, buenos amigos.* 2 Ejecutar el acompañamiento: *acompañarse con el piano.* 3 Juntar, agregar una cosa [a otra]: *un informe acompañaba la carta; ~ un original con,* o *de, las pruebas.* 4 Compartir [con otro] un afecto o un estado de ánimo: *le acompañé en su dolor.* 5 Existir o hallarse algo en una persona, esp. fortuna, cualidades, etc. -6 *prnl.* Juntarse unos peritos con otros para entender en alguna cosa.

acompaño *m.* *Amér. Central.* Reunión.

acompasadamente *adv. m.* De manera acompasada.

acompasado, -da *adj.* Hecho o puesto a compás. 2 fig. Que habla o anda pausadamente.

acompasar *tr.* Compasar.

acomplejado, -da *adj.-s.* Que tiene complejos psíquicos. 2 Tímido, inhibido.

acomplejamiento *m.* Acción de acomplejar o acomplejarse. 2 Efecto de acomplejar o acomplejarse.

acomplejar *tr.* Causar [a una persona] un complejo psíquico o inhibición. -2 *prnl.* Padecer o experimentar un complejo psíquico.

acomplexionado, -da *adj.* Complexionado.

acomunarse (paras.) *prnl.* Coligarse.

acona *f.* Arbusto de las Antillas, de fruto aromático y estimulante *(Eugenia greggii).*

aconcagüino, -na *adj.-s.* De Aconcagua, provincia del centro de Chile.

aconchabamiento *m.* Conchabanza.

aconchabarse *prnl.* fam. Confabularse.

aconchadillo *m.* Cierto guisado ant., de carne.

aconchar (paras. de *concha*) *tr.* Dar [a un objeto] la forma de concha. -2 *tr.-prnl.* Arrimar mucho a cualquier parte [una persona o cosa] para defenderla. 3 MAR. Impeler el viento o la corriente [a una embarcación] contra la costa. -4 *prnl.* MAR. Acostarse completamente sobre una banda el buque varado. 5 MAR. Abordarse sin violencia dos embarcaciones. 6 TAUROM. Arrimarse el toro a la barrera para defenderse de los toreros. 7 *Chile.* Posarse o sedimentarse las heces o conchos de los líquidos. 8 *Chile.* fig. y fam. Hablando de asuntos, situaciones, etc., revueltos o turbios, normalizarse, serenarse.

acondicionado, -da *adj.* Con los adverbios *bien* o *mal*, de buen o mal genio o condición. 2 Que están en las debidas condiciones, o al contrario: *la fruta llegó mal acondicionada.*
SIN. *1* **Condicionado.**

acondicionador, -ra *adj.* Que acondiciona. -2 *m.* Aparato o dispositivo que se emplea para acondicionar la temperatura y la humedad del aire en un local.

acondicionamiento *m.* Acción de acondicionar. 2 Efecto de acondicionar.

acondicionar *tr.* Dar cierta condición o calidad. 2 Con los adverbios *bien, mal,* etc., disponer [una cosa] a determinado fin. 3 Dar [al aire de un local] temperatura y humedad agradables según la estación del año. -4 *prnl.* Adquirir cierta condición o calidad, esp. un empleo; colocarse.

acondrita *f.* Meteorito pétreo semejante a ciertas rocas básicas ígneas.

acondroplasia (*a-* II + *condro-* + gr. *plasso,* formar, modelar) *f.* MED. Distrofia ósea por calcificación del cartílago de conjunción. Produce una variedad del enanismo.

aconfesional *adj.* Que no es confesional.

acongojadamente *adv. m.* Con ánimo acongojado.

acongojador, -ra *adj.* Que acongoja.

acongojante *adj.* Acongojador.

acongojar *tr.-prnl.* Oprimir, afligir. ◇ También *congojar.*

aconitina *f.* Alcaloide muy tóxico que se obtiene del acónito.

acónito (gr. *akóniton*) *m.* Planta ranunculácea venenosa, medicinal y de jardín, de flores grandes y raíz fusiforme *(Aconitum napellus).*
SIN. **Anapelo, napelo, matalobos, pardal, uva lupina** o **verga.**

aconsejable *adj.* Que se puede aconsejar.

aconsejado, -da *adj.* Prudente, cuerdo; ús. más con el adv. *mal* en el sentido de imprudente.

aconsejador, -ra *adj.-s.* Que aconseja.

aconsejar (paras.) *tr.* Dar consejo: *los amigos le aconsejaron mal; deja que la razón te aconseje.* 2 Indicar a uno [lo que ha de hacer]: *le aconsejo que venga*. -3 ***prnl.*** Tomar consejo: *aconsejarse con*, o *de, sabios; aconsejarse en lo mejor*.

aconsonantar (paras.) ***tr.*** Hacer [en la rima] una palabra consonante de otra. 2 Rimar [los versos] en consonante. -3 ***intr.*** Ser una palabra consonante de otra. 4 En prosa, incurrir en el vicio de la consonancia.

SIN. *1* **Consonar.**

acontecedero, -ra ***adj.*** Que puede acontecer.

acontecer (ant. *contir*, del l. v. *ad + contigere*, suceder) ***unipers.*** Suceder (efectuarse un hecho): ~ *a todos*, o *con todos, lo mismo*. ◇ ** CONJUG. [43] como ***agradecer***.

acontecimiento ***m.*** Suceso importante.

SIN. **Acaecimiento**, con menor intensidad que ~; muy us. en los clásicos; hoy tiene sabor lit. **Suceso; evento** (suceso imprevisto); **sucedido**, sugiere realidad y se opone a imaginado, inventado; con más vaguedad de signif., **hecho, caso. Ocurrencia**, se usa poco en esta acep., porque en esta voz va predominando su acep. 2.

acopa, acopas (náhu. *aco*, arriba + *pa*, de) ***adv.*** *Méj.* Oportunamente, de improviso. Ús. con los verbos *caer, llegar* y *venir*.

acopado, -da ***adj.*** De figura de copa de árbol.

acopar (paras.) ***intr.*** Formar copa las plantas. -2 ***tr.*** Hacer que [las plantas] formen copa. 3 MAR. Hacer un hueco en un tablón para ajustar a él [una pieza].

acopetado, -da (paras.) ***adj.*** Hecho o puesto en forma de copete.

acopiador, -ra ***adj.-s.*** Que acopia.

acopiamiento ***m.*** Acopio.

acopiar (paras. de *copia*, abundancia) ***tr.*** Juntar, reunir [gralte. granos, provisiones, etc.]. ◇ ** CONJUG. [12] como ***cambiar***.

acopio ***m.*** Acción de acopiar. 2 Efecto de acopiar.

acoplable ***adj.*** Que se puede acoplar.

acoplado ***m.*** *Argent., Chile, Parag.* y *Urug.* Vehículo destinado a ir remolcado por otro.

acoplador, -ra ***adj.-s.*** Que acopla o sirve para acoplar.

acopladura ***f.*** Acoplamiento.

acoplamiento ***m.*** Acción de acoplar o acoplarse. 2 Efecto de acoplar o acoplarse.

acoplar (*a-* I + ant. *copular*, juntar) ***tr.*** Unir [dos piezas u objetos] de modo que ajusten. 2 Ajustar [una pieza] al sitio donde deba colocarse. Combinar [aparatos, piezas, etc.] para obtener un efecto determinado. 3 Parear [dos animales] para yunta o tronco. 4 Encontrar acomodo u ocupación para una persona, emplearla en algún trabajo. -5 ***tr.-prnl.*** Aparear. 6 fig. Conciliar [a personas]. -7 ***prnl.*** fam. Unirse dos personas, encariñarse. 8 *Argent.* Unirse a otra u otras personas para acompañarlas. -9 ***tr.*** *Chile.* Unir, agregar uno o varios vehículos [a un tractor].

acoquinamiento ***m.*** Acción de acoquinar o acoquinarse. 2 Efecto de acoquinar o acoquinarse.

acoquinar (fr. *acoquiner*, de *coquin*, bribón, del l. *coquus*, cocinero) ***tr.-prnl.*** fam. Amilanar, acobardar. -2 ***tr.*** Apoquinar, pagar

SIN. *1* v. **Acobardar.**

acorar (del ant. *cor*, corazón) ***tr.-prnl.*** Acongojar. 2 Rematar, descabellar. -3 ***prnl.*** Desmedrarse las plantas por algún accidente atmosférico. -4 ***tr.*** *P. Rico.* Acorralar, detener [a alguien].

acorazado ***m.*** Buque de guerra blindado y de grandes dimensiones. -2 ***adj.*** V. división acorazada.

acorazamiento ***m.*** Acción de acorazar. 2 Efecto de acorazar.

acorazar (paras. de *coraza*) ***tr.*** Revestir con planchas de hierro o acero [buques de guerra, fortificaciones, etc.]. -2 ***prnl.*** Prepararse para soportar algo, defenderse. ◇ **CONJUG. [4] como ***realizar***.

acorazonado, -da (paras.) ***adj.*** De figura de corazón: *hoja acorazonada*.

SIN. **Cordiforme.**

acorchado, -da ***adj.*** Fofo y seco como el corcho. 2 [madera] Que hace botar la herramienta al trabajarla.

acorchamiento ***m.*** Efecto de acorcharse.

acorchar (paras.) ***tr.*** Recubrir [algo] con corcho. -2 ***prnl.*** Ponerse una cosa como el corcho: *esta madera se acorcha*. 3 fig. Embotarse la sensibilidad de alguna parte del cuerpo, o la sensibilidad moral. 4 Perder [las frutas] parte de su zumo.

acordada ***f.*** Especie de Santa Hermandad establecida en Méjico en 1710. 2 Cárcel en que se custodiaba a los salteadores que detenía. 3 DER. Orden que un tribunal expide para que el inferior ejecute alguna cosa. 4 DER. Documento de comprobación de certificaciones que una oficina de la administración pública envía a otra. 5 V. carta acordada.

acordadamente ***adv. m.*** De común acuerdo. 2 Con reflexión.

acordado, -da ***adj.*** Hecho con acuerdo y madurez. 2 Cuerdo, sensato. 3 DER. ***Lo*** ~, referencia que en una resolución se hace a otra reservada de carácter disciplinario.

acordanza ***f.*** Memoria o recuerdo. 2 Opinión acorde, concordia. 3 Armonía, consonancia de las cosas.

acordar (b. l. *accordare* < **corde*, corazón) ***tr.*** Resolver [algo] varias personas, de común acuerdo o por mayoría de votos. 2 p. anal. Determinar o resolver una sola persona. 3 p. ext. Conciliar, componer: ~ *las voluntades, los pareceres*. 4 Templar [las voces o los instrumentos] para que no disuenen: ~ *la voz con el piano*. 5 Armonizar [los colores de una pintura]. 6 *Extr.* Despertar, caer en la cuenta. -7 ***intr.*** Concordar, convenir una cosa con otra. -8 ***prnl.*** Recordar, traer a la memoria propia: *si mal no me acuerdo; acuérdate (de) que;* si le sigue un substantivo o voz equivalente, acordarse de: *me acordé de la casa; acuérdese de mí*. -9 ***tr.*** *Amér.* GALIC. Conceder, otorgar [algo]: ~ *un premio*. ◇ ** CONJUG. [31] como ***contar***.

ACEPS. P. US. O ANT. *10* ***tr.*** Traer [algo a la memoria de otro]: *será mejor que me acuerdes lo que dije*. *-11* ***intr.*** Concordar una cosa con otra: *esto no acuerda*. *12* Caer en la cuenta. *-13* ***prnl.*** Ponerse de acuerdo: *el traidor se acordó con los contrarios*.

acorde (l. **corde*, corazón) ***adj.*** Conforme; de un mismo dictamen. 2 Con armonía, en consonancia: *instrumentos acordes; colorido* ~. -3 ***m.*** MÚS. Conjunto de tres o más sonidos diferentes combinados armónicamente.

SIN. *3* **Cónsone**, p. us.

acordelar ***tr.*** Medir [un terreno] con cuerda. 2 Señalar con cuerdas [líneas o perímetros].

acordemente ***adv. m.*** Acordadamente (de acuerdo).

acordeón (fr. *accordéon*) ***m.*** Instrumento músico de viento, compuesto de lengüetas de metal, un pequeño teclado de válvulas y un fuelle.

acordeona ***f.*** *Urug.* Acordeón.

acordeonista ***com.*** Músico que toca el acordeón.

acordinarse ***prnl.*** *Ecuad.* Acompañarse armónicamente un cantor y un tocador, o formar dúo dos cantores.

acordonado, -da ***adj.*** Dispuesto en forma de cordón. 2 *Méj.* Hablando de animales, cenceño.

acordonamiento ***m.*** Acción de acordonar. 2 Efecto de acordonar.

acordonar (paras.) ***tr.*** Ceñir o sujetar [una cosa] con un cordón. 2 Formar el cordoncillo [en el canto de las monedas]. 3 Incomunicar [un sitio] con un cordón de gente, esp. de tropa. 4 *Cuba.* Preparar [un terreno] para la siembra.

acores (gr. *achor*) ***m. pl.*** Erupción que los niños suelen padecer en la cabeza y la cara.

acornado, -da ***adj.*** BLAS. Relativo al animal que lleva cuernos de otro esmalte que lo restante del cuerpo.

acornar ***tr.*** Acornear. ◇ ** CONJUG. [31] como ***contar***.

acorneador, -ra ***adj.*** Que acornea. ◇ También *corneador*.

acornear (frec.) ***tr.*** Dar cornadas [a una persona, animal o cosa].

ácoro (del gr. *ákoros*) ***m.*** Planta arácea, de hojas angostas y puntiagudas, flores hermafroditas y raíz aromática *(Acorus calamus)*. 2 ~ ***bastardo, palustre*** o ***falso***, lirio amarillo.

REL. *1* **Cálamo aromático, calamís.**

acorralamiento ***m.*** Acción de acorralar o acorralarse. 2 Efecto de acorralar o acorralarse.

acorralar (paras.) ***tr.*** Encerrar [los ganados] en el corral. 2 fig. Tener [a uno] rodeado para que no pueda escaparse. 3 Dejar [a uno] confundido y sin respuesta. 4 Intimidar, acobardar. 5 DEP. Acosar a un jugador.

acorredor, -ra ***adj.-s.*** Socorredor, que socorre.

acorrer (l. *accurrere*) ***tr.*** ant. Socorrer (ayudar). 2 Acudir en socorro o en demanda [de alguien]. -3 ***prnl.*** Refugiarse, acogerse.

acorro ***m.*** ant. Socorro (acción y efecto).

acorrucarse ***prnl.*** Acurrucarse. ◇ ** CONJUG. [1] como ***sacar***.

acortamiento ***m.*** Acción de acortar. 2 Efecto de acortar. 3 ASTRON. Diferencia entre la distancia real de un planeta al Sol o a la Tierra y la misma distancia proyectada sobre el plano de la eclíptica.

SIN. *3* **Curtación.**

acortar (paras. de *corto*) ***tr.-prnl.*** Disminuir la longitud, duración o cantidad de alguna cosa: *acorta el cuento; acortó el camino; el hilo se va cortando*. -2 ***prnl.*** fig. Quedarse corto en pedir, hablar o responder. 3 Encogerse el caballo.

acortejarse ***prnl.*** *P. Rico.* vulg. Amancebarse.

acorullar (paras. de *corulla*) *tr.* MAR. ant. Meter [los remos] de manera que los guiones queden dentro de la galera.
acorvar (del ant. *corvar*) *tr.* Encorvar.
acosador, -ra *adj.-s.* Que acosa.
acosamiento *m.* Acción de acosar. 2 Efecto de acosar.
acosar (l. *a-* I + l. *cursare,* correr) *tr.* Perseguir sin darle tregua [a un animal o a una persona]: *huyó acosado de los perros.* 2 fig. Perseguir, importunar [a uno]. 3 Hacer correr [al caballo].
acosijar *tr. Méj.* Perseguir, acosar [a una pers. o animal].
acosmismo (*a-* II + gr. *cosmos,* mundo) *m.* Sistema filosófico que niega la existencia del mundo como realidad independiente.
acoso *m.* Acosamiento. 2 TAUROM. Acosamiento a caballo en campo abierto de una res vacuna, gralte. como preliminar de un derribo y tienta.
acosta *f. Cuba.* Tejido más frecuentemente llamado coleta.
acostada *f.* Sueño o acto de dormir.
acostado, -da *adj.* BLAS. [pieza] Puesto al lado de otra. 2 BLAS. [pieza] Alargado, colocado horizontalmente.
acostamiento *m.* Acción de acostar o acostarse. 2 ant. Estipendio. 3 Favor, protección.
acostar (paras. de *costa*) *tr.-prnl.* Echar o tender [a uno] para que descanse, esp. en la cama. 2 Arrimar o acercar [el costado de una embarcación]: *el batelero acostó la barca al muelle;* p. ext., se dice de otras cosas. -3 *intr.* Llegar a la costa. -4 *intr.-prnl.* Inclinarse hacia un lado, esp. los edificios: *los establos sean acostados y en ladera.* 5 Hablando de la balanza, pararse en posición que el fiel no coincida con el punto o señal de equilibrio. 6 fig. Adherirse, inclinarse. -7 *prnl.* eufem. Realizar el acto sexual. 8 *Hond.* Parir. ◇ ** CONJUG. [31] como ***contar.***
acostillar *intr. Amér.* Caerse de costilla la bestia que uno monta. -2 *prnl. Guat.* Hacer que [la caballería que uno monta] se aproxime de costado a una pared, etc. 3 *S. Dom.* Pegarse o arrimarse una persona a otra, esp. para fines de subsistencia.
acostumbradamente *adv. m.* Según costumbre, habitualmente.
acostumbrar (del ant. *costumbrar*) *tr.-prnl.* Hacer adquirir costumbre: *acostumbra a su hijo a decir la verdad; me acostumbro a decir la verdad.* -2 *intr.* Tener costumbre: *acostumbro (a) decir la verdad.*
SIN. *1* Es el de uso más gral. **Habituar** pertenece al estilo culto. **Avezar** y **vezar** se aplican, gralte., a lo más material y concreto. *2* **Soler** es de empleo restringido por ser verbo defectivo. **Estilar** y **usar,** en este sentido, se emplean a menudo como impers.: *ahora se estila, se usa.*
acotación *f.* Acotamiento. 2 Apuntamiento puesto en la margen de algún escrito o impreso. 3 Nota que en la obra teatral advierte lo relativo a la acción y movimiento de los personajes. 4 Cota (cuota; altura).
acotada *f.* Terreno cercado destinado a semillero de árboles.
acotamiento *m.* Acción de acotar I. 2 Efecto de acotar I. 3 En los ferrocarriles, espacio entre los bordes exteriores de los carriles y el exterior de la vía.
I) acotar (paras. de *coto* < l. *cautu*) *tr.* Reservar el uso y aprovechamiento de un terreno manifestándolo por medio de cotos puestos en sus lindes, o de otra manera legal. 2 Reservar, prohibir o limitar de otro modo: *acota un rancho en que descansemos.* 3 Reservar el uso [de un terreno]: ~ *para la caza.* 4 Elegir para sí [una cosa]: *acoto este libro.* 5 Aceptar una cosa en los términos en que se ofrece. -6 *prnl.* Ponerse a salvo, metiéndose dentro de los cotos de otra jurisdicción. 7 fig. Ampararse o apoyarse en una razón o condición.
II) acotar (*a-* I + *cota* < l. *quota*) *tr.* Poner cotas en los planos topográficos, de arquitectura, croquis, etc. 2 INFORM. Cambiar de escala las magnitudes de un problema para acomodarlas al cálculo con ordenador.
III) acotar *tr.* Atestiguar algo en la fe de un tercero o de un escrito: *acotó con fulano.* 2 Citar textos o autoridades. 3 Poner acotaciones [a un escrito].
IV) acotar *tr.* Cortar [a un árbol] todas las ramas por la cruz.
acotejado, -da *adj. Can.* Resguardado, confortable cuando sopla el viento.
acotejar (de *a-* I + *cotejar*) *tr. Can., Colomb., Cuba, Ecuad.* y *S. Dom.* Arreglar, colocar objetos ordenadamente, acomodar. 2 *Colomb.* Estimular, incitar, favorecer. -3 *prnl. Can., Cuba, Ecuad.* y *S. Dom.* Acomodarse, ponerse cómodo. 4 *Cuba* y *Ecuad.* Acomodarse, arreglarse con alguien; ponerse de acuerdo sobre algo. Convivir maritalmente. Obtener un empleo.
acotejo *m. Can.* y *Cuba.* Acción de acotejar. 2 *Can.* y *Cuba.* Efecto de acotejar. 3 *S. Dom.* Comodidad.
acotiledón (*a-* II + *cotiledón*) *adj.-m.* Acotiledóneo. -2 *m. pl.* Acotiledóneas.
acotiledóneo, -a (de *acotiledón*) *adj.* Que no tiene cotiledones. -2 *adj.-s.* Relativo a las plantas del grupo de las acotiledóneas. -3 *f. pl.* Grupo formado en ciertas clasificaciones por todas las plantas criptógamas.
acotillo (*a-* I + *cotillo*) *m.* Martillo grueso de herrero.
acoto (de *acotar*) *m. C. Rica.* Juego de niños en el que uno se obliga a ceder cualquier objeto de escaso valor que lleva en la mano al primero que diga *¡acoto!* cada vez que se encuentran.
acoyundar (paras.) *tr.* Poner [a los bueyes] la coyunda.
acoyuntar (l. *coniunctu,* unido) *tr.* Reunir dos labradores [las caballerías sin pareja] para formar yunta a medias.
acoyuntero *m.* Labrador que acoyunta. ◇ También *coyuntero.*
acracia (*a-* II + *-cracia*) *f.* Doctrina que niega la necesidad de un poder y autoridad política. 2 Estado social caracterizado por la carencia de autoridad. 3 Anarquía. 4 MED. Astenia.
acrasiomicetes *m. pl.* Clase de plantas dentro de los mixomicetes, parecidos a la ameba pero sin formar verdaderos plasmodios, sino agregados celulares que forman también cuerpos fructíferos.
ácrata (*a-* II + *-crata*) *adj.-com.* Partidario de la acracia. 2 Anarquista.
acrático, -ca *adj.* Perteneciente o relativo a la acracia.
I) acre *m.* Medida agraria inglesa, equivalente a 4,046 m.², o sea, 40,46 a.
II) acre (l. *acre,* picante) *adj.* Áspero y picante al gusto y al olfato. 2 fig. Propio del lenguaje o genio áspero y desabrido: ~ *de condición,* o *de condición* ~. 3 MED. Relativo al calor febril acompañado de una sensación como de picor. ◇ Superl.: *acérrimo.*
acrecencia *f. Amér.* vulg. Crédito. 2 DER. Derecho de acrecer. 3 DER. Bienes adquiridos por tal derecho.
acrecentador, -ra *adj.* Que acrecienta.
acrecentamiento *m.* Acción de acrecentar. 2 Efecto de acrecentar.
acrecentar (*a* y el ant. *crecentar*) *tr.-prnl.* Aumentar. -2 *tr. fact.* Hacer que [una pers.] adelante en empleos, autoridad, etc.: *acrecentaba a los señores conforme a sus méritos.* ◇ ** CONJUG. [27] como ***acertar.***
SIN. v. **Crecer.**
acrecer (l. *accrescere*) *tr.-prnl.* Aumentar. -2 *intr.* DER. Aumentar las cuotas de una herencia por pérdida o renuncia de la de algún partícipe: *lo que uno pierda se acrecerá a los demás.* ◇ ** CONJUG. [43] como ***agradecer.***
SIN. v. **Crecer.**
acrecimiento *m.* Acción de acrecer. 2 Efecto de acrecer. 3 DER. Acrecencia.
acreción (l. *acretione*) *f.* MINERAL. Crecimiento por yuxtaposición.
acreditación *(l.) f.* Documento que da a uno facultad para hacer alguna cosa.
acreditado, -da *adj.* Con crédito o reputación; se aplica especialmente a los diplomáticos con representación exterior: ~ *en,* o *para, su oficio.*
acreditar (paras.) *tr.-prnl.* Hacer digna de crédito [una cosa]. 2 Dar u obtener crédito, fama o reputación: *Salomón acreditó su gran juicio,* o *se acreditó por su gran juicio; acreditarse con,* o *para con, alguno; acreditarse de necio.* -3 *tr.* Dar seguridad de que [una persona] lleva facultades para desempeñar una comisión: *el uniforme le acredita; acreditar a un enviado cerca de un rey.* 4 Abonar (asentar).
acreditativo, -va *adj.* Que acredita: *documento* ~.
acreedor, -ra *adj.* V. saldo ~. -2 *adj.-s.* Que tiene derecho a pedir el cumplimiento de una obligación, esp. de pago. -3 *adj.* Que tiene mérito para obtener alguna cosa: ~ *a la confianza.*
SIN. *2* **Inglés,** irón. o fam.
acreencia *f. Amér.* vulg. Crédito.
acremente *adv. m.* Ásperamente, agriamente.
acrescente *adj.* BOT. [cáliz, corola] Que sigue creciendo después de fecundada la flor.
acrianzado, -da *adj.* Criado, educado.
acrianzar *tr.* Criar, educar. ◇ ** CONJUG. [4] como ***realizar.***
acribador, -ra *adj.-s.* [pers.] Que acriba.
acribadura *f.* Acción de acribar. 2 Efecto de acribar. -3 *f. pl.* Ahechaduras.

acribar *tr.* p. us. Cribar. 2 fig. Acribillar.
acribillar (l. *cribellare,* cribar) *tr.* Abrir muchos agujeros [en alguna cosa]. 2 Hacer muchas heridas o picaduras: *le acribillan las pulgas.* 3 fig. Molestar mucho y con frecuencia: *le acribillan los acreedores.*
acribómetro (gr. *akríbes,* exacto + *-metro*) *m.* Instrumento destinado a medir objetos muy pequeños.
acrídido (gr. *acrís, -idos,* saltamontes) *adj.-s.* ZOOL. Insecto de la familia de los acrídidos. -2 *m. pl.* Familia de insectos ortópteros saltadores, con antenas cortas y sólo tres artejos en los tarsos; como el saltamontes.
acridina *f.* Substancia orgánica, sintética, que se usa en medicina como colorante antiséptico.
acrido- (gr. *acrís, -ídos,* langosta) Elemento prefijal que entra en la formación de palabras con el significado de langosta: *acridófago.*
acridófago, -ga (*acrido-* + *-fago*) *adj.* Que se alimenta de langostas.
acridofilo, -la (*acrido-* + *-filo* III) *adj.* BOT. [planta] De hojas parecidas a las sierras de las patas de la langosta.
acridogenia (*acrido-* + *-genia*) *f.* Cría de la langosta.
acridogenosis (*acrido-* + *-geno* + *-osis*) *f.* BOT. Enfermedad causada a las plantas por la langosta y sus larvas.
acrilán *m.* Nombre comercial de una fibra sintética obtenida por polimerización del acrilonitrilo.
acrilato *m.* QUÍM. Sal o éster del ácido acrílico.
acrílico, -ca (voz inventada con elementos de *acr(oleína)* + gr. *-yle,* materia) *adj.-s.* QUÍM. ***Ácido*** **~**, líquido incoloro, de olor sofocante; polimeriza fácilmente, es soluble en agua y alcohol; se usa en pinturas, barnices y en la síntesis de la vitamina B. 2 ***Aldehído*** **~**, v. acroleína. 3 ***Resinas acrílicas,*** resinas sintéticas obtenidas por polimerización del ácido acrílico o de sus derivados. Se usa para moldear objetos, para envases y en la industria textil.
acrilonitrilo (de *acrílico* + *nitrilo*) *m.* QUÍM. Cianuro de vinilo, materia prima de las fibras sintéticas acrílicas, como el acrilán.
acriminación *f.* Acción de acriminar.
acriminador, -ra *adj.* Que acrimina.
acriminar (l. *criminari*) *tr.* Acusar [a uno] de un crimen o delito. 2 En gral., imputar culpa o falta grave. 3 Exagerar [una falta] presentándola como crimen.
SIN. **Criminar,** p. us; **incriminar,** tiene carácter intensivo.
acrimonia (l.) *f.* Calidad de acre o picante, áspero de las cosas, esp. al gusto o al olfato. 2 Agudeza del dolor. 3 fig. Aspereza en las palabras o en el carácter.
acrimonioso, -sa *adj.* Que muestra acrimonia.
acriollado, -da *adj.* Propio del criollo o parecido a él.
acriollarse *prnl. Amér.* Contraer un extranjero los usos y costumbres del país.
acrisoladamente *adv. m.* De manera acrisolada.
acrisolado, -da *adj.* [actividad humana] Que puesto a prueba sale mejorado o depurado: *virtud, honradez acrisolada.* 2 [pers.] Intachable, íntegro.
acrisolador, -ra *adj.* Que acrisola.
acrisolar *tr.* Depurar [los metales] en el crisol. 2 fig. Purificar, apurar: *~ la virtud; virtud acrisolada.* 3 fig. Aclarar y poner de manifiesto una cualidad moral por medio de pruebas o testimonios: *~ el patriotismo con las penalidades; ~ la verdad.*
acristalar *tr.* Encristalar.
acristianar *tr.* Hacer cristiano. 2 Bautizar (bautismo).
REL. **Cristianizar** se usa preferentemente en la acep. 1. *2* **Cristianar,** es voz rústica.
acritud (l. *-tudo*) *f.* Acrimonia. 2 METAL. Estado en que se encuentra un cuerpo metálico que ha perdido su ductilidad y maleabilidad.
acro- (gr. *akros,* extremo) Elemento prefijal que entra en la formación de palabras con el significado de que está en lo alto, en la extremidad o en punta: *acrocarpo;* o extremidad del cuerpo: *acromegalia.*
acroamático, -ca (gr. *akroamatikós,* audible) *adj.* [enseñanza] De viva voz.
acrobacia *f.* Arte o ejercicio del acróbata, acrobatismo. 2 Ejercicio que presenta alguna dificultad. 3 Evolución particular que efectúa un aviador en el aire. ◇ INCOR.: *acrobacía.*
SIN. *1* **Acrobatismo.**
acróbata (gr. *akróbatos,* de *akros,* punta + *baino,* andar) *com.* Persona que hace habilidades sobre cuerdas o alambres al aire. 2 Volatinero, gimnasta.
acrobático, -ca (gr. *akrobatikós*) *adj.* Apto para facilitar que una persona suba a lo alto: *máquina ~.* 2 Relativo al acróbata: *saltos acrobáticos.*
acrobatismo *m.* Acrobacia.
acrobistitis (gr. *akropbystia,* prepucio + *-itis*) *f.* VETER. Inflamación de la piel y membrana del prepucio.
acrocefalia (*acro-* + *-cefalia*) *f.* MED. Calidad de acrocéfalo.
acrocéfalo (*acro-* + *-céfalo*) *adj.-s.* [pers.] Que padece malformación del cráneo con un desarrollo excesivo de la región parietal y la frente inclinada hacia adentro, haciendo puntiaguda la cabeza.
acrocianosis (*acro-* + *cianosis*) *f.* Coloración violácea de las extremidades, de origen vascular, que tiene como fondo un desequilibrio neuroendocrino.
acroe *m.* Acroy.
acrofobia (*acro-* + *-fobia*) *f.* Temor morboso a las alturas.
acroleína (l. *acer, acris,* acre + *olere,* oler) *f.* QUÍM. Aldehído acrílico, CH_2 = CH-CHO, líquido incoloro, de olor sofocante, venenoso, ataca a los ojos, es inflamable, soluble en agua, alcohol y éter. Se usa como gas de guerra, para la obtención de plásticos y como desinfectante.
acromado, -da *adj.* Que se asemeja a un cromo (cromolitografía).
acromático, -ca (v. *acromato-*) *adj.* [cristal o instrumento óptico] Que presenta las imágenes sin descomponer la luz en los colores del arco iris. 2 En gral., sin color. 3 [parte del núcleo de una célula] Que no se tiñe con los colorantes usuales.
CONTR. **Cromático.**
acromatina *f.* BIOL. Parte del núcleo que no se colorea con colorantes básicos.
acromatismo *m.* Calidad de acromático.
acromatizar *tr.* Hacer acromático [un prisma o lente]. ◇ ** CONJUG. [4] como ***realizar.***
acromato- (gr. *achrómatos,* sin color) Elemento prefijal que entra en la formación de palabras con el significado de sin color: *acromatopsia.*
acromatófilo, -la (*acromato-* + *-filo* I) *adj.* QUÍM. Que no se tiñe fácilmente por los pigmentos.
acromatopsia (*acromato-* + *-opsia*) *f.* Daltonismo.
acromegalia (*acro-* + *-megalia*) *f.* Enfermedad crónica debida a hipertrofia de la glándula pituitaria, caracterizada por un extraordinario desarrollo de las extremidades.
acromial, -miano, -na *adj.* Relativo al acromion.
acromicina *f.* V. tetraciclina.
acromio, -mion (gr. *akromion,* de *akros,* extremidad + *ómos,* espalda) *m.* Parte del omóplato que se articula con la clavícula.
acrónico, -ca (gr. *akrónychos,* de *akros,* extremo + *nux,* noche) *adj.* [astro] Que nace al ponerse el sol y se pone cuando éste sale. 2 Relativo al orto o el ocaso de este astro.
acronimia *f.* Abreviamiento de dos palabras, que constituye un solo sintagma o concepto, por la unión de sus extremos opuestos: *autobús* por *auto*móvil ómni*bus.*
acrónimo (gr. *akros,* extremo + *ónoma,* nombre.) *m.* Palabra compuesta por acronimia.
ácrono, -na (gr. *akronos*) *adj.* Intemporal.
acroparestesia (*acro-* + *parestesia*) *f.* MED. Hormigueo y entorpecimiento en los dedos.
acrópolis (gr. *akrópolis,* de *akros,* alto + *polis,* ciudad) *f.* En la ciudad griega antigua, el sitio más alto y fortificado. ◇ Pl.: *acrópolis.*
acrosa *f.* QUÍM. Líquido espeso, de color pardo y sabor extraño, que se utiliza para realizar la síntesis de la levulosa y la glucosa.
acróstico (gr. *akrostichion,* de *akros,* extremo + *stikós,* verso) *adj.-m.* Composición poética en que las letras iniciales, medias o finales de los versos forman, leídas verticalmente, o en otra dirección, un vocablo o una frase.
acrostolio (gr. *akrostolion,* de *akros,* extremo + *stólos,* parte saliente de la proa) *m.* Espolón, tajamar o adorno en la proa de las naves antiguas.
acrótera (gr. *akroterion*) *f.* ARQ. Ornamento que remata los vértices de un frontón. 2 ARQ. Pedestal que sirve de remate a los frontones y sobre el cual se colocaban estatuas o adornos. 3 ARQ. p. ext. Cruz en que remata el piñón o la bóveda de crucería en algunas iglesias.
acroteria *f.* Acrótera.
acroterio (gr. *akroterion*) *m.* Pretil o murete que se hace sobre los cornisamentos para ocultar la altura del tejado.

acroy *m.* Gentilhombre de la casa de Borgoña. ◇ También *acroe.*
acsu *m. Bol.* Saya de bayeta.
acta (l. *acta,* actos) *f.* Relación escrita de lo tratado o acordado en una junta: ~ ***notarial,*** relación que extiende el notario de uno o más hechos que presencia o autoriza; ***levantar*** ~, extenderla. 2 Certificación en que consta la elección de una persona: ~ *de diputado.* -3 *f. pl.* Hechos de la vida de un mártir referidos en historia coetánea autorizada. 4 Memorias de algunas sociedades, congresos, reuniones.
actea (l. *actœa*) *f.* Yezgo.
actinauta *m.* Buque gobernable a distancia mediante ondas hertzianas.
actinia *f.* Pólipo de forma cilíndrica, de colores vivos, con numerosos tentáculos alrededor de la boca, que les dan una apariencia de flor *(Actinia* sp.*).*
SIN. **Anémona de mar** (vulg.).
actínico, -ca *adj.* Que posee actinismo. 2 Relativo al actinismo.
actinida *f.* Kiwi (arbusto y fruto).
actínido (de *actinio*) *adj.-s.* Elemento químico cuyo número atómico está comprendido entre el 89 y el 103. -2 *m. pl.* Grupo formado por estos elementos.
actinímetro *m.* Actinómetro.
actinio (gr. *aktis, aktinos*) *m.* Elemento radiactivo. Símbolo *Ac.* Peso atómico 227. Tiene dos isótopos. Cabeza de serie de una familia radiactiva derivada del uranio 230. Se ha obtenido artificialmente.
actinismo *m.* Acción química de las radiaciones luminosas.
actino- (gr. *aktis, -inos,* rayo) Elemento prefijal que entra en la formación de palabras con el significado de rayo de luz, generalmente expresando relación con el actinismo y sus efectos: *actinología, actinometría;* o indicando la presencia de una estructura radiada: *actinomorfo, actinocarpo.*
actino *m.* Unidad de medida de la intensidad del calor solar, equivalente a la cantidad de calor necesaria para derretir en un minuto una lámina de hielo de un micrón de espesor, cuando colocada horizontalmente recibe perpendicularmente los rayos de sol.
actinocarpo, -pa (*actino-* + *-carpo*) *adj.* BOT. [planta] Que tiene el fruto radiado o con los carpelos dispuestos en forma radiada.
actinógrafo (*actino-* + *-grafo*) *m.* Actinómetro registrador.
actinolita *f.* Actinota.
actinolito *m.* Substancia que varía apreciablemente por efecto de la luz. 2 Aparato que sirve para concentrar los rayos de luz eléctrica o para generar los rayos ultravioletas.
actinología (*actino-* + *-logía*) *f.* QUÍM. Ciencia de la fotoquímica o de los efectos químicos de la luz.
actinometría *f.* Medida de la intensidad de las radiaciones, esp. de las solares. 2 Medida de la acción química de la luz.
actinométrico, -ca *adj.* Relativo a la actinometría o al actinómetro.
actinómetro (*actino-* + *-metro*) *m.* Instrumento para medir la intensidad de las radiaciones, esp. las solares. 2 Instrumento para medir la acción química de la luz.
actinomicetáceo, -a *adj.-f.* Bacteria de la familia de las actinomicetáceas. -2 *f. pl.* Familia de bacterias que se caracterizan por presentar formas alargadas y ramificadas que recuerdan a las hifas de algunos hongos; a esta familia pertenecen bacterias patógenas; otras especies son beneficiosas al ser productoras de antibióticos.
actinomicosis (*actino-* + *micosis*) *f.* MED. Enfermedad infecciosa del ganado vacuno transmitida al hombre, causada por una bacteria actinomicetácea. ◇ Pl.: *actinomicosis.*
actinomorfo, -fa (*actino-* + *-morfo*) *adj.* BOT. [flor, vegetal] Que tiene dos planos de simetría, por lo menos; v. flor actinomorfa.
CONTR. **Cigomorfo.**
actinon *m.* QUÍM. Isótopo del radón, producido por desintegración del actinio.
actinopterigio *adj.-m.* Pez de la infraclase de los actinopterigios. -2 *m. pl.* Infraclase de peces osteíctios con la cola homocerca y fecundación externa, a la que pertenecen dos superórdenes: condrósteos y teleósteos.
actinota (gr. *aktinotós,* radiado) *f.* Anfíbol verde que suele presentarse en masas de textura fibrosa.
actinoterapia (*actino-* + *terapia*) *f.* Sistema terapéutico que utiliza las radiaciones ultravioletas, infrarrojas y luminosas.
actinouranio (*actino-* + *uranio*) *m.* Isótopo radiactivo del uranio; masa atómica 235; por reacción en cadena produce actinio.
actínula *f.* ZOOL. Larva de algunas especies de hidrozoarios semejantes a un pulpo.
actitud (de *acto,* pero más directamente del it. *attitudine*) *f.* Postura del cuerpo humano. 2 Postura de un animal cuando por algún motivo llama la atención. 3 fig. Disposición de ánimo manifestada exteriormente: ~ *benévola.*
SIN. v. **Gesto.**
activación *f.* Acción de activar. 2 Efecto de activar. 3 Acrecentamiento en un cuerpo de sus propiedades biológicas o fisicoquímicas.
activador, -ra *adj.* Que activa. -2 *m.* Cuerpo que actúa sobre un catalizador aumentándole la actividad. 3 FÍS. Aparato que sirve para comunicar a un líquido propiedades radioactivas.
activamente *adv. m.* Con actividad. 2 GRAM. En sentido activo.
activar (de *activo*) *tr.-prnl.* Avivar, acelerar, excitar. 2 FÍS. Hacer radiactiva una substancia generalmente bombardeándola con partículas materiales o con fotones.
actividad (l. *-itate*) *f.* Calidad de activo, facultad de obrar. 2 Diligencia, prontitud en el obrar. 3 Conjunto de operaciones realizadas por un grupo para conseguir sus objetivos, especialmente cuando éstas parecen altamente organizadas, secretas o ilegales: *las actividades docentes, bancarias.* 4 Tarea; ocupación: *mis numerosas actividades me dejan poco tiempo libre.* 5 FÍS. En una cantidad dada de una substancia radiactiva, número de átomos que se desintegran por unidad de tiempo. 6 QUÍM. ~ ***óptica,*** propiedad que tienen algunas substancias de desviar el plano de vibración de la luz polarizada que las atraviesa.
activista *adj.-com.* Miembro de una sociedad o grupo político o social que se dedica a la propaganda y a promover las actividades de los asociados.
activo, -va (l. *-vu*) *adj.* Que obra o tiene virtud de obrar; opuesto a pasivo. 2 Diligente, eficaz. 3 Que produce sin dilación su efecto. 4 Que implica acción. Aplic. esp. al funcionario mientras presta servicio, y, por ext., a todos los que en un momento dado realizan sus funciones: *estar, hallarse en* ~ (elidido *servicio).* 5 FÍS. [material] De radiactividad media o baja; [laboratorio o dispositivo] donde se manipulan o guardan materiales de radiactividad media o baja. 6 GRAM. ***Voz activa,*** aquella en que el sujeto hace la acción expresada por el verbo, a diferencia de la *voz pasiva* en que el sujeto es paciente. V. participio y verbo. -7 *m.* COM. Importe total de los valores, efectos, créditos y derechos que posee una persona o sociedad comercial.
SIN. *1* **Operante.**
acto (l. *actu;* doble etim. *auto*) *m.* Hecho realizado por el hombre: ~ ***heroico;*** ~ ***continuo,*** ~ ***seguido*** o ***en el*** ~, inmediatamente después. 2 Parte que, junto a otras, constituye las obras escénicas, separada de las demás por un intervalo: *drama en tres actos.* 3 Ant. medida romana de longitud (120 pies; unos 36 m.). 4 Hecho público o solemne: ~ *de conciliación,* DER., comparecencia ante el juez competente, del actor y demandado, acompañado cada cual de un hombre bueno, para procurar la avenencia; ~ *de presencia,* DER., asistencia breve y puramente formularia a una reunión o ceremonia; ~ *jurídico,* DER., el voluntario que influye en la creación, modificación o extinción de las relaciones de derecho, conforme a éste. 5 ~ ***sexual,*** o simplemente ~, coito. 6 FIL. Estado de realidad o existencia real, en oposición a posibilidad o existencia posible. -7 *m. pl.* Actas de un concilio. 8 ***Actos de los Apóstoles,*** libro de la Biblia. ◇ Es moderno su uso como término general para toda función o fiesta.
SIN. *2* **Jornada,** en el teatro ant.
actor (l.) *m.* El que representa en el teatro o en el cine. 2 Personaje de una acción o de una obra literaria. 3 DER. Demandante, acusador.
SIN. *1* **Representante, cómico, comediante; histrión,** en el teatro ant., el que representaba disfrazado. *2* **Parte actora.**
actora (de *actor*) *adj.* DER. V. parte actora. 2 DER. Demandante.
actriz (l. *actrice*) *f.* Mujer que representa en el teatro o en el cine.
actuación *f.* Acción de actuar. 2 Efecto de actuar. 3 DER. Autos o diligencias de un procedimiento judicial. 4 LING. Realización de un acto de habla.
SIN. *1* y *2* **Acto,** ~ *se diferencia de acto en que sugiere una serie de actos:* ~ *de una junta.*
actuado, -da *adj.* Ejercitado, acostumbrado.
actual (l. *ale*) *adj.* Presente. 2 Que existe o sucede ahora. 3 FIL. Efectivo, real, *in actu.* Se opone a potencial (*in potentia*).

actualidad *f.* Tiempo presente. 2 Estado presente o condición de presente: *la ~ de la nación es triste; es de ~,* o *actual.* 3 FIL. Calidad de actual, opuesto a potencial. ◇ GALIC.: por oportunidad.
actualismo *m.* Sistema filosófico que identifica la filosofía con la vida o con el mundo exterior.
actualización *f.* Acción de actualizar. 2 Efecto de actualizar.
actualizador, -ra *adj.-s.* LING. Procedimiento o signo que permite actualizar un mensaje lingüístico.
actualizar *tr.* Convertir [una cosa anticuada o retrasada] en actual o presente; ponerla al día, modernizarla. 2 FIL. Convertir en real [lo que era sólo potencial]. 3 LING. Hacer que los signos asociados sistemáticamente en la lengua se conviertan en habla, constituyendo mensajes concretos e inteligibles. ◇ ** CONJUG. [4] como ***realizar.***
actualmente *adv. t.* En el tiempo presente. -2 *adv. m.* Real y verdaderamente.
actuante *adj.-s.* Que actúa.
actuar *tr.-prnl.* Poner en acto o acción: *la idea actúa en el entendimiento; la eucaristía actúa la fe; el enfermo actúa la medicina, los alimentos; actuarse en la verdad.* -2 *intr.* Ejercer una persona o cosa actos propios de su naturaleza: *la medicina actúa regularmente.* 3 Ejercer las funciones propias de un oficio: *~ de secretario.* 4 Representar en el teatro o en el cine. 5 Defender, en las universidades, conclusiones públicas o practicar ejercicios de oposición. 6 DER. Realizar actuaciones. ◇ ** CONJUG. [11].
actuaria (l.) *adj.* Relativo a cierta embarcación ligera que usaron los romanos.
actuarial *adj.* Relativo al actuario de seguros o a sus funciones. 2 ***técnica ~,*** técnica de aplicación de la estadística y del cálculo de probabilidades a los seguros y a las operaciones financiares.
actuario (l. *-iu*) *m.* DER. Auxiliar judicial que da fe en los autos judiciales. 2 *~* ***de seguros,*** perito en matemáticas de seguros.
actuosidad *f.* Calidad de actuoso.
actuoso, -sa (l. *-osu*) *adj.* ant. Diligente, solícito.
acu *m. Bol.* y *Perú.* Especie de pinol o harina hecha de cañagua.
I) acu- (l. *acu,* aguja) Elemento prefijal que entra en la formación de palabras con el significado de aguja: *acupuntura.*
II) acu-, v. acuo- I.
acua-, v. acui-.
acuache *m. Méj.* Amigo, compinche.
acuadrillar (paras.) *tr.* Juntar [a algunas personas] en cuadrilla. 2 Mandar una cuadrilla [de hombres]. 3 *Chile.* Acometer muchos [a uno].
acuafortista *com.* Persona que graba al agua fuerte.
acuametría (*acua-* + *-metría*) *f.* QUÍM. Sistema de medición para identificar un agua mineral.
acuamotor (*acua-* + *motor*) *m.* Aparato en que se utiliza la fuerza de impulsión del caudal de los ríos.
acuanta *loc. adv. C. Rica.* Hace un momento.
acuantiar *tr.* Fijar la cuantía [de una cosa]. ◇ ** CONJUG. [13] como ***desviar.***
acuarela (it. *acquarella*) *f.* Pintura con colores preparados con goma y diluidos en agua. -2 *f. pl.* Colores con los que se realiza esta pintura.
acuarelista *com.* Pintor de acuarelas.
acuarelístico, -ca *adj.* Relativo a la acuarela.
Acuario *m.* Undécimo signo o parte del Zodíaco que el Sol recorre aparentemente a mediados de invierno. 2 Constelación zodiacal situada entre Capricornio y Piscis.
acuario (l. *aquariu*) *m.* Depósito de agua donde se conservan vivos animales o vegetales acuáticos. 2 Edificio destinado a la exhibición de animales acuáticos vivos.
acuariofilia (*acuario* + *-filia* I) *f.* Cría y reproducción de peces, y de otros animales y plantas acuáticos, en un acuario doméstico.
acuartarse *prnl. Cuba.* vulg. Dar por terminado un incidente personal.
acuartelado, -da *adj.* BLAS. V. escudo ~.
acuartelamiento *m.* Acción de acuartelar. 2 Efecto de acuartelar. 3 Lugar donde se acuartela.
acuartelar *tr.* Poner [la tropa] en cuarteles. 2 Obligar a la tropa a permanecer en el cuartel en previsión de alguna alteración del orden público. 3 Dividir [un terreno] en cuarteles. 4 MAR. Presentar más al viento [una vela de cuchillo].
acuartillado, -da *adj.* VETER. [caballo] Largo de cuartillas.
acuartillar (paras.) *tr.* Doblar con exceso las caballerías las cuartillas [de las piernas] al andar. -2 *intr.* Andar de este modo las caballerías.
acuate (mej. *acoatl*) *m.* Culebra acuática de Méjico (gén. *Thamophis* y *Natrix).*
acuático, -ca, acuátil (l. *aquaticu* y *aquatile*) *adj.* Que vive en el agua. 2 Relativo al agua.
acuatinta (it. *acqua tinta*) *f.* Grabado que imita el dibujo a la aguada.
acuatizaje *m.* Acción de acuatizar. 2 Efecto de acuatizar.
acuatizar *intr.* Amarar. ◇ ** CONJUG. [4] como ***realizar.***
acubado, -da (paras.) *adj.* De figura de cubo o de cuba.
acubilar *tr.* Recoger [el ganado] en el cubil.
acuchamado, -da *adj. Venez.* Abatido, triste.
acuchar *tr. León.* Cobijar, cubrir, arropar, proteger. 2 *Colomb.* Estrechar, arrinconar.
acucharado, -da (paras.) *adj.* De figura parecida a la pala de una cuchara.
acuchilladizo *m.* Esgrimidor o gladiador.
acuchillado, -da *adj.* fig. Acostumbrado a conducirse con prudencia. 2 fig. [vestido] Que tiene aberturas semejantes a cuchilladas, por las que se ve una tela distinta de la de aquél. -3 *m.* Operación consistente en el raspado y alisadura de los suelos de madera con el fin de barnizarlos.
acuchillador, -ra *adj.-s.* Que acuchilla. 2 El que tiene por oficio acuchillar (raspar madera). 3 Acuchilladizo.
acuchillamiento *m.* Acción de acuchillar. 2 Efecto de acuchillar.
acuchillar (paras.) *tr.* Dar cuchilladas. 2 Matar a cuchillo. 3 Hablando del aire, henderlo o cortarlo. 4 Aclarar [las plantas] en los semilleros. 5 Raspar el piso de madera. 6 fig. Hacer aberturas o labrados semejantes a cuchilladas [en los vestidos]. -7 *prnl.* Reñir con espadas o darse de cuchilladas.
acuchillear *tr. Chile.* vulg. Acuchillar.
acuchón *m. Colomb.* Estrechón.
acuchuchar *tr. Chile.* Aplastar, estrujar [algo].
acucia (l. *acutia*) *f.* Diligencia, prisa. 2 Deseo vehemente.
acuciadamente *adv. m.* Acuciosamente.
acuciador, -ra *adj.-s.* Que acucia.
acuciamiento *m.* Acción de acuciar.
acuciante *adj.* Vehemente: *deseo ~.* 2 Que estimula o da prisa: *trabajo ~.*
acuciar (de *acucia*) *tr.* Estimular, dar prisa [a una persona]. 2 Desear [una cosa] con vehemencia. ◇ ** CONJUG. [12] como ***cambiar.***
acuciosamente *adv. m.* Con acucia.
acuciosidad *f.* Calidad de acucioso. 2 *Amér.* Actividad, prisa, deseo vehemente.
acucioso, -sa (de *acucia*) *adj.* Diligente, presuroso. 2 Movido por deseo vehemente.
acuclillarse (paras.) *prnl.* Ponerse en cuclillas.
acudiente *com. Colomb.* y *Pan.* Tutor de alumnos.
acudimiento *m.* Acción de acudir.
acudir (formado sobre *recudir*) *intr.* Ir uno al sitio adonde le conviene o es llamado: *~ a la cita.* 2 Ir en socorro de alguno. 3 Frecuentar un sitio. 4 Recurrir a alguno o valerse de él: *acudamos al rey;* valerse de una cosa para algún fin: *~ al,* o *con el, remedio.* 5 Dar o llevar frutos la tierra. 6 Obedecer el caballo. 7 Sobrevenir algo. 8 Corresponder, obsequiar. 9 Contestar, objetar.
acueducto (l. *aquœductu;* doble etim. *aguaducho*) *m.* Conducto artificial subterráneo o elevado sobre arcos para conducir agua. 2 ANAT. Canal o paso en un órgano.
ácueo, -a (l. *aquœu*) *adj.* De agua o parecido a ella. ◇ Menos us. que *acuoso.*
acuerdado, -da *adj.* Tirado a cordel o alineado con una cuerda.
acuerdo *m.* Unión, armonía entre dos o más personas: *vivir en perfecto ~.* 2 Resolución tomada en común por varias personas, esp. por una junta, asamblea o tribunal: ***de ~,*** de conformidad, unánimemente; *estar, quedar,* o *ponerse, de ~.* 3 Resolución premeditada de una sola persona. 4 Pacto, tratado: *los litigantes no llegaron a un ~; firmar un ~ comercial entre España y Portugal; ~* ***marco,*** el normativo al que han de ajustarse otros de carácter más concreto. 5 Recuerdo o memoria de las cosas. 6 *Colomb.* y *Méj.* Reunión de una autoridad gubernativa con uno o algunos de sus inmediatos colaboradores para tomar conjuntamente decisión sobre asuntos determinados. 7 *Argent.* Consejo de ministros. 8 *Argent.* Confirmación de un nombramiento

hecho por el Senado. ◇ ANGLIC.: el uso *de ~ a* por *de ~ con.*
SIN. *3* **Consejo.**
acuerpado, -da *adj. Colomb.* De mucho cuerpo.
acuerpar *tr. Amér. Central.* Respaldar, defender.
acufeno *m.* Alucinación acústica en forma de ruido continuo o intermitente.
acui-, acua-, acuo- (l. *aqua,* agua) Elemento prefijal que entra en la formación de palabras con el significado de agua: *acuicultura, acuamotor, acuocultivo.*
acuicultivo (*acui-* + *cultivo*) *m.* BOT. V. acuocultivo. 2 ZOOL. Incremento de la fauna acuática.
acuicultura (*acui-* + *-cultura*) *f.* Técnica de dirigir y fomentar la reproducción de peces, moluscos y algas en agua dulce o salada.
acuidad (fr. *acuité*) *f.* Agudeza. 2 Visión clara y distinta de los objetos.
acuífero, -ra (*acui-* + *-fero*) *adj.* Que lleva agua.
acuilmarse *prnl. Amér. Central.* Afligirse, acobardarse.
acuitadamente *adv. m.* Con cuita.
acuitar (del ant. *cuitar*) *tr.-prnl.* Poner en apuro o cuita, afligir, estrechar [a uno].
SIN. **Encuitarse,** en su uso prnl.
acujera *f.* Lazo pequeño que usan los chucheros para cazar.
ácula (l.) *f.* Quijones.
aculado, -da *adj.* BLAS. [caballo] Levantado del cuarto delantero y sentado con las patas encogidas. ◇También apl. a muebles heráldicos de colocación semejante.
acular (paras.) *tr.* Hacer que [un animal o un carro] quede arrimado por detrás. 2 fam. Arrinconar, acorralar. -3 *prnl.* Acercarse la nave a un bajo o tocar en él con el codaste. -4 *intr. Colomb.* Recular, andar para atrás. 5 *Méj.* Cejar malamente, yéndose la bestia para uno y otro lado, defendiéndose del mando del jinete.
aculatar (de *culata*) *tr.* Apoyar la culata de la escopeta en el hombro del cazador para afrontar el disparo.
aculeado, -da *adj.* Que tiene pinchos. 2 ZOOL. Provisto de aguijón.
aculebrinado, -da (paras.) *adj.* [cañón] Parecido a la culebrina.
aculei- (l. *aculeu,* aguijón) Elemento prefijal que entra en la formación de palabras con el significado de aguijón: *aculeiforme.*
aculeiforme (*aculei-* + *-forme*) *adj.* Que tiene forma de aguijón.
acúleo *m.* Aguijón.
acutillar *tr.-prnl. Pan.* y *S. Dom.* Acobardar.
acullá (l. *accum,* he aquí + *illac,* por allá) *adv. l.* En parte alejada del que habla.
acullicar *tr. Argent., Bol., Chile* y *Perú.* Formar el acullico (bolo de hojas de coca masticadas y edulcoradas con cal). ◇ ** CONJUG. [1] como *sacar.*
acullico (voz quechua) *m. Amér.* Pasta de coca que se masca.
aculturación *f.* Proceso de recepción de una cultura y adaptación a ella.
acúmetro (*acu-* II + *-metro*) *m.* FÍS. Acuómetro.
acumin-, acumini- (l. **acumine,* punta, filo, corte) Elemento prefijal que entra en la formación de palabras con el significado de punta, filo, corte: *acumíneo, acuminífero.*
acuminado, -da, acumíneo, -a, acuminífero, -ra *adj.* BOT. Que, disminuyendo gradualmente, termina en punta: *hoja acuminada.*
acuminoso, -sa *adj.* fig. *y* desus. Agudo, ácido.
acumuchar *tr.-prnl. Chile.* vulg. Aglomerar, acumular.
acumulable *adj.* Que puede acumularse.
acumulación *f.* Acción de acumular. 2 Efecto de acumular.
acumulador, -ra *adj.-s.* Que acumula. -2 *m.* FÍS. Pila reversible que almacena energía durante la carga y la restituye parcialmente durante la descarga. 3 FÍS. ~ ***electrónico,*** aparato que transforma la energía nuclear en eléctrica.
acumulamiento *m.* Acumulación.
acumular (l. *accumulare*) *tr.* Juntar y amontonar. 2 Imputar [un delito o culpa]. 3 DER. Unir [unos autos a otros] para que se pronuncie una sola sentencia.
SIN. **Cumular,** p. us.
acumulativamente *adv. m.* DER. Con acumulación. 2 A prevención.
acumulativo, -va *adj.* Que acumula.
acunar *tr.* Mecer [al niño] en la cuna, y por extensión entre los brazos. 2 *C. Rica.* Poner [al niño] en la cuna.
SIN. *1* **Cunar, cunear** (p. us.), **brizar** (p. us.).
acuñación *f.* Acción de acuñar. 2 Efecto de acuñar.
acuñador, -ra *adj.-s.* Que acuña.
I) acuñar (paras. de *cuño*) *tr.* Imprimir [monedas, medallas, etc.] por medio de cuño o troquel. 2 Hacer o fabricar [moneda].
SIN. **Batir, troquelar.**
II) acuñar (paras. de *cuña*) *tr.* Meter cuñas. 2 fig. Dar forma a expresiones o conceptos, especialmente cuando logra difusión o permanencia: ~ *un lema.*
acuñarse *prnl. Venez.* Esforzarse por dar remate a una empresa.
I) acuo-, acu- (gr. *akouo,* oír) Elemento prefijal que entra en la formación de palabras con el significado de oír: *acuómetro, acúmetro.*
II) acuo-, v. acui-.
acuocultivo (*acuo-* II + *cultivo*) *m.* BOT. Cultivo de las plantas sin tierra.
acuómetro (*acuo-* I + *-metro*) FÍS. Audiómetro. ◇ También *acúmetro.*
acuosidad (l. *aquositate*) *f.* Calidad de acuoso.
acuoso, -sa (l. *aquosu;* doble etim. *aguoso*) *adj.* Abundante en agua. 2 De agua o relativo a ella. 3 p. ext. De mucho jugo: *fruta acuosa.*
acupe *m. Venez.* Bebida fermentada de maíz.
acupuntor, -ra *adj.-s.* Que practica la acupuntura.
acupuntura (*acu-* I + l. *punctura,* punzada) *f.* MED. Punción con una aguja. 2 Terapéutica del Extremo Oriente que consiste en hacer punciones con finas agujas dispuestas en puntos especiales del cuerpo.
acurcucharse *prnl. Guat.* Ponerse curcucho, jorobarse.
acure *m. Colomb.* y *Venez.* Cobaya.
acurito *m. Colomb.* y *Venez.* Cobaya.
acurrado, -da *adj. Cuba.* Curro, currutaco.
acurrarse *prnl. Cuba.* Imitar la pronunciación o ademanes de los andaluces.
acurrucado *m. Guat.* Aguardiente clandestino.
acurrucarse (l. *corrugatu,* arrugado) *prnl.* Encogerse para resguardarse del frío, viento, etc. ◇ ** CONJUG. [1] como *sacar.*
acurrujarse *prnl. Colomb.* Acurrucarse, arrebijarse.
acurrullar *tr.* MAR. Desenvergar [las velas] y recogerlas.
acusable *adj.* Que puede ser acusado.
acusación *f.* Acción de acusar (imputar; notar). 2 Escrito o discurso en que se acusa.
acusado, -da *m. f.* Persona a quien se acusa. -2 *adj.* GALIC. Sobresaliente, que resalta.
acusador, -ra *adj.-s.* [pers.] Que acusa.
acusante *adj.* Que acusa.
acusar (l. *accusare*) *tr.* Imputar [a uno] algún delito o cosa vituperable. 2 p. ext. Notar, tachar: *en algunos pasajes, te acusarán de dureza.* 3 Censurar, reprender. 4 Avisar o notificar [el recibo] de cartas, oficios, etc. 5 En ciertos juegos de naipes, manifestar el jugador que tiene [determinadas cartas] con las que se ganan tantos. 6 DEP. Mostrar un atleta o jugador [inferioridad o falta de preparación física]; reflejar [los efectos de un golpe recibido], etc. 7 DER. Exponer en juicio los cargos y las pruebas [contra el acusado]. -8 *prnl.* Confesar, declarar uno sus culpas. ◇ GALIC.: revelar, manifestar: *acusa satisfacción.*
acusativo (l. *accusativu*) *m.* GRAM. Caso de la declinación en que se pone la palabra que expresa el objeto inmediato de la acción del verbo; en la declinación latina o griega, expresa, además, el objeto de un movimiento, tendencia, etc., acompañado de preposición. Equivale al objeto o complemento directo, y en español suele enunciarse sin prep. cuando es de cosa, y con la prep *a* si es de persona.
SIN. V. **Causativo.**
acusatorio, -ria (l. *accusatoriu*) *adj.* Relativo a la acusación: *acto ~; delación acusatoria.*
acuse *m.* Acción de acusar (notificar; en el juego): ~ *de recibo.* 2 Efecto de acusar (notificar; en el juego). 3 Carta que en el juego sirve para acusar.
acuseta *m. And.* Acusón, soplón.
acusetas, -ete *m. Amér.* Acusón, soplón.
acusica
acusica, acusique *adj.* Acusón, delator, soplón. Se usa gralte. entre los niños.
acusón, -sona *adj.-s.* fam. Que tiene el vicio de acusar.
acústica (v. *acústico*) *f.* Parte de la física que trata del sonido y de todo lo que a él se refiere. 2 Condiciones acústicas de un local.

acústico, -ca (gr. *akoustikós* < *akouo*, oír) ***adj.*** Relativo al órgano del oído. 2 Relativo a la acústica. 3 Favorable para la reproducción o propagación del sonido.
acut-, v. acuti-.
acutángulo (*acut-* + *ángulo*) ***adj.*** GEOM. V. triángulo acutángulo.
acuti-, acut- (l. *acutu*, agudo) Elemento prefijal que entra en la formación de palabras con el significado de agudo: *acutifloro, acutirrostro.*
acutí ***m.*** *Argent.* y *Parag.* Agutí.
acutifloro, -ra (*acuti-* + *-floro*) ***adj.*** BOT. [planta] Que tiene pétalos o segmentos de corola agudos.
acutifolio, -lia (*acuti-* + l. *folium*, hoja) ***adj.*** BOT. [planta] De hojas terminadas en punta aguda.
acutirrostro, -tra (*acuti-* + *-rostro*) ***adj.*** ZOOL. [animal] Que tiene el pico, las mandíbulas o el hocico prolongado y agudo.
acutrar ***tr.*** *Logr.* Binar.
ad- (prep. l. *ad*) Prefijo que entra en la formación de palabras denotando idea gral. de movimiento, dirección, tendencia, o sus resultados (cercanía, contacto), en sus sentidos propio y fig.: *admirar, advenir, adyacente, adherir.* ◇ Se halla sólo en voces cultas (su forma vulgar es *a-* I).
-ada, v. -ado.
adacilla (dim. de *adaza*) ***f.*** Zahína (planta).
adafina (ár.) ***f.*** Olla que los hebreos colocan al anochecer del viernes en un anafe, cubriéndola con rescoldo y brasas, para comerla el sábado.
adagial ***adj.*** Proverbial.
I) adagio (l. *-ium*) ***m.*** Sentencia breve y gralte. moral.
SIN. v. **Refrán.**
II) adagio (it.) ***m.*** MÚS. Movimiento lento del ritmo musical. 2 MÚS. Composición, o parte de ella, en este movimiento: *un ~ cantado.*
adaguar (l. *adaquare*) ***intr.*** Beber el ganado. ◇ ** CONJUG. [22] como ***averiguar.*** ◇ Es INCOR. la forma *adagüe.*
adala ***f.*** Dala.
adalid (ár. *adalil*) ***m.*** Caudillo de gente de guerra. 2 p. ext. Guía; cabeza de algún partido o escuela.
adamado, -da (v. *adamarse*) ***adj.*** [hombre] De facciones o modales delicados como de mujer. 2 Fino, elegante. 3 [mujer vulgar] Con apariencias de dama.
adamantino, -na ***adj.*** poét. Diamantino.
adamar ***tr.*** Cortejar, requebrar [a alguien].
adamarse (paras. de *dama*) ***prnl.*** Adelgazarse el hombre. 2 Hacerse delicado de facciones o modales como la mujer. 3 *Guat.* Endamarse, amancebarse.
adamascado, -da ***adj.*** Parecido al damasco. ◇ También *damascado.*
adamascar (paras.) ***tr.*** Labrar [telas] con labores parecidas a las del damasco. ◇ ** CONJUG. [1] como ***sacar.***
adambulacral ***adj.*** ZOOL. [placa] Que rodea el surco ambulacral en las estrellas de mar.
adámico, -ca ***adj.*** Relativo a Adán. 2 GEOL. [sedimento] Que deja el mar en el reflujo.
adamismo ***m.*** Doctrina y secta herética nacida en el s. II, que pretendía instaurar el estado de inocencia de Adán en el Paraíso, por lo que sus adeptos debían concurrir a las reuniones completamente desnudos.
adamita ***adj.-com.*** Que profesa el adamismo. -2 ***adj.*** Relativo al adamismo.
adán ***m.*** fig. *y* fam. Hombre desaliñado o haraposo. 2 Hombre apático y descuidado.
Adán (hebr. *Adam*) ***n. pr.*** El primer hombre. ***Estirpe, linaje, hijos de ~***, el género humano; ***nuez*** o ***bocado de ~***, laringe.
adánico, -ca ***adj.*** Relativo a Adán.
adanida ***m.*** Descendiente de Adán, hombre.
adanismo ***m.*** Hábito de comenzar una actividad cualquiera como si nadie la hubiera ejercitado anteriormente. 2 Adamismo.
adápidos ***adj.-s.*** Familia de mamíferos fósiles.
adaptabilidad ***f.*** Calidad de adaptable.
adaptable ***adj.*** Capaz de ser adaptado.
adaptación ***f.*** Acción de adaptar o adaptarse. 2 Efecto de adaptar o adaptarse. 3 ZOOL. Proceso por el que un animal se acomoda al medio ambiente y a los cambios de éste.
adaptadamente ***adv. m.*** Acomodadamente.
adaptador, -ra ***adj.*** Que adapta. -2 ***m.*** Aparato que permite adaptar un mecanismo eléctrico para diversos usos.
adaptar (l. *-are*) ***tr.*** Acomodar, ajustar [una cosa] a otra: *~ una cosa al uso; adaptarse al uso.* 2 Hacer que [un objeto o un mecanismo] desempeñen funciones distintas de aquellas para las que fueron construidos. 3 Modificar [una obra científica, literaria, musical, etc.] para que pueda difundirse entre público distinto de aquel al cual iba destinada o por otro procedimiento diferente del original: *obra de teatro adaptada al cine.* -4 ***tr.-prnl.*** fig. Acomodarse, avenirse a circunstancias, condiciones, etc.
adaptómetro ***m.*** Aparato que sirve para medir la adaptación sensorial.
Adara ***n. pr.*** Estrella notable en la constelación del Can Mayor.
adaraja (ár. *adaracha*) ***f.*** ARQ. Parte saliente que se deja en una pared para enlazarla con otra.
SIN. **Endejas, diente, enjarje.**
adarce (gr. *adarke*) ***m.*** Costra salina que forma el agua del mar en los objetos que moja.
SIN. **Alhurreca.**
adarga (ár. *adarca*) ***f.*** Escudo de cuero ovalado o acorazonado.
adargar ***tr.*** Cubrir [a uno] con la adarga para defensa. 2 fig. Defender, resguardar. ◇ ** CONJUG. [7] como ***llegar.***
adarguero ***m.*** El que tenía por oficio hacer adargas. 2 El que usaba adarga.
adarme (gr. *dracmé;* arabizado *adirhem*) ***m.*** Ant. peso (1,79 g.; 3 tomines). 2 fig. Porción mínima de una cosa: *por adarmes.*
I) adarvar (ár. *itáraba*) ***tr.-prnl.*** Pasmar, aturdir.
II) adarvar ***tr.*** Fortificar [algo] con adarves.
adarve (ár. *adarb*) ***m.*** Camino detrás del parapeto y en lo alto de una fortificación. 2 Muro o muralla de protección de una fortaleza. 3 En la ciudad musulmana, callejón sin salida y con puertas que se cerraban de noche.
adatar ***tr.*** Datar (anotar).
adax ***m.*** Antílope de gran tamaño, de pelaje gris con la parte inferior del cuerpo blanca, cuernos largos y retorcidos en espiral *(Addax nasomaculatus).*
adaza (ár. *adaça*) ***f.*** Zahína. 2 Hilo que se fabrica a partir del esparto. 3 *Ter.* y *Cu.* Maíz.
addenda (l.) ***m.*** Adiciones o complementos de una obra escrita.
adecenamiento ***m.*** Acción de adecenar.
adecenar (paras.) ***tr.*** Ordenar por decenas o dividir en decenas.
adecentar (paras.) ***tr.-prnl.*** Poner decente [a alguien o algo]: *adecentarse para salir; ~ el salón.*
adecuación ***f.*** Acción de adecuar o adecuarse.
adecuadamente ***adv. m.*** De modo adecuado.
adecuado, -da ***adj.*** Proporcionado, acomodado.
SIN. v. **Conveniente.**
adecuar (l. *adœquare*) ***tr.-prnl.*** Proporcionar, acomodar [una cosa] a otra. ◇ ** CONJUG. [10].
adedica ***f.*** *Cuba.* Planta rubiácea, de hojas sencillas y flor encarnada *(Rondeletia tinifolia).*
adefagia (gr.) ***f.*** Voracidad.
adéfago, -ga ***adj.*** Voraz, comilón.
adefera (ár. *addafira*) ***f.*** ant. Azulejo pequeño y cuadrado para frisos y pavimentos.
adefesiero, -ra ***adj.*** *Amér.* Que dice o hace adefesios o despropósitos.
adefesio (l. *ad Ephesios*, una de las epístolas de S. Pablo, s. I) ***m.*** fam. Disparate, extravagancia: *dice muchos adefesios.* 2 Traje o adorno ridículo. 3 Persona muy fea o extravagante.
SIN. *2* y *3* **Facha, mamarracho.**
adefesioso, -sa ***adj.*** *Ecuad.* Adefesiero.
adefina ***f.*** Adafina.
adehala (ár. *adejala*) ***f.*** Lo que se da de gracia o se fija como obligación sobre un precio. 2 Lo que se agrega de gajes a un sueldo.
adehesamiento ***m.*** Acción de adehesar. 2 Efecto de adehesar.
adehesar ***tr.*** Convertir [un terreno] en dehesa. ◇ También *dehesar.*
adelantadamente ***adv. t.*** Anticipadamente.
adelantado, -da ***adj.*** Precoz. 2 fig. Atrevido, imprudente. 3 ***Por ~***, anticipadamente. -4 ***m.*** ant. Gobernador de una provincia fronteriza, o justicia mayor del reino en tiempo de paz y capitán general en tiempo de guerra. 5 ~ ***de mar,*** persona a quien se confiaba el mando de una expedición marítima, concediéndole el gobierno de las tierras que descubriese.
adelantador, -ra ***adj.*** Que adelanta.

adelantamiento *m.* Acción de adelantar o adelantarse. 2 Efecto de adelantar o adelantarse. 3 fig. Medra, mejora. 4 Dignidad de adelantado y territorio de su jurisdicción.

adelantar *tr.-prnl.* Mover o llevar hacia adelante [una cosa]: *adelantó el regimiento; el regimiento se adelantó;* ~ *el tiro,* en la caza, disparar con un tiro que resulta largo; hablando del reloj, correr hacia adelante las agujas; tocar el registro para que marche más aprisa; hacer que señale tiempo no llegado todavía; *intr.-prnl.,* andar con más velocidad que la debida. 2 fig. Exceder [a uno], aventajarle: ~ *a los demás; adelantarse de los demás; adelantarse a sí mismo.* -3 *tr.* Acelerar, apresurar: ~ *el paso.* 4 Anticipar: ~ *el pago.* 5 Hacer progresar [alguna materia]: *Durero adelantó el dibujo.* 6 Sobrepasar un vehículo [a otro que circula en la misma dirección]. -7 *intr.* Progresar en estudios, medrar, etc.: *este niño adelanta mucho.* 8 Forzar la mano del jinete: *el caballo adelanta.* -9 *tr.* DEP. Enviar un jugador [la pelota, el balón, la bola, etc.] hacia otro de su mismo equipo situado más cerca de la portería contraria.

adelante (*a-* + *delante*) *adv. l.* Más allá: *no podemos ir* ~. 2 Hacia la parte opuesta a otra: *venía un hombre por el camino* ~. 3 Pospuesto a un nombre de lugar por donde se puede ir, significa avanzando por él: *vamos carretera* ~. -4 *adv. t.* Con algunas preposiciones o advervios denota tiempo futuro: *en* ~*; para en* ~*; de aquí* ~. ◇ GRAM. ~ indica movimiento, y no debe confundirse con *delante* que indica situación.

¡adelante! Interjección con que se autoriza la entrada o se anima a seguir haciendo o emprender algo.

adelanto *m.* Anticipo. 2 Adelantamiento (de adelantar y mejorar): ~ *del reloj; los adelantos científicos.* ◇ Se usa con preferencia a adelantamiento.

adelfa (ár. *ad-diflā* < gr. *daphne*) *f.* Arbusto apocináceo, de hojas lanceoladas, coriáceas, persistentes y venenosas, flores grandes de varios colores y fruto en folículo *(Nerium oleander).*

SIN. **Baladre, hojaranzo, laurel rosa, oleandro, rododafne.**

adelfal, adelfar *m.* Terreno poblado de adelfas.

adelfia (gr. *adelphós,* hermano) *f.* BOT. Soldadura de los filamentos estaminales de una flor en uno o varios fascículos.

I) adélfico, -ca *adj.* Relativo a la adelfa, o que tiene sus propiedades.

II) adélfico, -ca *adj.* BOT. [planta o flor] Que presenta el fenómeno de la adelfia.

adelfilla (dim. de *adelfa*) *f.* Mata timeleácea, de hojas persistentes, flores en racimillos axilares y fruto aovado *(Daphne laureola).* 2 Amargura (planta).

SIN. *1* **Lauréola** o **lauréola macho.**

adelfo-, -adelfo, -adelfa (gr. *adelphós,* hermano) Elemento prefijal y sufijal que entra en la formación de palabras con el significado de hermano. 2 BOT. Indica que los estambres están unidos por sus filamentos formando uno, dos o más fascículos: *monadelfo, diadelfo,* etc.

adelfo, -fa *adj.* BOT. [estambre] Que está unido a otro u otros por sus filamentos.

adelfogamia (*adelfo-* + *-gamia*) *f.* BOT. Unión entre dos células vegetativas, una la célula madre, la otra una de sus células hijas. 2 ZOOL. Apareamiento entre animales consanguíneos.

adelfotaxia (*adelfo-* + gr. *taxis,* orden, colocación) *f.* BOT. Fuerza hipotética que dirige las células del embrión en el mismo sentido de las células madres.

adelgazador, -ra *adj.* Que sirve para adelgazar.

adelgazamiento *m.* Acción de adelgazar o adelgazarse. 2 Efecto de adelgazar o adelgazarse.

adelgazar *tr.-prnl.* Poner delgada [a una pers. o cosa]. -2 *tr.* fig. Purificar. 3 Discurrir con sutileza [sobre algo]. -4 *intr.* Enflaquecer. ◇ ** CONJUG. [4] como ***realizar.***

adelo- (gr. *adelos*) Elemento prefijal que entra en la formación de palabras con el significado de escondido, invisible: *adelocéfalo, adelógeno, adelomorfo, adelópodo.*

CONTR. **Delo-.**

adelobranquio, -quia (*adelo-* + *-branquio*) *adj.* De branquias escondidas.

adelocéfalo, -la (*adelo-* + *-céfalo*) *adj.* ZOOL. [animal] De cabeza oculta.

adelógeno, -na (*adelo-* + *-geno*) *adj.* [mineral] Que presenta una masa uniforme en la que no se distinguen los elementos que la componen ni con ayuda de una lente.

adelomorfo (*adelo-* + *-morfo*) *adj.* Que no tiene forma definida.

CONTR. **Delomorfo.**

adelópodo, da (*adelo-* + *-podo*) *adj.* ZOOL. [animal] De pies ocultos.

adema (ár.) *f.* Ademe.

ademador *m.* Operario que hace o pone ademes.

ademán (l. *ad,* a, *de,* de + *manu,* mano) *m.* Movimiento o actitud con que se manifiesta un afecto del ánimo: *con triste* ~*; hizo* ~ *de huir.* 2 *En* ~ *de,* en actitud de ir a ejecutar algo. -3 *m. pl.* Modales.

SIN. V. **Gesto.**

ademar *tr.* MIN. Poner ademes [en una excavación subterránea].

además (*a-* I + *demás*) *adv. c.* A más de esto o aquello: ~ *de Platón pueden alegarse otros autores.* 2 También: *dijo* ~ *que no volvería.* 3 inus. Con exceso: *pensativo* ~ *quedó Don Quijote.* Hoy se dice *por demás.*

SIN. *1* La expresión **además de** equivale a **a más de, tras de, encima de:** *además de ser caro es malo;* o *a más de, tras de, encima de ser caro es malo.* Todas estas locuciones con la prep. *de* son prepositivas, y se usan sólo delante de infinitivo, substantivo o palabra substantivada; **ultra** es lit. En los demás casos, **además** es adv. y equivale a **encima, también:** *le dieron además, encima, también, una buena propina.*

ademe (v. *adema*) *m.* Madero para entibar. 2 Cubierta de madera con que se aseguran los tiros, pilares, etc., en los trabajos subterráneos.

SIN. **Estemple.**

adempribio, ademprio *m. Ar.* Terreno de pastos común a dos o más pueblos.

aden-, v. adeno-.

adenalgia (*aden-* + *-algia*) *f.* MED. Dolor de las glándulas.

adendrítico, -ca *adj.* ZOOL. Que carece de dendritas.

adenia *f.* Hipertrofia de los ganglios linfáticos.

adenitis (*aden-* + *-itis*) *f.* Inflamación de las glándulas y de los ganglios linfáticos. ◇ Pl.: *adenitis.*

adeno-, aden- (gr. *adén, -enos,* glándula) Elemento prefijal que entra en la formación de palabras con el significado de glándula: *adenalgia, adenología.*

adenoideo, -a (*aden-* + *-oide*) *adj.* [tejido] Rico en formaciones linfáticas, como las amígdalas y la mucosa nasal.

adenoides *m.* Hipertrofia de un tejido esponjoso que existe en la nasofaringe de los niños y que molesta en la respiración. ◇ Pl.: *adenoides.*

adenología (*adeno-* + *-logía*) *f.* Parte de la anatomía que trata de las glándulas.

adenoma (*adeno-* + *-oma*) *m.* Hipertrofia glandular. 2 Tumor de estructura parecida a la de las glándulas.

adenomatosis *f.* Presencia en el organismo de múltiples adenomas.

adenopatía (*adeno-* + *-patía*) *f.* Enfermedad de las glándulas, esp. de los ganglios linfáticos.

adenotomía (*adeno-* + *-tomía*) *f.* Disección anatómica de las glándulas.

adensar *tr.-prnl.* Condensar.

adentellar (v. *dentellar*) *tr.* Hincar los dientes [en una cosa]. 2 ARQ. Dejar [en una pared] dientes o adarajas.

adentrar (de *adentro*) *intr.* Penetrar con el examen o análisis en lo interior de un asunto. -2 *prnl.* Penetrar en lo interior de una cosa.

adentro (*a-* I + *dentro*) *adv. l.* A o en lo interior: *ven* ~*; se retiraron* ~ *para descansar.* 2 ***Ser uno muy de*** ~, fr., tener íntima confianza en alguna cosa. 3 Se usa después de ciertos substantivos: *mar* ~, *tierra* ~. -4 *m. pl.* Lo interior del ánimo: *en sus adentros piensa de otro modo.*

GRAM. *1* Originariamente acompañaba a vbs. o expresiones de movimiento o dirección, como en los ejs. indicados. Hoy se usan a menudo indistintamente **adentro** y **dentro:** *la parte de adentro* o *de dentro.* En gral. la designación local de **adentro** es más indeterminada (*estaban adentro* = hacia); mientras que **dentro** supone un espacio limitado (*estaban dentro*). Por esto **adentro** admite grados (*más, menos, muy, tan adentro*), cosa difícil o imposible con **dentro.**

¡adentro! Interjección con que se autoriza o anima a entrar.

adepto, -ta (l. *-tu*) *adj.-s.* Iniciado en los secretos de la alquimia. 2 Afiliado en alguna secta o asociación. 3 Partidario de alguna persona o idea.

aderezado, -da *adj.* fig. Favorable, propicio.

aderezamiento *m.* Aderezo (de aderezar).

aderezar (*a-* I + ant. *derezar,* encaminar < l. *directiare*) *tr.-prnl.* Componer, hermosear: ~ *a su hija; aderezarse sin gusto.* 2 Disponer, preparar: ~ *una sala;* ~ *un piso.* -3 *tr.* Guisar (cocinar), esp. condimentar, aliñar [los manjares], componeer [algunas bebidas]. 4 Remendar [una cosa]. 5 Dar apresto [a los tejidos]. 6 fig. Guiar, dirigir, indicar el camino. 7 fig. Acompañar [una acción] con algo que le añade gracia o adorno. ◇ ** CONJUG. [4] como ***realizar.***

aderezo ***m.*** Acción de aderezar o aderezarse. 2 Efecto de aderezar o aderezarse. 3 Aquello con lo que se adereza. 4 Disposición de lo necesario para una cosa. 5 Juego de joyas con que se adornan las mujeres. 6 Arreos de ornato y manejo del caballo. 7 Guarnición de ciertas armas blancas.

aderno ***m.*** Árbol de Canarias, de madera dura y compacta apreciada en ebanistería *(Ardisia excelsa).*

aderra (ár. *adera*) ***f.*** Maromilla de esparto o de junco con que se aprieta el orujo.

adestrado, -da ***adj.*** BLAS. [escudo] Que en el lado diestro tiene alguna partición, y [figura principal] a cuya diestra hay otra.

adestrador, -ra ***adj.-s.*** Adiestrador.

adestramiento ***m.*** Adiestramiento.

adestrar (paras.) ***tr.*** Adiestrar. ◇ ** CONJUG. [27] como ***acertar.***

adeudar (paras.) ***tr.*** Deber [dinero], tener deudas. 2 Estar sujeto al pago [de impuestos o contribuciones]. 3 COM. Cargar [partidas] en el debe. -4 ***intr.*** Contraer deudo, emparentar. -5 ***prnl.*** Endeudarse.

adeudo ***m.*** Deuda. 2 Cantidad que se ha de pagar en las aduanas por una mercancía. 3 COM. Asiento en el debe de una cuenta.
CONTR. *3* **Abono.**

adeveras ***adv.*** *Amér.* vulg. De veras.

adherencia ***f.*** Acción de adherir o adherirse. 2 Efecto de adherir o adherirse. 3 Unión anormal de algunas partes u órganos del cuerpo. 4 Parte añadida. 5 Adhesión [atracción molecular]. 6 fig. Enlace, parentesco. 7 FÍS. Resistencia tangencial que se produce en la superficie de contacto de dos cuerpos cuando se intenta que uno deslice sobre otro. 8 MED. Brida o superficie extensa de tejido conjuntivo que une a las vísceras entre sí o con las paredes del tronco y entorpece la función de estas vísceras y produce dolores u otras molestias.
SIN. *1, 2* y *5* v. **Cohesión.**

adherente ***adj.*** Que adhiere o se adhiere. 2 Anexo o unido a una cosa. -3 ***m.*** Requisito necesario para una cosa. 4 Adhesivo, substancia que sirve para unir otras.

adherir (l. *adhærere*) ***intr.-prnl.*** Pegarse una cosa con otra: *la hiedra adhiere,* o *se adhiere, al tronco.* 2 Convenir en un dictamen; abrazar una doctrina, partido, etc.: ~, o *adherirse, al dictamen.* 3 DER. Utilizar el recurso interpuesto por la parte contraria. ◇ ** CONJUG. [35] como ***hervir.*** Hoy se usa casi siempre como prnl.; muy raramente como intr.

adhesión (l. *adhæsione*) ***f.*** Adherencia. 2 Acción de adherir o adherirse, convenir en un dictamen, utilizar el recurso de la parte contraria. 3 Efecto de dicha acción. 4 FÍS. Atracción molecular ejercida entre las superficies de dos cuerpos heterogéneos puestos en contacto.
SIN. v. **Cohesión.**

adhesividad ***f.*** Calidad de adhesivo.

adhesivo, -va (del l. *adhaesum*) ***adj.-s.*** Capaz de adherirse o pegarse: *esparadrapo* ~. -2 ***m.*** Substancia que, interpuesta entre dos cuerpos, sirve para pegarlos. 3 Objeto que, dotado de una materia pegajosa, se destina a ser adherido en una superficie.

adiabático, -ca (gr. *adiábatos,* infranqueable) ***adj.*** Sin pérdida ni aumento de calor.

adiabatismo ***m.*** FÍS. Estado de los cuerpos, en esp. los gaseosos, que no reciben ni comunican cantidad alguna de calor.

adiado, -da ***adj.*** [día] Preciso y fijado para ejecutar una cosa. ◇ También *diado.*

adiafa (ár.) ***f.*** Refresco que se daba a los marineros al llegar a puerto.

adiaforesis (*a-* II + diaforesis) ***f.*** Ausencia o disminución de la transpiración cutánea. ◇ Pl.: *adiaforesis.*

adiamantado, -da ***adj.*** Parecido al diamante. ◇ También *diamantado.*

adianto ***m.*** BOT. Culantrillo, planta filicínea que se cría en lugares húmedos *(Adiantum capillusveneris).*

adiar (paras.) ***tr.*** Señalar día [para hacer algo]. ◇ ** CONJUG. [13] como ***desviar.***

adiatermancia ***f.*** FÍS. Dificultad al paso de los rayos calóricos.

adiatérmano, -na (*a-* II + *diatérmano*) ***adj.*** FÍS. Atérmano.
SIN. **Adiatérmico.**

adiatérmico, -ca ***adj*** FÍS. [cuerpo] Que no deja pasar el calor; aislador del calor.
SIN. **Adiatérmano, atérmano.**

adicción ***f.*** Sumisión del individuo a un producto o a una conducta de la que no puede o no es capaz de liberarse. 2 Hábito de quienes se dejan dominar por el consumo de estupefacientes.

adición (l. *additione*) ***f.*** Acción de añadir o agregar. 2 Efecto de añadir o agregar. 3 Operación de sumar. 4 Añadidura en alguna obra o escrito. 5 DER. ~ ***de la herencia,*** acción de adir la herencia. 6 DER. Efecto de adir la herencia. 7 METAL. Aditivo, substancia que se agrega a un metal base durante la elaboración de aleaciones industriales por fusión. ◇ INCOR.: *adicción.*

adicionador, -ra ***adj.-s.*** Que adiciona.

adicional ***adj.*** Que se añade a una cosa.

adicionamiento ***m.*** ANGLIC. Puesta en marcha de un mecanismo, negocio, etc.

adicionar ***tr.*** Hacer o poner adiciones [a una cosa]. 2 Sumar.

adictivo, -va ***adj.*** Que crea necesidad y hábito en su empleo repetido; se aplica especialmente a las drogas.

adicto, -ta (l. *addictu*) ***adj.-s.*** Dedicado, apegado. 2 Partidario. 3 Unido a otros para entender en algún asunto o desempeñar algún cargo o ministerio. 4 Persona dominada por el uso de ciertas drogas y que no puede renunciar a ellas.

adiestrable ***adj.*** Que se puede adiestrar.

adiestrado, -da ***adj.*** BLAS. [pieza] A cuya derecha se pone otra.

adiestrador, -ra ***adj.*** Que adiestra.

adiestramiento ***m.*** Acción de adiestrar o adiestrarse. 2 Efecto de adiestrar o adiestrarse.

adiestrar (paras.) ***tr.-prnl.*** Hacer diestro [a uno]: *adiestrarse a esgrimir la espada en la lucha.* 2 En gral., enseñar, instruir. -3 ***tr.*** fig. Guiar, encaminar.
SIN. v. **Enseñar.**

adietar ***tr.*** Poner a dieta [a uno]. ◇ También *dietar.*

adifés ***adv.*** *Venez.* Adrede, de intento. -2 ***adj.*** *Guat.* Difícil, costoso. 3 *Méj.* Sin método, sin orden ni concierto.

adinamia (gr. *adynamia,* de *a,* priv. + *dynamis,* fuerza) ***f.*** Debilidad o postración física, debida a enfermedad.

adinámico, -ca ***adj.*** MED. Perteneciente o relativo a la adinamia. 2 MED. Que padece adinamia.

adinerado, -da ***adj.*** Que tiene mucho dinero.
SIN. **Acaudalado, rico.**

adinerar ***tr.-prnl.*** Convertir en dinero [mercancías u otros bienes], esp. cuando se obtiene buena ganancia. -2 ***prnl.*** Enriquecerse.

adintelado (de *dintelar*) ***adj.*** ARQ. V. arco ~. 2 ARQ. [vano] Construido con dintel. -3 ***m.*** Arquitrabado.

adintelar (paras.) ***tr.*** Dintelar.

adiós (de *a Dios*) ***m.*** Despedida. ◇ Pl.: *adioses.*

¡adiós! Interjección con que se saluda o despide. 2 Interjección con que se denota asombro o sorpresa: *¡* ~, *qué tortazo!* ◇ La acep. 2 sólo se usa antepuesta a una oración exclamativa.
SIN. **¡Abur! ¡Agur! ¡Chao!**

adip-, adipo- (l. *adeps, adipis,* grasa) Elemento prefijal que entra en la formación de palabras con el significado de grasa: *adípico, adipoblasto, adipómetro.*

adipal ***adj.*** Relativo a la grasa.

adipe ***f.*** Mariposa diurna de color leonado, con pequeños lunares rojizos de pupila plateada en la cara inferior de las alas posteriores *(Fabriciana adippe).*

adípico, -ca ***adj.*** *Ácido* ~, el orgánico, bibásico, cristalino, producto de la oxidación de varias grasas, empleado en la fabricación del nylon.

adipo-, v. adip-.

adipoblasto (*adipo-* + *-blasto*) ***m.*** Célula fija del tejido adiposo que tiene la propiedad de almacenar gotas de grasa en su interior.

adipocira (v. *adip-*) ***f.*** Substancia untuosa, especie de jabón amoniacal producido por la descomposición de materias animales bajo la acción del agua o de la humedad.

adipogénesis (*adipo-* + *-génesis*) ***f.*** Proceso de la formación de grasas en el organismo. ◇ Pl.: *adipogénesis.*

adipólisis (*adipo-* + *-lisis*) ***f.*** Transformación de las grasas de reserva realizada por el organismo, para su utilización. ◇ Pl.: *adipólisis.*

adiposidad ***f.*** Calidad de adiposo. 2 Gordura, exceso de tejido adiposo.

adiposis (*adip-* + *-osis*) ***f.*** Obesidad. ◇ Pl.: *adiposis.*

adiposo, -sa (v. *adip-*) ***adj.*** Grasiento, lleno de gordura; de la naturaleza de la grasa. V. célula adiposa, tejido ~.

ADJETIVO

A) Oficios que desempeña

CALIFICA O DETERMINA AL SUSTANTIVO:

Sin verbo copulativo (*):	Con el verbo copulativo (**):	Con un verbo de estado (predicado de complemento según la Academia) (**):
Prado verde.	*El papel es blanco*	*El gobernador quedó satisfecho.*
Verde prado (1).	*Esta casa era mía.*	*Le dejé dormido.*

SE SUBSTANTIVA:

Haciendo de sujeto:	Término de una preposición:
Buenos y malos se alegrarán de su victoria.	*Nada tiene de bueno.* *Sabio entre ignorantes.*
Como complemento directo e indirecto:	Con el artículo masculino o neutro:
A mediodía comimos caliente. *No lo dijo a sordo ni a perezoso.*	*El vacío.* *Lo útil.*

Se ADVERBIALIZA un número limitado de adjetivos: *hablan claro; jugaban limpio.* Forma locuciones adverbiales: *a oscuras, a tontas y a locas.*

adipsia (gr. *a,* priv. + *dipsa,* sed) *f.* MED. Falta de sed.
adir (l. *adire,* acercarse) *tr.* DER. Aceptar [una herencia o sucesión]. 2 *Ar.* Distribuir, repartir equitativamente. ◇ En su primera acepción es verbo defectivo; se usa sólo en el infinitivo y en las formas no personales.
aditamento (l. *additamentu*) *m.* Añadidura.
aditicio, -cia *adj.* Añadido.
aditivo, -va *adj.* Que puede o debe añadirse. 2 FÍS. [magnitud] En que la cantidad de un cuerpo es igual a la suma de las cantidades correspondientes a sus partes. 3 MAT. [término de un polinomio] Que va precedido del signo más. 4 [substancia] Que se agrega a otras para aumentar o mejorar sus cualidades.
adito (l. *-u*) *m.* Cámara particular y reservada en algunos templos paganos.
adiuretina *f.* Hormona segregada por el hipotálamo y almacenada en la hipófisis; su misión es regular la cantidad de agua presente en el organismo, mediante una acción retenedora de la misma.
adiva *f.* Adive.
adivas (ár. *adiba*) *f. pl.* Cierta inflamación de la garganta en las bestias.
adive (ár. *adib,* lobo) *m.* Mamífero carnicero, oriundo del Asia, parecido a la zorra *(Thos lupaster).* ◇ También *adiva.*
adivinable *adj.* Que se puede adivinar.
adivinación *f.* Acción de adivinar. 2 Efecto de adivinar.
adivinador, -ra *adj.-s.* Que adivina.
adivinaja *f.* fam. Acertijo.
adivinamiento *m.* Adivinación.
adivinanza *f.* Adivinación. 2 Acertijo.
SIN. v. **Enigma.**
adivinar (l. *addivinare*) *tr.* Descubrir [las cosas ocultas] por medios sobrenaturales. 2 Descubrir [lo que no se sabe] por conjeturas o sin fundamento lógico. 3 Acertar lo que quiere decir [un enigma].
SIN. *1* Cuando se trata del futuro, **profetizar** (subst. *profeta*) y **vaticinar** (subst. *vate*), ambos de carácter religioso; el primero cristiano; el segundo pagano. **Adivinar** se interpreta como superstición, como **augurar** (subst. *augur*), aunque en la antigüedad este último tenía también carácter religioso. En **agorar** (adj.-s. *agorero*), también supersticioso, predomina el matiz esp. de predecir desdichas. **Auspiciar** equivale por entero a augurar. *2* **Predecir, presagiar** y **pronosticar** pueden coincidir con **adivinar,** pero pueden tener fundamento lógico o científico: *el médico pronostica el desarrollo de una enfermedad.* 3 **Acertar, atinar, descifrar.**
adivinatorio, -ria *adj.* Que incluye adivinación o se refiere a ello: *artes adivinatorias.* También *divinatorio.*
adivino, -na *m. f.* Persona que adivina.
SIN. **Vate.**
adjetivación *f.* Acción de adjetivar o adjetivarse. 2 Conjunto de adjetivos o modo de adjetivar peculiar de un escritor, una época, un estilo, etc.
adjetivadamente *adv. m.* A manera de adjetivo. 2 Con significación o valor de adjetivo.
adjetival *adj.* GRAM. Adjetivo (GRAM.).
adjetivamente *adv. m.* Adjetivadamente. 2 fig. De modo no esencial.
adjetivar *tr.* GRAM. Aplicar adjetivos [a un substantivo]. 2 p. ext. Calificar, apodar. 3 GRAM. Convertir en adjetivo una palabra o grupo de palabras. 4 Concordar, compaginar.
****adjetivo, -va** (b. l. *adiectivum (nomen),* de *adiectus,* agregado) *adj.* Que dice relación a una cualidad o accidente; que no tiene existencia independiente; opuesto a substantivo: *una cuestión adjetiva.* 2 GRAM. Que pertenece al adjetivo o que participa de su índole o naturaleza. -3 *m.* ***Nombre adjetivo*** o sólo ***adjetivo,*** parte de la oración o del discurso que se aplica a un nombre substantivo y expresa una cualidad de la cosa designada por este nombre, o determina o limita la extensión del mismo; ~ ***calificativo,*** el que expresa una cualidad del substantivo: *casa blanca; niño estudioso* ; ~ ***comparativo,*** el que denota comparación como *mayor, mejor,* etc.; ~ ***determinativo,*** el que señala la extensión en que se toma el substantivo: *este libro; algunos libros;* Pueden ser *numerales, posesivos, demostrativos* e *indefinidos.* V. los artículos correspondientes; ~ ***gentilicio,*** el que denota la gente

ADJETIVO (continuación)

B) Modificaciones del adjetivo

La cualidad se modifica intensivamente por medio de:

Adverbio de cantidad:

Casi blando.
Demasiado pequeño.

Comparativos y superlativos:

más dulce que
menos dulce que
tan dulce como
el más dulce de

Aumentativos y diminutivos:

grandón
bajito

Repetición del adjetivo con *que* enfático:

tonto que tonto
terco que terco

La cualidad se modifica cualitativamente o se determina:

Con adverbios de modo:
Groseramente serio.
Neciamente avaro.

Con sustantivos, pronombres o infinitivos precedidos de preposición (2):
Bravo hasta la muerte.
Bondadoso para todos.
Harto de esperar.

(1) El adjetivo va detrás o delante del substantivo según leyes lógicas y estilísticas que se estudian en la Gramática.

(2) Se pueden construir, en general, con toda clase de preposiciones: pero ciertos adjetivos reclaman preposiciones determinadas, las cuales se encontrarán indicadas en los artículos correspondientes a cada uno de estos adjetivos.

Notas:
(*) Algunas Gramáticas llaman a este oficio *atributo.*
(**) Algunas Gramáticas llaman a este oficio *complemento predicativo*

o patria de las personas: *español, castellano;* ~ ***multiplicativo,*** el que multiplica; ~ ***numeral,*** el que significa número: *dos, segundo, doble;* ~ ***cardinal,*** el numeral que expresa simplemente número entero: *tres;* ~ ***ordinal,*** el numeral que sirve para contar por orden: *tercero;* ~ ***partitivo,*** el numeral que indica una parte del número entero: *tercio;* ~ ***múltiplo*** o ***proporcional,*** el numeral que indica el número de veces: *triple;* ~ ***positivo,*** el de significación absoluta: *grande* respecto de *mayor, máximo,* etc.; ~ ***superlativo,*** el que denota el sumo grado de la calidad que con él se expresa: *justísimo, celebérrimo.* 4 ***Verbo*** ~ o ***atributivo,*** cualquier verbo excepto *ser,* que es el v. substantivo. 5 ***Oración adjetiva,*** la subordinada introducida por un pronombre relativo o palabra equivalente. 6 ***Frase adjetiva,*** la equivalente a un adjetivo: *árbol sin hojas* (deshojado); *amor de madre* (materno); *café con azúcar (*azucarado). Se forma con substantivo precedido de preposición ◇ V. abundancial, aumentativo, comparativo, compuesto, derivado, despectivo, diminutivo, étnico, gentilicio, parasintético, positivo, primitivo, simple, superlativo, verbal.

adjudicación *f.* Acción de adjudicar o adjudicarse. 2 Efecto de adjudicar o adjudicarse.

adjudicador, -ra *adj.-s.* Que adjudica.

adjudicar (l. *adiudicare*) *tr.* Declarar que [una cosa] corresponde a una persona o conferírsela en satisfacción de un derecho. -2 *prnl.* Apropiarse uno una cosa. 3 fig. En algunas competiciones, obtener, ganar, conquistar. ◇ ** CONJUG. [1] como ***sacar.***

adjudicatario, -ria *m. f.* Persona física o jurídica a quien se adjudica algo, esp. la ejecución de obras o suministros de productos.

adjunción (l. *adiunctione*) *f.* Añadidura; unión o contacto entre dos o más cosas. 2 DER. Especie de accesión que se verifica cuando se juntan dos cosas muebles de diferentes dueños, pero de modo que puedan separarse y subsistir. 3 GRAM. Zeugma.

adjunta *f.* Adición, complemento, apéndice.

adjuntar *tr.* Acompañar o remitir adjunta alguna cosa: *adjunto una muestra.* 2 GRAM. Poner inmediatamente un vocablo junto a otro, como un adjetivo junto a un substantivo.

adjuntía *f.* Plaza que desempeñaba un profesor o profesora, y que estaba normalmente adscrita a una determinada cátedra, como parte de ella.

adjunto, -ta (l. *adiunctu*) *adj.* Unido con otra cosa. -2 ***adj.-s.*** [pers.] Que acompaña a otra para entender en un trabajo. -3 ***m.*** Añadidura. -4 ***m. f.*** Profesor que desempeñaba una adjuntía.

adjurardo, -da *adj.* BLAS. Aclarado.

adjutor, -ra (l. *adiutore*) *adj.-s.* Que ayuda a otro.

adlátere (por formación incor. de ***a látere***) ***com.*** [pers.] Que subordinadamente acompaña a otra hasta parecer que es inseparable de ella.

adminicular (l. *-are*) *tr.* DER. Ayudar con algunas cosas [a otras] para darles mayor eficacia.

adminículo (l. *-lu*) *m.* Lo que sirve de ayuda para una cosa o intento. 2 Objeto que se lleva como prevención en caso de necesidad: *los adminículos sanitarios.*

administrable *adj.* Que se puede administrar.

administración (l. *-tione*) *f.* Acción de administrar: ~ ***pública,*** acción del poder público al aplicar las leyes y cuidar de los intereses públicos, conjunto de órganos de que se sirve. 2 Cargo de administrador. 3 Casa u oficina donde el administrador ejerce su cargo: ~ ***de correos,*** casa o dependencia donde se ejecutan las operaciones necesarias para el envío y recepción del correo.

administrado, -da *adj.-s.* Persona sometida a la jurisdicción de una autoridad administrativa.

administrador, -ra (l. *-atore*) *adj.-s.* Que administra. -2 ***m. f.*** Persona que administra bienes ajenos.

administrar (l. *-are*) *tr.* Gobernar, regir: ~ ***la república, una propiedad, los bienes.*** 2 Servir o ejercer [un empleo]: ~ ***la secretaría.*** 3 Suministrar. 4 Aplicar o hacer tomar [los medicamentos]: ~ *una pócima;* ***prnl.,*** ~ *una ayuda.* 5 Conferir o dar [los sacramentos]. -6 ***tr.-prnl.*** Graduar o dosificar el uso de alguna cosa, para obtener mayor rendimiento de ella o para que produzca mejor efecto. ◇ Vulg. *o* irón. por aplicar, dar: ~ ***una paliza.***

administrativamente ***adv. m.*** Por procedimiento administrativo.

administrativista *com.* Especialista en derecho administrativo.
administrativo, -va (l. *-vu*) *adj.* Relativo a la administración. -2 *adj.-s.* [pers.] Que tiene por oficio administrar. 3 Empleado público o privado que trabaja en una oficina, generalmente encargado de la gestión burocrática.
administratorio, -ria *adj.* Relativo a la administración.
admirabilísimo, -ma *adj.* Superlativo de admirable.
admirable *adj.* Digno de admiración.
admirablemente *adv. m.* De manera admirable.
admiración *f.* Acción de admirar o admirarse. 2 Cosa admirable. 3 GRAM. Signo ortográfico [¡ !] usado para expresar admiración, interjección, exclamación, énfasis.
SIN. *1* y *2* **Maravilla, asombro** y **pasmo.**
admiradamente *adv. m.* Con admiración.
admirador, -ra *adj.-s.* Que admira.
admirando, -da (l. *-ndu*) *adj.* Digno de ser admirado.
admirar (l. *-ari*) *tr.* Ver o contemplar con sorpresa, placer o entusiasmo [una cosa]: *admirábamos su talento; ~ un cuadro; ~ a los grandes capitanes; prnl.,* significando sorpresa: *se admiraban de su talento.* 2 Causar una cosa sorpresa o placer: *su talento admiraba a todo el mundo.* 3 Tener en singular estima [a una persona o cosa que de algún modo sobresale en su línea].
SIN. v. **Asombrar.**
admirativamente *adv. m.* De manera admirativa.
admirativo, -va *adj.* Capaz de causar admiración. 2 Admirado o maravillado. 3 Que denota admiración.
admisibilidad *f.* Calidad de admisible.
admisible *adj.* Que puede admitirse.
admisión (l. *-ssione*) *f.* Acción de admitir. 2 Recepción. 3 DER. Trámite previo en que se decide si ha o no lugar a seguir sustancialmente ciertos recursos o reclamaciones. 4 MEC. En los motores de combustión interna, primera fase del proceso en la que la mezcla explosiva es aspirada por el pistón.
admitancia *f.* ELECTR. Relación entre la corriente y la tensión.
admitir (l. *admittere*) *tr.* Recibir o dar entrada [a uno]. 2 Aceptar (recibir): *~ en cuenta.* 3 Permitir o sufrir: *esta causa no admite dilación.* 4 Tener cierta cabida o capacidad.
admixtión *f.* Mezcla, mixtión.
admonición (l. *-itione*) *f.* Amonestación. 2 Reconvención.
admonitor, -ra (l. *-itore*) *m. f.* Religioso o religiosa que en algunas comunidades amonesta o exhorta al cumplimiento de la regla. -2 *m.* Monitor (amonestador).
admonitorio, -ria *adj.* Con carácter de admonición: *carta admonitoria.*
adnata (v. *adnato*) *f.* Conjuntiva.
adnato, -ta (l. *-tu*) *adj.* H. NAT. Que nace y crece junto con otra cosa a la que está adherido.
adnotación (l. *-atione*) *f.* Sello papal estampado en algunas concesiones.
-ado, -ada (l. *-atu*) Sufijo de los participios pasados de los verbos de la primera conjug. que entra en la formación de adjetivos y substantivos derivados de nombres y verbos. En los adjetivos denota posesión: *barbado;* semejanza o aspecto: *azafranado;* en los substantivos masculinos expresa empleo o dignidad: *doctorado, arzobispado;* tiempo: *reinado;* lugar: *noviciado, rectorado;* conjunto: *arbolado, alcantarillado;* en los substantivos femeninos denota también conjunto: *torada, estacada, otoñada;* golpe: *cornada;* ingrediente de una confección: *limonada, almendrada;* acción: *alcaldada;* abundancia: *riada;* en los procedentes de verbos expresa acción y efecto: *llegada, punzada;* se combinan con *-arro, -ar* y *-ujo*: *nubarrada, llamarada, papujado.* ◇ V. -ato.
adobado *m.* Acción de adobar algunas cosas, como cueros, etc. 2 Carne puesta en adobo.
adobador, -ra *adj.-s.* Que adoba.
adobadura *f.* Acción de adobar. 2 Efecto de adobar.
adobamiento *m.* Adobadura.
adobar (germ. *dubban,* golpear; a través del fr. ant.) *tr.* Componer, reparar: *adoba tu paño y pasarás tu año;* preparar: *~ las lámparas.* 2 Guisar (cocinar), esp. poner en adobo [las carnes u otras cosas] para conservarlas. 3 p. ext. Mejorar [los vinos]. 4 Curtir [las pieles]. 5 Atarragar.
SIN. *1* v. **Reparar.**
adobasillas *m.* El que tiene por oficio componer sillas. ◇ Pl.: *adobasillas.*
adobe (ár. *atob,* ladrillo) *m.* Masa de barro moldeada en forma de ladrillo y secada al sol. 2 *Amér. Merid.* fig. Pie muy grande.
adobera *f.* Molde para hacer adobes. 2 Adobería (fábrica). 3 Obra hecha de adobes. 4 *Chile.* Molde para quesos en forma de adobe. 4 *Méj.* Queso de esta forma.
I) adobería *f.* Fábrica de adobes.
II) adobería (de *adobar*) *f.* Curtiduría, tenería.
adobero *m. Argent.* Alfarero.
adobío *m.* Parte delantera del horno de manga.
adobo *m.* Acción de adobar. 2 Efecto de adobar. 3 Salsa o caldo para sazonar y conservar las carnes y otros manjares. 4 Caldo, en gral. 5 Afeite. 6 Carne adobada, gralte. la de cerdo.
adobón (de *adobe*) *m. Chile* y *Ecuad.* Pedazo de una tapia que se hace de una vez. 2 *Méj.* Fragmento que queda en pie de una tapia que se destruye. 3 *Venez.* Ladrillo de 33 por 16 por 7 centímetros.
adocenado, -da *adj.* Vulgar y de muy escaso mérito.
SIN. **Del montón.**
adocenar (paras.) *tr.* Ordenar por docenas o dividir en docenas. -2 *tr.-prnl.* Confundir [a uno] entre gentes de calidad inferior.
adoctrinamiento *m.* Acción de adoctrinar. 2 Efecto de adoctrinar.
adoctrinar *tr.* Instruir [a uno], esp. en lo que debe decir o hacer.
Ant. ~ o *doctrinar* significaba enseñar o instruir en gral.: *~ a un niño en Gramática.* SIN. v. **Enseñar.**
adolecente *adj.* Que adolece.
I) adolecer (l. *-scere*) *intr.* Caer enfermo o padecer alguna enfermedad. 2 fig. Tener algún defecto o vicio: *este discurso adolece de languidez.* -3 *prnl.* ant. Condolerse. ◇ ** CONJUG. [43] como ***agradecer.*** ◇ INCOR.: por *carecer.*
II) adolecer *intr.* Crecer (aumentar el tamaño). ◇ ** CONJUG. [43] como ***agradecer.***
adolescencia (l. *-ntia*) *f.* Edad que sucede a la infancia; transcurre desde que aparecen los primeros indicios de la pubertad hasta el desarrollo completo del cuerpo.
adolescente *adj.-s.* Que está en la adolescencia.
SIN. **Mancebo, muchacho, zagal.**
adolorado, -rido, -da *adj.* Dolorido.
adolorar *tr.* Entristecer, afligir, aquejar [a alguien].
adomiciliar *tr.* inus. Domiciliar. ◇ ** CONJUG [12] como ***cambiar.***
Adonai, Adonaí (hebr. *Adonay,* señor mío) *n. pr.* Uno de los nombres que los hebreos dan a la Divinidad.
adonde (*a-* I + *donde*) *adv. l.* A qué parte o a la parte que (con v. de movimiento): *le indicó ~ podía dirigirse; fuimos ~ me llevó; ¿~ vas?* 2 Donde.
GRAM. Es también adv. interrogativo (con acento) y relativo, lo mismo que *donde.* Desde la época clásica se confunden entre sí. Hoy es indiferente usar uno u otro con verbo de movimiento: *voy donde* o *adonde me llevan*; pero no debe usarse *adonde* con verbo de reposo: *la casa donde vivo,* y no *adonde; ¿dónde estás?* y no *¿adónde estás?*
adondequiera *adv. l.* A cualquier parte. 2 Dondequiera.
adónico, adonio (l. *adonius*) *adj.-s.* Verso de la versificación clásica, formado por un dáctilo y un espondeo. 2 Verso de la poesía española que consta de cinco sílabas (1.ª y 4.ª acentuadas).
adonis (de *Adonis,* pers. mitológico) *m.* fig. Mancebo hermoso. 2 Cóctel aperitivo, a base de jerez seco y vermut dulce. 3 *~ **de otoño,*** hierba ranunculácea con las hojas plumosas y pinnadas, y las flores rojas. Es venenosa para el ganado *(Adonis annua).* 4 *~, ~ de primavera,* o *~ vernal,* hierba con las hojas basales reducidas a escamas y las flores grandes y amarillas *(Adonis vernalis).* ◇ Pl.: *adonis.*
SIN. *4* **Ojo de perdiz.**
adonizarse *prnl.* Embellecerse como un adonis. ◇ ** CONJUG. [4] como ***realizar.***
adopción (l. *-ptione*) *f.* Acción de adoptar.
adopcionismo *m.* Doctrina nacida en España en el s. VIII; afirmaba que Jesucristo, en cuanto hombre, era hijo de Dios, no por naturaleza, sino por adopción del Padre.
adopcionista *adj.-com.* Que profesa el adopcionismo. -2 *adj.* Relativo a él.
adoptable *adj.* Que puede ser adoptado.
adoptador, -ra *adj.-s.* Que adopta.
adoptante *adj.-com.* Adoptador.
adoptar (l. *-are*) *tr.* Prohijar: *~ a uno por hijo.* 2 Admitir [alguna opinión o doctrina] considerándola como propia. 3 Tomar [resoluciones o acuerdos] con previa deliberación:

~ *una ley.* 4 Adquirir, recibir una configuración determinada.
adoptivo, -va (l. *-vu*) ***adj.*** [pers.] Adoptado o que adopta: *hijo ~; padre ~.* 2 [cosa] Que uno elige por adopción: *hermano ~; patria adoptiva.*
adoquín (ár. *adocquén,* piedra escuadrada) ***m.*** Piedra labrada en forma de prisma rectangular, para pavimentación y otros usos. 2 Sillar pequeño. 3 fig. Hombre torpe y rudo. 4 Caramelo de gran tamaño y de forma de prisma rectangular. 5 *Argent.* Tarugo de madera que se emplea para pavimentar calles. 6 *Perú.* Cubito de hielo obtenido en cubetas y destinado al uso doméstico.
adoquinado ***m.*** Pavimento hecho con adoquines. 2 Acción de adoquinar.
adoquinar ***tr.*** Pavimentar [una vía pública, un espacio] con adoquines.
ador (ár.) ***m.*** Turno para regar.
-ador, v. -dor.
adorable ***adj.*** Digno de adoración.
adoración ***f.*** Acción de adorar. 2 ~ ***de los Reyes,*** la que hicieron los Reyes Magos al Niño Jesús.
adorador, -ra ***adj.-s.*** Que adora. 2 fig. Enamorado, pretendiente de una mujer: *sus adoradores eran muchos.*
adorar (l. *-are*) ***tr.*** Reverenciar y honrar [a Dios] con el culto religioso: ~ *en espíritu y en verdad.* 2 p. ext. Reverenciar [a un ser] como cosa divina; esp. prosternarse los cardenales [ante el papa] después de haberle elegido. 3 fig. Amar [a uno] con extremo. 4 fig. Gustar de algo extremadamente. -5 ***intr.*** Orar, hacer oración. 6 Con la prep. *en,* tener puesta la estima en una persona o cosa: ~ *en su hijo.*
adoratorio ***m.*** Retablillo portátil. 2 Templo pagano donde reciben adoración algunos ídolos.
adoratriz (l. *-atrice*) ***f.*** Religiosa del instituto de Esclavas del Santísimo Sacramento, fundado en España por la vizcondesa de Jorbalán (1809-1885) en 1845, para reformar las costumbres de jóvenes extraviadas. 2 *Amér.* Mujer afiliada a una asociación de la adoración perpetua.
adormecedor, -ra ***adj.*** Que adormece.
adormecer (l. v. *addormiscere*) ***tr.*** Dar o causar sueño [a uno]. 2 fig. Acallar, entretener: ~ *la esperanza.* 3 Calmar, sosegar: *el opio adormece los dolores.* -4 ***prnl.*** Empezar a dormirse. 5 p. ext. Entorpecerse, entumecerse. 6 Con la prep. *en* y tratándose de vicios, deleites, etc., permanecer en ellos, no dejarlos. ◇ ** CONJUG. [43] como ***agradecer.***
SIN. *5* y *6* **Dormirse.**
adormecimiento ***m.*** Acción de adormecer o adormecerse. 2 Efecto de adormecer o adormecerse. 3 Sueño muy pesado, modorra.
adormidera (de *adormir*) ***f.*** Planta papaverácea, de hojas anchas y abrazadoras, flores blancas y terminales y fruto capsular, del cual se extrae el opio *(Papaver somniferum):* ~ ***espinosa,*** planta papaverácea de cuyas semillas se extrae un aceite empleado como combustible y para la fabricación de jabones y barnices. También *cardo santo, cardosanto* y *chicalote (Argemone mexicana).* 2 Fruto de esta planta. 3 En varios países americanos se aplica también este nombre a otras plantas: P. Rico *(Cassia longisilicua)*; Cuba *(Desmantus virgatus)*; Ecuad. *(Echites histiflora).*
SIN. *1* **Dormidera.** *3* **Cardosanto** *(Amér.),* **cardo, chicalote** *(Méj.).*
adormilarse (paras.) ***prnl.*** Dormirse a medias.
adormir (l. *addormire*) ***tr.-prnl.*** Adormecer. ◇ ** CONJUG. [33] como ***dormir.***
adormitarse ***prnl.*** Adormilarse.
adornado ***m.*** Adornamiento.
adornador, -ra ***adj.*** Que adorna.
adornamiento ***m.*** Acción de adornar o adornarse. 2 Efecto de adornar o adornarse.
adornar (b. l. *-are* < *ornare,* ornar) ***tr.-prnl.*** Engalanar [algo] con adornos: ~ *con,* o *de, tapices.* 2 Servir de adorno una cosa a [otra]. 3 fig. Concurrir [en una persona] ciertas prendas o circunstancias favorables: *las cualidades que adornan a tu amigo.* 4 fig. Dotar [a un ser] de perfecciones, honrarlo.
SIN. *1* **Adornar, engalanar, hermosear,** se aplican a personas y cosas; **exornar** (lit.) y **ornamentar,** sólo a cosas; **ornar,** es lit. y aplicable en gral. Los tres últimos sugieren, en mayor o menor grado según las circunstancias, cierta magnificencia, riqueza o complicación en el adorno; **ataviar,** se usa pralte. cuando se trata de adornos no permanentes: una persona *se atavía* para salir a la calle; una fachada *está ataviada* con colgaduras, banderas, flores, con ocasión de algún festejo pasajero, pero no se diría así tratándose de los relieves escultóricos que contiene.
adornista ***com.*** Persona que tiene por oficio hacer o poner adornos, esp. en los edificios.
adorno ***m.*** Lo que sirve para hermosear a personas y cosas. 2 TAUROM. Lance con que el torero remata una serie de pases. -3 ***loc. adj. De ~,*** en algunos colegios, [enseñanza] que no es obligatorio. -4 ***m.*** Balsamina (planta balsaminácea).
adorote ***m.*** *Amér. Merid.* Angarillas de forma aovada. 2 *Colomb.* Aro de bejuco con que se asegura un haz de leña.
adosar (*ad* + *dorsu,* dorso) ***tr.*** Arrimar [una cosa] por su espalda o envés a otra. 2 BLAS. Colocar espalda con espalda.
adovelado, -da ***adj.*** Construido con dovelas.
adoxáceo, -a ***adj.-s.*** Planta de la familia de las adoxáceas. -2 ***f. pl.*** Familia de plantas dicotiledóneas del orden de las rubiales, con una sola especie: la hierba del almizcle.
adpreso, -sa (l. *appressus,* apretado) ***adj.*** [hoja, pelo, etc.] Aplicado al eje en que se inserta, no soldado.
adquirente, adquiridor, -ra ***adj.-s.*** Que adquiere.
adquirible ***adj.*** Que puede adquirirse.
adquirir (l. *-ere*) ***tr.*** Ganar, coger, conseguir, empezar a poseer [algo]: ~ *una fortuna, una enfermedad, una buena reputación, una finca.* 2 Comprar. 3 DER. Hacer propio [un derecho o cosa] que a nadie pertenece. ◇ ** CONJUG. [30].
adquisición (l. *-itione*) ***f.*** Acción de adquirir. 2 Cosa adquirida. 3 fig. Persona cuyos servicios o ayuda, adquiridos recientemente, se consideran valiosos. 4 ~ ***de datos,*** FÍS., acción de registrar todos los parámetros necesarios para caracterizar cada suceso nuclear. INFORM., toma de datos en el lugar donde se producen para ser tratados posteriormente.
adquisidor, -ra ***adj.-s.*** Adquiridor.
adquisitivo, -va (l. *-vu*) ***adj.*** Que sirve para adquirir: *título ~; prescripción adquisitiva.*
adquisitorio, -ria ***adj.*** Relativo a la adquisición.
adquisividad ***f.*** Propensión a adquirir, gralte. inmoderada.
adra (ár. *adara,* círculo) ***f.*** Turno, vez. 2 Porción, división del vecindario de un pueblo.
adragante ***adj.*** Perteneciente o relativo a la goma del tragacanto.
adraganto ***m.*** Tragacanto.
adral (v. *lateral*) ***m.*** Zarzo o tabla que se pone, con otros, en el carro para que no se caiga lo que va en él.
SIN. **Ladral. tablar.**
adrede, adredemente (probl. del gót. *at ret,* a consejo) ***adv. m.*** De propósito, con deliberada intención.
SIN. **Expresamente, de intento, a posta** O **aposta.**
adrenal ***adj.*** FISIOL. Situado cerca de los riñones. -2 ***f.*** Cápsula suprarrenal.
adrenalectomía ***f.*** CIR. Extirpación de las glándulas suprarrenales.
adrenalina (l. *ad,* junto a + *renalis,* renal) ***f.*** Substancia alcaloide, cristalizable, levógira, que contienen en pequeña proporción las cápsulas suprarrenales; se emplea como hemostático.
adrenosterona ***f.*** Hormona que segregan las cápsulas suprarrenales.
adrián ***m.*** Juanete (hueso del pie). 2 Nido de urracas.
adriático, -ca (l. *Hadriaticus*) ***adj.*** Perteneciente o relativo al mar Adriático, o a los territorios que baña: *playas adriáticas.*
adrizamiento ***m.*** Acción de adrizar. 2 Efecto de adrizar.
adrizante ***adj.*** MAR. Que adriza.
adrizar (*a-* I + *drizar*) ***tr.-prnl.*** MAR. Enderezar (poner vertical). ◇ ** CONJUG. [4] como ***realizar.***
adrolla ***f.*** Trapaza (trampa).
adrollero ***m.*** El que compra o vende con engaño.
adscribir (l. *-ere*) ***tr.*** Inscribir, atribuir [algo] a una persona o cosa. 2 Agregar [una pers.] al servicio de un cuerpo o entidad.
adscripción (l. *-ptione*) ***f.*** Acción de adscribir. 2 Efecto de adscribir.
adscripto, -ta, -crito, -ta (l. *-ptu*) pp. irreg. de *adscribir.*
adsorbente ***adj.*** Que adsorbe.
adsorber ***tr.*** FÍS. Retener por adsorción.
adsorción ***f.*** FÍS. Retención o adherencia de un líquido o gas en la superficie de un cuerpo sólido o alrededor de las partículas de un coloide en suspensión.
adstrato ***m.*** LING. Lengua cuyo territorio es contiguo al de otra, sobre la cual influye; p. ext., lengua que, compartiendo con otra una determinada área geográfica, influye sobre ella; y también la que, en un momento dado, ejerce su influencia sobre otra, aunque no exista entre ambas contigüidad territorial. 2 Acción que una lengua ejerce sobre otra territorialmente contigua; o sobre

la que comparte el mismo territorio, o sobre otra a la que, sin ser vecina, le comunica algunos rasgos en un momento determinado. 3 Rasgo que una lengua comunica a la que se halla en un territorio vecino, a la que comparte con ella el mismo territorio o a la que, sin ser vecina, recibe su influjo en un momento dado.
adstricción *f.* Astricción.
adstringente *adj.* Astringente.
adstringir *tr.* Astringir. ◇ ** CONJUG. [6] como ***dirigir.***
aduana (ár. *adayuán,* libro de cuentas) *f.* Oficina pública donde se registran los géneros y mercaderías que se importan o exportan, y se cobran los derechos que adeudan. 2 Juego de azar que se ejecuta con ocho dados y cinco cartones que representan, respectivamente, una aduana, un caballo blanco, un martillo, una campana y un martillo con una campana.
aduanal *adj. Guat.* Aduanero: *derechos aduanales.*
aduanar *tr.* Registrar en la aduana [los géneros o mercaderías], y pagar los derechos que adeuden.
aduanero, -ra *adj.* Relativo a la aduana. -2 *m.* Empleado en la aduana.
aduar (ár. *aduar,* casas) *m.* Pequeña población de beduinos formada de tiendas o cabañas. 2 Conjunto de tiendas o barracas de gitanos. 3 Ranchería de indios americanos.
adúcar (ár.) *m.* Seda que rodea exteriormente el capullo del gusano de seda. 2 Capullo ocal. 3 Seda ocal. 4 Tela de adúcar.
SIN. *1* **Atanquía.**
aducción (l. *adductione*) *f.* Movimiento por el cual un miembro o un órgano cualquiera se acerca al plano medio del cuerpo: *~ del brazo.*
aducir (l. *adducere*) *tr.* Presentar, alegar [pruebas, razones]. 2 Añadir (agregar). ◇ ** CONJUG. [46] como ***conducir.*** ◇ INCOR.: *aduciste.*
aductor *adj.-s.* Músculo que sirve para producir aducción. 2 Conducto subterráneo de caños para la distribución del agua, gas, etc.
aduendado, -da (paras.) *adj.* Que tiene las propiedades atribuidas a los duendes.
adueñarse (paras. de *dueño*) *prnl.* Apoderarse de una cosa. 2 Hacerse dominante algo en una persona o en un conjunto de personas: *la santidad se adueñó de Teresa.*
adufe (ár. *aduf*) *m.* Pandero morisco. 2 fig. Pandero (necio). 3 *La Mancha.* fig. *y* fam. Mujer de conducta reprobable.
adufero, -ra *m. f.* Persona que toca el adufe.
aduja *f.* MAR. Vuelta de una cosa adujada.
adujar *tr.* MAR. Enrollar [un cabo, cadena o vela]. -2 *prnl.* MAR. fig. Encogerse para acomodarse en poco espacio.
adul *m.* En Marruecos, asesor del cadí.
adula *f.* Dula. 2 Ador.
adulación *f.* Acción de adular. 2 Efecto de adular.
SIN. *1* y *2* **Pelotilla,** fam. *o* vulg.; **servilismo,** intensivo.
adulador, -ra *adj.-s.* Que adula.
SIN. **Servil, pelotillero, cobista,** tratándose de personas; v. **Adulatorio.**
adulancia *f. Venez.* Adulación.
adulante *adj. Colomb.* y *Venez.* Adulador.
adular (l. *-ari*) *tr.* Halagar [a uno] servilmente, para ganar su voluntad. 2 Deleitar, agradar.
SIN. v. **Halagar.**
adularescencia *f.* MIN. Reflejo azulado o blanco de algunas piedras preciosas.
adularia *f.* Variedad de feldespato nacarado.
adulatorio, -ria (l. *-iu*) *adj.* Que contiene adulación.
SIN. **Adulador,** se aplica a personas y cosas, en tanto que **adulatorio,** sólo a cosas. P. ej., una carta puede ser *adulatoria* o *aduladora*, pero una persona es *aduladora*.
adulcir *tr.* Dulcificar, endulzar. ◇ ** CONJUG. [3] como ***zurcir.***
adulero *m.* Dulero.
adulete *adj. Perú.* Adulón.
adulo *m. Chile* y *Guat.* vulg. Adulación.
adulón, -ona *adj.-s.* Adulador, servil y bajo.
adulonería *f. Cuba.* Adulación.
adulteración *f.* Acción de adulterar o adulterarse. 2 Efecto de adulterar o adulterarse.
adulterador, -ra *adj.-s.* Que adultera.
adulterante *adj.* Que adultera.
adulterar (l. *-are*) *intr.* Cometer adulterio. -2 *tr.-prnl.* fig. Desnaturalizar [una cosa] mezclándole una sustancia extraña.
adulterinamente *adv. m.* Con adulterio.
adulterino, -na *adj.-s.* Relativo al adulterio. 2 Procedente de él. 3 fig. Falso, falsificado.
adulterio (l. *-iu*) *m.* Ayuntamiento carnal voluntario entre persona casada y otra de distinto sexo que no sea su cónyuge. 2 ant. Falsificación, fraude.
adúltero, -ra (l. *-teru*) *adj.-s.* Que comete adulterio. -2 *adj.* fig. Viciado, corrompido.
adultez *f.* Condición de adulto; edad adulta. 2 *Amér. Central.* Virilidad.
adulto, -ta (l. *-tu*) *adj.-s.* [ser vivo] Que ha llegado a su madurez y puede reproducirse: *persona adulta; animal ~.* -2 *adj.* fig. Llegado a su mayor grado de perfección: *lenguas adultas.*
adulzamiento *m.* Acción de adulzar (el metal).
adulzar (paras.) *tr.* Hacer dulce [a un metal, esp. al hierro]. 2 Endulzar. ◇ ** CONJUG. [4] como ***realizar.***
adulzorar *tr.-prnl.* Dulcificar, suavizar.
adumbración (l. *-atione*) *f.* PINT. Parte menos iluminada de la figura u objeto.
adumbrar *tr.* PINT. Sombrear.
adunar (l. *-are;* doble. etim.) *tr.* p. us. Unir, juntar, congregar. 2 Unificar.
adunco, -ca (l. *-cu*) *adj.* Arqueado.
adundarse *prnl. Amér. Central.* Atontarse.
adunia (ár. *addonía,* el mundo) *adv. m.* En abundancia.
-adura v. -dura.
adurir (l. *ad + urere,* quemar) *tr.* ant. Abrasar.
adustez *f.* Calidad de adusto. 2 Ceño, aspereza, desabrimiento.
adustión (l. *-stione*) *f.* Acción de adurir. 2 Efecto de adurir.
SIN. **Combustión.** PINT.: **encauste, encausto, incausto.**
adusto, -ta (l. *-tu*) *adj.* fig. Quemado, tostado, ardiente: *terreno ~; región ~.* 2 fig. Seco, rígido, desabrido en el trato: *hombre de ~ carácter; edificio ~.* 3 *Ar.* y *Venez.* Tieso, inflexible, terco.
advenedizo, -za (del ant. *advenir,* venir o llegar) *adj.-s.* Extranjero o forastero. 2 desp. [pers.] Que va sin empleo u oficio a establecerse en un lugar. 3 [pers.] De origen humilde que pretende figurar entre gentes de más alta condición social. 4 No natural, adventicio. 5 *Cuba* y *P. Rico.* Novicio, novato.
advenidero, -ra *adj.* Venidero.
advenimiento *m.* Venida. 2 Ascenso de un sumo pontífice o de un soberano al trono.
advenir (l. *advenire*) *intr.* Venir o llegar. ◇ ** CONJUG. [90] como ***venir.***
adventicio, -cia (l. *-iu*) *adj.* Extraño o que sobreviene, a diferencia de lo natural o propio. 2 Unido accidentalmente a un cuerpo. 3 [planta] Que crece en un terreno de cultivo sin haber sido plantada. 4 [órgano animal o vegetal] Que se desarrolla ocasionalmente, o fuera de su lugar habitual.
adventismo *m.* Doctrina de los adventistas.
adventista *adj.-s.* Secta americana que espera un nuevo advenimiento de Cristo. -2 *adj.-com.* Partidario del adventismo.
adveración *f.* Acción de adverar. 2 Efecto de adverar.
adverado, -da *adj.* V. testamento adverado.
adverar (l. *-are*) *tr.* Dar por cierta [una cosa], o por auténtico [un documento].
adverbial (l. *-ale*) *adj.* Relativo al adverbio o que participa de su índole o naturaleza: *frase, modo, locución ~;* ***oración ~,*** la subordinada que desempeña el papel de adverbio de la oración principal.
adverbializar *tr.-prnl.* Emplear adverbialmente [una palabra o locución]. ◇ ** CONJUG. [4] como ***realizar.***
adverbialmente *adv. m.* A modo de adverbio, o con valor y significación de adverbio.
****adverbio** (l. *-iu, < ad,* al lado de + *verbum,* verbo) *m.* Parte invariable de la oración que modifica la significación del verbo, del adjetivo o de otro adverbio: *~* ***de cantidad,*** el que expresa modificaciones cuantitativas, extensivas o intensivas (*más, menos, casi, mucho,* etc.); *~* ***de duda,*** el que expresa la incertidumbre del hablante ante lo significado por el verbo (*quizás, acaso,* etc.); *~* ***de afirmación,*** el que asevera el significado del verbo o de toda la oración (*sí, cierto, ciertamente, también*, etc.); *~* ***de tiempo,*** el que expresa modificaciones temporales (*ayer, antes, hoy, después*, etc.).
GRAM. Por su función los adverbios se clasifican en: *interrogativos, demostrativos, relativos* y *correlativos.* V. estos artículos y los siguientes: *comparativo, superlativo, aumentativo* y *diminutivo.*
adversamente *adv. m.* Con adversidad.
adversario, -ria (l. *-iu*) *m. f.* Persona o colectividad contraria, enemiga, rival o competidora. -2 *m. pl.* Entre los eruditos, notas y apuntamientos de diversas noticias y materias ordenadas a fin de tenerlas a mano para alguna obra o escrito.

ADVERBIO

A) Oficios que desempeña

CALIFICA O DETERMINA AL:

Verbo:	Adjetivo:	Adverbio:
trabaja bien	*muy blanco*	*demasiado tarde*
viene hoy	*tristemente célebre*	*bastante bien*
estudia mucho		

B) Modificaciones del adverbio

LA CUALIDAD SE MODIFICA INTENSIVAMENTE POR MEDIO DE:

Adverbio de cantidad:	Comparativos y superlativos:
casi bien	*más tarde que, peor que*
demasiado bien	*menos tarde que*
	tan tarde como
	lo más tarde que
	muchísimo
Diminutivos:	Repetición del adverbio con *que* copulativo:
tempranito, despacito	*bien que bien*
	mejor que mejor

LA CUALIDAD SE MODIFICA CUALITATIVAMENTE, O SE DETERMINA:

Con adverbios de modo:	Con sustantivos, pronombres, infinitivos o adverbios precedidos de preposición:
totalmente mal	*ayer por la tarde*
desgraciadamente aprisa	*fuera de casa / fuera de sí*
	tarde para salir
	cerca de aquí

adversativo, -va ***adj.-f.*** GRAM. ***Oración adversativa,*** la coordinada que implica o denota oposición o contrariedad de concepto o sentido. 2 GRAM. ***Conjunción adversativa,*** la que enlaza oraciones de esta clase.

adversidad (l. *-itale*) ***f.*** Calidad de adverso. 2 Infortunio.

adverso, -sa (l. *-su*) ***adj.*** Contrario, desfavorable: *~ a la patria; hado ~.* 2 Opuesto materialmente a otra cosa.

advertencia ***f.*** Acción de advertir. 2 Efecto de advertir. 3 Nota o escrito breve en que se advierte algo al lector, esp. en libros, periódicos, etc.

SIN. *3* **Observación.**

advertidamente ***adv. m.*** Con advertencia.

advertido, -da ***adj.*** Capáz, experto, avisado.

advertidor, -ra ***adj.-s.*** Que advierte.

advertimiento ***m.*** Advertencia (acción y efecto).

advertir (l. *-ere*) ***tr.-intr.*** Fijar [en algo] la atención; reparar: *~ la gala y artificio de un escrito; sólo pude ~ los colores, que eran encarnado y blanco.* -2 ***tr.*** Llamar la atención [de uno] sobre algo: *tengo muchas cosas que advertiros.* 3 Aconsejar, avisar: *esta diligencia les advirtió el asturiano.* 4 Atender, tener en cuenta: *~ el daño que sobrevendrá.* -5 ***prnl.*** Caer en la cuenta: *les ocuparon las puertas antes de que ellos se advirtiesen.* ◇ ** CONJUG. [35] como ***hervir.***

SIN. *1* **Observar, reparar.**

adviento (l. *advientu,* llegada) ***m.*** Tiempo del año litúrgico que comprende las cuatro semanas que preceden a la fiesta de la Natividad de Jesucristo.

advocación (l. *-atione*) ***f.*** Título que se da a un templo, capilla, altar o imagen: *poner bajo la ~ de la Virgen.*

SIN. **Vocación.**

advocar (l. *advocare* < *ad,* a + *vocare,* llamar) ***tr.*** Abogar. ◇ ** CONJUG. [1] como ***sacar.***

adyacencia ***f.*** Contigüidad, proximidad.

adyacente (l.) ***adj.*** Inmediato, próximo: *ángulo ~.*

adyuvante (l. *adiuvante*) ***adj.*** Que ayuda.

aedo (gr. *aoidós,* cantor; a través del fr. *aède*) ***m.*** Poeta o cantor épico de la ant. Grecia.

aeración (l. gr. *aer,* aire) ***f.*** Ventilación. 2 Acción terapéutica del aire atmosférico. 3 Introducción de los elementos del aire en las aguas potables o medicinales.

aéreo, -a (l. *-eu*) ***adj.*** De aire. 2 Relativo al aire. 3 fig. Sutil. 4 fig. Fantástico, sin fundamento. 5 BOT. [órgano] Que no es subterráneo.

aereofotografía ***f.*** Aerofotografía.

aeri-, v. aero-.

aerícola (*aeri-* + *-cola*) ***adj.*** [planta y animal] Que vive en el aire.

aerífero (*aeri-* + *-fero*) ***adj.*** Que conduce aire: *vías aeríferas; tejido ~,* tejido por el que puede circular el aire por dentro de una planta.

SIN. *1* **Aeróforo.**

aerificación ***f.*** QUÍM. Operación consistente en hacer pasar al estado gaseoso un cuerpo sólido o líquido.

aerificar ***tr.*** FÍS. y QUÍM. Transformar un cuerpo sólido o líquido en gas. 2 Disolver aire en un líquido, especialmente en el agua. ◇ ** CONJUG. [1] como ***sacar.***

aeriforme (*aeri-* + *-forme*) ***adj.*** FÍS. Parecido al aire: *fluidos aeriformes.*

ADVERBIO (continuación)

C) Adverbios más comunes

DE LUGAR:	aquí / ahí / allí; acá / allá; aquende / allende; cerca / lejos; encima / debajo; arriba / abajo; dentro / adentro; fuera / afuera; junto, delante, enfrente, detrás, donde, adonde; dondequiera, doquier.
DE TIEMPO:	hoy, ayer, anteayer, mañana, pasado mañana; hogaño / antaño; ahora / antes / después / luego; entonces, recientemente; tarde / temprano; siempre / nunca, jamás / alguna vez; ya, mientras, aún, todavía.
DE MODO:	bien / mal; mejor / peor; como, tal cual, así, apenas; despacio / aprisa; adrede, aposta; sólo, solamente; quedo; recio; paso. ‖ Muchos adverbios en *-mente.* ‖ Varios adjetivos masculinos singular: fuerte, bajo, alto, caro, ligero, etc.
DE ORDEN:	primeramente, sucesivamente, últimamente. ‖ Algunos adj. numerales adverbializados: primero *(hablaré primero).*
DE CANTIDAD:	mucho (muy) / poco, algo; todo / nada; más / menos; bastante, demasiado, casi, harto; tan, tanto, cuan, cuanto. ‖ *Medio* cuando significa *medianamente* y es invariable: *medio viva.*
DE AFIRMACIÓN, NEGACIÓN Y DUDA:	sí, no, ni; también, tampoco; cierto, ciertamente, efectivamente, claro, pues, seguro, seguramente, nunca, jamás; acaso, quizá, quizás, tal vez.

D) Correlativos

Concepto:	Interrogativos:	Demostrativos:	Relativos:
LUGAR	¿Dónde?	Aquí, ahí, etc.	Donde.
TIEMPO	¿Cuándo?	Entonces, ahora, etc.	Cuando.
MODO	¿Cómo?	Así, bien, mal, etc.	Como.
CANTIDAD	¿Cuál?	Tal.	Cual.
	¿Cuánto? ¿Cuán?	Tanto, tan poco, etc.	Cuanto, cuan.

E) Observaciones

1) Los adverbios en *-mente* se forman añadiendo esta terminación a la forma femenina del adjetivo si la tiene, *claro / a > claramente; limpio / a > limpiamente; cortés > cortésmente; puntual> puntualmente; fácil > fácilmente.*
2) Cuando van seguidos varios adverbios en *-mente* sólo el último lleva esta terminación: *hablé clara y serenamente.*
3) Los adverbios en *-mente* conservan la acentuación gráfica de los adjetivos originarios: *fácilmente, cortésmente.*
4) Algunos adverbios admiten diminutivos *(cerquita; tempranito)* y superlativos *(muchísimo).*

F) Locuciones adverbiales

Son los conjuntos de dos o más palabras que hacen oficio de adverbio. El idioma español es riquísimo en locuciones adverbiales: *a sabiendas, a hurtadillas,* etc. Este DICCIONARIO reúne los principales en sus correspondientes artículos.

V. el artículo **adverbio**

aero-, aeri- (l. *aer,* aire) Elemento prefijal que entra en la formación de palabras con el significado de aire: *aerofobia, aerífero;* aeronáutica o relativo a ella: *aeromodelismo, aeroespacial.*

aerobic (voz tomada del ingl.) ***m.*** Gimnasia rítmica acompañada de música y coordinada con el ritmo respiratorio, conducente a la activación de la circulación sanguínea y a reforzar los músculos.

aerobio (*aero-* + *-bio*) ***adj.*** [ser vivo] Que necesita del aire para subsistir. -2 ***m.*** Microorganismo, esp. bacteria, que necesita el oxígeno para desarrollarse.
CONTR. **Anaerobio.**

aerobiosis (v. *aerobio*) ***f.*** Vida en un ambiente que contienen oxígeno molecular. ◇ Pl.: *aerobiosis*
CONTR. **Anaerobiosis.**

aerobús (*aero-* + *bus*) ***m.*** Avión de gran capacidad, de bajo consumo de combustible y poco ruido, para el transporte de pasajeros a cortas y medias distancias.

aerocisto (*aero-* + *-cisto*) ***m.*** BOT. Conjunto de órganos huecos, cerrados y llenos de aire, que poseen varias algas, esp. las fucáceas, de los cuales se sirven para flotar en el agua.

aeroclub (*aero-* + *club*) ***m.*** Centro donde reciben formación los pilotos civiles.

aerocondensador (*aero-* + *condensador*) ***m.*** FÍS. Aparato formado por un condensador de superficie acoplado a un ventilador.

aerocriptografía (*aero-* + *criptografía*) ***f.*** Representación de las figuras de vuelo acrobático mediante una clave de signos gráficos.

aerocriptográfico, -ca ***adj.*** Relativo a la aerocriptografía.

aerodiafanómetro (*aero-* + *diafanómetro*) ***m.*** FÍS. Aparato utilizado en la medición del grado de transparencia del aire.

aerodinámica (*aero-* + *dinámica*) ***f.*** Parte de la mecánica que estudia el movimiento de los gases sobre los cuerpos estacionados y el comportamiento de los cuerpos que se mueven en el aire.

aerodinámico, -ca ***adj.*** Relativo a la aerodinámica. 2 [forma] Que reduce al mínimo la resistencia del aire en el desplazamiento de un objeto. -3 ***adj-s.*** [vehículo] Que tiene esta forma.

aerodinamismo ***m.*** Calidad de aerodinámico.

aerodinamométrica ***f.*** FÍS. Medición de las presiones aerodinámicas.

aerodino ***m.*** Aparato volador más pesado que el aire.

aerodistorsión (*aero-* + *distorsión*) ***f.*** Deformación local o general de un avión o de un elemento de su estructura, a grandes velocidades.

aeródromo (*aero-* + *-dromo*) ***m.*** Terreno habilitado para permitir el despegue y aterrizaje de aviones.

aeroelasticidad (*aero-* + *elasticidad*) ***f.*** Ciencia que estudia reacciones elásticas que se producen en una aeronave por reacción de las fuerzas aerodinámicas.

aeroelectrónica (*aero-* + *electrónica*) ***f.*** Aplicación de la electrónica a la navegación aérea.

aeroespacial (*aero-* + *espacial*) ***adj.*** Propio o relativo a la aeronáutica y a la astronáutica, o al aire y al espacio extraterrestre.

aerofagia (*aero-* + *-fagia*) ***f.*** Deglución espasmódica del aire, que se observa en algunas neurosis.

aerofaro (*aero-* + *faro*) ***m.*** Luz de ayuda a la navegación aérea, situada en tierra y visible desde todas las direcciones.

aerofilo, -la (*aero-* + *filo* III) ***adj.*** BOT. [planta] De hojas aéreas.

aerofiltro (*aero- + filtro*) ***m.*** FÍS. Aparato que filtra, aerifica y esteriliza el agua.
aerofobia (*aero- + -fobia*) ***f.*** Temor morboso a las corrientes de aire.
aerófobo, -ba ***adj.*** Que padece aerofobia.
aeróforo, -ra (*aero- + -foro*) ***adj.*** Aerífero. -2 ***m.*** MEC. Aparato destinado a inyectar aire en los lugares en que está viciado, y que también emplean los buzos para sus trabajos submarinos.
aerofotografía (*aero- + fotografía*) ***f.*** Fotografía del suelo tomada desde un vehículo aéreo.
aerofotograma (*aero- + fotograma*) ***f.*** Fotografía obtenida por procedimientos aerofotogramétricos.
aerofotogrametría (*aero- + fotogrametría*) ***f.*** TOPOGR. Procedimiento us. para levantar planos por medio de aerofotografías.
aerofotogramétrico, -ca ***adj.*** Perteneciente o relativo a la aerofotogrametría.
aerofotometría ***f.*** TOPOGR. Aerofotogrametría.
aerogastria (*aero- +* gr. *gaster, gastrós,* estómago) ***f.*** MED. Presencia de una cantidad excesiva de aire en el estómago.
aerogenerador (*aero- + generador*) ***m.*** ELECTR. Generador de energía eléctrica constituido por una turbina de viento acoplada a una dinamo o a un alternador.
aerografía (*aero- + -grafía*) ***f.*** Descripción científica del aire. 2 Dibujo obtenido mediante un aerógrafo.
aerógrafo (*aero- + -grafo*) ***m.*** Pulverizador de aire a presión, que se utiliza para pintar.
aerograma (*aero- + grama*) ***m.*** Envío postal o sobre con el sello impreso, esp. empleado en el correo aéreo.
aerolínea (*aero- + línea*) ***f.*** Organización o compañía de transporte aéreo.
aerolito (*aero- + -lito*) ***m.*** Fragmento de un bólido que cae sobre la Tierra. ◇ INCOR.: *aereolito.*
SIN. **Meteorito, piedra meteórica, uranolito.**
aerología (*aero- + -logía*) ***f.*** Ciencia de las propiedades de la atmósfera.
aeromancia, -mancía (*aero- + -mancia*) ***f.*** Adivinación supersticiosa por las señales del aire.
aeromántico, -ca ***adj.*** Relativo a la aeromancia. -2 ***m. f.*** Persona que la profesa.
aeromarítimo, -ma (*aero- + marítimo*) ***adj.*** Perteneciente o relativo a la aviación y a la marina.
aeromedicina (*aero- + medicina*) ***f.*** Rama de la medicina que estudia los cambios fisiológicos y patológicos en la aeronáutica.
aerometría ***f.*** Ciencia que mide las propiedades físicas del aire, como la gravedad, densidad, elasticidad, etc.
aerómetro (*aero- + -metro*) ***m.*** Instrumento para medir la densidad del aire y otros gases.
aeromodelismo (*aero- + modelismo*) ***m.*** Construcción de aviones de tamaño reducido. 2 Deporte que consiste en hacer volar aviones de este tipo.
aeromodelista ***adj.*** Relativo al aeomodelismo. -2 ***adj.-com.*** [pers.] Que por afición se dedica al aeromodelismo.
aeromodelo ***m.*** Avión reducido para vuelos deportivos o experimentales.
aeromotor (*aero- + motor*) ***m.*** Motor accionado por aire en movimiento.
aeromóvil (*aero- + -móvil*) ***m.*** Aeronave o avión.
aeromoza (mal adaptado del ing. *air hostess*) ***f.*** *Argent.* y otros países de *Amér.* Azafata de avión.
aeronauta (*aero- + nauta*) ***com.*** Persona que profesa la aeronáutica. ◇ INCOR.: *aereonauta.*
aeronáutica ***f.*** Navegación aérea. 2 Arte de navegar por el aire. 3 Conjunto de medios (aeronaves, instalaciones, servicios, personal, etc.) destinados al transporte aéreo. ◇ INCOR.: *aereonáutica.*
SIN. *1* **Aeronavegación.**
aeronáutico, -ca ***adj.*** Relativo a la aeronáutica.
aeronaval ***adj.*** Perteneciente o relativo al ejército del aire y a la armada: *las fuerzas aeronavales.*
aeronave (*aero- + nave*) ***f.*** Globo dirigible. 2 Vehículo capaz de navegar por el aire. ◇ INCOR.: *aereonave.*
aeronavegación (*aero- + navegación*) ***f.*** Aeronáutica.
aeroplano (*aero- + plano*) ***m.*** Avión. ◇ INCOR.: *aereoplano.*
aeroportuario, -ria ***adj.*** Perteneciente o relativo a los aeropuertos.
aeropostal (*aero- + postal*) ***adj.*** Relativo al correo aéreo.
aeropuerto (*aero- + puerto*) ***m.*** Superficie extensa de terreno preparado con amplias instalaciones propias para permitir el despegue y aterrizaje de aviones, su carga, descarga y mantenimiento, así como el embarque y desembarque de pasajeros. ◇ INCOR.: *aereopuerto.*
aerorrizo, -a (*aero- +* gr. *rhiza,* raíz) ***adj.*** BOT. [planta] De raíces aéreas.
aeroscopio (*aero- + -scopio*) ***m.*** FÍS. Instrumento que recoge el polvo del aire para determinar su naturaleza, cantidad y composición.
aerosol (*aero- + sol* III) ***m.*** Dispersión coloidal de tamaño molecular de un líquido o sólido en un gas. 2 Sistema que permite dispersar dicha suspensión.
aerostación (*aero- +* l. *statione,* el acto de estar firme) ***f.*** Navegación aérea con aparatos menos pesados que el aire.
aerostática (*aero- + -stática*) ***f.*** Parte de la mecánica que estudia el equilibrio de los gases. ◇ INCOR.: *aereostática.*
aerostático, -ca (*aero- + -stático*) ***adj.*** Relativo a la aerostática. ◇ INCOR.: *aereostático.*
aeróstato, aerostato (*aero- + -stato*) ***m.*** Globo aerostático.
aerostero (fr. *aérostier*) ***m.*** Aeronauta. 2 Soldado de aerostación militar.
aerotaxi (*aero- + taxi*) ***m.*** Avión o avioneta de alquiler.
aerotecnia (*aero- + -tecnia*) ***f.*** Arte o ciencia que trata de las aplicaciones del aire a la industria.
aerotécnico, -ca (*aero- + técnico*) ***adj.*** Relativo a la aerotecnia. -2 ***m. f.*** Persona experta en aerotecnia.
aeroterapia (*aero- + terapia*) ***f.*** Tratamiento de ciertas enfermedades por medio del aire.
aerotermodinámica (*aero- + termodinámica*) ***f.*** Ciencia de los fenómenos caloríficos debidos a los deslizamientos aerodinámicos.
aeroterrestre (*aero- + terrestre*) ***adj.*** Perteneciente o relativo a los ejércitos de tierra y aire.
aerotransportado, -da ***adj.*** Transportado por vía aérea.
aerotransportar (*aero- + transportar*) ***tr.*** Transportar por vía aérea.
aerotrén (*aero- + tren*) ***m.*** Vehículo que se desplaza sobre una vía especial en la que se apoya por medio de un colchón de aire.
aerotropismo (*aero- + tropismo*) ***m.*** BOT. Tropismo debido a la concentración de oxígeno.
aerovía (*aero- + vía*) ***f.*** Ruta establecida para el vuelo comercial de los aviones.
aeroyímetro ***m.*** QUÍM. Aparato destinado a medir la cantidad de materias orgánicas contenidas en el aire.
aeta (tagalo *ayta*) ***adj.-s.*** De un pueblo indígena que habita en las montañas de Filipinas. -2 ***adj.-m.*** Lengua indonesia hablada principalmente en el norte de Filipinas.
SIN. **Ita.**
afabilidad (l. *affabilitate*) ***f.*** Calidad de afable.
afabilísimo, -ma ***adj.*** Superl. de *afable.*
afable (l. *affabile*) ***adj.*** Agradable, suave en la conversación y el trato: ~ *con,* o *para con, todos;* ~ *en el trato.* ◇ Superl.: *afabilísimo.*
afablemente ***adv. m.*** Con afabilidad.
afabulación (l. *affabulatione*) ***f.*** Moralidad o explicación de una fábula.
áfaca (l. *aphake,* almorta) ***f.*** Planta leguminosa anual trepadora, de hojas transformadas en zarcillos y estípulas en hojas, y flores amarillas *(Lathyrus aphaca).*
afacetado, -da ***adj.*** Tallado en forma de facetas.
afamado, -da ***adj.*** Famoso (con fama).
afamar (paras.) ***tr.*** Hacer famoso, dar fama [a uno].
afán (de *afanar*) ***m.*** Trabajo excesivo, solícito y penoso. 2 Anhelo vehemente. 3 Trabajo corporal, como el de los jornaleros.
afanadamente ***adv. m.*** Afanosamente.
afanado, -da ***adj.*** Lleno de afán, afanoso.
afanador, -ra ***adj.-s.*** Que afana o se afana. 2 vulg. Ratero (ladrón). -3 ***m. f.*** *Méj.* Persona que en los establecimientos penales o de beneficencia se emplea en las faenas más penosas.
afanaduría ***f.*** *Méj.* En los hospitales e inspecciones de policía, pieza en que se reciben los heridos y cadáveres.
afanar (l. **affanare*) ***intr.-prnl.*** Entregarse al trabajo con solicitud congojosa: *afanarse en la labor.* 2 Hacer diligencias con anhelo para conseguir una cosa: *afanarse por ganar mucho.* 3 esp. Trabajar corporalmente. 4 fig. Fatigar. -5 ***tr.*** fam. Robar con destreza. 6 Trabajar [a uno], traerle apurado. -7 ***intr.-prnl.*** *Amér.* Ganar dinero.
afani-, v. afano-.
afaníptero, -ra (*afani- + -ptero*) ***adj.-s.*** Sifonáptero.

afanita (gr. *aphanés,* oscuro) *f.* Anfibolita.
afano-, afani- (gr. *aphanés,* invisible) Elemento prefijal que entra en la formación de palabras con el significado de invisible, oculto, desconocido: *afanobio, afaníptero.*
afanobio (*afano-* + *-bio*) *m.* BIOL. Que vive en la obscuridad.
afanopétalo, -la (*afano-* + *pétalo*) *adj.* BOT. [planta] De flores sin pétalos.
afanosamente *adv. m.* Con afán.
afanoso, -sa *adj.* Muy trabajoso. 2 Que se afana.
afantasmado, -da *adj.* fam. Presumido, jactancioso.
afaquia *f.* MED. Falta de cristalino en el ojo.
afarallonado, -da (paras.) *adj.* [bajo, cabo o punta] De figura de farallón.
afarolado, -da *adj.* TAUROM. Relativo al lance o suerte en que el diestro se pasa el engaño por encima de la cabeza.
afarolamiento *m. Chile, Ecuad.* y *Perú.* Acción de afarolarse. 2 *Chile, Ecuad.* y *Perú.* Efecto de afarolarse.
afarolarse *prnl. Amér.* Hacer aspavientos. 2 *Chile.* Amostazarse, sulfurarse.
afasia (gr. *aphasia*) *f.* Pérdida o dificultad de expresión mediante la palabra por una lesión cerebral, sin alteración de los órganos vocales.
afásico, -ca *adj.* Que padece afasia. 2 Relativo a ella.
afate *m. Guat., Nicar.* y *Salv.* Ahuate.
afeador, -ra *adj.-s.* Que afea.
afeamiento *m.* Acción de afear. 2 Efecto de afear.
afear (paras.) *tr.* Hacer o poner fea [una cosa]. 2 fig. Tachar, vituperar: ~ *a uno su conducta.*
SIN. *1* **Desfavorecer,** eufem.
afeblecerse (paras. de *feble*) *prnl.* Adelgazarse, debilitarse. ◇ ** CONJUG. [43] como *agradecer.*
afección (l. *affectione;* doble etim. *afición*) *f.* Alteración o mudanza que causa una cosa en otra. 2 Afición o inclinación del sentimiento. 3 En los beneficios eclesiásticos, reserva de su provisión. 4 MED. Alteración morbosa: ~ *cardíaca.*
SIN. *4* v. **Enfermedad.**
afeccionarse *prnl.* Aficionarse, inclinarse.
afechar *tr. Extr.* Cerrar con llave.
afectable *adj.* Que puede afectarse (concernir; emocionar).
afectación (l. *affectatione*) *f.* Acción de afectar. 2 Falta de naturalidad: *habla y acciona con* ~.
SIN. *2* **Amaneramiento.**
afectadamente *adv. m.* Con afectación.
afectado, -da *adj.* Que adolece de afectación: *discurso* ~. 2 Aparente, fingido: *enamoramiento* ~. 3 Aquejado, molestado: ~ *por una dolencia.*
afectador, -ra (l. *affectatore*) *adj.* Que afecta.
afectar (l. *affectare;* doble etim. *afeitar, ahechar*) *tr.* Poner demasiado estudio o cuidado [en las palabras, movimientos, adornos, etc.]: ~ *brevedad;* ~ *voces y frases anticuadas.* 2 Fingir: ~ *celo.* 3 Anexar: ~ *un beneficio.* 4 Apetecer [una cosa] con ahínco: *yo no afecto la fama.* 5 Atañer, concernir. 6 Tratándose de enfermedades o plagas, producir daño en algún órgano o a algún grupo de seres vivientes, o poderlo producir. 7 DER. Imponer gravamen u obligación [sobre una cosa]. 8 DER. Destinar una suma a un gasto determinado. 9 MED. Producir alteración [en un órgano]: *esta droga afecta al estómago.* -10 *tr.-prnl.* Hacer impresión, causar sensación una cosa: ~ *la imaginación; afectarse con la noticia.* ◇ GALIC.: ~ *una forma de cono,* por tomarla.
SIN. *7* v. **Concernir.** *9* **Interesar.** *10* v. **Emocionar.**
afectividad *f.* Propensión a los afectos o emociones. 2 FIL. Conjunto de los fenómenos afectivos. 3 PSICO. Desarrollo a la propensión a querer.
afectivo, -va *adj.* Relativo al afecto. 2 Relativo a la sensibilidad.
afecto, -ta *adj.* Que siente aprecio por alguien o algo: ~ *al ministro.* 2 [posesión, renta] Sujeto a cargas u obligaciones. 3 [pers.] Destinado a ejercer funciones o a prestar sus servicios a determinada dependencia: ~ *a esta Dirección General.* 4 [beneficio eclesiástico] Que tiene alguna particular reserva en su provisión. -5 *m.* Pasión del ánimo, esp. amor o cariño. 6 Afección (enfermedad): ~ *de un achaque.* 7 PINT. Expresión y viveza de la acción en que se pinta la figura.
afectuosamente *adv. m.* Con afecto o cariño.
afectuosidad *f.* Calidad de afectuoso.
afectuoso, -sa (l. *affectuosu*) *adj.* Amoroso, cariñoso, expresivo.
afeitada *f. Amér.* Afeitado (acción de afeitar).
afeitado *m.* Acción de afeitar: *con esta hoja se obtiene un* ~ *perfecto.* 2 Efecto de afeitar. 3 TAUROM. Corte de los extremos de los cuernos del toro a fin de evitar o disminuir la peligrosidad del toreo.
SIN. *1* y *2* **Rasuración, rasura.**
afeitador, -ra *adj.* Que afeita. -2 *f.* Máquina de afeitar eléctrica.
afeitar (v. *afectar*) *tr.* Adornar, hermosear; esp. componer o hermosear con afeites. 2 Raer con navaja o maquinilla [la barba o el bigote o el pelo en general]. 3 Esquilar [a una caballería las crines y las puntas de la cola]. 4 p. ext. Recortar e igualar [las ramas y hojas de una planta]. 5 fig. Apurar [los negocios] para aumentar la ganancia. 6 fig. *y* fam. Rozar. 7 TAUROM. Cortar los extremos de los cuernos [al toro] a fin de evitar o disminuir la peligrosidad del toreo. -8 *intr.* Extremar en los negocios el afán de lucro. -9 *prnl.* Amolarse, fastidiarse.
SIN. *2, 3, 4* y *5* **Rapar, rasurar.**
afeite *m.* Aderezo, compostura. 2 Cosmético.
afelio (gr. *apó,* lejos de + *helios,* sol) *m.* En la órbita de un planeta, el punto más alejado del Sol.
REL. **Perihelio,** el más cercano.
afelpado, -da *adj.* Hecho en forma de felpa. 2 Parecido a la felpa. -3 *m.* Esterilla afelpada o de pleita lisa, felpudo.
SIN. **Felpudo.**
afelpar (paras.) *tr.* Dar [a la tela] el aspecto de felpa o terciopelo. 2 MAR. Reforzar [la vela] con estopa o pallete.
afeminación *f.* Acción de afeminar o afeminarse. 2 Efecto de afeminar o afeminarse. 3 Molicie, flojedad de ánimo.
afeminadamente *adv. m.* Con afeminación.
SIN. **Femenilmente.**
afeminado, -da *adj.-s.* Que en su persona, acciones o adornos se parece a las mujeres. -2 *adj.* Que parece de mujer: *cara afeminada.*
SIN. v. **Femenino.**
afeminamiento *m.* Afeminación.
afeminar (l. *affeminare*) *tr.-prnl.* Hacer perder [a uno] la energía varonil, o inclinarle a que en sus modales se parezca a las mujeres.
aferencia *f.* FISIOL. Transmisión de sangre, linfa, otras substancias o un impulso energético desde una parte del organismo a otra que con respecto a ella es considerada central.
aferente (l. *afferente*) *adj.* H. NAT. Que conduce: *nervio* ~.
aféresis (gr. *aphairesis,* de *aphairéo,* quitar) *f.* Supresión de una o más letras al principio de un vocablo: *noramala* por *enhoramala.* ◇ Pl.: *aféresis.*
aferradamente *adv. m.* Con obstinación.
aferrado, -da *adj.* Obstinado. -2 *m.* MAR. Acción de aferrar. 3 MAR. Efecto de aferrar.
aferrador, -ra *adj.* Que aferra.
aferramiento *m.* Acción de aferrar o aferrarse. 2 Efecto de aferrar o aferrarse.
aferrar (de *ferro*) *tr.-intr.* Agarrar fuertemente, asegurar: ~ *la pesada maza;* ~ *de la pica;* ~ *en las piedras.* -2 *tr.* Asegurar [la embarcación] echando los ferros o anclas; *intr.* agarrar el ancla en el fondo. 3 Plegar [las velas en cruz]. 4 Agarrar con el bichero u otro instrumento de garfio: ~ *la galera; intr.,* ~ *con las naves y pasar la gente a cuchillo.* -5 *intr.-prnl.* Insistir con tenacidad en algún dictamen u opinión: *aferraron,* o *se aferraron, en que era el demonio; aferrar a,* o *con, su opinión.* -6 *prnl.* Asirse una cosa con otra, esp. las embarcaciones. ◇ CONJUG.: En el Siglo de Oro podía ser regular o irregular como *acertar* [27]: *aferra* y *afierra.* Hoy se emplea sólo como regular: *aferra.*
SIN. *5* **Obstinarse.**
aferrucharse *prnl. Colomb.* Aferrarse, agarrarse.
aferruzado, -da (paras. de *ferro*) *adj.* Ceñudo, iracundo.
afervorar, afervorizar *tr.* Enfervorizar. ◇ ** CONJUG. [4] como *realizar.*
afestonado, -da (paras.) *adj.* Labrado en forma de festón. 2 Adornado con festones.
afgano, -na *adj.-s.* De Afganistán, nación interior del sur de Asia. -2 *adj.-m.* V. perro ~. -3 *adj.-m.* Pashta.
afianzador, -ra *adj.* Que afianza.
afianzamiento *m.* Acción de afianzar o afianzarse. 2 Efecto de afianzar o afianzarse.
afianzar (paras.) *tr.* Dar fianza [por alguno]. -2 *tr.-prnl.* Afirmar, asegurar con puntales, clavos, etc.: ~ *un tablero;* sostener: *afianzarse en,* o *sobre, los estribos.* 3 En lo moral, afirmar, fundamentar: ~ *la monarquía;* ~ *un régimen.* 4 Asir, agarrar: *afianzarse a una cuerda.* ◇ ** CONJUG. [4] como *realizar.*

afición (v. *afección*) *f.* Inclinación, amor a una persona o cosa. 2 Ahínco. 3 Conjunto de los aficionados a un arte, deporte, etc.: *la ~ ha llevado un desengaño en la corrida de hoy.*
aficionadamente *adv. m.* Con afición.
aficionado, -da *adj.-s.* Que cultiva algún arte sin tenerlo por oficio. 2 Que siente afición por algún arte, espectáculo o deporte y asiste frecuentemente a él. 3 DEP. Deportista no profesional
SIN. **Diletante,** esp. si se trata de música: *aficionado a,* o *diletante de, la ópera.*
aficionador, -ra *adj.* Que aficiona.
aficionar (de *afición*) *tr.* Inducir [a uno] a que guste de una persona o cosa: *no aficiona a la virtud; ~ a los corazones.* -2 *prnl.* Prendarse de una persona o cosa: *aficionarse a,* o *de, alguna cosa.*
afidávit (l. *affidavit,* afirmó) *m.* DER. Declaración jurada hecha ante una autoridad; esp. la que hacen los súbditos extranjeros de los títulos que poseen de la deuda de un país. ◇ No tiene plural.
afidio *m.* Pulgón, u otro hemíptero de caracteres parecidos.
afiebrarse *prnl. Amér.* vulg. Acalenturarse.
afielar (paras.) *tr.* Enfielar.
afiemar *tr. Logr.* Estercolar, abonar con fiemo.
afijación *f.* GRAM. Añadidura de afijos para formar palabras nuevas.
afijarse *prnl.* GRAM. Añadirse en calidad de afijo.
afijo, -ja (l. *affixu*) pp. irreg. de *afijarse.* 2 *adj.-m.* GRAM. Elemento formativo que unido a la raíz de una palabra modifica el sentido y función de ésta. 3 GRAM. Pronombre personal pospuesto y unido al verbo. 4 MAT. Representación en el plano de Gaus de un número imaginario.
REL. *2* **Prefijo,** si precede a la raíz; **sufijo,** si la sigue; **infijo,** si esta en su interior. V. **composición y **derivación. *3* v. **Enclítico.**
afiladera *adj.-f.* Piedra de afilar.
afilado *m.* Acción de afilar. 2 Efecto de afilar.
I) afilador, -ra *adj.* Que afila. -2 *m.* El que tiene por oficio afilar instrumentos cortantes. 3 Afilón (correa). 4 *Chile.* Afiladera.
SIN. *2* **Amolador.**
II) afilador, -ra *adj.-s Argent.* y *Urug.* Persona aficionada a afilar o flirtear.
afiladura *f.* Acción de afilar. 2 Efecto de afilar.
afilalápices *m.* Cortalápices, sacapuntas. ◇ Pl.: *afilalápices.*
afilamiento *m.* Adelgazamiento de la cara, nariz o dedos.
I) afilar (paras.) *tr.* Sacar filo [a un arma o instrumento]: *~ en la piedra; ~ con la navaja.* 2 Aguzar (hacer punta). 3 fig. Afinar la voz. 4 *Ecuad.* Estar a punto para algo. -5 *prnl.* fig. Adelgazarse la cara, nariz o dedos. 6 *Bol.* y *Méj.* Prepararse, disponerse cuidadosamente para cualquier tarea.
SIN. *1* **Amolar.**
II) afilar *tr. Argent., Parag.* y *Urug.* Flirtear, enamorar, requebrar. 2 *Chile.* vulg. Realizar el acto sexual.
afile *m. Argent.* Enamoramiento.
afiliación *f.* Acción de afiliar o afiliarse. 2 Efecto de afiliar o afiliarse.
afiliar (l. *affiliare*) *tr.-prnl.* Hacer entrar [a uno] como miembro en una sociedad, corporación, partido político, sindicato, secta, etc. ◇ ** CONJUG. [12] como *cambiar.*
SIN. **Filiarse.**
afiligranado, -da *adj.* De filigrana o parecido a ella. 2 p. ext. [pers., cosa] Pequeño, muy fino y delicado.
afiligranar (paras.) *tr.* Hacer filigrana [en una cosa]. 2 fig. Pulir, hermosear primorosamente [una cosa].
afillar *tr.* Prohijar.
áfilo, -la (gr. *áphyllos*) *adj.* BOT. Que no tiene hojas.
afilón *m.* Correa impregnada de grasa para afinar o asentar el filo. 2 Chaira (eslabón).
afilorar *tr. Cuba* y *P. Rico.* Afirolar o adornar.
afilosofado, -da (paras.) *adj.* Que imita o pretende imitar a los filósofos.
afín (l. *affinis*) *adj.* Próximo, contiguo. 2 Que tiene afinidad con otra cosa. -3 *com.* Pariente por afinidad.
SIN. *2* v. **Semejante.**
afinación *f.* Acción de afinar o afinarse.
afinadamente *adv. m.* Con afinación. 2 fig. Con delicadeza.
afinador, -ra *adj.* Que afina. -2 *m.* El que tiene por oficio afinar pianos y otros instrumentos músicos. 3 Llave de hierro para afinar algunos instrumentos de cuerda. 4 *Logr.* El que afina los pesos y las medidas.
afinadura *f.* Afinación.
afinamiento *m.* Afinación. 2 Finura.
I) afinar (paras. de *fino*) *tr.-prnl.* Hacer fino, sutil o delicado: *~ la vista, las lanas, la segur;* esp., hacer fina o cortés [a una pers.]: *afinarse con el trato.* 2 Perfeccionar, dar el último punto [a una cosa]: *~ la belleza; afinarse con las tribulaciones;* purificar [esp. los metales]: *la sangre se afina; ~ el oro.* -3 *tr.* Colocar el encuadernador [la cubierta] en su punto. 4 Poner en tono [los instrumentos músicos] acordándolos unos con otros; *intr.,* cantar o tocar entonando con perfección los sonidos; *abs., afina mucho.*
SIN. *4* **Entonar, templar.**
II) afinar (de *fin*) *tr. Chile.* Finalizar, acabar [algo].
afincado *m. Argent.* El dueño de una finca rural.
afincar *intr.-prnl.* Fincar (afincarse). -2 *prnl.* Establecerse. -3 *tr. Cuba.* desus. Prestar [dinero] con garantía de fincas. ◇ **CONJUG. [1] como *sacar.*
afine *adj.* Afín.
afines *f. pl.* MAT. Curvas características de aparatos que sólo difieren en las escalas de las coordenadas.
afinidad (l. *affinitate*) *f.* Analogía o semejanza de una cosa con otra. 2 Parentesco entre un cónyuge y los deudos del otro: *~ **espiritual,*** parentesco espiritual entre los padrinos y su ahijado. 3 Impedimento derimente derivado del parentesco. 4 Impedimento matrimonial canónico originado por cópula ilícita. 5 Simpatía originada por la similitud de caracteres, gustos y opiniones. 6 QUÍM. Fuerza que mantiene unidos los átomos en las moléculas. 7 *~ **electrónica,*** fuerza con la que un elemento retiene un electrón.
SIN. *2* **Cuñadía.**
afino *m.* Afinación de los metales.
afió *m. Cuba.* Arracacha.
afirmación (l. *affirmatione*) *f.* Acción de afirmar o afirmarse. 2 Efecto de afirmar o afirmarse. 3 GRAM. ***Adverbio de ~,*** v. adverbio.
SIN. **Aserción** y **aserto,** son lit. y menos us. **aseveración,** es intensivo o reiterativo, e indica el acto de robustecer o asegurar lo que se dice.
afirmadamente *adv. m.* Con seguridad.
afirmadero *m. Chile.* Apoyo, puntal.
afirmado *m.* Firme (capa de terreno).
afirmador, -ra *adj.-s.* Que afirma.
afirmante *adj.* Que afirma.
afirmar (l. *affirmare*) *tr.-prnl.* Poner firme, dar firmeza: *~ una pared.* -2 *tr.* Asegurar o dar por cierta [una cosa]. 3 Ajustar [a una pers.] para determinados trabajos o servicios. -4 *prnl.* Estribar o asegurarse en algo: *afirmarse en los estribos.* 5 Ratificarse alguno en su dicho. 6 ESGR. Irse firme hacia el contrario presentándole la punta de la espada. -7 *tr. Chile.* Dar [palos, azotes, golpes].
afirmativamente *adv. m.* De modo afirmativo.
afirmativo, -va (l. *affirmativu*) *adj.* Que denota o implica la acción de afirmar. 2 GRAM. LÓG. ***Oración, proposición*** y ***juicio ~,*** los que establecen la conformidad del sujeto con el predicado. ◇ INCOR.: su empleo en lugar de *sí.*
afirolar *tr.* Ataviar, adornar.
afistular *tr.-prnl.* Convertir [una llaga] en fístula.
SIN. **Fistular.**
aflamencado, -da *adj.* Que ha adquirido costumbres o maneras de ser propias de los flamencos o que parece flamenco.
aflatarse *prnl. Hond.* y *Nicar.* Estar triste.
aflato (l. *afflatu,* de *afflare,* soplar) *m.* Soplo, viento. 2 fig. Inspiración.
aflautado, -da *adj.* De sonido semejante al de la flauta.
aflautar *tr.* Tener o adquirir [voz] de flauta, atiplar [la voz].
aflechado, -da *adj.* En figura de punta de flecha: *hoja ~.*
aflicción (l. *afflictione*) *f.* Efecto de afligir o afligirse.
SIN. v. **Dolor.**
aflictivo, -va *adj.* Que causa aflicción.
aflicto, -ta (l. *aflictu*) pp. irreg. de *afligir.*
afligidamente *adv. m.* Con aflicción.
afligimiento *m.* Aflicción.
afligir (l. *affligere*) *tr.-prnl.* Causar molestia o sufrimiento físico: *los males que afligen al cuerpo.* 2 Causar molestia o angustia moral: *tus palabras me han afligido; estaba afligido de, con,* o *por, lo que veía.* 3 *Méj.* Apalear, golpear, dar azotes. ◇ ** CONJUG. [6] como ***dirigir*** pp. *afligido* para la conjugación, y *aflicto* como adj. literario.
aflijo *m. Ecuad.* Aflicción, efecto de afligir o afligirse.
aflijón, -na *adj. Chile.* Que aflige o se aflige con frecuencia.

aflogístico, -ca (*a-* II + *flogisto*) *adj.* Que se quema sin producir llama.

aflojadora *f. Urug.* Mujer fácil o que se rinde fácilmente en los lances del amor.

aflojamiento *m.* Acción de aflojar o aflojarse. 2 Efecto de aflojar o aflojarse.

aflojar (paras. de *flojo*) *tr.-prnl.* Disminuir la presión o la tirantez: ~ *un cabo; el cabo se afloja.* -2 *tr.* fig. Soltar, entregar: ~ *el dinero.* -3 *intr.* Perder fuerza una cosa: *aflojó la calentura;* esp., flaquear uno en el esfuerzo: ~ *en el estudio, en la devoción.* 4 fig. *y* fam. Propinar [un golpe]; lanzar o disparar [un proyectil]. -5 *prnl. S. Dom.* Acobardarse.

aflorado, -da *adj.* Floreado. 2 Excelente, primoroso.

afloramiento *m.* Efecto de aflorar. 2 Mineral aflorado.

aflorar (paras. de *flor*) *intr.* Asomar a la superficie de un terreno un filón o capa mineral. 2 fig. Aparecer, surgir, manifestarse una cualidad o estado de ánimo. -3 *tr.* Cerner [la harina] o acribar [los cereales].

afluencia (l. *affluentia*) *f.* Acción de afluir. 2 Abundancia. 3 fig. Facundia.

afluente, p. a. de *afluir.* 2 *adj.* Verboso. -3 *m.* Arroyo o río que desemboca en otro principal.

afluentemente *adv. m.* Con abundancia.

afluir (l. *affluere*) *intr.* Acudir en abundancia o en gran número a un lugar o sitio. 2 Verter un río o arroyo sus aguas en las de otro, o en un lago o mar. 3 FÍS. Fluir algo hacia un punto. ◇ ** CONJUG. [62] como *huir.*

aflujo (l. *affluxu*) *m.* Afluencia excesiva de líquidos a un tejido orgánico.

aflús *adj. Amér.* Sin dinero, pelado, sin nada.

afluxionarse *prnl. Cuba.* vulg. Acatarrarse. 2 *Amér. Central.* Abotagarse; padecer fluxión algún órgano del cuerpo.

afofarse *prnl.* Ponerse fofa alguna cosa.

afogar *tr.* Quemar los guisos en el propio recipiente por falta de jugo o humedad. ◇ ** CONJUG. [7] como *llegar.*

afogarar (paras. del ant. *fogar,* hogar) *tr.-prnl.* Asurar.

afollado, -da *m.* Fuelle (arruga o pliegue). -2 *m. pl.* Follados.

afollador *m. Méj.* Follador.

afollar *tr.* Soplar con los fuelles: ~ *el fuego.* 2 Plegar [una cosa] en forma de fuelles. 3 ALBA. Hacer mal [la obra de fábrica]. -4 *prnl.* ALBA. Ahuecarse o avejigarse [las paredes]. ◇ ** CONJUG. [31] como *contar.*

SIN. *1* **Follar.**

afondar (paras. de *fondo,* hondo) *tr.* Echar a pique. -2 *intr.-prnl.* Irse a pique.

afonía (gr. *aphonía*) *f.* MED. Falta de voz.

SIN. **Ronquera.**

afónico, -ca (de *afonía*) *adj.* Falto de voz.

SIN. **Ronco,** es la expr. gral.

áfono, -na *adj.* Falto de sonido o de sonoridad.

aforado, -da *adj.* [pers.] Que goza de fuero.

aforador *m.* El que afora.

SIN. **Mojonero.**

aforamiento *m.* Acción de aforar (término jurídico). 2 Efecto de aforar (término jurídico).

aforar (paras.) *tr.* Dar o tomar a foro [una heredad]. 2 Dar, otorgar fueros. 3 Valuar [los géneros o mercancías] para el pago de derechos; en gral., determinar el valor [de los mismos]. 4 Medir la cantidad [de agua que lleva una corriente]; calcular la capacidad [de un receptáculo]. 5 FÍS. Calibrar, establecer la correspondencia entre las indicaciones de un instrumento de medida y los valores de una magnitud. 6 *Colomb.* Facturar. -7 *intr.-tr.* Tratándose de decoraciones teatrales, cubrir perfectamente los lados o partes del escenario que deben ocultarse al público. ◇ En la acep. 2 se conjuga como *contar* [31]. En las demás aceps. es regular.

aforisma (gr. *aphorisma*) *f.* VETER. Tumor que se forma en las bestias por relajación o rotura de alguna arteria.

aforismo (gr. *aphorismos*) *m.* Sentencia breve y doctrinal que se propone como regla en alguna ciencia o arte.

SIN. v. **Refrán.**

aforística *f.* Ciencia que trata de los aforismos. 2 Colección de aforismos.

aforístico, -ca *adj.* Relativo al aforismo.

aforo *m.* Acción de aforar (valuar o medir). 2 Efecto de aforar (valuar o medir). 3 Capacidad total de las localidades de un teatro, cinematógrafo, etc.

aforrador, -ra *adj.-s.* Que echa forros.

aforrar *tr.* Forrar: ~ *un traje con,* o *de,* o *en piel.* 2 MAR. Cubrir a vueltas con un cabo delgado parte de [otro más grueso]. -3 *prnl.* Ponerse mucha ropa interior. 4 fig. *y* fam. Con algún adv., comer y beber en abundancia: *afórrate bien.*

aforro *m.* Forro. 2 MAR. Conjunto de vueltas de cabo delgado con que se cubre parte de otro más grueso. 3 MAR. Cabo con que se aforra.

afortunadamente *adv.* Por fortuna.

afortunado, -da *adj.* Que tiene fortuna o buena suerte. 2 Feliz, que hace feliz: *unión* ~; *mansión* ~. 3 Que es resultado de la buena suerte. 4 Borrascoso, tempestuoso [a merced de la fortuna].

SIN. *1* y *2* **Venturado, venturoso, dichoso.**

afortunar (paras. de *fortuna*) *tr.* Hacer feliz [a una persona].

afosarse *prnl.* MIL. Defenderse haciendo un foso.

afoscarse (paras. de *fosco*) *prnl.* MAR. Cargarse la atmósfera de vapores que hacen confusa la visión de los objetos. ◇ **CONJUG. [1] como *sacar.*

afótico, -ca (*a-* II + gr. *phos, photos,* luz) *adj.* Sin luz.

afoto- (de *a-* II + *foto-*) Elemento prefijal que entra en la formación de palabras con el significado de contrario a la luz: *afototrópico.*

afotoblástico, -ca (*afoto-* + gr. *blastos,* germen) *adj.* BOT. [planta] Que germina sin influencia de la luz. 2 [espora, semilla] De germinación retardada o dañada por la acción de la luz.

afototáctico, -ca (*afoto-* + der. de *taxis*) *adj.* BOT. [planta] Que no se mueve en respuesta a la intensidad de la luz.

afototrópico, -ca (*afoto-* + der. de *tropismo*) *adj.* BOT. [planta] Que crece en sentido contrario a la luz.

afrailado, -da *adj.* Que tiene aspecto de fraile. 2 IMPR. Apl. a lo impreso que tiene fraile.

afrailamiento *m.* Acción de afrailar. 2 Efecto de afrailar.

afrailar (paras. de *fraile*) *tr.* AGR. Cortar las ramas [a un árbol] por junto a la cruz.

afrancesado, -da *adj.-s.* Que imita a los franceses. 2 Partidario de los franceses y, esp., los españoles que en la guerra de la Independencia siguieron el partido de Napoleón (1769-1821).

SIN. *1* **Galicista,** tratándose del lenguaje o estilo; **agabachado,** en sentido gral. y desp.

afrancesamiento *m.* Tendencia exagerada a las ideas o costumbres de origen francés.

afrancesar (paras.) *tr.* Dar carácter francés [a una cosa]. 2 Aficionar [a uno] a las cosas francesas. -3 *prnl.* Hacerse uno afrancesado.

afranelado, -da *adj.* Que se parece a la franela.

afranjado, -da *adj.* Con franjas.

afrechada *f. Can.* Emplasto de propiedades curativas confeccionado con afrecho, orégano y vinagre o yodo.

afrecharse *prnl. Chile.* Enfermar un animal por haber comido demasiado afrecho.

afrechero *m. Argent.* y *Bol.* Pájaro americano de la familia de los fringílidos *(gén. Fringilla).*

afrecho (l. *affractu* < *affrangere,* romper) *m.* Salvado.

afrenillar *tr.* MAR. Amarrar o sujetar con frenillos.

SIN. **Frenillar.**

afrenta (de *afrontar*) *f.* Vergüenza y deshonor que resulta de algún dicho o hecho, o de la imposición de una pena, etc. 2 Dicho o hecho afrentoso.

SIN. v. **Deshonra.**

afrentacasas *com. Ar.* Persona que afrenta a la familia con su conducta.

afrentado, -da *adj. P. Rico.* Descarado.

afrentador, -ra *adj.-s.* Que afrenta.

afrentar *tr.-prnl.* Causar afrenta [a una persona]: ~ *con denuestos; afrentarse de su estado.* 2 Sobrepujar, humillar. -3 *prnl.* Avergonzarse, sonrojarse.

afrentosamente *adv. m.* Con afrenta.

afrentoso, -sa *adj.* Que causa afrenta. -2 *m. f. S. Dom.* Persona que por su imprudencia causa afrenta, molestia o vergüenza.

afretar (l. *affrictu* < *affricare,* fregar) *tr.* MAR. Limpiar [el casco de una embarcación] y quitarle la broma.

africado, -da (l. *adfricatu* < *affricare,* fregar) *adj.-s.* Sonido consonante que resulta de combinar una oclusión con una fricación verificadas en el mismo lugar de articulación, con los mismos órganos, y con una duración aproximadamente igual a la de un sonido oclusivo.

africana *f. Cuba.* Planta de jardín, asclepiadácea, parecida al cacto *(Stapelia raciegata).*

africanidad *f.* Calidad de africano.
africanismo *m.* Influencia de las costumbres y caracteres africanos. 2 Vocablo de origen africano en una lengua que no es africana. 3 Modismo propio de los escritores latinoafricanos.
africanista *com.* Persona que se dedica al estudio de los asuntos concernientes a África.
africanizar *tr.* Dar carácter africano [a alguna cosa]. ◇ **CONJUG. [4] como *realizar.*
africano, -na *adj.-s.* De África, continente del hemisferio sur oriental de la Tierra. -2 *m. Hond.* Dulce de azúcar, huevo y otros ingredientes, cocido al horno.
áfrico (l. *-cu*) *m.* Ábrego (viento). -2 *adj.* ant. Africano.
africochar *tr. S. Dom.* vulg. Matar.
afrijolar (paras. de *fríjol*) *tr. Cuba.* Matar a tiros [a una pers. o animal].
afrikaans *m.* LING. Flamenco hablado en la República Sudafricana en el que se han incorporado elementos indígenas.
afrikánder *com.* Persona de la República Sudafricana, de raza blanca, descendiente de ingleses.
afrisonado, -da (paras.) *adj.* Parecido al caballo frisón, en lo grande y peludo.
I) afro- (l. *afer, afra,* africano) Elemento prefijal que entra en la formación de palabras con el significado de africano o negro: *afrocubano.*
II) afro- (gr. *aphrós,* espuma) Elemento prefijal que entra en la formación de palabras con el significado de espuma: *afrómetro.*
afro *adj.* [moda] Que imita modelos africanos. 2 [peinado] Con el pelo muy rizado.
afroamericano (*afro-* I + *americano*) *adj.-m.* Negro de América. 2 Relativo a los negros de América.
SIN. **Afrocubano, afroantillano,** es frecuente usarlos como denominaciones específicas.
afroantillano, -na *adj.-m.* Afroamericano.
afroasiático, -ca (*afro-* I + *asiático*) *adj.* Relativo conjuntamente a África y a Asia.
afrocubano, -na (*afro-* I + *cubano*) *adj.* Relativo o perteneciente al arte o la música de Cuba que tienen influencia negroafricana.
afrodisíaco, -ca, afrodisiaco, -ca (gr. *aphrodisiakos; Aphrodite,* Venus) *adj.-m.* Substancia o medicamento que excita el apetito venéreo.
CONTR. **Anafrodisíaco, antiafrodisíaco.**
afrodita *adj.* BOT. [planta] Que se reproduce de modo sexual.
Afrodita *n. pr.* MIT. Diosa del amor y la belleza, Venus.
afrógala (*afro-* II + gr. *gala,* leche) *f.* Leche muy batida y espumosa, que beben los obreros, como antídoto, en las fábricas de plomo y cerillas.
afrómetro (*afro-* II + *-metro*) *m.* FÍS. Aparato para medir la presión de los recipientes que contienen líquidos espumosos.
afronegrismo (*afro-* I + *negrismo*) *m.* Voz o giro del español tomada en préstamo de las lenguas de los negros africanos. 2 Corriente o actitud cultural, artística, etc., que, originada en los negros africanos, tiene vigencia en otras culturas, en especial en la cultura hispánica de las islas antillanas.
afronitro (*afro-* II + *nitro*) *m.* Espuma de nitro.
afrontado *adj.-s.* BLAS. Escudo en que las figuras de animales que contiene se miran recíprocamente.
afrontamiento *m.* Acción de afrontar. 2 Efecto de afrontar.
afrontar (l. v. *affrontare*) *tr.* Poner [una cosa enfrente de otra]: *~ dos cuadros; intr.* ant., *~ con las torres del real palacio.* 2 Carear. 3 Hacer frente al enemigo: *el escuadrón afrontó,* o *se afrontó con, los coraceros.* 4 Arrostrar, desafiar: *~ peligros.* 5 *Venez.* Aprontar [dinero].
SIN. **Enfrentar.**
afrontilar *tr. Méj.* Atar [una res vacuna] por los cuernos al poste o bramadero.
afta (gr. *aphta*) *f.* Pequeña úlcera blanquecina que se forma en la membrana mucosa de la boca o en la del tubo digestivo.
aftita *f.* QUÍM. Aleación de cobre, platino, oro y tungsteno, empleada en quincallería por su semejanza con el oro.
aftoso, -sa *adj.* Que padece aftas. 2 Relacionado con las aftas.
afuera *adv. l.* Fuera del sitio en que uno está: *vengo de ~; salgamos ~.* 2 En la parte exterior: *~ hay un árbol.* -3 *f. pl.* Alrededores de una población; terreno despejado alrededor de una plaza fuerte. ◇ Solecismo: *los afueras,* por las afueras.
SIN. *1* y *2* **Fuera** y **afuera,** aunque a menudo se usan indistintamente, la determinación local es más precisa en el primero. Significa más allá de un recinto o límite definido; en tanto que *afuera* indica idea gral. de alejamiento (= hacia) y admite grados (*más, menos, muy, tan afuera*), v. **Adentro.** *3* v. **Contorno.**
¡afuera! Interjección con que se denota que una o varias personas dejen paso o se retiren de un lugar o cargo.
afuereño, -ña *adj. Colomb., Ecuad., Guat.* y *Méj.* Extraño, fuereño.
afuerino, -na *adj. Chile.* Extraño, fuerino.
afueteadura *f. Cuba.* Azotaina.
afuetear *tr. Cuba.* Azotar [a una pers. o animal].
afufa *f.* Fuga, huida.
afufar *intr.-prnl.* vulg. *y* ant. Huir, alejarse: ***afufarlas,*** huir, desaparecer.
afufón *m.* fam. Afufa.
afujías *f. pl. Colomb.* vulg. Afanes, apuros.
afusión (l. *affusione*) *f.* MED. Acción de verter agua desde cierta altura sobre todo el cuerpo o una parte de él.
afuste (*a-* I + *fuste*) *m.* Armazón en que se montan las piezas de artillería.
afutrarse *prnl. Chile.* Acicalarse, emperejilarse, imitando al futre.
Ag, símbolo químico de la *plata.*
-aga, v. -ago.
agá (turco) *m.* Oficial del ejército turco. ◇ Pl.: *agaes.*
agabachar *tr.-prnl.* Dar carácter gabacho [a algo o alguien].
agacé *adj.-s.* De un antiguo pueblo amerindio que habitaba en la desembocadura del río Paraguay.
agachada *f.* Acción de agacharse. 2 Ardid, treta.
agachadera (de *agacharse*) *f. And.* Agachadiza. 2 *Sal.* Cogujada.
agachadiza (de *agacharse*) *f.* Ave caradriforme pequeña que vuela muy bajo y se esconde en los lugares pantanosos *(Gallinago gallinago).*
SIN. **Rayuelo,** a causa de las rayas de su plumaje; **sorda.**
agachado, -da *adj. Amér. Central.* Solapado, disimulado. -2 *m. Méj.* Marido consentido. 3 *Perú.* Servil, rastrero.
agachar (paras. de *gacho*) *tr.* Inclinar hacia abajo o bajar [alguna parte del cuerpo]: *~ la cabeza.* -2 ***prnl.*** Encogerse doblando el cuerpo hacia la tierra. 3 fig. Dejar pasar algún contratiempo sin defenderse ni excusarse. Retirarse durante algún tiempo del trato y vista de la gente. 4 *Can.* Eludir con malicia [una situación enojosa]. 5 *Amér.* Someterse, ceder. 6 *Argent.* Disponerse, prepararse, aparejarse para algo.
agache *m. Colomb.* Embuste.
agachona *f.* Ave acuática que abunda en las lagunas próximas a la ciudad de Méjico *(Gallinago delicata).* 2 *And.* Chochaperdiz. 3 *And.* y *Filip.* Agachadiza.
agaje *m. Venez.* Embalaje. 2 fig. Chola, cabeza.
agalactia *f.* Falta o disminución de la secreción láctea mamaria después del parto.
agalaxia *f.* VETER. Enfermedad contagiosa debida a un virus, propia de corderos y cabras.
agalbanado, -da (paras.) *adj.* Galbanoso.
agalerar (paras.) *tr.* MAR. Dar [a los toldos] inclinación conveniente para que despidan el agua de lluvia.
agalla (l. *galla*) *f.* Excrecencia redonda que forman en algunos árboles, con la picadura, ciertos insectos y arácnidos al depositar sus huevos. 2 Grupo de branquias, con opérculo o sin él, que forma, a entrambos lados y en el arranque de la cabeza, el aparato respiratorio de los peces. 3 Costado de la cabeza del ave que corresponde a las sienes. 4 Amígdala. 5 VETER. Vejiga incipiente. 6 *Cuba.* Arbusto rubiáceo de cuyo fruto se obtiene una substancia que sirve para tinte *(Bouvieria callophylla).* 7 *Ecuad.* Guizque. -8 *f. pl.* Angina. 9 Roscas que tiene la tientaguja en su extremo inferior. 10 ***Tener agallas,*** ser de ánimo esforzado. 11 *Amér.* Astucia, codicia, cicatería.
agalladero, -ra *adj. Cuba.* Aparatoso, que exagera.
I) agallado, -da *adj.* Que está metido en tinta de agallas molidas. -2 *m.* Esta misma tinta.
II) agallado, -da (de *gallo*) *adj. Argent., Chile* y *P. Rico.* [pers.] Garboso.
agalladura *f.* Galladura.
agállara *f.* Agalla del roble.
agallarse *prnl. P. Rico.* Envalentonarse, engallarse.
agallegado, -da *adj.* Semejante a lo gallego.
agallo *m.* Gallón II.
agallón *m.* Aum. de *agalla.* 2 Cuenta de plata, hueca, de algunos collares que usan las aldeanas. 3 Cuenta de rosario grande

y de madera. 4 Gallón II. -5 *m. pl. Argent.* y *Colomb.* Cierta enfermedad de las amígdalas y agallas; parotiditis.

agallonado, -da *adj.* ARQ. Que tiene gallones.

agalludo, -da (de *agalla*) *adj. Amér.* vulg. Astuto, ansioso, codicioso, cicatero. 2 *Argent.* y *Cuba.* Poco escrupuloso. 3 *R. de la Plata.* Atrevido, valiente, audaz.

agalluela *f.* Dim. de *agalla.*

agáloco (gr. *agállochon*) *m.* Árbol euforbiáceo, de hojas parecidas a las del laurel, cuya madera resinosa se emplea en ebanistería y para sahumerios *(Aquilaria agallocha).*

SIN. **Aloe, calambac.**

agama (voz caribe) *f. Cuba.* Especie de cangrejo.

Agamenón *n. pr.* Rey de Micenas y jefe de los griegos en la guerra de Troya. Era hijo de Atreo y hermano de Menelao. V. Clitemnestra.

agamí *m.* Ave gruiforme americana del tamaño de la gallina; se domestica fácilmente y sirve como de guardián de las otras aves *(Psophia crepitans).* ◇ Pl.: *agamíes.*

agamitar *intr.* MONT. Imitar la voz del gamo pequeño.

ágamo, -ma *adj.* BOT. [planta] Sin estambres ni pistilos.

agamón *m.* Variedad de palo de vid.

agamuzado, -da *adj.* Gamuzado.

agamuzar *tr.* Preparar [las pieles] al estilo de la gamuza. ◇ ** CONJUG. [4] como ***realizar.***

agangrenarse *prnl.* Gangrenarse.

aganipeo, -a *adj.* Relativo a la fuente Aganipe.

agañitata *f.* Aguzanieves.

agañotar *tr. Extr.* y *León.* Apretar la garganta.

agapanto *m. C. Rica* y *Cuba.* Planta liliácea, de flores grandes y hermosas *(Agapanthus umbellatus).*

ágape (gr.) *m.* Convite de caridad entre los primeros cristianos. 2 p. ext. Banquete (agasajo).

agar agar *m.* Gelatina vegetal que se extrae de unas algas del Japón, empleada como medio de cultivo de bacterias y como apresto de tejidos, y que posee propiedades terapéuticas. También se utiliza en pastelería para la preparación de jaleas y chocolates.

agarabatado, -da *adj.* En forma de garabato.

agarbado, -da (paras.) *adj.* Garboso.

agarbanzado, -da (paras.) *adj.* [papel] De color de garbanzo. 2 Adocenado, vulgar, ramplón, esp. el estilo literario y las costumbres.

agarbarse *prnl.* Agacharse (encogerse).

agarbillar *tr.* AGR. Hacer gavillas [de mieses].

agareno, -na *adj.-s.* [pers.] Descendiente de Agar (h. s. XIX a. C.), esclava de Abraham. 2 Perteneciente o relativo a Agar. 3 Mahometano.

SIN. **Ismaelita.**

agarical *adj.-m.* Hongo del orden de los agaricales. -2 *m. pl.* Orden de homobasidiomicétidas; comprende las setas verdaderas, las setas típicas provistas de laminillas en la cara inferior del sombrero; la mayoría son carnosas y se descomponen con facilidad.

agaricina *f.* Principio activo del agárico, usado en medicina.

agárico (gr. *-ikón*) *m.* Seta agarical comestible, con el sombrero aplanado de color pardo; mide hasta 8 cms. de diámetro *(Agaricus silvaticus).* 2 ~ ***mineral,*** substancia esponjosa calcárea de que se forman depósitos en el fondo de los lagos y en las grietas de las rocas.

SIN. *1* **Garzo.**

agarrada *f.* Altercado, riña.

SIN. v. **Lucha.**

agarradera *f.* Agarradero. -2 *f. pl.* fam. Influencias, buenas relaciones, valimiento.

agarradero *m.* Asa o mango. 2 p. ext. Parte de un cuerpo que ofrece proporción para asirlo o asirse de él. 3 fig. Amparo o recurso con que se cuenta para algo. 4 MAR. Tenedero.

agarrado, -da *adj.* Avaro, tacaño. -2 *adj.-m.* fam. Baile en que la pareja va estrechamente enlazada.

agarrador, -ra *adj.* Que agarra. -2 *m.* Almohadilla para coger las planchas calientes. 3 ant. Corchete (de justicia). 4 Pez marino teleósteo, muy parecido a la rémora *(Remora pediculus).* -5 *adj. Amér.* [licor] Que embriaga.

agarrafador, -ra *adj.* Que agarrafa. -2 *m.* Obrero que en los molinos de aceite maneja las seras en que se echa lo molido.

agarrafar (paras. de *garfa*) *tr.-prnl.* Agarrar [a uno] con fuerza al reñir.

agarrafeo *m. Colomb.* Instrumento que consiste en una barra de hierro con brazo de palanca, empleado para arrancar clavos.

agarrante *adj.* Que agarra. -2 *m.* Alguacil.

agarrar (paras. de *garra*) *tr.-prnl.* Asir fuertemente con la mano, y, en gral., de cualquier modo: ~ *de,* o *por, las orejas.* -2 *tr.* p. ext. Coger, tomar. 3 fig. Conseguir [lo que se desea]: ~ *un destino.* -4 *intr.-prnl.* Arraigar las plantas, prender los injertos; apoderarse tenazmente una enfermedad: *se le agarró la tos.* -5 *prnl.* fig. Asirse, reñir. 6 Provocar los manjares o las bebidas ardor en la garganta. 7 Pegarse, hablando de guisos, quemarse. -8 *tr. Argent.* y *Chile.* Tomar una dirección.

agarre *m.* Acción de agarrar o agarrarse. 2 MONT. Acción de agarrar los perros la res que se defiende. 3 *And.* Agarrada, pendencia.

agarro *m.* Acción de agarrar.

agarrochador *m.* El que agarrocha.

agarrochar *tr.* Herir [al toro] con garrocha. 2 MAR. Forzar el braceo [de las vergas], para ceñir el viento lo más posible.

SIN. **Garrochear, picar.**

agarrón *m.* Acción de agarrar y tirar con fuerza. 2 *Amér.* Agarrada.

agarroso, -sa *adj. Amér. Central.* Astringente, áspero.

agarrotado, -da *adj.* fig. Rígido, tieso. 2 [pieza] Que no funciona por faltarle engrase; [músculo] que se contrae impidiendo su funcionamiento normal.

agarrotamiento *m.* Acción de agarrotar o agarrotarse. 2 Efecto de agarrotar o agarrotarse.

agarrotar (paras. de *garrote*) *tr.* Apretar fuertemente [los fardos] retorciendo las cuerdas con un palo; en gral., apretar fuertemente [una cosa]. 2 Oprimir mucho una cosa [a otra]: *el cuello de la camisa me agarrota.* 3 Estrangular [al reo]. -4 *prnl.* Ponerse rígidos los miembros del cuerpo humano. 5 Moverse con dificultad una pieza al faltarle engrase.

agarrotear *tr. And.* Varear los árboles para coger los frutos.

agasajador, -ra *adj.-s.* Que agasaja.

agasajar (del got. **gasalja,* compañero) *tr.* Tratar [a uno] con atención expresiva y cariñosa. 2 Halagar [a uno] con regalos o con otras muestras de afecto o consideración. 3 Hospedar.

SIN. *1* y *2* v. **Halagar.**

agasajo *m.* Acción de agasajar. 2 Regalo, muestra de afecto o consideración. 3 Refresco que se servía por la tarde. 4 Convite, fiesta. -5 *m. pl. Méj.* Fragmentos de papel con que se adornan los mascarones que se usan en carnaval.

SIN. *2* v. **Regalo.**

agasajoso, -sa *adj.* Agasajador.

ágata (gr. *achates*) *f.* Variedad de cuarzo duro, translúcido, de colores gralte. dispuestos en fajas.

agatas *adv. Amér. Merid.* Apenas, a duras penas, con gran dificultad y apremio.

agateador *m.* Ave paseriforme pequeña, de color pardo por encima y blanco por debajo, pico largo y curvado; se caracteriza por trepar en espiral por el tronco de los árboles con la cola tiesa apretada contra la corteza *(Certhia brachydactyla).*

agatino, -na *adj.* Que se parece al ágata.

agatizarse *prnl.* Quedar lo pintado, por efecto del tiempo, muy liso o brillante. ◇ ** CONJUG. [4] como ***realizar.***

agauchado, -da *adj.-s. Argent., Chile, Parag.* y *Urug.* Que imita o se parece en su porte o maneras al gaucho.

agaucharse *prnl. Amér. Merid.* Adquirir aspecto o costumbres de gaucho.

agaváceo, -a *adj.-f.* Planta de la familia de las agaváceas. -2 *f. pl.* Familia de plantas monocotiledóneas del orden de las liliales, de hojas estrechas con el borde espinoso, las flores dispuestas en racimos y el fruto en cápsula o baya.

agavanza *f.* Fruto del agavanzo.

agavanzo (prerrom.; relac. con vasco *gaparra*) *m.* Escaramujo (especie de rosal y su fruto).

agave (gr. *agaué,* admirable) *f.* Pita (planta).

agavillador, -ra *m. f.* Persona que agavilla.

agavilladora *f.* Máquina que siega y agavilla los cereales o la hierba.

agavillar *tr.* Formar gavillas: ~ *los sarmientos, la cebada.* 2 fig. Acuadrillar (juntar). 3 *La Mancha.* fig. Apropiarse de [gran número de cosas].

SIN. **Engavillar.**

agazapar (paras. de *gazapo*) *tr.* fig. Agarrar o prender [a uno]. -2 *prnl.* Agacharse (encogerse). 3 Ocultarse, esconderse.

agencia *f.* Oficio o cargo de agente. 2 Oficina o despacho del agente. 3 Empresa dedicada a gestionar asuntos o prestar determinados servicios: ~ *de publicidad;* ~ *de informaciones.* 4 Sucursal de una empresa. 5 Diligencia, solicitud. 6 *Chile* y *Filip.* Casa de empeños.

agenciar (de *agencia*) ***tr.-prnl.*** Procurar o conseguir [una cosa] con diligencia o maña. -2 ***prnl.*** Componérselas, arreglarse con los propios medios: *yo me agenciaré para salir del paso.* ◇ ** CONJUG. [12] como ***cambiar.***

agenciero ***m.*** *Chile.* Dueño de una agencia o casa de empeños.

agencioso, -sa ***adj.*** Oficioso, diligente.

agenda (l. *agenda,* cosas que se han de hacer) ***f.*** Libro o cuaderno en que se anota lo que se ha de recordar. 2 Relación de temas que deben ser tratados en una reunión. 3 Conjunto de actividades que debe desarrollar una persona en un corto espacio de tiempo. 4 Calendario (programa).

SIN. *1* **Dietario.**

agenesia (gr. *agennesia*) ***f.*** ANAT. Desarrollo defectuoso: ~ *del maxilar.* 2 MED. Imposibilidad de engendrar.

agentado, -da ***adj.*** *P. Rico* y *S. Dom.* vulg. Que se las echa de gente, de persona cabal. 2 *P. Rico.* Aventado, podrido.

agentamiento ***m.*** *S. Dom.* Envanecimiento, orgullo.

agentarse ***prnl.*** *Guat.* Reunirse gente.

agente (l., p. a. de *agere,* el que hace) ***adj.*** Que obra o tiene la virtud de obrar. -2 ***adj.-s.*** GRAM. V. persona agente. -3 ***m.*** Causa activa, lo que tiene poder para producir un efecto: *agentes físicos, naturales.* -4 ***com.*** Persona que obra por otro: *un* ~ *real;* ~ ***de negocios,*** el que tiene por oficio gestionar negocios ajenos; ~ ***de cambio y bolsa,*** funcionario que interviene en las negociaciones de valores públicos; ~ ***fiscal,*** empleado subalterno de la hacienda pública; ~ ***de policía,*** empleado subalterno de seguridad y vigilancia; ~ ***provocador,*** persona que trata de originar actos o movimientos sediciosos para justificar represalias.

Ageo ***n. pr.*** Profeta menor de la Biblia. Se le cita con la abreviatura *Ag.*

agerasia (gr. *-sía* < *a,* priv. + *geras,* vejez) ***f.*** Vejez libre de achaques.

agérato (gr. *ageraton*) ***m.*** Planta compuesta, de jardín, de hojas lanceoladas y flores pequeñas y amarillas en corimbo *(Achillea ageratum).*

SIN. **Altarreina, artemisa real, herbolán, hierba julia.**

agermanado, -da ***adj.*** Que tiene características germanas o que imita lo germano.

agermanarse (paras.) ***prnl.*** Entrar a formar parte de una germanía.

agestado, -da ***adj.*** [con los adv. *bien* o *mal*] De buena o mala cara.

agestarse (paras.) ***prnl.*** Poner un determinado gesto.

agestión (l. *aggestione*) ***f.*** Agregación de materia.

ageustia (gr. *a,* priv. + *geusis,* gusto) ***f.*** Carencia parcial o total del sentido del gusto.

agibílibus (b. l. *agibile* < *agere,* hacer) ***m.*** burl. Habilidad para procurar la propia conveniencia. 2 Persona que la posee. ◇ Pl.: *agibílibus.*

agible ***adj.*** Hacedero.

agigantado, -da ***adj.*** De estatura mucho mayor que lo regular. 2 fig. Grande, sobresaliente, excesivo.

agigantar (paras.) ***tr.*** Dar [a una cosa] proporciones gigantescas.

agigotar ***tr.*** Hacer gigote.

ágil (l. *agile*) ***adj.*** Ligero, pronto, expedito en los movimientos.

CONTR. **Pesado, torpe.**

agilar ***intr.*** *Cuba.* Andar de prisa; abreviar.

agílibus ***f.*** fam. Agibílibus.

agilidad (l. *-itate*) ***f.*** Calidad de ágil. 2 TEOL. Dote de los cuerpos gloriosos que consiste en la facultad de trasladarse de un lugar a otro instantáneamente.

agilipollado, -da ***adj.*** vulg. Atontado, abobado.

agilipollar ***tr.-prnl.*** vulg. Volver gilipollas, volver tonto, hacer perder la cordura.

agilitar, agilizar ***tr.*** Hacer ágil [a uno], darle facilidades para ejecutar alguna cosa. 2 *Ecuad.* Activar [un asunto, negocio, etc.]. ◇ ** CONJUG. [4] como ***realizar.***

agilización ***f.*** Acción de agilizar. 2 Efecto de agilizar.

ágilmente ***adv. m.*** Con agilidad.

aginar ***intr.-prnl.*** fam. Ajetrearse, afanarse.

agino ***m.*** fam. Acción de aginarse.

agio (it. *aggio*) ***m.*** Beneficio obtenido del cambio de la moneda, o de descontar letras, pagarés, etc. 2 Especulación sobre los fondos públicos. 3 Agiotaje (especulación).

agiotador ***m.*** Agiotista.

agiotaje (fr. *agiotage*) ***m.*** Agio. 2 Especulación abusiva.

agiotista ***com.*** Persona que se dedica al agiotaje.

agitable ***adj.*** Que puede agitarse o ser agitado.

agitación ***f.*** Acción de agitar o agitarse. 2 Efecto de agitar o agitarse. 3 FÍS. ~ ***térmica,*** en un semiconductor o dispositivo resistivo, movimiento aleatorio de los electrones debido a la energía térmica, que produce ruido.

agitador, -ra ***adj.-s.*** Que agita. -2 ***m. f.*** Persona que provoca agitaciones o conflictos de carácter político o social. -3 ***m.*** QUÍM. Instrumento o aparato que sirve para revolver líquidos.

agitanado, -da (paras.) ***adj.*** Que se parece a los gitanos o es propio de ellos.

agitanar ***tr.-prnl.*** Dar aspecto o carácter gitano [a una persona o cosa].

agitante ***adj.*** Que agita.

agitar (l. *-are*) ***tr.-prnl.*** Mover con frecuencia y violentamente [una cosa]. 2 fig. Inquietar, mover violentamente el ánimo [de uno]. 3 En los laboratorios, revolver un líquido con cierta velocidad para acelerar procesos de mezcla o disolución. 4 fig. Provocar la inquietud política o social.

agitato (it.) ***adj.*** y ***adv.*** MÚS. [movimiento] De ejecución viva, apasionada.

Aglaya ***n. pr.*** MIT. Una de las tres Gracias.

aglomeración ***f.*** Acción de aglomerar o aglomerarse. 2 Efecto de aglomerar o aglomerarse. 3 esp. Gentío.

aglomerado ***m.*** Producto obtenido por aglomeración. 2 Bloque artificial de combustible hecho de hornaguera menuda y alquitrán. 3 Agregación natural o artificial de materias minerales. 4 Plancha artificial de madera conseguida por la mezcla prensada de diversas maderas trituradas y cola.

aglomerante ***adj.-s.*** Que aglomera. 2 Material capaz de unir fragmentos de una o varias substancias y dar cohesión al conjunto, por efectos de tipo exclusivamente físico. Son aglomerantes el betún, el barro, la cola, etc.

aglomerar (l. *agglomerare*) ***tr.-prnl.*** Amontonar, juntar. 2 Unir fragmentos de una o varias substancias con un aglomerante.

SIN. **Conglomerar, acumular.**

aglosia ***f.*** ZOOL. Carencia de lengua.

aglutinación ***f.*** Acción de aglutinar o aglutinarse. 2 Efecto de aglutinar o aglutinarse. 3 BIOL. Proceso por el cual las células distribuidas en un líquido se juntan en grumos y se depositan. 4 GRAM. Formación de palabras y expresión de sus relaciones por combinación de voces primitivas que no sufren en el compuesto alteración sensible de la respectiva forma.

aglutinante ***adj.-m.*** Que aglutina. 2 Material empleado en pintura para cohesionar los distintos elementos colorantes. 3 CIR. Emplasto que se adhiere fuertemente a la piel y sirve para aglutinar. 4 MED. Remedio que se aplicaba con el objeto de reunir los tejidos divididos. 5 ***Lengua*** ~, la que emplea la aglutinación.

aglutinar (l. *agglutinare*) ***tr.-prnl.*** Unir, pegar [una cosa] con otra. 2 Formar [palabras] por aglutinación. 3 Causar la aglutinación [de las células distribuidas en un líquido]. 4 CIR. Procurar la adherencia [de partes de una herida].

SIN. *1* **Pegar, adherir.**

aglutinativo, -va ***adj.*** Que aglutina.

aglutinina ***f.*** Anticuerpo que produce la aglutinación de las bacterias.

agnación (l. *-atione*) ***f.*** Parentesco de consanguinidad entre agnados. 2 Orden de suceder en los mayorazgos de varón en varón.

agnado, -da (l. *-atu*) ***adj.-s.*** Pariente de otro que desciende de un mismo tronco por línea masculina.

agnaticio, -cia (l. *-itiu*) ***adj.*** Relativo al agnado. 2 Que desciende por línea recta de varón en varón.

agnato ***adj.-m.*** Animal de la superclase de los agnatos. -2 ***m. pl.*** Superclase de animales vertebrados, acuáticos, de cuerpo pisciforme y desprovistos de aletas y mandíbulas; estos vertebrados están representados por una sola clase, los ciclóstomos.

agnición (l. *-itione*) ***f.*** Reconocimiento de una persona en una obra dramática.

SIN. **Anagnórisis,** es más us. que ~. Ambos términos se emplean tratando del teatro grecolatino o de sus imitaciones, y pueden extenderse a la novela.

agnocasto (l. *agnu castu*) ***m.*** Sauzgatillo.

agnomento (l. *-tu*) ***m.*** Cognomento.

agnominación (l. *-atio*) ***f.*** Paronomasia.

agnosia ***f.*** Pérdida de la facultad de reconocer un objeto por medio de los sentidos corporales.

agnosticismo (de *agnóstico*) ***m.*** Doctrina epistemológica y

teológica que declara inaccesible al entendimiento humano toda noción de lo absoluto y esp. la naturaleza y la existencia de Dios, cuya existencia, a diferencia del ateísmo, no niega. 2 fig. Actitud de una persona o partido político que no adopta ninguna postura ante un determinado problema: ~ *político.*
agnóstico, -ca (gr. *ágnostos,* ignoto) *adj.* Relativo al agnosticismo. -2 *adj.-s.* Partidario del agnosticismo.
agnus *m.* Agnusdéi.
agnusdéi (l. *Agnus Dei,* Cordero de Dios) *m.* Lámina formada con la cera sobrante del cirio pascual, en la que hay impresa la imagen del Cordero; suele bendecirla el Papa cada siete años. 2 Invocación que en la misa se repite tres veces entre el Paternóster y la Comunión; la misma que se repite al final de las letanías. 3 Relicario que se cuelga del cuello. 4 Moneda antigua que llevaba en una de sus caras la imagen de un cordero. ◇ Pl.: *agnusdéis.*
ago- (gr. *ago,* conducir, guiar) Elemento prefijal que entra en la formación de palabras con el significado de conducir, conductibilidad: *agometría.*
-ago, -aga (orig. prerrom.) Sufijo átono que hoy no forma derivados nuevos, pero ha entrado en la formación de varios substantivos: *luciérnaga, relámpago;* y abunda en apellidos y topónimicos, esp. del País Vasco.
agobiado, -da *adj.* Cargado de espaldas o inclinado hacia adelante. 2 fig. Sofocado, sobrecargado, angustiado.
agobiador, -ra *adj.* Que agobia.
agobiante *adj.* Agobiador.
agobiar (*a-* I + l. *gibbu,* giba) *tr.-prnl.* Doblar [la parte superior del cuerpo] hacia el suelo; en gral., hacer que se doble o incline [una cosa] por el mucho peso. -2 *tr.* Humillar [a alguien]. 3 Rendir o abatir [a alguien]. 4 fig. Causar gran fatiga: *le agobian los quehaceres, los años,* etc.; *agobiarse con,* o *de,* o *por, los años.* ◇ ** CONJUG. [12] como ***cambiar.***
agobio *m.* Acción de agobiar o agobiarse. 2 Efecto de agobiar o agobiarse. 3 Sofocación, angustia.
-agogia, -agogía, (gr. *ago* < *agogé,* conducción, guía) Elemento sufijal que entra en la formación de palabras con el significado de conducción, guía: *demagogia, pedagogía.*
agogía (l. *agogœ*) *f.* MIN. Canal de desagüe.
-agogo, -agoga (gr. *ago* < *agogós,* el que conduce) Elemento sufijal que entra en la formación de palabras con el significado de conductor, guía: *demagogo.*
agolar *tr.* MAR. Amainar.
agolletar *tr.* p. us. Poner [algo] alrededor del gollete.
agolpamiento *m.* Acción de agolparse. 2 Efecto de agolparse.
agolparse (paras.) *prnl.* Juntarse de golpe muchas personas o animales en un lugar. 2 fig. Venir juntas y de golpe ciertas cosas, como penas, lágrimas, etc.
agolpear *tr. P. Rico* y *S. Dom.* vulg. Golpear.
agometría (*ago-* + *-metría*) *f.* FÍS. Parte de la física que tiene por objeto medir la conductibilidad y resistencia eléctricas de los cuerpos.
agómetro (*ago-* + *-metro*) *m.* FÍS. Aparato para medir la conductibilidad y resistencia eléctrica.
agonal (l. *-ale;* v. *agono-*) *adj.* Relativo a los certámenes, luchas y juegos públicos. -2 *adj.-s.* Fiesta que dedicaba la gentilidad al dios Jano o al dios Agonio: *las agonales de la ant. Roma.*
agonía (l. v. *agono-*) *f.* Lucha postrera de la vida contra la muerte. 2 Ansia o deseo vehemente. 3 fig. Pena o aflicción extremada. -4 *f. pl.* fam. Persona pesimista y quejumbrosa.
agónico, -ca *adj.* Que se halla en la agonía. 2 Propio de la agonía.
agonioso, -sa (v. *agono-*) *adj.* Ansioso, apremiante en el pedir.
agonista (gr. *-tés;* v. *agono-*) *com.* Luchador. 2 Personaje que en la épica, el teatro u otras obras literarias, se opone a otro dentro del conflicto que los enfrenta.
agonística (gr. *-tiké;* v. *agono-*) *f.* Arte de los atletas, esp. de los luchadores. 2 Ciencia de los combates.
agonístico, -ca *adj.* Agonal (lucha o juego).
agonizante *adj.* Que agoniza. -2 *adj.-s.* Religioso camilo.
agonizar (l. *-are;* gr. *agonízomai,* combatir, luchar; v. *agono-*) *intr.* Luchar entre la vida y la muerte. 2 Extinguirse una cosa. 3 fig. Sufrir angustiosamente. 4 Perecerse por algo. -5 *tr.* Ayudar a bien morir [a uno]. 6 fig. *y* fam. Molestar [a uno] con instancias y prisas. ◇ ** CONJUG. [4] como ***realizar.***
agonizos *m. pl. P. Rico.* vulg. Molestias, quebrantos.
agono- (gr. *agón,* lucha) Elemento prefijal que entra en la formación de palabras con el significado de lucha: *agonografía.*
I) ágono, -na (gr. *ágonos*) *adj.* GEOM. Que no tiene ángulos.
II) ágono *m.* Armado (pez).
agonografía (*agono-* + *-grafía*) *f.* Descripción de los juegos antiguos de Grecia.
agonoteta (*agono-* + gr. *tithemi,* poner) *m.* En la Grecia antigua, presidente del certamen.
agora (l. *hac hora,* en esta hora) *adv. t.* ant. Ahora.
ágora (gr. *agorá*) *f.* Plaza pública en las ant. ciudades griegas. 2 Asamblea que en ellas se reunía.
agorador, -ra *adj.-s.* Agorero.
agorafobia (*ágora* + *-fobia*) *f.* MED. Miedo morboso de atravesar los espacios abiertos.
agorar (v. *augurar*) *tr.* Predecir [lo futuro]: ~ *un acontecimiento.* 2 esp. Presentir y anunciar [desdichas] sin fundamento racional para ello. ◇ ** CONJUG. [58]. ◇ En la mayoría de los tiempos suele sustituírsele por su sinónimo ***augurar.***
SIN. **Ominar,** p. us. v. **adivinar.**
agorero, -ra *adj.-s.* Que adivina por agüeros o cree en ellos. 2 Que predice, sin fundamento, males o desdichas. -3 *adj.* [ave] Que, según la superstición, anuncia algún mal futuro.
agorgojarse *prnl.* Criar gorgojo las semillas.
SIN. **Gorgojarse.**
agorronar *tr.* Frotar un potro o cordero que al nacer haya perdido a su madre, con la sangre de otra yegua u oveja, para que esta lo ahíje.
agorzomar *tr. Méj.* Acosar, fatigar [a una pers. o animal].
agostadero *m.* Terreno donde agosta el ganado. 2 Tiempo en que agosta. 3 Acción de agostar (arar).
agostado *m.* Acción de agostar, arar o cavar la tierra en agosto. 2 *And.* Cava de las viñas.
agostador, -ra *adj.* [viento, tiempo, sequía] Que agosta. -2 *m.* Obrero que efectúa la faena de agostar, arar.
SIN. **Abrasador.**
agostamiento *m.* Acción de agostar o agostarse. 2 Efecto de agostar o agostarse.
agostar (de *agosto*) *tr.-prnl.* Secar el excesivo calor [las plantas]. -2 *tr.* Arar o cavar [la tierra] en el mes de agosto. 3 Cavar la tierra para plantar viñas en ella. -4 *intr.* Pastar el ganado durante el verano en rastrojeras o en dehesas.
agosteño, -ña *adj.* Agostizo (de agosto).
agostero, -ra *adj.* [ganado] Que entra a pacer en los rastrojos una vez levantadas las mieses. -2 *m.* Obrero que trabaja en las faenas de las eras durante la recolección de cereales. 3 Religioso que recoge en agosto la limosna de trigo y otros granos.
agostía *f.* Empleo de agostero y tiempo durante el cual sirve.
agostizo, -za *adj.* Propio del mes de agosto. 2 [animal] Nacido en agosto. 3 Propenso a agostarse o desmedrarse.
agosto (l. *Augustus,* renombre del emperador Octaviano) *m.* Octavo mes del año. 2 Temporada en que se hace la recolección de granos. 3 Cosecha.
FR. *Hacer uno su* ~, lucrarse aprovechando la ocasión.
agostón, -na *adj.-s.* Cerdo nacido en el mes de agosto.
agotable *adj.* Que se puede agotar.
agotador, -ra *adj.* Que agota: *trabajo* ~.
agotamiento *m.* Acción de agotar o agotarse. 2 Efecto de agotar o agotarse.
agotar (l. v. **eguttare* < *gutta,* gota) *tr.* Extraer [todo el líquido que hay en un sitio]: ~ *una cisterna;* ~ *el agua de una cisterna.* 2 Empobrecer. 3 fig. Gastar del todo, consumir: ~ *el caudal, las provisiones, la paciencia.* -4 *prnl.* Extenuarse, debilitarse.
agote *adj.-s.* De un grupo de habitantes de los valles pirenaicos de Navarra.
agovía *f.* Alborga.
agozcado, -da (paras.) *adj.* Parecido al gozque.
agozo (del l. *albucium,* gamón) *m. Ar.* Gamón.
-agra (gr. *ágra,* caza, presa) Elemento sufijal que entra en la formación de palabras con el significado de ataque, dolor que atenaza: *podagra, dactilagra.*
agrá (contracción de *agrada* < *agro,* agrio) *m. Amér. Central.* fig. Disgusto.
agracejina *f.* Fruto del agracejo (arbusto).
SIN. **Bérbero.**
I) agracejo (de *agraz,* agro) *m.* Uva que se queda muy pequeña y no llega a madurar. 2 *And.* Aceituna que cae del árbol antes de madurar.
II) agracejo (de *agraz;* ár. *argueç*) *m.* Arbusto berberidáceo, de flores amarillas y bayas comestibles; su madera se usa en ebanistería *(Berberis vulgaris).* 2 *Cuba* y *P. Rico.* Árbol de las anacardiáceas, del cual hay varias especies.

SIN. *1* **Acetín, agracillo, agrecillo, alarguez, arlo, berberís, bérbero.**

agraceño *adj.* Agrio como el agraz (uva).

agracera *f.* Vasija para conservar el zumo del agraz.

agracero, -ra (de *agraz I*) *adj.* [cepa o viñedo] Cuyo fruto no llega a madurar.

agraciadamente *adv. m.* Con gracia.

agraciado, -da *adj.* Que tiene gracia o es gracioso. 2 Hermoso, lindo. 3 Recompensado, afortunado en un sorteo.

agraciar (paras.) *tr.* Dar o aumentar [a una pers. o cosa] gracia y buen parecer. 2 Hacer o conceder alguna gracia o merced [a una pers.]: ~ *con una gran cruz.* 3 Llenar [el alma] de gracia divina. -4 *intr. Sal.* Gustar, agradar. ◇ ** CONJUG. [12] como ***cambiar.***

agracillo *m.* Agracejo (arbusto).

agradabilísimo, -ma *adj.* Superl. de *agradable.*

agradable *adj.* Que agrada: ~ *al,* o *para el, gusto;* ~ *con,* o *para con, todos.* 2 Que tiene complacencia o gusto. ◇ Superl.: *agradabilísimo.*

SIN. **Grato, placible,** cuando se trata del sabor, o bien de una acción que se hace con gusto; **gustoso.**

agradablemente *adv. m.* De manera agradable.

agradador, -ra *adj.* Que procura agradar.

agradar (paras. de *grado* II) *intr.* Complacer, gustar. -2 *prnl.* Sentir agrado o gusto: *agradarse de la novedad.*

SIN. *1* **Placer.**

agradecer (*a-* I + ant. *gradecer* < l. *gratu,* grato) *tr.* Corresponder con gratitud [a un favor]. Úsase a menudo en frases verbales: *sentirse, mostrarse, ser* o *estar agradecido.* 2 Corresponder una cosa [al trabajo empleado en conservarla]: *la tierra agradece los desvelos.* ◇ ** CONJUG. [43].

agradecidamente, *adv.-m.* Con agradecimiento.

agradecido, -da *adj.-s.* Que agradece: ~ *a los beneficios;* ~ *por los favores.*

agradecimiento *m.* Acción de agradecer. 2 Efecto de agradecer.

SIN. **Gratitud, reconocimiento.**

agrado (l. *ad gratu*) *m.* Afabilidad. 2 Voluntad, gusto, complacencia.

agrafe *m.* MED. GALIC. desus. Grapa.

agrafía (*a-* II + *-grafía*) *f.* Pérdida de la facultad de escribir, debida a desorden cerebral.

ágrafo, -fa *adj.* Que es incapaz de escribir o no sabe hacerlo.

Agrajes *n. pr.* Personaje novelesco, sobrino de la reina Elisenda, madre de *Amadís de Gaula.* En la época clásica fue proverbial la fr. *Ahora lo veredes, dijo* ~, para negar algo que otro afirma o contestar a una provocación.

agramadera *f.* Instrumento para agramar.

agramado, -da *m.* Acción de agramar. 2 Efecto de agramar.

agramador, -ra *adj.-s.* Que agrama. -2 *m.* Agramadera.

agramaduras *f. pl.* Agramiza, cañamiza.

Agramante V. Campo de Agramante.

agramar *tr.* Majar [el cáñamo o el lino] para separar del tallo la fibra. 2 fig. Tundir, golpear [a alguien o algo].

REL. **Gramilla,** tabla en que se agrama.

agramatical *adj.* Que no se ajusta a las reglas de la gramática.

agramaticalidad *f.* LING. Calidad de una secuencia oracional que infringe alguna o algunas reglas de la gramática.

agramilado (de *agramilar) m.* Decoración de líneas, generalmente incisas. 2 Enladrillado (cubierta).

agramilar (paras. de *gramil*) *tr.* Cortar y raspar [los ladrillos] para igualarlos en grueso y ancho. 2 ARQ. Contruir o revestir [una pared] de ladrillos. 3 ARQ. Figurar con pintura hiladas de ladrillos [en una pared]. 4 ARQ. Decorar con un gramil.

agramiza (de *agramar*) *f.* Caña quebrada que queda como desperdicio después de agramado el cáñamo o el lino. 2 *Ar.* Agramadera.

SIN. **Cañamiza, tasco.**

agrandado, -da *adj. Chile* y *Perú.* [niño] Que tiene o pretende tener costumbres de persona mayor.

agrandamiento *m.* Acción de agrandar. 2 Efecto de agrandar.

agrandar (paras.) *tr.* Hacer más grande [una cosa].

SIN. **Engrandar,** menos us.; **ampliar,** tratándose de cosas materiales; **engrandecer,** si se trata de valores morales.

I) agranujado, -da *adj.* De figura de grano. 2 Que tiene o forma granos sin regularidad.

SIN. *2* **Granujado.**

II) agranujado, -da (paras.) *adj.* Que tiene costumbres o modales de granuja.

agranujar *tr.* Hacer que [una superficie] tenga granos.

agranujarse *prnl.* Adquirir costumbres o maneras de granuja.

agrario, -ria (l. *-iu* < *ager,* campo) *adj.* Relativo al campo: *ley agraria.* 2 Que en política defiende o representa los intereses de la agricultura.

agrarismo *m.* Conjunto de intereses, referentes a la explotación agraria. 2 Partido político que los defiende.

agrarista *adj.-com.* [pers., partido político, ideología] Que defiende agrarismo (conjunto de intereses).

agravación *f.* Agravamiento.

agravador, -ra *adj.* Que agrava.

agravamiento *m.* Acción de agravar o agravarse. 2 Efecto de agravar o agravarse.

agravante *adj.-s.* V. circunstancia ~.

agravantemente *adv. m.* Con agravamiento. 2 Con gravamen.

agravar (l. *aggravare*) *tr.* Aumentar el peso [de una cosa]. 2 Oprimir con gravámenes o tributos: ~ *al pueblo.* 3 Encarecer la gravedad [de una cosa]: ~ *un delito.* -4 *tr.-prnl.* Hacer una cosa más peligrosa o grave: ~ *una derrota;* ~ *la enfermedad; agravarse el enfermo.*

SIN. *1* **Engravecer.**

agravatorio, -ria *adj.* Que agrava. 2 DER. [despacho judicial] En que se reitera lo mandado y se compele a su ejecución.

agraviadamente *adv. m.* Con agravio.

agraviador, -ra *adj.-s.* Que agravia.

agraviamiento *m.* Acción de agraviar o agraviarse. 2 Efecto de agraviar o agraviarse.

agraviante *adj.* Que agravia.

agraviar (l. *ad,* a + *gravis,* pesado) *tr.* Hacer agravio [a uno]. 2 Hacer más grave [un delito]. 3 Poner reparos [a las cuentas]. -4 *prnl.* Ofenderse, darse por sentido de una cosa: *agraviarse de uno, por una chanza.* 5 Agravarse una enfermedad. 6 DER. Apelar de la sentencia que causa agravio o perjuicio. ◇ ** CONJUG. [12] como ***cambiar.***

SIN. *2* v. **Sentirse.**

agravio *m.* Palabra o acción que hiere a uno en su dignidad, que lo molesta gravemente. 2 Perjuicio irrogado a uno en sus derechos o intereses. 3 Humillación, menosprecio o aprecio insuficiente. 4 DER. Daño o perjuicio que el apelante expone ante el juez superior haberle irrogado la sentencia del anterior.

SIN. *1* Serie intensiva: **molestia, agravio, insulto, injuria, afrenta, ultraje.** *1* y *2* **Tuerto** y **entuerto,** tienen cierto sabor arcaico y lit., por el mucho uso que hace de estas voces Don Quijote.

agravión, -ona *adj. Chile.* Susceptible, que fácilmente se agravia.

agravioso, -sa *adj.* Que implica o causa agravio.

I) agraz (de *agro*) *m.* Uva sin madurar. 2 Zumo sacado de ella. 3 Calderilla (arbusto). 4 Agrazada. 5 fig. Amargura, sinsabor, disgusto: ***echar a uno el*** ~ ***en el ojo,*** decirle lo que le causa disgusto. 6 *En* ~, fig., antes de su sazón y tiempo.

II) agraz (ár. *argueç,* agracejo) *m.* Marojo.

agrazada *f.* Bebida compuesta con agraz, agua y azúcar.

agrazar *intr.* Tener gusto agrio, saber a agraz. -2 *tr.* fig. Disgustar, desazonar. ◇ ** CONJUG. [4] como ***realizar.***

agrazón (de *agraz I*) *m.* Uva silvestre o racimillos que nunca maduran. 2 Grosellero silvestre. 3 fig. Enfado, disgusto.

agrecillo *m.* Agracejo (arbusto).

agredido, -da *adj.-s.* El que recibe agresión.

agredir (l. *aggredi*) *tr.* Acometer [a uno] para hacerle daño. ◇ Verbo defectivo; se usa sólo en los tiempos y personas cuya desinencia contiene la vocal *i: agredía, agrediré, agrediendo.*

agregación *f.* Acción de agregar o agregarse. 2 Efecto de agregar o agregarse. 3 Empleo y ejercicio de profesor agregado.

agregado, -da *adj.* Adjunto o añadido a otra cosa. -2 *adj.-s.* Empleado adscrito a un servicio del cual no es titular. 3 Profesor de categoría inmediatamente inferior a la de catedrático de instituto de bachillerato; este empleo también ha existido en la universidad. -4 *m.* Funcionario diplomático que desempeña funciones especiales en las embajadas: ~ *comercial;* ~ *militar;* ~ *naval.* 5 Conjunto de cosas homogéneas que forman un cuerpo. 6 Agregación, añadidura, anejo. 7 Caserío aislado que forma parte de un municipio. -8 *m.* QUÍM. Grupo de partículas que interaccionan. 9 *Argent.* y *P. Rico.* Jornalero que vive en la finca del propietario y cobra su jornal solamente cuando se le ocupa. 10 *Argent., Parag.* y *Urug.* Persona que vive en una finca rústica por concesión del dueño y recibe alojamiento y comida a cambio de pequeños trabajos. 11 *Colomb.* y *Venez.* Pequeño arrendatario de tierra. 12 *P. Rico.* Persona que, mediante la concesión de un pedazo de tierra donde tiene su casa, siembra en parte para sí y en parte para el dueño de la propiedad.

agregaduría *f.* Cargo y oficina de agregado (empleado adscrito a un servicio y funcionario diplomático). 2 Agregación, cargo del profesor agregado.

agregar (l. *aggregare* < *grege*, rebaño) *tr.-prnl.* Unir [unas pers. o cosas] a otras: *agregarse a,* o *con, otros.* -2 *tr.* Destinar accidentalmente [a un empleado] a un servicio, o asociarlo a otro empleado. 3 Anexar. 4 Añadir algo a lo ya dicho o escrito. ◇ ** CONJUG. [7] como *llegar.*

agremán (fr. *agrément*) *m.* Labor de pasamanería, en forma de cinta, usada para adornos.

agremiación *f.* Acción de agremiar o agremiarse. 2 Efecto de agremiar o agremiarse.

agremiar (paras.) *tr.-prnl.* Reunir en gremio: ~ *a los zapateros.* ◇ ** CONJUG. [12] como *cambiar.*

agresión (l. *aggressione*) *f.* Acción de agredir. 2 Efecto de agredir. 3 Acto contrario al derecho de otro. 4 Ataque armado a otra nación, con violación de derecho. 5 MIL. Ataque rápido y por sorpresa, realizado por el enemigo o considerado injusto.

agresivamente *adv. m.* De manera agresiva.

agresividad *f.* Acometividad.

agresivo, -va *adj.* Que constituye o implica una agresión: *movimiento* ~. 2 fig. Que implica provocación o ataque: *discurso ~; palabras agresivas.* 3 Propenso a faltar al respeto, a ofender a los demás. 4 ANGLIC. Audaz, dinámico, emprendedor.

agresología *f.* Parte de la medicina que estudia los fenómenos de agresión biológica, en especial desde el punto de vista inmunológico.

agresor, -ra *adj.-s.* Que comete agresión. 2 Persona que da motivo a una riña, injuriando y provocando a otra. 3 DER. Persona que viola el derecho de otra.

agreste (l. *-te*) *adj.* Campesino o relativo al campo. 2 Áspero, inculto: *paisaje* ~. 3 fig. Rudo, grosero: *modales agrestes.* ◇ En la acep. 1, que es la originaria, no se usa actualmente.

agreta *f.* p. us. Acedera.

agrete *adj.-s.* Dim. de *agrio.*

agri-, agro- (l. *ager agri,* campo) Elemento prefijal que entra en la formación de palabras con el significado de campo: *agricultura, agropecuario.*

agriado, -da *adj.* Ácido.

agriamente *adv. m.* Con rigor (aspereza). 2 fig. Amargamente.

agriar *tr.-prnl.* Poner agria [una cosa]. 2 fig. Exasperar los ánimos [de uno]. ◇ ** CONJUG. [12] como *cambiar.*
SIN. *1* v. **Acedar.**

agriaz *m.* Cinamomo (árbol meliáceo).

agrícola (l. v. *agri-* + *-cola*) *adj.* Relativo a la agricultura o al que la ejerce. -2 *com.* Agricultor, -ra.

agricultor, -ra (l. v. *agri-* + *-cultor*) *m. f.* Persona que tiene por oficio labrar o cultivar la tierra.

agricultura (l. v. *agri-* + *-cultura*) *f.* Cultivo de la tierra. 2 Arte de cultivar la tierra.

agridulce *adj.-s.* Que tiene mezcla de agrio y de dulce. 2 fig. [pers.] Que tiene a la vez carácter agradable y desagradable.

agridulcemente *adv. m.* De modo agridulce.

agriera *f. Amér.* Acedía de estómago. En Colombia se usa en plural.

agrietamiento *m.* Acción de agrietar o agrietarse. 2 Efecto de agrietar o agrietarse.

agrietar (paras.) *tr.-prnl.* Abrir grietas [en una cosa].

agrifado, -da *adj.* V. águila, letra agrifada. -2 *adj.-s. P. Rico.* Persona de color, que tira a grifo.

agrifolio (l. *-iu*) *m.* Acebo.

agrilla *f.* Dim. de *agria.* 2 Acedera.

agrillarse *prnl.* Grillarse.

agrimensor, -ra (l.) *m. f.* Persona perita en agrimensura. V. escuadra de ~. -2 *m. Cuba.* Gusano de unos 3 cm. de largo, de color verdoso, muy perjudicial a la agricultura.

agrimensura (l.) *f.* Arte de medir tierras.
SIN. **Planimetría.**

agrimonia (l., del gr. *argemóne*) *f.* Planta rosácea, de hojas largas y ásperas, y flores amarillas; se usa en tenería y como astringente *(Agrimonia eupatoria).* 2 Planta labiada de Cuba, que se usa como febrífuga *(gén. Tenerium).*
SIN. *1* **Agrimoña, algafil, eupatorio, gafetí, hierba de San Guillermo.**

agrimoña *f.* Agrimonia (planta rosácea).

agringarse *prnl. Amér.* Adquirir las costumbres del gringo. ◇ ** CONJUG. [7] como *llegar.*

agrio, -gria (v. *agro*) *adj.* Ácido: ~ *al gusto;* ~ *de gusto.* 2 fig. Áspero, peñascoso: *camino ~; terreno ~.* 3 Acre (áspero): *respuesta agria.* 4 fig. [castigo o sufrimiento] Difícilmente tolerable. 5 METAL. Frágil, quebradizo, que no puede extenderse en forma de láminas ni hilos. -6 *adj.-m.* PINT. Colorido falto de armonía. -7 *m.* Zumo ácido. 8 Sabor agrio. 9 *Can.* Gajo de la naranja. -10 *m. pl.* Frutas agrias o agridulces, como el limón y la naranja.

agrio- (gr. *ágrios,* salvaje) Elemento prefijal que entra en la formación de palabras con el significado de salvaje, silvestre: *agriófago, agriopo.*

agriofagia (*agrio-* + *-fagia*) *f.* Afición a comer carne de animales salvajes.

agriófago, -ga *adj.* Que se alimenta de la caza o pesca.

agrión *m.* Tumefacción que suelen padecer las caballerías en la punta del corvejón. 2 Cinamomo (árbol meliáceo).

agriopo, -pa (*agrio-* + gr. *ops, opós,* mirada) *adj.* Arisco o fiero en el mirar.

agrior *m. Argent.* Acedía de estómago.

agrios *m.* Planta oxalidácea, de hojas basales y flores amarillas, dispuestas en umbelas *(Oxalis pes-caprae).* ◇ Pl.: *agrios.*

agrioso, -sa *adj. Cuba.* Agridulce. 2 *Cuba.* Agriado.

agriotimia (*agrio-* + *-timia*) *f.* Locura o manía furiosa.

agripalma (l. *acer acris,* fuerte + *palma*) *f.* Planta labiada, indígena de España, de tallo cuadrangular, hojas trilobuladas y flores purpurinas o blancas, en verticilos *(Leonurus cardiaca).*
SIN. **Cardiaca, cardíaca, cola de león.**

agrípeno *m. Cuba.* Ave de paso perjudicial para los cereales *(Paserinus americanus; Dolichonix onyzivorus; Icterus agripennis).*

agrisado, -da (paras.) *adj.* Grisáceo.

agrisar *tr.* Dar color gris [a algo].

agrisetado, -da (paras.) *adj.* Relativo a las telas parecidas a la griseta.

agriura *f. Amér. Central* y *Ecuad.* vulg. Agrura.

agro, -ra (l. *acru*) *adj.* Agrio. -2 *m.* V. jalea del agro. 3 Como palabra independiente, se usa lit. con el signif. de campo en abstracto: *problemas del ~ andaluz.* 4 CONSTR. Obra en construcción que ofrece mayor inclinación de la normal.

I) agro- (gr. *agrós,* campo) Elemento prefijal que entra en la formación de palabras con el significado de campo: *agrología, agronomía.*

II) agro-, v. agri-: *agropecuario.*

agrobiología (*agro-* II + *biología*) *f.* Ciencia que estudia la vida de los organismos vegetales y animales en relación al terreno agrario en que habitan.

agroforestación (*agro-* II + *forestación*) *f.* Plantación alternada de plantas para cultivo y plantas forestales.

agrología (*agro-* I + *-logía*) *f.* Parte de la agronomía que estudia las relaciones del suelo con la vegetación.

agrológico, -ca *adj.* Relativo a la agrología.

agronomía (*agro-* I + *-nomía*) *f.* Conjunto de conocimientos aplicables al cultivo de la tierra.

agronómico, -ca *adj.* Relativo a la agronomía.

agrónomo, -ma (*agro-* I + *-nomo*) *m. f.* Persona que por profesión o estudio se dedica a la agronomía.

agropecuario, -ria (*agro-* II + *pecuario*) *adj.* Que tiene relación con la agricultura y la ganadería.

agroquímica (*agro-* II + *química*) *f.* Parte de la química aplicada que trata de la utilización industrial de materias orgánicas procedentes del campo; como aceites, resinas, pulpa de madera, etc.

agror *m.* Agrura (sabor).

agrostemina *f.* Alcaloide que se extrae de la neguilla del trigo.

agróstide *f.* Planta gramínea forrajera *(Agrostis alba).*

agrumar (paras.) *tr.* Hacer que se formen grumos [en un líquido].

agrupable *adj.* Que se puede agrupar.

agrupación *f.* Acción de agrupar o agruparse. 2 Efecto de agrupar o agruparse. 3 Conjunto de personas agrupadas para un fin: ~ *coral.* 4 MIL. Unidad homogénea de importancia semejante a la del regimiento.

agrupador, -ra *adj.* Que agrupa.

agrupamiento *m.* Acción de agrupar. 2 Efecto de agrupar. 3 Conjunto de personas agrupadas.

agrupar (paras.) *tr.-prnl.* Reunir en grupo [a personas o cosas]. 2 Constituir una agrupación.

agrura (de *agro*) *f.* Sabor acre o ácido de algunas cosas. 2 Conjunto de árboles que producen frutas agrias o agridulces. -3 *f. pl.* Agrio (frutas agrias).

¡agú! *Chile.* Interjección ¡Ajó! ¡Ajajá!

agua (l. *aqua*) *f.* Líquido formado por la combinación de dos volúmenes de hidrógeno y uno de oxígeno, H_2O; es inodoro, insípido, incoloro en pequeñas cantidades y transparente; disuelve muchas substancias; en estado más o menos puro, existe en la naturaleza en grandes cantidades, forma la lluvia, las fuentes, los ríos y los mares; ocupa las tres cuartas partes de la superficie del globo: *~ de alimentación,* la que se ha depurado previamente para quitarle el aire e impurezas, y que se suministra a una calderea para ser vaporizada; *~ bendita,* la que bendice el sdacerdote; *~ condensada,* la producida por la condensación del vapor de agua; *~ dulce,* la potable, de poco o ningún sabor; *~ dura,* la que contiene gran cantidad de sales cálcicas y magnésicas; *~ mineral,* la que lleva en disolución substancias minerales; *~ de pie,* la corriente, como la de las fuentes; *~ potable,* la que se puede beber; *~ de refrigeración,* la que se hace circular en una envoltura, serpentín o haz tubular, para extraer calor; *~ residual,* la que procede de viviendas, poblaciones o zonas industriales y arrastra suciedad y detritos; *~ salobre,* aquella cuya proporción de sales la hace impropia para la bebida; *~ de seltz,* agua carbónica natural o preparada artificialmente; *~ de socorro,* bautismo administrado sin solemnidades, en caso de necesidad; *~ termal,* la que en todo tiempo brota del manantial con temperatura superior a la media del país; *~ viva,* la que mana y corre naturalmente; *~ milagrosa,* DEP., fest., la que da el masajista a un deportista lesionado y que hace que éste se recupere inmediatamente; *hacerse una cosa ~ en la boca,* deshacerse fácilmente en la boca al comerla; *hacérsele a uno ~ la boca,* fig., recordar con deleite el buen sabor de un manjar, o bien deleitarse con la esperanza de lograr una cosa agradable; *llevar uno el ~ a su molino,* fig., dirigir en su provecho exclusivo aquello de que se puede disponer; *tan claro como el ~,* lo muy manifiesto; *~ abajo,* con la corriente o curso natural del agua; *~ arriba,* contra la corriente o curso natural del agua. 2 Infusión o destilación de flores, plantas o frutos: *~ de rosas, de azahar; ~ de ángeles,* la perfumada con el aroma de flores de varias clases; *~ aromática, Colomb.,* infusión de hierbas; *~ de arroz,* bebida refrescante obtenida del cocimiento del cereal, utilizada también como astringente; *~ de la aurora,* bebida preparada con agua, leche de almendras, canela y azúcar; *~ carbónica,* la gaseosa; *~ caudal,* licor alcohólico que contiene esencias de rosas y canela; *~ de coco,* líquido refrescante que existe en el interior del coco; *~ de cebada,* bebida refrescante obtenida del cocimiento del cereal; *~ de Colonia,* perfume compuesto de agua, alcohol y esencias aromáticas; *~ compuesta,* bebida hecha con agua, azúcar y zumo de algunas frutas; *~ de melisa,* alcohol destilado con hojas de melisa, corteza de limón, etc. 3 Disolución en agua de ciertos cuerpos químicos: *~ acídula* o *agria,* la mineral que lleva disuelto ácido carbónico; *~ amoniacal,* disolución de amoniaco en agua, formando hidróxido amónico; *~ angélica,* angélica, bebida purgante; *~ cruda,* la que por llevar disuelto mucho calcio endurece las legumbres que se cuecen en ella; *~ de barita,* suspensión de hidróxido de bario en agua destilada; *~ de cal,* la preparada con cien partes de agua y una de cal; *~ fenicada,* la que tiene disolución de ácido fénico al cinco por ciento. Se emplea como desinfectante; *~ ferruginosa,* la mineral rica en hierro, disuelto en forma de bicarbonato; *~ fuerte,* ácido nítrico diluido en una pequeña cantidad de agua, que se emplea en el grabado; *~ oxigenada,* disolución en agua destilada de bióxido de hidrógeno, usada en medicina; *~ pesada,* óxido de deuterio, agua formada por un isótopo del hidrógeno, la cual se emplea como moderador en reactores nucleares; *~ regia,* mezcla del ácido nítrico con el clorhídrico, que disuelve el oro. 4 Lluvia: *~ lluvia, ~ llovediza* o *pluvial,* la que cae de las nubes; *~ nieve* o *~ viento,* lluvia mezclada con nieve o con viento fuerte. 5 Vertiente de un tejado: *tejado a dos aguas.* 6 Marea (de las aguas): *aguas mayores,* las más grandes de los equinoccios; *aguas menores,* las diarias o comunes; *aguas de creciente* o *de menguante,* flujo o reflujo del mar. 7 MAR. Vía de agua. -8 *f. pl.* Manantial de aguas mineromedicinales. 9 Las del mar inmediatas a determinada costa: *en aguas de Cartagena; aguas jurisdiccionales,* las que bañan las costas de un estado y están sujetas a su jurisdicción hasta el límite señalado por el derecho internacional. 10 Corrientes del mar: *las aguas van,* o *tiran, hacia tal parte.* 11 Estela o camino que ha seguido un buque: *seguir las aguas de un contrabandista.* 12 Orina: *hacer aguas; aguas mayores,* excremento humano. 13 Reflejos de algunas telas, plumas, piedras, etc. 14 Destellos de una piedra preciosa. 15 *Nadar entre dos aguas,* entre dos partidos, no decidirse por ninguno de los dos. -16 *f. Perú.* fam. Plata, dinero. 17 *Media ~, Amér.,* mediagua.

REL. Las voces cultas o técnicas se forman del l. *aqua (acuoso, acuático)*; del gr. *hidro- (hidrografía, hidráulico)* o *-hidro (anhidro, clorhídrico)*; en el sentido de humedad, del gr. *higro- (higroscópico, higrómetro).*

agua-bomba *m. Cuba.* Tonto, sin gracia.

aguacal *m.* Lechada de cal con yeso que se emplea para enjalbegar.

aguacatal *m.* Plantación de aguacates. 2 *Guat.* Aguacate (árbol). 3 *Hond.* fig. Testículo.

aguacate (náhu. *ahuacatl*) *m.* Árbol laureáceo de América, cuyo fruto, una drupa, es parecido a una pera grande, de carne suave y muy apreciada *(Persea gratissima).* 2 Fruto de este árbol. 3 Esmeralda de figura de perilla. 4 fig. Persona poco animosa, sosa. 5 *Murc.* Fruto del níspero del Japón.

aguacatero, -ra *adj. C. Rica.* Hambriento. 2 *Guat.* Adinerado. -3 *m. Can.* Aguacate (árbol). 4 *Murc.* Níspero del Japón.

aguacatillo *m.* Árbol de América, laureáceo, de flores amarillentas y fruto negruzco cuando madura, que comen los cerdos *(Laurus borbonia).* 2 *Venez.* Árbol del mismo género del aguacate y una de sus especies *(Persea spectabilis).*

aguacella *f. Ar.* Aguanieve.

aguaceral *m. Colomb.* y *P. Rico.* Aguacero.

aguacero *m.* Lluvia repentina, impetuosa y de poca duración. 2 fig. Sucesos y cosas molestas que en gran cantidad caen sobre una persona. 3 *Colomb.* Lluvia abundante y larga. 4 *Cuba.* Insecto parecido a la luciérnaga *(gén. Pholinus).*

SIN. *4* **Animita.**

aguacha *f.* Agua encharcada y corrompida.

aguachacha *f. C. Rica* y *Nicar.* Aguachirle, bebida insípida, sin fuerza ni substancia.

aguachada *f. Hond.* Refresco mal hecho.

I) aguachar *m.* Charco.

II) aguachar *tr.-prnl.* Enaguachar. 2 *Argent.* Apartar al ternero o cordero de la madre. 3 *Chile.* Amansar, domesticar [un animal]. -4 *prnl. Argent.* Engordar el caballo por haber estado pastando ocioso mucho tiempo. 5 *Chile.* Aficionarse, encariñarse. 6 *P. Rico.* Abochornarse.

aguacharnar *tr.* Enaguazar.

aguachas *f. pl.* Alpechín.

aguachentarse *prnl. Cuba.* Volverse aguachenta una fruta.

aguachento, -ta *adj. Can.* y *Amér.* Que pierde sus jugos y sales por haber estado impregnado del agua mucho tiempo.

aguachí *m. Perú.* Moriche, palmera.

aguachil *m. Méj.* Caldo de Chile muy aguado.

aguachinangado, -da *adj. Cuba.* [pers.] Que en su pronunciación, ademanes, etc., imita a los mejicanos, llamados burlescamente *guachinangos.*

aguachinar *tr. Ar., Logr.* y *Sal.* Enaguazar.

aguachirle (de *agua* + *chirle*) *f.* Aguapié de ínfima calidad. 2 fig. Líquido sin substancia. 3 fig. Cosa baladí, insubstancial.

aguachirri *f.* Aguachirle. 2 *Can.* Comida o bebida sin substancia.

aguachoso, -sa *adj. Colomb.* y *P. Rico.* Aguachento, aguazoso.

aguacibera (de *agua* + *cibera*) *f.* Agua con que se riega una tierra sembrada en seco.

aguacil *m.* vulg. Alguacil. 2 *Argent.* y *Urug.* Alguacil, caballito del diablo.

aguacioso *m.* Pez marino teleósteo de pequeño tamaño, cuerpo muy alargado, de color amarillo verdoso que se transforma en azul cuando está muerto *(Ammodytes tobianus).*

SIN. **Saltón.**

aguacola *f. Colomb.* y *Méj.* Preparación de cola con agua.

aguada *f.* Sitio en que hay agua potable y a propósito para surtirse de ella. 2 Provisión de agua potable. 3 Avenida de aguas que inunda una mina. 4 Tinta que se da a una pared enlucida de yeso. 5 Color diluido en agua sola o con ciertos ingredientes. 6 Pintura o diseño ejecutado con este color. 7 *Amér.* Abrevadero. 8 *Argent.* y *Parag.* Balsa artificial.

aguadar *tr. Guat.* Aguar, mezclar agua con algún [otro licor]. 2 *Guat.* Debilitar, hacer flaquear.

aguadeño *m. Colomb.* Sombrero de paja.

aguadera *f.* Pluma que, junto a otras tres, sigue a las remeras del ala de las aves. -2 *f. pl.* Armazón con divisiones que se coloca sobre las caballerías para llevar cántaros de agua u otras cosas.

SIN. *2* **Angarillas.**

aguadero, -ra *adj.* Propio para el agua, hablando de prendas de vestir: *capa aguadera.* -2 *m.* Abrevadero. 3 Sitio donde acostumbran a ir a beber algunos animales silvestres: ~ *de palomas.* 4 Sitio donde se lanzan las maderas a los ríos para conducirlas a flote. 5 desus. Aguador [oficio].

aguadija *f.* Humor parecido al agua que se forma en granos y llagas.

aguado, -da *adj.* Abstemio. 2 Mezclado con agua. 3 Turbado, interrumpido, perturbado. 4 *C. Rica, Ecuad., Guat., Méj.* y *Venez.* Débil, desfallecido. 5 *Colomb., Guat., Nicar.* y *Venez.* Blando y sin consistencia. 6 *Perú.* [pers.] Soso, sin viveza ni gracia. 7 *Venez.* [fruta] Jugoso, pero desabrido. -8 *m. Ecuad.* Bebida refrescante de frutas con azúcar y aguardiente, o con leche, azúcar y ron. -9 *m. pl. Méj.* Apodo que dan los mejicanos a sus compatriotas de la ciudad de Méjico.

aguadojo *m. Logr.* Canaleta pequeña de cemento para la conducción de agua.

aguador, -ra *m. f.* Persona que tiene por oficio llevar o vender agua. -2 *m.* Travesaño horizontal que une los dos aros de que se compone la rueda vertical de la noria. 3 DEP. En el ciclismo, corredor encargado de repartir entre sus compañeros de equipo los bidoncitos de agua que le da el vehículo de asistencia.

aguaducho (v. *acueducto*) *m.* Avenida impetuosa de agua. 2 Puesto para vender agua y otras bebidas. 3 Acueducto. 4 Noria. 5 *Venez.* Tinajero.

aguadulce *m. C. Rica.* Aguamiel (agua mezclada).

aguadulcera *f. Colomb.* Convite, refacción.

aguadura (de *aguar*) *f.* Absceso en lo interior del casco de las caballerías. 2 Contracción espasmódica de las patas del caballo.

aguafiestas *com.* Persona que turba una diversión o regocijo. ◇ Pl.: *aguafiestas.*

SIN. **Derramasolaces.**

aguaflorida *f. Can.* Agua de Colonia.

aguafresquera *f. Méj.* Vendedora de refrescos.

aguafuerte *amb.* Agua fuerte. 2 Lámina obtenida por el grabado al agua fuerte. 3 Estampa obtenida con esta lámina. ◇ Pl.: *aguafuertes.*

aguafuertista *com.* Persona que graba al agua fuerte.

aguagoma *f.* Disolución de goma arábiga en agua, de que usan los pintores.

aguaí *m.* Aguay.

aguaicar *tr. Bol.* y *Perú.* Pelear muchos [contra uno solo]. ◇ ** CONJUG. [1] como *sacar.*

aguaita *f. Amér.* Acción de aguaitar o acechar.

aguaitacaimán *m.* Ave zancuda de Cuba; tiene la cabeza adornada de plumas largas de color metálico, y la garganta y el pecho blancos *(Ardea virescens; brunescens).*

aguaitacamino *m.* Ave caprimulgiforme de América, parecida al chotacabras *(Nyctidromus albicollis).*

aguaitada *f. Chile.* Aguaitamiento, acecho.

aguaitador, -ra *adj.-s.* ant. Que aguaita.

aguaitamiento *m.* ant. Acción de aguaitar.

aguaitar *tr.* ant. Acechar. -2 *prnl. Can.* y *Guat.* Ponerse en cuclillas.

aguaite *m. Chile.* Aguaitamiento, acecho.

aguajal *m. Amér. Central.* Agualotal.

aguajaque (ár. *aluaxac*) *m.* Resina del hinojo.

aguaje *m.* Abrevadero. 2 Aguada (depósito). 3 Crecida grande del mar. 4 Corriente impetuosa del mar. 5 Agua que entra en los puertos o sale de ellos en las mareas. 6 Corrientes marinas, periódicas en algunos parajes. 7 Laguna o charca. 8 Estela (rastro). 9 fam. Talante. 10 *Can.* Moqueo. 11 *Colomb., Ecuad., Guat.* y *Nicar.* Aguacero. 12 *Guat.* y *Hond.* Reprimenda. 13 *Perú.* Palmácea de fruto comestible, que crece en los pantanos de la selva amazónica. 14 *P. Rico* y *S. Dom.* Mentira.

aguajear *intr. Venez.* Apl. a personas, manifestarse con ciertas señales. 2 *S. Dom.* Hacer aspavientos.

aguajero, -ra *adj. P. Rico* y *S. Dom.* Que hace o dice aguajes (amenazas, mentiras).

aguají (voz indígena) *m.* Pez de las Antillas, de cerca de un metro de largo, de carne poco apreciada *(Serranus decimalis).* 2 *Cuba.* Salsa de ají, cebolla, ajo, zumo de limón y agua.

aguajirarse *prnl. Cuba.* Volverse guajiro o campesino; y, fig. perder el roce social.

aguallita *f. Perú.* Agua somera o de poco fondo.

agualmeque *m.* Árbol de Honduras, de madera blanca, usada para menear el atole cuando se hace.

agualoja *f. Amér.* Aloja.

agualojero, -ra *m. f. Amér. Central.* Persona que vende agualoja.

agualotal *m. Amér. Central.* Aguazal, pantano.

aguamala *f.* Medusa.

aguamanil (l. *aquamanile*) *m.* Jarro para echar agua en la palangana y para dar aguamanos. 2 Pila o palangana destinada a lavarse las manos. 3 p. ext. Palanganero.

aguamanos *m.* Agua para lavar las manos. 2 Aguamanil (jarro). ◇ Pl.: *aguamanos.*

aguamansa *f. Colomb.* Agua con harina resultante de lavar el maíz.

aguamar *m.* Medusa.

aguamarina *f.* Variedad de berilo de color verde mar.

aguamarse *prnl. Colomb.* Acobardarse.

aguamelado, -da *adj.* Bañado con aguamiel.

aguamelar *tr.* Mezclar [alguna cosa] con aguamiel.

aguamiel *f.* Agua mezclada con miel. 2 *Amér.* Agua preparada con caña de azúcar o papelón. 3 *Méj.* Jugo del maguey, que, fermentado, produce el pulque. ◇ Pl.: *aguamieles.*

SIN. *1* **Hidromel, hidromiel.**

aguanafa *f. Murc.* Agua de azahar.

aguanchinarse *prnl. Colomb.* Llenarse una fruta de jugo insípido.

aguanchinoso, -sa *adj. Colomb.* Aguachento.

aguandal *m. Colomb.* Aguazal, pantano.

aguanés, -esa *adj. Chile.* [res vacuna] Que tiene ambos costillares de un mismo color, pero distinto del del lomo y del de la barriga.

aguanieve *f.* Agua nieve. ◇ Pl.: *aguanieves.*

aguanieves *f.* Aguzanieves. ◇ Pl.: *aguanieves.*

aguanosearse *prnl. Colomb.* Volverse aguado o aguanoso algún fruto. 2 *Colomb.* fig. Frustrarse un plan.

aguanosidad *f.* Calidad de aguanoso. 2 Humor acuoso detenido en el cuerpo.

aguanoso, -sa *adj.* Lleno de agua o muy húmedo. 2 *La Mancha.* fig. *y* fam. Mujeriego. 3 *Amér.* [fruto] Insípido por ser demasiado acuoso. 4 *Ecuad.* Jugoso.

aguantable *adj.* Que se puede aguantar.

aguantaderas *f. pl.* Tolerancia, paciencia.

aguantado, -da *adj. Colomb.* Mezquino, agarrado.

aguantador, -ra *adj. Amér.* Aguantón.

aguantar (it. *agguantare*) *tr.* Detener, contener: ~ *el aliento.* 2 Sostener, resistir: *la viga aguanta el techo.* 3 Sufrir, tolerar: *no aguanto a los malos poetas; no se puede* ~ *más.* 4 Resistir uno con fortaleza [trabajos, pesos, etc.]: ~ *la fatiga;* ~ *el dolor.* 5 Hacer cara o defenderse [una pieza de caza] de los perros. 6 MAR. Atesar [un cabo]. 7 *León.* Andar de prisa, apresurarse. 8 *S. Dom.* Substituir temporalmente a una persona en su trabajo. -9 *intr.* TAUROM. Conservar la postura con que se cita al toro para matarlo. -10 *prnl.* Callarse, contenerse: *se aguantó largo rato.*

aguante *m.* Sufrimiento, paciencia. 2 Fuerza, vigor.

aguantón, -ona *adj. Amér.* Que tolera o aguanta demasiado.

aguañón (de *agua*) *adj.* Perteneciente o relativo al maestro constructor de obras hidráulicas.

aguaparse *prnl. P. Rico.* vulg. Envalentonarse.

I) aguapé (guaraní) *m.* Planta acuática de la Argentina, de tallo fofo y flor pequeña, cuyas hojas se usan para curar la insolación *(Villaria nympheoides).*

II) aguapé, -asó *m. Argent.* Ave zancuda de varios colores, armada de un espolón de combate *(gén. Alectrurus).*

aguapié *m.* Vino muy bajo. 2 Agua de pie. ◇ Pl.: *aguapiés.*

SIN. *1* **Torcedura; torcido,** en algunas partes. REL. **Purrela,** el vino inferior entre los llamados aguapié.

aguar *tr.-prnl.* Mezclar agua [con vino u otro licor]. 2 fig. Turbiar o frustrar [una cosa halagüeña]: *nos aguó la fiesta.* 3 fig. Atenuar [lo molesto] con la mezcla de algo agradable. 4 Echar al agua. -5 *prnl.* Llenarse de agua algún sitio. 6 Resfriarse y no poder andar las caballerías por haberse fatigado mucho o haber bebido estando sudadas. -7 *tr. Amér.* Abrevar. ◇ ** CONJUG. [22] como *averiguar.*

aguará (guaraní) *m.* Mamífero carnívoro de Sudamérica de 1,25 m. de longitud, patas largas y grandes orejas; se caracteriza por presentar el dorso de la crin eréctil *(Chrysocyon brachyurus).*

aguarachay (guaraní) *m.* Especie de zorro americano, de piel gris, amarilla y negra *(Pseudalopex gymnocercus).*

aguaraibá *m. Argent.* Turbinto.

aguarangarse *prnl. Argent.* Volverse guarango. ◇ ** CONJUG. [7] como *llegar.*
aguarapado, -da *adj. Venez.* Dulzaino, escasamente endulzado, refiriéndose a un líquido. 2 Del color del guarapo, amarillento.
aguaraparse *prnl. P. Rico* y *S. Dom.* Llenarse uno de guarapo o de agua, produciéndose pesadez en el estómago. 2 *Guat.* Hablando de la caña, ponerse guarapa.
aguardada *f.* Acción de aguardar.
aguardadero *m.* Aguardo.
aguardador, -ra *adj.-s.* Que aguarda.
aguardar (*a-* I + *guardar*) *tr.-intr.* Esperar: ~ *el fin de un suceso;* ~ *a mañana;* ~ *a morir;* ~ *que le respondiera,* o *a que le respondiera.* -2 *tr.* Esperar que llegue [una pers.]: *aguardo a mi padre,* o *que llegue mi padre.* 3 Dar tiempo o espera [a una pers.; esp. al deudor para que pague]: *te aguardaré un día.* 4 Haber de ocurrir a una persona, o estarle reservado [algo] para el futuro. -5 *prnl.* Detenerse, retardarse.
SIN. v. **Esperar.**
aguardentería *f.* Establecimiento del aguardentero al por menor.
aguardentero, -ra *m. f.* Persona que tiene por oficio vender aguardiente.
aguardentoso, -sa *adj.* Que contiene aguardiente o se parece a él. 2 [pers.] De voz áspera, bronca.
aguardiente (de *agua* + *ardiente*) *m.* Bebida alcohólica que por destilación se obtiene del vino o de otras substancias: ~ ***alemán,*** purgante que se obtiene a base de macerar determinadas hierbas en aguardiente; ~ ***de cabeza,*** el primero que sale de la destilación de cada calderada; ~ ***de caña,*** el que se obtiene de la melaza. ◇ Pl.: *aguardientes.*
aguardillado, -da (paras.) *adj.* De figura de guardilla.
aguardo *m.* Paraje donde se acecha la caza.
aguarería *f. Urug.* Agüero, presagio adverso.
aguaribay *m. Argent.* Turbinto.
aguarico, -ca *adj. Ecuad.* [gallo] Que tiene, de nacimiento, el pescuezo limpio de plumas.
aguarote *m. Venez.* Aguachirle.
aguarrás (de *agua* + un der. del l. *rasis,* pez en bruto) *m.* Esencia de trementina. ◇ Pl.: *aguarrases.*
REL. **Terpina,** derivado cristalizable del ~.
aguarrías *f. pl. Sant.* Llovizna muy cernida.
aguarrón *m. And.* Chaparrón.
aguasal *f.* Salmuera.
aguasalear *tr. Colomb.* Dar aguasal [al ganado]. -2 *prnl.* Emborracharse.
aguasarse *prnl. Argent.* y *Chile.* Tomar las maneras y costumbres del guaso.
aguascalentense *adj.-s.* p. us. De Aguascalientes, ciudad y estado del norte de Méjico.
I) aguasol *m.* Rabia, enfermedad del garbanzo.
II) aguasol (mej. *ouazolli*) *m. Méj.* Rastrojo del maíz.
aguatal *m. Ecuad.* Charco, pantano.
aguatarse *prnl. Chile.* Enaguacharse.
aguate *m.* Sopa o guisado que contiene exceso de agua. 2 *Méj.* Ahuate.
aguatero, -ra *m. f. Amér.* Aguador, el que lleva o vende agua.
aguatinta (del ital. *acqua tinta,* agua teñida) *f.* Dibujo o pintura que se realizan con tinta de un solo color. 2 Aguada, dibujo o diseño hecho con colores diluidos en agua. 3 Variedad de grabado al aguafuerte en el que se trabaja a base de grandes masas y gradaciones, no de líneas. 4 Estampa que se obtiene por este procedimiento.
aguatocha *f.* Bomba (máquina).
aguatón *m.* Arbusto medicinal de Méjico.
aguatoso, -sa *adj. Méj.* [planta y fruto] Que tiene muchos aguates.
aguaturma (de *agua* y *turma,* criadilla de tierra) *f.* Planta compuesta, de raíz tuberculosa, feculenta y comestible *(Helianthus tuberosus).* 2 Raíz de esta planta.
SIN. **Pataca, patata de caña, topinambo.** REL. **Cotufa,** tubérculo de la raíz.
aguatusar *tr. C. Rica.* Arrebatar [algo].
aguatuso *m. C. Rica.* Arrebatina, juego de chicos.
aguaverde *f.* Medusa verde. ◇ Pl.: *aguaverdes.*
aguaviento *m.* Agua viento. ◇ Pl.: *aguavientos.*
aguavientos *m.* Planta labiada de hojas gruesas y felpudas, y flores terminales encarnadas *(Phlomis herba-venti).* ◇ Pl.: *aguavientos.*
SIN. **Matagallos.**
aguavilla *f.* Gayuba.
aguaviva *f.* Medusa.
aguay (voz guaraní) *m. Argent.* y *Parag.* Árbol sapotáceo, semejante al naranjo. Algunas especies dan una fruta amarilla, con carozo del tamaño y forma del níspero del Japón *(gén. Chrysophyllum).* 2 Fruto de este árbol. 3 Con este nombre se conocen otros árboles pertenecientes a especies distintas *(Lucuma neriifolia; Labatia glomerata; Ponteria suavis).*
aguayo, -ya *adj. Méj.* Espinoso, áspero. -2 *m. Bol.* Lienzo fuerte que sirve para hacer fundas y talegos de carga.
aguayungar *tr. Colomb.* Formar guayunga o pareja. ◇ ** CONJUG. [7] como *llegar.*
aguaza (de *agua*) *f.* Humor acuoso y espeso que se produce en algunos tumores de los animales. 2 Humor que destilan algunas plantas y frutos.
aguazal *m.* Terreno donde se estanca el agua llovediza.
aguazar (de *agua*) *tr.-prnl.* Encharcar (un terreno). ◇ ** CONJUG. [4] como *realizar.*
aguazo *m.* Pintura a la aguada sobre lienzo blanco mojado.
aguazoso, -sa *adj.* Aguanoso.
aguazul, -zur *m.* Algazul.
agudamente *adv. m.* Viva y sutilmente. 2 fig. Con agudeza de ingenio.
agudeza *f.* Cualidad de agudo. 2 Delgadez en el corte o punta de armas, instrumentos u otras cosas. 3 fig. Viveza y penetración del dolor. 4 fig. Perspicacia de la vista, oído u olfato. 5 fig. Perspicacia o viveza de ingenio. 6 fig. Dicho agudo. 7 fig. Ligereza, velocidad.
agudilla *f. León.* Abubilla.
agudización *f.* Acción de agudizar o agudizarse. 2 Efecto de agudizar o agudizarse.
agudizamiento *m.* Agudización.
agudizar (de *agudo*) *tr.* Hacer aguda una cosa. -2 *prnl.* Agravarse, hablando de enfermedades. ◇ ** CONJUG. [4] como *realizar.*
agudo, -da (l. *acutu*) *adj.* [corte, punta de un arma, herramienta] Afilado, delgado. 2 fig. Sutil, perspicaz: *oído* ~; *vista aguda;* ~ *de ingenio.* 3 fig. Vivo, gracioso y oportuno: ~ *en sus ocurrencias.* 4 [dolor] Vivo y penetrante; [enfermedad] grave y rápido o repentino. 5 Ligero, veloz. 6 GRAM. [palabra] Cuyo acento prosódico carga en la última sílaba, como *mamá, papel.* 7 V. sílaba aguda; acento agudo. 8 V. ángulo agudo. 9 MÚS. [sonido] De tono alto, por contraposición al bajo o grave.
SIN. 7 **Oxítona.**
¡agüé! *Amér. Central.* Interjección con que se denota llamada o aviso.
aguedita *f. Cuba.* Varias especies de árboles *(Picramnia pentandra; Guidonia sylvestris; Exostemusa caribœum).*
agüeitar *tr. Amér.* Aguaitar.
agüelo, -la *m. f.* fam. Abuelo.
agüera (l. *aquaria*) *f.* Zanja para encaminar el agua llovediza a las heredades.
agüerear *intr. Urug.* Llenar de agüeros, agorar.
agüería *f. Argent.* y *Urug.* Agorería, agüero.
agüerista *adj. Colomb.* Agorero, supersticioso.
agüero (v. *augurio*) *m.* Presagio que algunos pueblos gentiles sacaban del canto y vuelo de las aves, de fenómenos meteorológicos, etc. 2 p. ext. Presagio o señal de una cosa futura. 3 Pronóstico supersticioso.
SIN. Para matices de signif., comp. **adivinar.**
aguerrido, -da *adj.* Ejercitado en la guerra: ~ *en combates.* 2 fig. Experimentado o diestro en las luchas y trabajos.
aguerrir (paras.) *tr.-prnl.* Acostumbrar [a los soldados bisoños] a los peligros de la guerra. ◇ Verbo defectivo; se usa sólo en los tiempos y personas que contienen la vocal *i,* y especialmente en el infinitivo y el participio.
agüetas *f. pl. Murc.* Aguachirle, aguapié.
agüica *f. And.* Abubilla.
aguiero *m.* Rollo de madera de castaño, de 4 metros y 60 centímetros de largo, destinado a la construcción.
aguija (l. *aquilia,* obscura) *f.* desus. Guija.
aguijada (l. *aculeata* < *aculeu,* aguijón) *f.* Vara larga con una punta de hierro en un extremo, con que los boyeros pican a la yunta. 2 Vara larga con una paleta de hierro en un extremo con que se separa la tierra pegada a la reja del arado.
SIN. *1* **Llamadera.** *2* **Arrejada, rejada, béstola, limpiadera.**
aguijador, -ra *adj.-s.* Que aguija.
aguijadura *f.* Acción de aguijar. 2 Efecto de aguijar.

aguijante *adj.* Aguijador.
aguijar *tr.* Picar con la aguijada [a los bueyes, mulas, etc.]; en gral., avivarlos con la voz o de otro modo. 2 fig. Estimular, incitar: ~ *las pasiones; los celos le aguijan.* 3 Apresurar: ~ *el paso;* ~ *los pies;* **abs.**, *aguija, hijo; aguijan hacia la aldea.*
aguijón (l. **culeone*) *m.* Punta de la aguijada. 2 fig. Estímulo, incitación: *el* ~ *de la ganancia, del amor propio.* 3 Púa que nace del tejido celular superficial de algunas plantas. 4 Órgano que tienen en la extremidad del abdomen los escorpiones y algunos insectos, y con el cual pican. 5 Espuela. 6 Paparda (pez). 7 *And.* Lleta.
SIN. *3* **Espina.** *4* **Pincho; rejo.**
aguijonada *f.* Punzada de aguijón.
aguijonamiento *m.* Acción de aguijonear. 2 Efecto de aguijonear.
aguijonazo *m.* Aguijonada. 2 fig. Estímulo vivo; burla o reproche hiriente.
aguijoneador, -ra *adj.-s.* Que aguijonea.
aguijonear (frecuent.) *tr.* Aguijar (avivar, estimular). 2 Picar con el aguijón. 3 fig. Inquietar, atormentar [a alguien].
águila (l. *aquila*) *f.* Ave rapaz falconiforme, de 8 a 9 dms. de altura, de vista perspicaz, fuerte musculatura y vuelo rapidísimo (gén. *Aquila*): ~ ***caudal, caudalosa*** o ***real,*** la de mayor tamaño, de color leonado y cola redondeada *(A. chrysœtus);* ~ ***imperial,*** la de color casi negro y cola cuadrada *(A. heliaca).* 2 Nombre de otros falconiformes más o menos parecidos al águila: ~ ***barbuda,*** quebrantahuesos; ~ ***bastarda*** o ***calzada*** *(Hieraetus pennatus);* ~ ***pescadora,*** anida cerca del mar, río o lagos; es perjudicial para la industria pesquera, a causa de su régimen alimenticio ictiófago *(Pandion haliaëtus L.).* 3 Cometa (armazón). 4 Pez marino seláceo parecido a la raya, aunque de cola más larga en la que tiene una espina larga y aguda; es de color pardo y reflejos oliváceos o violáceos *(Myliobatis aquila).* 5 Moneda norteamericana de oro (equivalente a 10 dólares). 6 Moneda mejicana de oro (equivalente a 20 pesos). 7 Ant. moneda española del s. XVI. 8 Constelación boreal situada entre Hércules y Delfín, cuya estrella principal es Altair. 9 fig. Persona de mucha viveza y perspicacia. 10 BLAS. Figura heráldica que representa un águila de frente, con la cabeza de perfil, mirando hacia el lado diestro y las alas extendidas o pendientes.
aguilando *m.* vulg. Aguinaldo (regalo).
aguileña (de *águila*) *f.* Planta ranunculácea, medicinal y de jardín *(Aquilegia vulgaris).*
SIN. **Campanilla, farolillo, guileña, pajarilla, pelícanos.**
aguileño, -ña *adj.* [rostro] Largo y afilado y [pers.] que así lo tiene. 2 [nariz] Encorvado, semejante al pico de águila. 3 Relativo al águila.
SIN. *1* **Aquilino.**
aguilera *f.* Peña en que anida el águila.
aguililla *adj. Amér.* [caballo] Veloz en el paso. -2 *com. Amér.* Petardista.
aguilillo *adj. Colomb.* Aguililla, caballo veloz.
aguilita *m. Méj.* Agente de policía.
agüilla *f.* Líquido como agua. 2 desp. Bebida insípida. 3 *And.* Abubilla.
aguilón *m.* Aum. de *águila.* 2 Brazo de una grúa. 3 Caño cuadrado de barro. 4 Teja o pizarra cortada en ángulo. 5 Ángulo que forma en su parte superior la pared de un edificio cubierto a dos aguas. 6 ARQ. Madero puesto diagonalmente en las armaduras con faldón. 7 BLAS. Águila sin pico ni garras. 8 *Ecuad.* Caballo de paso duro.
aguilote *m. Méj.* Tomate de raíz venenosa. 2 *Venez.* Ave de rapiña *(Falco guayanensis).*
aguilucho *m.* Pollo del águila. 2 Águila calzada. 3 Ave falconiforme de cabeza pequeña, cuerpo alargado y alas y cola largas, y plumaje de color gris en el macho y ocre en la hembra (gén. *Circus*): ~ ***cenizo,*** el que tiene franjas negras en las alas *(Circus pygargus);* ~ ***larguner*o,** el que tiene las partes inferiores rojizas *(Circus aeruginosus);* ~ ***pálido,*** el que tiene una mancha blanca en el obispillo *(Circus cyaenus);* ~ ***papialbo,*** el de plumaje más claro y pecho blanco *(Circus macrourus).*
aguín (voz éuscara) *m.* Arbusto conífero de características semejantes al pino *(Pinus pumila).*
agüinado, -da *adj. Cuba.* [animal] Que tiene el color del güin, algo más claro que el cervuno.
aguinaldo (probl. del l. *hoc in anno;* a través del ant. *aguinando*) *m.* Regalo que se da en Navidad o en la Epifanía. 2 p. ext. Retribución extraordinaria. 3 Bejuco silvestre, convolvuláceo, muy común en Cuba y que florece por Navidad *(Convolvulus corymbosus).* 4 Villancico que se canta por Navidad. 5 *Extr.* Chorizo pequeño.
agüío *m.* Pájaro de Costa Rica, de canto muy variado y agradable (gén. *Euphonia).*
agüista *com.* Persona que concurre a beber aguas minerales.
SIN. **Bañista,** con frecuencia, aunque no se administren las aguas en forma de baño; comp. con las aceps. de **balneario.**
agüita (de *agua*) *f. Chile* y *Ecuad.* Infusión de hierbas u hojas medicinales, que se bebe después de las comidas.
aguizgar *tr.* fig. Aguijar (incitar, estimular). ◇ ** CONJUG. [7] como ***llegar.***
agüizote *m.* Ahuizote.
aguja (l. **acucula,* dim. de *acus*) *f.* Barrita de metal, hueso, madera, etc., con un extremo terminado en punta y el otro provisto de un ojo por donde se pasa un hilo, cuerda, etc., para coser, bordar, tejer, etc.: ~ ***colchonera,*** la mayor que usan los colchoneros; ~ ***capotera,*** la más gruesa usada por las costureras. 2 Alambre que forma horquilla por ambos extremos para hacer malla. 3 Barrita, gralte. de metal, de tamaño y formas diversas, con un extremo terminado en punta, y usada diversamente: ~ *del grabador;* ~ *del tocadiscos;* ~ *de media; las agujas del reloj; la* ~ *imantada;* ~ ***de gancho,*** la que termina en gancho y sirve para hacer labores de punto; ~ ***de mechar,*** instrumento para mechar carnes o pescados; ~ ***de marear,*** compás, brújula para indicar el rumbo de una nave; ~ ***magnética,*** la imanada pivotante, brújula elemental para indicar el norte magnético. 4 Acícula. 5 Conjunto de pequeñas burbujas de gas carbónico que se forman en ciertos vinos como consecuencia de la fermentación. 6 Varilla de metal, concha, etc., usada en el tocado de las mujeres. 7 Punzón de acero que, al disparar ciertas armas de fuego, choca con el cartucho y produce la detonación del fulminante y la combustión de la carga. 8 Riel movible que en los ferrocarriles y tranvías sirve para hacer pasar los carruajes por una vía determinada de las dos que concurren en un punto. 9 Barra de hierro o de madera, con agujeros y pasadores, que sirve para mantener paralelos los tableros de un tapial. 10 Madero o barra de hierro con que se apuntala un puente. 11 Varilla para asegurar los panales en las colmenas. 12 Chapitel estrecho y alto de una torre o del techo de una iglesia. 13 Pináculo. 14 Obelisco. 15 Enfermedad del caballo. 16 Pastel largo y angosto de carne picada. 17 Fina lonja de carne. 18 ~ ***de pastor,*** planta geraniácea, peluda, con hojas pinnadas, flores en umbelas de color púrpura rosado, y cuyo fruto es largo y delgado, en forma de aguja *(Erodium cicutarium).* 19 Pez marino teleósteo beloniforme, de hocico alargado, de color azul verde, muy voraz; caza a sus presas formando grupos *(Belone belone).* 20 ~ ***mula,*** pez marino teleósteo, de cuerpo alargado de color pardusco, y hocico muy comprimido y alto *(Syngnathus typhle).* 21 Ave caradriforme alta, de pico largo y recto, y plumaje cambiante, pardo en verano y gris en invierno *(Limosa limosa).* 22 IMPR. Arruga que a veces se hace en el papel en el momento de la impresión. 23 MAR. Pinzote de hierro firme en el codaste de algunas embarcaciones menores. 24 *And.* ~ ***paladar,*** pez espada. 25 *Amér.* Madero agujereado que se hinca en tierra y se apoya en otros horizontales para formar una tranquera. -26 *f. pl.* Costillas que corresponden al cuarto delantero del animal: *carne de agujas; animal alto,* o *bajo, de agujas.* ◇ INCOR.: vulg. *abuja.*
FR. *1* Fig. *Buscar una* ~ *en un pajar,* empeñarse en conseguir una cosa imposible o muy difícil; *meter* ~ *y sacar reja,* hacer un pequeño beneficio para obtener otro mayor. SIN. *9* **Codal.** *15* **Alfiler, alfilerillo de pastor.** *16* **Espetón.**
agujadera *f.* Mujer que trabaja en bonetes, gorros u otras prendas de punto.
agujador *m. Chile.* Alfiletero.
agujal *m.* Agujero que queda en los tapiales al sacar las agujas (barras de hierro o madera).
agujar *tr. Colomb.* Azuzar.
agujazo *m.* Pinchazo dado con una aguja.
agujerar *tr.* Agujerear.
agujerear *tr.* Hacer uno o más agujeros [a una cosa].
SIN. V. **Horadar.**
agujero (de *aguja*) *m.* Abertura más o menos redonda en una cosa. 2 Abertura más o menos redonda que penetra en un objeto sin traspasarlo. 3 El que tiene por oficio hacer o vender agujas. 4 Alfiletero. 5 fig. Falta de dinero sin justificar, o pérdidas de una empresa: *el* ~ *de la fábrica es de tres millones.* 6 ~ ***negro,*** cuerpo celeste de gran masa y escaso volumen, resultado de

la consunción de una estrella, cuya infinita densidad impide a la luz salir, dejándolo sólo visible como una especie de mancha. ◇ INCOR.: vulg. *bujero.*

SIN. *1* **Horado, huraco,** rúst.; **orificio,** es tecn. empleado en algunas artes y en H. NAT.

agujeruelo *m.* Dim. de *agujero.*

agujeta *f.* ant. Correa o cinta con un herrete en cada punta, para atar ciertas prendas. 2 Propina que el que corría la posta daba al postillón. 3 Vapor del vino y de otras bebidas. -4 *f. pl.* Dolores que se sienten en el cuerpo después de algún ejercicio extraordinario o violento. -5 *f. Amér.* Aguja grande, roma, usada para pasar la cinta por la jareta.

SIN. *2* **Botijuela.**

agujetería *f.* ant. Oficio de agujetero. 2 Establecimiento del agujetero.

agujetero, -ra *m. f.* ant. Persona que tiene por oficio hacer o vender agujetas. -2 *m. Amér.* Alfiletero.

agujillas *f. pl. Perú.* Pirita arsenical cristalizada en prismas aciculares.

agujón *m.* Pez del mar de las Antillas, de carne poco estimada *(gén. Belone).* 2 Aguja grande. 3 Pasador.

agujuela *f.* Dim. de *aguja.* 2 Clavo mayor que la tachuela.

aguosidad (l. *aquositate*) *f.* Humor parecido al agua que se cría en el cuerpo. 2 Acuosidad.

aguoso, -sa *adj.* Acuoso.

¡agur! (l. * *aguriu* < *auguiru,* agüero) Interjección ¡adiós!

agusajo *m. Colomb.* Ruido misterioso.

agusanamiento *m.* Acción de agusanarse. 2 Efecto de agusanarse.

agusanarse (paras.) *prnl.* Llenarse de gusanos una cosa.

agusense *adj.-s.* De Agusán, prov. de Filipinas.

agustinianismo *m.* Sistema teológico de San Agustín (354-430).

agustiniano, -na *adj.* Agustino. 2 Relativo al agustinianismo.

agustino, -na *adj.-s.* Religioso que pertenece a cualquiera de las órdenes que, sin ser fundadas por San Agustín (354-430), siguen una regla observada, según la tradición, por algunos clérigos que vivían con el santo.

agutí *m.* Mamífero roedor de Sudamérica, con el cuerpo alargado, y pelaje pardo amarillento; mide entre 40 y 60 cms. de longitud *(Dasyprocta* sp.*).*

aguzable *adj.* Capaz de aguzarse.

aguzado, -da *adj.* Que tiene forma aguda.

aguzador, -ra *adj.-s.* Que aguza.

aguzadura *f.* Acción de aguzar (sacar punta). 2 Cantidad de hierro y acero empleada en calzar la reja del arado.

aguzamiento *m.* Aguzadura (acción).

aguzanieves *f.* Ave caradriforme insectívora, de plumaje negro, blanco y ceniciento; vive en parajes húmedos *(Motacilla alba).* ◇ Pl.: *aguzanieves.*

SIN. **Agañiatada, aguanieves** (vulg.), **andarríos, apuranieves, avecilla** o **pajarita de las nieves; coliblanco, culiblanco, lavandera, pastorcilla, pezpita, pezpítalo, pizpita, pizpitillo; caudatrémula, doradillo, motacila, motalita, nevatilla, nevereta, rabicandil, señorita.**

aguzar (l. v. *acutiare* < *acuto,* agudo) *tr.* Hacer o sacar punta [a una arma u otra cosa]. 2 p. ext. Preparar los animales [los dientes o las garras] para comer o despedazar. 3 fig. Forzar [el entendimiento o algún sentido] para que preste más atención. 4 Afilar (sacar filo). 5 fig. Aguijar, incitar: ~ *las pasiones; el interés.* ◇ ** CONJUG. [4] como ***realizar.***

aguzonazo (de *aguzar*) *m.* Hurgonazo.

¡ah! (l.) Interjección con que se denota pena, admiración o sorpresa. ◇ HOMÓF.: *a* (prep.), *ha* (v.).

ahacado *adj.* [caballo] Que se parece a la jaca.

ahajar (l. *ad* + **faculare,* de *facula,* antorcha) *tr.* desus. Ajar (verbo).

ahebrado, -da (paras.) *adj.* Que forma hebras.

ahechadero *m.* Lugar destinado para ahechar.

ahechador, -ra *adj.* Que ahecha.

ahechaduras *f. pl.* Granzas (residuos de semillas).

SIN. **Aechaduras, echaduras, barcia.**

ahechar (v. *afectar*) *tr.* Cribar [el trigo u otras semillas]. ◇ También se escribe *aechar.*

ahecho *m.* Acción de ahechar. 2 Efecto de ahechar.

ahelear *tr.* Poner [una cosa] amarga como hiel. 2 fig. Entristecer [a alguien]. -3 *intr.* Tener una cosa sabor de hiel.

SIN. *3* **Rehelear, amargar.**

ahelgado, -da *adj.* Helgado.

ahembrado, -da *adj.* Afeminado.

aherrojamiento *m.* Acción de aherrojar. 2 Efecto de aherrojar.

aherrojar (*a* + ant. *ferrojar;* cruce de *cerrojo,* de *cerrar,* con *ferro*) *tr.* Poner [a uno] prisiones de hierro. 2 fig. Oprimir, subyugar.

aherrumbrar *tr.* Dar color o sabor de hierro a [una cosa]. -2 *prnl.* Tomar una cosa sabor de hierro; esp. el agua. 3 Cubrirse de herrumbre.

SIN. *3* **Herrumbrar.**

ahervorarse (paras. de *hervor*) *prnl.* Calentarse el trigo y otras semillas en los graneros.

ahí (l. *ad hic,* a este lugar) *adv. l.* En ese lugar o a ese lugar: *murió ~; llegó ~;* dando a «lugar» un sentido ideal: ~ *están las razones;* ~ *te envío un vestido verde.* 2 Precedido de la prep. *de,* tiempo de que se acaba de hablar: *de ~ a poco se vio que era un engaño.* 3 Precedido de las prep. *de* o *por,* de esto o de eso: *de ~ (o por ~) se deduce.* 4 ***Voy por ~ un rato,*** a un lugar indeterminado. 5 ***Por ~, por ~,*** poco más o menos. 6 *Méj.* desus. ***~ te estás,*** descendiente de coyote mestizo y mestiza; descendiente de coyote mestizo y mulata; descendiente de notentiendo e india; descendiente de indio y coyota. ◇ No es recomendable la pronunciación vulgar que acentúa la *a.*

ahidalgadamente *adv. m.* Hidalgamente.

ahidalgado, -da (paras.) *adj.* [pers.] Que muestra en todo nobleza y generosidad. 2 [cosa, costumbre y acción] Noble y caballeroso.

ahidalgar *tr.* p. us. Dar carácter hidalgo [a alguien o algo]. ◇ ** CONJUG. [7] como ***llegar.***

ahigadado, -da (paras. de *hígado*) *adj.* fig. Esforzado. 2 De color de hígado, rojizo.

ahijadero *m.* Prado o majadal que se destina a que las ovejas ahíjen. 2 *Méj.* Acción de hacer adoptar un hijo ajeno a las hembras de los animales.

ahijado, -da *m. f.* Persona respecto de sus padrinos. ◇ HOMÓF.: *aijada.*

ahijador, -ra *m. f.* Pastor que cuida y apacienta las ovejas, mientras están en el ahijadero.

ahijar (paras.) *tr.* Prohijar (adoptar). 2 Acoger la oveja u otro animal [al hijo ajeno para criarlo]; poner [a cada cordero u otro animal] con su propia madre o con otra para que lo críe. 3 Atribuir o imputar a uno [la obra o cosa que no ha hecho]. -4 *intr.* Procrear hijos. 5 Echar la planta nuevos vástagos, retoñar. ◇ ** CONJUG. [15] como ***aislar.***

¡ahijuna! *Argent.* y *Chile.* Interjección con que se denota admiración o insulto.

ahilado, -da *adj.* [viento] Suave y continuo. 2 [tipo de voz] Delgado y tenue.

ahilamiento *m.* Ahílo.

ahilar (paras. de *hilo*) *tr.* Poner en fila: ~ *la comitiva; intr.,* ir en fila: *el rebaño ahíla.* -2 *prnl.* Adelgazarse por causa de alguna enfermedad. 3 Desmayarse por falta de alimento. 4 p. ext. Criarse débiles las plantas; esp., crecer altos y limpios de ramas los árboles por estar muy juntos. 5 Malearse y hacer hebra la levadura, el vino, etc. 6 *Cuba.* Marcharse, partir. 7 *Venez.* Sembrar de modo que las plantas formen liño. ◇ ** CONJUG. [15] como ***aislar.***

SIN. *2* **Deshilar** (intr.). *5* **Madrearse.**

ahilerado, -da *adj. Venez.* Alineado, en hilera.

ahilerar *tr. Amér. Central.* Colocar en hilera, ahilar. **CONJUG. [15] como ***aislar.***

ahílo *m.* Acción de ahilar o ahilarse. 2 Efecto de ahilar o ahilarse.

ahincadamente *adv. m.* Con ahínco.

ahincado, -da *adj.* Eficaz, vehemente.

ahincar (*a- 1* + *hincar*) *tr.* Instar con ahínco, estrechar [a uno]. -2 *prnl.* Apresurarse. ◇ ** CONJUG. [23].

ahínco *m.* Empeño grande en hacer o solicitar algo.

ahitamiento *m.* Acción de ahitar o ahitarse. 2 Efecto de ahitar o ahitarse.

ahitar (de *ahíto*) *tr.-intr.* Causar ahíto [a una persona]: *el pan le ha ahitado; las viandas groseras ahítan.* 2 Señalar [los lindes de un terreno] con hitos o mojones. -3 *prnl.* Comer hasta padecer ahíto: *ahitarse de manjares.* ◇ ** CONJUG. [15] como ***aislar.***

SIN. *1* y *3* v. **Hartar.**

ahitera *f.* Ahíto grande o de duración.

ahíto, -ta (*a- 1* + *hito*) *adj.* Saciado de comer. 2 fig. Fastidiado o enfadado de alguna persona o cosa. -3 *m.* Indigestión o embarazo de estómago por haber comido demasiado.

ahobachonado, -da (paras. de *hobachón*) *adj.* Poltrón.
ahobachonarse *prnl.* Apoltronarse, arrellanarse.
ahocarse *prnl. Argent.* fam. Enredarse. ◇ ** CONJUG. [1] como ***sacar.***
ahocicar (de *hocico*) *tr.* Castigar [a perros o gatos] mientras se les frota el hocico en el lugar que han ensuciado. 2 fam. Vencer [a alguien] en la disputa obligándole a reconocer su error. - 3 *intr.* Caer tendido con la boca hacia el suelo. 4 MAR. Meter el buque la proa en el agua por llevar la carga mal estibada. 5 *Cuba.* Rendirse en una disputa ante los argumentos del contrario. ◇ ** CONJUG. [1] como ***sacar.***
ahocinarse (paras. de *hocino* II) *prnl.* Correr los ríos por angosturas o quebradas.
ahogadero (de *ahogar*) *adj.* Que ahoga o sofoca. -2 *m.* Sitio donde hay mucha gente apretada. 3 Ahogador (collar). 4 Cuerda o correa de la cabezada o brida, que ciñe el pescuezo de la caballería. 5 Cordel que se echaba a los que habían de ser ahorcados, para ahogarlos más presto. 6 Caldera con agua caliente para ahogar en el capullo la ninfa del gusano de seda.
ahogadillo, -lla *m. f.* Zambullida que se da o otro en broma, manteniendo sumergida su cabeza durante unos instantes.
ahogadizo, -za *adj.* Que se puede fácilmente ahogar. 2 Relativo a las frutas que por su aspereza son difíciles de tragar. 3 Relativo a la carne de animales muertos por sofocación. 4 fig. Relativo a la madera anegadiza.
ahogado, -da *adj.* [sitio] Estrecho, que no tiene ventilación. 2 fig. Sin medios, sin recursos. -3 *m. f.* Persona que muere por falta de respiración, esp. en el agua. -4 *m. Amér.* Rehogado, salsa, ajilimójili.
ahogador, -ra *adj.-s.* Que ahoga. -2 *m.* Collar que usaban las mujeres. 3 Media gamarra, correa del caballo. -4 *f. C. Rica* y *Nicar.* Ahorcadora (avispa).
ahogadura *f. Can.* Ahogadilla.
ahogagato *m. Cuba.* Cusubé, dulce.
ahogamiento *m.* Acción de ahogar o ahogarse. 2 fig. Ahogo.
ahogante *adj.* Que ahoga.
ahogar (b. l. *offocare* < *fauce*, garganta) *tr.-prnl.* Matar [a una persona o animal] impidiéndole la respiración. 2 Matar [a las plantas] el exceso de agua o el apiñamiento. 3 Poner demasiada cantidad de agua en la cal o cemento. -4 *tr.* Apagar, sofocar [el fuego] con una cosa sobrepuesta. 5 En el juego de ajedrez, hacer que [el rey contrario] no pueda moverse sin quedar en jaque. 6 Inundar el carburador con exceso de combustible. 7 fig. Extinguir, apagar [una actividad o cualidad espiritual]: ~ *las pasiones;* ~ *el dolor.* 8 fig. Oprimir, fatigar: *el peligro nos ahoga; ahogarse con la adversidad; ahogarse con poca agua;* fig., acongojarse con poco motivo. 9 MAR. Embarcar un buque agua por la proa. -10 *prnl.* Sentir sofocación: *ahogarse de calor.* 11 MAR. Sumergirse una cosa en el agua. -12 *tr. And.* y *Amér.* Rehogar. ◇ ** CONJUG. [7] como ***llegar.***
ahogaviejas *f.* Quijones. ◇ Pl.: *ahogaviejas.*
ahogo *m.* Opresión y fatiga en el pecho, que impide respirar con libertad. 2 fig. Aprieto, congoja o aflicción grande. 3 fig. Penuria, falta de recursos. 4 *Colomb.* Salsa con que se rehoga la comida.
SIN. *2* V. **Conflicto.**
ahoguijo (de *ahogo*) *m.* VETER. Angina.
ahoguío *m.* Ahogo (opresión).
ahojar *tr.* Comer [los animales] las hojas de los árboles cuando están tiernas.
ahombrado, -da *adj.* fam. [mujer o niño] Que por sus actos o cualidades se parece al hombre.
ahombrarse *prnl.* fam. Adquirir la mujer modales masculinos, hacerse hombruna.
ahondamiento *m.* Acción de ahondar. 2 Efecto de ahondar.
ahondar (paras.) *tr.* Hacer más honda [una cosa]. 2 p. ext. Cavar profundizando. -3 *tr.-intr.-prnl.* Introducir [una cosa] en otra, más hacia dentro de lo que ya está: *el cáncer va ahondándose; ahondó las raíces; las raíces ahondan en el pedernal.* -4 *tr.-intr.* Escudriñar lo más recóndito [de un asunto]: ~ *los misterios,* o *en los misterios.*
SIN. *2* **Zahondar.**
ahonde *m.* Acción de ahondar.
ahora (l. *hac hora* × *ad horam*) *adv. t.* En este momento, en el tiempo actual o presente. 2 Poco tiempo ha: ~ *ha llegado.* 3 fig. Dentro de poco tiempo: ~ *llegará.* -4 ***conj. continuativa.*** Sirve para anunciar o introducir un pensamiento: ~, *si cuenta usted los demás gastos, su sueldo no es suficiente.* 5 Distributiva: ~ *hable de ciencias,* ~ *de artes, siempre acierta.* -6 ***loc. adv.*** ~ ***bien,*** esto supuesto o sentado; ***por*** ~, por de pronto, por lo pronto. -7 ***loc. conj. advers.*** ~ ***que,*** pero: *el sueldo es escaso,* ~ *que no hay que trabajar mucho.* ◇ GRAM. En las acepciones *2* y *3* admite el diminutivo, *ahorita*, muy frecuente en América: *ahorita voy.*
ahorca *f. Venez.* Horca, cuelga, regalo.
ahorcable *adj.* Que puede ser ahorcado.
ahorcado, -da *m. f.* Persona ajusticiada en la horca. 2 p. us. Persona condenada a morir en ella, desde que entra en capilla. -3 *m. pl. Hond.* fig. *y* fam. Borceguíes.
ahorcadora *f. Amér. Central.* Especie de avispa grande (gén. *Polistes).*
SIN. **Ahogadora.**
ahorcadura *f.* Acción de ahorcar o ahorcarse.
ahorcajarse (paras. de *horcajo*) *prnl.* Ponerse o montar a horcajadas: ~ *en los hombros.*
ahorcaperros *m.* MAR. Nudo corredizo que sirve para salvar objetos sumergidos. ◇ Pl.: *ahorcaperros.*
ahorcar (paras. de *horca*) *tr.-prnl.* Quitar la vida [a uno] por estrangulación, colgándolo con una cuerda pasada alrededor del cuello: *ahorcarse de un árbol.* 2 fig. Dejar [hábitos religiosos, estudios]. -3 *tr.* En el juego del dominó, impedir que otro jugador pueda colocar una ficha doble. -4 *prnl. Bol.* y *Venez.* Encarrujarse, enredarse. ◇ ** CONJUG. [1] como ***sacar.***
SIN. **Colgar.** *3* **Achanchar.**
ahorita *adv. t.* Poco ha. 2 *Can.* y *Amér.* Dentro de poco. ◇ Con alguna frecuencia se refuerza el sentido diminutivo duplicando el sufijo en la forma *ahoritita*. En el habla familiar se usa también la aféresis *horita*.
ahormar (paras.) *tr.* Ajustar [una cosa, esp. el calzado] a su horma o molde. 2 Usar la ropa o los zapatos nuevos hasta que sienten bien. 3 fig. Amoldar, poner en razón [a uno]. 4 TAUROM. Hacer que [el toro] se coloque en disposición conveniente para la estocada.
ahornagamiento *m.* Acción de ahornagarse. 2 Efecto de ahornagarse.
ahornagarse (paras. de *horno*) *prnl.* Abrasarse la tierra y sus frutos por el excesivo calor. ◇ ** CONJUG. [7] como ***llegar.***
ahornar (paras. de *horno*) *tr.* Hornear [una cosa]. -2 *prnl.* Quemarse el pan por fuera sin cocerse bien por dentro.
ahorquetarse *prnl. Urug.* Ahorcajarse.
ahorquillado, -da *adj.* Que tiene forma de horquilla.
ahorquillar *tr.* Afianzar con horquillas [las ramas de los árboles]. 2 Dar [a una cosa] la figura de horquilla.
ahorrable *adj.* Que se puede ahorrar.
ahorradamente *adv. m.* Libre, desembarazadamente.
ahorrado, -da *adj.* Horro (libre). 2 Que ahorra (evita, no malgasta).
ahorrador, -ra *adj.-s.* Que ahorra.
ahorramiento *m.* Acción de ahorrar o ahorrarse.
ahorrar (paras. de *horro*) *tr.* ant. Dar libertad [al esclavo]: ~ *a los negros cuando son viejos.* 2 p. ext. Librar, sacar [a uno] de algún trabajo, riesgo, etc.; *nos ahorran de razones; ahorrarse de malos amigos.* 3 Evitar, excusar, no malgastar: ~ *palabras, tiempo,* etc.; esp., reservar [dinero] separándolo del gasto ordinario: ***no ahorrarse,*** o ***no ahorrárselas, con nadie,*** hablar u obrar sin temor ni miramiento. 4 Conceder a los mayorales y pastores [cierto número de cabezas de ganado] libres de todo pago y gasto. -5 *prnl. Ar.* y *Sal.* Aligerarse de ropa. 6 *Can.* y *Amér.* Malograrse. 7 *Ecuad.* Resistirse al trabajo.
SIN. *3* **Economizar.**
ahorratividad *f.* Calidad de ahorrativo. 2 fam. Tacañería, avaricia.
ahorrativo, -va *adj.* Ahorrador. 2 Que ahorra de su gasto más de lo debido. 3 *Ecuad.* Perezoso.
ahorría *f.* Calidad de horro.
ahorrista *com. f.* Ahorrador.
ahorro *m.* Acción de ahorrar (libertar, librar o evitar). 2 Lo que se ahorra.
SIN. *2* **Economías.**
ahoyadura *f.* Acción de ahoyar. 2 Efecto de ahoyar. 3 Hoyo o concavidad abierta en la tierra.
ahoyar (paras.) *tr.* Hacer hoyos: ~ *la tierra.*
ahuachafar *tr. Perú.* Vulgarizar.
ahuachapaneco, -ca *adj.-s.* De Ahuachapán, ciudad y departamento del nordeste de El Salvador.
ahuanés, -esa *adj.* Aguanés.

ahuata *m.* Árbol apocináceo cuya fruta cura la mordedura de la serpiente de cascabel.
ahuate (mej.) *m. Amér. Central* y *Méj.* Espina muy pequeña y delgada, que a modo de vello, tienen algunas plantas.
SIN. **Aguate.**
ahuatentle *m. Méj.* Reguera o zanja para distribuir el agua en una heredad.
ahuatoso, -sa *adj. Hond.* y *Méj.* Que tiene ahuates.
ahuayo *m. Méj.* Aguayo o lienzo fuerte.
ahuchador, -ra *adj.-s.* Que ahúcha.
I) ahuchar (paras. de *hucha*) *tr.* Guardar en hucha: ~ *dinero.* 2 fig. Guardar en sitio seguro [el dinero o cosas ahorradas]. ◇ ** CONJUG. [16] como ***aunar.***
II) ahuchar *tr.* Llamar al halcón con el grito repetido de ¡hucho! 2 Azuzar, oxear. ◇ ** CONJUG. [16] como ***aunar.***
ahuchear *tr.* Chiflar, silbar. ** CONJUG. [16] como ***aunar.***
ahucheo *m.* Acción de ahuchear.
ahuciar *tr.* ant. Animar, dar confianza. ◇ ** CONJUG. [12] como ***cambiar.***
¡ahué! *interj. Amér. Central.* ¡Hola!
ahuecado *m.* Acción de ahuecar. 2 Efecto de ahuecar. 3 Técnica de esmalte, consistente en rehundir toda aquella zona en la que irá la pasta vítrea.
ahuecador, -ra *adj.* Que ahueca. -2 *m.* Miriñaque. 3 Herramienta de acero semejante al formón, acodillada hacia la punta, que usan los torneros para ahuecar las piezas de madera.
ahuecamiento *m.* Acción de ahuecarse. 2 Efecto de ahuecarse. 3 fig. Engreimiento, envanecimiento.
ahuecar (paras.) *tr.* Poner hueca o cóncava [una cosa]. 2 fig. Dicho [de la voz], hablar con afectación en tono más grave que el natural. 3 Mullir, hacer menos compacta [una cosa]: ~ *la tierra, la lana.* -4 *prnl.* fam. Hincharse; engreírse. ◇ ** CONJUG. [1] como ***sacar.*** ◇ También *enhuecar,* menos us.
FR. *Ahuecar el ala,* o simplte. *ahuecar,* marcharse, largase (por anal. al movimiento que hacen las aves al comenzar a volar).
ahuehué, ahuehuete (mej.) *m.* Árbol conífero americano, de madera elástica, que ha sido trasplantado a los jardines de Europa *(Texodium mucronatum; mexicanum).*
ahuerarse *prnl. Guat.* y *P. Rico.* Enhuerarse.
ahuesado, -da (paras.) *adj.* Parecido al hueso en el color o en la dureza: *papel* ~.
ahuesarse *prnl. Chile* y *Perú.* Resultar invendible [un artículo de comercio] por haberse averiado o por haber pasado de moda. 2 *Guat.* Enflaquecerse mucho una persona, quedarse en los huesos.
ahuevado, -da *adj.* De figura de huevo, aovado. -2 *adj.-s. Colomb., Nicar., Pan.* y *Perú.* Acobardado, atontado. -3 *m.* Adorno que tiene la forma de huevo.
ahuevar *tr.* Dar forma de huevo. 2 Dar limpidez [a los vinos] con claras de huevo. -3 *intr. Cuba.* Ejecutar movimientos indecorosos al bailar. 4 *Méj.* Aovar, poner huevos. -5 *tr.-prnl. Colomb., Nicar., Pan.* y *Perú.* Atontar, azorar, acobardar.
ahuevazón *f. Pan.* Embobamiento.
ahuizote *m.* Anfibio de Méjico que, según creencia vulgar, es animal maléfico. 2 *Amér. Central* y *Méj.* Brujería, sortilegio, agüero. 3 *Méj.* Persona que molesta y fatiga con exceso.
SIN. **Agüízote.**
ahulado *m. Amér.* Tela impermeable por estar untada con hule o goma. 2 *Amér. Central.* Chanclo.
ahumada *f.* Señal que se hacía con humo en las atalayas o parajes altos, quemando paja u otra cosa: *hacer ahumadas.* ◇ También *humada.*
SIN. **Fuego.**
ahumadero *m.* Lugar destinado a ahumar.
ahumado, -da *adj.* [cuerpo transparente] Que tiene color sombrío: *cristal* ~. -2 *m.* Acción de ahumar. 3 Alimento conservado mediante el humo, o utilizado éste para darles un peculiar sabor. 4 Vino con ligero aroma de madera quemada.
ahumar *tr.* Poner al humo [una cosa]. 2 Llenar de humo: ~ *una colmena.* -3 *intr.* Echar o despedir humo lo que se quema. -4 *prnl.* Tomar los guisos el sabor con el humo. 5 Ennegrecerse una cosa con el humo. 6 fam. Embriagarse. ◇ ** CONJUG. [16] como ***aunar.***
ahunche *m. Colomb.* Desecho, residuo.
ahurragado, -da *adj.* Aurragado.
ahusado, -da *adj.* De figura de huso.
FR. Como término científico suele decirse *fusiforme.*
ahusamiento *m.* Acción de ahusarse. 2 Efecto de ahusarse.
ahusar *tr.* Dar [a algo] forma de huso. -2 *prnl.* Irse adelgazando alguna cosa en figura de huso. ◇ ** CONJUG. [16] como ***aunar.***
ahuyentador, -ra *adj.-s.* Que ahuyenta.
ahuyentar (factitivo de *huir*) *tr.* Hacer huir: ~ *los lobos.* 2 fig. Desechar de sí [una cosa que molesta]: ~ *los malos pensamientos.* -3 *prnl.* Alejarse huyendo (intensivo de *huir*).
aí *m. Argent.* Perezoso, mamífero desdentado *(Bradypus).*
-aico, -aica, sufijo que entra en la formación de voces procedentes del latín (*judaico*) o propias del romance (*algebraico, voltaico*) expresando cualidad o condición.
aiguaste *m. Guat.* y *Hond.* Salsa hecha de harina, achiote, chile y otros ingredientes.
aijada *f.* Aguijada. ◇ HOMÓF.: *ahijada* (adj.).
¡aijuna! *Argent.* y *Chile.* Interjección ¡Ahijuna!
ailanto *m.* Árbol terebintáceo, originario de las Molucas, de hojas compuestas, flores en panoja, de olor desagradable y madera dura y compacta *(Ailanthus glandulosa).*
SIN. **Árbol del cielo, maque.**
aíllo (quechua) *m. Bol.* y *Perú.* Boleadoras con bolas de cobre, usadas por los indios. 2 *Bol.* y *Perú.* Concejo o parcialidad de indios que viven en régimen de comunidad de tierras.
aimara, aimará *adj.s.* De una raza amerindia que habita las regiónes peruanas y bolivianas próximas al lago Titicaca, de la cual se supone descendía la dinastía de los Incas. -2 *m.* Lengua aimara.
-aina, sufijo que entra en la formación de algunos substantivos familiares o de germanía con significación varia: *azotaina, garambaina, tontaina.* 2 Entra, raramente, en la formación de algún adjetivo. V -aino.
aína, -nas (l. *agina*) *adv. t.* ant. Presto. -2 *adv. m.* Fácilmente. 3 Por poco.
aindamáis (port. *ainda,* del l. *ad inde,* de aquí, y *mais,* del l. *magis,* más) *adv. c.* fam. *y* fest. A más, además.
aindiado *adj.-s. Amér.* Que se parece a los indios en las facciones y el color.
aine (aimara *ayne*) *m. Bol.* Préstamo en dinero o especie que, entre las colectividades quechuas y aimaras, ha de ser devuelto duplicado al año de ser recibido.
-aino, -aina, sufijo que entra, raramente, en la formación de algunos adjetivos con significación despectiva: *dulzaino, tontaina.*
aiquileño, -ña *adj.-s.* De Aiquile, ciudad de la provincia boliviana de Campero.
airada *adj.* [vida] Desordenada y viciosa.
airadamente *adv. m.* Con ira.
airaje *m. Guat.* Mal de aire.
airamiento *m.* Acción de airar o airarse. 2 Efecto de airar o airarse.
airampo (voz quechua) *m.* En América, pequeña cactácea cuya semilla da un lindo color de carmín *(Cactus airampo; Opuntia airampus).*
airar (l. *adirare*) *tr.-prnl.* Irritar I. Hacer sentir ira: *airarse de, o por, lo que se oye.* 2 Agitar, alterar violentamente. ◇ ** CONJUG. [15] como ***aislar.***
I) aire (l. *aer* < gr. *aer*) *m.* Fluido transparente, inodoro e insípido que rodea la Tierra. Es una mezcla de varios gases, pralte. oxígeno y nitrógeno, con cantidades variables de argón, vapor de agua y anhídrido carbónico: ~ ***comprimido*** o ***a presión,*** aire cuyo volumen ha sido disminuido por compresión para utilizarlo al expandirse; ~ ***líquido,*** líquido azulado que se obtiene a 183°C. Da fragilidad a los cuerpos que se introducen en él. Se utiliza para separar los componentes del aire y para la fabricación de explosivos. 2 Atmósfera (masa de aire). 3 Viento (corriente de aire): ~ ***colado,*** viento frío que corre encallejonado. 4 ~ ***acondicionado,*** sistema de ventilación en que se regula la temperatura y humedad del aire. 5 fig. Apariencia, aspecto de una persona o cosa: *tener* ~ *de salud;* ~ *de suficiencia;* ***darse aires de sabio, valiente,*** echárselas de sabio, etc. 6 fig. Modo peculiar de hacer las cosas, esp. con primor y gracia; garbo y gallardía en el porte. 7 fig. Manera de caminar los solípedos y demás cuadrúpedos que suelen domarse para el transporte en general. 8 fig. *y* fam. Hemiplejía. 9 MÚS. Movimiento de presteza o lentitud con que se ejecuta una obra musical. 10 MÚS. Canción (música de una composición). 11 *Logr.* Punto en que puede dividirse el horizonte. 12 En el juego del monte, encuentro o salida de dos cartas iguales.
FRS. *1 Ser* ~ una cosa, o *un poco de* ~, no tener importancia. GALIC.: *hablar en el* ~, por hablar al ~; *cambiar de* ~, por cambiar de aires. *2 Al* ~, de manera infundada; apl. a la piedra preciosa, lente, etc., monta-

dos sin engaste. *Al ~ libre*, fuera de toda habitación o resguardo. *Estar en el ~*, indeciso, inseguro, pendiente de alguna eventualidad. *4 ~ de taco*, desenfado (despejo). *De buen* o *mal ~*, de buen o mal humor. *5 En el ~*, con ligereza.

II) aire (voz indígena) ***m.*** Mamífero insectívoro de Cuba, llamado también almiquí y tacuache *(Solenodon paradoxus; cubanus).*

aireación ***f.*** Ventilación.

aireado ***adj.*** Picado, agriado.

airear (frecuent.) ***tr.*** Poner al aire o ventilar [una cosa]. 2 Contar algo, hacer que se sepa públicamente. 3 Sacar a la luz, hacer público [un asunto]: *~ un escándalo.* -4 ***prnl.*** Resfriarse, contraer resfriado. 5 Ponerse o estar al aire para refrescarse.

SIN. **Orear, ventilar,** aunque pueden sustituirse a menudo entre sí, *ventilar* sugiere gralte. la idea de una corriente de aire natural o artificial, mientras que para *airear* u *orear* basta el simple contacto del aire libre. Tratándose de una persona que respira el aire libre, prnl. *oxigenarse: he salido a oxigenarme.*

airedale ***adj.-m.*** V. perro ~.

airén ***f.*** Tipo de cepa que produce una uva de la que se obtienen vinos blancos pastosos con poca acidez.

aireo ***m.*** Acción de airear.

airera ***f.*** *Logr.* Viento fuerte y persistente, ventarrón.

airón (germ. *haigiro*) ***m.*** Garza real. 2 Penacho de plumas que tienen en la cabeza algunas aves. 3 Penacho de plumas puesto como adorno en cascos, sombreros, etc. 4 Pozo muy hondo. 5 *Cuba. Al ~*, al galope.

airosamente ***adv. m.*** Con aire; garbosamente.

airosidad ***f.*** Garbo y gallardía en el manejo del cuerpo.

airoso, -sa ***adj.*** [tiempo o sitio] En que hace mucho aire. 2 fig. Garboso o gallardo. 3 fig. Que lleva a cabo una empresa con honor, felicidad o lucimiento: *quedó ~ en la lucha; salió ~ del negocio.*

airote ***m.*** *Can.* Golpe de aire desapacible.

aisa (del quechua *aysa*, tirón) ***f.*** *Argent., Bol.* y *Perú.* Derrumbe en el interior de una mina.

aisenino, -na ***adj.-s.*** De Puerto Aysén o Aysén, capital y provincia del oeste de Chile, respectivamente.

aislable ***adj.*** Que se puede aislar.

aislacionismo ***m.*** Tendencia opuesta al intervencionismo en los asuntos internacionales.

aislacionista ***adj.*** Que procura apartar a la nación de toda suerte de alianzas, pactos y conflictos internacionales: *política ~.*

aisladamente ***adv. m.*** Con aislamiento.

aislado, -da ***adj.*** Solo, suelto, singular, señero: *un caso ~.*

aislador, -ra ***adj.*** Aislante. -2 ***m.*** Aparato de cristal o porcelana con que se aíslan de sus soportes los alambres conductores de corriente eléctrica.

aislamiento ***m.*** Acción de aislar o aislarse. 2 Efecto de aislar o aislarse. 3 fig. Incomunicación, desamparo.

aislante ***adj.-s.*** Cuerpo mal conductor del calor y la electricidad. 2 Material que protege de los posibles efectos perjudiciales del medio ambiente.

aislar (paras. de *isla*) ***tr.*** Cercar de agua por todas partes [un sitio o lugar]. -2 ***tr.-prnl.*** Dejar [a una pers. o cosa] sola y separada de las otras: *~ a un enfermo;* fig., separar [a una pers. o colectividad] del trato de las demás: *~ a Austria; aislarse de los amigos.* -3 ***tr.*** FÍS. Evitar el contacto [de un cuerpo] con otros que son buenos conductores de la electricidad o del calor. 4 QUÍM. Separar [un elemento] de aquellos con los cuales estaba combinado. ◇ ** CONJUG. [15].

aita (art. *la + hita* < l. *ficta*) ***f.*** *Guadal.* y *Sor.* Mojón.

aité ***m.*** Árbol silvestre de Cuba, rubiáceo, cuya madera se emplea en ebanistería *(Exostemma caribeœum).*

aiton ***m.*** Árbol no muy alto que crece en las partes más secas de los bosques de las islas atlánticas, de ramitas cubiertas de pequeños pelos pardo rojizos, flores solitarias y fruta en drupa algo carnosa *(Myrica faya).*

aizoáceo, -a ***adj.-f.*** BOT. Planta de la familia de las aizoáceas. -2 ***f. pl.*** BOT. Familia de plantas angiospermas dicotiledóneas, herbáceas o leñosas. Planta angiosperma dicotiledónea, herbácea o leñosa.

aj (de *ax*) ***m.*** Aje (achaque).

Aja ***n. pr.*** Nombre de mujer mora imaginaria, que figura en muchos refranes usuales entre los clásicos: *hácelo Aja y azotan a Mazote.*

¡ajá! Interjección con que se denota complacencia y aprobación.

aja (l. *ascia*) ***f.*** p. us. Azuela.

ajabardar ***tr.*** Formar jabardos.

ajabea (ár. *axabeba*) ***f.*** Flauta morisca.

ajacho ***m.*** *Bol.* Bebida fuerte hecha de ají y chicha.

ajada ***f.*** Salsa de pan desleído en agua, ajos machacados y sal. 2 *Hond.* Ajamiento.

ajadizo, -za ***adj.*** Que se aja con facilidad.

ajadura ***f.*** Ajamiento.

¡ajajá! fam. Interjección ¡Ajá!

¡ajajay! Interjección ¡Jajay!

ajambado, -da ***adj.*** *Amér. Central.* Glotón, comilón.

ajamiento ***m.*** Acción de ajar o ajarse. 2 Efecto de ajar o ajarse.

ajamonamiento ***m.*** fam. Acción de ajamonarse. 2 Efecto de ajamonarse.

ajamonarse (paras.) ***prnl.*** Hacerse jamona una mujer. 2 *Chile.* Amojamarse, acecinarse.

ajango ***m.*** *Perú.* Voz burlesca por trasto.

ajaqueca ***f.*** desus. Jaqueca.

ajaquecarse (paras.) ***prnl.*** Sentirse acometido de jaqueca. ◇ ** CONJUG. [1] como ***sacar.***

I) ajar ***m.*** Terreno sembrado de ajos.

II) ajar (ant. *ahajar* < probl. del l. v. *fallia*, defecto, del l. *fallere*) ***tr.*** Maltratar o deslucir [una cosa]. 2 fig. Tratar mal de palabra [a uno] para humillarle. -3 ***prnl.*** Deslucirse [alguien o algo] por la vejez o enfermedad.

-ajar, sufijo, a partir del sufijo *-ajo*, que entra en la formación de verbos: *estirajar.*

ajaraca (ár. *as-saraka*, lazo) ***f.*** ARQ. En la ornamentación árabe y mudéjar, lazo (arquitectura).

ajaracado ***m.*** ARQ. Dibujo o pintura que forma ajaracas.

ajarafe (ár. *axaraf*) ***m.*** Terreno alto y extenso. 2 Azotea, terrado.

SIN. **Aljarafe.**

ajardinamiento ***m.*** Acción de ajardinar. 2 Efecto de ajardinar.

ajardinar ***tr.*** Convertir en jardín un terreno.

ajaspajas (de *ajo + paja*) ***f. pl.*** fam. Cosa baladí, insignificante. 2 *Sal.* Paja de la ristra de ajos. 3 *Sal.* Paja o tallo seco de la cebolla.

I) aje (del ant. *¡ax!* interjección de dolor) ***m.*** Achaque: *los ajes de la vejez.*

II) aje ***m.*** Planta intertropical, dioscórea vivaz, de flores poco visibles y rizomas tuberculosos, feculentos y comestibles *(Dioscorea batatas).*

III) aje ***m.*** Especie de cochinilla de Honduras, de la que se obtiene un hermoso color amarillo *(gén. Coccus).*

-aje (del suf. l. *-aticu*, influido por el fr. o prov.) Sufijo que entra en la formación de substantivos derivados de verbos, expresando acción: *abordaje;* acción y efecto: *embalaje;* lugar: *hospedaje;* derechos que se pagan: *almacenaje;* o bien derivados de otros substantivos, expresando conjunto: *ramaje, correaje;* acción: *barcaje;* tiempo: *aprendizaje;* derechos que se pagan: *pupilaje.* ◇ V. *-azgo* y *-ático.*

ajea ***f.*** Artemisa pegajosa.

ajear (onomat.) ***intr.*** Chillar una perdiz cuando se ve acosada. 2 fig. Decir palabras malsonantes.

ajebe (ár. *axebb*) ***m.*** Alumbre.

ajedrea (ár. *axetria* < l. *satureia*) ***f.*** Planta labiada de jardín, de hojas estrechas y vellosas, y flores blancas o rosadas muy olorosas *(Satureia montana).* ◇ También *ajedrea de monte* o *silvestre.*

SIN. **Hisopillo, morquera, jedrea, saborea.**

ajedrecista ***com.*** Persona diestra en el ajedrez.

ajedrecístico, -ca ***adj.*** Relativo al ajedrez (juego): *campeonato ~.*

ajedrez (ár. *exetrench*) ***m.*** Juego entre dos personas, cada una de las cuales dispone de 16 piezas que mueve según ciertas reglas sobre un tablero dividido en 64 escaques blancos y negros puestos en disposición alternada; el objeto de cada jugador es llegar a atacar, sin dejarle posibilidad de defensa o escape, la pieza más importante del adversario, que es el rey. 2 Conjunto de piezas que sirven para este juego. 3 MAR. Jareta de madera.

ajedrezado, -da ***adj.*** Que forma cuadros de dos colores, como los escaques del ajedrez. -2 ***f.*** Mariposa diurna de pequeño tamaño, con las antenas ampliamente separadas en la base, y las alas de color gris obscuro con características manchas blancas *(Pyrgus carthami).*

ajedrista ***com.*** Ajedrecista.

ajenabe, -bo (gr. *sinapi*) ***m.*** Mostaza.

ajengibre ***m.*** Jengibre.

ajenjo (v. *absintio*) ***m.*** Planta compuesta, erecta, muy aromáti-

ca, con hojas pinnatífidas y cabezuelas florales, colgantes, de color amarillo *(Artemisia absinthium)*. 2 Bebida alcohólica preparada con esencia de ajenjo y otras hierbas. 3 fig. Pesadumbre, amargura.
SIN. *1* **Absintio, alosna, artemisia, amarga.** *2* **Absenta.**
ajeno, -na (l. *alienu*) ***adj.*** Que pertenece a otro. 2 Impropio, no correspondiente: *~ a su calidad.* 3 Libre de alguna cosa: *~ de preocupaciones.* 4 Extraño (de distinta nación, profesión, familia). 5 Diverso (de distinta naturaleza).
ajenuz (ár. *axanuz*) ***m.*** Arañuela (planta).
ajeo ***m.*** Acción de ajear.
ajerezado, -da (paras.) ***adj.*** [vino] Parecido al jerez.
ajero, -ra ***m. f.*** Persona que tiene por oficio vender ajos. -2 ***m.*** Dueño de un ajar.
ajete ***m.*** Dim. de *ajo.* 2 Ajo tierno que aún no ha echado cepa o cabeza. 3 Cebollino (planta liliácea). 4 Salsa que tiene ajo.
ajetrearse (ant. *hetría,* enredo, de *factoría,* del l. *facere*) ***prnl.*** Fatigarse con algún trabajo o yendo y viniendo de una parte a otra. -2 ***tr.*** Molestar, mover mucho, cansar con órdenes diversas.
SIN. **Zarandearse, azacanarse, trajinar.**
ajetreo ***m.*** Acción de ajetrearse.
ají (del taíno de S. Domingo) ***m.*** *Amér.* Pimiento (planta o fruto). 2 Ajiaco. 3 *Cuba.* Agitación, tumulto. ◇ Pl.: *ajíes.*
ajiaceite ***m.*** Salsa de ajos machacados y aceite.
ajiaco ***m.*** *Amér. Merid.* Salsa hecha con ají. 2 *Cuba, Chile, Méj.* y *Perú.* Especie de olla podrida que se hace con legumbres y carne en pedazos pequeños, y se sazona con ají. 3 fr. *y* fig. ***Estar,*** o ***ponerse, uno como ~***, estar colérico o de mal humor. 4 *Cuba.* Tumulto, escandalo.
ajibararse ***prnl.*** *P. Rico.* Adquirir las costumbres del jíbaro o campesino.
ajicero,-ra ***adj.*** *Amér.* Relativo al ají. -2 ***m. f.*** *Amér.* Persona que vende ají. -3 ***m.*** *Amér.* Vaso en que se pone el ají en la mesa.
ajiche ***adj.*** *Guat.* Pequeño, flaco, desmedrado.
ajicola ***f.*** Cola hecha de retales de piel cocidos con ajos.
ajicomino ***m.*** Salsa en que entran como ingredientes el ajo y el comino.
ajicón ***m.*** *Cuba.* Planta solanácea, parecida a la berenjena, con espinas y frutos esféricos *(Solanum scabrum).*
ajiconal ***m.*** *Cuba.* Terreno en que abundan los ajicones.
ajigolear ***tr.*** *Méj.* Activar, ahilar, urgir.
ajigolones ***m. pl.*** *Guat., Méj.* y *Salv.* Aprietos, ahogos.
ajilar ***tr.*** *Venez.* Morder el pez [el anzuelo].
ajilibrio ***m.*** *S. Dom.* vulg. Debilidad.
ajilimoje (de *ajo + moje*) ***m.*** fam. Pebre para los guisados. 2 fig. Revoltijo, confusión de cosas mezcladas. -3 ***m. pl.*** fig. Agregados, adherentes de una cosa.
ajilimójili ***m.*** Ajilimoje.
ajillo ***m.*** Guiso que lleva mucho ajo como condimento.
ajilorio ***m.*** *Cuba.* vulg. Debilidad, ahilo. 2 Hilera, fila.
ajimez (ár. *aximeça*) ***m.*** ARQ. Ventana o balcón saliente cerrado por celosías, de tal forma que pueda verse el exterior desde dentro sin ser visto. 2 ARQ. p. ext. Ventana arqueada dividida en el centro por un parteluz o mainel. 3 ARQ. p. ext. Parteluz.
ajipán ***m.*** *La Mancha.* Pan endurecido que, previamente en remojo, se exprime y rehoga en aceite frito con unos dientes de ajo.
ajipuerro (de *ajo + puerro*) ***m.*** Cebollino (planta liliácea).
ajironar (paras.) ***tr.*** Echar jirones (fajas) [a los sayos o ropas]. 2 Hacer jirones [de una pieza de ropa].
ajiseco ***m.*** *Perú.* Ají de color rojo que se emplea como condimento. -2 ***adj.*** *Perú.* Que tiene el color del ajiseco, rojo.
ajizal ***m.*** *Amér. Merid.* y *Ant.* Terreno sembrado de ají.
ajo (l. *alliu*) ***m.*** Planta liliácea, hortense, de hojas ensiformes, y bohordo con flores pequeñas y blancas; su bulbo, dividido, blanco y de olor característico, se usa como condimento *(Allium sativum).* 2 Bulbo secundario en que está dividido el bulbo del ajo. 3 ~ ***cañete, castañete*** o ***castañuela,*** rocambola. 4 ~ ***cebollino,*** cebollana. 5 ~ ***chalote*** o ***de ascalonia,*** chalote. 6 ~ ***porro, puerro*** o ***tierno,*** cebollino, planta liliácea; puerro. 7 ~ ***blanco,*** condimento hecho con ajos machacados, miga de pan, sal, aceite, vinagre y agua o salsa; especie de gazpacho blanco hecho con miga de pan, ajo, almendra, agua, aceite y vinagre. 8 fig. *y* fam. Afeite de que usan las mujeres. 9 Negocio poco decente en que intervienen varios: *anda en el ~.* 10 fig. *y* fam. Asunto: *estar en el ~.* 11 Palabrota: ***echar ajos,*** blasfemar, decir palabrotas. 12 ***Machacar el ~***, producir la cigüeña con el pico un ruido semejante a un castañeteo. 13 ***Picar el ~***, machacar el ajo. 14 ~ ***de oso,*** planta liliácea, de tallo alto, hojas basales ovalado-lanceoladas e inflorescencia en umbela *(Allium ursinum).* 15 ***¡Ajo! ¡Ajito!*** imitación de los primeros balbuceos infantiles. 16 *Nicar.* ***Pelar el ~***, morirse.
-ajo, -aja, sufijo que entra en la formación de substantivos, al unirse a nombres o verbos, con significación diminutiva y, a veces, despectiva: *lagunajo, migaja, colgajo.* 2 Se combina con *-ar* y *-arro,* o toma la forma *-istrajo: espumarajo, pintarrajo, bebistrajo.*
ajoaceite ***m.*** Ajiaceite.
ajoarriero ***m.*** Guiso hecho a base de bacalao, aceite y huevos que se condimenta con ajos.
ajobachado, -da (de *ajobar*) ***adj.*** *S. Dom.* Agotado por el calor excesivo o por un trabajo duro.
ajobar (cat. *enjovar* < *jou,* yugo) ***tr.*** Llevar a cuestas, cargar [con una cosa]. -2 ***tr.-prnl.*** Emparejarse los animales.
ajobero, -ra ***adj.-s.*** Que ajoba.
ajobilla ***f.*** Molusco lamelibranquio, de valvas casi triangulares y con los bordes dentados (gén. *Tellina* y *Donax).*
ajobo ***m.*** Acción de ajobar. 2 Carga que se lleva encima. 3 fig. Molestia, fatiga.
ajochar ***tr.*** *Colomb.* y *Perú.* vulg. Azuzar, excitar. 2 *Perú.* Insistir en alguna petición.
ajofaina ***f.*** Jofaina.
ajojotarse ***prnl.*** *P. Rico.* vulg. Volverse jojoto un fruto.
ajolín ***m.*** Insecto hemíptero, especie de chinche de color negro (gén. *Lygaeus).*
ajolio (de *ajo + olio*) ***m.*** *Ar.* Ajiaceite.
ajolote (náhu. *axolotl*) ***m.*** Anfibio urodelo de agua dulce, que respira por tres pares de branquias que presenta en la parte posterior de la cabeza *(Ambystoma* sp.*).*
ajomate (ár. *chomat*) ***m.*** Alga verde de agua dulce formada por filamentos muy delgados *(Rhizoctonium rivulare).*
-ajón, v. -ón.
ajonje (de *ajonjolí,* tratado como diminutivo) ***m.*** Substancia viscosa que se saca de la raíz de la ajonjera. 2 Ajonjera, planta.
SIN. **Aljonje.**
ajonjear ***tr.*** *Colomb.* Mimar, halagar [a una pers.].
ajonjeo ***m.*** *Colomb.* Acción de ajonjear.
ajonjera (de *ajonje*) ***f.*** Angélica (planta). 2 ~ ***juncal,*** condrila.
ajonjero ***m.*** Ajonjera.
ajonjo ***m.*** Ajonje.
ajonjolí (ár. *alcholcholén*) ***m.*** Planta sesámea, de fruto elipsoidal, con cuatro cápsulas y muchas semillas, amarillentas, oleaginosas y comestibles *(Sesamum indicum).* 2 Simiente de esta planta. 3 *Venez.* Cierta tenia del cerdo en estado de larva *(Taenia solium).* ◇ Pl.: *ajonjolíes.*
SIN. *1* y *2* **Alegría.** *1* **Sésamo,** designa la planta y también el *alajú* condimentado con ella.
ajonuez ***m.*** Salsa de ajo y nuez moscada. ◇ Pl.: *ajonueces.*
ajoqueso ***m.*** Guisado en que entran el ajo y el queso. ◇ Pl.: *ajoquesos.*
ajorar ***tr.*** Ajorrar. ** CONJUG. [31] como ***contar.***
ajorca (ár. *axorca*) ***f.*** Argolla de metal que llevaban las mujeres en las muñecas, en los brazos o en la garganta de los pies.
SIN. **Carcax.**
ajornalar ***tr.*** Contratar [a uno] para que trabaje a jornal.
SIN. **Jornalar.**
ajorrar (ár. *yârr,* arrastre) ***tr.*** Remolcar, arrastrar. 2 Llevar por fuerza [gente o ganado] de una parte a otra. 3 *Jaén* y *Murc.* Llevar arrastrando hasta el cargadero los troncos que se cortan en los montes. 4 *P. Rico.* Molestar, atosigar.
ajotar ***tr.*** *León, Sal., Amér. Central* y *P. Rico.* Hostigar, azuzar.
ajote (de *ajo*) ***m.*** Escordio.
ajotollo ***m.*** *Perú.* Guiso hecho con tollo.
ajuagas (ár. *axucac*) ***f. pl.*** Úlceras que se forman en los cascos de las caballerías.
ajuanetado, -teado, -da (paras. de *juanete*) ***adj.*** Juanetudo.
ajuar (ár. *axuar*) ***m.*** Conjunto de muebles y ropas de uso común en las casas. 2 Conjunto de muebles, alhajas y ropa que aporta la mujer al matrimonio. 3 Equipo de los niños recién nacidos. 4 Conjunto de objetos propios de una persona, y en general, hacienda, bienes.
ajuarar (de *ajuar*) ***tr.*** *Méj.* Amueblar. 2 *Méj.* p. ext. Abastecer de algo.
ajuate ***m.*** Ahuate.
ajuchar ***tr.*** *Hond.* Azuzar.
ajudiado, -da (paras.) ***adj.*** Propio de judíos o parecido a ellos.
ajuga ***f.*** Pinillo (planta labiada).

ajuglarado, -da *adj.* Juglaresco.
ajuglarar *tr.-prnl.* Hacer que uno proceda como juglar. -2 *intr.* Tener las condiciones de lo juglar.
ajuiciado, -da *adj.* Juicioso.
ajuiciar (paras.) *tr.-intr.* Hacer [a uno] juicioso. 2 Enjuiciar, someter a juicio. ◇ ** CONJUG. [12] como ***cambiar.***
ajumado (*ahumado*, en pron. andaluza) *adj.* Borracho.
ajumarse *prnl.* Ahumarse, embriagarse.
ajuncia *f. Colomb.* Angustia, trabajo. ◇ Ús. más en plural.
ajuno, -na *adj.* Relativo a los ajos.
ajuntar *tr.* En el lenguaje infantil, ser amigo [de alguien]: *ahora no te ajunto; ¿me ajuntas?* -2 *prnl.* Unirse en matrimonio. 3 Amancebarse.
ajupar *tr. Pan.* Azuzar.
ajustadamente *adv. m.* Igual y cabalmente; con arreglo a lo justo. 2 Ceñida o apretadamente.
ajustado, -da *adj.* Justo, recto.
ajustador, -ra *adj.-s.* Que ajusta. -2 *m.* Jubón ajustado al cuerpo. 3 Anillo, gralte. liso, con que se impide que se salga una sortija que viene ancha al dedo. 4 Operario que trabaja piezas de metal concluidas para ajustarlas.
ajustamiento *m.* Ajuste. 2 Papel en que consta el ajuste de una cuenta.
ajustar (paras.) *tr.-prnl.* Proporcionar y adaptar [una cosa] de modo que venga justa con otra: ~ *el sastre un vestido.* 2 Encajar [una cosa] con otra: ~ *el cajón a la mesa.* 3 Acomodar [una cosa] con otra: *ajusté mi voluntad a la suya; ajustarse a la razón.* 4 Arreglar, moderar: ~ *el gobierno, las pasiones.* 5 Contratar [a una pers.] para algún servicio: ~ *un criado; ajustarse con el amo.* -6 *tr.* Concertar: ~ *un casamiento, la paz;* p. ext., reconciliar [a los enemistados]; concertar el precio [de una cosa]. 7 Comprobar [una cuenta] y liquidarla. 8 IMPR. Distribuir [las galeradas en planas]. -9 *prnl.* Ponerse de acuerdo unas personas con otras en algún ajuste. 10 *Ar.* Arrimarse una persona a algún lugar, o una cosa a otra. -11 *tr. Amér.* Acometer [a alguien] una enfermedad. 12 *Colomb.* Escatimar [algo], economizar. 13 *Colomb., C. Rica, Méj.* y *Nicar.* Cumplir, completar: *Juan ajustó veinte años.* 14 *Colomb., C. Rica, Cuba* y *Nicar.* Contratar a destajo.
SIN. *8* **Compaginar.**
ajuste *m.* Acción de ajustar o ajustarse. 2 Efecto de ajustar o ajustarse. 3 Medida proporcionada de las partes de una cosa para el efecto de ajustar o cerrar. 4 fig. Corrección de una magnitud económica. 5 fig. ~ ***de cuentas,*** venganza que alguien toma para saldar un agravio anterior. 6 ELECTR. En los equipos electrónicos, proceso de fijar los diversos valores de sus componentes variables, para que el equipo dé el máximo rendimiento. 7 *Guat.* y *Salv.* Adehala.
ajustero, -ra *m. f. Colomb.* y *Nicar.* Destajero, contratista.
ajusticiado, -da *m. f.* Reo en quien se ha ejecutado la pena de muerte.
ajusticiamiento *m.* Acción de ajusticiar. 2 Efecto de ajusticiar.
ajusticiar *tr.* Ejecutar la pena de muerte [en el reo]. ◇** CONJUG. [12] como ***cambiar.***
ajustón *m. Ecuad., Guat.* y *Hond.* Ajuste, castigo, mal trato.
al Contracción de la prep. *a* y el artículo *el: al padre* por *a el padre.*
Al, símbolo químico del *aluminio.*
I) -al (l. *-ale*) Sufijo que entra en la formación de adjetivos y substantivos al unirse a otros substantivos o adjetivos. 2 En los adjetivos denota gralte. relación o pertenencia: *arbitral, frescal.* 3 En los substantivos denota el lugar en que abunda el primitivo: *cerezal, peñascal.* 4 Se combina con *-acho, -azo, -edo, -izo* y *-orro: lodachal* o *lodazal, bojedal, barrizal, matorral.*
II) -al (de *al*dehído) Sufijo que entra en la formación de nombres de compuestos químicos denotando la presencia en ellos del grupo aldehídico.
ala (l.) *f.* Extremidad torácica de las aves y apéndice lateral de los insectos, que les sirven para volar. 2 Expansión foliácea o membranosa de ciertos frutos u órganos de las plantas. 3 Parte de una cosa que por su forma o posición se parece a un ala: ~ *de la nariz;* ~ *del hígado;* ~ *del sombrero;* ~ ***delta,*** planeador ligero para practicar el vuelo libre, compuesto de un ala de forma triangular y un trapecio en su parte inferior al que se sujeta el piloto. 4 ~ ***del corazón,*** aurícula. 5 Alero (del tejado). 6 Parte de un edificio que se extiende a los lados del cuerpo principal. 7 Paleta de hélice (propulsor). 8 Vela pequeña que se larga en tiempos de bonanza. 9 Tendencia de un partido, organización o asamblea, esp. de posiciones extremas. 10 Diente del piñón en los relojes. 11 Brazo del volante de los relojes. 12 vulg. Cocaína de mala calidad. -13 *loc. adj.* ~ ***de mosca,*** [color] negro que tira a pardo o a verdusco. -14 *f.* AERON. Parte de los planos de sustentación de un aparato, a derecha e izquierda del eje de simetría. 15 ARQ. Parte horizontal de una viga. 16 ARQ. Parte lateral del escenario de un teatro. 17 DEP. Flanco de un equipo, o de un terreno de juego. 18 DEP. Extremo. 19 FORT. Cortina. 20 MIL. Tropa formada en cada uno de los extremos de un orden de batalla. -21 *f. pl.* fig. Osadía, engreimiento; aliento o medios para hacer una cosa: *tomar uno alas; dar alas a uno; cortarle las alas;* ***caérsele a uno las alas,*** o ***las alas del corazón,*** faltarle el ánimo; ***del*** ~, consabido: *pagué las cien del* ~.
REL. *1* Varios tecn. se forman del gr. *pterón: áptero* (sin alas), *díptero* (dos alas), etc.
¡ala! (ár. *yálah*) Interjección ¡Hala!
Alá (ár. *Allah*) *n. pr.* Nombre que dan a Dios los mahometanos.
alabado *m.* Motete que se canta en alabanza del Santísimo Sacramento y que comienza con las palabras «Alabado sea». 2 *Argent.* y *Chile.* Canto que los serenos cantaban al venir el día y antes de recogerse en su cuartel. 3 *Méj.* Canto que entonan los trabajadores del campo al comenzar y al acabar la labor diaria. 4 *Méj.* Canto que se entona cuando se conduce al pueblo el cadáver de un campesino. 5 *Chile. Al* ~, al alba, al amanecer.
alabador, -ra *adj.-s.* Que alaba.
alabamiento *m.* Alabanza (acción).
alabancero, -ra (de *alabanza*) *adj.* fam. Adulador.
alabancia *f.* Jactancia. 2 Alabanza, elogio.
alabancioso, -sa (de *alabanza*) *adj.* fam. Jactancioso.
alabandina (l.) *f.* Mineral raro, de color negro y brillo metálico, formado por el sulfuro de manganeso. 2 Granate de color rojo intenso.
alabanza *f.* Acción de alabar o alabarse. 2 Expresión o conjunto de expresiones con que se alaba.
SIN. **Elogio.** CONTR. **Vituperio.**
alabar (l. *alapare*) *tr.* Celebrar con palabras [a una pers. o hecho]. -2 *prnl.* Jactarse: *alabarse de valiente.* -3 *intr. Méj.* Cantar el alabado. ◇ HOMÓF.: *halaban* (v. *halar*).
SIN. *1* **Loar,** lit. REL. **Loable, laudable,** digno de alabarse.
alabarda (fr. *hallebarde* < ant. al. *helmbart*) *f.* Arma formada por un asta de madera y una moharra con cuchilla transversal, aguda por un lado y en figura de media luna por el otro.
alabardado, -da *adj.* De figura de alabarda: *hoja* ~.
alabardazo *m.* Golpe dado con la alabarda.
alabardero *m.* Soldado armado de alabarda. 2 Soldado especial que, armado de alabarda, daba guardia de honor a los reyes de España. 3 fig. Miembro de la claque.
alabastrado, -da *adj.* Parecido al alabastro.
alabastrino, -na *adj.* De alabastro. 2 Parecido a él. -3 *f.* Alabastrita o espejuelo en láminas delgadas que suele usarse en las claraboyas de los templos en lugar de vidrieras.
alabastrita, -trites *f.* Alabastro yesoso.
alabastro (l. *-tru* < gr. *alábastros*) *m.* Piedra blanca, translúcida, gralte. con visos de colores, formada por sulfato cálcico. 2 ~ ***oriental,*** variedad de mármol muy translúcida y susceptible de hermoso pulimento. 3 ~ ***yesoso,*** aljez compacto y translúcido. 4 fig. Blancura.
alabaza *f. Can.* Romaza.
álabe (b. l. *alba* < l. *alvu,* vientre) *m.* Rama de árbol combada hacia la tierra. 2 Estera colocada a los lados del carro. 3 Alero de un tejado. 4 Teja del alero. 5 MEC. Paleta curva de la rueda hidráulica. 6 MEC. Diente de la rueda de un batán o mecanismo análogo.
SIN. *2* **Estora.** *5* **Sobarbo.** *6* **Leva, levador.**
alabeado, -da *adj.* Que tiene alabeo. 2 [línea curva] Que no puede ser contenido en un plano. 3 [superficie] Originado por una recta, pero que una vez desarrollado no puede adaptarse a un plano.
alabear (de *álabe*) *tr.* Dar [a una superficie] forma combada. -2 *prnl.* Torcerse o combarse una pieza de madera.
alábega *f.* Albahaca.
alabeo *m.* Vicio que toma una pieza de madera u otra superficie al alabearse. 2 p. ext. Comba de cualquier superficie que presenta la misma forma de una pieza de madera alabeada.
SIN. **Curvatura.**
alabesa *f.* Alavesa.
alabiado, -da (de *labio*) *adj.* [moneda o medalla] Que, por no estar bien acuñado, sale con rebabas.

alacate *m. Méj.* Acocote, calabaza.
alacena (ár. *aljizena*) *f.* Hueco en la pared a manera de armario con anaqueles. 2 Armario hecho aprovechando el ángulo interior formado por dos paredes de una habitación, colocándole una puerta en chaflán. 3 *La Mancha.* En el molino de viento, compartimiento donde se guardan los enseres. 4 *Ecuad.* Parte superior del pecho.
alacet *m.* QUÍM. Líquido compuesto, que contiene la mitad de su peso de ácido fórmico, y que se utiliza en la conservación de substancias.
alacha *f.* Alache.
alache (l. *halace*) *m.* Boquerón (pez).
alaciarse *prnl.* Enlaciarse. ◇ ** CONJUG. [12] como ***cambiar.***
alacle *m.* Planta herbácea textil de Méjico.
alaco *m. Amér. Central.* Persona viciosa y perdida. 2 *Amér. Central.* Harapo, guiñapo. 3 *Amér. Central.* Trasto, cosa inservible.
alacrán (ár. *alacrabán*) *m.* Arácnido pulmonado, de pedipalpos prensiles, con la parte posterior del abdomen en forma de cola, terminada por una uña venenosa *(Buthus occitanus).* 2 ~ ***cebollero,*** grillo cebollero. 3 ~ ***marino,*** pejesapo. 4 Asilla con que se traban los botones de metal y otras cosas. 5 Pieza del freno de los caballos que sujeta la barbada al bocado. 6 *Argent.* fig. El que suele hablar mal del prójimo.
SIN. *1* **Escorpión.** *4* **Esecilla.**
alacranado, -da *adj.* Picado del alacrán. 2 fig. Inficionado de algún vicio o enfermedad.
alacrancillo *m. Ant.* y *C. Rica.* Se da este nombre a varias especies vegetales del gén. *Heliotropium.*
alacranear *intr. Argent.* Hablar mal del prójimo.
alacranera *f.* Planta leguminosa cuyo fruto tiene la forma de una cola de alacrán *(Astholabium scorpioides; Coronilla s.).* 2 Lugar donde hay muchos alacranes. 3 *Colomb.* Reunión de gente detractora o murmuradora.
SIN. *1* **Escorpioide.**
alacridad (l. *-itate*) *f.* Alegría y presteza del ánimo.
alada *f.* Movimiento que hacen las aves subiendo y bajando las alas. ◇ HOMÓF.: *halada* (v. *halar*).
aladar (ár. *aladzar*) *m.* Porción de cabellos que caen sobre cada una de las sienes: *los sedosos aladares.*
aladear (de *ladear*) *tr. Ecuad.* Retirar el favor [a una persona].
aladica *f.* Aluda.
aladierna, aladierno (l. *alaternu*) *f. m.* Arbusto ramnáceo empleado en medicina y tintorería, cuyo fruto es una baya pequeña, negra y jugosa *(Rhamnus catharticus).*
SIN. **Alaterno, alitierno, cambrón, espino cerval** o **hediondo, ladierno, mesto, nevadilla, sanguinaria menor, sanguino, carrasquilla.**
Aladino *n. pr.* Protagonista de un cuento de *Las mil y una noches.* Tenía una lámpara maravillosa, y al frotarla con un anillo mágico, aparecía un genio que realizaba todos sus mandatos.
alado, -da *adj.* Que tiene alas. 2 fig. Ligero, veloz. 3 BOT. De figura de ala.
aladrero (de *aladro,* en algunas partes arado) *m.* Carpintero que labra las maderas para la entibación de las minas, o que repara arados y otros utensilios de labranza.
aladro *m. Logr.* Arado.
aladroque *m.* Boquerón (pez). 2 *Murc.* Anchoa sin salar.
alafia (ár. *al-afiya,* integridad corporal, salud) *f.* fam. Gracia, perdón, misericordia. 2 ARQ. Motivo decorativo musulmán consistente en letras árabes. 3 ARQ. p. ext. Dibujo que imita la grafía árabe. 4 *Hond.* Verbosidad, labia.
alafre *adj. Venez.* Ruin, despreciable.
álaga (l. *alica*) *f.* Especie de trigo de grano largo y amarillento. 2 Grano de esta planta.
REL. **Trigo azul, azulejo, azulenco,** una variedad del álaga.
alagadizo, -za *adj.* Terreno que fácilmente se alaga.
alagado (paras. de *lago*) *m. Bol.* Terreno inundado.
alagar (paras.) *tr.-prnl.* Llenar de lagos o charcos [un terreno]. -2 *prnl. Bol.* Hacer agua una embarcación. ◇ HOMÓF.: *halagar.* ◇ ** CONJUG. [7] como ***llegar.***
alagartado, -da *adj.* Semejante, por la variedad de colores, a la piel del lagarto. 2 *Amér. Central.* Usurero, tacaño. 3 *C. Rica.* Acaparador.
alagartarse *prnl. Amér. Central.* Hacerse avaro u obrar con avaricia. 2 *Méj.* Apartar la bestia los cuatro remos, de suerte que disminuya la altura. 3 *C. Rica.* Acaparar codiciosamente.
alagunar *tr. Chile.* Alagar.
alajú (ár. *alfahúa*) *m.* Pasta de almendras, nueces o piñones, pan rallado y tostado, especias y miel. ◇ Pl.: *alajúes.*
SIN. **Alejur, alfajor.**
alalá *m.* Canto popular propio del norte de España.
¡alalá! *Guat.* Interjección con que se denota asombro o admiración.
¡alalau! *Bol., Ecuad.* y *Perú.* Interjección con que se denota la sensación de frío intenso. 2 *Ecuad.* Interjección con que se denota temor.
alalí *m.* Lelilí, grita, vocería.
alalia *f.* Falta de voz, afonía.
alálimo, alalimón *m.* Alimón.
álalo, -la *adj.* Mudo, privado del habla. -2 *adj.-s.* MED. Que padece alalia.
alama *f.* Escobón (planta).
alamar (ár. *alhamir,* lazo trenzado) *m.* Presilla y botón, u ojal sobrepuesto, que se cose a la orilla del vestido o capa. 2 Cairel (fleco).
alambicadamente *adv. m.* Con excesiva sutileza.
alambicado, -da *adj.* fig. Dado con escasez y poco a poco. 2 fig. Sutil.
alambicamiento *m.* Acción de alambicar. 2 Efecto de alambicar.
alambicar (de *alambique*) *tr.* Destilar. 2 Examinar atentamente [una cosa] para desentrañar su significado o sus cualidades. 3 p. ext. Sutilizar excesivamente [el estilo o los conceptos]. 4 fig. Reducir la ganancia todo lo posible. ◇ ** CONJUG. [1] como ***sacar.***
alambique (ár. *alambic,* del gr. *ámbix,* vaso) *m.* Aparato para destilar; consiste en una caldera con una tapadera en forma de cúpula de donde arranca un tubo terminado en un serpentín que pasa por un refrigerador y da salida al producto de la destilación. 2 fig. ***Por*** **~**, con escasez o muy poco a poco.
SIN. **Alquitara,** hoy p. us., aunque muy frecuente en los clásicos; **alcatara,** es arcaísmo inus.; **destilador, destilatorio.**
alambor (ár. *alobr,* margen) *m.* Falseo (piedra, madera). 2 Naranjo amargo. 3 FORT. Escarpa. 4 *La Mancha.* Campana de una chimenea. 5 *La Mancha.* Pequeño hueco que se abre a ambos lados de la chimenea, para tener a mano objetos de frecuente uso.
alamborado, -da *adj.* Que tiene alambor.
alambrada *f.* MIL. Red de alambre grueso que se emplea para estorbar el avance de las tropas enemigas.
alambrado, -da *adj.* Cercado con alambres. -2 *f.* Alambrera (de brasero). 3 Cerco de alambres afianzado en postes. -4 *adj. Cuba.* Color dorado de caballos.
I) alambrar *tr.* Cercar [un sitio] con alambre. 2 Poner los cencerros a una yeguada, recua o parada de cabestros.
II) alambrar (l. *ad luminare*) *intr. Ar., Sal.* y *Salv.* Despejarse el cielo.
alambre (b. l. *œramine,* bronce) *m.* Hilo tirado de cualquier metal. 2 Conjunto de cencerros, campanillas, etc., de una recua o hato de ganado.
alambrear *intr.* Tocar la perdiz con el pico los alambres de la jaula.
alambrecarril *m.* Cable o alambre resistente, tendido a bastante altura entre torres, del que van colgadas unas vagonetas sostenidas por una o dos ruedas, las cuales son arrastradas por un cable más delgado que se arrolla con un torno u otro dispositivo parecido.
alambrera *f.* Red de alambre que se pone en las ventanas y en otras partes para resguardar los cristales. 2 Cobertera de red de alambre que se pone sobre los braseros. 3 Cobertera de red de alambre para preservar los manjares.
alambrilla *f.* Olambrilla.
alambrillo *m. Cuba.* Planta herbácea parecida al helecho común *(Rafania cordata).*
alambrista *com.* Funámbulo, equilibrista.
alameda *f.* Terreno poblado de álamos. 2 Paseo con álamos. 3 p. ext. Paseo con árboles en gral.
alamedero *m. Méj.* Guarda de una alameda.
alamín (ár. *alamín,* fiel) *m.* Oficial que contrastaba las pesas y medidas y tasaba los víveres. 2 Alarife diputado antig. para reconocer obras de arquitectura. 3 Juez de riegos.
alaminazgo *m.* Oficio de alamín.
álamo (etim. dud; quizá celta *alm(i)nos* × l. *albu*) *m.* Árbol salicáceo, propio de lugares húmedos, de tronco alto y bien poblado de ramas, y madera blanca y ligera, muy resistente al agua (gén. *Populus):* ~ ***alpino, líbico*** o ***temblón*** (también *lamparilla*

y *tiemblo),* el parecido al chopo, cuyas hojas, de pecíolo largo y comprimido, parecen temblar al impulso del viento; ~ **blanco** (también *pobo),* el de corteza gris y hojas verdes por el haz y blanquecinas por el envés; ~ **negro,** chopo. 2 Madera de cualquier especie de álamo.

alampar (de *a-* 1 + *lampar*) ***intr.*** *Ál.* y *Logr.* Picar excesivamente, quemar el paladar. -2 ***prnl.*** Tener ansia grande por una cosa, esp. por comer o beber.

alamud (ár.) ***m.*** Barra de hierro que, como pasador o cerrojo, aseguraba puertas y ventanas. ◇ Pl.: *alamudes.*

alanceador, -ra ***adj.-s.*** Que alancea.

alancear (frecuent.) ***tr.*** Dar lanzadas, herir con lanza: ~ *un toro.* 2 Zaherir.

SIN. *1* **Lancear.**

alandida ***adj.-f.*** ZOOL. Ave gralte. terrícola que se caracteriza por tener los tarsos revestidos de placas córneas.

alandrearse (paras. de *landre*) ***prnl.*** Ponerse los gusanos de seda secos, tiesos y blancos.

alangiáceo, -ea ***adj.*** BOT. Alangieo.

alangieo, -a ***adj.-f.*** Planta de la familia de las alangieas. -2 ***f. pl.*** Familia de plantas dicotiledóneas o árboles, de hojas alternas y enteras, flores axilares o amanojadas en las axilas, y fruto en drupa aovada; como el angolán.

alangilán ***m.*** Árbol anonáceo, del cual se extrae una esencia de fragancia agradabilísima *(Canaga adorata).*

SIN. **Canaga.**

alano, -na (l. *nu*) ***adj.-s.*** Pueblo nómada que, procedente del Cáucaso, invadió la Galia en los principios del s. V y posteriormente España, en unión de vándalos y suevos; fueron vencidos por los visigodos. 2 V. perro ~.

alante ***adv.*** fam. Adelante.

alantoides (gr. *allantoeidés*) ***adj.-s.*** Membrana que rodea el embrión de los mamíferos, aves y reptiles.

alantonemátido, -da ***adj.-s.*** Gusano nematelminto que carece de boca, intestino y ano. -2 ***m. pl.*** Familia de estos gusanos.

alanzar ***tr.*** Alancear. 2 Tirar lanzas [sobre un tablado] en ciertos juegos de caballería. 3 Lanzar. ◇ ** CONJUG. [4] como ***realizar.***

alaqueca (ár. *alaquica*) ***f.*** Cornalina.

alar ***m.*** Alero (tejado). 2 Percha de cerdas usada para cazar. 3 *Colomb.* Acera de la calle, vereda. ◇ HOMÓF.: ***halar*** (v.).

alárabe (ár. *alárab*) ***adj.-s.*** Árabe. -2 ***m.*** fig. Hombre inculto o brutal.

alarconiano, -na ***adj.*** Relativo al escritor español Juan Ruiz de Alarcón (1581-1639).

alarde (ár. *alard*) ***m.*** Revista [inspección], esp. la de los soldados y sus armas. 2 Visita del juez a los presos. 3 Reconocimiento que las abejas hacen de su colmena al tiempo de entrar o salir. 4 Examen periódico que hacen los tribunales de todos sus asuntos para ponerlos al día. 5 Relación de las causas de competencia del jurado que se han de someter a examen. 6 fig. Ostentación y gala que se hace de una cosa. 7 Encuentro entre facciones opuestas que se simula en las fiestas de algunos lugares. ◇ Han desaparecido del uso moderno las aceps. 1 a 5, muy frecuentes en los clásicos. En cambio, subsiste la acep. 6, y a su signif. se refieren los derivados *alardear,* etc.

alardear ***intr.*** Hacer alarde.

alardeo ***m.*** Acción de alardear.

alardoso, -sa ***adj.*** Ostentoso.

alarecino, -na ***adj.-s.*** Fatimí.

alarga, alargada ***f.*** *Chile.* ***Dar la*** ~, soltar poco a poco el hilo de una cometa.

alargadera (de *alargar*) ***f.*** Tubo que se adapta al cuello de las retortas para ciertas operaciones destilatorias. 2 Pieza que sirve para alargar, como la que se emplea para las piernas del compás. 3 Cable que sirve para enlazar un enchufe con algún aparato eléctrico. 4 *Ar.* Sarmiento amugronado, o que deja de podarse para amugronarlo.

alargador, -ra ***adj.*** Que alarga. -2 ***m.*** Pieza, instrumento o dispositivo que sirve para alargar.

alárgama ***f.*** Alharma.

alargamiento ***m.*** Acción de alargar o alargarse. 2 Prolongación.

alargar (paras. de *largo*) ***tr.-prnl.*** Dar más longitud [a una cosa]: ~ *una mesa; alargarse un camino;* p. ext., apresurar: ~ *el paso, el vuelo;* esp., extenderse en lo que se habla o escribe: ~ *un tema; alargarse en el discurso.* 2 Prolongar [una cosa]; hacer que dure más tiempo: ~ *el día, la vida, las jornadas;* ~ *una sílaba, una vocal.* -3 ***tr.*** Hablando de las extremidades o de ciertos sentidos, extender: ~ *el brazo, la vista;* p. ext., coger [algo] y darlo a otro: *alárgame el libro.* 4 Dar [cuerda] o ir soltando poco a poco [un cabo]: ~ *las escotas, la rienda;* fig., condescender, aflojar: ~ *la conciencia, la licencia;* ~ *en blandura.* 5 Aumentar en cantidad: ~ *el salario, la ración.* 6 Alejar, apartar: *las olas me alargaron de la nave; alargarse a la mar;* esp., hacer que adelante o avance [alguna gente]: ~ *los escuadrones.* 7 Alejarse del dominio del cazador, especialmente el perro. 8 MAR. Mudar de dirección el viento inclinándose a la popa. ◇ ** CONJUG. [7] como ***llegar.***

alarguez (ár. *alarguiç,* corteza de raíz de cambronera) ***m.*** Nombre que se da a ciertas plantas espinosas, esp. al agracejo y al aspálato.

alaria (de *ala*) ***f.*** Chapa de hierro con las puntas dobladas, para esturgar.

alarida ***f.*** Conjunto de alaridos, gritería.

alarido (der. del ár. *Allah,* Dios) ***m.*** Grito de guerra de los moros al entrar en batalla. 2 p. ext. Grito lastimero de dolor o espanto.

alarifazgo ***m.*** Oficio de alarife.

alarife (ár. *alarif,* maestro) ***m.*** Arquitecto, maestro de obras. 2 MIN. Albañil. 3 *Argent.* y *Urug.* Persona lista y avisada. -4 ***adj.*** *Urug.* Jactancioso, seguro de sí mismo.

alarije ***adj.*** [uva] De color rojo, que nace en ciertas cepas altas y de sarmientos duros.

SIN. **Arije, larije.**

alarista (de *alar*) ***m.*** Cazador furtivo que utiliza el alar para cazar.

alarma (de *¡al arma!*) ***f.*** MIL. Señal dada en un ejército o plaza para que se prepare inmediatamente a la defensa o al combate. 2 MIL. Rebato. 3 fig. Inquietud, sobresalto repentino. 4 fig. Voz o señal producida por mecanismo que avisa de un peligro inminente. 5 fig. Aviso, en gral.: *ha saltado la* ~ *de los indicadores económicos.* ◇ HOMÓF.: *alharma.*

alarmador, -ra ***adj.*** Alarmante.

alarmante ***adj.*** Que alarma.

alarmar ***tr.*** Dar alarma [a un ejército o plaza]. -2 ***tr.-prnl.*** Inquietar, asustar [a uno].

alármega ***f.*** Alharma.

alarmismo ***m.*** Inclinación natural a alarmarse o a causar alarma a otros.

alarmista ***adj.*** Que produce alarma. -2 ***com.*** Persona que hace cundir noticias alarmantes.

alaroz (ár. *-roç,* el esposo) ***m.*** Armazón de madera con que se reduce el hueco de una puerta para colocar en él una mampara.

alasita ***f.*** *Argent.* y *Bol.* Feria popular en la que los artesanos venden, entre otros objetos, figuras de barro de pequeño tamaño.

alaste ***adj.*** *C. Rica* y *Nicar.* Elástico, resbaladizo.

alastrar (*a- 1* + *lastra*) ***tr.*** Amusgar [las orejas] el caballo. -2 ***prnl.*** Pegarse contra la tierra un animal, esp. un ave, para no ser descubierto.

alastrim ***m.*** Variedad de viruela, benigna, propia de países tropicales, que no deja cicatrices cutáneas.

alaterno ***m.*** Aladierna.

alatinadamente ***adv. m.*** Según la lengua latina, o conforme a ella.

alatinado, -da (paras.) ***adj.*** Dicho con pulcritud afectada, o al modo latino.

alatrón (ár.) ***m.*** Espuma de nitro.

alauita (del ár. *alawi,* descendiente de Alí) ***adj.*** Propio o relativo a la dinastía reinante en Marruecos.

alavanco (ant. *navanco,* de *nava*) ***m.*** Lavanco.

alavense, alavés, -vesa ***adj.-s.*** De Álava.

alayán ***m.*** Árbol de Filipinas, de madera blanca y dura, y fruto comestible.

alazán, -zana, -zano (ár. *alazar*) ***adj.-s.*** Color muy parecido al de la canela, con variaciones de pálido, dorado, vinoso, etc. 2 esp. Caballo o yegua de este color.

alazo ***m.*** Golpe que dan las aves con el ala.

SIN. **Aletazo,** más us.

alazor (ár. *alaçfor*) ***m.*** Planta compuesta cuyas flores, de color de azafrán, se usan en tintorería, y cuyas semillas se dan a las aves para cebarlas *(Carthamus tinctorius).*

SIN. **Azafrán bastardo, azafranillo, romí, romín, cártama, cártamo, simiente de papagayos.**

alba (l. *alba* < *-bu,* blanco) ***f.*** Tiempo durante el cual amanece: ***romper el*** ~, amanecer. 2 Primera luz del día, antes de salir el Sol. 3 Vestidura de lienzo blanco que baja hasta los pies; la usan los sacerdotes, diáconos y subdiáconos sobrepuesta al hábito y amito.

albacara, albácara (del ár. *al-baqqāra* la vaquería) *f.* Recinto cercado, generalmente por un muro, fuera de las murallas de la ciudad, destinado a guardar el ganado. 2 Torreón saliente de las antiguas fortalezas.

albacea (ár. *alvaçiya*) *com.* DER. Persona nombrada por el testador para asegurar el cumplimiento de su última voluntad: *~ dativo*, el nombrado judicialmente a falta de testamentario.

SIN. **Testamentario, albacea testamentario, cabezalero.**

albaceato *m. Ecuad.* Albaceazgo.

albaceazgo *m.* Cargo de albacea.

albacetense, -teño, -ña *adj.-s.* De Albacete, capital y provincia perteneciente a la región autónoma de Castilla-La Mancha.

I) albacora (ár. *albacora,* fruta temprana) *f.* Breva (fruta).

II) albacora (ár.) *f.* Bonito, esp. cuando es pequeño.

albada (l. *-ata < albare,* blanquear) *f.* Composición poética o musical, destinada a cantar la mañana.

SIN. **Alborada.**

albahaca (ár. *alhabaca*) *f.* Planta labiada, muy olorosa, de hojas pequeñas y muy verdes, y flores blancas, algo purpúreas *(Ocimun basilicum).*

SIN. **Alábega, alfábega.**

albahaquero *m.* Tiesto para plantas y flores.

albahaquilla *f.* Dim. de *albahaca.* 2 *~ de río,* parietaria. 3 *~ de Chile,* arbusto leguminoso de Chile, cuyas hojas, flores y tallo se usan en infusión como medicamento.

SIN. *3* **Culén.**

albahío *adj.* [color] Blanco amarillento; esp. el de la capa de las reses vacunas.

albaicín *m.* Barrio costanero, pendiente.

albaida (ár. *albayda,* blanca) *f.* Vulneraria.

albalá (v. *albarán*) *amb.* Carta o cédula real en que se concedía o proveía algo. 2 Documento en que se hacía constar alguna cosa. ◇ Pl.: *albalaes.*

albalaero *m.* El que tenía por oficio despachar los albalaes.

alballada *f.* Pez de limón.

albanecar *m.* CARP. Triángulo rectángulo formado por el par toral, la lima tesa y la solera.

albanega (ár. *albanica,* capillo de mujer) *f.* Cofia o red para el pelo. 2 Manga cónica usada para cazar conejos y otros animales cuando salen de la madriguera. 3 ARQ. Enjuta de arco de forma triangular.

albanés, -nesa, albano, -na *adj.-s.* De Albania, nación del sudeste de Europa. -2 *adj.-m.* Lengua del tronco indoeuropeo, idioma oficial de esta nación.

albano, -na *adj.-s.* De Alba Longa, antigua ciudad de la región italiana del Lacio.

albañal (ár. *bālla,* cloaca) *m.* Canal o conducto que da salida a las aguas inmundas. 2 Depósito de inmundicias. 3 fig. Lo repugnante o inmundo.

SIN. *1* **Caño.**

albañalero *m.* El que tiene por oficio construir o limpiar albañales.

albañar *m.* Albañal.

albañil (ár. *albanní*) *m.* Maestro u oficial de albañilería.

albañila *adj.* V. abeja albañila.

albañilear *intr.* Ocuparse por entretenimiento en tareas de albañilería.

albañilería *f.* Arte de construir edificios u obras en que se empleen piedra, ladrillo, cal, etc. 2 Obra de albañilería.

albaquía (ár.) *f.* Residuo o resto de alguna cuenta o renta que queda sin pagar.

albar (de *albo*) *adj.* Blanco (color): *tomillo ~; conejo ~.* -2 *adj.-s.* Terreno de secano y esp. tierra blanquecina en altos y lomas.

albarán (ár. *albará;* doble etim. *albalá*) *m.* Papel que se pone en las puertas, balcones o ventanas, como señal de que la casa se alquila. 2 Albalá (documento). 3 COM. Relación duplicada de mercancías que, generalmente, se da al entregar éstas al cliente, el cual devuelve un ejemplar con su conformidad o reparos a la recepción.

I) albarazado, -da *adj.* Enfermo de albarazo.

II) albarazado, -da *adj.* De color mezclado de negro o cetrino y rojo. -2 *adj.-s. Méj.* desus. Descendiente de chino y jenízara. 3 *Méj.* desus. Descendiente de cambujo y mulata. 4 *Méj.* desus. Descendiente de jíbaro (grifo y zambo) y mulata. 5 *Méj.* desus. Descendiente de lobo (saltatrás y mulata) e india. 6 *Méj.* desus. Descendiente de tentenelaire (cambujo e india) y mulata. 7 *Guat.* desus. Descendiente de coyote (mestizo e india) y morisca. 8 *Méj.* desus. Descendiente de jíbaro e india.

albarazo (ár. *albarac*) *m.* inus. Especie de lepra. 2 Herpe cutánea. 3 Variedad de vid, que produce una uva blanca que se conserva todo el año.

albarca *f.* Abarca. 2 *Sant.* Especie de zueco o almadreña.

albarcoque *m.* Albaricoque.

albarda (ár. *albardaa*) *f.* Pieza principal del aparejo de las caballerías de carga, compuesta de dos a manera de almohadas rellenas gralte. de paja, y unidas por la parte que cae sobre el lomo del animal. 2 Albardilla (tocino). 3 *Como albardas,* ordinario, que sienta mal. 4 ARQ. Caballete o tejadillo voladizo con que se coronan ciertos muros. 5 *Amér. Central.* Silla de montar de cuero crudo, que usan los campesinos.

SIN. *4* **Albardilla.**

albardado, -da (de *albarda*) *adj.* fig. [animal] Que tiene el pelo del lomo de diferente color que lo demás del cuerpo.

albardán (ár., tonto) *m.* Bufón (truhán).

albardar *tr.* Enalbardar. 2 Envolver aves, pescados, etc., en una loncha de tocino gordo para asarlos.

albardear *tr. Amér. Central.* Molestar, fastidiar. 2 *Amér. Central* y *Méj.* Domar caballos salvajes.

albardela *f.* Albardilla (silla).

albardera *adj.* V. Rosa albardera.

albardería *f.* Establecimiento del albardero. 2 Oficio del albardero. 3 Calle, barrio donde están reunidas las tiendas de los albarderos.

albardero, -ra *m. f.* Persona que tiene por oficio hacer o vender albardas.

albardilla (dim. de *albarda*) *f.* Silla para domar potros. 2 Lana muy tupida y apretada que las reses lanares crían a veces en el lomo. 3 Especie de almohadilla que ponen los esquiladores en los ojos de las tijeras. 4 Almohadilla que llevan los aguadores sobre el hombro. 5 Caballete o lomo de barro que se produce en los caminos al transitar por ellos después de haber llovido. 6 Agarrador (almohadilla). 7 Barro que se pega al dental del arado cuando se trabaja en tierra mojada. 8 Caballete que divide las eras de los huertos. 9 Fullería en el juego. 10 Lonja de tocino gordo que se pone por encima a las aves, pescados, etc., para asarlos. 11 Mezcla de huevos batidos, harina, dulce, etc., para rebozar ciertos manjares. 12 Pieza pequeña de pan blanco. 13 ARQ. Albarda (caballete o tejadillo).

SIN. *13* **Mojinete.**

albardín (ár. *albardí*) *m.* Mata gramínea muy parecida al esparto *(Lygeum spartum).*

SIN. **Barceo, berceo.**

albardinar *m.* Terreno en que abunda el albardín.

albardón *m.* Aum. de *albarda.* 2 Aparejo más alto y hueco que la albarda, que se pone a las caballerías para montar en ellas. 3 *And.* Especie de silla jineta. 4 *Argent., Bol., Parag.* y *Urug.* Loma o faja de tierra que sobresale en las costas explayadas o entre lagunas o charcos. 5 *Guat.* y *Hond.* Albardilla, o caballete de los muros. 6 *Méj.* Silla de montar inglesa, llana y sin borrenes.

albardonería *f.* Albardería.

albardonero, -ra *m. f.* Albardero.

albarejo (de *albar*) *adj.-s.* Candeal.

albarelo (it. *albarello, alberello*) *m.* Bote de cerámica usado en las farmacias, de boca ancha y forma cilíndrica, estrechada en la parte central. 2 Seta comestible que nace en los castaños y álamos blancos.

albareque *m.* Red parecida al sardinal.

albarico (de *albar*) *adj.-s.* Candeal.

albaricoque (ár. *albarcoc> prœcocu*) *m.* Fruto del albaricoquero. 2 Albaricoquero.

albaricoquero *m.* Árbol rosáceo, de hojas brillantes, acorazonadas; flores grandes de corola blanca y cáliz rojo; y fruto en drupa casi redonda con un surco, de color entre amarillento y encarnado y sabor agradable *(Prunus armeniaca).*

SIN. **Albercoquero, albaricoquero, albérchigo, albericoque.**

albarigo *adj.-s.* Candeal.

I) albarillo *m.* Tañido de movimiento vivo que se toca en la guitarra para acompañar a ciertos bailes y canciones.

II) albarillo (de *albar*) *m.* Variedad de albaricoquero cuyo fruto tiene la piel y la carne casi blancas. 2 Este mismo fruto.

albarino *m.* Afeite usado antig. para blanquear el rostro.

albariño *m.* Vino blanco afrutado gallego.

albariza *f.* Laguna salobre. 2 *And.* Albero, terreno albarizo.
albarizo, -za (de *albar*) *adj.* Blanquecino: *terreno albarizo.* -2 *m.* Albero, terreno albarizo.
I) albarrada (l. *parata* arabizado) *f.* Pared de piedra seca. 2 Parata sostenida por ella. 3 Cerca o valladar de tierra. 4 Reparo para defenderse en la guerra. 5 *Colomb.* Barranco de la ribera. 6 *Ecuad.* Estanque, cisterna.
SIN. *1* **Horma u hormaza.**
II) albarrada (ár.) *f.* Alcarraza.
albarrana (ár., campestre) *adj.* V. torre albarrana. -2 *f.* Cebolla albarrana. 3 Albarranilla.
albarranilla *f.* Cebolla silvestre, de hojas estrechas y largas y flores azules o blanquecinas dispuestas en espiga *(gén. Urginea).*
I) albarraz *m.* Albarazo.
II) albarraz (ár. *habbarraç,* semilla de la cabeza) *m.* Estafisagria.
albarrazado, -da *adj.* Albarazado (color). -2 *adj.-s. Méj.* desus. Descendiente de zambaigo (indio y loba) e india. 3 *Méj.* desus. Descendiente de blanco y cambuja (mulato y chamiza). 4 *Méj.* desus. Descendiente de jíbaro (lobo y china) e india. 5 *Méj.* desus. Descendiente de tentenelaire y mulata.
albarsa (l. *bursa* arabizado) *f.* Cesta en que lleva el pescador sus ropas y utensilios del oficio.
albatoza *f.* Especie de embarcación pequeña y cubierta.
albatros (ing. *albatross* < l. *albu,* blanco × esp. port. *alcatraz*) *m.* Ave procelariforme del océano Pacífico, mayor que el ganso; tiene el plumaje blanco y el aspecto parecido al del vellón del carnero *(Diomedea exulans).* ◇ Pl.: *albatros.*
SIN. **Carnero del Cabo.**
albayaldado, -da *adj.* Dado de albayalde.
albayaldar *tr.* Dar o pintar de albayalde [alguna cosa].
albayalde (ár. *albayad,* blancura) *m.* Carbonato de plomo, de color blanco, empleado en la pintura.
SIN. **Cerusa, cerusita, blanco de plomo.**
albazano, -na *adj.* De color castaño obscuro.
albazo *m. Amér.* Alborada (acción de guerra y toque militar). 2 *Argent.* Acción de madrugar. 3 *Méj.* Robo al amanecer.
I) albear *m.* Gredal (terreno).
II) albear (de *albo*) *intr.* Tirar a blanco. 2 *And.* y *Can.* Enjalbegar las paredes. 3 *Argent.* Madrugar.
albedo *m.* Grado de potencia reflectora de una superficie mate, esp. la de los planetas y satélites. 2 FÍS. Razón de la corriente neutrónica que sale de un medio, o la que, a través de una superficie límite, entra en el mismo.
albedrío (l. *arbitriu*) *m.* Potestad de obrar por reflexión y elección: *libre ~.* 2 *Al ~ de uno,* según su gusto o voluntad, sin sujeción alguna. 3 Apetito, antojo, capricho. 4 Costumbre jurídica no escrita.
albedro *m. Ast.* Madroño.
albéitar (ár.) *m.* Veterinario.
albeitería *f.* Veterinaria.
albeldar *tr.* Beldar. ◇ ** CONJUG. [27] como *acertar.*
albellón *m.* Albollón.
albenda (ár. *albend,* bandera) *f.* Antig., colgadura de lienzo blanco con adornos o encajes.
albendera *f.* Mujer que tenía por oficio hacer albendas. 2 fig. Mujer callejera y ociosa.
albengala *f.* Tejido muy fino con que los moros adornaban sus turbantes.
albéntola (de *albenda*) *f.* Red de hilo, muy fina, para pescar.
alberca (ár.) *f.* Depósito artificial de agua con muros de fábrica. 2 Poza (balsa). 3 *Méj.* Piscina deportiva.
albérchiga (gr. *persikós,* a través del moz.) *f.* Fruto del alberchiguero.
alberchigal *m.* Terreno plantado de albérchigos.
albérchigo *m.* Albérchiga. 2 Alberchiguero. 3 Albaricoquero.
alberchiguero *m.* Variedad del melocotonero cuyo fruto es de carne recia, jugosa y de color amarillo muy subido. 2 En algunas partes, albaricoquero.
albercoque *m.* Albaricoque.
albercoquero *m.* Albaricoquero.
albergador, -ra *adj.-s.* Que alberga a otro.
albergar *tr.* Dar albergue [a una pers.]. -2 *intr.prnl.* Tomar albergue. ◇ ** CONJUG. [7] como *legar.*
SIN. **Cobijar(se).**
alberge *m. Ar.* Albaricoque.
albergero *m. Ar.* Albaricoquero.
albergue (al. *Herberge*) *m.* Lugar en que una persona halla hospedaje o resguardo. 2 Residencia juvenil donde se practican diversas actividades, esp. las deportivas. 3 Pequeña construcción en descampado o montaña donde pueden detenerse viajeros o excursionistas. 4 Cueva en que se recogen los animales, esp. las fieras.
SIN. V. **Hotel.** *1* y *4* **Cobijo; cubil.**
alberguería *f.* Posada. 2 Asilo para pobres. 3 Ant. carga de alojamiento. 4 Pena del que se resistía a sufrirla.
albericoque *m.* Albaricoque.
albero, -ra (l. *albariu*) *adj.* Blanco. -2 *m.* Terreno albarizo. 3 Paño para secar los platos. 4 *Sal.* Paño sobre el cual se echa la lejía al colar la ropa. 5 *Sal.* Rincón en la cocina, para ir depositando en él la ceniza del fogón.
alberque *m.* Alberca.
alberquero, -ra *m. f.* Persona que cuida de las albercas (depósitos).
albertipia *f.* Procedimiento para trasladar un cliché fotográfico a una placa de vidrio cubierta de cromato de potasa y dar pruebas impresas.
albertita *f.* MIN. Betún de color negro brillante que se encuentra en capas en los estratos que contienen petróleo.
albica *f.* Clase de arcilla blanca.
albicante (l. *albere,* blanquear) *adj.* Que albea.
albido, -da *adj.* Blanquecino.
albigense (l.) *adj.-s.* De Albi, ciudad del departamento francés de Tarn. 2 Hereje que en los siglos XII y XIII existió en el mediodía de Francia; sus doctrinas, de origen maniqueo, negaban la existencia del purgatorio y la eficacia de los sacramentos, y condenaban el culto externo, la jerarquía eclesiástica y la posesión de bienes por el clero.
albihar (ár.) *m.* Manzanilla loca.
albillo, -lla (dim. de *albo*) *adj.-m.* Uva de hollejo tierno y muy gustosa; vino que se hace con ella.
albín *m.* Hematites. 2 Carmesí obscuro usado para pintar al fresco.
albina *f.* Estero o laguna formado con las aguas del mar. 2 Sal que queda en estas lagunas.
albinismo (de *albino*) *m.* Anomalía congénita caracterizada por una falta del pigmento que, en el hombre y en algunos animales, hace aparecer más o menos blancas ciertas partes del cuerpo; como el cabello, los ojos, la piel, las plumas, etc.
albino, -na (l. *albu,* blanco) *adj.* Que padece albinismo. 2 Relativo a los seres albinos. -3 *m. f.* Persona albina. -4 *adj.* BOT. [planta] Que en lugar de su color, lo tiene blanquecino. 5 *Méj.* desus. Descendiente de blanco y tercerona. 6 *Méj.* Descendiente de europeo y morisca. 7 *S. Dom.* Persona de raza negra que nace blanca. ◇ HOMÓF.: *alvino.*
Albión *n. pr.* lit. Inglaterra.
albita (de *albo*) *f.* Feldespato, gralte. blanco, constituyente del granito y otras rocas ígneas.
albitana (ár., forro) *f.* Cerca con que los jardineros resguardan las plantas. 2 MAR. En las embarcaciones pequeñas, contrarroda o contracodaste.
albo, -ba (l. *albu*) *adj.* poét. Blanco.
alboaire (ár. *alboheir,* laguna) *m.* Labor de azulejos en las bóvedas semiesféricas.
albogón *m.* Aum. de *albogue.* 2 Antiguo instrumento músico de viento a manera de flauta, de sonidos graves. 3 Instrumento parecido a la gaita gallega.
albogue (ár. *alboc*) *m.* Especie de dulzaina. 2 MÚS. Rústico instrumento músico de viento, compuesto de dos cañas paralelas con agujeros. 3 Platillo de latón con que se marcaba el ritmo en las canciones y bailes populares.
alboguear *intr.* Tocar el albogue.
alboguero, -ra *m. f.* Tocador o constructor de albogues.
albohol (ár. *albohol*) *m.* Correhuela (mata). 2 Planta franqueniácea barrillera *(Frankenia pulverulenta).*
albollón (v. *albañal*) *m.* Desaguadero de estanques, corrales, etc. 2 Albañal.
SIN. **Albellón, arbellón, arbollón.**
albóndiga (ár. *albódonca,* bolita) *f.* Bolita de carne o pescado picado y trabado con ralladuras de pan, huevos y especias, que se come frita o guisada.
SIN. **Almóndiga, almondiguilla.**
albondiguilla *f.* Albóndiga.
alboquerón (gr. *boúkeron,* heno) *m.* Planta crucífera parecida al alhelí *(Malcolmia africana).*
albor (l.) *m.* Albura (blancura). 2 Luz del alba. 3 fig. Comien-

zo o principio de una cosa. 4 fig. ~ ***de la vida,*** infancia, juventud.
alborada (de *albor*) *f.* Tiempo de amanecer. 2 Toque o música militar al alborear. 3 Batalla o acción de guerra que tiene lugar al alba. 4 Música al amanecer y al aire libre, para festejar a alguien. 5 Cerca, vallado, tapia. 6 Composición poética o musical destinada a cantar la mañana.
SIN. *1* y *6* **Albada; maitinada,** en algunas partes.
albórbola (ár. *aluáluala*) *f.* Vocerío, algazara con que se demuestra alegría: *las albórbolas de la plebe.*
alborear (de *albor*) ***impers.*** Amanecer, apuntar el día.
alboreo *m.* Acción de alborear. 2 Efecto de alborear.
alborga (berb. *albalga*) *f.* Calzado a manera de alpargata usado por gente rústica.
SIN. **Esparteña.**
albornía (ár.) *f.* Vasija grande de barro vidriado, de forma de taza.
albornio *m. Ast.* Madroño.
alborno (l. *alburnu*) *m.* Albura (capa blanca).
albornoz (ár. *-noç*) *m.* Tela de estambre muy torcido y fuerte. 2 Especie de capa o capote con capucha. 3 Bata amplia que se usa después del baño.
alborocera *f. Ar.* Madroño.
alboronia (ár. *alboranía,* cierto manjar) *f.* Guisado de berenjenas, tomate, calabaza y pimiento.
SIN. **Almoronía, boronía.**
alboroque (ár. *albaraca,* dádiva) *m.* Agasajo a los que intervienen en una venta.
SIN. **Botijuela, robla, robra, corrobra, hoque.**
alborotadamente ***adv. m.*** Con alboroto.
alborotadizo, -za ***adj.*** Que se alborota fácilmente.
alborotado, -da ***adj.*** Que obra precipitada e irreflexivamente. 2 [pelo] Revuelto y enmarañado. 3 Inquieto, díscolo, revoltoso.
alborotador, -ra ***adj.-s.*** Que alborota.
alborotapueblos ***com.*** fam. Alborotador. 2 Persona dada a mover bulla y fiesta. ◇ Pl.: *alborotapueblos.*
alborotar (v. *alborozo*) ***tr.-prnl.*** Inquietar: *alborotóse el alma;* perturbar: ~ *la casa;* amotinar, sublevar: ~ *el vecindario.* 2 inus. Alborozar. -3 ***intr.*** Causar alboroto: *los niños alborotaban.* -4 ***prnl.*** Encresparse el mar. 5 Alarmarse, asustarse. -6 ***tr.-intr.*** *Argent.* Excitar la curiosidad en gran manera. 7 *Argent.* Enmarañar, liar, enredar.
alborotero, -ra ***adj.*** Alborotador.
alborotista ***adj.*** *Amér.* Alborotador.
alboroto (v. *alborozo*) *m.* Gritería o estrépito. 2 Desorden, asonada, motín. 3 Sobresalto, inquietud. 4 *Méj.* Alborozo. -5 ***m. pl.*** *Amér. Central.* Rosetas de maíz o maicillo tostadas con miel.
alborotoso, -sa ***adj.*** *Amér.* Alborotador.
alboroza *f. Ar.* Fruto del madroño.
alborozadamente ***adv. m.*** Con alborozo.
alborozado, -da ***adj.*** Regocijado, alegre.
alborozador, -ra ***adj.-s.*** Que alboroza o causa alborozo.
alborozar ***tr.-prnl.*** Causar alborozo [a uno]. ** CONJUG. [4] como ***realizar.***
alborozo (ár. *alboroz;* doble etim. *alboroto*) *m.* Extraordinario regocijo, placer o alegría. ◇ ** CONJUG. [4] como ***realizar.***
SIN. **Júbilo.**
albortante *m. Méj.* Candelero que se fija en la pared.
alborto *m.* Madroño (arbusto).
albotín (ár. *alboteim*) *m.* Terebinto.
albriciar ***tr.*** Dar una noticia agradable. 2 Dar albricias [al que trae una buena noticia]. ◇ ** CONJUG. [12] como ***cambiar.***
albricias (ár. *albixera,* buena nueva) ***f. pl.*** Regalo que se da al primero que trae una buena noticia. 2 Regalo que se da o pide por motivo de un fausto suceso. 3 *Méj.* Agujeros que los fundidores dejan en la parte superior del molde para que salga el aire al tiempo de entrar el metal.
¡albricias! Interjección con que se denota júbilo.
albudeca (ár. *alboteija*) *f.* Sandía. 2 Melón (planta). 3 fig. Badea, sadía.
albufera (v. *albuhera*) *f.* Laguna formada por un golfo o entrada de mar cuya boca ha sido cerrada por un banco de arena.
albugíneo, -a ***adj.*** Enteramente blanco. -2 *f.* Membrana situada alrededor del tejido del testículo.
albuginitis *f.* MED. Inflamación del tejido albugíneo.
albugo (l.) *m.* MED. Mancha blanca de la córnea o de las uñas.
albuhera (ár. *alboheira*) *f.* Albufera. 2 Alberca (depósito).
álbum (l. *album,* blanco) *m.* Libro en blanco para escribir en sus hojas poesías, sentencias, piezas de música, etc., o coleccionar firmas, fotografías, grabados, etc. 2 Carpeta con dos o más discos fonográficos. ◇ Pl.: *álbumes.*
albumen (l., clara de huevo) *m.* BOT. Tejido de reserva que en algunas semillas acompaña al embrión y está destinado a servirle de primer alimento. ◇ Pl.: *albúmenes.*
albumin-, v. albumino-: *albuminosis, albuminuria.*
albúmina (l. *albumen, -inis,* clara de huevo) *f.* Albuminoide compuesto de carbono, hidrógeno, nitrógeno, oxígeno y azufre, que forma el constituyente más importante del suero de la sangre y de la clara del huevo; se encuentra también en los músculos, en la leche y en otras partes de los organismos animales y vegetales.
albuminado, -da ***adj.*** Que contiene albúmina o participa de sus propiedades. 2 [papel, tela o vidrio] Cubierto con una capa de albúmina.
albuminar ***tr.*** Preparar con albúmina [los papeles o placas para la fotografía].
albumini-, v. albumino-: *albuminímetro.*
albuminímetro (*albumini-* + *-metro*) *m.* Aparato para determinar la albúmina que contiene un líquido orgánico.
albumino-, albumini-, albumin- (l. *albumen*) Elemento prefijal que entra en la formación de palabras con el significado de albumen y, más frecuentemente, de albúmina: *albuminómetro.*
albuminoide (*albumin-* + *-oide*) *m.* Nombre que se da al conjunto formado por aminoácidos de alto peso molecular y constitución compleja, en general son colordales y amorfos. Forman parte principal de las células animales y vegetales. 2 Corrientemente, substancia que, como ciertas proteínas, presenta en disolución el aspecto y las propiedades de la clara de huevo, de las gelatinas o de la cola de pescado.
albuminoideo, -a (de *albúmina*) ***adj.*** Que participa de la naturaleza, aspecto o propiedades de la albúmina.
albuminómetro *m.* Albuminímetro.
albuminosa *f.* Materia en que se transforman las substancias albuminosas, una vez digeridas.
albuminosis (*albumin-* + *-osis*) *f.* MED. Aumento anormal de albúmina en la sangre. ◇ Pl.: *albuminosis.*
albuminoso, -sa ***adj.*** Que contiene albúmina.
albuminuria (*albumin-* + *-uria*) *f.* Presencia de albúmina en la orina.
I) albur (ár. *buri,* referido a Bura, en Egipto) *m.* Pardete.
II) albur *m.* En el juego del monte, las dos primeras cartas que saca el banquero. 2 fig. Contingencia, azar a que se fía el resultado de una empresa. -3 ***m. pl.*** Parar (juego de cartas). -4 *m. Méj.* Retruécano, voquible. Ús. más en plural. -5 ***m. pl.*** *P. Rico.* Mentiras, infundios.
albura (l.) *f.* lit. Blancura perfecta. 2 Clara del huevo. 3 Capa blanda, blanquecina, que se halla inmediatamente debajo de la corteza en los tallos leñosos o troncos de los vegetales dicotiledóneos. 4 ***Doble*** ~, defecto de la madera cuando su textura es más floja en algunos de los círculos de su crecimiento.
SIN. *3* **Alborno, alburno; sámago,** la ~ de la madera que no es aprovechable para la construcción.
alburear ***tr.*** *C. Rica.* Engatusar, engañar.
alburente (de *albura*) ***adj.*** V. madera alburente.
alburero *m.* El que juega a los albures.
alburno (l. *-nu*) *m.* Albura (capa blanda). 2 Pez teleósteo cipriniforme de agua dulce, de hasta 18 cms. de longitud; se alimenta de insectos *(Alburnus sp.).*
alburrión *m. Can.* Gorrión común.
alca *f.* Ave caradriforme marina, buceadora, carnívora, de plumaje blanco y negro y pico aplastado *(Alca torda).*
alcabala (ár.) *f.* Tributo que el vendedor pagaba al fisco en la compraventa, y ambos contratantes en la permuta: ~ ***de viento,*** el que pagaba el forastero por los géneros que vendía.
alcabalatorio, -ria ***adj.*** Relativo a la alcabala. -2 ***adj.-m.*** Libro en que se contenían las leyes y ordenanzas concernientes a las alcabalas, y también al padrón que servía para su reparto.
alcabalero *m.* El que administraba, cobraba o tenía arrendadas las alcabalas. 2 El que cobraba tributos o impuestos.
alcabor (ár. *al-qaw,* la chimenea) *m.* Hueco que forma la campana de una chimenea o de un horno en su interior.
alcacel, -cer (ár. *alcaçil*) *m.* Cebada verde y en hierba. 2 Cebada.
alcachofa (ár. *aljarxof*) *f.* Planta hortense compuesta, de tallo estriado y hojas algo espinosas; su cabezuela está cubierta de brácteas carnosas, que forman una especie de piña y son comes

tibles en parte antes de desarrollarse la flor *(Cynara scolymus)*. 2 Esta misma piña y también la del cardo y otras semejantes. 3 Adorno de esta figura. 4 Panecillo de figura que recuerda la de la alcachofa. 5 Receptáculo que sumergido en una cavidad, que contiene agua, permite la entrada de ésta en un aparato destinado a elevarla. 6 Pieza agujereada por donde sale el agua de la regadera o de la ducha. 7 *Chile.* fig. Bofetada.

alcachofado, -da *adj.* De figura de alcachofa. -2 *m.* Guisado hecho con alcachofas.

alcachofal *m.* Terreno plantado de alcachofas. 2 Terreno inculto en el que abundan los alcauciles.

I) alcachofar *m.* Alcachofal, terreno plantado de alcachofas.

II) alcachofar *tr.-prnl.* Abrir como una alcachofa; hinchar, esponjar. 2 fig. Engreír, vanagloriar, envanecer.

alcachofero, -ra *adj.* [vegetal] Que echa alcachofas. -2 *m. f.* Persona que vende alcachofas. -3 *f.* Alcachofa (planta).

alcací, -cil *m.* Alcaucil. ◇ Pl.: *alcacíes.*

alcadafe (ár. *alcodaf*) *m.* Lebrillo que se pone debajo del grifo de las botas.

alcaecería *f.* desus. Alcaicería.

alcahaz (ár. *alcafaç*) *f.* Jaula grande para encerrar aves.

alcahazada *f.* Conjunto de aves vivas encerradas en el alcahaz.

alcahazar *tr.* Encerrar o guardar [un ave] en el alcahaz. ◇ ** CONJUG. [4] como ***realizar.***

alcahué *m.* Cacahuete.

alcahuete, -ta (ár. *alcahued*) *m. f.* Persona que procura, encubre o facilita un amor ilícito. 2 p. ext. Persona o cosa que sirve para encubrir lo que se quiere ocultar. 3 Correveidile. -4 *m.* Telón usado, en lugar del de boca, para indicar que el entreacto será muy corto. 5 Cacahuete.

SIN. *1* y *2* **Celestina, trotaconventos, tercera, enflautadora** f. **proxeneta** com.

alcahuetear *intr.* Hacer oficios de alcahuete. -2 *tr.* Solicitar o inducir a una mujer para trato lascivo con un hombre. 3 *La Mancha.* Adular.

alcahuetería *f.* Acción de alcahuetear. 2 Oficio de alcahuete. 3 fig. *y* fam. Acción de ocultar o encubrir a una persona para que ejecute lo que no quiere que se sepa. 4 fig. *y* fam. Medio artero de que se vale una persona para engañar o seducir. 5 *La Mancha.* Halago con propósito de conseguir algo que interesa.

SIN. *1* y *2* **Tercería, lenocinio, proxenetismo, rufianería.**

alcaicería (ár.) *f.* Sitio en que se vende la seda cruda o en rama u otras mercaderías.

alcaico (l. *-cu,* de *Alcœus,* Alceo, poeta gr. del s. VII a. C.) *adj.-s.* Verso de la poesía clásica formado por un espondeo (o un yambo) + yambo + cesura + dáctilo + dáctilo. Otra combinación del mismo nombre consta de dos dáctilos + dos troqueos.

alcaida *f.* Plato grande de barro cocido y sin vidriar, de unos 25 cms. de diámetro, con un agujero en el centro para que pase el calor del horno de alfarería.

alcaide (ár. *alcaid,* jefe) *m.* El que tenía a su cargo la guardia y defensa de una fortaleza. 2 El que en las cárceles custodiaba a los presos.

SIN. *1* **Castellano.**

alcaidesa *f.* Mujer del alcaide.

alcaidía *f.* Empleo de alcaide. 2 Casa del alcaide. 3 Territorio de su jurisdicción.

alcal-, v. alcali-.

alcalá *m.* ant. Castillo, fuerte.

alcalaíno, -na *adj.-s.* De Alcalá de Henares, ciudad de Madrid; de Alcalá de los Gazules, ciudad de Cádiz; y de Alcalá la Real, ciudad de Jaén.

alcaldada *f.* Acción arbitraria que ejecuta un alcalde, y, p. ext., cualquier otra. 2 Abuso en el ejercicio de una autoridad o cargo. 3 Dicho o sentencia necia.

SIN. *1* v. **Exceso.**

alcalde (ár. *alcadi,* juez) *m.* Presidente del ayuntamiento de cada municipio, y, en su grado jerárquico, delegado del gobierno en el orden administrativo: ~ ***de barrio,*** el nombrado por el alcalde en las grandes poblaciones, para que en barrio determinado ejerza las funciones que le delega; ~ ***de monterilla,*** el de una aldea o lugar, esp. si es rústico; ~ ***pedáneo,*** el de un lugar o aldea que sólo puede entender en asuntos de escasa cuantía; ***tener el padre*** ~, tener influencia o valedores. 2 ~ ***de la Mesta,*** juez nombrado por el Concejo de la Mesta para conocer de los pleitos entre pastores. 3 ~ ***de agua,*** el que cuida de repartir el agua en las comunidades de regantes. 4 En algunas danzas, el principal de ellas. 5 Juego de naipes entre seis personas, en el cual una de ellas, que queda sin cartas, manda jugar, del palo que elige, a otros dos jugadores con quienes pierde o gana. 6 Juego de naipes, variedad de la brisca, entre tres personas. 7 En el tresillo y otros juegos de naipes, el que formando parte de la partida no interviene en ellos de momento. 8 ~ ***de Zalamea,*** v. Crespo (Pedro).

alcaldesa *f.* Mujer del alcalde. 2 Mujer que ejerce el cargo de alcalde.

alcaldesco, -ca *adj.* desp. Propio de alcaldes.

alcaldía *f.* Empleo de alcalde. 2 Oficina del alcalde. 3 Territorio de su jurisdicción.

alcalemia (*alcal-* + *-emia*) *f.* MED. Concentración de hidrogeniones en la sangre, inferior a la normal.

alcalescencia (de *álcali*) *f.* QUÍM. Alteración que experimenta un líquido al volverse alcalino. 2 Estado de las substancias orgánicas en que se forma espontáneamente amoníaco.

álcali (ár. *álcali,* sosa) *m.* Parte soluble de las cenizas de ciertas plantas. 2 Nombre dado a los óxidos metálicos solubles en agua que tienen reacción básica. 3 p. ext. Base (compuesto químico): ~ ***volátil,*** amoníaco líquido. ◇ INCOR.: *alcalí.*

SIN. **Cali,** p. us.

alcali-, alcal-, elemento prefijal que entra en la formación de palabras con el valor de álcali: *alcalimetría.*

alcalimetría (*álcali-* + *-metría*) *f.* Método de análisis volumétrico para determinar la cantidad de álcali que contiene una substancia.

alcalímetro (*alcali-* + *-metro*) *m.* QUÍM. Instrumento usado para apreciar la cantidad de álcali contenido en los carbonatos de sosa o de potasa.

alcalinidad *f.* Calidad de alcalino.

alcalinización *f.* Acción de alcalinizar. 2 Efecto de alcalinizar.

alcalinizar *tr.* Adicionar álcali o alguna substancia para dar las propiedades de los álcalis [a un líquido]. ◇ ** CONJUG. [4] como ***realizar.***

alcalino, -na *adj.* De álcali. 2 Que tiene álcali o las propiedades de un álcali: ***tierras alcalinas,*** óxidos de calcio, bario y estroncio; ***metales alcalinos,*** potasio, sodio, litio, rubidio y cesio. -3 *m.* Medicina que tiene álcali.

alcalinotérreo *adj.-s.* Metal que forma parte del grupo del calcio.

alcalización *f.* Acción de alcalizar. 2 Efecto de alcalizar.

alcalizar *tr.* Alcalinizar. ◇ ** CONJUG. [4] como ***realizar.***

alcaller (ár. *alcallel*) *m.* Alfarero. 2 Alfarería (obrador).

alcallería *f.* Conjunto de vasijas de barro.

alcaloide (*alcal-* + *-oide*) *m.* Substancia orgánica nitrogenada de carácter alcalino o básico que se encuentra en ciertos vegetales; gralte., son sólidos y cristalinos y actúan como venenos; muchos de ellos se emplean en terapéutica. Actualmente se obtiene por síntesis.

alcaloideo, -a *adj.* QUÍM. [principio inmediato orgánico] Que puede combinarse con los ácidos para formar sales.

alcalometría *f.* QUÍM. Determinación del contenido de alcaloides en una solución.

alcalosis *f.* Alcalinidad excesiva de la sangre. Los síntomas son gralte. opuestos a los de la acidosis.

alcamar *m.* Ave de rapiña del Perú.

alcamonero, -ra *adj.* *Venez.* Entremetido, novelero.

alcamonías (ár. *alcamoniya*) *f. pl.* Semillas que se emplean en condimento; como anís, cominos, etc.

alcana *f.* Alheña (arbusto).

alcance *m.* Seguimiento, persecución. 2 fig. ***Andarle,*** o ***irle, a uno a,*** o ***en, los alcances,*** observar de cerca sus pasos para prenderle o descubrir sus manejos: ***dar*** ~ ***a uno,*** alcanzarle. 3 Correo extraordinario enviado para alcanzar al ordinario. 4 Distancia a que llega el brazo de una persona. 5 Distancia a que se alcanza con un arma blanca, o que alcanza el tiro de las arrojadizas y las de fuego. 6 Tratándose de obras del espíritu, trascendencia (cualidad): *discurso de poco* ~. 7 Saldo deudor de una cuenta. 8 fig. En los periódicos, noticia o noticias recibidas a última hora. 9 fig. Capacidad o talento: *persona de pocos alcances.* 10 FÍS. Penetración máxima de una partícula en un medio material determinado. 11 IMPR. Parte del original que se distribuye a los cajistas para su comprobación. 12 MIL. Cantidad que en el ajuste queda a favor del soldado. 13 *Chile.* Frases para completar lo que un orador anterior ha dicho. -14 *m. pl. Guat.* Calumnias. 15 *Chile.* ~ ***de nombre,*** homonimia entre personas de iguales nombres y apellidos.

GRAM. En la acep. 9 se usa gralte. en plural.

alcancel *m. Can.* Alimento de animales compuesto de cereales que se siegan antes de la germinación.

alcancía (ár. *alcanz*, tesoro) *f.* Vasija cerrada, con una hendidura por donde se echan monedas para guardarlas. 2 Bola hueca de barro seco, llena de flores o ceniza, que se arrojaban unos jinetes a otros en la antigua diversión de *correr*, o *jugar, alcancías.* 3 Olla de materias inflamables que, encendida, se arrojaba a los enemigos. 4. *Amér.* Cepillo en que se echan las limosnas.
SIN. *1* **Hucha, vidriola, ladronera, olla ciega.**
alcanciazo *m.* Golpe dado con una alcancía.
alcancil *m. Murc.* vulg. Alcachofa.
alcándara (ár.) *f.* Percha donde se ponían las aves de cetrería, o donde se colgaba la ropa. 2 V. vara alcándara.
alcandía *f.* Zahína (planta).
alcandial *m.* Terreno sembrado de zahína.
alcandora *f.* Hoguera que se encendía para hacer señal.
alcandórea *f.* Arbusto apocináceo rastrero perenne, parecido a la vincapervinca y que presenta las flores de color azul *(Vinca difformis).*
alcanduz *m. Logr.* Arcaduz.
alcanear *intr. Colomb.* Dejar a uno a la zaga.
alcanfor (ár. *alcafor*) *m.* Substancia sólida, blanca, cristalina, volátil, de olor característico, extraída del alcanforero y otras lauráceas; se emplea en medicina y en la industria. 2 Alcanforero. 3 *C. Rica.* fig. Alcahuete. 4 *Filip.* Madera del alcanforero.
alcanforada *f.* Planta quenopodiácea cuyas hojas despiden olor de alcanfor *(Camphorosma monspeliaca).*
alcanforar *tr.* Componer o mezclar [una cosa] con alcanfor. -2 *prnl. Amér.* Disiparse, evaporarse, desaparecer.
alcanforero *m.* Árbol lauráceo de Oriente, de hojas alternas y coriáceas; flores pequeñas y blancas, y fruto en baya negra, del tamaño del guisante. De sus ramas y raíces se extrae por sublimación el alcanfor *(Cinnamomum camphora).*
alcanina *f.* QUÍM. Tinte rojo empleado en farmacia como colorante vegetal.
alcano *m.* Nombre que se da a los hidrocarburos saturados. Fórmula general Cn Hzn + z.
alcántara (ár., puente, arco) *f.* En los telares de terciopelo, caja grande para guardar la tela que se va labrando. 2 *Cuba.* Porrón de agua.
alcantarilla (dim. de *alcántara*) *f.* Puentecillo en un camino. 2 Conducto subterráneo para recoger las aguas llovedizas o inmundas y darles paso. 3 *Méj.* Arca de agua, de forma cúbica.
alcantarillado *m.* Conjunto de alcantarillas. 2 Obra en forma de alcantarilla.
alcantarillar *tr.* Hacer o poner alcantarillas: ~ *una carretera.*
alcantarillero *m.* El que tiene por oficio cuidar de las alcantarillas.
alcantarino, -na *adj.-s.* De Alcántara, ciudad de Cáceres. 2 p. us. Franciscano descalzo reformado por San Pedro de Alcántara (1499-1562). -3 *m.* Caballero de la orden de Alcántara.
alcanzadizo, -za *adj.* Que se puede alcanzar con facilidad.
alcanzado, -da *adj.* Empeñado, adeudado. 2 Falto, escaso, necesitado. 3 *Colomb.* Fatigado.
alcanzador, -ra *adj.-s.* Que alcanza.
alcanzadura *f.* Contusión o herida que se hacen las caballerías en el pulpejo o algo más arriba de las manos.
SIN. **Atronadura** y **atronamiento.**
alcanzar (del × de los ant. *encalzar* y *acalzar;* ambos del l. *calce,* talón) *tr.* Llegar a juntarse [con una persona o cosa] que va delante. 2 fig. Llegar a igualarse [con otro]: *el menor alcanzará pronto al mediano.* 3 Llegar a tocar [algo], esp. con la mano. 4 p. ext. Coger [una cosa] con la mano para tomarla: ~ *el libro.* 5 Llegar a percibir con la vista, el oído o el olfato: *no alcanzo el buque.* 6 Entender, comprender: *no alcanzo este problema.* 7 Haber uno vivido al mismo tiempo que [otra pers. o en determinado momento]: *alcancé a Moratín; alcanzó la época de las casacas bordadas.* 8 Llegar a poseer [lo que se busca o solicita]; conseguir: ~ *un empleo;* ~ *del rey una gracia;* ~ *con porfía una cosa.* 9 p. anal. Tener poder o fuerza [para una cosa]: *no alcanzó el remedio a curar la enfermedad.* 10 Hallar [a uno] deudor en el ajuste de cuentas: *alcanzó a Juan en mil pesetas;* ***quedar,*** o ***salir, uno alcanzado,*** resultar deudor de alguna cantidad al rendir cuentas; ~ ***de cuenta a uno,*** hallarle en falta o culpa. 11 Llegar hasta cierto término: ~ *hasta la cumbre;* ~ *el techo.* 12 esp. En las armas arrojadizas, llegar el tiro a cierta distancia: ~ *el blanco.* 13 Tocar o caber a uno alguna cosa o parte de ella: *la desgracia a todos alcanza.* 14 p. ext. Ser suficiente una cosa para algún fin: *el dinero alcanzará para todo.* -15 ***prnl.*** VETER. Hacerse alcanzaduras la caballería. ◇ ** CONJUG. [4] como ***realizar.***

alcanzativo, -va *adj. Guat.* Calumniador.
alcaparra (ár. *alcabara* < gr. *kápparis,* a través del mozár.) *f.* Arbusto caparidáceo, de tallos hendidos y espinosos, hojas alternas, flores axilares, grandes y blancas, y fruto en baya carnosa parecida a un higo pequeño *(Capparis spinosa).* 2 Botón de la flor de esta planta, que se usa como condimento. 3 *Ecuad.* Botón de la flor del agave, que se come encurtido. 4 ~ ***de Indias,*** capuchina (planta trepadora).
SIN. **Tápara,** en algunos países de Amér. se da este nombre a las especies *Capparis arborescens* y *C. coriacea.*
alcaparrado, -da *adj.* Aderezado con alcaparras.
alcaparral *m.* Terreno poblado de alcaparros.
alcaparrera *f.* Alcaparro.
alcaparro *m.* Alcaparra (arbusto).
alcaparrón *m.* Fruto de la alcaparra, que se come encurtido.
alcaparrosa *f.* Caparrosa.
alcaptona *f.* PAT. Producto de desintegración incompleta de las proteínas por ausencia de oxidasa hepática.
alcaptonuria (de *alcaptona* + *-uria*) *f.* PAT. Presencia de alcaptona en la orina. Se caracteriza por dar a la misma una coloración obscura.
alcapurria *f. P. Rico.* Fritura que se hace con yautía, plátano molido y carne de cerdo.
alcaraván (ár. *alcarauán*) *m.* Ave caradriforme de plumaje pardo rayado de blanco, que vive de insectos y pequeños vertebrados, a los cuales caza de noche *(Burhinusœ dicnemus).*
SIN. **Árdea, charadrio.**
alcaravanero *adj.* [halcón] Acostumbrado a perseguir a los alcaravanes.
alcaravea (ár. *alcarauia* < l. *careu*) *f.* Planta umbelífera, de flores blancas, cuyas semillas, pequeñas, oblongas, estriadas por una parte y planas por la otra, tienen propiedades estomacales y carminativas, y se emplean como condimento *(Carum carvi).* ◇ Su semilla se llama *carvi.*
alcarceña (ár. *alcarcenna*) *f.* Yeros.
alcarceñal *m.* Terreno sembrado de alcarceña.
alcarchofa *f.* Alcachofa (planta y cabezuela).
alcarcil *m.* Alcaucil.
alcarracero, -ra *m. f.* Persona que tiene por oficio hacer o vender alcarrazas. -2 *m.* Vasar en que se ponen las alcarrazas.
alcarraza (ár. *alcarraz,* cantarilla) *f.* Vasija de arcilla porosa que deja rezumar cierta cantidad de agua, cuya evaporación enfría la de dentro.
SIN. **Albarrada, rallo.**
alcarreño, -ña *adj.-s.* De la Alcarria, comarca de Castilla-La Mancha.
alcarria *f.* Terreno alto, gralte. raso y de poca hierba.
alcartaz (l. *charta* arabizado) *m.* inus. Cucurucho.
alcatara (ár.) *f.* ant. Alambique.
alcatifa (ár.) *f.* Tapete, alfombra fina. 2 Broza o relleno que se echa en el suelo antes de enlosarlo o enladrillarlo. 3 Lechada de barro o mortero para el asentamienrto de las tejas de un tejado.
I) alcatraz (probl. del ár. *gattas,* águila marina) *m.* Ave pelecaniforme de gran tamaño, de color blanco con parte de las alas y de la cola negra *(Sula bassana).* 2 *Ecuad.* burl. Concejal de un Ayuntamiento.
SIN. *1* **Onocrótalo.**
II) alcatraz *m.* Alcartaz o cucurucho. 2 Aro (planta).
alcaucí, -cil *m.* Alcachofa silvestre. 2 En algunas partes, alcachofa. 3 *Argent.* fig. Alcahuete.
SIN. *2* **Alcací, alcacil, alcarcil, arcacil.**
alcaudón (l. *capitone*) *m.* Ave paseriforme carnívora, de alas y cola negras, que se usó en cetrería *(Lanius* sp.*).*
SIN. **Caudón, desollador, picagrega, pega reborda, picaza chillona** o **manchada, verdugo.**
alcayata (l. v. *caja,* bastón, a través del moz.) *f.* Escarpia. 2 *Colomb.* Candileja, candil.
alcayatar *tr.* CARP. Poner en los marcos y hojas [de las puertas] las alcayatas de que éstas han de colgarse.
alcayota (del náhu. *tzilacayútli,* calabaza) *f. Chile.* Cidra cayote.
alcazaba (ár. *alcaçaba*) *f.* Recinto fortificado dentro de una población murada.
alcázar (ár. *alcaçar*) *m.* Fortaleza (recinto). 2 Palacio real. 3 Espacio que media, en la cubierta superior de los buques, desde el palo mayor hasta la popa, o hasta la toldilla, si la hay.
alcazuz (ár. *irçaçuç*) *m.* Regaliz.
I) alce (l.) *m.* Anta (mamífero).
II) alce *m.* En el juego de naipes, porción de cartas que se cor-

ta. 2 Premio que se da por el valor de la última carta, en el juego de la malilla. 3 IMPR. Acción de alzar los pliegos. 4 *Amér.* Acción de alzar en el juego de los naipes. 5 *Cuba.* Acción de alzar o recoger la caña de azúcar después de cortada. 6 *R. de la Plata. No dar ~,* no dar tregua.

alcea *f.* Malva real.

alcedo *m.* Arcedo.

alcedón *m.* Martín pescador.

Alcides *n. pr.* MIT. Sobrenombre de Hércules, por ser descendiente de Alceo.

álcido, -da *adj.-m.* Ave de la familia de los álcidos. -2 *m. pl.* Familia de aves caradriformes, de tamaño pequeño o mediano y pico comprimido y alto, similar al de los loros; son buenas buceadoras; como el alca y el arao.

alcino (gr. *akinos,* albahaca silvestre) *m.* Planta labiada, de hojas menudas y dentadas, y flores azules, de olor desagradable.

alción (gr. *halkyón*) *m.* Martín pescador. 2 Celentéreo alcionario, de polípero carnoso de forma digitada y fijo por una base estrecha *(Alcyonum palmatum).* 3 Ave fabulosa que hacía el nido sobre el mar en calma.

alcionario *adj.-m.* Octocoralario.

alcionio (gr. *halkyonion*) *m.* Polípero formado por alciones y otros zoofitos.

alcionios *adj.* Relativo a los siete días anteriores y posteriores al solsticio de invierno en los cuales hacían el nido los alciones por estar el mar en calma.

alcionito *m.* Colonia fósil de alciones.

alcireño, -ña *adj.-s.* De Alcira, c. de Valencia.

alcista *com.* Persona que juega al alza en la bolsa. -2 *adj.* [precio] Que tiende al alza.

CONTR. **Bajista.**

Alcmena *n. pr.* MIT. Esposa de Anfitrión. Júpiter tomó la forma de su marido mientras éste se hallaba en la guerra, y de esta unión nació Hércules.

alcoba (ár. *alcobba*) *f.* Aposento destinado para dormir. 2 Conjunto de muebles que hay en dicho aposento. 3 Caja (pieza de la balanza). 4 Lugar donde estaba el peso público. 5 Jábega (red).

alcobilla *f.* Dim. de *alcoba.* 2 Caja (pieza de la balanza).

alcocarra (paras. de *coco,* fantasma) *f.* Gesto, mueca.

alcofa *f.* Espuerta, capacho.

alcoho-, v. alcoholi-: *alcohometría.*

alcohol (ár. *alcohl,* colirio; doble etim. *alquifol*) *m.* Galena. 2 Polvo negro que para sombrear los ojos usaron las mujeres. 3 QUÍM. Compuesto de carbono, hidrógeno y oxígeno que deriva de los hidrocarburos al ser substituidos uno o varios átomos de hidrógeno por otros tantos hidroxilos (OH). El nombre científico de los alcoholes termina en *-ol*: *metanol, butanol, pentanol,* etc.; ~ ***amílico,*** líquido incoloro, aceitoso, de olor fuerte y desagradable, que contiene en su molécula cinco átomos de carbono (v. *amilo*); ~ ***metílico (metanol),*** CH_3OH, el que se obtiene por destilación de la madera a baja temperatura; líquido incoloro, que se emplea para desnaturalizar el ~ *etílico.* 4 Por antonomasia y por tradición se llama *alcohol* al ~ *etílico (etanol* o *espíritu de vino),* C_5H_2OH, líquido incoloro, de sabor urente y olor fuerte agradable. Se obtiene por destilación de productos de fermentación de substancias azucaradas o feculentas, como uva, melaza, remolacha, patata. Forma parte de numerosas bebidas (vino, aguardiente, cerveza, etc.) y tiene muchas aplicaciones industriales: ~ ***absoluto,*** el que está completamente desprovisto de agua; ~ ***desnaturalizado,*** el etílico mezclado con ciertos productos que le comunican sabor desagradable y lo inutilizan para la bebida, pero no para sus aplicaciones industriales; ~ ***de madera,*** el que se obtiene por destilación de la madera; ~ ***neutro,*** el etílico de 96 a 97 grados, que se emplea para la crianza de vinos y en la fabricación de licores.

alcoholado, -da *adj.* [animal] Que tiene el pelo de alrededor de los ojos más obscuro que lo demás. -2 *m.* Preparación farmacéutica o de tocador que resulta de la destilación con el alcohol de una o varias substancias medicamentosas o aromáticas.

alcoholador, -ra *adj.-s.* Que alcohola (ennegrece).

I) alcoholar *tr.* Ennegrecer con alcohol (polvo) [los bordes de los párpados, las cejas, el pelo, etc.]. 2 Lavar [los ojos] con alcohol (líquido) o con colirio. 3 MAR. Embrear [lo calafateado]. 4 QUÍM. Obtener alcohol [de una substancia].

II) alcoholar (ár. *cofol,* regreso de una viajata) *intr.* En las fiestas de cañas, pasar una cuadrilla ostentándose delante de sus contrarios.

alcoholato *m.* Alcoholado (preparación farmacéutica). 2 Compuesto formado por la substitución del hidrógeno de un alcohol por un metal.

alcoholaturo *m.* Medicamento que se obtiene macerando plantas frescas en alcohol.

alcoholemia (*alcohol* + *-emia*) *f.* Presencia de alcohol en la sangre.

alcoholera *f.* Vasija para poner el alcohol (polvo). 2 Establecimiento donde se fabrica alcohol.

alcoholero, -ra *adj.* Relativo a la producción y comercio del alcohol.

alcoholi-, alcoholo-, alcoho-, elemento prefijal que entra en la formación de palabras con el valor de *alcohol*: *alcoholimetría.*

alcohólico, -ca *adj.* Que contiene alcohol. 2 Relativo al alcohol, o producido por él. -3 *adj.-s.* Alcoholizado.

alcoholificación *f.* Fermentación alcohólica.

alcoholimetría *f.* Procedimiento para determinar la fuerza alcohólica de un líquido. ◇ También *alcohometría.*

alcoholímetro (*alcoholi-* + *-metro*) *m.* Aparato que sirve para apreciar la cantidad de alcohol contenido en un líquido o gas. ◇ También *alcohómetro.*

alcoholismo *m.* Abuso de las bebidas alcohólicas. 2 Enfermedad, gralte. crónica, ocasionada por tal abuso.

alcoholización *f.* Acción de alcoholizar. 2 Efecto de alcoholizar.

alcoholizado, -da *adj.* [pers.] Que padece alcoholismo (enfermedad).

alcoholizar *tr.* Hacer alcohólico [un líquido] por la adición de alcohol. 2 QUÍM. Alcoholar. -3 *prnl.* Contraer alcoholismo. ◇ ** CONJUG. [4] como *realizar.*

alcoholo-, v. alcoholi-: *alcoholoscopia.*

alcoholoscopia (*alcoholo-* + *-scopia*) *f.* QUÍM. Procedimiento empleado en la industria para determinar las materias extrañas que impurifican un alcohol.

alcohometría (*alcoho-* + *-metría*) *f.* Alcoholimetría.

alcohómetro *m.* Alcoholímetro.

alcohotest (*alcoho-* + *test*) *m.* Instrumento para determinar el grado de alcohol en el aire espirado, mediante la reacción del alcohol con unos cristales de sales de bicromato a los que hace cambiar su normal coloración amarilla por el verde.

alcojolado, -da (de *acoholado*) *adj. S. Dom.* [fruta o caña de azúcar raquítica] Que no llega a madurar.

alcolla (ár.) *f.* Ampolla grande de vidrio.

alconcilla (l. *conchylia,* conchillas) *f.* Afeite rojo para el rostro.

alcor (ár.) *m.* Colina.

Alcorán (ár., la lectura por excelencia) *m.* Libro fundamental de la religión musulmana, que contiene las revelaciones que Mahoma (h. 570-632) afirmó haber recibido de Dios por medio del Arcángel Gabriel.

SIN. **Corán.**

alcoránico, -ca *adj.* Relativo al Alcorán.

SIN. **Coránico.**

alcoranista *m.* Expositor del Alcorán.

alcorcí (ár. *alcorç,* disco, joyel) *m.* Especie de joyel.

alcornocal *m.* Terreno poblado de alcornoques.

alcornoque (l. v. *quarnus,* encina + sufijo *-occu,* a través del moz.) *m.* Árbol cupulífero de hoja persistente, fruto en bellota, y madera muy dura, cuya corteza gruesa y fofa constituye el corcho *(Quercus suber).* -2 *adj.-com.* fig. Estúpido, necio.

alcornoqueño, -ña *adj.* Relativo al alcornoque.

alcorozado *m. Méj.* Hueco entre dos vigas.

I) alcorque (ár. *alcorc* < l. *cortice*) *m.* Chanclo con suela de corcho.

SIN. **Corche.**

II) alcorque *m.* Hoyo hecho al pie de las plantas para detener el agua de los riegos.

SIN. **Socava.**

alcorza (ár. *alcorça,* pastilla) *f.* Pasta blanca de azúcar y almidón con la que se cubren algunos dulces. 2 Dulce cubierto con esta pasta. 3 *Argent.* fig. Cosa muy delicada.

alcorzado, -da *adj.* Almibarado.

alcorzar *tr.* Cubrir [un dulce] de alcorza. 2 fig. Pulir, asear, adornar. ◇ ** CONJUG. [4] como *realizar.*

alcotán (ár. *alcotam*) *m.* Ave rapaz falconiforme diurna, parecida al halcón *(Falco subbuteo).* 2 Planta rastrera de América Central, de propiedades astringentes *(Cissampelos pareira).*

alcotana (ár. *alcotán*) *f.* Herramienta de albañil, con dos bocas, una en forma de azuela y otra en forma de hacha, con un anillo en medio donde se asegura el mango.

alcoyano, -na *adj.-s.* De Alcoy, ciudad de Alicante.
alcrebite (ár. *alquibrit*) *m.* desus. Azufre.
alcribís *m.* Tobera. ◇ Pl.: *alcribises.*
alcribite *m.* desus. Alcrebite.
alcubilla (del art. ár. *al* + dim. de *cuba*) *f.* Arca de agua.
alcucero, -ra *m. f.* Persona que hace o vende alcuzas. -2 *adj.* fig. Aficionado a las golosinas.
alcuco *m. Argent.* Locro de trigo con azafrán.
alcurnia (ár. *alcunya,* sobrenombre) *f.* Ascendencia, linaje.
alcuza (ár.) *f.* Vasija de forma cónica, en que se tiene el aceite para el uso diario. 2 *Amér.* Vinagreras, jarrillos para el aceite y vinagre del servicio de mesa.
SIN. *1* **Aceitera.**
alcuzada *f.* Porción de aceite que cabe en una alcuza.
alcuzcucero *m.* Vasija para hacer alcuzcuz.
alcuzcuz (ár. *alcoççuç*) *m.* Pasta de harina y miel, reducida a granitos redondos y cocida al baño de María, que los moros guisan de varias maneras.
SIN. **Cuzcuz.**
aldaba (ár. *addabba*) *f.* Pieza de hierro o bronce que se pone en las puertas para llamar; 2 Pieza, gralte. de hierro, fija en la pared para atar en ella una caballería. 3 Barreta de metal o travesaño de madera con que se aseguran, después de cerrados, los postigos o las puertas: ***agarrarse uno a,*** o ***de, buenas aldabas;*** o ***tener buenas aldabas,*** fig., arrimarse a una buena protección o contar con ella. 4 Aldabilla.
SIN. *1* **Llamador, picaporte.**
aldabada *f.* Golpe dado en la puerta con la aldaba. 2 fig. Sobresalto, temor repentino.
aldabazo *m.* Aldabada recia.
aldabear *intr.* Dar aldabadas.
aldabeo *m.* Acción de aldabear.
aldabía (de *aldaba,* travesaño) *f.* Madero horizontal que, empotrado frente a otro en dos paredes opuestas, sirve para sostener la armazón de un tabique colgado.
aldabilla *f.* Dim. de *aldaba.* 2 Pieza de hierro que entrando en una armella o hembrilla sirve para cerrar puertas, ventanas, etc.;
aldabón *m.* Aum. de *aldaba.* 2 Aldaba (para llamar). 3 Asa grande de cofre, arca, etc.
aldabonazo *m.* Aldabada (golpe). 2 Aldabazo.
aldea (ár. *addeya*) *f.* Pueblo de corto vecindario, gralte. sin jurisdicción propia. ◇ HOMÓF: *haldea* (v. *haldear*).
aldeanamente *adv. m.* Al modo de la aldea. 2 fig. Inculta, rústica o groseramente.
aldeaniego, -ga *adj.* Propio de la aldea.
aldeanismo *m.* Vocablo o giro propio de los aldeanos. 2 Mentalidad rústica.
aldeano, -na *adj.-s.* [pers.] De una aldea. -2 *adj.* fig. Inculto, rústico.
Aldebarán (ár. *addebarán,* el posterior) *m.* Estrella de primera magnitud en la constelación de Tauro.
aldehído (*al.,* abreviatura de alcohol *de* priv. e *hydo,* abreviatura de hidrógeno) *m.* Producto que resulta de la deshidrogenación de un alcohol primario. Grupo funcional -CHO. Se nombra añadiendo el sufijo *-al* II al hidrocarburo correspondiente.
aldehuela *f.* Dim. de *aldea.*
aldeorrio, -rro *m.* desp. Lugar muy pequeño, pobre y falto de cultura.
alderman *m.* En Inglaterra, magistrado municipal.
alderredor *adv. l.* Alrededor (lugar).
aldino, -na *adj.* Relativo a Aldo Manucio (¿1449?-1515) y otros impresores de su familia: *edición aldina,* v. letra *aldina.*
aldiza (ár. *addaiça,* junco) *f.* Aciano.
aldo-, ald- (de *aldehído*) Elemento prefijal que entra en la formación de palabras indicando presencia, origen o estructura aldehídica.
ald-, V. aldo-.
aldohexosa *f.* V. aldosa.
aldol *m.* QUÍM. Función mixta con un grupo aldehído y uno alcohol, que se forma por polimerización de un aldehído en presencia de álcalis o ácido clorhídrico. 2 En particular, producto resultante de la condensación de dos moléculas de acetaldehído.
aldolización *f.* Formación de un aldol a partir de un aldehído.
aldorta (port. *galldorta,* gallo de huerta) *f.* Martinete (ave).
aldosa *f.* QUÍM. Monosacárido que posee un grupo aldehídico.
aldosterona *f.* Hormona de la corteza suprarrenal, que tiene un grupo aldehído.
aldrán *m.* El que tiene por oficio vender vino en las dehesas.
aldúcar *m.* Adúcar.
ale (ing.) *f.* Especie de cerveza inglesa.
¡ale! Interjección con que se denota el deseo de animar o excitar.
I) alea (l. *alea*) *m.* Azar, suerte, riesgo.
II) alea *f.* Aleya.
aleación *f.* Acción de alear metales. 2 Efecto de alear metales. 3 Producto homogéneo de propiedades metálicas, compuesto de dos o más elementos; uno de los cuales, al menos, debe ser un metal; como el bronce y el latón: ~ ***encontrada,*** la que resulta de la fundición y liga de un oro fuerte de ley con otro feble; ~ ***fusible,*** la que funde a temperatura relativamente baja e inferior a la de fusión de sus componentes; ~ ***ligera,*** la que contiene, como elemento principal, aluminio o magnesio
SIN. *3* **Liga.**REL. **Ley,** nombre de la proporción de la liga, tratándose de metales preciosos; **amalgama,** aleación en que entra el mercurio.
I) alear *intr.* Mover las alas. 2 p. anal. Mover los brazos a modo de alas, esp. los niños. 3 fig. Cobrar fuerzas el convaleciente o el que se repara de algún afán. 4 fig. Aspirar a una cosa o dirigirse con afán hacia ella.
II) alear (v. *aliar*) *tr.* Mezclar [dos o más metales] fundiéndolos.
SIN. **Ligar,** esp. si se trata de oro o plata.
aleatorio, -ria (l. *-iu*) *adj.* Relativo al juego de azar. 2 DER. Dependiente de algún suceso casual: *contrato* ~.
alebrarse *prnl.* Alebrestarse.
alebrastarse *prnl.* Alebrestarse.
alebrestado *adj. Amér. Central* y *Colomb.* Mujeriego. 2 *Méj.* [individuo] Que se irrita fácilmente.
alebrestarse *prnl.* Pegarse al suelo como una liebre. 2 fig. Acobardarse. 3 *Amér.* Alarmarse, alborotarse. 4 *Colomb.* y *Venez.* Erguirse, encabritarse el caballo. ◇ ** CONJUG. [27] como ***acertar.***
alebronarse *prnl.* Alebrestarse.
alecantina *f. Ecuad.* Cantaleta.
aleccionador, -ra *adj.* Que alecciona.
aleccionamiento *m.* Acción de aleccionar o aleccionarse. 2 Efecto de aleccionar o aleccionarse.
aleccionar (paras.) *tr.* Instruir, amaestrar, enseñar.
alece (l. **hallice;* doble etim. *aleche*) *m.* Boquerón (pez). 2 Guisado del hígado del salmonete o del sargo.
aleche (v. *alece*) *m.* Boquerón (pez).
alechugar (paras.) *tr.* ant. Doblar [una cosa, esp. cuellos, pecheras, etc.] en figura de hoja de lechuga. ◇ ** CONJUG. [7] como ***llegar.***
SIN. **Escarolar.**
alecito (gr. *a-* priv. + *lekithos,* yema de huevo) *adj.* [huevo] Casi desprovisto de vitelio nutritivo; como el de la rana y el de los insectos.
I) alecrín *m.* Pez selacio del mar de las Antillas, muy voraz, con la cabeza obtusa y seis filas de dientes dobles *(Squallus maculatus).*
II) alecrín *m.* Árbol verbenáceo de Amér. Meridional, cuya madera es semejante a la caoba, pero más pesada y de color más hermoso *(Holocalix balansae).*
alecto-, alectoro-, alectrio-, alectro- (gr. *aléktor, alektryón,* gallo) Elemento prefijal que entra en la formación de palabras con el significado de gallo: *alectomancia, alectorópodos, alectriomaquia.*
alectomancia, -mancía (*alecto-* + *-mancia*) *f.* Adivinación por el canto del gallo o por las piedras de su hígado.
alectoria (gr. *aléktor,* gallo) *f.* Piedra que suele hallarse en el hígado de los gallos viejos.
alectorópodos (*alectoro-* + *-podo*) *m. pl.* Suborden de aves galliformes que tienen su dedo posterior colocado en un plano superior a los anteriores.
alectriomaquia (*alectrio-* + gr. *máchomai,* luchar).
aleda (l. *leda,* de *linere,* untar) *f.* Cera aleda.
aledaño, -ña (l. v. *adlataneu* < latu, costado) *adj.* Confinante, colindante. -2 *m.* Campo, tierra, etc., considerado como parte accesoria del pueblo, campo o tierra con que linda: *los aledaños del lugar tienen pastos.* 3 Confín, término: *los aledaños de la región.*
alefangina *adj.-s.* ant. ***Píldora*** ~, la purgante en cuya composición entran áloe, nuez moscada y otras substancias.
alefato (de la letra hebrea *aleph*) *m.* Serie de las consonantes hebreas o árabes.
alefriz (ár. *alfired*) *m.* Ranura que se abre a lo largo de la qui-

lla, roda y codaste de un buque para que en ella encajen los tablones.

alegable *adj.* Que se puede alegar.

alegación (l. *allegatione*) *f.* Acción de alegar. 2 Alegato.

alegador, -ra *adj. Amér.* Discutidor, amigo de disputas.

alegajar *tr. Chile.* Enlegajar.

alegamar (paras.) *tr.* Echar légamo [a una tierra] para beneficiarla. -2 *prnl.* Llenarse de légamo.

aleganarse *prnl.* Alegamarse.

alegantina *f. Can.* Mujer murmuradora, chismosa, maldiciente.

alegar (l. *allegare*) *tr.* Citar, traer uno a favor de su propósito como prueba, disculpa o defensa [un hecho, dicho, ejemplo, razón, etc.]. 2 *Can.* y *Amér.* Disputar, altercar. ◇ ** CONJUG. [7] como ***llegar***

SIN. *1* **Invocar**, tiene sentido más limitado. Significa alegar una ley, costumbre o razón. P. ej. se ***alega*** o ***invoca*** un artículo del Código; pero no se ***invoca*** el ser menor de edad, sino que se ***alega***.

alegato *m.* DER. Escrito en que el abogado expone los fundamentos del derecho de su cliente e impugna los del adversario. 2 p. ext. Razonamiento o exposición, gralte. amplios, en defensa de alguien o algo,aun fuera de lo judicial. 3 *Can.* y *Amér.* Disputa, altercado. -4 *m. pl. P. Rico* y *S. Dom.* Argumentos, falacias.

alegatorio, -ria *adj.* Relativo a la alegación.

alegoría (l. gr. *allegoria*) *f.* Ficción en virtud de la cual una cosa representa o significa otra distinta. 2 Composición literaria o artística de sentido alegórico. 3 PINT. y ESC. Representación simbólica de ideas abstractas por medio de figuras o atributos. 4 RET. Figura que consiste en patentizar en el discurso, por medio de metáforas consecutivas, un sentido recto y otro figurado, dando a entender una cosa expresada por otra distinta.

SIN. v. **Símbolo**.

alegóricamente *adv. m.* Con alegoría o con sentido alegórico.

alegórico, -ca *adj.* Relativo a la alegoría.

alegorismo *m.* Arte de la alegoría, figura retórica. 2 Calidad de alegórico.

alegorización *f.* Acción de alegorizar. 2 Efecto de alegorizar.

alegorizador, -ra *adj.-s.* Aficionado o inclinado a alegorizar.

alegorizar (b. l. *allegorizare*) *tr.* Interpretar alegóricamente [una cosa]; darle un sentido alegórico. ◇ ** CONJUG. [4] como ***realizar.***

alegoso, -sa *adj. Perú.* Disputador.

alegra *f.* MAR. Barrena para taladrar maderos.

SIN. **Abocardo**.

alegrador, -ra *adj.-s.* Que causa alegría. -2 *m.* desus. Tira de papel retorcida para encender. -3 *m. pl.* TAUROM. Banderillas.

I) alegrar (de *alegre*) *tr.* Causar alegría [a uno]. 2 Avivar, hermosear [las cosas inanimadas]; esp., avivar [la luz o el fuego]. 3 MAR. Aflojar [un cabo]; alijar o aliviar [una embarcación] para que no trabaje mucho por causa de la mar. 4 TAUROM. Excitar el diestro [al toro]. -5 *prnl.* Recibir o sentir alegría; esp., ponerse uno alegre por haber bebido: *alegrarse con, de,* o *por, algo.*

SIN. *1* **Animar; letificar**, lit.

II) alegrar (de *alegra*) *tr.* CIR. Legrar. 2 MAR. Agrandar [un agujero].

alegre (l. v. *alecre*, por l. *alacre*) *adj.* Que siente alegría: *estoy ~.* 2 Propenso a ella: *ser hombre ~.* 3 Que denota alegría: *cara ~.* 4 Pasado o hecho con alegría: *cena ~.* 5 Que ocasiona o es capaz de infundir alegría: *noticia ~; cielo ~; casa ~.* 6 fig. [color] Vivo, como el rojo y el amarillo. 7 fig. Excitado alegremente por la bebida. 8 fig. Ligero, arriscado: *ser muy ~ en los negocios, en el juego.* 9 fig. *y* eufem. [mujer] Pública.

alegremente *adv. m.* Con alegría. 2 De modo irreflexivo o frívolo, sin meditar el alcance ni las consecuencias de lo que se dice o hace.

alegrete, -ta *adj.* Dim. de *alegre.*

alegreto (it. *allegretto*) *adj. adv.* [movimiento del ritmo musical] Menos vivo que el alegro. -2 *m.* Composición musical, o parte de ella, en este movimiento.

alegría (de *alegre*) *f.* Sentimiento de placer originado, generalmente, por una grata y viva satisfacción del alma y que, por lo común, se manifiesta con signos exteriores. 2 Irresponsabilidad, ligereza. 3 Ajonjolí. 4 Nuégado o alajú condimentado con ajonjolí. 5 MAR. Luz total de una porta. -6 *f. pl.* Modalidad de baile flamenco de ritmo ternario y movimiento vivo y gracioso. 7 Música y canto, breve y festivo, de este baile. 8 fig. *y* vulg. Genitales masculinos.

SIN. *1* **Contento, alborozo, júbilo, regocijo**, son intensivos y aluden gralte. a manifestación exterior de la alegría; *3* y *4* **Sésamo**.

alegro (it. *allegro*) *adj. adv.* [movimiento del ritmo musical] Moderadamente vivo. -2 *m.* Composición musical, o parte de ella, en este movimiento.

alegrón *m.* fam. Alegría intensa y repentina. 2 fig. Breve llamarada de fuego. 3 *Méj.* Enamoradizo. 4 *Méj.* Cosecha de cacao que se obtiene de octubre a diciembre. -5 *adj. Amér.* Muy alegre.

alegrona *adj. Amér.* [mujer] De vida alegre. 2 *Guat.* y *R. de la Plata.* [mujer] Coquetona.

alegroso, -sa *adj.* Poseído o lleno de mucha alegría.

alegrulla *adj. Cuba.* Color ceniciento subido como el del ala de grulla.

aleja *f. Murc.* Vasar.

alejamiento *m.* Acción de alejar o alejarse. 2 Efecto de alejar o alejarse. 3 Distancia.

alejandrinismo *m.* Estilo o gusto de los escritores helenísticos de Alejandría, caracterizado por el refinamiento, la selección, el hermetismo, etc. 2 p. ext. Expresión con alguna de estas características.

I) alejandrino, -na *adj.-s.* De Alejandría, ciudad del norte de Egipto. 2 Relativo a la época de su florecimiento, durante los primeros siglos de la era cristiana: *filosofía alejandrina.*

II) alejandrino, -na (metro de poemas medievales sobre Alejandro Magno) *adj.* Perteneciente o relativo a Alejandro Magno (356-323 a. C.). -2 *adj.-m.* Verso de catorce sílabas, dividido en dos hemistiquios.

Alejandro (por *Alejandro Magno*) *m.* En los clásicos *ser un Alejandro* equivalía a ser liberal, magnífico, generoso.

alejar (paras.) *tr.-prnl.* Poner lejos o más lejos [a una persona o cosa].

alejija (ár. *adexixa*) *f.* Puches de harina de cebada condimentados con ajonjolí: *unas buenas alejijas.*

alejur *m.* Alajú.

alela *f. Amér. Central.* Patón, de pie grande. En el sentido de pie, úsase más en plural.

alelado, -da (pp. de *alelar*) *adj.* Embobado, atontado, turulato.

alelamiento *m.* Efecto de alelarse.

alelar (paras.) *tr.-prnl.* Poner lelo [a uno].

alelí *m.* Alhelí. ◇ Pl.: *alelíes.*

alelo- (gr. *allélon*, uno a otro) Elemento prefijal que entra en la formación de palabras con el significado de reciprocidad, alternancia, antagonismo: *alelomorfo.*

alelo (apóc. de *elelomorfo*) *m.* BIOL. Gen alelomorfo.

alelomorfo, -fa (*alelo-* + *-morfo*) *adj.* BIOL. Que se presenta bajo diversas formas. -2 *adj.-s.* BIOL. Gen que tiene la misma función, pero distintos efectos, y que ocupa el mismo lugar en dos cromosomas homólogos.

alelopatía (*alelo-* + *-patía*) *f.* Influencia desfavorable de la presencia de una planta sobre la vida de otra.

aleluya (hebr. *allelúiah*, alabad a Jehová) Voz de júbilo usada por la Iglesia, esp. en tiempo de Pascua. 2 *m.* Tiempo de Pascua: *por el ~ nos veremos.* -3 *f.* Estampita que se arroja al pueblo al paso de las procesiones. 4 p. ext. Estampita contenida en un pliego de papel con la explicación de un asunto, gralte. en versos pareados de arte menor. 5 fig. *y* fam. Pintura despreciable. 6 Pareado de versos octosílabos, gralte. de carácter popular o vulgar. 7 fig. *y* fam. Persona o animal de extremada flacura. 8 Acederilla. 9 *Amér.* Excusa frívola, marrullería. l0 *Cuba* Planta malvácea, alimenticia y diurética, de hojas hendidas y estipuladas, y flores solitarias de color blanco *(Hibiscus sabdariffa)*

SIN. *4* **Vida**.

¡aleluya! Interjección con que se denota júbilo.

alema (ár. *almá*) *f.* Porción de agua de regadío que se reparte por turno. -2 *f. pl. Bol.* Baños públicos en las márgenes de un río.

alemán, -mana *adj.-s.* De Alemania, nación del centro de Europa: *~* ***oriental*** o simplemente *~*, de la República Democrática Alemana, nación del este resultante de la antigua división de Alemania; *~* ***occidental*** o simplemente *~*, de la República Federal Alemana, nación del oeste resultante de la antigua división de Alemania. -2 *adj.-m.* Lengua perteneciente al grupo germánico occidental, idioma oficial de Alemania, Austria y Suiza: ***alto*** *~*, variante de esta lengua que comprende los dialectos del sur; ***bajo*** *~*, variante que comprende los dialectos del norte

SIN. **Germano, tudesco, teutón; boche**, desp.

alemanda *f.* Antiguo baile de origen bajo alemán o flamenco, de movimiento alegre y animado. 2 Música de este baile.

alemanés, -nesa *adj.-s.* desus. [pers.] Alemán.

alemanesco, -ca *adj.* Alemanisco.
alemánico, -ca *adj.* p. us. Relativo a Alemania.
alemanisco, -ca *adj.* Alemánico. 2 [mantelería] Labrado a estilo de Alemania.
alentada *f.* Respiración no interrumpida.
alentadamente *adv. m.* Con aliento (vigor).
alentado, -da *adj.* Animoso, valiente. 2 Altanero, valentón. 3 *Amér.* Sano, robusto. 4 *Amér.* Enfermo mejorado de una enfermedad, convaleciente.
alentador, -ra *adj.* Que infunde aliento.
alentar (de *aliento*) *intr.* Respirar. -2 *tr.-prnl.* fig. Animar, infundir aliento, dar vigor: ~ *con la esperanza.* 3 Restablecerse, reponerse de una enfermedad, mejorar. -4 *tr. Ecuad.* Palmotear, jalear. -5 *prnl. Amér. Central* y *Colomb.* Dar a luz la mujer. ◇ ** CONJUG. [27] como ***acertar.***
alentoso, -sa *adj.* Alentado.
aleócaro *m.* ZOOL. Género de coleópteros que viven en los hongos en sitios húmedos y debajo de las piedras.
aleonado, -da *adj.* Leonado. 2 *And.* y *Chile.* [pers.] Alborotadizo.
aleonar *tr. Chile.* Excitar el alboroto [de la gente], insubordinar, animar.
alepantado, -da *adj. Ecuad.* Embobado, ensimismado.
alepantamiento *m. Ecuad.* Embobamiento, ensimismamiento.
alepín (ár. *halebí,* de *Alepo*) *m.* Tela muy fina de lana.
alepruces *m. pl. Colomb.* Pajarracos.
alerce (ár. *alerz*) *m.* Árbol conífero, de tronco derecho y alisado, ramas abiertas y hojas blandas; su fruto es una piña menor que la del pino *(gén. Larix):* ~ ***africano,*** es el originario de África, del cual se extrae la grasilla que suele darse al papel de escribir; ~ ***europeo,*** el propio de los Alpes y Cárpatos, de hojas caedizas, del cual se extrae una trementina llamada de Venecia. También *pino* ~..
alérgeno *m.* Substancia capaz de producir fenómenos alérgicos. ◇ Aunque la Academia prefiere la forma *alergeno,* el uso general es ***alérgeno.***
alergia (gr. *allos,* otro + *ergon,* trabajo) *f.* FISIOL. Conjunto de fenómenos respiratorios, nerviosos o eruptivos, producidos por la absorción o contacto de ciertas substancias que dan al organismo una sensibilidad especial ante una nueva acción de tales substancias, aun en cantidades mínimas. 2 p. ext. Sensibilidad extremada y contraria respecto a ciertos temas, personas o cosas.
alérgico, -ca *adj.-s.* Relativo a la alergia. 2 [pers.] Que padece alergia o es propensa a ella.
alergífero, -ra *adj.-s.* Que produce alergia.
alergista *adj.-com.* Médico especializado en el estudio o tratamiento de las alergias.
alergización *f.* Introducción en el organismo de substancias que se comportan como alérgenos.
alergo- (de *alergia*) Elemento prefijal que entra en la formación de palabras con el valor de alergia: *alergología, alergopatía.*
alergodermia (*alergo-* + *-dermia*) *f.* Enfermedad alérgica de la piel.
alergología (*alergo-* + *-logía*) *f.* Rama de la medicina que estudia la alergia y sus manifestaciones.
alergólogo, -ga *m. f.* Alergista.
alergosis *f.* Enfermedad de causa alérgica, en gral.
I) alero (de *ala*) *m.* Parte inferior del tejado, que sale fuera de la pared; 2 Pieza sujeta a los costados de la caja del coche para preservar de las salpicaduras del lodo. 3 Lado, orilla. 4 DEP. En el juego del fútbol, extremo. 5 DEP. Jugador de baloncesto que desarrolla su juego por las alas y cuya misión es encestar desde la media distancia.
SIN. *1* **Rafe** en algunas regiones , **tejaroz;** *2* **Guardabarros, salvabarros.**
II) alero *adj.* [ciervo joven] Que todavía no ha padreado.
alerón *m.* AERON. Aleta giratoria que se monta en la parte posterior de las alas de un avión y que tiene por objeto hacer variar la inclinación del aparato y facilitar otras maniobras. 2 MAR. Extremidad lateral del puente de un buque.
alerta (it. *all'erta*) *adv. m.* Con vigilancia y atención. -2 *f.* Situación de vigilancia o atención: ~ ***roja,*** la que se declara en los momentos de gran peligro, especialmente ante catástrofes naturales. -3 *m.* Señal que previene de algún peligro: *el centinela dio el* ~.
SIN. *1* **Avisón.**
¡alerta! Interjección con que se previene de algún peligro o se incita a la vigilancia.
alertado, -da *adj. Colomb.* Alerto.
alertamente *adv. m.* Alerta (con vigilancia).
alertar *tr.* Poner alerta [a una pers.]; dar, transmitir señales u órdenes de ponerse alerta: ~ *a los aeródromos, a la policía.* -2 *intr.* p. us. Estar alerta.
alerto, -ta (de *alertar*) *adj.* p. us. Vigilante.
alerzal *m.* Terreno plantado de alerces.
alesna *f.* Lezna.
alesnado, -da *adj.* Puntiagudo: *hoja alesnada.* 2 *Venez.* Animoso, intrépido.
alestaz *m.* Grama de olor.
****aleta** *f.* Dim. de *ala.* 2 Ala de la nariz. 3 Membrana que se adapta a los pies para facilitar la natación. 4 Apéndice dérmico, de forma laminar, que tienen los peces y de que éstos se sirven para moverse en el agua. Por su situación puede ser: *pectoral, abdominal, caudal, dorsal* y *anal.* 5 Parte del machón que queda visible a cada lado de la columna o pilastra. 6 Parte del costado de un buque, comprendida entre la popa y el punto que corresponde a la primera parte de la batería. 7 Parte saliente, lateral y plana, de diversos objetos. 8 Guardabarros que sobresale a ambos lados de la caja en algunos automóviles. 9 Muro en rampa que en los lados de los puentes o en las embocaduras de las alcantarillas sirven para contener las tierras y dirigir las aguas. 10 Madero corvo que forma, con otro, la popa de un buque. 11 ARQ. Elemento, generalmente en forma de voluta, que une en la fachada los cuerpos de las naves laterales de una iglesia con el de la central de más altura, no correspondiéndose con ninguna estructura arquitectónica interna.
aletada *f.* Movimiento de las alas.
aletargamiento *m.* Acción de aletargar o aletargarse. 2 Efecto de aletargar o aletargarse.
aletargar (paras.) *tr.* Causar letargo [a una pers. o animal]. -2 *prnl.* Padecer letargo. ◇ ** CONJUG. [7] como ***llegar.***
aletazo *m.* Golpe de ala o de aleta. 2 *Cuba* y *Chile.* Puñetazo, bofetada. 3 *Guat.* y *Hond.* Hurto o estafa.
aletear (frecuent.) *intr.* Mover las aves frecuentemente las alas, sin echar a volar. 2 Mover los peces frecuentemente las aletas cuando se les saca del agua. 3 Alear (con los brazos; cobrar fuerzas). 4 *Cuba.* Estar en la inopia.
aleteo *m.* Acción de aletear. 2 fig. Palpitación violenta del corazón.
aleto *m.* Halieto.
aletría *f. Murc.* Fideos.
aleudar *tr.-prnl.* Leudar.
aleuro- (gr. *áleuron,* harina) Elemento prefijal que entra en la formación de palabras con el significado de harina, papilla: *aleurómetro.*
aleurómetro (*aleuro-* + *-metro*) *m.* Instrumento para determinar las cualidades panificables de una harina.
aleurona (gr. *áleuron,* harina) *f.* Substancia albuminoidea de reserva existente en la semilla de algunas plantas.
aleuronato *m.* QUÍM. Polvo fino de color blanco que se obtiene del gluten del trigo como producto secundario en la fabricación del almidón.
aleutiano, -na *adj.-s.* De las islas Aleutianas, archipiélago del nordeste de América. -2 *adj.-m.* Conjunto de lenguas, emparentadas con el altaico, habladas principalmente en estas islas.
aleve (gótico *levian,* hacer traición) *adj.-s.* Alevoso. -2 *m.* Alevosía.
alevilla *f.* Mariposa de características semejantes al gusano de seda, con alas completamente blancas.
alevín, alevino *m.* Pescado menudo que se echa en los ríos o estanques para poblarlos. 2 fig. Joven principiante que se inicia en una disciplina o profesión.
alevosa *f.* VETER. Ránula (tumor del ganado).
alevosamente *adv. m.* Con alevosía.
alevosía *f.* DER. Cautela con que el delincuente asegura la comisión de un delito contra personas, evitando el riesgo procedente de la defensa del ofendido. Es circunstancia que agrava la pena. 2 Traición, perfidia, prodición.
alevoso, -sa *adj.-s.* Que comete alevosía. 2 Que implica alevosía o se hace con ella.
alexi- (gr. *aléxo,* rechazar, defender) Elemento prefijal que entra en la formación de palabras con el significado de rechazar, proteger: *alexifármaco, alexipirético.*
alexia (*a-* II + gr. *lexis,* lenguaje) *f.* Imposibilidad de leer, debida a desorden cerebral. 2 Gasterópodo pulmonado marino de pequeño tamaño; su concha, arrollada en una helicoidal, es de color gris amarillento *(Alexia myosotis).*
alexifármaco, -ca (gr. *alexiphármakon*; v. *alexi-* + *fárma-*

co) adj.-s. Substancia o medicamento preservativo o correctivo de los efectos del veneno.

alexipirético, -ca (*alexi-* + *-pirético*) ***adj.*** Febrífugo; preventivo de la fiebre.

alexitérico, -ca (*alexi-* + gr. *thér,* fiera) ***adj.*** Estimulante de uso externo, para combatir la acción de un veneno.

aleya (ár.) ***f.*** Versículo del Alcorán.

alezna ***f.*** *Logr.* Mostaza negra.

aleznado, -da ***adj.*** BOT. En forma de lezna.

alezo (fr. *alêze*) ***m.*** Sábana plegada que se pone entre el cuerpo del enfermo y la ropa de cama ordinaria. 2 Pedazo de lienzo en forma de faja con que se sujeta el vientre a las recién paridas.

alfa ***f.*** Primera letra del **alfabeto griego. 2 fig. ~ ***y omega,*** principio y fin; Cristo en cuanto es Dios, principio y fin de todas las cosas. 3 ***Rayos*** ~, los formados por partículas cargadas de electricidad positiva *(partículas ~)*, emitidas por ciertas transformaciones radiactivas, como las del radium. Comp. rayos *beta* y *gamma*. 4 Esparto.

alfaba ***f.*** Suerte de tierra.

alfábega ***f.*** Albahaca.

alfabéticamente ***adv. m.*** Por el orden del alfabeto.

alfabético, -ca ***adj.*** Relativo al alfabeto.

alfabetización ***f.*** Acción de alfabetizar. 2 Efecto de alfabetizar.

alfabetizado, -da ***adj.-s.*** Persona que ha aprendido a leer y escribir.

alfabetizar ***tr.*** Poner por orden alfabético [un índice, fichas, documentos, etc.]. 2 Enseñar a leer y escribir. ◇ ** CONJUG. [4] como ***realizar.***

****alfabeto** (l. *alphabetum,* del gr. *alpha* y *beta,* las letras *a* y *b*) ***m.*** Abecedario. 2 Conjunto de signos con los que se puede transmitir una comunicación: ~ ***Braille,*** el que usan los ciegos; ~ ***Morse,*** el que se utiliza en telegrafía. 3 INFORM. Sistema de signos convencionales como perforaciones en tarjetas, u otros, que sirve para substituir al conjunto de las letras y de los números.

SIN. *1* **Abecé,** hoy de poco uso fuera del lenguaje infantil; **abecedario.** Ninguno de los dos tiene derivados; **alfabético** (adj.), **alfabetizar** (vb.), **alfabéticamente** (adv.), derivados formados a partir de *alfabeto,* más lit. y gral.

alfaguara (ár. *alfauara*) ***f.*** Manantial copioso.

alfaida ***f.*** Crecida del río por el flujo de la pleamar.

alfajía ***f.*** Alfarjía.

alfajilla ***f.*** *Amér. Central.* Alfarjía.

alfajor (ár. *haxu,* relleno) ***m.*** Alajú. 2 Rosquillas de alajú. 3 *Amér.* Nombre que se da a distintas clases de golosinas. 4 *Argent., Chile* y *Parag.* Golosina compuesta de dos piezas pequeñas de masa unidas con manjar blanco u otra especie de dulce. 5 *S. Dom.* y *Venez.* Pasta hecha de harina de yuca, papelón, piña y jengibre. 6 *Amér. Merid.* Daga o cuchillo.

alfalaca ***f.*** *Cuba.* Cuero crudo del todo que, amarrado al pie, hace las veces de zapato.

alfalfa (ár. *alfaçfaça*) ***f.*** Planta leguminosa con racimos florales de color púrpura o lila, que se utiliza como forraje *(Medicago sativa)*: ~ ***de flor amarilla,*** variedad que se distingue por tener los tallos rastreros *(M. falcata)*; ~ ***arborescente,*** arbusto leguminoso papilionáceo, de hojas dentadas y flores amarillas; se cultiva como planta de adorno y para forraje *(M. arborea).*

SIN. **Mielga** (la silvestre).

alfalfal, -far ***m.*** Terreno sembrado de alfalfa.

alfalfar ***tr.*** *Argent., Chile* y *Urug.* Sembrar de alfalfa [un campo].

alfalfe ***m.*** Alfalfa.

alfana (it.) ***f.*** Caballo corpulento, fuerte y brioso.

alfandoque ***m.*** Pasta hecha con melado, queso y anís o jengibre, que se usa en América. 2 *Colomb.* Especie de alfeñique. 3 *Colomb.* Instrumento músico hecho con un trozo de tallo de bambú, relleno de semillas secas y duras.

alfaneque (l. *falcone,* arabizado) ***m.*** Ave rapaz falcónida, de plumaje oscuro, con la cola listada de gris claro *(Buteo luteo).*

alfanjado, -da ***adj.*** De figura de alfanje.

alfanjazo ***m.*** Golpe o herida de alfanje.

alfanje (ár. *aljánchar*) ***m.*** Especie de sable ancho y curvo, usado por los orientales. 2 Pez espada.

alfanumérico, -ca ***adj.*** Compuesto conjuntamente por elementos del alfabeto y de la numeración.

alfañique ***m.*** *Amér.* Alfeñique.

alfaque (ár. *alfac,* fauces) ***m.*** Banco de arena, gralte. en la desembocadura de un río: *los alfaques de Tortosa.*

alfaqueque (ár. *alfaquec*) ***m.*** El que desempeña el oficio de redimir cautivos o liberar esclavos y prisioneros de guerra. 2 Aldeano o burgués que servía de correo.

alfaquí (ár. *alfaquih*) ***m.*** Sabio o doctor de la ley, entre los musulmanes. ◇ Pl.: *alfaquíes.*

SIN. **Faquí.**

I) alfar (ár. *alfajar,* alfarero) ***m.*** Alfarería (obrador). 2 Arcilla.

II) alfar ***intr.*** Levantar demasiado el caballo el cuarto delantero, sin doblar los corvejones ni bajar las ancas.

alfaraz (ár. *alfaraç*) ***m.*** Caballo que usaban los árabes para las tropas ligeras.

I) alfarda (ár., imposición, mandato) ***f.*** Contribución que pagaban moros y judíos en los reinos cristianos. 2 En Marruecos, tributo, contribución extraordinaria.

SIN. *2* **Farda.**

II) alfarda (ár.) ***f.*** ARQ. Par (de una armadura). 2 *Cuba.* Alfarjía.

alfardilla ***f.*** Esterilla (pleita). 2 Galón o trencilla de hilo de oro o de plata.

alfardón ***m.*** Azulejo alargado, hexagonal, cuya parte central es un rectángulo. 2 *Cuba.* Vigueta mayor que la alfarda.

SIN. *2* **Tirante.**

alfareme (ár. *alharem*) ***m.*** Toca usada por los árabes.

alfarense ***adj.-s.*** De Alfaro, ciudad de Logroño.

alfarería (de *alfar*) ***f.*** Arte de fabricar vasijas de barro. 2 Obrador donde se fabrican. 3 Tienda o puesto donde se venden.

SIN. V. **Cerámica.** *2* **Alcaller,** ant.; **alfar.**

alfarero (de *alfar*) ***m.*** El que tiene por oficio hacer vasijas de barro.

SIN. **Alcaller,** ant.; **barrero, cantarero.**

alfargo ***m.*** Viga del molino de aceite, que sirve para exprimir la aceituna.

I) alfarje (ár. *alhachar,* la piedra) ***m.*** Artefacto que en los molinos de aceite sirve para moler la aceituna antes de exprimirla. 2 Lugar donde está el alfarje.

II) alfarje (ár. *faraxa,* entarimar) ***m.*** Techo plano de madera, generalmente decorado, consistente en un tablado sobre vigas transversales, que, en algunos casos, puede estar dispuesto para servir de suelo a la planta superior.

alfarjía (de *alfarje II*) ***f.*** Madero de sierra para marcos y largueros de puertas y ventanas. 2 Vigas de madera de un alfarje.

alfarnate ***m.*** *Extr.* Persona muy descuidada en el vestido y en el aseo.

alfarrazador, -ra (de *alfarrazar*) ***m. f.*** *Murc.* y *Val.* Persona que tiene por oficio alfarrazar.

alfarrazar ***tr.*** *Ar.* Ajustar alzadamente el pago del diezmo de los frutos en verde. 2 *Murc.* y *Val.* Ajustar alzadamente el valor de los frutos en el árbol, antes de la recogida. ◇ ** CONJUG. [4] como ***realizar.***

alfayate ***m.*** ant. Sastre. Se conserva en algunos proverbios, como *El alfayate del Campillo, hacía la obra de balde y ponía el hilo.* Variantes: *del Cantillo, de la Adrada, de la Encrucijada.*

alfazaque (ár. *abufeçac,* escarabajo) ***m.*** Insecto coleóptero parecido al escarabajo, con la cabeza en forma de cuernecillo retorcido y los élitros estriados *(gén. Copris).*

alfeiza ***m.*** Alféizar.

alfeizado, -da ***adj.*** Que forma alféizar.

alfeizar ***tr.*** Formar alféizar [en una pared]. ◇ ** CONJUG. [4] como ***realizar.***

alféizar (ár. *fesha,* espacio vacío, a través del port.) ***m.*** Vuelta o derrame que hace la pared en el corte de una puerta o ventana. 2 Rebajo en ángulo recto que forma el telar de una puerta o ventana con el derrame, donde encajan las hojas de la puerta con que se cierra.

alfénido ***m.*** Composición metálica de color blanco que fue descubierta en 1850 por el químico Halfen.

alfeñicarse (de *alfeñique*) ***prnl.*** fig. Afectar delicadeza, remilgarse. 2 Adelgazarse mucho. ◇ ** CONJUG. [1] como ***sacar.***

alfeñique (ár. *alfenid*) ***m.*** Pasta de azúcar, estirada en barras delgadas y retorcidas, cocida en aceite de almendras. 2 fig. Persona delicada de cuerpo y complexión. 3 fig. Remilgo, afeite.

Alfeo ***n. pr.*** V. Aretusa.

alferazgo ***m.*** Empleo, dignidad de alférez. 2 *Bol.* y *Colomb.* Fiesta religiosa que costean uno o más alféreces.

I) alferecía (cruce de ár. *alfarisiya,* erisipela, × *alfeligiya,* apoplejía) ***f.*** Epilepsia.

II) alferecía ***f.*** Alferazgo.

alférez (ár. *alferiç,* jinete) ***m.*** Oficial que llevaba la bandera o estandarte. 2 MIL. Oficial del ejército en el grado y empleo infe-

ALFABETO

Mayúscula	Minúscula	Nombre
A	a	*a*
B	b	*be*
C	c	*ce*
D	d	*de*
E	e	*e*
F	f	*efe*
G	g	*ge*
H	h	*hache*
I	i	*i*
J	j	*jota*
K	k	*ka*
L	l	*ele*
M	m	*eme*
N	n	*ene*
Ñ	ñ	*eñe*
O	o	*o*
P	p	*pe*
Q	q	*cu*
R	r	*ere-erre*
S	s	*ese*
T	t	*te*
U	u	*u*
V	v	*uve*
X	x	*equis*
Y	y	*ye-i griega*
Z	z	*zeta*

ÁRABE CLÁSICO

Grafía: Independiente	Inicial	Medial	Final	Nombre	Transliteración
ا			ـا	*alif*	'
ب	بـ	ـبـ	ـب	*bà'*	b
ت	تـ	ـتـ	ـت	*tà'*	t
ث	ثـ	ـثـ	ـث	*ṯà'*	ṯ
ج	جـ	ـجـ	ـج	*ğīm*	ğ
ح	حـ	ـحـ	ـح	*hà'*	ḥ
خ	خـ	ـخـ	ـخ	*ḫà'*	ḥ
د			ـد	*dāl*	d
ذ			ـذ	*ḏāl*	ḏ
ر			ـر	*rà'*	r
ز			ـز	*zāy*	z
س	سـ	ـسـ	ـس	*sīn*	s
ش	شـ	ـشـ	ـش	*šīn*	š
ص	صـ	ـصـ	ـص	*ṣād*	ṣ
ض	ضـ	ـضـ	ـض	*ḍād*	ḍ
ط	طـ	ـطـ	ـط	*ṭā*	ṭ
ظ	ظـ	ـظـ	ـظ	*ẓā*	ż
ع	عـ	ـعـ	ـع	*'ayn*	ċ
غ	غـ	ـغـ	ـغ	*gayn*	ġ
ف	فـ	ـفـ	ـف	*fà'*	f
ق	قـ	ـقـ	ـق	*gāf*	q
ك	كـ	ـكـ	ـك	*kāf*	k
ل	لـ	ـلـ	ـل	*lām*	l
م	مـ	ـمـ	ـم	*mim*	m
ن	نـ	ـنـ	ـن	*nun*	n
ه	هـ	ـهـ	ـه	*hà'*	h
و			ـو	*wāw*	w
ي	يـ	ـيـ	ـي	*yà'*	y

(en fin de sílaba; si sólo prolonga una «a» ésta se escribe «à»).

SIGNOS VOCÁLICOS:

- ◌َ = a
- ◌ِ = i
- ◌ُ = u
- ◌َا = ā, si es tónica = â
- ◌ِي = ī, si es tónica = î
- ◌ُو = ū, si es tónica = û
- ة = -a (y en ciertos casos -a')

CIRÍLICO. APLIC. AL RUSO

Grafía: Inicial Minúscula	Nombre	Transliteración
А, а	*a*	a
Б, б	*be*	b
В, в	*ve*	v
Г, г	*ge*	g
Д, д	*de*	d
Е, е (ё)	*ye*	e, ë
Ж	*že*	ž
З, з	*ze*	z
И, и	*í*	i
Й, й	*y*	j
К, к	*ka*	k
Л, л	*el*	l
М, м	*em*	m
Н, н	*en*	n
О, о	*o*	o
П, п	*pe*	p
Р, р	*er*	r
С, с	*es*	s
Т, т	*te*	y
У, у	*u*	u
Ф, ф	*ef*	f
Х, х	*ja*	ch
Ц, ц	*tse*	c
Ч, ч	*che*	č
Ш, ш	*sha*	š
Щ, щ	*shsha*	šč
Ы, ы	*i*	y
Э, э	*e*	e
Ю, ю	*iu*	ju
Я, я	*ia*	ja

OBSERVACIONES.-
La letra Ь, ь, llamada «signo suave» ya que indica el sonido palatalizado de la consonante que la precede, se translitera con un apóstrofo.
La letra Ъ, ъ llamada «signo duro» se omite en la transliteración. La letra E, e, se translitera normalmente con «e». Se hace con «ë» sólo cuando representa el sonido [jə].

GRIEGO CLÁSICO

Grafía: Mayúscula	Minúscula	Nombre	Transliteración
A	α	*alfa*	a
	ᾳ		a
	αι		ai
	αϊ		ai
	αυ		au
	αϋ		au
B	β	*beta*	b
Γ	γ	*gamma*	g
	γγ		ng
	γκ		nk
	γξ		nx
	γχ		nch
Δ	δ	*delta*	d
E	ε	*épsilon*	e
	ει		ei
	ευ		eu
Z	ζ	*dseta*	z
H	η	*eta*	ė
	ῃ		ė
	ηυ		ėu
Θ	θϑ	*zeta*	th
I	ι	*iota*	i
K	κ	*cappa*	k
Λ	λ	*lambda*	l
M	μ	*my*	m
N	ν	*ny*	n
Ξ	ξ	*xi*	x
O	ο	*ómicron*	o
	οι		oi
	συ		u
Π	π	*pi*	p
P	ϱ	*ro*	r
Σ	σ	*sigma*	s
T	τ	*tau*	t
Y	υ	*ípsilon*	y
	υι		yi
Φ	φ	*fi*	ph
X	χ	*ji*	ch
Ψ	ψ	*psi*	ps
Ω	ω	*omega*	ȯ
	ῳ		ȯ
	ωυ		ȯu
	' (espíritu áspero)		h

HEBREO

Grafía	Nombre	Transliteración
א	*aleph*	
ב	*beth*	b
ג	*gimel*	g
ד	*daleth*	d
ה	*he*	h
ו	*waw*	w
ז	*zayin*	z
ח	*heth*	ḥ
ט	*teth*	ṭ
י	*yod*	y
כ	*kaph*	k
ל	*lamed*	l
מ	*mem*	m
נ	*nun*	n
ס	*samekh*	s
ע	*ayin*	'
פ	*pe*	p
צ	*sado*	ṣ
ק	*gof*	q
ר	*resh*	r
שׂ	*sin*	ś
שׁ	*shin*	š
ת	*taw*	t

rior de la carrera: ~ ***de navío*** o ***de fragata,*** grados de la marina de guerra, equivalentes al de alférez y teniente del ejército respectivamente. 3 *Amér. Merid.* Persona elegida para pagar los gastos en un baile o cualquiera otra fiesta. 5 *Bol.* y *Perú.* Cierto cargo municipal en los pueblos de indios. 6 *Guat.* y *Hond.* Entre personas de confianza, palabra con que se designa a una de ellas, sin nombrarla: *oye lo que dice mi ~.*

alferraz (ár. *alferraç,* devorador) ***m.*** Ave falcónida, de plumaje ceniciento, que se empleó en cetrería.

alferza (ár. *alforza;* abreviación del persa *farzin,* visir, consejero del rey) ***f.*** ant. Figura de ajedrez que ocupaba junto al rey el lugar que hoy corresponde a la reina y con los mismos movimientos que ésta.

alficoz (ár. *Alfaccoç*) ***m.*** Pepino (planta). 2 Cohombro largo (planta y fruto).

alfil (ár.) ***m.*** En el juego del ajedrez, pieza que, en número de dos por bando, se mueve diagonalmente, pudiendo recorrer de una vez todas las casas que halle libres en una dirección. ◇ Pl.: *alfiles.*

alfiler (ár. *aljilel*) ***m.*** Clavillo, gralte. de metal, con punta en uno de sus extremos y una cabecilla en el otro, que sirve para sujetar partes del vestido, tocado y otros adornos de la persona. 2 fig. ***Prendido con alfileres,*** que moral o materialmente ofrece poca subsistencia o firmeza: ***de veinticinco alfileres,*** con todo adorno o compostura posible. 3 Juego de niños que consiste en empujar cada jugador con la uña del dedo pulgar, sobre cualquier superficie plana, un alfiler, que le pertenece, para formar cruz con otro alfiler, que hace suyo si logra formarla. 4 Joya usada para sujetar exteriormente el vestido o por adorno. 5 Pez marino teleósteo, cuyo cuerpo largo y delgado carece de aletas pectorales y caudales; presenta coloración de verde oscuro a verde pálido *(Nerophis ophidion)*. 6 Aguja de pastor. 7 Almizclera. 8 Árbol leguminoso de Cuba, cuya madera, compacta y de color pardo amarillento, se emplea en la construcción. 9 ~ ***de París,*** punta de París. 10 ***No caber un*** ~, estar un local repleto de gente. 11 *Argent.* ~ ***de gancho,*** imperdible. 12 *Colomb.* y *Cuba.* Aguja o carne del lomo de las reses. -13 ***m. pl.*** Cantidad de dinero señalada a una mujer para costear el adorno de su persona.

alfilerar ***tr.*** Sujetar [alguna cosa] con alfileres.

alfilerazo ***m.*** Punzada de alfiler. 2 fig. Dicho que zahiere, pulla.

alfilerera ***f.*** *And.* fig. Fruto del geranio y de otras plantas.

alfilerero ***m.*** Alfiletero.

alfileresco, -ca ***adj.*** desus. Semejante al alfiler.

alfilerillo ***m.*** ~ ***de pastor,*** aguja de pastor. 2 *Amér.* Aguja de pastor. 3*Argent.* Almizclera (hierba). 4 Árbol de Santo Domingo, cuya madera puede emplearse en ebanistería. 5 *Méj.* Planta cactácea de púas largas y agudas *(Pereskiopsis aquosa)*. 6 *Méj.* Insecto que ataca la planta del tabaco.

alfiletero ***m.*** Cañuto pequeño para guardar en él alfileres y agujas. 2 Acerico, almohadilla.

SIN. *1* **Cachucho, cañutero, canutero.**

alfitete ***m.*** Composición de masa, a modo de sémola o farro.

alfiz ***m.*** Recuadro del arco árabe, que envuelve las albanegas y arranca, bien desde las impostas, bien desde el suelo.

SIN. **Arrabá.**

alfócigo ***m.*** Alfóncigo.

alfolí (ár. *alhorí*) ***m.*** Granero o pósito. 2 Almacén de la sal. ◇ Pl.: *alfolíes.*

alfoliero, -linero ***m.*** El que tiene por oficio cuidar del alfolí.

alfombra (ár. *ajomra,* esterilla) ***f.*** Tejido con que se cubre el piso de las habitaciones y escaleras. 2 Alfombrilla (enfermedad). 3 fig. Conjunto de cosas que cubren el suelo: ~ *de flores.* 4 *Colomb.* Sudadero de lana.

SIN. *2* **Entapizada.**

alfombrado, -da ***m.*** Conjunto de alfombras de una casa o salón. 2 Operación de alfombrar. -3 ***adj.*** Que tiene dibujos parecidos a los de las alfombras.

alfombrar ***tr.*** Cubrir [el suelo de una habitación, etc.] con alfombra.

alfombrero, -ra ***m. f.*** Persona que tiene por oficio hacer alfombras.

I) alfombrilla (der. de *alfombra*) ***f.*** Felpudo de estera o metálico.

II) alfombrilla ***f.*** Felpudo (estera). 2 Alfombra pequeña que se pone junto a la bañera.

III) alfombrilla (ár. *alhombra,* rubicundez) ***f.*** MED. Enfermedad parecida al sarampión, del cual se distingue por la ausencia de síntomas catarrales. 2 *Colomb.* y *Guat.* Forma confluente de las viruelas.

alfombrista ***com.*** Persona que trata en alfombras y las vende. 2 El que tiene por oficio coserlas y acomodarlas.

alfóncigo (ár. *alfostac*) ***m.*** Árbol terebintáceo de fruto en drupa; su almendra, llamada pistacho, es oleaginosa, dulce y comestible *(Pistacia vera)*. 2 Fruto de este árbol.

SIN. **Alhócigo, alfócigo, alfónsigo, pistacho.**

alfondega ***f.*** Pez marino teleósteo, acorazado, de color rosado más o menos manchado de pardo o verde, de grandes aletas pectorales y hocico abrupto, que puede llegar a pesar 6 kg *(Trigla hirundo; T. lucerna)*.

alfondoque ***m.*** *Venez.* Especie de alfandoque o golosina. 2 Persona alfeñicada, presumida.

alfonsí ***adj.*** Alfonsino. ◇ Pl.: *alfonsíes* y *alfonsinos.*

alfónsigo ***m.*** Alfóncigo.

alfonsino, -na ***adj.*** Relativo a alguno de los reyes españoles llamados Alfonso. -2 ***m.*** Ant. moneda española del s. XIII.

alfonsismo ***m.*** Adhesión a la monarquía alfonsina. ◇ Se decía esp. en oposición al carlismo.

alforfón ***m.*** Planta poligonácea de fruto negruzco y triangular con el cual se hace un pan de mala calidad *(Fagopyrum esculentum)*. 2 Semilla de esta planta.

SIN. *1* **Alforjón, fajol, rubión, trigo sarraceno.**

alforja (ár. *aljorch*) ***f.*** Alforjas.

alforjas ***f. pl.*** Especie de talega, abierta por el centro y cerrada por los extremos, formando dos bolsas grandes y cuadradas, donde se pone lo que se quiere llevar de una parte a otra. 2 Provisión de los comestibles necesarios para el camino. 3 ***Como*** ~, que sienta mal.

alforjero, -ra ***adj.*** Relativo a las alforjas. -2 ***m. f.*** Persona que tiene por oficio hacer o vender alforjas. -3 ***m.*** Lego mendicante que lleva en alforjas la limosna recibida.

alforjón ***m.*** Alforfón.

alforjudo, -da ***adj.*** *Chile.* Bobalicón, necio.

alforjuela ***f.*** Dim. de *alforja.*

alforza (ár. *aljozza,* costura) ***f.*** Pliegue horizontal en la parte inferior de una ropa talar. 2 fig. Costurón, cicatriz, chirlo.

SIN. *1* **Lorza.**

alforzar ***tr.*** Hacer alforzas [a una ropa talar]. 2 Dar forma de alforza. ◇ ** CONJUG. [4] como ***realizar.***

alfoz (ár. *alhauz*) ***amb.*** Arrabal, término o pago que depende de algún distrito. 2 Distrito con diferentes pueblos que forman una jurisdicción sola.

SIN. **Alhoz.**

alga (l.) ***f.*** Planta del grupo de las algas. -2 ***f. pl.*** Clase de plantas talofitas provistas de clorofila y gralte. acuáticas. -3 ***f.*** ~ ***de vidrieros,*** posidonia. 4 *La Mancha.* Binza, telilla existente entre las capas y las hojas del bulbo de la cebolla.

algaba (ár.) ***f.*** Bosque, selva.

algafil ***m.*** Agrimonia, planta rosácea.

algáfita ***f.*** *Can.* Pimpinela menor.

I) algaida (ár.) ***f.*** Bosque o terreno lleno de maleza. 2 Vulneraria.

II) algaida (ár. *alcaida*) ***f.*** Duna.

I) algalia (ár.) ***f.*** Substancia untuosa, de color fuerte y sabor acre, que se extrae de una bolsa que tiene cerca del ano el gato de algalia. 2 Abelmosco. -3 ***m.*** Gato de algalia.

SIN. *1* **Ambarina, civeto.** *3* **Civeta.**

II) algalia (gr. *ergaleion,* instrumento) ***f.*** CIR. Sonda para las operaciones de la vejiga.

SIN. **Argalia, catéter.**

algaliar ***tr.*** Perfumar [algo] con algalia. ◇ ** CONJUG. [12] como ***cambiar.***

algaliero, -ra ***adj.*** Que usa perfumes en gral., y esp. el de algalia.

algar ***m.*** Mancha grande de algas en el fondo del mar.

algara (ár.) ***f.*** Tropa de a caballo que hacía correrías por campo enemigo. 2 Correría de esta tropa. 3 Binza, película exterior de la cebolla o del huevo.

algarabía (ár. *alarabía*) ***f.*** Lengua árabe. 2 fig. Lengua o escritura ininteligible. 3 Manera de hablar atropelladamente. 4 Gritería confusa. 5 Planta escrofulariácea de tallo nudoso, con la cual se hacen escobas *(gén. Parentucellia)*. 6 Hierba escrofulariácea, anual, de hojas alargadas y flores de color amarillo dispuestas en espigas unilaterales *(Odontites butea)*. 7 *Méj.* Ave de graznido ruidoso *(Dendrcygna fulva)*.

SIN. *1* **Greguería.**

algarabiado, -da ***adj.*** [cristiano] Que hablaba árabe.

algaracear ***intr.*** *Guadal.* Caer nieve menuda.

I) algarada ***f.*** Algara. 2 Vocería grande; tumulto, motín.

II) algarada ***f.*** Algarrada (máquina).

algarарero, -ra ***adj.*** Voceador, parlero. -2 ***m.*** El que tomaba parte en una algara.

algarazo ***m.*** *Ar.* Chaparrón de regular intensidad.

I) algarrada (ár. *alarrada*) ***m.*** Máquina de guerra ant. para disparar piedras.

II) algarrada (de *algarada I*) ***f.*** Fiesta en la que se echa al campo un toro para correrlo con vara larga. 2 Encierro (toros). 3 Novillada (lidia).

algarroba (ár. *aljarroba,* silicua) ***f.*** Planta leguminosa, de tallos inclinados, cuya semilla, seca, se da de comer a las palomas y a los bueyes y caballerías *(Vicia monantha)*. 2 Semilla de esta planta. 3 Fruto del algarrobo. -4 ***f. pl.*** *Cuba.* Raíces de mangle, que sirven para algarrobar.

SIN. *1* y *2* v. **Arveja.** *3* **Garroba, garrofa.**

algarrobal ***m.*** Terreno sembrado de algarrobas. 2 Terreno poblado de algarrobos.

SIN. *2* **Garrobal.**

algarrobar ***intr.*** *Cuba.* Preparar el cordel para pescar con algarrobas.

algarrobera ***f.*** Algarrobero.

algarrobero ***m.*** Algarrobo.

algarrobilla ***f.*** Arveja. 2 *Amér.* Brasil (árbol).

algarrobillo ***m.*** *Argent.* y *Urug.* Árbol leguminoso *(Prosopis campestris; Acacia atramentaria)*.

algarrobo *m.* Árbol leguminoso papilionáceo, propio de las regiones marítimas templadas, de hojas persistentes, cuyo fruto es una vaina azucarada y comestible con semillas pequeñas y duras *(Ceratonia siliqua).* 2 ~ **loco,** ciclamor.
SIN. *1* **Algarrobera, garrofero.**
algavaro (ár. *algauuar,* algarero) *m.* Insecto coleóptero, negro, con las antenas más largas que el cuerpo *(gén. Cerambyx).*
algazara (ár., garrulidad) *f.* Vocería de moros y otras tropas, al acometer al enemigo. 2 p. ext. Ruido, gritería de la voz o voces de una o muchas personas.
algazaroso, -sa *adj. Venez.* Con algazara.
algazul (ár. *algaçul*) *m.* Planta quenopodial, anual, con las hojas cilíndricas y carnosas, y las flores pequeñas de color blanco o amarillo; sus cenizas se usan para hacer barrilla *(Mesembryanthenum nodiflorum).*
SIN. **Aguazul, aguazur.**
álgebra (ár. *alchebr,* reducción) *f.* Parte de las matemáticas que trata de la cantidad en gral., valiéndose para representarla de letras u otros símbolos. 2 ant. Arte de restituir a su lugar los huesos dislocados.
algebraico, -ca *adj.* Relativo al álgebra.
algébrico, -ca *adj.* Algebraico.
algebrista *com.* Persona que por profesión o estudio se dedica al álgebra (matemáticas). 2 ant. Cirujano dedicado al álgebra (huesos).
algecireño, -ña *adj.-s.* De Algeciras, ciudad de Cádiz.
Algenib (ár.) *n. pr.* Estrella de segunda magnitud en la constelación de Perseo.
algente (l. *-ente,* de *algere,* estar frío) *adj.* poét. Frío (temperatura).
algesi-, algesio- (gr. *álgesis,* dolor) Elemento prefijal que entra en la formación de palabras con el significado de dolor, doloroso: *algesímetro, algesiógeno.*
-algesia (v. *algesi-*) Elemento sufijal que entra en la formación de palabras con el significado de sensación dolorosa, sufrimiento: *analgesia, hiperalgesia.*
algesia *f.* MED. Sensibilidad al dolor. V. algesi-.
algez *m.* Aljez.
-algia (v. *algo-*) Elemento sufijal que entra en la formación de palabras con el significado de dolor: *cefalalgia, neuralgia.*
algia *f.* Sensación de dolor circunscrito en una zona.
-álgico, -álgica, v. -algia: *cefalálgico, neurálgico.*
algidez *f.* Frialdad glacial.
álgido, -da (l. *-du*) *adj.* Muy frío. 2 MED. Acompañado de frío glacial: *fiebre álgida.* 3 fig. Propio o relativo al momento o período crítico o culminante de algunos procesos orgánicos, físicos, políticos, sociales, etc.
algina *f.* QUÍM. Extracto de algas pardas obtenido por ebullición con carbonato de sosa.
algo- (gr. *álgos,* dolor) Elemento prefijal que entra en la formación de palabras con el significado de dolor: *algofobia, algómetro.*
algo (l. *aliquod*) *pron. indef.* Expresa el concepto general de cosa en contraposición a *nada*: *leeré ~ mientras vuelves;* enfáticamente puede significar cosa de consideración: *creo haber dicho ~.* 2 Denota cantidad indeterminada: *apostemos ~;* enfáticamente puede significar cantidad importante: *aún falta ~ para llegar;* con la prep. *de* significa parte o porción: *~ de buen sentido; ~ de bueno.* -3 *adv. c.* Un poco, no del todo, hasta cierto punto: *anda ~ escaso de dinero; escribe ~.* -4 *m. Colomb.* Refrigerio. ◇ No se pueden usar indistintamente *algo, alguna cosa, una cosa.* En las dos últimas expresiones hay cierta determinación implícita.
FR. *Algo es algo; más vale algo que nada.* Significan que no se deben despreciar las cosas por muy pequeñas o de poca entidad.
algodón (ár. *alcotón*) *m.* Substancia fibrosa, blanca y suave, que recubre la semilla de varias plantas malváceas, esp. la del algodonero. 2 fig. ***Estar uno criado entre algodones,*** estar criado con mucho regalo. 3 Hilado o tejido hecho de esta substancia. 4 ~ ***pólvora,*** pólvora de algodón. 5 Algodonero (arbusto).
SIN. *4* **Piroxilina.**
algodonal *m.* Plantación de algodoneros. 2 Algodonero (arbusto).
algodonar *tr.* Rellenar de algodón [una cosa].
algodoncillo *m. Amér.* Planta asclepiadácea de América, cuyas semillas dan una especie de algodón *(Asclepias incarnata).* 2 *Cuba* Viborán. 3 *Méj.* Crup, garrotillo, difteria, en los niños.
algodonero, -ra *adj.* Relativo al algodón. -2 *m. f.* Persona que trata en algodón. -3 *m.* Arbusto malváceo, de flores amarillas con manchas encarnadas; su fruto es una cápsula con muchas semillas envueltas en algodón (substancia fibrosa) *(Gosipyum herbaceum).*
algodonita *f.* Arseniuro de cobre argentífero, hallado en las minas de Chile.
algodonosa *f.* Planta compuesta, de flores amarillas en corimbo, que se cubre de una pelusa larga y blanca parecida al algodón *(Otanthus maritimus).*
algodonoso, -sa *adj.* Que tiene aspecto de algodón.
Algol (ár.) *n. pr.* Estrella de segunda magnitud en la constelación de Perseo.
algol (del ingl., *Al*gorithmic *O*riented *L*anguage) *m.* INFORM. Lenguaje artificial, orientado a la resolución de problemas científicos que se puede traducir directamente a los lenguajes utilizados por todas las computadoras electrónicas.
algomenorrea (*algo-* + *menorrea*) *f.* MED. Menstruación dolorosa.
algonquiano *m.* Familia de lenguas indígenas de Norteamérica, que comprende varios idiomas. 2 Indio perteneciente a este grupo lingüístico.
algónquico, -ca *adj.-m.* Período geológico superior del precámbrico y terreno a él correspondiente. 2 *adj.* Perteneciente o relativo a dicho período.
SIN. **Algonquino.**
algonquino *adj.-m.* Algónquico.
algorfa (ár.) *f.* Desván para guardar granos.
algorín (ár. *alhorí* < l. *horreu,* granero) *m.* Departamento del molino de aceite en que se deposita por separado la aceituna de cada cosechero. 2 Patio donde están estos departamentos.
SIN. *1* **Troj, troje, truja.**
algoritmia *f.* Ciencia del cálculo aritmético y algebraico.
algorítmico, -ca *adj.* Relativo al algoritmo.
algoritmo (ár. *aljuarezmí,* sobrenombre de un matemático) *m.* Algoritmia. 2 Notación propia de una forma particular del cálculo.
algorra *f. Chile.* Alhorre, erupción en los recién nacidos.
algorza *f.* p. us. Barda (cubierta).
algoso, -sa *adj.* Lleno de algas.
algotro, -tra *pron. indef. Colomb.* y *Guat.* Algún otro.
alguacil (ár. *aluazir*) *m.* Oficial inferior de justicia, que ejecuta las órdenes de un tribunal: ~ ***de ayuntamiento,*** el que ejecuta los mandatos de los alcaldes y tenientes de alcalde. 2 Ant. gobernador de una ciudad, con jurisdicción civil y criminal. 3 Especie de garfio con que los ladrones abren las puertas. 4 Araña de patas cortas y color ceniciento con cinco manchas negras en el lomo *(Attus scenicus).* 5 TAUROM. Alguacilillo. 6 *Argent.* y *Urug.* Libélula o caballito del diablo.
SIN. *1* **Esbirro,** desp., se extiende a todos los encargados de ejecutar personalmente órdenes de las autoridades; guardias, consumeros, policías, etc.; **satélite.** *4* **Alguacilillo.**
alguacilato *m. Ecuad.* y *S. Dom.* Alguacilazgo.
alguacilazgo *m.* Oficio de alguacil.
alguacilejo *m.* Dim. de *alguacil.*
alguacilería *f.* Acción o treta de alguacil.
alguacilesa *f.* Mujer del alguacil.
alguacilesco, -ca *adj.* Relativo al alguacil o propio de él.
alguacilía *f.* Empleo de alguacil.
alguacilillo *m.* Jinete vestido de alguacil del siglo XVII, que en las plazas de toros sale al frente de la cuadrilla y recibe del presidente la llave del toril. 2 Alguacil (araña).
SIN. *1* **Alguacil.**
alguaquida *f.* Pajuela (centeno).
alguaquidero, -ra *m. f.* Persona que tiene por oficio hacer o vender alguaquidas.
alguerés, -resa *adj.-s.* De Alguer, ciudad de la isla italiana de Cerdeña. -2 *adj.m.* Dialecto perteneciente al grupo catalán oriental, hablado principalmente en esta ciudad.
alguien (l. *aliquem*) *pron. indef.* Significa una persona cualquiera sin ninguna determinación. V. *alguno*: *si pasa ~ me avisas.* -2 *m.* Enfáticamente, persona importante: *en su pueblo era ~; con este vestido me tomarán por ~.* ◇ INCOR.: *~ de los asistentes*, por alguno de los asistentes.
alguita *f. Amér.* Malagueta (planta cingiberácea).
algún *adj. indef.* Apócope de *alguno.* No se emplea sino antepuesto a nombres masculinos: *~ hombre.* 2 ~ ***tanto,*** un poco, algo.
alguno, -na (l. *aliqu[is],* alguien, + *unu,* uno) *adj. indef.* Se

aplica a persona o cosa indeterminada: *compraré algún libro; se ve algún niño;* persona o cosa indeterminada con respecto a varias o a lo general: *algún puerto de España; algunos hombres son malos.* 2 Ni poco ni mucho, bastante: *de alguna duración; algunos años después; alguna esperanza más; alguna mayor esperanza.* 3 Se pospone al substantivo con la significación de ninguno, esp. en frases negativas: *partió sin decir cosa alguna;* en frases positivas tiene fuerza negativa por sí mismo: *en parte alguna estoy mejor que aquí.* 4 Antepuesto al nombre en frase interrogativa tiene algunas veces sentido negativo; antes del nombre masculino se dice *algún*: *¿cuándo te he dado ~ motivo de sospecha?.* -5 ***pron. indef.*** Absoluto: *algunos heredaron los trofeos;* refiriéndose a un substantivo próximo: *libros, tengo algunos;* en calidad de partitivo con la prep. *de* o *entre*: *algunos de entre,* o *entre ellos; algunas de estas cosas;* alguien:*¿ha venido alguno?* -6 ***loc.*** ~ ***que otro,*** unos cuantos pocos de un conjunto. ◇ Opuesto a *alguien*, es menos indeterminado.

alhábega ***f.*** *La Mancha* y *Murc.* Albahaca.

alhaja (ár. *alhacha*) ***f.*** Joya (adorno). 2 Adorno o mueble precioso. 3 fig. Cosa de mucho valor y estima. 4 fig. Persona o animal de excelentes cualidades. 5 irón. Persona despreciable, pícara o astuta. -6 ***adj.*** *Argent.* y *Ecuad.* Agradable: *tocó un vals bastante ~.*

alhajado, -da ***adj.*** *Colomb.* Acomodado, rico.

alhajar ***tr.*** Adornar con alhajas [a uno]. 2 Amueblar.

alhajera ***f.*** *Amér.* Joyero (cofre).

alhajero ***m.*** *Chile, Guat., Méj., Parag.* y *Urug.* Alhajera (cofre).

alhajito, -ta ***adj.*** *Ecuad.* Bonito, agradable.

alhajuela ***f.*** Dim. de *alhaja*.

alhámega ***f.*** Alharma.

alhamí ***m.*** Poyo o banco de piedra, más bajo que los ordinarios, gralte. con azulejos. ◇ Pl.: *alhamíes.*

alhandal (ár.) ***m.*** Coloquíntida.

alharaca (ár., movimiento) ***f.*** Demostración excesiva, por ligero motivo, de la vehemencia de algún sentimiento: *hacer alharacas.*

alharaquero, -ra ***adj.*** *And.* y *Amér.* Alharaquiento.

alharaquiento, -ta ***adj.*** Que hace alharacas.

alharma, alharmega (ár. *alhármal*) ***f.*** Planta zigofilácea perenne, de hojas laciniadas y flores blancas, muy olorosas, cuyas semillas se comen tostadas *(Peganum harmala).* ◇ HOMÓF.: *alarma* (f.).

SIN. **Alárgama, alármega, alhámega, gamarza, harma.**

alhelí (ár. *aljeirí*) ***m.*** Planta crucífera de jardín, de flores sencillas o dobles, de varios colores y agradable olor; existen muchas variedades de ella *(gén. Matthiola; Cheiranthus).* 2 ~ ***de Mahón,*** mahonesa (planta). ◇ Pl.: *alhelíes.*

alheña (ár. *alhenna*) ***f.*** Arbusto oleáceo, de flores pequeñas y olorosas, cuyas hojas reducidas a polvo se usan para teñir *(Ligustrum vulgaris).* 2 Este mismo polvo. 3 fig. ***Hecho una*** ~ o ***molido como una*** ~, quebrantado por el cansancio, los golpes, etc. 4 Flor de este arbusto. 5 Azúmbar (planta). 6 Roya (hongo). 7 Tizón de las mieses.

SIN. / **Alcana, aligustre, capicuerno, ligustro, malmadurillo, matahombres.**
REL. **Ligustre,** nombre de su flor.

alheñar ***tr.*** Teñir [una cosa] con polvos de alheña. -2 ***prnl.*** Arroyarse o llenarse de roya las plantas. 3 Quemarse o anublarse las mieses.

alhócigo ***m.*** Alfóncigo.

alhoja (ár. *alhach,* el peregrino) ***f.*** Alondra. ◇ HOMÓF.: *aloja* (v. *alojar*).

alholí ***m.*** Alfolí. ◇ Pl.: *alholíes.*

alholva (ár. *alholba*) ***f.*** Planta leguminosa, de semillas amarillentas, duras y de olor desagradable *(Trigonella foenumgraecum).* 2 Semilla de esta planta; se usa como especia, para condimentar las carnes.

SIN. **Fenogreco.**

alholvar ***m.*** Terreno sembrado de alholvas.

alhóndiga (ár. *alfóndec,* hostería) ***f.*** Local público para la venta, compra y depósito de granos y otros comestibles.

SIN. **Almodí, almundí, almudín.**

alhondigaje ***m.*** *Méj.* Almacenaje.

alhondiguero ***m.*** El que tiene por oficio cuidar de la alhóndiga.

alhorí ***m.*** Algorín. ◇ Pl.: *alhoríes.*

alhorma (ár., presidio, guardia) ***f.*** Real o campo de moros.

alhorra ***f.*** *Can.* y *Cuba.* Tizón, hongo parásito de los cereales.

alhorre (ár. *aljor,* excremento) ***m.*** Excremento de los niños recién nacidos. 2 Erupción de la piel de los recién nacidos.

SIN. / **Meconio, pez.**

alhoz ***m.*** Alfoz.

alhucema (ár. *aljuzema*) ***f.*** ant. Espliego.

alhucemilla (dim. de *alhucema*) ***f.*** Planta labiada, de flores azules en espigas terminales y semilla menuda *(gén. Lavandula).*

alhuceña (ár. *aljuxeina;* dim. de *aljaxna,* cierta planta comestible) ***f.*** Planta crucífera, de hojas hendidas y vellosas, flores blancas y fruto comestible.

alhumajo ***m.*** Hojas de los pinos.

alhurreca (ár. *alhurrec*) ***f.*** Adarce.

ali ***m.*** En el juego de la secansa, dos o tres cartas iguales en el número o en la figura.

Alí Babá ***n. pr.*** En *Las mil y una noches,* personaje que abrió la cueva de los cuarenta ladrones con las palabras mágicas: *¡Ábrete, sésamo!*

aliabierto, -ta ***adj.*** Abierto de alas.

aliable ***adj.*** Capaz de aliarse.

aliacán (ár. *alyarcán*) ***m.*** Ictericia.

aliacanado, -da ***adj.*** Ictericiado.

aliáceo, -a (l. *alliu,* ajo) ***adj.*** Relativo al ajo, que tiene su olor o sabor.

aliado, -da ***adj.-s.*** Persona o país unido o coligado con otro u otros. -2 ***m.*** *Cuba.* Coche de plaza.

aliadófilo, -la (*aliado* + *-filo* I) ***adj.-s.*** Partidario de las naciones aliadas en las dos guerras mundiales.

aliaga ***f.*** Tojo (arbusto).

aliagar ***m.*** Aulagar.

aliancista ***m.*** *Chile.* Individuos de cada uno de los partidos políticos aliados entre sí.

alianza (b. l. *alligantia*) ***f.*** Acción de aliarse. 2 Conexión o parentesco contraído por casamiento. 3 Anillo matrimonial o de esponsales. 4 fig. Unión de cosas que concurren a un mismo fin.

aliar (l. *alligare,* atar; doble etim. *alear*) ***tr.*** inus. Poner de acuerdo para un fin común. -2 ***prnl.*** Unirse o coligarse [los estados o príncipes] unos con otros; en gral., unirse o coligarse con otro. ◇ ** CONJUG. [13] como ***desviar.***

aliara (l. v. *phiala,* redoma, del gr. *phiale,* taza, a través del moz.) ***f.*** Recipiente hecho con un cuenco bovino, de madera, etc., donde el segador lleva la piedra para afilar la guadaña.

aliaria ***f.*** Planta crucífera bienal de hojas acorazonadas y flores blancas; despide un olor parecido al del ajo, y sus semillas se emplean como condimento *(Alliaria petiolata).*

alias (l.) ***adv.*** De otro modo, por otro nombre: *Alonso de Madrigal, ~ el Tostado.* -2 ***m.*** Apodo.

alibambang ***m.*** *Fil.* Árbol indígena de jardinería, de la familia de las leguminosas, cuyas hojas suelen ser utilizadas para condimento.

álibi (l. *alibi*) ***m.*** GALIC. Coartada.

aliblanca ***f.*** *Colomb.* Pereza, desidia, modorra. 2 *Cuba.* Especie de paloma salvaje *(Melopelia leucoptera).*

alible (l. *alibile* < *alere,* nutrir) ***adj.*** Capaz de nutrir (alimentar).

álica (l., espelta) ***f.*** Puches de legumbres, y esp. de espelta.

alicaído, -da ***adj.*** Caído de alas. 2 fig. Débil (físicamente). 3 Triste, desanimado. 4 Que ha decaído de su poder o posición social.

SIN. **Aliquebrado, alirroto.**

alicancro ***m.*** *Hond.* Alicrejo.

alicántara ***f.*** Especie de víbora muy venenosa.

SIN. **Amodita.**

alicante ***m.*** Alicántara. 2 Clase de turrón. 3 Vino procedente de Alicante. 4 Queso de cabra blando, de color blanco y con aroma y sabor a leche fresca, elaborado en la provincia de Alicante.

alicantina ***f.*** Treta, malicia con que se procura engañar.

alicantino, -na ***adj.-s.*** De Alicante, capital y provincia perteneciente a Valencia.

alicanto ***m.*** Arbusto originario de la América septentrional, cultivado en jardines de Chile por su flor, que es bastante olorosa.

alicatado ***m.*** Obra de azulejos, gralte. de estilo árabe.

alicatar (ár. *alocat,* espejuelo) ***tr.*** Azulejar. 2 Cortar los azulejos para darles la forma conveniente.

alicate (ár. *alacat,* tenaza) ***m.*** Tenacillas de acero de puntas fuertes, planas o cónicas, empleadas en varios oficios. 2 *P. Rico.* fig. Cómplice, encubridor. 3 *S. Dom.* Persona influyente que asegura a otra la estabilidad en su cargo u oficio. ◇ Se usa más en plural.

alicer ***m.*** Alizar.

alicíclico ***adj.*** QUÍM. Apl. al hidrocarburo alifático de estructura cíclica.

aliciente (l. p. a. de *allicere,* atraer, cautivar) ***m.*** Atractivo, incentivo: ~ *a, de,* o *para, las grandes acciones.*
alicorado, -da ***adj.*** *Colomb.* Calamocano.
alicorear ***tr.-prnl.*** *Amér. Central.* Adornar; componerse.
alicortar ***tr.*** Cortar las alas [a un ave]. 2 Herir [a un ave] en las alas.
alicorto, -ta ***adj.*** Que tiene las alas cortas o cortadas. 2 fig. De escasa imaginación o modestas aspiraciones.
alicrejo ***m.*** *Amér. Central.* Caballo viejo y flaco. 2 *Amér. Central.* Persona, animal o cosa fea y de mal aspecto.
alicuanta (l. *aliquanta*) ***adj.*** V. parte alicuanta.
alícuota (l. *aliquot*) ***adj.*** V. parte alícuota. 2 Proporcional.
alicurco, -ca ***adj.*** *Chile.* Astuto, ladino.
alicuya ***f.*** *Perú.* Gusano parásito que produce quistes serosos en el hígado del ganado *(Taenia echinococcus).*
alicuz ***m.*** Persona vivaracha y que de todo quiere sacar utilidad.
alidada (ár.) ***f.*** Regla con una pínula en cada extremo que sirve para dirigir visuales; forma parte de ciertos instrumentos de topografía.
alidona (gr. *chelidón,* golondrina) ***f.*** Piedra que se suponía encontrarse en el vientre de las golondrinas.
alieníable ***adj.*** Enajenable.
alienación ***f.*** Acción de alienar. 2 Efecto de alienar. 3 Proceso mediante el cual el hombre o una colectividad transforman su conciencia hasta hacerla contradictoria con lo que debía esperarse de su condición. 4 Estado de ánimo, individual o colectivo, en que el hombre se siente ajeno a su trabajo o a su vida auténtica. 5 MED. Trastorno intelectual, sea temporal o permanente.
alienado, -da (de *alienar*) ***adj.-s.*** Loco, demente.
SIN. v. **Loco.**
alienante ***adj.*** Que produce alienación, transformación de la conciencia.
alienar (l. *-are;* doble etim. *ajenar*) ***tr.-prnl.*** Enajenar. -2 ***tr.*** Producir la transformación de la conciencia. 3 Privar [a una persona o grupo] del ejercicio de su libre voluntad.
alienígeno, -na (l. *alienigenus*) ***adj.-com.*** Extranjero. 2 Extraño, no natural.
CONTR. **Aborigen, autóctono, indígena.**
alienismo ***m.*** Ciencia y profesión del alienista.
alienista (de *alienar*) ***adj.-com.*** Médico especialista en enfermedades mentales.
SIN. **Frenópata.**
aliento (l. *anhelitu;* hecho *alenitu*) ***m.*** Acción de alentar. 2 Respiración (aire). 3 Soplo (acción). 4 fig. Vigor del ánimo, esfuerzo, valor.
SIN. *1* y *2* **Vaho.**
alifa ***f.*** *And.* y *Méj.* Caña de azúcar de dos años.
I) alifafe (ár. *aljifafe*) ***m.*** fam. Achaque, gralte. leve.
II) alifafe (ár. *annofaj*) ***m.*** Tumor sinovial desarrollado en los corvejones de las caballerías.
alifar ***tr.*** *La Mancha.* Pulir, acicalar.
alifara ***f.*** *Ar.* Lifara.
alifático ***adj.*** QUÍM. Apl. al hidrocarburo saturado y no saturado que no forma anillos. En gral. las parafinas y las grasas.
alifato (del ár. *alif,* primera letra del alfabeto árabe) ***m.*** Serie de las consonantes árabes, conforme a un orden tradicional, que varía según se trata de países musulmanes orientales u occidentales.
alífero, -ra (l. *alifer*) ***adj.*** Alígero.
aliforme ***adj.*** Que tiene forma de ala.
aligación (l. *alligatione;* doble etim. *aleación*) ***f.*** Ligazón. ◇ V. Regla de aligación.
aligamiento ***m.*** Aligación.
aligar ***tr.*** p. us. Atar. -2 ***prnl.*** Unirse, confederarse. ◇ ** CONJUG. [7] como ***llegar.***
aligator ***m.*** Caimán.
aligerada ***adj.*** [pared] Cuyo grosor disminuye progresivamente hacia arriba.
aligeramiento ***m.*** Acción de aligerar o aligerarse. 2 Efecto de aligerar o aligerarse.
aligerar (l. *aliger*) ***tr.*** Hacer ligero o menos pesado: ~ *la carga;* ~ *el navío.* 2 fig. Abreviar: ~ *una obra;* acelerar: ~ *una remesa;* aliviar, moderar: ~ *la pena;* ~ *los tributos* o ~ *al pueblo de tributos;* atenuar: ~ *las culpas.*
alígero, -ra (l. *aliger*) ***adj.*** poét. Alado, que tiene alas. También *alífero.* 2 Rápido, veloz.
aligorero ***m.*** Almez.
aligote ***m.*** Pez marino teleósteo perciforme, parecido al besugo, de cuerpo ovoide, boca ínfera, ojos grandes, y carne muy apreciada *(Pagellus bogaraveo).*
aligustre (l. *ligustru*) ***m.*** Alheña (arbusto).
alijador, -ra ***adj.-s.*** Que alija. -2 ***m. f.*** Persona que tiene por oficio separar la borra de la simiente. -3 ***m.*** Barcaza.
I) alijar (ár. *acahara,* eriales) ***m.*** Terreno inculto. -2 ***m. pl.*** Ejidos.
II) alijar (l. *alleviare,* a través del fr.; doble etim. *aliviar*) ***tr.*** Aligerar [la carga de una embarcación], o desembarcarla toda. 2 Transbordar o echar en tierra [géneros de contrabando]. 3 Separar [en el algodón] la borra de la simiente.
III) alijar (de *lijar*) ***tr.*** Alisar [algo] con lija. 2 *S. Dom.* fig. Preparar a una persona para obtener algo de ella.
alijarar (de *alijar I*) ***tr.*** Repartir [las tierras incultas] para su cultivo.
alijarero ***m.*** Labrador que toma para su cultivo un pedazo de alijar.
alijariego, -ga ***adj.*** Relativo a los alijares.
alijo ***m.*** Acción de alijar. 2 Conjunto de géneros de contrabando. 3 Ténder de ferrocarril. 4 *Venez.* Especie de gabarra us. en algunas radas del país.
alilaila ***f.*** Árbol meliáceo de Puerto Rico *(Melia sempervirens).*
alilaya ***f.*** *Colomb.* Excusa frívola.
alileno (v. *alilo* y *-eno*) ***m.*** Hidrocarburo gaseoso, combustible, de olor aliáceo.
alilo (l. *alliu,* ajo) ***m.*** QUÍM. Radical monovalente hidrocarbonado que entra en gran número de compuestos.
alim ***m.*** Arbolito de Filipinas, de la familia de las euforbiáceas; sus hojas se hallan cubiertas de un polvo farináceo por el envés, y machacadas con aceite de ajonjolí o sin él sirven para curar la hinchazón de las piernas (gén. *Adelia).*
alimango ***m.*** *Filip.* Cangrejo de grandes dimensiones.
alimaña (l. *animalia;* pl. de *animal*) ***f.*** Animal (irracional). 2 Animal perjudicial a la caza menor o a la ganadería: *la zorra y el milano son alimañas.*
alimañero ***m.*** Guarda de caza empleado en la destrucción de alimañas.
SIN. **Zorrero.**
alimara (ár. *al-imara,* la señal) ***f.*** ant. Ahumada.
alimentación ***f.*** Acción de alimentar o alimentarse. 2 Efecto de alimentar o alimentarse. 3 Conjunto de lo que se toma o se proporciona como alimento.
alimentador, -ra ***adj.-s.*** Que alimenta.
alimental ***adj.*** Que sirve para alimentar.
alimentante ***adj.-s.*** [pers.] Que alimenta.
alimentar ***tr.-prnl.*** Dar alimento: *la madre alimenta a su hijo; la tierra alimenta los árboles;* ***abs.,*** *hay manjares que no alimentan;* ~ *a uno con,* o *de, frutas; alimentarse con,* o *de, frutas.* 2 p. ext. Sustentar: *con su trabajo alimenta a toda su familia.* -3 ***tr.*** p. ext. Suministrar [a una máquina] la materia que necesita para seguir funcionando. 4 fig. Fomentar [las pasiones, sentimientos, costumbres, etc.]: *el dinero alimenta el ocio.* 5 DER. Suministrar [a una pers.] lo necesario para su subsistencia.
alimentario, -a (l. *-iu*) ***adj.*** Relativo a la alimentación, esp. en su aspecto público: *problema* ~; *leyes alimentarias.* -2 ***m. f.*** Alimentista.
alimenticio, -cia ***adj.*** Que alimenta o tiene la propiedad de alimentar. 2 Referente a los alimentos o a la alimentación.
SIN. **Nutritivo,** en lenguaje culto o profesional.
alimentista ***com.*** DER. Persona que goza asignación para alimentos.
alimento (l. *-tu* < *alere,* alimentar) ***m.*** Substancia que sirve para nutrir: ~ *sólido;* ~ *líquido;* ~ ***combustible, energético*** o ***respiratorio,*** el que sirve para producir en el organismo animal calor y energía; ~ ***plástico,*** el que interviene en la constitución de la materia viva. 2 fig. Lo que sirve para mantener algunas cosas que, como el fuego, necesitan de pábulo. 3 Tratándose de virtudes, vicios, etc., sostén, fomento, pábulo. -4 ***m. pl.*** DER. Medios en metálico para el sustento adecuado de una persona a quien se deben por ley.
alimentoso, -sa ***adj.*** Que nutre mucho.
alímetro ***m.*** FÍS. Tubo de vidrio graduado y cerrado por ambos extremos, que sirve para determinar la proporción de agua que hay en la cerveza, la leche y otros líquidos.
álimo (gr. *hálimon;* doble etim. *armuelle*) ***m.*** Orzaga.
alimoche ***m.*** Ave rapaz falconiforme, más pequeña que el buitre, de plumaje blanco con las remeras negras *(Aegypius monachus).*
alimón (al ~) ***loc. adv.*** [suerte del toreo] Que ejecutan dos li-

diadores, asiendo cada cual de uno de los extremos de un solo capote. 2 [suerte del toreo] Que ejecutan dos diestros con el mismo toro, a la vez, realizando los dos lidiadores la misma clase de lance. 3 fam. Conjuntamente, hecho entre dos personas que se turnan.
alimonarse (paras.) ***prnl.*** Enfermar ciertos árboles, tomando sus hojas color amarillento.
alindado, -da ***adj.*** Presumido de lindo, afectadamente pulcro.
alindamiento ***m.*** Acción de alindar (señalar los lindes). 2 Efecto de alindar (señalar los lindes).
I) alindar (paras.) ***tr.*** Señalar los lindes [a una heredad]. -2 ***intr.*** Lindar.
II) alindar (paras.) ***tr.-prnl.*** Poner linda [a una persona o cosa].
alinderar ***tr.*** *Amér.* Deslindar, amojonar, lindar o alindar.
alineación ***f.*** Acción de alinear o alinearse. 2 Efecto de alinear o alinearse. 3 Conjunto de menhires o bloques de piedra colocados en líneas paralelas. 4 Formación de un equipo deportivo.
SIN. *3* **Alineamiento.**
alineado, -da ***adj.*** Que pertenece a alguno de los bloques militares.
alinealidad ***f.*** FÍS. Falta de proporcionalidad de la respuesta o salida de un dispositivo a su excitación o entrada.
alineamiento ***m.*** Alineación.
alinear (paras.) ***tr.-prnl.*** Situar [a varias pers. o cosas] en línea recta. 2 Formar un equipo deportivo o incluir a un jugador en él. -3 ***prnl.*** Unirse, adaptarse, imitar: *los indecisos se alinearon con los más numerosos.* ◇ La sílaba *li* es átona en toda la CONJUG.
aliñado, -da ***adj.*** Que se aliña. -2 ***m.*** *Cuba* y *Venez.* Aguardiente con yerbas o especias.
aliñador, -ra ***adj.-s.*** Que aliña. -2 ***m. f.*** *Chile.* Cirujano osteólogo.
aliñamiento ***m.*** Aderezo, aliño.
aliñar (l. *ad* + *lineare,* poner en línea; doble etim. *alinear*) ***tr.*** Aderezar, condimentar. 2 *Chile.* Arreglar [los huesos dislocados]. 3 ant. Administrar, ordenar. 4 TAUROM. Preparar al toro para una suerte, sobriamente y sin adorno ni intención artística.
aliño ***m.*** Acción de aliñar o aliñarse. 2 Efecto de aliñar o aliñarse. 3 Aquello con que se aliña. 4 Condimento, adobo, marinada, aderezo. 5 Disposición y aparato para hacer algo. 6 Aseo, buen orden en la limpieza de cosas y lugares, y en el atuendo de las personas. -7 ***m. pl.*** *Guat.* y *Hond.* Sudaderos o lomillos que se ponen debajo del aparejo de las bestias de carga.
aliñoso, -sa ***adj.*** Que va aliñado. 2 Cuidadoso, aplicado.
alioli (cat. *allioli*) ***m.*** Ajiaceite.
alionín ***m.*** Ave paseriforme de unos 14 cm. de longitud, en cuyo plumaje alternan los tonos blanquecinos, negruzcos y rosados *(Aegithalos caudatus).*
alipata ***m.*** Árbol de Filipinas, de la familia de las euforbiáceas, de hojas alternas y flores unisexuales *(Sapium agallochum).*
alípede (l; doble etim. *alípedo*) ***adj.*** poét. Que lleva alas en los pies. -2 ***adj.-s.*** ZOOL. Quiróptero.
alípedo, -da ***adj.-s.*** Quiróptero.
alipegarse ***prnl.*** *Amér. Central.* Pegarse a otro, agregarse. ◇ ** CONJUG. [7] como ***llegar.***
alipego ***m.*** *Amér. Central.* Adehala que se da al comprador.
aliquebrado, -da ***adj.*** fig. *y* fam. Alicaído.
aliquebrar ***tr.*** Quebrar las alas. ◇ ** CONJUG. [27] como ***acertar.***
alirrojo, -ja ***adj.*** De alas rojas.
alirroto, -ta ***adj.*** Aliquebrado.
alisador, -ra ***adj.-s.*** Que alisa. -2 ***m.*** Instrumento de madera fuerte con el que los cereros alisan las velas. 3 *Venez.* Peine fino para alisar el cabello.
alisadura ***f.*** Acción de alisar. 2 Efecto de alisar. 3 Regularización y pulimento del diámetro interior de un tubo para que quede perfectamente cilíndrico. -4 ***f. pl.*** Partes menudas que quedan de lo que se alisa.
alisal ***m.*** Alisar I.
I) alisar ***m.*** Terreno poblado de alisos.
II) alisar (paras.) ***tr.*** Poner lisa [una cosa]. 2 Arreglar ligeramente [el cabello] con el peine. 3 Planchar ligeramente [la ropa].
aliseda ***f.*** Alisar I.
alisios ***adj.-m. pl.*** V. vientos alisios.
alisma (l.) ***f.*** Planta alismácea que crece en lugares pantanosos *(Alisma ranunculoides).*
SIN. **Lirón.**
alismáceo, -a ***adj.-f.*** Planta de la familia de las alismáceas. -2 ***f. pl.*** Familia de plantas monocotiledóneas, acuáticas, de rizoma feculento y frutos secos; como la alisma.
alismatáceo, -a (de *alisma*) ***adj.*** BOT. Alismáceo.
aliso (gr. *alysson*) ***m.*** Árbol betuláceo, de tronco limpio y grueso, copa redonda, hojas alternas algo viscosas, flores en corimbo, frutos comprimidos y madera muy dura *(Alnus glutinosa).* 2 Madera de este árbol. 3 ~ ***gris,*** menor que el anterior y en el envés de las hojas presenta una pilosidad que le da una coloración grisácea *(Alnus incana).* 4 ~ ***negro,*** arraclán.
alistado, -da ***adj.*** Listado. -2 ***m.*** *S. Dom.* Soldado raso de un cuerpo armado.
alistador, -ra ***m. f.*** Persona que alista o inscribe. 2 *C. Rica* y *Nicar.* Operario que prepara y cose las piezas del calzado.
alistamiento ***m.*** Acción de alistar o alistarse (inscribirse). 2 Efecto de alistar o alistarse (inscribirse). 3 Conjunto de mozos alistados anualmente para el servicio militar.
I) alistar ***tr.*** Sentar o escribir en lista [a uno]. -2 ***prnl.*** Sentar plaza en la milicia.
SIN. *1* **Listar.**
II) alistar (paras. de *listo*) ***tr.*** Prevenir, aparejar, disponer. 2 Espabilar a uno, avivarle la listeza. 3 *Can.* Repasar con la azada los surcos para perfeccionar la labor del arado. 4 *C. Rica* y *Nicar.* Acoplar y coser las piezas de que conste el calzado.
alitación ***f.*** METAL. Cementación del hierro o acero en un baño de aluminio líquido, para darles resistencia al calor oxidante mediante la formación de una película de óxido de aluminio.
alitán ***m.*** Pez marino seláceo escualiforme, muy parecido a la pintarroja, aunque de mayor tamaño, con el cuerpo recubierto de manchitas lenticulares *(Scylliorhinus stellaris).*
alitaptap ***m.*** *Filip.* Insecto de la familia de las luciérnagas.
aliteración (l. *ad* + *littera,* letra) ***f.*** Ritmo, frecuente en la ant. poesía germánica, que consiste en la repetición de ciertas consonantes o grupos de sonidos. 2 Paronomasia. 3 RET. Figura que consiste en repetir una o unas mismas letras en una cláusula; p. ej.: *con el ala aleve del leve abanico.*
aliterado, -da ***adj.*** Que tiene aliteración.
alitierno ***m.*** Aladierna.
alitranca ***f.*** *Chile* y *Perú.* Ataharre o retranca. -2 ***f. pl.*** Perifollos.
alitranco ***m.*** *C. Rica* y *Hond.* Hebilla que hay en los pantalones y chalecos para ajustarlos al cuerpo.
alitúrgico, -ca ***adj.*** Perteneciente o relativo al día en que no se celebra el sacrificio de la misa; en el rito latino prácticamente sólo es el Viernes Santo.
aliviadero ***m.*** Vertedero de aguas sobrantes embalsadas o canalizadas.
SIN. **Rebosadero.**
aliviador, -ra ***adj.-s.*** Que alivia. -2 ***m.*** Palanca que en los molinos harineros levanta o baja la piedra.
alivianar ***tr.*** *Amér.* Aliviar, aligerar.
aliviar (l. *alleviare,* aligerar; doble etim. *alijar*) ***tr.*** Aligerar, hacer menos pesada [una cosa]: ~ *la carga;* ~ *el peso de la cruz;* quitar [a una pers. o cosa] parte del peso que sobre ella carga: ~ *a uno de un peso;* ~ *las ramas del fruto;* p. ext. *y* p. us., soliviar. 2 fig. Disminuir [las fatigas o aflicciones]; mitigar, endulzar: ~ *los trabajos, los dolores;* ~ *al marido de,* o *en, los trabajos;* ~ *a los vencidos de sus tributos;* esp., mitigar [la enfermedad] o dar mejoría [al enfermo]. 3 Acelerar el paso, alargarlo: *alivia el paso;* ***abs.,*** *alivia un poco;* en gral., aligerar, apresurar cualquier obra. 4 fig. Robar, hurtar. -5 ***prnl.*** TAUROM. Disminuir el riesgo de las suertes, especialmente al estoquear, no estrechándose con el toro, o aprovechando sus querencias para el remate del lance. ◇ ** CONJUG. [12] como ***cambiar.***
alivio ***m.*** Acción de aliviar o aliviarse. 2 Efecto de aliviar o aliviarse. 3 ***Luto de*** ~, el menos riguroso. 4 TAUROM. Acción de aliviarse. 5 TAUROM. Efecto de aliviarse.
alivioso, -sa ***adj.*** desus. Que da o procura alivio.
alizar (ár.) ***m.*** Friso de azulejos, en la parte inferior de las paredes de los aposentos. 2 Azulejo, en gral.
alizarina ***f.*** Materia colorante obtenida de las raíces de la rubia.
aljaba (ár. *alchaba*) ***f.*** Caja portátil para flechas o saetas que se llevaba pendiente de una correa colgada al hombro.
SIN. **Carcaj, carcax.**
aljafana ***f.*** Aljofaina.
aljama (ár. *alchamaa,* reunión) ***f.*** Junta de moros o de judíos. 2 Mezquita. 3 Sinagoga. 4 Morería, judería.
aljamía (ár. *alachemía,* la extranjera) ***f.*** Nombre dado antig. por

los moros al castellano. Apl. hoy a lo escrito por los moriscos en castellano con caracteres arábigos.
aljamiado, -da *adj.* Que hablaba la aljamía. 2 Escrito en aljamía.
aljarafe *m.* Ajarafe.
aljarfa *f.* Aljarfe.
aljarfe (ár. *alcharfa,* la barredera) *m.* Parte central y más tupida del aljerife.
aljébana, aljébena *f.* Jofaina.
aljecería *f.* Yesería.
aljecero *m.* Yesero.
aljecireño, -ña *adj.-s.* Algecireño.
aljerife (ár. *alchérif,* el que barre) *m.* Red muy grande usada antig. para pescar.
aljerifero *m.* El que tenía por oficio pescar con aljerife.
aljez (ár. *alchebs* < gr. *gypsós*) *m.* Mineral de yeso.
aljezar *m.* Yesar.
aljezón *m.* Yesón.
aljibe (ár. *alchibeb;* pl. de *alchub,* pozo) *m.* Cisterna. 2 Barco en cuya bodega se lleva el agua a las embarcaciones, y por extensión, el destinado a transportar petróleo, llamado también *cisterna* o *petrolero.* 3 Caja de chapa de hierro en que se tiene el agua a bordo. 4 *Colomb.* Pozo de agua. 5 *Perú.* Mazmorra, prisión subterránea.
SIN. *2* y *3* **Tanque.**
aljibero *m.* El que tiene por oficio cuidar de los aljibes.
aljofaina (ár. *alchofaina*) *f.* Jofaina.
aljófar (ár. *alcháuhar*) *m.* Perla pequeña de figura irregular. 2 Conjunto de aljófares. 3 fig. Cosa parecida al aljófar: *el ~ del rocío.* 4 Mijo del sol.
aljofarar *tr.* Adornar [una cosa] con aljófar. 2 fig. Hacer que [una cosa] parezca de aljófar.
aljofifa (ár. *alchaffefa*) *f. And.* Paño basto de lana para fregar el suelo.
SIN. **Bayeta.**
aljofifado *m.* Acción de aljofifar.
aljofifar *tr. And.* Fregar el suelo [de una habitación, etc.] con aljofifa.
aljonje *m.* Ajonje.
aljonjera *f.* Ajonjera.
aljonjero *m.* Ajonjero.
aljonjolí *m.* Ajonjolí. ◇ Pl.: *aljonjolíes.*
aljor (ár. *ahchor,* piedra) *m.* Aljez.
aljorozar *tr. Venez.* Enfoscar, guarnecer con mortero [un muro]. ◇ ** CONJUG. [4] como ***realizar.***
aljorozo *m. Venez.* Enjalbegadura.
aljorra *f. Cuba.* Insecto cóccido muy dañino a la agricultura *(Coccus).*
aljuba (ár. *alchubba*) *f.* Vestidura morisca, a modo de gabán con mangas cortas, que usaron también los cristianos españoles.
aljuma *f. And.* Pimpollo o tallo nuevo de las plantas. 2 *And.* Pinocha, hoja del pino.
alkermes *m.* Quermes.
-alla, sufijo que entra en la formación de palabras con significación colectiva y despectiva, como *canalla, clerigalla, granalla.* Muy poco usado en voces patrimoniales, pero frecuente en galicismos, como *metralla, quincalla.*
allá (l. *ad illac*) *adv. l.* Indica lugar alejado del que habla, pero menos determinado y preciso que el que se denota con *allí.* Por eso admite grados de comparación: *más ~, tan ~;* el lugar en donde: *~ verás cosas nuevas;* el lugar adonde: *llegarás ~, camina hacia ~.* 2 fig. En lo interior de la persona: *eso ~ en su mente.* 3 Precediendo a nombres significativos de lugar, denota lejanía: *~ en América;* ***el más ~,*** el otro mundo. 4 Úsase como antecedente de *donde*: *~ miran los ojos donde quieren bien.* 5 Acompaña a verbos en frases como *arreglárselas, componérselas, habérselas,* que indican desentendimiento del hablante respecto a la solución que otro halle para algún asunto difícil: *~ se las arreglen; ~ se las compongan.* -6 ***adv. t.*** Denota tiempo pasado o futuro: *~ en nuestras mocedades; sin hacer provisiones ~ para el invierno.* -7 ***loc. adv. No estar, andar,*** etc., ***muy ~,*** no disfrutar de buena salud, no ser sobresaliente o no funcionar bien algo.
allanador, -ra *adj.-s.* Que allana.
allanamiento *m.* Acción de allanar o de allanarse. 2 Efecto de allanar o de allanarse. 3 DER. Acto de conformarse con una demanda o decisión.
allanar *tr.-intr.-prnl.* Poner llana [una cosa]: *~ unas cercas; ~ piedra; ~ un monte; el terreno allana,* o *se allana.* 2 Superar [una dificultad]. 3 Pacificar, sujetar: *~ con las armas una tierra; ~ la revuelta.* 4 Permitir la entrada [en algún lugar cerrado]: *os allano mi tienda,* esp. hablando de la justicia. 5 Entrar a la fuerza en casa ajena: *~ un domicilio.* -6 *prnl.* Aplanarse, caer a plomo. 7 fig. Sujetarse, avenirse a alguna cosa: *allanarse a las condiciones.* 8 Igualarse el que es de clase distinguida con alguno del estado llano.
SIN. *1* **Aplanar, explanar,** en su signif. tr. *1* y *2* **Igualar.**
allantarse *prnl. S. Dom.* Achantarse, estacionarse.
allariz *m.* Lienzo labrado en Allariz, villa de Galicia.
allegadera (de *allegar*) *f.* Apero que se usa en las eras para recoger las porciones de mies que dejan la rastra y el bieldo.
SIN. **Aparvadera** y **-ro.**
allegadizo, -za *adj.* Que se allega sin elección y para aumentar el número.
allegado, -da (de *allegar*) *adj.* Cercano, próximo. 2 Reunido, recogido, agrupado. -3 *adj.-s.* Pariente. 4 Parcial (partidario). 5 *Argent.* Agregado. 6 *Chile.* Persona que vive en casa ajena, a costa o al amparo de su dueño.
allegador, -ra *adj.-s.* Que allega. -2 *m.* Tabla para allegar la parva trillada. 3 Instrumento para atizar la lumbre, hurgón.
allegamiento *m.* Acción de allegar o allegarse.
allegar (v. *aplicar*) *tr.-prnl.* ant. Arrimar o acercar [una cosa a otra]: *allega a sus niños y los abraza; se allegó a él y le dio de puñaladas.* 2 Recoger, juntar: *~ a las gentes; allegó cien ducados;* esp., recoger [la parva] después de trillada. 3 Agregar, añadir: *~ la prudencia; allega la fama.* -4 *intr.-prnl.* ant. Llegar. -5 *prnl.* Adherirse o convenir con un dictamen o idea: *allegarse a una secta.* ◇ ** CONJUG. [7] como ***llegar.***
allegretto *m.* MÚS. Alegreto.
allegro *m.* Alegro.
allende (l. *ad-illinc* + esp. *de*) *adv. l.* lit. De la parte de allá: *de ~ los mares.* -2 *adv. c.* ant. Además: *~ de lo que dicho tenemos.* 3 Con valor prepositivo: *~ el mar, ~ el río.*
CONTR. *1* **Aquende.**
allí (l. *ad illic*) *adv. l.* En aquel lugar preciso: *¿ves aquella polvareda que ~ se levanta?* 2 A aquel lugar: *trajéronle ~ su asno.* 3 En correlación con *aquí,* suele designar *sitio* o *paraje* indeterminado: *se veían hermosas flores; aquí rosas y dalias, ~ jacintos y claveles.* -4 *adv. t.* Entonces, en tal ocasión: *~ fue el reír de la gente.* ◇ V. allá.
-allón, v. -ón.
alloza (ár. *allauza,* almendra) *f.* Almendruco.
allozar *m.* Terreno poblado de allozos.
allozo (v. *alloza*) *m.* Almendro silvestre.
alludel *m.* Aludel.
alma (l. *anima*) *f.* Substancia espiritual e inmortal que informa el cuerpo humano, y con él constituye la esencia del hombre. 2 p. ext. Principio sensible de los animales y vegetativo de las plantas. 3 Parte moral y emocional del hombre en oposición a parte intelectiva: *~* ***atravesada, de Caín*** o ***de Judas,*** persona aviesa o cruel; *~* ***de cántaro,*** persona falta de discreción y sensibilidad; *~* ***de Dios,*** persona muy bondadosa y sencilla; ***agradecer con,*** o ***en el*** *~ una cosa,* agradecerla vivamente. 4 Persona que da vida, aliento, fuerza o alegría a una situación: *era el ~ de la reunión.* 5 fig. Ser humano, individuo: *no se veía un ~; este pueblo cuenta con dos mil almas.* 6 Parte interior de ciertos objetos que les da mayor solidez, resistencia, etc.: *~ del ovillo, ~ de un bastón.* 7 Hueco interior de algunos objetos, esp. del cañón de las armas de fuego. 8 ARQ. Madero vertical que sirve para sostener otros maderos o los tablones del andamio. 9 ARQ. Muro en que se apoyan los peldaños de una escalera. 10 ARQ. Eje de una escalera de caracol. 11 ARQ. Plano vertical de una viga doblete o de una viga compuesta. 12 ARQ. En una bóveda anular, machón o estribo interior. 13 BLAS. Lema de una empresa o divisa. 14 ESC. Interior del molde de una figura. 15 MÚS. En los instrumentos de cuerda provistos de un puente, palo puesto entre sus dos tapas para que mantengan la misma distancia.
REL. *1* v. **psico-.** SIN. *10* **Árbol, escapo, espigón, macho, nabo.**
almacén (ár. *almajzen*) *m.* Casa o edificio donde se guardan por junto géneros de cualquier clase. 2 Local donde se venden al por mayor. 3 Establecimiento importante donde se venden al por menor géneros por lo común de varias clases. 4 Aljibe instalado en la cubierta de un buque, para servicio de la marinería. 5 Hueco en la caja del fusil moderno donde se aloja el cargador. 6 IMPR. Caja que contiene el surtido de letras de un mismo cuerpo. 7 *Argent., Parag., S. Dom.* y *Urug.* Tienda de comestibles y objetos de uso doméstico.

SIN. *3* V. **Tienda.** FR. *Gastar* ~, o *mucho* ~, adornarse de objetos aparatosos y, en gral., de poco valor; usar muchas palabras y rodeos para decir las cosas.
almacenado *m.* Cantidad de vino que se guarda en la bodega para criarlo.
almacenaje *m.* Almacenamiento, acción de almacenar. 2 Derecho pagado por almacenar algo.
almacenamiento *m.* Acción de almacenar. 2 Efecto de almacenar. 3 Conjunto de mercancías almacenadas. 4 Dispositivo o método para guardar una información. 5 INFORM. En los ordenadores, acción de guardar o registrar la información que ha de utilizarse más tarde en memoria.
almacenar *tr.* Poner [una cosa] en almacén. 2 Reunir o guardar [muchas cosas]. 3 Concentrar [información] en un dispositivo informático.
almacenero, -ra *m. f.* Persona que tiene a su cargo la organización de un almacén. 2 Guardalmacén. 3 *Arg., Parag.* y *Urug.* Dueño de un almacén y mozo que en él trabaja.
almacenista *com.* Dueño de un almacén. 2 Persona que tiene por oficio vender en un almacén. 3 Vinatero que tiene almacenado.
almaceno, -na *adj.* V. Ciruela damascena.
almacería (ár. *almazría*) *f.* Almáciga cubierta para preservar las plantas de la intemperie.
I) almáciga (ár. *almáçtique* y éste del gr. *mastiche*) *f.* Resina amarillenta y aromática que se extrae de una variedad de lentisco. 2 Masilla.
SIN. **Almaste, almástec, mástique, almástiga,** ús. entre vidrieros y otros oficios. **Almáciga,** BOT. y FARM.
II) almáciga (ár. *almaçría*, semillero) *f.* Lugar donde se siembran las semillas de las plantas para transplantarlas después.
SIN. **Hoya, plantario.**
almacigado, -da *adj. Amér.* [ganado] De color cobrizo subido. 2 *Cuba.* De color de trigo, entre moreno y rubio; trigueño.
almacigar *tr.* Sahumar y perfumar [una cosa] con almáciga. ◇ ** CONJUG. [7] como ***llegar.***
I) almácigo (v. *almáciga I*) *m.* Lentisco. 2 Árbol terebintáceo de Cuba; su fruto sirve de alimento a los cerdos; sus hojas, de pasto a las cabras, y su resina tiene usos medicinales *(Terebinthus americana).*
II) almácigo *m.* Almáciga (lugar).
almaciguero, -ra *adj.* Relativo a la almáciga (lugar).
almádana, almádena (ár. *almidan*) *f.* Mazo de hierro con un mango largo para romper piedras.
SIN. **Marra.**
almadearse *prnl.* p. us. Almadiarse.
almadía (ár. *almadía*, barca de paso) *f.* Conjunto de maderos unidos unos a otros para conducirlos a flote. 2 Especie de canoa usada en la India.
SIN. *1* **Armadía, balsa.** REL. **Maderero,** conductor de armadías.
almadiarse *prnl.* Marearse. ◇ ** CONJUG. [13] como ***desviar.***
almadiero *m.* El que conduce o dirige una almadía.
almádina *f.* Almádana.
almadraba (ár. *almazraba*, cerco) *f.* Pesca de atunes. 2 Lugar donde se hace esta pesca. 3 Red o cerco de redes con que se pescan los atunes. 4 ***f. pl.*** Tiempo en que se pesca.
SIN. *2* **Atunara,** p. us.
almadrabero, -ra *adj.* Relativo a la almadraba. -2 ***m.*** El que se ocupa en la almadraba.
SIN. *1* **Atunero.**
almadreña (del art. ár. *al* + una contrac. de *maderueña*, der. de *madera*) *f.* Zueco (zapato de madera).
almadreñero, -ra *m. f.* Persona que hace o vende almadreñas.
almágana *f. Hond.* Almádana. 2 *Hond.* Persona perezosa.
almaganeta *f.* Almádana.
almagesto (ár. *almachisti* < gr. *meagiste*, muy grande) *m.* Antig., libro de astronomía con muchas observaciones discutidas y ordenadas, como el de Ptolomeo y otros.
almagra *f.* Almagre.
almagradura *f.* Acción de almagrar. 2 Efecto de almagrar.
almagral *m.* Terreno en que abunda el almagre.
almagrar *tr.* Teñir de almagre [una cosa]. 2 fig. Entre rufianes y valentones, herir o lastimar de suerte que corra sangre. 3 fig. Notar, señalar [a uno] con alguna marca; infamar.
SIN. *1* **Enalmagrar.**
almagre (ár. *almagra*) *m.* Óxido rojo de hierro que se encuentra en estado nativo y suele usarse en la pintura. 2 fig. Marca, señal.
SIN. **Almazarrón, almagra, lápiz rojo, ocre rojo.**
almagreño, -ña *adj.-s.* De Almagro, ciudad de Ciudad Real.
almagrera *f.* Bote en que los carpinteros llevan el almagre.
almagrero, -ra *adj.* [terreno] Abundante en almagre.
almaina *f.* Maza de hierro de unos 10 kgs. de peso, que usan los canteros para romper las piedras.
almaizal, -zar (ár. *almizar*) *m.* Toca de gasa usada por los moros. 2 Humeral.
almaizo *m.* Almez.
almajal *m.* Almarjal (terreno de almarjos).
almajaneque *m.* Maganel.
almajar *m.* Almarjal (terreno de almarjos).
almajara (ár. *almaxchara*) *f.* Terreno abonado con estiércol para que germinen prontamente las semillas.
almajo *m.* Almarjo.
almalafa (ár. *almilhafa*) *f.* Vestidura moruna que cubre todo el cuerpo.
almanada *f.* Golpe seco dado en la cabeza.
almanaque (l. ár. *almanaj*) *m.* Registro o catálogo impreso en una hoja suelta o formando libro, que comprende todos los días del año distribuidos por meses; puede contener indicaciones astronómicas, meteorológicas y otras relativas a festividades religiosas, actos civiles, etc.
SIN. **Calendario.**
almanaquero, -ra *m. f.* Persona que tiene por oficio hacer o vender almanaques.
almancebe *m.* Red de pesca que se usa en el Guadalquivir.
almandina (v. *alabandina*) *f.* Granate almandino.
almandino *adj.* V. Granate almandino.
almánguena *f.* Almagre.
almanta *f.* Entreliño. 2 Porción de tierra señalada con dos surcos grandes para dirigir la siembra.
almarada (ár. *almijraz*) *f.* Puñal agudo de tres aristas y sin corte. 2 Aguja grande de alpargatero. 3 Barreta de hierro con mango usada en los hornos de fundición de azufre para desobstruir el conducto por donde pasa el azufre líquido.
almarbatar (ár. *almarbat*, tirante) *tr.* Ensamblar [dos piezas de madera].
almarbate (ár. *al-mirbat*, el tirante) *m.* Madero cuadrado del alfarje, que une los pares o alfardas.
almarcha (ár. *almarch*, prado) *f.* Población situada en vega o tierra baja.
almarga (ár. *al* + *marga* 1) *f.* Marguera.
almario *m.* Armario.
I) almarjal *m.* Terreno poblado de almarjos. 2 Mata de almarjo.
SIN. **Barrillar, armajo.**
II) almarjal *m.* Marjal (terreno pantanoso).
almarjo (ár. *almarcha*, sosa) *m.* Barrilla. ◇ También *almajo* y *armajo.*
almaro (ár., < gr. *maron*) *m.* Amaro.
almarrá (ár. *almehlach*) *m.* Cilindro de hierro para alijar el algodón. ◇ Pl.: *almarraes.*
almarraja, -za (ár. *almarraxa*) *f.* Vasija de vidrio agujereada por el vientre, que servía para rociar o regar.
I) almártaga (ár. *almártaa*, atadero) *f.* Cabezada que se ponía a los caballos sobre el freno para tenerlos asidos cuando los jinetes se apeaban. 2 *Colomb.* Martagón, mandria o maula.
II) almártaga, -tega (ár. *almártac*) *f.* Litargirio.
almártiga *f.* Almártaga tosca para atar las bestias al pesebre.
almaste, almástec *m.* Almástiga.
almástiga (ár. *almaçtique*) *f.* Almáciga (resina).
almastigado, -da *adj.* Que tiene almástiga.
almátiga *f. Méj.* Dalmática.
almatrero *m.* El que tenía por oficio pescar con almatroque.
almatriche (ár. *almatrich* < l. *matrix*, madre) *m.* Reguera.
almatroque *m.* Red usada antig., parecida al sabogal.
almázaque (probl. de *almaza;* con la terminación *-ahe*) *m. Jaén.* Escardillo.
almazara (ár. *almaçara*, lugar donde se exprime) *f.* Molino de aceite. 2 Depósito de aceite.
almazarero *m.* El que tiene por oficio cuidar de una almazara.
almazarrón (ár. *almeçr*) *m.* Almagre.
I) almea (ár. *almeya*, estoraque) *f.* Azúmbar (planta). 2 Estoraque (bálsamo). 3 Corteza del estoraque después que se le ha sacado toda la resina.
II) almea (ár. *alemía*, mundana) *f.* Mujer que entre los orientales improvisa versos y danza en público.
almeada *f. Perú.* Montículo de tierra formado ex profeso al pie y en torno de la caña de maíz.

almecina *f.* Almeza.
almeja (tal vez del port. *ameijoa*) *f.* Molusco lamelibranquio marino, con valvas casi ovales, mates o poco lustrosas por fuera, con surcos concéntricos y estrías radiadas muy finas; en su interior son blanquecinas y algo nacaradas. Su carne es comestible y muy apreciada *(gén. Tapes; Venus; Mytilus).* 2 ~ ***de perro,*** molusco lamelibranquio, de concha oval y plana, de hasta 6,25 cms. de longitud, y coloración gris amarillenta *(Scrobicularia plana).* 3 ~ ***de río,*** molusco lamelibranquio de agua dulce; sus diversas especies abundan en varias partes del mundo y son bastante parecidas entre sí. Las valvas de sus conchas son gruesas y en su interior tienen una espesa capa de nácar *(gén. Unio; Anodonta; Sphaerium).*
SIN. / **Telina, tellina.**
almejar *m.* Criadero de almejas.
almejí *f.* Almejía.
almejía (ár. *almehxía,* túnica) *f.* Túnica cristiana usada entre los siglos X y XII por las mujeres. 2 Manto pequeño de tela basta del vestido femenino de la España musulmana.
almena (art. ár. *al* + l. *minœ,* almenas) *f.* Espacio intermedio en el coronamiento de un muro dentado de fortificación. 2 Prisma, generalmente rectangular, que corona el muro de una fortificación. 3 p. ext. Coronamiento dentado de un muro de fortificación.
almenado, -da *adj.* fig. Guarnecido de adornos en figura de almenas. 2 Que tiene figura de almena. -3 ***m.*** Almenaje.
almenaje *m.* Conjunto de almenas.
I) almenar (ár. *almanar,* sitio de las luces) ***m.*** Pie de hierro sobre el cual se ponían teas encendidas para alumbrarse en las cocinas.
II) almenar *tr.* Guarnecer de almenas [un edificio].
almenara (ár. *almanara*) *f.* Fuego hecho en las atalayas para dar aviso de algo. 2 Candelero con muchas mechas para alumbrar todo el aposento. 3 Almenar (pie).
SIN. / **Ángaro.**
almendra (l. v. *amiddula* < l. *amygdala*) *f.* Fruto del almendro. 2 Este fruto sin la envoltura formada por el pericarpio y el mesocarpio. 3 Semilla contenida en este fruto. 4 Semilla carnosa de cualquier fruto drupáceo. 5 fig. Nombre dado a varias cosas de figura parecida a la de la almendra; como ciertos adornos de moldura, ciertos diamantes, ciertas piezas de cristal que adornan las arañas y candeleros; los guijarros pequeños, etc. 6 ~ ***de mar,*** molusco bivalvo lamelibranquio, provisto de una concha circular de unos 5 ó 6 cms. de diámetro con el borde ligeramente aserrado *(Glycimeris glycimeris).* 7 fig. Cabeza. 8 *Murc.* Capullo de seda de un solo gusano y de la mejor calidad.
almendrada *f.* Bebida de leche de almendras y azúcar.
almendrado, -da *adj.* De figura de almendra. -2 ***m.*** Pasta de almendras, harina y miel o azúcar. 3 *Perú.* Guiso hecho de carne con almendras preparadas en una especie de salsa.
almendral *m.* Terreno poblado de almendros.
almendrar *tr.* ARQ. Adornar con almendras.
almendrate *m.* Guisado con almendras.
almendrera *f.* Almendro.
almendrero *m.* Almendro. 2 Plato en que se sirven las almendras en la mesa.
almendrilla (dim. de *almendra*) *f.* Lima de los cerrajeros, rematada en figura de almendra. 2 Piedra machacada, usada en la reparación de carreteras; carbón en pedazos pequeños.
almendrillo *m.* Árbol rámneo de Cuba de menor tamaño que el almendro *(Rhamnidium revolutum).* 2 Nombre también de una cameliácea del gén. *Hœmocaris.*
almendrino *m.* Pastelillo seco elaborado a base de almendras tostadas y molidas.
almendro *m.* Árbol rosáceo, de hojas lanceoladas, flores blancas o rosáceas, solitarias o geminadas, y fruto en drupa alargada con un surco longitudinal, epicarpio velloso, mesocarpio coriáceo y semilla dulce o amarga, según las variedades *(Prunus amygdalus).* 2 ~ ***de la India,*** árbol combretáceo de cuyas almendras se extrae un aceite comestible usado también en perfumería *(Terminalia catappa).* 3 Árbol de Cuba que llega hasta 15 m. de altura, y cuya madera se emplea en carpintería.
SIN. **Avellano índico.**
almendrón *m.* Nombre que se aplica, por semejanza del fruto, a numerosas especies de árboles americanos distintas del almendro europeo. 2 Fruto de estos árboles. -3 ***adj.-s.*** desp. [pers.] De Zaragoza. 4 *S. Dom.* Avispado.
almendruco *m.* Fruto tierno del almendro con el endocarpio aún blando y la semilla a medio cuajarse.
SIN. **Alloza, arzolla.**
almenilla *f.* Adorno en figura de almena para guarniciones, trajes, etc.
almeriense *adj.-s.* De Almería, capital y provincia perteneciente a la comunidad autónoma de Andalucía
SIN. **Urcitano.**
almete (fr. *armet* < al. *Helm*) ***m.*** Pieza de la armadura antigua que cubría y encerraba toda la cabeza. 2 Soldado que usaba almete.
almez (ár. *almeiç*) ***m.*** Árbol ulmáceo, de hasta 25 m. de altura, de hojas lanceoladas, flores solitarias y fruto en drupa comestible, redonda, negra por fuera y amarilla por dentro *(Celtis australis).* 2 Madera de este árbol.
SIN. **Almaizo; aligonero, lironero** (Murc.), **latonero** (Ar.), **lodoño** (Nav.), todos ellos son variantes vulgares del l. *lotu* < gr. *lotós.*
almeza *f.* Fruto del almez.
SIN. **Almecina.**
almezo *m.* Almez.
almiar (probl. del l. *pertica mediale,* palo del medio; hecho *ameal,* y *el almear*) ***m.*** Pajar al descubierto, con un palo largo alrededor del cual se va apretando la paja. 2 Montón así formado para conservarlo todo el año.
almiarar *tr.* Amontonar [la paja] para hacer el almiar.
almíbar (ár. *almibarat,* azúcar) ***m.*** Azúcar disuelto en agua y espesado a fuego lento. 2 Dulce de almíbar.
almibarado, -da *adj.* fig. Meloso, excesivamente halagüeño y dulce: *lenguaje ~; persona almibarada.*
almibarar *tr.* Bañar o cubrir [una cosa] con almíbar. 2 fig. Suavizar [las palabras] de uno para ganarse la voluntad de otro.
almicantarada, almicantarat (ár. *almucantarat*) *f.* Círculo paralelo al horizonte que se supone descrito en la esfera celeste, para determinar la altura de los astros.
almidón (del l. v. *amidum* y éste del gr. *ámylon*) ***m.*** Substancia hidrocarbonada ($C_6H_{10}O_5$), blanca, inodora, insípida, granular o pulverulenta, que abunda en las plantas; esp., la que se obtiene de los cereales.
REL. **Amiláceo,** adj., que contiene ~ o es de su naturaleza.
almidonado, -da *adj.* Preparado con almidón. 2 fig. *y* fam. [pers.] Compuesto o ataviado con excesiva pulcritud. -3 ***m.*** Acción de almidonar. 4 Efecto de almidonar.
almidonar *tr.* Impregnar [la ropa blanca] de almidón desleído en agua.
almidonería *f.* Fábrica de almidón.
almijar *m. And.* Lugar donde se ponen las uvas y las aceitunas para que se oreen.
almijarra *f. And.* y *Amér. Merid.* Palo horizontal del que tira la caballería, en molinos, trapiches, norias, etc.
almilla (dim. de *alma*) *f.* ant. Especie de jubón, ajustado al cuerpo. 2 ant. Jubón cerrado, escotado y con medias mangas, que se ponía debajo de la armadura. 3 Espiga con que se ensamblan las maderas. 4 Tira de carne sacada del pecho de los puercos muertos. 5 Espiga (clavo de madera).
almimbar (ár. *alminbar*) ***m.*** Mimbar.
alminar (ár. *almanara*) ***m.*** Torre de una mezquita.
SIN. **Minarete.**
almiquí *m. Cuba.* Aire (mamífero).
almiranta *f.* Mujer del almirante. 2 Nave en que iba el segundo jefe de una armada.
almirantazgo *m.* Alto tribunal o consejo de la armada. 2 Dignidad de almirante. 3 Término de su jurisdicción. 4 Juzgado particular del almirante. 5 Conjunto de los almirantes de una marina. 6 En Inglaterra, Ministerio de Marina.
almirante (ár. *amir,* jefe) ***m.*** El que tiene el cargo superior de la armada; equivale al de teniente general en los ejércitos de tierra. 2 El que mandaba la armada después del capitán general. 3 El que en las cosas de mar tenía jurisdicción con mero mixto imperio y con mando absoluto sobre las naves. 4 Cóctel hecho con güisqui americano, vermut seco y zumo de limón.
almirecero *m.* Soporte de madera usado para colocar el almirez.
almirez (ár. *almihrec*) ***m.*** Mortero de metal. 2 Herramienta de acero que usan los grabadores en piedra.
almirón *m.* Achicoria.
almizate *m.* Punto central del harneruelo en los techos de maderas labradas. 2 Harneruelo. 3 Paño horizontal en las armaduras de par y nudillo, formado por el conjunto de nudillos y guarnecido total o parcialmente de lazo.

almizcate *m.* Patio entre dos fincas urbanas, para el uso común de paso, luz y agua.
almizclar *tr.* Aderezar o aromatizar [una cosa] con almizcle.
almizcle (ár. *almiçc*) *m.* Substancia odorífera, untuosa al tacto, de sabor amargo y color pardo rojizo; se extrae de una bolsa que el almizclero tiene en el vientre. 2 Hierba escrofulariácea erecta, perenne, provista de glándulas que segregan una substancia viscosa con olor a almizcle de almizclero; las flores son amarillas *(Mimulus moschatus).* 3 *Colomb., C. Rica, Hond., Méj., Nicar., Salv., S. Dom.* y *Venez.* Substancia grasa que algunas aves tienen en una especie de bolsa, junto a la cola, y con la cual se untan las plumas. 4 *Colomb.* fig. Berrenchín, tufo.
almizcleña *f.* Almizclera (hierba). .
almizcleño, -ña *adj.* Que huele a almizcle.
almizclero, -ra *adj.* Almizcleño. -2 *m.* Mamífero rumiante, sin cuernos, del tamaño de una cabra; tiene en el vientre una especie de bolsa ovalada en que segrega el almizcle *(Moschus mosquiferus).* -3 *f.* Desmán (mamífero). 4 Hierba geraniácea, con los folíolos de las hojas ligeramente dentados; huele a almizcle y es muy pegajosa *(Erodium moschatum)*
SIN. *2* **Cabra de almizcle, cervatillo, portaalmizcle.** *4* **Almizcleña, alfiler.**
almo, -ma (l. *-mu,* de *alere,* alimentar) *adj.* poét. Criador, alimentador, vivificador. 2 Excelente, venerable.
almocadén (l. *almocáddem*) *m.* En la milicia ant., caudillo o capitán de tropa a pie. 2 Cabo que en Ceuta mandaba diez o doce hombres a caballo. 3 En Marruecos, autoridad subalterna de funciones varias.
almocafre (ár. *almihfar*) *m.* Instrumento para escardar y limpiar la tierra y para trasplantar.
SIN. **Azadilla, escardadera, escardillo, garabato, sacho, zarcillo.**
almocárabe, -carbe (ár. *almocarbeç*) *m.* Mocárabe.
almocatracía *f.* Impuesto que se pagaba por los tejidos de lana fabricados y vendidos en España.
almocela (b. l. *almucia*) *f.* Especie de capucha usada antiguamente. 2 Saco de lona o de arpillera que, relleno de paja u hojas de maíz, sirve de colchón a los jornaleros del campo.
almocrate (ár. *anoxáder*) *m.* Sal amoníaco.
almocrí (ár.) *m.* Lector del Alcorán en las mezquitas. ◇ Pl.: *almocríes.*
almodí *m.* Alhóndiga. ◇ Pl.: *almodíes.*
almodón (ár. *almadhón,* humedecido) *m.* Harina de trigo humedecido y molido.
almodrote (art. ár. *al* + l. *moretu*) *m.* Salsa de aceite, ajos, queso y otras cosas. 2 fig. Mezcla confusa de varias cosas.
almófar (ár. *almígfar*) *m.* Especie de cofia de malla, sobre la cual se pone el capacete.
almofía (ár. *almoffia*) *f.* ant. Jofaina. 2 *Extr.* Cazuela de barro donde se sirven habichuelas y judías.
almoflate *m.* Cuchilla redonda que usan los guarnicioneros.
almofrej, almofrez (ár. *almafrex*) *m. Amér.* Funda de la cama de camino.
almogama (ár. *almochama*) *f.* Redel.
almogávar (ár. *almogáuar,* el que hace algaras) *m.* Soldado de una tropa escogida y muy diestra, que hacía correrías en campo enemigo.
almogavarear *intr.* Hacer correrías por tierras enemigas.
almogavaría *f.* Tropa de almogávares.
almogavería *f.* Ejercicio de los almogávares.
almohacear *tr. Méj.* Almohazar.
almohada (ár. *almijadda*) *f.* Colchoncillo para reclinar la cabeza en la cama o para sentarse. 2 Funda de lienzo blanco para la almohada de la cama. 3 Almohadilla (resalto).
SIN. *1* **Cabezal**, bien cuando es pequeña, bien la que es larga y ocupa toda la cabecera de la cama; **cabecera**, p. us.
almohadado, -da *adj.* Almohadillado.
almohadazo *m.* Golpe dado con una almohada.
almohade (ár. *almuhadid,* unitario) *adj.-s.* De una dinastía beréber que reinó en todo el islam occidental durante la segunda mitad del siglo XII y la primera del XIII, fundada por Aben Tumart (entre 1077 y 1087-1128 ó 1130), que, proclamándose Mesías del Islam, fanatizó en 1120 las tribus occidentales de África.
almohadilla (dim. de *almohada*) *f.* Almohada pequeña para distintos usos. 2 Cojincillo, gralte. unido a la caja de costura, sobre el cual cosen las mujeres. 3 Saquito de raso que se utiliza para guardar pañuelos, guantes u otros objetos. 4 Cojincillo que hay en las sillas de montar y guarniciones de las caballerías de tiro. 5 Tampón (caja). 6 Resalto de aristas, gralte. achaflanadas, labrado en un sillar. 7 Parte lateral de la voluta del capitel jónico. 8 Cojincillo que se coloca sobre los asientos duros, como los de las plazas de toros, campos de fútbol, etc., donde suele alquilarse. 9 Acerico. 10 VETER. Carnosidad que se les hace a las caballerías en los lados donde asienta la silla. 11 *Bol.* Cojincillo destinado a borrar lo escrito en la pizarra de las escuelas. 12 *Colomb.* Caballón en los caminos. 13 *Chile.* Agarrador de la plancha. 14 *Parag.* Guante grueso que usan los sastres.
SIN. *2* **Cojinete.** FR. *Servir de almohadilla,* atenuar el golpe o el roce, en sentido real o fig.
almohadillado, -da *adj.-m.* Relleno, acolchado. 2 ARQ. Paramento de sillería donde los sillares han sido labrados a manera de almohadillas: ~ ***comido,*** el que forma canales sólo en las juntas horizontales; ~ ***rústico,*** el que presenta la cara visible del sillar aparentemente sin labrar, en bruto. -3 *m.* MAR. Macizo de madera que se pone entre el casco de hierro y la coraza de los buques, con objeto de disminuir las vibraciones producidas por el choque de los proyectiles.
almohadillar *tr.* Acolchar, henchir, rellenar. 2 Labrar [los sillares] en almohadillas.
almohadillazo *m.* Golpe dado con una almohadilla, ordinariamente arrojándola.
almohadillero, -ra *m. f.* Persona que hace o vende almohadillas. 2 Persona que alquila almohadillas a los asistentes a ciertos espectáculos (toros, fútbol, etc.).
almohadón *m.* Colchoncillo a manera de almohada para sentarse, recostarse o apoyar los pies en él. 2 ARQ. Primera piedra de un arco sentada sobre el machón. -3 *m. pl. Colomb.* Cangilones, caballones del camino.
SIN. *1* **Cojín.**
almohaza (ár. *almihaçca*) *f.* Chapa de hierro con serrezuelas de dientes romos, para limpiar las caballerías.
SIN. **Rascadera.**
almohazador *m.* El que almohaza.
almohazar *tr.* Estregar [las caballerías] con la almohaza. 2 Estregar o fregar de otro modo. ◇ ** CONJUG. [4] como ***realizar.***
almojábana (ár. *almochábbana,* composición de queso) *f.* Torta de queso y harina. 2 Fruta de sartén hecha con manteca, huevo y azúcar.
almojarifazgo (de *almojarife*) *m.* Impuesto que se pagaba por las mercaderías que se introducían en España, o de ella salían, o por aquellas con que se comerciaba de un puerto a otro del reino. 2 Oficio y jurisdicción del almojarife.
almojarife (ár. *almoxrif,* inspector) *m.* Antig., oficial que cuidaba de recaudar las rentas o derechos del rey, y también el que cobraba el almojarifazgo.
almojaya (ár. *almochaiza,* viga saliente) *f.* Madero asegurado a la pared para sostener andamios.
almojerifazgo *m.* Almojarifazgo.
almojerife *m.* Almojarife.
almona (ár. *almuna,* provisión) *f.* Lugar donde se pescan los sábalos. 2 *And.* Jabonería.
almóndiga, -guilla *f.* Albóndiga.
almoneda (ár. *almoneda,* pregón público) *f.* Venta pública de bienes muebles con licitación y puja. 2 p. ext. Venta de géneros que se anuncian a bajo precio. 3 Local donde se realiza esta venta.
SIN. *1* **Subasta, licitación**, pueden referirse también a inmuebles, contratas de obras, servicios públicos, etc. *2* **Saldo.**
almonedar, -dear *tr.* Vender en almoneda.
almoraduj, -dux (ár. *almordadux*) *m.* Mejorana. 2 Sándalo (hierba).
SIN. **Moradux.**
almoraque *m. Extr.* Salsa, ensaladilla.
almorávide (ár. *almorábit,* devoto) *adj.-s.* De una dinastía beréber que reinó en todo el islam occidental durante la segunda mitad del siglo XI y la primera del XII, fundada por Aben Yasin.
almorejo *m.* Planta graminácea, de flores en espiga algo separadas y cubiertas de pelo *(Setaria viridis).*
almorí (ár.) *m.* Masa de harina, miel, sal, etc., de que se hacen tortas. ◇ Pl.: *almoríes.*
almoronía *f.* Alboronía.
almorrana (gr. *haimorroides,* flujo de sangre; doble etim. *hemorroide*) *f.* Tumorcillo sanguíneo que se forma en la parte exterior del ano o en la extremidad del intestino recto. 2 *Cuba.* Planta indígena llamada también tomate de mar *(Ipomoea terodes).*
REL. *1* **Hemorroidal**, relativo a las almorranas, adj.
almorraniento, -ta *adj.-s.* Que padece almorranas.
almorraque *m. And.* Ensalada de tomate, pimiento, pepino y cebolla.

almorriña *f. S. Dom.* Desasosiego.
almorta (art. ár. *al* + moz. *morta,* ref. a las muelas de un cadáver) *f.* Planta leguminosa papilionácea, anual, de flores blancas, azules o lilas y fruto con semillas, en forma de muela, comestibles *(Lathyrus sativus).* 2 Semilla de esta planta.
SIN. **Alverjón, diente de muerto, tito, cicércula, cicercha, guija, guijón, muela.**
almorzada (v. *ambuesta*) *f.* Porción de cualquier cosa suelta que cabe en el hueco de las dos manos juntas.
SIN. **Almuerza, ambuesta, puñera.**
almorzado, -da *adj.* Que ha almorzado.
almorzar (l. *admordere,* morder) *intr.* Tomar almuerzo. -2 *tr.* Comer en el almuerzo [algún manjar]: ~ *chuletas.* ◇ ** CONJUG. [50] como *forzar.*
almostrada *f. And.* Almorzada.
almotacén (ár. *almohtaçeb*) *m.* Funcionario encargado de contrastar las pesas y medidas. 2 Oficina donde se efectúa esta operación. 3 En Marruecos, funcionario encargado de vigilar los mercados y de señalar el precio de las mercancías.
SIN. *1* y *2* **Contraste.**
almotacenazgo *m.* Oficio de almotacén. 2 Oficina del almotacén.
almotacenía *f.* Derecho que se pagaba al almotacén. 2 Almotacenazgo (oficio). 3 Lonja de contratación de pescado.
almotazaf *m.* Almotacén.
almotazanía *f.* Almotacenía.
almozárabe *adj.-s.* Mozárabe.
almud (ár. *almudd*) *m.* Medida para áridos (en unas partes un celemín; en otras, media fanega).
almudada *f.* Espacio de tierra en que cabe un almud de sembradura.
almudejo *m.* Medida que guardaba el almudero.
almudero *m.* El que guardaba las medidas públicas de áridos.
almudí, -dín (ár. *almudí,* modio) *m.* Albóndiga. ◇ Pl.: *almudíes* y *almudines.*
almuecín, almuédano (ár. *almueddin*) *m.* Musulmán que desde el alminar convoca al pueblo a la oración.
SIN. **Muecín.**
almuercada *f. Murc.* Almuerza, almorzada.
almuercear *tr. Guat.* Llevar y dar el almuerzo a la gente que trabaja en faenas agrícolas.
almuercería *f. Méj.* Puesto o tienda de almuercero.
almuercero, -ra *m. f. Guat.* y *Méj.* Persona que lleva el almuerzo a los trabajadores en faenas agrícolas. 2 *Perú.* Vendedor de comida en los mercados.
almuérdago *m.* Muérdago.
almuerza (v. *ambuesta*) *f.* Almorzada.
almuerzo *m.* Comida que se toma por la mañana. 2 Comida del mediodía o primeras horas de la tarde. 3 Acción de almorzar. 4 Conjunto de piezas de vajilla empleadas en los almuerzos. 5 *Bol.* Caldo o primer plato de la comida principal.
SIN. La acep. 1 es la tradicional, pero modernamente va siendo desplazada por **desayuno**, al paso que **almuerzo** consolida su acep. 2, frente al popular y tradicional **comida**.
almueza *f.* Almorzada.
almugávar *m.* Almogávar.
almunia (ár.) *f.* Huerto, granja.
alna *f.* Ana (medida).
alnado, -da (l. *antenatu,* nacido antes) *m. f.* Hijastro.
alnico (nombre comercial) *m.* METAL. Aleación de hierro, níquel, aluminio, cobalto y cobre, utilizada en la construcción de imanes permanentes.
alno (l. *alnum*) *m.* Aliso.
alo- (gr. *allos,* otro) Elemento prefijal que entra en la formación de palabras con el significado de otro, diverso, diferente: *alotropía, alopatía;* ús. esp. en química para designar uno de dos isómeros: *ácido alocinámico.*
alobadado, -da (paras.) *adj.* Mordido de lobo. 2 VETER. Que padece lobado.
alobado, -da *adj.* [coto de caza] Invadido por lobos. 2 fam. Atontado, atolondrado.
alobarse *prnl.* Llenarse de pavor ante la presencia de un lobo. 2 fig. *y* fam. Atolondrarse ante una dificultad o peligro.
alobiología (*alo-* + *biología*) *f.* Rama de la biología que estudia los fenómenos que se manifiestan, o pueden manifestarse, en la vida en el espacio extraterrestre.
alóbroge (l. *allobroge*) *adj.-s.* De un antiguo pueblo del sur de la Galia.
alobrógico, -ca *adj.* Relativo a los alóbroges.
alóbrogo *adj.-s.* Alóbroge.
alobunado, -da (paras.) *adj.* Parecido al lobo, esp. en el color del pelo.
alocadamente *adv. m.* Sin cordura, desbaratadamente.
alocado, -da (paras.) *adj.* Que tiene cosas de loco. 2 Que parece loco. 3 [pers.] Que tiene poca sensatez o poco juicio. Aplícase también a los actos imprudentes: *velocidad alocada.*
SIN. **Loquesco, sonlocado.**
alocar *tr.* Causar locura o perturbación en los sentidos. ◇ ** CONJUG. [1] como *sacar.*
alocroíta *f.* Granate de color verdoso.
alóctono, -na (*alo-* + gr. *chton,* tierra) *adj.* ZOOL. Adquirido, extraño, exótico: *especies alóctonas; características alóctonas.* 2 GEOL. [formación] Que no se halla en su yacimiento primitivo, sino que ha sido transportada por algún agente geológico. 3 [roca] Cuyos constituyentes proceden de otro mineral, vegetal u otro ser orgánico no crecido en el lugar del yacimiento.
alocución (l. *allocutione*) *f.* Discurso generalmente breve, dirigido por un superior a sus inferiores o súbditos.
aloda *f. Ar.* Alondra; cogujada.
alodial (b. l. *allodiale*) *adj.* DER. [bien] Libre de toda carga señorial.
alodio (b. l. *allodiu*) *m.* Heredad o cosa alodial.
áloe, áloes (ár. y gr.) *m.* Planta liliácea, de hojas largas y carnosas, de las cuales se extrae un jugo amargo y resinoso usado en medicina *(Aloë barbadensis).* 2 Jugo de esta planta. 3 Agáloco.
SIN. *1* **Olivastro de Rodas, sábila, zábila.** *1* y *2* **acíbar, lináloe, azabara, zabida,** el primero es el más us., esp. en la acep. 2.
aloético, -ca *adj.* Relativo al áloe.
alófano, -na (*alo-* + *-fano*) *adj.* Que brilla de distintos modos. -2 *f.* MINER. Silicato de alúmina hidratado que se presenta en masas transparentes y coloreadas.
alófono (*alo-* + *-fono*) *m.* FON. Variante que se da en la pronunciación de un fonema, según su posición en la palabra o en la sílaba, según el carácter de los fonemas vecinos, etc.
alóforo (*alo-* + *-foro*) *m.* ZOOL. Célula que contiene granulaciones pigmentadas de colores diversos, presente en la piel de ciertos anfibios, reptiles y peces.
alógeno, -na (*alo-* + *-geno*) *adj.-s.* De distinta raza. ◇ HOMÓF.: *halógeno.*
aloína *f.* Glucósido que se obtiene del áloe.
aloja (prov. *aloixa* < l. *aloxinu*) *f.* ant. Bebida compuesta de agua, miel y especias. 2 *Argent.* y *Bol.* Chicha, bebida.
alojado, -da *m.* Militar hospedado gratuitamente por disposición de la autoridad. -2 *m. f. Amér.* Huésped.
alojador, -ra *m. f.* Persona que aloja, aposenta u hospeda.
alojamiento *m.* Acción de alojar o alojarse. 2 Efecto de alojar o alojarse. 3 Casa o lugar en que uno está alojado: *el* ~ *de un militar; el* ~ *de la tropa en el campo.* 4 Hospedaje gratuito dado en los pueblos a la tropa. 5 Lugar dentro del cual está alojada o colocada una cosa.
alojar (germ. *laubja,* enramada, cenador; a través del fr. y cat.) *tr.-prnl.* Hospedar, aposentar: ~ *un viajero; se alojó,* o *alojó, en la venta; vamos en busca de un castillo donde alojemos.* 2 Introducir, acoplar una cosa dentro de otra: ~ *una bala en el cuerpo.* -3 *tr.* Dar alojamiento [a la tropa]. 4 Colocar forzosamente la autoridad local [a los braceros parados] entre los propietarios. -5 *prnl.* Situarse las tropas en algún punto. ◇ HOMÓF.: *alhoja* (f.).
alojería *f.* Establecimiento del alojero.
alojero, -ra *m. f.* ant. Persona que tiene por oficio hacer o vender aloja. -2 *m.* En los teatros, puesto donde se vendía aloja. 3 Palco que ocupó después aquel lugar.
alojo *m. Amér.* Alojamiento.
alomado, -da *adj.* Que tiene forma de lomo. 2 [caballería] Que tiene el lomo arqueado hacia arriba.
alomar (paras.) *tr.* Arar [la tierra] de manera que quede formando lomos. 2 EQUIT. Desarrollar en los lomos la fuerza que [el caballo] suele tener en los brazos. -3 *prnl.* Fortificarse el caballo haciéndose apto para la generación. 4 Encogerse o sentirse de los lomos el caballo. -5 *tr. Méj.* Arrimar tierra [a los surcos].
alómero, -ra (de *alo-* + *-mero*) *adj.-s.* QUÍM. Substancia que tiene la misma estructura cristalina que otra, pero distinta composición química.
CONTR. **Alomorfo, -fa.**
alomorfo, -fa (*alo-* + *-morfo*) *adj.-s.* QUÍM. Substancia que tiene la misma composición química que otra, pero distinta es-

tructura cristalina. -2 ***m.*** LING. Variante de un morfema en función del contexto.
REL. / v. **Isómero.**

I) alón ***m.*** Ala entera de cualquier ave, quitadas las plumas. ◇ HOMÓF.: *halón.*

II) alón, -na ***adj.*** *C. Rica, Cuba* y *Chile.* Aludo, de grandes alas.

alondra (l. v. *alaudula* < l. *alauda* < celt.) ***f.*** Ave paseriforme insectívora, de color pardo fuertemente listado de negruzco por el dorso y blanco ocráceo en las partes inferiores, cola más bien larga, blanca en las plumas rectrices externas, y con una cresta corta y redondeada *(Alauda arvensis).* 2 fig. Albañil.
SIN. / **Alhoja,** p. us.; **terrera, caladre, copetuda.**

alongado, -da ***adj.*** Prolongado.

alongamiento ***m.*** Acción de alongar. 2 Distancia, separación de alguna cosa.

alongar (l. *ad* + *longu,* largo) ***tr.*** Alargar. 2 Alejar: *alongarse un buen trecho; alongarse de la casa.* ◇ ** CONJUG. [52] como ***colgar.***
SIN. Hoy se emplea **alargar** y **prolongar** en la acep. 1, y **alejar** en la acep. 2; **alongar** es poco us. en la actualidad, aunque frecuente en los clásicos.

alongo ***m.*** Especie de trigo que tiene la espiga gruesa.

alópata ***adj.-com.*** Que se dedica a la alopatía.

alopatía (*alo-* + *-patía*) ***f.*** Sistema terapéutico cuyos medicamentos producen en el estado sano fenómenos distintos de los que caracterizan la enfermedad que combaten.
CONTR. **Homeopatía.**

alopático, -ca ***adj.*** Relativo a la alopatía o a los alópatas.

alopátrico, -ca (*alo-* + gr. *patrikós,* patrio) ***adj.*** BOT. y ZOOL. Que ocupa o se halla en un área geográfica distinta y exclusiva.

alopecia (gr. *-xia* < *álopex,* zorro, porque se pela con frecuencia) ***f.*** Caída del cabello por enfermedad de la piel.
SIN. **Peladera, pelambrera, pelarela, pelona, pelonia.**

alopecuro (l. *alopecuru* < gr. *alópex,* zorra y *urá,* cola) ***m.*** Cola de zorra.

alopiado, -da ***adj.*** Opiado.

aloque (ár. *haloqui*) ***adj.*** De color rojo claro. -2 ***adj.-s.*** Vino tinto claro, o mixtura de tinto y blanco. ◇ HOMÓF.: *haloque.*

aloquecerse (paras.) ***prnl.*** Enloquecerse. ◇ ** CONJUG. [43] como ***agradecer.***

aloquín (ár. *aloquí,* guardador) ***m.*** Cerco de piedra en que se cura la cera al sol.

alorarse ***prnl.*** *Chile.* Ponerse de color amulatado o loro.

I) alosa (l.) ***f.*** Sábalo. 2 Saboga.

II) alosa ***f.*** QUÍM. Monosacárido isómero de la glucosa.

alosauro (*alo-* + *-sauro*) ***m.*** Monstruo carnívoro del terreno jurásico, con garras análogas a las de las aves.

alosna (l. *aloxinu,* ajenjo) ***f.*** Ajenjo (planta).

alosoma (*alo-* + *-soma*) ***adj.-m.*** BIOL. Cromosoma que no es el típico.

alotar ***tr.*** MAR. Arrizar. 2 MAR. Cobrar red en cualquier forma.

alotrio- (gr. *allótrios,* extraño) Elemento prefijal que entra en la formación de palabras con el significado de extraño, incompatible, mal dispuesto: *alotriomorfo.*

alotropía (*alo-* + *-tropía*) ***f.*** Diferencia que en sus propiedades físicas y químicas puede presentar un mismo cuerpo simple, a causa de la distinta agrupación de los átomos que constituyen sus moléculas.

alotrópico, -ca ***adj.*** Relativo a la alotropía: *estado ~ del azufre.*

aloya ***f.*** *Ál., Burg.* y *Logr.* Alondra; cogujada. 2 *Ar.* ~ ***del,*** o ***con, tupé,*** cogujada.

I) alpaca (quechua *paco*) ***f.*** Mamífero rumiante camélido, propio de la América meridional, parecido a la llama y que se utiliza como ésta *(Auchemia pacos).* 2 Pelo de este animal. 3 Tejido hecho con este pelo. 4 Tela gruesa de algodón abrillantado.
SIN. / **Paco** o **paco llama.**

II) alpaca ***f.*** Metal blanco, aleación de cobre, zinc y níquel.

alpacón ***m.*** *Chile.* Tejido más grueso y ordinario que la alpaca.

alpamato ***m.*** Arbusto mirtáceo de la Argentina, de hoja aromática, que la gente del campo usa en lugar de té *(Myrthus thea).*

alpañata (de *paño*) ***f.*** Pedazo de cordobán con que se alisan las piezas de barro antes de cocerlas. 2 Tierra gredosa de color muy rojo.

alpapú ***f.*** *Can.* Abubilla.

alparcear ***tr.*** p. us. Aparear [ciertos animales] pertenecientes a diferentes dueños, con la condición de repartir entre ellos las crías en la forma convenida.

alparcería ***f.*** fam. Aparcería.

alpargata (ár. *albargat* < vasc. *abarca*) ***f.*** Calzado de cáñamo en forma de sandalia. 2 Calzado de tela, con suela de cáñamo o de caucho, y que se asegura por simple ajuste o con cintas.

alpargatado, -da ***adj.*** [zapato] Hecho a modo de alpargatas.

alpargatar ***intr.*** Hacer alpargatas.

alpargate ***m.*** Alpargata.

alpargatear ***intr.*** *Colomb.* Entendérselas.

alpargatería ***f.*** Taller donde se hacen alpargatas. 2 Tienda donde se venden.

alpargatero, -ra ***m. f.*** Persona que tiene por oficio hacer o vender alpargatas.

alpargatilla (dim. de *alpargata*) ***com.*** fig. *y* fam. Persona que con astucia se insinúa en el ánimo de otra persona para conseguir alguna cosa.

alpartaz ***m.*** ant. Trozo de malla de acero que, pendiente del borde inferior del almete, defiende su unión con la coraza.
SIN. **Guardagola.**

alpataco ***m.*** *Argent.* y *Urug.* Algarrobillo.

alpatana (ár. andaluz *al-patana,* los utensilios, las menudencias) ***f.*** Apero de labranza. 2 *And.* Trebejo, utensilio, trasto.

alpax ***m.*** Aleación de aluminio y silicio, que se emplea para piezas fundidas.
SIN. **Siluminio.**

alpe ***adj.*** *Chile.* Duro, áspero.

alpechín (art. ár. *al* + l. *fœcinu* < fœz, hez) ***m.*** Líquido fétido que sale de las aceitunas apiladas antes de la molienda y cuando, al extraer el aceite, se las exprime con el auxilio del agua hirviendo. 2 *Chile* y *Perú.* Líquido acre que sale de cualquier sustancia vegetal.
SIN. / **Morga, murga, tina, tinaco.**

alpechinera ***f.*** Tinaja donde se recoge el alpechín.

alpendada (de *alpende*) ***f.*** *Extr.* Desván.

alpende (fr. *appentis* < *pente,* pendiente) ***m.*** Cobertizo para custodiar las herramientas en las obras. 2 Cubierta voladiza de cualquier edificio, esp. la sostenida por postes o columnas, a manera de pórtico.

alpendre ***m.*** Alpende.

alpérsico ***m.*** Pérsico (árbol y fruto).

alpestre (it.) ***adj.*** Alpino. 2 fig. Montañoso, áspero, silvestre. 3 BOT. [planta] Que vive a grandes altitudes.

alpín ***adj.-m.*** PINT. Color carmesí obscuro que se saca de la piedra del mismo nombre y sirve para pintar al fresco. -2 ***adj.*** PINT. De color alpín.

alpinismo (de los *Alpes*) ***m.*** Deporte consistente en la ascensión a altas montañas.
SIN. **Montañismo.**

alpinista ***com.*** Persona que practica el alpinismo.
SIN. **Montañero.**

alpino, -na (l. *-nu*) ***adj.*** Perteneciente o relativo a los Alpes, sistema montañoso de Europa occidental. 2 p. ext. Perteneciente o relativo a las altas montañas en general: *vegetación alpina.* 3 [unidad militar de infantería] De montaña: *batallón ~.* -4 ***adj.-s.*** Soldado perteneciente a ellas, esp., tratándose de ejércitos extranjeros.

alpispa ***f.*** *Can.* Aguzanieves.

alpiste (art. ár. *al* + l. *pistu*) ***m.*** Planta graminácea que sirve para forraje, cuyas semillas, muy pequeñas, se dan de comer a los pájaros *(Phalaris canariensis).* 2 Semilla de esta planta. 3 fig. *y* fam. Vino, bebida alcohólica en gral. 4 fig. *y* fam. Comida.

alpistela ***f.*** Alpistera.

alpistelado, -da ***adj.*** vulg. Achispado, casi ebrio.

alpistera (de *alpiste*) ***f.*** Torta de harina, azúcar, huevos y ajonjolí.

alpistero ***adj.*** [harnero] Con que se limpia el alpiste.

alpodadera ***f.*** *Can.* Caléndula silvestre.

alporchón ***m.*** *Murc.* Edificio en que se celebra la subasta de las aguas para el riego.

alpujarreño, -ña ***adj.-s.*** De las Alpujarras, comarca del sudeste de Andalucía.

alquenos ***m. pl.*** QUÍM. Nombre que se da a los hidrocarburos no saturados, que tienen un doble enlace. Fórmula general Cn H_2n.

alquequenje (ár. *alquecanch*) ***m.*** Planta solanácea perenne y pubescente, con tallos subterráneos, reptantes y erectos, hojas ovales y enteras, y flores blancas; su fruto es una baya acídula, de dos celdillas, encerrada por el cáliz, que se hincha, formando una especie de vejiga *(Physalis alkekengi).* 2 Fruto de esta planta.
SIN. **Vejiga de perro, vejiguilla.**

alquería (ár. *alcaria*) *f.* Casa de campo para la labranza. 2 Conjunto de estas mismas casas de campo. 3 Casa de campo para el recreo.
alquermes *m.* Quermes. 2 Licor de mesa que se colorea con el quermes animal. 3 Electuario en que entra el quermes animal.
alquerque (ár. *alquerc,* sitio plano) *m.* Lugar en los molinos de aceite donde se desmenuza la pasta de orujo de la primera presión.
alquez (ár. *alqueç,* vaso) *m.* Medida de vino, 12 cántaras o 192 litros.
alquibla (ár.) *f.* Quibla.
alquicel, -cer (ár. *alquicé*) *m.* Vestidura morisca a modo de capa. 2 Tejido para cubiertas de muebles.
alquifol (v. *alcohol*) *m.* Sulfuro de plomo empleado en alfarería para el vidriado de las vasijas.
alquila *amb.* desus. Banderita para indicar que un coche destinado al servicio público está libre para alquilar.
alquilable *adj.* Que puede ser alquilado.
alquiladizo, -za *adj.-s.* [pers.] desp. Que se alquila.
alquilador, -ra *m. f.* Persona que alquila: ~ *de caballerías.* 2 Persona que toma en alquiler.
alquilamiento *m.* Alquiler (acción).
alquilar *tr.* Dar a otro [una cosa] para que use de ella con ciertas condiciones y por un precio convenido; dar en arriendo. 2 Tomar de otro [una cosa] para usarla de la misma manera; tomar en arriendo. -3 *prnl.* Ponerse a servir a otro por cierto estipendio.
SIN. **Alquilar,** se usa con preferencia cuando se trata de viviendas u objetos: ~ *una casa, un almacén, una bicicleta*; **arrendar,** se usa si se trata de tierras o negocios: *arrendar una huerta, un café, impuestos* o *servicios públicos.*
alquiler (ár. *alquiré*) *m.* Acción de alquilar. 2 Precio en que se alquila alguna cosa. 3 *Ant.* En oficios bajos, empleo o trabajo, gralte. eventual.
SIN. **Arrendamiento.** *2* **Renta.**
alquilón, -lona *adj.-s.* [pers.] desp. Alquiladizo.
alquimia (ár. *al-Kīmiyā*) *f.* Química de los antiguos, que pretendía hallar la materia primordial homogénea e indiferenciada, la transmutación de los metales, el disolvente universal y el elixir de vida.
SIN. **Crisopeya,** parte de la ~ que trataba de convertir los metales en oro.
alquímicamente *adv. m.* Según el arte o las leyes de la alquimia.
alquímico, -ca *adj.* Relativo a la alquimia.
alquimila (de *alquimia*) *f.* Pie de león.
alquimista *m.* El que profesaba la alquimia.
SIN. **Quimista,** menos us.
alquinal (ár. *alquiná*) *m.* Toca o velo que usaban por adorno las mujeres.
alquinos *m. pl.* QUÍM. Hidrocarburo con triple enlace.
alquitara (ár. *gattara,* de *gattar,* destilar) *f.* Alambique.
alquitarar *tr.* Destilar en alambiques. 2 fig. Apurar, sutilizar [el pensamiento, estilo, etc.].
alquitira (ár. *alcatira*) *f.* Tragacanto.
alquitrán (ár.) *m.* Substancia untuosa, de color oscuro, olor fuerte y sabor amargo, que se obtiene como residuo de la destilación en vasos cerrados de la madera o de la hulla, y se usa en medicina y para calafatear buques. 2 ~ ***mineral,*** el obtenido al destilar la hulla para fabricar el gas del alumbrado.
SIN. **Brea.**
alquitranado, -da *adj.* De alquitrán. -2 *m.* Acción de alquitranar. 3 Efecto de alquitranar. 4 MAR. Lienzo impregnado de alquitrán.
alquitranador, -ra *m. f.* Persona que tiene por oficio alquitranar.
alquitranar *tr.* Dar de alquitrán: ~ *una jarcia.*
alquitrele *com. Cuba* y *P. Rico.* Alcahuete.
alrededor (ant. *alderredor, al* + *(de)rredor,* del l. *retro,* detrás) *adv. l.* Denota la situación de lo que rodea alguna cosa o de lo que se mueve en torno a la misma. -2 *adv. c.* Cerca, sobre poco más o menos: ~ *de un kilómetro.* -3 *m. pl.* Contorno: *los alrededores de Granada.*
SIN. *1* **En torno.**
alrevesado, -da *adj. Amér.* Revesado.
alrota (ár. *arrot*) *f.* Desecho de la estopa rastrillada. 2 Estopa que cae del lino al espadarlo.
SIN. **Arlota.**
alsaciano, -na *adj.-s.* De Alsacia, región del nordeste de Francia. -2 *m.* Dialecto germano hablado en ella.
alsándara *f.* Menta de agua.
álsine *f.* Planta cariofilácea de hojas pequeñas y ovales y flores terminales blancas; su semilla se da de comer a los pájaros *(Stellaria media).*
SIN. **Pamplina, picagallina, zadorija.**
also- (gr. *álsos,* bosque) Elemento prefijal que entra en la formación de palabras con el significado de bosque: *alsófilo.*
alsófilo, -la (*also-* + *-filo*) *adj.* [animal o vegetal] Que vive y se desarrolla en el bosque.
alstroemeria *f.* Amarilidácea americana de hermosas flores *(Alstroemeria psittacina; A. aurantiaca* y otras especies del mismo gén.*).*
alta *f.* Baile cortesano ejecutado por una pareja o por un caballero solo. 2 Entrada en servicio activo de un militar destinado a un cuerpo o vuelto a él después de haber sido dado de baja: ***ser*** ~, efectuar dicha entrada; ***dar de*** ~, tomar nota de ello. 3 Documento que la acredita. 4 Orden que se comunica al enfermo a quien se da por curado, para que deje el hospital: ***dar de*** ~, o ***el*** ~, considerar el médico que el enfermo ya puede incorporarse al trabajo. 5 Acto en que el contribuyente declara a la Hacienda el ejercicio de industria o profesión sujeta a impuesto: ***darse de*** ~, ingresar en el número de los que ejercen una profesión u oficio reglamentados. Entrar como miembro o socio en cualquier agrupación o sociedad.
CONTR. *2, 3, 4* y *5* **Baja.**
altabaca *f.* Olivarda (planta).
altabaque *m.* Tabaque (cesta).
altabaquillo (de *altabaque*) *m.* Correhuela (mata).
altabobo *m. Can.* Abubilla.
altaico, -ca *adj.-s.* De una raza que se supone originaria de los montes Altai, región montañosa de la Unión Soviética, al sudoeste de Siberia. -2 *adj.-m.* Familia de lenguas del tronco uraloaltaico, habladas principalmente en el centro de Asia, que se divide en dos grupos: el turcomogol y el tungús.
SIN. *2* **Turanio.**
Altaír *n. pr.* Estrella de primera magnitud en la constelación del Águila.
altamente *adv. m.* En extremo, en gran manera.
altamisa *f.* Artemisa (planta compuesta).
altamisilla *f. Cuba.* Artemisilla.
altaneramente *adv.-m.* Con altanería, altivamente.
altanería (de *altanero*) *f.* Altura, o región elevada. 2 Vuelo alto de algunas aves. 3 Caza hecha con aves de alto vuelo. 4 fig. Altivez, soberbia.
SIN. *4* v. **Soberbia.**
altanero, -ra (de *alto*) *adj.* Relativo a las aves de alto vuelo. 2 fig. Altivo, soberbio.
altano (l. *-nu*) *adj.-s.* V. viento altano.
altar (l. *altare* < *altu,* alto) *m.* Monumento dispuesto para inmolar la víctima y ofrecer el sacrificio. 2 En el culto católico, ara (piedra); p. ext., lugar levantado, en forma de mesa rectangular, donde se coloca el ara: ~ ***mayor,*** el principal de un templo. 3 Piedra que separa la plaza del hogar en los hornos de reverbero. 4 *S. Dom.* Par de novios sentados juntos. ◇ Dim.: *altarcillo* o *altarillo.*
altarero *m.* Persona que forma altares de madera y los viste para las fiestas y procesiones.
altaricón, -na *adj.* fam. Persona de gran estatura y corpulencia.
altarreina *f.* Milenrama. 2 Agérato.
altavoz *m.* Aparato que transforma impulsos eléctricos en movimientos vibratorios de un elemento y los transmite a una membrana con lo que se generan ondas sonoras.
altea (l. *althœa*) *f.* Malvavisco.
altear (de *alto*) *intr. Chile.* Otear, mirar desde un lugar alto. -2 *tr. Gal.* y *Ecuad.* Elevar, dar mayor altura [a alguna cosa, como un muro, etc.]. -3 *prnl.* Elevarse, formar eminencia un terreno.
alterabilidad *f.* Calidad de alterable.
alterable *adj.* Que puede alterarse.
alteración *f.* Acción de alterar o alterarse. 2 Sobresalto, movimiento de una pasión. 3 Altercado, disputa. 4 Desarreglo, desorden. 5 Modificación.
alteradizo, -za *adj.* Tornadizo, mudadizo.
alterador, -ra *adj.-s.* Que altera.
alterante *adj.* Que altera. 2 [medicamento] Que modifica la composición de la sangre. 3 MED. Que restablece la normalidad funcional de un órgano, aparato o sistema. 4 MED. [medicamento] Que produce un cambio favorable en los procesos de nutrición y reparación.

alterar (l. *-are* < *alter,* otro) ***tr.-prnl.*** Cambiar la esencia, forma o cualidades [de una cosa]: ~ *la verdad; alterarse la leche.* 2 Perturbar, inquietar, trastornar: *por nada se altera.* -3 ***prnl.*** *Colomb.* Tener sed.
alterativo, -va ***adj.*** Que tiene virtud de alterar.
altercación ***f.*** Altercado.
altercado ***m.*** Disputa violenta.
SIN. v. **Lucha.**
altercador, -ra ***adj.-s.*** Que alterca. 2 Propenso a altercar.
altercante ***adj.*** Que alterca.
altercar (l. *-are,* de *alter,* otro) ***intr.*** Disputar, porfiar. ◇ ** CONJUG. [1] como ***sacar.***
alteridad ***f.*** Condición de ser otro.
alternación ***f.*** Acción de alternar.
alternadamente ***adv. m.*** Alternativamente.
alternado, -da ***adj.*** Alternativo.
alternador ***m.*** Dinamo generadora de corriente alterna.
alternancia ***f.*** Acción de alternar. 2 Efecto de alternar. 3 Sucesión alternativa de hechos, fenómenos, etc. 4 FÍS. Cambio de sentido de la corriente alterna. 5 ZOOL. Tipo de reproducción de algunos animales que alternan la generación sexual con la asexual.
alternante ***adj.*** Que alterna.
alternar (l. *-are*) ***tr.*** Hacer [cosas diversas] por turnos y sucesivamente: ~ *los ejercicios;* ~ *los placeres con el estudio;* ***intr.,*** ~ *entre la fatiga y el descanso.* 2 MAT. Cambiar de lugar [los términos de una proporción]. -3 ***intr.*** Sucederse varias personas por turno en un cargo o en alguna realización: ~ *de cuatro en cuatro meses;* ~ *en las ocupaciones.* 4 Sucederse unas cosas a otras repetidamente: ~ *los días claros con los lluviosos.* 5 Tener trato las personas entre sí: ~ *con los sabios.* 6 Entrar a competir con uno. 7 En ciertas salas de fiestas o lugares similares, tratar las mujeres contratadas para ello con los clientes, para estimularlos a hacer gasto en su compañía. 8 TAUROM. Obtener un novillero categoría de matador.
alternativa ***f.*** Derecho para ejecutar alguna cosa o gozar de ella alternando con otra. 2 Opción entre dos cosas. 3 Servicio en que se turnan dos o más personas. 4 Solución de repuesto. No implica la elección entre dos cosas. 5 TAUROM. Acto por el cual un matador de toros eleva a un matador de novillos a su misma categoría.
SIN. *2* La **alternativa** supone elección necesaria entre dos cosas. La **elección**, entre dos o más cosas, no implica necesidad de elegir, sino simplemente oportunidad o conveniencia. Comp. **escoger** con sus sinónimos.
alternativamente ***adv. m.*** Con alternación.
alternativo, -va ***adj.*** Que se dice, hace o sucede con alternación.
alterne ***m.*** fam. Acción de alternar (tener trato las personas y tratar las mujeres). 2 fig. Copeo.
alterno, -na ***adj.*** Alternativo. 2 [hoja u otro órgano vegetal] Que, en número vario, se halla a diferente nivel en el tallo, de manera que cada uno ocupa en su lado la parte correspondiente a la que queda libre en el lado opuesto. 3 Que ocurre o se hace cada dos días. 4 V. ángulos alternos. 5 V. corriente alterna.
alternomotor ***m.*** ELECTR. Motor eléctrico de corriente alterna.
altero ***m.*** *Méj.* Montón de cosas.
alterón ***m.*** *Murc.* Prominencia, protuberancia. 2 *Colomb.* Montón.
alteroso, -sa (de *alto*) ***adj.*** [buque] Demasiado elevado en las obras muertas. 2 *Cuba.* Elevado en demasía.
alteza ***f.*** Altura (elevación). 2 Elevación, sublimidad, excelencia: ~ *de miras.* 3 Tratamiento dado a los reyes de España hasta el advenimiento de la dinastía austríaca; después se dio a los hijos de los reyes, a los infantes de España y a otras personas con título de príncipes.
alti-, alto- (l. *altus,* alto) Elemento prefijal que entra en la formación de palabras con el significado de alto: *altimetría, altocúmulo.*
altibajo ***m.*** Ant. tela, la misma, al parecer, que la llamada hoy terciopelo labrado. 2 ESGR. Golpe dado con la espada de alto a bajo. -3 ***m. pl.*** Desigualdades de un terreno. 4 Alternativas de sucesos prósperos y adversos.
altica ***f.*** Nombre dado a varios insectos coleópteros muy pequeños, que dañan las cosechas *(Haltica).*
altillano ***m.*** Altiplanicie.
altillanura ***f.*** *Amér.* Altillano.
altillo ***m.*** Cerrillo o lugar algo elevado. 2 Construcción en alto, gralte. de madera, sostenida por pilares o vigas, que se hace en el interior de una tienda, taller o almacén, para servir de oficina, depósito, etc., a fin de aprovechar todo el espacio de la planta baja. 3 Parte alta de un local destinado a almacén. 4 Armario de pequeña altura empotrado en la parte alta de una pared o situado sobre otro armario. 5 *Argent.* y *Ecuad.* Desván. 6 *Perú.* Entresuelo.
altilocuencia ***f.*** Grandilocuencia.
altilocuente (*alti-* + l. *loquente,* que habla) ***adj.*** Altilocuo.
altílocuo, -cua ***adj.*** Grandílocuo.
altimetría (*alti-* + *-metría*) ***m.*** Parte de la topografía que se ocupa de la medición de alturas. 2 Instrumento que indica la diferencia de altitud entre el punto en que está situado y un punto de referencia.
SIN. **Hipsometría.**
altímetro, -tra ***adj.*** Relativo a la altimetría. -2 ***m.*** Instrumento para medir alturas.
altipampa (*alti-* + *pampa*) ***f.*** *Argent.* y *Bol.* Altiplanicie.
altiplanicie (*alti-* + *planicie*) ***f.*** Meseta de mucha extensión y a gran altitud.
SIN. **Altillano, altiplano.**
altiplano ***m.*** Altiplanicie.
altísimo, -ma ***adj.*** Superl. de *alto.* 2 ***El Altísimo,*** Dios.
altisonancia ***f.*** Calidad de altisonante.
altisonante (*alti-* + *sonante*) ***adj.*** Altísono. 2 [lenguaje, estilo] Elevado afectadamente.
altísono, -na (l. *-nu*) ***adj.*** Altamente sonoro, de alto sonido, elevado: *escritor* ~; *estilo* ~.
SIN. **Grandísono** (poét.).
altitonante (l.) ***adj.*** poét. Que truena de lo alto.
altitud (l. *-udo*) ***f.*** Altura (elevación). 2 Altura de un punto de la tierra con relación al nivel del mar.
REL. *2* **Hipsómetro** o **altímetro,** aparato para medir la altitud de un lugar; **hipsometría** o **altimetría,** medición de altitudes.
altivamente ***adv. m.*** Con altivez.
altivarse ***prnl.*** Llenarse de altivez.
altivecer ***tr.-prnl.*** Causar altivez. ◇ ** CONJUG. [43] como ***agradecer.***
altivez, -za (de *altivo*) ***f.*** Orgullo, soberbia.
SIN. v. **Soberbia.**
altivo, -va (de *alto*) ***adj.*** Orgulloso, soberbio. V. alti-.
I) alto, -ta (l. *-tu*) ***adj.*** De altura considerable sobre la tierra o cualquier otro término de comparación: *calle alta; piso* ~; *país* ~. *En* ~, a distancia del suelo; hacia arriba. 2 De gran estatura: *hombre* ~; *montaña alta.* 3. Que pasa del nivel ordinario; superior en su línea; de mayor alcance, avanzado: *alta tradición; altos estudios; precio* ~; *clases altas de la sociedad; altas horas de la noche; **río*** ~, el muy crecido; ***mar alta,*** la muy alborotada; ***fiesta alta,*** la movible cuando cae más tarde que otros años. -4 ***adj. f.*** En celo. -5 ***m.*** Altura (dimensión). 6 Sitio elevado en el campo. 7 Piso o suelo que tiene una casa en número variable. ***Lo*** ~, la parte superior o más elevada; el cielo. -8 ***adv. l.*** En lugar o parte superior. -9 ***adv. m.*** En voz fuerte. -10 ***m. Amér.*** Montón: *un* ~ *de libros.* -11 ***m. pl. Amér.*** El piso o los pisos altos de una casa, por contraposición a la planta baja.
SIN. *1* **Elevado, eminente.**
II) alto (al. *halt*) ***m.*** Detención o parada; esp. la de la tropa que va marchando: ***hacer*** ~, pararse durante una marcha, viaje, etc.; fig., parar la consideración sobre algo.
¡alto! Interjección que denota el mandato de detener o suspender una acción, especialmente militar, ejercicios atléticos, trabajos, etc.
altocúmulo (*alto-* + *cúmulo*) ***m.*** METEOR. Conjunto de masas redondas de nubes dispuestas en grupos a una altura entre 3.000 y 8.000 m.
altoestrato (*alto-* + *estrato*) ***m.*** METEOR. Masa compacta de nubes de color gris o azulado, de estructura fibrosa. Se presentan a alturas entre 3.000 y 8.000 m.
altor ***m.*** Altura (dimensión).
altorrelieve ***m.*** Relieve en que el motivo escultórico sobresale más de la mitad de su grosor sobre la superficie del fondo.
altozanero ***m.*** *Colomb.* Mozo de cuerda.
altozano (**anteustianu* < *ante* + *ostiu,* puerta + suf. *-anu* > ant. *antuzano,* en Vizcaya y otras prov. del Norte, plazuela delante de una casa) ***m.*** Monte de poca altura en terreno llano. 2 Lugar más alto y ventilado de ciertas poblaciones. 3 *Amér.* Atrio de una iglesia.
altramucero, -ra ***m. f.*** Persona que vende altramuces.
altramuz (ár. *attormoç*) ***m.*** Planta leguminosa, de flores en espigas terminales, agrupadas alrededor de un eje, y semillas du-

ras, redondas y achatadas, que se comen después de remojadas en agua *(Lupinus albus).* 2 Fruto de esta planta. 3 En algunos cabildos de las iglesias catedrales y colegiatas de España, caracolillo que sirve para votar.
SIN. *2* **Calamocano, chocho, lupino** (1 y 2).
altrosa *f.* QUÍM. Monosacárido del grupo de las aldosas. 2 QUÍM. Isómero de la glucosa.
altruismo (fr. *altruisme* < l. *alteru,* otro) ***m.*** Esmero y complacencia en el bien ajeno, aun a costa del propio. 2 FIL. Individualismo ético, opuesto al egoísmo, que afirma como objeto de la acción moral otras personas que no son el sujeto de dicha acción.
CONTR. **Egoísmo.**
altruista ***adj.-com.*** [pers.] Que tiene la virtud del altruismo, o que profesa el altruismo.
altura (de *alto*) *f.* Elevación que tiene un cuerpo sobre la superficie de la tierra. 2 Cumbre de los montes o parajes altos del campo. 3 Región elevada del aire. 4 Dimensión de los cuerpos perpendicular a su base. 5 Dimensión de una figura plana o de un cuerpo representada por una línea que desde su parte más elevada baje perpendicularmente a su base. 6 Altitud. 7 Tono. 8 fig. Elevación moral o intelectual. 9 ASTRON. Arco vertical que mide la distancia entre un astro y el horizonte: ~ ***meridiana,*** la de los astros sobre el horizonte en el momento de pasar por el meridiano del observador. 10 GEOM. En una figura plana o en un cuerpo, segmento de la perpendicular trazada desde un vértice al lado o cara opuestos, comprendido entre ellos y dicho vértice. -11 ***f. pl.*** Cielo: *ascendió a las alturas.*
SIN. *1, 3* y *4* **Altitud.** *5* **Peralto.** REL. **Altímetro,** instrumento topográfico para medir alturas.
altureño, -ña *adj. P. Rico.* Que procede del interior o tierras altas del país. .
alúa *f. Argent.* Cocuyo.
aluato *m.* Carayá, mono.
alubia (ár. *allubia*) *f.* Judía.
alubiada *f.* Comida hecha a base de alubias.
alubiar *m.* Plantación de alubias; judiar.
aluchamiento *m. Perú.* Lucha, pugilato.
aluciar (paras. de *lucio* II) *tr.* Dar lustre [a una cosa], abrillantarla. -2 ***prnl.*** Acicalarse. ◇ ** CONJUG. [12] como ***cambiar.***
alucinación *f.* Acción de alucinar o alucinarse. 2 Sensación subjetiva que no obedece a impresión en los sentidos.
alucinadamente *adv. m.* Con alucinación.
alucinado, -da *adj.-s.* [pers.] Que constantemente sufre alucinaciones. 2 fam. Asombrado, deslumbrado.
alucinador, -ra *adj.-s.* Que alucina.
alucinamiento *m.* Alucinación (acción).
alucinante *adj.* Que alucina. 2 fig. *y* fam. Impresionante, asombroso, increíble.
alucinar (l. *allucinari*) ***tr.-prnl.*** Producir sensaciones o percepciones imaginarias. 2 Cautivar irresistiblemente. 3 Atraer una cosa la atención poderosamente, de modo que no se pueda desviar de ella, a la vez que impresiona muy fuertemente. 4 Equivocarse.
alucinógeno, -na (de *alucinar* + *-geno*) ***adj.-m.*** Substancia química que causa alucinaciones, estados eufóricos, etc.
alucinosis *f.* Psicosis en la que predominan las alucinaciones.
alucita (l. *allucita,* mosquito) *f.* Insecto lepidóptero pequeñísimo, muy perjudicial a los cereales *(Tinea granalle).*
alucón *m.* Cárabo (insecto).
alud (vasc. *elur,* nieve) ***m.*** Masa de nieve que se derrumba de los montes con violencia. 2 fig. Lo que se desborda y precipita impetuosamente.
SIN. **Argayo, lurte;** ús. también el galicismo **avalancha.**
aluda (de *aludo*) *f.* Hormiga con alas.
SIN. **Aladica.**
aludel (ár. *alutel*) ***m.*** QUÍM. Olla o vaso usados para sublimar; esp., cada uno de los caños de barro cocido que se emplean en Almadén para condensar los vapores de mercurio.
aludir (l. *alludere,* juguetear) ***tr.*** Referirse a una persona o cosa sin nombrarla: ~ *a las costumbres de los romanos.* 2 p. ext. Nombrar un orador a una persona o referirse a sus hechos, doctrinas u opiniones.
Por referirse gralte. a personas o hechos personales lleva la prep. *a,* aunque se trate de cosas: ~ *al mal tiempo, al precio.*
SIN. *1* Aludir es referirse indirectamente o de paso a alguien o algo; **mencionar** y **mentar,** es nombrar expresamente; **citar,** se refiere a palabras, textos, etc., que se aducen a propósito de lo que se está diciendo; **alusión, mención** y **cita,** subst. que corresponden igualmente a esta gradación de menor a mayor insistencia.
aludo, -da *adj.* De grandes alas.
alujar *tr. Amér. Central.* Lujar, abrillantar.
álula *f.* ZOOL. Conjunto de las plumas que se insertan sobre el pulgar o primer dedo de las aves.
alumbra *f.* p. us. Excava.
I) alumbrado, -da *adj.-s.* Relativo a ciertos herejes (llamados también *iluminados*), existentes en España en el s. XVI, según los cuales, mediante la oración mental, era posible llegar a un estado de perfección en que se podía prescindir de los sacramentos, del ayuno y de la mortificación. 2 fam. Achispado, casi ebrio. -3 ***m.*** Conjunto de luces que iluminan alguna población o lugar.
SIN. *3* **Iluminación.** REL. **Luminotecnia,** arte del alumbrado artificial.
II) alumbrado, -da *adj.* Que tiene mezcla de alumbre o que ha sido bañado en una disolución de alumbre.
alumbrador, -ra *adj.-s.* Que alumbra.
alumbramiento *m.* Acción de alumbrar I. 2 Efecto de alumbrar I. 3 fig. Parto (eufemismo). 4 MED. Expulsión de la placenta y membranas después del parto.
alumbrante *adj.* Que alumbra. -2 ***m. f.*** Persona que cuida del alumbrado de los teatros.
I) alumbrar (l. *ad* + *luminare,* hacer luminoso) ***tr.*** Llenar de luz: *el Sol alumbra a la Tierra;* ***abs.,*** *el Sol alumbra.* 2 Poner luz o luces [en un lugar]: ~ *un salón.* 3 Acompañar con luz [a otro]: *alúmbrale por la escalera;* p. anal., asistir con luz [a un entierro o acto religioso]. 4 fig. Dar vista [a los ciegos]. 5 Disipar el error, hacer que las facultades se ejerciten acertadamente, enseñar, ilustrar: *Jesucristo alumbra el mundo;* ~ *el entendimiento;* ~ *la voluntad;* ~ *al que va errado.* 6 Descubrir [las aguas subterráneas] y sacarlas a la superficie. 7 Conceder feliz parto: *Dios la alumbre con bien.* 8 fam. Dar [golpes] a una persona: *le alumbran una cornada.* 9 AGR. Desembarazar [la vid o cepa] de la tierra con que se la había abrigado. -10 ***intr.*** Dar a luz la mujer. -11 ***prnl.*** fam. Embriagarse. -12 ***tr.*** *Amér.* Examinar [un huevo] al trasluz. 13 *Argent.* y *Urug.* Exhibir [el dinero].
SIN. *1* y *2* **Iluminar.**
II) alumbrar *tr.* Meter [los tejidos, madejas, etc.] en una disolución de alumbre que los prepare para el teñido. 2 *Colomb.* Clarificar [el agua] con alumbre.
alumbre (l. **alumine;* doble etim. *alúmina*) ***m.*** Sulfato doble de alúmina y potasio, de color blanco y de propiedades astringentes, que se emplea en medicina y en la industria. 2 ~ ***de pluma,*** el ferroso que cristaliza en forma de filamentos parecidos a las barbas de pluma. 3 ~ ***sacarino,*** mezcla artificial de ~ con azúcar, usada en medicina.
SIN. **Jebe, ajebe, enjebe.**
alumbrera *f.* Mina de alumbre.
alumbroso, -sa *adj.* Que tiene calidad o mezcla de alumbre.
alúmina (v. *alumbre*) *f.* Óxido de aluminio que se halla en la naturaleza, ya puro y cristalizado, ya formando con otros cuerpos los feldespatos y las arcillas.
aluminado *m.* METAL. Método de protección de un metal espolvoreando sobre él una capa fina de aluminio.
aluminaje *m.* Operación de tratar una tela con un mordiente de alúmina para fijar el tinte.
aluminato *m.* Sal derivada del hidróxido de aluminio cuando éste actúa como un ácido.
alumini-, alumino-, elemento prefijal que entra en la formación de palabras con el valor de *alúmina* o *aluminio*: *aluminífero, aluminotermia.*
aluminífero, -ra (v. *alúmina* y *-fero*) ***adj.*** Que tiene alúmina o alumbre.
aluminio (de *alúmina*) ***m.*** Metal de color parecido al de la plata, muy maleable, dúctil y sonoro, notable por su ligereza y por su resistencia a la oxidación. Su símbolo es *Al*, su peso atómico 27,1 y su número atómico 13.
aluminita *f.* Roca formada por un sulfato de alúmina básico. 2 Variedad de porcelana; v. alumini-.
aluminografía *f.* Procedimiento de grabado litográfico sobre planchas de aluminio para reproducir un dibujo o escrito.
aluminosilicatos (*alumino-* + *silicato*) ***m. pl.*** QUÍM. Compuestos formados por alúmina, silicatos y bases, y que constituyen el grupo formado por las arcillas, mica, vidrio, porcelana, etc.
aluminoso, -sa *adj.* Que contiene alúmina o tiene sus propiedades.
aluminotermia (*alumino-* + *-termia*) *f.* QUÍM. Método de reducción de óxidos metálicos empleando aluminio en polvo, con lo que se obtienen temperaturas muy altas.

alumnado *m.* Conjunto de los alumnos de un centro de enseñanza. 2 Colegio, internado.
alumno, -na (l. *-nu* < *alere*, alimentar) *m. f.* Persona, respecto del que la educó desde su niñez. 2 Discípulo, respecto de su maestro, de la materia que aprende, de la escuela donde estudia, etc.
SIN. v. **Estudiante.**
alunado, -da *adj.* Lunático. 2 [caballo o yegua] Que padece algún género de constipación o encogimiento de nervios. 3 [tocino] Que se pudre sin agusanarse.
alunadura *f. Colomb.* y *Venez.* Edema formado en la ensilladura de una bestia y atribuido a la influencia de la luna.
alunamiento *m.* Doble albura. 2 MAR. Curva que forma la relinga de pujamen de algunas velas.
alunarado, -da *adj.* [res berrenda] Cuyas manchas son redondas, como grandes lunares. 2 [tejido, papel, etc.] Con dibujo de lunares.
alunarse (paras.) *prnl.* Corromperse el tocino sin agusanarse. 2 *Colomb.* Enconarse una matadura.
alunizaje *m.* Acción de alunizar.
alunizar (paras.) *intr.* Descender y posarse en el suelo de la Luna un vehículo astronáutico. ◇ ** CONJUG. [4] como ***realizar.***
alusión (l. *allusione*, juguete) *f.* Acción de aludir: ~ ***personal,*** la que se dirige a un individuo, ya nombrándolo, ya refiriéndose a sus hechos, opiniones o doctrinas. 2 RET. Figura que consiste en aludir a una persona o cosa.
SIN. v. **Aludir.**
alusivo, -va *adj.* Que alude.
alustrar *tr.* Lustrar (dar lustre).
alutación *f.* MIN. Pepita de oro en grano que se encuentra en la superficie de la tierra.
alutrado, -da (paras.) *adj.* De color parecido al de la lutria.
aluvial *adj.* De aluvión.
aluvión (l. *alluvione*) *m.* Avenida fuerte de agua; inundación. 2 ***De*** ~, relativo a los terrenos o depósitos de tierra formados por la acción mecánica de las corrientes de agua. 3 fig. Cantidad grande de una cosa. 4 DER. Aumento paulatino que un predio ribereño experimenta al depositarse en él los leves materiales que arrastra una corriente de agua. Es uno de los modos de adquirir la propiedad por accesión.
SIN. *1* **Chorroborro,** desp. CONTR. **Avulsión.**
aluzar (de *luz*) *tr. Amér.* Alumbrar, llenar de luz y claridad. 2 *P. Rico.* vulg. Examinar al trasluz, esp. [los huevos]. ◇ ** CONJUG. [4] como ***realizar.***
Alvarado (Pedro de ~) *n. pr.* Famoso capitán (1485-1541), lugarteniente de Hernán Cortés (1481-1547); acosado por los indios, saltó con una pica una acequia muy ancha. Esta proeza y el lugar donde se realizó han quedado como proverbiales en la historia y en la tradición mejicana con el nombre de *salto de* ~.
alveario (l. *-iu*, colmena) *m.* Conducto auditivo externo.
alvejuela *f. Nav.* Arvejuela.
álveo (l. *-eu*) *m.* Madre de un río o arroyo. 2 p. us. Estría de una columna. 3 Piscina o bañera sobre gradas en el caldario de las terma romanas.
alveolado, -da *adj.* Que tiene alvéolos.
alveolar *adj.* ZOOL. Relativo o semejante a los alvéolos. 2 GRAM. [consonante] Que se articula tocando la lengua en los alvéolos; en español: *n, l, r, s.* 3 Que tiene forma de panal.
alveolitis *f.* PAT. Inflamación de los alveolos pulmonares, o de los dentarios. ◇ Pl.: *alveolitis.*
alveolo, alvéolo (l. *-lu*) *m.* Celdilla (en la colmena). 2 Cavidad en la que está engastado cada uno de los dientes de los hombres y de los animales. 3 Celdilla o inflamento en que terminan las últimas ramificaciones de los tubos bronquiales que forman los pulmomes de los mamíferos.
alverja, -jana *f.* Arveja. 2 *Amér.* Guisante.
alverjado *m. Chile.* Guisado de guisantes.
alverjilla *f. Ecuad.* Guisante de olor, variedad de almorta *(Lathyrus sativus).*
alverjita *f.* Alverjilla (guisante).
alverjón *m.* Almorta.
alvino, -na (l. *-nu* < *alvu*, vientre) *adj.* ZOOL. Relativo al bajo vientre. ◇ HOMÓF.: *albino* (adj.).
alvita *f.* MINER. Mineral de circonio de color rojo parduzco; cristaliza en el sistema tetragonal.
alza (de *alzar*) *f.* Pedazo de vaqueta con que se aumenta la horma del zapato. 2 Aumento de precio que toma alguna cosa. 3 Regla graduada fija en el cañón de las armas de fuego, para precisar la puntería. 4 Madero que con otros iguales forma una presa movible. 5 IMPR. Pedazo de papel pegado sobre el tímpano de la prensa para igualar la impresión. 6 *Ecuad.* Cierto baile. 7 *Ecuad.* Música de este baile.
alzacola *m.* Ave paseriforme insectívora, de color pardo rojizo, vientre blancuzco y larga cola en abanico *(Cercotrichas galactotes).*
alzacuello (de *alzar* + *cuello*) *m.* Tira de tela endurecida que, ceñida al cuello, obliga a llevarlo erguido. 2 Especie de corbatín, usado por los eclesiásticos. 3 Gorguera (adorno).
alzada (de *alzar*) *f.* Estatura del caballo. 2 DER. Recurso de apelación en lo gubernativo. 3 IMPR. Colocación ordenada de las hojas impresas que deben formar un volumen según las indicaciones al pie de las primeras páginas de los pliegos o cuadernos. 4 *Ast.* Lugar alto de pastos para el verano y cabañas en que habitan temporalmente los vaqueiros.
alzadamente *adv. m.* Por un tanto alzado.
alzadera (de *alzar*) *f.* Contrapeso para saltar.
alzadizo, -za *adj.* Que es fácil de alzar.
alzado, -da (de *alzar*) *adj.* [pers.] Que quiebra fraudulentamente. 2 [ajuste o precio] Fijado en determinada cantidad. -3 *m.* Diseño de la fachada de un edificio. 4 Robo, hurto. 5 Diseño de un edificio, máquina, etc., en su proyección geométrica y vertical. 6 Ordenación de los pliegos de una obra impresa, para formar los ejemplares de la misma. 7 Altura. 8 Acción de alzar. -9 *adj. Amér.* [animal doméstico] Que se torna bravío. 10 *Amér.* Engreído, insolente. 11 *Amér. Merid.* [animal] Que anda en celo. 12 *Méj.* Tosco, tímido.
alzador *m.* Pieza o sitio para alzar los impresos. 2 Operario encargado de este trabajo.
alzadora *f. Bol.* Niñera.
alzadura *f.* Alzamiento (acción y efecto).
alzafuelles (de *alzar* y *fuelle*) *com.* fig. Persona aduladora o lisonjera. 2 *Colomb.* Soplón. ◇ Pl.: *alzafuelles.*
alzamiento *m.* Acción de alzar o alzarse. 2 Efecto de alzar o alzarse. 3 Puja hecha en una subasta. 4 Levantamiento. 5 Quiebra fraudulenta.
SIN. *3* v. **Sublevación.**
alzapaño (de *alzar* + *paño*) *m.* Pieza fijada en la pared, a los lados de una cortina, para tenerla recogida. 2 Tira suelta de los alzapaños para recoger las cortinas.
alzapelo *adj. Guat.* [gallo] Cobarde; p. ext., se aplica también a personas.
alzapié (de *alzar* + *pie*) *m.* Trampa o lazo para prender y cazar por el pie cuadrúpedos y aves.
alzaprima *f.* Palanca (barra). 2 Cuña empleada para realzar alguna cosa. 3 Puente (tablilla). 4 *Argent.* y *Urug.* Cadena o cadenilla que sirve para levantar y fijar al talón las espuelas pesadas. -5 *m. Argent.* y *Parag.* Carro con dos ruedas enormes, sin caja, destinado a llevar troncos grandes.
alzaprimar *tr.* Levantar [una cosa] con la alzaprima. 2 Conmover, incitar.
alzapuertas (de *alzar* + *puertas*) *m.* Actor que sólo sirve de criado o comparsa. ◇ Pl.: *alzapuertas.*
alzar (l. v. **altiare* < l. *altu*, alto) *tr.* Levantar: ~ *los ojos al cielo;* ~ *algo del suelo;* ~ *a uno por caudillo; alzarse a mayores; alzarse en rebelión.* 2 En el santo oficio de la misa, elevar [la hostia y el cáliz] después de la consagración: ***abs.,*** *ya han alzado.* 3 Levantar, construir, edificar. 4 Quitar o llevarse [una cosa]: ~ *los manteles;* recoger y guardar u ocultar [una cosa, esp., la cosecha]: ~ *los bastimentos;* ~ *los frutos.* 5 En los juegos de naipes, cortar la baraja. 6 AGR. Dar la primera vuelta [al rastrojo]. 7 ALBAÑ. Dar el peón al oficial [la pellada de yeso u otra mezcla]. 8 IMPR. Poner en rueda todas las jornadas de una impresión y sacar [los pliegos uno a uno] para ordenarlos. -9 ***prnl.*** Levantarse. 10 Quebrar el mercader fraudulentamente: ***alzarse uno con alguna cosa,*** apoderarse de ella con usurpación e injusticia. 11 Apelar, recurrir a un juez o tribunal superior. 12 Retirarse el jugador del juego con la ganancia sin esperar que los otros se desquiten. 13 *Amér.* Fugarse y hacerse montaraz el animal doméstico. 14 *Colomb.* Emborracharse. ◇ ** CONJUG. [4] como ***realizar.***
SIN. *1* v. **Levantar.**
alzo *m. C. Rica, Guat., Hond., Nicar.* y *Salv.* Alzado, hurto o robo. 2 *Guat.* y *Hond.* Victoria obtenida por un gallo de pelea: *este gallo lleva seis alzos.*
Am, símbolo químico del *americio.*
ama (vasc. *amá*, madre) *f.* Cabeza o señora de la casa o fami-

lia. 2 Poseedora de alguna cosa. 3 La que tiene uno o más criados, respecto de ellos. 4 Criada principal de una casa: ~ *de un clérigo;* ~ ***de gobierno,*** o ***de llaves,*** la encargada de las llaves y economía de la casa. 5 Mujer que amamanta una criatura ajena, llamada esp. ~ *de cría* o *de leche*; ~ ***seca,*** mujer que cuida de los niños de una casa. 6 *Amér. Central, Colomb.* y *P. Rico.* ~ ***de brazos,*** niñera.

SIN. *1, 2* y *3* **Dueña.** *3* **Señora,** fam. **señorita.** *5* **Nodriza; nutriz,** p. us.; **pasiega.**

amabilidad ***f.*** Calidad de amable.

amabilísimo, -ma ***adj.*** Superl.: de *amable.*

amable (l. *amabile*) ***adj.*** Digno de ser amado: ~ *a,* o *para, los suyos.* 2 Afable, complaciente, afectuoso: ~ *a, para,* o *para con, todos;* ~ *de genio;* ~ *en el trato.* ◇ Superl. *amabilísimo.*

amablemente ***adv. m.*** Con amabilidad.

amacayo ***m.*** *Amér.* Flor de lis, planta amarilidácea *(Amarylis formosisima).*

amaceno, -na ***adj.-s.*** [ciruelo y ciruela] Damasceno.

amachambrar ***tr.*** *Chile* y *P. Rico.* Machiembrar, ensamblar las piezas de madera. -2 ***prnl.*** *Chile.* Amancebarse, machiembrarse.

amachar ***tr.*** *Colomb.* Juntar: ~ *los racimos.* -2 ***prnl.*** *Méj.* Resistirse, negarse a hacer algo. 3 *P. Rico.* Amachorrarse.

amachetear ***tr.*** Dar machetazos.

amachimbrarse ***prnl.*** *Amér.* Amancebarse.

amachinarse ***prnl.*** *Can.* y *Amér.* Amancebarse. 2 *Guat.* y *Pan.* Abatirse, perder energías, acobardarse.

amacho ***adj.-m.*** *Amér. Central.* Sobresaliente en su género, expresando vigor, fortaleza.

amachorrarse ***prnl.*** *Amér.* Volverse machorra una hembra.

amacigado, -da ***adj.*** De color amarillo o de almáciga.

amación (l. *amatione*) ***f.*** En mística, enamoramiento o pasión amorosa.

amacizar ***tr.*** *Amér. Central* y *Colomb.* Macizar, rellenar, abarrotar. 2 *Colomb.* y *Méj.* Apretar, afianzar. ◇ ** CONJUG. [4] como ***realizar.***

amacollar ***intr.-prnl.*** Formar macolla las plantas.

amacureño, -ña ***adj.-s.*** Guayanés.

amadamado, -da ***adj.*** Fino, delicado.

amadamarse ***prnl.*** *Perú.* Adamarse.

amado, -da ***adj.-s.*** Persona amada.

amador, -ra ***adj.-s.*** Que ama.

amadrigar (l. *ad* + **matricare* < *matrix,* matriz) ***tr.*** desp. Acoger bien: ~ *a un vago.* -2 ***prnl.*** Meterse en la madriguera. 3 fig. Retraerse, no dejarse ver en público. ◇ ** CONJUG. [7] como ***llegar.***

amadrinadero ***m.*** *Cuba.* Bramadero al que se amarran los animales.

amadrinadora ***f.*** *Perú.* Mujer consentidora.

amadrinamiento ***m.*** Acción de amadrinar o unir dos caballerías. 2 Efecto de amadrinar o unir dos caballerías.

amadrinar (paras.) ***tr.*** Unir [dos caballerías] con la correa llamada madrina. 2 MAR. Unir [dos cosas] para que se refuercen mutuamente. 3 Por analogía con apadrinar, ser madrina una mujer. 4 *Amér. Merid.* Acostumbrar al ganado caballar a que vaya en tropilla detrás de la yegua madrina. -5 ***prnl.*** *Perú.* Aquerenciarse los animales.

amadroñado, -da (paras.) ***adj.*** Parecido al madroño.

amaestradamente ***adv. m.*** Con maestría.

amaestrado, -da ***adj.*** Dispuesto con arte y astucia. 2 [animal domado] Que tiene ciertas habilidades: *perros amaestrados en el circo.*

amaestrador, -ra ***adj.-s.*** Que amaestra.

amaestradura ***f.*** Artificio para disimular o engañar.

amaestramiento ***m.*** Acción de amaestrar o amaestrarse. 2 Efecto de amaestrar o amaestrarse.

amaestrar ***tr.*** Adiestrar. 2 Domar, enseñar a los animales.

SIN. V. **Enseñar.**

amafiarse ***prnl.*** *Méj.* Confabularse. ◇ ** CONJUG. [12] como ***cambiar.***

amagadura ***f.*** VETER. Rozadura sobre el casco de la caballería.

amagamiento ***m.*** *Amér.* Quebrada honda y estrecha.

amagar ***intr.-tr.*** Dejar ver la intención de ejecutar próximamente alguna cosa: ~ *a darle dinero; el enemigo amagaba a atacar; amaga una sonrisa.* 2 Amenazar: *le amaga un gran daño.* -3 ***intr.*** Estar una cosa próxima a sobrevenir: ~ *una tempestad, un motín;* esp., manifestarse los primeros síntomas de una enfermedad: ~ *la terciana, el accidente.* -4 ***tr.*** Fingir que se va a hacer o decir alguna cosa: ~ *una retirada.* -5 ***prnl.*** ant. Ocultarse, esconderse: *amagarse en un recodo.* ◇ ** CONJUG. [7] como ***llegar.***

FR. *Amagar y no dar,* juego de muchachos en el cual se levanta la mano para dar un golpe sin llegar a darlo. SIN. V. **Amenazar.**

amago ***m.*** Acción de amagar. 2 Señal, indicio de algo. 3 Ataque fingido.

ámago ***m.*** Hámago.

amainador ***m.*** MIN. El que tiene por oficio amainar.

amainar (der. del l. *mansione,* casa, a través del significado de amansar, casero en prov. y en cat.) ***tr.*** MAR. Recoger [las velas de una embarcación] para que no camine tanto. 2 MIN. Retirar de los pozos [los cubos y vasijas]. -3 ***intr.*** Aflojar, perder su fuerza el viento. 4 fig. Aflojar en algún deseo o empeño: ~ *a uno la furia;* ~ *uno en su furia;* ~, o *amainarse, la admiración.* 5 fig. Tener paciencia, ser paciente.

amaine ***m.*** Acción de amainar. 2 Efecto de amainar.

amaitinar ***tr.*** Acechar, espiar.

amaizar ***intr.*** *Colomb.* Enriquecerse. ◇ ** CONJUG. [4] como ***realizar.***

amajadar (paras.) ***tr.*** Hacer el redil al ganado menor [en un terreno], para que lo abone con su estiércol. -2 ***intr.*** Hacer mansión el ganado en la majada.

SIN. **Redilar, redilear.**

amajanar ***tr.*** Señalar los límites [de un campo] con majanos.

¡amalaya! *Argent., Bol., Parag., Perú* y *Urug.* Interjección. ¡Amalhaya!

amalayar ***tr.*** Amalhayar.

amalearse ***prnl.*** *Colomb.* y *Ecuad.* Enfermarse.

amalecita (l.) ***adj.-s.*** De un pueblo bíblico, descendiente de Amalec, nieto de Esaú, que habitaba la Arabia Pétrea: *los amalecitas fueron enemigos de los israelitas.*

amalezarse ***prnl.*** *Can.* Marchitarse. ◇ ** CONJUG. [4] como ***realizar.***

amalgama (ár. *yamaca,* reunión, a través del fr.) ***f.*** Aleación de mercurio con otro metal. 2 Mineral compuesto de mercurio y plata. 3 fig. Mezcla de elementos heterogéneos.

SIN. **Malgama.**

amalgamación ***f.*** Acción de amalgamar o amalgamarse. 2 Efecto de amalgamar o amalgamarse. 3 METAL. Método de extracción de metales nobles, a partir de sus minerales, poniendo a estos en contacto con mercurio.

amalgamador, -ra ***adj.-s.*** Que amalgama. 2 METAL. Aparato para extraer oro de sus minerales por amalgamación.

amalgamamiento ***m.*** Amalgamación.

amalgamar (paras. de *malgama*) ***tr.-prnl.*** Alear el mercurio [con otro metal]. 2 fig. Unir o mezclar [cosas heterogéneas].

¡amalhaya! *Amér.* Interjección. ¡Ojalá! ¡Malhaya!

amalhayar (de *¡malhaya!*) ***tr.*** *Amér. Central* y *Colomb.* Anhelar, codiciar.

amalignarse ***prnl.*** *Cuba.* Padecer la calentura llamada maligna.

amallarse ***prnl.*** *Chile.* En el juego, alzarse.

ámalo, -la ***adj.-s.*** De un ilustre linaje de los godos.

Amaltea ***n. pr.*** MIT. Cabra que crió a Júpiter, el cual la puso en el cielo y dio uno de sus cuernos a las ninfas que lo habían cuidado en su niñez. De este cuerno salía cuanto se deseaba: *cornucopia* o *cuerno de la abundancia.*

amamantador, -ra ***adj.-s.*** Que amamanta.

amamantamiento ***m.*** Acción de amamantar. 2 Efecto de amamantar.

amamantar ***tr.*** Dar de mamar. 2 *Ant.* fig. Consentir, mimar.

SIN. **Lactar.**

amamarrachado, -da ***adj.*** [pers.] Que tiene aspecto de mamarracho.

amambayense ***adj.-s.*** De Amambay, departamento del norte de Paraguay.

amán (ár.) ***m.*** Amnistía, paz.

amanal (náhu. *amanalli*) ***m.*** *Méj.* Alberca.

amancay (quechua) ***m.*** *Argent., Chile, Ecuad.* y *Perú.* Planta amarilidácea, especie de narciso amarillo *(Amaryllis aurea).*

amancaya ***f.*** *Bol.* Amancay.

amancebamiento ***m.*** Concubinato.

amancebarse (paras. de *manceba*) ***prnl.*** Unirse en amancebamiento.

amancillar ***tr.*** Manchar. 2 Deslucir, afear, ajar.

amandina (der. del fr. *amande,* almendra) ***f.*** Fermento que produce la descomposición de la amigdalina.

amanear ***tr.*** Manear.

I) amanecer ***m.*** Tiempo durante el cual amanece: ***al*** ~, al tiempo de estar amaneciendo.
SIN. **Alba, madrugada.**

II) amanecer (l. *ad* + *mane,* la mañana) ***impers.*** Apuntar el día. 2 p. ext. ***intr.*** Estar en un paraje o condición determinados al apuntar el día: ~ *en Madrid;* aparecer o manifestarse alguna cosa al rayar el alba: *amaneció un pasquín en la puerta.* 3 Empezar a manifestarse alguna cosa: ~ *razón, el valor.* -4 ***tr.*** poét. Iluminar: *tres diosas que amanecían todo el horizonte.* ◇ ** CONJUG. [43] como ***agradecer.***
SIN. *1* **Aclarar, clarear, clarecer** (p. us.).

amanecida ***f.*** Amanecer (apuntar el día).

amaneciente ***adj.*** Que amanece.

amaneradamente ***adv. m.*** Con amaneramiento.

amanerado, -da ***adj.*** Que adolece de amaneramiento. 2 Afeminado. 3 *Ecuad.* Afable, atento.

amaneramiento ***m.*** Acción de amanerarse. 2 Efecto de amanerarse. 3 Falta de variedad en el estilo. 4 Afeminamiento.
SIN. **Afectación.**

amanerar (paras. de *manera*) ***tr.-prnl.*** Dar cierta monotonía y afectación [a las obras, lenguaje, ademanes, vestido, etc.]: ~ *uno el estilo; amanerarse un escritor, un artista; sus ademanes se amaneran.* 2 Contraer una persona vicio semejante en el modo de accionar, de hablar, etc. -3 ***prnl.*** Afeminarse.

amanezca ***f.*** *Méj.* vulg. Amanecida.

amanezquera ***f.*** *Guat.* vulg. Amanecida, madrugada.

amanguala ***f.*** *Colomb.* Convenio, conchabanza.

amangularse ***prnl.*** *Colomb.* Convenirse, conchabarse.

amaniatar ***tr.*** Maniatar.

amanita ***f.*** Hongo muy semejante al agárico, algunas de cuyas especies son muy venenosas. La especie *A. phalloides* es mortal *(gén. Amanita).*

amanitina ***f.*** Substancia que constituye el principio tóxico de la mayor parte de los hongos venenosos.

amanojado, -da ***adj.*** BOT. Que tiene forma de manojo.

amanojar (paras.) ***tr.*** Juntar [varias cosas] en manojo. -2 ***prnl.*** *Pan.* En los bailes, echarse las parejas los brazos por la cintura.

amansa ***f.*** *Chile.* Amansamiento. 2 *Chile.* Conjunto de animales de una hacienda que están en situación de ser amansados.

amansador, -ra ***adj.-s.*** Que amansa. -2 ***m.*** *Amér.* Picador, domador de caballos. -3 ***f.*** *Argent.* Palenque u horcón donde se amarran los potros o redomones para desbravarlos. 4 *Argent.* y *Urug.* fig. Antesala, espera prolongada.

amansaje ***m.*** *Ecuad.* Amansamiento.

amansamiento ***m.*** Acción de amansar o amansarse. 2 Efecto de amansar o amansarse.

amansar (paras.) ***tr.-prnl.*** Hacer manso [a un animal], domesticarlo. 2 p. ext. fig. Domar el carácter violento [de una persona]. 3 fig. Sosegar, apaciguar, mitigar: *amansarse las pasiones.* -4 ***intr.*** Ablandarse una persona en su carácter.

amanse ***m.*** *Ecuad.* Amansamiento.

amantar (paras.) ***tr.*** fam. Cubrir [a una pers.] con manta o con ropa sin ajustar. 2 *Murc.* Cubrir con albardín la barraca.

I) amante (l.) ***adj.-s.*** Que ama. -2 ***com. pl.*** Hombre y mujer que se aman. 3 ***Los amantes de Teruel,*** v. Teruel.

II) amante (l. *amentum*) ***m.*** MAR. Cabo grueso asegurado en la cabeza de un palo o verga para resistir grandes esfuerzos: *amantes del rizo.*

amantero ***m.*** Obrero portuario que dirige las maniobras de carga y descarga.

amantillar ***tr.*** MAR. Halar los amantillos [de una verga cruzada].

amantillo (de *amante* II) ***m.*** MAR. Cabo usado para asegurar la posición de una verga cruzada.

amanuense (l.) ***com.*** Persona que escribe al dictado. 2 Escribiente.
SIN. **Secretario.**

amanzanamiento ***m.*** *Argent.* y *Urug.* Acción de amanzanar. 2 *Argent.* y *Urug.* Efecto de amanzanar.

amanzanar ***tr.*** *Argent.* y *Urug.* Dividir [el terreno] en manzanas.

amañado, -da ***adj.*** Mañoso, hábil. 2 Falsificado, alterado para obtener algún efecto: *baraja amañada; un telegrama* ~.

amañar (paras.) ***tr.*** Componer mañosamente [una cosa], falsearla. -2 ***prnl.*** Darse maña, acomodarse fácilmente a hacer una cosa.

amaño ***m.*** Disposición para hacer con maña alguna cosa. 2 fig. Traza o artificio para conseguir algo: *lo obtendremos con amaños.* -3 ***m. pl.*** Instrumentos a propósito para alguna maniobra.

amapola (del moz. *habapaura;* éste del l. *papavere,* amapola × ár. *hábba,* grano de cereal) ***f.*** Hierba papaverácea anual erecta, de flores rojas y semilla negruzca, que con frecuencia abunda en los sembrados *(Papaver rhœas).* 2 *Cuba.* Altea.
SIN. *1* **Ababa, ababol,** (poco usuales).

amapuches ***m. pl.*** *Cuba.* Avíos. 2 *Venez.* Remilgos.

amar (l. *-are*) ***tr.*** Tener amor [a personas, animales o cosas]: ~ *de corazón.* 2 Tener amor a seres sobrenaturales. 3 Desear, aspirar al conocimiento y disfrute del ser amado. ◇ GALIC.: *amo la música,* por soy aficionado a la música; *el naranjo ama los países cálidos,* por prospera en.
SIN. Su signif. es gralte. abstracto: ~ *a Dios.* Es de uso pralte. lit. en sus aceps. concretas; corrientemente se usa **querer**.

amaracino, -na ***adj.*** De amáraco.

amáraco (l. *-cu*) ***m.*** Mejorana.

amaraje ***m.*** Acción de amarar.

amarantáceo, -a ***adj.-f.*** Planta de la familia de las amarantáceas. -2 ***f. pl.*** Familia de plantas dicotiledóneas apétalas, de hojas alternas u opuestas, flores pequeñas, de cáliz persistente, dispuestas en espigas o cabezuelas terminales, y fruto en núcula; como el amaranto.

amarantina (de *amaranto*) ***f.*** Perpetua (planta amarantácea).

amaranto (l. *amarantus,* del gr. *amárantos*) ***m.*** Planta amarantácea, de hojas alternas, flores en espiga densa y fruto de muchas semillas negras y relucientes *(Amaranthus caudatus).* -2 ***adj.-m.*** De color carmesí.
SIN. *1* **Moco de pavo, flor de amor; borlas** (Colomb.); **calalú** (Guat.); **quelite** (Amér.).

amarar (paras. de *mar*) ***intr.*** Posarse en el agua [un hidroavión, una nave espacial, etc.].

amarchantarse ***prnl.*** *Amér.* Hacerse marchante o parroquiano de una tienda.

amarcigado, -da ***adj.*** *Perú.* [piel] Que tiene una coloración ligeramente obscura. ◇ También *amarsigado.*

amarcigarse ***prnl.*** *P. Rico.* Ponerse un plátano pintón, o a media madurez. ◇ También *amarsigarse.* ◇ ** CONJUG. [7] como ***llegar.***

amarecer (l. *mare,* carnero) ***tr.*** Amorecer. ◇ ** CONJUG. [43] como ***agradecer.***

amarfilado, -da ***adj.*** Que se asemeja al marfil.

amargado, -da ***adj.*** Relativo a la persona malhumorada, resentida, pesimista.

amargaleja (de *amargo*) ***f.*** Endrina.

amargamente ***adv. m.*** Con amargura.

amargar (l. *amaricare*) ***intr.-prnl.*** Tener alguna cosa sabor parecido al de la hiel, el acíbar, etc.: *este pan amarga; amargarse la fruta.* 2 fig. Causar aflicción o disgusto. -3 ***tr.*** Comunicar sabor o gusto desagradable [a una cosa]: *este condimento amarga la comida;* fig., *los disgustos le amargan la existencia.* -4 ***prnl.*** Experimentar una persona resentimiento por frustraciones, fracasos, disgustos, etc. ◇ ** CONJUG. [7] como ***llegar.***

amargo, -ga (l. **amarricu* < *amaru*) ***adj.*** Que amarga: ~ *al gusto;* ~ *de sabor.* 2 fig. Que causa aflicción o disgusto. 3 fig. Que está afligido o disgustado. 4 fig. De genio desabrido, desapacible en el trato. -5 ***m.*** Amargor (gusto). 6 Dulce compuesto con almendras amargas. 7 Licor confeccionado con almendras amargas. 8 Substancia de sabor amargo. -9 ***adj.*** *Argent.* Entre campesinos, flojo, indeciso, sin carácter. -10 ***m.*** *R. de la Plata.* Por antonomasia, mate preparado sin azúcar: *déme un* ~. 11 *Venez.* Aguardiente aderezado con diversas plantas amargas maceradas en él.

amargón ***m.*** Achicoria. 2 Diente de león.

amargor ***m.*** Gusto amargo. 2 fig. Aflicción, disgusto.

amargosamente ***adv. m.*** Amargamente.

amargoso, -sa ***adj.*** Amargo.

amarguear ***intr.*** *R. de la Plata.* Beber mate amargo.

amarguera ***f.*** Planta umbelífera, notable porque toda ella es de sabor amargo *(Bupleurum fruticosum).*
SIN. **Matabuey.**

amarguillo ***m.*** Amargo, dulce de almendras amargas.

amargura ***f.*** Amargor.
En la acep. fig. es más intenso y duradero que *amargor.*

amaricado ***adj.*** fam. Afeminado.

amárico, -ca ***adj.-m.*** Lengua etiópica, hablada principalmente en el centro de Etiopía.

amariconado, -da ***adj.*** Afeminado.

amariconamiento ***m.*** Afeminamiento.

amariconarse *prnl.* Afeminarse.
amarilidáceo, -a *adj.-f.* Planta de la familia de las amarilidáceas. -2 *f. pl.* Familia de plantas monocotiledóneas de caracteres generales muy parecidos a los de las liliáceas, de las cuales se distinguen por tener el ovario ínfero; como la amarilis.
amarilídeo, -a *adj.* BOT. Amarilidáceo.
amarilis *f.* Planta amarilidácea, con flores de colores muy vivos y de suave olor *(Amarillis belladonna).* ◇ Pl.: *amarilis.*
amarilla (de *amarillo*) *f.* fig. Moneda de oro; esp., onza. 2 Enfermedad del ganado lanar; procede de una alteración del hígado.
amarillar *prnl.* Amarillecer, ponerse amarillo.
amarillear *intr.* Mostrar una cosa la amarillez que en sí tiene. 2 Tirar a amarillo. 3 Palidecer.
amarillecer *intr.* Ponerse amarillo. ◇ También *enmarillecer.* ◇ ** CONJUG. [43] como ***agradecer.***
amarillejo, -ja *adj.* Dim. de *amarillo.* 2 Amarillento.
amarillento, -ta *adj.* Que tira a amarillo.
amarilleo *m.* Acción de amarillear. 2 Efecto de amarillear.
amarillez *f.* Calidad de amarillo.
amarillo, -lla (l. v. *amarellu* < *amaru*, amargo) *adj.-m.* Color parecido al del oro, el limón, la flor de retama, etc.; es el tercero del espectro solar. -2 *adj.* De color amarillo. -3 *m.* Adormecimiento de los gusanos de seda, esp. en tiempo de niebla. 4 Substancia utilizada para teñir de amarillo. 5 *Argent.* Tataré. 6 En otros países americanos, nombre de plantas de especies diversas.
amarilloso, -sa *adj. Amér.* Amarillento.
amarinar *tr.* Marinar.
amariposado, -da (paras.) *adj.* De figura de mariposa. 2 fig. Afeminado.
SIN. *1* **Papilionáceo,** tecn.
amaritud (l. *-udo*) *f.* Amargor.
amarizaje *m.* Amaraje.
amarizarse (de *a* y l. v. *maritiare,* de *maritus,* marido) *prnl.* Copularse el ganado lanar. ◇ ** CONJUG. [4] como ***realizar.***
amaro (l. *maru*) *m.* Planta labiada bienal de hasta 1,2 m. de altura, pegajosa y de olor fuerte, de cuyas hojas se extrae un aceite usado en perfumería *(Salvia sclarea).*
SIN. **Bácara, bácaris, almaro, esclarea, maro, tárrago.**
amaromar *tr.* Amarrar, atar.
amarra *f.* Correa que va desde la muserola al pretal. 2 MAR. Cabo para asegurar la embarcación en el paraje donde da fondo. -3 *f. pl.* fig. Protección, apoyo.
amarraco (vasc.) *m.* Tanteo de cinco puntos en el juego del mus. ◇ También *amarreco.*
amarradera *f. Colomb.* y *Chile.* Amarra.
amarradero *m.* Poste, argolla donde se amarra algo. 2 MAR. Lugar donde se amarran los barcos. 3 *Can.* Lugar donde se ata el ganado, esp. en campo abierto.
amarradijo *m. Guat.* y *Hond.* Nudo mal hecho. 2 *Colomb.* Amarradura.
amarrado, -da *adj. Estar ~,* en el juego del bingo, faltarle a un jugador únicamente un número para completar el cartón. 2 *Ant.* y *Chile.* [pers.] Poco expedito en sus actos o movimientos. 3 *Murc.* y *Cuba.* Agarrado, mezquino.
amarradura *f.* Acción de amarrar. 2 Efecto de amarrar. 3 MAR. Vuelta, circunvalación que da una cosa amarrada sobre otra.
amarraje *m.* Impuesto que se paga por el amarre de las naves en un puerto.
amarrar (neerl. *aanmarren,* atar; a través del fr.) *tr.* Atar, asegurar [una cosa] por medio de cuerdas, cadenas, etc.; esp., sujetar [el buque] en el puerto o fondeadero. 2 En los juegos de naipes, hacer la fullería de dejar varias cartas juntas al barajar. -3 *intr.* fig. *y* fam. Dedicarse con afán al estudio. -4 *prnl.* fam. Asegurarse. 5 *Amér. Central* y *Colomb.* ***Amarrársela, emborracharse.*** 6 *Nicar.* y *Salv.* Casarse, contraer matrimonio.
1 Esta acep. se conserva en Amér. en toda su amplitud. En España se restringe a las ataduras muy sólidas con cables, cadenas, cuerdas, pero no se dice ~ *la corbata, el zapato,* sino *atar, anudar.*
amarre *m.* Amarradura. 2 Acción de amarrar (fullería). 3 *Nicar.* y *Salv.* Pacto, convenio.
amarreco *m.* Amarraco.
amarrete *adj. Amér.* Cicatero.
amarrido, -da *adj.* Afligido, melancólico, triste.
amarro *m.* Sujeción.
amarrón, -rona *m. f.* Empollón.
amarroso, -sa *adj. Amér. Central* y *Colomb.* Agarroso.
amarsigado, -da *adj. Perú.* Amarcigado.
amarsigarse *prnl. P. Rico.* Amarcigarse. ◇ ** CONJUG. [7] como ***llegar.***
amarteladamente *adv. m.* Enamoradamente.
amartelado, -da *adj.* Que implica o demuestra amartelamiento.
amartelamiento *m.* Exceso de rendimiento amoroso.
amartelar (paras. del ant. *martelo,* celos, enamoramiento < it. *martello*) *tr.-prnl.* Atormentar [a uno], esp. con celos. -2 *tr.* Enamorar: *su hermosura amartela los corazones.* -3 *prnl.* Enamorarse de una persona.
En la acepción *3* se usa especialmente con el participio: *andar dos novios muy amartelados.*
amartillado, -da *adj. Urug.* Que está sólidamente preparado en alguna materia.
amartillar *tr.* Martillar. 2 Poner en el disparador [un arma de fuego]. 3 fig. Asegurar.
SIN. *2* **Montar.**
amarulencia (l. *amarulentu,* de *amarus,* amargo) *f.* Resentimiento, amargura.
amasadera *f.* Artesa en que se amasa. 2 Aparato mecánico que sirve para heñir o trabajar la masa en las panaderías.
amasadero *m.* Local donde se amasa el pan.
amasado, -da *m.* Acción de amasar. 2 Efecto de amasar. -3 *adj. Cuba.* Panudo.
amasador, -ra *adj.-s.* Que amasa. -2 *m.* Panadero, tahonero.
amasadura *f.* Acción de amasar. 2 Amasijo, harina amasada.
amasamiento *m.* Amasadura. 2 MED. Compresión metódica de las partes blandas del cuerpo, para excitar la circulación capilar.
SIN. *2* **Masaje.**
amasandería *f. Amér.* Tahona o panadería.
amasandero, -ra *m. f. Colomb.* y *Chile.* Panadero, tahonero.
amasar (paras.) *tr.* Formar o hacer masa mezclando [harina, yeso, etc.]. 2 fig. Combinar, reunir, juntar: *en diez años amasaron una fortuna.* 3 MED. Practicar el amasamiento. 4 fig. Disponer con astucia [las cosas] para el logro de lo que se intenta: *en aquellas juntas se amasaba la política local.*
SIN. **Masar.**
amasia (de *amar*) *f. Méj.* y *Perú.* Querida, concubina.
amasiato *m. Méj.* y *Perú.* Concubinato.
amasijo *m.* Acción de amasar. 2 Porción de harina amasada. 3 Porción de masa hecha con yeso, tierra, etc., y agua u otro líquido. 4 fig. Mezcla confusa de cosas o ideas diferentes. 5 Convenio entre varias personas, gralte. con mal fin. 6 fig. Obra, trabajo. 7 *Venez.* Nombre genérico del pan de trigo.
amata *f. Ecuad.* Matadura.
amatar *tr. Ecuad.* Causar mataduras. -2 *prnl. Ecuad.* Adolecer de ellas.
amate (náhu. *amatl*) *m.* Higuera de Méjico, cuyo jugo se usa entre el vulgo como resolutivo. Hay dos especies, el *blanco* y el *negro (*gén. *Ficus).* 2 *Méj.* Pintura hecha sobre la albura de ese árbol.
amateur (voz francesa) *adj.* DEP. Aficionado, no profesional.
amateurismo *m.* Práctica ocasional del arte. 2 DEP. Espíritu y condición del jugador amateur.
amatista (gr. *améthystos*) *f.* Variedad de cuarzo cristalizado de color violeta que se usa en joyería. 2 ~ ***oriental,*** corindón violado.
SIN. **Ametista.**
amatividad *f.* Instinto del amor sexual.
amativo, -va *adj.* Propenso a amar.
amatorio, -ria (l. *-iu*) *adj.* Relativo al amor. 2 Que induce a amar.
SIN. **Erótico.**
amatrerado, -da *adj. Ecuad.* Marrajo.
amatrerarse *prnl. Ecuad.* y *Venez.* Volverse matrero.
amaurosis (gr. *amáurosis* < *amaurós,* oscuro) *f.* Privación parcial o total de la vista por debilitación del nervio óptico, sin alteración perceptible en la parte externa del ojo. ◇ Pl.: *amaurosis.*
amauta *m. Bol.* y *Perú.* Entre los indios, sabio consejero del Inca. 2 *Ecuad.* Poeta popular.
amayorazgar (paras.) *tr.* Vincular [bienes], fundando con ellos un mayorazgo. ◇ ** CONJUG. [7] como ***llegar.***
amayuela *f.* Almeja de mar.
amazacotado, -da (paras.) *adj.* Pesado, hecho a manera de mazacote. 2 fig. Relativo a obras literarias o artísticas pesadas, confusas, desproporcionadas, etc.
amazona (gr. *amazón*) *f.* Mujer de una antigua raza de guerreras, las cuales no admitían ningún hombre entre ellas. 2 fig.

Mujer de ánimo varonil. 3 p. ext. Mujer que monta a caballo. 4 Traje de falda larga, usado por las mujeres para montar a caballo. 5 Papagayo de América, de colores verdosos *(Amazona œtiva; A. festiva).*

amazonense ***adj.-s.*** De Amazonas, territorio del sur de Venezuela; y departamento del norte de Perú.

I) amazónico, -ca ***adj.-s.*** De Amazonas, comisaría del sudeste de Colombia. 2 Perteneciente o relativo al río Amazonas, río de América del Sur, o a los territorios situados a sus orillas.

II) amazónico, -ca ***adj.*** Perteneciente o relativo a las amazonas.

amazonio, -nia ***adj.*** Amazónico.

amazonita (de *Amazonas,* río) ***f.*** Variedad de ortosa, susceptible de hermoso pulimento.

ambages (l.) ***m. pl.*** fig. Rodeos de palabras o circunloquios; más usado en la locución *sin ~*: *habla sin ~.*

ambagioso, -sa ***adj.*** Lleno de rodeos, ambigüedades y sutilezas.

ámbar (ár. *ambar*) ***m.*** Resina fósil, amarillenta, translúcida, electrizable por fricción y susceptible de pulimento, de que se hacen boquillas, collares, etc. 2 *~ **gris*** o ***pardillo,*** substancia de origen animal, de olor almizcleño, que se halla sobrenadando en ciertos mares, y que se emplea en perfumería y como medicamento. 3 Perfume delicado, agradable. 4 *~ **negro,*** azabache. -5 ***adj.-m.*** De color amarillo anaranjado, como el ámbar: *cruzar con el semáforo en ~.*

SIN. *1* **Cárabe, electro, succino.**

ambarcillo ***m.*** Abelmosco.

ambareado, -da ***adj.*** *Perú.* De color castaño, mezcla de rubio y negro.

ambarina (de *ámbar*) ***f.*** Abelmosco. 2 Substancia perfumada que se extrae del ámbar gris. 3 *Amér.* Escabiosa.

ambarino, -na ***adj.*** Relativo al ámbar, o que tiene su color y aspecto.

ambateño, -ña ***adj.-s.*** De Ambato, capital y provincia del nordeste de Argentina; y capital de la provincia ecuatoriana de Tungurahua.

amberino, -na ***adj.-s.*** De Amberes (Bélgica).

amberita ***f.*** QUÍM. Materia fulminante sin humo, formada por una mezcla de nitroglicerina, algodón, pólvora y coloidón, amasada con éter y algo de alcohol, hasta formar una pasta.

ambicano ***m.*** *Colomb.* Curandero.

ambiciar ***tr.*** desus. Ambicionar. ◇ ** CONJUG. [12] como ***cambiar.***

ambición (l. *-itione*) ***f.*** Pasión por conseguir poder, dignidades, fama, etc.

ambicionar ***tr.*** Tener ambición [por una cosa].

SIN. V. **Desear.**

ambiciosamente ***adv. m.*** Con ambición.

ambicioso, -sa ***adj.-s.*** Que tiene ambición. -2 ***adj.*** [cosa] En que se manifiesta la ambición: *un proyecto ~; una construcción ambiciosa.* 3 fig. [planta] Que se abraza con tenacidad a los árboles u objetos por los que trepa.

ambidextro, -tra (l. *ambidexteru*) ***adj.*** Que usa igualmente de la mano izquierda que de la derecha.

ambidiestro, -tra ***adj.*** Ambidextro.

ambientación ***f.*** Acción de ambientar. 2 Efecto de ambientar. 3 Presentación de una obra, artística o literaria, de acuerdo con las circunstancias peculiares de la época en que se desarrolla la acción.

ambiental ***adj.*** Relativo al ambiente.

ambientar ***tr.*** En las bellas artes, y esp. en Literatura, rodear [a un personaje, situación, tema, etc.] de notas evocadoras de algún medio social, época o lugar determinados. 2 Proporcionar a un lugar un ambiente adecuado, mediante decoración, luces, objetos, etc. -3 ***tr.-prnl.*** Adaptar o acostumbrar a una persona a un medio desconocido o guiarla u orientarla en él.

ambiente (l., que envuelve o rodea) ***adj.*** [fluido] Que rodea un cuerpo. -2 ***m.*** Lo que rodea a las personas o cosas, esp. el aire: *el ~ irrespirable del salón;* fig., *vivía en un ~ de crímenes.* 3 CINEM. Lo que circunda o constituye un medio material, intelectual o moral en un encuadre, filme o en una escena cinematográfica. 4 PINT. Efecto de la perspectiva que presta corporeidad a lo pintado y finge las distancias. 5 *Argent.* y *Chile.* Condiciones o circunstancias de un lugar, que parecen favorables o no para las personas, animales o cosas que en él están. 6 *Argent., Chile* y *Urug.* Habitación, aposento, cámara.

ambigú (fr.) ***m.*** Bufé. 2 En los locales para reuniones o espectáculos públicos, sitio donde se sirven manjares calientes o fríos. Es GALIC. que va cayendo en desuso. ◇ Pl.: *ambigúes.*

ambiguamente ***adv. m.*** Con ambigüedad.

ambigüedad ***f.*** Calidad de ambiguo.

SIN. V. **Anfibología.**

ambiguo, -gua (l. *-uu*) ***adj.*** Que puede admitir distintas interpretaciones: *usó un lenguaje ~.* 2 p. ext. Incierto, dudoso. 3 Que participa de dos maneras de ser distintas. ◇ V. anfibología. ◇ *Género ~.* V. género.

ambil ***m.*** *Colomb.* Ambir.

ambilado ***m.*** *Venez.* Tabaco de mascar, dulce. 2 *Venez.* Hombre dominado por la mujer. 3 *Venez.* Hombre pobre, sin recursos.

ambiosonido ***m.*** Sistema de grabación y reproducción de sonido por tres canales.

ambir ***m.*** *Colomb.* Jugo que exuda el tabaco al fumarlo. 2 *Venez.* Disolución de extracto de la hoja seca del tabaco perfumada con vainilla.

ambirar ***tr.*** *Venez.* Embadurnar con ambir [el tabaco de mascar].

ambiro ***m.*** *Colomb.* En algunas partes, jugo del tabaco cocido.

ámbito (l. *-tu*) ***m.*** Contorno de un espacio comprendido dentro de límites determinados. 2 Espacio comprendido en él. 3 Campo de actividades, influencias o intereses comunes: *en el ~ del cine es muy conocido.*

SIN. *1* **Perímetro.** *3* **Esfera.**

ambivalencia ***f.*** PSICO. Estado de ánimo en el que coexisten dos emociones o sentimientos opuestos. 2 Condición de lo que se presta a dos interpretaciones opuestas.

ambivalente ***adj.*** Relativo a la ambivalencia. 2 Que presenta ambivalencia.

amblador, -ra ***adj.*** Que ambla.

ambladura ***f.*** Acción de amblar: ***paso de ~***, portante. 2 Efecto de amblar.

amblar (l. *ambulare*) ***intr.*** Andar los cuadrúpedos moviendo a un mismo tiempo el pie y la mano de un mismo lado, como la jirafa.

amblehuelo ***m.*** Dim. de *ambleo.* 2 Cirio de dos libras de peso.

ambleo (fr. *flambeau*) ***m.*** Cirio de kilogramo y medio de peso. 2 Candelero para este cirio.

ambli- (gr. *amblys,* obtuso) Elemento prefijal que entra en la formación de palabras con el significado de obtuso, romo; débil, torpe: *ambliopía.*

ambligonio (*ambli-* + gr. *gonia,* ángulo) ***adj.*** V. triángulo ambligonio.

ambliope ***adj.-s.*** Que padece ambliopía.

ambliopía (gr. *amblyopia-;* v. *ambli-* + *-opía*) ***f.*** Primer grado de la amaurosis.

amblipigio ***adj.-m.*** Arácnido del orden de los amblipigios. 2 ***m. pl.*** Orden de arácnidos lucífugos tropicales, de cuerpo aplanado y patas muy desarrolladas.

amblístoma ***m.*** Género de batracios urodelos que tienen por tipo el ajolote *(Ambystoma mexicanum).*

ambo (l.) ***m.*** En la ant. lotería, suerte favorable para quien llevaba dos números iguales a los premiados; en el juego de la lotería, reunión de dos números contiguos en el cartón. 2 Traje masculino sin chaleco, cuya chaqueta y pantalón pueden ser de distinto color. 3 *Chile.* Conjunto de pantalón y chaleco de la misma tela.

ambón (gr. *ambon*) ***m.*** Púlpito que hay en algunas iglesias a ambos lados del altar mayor.

ambos, -bas (l. *ambo*) ***adj. pron. pl.*** El uno y el otro; los dos. 2 ***Ambos a dos, ambas a dos,*** ambos, ambas.

ambozada ***f.*** *Can.* Almorzada.

-ambre, -ambrera, -abrería (l. *-amine*) Sufijo de substantivos de origen latino como *estambre*, que entra en la formación de derivados romances, generalmente, con valor colectivo o de abundancia: *pelambre; pelambrera; cochambrería.*

ambrosía (gr.) ***f.*** MIT. Manjar o alimento de los dioses. 2 fig. Manjar o bebida de gusto suave y delicado. 3 fig. Cosa deliciosa. 4 Planta compuesta de hojas vellosas y flores amarillas de olor suave *(gén. Ambrosia).* 5 *Argent.* Dulce elaborado con leche y huevo.

ambrosiaco, -ca, ambrosíaco ***adj.*** Que tiene sabor u olor de ambrosía.

ambrosiano, -na ***adj.*** Relativo a San Ambrosio (340-397): *canto ~.*

Ambrosio (la carabina de *~)* V. Carabina.

ambucia ***f.*** *Chile.* Ansia en el comer, voracidad.

ambuciento, -ta ***adj.*** *Chile.* Hambriento, voraz.
ambuesta (l. célt. *ambibosta* < *ambi*, ambos + *bosta,* hueco de la mano) ***f.*** Almorzada.
ambulación ***f.*** Acción de ambular.
ambulacral ***adj.*** Relativo al ambulacro (en los animales): ***pie ~***, vesícula locomotriz de los equinodermos.
ambulacro (l. *-crum,* arboleda para pasear < *ambulare,* pasear) ***m.*** p. us. Alameda. 2 Corredor en las catacumbas. 3 En los animales equinodermos, área, o tubo dispuesto radialmente, por donde circula el agua y cuyas paredes se proyectan a través de los orificios de una placa caliza, formando pequeñas vesículas locomotrices. 4 ARQ. Deambulatorio. 5 ARQ. Pórtico en torno a la calle de un templo clásico.
ambulancia ***f.*** Hospital ambulante que sigue los movimientos de las tropas en campaña. 2 Automóvil con camilla e instrumental de primeros auxilios para transportar heridos y enfermos. 3 ***~ de correos,*** oficina postal establecida en algunos trenes.
ambulanciero, -ra ***m. f.*** Persona que tiene por oficio cuidar de una ambulancia.
ambulante (l., el que pasea) ***adj.*** Que va de un lugar a otro sin tener asiento fijo: *vendedor ~*. -2 ***com.*** Encargado de una ambulancia de correos.
ambular (l. *are,* pasear) ***intr.*** p. us. Andar, ir de una parte a otra.
ambulativo, -va ***adj.*** [pers.] Que tiene la inclinación de ir por diferentes tierras sin fijar la residencia en ninguna.
ambulatorio, -ria ***adj.*** Que sirve para andar: *tentáculo ~*. 2 MED. [tratamiento médico o quirúrgico] Que no exige que el enfermo guarde cama o se hospitalice. -3 ***m.*** Dispensario donde se atiende a estos enfermos.
ambutar ***tr.*** Embutar, empujar.
ameba (gr. *amoibé,* alternancia, transformación) ***f.*** Protozoo rizópodo parásito que vive en las aguas estancadas y en las tierras húmedas, o bien parásito de otros animales *(Amoeba).* 2 Célula libre, desprovista de membrana de secreción; como los leucocitos. ◇ También *amiba, amibo.*
amebiasis ***f.*** Disentería ocasionada por las amebas. ◇ Pl.: *amebiasis.*
amebicida ***adj.*** [producto químico] Destructor de amebas.
amébido (v. *amebo*) ***adj.-m.*** Animal del orden de los amébidos. -2 ***m. pl.*** Orden de protozoos rizópodos, que emiten seudópodos cortos, gruesos y poco numerosos; como la ameba.
ameboideo, -a (*ameba-* + *-oide*) ***adj.*** Perteneciente o relativo a las amebas: *movimiento ~*. ◇ También *amiboideo.*
amébula ***f.*** Dim. de *ameba.*
amechar ***tr.*** Poner mecha [en velones, candiles, etc.]. 2 Mechar.
amedrantar ***tr.-prnl.*** Amedrentar.
amedrentador, -ra ***adj.-s.*** Que amedrenta.
amedrentar (v. *medroso*) ***tr.*** Infundir miedo, atemorizar.
SIN. v. **Acobardar.**
amejoramiento ***m.*** DER. Mejoramiento.
ámel (ár.) ***m.*** Entre los árabes, jefe de un distrito.
amelanotipia (v. *a-* II + *melano-* + *-tipia*) ***f.*** TECNOL. Procedimiento de impresión sin tinta, que se hace normalmente sobre tejidos, por reacciones químicas o por procedimientos físicos.
amelar (de *miel*) ***intr.*** Fabricar las abejas su miel. ** CONJUG. [27] como ***acertar.***
amelcochado, -da ***adj.*** *Amér.* De color rubio.
amelcochar ***tr.-prnl.*** *Amér.* Dar a un dulce el punto espeso de la melcocha. -2 ***prnl.*** *Cuba.* fig. Fingir agrado, afectar complacencia. 3 *Cuba.* Enamorarse. 4 *Bol., C. Rica, Ecuad., Hond., Méj.* y *Parag.* Reblandecerse.
amelga (probl. de *ambelica;* raíz céltica de *el-,* ir + *ambi-,* en torno) ***f.*** Faja de terreno señalada para sembrarla con igualdad.
SIN. **Emelga.**
amelgado, -da ***adj.*** [sembrado] Que ha nacido con cierta desigualdad. -2 ***m.*** *Ar.* Acción de amelgar o amojonar. 3 *Ar.* Efecto de amelgar o amojonar.
amelgador, -ra ***m. f.*** Obrero que amelga.
amelgar (paras. de *mielgo*) ***tr.*** Hacer surcos regularmente distanciados [en un terreno] para sembrarlo con igualdad. 2 *Ar.* Amojonar alguna parte de terreno. ◇ ** CONJUG. [7] como ***llegar.***
amelía ***f.*** Distrito gobernado por un ámel.
amelo (l. *amellu*) ***m.*** Género de plantas compuestas, de flores grandes, azules y con el centro amarillo *(Aster novi-Belgii).*
SIN. **Estrellada.**
ameloblasto ***m.*** ZOOL. Célula en forma de columna que segrega los prismas de esmalte de los dientes en los vertebrados superiores.
amelocotonado, -da ***adj.*** Que se parece al melocotón.
amelonado, -da (paras.) ***adj.*** De figura de melón. 2 fam. Enamorado.
amembrillado, -da ***adj.*** Que se parece al membrillo.
-amen, sufijo de substantivos latinos como *certamen* que, como *-ambre*, entra en la formación de algunos derivados romances con valor colectivo: *maderamen, botamen, velamen.*
I) amén (hebr. *amen,* así sea, así es) ***m.*** Voz que se dice al fin de las oraciones. 2 Úsase para manifestar deseo de que tenga efecto lo que se dice. ◇ Pl.: *amenes.*
II) amén (de *a menos*) ***adv. m.*** Excepto, a excepción: *~ de tu padre, nadie había llegado a tiempo.* -2 ***adv. c.*** A más, además: *~ de lo dicho.*
amenamente ***adv. m.*** Con amenidad.
amenaza ***f.*** Acción de amenazar. 2 Dicho o hecho con que se amenaza.
amenazador, -ra ***adj.*** Que amenaza.
amenazadoramente ***adv. m.*** De modo amenazador.
amenazante ***adj.*** Que amenaza.
amenazar (*a-* I + l. *minacia,* amenaza) ***tr.-intr.*** Dar a entender [a uno] la intención de hacerle algún mal: *~ a alguien al pecho; ~ con la espada; ~ de muerte.* 2 Dar indicios de estar inminente [una cosa mala o desagradable]: *el edificio amenaza ruina.* ◇ ** CONJUG. [4] como ***realizar.***
SIN. **Amagar,** supone sólo un indicio o comienzo de amenaza; **conminar,** es intimar a alguien el cumplimiento de algo, so pena de producirle un daño; es mandar amenazando.
amenguador, -ra ***adj.*** Que amengua.
amenguamiento ***m.*** Acción de amenguar. 2 Efecto de amenguar.
amenguar (v. *menguar*) ***tr.*** desus. Disminuir, menoscabar. 2 desus. fig. Deshonrar, rebajar, infamar. ◇ ** CONJUG. [10] como ***adecuar.***
SIN. v. **Disminuir.**
amenidad ***f.*** Calidad de ameno.
amenito (de *amén*) ***adv. m.*** *Colomb.* Cabal, precisamente.
amenizar ***tr.*** Hacer ameno [un sitio o una cosa]: *~ un huerto; ~ un discurso.* ◇ ** CONJUG. [4] como ***realizar.***
ameno, -na (l. *amœnu*) ***adj.*** Grato, deleitable, placentero: *paisaje ~; escritor ~; conversación amena.*
amenorgar (l. *minoricare*) ***tr.*** Aminorar, amenguar. ◇ ** CONJUG. [7] como ***llegar.***
amenorrea (*a-* II + gr. *men,* mes + *-rrea*) ***f.*** Supresión morbosa del flujo menstrual.
SIN. **Opilación.**
amentáceo, -a ***adj.*** [planta] Que tiene las flores en amento.
amentar ***tr.*** Atar o tirar con amiento. ◇ ** CONJUG. [27] como ***acertar.***
amentífero, -ra ***adj.*** Que lleva amentos.
amentiforme ***adj.*** BOT. Que tiene forma de amento.
amento (l. *-tu;* doble etim. *amiento*) ***m.*** desus. Amiento. 2 BOT. Inflorescencia formada por muchas flores masculinas dispuestas como en la espiga, con el eje primario articulado de modo que puede desprenderse todo en una pieza después de la fecundación.
SIN. *2* **Candelilla.**
amenudear ***intr.*** *Colomb.* Cantar los gallos; menudear.
ameos (v. *ami*) ***m.*** Biznaga (planta).
amerar ***tr.*** Merar. -2 ***prnl.*** Recalarse la humedad en la tierra, edificio, etc. 3 *Ar.* Empapar.
amerengado, -da (paras.) ***adj.*** Semejante al merengue.
americana ***f.*** Prenda de vestir, semejante a la chaqueta. 2 Coche de cuatro ruedas, que lleva dos asientos iguales en los que puede colocarse la capota.
SIN. *1* **Saco** (Amér.). Primitivamente la ~ era más larga que la chaqueta. Hoy ambos términos se confunden.
americanismo ***m.*** Calidad o condición de americano. 2 Carácter genuinamente americano. 3 Exaltación y fomento del espíritu, carácter y tradición de América. 4 Dedicación al estudio de las cosas de América, especialmente las antiguas. 5 Vocablo, giro, rasgo fonético, gramatical o semántico, que pertenece a alguna lengua indígena de América o proviene de ella. 6 Vocablo, giro, rasgo fonético, gramatical o semántico, peculiar o procedente del español hablado en algún país de América.
americanista ***adj.*** Relativo a las cosas de América. -2 ***com.*** Persona que cultiva y estudia la lengua y las culturas de América.
americanización ***f.*** Acción de americanizar o americanizarse.

americanizar *tr.* Dar carácter americano [a pers. o cosas]. -2 *tr.-prnl.* Aficionar [a uno] a las cosas americanas. ◇ ** CONJUG. [4] como *realizar.*
americano, -na *adj.-s.* De América, continente del hemisferio occidental de la Tierra. 2 p.ext. Estadounidense.
americio *m.* Elemento químico cuyo símbolo es *Am*, y cuyo número atómico es 95; se obtiene por bombardeo del uranio con partículas alfa.
americoespañol, -la *adj.* p. us. Hispanoamericano.
amerindio, -dia *adj.-s.* Indio de América. -2 *adj.* Perteneciente o relativo a los indios de América.
ameritado, -da *adj.* *Amér.* Benemérito. 2 *Colomb.* y *P. Rico.* Mencionado, precitado.
ameritar *intr.* *Amér.* Merecer, contraer méritos. 2 *Amér.* Otorgar mérito.
amerizaje *m.* Acción de amerizar. 2 Efecto de amerizar.
amerizar *intr.* Amarar. ◇ ** CONJUG. [4] como *realizar.*
amero *m.* *Chile.* Garañón, apl. al hombre.
amesar *tr.* *Murc.* Asalariar, fijar un sueldo por mensualidades.
amesquite *m.* *Méj.* Variedad de amate.
amestizado, -da (paras.) *adj.* Que tira a mestizo.
ametalado, -da (paras.) *adj.* Semejante al metal (azófar). 2 Sonoro como metal; de buen timbre.
ametalar *tr.* Alear (metalurgia).
ametista *f.* Amatista.
ametrallador, -ra *adj.* [arma] Que, al modo de la ametralladora, dispara los proyectiles a ráfagas.
ametralladora *f.* Especie de fusil que puede disparar sucesiva y rápidamente gran número de proyectiles.
ametrallamiento *m.* Acción de ametrallar. 2 Efecto de ametrallar.
ametrallar (paras.) *tr.* Disparar con una ametralladora o con una metralleta [contra alguien]. 2 Disparar con automaticidad y frecuencia. 3 fig. Acosar verbalmente [a alguien].
amétrope *adj.* [pers.] Que padece ametropía.
ametropía (v. *a-* II + *metro-* + *-opía*) *f.* Defecto de refracción en el ojo que impide que las imágenes se enfoquen sobre la retina, debido básicamente a modificación de la longitud del eje ocular.
REL. **Astigmatismo, hipermetropía, presbicia, miopía.**
ameyal *m.* *Méj.* Pozo abierto junto a una alberca o estanque para filtrar su agua.
amezquindarse (paras.) *prnl.* Entristecerse.
ami (gr. *ammi*) *m.* Biznaga (planta).
amia (l. *amia* < gr. *amia*) *f.* Lamia (tiburón).
amiantina *f.* Tejido de amianto.
amianto (gr. *amiantos*, sin mancha) *m.* Variedad del asbesto, de fibras flexibles y brillantes, de que se hacen tejidos incombustibles.
amiantosis *f.* PAT. Enfermedad respiratoria profesional por inhalación de partículas de amianto. ◇ Pl.: *amiantosis.*
amiba *f.* Ameba.
amibiasis *f.* PAT. Amebiasis.
amibo *m.* Ameba.
amibocito (*amibo* + *-cito* I) *m.* ZOOL. Amebocito.
amiboideo (v. *amibo* y *-oideo*) *adj.* Ameboideo.
amical *adj.* GALIC. Amistoso.
amicísimo, -ma (l. *-issimu*) *adj.* lit. Superlativo de *amigo.*
GRAM. **Amiguísimo, -ma,** us. corrientemente.
amida *f.* QUÍM. Compuesto orgánico que formalmente resulta al substituir por un ácido un átomo de hidrógeno unido al nitrógeno, en el amoniaco o en las aminas.
amidación *f.* TECNOL. Procedimiento para que los textiles vegetales y celulósicos capten un electrón de los colorantes ácidos liberando energía y reaccionando con los compuestos nitrogenados.
amido- (de *amida*) Elemento prefijal usado en la nomenclatura de los compuestos químicos para denotar la presencia del radical NH_2 unido a un radical ácido.
amiento (v. *amento*) *m.* Correa con la que se aseguraba la celada, se ataba el zapato, o se revolvía en la lanza o flecha para lanzarlas con más ímpetu.
-amiento (v. *-mento*) V. -mento.
amigabilidad *f.* desus. Disposición natural para contraer amistades.
amigable (l. *amicabile*) *adj.* Que obra como amigo. 2 Afable, que convida a la amistad. 3 fig. Que tiene unión o conformidad con otra cosa.
amigablemente *adv. m.* Con amistad.
amigacho, -cha *adj.-s.* despec. Amigote.
amigar (l. *-icare*) *tr.* Amistar. 2 fam. Reanudar la amistad. -3 *prnl.* Amancebarse. ◇ ** CONJUG. [7] como *llegar.*
amigazo, -za *m. f.* *Amér.* Aumentativo familiar de amigo, tratamiento cortés y muy frecuente.
amigdal-, v. amigdalo-.
amígdala (l. *amygdala* < gr. *amygdale;* doble etim. *almendra*) *f.* Cuerpo glanduloso de color rojo que el hombre y algunos animales tienen a uno y otro lado del istmo de las fauces.
SIN. **Tonsila.**
amigdaláceo, -a (l. *amygdalaceu*) *adj.* Parecido a la almendra o al almendro. -2 *adj.-s.* Planta del grupo de las amigdaláceas. -3 *f. pl.* Grupo de plantas hoy comprendido en la familia de las rosáceas; son árboles de tronco liso o espinoso, hojas alternas, flores precoces, solitarias o en corimbo, y fruto drupáceo con una almendra por semilla; como el almendro y el ciruelo.
amigdalectomía (*amigdal-* + *-ectomía*) *f.* CIR. Extracción de las amígdalas.
amigdalina *f.* Glucósido contenido en la almendra amarga.
amigdalino, -na *adj.* Que contiene almendra.
amigdalitis (v. *amigdal-* + *-itis*) *f.* Inflamación de las amígdalas. ◇ Pl.: *amigdalitis.*
amigdalo-, amigdal- (gr. *amygdale,* almendra) Elemento prefijal que entra en la formación de palabras con el significado de almendra: *amigdaloide;* amígdala: *amigdalotomo.*
amigdaloide (v. *amigdal-* + *-oide*) *adj.* [roca de origen volcánico] Que contiene cuerpos pequeños en forma de almendra.
amigdaloideo, -dea *adj.* Semejante a una almendra.
amigdalotomo (*amigdalo-* + *-tomo*) *m.* CIR. Instrumento para extirpar las amígdalas.
amigo, -ga (l. *amicu*) *adj.-s.* Que tiene amistad. 2 Amistoso. 3 Aficionado o inclinado a algo: ~ *de hacer favores.* -4 *m. f.* Novio. 5 Persona amancebada. 6 Tratamiento afectuoso, aunque no haya verdadera amistad. -7 *m.* MIN. Palo que se coloca atravesado en la punta del tico o cintero para que, montándose los operarios, bajen y suban por los pozos. -8 *f.* ant. Maestra de escuela de niñas. 9 ant. Escuela de niñas. ◇ Superl.: *amicísimo.*
amigote *m.* fam. Aum. de *amigo.* 2 despec. Compañero habitual de francachelas y diversiones poco recomendables.
amiguero, -ra *adj.* *Amér.* Que fácilmente se hace amigos.
amiguísimo, -ma *adj.* Superlativo de *amigo.*
amiguismo *m.* Tendencia a favorecer a los amigos, ofreciéndoles cargos públicos y prebendas, sin reparar en su escasa valía.
amil- (v. *amilo-*) V. amilo-: *amilemia; amilénico.*
amiláceo, -a (*amil-* + *-áceo*) *adj.* De la naturaleza del almidón. 2 Que contiene almidón. 3 Que parece almidón.
amilamina *f.* QUÍM. Derivado del amoniaco por substitución de un átomo de hidrógeno del mismo por un radical amilo.
amilanado, -da (de *amilanar*) *adj.* Cobarde, perezoso, flojo.
amilanamiento *m.* Acción de amilanar o amilanarse. 2 Efecto de amilanar o amilanarse.
amilanar (paras. de *milano*) *tr.* fig. Causar tal miedo [a uno], que quede aturdido y sin acción. -2 *prnl.* Abatirse, caer de ánimo.
SIN. v. **Acobardar.**
amilasa (v. *amilo-*) *f.* Diastasa que produce la sacarificación del almidón. Se halla contenida en varios jugos orgánicos y en las semillas de muchas plantas.
amilemia (*amil-* + *-emia*) *f.* MED. Presencia de almidón en la sangre.
amileno (*amil-* + *-eno*) *m.* Hidrocarburo formado por 5 átomos de carbono y 10 de hidrógeno.
amili-, v. amilo-.
amílico (v. *amilo-*) *adj.-s.* ***Alcohol*** ~, cada uno de los ocho pentanoles isómeros, de fórmula gral. $C_5H_{11}OH$. -2 *m.* fig. Aguardiente o vino malo.
amillaramiento *m.* Acción de amillarar. 2 Efecto de amillarar. 3 Padrón en que constan los bienes amillarados.
amillarar (paras. de *millar*) *tr.* Evaluar [los capitales y utilidades] de los vecinos de un pueblo, para repartir entre ellos las contribuciones.
amillonado, -da (paras.) *adj.* Sujeto a la ant. contribución de millones. 2 Muy rico.
amillonar *tr.-prnl.* Atesorar, reunir millones.
amilo (gr. *ámilon,* almidón) *m.* Radical monovalente del alcohol amílico, C_5H_{11}.
amilo-, amili-, amil- (gr. *ámylon,* fécula, almidón) Elemento prefijal que entra en la formación de palabras con el significado de fécula, almidón: *amilofagia.*

amilobácter (*amilo-* + *bacteria) m.* Microbio que obra sobre las substancias azucaradas y grasas, produciendo ácido butírico.
amilofagia (*amilo-* + *-fagia) f.* PAT. Deseo morboso de comer almidón.
amilogénesis (*amilo-* + *-génesis) f.* BOT. Formación de almidón en las células de un vegetal. ◇ Pl.: *amilogénesis.*
amiloideo, -a (*amilo-* + *-oide) adj.* Parecido al almidón.
amilopepsina (*amilo-* + *pepsina) f.* ZOOL. Enzima que produce la hidrólisis de las substancias amiláceas en el intestino.
amilosis (*amil-* + *-osis*) *f.* Enfermedad caracterizada por la infiltración de materia amiloidea en los tejidos. ◇ Pl.: *amilosis.*
amín (ár.) *m.* En Marruecos, funcionario que recauda y administra por cuenta del gobierno.
amina (de *am.,* abreviación de *amoníaco*) *f.* QUÍM. Compuesto orgánico que formalmente resulta al substituir por un radical alcohólico uno o más átomos de hidrógeno del amoniaco.
aminar *tr.* Introducir en una molécula orgánica un radical amínico.
amínico, -ca *adj.* Perteneciente o relativo a las aminas o a los aminos.
amino- (de *amina)* Elemento prefijal usado en la nomeclatura de los compuestos químicos para denotar la presencia del radical NH_2 unido a un radical no ácido.
amino *m.* QUÍM. Radical monovalente formado por un átomo de nitrógeno y dos de hidrógeno, que constituye el grupo funcional de las aminas y otros compuestos orgánicos.
aminoácido (*amino-* + *ácido*) *m.* QUÍM. Substancia química orgánica en cuya composión molecular entran un grupo amínico y otro carboxílico.
aminoazo- (*amino-* + *azo-*) Elemento prefijal usado en la nomenclatura de los compuestos químicos para denotar la presencia en una misma molécula de los dos grupos NH_2 y N_2: *aminoazobenceno.*
aminoración *f.* Minoración.
aminorar *tr.* Minorar.
amiotrofia (*a-* II + *miotrofia) f.* MED. Atrofia de los músculos.
amiquí *m. Cuba.* Jaimiquí, árbol.
amir (ár.) *m.* Príncipe o caudillo árabe.
amirí *adj.-com.* [pers.] Descendiente de Almanzor ben Abiámir (939-1002), caudillo de Al-Andalus. -2 *adj.-s.* Perteneciente o relativo a Almanzor. ◇ Pl.: *amiríes.*
amistad (l. **amicitate*) *f.* Afecto personal, puro y desinteresado. 2 Merced, favor. 3 fig. Conexión, afinidad. 4 Amancebamiento. 5 PINT. Simpatía entre ciertos colores, cuyos matices y diferentes tonos están unidos armoniosamente. -6 *f. pl.* Personas con las que se tiene amistad: ***romper las amistades,*** reñir con esas personas; ***hacer las amistades,*** reconciliarse.
SIN. *1* **Intimidad,** cuando es estrecha y de mucha confianza.
amistar *tr.* Unir en amistad [a dos o más personas]. 2 Reconciliar [a los enemistados].
amistosamente *adv.* Con amistad.
amistoso, -sa *adj.* Propio de amigos. 2 DEP. No competitivo: *partido ~ de fútbol.*
amitigar *tr.* p. us. Mitigar. ◇ ** CONJUG. [7] como ***llegar.***
amito (l. *amictu* < *amicire,* cubrir) *m.* Vestidura de lienzo blanco, con una cruz en medio, que el sacerdote se pone antes del alba (vestidura) alrededor del cuello y sobre la espalda.
amitosis (*a-* II + *mitosis) f.* BIOL. Modalidad de división de la célula que consiste en dividirse el núcleo y el citoplasma en dos porciones iguales que entran a formar parte, respectivamente, de cada una de las dos células hijas. Es una división celular directa muy primitiva sin los signos característicos de la mitosis. ◇ Pl.: *amitosis.*
amitótico, -ca *adj.* BIOL. Relativo a la amitosis.
Ammón *n. pr.* Nombre con que se adoraba a Zeus o Júpiter en Egipto y Libia.
ammonites *m.* Molusco fósil de la clase de los cefalópodos, con la concha en espiral, característico de los períodos jurásico y cretáceo de la era secundaria. ◇ Pl.: *ammonites.*
SIN. **Cuerno de Ammón.**
amnesia (gr. *amnesia* < *a,* priv. + *mnesis,* memoria) *f.* Pérdida o debilidad notable de la memoria.
CONTR. **Hipermnesia.**
amnésico, -ca *adj.-s.* Que padece amnesia, que ha perdido la memoria.
amnícola (l. *amnis,* río + *-cola*) *adj.* H. NAT. Que crece en las márgenes de los ríos.
amniografía *f.* Examen radiológico tras inyección de contraste en el líquido amniótico. Se efectúa para observar la posición, sexo y eventuales malformaciones fetales.
amnios (gr. *amnion,* membrana) *m.* Membrana más interna de las que envuelven el embrión de los mamíferos, aves y reptiles. 2 BOT. Cubierta gelatinosa del saco embrionario que rodea el embrión de las semillas jóvenes. ◇ Pl.: *amnios.*
amnioscopia *f.* Examen visual del líquido amniótico a través del cuello uterino.
amniota *adj.* [vertebrado] Cuyo embrión está provisto de amnios.
CONTR. **Anamniota.**
amniótico, -ca *adj.* Perteneciente o relativo al amnios: ***líquido ~,*** el que se encuentra en el interior del saco que forma el amnios y en el que está sumergido el feto, con lo que se protege de traumatismos y presiones.
amnistía (gr. *amnestía,* olvido) *f.* Perdón general; esp., acto del poder soberano que otorga el total olvido de una determinada clase de delitos, mediante la abolicion de la acción penal o la extinción de la pena y todos sus efectos, si fue ya dictada la condena.
amnistiar *tr.* Conceder amnistía [a alguien]. ◇ ** CONJUG. [13] como ***desviar.***
amo (v. *ama*) *m.* Cabeza o señor de la casa o familia. 2 Poseedor de alguna cosa. 3 El que tiene uno o más criados, respecto de ellos. 4 Persona que tiene predominio o ascendiente sobre otra u otras. 5 *Colomb., Chile* y *Méj.* Nuestro Amo, *el Santísimo Sacramento.* ◇ HOMÓF.: *hamo.*
SIN. **Señor, dueño.** *3* **Señorito,** fam.
amoblar *tr.* Amueblar. ◇ ** CONJUG. [31] como ***contar.***
amocafrar *tr. And.* Cardar con el amocafre.
amocafre *m. And.* Almocafre.
amodita (gr. *ammodytes,* de *ammos,* arena y *aytes,* que se sumerge) *f.* Alicante (víbora).
amodorrado, -da *adj.* Soñoliento, adormecido o que tiene modorra.
amodorramiento *m.* Acción de amodorrarse. 2 Efecto de amodorrarse.
amodorrar *tr.* Causar modorra. -2 *prnl.* Caer en modorra.
amodorrecer (paras.) *tr.* Modorrar. ◇ ** CONJUG. [43] como *agradecer.*
amodorrido, -da *adj.* desus. Que padece modorra.
amófilo, -la (gr. *ammos,* arena + *-filo* I) *adj.* H. NAT. Que nace y habita en sitios arenosos.
amogollarse *prnl. P. Rico.* Volverse mogolla una cosa.
amogollonarse *prnl.* Volverse [una cosa] mogollón; amontonarse.
amogotado, -da (paras.) *adj.* De figura de mogote.
amohecer *tr.* Enmohecer. ◇ ** CONJUG. [43] como ***agradecer.***
amohinar (paras.) *tr.* Causar mohína [a uno]. ◇ ** CONJUG. [20].
amohosarse *prnl. And.* y *Amér.* Enmohecerse.
amojamamiento *m.* Delgadez o sequedad de carnes.
amojamar (paras. de *mojama*) *tr.* Hacer cecina [de atún]. -2 *prnl.* Acecinarse.
amojelar (paras.) *tr.* MAR. Sujetar con mojeles [el cable] al virador.
amojonador *m.* El que amojona.
amojonamiento *m.* Acción de amojonar. 2 Efecto de amojonar. 3 Conjunto de mojones.
SIN. **Mojonación, mojona.**
amojonar *tr.* Señalar con mojones los linderos [de una propiedad o de un término jurisdiccional].
SIN. **Mojonar.**
amojosado *adj. Bol.* Cubierto de moho, enmohecido. -2 *m. Argent.* fam. Cuchillo grande que llevan los gauchos.
amojosarse *prnl. Amér. Merid.* Enmohecerse.
amojosearse *prnl. Bol.* y *Ecuad.* vulg. Enmohecerse, amojosarse.
amok *m.* Entre los malayos, acometimiento de locura violenta.
amol *m. Guat.* y *Hond.* Planta sarmentosa que, machacada, sirve para embarbascar *(Sapindus saponaria).*
amoladera *adj.-s.* V. piedra amoladera.
amolado, -da *adj. Chile* y *Perú.* [pers.] Que importuna o molesta reiteradamente.
amolador *m.* Afilador (oficio). -2 *adj.* fig. y fam. Pesado, cansado, molesto.
amoladura *f.* Acción de amolar. -2 *f. pl.* Arenillas que se desprenden de la piedra al tiempo de amolar.

amolar (paras. de *muela*) *tr.* Afilar en la muela. 2 fig. *y* fam. Fastidiar, molestar con pertinacia. 3 fig. Adelgazar, enflaquecer. -4 *prnl.* Aguantarse, soportar algo que resulta desagradable. ◇ ** CONJUG. [31] como ***contar.***
amoldable *adj.* Capaz de amoldarse.
amoldador, -ra *adj.-s.* Que amolda.
amoldamiento *m.* Acción de amoldar o amoldarse.
amoldar *tr.-prnl.* Ajustar [una cosa] al molde. 2 Arreglar la conducta [de uno] a una pauta determinada. ◇ También *moldar.*
amole (náhu. *amolli*) *m.* Nombre con que se designan en Méjico varias plantas cuyos bulbos y rizomas se usan como jabón *(Sapindus saponaria).*
amollador, -ra *adj.-s.* Que amolla.
amollar (paras. de *muelle* I) *tr.-intr.* MAR. Aflojar [la escota u otro cabo]. -2 *intr.* Ceder, aflojar, desistir: *los interesados no amollan.* 3 En ciertos juegos de naipes, jugar una carta inferior a la que va jugada, teniendo otra superior.
amollentar (*a-* I + ant. *mollentar*) *tr.* Ablandar o hacer muelle [una cosa].
amolletado, -da (paras.) *adj.* De figura de mollete.
amomáceo, -a *adj.-s.* BOT. Cingiberáceo.
amomo (gr. *ámomon*) *m.* Planta cingiberácea tropical, de flores en espiga y frutos capsulares triloculares con muchas semillas aromáticas, usadas en medicina *(Amomum cardamomum).* 2 Semilla de esta planta.
SIN. **Granos del Paraíso.**
amonal *m.* QUÍM. Mezcla explosiva compuesta de nitrato amónico, aluminio en polvo fino y carbón; es insensible al choque y a la fricción y muy difícilmente inflamable.
amonama *f. Ecuad.* Panal de miel que hacen algunas abejas bajo tierra.
amonamiento *m.* Acción de amonarse [un animal]. 2 Efecto de amonarse [un animal].
amonarse (paras. de *mona*) *prnl.* fam. Embriagarse. 2 Quedarse [un animal] acurrucado, como escondiéndose de algo.
amondongado, -da (paras. de *mondongo*) *adj.* [pers. o parte de su cuerpo] Gordo, tosco y desmadejado.
amonedación *f.* Acción de amonedar. 2 Efecto de amonedar.
amonedar *tr.* Reducir a moneda [un metal].
amonestación *f.* Acción de amonestar: ***correr las amonestaciones,*** publicarlas en la iglesia. 2 Efecto de amonestar. 3 DEP. Advertencia del árbitro o juez a un jugador o atleta que ha cometido una falta.
amonestamiento *m.* Amonestación.
amonestar (b. l. **admonestare* < l. *admonere*) *tr.* Hacer presente alguna cosa [a uno] para que la considere, procure o evite: *amonestó a los soldados que allí era preciso vencer o morir.* 2 Advertir, prevenir: *amonestóle en sueños del peligro;* reprender: *si alguno, amonestado una vez o dos, no se enmendare.* 3 Publicar en la iglesia los nombres [de los que quieren contraer matrimonio]. -4 *prnl.* Hacer que le amonesten (publicar).
SIN. *3* **Correr las amonestaciones** o **las proclamas.**
amonguillarse *prnl. P. Rico.* Padecer de monguera. 2 *P. Rico.* Acobardarse.
amoniacal *adj.* Que contiene amoníaco o sus compuestos.
amoniaco, -ca, amoníaco, -ca (gr. *ammoniakós,* procedente del país de Ammón, o sea de Libia) *adj.* QUÍM. Perteneciente o relativo al amonio. -2 *m.* Substancia resinosa, de sabor amargo y olor desagradable, que se usa en medicina; gralte. se llama *goma ~.* 3 Gas incoloro, de olor penetrante, compuesto de nitrógeno e hidrógeno, NH_3, que, unido al agua, sirve de base para la formación de ciertas sales. 4 Disolución de este gas en agua.
amónico, -ca *adj.* Amoniacal.
amonio *m.* QUÍM. Radical univalente formado por hidrógeno y nitrógeno, NH_3, cuyos compuestos se parecen a los de los metales alcalinos.
amonio-, elemento prefijal que entra en la formación de palabras denotando la presencia de amonio o de amoníaco.
I) amonita (de *Ammón,* Júpiter en figura de carnero) *f.* Ammonites.
II) amonita (l. *ammonita*) *adj.-s.* De un pueblo bíblico descendiente de Amón, hijo de Lot, que habitaba al oeste del Jordán, río de Oriente Medio: *David se coronó rey de los amonitas.*
III) amonita *f.* Mezcla explosiva cuyo principal componente es el nitrato amónico.
amonites *m.* Ammonites.
amoniuro *m.* Compuesto que resulta de la combinación de los óxidos con el amoníaco.
amontar *tr.* Ahuyentar. -2 *intr.-prnl.* Huir o hacerse al monte.
amontazgar *tr.* Montazgar. ◇ ** CONJUG. [7] como ***llegar.***
amontillado (paras.) *adj.-s.* [vino] Hecho a imitación del de Montilla.
amontonadamente *adv. m.* De, o en, montón.
amontonador, -ra *adj.-s.* Que amontona.
amontonamiento *m.* Acción de amontonar o amontonarse. 2 Efecto de amontonar o amontonarse.
amontonar (paras. de *montón*) *tr.-prnl.* Poner [unas cosas sobre otras], sin orden ni concierto: *~ los libros;* tratándose de personas, apiñar: *amontonarse el público.* -2 *tr.* fig. Juntar y mezclar [varias cosas] sin orden ni elección: *~ textos, sentencias; ~ alabanzas sobre uno.* 3 Juntar, reunir, [cosas] en abundancia. -4 *prnl.* Sobrevenir muchos sucesos en poco tiempo. 5 fig. *y* fam. Irritarse, montar en cólera. 6 fig. *y* fam. Amancebarse. 7 *Méj.* fig. Reunirse varios para acometer a uno solo. 8 *S. Dom.* Atormentarse: *no te amontones por tan leve causa.*
amoquillar *tr. Colomb.* y *Ecuad.* Echar el moquillo [a una bestia]. 2 *Colomb.* y *Ecuad.* Unir con un lazo [dos reses vacunas] por las narices.
amor (l.) *m.* Vivo afecto o inclinación hacia una persona o cosa: *~ a los padres; ~ a la gloria; ~* ***propio,*** orgullo, dignidad; ***al ~ del agua,*** de modo que se vaya con la corriente, navegando o nadando; fig., contemporizando; ***al ~ de la lumbre*** o ***del fuego,*** cerca de ella o de él; ***con,*** o ***de, mil amores,*** con mucho gusto. 2 Blandura, suavidad: *los padres castigan a los hijos con ~.* 3 Apasionado afecto hacia una persona. 4 Persona amada: *~ mío.* 5 *~* ***al uso,*** arbolillo malváceo, parecido al abelmosco *(Hibiscus mutabilis).* 6 *~* ***de hortelano,*** hierba rubiácea anual, de hasta 1 m. de altura, con el tallo con pelos ganchudos, al igual que las hojas, las flores blancas y el fruto globoso, lleno de cerditas ganchosas en su ápice *(Galium aparine).* -7 *m. pl.* Amor entre personas de distinto sexo. 8 Expresiones de amor, caricias, requiebros. 9 Cadillo (planta).
SIN. *1* y *3* **Querer.** *6* **Aspérgula, azotalenguas, cuajaleche, lárgalo, presera.**
amoragar *tr.* Asar con fuego de leña al aire libre [sardinas y otros peces o moluscos]. ◇ ** CONJUG. [7] como ***llegar.***
amoral (*a-* II + *moral*) *adj.* [pers.] Desprovisto de sentido moral. 2 Relativo a las obras y acciones no susceptibles de calificación moral. -3 *adj.-com.* Partidario del amoralismo.
amoralidad *f.* Calidad de amoral.
amoralismo *m.* Doctrina filosófica según la cual la moral sólo existe como creencia, pero está desprovista de todo fundamento objetivo y universal.
amoratado, -da *adj.* Que tira a morado.
SIN. **Lívido,** esp. tratándose del color de la cara, de una herida, etc.
amoratarse (paras.) *prnl.* Ponerse morado.
amorcar *tr.* Amurcar. -2 *prnl.* Entrar en celo las ovejas. ◇ ** CONJUG. [1] como ***sacar.***
amorcillo *m.* Dim. de *amor.* 2 Figura de niño con que se representa a Cupido.
amordazador, -ra *adj.-s.* Que amordaza.
amordazamiento *m.* Acción de amordazar. 2 Efecto de amordazar.
amordazar (paras.) *tr.* Poner mordaza: *~ a un forajido.* 2 fig. Impedir [a alguien] que hable o escriba. ◇ ** CONJUG. [4] como ***realizar.***
SIN. *1* **Enmordazar.**
amorecer (de *amor*) *tr.* Cubrir el morueco [a la oveja]. -2 *prnl.* Entrar en celo las ovejas. ◇ ** CONJUG. [43] como ***agradecer.***
amoreteado, -da *adj. Colomb.* y *Guat.* Moreteado.
amorfía (gr. *amorphía*) *f.* Calidad de amorfo. 2 Deformidad orgánica.
amorfino *m. Ecuad.* Canto y baile típicos, el contrapunto, o dicho o cambio de decires de otros pueblos de América.
amorfismo *m.* Amorfía (calidad de amorfo).
amorfo, -fa (gr. *ámorphos*) *adj.* Sin forma determinada. 2 No cristalizado: *mineral ~.* 3 fig. *y* fam. Falto de iniciativa, decisión o personalidad.
amorgar (paras.) *tr.* Dar morga [a los peces] para atontarlos o matarlos. ◇ ** CONJUG. [7] como ***llegar.***
amoricones *m. pl.* fam. Señas, ademanes u otras acciones con que se manifiesta el amor.
amorillar *tr.* Recalzar árboles o plantas.
amorío *m.* fam. Enamoramiento. 2 Relación amorosa que se considera superficial y pasajera.

amoriscado, -da *adj.* Semejante a los moriscos.
amormado, -da (paras.) *adj.* Que padece muermo.
amormío (*amor* + *mío*) *m.* Planta amarilidácea con flores blancas poco olorosas *(Pancratium maritimum).* ◇ Pl.: *amormíos.*
amorochado, -da *adj. Venez.* Unido, junto.
amorosamente *adv. m.* Con amor.
amoroso, -sa *adj.* Que siente amor. 2 Que denota o manifiesta amor. 3 fig. Blando, fácil de labrar o cultivar. 4 Templado, apacible. -5 *m.* Variedad de vino dulce de Jerez. 6 MÚS. Movimiento pausado, gracioso y tierno.
amorrar (paras. de *morro*) *intr.-prnl.* Bajar o inclinar la cabeza; esp. fam., bajar la cabeza obstinándose en no hablar. 2 Hocicar (besuquear). 3 Aplicar lo labios o morros directamente a una fuente o a una masa de líquido, para beber. -4 *tr.* Hacer que [el buque] cale mucho de proa. 5 Llevar una embarcación a la playa para que se quede bien varada.
amorreo, -a *adj.-s.* De un pueblo bíblico descendiente de Amorreo, hijo de Canaán, que habitaba al norte de Siria: *los amorreos fueron, en parte, sometidos por Josué.*
amorriñarse *prnl.* Padecer morriña o comalia un animal. 2 Sentir nostalgia, entristecerse una persona. 3 *Sal.* Debilitarse, enfermar.
amorrionado, -da *adj.* De figura de morrión (armadura).
amorrionarse *prnl. Murc.* Cortarse [la leche].
amorronar (paras. de *morrón*) *tr.* MAR. Enrollar [la bandera] y ceñirla de trecho en trecho con filástica, como señal de demanda de auxilio.
REL. **Bandera morrón,** nombre dado a la bandera amorronada.
amorrongarse *prnl. Murc.* Quedarse dormido el niño en brazos de una persona. 2 *Cuba.* Acobardarse. ◇ ** CONJUG. [7] como ***llegar.***
amortajador, -ra *m. f.* Persona que amortaja o que tiene por oficio amortajar.
amortajamiento *m.* Acción de amortajar.
amortajar (*a-* 1 + ant. *mortajar*) *tr.* Poner la mortaja [a un difunto]. 2 p. us. Cubrir, envolver, esconder. 3 Encajar una pieza en la caja o hueco correspondiente.
amortecer (paras. de *muerto*) *tr.* Amortiguar. -2 *prnl.* Desmayarse, quedar como muerto. ◇ ** CONJUG. [43] como ***agradecer.***
amortecimiento *m.* Acción de amortecer o amortecerse. 2 Efecto de amortecer o amortecerse.
amortiguación *f.* Amortiguamiento.
amortiguador, -ra *adj.* Que amortigua. -2 *m.* Resorte o mecanismo destinado a compensar o disminuir el efecto de los choques o sacudidas bruscas.
amortiguamiento *m.* Acción de amortiguar o amortiguarse. 2 Efecto de amortiguar o amortiguarse. 3 Disminución progresiva, en el tiempo, de la intensidad de un fenómeno periódico.
amortiguar (**admortificare;* forma culta *mortificar*) *tr.-prnl.* Dejar como muerto. 2 fig. Moderar, hacer menos violenta [una cosa]: ~ *un golpe; amortiguarse el fuego.* -3 *tr.* Templar, amenguar la viveza de los colores. ◇ ** CONJUG. [10] como ***adecuar.***
SIN. **Atenuar, aminorar, mitigar,** en sus signif. materiales o morales; **paliar,** gralte. en sentido moral: *paliar una mala noticia.*
amortizable *adj.* Que puede amortizarse.
amortización *f.* Acción de amortizar. 2 Efecto de amortizar.
amortizar (l. v. *admortire* < l. *ad* + *morte,* muerte) *tr.* Pasar [los bienes] a manos muertas. 2 Redimir o extinguir [el capital de un censo o deuda]; reponer una parte del capital invertido. 3 Desvalorizar periódicamente [las partidas del activo cuyo valor disminuye con el tiempo o con el uso]: ~ *en un diez por ciento la maquinaria.* 4 Recuperar o compensar los fondos invertidos en alguna empresa; esp. las obligaciones emitidas por una sociedad anónima o los títulos de valores públicos. 5 Suprimir [empleos o plazas] en un cuerpo u oficina. ◇ ** CONJUG. [4] como ***realizar.***
Amós *n. pr.* Profeta menor de la Biblia. Se le cita con la abreviatura *Am.*
amoscamiento *m.* Acción de amoscarse.
amoscarse (paras. de *mosca*) *prnl.* fam. Enfadarse. 2 *Cuba* y *P. Rico.* Avergonzarse. ◇ ** CONJUG. [1] como ***sacar.***
SIN. *1* **Mosquearse;** v. **sentirse.**
amosita *f.* MINER. Forma monoclínica del asbesto.
amosquilarse *prnl.* Refugiarse las reses, huyendo de las moscas, en lugar fresco o frondoso.
amostachado, -da *adj.* desus. Bigotudo.
amostazar (paras. de *mostaza*) *tr.-prnl.* fam. Irritar, enojar. 2 *prnl. Ecuad.* y *Hond.* Avergonzarse. ◇ ** CONJUG. [4] como ***realizar.***
amotape *m. Perú.* Tela azul de algodón.
amotetarse *prnl. Nicar.* Agruparse, amontonarse.
amotinado, -da *adj.-s.* [pers.] Que toma parte en un motín.
amotinador, -ra *adj.-s.* Que amotina (alzar en motín).
amotinamiento *m.* Acción de amotinar o amotinarse. 2 Efecto de amotinar o amotinarse.
amotinar (paras.) *tr.-prnl.* Alzar en motín [a una multitud]. 2 fig. Turbar e inquietar [las potencias del alma o de los sentidos].
amover (l. *-ere*) *tr.* Remover (destituir). 2 Mover (abortar). ◇ ** CONJUG. [32] como ***mover.***
amovible *adj.* Que puede separarse del lugar que ocupa. 2 [cargo o beneficio] Del que puede ser libremente separado el que lo ocupa.
CONTR. **Inamovible.**
amovilidad *f.* Calidad de amovible.
CONTR. **Inamovilidad.**
amozarse *prnl. Perú* y *P. Rico.* Pretender el niño tener costumbres de adulto antes de tiempo. ◇ ** CONJUG. [4] como ***realizar.***
ampalaba *f.* Ampalagua.
ampalagua *f. R. de la Plata.* Boa acuática de 8 a 12 ms. de largo y hasta treinta cms. de diámetro *(Eunectes notaeus).*
ampao *m. Filip.* Arroz tostado y empapado en melaza.
amparable *adj.* Que puede ampararse o protegerse.
amparador, -ra *adj.-s.* Que ampara.
amparar (b. l. *-are* < l. *in,* en + *parare,* disponer) *tr.* Favorecer: ~ *al desvalido;* proteger, defender : ~ *a uno de la persecución;* ~ *a uno en la posesión de alguna cosa; ampararse con,* o *de, algo; ampararse en un fuerte; ampararse contra el enemigo.* -2 *prnl.* Acogerse al favor o protección de alguien. 3 Guarnecerse, defenderse. -4 *tr. Bol., Chile* y *Méj.* Llenar las condiciones con que se adquiere el derecho de beneficiar una mina. 5 *Venez.* Pedir o tomar prestado.
SIN. *1* v. **Proteger.**
amparo *m.* Acción de amparar o ampararse. 2 Efecto de amparar o ampararse. 3 Abrigo, defensa. 4 *Ál.* y *Ar.* Chispa, parte pequeña de una cosa. 5 *Bol., Chile* y *Méj.* Decreto por el cual el gobierno declara propietaria de una mina a la persona que la registra.
SIN. v. **Auxilio.**
ampelidáceo, -a *adj.* Ampelídeo.
ampelídeo, -a (gr. *ámpelos,* vid + *-ídeo*) *adj.-s.* Vitáceo. -2 *f. pl.* Vitáceas.
ampelita (gr. *-itis* < de *ámpelos,* vid, por haberse empleado como abono en las viñas) *f.* Pizarra blanda, aluminosa, de la que se hacen lápices para carpintero.
ampelo- (gr. *ámpelos,* vid) Elemento prefijal que entra en la formación de palabras con el significado de vid: *ampelografía.*
ampelografía (*ampelo-* + *-grafía*) *f.* Descripción de las variedades de la vid, y conocimiento de su cultivo.
ampelográfico, -ca *adj.* Relativo a la ampelografía.
ampelógrafo, -fa *m. f.* Persona que por profesión o estudio se dedica a la ampelografía.
amperaje *m.* Intensidad en amperios de una corriente eléctrica.
ampere *m.* Nombre del amperio en la nomenclatura internacional. ◇ Pl.: *amperes.*
amperímetro (v. *amperio* y *-metro*) *m.* Aparato para medir la intensidad de una corriente eléctrica.
amperio (de *Ampère, 1775-1836,* físico francés) *m.* Unidad de intensidad de la corriente eléctrica, equivalente al paso de un culombio por segundo.
ampervuelta *f.* FÍS. Fuerza magnetomotriz de una bobina expresada como producto de la intensidad en amperios y el número de espiras.
amplexicaule *adj.* Amplexicaulo.
amplexicaulo, -la (l. *amplexari,* abrazar + *-caulo*) *adj.* BOT. [órgano de una planta] Que abraza el tallo. ◇ También *amplexicaule.*
ampliable *adj.* Que puede ampliarse.
ampliación *f.* Acción de ampliar. 2 Efecto de ampliar. 3 Fotografía ampliada.
ampliador, -ra *adj.-s.* Que amplía. -2 *f.* Aparato o máquina para sacar copias fotográficas ampliadas.
ampliamente *adv. m.* Con amplitud.
ampliar (l. *-are*) *tr.* Hacer más extensa [una cosa]. 2 Reproducir [una fotografía] en tamaño mayor del que tenía. ◇ ** CONJUG. [13] como ***desviar.***

SIN. **Ampliar**, es término gral. que puede usarse con toda clase de complementos, reales o fig.; los siguientes sin. se aplican sólo a determinados complementos, p. ej.: **agrandar**, el tamaño: ~ *una casa*; **ensanchar**, la anchura: ~ *una calle, un vestido*; **aumentar**, la cantidad, dimensión: ~ *el capital, la capacidad, el saber*; **amplificar**, lo pensado, escrito, hablado, el sonido; estos y otros matices pueden ser expresados por **ampliar. Incrementar**, es voz culta o científica.

ampliativo, -va *adj.* Que amplía o sirve para ampliar.

amplificación *f.* Acción de amplificar. 2 Efecto de amplificar. 3 RET. Desarrollo dado a una proposición o idea de varios modos a fin de hacerla más eficaz para conmover o persuadir.

amplificador, -ra *adj.-s.* Que amplifica. -2 *m.* FÍS. Aparato o sistema mediante el cual, utilizando energía externa, se aumenta la amplitud o intensidad de un fenómeno físico: ~ ***de luminancia***, dispositivo que sirve para emitir luz de la misma longitud de onda que la luz de entrada, sólo con un incremento de intensidad; ~ ***de banda ancha***, el capaz de amplificar un ancho margen de frecuencias con distorsión mínima; ~ ***de audio***, dispositivo que sirve para amplificar señales de ondas acústicas.

amplificar (l. *-are*) *tr.* Ampliar. 2 Aumentar la amplitud o intensidad de un fenómeno físico mediante un dispositivo o aparato. 3 RET. Hacer una amplificación [de una idea o proposición]. ◇ ** CONJUG. [1] como ***sacar***.

amplificativo, -va *adj.* Que amplifica o sirve para amplificar.

amplio, -plia (l. *amplu*) *adj.* Dilatado, espacioso. ◇ Superl.: *amplísimo*.

amplitud (l. *-udo*) *f.* Extensión; calidad de amplio. 2 fig. Capacidad de comprensión intelectual o moral: ~ *de miras, de criterio*. 3 ASTRON. Ángulo comprendido entre el plano vertical que pasa por el centro de un astro y el vertical primario. 4 FÍS. En el movimiento oscilatorio, espacio recorrido por el cuerpo entre sus dos posiciones extremas. Es un ángulo en los movimientos circulares, y una distancia en los movimientos rectilíneos. 5 FÍS. En una magnitud oscilatoria, valor máximo que alcanza.

ampo (v. *lampo*) *m.* Blancura resplandeciente. 2 Copo de nieve.

ampolla (l. *ampulla*) *f.* Vejiga formada por la elevación de la epidermis. 2 Burbuja formada en el agua cuando hierve o cuando llueve con fuerza. 3 Vasija de vidrio o cristal, de cuello largo y angosto y cuerpo ancho y redondo. 4 Vinajera. 5 Tubito de vidrio o cristal soldado por un extremo, o por los dos, que contiene un líquido inyectable. 6 Defecto que se presenta en la superficie de un cuerpo como consecuencia de la expansión de un gas en él contenido.

SIN. *5* **Inyectable**, cuando está lleno.

I) ampollar *adj.* De figura de ampolla.

II) ampollar *tr.-prnl.* Hacer ampollas: *ampollarse el brazo*. 2 Ahuecar (poner hueco).

ampolleta *f.* Dim. de *ampolla*. 2 Reloj de arena. 3 En este reloj, tiempo que invierte la arena en pasar de una ampolleta a la otra. 4 *Chile*. Bombilla eléctrica.

ampollón, -llona *adj. Perú*. Ocioso.

ampón, -pona *adj.* Amplio, repolludo, ahuecado. ◇ HOMÓF.: *hampón*.

ampuliforme *adj.* De forma de botella.

ampulosamente *adv. m.* Con ampulosidad.

ampulosidad *f.* Calidad de ampuloso.

ampuloso, -sa (de *ampolla*) *adj.* Hinchado y redundante: *lenguaje ~; estilo ~; orador ~*.

ampurdanés, -nesa *adj.-s.* Del Ampurdán, comarca del nordeste de Cataluña.

amputación *f.* CIR. Acción de amputar. 2 CIR. Efecto de amputar.

amputado, -da *adj.* Que ha sufrido amputación.

amputar (l. *-are* < *am*, alrededor + *putare*, cortar) *tr.* CIR. Cortar y separar enteramente del cuerpo [un miembro o porción de él]. 2 CIR. Cortar en derredor o quitar del todo. 3 fig. Quitar, suprimir una parte de un todo.

amuchachado, -da (paras.) *adj.* Que parece un muchacho o de un muchacho.

amuchar *tr. Amér.* Aumentar, multiplicar [algo].

amueblar *tr.* Dotar de muebles [un edificio, habitación, etc.]: ~ *con lujo;* ~ *de nuevo*.

SIN. **Amoblar, moblar, mueblar.**

amuelar *tr.* Recoger [el trigo ya limpio] en la era.

amuermado, -da *adj.* Con muermo. 2 fam. Aburrido. -3 *m. f.* Persona que se halla bajo el efecto de la droga.

amuermar *intr.* fam. Aburrir. 2 Estar bajo el sopor que produce el consumo de drogas.

amufar *tr.* p. us. Amurcar.

amuga *f.* Instrumento para transportar haces a lomo de caballerías.

amugamiento *m.* Amojonamiento.

amugronador, -ra *adj.-s.* Que amugrona.

amugronar (paras. de *mugrón*) *tr.* Acodar [la vid].

SIN. **Ataquizar.**

amujar *tr. Argent.* y *Chile*. Amusgar.

amujerado, -da *adj.* Afeminado.

amujeramiento *f.* Afeminación.

amular *intr.* Ser estéril. -2 *prnl.* Inutilizarse una yegua para criar. 3 *Can.* y *Salv.* Enfadarse. 4 *Méj.* Quedar una cosa inservible.

amulatado, -da (paras.) *adj.* Parecido a los mulatos.

amulatarse *prnl.* Tomar el color del mulato.

amuleto (l. *-tu*) *m.* Objeto portátil al que supersticiosamente se atribuye alguna virtud sobrenatural.

SIN. **Guayaca**, (Amér.); **talismán**, no es necesariamente portátil.

amunicionar *tr.* p. us. Municionar.

amuñecado, -da (paras.) *adj.* [pers.] Que se parece a un muñeco.

amura (de *muro*, como pared del buque) *f.* Parte de los costados del buque donde éste se estrecha para formar la proa. 2 Cabo que hay en cada puño de las velas de cruz para llevarlo hacia la proa.

amurada *f.* Costados del buque por la parte interior.

amurallado, -da *adj.* Protegido o cercado por murallas: *recinto ~*.

amurallar (paras.) *tr.* Murar, proteger con murallas.

amurar *tr.* Sujetar con la amura los puños [de las velas].

amurca *f.* Alpechín.

amurcar *tr.* Acornear el toro. ◇ ** CONJUG. [1] como ***sacar***.

amurco *m.* Cornada del toro.

amurillar *tr. Venez.* Acollar, aporcar.

amurrarse *prnl. Chile* y *Hond.* Amurriarse, entristecerse.

amurriarse *prnl.* Amorrarse, amohinarse, entristecerse. ◇ ** CONJUG. [12] como ***cambiar***.

amurriñarse *prnl. Hond.* Amorriñarse.

amurruñarse *prnl. Venez.* Arrullarse, acariciarse.

amusco, -ca *adj.* Musco (color).

amusgar (l. v. *mussicare*, del l. *mussare*, murmurar) *tr.-intr.* Echar hacia atrás [las orejas] el caballo, el toro, etc., en ademán de querer morder, tirar coces o embestir. -2 *tr.* Recoger [la vista] para ver mejor. 3 *Argent.* Acceder alguien a la pretensión de otro, ceder. -4 *prnl. Hond.* Avergonzarse, encogerse. ◇ ** CONJUG. [7] como ***llegar***.

SIN. *1* **Alastrar**, p. us.

amuso (l. *amussiu*) *m.* Losa de mármol sobre cuya superficie se trazaba una rosa de los vientos.

amustiar (paras.) *tr.* Enmustiar. ◇ ** CONJUG. [12] como ***cambiar***.

an-, v. a- II.

-án (l. v. *-ane*) Sufijo que entra en la formación de adjetivos y substantivos: *sacristán, gavilán;* influyeron en el apócope de algunos procedentes del l. *-anu*: *capellán, capitán, holgazán*. V. -ano; algunos gentilicios se formaron por contaminación con otros sufijos: *catalán, alemán*.

I) ana (b. l. *alna* < germ. *álina*, vara de medir) *f.* Medida de longitud (aproximadamente un metro).

II) ana (gr. *aná*, de nuevo) Cifra de que usan los médicos en sus recetas para denotar que ciertos ingredientes han de ser de peso o partes iguales.

ana- (prep. gr. *aná*) Prefijo que entra en la formación de palabras con el significado de hacia arriba, en alto: *anatema;* contra: *anacrónico;* hacia atrás: *anapesto;* de nuevo: *anabaptista;* conforme: *analogía*.

-ana, v. -ano.

anabaptismo (gr. *anabaptismós*, segundo bautismo) *m.* Doctrina protestante, nacida en Alemania en el s. XVI, que consideraba ineficaz el bautismo administrado antes de llegar al uso de razón, y obligaba a rebautizar a los que lo habían recibido anteriormente.

anabaptista *adj.-s.* Partidario del anabaptismo.

anabí *m.* Nabí. ◇ Pl.: *anabíes*.

anaboleno, -na *adj.* Embustero, enredador, bellaco. -2 *f.* Mujer alocada y trapisondista.

anabólico, -ca *adj.* Relativo al anabolismo.

anabolismo *m.* Parte del proceso del metabolismo en la cual se forma la substancia de los seres vivos.

REL. v. **Metabolismo.**
anabolizador, -ra *adj.-s.* Substancia que favorece el anabolismo.
anabolizante *adj.-s.* Anabolizador.
anacanto (gr. *ana* + *-acanto*) *adj.-m.* ZOOL. Pez teleósteo con aletas de radios blandos y flexibles. -2 *m. pl.* Suborden de estos peces.
anacarado, -da *adj.* Nacarado (aspecto).
anacardiáceo, -a (de *anacardo*) *adj.-f.* Planta de la familia de las anacardiáceas. -2 *f. pl.* Familia de plantas dicotiledóneas, árboles y arbustos de hojas alternas y estipuladas, flores generalmente dioicas en racimos o panículas, y fruto drupáceo; como el anacardo.
SIN. **Terebintáceo.**
anacardina *f.* FARM. ant. Confección hecha con anacardos a la cual se atribuía la virtud de restituir la memoria.
anacardino, -na *adj.* Compuesto con anacardos.
anacardo (gr. *anákardos*) *m.* Árbol anacardiáceo de pequeño tamaño, cuyo pedúnculo se hincha en forma de pera comestible; de la almendra, también comestible, se extrae aceite para usos industriales *(Anacardium occidentale).* 2 Fruto de esta planta.
SIN. *1* **Acajú** (*Colomb.* y *P. Rico*); **cajú** (*Perú*); **caracolí** (*Colomb.*); **cajuil** (*S. Dom.*); **caujil** (*Colomb.* y *Venez.*); **marañón** (*Amér.*); **pajuil** (*P. Rico* y *Venez.*). *1* y *2* **Merey** (*Amér.*).
anaco (quechua) *m.* Tela que a modo de manteo rodean a la cintura las indias del Ecuador y Perú. 2 *Colomb.* Guiñapo.
anacoluto (gr. *anakóloutos,* inconsecuencia) *m.* GRAM. Solecismo que consiste en inconsecuencia o falta de ilación en la construcción de una frase, oración o cláusula, o en el sentido general de la elocución.
anaconda *f.* Serpiente acuática de las selvas de Sudamérica, de unos 6 m. de longitud; las escamas son de color gris oliváceo o castaño, con manchas obscuras *(Eunectes murina).*
anacora (ár. *an-naqura*) *f.* Trompa, cuerno de caza, clarín, corneta.
anacoreta (gr. *anachoretes* < *anachoreo,* retirarse) *com.* Religioso que vive en lugar solitario, entregado a la contemplación y a la penitencia.
SIN. **Monje.**
anacorético, -ca *adj.* Relativo al anacoreta.
anacoretismo *m.* Género de vida de los anacoretas.
anacreóntico, -ca *adj.* Perteneciente o relativo al poeta Anacreonte (560-478 a. C.) o parecido a sus temas y estilo. -2 *adj.* [género de poesía] Que trata delicadamente los placeres del amor, del vino u otros análogos. -3 *f.* Composición poética de este género.
anacrónicamente *adv. m.* Con anacronismo.
anacrónico, -ca *adj.* Que adolece de anacronismo.
anacronismo (gr. *anachronismós;* v. *ana-* + *-cronismo*) *m.* Error consistente en atribuir a sucesos, costumbres, vestidos, etc., una fecha o época que no les corresponde. 2 Antigualla. 3 FÍS. Falta de sincronismo entre dos o más movimientos.
REL. *1* **Paracronismo,** (p. us.) es el ancronismo que atribuye a un hecho fecha posterior a la que le corresponde. CONTR. *1* **Sincronismo.**
anacrusa *f.* Sílaba no acentuada con la que puede comenzarse un verso. 2 Nota o notas de una melodía que preceden al primer tiempo fuerte.
ánade (l. *anate*) *m.* Pato. 2 p. ext. Ave que tiene manifiestas analogías con el pato.
anadear *intr.* Andar una persona como el ánade, moviendo las caderas de un lado a otro.
SIN. **Nanear.**
anadeja *f.* Dim. de *ánade.*
anadino, -na *m. f.* Ánade pequeño.
anadón *m.* Pollo del ánade. 2 Madero ahogadizo.
anaerobio, -a (de *an-* + *aerobio*) *adj.-s.* Ser capaz de vivir y desarrollarse en ausencia del oxígeno del aire. ◇ También *anerobio.*
CONTR. **Aerobio.**
anaerobiosis (v. *anaerobio*) *f.* Vida en ausencia del oxígeno libre. ◇ Pl.: *anaerobiosis.*
CONTR. **Aerobiosis.**
anafalla, anafaya (ár. *an-nafaya* < gr. *gnafálion,* siempreviva) *f.* Especie de tela o tejido de seda o de algodón.
anafase *f.* Tercera fase de la cariocinesis, en la cual los cromosomas se separan formando dos grupos o estrellas, uno en cada polo de la célula.
anafe (ant. al. *Hnap,* vaso) *m.* Hornillo portátil.
anafiláctico, -ca *adj.* Perteneciente o relativo a la anafilaxia.
anafilaxia *f.* Anafilaxis.
anafilaxis (*ana-* + gr. *phylaxis,* protección) *f.* Fenómeno consistente en una sensibilización especial del organismo para una substancia determinada, de modo que una segunda dosis de ésta produce efectos morbosos que no produjo la primera. 2 Impresionabilidad excesiva de algunas personas a la acción de ciertas substancias alimenticias o medicamentosas. ◇ Pl.: *anafilaxis.*
anáfora (gr. *anaphorá*) *f.* Repetición RET. 2 En las liturgias orientales, parte de la misa que corresponde al prefacio y al canon en la liturgia romana.
anaforesis *f.* QUÍM. Movimiento de partículas en suspensión hacia el ánodo, debido a un campo eléctrico.
anafórico, -ca *adj.* Relativo a la anáfora.
anafre *m.* Anafe.
anafrodisia (gr. *anaphrodisia;* v. *anafrodita*) *f.* Disminución o falta del apetito venéreo.
anafrodisiaco, -ca, anafrodisíaco, -ca *adj.-s.* Antiafrodisíaco.
anafrodita (gr. *anaphróditos,* de *an,* priv. + *Aphrodite,* Venus) *adj.-s.* Que se abstiene de placeres sexuales.
anagálide *f.* Planta escrofulariácea, de hojas oblongolanceoladas y flores en racimos opuestos, de color lila pálido; se encuentra en los cañaverales de los arroyos *(Veronica anagallis).*
anaglífico, -ca *adj.* ARQ. Que tiene relieves toscos.
anaglifo (gr. *anaglyphos,* de *aná,* en alto y *glypho,* esculpir) *m.* Vaso u obra tallada, de relieve tosco. 2 Sillar con una prominencia preparada para esculpir en ella. 3 Bajorrelieve. 4 Fotografía estereoscópica con una prueba impresa en rojo y otra en verde para ser vista en relieve.
anagnórisis (gr. *anagnorizo,* reconocer) *f.* V. agnición. ◇ Pl.: *anagnórisis.*
anagoge (gr. *-gé,* elevación, de *anago,* elevar) *m.* Anagogía.
anagogía *f.* Interpretación mística de la Biblia. 2 Elevación y enajenamiento del alma en la contemplación de las cosas divinas.
anagógicamente *adv. m.* Con anagogía.
anagógico, -ca (gr. *-kós*) *adj.* Relativo a la anagogía.
anagrama (gr. *anágramma;* v. *ana-* + *-grama*) *m.* Transformación de una palabra o sentencia en otra por la transposición de sus letras: de *amor, Roma.* 2 Palabra o sentencia que resulta de esta transposición.
anagramático, -ca *adj.* Relativo al anagrama.
anagramatista *com.* Persona que encubre su nombre bajo un pseudónimo anagramático.
anagramista *com.* Anagramatista.
anaiboa *m. Cuba.* Jugo nocivo que contiene la catibía.
anal. *adj.* Relativo al ano: *músculo ~; aleta ~.*
analectas (gr. *análekta,* cosas recopiladas) *f. pl.* Florilegio.
SIN. v. **Crestomatía.**
analepsia (gr. *análepsis,* acción de recuperar) *f.* Convalecencia.
analéptico, -ca *adj.* Que restablece las fuerzas: *régimen ~.*
anales (l. *annale,* anual) *m. pl.* Relaciones de sucesos por años. 2 fig. Relato histórico, crónica.
analfabestia (acrónimo de *analfabeto* + *bestia*) *adj.-s.* burl. Analfabeto.
analfabético, -ca *adj.* Relativo al analfabetismo.
analfabetismo *m.* Falta de instrucción elemental de un país. 2 Estado de analfabeto.
analfabeto, -ta (gr. *analphábetos;* v. *an-* + *alfabeto*) *adj.-s.* Que no sabe leer. 2 fig. Ignorante, desconocedor de saberes elementales. 3 p. ext. Ignorante o desconocedor de una disciplina.
analgesia (gr. *analgesia; v. an-* + *-algesia*) *f.* Ausencia, natural o provocada, de toda sensación dolorosa.
analgésico, -ca *adj.* Relativo a la analgesia. -2 *adj.-s.* Medicamento que produce analgesia.
análisis (gr. *análysis,* de *analyo,* desatar) *m.* Distinción y separación de las partes de un todo hasta llegar a conocer los principios o elementos de éste. 2 GRAM. Distinción de las oraciones que componen un discurso; de las categorías, accidentes y otras propiedades gramaticales de las palabras: *~ **lógico,*** examen de los elementos de una oración y de las relaciones que las oraciones guardan entre sí; *~ **estilístico,*** estudio del valor expresivo de los elementos lingüísticos de un texto. 3 MAT. Parte de las matemáticas puras que estudia las materias no comprendidas en la aritmética, geometría y álgebra. Los límites de su contenido no están definidos con exactitud: *~ **combinatorio,*** parte del análisis matemático que estudia los grupos que se pueden formar con elementos de conjuntos teniendo en cuenta, bien los objetos to-

mados, o bien el orden en que se toman, o ambos valores a la vez. 4 MED. Examen químico o bacteriológico de los humores, secreciones o tejidos, con un fin diagnóstico. 5 PSICO. Psicoanálisis. 6 QUÍM. Estudio de la naturaleza y proporción de las substancias presentes en una muestra: ~ *cualitativo*, el que tiene por objeto descubrir y aislar los elementos de un cuerpo compuesto; ~ *cuantitativo*, el que tiene por objeto determinar la cantidad de cada componente; ~ *espectral*, el cualitativo fundado en la observación del espectro luminoso emitido por la substancia que se analiza. 7 fig. Examen que se hace de una obra o escrito. ◇ Pl.: *análisis*.
Aunque era amb., su empleo actual es masculino. En la QUÍM. puede aparecer como femenino.
CONTR. *1* **Síntesis.**

I) analista *com.* Autor de anales.

II) analista *com.* Persona que se dedica al estudio del análisis matemático o de la analítica. 2 INFORM. Persona que define un problema, determina exactamente lo que se requiere para resolverlo y establece las líneas generales de su solución. 3 MED. Persona que hace los análisis clínicos. 4 Psicoanalista.

analístico, -ca *adj.* Relativo a los anales.

analítica (v. *analítico*) *f.* Parte de la lógica que da reglas para emplear el análisis en la resolución de un dato en sus elementos.

analíticamente *adv. m.* Con análisis o método analítico.

analítico, -ca *adj.* Relativo al análisis. 2 Que procede por vía de análisis.

analizable *adj.* Que se puede analizar.

analizador, -ra *adj.-s.* Que analiza. -2 *m.* Parte de un polariscopio que recibe la luz polarizada. 3 Aparato para determinar la dirección del movimiento electrolítico.

analizar *tr.* Hacer el análisis [de una cosa]. ◇ ** CONJUG. [4] como *realizar*.

análogamente *adv. m.* Con analogía.

analogía (l. *analogía*) *f.* Relación de semejanza entre cosas distintas. 2 DER. Método por el que una regla de ley o de derecho se extiende a campos no comprendidos en ella. 3 GRAM. Parte de la gramática que trata de los accidentes y propiedades de las palabras consideradas aisladamente; morfología. 4 Proceso lingüístico en virtud del cual se crean nuevos vocablos o expresiones, o se transforman los existentes, a semejanza de otros. 5 H. NAT. Relación de correspondencia que en los diversos organismos ofrecen las partes que tienen la misma posición relativa.

analógicamente *adv. m.* Análogamente. 2 GRAM. Según las leyes de la analogía.

analógico, -ca *adj.* Análogo. 2 [dispositivo] Que mide una magnitud representándola por medio de otra magnitud a la cual va asociada por una relación de analogía. 3 GRAM. Perteneciente o relativo a la analogía.

analogismo *m.* Razonamiento que se basa en la analogía.

analogista *adj.-s.* GRAM. Gramático griego perteneciente a una escuela que establecía semejanza fonética primitiva entre las palabras y las cosas. Se les oponían los *anomalistas*, que negaban dicha semejanza.

análogo, -ga *adj.* Semejante. 2 BOT. y ZOOL. [órgano] Que puede adoptar aspecto semejante a otro por cumplir una determinada función, pero que no son homólogos, como las alas en aves e insectos.

anamita *adj.-s.* De Anam, región del este de Vietnam.

anamnesia, anamnesis *f.* Interrogatorio que se hace con vistas a conocer los precedentes patológicos de un enfermo.

anamniota *adj.* [vertebrado] Cuyo embrión está desprovisto de amnios.
CONTR. **Amniota.**

anamorfoseador, -ra *adj.* [aparato] Que permite hacer la anamorfosis de una imagen.

anamorfosear *tr.* Realizar la anamorfosis de una imagen.

anamorfosis (gr. *anamórphosis*, transformación) *f.* Pintura o dibujo que sólo ofrece una imagen correcta desde un punto de vista determinado. ◇ Pl.: *anamorfosis*.

anamú *m. Cuba, P. Rico* y *Venez.* Planta fitolacácea que huele a ajo, y lo mismo la leche de las vacas que la comen *(Petiveria alliacea)*.

ananá, -nás (voz guaraní; a través del port.) *m.* Planta bromeliácea, de hojas espinosas, largas y hendidas, e infrutescencia en forma de piña carnosa, comestible, muy aromática y terminada en una corona de hojas *(Ananas sativus)*. 2 Fruto de esta planta. ◇ Pl.: *ananaes* y *ananases*.
SIN. **Piña de América.**

¡ananay! *Ecuad.* y *Perú.* Interjección que denota admiración o complacencia. 2 *Argent.* ¡Ay, qué dolor!

Ananías *n. pr.* Seguidor de los apóstoles que, con su mujer Safira, fue castigado con la muerte repentina por haber mentido (*Hechos V*).

ananké (gr. *ananké*) *f.* Tratando del teatro griego, hado, fatalidad, destino.

anapelo (*a-* I + *napelo*) *m.* Acónito.

anapéstico, -ca *adj.* Propio del anapesto.

anapesto (gr. *anápaistos;* v. *ana-* + *paio*, golpear) *m.* Pie de la poesía clásica formado por dos sílabas breves y una larga.
SIN. **Antidáctilo.**

anaplasia (gr. *anáplasis*, acción de rehacer; v. *ana-* + gr. *plasso*, formar) *f.* Pérdida de las características propias de una célula cuando sufre diferenciación tumoral.

anaplastia (*ana-* + *-plastia*) *f.* Reconstitución de tejidos del cuerpo de un individuo a base de otros del mismo individuo.

anaptixis *f.* GRAM. Epéntesis que se produce por desarrollo de una vocal entre una consonante y otra líquida o nasal, como en *corónica* por *crónica*.

anaquel (ár. *naggal*, transportador) *m.* Tabla puesta horizontalmente en los muros, armarios, etc.

anaquelería *f.* Conjunto de anaqueles.

anaranjado, -da (paras.) *adj.-m.* Color parecido al de la naranja; es el segundo del espectro solar, y se puede obtener mezclando el rojo y el amarillo. -2 *adj.* De color anaranjado. ◇También *naranjado*.

anaranjear *tr.* Arrojar naranjas [contra uno].

anarco, -ca *adj.-s.* fam. Anarquista.

anarcopasota *com.* fam. Pasota que se cree anarquista.

anarquía (gr. *anarchia;* v. *an-* + *-arquía*) *f.* Falta de todo gobierno en un estado. 2 Perturbación de la vida pública por ausencia o relajación de la autoridad. 3 fig. Desorden, confusión.

anárquicamente *adv. m.* De modo anárquico.

anárquico, -ca *adj.* Relativo a la anarquía.

anarquismo (v. *anarquía*) *m.* Doctrina política que considera como meta de la evolución humana una sociedad sin estado, en la cual la equidad seria la única ley para el hombre. 2 Conducta política subversiva del orden social.

anarquista *com.* Partidario del anarquismo, o que desea o promueve la anarquía. -2 *adj.* Propio del anarquismo o de la anarquía.
SIN. **Ácrata, libertario.**

anarquizante *adj.* Que anarquiza o tiende al anarquismo.

anarquizar *tr.* Propagar el anarquismo [en un país]. ◇ ** CONJUG. [4] como *realizar*.

anasarca (gr. *anásarx;* v. *ana-* + gr. *sarx, sarkós*, carne) *f.* MED. Hidropesía general del tejido celular. 2 BOT. Enfermedad de las plantas producida por un fluido acuoso que se filtra debajo de la corteza.

anascote *m.* Tela de lana, asargada por ambos lados.

anastasia (gr. *anatasía*, resurrección) *f.* Artemisa (planta compuesta). 2 fig. y fam. Censura que lleva a cabo el gobierno en libros, periódicos, comunicaciones y otros medios de publicidad.

anastático, -ca *adj.* IMPR. [método de impresión] Basado en la reproducción de dibujos o páginas impresos por medios químicos.

anastigmático, -ca (gr. *an-*, priv. + *stigma*, punta) *adj.* ÓPT. [objetivo aplanético] En que se ha corregido el astigmatismo.

anastigmatismo *m.* FÍS. Propiedad de ciertos sistemas ópticos de evitar el astigmatismo.

anastiña *f. Bol.* Plegaria que entonan los indios chiquitanos.

anastomizarse *prnl.* Anastomosarse. ◇ ** CONJUG. [4] como *realizar*.

anastomosarse *prnl.* Formar anastomosis.

anastomosis (gr. *anastómosis*, embocadura) *f.* ANAT. Comunicación existente entre vasos procedentes de distintas ramificaciones, ya partan éstas de un mismo tronco o de otro distinto. 2 BOT. Unión de unas partes ramosas con otras de la misma planta. ◇ Pl.: *anastomosis*.

anástrofe (gr. *anastrophé*, de *anastrepho*, invertir) *f.* GRAM. Inversión violenta en el orden de las palabras de una oración.
SIN. El **hipérbaton** altera también el orden habitual de las palabras; cuando es extremoso y violento se llama **anástrofe.** El primero es figura de construcción; la segunda, solecismo.

anata (b. l. *annata* < l. *annu*, año) *f.* Renta, frutos o emolumentos que produce en un año cualquier beneficio o empleo. 2 *Media* ~, derecho que se pagaba en España al ingreso de cualquier beneficio eclesiástico, o pensión o empleo secular.

anatado, -da *adj.* desus. Abundante en nata.
anatasa *f.* Mineral óxido que cristaliza en el sistema tetragonal, de color variado, brillo adamantino y raya de color blanquecino.
anatema (gr. *anáthema,* ofrenda, maldición, de *anatithemi,* poner en alto) *amb.* Excomunión. 2 Maldición, imprecación.
anatematismo *m.* Anatema (excomunión).
anatematizador, -ra *adj.* Que anatemiza.
anatematizar *tr.* Pronunciar un anatema [contra uno]. 2 Maldecir [a uno]. 3 fig. Reprobar. ◇ ** CONJUG. [4] como *realizar.*
anátido, -da *adj.-m* Ave de la familia de los anátidos. -2 *m. pl.* Familia de aves del orden de los anseriformes, cuyas características son las mismas que las de estos.
anatifa *f.* Crustáceo cirrípedo sedentario, parecido al percebe, pero con el pedúnculo y la placa del caparazón menos desarrollados que en éste *(Lepas* sp.*).*
anatista *m.* Oficial de la dataría romana que tenía a su cargo los libros y despachos de las medias anatas.
anatomía (l. *anatomia* < gr. *-tomé,* corte < *anatemno,* cortar) *f.* Disección o separación artificiosa de las partes de un cuerpo orgánico, esp. del humano: ~ ***patológica,*** disciplina que trata de las alteraciones orgánicas provocadas por enfermedades. 2 p. ext. Análisis metódico de una obra o discurso. 3 Ciencia que trata del número, estructura, situación y relaciones de las diferentes partes de los cuerpos orgánicos. 4 Estructura u organización de un animal o planta. 5 ESC. PINT. Disposición, tamaño, forma y sitio de los miembros externos del cuerpo humano o del de los animales.
SIN. *1* v. **Disección.**
anatómicamente *adv. m.* Conforme a las reglas de la anatomía.
anatómico, -ca *adj.* Relativo a la anatomía. 2 Construido para que se adapte o ajuste perfectamente al cuerpo humano o a alguna de sus partes. -3 *m. f.* Anatomista.
anatomista *com.* Persona especializada en anatomía.
anatomizar *tr.* Disecar (dividir). 2 ESC. PINT. Señalar bien [en las figuras los huesos y músculos]. ◇ ** CONJUG. [4] como *realizar.*
anatoxina *f.* Toxina microbiana con propiedades inmunizadoras.
anatropismo *m.* BOT. Tropismo positivo.
anavia *f. Logr.* Arándano.
anay *m.* Termes (insecto).
I) anca (ant. al. *anka,* pierna) *f.* Mitad lateral de la parte posterior de las caballerías y otros animales. 2 Parte posterior y superior de las caballerías. 3 burl. Nalga.
FR. *Llevar a uno a las ancas,* mantenerle, sustentarle. *No sufrir ancas,* no consentir el animal que monten en sus ancas; fig., [pers.] que no aguanta bromas o malos tratos. SIN. *1* **Cuadril.** *2* **Grupa, cuadra** (p. us.); **culata.**
II) anca (quechua *hamca*) *f. Argent., Chile* y *Perú.* Ancua o maíz tostado.
-anca, v. -anco.
ancado, -da *adj.* VETER. [caballería] Que tiene encorvado hacia adelante el menudillo de las patas traseras. -2 *m.* Defecto de la caballería ancada.
ancana *f. Perú.* Vasija para tostar el anca (maíz) y otros granos.
ancar *tr.-prnl. Perú.* Enancar. ◇ ** CONJUG. [1] como *sacar.*
ancara (voz quechua) *f. Perú.* Cáscara seca y vacía del zapallo o calabaza.
ancashino, -na *adj.-s.* De Ancash, departamento del oeste de Perú.
ancestral (del fr. ant. *ancestre* < l. *antecessore*) *adj.* Relativo a los antepasados remotos o procedente de ellos: *tendencias, predisposiciones ancestrales.* 2 Tradicional y de origen remoto.
Es preferible usar **atávico.**
anchamente *adv. m.* Con anchura.
anchar *tr.-prnl.* Ensanchar. -2 *intr.* Ensancharse.
anche *m. Amér.* Anchi.
ancheta *f.* Porción corta de mercancías. 2 Beneficio que se obtiene en un trato. 3 *Argent.* Simpleza, tontería. 4 *Cuba, Méj.* y *Venez.* Broma, mal negocio, o cosa o negocio de poca monta. 5 *Ecuad.* y *Perú.* Ganga, buen negocio.
anchi (araucano y quechua) *m. Argent.* Sémola cocida en una mezcla de agua, limón y azúcar. 2 *Chile.* Cebada tostada y molida. 3 *Chile.* Guiso que se hace con cebada, agua y azúcar. 4 *Perú.* Residuo o sedimento farináceo.
SIN. **Anche.** *3* **Aunche,** *Colomb.*
anchicorto, -ta *adj.* Ancho y corto.
-anchín, v. ín.
ancho, cha (l. *amplu;* doble etim. *amplo; amplio*) *adj.* Que tiene más o menos anchura o la tiene excesiva. 2 Holgado, amplio en demasía: ~ *de boca.* 3 Orgulloso, satisfecho, ufano: *estar más* ~ *que largo.* -4 *m.* anchura. 5 ***A mis, a tus, a sus anchas*** o ***anchos,*** cómodamente, sin sujeción.
-ancho, v. -oncho.
anchoa (del genovés *ancioa,* del l. v. * *apiua*) *f.* Boquerón curado en salmuera con parte de su sangre. 2 Boquerón (pez).
anchoar *tr.* Rellenar con anchoa el hueco de [una aceituna deshuesada].
-anchón, v. -ón.
anchor *m.* p. us. Anchura.
anchova *f.* Anchoa.
anchoveta *f. Perú.* Especie de sardina *(Engraulis ringens; E. nasus).*
anchuelo, -la *adj.* Dim. de *ancho.*
anchura (de *ancho*) *f.* Latitud (dimensión). 2 Extensión. 3 fig. Libertad, soltura, desahogo: *¡vaya anchuras tiene!* 4 Holgura, espacio suficiente para que pase, quepa o se mueva dentro de una cosa otra.
anchuroso, -sa *adj.* Muy ancho o espacioso.
-ancia (l. *-antia*) Sufijo erudito que entra en la formación de algunos substantivos latinos, como *asonancia, ambulancia, estancia,* denotando originariamente acción y efecto, pero puede marcar otros sentidos. V. -anza.
ancianía *f.* ant. Ancianidad. 2 En las órdenes militares, dignidad de anciano.
ancianidad *f.* Último período de la vida ordinaria del hombre.
anciano, -na (b. l. *antianu* < l. *ante,* antes) *adj.-s.* [pers.] Que tiene muchos años. Añade a la idea de *viejo* la actitud respetuosa por parte del que habla. -2 *m.* Miembro del Sanedrín. 3 En las órdenes militares, freire más antiguo de un convento.
ancilo-, ancil-, v. anquilo-: *anciloide, ancilomela.*
anciloide (*ancil-* + *-oide*) *adj.* Encorvado.
ancilomela (*ancilo-* + gr. *méle,* sonda) *f.* MED. Sonda encorvada.
ancla (v. *áncora*) *f.* Instrumento de hierro, en forma de arpón o anzuelo doble, que, pendiente de una cadena, se echa al mar para que se aferre a su fondo y sujete la nave: ~ ***hall,*** la de acero moldeado que consta de dos piezas, la de los brazos y la caña, unidas por un perno corto que sirve de eje de giro, y que no tiene cepo; ~ ***de la esperanza,*** la muy grande; se utiliza en casos extremos; ***echar anclas,*** dar fondo, fondear; ***levar anclas,*** levantarlas para salir del fondeadero. 2 ARQ. Pieza de hierro que sirve para trabar el tirante o la viga con el muro. 3 ARQ. Elemento de anclaje o enlace entre las partes de una construcción.
SIN. *1* **Ferro.**
ancladero *m.* Fondeadero.
anclaje *m.* Acción de anclar la nave. 2 Fondeadero. 3 Tributo pagado por fondear en un puerto. 4 Conjunto de elementos destinados a fijar [algo] firmemente [a otra cosa o al suelo].
SIN. *3* **Capitanía.**
anclar *intr.* MAR. Echar anclas. 2 Quedar sujeta la nave por medio del ancla. -3 *tr.* fig. Sujetar [algo] firmemente [a otra cosa].
SIN. *1* y *2* **Fondear.**
anclear *tr.* p. us. Sujetar [la nave] por medio del ancla.
anclote *m.* Ancla pequeña. 2 *Méj.* Barril pequeño.
-anco, -anca, sufijo que entra en la formación de substantivos derivados de otros substantivos, con significación generalmente despectiva: *ojanco, potranca.*
ancón (l. < gr. *agkón*) *m.* Ensenada pequeña en que se puede fondear. 2 ARQ. Ménsula colocada a los lados de un vano para sostener la cornisa. 3 *Méj.* Rincón. 4 *P. Rico.* Especie de balsa de maderas unidas, que se usa para el servicio de ríos y puertos.
-ancón, v. -ón.
anconada *f.* Ancón (ensenada).
áncora (l. *ancora;* doble etim. *ancla*) *f.* Ancla. 2 fig. Lo que sirve de amparo en un peligro o infortunio. 3 Pieza que regula el movimiento en cierta clase de relojes. 4 Pieza de hierro que tiene forma de T, utilizada para afianzar dos maderos o piedras.
ancorado, -da *adj.* BLAS. V. cruz ancorada.
ancoraje *m.* Anclaje, acción de anclar la nave.
ancorar *intr.* Anclar.
ancorca (l. *argilla ochra*) *f.* Ocre para pintar.
ancorel *m.* Piedra que sirve de ancla a la boya de una red.
ancorería *f.* Establecimiento del ancorero.

ancorero *m.* El que tiene por oficio construir anclas.
ancosa *f. Bol.* Catadura, prueba que de una bebida pide el comprador.
ancua *m. Argent.* y *Chile.* Maíz tostado.
ancuana *f. Argent.* Ancua.
ancuco *m. Bol.* Turrón de maní o almendras y miel.
ancuditano, -na *adj.-s.* De Ancud, cap. de la prov. de Chiloé (Chile).
ancudo, -da *adj.* De ancas grandes.
ancusa (gr. *ánchousa*) *f.* Lengua de buey (planta). 2 ~ *de tintes*, onoquiles.
ancuviña *f.* Sepultura de los indios chilenos.
anda *f. Amér.* Andas.
¡anda! Interjección con que se denota sorpresa o admiración. 2 *¡Vamos!* ~ fr. con que se denota ironía, burla, disconformidad.
-anda, v. -ando.
andábata (l.) *m.* Gladiador que peleaba con un casco que le tapaba los ojos.
andada *f.* Pan muy delgado, que al cocer queda muy duro y sin miga. -2 *f. pl.* Entre cazadores, huellas de perdices, conejos y otros animales. -3 *f. Ar.* Terreno en que suele pastar un ganado. 4 *Chile.* Acción de andar. 5 *Chile.* Efecto de andar. 6 *Hond.* y *Méj.* Paseo largo, caminata. ◇
FRS. *Volver a las andadas,* reincidir en un vicio o mala costumbre. Esta significación proviene de la acep. ant. viaje, camino, paseo, andanza.
andaderas *f. pl.* Aparato para que el niño aprenda a andar sin caerse. 2 *Ar.* Seca, infarto de una glándula.
andadero, -ra *adj.* [lugar] Por donde se puede andar fácilmente. 2 Andador (que anda).
andado, -da *adj.* [esp. con los adv. *más, menos, muy, poco,* etc.] Pasajero (lugar). 2 Común y ordinario. 3 Usado o algo gastado: *ropas muy andadas.* -4 *m. Amér. Central.* Modo de andar: *conocer a uno en el* ~.
andador, -ra *adj.-s.* Que anda mucho o con velocidad. 2 Que anda de una parte a otra sin parar en ninguna. -3 *m.* En la Edad Media, subalterno municipal del alcalde y el juez. 4 Avisador (persona). 5 Pollera (artificio). -6 *m. pl.* Tirantes para sostener al niño cuando aprende a andar.
andadura *f.* Acción de andar. 2 Efecto de andar. 3 ***Paso de*** ~, portante.
SIN. *3* **Portante, paso de ambladura.**
andagrú *m.* Especie de mono de Colombia.
andalón, -na *adj. Amér. Central.* Andariego. 2 *C. Rica.* [caballo] Andador.
andalucismo *m.* Vocablo, giro o modo de expresión propio de los andaluces. 2 Amor o apego a las cosas características de Andalucía.
andalucita *f.* Silicato de alúmina natural.
andalusí *adj.* Relativo al Ándalus o España musulmana. ◇ Pl.: *andalusíes.* ◇ Es errónea la identificación con *andaluz.*
andaluz, -za *adj.-s.* De Andalucía, región autónoma del sur de España. -2 *m.* Conjunto de las variedades dialectales del español de Andalucía.
andaluzada *f.* Exageración propia de andaluces.
andaluzado, -da *adj.* [pers.] Que ha adquirido pronunciación y maneras andaluzas o que parece andaluz.
andamiada *f.* Andamiaje.
andamiaje *m.* Conjunto de andamios.
andamiar *tr.* Poner andamios [en edificios o paredes]. ◇ ** CONJUG. [12] como ***cambiar.***
andamiento *m.* Acción de andar, movimiento, marcha.
andamio (de *andar*) *m.* Armazón de tablones para colocarse encima de ella y trabajar en la construcción o reparación de edificios, pintar paredes, etc.: ~ ***colgado,*** el que se puede izar por los muros exteriores de un edificio (también *puente volante*); ~ ***metálico,*** el de tubos metálicos unidos mediante pernos y manguitos. 2 Tablado puesto en sitios públicos para ver desde él alguna fiesta, o con otro objeto.
I) andana (de *andar*) *f.* Orden de algunas cosas puestas en línea. 2 Estante en cuyas baldas o anaqueles se colocan los gusanos de seda para criarlos. 3 Serie de zarzos horizontales adosados a una pared para el mismo fin. 4 *Colomb., P. Rico* y *S. Dom.* Diente que sale sobre otro.
II) andana (de *altana,* der. de *altar,* por los que se acogían a lugar sagrado) ***Llamarse uno*** ~, fam., desentenderse de lo que es o podría ser un compromiso. ◇ Algunos lo escriben con mayúscula considerándolo por error un personaje folklórico.
andanada *f.* Descarga cerrada de toda una batería de uno de los costados de un buque. 2 Localidad superior, cubierta y con gradas, en las plazas de toros. 3 fig. Reprensión agria y severa.
andancia *f.* Andancio. 2 *Amér.* Andanza. 3 *Amér. Central.* Éxito, fortuna. 4 *Colomb.* y *Ecuad.* Negocio urgente u ocupación que nos lleva a mal fin.
andancio *m.* Enfermedad epidémica leve.
¡andandito! fam. Interjección ¡Andando!
¡andando! Interjección con que se denota sorpresa o voluntad para recalcar un mandato.
andaniño (*andar* + *niño*) *m.* Pollera para comenzar a andar.
I) andante *adj.* Que anda: *caballero* ~. -2 *m. Chile* y *Méj.* Entre rancheros, caballo.
II) andante (it.) *m.* MÚS. Movimiento del ritmo musical moderadamente lento, entre el adagio y el alegro. 2 Composición musical, o parte de ella, en este movimiento. -3 *adv. m.* Con este movimiento.
andantesco, -ca *adj.* Relativo a la caballería o a los caballeros andantes.
andantino (it.) *m.* MÚS. Movimiento del ritmo musical algo más vivo que el andante. 2 Composición musical, o parte de ella, en este movimiento. -3 *adv. m.* Con este movimiento.
andanza (de *andar*) *f.* Caso, suceso. 2 ***Buena,*** o ***mala,*** ~, buena o mala fortuna. 3 Andancio. -4 *f. pl.* Vicisitudes que se experimentan en un lugar, en un viaje o en un tiempo dados. 5 Peripecias, aprietos, trances.
I) andar *m.* Andadura: *caballería de buen* ~. 2 En pl., manera de andar, garbo: *¡vaya unos andares!* 3 fig. Manera de proceder. 4 MAR. Velocidad de un buque.
FR. *A largo* ~, con el tiempo: *a largo* ~ *todo se destruye. A todo* ~, a lo sumo: *a todo* ~ *costará 1000 pesetas. Estar a un* ~, estar dos casas, aposentos, etc., a un mismo nivel.
II) andar (l. *ambitare*) *intr.* Trasladarse o moverse de un lugar a otro un ser animado: *este hombre anda despacio; un gusano anda;* se diferencia de *ir* y *venir* en que éstos llevan asociada la idea de dirección del movimiento (desde aquí, desde ahora; hacia aquí, hacia ahora), en tanto que *andar* se refiere al movimiento en sí mismo. 2 Por esto puede equivaler a *ir* y a *venir* cuando el ademán, la situación del movimiento u otras palabras asociadas añaden a *andar* la dirección; p. ej., *¡Anda!* lo mismo puede significar *¡Vete!* que *¡Ven!;* ~ ***tras una persona,*** o ***un negocio,*** equivalen a *ir tras,* o *venir tras,* porque la prep. *tras* indica la dirección del movimiento. 3 Trasladarse o moverse lo inanimado: ~ *un coche, una nave, los astros.* 4 fig. Funcionar un mecanismo cualquiera: *el reloj anda.* 5 fig. Transcurrir el tiempo: *las horas andan.* 6 Igual que los demás v. de movimiento, se usa con valor pseudorreflexivo, acompañado de *se* o los pron. personales, para recalcar la participación del sujeto: *andarse tras un pleito, me anduve diez horas sin comer.* 7 De no indicar la dirección del movimiento procede su uso frecuentativo, si se trata de actos o movimientos reales o fig. que cambian de dirección o que se repiten: ~ *un ruido en el jardín, andaban grandes alborotos en la casa,* ~ *en el cajón,* ~ *a garrotazos,* ~ *uno bueno o malo,* ~ *con etiquetas,* ~ *con pólvora,* ~ *en pleitos,* ~ *en pecado,* ~ *de juerga,* ~ *de capa;* en todos estos casos tiene el sentido continuativo próximo al que podrían expresar los verbos *ser, estar, seguir, vivir,* etc.: ~ *en los cincuenta años,* ~ *con cuidado; tr:* ~ *dos leguas;* ~ *un camino.* -8 ***auxiliar*** En muchos casos de la acep. 7 está desprovisto de su significado propio y tiene el sentido indeterminado de v. auxiliar. Este uso se acentúa cuando se construye con gerundio: *anda hablando mal de todos; anduvo diciendo verdades; ando escribiendo un libro;* expresa continuidad o repetición de la acción sin dirección determinada, con las diferencias explicadas en la acep. 1 respecto a *ir* y *venir* seguidos también de gerundio. ◇ ** CONJUG. [64].
FR. ~ a derechas, o derecho, obrar con rectitud. ~ *a la que salta,* o *a salto de mata,* aprovecharse de la ocasión que se presenta. ~ *uno a las bonicas,* no empeñarse ni esforzarse en alguna cosa. ~ *con el tiempo,* adaptarse a las circunstancias. SIN. *1, 2, 3, 4, 5, 6* y *8* **Caminar.**
andaraje (de *andar*) *m.* Rueda de la noria. 2 Aparato de madera con que se hace andar el rodillo usado para afirmar el suelo de las eras.
andareguear *intr. Colomb.* y *P. Rico.* Andorrear.
andarica *f. Ast.* Nécora.
andariego, -ga *adj.-s.* Andador (andar).
andarín, -rina *adj.-s.* Persona andadora.
andarina (v. *andorina*) *f.* Golondrina (pájaro).
andarivel (it. *andarivello,* a través del cat.) *m.* Maroma tendi-

da entre las dos orillas de un río para guiar una barca o balsa. 2 Cesta o cajón para pasar ríos y hondonadas que, pendiente de dos argollas, corre por una maroma atirantada. 3 Cuerda colocada en diferentes sitios del buque, a manera de pasamano. 4 Tecle. 5 *Cuba.* Caballo de color obscuro con las patas blancas. 6 *Ecuad.* En deportes, pista delineada con cuerdas, que debe seguir un corredor o nadador. 7 *Hond.* Andariego.

andarraya *f.* Juego que se hacía con piezas o piedras sobre un tablero a modo del de damas.

andarríos *m.* Aguzanieves. 2 Tejedor, insecto hemíptero. 3 *Extr.* Martín pescador. ◇ Pl.: *andarríos.*

andas (l. *amites;* pl. de *ames,* angarillas) *f. pl.* Tablero sostenido por dos barras horizontales y paralelas para llevar personas o cosas, esp. imágenes en las procesiones. 2 Féretro con varas. ◇ El sing. *anda* tiene uso frecuente en varios países de América.

andavete *m. Bol.* Jarro para tomar chicha.

andel *m.* Rodada que deja el paso de un vehículo a campo traviesa. 2 *La Alcarria.* Andaderas de niño. ◇ *1* Es muy frecuente usarlo en pl.

andén (l. v. *andagine;* por l. *indagine*) *m.* Corredor, acera o sitio destinado para andar, a lo largo de una calle, un muelle, la vía de un ferrocarril, etc. 2 Acera de un puente. 3 Anaquel. 4 Parapeto, pretil. 5 Sitio por donde anda la caballería que gira alrededor de la noria para hacerla funcionar. 6 *Can.* Paso estrecho y peligroso por el filo de un risco. 7 *Guat.* y *Hond.* Acera de calle. -8 *m. pl. Argent., Bol.* y *Perú.* Bancales en las laderas de un monte.

andenería *f. Perú.* Gradería de terraplenes o bancales con que los incas circunvalaban los cerros o cubrían las laderas de los montes.

andero *m.* El que lleva en hombros las andas.

andesina *f.* Feldespato de alúmina, sosa y cal, que forma parte de algunas rocas eruptivas.

andesita *f.* GEOL. Roca volcánica compuesta de cristales de andesina, que se encuentran pralte. en los Andes.

andinismo *m. Amér.* Deporte que consiste en la ascensión a los Andes.

andinista *com.* Persona que practica el andinismo.

I) andino, -na (l. *-nu*) *adj.* Relativo a la cordillera de los Andes.

II) andino, -na *adj.-s.* De Andes (Italia).

andito (relac. con l. *ambitu*) *m.* Corredor que exteriormente rodea un edificio. 2 Acera de una calle.

-ando, -anda (l. *-andu*) Sufijo que entra en la formación de ciertos adjetivos cultos como *graduando, veneranda,* y algunos substantivos, como *escurribanda* y *zurribanda.*

andoba *m.* germ. pleb. *El~,* el de marras, el de siempre, la persona conocida. Algunos folkloristas lo escriben con mayúscula por considerarlo un personaje tradicional. El origen es desconocido.

andola *f.* Cancioncilla popular del s. XVII.

andolina (v. *andorina*) *f.* Golondrina (pájaro).

andón, -na *adj.* [caballería] Andador. -2 *m. Venez.* Paso de los caballos, portante.

andonear *intr. Venez.* Marchar la caballería a paso andón.

andoque *m. And.* Instrumento para transportar haces a lomo de caballerías.

andorga *f.* burl. Vientre.

SIN. v. **Abdomen.**

andorina (gallego *andorinha* < l. *hirundine*) *f.* Golondrina (pájaro).

andorra *f.* fam. Mujer andorrera.

andorrano, -na *adj.-s.* De Andorra, pequeña nación situada en los Pirineos.

andorrear (de *andar*) *intr.* fam. Cazcalear.

andorrero, -ra *adj.-s.* Amigo de callejear.

andosco, -ca *adj.-s.* Res de ganado menor que tiene dos años.

-andra, v. andro-.

andradita *f.* MINER. Granate común.

andrajero, -ra *m. f.* Trapero.

andrajo (probl. del germ. *falda,* pliegue; hecho *hald(r)a* y *haldrajo*) *m.* Pedazo, jirón de ropa muy usada. 2 fig. Persona o cosa muy despreciable. -3 *m. pl. Murc.* Guiso de caldo con sopas hechas de una torta especial que suele llevar liebre, conejo o perdiz.

SIN. *1* **Argamandel, harapo, zarria, pingajo, pingo.**

andrajosamente *adv. m.* Con andrajos.

andrajoso, -sa *adj.* Cubierto de andrajos.

SIN. **Harapiento, haraposo, pingajoso, roto, trapiento.**

-andria (gr. *aner, andrós,* varón, hombre) Elemento sufijal que entra en la formación de palabras con el significado de hombre, género masculino o estambre. V. andro-.

andriana (fr. *andrienne*) *f.* Especie de bata muy ancha y no ajustada al talle, que usaban las mujeres.

andrina *f.* Endrina.

andrino *m.* Endrino.

andro-, -andro, -andra (gr. *aner, andrós,* varón, hombre) Elemento prefijal y sufijal que entra en la formación de palabras con el significado de hombre, género masculino o estambre: *androcéfalo, diandro.*

androcéfalo, -la (*andro-* + *-céfalo*) *adj.* Que tiene cabeza de hombre.

androceo (*andro-* + *-ceo;* por analogía con *gineceo*) *m.* Verticilo floral formado por los estambres. 2 ARQ. Departamento de los hombres en la casa griega.

SIN. **Andrón.**

androcracia (*andro-* + *-cracia*) *f.* Superioridad o supremacía del varón en una sociedad.

androfobia (*andro-* y *-fobia*) *f.* MED. Horror invencible a los hombres.

androgénesis (*andro-* + *génesis*) *f.* MED. Desarrollo a partir de la célula masculina.

andrógeno *m.* Conjunto de hormonas producidas por el testículo y la corteza suprarrenal que provocan la aparición de los caracteres sexuales masculinos.

androginismo *m.* Hermafroditismo masculino con apariencia femenina.

andrógino, -na (*andro-* + *-gino*) *adj.* Hermafrodita. 2 [animal] Que, aun cuando reúne los dos sexos, no puede ser fecundo aisladamente. 3 Monoico.

androide (v. *andro-* y *-oide*) *m.* Autómata que se comporta como hombre.

andrólatra *adj.-s.* Que sigue o profesa la androlatría.

androlatría (*andro-* + *-latría*) *f.* Culto divino tributado a un hombre.

SIN. **Antropolatría.**

androlla *f.* Embutido gallego elaborado con porciones musculares de diafragma y costillas de cerdo, y corteza de tocino, que se consume cocido.

andrología (*andro-* + *-logía*) *f.* Parte de la medicina que estudia la fertilidad y la esterilidad del hombre.

Andrómaca *n. pr.* Fiel esposa de Héctor (*Ilíada*).

andromanía *f.* PAT. Ninfomanía.

Andrómeda *n. pr.* MIT. Princesa etiope, esposa de Perseo, el cual la salvó de ser devorada por un monstruo marino. -2 *f.* Constelación boreal situada entre Perseo y Pegaso.

andrómeda *f.* Arbusto ericáceo, de hoja perenne y flores globulares en acúmulos pequeños semejantes a umbelas, cuyo fruto es una cápsula seca *(Andromeda polifolia).*

andrómina (probl. *Andrómeda,* por lo fabuloso de su vida) *f.* Embuste, enredo: *no cuentes andróminas.*

andromorfo, -fa (*andro-* + *-morfo*) *adj.* Que tiene forma humana.

andrón (gr.) *m.* ARQ. Androceo. 2 ARQ. Dormitorio de los siervos.

andropausia (*andro-* + gr. *pausis,* cesación) *f.* Período de la vida caracterizado por la involución y cese de la actividad testicular en el varón.

androsemo (gr. *andrósaimon*) *m.* Todabuena.

androsterona *f.* Hormona masculina.

andujareño, -ña *adj.-s.* De Andújar (Jaén).

andulán *m. Filip.* Capacho o cesto propio del país.

andulario *m.* Faldulario.

andullo (fr. *andouille,* cierto embuchado) *m.* Tejido que se pone en las jaretas y motores de los buques, para evitar el roce. 2 Hoja larga de tabaco arrollada. 3 Manojo de hojas de tabaco. 4 *Amér. Merid.* Hoja grande destinada a envolver. 5 *Cuba.* Pasta de tabaco para mascar.

andurrial (de *andar*) *m.* Paraje extraviado o fuera de camino: *vagar por los andurriales.*

anea (ár. *anei,* caña) *f.* Planta tifácea, propia de los lugares pantanosos, cuyas hojas se emplean para hacer asientos de sillas, ruedos, etc. *(Typha latifolia).*

SIN. *1* **Aceña, enea, espadaña, bayunco** (*And.* y *Extr.*).

-ánea, v. -áneo.

aneaje *m.* Acción de anear.

I) anear *tr.* Medir [una cosa] por anas.

II) anear *m.* Terreno poblado de aneas.
aneblar (b. l. *nebulare*) *tr.-prnl.* Cubrir [un lugar] de niebla. 2 Anublar (osbcurecer). ◇ ** CONJUG. [27] como *acertar.*
anécdota (gr. *anékdotos,* inédito) *f.* Relación breve de algún rasgo o suceso particular y curioso.
I) anecdotario *m.* Colección de anécdotas.
II) anecdotario, -ria *adj.* Anecdótico.
anecdótico, -ca *adj.* Que tiene carácter de anécdota.
anecdotismo *m.* Empleo frecuente de anécdotas.
anecdotista *com.* Persona que escribe, refiere o gusta de contar anécdotas.
aneciarse (paras.) *prnl.* Hacerse necio. ◇ ** CONJUG. [12] como *cambiar.*
anedir *tr. Chile.* vulg. Añadir. ◇ ** CONJUG. [34] como *servir.*
anegable *adj.* Que puede ser anegado (inundado).
anegación *f.* Acción de anegar o anegarse. 2 Efecto de anegar o anegarse.
anegadizo, -za *adj.-m.* Que frecuentemente se anega (inunda). 2 V. madera anegadiza.
anegamiento *m.* Anegación.
anegar (l. *ad* + *necare,* hacer morir) *tr.-prnl.* Ahogar [a uno] sumergiéndole en el agua: ~ *todo un ejército; anegarse en un estanque;* fig., ~ *en sangre;* ~ *la libertad.* 2 Inundar (cubrir el agua): ~ *los campos; anegarse las mieses;* fig., ~ *el alma de alegría.* -3 *prnl.* Naufragar: *anegarse un bajel.* ◇ ** CONJUG. [7] como *llegar.* ◇ HOMÓF.: *hanega* (f.).
anego *m. Perú.* Anegación.
anegociado, -da *adj.* Metido en muchos negocios.
anejar *tr.* Anexar.
anejín, -jir (ár. *anexid*) *m.* Refrán popular puesto en verso y cantable.
anejo, -ja *adj.* Anexo. 2 Propio, inherente, concerniente. -3 *m.* Iglesia parroquial de un lugar, sujeta a la de otro pueblo en donde reside el párroco. 4 Iglesia sujeta a otra principal del mismo pueblo. 5 Grupo de población rural incorporado a otros u a otros, para formar municipio.
aneldo (l. **anethulu* < *anethu*) *m.* Eneldo (hierba).
aneléctrico, -ca (*an-* + *eléctrico*) *adj.-s.* [cuerpo] No susceptible de electrificarse por fricción.
anélido (l. *anellu,* anillo, + gr. *eidos,* forma) *adj.-m.* Gusano del tipo de los anélidos. -2 *m. pl.* Tipo de gusanos celomados cuyo cuerpo cilíndrico o aplanado está dividido en anillos. El sistema nervioso es primitivo, en escalera de cuerda, y la respiración cutánea; incluye tres clases: poliquetos, oligoquetos e hirudíneos.
anemia (gr. *anaimía* < *an-* priv. + *aima,* sangre) *f.* Deficiencia de la sangre, ya sea en su masa o en sus componentes; esp., disminución de los glóbulos rojos o de la hemoglobina.
anémico, -ca *adj.* Relativo a la anemia. -2 *adj.-s.* Que padece anemia.
anemo- (gr. *ánemos,* viento) Elemento prefijal que entra en la formación de palabras con el significado de viento: *anemófilo, anemografía.*
anemocoria *f.* BOT. Dispersión del fruto por medio del viento.
anemocordio (*anemo-* + *-cordio*) *m.* Arpa eolia.
anemofilia *f.* BOT. Modo de fecundación de las plantas por el polen que transporta el viento.
anemófilo, -la (*anemo-* + *-filo* I) *adj.* [planta] En que la polinización se verifica por medio del viento.
anemografía (*anemo-* + *-grafía*) *f.* Parte de la meteorología que trata de la descripción de los vientos.
anemográfico, -ca *adj.* Relativo a la anemografía.
anemógrafo, -fa *m. f.* Persona perita en anemografía. -2 *m* Anemómetro con dispositivo para registrar gráficamente la evolución de la velocidad del viento y su dirección.
anemograma *m.* FÍS. Gráfico registrado con el anemógrafo y que indica de modo continuo la velocidad del viento durante un período que suele ser de 24 horas.
anemometría (*anemo-* + *-metría*) *f.* Parte de la meteorología que trata de la medición de la velocidad o la fuerza del viento.
anemométrico, -ca *adj.* Relativo a la anemometría o al anemómetro.
anemómetro (*anemo-* + *-metro*) *m.* Instrumento para medir la velocidad o fuerza del viento.
anémona, anemona *f.* Planta ranunculácea medicinal, de raíz leñosa, hojas cortadas en tres segmentos divididos en lacinias, bohordo rollizo y velloso con una flor solitaria, sin corola, con un involucro de brácteas, y frutillos secos indehiscentes provistos de una cola larga y pelosa *(Anemone pulsatilla).* 2 ~ *de los bosques,* o simplemente, *anémona,* planta ranunculácea, de cuyo rizoma extendido salen tallos con una sola flor blanca apétala en forma de estrella *(Anemone nemorosa).* 3 ~ *de mar,* v. actinia.
SIN. *1* **Pulsatila.** *2* **Nemorosa.**
anemone *f.* Anémona.
anemoscopio (*anemo-* + *-scopio*) *m.* Instrumento para indicar la dirección del viento.
anemotropismo (*anemo-* + *tropismo*) *m.* BIOL. Tropismo positivo a las corrientes de aire.
-áneo, -ánea (l. *-aneu*) Sufijo culto que entra en la formación de adjetivos calcados del latín, como *coetáneo,* o de formación castellana, como *sufragáneo, instantáneo,* denotando pertenencia, condición, relación. V. -año, -aña.
anéota *f.* Hierba labiada, con tallos y hojas pubescentes, y flores de color malva pálido en racimos *(Clinopodium nepeta).*
anepigráfico, -ca (*an-* + *epigráfico*) *adj.* [medalla, lápida, etc.] Que carece de inscripción; [escrito] que no tiene epígrafe.
anergia *f.* Pérdida de la capacidad de reacción frente a una substancia o antígeno, respecto al cual se estaba anteriormente sensibilizado.
anerobio *m.* Anaerobio.
aneroide (*a-* II + gr. *nerós,* líquido, a través del fr.) *adj.-s.* V. barómetro aneroide.
anestesia (gr. *anaisthesia* < *an-* + *-estesia*) *f.* Privación parcial o total de la sensibilidad, debida a una enfermedad, al hipnotismo o a la absorción de ciertas substancias.
anestesiar *tr.* Insensibilizar por medio de un anestésico: ~ *un brazo;* ~ *a una mujer.* ◇ ** CONJUG. [12] como *cambiar.*
SIN. Según el anestésico empleado se forman vbs. esps., como **cloroformizar, eterizar.**
anestésico, -ca *adj.* Relativo a la anestesia. -2 *adj.-m.* Que produce anestesia.
anestesiología (*anestesia* + *-logía*) *f.* Especialidad médica que trata de los problemas fisiopatológicos relacionados con la práctica de la anestesia.
anestesiólogo, -ga *m. f.* Especialista en anestesia.
anestesista *com.* Especialista en aplicar la anestesia.
aneto *m* Eneldo (hierba).
aneurisma (gr. *anéurysma,* de *aneuryno,* dilatar) *amb.* Dilatación localizada en una arteria o vena. 2 ~ *cardíaco,* dilatación y aumento anormal del volumen del corazón.
aneurismático, -ca *adj.* Relativo al aneurisma.
anexar (de *anexo*) *tr.* Unir [una cosa] a otra con dependencia de ella: ~ *una provincia;* ~ *un beneficio eclesiástico.*
anexidades *f. pl.* Derechos y cosas anexas a otra principal. Úsase con la voz *conexidades,* como fórmula en los instrumentos públicos.
anexión (l. *annexio*) *f.* Acción de anexar. 2 Efecto de anexar.
anexionar (de *anexión*) *tr.* Anexar.
anexionismo *m.* Teoría que defiende y favorece las anexiones territoriales realizadas por los grandes Estados.
anexionista *adj.-s.* Partidario o defensor del anexionismo o de una anexión.
anexitis *f.* MED. Inflamación de los anexos.
anexo, -xa (l. *annexu*) *adj.-s.* Unido a otra cosa con dependencia de ella. 2 Anejo, propio, inherente, concerniente. -3 *m. pl.* MED. Órganos y tejidos que rodean el útero.
SIN. *1* y *2* **Anejo.**
anfesibena *f.* Anfisbena.
anfeta *f.* fam. Anfetamina.
anfetamina *f.* Fármaco del grupo de las aminas, estimulante del sistema nervioso.
anfi- (gr. *amphi*) Elemento prefijal que entra en la formación de palabras con el valor de alrededor de, como en *anfiteatro;* a ambos lados, como en *anfímacro, anfipróstilo;* y doble, como en *anfibología.*
anfiartrosis (*anfi-* + *artrosis*) *f.* Articulación con movimientos muy limitados.
anfibio, -bia (gr. *amphibios;* v. *anfi-* + *-bio*) *adj.* Que puede vivir dentro del agua y fuera de ella. 2 fig. Que se desarrolla o tiene lugar en tierra y en mar: *operación militar anfibia.* 3 [aparato] Que funciona igualmente en tierra, en el agua o en el aire. -4 *adj.-m.* Animal de la clase de los anfibios. -5 *m. pl.* Clase de animales vertebrados, anamniotas, ovíparos, poiquilotermos, con respiración pulmonar, y piel desnuda con glándulas mucosas; pasan en su desarrollo por un estado de larva acuática provista de

ANFIBOLOGÍAS

1. Colocación indebida de los COMPLEMENTOS:

Se venden medias para señora de seda.	Se venden medias de seda para señora.
Pidió las llaves a la sobrina de la casa.	Pidió las llaves de la casa a la sobrina.
Vendo piso para oficinas en buen estado.	Vendo piso en buen estado para oficinas.

2. Uso del PRONOMBRE RELATIVO:

Ésta es la cadena de galeotes, gente forzada del rey que va a galeras.	Ésta es la cadena de galeotes, gente que va a galeras forzada del rey.
La muñeca de mi hermana que tiene la cara de cera es de mucho coste.	La muñeca de mi hermana, juguete que tiene la cara de cera, es de mucho coste.
Aquí tienes el retrato de la reina Isabel cuya historia ya conoces (¿De quién es la historia, de la reina [*1*] o del retrato [*2*]?)	Aquí tienes el retrato de la reina Isabel, de quien ya conoces la historia [*1*]; o de la reina Isabel, retrato cuya historia ya conoces [*2*].

3. Uso ambiguo del POSESIVO **de 3.ª pers.:** *su, suyo,* **etc.:**

Antonio fue a la hacienda de Rafael en su coche. (¿El coche de Antonio [*1*] o de Rafael [*2*]?)	Antonio fue en su coche... [*1*]. — A. fue a la hacienda de R. en el coche de éste [*2*].

4. Uso de los PRONOMBRES PERSONALES **de 3ª pers.:** *él, ella,* **etc.**

El padre reclamó a instancias de su hermana la cantidad que le adeudaba el banquero.	El padre... que le adeudaba a él (o a ella) el banquero. *O bien:* ... que adeudaba el banquero al citado padre (o a la citada hermana).

branquias; está formado por tres órdenes: ápodos, urodelos y anuros.
anfibiótico, -ca ***adj.*** [animal] Que vive sucesivamente en dos medios diferentes y efectúa migraciones para pasar de uno a otro.
anfíbol (gr. *amphíbolos,* ambiguo) ***m.*** Silicato natural de calcio y magnesio, y hierro, caracterizado por tener dos direcciones de exfoliación que se cortan en ángulo de 124°.
anfibolita ***f.*** Roca de color verde oscuro compuesta de anfíbol y algo de feldespato, cuarzo o mica.
SIN. **Afanita.**
****anfibología** (l. *amphibologia;* gr. *amphíbolos,* ambiguo) ***f.*** GRAM. Vicio de dicción por el que las frases o palabras pueden tener más de un sentido o interpretación. Ambigüedad. 2 RET. Figura que consiste en emplear adrede voces o cláusulas de doble sentido.
SIN. Aunque **anfibología** y **ambigüedad** gralte. coinciden, ésta ha tomado por ext. el signif. de imprecisión, indeterminación en gral., mientras que *anfibología* sugiere siempre dos o más interpretaciones. Lo anfibológico es siempre ambiguo, pero no al revés; **dilogía** (LÓG. p. us.) equivale a **doble sentido** de una palabra. El **equívoco,** en cambio, puede tener dos o más sentidos.
anfibológicamente ***adv. m.*** Con anfibología.
anfibológico, -ca ***adj.*** Que tiene o implica anfibología.
anfíbraco (gr. *amphibrachys; v. anfi-* + gr. *brachys,* corto) ***m.*** Pie trisílabo de la poesía clásica, constituido por una sílaba larga entre dos breves.
anfictión ***m.*** Diputado de la anfictionía.
anfictionado ***m.*** Cargo de anfictión.
anfictionía (gr. *amphiktionía*) ***f.*** En la ant. Grecia, asociación, esp. religiosa, entre pueblos o tribus vecinas. 2 Asamblea de los anfictiones.
anfictiónico, -ca ***adj.*** Relativo al anfictión o a la anfictionía.
anfígamo, -ma (*anfi-* + *-gamo*) ***adj.*** BOT. [planta] Cuyo procedimiento de fecundación es dudoso.
anfígeno (*anfi-* + *-geno*) ***m.*** QUÍM. Grupo de elementos simples de la familia del azufre.
anfímacro (gr. *amphímakros;* v. *anfi-* y *macro-*) ***m.*** Pie trisílabo de la poesía clásica, formado por sílaba larga + breve + larga.
SIN. **Crético.**
anfineuro (*anfi-* + *-neuro*) ***m.*** Animal de la clase de los anfineuros. -2 ***m. pl.*** Clase de moluscos marinos, con concha o sin ella, de organización muy primitiva, cuerpo deprimido con un pie reptador ventral y, a veces, con la cabeza atrofiada; como el chitón.
anfinúcleo (*anfi-* + *núcleo*) ***m.*** Núcleo formado por centrosoma y fibras en huso, alrededor del cual se acumula la cromatina.
anfión (ár. *afion* < gr. *opion*) ***m.*** Opio.
anfioxo ***m.*** Animal marino housepisciforme, que representa el primer escalón de los vertebrados y se encuentra en las playas arenosas de Europa *(Brauchiostoma lanceolatum; Amphioxus l.)*
anfípodo (de *anfi-* + *-podo*) ***adj.-m.*** ZOOL. Crustáceo del orden de los anfípodos. -2 ***m. pl.*** Orden de crustáceos malacostráceos acuáticos, de pequeño tamaño, casi siempre marinos, con el cuerpo comprimido lateralmente, antenas largas y siete pares de patas torácicas.
anfipróstilo (gr. *amphipróstylos;* v. *anfi-* + *próstilo*) ***m.*** ARQ. Edificio con pórtico y columnas en dos de sus fachadas.
anfisbena ***f.*** Reptil anfisbénido de cabeza protegida por placas, cuerpo cilíndrico y cola alargada y cónica; vive bajo tierra (*gén. Amphisbena).* 2 Reptil fabuloso que tiene dos cabezas. También *anfesibena, afisibena*
anfisbénido, -da ***adj.-s.*** Reptil de la familia de los anfisbénidos. -2 ***m. pl.*** Familia de reptiles saurios, ápodos, con la piel sin escamas, pero dividida en compartimientos cuadriláteros dispuestos en anillos; como la anfisbena.
anfiscio, -cia (gr. *amphiskios;* v. *anfi-* + *-scio*) ***adj.-s.*** Habitante de la zona tórrida, cuya sombra, al mediodía, mira ya al norte, ya al sur, según las estaciones del año: *los anfiscios del Congo.*
anfisibena ***f.*** Anfisbena.

ANFIBOLOGÍAS (continuación)

5. Omisión indebida del SUJETO:	
Los hijos viván con sus padres en la calle de Alcalá. Tenían una pequeña hacienda, etc.	Los hijos... Tenían éstos (o aquéllos) una pequeña hacienda, etc.
6. Colocación indebida del ADVERBIO:	
Prometió pagarme ayer. (Mala colocación si el adv. corresponde a *prometió*	Ayer prometió pagarme. *Caso contrario, también:* prometió que ayer me pagaría.
7. Doble sentido del COMPLEMENTO **con** *de:*	
El amor de Dios.	SUBJETIVO. El amor que Dios nos tiene. — OBJETIVO. El amor que sentimos hacia Dios.
El asesino de Juan.	*SUBJ. El hombre que asesinó a Juan. — OBJ. Juan que es un asesino o* Juan el asesino
8. Colocación indebida del GERUNDIO:	
Vi a Pedro paseando. (¿Quién paseaba, Pedro [*1*] o yo [*2*]?)	*1* Vi a Pedro que paseaba. — *2* Paseando vi a Pedro.
9. Uso de la PREPOSICIÓN *a* (V. **complemento directo**)	

anfitálamo (gr. *amphithálamos;* v. *anfi-* + *tálamo*) ***m.*** En la casa griega, lugar donde se acostaban las esclavas.
anfiteatro (gr. *amphithéatron;* v. *anfi-* + *teatro*) ***m.*** Edificio de figura redonda, con gradas alrededor, en el cual se celebraban varios espectáculos. 2 Conjunto de asientos en semicírculo que suele haber en las aulas y en los teatros. 3 ~ ***anatómico,*** lugar destinado a la disección de los cadáveres.
anfitrión, -triona (de *Anfitrión,* personaje mitológico) ***m. f.*** Persona que tiene convidados y los regala con esplendidez.
Anfitrite ***n. pr.*** MIT. Nereida, esposa de Neptuno y diosa del mar.
anfolito ***m.*** Coloide anfótero.
ánfora (l. *amphora*) ***f.*** Cántaro alto y estrecho, de cuello largo, usado por lo griegos y romanos. 2 Medida de capacidad usada por los griegos y romanos (unos 24 l.; dos urnas). 3 *Méj.* Urna para votaciones. -4 ***f. pl.*** Jarras en que el obispo consagra los óleos el Jueves Santo.
anfótero, -ra ***adj.*** QUÍM. [substancia] Capaz de comportarse como ácido o como base.
anfractuosidad ***f.*** Sinuosidad, desigualdad de una montaña. 2 Escabrosidad de un terreno. 3 Depresión y elevación de varias formas que se repiten en la superficie de algunos cuerpos: *anfractuosidades cerebrales.*
anfractuoso, -sa (l. *-osu,* lleno de vueltas o rodeos) ***adj.*** Que tiene anfractuosidades.
-anga, v. -ango.
angaria (l. gr., acarreo) ***f.*** Ant. servidumbre o prestación personal. 2 MAR. Retraso forzoso impuesto a la salida de un buque para emplearlo en un servicio público.
angarillada ***f.*** Carga que de una vez se puede transportar en unas angarillas.
angarillar ***tr.*** Poner angarillas [a una cabalgadura].
angarillas (v. *angaria*) ***f. pl.*** Andas pequeñas para llevar a mano materiales de construcción y otras cosas. 2 Armazón de cuatro palos en cuadro de los que penden unas como bolsas grandes de redes, para transportar en cabalgaduras vidrios, loza, etc. 3 Aguaderas. 4 Vinagreras.
SIN. *1* **Arguenas, -ñas, convoy.**
angarillear ***tr.*** *Chile.* Transportar [algo] en angarillas. -2 ***intr.*** *Chile.* Trabajar con ellas.
angaripola ***f.*** Lienzo ordinario, estampado en listas de varios colores que usaron las mujeres del siglo XVII. -2 ***f. pl.*** fam. Adornos de mal gusto y de colores llamativos que se ponen en los vestidos.
ángaro (gr. *ággaron pyr,* señales por medio del fuego) ***m.*** Almenara (fuego).
angarrio, -rria ***m. f.*** *Colomb.* y *Venez.* Persona o animal flaco y desmedrado.
angazo (der. del l. v. **hamicu* < *hamu,* anzuelo) ***m.*** Instrumento para pescar mariscos.
angeítis ***f.*** Angitis.
ángel (l. *angelu* < gr. *ángelos,* mensajero) ***m.*** Espíritu celeste criado por Dios para su ministerio: ~ ***bueno,*** el que no prevaricó; ~ ***custodio*** o ***de la guarda,*** el que Dios ha señalado a cada persona para su guarda; ~ ***de tinieblas*** o ***malo,*** diablo. 2 p. ant. *El Ángel,* el Arcángel San Gabriel. 3 Espíritu celeste que pertenece al último de los nueve coros de la jerarquía angélica. 4 fig. Expresión, gracia: *tener ~.* 5 fig. Persona muy afable. 6 En el juego de los trucos, ventaja que consiste en poder subir sobre la mesa para jugar las bolas que no se alcanzan desde fuera con la punta del taco. 7 *Amér.* Micrófono que se sostiene con la mano mientras se habla.
¡Ángela María! Expresión que se usa para denotar que se aprueba alguna cosa, o que se cae en la cuenta de algo.
angelar ***intr.*** *Hond.* Suspirar.
angélica ***f.*** Planta umbelífera, de umbelas terminales con flores verdosas, y hojas pinnadas que se usan como condimento *(Angelica archangelica).* 2 Lección que se canta el Sábado Santo para la bendición del cirio. 3 FARM. Bebida purgante, compuesta de maná y otras cosas.

SIN. *1* **Ajonjera, carlina.**

angelical ***adj.*** Relativo a los ángeles. 2 fig. Parecido a ellos en hermosura, candor o inocencia. 3 fig. Que parece de ángel: *voz ~*.

angelicalmente ***adv. m.*** Con candor e inocencia.

angelico ***m.*** Dim. de *ángel*. 2 fig. Angelito (niño).

angélico, -ca (l. *-u*) ***adj.*** Angelical.

angelín (port. *angelim*) ***m.*** Pangelín.

¡Angelina! *P. Rico* y *S. Dom.* Expr. ¡Ángela María!

angelino, -na ***adj.-s.*** De Los Ángeles, capital de la provincia chilena de Bio-Bío.

angelito ***m.*** Dim. de *ángel*. 2 fig. Niño de muy tierna edad. 3 fig. Criatura recién fallecida. -4 ***m. pl.*** *Colomb.* Las flores amarillas y escarlatas de la planta *Caesalpinia pulcherrima*.

angelizarse ***prnl.*** Purificarse espiritualmente, aspirando a la perfección angélica. ◇ ** CONJUG. [4] como ***realizar.***

angelología (gr. *ángelos* + *-logía*) ***f.*** Tratado de lo referente a los ángeles.

angelón ***m.*** Aum. de *ángel*. 2 fig. ~ ***de retablo,*** persona desproporcionalmente gorda y carrilluda. 3 *P. Rico* y *Venez.* Planta escrofulariácea, de flores moradas, cuyo cocimiento se usa como sudorífico *(Angeloniam angustifolia)*.

angelota ***f.*** Higueruela.

angelote ***m.*** Aum. de *ángel*. 2 Figura grande de ángel. 3 fig. Niño muy gordo y de condición apacible. 4 Persona muy sencilla y apacible. 5 Pez marino selacio que por su estructura anatómica constituye el tránsito entre los tiburones y las rayas. Alcanza hasta 1,50 m. de largo; de carne poco aceptable por ser dura y de mal sabor. Abunda en las aguas del norte del litoral peruano *(Squattina squattina)*. 6 Higueruela.

ángelus (l.) ***m.*** Oración en honor del misterio de la Encarnación, que comienza con las palabras *Angelus Domini*, y se recita tres veces al día. 2 Toque de campana para esta oración. ◇ Pl.: *ángelus*.

angeo ***m.*** *Colomb.* Tela metálica.

angevino, -na ***adj.*** [pers.] Relativo a la casa real de Anjou.

angina (l., de *angere*, sofocar) ***f.*** Inflamación de las amígdalas y de las regiones contiguas a ellas. 2 ~ ***de pecho,*** afección que puede existir por sí sola o como síntoma de otras enfermedades del corazón o de la aorta, caracterizada por una constricción detrás del esternón, dolores precordiales y sensación de muerte inminente.

SIN. **Esquinencia.**

anginoso, -sa ***adj.*** Relativo a la angina o acompañado de ella.

angio- (gr. *angeion*, vaso) Elemento prefijal que entra en la formación de palabras con el significado de vaso, conducto: *angiología;* cápsula, receptáculo: *angiospermo.*

angiocardiopatía (*angio-* + *cardiopatía*) ***f.*** PAT. Enfermedad del corazón y de los grandes vasos.

angiocolitis (*angio-* + *colitis*) ***f.*** MED. Inflamación de los conductos biliares. ◇ Pl.: *angiocolitis.*

angiografía (*angio-* + *-grafía*) ***f.*** ANAT. Descripción del aparato circulatorio. 2 Radiografía del mismo.

angiograma ***m.*** Imagen radiográfica de los vasos circulatorios.

angioleucitis (*angio-* + gr. *leukós*, blanco, + *-itis*) ***f.*** MED. Inflamación de los vasos linfáticos. ◇ Pl.: *angioleucitis.*

angiología (*angio-* + *-logía*) ***f.*** ANAT. Parte de la anatomía que trata de los vasos sanguíneos y linfáticos.

angiólogo, -ga ***m. f.*** Especialista en angiología.

angioma (*angio-* + *-oma*) ***m.*** MED. Antojo (lunares).

angiospasmo (*angio-* + gr. *spasmós*, espasmo) ***m.*** PAT. Contracción y espasmo de la musculatura que rodea externamente a los vasos sanguíneos, y que da lugar a una ausencia de flujo sanguíneo en la zona irrigada por dicho vaso.

angiospermo, -ma (*angio-* + gr. *sperma*, semilla) ***adj.-f.*** BOT. Planta del grupo de de las angiospermas. -2 ***f. pl.*** Grupo sin categoría taxonómica que incluye plantas cuya semillas están envueltas por un pericarpio.

angiporto (l.) ***m.*** Callejón estrecho y sin salida. 2 Parte interna de un puerto.

angitis ***f.*** MED. Inflamación de un vaso, pralte. sanguíneo o linfático. ◇ También *angeítis.* ◇ Pl.: *angitis.*

angla (de *ángulo*) ***f.*** GEOGR. Cabo.

anglesita (de la isla de *Anglesey*) ***f.*** Sulfato de plomo nativo.

SIN. **Vitriolo de plomo.**

angli, v. anglo-.

anglicado, -da ***adj.*** [lenguaje] Que adolece de anglicismos. 2 Que gusta de imitar lo inglés.

anglicanismo ***m.*** Conjunto de las doctrinas de la Iglesia oficial inglesa.

anglicanización ***f.*** Acción de anglicanizar. 2 Efecto de anglicanizar.

anglicanizado, -da ***adj.*** Que ha sido influido por las maneras de ser inglesas.

anglicanizante (de *anglicano*) ***adj.*** [léxico, semántica o sintaxis] Influido por la lengua inglesa. -2 ***adj.-s.*** Que se inclina a la doctrina de la Iglesia anglicana, o la imita.

anglicanizar ***tr.*** Dar carácter inglés [a pers. o cosas]. -2 ***tr.-prnl.*** Aficionar [a alguien] a las cosas inglesas. ◇ ** CONJUG. [4] como ***realizar.***

anglicano, -na ***adj.-s.*** Que profesa el anglicanismo. -2 ***adj.*** Relativo a él. -3 ***adj.-s.*** Estilo, frase o palabra en que se advierte la influencia de la lengua inglesa. 4 ***Iglesia anglicana,*** la oficial de Inglaterra, cuyo jefe es el rey. En su liturgia usa la lengua inglesa. 5 Inglés.

anglicismo ***m.*** Idiotismo o modo de hablar propio de la lengua inglesa. 2 Vocablo, giro o modo de expresión propio de esta lengua empleado en otra. 3 Amor o apego a las cosas características de Inglaterra.

SIN. **Inglesismo.**

anglicista ***com.*** El que suele incurrir en anglicismos. 2 Aficionado a lo propio de Inglaterra. 3 Anglista.

ánglico, -ca ***adj.*** Perteneciente o relativo a los anglos o a Inglaterra.

angliparla (*angli-* + *parla*) ***f.*** Lenguaje plagado de anglicismos.

angliparlante ***adj.*** Que incurre en anglicismos.

angliparlista ***m.*** Angliparlante.

anglista ***adj.-s.*** Persona versada en la lengua y literatura inglesa.

anglístico, -ca (de *anglista*) ***adj.*** [estudio] Referente a la lengua inglesa o la cultura de los países anglohablantes. -2 ***f.*** Estudio de esta lengua o cultura.

anglo, -gla (l. *-glu*) ***adj.-s.*** De una tribu germánica establecida en Inglaterra durante el s. VI. 2 lit. Inglés.

anglo-, angli-, elemento prefijal que entra en la formación de palabras con el valor de inglés o relativo a Inglaterra: *anglofilia.*

angloamericano, -na (*anglo-* + *americano*) ***adj.*** Relativo a ingleses y americanos. 2 De origen inglés y nacido en América. -3 ***adj.-s.*** Estadounidense.

angloárabe (*anglo-* + *árabe*) ***adj.-s.*** Caballo mestizo de raza inglesa y árabe.

anglofilia (*anglo-* + *-filia*) ***f.*** Afición o simpatía por lo inglés o a lo inglés.

anglófilo, -la (*anglo-* + *-filo* 1) ***adj.-s.*** Que simpatiza con los ingleses.

anglofobia (*anglo-* + *-fobia*) ***f.*** Desafección a Inglaterra y a los ingleses.

anglófobo, -ba (*anglo-* + *-fobo*) ***adj.-s.*** Desafecto a Inglaterra y a los ingleses.

anglófono, -na (*anglo-* + *-fono*) ***adj.-s.*** Anglohablante. -2 ***adj.*** [país, región] De habla inglesa.

anglohablante (*anglo-* + *hablante*) ***adj.-s.*** [pers.] Que tiene como lengua materna el inglés.

anglomanía (*anglo-* + *-manía*) ***f.*** Afección desmedida en imitar las costumbres inglesas. 2 Afectación en emplear anglicismos.

anglómano, -na ***adj.-s.*** Que adolece de anglomanía.

anglonormando, -da (*anglo-* + *normando*) ***adj.-s.*** Raza de caballos mestizos de raza inglesa y normanda. -2 ***m.*** Dialecto del francés ant. hablado en las costas fronterizas de Inglaterra y Francia.

angloparlante ***adj.*** Anglohablante.

anglosajón, -jona (*anglo-* + *sajón*) ***adj.-s.*** Procedente de los pueblos germanos que en el siglo V invadieron Inglaterra. -2 ***m.*** Lengua germánica de los antiguos anglosajones, de la cual procede el inglés. 3 De lengua y civilización inglesas: *Australia es un continente ~*.

-ango, -anga, sufijo que entra en la formación de algunos nombres con significación despectiva: *bullanga.*

angola ***f.*** *Hond.* Leche agria. 2 *Argent.* Calabaza con forma de pera.

angolán ***m.*** Árbol alangieo de la India, de fruto comestible y raíz purgante *(Alangium decapetalum)*.

angoleño, -ña ***adj.-s.*** De Angola, nación del sudoeste de África.

angolino, -na ***adj.-s.*** De Angol, capital de la provincia chilena de Malleco.

angollo ***m.*** *Bol.* Mazamorra o harina de trigo.

angora *adj.-s.* [gato, conejo, cabra] De una raza originaria de Angora, actual Ankara, capital de Turquía, notable por su pelo sedoso y largo *(gén. Felis).*
angorativa *f.* Tejido fabricado con pelo de conejo de Angora; es sedoso y se usa para prendas interiores.
angorra *f.* Pieza de cuero o tela gruesa, usada para proteger las partes del cuerpo expuestas a rozamientos o quemaduras.
angostamente *adv. m.* Con angostura.
angostar *tr.-intr.* Hacer angosta [una cosa], estrecharla.
SIN. **Enangostar** y **ensangostar.**
angosto, -ta (l. *angustu*) *adj.* Estrecho, reducido.
I) angostura *f.* Calidad de angosto. 2 Estrechura, paso estrecho. 3 fig. Estrechez intelectual o moral.
II) angostura *f.* Planta rutácea de la América meridional *(Galipea officinalis).* 2 Substancia amarga que se extrae de la corteza de esta planta. Se emplea en medicina como antifebrífugo y entra en la composición de algunas bebidas amargas.
angosturina *f.* Substancia amarga que se extrae de la corteza de la angostura.
angra (b. l. *ancra*) *f.* Ensenada.
angrelado, -da (fr. *engrêlé,* delgado) *adj.* [pieza de heráldica, moneda y adorno arquitectónico] Que remata en picos o dientes menudos.
angström *m.* Unidad de medida que equivale a la diezmillonésima parte de un milímetro.
angú *m. C. Rica* y *Pan.* vulg. Masa de plátanos verdes cocidos con caldo de carne.
anguarina (de *húngaro;* ant. *hungarina*) *f.* Gabán de paño burdo y sin mangas.
angüejo *m.* Fruta de sartén que se hace en forma de hojuela.
SIN. **Oreja de abad.**
anguiforme (gr. *anguis,* serpiente + *-forme*) *adj.* Que tiene forma de serpiente.
anguila (l.) *f.* Pez teleósteo anguiliforme comestible, de cuerpo en forma de serpiente, cubierto de una substancia viscosa; remonta los ríos, pero desciende al mar para criar *(Anguilla anguilla).* 2 Madero paralelo a otro sobre el que se monta el buque para botarlo. 3 ~ *de cabo,* rebenque (látigo).
REL. *1* **Angula,** cría de la anguila.
anguilazo *m.* Golpe dado con la anguila de cabo.
anguilera *f.* Depósito en que se conservan vivas las anguilas.
anguilero, -ra *adj.* Perteneciente o relativo a la pesca de la anguila, esp. el canastillo que sirve para llevar anguilas. -2 *m. f.* Persona que pesca o vende anguilas.
anguiliforme *adj.-m.* Pez del orden de los anguiliformes. -2 *m. pl.* Orden de peces teleósteos de cuerpo serpentiforme, con aletas blandas y piel mucosa; carecen de aletas ventrales; como la anguila, el congrio y la morena.
anguilla *f. Amér.* Anguila (pez).
anguílula *f.* Gusano nemátodo que se alimenta de las bacterias que forma la madre del vinagre *(Anguillula aceti).*
anguina (l. *inguine,* ingle) *f.* VETER. Vena de las ingles.
angula *f.* Cría de la anguila.
angulado, -da *adj.* Anguloso. 2 ARQ. V. arco ~.
angular (l. *-are*) *adj.* Relativo al ángulo. 2 De figura de ángulo. 3 ARQ. V. arco ~.
angularmente *adv. m.* En figura de ángulo.
angulema (de *Angulema,* c. de Francia) *f.* Lienzo de cáñamo o estopa. 2 *Logr.* Pejiguera, encargo molesto. -3 *f. pl.* Zalamerías.
ángulo (l. *-lu,* del gr. *ankylos,* encorvado; doble etim. *angla*) *m.* GEOM. Porción indefinida de plano limitado por dos líneas que parten de un mismo punto: ~ ***agudo,*** el menor de 90 grados; ~ ***obtuso,*** el mayor de 90 grados; ~ ***recto,*** el de 90 grados; ~ ***semirrecto,*** el de 45 grados; ~ ***complementario,*** el que sumado con otro completa un recto; ~ ***suplementario,*** el que sumado con otro da un total de dos rectos; ~ ***plano,*** el de 180 grados; ~ ***oblicuo,*** el que no es recto; ~ ***curvilíneo,*** el que forman dos líneas curvas; ~ ***mixto*** o ***mixtilíneo,*** el que forman una recta y una curva; ~ ***rectilíneo,*** el que forman dos líneas rectas; ***ángulos adyacentes,*** los dos que a un mismo lado de una línea recta forman con ella otra que la corta; ***ángulos alternos,*** en el caso de dos paralelas cortadas por una secante, cada dos de los ocho ángulos resultantes que, siendo ambos *internos* (situados entre las paralelas) o *externos* (fuera de las paralelas), y no adyacentes, se hallan a distinto lado de la secante; ***ángulos correspondientes,*** en el mismo caso, cada dos que, siendo uno interno y otro externo, y no adyacentes, se hallan situados a un mismo lado de la secante; ***ángulos opuestos por el vértice,*** los que tienen el vértice común y los lados de cada uno en prolongación de los del otro; FÍS. ~ ***de incidencia,*** el que forma un rayo de luz o la trayectoria de una onda o cuerpo elástico con la normal a una superficie en el punto de incidencia; ~ ***de reflexión,*** el que forma un rayo de luz o la trayectoria de una onda o cuerpo elástico, una vez reflejados, con la normal a una superficie en el punto de incidencia; ~ ***de refracción,*** el que forma un rayo de luz o la trayectoria de una onda, una vez refractados, con la normal a la superficie de separación de los medios en el punto de incidencia; ~ ***óptico,*** el formado por las dos visuales que van del ojo del observador a los extremos del objeto que se mira; ARTILL., ~ ***de mira,*** el que forma la línea de mira con el eje de la pieza; ~ ***de tiro,*** el que forma la línea horizontal con el eje de la pieza; TOPOGR., ~ ***cenital,*** el que forma una visual con la vertical del punto de observación; ZOOL., ~ ***facial,*** el formado por dos rectas que se pueden imaginar en la cara del hombre y de algunos animales, una desde la frente hasta los alvéolos de la mandíbula superior, y otra desde desde este sitio hasta el conducto auditivo; ARQ., ~ ***de corte,*** el que forma el intradós de una bóveda o arco con el lecho o sobrelecho de cada una de las dovelas. 2 GEOM. ~ ***diedro,*** porción indefinida de espacio limitada por dos planos que se cortan. 3 GEOM. ~ ***poliedro*** o ***sólido,*** porción indefinida de espacio comprendida entre tres o más planos que concurren en un punto, cortándose cada dos contiguos. 4 GEOM. ~ ***triedro,*** el poliedro de tres caras. 5 GEOM. ~ ***esférico,*** porción de la superficie de la esfera limitada por dos arcos de círculo máximo que concurren en un punto. 6 GEOM. ~ ***entrante,*** aquel cuyo vértice, cúspide o arista entra en la figura o cuerpo de que forma parte. 7 GEOM. ~ ***saliente,*** aquel cuyo vértice, cúspide o arista sobresale de la figura o cuerpo de que forma parte. 8 Rincón (ángulo entrante). 9 Esquina o arista.
REL. **Goniómetro,** instrumento usado en topografía, radiodifusión, etc., para medir ángulos.
angulosidad *f.* Condición de anguloso.
anguloso, -sa (l. *-osu*) *adj.* Que tiene ángulos o esquinas.
angurria *f.* fam. Estangurria. 2 Deseo vehemente o insaciable. 3 Hambre insaciable. 4 Egoísmo, avaricia.
angurriento, -ta *adj.* Que tiene angurria.
angusti- (l. *angustu,* estrecho) Elemento prefijal que entra en la formación de palabras con el significado de estrecho: *angustifolio.*
CONTR. **Lati-.**
angustia (l. *angustia,* angostura, dificultad) *f.* Aflicción, congoja. 2 Temor opresivo sin causa precisa. -3 *f. pl. And.* Náuseas.
angustiadamente *adv. m.* Angustiosamente.
angustiado, -da *adj.* Acongojado, afligido, oprimido. 2 fig. Codicioso, apocado, miserable. 3 *Méj.* Corto, estrecho.
angustiador, -ra *adj.* Que causa angustia.
angustiante *adj.* Que causa angustia.
angustiar (l. *-are*) *tr.* Causar angustia [a uno]. ◇ ** CONJUG. [12] como *cambiar.*
angustifolio, -lia (l. *angustifolius*) *adj.* BOT. De hoja estrecha.
CONTR. **Latifolio.**
angustiosamente *adv. m.* Con angustia.
angustioso, -sa *adj.* Lleno de angustia. 2 Que la causa o la padece.
angustirrostro, -tra (*angusti-* + l. *rostru,* pico) *adj.* ZOOL. Que tiene estrecho el pico, hocico o rostro.
CONTR. **Latirrostro.**
angustura *f.* Angostura II.
anhelación *f.* Acción de anhelar. 2 Efecto de anhelar.
anhelante *adj.* Que anhela.
anhelar (l. *-are*) *intr.* Respirar con dificultad. -2 *intr.-tr.* Tener anhelo de conseguir una cosa: ~ *empleo, dignidades;* ~ *por mayor fortuna.* -3 *tr.* fig. Expeler, echar de sí con el aliento.
SIN. *2* V. **Desear.**
anhélito (l. *-tu*) *m.* Respiración, esp. corta y fatigosa.
anhelo (l. *-lu,* jadeante) *m.* Deseo vehemente.
anhelosamente *adv. m.* Con anhelo.
anheloso, -sa (l. *-su*) *adj.* [respiración] Anhelante. 2 Que respira de este modo. 3 Que tiene, siente o causa anhelo.
anhídrido (*anhidro* + *-ido* I) *m.* Óxido capaz de formar un ácido al combinarse con los elementos del agua: ~ ***arsenioso,*** óxido de arsénico, As O_2, poco soluble en el agua y muy venenoso; ~ ***carbónico,*** CO_2, gas asfixiante que se produce en las combustiones y en algunas fermentaciones; ~ ***sulfúrico,*** óxido de azufre, SO_2, sólido, muy ávido de agua, al combinarse con la cual produce ácido sulfúrico; ~ ***sulfuroso,*** óxido de azufre,

SO_2, gas incoloro de olor fuerte e irritante, que resulta de la combustión del azufre
NOMENCLATURA. De igual manera que en los oxácidos, el nombre específico termina en *-ico* o en *-oso* según contega más o menos oxígeno.
anhidrita *f.* Roca más densa y dura que el yeso, formada por un sulfato de cal anhidro.
SIN. **Muriacita.**
anhidro, -da (gr. *ánydros,* sin agua < *an-* priv. + *hydor,* agua) ***adj.*** [cuerpo] Que carece de agua en su composición o que la ha perdido si la tenía. Se opone a *hidratado.*
anhidrosis (gr. *anídrosis* < *an-* priv. + *hidroo,* sudar) *f.* MED. Disminución o supresión del sudor. ◇ Pl.: *anhidrosis.*
aní *m.* Ave cuculiforme insectívora de Sudamérica, de plumaje negro con reflejos metálicos y pico largo y estrecho *(Crotophaga ani).* ◇ Pl.: *aníes.*
aniaga *f. Murc.* Salario anual que se paga al mozo de labor y en dinero. 2 *Murc.* Pequeña parcela de terreno labrantío.
anicónico, -ca *adj.* Que representa un concepto sacro mediante el símbolo.
CONTR. **Icónico.**
anidar (paras.) ***intr.-prnl.*** Hacer nido las aves o vivir en él. 2 p. ext. Morar, habitar en un sitio. -3 ***tr.*** fig. Abrigar, acoger [a uno]. -4 ***intr.*** Encontrarse algo dentro de una persona o cosa.
SIN. *1* **Nidificar,** hacer nido.
anieblar ***tr.-prnl.*** Aneblar. -2 ***prnl.*** *Ar.* Alelarse, entontecerse.
aniego *m.* Anegación.
anihilar *tr.* Aniquilar.
anilina (de *añil*) *f.* Amina cíclica que se encuentra como componente del añil; actualmente se extrae de la hulla. Se emplea como colorante.
anilla *f.* Anillo para colocar colgaduras y cortinas. 2 Anillo que, por medio de un cordón o correa, sujeta un objeto. 3 Faja de papel litografiado que se coloca a cada cigarro puro para indicar su vitola y marca de fábrica. -4 ***f. pl.*** En gimnasia, aros pendientes de cuerdas o cintas en los que se hacen diferentes ejercicios.
SIN. **Sortija.**
anillado, -da *adj.* Que tiene anillos. 2 Que tiene forma de anillo. 3 Rizado, ensortijado. 4 Anélido.
anillamiento *m.* Acción de anillar [aves]. 2 Operación que con anillos de hierro o aparatos semejantes se practica en los animales para imposibilitar la función de determinados órganos.
anillar *tr.* Dar forma de anillo [a una cosa]. 2 Sujetar [una cosa] con anillos. 3 Hacer o formar anillos los cuchilleros [en las piezas que fabrican]. 4 Poner anillos con inscripciones o mensajes en las patas de las aves emigrantes que se cazan vivas y se sueltan después, a fin de estudiar sus migraciones, o para su identificación. También suelen anillarse las palomas mensajeras.
anillo (l. *anellu*) ***m.*** Aro pequeño. 2 Aro, gralte. de metal, que se lleva en los dedos de la mano: ~ ***del Pescador,*** sello secreto de la cancillería romana, con la efigie de San Pedro echando sus redes al mar; ~ ***pastoral,*** el que, como insignia de su dignidad, usan los prelados. 3 Rizo del cabello. 4 Cerco de las ruedas hidráulicas compuesto por una serie de camones. 5 Redondel de la plaza de toros. 6 ARQ. Moldura que rodea el fuste de una columna. 7 ARQ. Cornisa circular que sirve de base a una cúpula. 8 ELECTR. Parte en forma de aro de una conexión que generalmente está situada detrás de la punta y aislada de ésta: ~ ***colector,*** electrodo colector de un iconoscopio. 9 TECNOL. Pieza de relleno, constituida por un cilindro hueco, de tamaño variado, con pared de poco espesor. 10 MAT. Conjunto de elementos entre los que se definen dos reglas de composición, una asimilable a la adición y otra al producto. 11 QUÍM. Estructura molecular formada por una cadena cerrada de átomos. 12 ZOOL. Segmento en que se divide el cuerpo de algunos animales. 13 ~ ***de Saturno,*** círculo que rodea a este planeta y está compuesto de tres aros concéntricos opacos. 14 *La Mancha.* Pieza circular de encina o roble sobre la cual gira el telar en el molino de viento.
SIN. *2* **Sortija.** FR. *De ~,* loc. fig., [dignidad o empleo] meramente honorífico, sin renta, emolumentos ni jurisdicción. *Venir como ~ al dedo,* fr. fig. fam., haber sido hecha o dicha [una cosa] con oportunidad.
ánima (l. *anima* < gr. *ánemos,* soplo) *f.* p. us. Alma (substancia espiritual; hueco). 2 Alma que pena en el purgatorio. *Sacas ánimas,* ganar indulgencia plenaria aplicable a las ánimas del purgatorio. 3 fig. Alma, lo que se mete en el hueco de algunas piezas para darles solidez. 4 fig. En las piezas de artillería y en toda arma de fuego, en gral., hueco del cañón. -5 ***f. pl.*** Toque de las campanas a cierta hora de la noche, con que se invita a orar a Dios por las ánimas del purgatorio. 6 Hora a que se tocan las campanas para este fin.
animación *f.* Acción de animar o animarse. 2 Efecto de animar o animarse. 3 Viveza en las acciones, palabras o movimientos. 4 Concurso de gente en un lugar. 5 Técnica de dar impresión de movimiento a los dibujos en el cine.
animadamente ***adv. m.*** Con animación.
animado, -da *adj.* Dotado de alma. 2 Alegre, divertido, concurrido.
animador, -ra *adj.* Que anima en gral. -2 ***m. f.*** En los bailes públicos, persona que con sus cantos, gritos y gestos anima a los bailarines. 3 Persona que anima a grupos de personas. 4 Persona que hace dibujos animados
SIN. *2* **Jaleador, -ra,** en los cuadros de cante y baile flamenco.
animadversión (l. *-versione*) *f.* Enemistad, ojeriza. 2 Crítica o advertencia severa.
SIN. *1* v. **Antipatía.**
I) animal (l. *-ale* < *animus,* aliento vital) ***m.*** Reino constituido por organismos pluricelulares, heterótrofos y diploides, que se desarrollan por anisogamia: ~ ***racional,*** el hombre; ~ ***irracional,*** cualquiera que no sea el hombre. 2 Animal irracional (en oposición a hombre).
REL. Tecn., v. **zoo-. Fauna,** conjunto de las especies de animales de un país.
II) animal (v. *animal* I) ***adj.*** Relativo al animal. 2 Relativo a lo sensitivo, a diferencia de lo racional o espiritual. -3 ***adj.-s.*** [pers.] Incapaz, grosero o muy ignorante.
animalada *f.* fam. Borricada (necedad).
animalario *m.* En los centros científicos de investigación, recinto acondicionado para albergar a los animales de experimentación.
animálculo *m.* Animal microscópico.
animalejo *m.* Dim. de *animal.*
animalidad (l. *-itate*) *f.* Calidad de animal.
animalismo *m.* Animalidad.
animalista *com.* Pintor o escultor de animales.
animalizable *adj.* Susceptible de animalización.
animalización *f.* Acción de animalizar o animalizarse. 2 Efecto de animalizar o animalizarse.
animalizar *tr.* Convertir [un alimento] en materia animal por la asimilación. 2 Transformar [algo] en ser animal. -3 ***prnl.*** Embrutecerse. ◇ ** CONJUG. [4] como ***realizar.***
animalucho *m.* desp. Animal de figura desagradable.
animar (l. *-are*) *tr.* Infundir el alma: *animó al hombre que formara;* ***abs.,*** *lo que anima, que es el alma, es inmortal.* 2 Infundir ánimo y energía: ~ *al ejército.* 3 Infundir vigor y actividad [a cosas inanimadas]: ~ *el comercio, las llamas, el diálogo.* 4 Dotar de movimiento [a cosas inanimadas]. 5 Dar movimiento y alegría [a un concurso de gente]: ~ *el certamen; animarse el paseo;* ***tr.,*** dar variedad [a un pasaje], hacerlo agradable: ~ *una fachada, una página, un paisaje.* 6 Hacer que parezca dotado de vida [una obra de arte]. 7 Ejecutar dibujos animados. -8 ***intr.*** Vivir, habitar o morar. -9 ***prnl.*** Cobrar ánimo y esfuerzo: *animarse a hablar.* 10 Atreverse.
SIN. **Letificar,** lit.; **alegrar.**
¡ánimas! *Méj.* Interjección ¡Ojalá!
anime (voz americana) *m.* Curbaril. 2 Resina de esta planta.
animero *m.* El que pide limosna para sufragio de las ánimas del purgatorio.
anímico, -ca (de *ánima*) ***adj.*** Psíquico.
animismo (de *ánima*) ***m.*** Doctrina filosófica y médica, opuesta al mecanicismo y al vitalismo, que considera al alma como la causa de todos los hechos psíquicos y vitales. 2 Creencia en la actividad voluntaria de los seres orgánicos e inorgánicos y de los fenómenos de la naturaleza, que se suponen animados por un alma antropomórfica. 3 En los pueblos primitivos, culto a los espíritus. 4 Concepción primitiva del universo para los artistas del siglo XX.
animista *com.* Partidario del animismo (doctrina). -2 ***adj.*** [persona o pueblo] que profesa el animismo (creencia).
animita *f. Cuba.* Aguacero, insecto *(Pholinus).* 2 *Chile.* Lugar donde se amontonan piedras o se hace una casilla, a fin de encender velas como ofrenda a una persona muerta allí trágicamente.
ánimo (l. *-mu* < gr. *ánemos,* soplo) ***m.*** Alma o espíritu, en cuanto es principio de la actividad humana. 2 Valor, energía. 3 Intención, voluntad. 4 Atención o pensamiento.
¡ánimo! Interjección con que se anima o incita a emprender, hacer o proseguir algo.

animosamente *adv. m.* Con ánimo (valor).
animosidad (l. *-tate*) *f.* Animadversión (enemistad).
SIN. v. **Antipatía.**
animoso, -sa (l. *-osu*) *adj.* Que tiene ánimo (valor).
aniñadamente *adv. m.* Puerilmente.
aniñado, -da *adj.* Que se parece a los niños. 2 Propio de niños. 3 *Chile.* Animoso, guapo.
SIN. v. **Infantil.**
aniñarse (paras.) *prnl.* Hacerse el niño el que no lo es.
anión *m.* Ion cargado negativamente.
REL. **Catión,** ion positivo.
aniquilable *adj.* Que fácilmente se puede aniquilar.
aniquilación *f.* Acción de aniquilar o aniquilarse. 2 Efecto de aniquilar o aniquilarse. 3 FÍS. Conversión de la masa en energía.
aniquilador, -ra *adj.-s.* Que aniquila.
aniquilamiento *m.* Aniquilación.
aniquilar (l. *annihilare* < *ad,* a + *nihil,* nada) *tr.* Reducir [a una persona o cosa] a la nada; en gen., destruir, deteriorar o arruinar enteramente: ~ *a un ejército; su poder se aniquiló;* ~ *un país.* -2 *tr.-prnl.* Anonadar, humillar, abatir.
SIN. v. **Anonadar.**
anís *m.* Planta umbelífera de flores pequeñas, y semillas menudas, aromáticas y de sabor agradable *(Pimpinella anisum).* 2 Semilla de esta planta. 3 Grano de anís con baño de azúcar. 4 Confitura menuda. 5 Anisado (aguardiente). 6 ~ ***estrellado,*** badiana. 7 *Colomb.* Fuerza, energía. ◇ Pl.: *anises.*
SIN. *1* y *2* **Matalahúga, matalahúva.**
anisado, -da *adj.* Compuesto o aderezado con anís. -2 *m.* Aguardiente anisado. -3 *f.* Seta agarical de color verde pálido, de carne comestible con olor a anís *(Clitocybe odora).*
anisal *m. Chile.* Anisar.
I) anisar *m.* Terreno sembrado de anís.
II) anisar *tr.* Echar anís o esencia de anís [a una cosa].
anisete (fr. *anisette*) *m.* Licor compuesto de aguardiente, azúcar y anís.
aniso- (gr. *ánisos,* desigual) Elemento prefijal que entra en la formación de palabras con el significado de desigual: *anisómero.*
CONTR. **Iso-.**
anisocitosis (*aniso-* + gr. *kytos,* célula + *-osis*) *f.* Desigualdad en el tamaño de las células, especialmente referido a los glóbulos rojos.
anisodonte (*aniso-* + *-donte*) *adj.* ZOOL. De dientes desiguales.
anisofilo, -la (*aniso-* + *-filo* III) *adj.* BOT. De hojas desiguales.
anisogamia *f.* Formación de gametos de tamaño y morfología diferentes.
anisogino, -na (*aniso-* + *-gino*) *adj.* BOT. [flor] Que tiene un número de estilos diferente del de los sépalos y pétalos.
anisómero, -ra (*aniso-* + *-mero*) *adj.* BIOL. Formado de partes desiguales o irregulares.
anisopétalo, -la (*aniso-* + *pétalo*) *adj.* BOT. De pétalos desiguales.
anisostémono, -na (*aniso-* + gr. *stemón, stémonos,* hilo, filamento) *adj.* BOT. [flor] Que no tiene igual número de estambres que de pétalos.
anisotropía *f.* FÍS. Calidad de anisótropo.
anisótropo, -pa (*aniso-* + *-tropo*) *adj.* FÍS. No isótropo. 2 [cuerpo] Que ofrece distintas propiedades cuando se examina o ensaya en direcciones diferentes.
anitera *f.* FIL. Sacerdotisa.
anito *m.* Ídolo familiar adorado por algunos pueblos de raza filipina.
anivelar *tr.* Nivelar (poner e igualar).
aniversario, -ria (l. *-iu* < *annu,* año + *versu,* vuelto < *vertere,* volver) *adj.* Anual. -2 *m.* Oficio y misa que se celebran en sufragio de un difunto el día en que se cumple el año de su fallecimiento. 3 Día en que se cumplen años de algún suceso.
SIN. *2* **Cabo de año.**
¡anjá! *Cuba, P. Rico* y *Venez.* Interjección ¡Ajá!
anjeo (de *Anjou,* reg. fr.) *m.* Especie de lienzo basto.
anjova *f.* Pez marino teleósteo, muy parecido a la serviola, pero de menor tamaño; es poderoso y rápido, y se cree que ataca al delfín *(Pomatomus saltatrix).* 2 *Can.* Pejerrey salado.
ano (l. *anu*) *m.* Orificio del conducto digestivo por el cual se expele el excremento: ~ ***contra natura,*** el creado artificialmente en la piel del abdomen.
SIN. **Culo, silla.**
ano- (de *ano*) Elemento prefijal que entra en la formación de palabras con el valor de *ano: anorrectal, anoscopio.*

-ano, -ana (del sufijo lat. *-anu*) Sufijo que entra en la formación de adjetivos convirtiendo en cualidad el significado de substantivos, adjetivos o adverbios: *urbano, liviano, lejano;* denotando, unido a nombres, origen y pertenencia: *alcoyano, aldeano;* secta: *luterano;* escuela: *copernicano;* profesión u oficio: *cirujano, hortelano;* alguna veces toma las formas *-tano: ansotano;* o *-iano: agustiniano.* 2 Entra en la formación de algunos substantivos, como: *escribano, solana;* que, en algunos casos, se apocopan: *capellán;* v. *-an.* 3 QUÍM. Sufijo que, en química orgánica, constituye la terminación convencional de todo hidrocarburo saturado de la serie acíclica: *metano, etano, propano.*
anó (voz tupí-guaraní) *m. Argent.* y *Parag.* Pájaro de color negro, de la familia de los cucúlidos *(Crotophaga ani).*
anoa *f.* Especie de búfalo de un metro de altura que vive en estado salvaje *(Bubalus depressicornis).*
anobio, -ia *adj.-s.* Coleóptero xilófago llamado vulgarmente carcoma. -2 *m. pl.* Género de estos animales.
anoche (l. *ad nocte*) *adv. t.* En la noche de ayer.
anochecedor, -ra (de *anochecer*) *adj.-s.* Que se recoge tarde.
I) anochecer *m.* Tiempo durante el cual anochece. 2 ***Al*** ~, al acercarse la noche.
SIN. **Anochecida.**
II) anochecer (l. *ad, a* + *noctescere,* hacerse de noche) *impers.* Empezar a faltar la luz del día, venir la noche: *anochecía cuando llegó.* -2 *intr.* Hallarse en determinado lugar, condición o estado al empezar la noche: *anochecen en Berbería y amanecen en las costas de España.* -3 *prnl.* lit. Quedar privada alguna cosa de luz o claridad: *anochecerse los sentidos.* ◇ ** CONJUG. [43] como ***agradecer.***
SIN. *1* **Obscurecer, ensombrecer.**
anochecida *f.* Anochecer (tiempo).
anochecido *adv. t.* Al empezar la noche.
anódico, -ca *adj.* Relativo al ánodo.
CONTR. **Catódico.**
anodinar *tr.* MED. Aplicar medicamentos anodinos.
anodinia (gr. *anodynia* < *an-* + gr. *odyne,* dolor) *f.* MED. Falta de dolor.
anodino, -na (gr. *anódynos;* v. *anodinia*) *adj.-m.* [medicamento] Que mitiga o calma el dolor. -2 *adj.* fig. Ineficaz, insubstancial, insignificante. 3 fig. Insípido, sin gracia, soso.
SIN. *1* **Sedante, sedativo,** el primero se emplea pralte. en el sentido de lo que produce sosiego general.
anodización *f.* METAL. Procedimiento electroquímico que deposita una finísima capa de óxidos en las superficies metálicas para su protección.
anodizar *tr.* Cubrir [el aluminio] con una protección de óxido de aluminio mediante electrolisis. ◇ ** CONJUG. [4] como ***realizar.***
ánodo (gr. *-os,* camino ascendente) *m.* Electrodo positivo por donde entra la corriente eléctrica en el electrólito: ~ ***acelerador,*** el que concentra y acelera el haz electrónico de un tubo de rayos catódicos con el fin de enfocar; ~ ***de enfoque,*** el que enfoca el haz electrónico alterando el trayecto de los electrones. 2 Polo positivo de una pila eléctrica.
CONTR. **Cátodo.**
anofeles (gr.) *m.* Género de mosquitos culícidos, con larga probóscide y palpos tan largos como ella, cuyas hembras inoculan el germen del paludismo *(gén. Anopheles)* (son varias especies *A. maculipennis; A. superpictus,* etc.). ◇ Pl.: *anofeles.*
anofelismo *m.* Paludismo, malaria.
anolis *m.* Género de lagartos de Asia y América que viven en los árboles *(Anolis carolinensis).*
anom-, v. anomo-: *anomuro.*
anomalía (gr.) *f.* Irregularidad. 2 ASTRON. Distancia angular del lugar verdadero o medio de un planeta a su afelio, vista desde el centro del Sol.
anomalista *adj.* GRAM. V. analogista.
anomalístico *adj.* V. año (mes anomalístico).
anómalo, -la (gr. *-os* < *an* + gr. *omalós,* liso, unido) *adj.* Irregular, extraño.
anomo-, anom- (gr. *ánomos,* sin ley, irregular) Elemento prefijal que entra en la formación de palabras con el significado de irregular, sin ley: *anomocarpo, anomocéfalo.*
anomocarpo, -pa (*anomo-* + *-carpo*) *adj.* BOT. De frutos irregulares.
anomocéfalo, -la (*anomo-* + *-céfalo*) *adj.* De cabeza deforme.
anomómero, -ra (*anomo-* + *-mero*) *adj.* BOT. [planta] Que

presenta anormalidad o anomalía en el número de piezas de los verticilos florales.
anomuro (*anom-* + *-uro* III) ***adj.-s.*** Crustáceo malacostráceo decápodo caracterizado por tener el abdomen blando y vejigoso. -2 ***m. pl.*** Grupo de estos crustáceos.
anón (voz caribe) ***m.*** *Amér.* Anona (árbol y fruto). 2 *Guat.* fig. Bocio, papera.
I) anona (de *anón*) ***f.*** Arbolito anonáceo de hojas grandes, alternas y lanceoladas, flores blancas y solitarias y fruto carnoso cubierto de escamas *(Annona muricata).* 2 Fruto de esta planta. 3 *Amér. Central.* Simpleza, tontería. -4 ***adj.*** *Amér. Central.* Tonto, boto.
SIN. *1* **Guanábano; catuche** *(Méj.* y *Venez.)*; **catucho** *(Méj.)*. *1* y *2* **Corrosal** *(Amér.)*; **anón** *(Amér.)*; **huanaba** *(Guat.)*.
II) anona (l. *annona*) ***f.*** Provisión de víveres.
anonáceo, -a ***adj.-f.*** Planta de la familia de las anonáceas. -2 ***f. pl.*** Familia de plantas dicotiledóneas, árboles o arbustos tropicales, de hojas alternas, flores axilares, solitarias o en manojos, y fruto seco o carnoso con pepitas duras y frágiles; como la anona.
anonadación ***f.*** Acción anonadar o anonadarse. 2 Efecto de anonadar o anonadarse.
anonadador, -ra ***adj.*** Que anonada.
anonadamiento ***m.*** Anonadación.
anonadar (paras. de *nonada*) ***tr.-prnl.*** Aniquilar. 2 fig. Apocar, reducir mucho [alguna cosa]. 3 Humillar, abatir.
SIN. Aunque **aniquilar** y **anonadar** coinciden en su acep. etimológica, el primero se emplea preferentemente en signif. material, y el segundo en sentido moral: *la epidemia aniquila el rebaño; la noticia me anonadó.*
anoncillo ***m.*** *Cuba.* Mamoncillo (árbol).
anónimamente ***adv. m.*** De modo anónimo.
anonimato ***m.*** Estado o condición de anónimo.
anonimia ***f.*** Calidad de anónimo.
anonimista ***com.*** *Amér.* Autor de un escrito anónimo.
anónimo, -ma (gr. *anónymos* < *an-* priv. + *ónoma,* nombre) ***adj.-s.*** Obra o escrito sin el nombre de su autor. 2 Autor de nombre desconocido. -3 ***m.*** Carta o papel sin firma en que, generalmente, se dice algo ofensivo o desagradable. 4 Secreto del que oculta su nombre. ◇ V. compañía anónima.
anoplo- (gr. *ánoplos,* sin armas < *an-* + *oplos,* arma) Elemento prefijal que entra en la formación de palabras con el significado de sin armas, inerme: *anoploterio, anopluro.*
anoploterio (gr. *ánoplos,* inerme + *theríon,* bestia salvaje) ***m.*** Rumiante fósil del primer período de la era terciaria.
anopluro (gr. *ánoplos,* sin armas + *-uro* II) ***adj.-m.*** Insecto del orden de los anopluros. -2 ***m. pl.*** Orden de insectos hemípteros, ápteros, con boca de tipo chupador, que carecen de metamorfosis y viven parásitos del hombre o de los animales; como el piojo.
anorak (voz esquimal) ***m.*** Prenda de vestir a modo de chaqueta impermeable y con capucha que se usa pralte. en invierno y en las excursiones por la montaña.
anorexia (gr. *-exía*) ***f.*** PAT. Inapetencia.
anoria ***f.*** Noria.
anormal ***adj.*** No normal. -2 ***com.*** Persona privada de alguno de los sentidos corporales, o de desarrollo mental imperfecto: *escuela de anormales.*
anormalidad ***f.*** Calidad de anormal. 2 Anomalía, irregularidad.
anormalmente ***adv. m.*** De modo anormal.
anorquidia ***f.*** MED. Criptorquidia.
anorrectal (*ano-* + *rectal*) ***adj.*** ANAT. Relacionado simultáneamente con el ano y el intestino recto.
anortar ***intr.*** Anublarse el cielo por soplar viento del norte.
anórtico ***adj.*** V. triclínico.
anortoclasa ***f.*** MINER. Feldespato sódico y potásico con reflejo zulado.
anorza (ár. *alorxan;* pl. de *arix,* parra) ***f.*** Nueza.
anoscopio (*ano-* + *-scopio*) ***m*** MED. Instrumento para la exploración visual del ano.
anosmático, -ca ***adj.-s.*** [pers.] Que padece anosmia. 2 [animal] Que carece de órganos olfativos o los tiene rudimentarios.
anosmia (gr. *ánosmos* < *an-* priv. + *asmé,* olor) ***f.*** Pérdida o disminución del sentido del olfato.
anostráceo ***adj.-m.*** Crustáceo del orden de los anostráceos. -2 ***m. pl.*** Orden de crustáceos entomostráceos, desprovistos de caparazón pero con las antenas muy desarrolladas.
anotación ***f.*** Acción de anotar. 2 Efecto de anotar.
SIN. **Notación.**
anotador, -ra ***adj.-s.*** Que anota. -2 ***m. f.*** CINEM. Ayudante del director de cine que anota pormenores de cada escena.
anotar (b. l. *annotare*) ***tr.*** Poner notas [en un escrito, cuenta, libro, etc.]. 2 Apuntar (tomar nota). 3 Hacer anotación [de alguna cosa] en un registro público.
anotia ***f.*** Falta de orejas.
anotomía ***f.*** desus. Anatomía (disección).
anotómico, -ca ***adj.*** desus. Anatómico.
anovelado, -da ***adj.*** Que participa de los caracteres de la novela: *historia anovelada.*
anovulación (*an-* + *ovulación*) ***f.*** Suspensión o cesación de la ovulación.
anovulatorio, -ria (v. *anovulación*) ***adj.-m.*** MED. Que impide la ovulación femenina.
anoxemia (*an-* + *oxemia*) ***f.*** MED. Estado morboso debido a oxigenación insuficiente de la sangre.
anoxia ***f.*** Falta de oxígeno en la sangre.
anquear ***intr.*** *Amér.* Amblar, dicho de caballerías.
anquento ***m.*** *Chile.* Papas que, ahumadas, se secan y conservan.
anquera ***f.*** *Méj.* Gualdrapa del caballo.
anquil-, v. anquilo-.
anquial ***m.*** *Argent.* Cerco sembrado de ancos o calabazas.
anquialmendrado, -da ***adj.*** [caballería] Que tiene las ancas muy estrechas, de modo que la grupa va en punta hacia la cola.
anquiboyuno, -na ***adj.*** [caballería] Que tiene, como el buey, muy salientes los extremos anteriores de las ancas.
anquiderribado, -da ***adj.*** [caballería] Que tiene la grupa alta y en declive hasta la parte superior del maslo.
anquilo-, anquil- (gr. *agkylos,* curvo, adherido) Elemento prefijal que entra en la formación de palabras con el significado de curvo, retorcido: *anquilostoma;* unido, adherido, soldado: *anquilosis.* ◇También *ancilo-, ancil-.*
anquilodactilia (*anquilo-* + *-dactilia*) ***f.*** PAT. Adherencia de los dedos entre sí.
anquilodoncia (*anquil-* + *-odoncia*) ***f.*** PAT. Adherencia de los dientes entre sí.
anquílope ***m.*** Grano pequeño que sale en el interior del ojo.
anquilosamiento ***m.*** Acción de anquilosarse. 2 Efecto de anquilosarse.
anquilosarse ***prnl.*** Producirse anquilosis en una articulación. 2 fig. Envejecer, inmovilizarse lo inmaterial: *ideas anquilosadas.*
anquilosis (gr. *agkylosis,* soldadura < *anquilo-* + *-osis*) ***f.*** Imposibilidad de movimiento en una articulación normalmente móvil. ◇ Pl.: *anquilosis.*
anquilostoma (*anquilo-* + *-stoma*) ***m.*** ZOOL. Gusano nemátodo parásito del hombre, de color blanco o rosado, que devora las células de la mucosa intestinal y segrega substancias tóxicas que destruyen los glóbulos rojos en enorme cantidad *(Ancylostoma duodenale).*
anquilostomiasis ***f.*** MED. Enfermedad producida por el anquilostoma que causa trastornos gastrointestinales y una gran disminución de glóbulos rojos en la sangre.
SIN. **Anemia de los mineros.**
anquimuleño, -ña ***adj.*** Que tiene muy redondeadas las ancas y la grupa.
anquirredondo, -da ***adj.*** [caballería] Que tiene las ancas muy carnosas y convexas.
anquiseco, -ca ***adj.*** [caballería] Que tiene las ancas descarnadas.
Anquises ***n. pr.*** MIT. Padre de Eneas.
I) ansa (ant. al. *hansa,* compañía) ***f.*** Ant. confederación de varias ciudades alemanas para fines comerciales. ◇ También *hansa.*
II) ansa (l. *ansa*) ***f.*** Asa o asidero de un objeto.
ansado, -da ***adj.*** V. cruz ansada. ◇ También *ansato.*
ánsar (l. *anser*) ***m.*** Ganso (ave). 2 Ave anseriforme de unos 80 cms. de longitud y coloración parda obscura *(Anser fabalis).*
ansarería ***f.*** Paraje donde se crían ánsares.
ansarero, -ra ***m. f.*** Persona que tiene por oficio cuidar ánsares.
ansarino, -na ***adj.*** Relativo al ánsar. -2 ***m.*** Pollo del ánsar. -3 ***f.*** Cardo borriquero.
ansarón ***m.*** Ánsar. 2 Pollo del ánsar.
ansato, -ta ***adj.*** Ansado.
anseático, -ca ***adj.*** Relativo al ansa o hansa.
SIN. **Hanseático.**
anseriforme ***adj.-m.*** Ave del orden de los anseriformes. -2 ***m.***

pl. Orden de aves corpulentas con las patas palmeadas y cortas, y el cuello largo; como el pato, la oca y el ganso.
anserino, -na *adj.-s.* Ave de al familia de los anserinos. -2 *m. pl.* Familia de aves del orden de los anseriformes, que viven en los barros de las aguas poco profundas. Tienen pies membranosos y paladar con laminilla. -3 *f.* Planta quenopodiácea de tallo asurcado, hojas verdes triangulares, y racimos cortos y desnudos en panojas terminales *(Chenopodium bonus-henricus).*
así *adv. m.* rust. Así.
ansia (l. *anxia*) *f.* Congoja o fatiga que causan en el cuerpo inquietud o agitación violenta. 2 Angustia o aflicción del ánimo. 3 Anhelo. -4 *f. pl.* Náuseas.
ansiadamente *adv. m.* Ansiosamente.
ansiar (l. *anxiare*) *tr.* Desear con ansia [una cosa]: ~ *la libertad.* -2 *prnl.* Llenarse de ansia. ◇ ** CONJUG. [13] como *desviar.*
SIN. V. **Desear.**
ansiático, -ca *adj. Colomb.* Nauseabundo.
ansiedad (l. *anxietate*) *f.* Estado de inquietud del ánimo. 2 Angustia que acompaña a muchas enfermedades.
ansiolítico, -ca *adj.-s.* Fármaco que sirve para reducir y curar los estados de ansiedad.
ansión *m.* Aum. de *ansia.* 2 *Sal.* Tristeza, nostalgia.
ansiosamente *adv. m.* Con ansia.
ansioso, -sa (l. *anxiosu*) *adj.* Acompañado de ansias (congoja o angustia). 2 Que tiene ansias (anhelo). 3 Codicioso. 4 *Colomb.* Nauseoso, que sufre náuseas.
I) ant-, v. ante-: *antaño.* ◇ V. anti-.
II) ant-, v. anti-: *antalgia.*
I) anta (ár. *lamt*) *f.* Mamífero rumiante cérvido, muy corpulento, de cuello corto, cabeza grande y astas en forma de pala *(Alces alces).* 2 *Bol.* Tapir.
SIN. *1* **Alce, ante, dante, danta.**
II) anta (l. *antoe*) *f.* Menhir. 2 ARQ. Pilastra embutida en un muro con una columna delante de igual anchura. 3 ARQ. Pilastra levantada antig. a los costados de la puerta de una fachada. -4 *f. pl.* ARQ. Pilastras que refuerzan y decoran los extremos de un muro.
-anta, v. anto-.
antacasha *f. Perú.* Aguja de arriero.
antagalla *f.* MAR. Faja de rizos de las velas de cuchillo.
antagallar *tr.* MAR. Tomar las antagallas [de una vela] para que ésta oponga menos superficie a la fuerza del viento.
antagónico, -ca *adj.* Que denota o implica antagonismo.
antagonismo (gr. *-ónisma* < *antagonizomai,* luchar contra) *m.* Oposición en doctrinas y opiniones. 2 Estado de lucha o rivalidad.
antagonista (gr. *-istés* < *ant-* II + *agonistés,* combatiente) *com.* Persona o cosa opuesta o contraria a otra. 2 H. NAT *Músculo* ~, el que produce movimiento contrario al de otro músculo. 3 Personaje que se opone al protagonista en el conflicto esencial de una obra literaria, cinematográfica, etc.
antalgia (*ant-* II + *-algia*) *f.* MED. Carencia de dolor.
antanaclasis (gr. *antanáklasis*) *f.* RET. Repetición de una palabra con significación distinta. ◇ Pl.: *antanaclasis.*
antañada *f.* p. us. Antigualla, noticia o relato de cosas antiguas.
antañazo *adv. t.* fam. Mucho tiempo ha.
antaño (*ant-* I + *año*) *adv. t.* En el año que precedió al corriente. 2 p. ext. En tiempo antiguo.
CONTR. **Hogaño.**
antañón, -na *adj.* fam. Que tiene muchos años, viejo.
antara (voz quechua) *f. Perú.* Zampoña, flauta que usaron los antiguos peruanos.
antarca (del quichua *an* o *han,* arriba, en alto + *tarca,* corvas de las piernas) *adv. Argent.* fam. De espaldas.
Antares (gr. *antí,* parecido + *Ares,* Marte) *n. pr.* Estrella fija de primera magnitud, situada en la constelación de Escorpión.
antarquear (de *antarca*) *tr.-prnl. Argent.* Tirar de espaldas. 2 *Argent.* fig. *y* fam. Envanecerse.
antártico, -ca (gr. *antarktikós,* < *ant-* I + *arktikós,* septentrional) *adj.* V. polo antártico. 2 Cercano o relativo al polo sur o antártico.
I) ante *m.* Anta (mamífero). 2 Piel de algunos animales, esp. el ante, adobada y curtida. 3 Búbalo.
SIN. **Dante.**
II) ante (l.) *prep.* Expresa en general prioridad o preferencia Significa: En presencia de, delante de: *se hincó de rodillas* ~ *el rey; una sílaba breve* ~ *otra larga;* precediendo a corta distancia: *iba* ~ *ellos iluminándolos.* 2 Antelación o preferencia de cosas y acciones: ~ *todas las cosas;* ~ *todo.* 3 En comparación de, respecto de: *no puedo opinar* ~ *este asunto.*
GRAM. En la lengua moderna su uso como adv. t. es ant. y se ha substituido por antes.
III) ante (v. *ante II*) *m.* Plato o principio con que se empezaba la comida o cena. 2 *Amér. Central* y *Méj.* Almíbar hecho con harina de garbanzos, frijoles, etc. 3 *Méj.* Postre hecho de bizcocho mezclado con dulce de huevo, coco, almendra, etc. 4 *Perú.* Bebida hecha con frutas y otros ingredientes.
-ante (l. *-ante*) Sufijo que, siguiendo la desinencia de los participios de presente de la 1ª conjugación, entra en la formación de palabras que no tienen base verbal, sino nominal, denotando oficio, condición, cualidad: *comediante, rimbombante, vergonzante.*
ante- (de la prep. *ante* II) Prefijo que entra en la formación de palabras denotando anterioridad, precedencia en el tiempo o en el espacio: *anteayer, antecapilla.*
En la voz *antifaz* se ha confundido con la forma prefijal *anti-.*
I) anteado, -da *adj.* De color de ante (mamífero).
II) anteado, -da *adj. Méj.* Averiado, que no puede venderse.
antealtar (*ante-* + *altar*) *m.* Espacio contiguo a la grada o demarcación del altar.
anteanoche *adv. t.* En la noche de anteayer.
anteanteayer *adv. t.* Trasanteayer.
anteantenoche (*ante-* + *anoche*) *adv. t.* Trasanteanoche.
anteantier *adv. t.* fam. Trasanteayer.
antear *tr.* Teñir de color de ante [alguna cosa].
anteayer (*ante-* + *ayer*) *adv. t.* El día inmediatamente anterior a ayer.
antebrazo (*ante-* + *brazo*) *m.* Parte del brazo desde el codo hasta la muñeca. 2 Brazuelo de los cuadrúpedos.
anteburro *m.* Tapir de Méjico *(Tapirella bairdi).*
antecama (*ante-* + *cámara*) *f.* Alfombrilla colocada delante de la cama.
antecámara (*ante-* + *cama*) *f.* Pieza delante de la sala principal de una casa grande. 2 Vestíbulo en el que se abren una o varias habitaciones.
antecapilla (*ante-* + *capilla*) *f.* Pieza contigua a una capilla y por donde ésta tiene la entrada.
antecedencia *f.* Antecedente (acción, dicho). 2 Ascendencia. 3 Precedencia.
antecedente (l.) *adj.* Que antecede o precede. -2 *m.* Acción, dicho o circunstancia anterior, que sirve para juzgar hechos posteriores. 3 GRAM. Término o elemento de la oración a que se refieren los pronombres y adverbios relativos; es el primero de los términos de la relación gramatical. 4 LÓG. Primera proposición de un argumento de dos proposiciones. 5 MAT. Primer término de una razón. -6 *m. pl.* DER. Constancia jurídica de delitos que, en caso de recaída, originan la agravante de reincidencia o reiteración, según los casos.
SIN. *1* y *2* **Precedente.**
antecedentemente *adv. t.* Anteriormente.
anteceder (l. *-ere*) *tr.* Preceder. 2 Anticipar, adelantar.
antecesor, -ra (l. *-essore*) *adj.* Anterior en tiempo. -2 *m. f.* Persona que precedió a otra en una dignidad, empleo, obra o cargo. -3 *m.* Ascendiente (individuo).
SIN. *2* y *3* **Predecesor.**
anteclásico, -ca (*ante-* + *clásico*) *adj.* En literatura y arte, anterior a la época clásica.
anteco, -ca (gr. *ántoikos,* que vive al lado opuesto < *ant-* II + *oikos,* casa) *adj.-s.* Morador de la tierra que está bajo un mismo meridiano y a igual distancia del ecuador, pero en distinto hemisferio: *los antecos tienen la mismas horas del día pero estaciones distintas.*
antecocina (*ante-* + *cocina*) *f.* Pieza que se encuentra antes de la cocina.
antecoger (*ante-* + *coger*) *tr.* Coger [a una persona o cosa], llevándola por delante. 2 *Ar.* Coger las frutas antes de que estén en sazón. ◇ ** CONJUG. [5] como *proteger.*
antecolumna (*ante-* + *columna*) *f.* Columna aislada.
antecoro (*ante-* + *coro*) *m.* Pieza que da ingreso al coro.
antecristo *m.* Anticristo.
antecuerpo (*ante-* + *cuerpo*) *m.* ARQ. Parte central de una fachada que avanza sobre el resto de la misma. 2 Antepecho.
antedata (*ante-* + *data*) *f.* Fecha falsa de un documento, anterior a la verdadera.
antedatar *tr.* Poner antedata [a un documento].

antedecir (l. *-icere*) *tr.* Predecir. ◇ ** CONJUG. [69] como *decir.*

antedespacho (*ante-* + *despacho*) *m.* Pieza que da ingreso al despacho principal de una casa.

antedía (*ante-* + *día*) *adv. t.* Antes de un día determinado. 2 En el día precedente o pocos días antes.

antedicho, -cha, pp. irreg. de *antedecir.* 2 *adj.* Dicho con anterioridad.

SIN. *2* **Sobredicho.**

antediluviano, -na *adj.* Anterior al diluvio universal. 2 fig. Antiquísimo. ◇ INCOR.: *antidiluviano.*

antefélico, -ca (gr. *ant-* II + gr. *ephelis*) *adj.* Que sirve para quitar las pecas.

antefija (l. *-ixa*) *f.* ARQ. Motivo de ornamentación destinado a formar el coronamiento de las cornisas y a disimular las tejas o los saledizos de un alero. 2 Alero del tejado.

antefirma (*ante-* + *firma*) *f.* Fórmula del tratamiento que corresponde a una persona o corporación, puesta antes de la firma del escrito que se le dirige. 2 Denominación del empleo, dignidad o representación del firmante de un documento, puesta antes de la firma.

antefoso (*ante-* + *foso*) *m.* FORT. Foso construido en la explanada delante del foso principal.

anteguerra (*ante-* + *guerra*) *f.* Época anterior a una guerra, por oposición a las condiciones económicas, sociales, morales, etc., de la guerra y la postguerra.

SIN. **Preguerra.**

antehistoria *f.* Prehistoria.

antehistórico, -ca *adj.* Prehistórico.

anteiglesia (*ante-* + *iglesia*) *f.* Atrio, pórtico o lonja delante de la iglesia. 2 Iglesia parroquial de algunos pueblos de las Provincias Vascongadas. 3 Pueblo o distrito municipal de estas provincias.

anteislámico, -ca *adj.* Anterior al islamismo.

antejardín *m. Colomb.* Área libre comprendida entre la línea de demarcación de una calle y la línea de construcción de un edificio.

antejo *m.* Árbol silvestre de Cuba, de corteza morada y madera sin nudos y fácil de trabajar *(Thumbergia alata).*

antejuela *f. Salv.* Tamarindillo.

antejuicio (*ante-* + *juicio*) *m.* DER. Trámite previo al juicio en el que se decide si ha lugar o no a proceder criminalmente contra los jueces y magistrados por razón de su cargo.

antelación (l. *antelatu;* pp. de *antefero,* anteponer) *f.* Anticipación con que, en orden al tiempo, sucede una cosa respecto a otra.

antelar *tr. Chile.* Anticipar.

antellevar *tr. Méj.* Llevar ante sí, atropellar [a una pers. o cosa].

antellevón *m. Méj.* Acción de antellevar.

antema *f.* Friso continuo con decoración floral o vegetal.

-antema, v. -antemo.

antemano (de ~) (*ante-* + *mano*) *loc. adv.* Con anticipación.

antemencionado, -da *adj.* Mencionado anteriormente.

antemeridiano, -na (l. *-nu*) *adj.* Anterior al mediodía. 2 [punto del paralelo de un astro] Anterior al de su intersección con el meridiano.

-antemo, -antema (del gr. *ánthemon*) Elemento sufijal que entra en la formación de palabras con el significado de flor: *poliantema.*

antemural (l. *-ale* < *ante-* + *muru,* muro) *m.* Fortaleza, roca o montaña que sirve de reparo o defensa. 2 fig. Reparo o defensa: *~ de la fe.*

antemuro *m.* Antemural (fortaleza).

antena (l. *antenna*) *f.* Entena. 2 Conjunto de elementos metálicos utilizado para emitir o recibir ondas radioeléctricas: *~ de televisión; ~* ***colectiva,*** la que recoge ondas de televisión y las sirve a todos los televisores de un mismo inmueble; *~* ***parabólica,*** la que consta de un reflector y una guía de ondas, especialemente utilizada para la recepción de programas de televisión a través de satélite; ***estar en ~,*** fig., estar en el aire; fig., en radio y televisión, emitirse un programa, durante un determinado período de tiempo. 3 ZOOL. Apéndice segmentado y móvil, órgano del tacto, que, en número de dos o cuatro, tienen en la cabeza casi todos los artrópodos. 4 *f. pl.* fig. Orejas.

SIN. *3* **Cuerno, cornezuelo.**

antenacido, -da *adj.* Nacido antes de tiempo.

I) antenado, -da *adj.* Provisto de antenas. -2 *m. pl.* Mandibulados.

II) antenado, -da (l. *-atu,* nacido antes; doble etim. *alnado*) *m. f.* Entenado.

antenista *m.* Persona que coloca y repara antenas de radio y televisión.

antenoche *adv. t.* Anteanoche. 2 Antes de anochecer.

antenombre (*ante-* + *nombre*) *m.* Nombre calificativo antes del nombre propio, como *don, san, fray,* etc.

anténula *f.* ZOOL. Antena pequeña.

antenupcial *adj.* Anterior a las nupcias.

anteojera *f.* Caja para guardar los anteojos. 2 Pieza de vaqueta que tapan lateralmente los ojos del caballo.

anteojero *m.* El que tiene por oficio hacer o vender anteojos.

anteojo (*ante-* + *ojo*) *m.* Instrumento óptico para ver objetos lejanos, compuesto esencialmente de dos lentes, una colectora de la luz y la otra amplificadora de la imagen formada por la primera. 2 Pieza de vaqueta con un agujero en el centro, que se pone delante de los ojos de los caballos espantadizos. -3 *m. pl.* Doble anteojos. 4 Instrumento óptico compuesto de dos cristales o lentes montados en una armadura que permite tenerlos sujetos ante los ojos. 5 Doblescudo (hierba).

SIN. *1* **Catalejo.** *3* **Gemelos, prismáticos.** *4* **Espejuelos; lentes,** cuando se sujetan a la nariz; **gafas,** si la armadura se sujeta detrás de las orejas; **antiparras,** gafas (fam. y vulg.); **quevedos,** si se sujetan solamente a la nariz; **impertinentes,** los que llevan manija.

anteón *m.* BOT. Lampazo.

antepagar *tr.* Pagar con anticipación. ◇ ** CONJUG. [7] como *llegar.*

antepalco (*ante-* + *palco*) *m.* Pieza que da ingreso a un palco.

antepasado, -da *adj.* Relativo al tiempo anterior a otro tiempo ya pasado. -2 *m.* Ascendiente (individuo): *los antepasados de mi amigo eran nobles.*

antepasar *intr.* Pasar antes.

antepechado, -da *adj.* Que tiene antepecho.

antepecho (*ante-* + *pecho*) *m.* ARQ. Pretil (vallado). 2 Reborde de ventana colocado a suficiente altura para que se puedan apoyar los codos en él. 3 Prolongación de los muros de fachada, sobrepasando la línea de la azotea de un edificio. 4 Pedazo ancho de vaqueta que forma parte del arreo de las caballerías de tiro para protegerles el pecho. 5 Madero delgado y redondo que se pone en la parte anterior del telar de cintas. 6 Huesecillo de la parte superior de la nuez de la ballesta. 7 *And.* Mandil (delantal).

SIN. *3* **Parapeto.**

antepenúltimo, -ma *adj.* Inmediatamente anterior al penúltimo.

antepié *m.* Parte anterior del pie, formada por los cinco metatarsianos y las falanges de los correspondientes dedos.

anteponer (l. *-ere*) *tr.* Poner delante: *~ el artículo al nombre;* poner inmediatamente antes: *anteponerse un gran nublado.* 2 Preferir (dar preferencia): *~ un parecer a otro.* ◇ ** CONJUG. [78] como *poner.*

SIN. **Preponer.**

anteporta, anteportada *f.* Hoja que precede a la portada de un libro, y en la que sólo se pone el título de la obra.

SIN. **Portadilla.**

anteportal (*ante-* + *portal*) *m.* Pieza que se encuentra delante del portal.

anteposición (*ante-* + *posición*) *f.* Acción de anteponer.

CONTR. **Posposición.**

anteproyecto (*ante-* + *proyecto*) *m.* Conjunto de trabajos para redactar un proyecto de arquitectura o ingeniería. 2 DER. En las codificaciones de leyes, proyecto provisional que debe ser revisado antes de pasar a definitivo.

antepuerta (*ante-* + *puerta*) *f.* Cortina puesta delante de una puerta. 2 FORT. Puerta interior o segunda que cierra la entrada de una fortaleza.

SIN. *1* **Guardapuerta.** *2* **Contrapuerta.**

antepuerto (*ante-* + *puerto*) *m.* Terreno elevado que en las cordilleras precede al puerto. 2 MAR. Parte avanzada de un puerto artificial. 3 MAR. Abrigo, dársena artificial, anterior al puerto.

antepuesto, -ta, pp. irreg. de *anteponer.*

antequerano, -na *adj.-s.* De Antequera, ciudad de Málaga.

SIN. **Anticariense.**

antequino *m.* Esgucio.

anter-, v. antero- II.

antera (gr. *antherá,* florida < *anthos,* flor) *f.* BOT. Parte superior del estambre que contiene el polen.

anteridio (*anter-* + gr. *eidos,* forma) *m.* Órgano en que se desarrollan los anterozoides en la mayoría de las plantas criptógamas.

anterior (l.) *adj.* Que precede en lugar o tiempo. 2 GRAM. [tiempo del verbo] Que expresa una acción pasada o futura terminada antes que otra también pasada o futura: *pretérito* ~ (hube cantado); *futuro* ~ (habré cantado); ◇ V. uso de los tiempos, en ** VERBO.

anterioridad (de *anterior*) *f.* Precedencia temporal o espacial de una cosa con respecto a otra.
CONTR. **Posterioridad.**

anteriormente *adv. t.* Con anterioridad.

antero *m.* El que tiene por oficio trabajar en ante (piel).

I) antero- (de *anterior*) Elemento prefijal que entra en la formación de palabras con el valor de *anterior*: *anteroposterior.*

II) antero-, anter-, -antero, -antera (gr. *antherós*, florido) Elemento prefijal y sufijal que entra en la formación de palabras con el significado de antera o denotando relación con la flor: *anterógeno, diantero.*

anterógeno, -na (*antero-* + *geno*) *adj.* [inflorescencia foliar] Que nace accidentalmente de las anteras por metamorfosis de éstas.

anteroinferior (*antero-* + *inferior*) *adj.* ANAT. Situado en la parte anterior e inferior de una estructura.

anterointerno, -na (*antero-* + *interno*) *adj.* ANAT. Situado en la parte anterior interna de una estructrura.

anteroposterior (*antero-* + *posterior*) *adj.* ANAT. Situado en la parte anterior y posterior de una estructura.

anterosuperior (*antero-* + *superior*) *adj.* ANAT. Situado en la parte anterior y superior de una estructura.

anterozoide (*anter-* + gr. *azos*, brote + *-oide*) *m.* Gameto masculino de los vegetales.

antes (de *ante*, con *s* analógica) *adv. t.* Denota prioridad de tiempo. Se usa con significación absoluta: ~ *vivía en otra casa; lo he dicho* ~. 2 Con significación relativa, el término de la relación va precedido de la preposición *de*, si es substantivo o palabra substantivada; de la conjunción *que*, si es verbo en forma personal: ~ *de mí;* ~ *de leer;* ~ *del día;* ~ *que llegase;* ~ *que hables;* por anal. se extiende en este último caso el uso de *de que*, en competencia con ~ *que*. -3 *adv. l.* Expresa prioridad en el espacio o en la colocación: ~ *de la puerta;* ~ *de*, o *que*, *los marqueses van los duques;* se prefiere *de* o *que* según predomine el carácter substantivo o el verbal en la mente del que habla. -4 *adv. o.* Denota preferencia o prioridad, y se construye con *que*: ~ *morir que pecar; pelo negro* ~ *que castaño;* los límites de este uso con 2 y 3 son imprecisos. -5 *adj.* Anterior: *la noche* ~; *años* ~. 6 ~ ***de anoche, loc. adv.***, anteanoche. 7 ~ ***de ayer, loc. adv.***, anteayer. -8 ***conj. advers.*** Denota contrariedad o preferencia en el sentido de una oración respecto de otra: *no se acobardó,* ~ *se encaró con su enemigo.* 9 ~ ***(de) que, conj. subordinante temporal,*** denota prioridad de tiempo en el sentido de una oración respecto de otra: ~ *(de) que sospechen de ti, vete.*

antesacristía *f.* Pieza que da entrada a la sacristía.

antesala *f.* Pieza delante de la sala. 2 ***Hacer*** ~, aguardar en una habitación a ser recibido por una persona.
SIN. **Recibimiento.**

antesalazo *m. Chile.* Larga espera de una persona en la antesala.

antesis *f.* BOT. Apertura de las flores.

antestatura (v. *ante-* y *estatura*) *f.* FORT. Trinchera o reparo improvisado.

antetemplo *m.* Pórtico de un templo.

anteúltimo, -ma *adj.* Penúltimo.

antevenir (l. *-ire*) *intr.* Venir antes o preceder. ◇ ** CONJUG. [90] como *venir.*

antever *tr.* Ver [algo] antes que otro. 2 Prever. ◇ ** CONJUG. [91] como *ver.*

antevíspera *f.* Día inmediatamente anterior al de la víspera.

antevisto, -ta, pp. irreg. de *antever.*

anti-, ant- (de la prep. gr. *anti*) Elemento prefijal que entra en la formación de palabras con el significado de en lugar de, contra: *anticristo, antipútrido;* denotando oposición o contrariedad. ◇ V. ante-.

antia (gr. *anthias*) *f.* Lampuga.

antiabortista (*anti-* + *abortista*) *com.* Contrario a la despenalización del aborto.

antiacadémico, -ca (*anti-* + *académico*) *adj.* Que va contra la autoridad o influencia de las Academias, o contra el academicismo.

antiácido, -da (*anti-* + *ácido*) *adj.-s.* Substancia que se opone o que resiste la acción de los ácidos. -2 *m.* Substancia que neutraliza el exceso de acidez anormal en ciertas partes del organismo.

antiaéreo, -a (*anti-* + *aéreo*) *adj.* Relativo a la defensa contra los aviones. -2 *m.* V. cañón antiaéreo.

antiafrodisíaco, -ca (*anti-* + *afrodisíaco*) *adj.-s.* Substancia que modera o anula el apetito venéreo.
SIN. **Anafrodisíaco.** CONTR. **Afrodisíaco.**

antiálcali (*anti-* + *álcali*) *m.* QUÍM. Substancia que neutraliza los álcalis o disminuye su actividad, como sucede con las soluciones diluidas de los ácidos.

antialcalino, -na *adj.* [substancia] Que se opone o que resiste a la acción de los álcalis.

antialcohólico, -ca (*anti-* + *alcoholismo*) *adj.* Contrario al alcoholismo: *medicamento* ~; *propaganda antialcohólica; sociedad antialcohólica.*

antialcoholismo *m.* Lucha contra el abuso de las bebidas alcohólicas.

antiápex (*anti-* + *ápex*) *m.* ASTRON. Lugar de la esfera celeste que se halla diametralmente opuesto al ápex.

antiapoplético, -ca (*anti-* + *apoplético*) *adj.* MED. Que previene o evita la apoplejía.

antiarrugas (*anti-* + *arruga*) *adj.-m.* [cosmético] Que previene o elimina la aparición de arrugas en la piel. ◇ Pl.: *antiarrugas.*

antiartístico, -ca (*anti-* + *artístico*) *adj.* Contrario al arte.

antiartrítico, -ca (*anti-* + *artrítico*) *adj.-s.* Que sirve para curar la artritis.

antiasmático, -ca (*anti-* + *asmático*) *adj.-s.* Que sirve para combatir el asma.

antiatómico, -ca (*anti-* + *atómico*) *adj.* Opuesto a los efectos de una radiación atómica. 2 Opuesto al empleo de armas y proyectiles atómicos.

antibalas (*anti-* + *bala*) *adj.* Que protege de los disparos efectuados con armas de fuego.

antibaquio (gr. *antibákcheios*) *m.* Pie de la poesía clásica, que consta de dos sílabas largas y una breve.

antibiograma (de *antibiótico* + *-grama*) *m.* Método para determinar la sensibilidad de un germen frente a diversos antibióticos.

antibiosis (*anti-* + gr. *biosis*, acción de vivir) *f.* Asociación de dos o más organismos en que uno de ellos sale perdiendo.
CONTR. **Simbiosis.**

antibioterapia (de *antibiótico* + *-terapia*) *f.* Tratamiento médico efectuado mediante antibióticos.

antibiótico (*anti-* + gr. *biotikós*, referente a la vida) *adj.-s.* MED. Medicamento que destruye los microorganismos patógenos o detiene su reproducción.

anticadencia (*anti-* + *cadencia*) *f.* FON. Ascenso de la entonación al final de un período.

anticanceroso, -sa (*anti-* + *canceroso*) *adj.* Que sirve para combatir el cáncer.

anticanónico, -ca (*anti-* + *canónico*) *adj.* Opuesto a los cánones y demás disposiciones eclesiásticas.

anticaño, -ña *adj. Hond.* Antiquísimo.

anticariense *adj.-s.* De Anticaria, actual Antequera, ciudad de Málaga. 2 Antequerano.

anticarro *adj.-m.* Antitanque.

anticatarral (*anti-* + *catarral*) *adj.* Que combate el catarro.

anticátodo (*anti-* + *cátodo*) *m.* En un tubo electrónico, lámina de metal que recibe los rayos catódicos y emite los rayos X.

anticatólico, -ca (*anti-* + *católico*) *adj.-s.* Contrario al catolicismo.

anticiclón (*anti-* + *ciclón*) *m.* Área en que la presión barométrica es mucho mayor que en las circundantes.

anticiclónico, -ca *adj.* Perteneciente o relativo al anticiclón y, en esp., a la rotación de sus vientos.

anticientífico, -ca (*anti-* + *científico*) *adj.* Opuesto a los preceptos de una ciencia.

anticipación (l. *-atione*) *f.* Acción de anticipar o anticiparse. 2 Efecto de anticipar o anticiparse. 3 RET. Figura que consiste en refutar de antemano las objeciones que se pudieran hacer.
SIN. *3* **Ocupación, prolepsis, sujeción.**

anticipada *f.* Acción de acometer al contrario antes de que se ponga en defensa.

anticipadamente *adv. t.* Con anticipación.

anticipado, -da *adj.* Adelantado, prematuro, precoz. 2 ***Por*** ~, de antemano, con anticipación.

anticipador, -ra *adj.* Que anticipa.
anticipamiento *m.* Anticipación.
anticipante *adj.* Que anticipa o se anticipa.
anticipar (l. *-are* < *ante*, antes + *capere*, tomar) *tr.* Hacer que ocurra [alguna cosa] antes del tiempo regular o señalado: ~ *los exámenes.* 2 esp. Entregar [dinero] antes del tiempo señalado; en gral., prestarlo. 3 Con respecto a plazos y fechas, adelantar, fijar antes: ~ *el día de la partida.* -4 *prnl.* Adelantarse una persona a otra en la ejecución de alguna cosa. 5 Ocurrir una cosa antes del tiempo regular o señalado: *anticiparse las lluvias.* 6 ANGL. Prever, presentir.
anticipo *m.* Anticipación (acción y efecto). 2 Dinero anticipado.
anticlerical *adj.-s.* Partidario del anticlericalismo. 2 Contrario al clero.
anticlericalismo (*anti-* + *clericalismo*) *m.* Sistema opuesto al clericalismo. 2 Animosidad contra todo lo que se relaciona con el clero.
anticlímax (*anti-* + *clímax*) *m.* Gradación retórica descendente. 2 Término más bajo de esta gradación. 3 Parte de una narración que se halla después del clímax.
anticlinal (*anti-* + gr. *klino,* inclinar) *m.* Pliegue del terreno parecido a un arco.
anticloro (*anti-* + *cloro*) *m.* QUÍM. Substancia reductora empleada en las fábricas de blanqueo y de papel para eliminar el exceso de cloro.
anticoagulante (*anti-* + *coagulante*) *adj.-s.* Que sirve para impedir la coagulación de la sangre.
anticolegialista (*anti-* + *colegialista*) *adj.-s. Urug.* Opuesto al régimen colegiado de gobierno.
anticolisión (*anti-* + *colisión*) *f.* AERON. Mecanismo de los aviones para impedir choques con otros.
anticolonial *adj.* Contrario al colonialismo.
anticolonialismo (*anti-* + *colonialismo*) *m.* Doctrina política opuesta al colonialismo.
anticolonialista *adj.com.* Partidario del anticolonialismo.
anticombustible (*anti-* + *combustible*) *adj.-s.* Opuesto a la combustión.
anticomunismo (*anti-* + *comunismo*) *m.* Tendencia política opuesta al comunismo.
anticomunista *adj.-com.* Contrario al comunismo.
anticoncepción (*anti-* + *concepción*) *f.* Acción de impedir la fecundación de las hembras a consecuencia del acto sexual. 2 Efecto de impedir la fecundación de las hembras a consecuencia del acto sexual.
anticoncepcional *adj.-s.* Que impide la concepción.
anticoncepcionista *adj.-s.* Anticoncepcional. 2 El que se oponía a la doctrina de la Inmaculada Concepción de la Virgen.
anticonceptismo *m.* Aplicación de prácticas destinadas a evitar la concepción. 2 Doctrina que propugna dichas prácticas.
anticonceptivo, -va *adj.-s.* Producto o método empleado para impedir la fecundación.
anticonformismo (*anti-* + *conformismo*) *m.* Disconformidad con las costumbres, leyes, etc., establecidas.
anticonformista *adj.-com.* Disconforme con las costumbres, leyes, etc., establecidas.
anticongelante (*anti-* + *congelante*) *adj.* Que impide la congelación. -2 *m.* Producto que se mezcla al agua del radiador de un motor con el fin de evitar su congelación.
anticonstitucional (*anti-* + *constitucional*) *adj.* Contrario a la constitución política.
anticonstitucionalmente *adv. m.* De modo contrario a la constitución política.
anticorrosivo, -va (*anti-* + *corrosivo*) *adj.-m.* Substancia que cubre y protege una superficie evitando su corrosión.
anticresis (gr. *antichresis* < *anti-*, en lugar de + *chresis,* uso) *f.* Contrato en que el deudor consiente que su acreedor goce de los frutos de la finca que le entrega en garantía, con la obligación de aplicarlos al pago de los intereses y a la amortización del capital. ◇ Pl.: *anticresis.*
anticresista *com.* Acreedor en el contrato de anticresis.
anticrético, -ca *adj.* Relativo a la anticresis.
anticristiano, -na *adj.* Contrario al cristianismo.
anticristo (gr. *Antichristos,* contrario a Cristo) *m.* Enemigo de Cristo o de su Iglesia; esp., el que al fin del mundo se levantará con gran poder para seducir a los hombres.
anticrítico (*anti-* + *crítico*) *m.* El opuesto o contrario al crítico.
anticuado, -da *adj.* Que no está en uso mucho tiempo ha.
SIN. **Obsoleto.**
anticuariado *m.* Conjunto de los anticuarios o lo con ellos relacionado.
anticuario (l. *antiquariu*) *m.* El que hace profesión del conocimiento de las cosas antiguas. 2 El que las colecciona o negocia con ellas.
SIN. *1* **Arqueólogo,** es hoy más us. que *anticuario.* Es además de signif. más extensa, puesto que abarca el conocimiento de monumentos antiguos en gral., y no sólo el de objetos de arte, utensilios, etc. En el uso moderno, *anticuario* se aplica esp. al que comercia en antigüedades.
anticuarse (l. *antiquare;* doble etim. *antiguar*) *prnl.* Hacerse antiguo. ◇ ** CONJUG. [10] como ***adecuar.***
anticuchero, -ra *m. f. Perú.* Persona que vende anticuchos.
anticucho *m. Argent., Bol., Chile* y *Perú.* Pedacito de carne asada o frita que se vende ensartado en una cañita o palito.
anticuco, -ca *adj. C. Rica, Hond.* y *Nicar.* Anticaño.
anticuerpo (*anti-* + *cuerpo*) *m.* Substancia existente en el organismo animal o producida en él por la introducción de un antígeno, contra cuya acción reacciona específicamente.
antidáctilo (gr. *-dáktylos*) *m.* Anapesto.
antidemocrático, -ca (*anti-* + *democrático*) *adj.* Contrario a la democracia.
antideportivo, -va (*anti-* + *deportivo*) *adj.* DEP. Contrario al espíritu deportivo.
antidepresivo, -va (*anti-* + *depresivo*) *adj.* MED. [medicamento] Que sirve para anular los estados depresivos patológicos.
antideslizante (*anti-* + *deslizante*) *adj.* Que impide deslizarse. -2 *m.* Dispositivo en los neumáticos que impide que el coche patine.
antideslumbrante (*anti-* + *deslumbrante*) *adj.-s.* Medio utilizado para impedir el deslumbramiento que producen en carretera los focos de los coches que circulan en dirección contraria.
antidetonante (*anti-* + *detonante*) *adj.* Que impide la explosión o detonación. -2 *m.* Producto que se mezcla con la gasolina con el fin de impedir la explosión de la mezcla antes de tiempo.
antidiabético, -ca (*anti-* + *diabético*) *adj.-s.* Medicamento o régimen dietético empleado para el tratamiento de la diabetes.
antidiftérico, -ca (*anti-* + *diftérico*) *adj.-s.* Medicamento que se emplea contra la difteria.
antidinástico, -ca (*anti-* + *dinástico*) *adj.* Contrario a la dinastía.
antidopaje *m.* Antidoping.
antidoping (*anti-* + ingl. *dope,* drogar) *adj.-m.* Acción de las autoridades deportivas para descubrir e impedir el consumo de substancias excitantes o estimulantes por parte de los deportistas.
antidoral (l. *antidoru,* don que se hace por reconocimiento) *adj.* DER. Remuneratorio. 2 Relativo a la obligación natural que tenemos de corresponder a los beneficios recibidos.
antídoto (gr. *-os*) *m.* Contraveneno. 2 p. ext. Medicamento que preserva de algún mal. 3 Medio para no incurrir en un vicio o falta.
antidroga (*anti-* + *droga*) *adj.* Que se opone o lucha contra la difusión de la droga.
antieconómico, -ca (*anti-* + *económico*) *adj.* Opuesto a los principios que rigen la economía. 2 Muy caro.
antiemético, -ca (*anti-* + *emético*) *adj.-s.* Medicamento que contiene el vómito.
antienzima (*anti-* + *enzima*) *f.* Substancia que neutraliza la acción de las enzimas.
antiepiléptico, -ca (*anti-* + *epiléptico*) *adj.-s.* Que previene o contrarresta los efectos de la epilepsia.
antiesclavista (*anti-* + *esclavista*) *adj.-com.* Adversario del sistema social que admite la esclavitud.
antiescorbútico, -ca (*anti-* + *escorbútico*) *adj.-s.* Que sirve para combatir el escorbuto.
antiescrofuloso, -sa (*anti-* + *escrofuloso*) *adj.-s.* Que sirve para combatir la escrófula.
antiespasmódico, -ca (*anti-* + *espasmódico*) *adj.-s.* Que sirve para evitar o calmar los espasmos o convulsiones.
antiestático, -ca (*anti-* + *estático*) *adj.* Que impide la formación de electricidad estática.
antiestético, -ca (*anti-* + *estético*) *adj.* Contrario a la estética; p. ext., feo.
antievangélico, -ca (*anti-* + *evangélico*) *adj.* Contrario al espíritu o letra del Evangelio.
antifascismo (*anti-* + *fascismo*) *m.* Tendencia política opuesta al fascismo.
antifascista *adj.-s.* Contrario al fascismo.
antifaz (*ante-,* confundido con *anti-,* + *faz*) *m.* Velo o máscara con que se cubre la cara.

SIN. V. **Careta.**

antifebril (*anti-* + *febril*) *adj.* Febrífugo.

antifederal (*anti-* + *federal*) *adj.-s.* Enemigo del federalismo.

antifeminismo (*anti-* + *feminismo*) *m.* Tendencia contraria al feminismo.

antifeminista *adj.-s.* Contrario al feminismo.

antifermento (*anti-* + *fermento*) *m.* Substancia que sirve para evitar la fermentación.

antifernales (l. *antipherna;* gr. *antíphernos* < *anti-* + *pherné,* dote) *adj. pl.* V. bienes antifernales.

antifilosófico, -ca (*anti-* + *filosófico*) *adj.* Opuesto a la filosofía.

antiflogístico (*anti-* + gr. *flogistós,* inflamado) *adj.-s.* Que sirve para calmar la inflamación.

antífona (l. *antiphona;* gr. *antíphonos,* el que responde) *f.* Versículo, o parte de él, que en las horas canónicas se canta o reza antes de un salmo, repitiéndose al final por completo.

antifonal, -nario *adj.-s.* Libro litúrgico en que se contiene la notación de las antífonas y responsorios. 2 fig. *y* fam. Trasero. 3 *Chile.* Antifonero.

SIN. *1* **Tonario.**

antifonero, -ra *m. f.* Persona que en el coro entona las antífonas.

antífono (*anti-* + *-fono*) *m.* Instrumento que se adapta a la oreja y protege el oído de los ruidos intensos, como disparos de artillería, pruebas de motores, etc.

antífrasis (gr. *antiphrasis*) *f.* RET. Figura que consiste en dar a personas o cosas nombres que significan lo contrario de lo que son: llamar a un avaro *don Generoso.* ◇ Pl.: *antífrasis.*

antifricción (*ati-* + *fricción*) *f.* Aleación especial con que se forra el interior de los cojinetes para disminuir el frotamiento.

antigás (*anti-* + *gas*) *adj.* Que se emplea para prevenir los efectos de los gases tóxicos: *careta, equipo, batallón ~.*

antigénico, -ca *adj.* MED. Perteneciente o relativo al antígeno.

antígeno, -na (*anti-* + *-geno*) *adj.-s.* MED. Substancia que, introducida en el organismo, estimula la formación de anticuerpos.

Antígona *n. pr.* MIT. Hija de Edipo. Tributó honras fúnebres al cadáver de su hermano Polinicio, contraviniendo el mandato de su tío, que lo había prohibido con severas penas. Esta tradición dio asunto a una de las mejores tragedias de Sófocles, titulada *Antígona.*

antigramatical (*anti-* + *gramatical*) *adj.* Contrario a las leyes de la gramática.

antigripal (*anti-* + *gripal*) *adj.* Que sirve para combatir la gripe.

antigualla *f.* Obra u objeto de antigüedad remota. 2 Relación de sucesos muy antiguos. 3 Uso, estilo antiguo. 4 desp. Mueble, adorno, etc., que ya no está de moda.

antiguamente *adv. t.* En lo antiguo.

antiguamiento *m.* Acción de antiguar o antiguarse.

antiguar (v. *anticuar*) *intr.-prnl* Adquirir antigüedad un empleado o funcionario. -2 *prnl.* Anticuarse. ◇ ** CONJUG. [10] como *adecuar.*

antigubernamental (*anti-* + *gubernamental*) *adj.* Contrario al gobierno constituido.

antigüedad (l. *antiquitate*) *f.* Calidad de antiguo: *la ~ de una ciudad.* 2 Tiempo antiguo, esp. el que se refiere a la Edad Antigua. 3 Lo que sucedió en tiempo antiguo: *un erudito de la ~ egipcia.* 4 Los hombres que vivieron en lo antiguo. 5 Tiempo transcurrido desde el día en que se obtiene un empleo. -6 *f. pl.* Objetos antiguos: *colección de antigüedades.*

antigüeño, -ña *adj.-s.* De Antigua, capital del departamento guatemalteco de Sacatepéquez.

antiguo, -gua (l. *antiquu*) *adj.* Que existe desde hace mucho tiempo. 2 Que existió o sucedió en tiempo remoto. -3 *m.* Veterano en un empleo o cargo. -4 *m. pl.* Los que vivieron en siglos remotos. ◇ Superl.: *antiquísimo.*

SIN. *1* y *2* V. **Viejo.**

antihelmíntico, -ca (*anti-* + *helmíntico*) *adj.-s.* MED. Vermífugo.

antihemorroidal (*anti-* + *hemorroidal*) *adj.* Que cura las almorranas.

antihéroe (*anti-* + *héroe*) *m.* Personaje que posee las características contrarias al héroe tradicional.

antihidrópico, -ca *adj.-s.* Remedio o medicamento que se emplea para combatir la hidropesía.

antihigiénico, -ca (*anti-* + *higiénico*) *adj.* Contrario a los preceptos de la higiene.

antihipertensivo,-va *adj.* FARM. Que es eficaz contra la hipertensión arterial.

antihistamínico, -ca (*anti* + *histamínico*) *adj.-s.* Cuerpo que atenúa o suprime las reacciones de la histamina.

antihistérico, -ca (*anti-* + *histérico*) *adj.-s.* Que sirve para combatir el histerismo.

antihistoricismo (*anti-* + *historicismo*) *m.* Tendencia intelectual que niega la preponderancia de la historia (exposición) en la explicación de los hechos.

antihistórico, -ca *adj.* Perteneciente o relativo al antihistoricismo. -2 *adj.-s.* [pers.] Partidario de esta tendencia intelectual.

antihumanitario, -ria (*anti-* + *humanitario*) *adj.* Opuesto al humanitarismo.

antihumano, -na (*anti-* + *humano*) *adj.* Opuesto a la humanidad, inhumano, cruel.

antiimperialismo (*anti-* + *imperialismo*) *m.* Movimiento político que trata de liberar a un país de la sujeción política o económica de otro país.

antiimperialista *adj.-com.* Partidario del antiimperialismo.

antiinflamatorio, -ria (*anti-* + *inflamatorio*) *adj.-s.* Que se emplea para disminuir o eliminar la inflamación.

antijurídico, -ca (*anti-* + *jurídico*) *adj.* Que es contra derecho.

antilegal (*anti-* + *legal*) *adj.* Que va contra la ley.

antiliberal *adj.-com.* Que se opone a la libertad, esp. en materia política o económica.

antiliberalismo (*anti-* + *liberalismo*) *m.* Oposición al liberalismo, esp. en materia política o económica.

antillano, -na *adj.-s.* De Antillas, archipiélago de América Central, situado entre el mar Caribe y el océano Atlántico, a la entrada del golfo de Méjico.

antilogaritmo (*anti-* + *logaritmo*) *m.* MAT. Número que corresponde a un logaritmo determinado.

antilogía (gr.) *f.* Contradicción entre dos textos o expresiones.

antilógico, -ca *adj.* Relativo a la antilogía. 2 Contrario a la lógica.

antilogio *m.* Antilogía.

antílope (l. v. *antilope,* del gr. *anthalops,* animal casi fabuloso, a través del ingl. y del fr.) *m.* Mamífero rumiante bóvido: *~ americano,* de 1,5 m. de longitud, el pelaje es de color castaño, amarillento y blanco, y los cuernos huecos y bifurcados *(Antilocapra americana).*

antimacasar *m.* Lienzo o tapete que se ponía en el respaldo de las butacas y otros asientos para que no se manchasen con las pomadas del cabello.

antimagnético, -ca (*anti-* + *magnético*) *adj.* Insensible a los efectos de un campo magnético. 2 FÍS. Que no es afectado o que se opone a la influencia magnética.

antimasónico, -ca (*anti-* + *masónico*) *adj.* Contrario a la masonería.

antimateria (*anti-* + *materia*) *f.* Conjunto hipotético formado por antipartículas.

antimeridiano (*anti-* + *meridiano*) *m.* Meridiano diametralmente opuesto a otro, con relación a éste.

antimicrobiano, -na (*anti-* + *microbiano*) *adj.* Que impide la formación o el desarrollo de los microorganismos.

antimilitarismo (*anti-* + *militarismo*) *m.* Doctrina contraria a los ejércitos permanentes y obligatorios. 2 Oposición al militarismo.

antimilitarista *adj.-com.* Partidario del antimilitarismo.

antiministerial (*anti-* + *ministerial*) *adj.* Contrario al ministerio o a los ministerios.

antimisil (*anti-* + *misil*) *adj.* Que sirve para destruir misiles, o para desviarlos de su trayectoria.

antimitótico, -ca (*anti-* + *mitótico*) *adj.* Que impide la mitosis celular.

antimonárquico, -ca (*anti-* + *monárquico*) *adj.* Contrario a la monarquía.

antimoniado, -da *adj.* Antimonial.

antimonial *adj.* Que contiene antimonio.

antimoniato *m.* Sal resultante del ácido antimónico que actúa sobre las bases.

antimónico *adj.* [ácido] Que contiene antimonio, oxígeno e hidrógeno, en su composición.

antimonio (l. *-iu*) *m.* Metal blanco azulado, brillante y quebradizo, que aleado con plomo y estaño sirve para fabricar los caracteres de imprenta. Su símbolo es *Sb,* su peso específico 120,2 y su número atómico el 51.

SIN. **Estibio.**

antimonita *f.* Sesquisulfuro nativo de antimonio, de color gris e intenso brillo metálico.

antimoniuro *m.* QUÍM. Combinación de antimonio con otro elemento químico, preferentemente metal.
antimoral (*anti-* + *moral*) *adj.* Contrario a la moral.
antinacional (*anti-* + *nacional*) *adj.* Opuesto o enemigo del modo de ser de una nación. 2 Que va en detrimento de los intereses de una nación.
antinatural *adj.* Contranatural.
antinazi (*anti-* + *nazi*) *adj.s.* Que se opone al nazismo.
antinefrítico, -ca (*anti-* + *nefrítico*) *adj.* Que sirve contra la nefritis.
antineoplásico, -ca (*anti-* + *neoplásico*) *adj.* Empleado contra el cáncer.
antineurálgico, -ca (*anti-* + *neurálgico*) *adj.* Que calma la neuralgia.
antineutrino *m.* FÍS. Partícula emitida en la degeneración radioactiva.
antineutrón (*anti-* + *neutrón*) *m.* Partícula con un momento magnético contrario al del neutrón; puede aniquilarse con éste desprendiendo gran cantidad de energía.
antinganting *m.* FIL. Amuleto.
antiniebla (*anti-* + *niebla*) *adj.* Que hace posible la visión a través de la niebla: *faros ~.*
antinodo *m.* FÍS. Punto de máxima amplitud en las ondas estacionarias. 2 FÍS. Punto medio entre dos nodos.
antinomia (gr. *antinomía* < *anti-* + *nomos,* ley) *f.* Contradicción entre dos leyes o principios en su aplicación práctica a un caso particular. 2 Contradicción entre dos principios racionales.
antinómico, -ca *adj.* Que implica antinomia.
antinuclear (*anti-* + *nuclear*) *adj.-s.* Que es contrario o se opone a lo nuclear.
antiofídico, -ca (*anti-* + *ofídico*) *adj.-s.* Preparado para contrarrestar los efectos del veneno de serpiente.
antíope *f.* Mariposa diurna de color púrpura obscuro con ancho borde crema en ambas alas *(Nymphalis antiopa).*
antioqueno, -na *adj.-s.* De Antioquía, actual Antakya, ciudad del sudeste de Turquía.
antioqueño, -ña *adj.-s.* De Antioquia, departamento del oeste de Colombia.
antioxidante (*anti-* + *oxidante*) *adj.-s.* QUÍM. Substancia que se opone a la formación de óxidos.
antipalúdico, -ca (*anti-* + *palúdico*) *adj.* Que sirve para combatir el paludismo.
antipapa (*anti-* + *papa* I) *m.* Papa cismático elegido en oposición al legítimo.
antipapado *m.* Ilegítima dignidad de antipapa, y tiempo que dura.
antipapista *adj.-com.* Que no reconoce la soberanía del papa.
antipara (v. *ante-* y *parar*) *f.* Cancel, biombo para encubrir alguna cosa. 2 Polaina que cubre la pierna y el pie sólo por delante: *las antiparas de los soldados.*
antiparasitario, -ria (*anti-* + *parasitario*) *adj.-s.* En televisión y radiodifusión, que se opone a las perturbaciones que afectan la recepción. -2 *adj.* Que elimina, destruye o reduce los parásitos.
antiparásito, -ta *adj.-s.* Antiparasitario.
antiparero *m.* Soldado que usaba antiparas (polainas).
antiparlamentario, -ria *adj.* Contrario a los usos y prácticas parlamentarias. -2 *m. f.* Adversario del Parlamento y del parlamentarismo como sistema político.
antiparlamentarismo (*anti-* + *parlamentarismo*) *m.* Doctrina o sistema opuesto al parlamentarismo.
antiparras (de *antipara*) *f. pl.* fam. Anteojos (gafas).
SIN. v. **Anteojos.**
antipartícula (*anti-* + *partícula*) *f.* Partícula elemental que tiene propiedades contrarias a las de los átomos de los elementos químicos.
antipatía (l. *-athia* < gr. *-pátheia*) *f.* Repugnancia instintiva hacia alguien o algo. 2 fig. Oposición recíproca entre seres inanimados. 3 PINT. Oposición de ciertos colores que queriendo sobrepujar el uno al otro forman a la vista una sensación desagradable.
SIN. *1* Es voz genérica que abarca todos los matices contenidos en la siguiente serie intensiva: **ojeriza, desafecto, desafección, inquina, animadversión, manía, tirria, hincha** (vulg.), **aversión, repugnancia, repulsión**. Cuando estos sentimientos se combinan más o menos con la voluntad activa del sujeto, pasan a ser **animosidad, mala ley, mala voluntad, malquerencia, encono, rencor, aborrecimiento, rabia, odio**.
antipático, -ca *adj.* Que causa antipatía.
antipatizar *intr. Amér.* Sentir antipatía contra alguna persona. ◇ ** CONJUG. [4] como ***realizar.***
antipatriota *com.* El que va contra su patria.
antipatriótico, -ca (*anti-* + *patriótico*) *adj.* Contrario al patriotismo.
antipedagógico, -ca (*anti-* + *pedagógico*) *adj.* Contrario a la pedagogía.
antipendio *m.* Velo o tapiz de tela preciosa que tapaba los soportes y la parte delantera del altar entre la mesa y el suelo. 2 Frontal (altar).
antiperistáltico, -ca (*anti-* + *peristáltico*) *adj.* Relativo al movimiento de contracción del estómago y los instestinos, contrario al peristáltico.
antiperístasis (gr.) *f.* Acción de dos cualidades contrarias, una de las cuales excita por su oposición el vigor de la otra. ◇ Pl.: *antiperístasis.*
antiperistático, -ca *adj.* Relativo a la antiperístasis.
antipirético, -ca (*anti-* + *pirético*) *adj.-m.* MED. Febrífugo.
antipirina (*anti-* + gr. *pyrinos,* inflamado) *f.* Base oxigenada blanca y cristalina que se usa como antipirético y analgésico.
antípoda (gr. *-odes* < *antí-* + *- podo*) *adj.-com.* Habitante de la tierra con respecto a otro que more en lugar diametralmente opuesto: *los antípodas de Madrid se encuentran en Nueva Zelanda.* -2 *adj.-amb.* Punto de la tierra situado en posición diametralmente opuesto a la de otro y con relación a este otro. -3 *adj.-f.* Lo enteramente contrario. ◇ Se usa más en plural.
antipoético, -ca (*anti-* + *poético*) *adj.* Contrario a los preceptos de la poética. 2 Contrario a la Poesía.
antipolilla (*anti-* + *polilla*) *adj.-s.* Insecticida contra la polilla.
antipontificado *m.* Antipapado.
antipredador, -ra (*anti-* + *predador*) *adj.* Que sirve como protección de los predadores: *la coraza antipredadora de los escarabajos.*
antiprogresista (*anti-* + *progresista*) *adj.com.* Que se opone al progreso, esp. en materia política o social.
antiprotón (*anti-* + *protón*) *m.* Partícula elemental de igual masa que el protón y con carga eléctrica negativa.
antiptosis (*anti-* + gr. *ptosis,* caso) *f.* RET. Figura que consiste en usar un caso de la declinación por otro.
antipútrido, -da (*anti-* + *pútrido*) *adj.-m.* Que sirve para impedir la putrefacción.
antiqueño, -ña *adj.-s.* De Antique, provincia de Filipinas, en la isla de Panay.
antiquísimo, -ma (l. *-issimu*) *adj.* Superl. de *antiguo.*
antiquismo (v. *antiguo*) *m.* Arcaísmo.
antirrábico, -ca (*anti-* + *rábico*) *adj.* Que sirve para combatir la rabia.
antirracionalismo (*anti-* + *racionalismo*) *m.* FIL. Oposición al racionalismo.
antirradar (*anti-* + *radar*) *adj.* Que impide el uso normal del radar.
antirraquítico, -ca (*anti-* + *raquítico*) *adj.* Que cura o corrige el raquitismo.
antirreflectante *adj.* Que no refleja.
antirreflector, -ra (*anti-* + *reflector*) *adj.-s.* FOT. ÓPT. Substancia que se aplica sobre los lentes para disminuir las reflexiones de la luz.
antirreglamentario (*anti-* + *reglamentario*) *adj.* Que se hace o se dice contra lo que dispone el reglamento.
antirreligioso, -sa *adj.* Irreligioso (opuesto a la religión).
antirrepublicano, -na (*anti-* + *republicano*) *adj.-s.* Opuesto a la república.
antirreumático, -ca (*anti-* + *reumático*) *adj.-s.* Que sirve para curar el reuma.
antirrevolucionario, -ria (*anti-* + *revolucionario*) *adj.-s.* Enemigo de la revolución.
antirrobo (*anti-* + *robo*) *adj.-s.* Dispositivo o instalación que evita o previene el robo.
antiscio (gr. *antiskios* < *anti-* + *skía,* sombra) *adj.-com.* Habitante de una de las dos zonas templadas, que, por vivir sobre el mismo meridiano y en hemisferio opuesto, con respecto a un habitante de la otra zona templada, proyecta al mediodía la sombra en dirección contraria. 2 Anteco.
antisemita *adj.-com.* Partidario del antisemitismo.
antisemítico, -ca *adj.* Relativo al antisemitismo.
antisemitismo (*anti-* + *semitismo*) *m.* Oposición a los judíos.
antisepsia (*anti-* + gr. *sepsis,* putrefacción) *f.* Prevención de

las enfermedades infecciosas por destrucción de los gérmenes que las producen.
antiséptico, -ca (de *antisepsia*) ***adj.-m.*** Antipútrido, desinfectante.
antisialagogo (*anti-* + *sialagogo*) ***m.*** Substancia que disminuye o impide la secreción salival.
antisifilítico, -ca (*anti-* + *sifilítico*) ***adj.*** MED. Que sirve para curar la sífilis.
antisísmico, -ca (*anti-* + *sísmico*) ***adj.*** [construcción] A prueba de terremotos.
antisociable ***adj.*** Insociable.
antisocial (*anti-* + *social*) ***adj.-s.*** Contrario a la sociedad, a la convivencia social.
antispasto (gr. *antíspastos* < *anti-* + *spao*, atraer) ***m.*** Pie de la poesía clásica formado por un yambo y un troqueo.
antistrofa (gr. *-phé* < de *anti-* + *strophé*, vuelta) ***f.*** En la lírica coral griega, segunda parte del canto.
REL. v. **Estrofa.**
antisubmarino, -na (*anti* + *submarino*) ***adj.*** Que se emplea para combatir a los submarinos.
antisudoral ***adj.-s.*** Desodorante.
antisuero ***m.*** Suero obtenido de sujetos inmunizados frente a un antígeno.
antitanque (*anti-* + *tanque*) ***adj.*** MIL. [arma o proyectil] Destinado a destruir tanques de guerra y otros vehículos semejantes.
SIN. **Anticarro.**
antitérmico, -ca ***adj.*** MED. Febrífugo.
antiterrorista ***adj.*** Contraterrorista.
antítesis (gr. *-thesis* < *anti-* + *thesis*, posición) ***f.*** FIL. Oposición de sentido entre dos términos o dos proposiciones. 2 RET. Figura que consiste en contraponer dos palabras o frases de significación contraria: *los libros están sin doctor y el doctor sin libros* (Gracián). 3 fig. Persona o cosa opuesta en sus condiciones a otro. ◇ Pl.: *antítesis.*
antitetánico, -ca (*anti-* + *tetánico*) ***adj.*** Que sirve para curar el tétanos.
antitético, -ca ***adj.*** Que denota o implica antítesis.
antitífico, -ca (*anti-* + *tífico*) ***adj.*** Que sirve para curar el tifus.
antitóxico, -ca ***adj.*** Que neutraliza el efecto de un tóxico.
antitoxina (*anti-* + *toxina*) ***f.*** Anticuerpo que destruye los efectos de las toxinas.
antitrago (gr. *antítragos*) ***m.*** Prominencia de la oreja situada en la parte inferior del pabellón.
antitrinitario, -ria (*anti-* + *trinitario*) ***adj.-s.*** Hereje que niega que en Dios haya tres personas distintas. 2 Relativo a esta doctrina.
antitrombina (*anti-* + *trombina*) ***f.*** Substancia anticoagulante de la sangre.
antituberculoso, -sa (*anti-* + *tuberculoso*) ***adj.*** [procedimiento o institución] Que combate la tuberculosis.
antitusígeno, -na (*anti-* + *tusígeno*) ***adj.-m.*** Medicamento que inhibe la tos.
antivariólico, -ca (*anti-* + *variólico*) ***adj.*** Que combate la viruela; esp. vacuna que se emplea para prevenirla.
antivenenoso, -sa (*anti-* + *venenoso*) ***adj.*** Que se usa como contraveneno.
antivenéreo, -a (*anti-* + *venéreo*) ***adj.*** Que combate las afecciones venéreas.
antivirus (*anti-* + *virus*) ***m.*** Fármaco que produce la destrucción viral o detiene su desarrollo.
anto-, -anto, -anta (gr. *anthos*, flor) Elemento prefijal y sufijal que entra en la formación de palabras con el significado de flor o denotando relación con ella: *antófago; dianto.*
antocerotópsidas ***f. pl.*** Clase de plantas dentro de los briófitos, parecidas a las hepáticas pero con los esporófitos acintados, siempre verdes y los extremos abiertos en dos valvas.
antocianina (*anto-* + gr. *kyanos*, azul) ***f.*** Materia colorante azul, existente en los jugos celulares de muchas plantas.
antofagastino, -na ***adj.-s.*** De Antofagasta, capital y provincia del norte de Chile.
antófago, -ga (*anto-* + *-fago*) ***adj.*** [animal] Que se alimenta de flores.
antofilo (*anto-* + *-filo* III) ***m.*** Hoja metamorfoseada que forma parte de la flor.
antofita ***f.*** Planta fanerógama.
antófitos (*anto-* + *-fito*) ***m. pl.*** División de plantas que comprende las clases dicotiledóneas y monocotiledóneas; presentan fecundación doble y óvulos cerrados en carpelos (angiospermas).
antógeno, -na (*anto-* + *-geno*) ***adj.*** BOT. [planta] Capaz de dar flores.
antojadizamente ***adv. m.*** Con antojo.
antojadizo, -za ***adj.*** Que tiene antojos con frecuencia.
antojado, -da ***adj.*** Que tiene antojo de alguna cosa.
antojarse (de *antojo*) ***prnl.*** Hacerse objeto de vehemente deseo una cosa. 2 Ofrecerse a la consideración como probable una cosa. ◇ Es verbo impersonal, y se usa sólo con alguno de los pronombres *me, te, le, nos, os: se me antoja ir a paseo; se me antoja que no vendrá.*
antojera ***f.*** Anteojera.
antojito ***m.*** *Méj.* Golosina, platillo o guisado típico de esta nación.
antojo (l. *ante oculu*, delante del ojo) ***m.*** Deseo vivo y pasajero de algo; esp. el que suelen tener las mujeres durante el embarazo. 2 Juicio hecho de alguna cosa sin bastante examen. 3 *Logr.* y *Nav.* Hastío, fastidio, asco. -4 ***m. pl.*** Lunares, manchas, etc., que suelen presentarse en la piel.
SIN. / **Capricho, gusto;** en MED., **angioma.**
antojoso, -sa ***adj.*** *Colomb.* y *P. Rico.* Antojadizo.
antojuelo ***m.*** Diminutivo de *antojo.*
antolar ***m.*** *Cuba.* Entredós, tira de encaje.
antología (gr. *anthología* < *anto-* + *-logía*) ***f.*** Florilegio; colección de fragmentos escogidos de poesía o prosa: ***de ~***, estupendo, extraordinario, magnífico.
SIN. v. **Crestomatía.**
antológico, -ca ***adj.*** Digno de figurar en una antología por su calidad literaria.
antólogo, -ga ***m. f.*** Colector de una antología.
Antón Perulero ***n. pr.*** V. Perulero.
antoniano, -na ***adj.-s.*** Monje de la Orden de San Antonio Abad (251-356); persona que pertenece a una cofradía que está bajo la advocación de San Antonio de Padua (1195-1231). -2 ***adj.*** Relativo a esta orden o cofradía.
antonimia ***f.*** Calidad de antónimo.
antónimo, -ma (*ant-* II + *-ónimo*) ***adj.-s.*** Palabra que expresa idea opuesta o contraria [a otra palabra]: *virtud y vicio; claro y obscuro.* ◇ V. sinónimo.
antoniniano, -na ***adj.*** Relativo a cualquiera de los emperadores Antoninos.
antonino, -na ***adj.-s.*** [pers.] Antoniano. -2 ***m.*** Pez del mar de las Antillas, de unos tres decímetros de largo y con diez aletas *(Caranx macarellus).*
antonomasia (gr. *-asía*) ***f.*** RET. Sinécdoque que consiste en poner el nombre apelativo por el propio, o viceversa: *el Apóstol,* por San Pablo; *un Rafael,* por un gran pintor.
antonomásticamente ***adv. m.*** Por antonomasia.
antonomástico, -ca ***adj.*** Relativo a la antonomasia.
antorcha (l. *intorta*, pp. fem. de *intorquere*, torcer) ***f.*** Hacha (vela). 2 fig. Lo que sirve de guía para el entendimiento o la conducta.
antorchar ***tr.*** Entorchar.
antorchero ***m.*** Candelero o araña para poner antorchas.
antoxantina (*anto-* + gr. *xanthos*, amarillo) ***f.*** Pigmento amarillo que se encuentra en las flores.
antozoario ***m.*** Antozoo.
antozoo (*anto-* + *-zoo*) ***adj.-m.*** ZOOL. Animal de la clase de los antozoos. -2 ***m. pl.*** Clase de cnidarios que viven fijos en el fondo del mar y están constituidos ya por un solo pólipo, ya por una colonia de ellos; como la actinia y el coral.
antra-, antrac-, antraco- (gr. *ánthrax*, carbón) Elemento prefijal que entra en la formación de palabras con el significado de carbón; esp. denotando relación con el antraceno.
antraceno ***m.*** Hidrocarburo cristalino, obtenido por destilación del alquitrán.
antracita (gr. *ánthrax*, carbón) ***f.*** Carbón de piedra, poco bituminoso, que arde con dificultad y sin conglutinarse.
antracnosis (*antrac-* + gr. *nosos*, enfermedad) ***f.*** Enfermedad de la vid, producida por un hongo, que se manifiesta por manchas obscuras. ◇ Pl.: *antracnosis.*
antraco-, v. antra-.
antracolítico (*antraco-* + gr. *lithos*, piedra) ***m.*** GEOL. Conjunto formado por los sistemas carbonífero y pérmico.
antracómetro (*antraco-* + *-metro*) ***m.*** QUÍM. Aparato para averiguar la proporción de anhídrido carbónico existente en una mezcla gaseosa.
antracosis ***f.*** MED. Neumoconiosis producida por el polvo de carbón.

antraflavona *f.* QUÍM. Substancia extraída del alquitrán y empleada para el tinte amarillo.
antragalol *m.* QUÍM. Substancia cristalina de color pardo empleada como colorante.
antraquinona (*antra-* + *quinona*) *f.* Substancia química, base de una serie de colorantes.
ántrax (gr. *ánthrax*, carbunclo) *m.* PAT. Inflamación circunscrita, dura y dolorosa del tejido subcutáneo, que se acompaña de trastornos generales gravísimos: ~ ***maligno***, carbunco. ◇ Pl.: *ántrax*.
antro (l. *-tru;* gr. *-on*) *m.* Caverna. 2 fig. Lugar que produce temor o repulsión. 3 fig. Local de mal aspecto o reputación.
-antropía (v. *antropo-*) Elemento sufijal que entra en la formación de palabras con el significado de hombre, ser humano: *filantropía*.
antropo-, -ántropo, -ántropa (gr. *ánthropos*, hombre) Elementos prefijal y sufijal que entra en la formación de palabras con el significado de hombre, ser humano: *antropogeografía; pitecántropo.*
antropocéntrico, -ca *adj.* Relativo al antropocentrismo.
antropocentrismo (*antropo-* + gr. *kentron*, centro + *-ismo*) *m.* FIL. Doctrina o teoría que supone que el hombre es el centro de todas las cosas, el fin absoluto de la naturaleza.
antropofagia (gr. *anthropofagía* < *antropo-* + *-fagia*) *f.* Costumbre de algunos salvajes de comer carne humana.
SIN. **Canibalismo.**
antropófago, -ga *adj.-s.* Que practica la antropofagia.
antropofobia (*antropo-* + *-fobia*) *f.* Temor morboso a los seres humanos y a la sociedad.
antropogenia (*antropo-* + *-genia*) *f.* Estudio de la evolución y desarrollo del hombre.
antropogeografía (*antropo-* + *geografía*) *f.* Parte de la geografía general que estudia la extensión y la distribución del hombre sobre la tierra.
antropografía (*antropo-* + *-grafía*) *f.* Parte de la antropología que describe las razas humanas y sus variedades.
antropográfico, -ca *adj.* Relativo a la antropografía.
antropoide (*antropo-* + *-oide*) *adj.-m.* Primate del suborden de los antropoides. -2 *m. pl.* Suborden de primates evolucionados que presentan el hocico reducido y los ojos en posición frontal; comprende dos infraórdenes: platirrinos y catarrinos.
antropoideo, -a *adj.* Antropomorfo.
antropolatría (*antropo-* + *-latría*) *f.* Androlatría.
antropología (*antropo-* + *-logía*) *f.* Parte de la historia natural que trata del hombre.
antropológico, -ca *adj.* Relativo a la antropología.
antropólogo, -ga *m. f.* Persona que por profesión o estudio se dedica a la antropología.
antropómetra *com.* Perito en antropometría.
antropometría (*antropo-* + *-metría*) *f.* Parte de la antropología que estudia las proporciones y medidas del cuerpo humano.
antropométrico, -ca *adj.* Relativo a la antropometría.
antropomórfico, -ca *adj.* Relativo al antropomorfismo.
antropomorfismo (de *antropomorfo*) *m.* Atribución a la divinidad de la figura, cualidades y defectos humanos. 2 Atribución de características humanas a las cosas. 3 Herejía aparecida en Siria en el s. IV, que atribuía a Dios cuerpo humano, fundándose en que el hombre había sido hecho materialmente a semejanza suya.
antropomorfista, antropomorfita *adj.-com.* Partidario del antropomorfismo (herejía). 2 [ser] Que tiene semejanza con el hombre.
antropomorfo, -fa (*antropo-* + *-morfo*) *adj.* De forma parecida a la del hombre. -2 *adj.-s.* Póngido.
antroponimia (*antropo-* + *-onimia*) *f.* Estudio del origen y significación de los nombres propios de persona.
antroponímico, -ca *adj.* Relativo a la antroponimia.
antropónimo *m.* Nombre propio de persona.
antropopiteco (*antropo-* + *-piteco*) *m.* Mamífero que algunos suponen haber sido el antepasado del hombre.
antroposofía (de *antropo-* + *-sofía*) *f.* Conocimiento de la naturaleza humana. 2 Doctrina derivada de la teosofía y fundada a principios del siglo XX por Rudolf Steiner (1861-1925), filósofo austríaco.
antropozoico, -ca (*antropo-* + gr. *zoikos*, relativo a la vida) *adj.-s.* Cuaternario.
antruejada *f.* Broma grotesca propia del antruejo.
antruejar *tr.* Mojar o hacer otra burla en carnestolendas [a alguien].
antruejo (l. v. *introitiare* < l. *introitu*, entrada) *m.* Días de carnaval (son tres).
antuviada (v. *antuvión*) *f.* fam. Golpe dado de improviso.
antuvión (l. *ante* + *obviare*, salir al encuentro) *m.* fam. Golpe o acometimiento repentino. ***De*** ~, de repente, inopinadamente. 2 ***Jugar de*** ~, madrugar, adelantarse al que quiere hacer daño.
anual (l. *annuale;* doble etim. *añal*) *adj.* Que se repite cada año. 2 Que dura un año.
anualidad *f.* Calidad de anual. 2 Importe anual de una renta o carga.
anualmente *adv. t.* Cada año.
anuario (de *annu*) *m.* Libro publicado de año en año, esp. el que contiene las informaciones correspondientes al año: ~ *de ciencias médicas;* ~ *de bolsillo.*
anúbada *f.* Anúteba.
anubado, -da, anubarrado, -da (paras.) *adj.* Cubierto de nubes. 2 fig. Pintado imitando nubes.
anublar (l. *adnubilare*) *tr.-prnl.* Ocultar las nubes [el azul del cielo o la luz del Sol o la Luna]. 2 fig. Obscurecer, empañar: ~ *la honra, la alegría.* 3 fig. Marchitar o poner mustias y secas [las plantas]. -4 *prnl.* fig. Desvanecerse una cosa que se deseaba.
SIN. **Nublar.**
anublo (l. *adnubilu*) *m.* Añublo.
anucar (quechua *anukai*) *tr. Argent.* Destetar [al niño] y enseñarle a comer. ◇ ** CONJUG. [1] como ***sacar.***
anudador, -ra *adj.-s.* Que anuda.
anudadura *f.* Anudamiento.
anudamiento *m.* Acción de anudar o anudarse. 2 Efecto de anudar o anudarse.
anudar (paras.) *tr.* Hacer nudos: *anuda el roto nudo;* ***abs.,*** *estoy anudando.* 2 esp. Juntar, unir o asegurar mediante nudos [cuerdas, hilos o cosas semejantes]: ~ *la venda;* ~ *las trenzas.* 3 p. ext. Juntar, unir: ~ *la amistad; anudarse los corazones.* 4 Embargar el uso de la palabra: ~ *la voz; anudarse la lengua.* 5 Continuar lo interrumpido: ~ *un relato.* -6 *prnl.* Dejar de crecer o medrar los seres orgánicos: *anudarse los árboles.*
SIN. 6 **Ennudecer** (intr.).
anuencia (de *annuere*, hacer signos de aprobación) *f.* Consentimiento.
anuente *adj.* lit. Que consiente.
anulable *adj.* Que se puede anular.
anulación *f.* Acción de anular o anularse. 2 Efecto de anular o anularse.
anulador, -ra *adj.-s.* Que anula.
I) anular (l. *anulare*) *adj.* Relativo al anillo. 2 De figura de anillo. 3 ARQ. V. bóveda anular. -4 *adj.-m.* Dedo anular.
II) anular (b. l. *annullare*) *tr.* Dar por nula [alguna disposición]. 2 fig. Incapacitar, desautorizar [a uno]. -3 *prnl.* Humillarse, postergarse.
anulativo, -va *adj.* Que tiene fuerza para anular.
anulete (l. *anulu*, anillo) *m.* BLAS. Pieza en forma de anillo que se dibuja en el escudo.
ánulo *m.* ARQ. Anillo o gradecilla; esp., el astrágalo de los capiteles dóricos formado por tres líneas entrantes.
anuloso, -sa *adj.* Compuesto de anillos. 2 De figura de anillo.
anunciación *f.* Acción de anunciar. 2 Efecto de anunciar. 3 p. ant. Anuncio que el arcángel San Gabriel trajo a la Virgen Santísima del misterio de la Encarnación. 4 Fiesta con que la Iglesia lo celebra. 5 Pintura o escultura que representa dicho anuncio.
anunciador, -ra *adj.-s.* Que anuncia.
anunciante *adj.-s.* Que anuncia (publicidad).
anunciar (l. *annuntiare*) *tr.* Dar noticia [de una cosa]; proclamar, hacer saber [una cosa]. 2 Dar a conocer mediante los periódicos, carteles, impresos, etc., la existencia [de artículos comerciales o industriales, servicios, etc., que se ofrecen al público]. 3 Pronosticar. ◇ ** CONJUG. [12] como ***cambiar.***
anuncio *m.* Acción de anunciar. 2 Conjunto de palabras o signos con que se anuncia algo. 3 Pronóstico (señal).
anuo, -nua (l. *annuu*) *adj.* Anual.
Se usa como término científico: *plantas anuas.*
anuria (*an-* + *-uria*) *f.* Supresión de la secreción urinaria.
anuro, -ra (*an-* + *-uro* II) *adj.* Sin cola. -2 *adj.-m.* Anfibio del orden de los anuros. -3 *m. pl.* Orden de anfibios desprovistos de cola en el estado adulto; como la rana y el sapo.
anúteba (ár. *annudba*) *f.* Llamamiento a la guerra. 2 Ant. prestación personal para reparar fortificaciones. 3 Tributo pagado por redimirse de ella.
SIN. **Anúbada.**

anverso (l. *anteversu*) ***m.*** Lado de una moneda o medalla que lleva la imagen o inscripción principal. 2 IMPR. Cara en que va impresa la primera página de un pliego. 3 IMPR. Forma o molde con que se imprime el anverso o blanco de un pliego.
SIN. *1* **Cara.** CONTR. **Cruz, reverso.** *2* **Reverso.**
-anza (v. *-ancia*) Forma vulgar del sufijo *-ancia* que entra en la formación de substantivos derivados de verbos denotando, generalmente, acción y efecto: *confianza, alabanza, enseñanza;* la persona o cosa por medio de la cual se realiza la acción: *ordenanza, libranza;* algunos derivan de substantivos y adjetivos: *maestranza, bonanza.*
anzoátega ***adj.-s.*** De Anzoátegui, estado del este de Venezuela.
anzoatiguense ***adj.-s.*** Anzoátega.
anzolar ***tr.*** Poner anzuelos. 2 Coger con ellos. ◇ ** CONJUG. [31] como ***contar.***
anzolero ***m.*** El que tiene por oficio hacer o vender anzuelos.
anzuelo (de *hamiciolu;* dim. del l. *hamu*) ***m.*** Arponcillo de metal que, pendiente de un sedal y puesto en él algún cebo, sirve para pescar. 2 fig. Atractivo, aliciente.
SIN. *1* **Hamo.**
-aña, v. -año.
añacal (ár. *annacal*) ***m.*** El que llevaba trigo al molino. 2 Tabla en que se lleva el pan del horno a las casas.
añada ***f.*** Temporal bueno o malo que hace durante un año. 2 Hoja (tierra en barbecho). 3 Cosecha de cada año, y especialmente la del vino.
añadido ***m.*** Postizo. 2 Añadidura, adición.
añadidura ***f.*** Lo que se añade a alguna cosa.
añadir (l. *in,* en, a + *addere,* poner junto a) ***tr.*** Agregar [una cosa] a otra. 2 Aumentar, ampliar.
SIN. *2* **Incrementar,** voz culta o cientif.
añafé ***f.*** *Cuba.* Añafea.
añafea (ár. *annafeya,* desecho) ***f.*** Papel de estraza.
añafil (ár. *annafir*) ***m.*** Trompeta recta morisca, usada también en Castilla. 2 Añafilero.
añafilero ***m.*** El que toca el añafil.
añagaza (ár. *annacaza*) ***f.*** Señuelo (para aves). 2 fig. Artificio para atraer con engaño.
SIN. *2* **Carnada.**
añal (l. *annale*) ***adj.*** Anual. -2 ***adj.-s.*** Cordero, becerro o cabrito que tiene un año cumplido. -3 ***m.*** Ofrenda dada en memoria de los difuntos al año de su fallecimiento.
añalejo (de *añal*) ***m.*** Calendario para los eclesiásticos, que señala el rezo y oficio divino de todo el año.
SIN. **Cartilla; burrillo; gallofa,** fam.; **cuadernillo; epacta, epactillo.**
añangotar ***tr.-prnl.*** *P. Rico* y *S. Dom.* vulg. Angotar. -2 ***prnl.*** *Colomb.* Agacharse, recogerse, ovillarse.
¡añañay! *Chile.* Interjección con que se denota aprobación o aplauso.
añapa (voz quechua) ***f.*** *Argent.* y *Parag.* Bebida que se obtiene macerando en agua la algarroba machacada.
añapanco ***m.*** *Bol.* Cacto pequeño y de tallo redondeado (gén. *Cereus).*
añares ***m. pl.*** *R. de la Plata.* Años: *hacer ~.*
añas (voz quechua) ***m.*** Especie de zorro pequeño del Perú y el Ecuador.
añascar (de *añasco*) ***tr.*** fam. Juntar o recoger poco a poco [cosas menudas]. -2 ***tr.-prnl.*** Embrollar. ◇ ** CONJUG. [1] como ***sacar.***
añasco (ár. *annaxic*) ***m.*** Enredo, embrollo.
añasgado ***m.*** *R. de la Plata.* Labor de deshilado.
añejado ***m.*** Acción de añejar. 2 Efecto de añejar.
añejamiento ***m.*** Acción de añejar o añejarse. 2 Efecto de añejar o añejarse.
añejar (de *añejo*) ***tr.-prnl.*** Hacer añeja [una cosa]. -2 ***prnl.*** Mejorarse o deteriorarse el vino, comestibles, etc., con el tiempo.
añejez ***f.*** Calidad de añejo.
añejo, -ja (l. *anniculu* < *annu,* año) ***adj.*** [cosa] De uno o más años. 2 fig. Que tiene mucho tiempo. -3 ***adj.-s.*** Vino de prolongada crianza en barrica o en botella, hasta adquirir sus cualidades organolépticas.
añero, -ra ***adj.*** *Logr.* y *Chile.* [planta] Que da fruto cada dos años.
añicos (ár. *annicd,* lo deshecho) ***m. pl.*** Pedacitos en que se divide alguna cosa al romperse.
añil (ár. *annil*) ***m.*** Arbusto leguminoso, de hojas compuestas y flores en racimos o espigas, y legumbres con granillos lustrosos y muy duros, de cuyos tallos y hojas se saca una substancia colorante azul obscuro *(Indigofera anil).* 2 Esta misma substancia. -3 ***adj.-m.*** Color parecido al del añil (substancia); es el sexto del espectro solar. -4 ***adj.*** De color añil. -5 ***m.*** *Cuba.* Azulejo, pez.
SIN. *1* y *2* **Índigo.**
añilal ***m.*** *Colomb.* Plantación de añil.
añilar ***tr.*** Teñir de añil [una cosa].
añilería ***f.*** Hacienda de campo, donde se cultiva y elabora el añil.
añinero, -ra ***m. f.*** Persona que tiene por oficio trabajar o comerciar en añinos.
añingotarse ***prnl.*** *Colomb.* y *Pan.* Acuclillarse.
añino, -na (l. *agninu,* de cordero) ***adj.*** Añal (apl. al cordero). -2 ***m.*** Cordero de un año. -3 ***m. pl.*** Pieles no tonsuradas de corderos de un año o menos. 4 Lana de corderos.
-año, -aña (v. *áneo*) Forma vulgar del sufijo *-áneo,* que entra en la formación de substantivos derivados de verbos, como *abrigaño, hazaña,* o de otros substantivos, como *ermitaño, montaña.*
año (l. *annu*) ***m.*** Tiempo invertido por la Tierra en su revolución periódica alrededor del Sol: ~ ***anomalístico,*** tiempo que transcurre entre dos pasos consecutivos de la Tierra por su afelio o su perihelio; ~ ***astral, astronómico, sideral*** o ***sidéreo,*** tiempo que transcurre entre dos pasos aparentes consecutivos del Sol por el mismo punto de la esfera celeste; ~ ***árabe*** o ***lunar,*** período de doce revoluciones sinódicas de la Luna usado por los mahometanos; ~ ***bisiesto*** o ***intercalar,*** el civil de 366 días; ~ ***de gracia,*** año de la era cristiana; ~ ***de jubileo*** o ***santo,*** el de jubileo universal que se celebra en Roma en épocas determinadas (el último, en 1950) y que después, por bula, se suele conceder, en iglesias determinadas, para todos los pueblos de la cristiandad; ~ ***litúrgico*** o ***eclesiástico,*** el que rige para las solemnidades de la Iglesia y empieza en la primera domínica de Adviento; ~ ***económico,*** espacio de doce meses durante el cual rigen los presupuestos de gastos e ingresos públicos; ~ ***luz,*** unidad empleada en astronomía que equivale a $9{,}4 \times 10^{12}$ kms.; ~ ***republicano,*** el que rigió en Francia durante la revolución del 1793 y empezaba el 22 de septiembre; ~ ***trópico,*** tiempo que transcurre entre dos pasos aparentes consecutivos del Sol por un mismo punto equinoccial; ***el ~ de la nana*** o ***de la nanita,*** expr. fam., el tiempo incierto y muy antiguo. 2 Período de tiempo de 365 días aproximadamente de duración, divididos en doce meses: ~ ***académico*** o ***escolar,*** período de un año que comienza con la apertura del curso después de las vacaciones del anterior. 3 fig. Persona que cae con otra en el sorteo de damas y galanes que se acostumbra a hacer la víspera del año nuevo. -4 ***m. pl.*** Día en que alguno cumple años. ◇ Es moderno el uso: *año 1500* por *año de 1500,* preferido en la lengua clásica.
SIN. *4* **Cumpleaños.**
añojada ***f.*** Conjunto de añojos.
añojal ***m.*** Pedazo de tierra que se deja erial por más o menos tiempo. 2 Monte de un año, después de una roza; monte claro y nuevo.
añojo, -ja (l. **annuculu* < *annu*) ***m. f.*** Becerro o cordero de un año cumplido.
añoñar ***tr.*** *Perú, P. Rico* y *S. Dom.* Mimar, engreír.
añoranza (cat. *enyorança*) ***f.*** Acción de añorar, nostalgia.
SIN. **Soledad** (melancolía).
añorar (cat. *enyorar*) ***tr.*** Recordar con pena la ausencia, privación o pérdida [de una persona o cosa]. -2 ***intr.*** Padecer añoranza.
añoso, -sa (l. *annosu*) ***adj.*** De muchos años.
añublar ***tr.*** Anublar.
añublo (de *añublar*) ***m.*** Enfermedad de los cereales producida por el tizón o la roya.
SIN. **Niebla.**
añudador, -ra ***adj.*** Que añuda.
añudadura ***f.*** Añudamiento.
añudamiento ***m.*** Acción de añudar o añudarse. 2 Efecto de añudar o añudarse.
añudar (paras. de *ñudo*) ***tr.*** Anudar.
añuquir ***tr.*** *Colomb.* Ajustar demasiado una cosa dentro de otra.
añusgar (l. **annodicare* < *nudu,* nudo) ***intr.*** Atragantarse, estrecharse el tragadero como si le hubieran hecho un nudo. 2 fig. Enfadarse o disgustarse. ◇ ** CONJUG. [7] como ***llegar.***
aojada ***f.*** *Colomb.* Agujal, mechinal, tragaluz.
aojador, -ra ***adj.-s.*** Que aoja (hace mal).
aojadura ***f.*** Aojamiento.
aojamiento ***m.*** Aojo.

I) aojar (paras. de *ojo*) ***tr.*** Hacer mal de ojo [a uno]. 2 fig. Desgraciar o malograr [una cosa].
SIN. *1* **Fascinar, atravesar, ojear.**
II) aojar ***tr.*** Ojear (mirar).
aojo ***m.*** Acción de aojar (mirar). 2 Efecto de aojar (mirar). 3 Mal de ojo.
aónides (l. *Aonides,* de Aonia o Beocia, región de Grecia) ***f. pl.*** Las musas.
aonio, -nia (v. *aónides*) ***adj.-s.*** [pers.] Beocio. -2 ***adj.*** fig. Relativo a las musas.
aoristo (gr. *aóristos* < *a-* II priv. + *oristós,* definido) ***m.*** Pretérito indefinido de la conjugación griega, que tiene varias formas.
aort-, v. aorto-.
aorta (gr. *aorté,* de *aeiro,* elevar) ***f.*** Arteria principal, tronco del sistema arterial, que arranca del ventrículo izquierdo del corazón y lleva la sangre a todas las partes del cuerpo, excepto a los pulmones.
aortalgia (*aort-* + *-algia*) ***f.*** Dolor en la región de la aorta.
aórtico, -ca ***adj.*** Relativo a la aorta.
aortitis (*aort-* + *-itis*) ***f.*** Inflamación de la aorta. ◇ Pl.: *aortitis.*
aorto-, aort- (de *aorta*) Elemento prefijal que entra en la formación de palabras con el valor de *aorta*: *aortografía, aortalgia.*
aortografía (*aorto-* + *-grafía*) ***f.*** Radiografía de la aorta tras la inyección en ella de un medio de contraste.
aortolito (*aorto-* + *-lito*) ***m.*** PAT. Cálculo o depósito calcáreo en la aorta.
aortosclerosis (*aorto-* + *-sclerosis*) ***f.*** MED. Esclerosis de la aorta.
aortostenosis (*aorto-* + *-stenosis*) ***f.*** MED. Estenosis de la aorta.
aovado, -da ***adj.*** De figura de huevo.
SIN. **Ovado, oval, ovalado, ovoide, ovoideo.**
aovado-lanceolada ***adj.*** BOT. [hoja] Lanceolada, redondeada en la parte del pecíolo.
aovar (*a-* I + ant. *ovar*) ***tr.*** Dar [a alguna cosa] forma de huevo. -2 ***intr.*** Poner huevos algunos animales, esp. las aves.
SIN. **Ovar** y **parir.**
aovillar ***tr.*** Hacer un ovillo. -2 ***prnl.*** fig. Encogerse mucho, hacerse un ovillo.
apa (al ~) ***loc. adv.*** *Chile.* A cuestas, sobre los hombros o espaldas.
apabilado, -da ***adj.*** Decaído, extenuado.
apabilar (paras.) ***tr.*** Preparar el pabilo [de las velas] para que fácilmente se encienda.
apabullamiento ***m.*** fam. Apabullo.
apabullar (por el ant. *apagullar,* der. éste de *apalear* × *magullar*) ***tr.*** fam. Aplastar. 2 Dejar [a uno] confuso, avergonzado.
apabullo ***m.*** fam. Acción de apabullar. 2 fam. Efecto de apabullar.
apacentadero ***m.*** Lugar en que se apacienta ganado.
apacentador, -ra ***adj.-s.*** Que apacienta.
apacentamiento ***m.*** Acción de apacentar o apacentarse. 2 Pasto.
SIN. **Pacedura,** tratándose del ganado.
apacentar (l. *adpascere*) ***tr.*** Dar pasto al ganado. 2 fig. Instruir, enseñar, dar pasto espiritual: *con este ejercicio se apacienta el entendimiento.* 3 fig. Cebar los deseos o placeres: *~ los sentidos.* -4 ***prnl.*** Pacer el ganado. -5 ***tr.*** *Perú.* Apaciguar, pacificar. ◇ ** CONJUG. [27] como ***acertar***; es verbo factitivo.
SIN. *1* **Pacer,** tiene algún uso con sentido factitivo.
apachar ***tr.*** *Guat.* y *Hond.* Aplastar, apabullar.
apache ***adj.-com.*** Individuo de una tribu india de los estados norteamericanos de Texas, Nuevo México y Arizona. 2 fig. Bandido o salteador de París y, p. ext., de las grandes poblaciones. -3 ***m.*** *Méj.* Capote rústico de palma usado por los campesinos para resguardarse de la lluvia.
apacheta (quechua) ***f.*** *Amér. Merid.* Montón de piedras colocadas por los indios en las mesetas de los Andes, como signo de devoción a la divinidad. 2 *Bol.* Ladronera.
apachetero ***m.*** *Bol.* Bandolero.
apachico ***m.*** *Amér.* Lío, bulto.
apachugarse ***prnl.*** *Chile.* Alebrarse. ◇ ** CONJUG. [7] como ***llegar.***
apachurrado, -da ***adj.*** *Amér.* Achaparrado.
apachurrar ***tr.*** Despachurrar. 2 *Amér.* Achaparrar.
apacibilidad ***f.*** Calidad de apacible.
apacibilísimo, -ma ***adj.*** Superl.: de *apacible.*
apacible (l. *ad,* a + *placibile,* agradable) ***adj.*** Dulce, agradable en la condición y el trato. 2 Bonancible, agradable: *tiempo ~.* ◇ Superl. *apacibilísimo.*
apaciblemente ***adv. m.*** Con apacibilidad.
apaciguador, -ra ***adj.-s.*** Que apacigua.
apaciguamiento ***m.*** Acción de apaciguar o apaciguarse. 2 Efecto de apaciguar o apaciguarse.
apaciguar (l. *ad,* a + *pacificare,* pacificar) ***tr.*** Poner en paz, aquietar: *~ los ánimos.* ◇ ** CONJUG. [10] como ***adecuar.***
SIN. **Pacificar,** en gral.; **despartir,** tratándose de una riña.
apacorral ***m.*** Árbol gigantesco de Honduras, cuya corteza se emplea como medicinal.
apadana (voz de origen persa) ***f.*** Palacio persa, o parte de él, del período aqueménida, consistente en una gran sala hipóstila que servía para las audiencias de emperador.
apadrinador, -ra ***adj.-s.*** Que apadrina.
apadrinamiento ***m.*** Acción de apadrinar. 2 Efecto de apadrinar.
apadrinar (paras.) ***tr.-prnl.*** Acompañar como padrino [a uno]. 2 fig. Patrocinar, proteger: *~ el desorden; ~ a un candidato.* -3 ***prnl.*** Ampararse, valerse, acogerse. -4 ***tr.*** EQUIT. Acompañar un jinete en caballo manso [a otro jinete que monta un potro para domarlo].
SIN. *2* v. **Proteger.**
apagable ***adj.*** Que se puede apagar.
apagadizo, -za ***adj.*** [materia] Que arde muy difícilmente.
apagado, -da ***adj.*** De genio muy sosegado y apocado. 2 [color, brillo, etc.] Amortiguado.
apagador, -ra ***adj.-s.*** Que apaga. -2 ***m.*** Pieza cónica de metal para apagar luces. 3 Pieza de los pianos que evita las resonancias. 4 Lugar de la tahona destinado a apagar en él las ascuas de la leña con que se ha calentado el horno. 5 Seta agarical con sombrero de color pardo con grandes escamas y pie muy alto con dos anillos en la parte superior. Es comestible *(Lepiota procera).*
apagamiento ***m.*** Acción de apagar o apagarse. 2 Efecto de apagar o apagarse.
apagapenol (de *apagar* + *penol*) ***m.*** MAR. Cabo para cerrar o cargar las velas de cruz.
apagar (l. *ad,* a + *pacare,* calmar) ***tr.*** Extinguir [el fuego o la luz]; esp., echar agua [a la cal viva]. 2 Aplacar, extinguir: *~ los rencores, un afecto.* 3 ARTILL. Hacer cesar con la propia artillería [la contraria]. 4 MAR. Cerrar [las bolsas que el viento forma en las velas cargadas]. 5 PINT. Rebajar [el color demasiado vivo], o templar [el tono de la luz]. 6 ***Apaga y vámonos,*** expr. que se emplea para dar por terminada una cosa, al oír o ver algo absurdo o escandaloso. -7 ***tr.-prnl.*** Interrumpir el funcionamiento de un aparato, desconectándolo de su fuente de energía. -8 ***prnl.*** Morirse dulcemente. -9 ***tr.*** *Ecuad.* y *Venez.* Descargar [un arma de fuego], disparar todas sus balas: *le apaga el revólver en el pecho.* ◇ ** CONJUG. [7] como ***llegar.***
apagavelas ***m.*** Matacandelas. ◇ Pl.: *apagavelas.*
I) apagón ***m.*** Apagamiento súbito de las luces de una habitación, casa, barriada, etc.
II) apagón, -na ***adj.*** *Cuba* y *Méj.* Apagadizo.
apagoso, -sa ***adj.*** *Cuba* y *Chile.* Apagadizo.
apainelado (paras. de *painel*) ***adj.*** ARQ. V. arco apainelado o carpanel. *Arco ~ apuntado,* arco tudor.
apaisado, -da (paras. de *país*) ***adj.*** Que es más ancho que alto.
apaisanarse ***prnl.*** Tomar costumbres de paisano o campesino.
apájap ***m.*** *Filip.* Pez de carne muy apreciada, parecido a la corvina.
apajarado, -da ***adj.*** *Chile.* Aturdido, ligero de cascos.
apala ***adj.-s.*** *Urug.* Género con franjas de colores terrosos.
apalabrar (paras.) ***tr.*** Concertar de palabra dos o más personas [una cosa].
apalachina ***f.*** Género de acebo de América del Norte cuyas hojas se usan como vomitivo.
apalancadero ***m.*** Escondite.
apalancado, -da ***adj.*** Acomodado en un lugar o posición.
apalancamiento ***m.*** Acción de apalancar. 2 Efecto de apalancar.
apalancar (paras.) ***tr.*** Levantar, mover [una cosa] con palanca. 2 Guardar, esconder. 3 *Logr.* Robar. -4 ***prnl.*** Acomodarse [en un lugar], quedarse [en un sitio]. ◇ ** CONJUG. [1] como ***sacar.***
apalastrarse ***prnl.*** *Can.* Apoltronarse. 2 *Amér. Central* y *Colomb.* Desvanecerse, extenuarse.
apaleador, -ra ***adj.-s.*** Que apalea (golpea).

apaleamiento *m.* Acción de apalear (golpear). 2 Efecto de apalear (golpear).

I) apalear (paras.) *tr.* Dar golpes [a una persona o cosa] con un palo o cosa semejante. 2 Varear (golpear). -3 *prnl. S. Dom.* Darse palos o tragos.

II) apalear *tr.* Aventar con pala [el grano]. 2 fig. ~ *oro* o *plata,* tenerlo en gran abundancia, ser rico.
SIN. **Palear.**

apalencarse *prnl. Cuba.* Refugiarse en palenques o sitios escondidos. ◇ ** CONJUG. [1] como *sacar.*

apaleo *m.* Acción de apalear (aventar). 2 Efecto de apalear (aventar). 3 Tiempo de apalear o aventar.

apaliar *tr.* desus. Paliar (disimular). ◇ ** CONJUG. [12] como *cambiar.*

apalmada *adj.* BLAS. [mano] Abierta.

apalpar *tr.* vulg. Palpar.

apampar *tr. Argent.* Embolar.

apanado, -da *adj. Chile.* Panado.

apanalado, -da (paras.) *adj.* Que forma celdillas como el panal.

apanar *tr. Chile* y *Perú.* Empanar.

apancle *m. Méj.* Apantle.

apancora (quechua *apancorai;* o del aimara *apancoraya*) *f.* Nombre genérico de varias especies de crustáceos braquiuros, cangrejos pequeños de las costas de Chile.

I) apandar *tr.* fam. Pillar, guardar [una cosa] con ánimo de apropiársela.

II) apandar (de *pando*) *intr.* Pandear.

apandillar (paras.) *tr.* Hacer pandilla: ~ *a los facciosos.*

apandorgarse *prnl. Perú.* Apoltronarse. ◇ ** CONJUG. [7] como *llegar.*

apangado, -da *adj. Amér. Central.* Lelo, zopenco.

apangalarse (quechua *panka,* rústico) *prnl. Colomb.* Atontarse, abatirse, desalentarse.

apangarse *prnl. Amér. Central.* Agarbarse, agacharse. ◇ ** CONJUG. [7] como *llegar.*

apaniaguado, -da *adj. P. Rico* y *Venez.* Confabulado.

apaniguado, -da *adj.* Paniaguado.

apaniguarse *prnl. Amér.* Paniguarse, confabularse para fines censurables o ilícitos. ◇ ** CONJUG. [22] como *averiguar.*

apaninarse *prnl. Méj.* Aclimatarse.

apanojado, -da (paras.) *adj.* BOT. Que tiene forma de panoja.

apantallado, -da *adj. Méj.* Bobo, mentecato.

apantallar *tr.* ELECTR. Rodear [algún elemento] con un material metálico o malla para impedir que la señal transmitida sea perturbada o perturbe.

apantanar (paras. de *pantano*) *tr.-prnl.* Llenar de agua [un terreno].

apante (mej. *apantli*) *m. Guat.* Tierra de regadío en la cual se siembra maíz, arroz, etc. 2 *Salv.* Acequia.

apanteonarse *prnl. Chile.* Entre mineros, haber producido una mina sólo minerales muy pobres. 2 *Chile.* fig. Arruinarse.

apantle (náhu, *apantli*) *m. Méj.* Acequia, caño descubierto que sirve para conducir el agua.

apantuflado, -da (paras.) *adj.* De hechura de pantuflo.

apañacuencos *m. Ar.* Lañador. ◇ Pl.: *apañacuencos.*

I) apañado, -da (paras.) *adj.* [tejido] Semejante al paño.

II) apañado, -da *adj.* fig. Hábil, mañoso. 2 Adecuado para el uso a que se destina. 3 irón. Arreglado.

apañador, -ra *adj.-s.* Que apaña. -2 *m.* El que congrega gente para que le oiga su predicación.

apañadura *f.* Acción de apañar o apañarse. 2 Guarnición que se ponía al canto de las colchas, frontales, etc.

apañalarse *prnl. Méj.* Acogerse a un lugar cómodo y seguro; avenirse a una vida regalona.

apañamiento *m.* Apañadura.

apañar (relac. con *paño*) *tr.* Recoger y guardar [una cosa]. 2 p. ext. Asir con la mano; esp., apoderarse [de una cosa] ilícitamente. 3 Aderezar, ataviar. 4 fam. Abrigar, arropar. 5 Remendar [lo que está roto]. 6 *Can.* Sorprender en falta o delito. -7 *prnl.* fam. Darse maña para hacer alguna cosa. -8 *tr. Argent., Bol., Nicar.* y *Perú.* Amparar, disculpar, encubrir [a una persona] para librarla de un castigo. 9 *Perú.* Reprender, azotar [a alguien].

apaño *m.* Apañadura. 2 Compostura, remiendo. 3 Maña, habilidad. 4 fam. Respecto de una persona amancebada, la que lo está con ella. 5 fam. Lío, enredo.

apañuscador, -ra *adj.-s.* fam. Que apañusca.

apañuscar (intensivo de *apañar*) *tr.* fam. Apretar [una cosa] entre las manos ajándola. 2 Apañar (asir). ◇ ** CONJUG. [1] como *sacar.*

apapachar *tr. Méj.* Papachar, sobar.

apapagayado, -da (paras.) *adj.* Parecido al papagayo.

aparador, -ra *adj.-s.* Que apara calzado. -2 *m.* Mueble para guardar lo necesario al servicio de la mesa. 3 p. ext. Credencia (mueble eclesiástico). 4 Taller de un artífice. 5 Escaparate. 6 *Hond.* Refresco; agasajo de bebidas dulces, etc.
SIN. *2* **Cristalera.**

aparadura (de *aparar*) *f.* MAR. V. tablón de aparadura.

aparar (l. *apparare* < *ad* + *parare,* preparar) *tr.* Aparejar, preparar, adornar [una cosa]. 2 Preparar [una fruta] para comerla. 3 Coser [las piezas de que se compone el calzado] antes de ponerle la suela. 4 Acudir con las manos o con la capa, falda, etc., para recibir [alguna cosa]: *apare usted el pañuelo;* ~ *en,* o *con, la mano.* 5 AGR. Dar segunda labor [a las plantas] quitando las hierbecillas extrañas. 6 CARP. Igualar con la azuela [los tablones enlazados].

aparasolado, -da *adj.* De figura de parasol. -2 *adj.-f.* Umbelífero.

aparatarse *prnl.* Adornarse, llenarse de pompa y ostentación. 2 Prepararse, disponerse. 3 *Ar.* y *Colomb.* Encapotarse el cielo; anunciar lluvia, nieve o granizo.

aparatero, -ra *adj.* En varias regiones de España y Amér., aparatoso, exagerador.

aparato (l. *apparatu*) *m.* Apresto o reunión de lo que se necesita para algún fin. 2 Instrumento o conjunto de instrumentos que sirven para determinado objeto. 3 Apósito o vendaje que se aplica al cuerpo humano. 4 fig. Pompa, ostentación. 5 Circunstancia o señal que precede o acompaña alguna cosa. 6 Conjunto de los síntomas de una enfermedad grave. 7 fig. Exageración, encomio excesivo. 8 Órganos y servicios administrativos: *el* ~ *del estado.* 9 ~ ***químico,*** constelación austral situada entre Erídano y el Taller del Escultor. 10 H. NAT. Conjunto de órganos que concurren a una misma función: ~ ***digestivo,*** el que efectúa la absorción y digestión de los alimentos en los animales. 11 *Colomb.* y *Cuba.* Visión, fantasma.
SIN. *2* v. **Instrumento.**

aparatosamente *adv. m.* Con mucho aparato y ostentación.

aparatosidad *f.* Calidad de aparatoso.

aparatoso, -sa *adj.* Pomposo, ostentoso. 2 Espectacular, digno de admiración: *fue un choque muy* ~.

aparcadero *m.* Aparcamiento destinado para aparcar vehículos.

aparcamiento *m.* Acción de aparcar. 2 Efecto de aparcar. 3 Lugar donde se aparca.
SIN. *3* **Estacionamiento.**

aparcar *tr.* Colocar transitoriamente en un lugar público señalado al efecto [cualquier vehículo]. 2 Colocar convenientemente en un campamento o parque [el material de guerra]. 3 fig. Dejar a un lado [una cuestión mientras se resuelve otra más importante]. ◇ ** CONJUG. [1] como *sacar.*

aparcería (de *aparcero*) *f.* Trato de los que van a la parte en una granjería. Aplíc. esp. al contrato entre propietario y cultivador de fincas rústicas.

aparcero, -ra (l. *ad,* a + *partiarius,* de *pars, partis,* parte) *m. f.* Persona que tiene aparcería con otra u otras. 2 Comunero (compartidor).

apareamiento *m.* Acción de aparear o aparearse. 2 Efecto de aparear o aparearse.

aparear (paras. de *par*) *tr.* Ajustar [una cosa con otra] de forma que queden iguales: ~ *unas tablas.* 2 Unir o juntar [una cosa con otra], formando par; esp., juntar [las hembras de los animales con los machos] para que críen. -3 *prnl.* Ponerse o formarse de dos en dos.

aparecer (l. **apparescere*) *intr.-prnl.* Manifestarse, dejarse ver, por lo común repentinamente. 2 Estar, hallarse: *su nombre no aparece en la lista.* ◇ ** CONJUG. [43] como *agradecer.* ◇ GALIC.: ~ *un libro,* por salir a la luz; *aparecerse una idea,* por ocurrirse; *la religión aparece cada día más perseguida,* por se ve cada día.

aparecido *m.* Espectro de un difunto. 2 *Cuba.* Pajarito de color azul *(Coereba cyanea).*

aparecimiento *m.* Aparición, acción de aparecer.

aparejadamente *adv. m.* Aptamente.

aparejado, -da *adj.* Apto, idóneo.

aparejador, -ra *adj.-s.* Que apareja. -2 *m. f.* Oficial que prepara y dispone los materiales que han de entrar en una obra. 3 Perito que ayuda a un arquitecto.

aparejar (paras. de *parejo*) ***tr.*** Preparar convenientemente [una cosa]: ~ *las armas;* ~ *el corazón; aparejarse al,* o *para el, trabajo.* 2 Poner el aparejo [a las caballerías]. 3 Poner [a un buque] su aparejo. 4 Dar los doradores la preparación conveniente [a la pieza que se ha de dorar]. 5 Disponer cómo deben ser labradas las piedras según su colocación en el paramento. 6 Vestir con esmero, adornar. 7 PINT. Imprimar. -8 ***prnl.*** *Amér. Central.* Emparejarse.
aparejería *f. Cuba.* Tienda donde se hacen y venden aparejos para caballerías.
aparejo ***m.*** Preparación, disposición para una cosa. 2 Arreos para montar o cargar las caballerías. 3 Conjunto de palos, vergas, jarcias y velas de un buque: ~ ***marconi,*** el empleado en yates y cruceros de recreo o competición, con un mástil enterizo de considerable altura en el que se enverga una vela mayor triangular, sujeta al palo en toda su extensión; ~ ***mixto,*** el formado por velas de cruz y velas de cuchillo. 4 Sistema de poleas compuesto de un grupo fijo y otro móvil. 5 Cuerda (pesca). 6 Ingredientes de un plato o condimento. 7 ARQ. Forma en que quedan colocados los materiales en una construcción. 8 PINT. Imprimación de un lienzo o tabla. 9 PINT. Imprimación (ingredientes). -10 ***m. pl.*** Instrumentos o cosas necesarias para cualquier oficio o maniobra. 11 Materiales que usan los doradores para aparejar.
SIN. *4* **Polipasto, polispasto.**
aparejuelo ***m.*** Dim. de *aparejo.*
aparencial ***adj.*** FIL. Que sólo tiene existencia aparente.
aparentador, -ra ***adj.*** Que aparenta.
aparentar (de *aparente*) ***tr.*** Manifestar o dar a entender [lo que no es o no hay]. 2 Hablando de la edad de una persona, tener ésta el aspecto correspondiente a dicha edad. 3 Fingir, disimular, afectar una persona un nivel social más alto del que le corresponde.
aparente (l. *apparente* < *apparere*, aparecer) ***adj.*** Que parece y no es. 2 Conveniente, oportuno. 3 Que aparece y se muestra a la vista. 4 Que tiene tal o cual aspecto o apariencia. 5 ANGLIC. Evidente, manifiesto. 6 *And.* y *Colomb.* Pintiparado, a propósito.
aparentemente ***adv. m.*** Con apariencia. 2 Al parecer, según parece.
aparentoso, -sa ***adj.*** *Logr.* Bien parecido, bien plantado.
aparicio, v. aceite de Aparicio.
aparición (l. *apparitione*) ***f.*** Acción de aparecer o aparecerse. 2 Efecto de aparecer o aparecerse. 3 Visión de un ser sobrenatural o fantástico. 4 Fiesta que celebra la Iglesia el día de la aparición de Cristo a sus apóstoles.
SIN. *3* **Fantasma, espectro, sombra.**
apariencia (l. *apparentia*) ***f.*** Aspecto exterior de una persona o cosa. 2 Cosa aparente (que parece). 3 Verosimilitud, probabilidad. -4 ***f. pl.*** ant. En el teatro, telones y bastidores.
SIN. *2* v. **Ficción.**
aparqui ***m.*** *Perú.* Manta remendada.
aparrado, -da ***adj.*** [árbol] De ramas extendidas horizontalmente. 2 fig. Achaparrado (aplanado).
SIN. *1* **Parrado.**
aparragarse ***prnl.*** *Amér.* Achaparrarse. ◇ ** CONJUG. [7] como ***llegar.***
aparrandado, -da ***adj.*** *C. Rica.* Beodo.
aparrar ***tr.*** Hacer que [un árbol] extienda sus ramas horizontalmente.
aparroquiado, -da ***adj.*** Establecido en una parroquia.
aparroquiar (paras.) ***tr.*** Procurar parroquianos a los tenderos o a los que ejercen ciertas profesiones. -2 ***prnl.*** Hacerse feligrés de una parroquia. -3 ***tr.*** *Chile.* Atraer [a los feligreses] a su parroquia. ◇ ** CONJUG. [12] como ***cambiar.***
aparta ***f.*** *Colomb.* Ganado destetado. 2 *Chile* y *Méj.* Apartado de las reses.
apartadamente ***adv. m.*** Separada o secretamente.
apartadero ***m.*** Lugar o vía, en los caminos, ferrocarriles y canales, donde se apartan las personas, las caballerías, los carruajes, los trenes o los barcos, para dejar libre el paso. 2 Sitio donde se aparta a unos toros de otros para encajonarlos. 3 Oficina donde se aparta la lana. 4 Terreno contiguo a los caminos que se deja baldío para que pasten los ganados y caballerías que van de paso. 5 *Méj.* Acción de apartar o separar en el campo los animales de diversas edades o los que han de llevarse a otro lugar. 6 *Méj.* Efecto de apartar o separar en el campo los animales de diversas edades o los que han de llevarse a otro lugar.
apartadijo ***m.*** Apartadizo (lugar separado). 2 Parte pequeña de algunas cosas que estaban juntas: *hacer apartadijos de una cosa.*
apartadizo, -za ***adj.*** Que se aparta del trato de la gente. -2 ***m.*** Lugar separado de otro mayor, para diferentes usos.
apartado, -da ***adj.*** Retirado, remoto. 2 Diferente, diverso. -3 ***m.*** Aposento desviado del tráfago de la casa. 4 Correspondencia que se aparta en el correo para que los interesados la recojan: ~ ***oficial,*** el destinado a autoridades y corporaciones con franquicia postal. 5 Lugar de la oficina de correos destinado a este servicio. 6 Acción de encerrar los toros en los chiqueros. 7 Operación por la que se determina la ley del oro o de la plata. 8 Conjunto de operaciones para purificar el oro sacado de su mena. 9 Acción de separar las reses de una vacada. 10 Individuo que, junto a otros quince, elige la Asociación General de Ganaderos, para informar sobre los negocios. 11 Párrafo o conjunto de párrafos de una ley, decreto, etc. 12 *Méj.* MIN. Operación de apartar metales. 13 *Méj.* Edificio dependiente de la fábrica de la moneda, donde se hace esta operación. -14 ***adj.*** *Nicar.* Huraño, que rehuye el trato social.
SIN. *4* **Casilla,** en algunos países de Amér.
apartador, -ra ***adj.*** Que aparta o separa una cosa de otra. -2 ***m. f.*** Persona que, en los molinos de papel tiene por oficio apartar la lana o separar el trapo según sus especies. 3 Persona que separa unas reses de otras. -4 ***m.*** Cápsula para purificar en ella los pallones de oro. 5 Retorta para sacar la plata, destilando los ácidos en que está disuelta. 6 *Ecuad.* Aguijada.
apartamento ***m.*** Apartamiento, habitación, vivienda. 2 Vivienda más pequeña que el piso, compuesta de uno o pocos más aposentos, gralte. con cocina y servicios higiénicos, situada en un edificio donde existen otras viviendas análogas.
apartamiento ***m.*** Acción de apartar o apartarse. 2 Efecto de apartar o apartarse. 3 Lugar apartado. 4 Habitación, vivienda. 5 Celdilla o cavidad en animales y plantas. 6 DER. Acto judicial con que alguno desiste de la acción o recurso que tiene deducido.
apartar (paras. de *parte*) ***tr.-prnl.*** Dividir [un grupo de cosas o pers.] escogiendo o separando entre ellas: ~ *a los que van cansados;* llevar aparte [a uno]: *apartó a Sancho entre los árboles; se apartaron silenciosamente;* ***tr.,*** separar [las clases de lana]; extraer [el oro contenido en las barras de plata]; seguir o acosar el can [una presa] prescindiendo de las demás. 2 Alejar [una pers. u objeto] de otro: *apartarse los hijos de los padres;* ~ *de sí un mal pensamiento; la tormenta apartó los bajeles.* 3 Quitar [a una pers. o cosa] del lugar donde estaba, dejándolo desembarazado: ~ *los cabellos de la frente; apartarse de enmedio.* 4 Establecer o existir una separación o distancia [entre las cosas]: *un río nos aparta de los vecinos.* 5 fig. Disuadir, distraer [a uno] de una cosa: ~ *de los negocios;* ~ *de un mal pensamiento.* 6 Hatajar, dividir el ganado en hatajos. -7 ***prnl.*** Desviarse, retirarse, esp. a hacer vida solitaria: *apartarse en un monasterio.* 8 Divorciarse o separarse los casados. 9 DER. Desistir uno formalmente de la acción que entabló.
aparte ***adv. l.*** En otro lugar: *poner* ~ *una cosa;* en lugar retirado: *hablar* ~. 2 A distancia, desde lejos: *yo estaré* ~ *observando.* -3 ***loc. adj.*** Separadamente, con distinción: *les dieron cuarto* ~. 4 Con omisión o preterición de: *esto* ~, o ~ *esto.* -5 ***adj.*** *Tirada* ~, tirada especial de algún artículo o estudio, separada de la revista o publicación de que forma parte. -6 ***m.*** Lo que en las representaciones escénicas dice un personaje cualquiera como hablando para sí o con otro u otros, y suponiendo que no lo oyen los demás. 7 Reflexión que hace uno para sí mismo. 8 Párrafo (división). 9 *Argent.* Separación de animales en el rodeo.
apartheid (del *afrikaans*) ***m.*** Segregación racial, esp. la de la República Sudafricana.
apartidar (paras.) ***tr.*** Alzar o tomar partido [por una persona, doctrina, etc.]. -2 ***prnl.*** Adherirse a una parcialidad.
apartijo ***m.*** Apartadijo.
apartotel (acrónimo de *apart*amento + h*otel*) ***m.*** Complejo de apartamentos con servicios hoteleros.
SIN. v. **Hotel.**
aparvadera ***f.*** Aparvadero.
aparvadero ***m.*** Allegadera.
aparvador ***m.*** Allegador (tabla).
aparvar (paras. de *parva*) ***tr.*** Disponer [la mies] para trillarla. 2 Recoger la mies después de trillarla. 3 fig. Amontonar, reunir.
SIN. *1* **Emparvar.**
apasanca (voz quechua) ***f.*** *Bol.* y *Argent.* Araña de gran tamaño, velluda y ponzoñosa, parecida a la tarántula *(Migale avicularia).*
apasionadamente ***adv. m.*** Con pasión. 2 Con interés o parcialidad.

apasionado, -da *adj.* Poseído de alguna pasión. 2 Partidario de alguien. 3 [parte del cuerpo] Que padece algún dolor o enfermedad.
apasionamiento *m.* Acción de apasionar o apasionarse. 2 Efecto de apasionar o apasionarse.
apasionante *adj.* Que apasiona.
apasionar (paras.) *tr.* Causar, excitar alguna pasión [a uno]: *las artes le apasionan.* 2 Atormentar, afligir: *el dolor que os apasiona será pronto regocijo.* -3 *prnl.* Llenarse de pasión: *los espectadores se apasionan.* 4 Aficionarse con exceso por una pers. o cosa: *apasionarse de,* o *por, lo mejor.*
apasito *adv. Cuba.* Despacito.
apasote (mej. *epaçotl*) *m.* Pazote.
apastar *tr.* Apacentar.
apaste (mej. *apaztli*) *m. Amér. Central* y *Méj.* Lebrillo hondo de barro y con asas.
apastillado, -da *adj. Méj.* De color blanco con un tinte rosado.
apatán *m.* Medida de capacidad para áridos que se usaba en Filipinas.
apatanado, -da *adj.* Rústico, tosco, patán.
apatía (l. *-thia;* gr. *apatheia*) *f.* Impasibilidad del ánimo. 2 Dejadez, falta de vigor o energía.
SIN. *1* **Asadura, calma, cachaza, flema, pachorra.** *2* **Incuria, indolencia, displicencia.**
apático, -ca *adj.* Que adolece de apatía.
apatita *f.* Fosfato de cal nativo, cuyas variedades cristalinas son gralte. verdes y translúcidas.
apatito *m.* Apatita.
apátrida (*a-* II + gr. *patris, -idos,* patria) *adj.-com.* Persona que no tiene patria, bien por haber perdido la nacionalidad, bien por profesar ideas internacionalistas. También estas ideas.
apatrocinar *tr.* desus. Patrocinar.
apatronarse *prnl. Chile.* Tomar patrón para ponerse a su servicio. 2 *Chile* Amancebarse la mujer.
apatusco *m.* fam. Adorno, aliño, arreo. 2 Utensilio (uso manual). 3 *Ar.* Persona torpe y desaliñada. 4 *Venez.* Trapacería.
apayasar *tr.* Dar [a una cosa] carácter de payasada. -2 *prnl.* Proceder como un payaso.
apazote *m. Amér.* Pazote.
apea (l. v. *pedea,* hecho *pea*, der. aquél del l. *pede,* pie) *f.* Soga con un palo en una punta y un ojal en la otra, para maniatar las caballerías.
apeadero *m.* Poyo o sillar en los zaguanes o a la puerta de las casas, para montar en las caballerías. 2 Punto del camino en que los viajeros pueden apearse. 3 fig. Casa que alguno habita interinamente cuando viene de fuera. 4 Estación secundaria del ferrocarril, destinada sólo a viajeros.
apeador, -ra *adj.-s.* Que apea. -2 *m.* El que deslinda y señala los límites de las fincas rústicas.
apealar *tr. Amér.* Sujetar [a un animal] echándole un peal a los pies.
apeamiento *m.* Acción de apear o apearse (bajar y deslindar). 2 Efecto de apear o apearse (bajar y deslindar). 3 Apeo (armazón).
apear (l. *ad* + *pede,* pie) *tr.-prnl.* Bajar [a uno] de una caballería o carruaje: ~ *a uno del caballo; apearse a,* o *en, una casa;* p. ext., bajar, derribar, echar abajo : ~ *un árbol;* ARQ., bajar de su sitio: ~ *una moldura.* -2 *tr.* fig. Quitar [a uno] de su empleo o destino. 3 fam. Disuadir: *no puede apearle de su empeño.* 4 fig. Sondear, vencer [una dificultad]: ~ *un problema.* 5 Maniatar [las caballerías] para que no escapen. 6 Calzar [un vehículo] para que no ruede. 7 Deslindar, fijar los límites de una finca midiéndola (ant. por pies). 8 ARQ. Sostener provisionalmente [una construcción o terreno]. 9 *Amér. Central.* Reprender, censurar. -10 *prnl. Cuba* y *Méj.* Tomar las viandas con la mano, prescindiendo del cubierto.
FR. ~ *el tratamiento,* suprimirlo a la persona a quien se debe. *Apearse del burro,* salir de un error tercamente mantenido; caer en la cuenta.
I) apechar *intr.* Apechugar (aceptar). -2 *tr.* Subir [una cuesta], repechar. 3 *P. Rico.* Dar el pecho a un niño. -4 *intr. Amér. Central.* Traspillarse, enflaquecer.
II) apechar *tr. Extr.* Cerrar las puertas con llave.
apechugar (paras. de *pechuga;* intens. de *apechar*) *intr.* Dar o empujar con el pecho. 2 fig. Aceptar una cosa, venciendo la repugnancia que causa: ~ *con todo.* 3 *Amér.* Apañar, apoderarse de una cosa ajena. ◇ ** CONJUG. [7] como ***llegar.***
apedarse *prnl. Argent.* y *Urug.* Emborracharse.
apedazar (paras. de *pedazo*) *tr.* Despedazar. 2 Echar remiendos [a una cosa]. ◇ ** CONJUG. [4] como ***realizar.***
apedernalado, -da (paras. de *pedernal*) *adj.* Pedernalino.
apedrea *f.* p. us. Apedreo, pedrea.
apedreadero *m.* Sitio donde suelen juntarse los muchachos para la pedrea.
apedreado, -da *adj.* Manchado, salpicado de varios colores.
apedreador, -ra *adj.* Que apedrea.
apedreamiento *m.* Acción de apedrear o apedrearse. 2 Efecto de apedrear o apedrearse.
apedrear (paras. frecuentativo) *tr.* Tirar piedras [a una pers. o cosa]. 2 p. ext. Matar a pedradas. -3 *impers.* Granizar. -4 *prnl.* Padecer daño con el granizo los árboles, las mieses y esp. las viñas.
SIN. *1* y *2* **Lapidar.**
apedreo *m.* Apedreamiento.
apegadamente *adv. m.* fig. Con apego.
apegarse (*a* y *pegar*) *prnl.* fig. Cobrar apego. 2 *Ecuad.* Acercarse, aproximarse. ◇ ** CONJUG. [7] como ***llegar.***
apego *m.* fig. Afición o inclinación particular. 2 p. ext. Cariño, amor, pasión.
apegualar *intr. Argent.* y *Chile.* Hacer uso del pegual.
apelable *adj.* Que admite apelación.
apelación (l. *appellatione*) *f.* fam. Consulta de médicos. 2 DER. Acción de apelar.
I) apelado, -da (de *apelar*) *adj.-s.* DER. Litigante, favorecido con la sentencia contra la cual se apela.
II) apelado, -da *adj.* [dos o más caballerías] Del mismo pelo o color.
apelambrar *tr.* Meter [los cueros] en pelambre para que pierdan el pelo.
REL. **Pelambrero,** que tiene por oficio apelambrar las pieles. SIN. **Pelambrar.**
apelante *adj.-s.* Que apela.
I) apelar (l. *appellare*) *intr.* DER. Recurrir al juez o tribunal superior para que enmiende o anule la sentencia dada por el inferior: ~ *de la sentencia;* ~ *a, para,* o *ante, el tribunal superior.* 2 fig. Recurrir [a una persona o cosa] para hallar favor o remedio: ~ *a los pies para salvarse.* 3 Referirse, recaer: *esta vez no apela sobre lo que usted dice.*
II) apelar *intr.* Ser del mismo color o pelo dos o más caballerías.
apelativo (b. l. *apellativu*) *adj.-s.* V. nombre apelativo. -2 *m.* Apodo. 3 Nombre o adjetivo con que se llama a una persona dirigiéndose a ella, sin ser su nombre propio, o bien una deformación de éste. 4 *Amér.* Apellido (nombre de familia).
apeldar, apeldarlas (v. *apellidar*) *intr.* fam. Apelar a la fuga. -2 *prnl. Sal.* Juntarse, reunirse.
apelde (de *apeldar*) *m.* En los conventos de franciscanos, toque de campanas antes de amanecer. 2 Acción de apeldar.
apellar (*a-* I + l. *pelle,* piel) *tr.* Adobar [la piel] sobándola.
apellidador, -ra *adj.-s.* Que apellida.
apellidamiento *m.* Acción de apellidar.
apellidar (l. *appellitare;* doble etim. *apeldar*) *tr.* ant. Gritar convocando o excitando: ~ *victoria, auxilio*; esp. aclamar con repetidas voces: ~ *por rey a uno; con grande alarido le apellidaron emperador;* llamar a las armas: *los moros apellidaron la tierra desde sus atalayas.* 2 Nombrar, llamar: ~ *inicua una sentencia.* -3 *prnl.* Tener tal nombre o apellido: *se apellida Guzmán.*
apellido (l. v. *appellitu* < *apellare*, llamar) *m.* Nombre de familia con que se distinguen las personas. 2 Nombre particular dado a varias cosas. 3 Apodo. 4 ant. Llamamiento de guerra.
apellinarse *prnl. Chile.* Amojamarse, apergaminarse una persona.
apelmazadamente *adv. m.* De manera apelmazada, pesadamente.
apelmazado, -da *adj.* fig. Dicho de obras literarias, amazacotado, falto de amenidad.
apelmazar (paras. de *pelmazo*) *tr.-prnl.* Hacer que [una cosa] esté menos esponjosa de lo requerido. 2 *Méj., Nicar.* y *Salv.* Apisonar. ◇ ** CONJUG. [4] como ***realizar.***
apelotar *tr. Argent.* Apelotonar.
apelotonar (paras.) *tr.-prnl.* Formar pelotones: *se apelotonó el pelo.*
apena *adv. m.* ant. Apenas.
apenar *tr.* Causar pena [a uno]. -2 *prnl. Amér.* Avergonzarse, ruborizarse.
apenas (de *a penas*) *adv. m. c.* Penosamente: *el caballo sube* ~ *la cuesta.* 2 Casi no, con dificultad: ~ *los quiso admitir;* pospuesto al verbo, éste puede llevar antepuesta la negación *no: no estará el duque* ~ *tres días;* en oraciones coordinadas es correla-

tivo de la conjunción *ni:* ~ *hay quien sepa el Evangelio, ni una epístola de San Pablo.* 3 Escasamente, a lo más: *tardará dos meses* ~. -4 *adv. t.* Denota la inmediata sucesión de dos acciones: ~ *reunida la asamblea, acabó con el ministro;* las dos frases pueden enlazarse por medio de la conjunción *y: había* ~ *acabado y llega otro a visitarle;* puede construirse en correlación con *cuando:* ~ *pisé el puerto cuando olvidé el peligro;* puede reforzarse con *aun: aun* ~ *lo había acabado de decir, cuando se abalanza.* ◇ Es moderna, pero muy usual, la locución conjuntiva *apenas si: apenas si se oía* por se oía apenas.

apencar (paras. de *penca*) *intr.* fam. Apechugar. ◇ ** CONJUG. [1] como *sacar.*

apendejarse *prnl. Colomb.* y *Pan.* Hacerse bobo, estúpido. 2 *Ant.* Acobardarse.

apéndice (l. *appendice* < *appendere,* pender) *m.* Cosa adjunta a otra de la cual es como prolongamiento o parte accesoria; esp., los tomos o capítulos adicionales de los libros. 2 H. NAT. Órgano o miembro subordinado o accesorio: ~ ***cecal, vermicular*** o ***vermiforme,*** prolongación delgada y hueca que se halla en la parte inferior del intestino ciego. 3 fig. Persona que sigue continuamente a otra. 4 BOT. Conjunto de escamas que tienen en su base algunos pecíolos. ◇ INCOR.: el uso como femenino: *la apéndice.*

apendicectomía (*apéndice* + *-ectomía) f.* CIR. Extirpación quirúrgica del apéndice vermiforme.

apendicitis (*apéndice* + *-itis) f.* Inflamación del apéndice vermicular. ◇ Pl.: *apendicitis.*

apendicular *adj.* Relativo al apéndice.

apensionar (del ant. *pensión,* carga, obligación penosa) *tr.* Pensionar, imponer algún gravamen o pensión. -2 *prnl. Argent., Colomb., Chile* y *Méj.* Entristecerse, apesadumbrarse.

apeñuscar (probl. del ant. *peña,* piel de abrigo; des. del l. *penna) tr.* Apiñar, amontonar. ◇ ** CONJUG. [1] como *sacar.*

apeo *m.* Acción de apear un árbol, una finca o un edificio. 2 Efecto de apear un árbol, una finca o un edificio. 3 Armazón o fábrica con que se apea una construcción o terreno. 4 Instrumento jurídico que acredita el deslinde y demarcación de una finca.

apeonado, -da *adj. Chile.* Aplebeyado.

apeonar (paras. de *peón*) *intr.* Andar a pie y aceleradamente las aves, esp. las perdices.

apeorar *intr. Ecuad.* y *P. Rico.* vulg. Empeorar.

apepsia (gr. *apepsia* < *ápeptos,* no cocido) *f.* Falta de digestión.

apequenado, -da *adj. Chile.* [pers.] Gracioso y listo.

apequenarse *prnl. Chile.* Hacerse el niño diablo, hacer movimientos para evitar un castigo.

aperado, -da *adj. And.* [cortijo] Provisto de aperos de labranza, yuntas, etc.

aperador *m.* El que tiene por oficio aperar. 2 El que tiene por oficio cuidar de una hacienda del campo y de los aperos de labranza. 3 Capataz de una mina.

aperar (l. v. *appariare,* emparejar, preparar, del l. *par*) *tr.* Componer, aderezar [esp. carros y aparejos] para el acarreo y trajín del campo. 2 *Amér.* Aparejar una caballería. 3 *Amér.* Proveer, abastecer [esp. una hacienda en el campo].

apercancarse (arauc. *percan,* moho) *prnl. Chile.* Enmohecerse, apulgararse. ◇ ** CONJUG. [1] como *sacar.*

apercatar *tr.-prnl.* En varias regiones de España y Amér., percatar.

apercepción *f.* FIL. Acto interno de reconocimiento del objeto percibido.

aperchar *tr. Chile* y *Guat.* Apilar, amontonar.

apercibimiento *m.* Acción de apercibir o apercibirse. 2 Efecto de apercibir o apercibirse. 3 Aviso, advertencia de una autoridad.

SIN. *1* y *2* **Percibimiento.**

apercibir (*a-* I + l. *percipere*) *tr.-prnl.* Disponer, preparar lo necesario: *cena os quiero* ~; *apercibirse a,* o *para, la batalla; apercibirse de armas, contra la guerra.* 2 Percibir, observar, caer en la cuenta. -3 *tr.* Preparar el ánimo: ~ *a uno para que no se asuste;* amonestar, advertir: ~ *a uno como merece.* 4 DER. Hacer saber [a la persona requerida las sanciones a que está expuesta]. 5 FIL. Reconocer el objeto percibido.

aperción *f.* p. us. Apertura (acción de abrir).

apercollar *tr.* Coger [a uno] por el cuello. 2 Acogotar (matar). 3 *Argent.* Arrinconar [a alguien] sin dejar salida. 4 *Ecuad.* Exigir insistente y violentamente algo; esp. de carácter económico. ◇ ** CONJUG. [31] como *contar.*

aperdigar *tr.* Perdigar. ◇ ** CONJUG. [7] como *llegar.*

apereá (guaraní) *m. Argent.* y *Parag.* Roedor parecido al conejo, pero con boca de rata *(Cavia aperea; C. fulgida).*

apergaminado, -da *adj.* Parecido al pergamino. 2 fig. [pers.] Muy flaco y enjuto.

apergaminarse (paras. de *pergamino*) *prnl.* fig. Acartonarse.

apergollar *tr. Cuba.* Apoderarse [de algo]. 2 *Méj.* Aprehender, encarcelar [a la víctima] por sorpresa.

aperiodicidad *f.* Calidad de aperiódico.

aperiódico, -ca *adj.* [fenómeno] Que no guarda período regular alguno: *movimiento* ~; *vibraciones aperiódicas.*

aperitivo, -va (l. *-vu*) *adj.-s.* Que abre el apetito. 2 Bebida que se toma antes de las comidas. 3 Comida que suele acompañar a esta bebida. 4 MED. Que abre las vías a los líquidos orgánicos.

apernador, -ra *adj.-s.* [perro] Que aperna.

apernar *tr.* Asir o agarrar el perro por las piernas [a una res]. ◇ ** CONJUG. [27] como *acertar.*

apero (l. **appariu*) *m.* Conjunto de instrumentos de cualquier oficio, esp. de labranza. 2 Majada (lugar). 3 Conjunto de animales destinados en una hacienda a las faenas agrícolas. 4 En varios países de Amér., aparejo de las bestias de labranza.

aperreado, -da *adj.* Trabajoso, molesto.

aperreador, -ra *adj.-s.* Que aperrea.

aperreamiento *m. Murc.* Cansancio, fatiga.

aperrear (frecuentativo; paras.) *tr.* Echar perros [a uno] para que le despedacen. -2 *prnl.* Llevar una vida llena de trabajos, fatigas y dificultades. 3 fig. Emperrarse. -4 *tr. Pan.* Maltratar de palabra a una persona, ofendiéndola gravemente.

aperreo *m.* fig. *y* fam. Acción de aperrear o aperrearse. 2 fig. *y* fam. Efecto de aperrear o aperrearse.

aperruchar *tr.-prnl. S. Dom.* Estrujar, aplastar.

apersogar (paras. de *soga*) *tr.* Atar [un animal], esp. del cuello, para que no huya. ◇ ** CONJUG. [7] como *llegar.*

apersonado, -da *adj.* [con los adv. *bien* o *mal*] De buena o mala presencia.

apersonamiento *m.* Acción de apersonarse.

apersonarse *prnl.* Personarse. 2 DER. Comparecer como parte en un negocio.

apertura (l.) *f.* Acción de abrir. 2 Acto de dar o volver a dar principio a las funciones de una asamblea, teatro, escuela, etc. 3 Acto solemne de sacar de su pliego y dar publicidad a un testamento cerrado. 4 Combinación de ciertas jugadas con que se inicia el juego de ajedrez. 5 fig. Abandono de una actitud de hostilidad, ostracismo o intransigencia económica, social o política. 6 MÚS. Abertura, obertura.

apesadumbrar (paras.) *tr.-prnl.* Causar pesadumbre [a uno]: *no quisiera apesadumbrarte; apesadumbrarse con, por,* o *de, la noticia.*

apesaradamente *adv. m.* Con pesar.

apesarar (paras. de *pesar*) *tr.* Apesadumbrar. -2 *prnl. Chile.* Arrepentirse.

apescollar *tr. Chile.* Apercollar. ** CONJUG. [31] como *contar.*

apesgar (l. v. *pensicare,* del l. *pensare,* pesar, der. de *pendere*) *tr.* Hacer peso o agobiar [a uno]. -2 *prnl.* Agravarse, ponerse muy pesado. ◇ ** CONJUG. [7] como *llegar.*

apestar (paras.) *tr.-prnl.* Causar o comunicar la peste. 2 fig. Corromper, viciar: *sus costumbres apestaron a todos.* 3 fam. ***Estar un paraje apestado de alguna cosa,*** haber allí gran abundancia de ello. 4 fig. Causar hastío. -5 *intr.* Arrojar mal olor: *la calle apesta.* -6 *prnl. Colomb.* y *Perú.* Acatarrarse. 7 *Chile.* No lograr un desarrollo completo; esp. el ganado, plantas o personas.

apestillar *tr.* Asir [a uno] de modo que no pueda escaparse. 2 *And.* Cerrar. 3 *Argent.* Atrapar. 4 *Argent.* Apremiar a una persona para que diga o haga algo. 5 *P. Rico.* Introducir o hacer adoptar, poner en uso [alguna cosa]. -6 *prnl. P. Rico.* Tener al lado una joven [su pestillo o novio].

apestoso, -sa *adj.* Que apesta.

apétalo, -la (*a-* II + *pétalo*) *adj.* Que carece de pétalos.

apetecedor, -ra *adj.* Que apetece.

apetecer (l. v. **appetescere* < *appetere*) *tr.* Tener gana de comer o beber [algo]; fig., desear: ~ *la fama, la amistad.* -2 *intr.* Agradar, gustar. ◇ ** CONJUG. [43] como *agradecer.*

SIN. v. **Desear.**

apetecible *adj.* Digno de apetecerse: ~ *al gusto;* ~ *para todos.*

apetencia (l. *appetentia*) *f.* Gana de comer. 2 Movimiento natural que inclina al hombre a desear alguna cosa.

apetitivo, -va *adj.* Relativo a la facultad de apetecer. 2 Apetitoso (sabroso).

apetito (l. *appetitu*) *m.* Tendencia a satisfacer las necesidades

orgánicas. 2 Gana de comer: *tengo buen ~*. 3 fig. Lo que excita el deseo de alguna cosa. 4 FIL. ~ ***concupiscible,*** inclinación del alma a desear lo que considera un bien dentro de un orden puramente egoísta.
SIN. **Hambre.**

apetitoso, -sa ***adj.*** Que excita el apetito. 2 Sabroso. 3 Que gusta de manjares delicados. 4 Aficionado a cumplir su gusto.

ápex (l.) ***m.*** Cumbre, vértice de alguna cosa. 2 Signo gráfico empleado a veces en las inscripciones latinas sobre las vocales largas. 3 ANAT. Raíz de los dientes, lóbulo superior de los pulmones. 4 ASTRON. Punto de la esfera celeste hacia el cual se dirige el Sol arrastrando a los planetas. 5 BOT. Extremo de un órgano. 6 MIN. Afloramiento. ◇ Pl.: *ápex.*

apezonado, -da (paras.) ***adj.*** De figura de pezón.

apezuñar (paras.) ***intr.*** Hincar los animales en el suelo sus pezuñas.

api (voz quechua y guaraní) ***m.*** *Argent.* y *Bol.* Mazamorra de maíz, trigo o arroz.

Apia (Via *~) **n. pr.*** Famosa calzada romana que iba de Roma a Brindis. Se llamó así porque empezó a construirla Appio Claudio Caecus hacia el año 312 a. C.

apiadador, -ra ***adj.*** Que se apiada.

apiadar (paras.) ***tr.*** Causar piedad. 2 Tratar con piedad. -3 ***prnl.*** Tener piedad [de uno o de algo].

apiaguatado, -da ***adj.*** *Colomb.* Mal desarrollado, raquítico.

apianar (de *piano*) ***tr.*** Disminuir sensiblemente [la intensidad de la voz o del sonido].

apiaradero ***m.*** Cómputo que el ganadero hace del número de cabezas de cada rebaño o piara.

apical (de *ápice*) ***adj.*** Relativo al ápice (punta). -2 ***adj.-s.*** GRAM. Sonido en que uno de los órganos productores es la punta de la lengua: *una s ~*.

apicararse (paras.) ***prnl.*** Adquirir maneras o conducta de pícaro.

ápice (l.) ***m.*** Extremo superior o punta de una cosa: *~ de una hoja.* 2 fig. Parte pequeñísima, nonada. 3 Lo más arduo de un asunto. 4 inus. Signo ortográfico que se pone sobre las letras. 5 fig. ***Estar uno en ápices de alguna cosa,*** entenderla con perfección.

apico- GRAM. MED. Elemento prefijal que entra en la formación de palabras indicando situación o carácter apical: *apicodental, apicoalveolar.*

apícola (l. *apis,* abeja + *-cola*) ***adj.*** Relativo a la apicultura.

apículo (l. *-lu*) ***m.*** BOT. Punta corta, aguda y poco consistente.

apicultor, -ra ***m. f.*** Persona que se dedica a la apicultura.

apicultura (l. *apis,* abeja + *-cultura*) ***f.*** Técnica de criar las abejas y aprovechar sus productos.

apilada ***adj.*** Castaña pilonga.

apilador, -ra ***adj.-s.*** Que apila.

apilamiento ***m.*** Acción de apilar. 2 Efecto de apilar.

apilar (paras.) ***tr.*** Poner una sobre otra [varias cosas] formando pila.
SIN. **Empilar.**

apilguarse (araucano) ***prnl.*** *Chile.* Entallecer las plantas. ◇ ** CONJUG. [22] como ***averiguar.***

apilo ***m.*** *Méj.* vulg. Montón.

apilonar ***tr.*** *Ant., Colomb., Méj.* y *Parag.* Apilar.

apimplarse ***prnl.*** fam. Embriagarse.

apimpollarse (paras.) ***prnl.*** Echar pimpollos las plantas.

apiñado, -da ***adj.*** De figura de piña. 2 Apretado, estrechado.

apiñadura ***f.*** Apiñamiento.

apiñamiento ***m.*** Acción de apiñar o apiñarse. 2 Efecto de apiñar o apiñarse.

apiñar (paras. de *piña*) ***tr.-prnl.*** Juntar o agrupar estrechamente [pers. o cosas].

apiñonado, -da ***adj.*** *Méj.* De color de piñón. Díc. de las personas algo morenas.

apio (l. *apiu*) ***m.*** Planta umbelácea, hortense, de raíz y tallo comestibles, hojas pinnadas, flores blanquecinas y fruto en aquenio *(Apium graveolens).* 2 ~ ***bastardo,*** como la anterior, pero tendida y perenne *(A. nodiflorum).* 3 ~ ***caballar*** o ***equino,*** planta silvestre, diurética, parecida al apio *(Smyrnium olusatrum).* 4 ~ ***de montaña,*** planta umbelífera erecta y perenne de hasta 2 m. de altura, comestible y medicinal *(Levisticum officinale).* 5 ~ ***de ranas,*** ranúnculo. 6 fig. *y* fam. Homosexual.
SIN. **Esmirnio, perejil macedonio.** *4* **Levístico.**

apiojarse ***prnl.*** *Murc.* Llenarse de pulgón las plantas. 2 *Colomb.* Enflaquecerse.

apiolar (paras.) ***tr.*** Poner pihuela o apea [a las aves, esp. las de cetrería]; p. ext., atar los pies [de un animal muerto en la caza] para colgarlo. 2 fig. burl. *y* fam. Prender [a uno]. 3 fig. Matar.

apiparse (paras. de *pipa,* tonel) ***prnl.*** fam. Atracarse de comida o bebida.

apiporrarse ***prnl.*** fam. Apiparse.

apique ***m.*** *Colomb.* Entre mineros, perforación vertical en una mina para seguir un filón.

apir ***m.*** *Amér.* Apiri.

apiramidado, -da (paras.) ***adj.*** De figura de pirámide. 2 [forma cristalina] Que resulta de una simple modificada de manera que cada una de sus caras sirva de base a una pirámide.

apirear ***tr.*** *Argent., Bol., Chile* y *Perú.* Entre mineros, acarrear [minerales] en las minas.

apirético, -ca (*a-* II + *pirético) **adj.*** Relativo a la apirexia. -2 ***adj.-m.*** Medicamento que quita la fiebre.
SIN. **Febrífugo, antitérmico.**

apirexia (gr. *apyrexía*) ***f.*** Falta de fiebre. 2 Intervalo entre dos accesos de fiebre intermitente.

apirgüinarse ***prnl.*** *Chile.* Padecer pirgüín el ganado.

apiri (aimara) ***m.*** *Amér. Merid.* Operario que transporta mineral en las minas. 2 *Amer. Merid.* p. ext. Mozo de cuerda.

Apis ***n. pr.*** Buey sagrado al que adoraban los ant. egipcios.

apisonado ***m.*** Acción de apisonar. 2 Efecto de apisonar.

apisonador, -ra ***adj.-s.*** Que sirve para apisonar. -2 ***f.*** Máquina locomóvil, montada sobre rodillos muy pesados, que se emplea para apisonar carreteras.

apisonamiento ***m.*** Apisonado. 2 Efecto de apisonar.

apisonar (paras.) ***tr.*** Apretar con pisón [la tierra]. 2 Apretar o allanar la tierra o la grava por medio de rodillos pesados.
SIN. *1* **Pisonear, repisar.**

apiste ***adj.*** *Hond.* Avaro.

apistiguarse ***prnl.*** *Chile.* Abatirse. ◇ ** CONJUG. [22] como ***averiguar.***

apitón ***m.*** *Filip.* Árbol dipterocarpáceo.

apitonado, -da ***adj.*** Quisquilloso, puntilloso.

apitonamiento ***m.*** Acción de apitonar. 2 Efecto de apitonar.

apitonar (paras.) ***intr.*** Echar pitones los animales que crían cuernos. 2 Empezar los árboles a brotar. -3 ***tr.*** Romper las aves [la cáscara de sus huevos] con el pico. -4 ***prnl.*** fam. Repuntarse, enojarse.

apívoro, -ra (l. *apis,* abeja + *-voro) **adj.*** Que devora las abejas.

apizarrado, -da (paras.) ***adj.*** De color negro azulado.

aplacable ***adj.*** Fácil de aplacar.
SIN. **Placable.**

aplacador, -ra ***adj.*** Que aplaca.

aplacamiento ***m.*** Acción de aplacar o aplacarse. 2 Efecto de aplacar o aplacarse.

aplacar (l. *ad* + *placare*) ***tr.*** Amansar, mitigar. ◇ ** CONJUG. [1] como ***sacar.***

aplacentario, -ria ***adj.-m.*** ZOOL. Especie vivípara carente de placenta.

aplacer (l. *ad* + *placere*) ***intr.-prnl.*** ant. Agradar, contentar: *~ a Cristo y servir a la Iglesia;* ***abs.,*** *lo nuevo aplace.* ◇ ** CONJUG. [43] como ***agradecer.*** Verbo defectivo; se usa sólo en las terceras personas del presente y del pretérito imperfecto de indicativo.

aplacerado, -da (paras. de *placer* I) ***adj.*** Llano y poco profundo; esp. el fondo del mar.

aplacible (*a-* + *placible*) ***adj.*** Agradable.

aplacimiento ***m.*** Complacencia, gusto.

aplacóforo ***adj.-m.*** Molusco de la clase de los aplacóforos. -2 ***m. pl.*** Clase de moluscos primitivos desprovistos de concha y con aspecto vermiforme; viven en el mar a grandes profundidades.

aplanacalles ***com.*** *Amér.* Azotacalles. ◇ Pl.: *aplanacalles.*

aplanadera ***f.*** Instrumento para aplanar el suelo, el terreno, etc.

aplanador, -ra ***adj.-s.*** Que aplana. -2 ***f.*** *Amér.* Apisonadora.

aplanamiento ***m.*** Acción de aplanar o aplanarse. 2 Efecto de aplanar o aplanarse.

aplanar (paras.) ***tr.*** Allanar (poner llano). 2 inus. Aplastar (deformar). 3 fig. *y* fam. Dejar [a uno] pasmado con alguna cosa inesperada. -4 ***prnl.*** Caerse al suelo un edificio. 5 Perder uno el valor, desalentarse.

aplanchado ***m.*** Planchado.

aplanchador, -ra ***m. f.*** Planchador.

aplanchar ***tr.*** Planchar.

aplanear ***tr.*** *Ecuad., S. Dom.* y *Venez.* Cintarear, dar planazos.

aplanético, -ca (*a-* II + gr. *plane,* error) ***adj.*** ÓPT. [espejo cóncavo, lente u objetivo] Exento de aberración esférica.

aplantillar (paras.) *tr.* Labrar [un material, esp. piedra] con arreglo a plantilla.
aplantle (náhu. *apantli*) *m. Méj.* Caño descubierto para conducir agua.
aplasia *f.* PAT. Falta de desarrollo, total o parcial, de un órgano o tejido.
aplastador, -ra *adj.* Que aplasta. 2 fig. Abrumador.
aplastamiento *m.* Acción de aplastar o aplastarse. 2 Efecto de aplastar o aplastarse.
aplastante *adj.* Aplastador, agobiador.
aplastar (probl. onomat. sobre*¡plast!*) *tr.-prnl.* Deformar [una cosa] disminuyendo su grueso. 2 Dejar [a uno] confuso y sin saber qué hablar. 3 fig. Aniquilar, vencer. -4 *prnl. Argent.* Cansarse una caballería; p. ext., sentarse o acostarse una persona que está cansada. 5 *Colomb.* Repantigarse, hacer visitas largas.
aplatanado, -da *adj.* fam. Indolente, apático, inactivo.
aplatanamiento *m.* Acción de aplatanarse. 2 Efecto de aplatanarse.
aplatanarse *prnl.* fam. Ser o volverse indolente y apático. 2 *Ant.* y *Filip.* Adaptarse un extranjero a los usos y costumbres del país. 3 *P. Rico.* Conservarse una persona en la misma categoría, sin aspirar a más, pudiendo hacerlo.
aplaudidor, -ra *adj.-s.* Que aplaude.
aplaudir (l. *applaudere*) *tr.* Celebrar [a una pers. o cosa] palmoteando: ~ *a un actor;* ~ *un drama;* palmotear en señal de aprobación: *todo el mundo aplaudía.* 2 p. ext. Celebrar con palabras u otras demostraciones [a una persona o cosa]: *aplaudo tu decisión.*
aplauso (l. *applausu*) *m.* Acción de aplaudir. 2 Efecto de aplaudir. 3 fig. Elogio, alabanza.
SIN. *1* y *2* **Ovación,** cuando el aplauso es grande, ruidoso y tributado por mucha gente; **palmas.**
aplayar (paras. de *playa*) *intr.* Salir un río de madre.
aplazable *adj.* Que puede aplazarse.
aplazado, -da *adj.-s. Argent., Nicar., Parag., Salv.* y *Urug.* Suspenso, dicho de un examen.
aplazamiento *f.* Acción de aplazar. 2 Efecto de aplazar.
aplazar (paras. de *plazo*) *tr.* Emplazar (citar). 2 Diferir (retardar). 3 *Colomb., C. Rica, Chile, Nicar., R. de la Plata* y *Salv.* Suspender [a un examinando]. -4 *prnl. S. Dom.* Amancebarse. ◇ ** CONJUG. [4] como ***realizar.***
SIN. *2* **Aplazar, prorrogar,** y **diferir** (más lit.) se refieren siempre al tiempo. **Posponer** y **postergar** se refieren a la situación u orden de colocación en el tiempo, en el espacio o en la estimación. Ambos implican un término de comparación, o punto de partida, desde el cual las cosas se posponen o postergan. **Postergar** es casi siempre desestimativo.
aplebeyar (paras. de *plebeyo*) *tr.* Envilecer [los ánimos o los modales].
aplestia *f.* MED. Hambre insaciable.
aplicabilidad *f.* Calidad de aplicable.
aplicable *adj.* Que puede o debe aplicarse.
aplicación *f.* Acción de aplicar o aplicarse. 2 Efecto de aplicar o aplicarse. 3 fig. Asiduidad con que se hace alguna cosa. 4 Detalle de ornamentación sobrepuesto. 5 ANGLIC. Solicitud, petición.
SIN. *4* **Sobrepuesto.**
aplicadero, -ra *adj.* Aplicable.
aplicado, -da *adj.* fig. Que tiene aplicación o asiduidad.
aplicar (l. *applicare;* doble etim. *allegar*) *tr.* Poner [una cosa] sobre otra o en contacto con otra: ~ *la boca a la flauta.* 2 fig. Hacer uso [de una cosa] o poner en práctica [los procedimientos adecuados] para conseguir un fin: ~ *un instrumento;* ~ *unas reglas, un tratamiento.* 3 Destinar, adjudicar: *aplicó cien hombres a,* o *para, cada bergantín; prnl., se aplica todos los frutos.* 4 Referir a un individuo o a un caso particular [lo que se ha dicho en general o de otro individuo]: ~ *una conseja.* 5 Atribuir o imputar: ~ *un delito.* -6 *tr.-prnl.* fig. Hablando de profesiones, ejercicios, etc., dedicar o destinar a ellos [a una pers.]: ~ *un hijo a las letras; aplicarse a la teología;* esp., poner esmero en ejecutar una cosa: *se aplica a estudiar, a ganar la voluntad de todos.* 7 DER. Adjudicar [bienes o efectos]. ◇ ** CONJUG. [1] como ***sacar.*** ◇ ANGLIC.: ~ por solicitar, pedir.
aplicativo, -va *adj.* Que sirve para aplicar alguna cosa.
aplique (fr.) *m.* Acción de aplicar. 2 Efecto de aplicar. 3 Cosa aplicada materialmente; esp., trasto que se emplea en el teatro para completar una decoración. 4 Aparato de luz fijo a una pared.
aplito *m.* GEOL. Roca de origen magmático, de textura fina.
aplomado, -da *adj.* Que tiene aplomo. 2 Plomizo.
aplomar (paras.) *tr.-intr.* ALBAÑ. Examinar con la plomada si [lo que se construye] está a plomo: ~ *una pared; la pared aploma.* -2 *tr.* ARQ. p. ext. Poner las cosas verticalmente: ~ *una moldura.* -3 *prnl.* Desplomarse. 4 Cobrar aplomo. -5 *tr.-prnl. Chile.* Avergonzar, confundir [a alguien]. 6 *Méj.* Atolondrarse, alelarse. 7 *S. Dom.* Entre bebedores, entonar el cuerpo con un trago de licor.
aplomo *m.* Gravedad, serenidad, circunspección. 2 En el caballo, línea vertical que determina la dirección que deben tener sus miembros. 3 Verticalidad. 4 Plomada (pesa de metal).
aployar *tr. S. Dom.* Estropear, maltratar. 2 Matar [a una persona].
aplustro (l. *aplustre*) *m.* Adorno en la popa de las naves antiguas.
apnea (gr. *ápnoia* < *a-* II + *-pnea*) *f.* FISIOL. Suspensión de la respiración.
apneo- (de *apnea*) Elemento prefijal que entra en la formación de palabras con el valor de *apnea*: *apneosfixia.*
apneosfixia (*apneo-* + gr. *sphyxis,* pulso) *f.* PAT. Suspensión de la respiración y el pulso.
apo- (prep. gr. *apó*) Prefijo que entra en la formación de palabras con el significado de lejos de, separado de: *apocárpico, aponeurosis.* 2 QUÍM. Entra en la designación de compuestos químicos denotando que son derivados de, provenientes del cuerpo de cuyo nombre es prefijo: *apomorfina.*
apoastro (*apo-* + *astro;* según modelo de *afelio*) *m.* ASTRON. Punto en que un astro secundario se halla a mayor distancia de su principal.
ápoca (l. *apocha*) *f. Ar.* DER. Carta de pago.
apocadamente *adv. m.* Con poquedad. 2 fig. Con bajeza de ánimo.
apocado, -da *adj.* De poco ánimo. 2 fig. Vil, de baja condición.
SIN. *1* **Tímido, encogido,** v. **medroso.**
apocador, -ra *adj.-s.* Que apoca o disminuye alguna cosa.
Apocalipsis (gr. *apokálypsis,* revelación) *n. pr.* Libro de la Biblia. ◇ Pl.: *apocalipsis.*
apocalíptico, -ca *adj.* Relativo al Apocalipsis. 2 fig. Que parece del Apocalipsis: *estilo* ~. 3 Terrorífico, espantoso.
apocamiento *m.* fig. Cortedad de ánimo. 2 fig. Abatimiento.
apocar (paras.) *tr.* Reducir a poco [una cantidad]. 2 fig. Limitar, estrechar: ~ *la manga.* -3 *tr.-prnl.* fig. Humillar, tener en poco. -4 *prnl. Logr.* Ahogarse, asfixiarse, quedarse sin respiración. ◇ ** CONJUG. [1] como ***sacar.***
apocárpico, -ca (v. *apo-, -carpo* e *-ico*) *adj.* BOT. [gineceo de la flor] Que tiene los carpelos separados.
apocarpio, apocarpo (*apo-* + *-carpo*) *m.* BOT. Fruto procedente de un gineceo apocárpico.
apocatástasis (gr. *apocatástasis,* de *apocathístemi,* restablecer) *f.* FIL. Retorno de cualquier cosa a su primitivo punto de partida.
apócema, -cima (gr. *apózema,* cocimiento) *f.* ant. Pócima.
apochinarse *prnl. Méj.* Deshilacharse una tela.
apochincharse *prnl. Cuba.* Ahitarse de comida. 2 *Méj.* Repletarse, colmarse de una cosa que se desea.
apocináceo, -a (gr. *apókynon,* matacán) *adj.-f.* Planta de la familia de las apocináceas. -2 *f. pl.* Familia de plantas dicotiledóneas, lacticíferas, de hojas persistentes, flores regulares de corola monopétala y fruto capsular o folicular; como la adelfa.
apocino *m.* Planta apocinácea perenne, de cuyo látex se obtiene chicle *(Apocynum cannabinum).*
SIN. **Cáñamo indio.**
apócopa *f.* GRAM. inus. Apócope.
apocopar *tr.* GRAM. Hacer apócope [en una palabra].
apócope (gr. *apokopé* < *apokopto,* cortar) *f.* GRAM. Supresión de uno o más sonidos al fin de un vocablo: *algún* por *alguno, mi* por *mío.*
apocoyado, -da *adj. Nicar.* Amilanado, abatido.
apócrifamente *adv. m.* De manera apócrifa.
apócrifo, -fa (gr. *apókryphos,* oculto, secreto < *apokrypto,* ocultar) *adj.* Tratando de Letras Sagradas, no reconocidas por la Iglesia: *evangelios apócrifos.* 2 Fabuloso, superpuesto, fingido: *documento* ~; *autor* ~.
apocrisiario (l. *-iu* < gr. *apókrisis,* respuesta) *m.* Dignatario del imperio bizantino encargado de transmitir las respuestas del emperador. 2 Legado pontificio en aquel imperio. 3 Capellán de la casa imperial, entre los francos.
apocromático, -ca (*apó-* + *cromático*) *adj.* ÓPT. [objetivo] Exento de espectro secundario.

apodador, -ra *adj.-s.* Que acostumbra apodar.
apodar (l. *apputare,* acomodar, ajustar) *tr.* Poner o decir apodos [a uno]. -2 *prnl.* Usar el apodo con preferencia al apellido.
apodencado, -da (paras.) *adj.* Parecido al podenco.
apoderado, -da *adj.-s.* Persona que tiene poderes de otro para representarle y proceder en su nombre.
SIN. **Manager.**
apoderamiento *m.* Acción de apoderar o apoderarse. 2 Efecto de apoderar o apoderarse.
apoderar (paras.) *tr.* Dar poder una persona [a otra] para que la represente. -2 *prnl.* Hacerse dueño [de una persona o cosa] violentamente: *apoderarse de una ciudad;* fig., dominar completamente: *apoderarse de un mercado; el miedo se apoderó de él.*
apodia (gr. *apodia* < *a-* II + *pous podós,* pie) *f.* Falta congénita de los pies.
apodíctico, -ca (gr. *apodeiktikós,* demostrativo) *adj.* LÓG. Que expresa o encierra una verdad necesaria: *la circunferencia es curva.*
apodiforme *adj.-m.* Ave del orden de los apodiformes. -2 *m. pl.* Orden de aves con las patas cortísimas y las alas muy largas, lo que les permite volar a gran velocidad; como los vencejos y colibríes.
apoditerio (l.) *m.* Sala destinada a vesturario en el gimnasio y en las termas romanas. 2 Sacristía de las iglesias orientales.
apodo *m.* Nombre que se da a una persona en vez del suyo propio, tomado de sus defectos o de otra circunstancia.
SIN. **Apodo, mote** y **mal nombre** implican gralte. menosprecio, burla, ironía, etc.; **alias** y **sobrenombre** pueden aludir a cualquier cualidad o circunstancia, buena o mala.
ápodo, -da (*a-* II + *-podo*) *adj.* ZOOL. Falto de pies. -2 *adj.-m.* Anfibio del orden de los ápodos. -3 *m. pl.* Orden de anfibios que, cuando son adultos, carecen de extremidades y tienen muy corta la cola. Se distinguen de los ofidios porque tienen la piel desnuda y porque, antes del pleno desarrollo, poseen branquias y viven en el agua; como las cecilias.
apódosis (gr. *apódosis,* explicación retribución) *f.* RET. GRAM. Parte del período subordinado en que se completa el sentido que queda pendiente en la primera, llamada prótasis. 2 Esp. las oraciones condicionales: *si tuviese dinero* (prótasis) *compraría esta casa* (apódosis). ◇ Pl.: *apódosis.*
apófige (gr. *apophygé,* huida, evitación) *f.* ARQ. Parte curva que enlaza las extremidades del fuste de la columna con su base.
apófisis (gr. *apóphysis,* excrecencia) *f.* Parte saliente de un hueso que sirve para la articulación o para la inserción muscular. ◇ Pl.: *apófisis.*
apofonía (*apo-* + *-fonía*) *f.* FON. Cambio fonético producido por la flexión en el radical de una palabra, p. ej. el radical del v. *hacer* en *hice.*
apogamia (*apo-* + *-gamia*) *f.* BIOL. Reproducción asexual.
apogenia (*apo-* + *-genia*) *f.* BIOL. Esterilidad.
apogeo (l. *-eu* < gr. *apógeios* < *apo-* y *-geo*) *m.* En la órbita de la Luna, el punto más distante de la Tierra. 2 Grado superior que puede alcanzar alguna cosa; como el poder, la gloria, etc.
REL. / **Perigeo,** el más próximo.
apogeotropismo (*apo-* + *geotropismo*) *m.* ZOOL. Respuesta activa pero negativa a la gravedad.
apógrafo (gr. *apógraphos,* transcrito) *m.* Copia de un escrito original.
apoleño, -ña *adj.-s.* De Apolo, ciudad de la provincia boliviana de Caupolicán.
apolillado, -da *adj.* Comido o deteriorado por la polilla. 2 fig. Rancio, anticuado, carente de actualidad: *obra de teatro apolillada.*
apolilladura *f.* Agujero que hace la polilla.
apolillamiento *m.* Acción de apolillar o apolillarse una cosa. 2 Efecto de apolillar o apolillarse una cosa.
apolillar (paras.) *tr.-prnl.* Roer la polilla [una cosa, esp. ropas]. -2 *tr. Argent.* vulg. Dormir.
apolinar (l. *apollinare*) *adj.* poét. Apolíneo.
apolinarismo *m.* Doctrina predicada por Apolinar, hereje del s. IV, que afirmaba no haber recibido Jesucristo un cuerpo de carne como el nuestro, ni un alma semejante a la nuestra.
apolinarista *adj.-com.* Partidario del apolinarismo.
apolíneo, -a (l. *apollineu*) *adj.* Relativo a Apolo o a las musas.
apolismar *tr. Amér.* Magullar, estropear. -2 *prnl. Amér. Central.* Quedarse pequeño, raquítico. 3 *C. Rica, P. Rico* y *Venez.* Acobardarse. 4 *C. Rica.* Holgazanear.
apoliticismo *m.* Condición del apolítico. 2 Carencia de carácter o significación política.
apolítico, -ca *adj.* Ajeno a la política.
apolitismo *m.* Apoliticismo.
apollardarse *prnl.* vulg. Atontarse.
Apolo *n. pr.* Hijo de Júpiter y Latona, hermano de Diana. Habitaba con las musas, y era el dios de las Bellas Artes y de los oráculos.
apolo *m.* Mariposa diurna de gran tamaño, de color blanco con lunares negros en las alas anteriores y ocelos rojos en las posteriores; su larva es negra con puntos rojos *(Parnasius apollo).*
SIN. **Pavón diurno.**
apologético, -ca (l. *-cu* < gr. *-tikós*) *adj.* Relativo a la apología. -2 *f.* Parte de la teología que tiene por objeto exponer las pruebas y fundamentos de la verdad de la religión católica.
apología (l.) *f.* Discurso o escrito en justificación, defensa o alabanza de personas o cosas. 2 fam. Elogio, panegírico.
SIN. v. **Elogio.**
apológico, -ca *adj.* Relativo al apólogo (composición literaria).
apologista *com.* Persona que hace alguna apología.
apologizar *tr.* p. us. Hacer la apología [de una persona o cosa]. ◇ ** CONJUG. [4] como ***realizar.***
apólogo, -ga (gr. *apólogos*) *adj.* Apológico. -2 *m.* Fábula (composición literaria).
apoltronamiento *m.* Acción de apoltronarse. 2 Efecto de apoltronarse.
apoltronarse (paras.) *prnl.* Hacerse poltrón. 2 Arrellanarse
SIN. / **Empoltronecerse,** desus.
apolvillarse *prnl. Chile.* Atizonarse los cereales.
apomazar (paras.) *tr.* Alisar con la piedra pómez [una superficie]. ◇ ** CONJUG. [4] como ***realizar.***
apomorfina (*apo-* + *morfina*) *f.* Cuerpo derivado de la morfina por sustracción de una molécula de agua.
apompar *tr. Colomb.* Arromar, embotar.
aponer *tr.* GRAM. Adjuntar un nombre o una construcción nominal [a un substantivo o a un pronombre] de modo que formen aposición. ◇ ** CONJUG. [78] como ***poner.***
aponeurosis (gr. *aponéurosis*) *f.* Prolongación laminar del perimisio, que sirve para la inserción de los músculos planos. ◇ Pl.: *aponeurosis.*
SIN. Es cientif.; en el habla común, **nervio.**
aponeurótico, -ca *adj.* Relativo a la aponeurosis.
aponogetonáceo, -a *adj.-f.* Planta de la familia de las aponogetonáceas. -2 *f. pl.* Familia de plantas monocotiledóneas dentro del orden de las helobiales, propia del hemisferio austral; algunas tienen rizomas carnosos comestibles.
apontocar *tr.* Sostener o dar apoyo [a una cosa] con otra. ◇ ** CONJUG. [1] como ***sacar.***
apoplejía (l. *apoplexia* < gr. *-ía*) *f.* Suspensión súbita de la acción cerebral debida a derrames sanguíneos en el encéfalo o en las meninges.
apoplético, -ca (gr. *apoplektikós*) *adj.* Relativo a la apoplejía. -2 *adj.-s.* Que padece apoplejía. 3 Propenso a padecer apoplejía.
apoquinar *intr.* fam. Pagar, dar dinero.
aporca *f. Chile.* Aporcadura.
aporcador, -ra *adj.-s.* Que aporca.
aporcadura *f.* Acción de aporcar. 2 Efecto de aporcar.
aporcar (paras. de *porca,* caballón) *tr.* Cubrir con tierra [ciertas hortalizas] para que se pongan más tiernas y blancas. 2 Acollar, arrimar tierra al pie de los troncos de las plantas. 3 *Guat.* Confundir, avergonzar. ◇ ** CONJUG. [1] como ***sacar.***
aporco *m. Amér.* Aporcadura.
aporía *f.* FIL. Dificultad lógica que presenta un problema especulativo.
aporisma (b. l. *aporisma* < gr. *aporía,* dificultad de pasar) *m.* Tumor formado entre piel y carne por derrame sanguíneo.
aporismarse *prnl.* Hacerse aporisma.
aporque *m. Méj.* Aporcadura.
aporrar (paras. de *porro* II) *intr.* fam. Quedarse uno sin poder hablar en ocasión en que debía hacerlo.
aporrarse (paras. de *porra*) *prnl.* fam. Hacerse pesado o molesto.
aporratar *tr. Chile.* vulg. Abarrotar.
aporreado, -da *adj.* Arrastrado (pobre y pícaro). -2 *m. Cuba.* Guisado de carne con manteca, tomate, ajo, etc.
aporreador, -ra *adj.* Que aporrea.
aporreadura *f.* V. aporreamiento.
aporreamiento *m.* Aporreo.
aporrear (paras.) *tr.-prnl.* Golpear [a una pers. o cosa], esp. con porra. 2 fig. Machacar, importunar, molestar. 3 Ahuyentar

[las moscas]. -4 *prnl.* fig. Atarearse con suma fatiga y aplicación. -5 *tr. Cuba.* Preparar el aporreado. 6 *Pan.* Desbrotar, desbrozar, desyerbar.

aporreo *m.* Acción de aporrear o aporrearse. 2 Efecto de aporrear o aporrearse.

SIN. **Aporreadura, aporreamiento.**

aporreón *m. Colomb.* Porrazo, aporreo.

aporretado *adj.* [dedo de la mano] Corto y con más grosor del proporcionado a su longitud.

aporrillarse *prnl.* Hincharse las articulaciones con abscesos que dificultan el movimiento.

aportación *f.* Acción de aportar. 2 Efecto de aportar. 3 Conjunto de bienes aportados.

aportadera *f.* Caja colocada sobre el aparejo de las caballerías para transportar algo. 2 Recipiente de madera para transportar uva.

SIN. **Portadera.**

aportadero *m.* Paraje donde se puede aportar (arribar a puerto).

I) aportar (paras.) *intr.* Arribar a puerto. 2 fig. Llegar a lugar no pensado después de haber andado perdido. 3 Acudir a determinado lugar.

II) aportar (l. *apportare*) *tr.* Llevar, conducir. 2 Dar o proporcionar: ~ *argumentos, datos.* 3 DER. Llevar cada cual [la parte que le corresponde] a la sociedad de que es miembro.

aporte *m.* Aportación, bienes aportados. 2 fig. Contribución, participación, ayuda. 3 GEOGR. Acción de depositar materiales [un río, un glaciar, el viento, etc.]. 4 GEOGR. Efecto de depositar materiales [un río, un glaciar, el viento, etc.].

aportillar (paras. de *portillo*) *tr.* Romper [una muralla o pared] para poder entrar por la abertura resultante de ello. 2 Romper o abrir [cualquier cosa unida y compacta]. -3 *prnl.* Caerse alguna parte de muro o pared.

aporuñar *tr. Chile.* Atesorar. -2 *prnl. Chile.* Engañarse, quedar chasqueado.

aposentador, -ra *adj.-s.* Que aposenta. -2 *m.* El que tiene por oficio aposentar. 3 Oficial encargado de aposentar las tropas en las marchas.

aposentaduría *f.* Cargo y funciones del aposentador.

aposentamiento *m.* Acción de aposentar o aposentarse. 2 Efecto de aposentar o aposentarse. 3 Aposento (cuarto y hospedaje).

aposentar (l. *ad* + factitivo de *pausare,* posar) *tr.* Dar hospedaje [a una persona]. -2 *prnl.* Tomar casa, alojarse.

aposento *m.* Cuarto o pieza de una casa. 2 Hospedaje. 3 Palco de los ant. teatros.

aposesionar *tr.-prnl.* p. us. Posesionar.

aposición (l. *appositione*) *f.* GRAM. Construcción que consiste en aclarar o determinar a un substantivo por medio de otro substantivo yuxtapuesto.

Se llama ~ *explicativa* cuando no añade nada a la idea que ya tenemos formada del substantivo a que se aplica, y se limita a hacer resaltar una nota o aspecto característico interesante: *el león, rey de los animales; Madrid, capital de España*; los dos substantivos suelen estar separados por una coma. Se llama *especificativa* cuando determina y distingue al substantivo entre otros: *el rey soldado,* para distinguirlo de otros reyes que no lo eran.

apositivo, -va *adj.* GRAM. Que está en aposición o que concierne a ella.

apósito (l. *appositu*) *m.* Remedio aplicado exteriormente, sujetándolo con paños, vendas, etc.

aposta (l. *apposita ratione*) V. apostadamente.

apostadamente *adv. m.* Adrede.

apostadero *m.* Paraje donde hay personas o gente apostada. 2 Puerto en que se reúnen varios buques de guerra bajo un solo mando. 3 Departamento marítimo mandado por un comandante general.

I) apostador, -ra *adj.-s.* Aficionado a las apuestas o que las hace a menudo.

II) apostador, -ra *adj.-s.* Encargado de apostar a otros o de señalarles los puestos en que deben quedar apostados para vigilar, otear, cazar, etc.

apostante *adj.-s.* Que apuesta.

I) apostar (b. l. *appositare*) *tr.* Pactar entre sí los que tienen alguna disputa [cierta cantidad o cosa determinada de antemano]. 2 Arriesgar [cierta cantidad de dinero] en la creencia de que algún juego, contienda deportiva, carrera de animales, etc., tendrá un resultado determinado. -3 *intr.* Competir, rivalizar: ~ *en actos de piedad unos con otros;* ***prnl.,*** *apostárselas en punto a sutilezas al,* o *con, el mismo Escoto.* ◇ ** CONJUG. [31] como ***contar.***

SIN. *1* y *2* **Poner, jugar.**

II) apostar (it. *appostare,* acechar) *tr.-prnl.* Poner [una o más personas en determinado paraje] para algún fin: ~ *unos guardias; apostarse el cazador en una cañada.*

apostasía (gr. *apostasía* < *apó,* fuera + *histemí,* colocarse) *f.* Acción de apostatar. 2 Efecto de apostatar.

apóstata (gr. *apostates*) *com.* Persona que comete apostasía.

SIN. **Renegado.**

apostatar (l. *-are*) *intr.* Abandonar la religión que se profesa. 2 Abandonar un religioso la orden a la que pertenece. 3 No cumplir un clérigo con las obligaciones propias de su estado. 4 p. ext. Abandonar un partido para entrar en otro.

SIN. Desde el punto de vista de la religión, doctrina, partido, que se abandona, **apostatar = renegar (apóstata = renegado).** Desde el punto de vista de la nueva doctrina, **convertirse (converso),** lo cual supone **abjurar** la doctrina anterior o **retractarse** de ella.

apostema (gr. *apóstema,* absceso) *f.* Postema.

apostemar *tr.-prnl.* Hacer o causar apostema: ~ *una inflamación, un dedo.* -2 *prnl.* Llenarse de postemas.

apostemero *m.* Postemero.

apostemoso, -sa *adj.* Relativo a la apostema.

apostilla (*a-* I+ *postilla I) f.* Acotación que interpreta, aclara o completa un texto.

SIN. **Postila, postilla.**

apostillador, -ra *adj.-s.* [pers.] Que apostilla documentos o textos.

apostillar *tr.* Poner apostillas [a un texto].

SIN. **Marginar, postillar.**

apostillarse (paras. de *postilla* I) *prnl.* Llenarse de postillas.

apóstol (gr. *apóstolos,* enviado) *m.* Uno de los doce primeros discípulos de Jesucristo. También se da este nombre a San Pablo (s. I d. C.) y a San Bernabé (s. I d. C.). 2 p. ant. ***El Apóstol,*** o *el* ~ *de las gentes,* San Pablo. 3 El que propaga la fe cristiana: *S. Cirilo fue el* ~ *de los eslavos.* 4 fig. Propagador de una doctrina: *un* ~ *de la paz universal.*

apostolado (l. *-atu*) *m.* Ministerio de apóstol. 2 Congregación de los santos apóstoles. 3 Tiempo que dura una misión apostólica. 4 fig. Propaganda en pro de alguna causa o doctrina.

apostolical *m.* Sacerdote o eclesiástico.

apostólicamente *adv. m.* Según las reglas y prácticas apostólicas. 2 fam. Pobremente, sin aparato.

apostolicidad *f.* Conformidad con la doctrina o hechos de los apóstoles.

apostólico, -ca (l. *-cu*) *adj.* Relativo a los apóstoles. 2 Relativo al Papa o que dimana de su autoridad: *bendición apostólica.* 3 Nombre de distintas sectas heréticas que han pretendido, entre otras cosas, retornar al modo de vivir de los apóstoles. 4 Bando político fundado en España después de la revolución de 1820, partidario de un régimen extremado en sentido católico y absolutista.

apostrofar *tr.* Dirigir apóstrofes [a uno].

apóstrofe (l. *apostrophe* < gr. *-phé*) *amb.* RET. Figura que consiste en interrumpir el discurso para dirigir la palabra con vehemencia, a una o varias personas o cosas personificadas. 2 fig. Dicterio.

Gralte. se emplea como masculino, esp. fig. Dicterio.

apóstrofo (gr. *-phos*) *m.* Signo ortográfico ['] que indica la elisión de una vocal.

apostura (l. *positura*) *f.* Gentileza, gallardía. 2 Actitud, apariencia.

apoteca *f.* ant. *y* p. us. Farmacia, botica.

apotecario, -ria (l. *apothecariu*) *adj.-s.* ant. Farmacéutico, boticario.

apotecia *f.* BOT. Órgano reproductor que contiene las semillas de las criptógamas.

apotecio *m.* BOT. Aparato esporífero de los hongos y los líquenes.

apoteconimia *f.* Estudio del origen y significación de los nombres y rótulos de los locales comerciales.

apotegma (gr. *apóphthegma*) *m.* Sentencia breve, instructiva, esp. la atribuida a una persona ilustre.

SIN. v. **Refrán.**

apotema (gr. *apothema* < *apotithemi*) *f.* Perpendicular trazada desde el centro de un polígono regular, a cualquiera de sus lados. 2 Altura de las caras triangulares de una pirámide regular. ◇ INCOR.: *el apotema.*

apoteósico, -ca *adj.* Con caracteres o cualidades de apoteosis: *recibimiento ~; ovación apoteósica.*
apoteosis (gr. *apothéosis*) *f.* Deificación de los héroes entre los paganos. 2 fig. Glorificación, ensalzamiento de una persona por una muchedumbre, colectividad, etc. 3 fig. Final brillante, especialmente de un espectáculo. ◇ Pl.: *apoteosis.*
apoteótico, -ca *adj.* Apoteósico. Es más correcto que *apoteósico,* pero se usa menos.
apotincar *tr.-prnl. Chile.* Poner [a uno] en cuclillas. ◇ ** CONJUG. [1] como ***sacar.***
apotrarse *prnl. Argent.* y *Urug.* Amorrarse. 2 Igualarse a la gente más primitiva.
apotrerar *tr. Cuba.* Poner el ganado en un potrero. 2 *Chile* y *Ecuad.* Dividir una hacienda en potreros.
apoyadura *f.* Raudal de leche que acude a las ubres de las hembras cuando dan de mamar; díc. esp. de las vacas.
apoyalanzas *f.* Ristre. ◇ Pl.: *apoyalanzas.*
apoyar (italianismo, l. v. *appodiare* < l. *ad* + *podiu,* poyo) *tr.* Hacer que [una cosa] descanse sobre otra: *~ el codo en la mesa; prnl., tener que apoyarse en la lanza; la columna se apoya sobre el pedestal.* 2 fig. Servir de apoyo: *mi brazo os apoya.* 3 Basar, fundar. 4 Confirmar, sostener [una opinión]: *San Agustín apoya esta sentencia; ~ con citas; ~ en autoridades.* 5 Favorecer, ayudar: *~ una facción; un príncipe me apoya.* 6 fig. Sacar la apoyadura [a las vacas]. -7 *tr.-prnl.* Inclinar el caballo [la cabeza] hacia el pecho.
SIN. *5* v. **Proteger.**
apoyatura (it. *appoggiatura*) *f.* MÚS. Nota pequeña y de adorno, que precede y se une con acento expresivo a una nota principal de la que toma valor. 2 Apoyo, fundamento.
apoyito *m. Can.* Corto sueño que se echa sentado, esp. en las horas de más calor.
apoyo *m.* Lo que sirve para sostener. 2 fig. Protección, auxilio. 3 Apoyadura. 4 fig. Fundamento, confirmación o prueba de una opinión o doctrina.
SIN. *1* **Sostén, soporte.** *2* v. **Auxilio.**
apozarse *prnl. Colomb.* y *Chile.* Rebalsarse. ◇ ** CONJUG. [4] como ***realizar.***
apraxia (gr. *-ia,* inacción) *f.* Pérdida de la facultad de producir movimientos coordinados. 2 Pérdida de la facultad de reconocer los usos de un objeto.
apreciabilidad *f.* Calidad de apreciable.
apreciable *adj.* Capaz de ser apreciado o tasado. 2 fig. Digno de aprecio o estima. 3 ANGLIC. Considerable, cuantioso.
apreciación *f.* Acción de apreciar [poner precio y formar juicio]. 2 Efecto de apreciar [poner precio y formar juicio]. 3 Aumento del valor de una moneda en el mercado libre de dinero. 4 ANGLIC. Agradecimiento, reconocimiento.
CONTR. *3* **Depreciación.**
apreciadamente *adv. m.* Con aprecio.
apreciador, -ra *adj.-s.* Que aprecia.
SIN. **Preciador.**
apreciar (l. *appretiare*) *tr.* Poner precio [a las cosas vendibles]. 2 fig. Estimar [el mérito de las personas o de las cosas]: *~ en mucho; ~ por sus prendas.* 3 Formar juicio [de la magnitud, intensidad o importancia de las cosas]: *~ la magnitud de un local; ~ uno claramente los sonidos.* -4 *tr.-intr.* Aumentar el valor [de una moneda en el mercado libre de dinero]. ◇ ** CONJUG. [12] como ***cambiar.***
SIN. **Preciar.** *2* **Reputar.**
apreciativo, -va *adj.* Relativo al aprecio hecho de alguna persona o cosa.
aprecio *m.* Acción de apreciar (estimar). 2 Efecto de apreciar (estimar). 3 Apreciación. 4 Estimación afectuosa de una persona.
aprehender (l. *apprehendere* < *ad* + *prehendere,* asir; doble etim. *aprender*) *tr.* Coger, prender [a una pers. o cosa, esp. si es de contrabando]. 2 FIL. Concebir las especies [de las cosas] sin hacer juicio de ellas. ◇ GALIC. por *temer, sentir aprensión: aprehendo sus quejas.*
SIN. *1* v. **Capturar.**
aprehensión (l. *apprehensione;* doble etim. *aprensión*) *f.* Acción de aprehender. 2 Efecto de aprehender.
aprehensivo, -va (doble etim. *aprensivo*) *adj.* Relativo a la facultad de aprehender. 2 Que es capaz o perspicaz para aprender las cosas.
aprehensor, -ra *adj.-s.* Que aprehende.
apremiadamente *adv. m.* Con apremio.
apremiador, -ra *adj.-s.* Que apremia.
apremiante *adj.* Que apremia.
apremiantemente *adv. m.* De modo apremiante.
apremiar (del ant. *premiar* < l. *premere,* apretar) *tr.* Oprimir, apretar: *les apremia un pesado yugo.* 2 Dar prisa, compeler [a uno] a que haga prontamente alguna cosa; esp., obligar [a uno] con mandamiento de autoridad. 3 Imponer apremio o recargo. 4 DER. Presentar instancia un litigante para que [su contrario] actúe en el procedimiento. ◇ ** CONJUG. [12] como ***cambiar.***
apremio *m.* Acción de apremiar. 2 DER. Mandamiento judicial o gubernativo para compeler al cumplimiento de alguna cosa. 3 DER. Procedimiento judicial brevísimo: *vía de ~.* 4 DER. Recargo de contribuciones o impuestos por causa de demora en el pago.
aprendedor, -ra *adj.-s.* Que aprende.
aprender (v. *aprehender*) *tr.* Adquirir el conocimiento [de una cosa] por medio del estudio, ejercicio o experiencia: *~ una lengua; ~ con fulano; ~ por sus principios un oficio.* 2 Conjeturar [una cosa]: *me estremecí como cuando aprendemos que nos amenaza un peligro.* 3 Tomar [algo] en la memoria: *~ una poesía.* 4 *Logr.* Enseñar.
GRAM. Cuando tiene un infinitivo como complemento, lleva la prep. *a: ~ a escribir, a bailar, a manejar un aparato.*
aprendiz, -za (del fr. ant. *aprentiz,* que dio el ant. *aprentiz*) *m. f.* Persona que aprende algún arte u oficio. 2 Persona que, a efectos laborales, se halla en el primer grado de una profesión manual, antes de pasar a oficial.
SIN. **Meritorio,** en despachos u oficinas.
aprendizaje (de *aprendiz*) *m.* Acción de aprender algún arte u oficio. 2 Tiempo que en ello se emplea.
aprensador, -ra *adj.-s.* Que prensa.
aprensadura *f.* p. us. Prensadura.
aprensar *tr.* Prensar. 2 fig. Oprimir, angustiar.
aprensión *f.* Aprehensión. 2 Temor, escrúpulo, miramiento excesivo. 3 Opinión infundada o extraña: *es hombre de muchas aprensiones.* 4 Ocurrencia, genialidad, fantasía.
SIN. *2* v. **Desconfianza.**
aprensionarse *prnl. Ecuad.* Impresionarse.
aprensivo, -va (v. *aprehensivo*) *adj.-s.* Que tiene aprensión. 2 Que exagera la gravedad de sus dolencias.
apresador, -ra *adj.-s.* Que apresa.
apresamiento *m.* Acción de apresar. 2 Efecto de apresar.
apresar (l. *apprensare*) *tr.* Asir, hacer presa [de una cosa] con las garras o colmillos. 2 Tomar por fuerza [una nave, un convoy, etc.]. 3 Aprisionar.
SIN. *2* v. **Capturar.**
apreso, -sa (p. ant. de *aprender*) *adj.* [árbol] Que ha arraigado.
aprestar (l. v. **apprestare*) *tr.-prnl.* Preparar, disponer [lo necesario] para una cosa. -2 *tr.* Aderezar los tejidos.
aprestigiar *tr. Colomb.* Prestigiar. ◇ ** CONJUG. [12] como ***cambiar.***
apresto *m.* Prevención, preparación para una cosa. 2 Acción de aprestar los tejidos. 3 Efecto de aprestar los tejidos. 4 Ingrediente para aprestar los tejidos.
apresuración *f.* Apresuramiento.
apresuradamente *adv. m.* Con apresuramiento.
apresurado, -da *adj.* Que muestra apresuramiento, presuroso.
apresuramiento *m.* Acción de apresurar o apresurarse. 2 Efecto de apresurar o apresurarse.
apresurar (paras. de *presura*) *tr.-prnl.* Dar prisa [a uno].
apretadamente *adv. m.* Con fuerza, estrechamente. 2 Con ahínco.
apretadera *f.* Cinta o cuerda para apretar: *las apretaderas del baúl.* -2 *f. pl.* fig. *y* fam. Instancias para compeler a otro a que haga lo que se le pide.
apretadizo, -za *adj.* Que se aprieta o comprime fácilmente.
apretado, -da *adj.* fig. Arduo, peligroso. 2 fig. *y* fam. Mezquino o miserable. -3 *m.* Escrito de letra muy metida.
apretador, -ra *adj.-s.* Que aprieta. -2 *m.* Intrumento para apretar. 3 Almilla sin mangas. 4 Especie de cotilla con que se ajusta el cuerpo de los niños, y a la cual se cosen los andadores. 5 Faja de los niños en mantillas.
apretadura *f.* Acción de apretar. 2 Efecto de apretar.
apretamiento *m.* Aprieto.
apretar (l. v. *appectorare* < *ad* + *pectus, -oris,* pecho) *tr.* Estrechar contra el pecho; estrechar ciñendo: *~ el niño a los pechos; ~ entre los brazos; ~ con las manos;* esp., hablando de vestidos: *la ropa me aprieta.* 2 Poner más tirante: *~ los aros de una cuba;* estrechar [una cosa con otra]: *~ los dientes.* 3 Estrechar, reducir [algo] a menor volumen: *~ los miembros flojos.;*

fig., acongojarse [esp. el corazón], con el dolor o la angustia. Usado esp. en participio, endurecerse: *tiene el natural apretado.* 4 Comprimir: ~ *los chichones con monedas.* 5 Obrar con mayor esfuerzo; hacer más estricta [una cosa]: ~ *la severidad de la disciplina;* ~ *el cerco de una plaza.* 6 Acosar [a uno]: *apretábanles los franceses por todas partes.* 7 Activar [un trabajo, negocio, etc.]. 8 p. anal. Importunar: ~ *a uno por una deuda;* tratar con rigor: ~ *a los súbditos;* afligir, angustiar: *el dolor le apretaba sin cesar;* instar [a uno] con eficacia: ~ *al jefe con justas y graves razones.* 9 PINT. Dar apretones. -10 ***tr.-prnl.*** Apiñar estrechamente. ◇ ** CONJUG. [27] como ***acertar.*** ◇ INCOR.: las formas del pres. ***apreto, apretas,*** etc.

FR. ~ *con uno,* embestirle, cerrar con él. *¡Aprieta!* Interjección familiar para reprobar alguna cosa. ~ *a correr,* echar a correr. ~ *la mano,* estrecharla en señal de amistad; aumentar el rigor, apremiar; ser tacaño.

apretinar ***intr.*** *Chile* y *Perú.* Formar o ajustar la pretina en los vestidos.

apretón ***m.*** Apretadura muy fuerte y rápida. 2 Apretura causada por la excesiva concurrencia de gente. 3 Acción de obrar con mayor esfuerzo que de ordinario. 4 Acometida violenta. 5 fig. Ahogo, conflicto. 6 Carrera violenta y corta. 7 PINT. Mancha de color obscuro para aumentar el efecto de lo que se pinta.

SIN. *5* v. **Conflicto.**

apretujamiento ***m.*** Acción de apretujar o apretujarse. 2 Efecto de apretujar o apretujarse.

apretujar ***tr.*** fam. Apretar mucho o reiteradamente. -2 ***prnl.*** Oprimirse varias personas en un recinto demasiado estrecho para contenerlas.

apretujón ***m.*** fam. Acción de apretujar. 2 fam. Efecto de apretujar.

apretura ***f.*** Opresión causada por la excesiva concurrencia de gente. 2 fig. Conflicto, apuro. 3 Sitio estrecho. 4 Escasez, esp. de víveres. 5 p. us. Apremio, urgencia.

SIN. *2* v. **Conflicto.**

aprevenir ***tr.*** *And.* y *Amér.* Prevenir. ◇ ** CONJUG. [90] como ***venir.***

apriesa ***adv. m.*** ant. Aprisa.

aprieto ***m.*** Apretura. 2 Conflicto, apuro. 3 *Chile.* ***En amarillos aprietos,*** en aprieto o apuro, en calzas prietas. Ús. con los verbos *estar, dejar, ver,* etc.

aprimar ***tr.*** Afinar, intensar, perfeccionar.

apriorismo ***m.*** Doctrina epistemológica que afirma que el valor del conocimiento depende tanto de su elemento sensible como del inteligible, y que este elemento inteligible es *a priori,* es decir, independiente del valor de la experiencia. 2 Método en que se emplea sistemáticamente el razonamiento *a priori* (v. *priori*).

SIN. **Trascendentalismo.**

apriorista ***adj.*** Partidario del apriorismo.

apriorístico, -ca ***adj.*** Relativo al apriorismo. 2 Que es *a priori.*

aprisa (*a* + *prisa*) ***adv. m.*** Con celeridad o prontitud.

apriscar (l. **appressicare*) ***tr.-prnl.*** Recoger [el ganado] en el aprisco. ◇ ** CONJUG. [1] como ***sacar.***

aprisco ***m.*** Paraje donde se recoge el ganado.

SIN. **Corte.**

aprisionamiento ***m.*** Acción de aprisionar. 2 Efecto de aprisionar.

aprisionar (paras.) ***tr.*** Poner [a uno] en prisión. 2 Poner prisiones [a uno]. 3 fig. Atar, sujetar, asir.

SIN. *1* v. **Capturar.**

aproar (paras.) ***intr.*** Volver un buque la proa a una parte.

aprobación ***f.*** Acción de aprobar. 2 Efecto de aprobar. 3 Probación.

SIN. *1* y *2* **Consentimiento.**

aprobado ***m.*** En la calificación de exámenes, nota de aptitud inmediatamente inferior a la de notable.

aprobador, -ra, aprobante ***adj.-s.*** Que aprueba. -2 ***m.*** *Guat.* Prueba.

aprobanza ***f.*** fam. Aprobación.

aprobar (l. *approbare*) ***tr.*** Calificar o dar por buena [una acción]: ~ *la elección;* ~ *por mayoría;* dar por buena [una cosa] producto de la acción: ~ *las cuentas.* 2 Asentir a [una opinión, doctrina, etc.]: ~ *un refrán.* 3 Declarar apto, adecuado: ~ *unos exámenes, un libro, un estudiante;* esp., calificar de competente: ~ *de cirujano;* ~ *en teología.* 4 *Amér.* Probar o probar bien. ◇ ** CONJUG. [31] como ***contar.***

Es muy clásica la construcción redundante con *por* y un adjetivo: ~ *una elección por buena;* ~ *por acertada una doctrina.* Modernamente se ha generalizado la significación pasiva de ser aprobado, tanto con valor intransitivo *(el estudiante aprobó en junio)* como con valor transitivo *(el estudiante aprobó las matemáticas).*

aprobativo, -va (l. *approbativu*) ***adj.*** V. aprobatorio, -ria.

aprobatoriamente ***adv. m.*** De modo aprobatorio.

aprobatorio, -ria ***adj.*** Que aprueba (o implica aprobación).

aproches (fr. *approches*) ***m. pl.*** MIL. Trabajos que hacen los que atacan una plaza para acercarse a batirla. 2 GALIC. Proximidades, cercanías o vías de acceso.

aprometer ***tr.*** desus. Prometer u obligarse.

aprontado, -da ***adj.*** *P. Rico.* Entremetido.

aprontamiento ***m.*** Acción de aprontar. 2 Efecto de aprontar.

aprontar (paras. de *pronto*) ***tr.*** Prevenir, disponer [una cosa] con prontitud. 2 Entregar [una cosa, esp. dinero] sin dilación. -3 ***intr.*** *Urug.* Aparecer, llegar de pronto.

apronte ***m.*** *Chile* y *R. de la Plata.* Carrera de ensayo de caballos.

apropiable ***adj.*** Que puede ser apropiado.

apropiación ***f.*** Acción de apropiar o apropiarse. 2 Efecto de apropiar o apropiarse.

apropiadamente ***adv. m.*** Con propiedad.

apropiado, -da ***adj.*** Adecuado para el fin a que se destina.

apropiador, -ra ***adj.-s.*** Que apropia.

apropiar (l. *appropriare*) ***tr.*** Hacer propio de alguno [una cosa]: ~ *una joya a uno;* ***prnl. pas.,*** *deseo que se apropie la joya a mi hija.* 2 Aplicar a cada cosa [lo que es más propio]: ~ *una palabra a la idea;* esp., aplicar, acomodar [un ejemplo o moralidad] al caso de que se trata: ~ *una fábula a uno,* o *a una cosa.* -3 ***prnl.*** Tomar para sí alguna cosa haciéndose dueño de ella: *apropiarse (de) unos bienes; el favor (de) que te apropias.* ◇ ** CONJUG. [12] como ***cambiar.***

apropincuación (l. *appropinquatio*) ***f.*** Acción de apropincuarse. 2 Efecto de apropincuarse.

apropincuarse (l. *appropinquare*) ***prnl.*** Acercarse. ◇ ** CONJUG. [10] como ***adecuar.***

Latinismo pedantesco en el habla corriente. Sólo puede usarse en muy contados casos de estilo elevado. Mal usado en sentido de apropiarse de lo ajeno.

apropósito ***m.*** Breve pieza teatral de circunstancias. ◇ No debe confundirse con la loc. adv. *a propósito.* V. *propósito.*

aprovechable ***adj.*** Que se puede aprovechar.

aprovechadamente ***adv. m.*** Con aprovechamiento.

aprovechado, -da ***adj.*** [pers.] Que saca provecho de todo. 2 Aplicado, diligente. -3 ***adj.-s.*** [pers.] Que saca beneficio de las circunstancias que se le presentan favorables, normalmente sin escrúpulos.

aprovechador, -ra ***adj.*** Que aprovecha.

aprovechamiento ***m.*** Acción de aprovechar o aprovecharse. 2 Efecto de aprovechar o aprovecharse. 3 DER. ~ ***de aguas,*** derecho de utilizar para usos comunes o privativos aguas de dominio público.

aprovechar (*a-* I + ant. *provechar*) ***intr.*** Servir de provecho una cosa: *poco aprovechan estas diligencias.* 2 Adelantar, mejorar en virtudes, estudios, etc.: ***abs.,*** *tengo deseo de* ~. 3 MAR. Orzar cuanto permite la dirección del viento reinante. -4 ***tr.*** Emplear útilmente [una cosa]: ~ *la tela.* -5 ***prnl.*** Servirse o sacar partido de alguna cosa: *aprovecharse de la ocasión.* -6 ***prnl.*** vulg. Magrear mediante engaños.

aprovisionador ***m.*** Abastecedor.

aprovisionamiento ***m.*** Abastecimiento.

aprovisionar ***tr.*** Abastecer.

aproximación ***f.*** Acción de aproximar o aproximarse. 2 Efecto de aproximar o aproximarse. 3 En la lotería nacional, premio concedido a los números anterior y posterior y a los de la centena de los primeros premios de un sorteo. 4 Estimación aproximada. 5 Lo que no ofrece una exactitud rigurosa. 6 Primer contacto [con un problema, cuestión, etc.]. 7 ANGLIC. Manera de abordar o de considerar aquello de lo que se va a tratar.

aproximadamente ***adv. m.*** Con proximidad, con corta diferencia.

SIN. **Próximamente.**

aproximado, -da ***adj.*** Aproximativo, que se acerca más o menos a lo exacto.

aproximamiento ***m.*** Aproximación.

aproximar (paras. de *próximo*) ***tr.-prnl.*** Acercar.

aproximativo, -va ***adj.*** Que se aproxima.

aproxis (l.) ***m.*** p. us. Díctamo.

aprudenciado, -da ***adj.*** *Amér.* Prudente.

aprudenciarse *prnl. Amér.* Prudenciarse.
apsara (sáns. *ápsara,* de *ap,* agua, y *sri,* manar) *f.* En la mitología india, ninfa acuática del paraíso de Indra.
ápside (gr. *apsis -idos,* nudo) *m.* En la órbita de un astro, extremo del eje mayor. ◇ HOMÓF.: *ábside.*
apsiquia (*a-* II + gr. *psyché,* alma) *f.* MED. Pérdida del conocimiento.
aptamente *adv. m.* Con aptitud.
aptar (l. *aptare*) *tr.* Ajustar, acomodar, adaptar.
apterigiforme *adj.-m.* Ave del orden de los apterigiformes. -2 *m. pl.* Orden de aves con las alas rudimentarias y las plumas filiformes; son nocturnas y viven en Nueva Zelanda; como el kiwi.
apterigotas (gr. *apterigotos,* sin alas) *m. pl.* Subclase de insectos ápteros de pequeño tamaño, que viven en el suelo y entre la vegetación en descomposición; comprende cuatro órdenes: colémbolos, dipluros, proturos y tisanuros.
ápterix *m.* Ave de Nueva Zelanda de alas rudimentarias y plumas cerdosas *(Apteryx australis).*
áptero, -ra (gr. *ápteros,* sin alas) *adj.* Que carece de alas: *insectos ápteros.* 2 [templo] Carente de pórticos laterales.
aptitud (l. *-udo*) *f.* Cualidad que hace que un objeto sea apropiado para un fin. 2 Idoneidad para el buen desempeño de alguna cosa: ~ *para los negocios;* ~ *para un cargo.*
apto, -ta (l. *aptu*) *adj.* Que tiene aptitud: ~ *para maestro;* ~ *en varios oficios.*
SIN. Se usa preferentemente para personas, lo mismo que **suficiente** y **capaz; útil** e **idóneo,** para personas o cosas; **competente,** en trabajos intelectuales. CONTR. **Inepto.**
apuchincharse *prnl. Cuba.* fam. Saciarse, hartarse.
apud, prep. latina que se emplea en las citas con la significación de *en la obra* o *en el libro de: apud Menéndez Pelayo.*
apuesta *f.* Acción de apostar. 2 Efecto de apostar. 3 Cosa que se apuesta.
apuestamente *adv. m.* Ordenadamente, con aliño y compostura.
apuesto, -ta (l. *appositu* < *apponere,* colocar) *adj.* Ataviado, adornado. 2 Gallardo.
apulgarar (paras.) *intr.* Hacer fuerza con el pulgar.
apulgararse (paras. de *pulga*) *prnl.* Llenarse la ropa blanca de manchas menudas.
apulismarse *prnl. Amér. Central.* No crecer, desmedrarse.
apulso (l. *appulsu,* aproximación) *m.* Contacto del borde de un astro con el hilo vertical del retículo del anteojo con que se le observa. 2 Momento en que un astro parece tocar a otro.
apunado, -da *adj. Argent.* Flaco, como el animal forzado a comer pasto *puna,* en tiempo de sequía.
apunarse *prnl. Amér. Merid.* Padecer puna o soroche.
apunchar (paras. de *puncha*) *tr.* Abrir los peineros de las púas [de un peine].
apuntación *f.* Apuntamiento. 2 Acción de escribir música. 3 Notación musical. -4 *f. pl.* MÚS. Modificaciones que se practican en los papeles de música para adaptarlos a la voz de algún cantante.
apuntadamente *adv. m.* ant. A punto, puntualmente.
apuntado, -da *adj.* Que hace puntas por las extremidades. V. arco apuntado. 2 BLAS. [figura] Que se toca por la punta.
apuntador, -ra *adj.-s.* Que apunta. -2 *m. f.* El que en el teatro va apuntando a los actores lo que han de decir. 3 Traspunte. -4 *m.* En las iglesias catedrales, el que anota la hora en que cada religioso entra o sale del coro. 5 Persona que confecciona las relaciones para la confrontación de las mercancías que se cargan o descargan en un puerto.
SIN. *2* **Consueta,** en algunas partes.
apuntalamiento *m.* Acción de apuntalar. 2 Efecto de apuntalar.
apuntalar (paras.) *tr.* Poner puntales [a una cosa]. 2 fig. Sostener, afirmar. -3 *tr.-prnl. C. Rica.* Tomar un refrigerio.
apuntamiento *m.* Acción de apuntar. 2 Efecto de apuntar. 3 DER. Resumen que de los autos forma el secretario de sala o el relator.
apuntar (paras. de *punto* o *punta*) *tr.* Señalar [una cosa en lo escrito] con punto u otra marca; esp. en las iglesias catedrales, anotar con un punto [las faltas de asistencia al coro o en alguna otra obligación]. 2 Tomar nota breve por escrito [de una cosa]. 3 Hacer un apunte o dibujo ligero. 4 Fijar o sujetar algo provisionalmente: ~ *una tabla, un lienzo.* 5 Hilvanar; en gral., remendar, zurcir. 6 En el obraje [de paños], pasar con hilo bramante los dobleces, para poner los sellos. 7 Asestar [una arma arrojadiza o de fuego]. 8 Señalar hacia sitio u objeto determinado. 9 fig. Señalar o indicar: *ya sé a quién apuntan tus quejas.* 10 Insinuar o tocar ligeramente [una especie]: *apuntaron que se valdrían de armas y fuerza.* 11 En las representaciones teatrales, ir el apuntador leyendo [lo que se ha de recitar]; p. anal., entre estudiantes, decir en voz baja [al compañero] la lección o el tema de examen a que éste debe contestar. 12 En los juegos de naipes, poner sobre una carta [la cantidad que se quiere jugar]. 13 Sacar punta [a un arma u otro objeto]. -14 *tr.-prnl.* Inscribir [a alguien] en algún sitio: ~ *al niño en el colegio.* -15 *intr.* Empezar a manifestarse una cosa: ~ *el día, el bozo.* -16 *prnl.* Empezar a tener punto de agrio el vino. 17 fam. Empezar a embriagarse. -18 *tr.* IMPR. Clavar [el pliego] en las punturas. -19 *prnl. Méj.* Hablando de cereales, nacer, entallecerse una semilla. ◇ V. *puntar.*
SIN. *2* **Anotar.** *11* **Soplar,** esp. entre estudiantes. FR. *Apuntar y no dar,* ofrecer y no cumplir.
apunte (de *apuntar*) *m.* Apuntamiento. 2 Nota que se toma por escrito. 3 Bosquejo, dibujo o pintura hecha rápidamente con pocas líneas o pinceladas. 4 Apuntador (en teatro y traspunte). 5 Voz del apuntador, y manuscrito o impreso de que se sirve. 6 Puesta (banca o naipes). 7 Punto (en juego de azar). 8 fam. Perillán. 9 Persona que causa extrañeza por alguna razón o singularidad. -10 *m. pl.* Extracto de las explicaciones de un profesor que toman los alumnos para sí, y que a veces se reproduce para uso de los demás.
SIN. *3* **Esquicio.**
apuntillar *tr.* TAUROM. Acachetar, rematar [al toro] con la puntilla.
apuñalado, -da (paras.) *adj.* De figura parecida a la hoja de un puñal.
apuñalar (paras. de *puñal*) *tr.* Dar de puñaladas.
apuñar (paras. de *puño*) *tr.* Asir o coger [algo] con la mano estrechamente. 2 Apuñear. -3 *intr.* Apretar la mano para que no se caiga lo que se lleva.
apuñear (paras. frecuent.) *tr.* Dar de puñadas [a una pers. o cosa].
apuñetear *tr.* Apuñear.
apuñuscar *tr. Amér.* Apañuscar, estrupar. -2 *prnl.* Apeñuscarse, apiñarse, agruparse. ◇ ** CONJUG. [1] como *sacar.*
apupar *tr. Ecuad.* Llevar al apa, a cuestas [algo].
apupú *f. Can.* Abubilla.
apuracabos *m.* Pieza cilíndrica con una púa donde se aseguran los cabos de vela para que ardan hasta consumirse. ◇ Pl.: *apuracabos.*
apuración *f.* Acción de apurar o apurarse. 2 Efecto de apurar o apurarse.
apuradamente *adv. m.* Precisamente. 2 Esmeradamente. 3 Con apuro o dificultad.
apurado, -da (de *apurar*) *adj.* Pobre, necesitado. 2 Dificultoso, peligroso. 3 Exacto.
apurador, -ra *adj.-s.* Que apura. -2 *m.* Apuracabos. 3 MIN. El que lava de nuevo las tierras depositadas en las tinas. 4 *And.* El que va derribando con una vara corta las aceitunas que han quedado en los olivos después del primer vareo.
apuramiento *m.* Acción de apurar. 2 Efecto de apurar.
apuranieves *f.* Aguzanieves. ◇ Pl.: *apuranieves.*
apurar (paras. de *puro*) *tr.* Purificar [una cosa]: ~ *el oro;* fig., ~ *la intención.* 2 fig. Averiguar [una cosa] con todo pormenor y separando lo que puede oscurecerla: ~ *una historia.* 3 Extremar, llevar hasta el cabo: ~ *la firmeza de una fuerza;* p. ext., acabar, agotar: ~ *las botellas;* fig., ~ *la paciencia.* 4 fig.; Molestar [a uno] e impacientarlo: *no apures a tus amigos;* esp., apremiar, dar prisa. 5 Rasurarse la barba mucho. -6 *prnl.* Afligirse, acongojarse: *apurarse en los contratiempos; apurarse por poco.*
apurativo, -va *adj. S. Dom.* Sin tino ni asiento. 2 Exigente, apremiante.
apure *m.* MIN. Acción de apurar (purificar). 2 MIN. Efecto de apurar (purificar). 3 MIN. Residuos resultantes del lavado de los minerales de plomo después de garbillados.
apureño, -ña *adj.-s.* [pers.] Apurimeño.
apurijo *m. Cuba.* Algo más premioso que un simple apuro.
apurimeño, -ña *adj.-s.* De Apurimac, dep. del Perú.
apurismado, -da *adj. Ecuad.* Enfermizo, enclenque.
apuro (de *apurar*) *m.* Aprieto, escasez grande. 2 Aflicción, conflicto. 3 Embarazo, vergüenza. 4 *Amér.* Prisa, urgencia.
SIN. *2* v. **Conflicto.**
apurón, -na *adj. Chile.* [pers.] Que se apresura en hacer o en que se haga alguna cosa.

apurpujado, -da *adj. Guat.* [ojo] De tamaño pequeño.
apurruñar *tr. Amér.* Manosear. 2 *Amér. Merid.* y *Cuba.* Apiñar, apretar.
apusurarse *prnl. Amér. Central.* Apolillarse.
aquaplaning *m.* ANGLIC. Derrapaje de un automóvil provocado por la película de agua que se adhiere a los neumáticos cuando el suelo está mojado.
aquárium *m.* Acuario.
aquedar (de *quedo*) *tr.* ant. Detener o hacer parar. -2 *tr.-prnl.* ant. Aquietar, sosegar.
aquejador, -ra *adj.-s.* Que aqueja.
aquejar (v. *quejarse*) *tr.* fig. Acongojar. 2 fig. Hablando de las enfermedades, vicios, defectos, etc., afectar a una persona o cosa, causarles daño.
SIN. *1* **Quejar.**
aquejoso, -sa (de *aquejar*) *adj.* Afligido, acongojado.
aquejumbrarse *prnl. Cuba* y *Guat.* Quejarse.
aquel, aquella (l. v. *eccum ille*) *adj. dem.* Designa la persona o cosa que físicamente está lejos del que habla y del que escucha. Se usan antepuestas al substantivo que determinan: *~ día; aquellas horas;* se posponen cuando el substantivo lleva además el artículo: *el día ~; los tiempos aquellos.* ◇ Pl.: *aquellos, aquellas.*
aquél, aquélla, aquello *pron. dem.* Designa la persona o cosa que físicamente está lejos del que habla y del que escucha: *~ está lejos.* -2 *m.* fam. Gracia, donaire: *tiene mucho ~.* ◇ Pl.: *aquéllos, aquéllas.*
FR. *Ya pareció aquello,* fam., se emplea cuando ocurre algo que se recelaba o presumía.
Pueden escribirse sin acento cuando no haya ambigüedad. Esta resolución de la Academia Española se funda en que todos los demostrativos son tónicos en su pronunciación, tanto en su uso adjetivo (v. el artículo anterior) como en su uso pronominal.
aquelarre (vasc.) *m.* Conciliábulo nocturno de brujos.
aquellar *tr.* fam. Verbo que se emplea en sustitución de otro, cuando se ignora éste o no se quiere expresar. 2 *Can.* Arreglar, componer [máquinas, artefactos, etc.].
aquello, *pron. dem.,* forma neutra del pronombre *aquél.*
aqueménide (gr. *achoemenides*) *adj.-s.* De una antigua dinastía persa, a la cual pertenecieron Ciro (¿558-528? a. C.) y Darío I(n. h. 550 a. C.).
aquende (l. v. *eccum + inde,* de allí) *adv. l.* De la parte de acá.
CONTR. **Allende.**
aquenio (*a-* II + gr. *chaino,* abrirse) *m.* Fruto seco monospermo e indehiscente, cuyo tegumento es distinto del tegumento de la semilla.
aqueo, -a (l. *achœu*) *adj.-s.* De Acaya, antigua región de Grecia, al norte del Peloponeso. 2 p. ext. De la antigua Grecia. -3 *adj.-m.* Dialecto dórico hablado en la época clásica en Acaya: *~* ***antiguo,*** dialecto perteneciente al grupo occidental del griego común, el más antiguo de todos los conocidos, hablado en la época micénica en esta región.
SIN. *1* y *2* **Aquivo.**
aquerenciado, -da *adj. Méj.* Enamorado.
aquerenciarse (paras.) *prnl.* Tomar querencia a un lugar. ◇ ** CONJUG. [12] como ***cambiar.***
aqueresar *tr.-prnl.* Llenar [algo] de larvas o queresas.
aqueridarse *prnl. P. Rico.* Amancebarse.
Aqueronte *n. pr.* MIT. Río de los infiernos, por cuyas márgenes vagaban las almas de los muertos privados de sepultura.
aquese, -sa, -so *adj.* y *pron. dem.* ant. Ese.
aqueste, -ta, -to *adj.* y *pron. dem.* ant. Este.
áqueta (l. *acheta*) *f.* Cigarra.
aquí (l. v. *eccum + hic*) *adv. l.* Señala el lugar en que se halla el que habla, o próximo a él, de un modo preciso, a diferencia de la vaguedad de *acá.* 2 A este lugar: *¿quién os ha traído ~?;* seguido de la preposición *de* forma interjecciones o frases con las que se invoca auxilio: *¡~ del Rey! ~ de la prudencia del cochero.* 3 Toma carácter pronominal demostrativo, especialmente precedido de preposición: *de ~ tuvo origen su desgracia; por ~ no se pasa.* -4 *adv. t.* Ahora, entonces: *hasta ~ nos ha sustentado; ~ no se pudo contener Don Quijote; ~* ***fue Troya,*** fr., expresa el lugar u ocasión en que sucede algo memorable. 5 En correlación con *allí,* u otros adverbios de lugar, adquiere valor coordinante distributivo: *~ rosas y dalias, allí jacintos y claveles;* en este caso la determinación de un lugar se debilita mucho, hasta el punto de que la frase adverbial *aquí* y *allí* denota indeterminadamente varios lugares.
aquiescencia (l. *acquiescentia*) *f.* Consentimiento.
aquiescente *adj.* Que consiente, permite o autoriza.
aquietador, -ra *adj.* Que aquieta.
aquietadoramente *adv. m.* De manera aquietadora.
aquietamiento *m.* Acción de aquietar o aquietarse. 2 Efecto de aquietar o aquietarse.
aquietante *adj.* Que aquieta.
aquietar *tr.-prnl.* Apaciguar.
SIN. **Quietar.**
aquifoliáceo, -a *adj.-f.* BOT. Planta de la familia de las aquifoliáceas. -2 *f. pl.* BOT. Familia de plantas angiospermas dicotiledóneas, que incluye árboles y arbustos de hojas gralte. coriáceas, flores actinomorfas y fruto en drupa; como el acebo.
SIN. **Ilicíneo.**
aquifolio (l. *-iu*) *m.* Acebo.
aquilaríneo, -a *adj.-f.* Planta de la familia de las aquilaríneas. -2 *f. pl.* Familia de plantas dicotiledóneas, árboles o arbustos de la India y de la China, de hojas alternas y enteras, flores axilares o en umbela y frutos en cápsula bivalva.
aquilatamiento *m.* Acción de aquilatar. 2 Efecto de aquilatar.
aquilatar (de *quilate*) *tr.* Examinar y graduar los quilates [del oro, perlas o piedras preciosas]. 2 fig. Apreciar debidamente el mérito [de una pers.] o la verdad [de una cosa]. 3 Apurar, purificar.
SIN. **Quilatar,** menos us.
aquilea (l. *achillea*) *f.* Milenrama.
Aquiles *n. pr.* Héroe de la *Ilíada,* que fue entre los griegos el arquetipo del valor. Su madre, Tetis, para hacer su cuerpo invulnerable lo sumergió en la laguna Estigia, pero no bañó el calcañar, por el que lo tenía sujeto. Paris lo mató de un flechazo en su única parte vulnerable, llamada *tendón de Aquiles.* Este nombre se usa hoy en ANAT. (v. *tendón*); fig., *el tendón de Aquiles* de una cuestión, o asunto, etc., es su parte decisiva, delicada, débil. *Argumento Aquiles,* el más importante en una controversia.
aquilífero (l. *-fer*) *m.* El que llevaba la insignia del águila en las legiones romanas.
aquilino, -na (l.) *adj.* lit. Aguileño (díc. del rostro).
aquillado, -da (paras.) *adj.* De figura de quilla. 2 [buque] Muy largo de quilla.
aquilón (l. *-ilone*) *m.* Norte (viento y polo ártico).
aquilonal (l. *-ale*) *adj.* Relativo al aquilón. 2 [tiempo] De invierno.
aquilonar (l. *-are*) *adj.* Aquilonal.
aquinesia (gr. < *a-* II + *-quinesia*) *f.* Privación de movimiento. 2 Intervalo que, en cada pulsación, separa la sístole de la diástole. ◇ También *acinesia.*
aquintralarse *prnl. Chile.* Cubrirse una planta de quintral.
aquipichar *intr. Perú.* Llevar en el quipe.
aquistador, -ra *adj.* Que aquista.
aquistar (l. **acquisitare < acquirere,* adquirir) *tr.* Conseguir, adquirir, conquistar.
aquitánico, -ca (l. *-cu*) *adj.* Aquitano.
aquitano, -na (l. *-nu*) *adj.-s.* De Aquitania, antigua región romana de la Galia.
aquivo, -va (l. *achivu*) *adj.-s.* Aqueo.
I) -ar (l. *-aris, -e*) Sufijo que entra en la formación de voces latinas como *familiar,* y de adjetivos y substantivos romances derivados de nombres, denotando condición, relación o pertenencia: *capsular, muscular, auricular;* lugar en que abunda una cosa, como el sufijo *-al* I: *tejar, yesar, pinar, melonar.*
II) -ar (l. *-are > -ar*) Sufijo procedente de la terminación infinitiva de los verbos de la 1.ª conjugación que entra en la formación de verbos nuevos derivados de nombres, adjetivos y hasta de adverbios: *arañar, concursar, alegrar, bastantear.*
¡ar! MIL. Interjección ¡Mar!
I) ara (l.) *f.* Altar (monumento). 2 Piedra consagrada, con una cavidad que contiene gralte. reliquias de mártires, sobre la cual extiende el sacerdote los corporales para celebrar la misa. 3 Constelación austral situada al sur del Escorpión.
FR. *En aras de,* en obsequio o en honor de.
II) ara *m.* Guacamayo, ave prensora.
árabe (ár. *arab*) *adj.-s.* De Arabia, península del sudoeste de Asia. -2 *adj.-m.* Lengua perteneciente al grupo semítico occidental meridional, hablada en todo el mundo musulmán: *~* ***clásico, literario*** o ***culto,*** la lengua del Corán, de carácter literario y religoso; *~* ***moderno,*** conjunto muy fragmentado de dialectos árabes hablados en gran parte de Asia y África; como el sirio y el mogrebí; **ALFABETO.

arabesco, -ca (it. *arabesco*) ***adj.*** Arábigo. -2 ***m.*** PINT. y ESC. Dibujo de adorno compuesto de tracerías, follajes, volutas, etc.
arabí (ár. *arabí*) ***adj.-com.*** Árabe, arábigo. -2 ***m.*** Arabía, lengua árabe. ◇ Pl.: *arabíes.*
arabia ***f.*** *Cuba, Ecuad.* y *P. Rico.* Tela de algodón, listada o a cuadros.
arabía ***f.*** ant. Lengua árabe.
arábico, -ca ***adj.*** Arábigo.
arábigo, -ga (l. *-icu*) ***adj.*** Árabe. -2 ***m.*** Idioma árabe.
arabina ***f.*** QUÍM. Ácido arábigo, incoloro, transparente y que constituye la mayor parte de la goma arábiga, utilizada para pegar.
arabinosa ***f.*** Monosacárido que se obtiene a partir de la goma arábiga.
arabio, -bia (l. *-iu*) ***adj.-s.*** Árabe.
arabismo ***m.*** Giro o modo de hablar propio de la lengua árabe. 2 Vocablo o giro del árabe empleado en otra lengua.
arabista ***com.*** Persona que cultiva la lengua y literatura árabes.
arabización ***f.*** Acción de arabizar. 2 Efecto de arabizar.
arabizar ***tr.*** Dar [a un pueblo, a una persona] el carácter, las costumbres y la cultura árabes. -2 ***intr.*** Imitar la lengua, estilo o costumbres árabes. ◇ ** CONJUG. [4] como ***realizar.***
arable ***adj.*** Que puede ararse.
arabo ***m.*** Árbol tropical eritroxiláceo, cuya madera dura, resistente y fibrosa se emplea para hacer horcones *(Erithroxilum obovatum).*
aracarí ***m.*** Ave piciforme de unos 45 cms. de longitud y plumaje de color verde metálico, con el dorso rojo y el vientre amarilloverdoso con una lista roja *(Pteroglossus aracari).*
aráceo, -a ***adj.-f.*** Planta de la familia de los aráceas. -2 ***f. pl.*** Familia de plantas monocotiledóneas, herbáceas o leñosas, de hojas alternas acorazonadas o sagitales que envuelven un bohordo con flores en espádice, cubiertas por una espata; como el aro.
SIN. **Aroideo.**
-aracho, v. -acho.
Aracne ***n. pr.*** MIT. Muchacha que se atrevió a competir con Minerva en el arte de tejer; la diosa la transformó en araña.
arácnido (gr. *arachne,* araña) ***adj.-m.*** Artrópodo de la clase de los arácnidos. -2 ***m. pl.*** Clase de artrópodos quelicerados, con un par de pedipalpos, y cuatro pares de patas; incluye los siguientes órdenes: escorpiones, seudoescorpiones, solífugos, palpígrafos, uropigios, amblipigios, araneidos, ricinúleos, opiliones y ácaros.
aracno-, aracn- (gr. *aráchne,* araña) Elemento prefijal que entra en la formación de palabras con el significado de araña, arácnido, o relacionado con este animal, esp. tela de araña: *aracnología, aracnodactilia.*
aracnodactilia (*aracno-* + *dactilia*) ***f.*** PAT. Malformación que se caracteriza por la exagerada longitud y delgadez de las extremidades, en especial de los dedos.
aracnófilo, -la (*aracno-* + *-filo*) ***adj.-s.*** Aficionado a las arañas.
aracnofobia (*aracno-* + *-fobia*) ***f.*** Temor morboso a las arañas.
aracnoides (gr. *arachnoeidés* < *aracno-* + *oide*) ***f.*** Meninge situada entre la duramadre y la piamadre, formada por un tejido claro y seroso. ◇ Pl.: *aracnoides.*
REL. V. *Meninge.*
aracnoiditis (*aracnoides* + *-itis*) ***f.*** PAT. Inflamación de la aracnoides.
aracnología (*aracno-* + *-logía*) ***f.*** Parte de la Zoología que trata de los arácnidos.
aracnológico, -ca ***adj.*** Relativo a la aracnología.
aracnólogo, -ga ***m. f.*** Persona que estudia la aracnología.
arada ***f.*** Acción de arar. 2 Tierra labrada con el arado. 3 Porción de tierra arada en un día por una yunta. 4 Cultivo del campo. 5 Temporada en que se aran los campos.
-arada, v. -ada.
arado (l. *aratru*) ***m.*** Instrumento para arar: ~ *de vertedera;* ~ *romano;* ~ *giratorio.* 2 Reja (labor). 3 *Colomb.* Tierra labrada. 4 *Colomb.* Huerto. 5 *Cuba.* Constelación boreal.
arador, -ra (l. *aratore*) ***adj.-s.*** Que ara. -2 ***m.*** Ácaro parásito y casi microscópico que produce la sarna *(Sarcoptes scabiei).*
aradura ***f.*** Acción de arar. 2 Efecto de arar. 3 *Ast.* Arada, tierra que ara una yunta en un día.
aragón ***m.*** Queso de pasta semidura y consistencia firme, de leche de oveja y cabra, elaborado en las provincias de Castellón de la Plana y Teruel.
aragonés, -nesa ***adj.-s.*** De Aragón, reg. o ant. reino. 2 Dialecto romance llamado también navarroaragonés. 3 Especie de uva tinta, cuyos racimos son muy grandes, gruesos y apiñados; vid y veduño de esta clase.
aragonesismo ***m.*** Amor o apego a las cosas características de Aragón. 2 Vocablo, giro o modo de expresión propio de Aragón.
aragonito (de *Aragón*) ***m.*** Carbonato de calcio nativo que difiere de la calcita por su cristalización.
araguaney ***m.*** Árbol bignoniáceo tropical, de madera dura e incorruptible *(Tecoma spectabilis).* 2 *Venez.* Arma de palo o madera.
araguato ***m.*** *Colomb.* y *Venez.* Mono de pelaje leonado obscuro, pelo hirsuto en la cabeza y barba grande *(Mycetes ursinus; villosus).* 2 *Venez.* Son popular que tiene por motivo el animal así llamado.
aragüeño, -ña ***adj.-s.*** Aragüés.
aragüés, -sa ***adj.-s.*** De Aragua, estado del norte de Venezuela.
aragüirá (guaraní) ***m.*** *Argent.* y *Parag.* Pajarillo de lomo rojizo, y pecho y copete de hermosísimo color rojo subido *(Coryphospingus cucullatus).*
arahuaco, -ca ***adj.-s.*** Individuo de un pueblo indio que se extendió desde las Grandes Antillas por muchos territorios de América del sur. -2 ***m.*** Lengua hablada por esos pueblos.
-arajo, v. -ajo.
aralejo ***m.*** Árbol de Cuba, de madera amarilla y resistente, empleada en carpintería.
arales ***f. pl.*** Orden de plantas dentro de la clase monocotiledóneas, perennes y de diverso aspecto según la familia, aráceas o lemnáceas.
aralia ***f.*** Arbusto araliáceo de adorno, originario del Canadá, de flores pequeñas y blancas *(Aralia racemosa).*
SIN. **Espicanardo, nardo americano.**
araliáceo, -a (de *aralia*) ***adj.-f.*** Planta de la familia de las araliáceas. -2 ***f. pl.*** Familia de plantas dicotiledóneas, gralte, tropicales, de flores en umbela o cabezuela, con el cáliz soldado al ovario y fruto en baya; como la hiedra.
araliales ***f. pl.*** Orden de plantas dentro de la clase dicotiledóneas, que incluye dos familias: *cornáceas* y *araliáceas.*
arambel (ár. *alhambal*) ***m.*** Colgadura de tapices, telas, etc. 2 fig. Andrajo que cuelga del vestido. ◇ También *harambel.*
arambol ***m.*** *Pal.* y *Vallad.* Balaustrada.
arameo, -a (l. *aramei*) ***adj.-s.*** De un pueblo bíblico descendiente de Aram, hijo de Sem, que habitó del Mediterráneo al Tigris. -2 ***adj.-m.*** Conjunto de lenguas pertenecientes al grupo semítico occidental septentrional, habladas principalmente en el oeste de Mesopotamia, que se divide en dos grupos: oriental y occidental; como el siríaco y el samaritano, respectivamente.
aramio (de *arar*) ***m.*** Campo dejado de barbecho.
arana ***f.*** Embuste, estafa.
arancel (ár. *alam elacer,* registro de precios) ***m.*** Tarifa oficial que determina los derechos que se han de pagar en varios ramos, como el de costas judiciales, aduanas, etc. 2 Tasa, valoración, norma, ley.
arancelar ***tr.*** *Amér. Central.* Abonar, pagar. -2 ***prnl.*** *Guat.* Abonarse, volverse parroquiano de un lugar.
arancelario, -ria ***adj.*** Relativo al arancel, esp. el de aduanas.
arandanedo ***m.*** Terreno poblado de arándanos.
arándano ***m.*** Arbusto ericáceo muy ramificado, de flores rosadas solitarias, axilares y fruto en baya, dulce y comestible, de color negro azulado *(Vaccinium myrtillus).* 2 Fruto de esta planta.
SIN. **Mirtilo; ráspano; rasponera** (*Sant.*)**; anavia** (*Logr.*).
arandela (fr. *rondelle*) ***f.*** Disco con un agujero en medio, que se pone en el candelero para recoger lo que se derrame y caiga de la vela. 2 Disco de metal en la empuñadura de la lanza para defensa de la mano. 3 Anillo metálico usado en las máquinas para evitar el roce entre dos piezas. 4 Anilla de papel o de substancia plastificada que sirve de refuerzo a las hojas de ciertos cuadernos. 5 Pieza de hojalata, a manera de embudo, que aplican los hortelanos a los troncos de los árboles, para impedir que las hormigas suban y los dañen. 6 Tablero para cerrar las portas de los buques. 7 Araña con pie, que se coloca sobre una mesa. 8 *Amér. Merid.* Chorrera y vueltas de la camisola.
SIN. *3* **Corona, herrón, vilorta, volandera.**
arandelos ***m. pl.*** *Colomb.* Arandelas, colgajos.
arandillo ***m.*** Pájaro insectívoro que habita en los cañaverales de las regiones pantanosas *(Acrocephalus aquatica).* 2 Tordo (ave).
SIN. *1* **Trepajuncos.**

araneido *adj.-m.* Arácnido del orden de los araneidos. -2 *m. pl.* Orden de arácnidos con el abdomen muy desarrollado y globoso, y que presentan glándulas productoras de seda; los quelíceros están conectados a glándulas venenosas; como la araña.

aranero, -ra (de *arana*) *adj.-s.* Embustero, estafador.

aranés, -sa *adj.-s.* Del Valle de Arán, comarca de Lérida. -2 *adj.-m.* Dialecto gascón hablado en el valle de Arán. Tiene influencias del catalán y del castellano.

araní *adj.-s.* De Araní, capital y provincia del departamento boliviano de Cochabamba. ◇ Pl.: *araníes.*

aranoso, -sa *adj.* Aranero.

aranzada (der. de *arienzo*) *f.* Ant. medida agraria (en Castilla, 44,70 a.; en Córdoba, 36,70 a.; en Sevilla, 47,50 a.).

araña (l. *aranea*) *f.* Animal del orden de los araneidos. 2 fig. Persona muy aprovechada y vividora. 3 Pez marino teleósteo perciforme, de color gris pardusco, con la parte superior del cuerpo pinteada y con espinas venenosas; vive enterrado en los fondos arenosos *(Trachinus araneus).* 4 Arañuela (planta). 5 Candelabro de techo, de varios brazos, que puede estar adornado con cristales. 6 ~ ***de agua,*** escribano del agua. 7 Cangrejo de mar, de carapacho espinoso y bocas grandes y elípticas (gén. *Stenorhynchus; Inachus).* 8 ~ ***picacaballos,*** arácnido de Honduras que pica las patas de los caballos, a consecuencia de lo cual pierden éstos los cascos. 9 MAR. Conjunto de cabos delgados que desde un punto común se separan para afianzarse convenientemente. 10 *Amér.* Nombre que se da a varias plantas de diversas especies. 11 *Chile.* fig. Carruaje ligero y pequeño.

Araña (el capitán o el patrón ~) Frase que se dice del que en cualquier negocio embarca a los demás y él se queda en tierra.

arañada *f.* Arañamiento.

arañador, -ra *adj.-s.* Que araña.

arañamiento *m.* Acción de arañar o arañarse. 2 Efecto de arañar o arañarse.

arañar (de *araña*) *tr.* Rasgar ligeramente [el cutis] con las uñas, un alfiler, etc.: ~ *el rostro;* p. ext., hacer rayas [en una superficie lisa]. 2 fig. Recoger poco a poco y de varias partes [lo necesario para algún fin].
SIN. *1* **Rascar.**

arañazo *m.* Herida superficial hecha con las uñas, un alfiler, etc.
SIN. **Rascuño, rasguño, uñada, uñarada, uñetazo** (intens.).

arañero, -ra *adj.* Zahareño (díc. del pájaro).

arañil *adj.* Relativo a la araña.

araño *m.* Arañamiento. 2 Arañazo.

arañuela *f.* Dim. de *araña.* 2 Arañuelo. 3 Hierba ranunculácea, erecta y anual, con las hojas divididas y las flores azules *(Nigella damascena).* 4 *Ar.* Enfermedad del olivo producida por el arañuelo.
SIN. *3* **Ajenuz, araña, neguilla.**

arañuelo (l. *araneolu*) *m.* Larva de ciertos insectos que destruyen los plantíos. 2 Garrapata (arácnido). 3 Araña, red.

arao *m.* Ave caradriforme de unos 45 cms. de longitud. La parte superior del cuerpo es negra, excepto una banda alar blanca; la parte inferior es blanca *(Uria aalge).*

arapaima *m.* Pez grande de río en el Brasil; es el de mayor esqueleto de agua dulce en todo el mundo; tiene más de 3 m. de largo y peso de 200 Kgs.; su carne es muy apreciada *(Arapaima gigas).*

arapapá *m.* Ave ciconiforme de Sudamérica, de unos 50 cms. de longitud, con el cuerpo de color pardo y la cabeza azulada, y el pico en forma de cuchara vuelta al revés *(Cochlearius cochlearius).* ◇ Pl.: *arapapaes.*

araponga *m.* Ave paseriforme de América Central, de unos 28 cms. de longitud, que se caracteriza por la presencia de tres largos apéndices eréctiles en la base del pico del macho *(Procnias tricarunculata).*
SIN. **Campanero.**

aráquida (l. mod. *arachis* < l. *arachidna*) *f.* Cacahuete.

I) arar (l. *arare*) *tr.* Abrir surcos [en la tierra] con el arado. 2 fig. Arrugar; hacer [en alguna cosa] rayas parecidas a los surcos. 3 fig. Ir por un fluido cortándolo.
SIN. **Labrar.**

II) arar (ár. *ar ar,* enebro) *m.* Alerce africano. 2 BOT. Enebro.

arara *m. Bol.* Papagayo.

ararao *adj. S. Dom.* [animal] Con listas blancas y negras en el pelamen.

ararú *m. S. Dom.* Fécula parecida al sagú, que sirve de alimento a niños y enfermos.

arasá *m. Argent., Brasil, Parag.* y *Urug.* Árbol de la familia de las mirtáceas, con la copa ancha y frondosa, madera consistente y flexible, y fruto amarillo dorado, comestible *(Psidium guajaba).* 2 Fruto de este árbol del que se hacen confituras. ◇ Pl.: *arasaes.*

-arasca, v. -asco.

arate cavate, fr. fig. con que se indica la tarea diaria del labrador; y p. ext., la tosquedad de la persona que sólo sabe los rudimentos de su profesión u oficio.

araticú (guaraní) *m.* Árbol silvestre de América Merid., especie de chirimoyo de fruto amarillo *(Anona silvatica).*

arato, -ta *adj. Colomb.* Unido, pegado, doble, hablando de frutos, esp. de los plátanos.

araucanismo *m.* Voz de origen araucano.

araucanista *com.* Persona que estudia el idioma o las costumbres de los araucanos.

araucano, -na *adj.-s.* De Arauco, provincia del sur de Chile. -2 *adj.-m.* Lengua precolombina hablada en Chile y Argentina.

araucaria (de *Arauco,* región de Chile) *f.* Árbol conífero araucariáceo, de gran talla; se cultiva en los jardines *(Araucaria araucana).*
SIN. **Pehuén, pino araucano,** ~ **del Neuquén** *(Argent.* y *Chile).*

araucariáceo, -a *adj.-f.* Planta de la familia de las araucariáceas. -2 *f. pl.* Familia de plantas coníferas, que incluye árboles grandes, con ramas dispuestas en simetría.

arauja *f.* Planta asclepiadea y trepadora del Brasil, de flores blancas y olorosas *(Araujia albens).*

aravico *m.* Poeta de los antiguos peruanos.

-araz, v. -az.

arazá (guaraní) *m. Amér. Merid.* Guayabo.

arbalestrilla (l. *arcuballista,* ballesta pequeña) *f.* TOPOGR. Instrumento que servía como un sextante de alidadas.

arbela *f. Extr.* Cogujada.

arbellón (l. *alveolu* < *alveu,* álveo) *m.* Albollón.

arbequín *m.* Olivo catalán, de aceituna pequeña y excelente aceite.

arbequina *f.* Variedad de aceituna producida por el arbequín.

arbitán *m.* Pez marino teleósteo gadiforme, de cuerpo muy alargado, de color variable, y con las escamas pequeñas *(Molva macrophthalma).*
SIN. **Escolano.**

arbitrable *adj.* Que pende del arbitrio. 2 Que puede resolverse por arbitraje.

arbitración *f.* Arbitramento.

arbitrador, -ra *adj.-s.* Que arbitra.

arbitraje *m.* Acción o facultad de arbitrar. 2 Remisión de las dos partes de un litigio a una tercera, cuya decisión se comprometen a aceptar. 3 Operación de cambio de valores mercantiles, que se hace a base de las diferencias de precios que aquéllos tienen en diversas bolsas en un mismo día. 4 Procedimiento para resolver pacíficamente conflictos internacionales, sometiéndolos al fallo de una tercera potencia.

arbitral (l. *-ale*) *adj.* Relativo al arbitrador o al juez árbitro. 2 Constituido por árbitros: *jurado ~; tribunal ~.*

arbitramento, -miento *m.* DER. Acción o facultad de dar sentencia arbitral. 2 Sentencia arbitral.

arbitrante *adj.-s.* Que arbitra.

arbitrar (l. *-are*) *tr.* Proceder uno con arreglo a su libre albedrío: *el hombre arbitra sus acciones.* 2 Allegar, disponer, reunir: ~ *recursos, medios.* 3 Ejercer de árbitro en los deportes. 4 DEP. Hacer cumplir las reglas de un juego o deporte. 5 DER. Juzgar como árbitro. -6 *prnl.* Ingeniarse.

arbitrariamente *adv. m.* Por arbitrio o al arbitrio. 2 Con arbitrariedad.

arbitrariedad *f.* Acto injusto o ilegal, esp. si lo comete persona constituida en autoridad.
SIN. v. **Exceso.**

arbitrario, -ria (l. *-iu*) *adj.* Que depende del arbitrio. 2 Que incluye arbitrariedad. 3 Arbitral.

arbitrativo, -va *adj.* Arbitrario (arbitral).

arbitratorio, -ria *adj.* Arbitral.

arbitrero, -ra *adj.* Arbitrario. -2 *m.* Arbitrista.

arbitriano *m.* Arbitrista.

arbitrio (l. *-iu;* doble etim. *albedrío*) *m.* Facultad de resolver o decidir. 2 Autoridad, poder. 3 Voluntad gobernada no por la razón, sino por el apetito o capricho. 4 Medio que se propone para el logro de algún fin. 5 Sentencia del juez árbitro. -6 ***m. pl.*** Derechos o impuestos para gastos públicos: *arbitrios municipales.*

arbitrista (de *arbitrio*) ***com.*** Persona que propone planes disparatados para aliviar la hacienda pública o el país en general.

árbitro, -tra (l. *arbiter*) ***adj.-s.*** Que puede obrar por sí solo, con toda independencia. -2 ***m. f.*** Juez árbitro. 3 Persona que tiene mucha influencia sobre los demás: ~ *de la moda.* 4 Persona influyente en gral.: ~ *de la política;* ~ *de los negocios.* 5 DEP. Persona que cuida de la aplicación del reglamento en ciertas contiendas deportivas.

árbol (l. *arbore*) ***m.*** Planta perenne, de tronco leñoso que se ramifica a cierta altura del suelo: ~ ***blanco,*** árbol mirtáceo de cuyas hojas se obtiene la esencia de capeyut usada para embalsamar *(Melalenca leucadendron);* ~ ***de María,*** calambuco; ~ ***de Navidad,*** pimpollo de una planta de hoja perenne, gralte. conífera, decorado con luces, adornos y obsequios navideños; ~ ***de Judas*** o ***del amor,*** ciclamor; ~ ***de Júpiter,*** arbusto litáceo de corteza amarillo grisácea *(Lagerstroemia indica);* ~ ***de la canela,*** canelo; ~ ***de la cera,*** carandaí; ~ ***de la miel,*** ~ *de las pagodas,* sófora; ~ ***del caucho,*** arbolillo euforbiáceo de cuyo látex, a partir de incisiones del tronco, se extrae el caucho *(Hevea brasilensis);* ~ ***del cielo,*** alianto; ~ ***del coral,*** peonía (arbusto leguminoso); ~ ***del clavo,*** clavero; ~ ***del diablo,*** jabillo; ~ ***del pan,*** árbol artocarpáceo tropical, cuyo fruto contiene una substancia farinácea *(Artocarpus communis);* ~ ***del paraíso,*** cinamomo; ~ ***del rosario,*** árbol papilionáceo cuyas semillas sirven para fabricar rosarios y collares *(Arbus precatorius);* ~ ***del sebo,*** planta euforbiácea de hojas alternas, flores apétalas y fruto capsular con semillas rodeadas de una gruesa capa de grasa *(Sapium sebiferum);* ~ ***frutal,*** el que da frutas; ~ ***de la ciencia del bien y del mal,*** fr., árbol de Paraíso terrenal cuyo fruto no debía comer el hombre; ~ ***de la cruz,*** cruz en que murió Nuestro Señor Jesucristo; ~ ***genealógico,*** p. ext., cuadro descriptivo, generalmente en forma de árbol, de los parentescos de una familia; ~ *respiratorio,* MED., sistema orgánico formado por la respiración de los bronquios que parten del tronco de la laringe y de la tráquea. 2 Palo (embarcación). 3 Punzón que usan los relojeros para horadar el metal. 4 Pie derecho, fijo o giratorio, que sirve de eje de una máquina: ~ *de molino;* ~ *de transmisión;* ~ ***de levas,*** eje provisto de resaltes o dientes que transforma el movimiento alterno de los órganos de distribución. 5 Pie derecho de una escalera de caracol. 6 En los órganos, eje que, a voluntad del ejecutante, actúa sobre un registro. 7 Cuerpo de la camisa sin las mangas. 8 ARQ. Alma de la escalera de caracol. 9 ARQ. Madero o pie derecho principal en el armadura de una linterna o techumbre. 10 IMPR. Altura de la letra, desde la base hasta el hombro. 11 IMPR. Pieza de hierro en la parte superior del husillo de la prensa de imprimir. 12 *Chile.* Cuelgacapas.

REL. *1* **Arbolado,** conjunto de árboles de un lugar; terreno poblado de árboles , **arboleda (v. Bosque).** El elemento sufijal **-edo, -eda,** gralte., indica lugar poblado de árboles de determinada especie: *robledo, olmedo, moraleda, sauceda;* cultivo de árboles , **arboricultura;** adj.-s. **arboricultor; arborescente,** en forma de ~. Algunos tecn. se forman del gr. *dendron* (árbol), como *dendroide, dendrímetro.*

arbolado, -da ***adj.*** [terreno] Poblado de árboles. -2 ***m.*** Conjunto de árboles.

arboladura ***f.*** Conjunto de árboles y vergas de un buque.

arbolar ***tr.*** Enarbolar (levantar en alto). 2 Poner los árboles [a una embarcación]. 3 Arrimar derecho [un objeto alto] a una casa: ~ *escalas al muro.* -4 ***intr.-prnl.*** Elevarse mucho las olas del mar. -5 ***prnl.*** Encabritarse.

arbolear ***tr.*** *Colomb.* y *Ecuad.* Arrojar [una cosa].

arbolecer ***intr.*** Arborecer. ◇ ** CONJUG. [43] como ***agradecer.***

arboleda ***f.*** Terreno poblado de árboles.

arboledo (l. *arboretu*) ***m.*** Conjunto de árboles.

arbolejo ***m.*** Dim. de *árbol.*

arbolete ***m.*** Dim. de *árbol.* 2 Rama de árbol hincada en tierra y con varetas untadas de liga para cazar pájaros.

arbolillo ***m.*** Dim. de *árbol.* 2 MIN. Muro que forma cada uno de los costados de los hornos de cuba. 3 ZOOL. Pólipo hidrozoario que vive en colonias parecidas a matorrales de hasta 15 cms. de altura *(Eudendrium rameum).* 4 *And.* Arbolete, rama de árbol para cazar pájaros.

arbolista ***com.*** Persona que tiene por oficio cultivar los árboles o comerciar con ellos.

arbollón ***m.*** Albollón.

arbor-, v. arbori-.

arborecer (l. *-scere*) ***intr.*** Hacerse árbol. ◇ ** CONJUG. [43] como ***agradecer.***

arbóreo, -a (l. *-eu*) ***adj.*** Relativo al árbol. 2 Parecido al árbol.

arborescencia ***f.*** Cualidad de arborescente. 2 Parecido de ciertas cristalizaciones con la forma de árbol.

arborescente (l.) ***adj.*** Que parece un árbol. 2 Que crece como un árbol. 3 Que forma ramificaciones análogas a las ramas de un árbol.

SIN. **Dendroide, dendroideo.**

arboreto (l.) ***m.*** BOT. Plantación de árboles destinada a fines científicos como el estudio de su desarrollo, de su acomodación al clima y al suelo, etc.

arbori-, arbor- (l. *arbor,* árbol) Elemento prefijal que entra en la formación de palabras con el significado de árbol: *arboricida.*

arboricida (*arbori-* + *-cida*) ***adj.-s.*** Que destruye los árboles.

arborícola (*arbori-* + *-cola*) ***adj.-s.*** Que vive en los árboles.

arboricultor, -ra ***m. f.*** Persona que se dedica a la arboricultura.

arboricultura (*arbori-* + *-cultura*) ***f.*** Cultivo de los árboles. 2 Enseñanza relativa al modo de cultivarlos.

arboriforme (*arbori-* + *-forme*) ***adj.*** De figura de árbol.

arborización ***f.*** En los minerales o en las cristalizaciones, dibujo natural que se parece a las ramas de un árbol. 2 Ramificación terminal en las células nerviosas.

arborizado, -da ***adj.*** [mineral o cristalización] Que muestra arborizaciones.

arborizar ***tr.*** Poblar de árboles un terreno. 2 Plantar árboles en determinado paraje. ◇ ** CONJUG. [4] como ***realizar.***

arbotante (fr. *arc-boutant*) ***m.*** Arco por tranquil o rampante que transmite los empujes de la bóveda a un contrafuerte. 2 Palo o hierro que sobresale del casco del buque.

SIN. *1* **Botarete.**

arbustivo, -va ***adj.*** Que tiene la naturaleza o cualidades del arbusto.

arbusto (l. *-tu*) ***m.*** Planta leñosa de poca altura ramificada desde la base.

REL. **Monte bajo,** terreno poblado naturalmente de arbustos y matas.

arc-, v. arce-.

-arca (gr. *-archos* < *archo,* guiar, mandar) Elemento sufijal que entra en la formación de nombres de origen griego con el significado de gobernante, autoridad, jefe: *monarca, patriarca.* ◇ Sus derivados nominales se crean con *-arquía.*

arca (l.) ***f.*** Caja, generalmente. de madera, sin forrar y con tapa llana: ~ ***de la alianza*** o ***del testamento,*** aquella en que se guardaban las tablas de la ley, el maná y la vara de Aarón; ~ ***del diluvio*** o ***de Noé,*** especie de embarcación en que se salvaron del diluvio Noé, su familia y un par de animales de cada especie; ~ ***de agua,*** p. ext., depósito para recibir el agua y distribuirla. 2 Caja de caudales. 3 Horno secundario de las fábricas de vidrio, donde se ponen las piezas después de labradas. 4 fig. fam. Pieza, cajón o cofre donde se encierran muchas y varias cosas. 5 Superficie de una bóveda. 6 Pieza en forma de casa o templo, a menudo de materiales preciosos, destinada a contener reliquias. -7 ***f. pl.*** Pieza donde se guarda el dinero en las tesorerías. 8 Vacíos que hay debajo de las costillas. -9 ***f.*** ~ ***de Noé,*** molusco lamelibranquio que abunda en las costas de España *(Arca Noe).*

arcabucear ***tr.*** Tirar arcabuzazos: ~ *al enemigo;* esp., matar [a uno] con una descarga de arcabucería.

arcabucería ***f.*** Tropa armada de arcabuces. 2 Conjunto de arcabuces. 3 Fuego de arcabuces. 4 Establecimiento donde se hacían o vendían arcabuces.

arcabucero ***m.*** Soldado armado de arcabuz. 2 El que tenía por oficio hacer arcabuces.

arcabucete ***m.*** Dim. de *arcabuz.*

arcabuco ***m.*** Monte fragoso y lleno de maleza.

arcabucoso, -sa ***adj.*** Que abunda en arcabucos.

arcabuz (neerl. med. *hakebus* x fr. *arbalète;* a través del fr. *arquebuse*) ***m.*** Antigua arma de fuego, parecida al fusil. 2 Arcabucero, soldado.

arcabuzazo ***m.*** Tiro de arcabuz. 2 Herida que causa.

arcacil ***m.*** Alcaucil.

arcada ***f.*** Serie de arcos: *las arcadas de un puente.* 2 Ojo (puente). 3 Vano cerrado por un arco: ~ ***ciega*** o ***falsa,*** la que tiene la luz de sus arcos tapada por un paramento; ~ ***fingida*** o ***figmada,*** la que está simulada, sin función arquitectónica. 4 Movimiento del estómago que excita a vómito. 5 MÚS. Movimiento del arco en los instrumentos de cuerda.

árcade *adj.-s.* De la Arcadia, antigua región del sur de Grecia. SIN. **Arcadio.**
Arcadia *n. pr.* Región montañosa del ant. Peloponeso, en Grecia, considerada por los antiguos como lugar de la vida pastoril sencilla y apacible. Se la toma como escenario y representación preferente de la poesía bucólica.
arcádico, -ca *adj.* Relativo a la Arcadia o a los árcades.
arcadio, -dia (l. *-iu*) *adj.-s.* Árcade. -2 *adj.-m.* Dialecto del griego común, hablado antiguamente en Arcadia.
arcadismo *m.* Escuela literaria que cultiva el bucolismo.
arcador *m.* El que tiene por oficio arcar.
arcaduz (ár. *caduç*) *m.* Caño por donde se conduce el agua. 2 Cangilón. 3 fig. Medio por donde se consigue o entabla algún negocio.
arcaico, -ca (gr. *archaikós* < *archaios,* antiguo) *adj.* Relativo al arcaísmo. 2 Anticuado. -3 *adj.-m.* Período geológico inferior y más antiguo del precámbrico, y terreno a él correspondiente. -4 *adj.* Perteneciente o relativo a este período.
arcaísmo (gr. *archaismós*) *m.* Voz o frase anticuadas. 2 Empleo de estas voces o frases. 3 Imitación de lo antiguo. 4 Calidad de arcaico.
arcaísta *com.* Persona que emplea arcaísmos sistemáticamente.
arcaizante *adj.* Que usa arcaísmos o propende a ellos: *estilo ~; gusto ~; comarca ~.*
arcaizar (gr. *archaízo*) *intr.* Usar arcaísmos. -2 *tr.* Llenar [una lengua] de arcaísmos. ◇ ** CONJUG. [4] como ***realizar.***
arcanamente *adv. m.* Con arcano, misteriosamente.
arcángel (gr. *archángelos* < *archós,* jefe y *ángelos,* ángel) *m.* Espíritu angélico perteneciente al coro inmediatamente superior al de los ángeles.
arcangélico, -ca *adj.* Relativo a los arcángeles. ◇ V. angélica arcangélica.
arcano, -na (l. *-nu*) *adj.* Secreto, recóndito. -2 *m.* Secreto reservado y de importancia. 3 Misterio, cosa oculta y muy difícil de conocer.
arcar *tr.* Arquear (enarcar, o sacudir lana). ◇ ** CONJUG. [1] como ***sacar.***
arcatifa *f.* CONSTR. Mezcla de cal y arena muy fina que admite pulimento.
arcatura *f.* ARQ. Arcada figurada que reemplaza a los canecillos en algunos tejaroces del último período románico.
arce (l. **acere*) *m.* Árbol aceráceo, de madera muy dura, hojas sencillas, flores en corimbo o en racimo, y fruto en doble sámara *(gén. Acer).*
SIN. **Moscón, sácere.**
arce-, v. arci-.
arcediana *f. Cuba.* Amaranto, planta.
arcedianato *m.* Dignidad de arcediano. 2 Territorio de su jurisdicción.
arcediano (v. *archidiácono*) *m.* Antig., el principal de los diáconos de una iglesia. Hoy, dignidad en el cabildo catedral. 2 Juez ordinario que ejercía jurisdicción delegada de la episcopal en determinado territorio.
SIN. **Archidiácono.**
arcedo *m.* Terreno poblado de arces.
SIN. **Alcedo.**
arcén (l. *arger,* cerco) *m.* Margen u orilla. 2 Brocal de pozo. 3 En una carretera, margen reservado a un lado y otro de la calzada para uso de peatones, tránsito de vehículos no automóviles, etc.
arceo *m. Cuba.* Movimiento de una embarcación producido por el oleaje.
archa (fr. *arche*) *f.* Arma ant. parecida a la alabarda.
SIN. **Cuchilla.**
archero (fr. *archer*) *m.* Soldado de la casa de Borgoña.
archi- (gr. *archi-* < *archo,* ser el primero, mandar) Elemento prefijal que entra en la formación de palabras de origen griego con el significado de jefe, ser superior: *archimandria;* en su adaptación romance también toma la forma *arce-, arci-, arc-, arz-: arcediano, arcipreste, arcángel, arzobispo;* o bien la forma *arqui-: arquitectura, arquidiócesis.* 2 Entra en la formación de palabras de origen romance denotando primacía, cuando se une a substantivos: *archiduque;* y con el valor de muy, intensivo, superlativo o simplemente reforzativo, cuando se une a adjetivos: *archimillonario, archibribón, archidisparatado;* en la formación de palabras cultas y científicas denota primacía, superioridad, principio, origen: *archifonema, archicleistógamo;* generalmente toma la forma *arqui-* o *arque-*: *arquíptero, arquegonio.*
archibebe *m.* Ave caradriforme limícola, insectívora, de unos 27 cms. de longitud, plumaje color castaño con manchas negras, patas largas de color rojo, y pico largo también de color rojo *(Tringa totanus).*
archibribón, ona (*archi-* + *bribón*) *adj.-s* Muy bribón.
archicleistógamo, -ma (*archi-* + *cleistógamo*) *adj.* BOT. [planta] Que tiene cleistógamas todas sus flores.
archicofrade *com.* Individuo de una archicofradía.
archicofradía (*archi-* + *cofradía*) *f.* Cofradía más antigua o importante que otras.
archidiácono (*archi-* + *diácono*) *m.* Arcediano.
archidiócesis (*archi-* + *diócesis*) *f.* Diócesis arzobispal. ◇ También *arquidiócesis,* p. us. ◇ Pl.: *archidiócesis.*
archiducado *m.* Dignidad de archiduque. 2 Territorio perteneciente al archiduque.
archiducal *adj.* Relativo al archiduque o al archiducado.
archiduque (*archi-* + *duque*) *m.* Dignidad de los príncipes de la casa de Austria y de la de Baviera.
archiduquesa *f.* Princesa de la casa de Austria, o mujer o hija del archiduque.
archifonema (*archi-* + *fonema*) *m.* FILOL. Conjunto de las características distintivas que son comunes a dos fonemas cuya oposición es neutralizable.
archilaúd (*archi-* + *laúd*) *m.* MÚS. Ant. instrumento de cuerda parecido al laúd, pero de mayor tamaño.
archilexema (*archi-* + *lexema*) *m.* FILOL. Lexema cuyo contenido es idéntico al de todo un campo léxico.
archimandrita (gr. *-ites* < *archo,* mandar + *mandre,* lugar cerrado) *m.* En la Iglesia griega, superior de un monasterio.
archimillonario, -ria *adj.-s.* Multimillonario.
archipámpano (*archi-* + *pámpano*) *m.* fam. *y* hum. Persona que ejerce gran dignidad o autoridad imaginaria: *el ~ de las Indias.*
archipiélago (gr. *archipélagos* < *archo,* ser superior + *pélagos,* mar) *m.* Parte del mar poblada de islas. 2 p. ext. Conjunto de islas. 3 p. ant. Parte del Mediterráneo comprendida entre Asia y Grecia.
archisemema (*archi-* + *semema*) *m.* FILOL. Conjunto de semas comunes a muchos sememas de una familia semántica.
architriclino (gr. *-triklinos* < *archo,* mandar + *tríklinon,* comedor) *m.* Entre griegos y romanos, encargado de ordenar los banquetes.
archivador, -ra *m. f.* El que archiva. -2 *m.* Mueble o caja destinados a guardar documentos o fichas en una oficina. 3 Carpeta convenientemente dispuesta para tales fines.
archivar *tr.* Poner y guardar [papeles o documentos] en el archivo. 2 Dejar de lado [una cosa] o arrinconarla por resultar ya inútil o desusada. 3 fig. *y* fam. Guardar, en gral.
archivero, -ra *m. f.* El que tiene por oficio cuidar de un archivo.
archivista *com.* Archivero.
archivístico, -ca *adj.* Relativo a los archivos. -2 *f.* Técnica de conservación y catalogación de archivos.
archivo (l. *-vu* < gr. *archeion* < *arché,* origen) *m.* Local o mueble en que se custodian documentos. 2 Conjunto de estos documentos. 3 fig. Que posee en grado sumo una perfección o conjunto de perfecciones: *~ de la cortesía, de la lealtad.* 4 fig. Persona o lugar reservados o secretos. 5 fig. Persona de grandes conocimientos.
archivología *f.* Archivística.
archivólogo, -ga *m. f.* Persona que se dedica a la archivología o que tiene especiales conocimientos de ella.
archivolta (it. *archivolto*) *f.* Arquivolta.
arci-, arce-, arc-, v. archi-.
arcifinio, -nia (l. *arcifiniu*) *adj.* [territorio] Que tiene límites naturales.
arcilla (v. *argilla*) *f.* Silicato alumínico hidratado natural, puro o impurificado por óxidos de hierro, que empapado con agua se hace muy plástico y que por la calcinación se contrae y endurece: *~* ***figulina,*** la que contiene arena, cal y óxidos de hierro y se usa corrientemente en alfarería.
arcillar *tr.* Mejorar [un terreno silíceo] echándole arcilla.
arcilloso, -sa *adj.* Que tiene arcilla. 2 Parecido a ella.
arción *m.* Dibujo ornamental que imita una red. 2 *Amér.* Ación o correa de que pende el estribo de las sillas de montar.
arcionar *tr.-intr. Colomb.* y *Méj.* Dar vuelta con el rejo [en la cabeza de la silla de montar] para sujetar o hacer mover el animal enlazado.
arcionera *f. Amér.* Acionera.

arciprestal *adj.* Relativo al arcipreste.
arciprestazgo *m.* Dignidad o cargo de arcipreste. 2 Territorio de su jurisdicción.
arcipreste (l. *archipresbyter* < gr. *archós,* jefe + *presbyteros,* presbítero) *m.* Antig., el principal de los presbíteros de una iglesia. Hoy, dignidad en el cabildo catedral. 2 Presbítero que por nombramiento episcopal ejerce ciertas atribuciones sobre las parroquias e iglesias de un territorio determinado.
arco (l. *arcu*) *m.* GEOM. Porción de una línea curva: ~ ***complementario,*** el que sumado con otro da uno de 90°; ~ ***suplementario,*** el que sumado a otro da uno de 180°. 2 ARQ. Fábrica en forma de arco geométrico que cubre un vano entre dos pilares o puntos fijos: ~ ***abocinado*** o ***abocardado,*** el de más luz en un paramento que en el opuesto; ~ ***adintelado*** o ***degenerado,*** el que degenera en línea recta; ~ ***angulado*** o ***cairelado,*** el que presenta el intradós decorado con pequeños lóbulos que se cortan formando picos; ~ ***angular*** o ***en mitra,*** el que tiene el intradós formando un ángulo, pero con despiece radial de las dovelas; ~ ***apainelado*** o ***carpanel,*** el que consta de varios arcos de circunferencia tangentes entre sí y trazados desde distintos centros; ~ ***apuntado*** u ***ojival,*** el que consta de dos porciones de curva que forman ángulo en la clave; ~ ***ciego*** o ***cegado,*** el que tiene tapiada su luz; ~ ***conopial,*** el que tiene forma de quilla invertida, de cuatro centros, dos interiores para las ramas bajas y dos exteriores para las altas; ~ ***cortinado*** o ***en cortina,*** el formado por dos arcos menores yuxtapuestos; ~ ***crucero*** u ***ojivo,*** el que une en dos ángulos de la bóveda de crucería u ojival; ~ ***de descarga*** o ***sobrearco,*** el construido generalmente sobre un dintel, con el objeto de reducir el peso del muro que incide sobre él; ~ ***de herradura,*** el formado por más de medio punto; ~ ***de medio punto,*** el que tiene forma de circunferencia; ~ ***de todo punto,*** el apuntado cuyos centros están en el punto de arranque; ~ ***deprimido*** o ***abatido,*** el formado por un número impar de centros; ~ ***diafragma,*** el perpiaño que divide a la nave en tramos para contrarrestar los empujes de la cubierta sobre los muros laterales; ~ ***doblado,*** el compuesto por dos arcos superpuestos y concéntricos de diferente diámetro; ~ ***elíptico,*** el formado por una porción de elipse; ~ ***en gola,*** el que tiene sus ramas formadas por golas; ~ ***enviajado,*** el que tiene sus apoyos oblicuos respecto a su planta; ~ ***escarzano,*** el rebajado cuyo ángulo vale 60°; ~ ***fajón,*** arco perpiaño en la arquitectura románica; ~ ***formero,*** el paralelo al eje longitudinal de la nave, y que la separa de otra; ~ ***lobulado,*** el formado por lóbulos yuxtapuestos; ~ ***mixtilíneo,*** el formado por líneas mixtas, rectas y curvas; ~ ***peraltado,*** el formado por una semicircunferencia continuada en cada extremo por una parte recta; ~ ***perpiaño,*** el dispuesto transversalmente al eje de la nave, que ciñe la bóveda; ~ ***por tranquil*** o ***rampante,*** el que tiene sus arranques a distinta altura uno de otro; ~ ***rebajado,*** aquel cuya altura es menor que la mitad de su luz; ~ ***toral,*** aquel que con otros tres, sostiene la elevación sobre el crucero; ~ ***trebolado,*** el formado por tres arcos o lóbulos; ~ ***tudor*** o ***apainelado apuntado,*** el de cuatro centros interiores cuyas ramas rematan en ángulo; propio del estilo inglés de este nombre; ~ ***túmido*** o ***de herradura apuntado,*** el formado al cruzarse dos arcos de herradura. 3 Monumento o decoración en forma de arco: ~ ***triunfal,*** el elevado en honor de algún personaje o en memoria de algún suceso; arco que comunica el presbiterio de las iglesias con la nave o el crucero. 4 Varilla arqueada en cuyos extremos se fijan unas cerdas con que hieren las cuerdas del violín y otros instrumentos llamados de arco. 5 Arma que sirve para disparar flechas. 6 Aro que mantiene unidas las duelas de los toneles, barricas, etc. 7 ~ ***iris*** o ***de San Martín,*** arco luminoso, debido a la refracción y reflexión de la luz solar en las gotas de la lluvia o de las pulverizaciones de agua, que presenta en bandas concéntricas los colores del espectro y aparece algunas veces a la vista del espectador colocado de espaldas al sol; 8 ~ ***voltaico,*** o simplte. ~, flujo de chispas en forma de arco originado al saltar la corriente eléctrica entre dos carbones muy próximos uno de otro; aparato para dar luz valiéndose del arco voltaico. 9 DEP. En el juego del rugby, portería. 10 ZOOL. Pieza esquelética, cartilaginosa u ósea que sostiene la boca y las branquias de los peces. 11 *And.* Marco de la puerta. 12 *Bol.* Ceremonia que se celebra en las bodas populares, a fin de obtener de los invitados dinero con el que constituir la base económica del matrimonio. 13 *Argent., Colomb.* y *Chile* Portería (en el juego del rugby y en el del fútbol).
arco- (gr. *archós,* ano, recto) Elemento prefijal que entra en la formación de palabras con el significado de ano, recto: *arcocele.*
arcocele (*arco-* + *-cele*) *m.* MED. Hernia o prolapso del recto.
arcón *m.* Arca grande.
arcontado *m.* Gobierno de los arcontes.
arconte (gr. *archon, árchontos* < *archo,* gobernar) *m.* Magistrado a quien se confió el gobierno de Atenas después de la muerte del rey Codro. 2 Magistrado que, junto con otros ocho, fue nombrado posteriormente con el mismo fin.
arcoplasma *m.* Substancia que forma los rayos que rodean al centrosoma en la división celular.
arcorragia (*arco-* + gr. *rhagia,* erupción, brote) *f.* PAT. Hemorragia activa por el ano.
acorrea (*arco-* + *-rrea*) *f.* Flujo o derrame líquido por el ano.
arcosa *f.* Roca detrítica de textura variable que se emplea como piedra de construcción y para empedrados.
arcosolio (*arco* + *solio*) *m.* Nicho abierto en las paredes de las catacumbas, cuya parte superior forma una bóveda cimbrada.
arctado (l. *-atu* < *arctare,* estrechar) *adj.* [clérigo] Que tiene tiempo limitado para ordenarse.
SIN. **Artado.**
arcuación *f.* Curvatura de un arco.
arda *f.* Ardilla.
-arda, v. -ardo.
ardacho *m. La Mancha.* Fardacho.
ardalear *intr.* Ralear (las vides).
árdea (l.) *f.* Alcaraván.
ardedura *f.* Acción de arder, ardimiento. 2 Efecto de arder, ardimiento. 3 Fuego, llamarada.
ardentía (de *ardiente*) *f.* Ardor. 2 Pirosis. 3 Especie de reverberación fosfórica del mar.
ardentísimamente *adv. m.* Con mucho ardor.
ardentísimo, -ma *adj.* Superl. de *ardiente.*
arder (l. *-ere*) *intr.* Estar encendido: *arde la llama en el aire.* 2 Abrasar (quemar). 3 fig. Resplandecer: *arde el acero en su diestra.* 4 fig. Estar uno muy agitado por una pasión: ~ *de,* o *en, amor, odio,* etc.; ~, o *arderse, de cólera;* estar un país muy agitado: ~ *en guerras.* 5 fig. Repudrirse el estiércol. -6 *prnl.* Echarse a perder por la fermentación las mieses, el tabaco, etc. 7 *Méj.* ***Y a ti ¿qué te arde?,*** ¿qué te importa?
REL. **Ardiendo,** como gerundio pospuesto a un substantivo hace el oficio de adjetivo: *un horno ardiendo.*
ardeviejas *f.* fam. Aulaga (planta).
ardid (l. *artitu,* instruido en mañas) *adj.* ant. Hábil, astuto. -2 *m.* Artificio empleado para el logro de algún intento.
SIN. *2* **Astucia; estratagema.**
I) ardido, -da (germ. *hardjan,* hacerse fuerte) *adj.* ant. Valiente, intrépido. 2 *Amér.* Irritado, enojado.
II) ardido, -da (de *arder*) *adj.* Hablando de ciertas frutas o plantas, echado a perder por el demasiado calor.
ardiente *adj.* Que arde. 2 Que causa ardor. 3 Vehemente, apasionado. 4 fig. Fervoroso, activo, eficaz. 5 De color encendido. 6 V. capilla ardiente. 7 *Chile* y *Perú.* Rijoso, lujurioso. ◇ Superl.: *ardentísimo*
SIN. *1, 2* y *3* **Férvido,** lit.
ardientemente *adv. m.* Con ardor.
ardilla *f.* Mamífero roedor de 20 cms. de largo, arborícola; cola muy larga y peluda, y patas posteriores muy fuertes y mayores que las anteriores *(Sciurus vulgaris).* -2 ***adj.-s.*** fig. Avispado. -3 *f. Sant.* Comadreja.
ardiloso, -sa *adj. Amér.* vulg. Ardidoso, mañoso, acusón, soplón.
I) ardimiento *m.* Acción de arder o arderse. 2 Efecto de arder o arderse.
II) ardimiento (de *ardido I*) *m.* Valor, intrepidez.
ardínculo *m.* VETER. Absceso que se presenta en las heridas de las caballerías cuando se declara la gangrena.
ardiondo, -da (de *arder*) *adj.* Lleno de ardor o coraje.
ardita *f. Colomb.* y *Venez.* vulg. Ardilla.
ardite (l. med. *arditu*) *m.* Ant. moneda castellana de escaso valor.
ardivieja *f.* Hierba cistácea, de hojas pequeñas y grisáceas por el envés y flores amarillas *(Helianthenum ledifolium).*
-ardo, -arda, sufijo que entra en la formación de palabras con significación aumentativa o despectiva en algunos substantivos: *goliardo, moscarda.*
ardor (l.) *m.* Calor grande. 2 fig. Brillo, resplandor. 3 fig. Encendimiento, enardecimiento de los afectos y pasiones. 4 Ardimiento, intrepidez. 5 Viveza, ansia, anhelo. 6 Quemazón que producen algunas heridas.

ardora *f.* Fosforescencia del mar que indica la presencia de un banco de sardinas.
ardorada *f.* Oleada de rubor que pone encendido el rostro.
ardorosamente *adv. m.* Con ardor.
ardoroso, -sa *adj.* Que tiene ardor. 2 fig. Vigoroso.
arduamente (de *arduo*) *adv. m.* Con gran dificultad.
arduidad (l. *-itate*) *f.* Calidad de arduo.
arduo, -dua (l. *-uu*) *adj.* Muy difícil.
ardurán *m.* Zahína (planta).
área (l.) *f.* Espacio de tierra que ocupa un edificio, campo, etc. 2 Medida agraria, equivalente a 1 dm^2. 3 Ámbito que se considera de manera unitaria por tener una característica común (geográfica, cultural, lingüística, etc.) o ser escenario de un mismo acontecimiento. 4 En educación, conjunto de materias que tienen relación entre ellas: ~ ***de conocimiento,*** en las universidades, la más pequeña unidad de docencia e investigación de una materia determinada: *el ~ de Filología Española, de Historia del Arte.* 5 DEP. En determinados juegos, zona marcada delante de la meta, dentro de la cual son castigadas con sanciones especiales las faltas cometidas por el equipo que defiende aquella meta. 6 GEOM. Superficie comprendida dentro de un perímetro: *~ de un polígono.*
areca *f.* Palma de tronco más abultado por arriba que por la base, cuyo fruto, que es una especie de nuez fibrosa con almendra dura, sirve para hacer buyo *(Areca cathecu).* 2 Fruto de esta planta.
SIN. **Avellana de la India, ~ índica; betel** (*Amér.); **catecú** (*Amér.*); **bonga** (*Amér.* y *Filip.*).
-aredo, -areda, v. -edo.
arefacción (l. *arefacere,* secarse) *f.* Acción de secar o secarse. 2 Efecto de secar o secarse.
areito *m. Ant.* ant. En general, baile y canto de los antiguos indios.
arel (l. *areale cribrum,* harnero) *m.* Criba grande para limpiar el trigo.
arelar *tr.* Limpiar [el trigo] con arel.
arena (l.) *f.* Conjunto de partículas, generalmente de cuarzo, desagregadas de las rocas: ~ ***movediza,*** la que, por su poca consistencia, se desplaza por la acción del viento; la que, por la humedad y la forma de sus granos, constituye una masa en que pueden hundirse los cuerpos de algún peso hasta sumergirse en ella. 2 Lugar del combate o la lucha. 3 Redondel (toros). 4 Metal o mineral reducido a partes muy pequeñas. 5 V. reloj de arena. 6 ~ ***de ampolleta,*** la muy fina empleada para relojes de arena. 7 ~ ***de miga,*** la que contiene una pequeña proporción de arcilla. -8 *f. pl.* Concreciones pequeñas que se encuentran en la vejiga de la orina.
SIN. *1* **Sabión, sábulo,** la gruesa y pesada. *9* **Arenillas.**
arenáceo, -a (l. *-eu*) *adj.* Arenoso.
arenación (l. *-atione*) *f.* Operación que consiste en cubrir con arena caliente una parte enferma del cuerpo.
arenal *m.* Suelo de arena movediza. 2 Extensión grande de terreno arenoso.
arenalejo *m.* Dim. de *arenal.*
arenar *tr.* Enarenar. 2 Refregar [una cosa] con arena.
arenaria *f.* Hierba cariofilácea tendida, anual o perenne, de hojas lineares y flores rosáceas *(Spergularia rubra).*
arenaza (de *arena*) *f.* Granito descompuesto que suele hallarse junto a los filones de galena.
arencar *tr.* Curar [sardinas] al modo de los arenques. ◇ ** CONJUG. [1] como ***sacar.***
arencón *m.* Especie de arenque mayor que los comunes (gén. *Clupea).*
arenería *f.* Instalación mecánica para la preparación de las arenas de moldes utilizadas en fundición.
arenero, -ra *m. f.* Persona que tiene por oficio vender arena. -2 *m.* Caja en que las locomotoras y tranvías llevan arena para soltarla sobre los carriles. 3 TAUROM. Mozo que mantiene en buenas condiciones la arena del redondel, durante la lidia.
arenga (b. l. *harenga* < got. *hrings*) *f.* Discurso solemne y enardecedor. 2 fig. Razonamiento largo e impertinente. 3 *Chile.* Disputa, pendencia.
arengador, -ra *adj.-s.* Que arenga.
arengar *intr.-tr.* Pronunciar en público una arenga: ~ *a la multitud.* ◇ ** CONJUG. [7] como ***llegar.***
arenguear *intr. Chile.* Disputar.
areni- (de *arena*) Elemento prefijal que entra en la formación de palabras con el valor de *arena*: *arenícola.*
arenícola (*areni-* + *-cola*) *adj.* Que vive en la arena. -2 *m.* Anélido que vive en la arena de la orilla del mar *(Arenicola marina).*
arenífero, -ra (*areni-* + *-fero*) *adj.* Que lleva arena.
arenilla *f.* Arena menuda que se echa en los escritos para secarlos. -2 *f. pl.* Salitre en granos menudos para fabricar pólvora. 3 Cálculos urinarios o biliares pequeños.
arenillera *f. Ecuad.* Arenillero.
arenillero (de *arena*) *m.* Salvadera.
arenisca (de *arena*) *f.* Roca formada por granillos de cuarzo unidos por un cemento silíceo, arcilloso, calizo o ferruginoso.
arenisco, -ca *adj.* Que tiene mezcla de arena.
arenoso, -sa *adj.* Que tiene arena. 2 Que participa de la naturaleza y calidades de la arena.
arenque (germ. *haring,* a través del fr. o del gasc.) *m.* Pez marino teleósteo clupeiforme, de unos 25 cms. de largo, boca protráctil, con mandíbulas sobresalientes y coloración azulverdosa en el dorso y plateada en el vientre *(Clupea arengus).* 2 *S. Dom.* fam. *y* fig. Agente de policía.
SIN. *1* **Sardina arenque.**
arenquera *f.* Red para pescar arenques.
I) areo- (del gr. *araiós,* tenue, poco denso) Elemento prefijal que entra en la formación de palabras con el significado de poco cerrado, tenue, sutil, delgado, estrecho: *areómetro.*
II) areo- (del gr. *Ares, Áreos,* Marte) Elemento prefijal que entra en la formación de palabras con el significado de marcial, del dios Marte, o del planeta Marte: *areotectónica, areografía.*
areografía (*areo-* II + *-grafía*) *f.* Descripción del planeta Marte.
aréola (l.) *f.* Círculo rojizo que limita ciertas pústulas. 2 Círculo algo moreno que rodea el pezón (protuberancia). 3 Intersticio entre las fibras, láminas o vasos capilares de algunos tejidos orgánicos.
areolar *adj.* Relativo a las aréolas.
areometría *f.* Método para determinar la densidad de los líquidos valiéndose del areómetro.
areómetro (*areo- I* + *-metro*) *m.* Instrumento fundado en el principio de Arquímides (¿287-212?), que sirve para determinar las densidades de los cuerpos, esp. de los líquidos.
SIN. **Densímetro.** Recibe nombres esps. según el líquido de que se trate: *pesalicores; pesaleches; galactómetro* o *lactómetro; oleómetro.*
areopagita *m.* Juez del Areópago.
areópago (gr. *areiópagos* < *areo-II* + *pagos,* colina) *m.* Tribunal superior de la ant. Atenas. 2 fig. Grupo de personas a quienes se atribuye predominio o autoridad.
areopicnómetro (*areo- I* + *picnómetro*) *m.* Aparato para medir el peso específico de los líquidos viscosos.
areosacarímetro (*areo- I* + *sacarímetro*) *m.* Instrumento para determinar el peso específico de la orina.
areosístilo *adj.-s.* Columnata en que se combinan los módulos del areóstilo con los del sístilo.
areóstilo (gr. *araióstylos* < areo- I + *stylos,* columna) *m.* Columnata en que los intercolumnios son superiores a tres módulos.
areotectónica (*areo- II* + *tectónica*) *f.* Arquitectura militar referida a la construcción de fortificaciones.
arepa (voz amer.) *f.* Pan de maíz, huevos y manteca.
arepería *f.* Establecimiento donde se expenden arepas.
arepero, -ra *adj.-s. Venez.* Ganapán, zampatortas. 2 *Venez.* Mujer callejera.
arepita *f. Venez.* Tortilla de maíz, papelón y queso.
arequipa *f. Méj.* y *Perú.* Postre de leche.
arequipeño, -ña *adj.-s.* De Arequipa, c. y dep. de Perú.
Ares *n. pr.* MIT. Dios de la guerra entre los griegos, hijo de Zeus y Hera. Los romanos lo identificaron con Marte.
arestil *m.* Arestín.
arestín (del ant. *aresta,* arista) *m.* Planta umbelífera, toda ella de color azulado, con las hojas partidas en tres gajos y llenas de púas en los bordes, así como el cáliz de la flor. 2 fig. Desazón, molestia. 3 VETER. Excoriación que padecen las caballerías en las cuartillas de los pies y manos, con picazón molesta. 4 *Argent.* y *Chile.* Erupción cutánea.
arestinado, -da *adj.* VETER. Que padece arestín.
aretalogía (gr.) *f.* Narración de los hechos prodigiosos de un dios o de un héroe.
arete *m.* Dim. de *aro* (circunferencia). 2 Arillo de metal que, por adorno, llevan las mujeres en cada oreja. 3 Pez marino teleósteo, de rostro afilado con tres espinas a cada lado, cuerpo ahusado hacia la cola y coloración rojiza *(Trigla cucculus).*
SIN. *1* y *2* **Arillo.** *2* **Perendengue, verduguillo.** *3* **Cuco.**

aretillo *m.* Árbol silvestre de Cuba, cuya madera se usa en carpintería *(Ardisia micrantha).*
aretino, -na *adj.-s.* De Arezzo, capital y provincia perteneciente a la región italiana de Toscana.
Aretusa *n. pr.* MIT. Ninfa que, perseguida por Alfeo, fue transformada por Diana en un arroyo que corría por debajo del mar y emergía en Sicilia.
arévaco, -ca (l. *-cu*) *adj.-s.* De un antiguo pueblo celtíbero que habitaba la España Tarraconense.
arfada *f.* Acción de arfar.
arfar (del port. *arfar,* de etim. dud.) *intr.* MAR. Cabecear la embarcación.
arfueyo *m.* Muérdago.
argadijo, -dillo (l. *ergata,* máquina) *m.* Devanadera (hilandería). 2 Armazón con que se forma la parte inferior del cuerpo de algunas imágenes. 3 fig. *y* fam. Persona bulliciosa y entrometida.
argado *m.* Enredo, travesura.
argali *m.* Mamífero rumiante parecido a una cabra, pero de mayor tamaño; los cuernos del macho adquieren un extraordinario desarrollo *(Ovis ammon).*
argalia *f.* Algalia (sonda).
argallera (de *argolla*) *f.* Serrucho curvo para ruñar y labrar surcos en redondo.
SIN. **Jabladera.**
argamandel (ár. *jarca,* colgajo, y *mandil,* paño) *m.* Andrajo (ropa).
argamandijo *m.* fam. Conjunto de cosas menudas o utensilios destinados a un fin.
argamasa (compuesto sobre *masa*) *f.* Mezcla hecha de cal, arena y agua, que se emplea en las obras de albañilería.
SIN. **Forja, mezcla, mortero.**
argamasar *tr.* Hacer argamasa. 2 Unir con argamasa [los materiales de construcción].
argamasón *m.* Pedazo grande de argamasa.
argamula *f.* Lengua de buey (planta).
argán (ár. *archán*) *m.* Erguén.
árgana (v. *árgano*) *f.* Máquina a modo de grúa.
árganas *f. pl.* Especie de angarillas, formadas con dos cuévanos.
arganel (v. *árgano*) *m.* Círculo pequeño de metal, parte del astrolabio.
arganeo (v. *árgano*) *m.* Argolla de la caña del ancla.
árgano (b. l. *-nu* < gr. *ergates*) *m.* Árgana.
arganudo, -da *adj. Guat.* Valiente, audaz.
argaña (probl. de orig. prerrom. **arganna;* relac. con *árgoma,* brezo) *f.* Filamento de la espiga. 2 Hierba mala.
argavieso *m.* Turbión.
argaya *f.* Filamento de las espiga.
argayar *impers.* Desprenderse argayos.
I) argayo *m.* Porción de tierra y piedras que se desprende y desliza por la ladera de un monte. 2 *Ast.* ~ ***de nieve,*** alud.
II) argayo *m.* Abrigo de paño burdo que usaban los dominicos.
argel (ár. *archel*) *adj.* [caballería] Que solamente tiene blanco el pie derecho. -2 *adj.-s. Argent.* y *Parag.* Caballo mañoso que se considera de mala suerte. 3 *Argent.* y *Parag.* Persona o cosa que no tiene gracia ni inspira simpatía.
argelino, -na *adj.-s.* De Argel o de Argelia, capital y nación del norte de África, respectivamente. -2 *adj.-m.* Dialecto mogrebí hablado en Argelia.
árgema *f.* PAT. Úlcera de la córnea, redondeada y superficial.
argén (fr. *argent*) *m.* BLAS. Color blanco o de plata.
argentada (l. *-ata*) *f.* Especie de afeite que usaban las mujeres.
argentado, -da *adj.* Plateado.
argentador, -ra *adj.-s.* Que argenta.
argentán *m.* Aleación de cobre, cinc y níquel.
argentar (l. **-are*) *tr.* Platear. 2 Guarnecer [una cosa] con plata. 3 Dar brillo semejante al de la plata.
argentario (l. *-iu*) *m.* Platero. 2 Gobernador de los monederos.
argente *adj. Méj.* Servicial, activo.
argénteo, -a (l. *-eu;* doble etim. *arienzo*) *adj.* De plata. 2 Dado o bañado de plata. 3 fig. Semejante a la plata.
argentería *f.* Bordadura o filigrana de plata u oro. 2 fig. Ornato, gala y hermosura de las obras de ingenio. 3 fig. Expresión más brillante que sólida.
argentero (v. *argentario*) *m.* Platero.
argentífero, -ra (l. *-ifer*) *adj.* Que contiene plata.
argentina (l. *argentu,* plata) *f.* Piedra de cal carbonatada. 2 Planta rosácea, de flores divididas en cinco gajos con el envés cubierto de vello plateado *(Cynodon dactylon).* 3 Pez marino teleósteo, de cuerpo alargado y cubierto de grandes escamas, ojos laterales y color plateado *(Argentina sphyraena).*
SIN. *3* **Pez plata.**
argentinidad *f.* Calidad y carácter de lo que es de la República Argentina. 2 Sentimiento de lo nacional argentino.
argentinismo *m.* Giro o modo de hablar propio de los argentinos.
argentinizar *tr.* Dar [a una persona o pueblo] el carácter, costumbres y cultura argentinos. ◇ ** CONJUG. [4] como ***realizar.***
argentino, -na (l. *-nu*) *adj.* Argénteo. 2 [voz] Claro y sonoro. 3 Que suena como la plata o de manera semejante. -4 *adj.-s.* De Argentina, nación del sudeste de América del sur. -5 *m.* Moneda de oro argentina, equivalente a cinco pesos de oro
SIN. *4* **Cuyano** (*Chile,* fam.).
argentita *f.* MINER. Sulfuro de plata cristalizado en el sistema regular.
argento (l. *-tu*) *m.* poét. Plata (metal). 2 ~ ***vivo,*** azogue (metal). 3 ~ ***vivo sublimado,*** sublimado corrosivo.
argentoso, -sa (l. *-osu*) *adj.* Que tiene mezcla de plata.
argeñarse *prnl. Guat.* Estar las plantas atacadas de argeño.
argeño *m. Guat.* Enfermedad de las mieses y otras plantas que las pone marchitas y desmedradas.
argila *f.* Arcilla.
argilla (l.) *f.* Arcilla.
argiloso, -sa *adj.* Arcilloso.
argirismo *m.* MED. Enfermedad profesional ocasionada por el manejo de sales de plata.
argiro- (gr. *argyros,* plata) Elemento prefijal que entra en la formación de palabras con el significado de plata: *argirofilo.*
argirodita *f.* Mineral compuesto de sulfuro de germanio y plata, que permitió el descubrimiento del elemento germanio.
argirofilo, -la (*argiro-* + *-filo* III) *adj.* BOT. [planta] De hojas argénteas, cubiertas de pelos suaves y lustrosos que les dan un viso plateado.
argivo, -va (l. *-vu*) *adj.-s.* De Argos o de Argólida, ciudad y nomarquía de Grecia al nordeste del Peloponeso, respectivamente. 2 *adj.-m.* Dialecto dórico hablado antiguamente en Argólida.
argo *m.* V. argón.
argo- (gr. *argós,* blanco, brillante) Elemento prefijal que entra en la formación de palabras con el significado de blanco, brillante: *argodermo, argófilo.*
argólico, -ca (l. *-cu*) *adj.* Argivo.
argolla (ár. *algolla*) *f.* Aro grueso de metal. 2 fig. Algo que sujeta a uno a la voluntad de otro. 3 Juego que consiste en hacer pasar unas bolas de madera por una argolla clavada en tierra. 4 *Amér.* Anillo de matrimonio. 5 *Ecuad.* Conventículo. 6 *C. Rica* y *Perú.* Camarilla, grupo cerrado de personas que, subrepticiamente, influyen sobre las autoridades o en determinado medio.
argollar *tr.-prnl. Colomb.* Dar prenda de esponsales, apalabrarse. 2 *Cuba.* Afianzar en las apuestas [el dinero apostado]. 3 Ligar [a una persona] a una empresa o negocio.
argolleta *f.* Dim. de *argolla.*
árgoma *f.* Tojo (arbusto).
argomal *m.* Aulagar.
argón (gr. *argós,* inactivo) *m.* Cuerpo simple gaseoso, incoloro e inodoro, existente en el aire en una proporción del 1 % y del que no se conoce ningún compuesto.
SIN. **Argo.**
argonauta (gr. *argonautes* < *Argo,* nombre de una nave + *nautes,* marinero) *m.* FAB. Héroe griego que fue a la conquista del vellocino de oro, mandado por Jasón. 2 Molusco cefalópodo marino, de cuerpo comprimido, con ocho tentáculos, dos de ellos muy ensanchados en los extremos; presenta una concha en espiral y estriada *(Argonauta argo).*
SIN. *2* **Marinero.**
argos (de *Argos,* pers. mitológico que tenía cien ojos) *m.* fig. Persona muy vigilante. 2 ZOOL. Ave galliforme de la India y Malasia parecida al faisán, con las plumas de la cola de cerca de un metro y medio de longitud y todo el plumaje sembrado de ocelos sobre un fondo castaño obscuro *(Argusianus argus).*
argot (fr.) *m.* Jerga, jerigonza, lenguaje de germanía. 2 Lenguaje especial entre personas de un mismo oficio o actividad. ◇ Pl.: *argots.*
argucia (l. *-tia*) *f.* Sutileza, sofisma.
argüe (v. *árgano*) *m.* Cabrestante.
arguellarse *prnl. Ar.* y *Logr.* Desmedrarse por falta de salud.

arguello *m. Ar.* Acción de arguellarse. 2 *Ar.* Efecto de arguellarse.
árguenas, -ñas (de *arguenillas*, considerado como diminutivo, y éste de *angarillas*) *f. pl.* Angarillas (andas). 2 Alforjas. 3 *Chile.* Árganas.
arguende *m. Méj.* Bulla, chisme.
arguenero *m. Chile.* El que hace o vende árguenas. 2 *Chile.* Vendedor de frutas u hortalizas que trae en árguenas.
argüidor, -ra *adj.* Que arguye (disputa).
argüir (l. *arguere*) *tr.* Sacar en claro [una cosa]; deducirla como consecuencia natural: *de los medios arguyo la excelencia del fin.* 2 Descubrir, probar, dejar ver con claridad: *la venganza pensada arguye crueldad.* 3 Echar en cara [una cosa]: *les argüía su avaricia;* en gral., acusar: ~ *a uno de avaricia; me argüían con furor.* -4 *intr.* Disputar impugnando la opinión ajena: ~ *de falso; eso se infiere de tu falso* ~; poner argumentos contra alguna opinión: ~ *con la autoridad y la costumbre contra alguno.* ◇ ** CONJUG. [63].
argüitivo, -va *adj.* p. us. Que arguye o contradice.
argumentación *f.* Acción de argumentar. 2 Argumento (razonamiento).
argumentador, -ra *adj.-s.* Que argumenta.
argumentante *adj.* Que argumenta.
argumentar (l. *-are*) *tr.* Argüir (aclarar). -2 *intr.-prnl.* Argüir (disputar).
argumentativo, -va *adj.* Propio de la argumentación o del argumento.
argumentista *com.* Argumentador.
argumento (l. *-tu*) *m.* Razonamiento empleado para demostrar una proposición. 2 Asunto de que se trata en una obra; explicación sumaria del mismo. 3 MAT. Variable independiente de la cual depende el valor de la función. 4 ANGL. Disputa, discusión. 5 ANGL. Altercado.
argumentoso, -sa *adj.* desus. Solícito, ingenioso. Apl. a la abeja.
argunsadera *f. Murc.* Columpio.
argunsar *tr. Murc.* Mecer, columpiar.
arguyente *adj.* Que arguye.
aria (it.) *f.* Composición musical de carácter melódico, gralte. vocal con acompañamiento de uno o más instrumentos.
SIN. **Romanza,** la de carácter sencillo y tierno.
-aria, v. -ario.
Ariadna *n. pr.* MIT. Hija de Minos. Dio a Teseo el ovillo de hilo que le guió para salir del laberinto después de haber vencido al Minotauro. Ha quedado en proverbio *el hilo de* ~, como el medio que conduce a salir de una dificultad o a resolver un problema muy embrollado.
Arias Gonzalo *n. pr. **El buen viejo Arias Gonzalo,*** verso del romance del cerco de Zamora que popularizó la figura de este anciano venerable y honrado, el cual contestó al reto que Diego Ordóñez de Lara lanzó a los zamoranos. Se halla citado en los clásicos con gran frecuencia como habitual en la conversación.
aribe *m. Hond.* Niño inteligente.
aricado *m.* Acción de aricar. 2 Efecto de aricar.
aricar *tr.* Arar muy superficialmente [un terreno]. 2 Arrejacar. ◇ ** CONJUG. [1] como ***sacar.***
aricoma *f. Bol.* y *Perú.* Tubérculo algo mayor que la patata, que se come crudo *(Helianthus aquosus).*
aridarse *prnl. Méj.* Aridecerse.
aridecer *tr.-prnl.* Hacer árida [una cosa]: ~ *un campo; la tierra aridece,* o *se aridece.* ◇ ** CONJUG. [43] como ***agradecer.***
aridez *f.* Calidad de árido.
árido, -da (l. *-du*) *adj.* Seco, estéril. 2 fig. Falto de amenidad. -3 *m. pl.* Granos, legumbres y otras cosas sólidas a que se aplican medidas de capacidad. 4 En el hormigón, la grava y la arena.
Ariel (hebr.) *n. pr.* En *La tempestad* de Shakespeare (1564-1616), espíritu que cambia de forma a voluntad para servir a su dueño Próspero.
arienzo (v. *argénteo*) *m.* Ant. moneda castellana. 2 Peso equivalente a 123 centigramos, us. en el Alto Aragón.
REL. *1* **Aranzada,** lo que se podía comprar por un ~.
Aries (l. *aries,* carnero) *n. pr.* Primer signo o parte del Zodíaco que el Sol recorre aparentemente al comenzar la primavera. 2 Constelación zodiacal situada entre Tauro y Piscis.
arieta (it. *arietta*) *f.* Dim. de *aria.*
arietar *tr.* p. us. Atacar o batir con ariete.
arietario, -ria (l. *-iu*) *adj.* Relativo al ariete (artillería).
ariete (l. *aries,* carnero) *m.* Antigua máquina para abatir murallas. 2 ~ ***hidráulico,*** máquina para elevar agua. 3 DEP. En el juego del fútbol, delantero centro de un equipo. 4 MAR. Buque de vapor blindado y con espolón muy fuerte, para embestir a otras naves.
arietino, -na (l. *-nu*) *adj.* Parecido a la cabeza del carnero.
arigón, -gona *adj. Can.* Narigón.
arigue *m. Filip.* Madero que sirve para la construcción de edificios.
arije (ár. *arix,* parra) *adj.* Alarije.
arijo, -ja (ár. *arrahix*) *adj.* [tierra] Fácil de cultivar.
arilado, -da *adj.* Que tiene arilo.
arillo *m.* Dím. de *aro.* 2 Aro de madera para armar el alzacuello de los clérigos. 3 Arete.
arilo (b. l. *arillu*) *m.* Envoltura exterior de ciertas semillas, procedente del desarrollo del funículo después de la fecundación.
arimez (ár. *alimed,* sostén) *m.* Resalto de algunos edificios, a modo de refuerzo o adorno.
-arín, v. -in.
arincarse (arauc. *runcun,* estacar) *prnl. Chile.* Estreñirse el vientre. ◇ ** CONJUG. [1] como ***sacar.***
ario, -ria (sánscrito *arya,* noble) *adj.-m.* Indoiranio.- *2 adj. s.* p. ext. Indoeuropeo. *3* Según la doctrina nacionalsocialista, de una raza pura supuestamente surgida de los europeos nórdicos.
-ario, -aria (l. *-arius*) Sufijo erudito que entra en la formación de adjetivos y substantivos de origen latino o derivados de substantivos, denotando profesión, como *bibliotecario*; persona a cuyo favor se cede algo, como *concesionario, beneficiario*; lugar, como *campanario, acuario,* en los substantivos, y relación o pertenencia, como *disciplinario, fraccionario,* en los adjetivos. ◇ V. *-ero* y *-er; -atario -ataria.*
aripiés *m. pl. Logr.* Renuevos que salen en la parte inferior del tronco del olivo.
aripique *m.* Aripique.
arique *m. Can.* Tira de la corteza del plátano que se usa para atar. 2 *Cuba.* Tira de yagua para atar.
ariquipe *m. Colomb.* Arequipa.
aris-, aristi- (de *arista*) Elemento prefijal que entra en la formación de palabras con el significado de arista: *arisblanco.*
arísaro *m.* Planta arácea, viscosa, de olor desagradable, cuya raíz se come cocida *(Arisarum vulgare).*
SIN. **Frailillos, candil, rabiacana.**
arisblanco, -ca (*aris-* + *blanco*) *adj.* [trigo o espiga] De aristas blancas.
ariscarse *prnl.* Enojarse, ponerse arisco. 2 *Guat.* y *P. Rico.* Huirse. -3 *tr.-prnl. Guat.* y *P. Rico.* Amedrentar. ◇ ** CONJUG. [1] como ***sacar.***
arisco, -ca (port.) *adj.* [pers., animal] Áspero, intratable, huidizo.
arisnegro, -gra (*aris-* + *negro*) *adj.* [trigo o espiga] De aristas negras.
arisprieto, -ta (*aris-* + *prieto*) *adj.* Arisnegro.
arisquear *intr. Argent.* y *Urug.* Mostrarse indócil, arisco.
arista (l.) *f.* Filamento áspero del cascabillo que envuelve el grano del trigo y de otras gramináceas. 2 Pajilla de cáñamo o lino después de agramados. 3 Borde de un sillar, madero o cualquier otro sólido, convenientemente labrado. 4 V. bóveda por arista. 5 GEOM. Línea de intersección de dos planos.
SIN. *1* **Raspa.**
aristado, -da *adj.* Que tiene aristas.
aristarco (de *Aristarco,* 310-230 a. C., crítico griego) *m.* desp. Crítico excesivamente severo.
aristi-, v. aris-.
aristiforme (l. *aristiformis* < *aristi-* + *-forme*) *adj.* Semejante o de forma de una arista.
aristino *m.* VETER. Arestín, escoriación y encendimiento de la sangre en las caballerías.
aristo- (gr. *aristós*) Elemento prefijal que entra en la formación de palabras con el significado de excelente, el mejor.
aristocracia (gr. *-kratia* < *aristo-* + *-cracia*) *f.* Forma de gobierno en que el poder se halla en manos de las clases altas de la sociedad. 2 Clase noble de un país. 3 p. ext. Clase que sobresale entre las demás por alguna circunstancia: *la* ~ *del saber; la* ~ *del dinero.*
aristócrata *com.* Partidario de la aristocracia. 2 Individuo de la aristocracia.
aristocráticamente *adv. m.* De modo aristocrático.
aristocrático, -ca *adj.* Relativo a la aristocracia. 2 Distinguido, elegante, selecto en sus maneras, gustos, conducta, etc.

aristocratizar *tr.* Comunicar [a una persona o cosa] la manera de ser de la aristocracia. ◇ ** CONJUG. [4] como *realizar.*
aristofánico, -ca *adj.* Propio y característico del poeta Aristófanes (¿445-386? a. C.), o parecido a cualquiera de sus dotes o calidades.
SIN. **Aristofanesco.**
aristoloquia (gr. *-chia < aristo- + lochía*) *f.* Género de plantas aristoloquiáceas medicinales, de raíz fibrosa, hojas acorazonadas, flores amarillas y fruto esférico y coriáceo *(Aristolochia).*
aristoloquiáceo, -a *adj.-f.* Planta de la familia de las aristoloquiáceas. -2 *f. pl.* Familia de plantas dicotiledóneas que incluye hierbas, matas o arbustos de tallo nudoso, hojas alternas, flores axilares, generalmente solitarias y fruto en cápsula, o raras veces, en baya.
aristoloquiales *f. pl.* Orden de plantas, dentro de la clase dicotiledóneas, al que pertenecen dos familias con flores muy vistosas: *aristoloquiáceas* y *raflesiáceas.*
I) aristón (de *arista*) *m.* ARQ. Esquina de una obra de fábrica hecha con una material de mayor rudeza para reforzarla. 2 ARQ. Arco de una bóveda de crucería.
II) aristón (de *Aristeo,* personaje mitológico) *m.* Instrumento músico de manubrio, parecido al organillo.
aristoso, -sa *adj.* Que tiene muchas aristas.
aristotélico, -ca *adj.* Relativo a Aristóteles (384-322 a. C.) o a su doctrina. -2 *adj.-s.* Partidario del aristotelismo.
SIN. **Peripatético.**
aristotelismo *m.* Sistema filosófico de Aristóteles (384-322 a. C.) y de sus seguidores, esp. medievales.
SIN. **Peripato.**
aritmética (gr. *arithmetiké;* f. de *-kós,* aritmético) *f.* Parte de las matemáticas que estudia la composición y descomposición de la cantidad representada por números. 2 Libro que trata esta parte de las matemáticas.
aritméticamente *adv. m.* Según las reglas de la aritmética.
aritmético, -ca *adj.* Relativo a la aritmética. -2 *m. f.* Persona que por profesión o estudio se dedica a la aritmética.
aritmo-, -aritmo (gr. *arithmós,* número) Elemento prefijal y sufijal que entra en la formación de palabras con el significado de número: *aritmógrafo, logaritmo.*
aritmógrafo (*aritmo- + -grafo*) *m.* Aritmómetro.
aritmología (*aritmo- + -logía*) *f.* MAT. Disciplina que abarca todos los conocimientos relativos a la medida de las magnitudes o cantidades en general.
aritmomancia, -mancía (*aritmo- + -mancia*) *f.* Superstición consistente en la adivinación por medio de los números.
aritmomanía (*aritmo- + manía*) *f.* Manía de cálculo de número.
aritmómetro (*aritmo- + -metro*) *m.* Instrumento para ejecutar mecánicamente las operaciones aritméticas.
aritmonomía (*aritmo- + -nomía*) *f.* Tratado de los números y sus propiedades.
arito *m. Colomb., Filip., Guat.* y *Hond.* Pendiente, zarcillo, arete en general.
arjorán (ár. *archauán,* lila de Persia) *m.* Ciclamor.
arjuma *f. Murc.* Hoja del pino, pinocha.
arlar *tr.* Poner [las frutas] en arlos o colgajos.
arlequín (it. *Arlecchino*) *m.* Personaje cómico de la antigua comedia italiana; llevaba mascarilla negra y traje de cuadros o losanges de distintos colores. 2 Persona vestida con este traje. 3 Bufón. 4 fig. Persona informal y ridícula. 5 Sorbete de dos o más substancias y colores. 6 Mariposa diurna de vivo colorido, con manchas transversales negras y lunarejos rojos sobre fondo amarillo pálido *(Zerynthia rumina).* 7 ~ ***de Cayena,*** insecto coleóptero de largas patas y élitros con manchas *(Acrocinus longimanus).* 8 *Ecuad.* Voltereta.
arlequinada *f.* Acción o ademán ridículo.
arlequinesco, -ca *adj.* Propio del arlequín o relativo a él.
arlo *m.* Agracejo (árbol). 2 Colgajo de frutas. 3 *Logr.* Racimo de uvas colgado para su conservación.
arlota *f.* Alrota.
arma (l.) *f.* Instrumento para atacar o defenderse: ~ *ofensiva;* ~ *defensiva;* ~ ***aérea,*** la que se maneja desde un avión de guerra; ~ ***arrojadiza,*** la ofensiva que se arroja; ~ ***de fuego,*** la que se carga con pólvora; ~ ***automática,*** la que, hecho el primer disparo, descarga mecánicamente y con rapidez una serie de proyectiles; ~ ***blanca,*** la ofensiva de hoja de acero; ~ ***negra,*** espada o florete de hierro, sin filo y con un botón en la punta, con que se aprende la esgrima; ~ ***nuclear,*** la que produce sus efectos mediante una explosión nuclear. 2 Cuerpo militar que forma el ejército combatiente: *el ~ de artillería, de infantería, de caballería;* ~ ***antiaérea,*** la destinada a derribar aviones; ~ ***naval,*** la que se utiliza a bordo de una nave de guerra, o para desembarco. -3 *f. pl.* Defensas naturales de los animales. 4 Armadura (conjunto de armas). 5 fig. Medios para conseguir una cosa. 6 Tropas de un estado. 7 Milicia o profesión militar: *seguir la carrera de las armas; dejar las armas.* 8 BLAS. Escudo de armas o blasones del escudo: ***armas parlantes,*** las que representan simbólicamente el nombre de la familia, calidad o estado que las usa. 9 *And.* Carlanca. ◇ HOMÓF: *harma.*
FRS. *presentar las armas,* hacer la tropa los honores militares a una persona, poniendo el fusil frente al pecho; *rendir el ~,* hacer la tropa los honores al Santísimo, hincando en tierra la rodilla o inclinando las armas; *alzarse en armas,* sublevarse (amotinarse); *hacer armas,* pelear, hacer guerra; *pasar a uno por las armas,* fusilarlo; *sobre las armas,* en su puesto y presto a combatir: *estar* o *poner, sobre las armas; velar las armas,* hacer centinela por una noche cerca de sus armas el que había de ser armado caballero.
REL. *1* **Panoplia,** estudio de las armas de mano y de las armaduras antiguas.
armable *adj.* Que puede o debe ser dotado de armas. 2 [objeto con sus piezas separadas] Que puede ser armado o montado fácilmente.
armada (de *armar*) *f.* Conjunto de fuerzas navales, material y personal que sostiene un estado para llevar a cabo la guerra en el mar. 2 Escuadra (de buques). 3 MONT. Línea de cazadores que acechan a las reses en la batida. 4 MONT. Gente con perros que espantaban las reses para llevarlas hacia los cazadores. 5 *Amér. Merid.* Forma en que se dispone el lazo para lanzarlo. 6 *Bol.* y *Perú.* Plazo, vez.
SIN. *1* **Marina** o **flota de guerra.**
armadera *f.* Cuaderna de armar.
armadía (ár.) *f.* Almadía.
armadijo *m.* Trampa (en la caza). 2 Armazón de palos.
armadillo (de *armado*) *m.* Mamífero edentado de América, cuyo dorso y cola están protegidos por placas córneas articuladas de manera que le permiten arrollarse en bola *(gén. Dasypus).*
SIN. **Mulita** (*Argent., Bol., Chile, Parag*), **quirquincho** (*Argent., Bol., Chile, Perú*), **tatú** (*Amér. Merid.*).
I) armado (de *armar*) *m.* Hombre que, vestido como los ant. soldados romanos, acompaña los pasos de las procesiones y da guarda a los monumentos de Semana Santa. 2 Acción de armar. 3 Efecto de armar. 4 Pez marino teleósteo, de cabeza amplia y cuerpo ahusado cubierto completamente de escudos dérmicos osificados; se halla hasta grandes profundidades *(Agonus cataphractus; Peristedion a.).* 5 *Argent.* Cigarrillo liado a mano. 6 *Chile.* Armadura. 7 *Guat.* Armadillo.
SIN. *4* **Agono.**
II) armado, -da *adj.* Que lleva una armadura metálica en su interior.
armador, -ra *m. f.* Persona que arma (une piezas, etc.): ~ ***de arte,*** persona que confecciona, apareja y apaña las artes de pesca y dirige el trabajo de los rederos. 2 Persona que por su cuenta arma una embarcación. -3 *m.* Corsario (capitán, nave). 4 Jubón. -5 *adj. Méj.* [bestia] Que tiene la manía de armarse o plantarse. -6 *m. Bol.* y *Chile.* Entre campesinos, chaleco. 7 *Ecuad.* Percha para la ropa.
armadura (l. *-atura*) *f.* Conjunto de armas defensivas que protegían el cuerpo de los combatientes. 2 Pieza o conjunto de piezas sobre las que se arma una cosa; esp. la que sostiene la cubierta de un edificio. 3 Pieza o conjunto de piezas que sostiene o protege una máquina. 4 Esqueleto (conjunto óseo). 5 Cuerpo conductor, separado por otro aislador, con que se forman los condensadores eléctricos. 6 Pieza de hierro dulce que se coloca en contacto de los polos de un imán para ayudarle a conservar sus cualidades magnéticas. 7 MAR. Aro de metal con que se refuerza algo, esp. el codaste, las chumaceras y el pozo de la hélice. 8 MÚS. Conjunto de sostenidos o de bemoles que indican el tono de una composición.
SIN. *1* **Arnés.** *2* **Armazón.**
armaga *f.* Ruda silvestre.
armajal *m.* Marjal (pantano).
armajo *m.* Almarjo.
armamentista *adj.* Perteneciente o relativo a la industria de armas de guerra. -2 *com.* Partidario de la política de armamentos. 3 Fabricante de armas. -3 *adj.-s. Amér. Central.* Militarista.
armamento (l. *-tu*) *m.* MIL. Prevención de todo lo necesario para la guerra. 2 Conjunto de armas al servicio del ejército, de

un cuerpo armado o de un individuo. 3 Armadura (armazón). 4 MAR. Equipo y provisión de un buque.

armañac (del condado fr. de *Armañac,* en Gascuña) ***m.*** Aguardiente francés de 40°, muy parecido al coñac, aunque más seco y recio.

armar (l. *-are*) ***tr.-prnl.*** Vestir o poner [a uno] armas ofensivas o defensivas: ~ *con lanzas;* ~ *de carabina;* ~ *en corso;* fig., *el león está armado de dientes; Dios arma los corazones.* 2 Proveer de armas; apercibir para la guerra: *armarse una nación.* -3 ***tr.*** Disponer y preparar las partes [de un arma] para usarla: ~ *una ballesta.* 4 Juntar entre sí y concertar las varias piezas [de una cosa], esp. la armadura interna: ~ *una casa, una tienda, un mueble, una trampa;* poner los orfebres y otros artífices oro o plata sobre otro metal: *oro armado sobre cobre.* 5 Sentar, fundar [una cosa] sobre otra: ~ *una casa sobre sus cimientos;* fig., ~ *sobre la humildad el edificio de las virtudes.* 6 MAR. Aprestar una embarcación. 7 fig. Proveer [a uno] de lo que necesita para algún fin. 8 fam. Disponer, fraguar [alguna cosa]: ~ *un baile; armarse una tempestad;* esp., promover, causar: ~ *un pleito, un alboroto; **armarla,*** promover riñas y alborotos; esp., hacer trampas en el juego. 9 En la poda, dejar [los árboles] con unas guías determinadas. 10 Sujetar con hilo y aguja [un ave o pieza de carne] para que al asarla conserve su forma. -11 ***intr.*** Convenir una cosa a alguno: *ser conforme a su deseo; el vestido no arma a vuestro talle; esta consideración arma a vuestro propósito.* 12 Yacer el mineral entre las rocas. -13 ***prnl.*** fig. Disponer el ánimo para lograr algún fin o resistir una contrariedad: *armarse de paciencia.* 14 *Amér. Central* y *Méj.* Plantarse un animal; aplic. a personas, negarse, obstinarse.

SIN. *3* y *4* **Montar.**

armario (l. *-iu*) ***m.*** Mueble con puertas y anaqueles: ~ *de cocina;* ~ *de baño;* ~ ***empotrado,*** el que se construye en el espesor de un muro, o hueco de una pared

SIN. **Estante,** el que no tiene puertas.

armatoste (del cat. ant. *armatost, arma* + el adv. *tost*) ***m.*** Máquina o mueble tosco, pesado y mal hecho. 2 fig. Persona corpulenta que para nada sirve.

armazón (l. v. **-atione*) ***amb.*** Armadura (pieza o piezas); 2 Acción de armar (unir piezas, etc.). 3 Efecto de armar (unir piezas, etc.). -4 ***m.*** *Amér.* Anaquel o estantería de los comercios.

armelina ***f.*** Piel blanca de armiño procedente de Laponia.

armella (v. *armilla*) ***f.*** Anillo de metal con una espiga o tornillo para clavarlo en parte sólida.

SIN. **Hembrilla.**

armelluela ***f.*** Dim. de *armella.*

arménico (l. *-cu*) ***adj.*** V. bol arménico.

armenio, -nia (l. *-iu*) ***adj.-s.*** De Armenia, región del sudeste de Asia que comprende zonas de la Unión Soviética, Turquía e Irán. 2 Cristiano que pertenece al patriarcado católico o al cismático de Armenia y que conserva su antiquísima liturgia; el cismático es monofisita. -3 ***adj.-m.*** Familia de lenguas del tronco indoeuropeo, habladas en esta región, que se divide en dos grupos: oriental y occidental.

armería ***f.*** Museo de armas. 2 Arte de fabricar armas. 3 Establecimiento en que se venden. 4 Blasón (heráldica).

armero ***m.*** El que tiene por oficio fabricar o vender armas. 2 El que está encargado de custodiarlas y conservarlas: ***maestro*** ~, en los regimientos; ~ ***mayor,*** jefe de la real armería. 3 Aparato para tener las armas.

armerol ***m.*** desus. Maestro armero.

armi- (l. *arma*) Elemento prefijal que entra en la formación de palabras de origen latino con el significado de arma: *armífero, armisonante.*

armidita ***adj.-s.*** *Chile.* Vino dulce.

armífero, -ra (l. *-fer* < *armi-* + *-fero*) ***adj.*** lit. Que viste o lleva armas. 2 fig. Belicoso.

armígero, -ra ***adj.*** Armífero.

armilar (l. *armilla,* anillo) ***adj.*** V. esfera armilar.

armilaria ***f.*** Seta agarical con el sombrero amarillento con finas escamas de color de miel; crece sobre troncos de árboles, a los que perjudica gravemente *(Armillaria mellea).*

armilla (l. *armilla,* brazalete, anillo; doble etim. *armella*) ***f.*** Astrágalo (ARQ.). 2 Espira (parte, columna). 3 ASTRON. Ant. instrumento parecido a la esfera armilar.

armiñado, -da ***adj.*** Guarnecido de armiños. 2 Blanco como el armiño.

armiñar ***tr.*** Dar [a una cosa] el color blanco del armiño.

armiño (l. *armeniu*) ***m.*** Mamífero carnívoro mustélido, de piel parda en verano y blanca en invierno *(Mustela eminea).* 2 Piel de este animal. 3 Pinta blanca junto al casco de las caballerías. 4 fig. Lo puro y limpio. 5 BLAS. Figura convencional, a manera de mota negra y larga, sobre campo de plata.

armipotente (l. *armipotens* < *armi-* + *potente*) ***adj.*** poét. Poderoso en armas.

armisonante (l. *armisonans* < *armi-* + *sonante*) ***adj.*** poét. Que lleva armas, que suenan al chocar entre sí.

armisticio (l. *arma,* armas + *statio,* detención) ***m.*** MIL. Suspensión de hostilidades.

armón (de *armar*) ***m.*** ARTILL. Juego delantero de la cureña del cañón de campaña. 2 *Sant.* Parte delantera del carro de dos ruedas.

armonía (gr. *harmonía*) ***f.*** Arte que trata de la formación, sucesión y modulación de los acordes musicales. 2 Conjunto de sonidos agradables al oído; p. ext., en el lenguaje hablado, combinación de sonidos, cadencias y acentos que resulta grata al oído: *la* ~ *del canto;* ~ *imitativa; la* ~ *de un verso.* 3 fig. Conveniente proporción y concordancia de unas cosas con otras: *la* ~ *del cuerpo humano.* 4 fig. Amistad y buena correspondencia: *vivir en buena* ~. ◇ También *harmonía.*

armónica (v. *armónico*) ***f.*** Instrumento músico de viento compuesto por una serie de lengüetas colocadas entre dos placas metálicas y que suenan al soplar o aspirar. ◇ También *harmónica.*

armónicamente ***adv. m.*** De manera armónica. ◇ También *harmónicamente.*

armónico, -ca (gr. *harmonikós*) ***adj.*** Relativo a la armonía. -2 ***m.*** FÍS. En una onda periódica, componente sinusoidal cuya frecuencia es múltiplo de la frecuencia fundamental. 3 MÚS. Sonido agudo, concomitante, producido por la resonancia de otro fundamental. 4 MÚS. Sonido que se obtiene en los instrumentos de cuerda, apoyando suavemente el dedo en determinados puntos de una cuerda en vibración. ◇ También *harmónico.*

SIN. *3* **Hipertono,** esp. en FÍS.

armonio (de *armonía*) ***m.*** MÚS. Órgano pequeño al cual se da el aire por medio de un fuelle movido con los pies. Se dice a menudo *armónium.* ◇ También *harmonio.*

armoniosamente ***adv. m.*** Con armonía. ◇ También *harmoniosamente.*

armonioso, -sa ***adj.*** Sonoro y agradable al oído. 2 fig. Que tiene armonía. ◇ También *harmonioso.*

armónium ***m.*** Armonio. ◇ Pl.: *armóniums.*

armonizable ***adj.*** Que puede armonizarse. ◇ También *harmonizable.*

armonización ***f.*** Acción de armonizar. 2 Efecto de armonizar. ◇ También *harmonización.*

armonizador, -ra ***adj.-s.*** Que armoniza.

armonizar ***tr.*** fig. Poner en armonía [unas cosas] con otras. 2 MÚS. Componer [los acordes] que han de acompañar a una melodía. -3 ***intr.*** fig. Guardar armonía unas cosas con otras. ◇ ** CONJUG. [4] como ***realizar.*** ◇ También *harmonizar.*

armorial ***m.*** Índice de armas y blasones.

armoricano, -na ***adj.-s.*** De Armórica, actual Bretaña, región del oeste de Francia.

armuelle (l. *holu molle,* hortaliza muelle; hecho *olmuelle*) ***f.*** Hierba quenopodiácea erecta y anual, de hojas triangulares, lobuladas y carnosas que se consumen como verdura. Su semilla es dura y negra *(Atriplex hortensis).* 2 ~ ***borde,*** cenizo (planta). 3 ~ ***silvestre,*** zurrón (planta).

arna (b. l. *arna*) ***f.*** Vaso de colmena.

arnacho ***m.*** Gatuña.

arnaco ***m.*** *Colomb.* Trasto viejo.

arnadí ***m.*** Dulce hecho al horno, con calabaza y boniato y relleno de piñones, almendras, nueces, etc. ◇ Pl.: *arnadíes.*

arnaucho ***m.*** *Perú.* Ají pequeño y muy picante.

arnaúte (turco *arnawud*) ***adj.-s.*** Albanés.

arnés (fr. *harnais*) ***m.*** Armadura (conjunto de armas). -2 ***m. pl.*** Guarniciones de las caballerías. 3 fig. *y* fam. Cosas necesarias para algún fin: *llevaba todos los arneses para cazar.*

árnica (l. *ptarmica* < gr. *-miké,* estornutatoria) ***f.*** Planta compuesta medicinal, de cabezuela amarilla, cuyas flores y raíz tienen un sabor acre y olor fuerte *(Arnica montana).* 2 Tintura hecha con esta planta.

SIN. **Estornudadera, tabaco de montaña.**

arnicina ***f.*** Substancia alcalina que se extrae de las flores del árnica.

arnillo ***m.*** *Ant.* Pez teleósteo del mar Caribe, de 20 a 30 cms. de largo *(Apsilus deutatus).*

I) aro ***m.*** Pieza en figura de circunferencia: *pasar* o *entrar uno por el aro;* fam., someterse a la ley o la costumbre; aceptar algo contra voluntad. 2 Argolla para el juego de este nombre. 3 Juguete en forma de circunferencia. 4 DEP. En gimnasia rítmica, aparato con el que se ejecutan diversos ejercicios de habilidad y coordinación de movimientos. 5 Armadura de madera que sostiene el tablero de la mesa. 6 Servilletero. 7 *Amér.* Sortija. 8 *Argent.* y *Chile.* Arete (adorno).

II) aro ***m.*** Planta arácea de raíz tuberculosa y feculenta *(Arum maculatum).* 2 ~ ***palustre,*** planta acuática, perenne, provista de rizoma y con hojas acorazonadas *(Calla palustris).*

SIN. *1* **Alcatraz, arón, jaro, jarillo, sarrillo, tragontina, yaro.**

¡aro! *Argent., Bol., Chile* y *Perú.* Interjección con que se presenta una copa de licor al que habla, canta o baila.

aroca ***f.*** Lienzo labrado en Arouca, villa de Portugal.

aroideo, -a ***adj.-f.*** Aráceo. -2 ***f. pl.*** Aráceas.

arola ***f.*** Molusco lamelibranquio marino, de concha de gran tamaño, oval y de color verde pardusco, que vive sobre los fondos blandos *(Lutraria lutraria).*

SIN. **Navallón.**

arolio ***m.*** ZOOL. En los insectos, pequeña almohadilla situada entre la uñas del tarso.

aroma (l.) ***f.*** Flor del aromo. -2 ***m.*** Perfume, olor muy agradable. 3 Goma, bálsamo, leño o hierba de mucha fragancia. 4 Perfume característico de alimentos o bebidas. -5 ***f.*** *Amér.* Aromo (árbol leguminoso).

aromal ***m.*** *Cuba.* Terreno en que abunda el aromo.

aromar (de *aroma*) ***tr.*** Aromatizar.

aromaticidad ***f.*** Calidad de aromático.

aromático, -ca (l. *-cu*) ***adj.*** Que tiene aroma (perfume). 2 QUÍM. Relativo a los hidrocarburos de la serie cíclica y sus derivados.

aromatización ***f.*** Acción de aromatizar. 2 Efecto de aromatizar. 3 QUÍM. Proceso por el que un compuesto alifático se transforma en otro aromático.

aromatizador ***m.*** *Chile.* Vaporizador.

aromatizante ***adj.*** Que aromatiza.

aromatizar (l. *-are*) ***tr.*** Dar o comunicar aroma [a una cosa]. ◇ ** CONJUG. [4] como ***realizar.***

SIN. **Perfumar.**

aromatoterapia (gr. *aroma -atos,* aroma, + *-terapia)* ***f.*** FARM. Utilización médica de los aceites esenciales.

aromo (de *aroma*) ***m.*** Árbol leguminoso, variedad de acacia, de ramas espinosas y flores amarillas muy olorosas *(Acacia farnesiana).* 2 *Amér.* Mimosa

SIN. *1* **Espino** (*Hond.*)**; gabia, guisache, huisache, vinorama, zubinché** (*Méj.*)**; subín** (*Guat.* y *Hond.*).

aromoso, -sa ***adj.*** Aromático.

arón ***m.*** Aro (planta).

arpa (l. *harpa*) ***f.*** Instrumento músico con cuerdas colocadas verticalmente, que se hieren directamente con los dedos de ambas manos. 2 ~ ***eolia,*** instrumento de cuerda en el cual los sonidos se producían al roce de una corriente de aire. ◇ También *harpa.*

I) arpado, -da (de *arpar*) ***adj.*** Que remata en dientecillos como de sierra. ◇ También *harpado.*

II) arpado, -da (de *arpa*) ***adj.*** poét. [pájaro] De canto armonioso. ◇ También *harpado.*

arpadura (de *arpar*) ***f.*** Arañazo.

arpar (germ. *harpan,* agarrar) ***tr.*** Arañar con las uñas. 2 Rasgar (romper).

arparse ***prnl.*** *Colomb.* Llenarse, plagarse.

arpegiar ***tr.*** MÚS. Hacer arpegios. ◇ ** CONJUG. [12] como ***cambiar.***

arpegio (it. *arpeggio*) ***m.*** MÚS. Sucesión de los sonidos de un acorde.

arpella (der. del gr. *arpe*) ***f.*** Ave rapaz falcónida que vive cerca de las aves *(Circus aeruginosus).*

arpeo (de *arpar*) ***m.*** Instrumento de hierro con garfios, usado para rastrear o para abordarse dos embarcaciones.

arpía (gr. *Hárpyía*) ***f.*** Monstruo fabuloso con el rostro de doncella y el cuerpo de ave de rapiña. 2 fig. Mujer perversa, o muy fea y flaca. 3 fig. *y* fam. Persona codiciosa, que saca cuanto puede, con arte y maña. 4 ZOOL. Especie de águila de América que vive en los grandes bosques; sus principales víctimas son los monos y perezosos *(Harpya harpya).* ◇ También *harpía.*

arpillador ***m.*** *Méj.* El que tiene por oficio arpillar.

arpilladura ***f.*** *Méj.* Acción de arpillar. 2 *Méj.* Efecto de arpillar.

arpillar ***tr.*** *Méj.* Cubrir [fardos] con arpillera.

arpillera (del fr. o del cat.) ***f.*** Tejido de yute o de estopa de cáñamo, para hacer sacos y cubiertas. ◇ También *harpillera.*

SIN. **Halda,** que se emplea para envolver fardos, pacas, etc.; **malacuerda; ragazo.**

arpiña ***f.*** *Ecuad.* Hurto.

arpiñar ***tr.*** *Ecuad.* Hurtar, garfiñar.

arpista ***com.*** Músico que toca el arpa. 2 *Chile.* Ratero de oficio.

arpón (germ. *harpe,* garra; a través del fr. *harpon*) ***m.*** Astil de madera armado con una punta de hierro para herir y otras dos para hacer presa. 2 ARQ. Grapa. 3 TAUROM. Banderilla.

arponado, -da ***adj.*** Parecido al arpón.

arponar, -near (frecuent.) ***tr.*** Cazar o pescar con arpón: ~ *una ballena.* -2 ***intr.*** Manejar el arpón con destreza.

arponero ***m.*** El que tiene por oficio hacer arpones. 2 El que pesca o caza con ellos.

arque-, V. arqui-: *arquegonio.*

arqueada ***f.*** Paso del arco por las cuerdas de un instrumento músico, sin cambiar de dirección. 2 Arcada (vómito).

I) arqueador ***m.*** Perito que arquea las embarcaciones.

II) arqueador ***m.*** El que tiene por oficio arquear (la lana).

arqueaje ***m.*** Arqueo II.

arqueamiento ***m.*** Arqueaje.

I) arquear ***tr.*** Dar [a una cosa] figura de arco. 2 En el obraje de paños, sacudir [la lana] con un arco. -3 ***intr.*** Nausear.

SIN. *1* **Enarcar.**

II) arquear (de *arca*) ***tr.*** Medir la cabida [de una embarcación]. 2 *Chile* y *P. Rico.* Hacer el arqueo en una caja o en los libros de contabilidad.

arquebiosis (*arque-* + gr. *bios,* vida) ***f.*** BOT. Iniciación de la vida sin progenitores.

arquegonio (*arque-* + gr. *goné,* vástago) ***m.*** Órgano pluricelular en forma de botella, donde se forman las oosferas de las plantas briofitas y pteridofitas.

REL. **Cofia,** parte superior de la cubierta del ~.

arqueño, -ña ***adj.-s.*** De Arque, capital y provincia del departamento boliviano de Cochabamba.

I) arqueo ***m.*** Acción de arquear o arquearse (dar figura de arco). 2 Efecto de arquear o arquearse (dar figura de arco).

II) arqueo ***m.*** Acción de arquear (medir). 2 Cabida de una embarcación.

NOMENCLATURA *2* Se distinguen: el **desplazamiento,** peso o volumen de agua que el barco desaloja cuando está sumergido hasta la linea de flotación; el **arqueo,** o **tonelaje bruto,** que es el volumen total del navío; el **tonelaje,** o **arqueo neto,** representa la capacidad útil para el transporte, y se llama también **registro.**

III) arqueo ***m.*** Reconocimiento de los caudales que existen en la caja.

arqueo- (gr. *archaios,* antiguo) Elemento prefijal que entra en la formación de palabras con el significado de antiguo, primitivo: *arqueología.*

arqueolítico, -ca ***adj.*** Relativo a la Edad de Piedra.

arqueología (gr. *archaiologia;* v. *arqueo-* + *-logía*) ***f.*** Ciencia que estudia lo antiguo, esp. por medio de los monumentos, objetos de arte, utensilios, etc.

arqueológico, -ca ***adj.*** Relativo a la arqueología. 2 fig. Antiguo.

arqueólogo, -ga ***m. f.*** Persona que por profesión o estudio se dedica a la arqueología.

SIN. V. **Anticuario.**

arqueopterigiforme ***adj.-m.*** Ave del orden de los arqueopterigiformes. -2 ***m. pl.*** Orden de aves fósiles que incluye el género *Archaeopteryx,* cuya características representan el puente de unión entre los reptiles y las aves.

arqueópteris ***m.*** Ave fósil de cola larga, como un lagarto, dientes en las mandíbulas y garras en el extremo de los dedos.

arquería ***f.*** Serie de arcos.

I) arquero (de *arca*) ***m.*** Cajero (caudales).

II) arquero (de *arco*) ***m.*** Soldado armado con arco y flechas. 2 El que tiene por oficio hacer arcos (toneles). 3 DEP. El que practica el deporte de tirar con arco. 4 DEP. En algunos deportes, como el fútbol, portero.

arqueta ***f.*** Cofre pequeño, generalmente ornamentado. 2 Recipiente para el agua de un sifón de desagüe.

arquetípico, -ca ***adj.*** Relativo al arquetipo. 2 Que tiene carácter o cualidades de arquetipo.

arquetipo (gr. *archetypos* < *archo,* ser el primero + *typos,* modelo) ***m.*** FIL. Tipo supremo, prototipo ideal de las cosas. 2 fig. Modelo original y primario en el arte u otra cosa.

arqui-, arque-, v. archi-: *arquíptero.*
-arquía, (gr. *-archía* < *archo,* guiar, mandar) Elemento sufijal que entra en la formación de palabras con el significado de gobierno, dominio: *monarquía.* ◇ V. *-arca.*
arquibanco *m.* Banco largo con uno o más cajones cuyas tapas sirven de asiento.
arquiclamídea (*arqui-* + *clamídea*) *adj.-f.* Planta de la subclase de las arquiclamídeas. -2 *f. pl.* Subclase de plantas dicotiledóneas, de flores apétalas o dialipétalas.
arquidiócesis *f.* p. us. Archidiócesis. ◇ Pl.: *arquidiócesis.*
SIN. **Archidiócesis,** muy us.
arquiepiscopal (*arqui-* + *episcopal*) *adj.* Arzobispal.
Arquímedes *n. pr.* V. rosca de ~.
arquimesa (de *arca* + *mesa*) *f.* Mueble con tablero de mesa y varios compartimientos.
arquimiceto *adj.-m.* Hongo de la familia de los arquimicetos. -2 *m. pl.* Familia de hongos de estructura muy sencilla, que se reproducen por zoosporas.
arquipéndola *f.* Nivel del albañil.
arquisinagogo (gr. *archisynágogos*) *m.* El principal de una sinagoga.
arquitecto, -ta (gr. *architekton* < *archo,* mandar + *tekton,* obrero) *m. f.* Persona que ejerce la arquitectura.
arquitectónico, -ca *adj.* Relativo a la arquitectura.
arquitectura (l. *arhitectura*) *f.* Arte de proyectar y construir edificios. 2 Método o estilo de construir caracterizado por ciertas particularidades: ~ *gótica.* 3 ~ ***naval,*** arte de proyectar y construir barcos. 4 fig. Estructura, forma. -5 *f. pl.* Conjunto de diseños, proyectos y edificaciones de un mismo arquitecto, de una área geográfica determinada, de un momento histórico concreto, o con una misma función. 6 Edificaciones o partes de ellas figuradas escultóricamente o pictóricamente.
arquitectural *adj.* Arquitectónico.
arquitrabado (de *arquitrabe*) *m.* Sistema arquitectónico que utiliza elementos de cierre horizontales
SIN. **Adintelado.**
arquitrabe (*arqui* + *trabe*) *m.* Parte inferior de un entablamento, o elemento horizontal donde descansa el friso y que se apoya directamente sobre columnas u otros elementos sustentantes.
arquitreto *adj. Pan.* Inquieto.
arquivolta *f.* Cara frontal de un arco cuando está decorada. -2 *f. pl.* ARQ. Conjunto de arcos inscritos unos en otros y que forman una portada abocinada.
arrabá (ár. *arrabáa,* cuadro) *m.* Alfiz. ◇ Pl.: *arrabaes.*
arrabal (ár. *arrabad*) *m.* Barrio fuera del recinto de la población. 2 Sitio extremo de una población. 3 Población anexa a otra mayor. 4 Porción de terreno no cultivado, pero susceptible de ser puesto en producción.
SIN. *1, 2* y *3* **Suburbio,** sólo se aplica a las grandes ciudades.
arrabalero, -ra *adj.-s.* Habitante de un arrabal. 2 fig. *y* fam. Persona de porte y lenguaje groseros.
arrabalillo *m. Can.* Terreno pequeño y pobre.
arrabiatar *tr. Amér.* Rabiatar, atar un animal a la cola de otro. -2 *prnl. Amér.* Someterse servilmente a la opinión de otro.
arrabio *m.* METAL. Hierro de primera fusión.
arracacha *f.* Planta umbelífera de América Meridional, semejante a la chirivía *(Arracacia xanthorrhiza).* 2 *Colomb.* fig. Sandez, necedad.
arracachada *f. Colomb.* Arracacha, sandez.
arracacho, -cha *adj. Colomb.* Papanatas.
arracada (ár. *alicrat,* pendientes) *f.* Arete con adorno colgante.
arracimado, -da *adj.* En racimo.
SIN. **Racimado.**
arracimarse *prnl.* Unirse en forma de racimo.
SIN. **Racimarse.**
arraclán *m.* Árbol ramnáceo, de hojas ovales, flores hermafroditas y madera flexible que da un carbón muy ligero *(Rhamnus frangula)*
SIN. **Aliso negro.**
-arrada, v. -ada.
arráez (ár. *arreií,* prefecto) *m.* Caudillo árabe o morisco. 2 Capitán de una embarcación árabe o morisca.
arraigadamente *adv. m.* Fijamente, con permanencia.
arraigadas (de *arraigar*) *f. pl.* MAR. Cabos o cadenas para asegurar las obencaduras de los masteleros.
arraigado, -da *adj.* Poseedor de bienes raíces. -2 *m.* Amarradura de un cabo.
arraigamiento *m.* Arraigo.
arraigán *m. Cuba.* Árbol de la cera.
arraigante *adj.* Que arraiga.
arraigar (l. *arradicare* < *ad* + *radicare*) *intr.-prnl.* Echar raíces: ~, o *arraigarse, una planta.* 2 fig. Hacerse muy firme una virtud, vicio, costumbre, etc.: ~, o *arraigarse, la maldad, la calentura.* 3 DER. Afianzar las resultas del juicio con bienes raíces o depósito en metálico. -4 *tr.* Establecer y afirmar [una cosa]: *San Pablo arraigó la fe.* -5 *tr.-prnl.* fig. Establecer o afirmar [a uno] en una virtud, costumbre, etc.: *San Pablo nos arraiga en la fe; arraigarse en la esperanza.* -6 *prnl.* Establecerse de asiento; adquirir fincas. -7 *tr. Chile* y *Méj.* Notificar judicialmente [a una persona] que no salga de la población, bajo cierta pena. ◇ ** CONJUG. [7] como ***llegar.***
SIN. *1* y *2* **Enraizar, radicar.** *1* **Prender.**
arraigo *m.* Acción de arraigar o arraigarse. 2 Efecto de arraigar o arraigarse. 3 Bienes raíces.
arraizar *intr. Colomb.* Arraigar, echar raíces. ◇ ** CONJUG. [24] como ***enraizar.***
-arrajo, v. -ajo.
arralar (paras. de *ralo*) *intr.* Ralear (las vides). 2 Hacerse rala una cosa.
arramblar (paras. de *rambla*) *tr.* Dejar un río o torrente cubierto de arena [el suelo por donde pasa]. 2 fig. Arrastrarlo [todo], llevárselo: *arrambló el dinero y se fue.* 3 Recoger y llevarse codiciosamente todo lo que hay en algún lugar. -4 *prnl.* Cubrirse el suelo de arena a causa de una avenida.
arramplar *tr.* fam. Arramblar, llevarse lo que hay en algún lugar.
arrancacamisa *m. Cuba.* Juego de naipes entre dos personas, cada una de las cuales toma la mitad de la baraja.
SIN. **Quitacamisa.**
arrancacebolla *m.* Juego de chicos en que simultáneamente cada uno se abraza a la cintura del que tiene delante.
arrancaclavos *m.* Palanca de uña hendida. ◇ Pl.: *arrancaclavos.*
arrancada (de *arrancar*) *f.* Empuje de un buque, automóvil, caballo, etc., al emprender la marcha, o aumento repentino de su velocidad. 2 Acometida, embestida. 3 DEP. Modalidad de la halterofilia en la que el levantador ha de alzar las pesas por encima de su cabeza en un solo movimiento. 4 MAR. Velocidad de un buque cuando es notable.
SIN. *1* MAR **Viada.** *2* **Estrepada.**
arrancadera (de *arrancar*) *f.* Esquilón que llevan los mansos.
arrancadero (de *arrancar*) *m.* Punto desde donde se echa a correr.
arrancado, -da (de *arrancar*) *adj.* fig. El que ha perdido sus bienes. 2 fam. Muy malo. 3 BLAS. [árbol o planta] Que descubre sus raíces; [cabeza o miembro del animal] que no está bien cortado.
arrancador, -ra *adj.-s.* Que arranca. -2 *f.* Máquina agrícola para arrancar raíces.
arrancadura *f.* Arrancamiento.
arrancamiento *m.* Acción de arrancar.
arrancamoños *m.* Fruto del cadillo (planta). ◇ Pl.: *arrancamoños.*
arrancapinos *m.* fig. *y* fam. Hombre de pequeño cuerpo. ◇ Pl.: *arrancapinos.*
arrancar (probl. de *a* + germ. *hring,* hilera) *tr.* Sacar de raíz: ~ *la broza al,* o *del, suelo;* ~ *de raíz las opiniones falsas,* fig. *y* en gral., sacar con violencia [lo que está asegurado en su lugar]: ~ *una muela, un clavo, un pedazo del traje.* 2 Quitar con violencia: ~ *el acero;* ~ *la victoria,* fig., obtener [algo] de una persona con trabajo, violencia o astucia: ~ ***un consentimiento,*** consentir [algo] en fuerza del entusiasmo, o del afecto que se inspira: ~ *la adhesión, la piedad.* 3 Separar con violencia [a uno] de una parte: *arrancóle de tan feliz morada;* esp., separarle de las costumbres, vicios, etc.: ~ *de la indolencia.* 4 Despedir y arrojar la flema; p. anal., despedir la voz, suspiros, etc.: *arrancó del pecho una voz sonora.* -5 *tr.-intr.* MAR. Dar [a un barco] mayor velocidad de la que lleva. -6 *intr.* Empezar a andar: *el tren arrancó;* partir de carrera: ~ *con furia;* en gral., partir o salir de alguna parte: *es duro* ~ *de aquí.* 7 fig. Provenir, traer origen: ~ *de una mala interpretación.* 8 ARQ. Principiar el arco o la bóveda. 9 *Cuba* y *Méj.* ***Arrancársele a uno,*** acabársele el dinero. 10 *Méj.* Morirse. ◇ ** CONJUG. [1] como ***sacar.***
SIN. *6* V. **Salir.**
arrancasiega *f.* En la acción de segar las mieses, acción de arrancar a la vez las que por pequeñas no pueden segarse.

arranchar (fr. *ranger*) ***tr.*** MAR. Contornear [la costa, un banco, etc.]. 2 MAR. Cazar y bracear [el aperejo de un buque]. 3 *Amér.* Arrebatar, quitar algo a otro con violencia.

arrancharse (paras. de *rancho*, vivienda campesina) ***prnl.-intr.*** Juntarse en ranchos. 2 *Colomb.* y *Chile.* Negarse obstinadamente a hacer algo. 3 *Cuba.* Demorarse demasiado en algún lugar. 4 *Chile, Méj.* y *Venez.* Acomodarse a vivir en algún sitio o alojarse en forma provisional. 5 *Pan.* Domiciliarse en una casa, a título de amigo, pero con disgusto de sus dueños y sin mostrar disposición a salir de ella. 6 *Urug.* Amancebarse.

arranciarse ***prnl.*** Enranciarse. ◇ ** CONJUG [12] como ***cambiar.***

arrancón ***m.*** Arrancada violenta. 2 *Colomb.* Congoja, angustia. 3 *Colomb.* Entusiasmo. 4 *Colomb.* y *Méj.* Exabrupto, salida de tono.

arrancuchar ***tr.*** *Cuba.* Abancuchar.

arranque ***m.*** Acción de arrancar. 2 Efecto de arrancar. 3 fig. Ímpetu de cólera, piedad, amor. 4 Prontitud demasiada en una acción. 5 Ocurrencia viva o inesperada. 6 Principio de un arco o bóveda. 7 Comienzo de un miembro o parte de un animal o vegetal. 8 Mecanismo que pone en marcha un motor o un vehículo. 9 *Amér. Central.* Pobreza.

arranquera ***f.*** *Amér.* Falta de dinero, pobreza, miseria.

arrapar ***tr.*** Quitar con violencia, arrebatar [algo]. Sólo se emplea en estilo bajo.

arrapiezo (desp. de *arrapo*, harapo) ***m.*** Andrajo. 2 fig. Persona de corta edad o humilde condición.

-arrar, sufijo que entra en la formación de verbos combinado con *-arro*: *despatarrar.*

¡arrarray! (quechua) *Ecuad.* Interjección con que se denota quemazón o ardor.

arras (l. *arrha*) ***f. pl.*** Lo que se da como prenda en algún contrato. 2 Las trece monedas que, al celebrarse el matrimonio, entrega el desposado a la desposada.

arrasado, -da ***adj.*** Parecido al raso.

arrasadura ***f.*** Rasadura.

arrasamiento ***m.*** Acción de arrasar. 2 Efecto de arrasar.

arrasar (paras.) ***tr.*** Allanar la superficie [de una cosa]: ~ *un campo.* 2 Echar por tierra, destruir: ~ *los muros.* 3 Rasar (igualar). 4 Llenar [una vasija] hasta los bordes; fig., llenarse los ojos de lágrimas: ~ *de,* o *en, lágrimas.* -5 ***intr.-prnl.*** Despejarse el cielo.

arrascachimeneas ***m.*** *Logr.* Deshollinador. ◇ Pl.: *arrascachimeneas.*

arrastracueros ***m. pl.*** *Venez.* Arrastrado, quídam. ◇ Pl.: *arrastracueros.*

arrastraculo (de *arrastrar* + *culo*) ***m.*** Vela pequeña que se largaba debajo de la botavara.

arrastrada ***f.*** *Méj.* Arrastramiento.

arrastradamente ***adv. m.*** fig. Con trabajo o escasez; infelizmente.

arrastradera ***f.*** Ala del trinquete. 2 En los globos aerostáticos, cuerda guía.

SIN. **Rastrera.**

arrastradero ***m.*** Camino por donde se hace el arrastre de maderas. 2 Sitio por donde se sacan de la plaza de toros los animales muertos. 3 *Méj.* Garito de baja estofa.

arrastradizo, -za ***adj.*** Que se lleva a rastras. 2 Que ha sido trillado.

arrastrado, -da ***adj.*** fig. Pobre, desastrado, fatigoso: *una vida arrastrada.* 2 [juego] Que es obligatorio servir a la carta jugada: *tute* ~. -3 ***adj.-s.*** fam. Pícaro, bribón.

arrastramiento ***m.*** Acción de arrastrar o arrastrarse.

arrastrante ***adj.*** Que arrastra.

arrastrapanza ***m.*** *Cuba.* Coche de alquiler desvencijado.

arrastrar (*a- 1* + ant. *rastrar,* dejar rastro) ***tr.*** Llevar [a una pers. o cosa] por el suelo tirando de ella: *arrastraban a las mujeres por los cabellos;* ~ *los troncos por la vertiente;* fig. denotando la violencia de un poder irresistible: ~ *a la corrupción;* fig., llevar penosamente adelante [la vida, el estilo, etc.]: ~ *sus días infelices; su estilo se arrastra.* 2 fig. Llevar uno tras sí: ~ *en su caída;* traer [a uno] a su dictamen o voluntad: ~ *tras sí la afición de los pueblos.* -3 ***intr.-prnl.*** Trasladarse rozando el cuerpo con el suelo, los animales que no tienen patas: *lo que arrastra, o se arrastra, por el suelo.* 4 Pender hasta tocar en el suelo: *las faldas arrastran, o se arrastran.* -5 ***intr.-tr.*** En varios juegos de naipes, jugar carta a que han de servir los demás jugadores. -6 ***prnl.*** Humillarse servilmente. -7 ***tr.*** *Amér. Merid.* MIN. Reunirse varias venas para formar una sola.

arrastre ***m.*** Acción de arrastrar cosas que se llevan así de una parte a otra. 2 Cantidad que se paga por el acarreo de una mercancía. 3 Acción de arrastrar en el juego de naipes. 4 MIN. Talud o inclinación de las paredes de un pozo de mina. 5 TAUROM. Acto de retirar del ruedo el toro muerto en la lidia. 6 *Méj.* MIN. Molino donde se pulverizan los minerales de plata. 7 *R. de la Plata.* fig. Influencia.

arrastrero, -ra ***adj.*** De arrastre.

arrate (ár. *arratl;* doble etim. *arrelde*) ***m.*** Libra de dieciséis onzas.

arratonado, -da (paras.) ***adj.*** Roído de ratones.

SIN. **Ratonado.**

arratonarse ***prnl.*** *Guat.* Crecer raquíticas las plantas.

arrayador ***m.*** *Ecuad.* Rasero para las medidas.

arrayán (ár. *arraihán*) ***m.*** Arbusto mirtáceo, de hojas opuestas y persistentes, flores axilares, pequeñas, blancas y muy olorosas, y fruto en baya de color negro azulado *(Myrtus communis).* 2 ~ ***brabántico,*** arbusto miriáceo cuyo fruto es una baya que, puesta a cocer, da una substancia semejante a la cera *(Myrica gale).* 3 *Extr.* Rayón.

SIN. *1* y *2* **Mirto, murta, murto;** su fruto murta o murtón.

arrayanal . Terreno poblado de arrayanes.

arrayano, -na ***adj.-s.*** *S. Dom.* [pers.] Que vive en la zona fronteriza o es oriundo de ella.

arrayar ***tr.*** *Can.* Rayar. 2 *Ecuad.* Rasar.

arráyaz, arraz ***m.*** p. us. Arráez.

arre ***m.*** fam. Caballería ruín ◇ También *harre.*

¡arre! (onomat.) interjección que se usa para arrear a las tias. ◇ También *¡harre!*

¡arrea! (de *arrear I*) interjección que se usa para dar prisa Interjección con que se denota sorpresa o desaprobación de que dice o hace otro.

arreada ***f.*** *Argent., Chile, Méj.* y *Urug.* Robo de ganado. 2 *Argent.* y *Parag.* Reclutamiento para el servicio de las armas.

arreador ***m.*** Vareador de aceituna. 2 Jornalero que acompaña al ganado de tránsito. 3 *And.* Capataz de operarios del campo. 4 *Amér.* Látigo para arrear.

I) arrear ***tr.*** Estimular [a las bestias] para que echen a andar o para que aviven el paso. 2 Dar prisa, estimular. 3 Llevarse [algo] de manera violenta, robar. 4 Pegar o dar [un golpe o un tiro]. -5 ***intr.*** Ir, caminar de prisa. -6 ***tr.*** *Argent., Bol., Cuba, Chile, Guat.* y *Méj.* Llevarse violenta o furtivamente [ganado ajeno]. ◇ También *harrear.*

II) arrear (l. *arredare,* disponer) ***tr.*** Poner arreos, adornar.

arrebañaderas ***f. pl.*** Ganchos de hierro destinados a sacar los objetos que se caen a los pozos.

arrebañador, -ra ***adj.-s.*** Que arrebaña.

arrebañadura ***f.*** fam. Rebañadura. -2 ***f. pl.*** Residuos de alguna cosa, por lo común comestible, que se recogen arrebañando.

arrebañar (*a- 1* + *rebañar*) ***tr.*** fam. Rebañar.

arrebatacapas (Puerto de ~*),* fig. Lugar donde corren vientos impetuosos; lugar o medio social donde hay peligro de fraudes y rapiñas.

arrebatadamente ***adv. m.*** De manera arrebatada. 2 fig. Inconsiderada y violentamente.

arrebatadizo, -za ***adj.*** fig. Propenso a arrebatarse.

arrebatado, -da ***adj.*** Precipitado e impetuoso. 2 fig. Inconsiderado y violento. 3 De rostro muy encendido.

arrebatador, -ra ***adj.-s.*** Que arrebata.

arrebatamiento ***m.*** Acción de arrebatar o arrebatarse. 2 fig. Furor, enajenamiento. 3 Éxtasis.

arrebatapuñadas ***m.*** p. us. Matón. ◇ Pl.: *arrebatapuñadas.*

arrebatar (*a-* + ant. *rebatar* < *rebato*) ***tr.*** Quitar con violencia: ~ *la espada a uno;* en gral., coger [las cosas] con precipitación: *le arrebató la carta.* 2 fig. Atraer [alguna cosa, como la vista, la atención, etc.]: ~ *el ánimo;* llevar consigo o tras sí con fuerza irresistible: ~ *al pueblo; la corriente arrebata los cuerpos.* -3 ***tr.-prnl.*** Agostarse [las mieses] por el calor. -4 ***prnl.*** Enfurecerse, dejarse llevar de la pasión. 5 Cocerse mal un manjar por exceso de fuego. -6 ***tr.*** *Amér. Merid.* y *Guat.* Atropellar.

arrebatinga ***f.*** *Guat.* Arrebatiña.

arrebatiña ***f.*** Acción de recoger arrebatadamente una cosa disputada entre muchos.

SIN. **Rebatiña.**

arrebato ***m.*** Arrebatamiento. 2 DER. Circunstancia que atenúa la responsabilidad penal. 3 *Bol.* Enfermedad súbita y grave.

arrebatoso, -sa ***adj.*** Arrebatado.

arrebiatar ***tr.*** *Amér.* Vulg. por arrabiatar.

arrebiates *m. pl. Venez.* Accesorios.
arrebiato *m. Venez.* Reata.
arrebol (l. *rubore*) *m.* Color rojo de las nubes heridas por los rayos del Sol. 2 Colorete. 3 Rubor, vergüenza. -4 *m. pl.* Arrebolada. -5 *m. Venez.* Adorno.
arrebolada *f.* Conjunto de nubes enrojecidas por los rayos del Sol.
arrebolar *tr.-prnl.* Poner de color de arrebol: *arrebolarse el rostro.* -2 *prnl. Colomb.* y *P. Rico.* Alborotarse, animarse, meterse en fuga. 3 *Venez.* Adornarse.
arrebolera *f.* Salserilla para el arrebol. 2 Dondiego (planta).
arrebozar *tr.* Rebozar. 2 fig. Ocultar, encubrir mañosamente. -3 *prnl.* Arracimarse las abejas alrededor de la colmena, o las moscas o las hormigas en alguna parte. ◇ ** CONJUG. [4] como *realizar.*
arrebozo *m.* Rebozo.
arrebujadamente *adv. m.* fig. Confusa o embozadamente.
arrebujar (antes *reburujar,* del l. v. *voluclu,* envoltorio; por l. clásico *involucrum*) *tr.* Coger mal y sin orden [una cosa flexible]: ~ *la ropa.* -2 *prnl.* Cubrirse bien y envolverse con la ropa de la cama, o con la capa, mantón, etc. 3 Reburujar, revolver, enredar.
SIN. **Rebujar.** *2* **Taperujarse,** esp. cuando se hace con desaliño.
arrebuyarse *prnl. Cuba.* vulg. Empujarse.
arrecharse *prnl. Amér. Central* y *Méj.* Hacerse lascivo, rijoso. 2 *Venez.* Encolerizarse.
arrechera *f. Colomb.* Lascivia, encelamiento de los irracionales. 2 *Colomb.* Acometividad, ánimo resuelto.
arrecho, -cha *adj.* Tieso, erguido. 2 Brioso, arrogante. 3 [pers.] Excitado por el apetito sexual. 4 *Guat.* [pers.] Inteligente y aplicada.
arrecholarse *prnl. Colomb.* Retraerse.
arrechoncharse *prnl. Colomb.* Agazaparse.
arrechucho (quizá del dial. *arrecho,* erguido, brioso < l. *arrectu*) *m.* fam. Arranque (ímpetu, prontitud). 2 fam. Indisposición repentina y pasajera.
arrechura *f. Perú.* Lujuria. 2 *Guat.* Acción propia de la persona que se arrecha.
arreciar (paras.) *intr.-prnl.* Hacerse cada vez más recia o violenta una cosa: ~ *el temporal, la calentura.* -2 *prnl.* Fortalecerse, cobrar fuerzas. 3 Arrecirse. ◇ ** CONJUG. [12] como *cambiar.*
arrecife (ár. *arracif*) *m.* Calzada. 2 Afirmado o firme de un camino. 3 Banco o bajío casi a flor de agua. 4 *S. Dom.* Costa peñascosa, acantilado, farallón.
arrecirse (l. *arrigere,* poner rígido) *prnl.* Entorpecer o entumecerse por exceso de frío. ◇ Verbo defectivo; se usa sólo en los tiempos y personas que contienen la vocal *i: arrecía, arreciré, arreciendo.*
arrecloques *m. pl. Amér. Central* Perifollos. 2 *Amér. Central* p. ext. Rodeos, ambages.
arredilar *tr.* Meter [al ganado] en redil.
arredondear *tr.-prnl.* Redondear.
arredramiento *m.* Acción de arredrar o arredrarse. 2 Efecto de arredrar o arredrarse.
arredrar (de *arredro*) *tr.-prnl.* Retraer, hacer retroceder: ~ *a los moros; arredrarse ante una culebra;* en gral., apartar, separar: *me arredro de la corte; arredraos de mi, malditos.* 2 fig. Amedrentar, asustar: *no me arredran vuestras calumnias.* ◇ Actualmente es poco frecuente su empleo como tr. Como prnl. su uso es pralte. lit.
SIN. v. **Acobardar.**
arredro (l. *ad,* hacia + *retro,* atrás) *adv. l.* Atrás, o hacia atrás.
arregazado, -da *adj.* fam. Arremangado, levantado.
arregazar *tr.-prnl.* Recoger [las faldas] hacia el regazo. ◇ ** CONJUG. [4] como *realizar.*
SIN. **Regacear** y **regazar.**
arregladamente *adv. m.* Con sujeción a regla. 2 Con arreglo. 3 fig. Con orden y moderación.
arreglado, -da *adj.* Sujeto a regla. 2 fig. Ordenado y moderado. 3 Amañado (falsificado).
arreglador, -ra *adj.* Que arregla.
arreglar *tr.-prnl.* Ajustar o conformar a regla, a la costumbre, a la ley: ~ *la conducta a las buenas doctrinas; arreglarse a la razón.* 2 Ordenar: ~ *el aposento.* 3 Concertar: *arreglarse con el acreedor.* 4 Componer, reparar : ~ *una máquina; arreglarse el pelo.* 5 Falsear (contrahacer). 6 fam. En frases que envuelven amenaza, corregir o castigar: *ya te arreglaré yo.* 7 Solucionar, resolver: *el tiempo lo arregla todo.* 8 Embellecer: ~ *el salón para la fiesta; arreglarse para ir al teatro.* 9 Enmendar: *este país no hay quien lo arregle.* 10 Adaptar, ajustar: ~ *los cronómetros.* -11 *tr. Amér.* Castrar, capar.
FR. *Arreglárselas,* fam., componérselas.
arreglo *m.* Acción de arreglar o arreglarse. 2 Regla, orden, coordinación, conciliación. 3 Concubinato. 4 Transformación de una obra musical para poder interpretarla con instrumentos o voces distintos a los originales.
FR. *Con arreglo a,* según, conforme a, de acuerdo con: *con arreglo a la ley;* ~ *de cuentas,* acto de tomarse la justicia por su mano o vengarse.
arregostarse (de *a-* + l. *regustare,* gustar con insistencia) *prnl.* fam. Engolosinarse, empicarse a una cosa. 2 *Can.* Acostumbrarse paulatinamente [a algo].
SIN. **Regostarse.**
arregosto *m.* fam. Gusto, afición habitual a una cosa.
arreguindar *tr.-prnl. P. Rico* y *S. Dom.* vulg. Guindar.
arrejacar (*a- I* + *rejacar*) *tr.* Romper con azadilla, grada o rastra la costra [del terreno de los sembrados ya crecidos]. ◇ ** CONJUG. [1] como *sacar.*
SIN. **Aricar** y **rejacar.**
arrejaco (v. *arrejaque*) *m.* Vencejo (pájaro).
arrejada (de *a- I* y *rejada*) *f.* Aguijada para arar.
arrejaque (ár. *arrexaca*) *m.* Garfio de hierro con tres puntas torcidas, usado para pescar. 2 Vencejo (pájaro).
arrejerar (paras. de *rejera*) *tr.* Sujetar [una embarcación] con dos anclas por la proa y una por la popa. -2 *intr. Venez.* Permanecer más de lo conveniente en alguna parte.
arrejonado, -da *adj.* BOT. Relativo a la hoja en forma de rejón.
arrejuntarse *prnl.* vulg. Amancebarse.
arrelde (ár. *arratl,* libre; doble etim. *arrate*) *m.* Peso de cuatro libras. 2 Pesa de un arrelde.
arrellanarse (de *rellanar*) *prnl.* Extenderse en el asiento con toda comodidad. 2 fig. Vivir uno en su empleo con gusto.
SIN. **Apoltronarse, recalcarse, rellanarse, repantigarse, repanchigarse.**
arrellenarse *prnl.* INCOR. Arrellanarse.
arremangado, -da (de *arremangar*) *adj.* fig. Levantado o vuelto hacia arriba.
arremangar *tr.-prnl.* Recoger hacia arriba [las mangas o la ropa]. -2 *prnl.* fig. Tomar enérgicamente una resolución. ◇ ** CONJUG. [7] como *llegar.*
SIN. **Remangar(se).**
arremango *m.* Acción de arremangar o arremangarse. 2 Efecto de arremangar o arremangarse. 3 Parte de ropa recogida al arremangarse.
SIN. **Remango.**
arremansar *intr. Amér. Central.* Estancarse, remansarse.
arrematar *tr.* vulg. rust. Rematar (concluir).
arremedar *tr.* Remedar.
arremetedero *m.* Paraje apropiado para atacar una plaza.
arremetedor, -ra *adj.-s.* Que arremete.
arremeter (comp. sobre *meter*) *tr.* Hablando [del caballo], hacerlo entrar o partir con furia: *arremetió a Rocinante contra él.* -2 *intr.* Arrojarse con presteza: ~ *al, con, contra,* o *para el, enemigo; abs., arremetía como un león.* 3 fig. Chocar, ofender [a la vista] una cosa.
SIN. Es intensivo de **atacar, acometer, embestir,** y sugiere idea de rapidez en el ataque. **Asaltar** una plaza o fortaleza, o acometer bruscamente en gral.
arremetida *f.* Arremetimiento.
arremetimiento *m.* Acción de arremeter.
arremingarse *prnl. Chile.* Remilarse, repulirse. ◇ ** CONJUG. [7] como *llegar.*
arremolinadamente *adv. m.* Apiñada, amontonadamente.
arremolinarse *prnl.* fig. Amontonarse desordenadamente las gentes. 2 Formar remolinos las aguas, el viento, etc. ◇ También *remolinarse, remolinearse.*
arrempujar *tr.* vulg. Empujar.
arrempujón *m.* vulg. Empujón.
arremueco, arremuesco *m. Colomb.* Arrumaco.
arrendable *adj.* Que puede o suele arrendarse (alquilarse).
arrendación *f.* Arrendamiento.
arrendadero (de *arrendar,* atar) *m.* Anillo al cual se atan las caballerías en los pesebres.
arrendado, -da *adj.* [caballería] Obediente a la rienda.
I) arrendador, -ra *m. f.* Persona que da en arrendamiento alguna cosa. 2 Arrendatario.
II) arrendador, -ra *adj.-s.* Que sabe arrendar (atar) un caballo. -2 *m.* Arrendadero.

arrendajo (de *arrendar < arremedar*) ***m.*** Ave paseriforme de 34 cms. de longitud, que se caracteriza por la facilidad con que imita el canto de otras aves; el plumaje es de color rosado con la cola y las alas negras *(Garrulus glandarius)*. 2 fig. Remedo o copia imperfecta de una cosa. 3 fig. *y* fam. Persona que imita las acciones o palabras de otra.
SIN. *1* **Rendajo.**

arrendamiento ***m.*** Acción de arrendar (alquilar). 2 Contrato por el que una de las partes se obliga a dar a la otra el goce o uso temporal de una cosa, mueble o inmueble, por cierto precio. 3 Contrato por el que una de las partes se obliga a ejecutar una obra o prestar un servicio a la otra por cierto precio. 4 Precio en que se arrienda.
SIN. DER. **Locación.** *4* **Renta.**

arrendante ***m.*** vulg. *Guat.* Arrendador. 2 *Guat.* Arrendatario.

I) arrendar (paras. de *renda,* renta) ***tr.*** Ceder o adquirir por precio el aprovechamiento temporal [de inmuebles, granjerías, etc.]. ◇ ** CONJUG. [27] como ***acertar.***
SIN. V. **Alquilar.**

II) arrendar (paras. de ***rienda***) ***tr.*** Atar por las riendas [una caballería]. 2 EQUIT. Enseñar [al caballo] a que obedezca a la rienda. 3 fig. Sujetar. 4 *Ál., Ast.* y *Cuba.* Acollar. -5 ***prnl.*** *Méj.* Volverse, regresar. ◇ ** CONJUG. [27] como ***acertar.***

III) arrendar (de ***arremedar***) ***tr.*** Remedar la voz o las acciones [de uno]. ◇ ** CONJUG. [27] como ***acertar.***

arrendatario, -ria ***adj.-s.*** Que toma en arrendamiento una cosa: *compañía arrendataria.*
SIN. DER. Persona arrendataria, **locatario, -ria. Rentero** es el colono que tiene en arrendamiento una finca rústica.

arrendaticio, -cia ***adj.*** DER. Relativo al arrendamiento.

arreno- (gr. *árrhenos, árrhenos,* macho; viril) Elemento prefijal que entra en la formación de palabras con el significado de macho, masculino: *arrenocario.*

arrenoblastoma (*arreno-* + *-blasto* + *-oma*) ***m.*** Adenoma del ovario con células semejantes a las del testículo y producción de caracteres sexuales masculinos secundarios.

arrenocario (*arreno-* + *-cario*) ***m.*** Núcleo del espermatozoide.

arrenogenético, ca (*arreno-* + *genético*) ***adj.*** Que produce una descendencia total o primordialmente masculina.

arrenotoquia (*arreno-* + gr. *tokos,* parto) ***f.*** Partenogénesis en la que sólo se producen individuos del sexo masculino.

arrenquín ***m.*** *Amér.* Bestia que sirve de guía. 2 *Amér.* Arrimadizo, persona que no se separa de otra. 3 *Cuba* y *Chile.* Caballería en que va montado el arriero. 4 *Chile.* Ayudante que llevan los arrieros, carreteros y viajeros.

I) arreo (de *arrear*) ***m.*** Atavío, adorno. -2 ***m. pl.*** Guarniciones (correas). 3 Cosas menudas que pertenecen a otra principal, o se usan con ella. -4 ***m.*** *Amér.* Recua, arria.

II) arreo (port; cat. *arreu*) ***adv. t.*** Sucesivamente, sin interrupción.

III) arreo ***m.*** *Chile* y *R. de la Plata.* Arreada, acción de llevarse algo violentamente.

arrepanchigarse ***prnl.*** fam. Repantigarse. ◇ ** CONJUG. [7] como ***llegar.***

arrepápalo ***m.*** Especie de buñuelo.

arrepechar ***intr.*** *Méj.* Apoyar el pecho contra algún obstáculo. 2 *P. Rico.* Apechar, repechar.

arrepentida ***f.*** Mujer de mala vida que se arrepiente y se encierra en un convento fundado para este fin.

arrepentimiento (de *arrepentirse*) ***m.*** Pesar de haber hecho alguna cosa. 2 Enmienda que se advierte en los dibujos o pinturas. 3 DER. ~ *activo,* el que manifiesta el reo por medio de buenos actos. Es circunstancia atenuante.
SIN. *1* **Compunción,** ofrece matiz atenuado y más íntimo. **Contrición** y **atrición** son casi exclusivamente términos religiosos.

arrepentirse (del ant. *repentirse < re,* intensivo + l. *pœnitere,* arrepentirse) ***prnl.*** Pesarle a uno haber hecho o haber dejado de hacer alguna cosa: ~ *del pecado.* 2 Desdecirse, echarse atrás, corregirse en una opinión o no ser consecuente con un compromiso. ◇ ** CONJUG. [35] como ***hervir.***

arrepiso, -sa (paras. de *repiso*) pp. irreg. ant. de *arrepentirse.*

arrepistar (de *a- I, re-* + l. *pistare,* machacar) ***tr.*** Moler [el trapo] con que se fabrica la pasta del papel de tina.

arrepisto ***m.*** Acción de arrepistar.

arrepollado, -da ***adj.*** Repolludo.

arrepollar ***intr.*** *Amér. Central.* Ponerse en cuclillas.

arrepticio, -cia (l. *-itiu*) ***adj.*** Endemoniado o espiritado.

arrequesonarse (paras. de *requesón*) ***prnl.*** Cortarse la leche.

arrequife (ár. *arriqueb,* estribo) ***m.*** Palomilla de hierro que lleva el almarrá.

arrequín ***m.*** *Amér.* Arrenquín.

arrequintar ***tr.*** *Amér.* Apretar fuertemente con cuerda o vendaje.

arrequive (ár. *arrequib*) ***m.*** Guarnición que se ponía en el borde del vestido. -2 ***m. pl.*** fam. Adornos o atavíos. 3 fig. Circunstancias o requisitos.
SIN. **Requive.**

arresmillarse ***prnl.*** *P. Rico.* desp. *y* burl. Sonreír con demasiada frecuencia. 2 *Perú* y *P. Rico.* Desgarrarse una tela.

arrestado, -da ***adj.*** Audaz, arrojado. 2 Detenido, preso.

arrestar (l. *arrestare < ad* + *restare,* quedar) ***tr.*** Poner preso: ~ *a un soldado.* -2 ***prnl.*** Arrojarse a una acción o empresa ardua: *arrestarse a un peligro.*
SIN. *1* **Detener.**

arresto ***m.*** Acción de arrestar. 2 Efecto de arrestar. 3 Reclusión por un tiempo breve. 4 Arrojo, atrevimiento, esp. en pl.: *tener arrestos.*
SIN. *1* y *2* **Detención.**

arretín (v. *ratina*) ***m.*** Filipichín.

arretranca ***f.*** *Colomb.* y *Méj.* Retranca. 2 *Ecuad.* Ataharre o sotacola.

arretrancos ***m. pl.*** *Colomb.* y *Cuba.* Arreos de caballería.

arrevejirse ***f.*** *Colomb.* Revejecerse.

arrevesado, -da ***adj.*** Revesado (intrincado).

arrezafe (ár. *alharxaf,* cardo) ***m.*** Cardizal.

arrezagar ***tr.-prnl.*** Arremangar (las mangas). -2 ***tr.*** Levantar (mover elevando): ~ *el brazo.* ◇ ** CONJUG. [7] como ***llegar.***

arria ***f.*** Recua. ◇ También *harria.*

I) arriada ***f.*** Riada.

II) arriada ***f.*** Acción de arriar (bajar). 2 Efecto de arriar (bajar).

arrial ***m.*** Arriaz.

arriamiento ***m.*** Acción de arriar. 2 Efecto de arriar.

arrianismo ***m.*** Doctrina herética de Arrio (entre 256 y 280-336), según la cual el Verbo no es igual o consubstancial al Padre. Fue condenada en el Concilio de Nicea, reunido el año 325.

arriano, -na ***adj.-s.*** Partidario del arrianismo. -2 ***adj.*** Relativo a él.

I) arriar (l. *arredare,* disponer; a través de *arrear*) ***tr.*** Bajar [una vela o bandera que estaba izada]. 2 MAR. Aflojar o soltar [un cabo, cadena, etc.]. ◇ ** CONJUG [13] como ***desviar.***

II) arriar (paras. de *río*) ***tr.*** Inundar, arroyar. -2 ***prnl.*** Inundarse por una avenida algún paraje. ◇ ** CONJUG [13] como ***desviar.***

arriata (ár. *arriad,* plantío de flores) ***f.*** Arriate.

arriate ***m.*** Era estrecha para plantas de adorno junto a las paredes de los jardines y patios. 2 Calzada, camino. 3 Escañado (enrejado).

arriaz (ár. *arriaç*) ***m.*** Gavilán de la espada. 2 p. ext. Puño de la espada.

arriba (l. *ad* + *ripa,* orilla) ***adv. l.*** A lo alto, hacia lo alto: *ir ~, o allá ~; subir por el prado ~;* indicando dirección: *calle ~; de la cintura ~.* 2 En lo alto, en la parte alta: *en el piso de ~; los de ~ tiraban a los de abajo;* en gral., en lugar anterior, denotando superioridad: *el amor quiere estar ~;* esp., en los escritos, antes o antecedentemente: *reanudar la narración de más ~.* 3 Con voces expresivas de cantidad, denota exceso indeterminado: *tiene de diez años ~.*
FR. *De arriba,* de Dios; de la superioridad, del gobierno, de las clases altas o privilegiadas; *Argent.,* gratis, de balde: *venir de ~ una cosa. De ~ abajo,* del principio al fin, de un extremo a otro; con superioridad o desdén: *mirar o tratar a uno de ~ abajo.*

¡arriba! Interjección con que se denota estímulo, aliento, ánimo, para levantar o levantarse.

arribada ***f.*** Acción de arribar (la nave). 2 Bordada que da un buque, dejándose ir con el viento.
FR. *1 De ~ o de ~ forzosa,* por caso fortuito.

arribaje ***m.*** Arribada (de la nave).

arribano, -na ***adj.*** *Chile.* Arribeño; esp. habitante de las provincias del Sur.
CONTR. **Abajino.**

arribar (b. l. *arripare <* l. *ripa,* ribera) ***intr.*** Llegar la nave al puerto; esp., llegar por caso fortuito a un puerto que no sea el de destino. 2 Llegar por tierra a cualquier paraje: ~ *las cartas, la nueva;* fig., ~ *a la perfección.* 3 Ir recobrando la salud o reponiendo la hacienda. 4 Llegar a ver el fin de lo que se desea:

~ *a comprender.* 5 MAR. Dejarse ir con el viento. 6 MAR. Girar el buque, abriendo el ángulo que forma la dirección de la quilla con la del viento.
Ant. en las aceps. 2, 3 y 4.
arribazón (de *arribar*) ***m.*** Gran afluencia de peces a las costas y puertos.
SIN. **Ribazón.**
arribeño, -ña ***adj.-s.*** *Amér.* Aplíc. por los habitantes de las costas al que procede de las tierras altas.
SIN. **Arribano.** CONTR. **Abajeño.**
arribes ***m. pl.*** *Sal.* Ribazos. 2 *Sal.* Pendientes escarpadas a ambos lados del Duero.
arribismo ***m.*** Cualidad de arribista.
arribista (de *arribar*) ***adj.-com.*** Persona que progresa en la vida por medios rápidos y sin escrúpulos. 2 Advenedizo (que pretende figurar).
GRAM. Es neol. reciente, calcado del fr. Con arreglo a su etimología, debe escribirse con *b,* y no con *v* a la francesa.
arribo ***m.*** Llegada.
arricés (ár *arrizez,* anillas) ***m.*** Hebilla con que se sujeta la ación de los estribos. 2 *Venez.* Persona insignificante o despreciable. ◇ Pl.: *arriceses.*
arricete ***m.*** Restinga.
arridar (l. *ad* + *rigidare,* poner rígido) ***tr.*** Tesar [las jarcias muertas].
arriendar ***tr.*** *Venez.* Arrendar (atar), acostumbrar [al caballo] a que obedezca a la rienda.
arriendo (de *arrendar* < *renda*) ***m.*** Arrendamiento.
arrieraje ***m.*** *Perú.* Arriería.
arriería ***f.*** Oficio de arriero. ◇ También *harriería.*
arriero (de *arre*) ***m.*** El que tiene por oficio trajinar con bestias de carga. ◇ También *harriero.*
arriesgada ***f.*** *Chile.* Acción de arriesgar o arriesgarse.
arriesgadamente ***adv. m.*** Con riesgo.
arriesgado, -da ***adj.*** Aventurado, peligroso. 2 Osado, temerario.
arriesgar (paras.) ***tr.*** Poner a riesgo [a una pers. o cosa]. ◇ ** CONJUG. [7] como ***llegar.***
SIN. **Arriscar.**
arriesgón ***m.*** Acción de arriesgar. 2 Efecto de arriesgar.
arrigirse ***prnl.*** p. us. Arrecirse. ◇ ** CONJUG. [6] como ***dirigir.***
arrimadero, -ra ***m.*** Cosa en que se puede estribar o a que uno puede arrimarse. 2 esp. Parte inferior de una pared, decorada de modo distinto, a la cual se pueden arrimar personas y muebles. -3 ***f.*** *S. Dom.* vulg. Arrimo, acercamiento.
arrimadillo (de *arrimar*) ***m.*** Especie de friso de estera o tela. 2 Juego de muchachos que consiste en lanzar contra la pared canicas, monedas, estampas, etc. Gana el que lanzó el objeto que queda más cerca de la pared.
arrimadizo ***adj.*** Que puede arrimarse a alguna parte. -2 ***adj.-s.*** fig. Que interesadamente se arrima a otro.
arrimado, -da ***m. f.*** *Amér.* Persona que vive en casa ajena, a costa o al amparo de su dueño. 2 *Amér.* Amancebado. -3 ***m.*** *Perú.* Guiso o potaje típico de legumbres cocidas con carne. 4 *P. Rico.* Labrador que vive en una finca y trabaja eventualmente en ella.
arrimador (de *arrimar*) ***m.*** Tronco que se pone en las chimeneas para apoyar en él otros.
arrimadura ***f.*** Arrimo.
arrimante ***m.*** *Bol.* Colono, arrendatario.
arrimar (paras. de *rima II*) ***tr.*** Acercar: ~ *las máquinas a la muralla; arrimarse un barco a la costa;* poner en contacto: ~ *la escala a la pared.* 2 MAR. Estibar [la carga]. 3 Dar [golpes, palos, etc.]: ~ *un espolazo,* o *las espuelas.* 4 Quitar del medio: ~ *los muebles;* dejar, abandonar: ~ *los vestidos viejos;* fig., abandonar, refiriéndose [a empleos, ocupaciones, etc.]: ~ *los libros;* ~ *la vara de alcalde.* 5 fig. Arrinconar (privar de favor): *se cansaron de él y le arrimaron.* -6 ***prnl.*** Apoyarse sobre una cosa o acercarse a ella: *arrimarse a la pared;* TAUROM., acercarse mucho al toro. 7 Juntarse, agregarse a otros: *arrimarse los bandos.* 8 fig. Acogerse a la protección de uno: *arrimarse al más fuerte.* 9 Acercarse al conocimiento de una cosa: *arrimarse al punto de la dificultad.* 10 Amancebarse.
arrime (de *arrimar*) ***m.*** En el juego de las bochas, lugar inmediato al boliche.
arrimo ***m.*** Acción de arrimar o arrimarse. 2 Apoyo, sostén; ayuda, auxilio. 3 Apego, afición. 4 Pared medianera. 5 *Amér.* Cerca que divide las heredades unas de otras. -6 ***loc. adv. Al ~ de,*** en las proximidades de alguna persona o cosa; al amparo de alguien o de algo.
arrimón ***m.*** El que aguarda en la calle, arrimado a la pared. 2 Arrimadizo, que interesadamente se arrima a otro.
arrinconado, -da ***adj.*** Retirado, distante del centro. 2 fig. Desatendido, olvidado.
arrinconamiento ***m.*** Recogimiento o retiro.
arrinconar (paras.) ***tr.*** Poner [una cosa] en un rincón; esp., retirarla del uso: ~ *un mueble.* 2 Perseguir [a uno]; estrecharlo hasta que no pueda huir: ~ *a los enemigos.* 3 fig. Privar [a uno] del favor que gozaba, dejarle por inútil: ~ *a los viejos.* 4 fig. Dejar, abandonar: ~ *los libros.* -5 ***prnl.*** fig. Retirarse del trato de las gentes.
SIN. *3* **Arrimar.**
arrindín ***m.*** *Venez.* Bestia flaca.
arrinquín ***m.*** *Amér.* Arrenquín, persona que no se separa de otra.
arriñonado, -da (paras.) ***adj.*** De figura de riñón: *hoja arriñonada.*
arriostramiento ***m.*** Conjunto de riostras para evitar la deformación de una estructura.
arriostrar ***tr.*** Riostrar.
arripápalos ***m. pl.*** *La Mancha.* Aparejos de la mula.
arriquín ***m.*** *Chile, Guat.* y *Hond.* Arrinquín.
arriscadamente ***adv. m.*** Con atrevimiento u osadía.
arriscadero ***m.*** *P. Rico.* Risco.
arriscado, -da ***adj.*** Lleno de riscos. 2 Atrevido, resuelto. 3 Ágil, gallardo. 4 *Colomb., Chile* y *Méj.* Remangado, respingado, vuelto hacia arriba.
arriscador, -ra ***m. f.*** Persona que recoge la aceituna después de vareados los olivos.
arriscamiento ***m.*** Atrevimiento, ímpetu, resolución vigorosa.
arriscar (paras. de *risco*) ***tr.*** Arriesgar. 2 inus. Enriscar. -3 ***prnl.*** Despeñarse las reses por los riscos. 4 Envanecerse, engreírse. 5 fig. Encresparse, enfurecerse, alborotarse. 6 *Amér.* Recoger, arremangar. -7 ***intr.*** *Colomb.* fig. y fam. Alcanzar, llegar. -8 ***prnl.*** *Perú* y *Salv.* Vestirse con esmero, engalanarse. ◇ ** CONJUG. [1] como ***sacar.***
arrisco ***m.*** p. us. Riesgo.
arriscocho, -cha ***adj.*** *Colomb.* Levantisco.
arritar ***tr.*** Gritar al ganado el pastor con la voz ***rite.***
arritmia (gr. *arrythmia,* falta de ritmo) ***f.*** Falta de ritmo regular. 2 Irregularidad de pulso.
CONTR. **Euritmia.**
arrítmico, -ca ***adj.*** Que se produce o manifiesta con arritmia: *verso ~; pulso ~.*
arritranca ***f.*** Retranca, correa, ataharre. -2 ***f. pl.*** *Chile.* Perifollos.
arritranco ***m.*** *Can.* Persona despreciable. 2 *Can., Cuba* y *P. Rico.* vulg. Trasto viejo, inútil.
arrizafa ***f.*** Ruzafa.
arrizar ***tr.*** MAR. Aferrar a la verga [una parte de las velas]; tomar rizos. 2 Colgar [una cosa] en el buque de modo que resista los balances; en gral., atar o asegurar [a uno]. 3 *Hond.* Compeler. ◇ ** CONJUG. [4] como ***realizar.***
arrizofito, -ta (*a-* II, *rizo-* + *-fito*) ***adj.*** [planta] Que no tiene raíces.
SIN. **Talofítica.**
-arro, -arra, v. -rro, -rra.
arroaz (port. *roaz* < l. *rapace*) ***m.*** Delfín (mamífero).
arroba (ár. *arroba,* cuarta parte, por serlo del quintal) ***f.*** Unidad de peso, equivalente a 11,502 kgs. o veinticinco libras. 2 Pesa de una arroba. 3 Medida para líquidos; varía de peso según las regiones y los líquidos. 4 ***Por arrobas,*** a montones, en gran cantidad. 5 *Murc.* Acequia menor, brazal.
arrobadera ***f.*** Traílla, esp. la de menor tamaño.
arrobadizo, -za ***adj.*** Que finge o suele arrobarse.
arrobador, -ra ***adj.*** Que causa arrobamiento.
arrobamiento ***m.*** Acción de arrobar o arrobarse (embelesar). 2 Éxtasis.
arrobar (de *a-* + *robar*) ***tr.*** Embelesar. -2 ***prnl.*** Enajenarse, quedar fuera de sí.
SIN. *2* **Extasiarse.**
arrobero, -ra ***adj.*** De una arroba de peso. -2 ***m. f.*** Persona que hace pan y surte de él a una comunidad.
arrobo ***m.*** Éxtasis, embelesamiento.
arrocabe (ár. *arrocab,* sobrepuestos) ***m.*** Maderamen que, en lo alto de un edificio, liga los muros entre sí y con la armadura que han de sostener. 2 Adorno a manera de friso.
arrocado, -da (paras.) ***adj.*** De figura de rueca.

arrocero, -ra *adj.* Relativo al arroz. -2 *m. f.* Cultivador de arroz. 3 Que vende arroz. -4 *m. Perú.* Sujeto que hace oficios de curandero o vendedor de drogas. -5 *adj. Venez.* Grosero.
arrochelarse *prnl. Colomb.* y *Venez.* Plantarse o alborotarse las caballerías.
arrocinado, -da *adj.* Parecido al rocín.
arrocinar (paras. de *rocín*) *tr.-prnl.* fig. Embrutecer. -2 *prnl.* fig. Enamorarse ciegamente. -3 *tr.-prnl. Argent.* y *Urug.* Amansar [un potro].
arrodajarse *prnl. Amér. Central.* Sentarse con las piernas cruzadas.
arrodear *intr.-tr.* vulg. Rodear.
arrodelar (paras.) *tr.* Resguardar [a uno] con rodela. -2 *prnl.* Cubrirse con rodela.
arrodeo *m.* Rodeo.
arrodillada *f. Chile* y *Salv.* Genuflexión, arrodillamiento.
arrodilladura *f.* Arrodillamiento.
arrodillamiento *m.* Acción de arrodillar o arrodillarse.
arrodillar (paras.) *tr.* Hacer que [una persona] apoye una o ambas rodillas en el suelo, etc. -2 *intr.-prnl.* Ponerse de rodillas. -3 *prnl.* fig. Humillarse.
arrodrigar, -gonar *tr.* Poner rodrigones a las vides. ◇ ** CONJUG. [7] como *llegar.*
SIN. **Rodrigar.**
arrogación (l. *-atione*) *f.* Acción de arrogar o arrogarse. 2 Efecto de arrogar o arrogarse.
arrogador, -ra (l. *-ator*) *adj.-s.* Que se arroga alguna cosa.
arrogancia (l. *-antia*) *f.* Calidad de arrogante.
SIN. v. **Soberbia.**
arrogante *adj.* Orgulloso, soberbio. 2 Valiente, brioso. 3 Gallardo.
arrogantemente *adv. m.* Con arrogancia.
arrogar (l. *-are*) *tr.* Adoptar [al huérfano o al emancipado]. -2 *prnl.* Atribuirse, apropiarse jurisdicción, facultad, etc.: *arrogarse atribuciones excesivas.* ◇ ** CONJUG. [7] como *llegar.*
arrojadamente *adv. m.* Con arrojo.
arrojadera *f. Guat.* y *Venez.* Vómitos.
arrojadizo, -za *adj.* Que se puede arrojar o tirar: *arma arrojadiza.*
arrojado, -da (de *arrojar*) *adj.* Resuelto, intrépido.
arrojador, -ra *adj.* Que arroja.
I) arrojar (v. *arrollar*) *tr.* Lanzar con violencia [una cosa] de modo que recorra cierta distancia: ~ *flores, cañonazos.* 2 Echar, tirar con violencia o ímpetu: ~ *a un intruso;* ~ *una piedra;* ~ *uno de sí a otro;* fig., despedirlo con enojo; p. anal., vomitar. 3 Tratándose de cuentas, documentos, etc., dar como consecuencia o resultado: ~ *una suma muy alta.* -4 *prnl.* Precipitarse con violencia de alto abajo: *arrojarse al mar de,* o *por, una ventana; arrojarse en el estanque.* 5 Ir violentamente hacia una persona o cosa: *se arrojó sobre él.* 6 Resolverse a hacer una cosa sin reparar en dificultades: *arrojarse a pelear.*
SIN. *1, 4, 5* y *6* **Tirar(se).**
II) arrojar *tr.* Calentar [el horno hasta enrojecerlo].
arrojo (de *arrojar*) *m.* fig. Osadía, intrepidez. 2 *Venez.* Vómitos.
arrollable *adj.* Que se puede arrollar.
arrollado *m. Argent.* y *Chile.* Carne que, cocida y aderezada, se acomoda en rollo atándola con un hilo, para luego asarla o cocerla.
arrollador, -ra *adj.* Que arrolla.
arrollamiento *m.* Acción de arrollar. 2 Efecto de arrollar. 3 Sistema de conductores aislados que forman del elemento conductor de corriente de una máquina dinamoeléctrica o de un transformador estático.
arrollar (*ad* + *rotulare* < *rotula,* rueda; doble etim. *arrojar, arrullar*) *tr.* Envolver [una cosa] en forma de rollo. 2 Llevar rodando la fuerza del viento o del agua [una cosa sólida]: ~ *las piedras.* 3 Llevar rodando [a una persona o cosa], atropellar. 4 fig. Derrotar [al enemigo]. 5 Confundir una persona [a otra] dejándola sin poder replicar. 6 fig. Atropellar, no hacer caso de leyes, respetos ni otros miramientos ni inconvenientes. 7 fig. Vencer, dominar, superar. 8 *Sal.* y *Amér.* Cunear, mecer [al niño] en la cuna o en los brazos. -9 *intr. Cuba.* Hacer contorsiones lascivas en el baile de la rumba. -10 *prnl. Amér. Central* y *Perú.* Recogerse las faldas, remangarse los puños.
SIN. *1* **Enrollar, rollar.**
arromadizar (paras.) *tr.* Causar romadizo [a uno]. -2 *prnl.* Contraer romadizo. ◇ ** CONJUG. [4] como *realizar.*
SIN. *2* **Romadizarse.**
arromanzar *tr.* Poner [una obra o un texto] en romance (lengua neolatina). ◇ ** CONJUG. [4] como *realizar.*
SIN. **Romancear.**
arromar (paras.) *tr.* Poner roma [una cosa].
arromper *tr.* rust. Roturar.
arrompido *m.* Rompido (tierra).
-arrón, v. -ón.
arronjar *tr.* desus. Arrojar [algo] con impulso.
arronronado, -da *adj. Guat.* [tela] Que, por el mucho uso, toma el color del ronrón (cierto escarabajo), o sea, color negro desteñido.
arronzar *tr.* MAR. Ronzar. -2 *intr.* Caer el buque demasiado a sotavento. ◇ ** CONJUG. [4] como *realizar.*
arropadijos *m. pl. Venez.* Mantas de dormir.
arropado, -da *adj.* fig. *y* fam. Protegido.
arropamiento *m.* Acción de arropar o arroparse. 2 Efecto de arropar o arroparse.
I) arropar (paras.) *tr.- prnl.* Cubrir o abrigar [a uno] con ropa. 2 fig. Cubrir, proteger, amparar. -3 *tr.* Rodear los cabestros a las reses bravas para conducirlas. 4 *And.* Cubrir la vid injertada con un montocito de tierra para preservarla de la acción del calor y del frío.
II) arropar *tr.* Echar arrope [al vino].
arrope (ár. *arrobb,* cocimiento espeso) *m.* Mosto cocido, con consistencia de jarabe, al cual suele añadirse alguna fruta cocida. 2 Almíbar de miel cocida y espumada. 3 Jarabe concentrado. 4 *Amér.* Dulce que se hace de tuna, algarrobillo y otras frutas.
arropea (del ant. *ferropea* < l. *ferru,* hierro + *pes,* pie) *f.* Grillete. 2 Traba que se pone a las caballerías.
arropera *f.* Vasija para arrope.
arropía (de *arrope*) *f.* Melcocha (miel).
arropiero, -ra *m. f.* Persona que tiene por oficio hacer o vender arropía.
arropilla *f. Colomb.* Arropía, melcocha.
arrorró *m. Can.* y *Argent.* fam. Nana o canción de cuna.
arrosquetado, -da *adj. Venez.* Relativo al color trigueño sonrosado.
arrostrado, -da *adj.* [con los adv. *bien* o *mal*] De buena o mala cara.
arrostrar (paras. de *rostro*) *tr.* Afrontar, resistir: ~ *el poder del enemigo; intr.,* ~ *con,* o *por, los peligros.* 2 Manifestar inclinación a alguna cosa; emprenderla: ~ *la comida;* ~ *la carrera de leyes.* -3 *prnl.* Arrojarse a batallar cara a cara con el contrario.
arrotado, -da *adj. Chile.* [pers.] Que tiene aire o modales de roto (mísero).
arroto, -ta, pp. irreg. de *arromper.* 2 *m. León.* Porción de terreno recién roturado para dedicarlo al cultivo de cereales.
arroyada *f.* Valle por donde corre un arroyo. 2 Surco producido por el agua corriente. 3 Crecida de un arroyo y la inundación que produce.
arroyadero *m.* Arroyada (valle y surco).
arroyamiento *m.* Erosión difusa, producida por las aguas, que no llega a formar una red de ríos o arroyos. 2 Acción de la arroyada, crecida de un río o arroyo. 3 Efecto de la arroyada, crecida de un río o arroyo.
arroyar *tr.* Formar la lluvia arroyadas [en un terreno]: *arroyarse los campos.* 2 Formar la lluvia arroyos.
arroyarse (paras.) *prnl.* Contraer roya las plantas.
arroyo (l. hisp. *arrugia,* conducto subterráneo) *m.* Corriente de agua de escaso caudal y cauce por donde corre. 2 Parte de la calle por donde corren las aguas. 3 fig. ***Le plantaron en el*** ~, le pusieron en la calle. 4 fig. Afluencia, corriente de cualquier cosa líquida. 5 *Amér. Merid.* Río, a veces caudaloso y navegable.
SIN. *1* **Regajal, regajo, regato,** cuando es pequeño; **rivera.**
arroyuela (de *arroyo*) *f.* Salicaria.
arroyuelo *m.* Dim. de *arroyo.* 2 *Colomb.* Juego de bolas en un círculo trazado en el suelo.
arroz (ár. *arroz* < gr. *óryza*) *m.* Planta gramínacea que se cría gralte. en terrenos muy húmedos y en climas cálidos, cuyo grano, rico en almidón, se come cocido *(Oryza sativa).* 2 Fruto de esta planta: ~ ***con leche,*** postre confeccionado con arroz hervido, leche, canela, azúcar, mantequilla y cáscara de limón
REL. Grano de arroz con cáscara, **casulla, macho** *(Cuba),* **palay** *(Filip.).* Arroz quebrantado, ***picón.***
arrozal *m.* Terreno sembrado de arroz.
arruar *intr.* Gruñir el jabalí perseguido.
arrubamiento *m.* Rumbo, dirección.
arruchar *tr.* Dejar sin blanca, arruinar.

arrufadura *f.* Curvatura de las cubiertas de las embarcaciones, más altas por la popa y proa que por el centro.
arrufaldado, -da *adj.* Levantado, arremangado.
arrufar (hol. *roef*) *tr.* MAR. Dar arrufadura [al buque] en su construcción. -2 *intr.* Hacer arrufadura: *el buque arrufa por la popa.* 3 Gruñir los perros enseñando los dientes. -4 *prnl.* Embravecerse, irritarse.
arrufianado, -da (paras.) *adj.* Que parece rufián o de rufián.
arrufo *m.* Arrufadura.
arruga (l. *ruga*) *f.* Pliegue que se hace en la piel. 2 Pliegue irregular que se hace en la ropa o en cualquier cosa flexible. 3 GEOL. Pliegue de la corteza terrestre. 4 *Ecuad., Pan.* y *Perú.* Engaño, estafa.
SIN. **Rugosidad.** *1* **Surco.**
arrugación *f.* Arrugamiento.
arrugamiento *m.* Acción de arrugar o arrugarse. 2 Efecto de arrugar o arrugarse.
arrugar *tr.-prnl.* Hacer arrugas: ~ *un papel, un vestido; arrugarse la piel.* 2 fig. ~ ***uno la frente, el ceño,*** o ***el entrecejo,*** mostrar en el semblante ira o enojo. -3 *prnl.* Encogerse. -4 *tr. Cuba.* Embromar, fastidiar. -5 *prnl. Méj.* Acobardarse, aturdirse. ◇ ** CONJUG. [7] como ***llegar.***
SIN. **Rugar(se).**
arrugia (voz ibérica latinizada según Plinio, 23-79) *f.* Mina de oro.
arruí *m.* Mamífero rumiante parecido a una oveja, pero de mayor tamaño, con el pelaje de color pardo rojizo *(Ammotragus lervia).*
arruinador, -ra *adj.-s.* Que arruina.
arruinamiento *m.* Acción de arruinar o arruinarse. 2 Efecto de arruinar o arruinarse.
arruinar *tr.* Causar ruina [a una persona o cosa]: *el vicio del juego puede ~ al más poderoso.* -2 *tr.-prnl.* fig. Destruir, ocasionar grave daño: *con las heladas se ha arruinado toda la cosecha.*
SIN. **Ruinar; tronarse,** en su uso prnl. y tratándose de una persona.
arrullador, -ra *adj.-s.* Que arrulla.
arrullar (v. *arrollar*) *tr.* Enamorar con arrullo el palomo o el tórtolo [a la hembra], o al contrario. 2 p. ext. Adormecer [al niño] con arrullos. 3 fig. *y* fam. Enamorar [a una pers.] con frases lisonjeras.
arrullo (de *arrullar*) *m.* Canto grave y monótono de las palomas y tórtolas. 2 fig. Cantarcillo para adormecer a los niños.
arruma (de *arrumar*) *f.* División hecha en la bodega de un buque para colocar la carga. 2 *Chile.* Rima, rimero.
arrumaco (por *arremueco,* der. de *mueca*) *m.* Demostración de cariño: *hizo muchos arrumacos.* 2 fam. Adorno o atavío estrafalario.
SIN. v. **Fiesta.**
arrumado, -da *adj. Perú.* [cosa] Que está entre una ruma o montón de otras cosas.
arrumaje *m.* Distribución y colocación de la carga de un buque. 2 Grupo de nubes en el horizonte.
arrumar (germ. *rûm,* espacio; a través del fr. *arrumer*) *tr.* Distribuir y colocar [la carga] en un buque. -2 *prnl.* MAR. Cargarse de nubes el horizonte. -3 *tr. Colomb.* y *Chile.* Amontonar, poner en ruma o rimero. 4 *Guat.* Amontonar en desorden. 5 *Guat.* Arrinconar, esconder.
arrumazar *tr. Colomb.* Arrumbar, echar una cosa inútil en un lugar cualquiera. -2 *prnl.* Acurrucarse, recogerse. ◇ ** CONJUG. [4] como ***realizar.***
arrumazón *f.* Acción de arrumar. 2 Efecto de arrumar. 3 Conjunto de nubes en el horizonte.
SIN. *3* **Rumazón.**
arrumbación *f.* Conjunto de faenas que efectúan los arrumbadores en las bodegas. 2 MAR. Acción de arrumbar (fijar el rumbo).
arrumbada *f.* Corredor que tenían las galeras en la parte de proa.
SIN. **Rumbada.**
arrumbador, -ra *adj.-s.* Que arrumba o guarda como inútil. -2 *m.* Obrero que en las bodegas sienta las botas, trasiega, cabecea y clarifica los vinos. 3 Obrero portuario que efectúa el apilado de las mercancias en muelles y almacenes y los que las cargan desde los muelles a los camiones, vagones y otros medios de transporte.
arrumbamiento *m.* Rumbo, dirección. 2 GEOL. Dirección que adoptan las formaciones o los accidentes geológicos.
I) arrumbar (v. *arrumar*) *tr.* Poner [una cosa] como inútil en lugar excusado. 2 fig. Arrinconar [a uno], no hacerle caso. 3 fig. Arrollar a uno en la conversación. 4 Colocar en las bodegas las botas y toneles.
II) arrumbar (paras. de *rumbo*) *tr.* MAR. Determinar la dirección que sigue [una costa]. 2 MAR. Hacer coincidir dos o más objetos en una sola marcación o arrumbamiento. -3 *intr.* Fijar el rumbo a que se navega o a que se debe navegar. -4 *prnl.* Marcarse.
arrumueco *m.* p. us. Arrumaco.
arruncharse (de *runcho*) *prnl. Colomb.* Hacerse uno un ovillo.
arrunflar *tr.-prnl.* En los juegos de naipes, juntar [muchas cartas] de un mismo palo.
arrunzar *tr. Perú.* Apoderarse de algo ajeno. ◇ ** CONJUG. [4] como ***realizar.***
arrurrú *m. Amér.* Término de nana o canción de cuna, arrorró. ◇ Pl.: *arrurrúes.*
arrurruz (ingl. *arrow-root*) *m.* Fécula de la raíz de una planta de la India, que se utiliza para espesar potajes y salsas, y preparar budines y papillas.
arrutanado, -da *adj. Colomb.* [pers.] Rollizo, arrogante y gracioso.
arrutinar *tr.-prnl.* Convertir en rutina [lo que se hace repetidas veces] o [a quien lo hace].
arsáfraga *f.* Berrera.
arsenal (v. *dársena*) *m.* Establecimiento en que se construyen, reparan y conservan embarcaciones. 2 Almacén general de armas y efectos bélicos. 3 fig. Depósito de noticias, datos, etc.
SIN. *1* **Atarazana.**
arseniato *m.* Sal formada por el ácido arsénico con una base.
arsenical *adj.* Relativo al arsénico. 2 Que contiene arsénico.
arsenicismo *m.* MED. Envenenamiento causado por el arsénico.
I) arsénico (l. *arsenicu* < gr. *arsen,* fuerte, vigoroso) *m.* Metaloide quebradizo, de color gris y brillo metálico, que se volatiza sin fundirse a los 300 grados de calor. Su símbolo es *As* y su peso atómico 74,96. 2 ~ ***blanco,*** anhídrido arsenioso.
II) arsénico, -ca *adj.* [ácido] Del arsénico.
arsenioso, -sa *adj.* Relativo a los compuestos de arsénico en que éste es trivalente.
arsenito *m.* Sal del ácido arsenioso.
arseniuro *m.* Combinación del arsénico con un metal o un radical positivo.
arseno- (de *arsénico)* Elemento prefijal que entra en la formación de palabras con el significado de arsénico: *arsenobenzol, arsenoterapia.*
arsenobenzol (*arseno-* + *benzol*) *m.* Compuesto orgánico que contiene arsénico y se usa en medicina.
arsenoterapia (*arseno-* + *-terapia*) Tratamiento de las enfermedades por el uso del arsénico.
arsolla *f.* Arzolla.
arta *f.* Llantén. 2 ~ ***de agua,*** zaragatona.
artado *adj.* Arctado.
artanica, -ta (ár. *artanitha*) *f.* Pamporcino.
arte (l.) *amb.* Conjunto de procedimientos para producir cierto resultado (en oposición a ciencia, considerada como puro conocimiento independiente de toda aplicación, y a naturaleza, considerada como potencia que produce sin reflexión): ~ ***mecánica,*** aquella en que principalmente se necesita el trabajo manual o el uso de la máquina; ***Artes liberales,*** conjunto de estudios universitarios de la Edad Media, que comprendían el *trivium* y el *cuatrivium;* las que pralte. requieren el ejercicio del entendimiento. 2 Habilidad, destreza para hacer ciertas cosas: *el ~ de vivir.* 3 Cautela, maña, astucia: *hacer uso de malas artes.* 4 Obra humana que expresa simbólicamente, mediante diferentes materias, un aspecto de la realidad entendida estéticamente: ~ ***conceptual,*** manifestación artística de la década de los setenta que propugnaba el desplazamiento de la obra artística como objeto hacia el concepto, la idea o, por lo menos, la concepción de la obra; ~ ***concreto,*** obra basada en el abstraccionismo geométrico; ~ ***contestatario,*** el que tiene por objeto presentar un juicio o análisis crítico, ya sea denunciando una realidad, o ironizando sobre ella; ***Bellas artes,*** las que tienen por objeto la expresión de la belleza. 5 Aparato para pescar, en general. -6 *f. pl.* Lógica, física y metafísica: *curso de artes.* ◇ HOMOF.: *harte* (v.).
FR. *De ~ mayor,* dícese de los versos de más de ocho sílabas; *de ~ menor,* los de ocho sílabas o menos. *De buen o mal ~*, en buen o mal estado o disposición. *No tener ~ ni parte en algo,* no intervenir en ello de ningún modo. *Por ~ del diablo,* fuera del orden natural. *Ser del ~*, ejercer un oficio determinado. *Hágase según ~*, fórmula usual que se emplea en las recetas con la abreviatura *h, s, a, o,* en latín, *f, s, a (fiat secundum artem).*

artefacto (l. *arte factu,* hecho con arte) ***m.*** Obra mecánica hecha según arte. 2 En los experimentos biológicos, formación producida exclusivamente por los reactivos empleados y perturbadora de la recta interpretación de los resultados obtenidos. 3 Artificio, máquina, aparato. 4 desp. Máquina, mueble y, en gral., objeto de cierto tamaño. 5 Carga explosiva; como una mina, un petardo, una granada, etc. 6 En el trazado de un aparato registrador, variación no originada por el órgano cuya actividad se desea registrar. 7 *Can.* Cayado con regatón de hierro.
SIN. **Armatoste,** cuando toma sentido desp.

artejo (v. *artículo*) ***m.*** Nudillo (articulación). 2 ZOOL. Pieza que, articulada con otras, forma los apéndices segmentados de los artrópodos.

Artemis, Artemisa ***n. pr.*** MIT. Nombre de la diosa Diana entre los griegos.

artemisa, -misia ***f.*** Planta compuesta, aromática, de hojas hendidas y blancuzcas por el envés y flores en panoja, blancas con el centro amarillo *(Artemisia vulgaris).* 2 Planta americana, parecida a la *Artemisia vulgaris*, de flores verdes y amarillentas. 3 Matricaria. 4 ~ ***amarga,*** ajenjo (planta). 5 ~ ***bastarda,*** milenrama. 6 ~ ***pegajosa,*** especie muy parecida a la común, pero de cabezuelas más pequeñas, tallos estriados y hojas glutinosas *(Artemisia glutinosa).* 7 ~ ***real,*** agérato
SIN. *1* **Altamisa, anastasia, ceñidor, hierba de San Juan.** *6* **Ajea, pajea.**

artemisal ***m.*** *Cuba.* Sitio en que abunda la artemisa.

artemisilla ***f.*** *Cuba.* Planta compuesta, silvestre, que se utiliza en remedios caseros *(Argyrocheta bipinnatifida).*

artera (v. *artesa*) ***f.*** Hierro con que se marca el pan antes de enviarlo a un horno común.

arteramente ***adv. m.*** Con artería.

arteri-, v. arterio-: *arteriectasia, arteriectopia.*

arteria (gr. *-ría*) ***f.*** Vaso que conduce la sangre desde el corazón a las diversas partes del cuerpo: ~ ***celíaca*** o ***tronco celíaco,*** la que, saliendo de la aorta, se ramifica dando nacimiento a la hepática, la estomacal y la esplénica; ~ ***coronaria,*** la que irriga las paredes del corazón; ~ ***subclavia,*** la que partiendo del tronco braquiocefálico, a la derecha, y del cayado de la aorta, a la izquieda, corre hacia cada uno de los hombros. 2 fig. Calle a la que afluyen muchas otras.

artería (de *artero*) ***f.*** Amaño, astucia.

arteriagra (*arteri-* + *-agra*) ***f.*** Afección gotosa en una arteria.

arterial ***adj.*** Relativo a las arterias.

arterialización ***f.*** Transformación de la sangre venosa en arterial.

arteriectasia (*arteri-* + *-ectasia*) ***f.*** PAT. Dilatación anormal de las arterias.

arteriectomía (*arteri-* + *-ectomía*) ***f.*** CIR. Resección quirúrgica de un fragmento arterial.

arteriectopia (*arteri-* + *ectopia*) ***f.*** PAT. Separación de una arteria del sitio que ocupa normalmente.

arterio-, arteri- (de *arteria)* Elemento prefijal que entra en la formación de palabras con el valor de *arteria*: *arteriografía, arterioesclerosis.*

arterioesclerosis ***f.*** PAT. Arteriosclerosis. ◇ Pl.: *arterioesclerosis.*

arteriografía (*arterio-* + *-grafía*) ***f.*** Descripción de las arterias. 2 Radiografía de una o varias arterias hechas previamente opacas por la inyección de una substancia no transparente a los rayos X.

arteriola, ateriola ***f.*** Arteria pequeña.

arteriología (*arterio-* + *-logía*) ***f.*** Parte de la anatomía que trata de las arterias.

arteriopatía (*arterio-* + *-patía*) ***f.*** MED. Enfermedad de las arterias, en general.

arterioplastia (*arterio-* + *-plastia*) ***f.*** CIR. Operación quirúrgica, de tipo plástico, realizada en una arteria, para el tratamiento de los aneurismas.

arteriorrafia (*arterio-* + gr. *raphé,* costura.) ***f.*** CIR. Sutura quirúrgica de una arteria.

arteriosclerósico, -ca ***adj.*** Arteriosclerótico.

arteriosclerosis (*arterio-* + *-sclerosis*) ***f.*** PAT. Endurecimiento de las paredes de las arterias. ◇ Pl.: *arteriosclerosis.*

arteriosclerótico, -ca ***adj.*** Relativo a la arteriosclerosis. -2 ***adj.-s.*** Que la padece.

arterioso, -sa ***adj.*** Arterial. 2 Abundante en arterias.

arteriostenosis (*arterio-* + *-stenosis*) ***f.*** PAT. Estrechez, obliteración de las arterias. ◇ Pl.: *arteriostenosis.*

arteriovenoso, -sa (*arterio-* + *venoso*) ***adj.*** ANAT. y FISIOL. Perteneciente o relativo a las arterias y venas o a la sangre arterial y venosa.

arteritis (*arteri-* + *-itis*) ***f.*** PAT. Inflamación de las arterias. ◇ Pl.: *arteritis.*

artero, -ra (de *arte,* cautela) ***adj.*** Mañoso, astuto, malintencionado.

artesa (et. dud. probl. perromana) ***f.*** Cajón cuadrilongo en forma de tronco de pirámide invertido, para amasar pan y para otros usos.
SIN. **Duerna, masera.**

artesanado ***m.*** Conjunto de los artesanos, o clase social formada por ellos. 2 Arte u obra de artesano.

artesanal ***adj.*** Perteneciente o relativo al artesano o a la artesanía.

artesanalmente ***adv. m.*** De manera artesanal.

artesanía ***f.*** Calidad de artesano. 2 Artesanado.
SIN. *2* **Menestralería, menestralia,** menos us.

artesano, -na (it. *artigiano*) ***m. f.*** Persona que ejerce un arte u oficio mecánico. 2 fig. Autor de una cosa.
Más us. que **menestral.**

artesiano, -na ***adj.-s.*** Del Artois, ant. prov. de Francia. 2 ***adj.*** V. pozo artesiano.

artesilla (dim. de *artesa*) ***f.*** Cajón de madera que en las norias recibe el agua que vierten los arcaduces. 2 Cierto juego ant. que se hacía a caballo.

artesón ***m.*** Artesa que sirve en las cocinas para fregar. 2 Casetón. 3 Artesonado (techo).

artesonado, -da ***adj.*** Adornado con artesones. -2 ***m.*** Techo adornado con artesones.

artesonar ***tr.*** Adornar con artesones [un techo o bóveda].

artesuela ***f.*** Dim. de *artesa.*

artético, -ca (v. *artrítico*) ***adj.*** Que padece dolores en las articulaciones. 2 Perteneciente o relativo a este tipo de dolor.

ártico, -ca (gr. *artikós,* de *arktos,* oso) ***adj.*** V. polo ártico. 2 Cercano o relativo al polo ártico.
SIN. **Hiperbóreo.**

articulación (l. *-atione*) ***f.*** Acción de articular o articularse. 2 Unión móvil de dos partes o piezas de una máquina o instrumento, y también de dos partes rígidas del cuerpo de un animal. 3 Unión, móvil o fija, de dos huesos. 4 En las plantas, unión de una parte con otra distinta, de la cual puede desgajarse. 5 Nudo a manera de soldadura en el tallo de las plantas gramináceas. 6 Separación, división. 7 GRAM. Emisión de sonidos articulados, vocales o consonantes. ***Punto de*** ~, el de los órganos de la voz donde se produce un sonido determinado. ***Modo de*** ~, cualidad que, dentro de cada punto de articulación, distingue las consonantes oclusivas, fricativas y africadas. 8 Pronunciación clara y distinta de las palabras. 9 ~ ***artificial,*** juego de los órganos orales empleado por los sordomudos para darse a entender. 10 *Chile.* Interrogación, pregunta.
SIN. *3* **Juntura.** Si es móvil, **coyuntura**; si es inmóvil, **sinartrosis.** REL. **Artrología,** parte de la anatomía que estudia las articulaciones.

articuladamente ***adv. m.*** Con pronunciación clara y distinta.

articulado, -da ***adj.*** Que tiene articulaciones: ***lenguaje*** ~ o ***fonético,*** el que supone una combinación orgánica de elementos de significación, palabras y grupos de palabras, a diferencia de los gritos inarticulados y del lenguaje mímico, escrito, etc. -2 ***adj.-s.*** Grupo de animales invertebrados con el cuerpo dividido en segmentos anulares, como los anélidos y artrópodos, según la antigua clasificación zoológica. -3 ***m.*** Serie de los artículos de un tratado, ley, etc. 4 DER. Serie de los medios de prueba que propone un litigante.

articulador, -ra ***adj.*** Que articula. 2 *Chile.* Disputador. 3 *Perú.* DER. El que fácilmente encuentra artículos que oponer a la parte contraria.

I) articular ***adj.*** Relativo a la articulación o a las articulaciones.

II) articular (l. *articulare* < *articulu,* juntura) ***tr.*** Unir, enlazar [las partes de un todo] en forma gralte. funcional. 2 Producir [los sonidos de una lengua] disponiendo adecuadamente los órganos de la voz. 3 Pronunciar [las palabras] clara y distintamente. 4 DER. Proponer [medios de prueba o preguntas] para los litigantes o los testigos. 5 DER. Distribuir [una ley o un texto cualquiera] en artículos. 6 *Chile.* Disputar, altercar, rezongar. -7 ***prnl.*** Agruparse para constituir un conjunto organizado: *el barrio se articula alrededor de la plaza pricipal.* 8 Organizarse: *su acción se articula en tres principios.*

articulario, -ria (l. *articulariu*) ***adj.*** Articular.

articulatorio, -ria *adj.* GRAM. Relativo a la articulación de los sonidos del lenguaje: *movimiento ~*.

articulista *com.* Persona que escribe artículos para periódicos.

artículo (l. *-lu;* dim. de *artu,* artejo, nudo; doble etim. *artejo)* *m.* Artejo. 2 Articulación (huesos). 3 Disposición numerada de un tratado, ley, etc.: *~ adicional; ~ de fe,* verdad que debemos creer como revelada por Dios, y propuesta por la Iglesia. 4 División de un diccionario correspondiente a una palabra. 5 Escrito de cierta extensión e importancia inserto en un periódico u otras publicaciones análogas: *~ de fondo.* 6 Cosa comerciable: *~ de primera necesidad; ~ de lujo.* 7 GRAM. Parte de la oración que se antepone como proclítica al substantivo para enunciar su género y su número. El substantivo queda así más determinado que si se usase sin artículo: *comprar libros* y *comprar los libros*; según algunas teorías gramaticales y el grado mayor o menor de esta determinación, el artículo puede ser *determinado* o *definido (el, la, lo, los, las)* e *indeterminado* o *indefinido (un, una, unos, unas).* 8 fr. y fam. ***Hacer el ~***, elogiar o alabarse una cosa. 9 ***~ de la muerte,*** último tiempo de la vida, próximo a la muerte. 10 ZOOL. En los insectos, parte comprendida entre dos puntos de una articulación.

artífice (l.) *com.* Persona que ejerce un arte manual. 2 fig. Autor (causa). 3 fig. Persona que tiene arte para conseguir lo que desea.

artificial (l. *-ale*) *adj.* Hecho por mano o arte del hombre: *lago ~*. 2 No natural, ficticio: *sonrisa ~*.
CONTR. **Natural.**

artificialidad *f.* Índole o condición de artificial.

artificialmente *adv. m.* De manera artística.

artificiero *m.* MIL. Pirotécnico. 2 Especialista en desactivar artefactos explosivos.

artificio (l. *-iu*) *m.* Arte, habilidad con que está hecha alguna cosa. 2 Predominio de la elaboración artística sobre la naturalidad. 3 Máquina o aparato. 4 Artefacto (carga). 5 fig. Disimulo, doblez.

artificiosamente *adv. m.* De manera artificiosa.

artificioso, -sa (l. *osu*) *adj.* Hecho con artificio (arte). 2 fig. Disimulado, cauteloso.

artiga (l. **artica*) *f.* Acción de artigar. 2 Efecto de artigar. 3 Tierra artigada.

artigar *tr.* Roturar [un terreno] quemando antes la maleza que hay en él. ◇ ** CONJUG. [7] como ***llegar.***

artillado *m.* Artillería de un buque o de un fuerte.

artillar *tr.* Armar de artillería [una fortaleza, una nave, etc.]. 2 Colocar en disposición de combate la artillería de [una batería, obra, fortaleza o nave].

artillería (fr. *artillerie*) *f.* Arte de construir y usar las armas, máquinas y municiones de guerra. 2 Tren de cañones, obuses y otras máquinas de guerra de una plaza, ejército o buque: *~ ligera; ~ de sitio.* 3 Cuerpo militar destinado a este servicio.
SIN. *1* **Tormentaria** o **arte tormentaria,** esp. tratando de la antigua.

artillero, -ra *adj.* Relativo a la artillería. -2 *m.* Soldado que sirve en la artillería del ejército: ***~ de mar,*** marinero que sirve en la artillería de los buques. 3 El que profesa por principios teóricos la facultad de la artillería. 4 El que, en las explotaciones petrolíferas, coloca las cargas explosivas y les prende fuego. 5 DEP. fig. En el juego del fútbol, delantero centro. 6 *Bol.* Borracho habitual, esp. el que consume licores fuertes.

artilugio (compuesto de l. *arte + lugere,* llorar, o sea llanto fingido) *m.* desp. Mecanismo artificioso, pero de poca importancia. 2 Herramienta de un oficio. 3 fig. Trampa, enredo.

artimaña (*arte + maña*) *f.* Trampa (para cazar). 2 fig. Artificio, astucia.
SIN. *2* **Martingala.**

artimón (l. *artemone*) *m.* Una de las velas de las galeras.

artina *f.* Fruto del arto o cambronera.

artio- (gr. *artios,* par) Elemento prefijal que entra en la formación de palabras con el significado de par: *artiodáctilo.*

artiodáctilo (*artio- + -dáctilo*) *adj.-m.* Mamífero del orden de los artiodáctilos. -2 *m. pl.* Orden de mamíferos placentarios, con un número par de dedos en cada pata, de los cuales el tercero y el cuarto están más desarrollados al soportar el peso del animal; los demás dedos se reducen o se atrofian.

artiozoario, -ria (*artio- +* gr. *zoárion,* animalito) *adj.-s.* ZOOL. Animal metazoo de cuerpo con simetría bilateral.

artista *com.* Persona que ejercita alguna arte bella. 2 Persona dotada de las disposiciones necesarias para el cultivo de una arte bella. 3 Persona que hace una cosa con mucha perfección: *un ~ del bisturí.* -4 *adj.* [pers.] Que tiene gustos artísticos. ◇ INCOR.: por artesano, obrero.

artísticamente *adv. m.* Con arte, de manera artís-tica.

artístico, -ca *adj.* Relativo a las bellas artes. 2 Ejecutado con arte.

artizar *tr.* p. us. Hacer [alguna cosa] con arte. ◇ ** CONJUG. [4] como ***realizar.***

arto (vasc. *lartzo,* zarza) *m.* Cambronera (arbusto). 2 Nombre dado a varias plantas espinosas con que se forman setos vivos. 3 Zarza. ◇ HOMÓF.: *harto* (v. o adj.).

arto- (gr. *artos,* pan) Elemento prefijal que entra en la formación de palabras con el significado de pan: *artocarpáceo.*

artocarpáceo, -a (*arto- +* gr. *karpós,* fruto) *adj.-f.* Planta de la familia de las artocarpáceas. -2 *f. pl.* Familia de plantas dicotiledóneas que hoy se considera incluida en la de las moráceas.

artocárpeo, -a *adj.* Artocarpáceo.

artófago, -ga (*arto- + -fago*) *adj.* Que se alimenta sólo de pan.

artolas (vasc. *cartolac*) *f. pl.* Especie de jamugas para transportar a dos personas. ◇ HOMÓF.: *hartólas* (v. *hartar* y pron. *las).*
SIN. **Cartolas,** menos us.

artolatría (*arto- + -latría*) *f.* Adoración del pan eucarístico.

artomiel (*arto- + miel*) *m.* Especie de cataplasma que se hace con migas de pan y miel.

artos *m.* Arto. 2 Espino negro (mata).

artotirita (*arto- +* gr. *tyrós,* queso) *com.* Hereje que usaba pan y queso para la eucaristía.

artr-, v. artro-.

artralgia (*artr- + -algia*) *f.* Dolor de las articulaciones.

artrítico, -ca (gr. *arthritikós*) *adj.* MED. Relativo a la artritis. 2 Perteneciente o relativo al artritismo. -3 *m. f.* Persona que sufre artritis o de artritismo.

artritis (gr. *artr- + -itis*) *f.* MED. Inflamación de las articulaciones. ◇ Pl.: *artritis.*

artritismo *m.* Propensión a las enfermedades originadas por el exceso de ácido úrico en la sangre.

artro-, artr- (gr. *arthron,* articulación) Elemento prefijal que entra en la formación de palabras con el significado de articulación: *artrobranquia.*

artrobranquia (*artro- + branquia*) *f.* Branquia situada en la articulación de los miembros con el tronco.

artrodesis (*artro- +* gr. *désis,* acción de ligar) *f.* CIR. Intervención quirúrgica cuya finalidad es conseguir el bloqueo mecánico de una articulación.

artrófitos (*artro- + -fito*) *m. pl.* División de plantas con el tronco dividido en piezas o artículos.

artrografía (*artro- + -grafía*) *f.* ANAT. Descripción de las articulaciones.

artrología (*artro- + -logía*) *f.* Parte de la anatomía que trata de las articulaciones.

artropatía (*artro- + -patía*) *f.* Enfermedad de las articulaciones, en general.

artroplastia (*artro- + -plastia*) *f.* CIR. Reconstrucción quirúrgica de una articulación.

artrópodo (*artro- + -podo*) *adj.-m.* Animal del tipo de los artrópodos. -2 *m. pl.* Tipo de animales invertebrados con simetría bilateral, cuerpo segmentado, esqueleto exterior y patas articuladas; a este tipo pertenecen tres subtipos: trilobitomorfos, quelicerados y mandibulados.

artrosis (*artr- + -osis*) *f.* MED. Alteración patológica de las articulaciones, de carácter degenerativo y no inflamatorio. Suele producir deformaciones muy visibles de la articulación. ◇ Pl.: *artrosis.*

artrospora (*artro- + -spora*) *f.* Espora originada por segmentación y separación de la célula progenitora.

artuña *f.* Entre pastores, oveja parida que ha perdido la cría.

artúrico, -ca *adj.* Relativo al ciclo caballeresco del Rey Arturo (s. VI d. C.).
SIN. **Bretón** o de la **Tabla Redonda.**

Arturo (gr. *Arktouros < arktos,* osa + *ouros,* guardián) *n. pr.* Estrella de primera magnitud en la constelación de Brootes. 2 Rey legendario de Bretaña (también *Artus*), s. VI d. C., figura central de un ciclo de libros de caballerías, llamado *artúrico, bretón* o de la *Tabla Redonda.*

aruco *m.* Ave anseriforme de la región tropical de Sudamérica, de unos 80 cms. de longitud y plumaje blanco y negro; en la frente posee un apéndice en forma de bolsa *(Anhima cornuta).*
SIN. **Jajá** *(Argent.).*

aruera *f. Argent.* y *Urug.* Aguaraibá, turbinto.
arugas *f. pl.* Matricaria.
árula (l.) *f.* Ara pequeña.
arundense *adj.-s.* De Arunda, actual Ronda, ciudad de Málaga.
arundíneo, -a (l. *-eu*) *adj.* Relativo a las cañas.
aruñar *tr.* fam. Arañar.
aruñazo *m.* fam. Arañazo.
aruño *m.* fam. Araño.
aruñón *m. And.* vulg. Arañazo. 2 *Amér.* Amenaza.
arúspice (l. *haruspice*) *m.* Sacerdote que en la ant. Roma practicaba la aruspicina.
aruspicina (l. *haruspicina*) *f.* Arte supersticioso de adivinar por las entrañas de los animales.
SIN. **Hieroscopia.**
arveja (l. *ervilia;* dim. de *ervum,* algarroba) *f.* Planta herbácea anual, cultivada para forraje y abono verde *(Vicia sativa).* 2 Semilla de esta planta. 3 Guisante.
SIN. **Alverja, alverjana, alvejuela, arvejón, arvejuela, aveza,** a menudo se confunden sus denominaciones con las de otras plantas del gén. *Vicia,* esp. la ***algarroba.***
arvejal *m.* Terreno poblado de arvejas.
arvejana *f.* Arveja.
arvejar *m.* Arvejal.
arvejera *f.* Algarroba (planta).
arvejo *m.* Guisante.
arvejón *m. Logr.* y *Nav.* Arveja. 2 *And.* Almorta. 3 *Amér.* Guisante.
arvejuela *f. Nav.* Arveja.
arvense (l. *arva,* campo cultivado) *adj.* [planta] Que crece en los sembrados.
arvi- (l. *arvum,* campo cultivado) Elemento prefijal que entra en la formación de palabras con el significado de campo sembrado: *arvicultura.*
arvicultura (*arvi-* + *-cultura*) *f.* Cultivo de los cereales.
arvícola (*arvi-* + *-cola*) *m.* Rata de agua.
arz-, v. archi-.
arzobispado *m.* Dignidad de arzobispo. 2 Territorio en el que el arzobispo ejerce jurisdicción. 3 Edificio u oficina donde funciona la curia arzobispal.
SIN. *2* **Archidiócesis** y **mitra.**
arzobispal *adj.* Relativo al arzobispo.
SIN. **Metropolitano.**
arzobispo (l. *archiepiskopos*) *m.* Obispo de una iglesia metropolitana, o que tiene honores de tal.
SIN. **Metropolitano.**
arzolla (v. *alloza*) *f.* Planta compuesta, de tallo y fruto espinoso, y hojas largas y hendidas *(Centaurea seridis).* 2 Cardo borriquero. 3 Almendruco.
arzón (b. l. *arcione* < l. *arcu,* arco) *m.* Fuste de la silla de montar.
as (l.) *m.* Unidad romana de monedas (doce onzas, una libra y un pie respectivamente). 2 Antigua moneda romana de bronce (décima parte del denario). 3 Naipe que lleva el número uno. fig. *Ser un* ~, ser el primero en su especie. 4 En los dados la cara que tiene un solo punto. 5 DEP. Campeón. ◇ Pl.: *ases.* ◇ HOMÓF.: *has* (v.).
As, símbolo químico del *arsénico.*
I) asa (l. *ansa*) *f.* Asidero que sobresale del cuerpo de una vasija, cesta, etc. 2 fig. Asidero (ocasión).
II) asa (b. l. *assa*) *f.* Jugo que fluye de diversas plantas umbelíferas. 2 ~ ***dulce*** u ***olorosa,*** gomorresina muy apreciada por los antiguos. 3 ~ ***fétida,*** v. asafétida.
asá, v. *así* o *asá.*
asabalado, -da *adj. Cuba.* [caballería] Que tiene el cuello largo, poco vientre y cabeza aguda, parecido al sábalo.
asacar *tr.* vulg. Sacar, inventar. 2 Fingir, pretextar. 3 Achacar, imputar. ◇ ** CONJUG. [1] como ***sacar.***
asación *f.* Acción de asar. 2 Efecto de asar. 3 FARM. Cocimiento asativo.
asacristanado, -da *adj.* Que participa de las cualidades propias del sacristán o que se parece a él.
asadero, -ra *adj.* A propósito para asarse. -2 *m.* Lugar donde hace mucho calor.
asado *m.* Carne asada.
asador *m.* Varilla en que se clava y se pone al fuego lo que se quiere asar. 2 Utensilio para igual fin. 3 Establecimiento donde se sirven o venden carnes asadas.
asadura (de *asar*) *f.* Conjunto de las entrañas del animal: *las asaduras del buey.* 2 Hígado y bofes. 3 Hígado. 4 fam. Pachorra, sosería; persona pesada, sosa.
SIN. *1* **Lechecillas.** *2* **Corada.** *4* En esta acep. es frecuente pronunciar *asaúra,* a la manera popular. v. **Apatía.**
asaetado, -da *adj.* BOT. De figura de flecha.
asaetador, -ra *adj.-s.* Que asaetea.
asaetear (frecuent.) *tr.* Disparar saetas [contra uno]; esp., herir o matar con saetas. 2 fig. Importunar [a uno].
SIN. **Saetear.**
asaetinado, -da (paras.) *adj.* [tela] Parecido al satín.
asafétida *f.* Planta umbelífera vivaz, con las hojas pinnadas y las flores de color amarillo dispuestas en umbelas *(Ferula assafoetida).* 2 Gomorresina de olor nauseabundo, usada en medicina como antiespasmódica, que se extrae de dicha planta.
SIN. **Estiércol del diablo.**
asainetado, -da (paras.) *adj.* [obra teatral] Parecido al sainete.
asainetear *tr.* Salpimentar.
asalariado, -da *adj.-s.* Que percibe salario. 2 [pers.] Que supedita indecorosamente su voluntad a la merced ajena.
asalariar *tr.* Señalar salario [a una persona]. ◇ ** CONJUG. [12] como ***cambiar.***
SIN. **Salariar.**
asalmerar *tr.* Dar a la parte superior [de los estribos] la forma de plano inclinado, para apoyar en ellos un arco o bóveda.
asalmonado, -da *adj.* Salmonado. 2 De color rosa pálido.
asaltador, -ra *adj.-s.* Asaltante.
asaltante *adj.-com.* Que asalta.
asaltar (l. **assaltu*) *tr.* Acometer [una plaza o fortaleza] para apoderarse de ella. 2 Acometer repentinamente y por sorpresa [a uno]: ~ *un banco; nos asaltaron a la salida del cine.* 3 fig. Ocurrir de pronto una enfermedad, un pensamiento, etc. [a uno]: *después de hablar con él me asaltó la duda de si había dicho alguna barbaridad.*
SIN. v. **Arremeter.** *2* y *3* **Saltear.**
asalto *m.* Acción de asaltar. 2 Efecto de asaltar. 3 Variedad del juego de tres en raya. 4 Parte de un combate de boxeo. 5 Diversión consistente en invitarse unas personas en casa de otras, llevando consigo la comida del convite. 6 ESGR. Combate simulado. 7 ESGR. Acometimiento que se hace metiendo el pie derecho y la espada al mismo tiempo.
FR. *Dar* ~, asaltar.
asamblea (fr. *assemblée*) *f.* Reunión numerosa de personas convocadas para algún fin. 2 Toque para que la tropa se reúna y forme. 3 Cuerpo político deliberante: ~ *de diputados;* ~ *nacional.* 4 Tribunal peculiar de la orden de San Juan.
asamblearismo *m.* Atribución de poderes decisorios a la asamblea.
asambleísta *com.* Persona que forma parte de una asamblea.
asañar *tr.-prnl.* Ensañar.
asar (l. *assare*) *tr.* Preparar [un manjar, esp. carnes, pescados y frutas] a la acción directa del fuego o a la del aire caldeado de un horno: ~ *a la lumbre;* ~ *en la parrilla.* 2 fig. Importunar, molestar insistentemente: *me asaba con recomendaciones.* -3 *prnl.* Sentir extremado ardor o calor: *asarse de calor.* 4 fam. ***Asarse vivo,*** asarse.
SIN. *1* v. **Tostar.**
asarabácara (l. *asaru,* ásaro + *baccar,* amaro) *f.* Ásaro.
asáraca *f.* Ásaro.
asardinado, -da (paras.) *adj.* [obra] Hecho de ladrillos puestos de canto.
asarero (de *ásaro*) *m.* Endrino.
asargado, -da (paras.) *adj.* Parecido a la sarga (tela).
SIN. **Sargado.**
asariar *tr. C. Rica.* vulg. Avergonzar.
asarina *f.* Planta escrofulariácea, de hojas acorazonadas y aserradas vellosas y con flores violáceas *(Antirrhinum asarina).*
ásaro *m.* Planta aristoloquiácea de olor fuerte y nauseabundo, y flores terminales de color rojo *(Asarum europœum).*
SIN. **Oreja de fraile, asarabácara, asácara.**
asativo, -va (de *asar*) *adj.* Relativo al cocimiento de alguna cosa hecho con su propio zumo.
asayé *m. Bol.* Estera de palma.
asaz (l. *ad-satis,* bastante; a través del prov. *assatz*) *adv. c.* Bastante, harto, muy: ~ *gimió Iberia; su muerte fue* ~ *sentida.* -2 *adj.* Bastante, mucho: ~ *a veces;* ~ *tiempo;* ~ *utilidad.* Voz antigua; autorizado su uso sólo en lenguaje literario.
asbestino, -na *adj.* Relativo o parecido al asbesto.

asbesto (gr. *ásbestos,* incombustible, inextinguible) ***m.*** Anfíbol que se presenta en cristales aciculados o filamentosos, formando haces o fieltro.
asbestosis *f.* MED. Enfermedad profesional respiratoria causada por la inhalación de partículas de amianto.
asbolana *f.* MIN. Mineral formado por óxidos de manganeso y cobalto.
asbolita *f.* Asbolana.
asca (gr. *askós,* odre) *f.* Asco II.
ascalonia (l.) *f.* Chalote.
áscar (ár. *'askar,* ejército) ***m.*** En Marruecos, ejército.
áscari (ár. *'ascarī*) ***m.*** Soldado de infantería marroquí.
ascáride (l. *-idœ,* del gr. *askarís*) *f.* Lombriz intestinal.
ascaridiasis *f.* MED. Parasitosis por ascáride de los tramos inferiores del intestino del hombre y de animales domésticos.
ascendencia *f.* Serie de ascendientes (antepasados). 2 fig. Influencia, influjo.
ascendente ***adj.*** Que asciende: *tren ~.* 2 ASTROL. ***m.*** Punto de la elíptica en que se inicia la primera casa celeste, al observar el cielo para realizar una predicción.
ascender (l. *-ere*) ***intr.*** Subir en gral. 2 fig. Adelantar en empleo o dignidad: *~ en la carrera.* 3 Importar una cuenta. -4 ***tr.*** Dar o conceder un ascenso: *le ascendieron al trono.* ◇ ** CONJUG. [28] como ***entender.***
ascendiente ***adj.*** Ascendente. -2 ***com.*** Miembro de la línea familiar de un individuo anterior a él. -3 ***m.*** Predominio moral o influencia.
SIN. *2* **Antecesor, antepasado;** todos pueden emplearse en pl.: refiriéndose a los **predecesores** o **mayores,** aunque no sean progenitores de una persona determinada. En este caso tienen la signif. gral. de los antiguos, los viejos, los que precedieron en el tiempo; con el mismo signif. se emplea también **padres** y **abuelos. Tronco,** es el ascendiente común de dos o más líneas o familias.
ascensión (l. *-sione*) *f.* Acción de ascender. 2 p. excel. La de Cristo a los cielos. 3 Fiesta movible con que anualmente celebra la Iglesia este misterio. 4 Exaltación a una dignidad suprema. 5 ASTRON. *~* ***recta,*** arco de círculo medio sobre el ecuador de oeste a este y comprendido entre el punto equinoccial de primavera y el meridiano de un astro.
ascensional ***adj.*** [movimiento de un cuerpo] Que asciende; [fuerza] que hace ascender. 2 Relativo a la ascensión de los astros.
ascensionista ***com.*** Persona que asciende en globo, o que trepa a lo alto de las montañas.
ascenso (l. *-su*) ***m.*** Subida. 2 *~* ***de falla,*** desplazamiento de los estratos hacia arriba, originado por una falla. 3 fig. Promoción a mayor dignidad o empleo. 4 fig. Grado señalado para el adelanto en una carrera.
ascensor (l. *-or,* el que sube) ***m.*** Aparato elevador para trasladar personas de unos a otros pisos. 2 Montacargas.
ascensorista ***adj.-com.*** Obrero especializado en la construcción y reparación de ascensores. -2 ***com.*** Persona que tiene a su cargo el manejo del ascensor.
asceta (gr. *asketés*) ***com.*** Persona que practica el ascetismo.
asceterio ***m.*** En el monacato oriental, colonia o agrupación de eremitas.
ascética *f.* Ascetismo (profesión).
ascético, -ca (gr. *asketikós < askeo,* ejercitar) ***adj.*** Que se dedica a la práctica y ejercicio de la perfección espiritual. 2 Perteneciente o relativo a este ejercicio y práctica: *libro ~; vida ascética.* 3 Que trata de la vida ascética.
ascetismo ***m.*** Doctrina moral que impone al hombre una vida rigurosamente austera, con la renuncia de todas las cosas terrenas, la mortificación de las tendencias naturales de la sensibilidad y la lucha constante contra los instintos carnales. 2 Profesión de la vida ascética.
ascidia (gr. *askidion,* odre pequeño) *f.* Animal de un grupo de tunicados que vive fijo en el fondo del mar, y que a veces forma, por gemación, colonias que tienen común el orificio cloacal *(*gén. *Ascidia; Halocynthia).*
asciforme ***adj.*** Que tiene forma de hacha.
ascio, -cia (gr. *askios < a-* II + *skiá,* sombra) ***adj.-m.*** Habitante de la zona tórrida, donde dos veces al año, al mediodía, cae verticalmente el sol: *los ascios no proyectan sombra lateral.*
ásciro (l. *ascyron <* gr. *áskyron*) ***m.*** Planta indígena de España, de tallo cuadrangular y hojas perforadas de puntitos en los márgenes *(*gén. *Ascyrum).*
ascítico, -ca ***adj.-s.*** Que padece ascitis.
ascitis (gr. *askites < askós,* odre) *f.* PAT. Hidropesía del vientre. ◇ Pl.: *ascitis.*

asclepiadáceo, -a (gr. *asklepiás, -ados,* la planta de Esculapio [en gr. Asclepios]) ***adj.-f.*** Planta de la familia de las asclepiadáceas. -2 *f.* ***pl.*** Familia de plantas dicotiledóneas que incluye hierbas, árboles o arbustos, de hojas opuestas, flores hermafroditas regulares, estambres con apéndices nectarios y frutos en folículo apergaminado; como la arauja.
I) asclepiadeo, -a (l. *-eu < Asclepíades,* 124-40 a. C.) ***adj.-s.*** Verso de la poesía clásica.
II) asclepiadeo, -a ***adj.*** BOT. Asclepiadáceo.
I) asco (de *asqueroso*) ***m.*** Repugnancia que incita a vómito. 2 fig. ***Hacer ascos de una cosa,*** hacer afectadamente desprecio de ella. 3 fig. Impresión desagradable causada por una cosa que repugna; esta misma cosa: ***estar hecho un ~,*** estar muy sucio. 4 fig. *y* fam. Miedo, temor, aversión. 5 fig. *y* fam. ***Ser un ~,*** no valer nada; ser mala alguna cosa.
SIN. **Usgo.**
II) asco (gr. *askós,* odre) ***m.*** BOT. Utrículo en el que se contiene cierto número de esporas de origen sexual, propio de los ascomicetes.
asco- (v. *asco* II) Elemento prefijal que entra en la formación de palabras con el significado de saco, bolsa, cavidad o, propiamente, asco o teca: *ascomicetes.*
-asco, -asca, v. -sco, -sca.
ascocarpo ***m.*** Aparato esporífero de los ascomicetes, cualquiera que sea su forma.
ascoideales ***m. pl.*** Orden de plantas dentro de la subclase de las hemiascomicétidas; hongos que crecen sobre los exudados de diversos vegetales.
ascolíquenes (*asco- + líquenes*) ***m. pl.*** Clase de plantas dentro de la división de los líquenes, formadas por la unión simbiótica de un alga clorofícea o cianofícea y un hongo ascomicete.
ascomicete (*asco-* + gr. *myketos,* hongo) ***adj.-m.*** Hongo de la clase de los ascomicetes. -2 ***m. pl.*** Clase de hongos con hifas pluricelulares.
ascón (gr. *askós,* odre) ***m.*** Porífero de organización sencilla formada por un simple saquito, con la boca dirigida hacia arriba.
ascosidad *f.* Podre o inmundicia que mueve a asco.
ascoso, -sa ***adj.*** Asqueroso, que causa asco.
ascospora (*asco- + -spora*) *f.* Espora que se forma en un asca.
ascua *f.* Pedazo de cualquier materia que está ardiendo sin dar llama.
FR. *Estar en ascuas,* estar inquieto, sobresaltado. *Arrimar el ~ a su sardina,* aprovechar la ocasión en favor propio. *Ser un ~ de oro,* que está limpio y resplandeciente.
SIN. **Brasa,** si es de leña o carbón.
asdic (*A*llied *D*ubmarine *D*etection *I*nvestigation *C*ommitee) ***m.*** Aparato que sirve para detectar bancos de peces y barcos submarinos.
aseadamente ***adv. m.*** Con aseo.
aseado, -da ***adj.*** Limpio, curioso. 2 TAUROM. Realizado con esmero y decoro: *una faena aseada.*
asear (l. **assediare,* asentar) ***tr.*** Adornar, componer con aseo [a una pers. o cosa]. 2 Limpiar. 3 TAUROM. Torear con esmero y decoro.
asechador, -ra ***adj.-s.*** Que asecha.
asechamiento ***m.*** Asechanza.
asechanza (de *asechar*) *f.* Engaño o artificio para dañar a otro: *las asechanzas del enemigo.*
SIN. **Insidia.**
asechar (l. *assectari,* ir al alcance) ***tr.*** Armar asechanzas [a uno].
SIN. **Trasechar.** Por tener el mismo origen etimológico que **acechar,** ambos verbos han tenido empleos comunes. Hoy predomina en **acechar** el signif. de observar, espiar, vigilar cautelosamente; en **asechar** se une a esta vigilancia la trampa o engaño para causar un daño. Se puede **acechar** por simple curiosidad o fisgonería; **asechar** es inseparable de un propósito maligno; **avizorar,** coincide con acechar, pero en gral. sugiere más viveza y prontitud por parte del sujeto.
asecho ***m.*** Asechanza.
asechoso, -sa ***adj.*** Propio para las asechanzas.
asedado, -da ***adj.*** Parecido en la suavidad a la seda.
asedar (paras.) ***tr.*** Poner suave como la seda: *~ el cáñamo.*
REL. **Sedadera,** instrumento para ~ el cáñamo.
asediador, -ra ***adj.-s.*** Que asedia.
asediar ***tr.*** Atacar insistentemente [un lugar enemigo cercado]. 2 fig. Importunar [a uno] sin descanso con pretensiones. ◇ ** CONJUG. [12] como ***cambiar.***
REL. *1* Serie intensiva: **cercar, sitiar, asediar.**
asedio (l. **absidiu < obsidiu*) ***m.*** Acción de asediar. 2 Efecto de

asediar. 3 Conjunto de operaciones desarrolladas por un ejército alrededor de un lugar enemigo para apoderarse de él por la fuerza.
SIN. v. **Sitio.**
aseglararse *prnl.* Adquirir un clérigo costumbres o aspecto de seglar; vivir como un seglar.
aseglarizar *tr.* Relajar [en el clérigo] la virtud propia del estado religioso.
asegundar *tr.* Repetir [un acto] poco después de haberlo efectuado por vez primera. ◇ ** CONJUG. [4] como ***realizar.***
SIN. **Segundar.**
aseguración *f.* Seguro [contrato].
asegurado, -da *adj.-s.* Persona que ha contratado un seguro.
asegurador, -ra *adj.-s.* Que asegura. 2 Persona o empresa que asegura riesgos ajenos.
aseguramiento *m.* Acción de asegurar. 2 Efecto de asegurar. 3 Seguro (salvoconducto).
asegurar (l. *assecurare*) *tr.* Establecer, fijar sólidamente [una cosa]: ~ *las paredes del edificio;* en gral., hacer segura [una cosa]: ~ *el acierto;* ~ *los derechos.* 2 Dar garantía con hipoteca o prenda del cumplimiento [de una obligación]; en gral., salir responsable: ~ *la paga.* 3 Apresar [a uno] e impedir que huya o se defienda: ~ *a los reos.* 4 Librar [a uno] de cuidado y temor: *me asegura la calma de este lugar; **prnl.**, asegurarse de los temores;* con acusativo de cosa: ~ *los temores.* 5 Preservar de daño [a las personas o las cosas]: ~ *una plaza;* ~ *a los niños.* 6 Garantizar [a una persona o cosa], mediante el cobro de una cantidad (*prima*) contra determinado accidente, pérdida o quebranto. 7 Dejar seguro de la certeza [de una cosa]: *le aseguré de mi fidelidad; **prnl.**, se aseguró de mis palabras.* 8 Afirmar la certeza [de lo que se dice]: *le aseguró que la armada llegaría pronto.*
SIN. *8* **Afirmar, cerciorar, certificar, prometer.**
aseidad (l. *a se,* por sí) *f.* Atributo de Dios, de existir por sí mismo.
aseladero *m.* Sitio en que se acomodan las gallinas para pasar la noche.
aselador *m.* Aseladero.
aselarse (l. **asylare < asylum,* refugio) ***prnl.*** *Sal.* Acomodarse las gallinas y otros animales para pasar la noche.
asemejar (l. v. **assimiliare*) *tr.* Hacer [una cosa] con semejanza a otra: *el artista asemeja el retrato al original.* -2 ***tr.-prnl.*** Representar [una cosa] como semejante a otra; parecer: *el poeta asemeja la vida a los ríos; la vida se asemeja al río; su forma asemejaba una paloma.* -3 ***intr.-prnl.*** Mostrarse semejante; semejar: *se asemeja a su padre; su garganta a la del cisne asemeja, o se asemeja.*
SIN. *3* **Parecerse, salir a,** tratándose de personas o animales; **tirar a, inclinarse a,** en gral.: *tira a verde, se inclina a sus abuelos.*
asemilar *intr. Chile.* Cerner (estar fecundándose la flor).
asendereado, -da *adj.* V. camino asendereado. 2 fig. Agobiado de trabajos o adversidades. 3 fig. Práctico, experto, experimentado.
asenderear *tr.* Senderear (abrir senda). 2 Perseguir [a uno] haciéndole andar fugitivo por los senderos. 3 fig. Llevar y traer a uno causándole molestias. 4 fig. Importunar con pretensiones.
asengladura *f.* MAR. Singladura.
asenso (l. *assensu*) *m.* lit. Acción de asentir. 2 lit. Efecto de asentir. 3 ***Dar*** ~, creer.
SIN. v. **Consentimiento.**
asentada *f.* Tiempo que está sentada una persona sin interrupción. ◇ También *sentada.*
FR. *De una asentada,* de una vez, sin levantarse.
asentaderas (de *asentar*) *f. pl.* fam. Nalgas.
asentadillas (de *asentar*) *loc. adv. A* ~, a mujeriegas.
asentado, -da (de *asentar*) *adj.* Sentado, juicioso. 2 fig. Estable, permanente. -3 *m. And.* Acción de asentar la paja para la formación del pajar.
asentador, -ra *m. f.* Persona que asienta; esp., en los mercados de abastos, el que distribuye las mercancías, compradas al por mayor entre los vendedores detallistas. -2 *m.* Instrumento a manera de formón para repasar su obra el herrero. 3 Suavizador (pedazo de cuero). 4 *And.* Obrero que lleva la dirección en la formación del pajar. 5 *And.* El que paga el arbitrio correspondiente por cada carga de frutas u hortalizas que introduce en el mercado. 6 *Méj.* IMPR. Tamborilete (tablita).
asentadura *f.* VETER. Contusión que sufre la palma por compresión de la herradura. 2 *Ecuad.* Indigestión.
asentamiento *m.* Acción de asentar o asentarse. 2 Efecto de asentar o asentarse. 3 fig. Juicio, cordura. 4 Sedimentación. 5 Lugar que ocupa cada pieza o cada batería en una posición. 6 Instalación provisional por la autoridad gubernativa, de colonos o cultivadores, en tierras destinadas a expropiarse.
asentar (de *sentar*) *tr.* vulg. Hablando de personas, sentar (colocar). 2 Colocar [a uno] en determinado asiento en señal de posesión de algún empleo: ~ *en el trono.* 3 Poner [una cosa] que permanezca firme: ~ *una piedra;* ~ *un campamento;* ~ *la virtud;* tratándose de pueblos, fundar: *asentó la ciudad de Sevilla;* tratándose de edificios, levantar y [prnl.] hacer asiento: *la fábrica se ha asentado;* en gral., consolidar, establecer: ~ *el gobierno.* 4 Tratándose de golpes, darlos con tino y violencia. 5 Aplanar, alisar planchando, apisonando: ~ *una costura;* p. ext., afinar [el filo de una navaja, herramienta, etc.]. 6 Anotar [una especie] para que conste: *el libro donde asentaba la paja y la cebada;* fig., fijar, imprimir en la mente: *asentósele en la imaginación que era verdad.* 7 Dar por supuesta [una cosa]: *quede asentado que mañana llega;* afirmar, dar por cierto: *el filósofo asienta sus proposiciones.* 8 Ajustar un convenio: *asentó treguas con él.* -9 ***intr.*** Sentar (convenir). -10 ***prnl.*** Posarse las aves, los insectos o los líquidos: *el pájaro se asentó sobre una rama.* 11 Establecerse en un lugar: *asentarse en París.* 12 Estancarse algún manjar en el estómago. 13 Dicho del aparejo o de la albarda, hacer daño a las caballerías. -14 *tr.* CONSTR. Cargar un cuerpo sobre un plano horizontal o inclinado. 15 DER. Poner [al demandante] en posesión de bienes del demandado. 16 MEC. Rebajar material de una pieza mediante abrasivos fijos en forma de pegado para corregirla o acabarla. 17 *Méj.* Afectar: *le ha asentado mucho la muerte de su padre.* ◇ ** CONJUG. [27] como ***acertar.***
SIN. *11, 12* y *13* **Sentarse.**
asentativo, -va *adj. Perú.* Bebida alcohólica que se toma después de una comida para favorecer la digestión.
asentimiento (de *asentir*) *m.* Asenso. 2 Consentimiento.
SIN. v. **Consentimiento.**
asentir (l. **assentire*) *intr.* Admitir como cierta o conveniente una cosa: ~ *a la verdad;* ~ *a la publicación de un libro.* ◇ ** CONJUG. [35] como ***hervir.***
asentista (de *asiento*) *com.* Persona que se encarga por contrato del suministro de víveres y otros efectos.
aseñorado, -da (paras.) *adj.* [pers.] Ordinario, que imita en algo a los señores. 2 Parecido a lo que es propio de señores.
aseo (de *asear*) *m.* Limpieza, curiosidad. 2 Adorno, compostura. 3 Esmero, cuidado. 4 Apostura, gentileza, buena disposición. 5 Cuarto de aseo.
asépalo, -la (*a-* II + *sépalo*) *adj.* Que carece de sépalos.
asepsia (gr. *a-* II + gr. *sepsis,* putrefacción) *f.* MED. Ausencia de gérmenes infecciosos. 2 MED. Método o procedimiento que se propone evitar el acceso de gérmenes patógenos.
aséptico, -ca *adj.* Perteneciente o relativo a la asepsia. 2 Libre de gérmenes infecciosos. 3 fig. Que no se compromete, sin originalidad, falto de sensibilidad.
asequible (del l. *assequi,* conseguir) *adj.* Que se puede conseguir o alcanzar: *actualmente los electrodomésticos son más asequibles.* ◇Es impropio aplicado a personas por *accesible, tratable.*
aserción (l. *assertione*) *f.* Acción de afirmar (asegurar). 2 Proposición en que se afirma.
SIN. Es lit., lo mismo que **aserto.** Ambos se usan menos que **afirmación.**
aserenar *tr.* Serenar.
aseriarse *prnl.* Ponerse serio. ◇ ** CONJUG. [12] como ***cambiar.***
asermonado, -da *adj.* [discurso, alocución, etc.] Que participa en las cualidades propias del sermón.
aserradero *m.* Paraje donde se asierra la madera.
aserradizo, -za *adj.* A propósito para ser aserrado. 2 [madero] Que ha sido aserrado para reducirlo al grueso y ancho convenientes.
SIN. **Serradizo.**
aserrado, -da *adj.* Que tiene dientes como la sierra: *hoja aserrada.* -2 *m.* Acción de aserrar. 3 Efecto de aserrar.
aserrador, -ra *adj.* Que asierra. -2 *m.* El que tiene por oficio aserrar. -3 *f.* Máquina de aserrar. 4 Serrería.
aserradura *f.* Corte que hace la sierra. 2 Parte donde se ha hecho el corte. -3 *f. pl.* Serrín.
aserrar *tr.* Serrar. ◇ ** CONJUG. [27] como ***acertar.***
aserrín *m.* Serrín.
aserrío *m. Colomb., Ecuad.* y *Pan.* Aserradero.
aserruchar *tr. Amér.* Cortar con serrucho.

asertivamente *adv. m.* Afirmativamente.
asertivo, -va (de *aserto*) *adj.* Afirmativo.
aserto (l. *assertu*) *m.* Aserción.
asertor, -ra *m. f.* Persona que afirma, sostiene o da por cierta una cosa.
asertorio (l. *assertoriu*) *adj.* LÓG. ***Juicio*** ~, el que afirma la conformidad o disconformidad objetiva del sujeto con el predicado. ◇ V. juramento asertorio.
asesar *intr.* Adquirir seso o cordura. -2 *tr.* Hacer [que uno] adquiera seso o cordura.
asesinar (de *asesino*) *tr.* Matar alevosamente, o por precio, o con premeditación [a uno]. 2 fig. Causar viva aflicción o grandes disgustos [a uno]. 3 fig. Engañar o hacer traición en asunto grave [a persona] que se fiaba de quien la dice.
asesinato *m.* Acción de asesinar. 2 Efecto de asesinar.
asesino, -na (ár. *haxaxin,* bebedores de *haxix*; de una secta cuyos adeptos se comprometían a matar a quien les ordenase su jefe) *adj.-s.* [pers.] Que asesina.
asesor, -ra (l. *assessor* < *assidere,* asistir) *adj.-s.* Que asesora. -2 *m. f.* Abogado que sirve de consejero a un juez que no entiende en leyes.
SIN. Como adj., **consultivo;** como subst., **consultor.**
asesoramiento *m.* Acción de asesorar o asesorarse. 2 Efecto de asesorar o asesorarse.
asesorar (de *asesor*) *tr.* Dar consejo o dictamen [a uno]. -2 *prnl.* Tomar consejo del letrado: *asesorarse con,* o *de, letrados;* p. ext., tomar consejo una persona de otra.
asesoría *f.* Oficio de asesor. 2 Estipendio del asesor. 3 Oficina del asesor.
asestadura *f.* Acción de asestar.
asestar (del ant. *siesto,* sitio normal de algo, del lat. *sextu,* sexta parte del círculo, blanco al que se asesta) *tr.* Dirigir [un arma] hacia el objeto que se quiere ofender con ella; p. ext., dirigir con intención [un objeto]: ~ *el anteojo;* fig., ~ *el amor sus tiros.* 2 Descargar contra un objeto [el proyectil o el golpe de un arma u objeto parecido]: ~ *un tiro, una pedrada.* 3 fig. Hacer tiro, intentar causar daño: *quisieron asestarle y hacer una molestia pesada.* ◇ ** CONJUG. [27] como ***acertar.***
aseveración *f.* Acción de aseverar. 2 Efecto de aseverar.
SIN. v. **Afirmación.**
aseveradamente *adv. m.* Con aseveración.
aseverar (l. *asseverare*) *tr.* Afirmar o asegurar [lo que se dice].
aseverativo, -va *adj.* Que asevera o afirma. 2 GRAM. ***Oración aseverativa,*** la que afirma la conformidad o disconformidad objetiva del sujeto con el predicado; corresponde a los juicios asertorios de la Lógica.
SIN. *2* **Enunciativa.**
asexuado, -da *adj.* Que no tiene sexo.
asexual *adj.* Sin sexo; ambiguo, indeterminado. 2 BIOL. [reproducción] Que se verifica sin intervención de los dos sexos.
asfaltado *m.* Acción de asfaltar. 2 Pavimento hecho con asfalto (mezcla).
asfaltadora *f.* Máquina para asfaltar, integrada por un alimentador, transportador y calentador de betún y alquitrán, con calderas provistas de sistema de mezclado;
asfaltar *tr.* Revestir de asfalto (mezcla): ~ *una calle.*
asfáltico, -ca *adj.* De asfalto. 2 Que tiene asfalto.
asfalto (gr. *ásphaltos*) *m.* Betún negro, sólido, de origen natural u obtenido artificialmente como residuo de la destilación del petróleo; se usa para pavimentar. 2 Mezcla de asfalto con arena, cal, etc., usada para pavimentar, o como cemento impermeable.
SIN. *1* **Betún de Judea.**
asférica *adj.* V. Superficie ~.
asfíctico, -ca *adj.* Relativo a la asfixia.
asfixia (gr. *asphyxia* < *a-* II, priv. + *sphyzo,* palpitar) *f.* Suspensión de las funciones vitales debida a falta de oxígeno en la sangre, interrupción de la respiración, inhalación de gases nocivos, etc. 2 fig. Sensación de agobio producida por el excesivo calor o por el enrarecimiento del aire.
asfixiado, -da *adj.* fig. *y* fam. Pesimista.
asfixiador, -ra, asfixiante *adj.* Que asfixia: *gases asfixiantes.*
asfixiar *tr.-prnl.* Producir asfixia [a una persona o animal]. ◇**CONJUG. [12] como ***cambiar.***
asfíxico, -ca *adj.* Asfíctico.
asfódelo (gr. *asphódelos*) *m.* Gamón.
así (l. *ad sic*) *adv. m.* De esta, o de esa, manera: *ensalza* ~ *a Trajano; por decirlo* ~*;* se usa en oraciones comparativas y en correlación con *como, según, cuál*: *como el pobre que el día que no lo gana no lo come,* ~ *quedas en ayuno y flaco;* ~ *como estoy, no estoy conmigo;* ~ *dejaré de irme como volverme turco;* ús. en oraciones desiderativas: ~ *Dios te ayude;* y en oraciones interrogativas o admirativas para denotar extrañeza: *¿* ~ *me abandonas?* 2 En tanto grado, de tal manera, tanto. En correlación con la conjunción *que*: ~ *estaba desfigurada que no la conocí;* con *como*: ~ *yo como usted nos interesamos;* reforzado con *bien*: ~ *bien los reyes como las personas particulares.* 3 Precedido gralte. de la conjunción *y* sirve para introducir una consecuencia: *nadie quiso ayudarle y* ~ *tuvo que desistir de su empeño; la plaza estaba apercibida;* ~ *no la pudieron entrar;* reforzado con *pues*:... ~ *pues no la pudieron entrar;* significando de suerte que: ... ~ *es que el romance es la poesía lírica de los españoles.* 4 Equivale a *aunque* en oraciones concesivas: *no dijera una mentira* ~ *la asaetearan.* 5 ~ ***como,*** ~ ***que, loc. adv.,*** en oraciones temporales, tan luego como, al punto que: ~ *que (o como) entró en la venta conoció a Don Quijote.* 6 ~ ~, tal cual, medianamente. 7 ~ ***como*** ~, o ~ ***que*** ~, de cualquier suerte, de todos modos. 8 fam. ~ o ***asá;*** ~ ***o*** ~***;*** ~ ***que asá;*** ~ ***que asado,*** se usan gralte. con los verbos *ser, dar* y *tener* y valen tanto como si dijesen: *lo mismo importa de un modo que de otro.* 9 Ocasionalmente puede adjetivarse: *un hombre* ~.
asialia *f.* MED. Disminución de la secreción de saliva.
asiático, -ca (gr. *-ikós*) *adj.-s.* De Asia, uno de los continentes del mundo. 2 fam. Suntuoso, espléndido.
asibilación *f.* Acción de asibilar. 2 Efecto de asibilar.
asibilar (l. *assibilare*) *tr.* Hacer sibilante [el sonido de una letra].
asicar *tr. S. Dom.* Hostigar, fastidiar. ◇ ** CONJUG. [1] como ***sacar.***
asidera *f. Argent.* Correa afianzada en la cincha del caballo y en la cual se sujeta el lazo.
asidero *m.* Parte por donde se ase alguna cosa. 2 fig. Ocasión o pretexto.
asidonense (l.) *adj.-s.* De Asido, ant. c. de la Bética, hoy Medinasidonia. 2 De Medinasidonia, c. de Cádiz.
asiduamente *adv. m.* Con asiduidad.
asiduidad (l. *assiduitate*) *f.* Calidad de asiduo.
asiduo, -dua (l. *assiduu*) *adj.* Frecuente, puntual, perseverante.
asiento *m.* Mueble destinado para sentarse en él. 2 Lugar que tiene uno en cualquier tribunal o junta; localidad en los espectáculos públicos. 3 Parte inferior de las vasijas, botellas, etc., que sirve de base. 4 Poso (sedimento). 5 fig. Cordura, madurez. 6 Sitio en que está fundado un pueblo o edificio. 7 Descenso de los materiales de un edificio a causa de la presión de los unos sobre los otros. 8 fig. Estado y orden que deben tener las cosas. 9 Acción de asentar un material en obra. 10 Capa de argamasa sobre la que se colocan los ladrillos o sillares de un muro o pavimento. 11 Indigestión. 12 Anotación de una cosa, esp. en los libros de contabilidad. 13 Parte del freno que entra en la boca de la caballería. 14 Espacio sin dientes en la mandíbula posterior de las caballerías. 15 CARP. Sitio ocupado por un madero en la formación de un armadura o entramado. -16 *m. pl.* Perlas semiesferoidales. 17 Nalgas. 18 ~ ***de pastor,*** mata leguminosa, de ramas entrelazadas y muy espinosas *(Ulex).* 19 *Amér.* Territorio y población de las minas.
FR. Estar, residir, hallarse *de asiento* en algún lugar, permanentemente, con fijeza, se opone a de paso. SIN. *7* **Sentamiento.** *18* **Aulaga merina, erizón.**
asifonado, -da *adj.* ZOOL. [insecto] Que carece de sifones, en los que los tubos respiratorios comunican directamente con el exterior.
asignable *adj.* Que se puede asignar.
asignación *f.* Acción de asignar. 2 Efecto de asignar. 3 Sueldo (remuneración).
asignado *m.* Título que sirvió de papel moneda en Francia durante la Revolución. 2 *Ar.* Sueldo, haber de un funcionario. 3 *Ecuad.* Parte del salario que se paga en especies a los trabajadores de las haciendas.
asignar (l. *assignare*) *tr.* Señalar [lo que corresponde] a una persona o cosa: ~ *premios a los inventores;* en gral., señalar, fijar: ~ *las causas;* ~ *uno por lector.*
asignatario, -ria *m. f. Amér.* DER. Persona a quien se asigna la herencia o el legado.
asignatura (b. l. *assignatura*) *f.* Materia que se enseña en un instituto docente, o forma, junto con otras, un plan académico de estudios.
SIN. **Disciplina.**

asilado, -da (de *asilar*) ***adj.-s.*** [pers.] Que reside en un establecimiento benéfico. 2 ~ ***político,*** exiliado
REL. *2* v. **Expatriado.**

asilamiento ***m.*** Acción de asilar.

asilar ***tr.*** Albergar [a uno] en un asilo. 2 Dar asilo político [a un emigrado].

asilenciar ***tr.*** *Guat.* Silenciar, callar, acallar. ◇ ** CONJUG. [12] como ***cambiar.***

asilla ***f.*** Dim. de *asa.* 2 Asidero (ocasión).

I) asilo (gr. *ásylon,* sitio inviolable) ***m.*** Lugar privilegiado de refugio para los delincuentes. 2 Establecimiento benéfico en que se recogen los menesterosos. 3 fig. Amparo, favor. 4 ~ ***político,*** derecho de residencia que se concede a emigrados políticos.
SIN. *1* **Sagrado.**

II) asilo ***m.*** Insecto zoófago, díptero *(gén. Asilus).*

asilvestrado, -da (paras.) ***adj.*** [planta silvestre] Que procede de otra cultivada. 2 [animal doméstico o domesticado] Que se hace salvaje.

asimetría ***f.*** Falta de simetría.
SIN. **Disimetría.**

asimétrico, -ca ***adj.*** Que no guarda simetría. 2 GEOM. Que carece de simetría.
SIN. **Disimétrico.**

asimiento ***m.*** Acción de asir. 2 fig. Adhesión o afecto.

asimilabilidad ***f.*** Condición de asimilable.

asimilable ***adj.*** Que puede asimilarse.

asimilación ***f.*** Acción de asimilar o asimilarse. 2 Efecto de asimilar o asimilarse. 3 BIOL. Anabolismo. 4 FON. Alteración o cambio de las condiciones del sonido de una lengua por influencia de otro sonido, o grupo de sonidos, próximo.

asimilador, -ra ***adj.*** Que asimila.

asimilar (l. *assimilare*) ***tr.*** Asemejar, comparar. 2 Conceder [a los individuos de una clase] derechos u honores iguales a los que tienen los individuos de otra. 3 Aprender algo comprendiéndolo. 4 BOT. y ZOOL. Apropiarse los organismos [las substancias necesarias para su conservación y desarrollo]. 5 GRAM. Transformarse [un sonido] por influencia de otro de la misma palabra: el l. *sĕtsemente* debía dar en español *semiente* pero la *e* de la sílaba inicial se ha asimilado a la tónica y ha dado *simiente.* -6 ***prnl.*** Parecerse: *los buitres se asimilan a las águilas.* 7 fig. Adoptar, apropiarse.

asimilativo, -va ***adj.*** Que puede hacer semejante una cosa a otra.

asimilista ***adj.*** Partidario de asimilar a la metrópoli una colonia, territorio, minoría étnica o lingüística.

asimismo ***adv. m.*** De este o del mismo modo. -2 ***adv. afirm.*** También.
SIN. *1* **Igualmente.**

asimplado, -da (paras.) ***adj.*** Que parece simple o de simple.

asín, asina ***adv. m.*** rúst. *y* vulg. Así.

asincrónico, -ca ***adj.*** Carente de sincronía.

asincronismo ***m.*** Falta de sincronismo o de coincidencia.

asíncrono, -na ***adj.*** Que carece de sincronismo. -2 ***adj.-s.*** INFORM. Modalidad de transmisión de datos en que la velocidad de paso de la información no guarda ninguna relación con una frecuencia fija del sistema.

asindético, -ca ***adj.*** [período, cláusula, etc.] Construido sin conjunciones.

asíndeton (gr. *asyndeton* < *a-* II, priv. + *syndeo,* unir) ***m.*** RET. y GRAM. Omisión de las conjunciones en la construcción de la cláusula.

asinergia ***f.*** FISIOL. Defecto o carencia de sinergia.

asinino, -na ***adj.*** Asnal.

asíntota (gr. *assymptotos* < *a-* II, priv. + *sympipto,* coincidir) ***f.*** Línea recta que, prolongada indefinidamente, se acerca de continuo a una curva sin llegar nunca a encontrarla.

asintótico, -ca ***adj.*** Relativo a la asíntota.

asir (de *asa,* por la que se coge algo) ***tr.*** Tomar, coger con la mano: ~ *a uno de la ropa;* ~ *por los cabellos.* 2 en gral. Tomar de cualquier otro modo: ~ *los cachorros con la boca;* fig., ~ *la ocasión.* -3 ***intr.*** Tratándose de plantas, arraigar. -4 ***prnl.*** Agarrarse de alguna cosa: *asirse a las ramas; asirse de la mesa; asirse con el contrario; asirse en una soga.* 5 Reñir, pelearse, contender. 6 fig. Tomar pretexto de algo para hacer lo que uno quiere. ◇ **CONJUG. [65].
SIN. *1* y *2* **Tener,** mantener asido; **coger** y **tomar,** comenzar a asir; **agarrar** y **trabar,** asir fuertemente.

asirio, -ria (l. *assyriu*) ***adj.-s.*** De Asiria, antigua región del norte de Mesopotamia. -2 ***adj.-m.*** Dialecto acadio hablado antiguamente en esta región.

asiriología ***f.*** Rama de la arqueología que se ocupa de lo concerniente a Asiria y Babilonia.

asiriólogo, -ga ***m. f.*** El versado en asiriología.

asistencia ***f.*** Acción de asistir a un lugar. 2 Acción de asistir a una persona: ~ ***social,*** organismo y conjunto de medidas que mantienen o crean el bienestar social; ~ ***médica,*** conjunto de los cuidados médicos prestados a los enfermos. 3 Empleo o cargo de asistente (funcionario). 4 Conjunto de personas que está presente en un acto. 5 Recompensa o emolumentos que se ganan con la asistencia personal. 6 DEP. Pase que hace un jugador de baloncesto a otro de su mismo equipo para que consiga fácilmente una canasta. 7 TAUROM. Conjunto de los mozos de plaza. -8 ***f. pl.*** Medios que se dan a uno para que se mantenga. 9 *Colomb.* Casa de comidas. 10 *Chile.* Casa de socorro. -11 ***f.*** *Méj.* Pieza para recibir las visitas de confianza. 12 *Colomb.* y *Méj.* Hostería, casa de huéspedes.
SIN. *2* v. **Auxilio.**

asistencial ***adj.*** Relativo a la asistencia, ayuda o auxilio; aplícase especialmente a la asistencia sanitaria o social: *servicios asistenciales; institución* ~.

asistenta ***f.*** Monja que asiste y suple a la superiora. 2 Criada seglar que sirve en convento de religiosas de las órdenes militares. 3 Esposa del asistente. 4 Criada de damas y camaristas que habitaban en el palacio real. 5 Criada de una casa particular que trabaja por horas.

asistente ***adj.-com.*** Persona que asiste o está presente. 2 Persona que asiste: ~ ***social,*** titulada, cuya profesión es allanar o prevenir dificultades de orden social o personal, en casos particulares o a grupos de individuos, por medio de consejo, gestiones, ayuda financiera, moral, sanitaria, etc. -3 ***m.*** Obispo de los dos que ayudan al que consagra a otro. 4 En algunas órdenes regulares, religioso nombrado para asistir al general en el gobierno de la orden. 5 Soldado destinado al servicio personal de un general, jefe u oficial. 6 Funcionario público que en ciertas villas y ciudades tenía las mismas atribuciones que el corregidor en otras. 7 *Colomb.* Criado de una casa. ◇ INCOR. ANGL. *2 profesor asistente* por profesor ayudante o *auxiliar.* Peor todavía es decir: *director* ~ por subdirector; *rector* ~ por vicerrector; *jefe* ~ por subjefe, y otros anglicismos semejantes que pugnan por aclimatarse en algunos países de Hispanoamérica.

asistido ***m.*** *Amér. Merid.* Operario que se contrata en las minas para trabajar por un tiempo determinado. -2 ***adj.-s.*** *Méj.* [pers.] Que está abonado a tomar alimentos en las casas de asistencia.

asistir (l. *assistere,* hallarse cerca) ***intr.*** Estar o hallarse presente: *asistió a la batalla de Lepanto;* esp., hallarse presente en una reunión; concurrir con frecuencia a alguna casa: ~ *a la boda;* ~ *de oyente.* 2 En los juegos de naipes, echar carta del mismo palo que el de aquella que juega el que es mano. -3 ***tr.*** Acompañar [a uno] en un acto público: ~ *a los reyes en la guerra;* en gral., prestar determinados servicios eventuales: ~ *a los invitados.* 4 Socorrer, ayudar: ~ *a los sitiados;* esp., cuidar [a los enfermos]: *le asiste un médico famoso;* fig., obrar en defensa las cosas inmateriales: *me asiste la razón.* 5 *Guat.* Desherbar [las tierras].

asistolia (*a-* II + *sístole*) ***f.*** Insuficiencia de la sístole cardíaca.

asistólico, -ca ***adj.*** Relativo a la asistolia.

asma (gr. *asthma,* de *-ao,* no respirar) ***f.*** Enfermedad que se manifiesta por accesos intermitentes de sofocación, debidos a la contracción espasmódica de los bronquios.

asmático, -ca ***adj.*** Relativo al asma. -2 ***adj.-s.*** Que la padece.

asmatología (de *asma* + *-logía*) ***f.*** Rama de la medicina que estudia el diagnóstico y tratamiento del asma.

asnacho (de *asno*) Gatuña.

asnada ***f.*** Asnería.

asnal (l. *asinale*) ***adj.*** Relativo al asno. 2 fam. Bestial o brutal.

asnallo ***m.*** Gatuña.

asnalmente ***adv. m.*** fam. Cabalgando en un asno. 2 fam. Bestial o brutalmente.
SIN. *1* **Pollinarmente.**

asnear ***intr.*** Obrar o hablar neciamente.

asnería ***f.*** Conjunto de asnos. 2 fig. Necedad, tontería.

asnilla (dim. de *asna*) ***f.*** Sostén formado con un madero horizontal apoyado en cuatro tornapuntas que sirven de pies. 2 Pieza de madera sostenida por dos pies derechos para apear una pared ruinosa.
SIN. *1* **Caballete.**

asnillo *m.* Insecto coleóptero muy voraz *(Staphylinus maxillosus; Ocypus olens).*

asnino, -na (l. *asininu*) *adj.* Asnal.

asno, -na (l. *asinu*) *m. f.* Mamífero perisodáctilo équido, más pequeño que el caballo y con las orejas muy largas; se emplea especialmente como bestia de carga *(Equus asinus).* 2 fig. Persona ruda y de muy poco entendimiento. -3 *f. pl.* Costaderas (maderos).

SIN. **Burro, borrico, rucio,** más populares que asno. SIN. *1* **Rucio.** REL. **Pollino,** ~ pequeño; voz del ~, **rebuzno,** vb. **rebuznar;** adj. **asnal; garañón,** ~ padre; **onagro,** ~ silvestre.

asnólogo *m.* burl. Asno, necio de marca mayor.

asobarcar *tr.* Sobarcar. ◇ ** CONJUG. [1] como ***sacar.***

asobinarse (l. *supinare,* poner boca arriba) ***prnl.*** Quedar una bestia tendida de modo que por sí sola no pueda levantarse. 2 p. ext. Quedar una persona hecha un ovillo al caer.

asocarronado, -da (paras.) *adj.* Que parece socarrón o de socarrón.

asociable *adj.* Que se puede asociar a otra cosa.

asociación *f.* Acción de asociar o asociarse: ~ ***de ideas,*** encadenamiento de unas ideas con otras en virtud de ciertas relaciones entre ellas. 2 Conjunto de los asociados para un mismo fin. 3 RET. Figura que consiste en decir de muchos lo que sólo es aplicable a varios o a uno solo, con el fin de atenuar el elogio o la censura.

SIN. *2* **Sociedad, agrupación, entidad, corporación, compañía.**

asociacionismo *m.* Doctrina que explica el desarrollo de la vida mental por las leyes de asociación de las ideas.

asociacionista *adj.-com.* Especialista o partidario del asociacionismo psicológico.

asociado, -da (de *asociar*) *adj.-s.* Persona que acompaña a otra en alguna comisión o encargo. -2 *m. f.* Persona que forma parte de una asociación. Socio.

asociamiento *m.* Asociación.

asociar (l. *associare*) *tr.* Dar a uno por compañero [persona que le ayude]: ~ *el hombre a la obra de Dios; me asociaré a vuestras tareas;* tomar uno [compañero que le ayude] : *asoció al obispo a sus tareas; se asoció el obispo.* 2 Juntar [una cosa] con otra de suerte que concurran al mismo fin: ~ *las ciencias morales a las bellas artes.* -3 *prnl.* Reunirse, juntarse para algún fin: *asociarse a,* o *con, los conjurados.* ◇ ** CONJUG. [12] como ***cambiar.***

asociativo, -va *adj.* Que se puede asociar.

asocio *m. Amér.* Asociación, compañía; úsase en la expresión *en asocio de.*

asolación *f.* Asolamiento.

asolador, -ra *adj.* Que asuela (destruye).

asolamiento *m.* Acción de asolar (destruir). 2 Efecto de asolar (destruir).

asolanar (paras.) *tr.-prnl.* Dañar el viento solano [las frutas, mieses, vino, etc.].

asolapar (paras. de *solapo*) *tr.* Asentar [una teja, losa, etc.] sobre otra, de modo que sólo cubra parte de ella.

I) asolar (l. *assolare* < *ad* + *solu,* suelo) *tr.* Poner por el suelo, destruir, arrasar. -2 *prnl.* Posarse los líquidos. ◇ CONJUG. [31] como ***contar.***

SIN. *1* **Desolar.**

II) asolar (paras. de *sol*) *tr.-prnl.* Echar a perder el calor, una sequía, etc. [los frutos del campo].

asoldadar (paras. de *soldada*) *tr.-prnl.* Asoldar.

asoldar (paras. de *sueldo*) *tr.-prnl.* Tomar a sueldo, asalariar. ◇ ** CONJUG. [31] como ***contar.***

asoleada *f. Amér.* Insolación.

asoleado, -da *adj. Guat., Hond.* y *Méj.* Torpe, tonto.

asoleadura *f. Colomb.* Enfermedad que sobreviene a los animales por demasiada fatiga y carencia de alimentos.

asoleamiento *m.* Insolación.

asolear (frecuent.) *tr.* Solear. -2 *prnl.* Acalorarse tomando el sol; ponerse muy moreno por haber tomado el sol. 3 VETER. Contraer asoleo los animales. 4 *Amér.* Trabajar. 5 *Colomb.* Insolarse. 6 *Guat.* Entontecerse uno.

asoleo *m.* Acción de asolear. 2 Efecto de asolear. 3 Enfermedad de cierto animales, caracterizada por sofocación y violentas palpitaciones.

asollamar *tr. Chile.* Sollamar. -2 *prnl. Chile* y *Perú.* Enrojecer a causa de un esfuerzo, enfermedad, etc.

asolvamiento *m.* Acción de asolvar o azolvar. 2 Efecto de asolvar o azolvar.

asolvar *tr.* ant. Azolvar.

asomada (de *asomar*) *f.* Acción de manifestarse por poco tiempo. 2 Efecto de manifestarse por poco tiempo. 3 Paraje desde el cual se empieza a ver un algún lugar. 4 Recurso que utiliza el cazador para abatir perdices, buscando el acceso a los lugares bajos desde otros contiguos más altos, no dejando al ave otra posibilidad de escape que dentro del radio de acción de la escopeta.

asomadera *f. S. Dom.* Acción de asomarse reiteradas veces.

asomadero *m. Colomb.* Asomada, o paraje desde el cual se empieza a ver algún sitio o lugar. 2 *S. Dom.* Asomadera.

asomagado, -da *adj. Ecuad.* [ebrio] Que va retornando a su estado natural, o que se levanta soñoliento de la cama.

asomar (l. v. **assummare* < *ad* + *summu,* lo más alto) ***intr.*** Empezar a mostrarse: ~ *el sol, una montaña;* fig., ~ *el peligro.* -2 *tr.-prnl.* Sacar o mostrar [alguna cosa] por una abertura o por detrás de alguna parte: ~ *uno la cabeza; asomarse a,* o *por, la ventana;* en gral., dejar entrever: *sólo asomó el tocino en la olla.* -3 *prnl.* fam. Tener algún principio de borrachera. 4 fam. Empezar a enterarse de una cosa sin propósito de profundizar en su estudio.

asómate (del imperat. prnl. de *asomar*) *m.* GEOL. Pequeño collado en la aguda crestería de las sierras, desde el que se divisa un amplio panorama.

asombradizo, -za (de *asombrado*) *adj.* Espantadizo.

asombrador, -ra *adj.* Que asombra.

asombrar (paras.) *tr.* Hacer sombra una cosa [a otra]: ~ *el rostro con unos ramos.* 2 Obscurecer [un color] mezclándolo con otro. -3 *tr. -prnl.* fig. Asustar, espantar: *no me asombran leones, ni me espantan vestiglos.* 4 Causar grande admiración: *no me asombro con,* o *de, esta maravilla.*

SIN. *1* **Sombrar.** *1* y *2* **Ensombrecer I.** *3* Es hoy muy poco usado en esta acep. *4* **Admirar, maravillar,** sugieren una causa gralte. placentera, agradable; **asombrar, aturdir, pasmar,** son más intensos, y pueden proceder de causa agradable o desagradable.

asombro *m.* Susto, espanto. 2 Grande admiración. 3 Persona o cosa asombrosa.

asombrosamente *adv. m.* De manera asombrosa.

asombroso, -sa *adj.* Que causa asombro.

asomo *m.* Acción de asomar o asomarse. 2 Amago, indicio o señal de alguna cosa. 3 Sospecha, conjetura. 4 ***Ni por*** ~, de ningún modo.

asonada (de *asonar,* en la ant. acepción de juntar, «de so uno») *f.* Reunión numerosa para conseguir tumultuariamente algún fin.

SIN. **Tumulto, motín, revuelta, alboroto.**

asonancia (de *asonar*) *f.* Repetición del mismo sonido. 2 MÉTR. Identidad de sonido en la terminación de dos palabras cuyas vocales son iguales a contar desde la última acentuada, pero diferentes las consonantes; constituye esta consonancia la rima imperfecta. 3 RET. Vicio que consiste en el uso inmotivado de voces asonantes. 4 fig. Correspondencia entre dos cosas.

asonantar *intr.* Ser una palabra asonante de otra. 2 Incurrir en asonancia (RET.). -3 *tr.* Emplear en la rima una palabra como asonante de otra.

asonante *adj.-s.* Voz con respecto a otra de la misma asonancia: *fortuna* es asonante de *mucha.*

asonántico, -ca *adj.* Relativo a los asonantes.

asonar (l. *assonare*) *intr.* Hacer asonancia, convenir un sonido con otro. ◇ ** CONJUG. [31] como ***contar.***

asopado *m. P. Rico.* Sopa espesa hecha con carne, arroz, etc.

asoporarse *prnl. Guat.* Sentirse uno con sopor.

asordante *adj.* Que asorda.

asordar (paras.) *tr.* Ensordecer un ruido fuerte [a una persona]; no dejarle oír nada.

asorocharse *prnl. Amér. Merid.* Padecer soroche. 2 *Amér. Merid.* fig. Ruborizarse, avergonzarse, sofocarse.

asosegar *tr.* p. us. Sosegar. ◇ ** CONJUG. [48] como ***regar.***

asotanar (paras.) *tr.* Excavar [el suelo] para construir en él sótanos.

aspa (ant. al. *haspa,* devanadera) *f.* Conjunto de dos maderos atravesados en forma de X. 2 Agrupación, figura, representación o signo en forma de X. 3 Instrumento para aspar el hilo. 4 Pieza en forma de pala de algunos aparatos o máquinas movidos por la fuerza del aire, o que sirven para moverlo: ~ *de ventilador;* ~ *de molino.* 5 ~ ***de San Agustín,*** insignia de la casa de Borgoña; aspa de paño rojo en el capotillo amarillo de los penitenciados por la Inquisición. 6 ARQ. Zapata, cimacio. 7 MIN. Punto de intersección de dos vetas. 8 *Chile.* MIN. Extensión o cabida de una mina. 9 *Argent., Bol., Urug.* y *Venez.* Cuerno, asta.

aspadera *f.* Aspa (instrumento).

aspado, -da *adj.* Que tiene forma de aspa. 2 fig. Que no puede manejar con facilidad los brazos por oprimirle el vestido. -3 *adj.-s.* Penitente que en Semana Santa llevaba los brazos extendidos en forma de cruz, atados por las espaldas a un madero.
aspador, -ra *adj.-s.* Que aspa. -2 *m.* Aspa (instrumento).
aspálato (gr. *-lathos*) *m.* Nombre dado a varios arbustos leguminosos papilionáceos, y a algunas maderas olorosas.
SIN. de algunas especies, **alarguez.**
aspalto *m.* Espalto.
aspar *tr.* Hacer madeja [el hilo] en el aspa. 2 Clavar en una aspa [a uno]; en gral., fig., mortificar o molestar mucho [a uno]. -3 *prnl.* Mostrar con quejidos y contorsiones dolor o enojo: *asparse a gritos.* 4 Dedicar gran esfuerzo al logro de algo: ~ *por el premio.*
asparraguina *f.* Amida del ácido aspártico que cristaliza en rombos y se encuentra en los espárragos y otros vegetales.
aspártico, -ca *adj.* *Ácido* ~, aminoácido proteico de carácter ácido, que se abtiene por hidrólisis de la asparraguina.
aspaventar *tr.* Atemorizar o espantar. ◇ ** CONJUG. [27] como *acertar.*
aspaventero, -ra *adj.-s.* Que hace aspavientos.
aspavientarse *prnl.* *Amér. Central.* Atemorizarse. 2 *Amér. Central.* Alarmarse.
aspaviento (l. **expaventare,* atemorizar; a través del it. *spavento*) *m.* Demostración excesiva o afectada de temor, admiración o sentimiento. ◇Us. gralte. en pl. ◇ También *espavientos.*
aspear *prnl.* Despearse. -2 *tr.* *Venez.* Derribar [una bestia] patas arriba.
aspecto (l. *-tu*) *m.* Manera de aparecer o presentarse una persona o cosa a la vista: *al,* o *a primer,* ~, a primera vista. 2 Semblante, apariencia. 3 Orientación de un edificio. 4 ASTROL. Situación respectiva de dos astros con relación a las casas celestes que ocupan. 5 GRAM. Manera de concebir la acción verbal como perfectiva, imperfectiva, reiterada, etc.
aspectual *adj.* LING. Perteneciente o relativo al aspecto verbal.
ásperamente *adv. m.* Con aspereza.
asperarteria (*áspera* + *arteria*) *f.* Tráquea (conducto).
asperear *intr.* Tener sabor áspero.
asperete *m.* Asperillo.
aspereza *f.* Calidad de áspero. 2 Desigualdad del terreno, que lo hace escabroso y difícil para caminar por él. 3 Desabrimiento en el trato.
asperezar *tr.* *Amér. Central.* Causar aspereza [a algo]. ◇ ** CONJUG. [4] como *realizar.*
asperger (l. *aspergere,* rociar) *tr.* Asperjar. ◇ ** CONJUG. [5] como *proteger.*
asperges (l. *asperges,* rociarás) *m.* Antífona que comienza con esta palabra. 2 Rociadura o aspersión. 3 fig. Hisopo (aspersorio). ◇ Pl.: *asperges.*
aspérgula *f.* Amor de hortelano, planta.
asperidad (l. *asperitate*) *f.* Aspereza.
asperiego, -ga (de *áspero*) *adj.* [especie de manzana] De sabor agrio; [manzano] que la produce.
SIN. **Esperiego.**
asperilla (de *áspero*) *f.* Planta rubiácea erecta, de hojas lanceoladas, con espinas en los bordes, y flores embudiformes de color blanco *(Asperula odorata).*
SIN. **Aspérula, hierba de las siete sangrías, reina de los bosques.**
asperillo (de *áspero*) *m.* Gustillo agrio que tiene la fruta no bien madura o, por naturaleza, algún manjar o bebida. 2 Arbusto crucífero de hojas alargadas, todo él cubierto de pelos; las flores son amarillas *(Boleum asperum).*
asperjar (l. *aspergere*) *tr.* Hisopear. 2 Rociar (salpicar).
aspermia *f.* Ausencia de espermatozoos en el líquido seminal.
aspermo, -ma *adj.* H. NAT. Sin semillas: *fruto* ~.
áspero, -ra (l. *asper*) *adj.* Insuave al tacto. 2 Escabroso. 3 fig. Desapacible: *fruta* ~; *voz* ~; *estilo* ~; *tiempo* ~. 4 Desabrido, falto de afabilidad: *genio* ~. ◇ Superl: *aspérrimo.*
SIN. *1* **Rasposo.** *4* **Ceñudo, hosco, intratable, rispido, rispo.**
asperón (de *áspero*) *m.* Arenisca de cemento silíceo o arcilloso, usada gralte. para la construcción o en piedras de amolar.
aspérrimo, -ma *adj.* Superl. culto de *áspero.* ◇ Se va extendiendo la forma vulg. *asperísimo.*
aspersión (l. *-sione*) *f.* Acción de asperjar. 2 V. riego por ~.
aspersor *m.* Mecanismo destinado a esparcir un líquido a presión, como el agua para el riego o los herbicidas químicos.
aspersorio (l. ecl. *-iu*) *m.* Instrumento con que se asperja.
SIN. **Hisopo, asperges,** tratándose del culto.
asperuela *f.* Cola de caballo, planta.
aspérula *f.* Asperilla *(Asperula).*
asperura *f.* Aspereza.
aspic *m.* Plato frío hecho en un molde, en cuya composición interviene la gelatina, con trozos de volatería, pescados, mariscos, verduras o frutas.
áspid, -de (l. *aspide*) *m.* Víbora muy venenosa *(Vipera aspis).* 2 Nombre de otras serpientes venenosas de Egipto y de la India. 3 Pieza de artillería antigua, de pequeño calibre.
aspidistra (gr. *aspidion,* escudo pequeño) *f.* Planta liliácea de adorno, de rizoma escamoso, hojas abrazadoras y flores solitarias *(A. punctata; A. elation).*
aspilla *f.* Tablilla graduada que sirve para medir la cantidad de líquido de un recipiente.
aspillador *m.* El que aspilla.
aspillar *tr.* Medir la cantidad de líquido contenido en un recipiente.
aspillera (l. *specularia,* vidrios de ventana) *f.* Abertura larga y estrecha en un muro, para disparar por ella.
aspillerar *tr.* Hacer aspilleras [en un muro].
aspiración *f.* Acción de aspirar. 2 Efecto de aspirar. 3 GRAM. Sonido del lenguaje que resulta del roce del aliento cuando se emite con relativa fuerza, hallándose abierto el canal articulatorio. 4 MÚS. Espacio menor de la pausa. -5 *f. pl.* TEOL. Afecto encendido del alma hacia Dios. 6 Pretensiones.
aspirado, -da *adj.-f.* Sonido que se pronuncia con un soplo velar o uvular. La final *s* es aspirada en algunas zonas del español.
aspirador *m.* Instrumento que aspira el polvo de los muebles, suelos, etc. El uso actual vacila entre las formas masculina y femenina. -2 *adj.* Que aspira; en gral.
aspiradora *f.* Aspirador.
aspirante *adj.-s.* Que aspira. -2 *com.* Persona que ha obtenido derecho a un empleo. 3 Pretendiente. 4 DEP. Deportista o equipo que lucha por conseguir el título en posesión de su rival.
aspirar (l. *-are*) *tr.* Atraer [el aire exterior] a los pulmones. 2 Atraer una máquina a su interior [un gas, un líquido, el polvo, etc.]. 3 Originar una corriente de un fluido mediante la producción de una baja de presión. 4 Pretender: ~ *a mayor fortuna.* 5 Pronunciar [ciertos sonidos] con un soplo de aire sordo en la garganta.
SIN. y REL. *1* **Inspirar;** aspirar e inspirar constituyen el acto de **respirar.** CONTR. *1* **Espirar.** *2* **Impeler.** SIN y REL. *4* Serie intensiva: **Desear, aspirar, pretender, anhelar, ambicionar;** para otros matices, v. **desear.** En esta acep. **aspirar** lleva siempre la prep. *a,* mientras que los demás llevan su compl. directo sin prep.: *aspiro a este empleo; deseo, pretendo, este empleo.* *5* **Espirar.** los sonidos así producidos se llaman **espirantes** o **aspirados.**
aspiratorio, -ria *adj.* Relativo a la aspiración.
aspirina (del al. *Aspirin,* nombre comercial registrado) *f.* Preparado farmacéutico compuesto de ácido acetil-salicílico, usado como antirreumático y antipirético.
asplácnico, -ca *adj.* ZOOL. [animal] Que carece de intestino.
aspro (gr. mod. *áspron*) *m.* Moneda turca.
aspudo, -da *adj.* *Argent.* Que tiene las aspas o cuernos grandes.
asqueado, -da *adj.* Que siente asco. 2 fig. Fastidiado.
asquear *intr.-tr.* Tener o mostrar asco de una cosa.
asquerosamente *adv. m.* Suciamente.
asquerosidad *f.* Suciedad asquerosa.
asqueroso, -sa (gr. *éschara,* costra) *adj.* Que causa asco. 2 Que tiene asco. 3 Propenso a tenerlo.
asquiento, -ta *adj.* *Colomb.* y *Ecuad.* Asqueado.
assamés *adj.-m.* Lengua perteneciente al grupo indoario, procedente del magadhi, hablada principalmente en el nordeste de la India.
asta (l. *hasta*) *f.* Palo de la lanza, pica, venablo, etc.. 2 Lanza o pica, esp. la usada por los romanos. 3 Palo en que se iza una bandera; *bandera a media* ~, bandera a medio izar, en señal de luto. 4 Mango de brocha o pincel. 5 Cuerno. 6 Grosor de un muro equivalente a un ladrillo a tizón o dos a soga. 7 Pieza del enramado del buque que va desde la cuadra a popa y proa. ◇ HOMÓF: *hasta* (prep.).
SIN. *1* **Fuste.**
astabandera *f.* *Méj.* Asta para izar la bandera.
ástaco (l. *-cu*) *m.* Cangrejo de agua dulce *(Astacus fluviatilis).*
astado, -da (l. *hastatus*) *m.* Astero. -2 *adj.-m.* Que tiene astas; p. ant. el toro.
astamenta *f.* Cornamenta.
Astarté *n. pr.* MIT. Diosa fenicia del amor y de la fertilidad.
astasia *f.* Enfermedad que impide a un hombre andar o mantenerse de pie.

astático, -ca (gr. *a*, priv. + *statikós*, estático) ***adj.*** [equilibrio] En que se mantiene un cuerpo sólido cualquiera que sea la posición en que se coloque. 2 [sistema] Formado por dos agujas magnéticas iguales y sobrepuestas, con los polos invertidos y los ejes paralelos.

ástato ***m.*** QUÍM. Elemento químico radiactivo perteneciente al grupo de los halógenos, que no existe en estado natural y se obtiene al bombardear bismuto con partículas alfa. Su símbolo es *At*, su peso atómico 211, y su núm. atómico 85.

astazo ***m.*** *P. Rico.* vulg. Cantazo, garrotazo.

astear ***tr.*** *Chile.* Acornear, amurcar.

asteísmo (gr. *-ós* < *asteízo*, hablar con urbanidad) ***m.*** RET. Figura que consiste en dirigir delicadamente una alabanza con apariencia de reprensión.

asten-, v. asteno-.

astenia (gr. *asthéneia*) ***f.*** MED. Debilidad general.

-astenia, v. -stenia: *neurastenia.*

asténico, -ca (gr. *asthenikós*, enfermizo) ***adj.*** Relativo a la astenia. -2 ***adj.-s.*** Que la padece.

asteno-, asten- (de *astenia*) Elemento prefijal que entra en la formación de palabras con el significado de sin fuerza o relativo a la astenia: *astenopía.*

astenopía (*asten-* + *-opía*) ***f.*** Cansancio de los órganos visuales en especial frente al esfuerzo de acomodación.

áster (l.) ***f.*** Género de plantas compuestas, de cabezuelas agrupadas en panículas o corimbos *(Aster).* 2 Conjunto de finísimas estrías radiantes que aparecen rodeando el centrosoma de la célula.

asteráceo, -a ***adj.-f.*** Planta de la familia de las asteráceas. -2 ***f. pl.*** Familia de plantas compuestas, de flores vistosas, pequeñas y reunidas en gran número formando un capítulo rodeado por un involucro de brácteas; como la artemisa.

I) asteria ***f.*** Estrellamar, equinodermo. 2 Cierta variedad o clase de ópalo.

II) asteria ***f.*** Propiedad que presentan las piedras preciosas al ser talladas y que consiste en un efecto óptico debido al cual un punto luminoso parece una estrella.

asterisco (gr. *-kos* < *aster*, estrella) ***m.*** Signo ortográfico [*] empleado para usos convencionales.

SIN. **Estrella.**

asterismo (gr. *-ismos* < *aster*, astro) ***m.*** ASTRON. Constelación (figura estelar).

astero (l. *hastariu*) ***m.*** Soldado de la ant. milicia romana, que peleaba con asta. 2 El encargado de dar las lanzas a los justadores. 3 El que fabrica astas.

asteroide (gr. *-oeidés* < *aster*, astro + *eidos*; v. *-oide*) ***adj.*** De figura de estrella. -2 ***m.*** Pequeño planeta cuya órbita se encuentra entre las de Marte y Júpiter.

SIN. *2* **Planeta menor.**

asteroideo (de *asteroide*) ***adj.-m.*** Equinodermo de la clase de los asteroideos. -2 ***m. pl.*** Clase de equinodermos eleuterozoos de brazos triangulares, soldados por la base unos con otros; como la estrellamar.

astifino ***adj.*** [toro] De astas delgadas y finas.

astigitano, -na ***adj.-s.*** De Ástigi, actual Écija, ciudad de Sevilla. 2 Ecijano.

astigmático, -ca ***adj.*** Que padece o tiene astigmatismo.

astigmatismo (*a- II* + gr. *stigma -atos*, punto, punzada) ***m.*** Ametropía ocasionada por desigualdad en la curvatura de los medios refringentes del ojo, que al imposibilitar la convergencia de los rayos en un mismo foco distorsiona la imagen retiniana. 2 FÍS. Defecto de un sistema óptico que le hace reproducir un punto como un segmento lineal.

astigmómetro (de *astigmatismo* + *-metro*) ***m.*** Instrumento para medir los grados de astigmatismo.

astil (l. *hastile*) ***m.*** Mango de las hachas, azadas, picos, etc. 2 Varilla de la saeta. 3 Barra horizontal de cuyos extremos penden los platillos de la balanza. 4 Vara de hierro por donde corre el pilón de la romana. 5 Eje córneo de la pluma de ave.

astilla (l. v. **astella*) ***f.*** Fragmento que salta de una cosa que se rompe, esp. si es de madera. 2 fig. Parte que corresponde del botín a cada uno de los cómplices. 3 *Amér.* Parte de un leño que resulta al abrirlo con hacha o cuña.

astillar ***tr.*** Hacer astillas [de una cosa]. 2 Destrozar, despedazar.

astillazo ***m.*** Golpe que da una astilla al desprenderse de la madera.

Astillejos (de *stella*) ***m. pl.*** Cástor y Pólux, estrellas de la constelación de Géminis.

I) astillero (de *astil*) ***m.*** Percha en que se ponen las picas y lanzas.

II) astillero (de *astilla*) ***m.*** Conjunto de talleres donde se construyen y reparan buques. 2 Depósito de maderos. 3 *Méj.* Lugar del monte en que se hace corte de leña.

astillón ***m.*** Aum. de *astilla.* 2 Fragmento de una piedra que se desprende o salta al labrarla.

astilloso, -sa ***adj.*** Que se rompe fácilmente formando astillas. 2 [fractura de un mineral] Que al quebrarse presenta sus caras ásperas como las de las astillas.

ástilo ***m.*** Edificio sin columnas.

ástomo, -ma (*a- II* + *-stomo*) ***adj.*** HIST. NAT. Cerrado, sin boca o poro que se comunique con el exterior.

astorgano, -na ***adj.-s.*** De Astorga, ciudad de León.

SIN. **Asturiense.**

-astra, v. -astro.

astracán (de *Astrakhan*, ciudad rusa, a través del fr.) ***m.*** Tejido grueso de lana o de pelo de cabra, que forma rizos en la cara exterior. 2 Piel de cordero nonato o recién nacido, muy fina y con el pelo rizado, que se prepara en la ciudad rusa del mismo nombre.

astracanada ***f.*** fam. Farsa teatral disparatada y chabacana.

astrágalo (gr. *-os*) ***m.*** Tragacanto. 2 Hueso corto en la parte superior y media del tarso, que se articula con la tibia; 3 ARQ. Cordón en forma de anillo que abraza la columna. 4 ARQ. Rehundimiento de desarrollo horizontal que recorre la parte cimera del fuste. 5 ARQ. Borde superior de un escalón. 6 ARTILL. Anillo de adorno en los cañones.

SIN. *2* Es cientif.; el nombre gral. es **chita, taba, taquín.** *3* **Armilla** y **tondino.** *3* y *5* **Joya.**

I) astral (l.) ***adj.*** Relativo a los astros.

SIN. **Sideral, sidéreo, estelar.**

II) astral ***m.*** *Ar.* Hacha (herramienta).

astrancia ***f.*** Planta umbelífera, de flores blancas, rosadas o en umbelas simples, rodeadas de vistosas brácteas de color rojo *(Astrantia major).*

astrapea ***f.*** Árbol malváceo que abunda en el Perú.

-astre, v. -astro.

astreñir ***tr.*** Astringir. ◇ ** CONJUG. [36] como ***ceñir.***

astricción (l. *-ctione*) ***f.*** Acción de astringir. 2 Efecto de astringir.

astrictivo, -va ***adj.*** Que astringe o tiene virtud de astringir.

astricto, -ta (l. *-tu*) pp. irreg. de *astringir.*

astrífero, -ra (l. *-fer*) ***adj.*** poét. Lleno de estrellas.

astringencia ***f.*** Calidad de astringente. 2 Astricción.

astringente ***adj.-m.*** Que astringe: *medicamento ~.* 2 Que produce en contacto con la lengua una sensación mixta entre sequedad intensa y amargor, como, esp., ciertas sales metálicas.

astringir (l. *-ere*) ***tr.*** MED. Estrechar, contraer una substancia [los tejidos orgánicos]. 2 fig. Sujetar, constreñir. ◇ ** CONJUG. [6] como ***dirigir.***

SIN. *1* **Estipticar, restringir, restriñir.**

astriñir ***tr.*** Astringir. ◇ ** CONJUG. [40] como ***muñir.***

En varias formas se confunde con **astreñir**, del cual es una simple variante fonética.

astro (l. *-tru*) ***m.*** Cuerpo celeste de forma determinada; como las estrellas, planetas, satélites, cometas y asteroides. 2 fig. Persona sobresaliente en su línea.

astro- (de *astro*) Elemento prefijal que entra en la formación de palabras con el valor de astro: *astrología;* en forma de astro, estrellado: *astroide;* o indica relación con la navegación espacial: *astronave.*

-astro, -astra, sufijo que entra en la formación de algunos nombres latinos como *hijastro*, y en derivados españoles, como *camastro, pilastra*. En general, con denotación despectiva. Su variante *-astre* es probablemente de origen catalán: *pillastre.*

astrobiología (*astro-* + *biología*) ***f.*** Ciencia sobre la vida en los astros.

astrocentro (*astro-* + *-centro*) ***m.*** Centrosoma.

astrodinámica (*astro-* + *dinámica*) ***f.*** ASTRON. Disciplina que estudia las leyes del movimiento de los astros. 2 Conjunto de fuerzas que determinan ese movimiento.

astrofísico, -ca ***adj.*** Relativo a la astrofísica. -2 ***m. f.*** Especialista en astrofísica. -3 ***f.*** Parte de la astronomía que estudia las leyes de la física aplicadas a la materia interestelar y a los astros.

astrofotografía (*astro-* + *fotografía*) ***f.*** ASTRON. Parte de la astronomía que se ocupa de la obtención de las imágenes fotográficas de los astros en general.

astrofotometría (*astro-* + *fotometría*) *f.* ASTRON. Medición de la intensidad lumínica de los astros.
astrografía *f.* Descripción de los cuerpos celestes según su distribución y posición en el firmamento.
astrográfico, -ca *adj.* Perteneciente o relativo a la astrografía o a la fotografía de los astros. 2 Relativo al astrógrafo.
astrógrafo (*astro-* +*-grafo*) *m.* Aparato astronómico formado por dos anteojos, uno visual y otro fotográfico, unidos en un solo cuerpo.
astroide (*astro-* + *-oide*) *m.* CIT. Figura que forman los cromosomas cuando se colocan en el ecuador del huso nuclear en la división celular.
astrolabio (gr. *-ion* <*astro-* + *lambano,* coger) *m.* Antiguo instrumento para observar la situación y movimientos de los astros.
astrolatría (*astro-* + *-latría*) *f.* Adoración de los astros.
astrolito (*astro-* + *-lito*) *m.* Aerolito.
astrologar *tr.* Averiguar o pronosticar [algo] por la astrología. ◇ ** CONJUG. [7] como ***llegar.***
astrología (gr. *astrología* < *astro-* + *-logía*) *f.* Ciencia que pretende conocer y estudiar la influencia de los astros en el destino de los hombres, y pronosticar, por la posición y aspecto de aquéllos, los sucesos terrestres.
Llámase también **astrología judiciaria,** y ant. **estrellería.**
astrológico, -ca (gr. *-kós*) *adj.* Relativo a la astrología.
astrólogo, -ga (gr. *astrologos* < astro- + *-logo*) *adj.* Astrológico. -2 *m. f.* Persona que profesa la astrología.
SIN. *2* **Planetista.**
astromancia, -mancía (*astro-* + *-mancia*) *f.* Adivinación por los astros.
astronauta *com.* Miembro de la tripulación de una nave espacial.
astronáutico, -ca *adj.* Peteneciente o relativo a la astronáutica o a los astronautas: *equipo ~; aparato ~.* -2 *f.* Ciencia y técnica de la navegación espacial.
astronave (*astro-* + *nave*) *f.* Vehículo que se emplea en la navegación espacial.
I) astronomía (gr. *astronomía* < *astro-* + *-nomía*) *f.* Ciencia que trata de todo cuanto se refiere a los astros.
REL. **Uranografía, cosmografía,** astronomía descriptiva; **uranometría,** medición de las distancias celestes.
II) astronomía (de *Alstroemer, 1736-1796,* botánico que la introdujo en Cuba) *f. Cuba.* Arbusto de jardín, de flores hermosas, moradas, amarillas y rosadas, en ramillete *(Malpighia spicata).*
astronómicamente *adv. m.* Según los principios y reglas de la astronomía I.
astronómico, -ca (gr. *-kós*) *adj.* Relativo a la astronomía (ciencia). 2 fig. Enorme, exagerado, cuantiosísimo; como las cifras que se usan en astronomía I: *precios astronómicos; distancias astronómicas.*
astrónomo, -ma (gr. *astronomos*) *m. f.* Persona que por profesión o estudio se dedica a la astronomía.
astroquímica (*astro-* + *química*) *f.* Estudio de la composición química de los astros, fundado principalmente en la espectroscopia.
astrosamente *adv. m.* Puerca o desaliñadamente.
astrosfera (*astro-* + gr. *sphaira,* esfera) *f.* En la división celular, esfera de atracción.
astroso, -sa (l. *-osu* < *astrum,* astro) *adj.* Desastrado. 2 fig. Vil, despreciable. 3 Infausto, malhadado, desgraciado.
astucia (l. *-utia*) *f.* Calidad de astuto. 2 Ardid (artificio).
astucioso, -sa *adj.* Astuto.
astur (l. *-ures*) *adj.-s.* De un antiguo pueblo que habitaba el noroeste de la España Tarraconense. 2 Asturiano.
asturianismo *m.* Giro o modo de hablar propio de los asturianos.
asturiano, -na *adj.-s.* De Asturias, reg. del norte de España.
asturicense (l.) *adj.-com.* De Astúrica, actual Astorga, ciudad de León. 2 Astorgano.
asturión *m.* Esturión. 2 Jaca.
asturleonés, -nesa, astur-leonés, -nesa *adj.-s.* Perteneciente o relativo a Asturias y León. 2 Dialecto romance nacido en Asturias y León como resultado de la peculiar evolución experimentada allí por el latín. Tuvo esp. uso jurídico y cancilleresco. Hoy subsiste, con variedades regionales y locales, desde el Oeste de Santander hasta el de Zamora y Salamanca, con especial vitalidad en Asturias.
astutamente *adv. m.* Con astucia.
astuto, -ta (l. *-tu*) *adj.* Hábil para engañar o evitar el engaño.
SIN. **Sagaz. Taimado, zorro** y **ladino** se toman siempre a mala parte.
asuana (voz quechua) *f. Perú.* Vasija para chicha.
asuardado, -da *adj.* Juardoso.
asueto (l. *assuetu*) *m.* Vacación por un día o una tarde. 2 Descanso breve, en general.
REL. Ús. esp. para el que se concede a los estudiantes.
asumir (l. *-ere*) *tr.* Atraer a sí, tomar para sí: *~ el mando.* 2 Aceptar: *~ las responsabilidades.* ◇ GALIC. por tomar incremento cosas materiales, en la fr: *~ grandes proporciones.* ANGLIC. por presumir o suponer.
asunceno, -na, asunceño, -ña *adj.-s.* De Asunción, capital del Paraguay.
asunción *f.* Acción de asumir. 2 Efecto de asumir. 3 p. excel. Elevación de la Virgen María al cielo por obra de Dios. 4 Fiesta con que la Iglesia celera este misterio el día 15 de agosto. 5 En las artes plásticas, obra que representa la Asunción de la Virgen. 6 Acto de ser ascendido a una suprema dignidad. 7 DER. *~ de deuda,* acto de hacerse cargo de una deuda ajena, de acuerdo con el acreedor y liberando al deudor primitivo. ◇ ANGLIC. por presunción, suposición o hipótesis.
asuncionense *adj.-s.* p. us. De Asunción, capital del estado venezolano de Nueva Esparta.
asuncionista *adj.-com.* Religioso que pertenece a la congregación de la Asunción de María, fundada en Francia en 1864.
asuntado, -da *adj. Colomb.* Por razón de; a causa de.
asuntar *intr. Amér. Central.* Curiosear. 2 *S. Dom.* Poner asunto, prestar atención.
¡asunte! *S. Dom.* Interjección con que se denota sorpresa, advertencia.
asuntejo *m.* Negocio. Se suele usar con sentido irónico.
asuntillo *m.* Negocio. Suele emplearse con diversos matices, irónico, despectivo, minorativo, etc. 2 fam. Amante ocasional. 3 fam. Aventura amorosa, más bien ligera o superficial, y más o menos oculta.
asunto (l. *assumptu*) *m.* Materia de que se trata. 2 Argumento de una obra. 3 Lo que representa un cuadro o escultura. 4 Negocio (ocupación). 5 *Amér.* ***Poner ~,*** prestar atención.
SIN. *1* **Tema.**
Asur *n. pr.* En Asiria, dios de la guerra y del poder.
asuramiento *m.* Acción de asurar o asurarse. 2 Efecto de asurar o asurarse.
asurar (l. *arsura,* calor) *tr.* Requemar [los guisados]. 2 Abrasar [los sembrados] el calor excesivo. 3 fig. Inquietar mucho [a uno]. -4 *prnl.* Asarse.
asurcado, -da *adj.* Que tiene surcos o hendiduras.
asurcano, -na (paras. de *surco*) *adj.* [labrador] Que tiene los sucos o labores contiguos a los de otro. 2 [labor o tierra] Que está contigua a la de otro labrador.
asurcar *tr.* Surcar. ◇ ** CONJUG. [1] como ***sacar.***
asuso (l. *ad sursum*) *adv. l.* ant. Arriba.
CONTR. **Ayuso.**
asustadizo, -za *adj.* Que se asusta con facilidad.
SIN. **Espantadizo, asombradizo.**
asustado, -da *adj. Perú.* [niño] Retrasado en su desarrollo. -2 *f. P. Rico* y *S. Dom.* Susto grande.
asustador *adj.* Que asusta.
asustar (paras.) *tr.-prnl.* Dar o causar susto: *asustarse de, con, o por, un ruido.* 2 Producir desagrado o escándalo. 3 Añadir un líquido frío a un preparado culinario que esté en ebullición para que deje de cocer momentáneamente.
SIN. **Espantar.**
asustón, -na *adj. Amér.* Que asusta, asustador.
asutilar *tr.-prnl.* Sutilizar.
I) -ata, v. -ato I.
II) -ata, v. -ato II.
atabacado, -da (paras.) *adj.* De color de tabaco. 2 *Bol.* Empachado, hastiado.
atabal (ár. *atabl*) *m.* Timbal (tambor). 2 Tamboril. 3 Atabalero.
atabalear *intr.* Piafar el caballo produciendo un ruido semejante al son de los atabales. 2 Imitar con los dedos sobre un mueble el son de los atabales.
SIN. *2* **Tabalear, tamborilear.**
atabalero *m.* El que toca el atabal.
atabalete *m.* Dim. de *atabal.*
atabanado, -da (paras. de *tábano*) *adj.* [caballería] De pelo obscuro, con pintas blancas.

atabapino, -na *adj.-s.* De San Fernando de Atabapo, capital del territorio venezolano de Amazonas.
atabardillado, -da (paras.) *adj.* Parecido al tabardillo.
atabe (ár. *attacbe,* agujero) *m.* Abertura que se deja en algunas cañerías para desventarlas o reconocerlas.
atabernado, -da *adj.* [vino] Que se expende al menor, como el de las tabernas.
atabillar *tr.* Doblar o plegar [paños y otros tejidos de lana] dejándolos sueltos por las orillas para que se puedan registrar.
atabladera *f.* Tabla para atablar.
atablar (paras.) *tr.* Allanar [la tierra ya sembrada] con una tabla arrastrada por caballerías
SIN. **Tablear.**
atabornar *tr. Venez.* Atiborrar [a una persona].
atacable *adj.* Que puede ser atacado.
atacadera *f.* Barra para atacar la carga de los barrenos. -2 *f. pl. Logr.* Ligas para asegurar las medias.
atacado, -da *adj.* fig. *y* fam. Encogido, irresoluto. 2 Miserable, mezquino.
atacador, -ra *adj.-s.* Que ataca. -2 *m.* Instrumento para atacar los cañones de artillería. 3 *Méj.* Engallador.
SIN. *2* **Estiba, roquete.**
atacadura *f.* Acción de atacar o atacarse (abrochar). 2 Efecto de atacar o atacarse (abrochar).
atacama *f. Perú.* Tejido de algodón.
atacameño, -ña *adj.-s.* De Atacama, provincia del centro de Chile.
atacamiento *m.* Atacadura.
atacamita (de *Atacama,* territorio de Chile) *f.* Oxicloruro de cobre hidratado nativo, de color verde obscuro.
atacante *adj.-s.* Que ataca. 2 DEP. Jugador, en oposición a su contrario.
atacar (it. *attacare*) *tr.* Abrochar, ajustar al cuerpo [cualquier pieza del vestido]. 2 Meter y apretar el taco [en una arma de fuego, mina o barreno]. 3 Atestar, atiborrar. 4 Comprimir el contenido [de un recipiente u oquedad] para que quepa más: ~ ***una pipa,*** llenar y ajustar el tabaco en su cazoleta. 5 Acometer, embestir; fig., impugnar, combatir: ~ *un dictamen;* ~ *el trono.* 6 Afectar dañosamente, irritar. 7 fig. Empezar a producir su efecto [en uno] el sueño, una enfermedad, etc. 8 fig. Estrechar [a uno] sobre alguna pretensión. 9 DEP. En algunos juegos y deportes, golpear [el balón, la pelota, la bola]. 10 MÚS. Producir [un sonido] súbitamente de modo que destaque de los demás. 11 QUÍM. Ejercer acción una substancia [sobre otra]. ◇ ** CONJUG. [1] como ***sacar.*** ◇ HOMÓF: *hataca* (f.).
SIN. *4* V. **Arremeter.**
atacir (ár. *ataç,* listeado) *m.* En la astrología, división de la bóveda celeste en doce partes iguales por medio de meridianos. 2 Instrumento en que se halla representada esta división.
atacola *m.* Tira de cuero o de tela fuerte con que se mantiene recogida la cola del caballo.
ataderas *f. pl.* fam. Ligas para las medias.
atadero *m.* Lo que sirve para atar. 2 Parte por donde se ata una cosa. 3 *Méj.* Cenojil.
FR. fam. *No tener* ~, estar loco, disparatar.
atadijo (de *atado*) *m.* fam. Lío pequeño y mal hecho.
atado, -da (de *atar*) *adj.* fig. Que se embaraza con cualquier cosa. -2 *m.* Conjunto de cosas atadas. -3 *f. Argent.* Cajetilla de cigarrillos.
atador, -ra *adj.-s.* Que ata. -2 *m. f.* Persona que ata las gavillas. -3 *f.* Máquina para atar gavillas.
atadura *f.* Acción de atar. 2 Efecto de atar. 3 Cosa con que se ata. 4 fig. Unión o enlace. 5 fig. Traba, impedimento, estorbo.
atafagar (quizá de *atufar*×*afogar*) *tr.* Sofocar, aturdir [a uno], esp. con olores fuertes. 2 fig. Molestar [a uno] con insufrible importunidad. -3 *prnl.* Estar sobrecargado de trabajo. ◇ ** CONJUG. [7] como ***llegar.***
atafago *m.* Acción de atafagar. 2 Efecto de atafagar.
atafea (ár. *at-tafaha,* la plenitud) *f.* Ahíto o hartazo.
atafetanado, -da (paras.) *adj.* Parecido al tafetán.
atagallar *intr.* Navegar un buque muy forzado de vela. -2 *tr. Cuba* y *S. Dom.* fig. Anhelar, ansiar [alguna cosa].
ataguía (de *atajar*) *f.* Macizo para atajar el agua mientras se construye una obra hidráulica.
SIN. **Encajonado.**
ataharre (ár. *atafar*) *m.* Banda que sujeta la silla o albarda, rodea las ancas de la caballería e impide que el aparejo se corra hacia adelante.
SIN. **Sotacola.**
atahona *f.* Tahona.
atahonero *m.* Tahonero.
atahorma (ár. *ataforma*) *f.* Ave rapaz falconiforme que se alimenta especialmente de reptiles *(Circœtus gallicus).*
atahúlla *f.* Tahúlla.
ataifor (ár. *ataifor,* bandeja de azófar) *m.* Mesita redonda usada por los musulmanes.
atairar *tr.* Hacer ataires [en una puerta o ventana].
ataire (ár. *adaire,* circuito) *m.* Moldura en las puertas y ventanas.
ataja *f. Argent.* y *Bol.* Ataharre. -2 *m. Cuba.* Delincuente que huye.
atajada *f. Chile, Perú* y *Urug.* Acción de atajar (ir por el atajo y detener a una persona en su acción).
atajadero *m.* Caballón que se pone en las caceras para hacer entrar el agua en una finca.
atajadizo *m.* Tabique u otra cosa con que se ataja un terreno. 2 Porción menor del terreno atajado.
atajador, -ra *adj.-s.* Que ataja. 2 *Chile* y *Méj.* Arriero que, como mayoral, guía y aloja la recua.
atajamiento *m.* Acción de atajar o atajarse.
atajaperros *m. pl. Venez.* Escándalo, pelotera.
atajaprimo *m. Cuba.* Antiguo baile popular, parecido al zapateado.
atajar (de *a-* + *tajar*) *intr.* Ir, o tomar, por el atajo. -2 *tr.* Salir al encuentro [de una persona o animal] por algún atajo; p. anal., impedir el curso [de una cosa]: ~ *un pleito;* esp., interrumpir [a uno en lo que va diciendo]: ~ *a un orador;* ~ *un discurso.* 3 Separar [parte de un terreno o espacio] por medio de un tabique, cancel, etc. 4 Señalar con rayas en un escrito [la parte que se ha de suprimir u omitir]. -5 *prnl.* Correrse de vergüenza, miedo, etc. 6 *And.* Emborracharse. ◇ HOMÓF: *hatajar.*
atajarria *f. Sal.* y *Cuba.* Ataharre.
atajasolaces *m.* Espantagustos. ◇ Pl.: *atajasolaces.*
ataje *m. Colomb.* MIN. Obstáculo natural que hace cambiar la dirección de las aguas.
atajea *f.* Atarjea.
atajía *f.* Atarjea.
atajo *m.* Senda por donde se abrevia el camino. 2 fig. Procedimiento o medio rápido: *echar por el* ~. 3 Separación o división de alguna cosa. 4 Pequeño grupo de cabezas de ganado. 5 fig. Conjunto, grupo. 6 ESGR. Treta para herir al adversario por el camino más corto esquivando la defensa. ◇ HOMÓF: *hatajo* (m.).
atajona *f.* Especie de látigo.
atalajar *tr.* Poner el atalaje [a las caballerías de tiro] y engancharlas.
atalaje *m.* Atelaje. 2 fig. Ajuar.
Atalanta *n. pr.* Hermosa heroína griega que ofreció su mano al que la venciese en la carrera. Hipomenes la venció arrojando manzanas de oro en el trayecto y mientras ella se detenía para recogerlas, él llegó al término señalado.
I) atalantar (paras. de *talante*) *tr.* Agradar, convenir. -2 *prnl.* Acodiciarse, prendarse.
II) atalantar (de *atarantar*) *tr.* Aturdir.
atalaya (ár. *atalayi,* centinelas) *f.* Torre para atalayar (observar). 2 Altura propia para atalayar (observar). -3 *m.* Hombre que vigila desde la atalaya. 4 fig. Punto de vista desde el cual se pueden enjuiciar bien los hechos y las ideas.
SIN. *1* y *3* **Vigía.**
atalayador, -ra *adj.-s.* Que atalaya. 2 fig. Que averigua lo que sucede.
atalayar *tr.* Observar [el campo o el mar] desde una atalaya. 2 Espiar las acciones [de uno].
SIN. *1* **Otear.**
atalayero *m.* Soldado que servía de atalaya. 2 *Vizc.* Persona que desde una atalaya vigila el mar para detectar la presencia de bancos de peces y transmitir su localización a los pescadores mediante señales de humo.
atalía *f.* Mariposa diurna de color leonado con manchas negras y lúnulas marginales *(Mellicta athalia).*
SIN. **Doncella.**
ataludar, -zar (paras.) *tr.* Dar talud [a un muro o terreno]. ◇ ** CONJUG. [4] como ***realizar.***
atalvina *f.* Talvina.
atamiento *m.* fig. Cortedad de ánimo.
I) atanasia (gr. *athanasia,* inmortalidad) *f.* Hierba de Santa María.

II) atanasia *f.* IMPR. Carácter de letra de 14 puntos.
Se llama así porque la primera obra que se compuso con este tipo fue una vida de San Atanasio.
atanco *m.* p. us. Atasco.
atanor (ár. *atanor,* manantial) *m.* Tubo o cañería.
atanquía (ár. *atanquía,* limpiadura) *f.* Ungüento depilatorio. 2 Adúcar (seda). 3 Cadarzo (seda).
atañedero, -ra *adj.* Tocante o perteneciente.
atañer (l. *attangere,* llegar a tocar) ***unipers.*** Tocar o pertenecer. -2 *tr. Sal.* Detener a un animal que va desmandado. ◇ ** CONJUG. [38] como ***tañer.***
SIN. *1* v. **Concernir.**
atapar *tr.* p. us. Tapar.
atapialar *tr. Ecuad.* Tapiar, cercar.
atapiernas *f. pl. Logr.* Ligas para asegurar las medias.
atapuzar *tr. Venez.* Atiborrar, henchir. ◇ ** CONJUG. [4] como ***realizar.***
ataque *m.* Acción de atacar (acometer). 2 Trabajos de trinchera para expugnar una plaza. 3 Acometimiento de algún accidente de parálisis, apoplejía, etc. 4 fig. Impugnación, disputa.
ataquiza *f.* Acción de ataquizar. 2 Efecto de ataquizar.
ataquizar (ár. *tacátsara*) *tr.* Amugronar. ◇ ** CONJUG. [4] como ***realizar.***
atar (l. *aptare,* ajustar) *tr.* Unir o sujetar con ligaduras o nudos: *~ un animal; ~ de pies y manos; ~ por la cintura;* fig., *quedan aún muchos cabos por ~.* 2 fig. Impedir o quitar el movimiento: *el miedo le ató los brazos y la voz; ~ corto a uno,* reprimirle, sujetarle; ***no ~ ni desatar,*** hablar sin concierto. -3 ***prnl.*** Embarazarse, ponerse en situación difícil: *atarse en las dificultades.* 4 Ceñirse a una cosa o materia determinada: *atarse a una sola opinión.* ◇ HOMÓF: *hato* (m.).
SIN. *1* **Liar,** atar envolviendo: *liar* o *atar un paquete,* pero *atar* (no *liar) una caballería al pesebre;* **ligar,** en esta acep. material es lit. y de muy poco uso; se usa pralte. en las aceps. fig.; véase **amarrar** en España y Amér.
ataracea (ár. *atarcia,* incrustación) *f.* Taracea.
ataracear *tr.* Taracear.
atarantado, -da *adj.* Picado de la tarántula. 2 fig. Inquieto y bullicioso. 3 Aturdido o espantado.
SIN. **Tarantulado.**
atarantamiento *m.* Acción de atarantar o atarantarse. 2 Efecto de atarantar o atarantarse.
atarantapayos *m. Méj.* Espantavillanos. ◇ Pl.: *atarantapayos.*
atarantar (paras. de *taranta*) ***tr.-prnl.*** Aturdir (causar aturdimiento). -2 ***prnl.*** *Colomb.* y *Chile.* Atropellarse, precipitarse. 3 *Guat.* y *Méj.* Achisparse.
ataraxia (gr. *-ía*) *f.* Tranquilidad del ánimo no enturbiado por ningún deseo ni temor.
ataráxico, -ca *adj.-s.* Fármaco destinado a disminuir la angustia.
atarazana (ár. *adar acenáa,* la casa de la fabricación) *f.* Arsenal (establecimiento). 2 Cobertizo en que trabajan los cordeleros. 3 *Cuba.* Casa que tiene dos corrientes, una para la calle y otra para el fondo.
SIN. **Tarazana, tarazanal.**
atarazar *tr.* Morder o rasgar con los dientes [alguna cosa]. ◇ ** CONJUG. [4] como ***realizar.***
SIN. **Tarazar.**
I) atardecer *impers.* Tardecer. ◇ ** CONJUG. [43] como ***agradecer.***
II) atardecer *m.* Último período de la tarde.
atardecida *f.* Atardecer.
atarear (paras.) *tr.* Señalar tarea [a uno]. -2 ***prnl.*** Entregarse mucho al trabajo: *atarearse a escribir; atarearse con,* o *en, los negocios.*
atareco *m. Can.* Trasto, desecho que sobra o estorba.
atareo *m. Cuba* y *P. Rico.* Trabajo continuado, ocupación constante.
-atario, -ataria, sufijo que entra en la formación de palabras unido a verbos de la primera conjugación denotando la persona en cuyo favor se realiza la acción del verbo: *consignatario, arrendatario.* ◇ V. -ario.
atarjea (probl. del ár. *tayriya,* conducto de agua) *f.* Caja de ladrillo con que se protegen las cañerías. 2 Conducto por donde las aguas de la casa van al sumidero. 3 *And., Can.* y *Méj.* Canalito de mampostería que sirve para conducir agua. 4 *Argent.* y *Perú.* En las poblaciones, depósito de agua destinada al consumo de sus habitantes.
SIN. **Tajea.**
atarquinar (paras.) *tr.* Llenar de tarquín [el fondo de un estanque, un terreno inundado, etc.].
atarraga *f.* Olivarda (planta).
atarragar (ár. *tarraca,* martillar) *tr.* Dar con el martillo la forma conveniente [a la herradura y a los clavos] para ajustarlos al casco de la bestia. 2 *Venez.* Clavar. -3 ***prnl.*** *Colomb., Méj.* y *Venez.* Hartarse, comer con exceso. ◇ ** CONJUG. [7] como ***llegar.***
atarrajar *tr.* Aterrajar.
atarraya (ár. *atarraha,* red arrojadiza) *f.* Esparavel (red).
atarrayar *tr. P. Rico.* Detener, aprehender. 2 *Amér. Central.* Coger [peces] con tarraya o atarraya. 3 *P. Rico* y *S. Dom.* Coger [ganado] con lazo.
atarrayero *m. Guat.* Pescador que usa la atarraya.
atarugamiento *m.* Acción de atarugar o atarugarse. 2 Efecto de atarugar o atarugarse.
atarugar (paras.) *tr.* Asegurar el carpintero [un ensamblado] con tarugos o clavijas. 2 Tapar [con tarugos los agujeros de los recipientes]. 3 Atestar (henchir). -4 ***tr.-prnl.*** fig. Hacer callar [a uno]. 5 Atracar (hartar). -6 ***prnl.*** fig. Atragantarse. ◇ ** CONJUG. [7] como ***llegar.***
atasajado, -da *adj.* fam. [pers.] Que va tendido sobre una caballería.
atasajar (paras.) *tr.* Hacer tasajos [la carne]. 2 fig. Tender a una persona sobre una caballería.
atascaburras *f.* Comida típica manchega poco caldosa y pesada. ◇ Pl.: *atascaburras.*
atascadero *m.* Terreno donde se atascan los carruajes o las personas. 2 fig. Impedimento, estorbo.
atascamiento *m.* Atasco.
atascar (paras.) *tr.* Tapar con tascos o estopones [un agujero o hendedura]. 2 fig. Poner embarazo [en un negocio o dependencia]. -3 ***tr.-prnl.*** Obstruir [un conducto]: *atascarse una cañería.* -4 ***prnl.*** Quedarse detenido en un terreno cenagoso. 5 fig. Quedarse detenido por cualquier obstáculo; esp., quedarse detenido en un discurso sin poder proseguir. ◇ ** CONJUG. [1] como ***sacar.***
SIN. *4* **Atollarse;** tratándose de las ruedas de un carruaje, **sonrodarse.**
atasco *m.* Impedimento que no permite el paso. 2 Obstrucción de un conducto. 3 Congestión de vehículos. 4 Dificultad que retrasa la marcha de un asunto.
SIN. **Atanco, atranco.** *3* **Embotellamiento.**
¡atatay! (quechua) ***interj.*** *Ecuad.* Expresa la sensación de asco.
ataúd (ár. *atabut*) *m.* Caja en que se lleva a enterrar un cadáver. 2 Medida antigua de granos.
SIN. **Caja mortuoria; féretro,** lit. o culto.
ataudado, -da (paras.) *adj.* De figura de ataúd.
ataujía (ár. *atauxia,* pintura) *f.* Obra moruna de taracea de metales finos y esmaltes. 2 fig. Labor primorosa, o de difícil combinación o engarce.
SIN. *1* **Taujía.**
ataurique *m.* Decoración de tipo vegetal en la arquitectura islámica.
ataviar (got. *taujan,* hacer) ***tr.-prnl.*** Componer, adornar: *ataviarse con, o de, lo ajeno.* ◇ ** CONJUG. [13] como ***desviar.***
SIN. v. **Adornar.**
atávico, -ca *adj.* Relativo al atavismo.
atavío *m.* Compostura y adorno. 2 fig. Vestido. -3 ***m. pl.*** Objetos para adorno.
SIN. **Traeres.**
atavismo (l. *atavu,* cuarto abuelo) *m.* Fenómeno de herencia discontinua, por el cual un descendiente presenta caracteres de un antepasado que no se ofrecen en las generaciones intermedias. 2 Vuelta a un tipo más primitivo. 3 fig. Tendencia a imitar o a mantener formas de vida, costumbres, etc., arcaicas.
REL. *1* En las razas humanas, el descendiente de mestizo que reproduce los caracteres de una sola de las razas originarias se llama ***tornatrás*** o ***saltatrás.***
ataxia (gr. *-ía*) *f.* Incapacidad de coordinar los movimientos musculares voluntarios.
atáxico, -ca *adj.* Relativo a la ataxia. -2 ***adj.-s.*** Que la padece.
atayotarse ***prnl.*** *P. Rico.* Volverse pálido, de color de tayote (fruto).
ate *m. Filip.* Fruto de la anona.
I) -ate (mej. *-atl*) Sufijo que entra en la formación de nombres masculinos de origen mejicano: *chocolate, tomate, aguacate.*
II) -ate (de *-ato, -ado;* influido por fr. o cat. *-at*) Sufijo que entra en la formación de algunas palabras masculinas denotando cosa de comer confeccionada con lo designado por el substantivo a que se une: *almendrate, piñonate, codoñate.*

atecate *m. Méj.* Agua en que la molendera se humedece las manos mientras hace tortillas de maíz.
atecomate (mej. *atl,* agua + *tecomatl,* escudilla) *m. Méj.* Vasija para beber.
atecorralar *tr. Méj.* Cercar [un lugar] con tecorral.
atediante *adj.* Que atedia. 2 Tedioso.
atediar *tr.* Causar tedio [a uno]. ◇ ** CONJUG. [12] como ***cambiar.***
ateísmo *m.* Doctrina que niega la existencia de Dios.
CONTR. **Teísmo, deísmo.**
ateísta *adj.-com.* [pers.] Ateo.
ateístico, -ca *adj.* Relativo al ateísmo.
ateje (voz indígena) *m.* Nombre de varios árboles borragíneos de las Antillas *(*gén. *Cordia).*
atejo *m. Colomb.* Atado, lío.
atejonarse *prnl. Méj.* Agazaparse.
atelaje (fr. *attelage*) *m.* Tiro (caballerías). 2 Conjunto de guarniciones de las bestias de tiro.
Aunque ~ es la forma originaria, se usa corrientemente *atalaje.*
atelana (l. *atellana fabula,* de *Atella,* ant. ciudad de Italia) *adj.-f.* Pieza cómica de los latinos, semejante al entremés o sainete.
ateles *m.* Mono americano, llamado también mono araña *(Ateles paniscus).*
atembado, -da *adj.-s. Colomb.* Atolondrado, atontado.
atembar *tr.-prnl. Colomb.* y *Ecuad.* Atolondrar, aturdir.
atemorizar (fact., paras.) *tr.* Causar temor [a uno]: *atemorizarse de,* o *por, algo.* ◇ ** CONJUG. [4] como ***realizar.***
SIN. v. **Acobardar.**
atemperación *f.* Acción de atemperar o atemperarse. 2 Efecto de atemperar o atemperarse.
atemperado, -da *adj. Colomb.* y *Ecuad.* Mejorado de una dolencia.
atemperante *adj.-s.* Que atempera.
atemperar (l. *attemperare*) *tr.* Moderar, templar. 2 Acomodar [una cosa] a otra.
SIN. **Temperar.**
atenacear *tr.* Atenazar. 2 fig. Torturar, afligir cruelmente.
SIN. **Tenacear.**
atenazado, -da *adj.* Relativo a las fortificaciones en forma de tenaza, o sea formando grandes ángulos entrantes y salientes.
atenazador, -ra *adj.* Que atenaza.
atenazar (paras.) *tr.* Arrancar con tenazas pedazos de carne [a uno]. 2 Sujetar fuertemente. 3 Afligir cruelmente [a alguien]: *me atenazan los recuerdos.* ◇ ** CONJUG. [4] como ***realizar.***
atención (l. *attentione*) *f.* Acción de atender. 2 Demostración de respeto u obsequio, cortesanía. 3 ***En ~ a,*** atendiendo, teniendo presente. 4 ***Llamar la ~,*** reconvenir, causar sorpresa. -5 ***f. pl.*** Negocios, obligaciones. ◇ GALIC.: *haced* o *poned ~*, por atended, fijaos.
atendedor, -ra *m. f.* IMPR. Persona que atiende o lee el original.
atendencia *f.* Acción de atender.
atender (l. *attendere*) *tr.* ant. Aguardar, esperar. -2 ***intr.-tr.*** Aplicar el entendimiento [a un objeto]: *~ a la voz del maestro; atienden mi voz; es preciso ~.* 3 Cuidar [de una persona o cosa]: *atienda usted a su negocio; ~ a un enfermo.* 4 Tener en cuenta alguna cosa: *~ a las señas que le dan; ~ a las circunstancias.* 5 Dar acogida favorable [a una súplica, deseo, etc.]. 6 IMPR. Leer uno para sí el original de un escrito mientras otro va leyendo la prueba en alta voz. ◇ ** CONJUG. [28] como ***entender.***
FR. ~ por, para indicar el nombre con que se llama a un animal: *un perro que atiende por Moro.* SIN. *2* **Fijarse.**
atendible *adj.* Digno de ser atendido.
atendido, -da *adj. Amér. Merid.* y *Méj.* Atento, considerado.
Atenea *n. pr.* Diosa griega de la sabiduría y de las artes. Los romanos la identificaron con Minerva.
atenebrarse (*a- I* + l. *tenebrare,* obscurecer) *prnl.* Entenebrecerse.
ateneísta *com.* Socio de un ateneo.
I) ateneo (gr. *Athenaion,* templo de Minerva en Atenas) *m.* Nombre de algunas asociaciones, esp. científicas o literarias. 2 Local en donde se reúnen.
II) ateneo, -a (gr. *athenaios*) *adj.-s.* poét. Ateniense.
atenerse (l. *attinere*) *prnl.* Acogerse a la protección de una persona o cosa: *~ a lo mejor.* 2 Ajustarse uno en sus acciones a alguna cosa: *~ a una orden.* ◇ ** CONJUG. [87] como ***tener.***
atenido, -da *adj. Colomb.* y *Méj.* Que cuenta siempre con el esfuerzo ajeno.
ateniense (l. *atheniensis*) *adj.-s.* De Atenas, capital de Grecia.
atenorado, -da *adj.* [voz e instrumentos] De timbre parecido al de tenor.
atentación *f.* p. us. Atentado (procedimiento).
atentadamente *adv. m.* Con tiento. 2 Ilegalmente.
I) atentado, -da (paras. de *tiento*) *adj.* Cuerdo, moderado. 2 Hecho con tiento.
II) atentado (de *atentar*) *m.* Procedimiento abusivo de cualquier autoridad. 2 Agresión al Estado o a una persona constituida en autoridad; desacato grave a los mismos. 3 Agresión contra la vida o la integridad física o moral de una persona. 4 Acción contraria a un principio u orden que se considera recto.
atentamente *adv. m.* Con atención.
atentar (l. *attentare,* emprender, probar atacar) ***tr.-intr.*** Ejecutar [una cosa] con infracción de lo dispuesto. Se usa gralte. en participio: *responder lo atentado contra una orden.* 2 Intentar un delito; cometer atentado: *~ contra la vida de su amigo; ~ a su honor; no quiso ~ la menor cosa contra el rey.* -3 ***tr. Chile.*** Tentar, ejercitar el sentido del tacto. ◇ ** CONJUG. [27] como ***acertar.***
atentarse (de *a-* + *tentar*) *prnl.* Irse con tiento. 2 Moderarse, contenerse.
atentatorio, -ria *adj.* Que implica atentado (procedimiento).
atento, -ta (l. *attentu*) pp. irreg. de *atender.* 2 ***adj.*** Que tiene fija la atención en alguna cosa. 3 Cortés, comedido. 4 ***~ a,*** en atención a.
atentón *m. Chile.* Tocamiento, tacto.
atenuación *f.* Acción de atenuar. 2 Efecto de atenuar. 3 RET. Figura que consiste en no expresar todo lo que se quiere dar a entender, sin que por esto deje de ser bien comprendida la intención del que habla: *no soy tan feo.*
SIN. *3* **Extenuación,** p. us.; **lítote.**
atenuador, -ra *adj.* Que atenúa. -2 ***m.*** Conjunto de resistencias que disminuyen la magnitud de las señales eléctricas.
atenuante *adj.-s.* V. Circunstancia ~.
atenuar (l. *attenuare*) *tr.* Poner tenue o delgada [una cosa]. 2 fig. Minorar: *~ la gravedad de un delito.* ◇ ** CONJUG. [16] como ***aunar.***
ateo, -a (gr. *átheos < a- II,* priv. + *Theós,* Dios) *adj.* Relativo al ateísmo: *doctrina atea.* -2 ***adj.-s.*** [pers.] Que niega la existencia de Dios.
SIN. **Ateísta,** menos us.; **sindiós.** CONTR. **Teísta, deísta.**
ateperetarse *prnl. Amér. Central.* Atolondrarse, obrar sin tino.
atepocate *m. Méj.* Renacuajo.
atercianado, -da (paras.) *adj.-s.* Que padece tercianas.
SIN. **Tercianario.**
aterciopelado, -da *adj.* Parecido al terciopelo. 2 De finura y suavidad comparables a las del terciopelo.
SIN. **Terciopelado.**
aterciopelar *tr.* Poner [alguna cosa] como si fuese de terciopelo.
aterecerse *prnl.* Aterirse. ◇ ** CONJUG. [43] como ***agradecer.***
aterimiento *m.* Acción de aterirse. 2 Efecto de aterirse.
aterirse *prnl.* Pasmarse de frío. ◇ Verbo defectivo; se usa sólo en el infinitivo y en el participio.
atermal *adj.* Relativo al agua mineral fría.
atérmano, -na (gr. *a- II* + gr. *therme,* calor) *adj.* FÍS. Que difícilmente da paso [al calor].
CONTR. **Diatérmano** o **diatérmico.**
atérmico, -ca *adj.* Atérmano.
atero- (gr. *athére,* papilla) Elemento prefijal que entra en la formación de palabras con el significado de sedimento fisiológico o ateroma: *aterosclerosis.*
ateroesclerosis *f.* PAT. Aterosclerosis.
ateroma (gr. *atéroma < atero-* + *-oma*) *m.* MED. Quiste sebáceo. 2 MED. Arteriosclerosis con alteraciones grasientas de la pared arterial.
ateromasia (v. *ateroma*) *f.* MED. Aterosclerosis.
aterosclerosis (*atero-* + *-sclerosis*) *f.* PAT. Variedad de arteriosclerosis, caracterizada por el depósito de substancias lipoideas en la túnica interior de las arterias. ◇ Pl.: *aterosclerosis.*
aterrada (paras.) *f.* Aproximación de un buque a tierra. 2 Recalada.
aterrador, -ra *adj.* Que aterra.
aterrajar (paras.) *tr.* Labrar con la terraja (barra) las roscas [de los tornillos y tuercas]. 2 Hacer molduras con la terraja (tabla): *~ un estuco.*
SIN. *1* y *2* **Atarrajar.**

aterraje (fr. *atterrage*) ***m.*** Acción de aterrar un buque. 2 Determinación geográfica del punto en que ha aterrado una nave.

I) aterramiento (de *aterrar I*) ***m.*** Aumento del depósito de tierras, limo o arena por acarreo natural o voluntario.

II) aterramiento (de *aterrar II*) ***m.*** Acción de aterrorizar. 2 Efecto de aterrorizar.

I) aterrar (paras. de *tierra*) ***tr.*** Derribar, echar [una cosa] al suelo. 2 Cubrir [una cosa] con tierra. 3 MIN. Echar [las escorias y escombros] en los terreros. -4 ***intr.*** Llegar a tierra. -5 ***prnl.*** Acercarse a tierra los buques en su derrota. ◇ ** CONJUG. [27] como ***acertar.***

II) aterrar (factitivo; de ***aterrar I***) ***tr.*** Causar terror: ~ *al enemigo; aterrarse del ruido.* 2 fig. Postrar, abatir. ◇ Por contagio de la voz *terror* estas acepciones de *aterrar* se han hecho regulares.6 ◇ V. *aterrorizar.*

SIN. V. **Acobardar.** *2* **Terrecer.**

aterrerar (paras.) ***tr.*** MIN. Aterrar.

aterrilladura ***f.*** *Cuba.* Efecto de aterrillarse.

aterrillarse ***prnl.*** *Cuba.* Asolearse, insolarse, sufrir una insolación.

aterrizaje (fr. *atterrissage*) ***m.*** Acción de aterrizar.

aterrizar (paras.) ***intr.*** Tomar tierra un avión, efectuada la maniobra de descenso. 2 fig. Llegar [a un lugar o destino]: *Juan aterrizó por mi casa a las diez.* 3 INFORM. Deteriorar un disco y destruir su información al posicionarse físicamente sobre él las cabezas lectoras. ◇ ** CONJUG. [4] como ***realizar.***

aterronar (paras.) ***tr.*** Hacer terrones [alguna materia suelta].

aterrorizador, -ra ***adj.*** Que aterroriza.

aterrorizar (factitivo, paras. de *terror*) ***tr.*** Aterrar, causar terror. ◇ ** CONJUG. [4] como ***realizar.***

ates ***m.*** Especie de chirimoya indígena de la América Meridional, cultivada en Filipinas.

atesar ***tr.*** Atiesar. 2 MAR. Tesar o poner tirante [un cabo, cadena, vela, etc.]. -3 ***prnl.*** *Cuba.* fig. Marcharse, huir. ◇ ** CONJUG. [27] como ***acertar.***

atesoramiento ***m.*** Acción de atesorar. 2 Efecto de atesorar.

atesorar (paras. de *tesoro*) ***tr.*** Reunir y guardar [dinero o cosas de valor]. 2 fig. Tener [virtudes, perfecciones, gracias, etc.]. 3 ECON. Retener de forma improductiva [una persona o agente económico valores o créditos].

atestación (l. *attestatione*) ***f.*** Deposición de testigo o de persona que afirma alguna cosa.

SIN. **Testificación, testimonio, atestiguamiento.**

I) atestado (de *atestar II*) ***m.*** Documento oficial en que se hace constar como cierta alguna cosa. -2 ***m. pl.*** Testimoniales.

II) atestado, -da (paras. de *testa*) ***adj.*** Testarudo.

atestadura (de *atestar II*) ***f.*** Atestamiento. 2 Porción de mosto con que se atiestan las cubas de vino.

atestamiento ***m.*** Acción de atestar. 2 Efecto de atestar.

I) atestar (paras. de *tiesto II*) ***tr.*** Henchir [una cosa hueca], apretando lo que se mete en ella: ~ *de lana un costal;* en gral., meter [una cosa] en otra: ~ *un mazo en un agujero;* esp., rellenar con mosto [las cubas de vino] para suplir mermas. 2 fig. Atracar (hartar). 3 Meter o colocar excesivo número de personas o cosas en un lugar. ◇ ** CONJUG. [27] como ***acertar.*** Suele usarse también como regular.

SIN. *3* **Abarrotar II.**

II) atestar (l. *attestari*) ***tr.*** DER. Testificar (atestiguar).

III) atestar ***intr.*** Dar con la cabeza. 2 fig. Porfiar. 3 *S. Dom.* Pegar a uno, por la fuerza, a una pared o a un árbol.

atestiguación ***f.*** Acción de atestiguar.

atestiguamiento ***m.*** Atestiguación.

atestiguar (v. *testificar*) ***tr.*** Afirmar como testigo [una cosa]: ~ *con otro;* ~ *de oídas.* 2 Ofrecer indicios ciertos de alguna cosa cuya existencia no estaba establecida u ofrecía duda. ◇ ** CONJUG. [22] como ***averiguar.***

SIN. **Testificar, testimoniar, atentar** II, p. us.

atetado, -da (paras.) ***adj.*** De figura de teta.

atetar ***tr.*** Amamantar: *la loba ateta a los lobeznos.* ◇ También *tetar.*

atetillar (paras. de *tetilla*) ***tr.*** Hacer una excava [alrededor de los árboles] dejando un poco de tierra arrimada al tronco.

atetosis (gr. *áthetos* < *a-* II + *thetós,* puesto, colocado) ***f.*** PAT. Trastorno de origen nervioso caracterizado por movimientos continuos involuntarios, bastante lentos y extravagantes, principalmente de dedos y manos.

atey (guaraní) ***m.*** *Argent.* Pájaro que recuerda al avión o al vencejo *(Nyctidromus guianensis).*

atezado, -da ***adj.*** Que tiene la piel tostada y obscurecida por el Sol. 2 De color negro.

SIN. **Tezado.**

atezamiento ***m.*** Acción de atezar. 2 Efecto de atezar.

atezar (paras. de *tez*) ***tr.*** Poner liso, terso o lustroso. -2 ***tr.-prnl.*** Ennegrecer. ◇ ** CONJUG. [4] como ***realizar.***

atibar (l. *stipare,* estibar, con cambio de prefijo) ***tr.*** MIN. Rellenar con zafras, tierra o escombros [las excavaciones] de una mina.

atiborramiento ***m.*** Acción de atiborrar o atiborrarse. 2 Efecto de atiborrar o atiborrarse.

atiborrar (l. *stipare×borra*) ***tr.*** Llenar [un cajón, costal, etc.] de borra u otra cosa, hasta que quede repleto. 2 fig. Atestar de algo un lugar, esp. de cosas inútiles. -3 ***tr.-prnl.*** Llenar la cabeza de lecturas, ideas, etc. -4 ***prnl.*** fig. Atracarse (hartarse).

atiburnar ***tr.*** *Amér. Central.* Atiborrar.

atiburrar ***tr.-prnl.*** *Amér. Central* y *Colomb.* Atiborrar, hartar.

aticismo (gr. *attikismós*) ***m.*** Pureza, simplicidad, elegancia en el estilo literario y artístico, propia de los autores áticos. 2 p. ext. Iguales cualidades en otros autores.

SIN. **Sal ática.**

aticista ***adj.-com.*** Autor en cuyas obras predomina el aticismo.

ático, -ca (gr. *attikós*) ***adj.-s.*** De Ática o de Atenas, región y nomarquía del este de Grecia, y capital de esta nación, respectivamente. -2 ***adj.*** Relativo al aticismo. -3 ***adj.-m.*** Dialecto del griego común, hablado antiguamente en Ática, que mezclado con rasgos jónicos se transformó en el siglo IV a.C. en la coiné o lengua común de los pueblos helénicos. -4 ***m.*** Último piso de un edificio que cubre el arranque de las techumbres: ~ *de un teatro.* 5 ARQ. Muro que se levanta por encima del arco triunfal romano y suele contener la inscripción conmemorativa. 6 ARQ. Cuerpo que se coloca por ornato sobre la cornisa de un edificio.

-ático, -ca, sufijo que entra en la formación de adjetivos y substantivos cultos, como *fanático, lunático, acuático, catedrático.* ◇ El sufijo originario latino, *-aticu,* toma la forma popular *-azgo* en algunos substantivos como *almirantazgo,* y también la forma *-aje* procedente del provenzal o francés: *salvaje, ramaje.*

atiemposo, -sa ***adj.*** *S. Dom.* Oportuno en servir con eficacia.

atierre ***m.*** MIN. Escombro que por hundimiento natural llena a veces los sitios de labor de las minas. 2 *Méj.* MIN. Acción de llenar de tierra.

atiesar (paras.) ***tr.*** Poner tiesa [una cosa].

SIN. **Entiesar.**

atifle (ár. *atefi,* trébedes) ***m.*** Utensilio de los alfareros para evitar que se peguen unas con otras las piezas al cocerse.

atiforrarse (de *atiborrar×forrar*) ***prnl.*** Hartarse.

atigrado, -da (paras.) ***adj.*** Manchado como la piel de tigre.

atigronarse ***prnl.*** *Venez.* Hacerse fuerte.

atijara (ár. *attichara*) ***f.*** Mercancía, comercio. 2 Precio de transporte de una mercancía. 3 Merced, recompensa.

atijarero ***m.*** Porteador.

atildado, -da ***adj.*** Pulcro, elegante.

atildadura ***f.*** Atildamiento.

atildamiento ***m.*** Acción de atildar o atildarse. 2 Efecto de atildar o atildarse.

atildar ***tr.*** Poner tildes [a las letras]. 2 fig. Censurar. -3 ***tr.-prnl.*** fig. Componer, asear con esmero minucioso.

SIN. *1* y *2* **Tildar.**

atilintar ***tr.*** *Amér. Central.* Atesar [una cuerda], ponerla tensa o tilinte.

atinadamente ***adv. m.*** Con tino.

atinar (paras. de *tino*) ***intr.*** Hallar lo que se busca a tiento: ~ *al estribo;* en gral., hallar por conjetura o por casualidad lo que se busca: ~ *con la casa;* ***tr.:*** ~ *el camino.* 2 Acertar o dar en el blanco: ~ *al blanco.* 3 fig. Acertar una cosa por conjeturas: ~ *a la verdad;* ~ *en el punto de la dificultad;* ~ *cómo será una cosa.*

atincar (ár.) ***m.*** Bórax.

atinconar ***tr.*** MIN. Asegurar provisionalmente [los hastiales] con estemples para evitar hundimientos.

atinencia ***f.*** Atingencia.

atinente (l. *attinente*) ***adj.*** Tocante o perteneciente.

atingencia ***f.*** *Amér.* Conexión, relación. 2 *Méj.* Tino, acierto. 3 *Perú.* Incumbencia.

atingente ***adj.*** Que toca o atañe. 2 Conexo, relacionado.

atingido, -da ***adj.*** *Bol.* [pers.] Que está pasando por un momento particularmente difícil en lo económico. 2 *Ecuad.* y *Perú.* Preocupado.

atingir *tr. Chile* y *Perú.* Oprimir, tiranizar. -2 ***prnl.*** *Chile.* Preocuparse demasiado por algo.
atiparse (cat.) ***prnl.*** *C. Rica.* Hartarse.
atipia ***f.*** MED. Anomalía propia de los tumores malignos en la que la célula sufre una diferenciación de su morfología o de sus funciones.
atípico, -ca ***adj.*** Que por sus caracteres se aparta de los tipos conocidos.
atiplado, -da ***adj.*** [voz o sonido] Agudo, en tono elevado.
atiplar (paras.) ***tr.*** Levantar el tono [de un instrumento o de la voz] hasta que llegue a tiple. -2 ***prnl.*** Volverse la cuerda del instrumento, o la voz, del tono grave al agudo.
atipujarse ***prnl.*** *Amér. Central* y *Méj.* Atiparse.
atiputarse ***prnl.*** *Colomb.* Hartarse, apiparse.
atiquizar ***tr.*** *Hond.* Fustigar, atizar. ◇ ** CONJUG. [4] como ***realizar.***
atirantar (paras.) ***tr.*** Poner tirante [una cosa]. 2 Asegurar con tirantes [la armadura de un tejado, los muros, etc.].
SIN. MAR. **Tesar.**
atiriciarse ***prnl.*** Contraer la ictericia. ◇ ** CONJUG. [12] como ***cambiar.***
atisba ***com.*** *Colomb.* Vigía, atalaya.
atisbador, -ra ***adj.-s.*** Que atisba.
atisbadura ***f.*** Acción de atisbar.
atisbar ***tr.*** Mirar, observar recatadamente. 2 Vislumbrar (ver confusamente).
atisbo ***m.*** Atisbadura. 2 Indicio, sospecha, vislumbre.
SIN. V. **Barrunto.**
atisuado, -da (paras.) ***adj.*** Parecido al tisú.
-ativo, -ativa, V. -ivo.
¡atiza! (de *atizar I*) Interjección con que se denota admiración o sorpresa.
atizacandiles ***com.*** fig. *y* fam. Entremetido, servidor oficioso e impertinente.
atizadero ***m.*** Lo que sirve para atizar.
atizador, -ra ***adj.-s.*** Que atiza. -2 ***m.*** Instrumento para atizar la lumbre. 3 El que en los molinos de aceite arrima la aceituna a la piedra.
I) atizar (l. v. **attitiare*) ***tr.*** Remover [el fuego], o añadirle combustible. 2 Despabilar [la luz artificial]. 3 fig. Avivar [pasiones o discordias]. 4 irón. Dar, con sentido intensivo: ~ *un puntapié.* ◇ ** CONJUG. [4] como ***realizar.***
II) atizar ***tr.*** *Méj.* Limpiar [algo] con tiza. ◇ ** CONJUG. [4] como ***realizar.***
atizonar ***tr.*** Ensuciar con tizne (hollín). 2 ALBAÑ. Trabar [la obra de mampostería] a tizón. 3 ALBAÑ. Asentar [la cabeza de un madero] en el espesor de la pared. -4 ***prnl.*** Contraer tizón los cereales.
Atlante ***n. pr.*** Jefe de los titanes en su lucha contra Júpiter; éste le condenó a sustentar sobre sus hombros la bóveda celeste. ◇ También *Atlas.*
atlante (l.) ***m.*** ARQ. Estatua de hombre que sirve como columna. 2 fig. Persona que es firme sostén y ayuda de algo pesado o difícil.
SIN. **Telamón, hermes.**
atlanticense ***adj.-com.*** De Atlántico, departamento del norte de Colombia.
atlántico, -ca (l. *-cu*) ***adj.*** Relativo al monte Atlas, cordillera del norte de África. -2 ***adj.-s.*** Perteneciente o relativo al océano Atlántico, o a los territorios que baña. 3 ARQ. Orden arquitectónico que tiene atlantes en vez de columnas.
Atlántida ***f.*** Continente legendario que, según Platón (428-347 ó 348 a. C.), se extendía a occidente del estrecho de Gibraltar; quedó sumergido en el océano a causa de un cataclismo.
Atlántidas (l. *-es*) ***f. pl.*** Híades.
atlantidense ***adj.-s.*** De Atlántida, departamento del norte de Honduras.
atlantismo ***m.*** Política tendente a realzar la presencia en Europa de la Organización del Tratado del Atlántico Norte (OTAN).
atlantista ***adj.*** Perteneciente o relativo a la Organización del Tratado del Atlántico Norte (OTAN). -2 ***com.*** Partidario del atlantismo.
atlas (l. y gr. *Atlas,* del nombre del gigante mitológico que sostiene la bóveda celeste) ***m.*** Colección de mapas geográficos en uno o varios volúmenes. 2 Colección de láminas. 3 Primera vértebra de la columna vertebral que se articula inmediatamente con el cráneo. ◇ Pl.: *atlas.*
atleta (gr. *athletés*) ***m.*** Competidor en cualquiera de los ejercicios de los ant. juegos públicos de Grecia o Italia. -2 ***com.*** Persona que practica el atletismo. 3 fig. ***m.*** Hombre muy robusto y fuerte. 4 Defensor enérgico.
atlético, -ca (gr. *athletikós*) ***adj.*** Relativo al atleta. 2 [constitución física] Que se caracteriza por un mayor desarrollo del sistema muscular.
atletismo ***m.*** Conjunto de prácticas deportivas basadas en la reproducción competitiva de movimientos básicos. 2 Doctrina acerca de ellos.
atlisquense ***adj.-s.*** p. us. De Atlisco o Atlixco, ciudad del estado mejicano de Puebla.
atlisqueño, -ña ***adj.-s.*** p. us. [pers.] Atlisquense.
atm-, V. atmido-.
atmiatría (*atm-* + *-iatría*) ***f.*** MED. Método terapéutico que utiliza los efectos directos de vapores o gases sobre la mucosa del aparato respiratorio.
atmido-, atmid-, atm- (gr. *atmís, atmidos,* vapor) Elemento prefijal que entra en la formación de palabras con el significado de vapor: *atmidómetro, atmiatría.*
atmidometría ***f.*** FÍS. Medida de los vapores.
atmidómetro (*atmido-* + *-metro*) ***m.*** FÍS. Instrumento que mide la cantidad de líquido evaporada de un recipiente en un tiempo dado.
SIN. **Atmómetro.**
atmo- (gr. *atmós,* vapor) Elemento prefijal que entra en la formación de palabras con el significado de vapor: *atmología.*
atmólisis (*atmo-* + *-lisis*) ***f.*** FÍS. y QUÍM. Método de separación de dos gases haciéndolos pasar a través de un tabique poroso.
atmología (*atmo-* + *-logía*) ***f.*** Tratado de la evaporación de los cuerpos gaseosos.
atmómetro (*atmo-* + *-metro*) ***m.*** Atmidómetro.
atmósfera (*atmo-* + gr. *sphaira,* esfera) ***f.*** Masa de aire que rodea la Tierra. 2 Masa gaseosa que rodea un astro cualquiera. 3 fig. Espacio a que se extienden las influencias de una persona o cosa. 4 Prevención favorable o adversa a una persona o cosa. 5 Unidad de presión ejercida sobre una unidad de superficie por una columna de mercurio de 760 mms. ◇ También se pronuncia y escribe *atmosfera,* de acuerdo con la etimología del vocablo.
REL. **Troposfera,** es la región de la atmósfera en contacto con la superficie terrestre. sobre ella estála **estratosfera.**
atmosférico, -ca ***adj.*** Relativo a la atmósfera.
I) -ato, -ata (l. *-atu*) Sufijo, forma erudita de *-ado,* que entra en la formación de substantivos derivados de otros substantivos denotando dignidad u oficio: *decanato, generalato.* Lo contienen también numerosos latinismos, como *alegato, perorata, pacato.* La forma femenina *-ata* se halla en voces procedentes del italiano, y en algunos substant. españoles: *cabalgata.* 2 QUÍM. Terminación convencional de las sales formadas por los ácidos en *-ico*: *sulfato, fosfato, acetato,* etc. de los ácidos sulfúrico, fosfórico, acético, respectivamente.
II) -ato, -ata (**attu*) Sufijo que entra en la formación de palabras designando la cría o el diminutivo de algunos animales: *ballenato, cervato, jabato, chivato.*
atoar (ingl. *to tow,* remolcar) ***tr.*** Remolcar [una nave] por medio de un cabo que se echa por la proa para que tiren de él una o más lanchas. 2 MAR. Espiar (halar).
SIN. **Toar.**
atocha (del moz. *taucha,* esparto, del prerrom. *tautia*) ***f.*** Esparto (planta).
atochada ***f.*** Lomo que se hace en los bancales con atocha o brezo y tierra, para contener el agua.
atochal, -ar ***m.*** Espartizal.
atochar (de *atocha*) ***tr.*** Llenar [alguna cosa de esparto o de cualquier otra materia] apretándola. 2 MAR. Oprimir el viento [una vela] contra su jarcia. -3 ***prnl.*** MAR. Sufrir un cabo presión entre dos objetos que dificultan su laboreo.
atochero, -ra ***m. f.*** Persona que llevaba la atocha a los puntos de consumo.
atochón ***m.*** Caña de la atocha. 2 Esparto (planta).
atocia ***f.*** Calidad de átoco o estéril.
atocinado, -da ***adj.*** fig. *y* fam. [pers.] Muy gordo.
atocinar (paras.) ***tr.*** Partir [el puerco] en canal; hacer los tocinos y salarlos. 2 fig. *y* fam. Asesinar. -3 ***prnl.*** fam. Irritarse, amostazarse. 4 Enamorarse perdidamente.
atocle ***m.*** *Méj.* Terreno húmedo y fértil.
átoco, -ca ***adj.*** ZOOL. Estéril.
atojar ***tr.*** *C. Rica* y *Cuba.* Azuzar [a los perros].

atol *m. C. Rica, Cuba, Guat., Nicar.* y *Venez.* Atole (bebida).

atole (mej. *atolli*) *m.* Bebida que se hace, en Méjico y otras partes de América, con maíz cocido, molido, desleído en agua, quitadas las partes gruesas en un cedazo y hervido hasta darle alguna consistencia. Se hace de varios modos: ***dar*** ~ *con el dedo a uno,* fr. fig., engañarle, embaucarle.

atoleadas *f. pl.* Fiestas familiares que se celebran en Honduras, en las cuales se obsequia a los invitados con atole de elote.

atolería *f. Amér.* Lugar donde se vende atole.

atolero, -ra *m. f. Amér.* Persona que vende atole. -2 *adj. Méj.* V. Lucero ~.

atolillo *m. C. Rica, Hond.* y *Nicar.* Gachas de maicena, azúcar y huevo. 2 *Amér.* Poción medicinal diurética.

atolladero (de *atollar*) *m.* Atascadero en lugar cenagoso. 2 Situación de difícil salida: *estar en un* ~.

atollar (paras. de *tollo*) *intr.* Dar en un atolladero. -2 *prnl.* fig. Atascarse (quedarse detenido). 3 *C. Rica.* Ensuciarse o untarse con algo pegajoso.

atolón (de *atolu,* nombre que se le da en las islas Maldivas) *m.* Isla de coral formada por un arrecife que rodea a una laguna.

atolondradamente *adv. m.* Con atolondramiento.

atolondrado, -da *adj.* Aturdido.

atolondramiento *m.* Acción de atolondrar o atolondrarse.

atolondrar (ant. *atonodrar,* del ant. *tonidro,* trueno, del l. *tonitru;* con cruce de *tolondrón*) *tr.-prnl.* Aturdir (aturdimiento).

atomía *f. Pan.* y *Venez.* Otomía, barrabasada.

atomicidad *f.* Valencia de un átomo o radical. 2 Número de átomos que constituyen la molécula de un cuerpo dado.

atómico, -ca *adj.* Relativo al átomo. 2 [teoría química] Que explica la formación de los cuerpos por los átomos que los componen. 3 Relativo a la desintegración del átomo. 4 [energía] Que procede de la desintegración del átomo. 5 Relacionado con la energía atómica o sus efectos. 6 Que posee armas atómicas: *se reunieron los países atómicos.* -7 *adj.-m.* MAT. V. número ~.

atomismo *m.* Doctrina que explica la formación del mundo por el concurso fortuito de los átomos. 2 Teoría atómica.

atomista *com.* Partidario del atomismo. 2 Investigador de física atómica.

atomístico, -ca *adj.* Relativo al atomismo. -2 *f.* Ciencia que estudia los átomos y su constitución.

atomización *f.* Acción de atomizar. 2 Efecto de atomizar. 3 Dispersión, fraccionamiento.

atomizador *m.* Aparato pulverizador.

atomizar *tr.* Dividir en partes sumamente pequeñas. 2 Hacer sufrir los efectos de las radiaciones o explosiones atómicas. 3 Destruir mediante armas atómicas. 4 fig. Aniquilar, anular, destruir. -5 *prnl.* Dispersarse, desperdigarse. ◇ ** CONJUG. [4] como ***realizar.***

átomo (gr. *-os* < *a-* II + *-tomo*) *m.* Partícula de un cuerpo simple más pequeña, capaz de entrar en las reacciones químicas. Está formado por un núcleo masivo de protones y neutrones y circundado de electrones repartidos en diferentes órbitas: ~ ***gramo,*** número de gramos de un elemento, igual a su peso atómico. 2 Partícula muy pequeña de una cosa. 3 fig. Cosa muy pequeña.

atona *f.* Oveja que cría un cordero de otra madre.

atonal *adj.* MÚS. [composición] En que no existe una tonalidad bien definida.

atonalidad *f.* MÚS. Obra musical que carece de tonalidad y clave.

atondar (l. *ad* + *tundere,* golpear) *tr.* Estimular el jinete con las piernas [al caballo].

atonía (gr.) *f.* Falta de energía. 2 Debilidad de los tejidos orgánicos, esp. de los contráctiles.

atónico, -ca *adj.* Átono.

atónito, -ta (l. *attonitu;* doble etim. *tonto*) *adj.* Pasmado de un objeto o suceso raro: ~ *con, de,* o *por, la desgracia.*

SIN. **Estupefacto, suspenso;** fam. intens., **patitieso;** humor. **patidifuso. Helado** sugiere , pralte., inquietud o miedo.

átono, -na (gr. *átonos*) *adj.* GRAM. Que carece de acento prosódico: *palabra, sílaba, vocal átona.* 2 Sin fuerza.

SIN. *1* **Inacentuado.** CONTR. **Tónico** o **acentuado.**

atontadamente *adv. m.* Indiscreta o neciamente.

atontado, -da *adj.* [pers.] Tonto, que no sabe cómo conducirse.

atontamiento *m.* Acción de atontar o atontarse. 2 Efecto de atontar o atontarse.

atontar (paras. de *tonto*) *tr.* Aturdir. 2 Volver o volverse tonto.

atontolinado, -da *adj.* fam. Atontado.

atontolinar *tr.-prnl.* fam. Atontar.

atopile (mej. *atl,* agua + *topitlli,* alguacil) *m. Méj.* En las haciendas, encargado de la distribución de aguas para el riego.

atorado, -da *adj. Urug.* [paisano] Que gasta pocos amigos. 2 Nervioso, precipitado.

atoramiento *m.* Acción de atorarse o atragantarse.

I) atorar (l. *obturare*) *tr.* Atascar, obstruir. -2 *prnl.* Atragantarse.

II) atorar (paras.) *tr.* Partir [leña] en tueros. 2 *Méj.* Emprender un trabajo. ◇ ** CONJUG. [31] como ***contar.***

atorcazar (de *torcaz*) *tr. Argent.* Amilanar [a una persona]. ◇ ** CONJUG. [4] como ***realizar.***

atorgar *tr.* Otorgar. ◇ ** CONJUG. [7] como ***llegar.***

atorigar *tr.* Detener, apresar. ◇ ** CONJUG. [7] como ***llegar.***

-atorio, v. -torio.

atormentadamente *adv. m.* Con tormento.

atormentador, -ra *adj.-s.* Que atormenta.

atormentante *adj.* Que atormenta.

atormentar *tr.* Causar dolor: *la gota me atormenta; atormentarse con un cilicio.* 2 fig. Causar aflicción o enfado. 3 Dar tormento [al reo]. 4 Batir con la artillería ant. llamada *tormentaria.*

SIN. *1, 2* y *3* **Torturar.**

atornasolado, -da *adj.* Tornasolado.

atornillador *m.* Destornillador.

atornillar (paras.) *tr.* Introducir [un tornillo] haciéndolo girar alrededor de su eje. 2 Sujetar [una cosa] con tornillos. -3 *tr.-prnl.* Mantener obstinadamente [a alguien en un sitio, cargo, trabajo, etc.]. 4 Presionar, obligar a una conducta. -5 *tr. Amér.* fig. Molestar, atosigar [a alguien].

atoro *m.* Atasco, aprieto, apuro. 2 *Chile.* Atoramiento.

atorozonarse (paras.) *prnl.* Padecer torozón las caballerías.

atorradero *m. Amér. Merid.* Sitio donde pernocta el atorrante.

atorrante *adj.-s. Amér. Merid.* Vagabundo, holgazán, haragán.

atorrantismo *m. Argent.* Género de vida del atorrante o vagabundo.

atorrar *intr. Argent.* Dedicarse a la vida de atorrante.

atortajar *tr. Amér.* Atortojar.

atortillar *tr. Chile.* Atortujar, aplastar.

atortojar *tr. Amér.* Turbar, atortolar. 2 *P. Rico* y *Venez.* Atortujar.

atortolar (paras. de *tórtola*) *tr.* Aturdir o acobardar. -2 *prnl.* Enamorarse tierna y ostensiblemente.

atortorar (paras.) *tr.* MAR. Fortalecer [un cabo o cuerda] con tortores.

atortujar (paras. de *torta*) *tr.* Aplastar [una cosa] apretándola. -2 *prnl. Venez.* Atortolarse.

atorunado, -da (paras. de *toro*) *adj. Chile.* Parecido al toruno.

atorunarse *prnl. Argent.* Ponerse hosco o serio.

atorzonarse *prnl. Hond.* Atorozonarse.

atosigado, -da *adj. P. Rico.* Disparatado, alocado.

atosigador, -ra *adj.-s.* Que atosiga.

atosigamiento *m.* Acción de atosigar o atosigarse.

atosigar (de *tósigo*) *tr.* Emponzoñar, envenenar. 2 fig. Fatigar u oprimir [a uno] dándole prisa para que haga algo. 3 Inquietar, acuciar con exigencias o preocupaciones. ◇ ** CONJUG. [7] como ***llegar.***

SIN. **Tosigar.** *1* **Entosigar.** v. **Envenenar.**

atotado, -da *adj. Cuba.* Que tiene los dedos sobrepuestos.

atotumarse *prnl. Colomb.* Atolondrarse, entorpecerse.

atoxicar *tr.-prnl.* Atosigar (envenenar). ◇ ** CONJUG. [1] como ***sacar.***

atóxico, -ca *adj.* Que no es tóxico.

atrabajado, -da *adj.* Abrumado de trabajos. 2 Hecho trabajosamente, sin naturalidad.

SIN. Poco us. Se emplea preferentemente **trabajado** en ambas acep.

atrabajar *tr.* inus. Hacer pasar trabajos.

atrabancado, -da *adj. Venez.* Que está lleno de deudas. 2 *Méj.* Atronado, que hace las cosas a trocha y mocha.

atrabancar (paras. de *trabanco*) *tr.* Pasar o saltar de prisa, salvar obstáculos. 2 *And.* y *Can.* Llenar, abarrotar. -3 *prnl.* Estar en apuros. ◇ ** CONJUG. [1] como ***sacar.***

atrabanco *m.* Acción de atrabancar. 2 *Cuba.* Traba, obstáculo, estorbo.

atrabiliario, -ria *adj.* Relativo a la atrabilis. -2 *adj.-s.* De genio destemplado; malhumorado.

atrabilioso, -sa *adj.* Atrabiliario (atrabilis).

atrabilis (l. *atra,* negra + *bilis,* cólera) *f.* Cólera negra o acre. 2 fig. Mal carácter. ◇ Pl.: *atrabilis.*

atracada *f.* Acto de atracar (arrimar) o atracarse (hartar).

atracadero *m.* Paraje donde pueden atracar las embarcaciones menores.

atracado, -da *adj. Chile.* Severo, rígido. 2 *Chile* y *Guat.* Cicatero, agarrado.
atracador, -ra *m. f.* Persona que atraca o saltea en poblado para robar. 2 *Cuba.* Sablista.
atracar (probl. del ár. vulgar *atragga,* se acerca a la costa, del ár. argā, echó el ancla) *intr.* MAR. Arrimarse una embarcación a tierra o a otra embarcación: ~ *al navío; tr.,* arrimar [unas embarcaciones a otras]. -2 *tr.* fam. Hacer comer y beber con exceso, hartar. 3 Saltear para robar. 4 Cerrar el hueco por el cual se ha introducido el explosivo, a fin de asegurar su efecto. -5 *prnl.* Hartarse. -6 *tr. And., Chile* y *Méj.* Zurrar, golpear, tratar con severidad. 7 *Chile* y *Perú.* Adherirse [a la opinión de otro]. -8 *prnl. Ant.* y *Hond.* Pelear, reñir dos o más personas. ◇ ** CONJUG. [1] como *sacar.*
SIN. *2* **Rellenar, atiborrar.**
atracazón *m. Chile.* Tumulto de gente, apretura.
atracción *f.* Acción de atraer. 2 Cosa que atrae. 3 FÍS. Fuerza que atrae: ~ o ***gravitación universal,*** aquella por la cual todos los cuerpos de la naturaleza se atraen recíprocamente y cuya magnitud está en razón directa con el producto de sus masas e inversa con el cuadrado de las distancias; ~ ***molecular,*** la que ejercen entre sí las moléculas de los cuerpos. -4 *f. pl.* Espectáculos o diversiones de variedades.
atraco *m.* Acción de atracar o saltear.
atracón *m.* fam. Acción de atracar o atracarse (hartar). 2 fam. Efecto de atracar o atracarse (hartar). 3 *Amér.* Pelea, contienda. 4 *Chile* y *P. Rico.* Empellón, empujón.
atractivo, -va (l. *attractivu*) *adj.* Que atrae. 2 Que gana o inclina la voluntad. -3 *m.* Cualidad física o moral de una persona que atrae la voluntad.
atractriz *adj.-f.* FÍS. Que atrae.
atraer (l. *attrahere*) *tr.* Traer hacia sí [una cosa]: *el imán atrae el hierro;* hacer venir [a otro] al lugar en que uno se halla, o en que pasa algo : ~ *a los forasteros.* 2 fig. Captar la voluntad de una persona: ~ *los corazones con promesas.* ◇ ** CONJUG. [88] como *traer.*
atrafagar (de *tráfago*) *intr.-prnl.* Fatigarse o afanarse. ◇ ** CONJUG. [7] como *llegar.*
atragantamiento *m.* Acción de atragantarse. 2 Efecto de atragantarse.
atragantar (intensivo de *tragar*) *tr.* Tragar con dificultad. -2 *prnl.* No poder tragar algo que se atraviesa en la garganta: *atragantarse con una espina.* 3 fig. Turbarse en la conversación. 4 fig. Causar fastidio o enfado.
atraíble *adj.* Que se puede atraer.
atraicionar *tr.* p. us. Traicionar.
atraidorado, -da (paras.) *adj.* Que procede como traidor. Propio de traidor.
atraillar (paras.) *tr.* Atar [los perros] con traílla. 2 fig. Dominar o sujetar. 3 MONT. Seguir el cazador [la res] guiado por el perro asido con la traílla. ◇ ** CONJUG. [15] como *aislar.*
atraimiento *m.* Acción de atraer.
atramentario, -a (*atramentu,* tinta) *adj.* De color o sabor semejante al de la tinta.
atramento (l. *atramentu,* tinta, licor negro) *m.* p. us. Color negro.
atramentoso, -sa *adj.* Atramentario.
atramojar *tr. Colomb.* Atraillar, atar con traílla [a los animales].
atramparse (paras.) *prnl.* Caer en la trampa. 2 Cegarse un conducto. 3 Caerse el pestillo de la puerta de modo que no se pueda abrir. 4 fig. Embarazarse en una cosa sin poder salir de ella.
atrampillar *tr. P. Rico.* Coger y pillar [a uno] entre dos o más, y atropellarle. 2 *P. Rico* Acorralar. 3 *P. Rico* Atrapar o pillar: *me atrampillé un dedo al cerrar la puerta.*
atramuz *m.* Altramuz (planta y fruto).
atrancar *tr.-prnl.* Asegurar [la puerta o ventana] con una tranca; p. ext., cerrar fuertemente. 2 Atascar (obstruir). -3 *intr.* fam. Dar trancos o pasos largos. 4 fam. Leer muy de prisa, saltando palabras. -5 *prnl. Méj.* Obstinarse uno en su opinión. ◇ ** CONJUG. [1] como *sacar.*
SIN. *1* **Trancar.** *3* **Trancar, tranquear.**
atranco, -que (de *atrancar*) *m.* Atasco. 2 fig. Apuro, aprieto, embarazo.
atrapamoscas *f.* Dionea; drósera. ◇ Pl.: *atrapamoscas.*
atrapar (del fr. *attraper,* der. de *trappe;* como el esp. *trampa*) *tr.* Coger [al que huye]; en gral., coger [una cosa] con maña o astucia. 2 Conseguir [una cosa] de provecho. 3 Engañar, atraer [a uno] con maña. 4 DEP. Detener [el portero] el balón, la pelota, la bola, etc.
SIN. **Pillar, pescar.**
atraque *m.* Acción de atracar una embarcación. 2 Muelle donde se atraca. 3 Acción de dar compacidad a un explosivo dentro de una cavidad y taponarla fuertemente, para aumentar los efectos de la explosión. 4 *S. Dom.* fig. Apuro, necesidad apremiante.
atraquina *f.* fam. Atracón.
atrás (l. *ad* + *trans,* al otro lado) *adv. l.* Hacia la parte que está a las espaldas de uno: *dar un paso* ~; fig., *volver* ~ *en la virtud.* 2 Detrás: *quedarse* ~; *dejar la gente* ~. 3 p. anal. Denota tiempo pasado: *días* ~; *tenía de* ~ *aquel cargo;* fig., *volver los ojos* ~. 4 Aplicado al hilo del discurso, anteriormente.
SIN. y observ. gramat. v. **Detrás.**
¡atrás! Interjección que se usa para mandar retroceder a alguno.
atrasado, -da *adj.* Alcanzado, empeñado.
atrasar (de *atrás*) *tr.-prnl.* Retardar. -2 *tr.* Fijar [un hecho] en época posterior a la verdadera: *la historia atrasa diez años esta batalla.* 3 Hacer que retrocedan o anden con menos velocidad las agujas [del reloj]. -4 *intr.* Señalar el reloj un tiempo que ya ha pasado o no marchar con la debida velocidad. -5 *prnl.* Llegar tarde a un sitio. 6 Quedarse atrás. 7 *Chile.* Dejar de crecer las personas, los animales o las plantas; no llegar a su completo desarrollo. 8 *Chile.* Estar una mujer en cinta.
SIN. Coincide con **retrasar** en todas sus acep.; **retardar,** no se usa hablando del reloj. En gral. sugiere disminución de velocidad motivada por algún entorpecimiento voluntario o físico. Por esto es raro su empleo como intr. Un tren *atrasa, retrasa* (intr.). El maquinista puede *retardar, retrasar* o *atrasar la marcha* (tr.); **demorar** es lit.; **dilatar** ant. y lit.; **diferir,** supone idea de aplazamiento, detención; en **rezagar(se)** predomina, hoy, la idea de dejar o quedarse atrás en la marcha de una persona o cosa con respecto a otra: *el caminante andaba rezagado de sus compañeros.* También se usa por diferir o detener la ejecución de un acto.
atraso *m.* Efecto de atrasar o atrasarse. 2 Falta de desarrollo. -3 *m. pl.* Pagas o rentas vencidas y no cobradas.
atravesado, -da (de *atravesar*) *adj.* Que es algo bizco. 2 [animal] Cruzado o híbrido. 3 fig. De alma ruin o mala intención. 4 *Ecuad.* [pers.] De cuerpo ancho. 5 *Nicar.* [pers.] Que se expresa de manera disparatada, incongruente o confusa. -6 *m. Méj.* Piedra pequeña de cantería que se pone entre otras para reforzarlas.
atravesador, -ra *adj.* Que atraviesa.
atravesaño *m.* Travesaño.
atravesar (*a- 1* + *travesar*) *tr.* Poner [una cosa] de una parte a otra para impedir el paso: ~ *un madero en una calle;* en gral., poner [una cosa] delante para que impida el paso o haga caer: ~ *el caballo.* 2 Pasar un objeto [sobre otro]; hallarse puesto [sobre él] oblicuamente: *una faja le atraviesa el pecho;* esp., tender [a una persona o cosa] sobre una caballería. 3 Pasar cruzando de una parte a otra: ~ *la plaza, el monte.* 4 Pasar [un cuerpo] penetrándolo de parte a parte: ~ *con la espada.* 5 Aojar (fascinar). 6 En algunos juegos, poner [traviesas o apuestas]; ant. en el juego del hombre, meter [triunfo] a la carta que viene jugada. 7 MAR. Poner [una embarcación] en facha, al pairo o a la capa. -8 *prnl.* Ponerse una cosa entremedio de otras: *atravesarse el mar.* 9 fig. Mezclarse en algún empeño o lance de otro; esp., interrumpir la conversación mezclándose en ella. 10 Encontrarse con alguno; tener pendencia con él: *los mendigos se atraviesan por las calles;* fig., ***atravesarse una persona a otra,*** no poderla sufrir, ser antipática. 11 Ocurrir alguna cosa que altera el curso de otra: *atravesarse los chismes.* ◇ ** CONJUG. [27] como *acertar.*
SIN. *1, 2, 3* y *8* **Cruzar(se).** *4* **Traspasar.**
atraviesa *f. Colomb.* Siembra que se hace fuera del tiempo más propicio.
atravieso *m. Chile.* Paso o portezuelo, pralte. en ramificaciones de la cordillera. 2 Dinero que en el juego pasa de unos jugadores a otros.
atrayente *adj.* Que atrae.
atrebolado *adj.* Trebolado.
atrechar *intr. P. Rico.* Ir por un atrecho.
atrecho *m. P. Rico.* Atajo, senda, vereda.
atreguado, -da *adj.* Lunático. 2 Que está en tregua con su enemigo. 3 Aplazado.
atreguar *tr.* Dar treguas. ◇ ** CONJUG. [22] como *averiguar.*
atrenzo *m. Amér.* Conflicto, apuro, dificultad.
Atreo *n. pr.* MIT. Rey de Micenas. Sus hijos, Agamenón y Menelao, fueron llamados *atridas.* Atreo fue famoso por su odio contra su hermano Tiestes a cuyos hijos, Tántalo y Plistenes, mató y dio a comer al padre en un banquete para vengarse de él.

atrepsia *f.* Conjunto de trastornos originados por una nutrición deficiente en los recién nacidos.

atresia (*a- II* + gr. *tresis,* agujero) *f.* MED. Imperforación de una abertura natural.

atresnalar (paras.) *tr.* Poner los haces en tresnales.

atreto- (gr. *atretos,* imperforado) Elemento prefijal que entra en la formación de palabras con el significado de imperforación, atresia: *atretogastria.*

atretoblefaria (gr. *atreto-* + gr. *blépharon,* párpado) *f.* Imperforación de los párpados.

atretocistia (*atreto-* + gr. *kystis,* vejiga) *f.* Atresia de la vejiga.

atretogastria (*atreto-* + gr. *gaster, gastrós,* estómago) *f.* Imperforación congénita del estómago.

atretometría (*atreto-* + gr. *méter, metrós,* madre). *f.* Imperforación del útero.

atretoproctia (*atreto-* + gr. *proktós,* ano) *f.* Imperforación del ano o del recto.

atretorrinia (*atreto-* + gr. *rhis, rhinós,* nariz) *f.* Atresia de las fosas nasales.

atretostomía (*atreto-* + gr. *stóma,* boca) *f.* Imperforación de la boca.

atrever (l. *attribuere*) *tr.* inus. Dar atrevimiento: *el amor no os atreva a seguirnos.* -2 *prnl.* Determinarse a algo arriesgado: *atreverse a cosas grandes.* 3 Insolentarse, descararse: *atraverse con, o contra, todos.* 4 Llegar a competir u ofender: *atreverse a las estancias de Ariosto.*

SIN. *2* y *4* **Arriscarse** (p. us.), **arriesgarse, osar.** *3* **Osar,** con signif. intensivo. *4* En **aventurarse** y **exponerse** es más dudoso el éxito que en los demás, más azaroso.

atrevidamente *adv. m.* Con atrevimiento.

atrevido, -da *adj.-s.* Que se atreve: *los niños son muy atrevidos.* -2 *adj.* Hecho o dicho con atrevimiento: *chiste ~.*

atrevimiento *m.* Acción de atreverse. 2 Efecto de atreverse.

atrezo (it. *attrezzo*) *m.* En el teatro, conjunto de enseres que se emplean en escena.

atrial *adj.* Relativo al atrio: ***cavidad ~***, la formada por el atrio de algunos animales.

atribución (l. *attributione*) *f.* Acción de atribuir. 2 Facultad que una persona tiene por razón de su cargo.

atribuible *adj.* Que se puede atribuir.

atribuir (l. *attribuere*) *tr.-prnl.* Aplicar por conjetura [hechos o cualidades] a alguna persona o cosa: *~ un libro a un autor; atribuirse una virtud;* **tr.**, en gral., achacar, imputar: *~ a cobardía una acción.* 2 Asignar [una cosa] a alguno como de su competencia: *~ unas funciones a un consejo.* ◇ ** CONJUG. [62] como ***huir.***

SIN. *1* **Achacar, imputar, culpar, inculpar, colgar** (fam.), significan atribuir algo malo. En cambio, se pueden ***atribuir*** cualidades o defectos, culpas o méritos. Sería un contrasentido *achacar una virtud.*

atribulación *f.* Tribulación.

atribuladamente *adv.-m.* Con tribulación.

atribular (*a- I* + ant. *tribular,* del lat. *tribulu,* trillo y abrojo) *tr.* Causar tribulación. -2 *prnl.* Padecerla.

atributivo, -va *adj.* Que indica un atributo o cualidad. 2 GRAM. ***Oración atributiva,*** la del verbo substantivo.

atributo (l. *-tu*) *m.* Propiedad de un ser. 2 Perfección propia de Dios. 3 Objeto real o convencional de contenido simbólico, que sirve para hacer reconocer a un personaje de una obra artística. 4 Insignias, condecoraciones, trajes, etc., propios de un cargo o autoridad. 5 GRAM. Palabra o frase que se adjunta a un substantivo para calificarlo o especificarlo. Es función esencial de los adjetivos y sus equivalentes. 6 LÓG. Cualidad o característica que pertenece al sujeto esencial o necesariamente. 7 *Hond.* Armazón de madera en la que se coloca una imagen para sacarla en procesión.

SIN. *1, 2* y *3* v. **Cualidad.**

atrición (l. *attritione*) *f.* Dolor de haber ofendido a Dios por vergüenza del pecado y miedo del castigo eterno. ◇ INCOR.: *atricción.*

SIN. v. **Arrepentimiento.** REL. En la **contrición,** el dolor del pecado se produce por amor a Dios, sin que intervenga el temor del castigo eterno.

atril (b. l. *lectorile* < l. *lector,* lector) *m.* Mueble para sostener libros o papeles abiertos.

atrilera *f.* Cubierta que en las iglesias se pone al atril o facistol.

atrincarse *prnl. Méj.* Atrancarse, obstinarse. ◇ ** CONJUG. [1] como ***sacar.***

atrincheramiento *m.* Acción de atrincherar o atrincherarse. 2 Efecto de atrincherar o atrincherarse. 3 Conjunto de trincheras.

atrincherar (paras.) *tr.* MIL. Fortificar [una posición] con atrincheramientos. -2 *prnl.* Ponerse en trincheras a cubierto del enemigo: *atrincherarse con una tapia; atrincherarse en un repecho.* 3 fig. Obstinarse, aferrarse.

atrinchilar *tr. Méj.* Arrinconar a una persona, acorralarla.

atrio (l. *atriu*) *m.* Patio interior, gralte. cercado de pórticos. 2 Espacio cubierto que sirve de acceso a algunos templos o palacios. 3 Zaguán. 4 MIN. Cabecera de la mesa de lavar. 5 ZOOL. Cavidad en el cuerpo de los tunicados, las esponjas y otros animales, en comunicación con el exterior, que recibe el agua procedente de las bráquias o de los poros inhalantes, los excrementos, etc.

SIN. *2* **Porche.**

atrípedo, -da (l. *ater,* negro + *-pedo*) *adj.* [animal] Que tiene negros los pies.

atriquinarse *prnl. Colomb.* Envilecerse.

atrirrostro, -tra (l. *ater,* negro + *rostro*) *adj.* [ave] Que tiene negro el pico.

atrito, -ta (l. *attritus*) *adj.* Que tiene atrición.

atrochar (paras.) *intr.* Andar por trochas, atajar.

atrocidad (l. *-itate*) *f.* Crueldad grande. 2 Dicho o hecho muy necio o temerario. 3 fam. Gran cantidad, exceso.

atrofia (gr. *atrophía,* falta de nutrición) *f.* Disminución del volumen y vitalidad de un órgano o ser por defecto de nutrición. 2 Detención fortuita en el desarrollo de un órgano.

SIN. **Hipotrofia.** CONTR. **Hipertrofia.**

atrofiar *prnl.* Padecer atrofia. -2 *tr.* Producir atrofia. ◇ **CONJUG. [12] como ***cambiar.***

atrófico, -ca *adj.* Relativo a la atrofia.

atrojar (paras.) *tr.* Entrojar. -2 *prnl. Cuba.* Cansarse, fatigarse. 3 *Méj.* No hallar uno salida en algún empeño o dificultad. 4 *Méj.* Encalmarse una caballería.

atrompearse *prnl. Cuba.* Desvivirse, en sentido amoroso.

atrompetado, -da (paras.) *adj.* Abocardado, esp. las escopetas y también las narices gordas y torcidas.

atronadamente *adv. m.* Precipitadamente.

atronado, -da (de *atronar*) *adj.* Que obra precipitadamente.

atronador, -ra *adj.* Que atruena.

atronadura *f.* Hendedura en la madera que penetra en lo interior del tronco del árbol. 2 VETER. Alcanzadura.

atronamiento *m.* Acción de atronar o atronarse. 2 Aturdimiento causado por algún golpe. 3 VETER. Alcanzadura.

atronar (l. *attonare*) *tr.* Asordar [a uno] con ruido. 2 Aturdir (aturdimiento); esp., dejar sin sentido [a una res] con un golpe de porra. 3 Matar [un toro] hiriéndolo en medio de la cerviz. 4 Tapar los oídos [de una caballería] para que no se espante. -5 *prnl.* Aturdirse los pollos o los gusanos de seda oyendo tronar. ◇ ** CONJUG. [31] como ***contar.***

atronerar *tr.* Abrir troneras.

SIN. **Tronerar.**

atropado, -da *adj.* De ramas recogidas.

atropar (paras.) *tr.-prnl.* Juntar [gente] en tropas o en cuadrilla. 2 Juntar, reunir [esp. la mies y el heno].

atropelladamente *adv. m.* De tropel.

atropellado, -da *adj.* Que habla u obra con precipitación. -2 *adj.-s. Cuba.* Dulce en pasta cuando la fruta de que está hecho se encuentra en fragmentos más o menos grandes.

atropellador, -ra *adj.-s.* Que atropella.

atropellamiento *m.* Atropello.

atropellaplatos *adj.-s.* fam. Sirvienta ruda y atolondrada en su trabajo. ◇ Pl.: *atropellaplatos.*

atropellar (*a- I* + ant. *tropellar* < *tropel*) *tr.* Pasar precipitadamente por encima [de uno]. 2 Derribar o empujar [a uno] para abrirse paso: *~ a los que se acercan;* dícese también de las cosas: *~ las puertas;* ***intr.:*** *~ por la concurrencia.* 3 Alcanzar violentamente un vehículo a personas o animales, chocando con ellos. 4 fig. Hacer [una cosa] precipitadamente: *~ una comedia.* 5 Agraviar [a uno] abusando de la fuerza o poder que se tiene: *~ al pobre;* esp., ultrajar [a uno] de palabra sin darle lugar de hablar: *le atropelló con injurias y amenazas.* 6 fig. Proceder sin miramiento [a leyes o respetos]: *~ todas las obligaciones.* 7 fig. Oprimir o abatir [a uno] el tiempo, los achaques o las desgracias. -8 *prnl.* fig. Apresurarse demasiado en las obras o palabras.

atropello *m.* Acción de atropellar o atropellarse. 2 Efecto de atropellar o atropellarse.

atropillar *tr. Amér. Merid.* Entropillar.

atropina (de *atropa,* n. científico de la belladona) *f.* Alcaloide venenoso, usado en medicina; se extrae de la belladona y otras solanáceas.

Atropos *n. pr.* MIT. La más vieja de las tres Parcas, encargada de cortar el hilo de la vida.
atroz (l. *atroce*) *adj.* Fiero, inhumano. 2 Enorme, grave. 3 fam. Muy grande. 4 fam. Horrendo, enojoso.
SIN. *3* y *4* **Terrible.**
atrozmente *adv. m.* De manera atroz.
atruchado, -da (paras.) *adj.* [hierro colado o de fundición] Cuyo grano semeja a las pintas de la trucha.
atruendo *m.* desus. Atuendo.
atruhanado, -da (paras.) *adj.* Que parece truhán o de truhán.
atucuñar *tr. Hond.* Atestar [un recipiente] con objetos que se hacen entrar por fuerza; atiborrar. -2 *prnl. Hond.* Atracarse, hartarse.
atuendo (del l. *attonitu;* part. de *attonere*) *m.* Aparato, ostentación. 2 Atavío, vestido.
atufadamente *adv. m.* Con enfado o enojo.
I) atufado, -da *adj.* Enfadado. 2 Envenenado por una emanación gaseosa. 3 *Bol.* y *Ecuad.* Atolondrado.
II) atufado, -da (paras.) *adj.* Que usa tufos.
atufamiento *m.* Atufo.
atufar (paras. de *tufo*) *prnl.-tr.* fig. Enfadar, enojar [a uno]: *atufarse con, de,* o *por, poco.* -2 *prnl.* Recibir o tomar tufo: *esta vianda se atufa.* 3 Agriarse los licores, esp. el vino. 4 Oler mal. 5 Sufrir mareo por causa del olor o del humo. 6 *Bol.* y *Ecuad.* Aturdirse, atolondrarse. 7 *Guat.* Ensoberbecerse.
atufo *m.* Enfado, enojo.
atuga (quechua *atupa,* maíz podrido) *f. Colomb.* Agua blanquecina y hedionda en que se ha macerado el maíz.
atujar *tr. Amér. Central.* Azuzar, atojar. 2 *Colomb.* Enojar, encolerizar.
atular *tr. Amér. Central.* Azuzar.
atumultuar *tr.* Tumultuar. ◇ ** CONJUG. [11] como ***actuar.***
atún (del l. *thunnu;* a través del ár. *tûn*) *m.* Pez marino teleósteo perciforme, comestible, de dos a tres metros de largo, negro azulado por el dorso y blanquecino por el vientre *(Thunnus thynnus).* 2 fig. y fam. Hombre ignorante y rudo.
SIN. **Tonina.** REL. **Almadraba,** pesquería de atunes; **cordila,** ~ recién nacido.
atuna *f. Perú.* Espátula o paleta con que se mueve el maíz.
atunar *tr.* Preparar un fiambre con una salsa en la cual el principal ingrediente es atún en conserva.
atunara (de *atún*) *f.* Almadraba (lugar).
atunera *f.* Anzuelo para pescar atunes.
atunero, -ra *adj.-m.* Barco acondicionado para la pesca del atún. -2 *m. f.* Persona que tiene por oficio comerciar en atún. -3 *m.* Pescador de atún.
SIN. *3* **Almadrabero.**
atuntunarse *prnl. Colomb.* Enfermarse de tuntún (anemia). 2 *Colomb.* Atontarse.
atupa (voz quechua) *f. Ecuad.* Mazorca tierna de maíz atacada por el hongo tizón, que ensancha, ennegrece y corrompe los granos. 2 *Ecuad.* fig. Viejo decrépito.
aturar (v. *obturar*) *tr.* fam. Tapar [algo] muy apretadamente. 2 *Ar.* Detener el ganado.
aturbonado, -da *adj.* Relativo al turbón o a la turbonada.
aturdidamente *adv. m.* Con aturdimiento.
aturdido, -da (de *aturdir*) *adj.* Que procede sin reflexión.
aturdidor, -ra *adj.* Que aturde.
aturdimiento *m.* Perturbación física debida a un golpe, ruido, etc. 2 fig. Perturbación moral causada por una desgracia, mala noticia, etc. 3 Falta de serenidad y reflexión.
aturdir (quizá l. *ad* + *turdu,* tordo) *intr.* Causar aturdimiento. 2 fig. Desconcertar, pasmar.
SIN. *2* v. **Asombrar.**
aturquesado, -da *adj.* De color azul turquí.
aturrado, -da *adj. Amér. Central.* Tullido, entumido. 2 *Amér. Central.* Arrugado, rugoso.
aturrarse *prnl. Guat.* Marchitarse.
aturrullamiento *m.* Acción de aturrullar o aturrullarse. 2 Efecto de aturrullar o aturrullarse.
aturrullar (paras. de *turullo*) *tr.-prnl.* Turbar [a uno] dejándole sin saber qué decir o hacer.
aturullamiento *m.* Atolondramiento.
aturullar *tr.-prnl.* Aturrullar.
atusador, -ra *adj.-s.* Que atusa.
atusar (l. *attonsu;* pp. de *attondere,* pelar, trasquilar) *tr.* Recortar o igualar [el pelo]; esp., alisar [el pelo] con la mano o el peine mojados. 2 Igualar los jardineros [el follaje de ciertas plantas]. -3 *prnl.* fig. Adornarse con afectación y prolijidad. 4 *P. Rico.* Enfadarse, atufarse. -5 *tr. Amér.* Cortar o igualar la crin [a las bestias].
atutía (ár.) *f.* Mezcla de óxido de cinc y otros cuerpos que, en forma de costra dura, se adhiere a la chimenea en los hornos donde se tratan compuestos de cinc. 2 Ungüento medicinal hecho con esta mezcla. 3 fig. Remedio.
SIN. *1* **Tutía, tucía, tocía.**
atuve, pret. indef. de *atener.*
Au, símbolo químico del *oro.*
auarita *adj.-com.* Antiguo habitante de la isla de La Palma.
I) auca (l. *oca*) *f.* Ánsar.
II) auca *adj.-com.* Indio de una parcialidad, rama de los araucanos, que vivía en territorio de la República Argentina. -2 *adj.* Relativo a esta parcialidad.
audacia (l.) *f.* Osadía, atrevimiento.
audaz (l. *audace*) *adj.* Osado, atrevido.
audazmente *adv. m.* Con audacia.
audi-, v. audio-.
audibilidad *f.* Posibilidad de ser oído.
audible *adj.* Oíble.
audición *f.* Acción de oír. 2 Concierto, recital o lectura en público: ~ *de cantos populares.* 3 Prueba que se hace a un artista. ◇ ANGLIC. por examen o revisión de cuentas.
audiencia *f.* Acto de oír los soberanos u otras autoridades a las personas que acuden a ellos: *dar ~; obtener ~.* 2 Acto de oír a una parte en un pleito. 3 Tribunal de justicia que entiende en los pleitos o causas de determinado territorio. 4 Distrito de su jurisdicción y edificio en que se reúne. 5 Público, auditorio, concurrencia; conjunto de radioyentes o telespectadores. 6 *Extr.* Ayuntamiento.
REL. *3* y *4* ~ ***provincial,*** la que tiene jurisdicción en lo penal en una provincia; ~ ***territorial,*** la que comprende varias provincias o una región histórica, y tiene jurisdicción esp. civil.
audífono (*audi-* + *-fono*) *m.* Aparato usado por los sordos para oír mejor los sonidos.
audímetro (*audi-* + *-metro*) *m.* Aparato que, acoplado a un receptor de radio o de televisión, permite medir la audiencia de los programas emitidos.
audio *m.* Lo relativo al sonido.
audio-, audi- (l.) Elemento prefijal que entra en la formación de palabras con el significado de oído, sonido, audición: *audiocirugía, audiómetro.*
audiocirugía (*audio-* + *cirugía*) *f.* Cirugía del oído.
audiofrecuencia (*audio-* + *frecuencia*) *f.* Frecuencia que tiene un movimiento vibratorio para que, al actuar sobre la membrana del oído, produzca una impresión sensitiva.
audiograma (*audio-* + *grama*) *m.* Grafía que representa la variación de agudeza del oído a distintas frecuencias.
audiometría (*audio-* + *metría*) *f.* Medida de la sensibilidad de los órganos del oído en las diferentes frecuencias del sonido.
audiómetro *m.* Instrumento que mide la agudeza auditiva.
SIN. **Acúmetro, acuómetro** (FIS).
audiovisual (*audio-* + *visual*) *adj.* [método de enseñanza] Basado en la utilización del oído y de la vista.
auditar *tr.* Ejercer la censura de cuentas.
auditivo, -va *adj.* Que tiene virtud para oír. 2 Relativo al órgano del oído. -3 *m.* Auricular.
auditor (l. *-tore*) *m.* ant. Oyente. 2 Revisor o inspector de cuentas.
REL. ~ ***de guerra,*** funcionario del cuerpo jurídico militar que informa sobre la interpretación o aplicación de las leyes y propone la resolución correspondiente a los procedimientos judiciales instruidos en el fuero militar. ~ ***de la nunciatura,*** asesor del nuncio en España, que conoce de las apelaciones de los ordinarios y metropolitanos. ~ ***de la Rota,*** prelado del tribunal romano de la Rota. ~ ***de marina,*** juez letrado que entiende en las causas del fuero de mar.
auditoría *f.* Empleo de auditor. 2 Tribunal o despacho del auditor. 3 Proceso que recurre al examen de libros, cuentas y registros de una empresa para precisar si es correcto el estado financiero de la misma, y si los comprobantes están debidamente presentados.
auditorio, -ria (l. *-iu*) *adj.* Auditivo. -2 *m.* Concurso de oyentes. 3 Local de gran capacidad destinado a reuniones y espectáculos públicos. 4 Parte del teatro destinada al público.
auditórium (l.) *m.* Auditorio (local).
auge (ár. *auch,* el punto más alto del cielo) *m.* Elevación grande en dignidad, fortuna, poder, etc. 2 Apogeo (ASTRON.).

augita (l. *-ites*) *f.* Piroxeno que se presenta en cristales monoclínicos de color verde obscuro o negro.
augur (l.) *m.* Sacerdote que en la ant. Roma practicaba la auguración. 2 p. ext. Persona que vaticina o adivina.
auguración (l. *-atione*) *f.* Arte supersticiosa de adivinar por el vuelo y el canto de las aves.
augurador, -ra *adj.* Que augura.
augural *adj.* Relativo al agüero o a los agoreros.
augurar (l. *-are*) *tr.* Agorar, predecir.
REL. Para matices de signif. v. **Adivinar.**
augurio (l. *-iu*) *m.* Agüero.
augustal *adj.* Relativo al emperador romano Augusto (63 a. C.-14 d. C.).
augustamente *adv. m.* Excelente, ilustre o eminentemente.
augusto, -ta (l. *-tu*) *adj.* Que infunde respeto y veneración por su majestad y excelencia. -2 *adj.-s.* Título de Octaviano César (63 a. C.-14 d. C.); lo llevaron después todos los emperadores romanos y sus mujeres. -3 *m.* Payaso, bufón.
aula (l.) *f.* Sala donde se imparten cursos o clases en un centro docente: ~ ***magna,*** la más grande e importante, gralte. destinada a actos solemnes. 2 poét. Palacio de un príncipe soberano.
SIN. *1* **Clase, cátedra.**
aulaga (probl. prerrom. *ajelaca;* a través del ár. *yulaga*) *f.* Tojo (arbusto). 2 ~ ***vaquera,*** planta muy ramosa, con ramillas de espinas cortas y axilares *(Ulex bœticus).*
aulagar *m.* Terreno poblado de aulagas.
SIN. **Argomal.**
aulario *m.* Conjunto de aulas de un centro de enseñanza. 2 Edificio destinado a aulas en un centro de enseñanza.
áulico, -ca (l. *-cu*) *adj.-s.* [pers.] Relativo a la corte o al palacio. -2 *m. f.* Cortesano o palaciego.
aulladero *m.* Lugar donde se juntan y aúllan los lobos.
aullador, -ra *adj.* Que aúlla. -2 *m.* Mono de América del Sur de la familia de los cébidos que tiene una cavidad resonadora en el hioides *(Alouatta seniculus).*
aullante *adj.* Que aúlla.
aullar (l. *ululare*) *intr.* Dar aullidos. ◇ ** CONJUG. [16] como *aunar.*
aullido, aúllo (de *aullar*) *m.* Voz triste y prolongada del lobo, el perro y otros animales.
aumentable *adj.* Que se puede aumentar.
aumentación *f.* RET. Especie de gradación en que el sentido va de menos a más.
aumentador, -ra, aumentante *adj.* Que aumenta alguna cosa.
aumentar (l. *augmentare*) *tr.* Dar mayor extensión, número o materia [a una cosa]: ~ *el sueldo a los empleados; el precio de las subsistencias aumenta.* 2 Adelantar o mejorar en conveniencias, empleos o riquezas.
SIN. v. **Crecer** y **ampliar.**
aumentativo, -va *adj.* Que aumenta. -2 *adj.-m.* GRAM. Sufijo que aumenta la significación del vocablo al que se une, bien sea en tamaño, bien en intensidad, bien en estimación por parte del que habla. A veces el aumento envuelve desestimación o menosprecio. -2 *m.* GRAM. Palabra formada con dicho sufijo. ◇ V. diminutivos y despectivos.
aumento *m.* Acrecentamiento. 2 Cantidad que se aumenta. 3 Adelantamiento o medro en conveniencias o empleos: *los aumentos del negocio.* 4 En los instrumentos ópticos, amplificación de la iamgen. 5 ~ ***temporal,*** en gramática griega, la vocal que se antepone a ciertos tiempos del pasado. 6 *Méj.* Posdata de una carta.
aun (l. *adhuc*) *adv. m.* Con el significado de *hasta, también, inclusive* (o *siquiera,* con negación), denota la idea de encarecimiento o ponderación: *te daré cien duros y ~ doscientos si quieres; no tengo yo tanto ni ~ la mitad.* 2 ~ ***cuando, loc. conj. conces.,*** aunque; **ACENTO. ◇ El mismo sentido concesivo se obtiene con gerundio o participio: *aun llegando tarde, le recibieron bien; escarmentado volvía a las andadas.*
aún (l. *adhuc*) *adv. t.* Todavía. 2 Puede usarse en correlación con *cuando*: *~ no había andado media legua, cuando le deparó la suerte un encuentro feliz* ** ACENTO.
aunable *adj.* Que puede aunarse.
aunar (v. *adunar*) *tr.-prnl.* Unir, confederar para algún fin: *~ los esfuerzos; aunarse para lograr el poder; aunarse con otro.* 2 Unificar. 3 Poner juntas o armonizar varias cosas. ◇ ** CONJUG. [16].
aunche *m. Colomb.* Anchi (residuo farináceo).
aunchi *m. Argent.* Aunche.
auniga *f.* Ave palmípeda de Filipinas, de pico más largo que la cabeza, delgado y hendido, el cuello muy largo y delgado, la cola larga y redondeada y las uñas corvas y robustas.
aunque *conj. conces.* Introduce una objeción real o posible a pesar de la cual puede ser, ocurrir o hacerse una cosa: *~ estoy malo, no faltaré a la cita; ~ severo, es justo.* 2 Puede usarse en correlación con adverbios como *todavía, con todo, donde, entonces,* etc., y alguna vez con *pero, empero* y *mas*: *~ muchos refranes no vienen a propósito, todavía dan gusto; ~ tienen mal aspecto, son, empero, muy dulces.* 3 Hace algunas veces el oficio de conj. coordinante adversativa: *no traigo nada de eso, ~ traigo otras cosas.* 4 ~ ***más, loc. conj.,*** por mucho que: *pero ~ más tendimos la vista, ni poblado ni persona, ni camino descubrimos.* ◇ Vulgarismo: *aunqué.*
¡aúpa! (voz descriptiva) Interjección, ¡upa!
FR. *De aúpa,* magnífico, importante, excelente: *vive en una casa de ~; son personas de ~.*
aupar (de *¡aúpa!*) *tr.* Levantar o subir [a una persona]. 2 fig. Ensalzar, enaltecer. ◇ ** CONJUG. [16] como ***aunar.***
auque (probabl. araucano) *m. Chile.* Greda blanca de la que se fabrica loza.
auqui (voz quechua) *m. Perú.* Operario que en las minas excava empleando barrenos.
I) aura (l.) *f.* lit. Viento suave y apacible. 2 fig. Aplauso, aceptación general. 3 Hálito, aliento, soplo. 4 fig. Atmósfera inmaterial que rodea a ciertos seres. 5 MED. Sensación o fenómeno particular que precede a una crisis de una enfermedad, en especial una ataque epiléptico.
II) aura *f.* Ave rapaz falconiforme diurna de América, de unos 80 cms. de longitud, con la cabeza desnuda en la parte anterior y los tarsos cortos *(Cathartes aura).*
SIN. **Gallinazo.**
auranciáceo, -a (l. *aurantia poma,* naranjas) *adj.* Parecido al naranjo. 2 [grupo de plantas] Hoy comprendido en la familia de las rutáceas.
aureana *f.* Mujer que se dedica a recoger las arenas de oro de los ríos Sil y Miño.
áureo, -a (l. *-eu*) *adj.* lit. De oro o parecido al oro. -2 *m.* Nombre de algunas monedas antiguas.
aureola, auréola (l., dorada) *f.* Círculo luminoso que suele figurarse detrás de las cabezas de las imágenes santas. 2 TEOL. Resplandor que corresponde en la gloria a cada estado y jerarquía. 3 fig. Gloria que alcanza una persona por sus méritos o virtudes. 4 Corona que en los eclipses de Sol rodea el disco lunar. 5 Aréola. 6 Mancha en forma de círculo.
SIN. *1* **Corona, diadema, lauréola, nimbo.**
aureolar *tr.* Adornar como con aureola. 2 fig. Glorificar.
aureolina *f.* QUÍM. Color amarillo utilizado en fotografía, para colorar la seda, el papel, etc.
aureomicina *f.* Antibiótico que se emplea contra las infecciones pulmonares y como factor de crecimiento. Se extrae de un hongo.
aurero *m. Cuba.* Lugar donde se reúnen muchas auras (ave).
aurgitano, -na *adj.-s.* De Aurgi, actual Jaén. 2 Jaenés.
auri-, auro- (l. *aurum,* oro) Elemento prefijal que entra en la formación de palabras con el significado de oro o en relación al color de éste: *auricianhídrico, aurifabrista.*
áurico, -ca *adj.* De oro: *cloruro ~.*
aurícula (l.; doble etim. *oreja*) *f.* Oreja (repliegue). 2 Cavidad cardíaca, situada sobre cada uno de los ventrículos, que recibe la sangre de las venas. 3 BOT. Prolongación de la parte inferior del limbo de las hojas.
auricular (l. *-are*) *adj.* Relativo al oído. 2 Relativo a la aurícula del corazón. -3 *adj.-m.* Dedo auricular o meñique. -4 *m.* En los aparatos telefónicos, dispositivo que se aplica al oído.
auriculoventricular *adj.* ANAT. Perteneciente o relativo a las aurículas y ventrículos del corazón.
auriense *adj.-com.* De Auria o Aregia, actual Orense. 2 Orensano.
aurífero, -ra (l. *auriferu*) *adj.* Que lleva o contiene oro.
auriga (l.) *m.* poét. Cochero. 2 Constelación boreal situada entre Géminis y Perseo.
aurígero, -ra (l. *aurigeru*) *adj.* Aurífero.
aurimelo *m. Perú.* Albaricoque, fruta.
aurina *f.* QUÍM. Substancia colorante, de color pardo amarillento, que se utiliza en fotografía, en fabricación de lacas rojas para los papeles de estaño, etc.

auriñaciense (de *Aurignac,* municipio de Francia) ***adj.-m.*** Etapa inicial de paleolítico superior.
aurívoro, -ra (*auri-* + *-voro*) ***adj.*** poét. Codicioso de oro.
auro-, v. auri-.
aurochs ***m.*** Uro, animal salvaje.
aurora (l.) ***f.*** Luz sonrosada que precede inmediatamente a la salida del sol: ***despuntar*** o ***romper la ~***, empezar a amanecer. 2 fig. Canto religioso que se entona al amanecer, antes del rosario, y con el que se da comienzo a la celebración de una festividad de la Iglesia. 3 fig. Principio o primeros tiempos de una cosa. 4 ~ ***polar (austral*** o ***boreal),*** meteoro luminoso, probablemente de origen eléctrico, visible sólo de noche, que aparece frecuentemente en las regiones árticas y antárticas. 5 fig. Hermosura del rostro; p. ext., el rostro sonrosado. 6 Bebida de leche de almendras y agua de canela. 7 Mariposa diurna de color blanco con una extensa área apical de color anaranjado en la cara superior de las alas anteriores, ausente en la hembra *(Anthocharis cardamines).* 8 Planta malvácea anual de hojas enteras o divididas en lóbulos y flores solitarias de color amarillo y con venas purpúreas; los pétalos son pubescentes *(Hibiscus trionum).* 9 ***Salsa ~***, la bechamel hecha con tomate concentrado. 10 *Bol.* Especie de chicha, bebida. 11 *Méj.* Ave trepadora, especie de periquillo chillador. 12 *Guat.* Especie de buharro, ave de rapiña.
auroral ***adj.*** Relativo a la aurora.
auroterapia (*auro-* + *-terapia*) ***f.*** MED. Crisoterapia.
aurragado, -da (vasc. *aurraca,* a empujones, de prisa) ***adj.*** [tierra] Mal labrado. ◇ También *haurragado.*
aurúspice ***m.*** Arúspice.
auscultación ***f.*** Acción de auscultar. 2 Efecto de auscultar.
auscultar (l. *-are;* doble etim. *escuchar*) ***tr.*** MED. Escuchar, aplicando el oído inmediatamente, o por medio de instrumentos adecuados, los sonidos que se producen en el cuerpo, esp. en el pecho y en el abdomen. 2 fig. Sondear [el pensamiento de otras personas, el estado de un negocio, la disposición ajena ante un asunto, etc.].
ausencia ***f.*** Acción de ausentarse o de estar ausente. 2 Efecto de ausentarse o de estar ausente. 3 Tiempo en que alguno está ausente. 4 Falta o privación de alguna cosa. 5 DER. Condición legal del ausente. 6 PSICO. Pérdida de la memoria o interrupción transitoria del pensamiento.
FR. *Guardar* a uno *buenas* o *malas ausencias,* hablar bien o mal de él.
ausentado, -da ***adj.*** Ausente.
ausentar (l. *absentare*) ***tr.*** Hacer que [uno] se aleje de un lugar. 2 fig. Hacer desaparecer [alguna cosa]. -3 ***prnl.*** Alejarse uno, esp. de la población donde reside.
ausente ***adj.-s.*** Que está separado de alguna persona o lugar, esp. de la población en que reside. 2 fig. Distraído, ensimismado. -3 ***m.*** DER. Persona de quien se ignora si vive todavía, y dónde está.
ausentismo ***m.*** Absentismo.
ausetano, -na (l. *-nu*) ***adj.-s.*** De Ausa, actual Vich, ciudad de Barcelona. 2 Vigitano.
ausoles ***m. pl.*** *Salv.* Grietas que se forman en los terrenos volcánicos. 2 *Amér. Central.* Géiser.
ausonense ***adj.*** Ausetano.
ausonio, -nia (l. *-iu*) ***adj.-s.*** De Ausonia, antigua región del centro de Italia. 2 p. ext. Italiano.
auspiciar ***tr.*** Predecir por la observación de las aves. 2 Proteger, patrocinar. ◇ ** CONJUG. [12] como ***cambiar.***
SIN. *1* v. **Adivinar.** *2* v. **Proteger.**
auspicio (l. *-iu* < *avis,* ave + *spicere,* observar) ***m.*** Agüero. 2 Protección, favor. -3 ***m. pl.*** Señales que en un negocio presagian su resultado. ◇ INCOR.: *bajo tales auspicios,* por con tales auspicios.
auspicioso, -sa ***adj.*** Que es prometedor o de buen augurio.
austeramente ***adv. m.*** Con austeridad.
austeridad (l. *-itate*) ***f.*** Calidad de austero. 2 Práctica austera.
austero, -ra (l. *-ru*) ***adj.*** Agrio, áspero al gusto. 2 Que obra y vive con rigidez y severidad. 3 Retirado, mortificado, penitente: *llevar una vida ~.* 4 Sobrio, morigerado, sencillo, sin ninguna clase de alardes. 5 Tratándose de cosas, sin adornos ni superfluidades: *una cosa ~, mobiliario ~.*
austral (l. *-ale*) ***adj.*** Relativo al austro, y, en gral., al polo y al hemisferio sur. -2 ***m.*** Unidad monetaria de Argentina.
australiano, -na ***adj.-s.*** De Australia, continente y nación insular del hemisferio austral de la Tierra, entre los océanos Índico y Pacífico. -2 ***adj.-m.*** Conjunto de lenguas habladas por los indígenas de este continente.
australopiteco ***m.*** Antropomorfo fósil de África del sur, que vivió hace más de un millón de años *(Australopithecus).*
austriaco, -ca, austríaco, -ca ***adj.-s.*** De Austria, nación del centro de Europa. 2 Partidario de la casa de Austria.
austrida ***adj.*** p. us. Austríaco.
austrino, -na ***adj.*** p. us. De la casa de Austria; relativo a ella.
austro (l. **austru*) ***m.*** Sur (punto cardinal y viento).
austro-, elemento prefijal que entra en la formación de palabras con el significado de austral o haciendo referencia a Austria y los austríacos: *austroafricano, austrohúngaro.*
austroafricano, na (*austro-* + *africano*) ***adj.*** Perteneciente o relativo al África austral.
austroasiático, -ca ***adj.-m.*** Conjunto de lenguas habladas en el sur de Asia.
austrohúngaro, ra (*austro-* + *húngaro*) ***adj.*** Perteneciente o relativo al antiguo imperio de Austria y de Hungría.
ausubo ***m.*** Árbol sapotáceo de las Antillas, de fruto comestible y madera dura que admite hermoso pulimento *(Sideroxylon mastichodendron).*
autarcía ***f.*** Autarquía económica, o autosuficiencia en general.
DERIV. Adj. **autárcico, -ca** y adv. **autárcicamente.**
I) autarquía (gr. *autárkeia*) ***f.*** Calidad del ser que se basta a sí mismo. 2 Organización económica que permite a un estado liberarse de las importaciones.
II) autarquía (gr. *autarchía*) ***f.*** Autocracia.
SIN. v. **Dictadura.**
I) autárquicamente ***adv. m.*** De manera autárquica o autosuficiente.
II) autárquicamente ***adv. m.*** Autocráticamente.
I) autárquico, -ca ***adj.*** Que se basta a sí mismo.
II) autárquico, -ca ***adj.*** Autocrático.
autenticación ***f.*** Acción de autenticar. 2 Efecto de autenticar.
auténticamente ***adv. m.*** Con autenticidad.
autenticar (de *auténtico*) ***tr.*** Autorizar o legalizar [una cosa]. 2 Dar fama, acreditar. 3 Dar fe de la verdad de un hecho o documento con autoridad legal. ◇ ** CONJUG. [1] como ***sacar.***
autenticidad ***f.*** Calidad de auténtico.
auténtico, -ca (l. *authenticu*) ***adj.*** Acreditado de cierto y positivo. 2 Autorizado o legalizado; que hace fe pública. -3 ***f.*** Certificación con que se testifica la identidad y verdad de alguna cosa. 4 Copia autorizada de alguna orden, carta, etc. 5 Constitución recopilada de orden de Justiniano (482-565), después del Código.
autentificar ***tr.*** Autenticar. ◇ ** CONJUG. [1] como ***sacar.***
autentizar ***tr.*** Autenticar. ◇ ** CONJUG. [4] como ***realizar.***
I) autillo ***m.*** DER. Auto particular del tribunal de la Inquisición, a distinción del general.
II) autillo (probl. de *a-ut,* onomat. del grito del ave) ***m.*** Ave rapaz estrigiforme, de tamaño y cabeza pequeños, color pardo grisáceo marmóreo, y canto monótono muy característico *(Otus scops).* 2 *La Alcarria.* fig. Gemido, monserga o sonsonete molesto.
SIN. *1* **Oto, úlula, zumaya.**
autismo ***m.*** Pérdida de contacto con el mundo exterior y la realidad, y repliegue de la persona sobre sí misma. Es una manifestación precoz de esquizofrenia.
autista ***adj.-com.*** Individuo afecto de autismo.
autístico, -ca ***adj.*** Perteneciente o relativo al autismo.
I) auto (v. *acto*) ***m.*** DER. Forma de resolución judicial, fundada, que decide cuestiones para las que no se requiere sentencia: ~ ***definitivo,*** el que impide la continuación de un pleito o deja resuelta alguna de las cuestiones litigiosas; ~ ***de oficio,*** el que provee el juez sin pedimento de parte; ~ ***interlocutorio,*** el que decide asunto accidental durante el curso del juicio; ~ ***para mejor proveer,*** el que el juez da espontáneamente en los casos dudosos, mandando practicar alguna diligencia. 2 ~ ***de fe,*** castigo público de los penitenciados por el tribunal de la Inquisición. 3 Composición dramática en que gralte. intervienen personajes bíblicos o alegóricos: ~ ***sacramental,*** el escrito en loor del misterio de la Eucaristía. -4 ***m. pl.*** Conjunto de las actuaciones o piezas de un procedimiento judicial: ***constar en autos,*** hallarse probada en ellos alguna cosa.
II) auto ***m.*** Forma abreviada de *automóvil.*
auto- (gr. *autós,* mismo, propio) Elemento prefijal que entra en la formación de palabras con el significado de uno mismo, propio, de por sí, de sí mismo; automóvil.
autoaccesorio (*auto-* + *accesorio*) ***m.*** Accesorio para el automóvil.
autoacusación (*auto-* + *acusación*) ***f.*** Situación delirante du-

rante la cual el sujeto se declara culpable de delitos que no ha cometido.

autoadhesión (*auto-* + *adhesión*) ***f.*** Adhesión de una cosa por simple contacto o ligera presión.

autoadhesivo, -va ***adj.-s.*** Que tiene la propiedad de adherirse por simple contacto o ligera presión.

autoagresión (*auto-* + *agresión*) ***f.*** Acción de dañarse a uno mismo.

autoanálisis (*auto-* + *análisis*) ***m.*** Análisis efectuado sobre uno mismo.

autoarranque (*auto-* + *arranque*) ***m.*** MEC. Puesta en marcha espontánea de una máquina sin utilizar ningún dispositivo especial ajeno a la misma.

autobiografía (*auto-* + *biografía*) ***f.*** Vida de una persona escrita por ella misma.

autobiográfico, -ca ***adj.*** Relativo a la autobiografía.

autobiógrafo ***m.*** Autor de una autobiografía.

autobombo (*auto-* + *bombo*) ***m.*** fest. Elogio desmesurado y público que hace uno de sí mismo.

autobús (fr. *autobus*) ***m.*** Ómnibus automóvil. ◇ Pl.: *autobuses.*

autocamión (*auto-* + *camión*) ***m.*** Camión (automóvil).

autocar (*auto-* + ing. *car,* vagón) ***m.*** Autobús, esp. para el servicio de carretera. ◇ Pl.: *autocares.*

autocarista ***m.*** Pasajero de un autocar.

autocarril ***m.*** *Chile, Nicar.* y *Parag.* Automóvil sin neumáticos que va por rieles. 2 *Bol., Chile* y *Nicar.* Autovía.

autocine (*auto-* + *cine*) ***m.*** Espacio o lugar al aire libre en el que se puede asistir a proyecciones cinematográficas sin salir del automóvil.

autocinesia (*auto-* + *-cinesia*) ***f.*** Aptitud para realizar movimientos voluntarios.

autoclave (*auto-* + *clave*) ***adj.*** Que se cierra por sí mismo. -2 ***f.*** Aparato para la esterilización por vapor, bajo presión y a temperaturas elevadas. 3 QUÍM. Cámara utilizada para llevar a cabo reacciones a alta presión y temperatura.

autoconsumo (*auto-* + *consumo*) ***m.*** ECON. Consumo final de bienes y servicios por el mismo productor.

autocontrol (*auto-* + *control*) ***m.*** Capacidad de control sobre sí mismo. 2 Método pedagógico en el que el alumno se evalúa a sí mismo.

autocopia (*auto-* + *copia*) ***f.*** Procedimiento para sacar diversas copias de un escrito o dibujo. 2 Copia obtenida de este modo.

autocopiar ***tr.*** Sacar diversas copias de un escrito mediante la autocopia. ◇ ** CONJUG. [12] como ***cambiar.***

autocopista ***f.*** Aparato que permite sacar varias copias de un escrito o dibujo, empleando para ello tinta especial y una prensa.

autocracia (gr. *autokráteia*) ***f.*** Forma de gobierno en la cual la voluntad de un solo individuo es la suprema ley.
SIN. v. **Dictadura.**

autócrata (gr. *autokratés*) ***com.*** Persona que ejerce autoridad ilimitada. 2 Título que tomaron los emperadores de Bizancio y de Rusia.

autocráticamente ***adv. m.*** De manera autocrática.

autocrático, -ca ***adj.*** Relativo al autócrata o a la autocracia.

autocrítica (*auto-* + *crítica*) ***f.*** Crítica de una obra por su autor. 2 Breve noticia crítica de una obra teatral, escrita por el autor de ella para que se publique antes del estreno. 3 Crítica que alguien hace de sí mismo o de una sociedad a la cual pertenece.

autocromo, -ma (*auto-* + *-cromo*) ***adj.*** [placa fotográfica] Que reproduce los colores.

autoctonía ***f.*** Calidad de autóctono.

autóctono, -na (gr. *autochthon* < *auto-* + *chthon,* tierra) ***adj.*** Originario del mismo país en que vive.
SIN. v. **Aborigen.**

autodecisión (*auto-* + *decisión*) ***f.*** Libre disposición de sus actos por parte de un pueblo o estado, sin coacción externa.

autodeterminación ***f.*** Autodecisión.

autodidacto, -ta (gr. *autodidaktos*) ***adj.-s.*** Que se instruye por sí mismo. ◇ La forma *autodidacta* se emplea tanto en masculino como en femenino.

autodino ***m.*** FÍS. Circuito en el cual los mismos elementos se utilizan como osciladores y detectores.

autodirección (*auto-* + *dirección*) ***f.*** AERON. Procedimiento que permite a un avión sin piloto, cohete, etc., efectuar un vuelo dirigido sin la intervención de ningún operador.

autodisciplina (*auto-* + *disciplina*) ***f.*** Disciplina establecida por los miembros de un grupo, a la cual se someten sin control exterior.

autodominio (*auto-* + *dominio*) ***m.*** Dominio sobre sí mismo.

autódromo (*auto-* + *-dromo*) ***m.*** Pista destinada a las carreras de automóviles.

autoedición (*auto-* + *edición*) ***f.*** INFORM. Acción de autoeditar. 2 INFORM. Efecto de autoeditar.

autoeditar (*auto-* + *editar*) ***tr.*** INFORM. Dejar dispuesto para su reproducción [un original] mediante técnicas informativas individuales.

autoencendido (*auto-* + *encendido*) ***m.*** En los motores, encendido espontáneo de una mezcla gaseosa.

autoescuela (*auto-* + *escuela*) ***f.*** Escuela de conductores de automóvil.

autoestop ***m.*** Manera de viajar que consiste en parar un coche en la carretera para pedir que éste le desplace gratuitamente.

autoestopismo ***m.*** Práctica del autoestop.

autoestopista ***com.*** Persona que practica el autoestop.

autoexcitación (*auto-* + *excitación*) ***f.*** ELECTR. Dispositivo que permite a una máquina eléctrica suministrarse la corriente continua que necesita para excitar el electroimán que constituye el inductor de la misma.

autofagia (*auto-* + *-fagia*) ***f.*** Nutrición de un organismo a expensas de su propia substancia.

autofecundación (*auto-* + *fecundación*) ***f.*** BOT. Fecundación que se efectúa por unión de dos elementos de distinto sexo pertenecientes a una misma planta.

autofinanciación (*auto-* + *financiación*) ***f.*** Financiación de una empresa que se hace aplicando parte de los beneficios al acrecentamiento de la misma empresa.

autofinanzamiento ***m.*** Autofinanciación.

autoflagelarse (*auto-* + *flagelar*) ***prnl.*** Flagelarse a uno mismo.

autogamia (*auto-* + *-gamia*) ***f.*** BOT. Fenómeno que consiste en la polinización de una flor por medio de su propio polen.
SIN. **Autopolinización.**

autógeno, -na (*auto-* + *-geno*) ***adj.*** Que se engendra a sí mismo. 2 [soldadura metálica] Que se hace sin mediación de materia extraña, fundiendo con el soplete las partes por donde ha de hacerse la unión.

autogestión (*auto-* + *gestión*) ***f.*** Método de administración basado en la participación de todos.

autogestionario, -ria ***adj.*** Propio o relativo a la autogestión.

autogiro (de *auto,* por automático + *giro*) ***m.*** Tipo de avión inventado por el ingeniero Juan de la Cierva (1896-1936) que tiene las alas sustituidas por una hélice que gira alrededor de un eje vertical, lo que permite al aparato aterrizar casi verticalmente.

autognosis (*auto-* + gr. *gnosis,* conciencia) ***f.*** Reflexión y conocimiento de sí mismo.

autogobierno (*auto-* + *gobierno*) ***m.*** Sistema de administración de los territorios que gozan de autonomía.

autogol (*auto-* + *gol*) ***m.*** DEP. Gol marcado en la propia portería.

autograbado (*auto-* + *grabado*) ***m.*** Procedimiento químico de grabado en hueco.

autografía (*auto-* + *-grafía*) ***f.*** Procedimiento para reproducir, mediante una piedra preparada al efecto, escritos o dibujos hechos sobre un papel en tinta grasa. 2 Oficina donde se autografía.

autografiar ***tr.*** Reproducir [un escrito o dibujo] por medio de la autografía. ◇ ** CONJUG. [13] como ***desviar.***

autográfico, -ca ***adj.*** Relativo a la autografía.

autógrafo, -fa (gr. *autógraphos* < *auto-* + *-grafo*) ***adj.-m.*** Escrito de mano de su mismo autor. -2 ***m.*** Firma de una persona famosa o notable.
SIN. **Hológrafo** u **ológrafo,** p. us. no tratándose de testamentos.

autoico, -ca ***adj.*** BOT. [vegetal] Que tiene inflorescencias masculinas y femeninas a la vez.

autoincompatibilidad (*auto-* + *incompatibilidad*) ***f.*** BOT. Incapacidad del polen de una planta para fecundar el gineceo de la misma.

autoinculpación (*auto-* + *inculpación*) ***f.*** Declaración voluntaria de haber cometido un delito que se desconocía.

autoinducción (*auto-* + *inducción*) ***f.*** Producción de una corriente inducida en un circuito, por una variación de corriente en el mismo.

autoinfección (*auto-* + *infección*) ***f.*** Infección causada en el organismo por gérmenes existentes en él que, aunque gralte. inocuos, adquieren de pronto virulencia.

autointoxicación (*auto-* + *intoxicación) f.* Intoxicación del organismo por productos que él mismo elabora y que debían ser eliminados.
autolesión (*auto-* + *lesión) f.* Acción de lesionarse a uno mismo.
autólisis (*auto-* + *-lisis) f.* Desintegración de las células debida a enzimas en un organismo muerto.
automación *f.* Automatización. ◇ Es un calco del ing. *automation*, en vez del correcto *automatización* que tiene en su apoyo los vocablos *autómata, automático, automatizar, automatismo*. El uso de *automación* exigiría un verbo *automar* inexistente. No es recomendable, por lo tanto, el empleo de este neologismo innecesario.
autómata (gr. *autómatos,* espontáneo) *m.* Instrumento o aparato que encierra dentro de sí el mecanismo que le imprime determinados movimientos. 2 Máquina que imita la figura y los movimientos de un ser animado. 3 fig. Persona que se deja dirigir por otra.
SIN. **Robot.**
automáticamente *adv. m.* De manera automática.
automaticidad *f.* Calidad de automático.
automático, -ca *adj.* Relativo al autómata. 2 fig. Maquinal o indeliberado. 3 Que obra o se regula por sí mismo: *freno ~*. 4 Que se produce indefectiblemente en determinadas circunstancias: *cese ~*. 5 Inmediato. -6 *m.* Botón a modo de corchete. -7 *f.* Ciencia que estudia la automatización y sus aplicaciones. 8 Conjunto de las técnicas desarrolladas con el fin de reducir y eliminar la intervención humana en la producción o en el funcionamiento de bienes y servicios. 9 Lavadora (máquina).
SIN. *2* v. **Espontáneo.**
automatismo *m.* Cualidad de automático. 2 Ejecución de actos sin intervención de la voluntad.
automatización *f.* Acción de automatizar. 2 Efecto de automatizar. 3 Funcionamiento automático de una máquina, o conjunto de máquinas, encaminado a un fin único, lo cual permite realizar con poca intervención del hombre una serie de trabajos industriales o administrativos o de investigación.
automatizar *tr.* Hacer automático [un mecanismo, un conjunto de máquinas, etc.]. 2 Someter a automatización [un procedimiento industrial o una serie de operaciones administrativas o de investigación]. 3 Convertir en automáticos o indeliberados [determinados movimientos o actos humanos]. 4 Aplicar la automática [a un proceso, a un dispositivo, etc.]. ◇ ** CONJUG. [4] como ***realizar.***
automedonte (de *Automedonte,* conductor del carro de Aquiles) *m.* fig. Auriga (cochero). 2 *Amér.* Chófer de autos de alquiler.
autometamorfismo (*auto-* + *metamorfismo) m.* GEOL. Conjunto de transformaciones químicas que se producen en una roca ígnea como consecuencia de los vapores emanados por la misma roca.
autómnibus (*auto-* + *ómnibus*) *m.* Autobús. ◇ Pl.: *autómnibus.*
automoción *f.* ANGLIC. Automovilismo.
automodelismo (*auto-* + *modelismo) m.* Reproducción de automóviles a escala reducida.
automotor, -ra (*auto-* + *motor*) *adj.* [aparato] Que se mueve sin la intervención de una acción exterior. 2 esp. [vehículo] De tracción mecánica. -3 *m.* Vehículo con motor de explosión o combustión que circula por la vía férrea.
SIN. *3* **Autovía.**
automotriz (*auto-* + *motriz*) *adj.-f.* Automotora.
automóvil (*auto-* + *móvil*) *adj.* Que se mueve por sí mismo. -2 *m.* Vehículo, movido generalmente por un motor de combustión interna, destinado al transporte por carretera *~* ***de carreras,*** el monoplaza, de línea ahusada, sin accesorios no esenciales, y con un motor muy potente, empleado para competición en pista; *~* ***eléctrico,*** el movido por uno o más motores eléctricos; *~* ***todo terreno,*** el apto para todo tipo de terreno
SIN. *2* Es frecuente darle el nombre gral. de **coche**; Amér., **carro.**
automovilismo *m.* Uso deportivo del automóvil. 2 Conjunto de conocimientos referentes a la construcción, funcionamiento y manejo de automóviles.
automovilista *adj.* Relativo al automóvil. -2 *com.* Persona aficionada al automovilismo.
automovilístico, -ca *adj.* Relativo al automóvil o al automovilismo.
automutilación (*auto-* + *mutilación) f.* Acción de mutilarse a uno mismo.
autónica (de *au*tomóvil + electr*ónica*) *f.* Electrónica aplicada al automóvil.
autonomía (gr.) *f.* Facultad de gobernarse por sus propias leyes. 2 Condición del individuo o entidad que de nadie depende en ciertos conceptos. 3 Capacidad máxima de un vehículo, esp. de un avión, para recorrer un espacio determinado sin repostarse. 4 Territorio español autónomo.
autonómicamente *adv. m.* De manera autónoma; con autonomía.
autonómico, -ca *adj.* Relativo a la autonomía.
autonomista *adj.-com.* [pers.] Partidario de la autonomía o que la defiende.
autónomo, -ma *adj.* Que goza de autonomía: *comunidad autónoma.*
CONTR. **Heterónomo.**
autopase (*auto-* + *pase) m.* DEP. Acción de quedarse un jugador con el balón, después de regatear a otro jugador, para comenzar o continuar un ataque.
autopiano *m. Cuba.* Pianola.
autopiloto (*auto-* + *piloto) m.* Aparato que automáticamente gobierna una aeronave para que no se aparte del rumbo fijado.
autopista (*auto-* + *pista*) *f.* Carretera acondicionada para que los vehículos automóviles puedan circular a gran velocidad y con gran seguridad: *~* ***de peaje,*** aquella en la que hay que pagar una tasa para poder utilizarla.
autoplastia (*auto-* + *-plastia) f.* CIR. Restauración de una parte destruida por la implantación de una parte análoga del mismo individuo.
autoplástico, -ca *adj.* Relativo a la autoplastia.
autopolinización (*auto-* + *polinización) f.* BOT. Autogamia.
autopropulsado, -da *adj.* Movido por autopropulsión.
autopropulsión (*auto-* + *propulsión*) *f.* Acción de trasladarse hacia adelante una máquina por su propia fuerza motriz.
autopsia (gr. *autopsia,* acción de ver por sus propios ojos) *f.* Disección de un cadáver para investigar las causas de la muerte. 2 fig. Examen detallado de alguna cosa.
SIN. **Necropsia** y **necroscopia**, ambos p. us.
autópsido, -da (*auto-* + gr. *opsis,* vista) *adj.* [mineral] Que tiene aspecto metálico.
autopullman (ingl.) *m.* Autocar grande y lujoso destinado al turismo.
autor, -ra (l. *auctore*) *m. f.* El que es causa de alguna cosa. 2 DER. En lo criminal, persona que comete el delito, o fuerza o induce a otras a ejecutarlo, o coopera a la ejecución por un acto sin el cual no se hubiera ejecutado. 3 Causante. 4 El que ha hecho alguna obra científica, literaria o artística. 5 Antig., el que cuidaba del gobierno económico de una compañía cómica.
autoría *f.* Calidad de autor, especialmente de una obra artística o científica: *los historiadores discuten la ~ de este poema.* 2 Empleo de autor en las antiguas compañías de teatro.
autoridad (l. *auctoritate*) *f.* Derecho o poder de mandar, regir, gobernar, promulgar leyes, etc.: *~ paterna; ~ del Sumo Pontífice.* 2 Persona revestida de este derecho o poder: *las autoridades locales.* 3 Crédito y fe que se da a una persona en determinada materia: *la ~ de un escritor; ser una ~*. 4 Texto que se cita en apoyo de lo que se dice: *diccionario de autoridades.* 5 Ostentación, fausto, aparato.
autoritariamente *adv. m.* De modo autoritario.
autoritario, -ria *adj.* Que se funda en la autoridad. -2 *adj.-s.* Partidario extremado del principio de autoridad. 3 Que impone a los demás su autoridad.
autoritarismo *m.* Sistema fundado en la sumisión incondicional a la autoridad. 2 Abuso que uno hace de su autoridad. 3 Dogmatismo.
autoritativo, -va *adj.* p. us. Que incluye o supone autoridad.
autorizable *adj.* Que se puede autorizar.
autorización *f.* Acción de autorizar. 2 Efecto de autorizar.
SIN. v. **Consentimiento.**
autorizadamente *adv. m.* Con autoridad. 2 Con autorización.
autorizado, -da *adj.* Digno de respeto o crédito por sus cualidades o circunstancias. 2 [espectáculo] Que está permitido para menores.
autorizador, -ra *adj.-s.* Que autoriza.
autorizamiento *m.* Autorización.
autorizante *adj.* Que autoriza.
autorizar (l. med. *auctorizare*) *tr.* Dar [a uno] facultad para hacer alguna cosa. 2 Dar fe el escribano o notario en un docu-

mento: ~ *un contrato.* 3 Aprobar o abonar [una cosa]: *la costumbre lo autoriza.* 4 Permitir. 5 Confirmar [una cosa] con autoridad, texto o testimonio: ~ *con su firma;* ~ *con más de veinticinco autores.* 6 Dar importancia y lustre [a una pers. o cosa]: *las armas autorizan; el oficio de rey a la persona autoriza.* ◇ ** CONJUG. [4] como ***realizar.***

autorradio (*auto- + radio* III) ***m.*** Receptor de radio III especialmente fabricado para ser instalado en automóviles.

autorreducción (*auto- + reducción*) ***f.*** TOPOGR. Propiedad de los taquímetros, y otros instrumentos, que miden directamente la distancia horizontal entre dos puntos situados en una pendiente.

autorregulable ***adj.*** Que es capaz de regularse por sí mismo.

autorregulación ***f.*** Acción de autorregularse. 2 Efecto de autorregularse.

autorregulador, -ra ***adj.*** Que se autorregula. 2 [sistema] Que produce autorregulación.

autorregularse (*auto- + regular*) ***prnl.*** Regularse por sí mismo.

autorretrato (*auto- + retrato*) ***m.*** Retrato de una persona hecho por ella misma.

autosatisfacción (*auto- + satisfacción*) ***f.*** Satisfacción de uno mismo.

autoservicio (*auto- + servicio*) ***m.*** Servicio que el cliente ejecuta por sí mismo en restaurantes o almacenes.

autosoma (*auto- + -soma*) ***m.*** Cromosoma que no está ligado al sexo y que por lo tanto está presente en el hombre y en la mujer.

auto-stop (ingl.) ***m.*** Autoestop.

auto-stopismo ***m.*** Autoestopismo.

auto-stopista ***com.*** Autoestopista.

autosuficiencia (*auto- + suficiencia*) ***f.*** Sensación de suficiencia propia. 2 Estado del que es capaz de satisfacer sus necesidades con sus propios medios. 3 Presunción.

autosuficiente ***adj.*** Que se basta a sí mismo. 2 Que habla o actúa con suficiencia.

autosugestión (*auto- + sugestión*) ***f.*** Sugestión que se produce en una persona independientemente de toda influencia extraña. CONTR. **Heterosugestión.**

autosugestionarse ***prnl.*** Sugestionarse a sí mismo.

autotilia ***f.*** ZOOL. Amputación de alguna parte del cuerpo por el propio animal.

autotomía (*auto- + -tomía*) ***f.*** Mutilación que se hacen algunos animales para huir de sus enemigos. 2 Autoamputación.

autotrófico, -ca ***adj.*** BOT. Que sintetiza las substancias alimenticias a partir de elementos simples.

autótrofo, -fa (*auto- + -trofo*) ***adj.*** Que se nutre por sí mismo. 2 [planta provista de clorofila] Que vive exclusivamente de alimentos minerales, sin necesitar el concurso de otros organismos.

autovacuna (*auto- + vacuna*) ***f.*** MED. Vacuna elaborada a base del germen que se aísla directamente del mismo proceso y enfermo que se va a tratar con ella.

autovía (*auto- + vía*) ***m.*** Automotor (vehículo). -2 ***f.*** Carretera de circulación rápida, con dos carriles en cada dirección, parecida a la autopista, aunque con cruces a nivel.

autumnal (l. *-ale*) ***adj.*** lit. Otoñal.

auvernia ***f.*** *Cuba.* Luisa, planta.

auxiliador, -ra ***adj.-s.*** Que auxilia.

auxiliante ***adj.*** Auxiliador.

I) auxiliar ***adj.-s.*** Que auxilia: *personal* ~; ~ ***de vuelo,*** persona destinada en los aviones a la atención de los pasajeros y de la tripulación. 2 ***Verbo*** ~, v. verbo. -3 ***m.*** Funcionario subalterno. 4 Profesor que substituía al catedrático o le ayudaba en su labor. 5 Profesional titulado que, siguiendo las instrucciones de un médico, asiste a los enfermos, y que está autorizado para realizar ciertas intervenciones de cirugía menor.
SIN. *1* **Aeromoza, azafata, empleada, sobrecargo.**

II) auxiliar (l. *-are*) ***tr.*** Dar auxilio [a una pers. o cosa]. 2 Ayudar a bien morir. 3 GRAM. Intervenir un verbo en la formación de los tiempos compuestos de otro verbo. ◇ ** CONJUG. [14].

auxiliaría ***f.*** Empleo que tenía el auxiliar (profesor).

auxiliatorio, -ria (de *auxiliar II*) ***adj.-f.*** DER. Despacho que daban los tribunales superiores para que se cumpliera lo ordenado por los inferiores.

auxilio (l. *-iu*) ***m.*** Ayuda, socorro, amparo: *prestar* ~; *pedir* ~. 2 DER. ***Impartir el*** ~, prestar auxilio una jurisdicción o autoridad a otra. 3 Interj. usada para pedir ayuda en toda clase de peligros.
SIN. **Ayuda, apoyo, favor,** para hacer o conseguir algo; **protección, amparo, refugio, socorro, escudo,** para librar de un peligro. Puede substituirse todos entre sí según las circunstancias; todos son intercambiables con **auxilio. Asistencia** significa normalmente ayuda, pero, por eufemismo, puede equivaler a socorro.

auxina ***f.*** Substancia de composición semejante a las hormonas y que es excretada por las plantas. Influye en los tropismos.

auxocito ***m.*** BIOL. Célula que ha comenzado la mitosis.

auxómetro ***m.*** FÍS. Instrumento para medir el poder amplificador de una lente o aparato óptico.

auyama (voz cumanagota) ***f.*** *Ant., Colomb.* y *Venez.* Calabaza.

avacado, -da (paras. de *vaca*) ***adj.*** [caballería] Que tiene mucho vientre y poco brío.

avadar (paras. de *vado*) ***intr.-prnl.*** Hacerse vadeable un río por mengua de su caudal.

avahar ***tr.*** Calentar con el vaho [una cosa]. -2 ***intr.-prnl.*** Echar de sí vaho.

avaí ***m.*** Mamífero primate arborícola de Madagascar de unos 40 cms. de longitud, más los 35 de la cola; es de costumbres nocturnas *(Avahi laniger).*

aval (fr.) ***m.*** Firma puesta al pie de un documento de crédito para responder de su pago en caso de no verificarlo la persona obligada a él. 2 p. ext. Documento firmado que responde de una persona en cualquier sentido.

avalador, -ra ***adj.-s.*** Que avala.

avalancha (fr. *avalanche*) ***f.*** Alud. 2 fig. Muchedumbre, multitud. 3 fig. Irrupción, tropel.

avalar ***tr.*** Garantizar [un documento de crédito] por medio de aval. 2 p. ext. Responder [de una persona] por aval. ◇ HOMÓF: *abalar* (v.).

avalentado, -da (paras.) ***adj.*** Propio del valentón.

avalentamiento ***m.*** p. us. Bravuconada, alarde de valentía.

avalentar ***tr.*** Dar ánimos, envalentonar [a una persona]. ◇ ** CONJUG. [27] como ***acertar.***

avalentonado, -da (paras.) ***adj.*** Valentón.

avalentonarse ***prnl.*** Hacer uno el valentón, jactarse.

avalista ***com.*** Persona que avala.

avallar ***tr.*** Cerrar con valla [una heredad].

avalorar ***tr.*** Dar valor [a una cosa]. 2 fig. Infundir ánimo [a una persona]. 3 Aumentar el valor o estimación de una cosa. SIN. V. **Valorar.**

avaluación ***f.*** Valoración.

avaluar ***tr.*** Valorar (poner precio). ◇ ** CONJUG. [11] como ***actuar.***

avalúo ***m.*** Valoración.

avambrazo ***m.*** Pieza de la armadura que cubre y defiende el antebrazo.

avancarga (de) ***loc. adj.*** [arma de fuego] Que se carga por la boca.

avance ***m.*** Acción de avanzar (mover y embestir). 2 Anticipo de dinero. 3 Avanzo. 4 En ciertos coches, parte anterior de la caja. 5 Fragmentos de un filme que se proyectan para anunciarlo. 6 ~ ***informativo,*** parte de una información que se adelanta y que tendrá ulterior desarrollo. 7 *Cuba.* Vómito. 8 *Chile.* Juego de pelota en el que cada adversario puede avanzar con ella hasta hacerla pasar del término propuesto. 9 *Méj.* Botín de guerra; robo, pillaje. ◇ GALIC. ***m. pl.,*** en la acep. de preliminares, primeros pasos; también en la de audacia, exceso, temeridad.

avancino, -na ***adj.*** *P. Rico.* Confianzudo.

avanecerse ***prnl.*** Acorcharse; apl. a la fruta. ◇ ** CONJUG. [43] como ***agradecer.***

avanguarda ***f.*** MIL. desus. Avanguardia.

avanguardia ***f.*** MIL. desus. Vanguardia.

avantal ***m.*** Devantal (delantal).

avante (b. l. *abante* < *ab,* de + *ante,* delante) ***adv. l. t.*** ant. Adelante [ús. act. en la marina].

avantrén (fr. *avant-train*) ***m.*** Juego delantero de los carruajes de artillería.

avanzada (de *avanzar*) ***f.*** Partida de soldados destacada para observar al enemigo y precaver sorpresas. 2 Cosa que antecede. 3 Minoría que extrema las tendencias ideológicas, políticas, literarias, artísticas, etc., de un grupo o movimiento más numeroso, o que anticipa las que después irán ganando adeptos.

avanzadilla ***f.*** Avanzada. 2 MAR. Muelle de poca anchura, firme en el fondo, sobre puntales, que se adentra en el mar. 3 MIL. Pequeña participación de soldados destacada para observar al enemigo, más adelantada que la avanzada.

avanzado, -da (de *avanzar*) *adj.* Hablando de edad, que tiene muchos años: ~ *de,* o *en, edad.* 2 Que se distingue por su audacia o novedad y se anticipa, gralte. en artes, pensamiento, política, etc.
avanzar (l. v. **abantiare;* v. *avante*) *tr.* inus. Mover o prolongar [una cosa] hacia adelante: *avanzó la mina.* -2 *intr.-prnl.* Ir hacia adelante, embestir: ~ *a, hacia,* o *hasta, las líneas enemigas;* ~ *por una calle; avanza,* o *se avanza, entre llamas.* 3 Acercarse a su fin un tiempo determinado: *la noche avanzaba; a medida que avanzaban las horas.* -4 *tr.* Proponer, adelantar, anticipar: ~ *una proposición,* ~ *el salario.* 5 Mejorar, hacer progresos. 6 Precipitar, acelerar. 7 *Colomb.* Ganar o tomar en la guerra. 8 *Cuba.* Vomitar. 9 *Méj.* Robar. ◇ ** CONJUG. [4] como ***realizar.***
avanzo (de *avanzar*) *m.* Balance (cómputo). 2 Presupuesto (cómputo anticipado).
avaramente *adv. m.* Avariciosamente.
avaricia (l. *-itia*) *f.* Afán de adquirir y atesorar riquezas.
SIN. **Avidez, codicia; tacañería, ruindad, cicatería, mezquindad, miseria, sordidez,** cuando el medio empleado es no gastar.
avariciosamente *adv. m.* Con avaricia.
avaricioso, -sa *adj.* Avariento.
avarientamente *adv. m.* Avariciosamente.
avariento, -ta *adj.-s.* Que tiene avaricia.
avariosis *f.* Sífilis.
avaro, -ra (l. *-ru*) *adj.-s.* Avariento. 2 fig. Que reserva, oculta o escatima alguna cosa.
ávaro, -ra *adj.-m.* Lengua chechenolesgiana, hablada en el nordeste del Cáucaso.
avasallador, -ra *adj.-s.* Que avasalla.
avasallamiento *m.* Acción de avasallar o avasallarse. 2 Efecto de avasallar o avasallarse.
avasallar (paras.) *tr.* Sujetar o someter a obediencia. 2 Atropellar, actuar a despecho de los derechos ajenos. -3 *prnl.* Hacerse súbdito o vasallo de un rey o señor. 4 Someterse por impotencia o debilidad al que tiene poder o valimiento.
SIN. v. **Dominar.**
avatar (sánscr. *avatara,* descenso) *m.* Nombre, en la India, de las encarnaciones de Visnú. 2 Reencarnación, transformación. 3 Cambio, fase, vicisitud. ◇ Úsase más en plural.
¡ávate! Interjección ¡cuidad! ¡que viene!
avatí *m.* Abatí, maíz.
ave (l.) *f.* Animal de la clase de las aves: ~ ***de cuchar,*** zancuda palmípeda cuyo pico afecta la forma de una cuchara; ~ ***de las tempestades,*** petrel; ~ ***de paso,*** la que en ciertas estaciones del año se muda de una región a otra; ~ ***de rapiña,*** rapaz; ~ ***fría*** (también *avefría, quincineta* y *frailecillo*), ave caradriforme de color blanco y verde con un moño eréctil de cinco o seis plumas encorvadas *(Vanellus vanellus);* ~ ***tonta*** o ***zonza,*** pájaro del tamaño del gorrión que se deja coger con facilidad; fig., persona descuidada, simple, sin viveza; ~ ***del Paraíso*** (también *manucodiata* y *pájaro del sol*), ave paseriforme de cabeza dorada y garganta azul, con dos grupos de plumas largas colgando a ambos lados del cuerpo; ~ ***Fénix,*** constelación austral situada entre Erídano y la Grulla. 2 ~ ***del Paraíso,*** planta musácea perenne cuyas flores están rodeadas por una vaina en forma de quilla, y recuerdan, por su forma, un ave en vuelo *(Strelitzia reginae).* -3 *f. pl.* Clase de vertebrados ovíparos, de sangre caliente, corazón con cuatro cavidades, circulación doble y completa, respiración pulmonar, pico córneo, cuerpo cubierto de plumas y extremidades torácicas en forma de alas
REL. *1* y 3 Parte de la Zoología que trata de las aves, **ornitología; ornitólogo,** el que se dedica a ella; conjunto de diversas aves, **volatería.**
¡Ave María! Expr. con que se denota asombro o extrañeza. 2 Saludo empleado al llamar o entrar en una casa: *¡Ave María Purísima! ¡Ave María!*
avecasina *f. Chile.* Becada.
avechucho *m.* Ave de figura desagradable. 2 fig. *y* fam. Sujeto despreciable.
avecilla *f.* Dim. de *ave.* 2 ~ ***de las nieves,*** aguzanieves.
avecinar (paras. de *vecino*) *tr.-prnl.* Acercar. 2 Avecindar (admitir).
avecindamiento *m.* Acción de avecindarse. 2 Efecto de avecindarse. 3 Lugar en que uno está avecindado.
avecindar (*a-* I + ant. *vecindar*) *tr.* Admitir [a uno] en el número de vecinos de un pueblo. -2 *prnl.* Establecerse en algún pueblo en calidad de vecino. 3 inus. Avecinarse, acercarse. 4 Arraigar o estar de asiento.
avefría *f.* Ave fría.
avejancarse *prnl. Colomb.* Avejentarse. ◇ ** CONJUG. [1] como ***sacar.***
avejentar (paras.) *tr.* Poner [a uno] viejo antes de serlo.
SIN. **Aviejar; revejecer,** se usa sólo como intr. y prnl.
avejigar (paras.) *tr.-prnl.* Levantar vejigas o ampollas [sobre una cosa]. ◇ ** CONJUG. [7] como ***llegar.***
avellana (l. *avellana nux* < *Avella* o *Abella,* c. de Campania) *f.* Fruto del avellano. 2 Carbón mineral de la cuenca de Puertollano, lavado y clasificado, cuyos trozos han de tener un tamaño reglamentario. 3 Rebanadita redonda cortada en un filete, brazuelo o pierna de cordero. 4 *And., Extr.* y *Murc.* Cacahuete. 5 *Perú.* Cohete volador que estalla con estruendo.
avellanado, -da *adj.* Que tiene color de avellana. 2 Arrugado, enjuto. -3 *m.* Acción de avellanar una pieza. 4 Efecto de avellanar una pieza. -5 *adj. Colomb.* [coco] Que se ha secado completamente por dentro.
avellanador *m.* Barrena para avellanar.
avellanal, -nar *m.* Terreno poblado de avellanos.
avellanar (de *avellana*) *tr.* Ensanchar en forma de embudo [los agujeros] para los tornillos, a fin de que la cabeza de éstos quede embutida en la pieza taladrada. -2 *prnl.* Arrugarse y ponerse enjuta una persona o cosa.
avellanate *m.* Guiso o pasta con avellanas.
avellaneda *f.* Avellanedo.
avellanedo *m.* Avellanal.
avellanero, -ra *m. f.* Persona que vende avellanas. -2 *f.* Avellano.
avellano *m.* Arbusto o arbolillo coriáceo, de hojas acorazonadas y aserradas, que crece en los bosques de las regiones templadas y se cultiva por su fruto, que es una núcula de pericarpio leñoso con una semilla redondeada y comestible *(Corylus avellana).* 2 Madera de este arbusto. 3 ~ ***índico,*** almendro de la India. -4 *adj.* Avellanado.
REL. **Nochizo,** ~ *silvestre.* En Cuba se da el nombre de avellano, a las especies *Omphalia triandra* y *O. nucifera*; en Chile, al nebú (*Guevinia avellana*).
avemaría (l. *ave,* voz empleada como saludo + *María,* nombre de la Virgen) *f.* Oración compuesta de las palabras con que el arcángel San Gabriel saludó a la Virgen, de las que dijo Santa Isabel y de otras que añadió la Iglesia. 2 Cuenta pequeña de rosario. 3 Ángelus. 4 ***Al*** ~, al anochecer; ***en un*** ~, en un instante.
SIN. *1* **Salutación angélica.**
avena (l.) *f.* Planta graminácea, de espigas colgantes, cuyo grano se da como pienso a las caballerías *(Avena sativa).* 2 Grano de esta planta. 3 ~ ***alta,*** gramaní. 4 ~ ***borde*** o ***caballuna,*** hierba erecta anual de hojas planas y flores en espículas *(Avena sterilis).* 5 ~ ***loca,*** ballueca. 6 lit. Zampoña (instrumento de viento).
avenado, -da *adj.* Que tiene vena de loco.
avenal *m.* Terreno sembrado de avena.
avenamiento *m.* Acción de avenar. 2 Efecto de avenar.
avenar (paras. de *vena*) *tr.* Dar salida al agua [de los terrenos húmedos] por medio de zanjas.
avenate *m.* Bebida hecha de avena mondada y cocida en agua.
avenazo *m.* Mala hierba, avena loca, cizaña.
avendajar *intr. Colomb.* Vender con descuento.
avenenar *tr.* Envenenar.
avenerado, -da *adj.* En forma de venera. V. bóveda avenerada.
avenencia (de *avenir*) *f.* Convenio, transacción. 2 Conformidad y unión.
avenible *adj.* Que puede avenirse.
aveníceo, -a *adj.* Relativo a la avena.
avenida (de *avenir*) *f.* Creciente impetuosa de un río o arroyo. 2 Concurrencia de varias personas o cosas. 3 Camino que va a un pueblo o paraje determinado. 4 Vía ancha con árboles a los lados. 5 MIL. Desfiladero, barranco, camino, etc., que conduce a una plaza fuerte, campamento o posición. 6 *Ar.* Avenencia, convenio, conformidad. 7 *Cuba.* Noticia.
SIN. **Venida, llena, crecida, desbordamiento, inundación.,** Tratándose de un río, **riada, arriada** (p. us.); de un torrente, **torrentada;** de un arroyo, **arroyada.**
avenido, -da (de *avenir*) *adj.* [con los adv. *bien* o *mal*] Concorde o al contrario.
avenidor, -ra *adj.-s.* Que media entre dos o más sujetos, para conciliar sus diferencias.
aveniente *adj.* Que aviene.
avenimiento *m.* Acción de avenir o avenirse. 2 Efecto de avenir o avenirse.
avenir (l. *advenire,* llegar) *tr.* Conciliar, ajustar [las partes dis-

cordes]: ~ *uno a los adversarios; los adversarios se avinieron.* -2 ***prnl.*** Entenderse bien una persona con otra: *me avengo con cualquiera;* esp., ponerse de acuerdo en materia de opiniones o pretensiones: *se avino con el rey de Francia.* 3 Hablándose de cosas, hallarse en armonía o conformidad: *estas costumbres no se avienen con los principios cristianos.* -4 ***intr.*** ant. Suceder, efectuarse un hecho: *esto es lo que avino a la armada.* ◇ ** CONJUG. [90] como ***venir.*** En la forma intr., hoy poco usual, es impersonal y se usa en infinitivo y en las terceras personas de singular y plural.

aventación ***f.*** *Argent.* y *S. Dom.* Aventamiento, timpanismo.

aventadero ***m.*** *Colomb.* Mina formada por las aguas a un nivel superior a la sabana. 2 *Perú.* MIN. Depósito aurífero de acarreo, de origen glaciar.

aventado, -da ***adj.*** Atolondrado. 2 *Colomb.* y *Perú.* Arrojado, audaz, atrevido. 3 *Venez.* Muerto de modo violento.

aventador, -ra ***adj.-s.*** Que avienta los granos: *máquina aventadora.* -2 ***m.*** Bieldo. 3 Ruedo pequeño, gralte. de esparto, para aventar el fuego y otros usos. 4 MIN. Válvula de suela de las bombas.

SIN. *3* **Soplador, baleo, soplillo.**

aventadura (de *aventar*) ***f.*** Especie de tumor que padecen las caballerías.

aventajadamente ***adv. m.*** Con ventaja.

aventajado, -da ***adj.*** Que aventaja [a lo ordinario o común en su línea]: *alumno ~; estatura aventajada.* 2 Provechoso, conveniente. -3 ***m.*** ant. Soldado que tenía ventaja en el sueldo.

aventajamiento ***m.*** Ventaja.

aventajar (paras.) ***tr.-prnl.*** Conceder alguna ventaja o preeminencia: ~ *a los hijos; me veo en los principios de aventajarme.* 2 Anteponer, preferir: *aventajé sus deseos a mis intereses.* 3 Llevar ventaja, exceder: *aventajaba, o se aventajaba, a cuantos artistas le habían precedido.*

SIN. *3* v. **Sobresalir,** en su uso prnl.

aventamiento ***m.*** Acción de aventar.

aventar ***tr.*** Dirigir una corriente de aire [a una cosa]. 2 Echar al viento [una cosa, esp. los granos en la era para limpiarlos]. 3 Impeler el viento [una cosa]. 4 fig. Echar o expulsar [a uno]. -5 ***prnl.*** Llenarse de viento algún cuerpo. 6 fig. Huir, escapar. -7 ***tr.*** *Cuba.* Exponer [el azúcar] al aire y al sol. -8 ***prnl.*** *Extr.* y *P. Rico.* Tratándose de carnes comestibles, empezar a corromperse. 9 *Colomb.* Arrojarse, lanzarse sobre alguna persona o cosa. ◇ ** CONJUG. [27] como ***acertar.*** ◇ HOMÓF. *habiente* (v.).

aventear ***tr.*** *Venez.* Ventear.

aventón ***m.*** *Méj.* Rempujón.

aventura (l. *adventura,* cosas que han de suceder < *advenire,* suceder) ***f.*** Suceso o lance extraño. 2 Casualidad, contingencia. 3 Riesgo, peligro inopinado; empresa de resultado incierto. 4 Relación sexual esporádica entre una persona casada y un tercero. 5 *Cuba.* Cuarta cosecha que puede obtenerse del maíz.

aventurado, -da ***adj.*** Arriesgado, atrevido, inseguro.

aventurar (de *aventura*) ***tr.-prnl.*** Arriesgar, poner en peligro: ~ *un capital; me aventuré por aquellos andurriales.* 2 Decir [una cosa atrevida o de la que se duda]: ~ *una suposición.*

SIN. v. **Atrever.**

aventureramente ***adv. m.*** A la buena ventura. 2 A modo de aventurero.

aventurerismo ***m.*** Afición a la aventura.

aventurero, -ra ***adj.-s.*** Que busca aventuras, que vive una vida de aventuras. 2 Que entraba voluntariamente en la milicia y servía a su costa al rey. 3 [pers.] Que por medios reprobados trata de conquistar en la sociedad un puesto que no le corresponde. -4 ***m. f.*** Que sin obligación va a vender cualquier género a algún lugar. -5 ***adj.*** *Cuba* y *Méj.* [fruto] Que se produce fuera de su estación. 6 *Méj.* [trigo] Que se siembra en secano. -7 ***m.*** *Méj.* Mozo que se alquilaba ocasionalmente para conducir animales.

SIN. *1, 2* y *3* **Venturero.**

aventurismo ***m.*** Tendencia a actuar en política sin la suficiente prudencia.

aventurista ***adj.-s.*** Que practica el aventurismo.

average ***adj.-m.*** DEP. Promedio.

averdugar ***tr.*** VETER. Apretar o ajustar con exceso herraduras hasta causar lesión [al caballo]. ◇ ** CONJUG. [7] como ***llegar.***

avergonzar (paras; fact.) ***tr.*** Causar vergüenza [a uno]. 2 fig. Superar en perfección o dejar atrás [una cosa]. -3 ***prnl.*** Tener o sentir vergüenza: *avergonzarse de pedir; avergonzarse por sus acciones.* ◇ ** CONJUG. [51].

SIN. **Encoger(se), correr(se), empachar(se), ruborizar, sonrojar, abochornar, sofocar.** v. **Vergüenza.**

I) avería ***f.*** Lugar donde se crían aves. 2 Averío.

II) avería (ár. *auaría,* daño) ***f.*** Daño sufrido por un buque o su carga, y, p. ext., el sufrido por cualquier mercadería transportada o almacenada: ~ ***gruesa,*** daño que deliberadamente se causa a un buque o su carga para salvarlos o preservar a otros buques. 2 Desperfecto en un aparato, instalación, vehículo, etc.

averiar (de *avería*) ***tr.*** Producir avería [en una máquina, vehículo, etc.]: *el choque averió el motor.* -2 ***prnl.*** Echarse a perder o estropearse una cosa. ◇ ** CONJUG. [13] como ***desviar.***

averiguable ***adj.*** Que se puede averiguar.

averiguación ***f.*** Acción de averiguar. 2 Efecto de averiguar.

averiguadamente ***adv. m.*** Seguramente.

averiguado, -da ***adj.*** *P. Rico.* Averiguador, curioso.

averiguador, -ra ***adj.-s.*** Que averigua.

averiguamiento ***m.*** Averiguación.

averiguar (l. *ad* + *verificare,* verificar) ***tr.*** Inquirir, indagar [la verdad de una cosa]: ~ *las causas, las dudas;* ~ *quién sea una persona;* ~ *si sucedió una cosa;* ***averiguarse con alguno,*** sujetarle o reducirle a razón, entenderse con él: *no hay quien se averigüe con Manuel.* -2 ***intr.*** *Amér. Central* y *Méj.* Discutir, porfiar. ◇ ** CONJUG. [22].

averigüetas ***adj.*** *Colomb.* Indagador, fisgón.

averío ***m.*** Conjunto de muchas aves domésticas.

averno (l. *-nu*) ***m.*** Infierno.

averroísmo ***m.*** Sistema filosófico de Averroes (1126-1198).

averroísta ***adj.-com.*** Partidario del averroísmo.

averrugado, -da ***adj.*** Que tiene muchas verrugas.

averrugarse (paras.) ***prnl.*** Llenarse de verrugas. ◇ ** CONJUG. [7] como ***llegar.***

aversión (l. *-sione*) ***f.*** Odio, repugnancia.

SIN. v. **Antipatía.**

Avesta ***n. pr.*** Conjunto de los libros sagrados de la religión de Zoroastro (¿660-583? a. C.).

avéstico, -ca ***adj.*** Perteneciente o relativo al Avesta. -2 ***adj.-m.*** Lengua perteneciente al grupo iranio antiguo, hablada en la antigüedad en el este de Irán, en la que está escrito el Avesta.

avestrucera ***f.*** *Argent.* Boleadoras que sirven para cazar avestruces.

avestruz (l. *avis struthius* < gr. *strouthos*) ***m.*** Ave estruciforme de África y Arabia, la mayor de las conocidas, de patas largas y robustas con sólo dos dedos, y cabeza y cuello casi desnudos, muy largo este último *(Struthio camelus).* 2 ~ ***de América,*** ñandú.

avetado, -da (paras.) ***adj.*** Que tiene vetas.

avetarda ***f.*** Avutarda.

avetorillo ***m.*** Ave ciconiforme palustre, de pequeño tamaño, pico amarillento y patas verdes *(Ixobrychus minutus).*

avetoro ***m.*** Especie de garza que en la época del celo produce un sonido que recuerda el mugido del toro *(Botaurus stellaris).*

avezar (del ant. *bezo,* costumbre, der. del l. *vitiu,* defecto) ***tr.-prnl.*** Acostumbrar. ◇ ** CONJUG. [4] como ***realizar.***

SIN. v. **Acostumbrar.**

aviación (de *ave;* más dir., del fr.) ***f.*** Locomoción aérea por medio de aparatos más pesados que el aire. 2 Cuerpo militar que utiliza los aviones para la guerra. 3 *Cuba.* Aventura de amores fáciles. 4 *Cuba.* Fiesta orgiástica, juerga.

I) aviador, -ra ***adj.-m.*** [pers.] Que dirige o tripula un aparato de aviación. -2 ***m.*** Soldado de aviación (cuerpo militar).

II) aviador, -ra ***adj.-s.*** Que avía o prepara una cosa. -2 ***m.*** Barrena que usan los calafates. 3 *Amér.* El que costea labores de minas, o presta dinero o efectos a labrador, ganadero o minero.

aviajado ***adj.-m.*** ARQ. Arco aviajado.

aviamiento ***m.*** Avío (prevención).

I) aviar ***adj.*** Aviario.

II) aviar (paras. de *vía*) ***tr.*** Tratándose de viajes, prevenir o preparar [una cosa] o proveer de lo necesario [a una persona]: ~ *un baúl; me avió con mil pesos;* en gral., proporcionar a uno [lo que le hace falta] para algún fin: *le avié de muebles.* 2 fam. Arreglar, aprestar: ~ *a una persona; se aviaban con esmero para salir;* ~ *una habitación.* -3 ***abs.*** fam. Despachar, apresurar la ejecución [de lo que se está haciendo]: *prevenidles que avíen.* 4 fam. ***Estar uno aviado,*** estar rodeado de dificultades y contratiempos. -5 ***tr.*** *Amér.* Prestar dinero o efectos [a labrador, ganadero o minero]. 6 *Chile.* Costear las labores de una mina para que continúe la explotación de la misma, a fin de resarcirse de los présta-

mos hechos a su dueño. ◇ ** CONJUG. [13] como *desviar.* ◇ HOMÓF.: *abiar.*
aviario, -ria *adj.* Relativo a las aves, y esp. a sus enfermedades. -2 *m.* Colección de aves distintas, ya vivas, ya disecadas, ordenada para exhibición o estudio.
Avicena *n. pr.* Célebre médico árabe (980-1037) cuyo recuerdo perdura en algunos refranes, p. ej., *más mató la cena, que sanó ~.*
aviceptología *f.* Arte o tratado de la caza de aves.
avícola *adj.* Relativo a la avicultura.
avícula *f.* Molusco bivalvo, especie de madreperla que vive a poca profundidad *(Avicula tarentina).*
avicultor, -ra *m. f.* Persona que se dedica a la avicultura.
avicultura (l. *avis,* ave + *cultura*) *f.* Técnica de criar las aves y aprovechar sus productos.
ávidamente *adv. m.* Con avidez.
avidez (de *ávido*) *f.* Ansia, codicia.
ávido, -da (l. *-du*) *adj.* Ansioso, codicioso.
aviejar (paras. de *viejo*) *tr.* Avejentar.
avienta *f.* Aventamiento del grano.
aviento *m.* Bieldo. 2 Instrumento para cargar la paja en los carros.
aviesamente (de *avieso*) *adv. m.* Siniestra o perversamente.
avieso, -sa (l. *aversu,* desviado) *adj.* Torcido, irregular. 2 fig. Perverso o mal inclinado.
avifauna (de *ave* + *fauna*) *f.* Conjunto de las aves de un país o región.
avifáunico, -ca *adj.* Relativo a la avifauna.
avigorar *tr.* Vigorar.
avilantarse *prnl.* Insolentarse.
avilantez (del ant. *avinanteza,* de *avenirse,* adaptarse; a través del cat; quizá con cruce de *vil*) *f.* Audacia, insolencia.
avilar *tr.* desus. Envilecer.
avilés, -lesa *adj.-s.* De Ávila, ciudad y provincia perteneciente a la comunidad autónoma de Castilla-La Mancha.
SIN. **Abulense.**
avilesino, -na *adj.-s.* De Avilés, ciudad de Asturias.
avillanado, -da *adj.* Que parece villano o de villano.
avillanamiento *m.* Acción de avillanar o avillanarse. 2 Efecto de avillanar o avillanarse.
avillanar (paras.) *tr.* Hacer que [uno] proceda como villano.
avinagradamente *adv. m.* fig. Agriamente, con desabrimiento.
avinagrado, -da *adj.* fig. De condición acre y desabrida.
avinagrar (paras. de *vinagre*) *tr.* Poner agria [una cosa, esp. el vino]. -2 *prnl.* fig. Volverse áspero el carácter de una persona: *avinagrarse el genio.*
SIN. *1* V. **Acedar;** QUÍM., tratándose del vino, **acetificar(se).**
avinca (quechua) *f.* Especie de calabaza del Perú *(gén. Cucurbita).*
aviñeira *m.* Molusco lamelibranquio marino, de concha de gran tamaño con la valva superior plana y coloración pardo-rojiza *(Peten maximus).*
aviñonense *adj.-s.* Aviñonés.
aviñonés, -esa *adj.-s.* De Aviñón, capital del departamento francés de Vaucluse.
avío (de *aviar*) *m.* Prevención, apresto. 2 Provisión que los pastores llevan al hato. -3 *m. pl.* Utensilios necesarios para algo. 4 Conveniencia, interés o provecho personal. 5 *¡Al ~!* loc. con que se excita a uno a apresurarse en la ejecución de algo. -6 *m. Amér.* Préstamo en dinero o efectos que se hace a labrador, ganadero o minero. 7 *Chile* y *Perú.* Silla y aparejo del caballo. 8 *Ecuad.* y *Méj.* Caballería que sirve para un viaje.
I) avión (del ant. *gavión* < l. *gavia*) *m.* Ave paseriforme parecida a la golondrina, de color negro azulado, con una mancha de color blanco en el obispillo, y también blanco en el vientre *(Delichon urbica).*
II) avión (de *ave;* más dir., del fr.) *m.* Vehículo de transporte aéreo más pesado que el aire: *~ **comercial,*** el destinado a transporte de pasaje y carga; *~ **de caza,*** o simplemente *caza,* el muy veloz y de pequeño tamaño, dedicado pralte. a reconocimientos y combates aéreos; *~ **de bombardeo** (o bombardero),* el dedicado a bombardear objetivos situados en tierra; *~ **de reacción,*** el impulsado por motores de reacción. 2 *Amér.* Cometa (armazón).
avioneta *f.* Avión pequeño, de características especiales. 2 *~ **cigüeña,*** avioneta de vuelo lento.
aviónica *f.* Disciplina que se ocupa del estudio de todos los datos útiles a la navegación aérea con el fin de mejorar el transporte y reducir costos superfluos.
avisacoches *m.* Persona que, mediante una gratificación se encarga de avisar al conductor de un automóvil estacionado cuando el dueño lo requiere. ◇ Pl.: *avisacoches.*
avisadamente *adv. m.* Con prudencia o sagacidad.
avisado, -da *adj.* Prudente, sagaz. -2 *adj.-m.* TAUROM. Toro que atiende a cuanto se mueve en la plaza, haciendo peligrosa su lidia. *2 Mal ~,* que obra irreflexivamente.
avisador, -ra *adj.-s.* Que avisa. -2 *m. f.* Persona que lleva avisos de una parte a otra.
SIN. *2* **Llamador.**
avisaje *m. Perú.* En periodismo, espacio que ocupa un aviso o anuncio en el periódico.
avisar (del fr. *aviser,* de *avis,* opinión, del l. *mihi visum est,* me ha parecido) *tr.* Dar noticia [a uno] de algún hecho: *~ a su criado;* dar noticia [de algún hecho] a uno: *avísame lo que hayas decidido.* 2 Advertir, aconsejar: *avisa a tu hijo cuando sea necesario; te aviso que no digas nada a nadie.* 3 Llamar [a alguien] para que preste un servicio: *~ al médico.* 4 Prevenir a alguien de alguna cosa: *avisaré a mis padres que no voy a cenar.* -5 *prnl. P. Rico.* Hacer anunciarse a otra persona para ser recibido por ella.
avisero *m. Perú.* Chico que reparte programas y volantes comerciales. 2 *Perú.* En las imprentas de los diarios, operario encargado de componer los avisos o anuncios.
aviso *m.* Acción de avisar. 2 Efecto de avisar. 3 Escritos, palabras, etc., con que se avisa: *~ al público.* 4 Prudencia, discreción: ***estar sobre ~,*** estar prevenido. 5 Buque de guerra pequeño y muy ligero, para llevar órdenes, la correspondencia, etc. 6 TAUROM. Advertencia que hace la presidencia de la corrida al espada, cuando éste prolonga la faena de matar más tiempo del prescrito. 7 *Amér.* Anuncio.
avisón *adv. m.* Alerta.
avispa *f.* Insecto himenóptero de cuerpo amarillo con fajas negras, provisto de un aguijón con que produce picadas muy dolorosas. Como la abeja, vive en sociedad y fabrica panales *(Vespa vulgaris).* 2 fig. Persona muy astuta. 3 Maldiciente. 4 *~ **de la madera,*** insecto himenóptero, cuya hembra es fácilmente distinguible por su largo y robusto ovopositor, con el que taladra los árboles para poner sus huevos *(Urocerus gigas).*
avispachupu *m. Perú.* Furúnculo de varias bocas.
avispado, -da (de *visp,* voz descriptiva) *adj.* fig. Vivo, despierto, agudo. 2 *Colomb.* [caballería rucia] Con manchas en figura de avispas.
avispar (de *avispa*) *tr.* Aguijar, avivar [a las caballerías]. 2 fig. Hacer despierto y avisado [a uno]: *hay que ~ a este muchacho.* -3 *prnl.* fig. Inquietarse. 4 *Chile* germ. Espantar. -5 *tr. Guat.* Molestar con exceso [a una persona].
avispero *m.* Panal que fabrican las avispas. 2 Lugar en que se halla. 3 Conjunto de avispas. 4 fig. Negocio enredado y peligroso. 5 Grupo de diviesos, con varios focos de supuración.
avispita *f.* Insecto himenóptero de Cuba, del tamaño de la hormiga.
avispón *m.* Aum. de *avispa.* 2 Especie de avispa mucho mayor que la común *(Vespa crabo).* 3 germ. El que acecha las ocasiones de robar.
SIN. *2* **Crabón, moscardón.**
avisporear *tr. Colomb.* Alborotar, espantar.
avistar (paras.) *tr.* Alcanzar con la vista [una cosa lejana]. -2 *prnl.* Reunirse una persona con otra para tratar algún negocio.
SIN. *1* **Dar vista a** [algo]. *2* **Personarse.**
avitaminosis *(a-* II + *vitamina* + *-osis) f.* MED. Enfermedad producida por la falta o escasez de vitaminas en los alimentos. ◇ Pl.: *avitaminosis.*
SIN. **Hipovitaminosis.**
avitelado, -da (paras.) *adj.* Parecido a la vitela.
avituallamiento *m.* Acción de avituallar. 2 Efecto de avituallar.
avituallar *tr.* Proveer de vituallas: *~ un ejército.*
SIN. **Vituallar.**
avivadamente *adv. m.* Con viveza.
avivado *m.* Tratamiento químico a que se someten los tejidos teñidos para obtener un tono más vivo.
avivador, -ra *adj.* Que aviva. -2 *m.* Pequeño hueco entre dos molduras. 3 Cepillo para hacer esas molduras.
avivamiento *m.* Acción de avivar o avivarse. 2 Efecto de avivar o avivarse.
avivar (paras. de *vivo*) *tr.* Dar nueva fuerza y vigor: *~ la actividad de los miembros.* 2 Excitar, animar: *~ el ingenio; ~ a los*

pueblos; esp., atizar [el fuego] o hacer que [la luz artificial] dé más claridad. 3 Dar viveza; esp. *y* fig., poner [los colores más vivos]. 4 fig. Encender, acalorar: ~ *la disputa.* -5 ***intr.-prnl.*** Cobrar vida y vigor: *avivarse las plantas;* esp., empezar a vivir o nacer de la semilla los gusanos de seda
SIN. V. **Vivificar.**

avizor (b. l. *advisor*) ***m.*** El que avizora.
FR. *Estar ojo* ~, vigilar, estar atento.

avizorador, -ra ***adj.-s.*** Que avizora.

avizorante ***adj.*** Que avizora.

avizorar ***tr.*** Acechar.
SIN. V . **Asechar.**

avo (de *-avo)* ***m.*** Parte pequeña de una cosa.

-avo, -ava (l. *-avu)* Sufijo que, añadido a los números cardinales, entra en la formación de los numerales partitivos significando que se han dividido en tantas partes como el cardinal indica y expresando cada una de estas partes: *un dozavo, tres dieciseisavos.*

avocación ***f.*** Acción de avocar. 2 Efecto de avocar.

avocamiento ***m.*** Avocación.

avocar (l. *advocare;* doble etim. *abogar)* ***tr.*** DER. Llamar a sí un tribunal superior [la causa que se estaba litigando ante otro inferior]. 2 Llamar a sí cualquier superior [un negocio sometido a decisión de un inferior]. ◇ ** CONJUG. [1] como ***sacar.*** ◇ HOMÓF. *abocar* (v.).

avocastro ***m.*** *Chile* y *Perú.* Persona muy fea.

avocatero ***m.*** *Amér.* Aguacate (árbol).

avoceta ***f.*** Ave caradriforme de cuerpo blanco con manchas negras y pico largo, delgado y encorvado hacia arriba *(Recurvirrostra avosetta).*

avolcanado, -da (paras.) ***adj.*** [lugar] Donde hay o hubo volcanes.

avucasta (aum. desp. de *ave)* ***f.*** Avutarda.
SIN. **Avucastro.**

avugo (quizá relac. con *fagu,* haya) ***m.*** Fruto del avuguero.

avuguero ***m.*** Árbol, variedad del peral, que da un fruto pequeño, verde amarillento y de gusto poco agradable.

avulsión (l. *-sione)* ***f.*** CIR. Extirpación. 2 DER. Aportación a los predios ribereños de porciones de terreno o de árboles arrancados procedentes de otros predios, como consecuencia de la violencia de las aguas. Es uno de los modos de adquirir la propiedad por accesión
CONTR. **Aluvión.**

avulsivo, -va ***adj.*** Relativo a la avulsión.

avutarda (l. *ave tarda,* ave tarda). ***f.*** Ave gruiforme, de vuelo bajo, y cuerpo grueso, leonado y rayado de negro *(Otis tarda).*
SIN. **Avetarda, avucastra, avucastro.**

avutardado, -da ***adj.*** Parecido a la avutarda.

avutardero, -ra ***adj.-s.*** Cazador de avutardas.

¡ax! Interjección con que se denota dolor.

axial ***adj.*** Axil.

axil (der. del l. *axis,* eje) ***adj.*** Relativo al eje.

axila (l. *axilla)* ***f.*** Punto de unión de un órgano o parte de una planta con la rama o tronco que lo sostiene. 2 Sobaco.
SIN. *2* Es voz culta o científica; **sobaco,** es de uso gral. y popular; **encuentro,** p. us.

axilar ***adj.*** Relativo a la axila: *yema* ~.
SIN. **Sobacal.**

axina ***f.*** *Méj.* Producto de aspecto mantecoso que se obtiene hirviendo unas cochinillas *(Coccus axis),* que viven en los árboles de aguaribay *(Schinus molle).*

axinita (gr. *axine,* hacha) ***f.*** Borosilicato de aluminio y calcio, con pequeñas cantidades de manganeso, hierro y óxidos metálicos, que se presenta en cristales cortantes.

axiología (gr. *axioo,* valorar + *-logía)* ***f.*** Disciplina filosófica que estudia los valores.

axiológico, -ca ***adj.*** FIL. Relativo a los valores o a la axiología.

axioma (gr. *axioma,* lo que parece o se estima como justo) ***m.*** Proposición tan evidente, que no necesita demostración.

axiomático, -ca ***adj.*** Incontrovertible, evidente. -2 ***f.*** Conjunto de definiciones, axiomas y postulados en que se basa una teoría científica.

axiomatización ***f.*** Acción de axiomatizar. 2 Efecto de axiomatizar.

axiomatizar ***tr.*** Construir la axiomática [de una ciencia]. ◇ ** CONJUG. [4] como ***realizar.***

axiómetro (gr. *axios,* justo + *-metro)* ***m.*** Instrumento que indica sobre cubierta la dirección de la caña del timón.

axis (l., eje) ***m.*** Segunda vértebra del cuello, sobre la cual se efectúa el movimiento de rotación de la cabeza. 2 BOT. Rabillo principal de una inflorescencia. ◇ Pl.: *axis.*

axoideo, -a (l. *eje* + *-oideo)* ***adj.*** Relativo al axis.

axolotl ***m.*** *Méj.* Ajolote.

axón (l. *axe)* ***m.*** ZOOL. Neurita.

axonometría ***f.*** GEOM. Método convencional de perspectiva para representar objetos de tres dimensiones.

axonomorfo, -fa ***adj.*** BOT. [raíz] Que tiene un eje preponderante y raíces secundarias poco desarrolladas.

¡ay! (l. *hei;* en gr. *ai)* Interjección con que se denota aflicción o dolor. 2 Interjección con que se denota pena, temor, conmiseración o amenaza: *¡~ de mí!; ¡~ del que me ofenda!*

ay ***m.*** Suspiro, quejido: *tiernos ayes; estar en un* ~. ◇ HOMÓF.: *hay* (v.). ◇ Pl.: *ayes.*

ayacahuite ***m.*** Variedad de pino de Méjico. (Pinus ayacahuite).

ayaco ***m.*** *C. Rica.* Guiso de figote de carne de vaca y chayotes *(Sechium)* o zapatillos *(Cucurbita)* picados en trocidos menudos y sazonados con achote *(Bixa orellana).*

ayacuá ***m.*** desus. Diablillo pequeño e invisible a quien algunos indios americanos atribuían la causa de sus dolencias.

ayacuchano, -na ***adj.-s.*** De Ayacucho, capital y departamento del sur de Perú.

ayahuasa ***f.*** *Ecuad.* y *Perú* Ayahuasca.

ayahuasca ***f.*** *Ecuad.* y *Perú* Bejuco malpigiáceo silvestre, cuyas raíces tienen propiedades narcóticas. *(Banisteriopsis caapi).* 2 *Ecuad.* y *Perú.* Bebida que produce hipnosis.

ayampaco ***m.*** *Ecuad.* Especie de bollo de plátano verde relleno de pescado y condimentos, envuelto en hojas de plátano.

ayantar ***m.*** Comida ligera de después del desayuno y antes del almuerzo.

ayapaná ***f.*** *Amér.* Planta compuesta que crece en las orillas del Amazonas y cuyas hojas se usan en infusión como sudoríficas *(Eupatorium triplinerve).*

ayar (de *aya)* ***tr.*** *Colomb.* Cuidar [a un niño].

ayate ***m.*** *Méj.* Tela rala de hilo de maguey.

ayatear ***tr.*** *Méj.* Frotar [algo] con un ayate.

ayatollah (voz ár.) ***m.*** Superior religioso de la secta chiita.

Ayax ***n. pr.*** Hijo de Telamón; fue uno de los guerreros que más se distinguieron en el sitio de Troya. Después de la muerte de Aquiles, Ayax y Ulises se disputaron las armas del héroe, y habiéndose decidido los griegos en favor del último, Ayax se mató de rabia. De su sangre nació la flor llamada jacinto.

ayayay ***m.*** *Amér.* Canto del campesino cuyas coplas principian con esta interjección repetida.

¡ayayay! (de *¡ay!)* Interjección con que se expresan diversos sentimientos, esp. los de aflicción y dolor.

ayear ***intr.*** p. us. Repetir ayes de pena o dolor.

ayeaye ***m.*** Prosimio daubentónido, propio de Madagascar, de orejas grandes, cola larga y gruesa y movimientos lentos y pesados *(Chiromys madagascariensis).*

ayecahue (arauc. *ayecán,* chancearse) ***m.*** *Chile.* Persona tosca y groseramente vestida. -2 ***m. pl.*** *Chile.* Extravagancias, adefesios.

ayer (l. *ad heri)* ***adv. t.*** En el día que precedió inmediatamente al de hoy. 2 fig. Poco tiempo ha: ***de ~ acá, de ~ a hoy,*** en breve tiempo; de poco tiempo a esta parte. 3 En tiempo pasado. -4 ***m.*** Tiempo pasado.

ayermar ***tr.*** Convertir en yermo.

ayo, -ya (del fem. *aya,* del l. *avia,* abuela y anciana al cuidado de los niños) ***m. f.*** Persona encargada de la custodia o crianza de un niño. ◇ HOMÓF. *haya* (v.), *haya* (f.), *hayo* (m.).
SIN. **Pedagogo,** esp. si se trata de la antigüedad clásica; **preceptor.**

ayocote ***m.*** *Méj.* Especie de frijol más grueso que el común.

ayoguascle ***m.*** *Méj.* Semilla de calabaza.

ayopayeño, -ña ***adj.-s.*** De Ayopaya, provincia del departamento boliviano de Cochabamba.

ayora ***m.*** *Ecuad.* Moneda de plata que vale un sucre.

ayote (mej. *ayotli)* ***m.*** *Amér. Central.* Especie de calabaza pequeña que se come como verdura *(Cucurbita mixta).* 2 fig. ***Dar ayotes,*** dar calabazas.

ayotera ***f.*** *Amér. Central.* Calabacera, planta.

ayotete ***m.*** Planta cucurbitácea y trepadora de Méjico, usada como de adorno en los jardines *(Bryonia variegata).*

ayúa ***f.*** Árbol rutáceo de América, de madera blanda y fruto compuesto de cinco cápsulas por la parte inferior, rojas cuando están maduras *(Zanthoxylum martinicense, Z. lanceolatum; Bursera glauca).*

ayuda *f.* Acción de ayudar. 2 Efecto de ayudar. 3 Persona o cosa que ayuda. 4 Entre pastores, aguador (que vende agua). 5 Medicamento líquido que se introduce en el ano. 6 Lavativa (instrumento). 7 Golpe ligero con que el jinete estimula al caballo. -8 *m.* Subalterno adscrito al jefe de un servicio en el palacio real. 9 ~ *de cámara,* criado que cuida esp. del vestido de su amo; ~ *de oratorio,* clérigo que en los oficios de palacio hacía de sacristán; ~ *de parroquia,* iglesia que ayuda a la parroqia en sus ministerios. 10 Cabo con que se refuerza a otro. -11 *f.* DEP. En el juego del baloncesto, acción de defender dos o más jugadores al atacante que lleva el balón
SIN. V . **Auxilio.** *5* **Lavativa, lavamiento, servicial, servicio; enema, clister** o **clistel,** son términos médicos; **irrigación,** es eufem. moderno.
ayudado, -da *adj.* TAUROM. [pase de muleta] En cuya ejecución intervienen las dos manos del matador. -2 *m. Colomb.* Hechicero, endemoniado.
ayudador, -ra *adj.-s.* Que ayuda. -2 *m.* Pastor que ocupa el primer lugar después del mayoral.
ayudante, -ta *adj.* Que ayuda. -2 *m.* En algunos cuerpos, oficial subalterno. -3 *com.* Profesor universitario de la categoría inferior. -4 *m.* MIL. Oficial destinado a las órdenes de un jefe superior: ~ *de plaza;* ~ *de campo.* -5 *m. f.* Persona que auxilia a los ingenieros en su labor técnica. -6 *f.* Mujer que realiza trabajos subalternos en oficios manuales.
ayudantía *f.* Empleo de ayudante. 2 Oficina del ayudante.
ayudar (l. *adiutare*) *tr.* Prestar cooperación: *ayudábala su buena amiga Maritornes;* ~ *a vencer;* fig., *los amigos ayudaron sus deseos;* o *le ayudaron en sus deseos;* p. ext., auxiliar, socorrer: ~ *a los pobres;* ~ *a uno en un apuro.* -2 *prnl. Ayudarse de,* o *con,* valerse de la cooperación o ayuda de otro. 3 Trabajar bajo las órdenes de otro.
ayuga (l. *aiuga*) *f.* Mirabel (planta). 2 pinillo, planta labiada.
ayuí (guaraní) *m. Argent.* Árbol, especie de laurel *(Nectandra amara).*
ayuiné (guaraní *ayuí,* árbol + *ne,* hediondo) *m. Argent.* Especie de laurel, cuya corteza, haciéndole una incisión, huele a excremento humano *(Ocotea spectabilis).*
ayuiñandí *m. Argent.* Especie de laurel, de cuya corteza y frutos se extrae el incienso *(Cordia alliodora).*
ayún *m.* Árbol de las Molucas, cuyo fruto, parecido a la ciruela, sirve para teñir y es comestible.
ayunador, -ra, ayunante *adj.-s.* Que ayuna.
ayunar (**iaunare* < l. *ieiunare*) *intr.* Abstenerse total o parcialmente de comer y de beber; esp., guardar el ayuno eclesiástico. 2 fig. Privarse de algún gusto o deleite. 3 fam. *Ayunarle a uno,* temerle o respetarle.
I) ayuno (l. **iaiunu* < *ieuniu*) *m.* Acción de ayunar. 2 Abstinencia que se hace por devoción o por precepto eclesiástico de alguna de las comidas diarias o de ciertos manjares: ~ *natural,* la que se hace de toda bebida y comida desde las doce de la noche antecedente.
II) ayuno, -na (de *ayunar*) *adj.* Que no ha comido. 2 fig. Privado de algún gusto o deleite. 3 Ignorante de lo que se habla: *en ayunas* o *ayuno,* sin haber desayunado; ignorante de alguna cosa.
ayunque *m.* Yunque.
ayuntador, -ra *adj.-s.* Que ayunta.
ayuntamiento *m.* Acción de ayuntar o ayuntarse. 2 Efecto de ayuntar o ayuntarse. 3 Junta (reunión). 4 Corporación que administra los intereses de un municipio. 5 Casa consistorial. 6 Coito.
SIN. *4* **Municipio, concejo;** en algunas partes **cabildo, consistorio.**
ayuntar *tr.* ant. Juntar, reunir. 2 ant. Añadir.
ayuso (l. *ad deorsu*) *adv. l.* ant. Abajo.
SIN. **Yuso.** CONTR. **Suso, asuso.**
ayustar (l. *ad* + *iuxta,* cerca) *tr.* MAR. Unir [dos cabos] por sus chicotes, o [dos piezas de madera] por sus extremidades.
ayuste *m.* Acción de ayustar. 2 Costura o unión de dos cabos.
ayuyuyes *m. pl. Chile.* Arrumacos, mimos.
-az (l. *-ace*) Sufijo que entra en la formación de voces cultas: *audaz, voraz, fugaz;* y de algunas populares: *agraz;* se combina con *-ario* en *lenguaraz, montaraz.*
-aza, v. -azo.
azabachado, -da *adj.* Parecido al azabache.
azabache (ár. *açabach*) *m.* Variedad de lignito, de hermoso color negro, muy compacto y susceptible de pulimento. 2 Pájaro insectívoro que tiene la cabeza y las alas negras *(Parus ater).* -3 *m. pl.* Conjunto de dijes de azabache.
SIN. *1* **Ámbar negro.**
azabachero, -ra *m. f.* Artífice que labra el azabache. 2 Persona que vende azabache.
azabara (ár. *açabara*) *f.* Áloe (planta y su jugo). 2 Pita, planta amarilidácea.
azacán, -cana (ár. *açaccá*) *adj.-s.* Que se ocupa en trabajos humildes y penosos. -2 *m.* Aguador (que vende agua).
azacanar, azacanear *intr.-prnl.* Trabajar con afán.
azacaneo *m.* Acción de azacanarse o azacanearse. 2 Efecto de azacanarse o azacanearse.
azache (ár. *açach*) *adj.-s.* V. seda azache.
azacuán *m. Guat.* y *Salv.* Especie de milano que emigra en grandes bandadas *(Rosthramus socialis).*
I) azada (l. **asciata* < *ascia,* hacha, azadón) *f.* Instrumento de labrador; consta de una pala de hierro y un mango que forma ángulo oblicuo con ella. 2 Azadón.
II) azada, azadada, azadazo *m.* Golpe dado con azada.
azadilla *f.* Dim. de *azada.* 2 Almocafre.
azadón *m.* Azada de pala algo curva y más larga que ancha. 2 Azada (instrumento): ~ *de peto,* o *de pico,* zapapico.
azadona *f. Sant.* Azadón.
azadonada *f.* Golpe dado con azadón.
azadonar *tr.* Cavar con el azadón.
azadonazo *m.* Azadonada.
azadonero *m.* El que trabaja con azadón.
azafata (de *azafate*) *f.* Empleada que en los aviones, y en algunos trenes, atiende a los pasajeros. 2 Empleada que recibe y atiende a los visitantes, participantes o clientes de ciertas exposiciones, reuniones o establecimientos. 3 Criada que servía a la reina los vestidos y alhajas.
azafate (ár. *açafat,* cesta) *m.* Canastilla llana y con borde de poca altura. 2 *Extr.* y *Colomb.* Bandeja, jofaina.
azafrán (ár. *azaferán*) *m.* Planta iridácea, de bulbos sólidos, estilos filiformes y estigmas de color rojo anaranjado que se usan como condimento y para teñir de amarillo *(Crocus sativus).* 2 Estigmas de esta planta. 3 ~ *bastardo, romí* o *romín,* alazor. 4 ~ *de la India,* cúrcuma. 5 ~ *silvestre,* cólquito. 6 Color amarillo anaranjado para iluminar. 7 FARM. ~ *de Marte,* herrumbre de hierro. 8 MAR. Madero exterior que forma parte de la pala del timón y se une con pernos a la madre.
SIN. *1* **Croco, zafrán.**
azafranado, -da *adj.* De color de azafrán.
azafranal *m.* Terreno sembrado de azafrán.
azafranar *tr.* Teñir de azafrán [algo]. 2 Poner azafrán [en un líquido]; en gral., mezclar azafrán [con otra cosa].
azafranero, -ra *m. f.* Persona que tiene por oficio cultivar o vender azafrán.
azafranillo *m.* Alazor.
azagadero, -dor (ár. *açaca,* sendero) *m.* Vereda para el ganado.
azagaya (berb.) *f.* Lanza pequeña arrojadiza.
azahar (ár. *azhar*) *m.* Flor del naranjo, del limonero y del cidro, usada en medicina y perfumería. 2 *Agua de* ~, líquido obtenido por destilación de las flores del naranjo.
azaharillo *m. Amér. Merid.* Planta del género *Tabernaemontana.*
azainadamente *adv. m.* A lo zaino.
-azal, v. -al.
azalá (ár. *alçalá*) *m.* Entre los mahometanos, oración o súplica. ◇ También *zalá.*
azalea (gr. *azaleos,* seco, árido) *f.* Arbusto ericáceo reptante, de hojas pequeñas y coriáceas con los bordes doblados hacia abajo; las flores, que contienen una substancia venenosa, son de color rojo, rosado o blanco, y se reunen en grupos de dos a cinco; el fruto es una cápsula de color rojo. Se emplea mucho como planta ornamental *(Loiseleuria procumbens).*
SIN. **Rosadelfa.**
azamboa (ár. *azanboa*) *f.* Naranjo amargo. 2 Fruto del azamboero.
SIN. **Cidrato, cimboga, zamboa.** *2* **Cidrato.**
azamboero *m.* Cidro. 2 Naranjo amargo.
azambogo *m.* Cidro.
azanahoriate *m.* Zanahoria confitada. 2 fig. Cumplimiento muy afectado.
SIN. **Zanahoriate.**
azanoria *f.* Zanahoria (planta).
azanca *f.* Manantial de agua subterránea.
azanefa *f.* desus. Cenefa.

azaque (ár.) *m.* Tributo religioso de los musulmanes.
azar (ár. *azahr,* dado para jugar) *m.* Casualidad, caso fortuito. 2 Desgracia imprevista. 3 Estorbo en el juego de la pelota. 4 En los juegos de naipes o dados, carta o dado que tiene el punto con que se pierde. 5 En el juego de trucos o billar, cualquiera de los dos lados de la trona que miran a la mesa. -6 *loc. adv. Al ~,* sin propósito determinado.
SIN. *1* v. **Casualidad.** REL. **Aleatorio** (adj.), que depende del azar.
azaramiento *m.* Acción de azarar o azararse. 2 Efecto de azarar o azararse.
azarandar *tr.* Zarandar.
azarar (de *azar*) *prnl.* Torcerse un asunto por un caso imprevisto. 2 Perder la serenidad, conturbarse. -3 *tr. S. Dom.* Acarrear mala suerte [a una persona].
SIN. *2* v. **Azorar.**
azarbe (ár. *açárb*) *m.* Cauce adonde van a parar los sobrantes de los riegos.
azarbeta *f.* Dim. de azarbe. 2 Cauce pequeño por el cual los sobrantes de los riegos van al azarbe.
azarcón (ár., color de fuego) *m.* Minio. 2 Color anaranjado muy encendido.
azarearse *prnl. Amér. Central, Bol., Chile, Perú* y *Urug.* Azararse. 2 *Chile* y *Perú.* Irritarse, enfadarse.
azareo *m. Chile* y *Guat.* Acción de azarearse. 2 *Chile* y *Guat.* Efecto de azarearse.
azarero *m.* Lauroceraso.
azarja (ár. *açárecha,* devanadera) *f.* Instrumento para coger la seda cruda.
SIN. **Zarja.**
azarosamente *adv. m.* Con azar o desgracia.
azaroso, -sa *adj.* Que tiene en sí azar o desgracia. 2 Turbado, temeroso.
azcona (vasc.) *f.* Arma ant. arrojadiza.
azemar (l. *adaestimare*) *tr.* Sentar, alisar.
azenoria *f.* Azanoria.
azerbaijanés, -nesa *adj.-s.* De Azerbaiján, región del oeste de Asia que comprende zonas de la Unión Soviética e Irán. -2 *adj.-m.* Dialecto uguz, hablado en esta región
SIN. **Azerí.**
azerí *adj.-s.* Azerbaijanés.
azeuxis (*a-* II + gr. *zeuxis,* unión) *f.* Hiato.
-azgo (l. *-aticu*) Sufijo, forma popular del sufijo *-ático,* que entra en la formación de substantivos derivados de nombres denotando dignidad, cargo, estado, o tiempo que éstos duran: *almirantazgo, padrinazgo, compadrazgo, mayorazgo, noviazgo;* derechos o tributo: *portazgo, almojarifazgo;* en derivados de verbos denota acción o efecto: *hallazgo.*
azigo- (gr. *azygos*) V. acigo-.
ázimo (gr. *ázymos* < *a-* II + *zyme,* levadura) *adj.* [pan] Que se amasa sin levadura.
SIN. **Ácimo.**
azimut *m.* Acimut. ◇ Pl.: *azimuts.*
azimutal *adj.* Acimutal.
aznacho (de *asnacho*) *m.* Pino rodeno, gralte. achaparrado *(Pinus sylvestris).* 2 Madera de este árbol.
aznallo *m.* Aznacho. 2 Gatuña.
I) azo- (de *ázoe*) Elemento prefijal que entra en la formación de nombres compuestos químicos denotando la presencia de nitrógeno, esp. del grupo divalente N_2: *azobenceno.*
II) -azo, -aza, sufijo que entra en la formación de adjetivos y substantivos con denotación aumentativa y despectiva: *golosazo, animalazo;* con ciertos nombres denota golpe: *bastonazo;* origen o materia: *gallinaza, linaza;* se combina con *-on* en *aguzonazo,* u *-ote* en *picotazo.*
azoado, -da *adj.* Que tiene ázoe.
azoar *tr.* QUÍM. Fijar el nitrógeno en alguna combinación.
azoato *m.* Nitrato.
azocalar *tr. Chile.* Poner zócalo, calzar.
azocar (fr. *souquer*) *tr.* MAR. Apretar bien [un nudo, trinca, etc.]. 2 *Cuba.* Apretar demasiado [una cosa]: *tabaco azocado.* ◇ ** CONJUG. [1] como *sacar.*
ázoe (*a-* II + gr. *zoé,* vida) *m.* Nitrógeno.
azoemia (*azo-* + *-emia*) *f.* MED. Existencia de substancias nitrogenadas en la sangre. Apl. impropiamente al nitrógeno de la urea contenida en la sangre.
azofaifa *f.* Azufaifa.
azofaifo *f.* Azufaifo.
azófar (ár. *açofr*) *m.* Latón.
azofra (ár. *açojra,* sujeción; doble etim. *sufra*) *f.* Prestación personal.
azogadamente *adv. m.* fig. Con mucha celeridad y agitación.
azogado, -da *adj.* Que tiene azogue. -2 *adj.-s.* Que sufre temblor mercurial. 3 fig. Desasosegado, inquieto. -4 *m.* Azogamiento.
azogamiento *m.* Acción de azogar o azogarse. 2 Efecto de azogar o azogarse.
I) azogar *tr.* Cubrir con azogue [cristales u otras cosas]. -2 *prnl.* Contraer la enfermedad producida por la absorción de los vapores del azogue, la cual produce un temblor continuado. 3 fig. Turbarse y agitarse mucho. ◇ ** CONJUG. [7] como *llegar.*
REL. *2* **Modorro, azogado,** que sufre esta enfermedad.
II) azogar (ár. *açocá,* riego) *tr.* Apagar [la cal], rociándola con poca agua. ◇ ** CONJUG. [7] como *llegar.*
I) azogue *m.* Mercurio (metal). 2 Barco que llevaba el mercurio de España a América. 3 *Ser un ~,* ser bullicioso.
SIN. **Mercurio; argento vivo** ant.; **hidrargiró** o **hidrargirio.**
II) azogue (ár. *açoc;* doble etim. *zoco*) *m.* Plaza de algún pueblo donde se tiene el trato y comercio público.
azoguejo *m.* Dim. de *azogue* (mercado).
azogueño, -ña *adj.-s.* De Azogues, capital de la provincia ecuatoriana de Cañar.
azoguería *f.* Taller de amalgamación.
azoguero (de *azogue I*) *m.* Jefe que dirige las operaciones de la amalgamación.
I) azoico, -ca (de *ázoe*) *adj.* Nítrico; [compuesto] que contiene el radical divalente N_2.
II) azoico, -ca (*a-* II + gr. *zoikos,* animal) *adj.* GEOL. Anterior a la aparición de los primeros organismos vivos.
azoláceo, -a *adj.-f.* BOT. Planta de la familia de las azoláceas. -2 *f. pl.* BOT. Familia de plantas pteridofitas cuyos frutos son esporangios y esporocarpios.
azolar (paras.) *tr.* Desbastar [la madera] con azuela. ◇ ** CONJUG. [31] como *contar.*
azoleo, -a *adj.* BOT. Azoláceo.
azolitmina *f.* QUÍM. Materia colorante pardorrojiza que constituye uno de los principios del tornasol.
azolvamiento *m.* p. us. Acción de azolvar. 2 p. us. Efecto de azolvar.
azolvar (ár. *zálaba*) *tr.* Cegar [un conducto].
azolve *m. Méj.* Lodo que obstruye un conducto de agua.
-azón, v. -ón.
azoospermia *f.* Disminución de la presencia de espermatozoides en el líquido seminal.
azor (l. *acceptore*) *m.* Ave falconiforme de unos 50 cms. de longitud que fue utilizada en cetrería; la parte superior del cuerpo es obscura con una raya blanca, la inferior blanca moteada de pardo *(Accipiter gentilis).*
SIN. **Esmerejón, milano.**
azorada *f. Colomb.* y *Cuba.* Azoramiento.
azoramiento *m.* Acción de azorar o azorarse. 2 Efecto de azorar o azorarse.
azorante *adj.* Que azora.
azorar (de *azor*) *tr.* Perseguir o alcanzar el azor [a las aves]. -2 *tr.-prnl.* Conturbar, sobresaltar. 3 fig. Irritar, infundir ánimo.
SIN. *1* Coincide con **azararse** (conturbarse) y quizá se han influido mutuamente en su signif., pero ~ es más intenso: un estudiante *se azara* en el examen; la gente huye *azorada* de un incendio, como las palomas cuando viene el azor.
azorencado, -da *adj. Guat.* Zopenco, tonto.
azorencarse *prnl. Amér. Central.* Atontarse. ◇ ** CONJUG. [1] como *sacar.*
azoriniano, -na *adj.* Relativo a Azorín (1873-1967).
azoro *m. And.* y *Amér.* Azoramiento. 2 *Amér. Central.* Duende, fantasma.
azorocarse *prnl. Hond.* Asustarse. ◇ ** CONJUG. [1] como *sacar.*
azorrado, -da *adj.* Que se parece a la zorra. 2 fig. Adormilado, embriagado.
azorramiento *m.* Efecto de azorrarse.
SIN. **Zorrera.**
azorrarse (paras. de *zorra I*) *prnl.* Quedarse como adormecido por tener la cabeza muy cargada.
azorrillar *tr. Méj.* Someter, vencer, humillar.
azotable *adj.* Que merece ser azotado.
azotacalles (de *azotar* + *calle*) *com.* fig. *y* fam. Persona ociosa y callejera. ◇ Pl.: *azotacalles.*

azotado, -da *adj.* Abigarrado. -2 *m. f.* Reo castigado con pena de azotes. 3 Disciplinante. 4 *Chile.* Atigrado, acebrado.
azotador, -ra *adj.-s.* Que azota.
azotaina *f.* fam. Zurra de azotes.
azotalenguas *f.* Amor de hortelano, hierba rubiácea. 2 Planta boraginácea, reptante, pubescente, de hojas oblongas y flores de color púrpura en forma de rueda y con ojo blanco *(Asperugo procumbens).* ◇ Pl.: *azotalenguas.*
azotamiento *m.* Acción de azotar o azotarse. 2 Efecto de azotar o azotarse.
azotaperros *m.* Persona que había destinada en las iglesias para ahuyentar a los perros. ◇ Pl.: *azotaperros.*
azotar *tr.* Dar azotes. 2 Golpear repetida y violentamente: *el mar azota los acantilados.* -3 *prnl. Amér.* Vagabundear. 4 *Argent.* Echarse al agua. 5 *Argent., Bol.* y *Urug.* Arrojarse con prontitud. -6 *tr. Colomb.* Desgranar el arroz, golpeando los manojos contra el madero de la azotadera.
SIN. *1* **Fustigar, hostigar, mosquear, paporrear, vapular, vapulear.**
azotazo *m.* Golpe fuerte dado con el azote. 2 Manotada en las nalgas.
azote (ár. *açot*) *m.* Instrumento formado con cuerdas anudadas o provistas de puntas, con que se castigaba a los delincuentes. 2 Instrumento para azotar, en gral. 3 Azotazo. 4 fig. Calamidad o desgracia grande. 5 Persona que es causa o instrumento de ellas. 6 Golpe repetido de agua o de aire. -7 *m. pl.* Pena de azotes que se imponía a ciertos criminales.
FR. *Azotes y galeras,* fig., comida ordinaria que no se varía; *no salir uno de azotes y galeras,* fig., no medrar, no prosperar. SIN. *1, 2* y *4* **Flagelo,** lit.
azotea (ár. *açoteiha*) *f.* Cubierta llana de un edificio por la cual se puede andar. 2 fam. Cabeza. 3 *Argent.* y *Bol.* Casa de adobe con el techo plano.
azoteo *m.* Zurra, paliza.
azotera *f. Amér. Merid.* Látigo de varios ramales. 2 Parte del látigo con que se castiga la caballería. 3 *Colomb.* Zurra de azotes.
azotina *f.* fam. Azotaina; pralte. la que se da a los niños.
azoturia *f.* MED. Eliminación de ázoe por la orina, en cantidad mayor que la ordinaria.
azoxi- (v. *azo-* y *oxi-)* Elemento prefijal que entra en la formación de nombres de compuestos químicos denotando la presencia del grupo bivalente ON_2: *azoxibenzol.*
azre *m.* Arce.
azteca (náhu. *aztécatl,* habitante de Aztlan; síncopa de *Aztatlan,* lugar de garzas; compuesta de *áztatl,* garza y *tlan,* locativo) *adj.-s.* De un antiguo pueblo invasor y dominador del territorio de Méjico. -2 *adj.-m.* Conjunto de lenguas precolombinas habladas en Méjico. 3 Moneda de oro de 20 pesos.
aztequismo *m.* Palabra o locución tomada del nahua.
aztor *m.* ant. Azor.
azua *f.* Chicha (bebida).
azuayo, -ya *adj.-s.* De Azuay, provincia del sur de Ecuador.
azucapé *m. Parag.* Dulce de caña de azúcar que tiene la forma de un pequeño paralelepípedo chato.
azúcar (l. *saccharu,* arabizado) *amb.* Substancia formada por un hidrato de carbono, blanca, sólida, cristalizable, muy dulce, que se encuentra en el jugo de muchas plantas (nombre científico *sacarosa*); se extrae esp. de la caña de azúcar y de la remolacha: ~ ***blanco de flor, florete, refino,*** el más purificado; ~ ***cande*** o ***candi,*** el que mediante cierto procedimiento ha sido reducido a cristales transparentes; ~ ***de lustre,*** el molido y pasado por cedazo; ~ ***de pilón,*** el preparado en masas de forma cónica; ~ ***moreno*** o ***negro,*** el de color obscuro, más dulce que el blanco; ~ ***de leche*** (también *lactosa),* principio inmediato no nitrogenado que abunda en la leche. 2 Hidrato de carbono, soluble, de sabor dulce: *sacarosa, glucosa, lactosa,* etc. 3 ~ ***de plomo*** o ***de Saturno,*** sal de plomo o de Saturno.
REL. *1* **Sacari-, sacaro-,** formas prefijales sobre las que se componen y derivan varias voces científicas: *sacarina, sacarímetro, sacarosa.*
azucarado, -da *adj.* Dulce. 2 Que contiene azúcar. 3 fig. Blando y afable.
azucarar *tr.* Bañar [una cosa] con azúcar; endulzarla con azúcar. 2 fig. Suavizar, endulzar [una cosa]. -3 *prnl.* Almibarar. 4 *Amér.* Cristalizarse el azúcar de las conservas.
azucarera *f.* Vasija para azúcar. 2 Fábrica de azúcar.
azucarería *f.* Fábrica de azúcar. 2 *Cuba* y *Méj.* Tienda en que se vende azúcar al por menor.
azucarero, -ra *adj.* Relativo al azúcar. -2 *m.* Maestro de labores en un ingenio de azúcar. 3 Ave trepadora de los países tropicales. 4 Azucarera (vasija). -5 *adj.-m. La Mancha.* fig. y fam. Hombre mujeriego.
azucarillo *m.* Terrón de azúcar. 2 Pasta esponjosa de almíbar, clara de huevo y zumo de limón.
SIN. *2* **Bolado,** p. us. actualmente; **panal** (And.); **esponjado.**
azucarito *m.* Planta silvestre de Cuba, llamada también barbasco o cururú *(Paullinia pinnata).*
SIN. **Barbasco, cururú** (Amér.).
azucena (ár. *açucena*) *f.* Planta liliácea, de tallo alto y flores terminales grandes, blancas y muy olorosas *(Lilium candidum).* 2 Flor de esta planta. 3 ~ ***anteada,*** planta liliácea de tallo ramoso y flores de color de ante. 4 ~ ***de Buenos Aires,*** planta amarilidácea de flores abigarradas de rojo, amarillo, blanco y negro. 5 ~ ***de mar,*** planta amarilidácea bulbosa de hojas gruesas y planas, y flores blancas y tubiformes *(Pancratium maritimum).* 6 ~ ***silvestre,*** martagón. 7 ~ ***tabacal,*** flor de un día. 8 fig. Persona o cosa especialmente calificada por su pureza o blancura.
SIN. *1* **Lirio blanco.**
azuche (l. *soccu,* zueco) *m.* Punta de hierro en la extremidad inferior del pilote.
azud (ár. *açud*) *m.* Máquina con que se saca agua de los ríos. 2 Presa en los ríos.
SIN. **Zúa, zuda.** *2* **Parada.**
azuda *f.* Azud.
azuela (l. *asciola,* hacha pequeña) *f.* Herramienta de carpintero, para desbastar. 2 *Colomb.* CONSTR. Degüello (herramienta). ◇ HOMÓF. *hazuela* (f.), dim. de *haza.*
SIN. **Zuela.**
azufaifa (ár. *azufaizaf* < gr. *zizyphon*) *f.* Fruto del azufaifo.
SIN. **Azufeifa, guinja, guinjo, guínjol, jínjol, yuyuba.**
azufaifo *m.* Árbol ramnáceo, de tronco tortuoso, con las ramas llenas de aguijones; hojas alternas, festoneadas; flores pequeñas y amarillas y fruto en drupa elipsoidal, dulce y comestible *(Ziziphus vulgaris).*
SIN. **Azufeifo, guinjolero, jinjolero.**
azufeifa *f.* Azufaifa.
azufeifo *m.* Azufaifo.
azufrado, -da *adj.* Sulfuroso. 2 Parecido en el color al azufre. -3 *m.* Azuframiento.
azufrador, -ra *adj.-s.* Que azufra. -2 *m.* Enjugador con que se suele azufrar la ropa. 3 Aparato para azufrar las vides;
azuframiento *m.* Acción de azufrar. 2 Efecto de azufrar.
azufrar *tr.* Echar azufre [en una cosa]; impregnarla de azufre. 2 Sahumar con él.
azufre (l. *sulphure*) *m.* Metaloide amarillo, quebradizo, insípido, que por frotación se electriza fácilmente, dando un olor característico; se funde a temperatura poco elevada y arde con llama azul, desprendiendo anhídrido sulfuroso. Su símbolo es *S* y su peso atómico 32. 2 ~ ***vivo,*** el nativo. 3 ~ ***vegetal,*** esporos o licopodio.
SIN. *1* **Alcrebite.** REL. Los nombres químicos en que entra este elemento se forman del latín *sulphur: sulfúreo, sulfúrico, hiposulfito, sulfuro.* Algunos se forman de *tio* (gr. *theion*), como *tioalcohol, tiocol.* **Vulcanizar,** combinar azufre con caucho o gutapercha.
azufrero, -ra *adj.* Relacionado con la explotación del azufre. -2 *f.* Mina de azufre.
azufrón (de *azufre*) *m.* Mineral piritoso en estado pulverulento.
azufroso, -sa *adj.* Que contiene azufre.
azul (ár. *lazurd*) *adj.-m.* Color parecido al cielo sin nubes; es el quinto del espectro solar: ~ ***de mar;*** ~ ***celeste;*** ~ ***turquí,*** el muy obscuro. -2 *adj.* De color azul. -3 *m.* Materia colorante azul: ~ ***de cobalto,*** el producto que resulta de calcinar una mezcla de alúmina y fosfato de cobalto; ~ ***de Sajonia,*** disolución de índigo en ácido sulfúrico concentrado; ~ ***de ultramar, ultramarino*** o ***ultramaro,*** lapislázuli pulverizado. 4 Cielo, el espacio. 5 Añil en pasta o polvos a base de azufre coloidal que usan las lavanderas.
SIN. *2* **Indio.**
azulado, -da *adj.* De color azul o que tira a él.
azulaque (ár. *azuleca,* betún) *m.* Zulaque.
azular *tr.* Dar o teñir de azul.
azulear *intr.* Mostrar una cosa el color azul que en sí tiene. 2 Tirar a azul.
azulejar *tr.* Revestir de azulejos.
SIN. **Alicatar.**
azulejería *f.* Oficio de azulejero. 2 Obra revestida de azulejos.
azulejero *m.* El que tiene por oficio hacer azulejos.

I) azulejo, -ja *adj.* Dim. de *azul.* -2 *m.* Abejaruco (ave). 3 Ave paseriforme de unos 17 cms. de longitud, de coloración azul celeste uniforme, algo blanquecino en la región central *(Traupis sayaca).* 4 Aciano menor. 5 Caballo de color azulado. -6 *adj. Amér.* Azulenco, azuloso, azulado.

II) azulejo (ár. *azuleich,* pequeña piedra bruñida) *m.* Ladrillo pequeño vidriado, de varios colores. 2 *C. Rica.* Morcella, chispa que salta del pabilo de una vela.

azulenco, -ca *adj.* Azulado.

azulete *m.* Viso de color azul dado a algunas prendas de vestir. 2 Añil.

azulgrana *adj.* De color azul y rojo grana. -2 *adj.-s.* Partidario del Fútbol Club Barcelona.

SIN. *2* **Barcelonista, culé.**

azulillo, -lla *adj.* Dim. de *azul.* -2 *m. Venez.* Tintura de añil.

azulino, -na *adj.* Que tira a azul. -2 *f.* QUÍM. Materia colorante azul derivada del ácido férrico y la amilina.

azulona *f.* Paloma de unos 30 cms., de cabeza y cuello azules con una franja blanca, cuerpo morado y vientre del mismo color, más claro *(Geotrygon caniceps).*

azuloso, -sa *adj. Colomb.* y *Cuba.* Azulado, azulino.

azumagarse *prnl. Chile.* Enmohecerse, esp. los metales. ◇ ** CONJUG. [7] como *llegar.*

azumar (paras.) *tr.* Teñir [los cabellos] con algún zumo que les dé lustre o color.

azúmbar (ár. *açoónbol,* nardo) *m.* Planta alismácea, de hojas acorazonadas, flores blancas en umbela terminal y fruto en forma de estrella de seis puntas *(Damasonium stellatum).* 2 Espicanardo. 3 Estoraque (bálsamo).

SIN. *1* y *3* **Almea.** *1* **Damasonio.**

azumbrado, -da *adj.* Medido por azumbres. 2 fig. Ebrio (borracho).

azumbre (ár. *atzumne,* octava parte) *f.* Medida para líquidos, equivalente a 2,016 l., u octava parte de la cántara.

azuquero *m.* Azucarero, relativo al azúcar.

azuquita *amb. And.* y *Amér.* Dim. de *azúcar.*

azur (fr.) *adj.-m.* BLAS. Azul obscuro.

azurina *f.* QUÍM. Substancia incolora cuyas disoluciones alcalinas ofrecen una magnífica eflorescencia azul.

azurita (de *azur*) *f.* Malaquita azul

azurronarse (paras.) *prnl.* No poder salir del zurrón la espiga del trigo, a causa de la sequía.

azurumbarse *prnl. Guat.* y *Hond.* Aturdirse, atolondrarse.

azutea *f.* desus. Azotea.

azuzador, -ra *adj.-s.* Que azuza.

azuzar (paras. de *¡sus!*) *tr.* Incitar [a los perros] para que embistan. 2 fig. Irritar, estimular. ◇ ** CONJUG. [4] como *realizar.*

SIN. **Achuchar.** *2* **Enviscar, enzalamar, enzurizar.**

azuzón, -na *adj. P. Rico* y *S. Dom.* Azuzador.

B, b *f.* Be, segunda letra del **alfabeto español que representa gráficamente a la consonante oclusiva, bilabial y sonora. 2 Símbolo químico del *boro.* 3 MÚS. Representa al *si* bemol en la notación alfabética.
Ba, símbolo químico del *bario.*
Baal (fenicio *baal,* señor) ***m.*** Dios de un grupo de deidades semíticas consideradas como protectoras de la fertilidad.
baalita ***adj.-s.*** Adorador de Baal.
I) baba (l. **baba*) *f.* Saliva abundante que involuntariamente fluye de la boca. 2 Humor viscoso que segregan algunos animales: *~ de caracol.* 3 Jugo viscoso generado por la baya del café, cuando está madura, entre la parte interior de la corteza y el grano. 4 Jugo viscoso de algunas plantas. 5 ZOOL. Salpa (animal precordado). 6 *P. Rico.* Palabrería, dicho insubstancial.
FR. *Caérsele a uno la ~,* fig., ser bobo o experimentar gran complacencia viendo u oyendo alguna cosa.
II) baba *f. Colomb.* y *Venez.* Reptil del género del caimán *(Alligator punctatus).*
III) baba (voz polaca, seguramente tomada a través del fr.) *f.* Bizcocho o pastel de harina, huevos, leche, mantequilla y uvas pasas, bañado con almíbar al ron.
babada *f.* Babilla (musculatura). 2 Barro que se forma en los campos a consecuencia del deshielo. 3 *P. Rico.* Tontería.
babadilla *f. Ál.* Abubilla.
babador, babadero ***m.*** Babero.
babahoyense ***adj.-com.*** De Babahoyo, capital de la provincia ecuatoriana de Los Ríos.
babarse (de *baba I*) ***prnl.*** Babear, echar baba.
babatel ***m.*** *La Mancha.* Babero (prenda).
babaza (de *baba I*) *f.* Baba. 2 Babosa.
babazorro, -rra (de *valvasor*) ***adj.-s.*** Alavés. 2 *Ar.* Joven atrevido y arriscado. 3 *Ar.* Rústico.
babear (de *baba I*) ***intr.*** Echar baba. 2 fig. *y* fam. Hacer demostraciones de rendimiento excesivo ante una persona o cosa.
babel ***amb.*** fig. Lugar en que hay gran confusión. 2 fig. Desorden, confusión.
babélico, -ca ***adj.*** Enorme, gigantesco. 2 Ininteligible, confuso.
babeo ***m.*** Acción de babear.
babera *f.* Parte del yelmo que cubre y defiende la zona inferior del rostro. 2 Babador.
SIN. *1* **Barbote.**
babero ***m.*** Prenda de tela u otra materia que se pone a los niños en el pecho, sobre el vestido, para que no lo manchen. 2 Guardapolvo. 3 Bata o mandilón que usan los muchachos. 4 Peto que usan determinadas órdenes religiosas.
SIN. *1* **Babador, pechero.**
baberol ***m.*** Babera (armadura).
babi ***m.*** fam. Babero, bata.
Babia (territorio de las montañas de León) fig. ***Estar uno en ~,*** hallarse uno distraído y como ajeno a aquello de que se trata: *Juan está siempre en ~.*
babichas *f. pl. Méj.* vulg. Sobras.
babieca (de la raíz descriptiva *bab-*) ***com.-adj.*** fam. Persona floja y boba.
babilejo ***m.*** *Colomb.* Llana o trulla de albañil.
babilla *f.* En los cuadrúpedos, conjunto de musculatura y tendones que articulan el fémur con la tibia y la rótula. 2 Rótula de los cuadrúpedos. 3 *Méj.* Humor que por desgarradura de los tejidos, o fractura de los huesos, se extravasa e impide la buena consolidación.
babilón, -lona ***adj.-s.*** Babilonio.
Babilonia *f.* Capital del ant. reino de su nombre, considerada como emporio de la fastuosidad y de los vicios. 2 fig. Babel.
babilónico, -ca ***adj.*** De Babilonia, antigua ciudad y región del sur de Mesopotamia. -2 ***adj.-m.*** Dialecto acadio hablado antiguamente en Babilonia. 3 fig. Fastuoso.
SIN. **Babilonio.**
babilonio, -nia ***adj.-s.*** Babilónico (de Babilonia).
babiney (voz indígena) ***m.*** *Cuba.* Fangal, lodazal, charca.
babintonita *f.* MIN. Silicato de hierro, calcio y magnesio. Pertenece al grupo de los piroxenos.
babirusa (malayo, comp. de *babi,* cerdo, y *rusa,* ciervo) ***m.*** Especie de cerdo salvaje, de carne comestible, que se cría en Asia *(Babirussa babirussa).*
babismo (ár. *bab,* puerta) ***m.*** Sistema religioso fundado en Persia en el s. XIX por Mirza Alí Mohamed (1821-1850), quien interpretó alegóricamente los dogmas y ritos del Islam para crear una sociedad nueva basada en la fraternidad universal y en el feminismo.
bable (onomat. *babl,* referida al lenguaje balbuciente) ***m.*** Dialecto de los asturianos.
babón, -na ***adj.*** Baboso.
babonuco ***m.*** *Cuba.* Babunuco.
babor (hol. *bakboord;* más direct. del fr.) ***m.*** Lado izquierdo de la embarcación, mirando de popa a proa.
babosa *f.* Molusco gasterópodo pulmonado, sin concha o de concha rudimentaria, de cuerpo fusiforme, cuya piel segrega abundante baba. Por su voracidad es dañino en las huertas *(gén. Blennius).* 2 Pez marino teleósteo perciforme de pequeño tamaño y rostro agudo, con los ojos en posición dorsal *(Blennius* sp.*).* 3 *Ar.* Cebolleta. 4 *Amér. Central* y *Méj.* Bobada, tontería. 5 *Cuba.* Molusco testáceo de concha redonda *(Helia auricomas).* 6 *Cuba.* Enfermedad grave del ganado vacuno. 7 *Cuba.* Parásito que produce dicha enfermedad. 8 *Venez.* Especie de culebra.
SIN. *1* **Limaza; limaco** (Ál. y Ar.).
babosada *f. Amér. Central* y *Méj.* Sujeto o cosa despreciable. 2 *Guat.* Tontería, disparate. 3 *Guat.* Escrúpulo, indecisión.

babosear *tr.* Llenar de babas. -2 *intr.* Enamorarse perdidamente. -3 *tr. Guat.* Engañar. 4 *Guat.* Cometer babosadas o tonterías. 5 *Méj.* Manosear, tratar demasiado [un asunto]. 6 *Méj.* Mofarse de una persona. -7 *intr. Guat.* Callejear.
baboseo *m.* fig. *y* fam. Acción de babear (obsequiar). 2 fig. *y* fam. Efecto de babear (obsequiar). 3 fig. *y* fam. Enamoramiento tonto, amelonamiento.
babosilla *f.* Especie de babosa pequeña.
baboso, -sa *adj.-s.* [pers.] Que echa muchas babas. 2 fig. Que no tiene edad o condiciones para lo que hace, dice o intenta. 3 Que tiene mala baba. 4 Excesivamente zalamero. 5 fig. *y* fam. Enamoradizo y rendidamente obsequioso con las mujeres. -6 *m.* Budión. -7 *adj.-s. Amér.* Bobo, tonto. 8 *Perú.* Persona apocada.
baboyana (voz indígena) *f. Cuba.* Lagarto pequeño, de cola muy larga, fina y azulada *(Ameiva auberi).*
babucha (ár. *babux;* más direct. del fr.) *f.* Zapato ligero y sin tacón, usado esp. por los moros. 2 *Amér.* Especie de zapato de pala alta, cerrada con un cordón. 3 *Cuba.* Corpiño holgado que usan los niños. 4 *S. Dom.* Blusa. 5 *Argent. A ~,* a hombros.
babuchero, -ra *m. f.* Persona que hace o vende babuchas. -2 *m.* Lugar destinado en algunos edificios para depositar las babuchas.
babuino *m.* Primate cercopitécido africano de 1 m. de longitud y color gris oliváceo; es terrícola y vive en grupos *(Papio cynocephalu).*
babujal *m. Cuba.* Espíritu maligno que el vulgo cree se introduce en las personas. 2 *Cuba.* Brujo o persona que tiene pacto con el diablo.
babul *m.* Arbusto leguminal mimosáceo, de origen asiático, que se cultiva para obtener la goma arábiga *(Acacia arabica).*
babunuco (voz indígena) *m. Cuba.* Rodete de trapos, hojas o cortezas de plantas, que llevan en la cabeza los trabajadores para cargar los bultos.
SIN. **Abonuco, babonuco.**
baby (voz inglesa) *com.* ANGLIC. Nene, nena, o niño, niña: *~ sitter,* canguro (persona).
I) baca (fr. *bache,* de una voz gala) *f.* Sitio en la parte superior de las diligencias y demás coches de camino donde podían ir pasajeros y se colocaban equipajes, resguardados por una cubierta impermeable. 2 Esta misma cubierta. 3 Portaequipajes que se coloca sobre el techo del automóvil. ◇ HOMÓF.: *vaca* (f.).
II) baca (l. *bacca*) *f.* Fruto o baya del laurel.
bacalada *f.* Bacalao curado. 2 Bacaladilla. 3 vulg. Soborno. 4 fig. Engaño: ***meter la ~,*** engañar.
bacaladero, -ra *adj.* Relativo al bacalao, y a su pesca y comercio: *flota bacaladera.* -2 *m.* Barco destinado a la pesca del bacalao.
bacaladilla *f.* Pez teleósteo gadiforme, de color gris, cuerpo alargado y mandíbula prominente *(Micromesistius poutassou).*
bacalao (hol. *kabeljau*) *m.* Pez marino teleósteo gadiforme, de tamaño variable, con el cuerpo cilíndrico y la cabeza muy grande. Es comestible y se conserva salado y prensado *(Gadus morrhua).* 2 ***~ de Escocia,*** especie de merluza curada en la misma forma que el bacalao común.
SIN. **Abadejo, curadillo.** FR. *Cortar el bacalao,* dirigir un negocio o colectividad, mangonear.
bacallao *m.* Bacalao.
bacallar (b. l. *baccallariu,* cierta clase de siervo) *m.* Hombre rústico.
bacán *m. Argent.* y *Bol.* Truhán que vive en concubinato o mantenido por una concubina. 2 *Argent.* Hombre que parece rico. 3 *Argent.* fam. Galanteador. 4 *Cuba.* Tamal, empanada.
bacanal (l. *bacchanal*) *adj.* Relativo al dios Baco. -2 *f. pl.* Fiestas que celebraban los gentiles en honor de Baco. -3 *f.* fig. Orgía tumultuosa.
bacanora *f. Méj.* Bebida alcohólica que se obtiene del pulque.
bacante (l. *bacchante*) *f.* Mujer que tomaba parte en las bacanales. 2 fig. Mujer movida por la embriaguez o la pasión a transportes desordenados. ◇ HOMÓF.: *vacante* (adj.).
SIN. **Cacimba.**
bacao *m. Filip.* Árbol, esp. rizofóreo.
bácara, -ris (gr.) *f.* Amaro.
bacará, bacarrá (voz de origen desconocido) *m.* Juego de naipes de origen italiano.
bacaray *m. Amér. Merid.* Ternero nonato.
bacca *f.* BOT. V. baya.
bacciforme (*bacca,* baya + *-forme*) *m.* BOT. Parecido en forma a la baya.
SIN. **Abayado.**
bacelar (de *bacillar*) *m.* Parral (conjunto de parras).
bacera *f.* Enfermedad carbuncosa de los ganados vacuno, lanar y cabrío, que ataca el bazo.
baceta *f.* Naipes que quedan después de repartir a cada jugador los que le corresponden. 2 Juego de naipes.
bachaco *m. Venez.* Insecto parecido a la hormiga, pero más corpulento que ésta *(Formica gigantea).*
bachajé *m. Colomb.* Jifero, matarife.
bácharo, -ra *adj. Colomb.* Mellizo.
bachata *f. Cuba* y *P. Rico.* Juerga, holgorio.
bachatear *intr. Cuba* y *P. Rico.* Divertirse, bromear.
bachatero, -ra *adj.-s. Cuba* y *P. Rico.* Amigo de bachatas.
I) bache (de origen incierto, probabl. onomatopéyico) *m.* Hoyo que se hace en el pavimento de calles o caminos, por el uso u otras causas. 2 Desigualdad de la densidad atmosférica que determina un momentáneo descenso del avión. 3 fig. *y* fam. Momento difícil.
II) bache *m.* Sitio donde se encierra el ganado lanar para que sude, antes de esquilarlo.
bachear *tr.* Arreglar [las vías públicas] rellenando los baches.
bacheo *m.* Acción de bachear. 2 Efecto de bachear.
bachicha, bachiche (del n. genovés *Bacciccia,* Bautista) *com. Amér.* Italiano. Es apodo. 2 *Chile.* Lengua italiana. -3 *f. pl. Méj.* Residuos de pulque que dejan los bebedores en los vasos.
I) bachiller (fr. ant. *bacheler* < l. **baccalaris*) *com.* Antig., persona que había recibido el primer grado académico de facultad: *~ en artes.* 2 Persona que ha obtenido el grado al terminar la enseñanza media. 3 ***El ~ Trapazas,*** hombre enredador, trapacero, picapleitos.
II) bachiller, -ra *adj.-s.* Que habla mucho e impertinentemente.
bachillerada *f.* Bachillería, locuacidad impertinente.
bachillerar *tr.* Dar [a uno] el grado de bachiller. -2 *prnl.* Tomar este grado.
bachillerato *m.* Grado de bachiller. 2 Estudios necesarios para obtenerlo.
bachillerear *intr.* Hablar mucho e impertinentemente. -2 *tr. Méj.* Dar [a uno] repetidas veces el tratamiento de bachiller.
bachillería *f.* fam. Locuacidad impertinente. 2 Cosa dicha sin fundamento.
bachina *f. Méj.* Colilla.
bachkir *adj.-s.* De Bachkiria, república del centro de la Unión Soviética. -2 *adj.-m.* Dialecto turco, hablado en esta república.
bacía (probl. del l. v. *baccea*) *f.* Vasija (receptáculo). 2 Especie de jofaina, usada por los barberos para remojar la barba. ◇ HOMÓF.: *vacía* (v. y adj.).
báciga (fr. *bésigue*) *f.* Juego de naipes. 2 Lance con que en este juego se gana, y que consiste en hacer un punto que no pase de nueve.
bacil-, v. bacili-.
bacilar *adj.* Relativo o parecido a los bacilos. 2 Ocasionado por los bacilos. 3 MINERAL. De textura en fibras gruesas. ◇ HOMÓF.: *vacilar* (v.).
bacilariofitos *m.* Diatomea.
bacilemia (*bacil-* + *-emia*) *f.* MED. Presencia de bacilos en la sangre.
bacili-, bacil- (l. *bacillus,* bastoncillo) Elemento prefijal que entra en la formación de palabras con el significado de bacilo o bastoncillo: *baciliforme, bacilemia.*
baciliarófitos *m. pl.* Tipo de algas unicelulares, de color pardo o amarillento, dotadas de dos valvas de naturaleza silícea.
baciliforme (*bacili-* + *-forme*) *adj.* Que tiene forma de bacilo o bastoncillo.
bacillar (del l. *bacilla,* varillas) *m.* Parral (conjunto de parras). 2 Viña nueva.
bacilo (l. *bacillu,* bastón pequeño) *m.* Bacteria en forma cilíndrica. 2 ***~ de Koch,*** microorganismo causante de la infección tuberculosa, descubierto por el médico alemán Robert Koch (1843-1910) en 1882 *(Mycobacterium tuberculosis).* ◇ HOMÓF.: *vacilo* (v).
baciluria (*bacil-* + *-uria*) *f.* MED. Presencia de bacilos en la orina.
bacín (b. l. *-inu*) *m.* Orinal alto y cilíndrico. 2 Bacineta para pedir limosna. 3 fig. Hombre despreciable.
SIN. / **Dompedro, perico, sillico, tito, vaso, zambullo.**
bacinada *f.* Inmundicia arrojada del bacín. 2 fig. Acción indigna y despreciable.
bacinero, -ra *m. f.* Persona que pide limosna para el culto religioso.

bacineta *f.* Bacía pequeña.
bacinete *m.* Pieza de la armadura, parecida al yelmo, que consistía en un casco ligero sin visera ni gola. 2 Soldado que la vestía. 3 ANAT. Pelvis.
bacinica, -nilla *f.* Bacineta. 2 Bacín (orinal) bajo y pequeño.
bacisco *m.* METAL. Mineral menudo y tierra de la mina con que se hace barro y ladrillos que entran en la carga de hornos con el mineral grueso.
Baco *n. pr.* MIT. Dios de las vides y del vino. Entre los griegos Dionisos.
REL. **Tirso,** vara enramada que le servía de cetro; **báquico** o **dionisíaco,** relativo a Baco.
bacon *m.* ANGLIC. Panceta ahumada. ◇ Se pronuncia *beicon.*
bacona, baconao *f.* Árbol silvestre de Cuba, de madera amarillenta y dura *(Albizia cubana).*
baconiano, -na *adj.* Relativo a la doctrina de Bacon (1561-1626).
baconismo *m.* Doctrina filosófica del inglés Francisco Bacon (1561-1626), basada en el método inductivo.
bacteri-, v. bacterio-.
bacteria (gr. *bakteria,* bastón) *f.* Microorganismo procariota unicelular, caracterizado por carecer de órganos propios de las células eucariotas.
bacteriáceo, -a *adj.-s.* Microorganismo unicelular, de cuerpo prolongado y frecuentemente patógeno. -2 *f. pl.* Familia de estas plantas.
bacteriano, -na *adj.* Relativo a las bacterias.
bactericida (*bacteri-* + *-cida*) *adj.-s.* Que destruye las bacterias.
bacteridia *f.* Bacteria del carbunco. 2 En general, bacteria gruesa.
bacteriemia (*bacteri-* + *-emia*) *f.* MED. Presencia de bacterias en la sangre.
bacterio-, bacteri- (de *bacteria*) Elemento prefijal que entra en la formación de palabras con el significado de bacteria: *bacteriología, bactericida.*
bacteriocito, -ta (*bacterio-* + *-cito* I) *adj.* ZOOL. [célula] Que se alimenta de bacterias.
bacteriofagia (*bacterio-* + *-fagia*) *f.* Destrucción de bacterias por las células.
bacteriófago *adj.-s.* Virus que destruye ciertas bacterias.
bacteriólisis (*bacterio-* + *-lisis*) *f.* Lisis de las bacterias producida por la reacción de un antígeno con un anticuerpo.
bacteriolítico, *-ca adj.-s.* Que produce la lisis o disolución de las bacterias.
bacteriología (*bacterio-* + *-logía*) *f.* Parte de la microbiología que estudia las bacterias.
bacteriológico, -ca *adj.* Relativo a la bacteriología.
bacteriólogo, -ga *m. f.* Persona que por profesión o estudio se dedica a la bacteriología.
bacteriostático, -ca (*bacterio-* + *-stático*) *adj.-s.* MED. Que impide o disminuye la reproducción de las bacterias.
bacterioterapia (*bacterio-* + *-terapia*) *f.* Tratamiento de las enfermedades infecciosas por la introducción de bacterias vivas o muertas en el organismo.
bacteriotropina *f.* Substancia sensible a las altas temperaturas, que actúa sobre las bacterias y las hace más aptas para ser destruidas por los fagocitos.
bacteriuria (*bacteri-* + *-uria*) *f.* MED. Presencia de bacterias en la orina.
bactriano, -na *adj.-s.* De Bactriana, antigua región del centro de Asia.
bacuachí *adj.-com. Méj.* Macuache, indio miserable.
bacuey (voz indígena) *m. Cuba.* Planta silvestre, a cuyas hojas se atribuye poder estimulante para la fecundidad de las mujeres.
baculiforme *adj.* BIOL. Que tiene forma de cono o bastoncito.
báculo (l. *baculu*) *m.* Palo o cayado: ~ ***pastoral,*** el de oro o plata que, como símbolo de su autoridad, usan los obispos. 2 fig. Arrimo, consuelo.
bacuyán *m.* Árbol de los montes de Filipinas *(Diroxylum blancoi).*
bada (port. *abada*) *f.* Rinoceronte.
badajada *f.* Golpe dado por el badajo en la campana. 2 fig. Necedad, despropósito.
badajazo *m.* Badajada (golpe).
badajear *intr.* Hablar mucho y neciamente.
badajo (l. **bataculu* < battuaculu) *m.* Pieza pendiente en el interior de las campanas y esquilas, para hacerlas sonar. 2 fig. Persona habladora y necia.
SIN. *1* **Espiga, lengua.**
badajocense, badajoceño, -ña *adj.-s.* De Badajoz, c. de Extremadura.
SIN. **Pacense.**
badal (b. l. *badallu*) *m.* Instrumento que oprime el hocico o una oreja de las bestias para tenerlas sujetas. 2 Balancín que, enganchado a los tirantes de las caballerías, sirve para arrastrar maderos, trillos, etc. 3 *Ar.* Carne de la espalda y las costillas, en reses de abasto.
badalonés, -nesa *adj.-s.* De Badalona, ciudad de Barcelona.
badán (ár.) *m.* Tronco del cuerpo en el animal.
badana (ár. *battana*) *f.* Piel curtida de carnero u oveja. 2 Tira de este cuero o de otro material, que se cose al borde interior de la copa del sombrero para evitar que se manche con el sudor. -3 *m.* fam. Persona floja y perezosa.
FR. *Zurrar a uno la* ~, fig., darle de golpes o maltratarle de palabras.
badano *m.* Formón usado por los carpinteros de ribera.
badaza *f. Cuba.* Cintas o correa que se pone en la parte interior de un vehículo para agarrarse las personas.
badea (ár. *batiha*) *f.* Sandía. 2 Melón. 3 Cohombro largo. 4 Pepino (planta). 5 fig. Sandía, melón o pepino de mala calidad. ◇ HOMÓF.: *vadea* (v.).
SIN. *1* **Albudeca,** p. us.
badén (ár. *baten,* hondonada) *m.* Zanja que forma en el terreno el paso de las aguas llovedizas. 2 Cauce para dar paso en una carretera a un corto caudal de agua. 3 Bache, hoyo en una calle o camino.
baderna (quizá de *baterna,* del gr. *pterna,* parte inferior del mástil, a través del prov.) *f.* MAR. Cabo trenzado para sujetar el cable al virador, trincar la caña del timón, etc.
REL. **Abadernar,** sujetar con baderna.
badián *m.* Árbol magnoliáceo de Oriente cuyas semillas se emplean en medicina y como condimento *(Illicium verum).*
badiana *f.* Badián. 2 Fruto del badián.
SIN. **Anís estrellado.**
badiera *f. Cuba.* Arbusto de hojas alternas *(Badiera domingensis).*
badil (l. *batillu*) *m.* Paleta de metal para remover la lumbre en las chimeneas y braseros. 2 Recogedor de basuras.
badila *f.* Badil.
badilazo *m.* Golpe dado con el badil.
badilejo *m.* Llana (herramienta).
bádminton (de *Badminton,* casa de campo del duque de Beaufort en Inglaterra) *m.* Deporte que se practica en un campo por dos o cuatro jugadores, mediante raquetas ligeras de mango largo y un volante, el cual se ha de hacer pasar por encima de una red situada en medio de la superficie del campo de juego.
badomía *f.* Despropósito.
badulacada *f.* Acción propia del badulaque, hombre de poco fundamento. 2 *Chile* y *Perú.* Bellacada.
badulaque *m.* Afeite antiguo. -2 *adj.-m.* fig. Persona de poco juicio. -3 *adj.* Informal, embustero.
badulaquear *intr.* Portarse como un badulaque. 2 *Chile* y *Perú.* Bellaquear.
badulaquería *f.* Calidad de badulaque (no juicioso). 2 *Ecuad.* Bellaquería.
baenero, -ra *adj.-s.* De Baena, ciudad de Córdoba.
baezano, -na *adj.-s.* De Baeza, ciudad de Jaén.
baffle (ing. *baffle*) *m.* En los altavoces, placa rígida y absorbente del sonido, que se coloca en el interior de la caja de resonancia con el fin de mejorar su respuesta. 2 p. ext. Caja que contiene un altavoz o juego de altavoces en un equipo de alta fidelidad.
bafle *m.* Baffle.
bagá (voz indígena) *m. Cuba.* Árbol anonáceo de fruto globoso, que come toda clase de ganados. Sus raíces se usan como corcho en las redes, boyas, etc. *(Anona palustris; A. montana).*
I) baga (l. *baca,* baya) *f.* Cápsula que contiene la linaza. 2 *Extr.* Vaina de las legumbres. 3 *Extr.* Flor del olivo y de los frutales. ◇ HOMÓF.: *vaga* (v. y adj.), *baga* (v.).
II) baga *f. Ar.* y *Logr.* Soga con que se atan y aseguran las cargas que llevan las caballerías. 2 *Murc.* Lazada, nudo corredizo. ◇ HOMÓF.: v. *baga I.*
bagacera *f.* Secadero para el bagazo de la caña de azúcar.
bagaje (fr. *bagage*) *m.* Equipaje militar de una fuerza o ejército en marcha. 2 Equipaje en general. 3 Bestia, con carro o sin él, que para conducir el equipaje militar se tomaba en los pueblos por vía de carga concejil. 4 fig. Conjunto de conocimientos

o noticias de que dispone una persona. 5 *Bol.* Cantidad que recibe un subordinado en concepto de dietas de un viaje, independientemente de los viáticos ordinarios.
SIN. *1* **Impedimenta.**
bagajero ***m.*** El que conduce el bagaje.
bagamán ***adj.*** *Colomb.* y *S. Dom.* fest. Vagabundo.
bagar ***intr.*** Echar el lino baga y semilla: *el lino se ha bagado bien.* 2 *Extr.* Echar flor (los árboles frutales). ◇ ** CONJUG. [7] como ***llegar.*** ◇ HOMÓF.: *vagar* (v.).
REL. v. **Linaza.**
bagarino (ár. *baharí,* marinero) ***m.*** ant. Remero libre asalariado, a diferencia del galeote o forzado.
SIN. **Buenaboya.**
bagasa (l. **bacassa*) ***f.*** Mujer de mala vida.
bagatela (it. bagatella) ***f.*** Cosa fútil. 2 MÚS. Composición musical escrita en un género ligero. 3 *Chile.* Billar romano.
SIN. *1* v. **Pequeñez.**
bagazal ***m.*** *Cuba.* Terreno en que abundan los bagaes.
bagazo ***m.*** Cáscara de la baga, después de separada de ella la linaza. 2 Residuo de las cosas que se exprimen para sacarles el zumo. 3 *Amér. Central.* fig. Persona despreciable.
SIN. **Gabazo.**
bagre (quizá del l. *pagru,* pez teleósteo; a través del moz.) ***m.*** Pez abdominal, abundante en los ríos de América. Su carne es amarillenta, sabrosa y con pocas espinas *(Pimelodus maculatus).* 2 *Amér.* Sujeto antipático o desagradable, persona fea. 3 *Amér. Central.* Persona muy lista. 4 *Bol.* y *Colomb.* Charro, de mal gusto. 5 *C. Rica.* Meretriz. 6 *Parag.* Mujer muy fea.
bagrera ***f.*** *Colomb.* Atarraya especial para coger bagres.
bagrerío ***m.*** *Chile.* Conjunto de mujeres feas.
bagrero ***m.*** *Colomb.* Anzuelo propio para pescar bagres. 2 *Ecuad.* y *Perú.* El que hace el amor a mujeres feas.
bagual (de *Bagual,* cacique indio) ***adj.*** *Amér.* Bravo, indómito; esp. el ganado caballar y vacuno. 2 *Amér.* Desmañado, incivil, grosero. -3 ***m.*** *Amér.* Hombre corpulento y de modales toscos.
baguala ***f.*** *Argent.* Canción popular, que suele cantarse en corro, con acompañamiento de caja o tambor.
bagualada ***f.*** *Argent.* Caballada, manada de baguales. 2 *Argent.* Burrada, necedad.
bagualón, -na ***adj.*** *Argent.* [caballo o yegua] A medio domar.
baguarí (guaraní *mbaguarí*) ***m.*** *Argent., Parag.* y *Urug.* Especie de cigüeña, de un metro aproximadamente de longitud, cuerpo blanco, y alas y cola negras *(Areda cocoi).* ◇ Pl.: *baguaríes.*
baguio (quizá var. del ant. *váguido,* hoy *vahído*) ***m.*** Huracán en Filipinas.
¡bah! Interjección con que se denota incredulidad, desdén. 2 Repetida significa que se desatienden las razones que se oponen a alguna cosa. ◇ HOMÓF.: *va* (v.).
bahareque ***m.*** *Amér.* Bajareque.
baharí (ár.) ***m.*** Ave rapaz diurna, de unos 15 cms. de altura, color gris azulado por encima, colorado obscuro con muchas manchas de diversos tonos en las partes inferiores, y pies rojos *(Falco gentilis).*
SIN. **Tagarote.**
bahía (quizá orig. ibérico) ***f.*** Entrada de mar en la costa, gralte. menor que el golfo, que puede servir de abrigo a las embarcaciones.
bahorrina ***f.*** fam. Conjunto de cosas asquerosas mezcladas con agua sucia. 2 fam. Conjunto de gente soez y ruin. 3 fam. Suciedad.
bahúno, -na ***adj.*** Bajuno.
baicurú ***m.*** *Argent.* Guaicurú.
baída ***adj.*** Vaída.
baifo, -fa ***m. f.*** *Can.* Cabrito.
baila ***f.*** Pez marino teleósteo, parecido a la lubina, pero de menor tamaño; de cuerpo alargado, un poco rechoncho *(Dicentrarchus punctatus; Morone punctata).* 2 Raño (pez).
bailable ***adj.*** Que se puede bailar. -2 ***m.*** Danza que forma parte de un espectáculo.
bailadero ***m.*** Lugar para los bailes públicos.
bailador, -ra ***adj.-s.*** [pers.] Que baila. -2 ***m. f.*** Bailarín o bailarina profesional que ejecuta bailes populares de España.
bailante ***adj.*** Que baila. -2 ***m.*** *Argent.* Orgía nocturna de gente pobre.
bailaor, -ra ***m. f.*** Bailador de flamenco.
bailar (l. *ballare*) ***intr.-tr.*** Mover el cuerpo, los pies y los brazos en orden y a compás: *~ con arte; ~ a la guitarra; ~ una polca.* 2 Moverse más o menos rápidamente una cosa sin salir de un espacio reducido. 3 Girar rápidamente una cosa en torno de su eje, manteniéndose en equilibrio sobre un extremo del mismo. 4 Moverse [una cosa insuficientemente sujeta]. 5 Cambiar [un número por otro]. 6 Retozar (apasionarse). 7 DEP. Dominar [un equipo a otro] a la vez que se realiza un juego preciosista. 8 EQUIT. Ejecutar el caballo movimientos desordenados. -9 ***tr.*** Hacer bailar: *alguien baila el trompo.* 10 fig. y fam. Robar, hurtar. 11 *Can.* Comer [algo] con gran rapidez.
SIN. *1* **Danzar; tripudiar,** evocando la antigüedad. FR. *Otro que bien baila,* fig., otro de la misma calaña; *~ el agua [a uno],* adularle, servirle con mucha diligencia; *~ al son que tocan,* acomodarse a las circunstancias.
I) bailarín, -na ***adj.-s.*** Que baila. -2 ***m. f.*** Persona que se dedica profesionalmente al baile.
II) bailarín ***m.*** ZOOL. Pequeño coleóptero acuático. 2 Pájaro arborícola y canoro, agresivo y buen cazador de insectos *(Chiroviphia caudata).*
bailata ***f.*** fam. Baile.
I) baile ***m.*** Acción de bailar. 2 Arte de bailar. 3 Sucesión de mudanzas ejecutadas según un orden y ritmo determinados, que recibe un nombre particular, como vals, rigodón, polca, etc. 4 Reunión de personas para bailar; fiesta en que se baila. 5 Espectáculo teatral en que se ejecutan varias danzas y se representa una acción por medio de la mímica. 6 ~ ***de San Vito,*** enfermedad convulsiva. 7 ~ ***de candil,*** o ***de cascabel gordo,*** el de gente de baja condición. 8 *Venez.* Sopa de arvejas desconchadas y molidas.
SIN. *1, 2, 3, 4* y *5* **Danza** es en gral. más distinguido y elegante que **baile; tripudio,** evocando la antigüedad. *2* **Coreografía.** REL. **Terpsícore,** musa del baile y del canto coral. *6* **Corea.**
II) baile (l. *baiulu*) ***m.*** Nombre de algunos magistrados antiguos; esp. en ciertos pueblos de la corona de Aragón, juez ordinario.
bailesa ***f.*** Mujer del baile (magistrado).
bailete ***m.*** ant. Baile de corta duración que solía introducirse en la representación de ciertas obras dramáticas.
bailía ***f.*** Territorio jurisdiccional del baile. 2 Territorio de alguna encomienda de las órdenes.
bailiaje ***m.*** Bailía. 2 Especie de encomienda en la orden de San Juan.
bailiazgo ***m.*** Bailía.
bailío ***m.*** Caballero de la orden de San Juan, que tenía bailiaje.
bailista ***com.*** p. us. Bailarín o bailarina.
bailón, -lona ***adj.-s.*** Persona muy aficionada al baile. 2 Bailarín. 3 fam. Ratero, ladronzuelo.
bailongo ***m.*** Baile pobre y alegre.
bailotear ***intr.*** Bailar continuamente y sin gracia ni formalidad.
bailoteo ***m.*** Acción de bailotear. 2 Efecto de bailotear.
baivel ***m.*** Especie de escuadra falsa usada por los canteros.
baja ***f.*** Disminución del precio, valor y estimación de una cosa en el mercado: *hoy la bolsa ha ido a la* ~; ***jugar a la*** ~, especular con valores públicos o mercantiles contando con su baja. 2 Cese de una persona física o jurídicamente en una sociedad, empresa, agrupación o registro: *se dio de ~ como empresario; causó ~ en el club.* 3 Documento en el que el médico acredita las causas que imponen el abandono, transitorio o definitivo, en la actividad laboral de una persona: *si no me dan la ~ tendré que ir a trabajar.* 4 Pérdida, muerte en combate. 5 *Cuba.* Intención: *le conocí la* ~.
SIN. *1* v. **Caída.**
bajá (ár. *baxá*) ***m.*** En Turquía, el que obtenía mandato superior. Hoy día es título honorífico. 2 ~ ***de dos colas,*** mariposa diurna de color marrón obscuro con anchos bordes marginales leonados; las alas posteriores presentan dos colas *(Charaxes jasius).* ◇ Pl.: *bajaes.*
SIN. **Pachá** es galicismo.
bajaca ***f.*** *Ecuad.* Cinta con que las mujeres sujetan el peinado.
bajada ***f.*** Acción de bajar. 2 Camino por donde se baja. 3 Disminución del caudal de un río o de un arroyo. 4 ~ ***de aguas,*** CONSTR., tubería vertical por donde bajan las aguas pluviales desde el tejado, o las procedentes de las instalaciones sanitarias hasta conectar con la red de alcantarillado. 5 *Colomb.* Mitad longitudinal de la canal del cordero.
SIN. v. **Caída.**
bajador, -ra ***adj.*** *Chile.* Bajativo, digestivo. -2 ***m.*** *Chile.* Gamarra o engallador.
bajagua ***f.*** *Méj.* Tabaco malo.
bajalato ***m.*** Dignidad de bajá. 2 Territorio de su jurisdicción.
bajamar ***f.*** Fin del reflujo del mar. 2 Tiempo que éste dura.
CONTR. **Pleamar.**

bajamente *adv. m.* Con bajeza o abatimiento.
bajamuelles *adj. Chile.* Bajador, digestivo. ◇ Pl.: *bajamuelles.*
bajante *amb.* Tubería de desagüe. -2 *m. Ar.* Ladera o parte baja de una montaña. -3 *f. Amér.* Marea baja.
bajar (l. **bassiare*) *intr.* Ir desde un lugar a otro que está más bajo: *bajó a la llanura;* fig., *bajó de león a asno.* 2 Disminuir una cosa: ~ *la temperatura.* 3 Estar situado en un lugar bajo: *la falda baja diez centímetros.* -4 *intr.-tr.-prnl.* Apear (bajar a uno). -5 *tr.* Recorrer de arriba abajo: *bajó la escalera.* 6 Conducir [una cosa] a un lugar más bajo, o situarla en sitio más bajo: *bajó el rebaño a la llanura; bajó el brazo.* 7 Rebajar (el nivel). 8 Disminuir la estimación o el valor [de una cosa]: ~ *los precios.* 9 Inclinar [una cosa] hacia el suelo. 10 Derribar [un ave de caza]. 11 Humillar, abatir [a una persona o cosa]: *le bajaré los bríos; se bajó a ser hombre.* 12 *Cuba* y *S. Dom.* En la jerga comercial, pagar. -13 *prnl.* Inclinarse [uno] hacia el suelo.
SIN. **Abajar** es anticuado o rústico. En todas las acep. intr. **descender,** lit. *2* y *8* v. **Decrecer, disminuir.**
bajareque (voz indígena) *m. Amér.* Enrejado de palos entretejidos con cañas y barro. 2 *C. Rica* y *Cuba.* Choza miserable. 3 *Pan.* Llovizna menuda que cae en sitios altos.
bajativo, -va *adj.-s.* [licor] Que se toma como estomacal; digestivo. 2 *Bol., Chile* y *Urug.* Tisana.
bajear *tr.* Acompañar [un canto con las notas graves]. 2 *Cuba.* vulg. Sugestionar. 3 *Ecuad.* En el juego, jugar sistemáticamente a las cartas bajas.
bajel (l. *vascellu* < dim. de *vas,* vaso) *m.* lit. Buque (barco).
bajelero *m.* Dueño, patrón o fletador de un bajel.
bajera *f. Amér.* Hoja inferior de la planta del tabaco, de peor calidad. 2 *Argent.* Sudadero de las cabalgaduras.
bajero, -ra *adj.* Bajo, situado en lugar inferior. 2 Que se usa o pone debajo de otra cosa: *sábana bajera.*
bajete *m.* Dim. desp. de *bajo.* 2 MÚS. Tema escrito en clave de fa, que sirve para las prácticas de armonía y contrapunto.
bajetón, -tona *adj. Ant., Colomb.* y *Ecuad.* Mediano de cuerpo.
bajeza *f.* Acción vil. 2 Calidad de bajo. 3 fig. Abatimiento, humillación. 4 ~ ***de ánimo,*** poquedad (timidez).
bajial *m. Perú.* Terreno bajo que se inunda en invierno.
bajines, -nis, -ni (por lo ~) *adv.* En voz baja.
bajío *m.* Bajo en los mares, y más comúnmente el de arena. 2 *Amér.* Terreno bajo.
bajista *com.* Persona que juega a la baja. 2 Músico que toca el bajo (instrumento musical). -3 *adj.* [precio] Que tiende a la baja en el mercado o en la bolsa.
CONTR. *3* **Alcista.**
I) bajo, -ja (l. *bassu*) *adj.* De poca altura: ~ *de cuerpo.* 2 Situado en un lugar inferior respecto de otras cosas. 3 Inclinado hacia abajo: *ojos bajos.* 4 Cualitativamente, que no llega a un nivel alto: *color ~; oro ~; voz baja.* 5 Refiriéndose al sonido, grave. 6 Que cae más pronto que en otros años [esp. la fiesta movible o de la Cuaresma]. 7 Corto, poco considerable: *precio ~.* 8 Tosco, vulgar: ~ *en su estilo.* 9 fig. Humilde, despreciable.
II) bajo *m.* Sitio o lugar hondo. 2 En los mares y ríos, elevación del fondo que obstruye la navegación. 3 MÚS. La más grave de las voces humanas. 4 MÚS. Instrumento que, entre los de una familia de cuerdas o de viento, produce los sonidos más graves. 5 Persona que tiene aquella voz, o que toca este intrumento: ~ ***cantante,*** barítono de voz robusta; ~ ***profundo,*** bajo de voz más grave que la del bajo ordinario. 6 Parte de música escrita para ser ejecutada por un cantor o un instrumento de la cuerda de bajos. 7 ~ ***continuo,*** parte más grave de y raramente interrumpida de un acompañamiento instrumental; ~ ***fundamental,*** la nota más grave de un acorde en su forma o estado directo. -8 *m. pl.* Planta baja de un edificio y también las estancias situadas bajo el nivel del suelo.
III) bajo *adv. l.* Abajo. -2 *adv. m.* En voz baja o que apenas se oiga: *habla ~.* 3 ***Por lo ~, loc. adv.,*** fig., disimuladamente. -4 ***prep.*** Expresa en general situación inferior, sujeción o dependencia de una cosa o persona respecto de otra; significa: debajo de: ~ *techado; acaeció ~ el reinado de Isabel II;* por contaminación con la expr. *debajo de* puede ir seguido de la prep. *de*: *se oculta su impiedad ~ (de) hermosas apariencias.* V. debajo. ◇ INCOR.: ~ *esta base,* por sobre esta base; ~ *este fundamento,* por esto supuesto; ~ *este concepto,* por en este concepto; ~ *este punto de vista,* por desde este punto de vista.
bajoca *f. La Mancha* y *Murc.* Judía verde. 2 *Murc.* Gusano de seda que enferma y se muere, quedándose como la vaina de la judía.
I) bajón *m.* MÚS. Instrumento de viento de sonido grave, muy parecido al fagot. 2 MÚS. Bajonista.
SIN. **Piporro.**
II) bajón *m.* Aum. de *baja.* 2 fig. Notable disminución en el caudal, la salud, las facultades mentales, etc.: *Francisco ha dado un gran ~.*
SIN. V. **Caída.**
bajonao (quizás de origen taíno) *m.* Pez de Cuba de tamaño grande, parecido a la dorada *(Pagellus calamus; P. humilis).*
bajonazo *m.* Bajón en la salud, caudal, facultades, etc. 2 TAUROM. Golletazo.
bajoncillo *m.* MÚS. Instrumento de viento parecido al bajón, pero más pequeño y de tono más agudo.
bajonista *m.* Músico que toca el bajón.
bajorrelieve *m.* ESC. Relieve en el cual las figuras resaltan poco del plano.
SIN. **Bajo relieve.**
bajuno, -na *adj.* desp. [pers.] Soez.
SIN. **Bahúno.**
bajura *f.* Falta de elevación.
bakelita *f.* Baquelita.
bakelizar *tr.* Baquelizar.
bala (ant. alto al. *balla,* de la raíz indoeuropea *bal,* lanzar) *f.* Proyectil de diversas formas y tamaños, para cargar las armas de fuego: ~ ***fría,*** la que ha perdido casi por completo la velocidad; ~ ***naranjera,*** naranja (bala us. antig.); ~ ***perdida,*** la lanzada al azar, fig., tarambana. 2 Confite redondo, todo de azúcar. 3 Fardo apretado de mercancías: ~ *de algodón.* 4 Atado de diez resmas de papel. 5 Rodillo con mango, de que se sirven los impresores para poner tinta sobre las galeradas. 6 Pelotilla hueca, de cera, y dada de algún color, llena de agua, que se usa por burla en carnestolendas. 7 ~ ***rasa,*** persona alegre y poco seria. También *balarrasa.* 8 *Amér. Ni a ~,* de ningún modo. 9 *Colomb. A ~,* a tiros.
Balaán *n. pr.* BIB. Profeta que fue reprendido por la burra que cabalgaba *(Núm. 22* y *24).* 2 Persona de pocas palabras que habla en ocasión oportuna: *habló la burra de ~.*
balaca, -cada *f. Amér. Central* y *Ecuad.* Fanfarronada, baladronada.
balacear *tr. Méj.* Balear, tirotear.
balacera (de *balazo*) *f. Amér.* Baleo, tiroteo.
balada (prov. *balada*) *f.* Balata. 2 Composición poética romántica dividida en estrofas en que se refieren hechos legendarios o misteriosos. 3 Composición poética en estrofas que terminan en un mismo verso, de la ant. poesía lírica provenzal, italiana, etc. 4 MÚS. Composición de carácter íntimo y expresivo que cada autor trata libremente y con sentido propio.
baladí (ár. *baladí,* del país, del ár. *balad,* tierra) *adj.* De poca substancia y aprecio. 2 Propio de la tierra. ◇ Pl.: *baladíes.*
balador, -ra *adj.* Que bala.
baladrar (l. *blatterare*) *intr.* Dar baladros.
baladre (cat. < l. *veratru*) *m.* Adelfa.
baladrero, -ra *adj.* Gritador, alborotador.
baladro *m.* Grito o voz espantosa.
baladrón, -drona (l. *balatrone*) *adj.* Fanfarrón que blasona de valiente. 2 *Can.* Inquieto, travieso.
baladronada *f.* Hecho o dicho propio de baladrones.
SIN. **Bravata.**
baladronear *intr.* Hacer o decir baladronadas.
bálago (raíz céltica) *m.* Paja larga de los cereales. 2 Balaguero. 3 Espuma crasa del jabón de la cual se hacen bolas. 4 En algunas partes, paja trillada.
balagre *m. Hond.* Bejuco que sirve para hacer nasas.
balaguero *m.* Montón grande de bálago en la era.
balaj, -je (ár. *balajx*) *m.* Rubí de color morado.
balajú *adj. P. Rico.* Delgado, flaco. 2 *P. Rico.* [pers.] Muy feo. ◇ Pl.: *balajúes.*
balalaika *f.* MÚS. Instrumento músico de origen ruso de tres cuerdas y caja sonora triangular.
balamido (de *balar*) *m. Murc.* Rumor confuso de los balidos de un rebaño. 2 *Murc.* Ruido continuado, lejano.
balance *m.* Movimiento de un cuerpo que se inclina ya a un lado ya a otro. 2 fig. Vacilación, inseguridad. 3 fig. Resultado de un asunto. 4 COM. Cómputo y comparación del activo y el pasivo de un negocio. 5 COM. Estado demostrativo del resultado de dicha operación. 6 COM. Libro donde se escriben los créditos y

deudas. 7 ELECTR. Equilibrio de nivel entre los dos canales de un amplificador. 8 ESGR. Movimiento que se hace inclinando el cuerpo hacia adelante o hacia atrás, sin mover los pies. 9 MAR. Movimiento que hace la nave de babor. 10 *Amér.* ANGLIC. Saldo. 11 *Colomb.* vulg. Negocio, asunto. 12 *Cuba.* Mecedora.

balanceador, -ra ***adj.*** Que balancea fácilmente.

balanceante ***adj.*** Que balancea.

balancear ***intr.-prnl.*** Dar o hacer balances. 2 Mecerse. 3 fig. Dudar: ~ *en la perplejidad; resolver sin* ~. -4 ***tr.*** Igualar, poner [una cosa] en equilibrio. 5 *Colomb.* Equilibrar [las ruedas de un automóvil].

balanceo ***m.*** Acción de balancear o balancearse. 2 Efecto de balancear o balancearse.

balancero ***m.*** Balanzario.

balancín ***m.*** Dim. de *balanza.* 2 Madero paralelo al eje de las ruedas delanteras de un carruaje, fijo en su promedio a la tijera y por los extremos a los del eje mismo. 3 Madero que se cuelga del balancín (madero de carruaje) y a cuyos extremos se enganchan los tirantes de las caballerías. 4 Palo usado por los volatineros para mantener el equilibrio. 5 Volante (máquina). 6 En las máquinas de vapor, barra móvil alrededor de un eje, que transforma un movimiento alternativo rectilíneo en otro circular continuo. 7 Mecedora. 8 En jardines, playas, terrazas, etc., asiento colgante cubierto con toldo. 9 Instrumento empleado para cazar palomas, formado por dos palos en cruz, de los cuales el horizontal está sujeto al vertical. En un extremo se coloca el cimbel y en el otro un cordel que mueve el cazador. 10 MEC. Pieza móvil alrededor de un eje, que transforma un movimiento alternativo rectilíneo en otro circular continuo en ciertas máquinas y motores. 11 ZOOL. Órgano que tienen los dípteros a los dos lados del tórax; la ablación de uno de ellos incapacita al animal para volar. 12 *Perú.* Coche viejo.

SIN. *4* **Contrapeso, chorizo, tiento.**

balandra (probl. cruce del neerl. *bijlander,* venido a través del fr. y de *palandra,* embarcación de origen turco) ***f.*** Velero pequeño con cubierta y sólo un palo.

balandrán (b. l. *balandrana*) ***m.*** Vestidura talar ancha y con esclavina que suelen usar los eclesiásticos.

balandrista ***com.*** Persona que gobierna un balandro.

balandro ***m.*** MAR. Balandra pequeña. 2 MAR. Barco pescador aparejado de balandra, ús. en Cuba.

balanitis ***f.*** Inflamación de la membrana mucosa que reviste el bálano o glande.

bálano, balano (l. *-nu* < *bellota*) ***m.*** Parte extrema del miembro viril. 2 Crustáceo cirrópodo de forma parecida a un casco de asno *(Balanus).*

SIN. *1* **Glande.** *2* **Pie de burro.**

balanófago, -ga ***adj.*** [animal] Que se alimenta de bellotas.

balante ***adj.*** Que bala.

balanza (l. *bilancia*) ***f.*** Instrumento para pesar equilibrando con pesos conocidos el del cuerpo que se pesa. Ordinariamente es una palanca de primer género, de brazos iguales, con un platillo en cada extremo. 2 fig. Comparación que el entendimiento hace de las cosas. 3 ~ ***de pagos,*** registro contable de las transacciones entre las personas residentes en un país y las residentes en el extranjero durante un período de tiempo determinado. 4 ~ ***comercial*** o ***de comercio,*** estado comparativo de la importación y exportación de un país. 5 ASTRON. Libra (constelación zodiacal). 6 *Amér.* Balancín de volatinero.

balanzario ***m.*** El que tiene por oficio pesar los metales en las casas de moneda.

balanzón ***m.*** Vasija usada por los plateros para blanquecer la plata o el oro. 2 *And.* y *Méj.* Recogedor para granos. 3 *Méj.* Platillo de balanza.

balao ***m.*** Árbol dipterocárpeo de Filipinas, de madera aromática *(Dipterocarpus vernicifluus).*

balaquear (de *balaca*) ***intr.*** *Argent.* y *Bol.* Baladronear.

balar (l. *-are*) ***intr.*** Dar balidos. 2 fig. Desear ansiosamente alguna cosa. ◇ HOMÓF.: *valar* (adj.), *vale* (v.).

balarrasa ***m.*** Aguardiente fuerte. 2 fig. Persona alegre y poco seria. ◇ También *bala rasa.*

balastar ***tr.*** Tender el balasto.

balastera ***f.*** Cantera de balasto.

balasto (ingl. *ballast*) ***m.*** Capa de grava que se tiende sobre la explanación de los ferrocarriles. 2 *Colomb.* Capa de grava que sirve de base al pavimento de carreteras.

I) balata (it. *ballata*) ***f.*** Composición poética que se hacía para ser cantada al son de la música de los bailes.

II) balata ***f.*** *Colomb., Pan., Perú* y *Venez.* Árbol sapotáceo originario de América Central que se cultiva por sus frutos comestibles y por su látex, con el que se fabrica chicle y caucho *(Mimusops balata; Manilkara bidentata).* 2 Goma obtenida del látex de dicho árbol que se emplea en la fabricación de cintas de transmisión y como impermeabilizante.

I) balate (ár *balat,* arrecife) ***m.*** Margen de una parata. 2 Terreno pendiente, lindazo, etc., de muy poca anchura. 3 Borde exterior de las acequias.

II) balate ***m.*** Equinodermo holoturoideo de carne comestible.

balausta (l. *balaustiu,* flor del granado) ***f.*** Fruto seco, indehiscente, coronado por el cáliz persistente, que encierra numerosísimas semillas, cuya parte externa es carnosa; como la granada.

balaustia ***f.*** Granado (arbusto o arbolito).

balaustra ***f.*** Granado (arbusto o arbolito).

balaustrada ***f.*** Serie de balaustres. 2 p. ext. Muro calado de poca altura, o pretil, que tiene la función de barandilla.

balaustrado, -da, balaustral ***adj.*** De figura de balaustre. -2 ***adj.*** Que tiene balaustres.

balaustrar ***tr.*** Poner balaustres como adorno.

balaustre, balaústre (it. *balaústro*) ***m.*** Columna de las barandillas de balcones, azoteas y escaleras. 2 *Amér.* Palustre, llana de albañil.

SIN. *1* **Balustre.**

balay ***m.*** *Amér.* Cesta de mimbre o de carrizo. 2 *Colomb.* Cedazo de bejuco. 3 *Cuba.* Especie de batea con que se avienta el arroz antes de cocerlo.

balayar ***tr.*** *Cuba.* Aventar [una cosa], mover el balay.

balayo ***m.*** *Can.* Balay, cesta de mimbre o carrizo.

balazo ***m.*** Golpe de bala disparado con arma de fuego. 2 Herida causada por una bala. 3 *Chile.* ***Ser uno ~*** o ***un ~ para una cosa,*** ser muy activo para ejecutarla.

balboa ***m.*** Unidad monetaria de Panamá.

balbucear ***intr.*** Balbucir.

balbucencia ***f.*** Acción de balbucir. 2 Efecto de balbucir.

balbuceo ***m.*** Acción de balbucir.

balbuciente ***adj.*** Que balbucea.

balbucir (l. *balbutire* < *balbu,* tartamudo) ***intr.*** Hablar articulando las palabras de una manera vacilante y confusa, como los niños, por defecto natural o a causa de alguna emoción. ◇ Verbo defectivo; no se usa en la 1ª persona del singular del presente de indicativo, ni en el presente de subjuntivo, en todas sus personas, ni en la 3ª persona del singular y del plural y 1ª del plural del imperativo. Todas estas formas se suplen con las de *balbucear.*

balbusardo ***m.*** ZOOL. Águila pescadora.

balcánico, -ca ***adj.*** De los Balcanes, región de Europa.

balcanización ***f.*** Acción de balcanizar. 2 Efecto de balcanizar.

balcanizar ***tr.*** fig. Fragmentar [un imperio o un país]. 2 fig. Dispersar, desmigajar. ◇ ** CONJUG. [4] como ***realizar.***

balcarrotas ***f. pl.*** Mechones de pelo que los indios de Méjico dejan colgar a ambos lados de la cara. 2 *Colomb.* Patillas.

balché ***m.*** *Méj.* Bebida fermentada a base de fruta.

balcón (it. *balcone* < franco, lombardo *balko*) ***m.*** Hueco abierto desde el suelo, en la pared exterior de una habitación, con barandilla generalmente saliente. 2 Esta barandilla. 3 fig. Miranda.

balconada ***f.*** Balcón corrido. 2 GALIC. Balcón o miradero que domina un vasto horzonte.

balconaje ***m.*** Conjunto de balcones de un edificio.

balconcillo ***m.*** Dim. de *balcón.* 2 En los teatros, galería baja delante de la primera fila de palcos. 3 Espacio aislado, con barandilla, que en las plazas de toros suele haber sobre las puertas o sobre el toril.

balconcito ***m.*** *Perú.* Camino al borde de un precipicio.

balconear ***intr.*** *Argent.* Mirar desde un balcón o ventana. 2 *Guat.* Pelar la pava.

I) balda ***f.*** Anaquel de armario o alacena.

II) balda ***f.*** *Ar.* y *Val.* Aldaba.

baldada ***f.*** *Argent.* Contenido de un cubo o balde.

baldado, -da ***adj.*** Tullido, impedido. -2 ***m.*** *C. Rica.* Contenido de un cubo o balde.

baldadura ***f.*** Baldamiento.

baldamiento ***m.*** Impedimento físico del que está baldado.

baldaquín, -quino (de *Baldac,* Bagdad) ***m.*** Especie de dosel de tela de seda. 2 Pabellón que cubre un altar.

SIN. v. **Dosel.**

baldar (ár. *batala*) ***tr.*** Impedir una enfermedad o accidente [el uso de los miembros o de alguno de ellos]: ~ *un brazo; baldarse con la humedad; baldarse de un lado.* 2 Producir lesión [a algu-

no]. 3 Fallar [en juegos de naipes]. 4 fig. Causar [a uno] gran contrariedad o cansancio. 5 *Ar.* Descabalar. -6 ***prnl.*** fam. Fatigarse en exceso.
baldazo ***m.*** Golpe dado con un balde. 2 Acción de arrojar el contenido de un balde.
I) balde (l. **batulu*) ***m.*** Cubo de cuero, lona, madera, etc., usado especialmente en las embarcaciones. 2 Cubo de metal, madera, plástico, etc., generalmente en forma de cono truncado. 3 p. ext. Recipiente de forma y tamaño parecidos a los del cubo, destinado a diversos usos.
SIN. **Cacimba.**
II) balde (ár. *bátila,* cosa vana) ***loc. adv. De ~,*** graciosamente; gratis; sin motivo; ***estar de ~,*** estar de más; estar ocioso. 2 ***En ~,*** en vano: *discutir en ~.*
baldear ***tr.*** Regar con baldes. 2 Extraer el agua [de una excavación] por medio de baldes.
baldeo ***m.*** Acción de baldear.
baldés (ant. *baldrés* < ant. al. *balderich,* cinturón) ***m.*** Badana suave usada especialmente para hacer guantes.
baldíamente ***adv. m.*** En balde. 2 Sin guarda.
baldío, -a ***adj.-s.*** Terreno sin labrar y abandonado; erial. -2 ***adj.*** Vano, sin fundamento. -3 ***m.*** *Argent., Bol., Parag.* y *Urug.* Solar, terreno urbano sin edificar.
baldioso, -sa ***adj.*** *Hond.* Que está sin trabajo.
baldo, -da ***adj.-m.*** En el juego de naipes, fallo (decisión). -2 ***adj.*** *Colomb.* [pers.] Que está baldado.
I) baldón (franco *bann,* castigo, corrección) ***m.*** Oprobio, injuria, palabra ofensiva, vituperio.
II) baldón ***m.*** Candelero. 2 Aldabón.
baldonador, -ra ***adj.-s.*** Que baldona.
baldonar, -near ***tr.*** Injuriar [a uno] de palabra en su cara.
SIN. **Abaldonar.**
I) baldosa (it.) ***f.*** MÚS. Ant. intrumento de cuerda.
II) baldosa ***f.*** Pieza de mármol, cerámica o piedra, generalmente fina y pulimentada, que se usa para solar o revestir muros. 2 *La Mancha.* Acera.
baldosado ***m.*** *Amér.* Embaldosado.
baldosador ***m.*** El que tiene por oficio embaldosar.
baldosar ***tr.*** Embaldosar.
baldosín (dim. de *baldosa II*) ***m.*** Baldosa pequeña.
baldra ***f.*** fam. Panza, vientre.
baldragas (probl. de *bufa de baldrac,* juego parecido al de damas, de Bagdad, ant. *Baldac*) ***m.*** Hombre flojo, sin energía.
balduque (de *Bois-le-Duc,* ciudad de Holanda) ***m.*** Cinta para atar legajos. 2 *Colomb.* Belduque, cuchillo grande de hoja puntiaguda.
bale ***m.*** germ. Cabello.
balea (celta *balan,* retama) ***f.*** Escobón para barrer las eras.
baleador, -ra ***adj.-s.*** Que tira con bala; que hiere o mata a balazos.
I) balear ***adj.-s.*** De Baleares, archipiélago y región autónoma española del oeste del mar Mediterráneo. -2 ***adj.*** Baleárico. -3 ***adj.-m.*** Dialecto perteneciente al grupo catalán oriental, hablado en las islas Baleares.
II) balear ***tr.*** Herir o matar con bala, tirotear. Ús. gralte. en América.
III) balear ***tr.*** *Ar., La Mancha* y *Sal.* Abalear.
baleárico, -ca, -rio, -ria ***adj.*** Relativo a las islas Baleares.
balénido ***adj.-m.*** Mamífero de la familia de los balénidos. -2 ***m. pl.*** Familia de mamíferos cetáceos mistacocetos, cuya boca está provista de láminas córneas con las que retienen los animales que les sirven de alimento; como la ballena.
baleo ***m.*** Ruedo (esterilla afelpada). 2 Aventador (ruedo pequeño). 3 *Amér.* Acción de balear o tirotear. 4 *Amér.* Efecto de balear o tirotear.
balería ***f.*** Provisión de balas de un ejército o una plaza.
balerío ***m.*** Balería.
balero ***m.*** Molde para fundir balas de plomo. 2 *Amér.* Boliche o bolero, juguete de niños. 3 *Argent.* vulg. Cabeza humana.
bali ***adj.-m.*** Lengua sudanesa perteneciente al grupo nigerocamerunés, hablada en el centro de Camerún.
balido ***m.*** Voz del carnero, el cordero, la oveja, la cabra, el gamo y el ciervo. ◇ HOMÓF.: *valido* (adj. y m.).
balimbín ***m.*** BOT. Carambolo (árbol).
balín ***m.*** Dim. de *bala.* 2 Bala de menor calibre que la de fusil.
balista (l. *ballista*) ***f.*** Ant. máquina de guerra para arrojar piedras grandes.
SIN. **Petraria.**
balística ***f.*** Ciencia que estudia el movimiento de los proyectiles.
balístico, -ca ***adj.*** Relativo a la balística.
balita ***f.*** Medida agraria us. en Filipinas. 2 *Amér.* Canica para jugar.
balitadera ***f.*** MONT. Instrumento de caña para imitar el balido del gamo.
balitar, -tear ***intr.*** Balar con frecuencia.
baliza (b. l. *palitiu* < l. *palu,* estaca) ***f.*** Señal fija o flotante para guiar a los navegantes en un paso difícil. 2 Señal indicadora del recorrido de un ferrocarril, o de una pista de aviación. 3 *Urug.* Camino estrecho.
REL.: *1* y *2* Señalar con balizas, **abalizar** o **balizar.**
balizada ***f.*** *Méj.* Rayado del terreno.
balizador ***m.*** ***~ aéreo,*** artificio que se deja caer desde un avión sobre el agua para crear una zona observable sobre la cual se puede determinar la deriva del aparato.
balizaje ***m.*** Derechos de puerto. 2 Sistema de balizas de un puerto o de un aeropuerto.
balizamiento ***m.*** Abalizamiento.
balizar ***tr.*** Abalizar. ◇ ** CONJUG. [4] como ***realizar.***
ballaruga ***f.*** Molusco gasterópodo marino, de concha pequeña en forma de cono y coloración blancuzca con manchas rojas *(Columbella rustica).*
ballena ***f.*** Mamífero cetáceo mistacoceto, sin dientes y con dos orificios nasales, el mayor de los animales conocidos, que se pesca por su grasa y por las láminas córneas y elásticas que tiene en la mandíbula superior *(*gén. *Balœna, Balœnoptera, Hyperoodon).* 2 Esta lámina. 3 Tira en que se cortan las ballenas (lámina) para aplicarla a ciertos usos. 4 Varilla de metal que tiene los mismos usos que las tiras de las ballenas. 5 ASTRON. Constelación austral situada al sur de Piscis.
SIN. *2* **Barba de ~.**
ballenato ***m.*** Hijuelo de la ballena.
ballener ***m.*** Bajel largo, de figura de ballena, que se usó en la Edad Media. ◇ Pl.: *balleneres.*
ballenero, -ra ***adj.*** Relativo a la pesca de la ballena: *arpón, barco ~.* -2 ***m.*** Barco destinado a la captura de ballenas. 3 Pescador de ballenas. -4 ***f.*** Bote auxiliar que suelen llevar los barcos destinado a la captura de ballenas.
ballesta (l. *ballista*) ***f.*** Ant. máquina de guerra para arrojar piedras o saetas gruesas. 2 Arma portátil ant., para lanzar flechas o bodoques. 3 Trampa para cazar pájaros. 4 Muelle en que descansa la caja de los coches.
ballestada ***f.*** Tiro de ballesta.
ballestazo ***m.*** Golpe dado con el proyectil de la ballesta.
ballestear ***tr.*** Tirar con la ballesta.
ballestera ***f.*** Tronera por donde se disparaban las ballestas. 2 Verdegambre.
ballestería ***f.*** Arte de la caza mayor. 2 Lugar de alojamiento de los ballesteros y donde se guardaban los instrumentos de caza. 3 Conjunto de ballestas. 4 Gente armada de ellas.
ballestero ***m.*** El que usaba de la ballesta en la guerra. 2 El que hacía ballestas. 3 El que cuidaba de las escopetas o arcabuces de las personas reales.
ballestilla ***f.*** Balancín (madero colgado). 2 Fullería en los juegos de naipes. 3 Ant. instrumento para tomar la altura de los astros. 4 Arte de anzuelo y cordel a modo de arco de ballesta. 5 VETER. Fleme.
SIN. *3* **Radiómetro.**
ballestrinque (der. de *ballest(r)a*) ***m.*** Cierto nudo marinero.
ballet (voz francesa) ***m.*** Danza escénica que desarrolla un argumento. 2 Música de esta danza. 3 Compañía que interpreta estas danzas. ◇ Pl.: *ballets.* Se pronuncia *balé, balés.*
ballico (de raíz prerrom.) ***m.*** Planta gramínácea vivaz, buena para pasto y para formar céspedes *(Lolium perenne).*
SIN. **Césped inglés, raigrás, vallico.**
ballueca (de raíz prerrom.) ***f.*** Especie de avena que crece entre los trigos.
balmesiano, -na ***adj.*** Relativo al escritor y filósofo catalán Jaime Balmes (1810-1848).
balneario, -ria (l. *-iu*) ***adj.*** Perteneciente o relativo a baños públicos, especialmente a los medicinales. -2 ***m.*** Establecimiento de baños medicinales. 3 p. ext. Establecimiento de aguas minerales en gral., aunque no se administren en forma de baño.
balneografía ***f.*** MED. Parte de la medicina que estudia los baños como medios higiénicos y como remedio.

balneología *f.* MED. Estudio científico de los baños y su aplicación a las enfermedades.
balneotecnia *f.* Arte de preparar los baños.
balneoterapia (l. *balneu,* baño + *-terapia) f.* MED. Tratamiento de enfermedades por medio de baños.
balo *m.* Embalo.
balompédico, -ca *adj.* Relativo al balompié.
balompié *m.* Fútbol.
balón *m.* Aum. de *bala.* 2 Pelota grande de material resistente rellena de aire para diversos juegos y deportes: ~ ***medicinal,*** el utilizado para adquirir agilidad y soltura; ~ ***oval,*** el que se usa en el juego de rugby. 2 Fardo grande de mercancías: ~ ***de papel,*** fardo de 24 resmas. 3 Recipiente flexible para cuerpos gaseosos. 4 Recipiente de vidrio de forma esférica. 5 ~ ***de oxígeno,*** recipiente que contiene oxígeno; p. ext., respiro o alivio oportuno y momentáneo. 6 *Colomb., Chile* y *Perú* Bombona de metal para gases. ◇ HOMÓF.: *valón* (adj.).
balonazo *m.* Golpe dado con el balón (pelota).
baloncestista *adj.-s.* Deportista que practica el baloncesto.
baloncestístico, -ca *adj.* Relativo al baloncesto.
baloncesto *m.* Juego entre dos equipos formados por cinco jugadores cada uno, que consiste en tratar de introducir el balón, valiéndose de las manos, en el cesto contrario, que es una red pendiente de un aro sujeto a un tablero vertical puesto en alto.
balonmanista *adj.* Relativo al balonmano. -2 *com.* Jugador de balonmano.
balonmano *m.* Juego entre dos equipos que consiste en tratar de introducir el balón, valiéndose de las manos, en la portería contraria; según las modalidades se juega por equipos de once o de siete jugadores.
balonvolea *m.* Juego entre dos equipos formados por seis jugadores cada uno, que consiste en tratar de introducir el balón, valiéndose de las manos, en el campo contrario, lanzándolo por encima de una red puesta en alto
SIN. **Voleibol.**
balopticón *m.* Aparato que sirve para proyectar imágenes de objetos opacos en una pantalla sin necesidad de emplear una transparencia.
balota *f.* Bolilla para votar.
balotada (fr. *ballottade) f.* Salto que da el caballo alzando las patas como si fuese a tirar un par de coces.
balotaje *m. Perú.* Acción de balotar.
balotar *intr.* Votar con balotas.
I) balsa (probl. orig. prerrom.) *f.* Hueco del terreno que se llena de agua. 2 En los molinos de aceite, estanque destinado a recibir los desperdicios. 3 fig. ~ ***de aceite,*** lugar o concurso de gente muy tranquilo.
II) balsa *f.* Conjunto de maderos que, unidos, forman una plataforma flotante. 2 *Ecuad.* Pequeña casa flotante al lado de un río. ◇ HOMÓF.: *valsa* (v.).
SIN. **Armadía, almadía, jangada.**
III) balsa *f. Amér.* Árbol bombáceo *(Bombax pyramidale).* 2 Madera de este árbol.
balsadera *f.* Balsadero.
balsadero *m.* Paraje de un río donde hay balsa en que pasarlo.
balsamera, -merita *f.* Vaso propio para guardar bálsamo.
balsámico, -ca *adj.* Que tiene bálsamo o cualidades de tal.
balsamífero, -ra *adj.* BOT. Que produce bálsamo.
balsamillo *m. Cuba.* Incienso de playa, arbusto *(gén. Tournefortia).*
balsamina *f.* Planta cucurbitácea anual y trepadora *(Momordica balsamina).* 2 Planta balsaminácea, perenne, empleada en medicina *(Impatiens balsamina).* 3 fig. *y* vulg. Necio, tonto.
SIN. *1* **Momórdiga.** *2* **Adorno, miramelindo, nicaragua.**
balsamináceo, -a *adj.-f.* Planta de la familia de las balsamináceas. -2 *f. pl.* Familia de plantas herbáceas del orden de las terebintales, de tallos translúcidos y hojas simples, flores cigomorfas y fruto dehiscente.
balsamita *f.* Jaramago. 2 ~ ***mayor,*** berro.
bálsamo (l. *-mu) m.* Líquido resinoso y aromático que fluye de ciertos árboles y gralte. se espesa por la acción del aire: ~ ***de copaiba,*** el medicinal del copayero; ~ ***de Judea,*** o ***de la Meca,*** opobálsamo; ~ ***del Canadá,*** el de una especie de abeto, muy usado para las observaciones microscópicas; ~ ***María,*** resina del calambuco; ~ ***del Perú,*** el expectorante y cicatrizante, muy parecido al bálsamo de Tolú; ~ ***de Tolú,*** árbol legumino de Sudamérica que produce una substancia balsámica conocida por el mismo nombre *(Myroxylon balsamum).* 2 FARM. Medicamento de uso externo compuesto de substancias gralte. aromáticas. 3 fig. ***Ser una cosa un*** ~, ser de mucha fragancia y perfecta en su especie. 4 fig. Consuelo, alivio: *es el ~ de mis penas.*
balsar *m.* Barzal.
balseadero *m. Chile.* Balsadera.
balsear *tr.* Pasar en balsas [los ríos]. -2 *intr. Colomb.* Flotar en el agua.
balseo *m. Chile.* Balsadera.
balsero *m.* Conductor de una balsa. 2 *Cuba* y *P. Rico.* Montón de ramos de árboles.
SIN. *1* **Almadiero.**
balso (l. *balteu) m.* MAR. Lazo grande para suspender pesos o elevar a los marineros a lo alto de los palos.
balsón, -na *adj. Ecuad.* De falsa o aparente gordura.
balsopeto (l. **balteu + pectu,* pretina) *m.* ant. Bolsa grande que se llevaba junto al pecho. 2 fig. Interior del pecho.
balsudo, -da *adj. Colomb.* Liviano, fofo.
Baltasar *n. pr.* Último rey de Babilonia. Se alude al *festín* o *cena de ~* para expresar lujo, suntuosidad.
Bálteo (l. *balteu) n. pr.* ASTRON. Cinturón de Orión. 2 MIL. Cordón usado antig. como insignia de oficial.
báltico, -ca *adj.* Perteneciente o relativo al Báltico, mar del nordeste de Europa, o a los territorios que baña. -2 *adj.-m.* Familia de lenguas del tronco indoeuropeo unidas al eslavo por numerosos rasgos comunes.
balto, -ta *adj.-s.* Linaje muy ilustre de los godos.
baltofinés, -nesa *adj.-m.* Conjunto del lenguas pertenecientes al grupo finés, habladas en el sudeste de Finlandia y el nordeste de la Unión Soviética; como el finés y el carelio.
baluarte (al. *bollwerk) m.* Obra de fortificación de figura pentagonal, que sobresale en el encuentro de dos lienzos de muralla. 2 fig. Protección, defensa. 3 *Amér.* Artificio de cañas o masa en forma de embudo para coger peces.
REL. *1* **Abaluartar,** fortificar con ~. SIN. *1* **Bastión; luneta** es un baluarte pequeño.
baluchi *adj.-s.* De Baluchistán, región del sur de Asia que comprende zonas de Irán y Paquistán. -2 *adj.-m.* Lengua perteneciente al grupo iranio moderno occidental, hablada principalmente en esta región.
baluma *f.* Balumba. 2 MAR. Caída de popa de las velas de cuchillo.
balumba (l. *volumina) f.* Bulto que hacen muchas cosas juntas. 2 Conjunto desordenado y excesivo de cosas. 3 *Argent., Ecuad.* y *P. Rico.* Batahola, barullo, alboroto.
balumbo *m.* Lo que es más embarazoso por su volumen que por su peso.
balumboso, -sa *adj.* Que abulta mucho.
balumoso, -sa *adj. Hond.* Balumboso.
balustre *m.* Balaustre.
I) bamba (de la raíz onomat. *bamb,* necio) *f.* desus. Chiripa (billar). 2 Pastel redondo, consistente en un bollo abierto horizontalmente por la mitad y relleno de crema, nata, etc. 3 V. caballito de ~.
II) bamba *f.* Baile de Cuba. 2 *Amér. Central.* Moneda de un peso. 3 *Colomb.* Protuberancia en forma de espinazo que tienen ciertos árboles en la parte inferior de su tronco. 4 *Colomb. Ni ~,* imposible, ni lo pienses. 5 *Hond.* y *Venez.* Moneda de plata, de medio peso. 6 *Guat.* Moneda redonda española, a diferencia de la macuquina.
III) bamba *f. And.* Columpio.
bambalear (de la raíz onomat. *bambal,* columpio) *intr.* Bambolear. 2 fig. No estar firme alguna cosa.
bambalina *f.* Tira de lienzo o papel pintado que cuelga del telar de un teatro completando la decoración. 2 *And.* Caída de un palio.
bambalinón *m.* Bambalina grande, que forma como una segunda embocadura, reduciendo el hueco de la escena.
bambanear *intr.* Bambolear.
bambarotear *intr.* Alborotar.
bambarria (de *bamba) adj.-com.* Persona tonta o boba. -2 *f.* Chiripa (billar).
bambarrión *m.* fam. Bambarria, chiripa.
bambazo *m. Colomb.* Bambarria o golpe casual.
bambino, -na *m. f. Chile.* ITALIAN. Niño, niña.
bambita *f. Guat.* Moneda de medio real.
bamboa *f. Pan.* Bambú.
bambochada *f.* Cuadro que representa borracheras o banquetes ridículos.

bamboche (del fr., que a su vez viene de una voz it., de fonética descriptiva) *m.* Persona rechoncha y de cara abultada y encendida.
bambolada *f. Murc.* Ráfaga repentina de viento.
bambolear *intr.* Moverse una pers. o cosa a un lado u otro sin perder el sitio: ~, o *bambolearse, en la maroma.*
bamboleo *m.* Acción de bambolear o bambolearse. 2 Efecto de bambolear o bambolearse.
bambolla (de *bul-bulla,* burbuja; l. *bullire*) *f.* Boato aparente, pompa fingida. 2 fig. Cosa fofa, abultada y de poco valor. 3 Ampolla, vejiga. 4 Burbuja. 5 *Amér.* Charla, conversación ligera.
bambollero, -ra *adj.* Que gasta mucha bambolla.
bambonear *intr.-prnl.* Bambolear.
bamboneo *m.* Bamboleo.
bambú, bambuc (voz malaya) *m.* Planta graminácea, originaria de la India, de caña leñosa y muy resistente que se emplea en la construcción de casas y en la fabricación de muebles, armas, etc. *(gén. Bambusa).* 2 Pértiga semiflexible de los perchistas del circo. ◇ Pl.: *bambúes.*
bambuco *m. Colomb.* Baile popular de movimiento acompasado y a saltitos, ejecutado por parejas que simulan la conquista que de la mujer hace el varón. 2 *Colomb.* Música de este baile.
bambudal *m. Ecuad.* Plantío de bambúes.
bambuquear *intr. Colomb.* Bailar el bambuco.
bamburrete *adj. Venez.* Tonto, imbécil.
bampuche *m. Ecuad.* Figura de barro que solía ponerse en las balaustradas de las azoteas.
banaba *f.* Árbol de las islas Filipinas, de la familia de las litráceas. 2 Madera de este árbol.
banal (fr.) *adj.* Trivial, vulgar, común, insubstancial.
banalidad *f.* Calidad de banal. 2 Dicho banal.
banana *f.* Banano.
bananal *m. Amér.* Conjunto de plátanos que crecen en un lugar. 2 *Bol., C. Rica, Guat.* y *Venez.* Bananar.
bananar *m. C. Rica* y *Guat.* Bananero.
bananero, -ra *adj.* Relativo a los plátanos o bananos. 2 [terreno] Plantado de bananos (plátanos). -3 *m.* Plátano. 4 V. república bananera.
banano (probl. de una lengua de África occidental) *m.* Plátano (planta). 2 Fruto de esta planta. 3 Cambur.
banas *f. pl. Méj.* Amonestaciones matrimoniales. Ús. esp. en la locución *dispensa de* ~.
banasta (l. *benna×canasta*) *f.* Cesto grande.
banastero, -ra *m. f.* Persona que hace o vende banastas.
banasto *m.* Banasta redonda.
banatita *f.* MIN. Variedad de monzonita con cuarzo.
banca *f.* Asiento de madera, sin respaldo. 2 Mesa de cuatro pies, puesta en paraje público, y en la que se tienen para la venta frutas y otras cosas. 3 Comercio que consiste en operaciones de giro, cambio y descuento, apertura de créditos, servicio de cuentas corrientes y compraventa de efectos públicos. 4 fig. Conjunto de bancos o banqueros. 5 Embarcación pequeña y estrecha, usada en Filipinas. 6 Juego de naipes. 7 Cantidad que pone el banquero [que lleva naipe]. 8 Cajón donde se ponen las lavanderas para lavar la ropa. 9 ~ ***de hielo,*** banquisa, icefield. 10 *Murc.* Caballón grande en los bancales de hortalizas. 11 *Argent.* y *Parag.* Escaño: ~ *de los diputados;* fr. fig., ***tener*** ~, tener influencia
SIN. *4* A veces se usa también para referirse sólo a uno de dichos establecimientos de crédito. En este último caso (no muy frecuente), es sin. de **banco** (establecimiento). *6* **Monte.**
bancada *f.* Antig., especie de banco para tundir el paño. 2 Porción de paño preparada para ser tundida. 3 Banco grande de piedra. 4 Mesa o banco grande. 5 ARQ. Trozo de obra. 6 MAR. Banco de los remeros. 7 MEC. Basamento firme para una máquina o conjunto de ellas. 8 MIN. Escalón en las galerías subterráneas. 9 *Argent.* y *Parag.* Conjunto de legisladores de un mismo partido.
bancal *m.* Rellano de tierra en una pendiente, que se aprovecha para cultivo. 2 Pedazo de tierra cuadrilongo, dispuesto para siembra o plantación. 3 Arena amontonada a la orilla del mar. 4 Tapete que se pone sobre un banco. 5 Árbol rubiáceo de Filipinas. 6 Madera de este árbol. 7 *Logr.* Paño para cubrir la masa de pan cuando se lleva al horno.
SIN. *2* **Tabla.**
bancalero *m.* Tejedor de bancales (tapetes).
bancario, -ria *adj.* De la banca (comercio).
bancarrota (it.) *f.* Quiebra (acción y efecto), esp. la fraudulenta. 2 fig. Desastre, hundimiento, descrédito de una cosa.
bancazo *m. Cuba.* Armadura de hierro en que descansan los tres cilindros que forman un trapiche.
bance *m.* Palo suelto que con otros sirve para cerrar los portillos de las fincas.
banco (germ. *bank*) *m.* Asiento largo y estrecho para varias personas. 2 Parte inferior de un retablo, generalmente destinada a completar con escenas narrativas su tema central. 3 Mesa de trabajo que usan ciertos artesanos: ~ *de carpintero.* 4 Mesa que usaban los cambistas. 5 Establecimiento público de crédito: ~ ***central,*** el encargado de la emisión de moneda y de la regulación directa o indirecta de la cantidad y coste del crédito dentro de un ámbito nacional. 6 Conjunto de peces que en gran número van juntos. 7 ~ ***azul,*** el que ocupan los ministros en el Congreso de los Diputados. 8 ~ ***de datos,*** conjunto de información almacenado gralte. por medios informáticos. 9 ~ ***de ojos,*** establecimiento oftalmológico donde se conservan córneas para su trasplante. 10 ~ ***de sangre,*** establecimiento médico donde se conserva sangre para transfusiones. 11 ALBAÑ. Hilada de piedras. 12 ARQ. Sotabanco. 13 GEOL. Estrato de gran espesor. 14 GEOL. Bajío muy extenso. 15 MIN. Macizo de mineral que presenta dos caras descubiertas, una horizontal y otra vertical. 16 *And.* Taller del herrador. 17 *Murc.* Caballete a modo de escalera doble que se emplea para coger oliva y otras faenas agrícolas análogas. 18 *Colomb.* Extensión plana de terreno. 19 *Cuba.* Banca (juego). 20 *Ecuad.* Terreno fértil formado por los aluviones formado a orillas de los ríos. 21 *Venez.* Parte prominente, de mayor o menor extensión, que sobresale en una sábana.
FR. *Estar uno en el* ~ *de la paciencia,* sufriendo alguna molestia. *Herrar, o quitar el* ~, fr. con que se excita a ejecutar algo sin vacilación, o a desistir desde luego de llevarlo a cabo. SIN. *2* **Predela.** *6* **Cardume, cardumen,** banco de peces.
bancocracia (de *banco* + *-cracia*) *f.* Influjo abusivo de la banca en la administración de un estado.
band *m.* Unidad empleada para medir la velocidad de transmisión de las señales en telegrafía.
I) banda (germ. *binda*) *f.* Faja o lista, esp. la de color determinado que, atravesando desde un hombro al costado opuesto, usan como distintivo las grandes cruces de algunas órdenes. 2 Tira continua de una substancia o material, especialmente la de papel usada en rotativos y teletipos. 3 Humeral (paño blanco). 4 Lado (parte del espacio): *de la* ~ *de acá del río.* 5 Baranda (billar). 6 Zona limitada por cada uno de los dos lados más largos de un campo deportivo y otra línea exterior. 7 Pez marino teleósteo lampridiforme, de hasta 3 m. de largo, alargado y comprimido con aspecto de cinta, plateado y sin escamas *(Trachiterus trachypterus).* 8 ~ ***de frecuencia,*** en radiodifusión y televisión todas las frecuencias comprendidas entre dos límites definidos de frecuencia. 9 ~ ***sonora,*** parte de la película en la cual se graba el sonido. 10 ARQ. Moldura arquitectónica larga y estrecha: ***bandas lombardas,*** serie de molduras verticales, a manera de pilastras, unidas en su parte superior por galerías de arquillos ciegos. 11 ARQ. Lienzo de pared. 12 BLAS. Cinta de color diverso del campo, que lo atraviesa diagonalmente. 13 FÍS. Intervalo finito en el campo de variación de una magnitud física. 14 MAR. Costado de la nave: ***arriar en*** ~, soltar enteramente los cabos; ***dar a la*** ~, tumbar una embarcación sobre un costado, para limpiar o componer sus fondos. -15 *f. pl.* IMPR. Carriles sobre los cuales va y viene el carro o la platina en algunas máquinas de imprimir. -16 *f. Amér.* Faja o ceñidor usado por los hombres de la clase popular a modo de cinturón. 17 *Guat.* Hoja de puerta o ventana. 18 *Perú.* Insignia de profesor.
II) banda (got. *bandwja,* grupo, manada) *f.* Gente armada que no forma parte de un ejército regular. 2 Partido, facción. 3 Manada, bandada. 4 Conjunto de músicos de instrumentos de viento y percusión: ~ *militar.*
bandada *f.* Muchedumbre de aves que vuelan juntas; p. ext., se aplica también a los peces. 2 Grupo numeroso, banda: *una* ~ *de muchachos.*
bandado *m. Perú.* El que, terminados los estudios universitarios, recibía el título de maestro y la banda distintiva del mismo.
bandalaje *m. Amér.* Bandolerismo.
bandalla *m. Argent.* Delincuente, malvado.
bandallo, -lla *adj.-s. Argent.* Pícaro, pillo, granuja.
bandarria *f.* Mandarria.
bandarse *prnl. Perú.* Recibir en la universidad la banda de profesor.
bandazo *m.* Inclinación violenta de la nave sobre una banda. 2 fam. Paseo corto, vuelta. 3 Vaivén violento o caída. 4 fig. Cambio brusco de los que se dan alternativamente en sentidos opuestos en la orientación de algo.

bandeado, -da *adj.* Listado. 2 *Amér. Central.* Herido gravemente.

I) bandear (de *banda*) *tr.* Mover una cosa a una y otra banda. 2 *And.* y *Amér.* Taladrar. 3 *Amér.* Cruzar un río de una banda a otra. 4 Hacer oscilar las campanas para que toquen al ser golpeadas por el badajo. -5 *tr.-prnl. Ar.* y *Logr.* Columpiar. -6 *prnl.* fig. Saberse ingeniar para vivir o para sortear otras dificultades. -7 *tr. Guat.* fig. Pretender o enamorar [a una mujer].

II) bandear (de *bando*) *tr.* ant. Guiar, conducir. -2 *intr.* ant. Andar en bandos o parcialidades o inclinarse a ellos. -3 *tr. Amér. Central.* Perseguir [a uno]. 4 *Amér. Central.* Herir de gravedad. 5 *Urug.* Alcanzar [a uno] con un dicho; inculpar o echarle algo en cara.

bandeja (de *banda II*) *f.* Pieza plana con bordes de poca altura, para llevar, servir o presentar algo. 2 Pieza movible que divide horizontalmente el interior de un baúl o maleta. 3 Cajón de mueble con pared delantera rebajada o sin ella. 4 DEP. Enceste que consigue un jugador de baloncesto poniendo la mano horizontal de manera que el balón entra directamente en el aro de la canasta.

FR. *Servir en ~ de plata,* dar grandes facilidades para conseguir algo. *Pasar la ~,* hacerlo para recoger donativos o limosnas; p. ext., fig. *y* fam., pedir un favor o servicio a quien antes ha servido por uno.

bandeo *m.* Acción de bandear (mover). 2 Efecto de bandear (mover).

bandera (de *banda* I, en su acepción ant. de signo, estandarte) *f.* Insignia o señal de tela, gralte. cuadrada o cuadrilonga, asegurada por uno de sus lados a un asta, esp. la que lleva los colores o emblemas de una nación, ciudad, partido, asociación, etc. 2 Trozo de tela, de uno o varios colores, que se cuelga como adorno o se usa para hacer señales. 3 Gente o tropa que milita bajo una misma bandera. 4 Compañía de los ant. tercios españoles, y modernamente unidad táctica de la legión. 5 INFORM. Símbolo que marca el principio o final de un elemento de información. 6 *Extr.* Ramo seco y erguido en una encina.

SIN. *1* **Confalón, gonfalón; pabellón,** bandera nacional. FR. MIL. **~ blanca,** la que se enarbola cuando se desea parlamentar. MAR. **~ blanca,** la izada en señal de amistad, **~ a media asta,** la que de esta manera indica luto; **~ negra,** la de este color, que izaban los piratas. fig. *Arriar ~* o *la ~,* rendirse uno o más buques al enemigo; *rendir la ~,* arriarla o inclinarla en señal de respeto o cortesía; *dar a uno la ~,* cederle la primacía. *A banderas desplegadas,* abierta o descubiertamente, con toda libertad; MIL. *Jurar ~,* prestar juramento de fidelidad a la insignia nacional.

banderazo *m.* DEP. Señal hecha por el juez de línea con la bandera.

banderear *intr. Cuba.* Florecer la caña de azúcar.

bandería (de *bandera*) *f.* Bando o parcialidad.

banderilla *f.* Dim. de *bandera.* 2 Palo adornado y armado de una lengüeta de hierro que usan los banderilleros. 3 Tapa hincada en un palillo de dientes. 4 *~ de fuego,* la provista de cohetes que se disparan al clavarla. 5 *Poner ~ a uno,* decirle algo punzante. 6 IMPR. Papel que se pega en las pruebas para añadir o enmendar el texto. 7 MIN. Papel en forma de cucurucho que se coloca junto a la mecha de los barrenos cargados. 8 *Amér.* Petardo, chasco, sablazo. 9 *Cuba.* Planta de jardín, de flores rojas *(Salvia coccinea, micrantha).*

SIN. *2* **Palitroque, rehilete.**

banderillazo *m. Colomb.* y *Méj.* Banderilla (petardo).

banderillear *tr.* Clavar banderillas en el cerviguillo [de los toros].

SIN. **Parear.**

banderillero *m.* Torero que banderillea.

banderín *m.* Bandera pequeña. 2 Cabo o soldado que sirve de guía a la infantería en sus ejercicios, y lleva al efecto un banderín en la bayoneta del fusil. 3 Depósito para enganchar reclutas, llamado gralte. *~ de enganche.* 4 DEP. Trozo de tela unido a un asta y colocado en cada una de las cuatro esquina de un campo o que lleva el juez de línea, especialmente en el fútbol.

banderita *f.* Pequeña insignia que se ofrece en la calle a los transeúntes para obtener recaudaciones de carácter benéfico en determinadas fechas. 2 *Perú.* Bohordo de la caña de azúcar.

banderizar *tr.* Abanderizar. ◇ ** CONJUG. [4] como ***realizar.***

banderizo, -za *adj.-s.* Que sigue un bando o facción. 2 fig. Fogoso, alborotado.

banderola *f.* Bandera pequeña, esp. la usada en topografía. 2 Adorno de cinta que llevan los soldados de caballería en las lanzas. 3 *R. de la Plata.* Montante, ventana sobre una puerta.

bandidaje *m.* Bandolerismo.

bandido, -da (del germ. *bandwjan,* pero directo a través del it. *bandido*) *adj.-s.* Fugitivo de la justicia. 2 Bandolero. 3 Persona perversa.

bandín *m.* Banda corta de los condecorados. 2 MAR. En ciertas embarcaciones, asiento alrededor de los costados de popa.

bandir (b. l. *bandire* < grem. *bandwjan,* pregonar, condenar) *tr.* ant. Publicar bando [contra un reo ausente] con pena de muerte en su rebeldía.

I) bando (de *bandir,* der. a su vez del germ. *ban,* prohibición) *m.* Edicto publicado de orden superior. 2 Acto de publicarlo. 3 *Echar ~,* publicar una orden o mandato. -4 *m. pl.* Amonestaciones matrimoniales.

II) bando (como *banda II*) *m.* Facción, parcialidad. 2 Bandada. 3 Cardumen o banco de peces.

bandola (l. *pandura*) *f.* MAR. Armazón provisional para suplir la arboladura. 2 MÚS. Instrumento músico pequeño de cuatro cuerdas parecido a la bandurria. 3 *Perú.* Muleta de torero. 4 *Venez.* Látigo de mango corto y con flagelo provisto de nudos.

I) bandolera *f.* Mujer que vive con bandoleros o toma parte en sus delitos.

II) bandolera (de *banda I*) *f.* Correa que cruza por el pecho y la espalda desde el hombro izquierdo hasta la cadera derecha y sirve para llevar colgada una arma de fuego. -2 *m.* Agente encargado de velar por la caza, mediante la aplicación de las leyes. -3 *loc. adv. En ~,* en forma de bandolera.

bandolerear *intr. Cuba, P. Rico* y *R. de la Plata.* Ejercer el bandolerismo; cometer desafueros.

bandolería *f. P. Rico* y *Perú.* Bandolerismo.

bandolerismo *m.* Existencia continuada de numerosos bandoleros en una comarca. 2 Desafueros propios de los bandoleros.

bandolero (de *bando II*) *m.* Salteador de caminos. 2 fig. Bandido, persona perversa.

bandolín *m.* Dim. de *bandola.* 2 Bandola.

bandolina (fr. *bandoline*) *f.* Mucílago para fijar el cabello. 2 Bandola.

bandolinista *com.* Músico que toca el bandolín.

bandolón *m.* Aum. de *bandola.* 2 MÚS. Instrumento de cuerda parecido a la bandurria, pero algo mayor.

bandolonista *com.* Músico que toca el bandolón.

bandoneón *m.* Instrumento músico parecido al acordeón, pero de mayor tamaño.

bandujo (forma sufijada del ár. *batn,* vientre, y tripa de cerdo rellena) *m.* Tripa grande de cerdo, carnero o vaca, rellena de carne.

bandullo (como *bandujo,* con otro sufijo) *m.* fam. Vientre (vísceras).

bandurria (l. *panduriu*) *f.* MÚS. Instrumento músico parecido a la guitarra, pero de menor tamaño y con doce cuerdas pareadas; se toca con púa. 2 *Amér.* Ave zancuda ciconiforme, parecida al ibis, de pico largo y curvo *(Ibis melanopis).*

bandurrista *com.* Músico que toca la bandurria.

banense *adj.-s.* De Banes, c. de la prov. de Oriente (Cuba).

bangaño, -ña *adj.-s. Cuba.* Recipiente o fruto redondeado o semiesférico, a manera de güira.

bangiofíceas *f. pl.* Clase de algas rodofitas; son algas rojas con talo sencillo, sin ramificar.

baniano *m.* Comerciante de la India, gralte. sin residencia fija. 2 Miembro de una secta brahmánica.

banjo (probl. emparentado con l. *panduriu*) *m.* MÚS. Instrumento músico de cuerda, de origen africano, compuesto por una caja de resonancia circular y un mástil largo con clavijas.

banquear *tr. Colomb.* Nivelar [un terreno], desmontarlo.

banqueo *m.* Desmonte de un terreno en planos escalonados.

banquero, -ra *m. f.* Jefe de una casa de banca. 2 Persona que se dedica a operaciones bancarias. 3 En el juego de la banca y otros, persona que lleva el naipe.

SIN. *2* **Cambista.**

banqueta *f.* Asiento pequeño y sin respaldo. 2 Banco corrido y guarnecido, sin respaldo. 3 Banquillo para poner los pies. 4 Andén de las alcantarillas o galerías subterráneas. 5 FORT. Obra de tierra o mampostería, a modo de banco corrido, desde el cual pueden tirar dos filas de soldados convenientemente parapetados. 6 *Guat.* y *Méj.* Acera de la calle.

banquete *m.* Dim. de *banco.* 2 Comida a que concurren muchas personas, invitadas o a escote, para agasajar a alguien o celebrar algún suceso. 3 Comida espléndida.

SIN. *2* y *3* **Festín,** esp. en la acep. 3.

banqueteado, -da *adj. Ecuad.* Descarado, desvergonzado.

banquetear *tr.-intr.-prnl.* Dar banquetes o andar en ellos.

banquillo *m.* Dim. de *banco.* 2 Asiento en que se coloca el procesado ante el tribunal. 3 Banqueta o banco pequeño para poner los pies. 4 DEP. Lugar donde permanecen sentados el entrenador y los jugadores de reserva durante el partido. 5 *Cuba.* Pieza correspondiente al bacazo, que asegura los extremos de las mazas o cilindros. 6 *Ecuad.* Patíbulo.

banquina *f. Argent.* y *Urug.* Arcén.

banquisa (fr. *banquise*) *f.* Banco de hielo.

bantú *adj.-s.* De un conjunto de pueblos negroafricanos de diversos tipos étnicos, que habitan el sur de África. -2 *adj.-m.* Familia de lenguas del tronco negroafricano, habladas en África, al sur del ecuador, que se divide en tres grupos: occidental, oriental y meridional; como el congolés, el swahili y el zulú, respectivamente. ◇ Pl.: *bantúes.*

banzo (probl. del célt. *wankjos,* travesaño) *m.* Listón del bastidor para bordar. 2 Larguero paralelo o apareado a otro que afianza una armazón. 3 Quijero.

baña *f.* Bañadero.

bañadera *f. Amér.* Baño, bañera. 2 *Argent.* Autocar descubierto.

bañadero *m.* Charco donde se bañan los animales monteses.

bañado *m.* Bacín (orinal). 2 *Amér.* Terreno húmedo, a trechos cenagoso y a veces inundado por las aguas pluviales o por las de un río o laguna cercanos.

bañador, -ra *adj.-s.* [pers.] Que baña. -2 *m.* Cajón o vaso para bañar algunas cosas. 3 Traje de baño. 4 *Ecuad.* Bañista.

bañar (l. *balneari*) *tr.* Meter [el cuerpo o parte de él] en un líquido para refrescarse, asearse, etc.; p. ext., sumergir [una cosa] en un líquido. 2 Humedecer, empapar [una cosa]: ~ *un pañuelo con, de,* o *en, lágrimas;* esp., dar [a una cosa] una mano de color transparente, cubrirla con una capa de otra substancia. 3 Tocar [algún paraje] el agua del mar, de un río, etc. 4 Dejar el zapatero un borde en el contorno [de la suela]. 5 Dar el sol, la luz o el aire [en una cosa]. 6 fig. Con referencia a sentimientos, colmar, aparecer: *de gloria te bañe como a mí de lloro, bañada en alegre risa.* -7 *prnl. Cuba.* Tener fortuna en empresas o negocios.

bañero, -ra *m. f.* Persona dueña de un baño. 2 Persona que cuida de los baños y sirve a los bañistas. -3 *m.* Bañador (que baña). -4 *f.* Baño, pila para bañarse. -5 *m.* DEP. Lugar de una pista de esquí por donde han pasado muchos esquiadores, por lo que está ahondado y con la nieve reblandecida.

bañil *m.* Bañadero.

bañista *com.* Persona que concurre a tomar baños. 2 p. ext. Agüista.

bañito *m. Chile.* Fruta de sartén, de forma cónica, que se emplea como envase para helados.

I) baño (l. *balneu*) *m.* Acción de bañar o bañarse. 2 Efecto de bañar o bañarse. 3 Líquido para bañarse; p. ext., ~ *de aire comprimido;* ~ *de vapor.* 4 Bañera o recipiente para bañarse. 5 Cuarto de baño. 6 Líquido en que se introduce una cosa para calentarla, teñirla, cubrirla de una materia extraña, etc. 7 Capa de materia extraña con que queda cubierta la cosa bañada. 8 Aplicación de aire, vapor, etc., con fines medicinales. 9 fig. Apariencia brillante. 10 fig. *y* fam. Revolcón, acción de deslucir y vencer al adversario. 11 fig. Tintura, conocimiento superficial de una ciencia. 12 ~ ***de María,*** o ~ ***María,*** procedimiento de calentar un líquido contenido en una vasija, no directamente, sino colocándola dentro de un recipiente con agua, que se pone al fuego. 13 FÍS. Calor moderado por la interposición de alguna materia entre el fuego y lo que se calienta. 14 FOT. Líquido empleado para el tratamiento de superficies sensibles, gracias a las substancias que contiene disueltas: ~ *de revelado;* ~ *de fijación;* ~ ***clarificador,*** el empleado para eliminar las manchas dejadas en las emulsiones por el revelador o el fijador. -15 *m. pl.* Establecimiento de baños.
SIN. *1, 2* y *3* v. **Sumersión.** *8* **Balneario.**

II) baño (ár. *baniya,* edificio) *m.* ant. Cárcel donde los moros encerraban a los cautivos.

bao (fr. prov. *bau*) *m.* Pieza de la armazón de un buque que va de un costado a otro y sostiene la cubierta. ◇ HOMÓF.: *vaho* (m.).

baobab *m.* Árbol tropical bombáceo, de tronco voluminoso, flores grandes y blancas, y frutos alargados comestibles *(Adansonia digitata).* ◇ Pl.: *baobabs.*
SIN. *Amér.* **Calabaza del Senegal, pan de mono.**

baptismo *m.* Confesión religiosa protestante, difundida durante el siglo XVII, especialmente en los Países Bajos, Inglaterra y América del Norte, que sólo considera válido el bautismo administrado al adulto consciente del significado del sacramento.

baptista *adj.-com.* Que profesa el baptismo.

baptisterio (l. *-u,* sala de baño, piscina de baño) *m.* Edificio, gralte. exento, de pequeñas dimensiones y planta central, donde se encuentra la pila bautismal y tiene lugar la ceremonia del bautismo. 2 Parte del templo donde se encuentra la pila bautismal y tiene lugar la ceremonia del bautismo. 3 Edificio, próximo a un templo, donde se administra el bautismo.

baque (onomat.) *m.* Golpe de una cosa al caer. 2 Batacazo.

baqueano, -na *adj.* Baquiano.

I) baquear (ing. *to back*) *intr.* Navegar al amor de la corriente de agua cuando ésta es más rápida que el viento.

II) baquear *tr.* Baquiar.

baquelita *f.* QUÍM. Resina sintética que se obtiene por condensación del fenol con el formol. Se usa como material aislante, en plásticos, pinturas y barnices.

baquelizar *tr.* Revestir o impregnar con baquelita. ◇ **CONJUG. [4] como ***realizar.***

baqueo *m. Extr.* Caza antes de salir el sol.

baquero, -ra *adj.-s.* [sayo o vestido] Que cubre exteriormente todo el cuerpo y se abrocha por detrás.

baqueta (it. *bacchetta*) *f.* Barra delgada para atacar las armas de fuego y limpiar el interior de su cañón. 2 Varilla con que los picadores manejan los caballos. 3 Varilla que se usa en diversos oficios o trabajos. 4 ARQ. Junquillo (moldura). 5 MIL. Castigo que se imponía obligando al delincuente semidesnudo a correr por medio de la calle formada por los soldados que azotaban sus espaldas con baquetas, correas, etc. 6 fig. ***Tratar a*** ~, o ***a la baqueta, a uno,*** tratarle con desprecio o severidad. -7 *f. pl.* Palillos con que se toca el tambor o la batería. ◇ HOMÓF.: *vaqueta* (f.).
SIN. *1* **Taco.**

baquetazo *m.* Golpe dado con la baqueta.

baqueteado, -da *adj.* fig. Acostumbrado a negocios y trabajos. 2 Maltratado [por una situación o vida difíciles].

baquetear *tr.* Dar o ejecutar [contra uno] el castigo de baqueta. 2 Maltratar. 3 Ejercitar, practicar. 4 fig. Incomodar demasiado.

baqueteo *m.* Acción de baquetear. 2 Efecto de baquetear.

baquetón *m.* ARQ. Columnilla delgada, larga, propia de la arquitectura gótica. 2 Moldura convexa pequeña de sección semicircular. ◇ HOMÓF.: *vaquetón.*

baquetudo, -da *adj. Cuba.* Pachorrudo, calmoso.

baquía (voz haitiana) *f.* Conocimiento práctico de las sendas, atajos, caminos, ríos, etc., de un país. 2 *Amér.* Habilidad y destreza para obras manuales. -3 *loc. adj. Amér.* ***De*** ~, veterano, experimentado.

baquiano, -na *adj.* Experto, cursado. -2 *adj.-s.* [pers.] Práctico de los caminos, trochas y atajos. -3 *m.* Guía para transitar por ellos.

baquiar *tr. Méj.* Adiestrar [a alguien]. ◇ ** CONJUG. [13] como ***desviar.***

báquico, -ca *adj.* Relativo al dios Baco.
SIN. **Dionisíaco.**

baquiné (voz africana) *m. P. Rico.* Velorio de un niño.

baquio *m.* Pie de la poesía clásica compuesto de una sílaba breve y dos largas.
SIN. **Pariambo.**

báquiro (vocablo del Caribe) *m. Colomb.* y *Venez.* Pécari.

I) bar (ing.) *m.* Establecimiento de bebidas o manjares, que suelen tomarse de pie ante el mostrador: ~ ***americano,*** barra de hotel donde se despachan bebidas; bar de alterne.

II) bar *m.* FÍS. Unidad de presión equivalente a un millón de dinas por centímetro cuadrado. ◇ Pl.: *bares.*

bar-, v. baro-.

baraca *f.* En Marruecos, don divino atribuido a los jerifes o morabitos.

baracoense *adj.-s.* De Baracoa, ciudad de la provincia cubana de Oriente.

baraconense *adj.-s.* [pers.] Baracoense.

baracuda *f.* Barracuda.

baracuta *f.* Barracuda.

baracutey (voz indígena) *adj. Cuba.* [ave] Que se cría o queda sin compañero. 2 *Cuba.* Que vive solo.

barahúnda *f.* Ruido y confusión grandes.

barahustar *tr.* Baraustar.

baraja *f.* Conjunto de naipes que sirve para varios juegos. 2 fig. ***Jugar con dos barajas,*** proceder con doblez. 3 *Amér.* Naipe, *juego de barajas,* juego de naipes.

barajada, barajadura *f.* Acción de barajar.

barajar *tr.* Mezclar, en el juego, [unos naipes con otros] antes de repartirlos. 2 En el juego de dados, impedir la suerte que se va a hacer. 3 fig. Mezclar y revolver [unas personas o cosas con otras]. 4 fig. Sortear un peligro o dificultad. 5 Manejar o citar [nombres como posibilidades para un cargo, destino, nombramiento, etc.]. 6 En las reflexiones o hipótesis que preceden a una resolución, considerar [las varias posibilidades o probabilidades que pueden darse]. 7 EQUIT. Tirar al caballo de las riendas para refrenarlo. -8 *intr.* Reñir, altercar: ~ *con el viento.* -9 *tr. Argent., Chile* y *Urug.* Parar [un golpe], detener [un intento]. 10 *Argent.* Agarrar al vuelo.

baraje *m.* Barajadura.

barajo *m. Ecuad.* Baraje o barajadura. -2 *interj. Amér.* ¡*Barajo!*, ¡Caramba!

barajón (b. l. *barallione,* del l. *vara*) *m.* Bastidor de madera para andar por la nieve.

barajustar *intr. Amér.* Irse, escaparse. 2 *Colomb.* y *Guat.* Corcovear un caballo o mula. 3 *Colomb.* fig. Acometer, arremeter.

barajuste *m. Colomb.* y *Venez.* Carrera, escape, dispersión atropellada. -2 *interj. Venez.* ¡*Barajuste!*, ¡Barajo!

baranda (probl. del célt. *varanda,* límite pequeño, del célt. *randa,* límite) *f.* Barandilla. 2 Borde de las mesas de billar. 3 Madero o moldura colocado en un alféizar. 4 Galería cubierta que rodea una casa. 5 *Murc.* Tinada donde se recoge el ganado enfermo. 6 *Perú.* Tipo esencial de casa de vecindad, dividida en departamentos de dos o tres piezas.

SIN. *2* **Banda.**

barandaje, -dajo *m.* Barandilla.

barandal *m.* Listón sobre que se sientan los balaustres. 2 El que los sujeta por arriba. 3 Barandilla.

SIN. *2* **Pasamano.**

barandilla *f.* Antepecho compuesto de balaustres y barandales, que sirve para balcones, escaleras y división de piezas. 2 *Amér.* Adral de carro.

SIN. *1* **Rastel.**

barangay *m.* Embarcación de remos, usada en Filipinas. 2 Grupo de cuarenta y cinco a cincuenta familias de indios o mestizos en que se divide la vecindad de los pueblos en Filipinas.

barangayán *m.* Gubán, embarcación filipina.

I) barata *f.* Baratura. 2 Trueque, cambio. 3 *Méj.* Barato, venta a bajo precio.

II) barata (port.) *f. Chile* y *Perú.* Blata o cucaracha, insecto.

baratador, -ra *adj.-s.* Que hace baratas (cambios).

baratamente *adv. m.* A poca costa.

baratar *tr.* ant. Permutar (el dominio). 2 Dar o recibir [una cosa] por menos de su precio.

baratear *tr.* Dar [una cosa] por menos de su precio. 2 Regatear [algo] antes de comprar.

baratería *f.* DER. Engaño, fraude en compras, ventas o permutas. 2 DER. Delito del juez o del funcionario que admiten dádivas por sentenciar o resolver con justicia. 3 MAR. Daño causado por un acto u omisión del patrón o de la tripulación de un buque.

baratero, -ra *adj. Amér.* Barato. 2 *Colomb.* Que vende barato. 3 *Chile.* Regatón, regatero. -4 *m.* El que cobra el barato (dinero), en el juego.

baratez *f. Cuba.* Baratura.

baratija *f.* Cosa menuda y de poco valor: *vender baratijas.*

baratillero, -ra *m. f.* Persona que tiene baratillo.

baratillo *m.* Conjunto de cosas de lance, o de poco precio, que están en venta en paraje público. 2 Tienda o puesto en que se venden. 3 *Argent.* Tienda de mal aspecto, tenducho.

SIN. *2* **Malbaratillo.**

barato, -ta (quizá relac. con el célt. *mratos* engaño, de donde se concretaría a engaño con un negocio) *adj.* Vendido o comprado a bajo precio. 2 fig. Que se logra con poco esfuerzo. -3 *m.* Venta de efectos a bajo precio. 4 Dinero que da el que gana en el juego. -5 *adv.* Por poco precio. 6 fig. ***Meter,*** o ***echar, a*** ~ confundir al que habla dando voces o moviendo alboroto.

FR. *De* ~, en balde, sin interés.

baratón *m. Amér. Central.* Instrumento us. en la agricultura.

báratro (l.) *m.* Infierno (paganos y réprobos).

baratujales *m. pl. S. Dom.* Cosas de poco valor.

baratura *f.* Bajo precio de las cosas vendibles.

baraúnda *f.* Barahúnda.

baraustar *tr.* Asestar (dirigir). 2 Desviar [el golpe] de un arma.

SIN. **Barahustar, barajustar.** Los tres son desusados actualmente; en los clásicos significaron, además, confundir, trastornar, así **desbarajustar, desbarajuste,** han heredado esta acep.

barba (l.) *f.* Parte de la cara debajo de la boca. 2 Pelo que nace en ella y en los carrillos: ~ ***cerrada,*** la muy poblada y fuerte; ***barbas de chivo,*** las escasas en los carrillos y largas debajo de la boca; ~ ***partida,*** ~ ***en abanico.*** 3 Mechón de pelo pendiente del pellejo que cubre la quijada inferior del ganado cabrío, y por extensión de otros animales. 4 Carúnculas de algunas aves. 5 ~ ***de ballena,*** ballena (lámina). 6 ~ ***de cabra,*** planta perenne de la familia de las compuestas, con las flores de color amarillo, en capítulos *(Tragopogon pratensis).* 7 ~ ***de chivo,*** planta anual graminácea *(Carinephorus canescens).* 8 Entre los colmeneros, primer enjambre que sale de la colmena. 9 Parte superior de la colmena, donde se ponen las abejas cuando se va formando nuevo enjambre. -10 *m.* Comediante que hace el papel de anciano. -11 *f. pl.* Raíces delgadas de los árboles y plantas. 12 Estigmas de maíz. 13 Bordes desiguales del papel de tina. 14 Filamentos sutiles del astil de la pluma de ave. -15 Pequeñas virutas metálicas formadas al grabar una plancha a punta seca. 16 ***Barbas de coco,*** fibras de la corteza del coco.

FRS. ~ ***honrada,*** persona distinguida y respetable. *Hacer la* ~, afeitar la barba o el bigote; fig., fastidiar, incomodar; adular con fines interesados. *A* ~ ***regada,*** abundantemente; *por* ~, por cabeza o por persona. *En las barbas* de uno, en su presencia, cara a cara. *Subirse* uno *a las barbas* de otro, perderle el respeto, atreverse con él.

Barba Azul *n. pr.* Según un cuento popular, personaje que mataba a todas sus mujeres.

barbacana (ár. vulgar *balbagára,* puerta de las vacas) *f.* Obra de fortificación, avanzada y aislada, para defender puertas, cabezas de puente, etc. 2 Muro bajo que bordea la plazuela de algunas iglesias. 3 Saetera o tronera. 4 Elemento de fortificación que sonsiste en una galería corrida que corona los muros o torres, para permitir la vigilancia del pie de los mismos.

barbacoa, -cuá (voz indígena del Caribe) *f.* Parrilla usada para asar al aire libre carne o pescado. 2 Dicho asado. 3 *Amér.* Zarzo que sirve de camastro. 4 *Amér.* Andamio en que se ponen los que guardan maizales. 5 *Amér.* Casita construida sobre árboles o estacas. 6 *Amér.* Tablado en lo alto de las casas, donde se guardan granos, frutos, etc. 7 *C. Rica.* Armazón sobre el que se extienden las enredaderas. 8 *Guat.* y *Méj.* Conjunto de palos a manera de parrilla que se emplean para asar carnes. 9 *Perú.* Zarzo que sirve de puerta en las chozas.

barbada *f.* Quijada inferior de las caballerías. 2 Cadenilla o hierro corvo que se pone a éstas por debajo de la barba. 3 Cadenilla a manera de barbada. 4 Pieza de madera que se adosa al violín para apoyar la barba el que lo toca. 5 Pez teleósteo marino, de cuerpo alargado, de color pardo obscuro *(Gaidropsarus mustela).* 6 *Bol.* y *Perú.* Barboquejo.

SIN. *5* **Madre de la anguila.**

barbado, -da *adj.-s.* [pers.] Que tiene barba. -2 *m.* Árbol o sarmiento que se planta con raíces: *plantar de* ~. 3 Renuevo o hijuelo de árbol o arbusto.

barbaja *f.* Escorzonera. -2 *f. pl.* Primeras raíces de los vegetales recién plantados.

barbaján *adj.-s. Cuba* y *Méj.* Tosco, rústico, brutal.

barbar *intr.* Echar barbas el hombre. 2 Enjambrar (criar). 3 Echar raíces las plantas.

Bárbara (Santa ~**)** *n. pr.* Patrona de las tempestades y de la artillería. En la conversación se dice *acordarse de Santa Bárbara cuando truena*, por no prevenir el peligro hasta que nos hallamos en él. V. *santabárbara.*

bárbaramente *adv. m.* Brutal o cruelmente. 2 Con barbaridad, grosera y toscamente. 3 fam. Estupendamente, espléndidamente.

barbarear *intr. Argent.* Disparatar, despotricar; decir despropósitos o improperios.

barbáricamente *adv. m.* A modo de los pueblos bárbaros.

barbárico, -ca (l. *-cu*) *adj.* De los pueblos bárbaros.

barbaridad *f.* Calidad de bárbaro. 2 Dicho o hecho muy necio o imprudente. 3 Crueldad grande. 4 Gran cantidad: *acudió una* ~ *de gente.*

SIN. *2* **Atrocidad, enormidad.** *3* **Ferocidad, inhumanidad, barbarie,** si es habitual o se considera como carácter permanente.

barbarie (l.) *f.* Rusticidad, falta de cultura. 2 fig. Fiereza, crueldad.

****barbarismo** (b. l. *-mu* < gr. *barbar,* extranjero) *m.* GRAM. Idiotismo o modo de hablar propio de una lengua extranjera. 2 Vocablo o giro procedente de otra lengua. Según su origen, los barbarismos se llaman *galicismos, anglicismos, germanismos, italianismos*, etc. Por su carácter básico en la formación de la lengua española, no se califican de barbarismos las voces o locu-

BARBARISMOS

La adopción de voces y giros de lenguas extranjeras sólo está justificada cuando el idioma carece de expresiones equivalentes. El empleo de barbarismos acabaría por desnaturalizar la lengua propia. Por el contrario, el purismo exagerado conduciría a privarnos de términos de validez internacional que renuevan eficazmente el pensamiento y su expresión. Lo más aconsejable es un purismo sin intransigencias cerradas.

I. — EJEMPLOS DE BARBARISMOS LÉXICOS

Estos barbarismos (palabras extranjeras) se sienten hoy plenamente integrados en el sistema de la lengua española. La Real Academia Española los recoge en su diccionario.

Galicismos

MEDIEVALES: *jamón, paje, vergel, chantre, jardín, gañán, cofre, manjar, sargento, jaula, forja, trinchar, reproche.*

MODERNOS: *coqueta, parterre, silueta, avalancha, tupé, charretera, bisturí, ficha, corsé, chantaje, confortable, restaurante, control, controlar, neceser.*

Italianismos

En su mayoría datan del Renacimiento: *fachada, escorzo, carroza, escopeta, soneto, novela, batuta, partitura, saltimbanqui, gaceta, alerta.*

Anglicismos

ANTIGUOS (escasos): *bita, draga, escora, oeste, bolina.*

MODERNOS (numerosos): *túnel, trole, esmoquin, vagón, bar, truste, filme, flirteo, tenis, fútbol, gol.*

Germanismos

ANTIGUOS: *guante, espuela, guerra, robar, estribo, rueca, yelmo, blanco, rico.*

MODERNOS (escasos): *níquel, feldespato, cuarzo, blocao, cobalto.*

ciones procedentes del griego o el latín (*helenismos* y *latinismos*). Tampoco se incluyen en esta denominación los *arabismos*, por razón de su antiguedad y tradición literaria. 3 p. ext. Vicio del lenguaje o de dicción. 4 Barbaridad (atrocidad). 5 fig. *y* fam. Barbarie. 6 Multitud de bárbaros.
SIN. / **Extranjerismo.**
barbarizador *adj.-s.* Que barbariza.
barbarizar *tr.* Hacer bárbara [a una persona o cosa]. 2 Adulterar [una lengua] con barbarismos. -3 *intr.* Decir barbaridades. ◇ ** CONJUG. [4] como ***realizar.***
bárbaro, -ra (l. *-ru*) *adj.-s.* [pers.] De cualquiera de los pueblos que en el siglo V invadieron el imperio romano. 2 Entre los griegos y romanos, nombre dado a los extranjeros. 3 fig. Fiero, cruel. 4 Arrojado, temerario. 5 Inculto, grosero, tosco. 6 fam. Espléndido, muy bueno o grande: *nos dieron una comida bárbara.*
barbarote, -ta *adj.* fam. Muy bárbaro.
barbasco *m. Amér.* Gordolobo. 2 *Amér.* Azucarito.
barbasquear *tr. Sal.* Embarbascar.
barbastrense, -trino *adj.-s.* De Barbastro, ciudad de Huesca.
barbato *adj.* ASTRON. V. cometa ~.
barbear *tr.* Llegar a tocar con la barba [a alguna parte]: *el toro salta todo lo que barbea.* -2 *intr.* Llegar una cosa casi a la altura de otras: ~ *con la pared.* 3 Trabajar el barbero en su oficio. 4 TAUROM. Andar el toro a lo largo de las tablas rozándolas con el hocico, como buscando la salida del ruedo. 5 *C. Rica.* Halagar, lisonjear. -6 *prnl.* Tenérselas tiesas con alguno. -7 *intr. Méj.* fig. Hacer la barba, adular. 8 *Méj.* fig. Coger una res vacuna por el hocico o la oreja, y torcerle el cuello hasta derribarla.
barbechada *f.* Barbechera (de barbechar).
barbechar *tr.* Arar [la tierra] para la siembra. 2 Arar [la tierra] para que se meteorice y descanse.
barbechera *f.* Conjunto de varios barbechos. 2 Tiempo en que se barbecha. 3 Acción de barbechar. 4 Efecto de barbechar.
barbecho (l. *vervactu*) *m.* Tierra labrantía que no se siembra durante uno o más años. 2 Acción de barbechar. 3 Haza arada para sembrar después.
REL. / Quedar una tierra en ~, ***intr.,* descansar.** SIN. **Huebra.**
barbera *f.* Mujer del barbero. 2 *And.* y *Amér.* fam. Navaja de afeitar.
barbería *f.* Tienda y oficio del barbero.
SIN. V. **Peluquería.**
barberil *adj.* Propio de barberos.
barbero *m.* El que tiene por oficio afeitar la barba, cortar los cabellos, etc. 2 Pez teleósteo perciforme del mar de las Antillas, de color de chocolate y piel muy áspera *(gén. Acanthurus).* -3 *adj. Méj.* desp. Adulador.
SIN. / **Peluquero; fígaro,** irón.; **rapabarbas, rapador, rapista,** desp.
barberol *m.* ZOOL. Pieza que, con otras, forma el labio inferior de los insectos masticadores.
barbertonita *f.* Mineral de la clase de los carbonatos que cristaliza en el sistema hexagonal en cristales fibrosos o laminares de color rosado.

BARBARISMOS (continuación)

II. — EJEMPLOS DE BARBARISMOS LÉXICOS QUE TIENEN EQUIVALENTE EN ESPAÑOL

affaire (cuestión, asunto)
amateur (aficionado)
cabaret (sala de fiestas)
clown (clon, payaso)
clearing (compensación)
container (contenedor)
crack (quiebra)
décalage (desnivel)
output (salida)
détente (distensión)
élite (elite)
features (episodios)
hall (entrada)
chef (jefe de cocina)
match (partido)
ombudsman (defensor del pueblo)
paperback (libro en rústica)

La lista sería larguísima. En el cuerpo del Diccionario se recogen los más usuales.
Se indican asimismo, en las palabras correspondientes, las acepciones superfluas, originadas, generalmente, por desconocimiento de la propia lengua, por pedantería, por la influencia del inglés y francés, etc.

III. — EJEMPLOS DE BARBARISMOS GRAMATICALES (que conviene evitar)

Son contemporáneos y proceden principalmente del inglés y del francés. Sus vehículos principales son los medios de comunicación (prensa, radio, televisión, cinematógrafo, etc.), las agencias internacionales de información, las malas traducciones, el habla descuidada de personajes públicos, la insuficiente enseñanza del español, etc.

Repetición innecesaria del artículo: *Los jefes, los oficiales y los soldados combatieron con valor. Una película de emoción, un asunto atrayente, una realización irreprochable.* En redacción originariamente española se suprimirían todos los artículos, o, a lo sumo, se conservaría sólo el primero.

Gerundio con valor de adjetivo: *Era un hombre pobre viviendo en una cabaña...* en lugar de *Era un hombre pobre que vivía en una cabaña.* V. **gerundio.**

Calcos de construcción extranjera: *Es por esto por lo que decimos...* o *por esto es por lo que decimos...* en vez de *por eso decimos. Bajo el punto de vista* por *desde el punto de vista. Avión a reacción* por *avión de reacción. En base a...* en vez de *sobre la base..., basándose. Jugar un papel,* por *desempeñar un papel. De acuerdo a...* en vez de *de acuerdo con. Antes no...* en lugar de *antes que* y *antes de que. De cara a...* por ante, con vistas a.
Después de que y *subjuntivo* equivale a las estructuras españolas *después de+infitivo* y a *cuando+subjuntivo.* Se abusa del calco francés nombre+a+infinitivo: *temas a tratar.*
Cualquier alumno... por *todo alumno* o *los alumnos... En orden a...* en vez de *con el fin de/con el propósito de...*
Estar siendo+participio se puede sustituir por otros giros.
Estar+gerundio con equivalencia a un presente: *le estamos anotando...* por *le anotamos. Venir+participio* equivale a *ser* o *estar+participio: los usuarios vienen obligados a...* por *los usuarios están obligados a...*
El condicional de rumor *el Gobierno convocaría elecciones anticipadas* es un calco de un uso francés que expresa duda y que corresponde a giros españoles: *es probable que el Gobierno..., probablemente convoque el Gobierno...*

Uso extranjerizante de los posesivos: *Sacó su dinero de su bolsillo; su boca se le llenó de insultos* corresponden a las construcciones españolas: *sacó el dinero del bolsillo, se sacó el dinero del bolsillo; la boca se le llenó de insultos.*

Uso de la pasiva: Entre las oraciones *el Gobierno ha aprobado nuevas pensiones* y *nuevas pensiones han sido aprobadas por el Gobierno,* la conciencia lingüística española prefiere la primera. Es conveniente que los traductores lo tengan en cuenta, para no cometer incorrecciones o faltas de estilo al traducir de otras lenguas que emplean más la pasiva y otras construcciones nominales.

barbeta (fr. *barbette*) *f.* Trozo de parapeto destinado a que tire la artillería a descubierto. -2 *loc. adv. A ~,* fortificación cuyo parapeto no cubre a los artilleros. 3 mar. Trozo de meollar o filástica. 4 *Chile.* Baboso, tonto.
barbián, -biana (probl. del gitano *barbar,* viento) *adj.-s.* Desenvuelto, gallardo, arriscado.
barbiblanco, -ca *adj.* Barbicano.
barbicacho *m.* Cinta o toca que se echa por debajo de la barba. 2 *Colomb. De ~,* se dice que queda así el toro, cuando el lazo le agarra el cuello y un asta o cacho.
barbicano, -na *adj.* De barba cana.
barbicastaño, -ña *adj.* Que tiene la barba de color castaño.
barbicelo *m.* zool. Pequeño gancho situado en la cara inferior de las plumas de las aves.
barbiespeso, -sa *adj.* Que tiene espesa la barba.
barbihecho *adj.* Recién afeitado.
barbijo *m.* Barbouejo. 2 *Argent.* y *Bol.* Chirlo, herida en la cara.
barbilampiño, -ña *adj.* De poca o ninguna barba.
barbilindo, -lucio *adj.* Que presume de guapo.
barbilla *f.* Punta de la barba. 2 Barbillón. 3 Corte dado oblicuamete en la cara de un madero para que encaje en el hueco de otro. 4 veter. Sapillo, tumor bajo la lengua.
sin. *1* **Mentón.**
barbillas *m.* Hombre de barba escasa.
barbillear *tr. La Mancha.* Acariciar [el hombre] la barbilla de la mujer.
barbillera *f.* Rollo de estopa que se pone alrededor de las cubas de vino para que al fermentar el mosto destile y caiga por

las puntas del rollo, que se dejan pendientes, en las vasijas que han de recogerlo. 2 Especie de barboquejo que se pone a los cadáveres para cerrarles la boca.
barbillón ***m.*** Apéndice cutáneo filamentoso que tienen algunos peces alrededor de la boca.
SIN. **Barbilla.**
barbiluengo, -ga ***adj.*** De barba larga.
barbimoreno, -na ***adj.*** Que tiene la barba morena.
barbinegro, -gra ***adj.*** Que tiene la barba de color negro.
barbiponiente ***adj.*** [joven] A quien empieza a salir la barba. 2 fig. Principiante.
barbipungente (*barba* + l. *pungente,* punzante) ***adj.*** Barbiponiente (joven).
barbiquejo ***m.*** Barboquejo. 2 MAR. Cabo o cadena que sujeta el bauprés al tajamar o a la roda. 3 *Amér.* Pañuelo que a modo de venda se pasa por debajo de la barba y ata por encima de la cabeza.
barbiquiú (ing. *barbecue* < hispanoamericano *barbacoa*) ***m.*** *Amér.* Reunión o fiesta campestre en que se come carne asada.
barbirralo, -la ***adj.*** Que tiene la barba rala.
barbirrapado, -da ***adj.*** Que tiene rapada la barba.
barbirrojo, -ja ***adj.*** Barbitaheño.
barbirrubio, -bia ***adj.*** Que tiene la barba rubia.
barbirrucio, -cia ***adj.*** Que tiene la barba mezclada de pelos blancos y negros.
barbitaheño, -ña ***adj.*** De barba bermeja.
SIN. **Taheño.**
barbiteñido, -da ***adj.*** Que lleva teñida la barba.
barbitonto, -ta ***adj.*** De cara de tonto.
barbitúrico (l. *barbata* + *úrico*) ***adj.*** QUÍM. [ácido cristalino] Cuyos derivados tienen propiedades hipnóticas. -2 ***m.*** Nombre común a estos derivados.
barbiturismo ***m.*** Intoxicación por barbitúricos.
barbo (l. *barbu*) ***m.*** Pez teleósteo cipriniforme de agua dulce, de hasta 80 cms. de longitud, con la boca rodeada de barbillones *(Barbus barbus).* 2 ~ ***de mar,*** salmonete.
barbón ***m.*** Hombre barbado. 2 En la orden de la Cartuja, lego. 3 Cabrón. 4 fig. *y* fam. Persona anciana, de aspecto grave. 5 Macho de la avutarda. 6 Rama baja del olivo. 7 *Ál.* Barbado, sarmiento con raíces.
barboquejo ***m.*** Cinta con que se sujeta el sombrero, gorra, etc., por debajo de la barba.
barbotar (de la raíz descriptiva *barb-*) ***tr.*** Mascullar.
barbote ***m.*** Babera (pieza de la armadura). 2 *Argent.* Barrita de metal que, embutida en el labio inferior, llevan algunos indios como insignia.
SIN. *2* **Tembetá** entre los guaraníes; **botoque** en el Brasil.
barbotear ***intr.*** Barbullar, mascullar.
SIN. v. **Mascullar.**
barboteo ***m.*** Acción de barbotear. 2 Efecto de barbotear.
barbotina (fr. *barbotine*) ***f.*** Pasta cerámica líquida para decoraciones en relieve, empleada también para pegar a las piezas de alfarería pedazos de tierra todavía húmeda.
barbuchín ***adj.*** *Guat.* Barbilampiño.
barbucho, -cha ***adj.*** *Chile.* Que tiene la barba gruesa, pero rala.
barbudo, -da ***adj.*** Que tiene mucha barba. -2 ***m.*** Barbado (árbol). -3 ***f.*** Matacandil. -4 ***m.*** *Amér.* Nombre de varios peces.
barbulla ***f.*** Gritería de los que barbullan.
barbullar (l. *bullare,* barbotear) ***intr.*** Hablar atropelladamente.
barbullido ***m.*** Rizado que produce en la superficie del mar el paso de un banco de sardinas.
barbullón, -llona ***adj.-s.*** Que barbulla.
barbuquejo ***m.*** Barboquejo.
barbusano ***m.*** Árbol lauráceo de Canarias de madera muy dura *(Apollonias canariensis).* 2 Madera de este árbol.
barca (l.) ***f.*** Embarcación pequeña para pescar o navegar en las costas o en los ríos: ~ ***de pasaje,*** lancha grande y plana que se utiliza para pasar ríos, palmeándola por medio de un andariel. 2 Barcaje (precio). 3 Canasto de tablas de madera empleado para envases y transporte de fruta.
barcada ***f.*** Carga que cada vez transporta una barca. 2 Flete que por él se paga. 3 Precio que se paga por pasar el río en una barca.
barcal ***m.*** Artesa en que se colocan las vasijas al medir el vino, para recoger el que se derrama. 2 Dornajo.
barcarola (it.) ***f.*** Canción popular de los barqueros italianos, de movimiento ondulatorio. 2 Música de esta canción.
barcaza ***f.*** Lanchón para la carga y descarga de los buques.
Barceló (Antonio ~) ***n. pr.*** Célebre marino mallorquín del siglo XVIII, que se distinguió contra los moros. En And. es frecuente la comparación: *más valiente que Barceló por mar.*
barcelonense ***adj.-s.*** De Barcelona, capital del estado venezolano de Anzoátegui.
barcelonés, -nesa ***adj.-s.*** De Barcelona, provincia y capital de la región autónoma de Cataluña. 2 Barcelonense.
barcelonista ***adj.-s.*** Partidario del Futbol Club Barcelona. 2 Propio o relativo a dicho club.
barceno, -na ***adj.*** Barcino.
barceo ***m.*** Albardín.
barchilla ***f.*** Medida de capacidad para áridos, usada en Alicante, Castellón, Murcia y Valencia.
barchilón, -lona (de Pedro Fermín *Barchilón,* filántropo español que vivió en el Perú en el s. XVI) ***m. f.*** *Ecuad.* y *Perú.* Enfermero de hospital. 2 *Bol.* Curandero.
barcia ***f.*** Ahechaduras.
barciar ***tr.*** Vaciar, volcar. ◇ ** CONJUG. [12] como ***cambiar.***
barcina ***f.*** Herpil. 2 Carga o haz grande de paja.
barcino, -na ***adj.*** [animal] De pelo blanco y pardo, y a veces rojizo. -2 ***adj.-s.*** *Méj.* desus. Descendiente de albarazado e india. 3 *Méj.* desus. Descendiente de albarazado y blanca. 4 *Méj.* desus. Descendiente de albarazado y coyota. 5 *Méj.* desus. Descendiente de albarazado y mulata. 6 *Méj.* desus. Descendiente de jíbaro y loba. -7 ***adj.*** *Argent.* fig. Político versátil.
barcinonense ***adj.-s.*** Barcelonés.
barco ***m.*** Construcción de madera o metal, dispuesta para flotar y correr por el agua, impulsada por el viento, por remos o por ruedas o hélices movidas por un motor: ~ ***cisterna,*** el dedicado a transportar líquidos; ~ ***escuela,*** buque escuela; ~ ***volandero,*** el que no hace viajes regulares entre los mismos puertos. 2 Barranco poco profundo. 3 *Extr.* Fuente cuadrada de cualquier tipo de loza. 4 *Hond.* Calabaza grande dividida en dos.
REL. *1* **Buque.**
barcolongo, -luengo ***m.*** Embarcación antigua, larga y estrecha.
barda (ár. *bardáa,* albarda) ***f.*** Armadura con que se protegía a los caballos en la guerra. 2 Cubierta de ramaje, espino, broza, etc., que se pone sobre las tapias de los corrales y huertas. 3 MAR. Nubarrón obscuro y alargado, que sobresale pegado al horizonte. 4 *Ar.* Seto de espinos. 5 *Logr.* Zarza, matorral. 6 *Sal.* Quejigo, roble.
bardado, -da ***adj.*** Armado o defendido con la barda.
bardago ***m.*** *Can.* Hombre rudo y bruto.
bardaguera ***f.*** Arbusto salicáceo, de cuyos ramos delgados se hacen cestas (gén. *Salix;* especies: *S. viminalis; S. incana; S. purpurea).*
bardaje (ár. *barday,* mancebo, cautivo) ***m.*** Sodomita.
bardal ***m.*** Barda (cubierta). 2 Zarza, planta silvestre. 3 *Sal.* Terreno plantado de bardas o quejigos.
bardana ***f.*** Lampazo (planta). 2 ~ ***menor,*** cadillo (planta umbelífera).
bardar ***tr.*** Poner bardas [sobre los vallados o tapias].
SIN. **Embardar.**
bardero ***m.*** Leñador que lleva bardas o quejigos para el consumo de los hornos.
bardina ***f.*** *Extr.* Red adaptada al carro para el transporte de paja.
bardiota (gr. bizant. *bardariotes*) ***adj.-s.*** Soldado de la ant. guardia personal de los emperadores bizantinos.
bardiza ***f.*** *Murc.* Vallado de cañas.
I) bardo (célt. *bardd*) ***m.*** Poeta de los ant. celtas. 2 p. ext. Poeta en gral.
II) bardo ***m.*** Vallado de leña, cañas o plantas espinosas. 2 Vivar de conejos, especialmenrte el que tiene varias bocas y está cubierto de maleza. 3 *Ar.* Barro, fango.
III) bardo ***m.*** *Burg.* Cado o cuera de los conejos.
bardoma ***f.*** *Ar.* y *Murc.* Suciedad, porquería y lodo corrompido.
bardón ***m.*** *Ecuad.* Barzón por donde pasa el timón del arado.
baremar ***tr.*** Aplicar un baremo.
baremo (fr. *barème,* < n. del inventor, B.-F. *Barraême,* 1640-1703) ***m.*** Cuaderno o tabla de cuentas ajustadas. 2 Lista o repertorio de tarifas. 3 Conjunto de normas establecidas convencionalmente para evaluar los méritos personales, la solvencia de empresas, etc.
bareque ***m.*** *Colomb.* Bahareque o bajareque.

barequear *tr. Colomb.* MIN. Extraer el oro de las minas trabajando con batea y sin técnica.
barequero *m. Colomb.* Minero que trabaja barequeando.
barestesia (*bar-* + *-estesia*) *f.* Facultad de percibir la diferencia de peso de los objetos.
bargueño (de *Bargas,* población de la prov. de Toledo) *m.* Mueble de madera con muchos cajoncitos y gavetas.
SIN. **Vargueño.**
barhidrómetro (*bar-* + *hidrómetro*) *m.* FÍS. Instrumento para medir la presión ejercida por el agua a diversas profundidades.
bari- (gr. *barys,* pesado, grave) Elemento prefijal que entra en la formación de palabras con el significado de pesado, grave, y especialmente haciendo referencia a la gravedad: *barimetría; barítono.*
baria (gr. *baros,* pesadez) *f.* En el sistema cegesimal, unidad de presión equivalente a una dina por centímetro cuadrado.
baría (voz indígena) *f.* Árbol borragináceo de Cuba. La babaza de su corteza se emplea para clarificar el azúcar *(gén. Cordia).*
baribá *f. Cuba.* Nombre vulgar de un mamífero, variedad de jutia.
baribal *m.* Oso de América que se diferencia del común por tener las extremidades más cortas y el hocico más largo *(Ursus americanus).*
baricéntrico, -ca, *adj.,* Perteneciente o relativo al centro de gravedad: *coordenadas baricéntricas.*
baricentro (*bari-* + *-centro*) *m.* Centro de gravedad de un cuerpo. 2 FÍS. Punto de aplicación de la resultante de un sistema de fuerzas.
REL *1* **Centrobárico.**
barimba *f. Colomb.* Arco formado por una vara delgada y una cuerda, y que se emplea como instrumento músico campesino.
barimetría (*bari-* + *-metría*) *f.* Medición de la gravedad. 2 Determinación aproximada del peso de los animales a partir de sus medidas corporales.
barín, -rina (voz rusa) *m. f.* Hidalgo, señor. Se emplea únicamente tratando de medios eslavos.
barinense *adj.-s.* De Barinas, capital y estado del oeste de Venezuela.
barinés, -nesa *adj.-s.* [pers.] Barinense.
bario *m.* Metal blanco amarillento, dúctil, difícil de fundir y que se oxida rápidamente. Su símbolo es *Ba* y su peso atómico 137,36. ◇ HOMÓF.: *vario* (adj.).
barisfera (*bari-* + *esfera*) *f.* Núcleo sólido, pesado e interior del globo terrestre formado probablemente por hierro y otros metales.
barita (gr. *barys,* pesado) *f.* Óxido de bario. 2 Baritina molida que se añade como blanco a la pintura. 3 V. Agua de ~. ◇ HOMÓF.: *varita* (f.).
baritel *m.* Malacate.
barítico, -ca *adj.* Que tiene barita.
baritina *f.* Sulfato de bario nativo, de fórmula $BaSO_4$. Se llama también espato pesado.
SIN. **Hepatita.**
baritocalcita *f.* Mineral de la clase de los carbonatos que cristaliza en el sistema monoclínico en cristales prismáticos incoloros o de color amarillo grisáceo.
barítono (l. *barytonos*) *m.* Voz media entre la de tenor y la de bajo. 2 Persona que tiene esta voz. 3 MÚS. Instrumento de viento que usan las bandas militares. -4 *adj.-s.* GRAM. Palabra acentuada en la penúltima sílaba.
SIN. *4* **Llano, grave.**
barja *f. Murc.* Barjuleta.
barján *m.* Duna típica en forma de media luna; procede de la fragmentación de dunas transversales de desplazamiento más lento.
barjuleta (quizá der. del l. v. *bursa,* bolsa) *f.* Bolsa grande que llevan a la espalda los caminantes con ropa o menesteres.
barleta *f. Argent.* Clase de trigo muy estimada por su excelente calidad.
barloa *f.* Cable con que se sujetan los buques abarloados.
barloar *tr.* Abarloar.
barloventear *intr.* Avanzar contra el viento navegando de bolina. 2 fig. Ir de una parte a otra sin detenerse en ninguna.
barlovento (formado sobre el fr. *lof,* barlovento, de origen escandinavo) *m.* MAR. Parte de donde viene el viento.
CONTR. **Sotavento.**
barman (ing.) *m.* Encargado o camarero de un bar. ◇ Pl.: *bármanes,* no *bármans* ni menos *barmen.*
barnabita (l. *Barnabas,* Bernabé) *adj.-s.* Clérigo de la congregación de San Pablo que dio principio a sus ejercicios en la iglesia de San Bernabé de Milán.
barnacla (irland. *barnacle*) *m.* Ave anseriforme parecida al ánsar pero con el pico más pequeño y provisto de unas finas entalladuras en los bordes *(Branta* sp.*).* 2 Percebe, crustáceo.
barniz (l. *veronice*) *m.* Disolución de una o más resinas en un aceite o líquido volátil, que se aplica a la superficie de un objeto para que al secarse forme una capa lustrosa capaz de resistir la acción del aire y de la humedad. 2 Substancia transparente, con que se da una mano en crudo al barro, loza y porcelana, y que se vitrifica con la cocción. 3 Tintura (noción). 4 ~ ***del Japón,*** maque, zumaque del Japón; por confusión con las especies vegetales que segregan el zumaque del Japón, ailanto *(Ailanthus glandulosus).*
barnizada *f.* Embarnizadura.
barnizado *m.* Acción de barnizar. 2 Efecto de barnizar.
barnizador, -ra *adj.-s.* [pers.] Que barniza.
barnizadura *f.* Embarnizadura.
barnizar *tr.* Dar barniz. ◇ ** CONJUG. [4] como ***realizar.***
SIN. **Embarnizar.**
barnocino, -na *adj.-s. Méj.* desus. Descendiente de albarazado (coyote y morisca) y mestiza.
baro-, bar-, -baro, -bara (gr. *baros,* peso) Elemento prefijal y sufijal que entra en la formación de palabras con el significado de peso, presión, generalmente atmosférica: *barómetro, barhidrómetro, isobara.*
baroco *m.* LÓG. Voz mnemotécnica que designa una especie de silogismo.
barógrafo (*baro-* + *-grafo*) *m.* Barómetro registrador.
barojiano, -na *adj.* Relativo a Pío Baroja (1872-1956).
barométrico, -ca *adj.* Relativo al barómetro.
barómetro (*baro-* + *-metro*) *m.* Instrumento para determinar la presión atmosférica: ~ ***de cubeta,*** el que indica las variaciones atmosféricas según el nivel de mercurio en una cubeta (depósito); ~ ***de mercurio,*** barómetro que indica la presión del aire por la altura de la columna de mercurio contenida en un tubo vertical de vidrio, cerrado por su extremo superior y en comunicación por el inferior con un depósito del mismo líquido; ~ ***de sifón,*** el de mercurio que reemplaza el tubo y la cubeta por un simple tubo acodado; ~ ***holostérico,*** o ***aneroide,*** barómetro en que las variaciones de la presión atmosférica se miden por las deformaciones que experimenta una cajita metálica de tapa flexible, en cuyo interior se ha hecho el vacío; ~ ***metálico,*** barómetro aneroide en que la cajita metálica ha sido substituida por un trozo circular de tubo metálico de paredes muy delgadas y lleno de aire comprimido; ~ ***registrador,*** también *barógrafo,* el que indica y escribe él mismo, en cada instante, sobre una hoja de papel, la presión atmosférica.
barón (l. *barone,* hombre fuerte) *m.* Título nobiliario que sigue en importancia al de vizconde. 2 fig. Hombre importante de un partido político. ◇ HOMÓF.: *varón* (m.).
baronesa *f.* Mujer del barón. 2 Mujer que goza de una baronía.
baronet *m.* Título nobiliario inglés que sigue en importancia al de barón. ◇ Pl.: *baronets.*
baronía *f.* Dignidad de barón. 2 Territorio en que ejercía jurisdicción un barón.
baroscopio (*baro-* + *-scopio*) *m.* Aparato para demostrar la pérdida de peso de los cuerpos en el aire.
baróstato (*baro-* + *-stato*) *m.* Dispositivo que regula la presión en las turbinas de gas.
barotermógrafo (*baro-,* + *termógrafo*) *m.* Aparato que registra a un tiempo la presión atmosférica y la temperatura del aire.
baroto *m.* Barca muy pequeña que se usa en Filipinas sólo en aguas tranquilas.
SIN. **Sacayán.**
barquear *intr.* Ir con la barca de un punto a otro. -2 *tr.* Atravesar [un río, lago, etc.] con la barca.
barqueo *m.* Acción de barquear.
barquero, -ra *m. f.* Persona que gobierna la barca. -2 *m.* Chinche acuática, insecto.
barqueta (dim. de *barca*) *f.* Cestita de madera, de celulosa prensada, o de otros materiales, utilizada principalmente en los autoservicios para la presentación y distribución de algunos alimentos.
barquía *f.* Embarcación pequeña de remo.
barquilla *f.* Molde, a manera de barca, para hacer pasteles. 2 Cesto pendiente del globo aerostático en que van sus tripulantes. 3 Instrumento para medir lo que anda la nave.

barquillero, -ra *m. f.* Persona que tiene por oficio hacer o vender barquillos. -2 *m.* Molde para hacer barquillos. -3 *f.* Recipiente en que lleva los barquillos el barquillero.

barquillo *m.* Dim. de *barco.* 2 Hoja delgada de pasta de harina sin levadura, azúcar y una esencia, a la que se da forma convexa o de canuto.

barquín *m.* Fuelle grande usado en las herrerías.

barquinazo *m.* Tumbo recio o vuelco de un carruaje. 2 fam. Golpe fuerte, porrazo producido gralte. al resbalar o caerse una persona.

barquinera *f.* Barquín.

barquino *m.* Odre (vasija).

barquisimetano, -na *adj.-s.* [pers.] De Barquisimeto, cap. del estado de Lara (Venezuela).

barquita (dim. de *barca*) *f.* fig. Timbal (pastel relleno) individual de forma alargada. 2 Molusco gasterópodo marino, cuyo cuerpo, que alcanza hasta 14 cms. de longitud, no puede introducirse totalmente en la concha, pues ésta es de reducido tamaño *(Scaphander lignarius).*

barra (l. v.) *f.* Pieza rígida, prismática o cilíndrica, mucho más larga que gruesa, hecha de cualquier material o substancia: ~ ***de control,*** la metálica compuesta de materiales que absorben los neutrones, y que, introducida en las pilas atómicas, regula el número de fisiones; ~ *de labios.* 2 Palanca de hierro. 3 Pieza de la prensa o el torno mediante la que se hace tiro. 4 Rollo de metal, esp. oro o plata, sin labrar. 5 Pieza de pan de forma alargada. 6 Barandilla que separa al tribunal del público. 7 Bajío, largo y estrecho, formado en la embocadura de un río. 8 Bandada de aves. 9 Defecto de algunos tejidos, a modo de lista de distinto color. 10 En los bares, mostrador en que se expenden las consumiciones: ~ ***americana,*** bar americano. 11 Conjunto de dos listones de madera que sostienen tirantes el bastidor de bordar. 12 BLAS. Tercera parte del escudo tajado dos veces, que coge desde el ángulo siniestro superior al diestro inferior: ~ ***de bastardía,*** la que ocupa menos de la tercera parte del escudo. 13 IMPR. Signo gráfico que sirve para separar diversas construcciones gramaticales. 14 DEP. En gimnasia deportiva, aparato sobre el que se efectúan diversos ejercicios, dependiendo de su forma: ~ ***fija,*** el aparato formado por un travesaño cilíndrico de acero, sostenido por dos montantes verticales a 2,40 m. del suelo; ~ ***de equilibrios,*** el formado por un travesaño de madera rectangular, de 5 m. de largo y 10 cms. de ancho, sostenido en la horizontal por dos montantes fijos; ***barras paralelas,*** el formado por dos travesaños de madera cilíndricos, paralelos, sostenidos a igual altura del suelo por dos montantes; ***barras asimétricas,*** el aparato formado por dos barras paralelas, pero a diferente altura cada una de ellas. 15 MÚS. Línea que corta perpendicularmente las del pentagrama para la división de compases. -16 *f. pl.* BLAS. Listones o bastones. -17 *f. Murc.* Quijada, mandíbula. 18 *Amér.* Conjunto de hinchas o aficionados. 19 *Argent.* Acción en que se dividía una empresa para el laboreo de una mina. 20 *Argent.* Pandilla, grupo de amigos que suelen reunirse para conversar o solazarse. 21 *Chile* y *Perú.* Marro, juego de dos bandos. 22 *Venez.* y *R. de la Plata.* Desembocadura de un río. -23 *f. pl. Amér.* Público que asiste a las sesiones de un tribunal.

FRS. *A barras derechas,* sin engaño. *Sin mirar, pararse, reparar* o *tropezar, en barras,* sin consideración de los inconvenientes, sin reparo. *Llevar a uno a la* ~, fig., hacerle comparecer ante un tribunal de justicia.

barrabás (de *Barrabás,* personaje del N. Testamento) *m.* fig. Persona mala, traviesa, díscola. ◇ Pl.: *barrabases.*

barrabasada *f.* Travesura grave, acción atropellada.

barraca (orig. desconocido; probl. prerrom.) *f.* Caseta construida toscamente y con materiales ligeros. 2 Vivienda rústica, con cubierta de cañas a dos aguas, propia de las huertas de Valencia y Murcia. 3 ~ ***de feria,*** construcción provisional desmontable, que se destina a espectáculos, diversiones, etc., en las fiestas populares. 4 *Amér.* Edificio en que se depositan cueros, lanas, cereales u otros efectos destinados al tráfico. 5 *Ecuad.* Puesto de venta en el mercado.

barracón *m.* Aum. y desp. de barraca; esp. caseta construida en las ferias para vender diversos artículos o para exhibir espectáculos, tirar al blanco, etc. 2 Edificio de un solo piso, de planta rectangular y sin tabiques, que se construye para albergar tropas. 3 *Murc.* Haz de cáñamo, en forma de pirámide.

barracuda *f.* Pez marino teleósteo perciforme, de hasta 3,5 m. de longitud, cuerpo alargado, hocico prominente y mandíbulas armadas de fuertes dientes; vive en los mares tropicales y templados *(Sphyraena barracuda).*

barrado -da *adj.* [tejido] Que saca barras (listas). 2 BLAS. [pieza] Sobre la que se ponen barras.

SIN. **Abarrado.**

barragán (ár. *barracán*) *m.* Tela de lana, impenetrable al agua. 2 Abrigo de esta tela. 3 *Méj.* Enaguas de lana tosca.

barragana (probl. de una voz germ. *barika;* formada sobre *baro,* barón) *f.* Concubina.

barraganería *f.* Concubinato.

barraganete *m.* MAR. Última pieza alta de la cuaderna.

barrajar *tr. Argent.* y *Méj.* Derribar con fuerza [a una persona o cosa]. 2 *Méj. intr.-prnl.* Salir precipitadamente.

barrales *m. pl. Chile.* Costados de una carreta.

barramunda *f.* Pez dipnoo, propio de Australia *(Neoceratodus forsteri).*

barranca *f.* Barranco.

barrancal *m.* Sitio donde hay muchos barrancos.

barranco (voz prerrom.) *m.* Quiebra profunda que hacen en la tierra las corrientes de las aguas. 2 Precipicio, despeñadero. 3 fig. Dificultad, embarazo. 4 *Pan.* Borde en pendiente de un río, por oposición a borde llano.

barrancón *m.* Arroyada.

barrancoso, -sa *adj.* Que tiene muchos barrancos.

barrano, -na *adj. Murc.* Forastero.

barranquear *tr.* Arrastrar [los troncos de los árboles] por barrancos y arroyos.

barranquera *f.* Barranco.

barranquillero, -ra *adj.-s.* De Barranquilla, cap. del dep. de Atlántico (Colombia).

barrañón *m. Extr.* Comedero de madera donde comen o beben los cerdos y otros animales.

barraquear *tr. S. Dom.* Infundir miedo [a una persona].

barraquero, -ra *adj.* Relativo a la barraca. -2 *m. Murc.* Constructor de barracas. 3 *Amér.* Dueño o administrador de una barraca.

barraquete, -ta *m. f. S. Dom.* Niño grueso.

I) barrar (de *barro*) *tr.* Embarrar (marchar).

II) barrar (de *barra*) *tr.* Barrear (cerrar).

barrasco *m.* En la explotación de resinas, costra de miera solidificada que se forma sobre la superficie de la entabladura a lo largo de la campaña y se recoge al final de ésta.

barreal *m.* vulg. Barrizal.

barrear *tr.* Cerrar [cualquier sitio abierto] con maderas o faginas. 2 Barretear. -3 *intr.* Resbalar la lanza por encima de la armadura del contrario. -4 *prnl. Extr.* Revolcarse el jabalí en el lodo. -5 *tr. Venez.* Maniatar.

barreda *f.* Barrera (valla o antepecho).

barredero, -ra *adj.* fig. Que arrastra cuanto encuentra. -2 *m.* Vara con unos trapos a su extremo, para barrer el horno del pan. -3 *f.* Máquina para barrer las calles.

barredor, -dora *adj.* Que barre.

barredura *f.* Acción de barrer. -2 *f. pl.* Inmundicia o desperdicios que se barren. 3 Residuos que quedan como desecho de algunas cosas. 4 *Colomb.* MIN. Conjunto de operaciones para recoger todo el oro contenido en determinado lugar de un aluvión.

barrejobo *m. Colomb.* y *Cuba.* Acción de quitar los obstáculos que se presentan.

barreminas *m.* Dragaminas. ◇ Pl.: *barreminas.*

barrena (l. *veruina,* pincho) *f.* Barra de acero con la punta en espiral, para taladrar madera, metal, etc.: ~ ***de mano,*** la que tiene manija. 2 Barra de hierro, con uno o los dos extremos cortantes para agujerear peñascos, sondar terrenos, etc. 3 Molusco lamelibranquio marino, de concha de hasta 15 cms. de diámetro, y coloración blanco-grisácea *(Pholas dactylus).* 4 ***Entrar en*** ~, empezar a descender un avión verticalmente y en giro, por faltarle, deliberadamente o por accidente, la velocidad mínima indispensable para sostenerse en el aire.

SIN. *3* **Mangón.**

barrenado, -da *adj.* Que está taladrado con barrena. 2 fig. [niño] Vivo y atolondrado. 3 fam. Que tiene perturbadas las facultades mentales.

barrenador *m.* Barrenero de minas o canteras. 2 Insecto coleóptero que barrena la madera, alimentándose de la savia y de los hongos que se crían en las galerías (gén. *Xylevorus).*

barrenadora *f.* Máquina con la que se realiza una operación de barrenado.

barrenar *tr.* Abrir agujeros [en algún cuerpo] con barrena o barreno. 2 Agujerear [una embarcación] para hundirla. 3 Dar barreno. 4 Desbaratar [algún plan] a alguien. 5 fig. Conculcar, in-

fringir [las leyes, el derecho, etc.]. 6 TAUROM. Hincar la puya o el estoque, revolviéndolos a modo de barrena.
barrendero, -ra *m. f.* Persona que tiene por oficio barrer.
barrenero *m.* El que tiene por oficio hacer o vender barrenas. 2 El que abre los barrenos en las minas, canteras, etc.
barrenillo *m.* Insecto coleóptero provisto de élitros ahuecados en su extremo, empleados como palas para extraer el serrín, que excavan galerías debajo de la corteza de los árboles *(gén. Scolytus).* 2 Enfermedad producida por estos insectos en los árboles. 3 *Can.* y *Cuba.* Impertinencia, insistencia terca y tenaz.
barreno *m.* Barrena grande. 2 Agujero hecho con barrena: ***dar ~***, agujerear una embarcación para que se vaya a fondo. 3 Agujero relleno de materia explosiva, hecho en una roca o en una obra de fábrica, para hacerla volar. 4 *Chile* y *Méj.* fig. Tema o manía; ***llevarle el ~ a uno***, acomodarse a su gusto o humor.
barreña *f.* Barreño. 2 *Extr.* Cazuela grande, de madera de encina.
barreño (de *barro*) *m.* Vasija grande para fregar y otros usos. 2 *Guat.* Baile parecido al zapateado.
SIN. *1* **Terrizo.**
barrer (l. *verrere*) *tr.* Limpiar [el suelo] con la escoba. 2 Dejar [un sitio] desembarazado, llevárselo todo: *~ de nubes; ~ de gente.* 3 Enfocar con un haz de luz electrónica una pantalla luminiscente de un tubo catódico. 4 fig. Hacer desaparecer: *~ las imperfecciones.* 5 fig. Pasar rozando [encima de algo], rozar: *las flámulas barrían el agua.* 6 fig. ***~ hacia dentro,*** comportarse interesadamente. 7 fig. Hacer que [algo] deje de tener notoriedad. 8 DEP. Superar ampliamente [un deportista o un equipo a sus rivales]. -9 ***prnl.*** *Méj.* Hacerse a un lado violentamente el caballo por haberse espantado. 10 *Méj.* Arrastrarse.
SIN. *1* **Escobar.**
I) barrera (de *barra*) *f.* Valla de palos o tablas para atajar un camino, cercar un lugar, impedir el paso, etc. 2 Parapeto para defenderse del enemigo; obstáculo para dificultar o impedir su avance: *~ antitanque.* 3 Antepecho de madera que cierra alrededor el redondel en las plazas de toros. 4 En las mismas plazas, primera fila de asientos. 5 fig. Obstáculo entre una cosa y otra. 6 ***~ del sonido,*** conjunto de fenómenos aerodinámicos que se producen cuando un cuerpo se mueve en la atmósfera a una velocidad próxima a la del sonido, 340 m. por segundo, y que dificultan sobrepasar esta velocidad. 7 fig. Salvación, amparo, refugio. 8 Fila de jugadores que, uno al costado del otro, se coloca delante de su meta, para protegerla de un lanzamiento contrario. 9 *Colomb.* Defensa (barandilla).
SIN. *3* **Tablas.**
II) barrera (de *barro*) *f.* Sitio de donde se saca el barro para los alfareros. 2 Alacena para guardar barros. 3 Montón de tierra que queda después de haber sacado el salitre.
barrero *m.* Alfarero. 2 Barrera (sitio de barro). 3 Barrizal. 4 Terreno salitroso de algunos parajes de la América del Sur. -5 ***adj.*** *Urug.* [caballo] Que corre bien en caminos fangosos o en las pistas pesadas de los hipódromos.
barresuelo *m. S. Dom.* Hoja inferior de la planta de tabaco.
barreta *f.* Dim. de *barra.* 2 Tira de cuero puesta en lo interior del calzado para reforzar la costura. 3 Especie de piqueta que usan los albañiles, mineros, etc.
barreteado, -da *adj. P. Rico.* Lorigado, cierto color de gallos.
barretear *tr.* Afianzar [una cosa, como cofres, baúles, etc.] con barras de hierro. 2 *Amér.* Abrir zanjas u hoyos con barreta; trabajar con la barra o la barreta. 3 *Colomb.* Manchar con barro, enlodar.
barretero *m.* MIN. El que trabaja con barra, cuña o pico.
barretina (der. del l. v. *birretu*) *f.* Gorro catalán en forma de manga cerrada por un extremo.
barretón *m. Colomb.* Pico de minero, recatón. 2 Palo que ayuda a sembrar cañas, maíz y otras plantas.
barriada *f.* Barrio. 2 Parte de un barrio. 3 *Perú.* Barrio de chabolas.
barrial *m. Amér.* Barrizal. 2 *Méj.* Tierra que contiene mucha arcilla.
barrica (del gasc. *barrique,* de orig. prerrom; probl. galo) *f.* Especie de tonel mediano. 2 Barril de caza. 3 *Extr.* Vasija de aceite.
barricada *f.* Parapeto improvisado hecho con barricas, carruajes volcados, piedras del pavimento, etc., para estorbar el paso del enemigo.
barrido, -da, pp. de *barrer.* 2 *m.* Acción de barrer. 3 Efecto de barrer. 4 Barreduras. 5 FÍS. Proceso por el que un dispositivo explora sistemática y repetidamente un área o un espacio reconociéndolos punto por punto para transformar la imagen de cada uno de ellos en señales eléctricas transmisibles a distancia, que, a su recepción, por otro proceso inverso y similar, se convierten en imágenes. 6 Proceso automático por el que se miden secuencial y repetidamente las diversas magnitudes de un sistema, para controlarlas.
FR. *Valer tanto para un ~ como para un fregado,* fr. fam. que se aplica a la persona útil para todo.
barriga *f.* Vientre (vísceras y cavidad). 2 fig. Parte media abultada de una vasija. 3 Comba que hace una pared. 4 Ensanchamiento del fuste de una columna.
SIN. v. **Abdomen.**
barrigón, -gona *adj.* Barrigudo. -2 *m. f. Cuba* y *P. Rico.* Hijo de corta edad.
barrigudo, -da *adj.* De gran barriga. -2 *m.* Primate antropoide platirrino de las selvas amazónicas, de unos 60 cms. de long., más otros tantos de cola, y vientre muy desarrollado *(Lagothrix* sp.*).* -3 *f.* Árbol bombacáceo caducifolio con el tronco muy grueso y en forma de tonel, almacén de agua y nutrientes *(Cavanillesia arborea).*
barriguera *f.* Correa que ciñe las barrigas de las caballerías de tiro.
barril (del mismo orig. que *barrica*) *m.* Cuba para conservar y transportar mercancías, esp. líquidos. 2 Vaso de barro, de gran vientre y cuello angosto, en que la gente del campo tiene el agua para beber. 3 Vasija de madera de diversas clases que se utiliza en la caza de anátidas. Se trata de un puesto colocado sobre el agua, desde donde el cazador, escondido, espera la llegada de las piezas. 4 *Amér.* Barrilete, cometa de figura hexagonal. 5 *Chile.* Nudo en figura de barril que se hace por adorno en las riendas.
barrila *f.* Bronca, escándalo. 2 *Sant.* Botija.
barrilaje *m. Méj.* Barrilamen o barrilería (barriles).
barrilamen *m.* Barrilería (barriles).
barrilería *f.* Conjunto de barriles. 2 Establecimiento donde se fabrican o venden.
barrilero *m.* El que tiene por oficio hacer o vender barriles.
barrilete *m.* Dim. de *barril.* 2 Instrumento de hierro en figura de siete, con que los carpinteros aseguran sobre el banco los materiales que labran. 3 Pieza del revólver, destinada a colocar los cartuchos, móvil y de forma cilíndrica. 4 Cometa (armazón). 5 MAR. Especie de nudo en forma de barril. 6 MÚS. Pieza cilíndrica del clarinete inmediata a la boquilla. 7 ZOOL. Cangrejo de mar, decápodo, cuyas pinzas, una de ellas mucho mayor que la otra, crecen de nuevo cuando se las arranca *(Uca tangeri).* 8 *Argent.* Mujer fea y mal puesta. 9 *Bol.* Mujer coqueta. 10 *Méj.* Abogado que trabaja en el despacho de otro en calidad de ayudante.
SIN. *2* **Siete.**
barrilla (probl. de *parra*) *f.* Planta quenopodiácea que crece en terrenos salitrosos y cuya ceniza sirve para preparar la sosa *(Salsola kali).* 2 Estas mismas cenizas. 3 *Bol.* y *Perú.* Cobre nativo. 4 *Bol.* Polvo de mineral concentrado por densidad.
SIN. **Almarjo, sosa.** *2* **Mazacote, natrón.**
barrillar *m.* Terreno poblado de barrilla. 2 Paraje donde se quema.
SIN. *1* **Almarjal.**
barrillero, -ra *adj.* Que contiene o puede producir barrilla.
barrillo *m.* Barro (grano).
barrio (ár. *barri,* exterior) *m.* Parte o sección urbana, de extensión relativamente grande, que contiene un agrupamiento social espontáneo y que tiene un carácter peculiar, físico, social, económico o étnico por el que se identifica: ***~ histórico,*** parte antigua de una ciudad; ***~ moderno,*** el definido por límites geográficos o urbanísticos, o por su ubicación, en oposición al histórico. 2 Arrabal (sitio extremo). 3 Caserío dependiente de otra población aunque esté apartado de ella. 4 fig. ***El otro ~,*** el otro mundo, la eternidad. 5 ***~ chino,*** lugar donde se concentra la prostitución.
barrioporteño, -ña *adj.-s.* [pers.] Porteño.
barriotero, -ra *adj. Cuba.* Arrabalero, habitante de un arrabal.
barriquería *f.* Conjunto de barricas o toneles.
barrisco *loc. adv. A ~,* en junto, sin distinción.
barrista *com.* Artista de circo que trabaja en la barra fija. 2 Atleta que practica el deporte de las barras paralelas.
barritar *intr.* Berrear el elefante.
barrito (l. *-tu*) *m.* Berrido del elefante.
barrizal *m.* Sitio lleno de barro o lodo.
I) barro (posible orig. prerrom.) *m.* Masa que resulta de la unión de tierra y agua. 2 Vasija hecha de barro. 3 Arcilla que utilizan

los alfareros. 4 fig. Cosa despreciable. 5 *Argent., Parag.* y *Urug.* fig. Desacierto, yerro o acción fea, cometida gralte. por torpeza.
SIN. *1* Aunque no puede trazarse línea divisoria fija entre sus denominaciones, **barro**, es el nombre más gral., aplicable lo mismo al natural que al que se amasa para algún fin; **cieno, lama** y **légamo**, el que se halla en el fondo de las aguas, y **tarquín**, el que depositan las riadas en los campos; **limo** puede tener el mismo sentido que los anteriores, o ser equivalente de **lodo**, que es el que se forma en el suelo con la lluvia; **fango** es lodo glutinoso y espeso.

II) barro (l. *varu,* grano en la cara) ***m.*** Granillo de color rojizo que sale en el rostro. 2 Tumorcillo que sale al ganado mular y vacuno.

barroco, -ca (fr. *baroque,* extravagante) ***adj.-s.*** Estilo de ornamentación arquitectónica, generalizado en Europa en los s. XVII y XVIII, caracterizado por el retorcimiento de las columnas y la profusión de adornos en que predomina la línea curva. -2 ***m.*** Período de la cultura europea, y su influencia y desarrollo en América, en que prevaleció dicho estilo artístico y que va desde finales del siglo XVI a los primeros decenios del XVIII. -3 ***adj.*** p. ext. se aplica a otras bellas artes, esp. a las letras españolas del siglo XVII: *literatura barroca.* 4 Extravagante, complicado, enmarañado.

barrón ***m.*** Aum. de *barra.* 2 Planta gramínea perenne con unos tallos reptantes y otros erectos, las hojas grisáceas, espiga cilíndrica y blanquecina *(Ammophila arenaria).*

barroquismo ***m.*** Calidad de barroco. 2 Tendencia al recargamiento decorativo. 3 fig. Extravagancia, mal gusto.

I) barroso, -sa ***adj.*** [terreno o lugar] Que tiene barro o en que se forma barro fácilmente. 2 De color de barro. 3 *Argent., Parag.* y *Perú.* [animal] De color cenizo.

II) barroso, -sa ***adj.*** [rostro] Que tiene barros.

barrote ***m.*** Barra gruesa. 2 Barra de hierro para afianzar algo. 3 CARP. Palo atravesado sobre otros palos o tablas, para sostener o reforzar.

barrotero ***m.*** *Méj.* Ayudante de camarero, en un restaurante.

barrueco (como *berrueco*) ***m.*** Perla irregular. 2 Nódulo esferoidal que se encuentra en ciertas rocas.
SIN. **Berrueco.**

barrujo ***m.*** Acumulación de hojas secas de pino que suele cubrir el suelo de los pinares.

barrullo ***m.*** *Can.* Planta de hojas peludas y aterciopeladas, de propiedades medicinales *(Sideritis nutans).*

barrumbada (cruce de *bulla* y *bullicio*×*rumba,* parranda) ***f.*** Dicho jactancioso. 2 Gasto excesivo hecho por jactancia. También *borrumbada.* 3 *Amér.* Barbaridad.

barruntador, -ra ***adj.*** Que barrunta.

barruntamiento ***m.*** Barrunto.

barruntar ***tr.*** Prever, conjeturar, presentir [alguna cosa].

barrunte ***m.*** Indicio, noticia.

barrunto ***m.*** Acción de barruntar. 2 Barrunte. 3 *P. Rico.* p. ant. Mal tiempo, precursor de lluvia.
SIN. *1* **Presentimiento, corazonada.** *2* Se distingue del **indicio** en su carácter puramente subjetivo (v. **indicio**); en esto coincide con **atisbo** y **vislumbre**, que indican también una intuición rudimentaria, imperfecta; esta intuición puede ser de algo bueno o malo, estimable o desestimable en **barrunto** y **atisbo**; pero es gralte. de algo estimable en **vislumbre:** se tienen barruntos, atisbos o vislumbres de la verdad, de esperanza; sería raro un vislumbre de odio, de desesperación; cuando es de algo malo o sospechoso, **remusgo.**

bartola (del n. pers. *Bartolo*) ***loc. adv.*** Sin ningún cuidado: *tumbarse a la ~.* -2 ***f.*** *Murc.* fam. Vientre, barriga.

bartolear ***intr.*** *Chile.* Flojear, tener pereza.

bartolillo ***m.*** Pastelillo relleno de crema o carne.

bartolina ***f.*** *Méj.* y *P. Rico.* Calabozo.

Bartolo ***n. pr.*** Hombre rústico, de ingenio rudo.
FR. *Acertólo ~.*

Bartolomé (San ~) ***n. pr.*** Fr. ***Estar hecho un ~,*** estar desollado, con muchas llagas y heridas, aludiendo al martirio que sufrió este santo.

bartolón ***m.*** *Hond.* Colmena.

bartular, bartulear ***intr.*** *Chile.* Cavilar.

bartuleo ***m.*** *Chile.* Acción de bartulear.

bártulos (de *Bártulo,* 1314-1357, jurisconsulto italiano) ***m. pl.*** Enseres de uso corriente.
FR. *Liar,* o *preparar, los ~*, disponerse para un viaje, mudanza u otra empresa.

barú ***m.*** Palma de Filipinas, de la que puede extraerse azúcar *(Arenga pinnata).* ◇ Pl.: *barúes.*

barullento, -ta ***adj.*** *Argent.* Barullón, barullero.

barullo (port.) ***m.*** Confusión, desorden. -2 ***loc. adv.*** *A ~,* en abundancia, en cantidad.

barullón, -llona, barullero, -ra ***adj.-s.*** Persona que embarulla o se embarulla fácilmente.
SIN. V. **Embrollador.**

barza ***f.*** *Ar.* Zarza.

barzal ***m.*** Terreno cubierto de zarzas.
SIN. **Balsar.**

barzón (de *brazón,* der. de *brazo*) ***m.*** Paseo ocioso. Se usa en la fr. *dar* o *hacer brazones.* 2 Anillo por donde pasa el timón del arado en el yugo. 3 Arzón. 4 *C. Rica.* Coyunda (arreos).
SIN. *2* **Mediana.**

barzonear ***intr.*** Andar vago y sin destino.

basa ***f.*** Base (fundamento). 2 ARQ. Asiento en que descansa o se sostiene la columna o estatua.

basada ***f.*** Aparato armado en la grada debajo del buque, para botarlo al agua.

basal ***adj.*** Situado en la base. 2 FISIOL. Relativo a la cuantía de una función orgánica durante el reposo y el ayuno. 3 ZOOL. Relativo a la base de una estructura: *cerda ~.*

basáltico, -ca ***adj.*** De basalto, o que participa de su naturaleza.

basalto (l. *basaltes*) ***m.*** Roca volcánica, de color negro verdoso, compuesta gralte. de feldespato y piroxeno.

basamento ***m.*** Cuerpo que forman la basa y el plinto de una columna. 2 Parte inferior de una edificación. 3 GEOL. Masa rocosa sustentadora de una serie de rocas sedimentarias
SIN. *2* **Crepidoma.**

basanita ***f.*** Basalto.

basar ***tr.*** Asentar [algo] sobre una base. 2 fig. Fundar, apoyar. 3 En las operaciones geodésicas, partir de una base. ◇ HOMÓF.: *vasar* (m.).

basáride ***f.*** Mamífero carnicero de América, parecido a la comadreja *(Bassaris astuta).*

basarisco ***m.*** Mamífero carnívoro de unos 80 cms. de longitud, cuerpo estilizado, hocico prominente y larga cola *(Bassariscus astutus).*

basca (probl. del célt. *waska,* opresión) ***f.*** Ansia, desazón en el estómago cuando se quiere vomitar: *el balanceo le dio bascas.* 2 fig. y fam. Ímpetu colérico o muy precipitado, en una acción o asunto: *Juan obrará según le dé la ~.* 3 p. ext. Furia que siente el perro rabioso durante los ataques o accesos. 4 Basquilla. 5 fam. Pandilla, grupo de personas. ◇ HOMÓF.: *vasca* (adj. f.).
SIN. *1* **Náusea, fatiga** o **fatigas.**

bascosidad ***f.*** Inmundicia, suciedad. 2 Deseo de vomitar. 3 Repugnancia, asco. 4 *Ecuad.* Palabra soez.

bascoso, -sa ***adj.*** Que padece bascas. 2 Sórdido, sucio, asqueroso. 3 *Ecuad.* Mal hablado, soez.

báscula (fr. *bascule*) ***f.*** Aparato para medir grandes pesos que, colocados sobre una plataforma y por medio de una combinación de palancas, se equilibran con el pilón de un brazo de romana: *~ de baño; ~ de cocina; ~ electrónica;* ***~ automática,*** la que registra por sí misma el peso; ***~ de precisión,*** la de gran sensibilidad, capaz de apreciar pequeñas diferencias de peso; ***~ de Roberval,*** la compuesta de tres cuchillos con los platillos descansando en los dos extremos, siendo guiados sus desplazamientos por espigas verticales unidas por una palanca móvil alrededor de un punto fijo; ***~ hidrostática,*** la que permite hallar el empuje que un líquido ejerce sobre los cuerpos sumergidos en su seno. 2 fig. Cuerpo que se mueve alternativamente sobre un eje horizontal.

basculador ***m.*** Volquete.

bascular ***intr.*** Tener movimiento de vaivén parecido al de la báscula cuando va equilibrando su peso. 2 Oscilar. 3 En algunos vehículos de transporte, inclinarse la caja, mediante un mecanismo adecuado, de modo que la carga resbale hacia fuera por su propio peso. 4 DEP. Desplazarse [un jugador] lateralmente de forma alternativa y continuada.

basculero ***m.*** Encargado de la báscula oficial en puertos, estaciones, etc.

bascuñana ***f.*** Variedad de trigo fanfarrón.

base (l.) ***f.*** Fundamento o apoyo en que descansa alguna cosa: ***~ de operaciones,*** lugar donde se prepara un ejército para la guerra; ***~ de lanzamiento,*** lugar para el lanzamiento de naves espaciales; ***~ naval,*** lugar donde se preparan las fuerzas navales; ***~ aérea,*** aeropuerto militar. 2 fig. Conjunto de personas que no ostentan cargo o jerarquía dentro de una organización, política, sindical, social, religiosa, etc. 3 Basa de una columna. 4 Parte inferior de un cuerpo. 5 Capa del firme de una carretera sobre la cual se extiende el revestimiento. 6 Recta que se mide sobre el terreno y de la cual se parte en las operaciones topográficas. 7 BOT. Parte de una planta cercana al punto de contacto con otra, por lo general de diferente naturaleza: ~ *de la hoja.* 8 DEP. Jugador de baloncesto cuya función primordial es la de organizar el juego de su equipo. 9 Esquina del campo de juego del béisbol que, en número de cuatro, intenta ocupar un jugador mientras defiende otro, para conseguir puntos. 10 ECON. ~ ***imponible,*** magnitud obtenida de una declaración patrimonial por la que se determina la cuantía de un impuesto y sobre la que éste se aplica. 11 ECON. ~ ***liquidable,*** cantidad que resulta de ejectuar sobre la base imponible las deduccionesque dispone la ley. 12 FARM. Constituyente fundamental de una fórmula magistral. 13 GEOM. Línea o superficie en que se supone insiste una figura. 14 MAT. Cantidad fija y distinta de la unidad, que ha de elevarse a una potencia dada, para que resulte un número determinado. 15 QUÍM. Compuesto formado por un metal o radical positivo y el grupo hidroxilo (OH). Combinado con los ácidos forma sales. En química inorgánica, las bases se llaman genéricamente *hidróxidos.* ◇ HOMÓF.: *vase* (v. *ir* y pron. *se*). ◇ Es incorrecta y anglicada la construcción *en base a* por a base de, basándose en, sobre la base de, etc. Loc. prep. ***a ~ de,*** parte o componente principal de algo.

baseláceo, -a *adj.-f.* Planta de la familia de las baseláceas. -2 *f. pl.* Familia de plantas angiospermas dicotiledóneas, herbáceas o arbustivas, propias de los países tropicales.

basic (de *B*eginners *A*llpurpose *S*ymbolic *I*nstruction *C*ode) *m.* Lenguaje conversacional simbólico sin aplicación específica, empleado en ordenadores.

basicidad *f.* QUÍM. Estado básico de un cuerpo. 2 QUÍM. Propiedad de ser base. 3 QUÍM. En un ácido, número de átomos de hidrógeno reemplazables por metales o radicales positivos.

básico, -ca *adj.* Fundamental. 2 Que sirve de base. 3 [suelo] Rico en calcio o magnesio. 4 QUÍM. Que tiene el carácter de una base.

basidial *adj.* Relativo al basidio.

basidio *m.* Célula madre de los hongos basidiomicetes que origina en su cúspide cuatro esporas exógenas.

basidiogénico, -ca *adj.* Producido por un basidio.

basidiolíquenes *m. pl.* Clase de plantas dentro de la división de los líquenes. Están formados por la unión simbiótica de una alga y un hongo basidiomicete.

basidiomicete *adj.-m.* Hongo de la clase de los basidiomicetes. -2 *m. pl.* Clase de hongos dentro de la división de los eumicetes, que producen esporas de origen sexual, pero se originan en los basidios.

basidiospora *f.* Espora de un basidio.

básig *m.* Licor alcohólico que los igorrotes obtienen de la fermentación imperfecta del jugo de la caña de azúcar.

basilar *adj.* Relativo a la base. 2 Que sirve de base. 3 Situado en la base.

basileense, -lense *adj.-com.* Basiliense.

basílica (gr. *-iké,* regia) *f.* Edificio que servía a los romanos de tribunal y de lugar de reunión y contratación. 2 Iglesia que se considera como la primera de la cristiandad en categoría y que goza de varios privilegios; se subdivide en mayor y menor, según la extensión o significado de sus privilegios. 3 Iglesia notable por algún concepto o que goza de ciertos privilegios. 4 ***Vena ~,*** vena del brazo.

basilical *adj.* Relativo a la basílica.

basílicas *f. pl.* Colección de leyes formada por orden del emperador Basilio el Macedonio (c. 812-886) y de su hijo León (866-912).

basilicón (gr. *-ikón,* regio) *m.* Ungüento compuesto de cera, colofonia, sebo y resina.

basiliense *adj.-s.* De Basilea, c. de Suiza.

basilio, -lia *adj.-s.* Monje que pertenece a la orden fundada en el s. IV por San Basilio (329-379), patriarca del monaquismo cristiano en Oriente.

basilisco (gr. *-iskos*) *m.* Animal fabuloso del cual se creía que mataba con la vista. 2 Pieza de artillería de los siglos XVI y XVII de grueso calibre, cuyo proyectil pesaba hasta 60 libras. 3 fig. Persona furiosa o dañina. -4 *m.* Reptil escamoso saurio de América Central, del tamaño de una iguana pequeña, y coloración verde *(Basiliscus americanus).*
FR. *Estar hecho un ~,* muy enojado, airado. SIN. **Régulo.**

basipodio *m.* En los vertebrados tetrápodos, muñeca o tobillo.

basitarso *m.* ZOOL. En los insectos, primer segmento del tarso; habitualmente el mayor.

basquear *tr.* Producir bascas. -2 *intr.* Tener o padecer bascas.

basquet (ing. *basket-ball*) *m.* Baloncesto.

basquilla *f.* Enfermedad del ganado lanar.

basquiña *f.* Saya gralte. negra.

basta (del ant. *bastar,* bastear < ant. alto al. *bestan,* coser) *f.* Hilván. 2 Puntada que suele tener a trechos el colchón, para mantener la lana en su lugar. 3 *Chile* y *Perú.* Bastilla, dobladillo.

¡basta! Interjección con que se denota desagrado, u orden de que cese algo.

bastaje (b. l. *bastaxiu;* l. *bastaga,* portador) *m.* Ganapán.

bastamente *adv. m.* De modo basto; tosca o groseramente.

bastante *adj.* Que basta: *Las razones son bastantes para ello.* -2 *adv. c.* Ni mucho ni poco: *los ejercicios son ~ agradables;* no poco: *son (lo) ~ ricos; ~ bien; ~ escaso.* -3 *adv. t.* Largo tiempo: *hace ~ que no me escribe.*
CONSTR. *~, o bastantes, para persuadirles; ~, o bastantes, a derretirle los sesos; su palabra no fue ~ con él.* La concordancia depende de que se emplee como adj. o como adv. SIN. *1* **Suficiente.**

bastantear *intr.-tr.* Reconocer o firmar un abogado [el poder otorgado a un procurador], declarando ser bastante. 2 p. ext. Declarar la suficiencia de un poder otorgado.

bastantemente *adv. c.* Suficiente y cumplidamente.

bastanteo *m.* Acción de bastantear. 2 Documento o sello con que se hace constar.

bastar (b. l. *-are,* de la raíz *bast*) *intr.-prnl.* Ser suficiente: *basta con eso; basta de bulla; ~ a, o para, resistir.* 2 Abundar (en cantidad).

bastarda *f.* Lima de cerrajero de grano muy fino. 2 Culebrina de caracteres especiales.

bastardear *intr.* Degenerar de su naturaleza o pureza primitiva. 2 Apartarse las personas de lo que conviene a su origen.
CONSTR. Con la significación transitiva de adulterar o viciar [una cosa], es poco recomendable. SIN. **Abastardar.**

bastardelo *m.* Minutario.

bastardeo *m.* Acción de bastardear. 2 Efecto de bastardear.

bastardía *f.* Calidad de bastardo. 2 fig. Dicho o hecho indigno del estado de una persona.

bastardilla *f.* Especie de flauta.

bastardillo, -lla *adj.-s.* V. letra cursiva.

bastardo, -da (del fr. ant. *bastard;* quizá de *bast,* albarda) *adj.* [pers.] Ilegítimo, no reconocido por el padre. 2 Que degenera en su origen o naturaleza. 3 Se aplica a muchos nombres de plantas que no reúnen las cualidades de la que lleva el nombre pral.: *acacia ~, manzanilla ~, azafrán ~.* 4 Que participa de dos géneros distintos: *estilo ~.* 5 Que no es de raza pura: *perro ~.* 6 Bajo, vil, infame: *una acción bastarda.* -7 *adj.-f.* V. letra bastarda. -8 *m.* Boa (serpiente). 9 MAR. Especie de racamento.
SIN. *1* **Espurio, noto.**

I) baste *m.* Hilván.

II) baste *m.* Almohadillado que lleva la silla de montar en su parte inferior. 2 *La Mancha.* Albarda corta.

bastear *tr.* Echar bastas [a una confección].

I) bastedad *f.* Calidad de basto (tosco).

II) bastedad *f. Amér. Central.* Suficiencia de una cosa, cantidad que basta.

bastereado, -da *adj. Argent.* y *Urug.* [caballería] Que, por exceso de trabajo, se lastima la parte del lomo que rozan los bastos. 2 *Urug.* [caballería] Que tiene puestos los bastos o albardas.

basterear *intr. Urug.* Lastimarse las cabalgaduras con el repetido roce de los bastos.

basterna *m.* Individuo de un ant. pueblo sármata, que habitó los territorios donde hoy están Polonia y Ucrania. -2 *f.* Carro peculiar de los ant. basternas. 3 Litera cubierta tirada por caballerías, usada en la ant. Roma.

bastero *m.* El que tiene por oficio hacer o vender bastos (albardas). 2 p. ext. Guarnicionero.

bastetano, -na *adj.-s.* De la Bastetania, ant. región de la España Tarraconense.

basteza *f.* Calidad de basto.

bastida *f.* Ant. máquina militar a manera de torre.

bastidor (del ant. *bastir,* construir, disponer, proveer) *m.* Armazón de palos o listones en que se fijan los lienzos o telas para pintar o bordar, y para otros usos. 2 Armazón de una vidriera, la hoja de una puerta, etc. Armazón metálica que soporta la caja de un vagón, automóvil, etc. A veces se da este nombre al conjunto de esta armazón con el motor y las ruedas. 3 Armazón de listones cubiertos de lienzo o papel pintado, esp. el que forma parte de la decoración lateral de un teatro. 4 fr. fig. ***Entre bastidores,*** en la intimidad, por dentro. 5 MAR. Armazón de hierro o bronce en que se apoya el eje de la hélice. 6 *Cuba.* Colchón de tela metálica. 7 *Chile.* Celosía.

bastilla (de *basta*) *f.* Doblez que se hace y asegura con puntadas a los extremos de la tela para que no se deshilache.

bastillado, -da *adj.* BLAS. [pieza del escudo] Cuyas almenas miran hacia abajo.

bastillar *tr.* Hacer bastillas [en una tela].

bastillear *tr. Chile.* Bastillar.

bastimentar *tr.* Proveer [un buque, una ciudad, etc.] de bastimentos (provisiones).

bastimentera *f. Venez.* Alforja.

bastimento *m.* Barco (construcción). 2 Provisión para sustento de una ciudad, ejército, etc.

bastión (del it. *bastione*) *m.* FORT. Baluarte (fortificación).
REL. **Abastionar,** fortificar con ~.

bastionado, -da *adj.* Abaluartado.

bastionar *tr.* Abastionar.

bastita *f.* MINER. Variedad de serpentina.

bastitano, -na *adj.-s.* De Baza.

I) basto *m.* Género de albarda. 2 Naipe del palo de bastos. -3 *m. pl.* Palo de la baraja española. -4 *m. Logr.* Armazón de palos que sirve para amarrar las cargas que llevan las caballerías. 5 *Amér.* Almohadilla o piezas de cuero sobre que descansa la silla de montar.

II) basto, -ta *adj.* [cosa] Sin pulimentar, de calidad baja. 2 [pers. o acto humano] Grosero, rústico, tosco. ◇ HOMÓF.: *vasto* (adj.).

bastón (der. del l. **bastu*) *m.* Vara que sirve para apoyarse al andar. 2 Insignia de mando o de autoridad. 3 BLAS. Lista vertical de un escudo. 4 DEP. Barra metálica que, en número de dos, emplean los esquiadores para impulsarse. 5 DEP. Barra metálica con una pieza de madera o metal en su extremo inferior que sirve para impulsar la pelota en ciertos deportes, como el golf. 6 TEXT. Palo redondo de unos 4 cms. de longitud en que está envuelta toda la tela junta para pasarla desde allí al plegador. 7 *Sal.* Tallo o brote de barda o carrasco. 8 *Chile.* Trozo largo de masa, de la cual se va cortando la porción necesaria para hacer un pan. 9 *Cuba.* ~ ***de San Francisco,*** planta labiada llamada también cola de león y molinillo *(Leonotis nepetaefolia).* 10 *S. Dom.* fig. *y* fest. Miedo.
FR. *Dar* ~, mover el vino con un palo cuando se ha ahilado. SIN. v. **Palo.**

bastonada *f.* Bastonazo.

bastonazo *m.* Golpe dado con el bastón.

bastoncillo *m.* Dim. de *bastón.* 2 Galón angosto para guarnecer. 3 ANAT. Elemento de una de las capas de la retina.

bastonear *tr.* Dar golpes [a una pers. o cosa] con un bastón. 2 Dar bastón.

bastoneo *m.* Acción de bastonear.

bastonera *f.* Mueble para poner bastones y paraguas. 2 Mujer que dirige ciertos bailes.

bastonero *m.* El que tiene por oficio hacer o vender bastones. 2 El que dirige ciertos bailes. 3 Ayudante del alcalde de la cárcel. 4 *Venez.* Rufián.

bástulo, -la *adj.-s.* De la costa meridional de España, desde el Estrecho hasta la actual Almería, en la época prerromana.

basura (l. **versura* < *verrere,* barrer) *f.* Inmundicia, esp. la que se recoge barriendo. 2 Estiércol de las caballerías. 3 Desechos, residuos de comida, papeles y trapos viejos, trozos de cosas rotas y otros desperdicios. 4 fig. Lo repugnante o despreciable.

basural *m.* Basurero, sitio en que se echa la basura.

basurear *tr. Argent.* y *Urug.* Echar a rodar [una cosa], tirar, arrojar. 2 *R. de la Plata.* Vencer [a alguien], humillarlo.

basurero *m.* El que tiene por oficio recoger la basura. 2 Sitio en donde se amontona la basura.

basuriento, -ta *adj. Colomb.* y *Chile.* Sucio, inmundo.

basurilla *f. C. Rica.* Maleficio, mal de ojo.

basurita *f. Cuba.* vulg. Propina o limosna.

I) bata (del ár. *batt,* vestidura a modo de capa) *f.* Ropa talar con mangas usada para estar cómodamente en casa, o para el trabajo profesional de clínica, laboratorio, taller, etc. 2 Traje, gralte. de cola, que usaban antig. las mujeres para ir a visitas o funciones. 3 *Argent.* Cuerpo, peinador de señora. 4 *Perú.* Ropón que se pone al niño a quien se administra el sacramento del bautismo.

II) bata *f. Chile.* Pala en el juego de pelota. 2 *Chile.* Pala que usan las lavanderas.

III) bata (voz tagala) *m. Filip.* Criado joven de raza indígena.

bataano, -na *adj.-s.* De Bataan, prov. de Filipinas.

batacazo (onomat.) *m.* Golpe fuerte que da uno cuando cae o choca. 2 Caída o choque. 3 *Chile, Perú* y *R. de la Plata.* Triunfo inesperado de un caballo en unas carreras. 4 *Chile, Perú* y *R. de la Plata.* p. ext. Triunfo o suceso afortunado y sorprendente.

batahola (it. *battagliola* < *battaglia,* batalla) *f.* fam. Bulla, ruido grande.
SIN. **Tabaola.**

batajola (de *batahola*) *f. Colomb.* vulg. Brega. 2 *Colomb.* Travesura.

batajolear *intr. Colomb.* vulg. Bregar.

batalla (l. *battualia,* pelea) *f.* Combate o pelea entre dos ejércitos armados. 2 Justa o torneo. 3 Cuadro en que se representa alguna acción de guerra. 4 fig. Agitación e inquietud interior del ánimo. 5 Orden de batalla: *formar la* ~. 6 Encaje de la nuez de la ballesta donde se ponía el lance. 7 Parte de la silla de montar en que descansa el cuerpo del jinete. 8 Distancia de eje a eje en los carruajes de cuatro ruedas. 9 Suela del cepillo de carpintero. 10 ***De*** ~, de uso ordinario.

batallador, -ra *adj.* Que batalla. -2 *m.* Esgrimidor.

batallar *intr.* Pelear, reñir con armas: ~ *con el enemigo;* ~ *con,* o *contra, una nación;* fig., ~ *con la enfermedad, con la tentación.* 2 fig. Disputar, altercar, debatir, porfiar. 3 fig. Fluctuar, vacilar.

batallero, -ra *adj. Méj.* Bullebulle.

batallola *f.* Batayola.

I) batallón *m.* Unidad táctica del arma de infantería compuesta de varias compañías. 2 MIL. Guiso de patatas.

II) batallón, -llona *adj.* Que apasiona o causa discordia: *asunto* ~; *cuestión batallona.* 2 Combativo, luchador.

batán (quizá del ár. *battan*) *m.* Máquina compuesta de gruesos mazos de madera para desengrasar y enfurtir los paños. 2 Edificio en que funciona esta máquina. 3 Zurra, azotaina. 4 *Extr.* Especie de artesa con una oquedad alargada, que sirve de almazara doméstica. 5 *Colomb.* Agitación, afán, ajetreo. 6 *Colomb.* Tienda donde se venden productos toscos de lana. 7 *Colomb.* Productos toscos de lana. 8 *Perú* y *Ecuad.* Piedra para moler maíz. 9 *Perú.* Caderas de una persona.

batanadura *f.* Acción de batanar.

batanar *tr.* Abatanar.

batanear *tr.* fig. Sacudir o dar golpes [a uno].

batanero *m.* El que tiene por oficio trabajar en los batanes.

batanés, -sa *adj.-s.* De Batanes, prov. de Filipinas.

batanga *f.* Refuerzo o balancín de cañas gruesas de bambú, usado en las embarcaciones filipinas.

bataola *f.* Batahola.

batarás (guaraní *mbatará*) *adj. Argent., Parag.* y *Urug.* [gallo] Cuyas plumas son plomizas con rayitas blancas. -2 *m. Argent.* fig. Billete de diez pesos.

batata (voz haitiana) *f.* Planta vivaz, convolvulácea, de tallo rastrero y tubérculo rico en féculas, azucarado y comestible *(Convolvulus batatas).* 2 Tubérculo de esta planta. 3 Boniato. 4 *Can.* fig. Mentira grande. 5 *R. de la Plata.* fig. Susto, turbación, timidez. 6 *R. de la Plata.* fig. Papanatas. 7 *R. de la Plata.* Metáfora por retaco, rechoncho.
SIN. *2* **Patata.**

batatar *m.* Campo sembrado de batatas.

batatazo *m. Amér.* Chiripa, ganancia casual o inesperada en el juego, esp. en las carreras de caballos; se usa esp. en la fr. *dar* ~.

batatero, -ra *adj. P. Rico.* Papanatas.

batatia *f. Colomb.* Planta convolvulácea.

batato, -ta *adj. And.* y *Colomb.* Por alusión al color de una especie de batata, [pers. y gallina] de piel negruzca amoratada. 2 Rechoncho.

bátavo, -va *adj.-s.* De Batavia, país de la ant. Europa.

batayola *f.* Barandilla de madera que se colocaba sobre los bordes del buque para sostener los empalletados. 2 MAR. Caja en la que se recogen los coyes de la tripulación.

batazo *m.* En el juego de pelota base o béisbol, golpe que se da con el bate.

bate (ing. *bat*) *m.* Madero cilíndrico con que se pega a la pelota en el juego de béisbol. 2 *Cuba.* fig. Buscavidas. ◇ HOMÓF.: *vate* (m.).

batea (voz caribe) *f.* Bandeja o azafate de madera pintada, o con pajas sentadas sobre la madera. 2 Bandeja. 3 Dornajo, especie de artesa. 4 Embarcación pequeña, de figura de cajón. 5 Vagón descubierto, con los bordes muy bajos. 6 *Amér.* Artesa para lavar.

bateador, -ra *m. f.* Persona que maneja el bate, en el juego de pelota. -2 *f.* Aureana.

bateaguas *m.* Canal o ingenio que se coloca para impedir que el agua de lluvia penetre en el edificio o se deslice perjudicialmente. 2 *Ar., Logr.* y *Nav.* Paraguas. ◇ Pl.: *bateaguas.*

batear *intr.* Usar el bate. -2 *tr. Amér.* En el juego de pelota dar [a la pelota] con el bate. 3 *Colomb.* Berequear.

bateíta *adj. Amér. Central.* Chismoso.

batel (sajón *bat,* lancha; a través de fr. ant. *batel*) *m.* Bote (embarcación).

batelero, -ra *m. f.* Persona que gobierna el batel.

batelón *m. Amér.* Batel o batejo, embarcación pequeña.

I) bateo (l. **baptidiu*) *m.* fam. Bautizo.

II) bateo *m.* Acción de golpear con el bate o de usar el bate.

batería (fr. *batterie,* de *battre,* batir) *f.* Conjunto de piezas de artillería dispuestas para hacer fuego. 2 Obra de fortificación destinada a contener algunas piezas de artillería. 3 Unidad táctica del arma de artillería, que se compone de cierto número de piezas, con los artilleros y el material accesorio. 4 En los buques de guerra, grupo de cañones. 5 Sistema eléctrico que permite la acumulación de energía y su posterior suministro: ~ *de automóvil.* 6 Pila (aparato). 7 En los teatros, fila de luces del proscenio. 8 Acción de batir. 9 Efecto de batir. 10 Serie o conjunto de cosas, elementos, etc.: *una ~ de decisiones, de proyectos.* 11 Conjunto ordenado de pruebas o experimentos que se emplean en algunas ciencias. 12 ~ o ~ ***de cocina,*** conjunto de cacerolas y otros utensilios de cocina. 13 MÚS. Conjunto de instrumentos de percusión en una banda u orquesta. -14 *m.* MÚS. Persona que toca la batería. -15 ***loc. adj.*** o ***adv. En ~,*** modo de aparcar vehículos colocándolos paralelamente unos a otros. -16 *f. Colomb.* Conjunto de pisones de un molino minero. 17 *Guat.* Molestia, impertinencia. 18 *R. de la Plata.* Tapa (pedazo). -19 *f. pl. Colomb.* Daño, estrago.

batero, -ra *m. f.* Persona que tiene por oficio hacer batas.

batey (voz indígena) *m.* Lugar ocupado por las casas de vivienda, barracones, almacenes, etc., en los ingenios y fincas de campo de las Antillas. 2 *Cuba.* Conjunto de la maquinaria que en los ingenios de azúcar se utiliza para la zafra.

batial *adj.* V. zona ~.

batibolear *tr. S. Dom.* Actuar, diligenciar [un asunto, negocio, etc.].

batiboleo *m. Cuba* y *Méj.* Bulla, batahola.

batiborrillo, -burrillo *m.* Baturrillo.

baticabeza *m.* Coleóptero de cuerpo alargado, que por la disposición de las piezas de su esternón, puede dar saltos cuando cae de espaldas, hasta colocarse en posición normal.

batición *f. Cuba* y *Méj.* Batida, acción de batir.

baticola *f.* Correa sujeta a la silla o a la albardilla, que pasa por debajo de la cola de la caballería. 2 *Amér.* Ataharre. 3 *Amér.* Taparrabo.

baticolearse *prnl. Amér. Central.* Ludirse la cola de una caballería por el uso de la baticola. 2 *Venez.* Moverse con cierto aire una persona; pavonearse.

batículo *m.* MAR. Cabo grueso para reforzar los viradores de los masteleros.

batida *f.* Acción de batir el monte para levantar la caza: ~ ***de vaivén,*** la que efectúa el cazador, tras haber recorrido el campo, volviendo sobre sus pasos para batir de nuevo el terreno. 2 Acción de explorar varias personas una zona en busca de alguien o algo. 3 Allanamiento, que por sorpresa realiza la policía, de locales donde supone que se reúnen maleantes. 4 *Cuba.* En las peleas de gallos, acometida. 5 *Perú* y *P. Rico.* Zurra, tunda.

SIN. *1* y *2* **Sacadilla** es la batida corta que coge poco terreno. *3* **Redada.**

batidera *f.* Especie de azadón, de astil muy largo, para mezclar la cal con la arena y el agua al hacer la argamasa. 2 Instrumento para cortar los panales de las colmenas.

batidero *m.* Golpeo continuo de una cosa con otra. 2 Sitio donde se golpea alguna cosa. 3 Terreno desigual y molesto para el paso de vehículos. -4 *m. pl.* MAR. Refuerzo de lona que se pone a las velas en los sitios en que pueden rozarse.

batido, -da *adj.* [tejido de seda] Que resulta con visos distintos. 2 [camino] Muy andado y trillado. -3 *m.* Masa de que se hacen hostias y bizcochos. 4 Claras, yemas o huevos batidos. 5 Bebida que se hace batiendo helado, leche u otros ingredientes. 6 Acción de batir. 7 En la danza, salto en el que los pies se entrechocan. 8 *Guat.* Especie de atol con algunas substancias colorantes, y que se bate con chocolate. 9 *Venez.* Melaza batida con queso o anís.

batidor, -ra *adj.* Que bate. -2 *m. f.* Instrumento para batir. -3 *m.* Peine de púas largas y gruesas. 4 MIL. Explorador que descubre y reconoce el campo o el camino. 5 MIL. Soldado de caballería que precede al regimiento. 6 MONT. El que levanta la caza en las batidas. 7 ~ ***de oro*** o ***plata,*** el que hace panes de oro o plata. 8 MÚS. Diapasón normal. 9 *Argent.* vulg. Persona que delata o denuncia. 10 *Guat.* y *Hond.* Chocolatera, vasija en que se bate el chocolate.

SIN. *3* **Escarpidor,** más us.; **carmenador,** p. us. en esta acep. *4* **Descubridor.**

batiente *adj.* Que bate. -2 *m.* Parte del cerco o cuadro en que baten las puertas o ventanas al cerrarse. 3 Hoja de puerta. 4 Parte inferior del vano de una puerta, o piedra que se coloca entre las jambas del mismo. 5 Lugar de una costa o dique cuyo pie es batido por las olas. 6 Listón de madera forrado de paño en el cual baten los macillos del piano e instrumentos análogos. 7 En la cañonera, madero que protege el parapeto de las ruedas de la cureña. 8 MAR. Canto vertical de las portas de las baterías.

batifondo *m. Argent.* y *Urug.* Alboroto.

batifora *f.* Tributo que paga el arriero al guarda por apacentar la recua en los prados guardados.

batifotómetro (gr. *bathis,* profundo + *fotómetro*) *m.* Fotómetro para medir la energía luminosa en las profundidades del mar.

batihoja *m.* Batidor de oro o plata y, p. ext., de cualquier metal.

batilongo *m. Cuba.* Bata larga de mujer.

batimán (fr. *battement* < *battre,* batir < l. *battuere*) *m.* En la danza, movimiento que se efectúa con las piernas. 2 Movimiento rápido de los brazos, accionando al hablar.

batimento *m.* Esbatimento.

batimetría (gr. *bathys,* profundo + *-metría*) *f.* Técnica de medir las profundidades del mar y estudio de la distribución de las plantas y animales en sus diversas capas o zonas.

batimétrico, -ca *adj.* Relativo a la batimetría.

batímetro *m.* FÍS. Aparato que mide la profundidad de las aguas, y se utiliza en lugar de la sonda.

batimiento *m.* Acción de batir. 2 FÍS. Variación periódica de la amplitud de una oscilación.

batín *m.* Bata que llega sólo un poco más abajo de la cintura.

SIN. **Media bata.**

batintín (onomat.) *m.* MÚS. Instrumento músico de percusión consistente en un disco de metal con los bordes doblados que, suspendido, se toca con una maza.

SIN. **Gong.**

batipelágico, -ca (gr. *bathis,* profundo + *-pelágico*) *adj.* Perteneciente o relativo a las grandes profundidades marinas. 2 [fauna marina] Que se halla a más de 200 m. de profundidad en el mar.

batiportar *tr.* MAR. Trincar [la artillería] de modo que las bocas de las piezas se apoyen en el batiporte alto de las portas.

batiporte *m.* MAR. Canto alto o bajo de la porta de una batería.

batir (l. *battuere*) *tr.* Dar golpes [sobre algo]. 2 Arruinar, echar por tierra [una pared, edificio, etc.]; p. ext., abrir batiendo [el muro]: ~ *un portillo;* hablando de tiendas, toldos, etc., recoger, desarmar; fig., anular, destruir: ~ *la libertad, los privilegios.* 3 Atacar y derruir con la artillería; p. ext., dominar con armas de fuego [un terreno, posición, etc.]. 4 Dar el sol, el aire o el agua [en alguna parte] sin estorbo. 5 Mover [una cosa] con fuerza: ~ *las alas, las espuelas;* fig., ~ ***el vuelo,*** volar; ~ ***los talones,*** echar a correr. 6 Mover o revolver [una cosa] para condensarla o hacerla más fluida; p. ext., peinar [el pelo] hacia arriba. 7 Martillar [una pieza de metal] hasta reducirla a chapa. 8 Acuñar o fabricar [moneda]. 9 Ajustar [las resmas de papel] una vez fabricadas. 10 Derrotar [al enemigo]. 11 Reconocer [un terreno] para descubrir al enemigo, ojear la caza, etc. -12 *prnl.* Combatir, pelear. -13 *tr.* DEP. Vencer, ganar [a un contrincante]. 14 BARB. DEP. Superar, ganar, vencer [una marca anterior], establecer [una nueva]. 15 *Argent.* y *Urug.* vulg. Delatar, denunciar. 16 *Chile* y *Guat.* Aclarar [la ropa] después de jabonada. ◇ HOMÓF.: *vate* (m.). ◇ ~ *el corazón,* expresa latir con violencia; con la significación llana de latir, palpitar, es galicismo.

batiscafo *m.* Aparato autónomo de sumersión que permite explorar las profundidades del mar.

batisfera *f.* Aparato usado para investigar la fauna de los mares profundos.

batisismo *m.* Seísmo cuyo hipocentro se halla a gran profundidad (entre 300 y 700 kms).

batista (de *Baptiste,* s. XIII, fabricante francés) *f.* Tela muy fina de lino o algodón. 2 *Cuba.* Tejido de algodón con el revés blanco. 3 *Cuba.* Ave de rapiña diurna, llamada también copete *(Urubitinga anthracina).*

batitermógrafo (gr. *bathis,* profundo + *termógrafo) m.* Aparato destinado a medir y registrar la temperatura del agua del mar a las distintas profundidades.

bato (probl. de *batueco,* huevo huero, der. de *batir) m.* Hombre tonto o rústico y de pocos alcances. 2 *Argent.* y *Bol.* Ave zancuda, del tamaño del flamenco, de cuerpo blanco y hermoso collar rojo *(Actiturus bartrami; Bartramia longicaula).*

bató (probl. del fr. *bateau) m. Hond.* Embarcación más grande que la canoa.

batocromo *adj.* FÍS. [radical] Que desplaza el espectro de absorción hacia el extremo rojo del mismo.

batoideo *adj.-m.* Pez del suborden de los batoideos. -2 *m. pl.* Suborden de peces seláceos, sedentarios, de cuerpo deprimido y ancho, y hendiduras branquiales en posición ventral; como la raya y el torpedo.

batojar *tr.* Varear [los frutos de ciertos árboles] para hacerlos caer.

batolito *m.* GEOL. Masa de rocas magmáticas, de grandes dimensiones, consolidada en la corteza terrestre a gran profundidad.

batología (gr. *battología,* v. *bato) f.* RET. Repetición de vocablos inmotivada y enojosa.

batómetro (gr. *bathis,* profundo + *-metro* I) *m.* Batímetro.

batracio (gr. *bátrachos,* rana) *adj.-m.* Animal de la clase de los anfibios, especialmente de los anuros.

batraco- (gr. *bátrachos,* rana) Elemento prefijal que entra en la formación de palabras con el significado de rana: *batracocéfalo.*

batracocéfalo, -la (*batraco-* + *-céfalo) adj.* ZOOL. [animal] Que tiene la cabeza semejante a la de la rana.

batro (arauc. *vathu) m. Chile.* Planta tifácea parecida a la anea *(Typha angustifolia).* ◇ También *vatro.*

batuda (l. *battuere,* sacudir, pelear) *f.* Serie de saltos que dan los gimnastas por el trampolín unos tras otros.

Batuecas (valle de Salamanca) *n. pr.* fr. fig. ***Estar en las ~,*** hallarse uno distraído, estar en Babia.

batueco, -ca *adj.-s.* Del Valle de las Batuecas (Salamanca). -2 *m. Ar.* y *Nav.* Huevo huero.

batuque (voz lunfarda) *m. R. de la Plata.* Alboroto, gresca, bochinche.

batuquear *tr. Amér.* Batir, mover con ímpetu [alguna cosa]. 2 *Argent.* Meter batuque, alborotar.

baturrada *f.* Acción, dicho o hecho propios de baturro.

baturrillo (de *batir,* mezclar, revolver) *m.* Mezcla de cosas que desdicen entre sí: *este guiso es un ~.* 2 fig. *y* fam. En la conversación y en los escritos, mezcla de especies inconexas y que no vienen a propósito.

SIN. **Batiborrillo, batiburrillo.**

baturro, -rra (de *bato) adj.-s.* Rústico aragonés. -2 *adj.* Relativo al baturro: *cuentos baturros.*

SIN. *1* **Matraco.**

batuta (it. *battuta) f.* Varita con que el director de una orquesta, banda u orfeón marca el compás. 2 fig. ***Llevar uno la ~,*** dirigir una corporación o conjunto de personas.

baubilla *f. León.* Abubilla.

Baucis *n. pr.* MIT. V. Filemón.

baudio *m.* INFORM. En la transmisión digital de señales, velocidad de transmisión medida en símbolos por segundo.

baúl (del fr. ant. *bahur,* probl. de una voz descriptiva) *m.* Cofre (mueble): *~* ***mundo,*** el grande y de mucho fondo. 2 fig. Vientre (cavidad interior). 3 *Amér.* Maletero del automóvil.

baulería *f. Cuba.* Taller en que se hacen baúles.

baulero *m.* El que tiene por oficio hacer o vender baúles.

baullúa *f.* Árbol cubano, lauráceo, de buena madera, llamado también aguacatillo *(Nectandra leucantha).*

baumhauerita *f.* Mineral de la clase de los sulfuros que cristaliza en el sistema triclínico, de color gris y brillo metálico.

bauprés (fr. *beaupré) m.* Palo grueso, horizontal y algo inclinado, que en la proa de los barcos sirve para asegurar los estayes del trinquete. ◇ Pl.: *baupreses.*

bausa *f. Perú.* Holgazanería.

bausán, -sana (ant. *ba(b)usana,* de la raíz expresiva *bab) m. f.* Figura de hombre, embutida de paja y vestida de armas. 2 Bausano. -3 *adj. Amér.* Ocioso, holgazán.

bausano, -na *m. f.* Persona boba, simple, necia.

bauseador, -ra *adj. Perú.* Bausán, holgazán.

bausero, -ra *m. f. Perú.* Persona que huelga o haraganea.

bautismal *adj.* Relativo al bautismo.

bautismo (l. *baptismu) m.* Primero de los sacramentos de la Iglesia católica, que borra el pecado original, da la vida de la gracia y convierte al bautizado en miembro de la Iglesia: *~* ***de inmersión,*** aquel en que se sumergía parcialmente el bautizado en el agua; *~* ***de infusión,*** aquel en que se echa agua por tres veces a la cabeza del bautizado y constituye la forma usual en el rito occidental no ambrosiano; *~* ***de submersión,*** aquel en que se sumerge en el agua el bautizado. 2 fig. *~* ***de sangre,*** la muerte del mártir por amor a Cristo; es un suplemento del bautismo de agua; *~* ***de deseo,*** voluntad sincera de recibir el sacramento, que, en caso de real imposibilidad, puede también suplir al bautismo de agua. 3 Bautizo. 4 *~* ***de fuego,*** primera vez que un soldado combate; *~* ***de aire,*** primer vuelo de un aviador o de cualquier persona.

FR. *Romper el ~ a uno,* descalabrarle.

bautista (gr. *baptistés) m.* El que bautiza; por antonomasia, *El ~,* San Juan Bautista. 2 fig. *y* fam. Chófer particular. -3 *adj.-com.* Perteneciente a una secta protestante que practica el bautismo por inmersión y bautiza sólo a los adultos.

bautisterio *m.* Baptisterio.

bautizante *adj.* Que bautiza.

bautizar (gr. *baptizo,* sumergir) *tr.* Administrar el sacramento del bautismo. 2 Bendecir [una campana] antes de destinarla al culto. 3 fig. Poner nombre [a una cosa]. 4 Dar [a una persona o cosa] otro nombre que el que le corresponde. 5 Mezclar [el vino] con agua. 6 fig. Arrojar [sobre una persona] agua u otro líquido. ◇ ** CONJUG. [4] como ***realizar.***

SIN. *1* **Cristianar,** fam. y pop.; **acristianar** (rúst.); **batear,** ant.

bautizo *m.* Acción de bautizar y fiesta con que se solemniza.

SIN. **Bateo I,** pop. en algunas regiones; **cristianismo.**

bauxita *f.* Roca blanda formada por hidróxidos de aluminio. Es el mineral más importante de este metal, y se utiliza también como refractario y abrasivo.

bauyúa *f. Cuba.* Baullúa.

bauza *f.* Madero sin labrar, de dos a tres metros de longitud.

bavanita *f. Urug.* Niña de condición modesta. Es término cariñoso.

bávara *f.* Cierto coche antiguo.

bávaro, -ra *adj.-s.* De Baviera, reg. de Alemania.

baya (l. *baca;* a través del fr. *baie) f.* Fruto polispermo de pericarpio pulposo; como la uva, la naranja y el melón. 2 Matacandiles. 3 *Cuba.* Molusco marino con dos valvas y de figura triangular *(Isogonum alatum).* 4 *Cuba.* Variedad de la planta llamada güiro *(Lagenaria).* 5 *Chile.* Chicha de uva. ◇ HOMÓF.: *vaya* (v. y f.).

REL. **Abayado, baciforme, bacciforme,** parecido a la baya.

bayá *adj.-s.* Indio que habitaba al oeste del río Paragua, cerca de Bahía Negra. ◇ Pl.: *bayaes.*

bayadera (port. *bailadeira;* a través del fr. *bayadère) f.* Bailarina y cantora de la India.

bayahonda *f. S. Dom.* Aromo, árbol leguminoso.

bayajá *m. Cuba.* Pañuelo grande de listas cruzadas que usan las mujeres del pueblo. ◇ Pl.: *bayajaes.*

I) bayal *adj.* Con forma o caracteres de baya (fruto). 2 Parecido al color bayo. 3 ***Lino ~,*** variedad de lino de hilaza más fina y blanca que la común.

II) bayal *m.* Palanca usada en las tahonas para volver las piedras de un lado a otro cuando es necesario picarlas.

bayamés, -sa *adj.-s.* De Bayamo, c. de la prov. de Oriente (Cuba).

bayanismo *m.* Herejía propugnada en el s. XVII por Miguel Bay o Bayo (1513-1589), uno de los precursores del jansenismo, y consistente en atribuir al hombre en estado de inocencia original la capacidad para la vida sobrenatural, no como un don, sino como exigencia de la naturaleza humana.

bayano, -na *adj.-s.* De Bayas, c. de Italia.

bayeta (it. *baietta,* paño negro) *f.* Tela de lana floja y poco tupida. 2 Paño, gralte. de lana, para fregar el suelo. 3 *Venez.* Manta de lana y algodón. -4 *adj. Colomb.* fig. Hombre flojo y dejado. -5 *f. pl. Colomb.* Pañales.

SIN. *2* And. **Aljofifa.**

bayetilla *f. Chile.* Bayeta algo más fina que la común.

bayetón *m.* Aum. de *bayeta.* 2 Tela de lana con mucho pelo usada para abrigo. 3 *Colomb.* Poncho grande de lana.

bayo, -ya (l. *badiu) adj.-s.* De color blanco amarillento: *caballo ~.* -2 *adj. Cuba.* Asustado. -3 *m.* Mariposa del gusano de seda usada como cebo para pescar. 4 *Chile.* fam. Féretro.

bayoco *m.* Ant. moneda italiana de cobre. 2 *Murc.* Higo o breva que se ha secado antes de llegar a sazón.
I) bayón *m.* Saco de estera usado en Filipinas para embalar.
II) bayón *m.* Arbusto santaláceo con las hojas coriáceas, las flores con cuatro tépalos, cuyo fruto es una drupa de color anaranjado *(Asyris quadripartita).*
bayonense, bayonés, -sa *adj.-s.* De Bayona, c. de Francia.
bayonesa *f.* Barbarismo por mayonesa, y mejor mahonesa. 2 Pastel hecho con dos capas de hojaldre que llevan en medio cabello de ángel.
bayoneta (fr. *baiönnette* < *Bayona,* donde se fabricó al principio) *f.* Arma blanca, puntiaguda, complementaria del fusil, a cuyo cañón se adapta exteriormente junto a la boca. -2 *loc. adv.* ***A* ~,** manera de sujetar una pieza encajándola a presión en otra. 3 Arbusto de Cuba, erizado de hojas puntiagudas que se emplean en la industria corcelera *(Yuca gloriosa; Y. aloefolia).*
bayonetazo *m.* Golpe dado con la bayoneta. 2 Herida hecha con esta arma.
bayoque *m.* Bayoco.
bayoya *f.* Lagarto de Cuba, que tiene una cresta longitudinal en el lomo *(Leicocephalus vitatus).* 2 *P. Rico.* Bulla, alboroto, desorden.
bayoyar *intr. P. Rico.* Armar bayoyas.
bayoyero, -ra *adj. P. Rico.* Amigo de bayoyas.
bayoyo, -ya *adj. Cuba.* Abundante.
bayú *m. Cuba.* Casa de lenocinio. ◇ Pl.: *bayúes.*
bayúa *f. Cuba.* Ayúa o bauyúa, planta.
bayuca *f.* fam. p. us. Taberna.
I) bayunco, -ca *adj. Amér. Central.* Huraño, mal educado.
II) bayunco *m. And.* y *Extr.* Anea.
bayunquear *intr. Amér. Central.* Tontear.
bayusco, -ca *adj. P. Rico.* Furioso.
bayusera *f. Cuba.* Mujer que frecuenta el bayú.
baza (ár. *bazza,* dominar) *f.* Número de naipes que en ciertos juegos recoge el que gana la mano. 2 fig. Ocasión, oportunidad, coyuntura.
FR. *Hacer ~,* prosperar en cualquier asunto o negocio; *meter ~,* intervenir en una conversación, esp. careciendo de autoridad para ello. SIN. *2* **Chance.**
bazar (voz persa) *m.* En Oriente, mercado público. 2 Tienda en que se venden productos diversos.
bazo, -za (l. *badiu;* doble etim. *bayo*) *adj.-m.* Color moreno amarillento. -2 *adj.* De color bazo. -3 *m.* Víscera vascular situada en el hipocondrio izquierdo entre el colon y las costillas falsas.
SIN. *3* **Pajarilla,** esp. del cerdo.
bazofia (it. *bazzoffia*) *f.* Mezcla de heces o desechos de comidas. 2 fig. Comida muy mala. 3 fig. Inmundicia, basura, suciedad. 4 fig. Cosa soez y despreciable.
bazuca (ing. *bazcoka*) *m.* MIL Arma portátil de infantería, que consiste en un tubo metálico que dispara proyectiles de propulsión a chorro. Se emplea contra carros de combate.
bazucar, bazuquear (onomat.) *tr.* Revolver [un líquido] moviendo la vasija en que está. 2 Traquetear (agitar). ◇ ** CONJUG. [1] como *sacar.*
SIN. **Zabucar.**
bazuqueo *m.* Acción de bazuquear. 2 Efecto de bazuquear.
SIN. **Zabuqueo.**
I) be *f.* Nombre de la letra *b.* -2 *loc. adv.* **~ *por* ~,** detallada, minuciosamente. ◇ Pl.: *bes.*
II) be, onomat. de la voz del carnero, de la oveja y de la cabra. 2 *m.* Balido. ◇ Pl.: *bes.* ◇ HOMÓF.: *ve* (f.), *ve* (v. *ir*), *ve* (v. *ver*).
Be, símbolo químico del *Berilio.*
bearnés, -sa *adj.-s.* Del Bearne, ant. reg. de Francia. -2 *m.* Dialecto hablado en esta región. -3 *f.* Salsa muy fina, elaborada con mantequilla, huevos, vino blanco, perejil, etc., que suele emplearse para acompañar carnes asadas y pescados.
beata *f.* Mujer que, sin ser monja, viste hábito religioso y vive en su casa o con otras en comunidad, con clausura o sin ella. 2 fam. Mujer muy devota o que afecta devoción. 3 fig. Mujer gazmoña. 4 pleb. desus. Peseta. 5 *Extr.* Liebre.
beatería *f.* Acción de afectada virtud.
beaterio *m.* Casa en que viven las beatas en comunidad.
beaterío *m.* Conjunto de la gente beata.
beatificación *f.* Acción de beatificar.
beatíficamente *adv. m.* TEOL. Con visión beatífica.
beatificante *adj.* Que beatifica.
beatificar (l. *-are*) *tr.* Hacer [a uno] bienaventurado o feliz; hacer venerable [una cosa]. 2 Declarar el Sumo Pontífice que [un siervo de Dios] goza de la eterna bienaventuranza y se le puede dar culto, o que ha alcanzado en el proceso de canonización el segundo trato de santidad. 3 *Guat.* y *Hond.* Viaticar. ◇ ** CONJUG. [1] como *sacar.*
beatífico, -ca (l. *-cu,* el que hace feliz) *adj.* TEOL. Que hace bienaventurado a uno.
beatilla *f.* Especie de lienzo delgado y ralo.
beatísimo *adj.* Superl. de *beato:* **~ *padre,*** tratamiento dado al Sumo Pontífice.
beatitud (l. *-tudo,* felicidad) *f.* Bienaventuranza eterna. 2 Tratamiento dado al Sumo Pontífice. 3 fam. Felicidad, dicha. 4 Calidad de beato.
beato, -ta (l. *beatu,* feliz) *adj.* Feliz o bienaventurado. -2 *adj.-s.* Beatificado por el Sumo Pontífice. 3 Muy devoto o que afecta devoción o virtud. -4 *m.* El que trae hábito religioso, sin vivir en comunidad ni seguir regla determinada. 5 Copia manuscrita, ilustrada con miniaturas de los Comentarios al Apocalipsis del Beato de Liébana.
SIN. *3* **Misero.** Cuando afecta devoción o santidad, v. **Santurrón.**
beatón, -na *adj.* desp. Muy beato, santurrón.
Beatriz *n. pr.* Amada de Dante Alighieri (1265-1321) a la cual inmortalizó en su *Divina Comedia.* En el *Paraíso* es como una personificación de la Teología que guía al poeta a través de las mansiones celestiales.
bebé (voz francesa) *m.* Nene o rorro: **~ *probeta,*** el concebido mediante inseminación artificial, o por la fecundación del óvulo fuera de la madre.
bebe *m. Argent.* y *Perú.* Bebé.
bebecina *f. Colomb.* Borrachera. 2 *Colomb.* Sed insaciable.
bebeco, -ca *adj. Colomb.* Albino.
bebedera *f. Colomb.* Acción de beber repetida o prolongadamente.
bebedero, -ra *adj.* [agua u otro líquido] Que es bueno de beber. -2 *m.* Vasija con agua que se pone a algunos animales para que beban. 3 Paraje donde acuden a beber las aves. 4 Pico saliente en el borde de algunas vasijas para beber más cómodamente. 5 Conducto o canal de salida del acero líquido o de la fundición. 6 Abrevadero. 7 *Guat.* y *Perú.* Lugar donde se expende licor.
bebedizo, -za *adj.* Potable. -2 *m.* Pócima. 3 Filtro (brebaje). 4 Bebida confeccionada con veneno.
bebedor, -ra (l. *bibitore*) *adj.* Que bebe. -2 *adj.-s.* fig. Que abusa de las bebidas alcohólicas. -3 *m. Ar.* Bebedero para gallinas, pájaros, etc.
bebelera *f. Colomb.* Sed insaciable.
bebendurria *f.* Reunión en la que se bebe mucho. 2 *Perú.* Borrachera.
bebentina *f. S. Dom.* Ingestión en exceso de bebidas alcohólicas por una o más personas.
bebeo *m.* Supuesto vicio de dicción consistente en pronunciar la *v* como *b.*
I) beber *m.* Bebida.
II) beber (l. *bibere*) *intr.-tr.* Ingerir un líquido: **~** *vino;* con significación partitiva: **~** *de esta agua; dame de* **~***; abs., deseo que comas y bebas.* 2 fig. Aprender, adquirir [doctrinas, informaciones, etc.]: **~** *la doctrina de una escuela;* **~** *de,* o *en, buenas fuentes.* 3 fig. **~ *los vientos,*** suspirar, anhelar: *bebe los vientos por su hijo;* **~ *fresco,*** estar sin cuidado ni sobresalto. -4 *intr.* Brindar (al beber): **~** *a,* o *por, la salud.* 5 Hacer por vicio uso frecuente de bebidas alcohólicas: *el que bebe merece ser despreciado.* 6 fig. Refiriéndose al juicio, trastornarlo u ofuscarlo. 7 fig. Recibir, tomar, admitir.
beberío *m. Can.* Bebida.
beberrón, -na *adj.-s.* fam. Que bebe mucho.
bebestible (calco burlesco de *comestible*) *adj.* fam. Que se puede beber. -2 *m.* fam. Bebida.
bebezón *f. Colomb.* Borrachera. 2 *Cuba.* Bebida de licores espiritosos.
bebible *adj.* fam. [líquido] Que no es del todo desagradable al paladar.
SIN. **Potable,** se usa esp. tratándose del agua, y se refiere más a sus condiciones higiénicas que al sabor.
bebida *f.* Acción de beber. 2 Efecto de beber. 3 Líquido que se bebe. 4 Hábito de beber licores o vino. 5 ***Tener mala* ~,** ponerse impertinente o agresivo el borracho. 6 *Ar.* Tiempo que descansan los trabajadores y en que toman un bocado y beben un trago. 7 *Méj.* Bebida medicinal, poción, potingue.
bebido, -da *adj.* Casi borracho. -2 *m.* Bebida, líquido que se bebe.

bebienda (l. *bibenda,* que se ha de beber) *f.* Bebida compuesta, como la horchata o las medicinales, y esp. las alcohólicas.
bebistrajo *m.* desp. Bebida nauseabunda o desagradable.
bebón, -bona *adj. P. Rico.* vulg. Bebedor.
beborrotear *intr.* Beber a menudo y en poca cantidad.
beca *f.* Insignia que usaban los colegiales. 2 fig. Plaza o prebenda de colegial; ayuda económica que percibe un estudiante. 3 ant. El mismo colegial. 4 Especie de chía que usaban los clérigos constituidos en dignidad. 5 Embozo de capa.
becabunga *f.* Planta escrofulariácea, carnosa, de hojas ovaladas, romas, ligeramente dentadas, y flores azules en inflorescencias poco densas *(Veronica beccabunga).*
becada (der. del l. *beccu* < celt. *becc,* pico) *f.* Chocha.
becado, -da *m. f.* Becario.
becafigo *m.* Papafigo (pájaro).
becaina *f.* Agachadiza, ave.
becante *adj.-s.* Que sufraga u otorga una beca.
becar *tr.* Conceder [a alguien] una beca. ◇ ** CONJUG. [1] como *sacar.*
becario, -ria *m. f.* Estudiante o seminarista que disfruta una beca.
becerra *f.* Vaca de menos de un año. 2 Dragón (planta).
becerrada *f.* Lidia de becerros.
becerrear *intr.* fam. Dar berridos, gritar.
becerrero *m.* Peón que en los hatos cuida de los becerros.
becerril *adj.* Relativo o parecido al becerro.
becerrillo *m.* Piel de becerro curtida.
becerrista *m.* El que lidia becerros.
becerro (probl. de *ibicirru,* formado sobre el hisp.-lat. *ibice*) *m.* Toro de menos de un año; fig. ~ ***de oro,*** las riquezas. 2 ~ ***marino,*** foca. 3 Piel de ternero o ternera, curtida. 4 Libro en que las iglesias y monasterios copiaban sus privilegios y pertenencias.
bechamel (fr.) *f.* Besamela.
beche *m. León.* Macho cabrío. 2 *Extr.* Burro pequeño.
becoquín *m.* Papalina (gorra).
becoquino *m.* Ceriflor.
becqueriana *f.* Bequeriana.
becqueriano, -na *adj.* Relativo al poeta y escritor español Gustavo Adolfo Bécquer (1836-1870).
becuadrado *m.* En el canto llano, becuadro.
becuadro (por su forma de *b* cuadrada) *m.* MÚS. Signo que indica que una nota, antes afectada por un sostenido o un bemol, recobra su sonido natural. 2 MÚS. Primera de las llamadas propiedades en el canto llano o gregoriano, que se funda en el hexacordo.
bedano (fr. *bédane*) *m.* Escoplo grueso.
bedao *m.* Pez marino teleósteo perciforme, muy parecido al sargo, pero de mayor tamaño *(Diplodus cervinus).*
bedel, -la (del fr. ant. *bedel,* del germ. *bidil,* ujier) *m. f.* En las universidades y otros centros docentes, empleado subalterno que cuida del orden, anuncia la hora de entrada y salida de las clases, etc.
bedelía *f.* Empleo de bedel.
bedelio (l. *bedelliu*) *m.* Gomorresina de color amarillo que se extrae de ciertos árboles terebintáceos y se usa en farmacia.
bedenita *f.* Silicato del grupo de los inosilicatos que cristaliza, al parecer, en el sistema rómbico.
bedia *adj.-m.* Lengua perteneciente al grupo cusita, hablado en el nordeste de Sudán.
bedoya *adj. Colomb.* Tonto, alma de cántaro.
beduino, -na (ár. *bedauī*) *adj.-s.* Árabe nómada que vive esp. en los desiertos del África Septentrional y de Siria. -2 *m.* fig. Hombre bárbaro y desaforado.
beduro *m.* MÚS. Becuadro.
beethoveniano, -na *adj.* Relativo al compositor musical alemán Beethoven (1770-1827).
befa (de la raíz descriptiva *beff;* probl. a través del it. *beffa*) *f.* Burla grosera e insultante.
SIN. v. **Burla.**
befar *intr.* Mover los caballos el befo. -2 *tr.* Burlar, escarnecer.
befedad *f.* Calidad de befo (zambo).
befo, -fa *adj.-s.* Belfo. 2 De labios abultados o gruesos. 3 Zambo o zancajoso.
begardo, -da (neerl. *beggen,* mendigo; a través del fr. *bégard*) *m. f.* Hereje de los siglos XIII y XIV que profesaba doctrinas análogas a las de los iluminados, creía en la impecabilidad del alma, vivía en la pobreza y rechazaba toda autoridad civil y religiosa, y toda práctica del culto.
beggiatoales *f. pl.* Orden de plantas dentro de la clase esquizomicetes. Son bacterias autotrófas que obtienen la energía de oxidar substancias químicas inorgánicas.
begonia (de *Bégon,* 1638-1710, gobernador francés) *f.* Planta begoniácea, monoica, de hojas grandes, acorazonadas y acuminadas de color obscuro con bordes plateados, y grandes flores rosadas *(Begonia rex).*
begoniáceo, -a *adj.-f.* Planta de la familia de las begoniáceas. -2 *f. pl.* Familia de plantas dicotiledóneas de hojas esparcidas y provistas de pelos, con la facultad de reproducirse vegetativamente a partir de las hojas o de fragmentos de las hojas.
beguina (de Lambert le *Bègue,* s. XII, su fundador; a través del fr. *béguine*) *f.* Beata de ciertas comunidades religiosas belgas.
beguino, -na *m. f.* Begardo, -da.
begum *f.* En la India título que se da a algunas princesas.
behaísmo *m.* Cisma del babismo, fundado en Palestina en el s. XIX.
behaviorismo (del ingl. *behaviorism,* nombre usado por *J. B. Watson,* psicólogo norteamericano, 1878-1958) *m.* PSICOL. Conductismo.
behetría (l. **benefactoria*) *f.* Antig., población cuyos vecinos, como dueños absolutos de ella, podían recibir por señor a quien quisiesen. 2 fig. Confusión, desorden.
beidelita *f.* Silicato del grupo de los filosilicatos, que cristaliza en el sistema monoclínico, de color blanco amarillento.
beige (fr.) *adj.-m.* Color natural de la lana, pajizo amarillento. -2 *adj.* De color beige. ◇ Se pronuncia gralte. *beis.*
béisbol (ing. *base-ball*) *m.* Juego entre dos equipos formados por nueve jugadores cada uno, que consiste en tratar de recorrer ciertos puestos de un circuito, en combinación con el lanzamiento de una pelota desde el centro del circuito.
beisbolero, -ra *m. f.* Deportista que practica el béisbol.
bejarano, -na *adj.-s.* De Béjar, ciudad de Salamanca.
bejel *m.* Pez marino teleósteo perciforme, totalmente acorazado por placas óseas, de cuerpo alargado y hocico prolongado *(Trigla lucerna).*
bejín (del l. v. *vissinu,* pedo) *m.* Hongo esférico que encierra un polvo negro, que se emplea esp. para restañar la sangre *(Lycoperdon caelatum).* 2 Persona que se irrita con poco motivo.
SIN. 1 **Pedo de lobo.**
bejuca *f. Colomb.* Culebra venenosa.
bejucada *f. Amér.* Bejucal.
bejucal *m.* Terreno abundante de bejucos.
bejuco (voz caribe) *m.* Nombre de diversas plantas tropicales, sarmentosas, de tallos largos y delgados; se emplean para ligaduras, jarcias, tejidos, muebles, etc. *(gén. Desmoncus; Cissapelos).*
bejuquear *tr. Ecuad., Guat., Méj., Nicar.* y *P. Rico.* Dar con un bejuco, varear, apalear [a una pers. o animal].
bejuqueda *f.* Bejucal. 2 *Perú.* Paliza, azotaina.
bejuquillo *m.* Cadenita de oro con que se adornan el cuello las mujeres. 2 *Amér.* Ipecacuana (planta).
bel *m.* FÍS. Nombre del belio en la nomenclatura internacional.
Belcebú (hebr. *Baal zebub*) *n. pr.* Lucifer. 2 Nombre de un diablo de alta jerarquía, inferior a Lucifer.
belcho *m.* Mata gnetácea, de flores en amento y frutos en baya de color rojo, que vive en los arenales *(Ephedra distachya).*
SIN. **Canadillo, hierba de las coyunturas, uva de mar** o **marina.**
beldad (del prov. ant. *beltat,* belleza) *f.* lit. Belleza, esp. la de la mujer. 2 Mujer notable por su belleza.
beldar (l. *ventilare*) *tr.* Aventar con el bieldo [las mieses, legumbres, etc.] para separar el grano. ◇ ** CONJUG. [27] como ***acertar.***
SIN. **Abieldar** y **bieldar.**
belduque *m. Amér.* Cuchillo grande de hoja puntiaguda.
belemnita (gr. *bélemnon,* flecha) *f.* Fósil de figura cónica o de maza, que procede de la extremidad del hueso o concha interna de una clase de cefalópodos y suele hallarse en los terrenos jurásicos y cretáceos *(Belemnites sp.).*
belén (de *Bethlehem*) *m.* Nacimiento (representación). 2 Confusión, desorden y sitio donde lo hay. 3 Negocio o lance expuesto a contratiempos: *meterse en belenes.* -4 *m. pl.* fig. *y* fam. Pamplinas. 5 fr. fam. ***Estar,*** o ***estar bailando, en*** ~, estar embobado, en Babia.
beleño (de *beleniu,* planta narcótica; voz prerrom. indoeuropea) *m.* ~, o ~ ***negro,*** planta solanácea, narcótica, de hojas vellosas, flores amarillas por encima y rojas por debajo, y fruto capsular *(gén. Hyoscyamus):* ~ ***blanco,*** variedad que tiene las flores amarillas por fuera y verdosas por dentro *(H. albus).*

REL. Adormecer con ~, **embeleñar.** Principio activo del ~, **hiosciamina.**

belérico *m.* Mirobálano.

belermo *m. Ecuad.* Individuo vestido caprichosamente, o monigote que suele aparecer en las mascaradas y mojigangas.

Belerofonte *n. pr.* MIT. Héroe corintio que con ayuda de Pegaso mató a la Quimera.

belesa (celt. *bilisa*) *f.* Planta plumbaginácea, de flores purpúreas, muy pequeñas, en espiga. Tiene virtudes narcóticas *(Plumbago europaea).*

beletén *m. Can.* Calostro.

belez, -lezo *m.* Vasija.

belfo, -fa (**bidifu,* por l. *bidifu*) *adj.-s.* Que tiene el labio inferior más grueso que el superior. -2 *m.* Labio del caballo y otros animales.

belga *adj.-s.* De Bélgica, nación del oeste de Europa. -2 *m.* ant. Moneda imaginaria belga (cinco francos).

bélgico, -ca *adj.* Relativo a Bélgica o a los belgas.

belicense, beliceño, -ña *adj.-s.* De Belice, nación de América Central.

belicismo *m.* Tendencia a provocar la guerra o a tomar parte en ella.

belicista *adj.* Partidario de la guerra: *política ~; prensa ~.*

bélico, -ca (l. *-llicu* < *bellum,* guerra) *adj.* Relativo a la guerra.

belicosidad *f.* Calidad de belicoso.

belicoso, -sa *adj.* Guerrero (marcial). 2 fig. Agresivo, pendenciero.

SIN. **Pugnaz** (lit.).

belido, -da *adj.* V. hierba belida.

beligerancia *f.* Calidad de beligerante. 2 Derecho de hacer la guerra con iguales garantías internacionales que el enemigo: *reconocer la ~.*

FR. *Conceder, dar ~ a uno,* atribuirle importancia bastante para contender o alternar con él.

beligerante *adj.-com.* Que está en guerra, esp. si le ha sido reconocida la beligerancia.

belígero, -ra (l. *belligeru*) *adj.* lit. Guerrero (marcial).

belino *m.* Forma abreviada de belinograma.

belinografía *f.* Transmisión de fotos a distancia mediante el belinógrafo.

belinógrafo (de E. *Belint,* 1876-1963, su inventor + *-grafo*) *m.* Aparato para transmitir imágenes o fotografías a distancia.

belinograma *m.* Documento o fotografía que se transmite por belinógrafo.

belinún (it. *bello, bellino*) *m. Urug.* Papanatas.

belio (de A. G. *Bell,* 1874-1922, inventor del teléfono) *m.* FÍS. Unidad de intensidad sonora, cuya décima parte es el decibelio.

belísono, -na (l. *-nu*) *adj.* De ruido bélico o marcial.

belita *f.* QUÍM. Substancia explosiva, compuesta de una parte de dinitrobenceno y cuatro de nitrato amónico.

belitre (fr. *belitre*) *adj.-com.* fam. Pícaro, de viles costumbres. -2 *adj. Colomb.* Quebradizo.

beliz *m. Méj.* Maleta de mano.

bellacada *f.* Bellaquería.

bellacamente *adv.* Con bellaquería.

bellaco, -ca (etim. dud; quizá en relación con célt. *bakkolakkos,* campesino) *adj.-s.* Malo, pícaro, ruin. 2 Astuto, sagaz. -3 *adj. Amér.* [caballería] Que tiene resabios y es difícil de gobernar. 4 *Ecuad.* y *Pan.* Valeroso. 5 *P. Rico.* Lascivo.

SIN. *1* v. **Malo.**

bellacuelo, -la *adj.* Dim. de *bellaco.*

belladona (it. *belladonna*) *f.* Planta solanácea de flores solitarias purpúreas, con el cáliz acrescente y corola acampanada, de acción calmante, narcótica y venenosa *(Atropa belladona).*

REL. **Atropina,** alcaloide de ~.

bellamente *adv. m.* Con primor o perfección.

bellaquear *intr.* Hacer bellaquerías. 2 *Argent.* Encabritarse el caballo. 3 *Argent.* Resistirse a hacer algo una persona.

bellaquera *f. P. Rico.* Lujuria, lascivia.

bellaquería *f.* Acción o dicho propio de bellaco.

bellasombra *f.* Ombú, árbol.

bellavista *f.* Hierba escrofulariácea anual, de flores tricolores, blancas, amarillas y violetas *(Linaria tryphylla).*

belleza *f.* Conjunto de cualidades cuya manifestación sensible nos produce un deleite espiritual, un sentimiento de admiración: *la ~ de una mujer, de un paisaje; la ~ de una estatua, de un cuadro; la ~ de una acción; ~* ***ideal,*** prototipo o modelo de belleza que sirve de norma al artista. 2 Beldad, mujer hermosa.

SIN. **Hermosura.**

bellido, -da *adj.* Bello, agraciado.

bellísima *f. Amér. Central, Colomb., Ecuad., Perú* y *Venez.* Planta trepadora de florecillas rosadas, cultivada en los jardines *(Antigonum guatemalense).*

bellista *adj.* Relativo a Andrés Bello (1781-1865), escritor venezolano.

bello, -lla (l. *bellu,* lindo) *adj.* Que tiene belleza. 2 Bueno, excelente. ◇ V. bello sexo. ◇ GALIC.: *Hacer el ~* (fr. *faire le beau*) por pavonearse, pomponearse; *~* ***gesto*** (fr. *beau geste*) por acto hermoso. Por mala traducción del francés se aplica, a veces, en ocasiones en que sería más propio usar bueno, hermoso, etc., p. ej.: *~ carácter, ~ edad.* ◇ HOMÓF.: *vello.*

SIN. v. **Hermoso.**

bellorita *f.* Margarita.

bellorta *f. Ar.* Belorta.

bellota (ár.) *f.* Fruto de las cupulíferas consistente en un aquenio, rodeado en su base por un involucro escamoso. 2 Botón o capullo del clavel sin abrir. 3 Adorno de pasamanería. 4 Vasija pequeña en que se echan especies aromáticas. 5 Bálano o glande. 6 Extremidad de las capas u hojas córneas de que va desprendiéndose el cuerno del toro con los años, y que queda en forma de dedal en la punta. 7 ***Animal de ~,*** zopenco, bruto. 8 *~* ***de mar,*** crustáceo cirrípedo, de caparazón asimétrico con seis placas surcadas dispuestas en cono y coloración generalmente blancuzca *(Chthamalus stellatus).*

REL. En figura de ~, *adj.* **abellotado.**

bellote *m.* Clavo grueso de unos 20 cms. de largo.

bellotear *intr.* Comer la bellota el ganado de cerda.

bellotero, -ra *m. f.* Persona que tiene por oficio coger o vender bellotas. 2 Tiempo de recoger la bellota. 3 fig. De Badajoz. -4 *f.* Montanera. 5 Cosecha de bellota.

belloto *m. Chile.* Árbol lauráceo cuyo fruto sirve de alimento a los animales *(Bellota miersii).*

beloniforme *adj.-m.* Pez del orden de los beloniformes. -2 *m. pl.* Orden de peces marinos teleósteos, de cuerpo estilizado con las aletas blandas y frecuentemente tan desarrolladas que pueden planear fuera del agua; como el volador.

belorta *f.* Vilorta (abrazadera).

beluario *m.* El que luchaba con las fieras en el circo. 2 Domador de fieras.

belvedere (it.) *m.* Mirador en lo alto de una casa.

bemba *f. Can., Ant., Colomb., Ecuad., Méj., Pan., Perú, Hond.* y *Venez.* Boca de labios gruesos y abultados, como suele ser la de los negros. 2 *Perú.* Hocico, jeta.

bembetear *intr. P. Rico.* vulg. Charlar, comadrear.

bembeteo *m. P. Rico.* vulg. Charla, comadreo.

I) bembo *m. Cuba.* Bezo, y esp. el del negro bozal.

II) bembo, -ba *adj. Méj.* Tonto, atontado.

bembón, -na *adj.* [pers.] Bezudo.

bembudo, -da *adj. Cuba* y *P. Rico.* Bembón.

Vulg. suele pronunciarse **bembú.**

bementita *f.* Filosilicato, que cristaliza en el sistema rómbico, de color amarillo grisáceo.

bemol (de la letra *b,* que representa el si + *molle,* en it. suave) *adj.-m.* MÚS. Nota cuya entonación es un semitono más baja que la de su sonido natural. -2 *m.* MÚS Signo que indica que la nota a la que precede sufre esta alteración durante todo el compás en que se encuentra dicha nota: ***doble ~,*** el que disminuye dos semitonos a la nota que afecta. -3 *m. pl.* vulg. Arrojo, valor, coraje.

REL. *1* y *2* **Abemolar,** poner bemoles. FR. fam. *Tener bemoles alguna cosa,* ser grave, dificultosa.

bemolado, -da *adj.* Con bemoles.

bemolar *tr.* Poner bemoles [a una nota, o clave], abemolar.

I) ben (ár.) *m.* Árbol leguminoso cuyo fruto da un aceite que no se enrancia, usado en relojería y perfumería *(gén. Moringa).* ◇ HOMÓF.: *ven* (v.). ◇ Pl.: *benes.*

II) ben, vocablo que entra en la composición de algunos nombres orientales y que significa *hijo de.*

bencénico *adj.* Relativo al benceno.

benceno *m.* Hidrocarburo volátil, C_6H_6, inflamable, obtenido en la destilación del carbón mineral o por síntesis; se usa como disolvente y es base de varios derivados.

bencenomonoantraquinona *f.* QUÍM. Polvo de color verde aceituna, empleado en la industria de las materias colorantes para fabricar el azul obscuro, el verde y el violeta.

bencidina *f.* QUÍM. Diamina de dos núcleos bencénicos, sólida y de gran aplicación en la preparación de compuestos colorantes diazoicos.

bencina (de *benzoe,* nombre en BOT. del benjuí) *f.* Mezcla de varios hidrocarburos, obtenida por destilación del alquitrán de hulla, de los petróleos, de la hulla, etc., que se emplea esp. como carburante para los motores de combustión interna y también para quitar manchas. 2 *Chile.* Gasolina.

bendecidor, -ra *adj.* Que bendice.

bendecir (l. *benedicere,* hablar bien de) *tr.* Alabar, ensalzar [a uno]. 2 Invocar [en favor de una persona, o sobre una cosa] la protección divina. 3 Formar, el sacerdote, cruces en el aire con la mano extendida [sobre personas o cosas] recitando preces rituales. 4 Consagrar [personas o cosas] al Señor o al culto divino. 5 Conceder la Providencia su protección [sobre una pers. o cosa] o colmar [a uno] de bienes. 6 Dar las gracias, agradecer. ◇ ** CONJUG. [79] como ***predecir.***

bendición *f.* Acción de bendecir: ~ ***episcopal*** o *pontifical,* la que en días solemnes dan el Papa, los obispos y otros prelados; ~ ***papal,*** la que está reservada al Papa. 2 Efecto de bendecir. -3 *f. pl.* Ceremonias con que se celebra el sacramento del matrimonio: *bendiciones nupciales.*

FR. *Ser una ~*, fr. consecutiva con que se encomia la abundancia o facilidad con que ocurre algo, p. ej.: *llovía que era una ~; este artículo se vende que es una ~.*

bendito, -ta, pp. irreg. de *bendecir.* 2 *adj.* Santo o bienaventurado; fig., ***como el pan ~,*** comparación usual para encarecer el éxito de algo entre la gente: *se despacharon las localidades como el pan ~.* 3 Feliz, dichoso (que posee dicha). -4 *adj.-s.* Persona sencilla y de pocos alcances. -5 Oración que empieza así: *~ y alabado sea.* 6 *Argent.* y *Bol.* Cubierta en forma de ángulo diedro, con estacas y lonas, o con ponchos. 7 *R. de la Plata.* Especie de hornacina en cuyo interior se coloca la imagen de un santo. 8 *Venez.* Entre campesinos, cura o sacerdote del lugar.

benedícite (l. *benedicite,* bendecid) *m.* Licencia que los religiosos piden a sus prelados para ir a alguna parte. 2 Oración que empieza con esta palabra, para bendecir la comida al sentarse a la mesa. 3 En el oficio divino, cántico que se reza en laudes.

benedicta *f.* Electuario de varios polvos purgantes y estomacales mezclados con miel espumada.

benedictino, -na (de *Benedictus,* Benito) *adj.-s.* Religioso que pertenece a la orden fundada en Subiaco por San Benito de Nursia (¿480?-547) a principios del siglo VI, la cual alcanzó gran iportancia, esp. en la Edad Media. -2 *adj.* Relativo a la orden de San Benito. -3 *m.* Licor que fabrican los monjes benedictinos.

SIN. *1* **Benito.**

benefactor, -ra *adj.* Bienhechor.

beneficencia (l. *-ntia*) *f.* Virtud de hacer bien. 2 Práctica de obras buenas, esp. de caridad. 3 Conjunto de fundaciones benéficas y de los servicios gubernativos referentes a ellas.

beneficentísimo, -ma *adj.* Superl. de *benéfico.*

beneficiación *f.* Acción de beneficiar. 2 Efecto de beneficiar.

beneficiado, -da *m. f.* Persona en beneficio de la cual se da un espectáculo público. -2 *m.* El que goza un beneficio eclesiástico que no es curato o prebenda.

beneficiador, -ra *adj.-s.* Que beneficia.

beneficial (l. *-alis*) *adj.* Relativo a beneficios eclesiásticos.

beneficiar (l. v. *-are*) *tr.* Hacer bien [a una persona o cosa]. 2 Hacer que [una cosa] produzca más rendimiento o beneficio; esp. [las tierras] por el cultivo y [las minas] por la extracción. 3 Tratar las extracciones de las minas para obtener [el metal]. 4 Conseguir [un empleo] por dinero. 5 Administrar [las rentas de la real hacienda] que procedían del servicio de millones. 6 Vender [efectos, libranzas y otros créditos] por menos de lo que importan. -7 *prnl.* Sacar provecho de algo, aprovecharse. 8 *Amér.* Descuartizar [una res] y venderla al menudeo. ◇ ** CONJUG. [12] como ***cambiar.***

beneficiario, -ria (l. *-iu*) *adj.-s.* Persona a quien beneficia un contrato de seguro. -2 *m. f.* Persona que goza un territorio, predio o usufructo por merced de un superior. 3 En general, el que recibe un beneficio.

beneficio (l. *-iu*) *m.* Bien que se hace o se recibe. 2 Utilidad, provecho, ganancia. 3 Cargo u oficio que la Iglesia confiere canónicamente y al que va aneja una renta: ~ ***curado,*** el que tiene obligación aneja de cura de almas; ~ ***simple,*** el que no la tiene; ~ ***exento,*** aquel cuya provisión está reservada exclusivamente al Papa. 4 Derecho que compete a uno por ley o privilegio: ~ ***de bandera,*** disminución de los derechos arancelarios que pagan las mercancías transportadas en buques del propio estado o en los extranjeros que por trato gozan de esta ventaja; ~ ***de inventario,*** facultad de aceptar la herencia sin quedar obligado a pagar a los acreedores del difunto más de lo que importe la herencia misma; fig, *a* ~ ***de inventario,*** con reserva, con precaución. 5 Función de teatro u otro espectáculo público, cuyo producto se concede a una persona o institución. 6 Acción de beneficiar (hacer producir, vender). 7 Labor y cultivo que se da a los campos, árboles, etc. 8 *Amér.* Acción de beneficiar o descuartizar una res. 9 *Amér.* Efecto de beneficiar o descuartizar una res. 10 *Amér. Central.* Ingenio, hacienda. 11 *Chile.* Materias excrementicias que se destinan al abono de tierras.

SIN. *2* V. **Ganancia.**

beneficioso, -sa *adj.* Provechoso, útil.

SIN. Hay correlación de aceps. entre **beneficio, beneficioso** y **beneficiencia, benéfico.** P. ej., un negocio que produce *beneficio* es *beneficioso;* un establecimiento de *beneficiencia* es *benéfico.* **Benéfico** es lo que hace bien en gral., mientras que **beneficioso** va asociado a idea de provecho, utilidad para algo o alguien. Queda, como es natural, una amplia zona de contacto entre ambos sig.: *un sermón ha sido benéfico* o *~ para los fieles; la lluvia ha sido benéfica* o *~ para las tierras,* según prevalezca, respectivamente, la estimación del bien que ellos reciben, o la del que reportan para un fin.

benéfico, -ca *adj.* Que hace bien: *un hombre ~; una institución benéfica ~ con,* o *para con, los desvalidos; ~ a,* o *para, la salud.* 2 [ayuda gratuita] Que se presta a los necesitados. ◇ Superl. *beneficentísimo.*

Benelux (de *Belgique, Nederland* y *Luxembourg*) ***n. pr.*** Asociación de tipo económico entre los países de Bélgica, Holanda y Luxemburgo.

benemérito, -ta (l. *-tu*) *adj.* Digno de galardón. 2 ***El ~ Instituto*** o ***la ~ Institución,*** título que se aplica p. ant. a la Guardia Civil española.

beneplácito *m.* Aprobación, permiso, complacencia.

SIN. V. **Consentimiento.**

benévolamente *adv. m.* Con benevolencia.

benevolencia (l. *-ntia*) *f.* Simpatía y buena voluntad hacia las personas.

benevolente *adj.* Que tiene benevolencia, favorable.

benevolentísimo, -ma *adj.* Superl. irreg. de *benévolo.*

benévolo, -la *adj.* Que tiene buena voluntad o afecto. 2 Que se hace gratuitamente sin que exista obligación alguna. ◇ Superl.: *benevolentísimo.*

bengala *f.* Rota (planta). 2 Ant. bastón de mando militar. 3 Clase especial de luces pirotécnicas. 4 QUÍM. Mezcla inflamable de laca, azufre, salitre y otras substancias químicas según el color.

bengalí *adj.-s.* De Bengala, región del sur de Asia, que comprende zonas de la India y Bangla Desh. -2 *adj.-m.* Lengua perteneciente al grupo indoario, procedente del magadhi, hablada principalmente en esta región. 3 Pájaro conirrostro, pequeño y de vivos colores *(gén. Estrilda).* ◇ Pl.: *bengalíes.*

bengalina *f.* Tejido compuesto de urdimbre de seda y trama de lana, usado para vestidos femeninos.

beni, vocablo que entra en la composición de algunos nombres orientales y que significa *hijos de.*

beniano, -na *adj.-s.* De Beni, departamento del norte de Bolivia.

benignamente *adv. m.* Con benignidad.

benignidad (l. *-itate*) *f.* Calidad de benigno.

benigno, -na *adj.* Que se allana a ser o a mostrarse bueno, afable: *~ con,* o *para con, los huéspedes.* 2 fig. Templado, apacible: *estación beningna.* 3 Que no reviste gravedad; [tumor] que no es maligno. 4 fig. Inofensivo.

benimerín (ár. *Beni Marín,* los descendientes de *Marín*) *m.* Fundador de la dinastía del N. de África que substituyó a los almohades en España.

benito, -ta *adj.-s.* [pers.] Benedictino.

benjamín (de *Benjamín,* el menor de los hijos de Jacob) *m.* fig. Hijo menor y preferido de sus padres.

benjamita *adj.-com.* [pers.] Descendiente de Benjamín, último hijo de Jacob. -2 *adj.* Perteneciente o relativo a Benjamín.

benjuí (ár. *loben chauí,* incienso de Java) *m.* Estoraque (árbol y bálsamo). ◇ Pl.: *benjuíes.*

benque *m. Hond.* Orilla de un río.

benteveo *m.* Bienteveo (ave).

benteví *m. Argent.* Bienteveo (ave).

bentisal *adj.* Abisal.

bentófilo, -la *adj.* BIOL. [ser] Adaptado a la vida acuática a grandes profundidades.

bentónico, -ca *adj.* BIOL. [animal o planta] Que gralte. vive en contacto con el fondo del mar. 2 Relativo al fondo del mar.

bentonita *f.* Arcilla coloidal que se usa en la industria como emulsionante y detersivo.

bentos (gr. *benthos,* profundidad) *m.* Fauna y flora del fondo del mar y de los ríos y lagos.
benzaldehído *m.* QUÍM. Líquido incoloro de olor aromático penetrante, poco soluble en el agua, soluble en todas proporciones en alcohol y el éter, empleado en perfumería.
benzo- (de *benzol*) Elemento prefijal que entra en la formación de palabras denotando relación con el benceno: *benzonaftol.*
benzoato *m.* Sal o éster del ácido benzoico: ~ *de sosa.*
benzoico, -ca *adj.* Relativo al benjuí u obtenido de él: *ácido* ~, $C_7H_6O_2$, de color blanco, cristalizado, que se emplea como antiséptico.
benzol *m.* Nombre comercial del benceno crudo. Se emplea como combustible y como antidetonante en motores de explosión.
benzolismo *m.* MED. Intoxicación por respirar emanaciones de benzol y derivados del benceno.
benzopiridina (*benzo-* + *piridina*) *f.* QUÍM. Quinolina.
beocio, -cia *adj.-s.* De Beocia, región y monarquía del centro de Grecia. -2 *adj.-m.* Dialecto perteneciente al grupo eólico del griego común, hablado antiguamente en esta región. -3 *adj.* fig. Estúpido, tonto.
beodez *f.* Embriaguez o borrachera.
beodo, -da (l. *bibitu,* bebido) *adj.-s.* Embriagado o borracho.
beorí *m.* Tapir americano. ◇ Pl.: *beoríes.*
beotismo *m.* Idiotez, torpeza, grosería.
beque (l. *beccu* < gaél. *becc,* pico) *m.* Obra exterior de proa. 2 En los barcos, retrete de la marinería. 3 fig. Bacín, vasija.
bequeriana *f.* Composición poética, gralte. breve, de G. A. Bécquer (1836-1870).
béquico, -ca *adj.* Eficaz contra la tos.
bequista *adj. Amér. Central.* Becario.
berbecí *com. Colomb.* Bejín, persona que se enfada por poco.
berbén *m. Méj.* Escorbuto, mal de Loanda.
berberecho (quizá como el gr. *bérberi,* molusco) *m.* Molusco lamelibranquio, de conchas estriadas, casi circulares *(Cardium edule).*
SIN. **Verderol, verderón.**
berberí (ár.) *adj.-com.* Bereber. ◇ Pl.: *berberíes.*
berbería *f. Amér.* Adelfa.
berberidáceo, -cea *adj.* Berberídeo.
berberidales *f. pl.* Orden de plantas dentro de la clase de las dicotiledóneas.
berberídeo, -a *adj.-f.* Planta de la familia de las berberídeas. -2 *f. pl.* Familia de plantas dicotiledóneas que incluye arbustos y matas de hojas sencillas o compuestas, flores hermafroditas regulares y fruto en bayas secas o carnosas; como el agracejo.
berberís *m.* Bérbero. ◇ Pl.: *berberises.*
berberisco, -ca *adj.-s.* Beréber (de Berbería).
bérbero, -ros (ár. *berberís*) *m.* Agracejo (arbusto). 2 Agracejina. 3 Confección hecha con este fruto.
berbí (de *Verviers,* c. de Bélgica) *adj.* Fabricado con trama y urdimbre sin peinar. ◇ Pl.: *berbíes.*
berbiquí (del neerl. *wimmelken,* barrena; a través del fr. dial. *veberquin*) *m.* Manubrio semicircular giratorio que lleva encajada en un extremo la espiga de una broca o taladro. ◇ Pl.: *berbiquíes.*
berceo *m.* Albardín.
bercial *m.* Terreno poblado de berceos.
berciano, -na *adj.-s.* De El Bierzo (León).
beréber, bereber, -ere (del ár. *barbar*) *adj.-s.* De Berbería, actual Mogreb, región del nordeste de África. -2 *com.* Individuo de la raza que desde la más remota antigüedad habita el África Septentrional. -3 *adj.-m.* Lengua camitosemítica hablada antiguamente en el norte de África, fragmentada en numerosos dialectos actuales; como el tuareg y el rifeño. -4 *f.* Mariposa diurna de color pardo obscuro con bandas blancas y grandes ocelos ciegos *(Chazara prieuri).*
GRAM. La Acad. Española acepta las dos acentuaciones, pero prefiere *beréber.* En consecuencia los plurales son *beréberes* y *bereberes,* respectivamente. SIN. *1* **Berberisco.**
berengario, -ria *adj.-s.* Sectario de Bérenger (¿1000?-1088), heresiarca francés del siglo XI: *los berengarios negaban la presencia real de Jesucristo en la Eucaristía.*
berengo, -ga *adj. Méj.* Bobo, cándido.
berenguela *f. Perú.* Cierto amuleto tallado en piedra o yeso.
Berenice *n. pr.* V. Cabellera de ~.
berenjena (ár. *bedenchén*) *f.* Planta solanácea hortense, de fruto alargado comestible, morado por fuera y blanco por dentro *(Solanum melongena).* 2 Fruto de esta planta.
berenjenal *m.* Terreno plantado de berenjenas. 2 fig. Asunto de difícil solución: *estamos metidos en un* ~.
berenjenín *m.* Dim. de *berenjena.* 2 Variedad de la berenjena común.
bereque *adj. Guat.* Torcido, apl. a los ojos.
bergadán, -dano, -dana *adj.-s.* De Berga, ciudad de Barcelona.
bergamasco, -ca *adj.-s.* De Bérgamo, capital y provincia de la región italiana de Lombardía.
bergamota (del it. *bergamotta,* der. del turco *beg armudi,* pera del buey o señor) *f.* Variedad de pera muy jugosa y aromática. 2 Variedad de lima muy aromática, cuya esencia se emplea en perfumería.
bergamote, -moto *m.* Limero que produce la bergamota *(Citrus bergamia).* 2 Peral que produce la bergamota *(Pyrus communis).*
bergante (it. *brigante;* o fr. *brigand*) *m.* Pícaro, sinvergüenza, bandido.
bergantín (fr. *brigantin;* o it. *brigantino*) *m.* MAR. Velero de dos palos, trinquete y mayor, compuesto de palo macho y dos masteleros. 2 *P. Rico* y *S. Dom.* Golpe dado en un ojo y que deja un cardenal alrededor de este órgano.
berginización *f.* Procedimiento para la obtención de petróleo a partir del carbón.
bergsoniano, -na *adj.* Relativo al filósofo francés Enrique Bergson (1859-1941).
beriberi (de una lengua indostán) *m.* Enfermedad de los países cálidos, caracterizada por parálisis general y edemas múltiples. Se debe a la falta de vitamina B_1.
berilia *f.* FÍS. Óxido de berilio, substancia aislante de la electricidad, pero conductora del calor, que se utiliza como moderador en los reactores nucleares.
berilio *m.* Elemento químico muy raro, de propiedades metálicas, color gris acerado y sabor dulce, que se encuentra en el berilo, en la esmeralda, etc. Su símbolo es *Be* y su peso atómico 9,1. Se emplea para tubos de Rayos X y en reactores nucleares.
SIN. **Glucinio.**
beriliosis *f.* MED. Enfermedad respiratoria causada por el manejo de berilo.
berilita *f.* Silicato del grupo de los subnesosilicatos que cristaliza en el sistema monoclínico.
berilo (gr. *béryllos*) *m.* Silicato de alúmina y berilio, variedad de esmeralda, de color verdemar, blanco o azul.
berilonita *f.* Mineral de la clase de los fosfatos que cristaliza en el sistema monoclínico, clase prismática, en cristales blanquecinos, amarillentos o incoloros, con brillo nacarado o vítreo.
berkelio *m.* Elemento químico que se obtiene artificialmente por bombardeo del curio con partículas de alfa. Su símbolo es *Bk.*
berlandina *f.* desus. Bernardina.
berlanga (ant. a. al. *bretling,* tablilla; a través del fr. ant. *berlant*) *f.* Juego de naipes en el que se gana reuniendo tres cartas iguales, como tres ases, tres reyes.
I) berlina (de *Berlín,* donde salieron las primeras) *f.* Vehículo hipomóvil cerrado de cuatro ruedas con caja suspendida. 2 En las diligencias y otros vehículos, el departamento delantero con una sola fila de asientos. 3 Automóvil de cuatro puertas.
SIN. *1* **Cupé.**
II) berlina (l. *berlina,* picota) *loc. adv. En* ~, en ridículo: *estar, ponerse,* o *quedarse, en* ~.
berlinés, -nesa *adj.-s.* De Berlín, antigua capital de Alemania, actualmente dividida en dos sectores, Berlín Este y Berlín Oeste.
berlinga *f.* Pértiga de madera verde, con que se remueve la masa fundida en los hornos metalúrgicos. 2 MAR. Percha (tronco de árbol).
berlingar *tr.* Remover con la berlinga. ◇ ** CONJUG. [7] como *llegar.*
berma (fr. *berme*) *f.* Espacio al pie de la muralla para impedir que caigan dentro del foso las piedras que se desprenden de ella.
SIN. **Lisera.**
bermejal *m. Cuba.* Extensión grande de terreno bermejo.
bermejear *intr.* Aparecer en una cosa el color bermejo que le es propio. 2 Tirar a bermejo.
bermejizo, -za *adj.* Que tira a bermejo. -2 *m.* Panique.
bermejo, -ja (l. *vermiculu*) *adj.* Rubio, rojizo, rufo.
SIN. **Taheño,** aplicado a pelo.
bermejón, -jona *adj.* De color bermejo o que tira a él.
bermejuela *f.* Pez teleósteo cipriniforme fluvial, de pequeño

tamaño, cuerpo alto y comprimido, de color rojizo, con una línea lateral de color azul verdoso *(Rhodeus amarus)*. 2 *And.* Brezo, arbusto.

bermejura *f.* Color bermejo.

bermellón *m.* Cinabrio reducido a polvo, que toma color rojo vivo.
SIN. **Rúbrica sinópica.**

bermuda *f. Cuba.* Planta gramínea de jardín *(Panicum diffusum)*.

bermudas *m. pl.* Pantalón estrecho de colores alegres que llega hasta las rodillas, en gral. usado como traje de baño masculino.

bermudina (del poeta Salvador *Bermúdez* de Castro, 1817-1883) *f.* Octava endecasílaba o decasílaba usada por este poeta.

bernardina *f.* fam. Mentira, gralte. fingiendo valentías o cosas extraordinarias.

bernardo, -da (de San *Bernardo,* 1090-1153) *adj.-s.* Monje o monja de la orden del Císter.

I) Bernardo *n. pr. **Más fuerte que** ~,* comparación popular que acaso sea un recuerdo de Bernardo del Carpio (v. Carpio).

II) Bernardo (San ~), v. perro ~.

bernegal *m.* Taza ancha de boca y de figura ondeada. 2 *Can.* y *Venez.* Tinaja que recibe el agua que destila el filtro.

bernés, -nesa *adj.-s.* De Berna, capital de Suiza.

bernia (de *Hibernia,* hoy Irlanda) *f.* Tejido basto de lana, del que se hacían capas de abrigo. 2 Capa hecha de esta tela. -3 *com. Hond.* Haragán, cachazudo.

berón, -na *adj.-s.* De un antiguo pueblo céltico que en la época de la conquista romana habitaba territorios de la actual comunidad de La Rioja.

berquelio *m.* QUÍM. Elemento radiactivo artificial, descubierto en Berkeley, California, que se obtiene bombardeando el americio con partículas alfa.

berra *f.* Berraza (berro).

berraña *f.* Variedad de berro, no comestible.

berraza *f.* Berrera. 2 Berro crecido y talludo.

berrea *f.* Acción de berrear. 2 Efecto de berrear. 3 Brama del ciervo y algunos otros animales.

berrear (del l. *verres,* verraco) *intr.* Dar berridos. 2 Llorar o gritar desaforadamente un niño. 3 Gritar o cantar desentonadamente una persona. -4 *prnl.* Emberrenchinarse.

berrenchín *m.* Vaho que arroja el jabalí furioso. 2 Dim. irón. de *berrinche.*

berrendo, -da (probl. del célt. *barrovindos,* blanco en un extremo, convertido en *berruendo*) *adj.* Manchado de dos colores: *trigo* ~. 2 [toro] Con manchas de color distinto del de la capa. -3 *m.* Antílope americano. 4 *Extr.* Manta de lana.

berrengue *m. Colomb.* Vergajo, látigo.

berreo *m.* Acción de berrear. 2 Efecto de berrear. 3 Bramido del ciervo durante la berrea. 4 *Ecuad.* y *P. Rico.* Berrinche.

berrera *f.* Planta umbelífera, que se cría en las orillas de las balsas y riachuelos *(Sium angustifolium)*.
SIN. **Arsáfraga.**

berrido (der. de *berrear*) *m.* Voz del becerro y otros animales. 2 fig. Grito desaforado de persona, o nota alta y desafinada al cantar.

berrietas *m. pl. Colomb.* Llorón, que berrea.

berrín *m.* Bejín (pers.).

berrinchar *intr. S. Dom.* Protestar contra algo.

berrinche (der. de *verre,* verraco) *m.* fam. Coraje, enojo grande. 2 Gruñido furioso del jabalí. 3 *Ecuad.* Riña, disputa.

berrinchudo, -da *adj. Guat.* y *Méj.* Que se emberrincha con frecuencia, bejín.

berrizal *m.* Terreno en que abunda el berro.

berro (célt. *beruron,* nombre de la misma planta) *m.* Planta crucífera propia de los lugares aguanosos, cuyas hojas, compuestas y de sabor picante, se comen en ensalada *(Nasturtium officinale)*. 2 ~ ***de prado,*** mastuerzo de prado. 3 *Cuba.* ~ ***de costa,*** crucífera parecida al berro, pero no es comestible *(Cakile maritima)*.
SIN. *1* **Balsamita mayor.**

berrocal *m.* Terreno lleno de berruecos.

berrochar *intr. Colomb.* Alborotar, retozar.

berroche *m. Colomb.* Desorden, alboroto, retozo.

berrochón, -chona *adj. Colomb.* Alborotador, retozón.

berroqueña *adv.-s.* V. piedra berroqueña.

berrueco (probl. del célt. *verroccon;* en relac. con *roca*) *m.* Tumorcillo que se cría en el iris de los ojos. 2 Tolmo granítico. 3 Barrueco.

berruenda *f.* Pez teleósteo marino de gran tamaño y cuerpo muy alargado cubierto de escamas minúsculas *(Molva molva)*.
SIN. **Juliana.**

berta *f.* desus. Tira de punto o blonda, que adornaba el vestido de las mujeres.

bertorella *f.* Pez teleósteo marino, de 25 cms. de longitud, que se distingue por los tres barbillones de su cabeza y por sus largas aletas anal y dorsal *(Gaidropsarus mediterraneus)*.

berza (l. **virdia* < *viridia*) *f.* Col. 2 ~ ***de pastor,*** cenizo (planta). 3 ~ ***de perro*** o ***perruna,*** vencetósigo. 4 ~ ***marina,*** hierba convolvulácea perenne y rastrera, y flores rosas *(Calystegia soldanella)*.

berzal *m.* Terreno plantado de berzas.

berzas *m.* Berzotas, tonto, necio.

berzelianita *f.* Mineral de la clase de los seleniuros que cristaliza en el sistema cúbico, y que se presenta en masas dentríticas de color blanco azulado.

berzotas *com.* Tonto, necio.

besalamano *m.* desus. Esquela redactada en tercera persona, que empieza con la abreviatura *B.L.M.* y va sin firma.
REL. **Saluda.**

besamanos *m.* Acto en que se manifestaba adhesión al rey y personas reales besándoles la mano; más tarde se redujo a una simple visita. 2 p. ext. Adoración de una imagen religiosa pasando los fieles uno a uno ante ella para besarla. 3 Modo de saludar acercando la mano derecha a la boca y apartándola de ella una o más veces. ◇ Pl.: *besamanos.*

besamel *f.* Besamela.

besamela (fr. *béchamel*) *f.* Salsa blanca que se hace con harina, crema de leche y manteca.

besana (b. l. *bersana,* de *versare,* volver) *f.* Labor de arado de surcos paralelos. 2 Primer surco que se abre en la tierra cuando se empieza a arar. 3 Medida agraria catalana (2.187 ca.).
SIN. *1* y *2* **Abesana.**

besante (l. *byzantiu*) *m.* Ant. moneda bizantina de oro o plata. 2 BLAS. Figura heráldica que presenta la moneda de este nombre.

besar (l. *basiare*) *tr.-prnl.* Posar los labios [en alguna persona o cosa] como muestra de afecto, amor, amistad o reverencia: ~ *los ojos;* ~ *la mano;* ~ *los pies.* 2 Oprimir los labios o la boca [en los de otra persona] en señal de amor o deseo sexual. 3 Hacer el ademán propio del beso, sin llegar a tocar con los labios. 4 fig. ~ ***la jarra,*** beber vino. 5 fig. Estar en contacto cosas inanimadas. -6 *rec.* fam. Tropezarse dos personas dándose en la cara o en la cabeza. ◇ HOMÓF.: *vese* (v. *ver* y pron. *se*).
SIN. *1* **Besucar, besuquear** (frecuentativos); **hocicar** (desp.).

besico *m.* Dim. de *beso.* 2 ~ ***de monja,*** farolillo.

besito *m. Amér.* Panecillo de harina de trigo, coco, etc.

beso (l. *basiu*) *m.* Acción de besar: ~ ***de Judas,*** el que se da con doblez; ~ ***de paz,*** el que se da en muestra de amistad. 2 Ademán simbólico de besar. 3 fig. Golpe violento que mutuamente se dan dos personas en la cara o en la cabeza, o el que se dan las cosas cuando tropiezan unas con otras.
SIN. **Ósculo,** en estilo solemne o lit.

besotear *tr. Argent.* Besuquear.

Bessemer (n. del inventor, 1813-1898) *m.* Procedimiento para fabricar acero (*acero* ~) haciendo pasar por el hierro fundido una corriente de aire que queme el carbón y otras impurezas, en un horno especial llamado *convertidor* ~.

best seller *adj.-m.* ANGLIC. Libro o disco de mayor venta o de gran éxito. 2 p. ext. Lo que se vende bien o atrae a muchos visitantes o clientes. ◇ Se pronuncia *best séler.*

bestezuela *f.* Dim. de *bestia.*

bestia (l.) *f.* Animal cuadrúpedo, esp. el doméstico de carga. -2 *com.-adj.* Persona ruda e ignorante. 3 *Gran* ~, el anta o tapir. -4 *loc. adv. A lo* ~, con dureza, sin contemplaciones.

bestiaje *m.* Conjunto de bestias de carga.

bestial (l. *-ale*) *adj.* Brutal, irracional: *apetito* ~. 2 fam. Extraordinario, formidable. 3 fam. De grandeza excesiva, enorme.
SIN. v. **Brutal,** para su empleo en la lengua hablada con carácter intensivo general.

bestialidad *f.* Brutalidad, irracionalidad. 2 Gran cantidad, enormidad.

bestializar *tr.-prnl.* Hacerse bestial, vivir o proceder como las bestias. ◇ ** CONJUG. [4] como ***realizar.***

bestialmente *adv. m.* Con bestialidad.

bestiario (l. *-iu*) *m.* Hombre que luchaba con las fieras en los circos romanos. 2 Colección de fábulas de animales, esp. en la literatura medieval. 3 Decoración de bestias y monstruos, usada abundantemente en la Edad Media.

bestión *m.* Aum. de *bestia.* 2 Bicha (ARQ.).
béstola *f.* Aguijada (arado).
besucador, -ra *adj.-s.* Que besuca.
besucar *tr.* Besuquear. ◇ ** CONJUG. [1] como *sacar.*
besucón, -cona *adj.-s.* Besucador.
besugada *f.* Francachela en que el besugo es el plato único o principal.
besugo (quizá del prov. *besuc;* probl. der. de *bisoculu*) *m.* Pez marino teleósteo perciforme, de cuerpo oblongo, de color gris algo rojizo, con una mancha negra en el origen de la línea lateral, hocico corto, ojos grandes, y que puede llegar a pesar 6 kgs. Su carne es blanca y delicada al paladar *(Pagellus bogaraveo; P. cantabricus; P. centrodontus).* 2 fig. *y* fam. Zoquete, estúpido, bruto.
REL. **Pancho,** cría del ~.
besuguera *f.* La que tiene por oficio vender besugos. 2 Embarcación dedicada a la pesca del besugo o peces similares. 3 Cazuela ovalada para guisar besugos u otros pescados.
besuguero *m.* El que tiene por oficio vender o transportar besugos. 2 *Ast.* Anzuelo para pescar besugos.
besuguete *m.* Dim. de *besugo.* 2 Pagel.
besuquear *tr.* Besar repetidamente.
SIN. **Besucar; hocicar** y **hociquear,** son desp.
besuqueo *m.* Acción de besuquear.
I) beta *f.* Segunda letra del **alfabeto griego. 2 *Rayos* ~, corrientes de electrones emitidas por una substancia radiactiva, como el radium. Comp. rayos *alfa* y *gamma.*
II) beta (l. *vitta*) *f.* Cabo empleado en los aparejos. 2 *Ar.* y *Logr.* Pedazo de cuerda o hilo. ◇ HOMÓF.: *veta* (f.).
betabel *m. Méj.* Remolacha.
betarraga, -rrata (fr. *betterave*) *f.* Remolacha.
betatrón *m.* Aparato electromagnético destinado a imprimir altas velocidades a los electrones.
betel (malabar *betle*) *m.* Planta piperácea cultivada en el Extremo Oriente, cuyo fruto contiene una semilla picante y cuyas hojas saben a menta *(Piper melamiris).* 2 Mixtura de areca, betel y cal de conchas, que mascan los naturales del Extremo Oriente. 3 *Amér.* Areca.
Betelgeuse (ár.) *n. pr.* Estrella de primera magnitud en la constelación de Orión.
bético, -ca *adj.-s.* De Bética, antigua región de España. 2 Partidario del Real Betis Balompié C. F. 3 Propio o relativo a dicho club.
betijo *m.* Palito que se pone a los chivos atravesado en la boca de modo que les impide mamar, pero no pacer.
betlemita *adj.-s.* De Belén, ciudad de Palestina. -2 *adj.-com.* Religioso de la orden fundada en Guatemala en el s. XVII por Pedro de Bethencourt (1619-1667) bajo la regla de San Agustín (354-430).
betlemítico, -ca *adj.* Relativo a Belén. 2 Relativo a los betlemitas.
betónica (l.) *f.* Planta labiada, de hojas y raíces medicinales *(Stachys officinalis; Betonica o.).* 2 *Cuba* y *P. Rico.* Planta parecida a la anterior y de la cual se hace aguardiente aromático.
betuláceo, -a (l. *betula,* abedul) *adj.-f.* Planta de la familia de las betuláceas. -2 *f. pl.* Familia de plantas dicotiledóneas que incluye árboles o arbustos de hojas alternas, flores monoicas en amento, y fruto seco indehiscente; como el abedul.
betuminoso, -sa *adj.* p. us. Bituminoso.
betún (l. *bitumen*) *m.* Substancia compuesta principalmente de carbono e hidrógeno, que arde con llama y olor peculiar. 2 ~ *de Judea,* asfalto. 3 Barniz vidriado de la loza. 4 Mezcla de varios ingredientes con que se lustra el calzado. 5 *Cuba.* Agua saturada de substancia de los nervios y venas de las hojas del tabaco, usada para humedecer el tabaco en rama. 6 *Chile.* Mezcla de azúcar y clara de huevo batida, con que se bañan muchas clases de dulces.
REL. / **Bituminoso,** parecido al betún o que lo contiene. SIN. *4* **Bola.**
betunar, betunear *tr. Cuba.* Humedecer con betún tabaco en rama.
betunería *f.* Establecimiento del betunero.
betunero *m.* El que tiene por oficio hacer o vender betún. 2 *And.* Limpiabotas.
bevatrón *m.* Sincrotón para acelerar electrones hasta muy alta velocidad.
bey (turco *beg,* señor) *m.* En Turquía, título honorífico inferior al de bajá; ant., gobernador de una ciudad o provincia. ◇ Pl.: *beyes.*
bezaar *m.* Bezoar.
bezante (de *besante*) *m.* BLAS. Figura redonda, llana y maciza, como el tortillo, pero de metal.
bezar *m.* Bezoar. ◇ HOMÓF.: *vezar.*
bezo (etim. dud; quizá de una voz célt. *baikkion,* jeta) *m.* Labio grueso. 2 fig. Carne que se levanta alrededor de la herida enconada.
bezoar (ár. *bezahar*) *m.* Cálculo que se encuentra en las vías digestivas de algunos cuadrúpedos, considerado antiguamente como antídoto: ~ ***occidental,*** el del cuajar de algunas especies de cabras; ~ ***oriental,*** el del cuajar del antílope.
bezoárdico, -ca, bezoárico, -ca *adj.-m.* Que contiene bezoar; esp. antídoto o medicamento contra enfermedades malignas. 2 ~ ***mineral,*** peróxido de antimonio.
bezote *m.* Adorno o arracada que usaban los indios de América en el labio inferior.
bezudo, -da *adj.* Grueso de labios: *hombre ~, medalla bezuda.*
SIN. **Hocicudo, morrudo,** aplicado al hombre o a los animales.
bi- (l. *bis*) Elemento prefijal que entra en la formación de palabras con el significado de dos, dos veces, doble: *biauricular, bidentado; bisulfato, bióxido;* en algunos casos mantiene la *s* originaria: *bisnieto, bisojo;* a veces transformada en *z (biznieto, bizcocho).* 2 QUIM. Entra en la terminología química indicando la presencia de dos átomos, moléculas o radicales iguales en un compuesto: *bióxido, bicloruro.*
Bi, símbolo químico del *bismuto.*
biaba *f. Argent.* y *Urug.* Arremetida.
biajaca (voz indígena) *f. Cuba.* Pez de los ríos y lagunas de unos tres decímetros de longitud *(Serranus inermis).*
biajaiba *f.* Pez comestible del mar de las Antillas, de cola ahorquillada y rojiza *(Mesoprion uninotatus; Plectropoma Hispanium).*
bianchita *f.* Mineral de la clase de los sulfatos que cristaliza en el sistema monoclínico y aparece en costras blanquecinas o grisáceas.
biangular (*bi-* + *angular*) *adj.* Que tiene dos ángulos.
bianual (*bi-* + *anual*) *adj.-s.* Que ocurre dos veces al año.
biao *m. Amér.* Bijao.
biarca (l. *biarchu*) *m.* Oficial que en la milicia romana cuidaba de los víveres y de las pagas.
biarrota *adj.-s.* De Biarritz, ciudad del departamento francés de los Pirineos Atlánticos.
biarticulado, -da (*bi-* + *articulado*) *adj.* Que tiene dos articulaciones.
biatlón *m.* Carrera de esquí de fondo en la que los participantes deben llevar una carabina para efectuar una prueba de tiro en la que los fallos penalizan los tiempos conseguidos.
biatómico, -ca (*bi-* + *atómico*) *adj.* QUÍM. [cuerpo simple] Cuyo peso molecular es doble del peso atómico. 2 [molécula] Formado por dos átomos.
biauricular (*bi-* + *auricular*) *adj.* Relativo a ambos oídos.
biáxico, -ca (*bi-* + *áxico*) *adj.* Que tiene dos ejes.
biaza *f.* Bizaza.
bibásico, -ca (*bi-* + *básico*) *adj.* QUÍM. [base] Que posee dos basicidades.
bibe *m.* fam. Biberón.
bibelot *m.* GALIC. Muñeco, figurilla, chuchería, etc. 2 GALIC. Objeto decorativo de escaso valor, gralte. escultórico, de pequeño tamaño. 3 *Venez.* GALIC. Alhaja, cosa preciosa. ◇ Pl.: *bibelots.*
biberón (fr. *biberon*) *m.* Frasco de cristal o de material plástico, con una tetina de goma elástica, que se utiliza para la lactancia artificial. 2 Leche que contiene este frasco y que toma el niño cada vez.
bibí *m. Argent.* Planta liliácea, de florecillas moradas y amarillas *(gén. Oxalis).*
bibicho *m. Hond.* Gato, mamífero.
bibijagua (voz indígena) *f. Ant.* Hormiga grande muy voraz, perjudicial a las plantas *(Atta insularis).* 2 *Cuba.* fig. Persona industriosa y diligente.
bibijagüero, -ra *m. f.* Hormiguero de bibijaguas.
biblia *f. Amér. Central.* fig. Viveza, astucia, maña.
Biblia (gr. *biblía,* libros) *n. pr.* Conjunto de los libros canónicos del Antiguo y Nuevo Testamento.
SIN. **Sagrada Escritura,** o simplte., **Escritura.**
bíblico, -ca *adj.* Relativo a la Biblia.
biblio- (gr. *biblíon,* libro) Elemento prefijal que entra en la formación de palabras con el significado de libro: *bibliografía.*

bibliobús (*biblio-* + *bus*) ***m.*** Autobús acondicionado como biblioteca púbica móvil.
bibliofilia (*biblio-* + *-filia*) ***f.*** Afición a los libros, esp. a los raros o curiosos.
bibliófilo, -la (*biblio-* + *-filo* I) ***m. f.*** Aficionado a los libros raros o valiosos. 2 en gral. Persona amante de los libros.
bibliografía (*biblio-* + *-grafía*) ***f.*** Historia o descripción de libros y manuscritos, con datos acerca de sus ediciones, fechas de impresión, etc. 2 Relación o catálogo de libros o escritos referentes a materia determinada.
bibliográfico, -ca ***adj.*** Relativo a la bibliografía.
bibliógrafo, -fa (*biblio-* + *-grafo*) ***m. f.*** Persona que posee gran conocimiento de libros o el que los describe.
bibliología (*biblio-* + *-logía*) ***f.*** Estudio general del libro en su aspecto histórico y técnico.
bibliomancia, -mancía (*biblio-* + *-mancia*) ***f.*** Adivinación que se hacía abriendo un libro al acaso, esp. la Biblia, e interpretando el pasaje que salía.
bibliomanía (*biblio-* + *-manía*) ***f.*** Pasión por los libros, manía de adquirirlos.
bibliómano ***m.*** El que tiene bibliomanía.
bibliopola (*biblio-* + gr. *poleo*, vender) ***m.*** Librero, vendedor de libros.
bibliótafo, -fa (*biblio-* + gr. *táphos*, tumba, sepulcro) ***m. f.*** Bibliómano que no quiere que lea nadie el libro raro que él posee.
biblioteca (l. *bibliotheca*) ***f.*** Local donde se tienen libros ordenados para la lectura. 2 Conjunto de estos libros. 3 Colección de libros o tratados análogos: ~ *de Jurisprudencia y Legislación.* 4 Obra en que se da cuenta de una colección de libros y de sus autores. 5 Mueble, estantería, etc., donde se colocan libros.
SIN. *1* y *2* **Librería,** esp. si es particular.
bibliotecario, -ria ***m. f.*** Persona que tiene a su cargo el cuidado de una biblioteca.
bibliotecología (de *biblioteca* + *-logía*) ***f.*** Ciencia que estudia todo lo relacionado con el libro o las bibliotecas.
bibliotecológico, -ca ***adj.*** Perteneciente o relativo a la bibliotecología.
bibliotecólogo, -ga ***m. f.*** Persona que profesa la bibliotecología o tiene especial conocimiento de ella.
biblioteconomía (de *biblioteca* + *-nomía*) ***f.*** Ciencia y arte de la organización y administración de las bibliotecas.
bibona ***f.*** Árbol silvestre de Cuba, de madera blanca, no utilizable en carpintería *(Gilibertia arborea).*
bical ***m.*** Salmón macho.
bicameral (*bi-* + *cameral*) ***adj.*** [organización del Estado] Que tiene dos cámaras legislativas, a diferencia de *unicameral.*
bicapsular (*bi-* + *capsular*) ***adj.*** BOT. [fruto] Que tiene dos cápsulas.
bicarbonatado, -da ***adj.*** Que contiene bicarbonato.
bicarbonato (*bi-* + *carbonato*) ***m.*** Sal que resulta de substituir la mitad del hidrógeno del ácido carbónico por un metal monovalente: ~ ***sódico,*** CO_3HNa.
bicarburo (*bi-* + *carburo*) ***m.*** Carburo que contiene doble proporción de carbono. 2 ~ ***de hidrógeno,*** etileno.
bicéfalo, -la (*bi-* + *-céfalo*) ***adj.*** Que tiene dos cabezas.
bicentenario (*bi-* + *centenario*) ***m.*** Segundo centenario.
bíceps (l. *biceps,* dos cabezas) ***adj.-m.*** De dos cabezas. 2 ANAT. Músculo uno de cuyos extremos está escindido en dos cabos independientes, y esp. el músculo flexor del brazo: ~ ***crural,*** ANAT., el que permite flexionar angularmente la pierna sobre el muslo. ◇ Pl.: *bíceps.*
bicerra ***f.*** Gamuza.
bicha (l. *bestia,* a través del port.) ***f.*** Entre personas supersticiosas, culebra: ***mentar la ~,*** pronunciar la palabra «culebra», que es de mal agüero. 2 ARQ. Figura fantástica que se emplea como objeto de ornamentación. 3 *Colomb.* Bicho. 4 *Venez.* Ficha con que se cierra una partida de dominó.
SIN. *2* **Bestión.**
bichar ***tr.*** Bichear. 2 *Venez.* Labrar [un madero].
bichará ***m.*** *R. de la Plata.* Poncho (capote) ordinario de lana, gralte. con listas negras y blancas a lo largo.
bicharra ***f.*** *Perú.* Cocina de barro.
bicharraco ***m.*** Desp. de *bicho.*
bicharrango ***m.*** *And.* y *Can.* desp. Bicharraco.
biche ***adj.*** *Argent., Colomb.* y *Pan.* [fruta] Verde. 2 *Argent., Colomb.* y *Pan.* [pers.] Canijo y enteco. 3 *Méj.* Vacío, fofo. -4 ***m.*** *Perú.* Olla grande.
bicheadero ***f.*** *Argent.* Atalaya.
bicheador, -ra ***adj.*** *Argent.* Observador, espía.
bichear ***tr.*** Espiar, observar a escondidas [a alguien o algo]. 2 Huronear. 3 *Germ.* Escamotear.
bichento, -ta ***adj.*** *Perú.* vulg. Envidioso, despechado.
bichera ***f.*** *Urug.* Llaga en la piel del ganado. 2 *Colomb.* Diarrea en las aves.
I) bichero (del port. *bicheiro;* probl. der. de *bicho*) ***m.*** MAR. Asta larga con un hierro de punta y gancho para atracar, desatracar y otros usos diversos.
SIN. **Cloque.**
II) bichero (der. de *bicho*) ***m.*** Huronero.
bichicuma (ingl. *beach-comber*) ***m.*** *Perú.* Marinero europeo que se queda en tierra y se dedica a la vagancia.
bichín, -china ***adj.*** *Amér. Central.* Boquineto.
I) bicho (l. v. *bestiu;* por l. *bestia;* a través del port.) ***m.*** Animal pequeño. 2 Toro de lidia. 3 Hurón. 4 fig. Persona de figura ridícula o de mal genio. 5 En el lenguaje de la droga, dósis de ácido. -6 ***m. f.*** *Guat.* Niño, chamaco.
FR. *Mal* ~, malintencionado. ~ *viviente,* expr. ponderativa para indicar que no se exceptúa persona alguna de lo que se afirma o niega: *todo ~ viviente salió a la calle.*
II) bicho ***m.*** *Colomb.* Enfermedad o cólera de las aves. 2 *Perú.* Despecho. 3 *Perú.* Entripado.
bichoco, -ca ***adj.-s.*** *Argent., Chile* y *Urug.* Caballo inútil para las carreras o que, por vejez o enfermedad, no puede moverse con agilidad. Por ext., se aplica a personas.
bichoquera ***f.*** *Amér. Merid.* Bultos musculares y sobrehuesos que aparecen en los animales viejos o que han trabajado mucho.
bichorno ***m.*** *Cuba.* Pajurria.
bichoronga ***f.*** *Venez.* Cosa insignificante. 2 Mujer pública.
bichozno ***m.*** Hijo del cuadrinieto.
bichunga ***f.*** *Ecuad.* Trincha o ajustador de prendas de vestir.
bici ***f.*** Abreviación popular de bicicleta.
bicicleta (del fr. *bicyclette;* sobre la voz ingl. *bicycle*) ***f.*** Biciclo de dos ruedas iguales: ~ *de carreras;* ~ *de paseo.*
REL. **Ciclismo, velocipedismo,** deporte de la bicicleta; el que monta en ella, **ciclista.**
biciclo (*bi-* + *-ciclo*) ***m.*** Velocípedo de dos ruedas.
biciliado, -da (*bi-* + *ciliado*) ***adj.*** BOT. Que tiene dos cilios o flagelos.
bicipital ***adj.*** Relativo al músculo bíceps.
bicípite ***adj.*** Bicéfalo.
bicloruro (*bi-* + *cloruro*) ***m.*** Sal que contiene dos átomos de cloro.
bicoca (it. *bicocca,* pequeña fortaleza) ***f.*** fig. Cosa de poca estima. 2 fig. *y* fam. Ganga, cosa apreciable que se adquiere a poca costa. 3 Fortificación pequeña. 4 Aposento reducido. 5 *Argent.* Solideo de los clérigos. 6 *Chile.* Capirotazo.
bicolor (*bi-* + *color*) ***adj.*** De dos colores.
bicóncavo, -va (*bi-* + *cóncavo*) ***adj.*** [cuerpo] Que tiene dos superficies cóncavas opuestas: *lente bicóncava.*
biconvexo, -xa (*bi-* + *convexo*) ***adj.*** [cuerpo] Que tiene dos superficies convexas opuestas: *lente biconvexa.*
bicoque ***m.*** *Amér. Merid.* Golpe dado en la cabeza con los nudillos de los dedos.
bicoqueta ***f.*** *Perú.* Bicoquete. 2 *Perú.* Gorro alto que usan algunos religiosos.
bicoquete, bicoquín ***m.*** Papalina (gorro).
bicorne (l; doble etim. *bicornio*) ***adj.*** De dos cuernos o dos puntas: *estatua ~ de Moisés por Miguel Ángel;* BOT., *órgano* ~; LÓG., ***argumento*** ~, dilema.
bicornio ***m.*** Sombrero de dos picos.
bicos (l. *beccu,* pico) ***m. pl.*** Puntillas de oro que se ponían en los birretes.
bicromato ***m.*** QUÍM. Sal del ácido di- o bicrómico $Cr_2O_7H_2$. Tiene color rojo y es oxidante. Los bicromatos más importantes son los de sodio y potasio.
bicromía ***f.*** Impresión o grabado en dos colores.
bicromo, -ma (*bi-* + *-cromo*) ***adj.*** De dos colores.
bicuadrado, -da ***adj.*** MAT. [cantidad] Que es la cuarta potencia de otra. 2 ***Ecuación ~,*** la de cuarto grado que contiene solamente términos de exponente par.
bicuento ***m.*** MAT. ant. Billón.
bicúspide (*bi-* + *cúspide*) ***adj.*** De dos cúspides. 2 Válvula mitral.
bidé (fr. *bidet*) ***m.*** Lavabo para el aseo de los genitales.
bidel (fr. *bidet*) ***m.*** *Amér.* Bidé, bañera.
bidentado, -da ***adj.*** BOT. Que presenta dos salientes en forma de dientes: *pétalo ~.*

bidente (l.) *adj.* poét. De dos dientes. -2 *m.* Palo largo con una cuchilla en forma de media luna, que usaban los primitivos españoles. 3 poét. Especie de azada o azadón de dos dientes. ◇ HOMÓF.: *vidente* (m.).

bidimensional (*bi-* + *dimensión*) *adj.* [cuerpo] Representado según su altura y su anchura, y no su profundidad.

bidón (fr.) *m.* Recipiente de metal, de mayor tamaño que la lata o el bote: *un ~ de gasolina, de carburo, de sosa cáustica.*

biela (fr. *bielle*) *f.* Barra que en las máquinas sirve para transformar el movimiento de vaivén en otro de rotación, o viceversa. 2 En la bicicleta, palanca del pedal.

bielda *f.* Especie de bieldo que sirve para recoger, cargar y encerrar la paja. 2 Acción de beldar.

bieldada *f.* Conjunto de mieses, legumbres, etc., que se cogen de una vez con el bieldo.

bieldar *tr.* Beldar.

bieldo, bielgo *m.* Instrumento para beldar, compuesto de un palo largo, en cuyo extremo hay un travesaño con cuatro púas de madera.

SIN. **Aventador, aviento.**

bielorruso, -sa *adj.-s.* De Bielorrusia, república del oeste de la Unión Soviética. -2 *adj.-m.* Lengua perteneciente al grupo eslavo oriental, hablada primitivamente en esta república soviética.

I) bien (l. *bene*) *m.* Objeto que se considera como última perfección de todas las cosas y que por lo mismo se ofrece como un fin propio de las mismas y mueve especialmente la voluntad a su amor y consecución. 2 *Sumo ~*, el bien absoluto en sí mismo, identificado con el Creador. 3 p. ext. Lo que es útil y beneficioso o produce bienestar o dicha: *el ~ de la patria; cuando viene el ~ mételo en tu casa; contar mil bienes de uno.* 4 FIL. En la teoría de los valores, la realidad que posee un valor positivo y por ello es estimable. -5 *m. pl.* Hacienda, riqueza, caudal; DER. ***bienes aloidales***, los que están libres de toda carga y derecho señorial; ***bienes comunales*** o ***concejiles***, los que pertenecen al común o concejo del pueblo; ***bienes de fortuna***, bienes; ***bienes dotales***, los que constituyen la dote de la mujer en el matrimonio; ***bienes fungibles***, los muebles de que no puede hacerse el uso adecuado sin consumirlos, y aquellos en reemplazo de los cuales se admite otro tanto de igual calidad; ***bienes gananciales***, los adquiridos durante el matrimonio; ***bienes inmuebles, bienes raíces***, las tierras, edificios, adornos, artefactos o derechos a los cuales atribuye la ley consideración de inmuebles (también *sedientes, sitios* o *sitos*); ***bienes mostrencos***, los que por no tener dueño conocido se aplican al estado; ***bienes muebles***, los que pueden trasladarse de una parte a otra; ***bienes nullius***, los bienes sin dueño; ***bienes parafernales***, los que lleva la mujer al matrimonio, además de la dote y los que adquiere durante él por herencia, donación, etc.; ***bienes relictos***, los que dejó alguno al morir o quedaron de él a su fallecimiento; ***bienes semovientes***, toda clase de ganado. ◇ La acep. 5 en pl. puede también usarse en sing. ◇ HOMÓF.: *vienes* (v.).

II) bien *adv. m.* Califica los actos según la definición general de bien y significa como es debido, acertadamente: *Juan se conduce siempre ~;* según se apetece o requiere, felizmente, de una manera adecuada a un fin: *la estratagema salió ~;* con algunos participios forma una sola expresión: *~ hablado; ~ criado;* a veces se unen ambos en la escritura: *bienaventurado.* 2 En el siglo actual se ha extendido su uso adjetivado como calificativo de la persona o personas distinguidas por su buena posición social, educación u otras cualidades: *gente ~; una muchacha ~;* en esta acepción es invariable en género y número: *personas ~.* 3 ***Hacer ~***, beneficiar, socorrer, dar limosna. En este uso, su función gramatical oscila entre substantivo y adverbio. 4 ***Tener a ~***, estimar justo o conveniente; querer, mantener o hacer una cosa. 5 Con gusto, sin inconveniente, sin dificultad: *yo ~ accedería a tus súplicas; ~ puedes creerlo.* 6 Bastantemente o mucho: *~ se conoce que eres su amigo.* 7 Aproximadamente: *~ andaríamos quince leguas.* 8 ***~ rico***, muy rico. 9 Denota correspondencia o asentimiento: *¿iremos al teatro? ~.* -10 ***loc. adv. ~ a ~, por ~***, de buen grado, sin disgusto. -11 ***conj. distrib.*** Denota alternativa entre varias oraciones o miembros oracionales, que se sienten con diferencias lógicas, temporales, espaciales, etc.: *te mandaré la carta, ~ por la mañana, ~ por la tarde.* -12 ***loc. conj. temp. No ~***, apenas, luego que. 13 ***loc. modal ~ como, ~ así como***, de igual modo que. 14 ***loc. conces. Si ~, ~ que***, aunque. 15 ***A ~ que***, por suerte, a dicha que: *a ~ que iré allá y tendré más humor.* 16 Es expletiva en algunos modos conjuntivos: *antes ~, pero ~, o ~, pues ~.* 17 ***Y ~***, sirve para introducir una pregunta: *y ~ ¿qué es de ello?*

bien- (de *bien-* II) Prefijo que entra en la formación de palabras, unido a algunos verbos y participios, con el valor de *bien* II: *bienhablado, bienvivir;* unido a nombres, y por analogía con *mal-* II, aporta el significdo de bueno: *bienaventuranza, bienquerencia.*

CONTR. **Mal-.**

bienal (l. *biennale*) *adj.* Que se repite cada bienio. 2 Que dura un bienio. -3 *f.* Exposición o manifestación artística que se celebra cada dos años.

bienalmente *adv. t.* Cada dos años.

bienandante (*bien-* + *andante*) *adj.* Feliz, afortunado.

bienandanza (*bien-* + *andanza*) *f.* Felicidad, fortuna en los sucesos

SIN. **Buenandanza.** CONTR. **Malandanza.**

bienaventuradamente *adv. m.* Con bienaventuranza.

bienaventurado, -da *adj.-s.* Que goza de la bienaventuranza eterna. 2 Excesivamente cándido. -3 *adj.* Afortunado, feliz.

bienaventuranza (de *bien-* + *aventura*) *f.* Visión o fruición beatífica, vista y posesión de Dios en el cielo. 2 Prosperidad o felicidad humana. -3 *f. pl.* Las ocho felicidades que en el llamado Sermón de la Montaña manifestó Cristo a sus discípulos para que aspirasen a ellas.

SIN. *1* **Gloria, vida eterna.**

bienestar (*bien-* + *estar*) *m.* Comodidad (conveniencia). 2 Vida holgada. 3 Estado de la persona en el que tienen buen funcionamiento sus mecanismos físicos y psíquicos.

SIN. *2* v. **Riqueza.** CONTR. **Malestar.**

bienfortunado, -da (de *bien-* + *fortuna*) *adj.* Afortunado (que tiene fortuna).

biengranada *f.* Planta quenopodiácea, anual, de olor desagradable, hojas ovales y flores dispuestas en inflorescencias espiciformes que se utilizan en medicina popular para preparar infusiones anticatarrales y expectorantes *(Chenopodium botrys).*

bienhablado, -da (de *bien-* + *hablar*) *adj.* Que habla cortésmente y sin murmurar.

CONTR. **Malhablado.**

bienhadado, -da (de *bien-* + *hado*) *adj.* Afortunado (que tiene fortuna).

CONTR. **Malhadado.**

bienhallado, -da (de *bien-* + *hallar*) *adj.* Encontrado con complacencia o en el momento oportuno. 2 Interjección que denota con cortesía la alegría al encontrar a alguien. ◇ Normalmente se emplea como respuesta a *bienvenido.*

bienhechor, -ra *adj.-s.* Que hace bien a otro.

bienhechuría *f. Cuba.* Mejoras hechas en una finca arrendada.

bienintencionadamente *adv. m.* Con buena intención.

bienintencionado, -da (de *bien-* + *intencionado*) *adj.* Que tiene buena intención.

CONTR. **Malintencionado.**

bienio (l. *bienniu*) *m.* Período de dos años. 2 Incremento económico de un sueldo o salario correspondiente a cada dos años de servicio activo.

bienllegada (*bien-* + *llegada*) *f.* Bienvenida.

bienmandado, -da (de *bien-* + *mandar*) *adj.* Obediente a sus superiores.

CONTR. **Malmandado.**

bienmesabe *m.* Dulce de claras de huevo y azúcar, de que se hacen los merengues. 2 Dulce de composición muy variada. 3 *And., Can., Cuba* y *Venez.* Dulce que se hace con yemas de huevo, almendra molida, azúcar, etc.

bienoliente (de *bien-* + *oler*) *adj.* Fragante.

CONTR. **Maloliente.**

bienquerencia (*bien-* + *querencia*) *f.* Buena voluntad, cariño.

CONTR. **Malquerencia.**

I) bienquerer *m.* Bienquerencia.

II) bienquerer (*bien-* + *querer*) *tr.* Querer bien, estimar [a uno]. ◇ ** CONJUG. [80] como ***querer.***

CONTR. **Malquerer.**

bienqueriente *adj.* Que bienquiere.

bienquistar *tr.* Poner bien [a una o varias personas] con otra u otras.

CONTR. **Malquistar.**

bienquisto, -ta, pp. irreg. de *bienquerer.* 2 *adj.* De buena fama y gralte. estimado: *~ de, por* o *con, todos.*

CONTR. **Malquisto.**

bienteveo (de la frase *bien te veo*) *m.* Candelecho. 2 Ave paseriforme de Sudamérica, de 26 cms. de longitud, lomo pardo, pecho y cola amarillos y una mancha blanca en la cabeza *(Pitangus sulfuratus).*

SIN. *2* **Benteveo, benteví.**
bienvenida (*bien-* + *venida*) *f.* Parabién que se da a uno por haber llegado con felicidad.
bienvenido, -da *adj.* Recibido con complacencia, llegado en momento oportuno. 2 Interjección que denota con cortesía la alegría al encontrar o recibir a alguien.
bienvivir (*bien-* + *vivir*) *intr.* Vivir con holgura. 2 Vivir honestamente.
biércol *m.* Brezo (mata ericácea).
biérgol *m. And.* y *Extr.* Bieldo.
bierva *f. Ast.* Vaca que ha perdido, o a la cual se ha quitado, la cría y sigue produciendo leche.
bierzo *m.* Lienzo labrado en El Bierzo (prov. de León).
bies (fr. *biais*) *m.* Oblicuidad, sesgo. 2 Tira de tela cortada al sesgo, que se cose al borde de las prendas de vestir. 3 *Al* **~**, al sesgo.
biesfenoide *adj.-s.* MINER. Forma cristalina de cuatro caras triangulares que se cortan.
bifacial (*bi-* + *facial*) *adj.* BOT. [órgano] Que tiene una cara de distinta forma o aspecto que la opuesta.
bifásico, -ca (*bi-* + *fásico*) *adj.* [sistema] Que tiene dos corrientes eléctricas alternas iguales, procedentes del mismo generador, cuyas fases respectivas se producen a la distancia de un cuarto de período.
bife (ing. *beef*) *m. Argent., Chile, Perú, P. Rico* y *Urug.* vulg. Bistec. 2 *Argent.* y *Urug.* Peladura, llaga. 3 *Argent., Perú* y *Urug.* fam. Guantada, sopapo.
bífero, -ra (l. *-ru*) *adj.* BOT. Que fructifica dos veces al año.
bífido, -da (l. *-du*) *adj.* BOT. Hendido en dos partes.
bifilar *adj.* Que está formado por dos hilos.
biflagelado, -da *adj.* Biciliado.
bifloro, -ra (*bi-* + *-floro*) *adj.* Que tiene o encierra dos flores: *pedúnculo* **~**.
bifocal (*bi-* + *focal*) *adj.* ÓPT. Que tiene dos focos; esp. [lente] que tiene una parte adecuada para la visión a corta distancia, y otra para la lejana.
biforme (*bi-* + *-forme*) *adj.* De dos formas.
bíforo, -ra (l.) *adj.* De dos puertas o dos entradas. -2 *f.* Ventana doble.
bifronte (l.) *adj.* De dos frentes o dos caras.
biftec *m.* Bistec. ◇ Pl.: *biftecs.*
bifurcación (l. *-atione*) *f.* Acción de bifurcarse. 2 Efecto de bifurcarse. 3 Lugar en que un camino, vía férrea, etc., se bifurca.
SIN. *1* y *2* HIST. NAT. **Dicotomía.**
bifurcado, -da *adj.* De figura de horquilla.
bifurcarse (l. *bifurcu*, ahorquillado) *prnl.* Dividirse en dos ramales, brazos o puntas. ◇ ** CONJUG. [1] como *sacar.*
biga (l.) *f.* Carro de dos caballos. 2 Tronco de caballos que tiran de la biga. ◇ HOMÓF.: *viga.*
Sólo se usa tratando de la antigüedad clásica.
bigamia (*bi-* + *-gamia*) *f.* DER. Estado anormal e ilegítimo de un hombre casado con dos mujeres a un mismo tiempo, o de la mujer casada con dos hombres. 2 DER. Segundo matrimonio que contrae el que sobrevive de los dos consortes.
bígamo, -ma (*bi-* + *-gamo*) *adj.-s.* Que se casa por segunda vez, viviendo el primer cónyuge. 2 Bínubo. 3 Casado con viuda o casada con viudo.
bigardear *intr.* Andar vago y vicioso.
bigardía *f.* Burla, fingimiento.
bigardo, -da (de *begardo*) *adj.* fig. Vago, vicioso. -2 *adj.-s.* fig. Monje que vivía en el desenfreno.
bigardón, -dona *adj.* Bigardo.
bigardonear *intr.* Bigardear.
bígaro *m.* Molusco gasterópodo marino que abunda en las costas del Cantábrico; cuya concha, de hasta 4 cms. de altura, es de color gris obscuro con bandas claras y obscuras *(Littorina littorea).*
bigarrado, -da *adj.* p. us. Abigarrado.
bigarro *m.* Bígaro.
big bang (ing.) *m.* Fase explosiva de una masa compacta que, según algunos, dio origen al universo.
bigeminado, -da (*bi-* + *geminado*) *adj.-s.* ARQ. Vano dividido en cuatro partes por maineles, separadas dos a dos por una división central mayor que las laterales.
bigenérico, -ca *adj.-s.* Híbrido resultante del cruce de dos especies distintas.
bignonia (fr. *Bignon*, 1662-1743, bibliotecario de Luis XIV) *f.* Planta bignoniácea de jardín, de flores grandes y encarnadas *(gén. Bignonia).*
bignoniáceo, -a *adj.-f.* Planta de la familia de las bignoniáceas. -2 *f. pl.* Familia de plantas de América tropical, de hojas opuestas y flores grandes de cáliz acampanado, axilares, solitarias o reunidas en cortas panículas.
bigornia (**bicornia* < l. *bicornis*, de dos cuernos) *f.* Yunque con dos puntas opuestas.
bigorrella *f.* MAR. Piedra de gran peso que sirve para calar las collas.
bigote (et. dud; quizá del germ. *bî God*, por Dios, juramento) *m.* Pelo que nace sobre el labio superior: *recortar el* **~**; *chamuscarse los bigotes.* 2 Infiltraciones del metal en las grietas interiores del horno. 3 Abertura semicircular que tienen algunos hornos para que salga la escoria fundida. 4 ELECTR. **~** *de gato*, pequeño trozo de alambre fino que se utiliza para hacer contacto eléctrico con la superficie de un semiconductor. -5 *m. pl.* Llamas que salen por la abertura semicircular de algunos hornos. 6 IMPR. Línea horizontal, gruesa por en medio y delgada por los extremos. -7 *m. Méj.* Croqueta.
SIN. *1* **Mostacho.** *3* **Bigotera.** FR. *Tener bigotes*, tener tesón.
bigotera *f.* Tira de gamuza u otro tejido con que se cubren los bigotes en casa o en la cama, para que no se descompongan. 2 Bocera que al beber queda en el labio superior: *bigoteras de vino.* 3 Asiento estrecho y plegable que se pone en el interior de algunos carruajes. 4 Puntera (contrafuerte). 5 Compás pequeño. 6 Adorno de cintas que usaban las mujeres para el pecho. 7 Bigote (abertura).
bigotudo, -da *adj.* Que tiene mucho bigote. -2 *m.* Ave paseriforme de cola larga y pequeño tamaño, de color leonado; el macho se distingue por una mancha negra a los lados del pico *(Panurus biarmicus).*
SIN. *1* **Abigotado.**
biguá (guaraní *mbiguá*) *m. Argent.* y *Parag.* Ave palmípeda de unos 55 cms. de longitud *(Gracus brasilianus; Carbo brasiliensis).*
biguán (ing. *big one*) *m. Amér. Central.* Fardo grande.
biguanudo, -da (de *biguán*) *adj. Amér. Central.* Que es de tamaño desmesurado.
bigudí *m.* Alfiler o pinza para ondular el cabello. ◇ Pl.: *bigudíes.*
bija (caribe *bija*, encarnado) *f.* Planta bixácea de hojas alternas, simples y anchas, flores grandes en panícula terminal y fruto en cápsula, de cuya semilla se obtiene un colorante rojo *(Bixa orellana).* 2 Pasta hecha con bermellón que los indios americanos usaban para pintarse.
SIN. **Achiote, achote.** REL. vb. **Embijar**, pintar o teñir con bija.
bijagua (voz indígena) *f. Cuba.* Árbol silvestre de hojas medicinales *(Heliconia bihai).*
bijáguara (voz indígena) *f. Cuba.* Árbol rámneo de madera rojiza muy resistente *(Colubrina reclinata; C. ferruginea).*
bijao (voz indígena) *m.* Planta musácea de América, de cuyas hojas se sirven los campesinos para cubrir sus viviendas *(Alpinia aromatica; Heliconia bihai).* ◇También *biao.*
bijaura (voz indígena) *f. Cuba.* Floripondio, arbusto de jardín.
bijirita (voz indígena) *f. Cuba* y *P. Rico.* Pequeño pájaro cantor, de plumaje amarillo oliváceo y unos 12 cms. de largo *(gén. Dendroica).* 2 *Cuba.* Cubano de padre español. 3 *Cuba.* Cometa pequeña de papel. -4 *adj. Cuba.* Chico, diminuto. -5 *f. Cuba.* fig. Nimiedad, cosa de poca importancia.
bijorria *f. S. Dom.* Molestia, calamidad.
bijugo *m.* Pajarillo de Guatemala.
bikini *m.* Biquini.
bilabarquín (fr. *vilebrequin*) *m. Ecuad.* Berbiquí, herramienta.
bilabiado, -da *adj.* [cáliz o corola] Que forma en su parte superior como dos labios.
bilabial (*bi-* + *labial*) *adj.* [consonante] Que tiene el punto de articulación en los dos labios, y letra que lo representa; como la *b*, la *p*, la *m*.
bilao *m.* Bandeja o batea que se labra en Filipinas con tiras de caña.
bilateral (*bi-* + *lateral*) *adj.* Que se refiere a ambas partes o aspectos de una cosa. V. contrato bilateral.
bilbaíno, -na *adj.-s.* De Bilbao, c. de Vizcaya. -2 *f.* Boina.
bilbilitano, -na (l. *-nu*) *adj.-s.* De Bílbilis, ant. c. de España, hoy Calatayud.
bilenda *f. S. Dom.* Provecho, utilidad.
biliar, -rio, -ria *adj.* Relativo a la bilis: *vesícula biliar.*
bilimbe *m. Méj.* y *P. Rico* Bilimbín.
bilimbín *m.* Arbusto o árbol oxalidáceo tropical, cuyos tallos segregan un jugo ácido, y de frutos comestibles que se consu-

men en compotas, confituras y encurtidos *(Averrhoa bilimbi).*
SIN. **Camía; vinagrillo** (*S. Dom.* y *Venez.*).
bilingüe (l.) *adj.* Que habla dos lenguas. 2 Escrito en dos idiomas.
bilingüismo *m.* Uso habitual de dos lenguas en un país.
bilioso, -sa (l. *-osu*) *adj.* Aquello en que la bilis está en exceso: *temperamento* ~. 2 Causado por exceso de bilis: *cólico* ~. 3 Colérico, intratable, irritable, atrabiliario. 4 Biliar.
bilirrubina *f.* Pigmento amarillo que se encuentra en la bilis.
bilis (l.) *f.* Líquido amargo, de color amarillo verdoso y reacción gralte. alcalina, que, segregado por el hígado, se vierte en el intestino duodeno para contribuir a la digestión. 2 fig. ***Exaltársele a uno la*** ~, irritarse, encolerizarse. ◇ Pl.: *bilis.*
SIN. **Hiel, cólera.**
biliteral, bilítero, -ra (l. *bis,* dos + *littera,* letra) *adj.* De dos letras: *sílaba, raíz bilítera.*
biliverdina *f.* Bilirrubina que se ha vuelto verde por oxidación.
billa (fr. *bille*) *f.* Jugada de billar que consiste en hacer que una bola entre en la tronera después de haber chocado con otra bola. Se llama *limpia* (también *perdida*) cuando la bola que entra en la tronera es la del jugador, y *sucia* cuando es cualquier otra. 2 Motivo ornamental con aspecto ajedrezado, con escaques rectangulares en relieve sobre un fondo hueco ◇ HOMÓF.: *villa* (f.).
SIN. *2* **Billeta, billete.**
billalda (del fr. *bille*) *f.* Tala (juego).
billar (fr. *billard*) *m.* Juego que consiste en impulsar, por medio de tacos, bolas de marfil en una mesa rectangular forrada de paño y rodeada de barandas elásticas. 2 Esta misma mesa. 3 Sala pública o privada donde están la mesa o mesas para este juego. 4 En general, juego de habilidad hecho con bolas. 5 ~ ***romano,*** juego de salón que consiste en hacer correr unas bolitas sobre un tablero inclinado, erizado de púas y con casillas numeradas. ◇ HOMÓF.: *villar* (m.).
billarda (del fr. *bille*) *f.* Tala (juego). 2 *Hond.* Trampa para cazar lagartos.
billarista *m.* Jugador de billar.
billeta *f.* Billa (motivo ornamental).
billetado, -da *adj.* BLAS. Cartelado.
billetaje *m.* Conjunto de billetes para un espectáculo, tranvía, rifa, etc.
billete (fr. *billet* y *billette,* der. de *bulla* y *bullete,* del l. *bulla,* bula) *m.* Carta breve. 2 Tarjeta o cédula que da derecho para entrar u ocupar asiento en un local, vehículo, etc.: ~ ***kilométrico,*** el que autoriza para recorrer cierto número de kilómetros por ferrocarril, en un plazo determinado. 3 Cédula que acredita participación en una rifa o lotería. 4 Documento al portador que representa cantidades de cierta moneda: ~ *de Banco.* 5 Billa (motivo ornamental). 6 BLAS. Cartela, pieza heráldica.
billetero, -ra *m. f.* Utensilio de bolsillo, generalmente rectangular y de piel, para guardar la documentación, billetes, tarjetas, etc. 2 *Méj.* y *Pan.* Persona que se dedica a vender billetes de lotería. 3 *P. Rico.* Persona que lleva la ropa con remiendos.
billón (de *bi-* y la terminación análogica de *millón*) *m.* Un millón de millones. 2 En Norteamérica, un millar de millones.
SIN. **Bicuento, cuento de cuentos,** (ant.).
billonésimo, -ma *adj.-s.* Parte que, junto a novecientas noventa y nueve millones novecientas noventa y nueve mil novecientas noventa y nueve iguales, constituye un todo; **NUMERACIÓN- 2 *adj.* Que ocupa el último lugar en una serie ordenada de un billón.
bilma *f. Sal.* y *Amér.* Bizma.
bilmar *tr. Sal.* y *Amér.* Bizmar.
bilobulado, -da *adj.* Que tiene dos lóbulos.
bilocación *f.* TEOL. Presencia sobrenatural de una persona en dos lugares a la vez.
bilocarse (l. *bis,* dos + *locare,* colocar) *prnl.* Hallarse a un tiempo en dos distintos lugares. 2 *Argent.* Chiflarse. ◇ ** CONJUG. [1] como *sacar.*
bilocular *adj.* BOT. [órgano] Que tiene dos cavidades o compartimientos.
bilogía *f.* Libro, tratado o composición literaria que consta de dos partes.
bilongo (voz africana) *m. Cuba.* Brujería, mal de ojo.
bilonguear *tr. Cuba.* Embrujar, hechizar [a una persona].
bilonguero, -ra *adj.-s. Cuba.* Brujo.
bimador, -ra *adj.* Binador.
bimano, bímano, -na (l. *bi-* + *manu,* a través del fr.) *adj.-s.* De dos manos. Se aplica sólo al hombre. -2 *m. pl.* Grupo del orden de los primates, al cual sólo pertenece el hombre.
bimar *tr.* Binar (dar la segunda cava).
bimba (voz descriptiva) *f.* fam. Sombrero de copa alta. 2 fam. Puñetazo. 3 *Hond.* Persona de elevada estatura. 4 *Hond.* Bemba, o boca de labios gruesos. 5 *Méj.* Borrachera.
bimbache *adj.-com.* Antiguo habitante de la isla de El Hierro.
bimbalete (de *guimbalete*) *m.* Cigoñal para sacar agua de los pozos. 2 Guimbalete. 3 *Méj.* Palo redondo que se emplea para sostener tejados y para varios otros usos. 4 *Méj.* Juego de niños que consiste en balancearse un niño en cada uno de los extremos de un palo apoyado por el centro.
bimbral *m.* fam. Mimbreral.
bimbre *m.* fam. Mimbre.
bimembre (l. *-is*) *adj.* De dos miembros o partes.
bimensual (*bi-* + *mensual*) *adj.* Que se repite dos veces al mes.
bimestral *adj.* Que se repite cada bimestre. 2 Que dura un bimestre.
bimestre (l.) *adj.* Bimestral. -2 *m.* Período de dos meses. 3 Cantidad que se cobra o paga por cada bimestre.
bimetalismo (*bi-* + *metalismo*) *m.* Sistema monetario que admite como patrones el oro y la plata, conforme a la relación que la ley establece entre ellos.
bimetalista *adj.* Relativo al bimetalismo. -2 *com.* Partidario del bimetalismo.
bimotor (*bi-* + *motor*) *adj.-s.* Avión propulsado por dos motores.
bina *f.* Acción de binar (tierras o viñas). 2 Efecto de binar (tierras o viñas).
binación *f.* Acción de binar (misa).
binadera *f.* Binador (que sirve).
binador, -ra *adj.-s.* Que sirve para binar: *máquina binadora.* -2 *m. f.* Persona que bina.
binadura *f.* Acción de binar tierras o viñas. 2 Efecto de binar tierras o viñas.
binar (b. l. *-are*) *tr.* Dar segunda reja [a las tierras de labor]. 2 Hacer la segunda cava [en las viñas]. -3 *intr.* Celebrar un sacerdote dos misas en día festivo. ◇ HOMÓF.: *vino* (m.), *vino* (v.).
SIN. *1* y *2* **Rendar.** *2* **Edrar.** *3* **Doblar.**
binario, -ria (l. *-iu*) *adj.* Compuesto de dos elementos. 2 INFORM. Relativo al sistema de numeración de base dos. 3 MÚS. V. compás ~. ◇ HOMÓF.: *vinario* (adj.).
binarismo *m.* LING. Teoría según la cual los sistemas fonológicos de todas las lenguas se basan en ciertas oposiciones binarias.
binazón *f.* Bina.
bincha *f. Amér.* Cinta o pañuelo que se lleva atado en la cabeza. 2 *Chile.* Cinta de lana para ribetear alfombras, ponchos, etc. o destinada a otros usos.
binde *m. Colomb.* Fierros o barras que se atraviesan en los fogones u hornillas.
bingarrote *m. Méj.* Aguardiente destilado del bingui. 2 Bingui o maguey.
bingo *m.* Juego de lotería en el que cada jugador tacha en un cartón los números impresos según van saliendo en el sorteo. 2 Local público donde se juega.
SIN. *1* **Lotería.**
binguí *m. Méj.* Bebida fermentada extraída del maguey.
binocular *adj.* Relativo a los dos ojos. -2 *adj.-s.* Instrumento óptico que se emplea con los dos ojos.
binóculo (l. *binu,* doble + *oculu,* ojo) *m.* Anteojo con lunetas para ambos ojos.
binodo *m.* FÍS. Tubo termoiónico de tres electrodos, un cátodo y dos ánodos, usado para rectificar ondas.
SIN. **Doble diodo.**
binógrafo *m.* Combinación de dos imágenes para dar sensación de relieve al mirarla con los dos ojos.
binomio (b. l. *binomiu,* de *bi* + *nome,* nombre) *m.* Expresión algebraica formada por la suma o la diferencia de dos términos. 2 Conjunto de dos nombres.
bínubo, -ba (l.) *adj.-s.* Casado por segunda vez.
binucleolado, -da *adj.* Que tiene dos nucléolos.
binza (probl. del l. v. *vinctiare,* atar, del l. *vincire*) *f.* Fárfara (membrana). 2 Película exterior de la cebolla. 3 Membrana del cuerpo animal. 4 *Murc.* Simiente del tomate o del pimiento.
bio-, -bio (gr. *bios,* vida) Elemento prefijal y sufijal, que entra en la formación de palabras con el significado de vida o ser viviente: *biología, aerobio.*
bioagricultura (*bio-* + *agricultura*) *f.* Agricultura en la que

no se emplean pesticidas ni abonos químicos, y se respetan los ciclos naturales de las plantas.

biobibliografía (*bio-* + *biblio-* + *-grafía*) *f.* Historia de la vida y obras de un escritor.

biobiense *adj.-com.* De Bío-Bío, prov. de Chile.

biocalcirrudita (*bio-* + *calcirrudita*) *f.* Roca calcárea formada por la acumulación de restos esqueléticos que han sido transportados por la corriente y se han depositado en lugares diferentes de los que procedían.

biocatalizador (*bio-* + *catalizador*) *m.* Catalizador de las reacciones químicas en los organismos vivos.

biocenosis *f.* Conjunto de organismos, vegetales o animales, que viven y se reproducen en determinadas condiciones de un medio o biótopo. ◇ Pl.: *biocenosis.*

biocinética (*bio-* + *cinética*) *f.* Ciencia que estudia los movimientos o cambios de posición en los organismos vivientes.

bioclástico, -ca (*bio-* + *clástico*) *adj.* GEOL. [sedimento o roca] Que se ha formado por restos de organismos o productos de su actividad.

bioclimatología *f.* Disciplina que estudia las relaciones existentes entre el clima y los organismos vivos.

biodegradable (*bio-* + *degradable*) *adj.* [compuesto orgánico] Que se puede descomponer en compuestos menos o nada contaminantes a través de procesos catalizadores de las enzimas.

biodeterminismo (*bio-* + *determinismo*) *m.* Ideología que tiende a subrayar el origen biológico de las desigualdades sociales, infravalorando los componentes culturales y sociales del comportamiento humano.

biodinámica (*bio-* + *dinámica*) *f.* Parte de la fisiología que estudia los fenómenos vitales activos de los organismos.

bioelectricidad (*bio-* + *electricidad*) *f.* Disciplina que estudia la potencia eléctrica de los seres vivos.

bioelemento (*bio-* + *elemento*) *m.* Elemento químico indispensable para el desarrollo normal de alguna especie viva.

bioenergética (*bio-* + *energética*) *f.* Conjunto de mecanismos que presiden las transformaciones de la energía en los organismos vivos.

bioensayo (*bio-* + *ensayo*) *m.* Método de valoración biológica basado en el crecimiento de un organismo.

bioestratigrafía (*bio-* + *estratigrafía*) *f.* GEOL. Estudio de los estratos basado en los fósiles que contienen. 2 Disposición que presentan tales estratos.

biofacies (*bio-* + *facies*) *f.* Conjunto de caracteres paleontológicos de un estrato, representados por los fósiles que están presentes.

biofísica (*bio-* + *física*) *f.* Ciencia que estudia los estados físicos de los seres vivos y las leyes que rigen la energía vital.

biofísico, -ca *adj.* Perteneciente o relativo a la biofísica. -2 *m. f.* Persona que profesa la biofísica o tiene en ella especiales conocimientos.

biogénesis (*bio-* + *-génesis*) *f.* Teoría según la cual todo ser vivo procede a su vez de otro ser vivo, negando la creación y la generación espontánea. ◇ Pl.: *biogénesis.*

biogeografía (*bio-* + *geografía*) *f.* Disciplina que estudia la distribución geográfica de animales y plantas.

biognosia (*bio-* + gr. *gnosis,* conocimiento) *f.* Estudio o ciencia de la vida.

biografía (*bio-* + *grafía*) *f.* Historia de la vida de una persona.
SIN. **Semblanza,** bosquejo biográfico; **vida:** *vida de Cervantes.*

biografiado, -da *m. f.* Persona cuya vida es objeto de una biografía.

biografiar *tr.* Hacer la biografía [de una persona]. ◇ ** CONJUG. [13] como ***desviar.***

biográfico, -ca *adj.* Relativo a la biografía.

biógrafo, -fa *m. f.* Persona que escribe una biografía. -2 *m. Argent.* Cinema.

bioherme *m.* Depósito arrecifal, formado por la acumulación de restos esqueléticos de organismos acuáticos.

bioingeniería (*bio-* + *ingeniería*) *f.* Disciplina que se ocupa de las aplicaciones de la ingeniería a la medicina.

biología (*bio-* + *-logía*) *f.* Ciencia de la vida en general o de los seres vivientes: ~ ***molecular,*** la que estudia los seres vivientes y los fenómenos vitales con arreglo a las propiedades de su estructura molecular.

biológico, -ca *adj.* Relativo a la biología.

biologismo *m.* Interpretación de la sociedad como un organismo vivo.

biólogo, -ga *m. f.* Persona que por profesión o estudio se dedica a la biología.

bioluminiscencia (*bio-* + *luminiscencia*) *f.* Producción de luz por organismos vivos.

biomasa (*bio-* + *masa*) *f.* Suma total de la materia de los seres que viven en un lugar determinado, expresada habitualmente en peso estimado por unidad de área o de volumen.

biombo (voz japonesa) *m.* Mampara plegable compuesta de varios bastidores articulados.

biomecánica (*bio-* + *mecánica*) *f.* Ciencia que trata de explicar los fenómenos de la vida por medio de la mecánica.

biomedicina (*bio-* + *medicina*) *f.* Medicina clínica basada en los principios de la fisiología y la bioquímica.

biomédico, -ca *adj.* Relativo a la biomedicina. -2 *m. f.* Especialista en biomedicina.

biometría (*bio-* + *-metría*) *f.* Aplicación de los métodos estadísticos y el cálculo en el estudio de los seres vivos.

biométrico, -ca *adj.* Perteneciente o relativo a la biometría.

biónica (*bio-* + *técnica*) *f.* Disciplina que se ocupa de la aplicación tecnológica de las funciones y estructuras biológicas de los animales.

bionomía *f.* Ecología.

biopsia (*bio-* + gr. *opsis,* vista) *f.* MED. Examen de un trozo de tejido perteneciente a un ser vivo, que gralte. se hace para completar un diagnóstico.

bioquímica (*bio-* + *química*) *f.* Química biológica.

bioquímico, -ca *adj.* Relativo a la bioquímica. -2 *m. f.* Especialista en bioquímica.

biorritmo (*bio-* + *ritmo*) *m.* Manifestación cíclica de un fenómeno vital. 2 MED. y DEP. Diagrama del rendimiento psicofísico de un atleta.

bioscopia (*bio-* + *-scopia*) *f.* Observación de los fenómenos vitales por medio del bioscopio.

bioscopio (*bio-* + *-scopio*) *m.* Especie de higrómetro destinado a reconocer la persistencia de la vida por la secreción del sudor.

biosfera (*bio-* + gr. *sphaira,* esfera) *f.* Conjunto de los medios donde se desarrollan los seres vivos. 2 Conjunto que forman los seres vivos con el medio en que se desarrollan.

biosíntesis (*bio-* + *síntesis*) *f.* Formación de una substancia orgánica en el interior de un ser vivo. ◇ Pl.: *biosíntesis.*

biosociología (*bio-* + *sociología*) *f.* Disciplina que estudia la relación entre la estructura sociocultural y la biológica de los seres.

biostasia (*bio-* + *-stasia*) *f.* Período de tiempo en el que, en virtud de las condiciones climáticas favorables, se desarrolla una importante cubierta vegetal.

biostroma *m.* Formación arrecifal constituida por restos calcáreos de diversos organismos.

biot *m.* FÍS. Unidad de corriente eléctrica equivalente a diez amperios.

biota *f.* Conjunto de la fauna y flora de una región.

biotecnología *f.* Tecnología aplicada a los procesos biológicos.

biotecnólogo, -ga *adj.s.* Especialista en biotecnología.

bioterapia *f.* Tratamiento de ciertas afecciones por substancias vivas.

biótico, -ca *adj.* Perteneciente o relativo a la biota; p. ext., lo propio de la biología.

biotipo (*bio-* + *tipo*) *m.* Animal o planta que, por la perfección de sus caracteres, puede ser considerado como tipo representativo de su especie, variedad o raza: *un ~ de vaca holandesa.*

biotipología *f.* Disciplina que estudia los biotipos y las relaciones existentes entre ellos.

biotita *f.* Variedad de mica negra o de color verde obscuro.

biotitita *f.* Roca intrusiva ultrabásica formada esencialmente por mica biotita.

biótopo (*bio-* + gr. *topos,* lugar) *m.* Espacio vital constituido por todas las condiciones fisicoquímicas del suelo, agua y atmósfera, necesarias para la vida de una biocenosis.

biotropismo (*bio-* + *tropismo*) *m.* En algunos microbios o virus, propiedad que impide el desarrollo fuera de los seres vivos.

bioturbación (*bio-* + *turbación*) *f.* Marcas dejadas por seres vivos, que alteran la estructura de algunos depósitos sedimentarios.

bióxido (*bi-* + *óxido*) *m.* Combinación de un radical simple o compuesto con dos átomos de oxígeno.
SIN. **Deutóxido.**

biozona (*bio-* + *zona*) *f.* Unidad estratigráfica caracterizada por la presencia de un determinado contenido fósil.

bipartición (*bi-* + *partición*) *f.* División de una cosa en dos partes. 2 Partición o reparto de una cosa entre dos participantes.

bipartidista *adj.* Que funciona casi exclusivamente con la actuación de dos partidos políticos.
bipartido, -da *adj.* Bipartito.
bipartir *tr.* Partir [una cosa] en dos.
bipartito, -ta (l. *-titu*) *adj.* Partido en dos. 2 [reunión, convenio, etc.] En que figuran dos partes contratantes: *conferencia bipartita; pacto ~.*
bipedación *f.* Modo de andar el hombre y los animales de dos patas, o con las dos extremidades posteriores los cuadrúpedos.
bípede *adj.* Bípedo.
bipedestación *f.* Posición en pie.
bípedo, -da (l.) *adj.-m.* De dos pies. -2 *m.* fam. Hombre. 3 En los animales de cuatro remos, conjunto de dos miembros, esp. de un mismo costado u opuestos en diagonal.
bipinnado, -da (*bi-* + l. *penna,* pluma) *adj.* V. hoja bipinnada.
bipirámide (*bi-* + *pirámide*) *f.* CRIST. Cristal en forma de dos pirámides con base común.
biplano (*bi-* + *plano*) *m.* Aeroplano cuyas alas forman dos planos paralelos.
biplaza (*bi-* + *plaza*) *adj.-s.* Vehículo deportivo de dos plazas.
bipolar (*bi-* + *polar*) *adj.* Que tiene dos polos.
bipolarización *f.* Tendencia a agrupar las fuerzas políticas en dos partidos únicamente.
biquini *m.* Traje de baño de dos piezas. 2 fig. Bocadillo caliente de jamón cocido y queso.
birabira *f. Amér.* Flor silvestre de la que se hace una infusión parecida al té *(Gnaphalium viravira).*
biraró (guaraní *ibiraro,* madera amarga) *m.* Árbol bignoniáceo de América parecido al lapacho *(gén. Pterogine).*
biribís *m.* Bisbís. ◇ Pl.: *biribises.*
biricú *m.* Cinto de que penden el espadín, el sable, etc. ◇ Pl.: *biricúes.*
birijí (voz indígena) *m.* Árbol mirtáceo de las Antillas, cuyo fruto come el ganado de cerda *(Eugenia monticola; E. poiretti; Myrtus p.).*
birimbao *m.* Instrumento músico de hierro, en forma de herradura, que lleva en medio una lengüeta de acero.
SIN. **Trompa gallega.**
birimbí *adj. Colomb.* Que no tiene la consistencia debida, tratándose de ciertos alimentos. 2 *Colomb.* p. ext. [niño] Débil, raquítico. ◇ Pl.: *birimbíes.*
biringo, -ga *adj. Colomb.* Desnudo. -2 *m. Perú.* Perro chino o lampiño.
biriquí *m. Amér.* Berbiquí. ◇ Pl.: *biriquíes.*
birlador, -ra *adj.-s.* Que birla.
birlar (raíz onomat. *birl,* arremolinar, girar) *tr.* En el juego de bolos, volver a tirar [la bola] desde el lugar en que se detiene. 2 fig. Matar o derribar [a uno] de un golpe. 3 fig. Quitar a uno [algo] por malas artes; hurtar.
birlí *m.* IMPR. Parte inferior que queda en blanco en las páginas de un impreso. 2 Ganancia que por ello obtiene el impresor. ◇ Pl.: *birlíes.*
birlibirloque (abreviat. de *birliqui-birloque,* voz descriptiva) *Por arte de ~,* por medios ocultos y extraordinarios; por encantamiento.
birlocha *f.* Cometa (juguete). 2 *Logr.* Solterona.
birlocho (it. *biroccio,* del l. v. *bi-rotiu,* der. de *rota,* rueda) *m.* Carruaje ligero y descubierto, de cuatro ruedas y cuatro asientos.
birlonga (ant. fr. *berlenc,* tabla para el juego de dados) *f.* Variedad del ant. juego de naipes llamado del hombre. 2 *A la ~,* descuidadamente.
birmano, -na *adj.-s.* De Birmania, nación del sudeste de Asia. -2 *adj.-m.* Lengua tibetobirmana, hablada en esta nación.
birondilla *f. Colomb.* Manera de cortarse el pelo los campesinos.
birondo, -da *adj. Colomb.* Lirondo, sin blanca.
birreactor (*bi-* + *reactor*) *adj.-s.* Avión propulsado por dos reactores.
birrectángulo (*bi-* + *rectángulo*) *adj.* Que tiene dos ángulos rectos: *triángulo esférico ~.*
birrefracción (*bi-* + *refracción*) *f.* Propiedad vectorial óptica que presentan algunos minerales por lo que al mirar a través de ellos se ven dobles las imágenes.
birrefringencia *f.* Doble refracción de los rayos luminosos.
birrefringente *adj.* Que produce la birrefringencia.
birreme (l.) *adj.-s.* Antigua nave de dos órdenes de remos.
birreta (prov. ant. *birret,* sombrero; dim. del b. l. *birru,* capote con capucha) *f.* Solideo encarnado que da el Papa a los cardenales al crearlos.
birrete *m.* Birreta. 2 Gorro de forma prismática coronado por una borla, que sirve de distintivo en determinados actos a los profesores de las facultades universitarias y a los magistrados, jueces y abogados. 3 Bonete (gorra). 4 Gorro.
birretina *f.* Gorro o birrete pequeño. 2 Gorra de pelo, que usan algunos regimientos de húsares.
birria (probl. del l. v. *verrea,* terquedad, der. de *verres,* verraco) *f.* fam. Cosa grotesca, deforme o ridícula. 2 Adefesio, mamarracho. 3 *Colomb.* Odio, tirria. 4 *Colomb.* ***Jugar de ~,*** jugar sin interés.
birringa *f. Amér. Central.* Mujer casquivana.
birringuear *intr. Amér. Central.* Loquear.
birriñaque *m. Hond.* Bollo de pan, mal hecho.
birrión *m. Cuba.* Mancha de forma alargada.
birriondo, -da *adj.-s. Méj.* Enamorado, parrandero.
birrotor (*bi-* + *rotor*) *adj.* Que está sustentado por dos rotores: *helicóptero ~.*
biruji *m.* fam. Frío intenso; viento helado.
bis (l.) *adv. c.* Indica que una cosa está repetida o debe repetirse. -2 *m.* Ejecución o declamación repetida, a petición del público, de una obra musical o recitada. ◇ HOMÓF.: *vis* (f.). ◇ Pl.: *bis.*
Ús. esp. en papeles de música o en impresos y manuscritos.
¡bis! Interjección con que se denota el deseo de que se repita una parte de un número musical.
bis-, v. bi-.
bisabuela (*bis-* + *abuela*) *f.* Respecto de una persona, la madre de su abuelo o de su abuela.
bisabuelo (*bis-* + *abuelo*) *m.* Respecto de una persona, el padre de su abuelo o de su abuela.
I) bisagra (et. dud; quizá de la *Puerta Bisagra,* de Toledo, probl. de origen ár.) *f.* Herraje de dos piezas unidas o combinadas que, con un eje común y sujetas una a un sostén fijo y otra a la puerta o tapa, permiten el giro de éstas. 2 fig. Punto de unión o articulación de dos elementos cualesquiera, o elemento que actúa de intermediario entre otros: *surgió un partido ~.*
SIN. / **Gozne, charnela.**
II) bisagra (fr. *bizègle;* alteración de *besaigüe,* der. de *bes-,* doble y *aigu,* agudo) *f.* Palo de boj con que los zapateros alisan y lustran el canto de la suela.
bisalto *m. Ar., Logr.* y *Nav.* Guisante.
bisanuo, -ua *adj.* BOT. [planta] Que vive dos años.
bisar (de *bis,* dos veces) *tr.* Repetir la ejecución [de un trozo musical, escénico, recitación, etc.]. ◇ HOMÓF.: *visar.*
bisayo, -ya *adj.-s.* De las islas Bisayas en Filipinas. -2 *m.* Lengua de estas islas.
bisbís (it. *biribisso*) *m.* Juego de azar semejante a la ruleta. 2 Tablero o lienzo que sirve para este juego. ◇ Pl.: *bisbises.*
SIN. **Biribís.**
bisbisar, bisbisear (onomat.) *tr.* fam. Musitar.
bisbiseo *m.* Acción de bisbisar.
bisbita *m.* Ave paseriforme de patas largas y gráciles, terminadas en uñas poco curvadas, pico delgado y corto, y plumaje de color pardo con la cola blanquecina *(Anthus pratensis).*
biscambra *f. Argent.* Brisca, juego de naipes.
biscocho *m.* Bizcocho.
biscote (voz francesa) *m.* Pan especial, cocido dos veces, como pan tostado, y que se puede conservar largo tiempo.
biscuit (fr.) *m.* Bizcocho. 2 Porcelana mate.
bisecar (*bi-* + l. *secare,* cortar) *tr.* GEOM. Dividir [una figura] en dos partes iguales. ◇ ** CONJUG. [1] como ***sacar.***
bisección *f.* GEOM. Acción de bisecar. 2 GEOM. Efecto de bisecar.
bisector, -triz *adj.-s.* GEOM. Que divide en dos partes iguales.
bisegmentación *f.* Acción de bisegmentar. 2 Efecto de bisegmentar.
bisegmentar (*bi-* + *segmentar*) *tr.-prnl.* Dividir en dos segmentos [una cosa].
bisel *m.* Corte oblicuo en el borde de una lámina o plancha. 2 Cerco en que se ajustan la esfera y el cristal de reloj.
biselado *m.* Ación de biselar. 2 Efecto de biselar.
biselador, -ra *m. f.* Persona que tiene por oficio biselar espejos y lunas.
biselar *tr.* Hacer biseles [en un cristal, una moldura, etc.].
SIN. **Abiselar.**
bisemanal (*bi-* + *semanal*) *adj.* Que se repite dos veces por semana.

biseminario *m.* Revista bisemanal.
bisexual *adj.-s.* Hermafrodita.
bisexualidad (*bi-* + *sexualidad*) *f.* Presencia de las cualidades de ambos sexos en un mismo individuo. 2 Afición sexual para ambos sexos.
bisiesto (l. *bisextu*, sexto día de las calendas de marzo, que se doblaba cuando el año era bisiesto) *adj.-m.* Año que excede al común en un día, que se añade al mes de febrero.
bisilábico, -ca *adj.* Bisílabo.
bisílabo, -ba (l. *bisyllabu*) *adj.* De dos sílabas.
SIN. **Disílabo.**
bisimétrico, -ca (*bi-* + *simétrico*) *adj.* Que tiene simetría respecto a dos planos perpendiculares entre sí.
bismalito *m.* Intrusión magmática de forma cilíndrica concordante con la parte superior de su cobertera.
bismutina *f.* Mineral de la clase de los sulfuros, que cristaliza en el sistema rómbico, de color gris.
bismutita *f.* Variedad amorfa del carbonato de bismuto. Mineral natural raro.
bismuto (al. *wismut;* probl. der. de *Wiesen,* en Bohemia) *m.* Metal blanco agrisado, poco maleable, duro y quebradizo. Su símbolo es *Bi* y su peso atómico 208.
bisnieta (*bis-* + *nieta*) *f.* Respecto de una persona, hija de su nieto o de su nieta.
SIN. **Biznieta.**
bisnieto (*bis-* + *nieto*) *m.* Respecto de una persona, hijo de su nieto o de su nieta.
SIN. **Biznieto.**
biso *m.* ZOOL. Producto de secreción de una glándula de muchos moluscos lamelibranquios, que se endurece en contacto con el agua y les sirve para fijarse a las rocas.
bisojo, -ja (*bis-* + l. *oculu,* ojo) *adj.-s.* Persona que padece estrabismo.
SIN. **Bizco, ojituerto, reparado.**
bisonte (l.) *m.* Mamífero rumiante bóvido de América, parecido al toro, con la cabeza grande, la cruz alta formando giba, y todo el tercio anterior cubierto de pelo largo y erizado *(Bison bison).* 2 ~ ***europeo,*** de menor altura que el americano, pero más pesado, el pelaje es de color castaño o negro *(B. bonasus).*
SIN. / **Búfalo, cibolo,** toro mejicano.
bisoñada *f.* fig. Dicho o hecho de quien no tiene experiencia.
bisoñé (probl. del *besogneux,* necesitado, der. de *besoin*) *m.* Peluca que cubre la parte anterior de la cabeza.
bisoñería *f.* fig. Bisoñada.
bisoño, -ña (it. *bisogno*) *adj.-s.* Soldado o tropa nuevos. 2 fig. Nuevo e inexperto.
SIN. **Bozal.**
bisoreco, -ca *adj. Colomb.* Algo bizco.
bispo *m.* Embutido aragonés, a base de huesos de costilla con carne adherida.
bispón *m.* Rollo de encerado que usan los espaderos.
bisque (del fr.) *f.* Sopa o guisado de gusto exquisito, a base de cangrejos.
bisté, bistec (ing. *beefsteak*) *m.* Lonja de carne de vaca o buey asada. ◇ Pl.: *bistecs.*
SIN. **Biftec.**
bisteque *m. Hond.* y *Venez.* Bistec.
bistorta *f.* Planta poligonácea erecta y provista de rizomas, de flores rosadas o blancas dispuestas en inflorescencias espiciformes; su raíz tiene propiedades astringentes *(Polygonum bistorta).*
bistre *m.* PINT. Color rojizo obscuro preparado con hollín.
bistrecha (**bistracta* < l. *bis* + *trahere,* traer) *f.* Anticipo de un pago.
bisturí (del fr. ant. *bistouri,* puñal; probl. der. de *Pistoia,* en Italia) *m.* CIR. Instrumento en forma de cuchillito para hacer incisiones: ~ ***eléctrico,*** el formado por un mango provisto de un fino electrodo capaz de cortar por coagulación los tejidos. ◇ Pl.: *bisturíes.*
bisulco, -ca (l. *-cu,* hendido) *adj.* ZOOL. De pezuñas partidas.
SIN. **Fisípedo.**
bisulfito *m.* Sal ácida del ácido sulfuroso.
bisulfuro (*bi-* + *sulfuro*) *m.* Combinación de un radical simple o compuesto con dos átomos de azufre.
bisunto, -ta (*bis-* + l. *unctu,* untado) *adj.* Sucio, grasiento.
bisurco (*bi-* + *surco*) *adj.-m.* [arado mecánico] Que abre dos surcos paralelos.
bisutería (fr. *bijouterie*) *f.* Joyería de imitación. 2 Local o tienda donde se venden dichos objetos.
bisutero, -ra *m. f.* Persona que hace objetos de bisutería o comercia con ellos.
bit (del ing. *Binary digit*) *m.* INFORM. Unidad de medida de la cantidad de información, equivalente a la elección de una entre dos posibilidades del sistema. 2 Unidad de medida de la capacidad de memoria, equivalente a la posibilidad de almacenar la selección entre dos posibilidades, especialmente usada en los computadores.
bita (ing. *bitt*) *f.* MAR. Poste de madera o hierro que, asegurado en cubierta, sirve para dar vuelta a los cables del ancla cuando se fondea la nave.
REL. **Abitar,** amarrar el cable a las bitas.
bitácora (l. *habitaculu*) *f.* Armario cercano al timón, en que se pone la brújula. 2 *P. Rico.* Clave. 3 *P. Rico.* Enredo, chisme.
REL. **Guardabanderas,** marinero que cuida de la ~.
bitadura (de *bita*) *f.* Porción del cable del ancla, que se tiene preparada sobre cubierta para fondear.
bitango (de *beta,* cuerda) *adj.* ***Pájaro*** ~, cometa (juguete).
bitar *tr.* Amarrar y asegurar [la cadena del ancla] a las bitas, abitar.
bíter (ingl.) *m.* Bebida amarga que se toma como aperitivo.
bitínico, -ca *adj.* Bitinio.
bitinio, -nia *adj.-s.* De Bitinia, antiguo reino del nordeste de Asia Menor.
bitneriáceo, -a (de *Buttner,* 1724-1768, botánico alemán) *adj.-f.* Planta hoy incluida en la familia de las esterculiáceas.
bitonalidad *f.* Sistema de composición musical en el que se superponen dos tonalidades diferentes.
bitongo, -ga *adj.* fam. *Niño* ~, niño zangolotino.
bitoque *m.* Tarugo de madera con que se cierra el agujero o piquera de los toneles. 2 *Can.* Agujero, lancetada, herida. 3 *Amér.* Cánula de la jeringa. 4 *Amér. Central.* Cloaca, sumidero de patios, pisos, etc. 5 *Méj.* Grifo, llave de agua.
bitor (l. *avis tauru*) *m.* Rey de cordornices.
bítter *m.* Bíter.
bitubulado, -da *adj.* Que tiene doble tubuladura.
bituminoso, -sa (l. *-osu*) *adj.* Que tiene betún o semejanza con él.
biunívoco, -ca (*bi-* + *unívoco*) *adj.* V. correspondencia biunívoca.
bivalente (*bi-* + *valente*) *adj.* Que tiene dos valores o doble valor. 2 QUÍM. Que tiene dos valencias.
SIN. **Divalente.**
bivalvo, -va (*bi-* + *valva*) *adj.* Lamelibranquio.
bixáceo, -a (caribe *bija,* encarnado) *adj.-f.* Planta de la familia de las bixáceas. -2 *f. pl.* Familia de plantas dicotiledóneas del orden de las bixales, de hojas verdes por el haz y rojas por el envés, flores rosadas y fruto en cápsula, a la que sólo pertenece la bija.
bixales *f. pl.* Orden de plantas dentro de la clase dicotiledóneas; a él pertenecen plantas leñosas y hierbas con flores actinomorfas y pentámeras.
bixíneo, -a *adj.-f.* Bixáceo.
biz-, v. bi-.
biza *f.* Bonito (pez).
bizantinismo *m.* Calidad de bizantino. 2 Corrupción por lujo en la vida social, o por exceso de ornamentación en el arte. 3 Afición a discusiones bizantinas.
bizantino, -na (l. *byzantinu*) *adj.-s.* De Bizancio, antigua capital e imperio romano de oriente, actual Constantinopla o Estambul, capital de Turquía. -2 *adj.* [discusión] Baldío, o demasiado sutil. 3 fig. Decadente, degenerado.
SIN. / **Romeo,** griego bizantino.
bizarramente *adv. m.* Con bizarría.
bizarrear *intr.* Ostentar bizarría.
bizarría *f.* Gallardía, valor. 2 Generosidad, esplendor. 3 PINT. Colorido o adorno exagerado.
bizarro, -rra (del it. *bizzarro,* fogoso, donde parece ser voz descriptiva) *adj.* Valiente. 2 Generoso, espléndido.
bizarrón *m.* Candelero grande, o blandón.
bizaza (l. *bisaccio,* alforjas) *f.* Alforja de cuero: *las bizazas del caminante.*
SIN. **Biaza.**
bizbirindo, -da *adj. Méj.* Vivaracho, alegre.
bizcaitarra *m.* Partidario de la independencia o autonomía del país vasco. 2 Vascófilo.
bizcar *intr.-tr.* Bizquear. ◇ ** CONJUG. [1] como ***sacar.***

bizco, -ca (etim. dud; probl. voz descriptiva, alusiva a guiñar el ojo) ***adj.-s.*** Bisojo. 2 p. ext. [cosa] Que está torcido.
FR. *Quedarse* ~, asombrarse, deslumbrarse, ante algo ineperado o magnífico.

bizcochada ***f.*** Sopa de bizcochos. 2 Panecillo con una cortadura en medio y a lo largo. 3 Dulce que se hace con bizcochos, huevos y leche.

bizcochar ***tr.*** Recocer [el pan] para conservarlo mejor. 2 Transformar [la porcelana] en bizcocho.

bizcochería ***f.*** *Colomb.* y *Méj.* Lugar donde se venden o fabrican bizcochos, chocolate, azucarillos, etc.

bizcochero, -ra ***adj.*** Relativo al bizcocho. -2 ***m. f.*** Persona que tiene por oficio hacer o vender bizcochos. -3 ***f.*** Caja para bizcochos.

bizcocho (l. *biscoctu,* cocido) ***m.*** Pan sin levadura que se cuece dos veces para que se conserve mucho tiempo. 2 Masa compuesta de harina, huevos y azúcar, que se cuece al horno: ~ ***borracho,*** el empapado en almíbar y vino generoso. 3 Objeto de loza o porcelana aún por barnizar, después de la primera cocción. 4 Yeso que se hace de yesones. 5 *Colomb.* Pastel de crema o dulce. -6 ***adj.*** *Méj.* fig. De mala calidad. 7 *Méj.* fig. Cobarde.
SIN. *1* **Galleta.**

bizcoreto, -ta ***adj.*** *Hond.* Bizco.

bizcorneado, -da, pp. de *bizcornear.* 2 ***adj.*** IMPR. [pliego] Que sale torcido. 3 *Cuba.* Bizco.

bizcornear ***intr.*** *Cuba.* Bizcar.

bizcórneo, -a ***adj.*** *Cuba* y *P. Rico.* Bizco.

bizcorneto, -ta ***adj.*** *Colomb.* y *Méj.* Bizco.

bizcotela ***f.*** Bizcocho ligero, con un baño blanco de azúcar.

bizma (gr. *epithema,* confortante que se pone encima) ***f.*** Emplasto confortante. 2 Pedazo de lienzo cubierto de emplasto.

bizmar ***tr.*** Aplicar bizmas.

bizna ***f.*** Película que separa los cuatro gajitos de la nuez.

biznaga (l. *pastinaca,* arabizado en *bixnaca)* ***f.*** Planta umbelífera de tallos lisos, flores blancas y fruto dorado y lampiño *(Amni visnaga).* 2 Pedúnculo de la flor de esta planta que se emplea como mondadientes. 3 Planta cactácea de Méjico *(gén. Ferrocactus; Echinocactus).* 4 *And.* y *Murc.* Ramillete de jazmines en forma de bola. 5 *Extr.* Pera de goma para irrigaciones y otros usos. ◇ 1 También *bisnaga, visnaga* y *viznaga.*
SIN. *1* **Ameos, ami, bisnagra, bisniega, dauco, escarbadientes, fistra.**

biznagal ***m.*** Terreno en el que hay muchas biznagas.

biznaguero, -ra ***adj.-s.*** *And.* y *Murc.* Vendedor de biznagas de jazmines.

biznieto, -ta ***m. f.*** Bisnieto.

bizquear ***intr.*** Padecer estrabismo o simularlo. -2 ***tr.*** Guiñar, cerrar un ojo momentáneamente. ◇ También *bizcar.*

bizquera ***f.*** Estrabismo.

blanca ***f.*** Ant. moneda española de vellón, de diferentes valores según el tiempo. 2 fig. ***No tener uno*** ~ o ***estar sin*** ~, no tener dinero. 3 MÚS. Figura equivalente a la mitad de la redonda. 4 *Extr.* Cebada. 5 *Murc.* Urraca. 6 *Guat.* Ron del país sin color ni sabor. 7 *Salv.* Aguardiente de caña.
SIN. *3.* **Mínima** (ant).

blancal ***adj.-f.*** Perdiz patiblanca, que en los países fríos toma en invierno el color blanco.

blancarte ***m.*** Parte estéril que acompaña a los minerales útiles en el criadero.

blancazo, -za ***adj.*** fam. Blanquecino.

I) blanco, -ca (del ant. al. *blank*) ***adj.*** De color de nieve, esto es, del color de la luz solar que algunos cuerpos reflejan sin descomponerla; como la nieve. 2 p. ext. De color blanco: *vino ~; uvas blancas.* 3 [pers.] De raza europea o caucásica, en oposición al color de las otras razas: ***un*** ~, un individuo de esta raza. 4 ***Página blanca*** sin escribir o imprimir. 5 En compuestos como *abeto ~, lirio ~, acacia blanca, arma blanca,* etc., el adjetivo significa una variedad. -6 ***adj.-s.*** fig. Cobarde. -7 ***m.*** *Murc.* Embutido de carne cocida de cerdo, huevo y especias, semejante a la butifarra. 8 *P. Rico.* Formulario impreso con espacios en blanco para llenar a mano o a máquina. -9 ***adj.-s.*** *Cuba* y *Perú.* desus. Hijo de blanco y quinterona, o de quinterón y blanca.
SIN. *1* **Albo, cándido** (lit.).

II) blanco ***m.*** Color blanco: ~ *de tez* o *de tez blanca.* 2 Lunar de pelo blanco que tienen algunos animales. 3 Objeto sobre el que se dispara: ***hacer*** ~, acertar en él con el proyectil. 4 fig. Fin a que se dirigen nuestros deseos o acciones. 5 Hueco o intermedio entre dos cosas. 6 Espacio que en los escritos se deja sin llenar. 7 Intermedio (entreacto). 8 IMPR. Molde con que se imprime la primera cara de cada pliego. 9 ~ ***de huevo,*** afeite que se hace con cáscara de huevo. 10 ~ ***de la uña,*** faja blanquecina en el nacimiento de la uña. 11 ~ ***de plomo,*** albayalde; ~ ***de España,*** n. común al carbonato básico de plomo, al subnitrato de bismuto y a la creta lavada. 12 ***Lo*** ~ ***del ojo,*** córnea opaca. -13 ***loc. adv. En*** ~, sin escribir ni imprimir, ni marcar; fig., sin comprender lo que se oye o lee: *quedarse en* ~.

blanconazo, -za ***adj.-s.*** *Cuba.* Mulato muy claro.

blancor ***m.*** Blancura.

blancote ***adj.*** Aum. de *blanco.* 2 Que tiende a blanco y, si se trata de personas, que sobresale en ellas la blancura del cuerpo, apreciada positivamente por el hablante. 3 desp. *y* fig. Cobarde.

blancura ***f.*** Calidad de blanco. 2 VETER. ~ ***del ojo,*** nube (mancha).
SIN. *1* **Candor, albura** (ambos lit.).

blancuzco, -ca ***adj.*** Que tira a blanco o es de color blanco sucio.

blandamente ***adv. m.*** Con blandura. 2 fig. Suave, mansamente.

blandeador, -ra ***adj.*** Que blandea.

I) blandear ***intr.-prnl.*** Aflojar, ceder. -2 ***tr.*** Hacer que [uno] mude de parecer. -3 ***intr.*** *La Mancha.* Mudar el tiempo frío, templándose. -4 ***prnl.*** *Can.* Ejercitarse los deportistas para estar en forma.
SIN. **Ablandar,** en sus empleos tr. y prnl. FR. *Blandear con uno,* contemporizar con él, complacerle.

II) blandear ***tr.*** Blandir.

blandengue ***adj.*** desp. Blando, dócil en exceso. -2 ***m.*** Ant. lancero del Río de la Plata, especie de guarda fronterizo.

blandenguería ***f.*** Calidad de blandengue (blando).

blandense ***adj.-com.*** De Blanes, ciudad de Gerona.

blandicia (l. *-itia*) ***f.*** Adulación, halago. 2 Molicie, delicadeza extremada.

blandiente ***adj.*** Que se blande.

blandir (del fr. *brandir,* der. del germ. *brand,* hoja de espada, propiamente tizón encendido) ***tr.*** Mover [un arma u otra cosa] con aire amenazador. -2 ***intr.-prnl.*** Moverse una cosa vivamente de un lado a otro. ◇ Verbo defectivo; se usa sólo en los tiempos y personas cuyas desinencias contienen la vocal *i: blandía, blandiré, blandiendo.*

I) blando, -da (l. *-du*) ***adj.*** Tierno, suave, que cede fácilmente a la presión: ~ *al tacto.* 2 fig. Suave, dulce, benigno, apacible: ***clima*** ~, el templado; ~ *de carácter.* 3 Muelle, afeminado, cobarde.

II) blando ***adv. m.*** Blandamente.

blandón (ant. al. *brand,* tizón) ***m.*** Hacha de cera de un pabilo. 2 Candelero en que se ponen estas hachas.

blanducho, -cha ***adj.*** fam. Demasiado blando y poco agradable.

blandujo, -ja ***adj.*** fam. Blanducho.

blandura ***f.*** Calidad de blando: ~ *de un metal;* ~ *de carácter.* 2 Palabra halagüeña o requiebro. 3 Regalo, deleite. 4 Emplasto emoliente. 5 ant. Blanquete. 6 En algunas piedras calizas, costra blanda que se forma en ellas. 7 Temple del aire húmedo que deshace los hielos y nieves. 8 *And.* y *Cuba.* Relente y rocío.
SIN. *1, 2* y *3* **Molicie,** latinismo lit.

blandurilla ***f.*** ant. Afeite a base de manteca de cerdo batida y aromatizada.

blanduzco, -ca ***adj.*** *Perú.* Blandujo.

blanqueación ***f.*** Blanquición. 2 Blanqueo.

blanqueada ***f.*** *Amér.* Blanqueo.

blanqueado ***m.*** *Chile.* Blanqueo.

blanqueador, -ra ***adj.-s.*** Que blanquea.

blanqueadura ***f.*** Blanqueo.

blanqueamiento ***m.*** Blanqueo.

blanquear ***tr.*** Poner blanca [una cosa]. 2 Dar manos de cal o yeso diluidos en agua [a las paredes o techos]. 3 Dar las abejas cierto betún [a los panales]. 4 Blanquecer (limpiar). -5 ***intr.*** Mostrar una cosa la blancura que tiene. 6 Tirar a blanco.
SIN. **Emblanquecer.** *2* **Enjalbegar, jalbegar.**

blanquecedor ***m.*** El que tenía por oficio blanquecer las monedas.

blanquecer ***tr.*** Limpiar y sacar su color [al oro, plata y otros metales]. 2 Blanquear. ◇ ** CONJUG. [43] como ***agradecer.***

blanquecimiento ***m.*** Blanquición.

blanquecino, -na ***adj.*** Que tira a blanco.

blanqueo ***m.*** Acción de blanquear. 2 Efecto de blanquear. 3 Procedimiento para dar color blanco al papel, fibras, hilos, etc., por medio de productos químicos.

blanquero, -ra *m. f. Ar.* Enjalbegador. 2 Curtidor.
blanquete (del cat. *blanquet*) *m.* ant. Afeite femenino.
SIN. **Blandura.**
blanquiazul *adj.-s.* De color blanco y azul. 2 DEP. fig. Perteneciente o relativo al Español, club de fútbol.
blanquición *f.* Acción de blanquear los metales. 2 Efecto de blanquear los metales.
blanquilla *f.* Enfermedad de las perdices enjauladas.
blanquillo, -lla *adj.-m.* Trigo y pan candeal. -2 *adj.-s.* DEP. fig. Perteneciente o relativo al Real Zaragoza, club de fútbol. -3 *m. Chile* y *Perú.* Durazno de cáscara blanca. 4 *Chile.* Pez de color rojizo por el lomo y plateado por el vientre *(Latilus jugularis).* 5 *Guat.* y *Méj.* Huevo de gallina.
blanquimento, -miento *m.* Disolución que se emplea para blanquear.
blanquinegro, -gra *adj.* [pers.] Que tiene un color que es mezcla de blanco y negro.
blanquinoso, -sa *adj.* Blanquecino.
blanquita *f.* Mariposa diurna de color blanco y amarillento, extraordinariamente dañina, pues su oruga se alimenta de coles y otras crucíferas *(Pieris rapae).*
blanquiverde *adj.-s.* De color blanco y verde. 2 DEP. fig. Perteneciente o relativo al Real Betis Balompié, club de fútbol.
blanquiverdosa *f.* Mariposa diurna de color blanco con manchas negras en la cara superior, y de color verde amarillento en la cara inferior *(Pontia daplidice).*
blanquizal, -zar *m.* Gredal.
blanquizco, -ca *adj.* Blanquecino.
blao *adj.-m.* BLAS. Azur.
Blas *n. pr.* ***Lo dijo ~, punto redondo,*** ús. irón. cuando alguien trata de imponer su voluntad o parecer sin más discusión.
blasfemable (l. *blasphemabile*) *adj.* Vituperable.
blasfemador, -ra *adj.-s.* Que blasfema.
SIN. **Renegador, renegón.**
blasfemamente *adv. m.* Con blasfemia.
blasfemante *adj.-s.* Que blasfema.
blasfemar (l. *blasphemare*) *intr.* Decir blasfemia: *~ contra Dios; ~ de la virtud.* 2 fig. Maldecir, vituperar. En los clásicos *tr.: ~ al Señor*
SIN. **Renegar.**
blasfematorio, -ria *adj.* Que contiene blasfemia.
blasfemia (l. *blasphemia*) *f.* Palabra o expresión injuriosa contra Dios o las personas o cosas sagradas. 2 fig. Injuria grave contra una persona.
SIN. **Reniego, derreniego** (rúst.), **voto, juramento.**
blasfemo, -ma (l. *blasphemus*) *adj.* Que contiene blasfemia. -2 *adj.-s.* Blasfemante.
blasón (fr.) *m.* Arte de explicar los escudos de armas. 2 Escudo de armas. 3 Figura, señal o pieza de que se compone un escudo. 4 fig. Honor o gloria.
SIN. *1* **Heráldica.** *2* **Armas.**
blasonado, -da *adj.* Ilustre por sus blasones.
blasonador, -ra *adj.* Que blasona u ostenta.
blasonar *tr.* Disponer [el escudo de armas] según las reglas del arte. -2 *intr.* Hacer ostentación de alguna cosa: *~ de valiente.*
blasonería *f.* Baladronada.
blasonista *com.* Persona entendida en heráldica.
blastema (gr. *blástema,* germen) *m.* Aglomeración celular de la que nacen los elementos anatómicos de los cuerpos orgánicos.
blasto-, -blasto (gr. *blastos,* germen) Elemento prefijal y sufijal, que entra en la formación de palabras con el significado de germen, embrión, célula madre: *blastodermo, fibroblasto.*
blastocito (*blasto-* + *-cito* I) *m.* Célula embrionaria que todavía no se ha diferenciado.
blastodermo (*blasto-* + *-dermo*) *m.* ZOOL. Membrana primitiva formada por la segmentación del óvulo fecundado, que se hace doble al formarse la gástrula, y triple al aparecer entre las dos hojas resultantes una formación de células conjuntivas.
blastogénesis (*blasto-* + *-génesis*) *f.* ZOOL. Primeras fases del desarrollo embrionario, que dan origen al blastodermo.
blastómero (*blasto-* + *-mero*) *m.* ZOOL. Célula que se origina en la primera división del óvulo fecundado.
blastosfera (*blasto-* + gr. *sphaira,* esfera) *f.* Blástula.
blástula *f.* Esfera hueca formada por el blastodermo en el primer período de desarrollo embrionario.
SIN. **Blastosfera.**
-ble (l. *-bilis*) Sufijo que forma adjetivos, gralte. verbales, que terminan en *-able,* si se aplica a verbos de la 1ª conjug: *laborable;* y en *-ible,* si de la 2ª o 3ª: *temible, convenible;* algunos derivan del supino: *responsable;* y otros de substantivos o adjetivos españoles o latinos: *bonancible, saludable, sensible*; significa capacidad o aptitud para la idea expresada por el primitivo: *combustible, amable, infalible.*
bleda *f. Murc.* Acelga.
bledo *m.* Hierba amarantácea erecta y anual, de hojas ovales, tallos estriados y flores dispuestas en inflorescencias de color blanco verdoso *(Amaranthus retroflexus).* 2 fig. Cosa de poca importancia: ***no dársele a uno un ~ de una cosa,*** no importarle.
SIN. **Armuelle.**
blefar-, blefaro- (gr. *blépharon,* párpado) Elemento prefijal que entra en la formación de palabras con el significado de párpado: *blefaritis, blefaroplastia.*
blefarismo *m.* Espasmo de los párpados.
blefaritis (*blefar-* y *-itis*) *f.* Inflamación de los párpados. ◇ Pl.: *blefaritis.*
blefaroplastia (*blefaro-* + *-plastia*) *f.* Restauración del párpado o de una parte de él mediante aproximación de la piel inmediata.
blefaroplejía (*blefaro-* + *-plejía*) *f.* MED. Parálisis de los músculos del párpado.
blefaroptosis (*blefaro-* + *-ptosis*) *f.* PAT. Caída del párpado superior, gralte. por parálisis del nervio facial. ◇ Pl.: *blefaroptosis.*
blefaróstato (*blefaro-* + *-stato*) *m.* CIR. Instrumento usado para mantener separados y fijos los párpados, al practicar ciertas operaciones en los ojos.
blegar *intr.* Faltar, escasear, acabar. ◇ ** CONJUG. [7] como ***llegar.***
blen-, bleno- (gr. *blenos,* mucosidad) Elemento prefijal que entra en la formación de palabras con el significado de mucosidad, pus: *blenoftalmia, blenorragia.*
blenda (al. *blende*) *f.* Sulfuro de cinc nativo del cual se extrae este metal.
blenoftalmia (*blen-* + *oftalmia*) *f.* MED. Conjuntivitis purulenta.
blenorragia (*bleno-* + *-ragia*) *f.* Inflamación catarral infecciosa de la uretra.
SIN. **Uretritis; blenorrea, gonorrea,** la crónica.
blenorrágico, -ca *adj.* Relativo a la blenorragia.
blenorrea (*bleno-* + *-rea*) *f.* Blenorragia, esp. la crónica.
blincaacequias *m. La Mancha.* vulg. Zascandil.
blinda (del al. *blinde,* a través del fr.) *f.* FORT. Viga gruesa para construir un cobertizo defensivo. 2 Bastidor de madera para contener las tierras en las trincheras.
blindado, -da *adj.* Recubierto con blindaje. 2 V. *División blindada.*
blindaje *m.* Acción de blindar. 2 Efecto de blindar. 3 Conjunto de materiales que se usan para blindar. 4 Blinda. 5 FORT. Cobertizo defensivo que suele hacerse de blindas. 6 MAR. y MIL. Conjunto de planchas usadas para blindar.
SIN. *5* **Coraza.**
blindar (al. *blenden,* cegar) *tr.* Proteger exteriormente con planchas de hierro o acero [las cosas o los lugares] contra los efectos de las balas, el fuego, etc.
bloc *m.* Cuaderno, bloque.
bloca *f.* Punta aguda de forma cónica o piramidal que tenían en el centro algunos escudos y rodelas.
blocao (al. *blockhaus*) *m.* FORT. Fortín, en su origen volante y de madera, que actualmente se construye de materiales diversos.
blocar (fr. *bloquer*) *tr.* DEP. En el juego del fútbol, detener el balón sujetándolo con las manos. ◇ ** CONJUG. [1] como ***sacar.***
blofeador, -ra *adj.* En algunos países de Amér., [pers.] que blofea.
blofear (ing. *to bluff*) *intr.* En algunos países de Amér., impresionar por medio de una baladronada para lograr o impedir alguna cosa.
blofero, -ra *adj.* Blofeador. Ús. en algunos países de Amér.
blofista *adj.* Blofeador.
blonda (fr. *blonde*) *f.* Encaje de seda.
blondina *f.* Blonda angosta.
blondo, -da (fr. *blond*) *adj.* lit. Rubio (color).
bloque (fr. *bloc,* der. del neerl. med. *bloc,* tronco cortado) *m.* Trozo grande de piedra o de madera sin labrar. 2 Paralelepípedo de hormigón en forma de sillar que se usa en la construcción. 3 En las poblaciones, manzana o cuadra de casas. 4 Taco de hojas de papel. 5 Pieza de fundición en cuyo interior se ha labrado

el cuerpo de uno o varios cilindros y está provista de doble pared para el agua de refrigeración: ~ *de cilindros de un automóvil.* 6 Agrupación ocasional de partidos políticos. 7 Grupo de sellos, por lo general de cuatro, unidos entre sí y dispuestos en forma de cuadrado o rectángulo. 8 INFORM. Grupo de palabras que se tratan como una sola unidad. 9 INFORM. En los lenguajes de alto nivel, medio de agrupar diferentes secciones de un programa. 10 *En ~*, en conjunto.

bloqueador, -ra *adj.-s.* Que bloquea.

bloquear (del fr. *bloquer*) *tr.* Asediar. 2 Cortar todo género de comunicaciones [al litoral de un país enemigo]. 3 Inmovilizar la autoridad [una cantidad o crédito] privando a su dueño de disponer de ellos total o parcialmente por cierto tiempo: ~ *una cuenta corriente.* 4 Detener [un vehículo] utilizando los frenos. 5 fig. Poner obstáculos que impidan el desarrollo de una acción, evolución, progreso, etc. 6 IMPR. Reemplazar provisionalmente en una parte de la composición las letras que faltan en las cajas por otras cualesquiera que se ponen invertidas. -7 *prnl.* Quedarse sin capacidad de reacción.

SIN. *1* v. **Sitiar.**

bloqueo *m.* Acción de bloquear. 2 Efecto de bloquear. 3 Fuerza marítima que bloquea. 4 Sistema de seguridad en la señalización de ferrocarriles.

blues (ingl.) *m.* Género poético y musical del folclore negro americano, de tema personal y gralte. melancólico. ◇ Pl.: *blues.* Se pronuncia *blus.*

bluff *m.* ANGLIC. Ficción, falsa apariencia, aparatosidad, finta. ◇ Se pronuncia *blof.*

blusa (fr. *blouse*) *f.* Vestidura exterior a manera de túnica holgada y con mangas. 2 Vestidura femenina a modo de jubón ceñido al talle.

blusón *m.* Blusa larga.

boa (l.) *f.* Serpiente gigante de América, no venenosa, de gran fuerza y corpulencia, que se alimenta gralte. de animales de sangre caliente *(Boa constrictor).* 2 *m.* Prenda de piel o pluma, en forma de culebra, que usaban las mujeres para abrigo o adorno del cuello.

SIN. *1* **Bastardo.**

boalaje *m.* Dehesa boyal.

boalar (b. l. **boalare* < l. *bove,* buey) *m.* Dula (rebaño).

boaqueño, -ña *adj.-s.* De Boaco, capital y departamento del sudoeste de Nicaragua.

boardilla *f.* Buhardilla.

boato (l. *boatu,* mugido) *m.* Ostentación en el porte exterior.

bobada *f.* Bobería.

bobales *com.* fam. Bobo.

bobalías *com.* fam. Persona muy boba.

bobalicón, -cona *adj.-s.* fam. Aum. de *bobo.*

bobamente *adv. m.* Con bobería. 2 Sin cuidado o sin trabajo.

bobatel *m.* fam. Hombre bobo.

bobáticamente *adv. m.* burl. Bobamente.

bobático, -ca *adj.* burl. Que se dice o hace neciamente o con bobería.

bobear *intr.* Hacer o decir boberías. 2 fig. Emplear el tiempo en cosas vanas.

boberá *com. Cuba.* Bobo o boba.

bobera *f.* Bobería.

bobería (de *bobo*) *f.* Dicho o hecho necio.

bobeta *adj.-s. Argent.* Bobalicón.

bobi *m.* Pez marino teleósteo perciforme, de pequeño tamaño, cuerpo robusto y con una característica banda de color anaranjado en la aleta dorsal *(Gobius paganellus).*

bóbilis bóbilis (de ~) (deformación del l. *de vobis vobis*) *m. adv.* De balde; sin trabajo.

bobilla *f. Ál., And., Ast.* y *Extr.* Abubilla.

bobillo *m.* Jarro vidriado y barrigudo. 2 Encaje que llevaban las mujeres alrededor del escote. 3 *Ál.* Abubilla.

bobina (fr. *bobine*) *f.* Carrete para devanar o arrollar en él hilos, alambre, etc. 2 IMPR. Rollo de papel continuo que emplean las rotativas. 3 Componente de los circuitos eléctricos, formado por un hilo conductor aislado y arrollado repetidamente, en forma variable según su uso; ~ ***deflectora,*** la situada alrededor del cuello de un tubo de rayos catódicos para desviar el haz de electrones. ◇ HOMÓF.: *bovina* (adj.).

bobinado *m.* Acción de bobinar. 2 Efecto de bobinar. 3 Conjunto de bobinas que forman parte de un circuito electrónico. 4 ELECTR. Conjunto de todas las vueltas de hilo conductor de una bobina.

bobinadora *f.* Máquina destinada a hilar y a bobinar.

bobinar *tr.* Arrollar o devanar [hilos, alambre, etc.] en una bobina.

bobita *f. Huelva* y *Sev.* Abubilla.

bobito *adj. Can.* Que está cuajado sin gran densidad. -2 *m. Cuba.* Pajarillo semejante al pitirre y del cual hay dos especies, grande y chico *(Myarchus sagrae; Blacicus caribaeus).*

bobo, -ba (l. *balbu,* balbuciente) *adj.-s.* De muy corto entendimiento. 2 Extremadamente cándido. -3 *m.* Gracioso de teatro. 4 Ant. adorno femenino. 5 *Amér. Central* y *Méj.* Pez de río, de unos 60 cms. de largo y carne blanca y exquisita *(Huro nigricans).* 6 *Cuba* y *P. Rico.* Mona, juego de naipes. 7 *P. Rico.* Chupador que se da a los nenes.

SIN. *1* y *2* **Paparote;** v. **simple.**

boboliche *adj. Perú.* Bobo, simplón.

bobón, -bona *adj.* fam. Aumentativo de *bobo.*

bobote, -ta *adj.-s.* fam. Aumentativo de *bobo.*

boca (l. *bucca*) *f.* Abertura por la que un animal recibe los alimentos. En el hombre y muchos animales, se acompaña de una cavidad que contiene la lengua y los dientes y va de los labios a la faringe: ~ ***de espuerta*** o ***rasgada,*** la excesivamente grande; ~ ***regañada,*** la que nunca se cierra por completo. 2 Agujero, grieta: ~ *de tierra.* 3 Lugar o abertura que sirve de entrada o salida o por donde se extrae o introduce algo: ~ *de horno;* ~ *de cañón;* ~ *de una vasija;* ~ *de calle;* ~ *de metro;* ~ *de puerto;* ~, o *bocas, de un río;* ~ ***del estómago,*** parte central de la región epigástrica; cardias; ~ ***de riego,*** abertura en la cual se enchufa una manga para regar. 4 fig. Gusto o sabor: *este vino tiene buena ~.* 5 fig. Persona o animal a quien se mantiene. 6 fig. Órgano de la palabra. 7 fig. Parte, en forma de tenaza, con que terminan las patas delanteras de los crustáceos. 8 fig. Parte afilada de ciertas herramientas. 9 ~ ***de dragón,*** dragón (planta). 10 fig. ***Hacer ~,*** tomar algún estimulante para abrir el apetito. -11 ***loc. adv.*** ~ ***arriba,*** en posición horizontal y de espaldas a la superficie. -12 *m.* ~ ***a*** ~, forma de respiración artificial que consiste en aplicar la boca de uno a la de la persona accidentada para insuflarle aire con un ritmo determinado: *el ahogado se salvó gracias a que practicaron el ~ a ~ inmediatamente.* 13 *fr.* fam. ***Hacerse a uno la ~ agua,*** recordar con deleite el buen sabor de algún manjar; deleitarse con la esperanza de conseguir alguna cosa agradable, o con su memoria.

FRS. *A ~ de costal,* con gran abundancia. *A ~ de jarro,* [apl. a la acción de beber] sin medida; fig. a quema ropa. *Abrir ~,* despertar el apetito con algún manjar o bebida. REL. *1* **Estomatología,** ciencia de las enfermedades de la ~; **estomatitis,** inflamación de la mucosa bucal. FRS. ~ *de escorpión,* persona muy maldiciente; ~ *de gachas,* persona que habla salpicando con la saliva o con tanta blandura que no se le entiende. *Buscar a uno la ~,* dar motivo a que diga lo que de otro modo callaría; *ganar a uno la ~,* persuadirle a que diga lo que otro desea; *hablar a uno por ~ de ganso,* decir lo que otro desea. *¡Punto en ~!* , exp. para mandar callar. *A pedir de ~,* a medida del deseo. SIN. 7 **Pico.**

bocabajo *adv. m.* Boca abajo. -2 *adj. P. Rico.* Servil, adulador. -3 *m. Cuba* y *P. Rico.* Castigo de azotes que se daba a los esclavos haciéndoles tenderse boca abajo.

bocabarra *f.* Muesca abierta en el cabestrante, donde se encajan las barras para hacerlo girar.

bocacalle *f.* Entrada de una calle. 2 Calle secundaria que afluye a otra.

bocacaz *m.* Abertura en una presa para dar salida a cierta porción de agua.

bocacha *f.* fam. Boca grande, bocaza. 2 Trabuco naranjero.

bocacho, -cha (de *bocacha*) *m. f. Pan.* Persona que ha perdido uno o varios dientes delanteros.

bocací (ár. *bogazí*) *m.* Tela de hilo gruesa y de color. ◇ Pl.: *bocacíes.*

SIN. **Esterlin.**

bocadear *tr.* Partir en bocados [una cosa].

bocadillo *m.* Lienzo delgado y poco fino. 2 Especie de cinta muy angosta. 3 Alimento que se toma entre las comidas. 4 Panecillo relleno con algún manjar apetitoso. 5 Dulce de guayaba envuelto en hojas de plátano. 6 Intervención de un actor teatral en el diálogo con unas pocas palabras. 7 Trozo de conversación breve, gralte. envuelta en una línea, que ilustra un dibujo, saliendo de la boca del que habla. 8 *Amér.* Dulce de coco o de boniato. 9 *Venez.* Pasta hecha de pulpa de frutas y almíbar y cortada en trocitos rectangulares.

SIN. *1* **Platilla.** *2* **Melindre.** *7* **globo.**

bocadito *m.* Pastel pequeño relleno de nata o crema. 2 *Cuba.*

Cigarrillo con envoltura de hoja de tabaco en vez de papel. 3 *Cuba.* ~ ***de la reina,*** dulce de clara de huevo con leche y harina.

bocado ***m.*** Porción de comida que naturalmente cabe de una vez en la boca: *un* ~ ***de pan;*** ~ ***de Adán,*** v. nuez. 2 Un poco de comida: *tomar un* ~. 3 Veneno que se da con el alimento. 4 Parte del freno que entra en la boca de la caballería y, p. ext., el mismo freno. 5 Mordedura hecha con los dientes. 6 Pedazo de cualquier cosa que se arranca con la boca. 7 Pedazo arrancado de cualquier cosa violentamente. 8 Estaquilla de retama que se pone en la boca de las reses laneras para que baleen. -9 ***m. pl.*** Fruta en conserva, partida en pedazos que se dejan a secar. -10 ***m.*** *Can.* Trozo pequeño de tierra de labranza. 11 *Amér.* Correa que se ata a la quijada inferior de la caballería y hace las veces de freno.

SIN. *1, 2, 5* y *6* **Muerdo.** *4* **Embocadura.**

bocadulce ***m.*** Pez escuálido del mar de las Antillas, semejante al tiburón *(Mustelus canis).*

bocajarro (a ~) (de *a boca de jarro*) ***loc. adv.*** Tratándose del disparo de un arma de fuego, a quemarropa, desde muy cerca. 2 fig. De improviso, inopinadamente.

I) bocal (l. *baucale,* jarro) ***m.*** Jarro de boca ancha y cuello corto para sacar el vino de las tinajas. 2 Recipiente usado en laboratorios, farmacias, hospitales, etc. ◇ HOMÓF.: *vocal* (f.).

II) bocal ***adj.*** Bucal. -2 ***m.*** Pecera. 3 *Ar.* Presa, azud. ◇ HOMÓF.: *vocal* (f.).

bocallave ***f.*** Ojo de la cerradura.

bocamanga ***f.*** Parte de la manga más cercana a la muñeca.

bocamejora ***f.*** *Amér. Merid.* En minería, pozo auxiliar que comunica con el principal de una mina con objeto de facilitar los disfrutes.

bocamina ***f.*** Boca de mina.

bocana ***f.*** Paso estrecho de mar, que sirve de entrada a una bahía o fondeadero.

bocanada ***f.*** Cantidad de líquido que de una vez se toma en la boca o se arroja de ella. 2 Porción de humo que se echa de una vez cuando se fuma.

SIN. *1* **Buchada, buche, sorbo.**

bocanegra ***m.*** Pez marino seláceo de color pardo grisáceo con grandes manchas pardas irregulares, y con el interior de la boca negro. No llega a alcanzar un metro de longitud *(Pristiurus melastomus; Galeus m.).*

bocarada ***f.*** Bocanada, fumarada.

bocarrena ***f.*** Oquedad revestida de cristalizaciones, que se halla en las piedras.

bocarrota ***com.*** *La Mancha.* Bocazas.

I) bocarte ***m.*** Boquerón. 2 *Sant.* Cría de la sardina.

II) bocarte (fr. *bocard*) ***m.*** Martillo cincel de boca dentada, para labrar piedras. 2 Máquina trituradora de piedras y minerales.

bocata ***m.*** fam. Bocadillo.

bocateja ***f.*** Teja primera de cada canal, junto al alero.

SIN. **Luneta.**

bocatería ***f.*** *Venez.* Baladronada, jactancia.

bocatero, -ra ***adj.*** *Amér.* Jactancioso, fanfarrón.

bocatijera ***f.*** En los carruajes de cuatro ruedas, parte donde se afirma y juega la lanza.

bocatoma ***f.*** *Chile* y *Ecuad.* Bocacaz, boquera.

bocatoreño, -ña ***adj.-s.*** De Bocas de Toro, c. y prov. de Panamá.

bocaza ***f.*** Aum. de *boca.*

bocazas ***com.*** fig. Persona que habla indiscretamente.

bocazo ***m.*** Explosión que sale por la boca del barreno sin producir efecto.

boccaccesco, -ca ***adj.*** Relativo al escritor italiano Juan Boccaccio (1313-1375).

bocear ***intr.*** Bocezar. ◇ HOMÓF.: *vocear* (v.).

bocel (del fr. ant. *bosset,* tal vez dim. de *bosse,* bulto) ***m.*** Moldura lisa de forma cilíndrica. 2 Cepillo bocel. 3 ***Cuarto*** ~, moldura convexa cuya sección es un cuarto de círculo. 4 ***Medio*** ~, moldura en forma de medio cilindro.

SIN. *1* **Cordón, toro.**

bocelar ***tr.*** Dar [a un borde o moldura] forma de bocel.

bocelete ***m.*** Dim. de *bocel.* 2 Bocel.

bocera ***f.*** Lo que queda ensuciando los labios después de haber comido o bebido. 2 Boquera, escoriación en la comisura de los labios.

boceras ***com.*** Bocazas, hablador. 2 Persona despreciable. ◇ Pl.: *boceras.*

bocetar ***tr.*** Esbozar, bosquejar, abocetar.

boceto (it. *bozzetto*) ***m.*** Borrón colorido que, como ensayo, se hace antes de pintar un cuadro. 2 p. ext. Proyecto de obra artística.

SIN. *1* **Mancha.** REL. Hacer un boceto, vb. **abocetar.** Hecho a manera de boceto, adj. **abocetado.**

bocezar ***intr.*** Mover los labios las bestias hacia uno y otro lado. ◇ ** CONJUG. [4] como ***realizar.***

bocha (l. *bocia, bola; a través del it. *boccia*) ***f.*** Bola de madera para jugar a las bochas. -2 ***f. pl.*** Juego en que se tiran a cierta distancia unas bolas medianas y otra pequeña, ganando el que arrima más a ésta con las otras. 3 fig. Cabeza de una persona. -4 ***f.*** *Extr.* Hoyo o cavidad en el terreno. 5 *Murc.* Bolsa, arruga que forma la tela.

bochar ***tr.*** En el juego de bochas, dar con la bola que se tira [a otra bola] y apartarla del sitio. 2 *Argent., Parag., S. Dom.* y *Urug.* Fracasar en un examen, no aprobar. 3 *Méj.* y *Venez.* fig. Dar boche, rechazar.

bochazo ***m.*** Golpe dado con una bocha a otra.

I) boche (voz descriptiva) ***m.*** Hoyo pequeño que hacen los muchachos en el suelo para ciertos juegos. 2 *Chile.* Hollejo que queda del trigo después de sacado el almidón. 3 *Chile* y *Perú.* Pendencia, bochinche. 4 *Méj.* y *Venez.* ***Dar*** ~, rechazar, desairar [a uno]. 5 *Venez.* Bochazo. 6 *Venez.* fig. *y* fam. Repulsa, desaire.

II) boche (fr., abreviación de *caboche,* cabezota, cabeza dura) ***m.*** desp. Alemán.

III) boche ***m.*** Buche, asno joven.

bocheche ***m.*** *P. Rico.* Hinchazón a causa de un golpe.

bochinche (de *boche,* o *buche*) ***m.*** Tumulto, barullo. 2 Taberna. 3 *Colomb.* y *P. Rico.* Chisme. 4 *Méj.* Baile, fiesta casera.

bochinchear ***intr.*** *Amér.* Armar bochinches.

bochinchero, -ra ***adj.-s.*** Que promueve bochinches.

bochinchoso, -sa ***adj.*** *Amér.* Bochinchero. 2 *P. Rico.* Quisquilloso.

bochista ***com.*** Persona diestra en bochar.

bocho, -cha ***m. f.*** *Extr.* Asno de un año.

bochorno (l. *vulturnu,* viento sudeste) ***m.*** Aire caliente que sopla en el estío. 2 Calor sofocante. 3 Encendimiento pasajero del rostro. 4 fig. Rubor, vergüenza.

SIN. *1* **Vulturno.** *4* v. **Vergüenza.**

bochornoso, -sa ***adj.*** Que causa o da bochorno.

bocígeno, -na (de *bocio* + *-geno*) ***adj.*** MED. Que produce bocio.

bocín ***m.*** Pieza de esparto que se pone alrededor de los cubos de las ruedas de los carruajes. 2 En los molinos de cubo, agujero por donde cae el agua al rodezno. 3 *Colomb.* En el juego del tejo, cavidad de bordes metálicos donde se coloca el petardo.

bocina (l. *bucina*) ***f.*** Molusco gasterópodo, cuya concha mide hasta 40 cms.; es el mayor caracol del Mediterráneo *(Tritonium nodiferum).* 2 Bocín de metal que cubre los extremos del eje del carruaje. 3 MÚS. Cuerno. 4 Especie de trompeta usada para hablar de lejos. 5 Pabellón de los gramófonos. 6 Claxon: *la* ~ ***de un automóvil.*** 7 Revestimiento metálico con que se guarnece interiormente un orificio. 8 *Colomb.* y *Chile.* Trompetilla para los sordos.

SIN. *1* **Caracola.** *4* **Tornavoz.**

bocinar ***intr.*** Tocar la bocina o usarla para hablar.

bocinazo ***m.*** Sonido fuerte de la bocina. 2 fig. Grito, chillido.

bocinegro, -gra (der. de *bozo* + *negro*) ***adj.*** Boquinegro. 2 TAUROM. [toro] Que tiene el hocico negro. -3 ***m.*** *And.* y *Can.* Pargo. ◇ También *jocinegro.*

bocinero, -ra ***adj.*** TAUROM. Bocinegro. -2 ***m.*** El que toca la bocina. ◇ También *jocinero.*

bocio (b. l. *bociu;* que dio el fr. ant. *bosse,* bulto) ***m.*** Tumor indoloro, enquistado, debido a hipertrofia del tiroides, que se forma en la parte anterior e inferior del cuello: ~ ***exoftálmico,*** variedad caracterizada por exoftalmía acompañada de anemia, excitación cardíaca, irritabilidad mental y trastornos mentales.

SIN. **Papera.**

bock (al.) ***m.*** GERMAN. Doble de cerveza. ◇ Pl.: *bocks.*

bocón, -cona ***adj.-s.*** fam. Bocudo. 2 Fanfarrón, charlatán. 3 Maldiciente, murmurador. -4 ***m.*** Pez marino teleósteo, pelágico, de tamaño pequeño, cuerpo alargado y color plateado *(Argentina leioglossa).* 5 *Cuba.* Pez cubano, especie de sardina *(Engraulis edentulus).* 6 *Amér.* Trabuco, arma de fuego.

boconada ***f.*** Fanfarronada.

boconear ***intr.*** *S. Dom.* Fanfarronear.

boconería ***f.*** *P. Rico* y *S. Dom.* Fanfarronada, fanfarronería.

bocoy (fr. *boucaut* < *bouc,* macho cabrío) ***m.*** Barril grande para envase. ◇ Pl.: *bocoyes.*

bocudo, -da *adj.* Que tiene grande la boca.
boda (l. *vota,* votos) *f.* Casamiento y fiesta con que se solemniza: *las bodas de Camacho.*
FRS. fig. ~ *de negros,* reunión en que hay mucha confusión y griterío. *Bodas de oro,* quincuagésimo aniversario del casamiento, o de algún acontecimiento importante para el que lo celebra. *Bodas de plata,* vigésimo quinto aniversario. *Bodas de diamante,* sexagésimo aniversario. *Bodas de platino,* sexagésimo quinto aniversario. SIN. V. **Matrimonio.**
bode (l. *butte,* odre) *m.* Cabrón.
bodega (gr. *apotheke,* depósito) *f.* Lugar donde se guarda y cría el vino. 2 Despensa (lugar). 3 Pieza subterránea de una edificación. 4 En los puertos de mar, piezas bajas que sirven de almacén. 5 Espacio interior de los buques desde la cubierta inferior hasta la quilla. 6 Cosecha o mucha abundancia de vino. 7 Troj o granero. 8 Tienda de vinos y licores. 9 *Amér.* Tienda de comestibles. 10 *Chile.* En los ferrocarriles, almacén para guardar las mercancías.
SIN. *1* y *2* **Cillero.**
bodegaje *m. Chile* y *Nicar.* Almacenaje.
bodego *m.* desus. Bodegón (taberna).
bodegón *m.* Tienda donde se guisan y dan de comer viandas ordinarias. 2 Taberna. 3 Pintura donde se representan alimentos, vasijas y utensilios domésticos. 4 Estas mismas vasijas y utensilios.
SIN. *1* y *2* **Ventorrillo,** el que está a las afueras de una población.
bodegonear *intr.* Andar de bodegón en bodegón.
bodegonero, -ra *m. f.* Persona que tiene un bodegón (taberna).
bodeguero, -ra *m. f.* Dueño de una bodega. 2 Persona encargada de ella.
bodigo (l. *[pane] votivu,* [pan] ofrecido en voto) *m.* Panecillo de flor de harina, que se suele llevar a la iglesia por ofrenda. 2 *Sal.* fam. Panecillo abultado y deforme.
bodijo *m.* desp. Boda desigual. 2 Boda sin aparato ni concurrencia.
bodocal *adj.* [vid] Que produce una clase de uva negra. -2 *adj.-f.* Esta clase de uva.
bodocazo *m.* Golpe dado por el bodoque (bola).
bodón (l. *buda,* anea) *m.* Charca que se seca en verano.
SIN. **Buhedo.**
bodoni *adj.-s.* V. letra bodoni.
bodoque (ár. *bondoc,* avellana, bala) *m.* Bola de barro endurecida al aire, que servía para tirar con ballesta. 2 Reborde con que se refuerzan los ojales del colchón por donde se pasan las bastas. 3 Relieve de forma redonda que sirve de adorno en algunos bordados. 4 Burujo (pella). -5 *adj.-m.* fig. Persona de cortos alcances. -6 *m. C. Rica, Guat.* y *Salv.* Pelota o pedazo informe de papel, masa, lodo u otro material blando. 7 *Guat.* y *Méj.* fig. Chichón o hinchazón en cualquier parte del cuerpo. 8 *Méj.* Cosa mal hecha.
bodoquera *f.* Molde para bodoques. 2 Escalerita de cuerda de vihuela que sujetaba el bodoque en la cuerda de la ballesta. 3 Cerbatana (cañuto).
bodorrio *m.* Bodijo. 2 *Méj.* Bulla, fiesta con motivo de una boda.
bodrio (germ. *brod,* caldo) *m.* Guiso mal aderezado. 2 Sangre de cerdo mezclada con cebolla para embutir morcillas. 3 fig. Mezcla confusa de varias cosas. 4 fam. Obra literaria o artística de pésima calidad. 5 fam. Objeto, persona o actividad desagradable o fea.
body (voz inglesa) *m.* Malla para practicar gimnasia. 2 Prenda interior femenina de una sola pieza que cubre todo el cuerpo excepto las extremidades.
boeciano, -na *adj.* Relativo al filósofo y poeta latino Severino Boecio (¿480?-524).
bóer (del hol. campesino) *adj.-s.* De un grupo de colonos holandeses que se estableció en el África Austral en la segunda mitad del siglo XVII: *los bóers son de origen holandés.*
boezuelo *m.* Dim. de *buey.* 2 Figura que representa un buey, usada en la caza de perdices.
bofe (de la raíz onomat. *buf,* soplar) *m.* Pulmón: *bofes de buey.* 2 *P. Rico.* Cosa fácil de conseguir. 3 *P. Rico.* Trabajo llevadero, suave. 4 *S. Dom.* Artículo muy rebajado de precio. -5 *adj. Amér. Central.* Antipático.
SIN. **Chofe.**
FR. fig., *Echar los bofes,* afanarse mucho.
bofena *f.* Bofe.
bófeta (persa *báfeta*) *f.* Cierta tela de algodón delgada y tiesa.
bofetada (v. *bofe*) *f.* Manotada dada en el carrillo. 2 fig. Desaire, desprecio u ofensa. 3 *Chile.* Puñetazo.
SIN. **Galleta,** irón., **torta, tortazo, cachete; guantada, guantazo, tabanazo.**
bofetán *m.* Bófeta.
bofetear *tr. Ecuad., Guat.* y *P. Rico.* Abofetear.
bofeteo *m. P. Rico* y *S. Dom.* vulg. *y* fest. Sustento, comida.
bofetón *m.* Bofetada, esp. la que se da con fuerza. 2 Tramoya de teatro giratoria, con que se hacen aparecer o desaparecer personas u objetos. 3 *Can.* y *Cuba.* Hoja de papel litografiado con que en las cajas de cigarros puros van estos cubiertos.
SIN. *1* **Sopapo.**
bofia *f.* vulg. Policía (cuerpo).
bofo, -fa *adj.* Fofo. -2 *m. Hond.* Boj, bolo de madera de que se sirven los zapateros para lustrar la suela.
I) boga (l. *boca*) *f.* Pez fluvial de tamaño pequeño, hocico prominente, color pardusco, y que se agrupa en cardúmenes; comestible *(Chomdrostoma polyledis).* 2 Pez marino teleósteo perciforme, de tamaño pequeño, cuerpo fusiforme y color azulado, verdusco o pardusco; comestible *(Boops boops).*
II) boga *f.* Acción de bogar. 2 fig. Buena aceptación, fama o felicidad creciente: *estar en* ~. -3 *m. Amér.* Remero. 4 *Colomb.* Mal educado, gañán.
bogada *f.* Espacio que la embarcación navega por el impulso de un solo golpe de remos.
bogador, -ra *m. f.* Persona que boga.
bogalla *f. Extr.* Agalla del roble.
bogar (orig. incierto; probl. del l. *vocare,* llamar, por los gritos de los remeros) *intr.* Remar: ~ *al remo;* ~ *por cuarteles.* 2 ~ ***a pareles,*** bogar dos remos en cada bancada, uno por cada banda. 3 p. ext. Navegar. 4 *Can.* Brotar las plantas y los árboles. 5 *Chile.* En minería, desnatar, quitar la escoria al metal. 6 *Colomb.* Sorber, beber de un sorbo. ◇ ** CONJUG. [7] como ***llegar.***
I) bogavante (*bogar* + *avante*) *m.* Primer remero de cada banco de la galera.
II) bogavante (de *lobagante;* probl. del l. v. *lucopante,* del gr. *lykopanter*) *m.* ZOOL. Crustáceo decápodo, de gran tamaño, pinzas muy grandes y fuertes, y coloración azul verdosa *(Homarus gammarus).*
SIN. **Lobagante.**
bogey *m.* DEP. En el juego del golf, jugada en la que se consigue meter la pelota en el hoyo de un golpe más del par: ***doble*** ~, si es en dos golpes más. ◇ Se pronuncia *bogui.*
bogie (voz inglesa) *m.* Carretón (de vehículos que circulan sobre carril).
bogotano, -na *adj.-s.* De Bogotá, capital de Colombia.
bogue (ingl. *buggy*) *m. Chile.* Carruaje semejante a la victoria.
bohaírico, -ca *adj.-m.* Dialecto copto, hablado antiguamente en el oeste del delta del Nilo y mantenido en la actualidad como lengua litúrgica.
bohardilla *f.* Buhardilla.
bohemia *f.* Conjunto de bohemios (pers. de vida desordenada). Ús. gralte. tratándose de artistas.
bohemiano, -na *adj.-s.* Bohemo.
bohémico, -ca *adj.-s.* Bohemo.
bohemio, -mia (l. *-iu*) *adj.-s.* Bohemo. 2 Gitano. 3 [pers.] Que lleva un tipo de vida libre y poco organizada. -5 *m.* Checo (lengua).
bohemo, -ma (l. *-mu*) *adj.-s.* De Bohemia, región de Checoslovaquia. -2 *adj.* Bohémico.
SIN. **Bohemiano, bohémico, bohemo.**
bohena (v. *bofe*) *f.* Pulmón (de vertebrados). 2 Longaniza hecha con los bofes del puerco.
bohío (voz indígena, casa del señor) *m. Amér.* Cabaña hecha de madera y ramas, cañas o paja.
boholano, -na *adj.-s.* De Bohol, isla y provincia del sur de Filipinas.
bohordo (compuesto del al. *Hürde,* caña) *m.* Junco de la espadaña. 2 Tallo herbáceo y sin hojas que sostiene las flores y el fruto de algunas plantas. 3 Lanza corta arrojadiza, que se usaba en las fiestas de caballería, o caña de forma parecida para los juegos de cañas.
SIN. *2* **Escapo, vara.**
boicot (nombre del irlandés *Boycott, 1832-1897*) *m.* Boicoteo. ◇ Pl.: *boicots.*
boicotear (de *boicot*) *tr.* Privar [a una persona o entidad] de toda relación social o comercial para obligarla a ceder.
boicoteo *m.* Acción de boicotear.
boíl (l. *bovile*) *m.* Boyera.
boina (vasc.) *f.* Gorra chata y sin visera, gralte. de lana y de una sola pieza.

boiquira *f. Amér.* Culebra de cascabel.
boira (l. *borea,* f. de *-eu,* boreal) *f.* p. us. Niebla.
boj (l. *buxu*) *m.* Arbusto buxáceo de hojas persistentes, flores blanco verdosas, fruto globoso y madera muy dura y compacta, que se emplea en tornería y para hacer grabados *(Buxus sempervirens).* 2 Madera de este árbol. 3 Bolo de madera sobre el cual cosen los zapateros los pedazos de piel. ◇ Pl.: *bojes.*
boja *f.* Abrótano.
I) bojar *tr.* Raer con la estira [el cordobán de colores] para quitarle la flor y las manchas.
II) bojar (l. v. *volgere;* por el clásico *volvere;* a través del cat. *vogir*) *tr.* Medir el perímetro [de una isla, cabo, etc.]. -2 *intr.* Tener una isla o porción de la costa tal o cual perímetro.
bojazo *m. Colomb.* Golpe fuerte.
I) boje *m.* Boj. 2 *Cuba* y *P. Rico* Árbol rubiáceo indígena, de cuya madera, dura e inflexible, se hacen remos *(Coutarea coccinea).* 3 *Méj.* Simple, bobo.
II) boje (ing. *bogie*) *m.* Carretón (de vehículos que circulan sobre carril).
bojear *tr.-intr.* Bojar (medir). -2 *intr.* Navegar a lo largo de una costa.
bojedad *f. Méj.* Simpleza, bobería.
bojedal *m.* Terreno poblado de bojes.
SIN. **Bujeda, bujedal, bujedo.**
bojeo *m.* MAR. Acción de bojar (medir). 2 Perímetro de una isla o cabo.
SIN. *2* **Circuito, contorno.**
bojete *m. Venez.* Bojote (rodillo).
bojiganga *f.* Compañía de farsantes que daba representaciones en los pueblos pequeños.
bojo *m.* MAR. Acción de bojar (medir).
bojote *m. Amér.* Lío, bulto, envoltorio. 2 *Guat.* Porción pequeña e irregular de cualquier substancia maleable. 3 *S. Dom.* Abundancia. 4 *Venez.* Rodillo de madera envuelto en sacos, us. por los arrieros para equilibrar la carga formada por un solo bulto.
bojotear *tr. Venez.* Liar, envolver [algo]. -2 *intr. Venez.* Equilibrar la carga con el bojote (rodillo).
bojotero *m. Colomb.* El que en trapiches forma bojotes de bagazo para echarlos a la hornilla.
I) bol (ing. *bowl,* taza) *m.* Ponchera. 2 Taza grande y sin asa. ◇ Pl.: *boles.*
II) bol (l. *bolu,* acción de lanzar) *m.* Redada (lance). 2 Jábega (red). ◇ Pl.: *boles.*
III) bol *m.* Bolo. 2 ~ ***arménico,*** o ***de Armenia,*** arcilla rojiza usada en medicina, en pintura y en el arte de dorar. ◇ Pl.: *boles.*
SIN. *2* **Rúbrica, lemnia.**
bola (l. *bulla,* esfera hueca) *f.* Cuerpo esférico de cualquier materia. 2 Armazón compuesta de dos discos negros, cruzados entre sí perpendicularmente, que sirve para hacer señales. 3 Botón o cabeza de un clavo. 4 ~ ***de nieve,*** mundillo (planta y su flor). 5 Betún: *dar ~ al calzado.* 6 En algunos juegos de naipes, lance que consiste en hacer uno todas las bazas. 7 fig. Embuste, mentira. 8 MEC. Esfera de acero, de tamaño pequeño, que va en el interior de los rodamientos de las máquinas. 9 *Argent.* Bola de piedra muy pesada que se arroja a distancia. volteándola a modo de honda. 10 *Colomb.* Carro que utiliza la policía. 11 *Cuba* y *Chile.* Argolla, juego. 12 *Chile.* Cometa grande y redonda. 13 *Méj.* Tumulto, riña. 14 *Venez.* Tamal de forma esférica.
SIN. *7* v. **Mentira.**
bolacear *intr. Argent.* Disparatar.
bolacha *f. Amér.* Masa compacta de caucho.
bolaco *m. Chile.* Socaliña, ardid.
bolada *f.* Tiro que se hace con la bola. 2 Caña del cañón de artillería. 3 *Argent.* y *Venez.* Encuentro u oportunidad para un negocio. 4 *Colomb.* Jugarreta. 5 *Cuba* y *Perú.* Bola o embuste. 6 *Chile.* Golosina que se lleva a personas encerradas, como colegiales, presos, etc. ◇ HOMÓF.: *volada* (f.).
bolado *m.* p. us. Azucarillo. 2 *Amér.* Asunto, negocio. 3 *Hond.* En el billar, lance hecho con destreza y habilidad. 4 *Méj.* Aventura amorosa.
bolandista (del belga *van Bolland, 1592-1665*) *m.* Individuo de una sociedad formada por jesuitas, para depurar los textos hagiográficos.
bolardo (ing. *bollard*) *m.* Proís de hierro que se coloca junto a la arista exterior de un muelle.
bolate *m. Colomb.* Enredo, embrollo.
bolazo *m.* Golpe de bola. -2 *loc. adv.* fig. *y* fam. ***De ~,*** de prisa y sin esmero. -3 *m. R. de la Plata.* Disparate, despropósito.
bolchevique (ruso *bolcheviki,* mayoritarios) *adj.-com.* Afiliado al bolchevismo o partidario de él; comunista. -2 *adj.* Relativo al bolcheviquismo.
bolcheviquismo, bolchevismo *m.* Sistema de gobierno comunista, implantado en Rusia por la revolución de 1917. 2 Doctrina que sustenta.
bolchevización *f.* Acción de bolchevizar. 2 Efecto de bolchevizar.
bolchevizar *tr.* Influir las ideas bolcheviques, dar carácter bolchevique [a un país o agrupación humana]. ◇ ** CONJUG. [4] como ***realizar.***
boldina *f.* Alcaloide que se obtiene del boldo.
boldo *m.* Árbol monimiáceo de hojas coriáceas y elípticas, con pelos estrellados en el haz y numerosas glándulas aromáticas; su infusión se emplea para curar las dolencias del estómago y del hígado *(Peumus boldus).*
boleada *f. Amér.* Partida de caza cuyo objeto es bolear gamos u otros animales. 2 *Perú.* Aplazamiento, reprobación de un examen. 3 *Perú.* Acción de bolear o embetunar el calzado.
boleadoras *f. pl.* Instrumento usado en América para cazar animales, formado por dos o tres bolas atadas a sendas guascas.
I) bolear *intr.* En los juegos de trucos y del billar, jugar por entretenimiento. 2 Tirar las bolas apostando a quien las tira más lejos. 3 fam. Mentir. -4 *tr. Argent.* Echar las boleadoras [a un animal]. 5 *Argent.* fig. Enredar [a uno], hacerle una mala partida. 6 *Colomb.* Reprobar por medio de bolas negras [a una pers., proposición, etc.]. 7 *Méj.* Embetunar [el calzado]. -8 *prnl. Amér.* Encabritarse el caballo, volcarse de espaldas. 9 *Argent.* Tropezar. 10 *Argent.* Avergonzarse, ruborizarse. 11 *Argent.* Equivocarse. 12 *Nicar.* En el béisbol, arrojarse la bola o pelota un jugador a otro. ◇ HOMÓF.: *volear.*
II) bolear (l. *bolu,* acción de lanzar) *tr.* Arrojar (lanzar). ◇ HOMÓF.: *volear.*
boleco, -ca *adj. Guat.* y *Hond.* Calamocano.
boleíta *f.* Mineral de la clase de los cloruros que cristaliza en el sistema tetragonal en cristales pseudorrómbicos de color azul.
boleo *m.* Acción de bolear (en el juego). 2 Sitio en que se bolea. 3 *Colomb.* Golpe, vez. ◇ HOMÓF.: *voleo* (m.).
bolera *f.* Boliche (lugar de juego).
bolerear *tr. Venez.* Derribar [un caballo] asiéndolo de la cola.
I) bolero, -ra *adj.-s.* Que hace novillos. 2 fig. Que miente mucho.
II) bolero, -ra *m. f.* Bailarín de bolero. -2 *m.* Baile popular español procedente de la seguidilla, de movimiento majestuoso. 3 Música y canto de este baile. 4 Chaquetilla corta de señora. 5 *Amér. Central.* Sombrero. 6 *Colomb.* y *P. Rico.* Volante ancho o arandela que usan las mujeres en el vestido. 7 *Méj.* Limpiabotas. 8 *Urug.* Caballo delantero que tira de un vehículo.
boleta (it. ant. *boletta,* del l. *bulla*) *f.* Cédula para entrar en alguna parte. 2 La que se daba a los militares, señalando a cada uno la casa donde había de alojarse. 3 Libranza para tomar o cobrar alguna cosa. 4 Papelillo con una corta porción de tabaco, que se vendía por menor. 5 *Amér.* Cédula para votar o para otros usos. 6 *Chile.* Borrador que dan las partes al notario, para una escritura pública.
SIN. Va cayendo en desuso en las tres primeras aceps. En 1 se substituye por **pase, invitación, billete,** según los casos. En 2, se ha perdido la práctica de los alojamientos militares en casas particulares. En 3 se substituye por **vale, libranza, talón,** etc., según de lo que se trate.
boletería *f. Amér.* Taquilla o despacho de boletos o billetes.
boletero, -ra *m. f. Amér.* Taquillero, expendedor de billetes. -2 *m.* Individuo encargado de repartir las boletas a militares.
boletín (it. *bolletino*) *m.* Dim. de *boleta.* 2 ant. Libranza para cobrar dinero. 3 Publicación periódica sobre una materia determinada: *~ comercial.* 4 Publicación periódica de carácter oficial: *~ oficial del Estado.* 5 ~ ***informativo*** o ***de noticias,*** conjunto de noticias que, a horas determinadas, transmiten la radio o la televisión. 6 *Cuba.* Billete de ferrocarril.
boleto *m.* Billete de teatro, tren, etc. 2 Impreso que debe rellenar el apostante en ciertos juegos de azar: *el ~ de las quinielas.* 3 Género de setas grandes y de carne gruesa. Se caracteriza por presentar en la cara inferior del sombrero túbulos perpendiculares en vez de laminillas *(gén. Boletus).*
boli *m.* pop. bolígrafo.
bolichada *f.* Lance de la red llamada boliche. 2 fig. Lance afortunado.
I) boliche (del cat. *bolitx,* red pequeña, der. del gr. *bolidion;*

dim. de *bolos,* red) *m.* Bola pequeña para el juego de las bochas. 2 Juguete compuesto de una bola taladrada sujeta con un cordón a un palito aguzado, que lanzada al aire se procura recoger introduciendo en el taladro la punta del palo. 3 Juego de bolos. 4 Lugar donde se ejecuta este juego. 5 Adorno de forma torneada en que rematan ciertas partes de algunos muebles. 6 Horno para fundir minerales de plomo. 7 Tabaco de clase inferior que se produce en la isla de Puerto Rico. 8 *And., Argent., Parag.* y *Urug.* Establecimiento comercial o industrial de poca importancia, especialmente el que se dedica al despacho y consumo de bebidas y comestibles. 9 *And., Argent., Parag.* y *Urug.* Casa de juego. 10 *Amér.* Tienda de baratijas, tenducho o figón. 11 *Perú.* Choloque (árbol y fruto).

SIN. *1* **Bolín.** *4* **Bolera,** muy us.

II) boliche (de *bol* < l. *Bolu*) *m.* Jábega pequeña. 2 Pescado menudo que se saca con ella. 3 MAR. Bolina de las velas menudas. 4 *And.* y *Extr.* Horno pequeño de carbón.

SIN. *2* **Morralla.**

bolichear *intr. Argent.* Ocuparse en negocios de poca importancia, trapichear.

bolichero, -ra *m. f.* Vendedor de boliche (pescado). 2 Propietario o encargado de un juego de bolas. 3 *Argent., Parag.* y *Urug.* Persona propietaria o encargada de un boliche o establecimiento comercial o industrial de poca importancia.

bólido (gr. *bolís -idos,* arma arrojadiza) *m.* Masa mineral en ignición, que procedente de la disgregación de los asteroides o de la fragmentación de algún cometa, atraviesa rápidamente la atmósfera y suele estallar, provocando la caída de aerolitos. 2 fig. Vehículo que corre a gran velocidad, esp. el automóvil de carreras.

bolígrafo (de *bola* + *-grafo*) *m.* Instrumento para escribir que tiene en su interior un tubo de tinta especial y en la punta, en lugar de pluma, una bolita metálica que gira libremente.

bolihoyo *m. Cuba* y *P. Rico.* Juego del hoyuelo.

bolilla *f. Argent., Parag.* y *Urug.* Bola pequeña numerada que se usa en los sorteos. 2 *Argent., Parag.* y *Urug.* Tema numerado del programa de una materia para su enseñanza.

bolillero *m. Argent., Parag.* y *Urug.* Bombo, caja esférica que contiene las bolillas numeradas que se usan en un sorteo.

bolillo *m.* Palito torneado para hacer encajes y pasamanería. 2 Horma para aderezar vuelillos. 3 Hueso a que está unido el casco de las caballerías. 4 En la mesa de trucos, hierro redondo puesto perpendicularmente en una cabecera, en frente de la barra. -5 *m. pl.* Barritas de masa dulce. -6 *m. And.* Carozo. 7 *Argent.* Rodillo de pasteleros. 8 *Colomb.* Instrumento cilíndrico, de unos 50 cms. de longitud, que los agentes de policía usan como signo de autoridad. 9 *Méj.* Pan de trigo. 10 Carrete de hilo.

SIN. *1* **Majadero, majaderillo, palillo.**

bolín *m.* Dim. de *bolo.* 2 Boliche (bocha).

FR. *De ~, de bolán,* inconsideradamente.

bolina (ing. *bowline*) *f.* Cabo con que se hala hacia proa la relinga de barlovento de una vela. 2 Posición del buque al navegar formando la proa con la dirección del viento el menor ángulo posible: ***ir,*** o ***navegar, de ~,*** navegar de modo que la dirección de la quilla forme con la del viento el ángulo menor posible. 3 Castigo de azotes, que se daba a los marineros de a bordo. 4 fig. Alboroto, pendencia. 5 MAR. Sonda (plomada). 6 MAR. Cordel que forma las arañas que sirve para colgar los coyes. 7 *Guat.* fig. Borrachera de muchas personas reunidas.

REL. *1* **Contrabolina,** segunda bolina para ayudar a la primera.

bolineador, -ra *adj.* Bolinero.

bolinear *intr.* Ir o navegar de bolina.

bolinero, -ra *adj.* [buque] Que navega bien de bolina. 2 *Chile.* fig. Alborotador, bullanguero.

bolisa *f.* Pavesa (uso limitado a algunas comarcas).

bolista *m. Méj.* El que anda metido en bolas o tumultos.

bolita *f. Amér. Merid.* Mulita (armadillo) . 2 *Chile.* Balota.

SIN. *1* **Mataco.**

bolito *m.* Árbol sapindáceo del Perú *(Sapindus saponaria).*

bolívar (de Simón *Bolívar, 1783-1830*) *m.* Unidad monetaria de Venezuela.

bolivarense *adj.-s.* De Bolívar, departamento del norte de Colombia, estado del este de Venezuela, provincia del centro de Ecuador.

bolivariano, -na *adj.* Relativo a Simón Bolívar (1783-1830). -2 *adj.-s.* Bolivariense (de Venezuela).

bolivianismo *m.* Afección a Bolivia. 2 Modismo, giro o vocablo peculiar del habla de Bolivia.

boliviano, -na *adj.-s.* De Bolivia, nación del oeste de América del Sur. -2 *m.* Moneda boliviana de plata.

bolla (l. *bulla,* sello) *f.* ant. Derecho que se pagaba en Cataluña al vender por menor los tejidos de lana y seda. 2 Derecho que se pagaba por fabricar naipes. 3 *Amér. Merid.* Abundancia y buena calidad de mineral que se saca de una mina. 4 *Bol.* Sombrero hongo.

bolladura *f.* Abolladura.

I) bollar *tr.* Poner un sello de plomo [en los tejidos] para indicar el origen.

II) bollar *tr.* Abollonar.

bóllega *f. La Mancha.* Cuéllaga.

bollén *m. Chile.* Arbusto o arbolito rosáceo, siempre verde, de madera fuerte y hojas febrífugas *(Kagenekia oblonga).* 2 Madera de este árbol.

bolleo *m. Cuba.* Escándalo, pelotera.

bollería *f.* Establecimiento del bollero. 2 Conjunto de bollos de diversas clases que se ofrecen para la venta o el consumo.

bollero, -ra *m. f.* Persona que tiene por oficio hacer o vender bollos. -2 *f.* vulg. Lesbiana.

bollo (l. *bulla,* bola) *m.* Panecillo de harina amasada con huevos, leche, etc. 2 Convexidad que resulta en una de las caras de una pieza por golpe dado o presión hecha en la cara opuesta. 3 Chichón. 4 fig. Disputa, alboroto, confusión: ***armarse un ~; hacerse un ~,*** confundirse, turbarse. 5 Plegado de tela usado en adornos de vestidos y de tapicería. 6 *La Mancha.* Carrillo de la cara. 7 *Murc.* Pan de maíz. 8 *Amér. Merid.* Pedazo de barra de plata que se saca de las minas después de la operación del fuego o del agua fuerte. 9 *Colomb.* Tamal. 10 *Cuba.* Genitales femeninos. 11 *Chile.* Pella, o porción de barro con que se forma una teja. 12 *Hond.* Puñetazo. 13 *Pan.* Pasta de maíz tierno.

SIN. *5* **Bullón.**

bollón, -llona *m.* Clavo de cabeza grande que sirve de adorno. 2 Broquelillo o pendiente con sólo un botón. -3 *adj.-s. Colomb.* Persona rolliza y ordinaria.

bollonado, -da *adj.* Adornado con bollones.

bolo (del gr. *bolos,* bola, terrón) *m.* Palo torneado, cónico o cilíndrico, que puede tenerse en pie: ***estar*** o ***ponerse de ~,*** entre cazadores, sentarse un conejo o una liebre sobre sus cuartos traseros manteniendo el cuerpo muy erguido. 2 ***~ alimenticio,*** alimento masticado e insalivado que de una vez se deglute. 3 Reunión de pocos y medianos cómicos para dar funciones en distintos pueblos. 4 Actuación de una compañía en provincias, fuera de temporada. 5 Gala (actuación). 6 Actor independiente de una compañía, contratado sólo para hacer un determinado papel. 7 Píldora más grande que la ordinaria. 8 Bola (lance de naipes). 9 Cuchillo grande de los indígenas filipinos. 10 ARQ. Nabo (cilindro). 11 fam. Bolívar (moneda). -12 *adj.-m.* Hombre ignorante o necio. 13 burl. *y* fam. De Toledo. -14 *m. pl.* Juego que consiste en poner sobre el suelo nueve bolos derechos y tratar de derribarlos con una bola. -15 *adj. Amér. Central.* Ebrio, borracho. 16 *Ant.* y *Colomb.* Reculo, sin cola. -17 *m. Cuba.* fam. Dádiva que se pide al padrino en un bautizo.

REL. *3 Hacer un ~* , ir los cómicos u otros artistas a dar funciones por varios pueblos. SIN. *12* **Trompo.** REL. *14* **Bolada,** tiro que se hace con la bola; **bolera, boliche,** lugar para jugar a bolos.

bologote *m. Amér. Central.* Alboroto.

bolombo, -ba *adj. Colomb.* Rechoncho.

bolómetro (gr. *bólos,* emisión, rayo + *-metro*) *m.* Aparato que sirve para medir pequeñísimas variaciones de temperatura; se utiliza para comprobar la temperatura de las estrellas y planetas.

bolón *m. Chile.* Piedra de regular tamaño que se emplea en los cimientos de las construcciones. 2 *Cuba* y *Méj.* fig. Numerosa cantidad de gente reunida desordenadamente y que camina con grandes apreturas.

bolongo, -ga *adj. Colomb.* Rechoncho.

bolonio *adj.-s.* fam. Estudiante graduado del Colegio español de Bolonia. 2 fig. Necio, ignorante (influido por *bobo,* ignorante).

boloñés, -ñesa *adj.-s.* De Bolonia, c. de Italia.

I) bolsa (l. *bursa* < gr. *byrsa,* cuero) *f.* Saquillo para llevar dinero consigo. 2 p. ext. Caudal o dinero de una persona. 3 Ayuda económica para realizar determinada actividad no lucrativa. 4 Recipiente de materia flexible, para llevar o guardar alguna cosa: *la ~ de la compra.* 5 Pieza de estera en forma de saco, que pende debajo de algunos carros. 6 Cavidad llena de pus, linfa, etc. 7 Arruga o seno en un vestido o tela. 8 ***~ de corporales,*** carpeta de cartón forrado en que se guardan los corporales. 9 ***~ de pastor,*** hierba crucífera anual o bienal de flores pequeñas y blancas;

el fruto es una silicua de forma triangular y recuerda a un zurrón o bolsa de pastor *(Capsella bursa-pastoris).* 10 ~ ***marsupial,*** marsupio. 11 MIN. Parte de un criadero donde el mineral está reunido con mayor abundancia y en forma redondeada.
SIN. *9* **Pan y quesillo.**

II) bolsa (del it. *borsa,* del n. de la familia de banqueros *van der Bursen*) *f.* Reunión oficial de los que operan con fondos públicos y privados: ***bajar*** o ***subir la*** ~, bajar o subir el precio de los valores cotizados en ella; ***jugar a la*** ~, especular sobre el alza y la baja de los valores. 2 Local en que se reúne la bolsa. 3 Conjunto de personas que actúan en la bolsa. 4 Lonja (edificio). 5 ~ ***de trabajo,*** organismo encargado de recibir ofertas y peticiones de trabajo y de ponerlas en conocimiento de los interesados.
REL. Relativo a la bolsa o a los valores públicos, adj. **bursátil;** funcionario que autoriza las operaciones bursátiles, **agente de cambio y bolsa;** precio de los efectos negociados en ella, **cotización,** vb. **cotizar.**

bolsada *f.* MIN. Bolsa (criadero).

bolsazo *m.* Golpe dado con un bolso. 2 *Argent.* Calabazas dadas a un novio o novia. 3 *Guat.* Estafa, engaño.

bolsear *tr. Amér. Central* y *Méj.* Quitar [a uno] furtivamente del bolsillo el reloj, dinero, etc. 2 *Amér. Merid.* Entre amantes, calabacear. 3 *Chile.* Pedir [a alguien] u obtener gratis [de él] alguna cosa. -4 ***intr.*** *Argent.* y *Guat.* Hacer bolsas los vestidos, los paños, etc.

bolseo *m. Chile.* Acción de bolsear.

bolsera *f.* Talega para el pelo, de que usaban las mujeres.

bolsería *f.* Oficio de hacer bolsas. 2 Establecimiento de bolsero. 3 Conjunto de ellas. 4 *Venez.* Necedad.

bolsero, -ra *m. f.* Persona que tiene por oficio hacer o vender bolsas o bolsillos. -2 ***m.*** *Chile.* Gorrón, pedigüeño. 3 *Méj.* Ladrón de bolsillos, carterista.

bolsico *m. Chile.* Bolsillo de los vestidos.

bolsicón *m. Ecuad.* Saya de bayeta, que llevan las mujeres del pueblo.

bolsicona *f. Ecuad.* Mujer que usa bolsicón; p. ext., mujer del pueblo.

bolsillero *m.* fam. Ratero, ladrón.

bolsillo *m.* Bolsa (saquillo). 2 fig. Bolsa (dinero). 3 Saquillo cosido en los vestidos para las cosas más usuales.
SIN. *3* **Faltriquera.**

bolsín *m.* Dim. de bolsa (lonja). 2 Reunión de los bolsistas fuera de las horas y sitio de reglamento. 3 Centro de contratación oficial de valores en ciudades que carecen de bolsa.

bolsiquear *tr. Argent.* y *Chile.* Registrar [a uno] los bolsillos para sacarle lo que lleva en ellos.

bolsista *com.* Persona que se dedica a la compra y venta de efectos públicos. 2 *Amér. Central.* Ladrón de bolsillos, carterista.

bolso *m.* Bolsa (saquillo y caudal). 2 Bolsa de mano, gralte. pequeña, de cuero, tela u otras materias, provista de cierre y frecuentemente de asa, usada por las mujeres para llevar dinero, documentos, objetos de uso personal, etc. 3 MAR. Seno que el viento forma en las velas.

bolsón *m.* En los molinos de aceite, tablón con que se forra el suelo del alfarje. 2 ALBAÑ. Abrazadera de hierro que contribuye a dar mayor firmeza a las bóvedas. 3 *Amér.* Vade o vademécum. 4 *Bol.* Bolsa o masa considerable de mineral. 5 *Colomb.* Bolonio, tonto. 6 *Méj.* Laguna. 7 *Méj.* Depresión extensa del terreno. 8 *Parag.* y *Perú.* Cartera de mano que usan las mujeres.

I) bomba (onomat., ya en lat. *bombu*) *f.* Máquina para elevar, trasegar o comprimir fluidos: ~ ***aspirante,*** la que eleva un líquido por la aspiración que un émbolo situado en el cuerpo de la bomba ejerce sobre él a través de un tubo cuyo extremo inferior está sumergido, mientras el superior, provisto de una válvula que se abre de abajo arriba, se une al cuerpo de la bomba; ~ ***aspirante-impelente,*** la que eleva un líquido por el mismo procedimiento que la aspirante y lo impele hacia el exterior mediante la presión ejercida por el émbolo sobre el líquido encerrado en el cuerpo de bomba; ~ ***centrífuga*** o ***rotatoria,*** aquella en que la aspiración y la expulsión del líquido es producida por una rueda de paletas que giran dentro de un tambor; ~ ***de aceite,*** la auxiliar pequeña movida desde el cigüeñal de un motor que impulsa el aceite desde un depósito a los cojinetes; ~ ***inyectora,*** la dosificadora de combustible para inyectar éste directamente a los cilindros por separado; ~ ***neumática,*** la que dotada de un cuerpo de bomba del tipo aspirante, sirve para hacer el vacío o para enrarecer un gas. 2 En los instrumentos músicos de metal, tubo que enchufado con otros se puede sacar más o menos y sirve para la afinación. 3 En lo molinos de aceite, tinaja que sirve para separar el aceite del agua. 4 Bombín.
SIN. *1* MAR. **Pompa.**

II) bomba (de *bombarda;* alterac. de *lombarda,* n. geográfico) *f.* Cantidad de explosivo rodeada de una cubierta de hierro u otro material resistente, provista de mecha o espoleta destinadas a producir la explosión: ~ *de mano;* ~ *de aviación.* 2 Artefacto explosivo, con independencia de su forma, composición o potencia: ~ ***atómica,*** bomba bélica en que la explosión se produce por la súbita fisión de uranio 235 o plutonio; ~ H_2***, de hidrógeno*** o ***termonuclear,*** bomba bélica en que la reacción de fisión inicia otra reacción de fusión nuclear. 3 ~ ***volcánica,*** masa de lava arrojada por un volcán que, merced al movimiento de rotación que sufre en su recorrido aéreo y gracias a su plasticidad, adopta una forma redondeada o piriforme. 4 ~ ***de cobalto,*** aparato de radioterapia que utiliza como emisor radioactivo una fuente de cobalto 60, y que se utiliza para destruir células del organismo humano, como contra ciertas enfermedades y tumores, como el cáncer. 5 Pieza hueca de cristal que se pone en las lámparas para que alumbren mejor. 6 fig. Noticia inesperada que se anuncia de improviso y causa estupor. 7 fig. Magnífico, estupendo: ***pasarlo*** ~, divertirse mucho. 8 *Colomb.* y *Hond.* fig. Pompa, burbuja. 9 *Cuba* y *Méj.* Chistera, sombrero. 10 *Cuba.* Moneda de plata de una peseta. 11 *Guat.* y *Hond.* Borrachera.
SIN. *5* **Globo.**

bombacáceo, -a *adj.-s.* V. bombáceo.

bombáceo, -a *adj.-f.* Planta de la familia de las bombáceas. -2 ***f. pl.*** Familia de plantas arbóreas, próximas a las malváceas, pero con las hojas palmeadas y el fruto grande y capsular.

bombacha *f. Argent.* Pantalón muy ancho, ceñido por la parte inferior.

bombacho *adj.-s.* Calzón corto, ancho y abierto por un lado, y pantalón cuyas perneras terminan en forma de campana, abierta por el costado y con botones para cerrarla.

bombada *f. Colomb.* Olas bravas de las crecientes.

bombarda (alterac. de *lombarda,* n. geográfico) *f.* Ant. máquina militar, con un cañón de gran calibre. 2 Ant. buque de dos palos armado de morteros. 3 MÚS. Registro del órgano que produce sonidos muy graves. 4 MÚS. Ant. instrumento de viento parecido a la chirimía.
SIN. *1* **Lombarda.**

bombardear (de *bombarda*) *tr.* Atacar o batir con artillería o con aparatos de aviación [una población o un objetivo cualquiera]. 2 Proyectar [sobre un cuerpo] ciertas radiaciones eléctricas para producir la fisión atómica. 3 En fútbol, atacar reiteradamente [la portería] con la pelota.

bombardeo *m.* Acción de bombardear.

bombardero, -ra *adj.-s.* Buque de guerra equipado con mortero, cañón u obús: *lancha bombardera.* -2 ***m.*** Avión de bombardeo. 3 Artillero destinado antig. al servicio del mortero o de las bombardas. 4 Insecto coleóptero de 1 cm. de long., que se caracteriza por presentar unas glándulas anales muy desarrolladas capaces de expulsar un líquido ácido en forma de vapor blanco acompañado de un estruendo *(Brachinus* sp.*).*

bombardino *m.* MÚS. Instrumento músico de viento de sonido grave, con tres pistones.

bombardón *m.* MÚS. Instrumento de viento, parecido al bombardino, pero de mayores dimensiones y de sonido más grave.

bombasí (del it. *bombagino,* de *bombage,* algodón, der. l. gr. *bombyx,* gusano de seda) *m.* Fustán. También *bombací.* ◇ Pl.: *bombasíes.*

bombástico, -ca (de *bombo,* elogio) *adj.* irón. Que contiene mucho bombo: *reseña bombástica; discurso* ~.

bombazo *m.* Golpe y explosión de la bomba al caer. 2 Daño que causa. 3 *Argent.* fig. Barbaridad.

bombé (fr. *voiture bombée*) *m.* Carruaje ligero de dos ruedas y dos asientos, abierto por delante.

bombeador *m. Argent.* Bombero, explorador.

I) bombear *tr.* Arrojar o disparar bombas de artillería [contra una cosa]. 2 Dar [a un cuerpo] forma abombada. 3 Elevar [agua u otro líquido] por medio de una bomba. 4 DEP. Lanzar por alto una pelota o balón haciendo que siga una trayectoria parabólica. 5 *Argent.* Explorar [el campo enemigo]. 6 *Bol.* y *R. de la Plata.* Espiar, observar cautelosamente [algo]. 7 *Colomb.* Expedir, expulsar [a alguien]. 8 *Hond.* Ocultar [una cosa] que otro tenía guardada para sí.

II) bombear *tr.* Dar bombo o elogiar extremadamente.

bombeo *m.* Comba, convexidad. 2 Acción de bombear un líquido. 3 Efecto de bombear un líquido. 4 Curvatura dada a una carretera para evitar la acumulación de agua.

bombera *f. Cuba.* Sosera, sosería.

bombero *m.* El que tiene por oficio trabajar con la bomba hidráulica. 2 Individuo del cuerpo destinado a extinguir los incendios. 3 Cañón que sirve para disparar bombas. 4 En un buque tanque, el que tiene a su cargo las tuberías, bombas y faenas de carga, descarga y conservación de ellas. 5 *Argent.* Explorador, espía. -6 *adj. Cuba.* Tonto, pazguato.

SIN. *2* **Matafuego.**

bómbice *m.* Gusano de seda.

bombilla *f.* Bombillo (tubo). 2 Ampolla de cristal en cuyo interior, en el que se ha hecho el vacío, hay un filamento adecuado para que al paso de corriente eléctrica se ponga incandescente e ilumine. 3 Especie de farol usado a bordo. 4 *Amér.* Caña o tubo delgado que se usa para sorber el mate. 5 *Méj.* Cucharón.

SIN. *2* **Lámpara.**

bombillo *m.* Aparato con sifón para evitar la subida del mal olor en los desagües, retretes, etc. 2 Tubo con un ensanche en la parte inferior, para sacar líquidos. 3 MAR. Bomba pequeña, gralte. portátil. 4 *Amér.* Bombilla eléctrica.

bombín *m.* Sombrero hongo. 2 Bomba pequeña para llenar de aire los neumáticos de bicicleta.

bombita *f. Colomb.* Rubor, vergüenza.

bombix *m.* Bómbice.

bombo, -ba *adj.* fam. Aturdido, atolondrado. 2 [líquido] Ligeramente tibio. -3 *m.* MÚS. Tambor muy grande que se toca con una maza en las orquestas y bandas. 4 Músico que toca el bombo. 5 fig. Elogio exagerado y ruidoso: *dar ~.* 6 Caja redonda y giratoria destinada a contener las bolas, cédulas, etc., de un sorteo. 7 Buque de fondo chato y poco calado. 8 *And.* Mesa camilla. -9 *adj. Cuba.* Soso, tonto.

I) bombón (fr. *bonbon*) *m.* Pieza pequeña de chocolate o azúcar. 2 fam. Persona o cosa exquisita, esp. mujer atractiva.

II) bombón *m.* Vasija usada en Filipinas para contener líquidos, la cual se hace de un trozo de la caña espina. 2 *Cuba.* Especie de cangilón destinado a trasegar el guarapo.

bombona (dim. de *bomba* II) *f.* Vasija grande de vidrio o loza, de boca estrecha y muy barriguda: *~ de agua destilada.* 2 Vasija metálica, de forma cilíndrica y cierre hermético. Us. pralte. para contener gases a presión o líquidos muy volátiles.

SIN. *1* **Damajuana.**

bombonaje *m.* Planta pandanácea, de hojas alternas que, cortadas en tiras, sirven para fabricar objetos de jipijapa *(Carludovica palmata).*

SIN. **Jipijapa.**

bombonera *f.* Caja pequeña para bombones. 2 fam. Local de pequeñas dimensiones y de aspecto agradable.

bombonería *f.* Confitería, dulcería.

bombote *m. Amér. Central* y *Venez.* Embarcación pequeña.

bombotó *m. P. Rico.* Besito, golosina.

bonachón, -chona *adj.-s.* fam. De genio dócil, crédulo y amable.

bonachonería *f.* Calidad de bonachón.

bonaerense *adj.-s.* De Buenos Aires, provincia de Argentina.

bonancible *adj.* Tranquilo, sereno, suave: *mar, tiempo, viento ~.*

bonanza (l. v. *bonacia;* formado sobre l. *malacia,* bonanza, × l. *bonu,* bueno) *f.* Tiempo tranquilo y sereno en el mar. 2 fig. Prosperidad. 3 MIN. Zona de mineral muy rico.

FR. *Mar ~,* o *en ~,* en calma. REL. Serenarse el tiempo, vb. **abonanzar.**

bonanzoso, -sa *adj.* Próspero, bondadoso.

bonapartismo *m.* Partido afecto a Napoleón Bonaparte (1769-1821) o a su dinastía.

bonapartista *adj.-com.* Partidario del bonapartismo. -2 *adj.* Relativo al bonapartismo.

bonasí (voz indígena) *m.* Pez venenoso del mar de las Antillas *(Bonasí arará).*

bonazo, -za *adj.* Aum. de *bueno.* -2 *adj.-s.* Persona pacífica y de buen natural.

SIN. **Buenazo, -za,** más us.

bondad (l. *bonitate*) *f.* Calidad de bueno. 2 Natural inclinación a hacer el bien. 3 Blandura y apacibilidad de genio.

FR. Es originariamente galicista, aunque está hoy muy extendida: *tenga usted la ~,* o hágame el favor, y siempre que se tome en la acepción de gracia, favor, merced, etc.

bondadosamente *adv. m.* Con bondad.

bondadoso, -sa *adj.* Lleno de bondad.

bonderización *f.* METAL. Operación que consiste en pasar una superficie ferrosa por una disolución fosfórica, para que se forme una película exterior de fosfato, que evita la oxidación de hierro.

boneta (de *bonete*) *f.* MAR. Paño que se añade a algunas velas. 2 *Méj.* Especie de capota que usan las mujeres.

bonetada *f.* Saludo quitándose el bonete.

bonetazo *m.* Golpe dado con el bonete.

bonete (dim. del b. l. *abonne,* gorra) *m.* Especie de gorra, gralte. de cuatro picos, usada por los eclesiásticos, graduados, etc. 2 fig. Clérigo secular. 3 Dulcera de vidrio ancha de boca y angosta de suelo. 4 Seta con el sombrero sinuoso de color pardo y el pie blancuzco *(Gyromitra esculenta).* 5 FORT. Obra exterior a manera de doble tenaza. 6 ZOOL. Redecilla. 7 *Ant.* Capó o cubierta del motor del automóvil.

bonetería *f.* Oficio de bonetero. 2 Establecimiento donde se fabrican o venden bonetes. 3 *Chile* y *Méj.* Mercería, camisería, etc., según los casos.

bonetero, -ra *adj.* V. calabaza bonetera. -2 *m. f.* Persona que tiene por oficio hacer o vender bonetes. -3 *m.* Arbusto celastráceo caducifolio, de corteza lisa y gris, flores de color verde y fruto de forma parecida al bonete *(Evonymus europæus).*

SIN. *3* **Evónimo.**

bonetillo *m.* Adorno de las mujeres sobre el tocado.

bonetón *m. Chile.* Juego de prendas muy parecido a la pájara pinta.

bonga *f. Amér.* y *Filip.* Areca.

bóngalo *m.* Bungalow.

bongo *m.* Especie de canoa usada por los indios de América. 2 Árbol del Panamá, de madera muy ligera *(Cavanillesia platanifolia).*

bongó (voz africana) *m.* Instrumento músico de percusión, que consta de un tubo de madera cubierto en su extremo superior por un cuero de chivo tenso, y descubierto en la parte inferior. ◇ Pl.: *bongoes.*

bongosero *m. Cuba.* Tocador de bongó.

bonguero *m. Venez.* Buhonero. 2 *Colomb.* y *Ecuad.* El que gobierna la embarcación llamada bongo.

bonhomía *f.* GALIC. Ingenuidad, candor, bondad.

boniatal *m. Amér.* Plantación de boniatos.

boniatillo *m. Cuba.* Cafiroleta hecha sin coco.

boniato (voz antillana) *m.* Planta convolvulácea, variedad de batata *(Ipomoea batatas).* 2 Tubérculo de esta planta.

SIN. **Batata, buniato, moniato.**

bonifacio *m. Perú.* Nombre familiar del bonito (pez).

bonificación *f.* Aumento de valor o mejora. 2 Descuento que se hace sobre el precio de una mercancía o el importe de una factura.

bonificar *tr.* Hacer bonificación o descuento [en el precio de una mercancía o en el importe de una factura]. ◇ ** CONJUG. [1] como *sacar.*

bonina *m.* Manzanilla loca.

bonísimo, -ma *adj.* Superl. de *bueno.*

SIN. **Buenísimo, -ma.**

bonítalo *m.* Bonito (pez).

bonitamente *adv. m.* Con tiento, maña o disimulo. 2 Poco a poco, despacio.

bonitera *f.* Pesca del bonito y temporada que dura.

I) bonito *m.* Pez marino teleósteo perciforme, de cuerpo alargado, con el dorso de color azul obscuro con rayas que puede llegar a pesar 10 kgs. *(Sarda sarda).* 2 ~ ***de altura,*** listado.

SIN. **Biza, bonítalo.**

II) bonito, -ta *adj.* Dim. de *bueno.* 2 Lindo, agraciado, de cierta proporción y belleza.

bonitura *f.* Lindeza, hermosura.

bonizal *m.* Terreno poblado de bonizo.

bonizo *m.* Especie de panizo, de granos muy menudos.

bono (adaptación del fr. *bon,* substantivación del adj. *bon*) *m.* Especie de vale que se canjea por artículos de primera necesidad, el cual se da de limosna. 2 Tarjeta de abono que da derecho a la utilización de un servicio durante cierto tiempo o un determinado número de veces. 3 COM. Título de deuda emitido gralte. por una tesorería pública.

bononiense *adj.-s.* Boloñés.

bonote *m.* Filamento extraído de la corteza del coco.

bonsai (japonés, plantado en una maceta poco profunda) *m.* Técnica de cultivo en macetas pequeñas de algunas especies de plantas y arbustos ornamentales a los que se cortan brotes y raíces para que no crezcan. 2 Planta y arbusto así cultivado.

bonuca *f. Sant.* Comadreja.
bonzo (japonés *bozu;* probl. a través del port. *bonzo*) *m.* Sacerdote o monje budista.
boñiga (et. dud.; probl. de una voz prerrom. *bonnica,* bulto) *f.* Excremento del ganado vacuno.
SIN. **Bosta; muñiga** (Amér.); vulg. rust. **Moñiga.**
boñigar *adj.-s.* V. higo boñigar.
boñigo (de *boñiga*) *m.* Pieza del excremento del ganado vacuno.
boñiguero *m.* Abanto (ave).
boom (voz inglesa) *m.* Avance extraordinariamente rápido, eclosión: *el ~ de la literatura hispanoamericana; el ~ turístico.* ◇ Se pronuncia *bum.*
Bootes (gr. *bootes,* boyero) *n. pr.* Constelación boreal situada entre Hércules y Cabellera de Berenice y cuya estrella principal es Arturo.
SIN. **Boyero.**
boqueada *f.* Acción de abrir la boca los moribundos.
boquear *intr.* Abrir la boca. 2 Estar expirando; p. ext., estar acabándose una cosa. -3 *tr.* Pronunciar [una palabra o expresión]. 4 *C. Rica.* Enseñar [a un caballo] a que obedezca la rienda.
boquera *f.* Boca que para el riego se hace en el caz. 2 Ventana del pajar. 3 MED. Escoriación en las comisuras de los labios. 4 VETER. Llaga en la boca. 5 *P. Rico.* Abertura posterior que se hace a las sayas.
SIN. *3* **Vaharera.**
boqueras *com.* Boceras.
boqueriento, -ta *adj. Chile.* Que padece boqueras. 2 *Chile.* Astroso, despreciable.
boquerón *m.* Aum. de *boquera.* 2 Abertura grande. 3 Pez marino teleósteo clupeiforme, de pequeño tamaño, cuerpo muy delgado y color verdoso o azulado *(Engraulis encrasicholus).* 4 Bocaza, boca grande. -5 *adj.-com.* fig. *y* fam. Malagueño.
SIN. *3* **Alacha, lacha, alache, aladroque, haleche, alece, aleche, anchoa** (muy us.), **anchova.**
boqueronense *adj.-com.* De Boquerón, dep. del Paraguay.
boqueta *com. And.* y *Amér.* Persona labihendida.
boquete *m.* Entrada o paso angosto. 2 Brecha (en el muro).
boquetero *m. Méj.* Empleado de las cárceles que registra a los presos.
boqueto *m. Venez.* Persona labihendida.
boqui (arauc.) *m. Chile.* Enredadera sarmentosa cuyo tallo se emplea para hacer cestos y canastos *(Vitis striata).* 2 Nombre gral. de los bejucos.
REL. *1* Su fruto se llama **cóguil.** SIN. *1* **Coguilera.**
boquiabierto, -ta *adj.* Que tiene la boca abierta. 2 fig. Que mira embobado.
boquiancho, -cha *adj.* Ancho de boca.
boquiangosto, -ta *adj.* Estrecho de boca.
boquiblando, -da *adj.* [bestia] Que siente mucho el bocado.
boquiche *adj. Perú.* De labio leporino.
boquiconejuno, -na *adj.* [caballería] Que tiene la boca parecida a la del conejo.
boquidulce *m.* Pez marino seláceo de cuerpo alargado, color gris, hocico alargado, siete aberturas branquiales a cada lado, y hasta 3 m. de longitud y 200 kgs. de peso *(Heptranchias cinereus).*
boquiduro, -ra *adj.* [bestia] Que siente poco el bocado.
boquiflojo, -ja *adj. Méj.* Boquirroto.
boquifresco, -ca *adj.* [caballería] Que tiene la boca muy salivosa y es dócil al freno. 2 [pers.] Que no repara en decir verdades desagradables.
boquifruncido, -da *adj.* [caballería] Que tiene muy bajas las comisuras de los labios.
boquihendido, -da *adj.* [caballería] De boca muy hendida.
boquihundido, -da *adj.* [caballería] Que tiene muy altas las comisuras de los labios.
boquijo *m.* Agujero de poca profundidad donde se esconden los conejos.
boquilla *f.* Abertura inferior del calzón, por donde sale la pierna. 2 Abertura que se hace en las acequias para el riego. 3 Pieza de metal que guarnece la boca de la vaina de una arma blanca. 4 Abrazadera del fusil más próxima a la boca del mismo. 5 Pieza donde se produce la llama en ciertos aparatos de alumbrado. 6 Pieza hueca que se adapta al tubo de varios instrumentos de viento y sirve para producir el sonido soplando en ella. 7 Pieza hueca, de formas y tamaños variados, que se puede acoplar al extremo de un tubo de ciertos aparatos: *la ~ del aspirador.* 8 Parte de la pipa que se introduce en la boca. 9 Tubo pequeño de ámbar, madera, etc., en uno de cuyos extremos se pone el cigarro para fumarlo por el opuesto. 10 Extremo anterior del cigarro puro, por el cual se enciende. 11 Rollito o tubo de cartulina, paja, corcho, etc., colocado en el extremo de algunos cigarrillos y por el cual se aspira el humo al fumar. 12 Escopleadura que se abre en un madero para meter otro. 13 Mechero de gas, de acetileno. 14 Portalámpara. 15 ARQ. Intrados de una bóveda. 16 ARQ. Conjunto de las últimas tejas de los canales de un tejado. 17 Orificio cilíndrico por donde se introduce la pólvora en las bombas y granadas, y en donde se asegura la espoleta. 18 *Ecuad.* Hablilla, rumor. 19 *P. Rico.* Gratis, sin pagar.
LOC. adv. *De ~*, denota que el jugador hace la postura sin aprontar el dinero; p. ext., de palabra, pero sin que los actos lo avalen. SIN. *3* **Brocal.** *5* **Mechero.** *6* **Embocadura.**
boquillazo *m. Perú.* Noticia que se da de viva voz.
boquillero, -ra *adj. Cuba* y *P. Rico.* Charlatán, jactancioso.
boquimuelle *adj.* Boquiblando. 2 fig. [pers.] Fácil de manejar o engañar.
boquin *m.* Losa con que se cubren los brocales de los pozos.
boquín *m.* Bayeta tosca.
boquinatural *adj.* [bestia] Que no es ni boquiblando ni boquiduro.
boquinche, -cha *adj. Colomb.* Labihendido.
boquinegro, -gra *adj.* [animal] Que tiene el hocico negro y el resto de la cara de otro color. -2 *m.* Especie de caracol terrestre *(Helix nemoralis).*
boquinete, -ta *adj. Méj.* Boquineto.
boquineto, -ta *adj.-s. Colomb.* y *Venez.* [pers.] Que tiene labio leporino.
boquirrasgado, -da *adj.* De boca rasgada.
boquirroto, -ta *adj.* fig. Fácil en hablar.
boquirrubio, -bia *adj.* fig. Que sin necesidad ni reserva dice cuanto sabe. 2 fig. Inexperto, candoroso. -3 *m.* Mozalbete que presume de lindo.
boquisabroso, -sa *adj. La Mancha.* Que gusta de manjares deliciosos. 2 fig. Aficionado a placeres exquisitos.
boquiseco, -ca *adj.* Que tiene seca la boca. 2 [caballería] Que no hace espuma.
boquisucio, -cia *adj. Ecuad.* y *P. Rico.* Lengüilargo.
boquisumido, -da *adj.* Boquihundido.
boquitorcido, -da, boquituerto, -ta *adj.* Que tiene torcida la boca.
boquizo *m.* Entrada de la guarida de algunas alimañas.
boracita *f.* MINERAL. Mezcla de borato y cloruro magnésico natural que cristaliza en el sistema cúbico.
boragináceo, -a *adj.-f.* Planta de la familia de las boragináceas. -2 *f. pl.* Familia de plantas dicotiledóneas tubifloras que incluye hierbas anuales o perennes, de flores con el cáliz tubular y la corola en forma de embudo; como la borraja.
borano *m.* QUÍM. Hidruro de boro.
boratera *f. Argent.* y *Chile.* Yacimiento de borato.
boratero, -ra *adj. Chile.* Relativo al borato. -2 *m. Chile.* El que trabaja o negocia en borato. -3 *m. f. Argent.* y *Chile.* Yacimiento de bórax.
borato *m.* Sal o éster del ácido bórico.
bórax (ár. *baurac;* latinizado mod. en *borax*) *m.* Tetraborato sódico que se emplea en medicina y en la industria metalúrgica. ◇ Pl.: *bórax.*
SIN. **Borra, borraj** y **atíncar.**
borboja *f. Amér.* Burbuja.
borbolla *f.* Burbuja de aire que se forma en el interior del agua, producida por la lluvia u otras causas. 2 Borbollón o borbotón.
borbollar, -llear (l. *bullare*) *intr.* Hacer borbollones un líquido.
borbolleo *m.* Acción de borbollear.
borbollón *m.* Erupción que se hace en el agua elevándose sobre la superficie. 2 DEP. *Colomb.* Melé. -3 *adv.* fig. *A borbollones,* atropelladamente.
borbollonear *intr.* Borbollar.
Borbón *n. pr.* Familia originariamente francesa, que fundó dinastías en Francia, España y Nápoles. -2 *adj.-s.* Borbónico.
borbonesa *f.* Planta cariofilácea, pilosa, de hojas ovadas y flores de color rojo, en inflorescencia *(Silene dioica).*
borbónico, -ca *adj.* Relativo a los Borbones. -2 *adj.-s.* Partidario de su dinastía.
borbor *m.* Acción de borbotar.
borborigmo (gr. *borborygmós*) *m.* Ruido de tripas producido por las flatulencias intestinales.
borboritar *intr.* Borbotar, borbollar.

borbotar, -ear (de *borbollar* × *ts brotar*) ***intr.*** Manar o hervir un líquido a borbotones.
borboteo ***m.*** Acción de borbotear.
borbotón ***m.*** Borbollón: ***a borbotones***, atropelladamente.
borceguí (flam. *brosekin*) ***m.*** Calzado que llega hasta más arriba del tobillo, abierto por delante y que se ajusta por medio de cordones. ◇ Pl.: *borceguíes.*
borceguinería ***f.*** Taller donde se hacen borceguíes. 2 Tienda o barrio donde se vendían borceguíes.
borceguinero, -ra ***m. f.*** Persona que tiene por oficio hacer o vender borceguíes.
borcelana ***f.*** *Can.* Aljofaina, palangana. 2 *Méj.* Bacinica.
borcellar ***m.*** Borde de una vasija o vaso.
borchincho ***m.*** *Méj.* Bochinche o baile familiar.
I) borda (b. l.) ***f.*** Vela mayor en las galeras. 2 Canto superior del costado de un buque.
FR. *Echar, arrojar por la ~*, echar al mar; fig., malgastar, desprenderse de algo de modo irreparable: *echó por la ~ toda su hacienda, sus escrúpulos.*
II) borda (celta *borda*, tabla) ***f.*** Choza o cabaña que, en el Pirineo, sirve para albergue de pastores y ganado.
bordada (de *bordo*) ***f.*** Camino que hace entre dos viradas el barco que navega voltejeando. 2 ***Dar bordadas,*** navegar de bolina alternativa y consecutivamente de una y otra banda. 3 fig. Paseo retirado de una parte a otra.
bordado ***m.*** Acción de bordar. 2 Efecto de bordar. 3 Bordadura.
bordador, -ra ***m. f.*** Persona que tiene por oficio bordar.
bordadura ***f.*** Labor de relieve ejecutada en tela o piel con aguja y diversas clases de hilo. 2 BLAS. Bordura.
bordante (de *bordin*) ***adj.-com.*** *Cuba* y *P. Rico.* Pupilo de una casa de huéspedes.
bordar (ant. *brordar*, del germ. *bruzdon*) ***tr.*** Adornar [una tela o piel] con bordadura: *~ al tambor; ~ con,* o *de, plata; ~ en cañamazo.* 2 Ejecutar o explicar [una cosa] embelleciéndola con primores.
I) borde (de *borda* I) ***m.*** Extremo, orilla: *~ de una vasija; ~ de un abismo.* 2 Bordo (costado de nave).
II) borde (l. *burdu*) ***adj.*** [planta, árbol] No injerto ni cultivado. -2 ***adj.-com.*** Nacido fuera de matrimonio. 3 fam. Tosco, torpe.
SIN. **Bastardo.**
bordear ***tr.*** Ir por el borde, o cerca del borde u orilla [de una cosa]. 2 Hablando de una serie o fila de cosas, hallarse en el borde u orilla de otra: *las flores bordean el lago.* 3 Frisar, acercarse mucho [a una cosa]. 4 Tratándose de condiciones o cualidades morales o intelectuales, aproximarse a un grado o estado de ellas. Ús. más en sentido peyorativo. 5 MAR. Dar bordadas.
bordejada ***f.*** *R. de la Plata* y *Venez.* Bordada.
bordejar ***intr.*** *R. de la Plata* y *Venez.* Bordear.
bordelés, -lesa ***adj.-s.*** De Burdeos, capital del departamento francés de Gironde. -2 ***adj.-f.*** Barrica de vino de 225 litros.
bordelinde ***com.*** PSICO. Individuo cuyo coeficiente mental se sitúa justo en el límite inferior del considerado como el normal.
bordillo ***m.*** Faja o cinta de piedra que forma el borde de una acera, de un andén, etc. 2 *Chile.* Tejido de lana que se fabrica en las islas de Chiloé.
bordin (ing. *boarding-house*) ***m.*** *Amér.* Casa de huéspedes.
bordinguero, -ra (de *bordin*) ***m. f.*** *Amér.* Persona que tiene a su cargo una casa de huéspedes.
bordo (germ. *bord*, orilla) ***m.*** Costado exterior de la nave, desde la superficie del agua hasta la borda: ***al ~***, al costado de la nave; ***a ~***, en la embarcación. 2 Bordada. 3 Caballón. 4 *Ál.* y *Ast.* Linde de las heredades. 5 *Guat.* Borde (orilla). 6 *Guat.* y *Méj.* Reparo que forman los labradores en los campos con objeto de represar las aguas.
I) bordón (l. *burdone*) ***m.*** Bastón con punta de hierro, de mayor altura que la de un hombre. -2 ***com.*** fig. Persona que guía y sostiene a otra.
II) bordón (onomat.) ***m.*** En los instrumentos de cuerda, la más gruesa que da los sonidos más graves. 2 Cuerda de tripa atravesada diametralmente en el parche inferior del tambor. 3 Verso quebrado, repetido al fin de cada copla. 4 Muletilla (estribillo). 5 CIR. Cuerda de tripa que se emplea para dilatar conductos naturales, o conservar los que se han abierto artificialmente. 6 IMPR. Omisión que al componer comete el cajista.
III) bordón ***m.*** *Colomb.* y *Pan.* Benjamín varón de una familia.
bordona ***f.*** *Argent., Parag.* y *Urug.* Bordón, cuerda gruesa de la guitarra.
bordoncillo ***m.*** Muletilla (estribillo).
bordonear ***intr.*** Ir tentando o tocando la tierra con el bordón. 2 fig. Andar mendigando como los peregrinos que usaban bordón. 3 Pulsar el bordón de la guitarra. 4 Dar palos con el bordón o bastón. 5 *Perú* y *Venez.* Zumbar un insecto.
bordoneo ***m.*** Sonido ronco del bordón de la guitarra. 2 Zumbido.
bordonería ***f.*** Costumbre viciosa de vagar como peregrino.
bordonero, -ra ***adj.-s.*** Vagabundo.
bordonete ***m.*** *Amér.* Lechino, clavo de hilas que se pone en las llagas.
bordonúa ***f.*** *P. Rico.* Instrumento músico popular, especie de guitarra.
bordura (fr. *bordure*) ***f.*** BLAS. Pieza honorable que rodea interiormente el ámbito del escudo.
boreal ***adj.*** Relativo al bóreas. 2 Septentrional. 3 METEOR. V. aurora ~.
SIN. / **Matacabras,** esp. cuando es muy fuerte y frío.
bóreas (l.) ***m.*** Viento norte. ◇ Pl.: *bóreas.*
borgoña ***m.*** fig. Vino de Borgoña.
borgoñés, -ñesa ***adj.*** Borgoñón.
borgoñón, -ñona ***adj.-s.*** De Borgoña, antigua región del norte de Francia.
borgoñota ***adj.-f.*** Celada que, dejando descubierta la cara, cubría la parte superior de la cabeza.
boricado, -da ***adj.*** Que contiene ácido bórico: ***preparado ~.***
bórico, -ca ***adj.*** Que contiene ácido bórico: *agua bórica.* 2 *Ácido ~*, cuerpo blanco, en escamas untuosas al tacto, $B(OH)_3$, usado como antiséptico, en la industria vidriera, etc.
boricua ***adj.*** Borinqueño.
borinqueño, -ña ***adj.-s.*** De Boriquén o Borinquén, actual Puerto Rico.
SIN. **Puertorriqueño.**
borla (l. **burrula < burra*) ***f.*** Conjunto de hebras o cordoncillos reunidos por uno de sus cabos. 2 Utensilio para empolvarse el cutis las mujeres. 3 Insignia de los graduados de doctores y licenciados en las universidades. 4 ***Tomar la ~***, graduarse uno de doctor. -5 ***f. pl.*** *Colomb.* Amaranto.
borlarse ***prnl.*** *Amér. Merid.* Tomar la borla de doctor, graduarse, doctorarse.
borlilla ***f.*** Antera.
borlón ***m.*** Aum. de *borla.* 2 Tela de lino y algodón sembrada de borlitas. -3 ***m. pl.*** Amaranto.
borlote ***m.*** *Cuba* y *Méj.* Entre jugadores, partido de poca importancia. 2 *Méj.* Algazara.
I) borne (fr., extremo) ***m.*** Extremo de la lanza de justar. 2 Botón de metal al cual se unen los hilos conductores en un aparato eléctrico. 3 Tornillo en el cual puede sujetarse el extremo de un conductor para poner en comunicación el aparato en que va montado con un circuito independiente de él.
II) borne (l. *laburnu*) ***m.*** Codeso.
III) borne (l. *alburnu*) ***adj.*** [madera] Que posee poca elasticidad, con propensión a quebrarse y es difícil de labrar: ***roble ~***, melojo.
borneadizo, -za ***adj.*** Fácil de torcerse o combarse.
I) bornear (de *borne* I) ***tr.*** Dar vuelta, torcer o ladear [una cosa]. 2 Labrar en contorno [una columna]. 3 ARQ. Disponer y mover [los sillares] hasta dejarlos en su debido lugar. -4 ***prnl.*** Torcerse la madera. -5 ***intr.*** Girar el buque sobre sus amarras.
II) bornear (fr. *bornoyer < borgne*, tuerto) ***tr.*** ARQ. Mirar con un solo ojo para ver si [los cuerpos] están en línea o si [una superficie] tiene alabeo. 2 *Méj.* En el juego del boliche, arrojar la bola de modo que, tomando de través los palos, derribe el mayor número de ellos.
SIN. / **Retranquear.**
I) borneo ***m.*** Acción de bornear I. 2 Efecto de bornear I. Movimiento del cuerpo en el baile.
II) borneo ***m.*** Acción de bornear (retranquear).
bornero, -ra ***adj.*** [piedra negra] Que sirve para hacer muelas de molino. 2 [trigo] Que se muele con esta muela.
borní (ár. *borní*) ***m.*** Ave rapaz falcónida *(Circus aeruginosus).* ◇ Pl.: *borníes.*
bornita ***f.*** Mineral de la clase de los sulfuros, de color bronceado y brillo metálico.
bornizo ***adj.*** [corcho] Que se obtiene de la primera pela de los alcornoques.
REL. **Segundero,** el que se obtiene de la segunda pela.
boro ***m.*** Metaloide que sólo existe combinado en la naturaleza y que se obtiene artificialmente, ya amorfo, ya en cristales duros como el diamante. Su símbolo es *B* y su peso atómico 11.

borococo *m. And.* Pisto, guiso de huevos con pimiento y tomate. 2 *Cuba.* Confusión, enredo. 3 *Cuba.* Amoríos escondidos.

borolanita *f.* Variedad de sienita con nefelina, ortosa, fluorita y minerales melanocratos.

borona (probl. voz prerrom. *boruna*) *f.* Mijo (planta). 2 *Ast.* Maíz. 3 *Ast.* y *Sant.* Pan de maíz. 4 *Amér.* Migaja (porción).

borondanga *f.* Morondanga.

boronía *f.* Alboronía.

boronillo, -lla *adj. Cuba.* [cosa] Hecho añicos.

boroschi *m.* Lobo americano de color de canela y crines algo negras a lo largo del espinazo *(Canis jubatus).*

I) borra (l. *burra,* lana grosera) *f.* Cordera de un año. 2 Parte más grosera de la lana. 3 Pelo de cabra. 4 Pelo que el tundidor saca del paño con la tijera. 5 Pelusa de la cápsula del algodón. 6 Pelusa polvorienta formada en los bolsillos, rincones, etc. 7 Sedimento que forman la tinta, el aceite, etc. 8 fig. Cosa inútil y sin substancia. 9 Tributo sobre el ganado, que consiste en pagar, de cierto número de cabezas, una. 10 *Extr.* Hollejo de la uva.

II) borra *f.* Bórax.

SIN. **Borraj.**

borracha (probl. cruce de las voces cat. *botella,* bota y *morratxa,* redoma) *f.* fig. Bota para el vino.

borrachear *intr.* Emborracharse con frecuencia.

borrachera *f.* Efecto de emborracharse. 2 Orgía (festín). 3 fig. Exaltación extremada. 4 Disparate grande.

SIN. *1* **Embriaguez, ebriedad; curda, turca, mona, jumera, chispa, loba, merluza, moña, papalina, pitima, tajada, zorra,** burlescos.

borrachería *f. Méj.* y *R. de la Plata.* Taberna.

borrachero *m.* Arbusto solanáceo de Amér. Merid., que despide olor desagradable de día y grato y narcótico de noche, y comido el fruto, causa delirio *(Datura suaveolens; D. arborea).*

borrachez *f.* Embriaguez. 2 fig. Turbación del juicio o de la razón.

borrachín, -china *m. f.* fam. Aficionado a la bebida. -2 *m. Ast.* Madroño.

borracho, -cha (de *borracha*) *adj.-s.* Ebrio. 2 Que se embriaga habitualmente. -3 *adj.* fig. Vivamente poseído de alguna pasión. 4 [fruto y flor] De color morado: *zanahoria borracha.* 5 [pastel, bizcocho, etc.] Empapado en vino, licor o almíbar. -6 *m.* Pez marino teleósteo, de rostro afilado, con cuatro espinas en la parte superior de la boca, y cuerpo ahusado hacia la cola armado de fuertes espinas *(Trigla gurnardus).* -7 *adj. Chile.* [fruta] Que ha madurado demasiado.

SIN. *1* y *2* **Ebrio, beodo, embriagado,** son términos cultos, ligeramente eufemísticos; **beodo** designa esp. el borracho habitual. **Achispado, bebido, calamocano,** el que tiene una borrachera ligera o incipiente; abundan las denominaciones populares y burlescas: **ajumado, curda, curdela,** etc.

borrachoso, -sa *adj. Perú.* Borrachín.

borrachuela *f.* Cizaña (planta).

borrado, -da *adj. Perú.* Picado de viruelas.

borrador *m.* Escrito de primera intención, que se copia después de enmendado. 2 Libro en que los comerciantes hacen sus apuntes para arreglar después sus cuentas. 3 Goma de borrar. 4 Utensilio para borrar. 5 Cartera que los niños llevan cuando van a la escuela. 6 fig. *y* fam. ***Sacar de ~ a uno,*** vestirle limpia y decentemente.

borradura *f.* Acción de borrar (tachar). 2 Efecto de borrar (tachar). 3 *Murc.* Salpullido, erupción cutánea.

borragináceo, -a *adj.-f.* Boragináceo.

borragíneo, -a *adj.-f.* Borragináceo.

borraj *m.* Bórax. Se pronuncia *borra* o *borrás* ◇ Pl.: *borrajes* o *borrases.*

SIN. **Borra** II.

borraja (del ár. v. *bu arag,* sudorífico) *f.* Hierba boraginácea anual, áspera, recubierta de una abundante pilosidad, y flores de color azul con los estambres de color púrpura obscuro. Sus hojas son comestibles y su flor se emplea como sudorífico *(Borrago officinalis).*

borrajear *tr.* Escribir [una cosa] sin asunto ni propósito determinado. 2 Trazar [rúbricas y rasgos] por entretenimiento.

SIN. *2* **Borronear** y **burrajear.**

borrajo *m.* Rescoldo (brasa). 2 Hojarasca de pinos.

borrar (de *borra* < l. *burra*) *tr.* Hacer desaparecer por cualquier medio [lo representado con tinta, lápiz, etc.]. 2 p. ext. Hacer desaparecer [lo escrito] con rayas o borrones para que no pueda leerse: *~ de la lista.* 3 Hacer que la tinta se corra y desfigure [lo escrito]. 4 fig. Desvanecer, hacer que desaparezca [una cosa]: *~ la falta cometida; borrarse de la memoria un nombre.* -5 *intr. Murc.* Brotar, retoñar, echar brotes o renuevos las plantas y árboles.

borrasca (de *bóreas*) *f.* Tempestad fuerte. 2 fig. Peligro o contratiempo que se padece en algún negocio. 3 fig. *y* fam. Orgía (festín). 4 *Argent.* y *Méj.* En las minas, carencia de mineral en el criadero.

borrascoso, -sa *adj.* Que causa borrascas: *tiempo ~.* 2 fig. Desordenado, desenfrenado: *vida borrascosa; diversiones borrascosas.* 3 [movimiento histórico o político, época, etc.] Agitado, violento.

SIN. *1* **Proceloso** (lit.), **tempestuoso.**

borrasquero, -ra *adj.* Amigo de diversiones borrascosas.

borrear *tr. And.* Amorecer.

borregada *f.* Rebaño de borregos. 2 *Ecuad.* Siesta, sueño que se duerme de día.

borrego, -ga (probl. der. de *borra* I) *m. f.* Cordero o cordera de uno o dos años. -2 *adj.-s.* desp. Persona sencilla o ignorante. 3 desp. Estudiante de primer curso, novato. -4 *m.* fig. Nubecilla blanca, redondeada. 5 fig. Ola corta y espumosa. 6 *Logr.* fig. Eructo. -7 *m. f. C. Rica.* Cerdo rechoncho. -8 *m. Cuba* y *Méj.* Pajarota, noticia falsa. 9 *Méj.* Consentido, hablando de maridos.

borreguero, -ra *adj.* [terreno] Con buenos pastos para borregos. -2 *m. f.* Persona que tiene por oficio cuidar de los borregos. -3 *f. Murc.* Mujer coqueta.

borreguil *adj.* Relativo al borrego. 2 Que no obra por cuenta propia y se deja llevar por los demás.

borrén (de una voz rom. *burragine,* der. del l. *burra,* lana grosera) *m.* En las sillas de montar, encuentro del arzón y las almohadillas.

borrica *f.* Asna. -2 *adj.-f.* fig. Mujer necia.

borricada *f.* Conjunto de borricos. 2 Cabalgata hecha en borricos por diversión. 3 fig. Dicho o hecho necio.

borrical *adj.* Asnal.

borricalmente *adv. m.* Asnalmente.

borrico, -ca *m.* Asno. 2 Quimera (pez). 3 Armazón en la que apoyan los carpinteros la madera que labran. -4 *adj.-s.* fig. [pers.] Necio.

borricón, -cote *adj.-m.* desp. Hombre demasiado sufrido.

borriqueño, -ña *adj.* Relativo al borrico.

borriquero, -ra *adj.* Borriqueño. 2 V. cardo borriquero. -3 *m. f.* Persona que conduce una borricada.

borriquete *m.* Borrico (armazón). 2 MAR. Vela que se pone sobre el trinquete para servirse de ella en caso de rifarse éste.

borro (de *borra* < l. *burra*) *m.* Cordero que pasa de un año y no llega a dos. 2 Tributo sobre el ganado lanar.

borrominesco *adj.* Propio o relativo al gusto introducido en la arquitectura española por Borromini (1599-1667) y otros en el s. XVII.

borrón *m.* Mancha de tinta hecha en el papel. 2 fig. Imperfección que desluce o afea. 3 Acción deshonrosa. 4 Borrador (escrito). 5 Proyecto para un cuadro, con colores o de claro y obscuro. 6 fig. Denominación que por modestia suelen dar los autores a sus escritos. Más us. en pl. -7 *m. pl.* IMPR. Exceso parcial de engrudo.

borroncillo *m.* Borrón (proyecto).

borronear *tr.* Borrajear.

borrosidad *f.* Calidad de borroso (confuso).

borroso, -sa *adj.* Lleno de borra (sedimento). 2 Confuso, difícil de leer. 3 Que no se distingue con claridad.

borrumbada *f.* Barrumbada.

bort *m.* Variedad impura de diamante sin valor como gema y que se utiliza como abrasivo.

boruca (voz ibérica; vasc. *buruka,* riña) *f.* Bulla, algazara.

boruga *f. Cuba.* Requesón que se bate con azúcar y se toma como refresco.

borujo *m.* Burujo (pella). 2 Masa del hueso de la aceituna después de molida y prensada.

borujón *m.* Burujón.

boruquiento, -ta *adj. Méj.* Bullicioso, alegre, ruidoso.

boruro *m.* QUÍM. Combinación del boro con un metal.

borusca *f.* Seroja.

bosado *m. Colomb.* Movimiento descomedido de caderas, propio del baile llamado *currulao.*

boscaje *m.* Bosque de corta extensión. 2 PINT. Paisaje poblado de plantas y animales.

boscoso, -sa *adj.* Que está poblado de bosque.

bósforo (l. *bosphoru*) *m.* Canal por donde se comunican dos mares.

bosniaco, -ca, bosníaco, -ca, bosnio, -nia *adj.-s.* De Bosnia-Herzegovina, república del centro de Yugoeslavia.
bosorola *f. Amér. Central.* Sedimento.
bosque (b. l. *boscu* < franco *busk*) *m.* Terreno poblado de árboles y matas. 2 fig. Abundancia desordenada de alguna cosa; confusión, cuestión intrincada.
SIN. La **selva** es extensa, inculta y muy densamente poblada de árboles, mientras que el **bosque** puede ser grande o pequeño, natural o artificial, espeso o claro. **Monte** es tierra inculta poblada de árboles **(alto)** o de arbustos y matas **(bajo)**. **Floresta** fue equivalente a bosque en los libros de caballerías, como corresponde a su origen (l. *foresta*); pero el cruce fonético con **flor** le añadió después idea de amenidad. REL. Perteneciente al bosque o a su aprovechamiento, adj. **forestal**. Cultivo y aprovechamiento de bosques y montes, y ciencia que trata de ello, **silvicultura** o **selvicultura**. Corta de árboles, **tala** (vb. **talar**); plantación de árboles en el bosque, **repoblación**.
bosquejar *tr.* Trazar los primeros rasgos [de una obra de arte o de ingenio, esp. en pintura y escultura]. 2 p. ext. Dar la traza [a cualquier material] sin concluirla. 3 fig. Indicar con vaguedad [una idea].
SIN. **Esbozar.**
bosquejo *m.* Acción de bosquejar (trazar). 2 Efecto de bosquejar (trazar). 3 fig. Idea vaga de alguna cosa.
SIN. **Esbozo.**
bosquete *m.* Dim. de *bosque*. 2 Bosque artificial o de recreo.
bosquimán (neerl. *boschjesman,* hombre del bosque) *adj.-com.* Bosquimano.
bosquimano, -na *adj.-s.* De un pueblo khoisánida, que habita en el sudeste de África. -2 *adj.-m.* Lengua khoisánida, hablada en el sudeste de África.
bosta (del ant. *bostar,* establo de bueyes) *f.* Excremento del ganado vacuno o del caballar.
SIN. **Boñiga.**
bostear *intr. Argent.* y *Chile.* Excretar el ganado vacuno, y p. ext. cualquier animal.
bostezador, -ra *adj.* Que bosteza con frecuencia.
bostezar (del l. v. *ostetiare,* de *oscitiare;* por el l. cl. *oscitare,* bostezar; con la *b,* de *boca*) *intr.* Abrir la boca con un movimiento espasmódico y hacer inspiración lenta y después espiración también lenta y prolongada, por efecto del sueño, aburrimiento, etc.: *~ de hastío.* ◇ ** CONJUG. [4] como ***realizar.***
bostezo *m.* Acción de bostezar.
bosticar *intr. Amér. Central.* vulg. Rezongar, refunfuñar, replicar. ◇ ** CONJUG. [1] como ***sacar.***
bostonear (del *vals Boston*) *intr. Chile.* Valsar o bailar el vals.
bostonita *f.* Roca filoniana con textura aplítica o pegmatítica que se forma en los bordes de las masas sieníticas.
bóstrice *m.* BOT. Cima escorpioidea.
I) bota (l. **butta*) *f.* Odre pequeño que remata en un cuello con brocal por donde se llena de vino y se bebe. 2 Cuba para líquidos. 3 Medida para líquidos (516 l.). 4 *Amér. Merid.* Vasija de cuero de buey, para extraer el agua de las minas, mediante malacates.
II) bota (de *botar* < germ. *botan,* golpear) *f.* Calzado que sube más arriba del tobillo: *~ **de agua,*** la confeccionada con material impermeable; *~ **de montar,*** la que emplean los jinetes y es de algunos uniformes militares. 2 DEP. Calzado deportivo rígido para practicar determinados deportes, aunque no suba más arriba del tobillo: *una ~ de fútbol.* 3 *Colomb., P. Rico* y *S. Dom.* Vaina de cuero para cubrir los espolones de los gallos de pelea. ◇ HOMÓF.: *vota* (v.), *bota* (v.).
FR. *Ponerse las botas,* salir muy ganancioso.
bota-agua *m. P. Rico.* Moldura en la parte superior de una puerta o ventana para impedir que el agua de las lluvias penetre al interior.
botada *f. Cuba* y *P. Rico.* Acción de botar o despedir a una persona.
botadero *m. Amér.* Lugar del río donde se toma el vado. 2 *Colomb.* y *Chile.* Basurero, muladar. 3 *Guat.* y *Hond.* Atajo por un terreno inclinado. 4 *Perú.* Aparato de hierro con un grifo por el que pasa agua.
botado, -da *adj. Amér. Central* y *Ecuad.* Malgastador. 2 *Ecuad.* Resignado, dispuesto: *este joven es ~ a todo trabajo.* 3 *Méj.* Dormido, a causa de estar como una bota o en estado de embriaguez. -4 *m. f. Amér.* Expósito.
botador, -ra *adj.* Que bota. -2 *m.* Pértiga con que los barqueros hacen fuerza en la arena para mover los barcos. 3 Instrumento de hierro para arrancar clavos, o para embutir sus cabezas. 4 Hierro en forma de escoplo hendido que usaban los dentistas. 5 IMPR. Trozo de madera fuerte, agudo por un extremo, que sirve para apretar y aflojar las cuñas de la forma. 6 *Amér.* Derrochador, manirroto. ◇ HOMÓF.: *votador* (adj.).
SIN. *5* **Taco.**
botadura *f.* Acción de botar un buque.
botafango *m. Cuba, Perú* y *P. Rico.* Guardabarros.
botafuego *m.* ARTILL. Palo con que se aplicaba la mecha encendida a las piezas de artillería. 2 fig. Persona que se irrita fácilmente.
SIN. *1* **Lanzafuego.**
botafumeiro (gall.) *m.* fig. *y* fam. Incensario. 2 fig. *y* fam. Adulación.
botagua *m. Chile.* Bota-agua.
botaguado *m. Cuba.* Vara última de la base de la cobeja en casas de guano.
botagueña *f.* Longaniza de asadura de puerco.
botaina *f. Ant.* y *Colomb.* Botana para gallos.
botalodo *m. Perú* y *P. Rico.* Guardabarros.
botalón *m.* Palo largo que sale fuera de la embarcación, para varios usos. 2 Bauprés de una embarcación pequeña. 3 Mastelero de un velero grande. 4 *Colomb.* y *Venez.* Palo clavado en el suelo al cual puede asegurarse una caballería o res vacuna. 5 *P. Rico.* Empujón.
botalonear *tr. Venez.* Alindar con botalones o postes.
botamanga *f. Amér.* Bocamanga.
botamen *m.* Conjunto de botes de una farmacia. 2 MAR. Pipería (botería).
botana (del ár. *butana,* piel de carnero preparada, del ár. *batn,* vientre) *f.* Remiendo que tapa los agujeros de los odres. 2 Taruguito puesto con el mismo objeto en las cubas de vino. 3 fig. Parche puesto en una llaga. 4 Cicatriz de una llaga. 5 *Ant., Colomb., Cuba* y *Méj.* Vaina de cuero que se pone a los gallos de pelea en los espolones. 6 *Guat.* y *Méj.* Lo que se come para acompañar un vaso de vino. 7 *Venez.* Bebedor.
botánica (gr. *botaniké;* v. *botánico*) *f.* Parte de la historia natural que tiene por objeto el estudio de los vegetales. 2 *P. Rico.* Sitio donde se venden hierbas medicinales.
SIN. *1* **Fitología.** REL. Descripción de las plantas, **fitografía;** anatomía de las plantas, **fitotomía;** geografía botánica, **fitogeografía;** estudio de las enfermedades de las plantas, **fitopatología;** estudio de las plantas fósiles, **paleofitología.**
botánico, -ca (gr. *-kós* < *botane,* hierba) *adj.* Relativo a la botánica. -2 *m. f.* Persona que por profesión o estudio se dedica a la botánica. 3 *P. Rico.* Curandero, que receta pralte. yerbas, yerbatero.
botanista *com.* Botánico (profesión).
botar (franco *botán,* chocar) *tr.* Arrojar o echar fuera con violencia [una cosa]; y en Amér., despedir [a una persona], echarla de algún lugar o empleo. 2 Echar al agua [un buque]. 3 Enderezar [el timón] a la parte que conviene: *~ a babor, a estribor.* 4 DEP. Efectuar el saque de una falta en el juego del fútbol. -5 *intr.* Cambiar de dirección un cuerpo elástico por chocar con otro cuerpo duro. 6 Saltar la pelota después de dar en el suelo. 7 p. ext. Saltar o levantarse de suelo otra cosa cualquiera, como dar botes el caballo. 8 Estar impaciente, irritado. -9 *prnl.* Sustraerse el caballo a la acción del jinete, para derribarlo. 10 Volverse, hacerse. -11 *tr. Can.* y *Amér.* Derrochar, malgastar. ◇ HOMÓF.: *votar* (v.).
botaratada *f.* fam. Dicho o hecho propio de un botarate.
botarate (probl. cruce de *boto,* necio, *patarata,* mentira) *adj.-m.* Hombre alborotado y de poco juicio. 2 *Can.* y *Amér.* Malgastador, manirroto.
SIN. *1* **Tararira.**
botarel *m.* ARQ. Contrafuerte (machón).
botarete *adj.* Arbotante (arco).
botarga (n. pers. Stefanello *Bottarga,* de origen ár.) *f.* Ant. calzón ancho y largo. 2 Vestido ridículo de varios colores, usado en algunas representaciones teatrales. 3 El que lo lleva. 4 Especie de embuchado. 5 *Ar.* Dominguillo que se usa en la fiesta de toros.
botasilla *f.* MIL. Toque de clarín para que los soldados ensillen los caballos.
botavaca *m. P. Rico.* Pieza que lleva un tren o un automóvil en su delantera para barrer obstáculos.
botavante (*botar* + *avante*) *m.* Asta larga a manera de chuzo con que los marineros se defendían en los abordajes.
botavara (*botar* + *vara*) *f.* Palo horizontal, apoyado en el coronamiento de la popa, donde se asegura la vela cangreja.
botavino *m. Logr.* Sarmiento más largo que se deja al podar la vid.

I) bote (de *botar*) *m.* Golpe que se da con ciertas armas enastadas: ~ *de pica;* ~ *de lanza.* 2 Salto del caballo: ~ ***de carnero,*** el que da el caballo levantando el cuarto trasero y dando a la vez pares de coces. 3 Salto que da la pelota u otra cosa elástica al chocar con una superficie dura: ~ ***pronto,*** en el fútbol, golpe dado a un balón, a una pelota o una bola una vez que ha botado y aún está próxima al suelo. 4 Salto que da una persona botando como una pelota. 5 Boche (hoyo). 6 *A* ~ ***pronto, loc. adv.,*** fig., de manera rápida, sin reflexionar sobre lo que se hace o dice. ◇ HOMÓF.: *vote* (v.).

II) bote (b. l. *pottu*) *m.* Vasija pequeña, gralte. cilíndrica. 2 fam. Propina y lugar para colocarla. ◇ HOMÓF.: *vote* (v.).

III) bote (ing. *boat*) *m.* Embarcación pequeña y sin cubierta que se mueve remando: ~ ***salvavidas,*** el insumergible y acondicionado para abandono de un buque o salvamento de náufragos. ◇ HOMÓF.: *vote* (v.).

IV) bote (de ~ en ~) (fr. *de bout, en bout* de un extremo a otro) *loc. adj.* [lugar] Que está completamente lleno de gente. ◇ HOMÓF.: *vote* (v.).

boteal (l. *putealis* < *puteus*, pozo) *m.* desus. Paraje en que abundan charcas de aguas manantiales.

botear *intr. Guat.* Conducir agua en un bote de una parte a otra.

botella (b. l. *butticula;* a través del fr.; doble etim. *botija*) *f.* Vasija de cuello angosto, gralte. para líquidos. 2 Líquido que cabe en esta vasija. 3 Recipiente, de forma y material vario, usado especialmente para investigación científica: ~ ***de Leiden,*** condensador eléctrico formado por una botella de vidrio forrada, interior y exteriormente, de hojas de metal. 4 *Ant.* y *Pan.* Sinecura, prebenda, enchufe. 5 *P. Rico.* Beneficiario de una prebenda.

botellazo *m.* Golpe dado con una botella.

botellero, -ra *m. f.* Persona que tiene por oficio hacer o vender botellas. -2 *adj. Cuba.* [político] Que prodiga las botellas o sinecuras.

botellín *m.* Botella pequeña.

botellón *m.* Aum. de *botella.* 2 *Méj.* Damajuana.

botepronto *m.* Acción de dejar caer el balón de las manos y darle con el pie al primer bote.

botería *f.* Establecimiento del botero. 2 Pipería (botamen). 3 *Argent.* y *Chile.* Zapatería, botinería.

I) botero *m.* Persona que tiene por oficio hacer, aderezar o vender botas, barriles, pellejos, etc.

II) botero *m.* Patrón de un bote. 2 Pocero (encargado de la adquisición de víveres).

botica (gr. *apotheke*) *f.* ant. Tienda de mercader. 2 Establecimiento donde se hacen y venden medicinas. 3 Asistencia de medicamentos durante un plazo: *dar médico y* ~. 4 Ingrediente, droga, medicina.
SIN. *2* **Farmacia, oficina de farmacia.**

boticario, -ria *m. f.* Farmacéutico. -2 *f.* Mujer del farmacéutico.

botija (v. *botella*) *f.* Vasija de barro redonda y de cuello corto y angosto. 2 Abrótano. 3 Nombre de varios árboles silvestres de Cuba, de madera blanca. 4 *Amér.* Tesoro enterrado. 5 *Cuba.* Vasija de hojalata en que los campesinos llevan la leche a las poblaciones. 6 *Colomb, Cuba* y *P. Rico.* ~ ***verde,*** expr. de insulto y menosprecio: *lo llamé* ~ *verde.*

botijero, -ra *m. f.* Persona que tiene por oficio hacer o vender botijas o botijos.

botijo *m.* Vasija de barro, de vientre abultado, con asa en la parte superior, una boca para llenarla y un pitón para beber. 2 fig. *y* fam. Persona gruesa. 3 fig. *y* fam. Camión cisterna antidisturbios.
SIN. *1* **Pimporro, pipo, piporro, pipote,** en And.

botijuela *f.* Dim. de *botija.* 2 Agujeta (propina). 3 Alboroque. -4 *m. f. Cuba.* Adulador.

botijueleo *m. Cuba.* Adulación.

botilla *f.* Cierto calzado que usaban las mujeres. 2 Borceguí.

botiller *m.* ant. Cargo palatino de jefe de la botillería.

botillería *f.* Establecimiento donde se hacen y venden bebidas. 2 *Chile.* Comercio de venta de vinos o licores embotellados.

botillero *m.* El que tiene botillería. 2 En los bares y cafeterías, persona entendida en las mezclas de vinos y licores para su consumo en el local.

botillo *m.* Pellejo para vino. -2 *m. pl.* Botas con elásticos.

I) botín *m.* Calzado de cuero o de tela que cubre la parte superior del pie y parte de la pierna. 2 *Chile.* Calcetín.

II) botín (fr. *butin*) *m.* Despojo que los soldados tomaban del enemigo vencido. 2 Conjunto de las armas, provisiones y demás efectos de una plaza o de un ejército vencido y de los cuales se apodera el vencedor.

botina *f.* Calzado que pasa algo del tobillo.

botinería *f.* Establecimiento donde se hacen o venden botines.

botinero, -ra *adj.* [res vacuna] De pelo claro que tiene negras las extremidades. -2 *m. f.* Persona que tiene por oficio hacer o vender botines.

botiondo, -da *adj.* [cabra] En celo. 2 fig. Dominado del apetito venéreo.

botiquín (de *botica*) *m.* Mueble, gralte. portátil, donde se guardan medicinas para casos de urgencia. 2 Conjunto de medicamentos más indispensables, en los lugares donde no hay farmacia. 3 *Venez.* Taberna.

botito *m.* Bota de hombre, que se ciñe al tobillo.

botivoleo *m.* Acción de jugar la pelota a volea después que ha estado en el suelo.

I) boto, -ta (de *botar*) *adj.* Romo (obtuso). 2 fig. Rudo, torpe: ~ *de ingenio,* o *de ingenio* ~.

II) boto (de *bote* II) *m.* Pellejo para vino, aceite, etc. ◇ HOMÓF.: *voto* (vb. y m.).

III) boto *m.* Bota alta que usan los jinetes.

botocudo, -da *adj.-s.* De un pueblo amerindio del Brasil que se deforman el labio inferior.

botón (fr. ant. *boton*) *m.* Yema de las plantas. 2 Flor aún cerrada, capullo. 3 ~ ***de oro,*** ranúnculo. 4 ~ ***azúl,*** planta campanulácea, pubescente, bienal, de flores azules y, a veces, blancas dispuestas en cabezuelas redondeadas *(Jasione montana).* 5 Prominencia de la cuerna de los venados. 6 Pieza pequeña, gralte. redonda, para abrochar o adornar los vestidos. 7 Piececilla cilíndrica o esférica que, atornillada en algún objeto, sirve de tirador, asidero, etc.: ~ *de una puerta.* 8 En el timbre eléctrico, pieza que se oprime para hacerlo sonar. 9 Chapita redonda que se pone a la punta de la espada o del florete, para no hacer daño en los asaltos. 10 Pieza circular de algunos instrumentos músicos. 11 ~ ***de fuego,*** cauterio que se da con una pieza de hierro u otro metal enrojecido al fuego. 12 ~ ***de Oriente,*** enfermedad muy frecuente en países tropicales y mediterráneos que se transmite por una variedad de mosquito, el flebotono. 13 MONT. Pedazo de palo que tiene la red o tela de caza para asegurarla en los ojales del lado opuesto. 14 *Murc.* Disgusto, berrinche, enojo grande. 15 *Cuba.* Reproche despreciativo. 16 *Méj.* Pareja de bestias que sirve de ayuda en un mal paso a los tiros de un vehículo. 17 *S. Dom.* Viento frío del norte, que produce perturbaciones a la agricultura.
SIN. *8* **Llamador.**

botonadura *f.* Juego de botones para un traje o prenda de vestir. 2 Parte de la prenda de vestir que corresponde a los botones y ojales.

botonar *tr. Amér.* Poner botones [a una prenda]. -2 *intr. Cuba* y *Chile.* Abotonar, echar botones las plantas.

botonazo *m.* Golpe dado con el botón de la espada o del florete.

botoncillo *m. Cuba.* Planta compuesta, de flores de color anaranjado *(gén. Anacyclus).*
SIN. **Capitaneja.**

botonería *f.* Establecimiento del botonero.

botonero, -ra *m. f.* Persona que tiene por oficio hacer o vender botones.

botones *m.* Muchacho que, en hoteles y otros establecimientos, sirve para recados y otras comisiones. ◇ Pl.: *botones.*

botoque *m.* Barbote (insignia india).

bototo *m. Amér.* Calabaza para llevar agua. 2 *Chile.* Zapato tosco que usa la gente del pueblo.

botúa *f.* vulg. *Cuba.* Butúa, la comida.

botudo, -da *adj. Méj.* [caballería] De pelaje negro u obscuro y los cuatro miembros blancos.

botulismo *m.* Intoxicación de síntomas parecidos a los del tifus y el cólera.

botuto *m. Cuba.* Pecíolo largo y hueco que sostiene la hoja del lechoso o papagayo. 2 *Colomb.* Trompeta de guerra de los indios, hecha de arcilla cocida.

bou (cat.) *m.* Pesca en que dos barcas, apartada la una de la otra, tiran de la red, arrastrándola por el fondo. 2 Barca o vaporcito destinado a este arte de pesca. ◇ Pl.: *bous.*

bouquet *m.* Buqué.

bourbon (de *Bourbon County,* Kentucky, EEUU) *m.* Güisqui estadounidense, elaborado a base de maíz con algo de centeno y cebada. ◇ Se pronuncia *burbon.*

bournonita *f.* Mineral de la clase de los sulfuros que cristaliza en el sistema rómbico, de color gris o negro y con brillo metálico.
boutique (voz francesa) *f.* Tienda especializada donde se venden prendas de vestir de moda. 2 p. ext. Tienda selecta de cualquier ramo. ◇ Se pronuncia *butic.*
bovaje (l. v. **bovaticu* < *bove,* buey) *m.* ant. Impuesto que se pagaba en Cataluña por las yuntas de bueyes.
bovático *m.* Bovaje.
bóveda (l. **volvita* < *volvere*) *f.* ARQ. Obra de fábrica que sirve para cubrir el espacio comprendido entre dos muros o varios pilares: ~ ***anular,*** la de cañón montada sobre muros circulares concéntricos; ~ ***avenerada,*** la que tiene forma de concha o venera; ~ ***claustral, de aljibe, esquifada*** o ***por arista,*** aquella cuyos dos cañones cilíndricos se cortan el uno al otro; ~ ***de cañón*** o ***de medio cañón,*** la de superficie cilíndrica; ~ ***de crucería, de ojiva*** o ***nervada,*** aquella cuya estructura se compone de arcos que se cruzan diagonalmente, llamados nervios, con una clave central común, y cuyo espacio recubre con una plementería; ~ ***de cuarto de esfera, de cascarón*** o ***de horno,*** la que describe un cuarto de esfera y se emplea para cubrir ábsides; ~ ***esférica, semiesférica*** o ***de media naranja,*** la que describe media esfera; ~ ***fingida*** o ***encamonada,*** la construida de tabique, bajo un techo o armadura, para imitar una bóveda; ~ ***vaída,*** la formada de un hemisferio cortado por cuatro planos verticales paralelos dos a dos. 2 Pared superior en forma de bóveda: *la ~ de una campana;* ~ ***craneana,*** ANAT., la formada por el conjunto de huesos que protegen el encéfalo. 3 ASTRON. p. ext. ~ ***celeste,*** espacio infinito en el que se mueven los astros que aparentemente tiene forma de bóveda; el firmamento. 4 Habitación cuya cubierta es de bóveda. 5 Cripta (lugar subterráneo).
SIN. *3* **Firmamento.**
bovedilla *f.* Bóveda pequeña entre viga y viga de un techo. 2 Parte arqueada de la fachada de popa de los buques.
SIN. *1* **Revoltón.**
bóvido (l. *bos bovis,* buey) *adj.-m.* Mamífero de la familia de los bóvidos. -2 *m. pl.* Familia de rumiantes caracterizados por tener cuernos óseos permanentes envueltos en una vaina córnea; como el buey, la cabra y el antílope.
bovino, -na (l. *bovinu*) *adj.* Relativo al buey o a la vaca. -2 *adj.-m.* Bóvido de la subfamilia de los bovinos. -3 *m. pl.* Subfamilia de bóvidos de gran tamaño, de hocico lampiño, y cuernos encorvados hacia afuera; como el buey. ◇ HOMÓF.: *bobina* (f.).
SIN. *1* **Vacuno.**
boxeador *m.-adj.* El que se dedica al boxeo o se ejercita en él.
SIN. **Púgil,** es el que se bate a puñetazos en gral. El **boxeador** es un púgil que se atiene a las reglas del boxeo. Todo boxeador es púgil, pero no viceversa.
boxear (ing. *to box*) *intr.* Batirse a puñetazos siguiendo las reglas del boxeo.
boxeo *m.* Arte de ejercer el pugilato siguiendo ciertas reglas.
bóxer *adj.-s.* Afiliado a una sociedad secreta china que en 1900 dirigió una sublevación contra la intromisión extranjera en China. -2 *adj.-m.* V. perro ~. ◇ Pl.: *bóxers.*
boxístico, -ca *adj.* Relativo al boxeo.
boya (del germ. *baukan,* señal; a través del fr. *boye*) *f.* Cuerpo flotante sujeto al fondo del mar, de un lago, etc., que se coloca como señal: ~ ***de campana,*** la de balizamiento con campana que tañe al ser agitada por las olas, usada para advertir de peligros en lugares de nieblas o cerrazones frecuentes; ~ ***muerta,*** la que indica el sitio donde está fondeado un cuerpo muerto que sirve de amarre a los buques. 2 Corcho que se pone en la red para que no se hunda. 3 Flotador de la caña de pescar.
boyacense *adj.-s.* De Boyacá, dep. de Colombia.
boyada *f.* Manada de bueyes.
I) boyal *adj.* Relativo al ganado vacuno.
II) boyal *adj. Amér.* [época] En que está boyante y rica una mina.
I) boyante *adj.* Que boya. 2 fig. Que tiene fortuna y felicidad creciente: ~ *en los negocios.* 3 [buque] Que no cala lo que debe calar.
II) boyante *adj.* [toro] Que da fácil juego y poco empeñado.
boyar *intr.* Volver a flotar la embarcación que ha estado en seco. 2 *Amér.* Flotar, mantenerse a flote. 3 *P. Rico.* Remar.
boyarda *f.* Mujer del boyardo.
boyardo *m.* Señor ilustre, ant. feudatario de Rusia o Transilvalnia.
boyarín *m.* Flotador pequeño que usan algunos artes de pesca, y en especial la pequeña boya del orinque del ancla.
boyazo *m.* Aum. de *buey.*
boycotear *tr.* Boicotear.
boyé (guaraní *boio,* culebra) *m. Amér. Merid.* Culebrón como el majá de Cuba, que se tiene en las plantaciones para que las limpie de alimañas *(Spilotes variabilis).*
boyera, -riza *f.* Corral donde se recogen los bueyes.
SIN. **Boíl; bostar,** ant.
boyerizo *m.* El que tiene por oficio guardar o conducir bueyes. 2 Perro de ganado.
boyero (de *buey*) *m.* El que guarda o conduce bueyes. 2 Bootes. 3 *Argent.* y *Urug.* Pájaro pequeño de plumaje blanco y negro que acompaña a los animales vacunos o caballares cuando están pastando, posándose en sus lomos *(Taenioptera irupera).*
boyezuelo *m.* Dim. de *buey.*
boyuno, -na *adj.* Bovino.
boza (it. *bozza*) *f.* MAR. Cabo para sujetar o amarrar cualquier cosa.
bozada *f. Colomb.* Bozo o cabestro.
bozaina (l. *bucina*) *f. La Mancha.* Instrumento de metal, en forma de trompeta, cuyo tubo tiene unos tres metros de largo y termina en amplio pabellón; se transporta sobre dos ruedas, y emite un sonido lúgubre.
bozal (de *bozo*) *adj.-com.* ant. Negro recién sacado de su país. 2 fig. Bisoño (inexperto). 3 Necio, idiota. -4 *adj.* [ganado] Cerril. -5 *m.* Esportilla que se pone en la boca de las bestias de labor para que no perjudiquen los sembrados. 6 Aparato que se pone en la boca a los perros para que no muerdan. 7 Tableta con púas de hierro que se pone a los terneros para que las madres no les dejen mamar. 8 Adorno con cascabeles que se pone a los caballos en el bozo. 9 *Amér.* Bozo, cabestro. 10 *Amér.* El que se expresa con dificultad en castellano, pralte. los negros.
bozalear *tr. C. Rica.* Arriendar, empleando para ello un bozal.
bozalejo *m.* Instrumento que se pone a los terneros para evitar que mamen.
bozalillo *m. Ecuad.* y *Méj.* Especie de almártaga o jáquima.
bozalón, -lona *adj. Ecuad.* [indio] Que no pronuncia bien el castellano.
bozo (del l. v. *bucciu,* der. de l. *bucca,* boca) *m.* Vello que apunta sobre el labio superior antes de nacer el bigote. 2 Parte exterior de la boca. 3 Cabestro que se echa a las caballerías sobre la boca, formando un cabezón con un solo cabo. 4 *Ar.* Bozal de los perros.
Br, símbolo químico del *bromo.*
brabante *m.* Lienzo fabricado en el territorio de este nombre.
SIN. **Bramante,** p. us.
brabántico *adj.* V. arrayán brabántico.
brabanzón, -zona *adj.-s.* De Brabante, reg. de los Países Bajos.
bracamonte *m. Colomb.* Trasgo, duende.
bracarense *adj.-com.* [pers.] De Braga, c. de Portugal.
braceada *f.* Movimiento de brazos impetuoso.
braceador, -ra *adj.* [caballería] Que bracea.
I) braceaje (de *brazo*) *m.* Trabajo y labor de la moneda.
SIN. **Brazaje.**
II) braceaje (de *braza*) *m.* Profundidad del mar en determinado paraje.
SIN. **Brazaje.**
I) bracear *intr.* Mover repetidamente los brazos. 2 Nadar volteando los brazos fuera del agua. 3 fig. Esforzarse, forcejar. 4 Doblar el caballo los brazos con soltura.
II) bracear *intr.* Halar de las brazas para hacer girar las vergas.
braceo *m.* Acción de bracear.
bracera *f.* Subdivisión de una acequia para distribuir el agua del riego.
SIN. **Brazal.**
braceral *m.* Brazal de la armadura.
bracero, -ra *adj.* [arma] Que se arrojaba con el brazo. -2 *m.* El que da el brazo a otro para que se apoye en él. 3 ***De ~,*** cogiendo una persona el brazo de otra. 4 Peón (jornalero). 5 El que tiene un buen brazo para tirar barra, lanza u otra arma arrojadiza.
bracete *m.* Dim. de *brazo.* 2 ***De ~,*** de bracero.
bracil *m.* Brazal de la armadura.
bracillo *m.* Pieza del freno de los caballos
SIN. **Brazuelo.**
bracista *com.* DEP. Nadador especializado en la modalidad de braza.
bracmán *m.* Brahmán.
braco, -ca (del ant. al. *brakko,* perro de caza) *adj.-s.* Perro perdiguero. 2 fig. [pers.] Que tiene la nariz roma y levantada.

bráctea (l. *bractea,* hoja delgada de metal) *f.* Hoja de cuya axila nace una flor o un eje floral. 2 Bractéola.

bracteado, -da *adj.* Recubierto por una lámina de metal, generalmente precioso.

bractéola (l.) *f.* Hoja situada en el pedúnculo de una flor. 2 Verticilo de hojas pequeñas situado en la base de umbelas secundarias o parciales.

bradi- (gr. *bradys,* lento) Elemento prefijal que entra en la formación de palabras con el significado de lento: *bradicardia.*

bradicardia (*bradi-* + *-cardia*) *f.* Lentitud anormal del pulso.

bradilalia (*bradi-* + gr. *laliá,* palabra, der. de *laleo,* hablar) *f.* Lentitud en la palabra.

bradipepsia (*bradi-* + *-pepsia*) *f.* Digestión lenta.

bradipnea (*bradi-* + *-pnea*) *f.* MED. Disminución de la frecuencia de los movimientos respiratorios, que se observa en intoxicaciones graves, en conmociones cerebrales, etc.

bradisismo (*bradi-* + *sismo*) *m.* Movimiento sísmico lento y de poca magnitud.

bradita *f.* ASTRON. Estrella fugaz de poco brillo y que se mueve con lentitud.

brafonera (der. del franco *brado*) *f.* Pieza de la armadura que cubre y defiende la parte superior del brazo.

braga (celt. y l. *braca*) *f.* Metedor (pañal). 2 Cuerda con que se ciñe un objeto pesado, para suspenderlo en el aire. 3 Calzón (vestido): *ponerse las bragas.* -4 *f. pl.* Especie de calzones anchos. 5 Prenda interior que usan las mujeres y los niños de corta edad, y que cubre desde la cintura hasta el arranque de las piernas, con aberturas para el paso de éstas. 6 Conjunto de plumas que cubren las patas de las aves calzadas.
SIN. *2* **Briaga, honda.**

bragada *f.* Cara interna del muslo de algunos animales. 2 MAR. Parte más ancha de una curva (pieza de madera).

bragado, -da *adj.* [animal] Que tiene la bragadura de diferente color que el resto del cuerpo. 2 fig. [pers.] De intención perversa. 3 fig. [pers.] De resolución enérgica y firme.

bragadura *f.* Entrepiernas del hombre o del animal. 2 Parte de los calzones o pantalones correspondiente a la entrepierna.

bragapañal *m.* Pañal, especie de braguita de celulosa.

bragazas *adj.-m.* desp. *y* fam. [pers.] Que se deja dominar fácilmente, esp. por las mujeres. ◇ Pl.: *bragazas.*
SIN. **Calzonazos,** más us.

braguero *m.* Aparato o vendaje para contener las hernias. 2 Cabo grueso con que se sujeta en los buques una pieza de artillería, para moderar el retroceso. 3 *Ar., Murc.* y *Nav.* Ubre. 4 *Méj.* Cuerda que a modo de cincha rodea el cuerpo del toro, y de la cual se ase el que lo monta en pelo. 5 *Perú.* Gamarra.

bragueta *f.* Abertura delantera del calzón o pantalón.
SIN. **Manera.**

braguetazo *m.* fig. *y* fam. Boda de un hombre pobre con una mujer rica: *dar ~,* casarse un hombre pobre con mujer rica.

braguetero *adj.-s.* fam. Hombre lascivo. 2 *Chile.* Pobre que se casa con mujer rica.

braguetón *m.* Nervadura de la bóveda de ojiva.

braguillas *m.* fig. Niño que empieza a usar los calzones. 2 Niño pequeño y mal dispuesto. ◇ Pl.: *braguillas.*

Brahma *n. pr.* Dios supremo de la ant. religión de la India.

brahmán (sáns. *brahmana*) *m.* Individuo de la primera de las cuatro castas en que se halla dividida la población de la India y en la cual se reclutan los sacerdotes y doctores.
SIN. **Bracmán.**

brahmánico, -ca *adj.* Relativo a los brahmanes o al brahmanismo.

brahmanismo *m.* Religión de la India, que adora a Brahma como a dios supremo.

brahmín *m.* Brahmán.

brahón (franco *brado*) *m.* ant. Doblez que ceñía la parte superior del brazo. Subsiste modernamente en el verbo *abrahonar.*

brahonera *f.* Brahón.

braille (n. de su inventor 1809-1852) *m.* Sistema de escritura y lectura para ciegos por medio de puntos en relieve practicados sobre el papel.

brama *f.* Acción de bramar. 2 Efecto de bramar. 3 Época de celo en los ciervos y otros animales salvajes.

bramadera *f.* Juguete de niños formado por una tablilla atada al extremo de una cuerda, que se hace girar con fuerza en el aire y produce una especie de bramido. 2 Instrumento de que usan los pastores para llamar al ganado. 3 *Colomb.* y *Cuba.* Bravera.
SIN. *1* **Zumba.**

bramadero *m.* MONT. Sitio adonde acuden con preferencia los ciervos y otros animales salvajes cuando están en celo. 2 *Amér.* MONT. Poste al cual se amarran los animales para herrarlos, domesticarlos o matarlos.

bramador, -ra *adj.-s.* Que brama.

bramante *m.-adj.* Cordel delgado hecho de cáñamo. 2 Brabante.
SIN. **Tramilla.**

bramar (germ. *brammon*) *intr.* Dar bramidos: *~ el toro; Juan bramó lleno de coraje; ~ el viento.*
SIN. **Mugir.**

bramera *f. Chile.* Bramadera.

bramido *m.* Voz del toro y de otros animales salvajes. 2 p. ext. Grito del hombre cuando está furioso. 3 fig. Estrépito del aire, del agua, etc.
SIN. **Frémito,** lit. *2* **Rugido.**

bramona (soltar la ~) *fr.* fig. Entre tahúres, prorrumpir en dicterios.

bramoroso, -sa *adj. Venez.* Que brama o ruge.

bramuras *f. pl.* Bravatas, muestras de gran enojo.

bran *m.* ANGL. Salvado.

brancada (it. *brancata*) *f.* Especie de red barredera.

brancal (b. l. *branca,* rama) *m.* Conjunto de las dos gualderas de la armazón de un carruaje o cureña de artillería.

brandal *m.* MAR. Ramal de cabo sobre el cual se forman las escalas de viento. 2 MAR. Cabo grueso, firme o volante, que se da en ayuda de los obenques de juanete.

brandi (ingl. *brandy*) *m.* Bebida alcohólica parecida al coñac. ◇ Pl.: *brandis.*

brandís *m.* Casacón grande que se ponía sobre la casaca. ◇ Pl.: *brandises.*

branerita *f.* Mineral radioactivo de la clase de los óxidos que cristaliza en el sistema rómbico o monoclínico, de color negro o amarillo y con brillo vítreo.

branque *m.* MAR. Roda (roa).

branqui-, v. branquio-.

branquia (l. gr. *branchia*) *f.* Órgano respiratorio de los animales acuáticos formado por láminas o filamentos membranosos a través de cuyas paredes la sangre absorbe el oxígeno disuelto en el agua.
SIN. **Agalla,** es el nombre gral. **Branquia** es voz científica.

-branquia, v. branquio-.

branquial *adj.* Relativo a las branquias: *respiración ~.*

branquífero, -ra (*branqui-* + *-fero*) *adj.* Que tiene branquias.

branquio-, branqui-, -branquio, -branquia (gr. *bránchion,* branquia) Elemento prefijal y sufijal que entra en la formación de palabras con el significado de branquia: *branquiosauro, adelobranquio.*

branquiópodo (*branquio-* + *-podo*) *adj.-m.* Crustáceo de la subclase de los branquiópodos. -2 *m. pl.* Subclase de crustáceos de agua dulce con numerosos pares de patas nadadoras que sirven también como órganos respiratorios.

branquiosauro (*branquio-* + *-sauro*) *m.* Género de anfibios fósiles, de cráneo constituido por un conjunto de huesos esculpidos formando un tecto sólido, que vivieron en la era secundaria.

branquiuro (*branqui-* + *-uro* II) *adj.-m.* Crustáceo de la subclase de los branquiuros. -2 *m. pl.* Subclase de crustáceos parásitos de peces y anfibios cuyos maxilares están transformados en ventosas para fijarse a sus víctimas.

braña (probl. del célt. *brakna,* lugar húmedo) *f.* Pasto de verano donde hay agua y prado.

I) braqui- (gr. *brachys,* breve, corto) Elemento prefijal que entra en la formación de palabras con el significado de corto: *braquicéfalo, braquilogía.*
CONTR. *dolico-.*

II) braqui-, v. braquio-.

braquial (l. *bracchiale*) *adj.* Relativo al brazo: *bíceps, tríceps ~.*

braquialgia (*braqui-* II + *-algia*) *f.* PAT. Sensación de dolor en el brazo.

braquianticlinal (*braqui-* I + *anticlinal*) *m.* Anticlinal en forma de cúpula.

braquiblasto (*braqui-* I + *-blasto*) *m.* BOT. Brote corto; ramita muy corta, con las hojas muy juntas.

braquicefalia (*braqui-* + *-cefalia*) *f.* Cualidad de braquicéfalo.

braquicéfalo, -la (*braqui-* + *-céfalo*) *adj.* ANAT. [individuo] Cuyo cráneo es casi redondo porque su diámetro mayor excede en menos de un cuarto al menor. -2 *adj.-s.* Persona o raza de cráneo braquicéfalo.

braquícero (*braqui-* + *-cero,* der. del gr. *kéras,* cuerno) ***adj.-m.*** Insecto del suborden de los braquíceros. -2 ***m. pl.*** Suborden de insectos dípteros de cuerpo grueso, alas anchas y antenas cortas; como la mosca y el tábano.
braquigrafía (*braqui-* I + *-grafía*) ***f.*** Estudio de las abreviaturas.
braquilogía (*braqui-* I + *-logía*) ***f.*** Concisión en el discurso, obtenida especialmente mediante elisiones y abreviaciones.
braquio-, braqui-, -braquio, -braquia (l. *bracchium,* brazo) Elemento prefijal y sufijal que entra en la formación de palabras con el significado de brazo: *braquiópodo, acefalobraquia.*
braquiocefálico, -ca ***adj.*** ANAT. [vaso] Que se distribuye por la cabeza y por los brazos.
braquiópodo (*braquio-* + *-podo*) ZOOL. ***adj.-m.*** Animal del tipo de los braquiópodos. 2 ***m. pl.*** Tipo de animales lofofóridos marinos, de aspecto similar a los lamelibranquios, pero con las valvas dispuestas una en posición dorsal y otra ventral.
braquiotomía (*braquio-* + *-tomía*) ***f.*** CIR. Amputación del brazo.
braquíptero, -ra (*braqui-* I + *-ptero*) ***adj.*** [insecto] Que tiene las alas cortas.
braquisinclinal (*braqui-* I + *sinclinal*) ***m.*** Sinclinal en forma de cúpula invertida.
braquiuro (*braqui-* I + *-uro*) ***adj.-m.*** ZOOL. Crustáceo del grupo de los braquiuros. -2 ***m. pl.*** Grupo de crustáceos malacostráceos decápodos, de abdomen muy corto y replegado debajo del cefalotórax; como la centolla. -3 ***m.*** ~ ***calvo,*** mamífero primate platirrino de las selvas amazónicas, de unos 40 cms. de longitud, pelaje de color leonado y la cara de color escarlata *(Cacajao calvus).*
brasa (l. v. *brasa,* de orig. incierto) ***f.*** Leña o carbón encendido y pasado del fuego. 2 *La Palma.* fig. Alondra.
brasca (l. v. *brasica,* der. de *brasa;* a través del fr. *brasque*) ***f.*** Mezcla de polvo de carbón y arcilla con que se forma la copela de algunos hornos metalúrgicos.
brasear (del fr. *braisser,* asar) ***tr.*** Cocer a fuego lento una vianda.
braserillo ***m.*** Brasero pequeño para quemar plantas aromáticas o mantener caliente algo.
brasero ***m.*** Pieza de metal en la cual se echa o hace lumbre para calentarse: ~ ***eléctrico,*** el que funciona mediante la energía eléctrica. 2 Sitio en que se quemaba a ciertos delincuentes. 3 *Colomb.* Hoguera o porción de materias combustibles que, encendidas, levantan mucha flama. 4 *Méj.* Fogón en la cocina.
brasil (de *brasa,* por el color) ***m.*** Árbol leguminoso cuya madera es el palo brasil *(Caesalpinea brasiliensis; C. brevifolia).* 2 Palo brasil. 3 Color encarnado que usaban como afeite las mujeres.
brasilado, -da ***adj.*** De color encarnado o de brasil.
brasileño, -ña ***adj.-s.*** Del Brasil, nación del este de América del Sur.
SIN. **Carioca.**
brasilero, -ra ***adj.-s.*** Brasileño.
brasilete ***m.*** *Cuba* y *P. Rico.* Árbol leguminoso cuya madera da un color más bajo que el brasil *(Caesalpinea crista).* 2 Madera de este árbol.
brasilina ***f.*** Materia colorante del palo brasil.
brasmología (gr. *brasma,* agitación + *-logía*) ***f.*** Tratado de las mareas.
braunita ***f.*** Silicato del grupo de los subnesosilicatos que cristaliza en el sistema tetragonal, de color negro o castaño y con brillo metálico.
brava ***f.*** *Cuba.* Apócope de *bravata.* 2 *Cuba.* Sablazo con cierta imposición.
bravamente ***adv. m.*** Con bravura. 2 Bien, perfectamente. 3 Copiosa, abundantemente. 4 Cruelmente.
bravata (it.) ***f.*** Amenaza proferida con arrogancia. 2 Baladronada, fanfarronada. 3 *P. Rico.* Borrasca o tormenta del mar.
SIN. *2* pl. **Dijes.**
bravatear ***intr.*** *Chile.* Bravear.
braveador, -ra ***adj.-s.*** Que bravea.
bravear ***intr.*** Echar fieros o bravatas. 2 Gritar ¡bravo!
bravera ***f.*** Ventana o respiradero de algunos hornos.
bravero ***adj.*** *Cuba.* Valentón, perdonavidas.
braveza ***f.*** Bravura (fiereza; valentía). 2 Ímpetu de los elementos: *la ~ del mar.*
bravío, -a ***adj.*** Feroz, indómito, salvaje. 2 fig. [planta] Silvestre. 3 Rústico por falta de educación o del trato de gentes. -4 ***m.*** Bravura (fiereza), esp. la del toro.
bravo, -va (l. *barbaru*) ***adj.*** Valiente. 2 Valentón, fanfarrón. 3 Bueno, excelente. 4 fig. Suntuoso, magnífico. 5 [animal] Fiero o indómito. 6 [mar] Embravecido. 7 Enojado, enfadado. 8 fig. De genio áspero. 9 *Cuba.* Trapacero, ambicioso.
¡bravo! Interjección con que se denota aplauso o entusiasmo.
bravocear ***tr.*** Infundir bravura. -2 ***intr.*** Bravear.
bravoíta ***f.*** Mineral de la clase de los sulfuros que cristaliza en el sistema cúbico, de color pardo.
bravonel ***m.*** p. us. Fanfarrón (matasiete).
bravosía ***f.*** Bravosidad.
bravosidad ***f.*** Gallardía o gentileza. 2 Arrogancia, baladronada.
bravoso, -sa ***adj.*** Bravo.
bravucón, -cona ***adj.-s.*** desp. Que presume de valiente sin serlo.
bravuconada ***f.*** desp. Dicho o hecho propio del bravucón.
bravuconear ***intr.*** desp. Echárselas de bravo.
bravuconería ***f.*** Calidad de bravucón habitual. 2 Bravuconada.
bravura ***f.*** Fiereza de los brutos. 2 Valentía de las personas. 3 Bravata.
braza (l. *brachia,* brazos) ***f.*** Medida de longitud, equivalente a 1,6718 m. 2 Medida agraria usada en Filipinas. 3 DEP. Modalidad de natación boca abajo que consiste en flexionar y distender, de forma coincidente, piernas y brazos en un movimiento sincronizado. 4 Cabo para sujetar las vergas.
brazada ***f.*** En natación, movimiento que se hace con los brazos extendiéndolos y recogiéndolos como cuando se rema. 2 Brazado. 3 *Amér.* Braza, medida de longitud. 4 *Méj.* ~ ***de piedra,*** medida que sirve de unidad en la compraventa de mampuestos.
brazado ***m.*** Cantidad de leña, hierba, etc., que se puede abarcar de una vez con los brazos.
brazaje ***m.*** Braceaje.
brazal (l. *brachiale*) ***m.*** Pieza de la armadura que cubre y defiende el brazo. 2 Asa por donde se sujeta el escudo. 3 Tira de tela que ciñe el brazo izquierdo por encima del codo y que sirve de distintivo o, si es negra, de señal de luto. 4 Sangría que se saca de un río o acequia para regar. 5 En el juego del balón, instrumento de madera que se encaja en el brazo y se empuña por una asa que tiene en el extremo. 6 MAR. Madero que en una y otra banda va desde la serviola al tajamar.
SIN. *1* **Braceral, bracil, brazalete, guardabrazo.** *4* **Bracera.** *5* **Cerreta, percha, varenga, orenga.**
brazalete ***m.*** Brazal (pieza de armadura). 2 Aro que a manera de adorno se lleva alrededor de la muñeca.
SIN. *2* **Pulsera.**
brazo (l. *brachiu*) ***m.*** Miembro del cuerpo que comprende desde el hombro a la extremidad de la mano, esp. parte del mismo desde el hombro hasta el codo. 2 p. ext. Pata delantera de los cuadrúpedos. 3 fig. Fuerza, brío, poder. 4 Parte de una cosa que se extiende en forma de brazo: *~ de cruz; los brazos de una silla; ~ de ancla; un candelabro de siete brazos;* ~ ***de árbol,*** rama; *los brazos de una balanza;* ~ ***de mar,*** canal ancho y largo del mar, que entra tierra adentro; ~ ***de río,*** parte del río que se separa de la corriente principal. 5 fig. Fracción de un grupo: *~ armado de un partido.* 6 Parte de la palanca comprendida entre el punto de apoyo y el de aplicación de la potencia o de la resistencia. 7 ant. Cuerpo de diputados que representaba a las distintas clases sociales en las Cortes del Reino: *~ de la nobleza; ~ eclesiástico; ~ real* o *popular;* p. ext., ~ ***real*** o ***secular,*** autoridad temporal que los tribunales y magistrados ejercitan. 8 ~ ***de gitano,*** pieza de repostería formada de una capa de bizcocho que se arrolla en forma de cilindro del que luego se cortan ruedas. Suele untarse con crema, nata o dulce de frutas, y cubrirse exteriormente con azúcar en polvo. -9 ***m. pl.*** fig. Braceros, jornaleros. 10 Protectores, valedores.
brazofuerte ***m.*** Oso hormiguero.
brazola (fr. *vassole*) ***f.*** MAR. Reborde que refuerza la boca de las escotillas.
brazolargo ***m.*** *Amér.* Mono araña.
brazuelo ***m.*** Dim. de *brazo.* 2 Parte de las patas delanteras de los cuadrúpedos entre el codo y la rodilla. 3 Bracillo.
SIN. *2* **Antebrazo.**
brea (germ. *bräda,* a través del fr.) ***f.*** Substancia viscosa de color rojo obscuro que se obtiene por destilación de ciertas maderas, del carbón mineral y de otras materias de origen orgánico: ~ ***crasa,*** mezcla de colofonía, alquitrán y pez negra; ~ ***mineral,*** alquitrán mineral; ~ ***seca,*** colofonía. 2 Especie de lienzo muy basto y embreado con que se suelen cubrir los fardos de ropas

y cajones, para su resguardo en los transportes. 3 Arbusto de Chile, de la familia de las compuestas, cuya resina se usaba en lugar de brea *(Tessaria absinthoides).* 4 MAR. Mezcla de brea, pez, sebo y aceite, que se usa para calafatear. 5 *Guat.* Dinero. 6 *Méj.* fig. Excremento.
SIN. **Zopisa.** *1, 2, 3* y *5* **Alquitrán.**
break (voz ingl.) ***m.*** Coche de cuatro ruedas para excursiones. 2 p. ext. Vagón de ferrocarril. 3 DEP. En boxeo, voz usada para separar a los púgiles. 4 DEP. En el juego del tenis, pérdida del juego por parte del jugador que realiza el servicio. 5 MÚS. En jazz, improvisación de un solista que momentáneamente interrumpe la composición. ◇ Se pronuncia *bric.* ◇ Pl.: *breaks.*
I) brear *tr.* ant. Embrear.
II) brear (b. l. *brigare,* luchar; doble etim. *bregar*) ***tr.*** Maltratar, molestar [a uno]: *me brearon a golpes.* 2 fig. Zumbar, chasquear.
brebaje (der. de *bibere,* beber) ***m.*** Bebida, esp. la de aspecto o sabor desagradables.
brebajo ***m.*** Brebaje.
breca (probl. del l. *perca,* pez, a través del moz.) ***f.*** Albur (pez). 2 Pagel.
SIN. **Breque.**
I) brecha (germ. *breka;* a través del fr. *brèche*) ***f.*** Rotura que hace en la muralla o pared la artillería u otro ingenio: *la artillería logró abrir ~ y dar el asalto.* 2 ***Batir en ~,*** percutir un muro. 3 Abertura hecha en una pared. 4 Herida, esp. en la cabeza. 5 fig. Impresión que hace en el ánimo alguna cosa.
SIN. *3* **Boquete.**
II) brecha (del it. *breccia*) ***f.*** GEOL. Masa rocosa consistente constituida por fragmentos de rocas de diferentes formas y tamaños.
brecina ***f.*** Arbusto ericáceo de hojas sin pecíolo, de forma triangular, y flores de color púrpura en espigas densas, cuyo fruto es una cápsula *(Calluna vulgaris).*
brécol (v. *bróculi*) ***m.*** Variedad de la col común, de hojas más obscuras y recortadas que las de ésta *(Brassica oleracea italica).*
SIN. **Bróculi.**
brecolera ***f.*** Especie de brécol que echa pellas como la coliflor.
brega ***f.*** Acción de bregar. 2 Riña o pendencia. 3 fig. Chasco, zumba, burla: *dar ~.* 4 V. capote de ~
SIN. *2* v. **Lucha.**
bregador, -ra ***adj.*** *Venez.* Libertino.
bregar (germ. *brikan,* romper) ***intr.*** Luchar, reñir unos con otros. 2 Ajetrearse, trabajar afanosamente: *bregaba noche y día para mi sustento.* 3 fig. Luchar con los riesgos y dificultades: *con las agujas y las planchas brego.* -4 ***tr.*** Amasar [la harina, el yeso, etc.] de cierta manera. ◇ ** CONJUG. [7] como ***llegar.***
bregón, -gona ***adj.*** *S. Dom.* Guapo de oficio, jaquetón.
bregueta ***f.*** *Hond.* Reunión de gente divertida.
breguetear ***intr.*** *Colomb.* y *S. Dom.* Bregar.
brema ***f.*** Pez teleósteo cipriniforme de agua dulce, de hasta 70 cms. de longitud, y más de 5 kgs. de peso; el cuerpo es alto y comprimido *(Abramis brama).*
bren (l. v. *brennu* < celt. *brenn*) ***m.*** p. us. Salvado. ◇ Pl.: *brenes.*
I) brenca ***f.*** Poste que en las acequias sujeta las compuertas. 2 *La Mancha* y *Murc.* Alféizar de una puerta o ventana.
II) brenca (célt. **brinica* < **brinos,* filamento) ***f.*** Fibra, filamento, y esp. el estigma del azafrán.
breña (voz prerrom.) ***f.*** Tierra quebrada y poblada de maleza.
breñal, -ñar ***m.*** Sitio o paraje de breñas. 2 *La Mancha.* fig. y fam. Hombre rudo, tosco.
SIN. *1* **Fraga.**
breñero ***m.*** *Cuba.* Breñal.
breñoso, -sa ***adj.*** Lleno de breñas.
I) breque ***m.*** Breca (pagel, pez).
II) breque (ingl. *brake,* freno) ***m.*** *Amér.* Freno del tren. 2 *Amér.* Coche grande de cuatro ruedas. 3 *Amér. Merid.* Vagón de equipaje en los ferrocarriles.
brequear ***tr.*** ANGL. Frenar.
brequero ***m.*** *Amér.* Guardafrenos.
bresca (l. galo *brisca*) ***f.*** Panal de miel.
brescar ***tr.*** Castrar las colmenas. 2 *Murc.* Dar la primera mano de yeso antes del revestimiento o enlucido. ◇ ** CONJUG. [1] como ***sacar.***
bresear ***tr.*** Brasear.
bretaña ***f.*** Tela fina fabricada en Bretaña. 2 Jacinto (planta y flor).
brete (prov. *bret* < got. *brid*) ***m.*** Cepo de hierro que se pone a los reos en los pies. 2 fig. Aprieto, dificultad: *estar* o *andar en un ~.* 3 *Argent.* Corral donde se marcan y matan animales.
bretón, -tona ***adj.-s.*** De Bretaña, región del oeste de Francia. 2 Artúrico o de la Tabla Redonda. -3 ***adj.-m.*** Lengua perteneciente al grupo celta insular, procedente del británico, hablada principalmente en Bretaña. -4 ***m.*** Variedad de la col, cuyo tronco echa muchos tallos. 5 Renuevo o tallo de esta planta. 5 Lengua céltica que se habla en Bretaña.
bretónica ***f.*** Betónica (planta labiada).
breva (l. *bifera,* que lleva dos veces fruto) ***f.*** Primer fruto que anualmente da la higuera breval. 2 Bellota temprana. 3 fig. Ventaja, ganga o empleo lucrativo logrados con poco esfuerzo. 4 Cigarro puro algo aplastado. 5 *Cuba* y *Salv.* Tabaco en rama elaborado a propósito para masticarlo.
SIN. *1* **Albacora.** FR. *De higos a brevas,* de tarde en tarde.
breval ***adj.-m.*** Variedad de la higuera que da brevas e higos.
breve (l.) ***adj.*** De corta extensión o duración: *~ en los razonamientos; ~ de contar.* -2 ***adj.-s.*** GRAM. Sílaba o vocal de menor duración relativa que las largas. En las lenguas clásicas se consideraba que la sílaba breve duraba la mitad de la larga. En latín vulgar, las vocales breves se hicieron abiertas. En las lenguas modernas, las diferencias de cantidad entre breves y largas no guardan la proporción clásica 1:2, sino que son variables según las circunstancias fonéticas. En gral., las sílabas más breves son las inacentuadas interiores de palabra. -3 ***m.*** Documento pontificio menos solemne que la bula, usado para llevar la correspondencia política de los papas y dictar resoluciones concernientes al gobierno y disciplina de la Iglesia. -4 ***f.*** Ant. figura musical equivalente a la mitad de la longa. 5 Cuadrada. -6 ***loc. adv.*** ***En ~,*** muy pronto, en seguida.
SIN. *1* v. **Corto.** *3* **Rescripto, pontificio, buleto.**
brevedad ***f.*** Corta extensión o duración. ◇ INCOR.: *a la mayor ~* por *con la mayor ~.*
brevemente ***adv. m.*** Con brevedad. 2 *Amér.* En breve.
brevera (de *breva*) ***f.*** *Ál.* y *Sal.* Higuera breval. 2 *Murc.* Caña larga, abierta por un extremo, para coger higos.
brevete ***m.*** Dim. de *breve.* 2 Membrete. 3 GALIC. Patente, privilegio.
breviario (l. *breviariu,* compendioso) ***m.*** Libro que contiene el rezo eclesiástico de todo el año. 2 fig. Libro de lectura habitual. 3 Epítome o compendio.
brevipenne (l. *brevis,* breve + *penna,* pluma) ***adj.-s.*** ZOOL. Corredor (ave). -2 ***f. pl.*** Corredoras.
brezal ***m.*** Terreno poblado de brezos.
brezo (dial. *berozo, beruezo;* l. v. *brocciu;* der, del célt. *vroicos,* brezo) ***m.*** Arbusto ericáceo de hojas escamosas, flores en racimos, madera dura y raíces gruesas *(Erica scopatria).*
SIN. **Urce.**
I) briaga ***f.*** Braga (cuerda).
II) briaga (cast. ant. *briaguez,* embriaguez) ***f.*** *Méj.* Borrachera.
briago, -ga (cast. ant. *embriago,* borracho) ***adj.*** *Méj.* Borracho.
brial (ant. fr. *brialt*) ***m.*** Vestido de seda que usaban las mujeres. 2 Faldón de tela que usaban los hombres de armas.
SIN. *1* **Guardapiés, tapapiés.** *2* **Tonelete.**
Briareo ***n. pr.*** MIT. Monstruo de cien brazos.
briba, bribia (der., en definitiva, de *biblia,* sabiduría, gramática parda) ***f.*** Holgazanería picaresca.
REL. Verbos **bribar, bribiar,** adj. **bribiático,** derivados, hoy ant., frecuentes en la literatura clásica.
bribón, -bona ***adj.-s.*** Dado a la briba. 2 Bellaco.
bribonada ***f.*** Picardía, bellaquería.
bribonear ***intr.*** Hacer vida de bribón. 2 Hacer bribonadas.
bribonería ***f.*** Vida o ejercicio de bribón.
bribonesco, -ca ***adj.*** Relativo al bribón.
bribonzuelo, -la ***adj.-s.*** Dim. de *bribón.*
bricamo, -ma ***adj.-s.*** *Cuba.* [negro] Que procede de Carabalí, región del oeste de África.
bricbarca (ingl. *brig,* bergantín + *barca*) ***m.*** Buque de tres palos sin vergas de cruz en la mesana.
bricho (l. *obryzu,* oro afinado) ***m.*** Hoja angosta y sutil de plata u oro, que sirve para bordados.
bricio ***m.*** Planta calitricácea acuática con las hojas inferiores sumergidas y elípticas; las superiores, que flotan, se disponen en roseta y son casi circulares *(Callitriche stagnalis).*
bricolador, -ra ***adj.-s.*** Que hace trabajos de bricolaje.
bricolaje (fr. *bricolage*) ***m.*** Realización artesanal de trabajos de poca importancia o de corta duración, y en especial las reparaciones caseras.

bricolar (fr. *bricoler*) ***intr.*** Hacer trabajos de bricolaje.
bricolero, -ra ***adj.-s.*** Bricolador.
brida (fr. *bride,* de orig. germ.) ***f.*** Freno del caballo con las riendas y el correaje para sujetar la cabeza del animal. 2 Pieza metálica que sirve para ensamblar vigas o maderos fijándola con clavos o tornillos. 3 Reborde circular en el extremo de los tubos metálicos para acoplar unos a otros con tornillos o roblones. 4 Arte o modo de andar a caballo, cuyo ornamento era distinto del que hoy se usa. 5 ***A la*** **~**, a caballo en silla de borrenes o rasa con los estribos largos. -6 ***f. pl.*** Filamentos membranosos que se forman en los labios de las heridas.
bridar ***tr.*** ant. Embridar.
bridecú (fr. *bridecu* < germ. *brittil,* brida) ***m.*** Biricú. ◇ Pl.: *bridecúes.*
bridge (ingl.) ***m.*** Juego de naipes derivado del whist. ◇ Se pronuncia *bridge.*
bridón ***m.*** Brida pequeña. 2 Caballo ensillado y enfrenado a la brida. 3 El que va montado a la brida. 4 Varilla de hierro que se pone a los caballos debajo del bocado. 5 poét. Caballo brioso y arrogante.
brigada (l. *brigata*) ***f.*** Unidad orgánica de infantería o de caballería, formada por dos regimientos: ~ ***mixta,*** que se complementa con tropas y material de otras armas. 2 Agregación de tropa, de número variable: ~ *sanitaria.* 3 Conjunto de personas reunidas para trabajos: ~ *municipal.* 4 MAR. Sección en que se divide la marinería de un buque para los servicios militar y marinero. 5 MIL. Conjunto de caballerías, con sus conductores, para llevar las provisiones de campaña. -6 ***m.*** MIL. Grado de la jerarquía militar entre el de sargento primero y subteniente. 7 MIL. Idividuo del cuerpo de suboficiales que tiene el grado de brigada.
brigadero ***m.*** MIL. Paisano que sirve en las brigadas.
brigadier ***m.*** Oficial general cuya categoría equivalía a la que hoy tiene el general de brigada en la marina. 2 Sargento mayor de brigada de los ant. guardias de Corps. 3 Guardia marina que cuida del orden de su sección.
brigadiera ***f.*** fam. Mujer del brigadier.
brigán (fr. *brigand*) ***m.*** *Guat., S. Dom.* y *Venez.* Bandolero. 2 *S. Dom.* Bribón.
brigandaje ***m.*** *Colomb.* y *Guat.* Latrocinio.
brigantina ***f.*** Coraza disimulada en forma de jubón, de tejido fuerte, totalmente forrado de láminas metálicas.
brigantino, -na (l. *-nu*) ***adj.*** Relativo a La Coruña, ant. *Brigantium.*
brigola (it. *briccola*) ***f.*** Ant. máquina de guerra para batir murallas.
Briján ***n. pr.*** En el folklore, personificación de la astucia: *saber más que* **~**. Acaso tenga que ver con el francés *brigand,* bergante.
brillacímetro ***m.*** Aparato que sirve para medir el brillo en cada punto que se desee captar por una cámara de cine o televisión.
brillador, -ra ***adj.*** Que brilla.
brillante ***adj.*** Que brilla. 2 fig. Admirable, sobresaliente en su línea, en sus características o en sus propiedades. -3 ***m.*** Diamante brillante.
SIN. *1* **Resplandeciente** y **refulgente** expresan de modo más intenso la misma cualidad; **fulgente** y **fúlgido** son lit.; **reluciente,** en el habla usual.
brillanté (fr.) ***m.*** Tejido fino de algodón brillante, con cambiantes mate según como incide en él la luz.
brillantemente ***adv. m.*** De manera brillante.
brillantez ***f.*** Brillo.
brillantina ***f.*** Percal lustroso para forros de prendas de vestir. 2 Polvo mineral para dar brillo a los metales. 3 Cosmético para dar brillo al cabello.
brillantino, -na ***adj.*** *Argent.* y *Urug.* Brillante, resplandeciente; us. sólo en poesía.
brillar (it. *brillare,* voz descriptiva) ***intr.*** Resplandecer, despedir rayos de luz propia o reflejada. 2 fig. Lucir o sobresalir en alguna cosa.
brillazón ***f.*** *Argent.* y *Bol.* Espejismo en la pampa.
brillo ***m.*** Lustre o resplandor. 2 fig. Lucimiento, gloria.
brilloso, -sa ***adj.*** *Amér.* Brillante.
brimbrán ***m.*** *S. Dom.* Alboroto, escándalo.
brin (cél. **brinos*) ***m.*** Tela de lino ordinaria y gruesa. 2 *Ar.* Brizna de azafrán.
brincada ***f.*** *Colomb.* Corcovo.
brincador, -ra ***adj.*** Que brinca.
brincar ***intr.*** Dar brincos o saltos. 2 fig. Pasar por alto u omitir adrede algún detalle en la conversación o lectura. 3 Resentirse o alterarse con viveza. -4 ***tr.*** Subir y bajar [un niño] en brazos por juego. ◇ ** CONJUG. [1] como ***sacar.***
brincho ***m.*** ant. En el juego de las quínolas, flux mayor.
brinco (l. *vinculu*) ***m.*** Movimiento que se hace levantando los pies del suelo con ligereza. 2 Salto. 3 Joyel que llevaban las mujeres en las tocas.
brindador, -ra ***adj.-s.*** Que brinda.
brindar (de *brindis*) ***intr.*** Manifestar, al ir a beber, el bien que se desea a personas o cosas: ~ *al,* o *por, el rey.* -2 ***intr.-tr.*** Ofrecer voluntariamente a uno alguna cosa: ~ *con un título; brindó su amistad al recién llegado.* -3 ***tr.*** fig. Convidar las cosas a que [uno] goce de ellas o de sus efectos: *la muerte le brindaba a descansar;* ***abs.,*** *la paz brinda a intentos grandes.* 4 Ofrecer [el torero la faena a alguien]. -5 ***prnl.*** Ofrecerse voluntariamente a hacer alguna cosa.
brindis (al. *ich bring dir's!* te lo ofrezco) ***m.*** Acción de brindar, al beber o al torear. ◇ Pl.: *brindis.*
brinquillo ***m.*** Brinquiño.
brinquiño ***m.*** Dim. de *brinco.* 2 Alhaja pequeña. 3 Dulce menudo y muy delicado. 4 Niño travieso, revoltoso.
brinza ***f.*** Brizna. 2 Partecilla delgada de alguna cosa. 3 *Logr.* Padrastro.
briñón ***m.*** Griñón (melocotón).
brio- (gr. *bryon,* musgo) Elemento prefijal que entra en la formación de palabras con el significado de musgo: *briófago.*
brío (celt. *brigos,* fuerza) ***m.*** Pujanza: *hombre de bríos.* 2 Espíritu de resolución. 3 Garbo. ◇ Se usa mucho en pl.: *tener bríos.*
briocense ***adj.-s.*** De Brihuega, villa de Guadalajara.
briófago, -ga ***adj.*** ZOOL. [insecto] Que se alimenta de musgo.
briófilo, -la (*brio-* + *-filo* I) ***adj.*** [organismo] Que se desarrolla entre o sobre los musgos.
briófito, -ta (*brio-* + *-fito*) ***adj.-s.*** Planta de la división de los briófitos. -2 ***m. pl.*** División de plantas arrizofitas talliformes o con falso tallo y falsas hojas; son las plantas verdes más primitivas; como los musgos.
SIN. **Muscinea.**
briol (cat.) ***m.*** MAR. Cabo que sirve para cargar o recoger las velas.
briología (*brio-* + *-logía*) ***f.*** Parte de la botánica dedicada al estudio de los briófitos.
brionia ***f.*** Nueza.
¡brios!, *¡Voto a* **~***!* eufem. por *¡Voto a Dios!.*
briosamente ***adv. m.*** Con brío.
brioso, -sa ***adj.*** Que tiene brío.
briozoo (*brio-* + *-zoo*) ***adj.-m.*** Animal de la clase de los briozoos. -2 ***m. pl.*** Clase de forónidos que forman generalmente colonias de aspecto de musgo, que cubren las plantas y rocas marinas.
briqueta (fr. *briquette*) ***f.*** Conglomerado de carbón u otra materia en forma de ladrillo.
I) brisa (l.) ***f.*** Viento del nordeste. 2 Airecillo que en las costas viene de la mar durante el día y de la tierra durante la noche. 3 Viento suave. 4 *Colomb.* Vientecillo impregnado de agua. 5 *Cuba.* fig. *y* fam. Apetito. -6 ***f. pl.*** *Venez.* Vientos alisios o del Este.
II) brisa (l.) ***f.*** Orujo de la uva.
brisar ***intr.*** *Amér. Central.* Soplar la brisa. -2 ***tr.*** *S. Dom.* Vomitar.
brisca (del fr. *brisque*) ***f.*** Juego de naipes en el que se admiten señas entre jugadores, consistente en sumar el mayor número de puntos a través de bazas en las que no hay obligación de asistir al palo ni jugar triunfo. 2 El as o el tres de los palos que no son triunfo en el juego de la brisca y en el del tute.
briscado, -da ***adj.*** [hilo de oro o plata] Tejido con seda. -2 ***m.*** Labor hecha con este hilo.
briscán ***m.*** *Amér.* Brisca.
briscar ***tr.*** Tejer [una tela], o hacer labores [en ella] con hilo briscado. ◇ ** CONJUG. [1] como ***sacar.***
Briseida ***n. pr.*** En la *Ilíada,* joven cautiva que fue arrebatada a Aquiles por Agamenón. Resentido por este agravio, Aquiles se apartó de la guerra.
brisera ***f.*** *Amér. Central* y *Ant.* desus. Brisero.
briserillo ***m.*** *Venez.* desus. Brisero.
brisero, -ra ***m. f.*** *Amér. Central* y *Ant.* desus. Fanal abierto sólo por la parte superior y cerrado por la inferior, donde forma pie y candelero para la vela.
brisote ***m.*** Brisa dura y con fuertes chubascos.

bristol *m.* Cartulina compuesta de hojas de papel superpuestas y adheridas entre sí.
brisura *f.* BLAS. Lambel, u otra pieza de igual significado.
británica (l. *britannica*) *f.* Romaza de hojas vellosas.
británico, -ca (l. *-nnicu*) *adj.-s.* De Britania, antiguo territorio de Gran Bretaña. 2 De Gran Bretaña, nación insular del oeste de Europa
SIN. **Inglés.**
britano, -na (l. *-nnus*) *adj.-s.* De Britania, actual Gran Bretaña, nación insular del oeste de Europa. 2 Inglés. -3 *adj.* lit. Británico.
britónico, -ca *adj.-m.* Lengua perteneciente al grupo celta insular, hablada principalmente en Britania, antigua Gran Bretaña, de la que proceden lenguas como el bretón y el gelés.
briza *f.* Cedacillo. 2 Tembladera.
brizar (de *brizo*) *tr.* p. us. Acunar. ◇ ** CONJUG. [4] como ***realizar.***
brizna (probl. emparentado con *brin*) *f.* Filamento o parte muy delgada de alguna cosa. 2 *Venez.* Llovizna.
briznar *intr.* *Venez.* Lloviznar.
briznoso, -sa *adj.* Que tiene muchas briznas.
brizo (b. l. *berciu*) *m.* p. us. Cuna (cama).
I) broa *f.* Galleta o bizcocho de Filipinas.
II) broa (del celt. *broga,* límite) *f.* Abra o ensenada llena de barras y rompientes.
broca (b. l. *brocca,* punta, probl. a través del cat.) *f.* Carrete que dentro de la lanzadera lleva el hilo para la trama de ciertos tejidos. 2 Barrena sin manija de las máquinas de taladrar. 3 Clavo de cabeza cuadrada, con que los zapateros afianzan la suela en la horma. 4 Rodaja pequeña en que los bordadores ponen los hilos o torzales.
brocadillo *m.* Tela ligera de seda y oro.
brocado (it. *broccato,* der. del b. l. *brocca*) *m.* Tela de seda entretejida con oro o plata. 2 Tejido fuerte, de seda, con dibujos de distinto color que el del fondo. 3 Guadamecí dorado o plateado.
brocal (de *bocal*) *m.* Antepecho alrededor de la boca de un pozo. 2 Ribete de acero que guarnece el escudo. 3 Boquilla (pieza de metal). 4 Cerco de madera o cuerno que se pone a la boca de la bota para beber por él. 5 Pretil o pasamano. 6 MIL. Moldura que refuerza la boca de las piezas de artillería. 7 MIN. Boca de un pozo.
SIN. *1* **Pozal, arcén.**
brocamantón *m.* Joya grande a manera de broche.
brocatel (it. *broccatello,* der. del b. l. *brocca*) *adj.-s.* Mármol, con manchas y vetas de colores variados. -2 *m.* Tejido de cáñamo y seda, a modo de damasco.
brocearse *prnl.* *Amér. Merid.* Esterilizarse una mina. 2 *Amér. Merid.* fig. Estropearse un negocio.
brocense *adj.-s.* De Brozas, villa de Cáceres. 2 p. ant. *El ~,* el humanista Francisco Sánchez (1523-1601).
broceo *m.* *Amér. Merid.* Acción de brocearse. 2 *Amér. Merid.* Efecto de brocearse.
I) brocha (fr. *brouche,* de etim. dud.) *f.* Escobilla de cerdas usada esp. para pintar y para afeitarse. 2 ***De ~ gorda,*** fig., pintor o pintura de puertas, ventanas, etc.; mal pintor y, p. ext., mal escritor, mal poeta, etc. 3 ***Dar de ~,*** CONSTR., echar yeso o mezcla sin dar con la llana; extender sobre una superficie una lechada utilizando un escobón o una brocha, sin usar la llana. 4 *Cuba.* Chito, tángano o tejo. -5 *adj.* *Amér. Central.* Entremetido, adulador.
II) brocha (fr. *broche*) *f.* Entre fulleros, dado falso y cargado.
brochada *f.* Golpe que se da con la brocha para pintar. 2 Señales que deja cada paso de la brocha por la superficie pintada.
brochado, -da *adj.* [tejido de seda] Que tiene alguna labor de oro, plata o seda, con el hilo retorcido o levantado.
brochadura *f.* Juego de broches que se solía traer en las capas y casacas.
brochal *m.* ARQ. Madero atravesado entre otros dos de un suelo, y ensamblado en ellos, con objeto de recibir los intermedios que para dejar un hueco no han de llegar hasta el muro.
brochantita *f.* Mineral de la clase de los sulfatos que cristaliza en el sistema monoclínico, es verde y con brillo vítreo.
brochar *tr.* *Cuba.* Tirar con el tejo [al chito o brocha].
brochazo *m.* Brochada. 2 *Colomb.* y *Guat.* Dicho necio, broma pesada.
broche (fr.) *m.* Conjunto de dos piezas que enganchan o encajan entre sí, esp. para sujetar los vestidos. 2 fig. ***~ de oro,*** final feliz y brillante de un acto público, reunión, discurso, gestión, etc., o de una serie de ellos. 3 *Chile.* Instrumento de metal, en forma de tenacilla, que sirve para mantener unidos pliegos de papel. 4 *Ecuad.* y *P. Rico.* Gemelos de camisa.
brocheta *f.* Broqueta.
brochina *f.* Vientecillo sutil y frío que, en Aragón, sopla del Moncayo.
brocho, -cha *adj.* [res ovina] Que tiene los cuernos muy cortos.
brochón *m.* Aum. de *brocha.* 2 Escobilla de cerda para blanquear las paredes. -3 *adj.-s.* *Amér. Central.* Brocha (adulador).
brocino *m.* Chichón.
broco, -ca *adj.-s.* *P. Rico.* Animal vacuno al que le falta uno de los cuernos. 2 Persona a quien falta un dedo o una mano.
brócula *f.* En cerrajería, especie de taladro.
bróculi (it. *brocoli,* pl. *broccolo,* tallo) *m.* Brécol.
brodio *m.* Bodrio (de cerdo). 2 *Méj.* Arruga que hace el calzado en el pie.
brollador, -ra *adj.-s.* Que brolla.
brollar *intr.* Borbotar.
brollero, -ra *adj.* *Venez.* Embrollón.
brollo *m.* *Venez.* Aféresis de embrollo; bochinche.
brom-, v. bromo-: *bromhidrato, brómido.*
I) broma (gr. *broma,* alegría de sobremesa) *f.* Bulla, diversión. 2 Chanza, burla.
REL. *2* vbs. **bromear,** intr.; **dar una broma, embromar** tr. SIN. v. **burla.**
II) broma (gr. *broma,* caries) *f.* Molusco lamelibranquio que se introduce en las maderas bañadas por el agua del mar y las destruye *(Teredo navalis).*
III) broma *f.* Masa de cascote, piedra y cal que se empleaba en albañilería.
broma-, v. bromato-.
bromar *tr.* Roer la broma [la madera].
SIN. **Abromar.**
bromato *m.* Sal de ácido brómico.
bromato-, broma- (gr. *broma, -atos,* alimento) Elemento prefijal que entra en la formación de palabras con el significado de alimento: *bromatología, bromatropismo.*
bromatología (*bromato-* + *-logía*) *f.* Ciencia que estudia los alimentos y las transformaciones que experimentan en el organismo.
bromatológico, -ca *adj.* Relativo a la bromatología.
bromatólogo, -ga *m. f.* Persona que por profesión y estudio se dedica a la bromatología.
bromatropismo (*broma-* + *tropismo*) *m.* Orientación y dirección del organismo según la influencia de una alimentación más abundante.
bromazo *m.* Broma pesada.
bromear *intr.-prnl.* Usar de bromas o chanzas.
bromeliáceo, -a (de *Bromel,* 1639-1705, botánico sueco) *adj.-f.* Planta de la familia de las bromeliáceas. -2 *f. pl.* Familia de plantas monocotiledóneas que incluye hierbas y matas de América tropical, con las hojas reunidas en la base y dispuestas en rosetón; flores en espiga, racimo o panoja, y fruto en cápsulas o bayas; como el ananás.
bromhidrato *m.* Bromuro.
bromhídrico *adj-s.* ***Ácido ~,*** gas soluble en el agua, BrH, usado en medicina.
bromhidrosis (*brom-* + gr. *hidrosis,* transpiración) *f.* PAT. Secreción abundante de sudor fétido. ◇ También *bromidrosis.*
bromi-, v. bromo-.
brómico, -ca *adj.* Relativo al bromo. 2 ***Ácido ~,*** el líquido, incoloro o amarillo, $HBrO_3$, inestable y soluble en el agua, que se usa como colorante y en productos farmacéuticos.
bromidrosis *f.* Bromhidrosis.
bromista *adj.-com.* Aficionado a dar bromas.
bromo (gr. *bromos,* fetidez) *m.* Metaloide líquido a la temperatura ordinaria, que despide vapores rojizos de olor desagradable. Su símbolo es *Br* y su peso atómico 79,91. 2 ***~ de los prados,*** hierba gramínácea, cespitosa, erecta y perenne, con las hojas inferiores enrolladas y las superiores planas; las espigas son de color rojizo o verdoso *(Bromus erectus).*
bromo-, bromi-, brom- (de *bromo*) Elemento prefijal que entra en la formación de palabras con el significado de bromo (metaloide): *bromoformo, bromhidrosis.*
bromoformo (*bromo-* + *formo,* abrev. de *fórmico*) *m.* Compuesto orgánico líquido, $CHBr_3$, análogo al cloroformo, usado en medicina como sedante, especialmente contra la tos.

bromopnea (*bromo-* + *-pnea*) *f.* Aliento o respiración fétidos.
bromuro *m.* QUÍM. Sal del ácido bromhídrico. El bromuro de plata se emplea en fotografía y el bromuro potásico en medicina.
bronca *f.* fam. Riña, disputa. 2 Reprensión áspera y violenta. 3 En los espectáculos, asambleas, protesta ruidosa del público. 4 *Argent., Parag.* y *Urug.* Rabia, odio, tirria.
SIN. v. **Lucha.**
broncamente *adv. m.* Con bronquedad o aspereza.
bronce (persa *biring,* cobre) *m.* Cuerpo metálico que resulta de la aleación del cobre con el estaño y a menudo con otros elementos, como fósforo, cinc, etc., que varían según la finalidad a que se les destina. 2 fig. Estatua o escultura de bronce. 3 fig. El cañón de artillería, la campana, el clarín o la trompeta. 4 ~ *de aluminio,* aleación de cobre y aluminio, de color muy semejante al del oro. 5 NUMIS. Moneda de cobre.
FRS. *Ser uno de* ~, de gran resistencia física; despiadado, inflexible. V. *Edad del* ~; *gente del* ~. REL. De bronce, adjs. **broncíneo, éneo** (latinismo lit.).
bronceado, -da *adj.* De color de bronce. -2 *m.* Acción de broncear o broncearse. 3 Efecto de broncear o broncearse.
bronceador, -ra *adj.* Que broncea. -2 *adj.-m.* Cosmético que produce o favorece el bronceado de la piel.
bronceadura *f.* Bronceado (de broncear).
broncear *tr.* Dar de color de bronce [a una cosa]. -2 *prnl.* Tomar color moreno la piel por la acción del sol.
broncería *f.* Conjunto de piezas de bronce.
broncíneo, -a *adj.* De bronce o parecido a él.
broncista *com.* Persona que tiene por oficio trabajar en bronce.
broncita *f.* Ortopiroxeno de la serie isomorfa de la enstatita, de color pardo verdoso y con brillo metálico.
bronco, -ca (del l. v. *bruncu;* cruce de *broccu,* cosa puntiaguda × *truncu,* tronco) *adj.* Tosco, sin desbastar: *lustroso de una parte, de otra* ~. 2 fig. De genio y trato áspero y también grosero, inculto: ~ *de genio,* o *de genio* ~. 3 [voz, instrumento] Que tiene sonido áspero y desagradable. 4 [metal] Vidrioso, sin elasticidad.
bronco- (gr. *bronchos,* traquearteria) Elemento prefijal que entra en la formación de palabras expresando relación con los bronquios: *bronconeumonía.*
broncofonía (*bronco-* + *-fonía*) *f.* MED. Resonancia exagerada de la voz cuando se ausculta el pulmón.
broncografía (*bronco-* + *-grafía*) *f.* Imagen radiológica en la que se observa el árbol bronquial tras haberle introducido una substancia de contraste.
bronconeumonía (*bronco-* + *neumonía*) *f.* PAT. Inflamación que de los bronquios se propaga a los alvéolos pulmonares.
broncopatía (*bronco-* + *-patía*) *f.* MED. Proceso patológico bronquial.
broncorragia (*bronco-* + *-rragia*) *f.* MED. Hemorragia de la mucosa bronquial.
broncorrea (*bronco-* + *-rrea*) *f.* MED. Flujo mucoso o purulento de los bronquios debido a un catarro crónico.
broncoscopia (*bronco-* + *-scopia*) *f.* MED. Exploración de los bronquios por visualización directa con la ayuda de un broncoscopio.
broncoscopio (*bronco-* + *-scopio*) *m.* MED. Dispositivo para inspeccionar el interior de los bronquios.
broncostenosis (*bronco-* + *-stenosis*) *f.* PAT. Estrechez de los bronquios.
bronquear (de *bronca*) *tr.* Reprender con dureza, reñir [a alguien]. -2 *intr. Méj.* Reparar, empinarse el caballo o hacer cualquiera otra cosa peculiar de la falta de doma y obediencia a su jinete.
bronquedad, bronquera *f.* Calidad de bronco.
bronquial *adj.* Relativo a los bronquios.
bronquiectasia (de *bronquio* + *-ectasia*) *f.* MED. Enfermedad crónica producida por la dilatación de uno o varios bronquios.
bronquina *f.* fam. Quimera, pendencia.
bronquinoso, -sa *adj. Colomb.* y *Venez.* Camorrista.
bronquio (gr. *bronchia,* pl. de *-chion,* traquearteria) *m.* Conducto en que se bifurca la tráquea (caña del pulmón), y que se va subdividiendo a su vez en los pulmones en ramificaciones cada vez más finas.
bronquiolo, -quíolo *m.* Última ramificación de los bronquios.
bronquista *adj. Ecuad.* Camorrista.
bronquítico, -ca *adj.* [pers.] Que está atacado de bronquitis.
bronquitis (de *bronquio* + *-itis*) *f.* Inflamación aguda o crónica de la membrana mucosa de los bronquios. ◇ Pl.: *bronquitis.*
brontemafobia (gr. *brontema,* trueno + *-fobia*) *f.* Brontofobia.
bronto- (gr. *bronté,* trueno) Elemento prefijal que entra en la formación de palabras con el signficado de trueno: *brontofobia, brontómetro.*
brontofobia (*bronto-* + *-fobia*) *f.* Temor morboso a los truenos.
SIN. **Brontemafobia, tonitrofobia, tonitrufobia.**
brontología (*bronto-* + *-logía*) *f.* Parte de la meteorología que estudia las tempestades y lo relativo a las mismas.
brontómetro (*bronto-* + *-metro*) *m.* METEOR. Aparato que registra simultáneamente la velocidad del viento, caída de lluvia y granizo, frecuencia de relámpagos, duración de los truenos y presión barométrica durante una tormenta.
bronzo *m.* desus. Bronce.
broquel (fr. ant. *bocler,* der. del l. *buccula;* dim. de *bucca*) *m.* Escudo (arma). 2 Escudo pequeño con una cazoleta en medio para que la mano pueda empuñar el asa que tiene por la parte de adentro. 3 fig. Defensa o amparo. 4 MAR. Posición en que quedan las velas y vergas cuando se abroquelan.
REL. vb. **Abroquelarse,** cubrirse con un broquel, protegerse.
broquelarse *prnl.* Abroquelarse.
broquelazo *m.* Golpe dado con broquel.
broquelero *m.* fig. Hombre amigo de pendencias.
broquelete *m.* Hierba crucífera perenne, de hojas de color claro y abundante pilosidad, y flores de color amarillo; sus frutos son silicuas *(Alyssum montanum).*
broquelillo *m.* Botoncillo que usan las mujeres como pendiente.
broquelona *f. Bol.* Garrapata, arácnido.
broqueta *f.* Estaquilla en que se ensartan pajarillos o pedazos de carne para asarlos.
SIN. **Brocheta.**
bróquil *m. Ar.* Brécol.
brosmio *m.* Pez marino teleósteo gadiforme, de cuerpo alargado y color gris o pardo con las aletas orladas de negro y blanco, con un barbillón en el mentón, de hasta 10 kgs. de peso; su carne es muy apreciada *(Brosme brosme).*
brota *f.* Borde (pimpollo). 2 *Chile.* Brotadura.
brotadura *f.* Acción de brotar.
brótano *m.* Abrótano.
brotar (de *brote*) *intr.* Nacer o salir la planta de la tierra: ~ *el trigo.* 2 en gral. Salir en la planta renuevos: *las hojas brotan;* o echar la planta hojas o renuevos: *los árboles brotan.* 3 Manar el agua de los manantiales: ~ *agua, de* o *en, un peñascal.* 4 En las viruelas, sarampión, etc., salir al cutis los granos. 5 Tener principio o manifestarse alguna cosa: ~ *las sediciones.* -6 *tr.* Echar la tierra [plantas, hierbas, etc.]; en gral., arrojar, producir: ~ *versos por los poros.*
SIN. *3* v. **Manar.**
brote (got. *bruts*) *m.* Pimpollo o renuevo que empieza a desarrollarse. 2 Acción de brotar (principiar).
SIN. *1* **Brota,** p. us.
brótola *f.* Pez marino teleósteo gadiforme, de cuerpo rechoncho y color amarillento o pardo, con las aletas ventrales finas y muy largas, y un barbillón bajo el mentón *(Urophycis blennioides).*
brotón *m.* Vástago o renuevo que sale del árbol. 2 *Guat.* Árbol cuyas ramas se reproducen al sembrarse porque no se secan. Son *brotones* el jocote, la ceiba, el copal, etc.
brótula *f.* Pez del mar de las Antillas, del cual hay varias especies *(Brotula barbata).*
browniano (de *Brown,* 1773-1858) *adj.* Relativo al movimiento que poseen las partículas microscópicas que están en suspensión en un líquido cualquiera.
broza (b. l. *brustia* o *bruscia*) *f.* Despojo de las plantas. 2 Desecho de cualquier cosa. 3 Maleza. 4 fig. Cosas inútiles que se hablan o escriben. 5 IMPR. Bruza.
brozador *m.* Bruzador.
brozar *tr.* IMPR. Bruzar. ◇ ** CONJUG. [4] como ***realizar.***
broznamente *adv. m.* Ásperamente, duramente.
brozno, -na (de una forma *brutinu,* der. del l. *brutu*) *adj.* Bronco. 2 fig. De ingenio rudo y pesado.
brozorola *f. C. Rica.* Sedimento.
brozoso, -sa *adj.* Que tiene o cría mucha broza.
brucelosis *f.* MED. Enfermedad infecciosa del ganado, que se transmite al hombre por la ingestión de sus productos, en especial los derivados lácteos.

SIN. **Fiebre de Malta.**

brucero *m.* El que tiene por oficio hacer o vender bruzas, cepillos, escobillas, etc.

SIN. **Pincelero.**

bruces (de *buces*) *loc. adv. A* o *de* ~, tendido con la boca hacia el suelo.

brucina *f.* Alcaloide blanco, cristalino y venenoso que se extrae de la nuez vómica y se usa en medicina.

brucita (del mineralogista *Bruce,* 1777-1818) *f.* Hidróxido de magnesio nativo.

bruco *m.* Lizarra.

brucú *adj. Cuba.* ant. [negro] Recién llegado de Guinea.

brugo (gr. *brouchos*) *m.* Larva de un lepidóptero que devora las hojas de la encina. 2 Larva de una especie de pulgón.

SIN. **Mida.**

bruguera *f.* Arbusto ericáceo erecto y ramificado, de flores de color rosa con la corola acampanada *(Erica multiflora).*

bruja (de *bruxa,* voz prerrom.) *f.* Lechuza. 2 Mujer que, según la superstición popular, tiene un poder sobrenatural o mágico emanado de un pacto con el diablo. 3 fig. Mujer fea y vieja. 4 Pez marino seláceo, de cuerpo alargado y de color gris rojizo *(Scymonodon ringens).* 5 Ermitaño (crustáceo). 6 Seta con el sombrero en principio convexo y después casi plano; el color pasa de blanco a pardo *(Inocybe patovillardii).* 7 *Logr.* Vilano. 8 *Cuba.* Mariposa grande, de color obscuro *(Erebus odora).* 9 *Cuba.* En las provincias orientales, persona que se disfraza de noche con un lienzo blanco. 10 *Cuba* y *Méj.* Arrancado, sin dinero: *estoy* ~. 11 *Méj.* Tejo (juego).

SIN. *2* v. **Hechicera.**

brujear *intr.* Hacer brujerías. -2 *tr. Venez.* Cazar [bestias salvajes].

brujería *f.* Superstición y engaños en que, según el vulgo, se ejercitan las brujas. 2 Cosa realizada con un poder sobrenatural maligno. 3 *P. Rico.* fest. Pobreza.

brujesco, -ca *adj.* Propio del brujo o de la brujería.

brujez *f. Méj.* fest. Pobreza.

brujidor *m.* Grujidor.

brujilla *f.* Planta propia de terrenos baldíos y húmedos, con tallo alto y flores plumosas de color amarillo limón *(Bidens pilosa).*

brujir *tr.* Grujir.

brujita *f. Cuba.* Nombre de tres plantas afines, una de flores amarillas, otra de flores blancas y otra de flores rosadas *(Sternbergia lutea; Zephyranthes tubispatha; rosea).*

brujo *m.* Hombre que, según la superstición popular, tiene un poder sobrenatural o mágico emanado de un pacto con el diablo.

SIN. v. **Hechicero.**

brújula (it. *bussola*) *f.* Caja de materia no magnética, con una aguja imanada en su centro, puesta en condiciones de girar libremente sobre un pivote o suspendida de un filamento sin torsión, cuyas extremidades se orientan hacia los polos magnéticos de la tierra: ~ ***de bolsillo,*** la que, encerrada en una caja semejante a la de un reloj puede llevarse con facilidad en el bolsillo; ~ ***de cuadrante,*** ASTRON., la del interior de un cuadrante solar que permite orientar el aparato cuando se desea conocer la hora; ~ ***de declinación,*** la que permite medir el ángulo de declinación magnética, marcado por la dirección de la aguja y el meridiano del lugar, ~ ***de eclímetro,*** TOPOGR., la de grandes dimensiones, provista de un anteojo con retículo móvil en un plano vertical sobre un limbo graduado fijado en la caja; ~ ***giroscópica,*** la que consta de un giroscopio de eje horizontal, cuyo bastidor puede girar en torno de la vertical, con lo que se orienta en el meridiano; ~ ***de inclinación,*** la que permite medir el ángulo de inclinación magnética, marcado por la dirección de la aguja y el horizonte. 2 p. ext. Aparato o instrumento de medida electromagnética cuyo órgano principal está constituido por un imán. 3 Agujerito por donde, recogiendo la vista, se mira mejor un objeto.

SIN. *1* **Saeta.** *2* **Compás.**

brujulear *tr.* En el juego de naipes, descubrir poco a poco [las cartas] para conocer por las rayas o pintas de qué palo son. 2 fig. Adivinar por indicios o conjeturas [algún suceso o negocio]. 3 fig. Vagar, errar. 4 fig. *y* fam. Buscar con diligencia y por varios caminos el logro de una pretensión. 5 *Colomb.* Activar una empresa, intrigar.

brujuleo *m.* Acción de brujulear.

brulote (fr. *brûlot*) *m.* Antig., barco cargado de materias inflamables para incendiar los buques enemigos. 2 *Argent.* y *Chile.* Dicho ofensivo, palabrota: *me dijo un* ~. 3 *R. de la Plata.* Escrito incendiario, atrozmente satírico.

bruma (l. *bruma;* contracción de *brevima,* día más corto) *f.* Niebla, esp. la que se forma sobre el mar.

SIN. v. **Niebla.**

brumador, -ra *adj.* Abrumador.

brumal *adj.* Relativo a la bruma.

brumamiento *m.* Acción de abrumar. 2 Efecto de abrumar.

brumar *tr.* Abrumar. 2 Quebrantar, golpear, moler a palos.

brumario *m.* Segundo mes del año según el calendario republicano francés.

brumazón *m.* Aum. de *bruma.* 2 Niebla espesa y grande.

SIN. v. **Niebla.**

brumo (de *grumo*) *m.* Cera blanca para dar el último baño a las hachas y cirios.

brumoso, -sa *adj.* Nebuloso.

brunela *f.* Hierba labiada, perenne, con hojas ovaladas, puntiagudas y flores violetas agrupadas en una cabezuela oblonga *(Prunella vulgaris).*

Brunilda *n. pr.* En los *Nibelungos,* reina guerrera a la cual vence Gunter con ayuda de Sigfrido.

I) bruno (l. *prunu*) *m.* Ciruela pequeña y muy negra. 2 Árbol que la da.

SIN. **Bruño.**

II) bruno, -na (germ. *brun*) *adj.* De color negro u obscuro. -2 *m. Hond.* Mono *(Cebus apella).*

brunsvigita *f.* Silicato del grupo de los filosilicatos, que cristaliza en el sistema monoclínico.

bruñidera *f.* Tabla para bruñir la cera. 2 *Amér. Central.* Molestia.

bruñido *m.* Bruñidura. -2 *adj.-s. Amér. Central.* [pers.] Que molesta.

bruñidor, -ra *adj.-s.* Que bruñe. -2 *m.* Instrumento para bruñir.

bruñidura *f.* Bruñimiento.

bruñimiento *m.* Acción de bruñir. 2 Efecto de bruñir.

bruñir (de *bruno* < *brun*) *tr.* Sacar lustre [a un metal, piedra, etc.]. 2 fig. Afeitar [el rostro] con ingredientes. 3 *Argent., C. Rica* y *Guat.* Amolar, fastidiar. ◇ ** CONJUG. [40] como ***muñir.***

bruño (l. *prunu*) *m.* Bruno.

brusca *f.* Planta leguminosa de Caracas; su raíz se usa en cocimiento como medicinal *(Cassia occidentalis).* 2 MAR. Ramaje que se usa para dar fuego exteriormente a los fondos de las embarcaciones, a fin de matar la broma. 3 MAR. Regla o medida de compás para el arqueo de baos, palos y vergas. 4 MAR. Medida que se toma en la orilla de la lona para determinar el corte diagonal de un paño de cuchillo. 5 *Cuba* y *P. Rico.* Chamarasca, leña menuda.

bruscadera *f.* MAR. Horquilla de mango largo con que se enganchan los haces de brusca (ramaje) para dar fuego a las embarcaciones.

bruscamente *adv. m.* De manera brusca.

brusco, -ca (de una voz *bruscu,* rudo, de orig. indoeuropeo) *adj.* Áspero, desapacible: *un carácter* ~. 2 Súbito, repentino: *interrupción brusca del comercio; parada brusca de un motor.* -3 *m.* Arbusto liliáceo denso y de color verde obscuro, con cladodios ovales y rígidos con aspecto de hojas y terminados en una espina; en el centro de éstos salen las flores blanquecinas o verdosas. El fruto es una baya globular y roja *(Ruscus aculeatus).* 4 Lo que se desperdicia en las cosechas por muy menudo.

SIN. *3* **Jusbarba, rusco.**

brusela *f.* Hierba doncella.

bruselas (probl. de *Bruselas,* c. de Bélgica) *f. pl.* Pinzas anchas que usan los plateros para arrancar los pallones que quedan en las copelas.

bruselense *adj.-com.* De Bruselas, capital de Bélgica.

brusquedad *f.* Calidad de brusco. 2 Acción o procedimiento brusco.

brusquero *m. Ecuad.* Aglomeración intrincada de monte. 2 *P. Rico.* Brusca (leña menuda).

brusquilla *f. R. de la Plata.* Chamarasca.

brusulaca *f. Pan.* Broza.

brutal *adj.* Que imita o semeja a los brutos. 2 fig. Enorme, colosal. 3 fig. Magnífico, maravilloso. -4 *m.* Bruto.

SIN. *1* Modernamente, en la lengua hablada, se añade a muchos substantivos con carácter intensivo general y adquiere los más variados matices: *una velocidad* ~; *una comida* ~ [de buena]; *una mujer* ~ [de hermosa]; *un salón* ~ [de grande, lujoso], etc. Es el mismo sentido intensivo, de aplicación muy vasta, que en nuestros días tienen también los adj. **bestial, colosal, formidable, enorme, estupendo** y otros.

brutalidad *f.* Calidad de bruto. 2 Falta de razón o excesivo de-

sorden de los afectos y pasiones. 3 fig. Acción torpe o cruel. 4 fam. Gran cantidad, exceso, enormidad: *comieron una ~ de fruta.*
brutalizar *tr.* Tratar brutalmente, maltratar [a alguien]. ◇ ** CONJUG. [4] como ***realizar.***
brutalmente *adv. m.* Con brutalidad.
brutear *intr. Argent.* Disparatar. 2 *Guat.* Tratar de bruta a una persona.
brutesco, -ca *adj.* Grutesco.
bruteza *f.* Brutalidad (calidad de bruto). 2 Falta de pulimento o de artificio.
bruto, -ta (l. *-tu*) *adj.-s.* Necio o que obra como tal, incapaz. -2 *adj.* Vicioso, torpe, desenfrenado. 3 Tosco y sin pulimento. -4 *loc. adv. En ~*, sin labrar. -5 *m.* Animal irracional, esp. cuadrúpedo. -6 *adj. Chile.* [gallo] Originario del país en contraposición al de raza inglesa, y, en gral., [animal] de raza inferior, [cosa] inanimado.
bruxismo *m.* MED. Rechinamiento de dientes involuntario, resultado de un estado de tensión emotiva.
bruza (del fr. dial. *brusse,* var. del fr. *brosse) f.* Cepillo redondo, de cerdas muy espesas y fuertes, para limpiar caballerías, moldes de imprenta, etc.
bruzador *m.* IMPR. Tablero inclinado para limpiar las formas con la bruza. ◇ También *brozador.*
bruzar *tr.* Limpiar [una cosa] con la bruza. ◇ ** CONJUG. [4] como ***realizar.*** ◇ También ***brozar.***
bu *m.* fam. Fantasma imaginario con que se asusta a los niños:*¡qué viene el ~!* 2 *Logr.* Búho. ◇ Pl.: *búes.*
SIN. *1* **Cancón, coco.**
búa *f.* Postilla o tumorcillo. -2 *f. pl.* Bubas.
buarillo *m.* Buharro.
buaro *m.* Buharro.
búbalo, -la (l. *-lu*) *m. f.* Rumiante bóvido, especie de antílope de gran tamaño, propio de la Arabia y el N. de África *(Bubalus buselaphus).*
bubas *f. pl.* Tumores blandos que se presentan de ordinario en la región inguinal y a veces en las axilas y en el cuello.
SIN. **Incordio.**
bubático, -ca *adj.* Relativo a las bubas. 2 Buboso.
bubí *m.* Negro indígena de Fernando Poo. ◇ Pl.: *bubíes.*
bubilla *f. Ál., Ast., León* y *Logr.* Abubilla.
bubina *f. León.* Abubilla.
bubo *m. Murc.* Bu (fantasma).
bubón (gr. *boubón*) *m.* Tumor purulento y voluminoso. -2 *m. pl.* Bubas.
bubónico, -ca *adj.* Relativo al bubón. 2 Que se manifiesta con bubones: *peste bubónica.*
buboso, -sa *adj.-s.* Que padece de bubas.
bubulilla *f. Burg.* Abubilla.
bucal (l. *bucca*) *adj.* Relativo a la boca.
SIN. **Estomático** TECNIC.
bucanero (fr. *boucanier < boucaner,* ahumar carne) *m.* Corsario y filibustero que en los siglos XVII y XVIII saqueaba los dominios españoles de ultramar.
búcara *f. S. Dom.* Lugar de piedras calientes, en la costa, en donde apenas hay tierra.
bucaral *m. Ant.* y *Venez.* Sitio plantado de bucares.
bucare *m. Ant.* y *Venez.* Árbol leguminoso que sirve para dar sombra al café y al cacao *(gén. Erythtina).*
búcare *m.* En algunos países de América, bucare.
búcaro (del l. *poculu,* copa; a través del moz.) *m.* Arcilla olorosa que solían mascar las mujeres. 2 Vasija hecha con esta arcilla. 3 Florero, recipiente para poner flores. 4 *And.* Botijo. 5 *Hond.* Especie de lirio.
buceador, -ra *adj.-s.* Que bucea. 2 [pers.] Que practica el submarinismo.
SIN. *2* v. **Submarinista.**
bucear (de *buzo*) *intr.* Nadar o mantenerse debajo del agua, conteniendo el resuello. 2 Trabajar como buzo. 3 fig. Explorar acerca de algún asunto: *~ en la burocracia.*
SIN. *1* y *2* **Somorgujar.**
bucéfalo (de *Bucéfalo,* el caballo de Alejandro Magno) *m.* fig. Hombre rudo y estúpido.
bucentauro *m.* MIT. Especie de centauro que tenía el cuerpo de toro.
buceo *m.* Acción de bucear.
bucero, -ra *adj.-s.* Sabueso de hocico negro.
buces (de *buz,* labio; relacionado con *bozo*) *loc. adv. De ~*, de bruces.
buchada *f.* Bocanada.
I) buche (voz descriptiva) *m.* Ensanchamiento que presenta el esófago de las aves donde los alimentos son almacenados antes de pasar a la molleja. 2 En algunos cuadrúpedos, estómago. 3 fam. Estómago del hombre. 4 fig. Pecho, o lugar en que se finge que se guardan los secretos. 5 Porción de líquido que cabe en la boca. 6 Bolsa (arruga). 7 Una de las redes que forman la almadraba. 8 *Ecuad.* Sombrero de copa. 9 *Méj.* Bocio, papera. 10 *~ y pluma, Ant.,* buchipluma.
SIN. *1* **Papo.** *5* **Buchada, bocanada, sorbo.**
II) buche *m.* Borrico que aún mama. 2 Golfo, pillete.
buchería *f. Cuba.* Dicho o hecho de algún buche o golfo.
buchero *m. Venez.* Cosa o palabra que se saca de alguien a pesar suyo.
buchete *m.* Mejilla inflada.
buchí *com.* desp. Individuo rústico, basto, palurdo. ◇ Pl.: *buchíes.*
buchinche *m.* Zaquizamí, cuchitril. 2 *Can.* y *Cuba.* Cafetín o taberna.
buchipluma *adj.-s. Ant.* desp. Persona que promete y no cumple o de quien se las echa de algo sin poder hacerlo. 2 *Ant.* Dicho o hecho sin valor o sin substancia.
buchón, -chona *adj.* [palomo o paloma doméstica] Que infla el buche desmesuradamente. 2 *Cuba.* Bonachón. 3 *Venez.* [hombre] De gran capital, esp. adquirido por medios ilícitos en las esferas gubernamentales.
bucinador (del l. *bucca*) *adj.-m.* Músculo de la cara que sirve para hinchar los carrillos y soplar.
bucino *m.* Molusco gasterópodo marino, cuya concha, arrollada en una helicoidal, alcanza más de 8 cms. de altura *(Buccinum undatum).*
bucle (fr. *boucle <* l. *buccula,* boquita) *m.* Rizo de cabello en forma helicoidal. 2 INFORM. Conjunto de instrucciones cuya ejecución se repite hasta que una determinada condición de salida se vea satisfecha.
I) buco (b. l. *buccu*) *m.* Cabrón.
II) buco (l. *bucca,* boca) *m.* H. NAT. Abertura o agujero.
III) buco *m. Amér. Central.* Bola, mentira.
I) bucólica *f.* Género de poesía en que el autor expone asuntos pastoriles o campestres
REL. La **égloga** es poesía bucólica dialogada.
II) bucólica (l. *bucca,* boca) *f.* burl. Comida (alimento). 2 *Colomb.* fam. Hambre.
bucólico, -ca (l. *-cu <* gr. *boukolikós < boukolos,* boyero) *adj.* Perteneciente o relativo a la poesía bucólica. -3 *adj.-s.* Poeta que cultiva la poesía bucólica.
SIN. **Pastoril, pastoral.**
bucolismo *m.* Afición a la poesía bucólica; modo de entenderla o escribirla.
bucráneo *m.* Ornamentación que usaban los romanos en frisos, altares, candelabros, etc., consistente en una craneo de buey de cuyos cuernos pendían guirnaldas.
bucul *m. Guat.* Jícara grande y de forma casi esférica, hecha del fruto del jícaro.
bucurú *m. Amér. Central.* Maleficio.
buda (de origen hispano o africano) *f.* Espadaña de agua o anea.
budare *m. Colomb.* y *Venez.* Plato para cocer el pan de maíz.
SIN. **Callana.**
búdico, -ca *adj.* Relativo al budismo.
budín (ing. *pudding*) *m.* Plato de dulce que se prepara con bizcocho o pan deshecho en leche, azúcar y frutas secas. 2 p. ext. Plato de consistencia pastosa, confeccionado con molde, cuyos ingredientes son carne, pescado, arroz, etc.
budinera *f.* Cazuela en que se hace el budín.
budión *m.* Gallerbo.
SIN. **Baboso, doncella, gallito del rey.**
budismo *m.* Religión fundamentada por Buda en el siglo VI a. C. y muy extendida por el Asia central y oriental. Gira esencialmente en torno al problema del dolor humano y reconoce como fin supremo la consecución del nirvana, estado de redención caracterizado por la ausencia de todo deseo y dolor. Esta incorporación del individuo en la esencia divina sólo se consigue aniquilando con una vida de pureza absoluta y de severa disciplina moral la sed de placeres y el deseo de vivir, manifestaciones del instinto individualista en el que tienen su raíz las reencarnaciones que encadenan al hombre a la vida.
budista *adj.* Relativo al budismo. -2 *com.* Persona que profesa el budismo.

buega (vasc.) *f. Ar.* Mojón (hito).
buen *adj.* Apóc. de *bueno.* 2 ***De ~ ver, loc. adv.***, con buena apariencia.
buenaboya (it. *bonavoglia,* buena voluntad) *f.* Bagarino.
buenamente *adv. m.* Fácilmente, sin mucha fatiga. 2 Voluntariamente.
buenamoza *f. Colomb.* Hepatitis, ictericia.
buenandanza *f.* Bienandanza.
buenas-noches *m. Urug.* fam. Sujeto que está a obscuras en algún asunto. ◇ Pl.: *buenas-noches.*
buenastardes *f. Cuba.* Planta cuya flor se aviva a la salida del sol y se marchita al anochecer. 2 *Amér.* Dondiego, planta cuyas flores se abren al atardecer *(Mirabilis jalapa).* ◇ Pl.: *buenastardes.*
buenaventura *f.* Buena suerte. 2 Adivinación supersticiosa que hacen las gitanas.
buenazo, -za *adj.* fam. Bonazo. 2 Bonachón. 3 fam. Persona pacífica o de buen natural.
buenísimo, -ma *adj.* fam. Bonísimo.
bueno, -na (l. *bonu*) *adj.* Que posee bondad o bien moral: *un hombre ~.* 2 p. ext. Que posee bondad lógica o estética: ***un buen razonamiento,*** exacto, verdadero; ***una buena cara,*** hermosa, linda. 3 p. ext. Que posee un cualidad favorable o grata a nuestro punto de vista: ***un buen trozo de pan,*** tamaño; ***comida buena,*** sabor; buena tela, calidad; ***buen marino,*** aptitud. 4 Gustoso, apetecible, divertido. 5 Sano. -6 ***loc. conj. advers.*** o ***conces. ~ que:*** *~ que me engañes una vez, pero no tantas.*
GRAM. *Ús.* buen precediendo inmediatamente a un substantivo, como *~* ***hombre,*** o a un verbo en presente de infinitivo, como *~* ***andar.*** En cambio se dice *el bueno de Juan.* FRS. *a buenas* o *por las buenas,* de grado, voluntariamente; *estar de buenas,* de buen humor, bien dispuesto; *de buenas a primeras,* súbitamente; *¡a dónde ~?* o *¡de dónde ~?,* recibimiento cariñoso que hacemos a una persona; *¡buenas!* fórmula de saludo; *¡buenas y gordas!* expresión desdeñosa.
¡bueno! Interjección con que se denota aprobación, sorpresa, mandato, según el tono con que se pronuncia.
Bueno (Don ~) ***n. pr.*** Persona que en el Romancero aparece siempre en situaciones ridículas y estrafalarias. Se le cita mucho en los clásicos.
I) buey (l. *bove*) *m.* Toro castrado. 2 *~* ***de cabestrillo*** o ***de caza,*** armazón pintado dentro del que se mete el cazador para tirar desde allí a la caza. 3 Crustáceo decápodo braquiuro, provisto de un caparazón oval ligeramente granulado, y de cinco pares de patas, acabando el primer par en unas potentes y robustas pinzas *(Cancer pagurus).* 4 *Méj.* fig. Cornudo, marido ultrajado. 5 *P. Rico.* Gran cantidad de dinero: *ganarse uno un ~.* 6 *R. de la Plata.* Individuo entremetido y tronera.
REL. Onomat. de su voz, **mu;** subst. **mugido;** vb. **mugir;** manada de bueyes, **boyada;** pastor o conductor, **boyero, boyerizo;** establo, **boyera, boyeriza,** ant. **bostar;** relativo al *~, adjs.* **bueyuno, boyuno, boyal, bovino** (culto).
II) buey (*~ de agua*) Medida hidráulica. 2 Golpe o caudal muy grueso de agua que sale por un encañado, canal o nacimiento. 3 MAR. Golpe de mar que entra por una porta.
bueyada *f. Cuba, Chile* y *P. Rico.* Boyada.
bueyero *m.* Boyero.
bueyuno, -na *adj.* Bovino.
¡buf! *Chile.* Interjección ¡puf!
bufa (it. *buffa*) *f.* Burla, bufanda. 2 *Murc.* Vejiga. 3 *Logr.* Ventosidad silenciosa. 4 *Cuba.* Borrachera.
bufadero *m. Can.* Agujero natural hecho en las rocas por la erosión del mar, por el que penetra el agua como bufando.
bufado, -da *adj.* [vidrio] Soplado. 2 *And.* y *Murc.* Hinchado, muy hueco.
bufalaga *f.* Arbusto timeleáceo, denso y piloso, con las hojas estrechas, y flores de color amarillo verdoso *(Thymelaea tinctoria).* 2 *~* ***marina,*** arbusto muy ramificado con las hojas gruesas y pequeñas, en forma de escamas *(Thymelaea hirsuta).*
bufalino, -na *adj.* Relativo al búfalo.
búfalo (l. v. *bufalu,* der. del l. *bubalu*) *m.* Mamífero rumiante bóvido, mayor que el buey, de cuernos largos, encorvados y anchos en su raíz *(Bubalus bubalus).* 2 Bisonte de América.
bufanda (de la onomat. *buf,* soplar; a través del fr. ant. *bouffante*) *f.* Pieza de tela bastante más larga que ancha, con que se abriga el cuello y a veces la boca. 2 Entre funcionarios públicos, gaje, gratificación extra.
SIN. *1* **Tapaboca, tapabocas.**
búfano, -na *adj. Cuba* y *Venez.* Fofo, sin consistencia.
bufar (de *buf,* onomat. de soplar) ***intr.*** Resoplar con ira y furor el toro, y, p. ext., los otros animales. 2 fig. Manifestar el hombre su enojo de un modo análogo: *~* ***de coraje.*** -3 ***prnl.*** *And., La Mancha* y *Méj.* Emborracharse. 4 *Méj.* Ahuecarse una pared, arrugarse o abolsarse una superficie chapeada.
bufé (fr. *buffet*) *m.* Comida, compuesta de manjares calientes y fríos, con que se cubre de una vez la mesa. 2 Local donde se sirven y consumen estos manjares. 3 Aparador. 4 *Chile.* Ambigú, comida nocturna. 5 *Méj.* Mesa de fiambres, dulces pasteles, etc., que se sirve en los bailes. 6 *Venez.* Convite, banquete.
bufeadero *m. S. Dom.* Gruta marina en la costa.
bufeo *m. Amér.* Pez marino que se encuentra en las barras, y aun algo arriba de los ríos *(gén. Inia).*
bufete (fr. *buffet,* aparador) *m.* Mesa de escribir, con cajones. 2 fig. Despacho de un abogado. 3 fig. ***Abrir ~,*** empezar a ejercer la abogacía. 4 *Nicar.* Mueble para guardar trastos de cocina.
buffet *m.* Bufé.
bufido *m.* Voz del animal que bufa. 2 fig. Expresión de enojo o enfado.
SIN. *1* **Rebufe,** bufido del toro. *2* **Sofión.**
bufo, -fa (it. *buffo*) *adj.* Cómico, que raya en grotesco y burdo: *ópera bufa.* 2 Bufón (chocarrero). -3 ***m. f.*** Persona que hace el papel de gracioso en la ópera italiana.
I) bufón *m.* Buhonero.
II) bufón, -fona (it. *buffone*) *adj.* Chocarrero. -2 ***m. f.*** Truhán que se ocupa en hacer reír.
SIN. **Albardán** (ant.).
bufonada *f.* Dicho o hecho propio de bufón. 2 Chanza satírica.
bufonearse *prnl.* Burlarse, decir bufonadas.
bufonería *f.* Bufonada.
bufonesco, -ca *adj.* Bufo, chocarrero.
bufonizar *intr.* Decir bufonadas. ◇ ** CONJUG. [4] como ***realizar.***
bugalla (por *bullaga;* probl. del célt. *bullaka,* pústula) *f.* Agalla de ciertos árboles que sirve para hacer tintes o tinta.
buganvilla *f.* BOT. Arbusto trepador, de flores rojas o purpúreas, oriundo del Brasil, de la familia de las nictagináceas. El nombre también se aplica a otras especies ornamentales del mismo género *(Bougainvillea spectabilis).*
bugle (ingl. fr. < l. *buculu,* cuerpo) *m.* MÚS. Instrumento de viento, con llaves o pistones, usado esp. en las bandas.
buglosa (l. *buglossa* < *bouglosson,* gr.) *f.* BOT. Lengua de buey.
bugui-bugui (*boogie-woogie*) *m.* Baile norteamericano de movimiento muy rápido. 2 Música, derivada del jazz, con que se acompaña este baile.
búgula *f.* Pinillo, planta labiada.
buharda, -dilla (de *buhar,* salir el humo; var. de *bufar,* soplar) *f.* Ventana que sobresale verticalmente en el tejado de una casa, para dar luz a los desvanes o salir a los tejados. 2 Desván.
SIN. **Bohardilla, boardilla, guardilla.**
buharro *m.* Ave rapaz estrigiforme, parecida al búho, pero más pequeña *(Otus scops).*
SIN. **Buaro, corneja.**
buhedera *f.* Tronera, agujero.
buhedo *m.* Bodón.
buhío *m.* Bohío.
búho (l. v. *bufo,* der. del l. *bubo*) *m.* Ave rapaz estrigiforme, la mayor de las de su orden, de vuelo pausado y silencioso, que habita en parajes inaccesibles *(Bubo bubo).* 2 fig. Persona huraña.
buhonería *f.* Baratijas que llevan algunos vendedores ambulantes en un cesto o en una tienda portátil. -2 ***f. pl.*** Objetos de buhonería.
buhonero (del ant. *buhón,* der. de la onomat. *buf,* soplar) *m.* El que tiene por oficio llevar o vender cosas de buhonería.
SIN. **Gorgotero, mercachifle.**
buido, -da (l. v. **vocitu;* por *vacitu* < *vacuu,* vacío) *adj.* Aguzado, afilado. 2 Acanalado o con estrías.
buitre (l. *vulture*) *m.* Ave rapaz falconiforme, de cuerpo grueso, que vive en sociedad y se alimenta principalmente de animales muertos *(Gyps fulvus):* ***gran ~ de las Indias,*** cóndor. 2 fig. y fam. Aprovechado, egoísta.
buitreada *f. Chile.* Vomitona.
buitrear *intr. Chile.* Cazar buitres. 2 *Chile.* Vomitar.
buitrera *f.* Lugar en que los cazadores ponen el cebo al buitre.
buitrero, -ra *adj.* Relativo al buitre. -2 *m.* Cazador de buitres. 3 El que pone el cebo en las buitreras.
buitrino *m.* desus. Buitrón (red).
buitrón *m.* Arte de pesca en forma de cono prolongado cuya boca está cerrada por otro más corto, dirigido hacia adentro y

abierto por el vértice. 2 Red para cazar perdices. 3 Agujero que los ladrones hacen en techos o paredes para robar. 4 En los hornos metalúrgicos, cenicero del hogar. 5 Ave paseriforme insectívora, de plumaje pardo obscuro densamente listado, blancuzco por el vientre, y cola corta y redondeada, que vive en marismas y vegas *(Cisticola juncidis).* 6 Artificio formado con setos de estacas, el cual, estrechándose, remata en una hoya, para que, acosada con el ojeo, la caza venga a caer en ella. 7 *Amér.* Horno de manga para fundir minerales argentíferos. 8 *Amér.* Era honda y solada donde se benefician los minerales argentíferos, mezclándolos con azogue y magistral. 9 *Perú.* Lugar plano y soleado para secar coca.
SIN. *1* **Butrino, butrón, carriego.**

buja *f. Méj.* Buje.
bujalazor *m.* p. us. Bujarasol.
bujarasol *adj.-m.* Variedad de higo de carne colorada que se cría en Murcia.
bujarda *f.* Martillo de dos bocas cuadradas cubiertas de dientes, usado en cantería.
bujarrón *adj.-m.* vulg. Homosexual masculino.
buje *m.* Pieza cilíndrica de metal que guarnece interiormente el cubo de las ruedas de los carruajes.
bujeba *com.* Negro indígena de Guinea Ecuatorial continental.
bujeda *f.* Bojedal.
bujedal *m.* Bujeda.
bujedo *m.* Bujeda.
bujería *f.* Baratija, chuchería.
bujero *m.* vulg. Agujero.
bujeta (b. l. *buxida*) *f.* Caja de madera. 2 Pomo para perfumes. 3 Cajita en que se guarda este pomo. 4 Sarcófago o cofre utilizado en ocasiones como motivo decorativo.
SIN. *2* y *3* **Poma.**
bujía (ár. *bucheya,* de Bujía en África) *f.* Vela de cera blanca o estearina. 2 Candelero en que se pone. 3 Unidad de intensidad luminosa equivalente a la vigésima parte de la luz emitida por un centímetro cuadrado de platino a la temperatura de fusión. 4 En los motores de explosión, el dispositivo donde salta la chispa eléctrica que inflama la mezcla explosiva comprimida. 5 Crustáceo decápodo macruro, marino, de 15 cms. de largo, de ojos prominentes, dos pares de antenas, y color pardo rojizo *(Scyllarus arctus).*
SIN. *1* V. **Vela.**
bujier *m.* Jefe de la bujiería.
bujiería *f.* Cerería.
bukidnon, -na *adj.-s.* De Bukidnon, provincia de Filipinas, en la isla de Mindanao.
bukidnonense *adj.-s.* [pers.] Bukidnon.
bula (l. *bulla*) *f.* Bola de metal que los hijos de los patricios romanos llevaban al cuello como distintivo hasta que vestían la toga viril. 2 Bola de plomo que se añadía al sello de algunos documentos; p. ext., este mismo sello. 3 Sello de plomo que va pendiente de ciertos documentos pontificios. 4 Decreto, ordenanza o privilegio acompañado del sello de su nombre. 5 Documento pontificio relativo a materia de fe o de interés general, concesión de privilegios, etc., expedido por la cancillería apostólica y autorizado con el sello de su nombre: ~ ***de la Cruzada*** o ***de la Santa Cruzada,*** aquella en que los papas concedían indulgencias a los que iban a la guerra contra infieles o contribuían con limosnas a los gastos de la misma; la que concede estas indulgencias a los fieles de España que contribuyan con la limosna determinada en ella. 6 Sumario de la misma bula que se reparte impreso. 7 Cabeza de clavo ornamentada con relieves
SIN. *5* **Constitución pontificia.**
bulaqueño, -ña *adj.-s.* De Bulacán, provincia de Filipinas, en la isla de Luzón.
bulárcama *f.* MAR. Sobreplán.
bulario *m.* Colección de bulas.
bulbar *adj.* Relativo al bulbo.
bulbicultura (*bulbi-* + *-cultura*) *f.* Rama de la floricultura relativa al cultivo de plantas bulbosas con flor.
bulbífero, -ra (*bulbi-* + *-fero*) *adj.* BOT. [planta] Que tiene en el tallo bulbos en lugar de brotes ordinarios.
bulbo-, bulbi- (l. *bulbus,* bulbo) Elemento prefijal que entra en la formación de palabras con el significado de bulbo: *bulbostilo, bulbífero.*
bulbo (l. *-bu*) *m.* Órgano vegetal, gralte. subterráneo, formado por una yema o brote en cuyas hojas se acumulan substancias de reserva; como la cebolla. 2 Tubérculo (rizoma) de apariencia de bulbo; como el de la dalia. 3 ANAT. Expansión o protuberancia redondeada que presentan ciertos órganos o partes de ellos: ~ ***dentario,*** parte blanda en el interior de los dientes; ~ ***piloso,*** la porción más abultada de la raíz del pelo; ~ ***raquídeo,*** protuberancia de la extremidad superior de la médula espinal.
SIN. *1* Es nombre botánico; ordinariamente se dice **cebolla.**
bulboso, -sa *adj.* BOT. Que tiene bulbos. 2 Que tiene forma de bulbo.
bulbostilo (*bulbo-* + *-stilo*) *m.* Planta herbácea anual, de hojas basilares, estrechas y pubescentes, inflorescencias en umbela y fruto ovoide en aquenio *(gén. Bulbostylis).*
bulbul *m.* Ruiseñor.
buldó *m.* Flotador esférico de plástico o goma, susceptible de ser lastrado con agua y que facilita el lanzamiento en la pesca con mosca ahogada.
buldog (ingl. *bulldog*) *adj.-m.* V. perro ~.
bule *m. Méj.* Calabaza que se llama también guaje. 2 *Méj.* Vasija hecha con el epicarpo de esta calabaza.
bulerías *f. pl.* Modalidad de baile flamenco en compás de tres tiempos, de movimiento vivo, acompañado de palmas. 2 Música y canto de este baile.
bulero *m.* Persona comisionada para distribuir las bulas de la Santa Cruzada y recaudar su limosna.
buleto (de *bula*) *m.* Breve (documento pontificio).
bulevar (fr. *boulevard*) *m.* Paseo público con andén central. ◇ Pl.: *bulevares.*
búlgaro, -ra *adj.-s.* De Bulgaria, nación del sudeste de Europa. -2 *adj.-m.* Lengua perteneciente al grupo eslavo meridional, idioma oficial de Bulgaria y hablada en algunas zonas de Rumanía.
bulí *m. Amér.* Burí.
búlico, -ca *adj. Amér.* [ave galliforme] De color amarillo con pintas blancas.
bulimia (gr. *boulimia,* de *bous,* buey, *limós,* hambre) *f.* MED. Hambre canina.
bulímico, -ca *adj.* Relativo a la bulimia. -2 *adj.-s.* Que la padece.
bulín (voz lunfarda) *m. Argent.* Departamento bien amueblado.
bulina *f. Méj.* Tarta, pasta de fríjol.
bulinche *m. Amér. Central.* Boliche.
búlique *adj. Hond.* [gallo] Cuyo plumaje semeja el agrupamiento de pequeñas manchas cenicientas y de otro color.
Bull (John ~) *n. pr.* Personificación de los ingleses y de Inglaterra.
bulla (de *bullir*) *f.* Gritería o ruido de personas. 2 Concurrencia de mucha gente. 3 fig. Prisa. 4 *P. Rico.* Pelea, discusión.
SIN. *1* y *2* **Trulla.**
bulla-bulla *m. Pan.* Hombre bullanguero.
bullado, -da *adj. Amér.* Ruidoso, sonado.
bullaje *m.* Concurso y confusión de mucha gente.
bullanga *f.* Tumulto, rebullicio.
bullanguería *f. Chile.* Bullanga.
bullanguero, -ra *adj.-s.* Alborotador, amigo de bullangas.
bullaranga *f. Amér.* Bulla, bullanga.
bullarengue *m.* Prenda que se coloca bajo la falda para abultarla por detrás. 2 *Cuba.* Cosa fingida y postiza. 3 *Pan.* Baile relajado y movido.
bulldozer (voz inglesa) *m.* Máquina automóvil de orugas, movida por un motor potente y provista de una pala frontal con la que se efectúan trabajos de desmonte y nivelación de terrenos.
bullebulle *com.* fam. Persona inquieta y entremetida.
bullente *adj.* Que bulle.
bullero, -ra *adj. Amér.* Bullicioso.
bulliciciero, -ra *adj. Amér.* Bullicioso.
bullicio *m.* Ruido y rumor que causa la mucha gente. 2 Alboroto, tumulto.
SIN. Serie intensiva: **Bulla, bullicio, rebullicio.**
bulliciosamente *adv. m.* De modo bullicioso.
bullicioso, -sa *adj.* Que produce bullicio. 2 [lugar] En que hay bullicio. 3 Inquieto, desasosegado. -4 *adj.-s.* Sedicioso, alborotador.
bullidor, -ra *adj.* Que bulle o se mueve con viveza.
bullir (l. *-ire*) *intr.* Hervir el agua u otro líquido; en gral., agitarse una cosa con movimiento parecido al del agua que hierve. 2 fig. Moverse, agitarse muchos animales reunidos: ~ *de gusanos;* ~ *de ranas.* 3 Moverse, agitarse una persona con viveza excesiva; ocuparse en muchas cosas: *fulano bullía más de lo necesario.* 4 Darse una cosa con frecuencia y abundancia: ~ *los*

pensamientos, la risa, las asonadas. -5 ***intr.-prnl.*** Moverse como dando señales de vida; en gral., moverse: *no osaba bullirse.* -6 ***tr.*** fig. Mover, menear: *Don Quijote no bullía pie ni mano.* ◇ ** CONJUG. [41] como ***mullir.***
SIN. *2* **Hormiguear, gusanear.**
I) bullón ***m.*** Tinte hirviente en la caldera.
II) bullón (l. *bulla,* bola) ***m.*** Pieza de metal en figura de cabeza de clavo, para guarnecer las cubiertas de los libros grandes. 2 Bollo (drapeado). 3 Especie de cuchillo antiguo.
bullonismo ***m.*** ECON. Sistema monetario en el cual el papel moneda está respaldado por un encaje metálico.
bulloso, -sa ***adj.*** *Ecuad.* Bullicioso.
bulo (de *bulla,* bola) ***m.*** Rumor público falso, mentira que corre de boca en boca.
SIN. V . **Mentira.**
bulterrier ***m.*** En Inglaterra, nombre de un perro cazador de ratones.
bulto (l. *vultu,* figura) ***m.*** Volumen o tamaño de cualquier cosa. 2 Busto o estatua: ~ ***redondo,*** el aislado y por tanto visible por todo su contorno. 3 Fardo, maleta, caja, etc. 4 Elevación causada por cualquier hinchazón. 5 Cuerpo del que sólo se percibe confusamente la forma. 6 Almohada, colchoncillo. 7 ***Escurrir el ~,*** eludir un riesgo o un compromiso. 8 *Amér.* Cartapacio, bolsa que usan esp. los estudiantes para llevar libros, plumas, etc. *A* ~, por aproximación, sin examinar bien las cosas. ***De ~,*** de importancia.
bululú (probl. voz descriptiva) ***m.*** ant. Cómico que representaba él solo una obra, fingiendo la voz de cada personaje. 2 *P. Rico* y *Venez.* vulg. Alboroto. 3 *S. Dom.* Dólar, peso. ◇ Pl.: *bululúes.*
bumangués, -guesa ***adj.-s.*** De Bucaramanga, capital del departamento colombiano de Santander.
bumerán, bumerang (ing. *boomerang* < australiano *bumarin* o *womurrang*) ***m.*** Arma arrojadiza peculiar que, tomando dirección hacia atrás, vuelve al lugar de donde ha sido arrojada. 2 fig. Acto de hostilidad que daña a su propio autor.
I) buna ***f.*** *Colomb.* Hormiga de picadura irritante.
II) buna (de *butadieno* + *Na,* símbolo del sodio) ***f.*** QUÍM. Caucho sintético obtenido por polimerización del butadieno con sodio. La producción y vulcanización se realiza como el caucho ordinario. Se usa esp. para neumáticos.
bunde ***m.*** *Colomb.* Aprieto, lío, atafago. 2 *Colomb.* Canto campesino de música especial.
bundear ***intr.*** *Colomb.* Trabajar sin lograr mayor provecho. 2 *Colomb.* Vagabundear.
-bundo (l. *-bundu*) Sufijo que forma adjetivos o nombres cultos derivados de verbos expresando intensidad o duración: *tremebundo, vagabundo, meditabundo.*
bunga ***f.*** *Cuba.* Orquesta de muy pocos instrumentos. 2 *Cuba.* Mentira, engaño.
bungalow (ingl.) ***m.*** Casa pequeña, de un solo piso y con un portal, corredor o galería, en el frente o alrededor.
buniatal ***m.*** Terreno plantado de boniatos.
buniatillo ***m.*** *Cuba.* Dulce de boniato.
buniato ***m.*** Boniato.
bunio (l. *bunion*) ***m.*** Nabo que se deja crecer para simiente.
búnker (voz alemana) ***m.*** Refugio subterráneo para defenderse de los bombardeos. 2 fig. Conjunto muy cerrado de personas. 3 DEP. En el juego del golf, fosa con arena que, como obstáculo artificial, dificulta el recorrido del jugador. 4 POL. fig. Extrema derecha.
bunsen ***m.*** QUÍM. Mechero utilizado en el laboratorio, que permite obtener una llama obscura y de gran poder calorífico, por la mezcla, antes de la ignición, del aire y gas combustible.
buñolada ***f.*** Conjunto de buñuelos que se fríen de una vez. 2 fig. Fiesta en la que comen buñuelos.
buñolería ***f.*** Establecimiento en que se hacen y venden buñuelos.
buñolero, -ra ***m. f.*** Persona que tiene por oficio hacer o vender buñuelos. -2 ***m.*** TAUROM. fam. El que abre la puerta del toril.
buñuelo (celt. *buña,* abolladura, protuberancia) ***m.*** Fruta de sartén hecha de masa de harina bien batida y frita en aceite. 2 fig. Cosa hecha mal y atropelladamente.
bupresto ***m.*** Insecto coleóptero, de cabeza pequeña, patas y antenas cortas y cuerpo prolongado *(gén. Buprestis).*
buque (del germ. *buk,* vientre) ***m.*** Casco del barco. 2 Barco con cubierta, adecuado para navegaciones de importancia: ~ ***de cruz,*** el de velas cuadradas, cuyas vergas se cruzan sobre los palos; ~ ***de guerra,*** el del Estado, construido y armado para usos militares; ~ ***escuela,*** el de la marina de guerra en que completan su instrucción los guardias marinas; ~ ***factoría,*** el que lleva a bordo las instalaciones para transformar las capturas de una flotilla pesquera; ~ ***de vapor,*** el que se mueve a impulso de una o más máquinas de vapor; ~ ***mercante,*** el que sirve para transportar pasajeros y mercancías; ~ ***submarino,*** el que puede navegar dentro del agua. 3 desus. Cabida (capacidad). 4 *C. Rica.* Marco de la puerta.
buqué (fr. *bouquet*) ***m.*** Aroma o sabor particular de un vino o licor.
buquenque (de *buscar*) ***com.*** *Cuba.* Alcahuete.
buquí ***m.*** *S. Dom.* vulg. Tragaldabas.
bura ***f.*** *Venez.* Masa de maíz.
buraca ***f.*** *Bol.* Zurrón de cuero.
buraco ***m.*** *Ast., León* y *Sant.* Agujero.
burado, -da ***adj.*** *Colomb.* Que no adquiere su desarrollo normal.
burata ***f.*** *Venez.* Plata, moneda, dinero.
burato (fr. *burat*) ***m.*** Tela de lana o seda para manteos y para vestidos veraniegos de luto. 2 Manto transparente.
burbaque ***m.*** *S. Dom.* Desorden, trifulca, alboroto.
burbuja (l. v. *bulbulliare,* der. del l. *bulla,* burbuja) ***f.*** Glóbulo de aire u otro gas que se forma en el interior de un líquido. 2 fig. Espacio totalmente aislado de su entorno: *el niño está en una ~ aséptica.*
SIN. **Pompa,** esp. si es grande; **campanilla, gorgorita, ampolla.**
burbujeante ***adj.*** Que burbujea.
burbujear ***intr.*** Hacer burbujas.
burbujeo ***m.*** Acción de burbujear.
burchaca ***f.*** Burjaca.
burche (ár. *borch,* torre) ***f.*** Torre que sirve para defensa.
burda ***f.*** MAR. Brandal de los masteleros de juanete.
burdamente ***adv. m.*** De modo burdo.
burdégano (de *borde,* bastardo) ***m.*** Hijo de caballo y burra.
SIN. **Burreño.**
burdel (de *borda,* cabaña, der. del franco *bord,* tabla; en una forma dimin., cat. o prov.) ***adj.*** Lujurioso, vicioso. -2 ***m.*** Mancebía (casa de rameras). 3 fig. *y* fam. Casa en que se falta al decoro con ruido y confusión.
burdeos ***m.*** fig. Vino de Burdeos, c. de Francia. -2 ***adj.-m.*** Color rojo violado. -3 ***adj.*** De color burdeos. ◇ Pl.: *burdeos.*
burdo, -da (ár. *bord,* tela grosera) ***adj.*** Tosco, grosero, basto.
burear ***tr.*** *Colomb.* Burlar, chasquear [a alguien]. -2 ***intr.*** *Colomb.* Divertirse, andar de bureo.
burebano, -na ***adj.-s.*** De La Bureba, comarca de Burgos.
burel ***adj.*** [toro] Buriel. -2 ***m.*** BLAS. Pieza que consiste en una faja, cuyo ancho es la novena parte del escudo.
burelado ***adj.*** BLAS. V. escudo ~.
burén ***m.*** *Cuba* y *P. Rico.* Plancha o cazoleta plana, de figura circular, destinada a cocinar la torta de cazabe.
bureo (fr. *bureau,* despacho) ***m.*** Junta que resolvía los expedientes administrativos de la casa real y ejercía jurisdicción sobre los que gozaban del fuero de ella. 2 Entretenimiento, diversión. 3 Vuelta, paseo: *darse un ~.*
bureta ***f.*** QUÍM. Tubo largo de vidrio graduado, abierto por un extremo y por el otro terminado en una caperuza con llave. Se usa en análisis volumétricos.
burga ***f.*** Manantial de agua caliente.
burgado ***m.*** Caracol terrestre del tamaño de una nuez pequeña *(gén. Helix).*
burgalés, -lesa ***adj.-s.*** De Burgos, capital y provincia perteneciente a la comunidad autónoma de Castilla-León. 2 *Castilla.* [viento] Procedente de Burgos.
burgaño ***m.*** *Extr.* Araña.
burgomaestre (al. *bürgermeister,* magistrado de la ciudad) ***m.*** Primer magistrado municipal de algunas ciudades alemanas, holandesas, suizas, etc.
burgos ***m.*** Queso blando, blanco y acuoso, originario de Burgos. ◇ Pl.: *burgos.*
burgrave (al. *burggraf*) ***m.*** Señor de una ciudad, título usado antig. en Alemania.
burgraviato ***m.*** Dignidad de burgrave. 2 Territorio del burgrave.
burgueño, -ña ***adj.-s.*** Natural de un burgo.
burgués, -guesa (b. l. *burgu,* castillo) ***adj.-s.*** ant. Natural o habitante de un burgo. 2 Vulgar, mediocre, carente de afanes espirituales o elevados. -3 ***adj.*** Relativo al burgo. 4 Relativo a la burguesía: *la vida burguesa.* -5 ***m. f.*** Ciudadano de la clase me-

dia acomodada u opulenta. Ús. gralte. en contraposición a proletario.

burguesía *m.* Cuerpo o conjunto de burgueses o ciudadanos de la clase media acomodada.
SIN. **Mesocracia, clase media.**

burguesismo *m.* Conjunto de cualidades y costumbres propias de los burgueses.

burí *m. Amér.* Palma de Filipinas, de tronco alto, derecho y muy grueso. De la medula del tronco se obtiene el sagú; de las espatas de las flores, la tuba, y de las hojas, un filamento textil *(Corypha umbraculifera).* 2 Este filamento.

buriato, -ta *adj.-s.* De un pueblo mogol que habita en el sur de Siberia. -2 *adj-m.* Lengua mogola, hablada en este territorio.

Buridán (el asno de ~) *n. pr.* Se dice que un filósofo francés del s. XIV, llamado Buridán, dejaba siempre todas las cuestiones en duda. Para caricaturizarlo, inventaron los estudiantes un asno que teniendo en el pesebre dos piensos, murió de hambre por no saber por cuál empezar.

buriel (probl. de una voz rom. *buriu,* obscuro; a través del fr. ant. *burel,* paño de color gris) *adj.-m.* Color rojo, entre negro y leonado. -2 *adj.* De color buriel.
REL. **Aburelado,** semejante al ~.

buril (etim. dud.) *m.* Instrumento puntiagudo de acero para grabar en metales.
SIN. **Punzón.**

burilada *f.* Rasgo o trazo de buril. 2 Porción de plata que los ensayadores sacan con un buril del parragón y de la pieza que prueban, para ver si es de ley.

burilador, -ra *adj.-s.* Que burila.

buriladura *f.* Acción de burilar. 2 Efecto de burilar.

burilar *tr.* Grabar [figuras o adornos] en los metales con el buril: *~ en cobre.*

burillas *f.* Planta liliácea, de hojas lineares, flores acampanadas amarillas y rojas y fruto en cápsula *(Tulipa sylvestris).*

burío *m. Amér. Central.* Árbol de corteza fibrosa, de la cual se hacen cordeles *(Heliocarpus americana).*

burjaca (l. *bursa,* bolsa) *f.* Bolsa grande de cuero que usan los mendigos o peregrinos para llevar lo que les dan de limosna. ◇ También *burchaca.*

burla (orig. desconocido) *f.* Acción o palabras con que se procura poner en ridículo a personas o cosas. 2 Chanza. 3 Engaño: *~ burlando,* sin advertirlo, disimuladamente. -4 *f. pl.* En contraposición a *veras*: *jugar de burlas.* -5 *f. Perú.* La corea y otras enfermedades nerviosas de carácter convulsivo.
SIN. *1* **Mofa, pitorreo, rechifla,** intensivos; **sarcasmo** es burla sangrienta o ironía fuertemente mordaz; **befa, escarnio** y **ludibrio** son afrentosos; **chafaldita.** *2* **Zumba, caya, chunga, cantaleta, broma, guasa,** son gralte. burlas festivas y ligeras; **cuchufleta, chafaldita,** significan dicho o palabra en broma inofensiva.

burladero *m.* Trozo de valla que se pone delante de las barreras de las plazas de toros para que pueda guarecerse el lidiador, burlando al toro que le persigue. 2 Acera aislada en medio de las calles o plazas anchas para refugio de los peatones.

burlador, -ra *adj.-s.* Que burla. -2 *m.* Libertino habitual que hace gala de seducir y engañar a las mujeres. 3 Vaso de barro que, por tener ciertos agujeros ocultos, moja y burla a quien se lo lleva a la boca para beber. 4 Conducto oculto de agua que, a voluntad del que lo dirige, la esparce fuera para mojar a los que se acercan incautamente. -5 *f.* Planta solanácea, parecida al estramonio, pero con las flores mayores, y de color blanco con tonos rosas *(Datura metel).*

burlapastor *m. La Alcarria.* Chotacabras.

burlar (de *burla*) *intr.-prnl.* Chasquear, zumbar: *~ con la justicia; si vos os burláis, yo no me burlo.* 2 Hacer burla: *~,* o *burlarse, de nosotros.* -3 *tr.* Engañar: *burlaron a mi padre.* 4 Frustrar [la esperanza, deseo de uno]. 5 Esquivar [al que impide el paso]. 6 Seducir con engaño [a una mujer]. 7 TAUROM. Esquivar [la embestida del toro].

burlería *f.* Burla, engaño. 2 Cuento fabuloso. 3 Irrisión, mengua.

burlescamente *adv. m.* De manera burlesca.

burlesco, -ca *adj.* fam. Festivo, jocoso, que implica burla o chanza.

burlete (fr. *bourrelet,* cordón relleno de borra) *m.* Tira de tela, con relleno de estopa o algodón que se pone al canto de las hojas de puertas y ventanas, para que una vez cerradas no entre aire en las habitaciones.

burlisto, -ta *adj. Amér. Central.* Burlón.

burlón, -lona *adj.-s.* Inclinado a decir burlas o a hacerlas. -2 *adj.* Que implica o denota burla.
SIN. **Guasón, zumbón, bromista, chancero, socarrón,** intens.

burlonamente *adv. m.* Con burla.

burlonería *f.* Socarronería.

burlote *m.* En los juegos de azar, banca de poca importancia.

buró (fr. *bureau*) *m.* Escritorio o tablero para escribir. 2 *Méj.* Mesa de noche. ◇ Pl.: *burós.*

buro *m. Ar.* Greda.

burocracia (fr. *bureaucratie*) *f.* Conjunto de los funcionarios públicos. 2 Administración pública. 3 Influencia excesiva de los funcionarios públicos en los negocios del Estado.

burócrata *com.* Persona que pertenece a la burocracia (funcionario).

burocrático, -ca *adj.* Perteneciente o relativo a la burocracia.

burocratismo *m.* Burocracia, influencia de los empleados.

burocratización *f.* Acción de burocratizar. 2 Efecto de burocratizar.

burocratizar *tr.* Implantar la organización burocrática. ◇ **CONJUG. [4] como ***realizar.***

burra (de *burro*) *f.* Asna. 2 fig. Mujer laboriosa y de mucho aguante. -3 *adj.-f.* fig. Mujer necia e ignorante. -4 *f. Can.* Suerte o lance de la lucha canaria. 5 *Colomb.* Hongo, sombrero hongo.

burraca *f.* Urraca.

burrada *f.* Manada de burros. 2 fig. En el juego del burro, jugada hecha contra regla. 3 fam. Acción forzuda. 4 fam. Enormidad, gran cantidad: *una ~ de dinero.* 5 fam. Dicho o hecho necio, torpe o brutal.

burrajear *tr.* Borrajear.

burrajo (de *burro*) *m.* Estiércol seco de las caballerías. -2 *adj.-s. Méj.* Grosero, estúpido.

burral *adj.* p. us. Asnal (bestial).

burranquino *m. Extr.* Cría de asno.

burreado, -da *adj. Venez.* fam. Que se halla en gran cantidad, a montones, sin tasa.

burrear *tr.* vulg. En el juego del fútbol, burlar con la destreza [al contrario]. 2 *Guat.* Hacer que el burro cubra [a la hembra].

burreño *m.* Burdégano.

burrería *f.* Necedad, estupidez. 2 Burrada (necedad).

burrero *m.* El que tiene por oficio conducir burras para vender la leche de ellas. 2 *Argent.* En lenguaje jocoso, aficionado a las carreras hípicas. 3 *Méj.* Dueño o arriero de burros. 4 *Venez.* Persona vulgar y descomedida en el lenguaje.

burricie *f.* Torpeza, rudeza.

burriciego, -ga *adj.* vulg. Cegato.

burriel *adj.* desus. Buriel.

burrillo *m.* fam. Añalejo.

burrión *m. Guat.* y *Hond.* Colibrí.

burro (l. *burrichu,* caballejo) *m.* Asno (mamífero). 2 fig. Hombre laborioso y de mucho aguante: *este criado es un ~ de carga.* 3 fig. Hombre necio e ignorante. 4 Armazón para sujetar el madero que se ha de aserrar, o el que se ha de poner encima de él para que trabajen albañiles y pintores. 5 Rueda dentada central del torno de la seda. 6 Juego de naipes en el que hay obligación de asistir al palo, procurando matar, pues gana la baza la carta de mayor valor numérico y pierde el último jugador que conserve cartas en la mano. 7 fig. El que pierde en cada mano en el juego del burro. 8 Pez marino teleósteo de cuerpo oval, comprimido, cabeza y ojos de gran tamaño, de color gris parduzco *(Parapristipoma mediterraneum).* 9 En el lenguaje de la droga, heroína. 10 *Méj.* Escalera de tijera. 11 *Argent.* fig. *y* fam. Caballo de carreras.
SIN. *6* **Triunfo.**

burrología *f.* burl. Condición de burrólogo.

burrólogo, -ga *m. f.* burl. Muy necio, ignorante.

burrumbada *f.* fam. Barrumbada.

burrunazo *m. P. Rico.* fest. Golpe, porrazo.

bursaca *f. Venez.* Bolsa, burjaca.

bursátil (v. *bolsa* II) *adj.* COM. Relativo a la bolsa, a las operaciones que en ella se hacen y a los valores cotizables.

burseráceo, -a *adj.-f.* Planta de la familia de las burseráceas. -2 *f. pl.* Familia de plantas angiospermas dicotiledóneas, semejante a las simarubáceas, de las que difiere especialmente por tener en su corteza conductos que destilan resinas y bálsamos.

bursitis *f.* MED. Inflamación aguda o crónica de una bolsa serosa, de carácter gralte. postraumático.

buruca *f. Amér. Central.* Boruca, batahola.

burucuyá (guaraní) *f. Amér.* Pasionaria.

burudanga *f. Amér.* Cosa despreciable, trastajo. 2 *Cuba.* Enredo, confusión.
burujina *f. Cuba* y *P. Rico.* fest. Confusión.
burujo (l. v. *voluclu;* por el l. cl. *involucru,* envoltorio) *m.* Pella que se forma con varias partes de una cosa que se aglomeran o no se disuelven. 2 Borujo.
REL. vb. **Emburujar, aborujar** y **aburujar.** SIN. / **Bodoque, borujo, gorullo, gurullo.**
burujón *m.* Aum. de *burujo.* 2 Chichón.
SIN. **Borujón.**
burundanga *f. Amér.* Morondanga. 2 *P. Rico.* Plato en que entran diferentes hortalizas.
burusca *f. C. Rica.* Migaja, pizca.
bus *m.* Forma abreviada de autobús. 2 Conjunto de hilos que se utilizan como vía común de paso para la información procedente de una o varias fuentes con destino a uno o varios puntos de recepción.
busaca *f. Colomb.* y *Venez.* Burjaca, bolsa.
búsano *m.* Molusco gasterópodo marino, provisto de una concha univalva arrollada en una helicoidal, robusta y con tubérculos y protuberancias *(Murex trunculus).*
busarda *f.* Buzarda.
busca *f.* Acción de buscar. 2 Tropa de cazadores y perros que corre el monte para levantar la caza. 3 Selección y recogida de materiales u objetos aprovechables entre escombros, basura o desperdicios. 4 *Cuba, Méj.* y *P. Rico.* Provecho accesorio que se saca de algún empleo o cargo: *ese puesto tiene sus buscas.*
buscabulla *m. Colomb., Cuba* y *P. Rico.* Buscarruidos.
buscada *f.* Busca (acción).
buscador, -ra *adj.-s.* Que busca. -2 *m.* Anteojo pequeño de mucho campo que forma cuerpo con los telescopios, refractores y reflectores, para facilitar su puntería.
buscafiligrana *m.* Filigranoscopio.
buscaniguas *m. Colomb.* y *Guat.* Buscapiés. ◇ Pl.: *buscaniguas.*
buscanubes *com. La Mancha.* fig. Persona que marcha con la cabeza excesivamente alzada. ◇ Pl.: *buscanubes.*
buscapié *m.* fig. Especie que se suelta para darle a alguno en que entender o para averiguar disimuladamente alguna cosa.
buscapiés *m.* Cohete sin varilla que, encendido, corre por el suelo. ◇ Pl.: *buscapiés.*
SIN. **Carretilla, rapapiés.**
buscapiques *m. Perú.* Buscapiés. ◇ Pl.: *buscapiques.*
buscapleitos *com. Amér.* Buscarruidos, picapleitos. ◇ Pl.: *buscapleitos.*
buscar *tr.* Hacer diligencias para hallar o encontrar [a una persona o cosa]: *~ el flanco del enemigo; ~ por dónde salir.* 2 Revolver [basuras] para encontrar desperdicios útiles. 3 ***Buscársela,*** ingeniarse para hallar medios de subsistencia. 4 ***Buscársela,*** provocar, inquietar [a otro]. 5 *Amér.* Llamar [a alguien]. ◇ ** CONJUG. [1] como ***sacar.***
buscarla *f.* Ave paseriforme insectívora de pequeño tamaño y color pardo; vive entre malezas palustres y ribereñas, donde se mueve con gran facilidad pero se muestra reacio al vuelo *(Locustella sp.).*
buscarruidos *com.* fam. Persona inquieta y pendenciera. ◇ Pl.: *buscarruidos.*
buscavidas *com.* fam. Persona muy curiosa en averiguar las vidas ajenas. 2 fig. Persona diligente en buscarse la subsistencia. 3 *Méj.* Acusón. ◇ Pl.: *buscavidas.*
busco (fr. *busc*) *m.* Umbral de una puerta de esclusa.
buscón, -cona *adj.-s.* Que busca. 2 Que hurta rateramente o estafa con socaliña. -3 *f.* Prostituta.
busconear *intr.* Escudriñar, inquirir.
buseta (de *bus*) *f. Colomb.* Autobús pequeño.
búshel (ingl.) *m.* Medida inglesa de capacidad para áridos.
bushido *m.* Código de honor del Japón.
busier *m.* Bujier.
busilis (de la frase lat. *in diebus illis,* mal interpretada) *m.* fam. Punto en que estriba la dificultad del asunto de que se trata: *dar en el ~.* ◇ Pl.: *busilis.*
búsqueda *f.* Busca (acción de buscar). 2 Investigación, rebusco, esp. en el trabajo científico.
busquillo *com. Chile* y *Perú.* fam. Buscavidas, persona diligente.
busto (l. *bustu,* sepultura, der. de *burere,* quemar) *m.* Escultura o pintura de la cabeza y parte superior del tórax. 2 Parte superior del cuerpo humano. 3 Pecho de mujer.
bustrófedon (gr. *boustrophedón* < *bous,* buey y *strepho,* volver) *m.* Escritura de derecha a izquierda y de izquierda a derecha, alternativamente, a semejanza de los surcos que trazan los bueyes arando.
busuá *m. S. Dom.* Bola grande con la cual juegan los muchachos.
buta *m. Chile.* Nombre que da el vulgo al jefe del aquelarre.
butaca (cumanagoto *putaca,* asiento) *f.* Silla de brazos con el respaldo inclinado hacia atrás. 2 En los teatros, asiento de patio (ant. *luneta*).
butadieno *m.* QUÍM. Gas incoloro, inodoro e inflamable, que se usa como materia prima para la fabricación del caucho sintético.
butagás *m.* Nombre comercial del butano comprimido.
butanero *m.* Barco destinado al transporte de gas butano.
butano *m.* QUÍM. Hidrocarburo natural, C_4H_1O, gas incoloro y estable, que se licua fácilmente por presión, y se utiliza como combustible doméstico e industrial. -2 *adj.-m.* Color anaranjado de las bombonas que contienen dicho gas. -3 *adj.* De color butano.
butanol *m.* QUÍM. Alcohol butílico normal que se emplea como disolvente.
butaque *m. Amér.* Asiento pequeño, con el respaldo echado hacia atrás.
bute *m. And.* Coco (fantasma).
buten (de ~) *expr.* vulg. De primera, de lo mejor.
buteno *m.* QUÍM. Hidrocarburo gaseoso incoloro. Se usa para obtener gasolina y en síntesis química.
butifarra (cat. *botifarra*) *f.* Embutido, gralte. de carne de cerdo, que se hace esp. en Cataluña, Baleares y Valencia. 2 fig. Calza o media muy ancha o que no ajusta bien. 3 *Perú.* Pan dentro del cual se pone un trozo de jamón y un poco de ensalada. 4 *R. de la Plata.* Farra, juerga.
butifarrero, -ra *m. f.* Persona que tiene por oficio hacer o vender butifarras.
butifarrón *m. P. Rico.* Negocio mal tramado, cosa mal hecha.
butileno *m.* QUÍM. Hidrocarburo no saturado que se halla en la fracción gaseosa del petróleo.
butílico, -ca *adj.* QUÍM. [cuerpo] Que deriva del butano o que contiene el radical butilo.
butiondo (relac. con l. *butta,* odre) *adj.* Hediondo, lujurioso.
butir-, v. butiro-.
butirato *m.* QUÍM. Sal del ácido butírico.
butírico, *Ácido ~* *adj.-m.* QUÍM. Líquido oleoso que se encuentra, combinado con glicerina, en la manteca; se usa especialmente para fabricar ésteres aromatizantes.
butirina *f.* Líquido aceitoso que se halla en la manteca rancia y en el cuerpo de algunos insectos.
butiro (l. *butyrum,* del gr. *boútyron*) *f.* Mantequilla (grasa).
butiro-, butir- (v. *butiro*) Elemento prefijal que entra en la formación de palabras con el significado de grasa o expresando relación con el ácido butírico: *butirómetro, butirato.*
butirómetro (*butiro-* + *-metro*) *m.* Aparato que determina la riqueza de manteca que contiene la leche.
butiroso, -sa *adj.* Mantecoso.
butomáceo, -a (gr. *boútomos,* junco florido) *adj.-f.* Planta de la familia de las butomáceas. -2 *f. pl.* Familia de plantas monocotiledóneas que incluye hierbas de flores en umbela con el perigonio petaloide.
butomeo, -a *adj.* BOT. Butomáceo.
butrino, butrón *m.* Buitrón.
butronero *m.* Ladrón que roba abriendo butrones en techos o paredes.
butúa *f. Cuba.* vulg. Sustento, comida.
butuco, -ca *adj. Hond.* Rechoncho. Aplíc. a personas y cosas.
butucú *m. Bol.* Fiesta de los indios chiquitanos, que consiste en una batalla con flechas embotadas, entre dos bandos. Se celebra el día de la Candelaria.
butute *m. Hond.* Cuerno sin punta.
buxáceo, -a *adj.-f.* Planta de la familia de las buxáceas. -2 *f. pl.* Familia de plantas dicotiledóneas leñosas, de hojas perennes, flores unisexuales, desnudas o con una sola cubierta floral, y fruto capsular; como el boj.
buyo *m.* Mixtura de areca, betel y cal de conchas, que mascan los naturales del Extremo Oriente.
REL. **Sapa,** residuo de la masticación del ~. SIN. **Betel.**
buyón *m. Bol.* Hornillo portátil para hacer la bolacha de goma elástica o caucho.

buyucu *m. Ecuad.* Paquete mal hecho.
buz (probl. onomat.) *m.* Beso de gratitud y reverencia. 2 Labio (boca).
buzamiento *m.* Inclinación de un filón o de una capa del terreno.
SIN. MIN. **Echado.**
buzaque (quizá del ár. *abu zaqq,* el del zaque) *m.* Beodo.
buzar (de *buzo*) *intr.* Inclinarse hacia abajo los filones o las capas del terreno. ◇ ** CONJUG. [4] como ***realizar.***
buzarda *f.* Pieza curva con que se liga y fortalece la proa de la embarcación.
buzo (del l. *bucina,* cuerno de boyero; a través del port. *búzio*) *m.* El que tiene por oficio trabajar enteramente sumergido en el agua, provisto o no de una escafandra. 2 Cierta embarcación antigua. 3 Mono, traje de faena.
SIN. *1* v. **Submarinista.**
buzón (ant. *bozón,* ariete, del germ. *bultjo,* clavo) *m.* Conducto artificial por donde desaguan los estanques. 2 Abertura por donde se echan las cartas para el correo; p. ext., caja provista de abertura para el mismo fin. 3 Tapón de cualquier agujero para dar entrada o salida a un líquido. 4 fig. *y* fam. Boca grande. 5 fig. Persona que sirve de enlace en una organización clandestina.
buzonero *m. Amér.* Empleado de correos que recoge las cartas de los buzones.
byroniano, -na *adj.* Propio del poeta inglés Byron (1788-1824), o semejante a su inspiración, estilo, etc.
byte *m.* INFORM. Conjunto de dígitos binarios que se considera como unidad de información, constituido por un número determinado de bits, generalmente 4, 6 u 8.

C, c *f.* Ce, tercera letra del **alfabeto español que gráficamente representa a la consonante fricativa, interdental y sorda cuando va delante de *e, i*: *cena, cine;* y a la oclusiva, velar y sorda cuando precede a *a, o, u*: *casa, copa, cuna.* 2 *C,* cifra romana equivalente a cien.

ca *f.* Apócope popular de *casa*; v. cas.

¡ca! Interjección con que se denota negación. ◇ HOMÓF.: *ka* (f.).
SIN. **¡Quiá!**

caá *m. Amér. Merid.* Mate (planta y hojas).

Caaba *n. pr.* Edificio de La Meca que contiene la Piedra Negra entregada por el ángel Gabriel a Abraham; hacia su dirección se vuelven los musulmanes en sus plegarias.

caacupeño, -ña *adj.-s.* De Caacupé, capital del departamento paraguayo de La Cordillera.

caaguazuense *adj.-s.* De Caaguazú, departamento del este de Paraguay.

caaminí (guaraní *caá,* hierba + *mirí,* pequeña, en polvo) *m. Argent.* y *Parag.* Variedad de la yerba mate, elaborada, bien molida, sin palillos. ◇ También *caminí.*

caazapeño, -ña *adj.-s.* De Caazapá, capital y departamento del sudeste del Paraguay.

cabal (de *cabo,* extremo) *adj.* Ajustado a peso o medida. 2 [cosa] Que cabe a cada uno. 3 fig. Completo, acabado, exacto, justo. -4 *adv. m.* Cabalmente. -5 *m. pl. No estar, no hallarse en sus cabales,* estar loco, trastornado, perturbado.

cábala (hebr. *cabbalah,* tradición) *f.* Interpretación mística de la Sagrada Escritura entre los judíos y algunos cristianos medievales. 2 Ciencia oculta, relacionada con esta interpretación. 3 fig. Cálculo supersticioso para adivinar una cosa. 4 Negociación secreta y artificiosa. 5 Conjetura, suposición. ◇ En la acep. 5 suele usarse en plural. ◇ HOMÓF.: *cávala* (v. *cavar* y pron. *la*).

cabalar *tr.* p. us. Acabalar.

cabalgada (de *cabalgar*) *f.* Tropa de jinetes que salían a correr el campo.

cabalgador, -ra *m. f.* Persona que cabalga.

cabalgadura *f.* Bestia para cabalgar, montura. 2 Bestia de carga.

cabalgamiento *m.* GEOL. Superposición de unos materiales sobre otros debido a fuerzas tectónicas de gran magnitud. 2 RET. Hipermetría.

cabalgante *adj.* Que cabalga.

cabalgar (b. l. **caballicare*) *intr.* Subir o montar a caballo: *cabalgó sobre un caballo blanco;* tr., *le cabalgaron fácilmente;* p. ext., andar o pasear a caballo. 2 Mover el caballo los remos cruzando el uno sobre el otro. 3 Ir una cosa sobre otra. -4 *tr.* fig. Poner una cosa sobre otra. 5 Cubrir el caballo u otro animal a su hembra. ◇ ** CONJUG. [7] como ***llegar.***

cabalgata *f.* Reunión de personas que cabalgan juntas. 2 Comparsa de jinetes, carrozas y gente de a pie.

cabalgazón *f.* Acción de cubrir cualquier animal a su hembra.

cabalhuste (de *caballo* + *fuste*) *m.* Caballete (pieza de guadarnés).

cabalino, -na *adj.* En poesía, perteneciente o relativo al mitológico caballo Pegaso, al monte Helicón y a la fuente Hipocrene.

cabalista *com.* Persona que profesa la cábala. 2 fig. Intrigante, entrometido.

cabalístico, -ca *adj.* Relativo a la cábala. 2 Misterioso, oculto: *sentido ~ de un párrafo.*

cabalizar *intr.* Ejercer el arte de la cábala. ◇ ** CONJUG. [4] como ***realizar.***

caballa (de *caballo*) *f.* Pez marino teleósteo perciforme de color azul verdoso con rayas negras y vientre plateado *(Scomber scombrus).* -2 *adj.-com.* Ceutí.
SIN. *1* **Escombro, sarda.**

caballada *f.* Manada de caballos o de caballos y yeguas. 2 *Amér.* Animalada.

caballaje *m.* Acción de montar (multar). 2 Precio que se paga por ella.

caballar *adj.* Relativo al caballo: *ganado ~.* 2 Parecido a él.
SIN. *1* **Equino, hípico, ecuestre.** A pesar de su equivalencia etim., cada uno de estos adj. tiene aplicaciones particulares que a menudo se entrecruzan. **Caballar** es el de uso más general: *ganado, raza, feria, cría ~.* **Equino** es culto y lit., y por lo tanto se presta menos a sus aplic. más populares: se dice, p. ej., *raza equina,* pero es más raro *cría equina.* **Hípico** se refiere pralte. al arte de la equitación: *noticias hípicas* en los periódicos; *concurso hípico* si se trata de carreras de caballos, pero *concurso caballar* si hablamos de una exposición para premiar los mejores ejemplares. **Ecuestre** se refiere al caballero o a la orden de caballería: *orden encuestre*; a los espectáculos en que intervienen caballos amaestrados: *circo ecuestre*; a las obras artísticas en que aparece un personaje a caballo: *retrato, estatua ecuestre. 2* **Caballuno, equino.**

caballazo *m. Chile, Méj.* y *Perú.* Encontrón que da un jinete a otro, o a alguno de a pie, echándole encima el caballo. 2 *Guat.* Acción de vender como bueno un caballo malo. 3 *Perú.* Reprimenda áspera.

caballear *intr.* Andar frecuentemente a caballo.

caballejo *m.* Dim. de *caballo.* 2 Rocín, caballo de mala calidad.

caballerango *m. Méj.* Caballerizo.

caballerato *m.* desus. Derecho concedido por dispensa pontificia al seglar que contrae matrimonio para recibir pensiones eclesiásticas. 2 Esta misma pensión. 3 Categoría entre la nobleza y el estado llano que el rey concedía por privilegio a los naturales de Cataluña.

caballerazo *m.* Caballero cumplido.

caballerear (frecuent.) *intr.* Presumir de caballero.
caballerescamente *adv. m.* De modo caballeresco.
caballeresco, -ca *adj.* Propio de caballero. 2 Relativo a la caballería medieval: *torneos caballerescos.* 3 [libro, composición] Que narra las empresas de los caballeros andantes: *romances caballerescos.*
caballerete *m.* Dim. de *caballero.* 2 desp. Caballero joven, presumido en su traje y acciones.
caballería *f.* Animal équido que sirve para cabalgar en él: **~ *mayor,*** mula o caballo; **~ *menor,*** borrico. 2 Cuerpo de soldados que sirven a caballo: *arma de ~.* 3 Conjunto de caballeros que haciendo profesión de las armas se obligaban a combatir por la fe y la justicia, a proteger a los débiles y a ser leales y corteses; v. *orden de ~, libro de caballerías*: **~ *andante,*** profesión del caballero andante. 4 Acción y empresa propia de un caballero. 5 Orden militar española, en gral.: *~ de Montesa; ~ de Santiago.* 6 Preeminencia y exenciones de que gozaba el caballero. 7 ant. Porción de tierra que se repartía a los caballeros que habían contribuido a la conquista o colonización de un territorio. 8 Medida agraria que en España equivale a 3.863 áreas; en Cuba a 1.343 áreas. 9 ***Andarse en caballerías,*** fig., hacer cumplidos inútiles. 10 *Murc.* Tanda de ventiún días para el riego.
SIN. *1* **Cabalgadura, montura,** si se usan esp. para cabalgar.
caballerismo *m.* Caballerosidad.
caballerito *m. Hond.* Planta cuyo cocimiento se usa para curar las calenturas.
caballeriza *f.* Sitio destinado para los caballos y bestias de carga. 2 Conjunto de caballos o mulas de una caballeriza. 3 Conjunto de personas que la sirven.
SIN. *1* y *2* **Cuadra; presepio,** es latinismo docto p. us.
caballerizo *m.* El que cuida de la caballeriza y de los que sirven en ella: **~ *mayor del rey,*** oficial de palacio a cuyo cargo estaba el cuidado y gobierno de las caballerizas, de la armería y de otras dependencias reales.
caballero, -ra *adj.* Que cabalga: *~ en su rocín; ~ sobre un asno.* 2 fig. Seguido de ciertos nombres regidos por la prep. *en,* obstinado: *~ en su propósito, empeño, porfía, dictamen, opinión,* etc. -3 *m.* Hidalgo de nobleza calificada: **~ *cubierto,*** grande de España que gozaba del privilegio de estar cubierto delante del rey; irón., hombre descortés que no se descubre cuando lo exige la urbanidad. 4 Individuo de cualquiera de las órdenes de caballería antiguas o modernas: *~ de Montesa; ~ de Santiago; ~ de la Orden de Carlos III;* **~ *andante,*** el que en los libros de caballerías va en busca de aventuras; ***armar ~ a uno,*** declararle el rey u otro caballero miembro de la orden de caballería, mediante una ceremonia en la que le viste las armas y le ciñe la espada; **~ *de industria,*** fig. *e* irón., hombre que, con apariencia de caballero, vive de la estafa y del engaño. 5 El que se porta con nobleza, generosidad y cortesía: *Carlos es todo un ~.* 6 Persona distinguida: *~ en su porte.* 7 Señor (término cortés): *¡Perdone usted, ~!* 8 FORT. Obra defensiva, interior, levantada sobre el terraplén de la plaza.
SIN. *7* Usado como vocativo o como subst. gral. equivale a **señor,** aunque siempre sugiere mayor distinción. Comp.: *ha venido un caballero a preguntar por usted,* con *ha venido un señor; oiga, caballero,* con *oiga, señor.* Como tratamiento antepuesto a un nombre común o propio, se emplea sólo en ciertos casos bien determinados por la costumbre: *~ alumno,* en las academias militares y navales: *~ cadete; ~ legionario,* etc. V. **Señor.**
caballerosamente *adv. m.* De un modo caballeroso.
caballerosidad *f.* Calidad de caballeroso. 2 Proceder caballeroso.
caballeroso, -sa *adj.* Propio de caballeros. 2 Que obra como caballero.
caballerote *m.* Aum. de *caballero.* 2 desp. Caballero tosco y desairado en su persona. 3 *Cuba.* Pez de carne muy apreciada *(Neomenis griseus).*
caballeta (de *caballo*) *f.* Saltamontes.
caballete *m.* Dim. y desp. de *caballo.* 2 Parte más elevada de un tejado que lo divide en dos vertientes. 3 Extremo de la chimenea. 4 Caballón. 5 Elevación que la nariz suele tener en medio. 6 Pieza de los guadarneses que sirve para colocar las sillas de montar. 7 Asnilla (apoyo). 8 Potro (aparato de tormento). 9 Madero en que se quebranta el cáñamo o el lino. 10 IMPR. Pedazo de madera asegurado con un tornillo en la pierna izquierda de la prensa de mano, donde descansa y se detiene la barra o manubrio. 11 PINT. Especie de bastidor con tres pies, sobre el cual se coloca el cuadro que se ha de pintar: **~ *de caballete,*** pintura sobre lienzo, por oposición a la pintura mural. 12 **~ *del pintor,*** constelación austral situada entre la Paloma y la Quilla. 13 *Méj.* MIN. Caballo, masa de roca estéril.
SIN. *2* **Lomero, mojinete.**
caballista *com.* Persona que entiende de caballos y monta bien.
caballitero, -ra *m. f. Cuba.* Volatinero, y p. ext. dueño de un circo ecuestre.
caballito *m.* Dim. de *caballo.* 2 **~ *del diablo,*** insecto odonato similar a la libélula, con dos pares iguales de alas *(gén. Agrion; Coenagrion; Platycnemis; Lestes).* 3 **~ *de Bamba,*** persona o cosa inútil o que sirve para poco. 4 **~ *de mar,*** hipocampo. -5 ***m. pl.*** Juego en que se apuesta a unos caballitos mecánicos que recorren una pista redonda. 6 Tiovivo. -7 ***m.*** *Cuba* y *Hond.* **~ *de San Vicente,*** caballito del diablo. 8 *Méj.* Metedor de los niños pequeños. 9 *Perú.* Especie de balsa compuesta de dos odres unidos entre sí, en la cual puede navegar un sólo hombre. 10 *Perú.* **~ *de siete colores,*** hermoso coleóptero que, al cogerlo, deja la mano impregnada de fragancia como la del almizcle *(Megacephala chilensis).*
caballo (l. *-llu* < gr. *kaballes*) *m.* Mamífero ungulado perisodáctilo, de la familia de los équidos, de cuello arqueado, orejas pequeñas, crin larga y cola cubierta de pelos; se domestica fácilmente y es de gran utilidad para el hombre *(Equus caballus).* 2 **~ *de agua,*** hipopótamo; hipocampo. 3 **~ *de mar*** o ***marino,*** hipocampo. 4 **~ *del diablo,*** caballito del diablo. 5 En el juego del ajedrez, pieza que, en número de dos por bando, se mueve en forma de ele, pudiendo saltar sobre las demás. 5 Naipe que representa un caballo con su jinete. 6 Burro (armazón). 7 Aparato gimnástico formado por cuatro patas y un cuerpo superior, muy alargado y terminado en punta por uno de sus extremos; se salta apoyando las manos, tendiendo el cuerpo y evitando rozar en el salto el extremo puntiagudo. 8 **~ *de Frisa,*** o ***de Frisia,*** madero atravesado por largas púas de hierro para defensa contra la caballería y para cerrar pasos importantes. 9 **~ *de vapor*** o ***de fuerza,*** unidad práctica de potencia; la potencia necesaria para hacer un trabajo de 75 kilográmetros en un segundo. Es frecuente emplear la abreviatura HP, ing. *horse power* (fuerza de caballo). 10 **~ *Menor,*** constelación boreal situada al oriente de Pegaso. 11 En el lenguaje de la droga, heroína. 12 fig. Persona estúpida, brutal. 13 *P. Rico.* Medida de ciertos productos agrarios.
SIN. *1* **Trotón;** desp.: **penco, jamelgo, jaco** (el pequeño y ruin). REL. **Yegua,** hembra del *~;* **potro,** ~ pequeño; **relincho,** voz del caballo, vb. **relinchar; piafar,** patear el *~;* v. **caballar; equitación,** arte de montar a caballo.
caballón (de *caballo*) *m.* Lomo de tierra entre dos surcos. 2 El que se levanta con la azada para formar y dividir las eras de las huertas y para plantar las hortalizas o aporcarlas. 3 El que se dispone para contener o dar dirección a las aguas. 4 *Murc.* Montón en forma de pirámide, de cualquier producto agrícola.
SIN. **Caballete,** menos us.; **camella, camellón.** REL. vb. **Acaballonar.**
caballuno, -na *adj.* Relativo o semejante al caballo. 2 [cosa] Más grande o recio de lo normal en su clase.
cabalmente *adv. m.* Precisa, justa o perfectamente.
cabalonga *f. Méj.* Haba de San Ignacio. 2 *Cuba.* Arbusto apocináceo, de hojas lanceoladas estrechas y flores amarillas *(Thevetia neriifolia).*
cabanga *f. Amér. Central.* Tristeza. 2 *Pan.* Dulce de papaya.
cabaña (l. *capanna,* choza < celt.) *f.* Casilla tosca y rústica: *una ~ de pastores.* 2 Número considerable de cabezas de ganado. 3 Conjunto de los ganados de una provincia, región, país, etc. 4 Recua de caballerías empleadas en portear granos. 5 En el billar, espacio a la cabecera de la mesa, desde el cual juega el que tiene bola en mano. 6 *Argent.* Estancia, hacienda o finca rural donde se atiende a la cría del ganado y mejoramiento de sus razas.
SIN. *1* **Choza.** *5* **Casa.**
cabañal *adj.* [camino] Por donde pasan las cabañas. -2 ***m.*** Población formada de cabañas. 3 *Sal.* Cobertizo para cobijar el ganado.
cabañense *adj.-s.* De Cabañas, dep. de El Salvador.
cabañería (de *cabañero*) *f.* Ración semanal dada a los pastores.
cabañero, -ra *adj.* Relativo a la cabaña. -2 ***m.*** El que tiene por oficio cuidar de la cabaña (cabezas de ganado y recua de caballerías).
cabañil *adj.* Perteneciente o relativo a las cabañas de los pastores. -2 ***m.*** El que cuida de la cabaña (recua de caballerías).
cabañuela *f.* Dim. de *cabaña.* -2 ***f. pl.*** Cálculo que, observando ciertas variaciones atmosféricas, forma el vulgo para pronosticar el tiempo de cada uno de los meses del año o del siguiente. 3 *Bol.* Primeras lluvias de verano. 4 *Méj.* Lluvia de invierno.

5 *Venez.* ***Estar cogiendo cabañuelas,*** estar sin oficio ni beneficio.

cabaré (fr. *cabaret*) ***m.*** Sala de fiestas. ◇ Pl.: *cabarés.*

cabaret (fr.) ***m.*** Cabaré.

cabarga ***f.*** *Amér. Merid.* Envoltura de cuero que en vez de herradura se pone al ganado vacuno.

cabás (fr. *cabas*) ***m.*** Cestillo que usan las mujeres y las niñas colegialas. 2 Maletilla pequeña o caja con asa que llevaban las niñas al colegio con sus libros o cosas. 3 Maletín pequeño.

cabasita ***f.*** Silicato hidratado de aluminio, calcio y potasio, que cristaliza en el sistema trigonal.

I) cabe (de *caber*) ***m.*** Golpe de lleno que en el juego de la argolla da una bola a otra 2 fig. ~ ***de pala,*** ocasión o lance para lograr lo que se desea. 3 fig. ***Dar un*** ~, causar un perjuicio. 4 *Logr.* Cachete; golpe, porrazo. ◇ HOMÓF.: *cabe* (v.), *cabe* (prep.), *cave* (v.).

II) cabe (de *cabo,* orilla, borde) ***prep.*** ant. Expresa en general proximidad. Cerca de, junto a: *se sentó ~ el camino.* ◇ Hoy se usa sólo como voz literaria. ◇ HOMÓF.: *cabe* (v.), *cabe* (m.), *cave* (v.).

cabeceada ***f.*** *Amér.* Cabezada.

cabeceado (de *cabecear*) ***m.*** Grueso del palo de algunas letras.

cabeceador ***m.*** *Méj.* Gamarra del caballo.

cabeceamiento ***m.*** Cabeceo.

cabecear ***intr.*** Mover la cabeza: *ese caballo cabecea.* 2 esp. Volver la cabeza de un lado a otro en señal de negación; dar cabezadas el que se va durmiendo. 3 MAR. Moverse la embarcación bajando y subiendo de proa a popa; p. anal., moverse demasiado la caja de un carruaje. 4 Inclinarse lo que debía estar en equilibrio: *~ la carga de una acémila.* -5 ***tr.*** Dar a los palos [de las letras] el cabeceado. 6 Echar un poco de vino añejo en las tinajas [del nuevo]. 7 Poner el encuadernador cabezadas [en un libro]. 8 Reforzar [las esteras o ropas] cosiendo unas listas o guarniciones en los extremos. 9 Poner nuevo pie [a las medias]. 10 En el juego del fútbol, dar con la cabeza un golpe [a la pelota]. 11 AGR. Arar las cabeceras [de un campo]. 12 *Cuba.* Unir cierto número de hojas [de tabaco], atándolas por los pezones. 13 *Chile.* Formar las puntas o cabezas [de los cigarros]. 14 *Chile.* Echar cabeza la cebolla, el ajo y plantas semejantes.

cabeceo ***m.*** Acción de cabecear. 2 Efecto de cabecear.

cabecera (de *cabeza*) ***f.*** Principio, origen de algunas cosas: *~ de un río.* 2 ~ ***de puente,*** cabeza de puente. 3 Parte principal de algunas cosas, lugar de preferencia: *~ del tribunal; ~ de la mesa.* 4 Población principal de un territorio o distrito. 5 Parte de la cama donde se ponen las almohadas. 6 Tabla o barandilla que se suele poner en la cama para que no se caigan las almohadas. 7 Almohada (colchoncillo). 8 Adorno que en los libros impresos se pone a la cabeza de una página o capítulo. 9 Extremo del lomo de un libro. 10 ARQ. Testero de la iglesia o parte en que se halla el altar principal. -11 ***m. pl.*** IMPR. Cuñas de madera con que, por la parte superior, se asegura el molde a la rama.

cabecero ***m.*** Madero horizontal de la parte superior de un cerco de puerta o ventana. 2 Dintel de madera.

cabeciancho, -cha ***adj.*** De cabeza ancha.

cabecidurez ***f.*** *Colomb.* Testarudez.

cabeciduro, -ra ***adj.*** Cabezudo, testarudo.

cabecilla ***f.*** Dim. de *cabeza.* -2 ***com.*** fig. Persona de mal porte, mala conducta o poco juicio. -3 ***m.*** Jefe de rebeldes. -4 ***f.*** Conjunto de dobleces con que se cierra el tubo de papel de algunas clases de cigarrillos para que no se caiga la picadura. 5 Remate de los extremos de un ojal.

cabecista ***m.*** *Perú.* Jefe, director.

cabellado, -da ***adj.*** De color castaño con visos.

cabelladura ***f.*** Cabellera.

cabellar ***intr.*** Echar cabello. -2 ***intr.-prnl.*** Ponérselo postizo.

cabellejo ***m.*** Dim. de *cabello.*

cabellera ***f.*** Pelo de la cabeza, esp. el largo y tendido sobre la espalda. 2 Pelo postizo, peluca. 3 Ráfaga luminosa que rodea al cometa crinito. 4 ~ ***de Berenice,*** constelación boreal situada entre Bootes y el León.

cabello (l. *capillu*) ***m.*** Pelo que nace en la cabeza del hombre, y conjunto de todos ellos: ~ ***merino,*** el crespo y muy espeso. 2 ~, o ***cabellos de ángel,*** dulce de almíbar que se hace con la cidra cayote. -3 ***m. pl.*** Barbas de la mazorca del maíz. 4 *Colomb., Méj., P. Rico, R. de la Plata* y *Venez.* Huevos hilados. 5 *Cuba, Guat.* y *Méj.* Planta enredadera, ranunculácea, de ramas larguísimas *(Clematis havanensis).* 6 *Argent., C. Rica, Chile, Perú* y *Urug.* Planta convolvulácea parásita, de tallos rojizos o amarillentos *(Cuscuta cristata).* ◇ Impropiedad: *cabellos blancos*, por canas.

REL. *1* **Capilar,** relativo al ~: *loción ~.* SIN. Por ser diferencial del hombre, **cabello** se estima como más noble que **pelo.** FR. Fig. *Asirse uno de un ~*, aprovechar cualquier pretexto; *cortar uno un ~ en el aire,* ser muy perspicaz; *traer una cosa por los cabellos,* aplicar una sentencia o suceso a una materia con la cual no tiene relación ni conexión.

cabelludo, -da ***adj.*** De mucho cabello. 2 [fruta o planta] Cubierto de hebras largas y vellosas. 3 V. Cuero cabelludo.

caber (l. *capere,* coger) ***intr.*** Poder contenerse una cosa dentro de otra: *el libro no cabe en el estuche.* 2 Tener lugar o entrada: *en este local no caben los menores.* 3 Tocarle a uno alguna cosa: *no me cabrá tal suerte.* 4 Seguido de la prep. *a,* corresponder en un reparto o como cociente de una división: *los gastos de la fiesta caben a mil pesetas por persona.* 5 Ser posible o natural: *todo cabe en este chico.* -6 ***tr.*** inus. Tener capacidad: *el depósito cabe mucho aceite.* 7 inus. Admitir: *el portero cabe a todos.* ◇ HOMÓF.: *cabe* (m.), *cabe* (prep.), *cave* (v.). ◇ **CONJUG. [66].

FR. *No cabe más,* expresa que una cosa es extremada en su línea; *no ~ uno en sí,* expresa la necesidad de expansión cuando se sienten afectos muy poderosos, o bien tener mucha soberbia y vanidad.

cabernera ***f.*** *Murc.* Jilguero.

cabero, -ra ***adj.*** desus. [pers., animal o cosa] Que está en el último lugar, postrero. -2 ***m.*** *And.* y *P. Rico.* El que tiene por oficio echar cabos o mangos en las herramientas del campo. -3 ***f.*** *Logr.* Muela del juicio.

cabestraje ***m.*** Conjunto de cabestros. 2 Agasajo hecho a los vaqueros que han conducido con los cabestros la res vendida.

cabestrante ***m.*** Cabrestante.

cabestrar ***tr.*** Echar cabestros [a las bestias que andan sueltas]. -2 ***intr.*** Cazar con buey de cabestrillo.

cabestrear ***intr.*** Seguir sin repugnancia la bestia al que la lleva del cabestro. -2 ***tr.*** Cabestrar. 3 *Amér.* Llevar del cabestro. -4 ***intr.*** *Amér.* fig. *y* fam. Seguir con docilidad.

SIN. **Ramalear.**

cabestrería ***f.*** Establecimiento del cabestrero.

cabestrero ***m.*** El que tiene por oficio hacer o vender cabestros y otras obras de cáñamo. 2 El que conduce las reses vacunas de un sitio a otro por medio de los cabestros.

cabestrillo ***m.*** Dim. de *cabestro.* 2 Banda o aparato pendiente del hombro para sostener la mano o el brazo lastimados. 3 Cadenita que adornaba el cuello. 4 Abrazadera que sujeta la hoja de algunas sierras.

SIN. *2* **Charpa.**

cabestro (l. *capistru*) ***m.*** Ramal atado a la cabeza de la caballería para llevarla o asegurarla. 2 Buey manso que guía la torada. 3 Cabestrillo (cadenita). 4 fig. Académico que, en número par, acompaña al recipiendario en la Real Academia Española. 5 fig. *y* fam. Hombre obtuso y torpe.

cabete (de *cabo,* extremo) ***m.*** Herrete (cabo metálico). 2 Pez marino teleósteo, con la cabeza totalmente acorazada por placas, y armado de fuertes espinas en los opérculos y la espalda *(Lepidotrigla cavillone; Trigla aspera).*

cabeza (v. *cabezo*) ***f.*** Parte superior del cuerpo del hombre, separada del tronco por el cuello, y la superior o anterior del de muchos animales, donde residen los principales centros nerviosos y los órganos de los sentidos, esp., parte superior y posterior de ella. 2 Retrato en escultura o pintura. 3 fig. Intelecto, talento, juicio: ~ ***de chorlito,*** persona ligera y de poco juicio; ~ ***redonda,*** persona de rudo entendimiento; ***mala*** ~, persona que procede sin juicio ni consideración. 4 fig. Persona: *sale a tanto por ~.* 5 Res: ~ ***mayor,*** el buey, el caballo o la mula; ~ ***menor,*** el carnero o la cabra. 6 Principio o parte extrema de una cosa, esp. la superior: *las cabezas de una jácena, de un puente; ~ de aspa de un molino;* ~ ***de una montaña,*** su cumbre; ~ ***de un clavo*** o ***tornillo,*** parte opuesta a la punta; ~ ***de un libro,*** parte superior de su corte; ~ ***de una campana,*** parte superior de la armazón que la sujeta; ~ ***de lista,*** candidato que figura en primer lugar en la lista que presenta un partido o agrupación política a unas elecciones; ~ ***de serie,*** en algunos torneos deportivos, jugador o equipo escogido por sus méritos para competir con rivales teóricamente inferiores a él, con el fin de evitar que en las primeras eliminatorias se enfrenten entre sí los mejores participantes. 7 Bloque de madera, colocado en la parte superior de un poste para darle mayor superficie de porte o aspecto. 8 ~ ***de puente,*** fortificación que lo defiende. Posición militar que establece un ejército en la orilla de un río o estrecho, situada en territorio enemigo, para preparar el paso del grueso de las fuerzas. 9 fig. Capital (población): ~ ***de partido,*** localidad principal de un territorio, que comprende varios pueblos dependientes de ella judicial o gubernativamente. 10 fig. Fuente, origen, principio. 11 ~ ***lectora,*** o sólo ~, dispositivo o parte de un aparato que sirve para leer, grabar o reproducir sonido o cualquier otro tipo de datos en un medio de almacenamiento. 12 ~ ***de ajo,*** o ***de ajos,*** bulbo del ajo. 13 ~ ***de fraile,*** seta de color amarillo tostado con el sombrero casi plano y con una prominencia en el centro *(Clitocybe geotropa).* 14 ~ ***de perro,*** celidonia menor. 15 ~ ***de viejo,*** cacto cubierto por unas espinas largas y blancas a modo de cabellera *(Cephalocereus sp.).* 16 FON. Parte inicial de una sílaba, anterior al núcleo silábico. 17 IMPR. Parte superior de un carácter tipográfico. 18 Jefe de una comunidad, corporación, etc.: *~ de familia; ~ de un partido político.* 19 *Murc.* Parte por donde toma su caudal una acequia. 20 *And.* Dental. 21 *Chile* y *Hond.* MIN. Residuo que queda después de hecha una quema y que contiene algo de plomo y plata.

FR. *1 Alzar* o *levantar ~*, salir de la pobreza o desgracia, o restablecerse de una enfermedad; *dar de ~*, caer de su fortuna o autoridad; *dar en la ~ a uno,* frustrar sus designios; *meterse de ~*, entrar de lleno en un negocio; *no levantar ~*, estar muy atareado, esp. en leer o escribir, o bien no acabar de restablecerse de una enfermedad, o bien no poder salir de la pobreza.

FR. *3* y *4* Fig. *Calentarse la ~*, fatigarse en el trabajo mental; *flaco de ~*, persona poco firme en sus juicios e ideas; *henchir a uno la ~ de viento,* adularle, llenarlo de vanidad; *metérsele a uno en la ~ alguna cosa,* figurársela con poco fundamento y obstinarse en considerarla cierta o probable; *pasarle a uno una cosa por la ~*, antojársele, imaginarla; *perder uno la ~*, faltarle u ofuscársele la razón o el juicio; *quebrarse la ~*, hacer o solicitar algo con gran cuidado o empeño o buscarlo con gran solicitud; *romperse la ~*, devanarse los sesos; *sentar la ~*, hacerse juicioso; *tener la ~ a las once* o *a pájaros,* no tener juicio.

FR. *6.* Fig. *Hacer ~*, ser el principal en un negocio o grupo de personas; *en ~, loc. adv.,* a la cabeza, delante: *desfilar en ~.*

SIN. *1* **Testa** (culto o irón.). Familiares y jocosos: **calamorra, chola, casco, cosa.** *3* **Cerebro, capacidad.** Burlescos o fam.: **cacumen, caletre, chirumen, casco.**

cabezada ***f.*** Golpe que se da con la cabeza o se recibe en ella. 2 Movimiento de cabeza del que se va durmiendo sin estar acostado: *dar cabezadas.* 3 Sueño corto: *voy a echar una ~.* 4 Inclinación de cabeza, como saludo. 5 Correaje que ciñe y sujeta la cabeza de una caballería. 6 Cordel para coser las cabeceras de los libros. 7 En las botas, cuero que cubre el pie. 8 Parte más elevada de una haza de tierra. 9 *Amér.* Arzón de la silla de montar.

SIN. *1* **Calabazada, calamorrada** (fam.), **casquetazo.** *4* **Cabezón.**

cabezal (de *cabeza*) ***m.*** Almohada pequeña. 2 Almohada larga que ocupa toda la cabecera de la cama. 3 Colchoncillo angosto para dormir en los escaños junto a la lumbre. 4 Vendaje que se ponía sobre la cisura de la sangría. 5 FORT. Larguero superior del bastidor de encofrado de una mina. 6 MEC. Pieza fija del torno en la que gira el árbol. 7 *Chile* y *Méj.* Cabio de puerta, y en gral., todo travesaño sobre el cual descansa un larguero.

SIN. *2* **Larguero.**

cabezalejo ***m.*** Dim. de *cabezal.*

cabezalero, -ra ***m. f.*** Testamentario. 2 Persona que hace cabeza entre los que llevan foro.

cabezazo ***m.*** Cabezada, golpe dado con la cabeza.

SIN. **Calamorrazo** (fam.).

cabezcaído, -da ***adj.*** desus. Cabizcaído.

cabezo (l. *capitiu* < *caput*, cabeza) ***m.*** Cerro alto o cumbre de un monte. 2 Montecillo aislado. 3 Roca o escollo que sobresale del agua. 4 Cabezón de la camisa.

cabezón, -zona ***adj.*** Cabezudo (terco y de cabeza grande). -2 ***m.*** Lista de contribuyentes y contribuciones, y escritura de obligación de la cantidad que se ha de pagar de alcabala y otros impuestos. 3 Lista de lienzo doblado que se cose rodeando el cuello de la camisa. 4 Remolino del agua en los ríos, al pasar sobre las piedras. 5 Cabezada del caballo. 6 Aum. de *cabeza* y de *cabezo.* 7 Abertura que tiene cualquier ropaje para sacar la cabeza. 8 Renacuajo. 9 ~ ***de serreta,*** o sólo ~, cabezada con serreta. 10 *Extr.* Alcaudón. 11 *Cuba.* Pececillo de cabeza ancha y ojos pequeños *(Atherina laticeps).* -12 ***adj.*** *Chile* y *Urug.* Cabezudo o espirituoso.

cabezonada ***f.*** fam. Acción propia de cabezudo.

cabezonería ***f.*** Cabezonada.

cabezorro ***m.*** fam. Cabeza grande y desproporcionada.

cabezota ***f.*** Aum. desp. de *cabeza.* -2 ***com.*** fam. Persona de cabeza muy grande. -3 ***com.-adj.*** fig. *y* fam. Persona testaruda.

SIN. *3* v. **Terco.**

cabezote ***m.*** *Cuba.* Pececito parecido al cabezón, pero de tamaño mayor *(Atherina laticeps).* 2 *And., Can.* y *Cuba.* Piedra de figura irregular que se emplea en mampostería.

cabezudamente ***adv. m.*** Terca y obstinadamente.

cabezudo, -da ***adj.*** Que tiene grande la cabeza. 2 fig. Terco, obstinado. 3 [vino] Muy espirituoso. -4 ***adj.-s.*** desp. De Borja, pueblo de Zaragoza. -5 ***m.*** Figura de enano de gran cabeza: *los cabezudos de una procesión.* 6 Pardete. -7 ***adj.*** *Cuba.* [cigarro] Apagón.

SIN. *2* v. **Terco.** *6* **Capitón.**

cabezuela ***f.*** Dim. de *cabeza.* 2 Harina más gruesa del trigo, después de sacada la flor. 3 Inflorescencia de flores sentadas sobre un receptáculo común, rodeada por un involucro de brácteas; es propia de la familia de las compuestas. 4 Aciano menor. 5 Heces que cría el vino a los dos o tres meses de haberse destilado el mosto. 6 Botón de la rosa que se usa en las boticas para preparar agua de olor. -7 ***com.*** fig. Persona de poco juicio.

SIN. *2* **Soma, zoma.**

cabezuelo ***m.*** Dim. de *cabezo.*

cabiay ***m.*** ZOOL. Capibara, mamífero.

cabiblanco ***m.*** *Colomb.* y *Venez.* Cuchillo que se lleva al cinto.

cabida (de *caber*) ***f.*** Espacio o capacidad que tiene una cosa para contener otra. 2 Extensión superficial de un terreno.

FR. *Tener* uno *cabida* con alguna persona o en alguna parte, tener valimiento.

SIN. **Cabimiento.**

cabila (ár.) ***f.*** Tribu de beduinos o de bereberes. ◇ INCOR.: *cábila.* ◇ HOMÓF.: *cavila* (v.).

cabildada ***f.*** fam. Resolución atropellada o imprudente de una comunidad o cabildo.

cabildante ***m.*** *Amér. Merid.* Individuo de un cabildo; regidor o concejal.

cabildear ***intr.*** Procurar con maña ganarse las voluntades de una corporación o cabildo. 2 *Venez.* Reunirse en grupos el ganado.

cabildeo ***m.*** Acción de cabildear. 2 Efecto de cabildear.

cabildero ***m.*** El que cabildea.

cabildo (v. *capítulo*) ***m.*** Comunidad de eclesiásticos capitulares de una iglesia. 2 Ayuntamiento (municipio). 3 Junta celebrada por un cabildo y sala donde se celebra. 4 Capítulo (junta de religiosos). 5 Corporación que representa a los pueblos de cada isla en las Canarias. 6 *Cuba.* desp. Junta de negros. 7 *Cuba.* Reunión de hombres ineptos. 8 *Venez.* Reunión de ganado salvaje.

REL. Concerniente al ~, ***adj.*** **capitular:** *sala capitular.*

cabileño, -ña ***adj.*** Relativo a una cabila o a las cabilas. -2 ***m.*** Individuo de una cabila.

cabilla (l. *clavicula,* llavecita) ***f.*** Barra redonda de hierro, con la cual se clavan los maderos en la construcción de buques. 2 Barrita para manejar la rueda del timón y amarrar los cabos de labor. 3 Hierro cabilla.

cabillero ***m.*** MAR. Pieza con agujeros, por los que pasan las cabillas que amarran los cabos.

cabillo ***m.*** Dim. de *cabo.* 2 Pezón [en las plantas].

cabima (voz indígena) ***f.*** *Cuba, Perú* y *S. Dom.* Especie de árbol *(Rheedia aristata; Cedrela angustifolia).*

cabimiento ***m.*** Cabida (capacidad).

cabina (fr. *cabine*) ***f.*** Pequeño departamento, gralte. aislado, para usos muy diversos: ~ ***telefónica,*** locutorio; ~ ***del avión, del camión, de la máquina del ferrocarril,*** etc., espacio reservado para el piloto, conductor, personal técnico, etc., y donde están instalados los mandos.

cabinera (de *cabina*) ***f.*** *Colomb.* Azafata de avión.

cabinza ***f.*** *Chile.* Pez marino de forma oval, de unos 12 cm. de largo *(Mendozoma coerulescens).*

cabio (de *cabriola*) ***m.*** Listón atravesado a las vigas para formar suelos y techos. 2 Madero sobre el que asientan los del suelo. 3 Madero de suelo que cierra de cada lado el hueco de una chimenea y lleva ensamblado el brochal. 4 Cabrio. 5 Travesaño superior e inferior que con los largueros forman el marco de las puertas o ventanas.

cabizbajo, -ja ***adj.*** Que tiene la cabeza inclinada hacia abajo, por abatimiento, melancolía, etc.

cabizcaído, -da ***adj.*** Cabizbajo.

cabizmordido, -da ***adj.*** fam. Deprimido de nuca.

cable (l. *capulu,* cuerda) ***m.*** Maroma gruesa. 2 Cabo grueso que se hace firme en el arganeo de un ancla. 3 fig. Texto informativo recibido por teletipo. 4 Cablegrama. 5 fig. Ayuda que se presta al que está en una situación comprometida: *echar, lanzar un ~.*

6 MAR. Medida de longitud (120 brazas). 7 ~ *eléctrico,* hacecillo de hilos de cobre, aislados unos de otros, protegido por una cubierta flexible e impermeable; se usa para establecer líneas telegráficas o telefónicas subterráneas o submarinas, para el alumbrado, etc. 8 ~ *de alambre,* el construido con alambres torcidos en espiral. 9 ~ *herciano,* sistema de comunicación realizado mediante ondas electromagnéticas dirigidas, bien entre dos estaciones directas, bien con ayuda de repetidores intermedios. 10 ~ *portante,* en los transportes funiculares bicables, o teleféricos de dos cables, el cable fijo del que van suspendidas las vagonetas o los fardos, pesos, etc.; en el sistema de suspensión catenaria, el que sustenta al cable conductor asegurando el paralelismo de éste con la superficie de la vía en toda su longitud.

cableado, -da *adj.* Unido, conectado mediante cables. -2 *m.* Acción de cablear. 3 Efecto de cablear. 4 Conjunto de cables.

cablear *intr.* Tender o instalar cables.

cablegrafiar *tr.* Transmitir por cablegrama: ~ *un despacho.* ◇ ** CONJUG. [13] como *desviar.*

cablegráfico, -ca *adj.* Perteneciente o relativo al cable o a los cablegramas.

cablegrama (*cable* + *-grama*) *m.* Telegrama transmitido por cable submarino. ◇ En la conversación se abrevia con frecuencia: *he recibido un cable de mi hermano.*

cablero, -ra *adj.-s.* Buque destinado a tender y reparar los cables submarinos.

cablevisión *f.* Televisión transmitida por cable.

cablista *com.* Técnico encargado del desplazamiento de cables eléctricos.

cabo (l. *caput*) *m.* Extremo de las cosas. *De ~ a ~,* o *de ~ a rabo,* del principio al fin. 2 Punta de tierra que penetra en el mar: ~ *de Creus.* 3 Mango (asidero). 4 Parte pequeña que queda de una cosa: ~ *de cuerda;* ~ *de vela.* 5 fig. Fin (término): ~ *de año,* aniversario; *al ~,* al fin; *dar ~ a una cosa,* acabarla, destruirla. 6 En las aduanas, lío pequeño que no llega a fardo. 7 En algunos oficios, hilo o hebra. 8 Caudillo, jefe. 9 ~ *de maestranza,* capataz de una brigada de obreros. 10 MAR. Cuerda: ~ *blanco,* el que no está alquitranado; fig., ~ *suelto,* circunstancia imprevista o que ha quedado sin resolver en algún negocio. 11 MIL. Individuo de la clase de tropa inmediatamente superior al soldado: ~ *de escuadra;* ~ *primero,* el superior en su grado e inmediatamente inferior al suboficial. 12 MAR. ~ *de cañón,* soldado o marinero encargado del manejo de un pieza de artillería. 13 ~ *de mar,* individuo de clase superior en la marinería de un buque de guerra. -14 *m. pl.* Patas, hocico y crines del caballo o yegua: *caballo blanco con cabos negros.* 15 Piezas sueltas que se usan con el vestido: *medias, zapatos, flecos y otros cabos.* 16 fig. Especies varias que se han tocado en algún asunto o discurso: *atar cabos,* reunir especies, premisas o antecedentes para sacar una consecuencia. 17 fig. *Echar un ~ a alguien,* ayudarle en situación comprometida o dificultosa. -18 *m. And.* Flor del maíz. 19 *Can.* Ristra de ajos compuesta por veinticinco pares de cabezas. 20 *Logr.* Madriguera de los conejos, cado. ◇ HOMÓF.: *cavo* (v.).
SIN. *1* **Punta, extremidad.** *2* **Angla; promontorio,** si es alto y escarpado; **lengua de tierra,** si es estrecho y largo.

caboclo *m. Colomb.* Colono.

cabortero, -ra *adj. Urug.* Difícil, imposible. 2 [animal] Arisco, de difícil doma.

cabotaje *m.* Navegación comercial hecha a lo largo de la costa. 2 Tráfico marítimo a lo largo de las costas de un país determinado.

Cabra (*el licenciado ~*) *n. pr.* Maestro de pupilos creado por Quevedo (1580-1645) en el *Buscón.* Se le menciona como personificación de la tacañería: *el pupilaje de ~.*

cabra (l. *capra*) *f.* Mamífero rumiante bóvido, de la subfamilia de los ovinos, de cuerpo bastante esbelto, cuernos arqueados hacia atrás, comprimidos transversalmente, y de cola muy corta, especialmente la especie doméstica *(Capra* sp.*):* ~ *montés* (o *hirco, íbice),* especie salvaje que vive en la vertiente española de los Pirineos *(C. ibex),* y también la que vive en la Sierra Nevada y en la de Gredos *(C. hispanica).* 2 Máquina militar ant. que servía para tirar piedras. 3 ~ *de almizcle,* almizclero. 4 ASTRON. Estrella de la constelación de Cochero. -5 *f. pl.* Cabrillas (de las piernas). -6 *f. Amér.* Trampa en el juego de dados o en el dominó. 7 *Argent.* Gallo cobarde. 8 *Colomb.* y *Cuba.* Dado falso. 9 *Chile.* Carruaje ligero de dos ruedas. 10 *Chile.* Tentemozo. 11 *Chile.* Cabrilla de los carpinteros. -12 *f. pl. Bol.* Suciedad de las rodillas.
FR. *La ~ siempre tira al monte,* expresión con que se indica que, en general, se obra según el origen o natural de cada uno. REL. **Cabrito,** cría de la cabra en gral.; **choto, -ta,** mientras mama; v. **Cabrón.**

cabracho *m.* Pez marino teleósteo parecido al rascacio, aunque algo mayor y de color rojizo jaspeado, de hasta 50 cms. de longitud, cubierto de gran cantidad de apéndices y con un opérculo con espina venenosa *(Scorpaena scrofa).*

cabrada *f.* Rebaño de cabras.

cabrahigadura *f.* Acción de cabrahigar. 2 Efecto de cabrahigar.

cabrahigal, -gar *m.* Terreno poblado de cabrahígos.

cabrahigar *tr.* Colgar sartas de cabrahígos en las ramas [de las higueras], por creerse que así los higos saldrán mejores. ◇ ** CONJUG. [25].
SIN. **Encabrahigar.**

cabrahígo (l. *caprificu*) *m.* Higuera silvestre *(Ficus carica).* 2 Fruto de este árbol.
SIN. *1* **Higuera de Egipto** o **loca.**

cabrales *m.* Queso de leche de vaca, de pasta blanda y sabor fuerte, procedente de Cabrales (municipio de Asturias).

cabrear *tr.* Meter [ganado cabrío] en un terreno. 2 fig. *y* fam. Enfadar, molestar [a uno]. -3 *prnl.* vulg. Recelar, escamarse, enfadarse. -4 *tr. Perú.* Esquivar [a un perseguidor]. -5 *intr. Chile.* Jugar saltando y brincando. 6 *P. Rico.* Tener una mujer diferentes amoríos.

cabreo *m.* vulg. Enfado, irritación.

cabrera *f.* Pastora de cabras. 2 Mujer del cabrero.

cabrería *f.* Casa en que se vende leche de cabras. 2 Casa en donde se recogen las cabras por la noche.

cabreriza *f.* Choza en que se guarda el hato y se recogen de noche los cabreros. 2 Mujer del cabrero.

cabrerizo, -za *adj.* Relativo a las cabras. -2 *m.* Cabrero.

cabrero (l. *caprariu*) *m.* Pastor de cabras. 2 *Cuba.* Pájaro poco más grande que el canario. -3 *adj. Argent.* vulg. Irritado, enfadado.
SIN. *1* **Guardacabras.**

cabrestante (prov. *cabestan*) *m.* Torno vertical para mover grandes pesos.
SIN. **Cabestrante, argüe.**

cabria (l. *caprea,* cabra) *f.* Torno en que la cuerda de tracción pasa por una polea suspendida en el punto de unión de las tres vigas inclinadas que forman trípode. ~ *giratoria,* la que tiene móvil una de las tres vigas del trípode.

cabrilla *f.* Dim. de *cabra.* 2 Pez marino teleósteo, parecido al mero, aunque bastante más pequeño, muy voraz, de color amarillo rosado y de carne fofa e insípida *(Serranus cabrilla; Paracentropristis atricanda).* 3 Rebozuelo. 4 Trípode de madera en que los carpinteros sujetan los maderos grandes. 5 Juego que consiste en tirar piedras planas sobre la superficie del agua, de modo que corran largo trecho rebotando. -6 *f. pl.* Las siete estrellas principales del grupo de las Pléyades. 7 Manchas que se hacen en las piernas por permanecer mucho tiempo cerca del fuego. 8 Pequeñas olas blancas y espumosas que se forman cuando el mar empieza a agitarse. -9 *f. Colomb.* Volante.
SIN. *7* **Cabras.**

cabrillear (frecuent.) *intr.* Formarse cabrillas en el mar. 2 Rielar.
SIN. *2* v. **Resplandecer.**

cabrilleo *m.* Acción de cabrillear.

cabrillona *f. Argent.* y *Urug.* Cabra de corta edad.

cabrio (de *cabria*) *m.* Madero colocado paralelamente a los pares de una armadura de tejado para recibir la tablazón. 2 BLAS. Pieza honorable, en forma de medio sotuer, cuya punta se alarga hasta el centro del jefe y queda como un compás abierto.
SIN. *1* **Contrapar.**

cabrío, -a *adj.* Relativo a las cabras: *ganado ~.* -2 *m.* Rebaño de cabras.
SIN. *1* **Cabruno, caprino.**

cabriola (l. *capriola*) *f.* Brinco que dan los que danzan, cruzando varias veces los pies en el aire. 2 fig. Voltereta (vuelta). 3 Salto que da el caballo, soltando un par de coces mientras se mantiene en el aire. 4 *Cuba, Méj.* y *P. Rico.* Travesura.
SIN. **Pirueta.**

cabriolar *intr.* Dar o hacer cabriolas.

cabriolé (fr. *cabriolet*) *m.* Coche de caballos, ligero, generalmente de dos ruedas, con capota plegable. 2 Automóvil descapotable. 3 Especie de capote con mangas o abertura para sacar los brazos. 4 Carro que se mueve sobre cuatro ruedas por unas correderas, para transportar grandes pesos en fábricas o talleres.

cabriolear (frecuent.) *intr.* Cabriolar.
cabrita *f.* La que hace cabritadas.
cabritada *f.* fam. Mala pasada, acción malintencionada.
cabritero, -ra *m. f.* Persona que tiene por oficio vender carne de cabrito.
cabritilla *f.* Piel curtida de cualquier animal pequeño, como cabrito, cordero, etc.
cabrito *m.* Cría de la cabra. 2 Persona a la cual fastidian y explotan los demás. 3 Cliente de casas de lenocinio. 4 El que hace cabritadas. 5 fig. Cabrón, el que consiente el adulterio. 6 *Chile.* Roseta. 7 *Méj.* Muchacho que se ocupa en faenas apropiadas a su edad.
cabrituno, -na *adj.* Relativo al cabrito.
cabro, -bra *adj.-s.* desus. Descendiente de negro y mulata. -2 *m.* Macho cabrío. 3 *Bol., Chile* y *Ecuad.* Muchacho, chiquillo.
cabrón (l. *caprone*) *m.* Macho de la cabra. 2 desp. El que consiente el adulterio de su mujer. 3 fig. El que aguanta cobardemente los agravios o impertinencias de que es objeto. 4 fig. *y* vulg. Persona molesta. 5 fig. *y* vulg. El que hace cabronadas o malas pasadas a otro. 6 *Amér. Merid.* Proxeneta.
SIN. *1* **Bode,** p. us.; **igüedo; buco; macho cabrío,** muy us. por ser malsonante la palabra **cabrón; cegajo,** el de dos años; **chivo,** el que no mama y no ha llegado a la edad de procrear; **chivato,** el que tiene más de seis meses y no llega al año.
cabronada *f.* vulg. Acción infame que permite alguno contra su honra. 2 Incomodidad grave e importuna que se aguanta por alguna consideración. 3 Mala pasada, acción malintencionada o indigna contra otro.
cabruno, -na *adj.* Relativo a la cabra.
SIN. **Caprino.**
cabruza *f.* Pez marino teleósteo perciforme, de cuerpo alargado desprovisto de escamas, de color pardusco o rosado, y con un tentáculo muy ramificado sobre cada ojo *(Blennius gattorugine).*
cabuchino *m.* Pez marino teleósteo perciforme, de pequeño tamaño y cuerpo alargado de color pardo con manchas más obscuras *(Gobius minutus; Pomatoschistus m.).*
cabuchón, cabujón (fr. *cabochon*) *m.* Piedra preciosa pulimentada y no tallada, de forma convexa. 2 Cabeza de clavo que lleva adorno.
cábula *f. Amér.* Ardid, maña, traza para lograr algo. 2 *Amér.* Cábala.
cabulear *intr. Argent.* Armar cábulas, ardides.
cabuleo *m. Perú.* Treta, ardid.
cabulero, -ra *adj. Amér.* Cabalista, camandulero, mañero.
caburé, caburey (guaraní) *m. Argent.* y *Parag.* Ave de rapiña, menor que el puño; aturde con su chillido a los pájaros de tal manera, que no huyen al acercárseles ella para devorarlos *(Glaucidium ferox).*
cabuya (voz caribe) *f.* Pita (planta). 2 Fibra de la pita, con que se fabrican cuerdas y tejidos. 3 Cabuyería. 4 *Pan.* Parcela de terreno de unas veinte brazas lineales. 5 *Amér. Dar ~,* amarrar, atajar, sujetar con cuerda.
cabuyera *f.* Conjunto de cuerdas que sostienen la hamaca.
cabuyería *f.* MAR. Conjunto de cabos menudos.
caca (eufemismo del l. *cacare,* evacuar el vientre) *f.* Excremento humano, esp. el de los niños pequeños. 2 fig. Defecto o vicio: *tapar la ~.* 3 Suciedad, inmundicia. 4 fig. Cosa de poco valor o mal hecha; cosa despreciable, insignificante: *eso es una ~.*
¡caca! Interjección con que se previene a los niños para que no toquen algo.
cacabelos *m.* Vino de la zona de Cacabelos (León).
cacaería *f. S. Dom.* Fábrica de chocolate.
cacaero *m. S. Dom.* Fabricante de pastas de cacao o chocolate.
cacahual *m.* Terreno poblado de cacaos.
cacahuatero, -ra *m. f. Méj.* Persona que vende cacahuetes en tiendas ambulantes.
cacahué *m.* Cacahuete.
cacahuero *m. Amér.* Propietario de huertas de cacao, y p. ext. el que comercia en cacao y productos derivados de él.
cacahuete, -huate, -huey (mej. *cacahuatl*) *m.* Planta leguminosa, originaria de América, de tallos rastreros y flores amarillas, estériles las superiores y fértiles las inferiores, las cuales alargan el pedúnculo y se introducen en el suelo donde madura el fruto, que es de cáscara coriácea con varias semillas oleaginosas y comestibles *(Arachis hypogea).* 2 Fruto de esta planta. 3 *adj. Méj.* Picado de viruelas, por la semejanza de los hoyos con los de la vaina del cacahuete.
SIN. *1* y *2* **Alcahuete, cacahué, maní; mandubí** *(Argent.* y *Bol.). 1* **Inchis** *(Perú).*
cacalina *f. Méj.* Cosa insignificante.
cacalota *f. Hond.* Deuda.
cacalote *m. Méj.* Cuervo, pájaro carnívoro; acalote. 2 *Amér. Central.* Roseta de maíz. 3 *Cuba.* fig. Absurdo o disparate notable.
cacamata *f. Méj.* Mujer intrigante.
cacán *adj.-m.* Lengua extinguida y desconocida, que hablaban los diaguitas.
cacao (v. *cacahuete*) *m.* Arbolillo esterculiáceo de los países tropicales, de grandes hojas persistentes; flores encarnadas y fruto en baya con muchas semillas, que se usan como principal ingrediente del chocolate *(Theobroma cacao).* 2 Semilla de este árbol. 3 Bebida hecha de este fruto, inferior al chocolate. 4 fig. *y* fam. Jaleo, alboroto. 5 fam. *~ mental,* confusión mental. 6 *Amér.* Chocolate. 7 *Nicar.* Moneda ínfima de los nahoas, que consistía en granos de cacao.
SIN. **Teobroma,** nombre docto. REL. **Teobromina,** principio activo del cacao.
cacaotal *m.* Cacahual.
cacaraco *m. Hond.* Cacareo.
cacaraña *f.* Hoyo o señal del rostro de una persona. -2 *adj. Amér. Central.* [letra] Mal hecha.
cacarañado, -da *adj.* Lleno de cacarañas.
cacarañar *tr. Guat.* Ocasionar cacarañas las viruelas [a la piel]. 2 *Guat.* Escribir con letra muy mal formada. 3 *Méj.* Pellizcar [una cosa blanda] dejándola llena de hoyos semejantes a las cacarañas.
cacaré *m.* Ave negra del Chaco boliviano.
cacareador, -ra *adj.* Que cacarea. 2 fig. Que exagera con arrogancia sus cosas.
cacarear (voz imitativa, en l. *cucurire*) *intr.* Dar voces repetidas el gallo o la gallina. -2 *tr.* fig. Ponderar excesivamente [las cosas propias].
cacareo *m.* Acción de cacarear.
cacarico, -ca *adj. Amér. Central.* Tullido, entumido. -2 *m. Hond.* Cangrejo.
cacarizo, -za *adj. Méj.* Lleno de cacarañas.
cacaruso, -sa *adj. Colomb.* Cacarañado.
cacaste *m. C. Rica* y *Hond.* Cacaxtle.
cacatúa (malayo *cacatú*) *f.* Ave psitaciforme de Oceanía con el plumaje de vistosos colores *(gén. Probosciger* y *Cacatua).* 2 fig. *y* fam. Mujer fea, vieja y de aspecto estrafalario.
cacaxtle (náhu.) *m. Guat.* y *Méj.* Armazón de madera de forma variable, para llevar algo a cuestas. 2 *Amér. Central.* Esqueleto de los vertebrados, pralte. del hombre.
cacaxtlero *m. Méj.* Indio que transporta mercancías u otras cosas en cacaxtle.
cacea (a la ~) *loc. adv.* Remolcando un aparejo de un solo anzuelo.
cacear *tr.* Revolver [una cosa] con el cazo. -2 *intr. Ast.* y *Sant.* Mover los pescadores el anzuelo incesantemente de un lado a otro.
caceo *m.* Acción de cacear.
cacera (de *caz*) *f.* Zanja por donde se conduce el agua para regar.
cacereño, -ña *adj.-s.* De Cáceres.
cacería *f.* Partida de caza. 2 Conjunto de animales muertos en la caza. 3 PINT. Cuadro que representa una caza.
cacerina (de *cazar*) *f.* Bolsa de cuero para llevar las municiones.
cacerola (de *cazo*) *f.* Vasija de metal con mango o asas, para guisar.
cacerolada *f.* Lo que cabe de una vez en una cacerola. 2 Protesta pública con batir de cacerolas.
caceta *f.* Cazo de azófar, especie de colador, que usaban los boticarios.
I) cacha (l. *capula,* empuñadura) *f.* Pieza que junto a otra forma el mango de una navaja o cuchillo. 2 Anca de la caza menor. 3 Cachete (carrillo). 4 vulg. Nalga.
II) cacha *f. Amér.* Engaño. 2 *Amér. Central.* Abuso. 3 *Bol.* Espolón artificial que se pone al gallo de pelea. 4 *Bol.* Arcón de madera que sirve de baúl. 5 *Colomb.* Moneda de diversos valores, dinero. 6 *Colomb.* Asta del ganado vacuno.
SIN. *6* **Cacho** y **cuerna.**
cachachear *tr. P. Rico.* Apalear presto y con exceso.
cachaciento, -ta *adj. Amér.* Cachazudo.
cachaco, -ca *adj. Colomb.* fam. Elegante, bien trajeado. 2 *Colomb.* desp. Entre los costeños, habitante del interior del país. -3 *m. Amér.* Lechuguino, petimetre. 4 *Colomb.* Especie de plátano de calidad inferior. 5 *Perú.* Policía. -6 *m. f. P. Rico.* Español

de ideas reaccionarias. -7 *m. pl. Colomb.* Rizos que suelen hacerse las mujeres sobre la frente.
cachada *f.* Golpe seco dado con un trompo en la cabeza de otro trompo. 2 *Amér.* Cornada, golpe dado con el cacho o cuerno. 3 *Argent., Parag.* y *Urug.* Burla, mofa.
SIN. *1* **Coca.**
cachaderas *f. pl. Chile.* Intuición, perspicacia.
cachador, -ra *adj. Argent.* y *Parag.* Burlón, chancero.
cachafaz, -za (it. *caccifanni,* divertido, fresco) *adj. Argent.* y *Chile.* Pícaro, sinvergüenza.
cachafo *m. Méj.* Colilla de cigarro.
cachafú *m. S. Dom.* Fusil viejo y maltratado.
cachalandraco *adj. Colomb.* Andrajoso.
cachalonga *f.* Variedad del ópalo de color blanco brillante.
cachalote *m.* Mamífero cetáceo odontoceto de 15 a 20 m. de largo, cuya cabeza alcanza casi la tercera parte de la longitud total del cuerpo y lleva almacenada una enorme cantidad de grasa; de él se aprovechan esp. esta grasa y el ámbar gris que se recoge en su intestino *(Catodon macrocephalus).*
cachamarín *m.* Quechemarín.
cachamenta *f. Venez.* Cornamenta. 2 *Colomb.* Despedazamiento, destrucción general.
cachampa *f. Chile.* Pez parecido a la liza *(Mugil cephalus).*
cachanchán *m. Cuba.* Alcahuete, hombre de confianza.
cachanlagua *f.* Canchalagua.
cachano *m.* fam. El diablo.
FR. *Llamar a Cachano,* pedir o trabajar inútilmente.
cachaña *f. Chile.* Loro pequeño *(Microsittace ferruginea).* 2 *Chile.* Burla, mofa. Ús. esp. en la fr. *hacer ~,* por alusión a la habilidad con que esta ave hurta el cuerpo cuando la quieren pillar. 3 *Chile.* Pelea para apoderarse de algo. 4 *Chile.* Majadería, impertinencia, molestia.
SIN. *1* **Cata** o **catita.**
cachañar, cachañear *tr. Chile.* Hacer burla o cachaña [de alguien].
cachañero, -ra *adj. Chile.* Bromista.
cachapa *f. Venez.* Panecillo de maíz.
cachapear *tr. Venez.* Hacer desaparecer la marca original [de una res] para venderla como propia.
cachaquear *intr. Colomb.* Darlas de majo.
cachaquería *f. Colomb.* Majadería. 2 Generosidad.
I) cachar *tr.* Hacer cachos o pedazos [una cosa]. 2 Rajar [madera] en el sentido de las fibras. 3 Arar una tierra alomada abriendo [los lomos] con la reja. 4 *Amér.* Chasquear, engañar, burlar. 5 *Amér.* Acornear, dar con el cacho o cuerno. 6 *Amér.* Sorprender. 7 *Amér. Central.* Conseguir, obtener [algo]. 8 *Amér. Central* y *Urug.* Hurtar, robar. 9 *Argent.* Tomar, coger, asir. 10 *C. Rica* y *Ecuad.* Burlar, ridiculizar.
II) cachar (del ingl. *to catch*) *tr. Amér. Central, Colomb., Salv.* y *Venez.* En algunos juegos, coger al vuelo una pelota que un jugador lanza a otro. 2 p. ext. Agarrar cualquier objeto pequeño que una persona arroja por el aire a otra.
cachareto, -ta *adj. Colomb.* [animal] Que tiene una oreja caída, torcida o encogida.
cacharpari (quechua, despedida) *m. Perú.* Comida o agasajo que los amigos del que va a emprender un viaje le dan por despedida.
cacharpas (quechua) *f. pl. Amér.* Trastos, trebejos.
cacharpaya *f. Bol.* y *Perú.* Cacharpari.
cacharpearse (de *cacharpas*) *prnl. Chile.* Vestirse el lugareño con nuevas galas. 2 *Chile.* Adquirir poco a poco las cacharpas de una casa.
cacharpero *m. Chile.* El que vende cacharpas; chamarilero.
cacharrazo *m.* Golpe dado con un cacharro. 2 fig. *y* fam. Trompazo, porrazo, golpe violento. 3 *Amér.* Trago de licor fuerte.
cacharrear *tr. Amér. Central.* Encarcelar [a una persona].
cacharrería *f.* Establecimiento de cacharrero.
cacharrero, -ra *m. f.* Persona que tiene por oficio vender cacharros o loza ordinaria.
cacharro (de *cacho* I) *m.* Vasija tosca. 2 Pedazo útil de ella. 3 desp. Máquina, automóvil, etc., viejo o que funciona mal, en general. 4 fam. Cosa sin valor. 5 *Amér. Central.* Cárcel.
cachava *f.* Juego de niños que consiste en hacer entrar con un palo una pelota en ciertos hoyuelos abiertos en la tierra. 2 Palo para este juego. 3 Cayado (bastón corvo).
cachavazo *m.* Golpe dado con la cachava.
cachay *m. Perú.* Surco con declive inverso o cruzado que se labra en la falda de un cerro.
cachaza *f.* Lentitud, sosiego; flema. 2 Aguardiente de melaza. 3 Primera espuma del zumo de la caña cuando empieza a cocerse.
SIN. *1* v. **Apatía.**
cachazo *m. Amér.* Cachada, cornada.
cachazudo, -da *adj.-s.* [pers.] Que tiene cachaza. -2 *m. Cuba.* Gusano de dos pulgadas de largo, muy perjudicial para los tabacales.
cache *adj. Argent.* Mal arreglado o ataviado.
caché *m.* GALIC. Carácter propio de un determinado tipo de elegancia. 2 Contrato temporal para ciertas actuaciones ante el público. 3 Contraprestación económica por dichas actuaciones.
cachear *tr.* Registrar [a gente sospechosa] para quitarle las armas que pueda llevar ocultas. 2 *Chile.* Cachar, acornear.
cachelos *m. pl.* Guiso gallego, compuesto de trozos de carne o pescado, patatas y pimientos.
cachemarín *m.* Quechemarín.
cachemir *m.* Casimir; tejido de lana muy fino fabricado con una cabra de Cachemira.
cachemira *f.* Cachemir.
cachencho *m. Chile.* Persona bobalicona. -2 *interj. Chile. ¡Cachencho!* te engañé.
cacheo *m.* Acción de cachear. 2 *S. Dom.* Bebida fermentada que se prepara con la medula de una palma así llamada.
cachera (ár. *quixra,* vestido) *f.* Ropa de lana tosca y de pelo largo. 2 *Ar.* y *Cuen.* Madriguera. 3 *La Mancha.* Pocilga, cochiquera, gorrinera.
I) cachería (de *cacho*) *f. Amér.* Comercio o tienda al por menor.
II) cachería (de *cache*) *f. Argent.* Desarreglo, falta de gusto en el vestir.
cachero, -ra *adj. Salv.* Pedigüeño, ansioso. 2 *C. Rica* y *Venez.* Mentiroso, chancero.
cachet *m.* GALIC. Sello medicinal. 2 Carácter distintivo, gralte. de refinamiento o elegancia, que tiene una persona o cosa. 3 Cotización de un artista.
cacheta *f.* Gacheta (palanquita).
cachetada *f.* Bofetada.
cachetazo *m.* Cachete. 2 *Colomb., Guat.* y *P. Rico.* Cachetada, bofetada. 3 *Guat.* Trago de licor.
cachete (der. de l. *capulu,* puño) *m.* Golpe dado con la mano en la cabeza o en la cara. 2 Carrillo, esp. el abultado. 3 Cachetero (puntillero). 4 Golpe de muñeca que da el pescador al notar la picada para clavar el anzuelo en el pez. 5 *And.* y *Chile.* fig. Cacha, nalga. 6 *P. Rico.* fig. Disfrute gratuito de algo.
cachetear *tr.* Dar cachetes, acachetear. -2 *intr. Méj.* Mover la caballería la cabeza defendiéndose de la acción del freno. 3 *Chile.* fam. Comer en abundancia y a gusto.
cachetero (de *cachete*) *m.* Puñal corto y agudo. 2 Puñal o puntilla con que se remata a las reses. 3 El que remata al toro con este instrumento. 4 fam. El último en dañar a una misma persona o cosa. 5 *Colomb.* Peso fuerte.
SIN. *3* **Puntillero.**
cachetina *f.* Riña a cachetes.
cachetón, -tona *adj. Amér.* Carrilludo. 2 *Chile.* Soberbio, orgulloso. 3 *Méj.* Sinvergüenza, descarado.
cachetudo, -da (de *cachete*) *adj.* Carrilludo.
cachi (quechua, máscara o mojiganga) *m. Bol.* Agente de policía.
cachi- (prob. con influencia de *cacho,* pedazo) Prefijo que entra en la formación de palabras con la significación aproximada del adv. *casi*: *cachigordo, cachidiablo.*
cachibajo, -ja *adj. Logr.* y *Colomb.* Cabizbajo.
cachibú *m. Perú.* Resina del árbol *Calathea lutea.*
cachica *m. Cuba.* El diablo.
cachicamo *m. Amér.* Armadillo.
cachicán *m.* Capataz (de labranza). -2 *adj.-m.* fig. *y* fam. Hombre astuto.
cachicha *f. Hond.* Berrinche, enojo.
cachicuerno, -na *adj.* [arma] Que tiene las cachas de cuerno.
cachidiablo (*cachi-* + *diablo*) *m.* fam. El que se vestía de botarga, imitando la figura del diablo.
cachifa *f. Colomb.* Menores, o sea, clase tercera en los estudios de gramática.
cachiflín *m. C. Rica.* Cohete, buscapiés.
cachiflorear *tr. Colomb.* Florear, echar flores.
cachifo, -fa *m. f. Colomb.* y *Venez.* Menorista, y p. ext., muchacho jovencito.
cachifollar (*cachi-* + *afollar*) *tr.* fam. Dejar [a uno] deslucido y humillado.

SIN. **Escachifollar.**

cachigordo, -da (*cachi-* + *gordo*) *adj.* fam. [pers.] Pequeño y gordo.

cachilapear *tr. Venez.* Cazar cachilapos.

cachilapo *m. Venez.* Res desmedrada y sin herrar.

cachilla *f. Chile.* Guiso de trigo cocido a la manera de los indios.

cachillada (l. *catellu,* cachorrillo) *f.* Cría, hijos de un animal.

SIN. v. **Lechigada.**

cachilo, -la *m. f. Bol.* Pájaro pequeño. 2 *Argent.* Pájaro conirrostro.

cachimba (voz africana) *f.* Pipa para fumar. 2 *Argent.* Cacimba u hoyo que se hace en la playa. 3 *Hond.* Cápsula vacía de arma de fuego.

cachimbazo *m. Amér. Central.* Balazo; bofetada; trago de licor.

cachimbiro *m. Guat.* Obrero metido a señorito.

cachimbo *m. Amér.* Cachimba. 2 *Cuba.* Ingenio de azúcar pequeño. 3 *Cuba.* Vasija grande de metal. 4 *Perú.* desp. Guardia nacional. 5 *Perú.* Estudiante de enseñanza superior que cursa el primer año. 6 *Perú.* Músico que toca en una orquesta de aficionados.

cachimona *f. Colomb.* Tubo de hoja de lata con huecos, que sirve para echar los dados.

cachina (voz quechua) *f. Bol.* Alumbre sólido que se encuentra en el país. 2 *Perú.* Mosto de uvas frescas en fermentación, sin contener materia extraña alguna.

cachinflín *m. Hond.* Buscapiés.

cachipa *f. P. Rico.* Lo que queda del coco o de cualquier fruto rallado.

cachipodar *tr.* Podar las ramas pequeñas y encimeras de un árbol.

cachipolla *f.* Insecto efemeróptero de unos dos cms. de largo, de color ceniciento. Habita en las orillas del agua y apenas vive un día *(Ephemera danica).*

SIN. **Efímera.**

cachiporra (*cachi-* + *porra*) *f.* Palo con una bola o cabeza abultada en uno de sus extremos. -2 *adj. Chile.* Farsante, vanidoso.

SIN. **Porra.**

cachiporrazo *m.* Golpe dado con una cachiporra. 2 Caída.

cachiporrearse *prnl. Chile.* Jactarse, alabarse de alguna cosa.

cachiporrero *m. Chile.* fam. Cetrero o capellán de coro.

cachipuco, -ca *adj. Hond.* [pers.] Que tiene un cachete más abultado que otro.

cachiquel *adj.-s.* Perteneciente o relativo a una parcialidad indígena que habita el oriente de Guatemala, a estos indios, y a su idioma. -2 *adj. m.* Lengua que habla esta parcialidad de la familia maya.

cachiri *m. Venez.* Especie de licor fermentado que se hace con yuca y batata.

cachirula *f. Colomb.* Mantilla de punto.

cachirulear *tr. Méj.* Echar cachirulo [a un pantalón].

cachirulo *m.* Vasija para el aguardiente u otros licores. 2 Embarcación pequeña de tres palos. 3 Adorno que las mujeres usaban en la cabeza a fines del s. XVIII. 4 Novio. 5 fam. Sombrero. -6 *m. pl.* fam. Trastos, chismes. -7 *m. Ar.* Pañuelo típico que los hombres llevan atado a la cabeza. 8 *Guat.* Remiendo o refuerzo en una prenda de vestir. 9 *Méj.* Forro de paño o gamuza que se pone al pantalón por la parte interior de los muslos y el asiento; ús. esp. para montar.

cachito *m. Amér.* Cacho o cubilete de dados. 2 *Hond.* Fruto del aromo.

cachivache *m.* desp. Vasija, utensilio, trasto: *los cachivaches de la cocina.* 2 fam. Hombre ridículo e inútil.

cachivachería *f. Perú.* Conjunto de cachivaches y tienda en que se venden.

cachivachero, -ra *adj.-s. Perú.* Vendedor de cachivaches.

cachiyuyo *m. Argent.* Arbusto útil como forraje y cuyas cenizas, abundantes en sosa, sirven para fabricar jabón *(Obione cachiyuyo).*

cachiza *f.* Conjunto de cachos o pedazos en que se convierte una cosa que se rompe. ◇ Se usa esp. en la fr. *hacer ~.*

I) cacho (l. *calculu,* piedrecita) *m.* fam. Pedazo pequeño de alguna cosa: ***echar un ~***, entre cazadores, tomar una refacción. 2 Juego de naipes en el que hay que ligar tres cartas de un mismo palo. 3 *Méj.* y *P. Rico.* Participación pequeña en un número de la lotería.

SIN. *1* v. **Pedazo.**

II) cacho, -cha (l. *coactu;* pp. de *cogere,* coger, condensar) *adj.* Gacho.

III) cacho *m.* Pez teleósteo cipriniforme de agua dulce, de 15 a 20 cms. de largo, de color pardo oliváceo por arriba y plateado por los flancos y región ventral, muy común en los ríos caudalosos de España *(Leuciscus cephalus).*

IV) cacho *m. Amér.* Asta o cuerno. 2 *Amér.* Vasija de cuerno. 3 *Amér.* Cuentecillo, anécdota. 4 *Argent.* y *Chile.* Cubilete de los dados. 5 *Argent., Parag.* y *Urug.* Racimo muy apiñado de bananas. 6 *C. Rica* y *Chile.* Embuste (en la jerga picaresca). 7 *Chile* y *Guat.* Cuerna o aliara, vasija. 8 *Chile.* Artículo comercial que queda sin vender. 9 *Guat.* Panecillo en forma de cuerno. 10 *Nicar.* Conservador. 11 *Venez.* Chanza, burla.

cachohueco *m. Colomb.* Huequera, enfermedad.

cachola *f.* MAR. Curva de las dos que forman el cuello de un palo. 2 Trozo de tablón colocado a ambos lados de la cabeza del bauprés. 3 *León.* Chola o cabeza.

I) cachón (de *cachar*) *m.* Ola que rompe en la playa haciendo espuma. 2 Chorro de agua que cae y rompe formando espuma.

II) cachón, -chona *adj.-s. Amér. Central* y *Colomb.* Animal de grandes cachos o cuernos.

cachondear(se) *prnl.* vulg. Burlarse, guasearse. -2 *tr. Méj.* vulg. Manosear [a una mujer].

cachondeo *m.* vulg. Acción de cachondearse. 2 vulg. Efecto de cachondearse.

cachondez *f.* Apetito venéreo.

cachondo, -da (l. *catuliente,* que está en celo) *adj.* Dominado del apetito venéreo; aplíc. esp. a la perra en celo. 2 fig. *y* vulg. Burlón, jocundo, divertido.

cachopín *m.* Cachupín.

cachorrada *f. Venez.* Dicho o hecho propio de persona cachorra. 2 *Cuba* y *Venez.* Perrería.

cachorrear *tr. Ecuad.* Molestar, herir con burlas o ironías [a una persona]. -2 *intr. Perú.* Dormitar, cabecear. 3 *Colomb.* Buscar peleas.

cachorreñas *f. pl.* Especie de sopas de ajos.

cachorreo *m.* Pitorreo. 2 *Perú.* Sueño corto.

cachorrero, -ra *adj. Ecuad.* Fastidioso.

cachorrillo (dim. de *cachorro*) *m.* Pistola pequeña o de bolsillo.

SIN. **Pistolete.**

cachorro, -rra (l. *catalu*) *m. f.* Perro de poco tiempo. 2 Cría de otros mamíferos. -3 *m.* Cachorrillo. -4 *m. f. Can.* Sombrero de hombre y de mujer campesinos. 5 *Cuba.* Persona rencorosa y malintecionada. 6 *Venez.* Persona hosca y respondona. -7 *adj. Amér.* Calificativo de desprecio aplicado a personas de baja condición, a quienes se desea ofender. 8 *Cuba, P. Rico* y *Venez.* Terco, malcriado.

cachú *m.* Cato. ◇ Pl.: *cachúes.*

cachúa *f. Amér. Merid.* Baile de los indios ejecutado por parejas que se mueven en forma de círculo. 2 *Amér. Merid.* Música, muy lenta, de este baile.

cachuar *intr. Bol.* y *Ecuad.* Bailar la cachúa.

cachucha (de *cacho I*) *f.* Bote o lanchilla. 2 Especie de gorra. 3 Baile popular de Andalucía, de movimiento moderado. 4 Música de este baile. 5 *Bol.* Aguardiente de caña, cachaza. 6 *Chile.* Bofetada. 7 *Méj.* Copa que se toma compuesta de varios licores.

cachuchear *intr.* Mimar, adular.

cachuchero *m.* El que tiene por oficio hacer o vender cachuchas (gorras). 2 El que tiene por oficio hacer o vender cachuchos (alfileteros).

cachucho *m.* Medida para aceite (sexta parte de una libra). 2 Cachucha (bote). 3 Alfiletero. 4 Pez marino teleósteo, pequeño, de cuerpo oval u comprimido, de color rojo y con los ojos de gran tamaño *(Dentex macrophtalmus).* 5 Pez comestible del mar de las Antillas *(Serranus oculatus).* 6 *Ecuad.* Sustento diario.

cachudo, -da *adj. Chile.* Mañero, ladino, artero. -2 *m.* Ave chilena de color gris y moño en forma de cuernos *(Otus striata).* -3 *adj. Amér.* De cuernos o cachos grandes. 4 *Méj.* [pers.] De gesto adusto. 5 *Colomb.* fam. *El ~*, el diablo.

cachuela (de *cazuela*) *f.* Guisado hecho de la asadura del puerco. 2 Guisado de hígados, corazones y riñones de conejo. 3 Molleja (segundo estómago). 4 *Bol.* y *Perú.* Rompiente de río.

cachuelear *intr. Perú.* Chiripear (hacer negocios).

cachuelo *m.* Pez de río teleósteo cipriniforme, comestible, algo parecido a la boga *(gén. Leuciscus).* 2 *Perú.* Propina, gratificación.

cachufo *adj. Perú.* desp. Gallo de pelea.

cachumba *f.* Planta compuesta, propia de Filipinas, donde se emplea en vez del azafrán *(Carthamus dentatus).*
cachumbambé *m. Cuba.* Bimbalete, juego de muchachos.
cachumbo *m.* Gachumbo. 2 *Colomb.* Tirabuzón del cabello; p. ext., los zarcillos o raíces espirales de ciertas plantas.
cachuncar *tr. Bol.* Chocar las piedras entre sí cuando vuelan disparadas de una a otra parte. ◇ ** CONJUG. [1] como *sacar.*
cachunde (de *cachú*) *f.* Pasta compuesta de almizcle, ámbar y cato, usada para perfumar la boca y como estomacal. 2 Cato.
cachupín, -pina (port. *cachopo,* niño) *m. f. Amér. Central* y *Méj.* Mote aplicado al español que se establece en la América Hispana.
SIN. **Cachopín, gachupín.**
cachupinada *f.* desp. *y* irón. Convite casero.
cachurear *tr. Chile.* Remover [desperdicios] para recoger lo que pueda tener algún valor.
cachureco, -ca *adj. Amér. Central.* Conservador en política. 2 *Méj.* Torcido, deformado.
SIN. *1* **Cachureque.**
cachureo *m. Chile.* Compra y venta de chucherías.
cachureto, -ta *adj. Colomb.* Torcido.
cachurra *f. Cuba.* Establecimiento pequeño y de pobre aspecto.
cachurrera *f.* Planta dicotiledónea compuesta, perenne, muy ramificada y espinosa, de hojas verdes, amargas y astringentes, y frutos cubiertos de espinas *(Xanthium spinosum).*
cacica *f.* Mujer del cacique. 2 Mujer que entre los indios ejerce la autoridad de cacique.
cacical *adj.* Relativo al cacique.
cacicato, -cazgo *m.* Dignidad de cacique. 2 Territorio que posee el cacique. 3 fam. Autoridad o poder del cacique.
cacillo *m.* Cazo pequeño.
cacimba (de *cachimba*) *f.* Hoyo hecho en la playa para buscar agua potable. 2 Balde (cubo).
cacique (voz caribe) *m.* Jefe en algunas tribus de indios de la América Central y del Sur. 2 fig. Persona que en un pueblo o comarca ejerce excesiva influencia en asuntos políticos o administrativos. 3 fig. Déspota, autoritario, mandón. 4 fig. Persona que ocupa un puesto o desempeña una función de cierta importancia. 5 *Colomb.* y *Venez.* Pájaro de color negro, con el lomo amarillo *(Icterus xanthornus).* 6 *Chile.* Persona que se da muy buena vida. ◇ Fem. *cacica* en las aceps. 1 y 2.
caciquear *intr.* Mandar como un cacique. 2 Mangonear.
caciquesco, -ca *adj.* Cacical.
caciquil *adj.* Perteneciente o relativo al cacique.
caciquismo *m.* Dominación o influencia de los caciques. 2 p. ext. Intromisión abusiva de una persona en determinados asuntos, valiéndose de su autoridad o influencia.
cacito *m. Cuba.* Barbilla de las personas.
cacle (mej. *cactli*) *m.* Sandalia tosca de cuero, usada en Méjico. 2 *Cuba.* Chancleta.
I) caco (l. *Cacu,* ladrón mitológico) *m.* fig. Ladrón muy diestro; ratero. 2 fig. *y* fam. Hombre tímido y cobarde.
SIN. *1* v. **Ladrón.**
II) caco *m. Guat.* y *Hond.* Fruto del icaco.
III) caco *m. Sant.* Azada con dos ganchos.
caco- (gr. *kakós,* malo) Elemento prefijal que entra en la formación de palabras con el significado de malo: *cacofonía.*
cacodilato *m.* Sal o éster del ácido cacodílico.
cacodílico (de *cacodilo*) *adj. Ácido* ~, el que resulta de la oxidación del cacodilo.
cacodilo (de *caco-* + la raíz gr. *od,* hechar olor) *m.* Líquido incoloro, de olor ofensivo, inflamable y venenoso, que se obtiene calentando un acetato alcalino con el ácido arsenioso. Se emplea como acelerador del caucho.
cacofonía (gr. *kakophonía* < *caco-* + *-fonía*) *f.* Vicio de lenguaje que consiste en el encuentro o repetición desagradable de unos mismos sonidos. 2 MÚS. Discordancia de sonidos.
CONTR. **Eufonía.**
cacofónico, -ca *adj.* Que tiene cacofonía.
CONTR. **Eufónico.**
cacografía (*caco-* + *-grafía*) *f.* Escritura defectuosa, ya sea por el carácter de letra, ya por el mal empleo de letras y signos gráficos.
CONTR. **Ortografía.**
cacología (gr. *kakología* < *caco-* + *-logía*) *f.* Solecismo.
cacomite *m.* Planta irídea, oriunda de Méjico, de raíz comestible *(Trigidia pavonia).*
cacomiztle (mej. *-ztli*) *m. Méj.* Basáride, mamífero.
cacona *f. S. Dom.* Traje de gala de un niño. 2 *S. Dom.* Levita.
cacoquimia (gr. *kakochymía* < *caco-* + *-quimia*) *f.* Metabolismo anormal. 2 Caquexia.
cacoquímico, -ca *adj.* Perteneciente o relativo a la cacoquimia. -2 *adj.-s.* Que padece cacoquimia. 3 fig. Achacoso.
cacoquimio, -mia *m. f.* Persona que padece tristeza o disgusto que le ocasiona estar pálida y melancólica.
cacorro *m. Colomb.* Hombre afeminado; cobarde.
cacosmia *f.* MED. Olor fétido. 2 Degeneración del sentido del olfato, que hace agradables los olores repugnantes o fétidos.
cacota *f. Colomb.* Residuos que quedan después de descerezar el café.
cacotimia (*caco-* + *-timia*) *f.* PAT. Trastorno, perturbación mental.
cacotrofia (*caco-* + *-trofia*) *f.* PAT. Desnutrición.
cacreco, -ca *adj. Amér. Central.* Vagabundo. 2 *Amér. Central.* [calzado] Viejo y, p. ext., [cosa] que no sirve. 3 *Hond.* [estado de un asunto] Que ofrece muchas dificultades para resolverse.
cactáceo, -a (de *cacto*) *adj.-f.* Planta de la familia de las cactáceas. -2 *f. pl.* Familia de plantas dicotiledóneas de América tropical, xerófilas, de tallo carnoso, con las hojas reducidas a espinas y las flores generalmente grandes, sentadas y colocadas en la axila de un grupo de espinas; como el nopal.
cactales *f. pl.* Orden de plantas dicotiledóneas, integrado por plantas suculentas y con frecuencia muy espinosas. Los sépalos, pétalos y estambres son muy numerosos, el ovario es ínfero y el fruto una baya.
cácteo, -a *adj.-s.* Cactáceo.
cacto (gr. *kaktos,* hoja espinosa) *m.* Nombre que se da en general a la mayoría de plantas cactáceas y en especial a las del género *Cactus.*
cactus *m.* Cacto. ◇ Pl.: *cactus.*
caculear *intr. P. Rico.* Mariposear.
caculo *m. P. Rico.* Especie de escarabajo dañino, cuya larva es blanca, de cabeza negra, gruesa y deforme. Vive en la tierra tres años, y destroza toda clase de plantas *(Lachnosterna).*
cacumen (l. cima, cumbre) *m.* fig. *y* fam. Agudeza, perspicacia, caletre.
cacuminal *adj.* FON. [sonido] Que se articula con la lengua elevada hacia los alveolos superiores o el paladar, de modo que los toque con el borde o cara inferiores de su ápice.
cacunda *f. Argent.* Parte superior del espinazo cuando es algo abultado.
cacuro *m. Venez.* Avispero.
cacuso, -sa *adj. Colomb.* Epéntesis de cacaruso.
cacuy *m. Argent.* Ave caprimulgiforme nocturna, de unos 30 cms. de largo, de color plomizo, pico corto, ojos negros con los párpados ribeteados de amarillo. Su canto se asemeja a un lamento *(Nyctibus griseus).*
I) cada (l. *catanu*) *m.* Arbusto cupresáceo, parecido al enebro, pero en el envés de las hojas aparecen dos líneas blancas en lugar de una. Los frutos son mayores y de color rojizo en la madurez. De él se extrae el aceite de cada, usado en medicina *(Junisperus oxycedrus).*
II) cada (gr. *katá,* según, conforme a) *adj.* Sirve para referir a todos los individuos de una colectividad de por sí lo que se dice del conjunto: ~ *cristiano ha de saberlo; comulgo ~ día;* se combina con las voces *uno* y *cual* que hacen las veces de substantivos: ~ *uno alarga el brazo;* ~ *cual acude por su parte.* 2 Tiene significación distributiva antepuesto a nombres en singular o en plural acompañados éstos de un numeral cardinal: ~ *escuadrón tiene cien caballos;* ~ *tres meses,* ~ *mil hombres.* 3 *loc. conj.* ~ *y cuando,* siempre que.
cadahalso (v. *catafalco*) *m.* Cobertizo o barraca de tablas.
cadalecho (l. **catalectu,* andas) *m.* Cama tejida de ramas.
cadalso (de *cadahalso*) *m.* Tablado erigido para un acto solemne. 2 El que se erige para patíbulo.
cadañal (paras.) *adj. Logr.* Que se cultiva todos los años.
cadañar (paras.) *tr. Logr.* Sembrar una misma pieza todos los años sin dejarla en barbecho.
cadañego, -ga (paras.) *adj.* Que da fruto abundante todos los años.
cadañero, -ra (paras.) *adj.* Anual. -2 *adj.-f.* Que pare cada año.
cadápano *m. Ast.* Níspero.
cadarzo (gr. *acathartos,* impuro) *m.* Seda basta de los capullos enredados. 2 Camisa del capullo. 3 *Ast.* Cinta estrecha de seda basta.
SIN. *1* **Atanquía.**

cadáver (l.) *m.* Cuerpo muerto.
SIN. **Restos, restos mortales,** tratándose del cuerpo humano.
cadavérico, -ca *adj.* Relativo al cadáver. 2 fig. Pálido y desfigurado como un cadáver.
cadaverina *f.* Substancia tóxica que se forma en la descomposición de los cadáveres. 2 Olor que desprende esta substancia.
cadaveroso, -sa (l. *-su*) *adj.* desus. Cadavérico.
caddie (voz inglesa) *com.* Cadi II.
cadejo (l. **capticulu,* cabecita) *m.* Parte del cabello muy enredada. 2 Madeja pequeña de hilo o seda. 3 Conjunto de muchos hilos para borlas u otra obra de cordonería. 4 *Amér. Central.* Cuadrúpedo fantástico que topetaba a los que hallaba en las calles de noche. 5 *Argent.* Guedeja, melena.
cadena (l. *catena*) *f.* Conjunto de muchos eslabones enlazados entre sí por los extremos: ~ *de oro;* ~ *del ancla;* ~ ***de contrete,*** la de eslabones con un puntal en el centro; ~ ***de transmisión,*** cadena sin fin compuesta de eslabones que engranan en ruedas dentadas; ~ ***sin fin,*** conjunto de piezas metálicas, iguales, articuladas entre sí, que forman un circuito cerrado; ~ ***vaucanson,*** cadena sin fin compuesta de eslabones rectangulares que engranan en ruedas dentadas. 2 Conjunto de piezas de alambre grueso que tiene diez metros de largo, y se usa en topografía. 3 Bastidor de maderos fuertemente ensamblados, sobre el cual se levanta una fábrica. 4 ARQ. Machón de sillería. 5 ~ ***de montañas,*** cordillera. 6 fig. Continuación de sucesos. 7 Grupo de empresas o establecimientos comerciales o industriales de una misma clase, pertenecientes a la misma firma o propietario. 8 Conjunto de instalaciones destinadas a la fabricación o montaje de un producto industrial y organizadas para reducir al mínimo el gasto de tiempo y esfuerzo. 9 Conjunto de emisoras de radio o televisión que transmiten simultáneamente el mismo programa. 10 Equipo de alta fidelidad cuyos componentes están permanentemente unidos. 11 Conjunto de penados que iban encadenados a cumplir su condena. 12 Pena aflictiva, de gravedad variable según los códigos anteriores al vigente: ~ ***perpetua,*** máxima condena a prisión. 13 fig. Sujeción que causa una pasión vehemente o una obligación. 14 Figura de ciertos bailes en que intervienen muchas personas. 15 Serie de perchas o piezas de madera unidas a tope, que sirve para cerrar la boca de un puerto, dársena o río. 16 INFORM. Conjunto de elementos de un mismo tipo colocados uno a continuación del otro. 17 QUÍM. Conjunto de átomos enlazados linealmente unos con otros.
SIN. *3* y *4* **Encadenado.** REL. *10* **Equipo.**
cadenado *m. Can.* Candado.
cadenazo *m.* Golpe dado con una cadena.
cadencia (it. *cadenza,* caída) *f.* Repetición regular de sonidos o movimientos. 2 Proporcionada distribución de los acentos, cortes o pausas en la prosa o verso. 3 Efecto de tener un verso la acentuación correspondiente. 4 Medida del sonido, que regula el movimiento de la persona que danza. 5 Conformidad de los pasos del que danza, con esta medida. 6 Resolución armónica de los sonidos con sensación de reposo, al final de una frase musical. 7 Fragmento brillante a solo, que se encuentra al final de algunas composiciones. 8 Ritmo de un trabajo. 9 FON. Descenso de la entonación al final de un período.
cadenciosamente *adv. m.* De modo cadencioso.
cadencioso, -sa *adj.* Que tiene cadencia.
cadenero, -ra *adj.-s.* El encargado de manejar la cadena de agrimensor. -2 *m. pl. Argent.* y *Urug.* Caballos que se agregan para refuerzo en los vehículos.
cadeneta *f.* Labor en figura de cadenilla. 2 Labor hecha [por los encuadernadores] en las cabeceras de los libros. 3 Cadena hecha de tiras de papel de colores, que se usa como adorno en verbenas.
cadenilla (dim. de *cadena*) *f.* Cadena estrecha que adorna las guarniciones.
cadente (l.) *adj.* Que amenaza ruina. Sólo se usa en estilo elevado o pedantesco. 2 Cadencioso.
cadera (v. *cátedra*) *f.* Región saliente formada a ambos lados del cuerpo por los huesos superiores de la pelvis. 2 En las caballerías y otros cuadrúpedos, parte lateral del anca. 3 Coxa. -4 *f. pl.* Caderillas.
SIN. *1* **Cuadril.**
caderamen *m.* fam. Caderas de mujer, gralte. voluminosas.
caderillas *f. pl.* Tontillo que servía para ahuecar la falda por la parte correspondiente a las caderas.
caderudo, -da *adj.* Que tiene gruesas caderas.
cadetada (de *cadete*) *f.* fam. Acción irreflexiva impropia de gente formal.
cadete (fr. *cadet*) *m.* Alumno de una academia militar. 2 *Argent., Bol.* y *Parag.* Meritorio o aprendiz de comercio.
I) cadi *m. Ecuad.* Palmera cuyas gigantescas hojas se usan para el techado de las casas en los pueblos y en el campo. Su fruto es la tagua *(Phytelephas macrocarpa).*
II) cadi (ing. *caddie*) *com.* DEP. En el juego del golf, persona que lleva los palos al jugador.
cadí (ár.) *m.* Entre los turcos y moros, juez que entiende en las causas civiles. ◇ Pl.: *cadíes.*
cadiazgo *m.* Cargo de cadí.
cadiera *f. Ar.* Sillón en que se sienta persona de autoridad.
cadillar *m.* Terreno en que se crían muchos cadillos.
cadillo *m.* Planta umbelífera, de flores en umbela sin pie, y fruto elipsoidal erizado de espinas *(*gén. *Caucalis).* 2 Cachurrera. 3 p. us. Verruga (excrecencia cutánea). -4 *m. pl.* Primeros hilos de la urdimbre de una tela. -5 *m. Amér.* Pelusilla volátil de ciertas plantas que se pega a la ropa. 6 *Ar.* Flor del olivo. 7 *Ar.* Perro de poco tiempo.
SIN. *1* **Bardana menor.**
cadmeo, -a *adj.* Atribuido a Cadmo.
cadmía (gr. *kadmeía,* mineral de zinc) *f.* Sublimación metálica adherida a una chimenea o a la bóveda de un horno, esp. la producida durante la destilación del cinc, en la cual se encuentra siempre el cadmio.
cadmiado *m.* QUÍM. Operación consistente en recubrir metales con cadmio, para evitar su oxidación.
cadmio (v. *cadmía*) *m.* Metal blanco, dúctil y maleable, muy parecido al estaño. Su símbolo es *Cd* y su peso atómico 112,4.
Cadmo *n. pr.* Príncipe fenicio legendario, al cual se atribuyó la fundación de la ciudad de Tebas y la introducción del alfabeto en Grecia.
cado *m.* Madriguera.
SIN. V. **Guarida.**
cadoce *m.* Gobio.
cadozo (l. *cadu*) *m.* Olla (remolino).
caduca *f.* Parte de mucosa uterina que se desprende y es expulsada con la placenta durante el alumbramiento.
caducamente *adv. m.* Débilmente.
caducante *adj.* Que caduca.
caducar (de *caduco*) *intr.* Chochear (por la edad). 2 Perder su validez una ley, testamento, etc.; extinguirse un derecho, un plazo, un recurso. 3 fig. Arruinarse o gastarse alguna cosa por el uso o por antigua. ◇ ** CONJUG. [1] como ***sacar.***
caduceo (l. *-eu* < gr. *kerykeios,* del heraldo) *m.* Atributo de Mercurio, usado hoy como símbolo de la medicina y el comercio; consiste en una vara lisa, con dos alas a un extremo, rodeada de dos culebras.
caducidad *f.* Acción de caducar (perder validez). 2 Efecto de caducar (perder validez). 3 Calidad de caduco.
caducifloro, -ra (l. *caduciflorus*) *adj.* BOT. [planta] De flores caedizas, que se desprenden a poco de abrirse.
caducifolio, -lia (l. *caducifolius*) *adj.* BOT. [árbol y planta] De hoja caduca, que se cae al empezar la estación desfavorable.
CONTR. **Perennifolio.**
caduco, -ca (l. *-cu*) *adj.* Decrépito, muy anciano. 2 Perecedero. 3 Nulo, anulado. 4 BOT. [hoja] Que cae todos los años.
caduquear *intr.* Caducar o chochear por la edad.
caduquez *f.* Calidad de caduco, caducidad.
caedizo, -za *adj.* Que cae fácilmente. 2 BOT. Caduco. -3 *m. Amér.* Saledizo, colgadizo, tejadillo saliente.
caedura (de *caer*) *f.* Desperdicios textiles en los telares.
caer (l. *cadere*) *intr.-prnl.* Venir un cuerpo de arriba abajo por la acción de su propio peso: ~ *de, o desde, una torre;* ~ *de su puesto;* ~ *de cabeza, de espaldas, de canto, de plano;* ~ *al mar, a la calle.* 2 Expresa gralte. acción perfectiva, pero cuando la caída no se consuma, significa inclinarse, pender, colgar: *las ramas se caían por el peso de la fruta; la cabellera cae sobre sus espaldas.* 3 fig. Con los adverbios *bien* o *mal*, venir o sentar bien, o mal, una cosa: ~ *bien un vestido;* ~ *mal una comida;* tener buena, o mala, acogida una persona: *Ana me cae bien.* 4 Decaer, extinguirse, bajar: ~ *el sol, el día;* ~ *el viento;* ~ *de su grandeza, salud, caudal.* 5 Desaparecer, dejar de ser lo que era: ~ *un imperio, un príncipe, un ministro.* 6 Morir: ~ *un soldado en la batalla;* ~ *como chinches.* 7 Hallarse, encontrarse: *la tienda cae a la derecha en la calle de Alcalá;* ~ *hacia el norte;* ~ *por mi barrio;* si se trata de tiempo: ~ *por San Juan,* ~ *en jueves, en abril.* 8 Llegar, cumplirse: ~ *el plazo;* fig., ***estar al*** ~, a punto de ocurrir algo. -9 ***prnl.*** DEP. Dejar de figurar inesperadamente

[un jugador titular] en la alineación de su equipo. ◇ Aunque es v. intr., admite casi siempre construcción pseudorrefleja para señalar la participación del sujeto en la acción, tanto si se trata de seres animados como inanimados: *el hombre cae* o *se cae* y *las hojas caen* o *se caen en otoño.* Es impropio su empleo tr. factitivo: *lo caí* por *lo dejé caer, lo tiré.* ◇ ** CONJUG. [67].
FR. ~ *del burro,* darse cuenta del error u obstinación; ~ *de un nido,* ser inocente, crédulo. ~ *de pie,* tener suerte. *Caerse de suyo* o *de sí mismo,* ser natural o evidente una cosa; ~ *en desgracia,* perder el favor o estimación de alguien; ~ *en gracia,* agradar; ~ *en la cuenta,* advertir algo que no se había advertido, comprender lo que no se comprendía; el mismo significado tiene en frases como *no caigo; ahora caigo.*

cafagua *f. Cuba.* Café aguado.

café (turco *kahvé*) *m.* Cafeto. 2 Semilla del cafeto. 3 Bebida hecha por infusión con esta semilla tostada y molida: ~ ***ruso,*** café con vodka y nata; ~ ***descafeinado,*** aquel al que se ha extraído la cafeína; ~ ***exprés,*** el que se obtiene al pasar el agua hirviendo a presión por el café molido; ~ ***irlandés,*** café con whisky irlandés, azúcar y crema de nata espesa y fría. 4 Establecimiento donde se bebe café: ***café-teatro,*** café en el que se hacen representaciones teatrales; ***café-cantante,*** café en el que se interpretan canciones de carácter frívolo o ligero. -5 ***loc. adv. Mal*** ~, mal humor, mal talante. -6 ***adj.*** De color de café. -7 ***m.*** *Chile* y *R. de la Plata.* fig. *y* fam. Reprimenda. ◇ Pl.: *cafés.* INCOR.: vulg. *cafeses.*

cafeína *f.* Alcaloide, usado en medicina, que se encuentra en el café, en el té, en la nuez de cola, etc.
SIN. **Teína.**

cafeísmo *m.* Abuso del café.

cafería (ár. *kafriyya,* propia de aldea) *f.* Aldea o cortijo.

cafetal *m.* Terreno poblado de cafetos.

cafetalero, -ra *adj.-s.* Que tiene cafetales. 2 Relativo al café.

cafetalista *com. Cuba.* Dueño de un cafetal.

cafetear *tr. R. de la Plata.* Dar un café o reprimenda [a alguien]. -2 *intr.* Tomar café, en general con frecuencia o por costumbre. 3 *Pan.* Tomar café mientras se vela a un difunto.

cafetería *f.* Establecimiento donde se tuesta, envasa y vende café en grano y en polvo. 2 Establecimiento donde se sirve café y otros artículos de comer y beber.

cafetero, -ra *adj.* Relativo al café. 2 fam. Que le gusta mucho el café. -3 *m. f.* Persona que en los cafetales coge la simiente. 4 Dueño de un café. 5 Persona que tiene por oficio vender café en un lugar público. -6 *f.* Vasija para hacer o servir café: *cafetera eléctrica.* 7 fig. Vehículo viejo y destartalado que produce mucho ruido al rodar. 8 p. ext. Aparato o instrumento que funciona mal. 9 ***Estar como una*** ~, estar una persona o cosa en mal estado.

cafetín *m.* Dim. de café (establecimiento).

cafeto *m.* Árbol rubiáceo de los países tropicales, de hojas opuestas y persistentes, flores blancas y olorosas y fruto en baya roja de semillas gralte. planocilíndricas con un surco longitudinal en su cara plana *(Coffea arabica).*

cafetucho *m.* Desp. de *café* o *cafetín.*

caficultor, -ra (de *café* + *-cultor*) *adj.-s.* [pers.] Que se dedica al cultivo del café.

cafifia *f. Perú.* Excremento.

cáfila (ár., caravana) *f.* fam. Conjunto de gentes, animales o cosas, esp. si andan unas tras otras.

cafiolo *m. Chile.* Rufián.

cafiroleta *f. Cuba.* Dulce hecho de boniato, coco rallado y azúcar.

cafongo *m. Colomb.* Especie de pan dulce hecho de harina de maíz y sazonado con especias y queso, envuelto en hojas de bijao.

cafre (ár. *cáfir,* descreído) *adj.-s.* De Cafrería, antigua región del sudeste de África. 2 fig. Bárbaro, cruel. 3 fig. Zafio, rústico.

caftán (voz turca) *m.* Especie de túnica usada entre turcos y moros.

caften (turco *kaften*) *m. Argent.* y *Urug.* Dueño de mancebía o tratante de blancas.

cafúa *f. Argent.* y *Urug.* Cárcel.

cafuche *m. Colomb.* Saíno. 2 *Colomb.* Especie de tabaco.

cafuinga *m. Cuba.* Café muy claro y malo.

cafunga *m. Cuba.* Ente imaginario, indio o negro cimarrón, que la leyenda hace morir horriblemente.

cagaaceite (de *cagar* + *aceite*) *m.* Pájaro dentirrostro, insectívoro *(Turdus viscivorus).*
SIN. **Cagarrache, charla.**

cagachín *m.* Insecto díptero, especie de mosquito pequeño *(Culex ciliaris).* 2 Ave paseriforme insectívora más pequeña que el jilguero *(Cisticola cisticola).*
SIN. *1* **Cagarropa.**

cagada (l. *cacata*) *f.* Excremento que sale cada vez que se evacúa el vientre. 2 fig. Equivocación, error, especialmente en un negocio.

cagadero *m.* Sitio donde cagan muchos hombres o animales.

cagado, -da (de *cagar*) *adj.* fig. *y* fam. De poco espíritu, cobarde; miedoso.
SIN. v. **Medroso.**

cagafierro (de *cagar* + *fierro*) *m.* Escoria de hierro.

cagajón (de *cagar*) *m.* Porción del excremento de las caballerías.

cagajonera *f. And.* Abubilla.

cagalaolla *m.* fam. El que va vestido de botarga en algunas fiestas en que hay danzantes.

cagalera *f.* fam. Diarrea, cámaras. 2 fig. Miedo. 3 *Hond.* Árbol espinoso que sirve para setos; produce una fruta negra, dulce y lechosa.
SIN. *1* y *2* **Cagaleta.**

cagalerona *f. Can.* Tebete.

cagaleta *f.* Cagalera.

cagaluta *f.* Cagarruta.

caganido, caganidos *m.* Pájaro nacido en la pollada en último lugar. 2 fig. Hijo último de una familia. 3 fig. Persona enclenque o raquítica.

cagantina *f. S. Dom.* Diarrea. 2 Pérdida en el juego.

cagaprisas *com. Logr.* y *Nav.* Persona impaciente o que se apresura demasiado para hacer las cosas.

cagapuesto *m. Ecuad.* El que no sienta plaza en ninguna parte.

cagar (l. *cacare*) *intr.-tr.-prnl.* Evacuar el vientre. -2 *tr.* fam. Manchar, echar a perder [una cosa]. -3 *prnl.* Acobardarse. ◇ ** CONJUG. [7] como *llegar.*
SIN. *1* Eufem.: **defecar, exonerar el vientre, hacer del cuerpo, deponer.**

cagarrache *m.* El que lava el hueso de la aceituna, en los molinos de aceite. 2 Cagaaceite.

cagarreta *f.* Boñiga.

cagarria *f.* Colmenilla. 2 Cagada, excremento. 3 Diarrea. -4 *com.* fig. Persona pusilánime.

cagarropa *m.* Cagachín (insecto).

cagarruta (de *cagar*) *f.* Porción del excremento del ganado menor. 2 fig. Hombre insignificante.

cagatinta, -tas *m.* desp. Oficinista.
SIN. **Chupatintas.**

cagatorio *m.* Cagadero.

cagayán, -yana *adj.-s.* De Cagayán, provincia de Filipinas en la isla de Luzón.

cagayano, -na *adj.-s.* Cagayán.

cagón, -gona *adj.-s.* [pers.] Que exonera el vientre muchas veces. 2 [pers.] Cobarde, miedoso. -3 *m. Cuba.* Pez teleósteo de color rojo carmín *(Mesoprion elegans).* 4 *Cuba.* Aguaitacaimán, ave.
SIN. *2* v. **Medroso.** *3* **Cotorro.**

caguama (voz caribe) *f.* Tortuga marina mayor que el carey *(gén. Thalassochelys).* 2 Materia córnea de esta tortuga, menos estimada que la del carey.

caguane *m. Cuba.* Molusco marino muy semejante al caguará.

caguanete *m.* Borra del algodón o de otra materia vegetal.

caguaní *m. Cuba.* Jocuma.

caguará *m.* Molusco marino de Cuba *(gén. Strombus).*

caguaré (guaraní) *m. Parag.* Variedad de oso hormiguero *(Myrmecophaga tetradactyla).*

caguarero *m. Cuba.* Ave falcónida que se alimenta de caguanes y caguaraes.

caguayo *m. Cuba.* Iguana, reptil.

cague (arauc. *caghe,* pato) *m.* Especie de ganso común en Chiloé y en Magallanes *(Anser antarcticus).*

cagueta, caguetas *f.* Diarrea. -2 *adj.-com.* Persona apocada, cobarde o miedosa.

cágüil *m.* Cáhuil.

cagüinga (quechua *kahuinga,* mecedor, paleta) *f. Colomb.* y *Ecuad.* Mecedor o paleta para menear algo.

caguiye *m. Bol.* Especie de chicha (bebida).

cahíz (ár. *cafiz*) *m.* Medida para áridos (en Castilla doce fanegas; 666 l.). 2 Cahizada.

cahizada *f.* Porción de terreno que se puede sembrar con un cahiz de grano.

cáhuil (probabl. arauc.) *m.* Ave chilena parecida a la gaviota *(Larus cirrocephalus).*

cahuín (arauc. *cahuiñ,* borrachera) ***m.*** *Chile.* Reunión de gente acompañada de bullicio y borrachera.
caí ***m.*** *Amér. Merid.* Mono platirrino pequeño *(Cebus capucinus).*
SIN. **Capuchino** *(Amér. Merid.);* **cay** *(Argent.);* **carablanca, cariblanca** *(Colomb., C. Rica).*
caíble ***adj.*** Que se puede caer.
caico (v. indígena) ***m.*** *Cuba.* Arrecife grande.
caíd (ár., jefe) ***m.*** Especie de juez o gobernador en algunos países musulmanes. ◇ Pl.: *caídes.*
caída ***f.*** Acción de caer. 2 Efecto de caer. 3 fig. Culpa de los ángeles malos y del primer hombre. 4 Declive de alguna cosa. 5 Hablando de colgaduras, parte de ellas que pende de alto abajo: *la ~ de una cortina.* 6 Altura de las velas de cruz, desde el grátil al pujamen, y largo de popa, de las de cuchillo. 7 Parte lateral del frontal (paramento). 8 ~ ***de ojos,*** expresión agradable de la mirada. -9 ***f. pl.*** Lana basta. 10 fig. Dichos oportunos. 11 *Colomb.* y *S. Dom.* Tenderete, juego de naipes. 12 *Filip.* Galería interior de las casas de Manila.
SIN. *1* **Descenso, declinación, decadencia,** son más abstractos. Predomina en ellos la idea de lentitud o graduación, a diferencia de lo súbito de la *caída*; comp. el *descenso de las cotizaciones en la bolsa*, con *la caída de* etc.; *descenso* y *caída de un globo*; **descenso** es lit.; su equivalente pop. es **bajada** o su intensivo **bajón,** comp., p. ej., *bajada y bajón, de precios*; **declinación, declive, decadencia,** son lit. y se usan casi exclus. en sentido metafórico: *la declinación de la tarde*; **decrepitud,** es decadencia extrema.
caído, -da ***adj.*** fig. Desfallecido, amilanado. -2 ***adj.-s.*** Muerto en la lucha: *funerales por los caídos.* 3 Seguido de la prep. *de* y el nombre de una parte del cuerpo, se dice de la persona o el animal que tiene demasiado declive en dicha parte: *~ de hombros.* 4 MAR. Palo que no está vertical. -5 ***m.*** Línea oblicua del papel pautado para aprender a escribir. -6 ***m. pl.*** Réditos ya devengados.
caifa ***adj.*** *Venez.* Maula, taimado.
caigua ***f.*** Planta cucurbitácea, indígena del Perú, cuyos frutos, rellenos con carne picada, constituyen un plato usual del país *(Cyclanthera pedata,* var. *edulis).*
caiguá ***adj.-s.*** De un antiguo pueblo indio que habitaba en los montes del Uruguay, Paraná y Paraguay.
caiguina ***f.*** *Perú.* Palo con que se remueve la chicha.
caigüir ***tr.*** *Perú.* Remover [la chicha]. ◇ ** CONJUG. [63] como ***argüir.***
cailón ***m.*** Pez marino seláceo escualiforme, de color gris azulado, parecido al marrajo, pero de cuerpo menos estilizado, que alcanza los 3,5 m. de longitud *(Lamna nasus).*
caima ***adj.*** *Amér.* Soso, desabrido.
caimacán (ár. *cáim macam*) ***m.*** Lugarteniente del gran visir. 2 *Colomb.* Persona que tiene autoridad.
caimán (caribe *acayoumán*) ***m.*** Reptil del orden de los cocodrilos *(*gén. *Caiman* y *Alligator).* 2 *Amér.* fig. Persona astuta y disimulada. 3 *Colomb.* Codicioso. -4 ***com.*** *Colomb.* fam. Persona que sustituye a otra en un trabajo o empleo. 5 *Colomb.* fam. Taxista del servicio nocturno.
SIN. *1* **Lagarto de Indias,** p. us.
caimanazo ***m.*** *Colomb.* Voltereta.
caimanear ***tr.*** *Colomb.* Estafar, engatusar [a alguien].
caimanera ***f.*** *Cuba.* Lugar frecuentado por los caimanes.
caimaneso ***m.*** *Colomb.* Individuo que sustituye temporalmente a otro en su oficio.
caimansote ***m.*** *Ecuad.* Perezoso.
caime ***m.*** *Cuba.* ant. Tubérculo comestible, de sabor dulce y algo parecido al boniato, que ya no se cultiva.
caimiento ***m.*** Caída (de caer). 2 fig. Desfallecimiento.
caimital ***m.*** Terreno en que abundan los caimitos.
caimitillo ***m.*** *Cuba* y *P. Rico.* Árbol sapotáceo de las Antillas, cuyo fruto es semejante a la aceituna *(Chrysophillum argenteum).*
caimito ***m.*** Árbol sapotáceo de las Antillas, de fruta redonda del tamaño de una naranja, de pulpa azucarada *(Chrysophillum caimito).* 2 Árbol del Perú, de la misma familia que el anterior, pero de distinta especie. 3 Fruto de estos árboles.
Caín ***n. pr.*** BIB. Hijo de Adán y Eva, que mató a su hermano Abel (*Gén.* IV). -2 ***adj.-s.*** Fratricida. 3 ~, o ***alma de*** ~, p. ext., [pers.] avieso y cruel.
FR. *Pasar las de ~,* sufrir trabajos o contratiempos muy duros.
cainita ***adj.-com.*** Fratricida. 2 [pers.] Avieso, cruel.
caique (ár. *caic*) ***m.*** Barca muy ligera de los mares de Levante. 2 Esquife destinado al servicio de las galeras.
cairel (l. *caliendrum,* peluca) ***m.*** Cerco de cabellera postiza. 2 Adorno de pasamanería a modo de fleco. 3 Trozo de cristal de distintas formas, que adorna candelabros, arañas, etc. 4 ARQ. Motivo ornamental que representa flecos o un festón colgante y, a veces, calado. 5 *Cuba.* Planta leguminosa, cuyos tallos, gruesos y largos, se utilizan como soga *(Mucuna Urens).*
cairelado ***adj.*** ARQ. V. arco angulado.
cairelar ***tr.*** Guarnecer [la ropa] con caireles.
cairino, -na ***adj.-s.*** desus. Cairota.
cairo ***m.*** *Cuba.* Mecha tosca de algodón, us. entre labriegos para alumbrarse.
cairota ***adj.-s.*** De El Cairo, capital de Egipto.
SIN. **Cairino.**
caisimón ***m.*** *Cuba.* Planta silvestre cuyas hojas se usan como medicamento casero *(Piper umbellatum).*
caita ***adj.*** *Chile.* Bravo, salvaje. 2 Esquivo, poco sociable.
caite ***m.*** *Amér. Central.* Cacle.
caito ***m.*** *Amér. Merid.* Hilo de lana, grosero, con que los indios tejen sus ponchos y frazadas.
caja (l. *capsa*) ***f.*** Recipiente de materia y forma variables, que se cubre con una tapa suelta o unida a la parte principal y sirve para guardar o transportar en él alguna cosa: *una ~ de brasero; una ~ de corcho, de pinturas, de tabaco; preparar la ~* [o *ataúd*] a un muerto; ~ ***de caudales,*** o simplemente, ~, la de hierro o acero destinada a guardar con seguridad dinero y objetos de valor. 2 Parte del vehículo en la cual van sentadas las personas que se sirven de él. 3 ant. Tambor (instrumento): ***echar a uno con cajas destempladas,*** ásperamente. 4 Parte exterior de madera que cubre algunos instrumentos, o cuerpo hueco de madera que forma parte principal de los de cuerda: *~ del piano; ~ del violín.* 5 Hueco en que se introduce alguna cosa: *~ en que entra la espiga de un madero;* ~ ***de las muelas,*** encías; ~ ***de dientes,*** *Colomb.,* dentadura postiza; ~ ***de cortar al sesgo*** o ***de ingletes,*** la de madera, abierta por sus extremos, con muescas o cortes oblicuos en sus costados, que permite fijar la pieza que se trabaja y cortarla bajo el ángulo deseado. 6 Pieza de la balanza y de la romana en la que entra el fiel cuando el peso está en equilibrio. 7 Pieza o cavidad hueca en que está alojado un mecanismo o un conjunto de órganos: *~ del reloj; ~ torácica;* ~ ***del tambor*** o ***del tímpano,*** ANAT., oído medio. 8 Armazón de madera de las armas de fuego portátiles. 9 Paredes que limitan el espacio ocupado por la escalera o el ascensor de un edificio. 10 En los escenarios, espacio comprendido entre dos bastidores. 11 Oficina de correos que actúa como centro de distribución. 12 Ventanilla o dependencia de un banco, caja de ahorros, tesorería, etc., donde se realizan cobros y pagos: ~ ***de ahorros,*** establecimiento destinado a guardar los ahorros de los particulares, proporcionándoles un interés; atiende a sectores sociales que escapan a la actividad de los bancos. 13 ~ ***de distribución,*** en las máquinas de vapor, la que recibe el fluido de la caldera y donde, mediante la corredera se le hace entrar y salir alternativamente, por uno u otro extremo del cilindro. 14 ~ ***de reclutamiento,*** organismo militar encargado de la inscripción, clasificación y destino a cuerpo activo de los reclutamientos. 15 ~ ***negra,*** aparato que registra los movimientos de un avión, las comunicaciones de su tripulación, etc. 16 ~ ***registradora,*** la que se usa en el comercio y suma automáticamente el importe de las ventas. 17 BOT. Cápsula, esp. la pluricarpelar y plurilocular. 18 IMPR. Cajón con varios cajetines donde se ponen los signos tipográficos: ~ ***alta,*** parte superior izquierda de la caja, donde se colocan las letras mayúsculas; ~ ***baja,*** parte inferior de la caja, en que se colocan las minúsculas, los números, la puntuación y los espacios; ~ ***perdida,*** parte superior derecha de la caja (también *contracaja*), donde se pone el galerín, y que contiene los signos de poco uso. 19 *La Mancha.* Espacio del camino que delimitan ambas rodadas, marcadas lateralmente por el rodaje de vehículos. 20 *Argent.* Tambor pequeño de uno o dos parches, de sonido grave, usado para acompañar cantos. 21 *Chile.* Lecho o cauce de un río. esp. de la parte que se halla en seco. 22 *Méj.* En el juego de monte, el dinero que presta el montero a un jugador que ha perdido cuanto tenía. 23 *P. Rico.* Carrocería del automóvil. -24 ***m.*** *P. Rico.* Guapetón.
FR. *Entrar en ~,* mejorar la salud; regularizar la vida, las costumbres, etc.
cajamarquino, -na ***adj.-s.*** De Cajamarca, c. y dep. del Perú.
cajear ***tr.*** *Amér. Central.* Zurrar, azotar [a alguien]. 2 *Amér. Central.* Abrir cajas [en la madera]. -3 ***prnl.*** *Guat.* y *Méj.* Contraer el jugador deudas o cajas con el banquero. 4 *Chile.* Descender a una mina apoyándose con las manos y los pies.
cajel ***adj.*** ***Naranja*** ~, variedad de naranja producida por el injerto del naranjo dulce sobre el agrio.

cajera *f.* Mujer que ejerce el cargo de cajero. 2 MAR. Abertura donde se colocan las roldanas de motones y cuadernales.
cajería *f.* Tienda de cajas.
cajero *m.* El que tiene por oficio hacer cajas. 2 El que en las tesorerías, bancos, cajas de comercio y en algunas particulares, está encargado de la entrada y salida de caudales: ~ ***automático,*** máquina que se halla en servicio permanente para realizar pequeñas operaciones bancarias de forma automática mediante una tarjeta especial que tiene asignado un código numérico personal. 3 En acequias o canales, parte de talud comprendida entre el nivel ordinario del agua y la superficie del terreno. 4 p. ext. Pared que forma la caja de un acueducto. 5 *Argent.* Músico que toca la caja.
I) cajeta *f.* Dim. de *caja.* 2 *Cuba.* Caja de tabaco, tabaquera. 3 *C. Rica, Guat., Méj.* y *Nicar.* Caja redonda con tapa, que se usa para echar postres y jalea. 4 *Amér. Central* y *Méj.* Dulce de leche, fruta y huevo, con miel, clavo de olor, anís o canela, batido hasta que cuaja. 5 *Ecuad.* y *Perú.* El que tiene el labio inferior muy abultado. 6 *Amér. Central.* ***De*** **~,** excelente, de primera calidad, muy bien.
II) cajeta (ing. *gaskett*) *f.* MAR. Trenza de filásticas.
cajete (met. *caxitl,* escudilla) *m. Salv., Guat.* y *Méj.* Vasija honda y gruesa, semiesférica, vidriada por la parte interior.
cajetero, -ra *adj. Amér. Central.* Ridículo, desairado. -2 *m. Méj.* Fabricante o vendedor de cajetes.
cajetilla *f.* Paquete de tabaco picado o de cigarrillos. 2 Cajita de fósforos. -3 *m. Argent.* y *Urug.* Petimetre, fifí.
cajetín (de *cajeta*) *m.* Sello de mano con que en determinados papeles se estampan diversas anotaciones. 2 Caja metálica de tapa articulada que usan los cobradores de tranvía para llevar los tacos de billetes. 3 Listón de madera que se cubre con una moldura y tiene dos ranuras en las que se alojan por separado los conductores eléctricos. 4 IMPR. Compartimiento de la caja.
cajetón, -na *adj. P. Rico.* Caja o guapetón.
cají (voz indígena) *m.* Pez del mar de las Antillas, de unos 30 cms. de largo, cola ahorquillada, color morado y amarillo *(Mesoprion flavescens).*
cajiga *f.* Quejigo.
cajigal *m.* Quejigal.
cajilla *f.* BOT. Cápsula, fruto seco y dehiscente. -2 *f. pl.* Mandíbulas.
cajisote *m. Cuba.* Cají de pocos años.
cajista (de *caja*) *com.* Persona que compone lo que se ha de imprimir.
cajo *m.* Reborde que forma el encuadernador en el lomo de un libro sobre las primeras y últimas hojas.
cajón *m.* Aum. de *caja.* 2 Caja grande, gralte. de madera, y de base rectangular. 3 En algunos muebles, receptáculo que se puede sacar y meter en ciertos huecos a los que se ajusta. 4 En los estantes, espacio que media entre tabla y tabla. 5 Casilla de madera que sirve de tienda o de obrador. 6 fig. ~ ***de sastre,*** conjunto de cosas desordenadas; persona que tiene en su imaginación muchas especies confusas. 7 ***Ser de*** **~** ***una cosa,*** ser muy corriente. 8 ARQ. Espacio en que se divide una tapia o pared mediante los machones o verdugadas. 9 *Amér.* Ataúd. 10 *Chile.* Cañada larga por cuyo fondo corre algún río o arroyo. 11 *Chile.* Medida imaginaria de 18 cargas de leña de 24 palos cada una. 12 *Méj.* ant. Comercio, tienda de abacería.
cajonada *f.* MAR. Encasillado a una y otra banda del sollado para colocar las maletas de la marinería.
cajonear *intr. Cuba.* Tamborilear en un cajón o tambor.
I) cajonera *f.* Conjunto de cajones de una sacristía, para guardar vestiduras sagradas y ropas de altar. 2 Especie de cajón que tienen las mesas escolares para guardar libros y otras cosas. 3 *Logr.* Pedrera. 4 *Ecuad.* Vendedora ambulante.
II) cajonera (de *cagajón*) *f. And.* Abubilla.
cajonería *f.* Conjunto de cajones.
cajonero, -ra *adj.-s. Amér.* Que es de cajón, es decir, natural y corriente. -2 *m.* MIN. Operario que en el brocal de un pozo de mina recibe o amaina las vasijas en que se extraen las aguas. 3 *Méj.* ant. Dueño de un cajón o tienda.
cajonga *f. Hond.* Tortilla grande de maíz mal molido.
cajú *m. Perú.* Anacardo (planta).
cajuela *f.* Dim. de *caja.* 2 *Cuba.* Árbol euforbiáceo silvestre, de buena madera y color amarillo y pardusco *(Antidesma cubana).* 3 *Méj.* Hueco a manera de arca que queda debajo de los asientos de algunos coches. 4 *Méj.* Maletero del automóvil.
cajuelita *f. Méj.* Guantera del automóvil.
cajuil *m. S. Dom.* Anacardo (planta).

cake (ing.) *m.* Especie de bizcocho que contiene frutas.
I) cal (l. *calx*) *f.* Óxido de calcio, CaO, substancia blanca, ligera, cáustica y alcalina, que en contacto con el agua se hidrata con desprendimiento de calor: ~ ***anhidra*** o ***viva,*** cal; ~ ***apagada*** o ***muerta,*** cal hidratada, $Ca(OH)_2$; ~ ***hidráulica,*** mezcla calcinada de caliza, silicatos y aluminatos, que se endurece al contacto del agua.
II) cal, forma abreviada de *caloría.*
I) cala *f.* Acción de calar (cortar). 2 Efecto de calar (cortar). 3 Perforación que se hace en un terreno o en una obra de fábrica para reconocer su profundidad, composición, estructura, etc. 4 Pedazo de una fruta que se corta para probarla. 5 Supositorio, gralte. a base de jabón untado de aceite, que se aplica a los niños. 6 Tienta con que el cirujano reconoce la profundidad de una herida. 7 Parte más baja en lo interior de un buque. 8 Paraje distante de la costa, propio para pescar con anzuelo. 9 Pieza que en las linotipias, regula la anchura de la caja y el largo de las líneas. 10 fam. Peseta.
II) cala (ár., fondeadero) *f.* Ensenada pequeña.
III) cala (l. mod. *calla,* cierta planta) *f.* Planta acuática arácea de jardín, de hojas radicales con pecíolos largos, espádice amarillo y espata grande y blanca *(Zantedeschia aethiopica).*
calaba (voz americana) *m.* Calambuco.
calabacear *tr.* fig. Dar calabazas. V. calabaza.
calabacera *f.* La que tiene por oficio vender calabazas. 2 Nombre de varias especies de plantas cucurbitáceas de tallos rastreros, hojas anchas y lobuladas, flores amarillas y fruto variado con multitud de semillas *(gén. Cucurbita).*
calabacero *m.* El que tiene por oficio vender calabazas. 2 Güira.
calabacete *m.* Calabazate.
calabacilla *f.* Cohombrillo amargo. 2 Colgante del arete, parecido a una calabacita.
calabacín *m.* Calabacita cilíndrica, de corteza verde y carne blanca. 2 fam. Calabaza (pers.).
calabacinate *m.* Guisado de calabacines.
calabacino *m.* Calabaza seca y hueca para tener vino u otro líquido.
calabaza *f.* Calabacera con zarcillos ramificados y flores amarillas acampanadas cuyo fruto es muy variable, tanto en su forma como en color y tamaño *(Cucurbita pepo).* 2 ~ ***confitera, totanera*** o ***de sidra,*** calabacera cuyos frutos son enormes y con los que se fabrica la confitura llamada cabello de ángel *(Cucurbita maxima).* 3 ~ ***vinatera, de peregrino*** o ***de San Roque,*** planta cucurbitácea tropical cuyo fruto forma cintura en medio y, una vez seca, sirve para llevar vino u otro líquido *(Lagenaria siceraria).* 4 Calabacino. 5 Seta grande, con el sombrero semiesférico con la parte superior de color pardo y el resto amarillo *(Boletus edulis).* 6 fig. Persona inepta y muy ignorante. 7 fig. *y* fam. Cabeza humana. 8 MAR. fig. *y* fam. Buque pesado y de malas condiciones náuticas. 9 ~ ***de Senegal, Amér.,*** baobad.
FR. *Dar calabazas,* fig. fam., reprobar a uno en exámenes; desairar o rechazar la mujer al que la pretende o requiere de amor.
calabazada *f.* Cabezada (golpe).
calabazar *m.* Terreno sembrado de calabazas.
calabazate *m.* Dulce seco de calabaza. 2 Cascos de calabaza en miel o arrope.
calabazazo *m.* Golpe dado con una calabaza. 2 Golpe que uno recibe en la cabeza.
calabazo *m.* Calabaza (fruto). 2 Calabacino. 3 *Colomb.* y *Cuba.* Güiro (instrumento de música).
calabazuela *f. And.* Planta que se emplea contra la mordedura de la víbora.
calabobos (de *calar* + *bobo*) *m.* Llovizna menuda y continua. ◇ Pl.: *calabobos.*
SIN. V. **Llovizna.**
calabocear *tr. Guat.* Herir con el calabozo (instrumento de hoja acerada) [a alguien].
calabocero *m.* El encargado de los presos que están en calabozo.
calabozaje *m.* Derecho que pagaba al carcelero el que había estado preso en calabozo.
I) calabozo *m.* Lugar seguro, gralte. subterráneo, para encerrar presos. 2 Aposento de cárcel para incomunicar a un reo.
II) calabozo *m.* Instrumento de hoja acerada para podar y rozar árboles y matas.
SIN. **Calagozo.**
calabrés, -bresa *adj.-s.* De Calabria, región del sudeste de Italia.

calabriada *f.* Mezcla de vinos, esp. de blanco y tinto. 2 fig. Mezcla de cosas diversas.
calabriar *tr.* Mezclar, confundir o embrollar [las cosas]. ◇ **CONJUG. [12] como *cambiar.*
calabrotar *tr.* MAR. Acalabrotar.
calabrote (de *cable*) *m.* Cabo grueso de nueve cordones, colchados en grupos de tres. 2 *Venez.* Calavera, informal.
calacear *tr. Guat.* Dar calazos [a alguien].
calache *m. Amér. Central.* Cachivache.
calacuerda (de *calar* + *cuerda*) *f.* Ant. toque militar para acometer resueltamente al enemigo.
calada *f.* Acción de calar. 2 Efecto de calar. 3 Vuelo rápido del ave de rapiña al abatirse o levantarse. 4 Abertura para el paso de la lanzadera que se forma en la urdimbre subiendo unos hilos y bajando otros. 5 Chupada de cigarrillo, puro, etc.
SIN. *3* **Falsada.**
caladero *m.* Lugar a propósito para calar las redes de pesca.
caladizo, -za *adj.* Coladizo.
calado (de *calar*) *m.* Labor hecha con aguja en una tela, sacando o juntando hilos. 2 Labor hecha en los papeles, maderas, etc., taladrándolos y formando dibujos. 3 Profundidad que alcanza en el agua la parte sumergida de un barco. 4 Altura que alcanza la superficie del agua sobre el fondo. 5 Acción de calarse un motor de explosión. 6 Efecto de calarse un motor de explosión. 7 ARQ. Que tiene vanos. -8 *m.* ARQ. Motivo decorativo con perforaciones que permiten pasar la luz.
calador *m.* El que cala. 2 Hierro con que los calafates introducen las estopas en las costuras de las embarcaciones. 3 *Amér.* Punzón o barrena acanalada para sacar muestras de las mercaderías sin abrir los bultos que las contienen.
caladora *f. Venez.* Piragua grande.
caladre (v. *calandria*) *f.* Alondra.
caladura *f.* Cala de una fruta.
calafate *m.* El que tiene por oficio calafatear las embarcaciones. 2 Carpintero de ribera. 3 *Argent.* y *Chile.* Arbusto berberidáceo, parecido al agracejo, con el perianto trímero y el fruto azulado, carnoso y comestible *(Berberis buxifolia).*
SIN. *3* **Michay.**
calafateado *m.* Arte del calafate. 2 Calafateo.
calafateador *m.* Calafate (que calafatea).
calafateadura *f.* Calafateo.
calafatear (gr. mod. *kalaphatein*) *tr.* Cerrar [las junturas de las maderas de las naves] con estopa y brea para que no entre el agua. 2 p. ext. Cerrar [otras junturas].
calafateo *m.* Acción de calafatear. 2 Efecto de calafatear.
calafatín *m.* Aprendiz de calafate.
calafetear *tr.* Calafatear.
calagozo *m.* Calabozo (instrumento).
calagraña *f.* Variedad de uva de mala calidad.
calaguala *f.* Helecho medicinal originario del Perú *(Colypodium).*
calaguasca *f. Colomb.* Aguardiente.
calaguatazo *m. Hond.* Golpe dado en la cabeza con una piedra.
calagurritano, -na (l. *-nu*) *adj.-s.* De Calagurris, actual Calahorra, ciudad de Logroño.
calahorra *f.* Casa pública con rejas por donde se daba el pan en tiempo de escasez.
calahorrano, -na *adj.* Calagurritano.
calahorreño, -ña *adj.* Calagurritano.
calaínos (coplas de ~) Incongruencias, cuentos inoportunos que no tienen que ver con lo que se trata.
calaíta (gr. *kallais*) *f.* Turquesa.
calalú *m. Cuba.* Potaje compuesto de hojas de la planta de su nombre, verdolaga, calabaza, bledo y otros vegetales picados y cocidos con sal, vinagre, manteca y otros condimentos. 2 *Cuba.* Planta amarantácea comestible *(Amaranthus spinosus).* 3 *P. Rico.* Alboroto, pelea. 4 *Salv.* Quingombó.
calaluz *m.* Embarcación pequeña propia de la India, con remos o sin ellos.
calamaco *m.* Tela de lana parecida al droguete. 2 *Amér.* Pita (planta).
SIN. **Calimaco.**
calamar (l. *-ariu,* estuche de plumas para escribir) *m.* Molusco cefalópodo decápodo marino, comestible, de cuerpo alargado, con una especie de aleta triangular a cada lado y dos de sus brazos muy prolongados; segrega un líquido negro, llamado tinta, con que enturbia el agua para ocultarse *(Loligo vulgaris).*
SIN. **Chipirón,** en las costas cantábricas.
calamara *f. Cuba.* Árbol de madera compacta y dura.
calamarín (de *calamar*) *m.* Molusco cefalópodo decápodo marino, de pequeño tamaño y cuerpo similar al calamar; presenta coloración grisácea con manchas pardo-purpúreas *(Allotenthis subulata).*
calambac, calambar (persa *calanbac*) *m.* Agáloco.
calambre (al. *krampf*) *m.* Contracción espasmódica, dolorosa y poco durable de ciertos músculos, esp. de los de la pantorrilla o de los de la túnica muscular del estómago. 2 Temblor e impresión que produce una corriente eléctrica de poca intensidad en el cuerpo de una persona.
SIN. **Rampa.**
calambreña *f. Cuba* y *P. Rico.* Árbol silvestre cuya madera se emplea sólo para quemar; su fruto es comestible *(gén. Coccolobis).*
calambuco *m.* Árbol gutífero americano, de flores en ramillete, blancas y olorosas, y frutos redondos y carnosos; su resina es el bálsamo María *(Calophyllum cabala).* 2 *Colomb.* Vasija grande us. esp. para acarrear la leche por las calles.
SIN. **Calaba, árbol de María.**
calambur *m.* GALIC. Equívoco, retruécano, juego de palabras.
I) calamento *m.* Planta labiada medicinal, de hojas aovadas y flores purpúreas en racimos *(Calamintha officinalis).*
II) calamento *m.* Acción de calar (sumergir).
calami-, calamo- (de *cálamo*) Elemento prefijal que entra en la formación de palabras con alguno de los significados de *cálamo*: *calamiforme, calamodendro.*
calamidad (l. *-itate*) *f.* Desgracia o infortunio que alcanza a muchas personas. 2 fig. Persona desdichada por su falta de salud, o insoportable por su torpeza, descuido, etc.: *ser,* o *estar hecho, una* ~.
calamífero, -ra (*calami-* + *-fero*) *adj.* BOT. [planta] Que tiene tallo hueco.
calamiforme (*calami-* + *-forme*) *adj.* [parte de animal o planta] Que tiene figura de cañón de pluma.
calamillera *f.* Llares.
calamina (l. med.) *f.* Silicato hidratado de cinc nativo. 2 Cinc fundido.
SIN. **Caramilla, piedra calaminar.**
calaminar *adj.* Calamina, o piedra calaminar.
calaminta *f.* Calamento (planta).
calamís *m.* Ácoro. ◇ Pl.: *calamís.*
calamistro (l. *-istru*) *m.* Hierro usado por los antiguos para rizar el pelo.
calamita (ár. *caramit*) *f.* Imán (magnetita). 2 Brújula (aguja).
calamitales *f. pl.* Orden de plantas dentro de la división de los artófitos; son plantas exclusivamente fósiles.
calamite (l. *calamites* < gr. *kalamites,* el que mora entre cañas) *f.* Sapo verde pequeño, de uñas planas y redondas *(Bufo calamita).*
calamitosamente *adv. m.* Con calamidad.
calamitoso, -sa (l. *-osu*) *adj.* Que causa calamidades o es propio de ellas. 2 Infeliz.
cálamo (l. *-mu*) *m.* Tallo cilíndrico, liso y desprovisto de hojas y ramas, como el del junco. 2 poét. Caña. 3 lit. Pluma (de ave o metal). 4 Especie de flauta antigua. 5 Eje o parte central de la pluma de ave. 6 ~ ***aromático,*** raíz medicinal del ácoro; ácoro *(Andropogosa calamus).*
calamo-, v. calami-.
calamocano *adj.* fam. Algo embriagado. -2 *m.* fam. Altramuz (fruto).
calamocha *f.* Ocre amarillo de color muy bajo. 2 fig. *y* fam. Cabeza de hombre.
calamoco *m.* Canelón (carámbano).
calamodendro (*calamo-* + gr. *déndron,* árbol) *m.* BOT. Género de equisetales fósiles, de tallos con entrenudos, de longitud variable y ramas alternas sobre verticilos aproximados.
I) calamón *m.* Ave gruiforme de cabeza roja y cuerpo verde por encima y violado por el vientre, que vive junto al mar y se alimenta de peces *(Porphyrio porphyrio).* 2 Clavo de cabeza en forma de botón us. para tapizar o adornar. 3 Palo que, junto con otro, sostiene la viga en el lagar o en el molino de aceite.
II) calamón *m.* Parte superior de la balanza, donde se sujeta el vástago del garabato.
calamorra *adj.* [oveja] Que tiene lana en la cara. -2 *f.* fam. Cabeza, parte superior del cuerpo humano.
calamorrada *f.* fam. Cabezada (golpe).

calamorrazo *m.* fam. Golpe en la cabeza.
calamorro *m. Chile.* Zapato grueso, bajo, de forma grosera.
calán *m. S. Dom.* Vasija de caña de bambú o de higüera.
calanchín *m. Colomb.* Pujador, testaferro. 2 *Colomb.* Intermediario ilegal entre los particulares y la administración pública.
calandino *m.* Pez fluvial pequeño que se agrupa en cardúmenes *(Rutilus alburnoides).*
I) calandra (del fr. *calandre*) *f.* Rejilla del radiador de un automóvil.
II) calandra *f. Can.* Alondra.
calandraca *f.* Sopa de a bordo con pedazos de galleta. 2 *Argent.* Calandrajo, mequetrefe.
REL. **Mazamorra,** galleta rota con que se hace la ~.
calandraco *m. Amér.* Andrajo, trapo viejo. 2 *Amér.* Casquivano, mequetrefe.
calandrado *m.* Acción de calandrar. 2 Efecto de calandrar.
calandrajo (der. de *caliendrum,* cairel) *m.* Andrajo grande que cuelga del vestido. 2 Trapo viejo. 3 fig. Persona ridícula y despreciable.
SIN. *1* **Gualdrapa.**
calandrar *tr.* Pasar [el papel o la tela] por la calandria.
I) calandria (gr. *kálandra*) *f.* Ave paseriforme de unos 19 cms. de longitud, con el plumaje de color gris amarillento en la parte superior y blanquecino en la inferior con dos listas negras transversales en el pecho *(Melanocorypha calandra).* 2 Alondra. -3 *com.* Persona que se finge enferma para ingresar en un hospital. -4 *m. Méj.* vulg. Vago.
SIN. **Gulloria.**
II) calandria (fr. *calandre*) *f.* Máquina para prensar y satinar ciertas telas o el papel. 2 Máquina para levantar pesos por medio de un torno. 3 Vasija cerrada, con tubos internos formando canales que terminan en el exterior de las paredes, y que permiten la separación entre dos líquidos en su interior.
calandro *m. Can.* Alondra.
I) calaña *f.* Abanico ordinario con varillaje de caña.
II) calaña (l. v. *qualania* < l. *qualis,* como, cual) *f.* Muestra, patrón, forma. 2 fig. Índole, calidad, naturaleza. ◇ Puede calificarse con los adj. *buena* o *mala: ser de buena o mala* ~. Cuando no lleva calificativo es desp.: *va con gente de su calaña.*
calañés, -ñesa *adj.-s.* De Calañas, villa de Huelva. -2 *adj.-m.* V. sombrero calañés.
cálao *m.* Ave coraciforme de gran tamaño, que se halla gralte. en Filipinas y otras islas del Océano Pacífico *(gén. Dichoceros, Bucorvus* y *Aceros).*
calapari (voz aimara) *m. Bol.* Piedra caldeada que se echa a la lagua cuando ya está servida a la mesa, para que guarde el calor.
calapatillo *m.* Insecto hemíptero que se alimenta esp. de cereales.
calapé *m. Amér.* Tortuga asada en su concha.
calapitrinche *m. Perú.* Persona vulgar.
I) calar (de *cal*) *adj.* Calizo. -2 *m.* Lugar en que abunda la piedra caliza.
II) calar (l. *calare,* suspender) *tr.* MAR. Originariamente, arriar o bajar [un objeto: mastelero, verga, etc.] resbalando sobre otro. 2 Sumergir en el agua [las redes, las artes de pesca, etc.]. 3 Alcanzar un buque en el agua [determinada profundidad] por la parte más baja de su casco. 4 Penetrar un líquido [en un cuerpo permeable]. 5 fig. *y* fam. Penetrar el motivo secreto [de una cosa]; penetrar las cualidades o intenciones [de las personas]. 6 Atravesar un instrumento, espada, barrena, etc., [otro cuerpo] de una parte a otra. 7 Imitar la labor de la randa o encaje [en las telas] sacando o juntando algunos hilos; o [sobre papel, tela, metal, etc.] haciendo agujeros que formen dibujo. 8 Cortar [de un melón u otras frutas] un pedazo con el fin de probarlas. 9 Inclinar hacia adelante [las picas u otras armas] en disposición de herir: *¡calen, armas!* voz de mando. -10 *tr.-prnl.* fig. *y* fam. Entrarse o introducirse [en alguna parte]: *se caló en Córdoba; los robadores calaban las casas.* 11 Ponerse [la gorra o el sombrero] haciéndolos entrar mucho en la cabeza; p. anal.: *calarse las gafas.* -12 *prnl.* Mojarse una persona hasta que el agua llegue al cuerpo: *calarse el agua.* 13 Pararse un vehículo debido a una insuficiente alimentación de mezcla carburada. 14 Abalanzarse las aves sobre una presa. 15 *Logr.* Colgar, dejar colgada. -16 *tr. Argent. y Urug.* Mirar atentamente. 17 *Colomb.* Apabullar, cachifollar. 18 *Méj.* Sacar con un calador una muestra de un fardo.
calasancio, -cia (de San José de *Calasanz, 1556-1648*) *adj.* Escolapio.
calatear *tr.-prnl. Perú.* Desnudar.
calatería *f. Perú.* Calidad de estar calato (desnudo).
calato, -ta *adj. Perú.* Desnudo, en cueros. 2 *Perú.* fig. Pobre, sin dinero.
cálato (gr. *kálathos,* canastillo) *m.* ARQUEOL. Cesto de juncos o de mimbre entrelazados, de forma semejante a un cáliz sin pie. 2 Tambor del capitel del orden corintio.
calatraveño, -ña *adj.-s.* De Calatrava, ant. fortaleza y villa de la Mancha.
calatravo, -va *adj.-s.* Persona de la orden militar de Calatrava.
calavera (l. *calvaria,* cráneo) *f.* Parte del esqueleto que corresponde a la cabeza. 2 Mariposa de cuerpo grueso y peludo con antenas prismáticas, alas estrechas y vuelo pesado, acompañado de un sonido especial *(Acherontia atropos).* -3 *m.* fig. Hombre vicioso, de poco juicio. -4 *f. Méj.* Gala o regalo que la gente del pueblo pide por el día de difuntos. 5 *Méj.* Luz roja trasera del automóvil.
SIN. *3* **Perdis, perdido.**
calaverada *f.* Acción propia del calavera.
calaverear *intr.* Hacer calaveradas.
calavernario (de *calavera*) *m.* p. us. Osario.
calaverón *m.* Aum. de *calavera.*
calazo *m. Guat.* y *Hond.* Golpe o cachada que recibe un trompo en el juego.
calazón *f.* Calado de un buque.
calboche *m.* Olla de barro agujereada, para cocer castañas.
calbote *m.* Castaña asada.
calc-, v. calci- II.
calca *f. Perú.* Troje, granero.
calcado *m.* Acción de calcar.
calcador, -ra *m. f.* Persona que calca. -2 *m.* Instrumento para calcar.
calcáneo (l. *-eu*) *m.* Hueso del tarso, en la parte posterior del pie, donde forma el talón.
SIN. **Zancajo.**
calcantita *f.* Sulfato de cobre hidratado, que cristaliza en el sistema triclínico.
SIN. **Vitriolo azul.**
calcañal, -ñar, -ño (l. *calcaneare*) *m.* Parte posterior de la planta del pie.
SIN. **Carcañal, talón.**
calcañuelo *m.* Enfermedad que padecen las abejas.
calcar (l. *-are,* hollar) *tr.* inus. Apretar con el pie [una cosa]. 2 Sacar copia [de un dibujo, inscripción, etc.] por contacto del original con el papel, tela, etc., a que han de ser trasladados. 3 fig. Imitar o copiar con exactitud o servilmente: ~ *el estilo en el de la Santa Escritura.* ◇ ** CONJUG. [1] como *sacar.*
calcarenitas *f. pl.* Calizas detríticas de grano similar en tamaño al de las areniscas y de naturaleza calcárea; el cemento asimismo es calcáreo.
calcáreo, -a (l. *-iu*) *adj.* Que tiene cal.
calce (v. *cálceo*) *m.* Llanta de una rueda. 2 Hierro o acero que se añade a ciertas herramientas al gastarse. 3 Cuña o alza para ensanchar el espacio entre dos cuerpos. 4 Calza (cuña). 5 *Amér. Central* y *Méj.* Pie o espacio que queda en la parte inferior del papel, después de terminado un escrito: *el presidente firmó al* ~.
SIN. *3* **Calzo.**
calceatense *adj.-s.* De Santo Domingo de la Calzada, c. de La Rioja.
calcedonia (v. *calcedonio*) *f.* Variedad de cuarzo traslúcida, de brillo céreo y fractura concoidea.
SIN. **Zaifirina,** la calcedonia azul.
calcedonio, -nia *adj.-s.* De Calcedonia, ant. c. de Bitinia.
calcemia *(calc- + -emia) f.* Cantidad de calcio en la sangre.
cálceo (l. *-eu,* calzado; doble etim. *calce*) *m.* Calzado alto y cerrado que usaban los romanos.
calceolaria (l. *calceolu,* zapatito) *f.* Género de plantas escrofulariáceas, de hojas opuestas y simples y flores amarillas en corimbo *(Calceolaria).*
calcés (it. *calcese* < l. *carchesiu,* gavia) *m.* Parte superior de los palos mayores y masteleros de gavia. ◇ Pl.: *calceses.*
calceta (de *calza*) *f.* Media (calzado). 2 Tejido de punto: *hacer* ~, hacer labor de punto. 3 fig. Grillete del forzado.
calcetar *intr.* Hacer calceta o media.
calcetería *f.* Oficio de calcetero. 2 Establecimiento donde se vendían calzas y calcetas. 3 Fábrica de géneros de punto.
calcetero, -ra *m. f.* Persona que tiene por oficio hacer y componer medias (calzado). -2 *m.* Maestro sastre que tenía por ofi-

cio hacer las calzas de paño. -3 *adj. Méj.* [bovino] De patas blancas.
calcetín *m.* Dim. de *calceta.* 2 Media que sólo llega a la mitad de la pantorrilla.
calceto, -ta *adj. Amér.* [pollo] Calzado. 2 *Méj.* [caballería] Cuyos miembros son blancos hasta más arriba de la mitad de la caña.
calcetón *m.* Aum. de *calceta.* 2 Media para debajo de la bota.
calcha (como *calza) f. Argent.* Conjunto de piezas del apero de montar a caballo. 2 *Argent.* y *Chile.* Conjunto de las ropas de vestir y cama de los trabajadores. 3 *Chile.* Cerneja. Ús. m. en pl. 4 *Chile.* Pelusa o pluma que tienen algunas aves en los tarsos.
calchacura (arauc.) *f. Chile.* Nombre de varios líquenes de uso medicinal (gén. *Parmelia).*
calchaquí *adj.-s.* De un antiguo pueblo indio que habitaba en un valle del Tucumán, llamado del Calchaquí. ◇ Pl.: *calchaquíes.*
calchín *adj.-com.* Indio guaraní dedicado a la agricultura y a la ganadería.
calchón, -chona *adj. Chile.* [ave] Que tiene calchas. 2 *Chile.* [caballería] Que tiene muchas cernejas. -3 *f. Chile.* Ser nocturno fantástico, que atemoriza a los caminantes solitarios. 4 *Chile.* Mujer vieja y fea. 5 *Chile.* Diligencia, coche.
calchudo, -da *adj. Chile.* Calchón. 2 Mañoso, astuto.
I) calci-, calco- (l. *calx, calcis,* cal) Elemento prefijal que entra en la formación de palabras con el significado de cal, calizo, calcáreo: *calcímetro, calcocianita.*
II) calci-, calcio-, calc- (de *calcio)* Elemento prefijal que entra en la formación de palabras con el significado de sales de calcio: *calciterapia, calciotermia, calcemia.*
cálcico, -ca *adj.* Relativo al calcio. 2 [compuesto] Cuya base es el calcio.
calcicosis *f.* MED. Neumoconiosis causada por el polvo de la cal. ◇ Pl.: *calcicosis.*
calcídico (l. *chalcidicum) m.* ARQ. Galería o corredor construido gralte. en sentido perpendicular al eje de un edificio. 2 ARQ. Edificio o dependencia anexa a otra principal. 3 ARQ. Patio o vestíbulo, generalmente en el extremo de un edificio.
calcificación *f.* Acción de calcificar o calcificarse. 2 Efecto de calcificar o calcificarse.
calcificar (*calci-* I + *-ficar) tr.* Producir artificialmente carbonatos de cal. 2 Dar a un tejido orgánico propiedades calcáreas mediante la adición de sales de calcio. -3 *prnl.* Transformarse los tejidos, tumores y paredes de los vasos por depositarse en ellos sales de cal. ◇ ** CONJUG. [1] como ***sacar.***
calcillas *f. pl.* Calzas más cortas y estrechas que las ordinarias. -2 *m.* fig. *y* fam. Hombre tímido o cobarde. 3 fig. *y* fam. Hombre de corta estatura.
calcímetro (*calci-* I + *-metro) m.* Aparato para determinar la cantidad de cal contenida en las tierras de labor.
calcina *f.* Hormigón. 2 Mezcla de un óxido metálico, arena silícea y carbonato de potasio, que se emplea en la fabricación de esmaltes.
calcinable *adj.* Que puede calcinarse.
calcinación *f.* Acción de calcinar. 2 Efecto de calcinar.
calcinador, -ra *adj.-s.* Que calcina.
calcinaguas *f. pl. Colomb.* Pantalón de mujer.
calcinamiento *m.* Calcinación.
calcinar *tr.* QUÍM. Someter al calor [una materia] para que, descomponiéndose, desprenda toda substancia volátil; esp. reducir a óxido (cal viva) el carbonato de calcio privándole del anhídrido carbónico por el fuego. 2 fig. Carbonizar.
calcinatorio *m.* Vasija en que se calcina.
calcinero *m.* El que saca la piedra y la calcina en la caldera.
calcinosis *f.* PAT. Estado patológico en el cual se producen numerosos depósitos de sales de calcio en el tejido celular subcutáneo y en el tejido muscular, así como en el parénquima renal, lo que da lugar a una insuficiencia de este órgano. ◇ Pl.: *calcinosis.*
calcio (formado mod. sobre l. *calx, calcis) m.* Metal alcalinotérreo, blanco y blando, que se altera rápidamente en el aire y arde con llama brillante. Su símbolo es *Ca* y su peso atómico 40,1.
calcio-, v. calci- II.
calciotermia (*calcio-* + *-termia) f.* QUÍM. Técnica para obtener uranio o plutonio metálico por reducción de un compuesto del mismo, con empleo de calcio y consiguiente elevación de temperatura.
calcirrudita *f.* MINERAL. Caliza constituida, en más de un diez por ciento, por granos calizos mayores de un milímetro.
calcita *f.* Carbonato de cal cristalizado.
calciterapia (*calci-* II + *-terapia) f.* Empleo terapéutico de sales de calcio.
calcitonina *f.* Hormona segregada por el tiroides, cuya misión es regular la calcemia cuando está elevada.
calcitrapa *f.* Cardo estrellado.
calco *m.* Acción de calcar, copiar o imitar. 2 Efecto de calcar, copiar o imitar. 3 Copia que se obtiene calcando. 4 Plagio, imitación o reproducción idéntica, muy próxima al original. 5 LING. Adaptación de una palabra extranjera, traduciendo su significado completo o el de cada uno de sus elementos formantes.
I) calco- (gr. *chalkós,* cobre, bronce) Elemento prefijal que entra en la formación de palabras con el significado de cobre, bronce: *calcografía.*
II) calco-, v. calci- I.
calcocianita (*calco-* I + *cianita) f.* Mineral de la clase de los sulfuros que cristaliza en el sistema rómbico, de color verde, azul o amarillento.
calcófidos *m. pl.* Rocas metamórficas formadas a partir del metamorfismo de la caliza pero que contienen un porcentaje elevado de silicatos.
calcofilita (*calco-* I + gr. *phyllon,* hoja) *f.* MIN. Arseniato hidratado natural de cobre que se presenta en cristales laminares de color azulado o verde esmeralda con brillo perlado.
calcografía (*calco-* I+ *-grafía) f.* Arte de estampar con láminas metálicas grabadas. 2 Oficina donde se hace esta estampación.
calcografiar *tr.* Estampar por medio de la calcografía. ◇ **CONJUG. [13] como ***desviar.***
calcográfico, -ca *adj.* Relativo a la calcografía.
calcógrafo, -fa *m. f.* Persona que ejerce el arte de la calcografía.
calcolítico *m.* Período entre el neolítico y la edad de bronce, caracterizado por el conocimiento del cobre, trabajado como si fuese piedra.
calcomanía (fr. *décalcomanie* < *décalquer) f.* Entretenimiento que consiste en pasar imágenes convenientemente preparadas, de un papel a objetos diversos. 2 Imagen obtenida por este medio. 3 El papel que tiene la figura, antes de transportarla.
calcopirita (*calco-* I + *pirita) f.* Pirita de cobre.
calcoquimigrafía (*calco-* I + gr. *chymos,* ácido + *-grafía) f.* Procedimiento de grabado químico en hueco, en planchas de metal, que consiste en atacar por un ácido las partes descubiertas de barniz, marcadas con un punzón, en la superficie de dichas planchas.
calcosiderita (*calco-* I + *siderita) f.* MIN. Fosfato natural hidratado de hierro y cobre, que cristaliza en el sistema triclínico.
calcosina *f.* MIN. Mineral de la clase de los sulfuros que presenta polimorfismo, por lo que cristaliza en sistemas diferentes, de color gris obscuro y con brillo metálico.
calcosquistos *m. pl.* Rocas metamórficas originadas por metamorfismo regional de calizas arcillosas o arcillas calcáreas.
calcotipia (*calco-* I + *-tipia) f.* Procedimiento de grabado en cobre para reproducir en planchas una composición tipográfica de caracteres móviles.
calcotriquita (*calco-* I + gr. *thrix, -chos,* hilo) *f.* Variedad de cuprita de aspecto capilar.
calculable *adj.* Que puede reducirse a cálculo.
calculación *f.* Cálculo (acción).
calculadamente *adv. m.* Con cálculo. 2 Premeditadamente, reflexivamente.
calculador, -ra *adj.-s.* Que calcula. -2 *adj.* Interesado, egoísta. -3 *f.* Máquina con que se ejecutan operaciones aritméticas por un procedimiento mecánico o electrónico: *calculadora eléctrica, manual, de bolsillo.*
SIN. *3* **Aritmógrafo,aritmómetro.**
calcular (l. *-are) tr.* Hacer las operaciones necesarias para determinar [el valor de una cantidad] cuya relación con el de otra u otras dadas se conoce. 2 Conjeturar.
calculatorio *adj.* Propio del cálculo.
calculectomía (*cálculo* + *-ectomía) f.* MED. Extirpación de un cálculo (concreción).
calculista *adj.-com.* Proyectista.
cálculo (l. *-lu) m.* Acción de calcular: *~ aritmético; ~ algebraico.* 2 Nombre de varias ramas de las matemáticas que implican ~: ~ ***infinitesimal,*** el que se ocupa en las cantidades infinitamente pequeñas. Comprende el ~ ***diferencial,*** que trata de las

diferencias infinitamente pequeñas de las cantidades variables, y el ~ ***integral***, que trata de la determinación de las cantidades variables, conocidas sus diferencias infinitamente pequeñas. 3 Conjetura. 4 Concreción sólida que se forma en alguna parte del organismo, esp. en las vías urinarias y biliares. 5 Interés, egoísmo. -6 ***m. pl.*** Mal de piedra.
SIN. *1* **Cuenta,** tratándose de operaciones aritméticas. *4* **Piedra.**

calculosis (*cálculo* + *-osis*) ***f.*** MED. Conjunto de manifestaciones clínicas ocasionadas por la existencia de uno o varios cálculos en el seno de un órgano.

calculoso, -sa (l. *-osu*) ***adj.*** Relativo al mal de piedra. -2 ***adj.-s.*** Que padece esta enfermedad.

calda (l.) ***f.*** Caldeo (de caldear). 2 Introducción de combustible en un alto horno. -3 ***f. pl.*** Baños de agua minerales calientes. 4 *Can.* Paliza.
SIN. *3* **Termas.**

caldaico, -ca ***adj.*** Relativo a Caldea, reg. de la ant. Asia.

caldario (l. *-ariu*) ***m.*** Sala donde los romanos tomaban baños de vapor.

caldeamiento ***m.*** Acción de caldear. 2 Efecto de caldear.

caldear (der. de l. *caldu,* caliente) ***tr.*** Calentar mucho: *el sol caldea la habitación; la atmósfera se caldeó pronto.* 2 Poner el hierro al rojo para labrarlo. 3 fig. Animar, excitar: ~ *los ánimos.* -4 ***intr.*** *Méj.* Producir mucho caldo la caña de azúcar. ◇ La acep. 1 es apl. esp. al aire, confinado o libre.

caldeísmo ***m.*** Giro o modo de hablar propio de la lengua caldea.

caldén ***m.*** *Argent.* Árbol leguminoso, maderable *(Prosopis algarrobilla).*

caldense ***adj.-s.*** De Caldas, departamento del oeste de Colombia.

I) caldeo ***m.*** Acción de caldear. 2 Efecto de caldear.

II) caldeo, -a (l. *chaldœu*) ***adj.-s.*** De Caldea, antigua región de Asia. -2 ***adj.*** Caldaico. -3 ***m.*** Lengua de los caldeos, una de las semíticas.

caldera (l. *caldaria*) ***f.*** Vasija de metal grande y redonda, que sirve para calentar o hacer cocer algo: ~ ***de vapor,*** recipiente metálico de paredes resistentes donde se hace hervir el agua, cuyo vapor en tensión constituye la fuerza motriz de la máquina; ~ ***tubular,*** la de vapor atravesada por varios tubos, dentro de los cuales penetran los productos de la combustión del hogar, para aumentar la superficie de calefacción del agua que los rodea. 2 Depresión de grandes dimensiones y con paredes escarpadas, originadas por explosiones o erupciones volcánicas muy intensas. 3 Cráter de un volcán. 4 Caja del timbal, hecha con latón o cobre. 5 ~ ***de jabón,*** fábrica del jabón. 6 ***Las calderas de Pero Botero*** o ***Botello,*** el infierno. 7 BLAS. Figura artificial, con las asas levantadas, terminadas en cabezas de serpientes. 8 MIN. Parte más baja de un pozo donde se hacen afluir las aguas para extraerlas más fácilmente. 9 *R. de la Plata.* Cafetera, tetera y vasija para hacer el mate.

calderada ***f.*** Lo que cabe de una vez en una caldera. 2 Cantidad que se considera exagerada de alguna substancia, especialmente de comida.

calderería ***f.*** Oficio de calderero. 2 Tienda o barrio en que se hacen o venden calderas. 3 En los talleres de metalurgia, sección donde se cortan, forjan, entraman y unen barras y planchas de hierro o acero.

calderero ***m.*** El que tiene por oficio hacer, reparar o vender calderas, calderos y otras vasijas de metal. 2 Operario que cuida de una caldera.

caldereta ***f.*** Dim. de *caldera.* 2 Pequeña caldera que suministra vapor en las faenas de carga y descarga de buques. 3 Calderilla (de agua bendita). 4 Guisado de pescado. 5 Guisado de cordero o cabrito. 6 MAR. Viento terral, acompañado de lluvia y truenos, que corre de junio a septiembre, de la parte del sur en Costa Firme.

calderetero ***m.*** MAR. Fogonero de la caldereta. 2 MAR. El que en un buque mercante dirige al personal subalterno de máquinas y vigila sus trabajos, tanto de limpieza como de conservación.

calderilla ***f.*** Caldera pequeña para el agua bendita. 2 Numerario de metal no precioso. 3 p. ext. Conjunto de monedas de poco valor. 4 fig. Conjunto de niños pequeños. 5 Arbustillo grosulariáceo de hojas pequeñas, flores de color amarillo verdoso y bayas rojas carnosas e insípidas *(Ribes alpinum).*

caldero (l. *caldariu*) ***m.*** Caldera pequeña de fondo casi semiesférico. 2 Lo que cabe en esta vasija. 3 Comida de arroz seco y pescado, propia del litoral levantino y Murcia.

calderón ***m.*** Aum. de *caldero.* 2 Signo con que se denotaban abreviadamente los millares. 3 Cadencia (fragmento). 4 IMPR. Signo ortográfico (◇) usado antig. como el párrafo; actualmente sirve para introducir alguna observación especial; **PUNTUACIÓN. 5 Signatura de los pliegos que no formaban parte del texto principal. 6 MÚS. Signo que representa la suspensión del compás; colocado sobre una nota o pausa, indica que se puede prolongar a voluntad del ejecutante. 7 MÚS. Esta suspensión.
SIN. *6* **Fermata.**

calderona ***f.*** *Cuba.* Mujer intrusa.

calderoniano, -na ***adj.*** Propio y característico del poeta Calderón de la Barca (1600-1681) o parecido a cualquiera de sus dotes o cualidades.

calderuela ***f.*** Dim. de *caldera.* 2 Vasija en que los cazadores nocturnos llevan la luz para deslumbrar las perdices.

caldibache ***m.*** desp. Calducho.

caldibaldo ***m.*** Calducho.

caldillo (dim. de *caldo*) ***m.*** Salsa de algunos guisados. 2 *Chile.* Caldo con cebolla, huevos, patatas, etc. 3 *Méj.* Picadillo de carne con caldo, sazonado con orégano y otras especias. 4 *Perú.* Caldo de carne con leche, huevos, etc.

caldo (l. *-du;* doble etim. *cálido*) ***m.*** Líquido que resulta de cocer en agua la vianda. 2 Aderezo de la ensalada o del gazpacho. 3 Jugo vegetal destinado a la alimentación, como el vino, aceite, sidra, etc. 4 ~ ***de cultivo,*** BIOL., líquido convenientemente preparado para que proliferen en él determinadas bacterias. 5 p. ext. Disposición o ambiente propicios para el arraigo de algo que se juzga perjudicial. 6 ***Poner a uno a ~,*** fig. *y* fam., insultar, regañar. 7 *Méj.* Jugo o guarapo de la caña. 8 *Méj.* Maravilla o flor de muerto.

caldoso, -sa ***adj.*** Que tiene mucho caldo.

calducho ***m.*** desp. Caldo de poca substancia o mal sazonado. 2 *Chile.* Vacación extraordinaria y de corta duración que se suele dar a los estudiantes.

calduda ***f.*** *Chile.* Empanada caldosa de huevos, pasas, aceitunas, etc.

caldudo, -da ***adj.*** Caldoso.

cale ***m.*** Apabullo, manotada poco violenta: *dar un* ~.

calé ***m.*** Gitano. 2 *Ecuad.* Moneda de cuartillo de real.

calecer (l. *-scere*) ***intr.*** p. us. Ponerse caliente una cosa. ◇ **CONJUG. [43] como ***agradecer.***

caledonio, -nia (l. *-iu*) ***adj.-s.*** De Caledonia, antigua región del norte de la isla de Gran Bretaña.

calefacción (l. *-actione*) ***f.*** Acción de calentar o calentarse. 2 Efecto de calentar o calentarse. 3 Conjunto de aparatos destinados a calentar un edificio o parte de él: ~ ***central,*** la procedente de un solo foco que calienta todo un edificio. 4 FÍS. Fenómeno por el cual al caer una gota de agua sobre un hierro candente toma forma globosa debido al vapor que emite.

calefactor ***m.*** Persona que construye, instala o repara aparatos de calefacción. 2 Electrodoméstico empleado para calentar el aire. 3 ELECTR. Resistencia empleada con el fin expreso de generar calor.

calefactorio ***m.*** Lugar, en algunos conventos, para calentarse los religiosos.

caleidoscopio ***m.*** Calidoscopio.

calén ***m.*** *S. Dom.* Talento. 2 Dinero.

calenda (l. *calendœ,* calendas) ***f.*** Lección del martirologio romano, con los nombres y hechos de los santos y las fiestas pertenecientes a cada día. -2 ***f. pl.*** En el ant. calendario romano, el primer día de cada mes: ***calendas griegas,*** irón., un tiempo que no ha de llegar, pues los griegos no tenían calendas. 3 fam. Época o tiempo pasado.

calendar (de *calenda*) ***tr.*** p. us. Poner [en un escrito] la fecha o data del día, mes y año.
SIN. **Datar, fechar,** más us.

calendario (l. *-iu*) ***m.*** Sistema de división del tiempo por años, meses y días: ~ ***juliano,*** el que cuenta como bisiestos todos los años, cuyo número de días es divisible por cuatro, aunque terminen siglo; ~ ***gregoriano, nuevo*** o ***reformado,*** el que no cuenta como bisiestos los años finales de siglo, excepto los que caen en decena de siglo. Lo estableció el papa Gregorio XIII (1502-1585) en 1582, y hoy lo usan todas las naciones cristianas, menos las cismáticas griegas, que conservan el juliano; ~ ***republicano,*** el establecido por la revolución francesa desde 1792 a 1799, en el cual, además de otros cambios, se dan nombres nuevos a los meses; ~ ***eclesiástico,*** distribución del año para el ritual de la Iglesia; ~ ***escolar,*** el que fijan las autoridades académicas para re-

gir las fiestas y días laborables en la enseñanza; ~ ***perpetuo,*** el que puede utilizarse siempre; ~ ***laboral,*** el que fijan las autoridades gubernamentales para regir las fiestas y días laborables en general. 2 Almanaque: ~ *de pared.* 3 ~ ***de Flora,*** tabla de las épocas del año en que florecen ciertas plantas.
FR. *Hacer calendarios,* estar pensativo sin objeto determinado; hacer conjeturas. SIN. **Lunario;** si anuncia fenómenos astronómicos y meteorológicos, **pronóstico.**

calendarista ***com.*** Persona que hace o compone calendarios.

calender ***m.*** Monje mendicante de una orden fundada por Yusuf en el s. XIII, en oposición a los derviches.

caléndula (b. l. *inquietud*) ***f.*** Maravilla (planta compuesta). 2 ~ ***silvestre,*** mala hierba de las viñas, parecida a la anterior *(Calendula arvensis).*

calentado ***m.*** *Ecuad.* y *Perú.* Comida que se guarda de un día para otro. 2 *Colomb.* fam. Comida recalentada.

calentador, -ra ***adj.*** Que calienta. -2 ***m.*** Recipiente lleno de brasas, agua caliente, etc., para calentar la cama. 3 Aparato para calentar agua para usos domésticos, siendo la fuente de calor el gas o la electricidad. 4 Prenda de punto que cubre parte de la pierna y que se utiliza para calentar los músculos en los ejercicios gimnásticos o de danza. 5 fam. Reloj de bolsillo demasiado grande. 6 *Guat.* Entre galleros, chinguero (gallo maestro).

calentamiento ***m.*** Acción de calentar o calentarse. 2 Efecto de calentar o calentarse. 3 Enfermedad de las caballerías en las ranillas y el pulmón.

calentano, -na ***adj.-s.*** De Tierra Caliente, región de América Central.

calentar (de *caliente*) ***tr.-prnl.*** Hacer subir la temperatura [de un cuerpo]. -2 ***tr.*** fig. Avivar [una cosa] para que se haga con más prontitud. 3 fam. Azotar, dar golpes [a uno]. 4 DEP. fig. Detener [la pelota] algún tanto en la mano o en la paleta antes de arrojarla. 5 DEP. Realizar ejercicios preparatorios para el esfuerzo el deportista. 6 ~ ***la silla, el asiento,*** detenerse largo tiempo en las visitas. -7 ***tr.-prnl.*** Excitar el apetito sexual. 8 fig. Enardecer, malmeter [a alguien]. -9 ***prnl.*** Enfadarse. 10 Estar las bestias rijosas o en celo. 11 fig. Enfervorizarse en la disputa. -12 ***tr.*** *Chile* y *Ecuad.* Estudiar mal un colegial su lección. 13 *Chile.* Malestar. ◇ ** CONJUG. [27] como ***acertar.***

calentito, -ta ***adj.*** fig. *y* fam. Reciente, nuevo, fresco. -2 ***m.*** *And.* Cohombro, fruta de sartén.

calentón, -tona ***adj.*** [pers.] Proclive al enfado. 2 [pers.] Lujurioso, sensual. -3 ***m.*** Acto de calentarse de prisa o fugazmente: *darse un* ~.

calentura ***f.*** Elevación de la temperatura del cuerpo (fiebre). 2 fig. *y* fam. ~ ***de pollo,*** enfermedad fingida. 3 *Colomb.* Cólera, rabieta. 4 *Cuba.* Planta silvestre que crece en la humedad, es emética y se usa en cordelería *(Asclepias).* 5 *Cuba.* Descomposición que sufre el tabaco apilado, por fermentación lenta. 6 *Chile.* Tisis pulmonar.

calenturear ***intr.*** *Hond.* Padecer calenturas.

calenturiento, -ta ***adj.-s.*** Que tiene indicios de calentura.
SIN. MED. **Febricitante.**

calenturón ***m.*** Fiebre alta que dura poco.
SIN. **Causón,** p. us.

calenturoso, -sa ***adj.*** Calenturiento.

I) caleño, -ña ***adj.*** Compuesto de cal; esp. [piedra calcárea] de la cual se obtiene cal viva.

II) caleño, -ña ***adj.-s.*** De Cali, capital del departamento colombiano de Valle del Cauca.

calepino (de Ambrosio *Calepino,* ¿1440?-1510, latinista italiano, autor de un diccionario célebre) ***m.*** fig. Diccionario latino.
FR. *Saber más que Calepino,* comparación frecuente.

caler (l. *calere,* estar caliente) ***intr.*** ant. Convenir, importar.

I) calera ***f.*** Cantera que da la piedra caliza. 2 Horno donde se calcina la piedra caliza.

II) calera ***f.*** Chalupa que sale a pescar en las calas muy distantes de la costa en Vizcaya y Guipúzcoa.

calería ***f.*** Establecimiento donde se muele y vende la cal.

calero, -ra ***adj.*** Relativo a la cal, o que participa de ella. -2 ***m. f.*** Persona que tiene por oficio sacar la piedra y calcinarla en la calera. 3 Persona que tiene por oficio vender cal.

calés ***m.*** ant. Calesa.

calesa (fr. *calèche* < checo *kolesa*) ***f.*** Coche de dos o cuatro ruedas con la caja abierta por delante y capota de vaqueta.

calesera ***f.*** Chaqueta con adornos al estilo de la que usan los caleseros andaluces. 2 Cante popular andaluz que solían entonar los caleseros. La copla es una seguidilla sin estribillo.

calesero ***m.*** El que tiene por oficio conducir calesas.

calesín ***m.*** Calesa ligera.

calesinero ***m.*** El que tiene por oficio alquilar o conducir calesines.

calesita ***f.*** *And., Argent., Bol., Parag.* y *Urug.* Tiovivo.

caleta ***f.*** Dim. de *cala* (ensenada). 2 *Amér.* Barco caletero. 3 *Amér.* Puerto pequeño. 4 *Venez.* Gremio de los porteadores de mercancías, esp. en los puertos de mar.

caletear ***intr.*** *Chile* y *Perú.* Hacer escala las naves en los puertos de la costa.

caletero, -ra ***adj.*** *Amér.* Embarcación que hace cala en las caletas o puertos pequeños. -2 ***m.*** *Venez.* Trabajador que pertenece a la caleta.

caletre (de *calar*) ***m.*** fam. Tino, discernimiento, capacidad.
SIN. **Cacumen, chirume, pesquis, mollera.**

cali ***m.*** Álcali.

cali-, v. calo-.

Calibán ***n. pr.*** En la *Tempestad* de Shakespeare (1564-1616), salvaje esclavo de Próspero. Es la personificación del bruto obligado a obedecer a un poder superior.

cálibe (l. pl. *Chalybes*) ***com.*** Individuo de un pueblo que habitaba cerca del río Termodonte, en el Ponto: *los cálibes se ocupaban en beneficiar y labrar el hierro.*

calibración ***f.*** Acción de calibrar. 2 Efecto de calibrar.

calibrador ***m.*** Instrumento para calibrar: ~ ***de alambres,*** el formado por una hilera de pasos sucesivos de un diámetro dado; ~ ***de joyero,*** pieza cónica señalada y numerada, que se emplea para tomar el diámetro de las sortijas; ~ ***de profundidades,*** el formado por una regla estrecha que se desliza a través de una cruceta, usado para medir la profundidad de un orificio. 2 Tubo cilíndrico de bronce, por el cual se hace correr el proyectil para apreciar su calibre.

calibrar ***tr.*** Medir o reconocer el calibre [de las armas de fuego o el de otros tubos]. 2 Medir o reconocer el calibre [de los proyectiles o de los alambres, el grueso de las chapas de metal, etc.]. 3 fig. Medir el talento, ciencia u otras cualidades de una persona. 4 Dar [al alambre, al proyectil o al ánima del arma] el calibre que se desea. 5 Graduar exactamente [un instrumento medidor], basándose en una unidad conocida. 6 Establecer, con la mayor exactitud posible, la correspondencia entre las indicaciones de un instrumento de medida y los valores de la magnitud que se mide con él.

calibre (del ant. *cálibo* < ár. *calib,* moldeo) ***m.*** Diámetro interior del cañón de las armas de fuego. 2 p. ext. Diámetro del proyectil o de un alambre. 3 Diámetro interior de un cilindro hueco. 4 Instrumento que sirve de regla o escantillón, en general. 5 fig. Tamaño, importancia, clase. 6 Instrumento de precisión para comprobar el diámetro de los taladros. 7 CONSTR. Placa metálica en la que se ha recortado un perfil que sirve para hacer molduras de yeso en las paredes. ◇ V. gálibo.

calicantáceo, -a ***adj.-s.*** Arbusto de la familia de las calicantáceas. -2 ***f. pl.*** Familia de plantas dicotiledóneas dentro del orden de las rosales, de corteza aromática y las hojas enteras y opuestas.

calicanto (de *cal* + *canto*) ***m.*** Mampostería (obra).

calicata (de *calar* + *catar*) ***f.*** Exploración de un terreno para saber los minerales que contiene. 2 CONSTR. Exploración que se hace en cimentaciones de edificios, muros, firmes de carreteras, etc., para determinar los materiales empleados.

calicatas ***f. pl.*** pop. Glúteo, nalgas.

calichar ***tr.*** *Ecuad.* Agujerear [un recipiente] para extraer el líquido que contiene. -2 ***prnl.*** Filtrarse un líquido a través de una hendidura del recipiente.

caliche (de *cal*) ***m.*** Piedrecilla que queda en el barro y que se calcina al cocerlo. 2 Costrilla de cal que se desprende del enlucido de las paredes. 3 En los melones y otras frutas, maca (señal). 4 Diarrea de las perdices. 5 *And.* Raja de una vasija. 6 *And. A* ~, al alto: *beber a* ~. 7 *Murc.* Juego del hito. 8 *Amér.* Mineral que contiene caliza en abundancia. 9 *Bol., Chile* y *Perú.* Nitrato de sosa. 10 *Bol., Chile* y *Perú.* Calichera. 11 *Perú.* Barrera, tierra que queda después de sacado el salitre.

calichera ***f.*** *Bol., Chile* y *Perú.* Yacimiento de caliche; terreno en que hay caliche.

calichoso, -sa ***adj.*** *Colomb.* Pedregoso.

calici- (l. *calix, -icis,* cáliz) Elemento prefijal que entra en la formación de palabras con el significado de cáliz: *caliciforme.*

calicifloro, -ra (*calici-* + *-floro*) ***adj.-f.*** Planta de la clase de las calicifloras. -2 ***f. pl.*** Clase de plantas cuyos pétalos y estambres parecen insertos en el cáliz.

caliciforme (*calici-* + *-forme*) ***adj.*** [perigonio] Que tiene caracteres de cáliz.

calicillo (dim. de *cáliz*) ***m.*** BOT. Verticilo de apéndices foliáceos.

calicó (fr. *calicot*) ***m.*** ant. Tela delgada de algodón. ◇ Pl.: *calicós.*

caliculado, -da ***adj.*** [flor] Que tiene calículo.

calicular ***adj.*** Relativo al calículo. 2 En forma de calículo.

calículo (l. *caliculu,* cáliz pequeño) ***m.*** Verticilo de brácteas que rodea el cáliz de algunas flores.

calidad (l. *qualitate;* doble etim. *cualidad*) ***f.*** Conjunto de cualidades que constituyen la manera de ser de una persona o cosa: *tela de superior ~; persona de noble ~ y honradez a toda prueba.* 2 Superioridad en su línea; nobleza de linaje; importancia o gravedad de alguna cosa: *una mercancía de ~; una dama de ~; asunto de ~;* ***voto de ~***, el que tiene más valor, por la condición del que lo emite. 3 Consideración social, civil o política; circunstancias personales de un individuo en relación con algún empleo o dignidad: *~ de ciudadano;* ***en ~ de,*** con el carácter o la investidura de. 4 Condición o propósito que se pone en un contrato: ***a ~ de que, loc. conj.,*** con la condición de que. 5 PINT. Sensación de realidad táctil de cualquier materia representada en una pintura: ***~ cromática,*** el valor tonal de un color, dependiente de la pureza de luz o valor lumínico. -6 ***f. pl.*** Prendas morales. ◇ La acep. 5 suele usarse en plural cuando se habla de las calidades de un cuadro.

calidez ***f.*** MED. Calor, ardor.

cálido, -da (l. *-du;* doble etim. *caldo*) ***adj.*** Que da calor o excita ardor en el organismo animal. 2 Caluroso, caliente. 3 PINT. [colorido] En que predominan los matices rojizos y dorados. -4 ***m. pl.*** *Ecuad.* Infusiones de ciertas plantas. ◇ Es voz culta por su origen y empleo.

calidonio, -nia (l. *calydoniu*) ***adj.-s.*** De Calidonia, antigua ciudad del sur de Grecia.

calidoscópico, -ca ***adj.*** Relativo al calidoscopio.

calidoscopio (*cali-* + gr. *eidos,* imagen + *-scopio*) ***m.*** Aparato de óptica recreativa consistente en un tubo que encierra dos o tres espejos inclinados con dos láminas de vidrio en un extremo, entre los cuales hay varios fragmentos sueltos de vidrio de color. Observando por el extremo opuesto se ve aparecer un dibujo simétrico que varía cuando el observador hace girar el tubo.
SIN. **Caleidoscopio.**

calientacamas ***m.*** Recipiente que contiene brasas o agua caliente para calentar la cama. ◇ Pl.: *calientacamas.*

calientapiés ***m.*** Braserillo para calentar los pies. ◇ Pl.: *calientapiés.*
SIN. **Calorífero, estufilla, estufa.**

calientaplatos ***m.*** Aparato para mantener calientes los platos. ◇ Pl.: *calientaplatos.*

calientapuesto ***m.*** *Colomb.* y *Ecuad.* Cagapuesto.

calientasillas ***adj.-com.*** Persona que prolonga mucho sus visitas, o que pasa largo tiempo en las antesalas. ◇ Pl.: *calientasillas.*

caliente (l. *calente*) ***adj.*** Que tiene calor. 2 fig. Acalorado, fogoso, si se trata de disputas, batallas, etc. 3 Cálido. 4 [pers.] Lujurioso, sensual. 5 [perro] Que manifiesta alegría cuando olfatea la proximidad de la caza: ***estar*** o ***ir en ~***, seguir los perros el rastro de la caza. 6 fig. Marcado por una agitación violenta y prolongada en la vida política o social: *se avecina un otoño ~;* ***en ~***, fig., luego, al instante. 7 ***Paños calientes,*** remedio de poca eficacia; contemporizaciones excesivas.

califa (ár. *jalifa,* sucesor) ***m.*** Título de los príncipes sarracenos que, como sucesores de Mahoma, ejercieron potestad religiosa y civil en Asia, África y España.

califal ***adj.*** Relativo a la época de los califas.

califato ***m.*** Dignidad de califa. 2 Tiempo que duraba su gobierno. 3 Territorio de su jurisdicción. 4 Período histórico en que hubo califas.

califero, -ra (de *cal* + *-fero*) ***adj.*** Que contiene cal.

calificable ***adj.*** Que se puede calificar.

calificación ***f.*** Acción de calificar. 2 Efecto de calificar. 3 Nota que obtiene el examinando.

calificadamente ***adv. m.*** Con calificación, de manera calificada.

calificado, -da ***adj.*** [pers.] De autoridad, mérito y respeto. 2 [cosa] Que tiene todos los requisitos necesarios: *prueba calificada.* 3 Cualificado, [trabajador] especializado.

calificador ***m.*** El que califica: *jurado ~.* 2 ***~ del Santo Oficio,*** teólogo del Tribunal de la Inquisición, que censuraba libros y proposiciones.

calificar (l. med. *qualificare* < l. *qualis,* cual + *facere,* hacer) ***tr.*** Determinar o expresar las cualidades [de una persona o cosa]; esp. en gramática. 2 En examen, resolver la nota que se ha de dar al examinando. 3 fig. Ennoblecer, dar lustre [a una pers. o cosa]: *glorioso fin califica la vida.* -4 ***tr.-prnl.*** Probar uno su nobleza, condición, cualidades: *~ su persona; calificarse ante los amigos.* ◇ ** CONJUG. [1] como ***sacar.***
SIN. **Cualificar,** lo mismo que **cualificado, cualificación, cualificativo,** es voz docta que sólo se usa en FIL. y en estilo elevado o pedante. CONTR. *3* **Descalificar.**

calificativo, -va ***adj.*** Que califica. -2 ***adj.-m.*** GRAM. Adjetivo y adverbio que expresa cualidades de los substantivos y acciones verbales, respectivamente. 3 GRAM. Frase u oración que desempeña el mismo papel.
SIN. *1* En estilo elevado, **dictado,** esp. cuando es por excel.: *merecía el calificativo o el dictado de noble.*

california ***f.*** *R. de la Plata.* Carrera en la que toman parte dos o más caballos. 2 *P. Rico.* Moneda de oro de 20 pesos o dólares, española o norteamericana. 3 *Venez.* Cierto aire popular.

californiano, -na ***adj.-s.*** De California, estado del sudoeste de los Estados Unidos de Norteamérica.

califórnico, -ca ***adj.*** Californiano.

I) californio, -nia ***adj.-s.*** Californiano.

II) californio ***m.*** Elemento químico de número atómico 98 y símbolo *Cf.* Se obtiene artificialmente por bombardeo del curio con átomos de helio.

cáliga (l.) ***f.*** Especie de sandalia de los soldados de la ant. Roma. 2 Polaina que usaron los monjes en la Edad Media, y posteriormente los obispos.

calígine (l. *-igine;* doble etim *calina*) ***f.*** Niebla, obscuridad. 2 Bochorno.

caliginoso, -sa ***adj.*** Denso, obscuro, nebuloso. 2 Bochornoso.

caligrafía (gr. *kalligraphía* < *cali-* + *-grafía*) ***f.*** Arte de escribir con letra correctamente formada. 2 Conjunto de rasgos que caracterizan la escritura de una persona, un documento, etc.

caligrafiar ***tr.*** Hacer [un escrito] con hermosa letra. ◇ **CONJUG. [13] como ***desviar.***

caligráfico, -ca ***adj.*** Relativo a la caligrafía.

calígrafo, -fa ***m. f.*** Persona que escribe a mano con letra excelente. 2 Persona que tiene especiales conocimientos de caligrafía.

caligrama (*cali-* + *-grama*) ***m.*** Composición póetica que expresa visualmente, mediante la tipografía, el dibujo, el tema o idea de base.

calilla ***f.*** Dim. de *cala* (supositorio). 2 *Amér.* Molestia, pejiguera y, en algunos países, persona molesta o pesada. 3 *Chile.* Calvario (deudas).

calillar ***tr.*** *Méj.* Echar calillas, molestar.

I) calima ***f.*** Calina.

II) calima ***f.*** Conjunto de corchos enfilados a modo de rosario, que en algunas partes sirven de boya.

calimaco ***m.*** Calamaco.

calimba ***f.*** *Cuba.* Hierro con que se marcan los animales.
SIN. **Carimba.**

calimbar ***tr.*** *Cuba* y *Méj.* Marcar [los animales] con la calimba.

calimbo ***m.*** fig. Calidad, pelaje, marca.

calimico ***m.*** Platirrino de 50 cms. de longitud que habita en las selvas del Alto Amazonas. Tiene uñas en forma de garra. Se alimenta de frutas e insectos *(Callimico goeldii).*

calimocho ***m.*** fam. Bebida refrescante a base de vino y cola.

calimoso, -sa ***adj.*** Calinoso.

calimote (de *calima,* corcho) ***m.*** El corcho del medio de los tres que se ponen a la entrada del copo (bolsa).

calina (v. *caligine*) ***f.*** Niebla muy tenue que enturbia ligeramente el aire.
SIN. v. **Niebla.**

calincha (quechua *karincha*) ***f.*** *Perú.* Muchacha dada a los juegos propios de chicos.

calinda ***f.*** *Cuba.* Baile de negros.
SIN. **Calinga.**

calinoso, -sa ***adj.*** Cargado de calina.

caliofilita ***f.*** Feldespato que cristaliza en el sistema hexagonal, incoloro o de color blanco y con brillo vítreo.

caliología (gr. *kaliá,* nido + *-logía*) ***f.*** Tratado sobre los nidos.

Calíope ***n. pr.*** MIT. Musa de la poesía épica y de la elocuencia.

calípedes ***m.*** Perezoso (mamífero). ◇ Pl.: *calípedes.*

calipedia (gr. *kallipaideia* < *cali-* + *pais, paidós,* hijo) ***f.*** Arte quimérica de procrear hijos hermosos.

calipédico, -ca ***adj.*** Relativo a la calipedia.

calípico *adj.* Relativo al ciclo lunar ideado por Calipo (s. IV a. C.), astrónomo griego, para corregir el áureo número. Equivale a un período de 76 años.
Calipso *n. pr.* Ninfa, reina de la isla de Origia, que retuvo siete años a Ulises, según la *Odisea*.
calipto- (gr. *kalyptós,* oculto) Elemento prefijal que entra en la formación de palabras con el significado de oculto: *caliptoblásteo.*
caliptoblásteo, -a (*calipto-* + gr. *blastós,* germen) *adj.-m.* Celentéreo hidrozoario del suborden de los caliptoblásteos. -2 *m. pl.* Suborden de hidrozoarios cuyo tubo quitinoso está ensanchado en forma de copa y en los que los individuos reproductores están recubiertos por una dilatación del mismo.
caliptra (gr *kalytra,* velo) *f.* BOT. Órgano apical de la raíz que, a modo de casquete o en forma de una pequeña vaina, protege el cono vegetativo de la misma.
caliptri-, caliptro- (gr. *kalyptra,* velo) Elemento prefijal que entra en la formación de palabras con el significado de velo, cofia o caperuza: *caliptriforme, caliptrógeno.*
caliptriforme (*caliptri-* + *-forme) adj.* BOT. Que tiene forma de cofia, caperuza o velo: *corola* ~.
caliptrógeno (*caliptro-* + *-geno) m.* BOT. En las gramíneas y en muchas otras monocotiledóneas, estrato inicial de la caliptra, que recubre el ápice de la raíz.
caliqueño *m.* vulg. Coito.
calisaya (de *Calisaya,* colina de Bolivia) *f. Bol.* y *Perú.* Quino (árbol).
calistenia (gr. *kallisthenés* < *cali-* + *sthenos,* fuerza) *f.* Gimnasia conducente al desarrollo de la fuerza y de la gracia en los movimientos.
calitipia (*cali-* + *-tipia*) *f.* Procedimiento para sacar pruebas fotográficas, empleando un papel sensible que dé imágenes de color sepia o violado.
calitricáceo, -a *adj.-f.* Planta de la familia de las calitricáceas. -2 *f. pl.* Familia de plantas tubifloras acuáticas con los tallos filiformes y las hojas opuestas y enteras; las flores son pequeñas y carecen de sépalos y pétalos.
cáliz (l. *calice;* doble etim. *cauce, caz*) *m.* Vaso sagrado de oro o plata en que el sacerdote consagra el vino en la santa misa. 2 poét. Copa o vaso. 3 BOT. Verticilo periantal externo, gralte. verde, de las flores diploclamídeas.
REL. *3* Está formado por hojas llamadas **sépalos.**
caliza *f.* Roca formada en su totalidad, o en su mayor parte, de carbonato de cal: ~ ***hidráulica,*** la que por calcinación da cal hidráulica; ~ ***lenta,*** dolomía.
SIN. **Piedra de cal.**
calizo, -za *adj.* [terreno o piedra] Que contiene cal.
calla (aimara y quechua) *f. Amér. Merid.* Palo puntiagudo usado para sacar plantas con sus raíces y abrir hoyos para sembrar.
¡calla! Interjección con que se denota extrañeza al oír algo o ver un hecho.
SIN. **¡Calle!**
I) callada *f.* Silencio o efecto de callar: ***dar la ~ por respuesta,*** dejar intencionadamente de contestar. 2 ***De ~,*** o ***a las calladas,*** sin estruendo, secretamente. 3 MAR. Intermisión de la fuerza del viento o de la agitación de las olas.
II) callada *f.* Comida en que pralte. se comen callos.
calladamente *adv. m.* Con secreto o con silencio.
calladeras *f. pl.* Cualidad de la persona discreta o que sabe callar a tiempo.
calladito *m. Chile.* Baile popular que se ejecutaba sin emplear el canto.
callado, -da *adj.* [pers.] Silencioso, reservado, taciturno. 2 [cosa] Omitido, tácito.
callahuaya *m. Bol.* y *Perú.* Vendedor ambulante de medicinas populares. -2 *f. Bol.* Danza india.
callamiento *m.* Acción de callar.
callampa (quechua) *f. Amér. Merid.* Seta, hongo. 2 *Chile.* Sombrero de fieltro. También *callamba.* 3 *Chile.* Chabola.
callana (quechua) *f. Amér. Merid.* Vasija tosca que usan los indios para tostar maíz, trigo, etc. 2 Manchas callosas que se dicen tienen en las nalgas los descendientes de negros zambos. 3 Escoria metalífera que puede beneficiarse. 4 Crisol para ensayar metales. 5 *Chile.* fig. Reloj de bolsillo grande. 6 *Perú.* Tiesto.
callandico, -dito (de *callando*) *adv. m.* En silencio, con disimulo.
callando *adv. m.* Callandico.
callantar (del ant. *callante,* que calla) *tr.* Acallar.
callanudo, -da *adj. Chile.* Desvergonzado.
callao *m.* Guija (piedra). 2 *Can.* Terreno llano y cubierto de cantos rodados.
callapo (quechua) *m. Argent.* y *Chile.* Poste o escalera de mina. 2 *Bol.* y *Perú.* Parihuela. 3 *Bol.* y *Perú.* Embarcación propia para descender los rápidos de los ríos, formada gralte. a modo de balsa o por reunión de dos de éstas.
callar *intr.-prnl.* No hablar, guardar silencio una persona: *calla, o se calla, como un muerto;* abstenerse de manifestar lo que se siente o se sabe: ~, o *callarse, de,* o *por, miedo.* 2 Cesar de hablar: *cuando esto hubo dicho, calló;* en gral., cesar de llorar, de gritar, de cantar, de meter ruido, etc.; cesar ciertos animales en sus voces; dejar de hacer ruidos el mar, el viento, una máquina; cesar de sonar un instrumento músico. -3 *tr.* Tener reservada [una cosa], no decirla: ~ ***un secreto;*** omitir, pasar [algo] en silencio: ***ha callado lo principal.***
FR. *1 Quien calla otorga,* el que no contradice, da a entender que aprueba; *callarse la boca,* expr. pleonástica intensiva, que se usa esp. en imperativo; *calla callando,* chitacallando.
FR. *2 Calla y cuez,* o sea, cuece tu pan y calla; atiende al trabajo útil sin perder el tiempo.
SIN. *3* **Silenciar, reservar, sigilar.**
calle (l. senda) *f.* Camino entre casas o paredes por el que se transita en poblado: ~ ***de árboles,*** espacio o camino entre dos hileras de ellos; ~ ***peatonal,*** la que queda para uso exclusivo de los peatones, una vez suprimidos los vehículos; ~ ***pública,*** la de uso comunal. 2 ant. Pueblo pequeño que depende de otro principal y participa de sus privilegios: ~ *de Barcelona.* 3 En los juegos de tablero, línea direccional. 4 Zona vertical de un retablo o de una fachada, cuando tienen más de una. 5 Espacio o hueco entre los tableros de un entramado o las vigas de un techo. 6 Pasillo que da acceso a los asientos en los locales de espectáculos públicos. 7 Libertad, por oposición a cárcel: *estar en la* ~. 8 DEP. Zona de una pista de atletismo o de una piscina en que el concursante debe mantenerse a lo largo de la carrera. 9 DEP. En el juego del golf, extensión variable de terreno más larga que ancha, con cesped y obstáculos naturales y artificiales, que se halla comprendida entre el tee y el green. 10 IMPR. Línea de espacios vertical u oblicua que se forma ocasionalmente en una composición tipográfica y la afea. 11 fig. Gente, público en general, como conjunto no minoritario, que opina, desea, reclama, etc. 12 *Méj.* y *Perú.* Tramo, en una vía urbana, comprendido entre dos esquinas.
FR. *Hacer,* o *abrir,* ~, fig., separar o separarse la gente para dejar paso.
SIN. 1 **Vía,** cuando se habla de la calle en abstracto: *las vías más céntricas de la ciudad* (comprende calles, plazas, etc.); **vía pública,** esp. en lenguaje administrativo: *prohibida la mendicidad en la vía pública*; **calle,** y sólo en algún caso particular **vía** (*Vía Layetana,* de Barcelona) , cuando se antepone al nombre específico; **rúa,** ant., se usa todavía en algunas ciudades del N. de España: *Rúa Mayor*; **carrera,** es hoy poco frecuente, y signif. calle que en otro tiempo fue camino (*Carrera de San Jerónimo,* en Madrid). Las denominaciones que indican cualidades esp., como **callejón, pasaje, costanilla, paseo, avenida,** etc., se hallarán en los correspondientes artículos.
GRAM. Cuando al nombre genérico **calle** u otros parecidos sigue un nombre específico substantivo, es contrario a la tradición del idioma suprimir la prep. *de*: *calle de Alcalá,* y no *calle Alcalá; Paseo de Méndez Núñez,* y no *Paseo Méndez Núñez.* Sin embargo, se va extendiendo el uso de suprimir la preposición: *Avenida Alvear.* Si el nombre específico es adjetivo, no hay, naturalmente, prep. de enlace: *Calle Alta, Plaza Mayor,* etc.
¡calle! ¡Calla!
callear (de *calle*) *tr.* Cortar o separar [en las viñas] los sarmientos que atraviesan los entreliños.
callecalle *com. Chile.* Planta iridácea medicinal *(Libertia ixioides).*
Calleja *n. pr.* Personaje folclórico en la fr. *sépase quién es* ~, jactarse de poder, valentía o autoridad.
calleja *f.* Dim. de *calle.* 2 Callejuela.
callejear *intr.* Andar frecuentemente de calle en calle sin necesidad.
SIN. **Pindonguear, pendonear,** ambos desp. y aplicados gralte. a mujeres.
callejeo *m.* Acción de callejear. 2 Efecto de callejear.
callejero, -ra *adj.* Que gusta de callejear. 2 Relativo a la calle: *motín ~; lenguaje ~; fiesta callejera.* -3 *m.* Lista de las calles de una ciudad, que se halla en las guías descriptivas de ella. 4 Registro de los domicilios de los suscriptores que usan los repartidores de periódicos.
callejo *m.* Trampa (de caza).
callejón *m.* Aum. de *calleja.* 2 Paso estrecho y largo entre pa-

redes, casas o elevaciones del terreno. 3 fig. ~ ***sin salida,*** negocio o conflicto de muy difícil o de imposible resolución. 4 Espacio asignado a un nadador en una competición. 5 TAUROM. Espacio existente entre la barrera y el muro en que comienza el tendido de las plazas de toros. 6 *And., Cuba* y *P. Rico.* Calle corta, aunque no sea estrecha. 7 *Perú.* Casa de vecindad con habitaciones generalmente simétricas a lo largo de algún pasadizo descubierto.

callejuela *f.* Dim. de *calleja.* 2 fig. Efugio, pretexto.

callera (de *callo*) *adj.* V. hierba callera.

callhua (voz quechua) *f. Perú.* Instrumento de madera alargado y plano, destinado al telar individual.

callialto, -ta (de *callo + alto*) ***adj.-s.*** Herraje o herradura que tiene los callos más gruesos para suplir el defecto de los cascos en las caballerías.

callicida (de *callo + -cida*) ***amb.*** Substancia para extirpar los callos.

callista ***com.*** Persona que tiene por oficio extirpar o curar callos, uñeros y otras dolencias de los pies.
SIN. **Pedicuro, podólogo.**

callo (l. *-llu*) ***m.*** Dureza formada por roce o presión en los pies, manos, codos, etc. 2 Cicatriz formada en la reunión de los fragmentos de un hueso fracturado. 3 Extremo de la herradura. 4 Mujer muy fea. 5 ***Dar el ~,*** trabajar mucho. 6 ZOOL. Hinchazón en el tórax anterior o posterior de algunos insectos. -7 ***m. pl.*** Pedazos del estómago de la vaca, ternera o carnero, que se comen guisados.
SIN. *7* **Doblón de vaca.**

callón ***m.*** Utensilio para afilar las leznas.

callonca ***adj.*** [castaña o bellota] A medio asar. -2 ***f.*** fig. Mujer jamona.

callosidad ***f.*** Dureza muy extensa y menos profunda que el callo. -2 ***f. pl.*** Durezas en algunas úlceras crónicas.

calloso, -sa ***adj.*** Que tiene callo. 2 Relativo a él. V. cuerpo calloso.

calludo, -da ***adj.*** *Argent.* Calloso.

calma (gr. *kauma,* bochorno) ***f.*** Estado de la atmósfera cuando no hay viento: ~ ***chicha,*** ús. esp. en la mar cuando el aire está en completa quietud; ***en ~,*** que no levanta olas [díc. del mar]. 2 fig. Paz, tranquilidad. 3 Cachaza, pachorra. 4 Cesación o suspensión: ~ *en el dolor; negocio actualmente en ~.*
SIN. *4* V. **Apatía.**

calmante ***adj.*** Que calma. -2 ***adj.-m.*** Medicamento sedante y narcótico.

calmar ***tr.-prnl.*** Sosegar, adormecer, templar. -2 ***intr.*** Estar en calma o tender a ella.
SIN. *1* **Mitigar, moderar, suavizar.**

calmazo ***m.*** Aum. de *calma.* 2 Calma chicha.

calmil (mej. *calli,* casa + *milli,* sementera) ***m. Méj.*** Tierra sembrada junto a la casa del labrador.

I) calmo, -ma (cat. *calma,* llanura en lo alto) ***adj.*** [terreno o tierra] Erial, sin árboles ni matas.

II) calmo, -ma (de *calma*) ***adj.*** Que está en descanso.

calmoso, -sa ***adj.*** Que está en calma. 2 [pers.] Cachazudo o indolente.

calmuco, -ca ***adj.-s.*** De un antiguo pueblo originario de Mogolia occidental, que habitaba el sur de Rusia en el s. XV.

calmudo, -da ***adj.*** Calmoso.

calnado ***m.*** Candado (cerradura). ◇ Ant. o de uso local.

calo ***m.*** *Ecuad.* Caña gruesa y alta que contiene agua en su interior.

calo-, cali- (gr. *kalós,* bello) Elemento prefijal que entra en la formación de palabras con el significado de bello: *calocéfalo, calitipia.*

caló ***m.*** Lenguaje o dialecto propio de los gitanos. ◇ No suele usarse en plural.

calobiótica (*calo-* + gr. *biotikós,* referente a la vida) ***f.*** Arte de bien vivir. 2 Tendencia natural que tiene el hombre a una vida ordenada y regular.

calocéfalo, -la (*calo- + -céfalo*) ***adj.*** Que tiene hermosa cabeza.

calofilo, -la (*calo- + -filo* III) ***adj.*** BOT. Que tiene hermosas hojas.

calofriarse ***prnl.*** Sentir calofríos. ◇ ** CONJUG [13] como ***desviar.***
SIN. **Calosfriarse.**

calofrío ***m.*** Escalofrío.
SIN. **Calosfrío.**

calografía ***f.*** p. us. Caligrafía.

calología (*calo- + -logía*) ***f.*** Estética.

calomel ***m.*** Calomelanos.

calomelanos (*calo-* + gr. *melas, -anos,* negro; por alusión a un esclavo negro, del químico francés Mayerne Turquet, 1573-1655) ***m. pl.*** Cloruro mercurioso, ClHg, usado en medicina como purgante y vermífugo. ◇ INCOR. en sing.: *calomelano.*

calón ***m.*** Pértiga para medir la profundidad de un río, canal o puerto. 2 Palo redondo que sirve para mantener extendidas las redes.

calonche ***m.*** Bebida alcohólica hecha con zumo de tuna brava o colorada y azúcar.

calóptero, -ra (*calo- + -ptero*) ***adj.*** ZOOL. Que tiene hermosas alas.

calor (l.) ***m.*** Energía, originada probl. por un movimiento vibratorio atomicomolecular, a cuyas variaciones son debidos ciertos fenómenos, esp. la dilatación y el cambio de estado de los cuerpos: ~ ***animal,*** el generado en el cuerpo de un animal por sus propios procesos orgánicos; ~ ***específico de un cuerpo,*** cantidad de calor (expresada en calorías), que se necesita para elevar un grado la temperatura de un gramo de dicho cuerpo; ~ ***latente,*** el que un cuerpo absorbe sin que aumente su temperatura; ~ ***natural,*** el animal correspondiente al estado sano del organismo. 2 Estado notable de elevación de la temperatura ambiente: ~ ***canicular,*** el excesivo y sofocante. 3 Elevación de la temperatura normal del cuerpo. 4 Sensación que experimenta el cuerpo animal cuando recibe calor del exterior. 5 fig. Ardimiento, actividad, viveza. 6 Favor, buena acogida. 7 Lo más fuerte y vivo de una acción. 8 ***Al ~ de,*** al amparo de, con la ayuda y protección de. ◇En las aceps. 2, 3 y 4 se usa a veces vulg. y ant. como femenino.
REL. Las voces relacionadas son de dos clases: las más numerosas se forman sobre calor: **calorímetro, calorífero, acalorar**; un grupo de tecn. procede del gr. *therme: térmico, termómetro, diatermia, termal*; **temperatura,** grado de calor en los cuerpos.

calorescencia ***f.*** FÍS. Absorción por un cuerpo de una radiación y reemisión de otra de longitud de onda menor. Efecto producido al calentar un cuerpo con rayos infrarrojos.

caloría ***f.*** Unidad de medida térmica, equivalente al calor necesario para elevar un grado centígrado la temperatura de un gramo *(pequeña caloría)* o de un kilogramo de agua *(gran caloría).* 2 FISIOL. Unidad de medida del poder nutritivo de los alimentos. Consiste en el número de pequeñas calorías que un peso determinado de alimento puede desarrollar en los tejidos, o en el trabajo físico equivalente a ellas.

caloriamperímetro ***m.*** ELECTR. Aparato para medir la intensidad de una corriente eléctrica por el método calorimétrico.

caloricidad ***f.*** Propiedad vital, en virtud de la cual los animales conservan casi todos un calor superior al del ambiente en que viven.

caloricio ***m.*** *P. Rico.* vulg. Calor sofocante.

calórico ***adj.*** Relativo al calor. -2 ***m.*** Supuesto fluido al cual se atribuían los fenómenos caloríficos. 3 ~ ***radiante,*** FÍS., el que se transmite a distancia sin necesidad de contacto inmediato.

calorídoro (*calor* + gr. *doron,* regalo) ***m.*** Aparato us. en tintorería para aprovechar el calor de los baños después de haber agotado los tintes.

calorífero, -ra (*calor + -fero*) ***adj.*** Que conduce y propaga el calor. -2 ***m.*** Aparato de calefacción compuesto de un foco único y de un sistema de tubos de distribución: ~ *de aire;* ~ *de vapor.* 3 Calientapiés.

calorificación ***f.*** Producción en el organismo del calor animal.

calorífico, -ca (*calor + -fico*) ***adj.*** Que produce o distribuye calor.

calorífugo, -ga (*calor + -fugo*) ***adj.*** Que se opone a la transmisión del calor. 2 Incombustible.

calorimetría (*calor + -metría*) ***f.*** Parte de la física que trata de la medición del calor y de las constantes térmicas.

calorimétrico, -ca ***adj.*** Relativo a la calorimetría.

calorímetro (*calor + -metro*) ***m.*** Aparato para medir cualquier constante térmica, esp. el calor específico.

calorimotor ***m.*** FÍS. Aparato para producir calor por medio de una corriente eléctrica de mucha potencia.

calorina ***f.*** Calina. 2 *And., Ar.* y *Murc.* Calor fuerte y sofocante, bochorno.

calorosamente ***adv. m.*** Calurosamente.

caloroso, -sa ***adj.*** Caluroso.

calosfriarse ***prnl.*** Calofriarse. ◇ ** CONJUG [13] como ***desviar.***

calosfrío *m.* Escalofrío.
caloso, -sa *adj.* [papel] Que se cala.
calostro (l. *colostru*) *m.* Primera leche de la hembra después de parida.
calote (port.) *m. Argent.* Engaño, estafa.
calotear *tr. Argent.* Dar calote, estafar [a alguien].
calotero, -ra *adj. Argent.* y *Urug.* Que engaña o estafa.
calotipia *f.* Calitipia.
caloto *m. Amér. Merid.* Metal proveniente de la campana de un pueblo americano así llamado y que, según el vulgo, poseía ciertas virtudes.
caloyo *m.* Cordero o cabrito recién nacido. 2 hum. Quinto (soldado).
calpamulato, -ta *adj.-s. Méj.* desus. Descendiente de zambaigo (cambujo e india) y loba (saltatrás y mulata). 2 *Méj.* desus. Descendiente de mulato e india. 3 *Méj.* desus. Descendiente de barcino e india. 4 *Méj.* desus. Descendiente de mulato y mestiza.
calpamulo, -la *adj.-s. Méj.* desus. Mestizo descendiente de albarazado y negra.
calpara (voz aimara) *f. Perú.* Zapallo (fruto) seco y endurecido al sol.
calpense *adj.-s.* De Calpe, actual Gibraltar, colonia británica del sur de la Península Ibérica.
SIN. **Gibraltareño.**
calpián *m. Hond.* Guardián.
calpixque *m. Méj.* ant. Mayordomo o capataz a quien los encomenderos encargaban del gobierno de los indios, de su repartimiento y del cobro de tributos.
calpul (mej. *calpulli*, arrabal) *m. Guat.* Reunión, conciliábulo. 2 *Hond.* Montículo que señala los antiguos pueblos de aborígenes.
calquín *m. Argent.* y *Chile.* Variedad mediana del águila, que vive en los Andes patagónicos.
calseco, -ca *adj.* Curado con cal.
calta *f.* Planta ranunculácea, de tallos lisos, hojas gruesas y flores grandes y amarillas *(Caltha bicolor).*
calucha *f. Bol.* Corteza segunda o interior del coco, almendra, nuez, etc.
caluga *f.* Pez marino teleósteo costero parecido a la lisa aunque de cuerpo menos rechoncho y con el labio superior muy grueso y alto *(Mugil labeo).*
SIN. **Labeo, lisa de levante.**
caluma *f. Perú.* Garganta o estrechura de la cordillera de los Andes. 2 *Perú.* Puesto o lugar de indios.
calumbre (l. *canu*, cano) *f.* Moho del pan.
calumnia (l.) *f.* Acusación falsa, hecha maliciosamente para causar daño. 2 DER. Imputación falsa de un delito de los que dan lugar a procedimiento de oficio.
calumniador, -ra *adj.-s.* Que calumnia.
SIN. **Deshonrabuenos, impostor.**
calumniar (l. *-ari*) *tr.* Levantar una calumnia o calumnias [contra uno]. ◇ ** CONJUG. [12] como ***cambiar.***
calumniosamente *adv. m.* Con calumnia.
calumnioso, -sa *adj.* Que contiene calumnia.
calungo *m. Colomb.* Especie de perro de pelo crespo.
calura *f.* p. us. Calor.
caluro *m. Amér. Central.* y *Méj.* Quetzale.
calurosamente *adv. m.* Con calor.
SIN. **Calorosamente.**
caluroso, -sa *adj.* Que tiene o causa calor: *un día ~.* 2 fig. Vivo, ardiente: *adhesión calurosa.* ◇ También *caloroso.*
caluyo *m. Bol.* Baile indio, zapateado y con mudanzas.
calva (l.) *f.* Parte de la cabeza de la que se ha caído el pelo. 2 Parte calva de una piel, felpa, paño, etc. 3 Sitio calvo en los sembrados, plantíos y arbolados. 4 Juego que consiste en derribar un madero o hito arrojándole piedras.
calvados *m.* Aguardiente francés, seco, elaborado a partir de la sidra de manzana.
calvar *tr.* Engañar [a uno]. 2 En el juego de la calva, dar en la parte superior del madero o hito.
calvario (b. l. *-iu*, calavera) *n. pr. m.* Lugar donde Cristo fue crucificado. -2 *m.* Vía crucis. 3 Lugar elevado donde se ha plantado una cruz. 4 Escena en la que se representa la muerte de Cristo en la Cruz. 5 fig. Conjunto numeroso de deudas, esp. por compras al fiado, que se van apuntando con rayas y cruces. 6 Sufrimiento prolongado. 7 ANAT. Bóveda del cráneo.
SIN. *1* **Gólgota.** *3* **Humilladero.**
calvatrueno (*calva* + *trueno*) *m.* Calva que coge toda la cabeza. 2 fig. Hombre alocado, atronado.
calverizo, -za *adj.* [terreno] De muchos calveros.
calvero *m.* Calva en lo interior de un bosque. 2 Gredal.
calvete *adj.-s.* Dim. de *calvo.*
calvicie, -vez *f.* Falta de pelo en la cabeza.
calvijar *m.* Calvero.
calvinismo *m.* Doctrina predicada por Calvino (1509-1564), rama del luteranismo que negaba el libre albedrío y la presencia real de Cristo en la Eucaristía. 2 Su secta.
calvinista *adj.-com.* Partidario del calvinismo. -2 *adj.* Relativo a él.
SIN. **Hugonote,** ~ francés.
calvitar *m.* Calvijar, calvero.
calvo, -va (l. *-vu*) *adj.-s.* Que ha perdido el pelo de la cabeza. -2 *adj.* [piel, felpa, etc.] Que ha perdido el pelo. 3 [terreno] Pelado, sin vegetación. -4 *adj.-s.* desp. De Huesca.
SIN. **Glabro,** lit.; **pelón.** FR. *Ni tanto ni tan ~*, expr. con la que se censura la exageración por exceso o por defecto.
calza (l. v. *calcea* < l. *calceu*, calzado) *f.* Prenda de vestir que cubría el muslo y la pierna, o sólo el muslo o la mayor parte de él: *calzas bermejas.* 2 ***Calzas atacadas,*** calza antigua que, unida a la cintura con agujetas, cubría piernas y muslos. 3 ***Medias calzas,*** las que sólo subían hasta la rodilla. 4 fam. Media. 5 Liga o cinta que se pone a algunos animales para distinguirlos de otros de la misma especie. 6 Cuña con que se calza. 7 BLAS. División del escudo inversa a la capa. 8 *Colomb.* Empaste de un diente o muela.
SIN. *6* **Calce.**
calzacalzón *m.* Calza más larga que la ordinaria.
calzada (l. v. *calceata via* < l. *calceare*, calzar) *f.* Camino empedrado y ancho. 2 Parte de una calle comprendida entre las dos aceras. 3 Zona dispuesta para la circulación de vehículos en una carretera.
calzadera *f.* Cuerda delgada de cáñamo para atar las abarcas. 2 Hierro para calzar la rueda de un carruaje.
calzado, -da (de *calzar*) *adj.* [religioso] Que usa zapatos, en contraposición al descalzo. 2 [pájaro] Que tiene pelo o plumas hasta los pies. 3 [animal] Cuyas extremidades en su parte inferior tienen color distinto del cuerpo. -4 *m.* Zapato, abarca, alpargata, etc., que sirve para cubrir y resguardar el pie o la pierna, entendiéndose también medias y ligas. 5 BLAS. Escudo dividido por líneas que van de los ángulos superiores del jefe a la punta. Es lo contrario de cortinado.
calzador *m.* Utensilio de forma acanalada para poner el zapato. 2 *Argent.* ant. Portaplumas, palillero. 3 *Bol.* Lapicero.
calzadura *f.* Acción de calzar los zapatos u otra cosa. 2 Trozo de madera fuerte que, en las ruedas de carros o carretas, substituye a la llanta.
calzar (l. *calceare*) *tr.-prnl.* Poner el calzado [a uno]: *calzarse las botas; ¿qué número calzas?;* **abs.,** *calza bien.* 2 Poner o llevar puestos [guantes, espuelas, etc.]. -3 *tr.* Hacer o suministrar el calzado: *visto y calzo a mis criados; el zapatero me calza.* 4 Poner calces [a una herramienta, entre dos cuerpos o piezas, etc.]. 5 Poner una cuña entre el piso y [la rueda o ruedas de un carruaje o máquina] que los inmovilice; poner una cuña debajo [de cualquier mueble] para que no cojee. 6 Poner una reja nueva en el arado para reemplazar la ya gastada. 7 Colocar los neumáticos en un vehículo. 8 Admitir las armas de fuego [proyectil de un calibre determinado]. 9 fam. Tener mucha o poca inteligencia: **abs.,** *tu criado calza muy poco.* 10 IMPR. Poner con alzas [los clisés o grabados] a la altura de la letra. 11 *Colomb.* y *Ecuad.* Orificar, empastar [la dentadura]. 12 *Guat.* Aporcar. ◇ ** CONJUG. [4] como ***realizar.***
FR. fam. *Calzarse a uno,* gobernarle, manejarle; *calzarse* [uno alguna cosa], obtener algún honor o cargo: *calzarse la prebenda.*
calzo *m.* Calce (cuña). 2 Madero que se dispone a bordo para que en él descansen algunos objetos pesados. 3 Punto de apoyo de la palanca. -4 *m. pl.* Extremidades de un caballo o yegua, esp. cuando son de color distinto del pelo general del cuerpo: *un caballo pío con calzos negros.*
calzón *m.* Aum. de *calza.* 2 Prenda de vestir de hombre que cubre desde la cintura hasta las rodillas, dividida en sendas fundas para los muslos: *calzones de paño.* 3 Pantalón. 4 Lazo de cuerda que los pizarreros se ciñen a los muslos para sostenerse en los tejados. 5 Tresillo (juego). 6 *Logr.* Vaina de las habas. 7 *Amér.* Pantalón de mujer. 8 *Bol.* Guiso de cerdo con picante. 9 *Chile.* Calzoncillos. 10 *Méj.* Enfermedad de la caña de azúcar en que, por falta de riego, se secan las dos hojitas inmediatas al pie de la planta, cuyo desarrollo se detiene.
SIN. *2* **Braga.**

calzonarias *f. pl. Colomb.* Tirantes.

calzonazos (de *calzones*) *m.* fig. Hombre muy flojo y condescendiente. ◇ Pl.: *calzonazos.*

SIN. **Bragazas.**

calzoncillo *m. Venez.* Especie de loro.

calzoncillos *m. pl.* Calzones interiores de punto o de tela de hilo, lana o algodón.

calzonear *intr. Méj.* Defecar.

calzoneras *f. pl. Méj.* y *P. Rico.* Pantalón abotonado de arriba abajo por ambos costados.

calzoneta *f. Guat.* Calzoncillos cortos que usan los hombres para bañarse.

calzontes *m. pl. Guat.* Varas que forman la techumbre de un rancho.

calzonudo, -da *adj. Amér.* Tonto, calzonazos. 2 *Amér. Central.* fest. Hombre. Se emplea entre las mujeres. 3 *Méj.* Enérgico, valiente. 4 *Méj.* fam. Indígena, por su amplio calzón de manta.

calzorras *m.* fam. Calzonazos. ◇ Pl.: *calzorras.*

Cam *n. pr.* BIBL. Segundo hijo de Noé.

I) cama (l. hisp.) *f.* Armazón en que gralte. se ponen jergón o colchón de muelles, colchones, sábanas, mantas, almohadas, etc., y donde duermen y descansan las personas: ~ ***redonda,*** aquella en que duermen varias personas; v. camera a diferencia de la de *matrimonio;* ~ ***turca,*** la que no tiene cabecera, a modo de sofá sin respaldo ni brazos. 2 Mullido de paja, helecho u otras plantas que se pone en los establos para que el ganado descanse y haga estiércol. 3 fig. Plaza para un enfermo en el hospital o sanatorio, o para un alumno interno en un colegio. 4 fig. En los guisados, porción de vianda que se echa extendida encima de otra para que se cuezan o asen. 5 fig. Sitio donde se echan a descansar los animales: ~ *de lobos.* 6 Suelo o plano de carro o carreta. 7 Parte del melón y de otros frutos que está pegada a la tierra. 8 Camada (hijuelos). 9 MAR. Hoyo que forma en la arena o en el fango una embarcación varada.

FR. *1 Caer en ~,* o *en la ~,* enfermar. *Estar en ~, guardar ~* o *la ~, hacer ~,* estar en ella por necesidad.

SIN. *1* **Lecho,** lit.; **tálamo,** lecho conyugal; **litera,** cama fija en el camarote de los barcos; **yacija,** desp.; **camastro,** desp.; **piltra,** vulg.

II) cama (v. *camba*) *f.* Barreta del freno, a que van sujetas las riendas. 2 En el arado, pieza encorvada en la que encajan por la parte inferior delantera el dental y la reja, y por detrás la esteva; por el otro extremo se afianza el timón. 3 Pina (pieza de rueda). -4 *f. pl.* Nesgas que se ponían a las capas para que resultasen redondas.

SIN. *1* y *4* **Camba.** *2* **Degolladura; garganta** (And.).

camá *m. Cuba.* Camao.

camacero *m.* Árbol de la América tropical, que da un fruto *(camaza)* más grande y de concha más gruesa que la totuma.

camachil *m.* Árbol de Filipinas.

Camacho (*bodas de ~*) *n. pr.* Bodas suntuosas descritas por Cervantes (1547-1616) en la 2.ª p. del *Quijote.* Se las menciona en la conversación para ponderar la abundancia en los convites y festines.

camachuelo *m.* Ave paseriforme de vistoso plumaje, con la cabeza, alas y cola negras *(Pyrrhula pyrrhula).*

camacita *f.* Mineral de la clase de los elementos formado por una aleación natural de hierro y níquel, que cristaliza en el sistema cúbico.

camada (de *cama* I) *f.* Todos los hijuelos que paren de una vez ciertos animales: ~ *de conejos.* 2 fig. Cuadrilla de ladrones o de pícaros. 3 Conjunto de cosas numerables extendidas horizontalmente de modo que pueden colocarse otras sobre ellas: ~ *de ladrillos.* 4 MIN. Piso de ademes en las galerías de las minas.

SIN. *1* v. **Lechigada.** *3* **Lecho.**

camafeo (fr. ant. *camaïeu*) *m.* Figura tallada de relieve en ónice u otra piedra preciosa. 2 La misma piedra labrada.

camagón *m.* BOT. Árbol de Filipinas, de la familia de las ebenáceas *(Diospyrus discolor).*

camagua (náhuatle, *camahua,* amarillear) *adj. Amér. Central* y *Méj.* [maíz] Que empieza a madurar. -2 *f. Cuba.* Arbolito de madera blanca y fuerte *(Wallenia laurifolia).*

camagüe *m. Guat.* Camagua.

camagüeyano, -na *adj.-s.* De Camagüey, capital y provincia del centro de Cuba.

camagüira *f. Cuba.* Árbol silvestre, de buena madera, compacta, dura y de color amarillo veteado.

camahua *f. Salv.* Camagua.

camahuas *m. pl.* Antigua tribu de salvajes que vivían en las orillas del Uyacali, en el Perú.

camahueto (arauc.) *m. Chile.* Animal acuático, fabuloso, al cual se atribuyen fuerzas colosales y misteriosas.

camaina *m. Venez.* El diablo.

camaján, -na *adj. Méj.* Ladino, astuto.

camal (l. *camu,* freno, bozal) *m.* Cabestro o cabezón con que se ata la bestia. 2 Palo grueso del que se suspende por las patas traseras al cerdo muerto. 3 *Ar.* Rama gruesa. 4 *Murc.* Pernera. 5 *Perú.* Matadero principal.

camalara *f. Cuba.* Camagüira.

camáldula *f.* Rama de la orden benedictina fundada en el s. XI por San Romualdo de Camáldoli (h. 950-1027), bajo la regla de San Benito (¿480-547?) y unas constituciones propias muy austeras. ◇ V. camándula.

camaldulense *adj.-s.* Relativo a la orden de la Camáldula.

SIN. **Camandulense.**

camaleón (l. *chamaeleŏn*) *m.* Reptil saurio, de 4 dms. de largo, cuerpo comprimido lateralmente, patas delgadas y redondeadas, dedos opuestos y cola prensil; es notable por los cambios de coloración que puede experimentar su piel *(Chamaeleon chamaeleon).* 2 fig. y fam. Persona que por carácter o interés muda con facilidad de opinión. 3 ~ ***azul,*** seta con el sombrero amarillo, con túbulos en vez de láminas. Su carne blanco amarillenta se vuelve azul en contacto con el aire, de ahí su nombre *(Boletus cyanescens).* 4 *Bol.* Iguana. 5 *C. Rica.* Ave de rapiña, pequeña, que suele posarse en las ramas de los árboles para acechar su presa *(Falco spavernus).* 6 *Cuba.* Lagarto verde, grande, que trepa con ligereza a los árboles *(Anolis porcatus).*

camaleónico, -ca *adj.* fig. Relativo al camaleón (pers).

Camaleopardo *n. pr.* Constelación boreal situada cerca del polo.

camalero *m. Perú.* Matarife. 2 *Perú.* Traficante de carnes.

camalotal *m. Amér.* Paraje cubierto de camalotes, en las orillas de los ríos y pantanos.

camalote *m. Amér.* Planta acuática, pontederiácea, de tallo largo y hueco, hoja en forma de plato y flor azul, con vesículas llenas de aire que le permiten flotar *(Eichhornia crasipes).* 2 *Amér.* Conjunto de estas plantas que, enredadas con otras de diferente especie, forman como islas flotantes. 3 *Amér. Central, Cuba* y *Méj.* Planta gramínea acuática que crece hasta unos dos metros de altura y forma intrincadas malezas *(Paspalum paniculatum).*

camama *f.* vulg. Embuste, falsedad, burla.

camambú (guaraní, ampolla) *m. Amér.* Planta silvestre de flor amarilla y una frutilla como ampolla, blanca y muy dulce *(Physalis curassavica; viscosa).*

camamila (gr. *chamáimelon*) *f.* Manzanilla (hierba y flor).

camanance *m. Amér. Central.* Hoyuelo que se forma a cada lado de la boca en algunas personas cuando se ríen.

camanchaca *f. Chile* y *Perú.* Niebla espesa y baja que reina en el desierto de Tarapacá.

camándula *f.* Camáldula. 2 Rosario de uno o tres dieces. 3 fig. Marrullería, astucia, trastienda: *gasta muchas camándulas.* 4 Lágrima de David.

camandulear (de *camándula*) *intr.* Ostentar falsa o exagerada devoción. 2 Usar muchas camándulas (marrullerías).

camandulense *adj.* Camaldulense.

camandulería (de *camándula*) *f.* Gazmoñería.

camandulero, -ra *adj.-s.* fam. Hipócrita, embustero, bellaco. -2 *m. Argent.* y *Urug.* Versátil en política.

camanonca *f.* Tela ant. para forros.

camao (voz indígena) *m. Cuba.* Paloma pequeña, silvestre, de color pardo *(Columba caniceps).*

SIN. **Camá.**

cámara (gr. *kámara*) *f.* Sala, pieza principal de una casa; p. ext., aposento que adquiere circunstancialmente importancia o solemnidad especial: ~ *mortuoria;* ~ *nupcial.* 2 Pieza del palacio real donde sólo tienen entrada los gentileshombres y ayudas de cámara, embajadores y algunas personas más. 3 Departamento donde se alojan los generales y capitanes en los buques de guerra, o la oficialidad y pasajeros en los mercantes. 4 Cilla (casa). 5 En casas de labranza, pieza alta donde se guarda el grano. 6 Órgano colectivo que se ocupa de los asuntos públicos de una comunidad o de los propios de una actividad: ~ *de comercio, de la propiedad;* ~ ***de compensación,*** asociación voluntaria de bancos, encaminada a simplificar y facilitar el intercambio de cheques, pagarés, letras, etc., y saldar las diferencias entre el debe y el haber de cada banco asociado, en cuanto se refiere a tales efectos, con el menor movimiento posible de numerario. 7 Cuerpo colegislador de un país: ~ *de los Lores;* ~ *de los Comunes.* 8 Hueco, recinto o compartimento en determinados mecanismos y construcciones: ~ ***de humo,*** parte de la chimenea comprendida entre el hogar y el cañón; ~ ***de aire,*** espacio hueco que se deja en el interior de los muros o paredes para que sirva de aislamiento. 9 Anillo tubular de goma que forma parte de los neumáticos y está provisto de una válvula para inyectar aire a presión. 10 Compartimiento que se comunica con los hornos metalúrgicos, donde se condensan las substancias volatilizadas o elaboran ciertos productos. 11 Espacio que ocupa la carga en las armas de fuego. V. recámara. 12 Espacio hueco, generalmente de reducido tamaño, en un organismo animal o vegetal: ~ ***anterior*** y ***posterior del ojo,*** espacios comprendidos respectivamente entre la córnea y el iris, y entre ésta y la retina; ~ ***anterior*** y ***posterior de la boca,*** espacios comprendidos respectivamente entre la abertura de la boca y el istmo de las fauces y entre éste y la parte posterior de la faringe; ~ ***vibrátil,*** cavidad tapizada por coanocitos que se halla en el espesor del mesodermo de algunas esponjas. 13 Recinto cerrado especialmente proyectado para una determinada función: ~ *acorazada, de gas;* ~ ***frigorífica,*** mueble grande, cuarto o edificio convenientemente aislado, donde se conservan a baja temperatura los alimentos. 14 Aparato para la captación de imágenes, una de cuyas partes es un recinto cerrado: ~ ***clara*** o ***lúcida,*** aparato óptico en que se obtiene la imagen de un objeto cualquiera por medio de un prisma triangular; ~ ***fotográfica,*** aparato que consta principalmente de un objetivo aplicado a una cámara oscura, en cuyo fondo se coloca una placa o película sensible a los rayos luminosos y en la que queda impresionada la imagen de los objetos exteriores; ~ ***réflex,*** v. réflex; ~ ***universal;*** ~ ***oscura,*** aparato óptico a manera de caja cerrada con un orificio en una de sus paredes a través del cual pasan los rayos luminosos, que forman una imagen invertida de los objetos exteriores sobre la pared opuesta; ~ ***lenta,*** rodaje acelerado de una película para producir un efecto de lentitud al proyectar la imagen a la velocidad normal; ~ *cinematográfica;* ~ *de televisión.* 15 ~ ***apostólica,*** tesoro pontificio. 16 ~ ***del rey,*** fisco real. -17 ***f. pl.*** Diarrea. -18 ***com.*** Persona que maneja la cámara de cine o televisión.

camarada (de *cámara,* aposento) ***com.*** p. us. Persona que convive con otra. 2 Persona que mantiene una relación afectiva con otra. 3 Compañero (miembro). -4 *f.* Compañía o junta de camaradas.

SIN. *2* v. **Compañero.**

camaradería *f.* Compañerismo.

camaraje *m.* Alquiler de la cámara donde se guardan los granos.

camaranchón (desp. de *cámara*) *m.* Desván donde se suelen guardar trastos viejos.

camarera *f.* Criada distinguida entre las que sirven en las casas principales. 2 Criada distinguida que sirve en las fondas, cafés, barcos de pasajeros, etc. 3 En las cofradías o hermandades religiosas, mujer que tiene a su cargo cuidar o vestir a una imagen. 4 Carrito de cocina.

camarería *f.* Empleo u oficio de camarera.

camarero *m.* Oficial de la cámara del papa. 2 En la casa real de Castilla, jefe de cámara del rey, hasta que se confundió con el sumiller de corps. 3 Criado que sirve en las fondas, barcos de pasajeros, etc., y cuida de sus aposentos. 4 Mozo de café, horchatería u otro establecimiento semejante. 5 *P. Rico.* desp. Delegado de la Cámara de Representantes de la Legislatura insular.

camareta *f.* Dim. de *camareta.* 2 Cámara de los buques pequeños. 3 *Amér. Merid.* Morterete para regocijos públicos.

camargueño, -ña *adj.-s.* De Camargo, c. del dep. de Chuquisaca (Bolivia).

camarico (quechua) *m.* ant. Ofrenda que hacían los indios americanos a los sacerdotes y después a los españoles. 2 *Chile.* Lugar preferido de una persona. 3 *Chile.* fig. Amorío, enredo amoroso: *tener un* ~.

camariento, -ta *adj.-s.* Que padece cámaras (diarrea).

camarilla (dim. de *cámara*) *f.* Conjunto de personas que influyen subrepticiamente en los negocios del Estado y, p. ext., en otros actos o decisiones.

SIN. v. **Conciliábulo.**

camarillesco, -ca *adj.* desp. Propio de una camarilla.

camarín *m.* Dim. de *cámara.* 2 Capilla pequeña colocada algo detrás de un altar, en la cual se venera alguna imagen. 3 Pieza en que se guardan las alhajas y vestidos de una imagen. 4 Cuarto donde los actores se visten para salir a escena. 5 Pieza retirada para el despacho de los negocios. 6 Tocador (aposento).

SIN. *4* Se usa mucho la voz it. **camerino.**

camarina *f.* Arbusto ericáceo dioico, con las flores de color rosado y el fruto en drupa *(Corema album).*

camarinense *adj. -s.* De Camarines Norte, prov. de Filipinas.

camarista *m.* Miembro de la antigua Cámara de Castilla. -2 *f.* Criada distinguida de la reina.

camarita *f. Venez.* Sombrero hongo.

camarlengado, -gato *m.* Oficio y dignidad de camarlengo.

camarlengo (it. *camerlingo* < germ. *kammerling*) ***m.*** Título del cardenal que preside la Cámara Apostólica. 2 Título de dignidad en la casa real de Aragón, semejante al de camarero en la de Castilla. V. chambelán.

cámaro, camarón (l. *cammaru* < gr. *kámmaros;* doble etim. *cámbaro, gámbaro*) ***m.*** Crustáceo decápodo macruro, comestible, de cefalotórax comprimido lateralmente y antenas muy largas (gén. *Palœmon).* 2 Árbol de Cuba *(Cesalpinia pulcherrima).* 3 *Colomb.* y *Pan.* Ganga. 4 *C. Rica.* Propina, gratificación. 5 *Perú.* Camaleón, persona que muda con facilidad de opinión. 6 *S. Dom.* Espía.

SIN. *1* **Esquila, quisquilla.**

camarógrafo, -fa (de *cámara* + *-grafo*) ***m. f.*** CINEM. Operador de cine o televisión.

camaronear *tr. Amér.* Pescar camarones. 2 *Pan.* Andar en busca de ganancias eventuales. -3 ***intr.*** *Perú.* Comportarse veleidosamente en política.

camaronera *f.* La que tiene por oficio vender camarones. 2 Red para pescarlos.

camaronero *m.* El que tiene por oficio pescar o vender camarones. 2 *Perú.* Martín pescador.

camarote (de *cámara*) *m.* Compartimiento reducido que hay en los barcos para poner la cama o literas.

camarotero *m. Amér.* Camarero que sirve en los barcos.

camarroya *f.* Achicoria silvestre.

camarú (guaraní) *m.* Árbol de América del Sur, de madera parecida a la del roble (gén. *Nithophagus).*

camasquince (de *cama* + *quince*) ***com.*** fam. Persona entremetida. ◇ Pl.: *camasquince.*

camastra *f. Chile.* Astucia, disimulo, ardid propio de un camastrón.

camastrear *intr. Chile.* Hacerse el camastrón, disimular.

camastro (desp. de *cama*) ***m.*** Lecho pobre y sin aliño. 2 Tablado donde descansan los soldados en los cuerpos de guardia.

camastrón, -trona *adj.-s.* fam. Persona disimulada y doble, taimada.

camastronería *f.* fam. Cualidad y modo de proceder del camastrón.

camauro *m.* Prenda usada por el Papa, hecha de raso o terciopelo rojos, que cubre la cabeza y las orejas.

camaya *f. Venez.* Cesta.

camayo (quechua *kamayok*) ***m.*** *Perú.* Caporal de una hacienda.

camaza *f. Amér. Central.* Fruta del camacero, esp. cuando ha sido aserrada y preparada como la totuma.

camba (b. l. *gamba,* pierna de un animal < gr. *kamba*) *f.* Cama (barreta). -2 ***f. pl.*** Cama (nesga). -3 ***adj.*** *Venez.* Patizambo. -4 ***adj.-s.*** *Bol.* Indígena.

cambado, -da *adj. Amér.* De piernas torcidas. 2 *Can.* y *Venez.* Combado.

cambalachar *tr.* Cambalachear.

cambalache (de *cambiar*) *m.* desp. Trueque de poca importancia. 2 Trueque de diversos objetos, valiosos o no. 3 Trueque, considerado con desprecio, satisfacción, pesar u otro movimiento del ánimo. 4 p. ext. Trueque hecho con afán de ganancia. 5 *Argent.* Prendería.

cambalachear (de *cambalache*) *tr.* desp. Trocar [cosas de poca importancia].

cambalachero, -ra *adj.-s.* Que cambalachea. 2 *Argent.* Prendero.

cambamba (voz africana) *f. Colomb.* Diablura.

cambambero, -ra *m. f. Colomb.* Calavera, alocado.

cambar *tr. Can., Argent.* y *Venez.* Combar, encorvar [algo].

cambará (voz guaraní) *m.* Árbol frondoso de América del Sur, de hoja verde y blanca y flor blanca diminuta; su corteza se emplea como febrífugo *(Moquinia polymorpha).*

cámbara *f.* ZOOL. Crustáceo decápodo parecido al centollo pero de menor tamaño; su caparazón es puntiagudo *(Maja verrucosa).*

cámbaro (v. *cámaro*) *m.* Cangrejo marino.

cambera *f.* Red pequeña para pescar crustáceos.
cambeto, -ta *adj. Venez.* Cambado, patiestevado.
cambiable *adj.* Que se puede cambiar.
cambiada *f.* MAR. Acción de cambiar la posición del aparejo, el rumbo, etc. 2 EQUIT. y TAUROM. Acción de cambiar.
cambiadizo, -za *adj.* Mudadizo, inconstante, que cambia con facilidad.
cambiador, -ra *adj.* Que cambia: ~ ***de calor,*** equipo cuya finalidad es el intercambio de calor. 2 ***m.*** *Chile* y *Méj.* Guardagujas. 3 *Chile.* Pieza que sirve para mudar en las máquinas, o cuerda que va de la polea fija a la mudable y viceversa.
cambiamiento *m.* Mutación, variedad.
cambiante (de *cambiar*) *adj.* Que cambia. -2 ***com.*** Persona que en los mercados se dedicaba a cambiar moneda mediante una comisión. -3 ***m.*** Variedad de colores o visos de la luz en algunos cuerpos: *los cambiantes del muaré.*
SIN. *2* **Cambista.**
cambiar (l. *are*) *tr.-intr.* Dar, tomar o poner [una cosa] por otra: ~ *la esteva por,* o *con, el mosquete;* ~ *de asiento con el vecino;* ~ *saludos, impresiones.* 2 Mudar, variar, alterar: *la doncella cambiaba los manteles; el imperio cambia cada diez años; cambiarse la risa en llanto.* 3 Dar o tomar [moneda billetes, etc., de una especie] por su equivalente en otra: ~ *cien pesetas en calderilla.* 4 EQUIT. Hacer que galope con pie y mano derechos [el caballo que va galopando con pie y mano izquierdo] y al contrario. 5 MAR. Bracear [el aparejo] para orientarlo de la banda contraria a la en que iba mareando; en gral., virar. -6 ***intr.-prnl.*** Mudar de dirección el viento. -7 ***intr.*** Pasar un automóvil de una velocidad a otra. 8 TAUROM. Marcar la salida del toro por un lado de la suerte y darla por el otro. -9 ***prnl.*** Mudarse de ropa: *tengo que cambiarme para la cena.* 10 Mudarse de casa: *al precio que están los pisos, no nos cambiaremos nunca.* ◇ ** CONJUG. [12].
SIN. *1* **Trocar** (ant. o rural), **permutar, conmutar, canjear** (diplomacia, ejército, comercio). *2* **Mudar, variar; transformar, alterar, metamorfosear** (lit.), **transmutar, convertir,** cambio en la esencia o en la forma; **modificar,** cambio en los accidentes, disposición o forma; **transfigurar,** en la apariencia; **trasladar,** de lugar. *3* **Trocar** (ant. o rural), **canjear** (término mercantil, bancario), **reducir.**
cambiario, -ria *adj.* Relativo al negocio del cambio o a la letra de cambio.
cambiavía *m. Colomb., Cuba, Méj.* y *P. Rico.* Guardagujas.
cambiazo *m.* Aum. de *cambio.* 2 ***Dar el*** ~, cambiar fraudulentamente una cosa por otra.
cambija *f.* Arca de agua elevada sobre las cañerías de conducción.
cambímbora *f. Colomb.* Azabache. Ús. sólo como término de comparación. 2 *P. Rico.* Abertura u hoyo profundo e irregular en la tierra, por lo general cubierto de vegetación y peligroso para el hombre y el ganado.
cambín *m.* Nasa de junco para pescar.
cambio *m.* Acción de cambiar: ~ *de tren; casa de* ~; *agente de* ~; ~ *de color;* ***en*** ~, en lugar de, en vez de, cambiando una cosa por otra. 2 Efecto de cambiar. 3 DER. Permuta. 4 ***Libre*** ~, comercio internacional libre de derechos aduaneros, y doctrina económica que lo defiende. 5 Dinero que una vez pagado el precio de una mercancía recibe el comprador cuando ha entregado en pago una cantidad superior a dicho precio. 6 Valor relativo de las monedas de países diferentes o de las de distinta especie de un mismo país. 7 Precio de cotización de los valores mercantiles. 8 Tanto que se abona o cobra, según los casos, sobre el valor de una letra de cambio. 9 Comercio de valores, monedas y billetes. 10 Comisión que cobra el cambista. 11 Mecanismo para dirigir los trenes por unas vías o por otras. 12 Sistema de engranajes para ajustar la velocidad de un vehículo al régimen de revoluciones del motor: ~ ***de piñón,*** en la bicicleta, mecanismo que permite elegir entre diferentes tamaños de piñón variando con ello el esfuerzo a realizar en la transmisión del movimiento; ~ ***sincronizado,*** el de la caja que permite pasar de una relación a otra sin que los piñones se toquen.
cambista ***com.*** Persona que cambia (da o toma). 2 Cambiante (pers.). 3 Banquero (en operaciones bancarias). -4 ***m.*** *Argent.* Guardagujas.
cámbium (b. l., cambio) ***m.*** Meristemo existente entre el líber y el leño de los vegetales, que origina el crecimiento en espesor del tallo. ◇ Pl.: *cámbiums.*
cambocho, -cha *adj. Venez.* Cambado, estevado.
camboyano, -na *adj.-s.* De Camboya, actual Kampuchea, nación del sudeste de Asia. -2 ***adj.-m.*** Lengua austroasiática hablada oficialmente en esta nación.
cambray ***m.*** Especie de lienzo blanco y sutil que comenzó a fabricarse en Cambray. ◇ Pl.: *cambrayes.*
cambrayado, -da *adj.* Acambrayado.
cambrayón ***m.*** Lienzo menos fino que el cambray.
cambriano, -na (ing. *Cambria,* n. ant. del país de Gales) ***adj.-s.*** Cámbrico.
cámbrico, -ca ***adj.-m.*** Primero de los períodos geológicos en que se divide la era primaria, y terreno a él perteneciente. -2 ***adj.*** Perteneciente o relativo a dicho período.
cambrillón ***m.*** Suela angosta que los zapateros ponen de relleno entre la exterior y la plantilla del calzado para armarlo.
cambrón ***m.*** Arbusto solanáceo, de ramas torcidas, enmarañadas y espinosas, hojas pequeñas, flores solitarias, blanquecinas, y fruto en baya casi redonda *(Lycium intrincatum).* 2 Aladierna. 3 Zarza. 4 *S. Dom.* Aromo (arbusto leguminoso). -5 ***m. pl.*** Espina santa.
REL. Cerrar con cambrones una finca, vb. **encambronar.**
cambronal ***m.*** Terreno poblado de cambrones o cambroneras.
cambronera *f.* Arbusto solanáceo de hasta 3 m. de altura, con las ramas espinosas y flores tubulares de color violeta *(Lycium europaeum).* 2 Zarza.
SIN. *1* **Arto.** REL. *1* **Artina,** su fruto.
cambroño ***m.*** Piorno que se cría en las sierras de Guadarrama, Gata y Peña de Francia.
cambrún ***m.*** *Colomb.* Cierta clase de tela de lana.
cambucha *f. Chile.* Cambucho (cometa).
cambucho ***m.*** *Chile.* Cucurucho. 2 *Chile.* Cesta o canasto en que se echan papeles inútiles, o se guarda la ropa sucia. 3 *Chile.* Chiribitil, tabuco, tugurio. 4 *Chile* y *Perú.* Funda de paja que se pone a las botellas para que no se quiebren. 5 *Chile.* Cometa pequeña y sin palillos con que juegan los niños.
cambueca *adj. Urug.* Estevado, cambado.
cambuí ***m.*** *R. de la Plata.* Árbol de tronco liso semejante al guayabo, que da semillas coloradas en racimos. 2 Fruto de este árbol.
cambuj (ár. *canbux*) ***m.*** Antifaz o mascarilla. ◇ Pl.: *cambujes.*
cambujo, -ja *adj.* Tratándose de caballerías menores, morcillo. -2 ***adj.-s.*** *Méj.* desus. Descendiente de zambaigo y china. 3 *Méj.* desus. Descendiente de zambaigo e india. 4 *Méj.* desus. Descendiente de indio y negra. 5 *Méj.* desus. Descendiente de albarazado (jíbaro y mulata) y negra. 6 *Méj.* desus. Descendiente de albarazado e india. 7 Descendiente de chino (morisco y española) e india. 8 *Méj.* desus. Descendiente de lobo e india. 9 *Méj.* desus. Descendiente de indio y chamiza. 10 *Méj.* desus. Descendiente de mulato y zambaiga. 11 *Méj.* Ave de color obscuro.
cambulera *f. Colomb.* Cárcel.
cambullón ***m.*** *Can.* Tráfico comercial, donde se venden productos del país a bordo de navíos gralte. extranjeros. 2 *Amér.* Enredo, trampa, confabulación. 3 *Méj.* Cambalache.
cambumba *f. Cuba.* Juego con un palito terminado en punta por ambos extremos.
cambur, cambure ***m.*** Planta musácea, parecida al plátano, pero con la hoja más ovalada y el fruto más redondo, que se cría en Venezuela *(Musa sapientium).*
SIN. **Banano.**
cambuta *f. Colomb.* Coco o fantasma.
cambute ***m.*** Planta tropical gramínea de unos 40 cms. de largo, hojas algo anchas y agudas; flores en espigas pareadas y divergentes *(Stenotophrum secundatum).* 2 *Cuba.* Cambutera. 3 *Cuba.* Nombre del fruto y la flor de la cambutera. 4 En las costas del Pacífico y C. Rica, caracol grande y comestible.
cambutera *f. Cuba* y *P. Rico.* Bejuco silvestre *(Ipomea; Paspalum; Quamodit).*
cambuto, -ta *adj. Perú.* [pers. o cosa] Pequeño, rechoncho, grueso.
camedrio, -dris ***m.*** Planta labiada, de tallos duros y vellosos, hojas pequeñas parecidas a las del roble, y flores purpúreas que se usan como febrífugo *(Teucrium chamœdris).*
SIN. **Carrasquilla, encinilla.**
camedrita ***m.*** Vino preparado con infusión de camedrio.
camejillo ***m.*** *Can.* Instrumento de cuerdas.
camelador, -ra *adj.* Que camela.
camelancia *f.* fam. Cameleo.
camelar (voz gitana) ***tr.*** Galantear, requebrar. 2 Seducir, engañar adulando. 3 *Méj.* Ver, mirar, acechar.
camelear ***tr.*** fam. Embaucar, engañar mediante falsas apariencias.

cameleo *m.* fam. Acción de camelear.
camelia (de *Camelli,* s. XVII, botánico que la importó) *f.* Arbusto cameliáceo de jardín, originario de Oriente, de hojas perennes y lustrosas, y flores grandes, blancas, rojas o rosadas *(Camellia japonica).* 2 Flor de este arbusto. 3 *Cuba.* Amapola.
cameliáceo, -a *adj.-f.* Planta de la familia de las cameliáceas. -2 *f. pl.* Familia de plantas dicotiledóneas, árbol o arbusto, de hojas alternas y coriáceas, flores axilares, generalmente hermafroditas y fruto capsular; como la camelia y el té.
camélido *adj.-m.* Animal de la familia de los camélidos. -2 *m. pl.* Familia de mamíferos rumiantes tilópodos, propios de los lugares desiertos, sin cuernos, con el cuello vertical y el estómago sin libro; como el camello y la llama.
camelíeo, -a *adj.* BOT. Teáceo.
camelina *f.* Planta crucífera oleaginosa, de flores pequeñas y amarillentas *(Camelina sativa).*
camelista *adj.* fam. Engañador, embaucador, chancero.
I) camella *f.* Gamella (arco y artesa).
II) camella *f.* Hembra del camello. 2 Caballón.
camellear *intr.* Traficar con droga al por menor.
camellera *f.* Hierba común erecta, propia de tierras áridas, a veces utilizada como forraje *(Heliotropium erosum).*
camellería *f.* Oficio de camellero.
camellero *m.* El que tiene por oficio cuidar o conducir camellos.
camello (l. *camellus*) *m.* Mamífero rumiante camélido, de talla elevada, cuello muy largo, cabeza pequeña, con dos jorobas en el dorso, formadas por una aglomeración de grasa *(Camelus bactrianus).* 2 Mecanismo flotante destinado a suspender un buque o una de sus extremidades, disminuyendo su calado. 3 fig. *y* fam. Traficante de droga al por menor.
I) camellón *m.* Caballón. 2 Camelote (tejido). 3 *Méj.* Tierra cultivada en las isletas que flotan en algunas lagunas del Valle de Méjico.
II) camellón (de *camella*) *m.* Artesa cuadrilonga para abrevar el ganado vacuno.
camelo (voz git.) *m.* Galanteo. 2 fam. Chasco, burla, engaño.
camelotado, -da *adj.* [tejido o tela] Parecido al camelote.
I) camelote (fr. *camelot*) *m.* Tejido fuerte e impermeable, hecho antig. con pelo de camello y actualmente con lana.
SIN. **Gamella, camellón.**
II) camelote *m. Amér.* Planta ciperácea acuática de cuyos tallos se obtiene pasta para papel *(Cyperus articulatus).*
camelotina *f.* Especie de camelote (tejido).
camelotón *m.* Tela parecida al camelote.
camembert *m.* Queso francés, elaborado con leche de vaca en la región de Normandía, de pasta blanda, untuosa y homogénea, y sabor característico. ◇ Se pronuncia *camamber.*
camena (l.) *f.* poét. Musa.
camenal *adj.* poét. Relativo a las musas.
camera *f. Colomb.* Especie de conejo silvestre *(gén. Lepus).*
cameral *adj.* Relativo a una cámara de diputados.
cameraman (voz inglesa) *com.* Operador de cine.
camerino (it.) *m.* Camarín (cuarto).
camero, -ra *adj.-s.* ant. Cama grande, en contraposición al catre, y lo relativo a ella: ***cama camera,*** la pequeña destinada a una sola persona, en contraposición a la de matrimonio. -2 *m. f.* Persona que tiene por oficio hacer camas, colgaduras u otras cosas relativas a ellas. 3 Persona que alquila camas.
camía *f. Amér.* Bilimbín.
camíbar *m. C. Rica* y *Nicar.* Copayero. 2 Bálsamo de copaiba.
cámica *f. Chile.* Declive del techo.
camijeta *f. Bol.* Camisón que usan los indios.
camile (aimara *kamiri*) *m. Perú.* Curandero ambulante.
camilla (dim. de *cama*) *f.* Cama para estar medio vestido en ella. 2 Cama angosta y portátil, que se lleva sobre varas o ruedas, para transportar enfermos y heridos. 3 ***Mesa ~,*** o simplemente **~**, la cubierta por un tapete largo de lana, debajo de la cual hay un enrejado y una tarima con un brasero para calentarse.
SIN. *1* **Meridiana.** *2* **Parihuela.**
camillero *m.* El que transporta la camilla (de enfermos o heridos).
I) camilo (l. *-illu,* ministro) *m.* Muchacho que los romanos empleaban en el servicio del culto.
II) camilo *adj.-s.* Que pertenece a la congregación de clérigos regulares para el servicio de los enfermos, fundada en 1582 por San Camilo de Lelis (1550-1614).
SIN. **Agonizante.**
camilucho, -cha *adj.-s. Amér.* Indio jornalero del campo.
caminador, -ra *adj.* Que camina mucho.
caminal *m. Venez.* Red de caminos.
caminante *adj.-s.* Que camina a pie; viandante. -2 *m.* Espolique. 3 Ave chilena parecida a la alondra *(Anthus correndera).*
caminar (de *camino*) *intr.* Ir de viaje: *~ a,* o *para, Sevilla.* 2 Andar (moverse). 3 fig. Seguir su curso o movimiento las cosas: *~ la carretera, los ríos, los planetas.* -4 *tr.* Recorrer [cierta distancia]: *he caminado cinco kilómetros.*
FR. *~ derecho,* proceder con rectitud.
caminata *f.* Paseo largo. 2 Viaje corto por diversión.
SIN. *2* **Viajata.**
caminero, -ra *adj.* Relativo al camino. V. peón caminero. -2 *f. Colomb.* Botella de licor que el viajero acostumbra a llevar consigo.
caminí *m. Amér. Merid.* Caaminí.
camino (l. *-nu,* voz de origen galo) *m.* Tierra hollada por donde se suele transitar; esp., tira de terreno más o menos amplia, dispuesta para el mismo fin: *~* ***asenderado,*** el común y frecuentado; *~* ***carretero, carretil*** o ***de ruedas,*** el destinado al tránsito de carruajes; *~* ***de herradura,*** el que es estrecho y sólo sirve para caballerías (en Cuba, *~ seronero);* *~* ***de hierro,*** ferrocarril; *~* ***de sirga,*** el que a orillas de los ríos y canales sirve para llevar las embarcaciones tirando de ellas desde tierra; *~* ***real,*** el que, construido a expensas del Estado, pone en comunicación entre sí poblaciones de cierta importancia; *~* ***vecinal,*** el construido y conservado por el municipio cuyas necesidades sirve; *~* ***cubierto,*** FORT., espacio comprendido entre la contraescarpa y la explanada; *~* ***de ronda,*** el exterior e inmediato a la muralla de una plaza o contiguo al borde de la misma. 2 *~* ***de Santiago,*** Via Láctea. 3 fig. Modo de hacer alguna cosa, medio para conseguir algún fin: *~* ***de derecho,*** conjunto de medios conducentes a la consecución de algún fin sin andar con rodeos; ***ir fuera de ~*** [una cosa], proceder con error u obrar sin método ni razón. 4 Viaje (ida): ***dos horas de ~; ponerse en ~,*** emprender un viaje; ***de ~, loc. adj.,*** se aplica al traje y avíos que suelen usar los que van de viaje, y también al ir a otra parte; fig., al tratar de otro asunto. 5 ***Cruzarse en el ~ de alguno,*** entorpecer el cumplimiento de sus propósitos. 6 *Amér. Merid.* Tira larga y estrecha de algodón que se coloca en aparadores y mesas; y tira de estera que se pone en vestíbulos y habitaciones para andar sobre ella.
SIN. *1* **Vía.** *3* **Senda, sendero, vía.**
camión (fr. *camion*) *m.* Vehículo automóvil de cuatro o más ruedas, grande y fuerte, para transportar cargas pesadas: *~* ***cisterna,*** el que sirve para transportar líquidos; *~* ***remolque,*** el compuesto por dos o más vehículos acoplados. 2 En algunas partes, autobús.
SIN. *2* **Autocamión.**
camionada *f.* Carga que cabe en un camión.
camionaje *m.* Servicio de transporte en camiones. 2 Precio de este servicio.
camionero, -ra *m. f.* Persona que tiene por oficio conducir camiones.
camioneta *f.* Vehículo automóvil menor que el camión y que sirve para transporte de toda clase de mercancías. 2 fig. *y* fam. Autobús.
camisa (l. celt. *camisia*) *f.* Prenda de vestir de lino, algodón u otra tela, que se pone inmediatamente sobre el cuerpo o sobre la camiseta: *~ de hombre; ~ de mujer;* *~* ***de fuerza,*** la de lienzo fuerte, abierta por detrás y con mangas cerradas por su extremidad, que sirve para sujetar a los locos furiosos; ***en ~,*** fig., tratándose de la esposa, recibirla sin dote; ***meterse en ~ de once varas,*** fam., inmiscuirse en lo que no nos incumbe o no entendemos. 2 Piel que en épocas determinadas deja la culebra. 3 Telilla que cubre inmediatamente a algunos frutos y legumbres; como el trigo, la almendra, el guisante, etc. 4 Revestimiento interior de un artefacto o una pieza mecánica, como el de los hornos de fundición, formado por materiales refractarios. 5 Funda reticular e incombustible con que se cubren ciertos aparatos de iluminación para que, poniéndose candente, aumente la fuerza luminosa. 6 Envoltura de papel de un expediente o legajo. 7 Cubierta de un libro. 8 Parte de la muralla que solía revestirse con piedras o ladrillos de color claro. 9 IMPR. Lienzo que se pone encima del muletón o pañete, como forro exterior y más suave del rodillo de imprimir. 10 *Can.* Farfolla. 11 *Chile.* Entre empapeladores, papel ordinario que suele ponerse debajo del fino, para que éste asiente y pegue mejor.
SIN. *5* **Manguito de incandescencia.**

camisería *f.* Establecimiento del camisero.
camisero, -ra *m. f.* Persona que tiene por oficio hacer o vender camisas. -2 *adj.-s.* De forma semejante a las camisas. Se aplica esp. al vestido o blusa femenina que tiene esta forma.
camiseta *f.* ant. Camisa corta y con mangas anchas. 2 Camisa corta, ajustada y sin cuello, gralte. de punto, que se pone a raíz de la carne.
camisilla *f. P. Rico* y *R. de la Plata.* Camiseta. 2 *Pan.* Camisa de hombre en forma de saco, cerrada al cuello.
camisola *f.* Camisa fina de hombre, de la cual destacan especialmente el cuello, puños y pechera. 2 Camisa fina del hombre, de la cual se planchan esp. el cuello, puños y pechera. 3 DEP. Camiseta deportiva propia de un club. 4 *Chile.* Jubón, y más gralte., blusa de tela blanca que las mujeres usan para peinarse.
camisolín *m.* Peto planchado, con cuello y sin espalda, que se ponía sobre la camiseta para excusar la camisola.
camisón *m.* Aum. de *camisa.* 2 Camisa larga, usada gralte. para dormir; en la actualidad es una prenda femenina de tejido ligero. 3 En algunas partes, camisa de hombre. 4 *Amér.* Vestido, traje de mujer, excepto cuando es de seda negra. 5 *Ant.* y *C. Rica.* Camisa de mujer.
camisote (de *camisa*) *m.* Cota de mallas con mangas largas.
camita *adj.-com.* Descendiente de Cam.
camítico, -ca *adj.* Relativo a los camitas.
camitosemítico, -ca *adj.-m.* Tronco lingüístico, cuyo dominio cubre el sudoeste de Asia y el norte de África, del que nacen varias familias menores; como el semítico, el egipcio, el cusita y el beréber.
camoatí (guaraní) *m. Amér. Merid.* Abeja indígena *(*gén. *Polybia).* 2 *Amér Merid.* Panal que fabrica. 3 Reunión de individuos donde impera el desorden.
camocán (ár. *camaja*) *m.* Brocado usado en Oriente y en España en los siglos medios.
camocha *f.* Camota, cabeza humana.
camochar *tr. Hond.* Desmochar [árboles y otras plantas].
camomila (v. *camamila*) *f.* Manzanilla (hierba y flor).
I) camón *m.* Aum. de *cama* (para dormir). 2 Trono real portátil. 3 Mirador (balcón). 4 ~ ***de vidrios,*** cancel de vidrios para dividir una pieza.
II) camón *m.* Aum. de *cama* (barreta de freno). 2 Pieza curva de los dos cercos de las ruedas hidráulicas. 3 Armazón de cañas o listones para formar las bóvedas encamonadas. 4 *Cuba.* Pina, trozo de madera curvo de las ruedas. -5 ***m. pl.*** Maderos de encina para forrar las pinas de las ruedas de las carretas.
camonadura *f. Cuba.* Conjunto de camones.
camoncillo (de *camón* I) *m.* Taburetillo de estrado.
camonina *f. Méj.* Albur en el que se apuesta con determinadas condiciones.
camorra (it.) *f.* Riña: *siempre anda buscando ~.* 2 *Ar.* Panecillo largo con un trozo de longaniza dentro.
SIN. / **Marimorena.**
camorrear *intr. And.* y *Argent.* Armar camorra.
camorrero, ra *adj.* Camorrista.
camorrista *adj.-com.* Pendenciero.
camorrita *m. Venez.* Tipo pendenciero, camorrista.
camota *f. Burg.* y *La Mancha.* hum. Cabeza. 2 *Burg.* Cabeza de un alfiler o de un clavo. -3 ***com.*** *Murc.* fig. Cabeza dura, persona torpe.
camotal *m. Amér.* Terreno plantado de camotes.
camote (mej. *camotli,* batata) *m. Amér.* Batata. 2 *Amér.* Bulbo. 3 *Amér.* fig. Enamoramiento. 4 *Amér.* fig. Amante, querida. 5 *Amér.* Mentira, bola. 6 *Ecuad.* Persona tonta o boba. 7 *Méj.* Bribón, desvergonzado. 8 *Salv.* Verdugón, cardenal.
camotear *intr. Méj.* Andar vagando sin acertar con lo que se busca. -2 *tr. Guat.* Molestar.
camotero, -ra *adj. Méj.* [pers.] Que vende camotes.
camotillo *m. Amér.* Cúrcuma. 2 *Méj.* Madera de color violado, veteada de negro. 3 *Chile* y *Perú.* Dulce de camote machacado.
camp *m.* Gusto por lo superfluo, exagerado y extravagante de formas artísticas y literarias pasadas de moda. -2 ***adj.*** Que revaloriza lo que está pasado de moda: *moda ~; música ~.*
campa (de *campo*) *adj.* [tierra] Sin árboles.
campago (l. *campagu*) *m.* ARQUEOL. Zapato usado por los patricios en las épocas romana y bizantina.
campal *adj.* [lid, batalla, etc.] Que ocurre fuera del poblado. 2 desus. Relativo al campo.
campamental *adj.* Relativo a un campamento: *vida ~; bandera ~.*
campamento *m.* Acción de acampar o acamparse. 2 Lugar circunscrito donde se establecen temporalmente fuerzas del ejército alojadas en tiendas o barracas. 3 p. ext. Instalación en terreno abierto, de un grupo de excursionistas, cazadores, turistas, etc. 4 Tropa acampada.
campamiento *m.* Acción de acampar. 2 Efecto de acampar.
campamulato, -ta *adj.-s.* desus. Descendiente de barcino (albarazado e india) e india. 2 *Méj.* desus. Descendiente de mulato y mestiza.
campana (l.) *f.* Instrumento músico de metal en forma de copa invertida que suena herido por el badajo o por un martillo exterior: *las campanas de la Catedral; reloj de ~.* 2 fig. Iglesia o parroquia y territorio de su jurisdicción. 3 Cosa de forma semejante a la campana: *~ de vidrio; ~ de una chimenea; ~* ***de buzo,*** aparato dentro del cual descienden los buzos para trabajar; ~ ***extractora de humos,*** extractor de humos cuyo tiro está activado por un ventilador aspirador. 4 ~ ***de salvamento,*** aparato con aire a presión utilizado en los submarinos para el salvamento de la tripulación. -5 ***m.*** Novato, entre los bomberos. -6 ***f.*** *Amér. Central.* Floripondio de grandes flores blancas.
FR. *A ~ herida,* o *tañida,* a toque de campana. *Echar las campanas al vuelo,* alegrarse jubilosamente. *Oír campanas y no saber dónde,* entender o recordar mal alguna cosa, tergiversar involuntariamente. REL. Hacer sonar la ~, vbs. **tocar, doblar, tañer, voltear.** Sonido de la ~, **talán.**
campanada *f.* Golpe que da el badajo en la campana. 2 Sonido que hace. 3 fig. Escándalo o novedad ruidosa.
campanario *m.* Torre o armadura donde se colocan las campanas.
LOC. *De ~,* hecho o propósito de estrechas miras, que no va más allá de lo que abarca el ~ de la aldea: *política de ~, habladurías de ~.* SIN. **Campanil.**
campanazo *m. Amér.* Campanada.
campanear *intr.* Tocar las campanas con frecuencia. 2 Girar anormalmente un proyectil durante la trayectoria. 3 Divulgar al instante un suceso real; prepararlo. -4 ***prnl.*** Contonearse.
campanela (it. *-ella*) *f.* Paso de baile que consiste en dar un salto, describiendo al propio tiempo un círculo con uno de los pies cerca de la punta del otro. 2 En la guitarra, sonido de una cuerda que se toca en el vacío, en medio de un acorde hecho a bastante distancia del puente del instrumento.
campaneo *m.* Reiterado toque de campanas. 2 fam. Contoneo. 3 Acción de campanear un proyectil. 4 Efecto de campanear un proyectil.
campanero, -ra *m. f.* Persona que tiene por oficio vaciar y fundir las campanas. 2 Persona que tiene por oficio tocarlas. -3 ***m.*** Santateresa. 4 Araponga. 5 *Argent.* y *Venez.* Pájaro que imita el sonido de una campana con lo pausado, sonoro y vibrante de su canto *(Chasmarhynchus nudicolis; variegatus).* -6 ***adj.-s.*** *Amér.* Que trae y lleva noticias, novelero.
campaneta *f.* Dim. de *campana.*
campaniforme *adj.* De forma de campana: *capitel ~; flor ~.*
campanil *adj.* Propio o relativo al bronce para campanas. -2 ***m.*** Campanario.
campanilla *f.* Campana manuable y de usos más variados que la grande: *la ~ anuncia el paso del viático; un toque de ~ dio fin al recreo;* ***de campanillas,*** fam., de lujo, de importancia. 2 Adorno de figura de campana: *cenefa de campanillas.* 3 Flor de corola acampanada. 4 Hierba convolvulácea anual trepadora de hojas acorazonadas y flores azules, violáceas, rosadas o blancas en forma de campana *(Ipomea purpurea).* 5 Aguileña. 6 Úvula. 7 Burbuja. 8 IMPR. Letra mal encajada que suele caer haciendo ruido sobre la platina. 9 *Amér.* Floripondio blanco, planta solanácea *(Datura suaveolens).*
REL. / **Tilín, tintín,** onomatopeya de su sonido.
campanillazo *m.* Toque fuerte de campanilla.
campanillear *intr.* Tocar reiteradamente la campanilla.
campanilleo *m.* Acción de campanillear.
campanillero *m.* El que toca la campanilla. -2 ***m. pl.*** Uno de los cantes flamencos, típicos de Navidad.
campanillo, *Ál.* *m.* Cencerro de cobre o bronce en forma de campana.
campanilo *m.* Campanario separado del edificio de la iglesia.
campano *m.* Cencerro, esquila. 2 Árbol de gran tamaño originario de América Central parecido a la caoba *(Laplacea semiserrata).*
campanología *f.* Arte del campanólogo.
campanólogo, -ga (*campana* + *-logo*) *m. f.* Persona que toca piezas musicales haciendo sonar campanas o vasos de cristal.

campante (de *campar*) ***adj.*** fam. Ufano, satisfecho. 2 Que campa o sobresale.

campanudo, -da ***adj.*** Parecido a la campana en la forma: *botas campanudas.* 2 [vocablo] Muy sonoro y lleno; [lenguaje o estilo] retumbante e hinchado. 3 [escritor u orador] Que lo emplea.

SIN. *2* **Altisonante, rimbombante.**

campánula ***f.*** Farolillo.

campanuláceo, -a ***adj.-f.*** Planta de la familia de las campanuláceas. -2 ***f. pl.*** Familia de plantas dicotiledóneas, herbáceas, lechosas, de hojas alternas u opuestas, flores regulares acampanadas y fruto capsular; como el farolillo.

campaña (it. *campagna* < l. *campanea,* campestre) ***f.*** Campo llano sin montes ni aspereza: *tienda de ~; artillería de ~; fortificación de ~;* ***estar en ~***, hallarse en operaciones de guerra; ***salir a ~***, ir a la guerra. 2 Expedición militar: *la ~ del Sudán.* 3 Tiempo que están los ejércitos fuera de cuarteles contra sus enemigos. 4 Duración de determinado servicio militar. 5 Conjunto de actos o esfuerzos aplicados a un fin determinado: *~ electoral; ~ contra el paro.* 6 fig. Período en que una persona ejerce un cargo o profesión o se dedica a ocupaciones determinadas: *~ teatral; ~ política.* 7 Período de operaciones de un buque o de una escuadra, desde la salida de un puerto hasta su regreso a él o comienzo de ulterior servicio. 8 BLAS. Pieza de honor, en forma de faja, que ocupa en la parte inferior del escudo todo lo ancho de él y la cuarta parte de su altura. 9 *Amér.* Campo.

SIN. *5* **Cruzada,** con hipérbole.

campañista ***m.*** *Chile.* Pastor que cuida de los animales en la campaña.

campañol ***m.*** Mamífero roedor de la familia de los múridos *(Microtus arvalis).*

campar ***intr.*** Sobresalir (descollar). 2 Acampar.

campatedije ***m.*** *Ant.* y *Méj.* fam. Fulano o zutano.

campeada ***f.*** *Chile.* Acción de campear *(Amér.).*

campeador ***adj.-s.*** Que sobresalía en el campo con acciones señaladas; por excelencia, el Cid Ruy Díaz de Vivar (h. 1043-1099).

campear (frecuent. de *campar*) ***intr.*** Salir a pacer los animales domésticos; p. ext., andar por el campo los salvajes. 2 Verdear las sementeras. 3 Campar (sobresalir). 4 MIL. Sacar el ejército a combatir en campo raso; reconocer con tropas el campo para ver si hay enemigos. 5 *Amér.* Recorrer el campo, esp. con el propósito de vigilar o revisar el ganado.

campechana ***f.*** Enjaretado de algunas embarcaciones menores, en la parte exterior de la popa. 2 *Cuba* y *Méj.* Bebida compuesta de diferentes licores mezclados. 3 *Venez.* Hamaca. 4 *Venez.* Mujer pública.

campechanamente ***adv. m.*** De manera campechana; a la buena de Dios.

campechanería, campechanía ***f.*** Calidad de campechano.

campechano, -na ***adj.*** fam. Franco, dispuesto para bromas o diversiones. 2 Dadivoso. 3 fam. Afable, sencillo; que no muestra interés alguno por las ceremonias y formulismos. -4 ***adj.-s.*** De Campeche, c. y estado de Méjico. -5 ***m. f.*** *Venez.* fam. Campesino.

campeche (de *Campeche,* c. de Méjico) ***m.*** Árbol leguminoso de América del Sur, de madera dura y rojiza *(Haematoxylon campechianum).*

SIN. **Palo campeche** o **de Campeche.**

campecico, -cillo, -cito ***m.*** Dim. de *campo.*

campeón, -na (it. *campione* < longobardo *kamphio,* der. del germ. occidental, *kamp,* campo de batalla < l. *campus,* apl. esp. al Campo de Marte) ***m. f.*** Vencedor en un campeonato. 2 fig. Defensor esforzado de una causa o doctrina, paladín. -3 ***adj.-s.*** p. ext. Persona o cosa que sobrepasa a los demás en cualquier dominio: *fulano es el ~ de la inoperancia.* -4 ***m.*** Héroe famoso en armas. 5 El que en los desafíos ant. hacía campo y entraba en batalla.

campeonato (de *campeón*) ***m.*** Certamen en que se disputa el premio en ciertos juegos o deportes. 2 Primacía obtenida en las luchas deportivas.

camperear ***tr.*** *Urug.* Campear, buscar por el campo.

campero, -ra ***adj.*** Descubierto en el campo, abierto a todos los vientos. 2 [ganado u otro animal] Que duerme en el campo y no se recoge a cubierto. 3 [planta] Que tiene las hojas o los tallos tendidos por el suelo u horizontalmente en el aire. -4 ***m.*** En algunas comunidades, religioso que cuida de las haciendas del campo. 5 Panecillo caliente con jamón, queso, lechuga, tomate y salsa mahonesa. 6 *Colomb.* Vehículo para todo tipo de terreno. -7 ***adj.*** *And., Argent., Parag.* y *Urug.* [pers.] Muy práctico en el campo, así como en las operaciones y usos peculiares de los cortijos o estancias. 8 *Méj.* [andar del caballo] A manera de trote muy suave. -9 ***f.*** *Ast.* y *León.* Claro en un bosque, sin árboles ni matas.

SIN. *6* **Jeep.**

campesinado ***m.*** Conjunto de los campesinos de una comarca, región, etc. 2 Clase social que forman.

campesino, -na ***adj.*** Relativo al campo. -2 ***adj.-s.*** Que suele andar en él. -3 ***m. f.*** Persona que vive y trabaja en el campo, labrador.

SIN. *1* **Campestre** es lit. **Campal** es de aplicación limitada a batalla, lid, etc. **Rural** y **rústico,** pueden referirse al campo en gral., o más frec. al campo cultivado y a las labores que en él se realizan; **rustical** es de uso literario; **rusticano** se emplea sólo para calificar algunas plantas, con signif., de silvestre: *rábano rusticano.*

campestre (l.) ***adj.*** Campesino. 2 [fiesta, reunión, comida, etc.] Que se celebra en el campo. -3 ***m.*** Baile antiguo de Méjico.

campichuelo ***m.*** *Argent.* Campo pequeño, abierto y cubierto de hierba.

campidanés, -nesa ***adj.-s.*** De Campidano, región del sur de Cerdeña. -2 ***adj.-m.*** Dialecto sardo hablado en esta región.

campilán ***m.*** Sable recto, con puño de madera y hoja ensanchada hacia la punta, us. por los moros joloanos.

campillo ***m.*** Campo pequeño. 2 Ejido.

campimetría (de *campo* + *-metría*) ***f.*** ÓPT. Conjunto de métodos dirigidos a explorar la extensión del campo visual.

camping (ing.) ***m.*** Terreno destinado a la acampada, dotado de un mínimo de servicios. 2 Actividad que consiste en vivir al aire libre, alojándose en tiendas de campaña. ◇ Pl.: *campings.* Se pronuncia *campin.*

campiña ***f.*** Espacio grande de tierra llana labrantía.

campirano, -na ***adj.*** *C. Rica.* Patán, rústico. -2 ***adj.-s.*** *Méj.* Campesino. 3 *Méj.* Entendido en las faenas del campo. 4 *Méj.* Diestro en la doma y manejo de animales.

campiruso, -sa ***adj.*** *Amér. Central.* Campesino.

campista ***com.*** Persona que practica el camping o acampada. -2 ***m.*** *Amér.* Arrendador de minas. 3 *Hond.* y *Salv.* Vaquero, pastor de reses vacunas.

campizal ***m.*** Terreno corto cubierto a trechos de césped.

campo (l. *-pu*) ***m.*** Terreno extenso fuera de poblado: *preferir el ~ a la ciudad; ~* ***raso,*** el que es llano y sin árboles ni casas; ***a ~ raso,*** al descubierto, a la inclemencia; ***a ~ traviesa,*** o ***travieso,*** dejando el camino y cruzando el campo. 2 Tierra laborable. 3 Campiña: *el ~ y la sierra.* 4 Sembrados, árboles y demás cultivos: *están perdidos los campos.* 5 Recinto, terreno, espacio, de mayor o menor extensión, que se dedica a un determinado uso: *~ de fútbol; ~ de maniobras;* ***~ de concentración,*** recinto en que por orden de la autoridad se obliga a vivir a cierto número de personas, por razones políticas, sanitarias, militares, etc.; ***~ santo,*** cementerio católico. 6 Terreno ocupado por un ejército o por fuerzas considerables de él durante las operaciones de guerra y, a veces, el ejército mismo: ***levantar el ~***, abandonar una tropa su campamento; fig., dar por terminada una empresa o desistir de ella; ***reconocer el ~***, explorarlo; fig., prevenir los inconvenientes en algún negocio; ***~ de Agramante,*** fig., lugar donde hay mucha confusión y en que nadie se entiende. Agramante es un personaje del *Orlando furioso;* ***~ de batalla,*** sitio donde combaten dos ejércitos. 7 Sitio elegido para un desafío; fig., ***~ del honor,*** sitio donde conforme a ciertas reglas combaten dos o más personas; campo de batalla. 8 Parte lisa o de un solo color en telas, tablas o papeles que tienen labores o dibujos. 9 Superficie total e interior del escudo. 10 Espacio libre de tipos en la casa de una moneda. 11 fig. Espacio material o imaginario que ocupa una cosa o que abarca un asunto o materia cualquiera: *el ~ de sus hazañas; el ~ de la poesía.* 12 Perdiz libre. 13 ***~ visual,*** el espacio que abarca la vista estando el ojo inmóvil. 14 FÍS. Espacio en que se hace sensible una fuerza determinada: *~ magnético; ~ gravitatorio.* 15 GRAM. ***~ semántico,*** sector del vocabulario que comprende términos ligados entre sí por referirse a un mismo orden de realidades o ideas. 16 INFORM. En un registro, área específica que se emplea para una determinada clase de datos. 17 MAT. ***~ de variabilidad,*** v. variable. 18 PINT. Espacio que no tiene figuras. 19 *P. Rico.* El país, la isla en general, en contraposición a la capital.

Campos Elíseos o *Elisios,* lugar delicioso al que iban después de la muerte las almas de los que merecían este premio.

camposanto *m.* Campo santo.
SIN. v. **Cementerio.**
campuno, -na *adj. S. Dom.* Relativo al campo y a los campesinos.
campurriano, -na *adj.-s.* De Campoo, reg. de Santander.
campus (voz latina) *m.* Recinto universitario. 2 Reunión de jugadores de baloncesto bajo la dirección de uno o varios entrenadores con el fin de prepararse para la competición, aprender nuevas tácticas de juego, o ser contratados por los equipos. ◇ Pl.: *campus.*
campusano, -na *adj. Argent., Pan.* y *Urug.* Campesino.
campusio, -sia *adj. Urug.* Campesino.
campuso, -sa *adj.-s. Amér. Central.* Campesino.
camuatí (guaraní) *m. Argent.* y *Bol.* Camoatí. 2 En las barrancas del Paraná, rancho de leñadores y caleros.
camuesa (l. v. **camosia*) *f.* Fruto del camueso.
camueso *m.* Variedad de manzano que da una manzana fragante y sabrosa. -2 *adj.* Necio, ignorante.
camuflaje (fr. *camouflage,* disimulo, disfraz) *m.* Arte de ocultar material de guerra. 2 fig. Fingimiento, disimulo.
camuflar *tr.* Disfrazar, enmascarar, disimular, encubrir.
camuliano, -na *adj. Hond.* [fruta] Cuando empieza a madurar.
camunas *f. pl.* En algunas regiones, toda clase de semillas, menos trigo, centeno y cebada.
SIN. **Comuñas.**
camungo *m. Perú.* Variedad de chajá *(Chauna cristata).*
camuñas *m.* Personaje fantástico con que se asusta a los niños.
camurí *m. Perú.* Anzuelo pendiente de una cuerda que va unida a un flotador de topa.
camuza *f.* Gamuza.
I) can (l. *cane*) *m.* lit. Perro (mamífero): ~ ***de busca,*** perro de busca. 2 ~ ***Mayor,*** o simplemente ~, constelación austral situada entre la Liebre y el Timón y cuya estrella principal es Sirio. 3 ~ ***Menor,*** constelación boreal situada entre Unicornio y Cáncer. 4 ~ ***Luciente,*** Sirio. 5 En la ant. artillería, pieza pequeña de bronce. 6 Gatillo (del fusil). 7 Cabeza de viga que, sobresaliendo al exterior, sostiene la corona de la cornisa. 8 ARQ. Modillón.
SIN. *7* y *8* **Canecillo.**
II) can *m.* Kan.
I) cana (l., de *canu,* blanco) *f.* Cabello blanco: *las canas del abuelo.*
FR. *Echar uno una ~ al aire,* esparcirse, divertirse. *Peinar canas,* ser de edad avanzada.
II) cana (l. *canna,* caña) *f.* Medida de longitud (unas dos varas). 2 ~ ***de rey,*** medida agraria de Tarragona (60,84 a.). 3 *Cuba.* Palma cana.
III) cana *f.* fam. *Argent.* y *Colomb.* Cárcel, prisión.
Canaán (tierra de ~) Ant. nombre de Palestina o tierra de promisión de los israelitas.
canabíneo, -a (der. del l. *cannabu,* cáñamo) ***adj.-f.*** Cannabáceo.
canabis *m.* Cannabis.
canabismo *m.* Cannabismo.
canaca (hawaiano *Kanaka,* hombre) *m. Chile.* desp. Individuo de raza amarilla. 2 *Chile.* Burdel. 3 *Chile.* Dueño de un burdel.
canáceo, -a (l. *canna,* caña) *adj.-f.* Cannáceo.
canaco, -ca *m. f.* Nombre que se da a los indígenas de varias islas de Oceanía, Tahití y otras. -2 *adj. Ecuad.* y *Chile.* Pálido, amarillo.
canacuate (mej. *canautli,* pato + *coatl,* culebra) *m. Méj.* Serpiente acuática de gran tamaño *(Thamnophis melanogaster).*
canadiense *adj.-s.* Del Canadá, región de la América Septentrional.
canadillo *m.* Belcho.
canadio *m.* Metal perteneciente al grupo del platino. En su estado natural es inoxidable, dúctil, maleable y más fusible que la plata.
canaguay *adj. Colomb.* [gallo] De color obscuro y cresta negra.
canagüey *adj. P. Rico.* [ave gallinácea] De color blanco.
canal (l. *-ale*) *m.* Porción de mar, relativamente larga y estrecha, que separa dos islas o continentes poniendo en comunicación dos mares, ya naturalmente, ya por obra de la industria humana: ~ *de Azof;* ~ *de Panamá.* -2 ***amb.*** Parte más profunda y limpia de la entrada de un puerto. 3 Cauce artificial por donde se conduce el agua para darle salida, para riego o diversos usos: ~ *de Castilla.* 4 Vía por donde las aguas o los gases circulan en el seno de la Tierra. 5 Intervalo o banda de frecuencias en el que emite cada una de las estaciones de televisión. 6 Intervalo de frecuencia en el que se emite una comunicación telegráfica, telefónica, etc. 7 En un organismo, conducto por donde circulan substancias líquidas o semilíquidas: ~ *digestivo;* ~ ***torácico,*** gran vaso linfático que desemboca en la vena subclavia izquierda; ~ ***medular,*** el que contiene la medula de ciertos vegetales. 8 Conducto por donde corren las aguas en los tejados. 9 Teja delgada y muy combada que sirve para formarlos. 10 Llanura larga y estrecha entre dos montañas. 11 Corte delantero y acanalado de un libro, opuesto al lomo. 12 Res muerta abierta y despojada. *En* ~, abierto de arriba abajo. 13 Cavidad que se forma entre las dos ancas del caballo cuando está muy gordo. 14 Peine que usan los tejedores de lienzo. 15 Cáñamo que se saca limpio de la primera operación en el rastrillo. 16 ARQ. Canaladura. 17 INFORM. Unidad del ordenador que se encarga de los intercambios de información con el exterior.
SIN. *11* **Delantera.**
canalado, -da *adj.* Acanalado (abarquillado o estriado).
canaladura (de *canal*) *f.* ARQ. Moldura hueca en línea vertical.
SIN. **Canal, estría.**
canaleja *f.* Dim. de *canal.* 2 Pieza de madera unida a la tolva, por donde pasa el grano a la muela.
canalera (de *canal*) *f. Ar.* Canal del tejado. 2 *Ar.* y *Murc.* Agua que cae por ella cuando llueve.
canaleta *f. Ar.* y *Chile.* Canaleja (pieza de madera). 2 *Argent.* Canal para cargar los buques. 3 *Argent., Bol., Chile* y *Parag.* Canalón, conducto que recibe y vierte el agua de los tejados. 4 *Argent.* Arroyo que se forma en la calle.
canalete (de *canal*) *m.* Remo de pala muy ancha, con el cual se boga sin escálamo ni chumacera; puede usarse como timón. Los hay también con una pala a cada extremo. 2 MAR. Devanadera para hacer meollar.
canaletear *intr. Colomb.* y *Venez.* Remar con el canalete.
canaleto *m.* Mediacaña (moldura cóncava).
canalí *m. Cuba.* Remo o paleta hecho de palma cana, que servía para impulsar y dirigir la canoa.
canalículo *m.* Canal pequeño.
canalizable *adj.* Que puede ser canalizado.
canalización *f.* Acción de canalizar. 2 Efecto de canalizar. 3 Cañería, conducción. 4 ELECTR. Conjunto de conductores destinados a la distribución de la energía eléctrica. 5 *Amér.* Alcantarillado.
canalizar *tr.* Abrir canales [en un país]: ~ *el Alto Aragón;* regularizar el cauce o la corriente [de un río, arroyo, etc.]: ~ *el Cinca.* 2 Aprovechar por medio de canales para el riego o la navegación [las aguas corrientes o estancadas]: ~ *las aguas del Cinca.* 3 fig. Dirigir, orientar, encauzar [algo] hacia un objetivo: ~ *el ahorro hacia los valores industriales.* ◇ ** CONJUG. [4] como ***realizar.***
canalizo *m.* Canal estrecho entre islas o bajos.
SIN. **Caño.**
canalla (it. *canaglia* < l. *cane,* perro) *f.* fig. Gente baja, ruin. -2 *m.* fig. Hombre ruin y despreciable.
SIN. *1* **Marranalla,** intens.
canallada *f.* Dicho o hecho propio de un canalla.
canallería *f. P. Rico* y *S. Dom.* Canallada, perrería.
canallesco, ca *adj.* Propio de la canalla o de un canalla.
canalón (aum. de *canal*) *m.* Conducto que recibe y vierte el agua de los tejados. También *canelón.* 2 Sombrero de canal o de teja.
canalones (it. *canneloni*) *m. pl.* Canelones.
canana (ár. *quenana,* aljaba) *f.* Cinto para llevar cartuchos. 2 Estuche, gralte. rectangular, de cuero, para llevar cartuchos, que usan los soldados sujeto al correaje. 3 Cartuchera. 4 *Amér. Central.* Bocio, papera. 5 *Colomb.* Camisa de fuerza. 6 *S. Dom.* Broma, mala jugada. -7 *f. pl. Colomb.* Esposas, manillas de hierro.
cananeo, -a (l. *-eu*) *adj.-s.* De Canaán, antigua región del sudoeste de Asia. -2 ***adj.-m.*** Conjunto de lenguas pertenecientes al grupo semítico occidental septentrional, habladas principalmente al oeste de Mesopotamia; como el hebreo y el fenicio.
cananero, -ra *adj. S. Dom.* Burlón. 2 Fastidioso.
cananga (voz malaya) *f.* Alangilán.
canapé (fr. < gr. *konopeion,* cama con mosquitero) *m.* Escaño, gralte. con el asiento y respaldo acolchados, para sentarse o acostarse. 2 Aperitivo consistente en una rebanada de pan sobre la que se extienden o colocan otras viandas. ◇ Pl.: *canapés.*
canaquear *intr. Chile.* Frecuentar canacas o burdeles.

canarí *m. S. Dom.* Vasija de barro.
canaria *f.* Hembra del canario.
canaricultura *f.* Crianza y cuidado de canarios para su propagación y venta.
canariense *adj.-s.* Canario (de Canarias).
canariera *f.* Jaula grande o lugar a propósito para la cría de canarios.
canario, -ria *adj.-s.* De Canarias, archipiélago del Atlántico, al oeste del continente africano. -2 *m.* Ave paseriforme granívora, cantora, oriunda de Canarias, de alas puntiagudas, cola larga y abarquillada y plumaje amarillo, verdoso, pardo o blanquecino, de la cual existen numerosas variedades domésticas *(Fringilla canaria).* 3 Embarcación pequeña. 4 Antiguo baile de origen canario, de ritmo binario y ejecutado por parejas. 5 Música de este baile. 6 fig. *y* fam. Pene. 7 *Extr.* Altramuz. 8 *Argent.* Billete de cien pesos. 9 *C. Rica.* Planta de flores amarillas, que crece en los terrenos pantanosos *(Jussiaea geminiflora).* 10 *Chile.* fig. En los hoteles, persona generosa y que da buenas propinas. 11 *Chile.* Pito, cacharrillo con agua para imitar el canto de los pájaros. 12 *Chile.* Concubino.
¡canario! Interjección con que se denota sorpresa.
canasita *f.* Silicato del grupo de los sorosilicatos que cristaliza en el sistema monoclínico.
canasta (de *canasto*) *f.* Cesto de mimbre, ancho de boca, gralte. con dos asas. 2 Juego de naipes. 3 DEP. Cesta de baloncesto. 4 DEP. En el juego del baloncesto, tanto. 5 MAR. Conjunto de vueltas de cabo. 6 *Colomb.* Baca.
canastada *f.* Lo que cabe en una canasta.
canastero, -ra *m. f.* Persona que tiene por oficio hacer o vender canastos. -2 *f.* Ave caradriforme, insectívora, de alas obscuras, largas y puntiagudas, cola ahorquillada y pico corto ligeramente curvado hacia arriba *(Glareola pratincola).* -3 *m. f. Chile.* Vendedor ambulante de frutas y legumbres, que lleva en canastos. 4 *Chile.* Mozo de las panaderías, que traslada el pan en canasto desde el horno al enfriadero. 5 *Chile.* Avecilla que hace su nido en forma de canasta *(Sinallaxis sordida).*
canastilla (de *canastillo*) *f.* Cestilla de mimbres en que se tienen objetos menudos de uso doméstico. 2 Ropa que se previene para el niño que ha de nacer.
canastillero, -ra *m. f.* Persona que tiene por oficio hacer o vender canastillas.
canastillo *m.* Azafate de mimbres. 2 Macizo o conjunto de flores de forma redonda. 3 *Amér.* Canastilla o ajuar para la novia, o para el niño que va a nacer.
canastita *f. Argent.* Avecita de laguna, más chica que el chorlito.
canasto (de *canastillo*) *m.* Canasta recogida de boca.
¡canastos! Interjección con que se denota sorpresa, enfado, etc., según el tono.
canastro *m.* Canasto.
canato *m. Colomb.* Enjambre o colmena.
canaula *f. Ar.* Collar de madera, del que pende la esquila, que se pone al cuello de una res.
canavá *m. Urug.* Canevá o cañamazo. ◇ Pl.: *canavaes.*
cancagua (quechua *cancahue,* asador) *f. Chile* y *Ecuad.* Arenilla consistente, us. para ladrillos, hornos, braseros, etc., y como cemento en las construcciones.
cáncamo (l. *-mu*) *m.* Especie de armella fija en ciertas partes de los buques, para sujetar motones, amarrar cabos, etc. 2 ~ ***de mar,*** ola gruesa o fuerte, golpe de mar. 3 Hembrilla de metal de pequeño tamaño para sujetar cuadros, marcos, etc.
cancamurria *f.* fam. Murria (tristeza).
cancamusa *f.* fam. Artificio con que se deslumbra a alguno para engañarlo fácilmente. -2 *adj. Cuba.* [viejo] Verde o enamorado.
SIN. **Candonga, recancamusa.**
I) cancán (fr.) *m.* Baile de origen francés. 2 Enagua o falda interior que tiene muchos volantes.
II) cancán *m. C. Rica.* Especie de loro que no aprende a hablar.
I) cáncana (de *cáncano*) *f.* Araña gruesa, de patas cortas y color obscuro.
II) cáncana (quechua *cancay,* asar) *f. Chile.* Asador. 2 *Chile.* Candelero. 3 *Colomb.* Persona flaca y desmedrada.
cancaneado, -da *adj. Sant.* y *C. Rica.* [pers.] Picado de viruelas.
cancanear (de *cancán*) *intr.* fam. Errar, vagar o pasear sin objeto determinado. 2 *Amér.* Tener dificultad en explicarse. 3 *Argent.* y *Urug.* Bailar el cancán. 4 *Argent.* y *Urug.* Proceder de un modo inmoral en política. 5 *Colomb., C. Rica, Méj.* y *Nicar.* Tartajear, tartamudear. 6 *Cuba.* Trepidar con un ruido especial el motor que empieza a fallar.
cancaneo *m.* Detonación o golpes de un motor a causa del proceso de combustión. 2 *And.* Acción de cancanear o vagar sin rumbo fijo, holganza. 3 *C. Rica,* y *Méj.* Dificultad en expresarse, tartamudeo.
cáncano (ár. *camcam*) *m.* fam. Piojo (insecto).
cancel (l. *cancelli,* celosía) *m.* Contrapuerta, gralte. con una hoja de frente y dos laterales ajustadas a las jambas de una puerta de entrada, cerrado todo por un techo. 2 Construcción en metal, madera o piedra destinada en las iglesias cristianas a delimitar el altar, el coro o la pila bautismal. 3 *Argent.* Cancela, verja. 4 *Méj.* Biombo, mampara. 5 *Méj.* y *Hond.* Mueble para resguardarse del viento, formado por varios bastidores móviles.
cancela (de *cancel*) *f.* Verjilla puesta en el umbral de algunas casas. 2 *Argent.* Puerta de entrada en los cercos de las estancias.
cancelación *f.* Acción de cancelar. 2 Efecto de cancelar.
canceladura *f.* Cancelación.
cancelar (l. *-llare*) *tr.* Anular [un instrumento público, una inscripción en un registro, una nota o una obligación]. 2 Saldar o extinguir [una deuda]. 3 fig. Borrar de la memoria, abolir, derogar.
SIN. v. **Abolir.**
cancelaria (de *canciller*) *f.* Tribunal de la curia romana, donde se despachaban las gracias apostólicas.
cancelariato *m.* Dignidad y oficio de cancelario.
cancelario (l. *-llariu,* el que está en la antesala; doble etim. *canciller*) *m.* El que en las universidades tenía la autoridad pontificia y regia para dar los grados. 2 *Bol.* Rector de universidad.
SIN. *1* **Maestrescuela.**
cáncer (l.; doble etim. *cancro*) *m.* Tumor maligno, esp. el que tiene su origen en el tejido epitelial e invade y destruye los tejidos circundantes. 2 fig. Vicio, corrupción y, en gral., factor que destruye una sociedad. 3 Cuarto signo o parte del Zodíaco que el sol recorre aparentemente al comenzar el verano. 4 Constelación zodiacal situada entre el León y Géminis.
cancerado, -da *adj.* Atacado de cáncer. 2 [corazón y alma] De hombre corrompido y de aviesa intención.
cancerar *intr.-prnl.* Padecer de cáncer o degenerar en cancerosa una úlcera. También *encancerarse.* -2 *tr.* fig. Consumir, destruir. 3 fig. Mortificar, castigar, reprender.
cancerbero (*can* + *Cerbero*) *m.* FAB. Perro de tres cabezas que guardaba la puerta de los infiernos. 2 fig. Portero o guarda severo, incorruptible o de bruscos modales. 3 DEP. fig. Portero de un equipo de fútbol.
SIN. *1* y *2* **Cerbero.**
canceriforme (*cáncer* + *-forme*) *adj.* Que tiene forma o aspecto de cáncer.
cancerígeno, -na *adj.* Que puede producir o favorecer la aparición del cáncer.
cancerización *f.* PAT. Transformación de las células de un tejido sano en células cancerosas de tipo semejante.
cancerofobia *f.* Temor morboso a padecer cáncer.
cancerología *f.* Parte de la medicina que estudia la fenomenología del cáncer.
cancerológico, -ca *adj.* Perteneciente o relativo a la cancerología.
cancerólogo, -ga *m. f.* Especialista en cancerología.
canceroso, -sa *adj.* Que tiene cáncer o participa de su naturaleza.
I) cancha (quechua *recinto, cercado*) *f.* Local destinado a juego de pelota, riña de gallos u otros usos análogos. 2 Parte de la explanada del frontón o trinquete en la cual juegan los pelotaris. 3 *Amér.* en gral. Terreno, espacio, local o sitio llano y desembarazado. 4 *Amér.* Corral o cercado espacioso para almacenar: ~ *de madera.* 5 *Amér.* Hipódromo. 6 *Colomb.* Lo que cobra el dueño de una casa de juego. 7 *R. de la Plata.* Campo de fútbol. 8 *Urug.* Senda o camino. 9 *Argent., C. Rica* y *Chile.* ***Abrir*** o ***dar ~ a uno,*** fr. fig., concederle alguna ventaja. 10 *Argent.* y *Chile.* ***Estar uno en su ~,*** fr. fig., estar en su elemento. 11 *Argent.* ***Tener ~,*** fr. fig., tener experiencia.
II) cancha (quechua *maíz tostado*) *f. Amér. Merid.* Maíz tostado.
¡cancha! *Argent.* Interjección con que se pide que abran paso.
canchador *m. Perú.* Mozo de cordel.
canchal *m.* Peñascal o terreno cubierto de peñas o canchos.
canchalagua (chileno *cachanlagua*) *f.* Planta gencianácea de

tallos delgados y hojas estrechas, usada en medicina *(Centarium chilense; C. canchalagua; Flogera stenophylla)*. ◇ También *canchelagua*.
canchamina *f. Chile.* Cancha o patio cercado en una mina para recoger el mineral y escogerlo.
REL. **Canchaminero,** el que trabaja en ella.
canchánchara *f. Cuba.* Bebida hecha de agua hervida con raspadura o miel de abejas.
canchar *intr. Chile.* Buscar entretenimiento para no trabajar seriamente. 2 *Perú.* Hacerse uno pagar por los menudos servicios que presta.
REL. **Cancheo,** acción y efecto de ~.
cancharrazo *m. Venez.* Trago de licor.
canche *adj. Amér. Central.* Rubio, rubicundo. 2 *Colomb.* Mal sazonado.
canchear *intr.* Trepar los canchos (peñascos). 2 *Argent.* Jugar de manos, dándose palmadas y tratando de atajárselas. 3 *Chile.* Canchar (buscar entretenimiento).
canchero, -ra *adj.-s. Amér.* El que tiene una cancha de juego o cuida de ella. 2 *R. de la Plata.* Práctico o hábil en cualquier género de actividades. 3 *Argent.* y *Chile.* Aficionado a canchear. 4 *Chile.* El que señala los tantos en el juego. 5 *Chile.* Muchacho maletero. 6 *Chile.* Trabajador encargado de una cancha. 7 *Perú.* Clérigo de misa y olla que procura sacar dinero a sus feligreses.
canchila *f. Cuba.* Hernia.
canchinflín *m. Guat.* Cohete.
I) cancho *m.* Peñasco grande. 2 Canchal: *los canchos de la sierra.*
II) cancho *m. Chile.* fam. Paga que exigen por el más pequeño servicio algunas personas, esp. abogados y clérigos. 2 *Chile.* Propina por un pequeño servicio.
canchón *m. Chile* y *Perú.* Aument. de cancha o corral. 2 Coto, dehesa.
cancil *m. Extr.* Costilla del yugo de caballerías.
cancilla (de *cancela*) *f.* Puerta a manera de verja.
canciller (v. *cancelario*) *m.* Antig., secretario encargado del sello real, con el que autorizaba los privilegios y cartas reales: ~ ***del sello de la puridad,*** el que tenía el sello secreto que se ponía en las cartas que el rey daba por sí; ~ ***mayor,*** el que guardaba el sello real y lo ponía en los despachos por sí o por sus tenientes. 2 ~ ***mayor de Castilla,*** título honorario que usa el arzobispo de Toledo. 3 Cardenal presidente de la cancillería apostólica. 4 Título que lleva en algunos Estados europeos un alto funcionario que es a veces jefe o presidente del gobierno. 5 Empleado auxiliar en las embajadas, legaciones, consulados, etc. 6 En muchos países, ministro de Asuntos Exteriores.
SIN. *1* y *2* **Chanciller.**
cancilleresco, -ca *adj.* Relativo a la cancillería. 2 Ajustado al estilo, reglas o fórmulas de cancillería.
cancillería *f.* Oficio de canciller. 2 Oficina especial en las embajadas, legaciones, consulados, etc. 3 Alto centro diplomático desde el cual se dirige la política exterior. 4 ~ ***apostólica,*** oficina romana que registra y expide las disposiciones pontificias, y principalmente las bulas.
cancín, -na *adj.* [res lanar] Que tiene más de un año y no llega a dos.
canción (l. *cantione*) *f.* Composición en verso para ser cantada. 2 Música de la canción. 3 Composición lírica, gralte. dividida en estancias largas, todas de igual número de endecasílabos, menos la última, que es más breve. 4 Ant. nombre de composiciones poéticas de distintos géneros, tonos y formas. 5 fig. Cosa dicha con repetición insistente o pesada. -6 ***f. pl.*** fig. Noticias, pretextos, etc.: *no me vengas con canciones.*
cancioneril *adj.* [estilo] Propio de las antiguas canciones poéticas. 2 Relativo a los tipos de poesía culta que se observan en los cancioneros del siglo XV, esp. la escrita en metros menores.
cancionero *m.* Colección de canciones y poesías, gralte de autores diversos.
cancioneta *f.* Dim. de *canción.*
cancionista *com.* Persona que compone o canta canciones.
canclillas *adj. Colomb.* Enclenque.
canco (arauc.) *m. Bol.* y *Chile.* Nalga. 2 *Chile.* Botijo grande u olla que se destina a varios usos domésticos. 3 *Chile.* Maceta, tiesto.
cancón (l. med. *cancanu,* jefe tártaro < persa *jacán*) *m.* fam. Bu.
cancona *adj.-s. Chile.* Mujer de anchas caderas.
cáncora *f. P. Rico.* Hilo o manantial de agua salobre en las ciénagas.
cancrinita *f.* Tectosilicato que cristaliza en el sistema hexagonal, de color amarillento, rosáceo o morado y, a veces, incoloro.
cancro (v. *cáncer*) *m.* Cáncer. 2 Úlcera de la corteza de los árboles acompañada de la secreción de un líquido acre y rojizo.
cancroide (*cancro* + *-oide*) *m.* Tumor parecido al cáncer.
cancroideo, -a (*cancro* + *-oideo*) *adj.* Que tiene aspecto de cáncer o cancro.
candado (l. *catenatu,* encadenado) *m.* Cerradura suelta que por medio de armellas asegura puertas, tapas de cofre, etc. 2 Cláusula de un proyecto de ley, ratificado en ella, que fija o retrotrae su vigencia desde la presentación de tal proyecto. -3 ***m. pl.*** Las dos concavidades inmediatas a las ranillas que tienen las caballerías en los pies. -4 ***m.*** *Colomb.* Perilla de la barba.
candaliza *f.* MAR. Cabo que hace de brioles en los cangrejos.
SIN. **Candeleta.**
candallero *m. Amér. Merid.* En minería, almohadilla o cojinete que recibe los ejes de los tornos.
candamo *m.* Ant. baile rústico.
candanga *m. Amér.* El diablo. 2 *Cuba.* Tonto, mentecato. 3 *Cuba.* Enclenque.
candar (l. *catenare,* sujetar con cadenas) *tr.* Cerrar [algo] con llave y, p. ext., de cualquier modo.
cande (ár. *cand*) *adj.* V. azúcar cande. ◇ También *candi.*
candeal (l. *candidariu,* que hace pan blanco) *adj.-m.* Especie de trigo aristado, de espiga cuadrada y granos ovales, que da harina y pan blancos y de superior calidad; p. ext., otras variedades de trigo que dan harina abundante y de superior calidad. 2 Pan hecho con trigo candeal. -3 ***m.*** *Amér.* Bebida compuesta de huevo, leche y coñac.
SIN. *1* **Albarejo, albarico, candial, ceburro, mijo ceburro.**
candeda *f.* Candela (candelero).
candela (l.) *f.* Vela (bujía). 2 ***Arrimar ~,*** pegar, dar palos. 3 Claro que deja el fiel de la balanza cuando se inclina a la cosa que se pesa. 4 Candelero (utensilio). 5 Lumbre (combustible). 6 Flor del castaño. 7 FÍS. Unidad fotométrica internacional, basada en la radiación de un cuerpo negro a la temperatura de solidificación del platino. Dicha radiación, por cm^2, equivale a 60 candelas. 8 MAR. ***En ~,*** en posición vertical: *trinquete en ~.* -9 ***f. pl.*** *Colomb.* Amoríos.
candelabro (l. *-bru*) *m.* Candelero de dos o más brazos. 2 ARQ. Remate en forma de balaustre. 3 *Argent.* Planta cactácea cuyos frutos se llaman tunas *(Cereus haematureus).*
candelada (de *candela*) *f.* Hoguera. 2 *Colomb.* Época de celo en los peces.
candelaria *f.* Fiesta de la Purificación de Nuestra Señora, en la cual se hace profesión solemne con candelas benditas. Se celebra el 2 de febrero. 2 Gordolobo. 3 Flor de la candelaria o gordolobo.
candelario, -ria *adj.-s.* Chorizo embuchado, y jamón, elaborados en Salamanca, de gran calidad. -2 ***adj.*** *Perú.* Tonto, necio.
candelecho (v. *candalecho*) *m.* Choza levantada sobre estacas para otear desde ella la viña.
SIN. **Bienteveo.**
candeleja *f. Chile* y *Perú.* Arandela, platillo del candelero.
candelejón *adj. Amér.* Cándido, simplón.
candelera *f.* BOT. Gordolobo. 2 *Colomb.* fig. Mujer casquivana.
candelerazo *m.* Golpe dado con un candelero.
candelero *m.* Utensilio para mantener derecha la vela o candela. 2 Velón. 3 El que hace o vende candelas. 4 Instrumento para pescar deslumbrando a los peces con teas encendidas. 5 FORT. Bastidor de madera, compuesto de una solera y dos montantes, entre los cuales se ponen fajinas y se emplea como defensa contra el fuego enemigo. 6 MAR. Puntal de madera o de hierro que sirve para asegurar en él un cabo, tela listón o barra: ~ ***ciego,*** el que no tiene anillo en la parte superior; ~ ***de ojo,*** el que tiene anillo. 7 ***En ~, loc. adv.,*** fig., en puesto, dignidad o ministerio de gran autoridad: *estar, poner en el ~.* 8 *Bol.* y *Perú.* Mijo de clérigo. 9 *Colomb.* La clavícula. 10 *Colomb.* Fogonero, sobre todo en las máquinas de vapor.
candeleta *f.* Candaliza.
candelilla *f.* Dim. de *candela.* 2 Amento. 3 CIR. Instrumento flexible para explorar las vías urinarias o curar sus estrecheces. 4 *Amér.* Luciérnaga, gusano de luz. 5 *Argent.* y *Chile.* Fuego fatuo; us. esp. en pl. 6 *Cuba.* Especie de bastilla, costura. 7 *Cuba.* Insecto perjudicial al tabaco *(Phtorimea operculella).* 8 *Venez.* Insecto parásito del café *(Leucoptera coffeella).*
candelita *f. Venez.* Juego infantil parecido al escondite.

candelizo (de *candela*) ***m.*** Carámbano.
candelón ***m.*** *Extr.* Carámbano. 2 *Ant.* y *Méj.* Mangle.
candencia (l. *-ntia*) ***f.*** Calidad de candente.
candente (l.) ***adj.*** [cuerpo, generalmente metal] Enrojecido o blanqueado por la acción del fuego: ***cuestión, problema*** ~, fig., que acalora los ánimos. 2 Ardiente, que arde o quema.
SIN. *1* **Incandescente, rusiente.**
candi ***adj.*** Cande.
candial ***adj.-s.*** Candeal.
candidación (de *cándido*) ***f.*** Acción de cristalizarse el azúcar.
cándidamente ***adv. m.*** Con candor.
candidato, -ta (l. *-tu*) ***m. f.*** Aspirante a alguna dignidad o cargo: ~ *a la presidencia.* 2 Persona propuesta para una dignidad o cargo, aunque no lo solicite: *no encuentran candidatos para ocupar el puesto vacante.*
candidatura ***f.*** Reunión de candidatos. 2 Papeleta en que figura el nombre de uno o varios candidatos. 3 Aspiración a cualquier dignidad o cargo. 4 Propuesta de persona para una dignidad o cargo.
candidez ***f.*** Calidad de cándido.
candidiasis ***f.*** MED. Enfermedad infecciosa de la piel y de las mucosas, ocasionada por un hongo afín a las levaduras *(Candida albicans).*
cándido, -da (l. *-du*) ***adj.*** lit. Blanco (níveo). 2 Sencillo, sin malicia ni doblez.
SIN. *2* v. **Sincero.**
candiel ***m.*** Manjar hecho con vino blanco, yemas de huevo, azúcar y algún otro ingrediente.
candil (ár., lamparilla < l. *candela*) ***m.*** Lámpara de aceite formada por dos recipientes de metal superpuestos, cada cual con un pico; en el superior se pone el aceite y la torcida, cuyo extremo asoma por el pico indicado, y en el inferior una varilla con garfio para colgarla. 2 fig. *y* ant. Pico del sombrero en el de candil. 3 MONT. Pitón de la cuerna de los ciervos: ~ ***de ojo,*** o ***basilar,*** el primero y situado más próximo a la roseta. También *luchadera, garceta.* ~ ***de hierro,*** el segundo; ~ ***medio,*** el tercero. -4 ***m. pl.*** Planta aristoloquiácea trepadora *(Aristolochia Boetica).* 5 Planta arácea de espata amarillenta y hojas veteadas de blanco. 6 Arísaro. -7 ***m.*** *Sor.* Luciérnaga. 8 *Ant.* y *Venez.* Pez cuyos ojos brillan en la oscuridad *(Holocentrum matejuelo; Myripristis).* 9 *Méj.* Araña, candelabro.
candilada ***f.*** Aceite derramado de un candil.
candilazo ***m.*** Golpe dado con un candil. 2 fig. Arrebol crepuscular.
candileja ***f.*** Recipiente superior del candil. 2 Recipiente pequeño en que se pone aceite u otro combustible para que ardan una o más mechas. 3 Neguilla (planta). 4 Planta umbelífera perenne provista de rizoma; las hojas basales son pinnadas y tomentosas, y las flores de color amarillo, reunidas en umbelas *(Thapsia villosa).* -5 ***f. pl.*** Línea de luces en el proscenio del teatro. -6 ***f.*** *Logr.* Luciérnaga.
candilejo ***m.*** Dim. de *candil.* 2 Neguilla (planta).
candilera ***f.*** Mata labiada de flores amarillas con el cáliz cubierto de pelos largos; sus hojas se usan como mechas de candil *(Phlomis lychnitis).*
candilero ***m.*** Percha de madera para colgar los candiles.
candiletear (de *candil*) ***intr.*** Andar vagando para curiosear lo que ocurre.
candiletero, -ra ***m. f.*** fam. Persona ociosa y entrometida.
candilico (de *candil*) ***m.*** *Gran.* Luciérnaga.
candilillo ***m.*** Arísaro.
candilón ***m.*** Aum. de *candil.*
candinga ***f.*** *Chile.* Cansera, majadería. 2 *Hond.* Chanfaina, enredo, baturrillo. 3 *Méj.* y *Nicar.* Diablo.
candiota ***adj.-s.*** De Candía, ciudad de Grecia en la costa norte de Creta. -2 ***f.*** Barril para vino u otro licor. 3 Vasija grande de barro, empegada por dentro, con una espita en la parte inferior; sirve para tener vino.
candiotera (de *candiota*) ***f.*** Local donde están ordenados los envases en que se cría y conserva el vino. 2 Conjunto de estos envases.
candiotero ***m.*** El que tiene por oficio hacer o vender candiotas.
candombe (voz africana) ***m.*** *Amér. Merid.* Baile bullicioso de origen africano, ejecutado por comparsas. 2 *Amér. Merid.* Música de este baile. 3 *Amér Merid.* Casa o sitio donde se ejecuta este baile. 4 *Amér. Merid.* Tambor prolongado, de un solo parche, en que los negros golpean con las manos para acompañar al baile candombe. 5 *R. de la Plata.* Desgobierno, inmoralidad política.
candombear ***intr.*** *Argent.* y *Urug.* Bailar el candombe. 2 *Argent.* y *Urug.* fig. Proceder de un modo inmoral en política.
candombero, -ra ***adj.*** *R. de la Plata.* fig. [desgobierno político] Inmoral; [pers.] que lo practica.
candonga ***f.*** Cancamusa. 2 Chasco o burla hecho de palabra. 3 Mula de tiro. 4 Peseta. 5 MAR. Vela triangular que algunas embarcaciones latinas largan en el palo de mesana para capear el temporal. 6 *Hond.* Lienzo en dobleces con que se faja el vientre a los niños recién nacidos. 7 *R. de la Plata.* Lisonja, zalamería. -8 ***f. pl.*** *Colomb.* Pendientes, arracadas.
candongo, -ga ***adj.-s.*** fam. Zalamero y astuto. 2 fam. Holgazán. -3 ***m.*** *Colomb.* Calabazo grande, vasija.
candonguear ***tr.*** Dar [a uno] candonga o vaya. -2 ***intr.*** Hacerse el marrajo por no trabajar.
candonguero, -ra ***adj.*** fam. Que suele dar candonga. 2 Holgazán.
candor (l.) ***m.*** Suma blancura. 2 fig. Sinceridad y pureza de ánimo.
candorosamente ***adv. m.*** Con candor.
candoroso, sa ***adj.*** Que tiene candor.
SIN. v. **Sincero.**
candray ***m.*** Embarcación pequeña de dos proas usada en el tráfico de algunos puertos. ◇ Pl.: *candrayes.*
candungo ***m.*** *P. Rico.* Recipiente hecho del fruto de la planta así llamada. 2 *S. Dom.* Cubilete para jugar a los dados. -3 ***adj.*** *Perú.* Cándido, zonzo.
cané (de *sacanete*) ***m.*** Juego de azar parecido al monte. 2 Charla. ◇ Pl.: *canés.*
canear ***intr.*** *And., Can.* y *Guat.* Comenzar a tener canas una persona. -2 ***tr.*** *Murc.* Calentar al sol alguna cosa.
caneca (quizá del port., pequeño vaso cilíndrico con asa) ***f.*** Frasco de barro vidriado para contener licores, cuando es cilíndrico; se usa en algunos lugares para calentar las camas. 2 *Argent.* y *Parag.* Vasija o balde de madera. 3 *Colomb.* Envase de latón para transportar petróleo y otros líquidos. 4 *Colomb.* Cubo o lata de la basura. 5 *Cuba.* Botella de barro llena de agua caliente, que sirve de calentador. 6 *Cuba.* Medida de capacidad para líquidos, equivalente a 19 l. 7 *Ecuad.* Alcarraza.
canecillo ***m.*** Can (cabeza de viga y modillón).
caneco (port., especie de barril) ***m.*** *Extr.* Barril o bidón que sirve para medir la mies trillada.
caneco, -ca ***adj.*** *Bol.* Ebrio, achispado.
canéfora (gr. *kanephore*) ***f.*** Entre los griegos, doncella que, en ciertas fiestas, llevaba en la cabeza un canastillo sagrado.
caneforias (gr. *kanephoria,* acción de llevar la canastilla sagrada) ***f. pl.*** MIT. Fiestas griegas en honra de Diana.
caneisitos (dim. de *caney*) ***m. pl.*** *Cuba.* Diversión popular al aire libre, especie de romería.
¡canejo! *Amér. Merid.* Interjección ¡Caramba!
canela (it. *cannella* < dim. del l. *canna,* caña) ***f.*** Parte interior de la corteza de las ramas del canelo; es aromática, de sabor agradable y se usa como condimento. 2 fam. Cosa muy fina y exquisita. 3 ~ ***estriada,*** mariposa diurna, diminuta, de color azul violeta en el anverso y grisácea en el reverso; las alas posteriores presentan una cola *(Lampides boeticus).* 4 *Colomb.* Fuerza, vigor.
caneláceo, -a ***adj.-f.*** Planta de la familia de las caneláceas. -2 ***f. pl.*** Familia de plantas angiospermas dicotiledóneas leñosas, propias de países tropicales.
canelado, -da ***adj.*** Acanelado.
canelar ***m.*** Plantío de canelos.
canelero ***m.*** Canelo (árbol).
canelilla ***f.*** *Amér.* Guarimán. 2 *Cuba.* Canelillo.
canelillo ***m.*** *Cuba.* Copalillo (árbol). 2 *C. Rica.* Canelo, madera.
canelina ***f.*** Substancia cristalizable amarga que se extrae de cierta clase de canela.
canelo, -la ***adj.*** De color de canela [esp. perros y caballos]. -2 ***m.*** Árbol lauráceo, originario de Ceilán, de corteza aromática y astringente, hojas parecidas a las del laurel, flores agrupadas en racimos de cimas y fruto en drupa ovalada *(Cinnamomum zeylanicum).* 3 *Chile.* Árbol magnoliáceo que alcanza hasta 15 m. de altura *(Drimis chilensis).* 4 *C. Rica.* Planta lauráceа cuya madera se usa en ebanistería *(Ocotea cuneata).*
SIN. *2* **Árbol de la canela, canelero.** REL. La hoja del ~ se llama **folio índico.**
canelón ***m.*** Canalón. 2 Carámbano colgante de un canal. 3 Labor tubular de pasamanería. 4 Confite largo que contiene una raja de canela o de acitrón. 5 Extremo grueso y más retorcido de los ramales de las disciplinas. -6 ***m. pl.*** Pasta de harina de tri-

go, cortada en forma rectangular con la que se envuelve un relleno de carne, pescado, verduras, etc. -7 *m. Argent.* Capororoca. 8 *Méj.* Cachada que se da con el trompo en otro. 9 *Venez.* Rizo artificial que se hace en el cabello de las mujeres.
SIN. *2* **Calamoco, pinganelo, candelizo, cerrión, chupón.**
canelonense *adj.-s.* De Canelones, capital y departamento del sur de Uruguay.
canelones *m. pl.* Canelón (pasta).
caneo *m. Amér.* Cabaña, choza.
canequí *m.* Caniquí. ◇ Pl.: *canequíes.*
canequita *f. Cuba.* Medida para líquidos, equivalente a 4,884 litros.
canero, -ra *adj. S. Dom.* Bullanguero, amigo de canes (tertulias).
canesú (fr. *canezou*) *m.* Cuerpo de vestido de mujer corto y sin mangas. 2 Pieza superior de la camisa o blusa. ◇ Pl.: *canesúes.*
canevá *m. Amér.* Cañamazo. ◇ Pl.: *canevaes.*
caney (voz indígena) *m. Ant.* Casa grande de los caciques indios. 2 *Amér.* Bohío. 3 *Cuba.* Recodo de un río.
canfeno *m.* Hidrocarburo terpénico del cual se obtiene el alcanfor artificial.
canfín *m. C. Rica.* Petróleo.
canfinflero *m. Argent.* Hombre que vive en concubinato. 2 *Argent.* Rufián.
canfínfora *f. Venez.* Bullicio, alboroto.
canflinfle *m. Argent.* En lunfardo, rufián.
I) canga (port., yugo de madera) *f. Extr.* Yugo de dos caballerías. 2 *Extr.* Yunta de dos caballerías. 3 *And.* Yunta de animales, excepto bueyes. 4 *Sal.* Arado dispuesto para una sola caballería. 5 *Sal.* y *Zam.* Tirante del arado para una sola caballería. 6 *Can.* Cango (yugo). 7 *Fuerteventura.* Yugo para dos animales. 8 *Tenerife.* Gamella. -9 *f. pl. Sal.* Soportes de madera para llevar a lomos de caballerías cestas muy hondas de uva y aceituna.
II) canga *(de ganga* II*) f. Argent.* y *Bol.* Mineral de hierro con arcilla.
III) canga (voz china) *f.* En China, instrumento de suplicio con el que se aprisionan el cuello y las muñecas del reo. 2 Suplicio que se aplica con este instrumento.
cangada *f.* Tresnal.
cangagua *f. Colomb.* y *Ecuad.* Cancagua.
I) cangalla (de *canga* I) *f. Extr.* Angarillas para cargar haces de mies o leña. 2 *Sal.* Andrajo de tela. -3 *com. Argent., Perú* y *Urug.* Persona cobarde. -4 *f. Bol.* Aparejo con albarda para llevar cargas las caballerías.
II) cangalla *f. Argent.* y *Chile* Desperdicios de los minerales.
cangallar *tr. Bol.* y *Chile.* Robar en las minas [metales o mineral]. 2 p. ext. Defraudar al fisco.
cangallero *m. Chile* y *Perú.* Ladrón de metales o minerales en la mina donde trabaja, y comprador de cangalla robada. 2 *Perú.* Vendedor de objetos a bajo precio.
cangilón (der. del l. *congiu,* medida para líquidos) *m.* Vaso grande de barro o metal, gralte. en forma de cántaro, para traer o tener líquidos. 2 Vasija de barro o metal atada a la maroma de la noria. 3 Recipiente de formas y tamaños variados de diversos aparatos para el transporte, carga o elevación de materiales, tierras, etc. 4 Pliegue que en forma de cañón tenían los cuellos apanalados o escarolados. 5 *Amér.* Carril que forman en los caminos las ruedas de los carruajes y el paso de los ganados. 6 *Colomb.* y *Cuba.* Bache en un camino. 7 *Colomb.* Caja o tambor. 8 *Ecuad.* Atascadero o atolladero. 9 *Perú.* Irregularidades de un vestido mal cortado. 10 *P. Rico.* Paso estrecho y casi vertical por donde se despeña el agua. ◇ HOMÓF.: *canjilón* (adj.).
SIN. *2* **Arcaduz.**
cangle *m. Colomb.* Pie de yuca o cangre.
cango (v. *canga* I) *m. Can.* Yugo de un solo camello que tira del arado. 2 *Can.* Lance de la lucha canaria.
cangón (der de *canga I) m. Extr.* Yugo para una sola caballería.
cangre *m. Cuba.* Trozo del tallo de la yuca, de unos 15 cm., destinado a la siembra.
cangreja *adj.-f.* MAR. Vela de cuchillo de forma trapezoidal que se enverga en un cangrejo.
cangrejada *f. Ecuad.* Tontería. 2 *Perú.* Felonía.
cangrejal *m. Argent.* Terreno pantanoso e intransitable por la abundancia de ciertos cangrejos que en él se crían.
cangrejera *f.* Nido de cangrejos. 2 *Ar.* Red para cogerlos.
cangrejero, -ra *m. f.* Persona que coge o vende cangrejos. -2 *m.* Ave zancuda parecida a la garza. 3 *Chile.* Cangrejera. 4 *Guat.* Carnívoro semejante al perro, y que se alimenta de cangrejos *(Procyon cancrivorus).*
cangrejo *m.* Crustáceo decápodo macruro, marino, comestible, de unos 5 cms., con el caparazón de forma cuadrangular y el abdomen reducido y pegado al tórax; el primer par de patas está transformado en pinzas *(Carcinus maenas).* 2 ~ *de río,* crustáceo decápodo macruro de color pardo azulado *(Potamobius astacus).* 3 En las armaduras antiguas, conjunto de láminas articuladas para facilitar el movimiento en las corvas y en la sangría del brazo. 4 Barrena que usan los calafates. 5 Vagoneta. 6 Carro pequeño con rodillos en lugar de ruedas. 7 ASTRON. Cáncer (constelación). 8 ASTRON. Nebulosa situada en la constelación de Toro. 9 MAR. Verga que tiene en uno de sus extremos una boca semicircular por donde se ajusta al palo, y puede correr arriba y abajo de éste o girar a su alrededor. 10 *S. Dom.* Homosexual. -11 *adj. Ecuad.* Tonto, bobalicón. 12 *Perú.* Felón, bribón. 13 *S. Dom.* Raquítico.
SIN. *1* **Cámbaro.**
cangrejuelo *m.* Dim. de *cangrejo.*
cangrena *f.* vulg. Gangrena.
cangrenarse *prnl.* vulg. Gangrenarse.
cangrina *f. Cuba.* Carbunco, enfermedad del ganado.
cangro *m. Amér.* Cáncer, enfermedad.
canguelo *m.* vulg. Miedo.
cangüesto *m.* Pez teleósteo de mar, de color pardo aceitunado con manchas obscuras, cabeza ancha y cola redondeada (gén. *Gobius* y *Blennius).*
canguil *m. Ecuad.* Maíz pequeño y muy estimado.
canguro *m.* Mamífero marsupial, de Australia y Nueva Guinea, herbívoro, de cabeza pequeña y orejas largas y puntiagudas, con las extremidades torácicas cortas y las abdominales muy largas y robustas, así como la cola *(*gén. *Macropus).* -2 *com.* fig. Persona que, retribuida por horas de trabajo, se dedica a cuidar los hijos pequeños de otros, durante la ausencia de los padres de los niños.
cania (l.) *f.* Ortiga moheña.
caníbal (de *caribe*) *adj.-s.* Salvaje de las Antillas, que era tenido por antropófago. 2 Hombre cruel y feroz. 3 Antropófago. 4 ZOOL. Animal que come carne de otros de su misma especie.
SIN. **Caríbal,** hoy desus.
canibalismo *m.* Antropofagia atribuida a los caníbales. 2 fig. Ferocidad propia de caníbales.
I) canica (port. *cana,* caña y canela) *f. Cuba.* Canela silvestre.
II) canica (germ. *knickner,* bola de jugar) *f.* Juego de niños con bolitas de barro, vidrio u otra materia dura. 2 Bolita de este juego.
canicie (l. *-itie*) *f.* Color cano del pelo.
canícula (l.) *f.* Período del año en que son más fuertes los calores (del 24 de julio al 2 de septiembre). 2 ASTROL. Sirio. 3 Tiempo del nacimiento helíaco de Sirio.
canicular *adj.* Relativo a la canícula. -2 *m. pl.* Días que dura la canícula.
caniculario (b. l. *-iu*) *m.* Perrero (echaperros).
cánido *adj.-m.* Animal de la familia de los cánidos. -2 *m. pl.* Familia de mamíferos carnívoros digitígrados, de cabeza generalmente pequeña, mandíbulas alargadas, orejas grandes, cuerpo esbelto con el vientre hundido, patas con uñas robustas y obtusas, no retráctiles, y cola más o menos larga; como el perro y el zorro.
canido, -da *adj.,* Enmohecido, esp. el pan.
canijo, -ja *adj.-s.* Débil y enfermizo.
SIN. **Encanijado.**
canil (de *can*) *m.* Morena o pan de perro.
I) canilla (l. **cannella* < dim. de *canna,* caña) *f.* Hueso largo de la pierna o del brazo. 2 Cañón pequeño que se pone en la parte inferior de la cuba para sacar el líquido. 3 Carrete metálico para devanar la seda o el hilo en las máquinas de tejer y coser. 4 Lista formada en los tejidos, por una o varias hebras de distinto color o grueso. 5 Grifo, espita. 6 Pierna, pantorrilla. 7 *Méj.* fig. Fuerza física. 8 *Perú.* Juego de dados.
II) canilla (de *cano*) *adj.* V. uva canilla.
canillado, -da *adj.* Acanillado.
canillazo *m. Colomb.* y *P. Rico.* Golpe que dan los gallos con las canillas. 2 *Hond.* Pérdida de un negocio de minas.
canillera (de *canilla*) *f.* Espinillera. 2 *Amér.* Flojera que aqueja a los gallos. 3 *Amér.* Cobardía. 4 *Amér.* Temblor por miedo o por otra causa. 5 *Colomb.* Espanto, pánico.
canillero, -ra *m. f.* Persona que tiene por oficio hacer cani-

llas (carrete metálico). -2 *m.* Agujero hecho en las tinajas o cubas para poner la canilla.
canillita *m. Amér. Merid.* Muchacho vendedor de periódicos.
canillón, -llona *adj. Ecuad.* [niño] Que se desarrolla prematuramente. 2 *Amér.* Zanquilargo.
canilludo, -da *adj. Amér.* Zanquilargo.
canime *m. Colomb.* Árbol que produce un aceite medicinal (gén. *Calophyllum).*
canina (de *can*) *f.* Excremento de perro.
caninamente *adv. m.* Rabiosamente [como de perro].
caninero *m.* El que recoge la canina para las tenerías.
caninez *f.* Hambre canina.
canino, -na (l. *-nu*) *adj.* Relativo al can. 2 Que parece de perro. 3 Por onomat., la letra *rr.* -4 *m.* Colmillo.
caniquí (ár. *camja,* cierta tela de seda) *m.* Tela delgada de algodón procedente de la India. También *canequí.* ◇ Pl.: *caniquíes.*
caniquín *m. S. Dom.* Tema frecuente con que se molesta a una persona.
canistel *m. Cuba.* Árbol sapotáceo de hoja lanceolada y fruto de figura oblonga parecido al mango *(Pouteria campechiana).*
canje (de *canjear*) *m.* Trueque o substitución: ~ *de prisioneros;* ~ *de valores.*
SIN. **Cambio, intercambio, concambio** (desus.); v. cambiar.
canjeable *adj.* Que se puede canjear.
canjear (it. *cangiare* < l. *cambiare*) *tr.* Hacer canje: ~ *prisioneros;* ~ *mercancías.*
SIN. v. **Cambiar.**
canjerana *f.* Árbol meliáceo gigante cuya madera es de gran belleza y resistencia *(Cedrela canjerana).*
canjilón, -lona *adj.-s.* De Canjáyar, villa de Almería. ◇ HOMÓF.: *cangilón.*
canjura *f. Hond.* Veneno indígena, tan activo como la estricnina.
canjuro *m. C. Rica.* Árbol de cuyo fruto se alimentan los pavones silvestres *(Rouera oblonguifolia).*
cannabáceo, -a (de *cannabis,* nombre de un gén. de plantas) *adj.-f.* Planta angiosperma dicotiledónea, herbácea sin látex, con flores pentámeras y fruto en cariópside; como el cáñamo y el lúpulo. También *canabíneo.* -2 *f. pl.* Familia de estas plantas.
cannabis *m.* Cáñamo. 2 Polvo obtenido de las flores, hojas y tallos desecados del cáñamo índico, del que se derivan varias drogas, como el hachís, la marihuana y la grifa.
cannabismo *m.* Intoxicación por el abuso de cannabis o hachís. 2 Adicción psicológica de los adictos al cannabis; provoca apatía. ◇ También *canabismo.*
cannáceo, -a (de *canna,* nombre de un gén. de plantas) *adj.-f.* BOT. Planta de la familia de las cannáceas. -2 *f. pl.* BOT. Familia de plantas angiospermas monocotiledóneas con fruto en cápsula. ◇ También *canáceo.*
cannel *m.* Variedad intermedia de carbón, de color gris obscuro con tonos pardos, que se caracteriza por arder con facilidad si se corta en fragmentos pequeños.
SIN. **Carbón tea.**
cano, -na (l. *-nu*) *adj.* Que tiene canas. 2 fig. Anciano o antiguo. 3 fig. *y* poét. Blanco (níveo).
canoa (caribe) *f.* Embarcación ligera, de remo o motor, de proa muy aguda y popa recta. 2 Bote ligero de algunos buques, gralte. para uso del capitán o comandante. 3 Sombrero de canoa. 4 fig. En el lenguaje de la droga, porro. 5 *Amér.* Especie de artesa o cajón de forma oblonga que sirve para varios usos: recoger mieles en los trapiches, dar de comer a los animales, etc.; canal, de madera o metal, para conducir el agua. 6 *Chile.* Vaina grande y ancha de los coquitos de la palmera. 7 *Perú.* Entre los agricultores, cauce aéreo hecho de madera de sauce y champa.
canódromo (de *can* + *-dromo) m.* Lugar donde se celebran las carreras de galgos.
SIN. **Cinódromo.**
canoero, -ra *m. f.* Persona que tiene por oficio gobernar la canoa.
canon (l. < gr. *kanón*) *m.* Regla o precepto. 2 Regla de las proporciones humanas conforme a un determinado ideal. 3 Modelo de características perfectas. 4 Decisión o regla establecida en algún concilio eclesiástico. 5 Parte de la misa que va del *Te igitur* al *Pater noster.* 6 Libro que sólo pueden usar los obispos; contiene el canon y otras partes de la misa. 7 Catálogo de los libros sagrados y auténticos recibidos por la Iglesia. 8 Lista o catálogo. 9 Prestación pecuniaria periódica que grava una concesión del Estado. 10 DER. Lo que paga periódicamente el censatario al censualista. 11 DER. Precio del arrendamiento rústico, o de un inmueble. 12 IMPR. Caracteres gruesos equivalentes al cuerpo de veinticuatro puntos. 13 MÚS. Forma de composición musical en la que sucesivamente van entrando las voces o instrumentos, repitiendo cada una el canto de la que antecede. -14 *m. pl.* Conjunto de normas o reglas establecidas por la costumbre como propias de cualquier actividad. 15 Derecho canónico.
canonesa (l. ecl. *-issa*) *f.* Mujer que vive en comunidad religiosa, sin hacer votos solemnes.
canónica *f.* Vida conventual de los canónigos, según las ant. reglas.
canonical *adj.* Relativo al canónigo.
canónicamente *adv. m.* Conforme a los sagrados cánones.
canonicato *m.* Canonjía.
canónico, -ca (l. *-cu;* doble etim. *canónigo*) *adj.* Conforme a los cánones y demás disposiciones eclesiásticas. 2 [texto y libro] Que se contiene en el canon (catálogo). V. derecho ~. 3 Que se ajusta exactamente a las características de un canon de normalidad o perfección.
canóniga *f.* fam. Siesta que se duerme antes de comer.
canónigo (v. *canónico*) *m.* Miembro del cabildo de una catedral o colegiata: ~ ***doctoral,*** el que es el asesor jurídico del cabildo; ~ ***lectoral,*** el que es el teólogo del cabildo; ~ ***magistral,*** el que es el predicador propio del cabildo; ~ ***penitenciario,*** el que es el confesor propio del cabildo; ~ ***reglar*** o ***regular,*** el perteneciente a cabildo que observa vida conventual, siguiendo gralte. la regla de San Agustín.
canonista *com.* El que por profesión o estudio se dedica al derecho canónico. 2 Estudiante de cánones.
canonizable *adj.* Digno de ser canonizado.
canonización *f.* Acción de canonizar. 2 Efecto de canonizar.
canonizar (l. ecl. *-are* < gr. *kanonizo,* juzgar según una regla) *tr.* Declarar solemnemente santo y poner el Papa en el catálogo de ellos [a un siervo de Dios], ya beatificado. 2 fig. Dar por buena [a una persona o cosa]: ~ *las malas intenciones;* ~ *la doctrina peripatética.* 3 fig. Aprobar, aplaudir [alguna cosa]: *el público canoniza las locuras de los actores.* ◇ ** CONJUG. [4] como ***realizar.***
canonjía *f.* Prebenda y dignidad del canónigo. 2 fig. Empleo de poco trabajo y bastante provecho.
SIN. *1* **Canonicato.**
canope, canopo (l. *Canopus,* ciudad egipcia, hoy Abukir) *m.* Vaso que se encuentra en las antiguas tumbas de Egipto, destinado a contener las vísceras de los cadáveres momificados.
Canopo *n. pr.* Estrella del hemisferio austral, una de las mayores del cielo, situada en la constelación del Navío.
canoro, -ra (l. *-ru*) *adj.* [ave] De canto melodioso. 2 Grato y melodioso: *voz canora; poesía canora.*
canoso, -sa *adj.* Que tiene muchas canas.
canotié (fr. *canotier*) *m.* Sombrero de paja de copa plana y ala recta. ◇ Pl.: *canotiés.*
canquén (arauc.) *m. Chile.* Ganso silvestre; tiene la cabeza y el cuello cenicientos; el pecho, plumas y cola bermejos, y las patas negras y anaranjadas *(Anser poliocephalus).*
cansadamente *adv. m.* Importuna y molestamente. 2 Causando o experimentando cansancio.
cansado, -da *adj.* [cosa] Que declina o decae; degenerado, enervado. 2 [pers.] Que cansa con su trato o conversación. 3 [lámina de grabado] Que se ha desgastado por haberse usado repetidamente para tirada de estampas. 4 [pintura] Que ha perdido su frescura y espontaneidad por haber insistido en ella con exceso el artista.
cansancio (de *cansar*) *m.* Falta de fuerzas que resulta de haberse fatigado. 2 Aburrimiento o fastidio.
SIN. *1* **Fatiga; lasitud,** es voz escogida o literaria; **reventón,** es intensivo, y está producido por un trabajo físico muy duro; **agotamiento,** puede sugerir un estado de depauperación que se produce lentamente en el organismo, o ser consecuencia de un gran esfuerzo.
cansar (l. *campsare,* doblar, volver < gr. *kampto*) *tr.-prnl.* fact. Causar cansancio: *esta letra cansa la vista; el trabajo me cansa; cansarse con el,* o *del, trabajo; el trabajo cansa; no te canses.* -2 *tr.* fig. Enfadar, molestar: *me cansan sus voces; cansa el leer, cansa el dormir.* 3 Agotar la fertilidad [de la tierra de labor].
SIN. **Fatigar.**
cansera (de *cansar*) *f.* Molestia causada por la importunación. 2 *Logr., Murc.* y *Sal.* Cansancio, flojedad, desmadejamiento, desaliento. 3 *Amér.* Tiempo perdido en algún empeño.
SIN. *1* **Moledera.**

cansino, -na (de *cansar*) ***adj.*** Lento, perezoso: *paso ~; vida cansina.* 2 Molesto, fastidioso. 3 [animal] Enervado por sus esfuerzos. 4 Que revela cansancio.
REL. Volverse ~, vb. **acansinarse.**
canso, -sa ***adj.*** Cansado.
Es vocablo rústico us. en algunas regiones de España y América.
cansón, -na ***adj.*** *Amér.* Que se cansa.
canstadiense (de *Canstadt,* c. de Alemania) ***adj.-m.*** GEOL. Época del cuaternario en que aparece la raza llamada Canstadt, por haberse hallado sus primeros restos fósiles en esta ciudad. -2 ***adj.*** Perteneciente o relativo a esta época.
canta ***f.*** *Ar.* y *Colomb.* Canción o copla.
cantábile ***m.*** ITALIAN. Cantable.
cantable (l. *-ile*) ***adj.*** Que se puede cantar. 2 Que se canta despacio. -3 ***m.*** Parte de los libretos de zarzuela que se escribe en verso adecuado para que se le ponga música. 4 Escena de la zarzuela en que se canta. 5 Fragmento musical de carácter expresivo.
cantábrico, -ca (l. *-cu*) ***adj.*** Relativo a Cantabria.
cántabro, -bra ***adj.-s.*** De un pueblo prerromano que habitaba el norte de la Península Ibérica. 2 De Cantabria, región y comunidad autónoma del norte de España.
cantaclaro ***adj.-com.*** Persona que dice sin reparo lo que piensa, que no tiene pelos en la lengua.
cantada ***f.*** Cantata. 2 fig. *y* fam. Fallo, desacierto. 3 *Méj.* Acción de confesar lo secreto.
cantador, -ra (l. *-atore*) ***adj.-s.*** [pers.] Que canta. -2 ***m. f.*** Persona que ejecuta cantos populares de España.
cantal ***m.*** Canto de piedra. 2 Cantizal.
cantalear (de *canto* I) ***intr.*** Gorjear, arrullar las palomas.
cantaleta (de *canto* I) ***f.*** Ruido, confusión de voces e instrumentos, o canción burlesca con que se hacía mofa de alguien. 2 Chasco, vaya, zumba. 3 *And.* y *Amér.* Estribillo, repetición enfadosa.
SIN. *2* v. **Burla.**
cantaletear ***tr.*** *Amér.* Repetir [las cosas] hasta producir fastidio. 2 Dar cantaleta [a alguien].
cantalinoso, -sa (de *canto* II) ***adj.*** [terreno] En que abundan los cantos.
cantamañanas ***com.*** fam. Persona informal, fantasiosa, irresponsable, que no merece crédito. ◇ Pl.: *cantamañanas.*
cantamisa ***f.*** *And.* y *Amér.* Acto de cantar su primera misa un sacerdote.
cantamisano ***m.*** *And.* y *Amér.* El sacerdote que canta su primera misa.
cantante ***adj.*** Que canta. -2 ***com.*** Persona que tiene por oficio cantar.
SIN. *1* **Vocalista.** FR. *1 Llevar la voz ~,* ser la persona que manda, dispone, etc., en un negocio, corporación, asamblea, etc.
cantaor, -ra ***m. f.*** Cantador, especialmente de flamenco.
I) cantar ***m.*** Copla o breve composición poética puesta en música para cantarse, o adaptable a alguno de los aires populares: ***~ de gesta,*** poesía popular medieval de carácter épico; ***~ de los Cantares,*** libro de la Biblia.
II) cantar (l. *-are*) ***tr.-intr.*** Formar con la voz sonidos modulados: *~ a libro abierto; ~ una canción;* p. ext., se dice de las voces moduladas de las aves: *~ en el bosque.* 2 fig. Componer o recitar alguna [poesía]: *~ como Garcilaso; ~ el poeta la guerra de Troya.* 3 fig. Alabar, elogiar, celebrar. 4 fig. Descubrir o confesar lo secreto: *~ en el tormento;* ***~ uno de plano,*** fr., confesar todo lo que sabe. 5 En ciertos juegos de naipes, decir el punto y palo: *~ veinte en espadas.* 6 Señalar o decir el rastro de un animal. -7 ***intr.*** Producir sonidos estridentes, esp. los insectos haciendo vibrar ciertas partes de su cuerpo, o los carruajes rechinando los ejes u otras piezas al moverse. 8 fig. Oler, despedir mal olor: *le cantan los pies.* 9 fig. Doler, causar malestar [algo]. 10 MAR. Salomar. 11 MAR Sonar el pito en señal de mando. 12 MÚS. Ejecutar con un instrumento el canto de una pieza concertante.
FR. *Cantarlas claras, cantar las cuarenta,* hablar recio, sin pelos en la lengua. REL. Cantar a media voz, **canturrear** o **canturriar**; cantar sin articular palabras, **tararear.** SIN. **3 Discantar.**
cántara ***f.*** Medida para líquidos, equivalente a 16,13 l. 2 Cántaro.
cantarada ***f.*** Cántaro (líquido). 2 Obsequio de un cántaro de vino que los mozos de un pueblo exigen al forastero para dejarle hablar la primera vez por la reja a una joven del mismo pueblo.
cantarano ***m.*** Mueble la mitad cómoda y la mitad escritorio.
cantarela ***f.*** Prima de la guitarra o del violín. 2 Rebozuelo.
cantarera ***f.*** Poyo o armazón de madera, para poner los cántaros. 2 vulg. Fosa supravicular.
cantarería ***f.*** Lugar donde se venden cántaros.
cantarero (de *cántaro*) ***m.*** Alfarero. 2 Cantarera. -3 ***adj.*** [barro] Arcilloso, esp. el utilizado por el alfarero.
cantárida (l. *cantharide*) ***f.*** Insecto coleóptero, de élitros casi cilíndricos, de color verde metálico, que vive en las ramas de los tilos y los fresnos y se emplea en medicina como vejigatorio *(Lytha vesicatoria).* 2 desus. Parche de cantáridas. 3 Ampolla o llagas que producen las cantáridas sobre la piel.
SIN. *1* **Mosca de España, abadejo.**
cantarilla (dim. de *cántara*) ***f.*** Vasija de barro parecida a una jarra con la boca redonda.
cantarillo ***m.*** Dim. de *cántaro.*
cantarillos ***m. pl.*** Planta primulácea anual con tallos áfilos y hojas ovales dispuestas en la base en forma de roseta, de flores blancas en umbela *(Androsacea maxima).*
cantarín, -na ***adj.*** fam. Aficionado a cantar. -2 ***m. f.*** Cantante (persona).
cántaro (l. *cantharu* < gr. *kántharos*) ***m.*** Vasija grande de barro o metal, de boca angosta, barriga ancha y pie estrecho, gralte. con una o dos asas. 2 Líquido que cabe en un cántaro. 3 Medida de vino, de diferente cabida según las varias regiones de España. 4 Vasija en que se echan las bolas para hacer sorteos. 5 *Méj.* Bajón [instrumento].
SIN. *2* **Cantarada.** FR. *A cántaros,* en abundancia, con mucha fuerza: *llover, caer, echar a cántaros.*
cantata (it.) ***f.*** Composición poética puesta en música, esp. para ser cantada a varias voces.
SIN. **Cantada.**
cantatriz (l. *-trice*) ***f.*** Cantarina.
cantautor, -ra ***m. f.*** Cantante que compone sus propias canciones dirigidas hacia un público más o menos selecto.
cantazo ***m.*** Pedrada o golpe dado con canto. 2 *P. Rico.* fig. Trago grande de licor.
cante ***m.*** Acción de cantar. 2 fig. *y* fam. Error grave. 3 fig. *y* fam. Regañina. 4 Canción popular; esp., ***~ hondo, jondo,*** el flamenco. 5 *Murc.* Delación, denuncia.
canteado, -da ***adj.*** [piedra, ladrillo u otro material] Puesto o asentado de canto.
cantear ***tr.*** Labrar los cantos [de una tabla, piedra u otro material]. 2 Poner de canto [los ladrillos]. 3 *Guat.* Torcer un asunto. 4 *Guat.* Ejecutar algo disparadamente o con torpeza.
cantel (cat. *cantell* < l. *cantheriu,* palo, percha) ***m.*** MAR. Pedazo de cabo que sirve para arrimar la pipería.
cantera (de *canto II*) ***f.*** Sitio de donde se saca piedra: *~ subterránea.* 2 fig. Talento, ingenio, abundancia de algo. 3 fig. Lugar, institución, etc., que proporciona abundantes personas con capacidad específica para una determinada actividad: *los equipos juveniles suelen ser la ~ de jugadores para los equipos profesionales.* 4 *Méj.* Cantería.
SIN. *1* **Pedrera.**
cantería (de *cantero*) ***f.*** Arte de labrar las piedras para las construcciones. 2 Obra de piedra labrada. 3 Porción de piedra labrada.
canterio (de *canto* II) ***m.*** Viga que se coloca en sentido transversal para formar el techo de un edificio.
canterito ***m.*** Pedazo pequeño de pan.
cantero ***m.*** El que tiene por oficio labrar las piedras para las construcciones. 2 Extremo de algunas cosas duras que pueden partirse con facilidad: *~ de pan.* 3 Trozo de tierra laborable, gralte. largo y estrecho. 4 *La Mancha.* Pequeño tablero horizontal en que se prolongan los dos lados cortos de la artesa; útil para sentar el pan casero. 5 *León* y *Logr.* Caballón. 6 *Amér.* Cuadro (de forma cuadrada).
SIN. *1* **Pedrero, picapedrero.**
cántica ***f.*** Composición lírica, de carácter popular, en la poesía castellana medieval: *cánticas de serrana.*
canticio ***m.*** fam. Canto frecuente y molesto.
cántico (l. *-cu*) ***m.*** Composición poética de los libros sagrados y litúrgicos en que se dan gracias o tributan alabanzas a Dios: *los cánticos de Moisés, el Tedeum, el Magnificat,* etc. 2 Himno (composición poética): *~ nupcial.* ◇ V. cantiga.
cantidad (l. *quantitate*) ***f.*** Todo lo que es capaz de aumento y disminución, y puede, por consiguiente, medirse o numerarse: ***~ constante,*** la que conserva valor fijo en el desarrollo de un cálculo; ***~ continua,*** la no compuesta de partes distintas o separadas, como la longitud o el volumen de un cuerpo, la cabida de un recipiente, etc.; ***~ discreta,*** la compuesta por partes dis-

tintas o separadas, como los habitantes de una ciudad, las piedras de una hilada, etc.; ~ ***imaginaria,*** la que por la naturaleza de su definición no puede existir, como la raíz cuadrada de una cantidad negativa; ~ ***negativa,*** la que agregada a otra, la aumenta; ~ ***real,*** la que puede existir, en oposición a la imaginaria; ~ ***variable,*** aquella cuyo valor no es constante, sino que varía según ciertas condiciones. 2 Porción grande de alguna cosa: ***en cantidades industriales, loc. adv.,*** fig., abundantemente. 3 Porción determinada o indeterminada de dinero: ~ ***alzada,*** la que se considera suficiente para algún objeto. 4 GRAM. Tiempo que se invierte en la pronunciación de la sílaba o de un sonido cualquiera. La cantidad absoluta se mide en centésimas de segundo. Para la cantidad relativa, v. breve y larga. 5 ~ ***por naturaleza,*** la que corresponde a las sílabas en l. y gr., según la tradición fonética del idioma; ~ ***por posición,*** la que les corresponde según los sonidos de la sílaba siguiente. 6 ***Adverbio de*** ~, v. adverbio.
SIN. *1* **Cuantidad,** forma culta us. en MAT. y FIL. REL. Relativo a la cantidad, adj. **cuantitativo.**

cantifonario ***m.*** *La Mancha.* Monserga, tabarra, latazo. ◇Se utiliza frecuentemente en pl.

cantiga, cántiga (pl. neutro del l. *canticum*) ***f.*** Ant. composición poética destinada al canto, esp. en la poesía gallegoportuguesa.

cantil (de *canto* II) ***m.*** Lugar que forma escalón en la costa o en el fondo del mar. 2 *Amér.* Borde de un despeñadero. 3 *Guat.* Especie de culebra grande *(gén. Bothrops).*

cantilagua (de *cantil* + *agua*) ***f.*** Hierba linácea, con hojas opuestas oblongas y flores blancas en cimas ahorquilladas. Su semilla es tóxica y se usaba en medicina como purgante *(Linum catharticum).*

cantilena (l.) ***f.*** Cantar hecho gralte. para que se cante. 2 Melodía sentimental de ritmo pausado. 3 fig. Repetición molesta de alguna cosa.

cantillo ***m.*** Cantón, esquina. 2 Piedrecilla o bola pequeña para jugar. 3 *Logr.* Caballón, cantero. -4 ***m. pl.*** Juego de muchachos que consiste en hacer con cinco piedrecitas diversas combinaciones y en lanzarlas a lo alto para recogerlas en el aire al caer.

cantimpla ***adj.-s.*** *Argent.* Persona callada y medio zonza, y que alguna vez ríe sin motivo.

cantimplora (cat. o it.) ***f.*** Sifón (tubo encorvado). 2 Vasija de metal semejante a la garrafa. 3 Frasco aplanado para la bebida, revestido de cuero, paño, paja o bejuco. 4 *Sal.* Olla grande. 5 *Sal.* Vasija o bota de vino de gran tamaño. 6 *Colomb.* Frasco de la pólvora. 7 *Guat.* Papera.

¡cantimplora! *Cuba* y *P. Rico.* Interjección ¡nada!

cantina (it.) ***f.*** Pieza de la casa donde se guarda el vino para el consumo o se tiene el repuesto del agua para beber. 2 Puesto público en que se venden bebidas y comestibles: *la ~ de la estación.* 3 Caja de madera, metal o corcho, cubierta de cuero y dividida en varios compartimentos, para llevar las provisiones de boca. 4 *Can.* Fiambrera. -5 ***f. pl.*** Estuche doble con fiambreras y divisiones a propósito para llevar en los viajes las provisiones diarias. 6 *Méj.* Dos bolsas cuadradas de cuero, con sus tapas, que se colocan unidas junto al borrén trasero de la silla de montar. Sirven para llevar comida.

cantinear ***tr.*** *Guat.* y *Salv.* Enamorar, hacer el oso.

cantinela ***f.*** Cantilena.

cantinera ***f.*** Mujer que tiene por oficio servir bebidas a la tropa.

cantinero ***m.*** El que cuida de los licores y bebidas. 2 Dueño de una cantina.

cantiña ***f.*** fam. Cantar (copla).

cantío ***m.*** *Amér. Central.* Canto de las aves. 2 *Pan.* y *P. Rico.* Cantiña o cantar del vulgo.

cantista ***adj.*** Cantor (que canta).

cantizal (de *canto* II) ***m.*** Terreno donde hay muchos cantos y guijarros.
SIN. **Cantal, cantorral.**

I) canto (l. *-tu*) ***m.*** Acción de cantar. 2 Efecto de cantar. 3 Arte de cantar. 4 Parte melódica que caracteriza una pieza musical. 5 Música de canto de carácter determinado: ~ ***litúrgico,*** denominación genérica de los usados por la Iglesia en la celebración de los oficios divinos; ~ ***ambrosiano,*** el litúrgico introducido por San Ambrosio (340-397) en el s. IV; ~ ***gregoriano*** o ***llano,*** el litúrgico establecido por el papa San Gregorio (540-604) en el s. VI; ~ ***de órgano, figurado*** o ***mensurable,*** el compuesto de notas de diferente forma y duración. 6 Parte del poema épico: *los veinticuatro cantos de la Odisea.* 7 Poema corto del género heroico: *el ~ de Débora.* 8 Composición lírica, genéricamente hablando. 9 fig. Elogio de lo que es característico o modélico en su género: *ese cuadro es un ~ a la naturaleza.* 10 ~ ***del cisne,*** última obra de un artista.

II) canto (l. *canthu,* orilla, esquina) ***m.*** Extremidad o lado de cualquier parte o sitio. 2 Borde, o punta de alguna cosa: ~ ***de mesa;*** ~ ***de vestido.*** 3 Esquina de un edificio. 4 ~ ***de pan,*** cantero de pan. 5 Trozo de piedra: ~ ***pelado*** o ***rodado*** (también *morrillo),* piedra alisada o redondeada a fuerza de rodar impulsada por las aguas. 6 En el cuchillo o en el sable, lado opuesto al filo. 7 Corte del libro opuesto al lomo. 8 Grueso de alguna cosa: *tabla de 1 cm. de ~.* 9 ***De*** ~, de lado, no de plano. -10 ***loc. adj. Al*** ~, inmediato, inevitable: *discusión al ~.* 11 *And.* y *Can.* Poyo fabricado junto a las paredes de las casas y destinado al descanso y a la colocación de cargas o enseres. 12 *Ar.* Bizcocho rectangular bañado en azúcar, que dan las cofradías a cada uno de sus individuos el día de la fiesta mayor. 13 *Colomb.* Regazo, falda. 14 *P. Rico.* vulg. Pedazo de cualquier cosa.

cantollanista ***com.*** Persona perita en el arte del canto llano.

I) cantón (de *canto* II) ***m.*** Esquina. 2 BLAS. Ángulo que, con otros tres, puede considerarse en el escudo y sirve para designar el lugar de algunas piezas; una de estas piezas que se coloca a uno u otro lado del jefe: ~ ***de honor,*** franco cuartel. 3 País, región: *los cantones suizos.* 4 Acantonamiento (lugar). 5 *Hond.* Parte alta aislada en medio de una llanura.

II) cantón (de *Cantón,* c. de China) ***m.*** *Méj.* Tela de algodón que imita al casimir.

cantonada (de *cantón* I) ***f.*** Esquina. 2 Esquinazo: *dar ~.*

cantonado, -da ***adj.*** [pieza principal del escudo] Acompañado de otra pieza en sus cantones.

cantonal ***adj.-s.*** Partidario del cantonalismo. -2 ***adj.*** Relativo al cantón o al cantonalismo.

cantonalismo ***m.*** Sistema político que aspira a dividir el Estado en cantones federados. 2 fig. Desconcierto político caracterizado por una gran relajación del poder soberano en la nación.

cantonalista ***adj.-com.*** Cantonal.

cantonar ***tr.*** Acantonar.

cantonear (de *cantón*) ***intr.*** Andar vagando ociosamente de esquina en esquina.

cantonearse ***prnl.*** fam. Contonearse.

cantoneo ***m.*** fam. Contoneo.

cantonera (de *cantón*) ***f.*** Pieza puesta en las esquinas de libros, muebles, etc., para refuerzo o adorno. 2 Rinconera (estante). 3 Mujer pública que anda de esquina en esquina atrayendo a los hombres.

cantonero, -ra ***adj.*** Que cantonea. -2 ***m.*** Instrumento que usan los encuadernadores para dorar los cantos de los libros.

cantonés, -nesa ***adj.-s.*** De Cantón, c. de China. -2 ***m.*** Dialecto de Cantón.

cantor, -ra ***adj.-s.*** Que canta, especialmente si lo hace por oficio. 2 fig. Poeta, esp. épico y religioso. -3 ***adj.-m.*** Pájaro del grupo de los cantores. -4 ***m. pl.*** Grupo de pájaros de patas delgadas, cuyo dedo posterior se mueve independientemente de los demás y en cuya siringe existen musculitos especiales que facilitan la modulación armoniosa del canto. -5 ***adj.-s.*** *Argent.* Pobre, humilde, desmedrado. -6 ***f.*** *Chile.* Bacín, bacinilla. -7 ***m. f.*** *El Hierro.* Alondra.

cantoral (l. ecl. *cantulare*) ***m.*** Libro de coro.

cantoría ***f.*** Tribuna destinada al coro infantil en una iglesia, importante en la escultura renacentista.

cantorral ***m.*** Cantizal.

cantoso, -sa ***adj.*** Perteneciente o relativo al cantizal.

cantramilla ***f.*** *Argent.* Instrumento de labranza, especie de picana con aguijada, de formas y empleos variados.

cantú ***m.*** *Perú.* Arbusto polemoniáceo de jardín, que da unas flores muy hermosas *(Cantua buxifolia).*

cantúa ***f.*** *Cuba.* Dulce seco, compuesto de boniato, coco, ajonjolí y azúcar.

cantuariense (l.) ***adj.-s.*** De Cantórbery, c. de Inglaterra.

cantueso (l. v. **cantusiu*) ***m.*** Planta labiada parecida al espliego, de flores olorosas y moradas *(Lavandula stoechas).*

cantuja ***f.*** *Perú.* Replana o jerga del hampa.

canturía ***f.*** Ejercicio de cantar. 2 Canto de música. 3 Canto monótono. 4 Modo o aire de cantarse que tienen las composiciones musicales.

canturrear (frecuent.) ***intr.*** fam. Canturriar.

canturreo ***m.*** Acción de canturrear.

canturria ***f.*** Canturia, canto monótono.

canturriar (frecuent.) *intr.* fam. Cantar a media voz. ◇ **CONJUG. [12] como *cambiar.*
cantusear *intr. And., La Mancha* y *Murc.* Canturrear.
cantuta (voz quechua) *f. Amér. Merid.* Clavellina (clavel); también llamada flor de los incas *(Cantua buxifolia).*
canuco, -ca *adj. Ant.* fest. Canoso.
cánula (l. *cannula*) *f.* Caña pequeña. 2 Tubo corto que se emplea en operaciones de cirugía o que forma parte de aparatos físicos o quirúrgicos. 3 Tubo terminal de las jeringas.
canular *adj.* Que tiene forma de cánula.
canutar *tr. Cuba.* Dividir en canutos [la caña dulce].
canutazo *m. And.* y *Cuba.* Soplo, delación.
canutera *f. Perú.* Canutero, portaplumas.
canutero *m.* Alfiletero. 2 *Amér.* Mango de la pluma de escribir.
canutillo *m.* Cañutillo. 2 Bobina de hilo para coser. 3 *Logr.* Pastel hecho de hojaldre en forma de canuto y relleno de crema.
I) canuto *m.* Cañuto. 2 Tubo. 3 En el lenguaje de la droga, porro. 4 ZOOL. Tubo formado por la tierra que se adhiere a los huevos que algunos ortópteros depositan, después de introducir verticalmente el abdomen en el suelo. 5 fig. *y* fam. ***Pasarlas canutas,*** verse en situación muy difícil y apurada. 6 ***Dar el ~,*** MAR., licenciar, despedir [a uno] de su destino. 7 *Amér. Central, Méj.* y *Venez.* Mango de la pluma de escribir. 8 *Méj.* Sorbete de leche, huevo y azúcar, cuajado en moldes que tienen la forma de canuto.
II) canuto (de *Canut,* 1040-1086, famoso pastor protestante) *m.* Nombre que el pueblo de Chile da a los ministros o pastores protestantes.
caña (l. *canna*) *f.* Tallo, gralte. cilíndrico, de nudos muy aparentes y entrenudos huecos; es propio de las plantas gramináceas. 2 Planta graminácea, propia de los parajes húmedos, leñosa, de hasta 3 ó 4 m. de altura, hojas anchas y flores en panojas terminales *(Arundo donax).* 3 Planta cuyo tallo se asemeja al de la caña: ~ ***de azúcar, dulce*** o ***melar*** (también *cañamiel),* graminácea originaria de la India, con el tallo leñoso lleno de un tejido esponjoso y dulce del que se extrae azúcar *(Saccharum officinale);* ~ ***de Batavia,*** graminácea de tallo violáceo y jugo algo azucarado *(Saccharum violaceum);* ~ ***de Bengala*** o ***de Indias,*** rota (planta); ~ ***de India,*** cañacoro; ~ ***espina,*** variedad de bambú, de tallos espinosos. 4 Canilla del brazo o de la pierna, y, en gral., parte hueca de cualquier hueso largo. 5 Tuétano. 6 Parte de la bota que cubre la pierna. 7 Parte de la media que cubre desde la pantorrilla hasta el talón. 8 Parte de la caja del fusil y otras armas parecidas, en que descansa el cañón. 9 Tercer cuerpo del antiguo cañón de artillería. 10 Fuste (de columna). 11 Galería de mina. 12 Parte comprendida entre la cruz y el arganeo del ancla. 13 Palanca encajada en la cabeza del timón, con la cual se maneja. 14 Vaso de forma cilíndrica o ligeramente cónica, alto y estrecho, que se usa para beber vino o cerveza. 15 Vaso pequeño de cerveza. 16 Medida de vino. 17 Canción popular andaluza, de tono plañidero y melancólico, destinada a acompañar el baile. 18 ~ ***de pescar,*** instrumento de pesca compuesto de una vara de caña o fibra de vidrio, larga y flexible, y de longitud variable, de la que pende un sedal con un anzuelo en uno de sus extremos. 19 ~ ***del pulmón,*** tráquea (conducto respiratorio). -20 *f. pl.* Antigua fiesta en que varias cuadrillas a caballo se arrojaban recíprocamente cañas, de que se resguardaban con las adargas.
SIN. *2* **Cañavera.**
cañabota *f.* Tiburón de gran tamaño, cabeza aplanada y hocico corto y redondeado; su carne es purgante *(Hexanchus griseus).*
SIN. **Tiburón de peinetas.**
cañacoro *m.* Planta canácea, de grandes flores puntiagudas, flores encarnadas en espiga y fruto en caja, dividida en tres celdas con muchas semillas globosas, de que se hacen cuentas de rosario *(Canna indica).*
SIN. **Caña de India.**
cañada (b. l. *canna,* canal) *f.* Espacio de tierra entre dos alturas poco distantes entre sí. 2 ***Real ~,*** o simple. **~,** vía para los ganados trashumantes, de unas 90 varas de ancho. 3 Tuétano de vaca. 4 *Amér.* Arroyo o cauce de agua muy pobre y reducido.
SIN. y REL. *2* La **colada** y el **cordel** son también vías de paso del ganado, pero más estrechos que la *cañada.* Según las leyes de la Mesta, el cordel tiene 45 varas de anchura. Antig. se llamaba también *cañada* y *cordel* el impuesto que pagaban los rebaños por su tránsito por estos caminos.
cañadilla *f.* Molusco gasterópodo marino comestible, que segrega un líquido colorante con que los antiguos fabricaban la púrpura *(Murex brandaris).*
cañado *m.* Medida gallega para líquidos (unos 37 l.).
cañadón *m. Argent., Cuba, Parag.* y *Urug.* Cañada (arroyo) angosta y profunda.
cañadonga *f. Cuba.* Ron de mala calidad. 2 Baile popular. 3 *Colomb.* y *Venez.* Carao.
cañadulzal, cañaduzal *m. And.* y *Colomb.* Cañamelar.
cañaduz (*-duz,* del l. *dulce*) *f. And., La Mancha* y *Colomb.* Caña de azúcar.
cañafístola, -fístula (*caña* + *fístula*) *f.* Árbol leguminoso de los países intertropicales, muy frondoso, de hojas compuestas con hojuelas puntiagudas, y flores amarillas en racimos colgantes; sus legumbres contienen una pulpa dulce, us. en medicina *(Cassia fistula).* 2 Fruto de este árbol.
cañafote *m. Extr.* Saltamontes.
cañaheja, -herla (l. *canna ferula*) *f.* Planta umbelífera, de tallo recto, cilíndrico y hueco, hojas finamente divididas y flores amarillas; por incisión da una especie de gomorresina *(Ferula communis).* 2 ~ ***hedionda,*** tapsia.
SIN. **Férula.** REL. **Ferruláceo,** semejante a la ~.
cañahua *f. Perú.* Especie de mijo, que sirve de alimento a los indios, y con el cual, fermentado, se hace chicha.
cañahuate *m.* Árbol originario de Colombia de madera dura y flores amarillas o moradas *(gén. Tecoma).*
REL. **Cañahuatal,** terreno plantado de ~.
cañahueca *com.* fig. Persona habladora y que no sabe guardar un secreto.
cañajelga *f.* Cañaheja.
cañal *m.* Cañaveral. 2 Cerco de cañas hecho en los ríos para pescar. 3 Canal pequeño hecho al lado de algún río para que entre la pesca.
SIN. *1* y *2* **Cañar.**
cañaliega *f.* Canal (cerco de cañas).
cáñama *f.* Repartimiento de cierta contribución, unas veces a proporción del haber y otras por cabezas.
cañamal, cañamar *m.* Terreno sembrado de cáñamo.
cañamazo *m.* Estopa de cáñamo. 2 Tela tosca de cáñamo. 3 Tela de tejido ralo, dispuesta para bordar en ella con seda o lana de colores. 4 Esta misma tela después de bordada. 5 fig. Proyecto, esbozo. 6 *Cuba.* Planta graminácea, rastrera perenne, que crece en los terrenos calcáreos próximos a las costas *(Stenotaphrum secundatum).*
cañamelar (de *cañamiel*) *m.* Plantío de cañas de azúcar.
cañameño, -ña *adj.* Hecho con hilo de cáñamo.
cañamera *f.* Planta malvácea, de hojas superiores divididas en cinco lóbulos y las inferiores enteras y redondeadas, todas con los bordes dentados, y flores de color rosado *(Althaea hirsuta).*
cañamero, -ra *adj.* Relativo al cáñamo: *industria cañamera.* -2 *m. Ál.* Verderón (pájaro). 3 *Logr.* Pardillo.
cañamiel *f.* Caña de azúcar.
cañamiza (de *cáñamo*) *f.* Agramiza.
cáñamo (l. *cannabu*) *m.* Planta morácea, de tallo recto, hojas opuestas y divididas, flores masculinas en racimos y femeninas en glomérulos sentados; de su tallo se extrae una fibra textil que sirve esp. para hacer cuerdas, y su simiente, que es pequeña y redonda, se da como alimento a ciertas aves *(Cannabis sativa).* 2 ~ ***índico,*** variedad de cultivo del cáñamo común, de menor talla y peor calidad, textil, pero con mucha mayor concentración de alcaloide. Tiene propiedades estupefacientes e hipnóticas *(Cannabis indica).* 3 Fibra textil obtenida del cáñamo. 4 Lienzo de cáñamo. 5 ~ ***de Manila,*** abacá. 6 ~ ***acuático,*** planta erecta de hojas trifoliadas y dentadas, tallo largo y cabezuelas florales ascasas parecidas a botones de color amarillo mate *(Bidens tripartita).* 7 ~ ***indio,*** apocino. 8 *Cuba.* Cañamazo (planta). 9 *Argent.* ~ ***criollo,*** pichana (planta). 10 *C. Rica, Chile* y *Hond.* Bramante, cordel delgado.
SIN. *2* **Grifa, hachís, hierba de la excelencia, mariguana, marihuana, marijuana; mota** (Méj.), **rosamaría** (Méj.).
cañamón *m.* Simiente del cáñamo.
cañamoncillo *m.* Dim. de *cañamón.* 2 Arena muy fina para mezclas.
cañamonero, -ra *m. f.* Persona que tiene por oficio vender cañamones.
I) cañar *m.* Cañal (cañaveral y cerco de cañas).
II) cañar *intr. Ecuad.* Chupar caña, beber licor. 2 *Colomb.* Hacer alarde.
cañareja *f.* Cañaheja (planta).
cañarejo, -ja *adj.-s.* De Cañar, prov. del Ecuador.
cañarense *adj.-s.* Cañarejo.

cañarico *m. Ecuad.* Cierto baile vulgar.
cañariego, -ga *adj.* Relativo al pellejo de la res lanar muerta en las cañadas. 2 [hombre, perro y caballería] Que va con los ganados trashumantes.
cañarroya (de *caña* y *royo*) *f.* Parietaria.
cañavera *f.* Carrizo. 2 Caña (planta).
cañaveral *m.* Terreno poblado de cañas o cañaveras. 2 Plantío de cañas.
SIN. **Cañal, cañedo, cañizal, cañizar.**
cañaverear *tr.* Acañaverear.
cañazo *m.* Golpe dado con una caña. 2 *Can.* y *Cuba.* Herida que se produce el gallo en las cañas o piernas. 3 *Amér.* Aguardiente de caña. 4 *Cuba* y *P. Rico.* Trago grande de licor. 5 *Cuba. Darse ~,* engañarse, chasquearse.
cañedo *m.* Cañaveral.
cañengo, -ga *adj. Colomb.* y *Cuba.* Canijo, flaco.
cañera *f. S. Dom.* Hemorragia en las patas de los gallos. 2 Canillera, miedo.
cañería *f.* Conducto formado de caños por donde se distribuye el agua y el gas.
SIN. **Tubería.**
I) cañero *m.* El que tiene por oficio hacer cañerías o cuidarlas.
II) cañero, -ra (de *caña*) *adj.* Perteneciente o relativo al cultivo, comercio y elaboración de la caña de azúcar. -2 *m. And.* Utensilio en forma de doble bandeja, con agujeros en la parte superior para sujetar las cañas o vasos del vino de manzanilla al servirlos. 3 *Cuba.* Dueño, cultivador o vendedor de caña dulce. 4 *Méj.* Lugar en que se deposita la caña en los ingenios.
cañeta (dim. de *caña*) *f.* Carrizo.
cañetano, -na *adj.-s.* De Cañete, prov. del Perú.
cañete *m.* Dim. de *caño.*
cañí *adj.-s.* Gitano, o agitanado. ◇ Pl.: *cañís.*
cañifla *f. C. Rica* y *Hond.* El brazo o pierna flacos o enjutos.
cañihueco (*caña* + *hueco*) *adj.* V. trigo cañihueco.
cañilavado, -da (*caña* + *lavado*) *adj.* [caballería] De canillas delgadas.
cañilla *f. Chile.* Palito o cañita en que los muchachos envuelven el hilo de las cometas.
cañillera *f.* Canillera.
cañinque *adj. Amér.* Enclenque.
cañirico *m. Ecuad.* Guarapo tierno.
cañirla *m.* Caña.
cañista *com.* Persona que tiene por oficio hacer cañizos o colocarlos en las obras.
cañita *adj.-m. P. Rico.* Ron de ínfima clase. 2 *Venez.* Bebedor de aguardiente.
cañivano (*caña* + *vano*) *adj.* V. trigo cañihueco.
cañiza (de *caña*) *adj.* [madera] Que tiene la veta a lo largo. -2 *f.* Especie de lienzo.
cañizal, -zar *m.* Cañaveral.
cañizo *m.* Tejido de cañas formando un rectángulo que se emplea para secar frutos. 2 Tejido de cañas y bramante o tomiza para sostén del yeso en los cielos rasos y otros usos.
caño (de *caña*) *m.* Tubo de metal, vidrio, barro, etc. 2 Cañón del órgano, por donde entra y sale el aire que produce el sonido. 3 Albañal (canal). 4 Canal angosto, aunque navegable, de un puerto o bahía. 5 Canalizo. 6 Galería de mina. 7 Chorro (golpe de líquido). 8 Cueva donde se enfría el agua. 9 En las bodegas, subterráneos donde están las cubas. 10 *Ar.* Vivar, criadero de conejos. 11 *Argent.* Cañería, tubería.
cañocal (de *caña*) *adj.* MAR. [madera] Que se raja fácilmente.
cañón (aum. de *caño*) *m.* Objeto de forma tubular, en general: *~ de órgano; ~ de anteojo.* 2 Tubo por donde sale el proyectil en las armas de fuego: *el ~ de la escopeta, del fusil.* 3 Pieza de artillería que consta esencialmente de un tubo de acero de gran longitud respecto a su calibre, en el que se coloca el proyectil y la carga explosiva: *~ de campaña; ~ de montaña; ~ de plaza; ~* ***naranjero,*** el que calza bala del diámetro de una naranja (bala); *~* ***obus,*** el que se emplea para hacer fuego por elevación con proyectiles huecos; *~* ***rayado,*** el moderno, que tiene el alma provista de estrías para aumentar su alcance; *~* ***antiaéreo, antitanque*** (o *anticarro*), los especiales us. respectivamente contra los aeroplanos y contra los tanques; *~* ***sin retroceso,*** el básicamente anticarro, que se caracteriza por carecer de cierre. 4 Conducto que sube desde la campana de la chimenea y da salida al humo. 5 Parte córnea y hueca de la pluma del ave. 6 Pluma del ave cuando empieza a nacer. 7 Lo más recio del pelo de la barba inmediato a la raíz. 8 Pliegue o doblez de los vestidos que imita de algún modo al cañón (de forma tubular). 9 Hierro circular que, junto con otro, constituye la embocadura de los frenos de los caballos. 10 Paso áspero y estrecho entre montañas. 11 Túnel. 12 Foco potente que se usa en el teatro y centra la figura con un círculo luminoso, destacándola. 13 En el lenguaje de la televisión, teleobjetivo. 14 ARQ. V. bóveda de ~ o de medio ~. 15 ELECTR. Parte del tubo de rayos catódicos que produce el rayo de electrones y puede concentrarlo y centrarlo. 16 ELECTR. Dispositivo que sirve para emitir una corriente de electrones que se mueven a velocidad uniforme y en línea recta. 17 *adj.* [pers.] Que tiene buen tipo. -18 *m. Colomb.* Tronco de un árbol. 19 *Méj.* Cañada. 20 *Perú.* Camino, tierra por donde se transita; vía construida para transitar. -21 *adv. m.* Muy bien, estupendo: *pasárselo ~.*
GRAM. *17* Se construye en general con el verbo *estar.*
cañonazo *m.* Tiro de cañón. 2 Ruido, herida y daño producidos por el disparo del cañón. 3 DEP. En fútbol, disparo potente a la portería.
cañonear *tr.* Batir a cañonazos. 2 *Venez.* Felicitar [a alguno] tocando música a la puerta de su casa.
cañoneo *m.* Acción de cañonear. 2 Efecto de cañonear.
cañonera *f.* Tronera (abertura). 2 Espacio en las baterías para colocar la artillería. 3 Tienda de campaña para soldados. 4 MAR. Porta para el servicio de la artillería. 5 *Amér.* Pistolera.
cañonería *f.* Conjunto de los cañones de un órgano. 2 Conjunto de cañones de artillería.
SIN. *1* **Cañutería.**
cañonero, -ra *adj.-s.* [barco o lancha] Que monta algún cañón.
cañota (de *caña*) *f.* Planta graminácea de tallo sencillo con nudos vellosos y flores en panoja con ramos verticilados *(Phragmites Loscosii).*
SIN. **Millaca.**
cañudo, -da *adj. S. Dom.* Atrevido, osado.
cañuela *f.* Dim. de *caña.* 2 Planta graminácea, de hojas anchas y puntiagudas y panojas laxas, verdes o violáceas *(Festuca pratensis).* 3 *And.* y *Chile.* Cañilla.
cañunero *m. And.* Alfiletero.
cañutazo (de *cañuto*) *m.* fig. Soplo o chisme.
cañutería *f.* Cañonería (de un órgano). 2 Labor de oro o plata hecha con cañutillo.
cañutero (de *cañuto*) *m.* Alfiletero.
cañutillo (dim. de *cañuto*) *m.* Tubito sutil de vidrio us. en trabajos de pasamanería. 2 Hilo de oro o de plata rizado para bordar. 3 Zurrón u hollejo en que la langosta guarda su simiente. 4 Trabajo o adorno en algunas telas. 5 V. injerto de ~. 6 *Cuba.* BOT. Planta silvestre, commelinácea, de hojas pequeñas y flores de color azul celeste *(Commelina elegans; C. communis).*
SIN. **Canutillo.**
cañuto (de **cannutu* y éste del l. *canna*) *m.* En las cañas, sarmientos y demás tallos semejantes, entrenudo. 2 Cañón de palo, metal, etc., corto y no muy grueso, que sirve para diferentes usos. 3 fig. *y* fam. Soplón. 4 *Ar.* y *Murc.* Cañutero, alfiletero.
SIN. **Canuto.**
cao (voz indígena) *m. Cuba* y *S. Dom.* Ave carnívora parecida al cuervo, aunque más pequeña *(Corvus jamaicensis).*
caoba (voz caribe) *f.* Árbol meliáceo, de tronco alto, recto y grueso, hojas alternas, pinnadas, flores pequeñas y blancas y fruto capsular, duro y leñoso, de forma aoxada; su madera es muy apreciada en ebanistería *(Swietenia mahogani).* 2 *~* ***chilena,*** raulí. 3 Madera de este árbol.
caobana *f.* ant. Caoba.
caobilla (dim. de *caoba*) *f.* Árbol silvestre de las Antillas, de madera parecida a la de la caoba *(Croton lucidum).* 2 Madera semejante a la caoba.
caobo *m.* Caoba (árbol).
caolín (chino *kao,* alto + *ling,* colina) *m.* Arcilla blanca muy pura us. en la fabricación de la porcelana. ◇ También *kaolín.*
caolinita *f.* MINERAL. Silicato de alúmina hidratado que se presenta en cristales monoclínicos y se emplea en cerámica.
caolinización *f.* GEOL. Transformación de los feldespatos y de otros silicatos en caolín, por la acción meteorológica.
caos (gr. *chaos*) *m.* Según muchas tradiciones poéticas y religiosas, estado de confusión de los elementos, anterior a la organización del universo; estado informe en que Dios creó la materia, perfeccionándola en la obra de los seis días de que nos habla el Génesis. 2 fig. Confusión, desorden. ◇ Pl.: *caos.*
CONTR. *1* **Cosmos.**
caótico, ca *adj.* Relativo al caos.

capa (l. *cappa,* especie de tocado de cabeza, capuchón) *f.* Ropa larga y suelta, sin mangas, abierta por delante, que se lleva sobre el vestido: ~ *de paño;* ~ ***aguadera*** o ***gascosa,*** la de tela impermeable; ~ ***de coro,*** la que usan las dignidades, canónigos y demás prebendados en las iglesias catedrales y colegiales, para el coro, etc.; ~ ***consistorial*** o ***magna,*** la que usan los arzobispos para asistir, en el coro, a los oficios divinos y otros actos capitulares; es mayor que la capa pluvial; ~ ***pluvial,*** la que usan esp. los prelados y los prestes en actos del culto divino; lleva capillo o escudo por la espalda; ~ ***torera,*** la que usan los toreros para su oficio y, p. ext., la corta y airosa que suelen llevar los jóvenes, esp. los andaluces; ~ ***rota,*** fig. *y* fam., persona enviada con disimulo para resolver algún asunto importante; ***andar*** o ***ir de*** ~ ***caída,*** en decadencia. 2 fig. Pretexto con que se encubre un designio: *so* ~ *de valiente.* 3 Encubridor. 4 Cubierta con que se preserva de daño una cosa. 5 Extensión uniforme de una substancia que cubre alguna cosa: ~ *de pintura.* 6 Zona extendida sobre otra: ~ *de grava; las capas de la atmósfera;* ~ ***inversora,*** zona media de la envoltura gaseosa del Sol, formada por gases incandescentes; ~ ***pigmentaria,*** la más profunda de la epidermis, que contiene el pigmento en forma de granulaciones casi imperceptibles; ~ ***pilífera,*** en la raíz, la que trae los llamados pelos radicales. 7 Estrato (masa de rocas). 8 Color de los caballos y otros animales. 9 Hoja tersa de tabaco que envuelve la tripa formando el cigarro puro. 10 Paca (mamífero). 11 Cantidad que percibe el capitán de una nave por un trasporte de géneros. 12 ***Estar,*** o ***estarse,*** o ***ponerse, a la*** ~, disponer las velas de la embarcación de modo que ande poco o nada; fig., guardar reserva, esperando la ocasión favorable para algún fin. 13 BLAS. División del escudo abierto en pabellón desde la mitad del jefe hasta los flancos. 14 FORT. Revestimiento con tierra y tepes sobre el talud del parapeto en las obas de campaña, para didimularlas y darles consistencia. 15 MAR. Lona que rodea el palo de un buque, próximo a la cubierta, para impedir que entre el agua por la fogonadura. 16 GALIC. Clase: *capas sociales.* 17 *Hond.* fig. Azotaina.
SIN. *1* **Pañosa** (vulg.), la de paño. **5 Baño, mano.** *5 y 6* **Tanda, tonga, tongada. 8 Pelo.**

capá *m.* Árbol de las Antillas parecido al roble; su madera se usa en la construcción de buques, porque no la ataca la broma *(gén. Cordia).* ◇ Pl.: *capaes.*

capacear *tr. Murc.* Transportar en capazos.

capacete (fr. ant. *cabasset*) *m.* Pieza de la armadura, especie de casco sin cresta ni visera. 2 *Cuba* y *Méj.* Pieza de paño o hule que cubre por delante a ciertos vehículos para preservar del sol, lluvia o polvo a los pasajeros. 3 *Méj.* Techo del automóvil.

capacetear *tr. Colomb.* Lonjear [los peces].

capacha *f.* Capacho (sera). 2 Esportilla de palma para frutas y otras cosas menudas. 3 fam. Orden de San Juan de Dios (1495-1550), cuyos religiosos en un principio recogían en capachas la limosna. 4 *Amér. Merid.* fig. Prisión, encierro.

capachada *f. Chile.* Lo que cabe en un capacho o capacha.

capacheca *f. Bol.* y *Chile.* Puesto ambulante de los vendedores.

capachero *m.* El que tiene por oficio portear mercaderías en capachos. -2 *adj. Venez.* fig. Pendenciero.

capachito *m. Perú.* Zapatito para las criaturas.

capacho (de *capazo*) *m.* Espuerta de juncos o mimbres. 2 fig. *y* fam. Religioso de la orden de San Juan de Dios (1495-1550). 3 Espuerta de cuero o de estopa muy recia, us. en albañilería. 4 En las almazaras, seroncillo de esparto que, lleno de la aceituna ya molida, se apila para que la viga cargue sobre ellos y extraiga el aceite. 5 Media sera de esparto con que se cubren los cestos de frutas y las seras de carbón, y donde suelen comer los bueyes. 6 Planta tropical del gén. del cañacoro y de fruto comestible. 7 *Extr.* Chotacabras. 8 *Amér. Merid.* Sombrero viejo. 9 *Chile.* Bolsa us. por los mineros. 10 *Ecuad.* Capacha, cárcel. 11 *P. Rico.* Caracatey. 12 *Venez.* Achira, planta y su semilla.

capacidad (l. *-itate*) *f.* Propiedad de poder contener cantidad de alguna cosa: *medidas de* ~; ~ *de una vasija;* ~ *de diez litros.* 2 fig. Aptitud, idoneidad; esp., aptitud intelectual, inteligencia, talento: ~ *para las matemáticas; persona de mucha* ~. 3 Aptitud legal para ejercer un derecho o una función civil, política o administrativa. 4 Extensión o cabida de un sitio o local: *sala de mucha* ~. 5 Máxima carga que puede soportar una unidad, estación o sistema, bajo condiciones especificadas y por tiempo indefinido. 6 ~ ***calorífica,*** calor específico. 7 ~ ***eléctrica,*** relación entre la carga y el potencial de un conductor, o sea, carga que admite un conductor para llegar a adquirir la unidad de potencial. 8 INFORM. Cantidad de información que puede contener una memoria de ordenador.

capación *f. Urug.* El acto de capar a los animales.

capacitación *f.* Acción de capacitar o capacitarse. 2 Efecto de capacitar o capacitarse.

capacitancia *f.* ELECTR. Reactancia capacitiva de un condensador.

capacitar *tr.* Hacer [a uno] apto, habilitarle para alguna cosa. 2 *Chile.* Facultar o comisionar [a una persona] para hacer algo.

capacitor *m.* V. condensador.

capada *f.* Lo que cabe en la punta de la capa, recibiendo sobre los brazos la tela delantera, de modo que forme bolsa.

capadero *m. Méj.* Diversión de rancheros que se organiza con motivo de capar los toros.

capadocio, -cia *adj.-s.* De Capadocia, región del centro de Asia Menor.

capador *m.* El que tiene por oficio capar. 2 *Colomb.* Flauta hecha de cañas de carrizo o de otra gramínea.
SIN. *1* **Castrador.**

capadura *f.* Acción de capar. 2 Efecto de capar. 3 Cicatriz que queda al castrado. 4 Hoja de tabaco de calidad inferior, us. para picadura y para tripas.
SIN. *1, 2* y *3* **Castradura, emasculación.**

capalangostas *com. La Mancha.* fig. Persona de poco fuste y mezquina, roñosa. ◇ Pl.: *capalangostas.*

capaliendres *com. La Mancha.* fig. Persona meticulosa y tacaña. ◇ Pl.: *capaliendres.*

capango *m. Bol.* y *Méj.* Bolita de cristal.

capar (de *capón*) *tr.* Extirpar o inutilizar [a una pers. o animal] los órganos genitales. 2 fig. *y* fam. Disminuir o cercenar. 3 *Amér.* Podar. 4 *Bol.* Empezar a gastar [alguna cosa].
SIN. *1* **Castrar.**

caparachón *m. Cuba.* Caparazón.

capararoch *m.* Ave de rapiña nocturna que vive en América *(Speotyto cunicularia).*

caparazón (de *capa*) *m.* Cubierta que se pone sobre los animales para protegerlos. 2 Vestidura de tela con que se cubría antig. a los caballos. 3 Cubierta que se pone encima de algunas cosas para su defensa, como el encerado de los coches. 4 Serón que contiene el pienso y se cuelga de la cabeza de las caballerías. 5 Esqueleto del ave, quitados la cabeza, el cuello y las extremidades. 6 Envoltura rígida, calcárea u ósea, que protege todo o parte del cuerpo de algunos animales, como la de la mayoría de los crustáceos, la de algunos equinodermos y la de los quelonios.
SIN. *1* **Telliz.** *6* **Concha.**

caparidáceo, -a (l. *capparis,* alcaparra) *adj.-f.* Planta de la familia de las caparidáceas. -2 *f. pl.* Familia de plantas dicotiledóneas, gralte. tropicales, hierbas o arbustos, de hojas alternas, sencillas o palmeadas, flores solitarias en racimos o corimbos y fruto en cápsula, silicua, baya o drupa; como la alcaparra.

caparídeo, -a *adj.* BOT. Caparidáceo.

I) caparra (l. *capparis*) *f.* Garrapata (arácnido).

II) caparra (it.) *f.* Señal (anticipo).

caparro *m. Amér.* Mono lanoso de pelo blanco *(Lagothrox Humboldtti).*

caparrón (de *alcaparra*) *m.* Botón que sale de la yema de la vid o del árbol.

caparrosa (alt. al. *Kupferasche*) *f.* Sulfato hidratado: ~ ***azul,*** el de cobre cristalizado; ~ ***blanca,*** el de cinc; ~ ***verde,*** el ferroso
SIN. **Alcaparrosa, aceche, acije,** p. us. REL. **Acaparrosado,** de color de ~, más usado que **acijado.**

capasurí *m. C. Rica.* Venado que tiene los cuernos cubiertos por la piel.

capataz, -za (l. *caput,* cabeza) *m. f.* Persona que tiene por oficio gobernar y vigilar a cierto número de operarios. 2 Persona encargada de la labranza y administración de las haciendas de campo: ~ ***de cultivo,*** auxiliar de los ingenieros agrónomos y de los de montes. 3 En las casas de moneda, el encargado de recibir el metal marcado y pesado para las labores.
SIN. *2* **Apoderador, mayoral.**

capaz (l. *capace*) *adj.* Que tiene capacidad: ~ *para el cargo;* ~ *para la química; persona muy* ~; DER., ~ *de testar.* 2 Grande o espacioso. ◇ INCOR.: por es posible: *es* ~ *que esté en casa.*
SIN. *1* fig. v. **Apto.**

capazmente *adv. m.* Con capacidad, con anchura.

I) capazo (l. v. **capaceu* < *capace,* capaz) *m.* Espuerta grande.

II) capazo *m.* Golpe dado con la capa.

capazón *f. Méj.* Acto de capar los animales.
capazorras *com. La Mancha.* fig. Persona tosca y holgazana. ◇ Pl.: *capazorras.*
capción (l. *captione*) *f.* Captación. 2 DER. Captura.
capciosamente *adv. m.* Con artificio y engaño.
capciosidad *f.* Calidad de capcioso.
capcioso, -sa (l. *captiosu*) *adj.* Artificioso, engañoso. 2 [pregunta, argumentación, etc.] Que se hace para arrancar al contrincante una respuesta que pueda comprometerlo, o que favorezca propósitos de quien los formula.
capea *f.* Acción de capear. 2 Lidia de becerros o novillos por aficionados.
capeada *f. Guat.* Acción de capear o hacer novillos un estudiante.
capeadera *f. Guat.* Acción reiterada de capear o hacer novillos.
capeador *adj.-s.* Que capea o roba la capa. 2 Persona diestra en dar lances de capa. -3 *m. f. Guat.* Estudiante o escolar que capea o hace novillos.
capear *tr.* Hacer suertes con la capa [al toro o novillo]. 2 fig. *y* fam. Entretener [a uno] con engaños o evasiones. 3 Eludir mañosamente [un trabajo desagradable]: *~ **el temporal,*** fig. *y* fam., evitar mañosamente compromisos, trabajos o situaciones difíciles. 4 MAR. Sortear [el mal tiempo] con adecuadas maniobras. -5 *intr.* fig. Estar, estarse o ponerse a la capa; v. capa. 6 MAR. Mantenerse sin retroceder más de lo inevitable cuando el viento es contrario. -7 *tr. P. Rico.* Poner banderillas [a las personas] que deben pagar los gastos de una fiesta. 8 *Colomb.* Llamar de lejos, con la mano [a una persona]. -9 *intr. Guat.* Entre escolares, faltar a clase.
SIN. *2* **Capotear.**
capeja *f.* desp. Capa pequeña o mala.
Capela (l. *capella,* cabrita) *n. pr.* ASTRON. Cabra (estrella).
capelán *m.* Pez teleósteo de los mares septentrionales, de color verde obscuro, con las aletas muy grandes; se usa como cebo para la pesca del bacalao *(Mallotus villosus).*
capelina *f.* Prenda, tanto de hombre como de mujer, para cubrir la cabeza. 2 Capellina (vendaje).
capellada (de *capilla*) *f.* Puntera (bigotera).
capellán (l. ecl. *-anu*) *m.* Clérigo titular de una capellanía y, p. ext., clérigo o sacerdote en gral.: *~ **de coro,*** sacerdote sin prebenda, asistente al coro en los oficios divinos y horas canónicas; *~ **de altar,*** el que cantaba las misas solemnes en palacio los días en que no había capilla pública, sacerdote destinado en algunas iglesias para asistir al que celebra; *~ **mayor,*** superior de un cabildo de capellanes. 2 Sacerdote que dice misa en una capilla u oratorio privados y suele morar en la casa: *~ **de honor,*** el que decía la misa a las personas reales en su oratorio privado. 3 Sacerdote adscrito al servicio religioso de un establecimiento religioso o seglar. 4 Pez marino teleósteo gadiforme, de pequeño tamaño y cuerpo similar a la faneca; habita alrededor de los muelles y zonas rocosas *(Trisopterus minutus; Gadus capelanus).*
capellanía (de *capellán*) *f.* Fundación en la cual ciertos bienes quedan sujetos al cumplimiento de misas y otras cargas pías: *~ **colativa,*** la que el ordinario erige en beneficio reservando para sí la colación; *~ **laical,*** aquella en que no interviene la autoridad eclesiástica.
capellina (de *capilla*) *f.* Pieza de la armadura antigua que cubre y defiende la parte superior de la cabeza. 2 Capucho us. por los rústicos para resguardarse del agua y del frío. 3 Vendaje en forma de gorro. 4 MIN. Mufla muy grande para afinar la plata en cantidad considerable.
SIN. *3* **Capelina.**
capelo (it. *cappello,* sombrero) *m.* Derecho que los obispos percibían del estado eclesiástico. 2 Sombrero rojo, insignia de las dignidades eclesiásticas; timbre del escudo de los prelados. 3 p. ext. Dignidad de cardenal: *obtuvo el ~.* 4 *Amér.* Fanal, campana de cristal para resguardar del polvo. 5 *Amér. Merid.* y *Ant.* *~ **de doctor,*** capirote, muceta.
SIN. *2* **Pileo.**
capéndulas *f. pl. Hond.* Materia o especie delicada que debe tratarse con cuidado.
capeo *m.* Acción de capear. 2 Efecto de capear. -3 *m. pl.* Capea.
capeón *m.* Novillo que se capea.
capero *m.* El que en las iglesias catedrales, colegiales y otras, asiste al coro y al altar con capa pluvial. 2 Cuelgacapas.
caperol *m.* MAR. Extremo superior de cualquier pieza de construcción, esp. el de la roda en las embarcaciones menores.
caperucear *tr.* Quitarse [el sombrero] para saludar.
caperuza (l. *cappa,* capuchón; doble etim. *coroza*) *f.* Bonete que remata en punta inclinada hacia atrás. 2 Pieza que cubre la salida del humo de la chimenea, protegiéndola de la nieve y la lluvia. 3 Pieza que cubre o protege la punta o extremo de algo. 4 Molusco gasterópodo marino, provisto de una concha en forma de bonete y con el ápice vuelto hacia atrás, que vive fijado a otras conchas a las cuales roba el alimento *(Capulus ungaricus).*
caperuzado, -da *adj.* Capirotado.
capeta *f.* Dim. de *capa.* 2 Capa corta y sin esclavina.
SIN. *2* **Capota.**
capetonada *f.* Vómito violento que ataca a los europeos que pasan la zona tórrida.
capi *m.* pop. Capitán.
capí (quechua) *m. Bol.* Harina blanca de maíz. 2 *Chile.* Vaina tierna de las leguminosas.
capia (quechua) *f. Amér.* Especie de maíz que tiene el grano dulce y tierno. 2 *Amér.* Dulce o masita compuesta de maíz y azúcar. 3 *Perú.* Maíz común.
capialzado *adj.-s.* Arco o dintel más levantado por uno de sus frentes para formar derrame.
capialzar (l. *caput,* cabeza + *alzar*) *tr.* Levantar [un arco o dintel] por uno de sus frentes para formar el derrame volteado sobre una puerta o ventana. ◇ ** CONJUG. [4] como ***realizar.***
capialzo *m.* ARQ. Pendiente o derrame del intradós de una bóveda.
capiango *m. Urug.* Animal fantástico, terrorífico.
capiateño, -ña *adj.-s.* De Capiatá, capital del departamento paraguayo de Central.
capiatí *m. Argent.* Planta de uno o dos metros de altura, y cuyas hojas se usan como remedio en algunas enfermedades de la boca.
capibara (guaraní) *m.* Mamífero, el mayor de los roedores vivientes, de más de un metro de longitud y medio metro de alzada *(Hydrochoerus capybara).*
SIN. **Carpincho, chigüiro,** en otras partes de Amér.
capicati (guaraní) *m. Argent.* y *Parag.* Ciperácea de raíz muy aromática *(Kyllingia odorata).*
capiceño, -ña *adj.-s.* De Capiz, provincia del oeste de Filipinas.
capichola *f.* Tejido de seda, a manera de burato, que forma un cordoncillo.
capicholado, -da *adj.* Parecido a la capichola.
capicúa (cat. *cap,* cabeza + *cua,* cola) *f.* Jugada que consiste en hacer dominó con una ficha que puede colocarse en cualquiera de los dos extremos. -2 *adj.-m.* Número que es igual leído de izquierda a derecha que de derecha a izquierda: *3223.* -3 *m.* p. ext. Billete, boleto, etc., cuyo número es capicúa.
capicuerno *m.* Alheña (arbusto).
capidengue (*capa* + *dengue*) *m.* Pañuelo o manto pequeño que usaban las mujeres.
capiello *m.* Casco con ala que protege la cabeza, pero no la cara.
capigorra *m.* Capigorrón.
capigorrista *adj.-com.* Capigorrón.
capigorrón (paras.) *adj.-s.* ant. Estudiante pobre que vestía capa y gorra. 2 fam. Holgazán. 3 [pers.] Que tiene órdenes menores y no pasa a las mayores.
capiguara *m. Argent., Bol.* y *Parag.* Capibara.
capilar (l. *-are*) *adj.* Relativo al cabello. 2 [fenómeno] Producido por la capilaridad. 3 [tubo] De diámetro comparable al de un cabello. -4 *adj.-m.* Vaso muy tenue que establece la comunicación entre las últimas ramificaciones de las arterias y las de las venas.
capilaridad *f.* Calidad de capilar. 2 Propiedad en virtud de la cual la superficie libre de un líquido puesto en contacto con un sólido sube o baja en las proximidades de éste, según que el líquido lo moje o no; sus efectos son esp. aparentes en el interior de los tubos capilares o entre dos láminas muy próximas.
REL. *2* **Menisco,** superficie libre de un líquido contenido en un tubo; es cóncavo o convexo según que el líquido moje o no las paredes del tubo.
capilarímetro *m.* FÍS. Aparato para graduar la pureza de los alcoholes.
capiliforme (l. *capilliformis*) *adj.* Que tiene forma de cabello.
capilla (l. v. *cappella*) *f.* Capucho sujeto al cuello de las capas, gabanes o hábitos. 2 Iglesia pequeña aneja a otra mayor, o parte integrante de ésta, con altar y advocación paticular; lugar destinado al culto en una comunidad, palacio, cárcel, etc.: *~ **ardiente,*** la de la iglesia en que se levanta el túmulo y se celebran hon-

ras solemnes por algún difunto; oratorio fúnebre provisional donde se celebran las primeras exequias por una persona, en la misma casa en que ha fallecido; ~ ***mayor,*** la principal de la iglesia en que están el presbiterio y el altar mayor; ~ ***real,*** la que es de regio patronato o la que tiene el rey en su palacio. 3 Oratorio. 4 Oratorio portátil de los regimientos y otros cuerpos militares. 5 Cuerpo de capellanes, ministros y dependientes de una capilla. 6 Cuerpo de músicos de alguna iglesia. 7 Pliego que se entrega suelto durante la impresión de una obra. Llámase así porque entre los ant. impresores se hacía con los primeros pliegos un ejemplar del libro, cuya venta se destinaba a la capilla del santo titular del gremio. 8 fig. *y* desp. Pequeño grupo de adictos a una persona o a una idea. 9 ~ ***de mono,*** *Amér.,* acónito.
FR. *2 Estar en ~ o en la ~,* situación del reo de muerte desde que se le notifica la sentencia de muerte hasta la ejecución, tiempo durante el cual permanece en cualquier pieza de la cárcel dispuesta como capilla; fig., estar esperando el resultado de una pretensión o negocio cuyo éxito inspira cuidado.

capillada *f.* Porción que cabe en una capilla o caperuza. 2 Golpe dado con ella.

capillejo *m.* Dim. de *capillo.* 2 Especie de cofia usada antiguamente. 3 Madeja de seda para coser. 4 *Perú.* Canasto de hoja de palma.

capillero *m.* Encargado de una capilla y de lo relativo a ella.

capilleta *f.* Dim. de *capilla.* 2 Nicho en figura de capilla.

capillita (dim. de *capilla*) *com. And.* Persona muy aficionada a las cofradías y que participa activamente en ellas.

capillo (b. l. *cappelu;* v. *capa*) *m.* Gorrito de lienzo que se pone a los niños de pecho. 2 Vestidura de tela blanca que se pone en la cabeza de los niños al bautizarlos. 3 Capucha y mantilla que usaban las mujeres de la tierra de Campos. 4 Capuchón de un hábito de fraile. 5 Capirote (para aves). 6 Rocadero (envoltura). 7 Capullo (cubierta, botón y manojo). 8 Hoja de tabaco que forma la primera envoltura de la tripa de los cigarros puros. 9 Refuerzo con que se ahueca la punta del zapato, para que no se lastimen los dedos. 10 Red para cazar conejos. 11 Manga de lienzo para colar la cera. 12 FARM. Cápsula de papel o pergamino que se ajusta al cuello de una botella tapada. 13 *Amér.* Recipiente de barro en que se derrite estaño o plomo.

capilludo, -da *adj.* Relativo a la capilla o parecido a ella. 2 Que tiene o usa capilla.

capín *m. Amér. Merid.* Planta graminácea forrajera *(Tristiges glutinosa).*

capincho *m. R. de la Plata.* Carpincho.

capingo *m.* Capa corta y de poco ruedo que se usó en Chile en el s. XVII y principios del siguiente. 2 *Argent.* Capa corta y airosa.

capio *m. Colomb.* Capia.

capipardo *m.* Hombre del pueblo bajo, artesano.

capirotada (de *capirote*) *f.* Aderezo con hierbas, huevos, ajos, etc., para rebozar otros manjares. 2 *Amér.* Plato criollo que se hace con carne, maíz tostado y queso, manteca y especias. 3 *Méj.* vulg. Fosa común del cementerio.

capirotado, -da *adj.* BLAS. [figura humana o animal] Con caperuza; esp. [ave de cetrería] con el capirote puesto.
SIN. **Caperuzado, chaperonado.**

capirotazo *m.* Golpe dado, gralte. en la cabeza, haciendo resbalar con violencia, sobre la yema del pulgar, el envés de la última falange de otro dedo de la misma mano.
SIN. **Capirote, papirote, papirotada, papirotazo.**

capirote (del ant. *capirón* < l. *cappa,* capuchón) *adj.* [res vacuna] Que tiene la cabeza de distinto color que el cuerpo. -2 *m.* Capucho con falda us. antig. 3 Especie de cucurucho cubierto de tela que usaron las damas en la Edad Media. 4 Cucurucho de cartón cubierto de tela que traían en la cabeza los disciplinantes en las procesiones de Cuaresma y traen hoy los que van a las de Semana Santa tocando las trompetas, alumbrando, etc. 5 Muceta con capillo del color respectivo de cada facultad, que usan los doctores en ciertos actos. 6 Caperuza de cuero que se ponía a las aves de cetrería, para que estuviesen quietas. 7 Capota (de coches). 8 ~ ***de colmena,*** barreno o medio cesto invertido, con que se cubren las colmenas cuando tienen mucha miel. 9 Capirotazo. 10 ***Tonto de ~,*** muy tonto. 11 *Can.* Cogujada.
SIN. *1* **Chaperón.** *6* **Capillo.**

capirotero *adj.* [azor o halcón] Hecho al capirote.

capirro, -rra *adj. Cuba.* Cruzado de castas o razas. 2 Mulato que quiere pasar por blanco.

capirucho *m.* fam. Capirote. 2 *Salv.* Boliche, juego de niños.

capisayo *m.* Especie de capotillo abierto que sirve de capa y sayo. 2 Vestidura común de los obispos.

capiscol (b. l. *capischolu* < l. *caput,* cabeza + *schola,* escuela) *m.* Chantre. 2 Sochantre que gobierna el canto llano.

capiscolía *f.* Dignidad de capiscol.

capistro (l. *-tru*) *m.* Arnés con que los romanos defendían la cabeza de los caballos de batalla.

capitá (guaraní *acang,* cabeza + *pitá,* roja) *m. Argent.* y *Urug.* Pajarillo de cuerpo negro y cabeza roja *(Paroaria cucullata).*

capitación (del l. *capita,* plural de *caput*) *f.* Repartimiento de impuestos por cabezas.

capital (l. *-ale;* doble etim. *caudal*) *adj.* Relativo a la cabeza, esp. cuando implica su pérdida: *pena ~.* 2 Que constituye el origen, cabeza o parte vital de alguna cosa, principal: *cláusula ~; error ~; enemigo ~;* ***los pecados capitales,*** los siete que son principio y fuente de todos los demás, como la soberbia, avaricia, etc. V. pecado ~. -3 *adj.-f.* Población principal de un estado, provincia o distrito. 4 V. letra mayúscula. -5 *m.* Hacienda, caudal valuado en dinero, esp. por oposición a renta: *posee un ~ de seis millones; agotadas las rentas, hipotecó el ~;* ~ ***líquido,*** residuo del activo, retraído el pasivo de una persona natural o jurídica. 6 Caudal o bienes que aportan los esposos al matrimonio. 7 El dinero considerado como instrumento de producción y, más propiamente, potencia económica en dinero, crédito, influencia moral, etc., capaz de proporcionar los elementos necesarios para el establecimiento y marcha en una industria, empresa o negocio cualquiera; en este sentido se opone a trabajo: ~ ***circulante*** o ***de rotación,*** el que invertido en materias primas, mano de obra, etc., cambia sucesivamente de forma; ~ ***fijo,*** el que con forma estable se invierte en construcciones, maquinaria, etc. 8 ~ ***social,*** DER., conjunto de las sumas o de los bienes valorados que los socios de una sociedad aportan a ésta, para desarrollar su actividad comercial. -9 *f.* Línea imaginaria que es bisectriz de un ángulo saliente en una obra de fortificación.
SIN. *3* **Cabeza.** *5* y *6* **Caudal; fortuna,** cuando es de gran cuantía.

capitaleño, -ña *adj.-s.* Relativo a la capital de un estado, provincia, etc.

capitalidad *f.* Calidad de capital (población principal).

capitalino, -na *adj.-s.* Capitaleño.

capitalismo *m.* Régimen económico fundado en el predominio del capital. Como término opuesto a socialismo, sistema basado en el predominio de la empresa privada en la organización económica. 2 Conjunto de capitales o capitalistas, su influencia y poder.

capitalista *adj.* Propio del capital o del capitalismo; v. socio capitalista. -2 *com.* Persona acaudalada en dinero o valores, esp. la que coopera con su capital a uno o más negocios para obtener de ellos un beneficio. 3 Propietario de los medios de producción dentro de un sistema de utilización privada del excedente económino.

capitalizable *adj.* Que puede capitalizarse.

capitalización *f.* Acción de capitalizar. 2 Efecto de capitalizar.

capitalizar *tr.* Fijar el capital que corresponde [a determinado rendimiento o interés] según un tipo dado. 2 Agregar al capital [el importe de los intereses devengados], para computar sobre la suma los réditos ulteriores que se denominan interés compuesto. 3 Ahorrar, atesorar. 4 fig. Convertir en ventaja propia determinadas acciones, aunque sean de otros. ◇ ** CONJUG. [4] como ***realizar.***

capitalmente *adv. m.* Mortalmente; gravemente.

capitán, -na (l. *-anu* < *caput,* cabeza) *m.* Oficial del ejército que reglamentariamente manda una compañía, escuadrón o batería: ~ ***preboste,*** v. preboste. 2 ~ ***general,*** grado supremo de la milicia; jefe superior de una región militar. 3 Genéricamente, caudillo militar: *Alejandro fue uno de los más grandes capitanes del mundo.* **El Gran Capitán,** sobrenombre de Gonzalo de Córdoba (1453-1515), famoso por sus victorias en Italia (v. cuentas). 4 El que tiene el mando de un buque mercante; antig. comandante de un barco de guerra. 5 Oficial de la armada de diferente graduación según la determinación específica que lo acompañe: ~ ***de bandera,*** el que manda y gobierna el buque en que va el general; ~ ***de corbeta,*** oficial equiparado en categoría a comandante del ejército; ~ ***de fragata,*** oficial equiparado en categoría a teniente coronel del ejército; ~ ***de navío*** o ***de alto bordo,*** oficial equiparado en categoría a coronel de ejército; ~ ***de puerto,*** oficial encargado del orden y policía del puerto. 6 Jefe de una banda de forajidos: ~ *de bandidos.* 7 Pardete. 8 fig. ~ ***de industria,*** hombre de grandes iniciativas, promovedor y organizador de negocios importantes. -9 ***m. f.*** Jefe de un equipo deportivo o de un grupo de personas en gral. -10 ***m.*** *Méj.* Jefe de comedor en un restaurante.

capitana ***f.*** Nave en que va embarcado y arbola su insignia el jefe de una escuadra. 2 Mujer del capitán. 3 Mujer que es cabeza de una tropa.

capitanazgo ***m.*** *Colomb.* Cargo de director de una fiesta.

capitanear ***tr.*** Mandar [gente militar o armada] como capitán. 2 fig. Mandar cualquier gente.

SIN. *2* **Sargentear.**

capitaneja ***f.*** *Cuba.* Botoncillo (planta). 2 *C. Rica, Méj.* y *Nicar.* Planta medicinal *(Loranthus americanus).*

capitanía ***f.*** Empleo de capitán. 2 Compañía (de soldados). 3 ~ ***general,*** cargo de capitán general de región y territorio de la misma; edificio donde reside el capitán general, con sus oficinas militares. 4 Anclaje (tributo).

capitel (l. *-ellu* < *caput,* cabeza) ***m.*** Parte superior de la columna que corona el fuste y sobre el cual descansa el arquitrabe: ~ ***campaniforme,*** el que tiene forma de campana, utilizado en Egipto; ~ ***compuesto,*** el que tiene ábaco chaflanado, escotado y decorado, cuarto bocel también decorado, volutas y hojas de acanto; ~ ***dórico,*** el formado por ábaco liso, equino y ánulos; ~ ***hathórico,*** el egipcio que representa el rostro de la diosa Hathor, repetido en cada una de sus cuatro caras; ~ ***jónico,*** el que tiene el ábaco moldurado, tambor adornado con volutas y astrágalo; ~ ***lotiforme,*** el egipcio que representa un ramillete de flores de loto con las corolas cerradas o abiertas; ~ ***palmiforme,*** el egipcio formado por estilizaciones de hojas de palmera dispuestas verticalmente; ~ ***toscano,*** el que tiene ábaco liso, cuarto bocel, collarino también liso y astrágalo. 2 Chapitel (remate).

capitolino, -na (l. *-nu*) ***adj.*** Relativo al Capitolio. -2 ***m.*** Punta de piedra preciosa que adorna ciertos objetos.

capitolio (l. *-iu*) ***m.*** Templo de Júpiter en la ant. Roma. 2 fig. Edificio majestuoso y elevado. 3 Acrópolis.

capitón (l. *-itone*) ***m.*** Morragute.

capitoné (fr. *capitonné*) ***m.*** Carro dispuesto para llevar muebles por ferrocarril. 2 Camión automóvil para transportarlos por carretera. -3 ***adj.*** Acolchado.

capitonear (fr. *capitoner*) ***tr.*** *Argent.* Acolchar.

capitoso, -sa ***adj.*** GALIC. Espiritoso, que contiene mucho alcohol.

capitoste (del cat. *capistost*) ***com.*** desp. Persona con influencia, mando, etc.

capítula (l., capítulos) ***f.*** Lugar de la Sagrada Escritura, que se reza en todas las horas del oficio divino, después de los salmos y las antífonas, excepto en maitines.

capitulación (l. *-atione*) ***f.*** Pacto hecho entre dos o más personas sobre algún negocio, gralte. grave. 2 Convenio en que se estipula la rendición de un ejército, plaza o punto fortificado. -3 ***f. pl.*** Conciertos que se hacen entre los futuros esposos y se autorizan por escritura pública. 4 Esta misma escritura.

SIN. *3* y *4* **Capítulos.**

capitulado, -da ***adj.*** Resumido, compendiado. -2 ***m.*** Disposición capitular, capitulación, concierto que consta de artículos.

capitulante ***adj.*** Que capitula.

I) capitular ***adj.*** Relativo a un cabildo secular o eclesiástico o al capítulo de una orden: *disposiciones capitulares; sala* ~. -2 ***m.*** Individuo de alguna comunidad eclesiástica o secular, con voto en ella. -3 ***adj.-f.*** IMPR. Letra mayúscula, de impresión o manuscrito. 4 IMPR. Letra adornada o pintada que empieza un capítulo.

II) capitular (l. med. *-are*) ***intr.-tr.*** Pactar, hacer [algún ajuste o concierto]: ~ *las condiciones;* ~ *con iguales;* fig., ~ *con la conciencia.* -2 ***intr.*** Entregarse una plaza de guerra o un ejército reunido. 3 Ceder, transigir. 4 Cantar las capítulas de las horas canónicas. -5 ***tr.*** Hacer capítulos de cargos: ~ *a uno de malversación de fondos.*

capitulario ***m.*** Libro de coro que contiene las capítulas.

capitularmente ***adv. m.*** En forma de capítulo o cabildo.

capitulear ***intr.*** *Amér.* Cabildear.

capituleo (de *capitulear*) ***m.*** *Amér.* Cabildeo.

capitulero ***m.*** *Perú.* Cacique de pueblo, hombre influyente. 2 *Chile.* Cabildero.

capítulo (l. *-lu;* doble etim. *cabildo*) ***m.*** Junta que celebran los religiosos y clérigos seglares para las elecciones de prelados y para otros asuntos. 2 Cabildo eclesiástico o secular. 3 Junta de los caballeros de las órdenes militares y demás vocales de alguna de ellas, para sus asuntos comunes; también la que se hace para poner el hábito a algún caballero. 4 Reunión, junta, asamblea. 5 Inflorescencia densa de flores sésiles dispuestas sobre un pedúnculo aplanado. 6 Reprensión que se da a un religioso en presencia de su comunidad. 7 Cargo que se hace a quien ejerció un empleo: ~ *de culpas.* 8 División que se hace en los libros u otros escritos para el mejor orden de la exposición. -9 ***m. pl.*** Capitulaciones: *capítulos matrimoniales.*

FR. *7 Llamar,* o *traer, a* ~, fr. fig., residenciarle, obligarle a que dé cuenta de su conducta; *ser* ~ *aparte,* fr., ser cuestión distinta o que merece una consideración más detenida. SIN. *1* **Cabildo.**

capizana ***f.*** Pieza de la barda, hecha de varios elementos, que cubre y defiende la parte superior del cuello del caballo.

capnomancia, -mancía (gr. *kapnós,* humo + *-mancia*) ***f.*** Adivinación supersticiosa por medio del humo.

capó (fr. *capot*) ***m.*** Cubierta del motor de los automóviles.

capolador ***m.*** *Murc.* Tajo para picar la carne.

capolar (l. *capulare,* cortar) ***tr.*** Despedazar, dividir en trozos. 2 *Ar.* Picar la carne para hacer picadillo. 3 *Murc.* Cortar la cabeza, degollar.

I) capón (l. *capone;* en el l. v. *cappone*) ***adj.-s.*** [pers.] Castrado. -2 ***m.*** Pollo que se castra cuando es pequeño y se ceba. 3 Haz de sarmientos. 4 ***Arrancar, volar a*** ~, salir o volar las aves de muy bajo, impidiendo el fácil disparo del cazador. 5 MAR. Cabo grueso que sirve para tener suspendida el ancla por el arganeo. 6 *Argent.* y *Urug.* Carnero castrado.

II) capón ***m.*** Golpe dado en la cabeza con el nudillo del dedo del corazón.

capona ***f.*** Divisa militar como la charretera, pero sin canelones.

caponada ***f.*** *Argent.* y *Urug.* Conjunto de carneros capones.

caponar (de *capón,* haz de sarmientos) ***tr.*** Atar los sarmientos [en la vid] para que no embaracen al labrar la tierra.

caponera ***f.*** Jaula de madera en que se pone a los capones para cebarlos. 2 fig. Prisión, cárcel. 3 fig. Sitio en que se encuentra asistencia y regalo sin gasto alguno. 4 FORT. Galería o casamata colocada en sitios diversos para el flanqueo de un foso o de varios, del cuerpo de plaza: ~ ***doble,*** comunicación desde la plaza a las obras exteriores, trazada al través del foso seco y defendida con parapetos. 5 *Méj.* Yegua que sirve para guiar las bestias caballares. 6 *P. Rico.* Montón de cosas guardadas ocultamente.

capopotera ***f.*** *Perú.* GEOL. Terreno que presenta exudaciones petrolíferas.

caporal (it. *caporale*) ***m.*** El que hace cabeza de alguna gente y la manda. 2 El que tiene a su cargo el ganado de una hacienda. 3 MIL. En algunos países de Amér., cabo de escuadra. 4 *Cuba.* Bola de cera pendiente de un cordón, que hacen los muchachos para dar en la cabeza. 5 *Cuba.* Juego de muchachos con esta bola.

caporalear ***intr.*** *Guat.* Hacer de caporal o capataz.

caporalista ***m.*** Caporal que manda gente.

caporo, -ra ***adj.-s.*** De un antiguo pueblo galaico, el más meridional del convento lucense, que habitaba desde las fuentes de los ríos Ulla y Tambre hasta el Padrón.

capororoca (guaraní) ***m.*** *Argent., Parag.* y *Urug.* Árbol de la familia de los mirtos, de tronco empinado, ramas altas y hojas de color verde obscuro que, arrojadas al fuego, estallan ruidosamente *(Myrsine gardneriana).*

I) capota (l. *caput,* cabeza) ***f.*** Cabeza de la cardencha. 2 Sombrero femenino sujeto con cintas por debajo de la barba. 3 Cubierta plegadiza de algunos automóviles y coches de caballos. 4 *Colomb.* Capó del automóvil.

SIN. *3* **Capirote.**

II) capota (de *capa*) ***f.*** Capeta (capa corta). 2 *Argent.* Acto de capotear.

capotar (fr. *capoter*) ***intr.*** Dar el avión vuelta de campana por la proa, al despegar o al aterrizar. 2 Volcar un vehículo de tal manera que quede en posición invertida.

capotazo ***m.*** Suerte del toreo hecha con el capote.

capote ***m.*** Prenda de abrigo a manera de capa pero con mangas y menos vuelo: ***a,*** o ***para, mi*** ~, a mi modo de ver, en mi interior; ~ ***de monte,*** manta con una abertura en medio para meter por ella la cabeza. 2 Prenda militar de abrigo ceñida al cuerpo y con largos faldones. 3 Capa corta con esclavina de los toreros: ~ ***de brega,*** el de color rojo vivo, usado para la lidia. También *trapo*; ~ ***de paseo,*** el de seda, bordado en oro o plata, usado durante el paseíllo. 4 fig. Ceño (sobrecejo). 5 Cargazón (de nubes). 6 *Chile.* Paliza, tunda.

FR. *Echar un* ~, desviar la conversación para evitar un conflicto; ayudar al que se halla en apuro; *dar* ~, en algunos juegos de naipes hacer uno de los jugadores todas las bazas en una mano; *Chile* y *Méj.,* engañar, burlar [a uno]; *de* ~, *Méj.,* ocultamente, a escondidas.

capotear (de *capote*) *tr.* Capear (al toro). 2 fig. Evadir mañosamente [las dificultades y compromisos]. 3 Representar [una obra teatral] con omisiones, esp. de escenografía. 4 fig. Entretener [a uno] con engaños. 5 *Argent.* Mantear, tapar la cara [a alguien] y propinarle golpes, con propósito de broma o burla. 6 *Colomb.* Ejercitar los gallos en la pelea. 7 *Hond.* Usar todos los días el mismo vestido.

capoteo *m.* Acción de capotear.

capotera *f. Amér.* Percha para la ropa. 2 *Venez.* Maleta de viaje hecha de lienzo y abierta por los extremos.

capotero *m.* El que hacía capotes.

capotillo *m.* Especie de capote que llegaba hasta la cintura. 2 Capote corto que usaban las mujeres.

capotudo, -da (de *capote,* ceño) *adj.* Ceñudo.

cappa *f.* Décima letra del **alfabeto griego, equivalente a la *k*.

caprario, -ria (l. *-iu*) *adj.* Relativo a la cabra.

capricho (it. *capriccio* < l. *caper,* macho cabrío) *m.* Idea o propósito que uno forma, comúnmente repentinos y sin motivación aparente. 2 Deseo vehemente, antojo. 3 Persona, animal o cosa que es objeto de tal antojo o deseo. 4 Inestabilidad, irregularidad. 5 Composición musical alegre y fantasiosa. 6 Obra de arte en que el ingenio rompe la observancia de las reglas.
SIN. *2* **Gusto.**

caprichosamente *adv. m.* Según el capricho.

caprichoso, -sa, caprichudo, -da *adj.* Que obra por capricho y lo sigue con tenacidad. 2 Que se hace por capricho. 3 Antojadizo, inconstante.

capricornio (l. *-cornu* < *capra,* cabra + *cornu,* cuerno) *m.* Décimo signo o parte del Zodíaco que el Sol recorre aparentemente al comenzar el invierno. 2 Constelación zodiacal situada entre Sagitario y Acuario. 3 ZOOL. Algavaro.

caprifoliáceo, -a (l. *caprifoliu,* madreselva) *adj.-f.* Planta de la familia de las caprifoliáceas. -2 *f. pl.* Familia de plantas dicotiledónea, mata o arbusto, de hojas opuestas, cáliz adherente al ovario y semillas con albumen carnoso; como el saúco.

capriforme (l. *capra,* cabra + *-forme) adj.* [excremento humano] Que tiene forma parecida al de la cabra.

caprimúlgido, -da *adj.-m.* Caprimulgiforme de la familia de los caprimúlgidos. -2 *m. pl.* Familia de caprimulgiformes, de pico cortísimo, cubierto de cerdas, y con los dedos de los pies unidos generalmente por una membrana.

caprimulgiforme *adj.-m.* Ave del orden de los caprimulgiformes. -2 *m. pl.* Orden de aves de cráneo ancho, amplias órbitas, pico corto y boca grande, patas cortas y cola muy desarrollada. Poseen costumbres nocturnas o crepusculares y se alimentan de insectos; como el chotacabras.

caprino, -na (l. *-nu*) *adj.* Capruno.

caprípede (l.) *ads.-s.* lit. De pies de cabra.

caprípedo, -da *adj.-s.* Caprípede.

cápsula (l. dim. de *capsa,* caja) *f.* Casquete de estaño u otro metal que se ajusta sobre la boca y el tapón de una botella para cerrarla herméticamente. 2 Cilindro metálico hueco en cuyo fondo está el fulminante que sirve para comunicar el fuego a la carga explosiva en las armas de percusión. 3 Pequeña envoltura insípida y soluble en que se encierran ciertos medicamentos, para que no repugnen al tomarlos. 4 Vasija en forma de casquete esférico achatado usada en los laboratorios, esp. para evaporar líquidos. 5 Membrana en forma de saco que encierra un órgano o parte de él: ~ ***sinovial,*** la que reviste las articulaciones movibles y segrega la sinovia; ~ ***suprarrenal,*** órgano par situado encima de cada riñón, que contiene la adrenalina. 6 Cabina donde se instalaban los astronautas en los primeros viajes espaciales. 7 BOT. Fruto seco polispermo, dehiscente, unilocular, formado por varios carpelos.
SIN. *3* **Perla.**

capsuladora *f.* Máquina para capsular II.

I) capsular *adj.* Relativo o parecido a la cápsula.

II) capsular *tr.* Cerrar [las botellas] poniéndoles la cápsula. 2 FARM. Preparar medicamentos en cápsulas.

captación *f.* Acción de captar. 2 Efecto de captar.

captador, -ra *adj.* Que capta.

captar (l. *-are;* doble etim. *catar*) *tr.-prnl.* Atraer a sí [los afectos] de las personas: ~, o *captarse, la confianza de uno.* -2 *tr.* Recoger convenientemente [las aguas de un manantial, las ondas radiofónicas, etc.]. 3 En sentido inmaterial, percibir, aprehender [sensaciones, ideas, etc.]: *no pude ~ la intención de sus palabras.*

captatorio, -ria *adj.* Captador.

captura (l. *captura,* der. de *capere*) *f.* Acción de capturar. 2 Efecto de capturar. 3 Proceso por el que, debido a la erosión remontante, la parte superior de un río termina por apoderarse de parte de las aguas de otro. 4 FÍS. y QUÍM. Proceso en el curso del cual un sistema nuclear o atómico adquiere una partícula suplementaria.

capturar (de *captura*) *tr.* Aprehender [a persona que es o se reputa delincuente, un animal que huye, un barco o convoy enemigo, etc.].
SIN. Se puede **aprehender** o **capturar** personas o cosas; en cambio **apresar** se refiere a cosas; **prender,** siempre a personas. En los tres primeros hay la idea de resistencia o huida por parte de lo capturado, cosa que no es indispensable en *prender;* **aprisionar** (lit.) alude más bien al acto de comenzar la prisión o cautividad.

capú *m. P. Rico* y *S. Dom.* Rebatiña, juego de niños.

capuana *f.* fam. Zurra (castigo).

capucha *f.* Gorro cónico unido a la manteleta y caído sobre la espalda. 2 Capucho. 3 IMPR. Acento circunflejo. 4 ZOOL. Conjunto de plumas que cubre la parte superior de la cabeza de las aves.

capuchina *f.* Planta tropeolácea, trepadora, de hojas alternas y flores en forma de capucha, de color rojo anaranjado *(Tropaeolum maius).* 2 Seta con la parte superior del sombrero casi negro y el resto de color blanquecino-amarillento *(Tricholoma portentosum).* 3 Cometa de papel en forma de capucha y sin armadura. 4 Lamparilla portátil de metal, con apagador en forma de capucha. 5 Dulce de yema en figura de capucha. 6 IMPR. Conjunto de dos o más chibaletes unidos por su parte posterior. 7 ZOOL. Mariposa parecida a la esfinge.
REL. *1* Su flor se llama **carmelita.**

capuchino, -na (it. *capuccino*) *adj.-s.* Religioso que pertenece a la rama más austera de la orden franciscana, fundada en 1520 por Mateo de Bascio (1495-1552). 2 Religiosa que pertenece a la rama de la orden franciscana, fundada en el s. XVI por María de Longo (1463-1542), que adoptó la regla de Santa Clara (1193-1253). -3 *adj.* Relativo a la orden de los capuchinos. 4 *Chile.* [fruto] Muy pequeño. -5 *m.* Café caliente mezclado con leche que se distingue por su color claro y por la espuma de la leche con que se sirve. 6 Mamífero primate platirrino de América, de unos 45 cms. de longitud; el pelaje es de color negro, con la cabeza, el pecho y la espalda blancos *(Cebus capucinus).* 7 *P. Rico.* Cometa más pequeña que la chiringa, de papel y sin varillas.

capucho (it. *capuccio,* der. de *cappa*) *m.* Pieza del vestido para cubrir la cabeza; remata en punta y puede echarse a la espalda.
SIN. **Capucha, capuz.**

capuchón *m.* Aum. de *capucha.* 2 Abrigo, a manera de capucha, que solían usar las damas, esp. de noche. 3 Dominó corto. 4 Prenda carcelaria destinada a estorbar la comunicación entre los presos fuera de las celdas. 5 Cubierta de la pluma estilográfica, bolígrafo, etc.

capuera *f. Argent., Pan.* y *Parag.* Terreno desbrozado, parte de selva que se ha talado y limpiado para destinarla al cultivo. 2 Huerta.

capuja *f. Bol.* Rebatiña.

capujar *tr. Argent.* Coger o asir [una cosa] al vuelo. 2 *Argent.* Anticiparse a decir [algo] antes que otro.

capul *m. Chile.* Tupé o flequillo.

capulí *m.* Árbol rosáceo de América, de unos 15 metros de altura, especie de cerezo, que da una frutilla de gusto y olor agradables *(Prunus serotina).* 2 Fruta de este árbol. 3 *Cuba.* Capulina. 4 *Perú.* Planta solanácea perenne o anual *(Physalis peruviana).* 5 *Perú.* Fruto de esta planta, parecido a una uva, de sabor agridulce, que se emplea como condimento. El silvestre, que no se come, se llama ~ *cimarrón.* ◇ Pl.: *capulíes.*

capúlido *adj.-m.* ZOOL. Molusco gasterópodo cuya concha se distingue por su figura de bonete cónico y por su ancha abertura. -2 *m. pl.* Familia de estos animales.

capulín *m.* Capulí.

capulina *f. Amér.* Cereza que produce el capulí. 2 *Cuba.* Árbol frutal, tiliáceo, de madera dura *(Mutingia calabura).* 3 *Méj.* Araña negra muy venenosa *(Latrodectus mactans).* 4 *Méj.* Ramera. 5 *Méj. Vida* ~, vida regalona y descansada.

capullada *f.* Rosa de azafrán que aún no está abierta en el campo. 2 fig. *y* fam. Dicho o hecho propios de un capullo.

capullo (gallego < dim. del l. *caput,* cabecita) *m.* Cubierta protectora, gralte. de forma oval, que las larvas de ciertos insectos, esp. el gusano de seda, se fabrican con el hilo que segregan, y dentro del cual se encierran antes de pasar al estado de ninfa:

~ *ocal*, el formado por dos o más gusanos de seda juntos. 2 Tela basta hecha de seda de capullos. 3 Botón de las flores, esp. el de la rosa. 4 Cúpula de la bellota. 5 Manojo de lino cocido cuyas hebras se anudan por los extremos. 6 Prepucio. 7 fig. *y* fam. Torpe, inocentón, estúpido, imbécil. 8 *Guat.* Cápsula del algodón al reventar en la planta misma.
SIN. *1, 3* y *6* **Capillo.**

cápulo ***m.*** Molusco gasterópodo marino de concha en figura de bonete cónico y pie grande y ancho *(Capulus hungaricus).*

capultamal ***m.*** *Méj.* Tamal o torta de capulí.

capuz (l. v. *caputiu* < l. *caput,* cabeza) ***m.*** Capucho. 2 Vestidura larga y holgada, con capucha y una cola; se ponía encima de la demás ropa, y servía en los lutos. 3 Capa o capote que antig. se usaba por gala. 4 Chapuz (acción). 5 Acónito.

capuza ***f.*** *Venez.* Flecha.

capuzar (de *capuz*) ***tr.*** Chapuzar. 2 Cargar y hacer calar [el buque de proa]. ◇ ** CONJUG. [4] como ***realizar.***

caquéctico, -ca ***adj.*** Relativo a la caquexia. -2 ***adj.-s.*** [pers.] Que padece caquexia.

caquetá ***m.*** *Colomb.* Especie de mono.

caquetense ***adj.-s.*** De Caquetá, intendencia del sudoeste de Colombia.

caquexia (gr. *kachexía,* mala constitución) ***f.*** Estado de deterioro orgánico, profundo y progresivo, que se caracteriza por adelgazamiento y debilitamiento muy acentuado. 2 BOT. Decoloración de las partes verdes de las plantas por falta de luz.
SIN. *1* **Cacoquimia.**

I) caqui ***m.*** Árbol ebenáceo, originario del Japón, cuyo fruto es una baya casi del tamaño de una naranja, de pulpa blanda y muy dulce *(Diospyros kaki).* 2 Fruto de este árbol. ◇ También *kaki.*
SIN. *1* **Palosanto.**

II) caqui (ing. *khakee,* del persa *khaki,* color de polvo) ***m.*** Tela de algodón o de lana, cuyo color varía, desde el amarillo de ocre al verde gris. -2 ***adj.-m.*** Color de esta tela. -3 ***adj.*** De color caqui.

caquino (l. *cachinu,* carcajada) ***m.*** *Méj.* Risa muy ruidosa, carcajada. ◇ Ús. más en plural.

car ***m.*** MAR. Extremo inferior de la entena.

I) cara (b. l. < gr.) ***f.*** Parte anterior de la cabeza del hombre y, p. ext., de algunos animales: *los músculos de la ~; ~ redonda; ~ ovalada; ~* ***de rallo,*** fig., la muy picada de viruelas; *~* ***de hereje,*** fig., catadura fea, horrible; *~* ***dura,*** cínico. 2 Semblante (facciones): *~* ***de aleluya, de pascua*** o ***de risa,*** la apacible y risueña; *~* ***de juez, de pocos amigos*** o ***de vinagre,*** la severa, adusta y desagradable; *~* ***de viernes,*** la macilenta y triste. 3 Fachada o frente de alguna cosa: ***de ~,*** enfrente (delante). 4 Anverso (lado). 5 fig. *y* fam. Apariencia o aspecto de alguna cosa: *el tiempo tiene mala ~; esa tela tiene ~ de romperse pronto.* 6 *~* ***y cruz,*** juego de las chapas. 7 Superficie de alguna cosa. 8 Parte inferior o base del pan de azúcar. 9 Plano de un ángulo diedro o poliedro. 10 Superficie que limita al poliedro por cada uno de sus lados. -11 ***adv. l. prep. proclítica.*** Hacia: *~ atrás.*
FRS. *~ a ~*, uno frente a otro, descubiertamente. *Dar ~*, o *la ~*, encararse, afrontar el peligro. *Lavar la ~ a uno*, adularle, halagarle. *Romperse* [uno] *la ~* [por alguien o por algo], fr. fig., defender a uno o alguna cosa con vehemencia. SIN. *1* **Jeta, hocico,** desp. vulg.; **palmito, jeme,** apreciativo de la belleza en la mujer; **rostro, faz, haz,** estilo elevado; **fisonomía,** aspecto particular de la cara; **semblante,** este mismo aspecto en cuanto revela el estado de ánimo. CONTR. *4* **Reverso, cruz.**

II) cara (voz quechua) ***f.*** *Perú.* Tiña, enfermedad cutánea.

caraba ***f.*** Conversación, broma, holgorio.
FR. *Ser [algo] la ~*, no haber quien se entienda.

cáraba (de *cárabo I*) ***f.*** Embarcación mediterránea de gran tamaño que se dedicaba generalmente al corso.

carabalí ***adj.-com.*** *Cuba.* [negro] Que procede de la región africana de Carabalí, sometido a esclavitud.

carabaña ***f.*** Agua de efectos purgantes.

carabañuela ***f.*** *Colomb.* Caramañola, croqueta.

carabao ***m.*** Búfalo de color gris azulado y cuernos largos, gachos y comprimidos, propio de la Malasia, donde se emplea como bestia de tiro *(Bubalus bubalis).* ◇ También *karabao.*

cárabe (ár. *cáhrabe*) ***m.*** Ámbar.

carabela (dim. de *cáraba*) ***f.*** Ant. embarcación larga y angosta, con una sola cubierta, tres palos y cofa sólo en el mayor, y entenas en los tres para velas latinas. 2 Molusco lamelibranquio de concha oblonga con los extremos redondeados y valvas iguales de color rosado *(Solenocurtus strigillatus).* 3 *Gal.* Cesta muy grande que suelen llevar las mujeres en la cabeza, para transportar cosas comestibles. 4 *Ecuad.* Alfeñique, dulce.

carabello ***m.*** *Extr.* Escarabajo.

carabelón ***m.*** Carabela pequeña.

carábido ***adj.-m.*** Insecto de la familia de los carábidos. -2 ***m. pl.*** Familia de insectos coleópteros, pentámeros, carnívoros, muy voraces y beneficiosos para la agricultura porque destruyen muchas orugas y otros animales perjudiciales; como el cárabo.

carabina (it.) ***f.*** Arma de fuego de menor longitud que el fusil: *~* ***rayada,*** la que tiene estrías en lo interior del cañón. 2 burl. Persona, gralte. mujer, que acompañaba a una señorita en sus paseos, diversiones, etc. Más respetuosamente se la llama *señora de compañía.* 3 p. ext. Persona que se pega a una pareja. 4 ***Ser la ~ de Ambrosio,*** no servir para nada. 5 *Colomb.* y *Venez.* Mezcla de licores. 6 *Cuba.* Apuesta pequeña en el juego.

carabinar ***intr.*** *Cuba.* Jugar carabina, hacer posturas a favor de la carta menos cargada en el juego del monte.

carabinazo ***m.*** Tiro de la carabina. 2 Ruido y estrago que hace.

carabinero ***m.*** Soldado que usaba carabina. 2 Miembro de un cuerpo destinado a la persecución del contrabando. 3 Miembro de la guardia civil de Italia. 4 Crustáceo de carne comestible semejante a la quisquilla, pero de mayor tamaño *(Plesiopenens edwarsianus).* 5 fam. Persona muy seria y severa.

carablanca ***m.*** *Colomb.* y *C. Rica.* Caí. ◇ También *cariblanca.*

I) cárabo (l. *carabu*) ***m.*** Embarcación pequeña de vela y remo, us. por los moros. 2 Escarabajo de la familia de los carábidos, de color negro y con las antenas filiformes *(Carabus sp.).*

II) cárabo (ár. *carab*) ***m.*** Ave estrigiforme de unos 38 cms. de longitud y plumaje gris con manchas pardas y blancas *(Strix aluco).*

carabobeño,-ña ***adj.-s.*** De Carabobo, estado del centro de Venezuela.

carabritear ***tr.*** Perseguir el macho cabrío montés en celo [a la hembra].

caraca ***f.*** *Cuba.* Torta de harina de maíz.

caracaballo ***m.*** *Pan.* Pequeña embarcación de una sola pieza larga y estrecha.

caracal ***m.*** Especie de lince muy feroz, propio de los climas cálidos *(Linx caracal).*

caracalla ***f.*** Prenda de vestir de origen galo, adoptada por los romanos a ejemplo del emperador Caracalla (188-217). 2 Peinado del siglo XVIII.

caracará ***m.*** Ave falconiforme americana, de color pardo, con alas y cola blanquecinas *(Polyborus tharus).* ◇ Pl.: *caracaraes.*
SIN. **Carancho.**

cará-cará ***com.*** Indio americano, perteneciente a una tribu que, en la época de la conquista española habitaba la margen derecha del río Paraná, en la región próxima a la desembocadura del río Carcarañá. 2 Indio perteneciente a una tribu que habitaba en las islas e inmediaciones de la laguna Iberá, provincia de Corrientes. -3 ***adj.*** Relativo a estas dos tribus de indios.

I) caracas ***m.*** Cacao procedente de la costa de Caracas. 2 *Méj.* fig. *y* fam. Chocolate. ◇ Pl.: *caracas.*

II) caracas ***m. pl.*** Tribu de la familia guaraní que en la época de la conquista habitaba en los territorios del Río de la Plata.

caracatey ***m.*** *Cuba.* Ave crepuscular, de color ceniciento salpicado de verde y con una mancha blanca. Se alimenta de mosquitos, y en su canto parece repetir la palabra *crequeté,* por lo cual algunos le dan este nombre *(Chordeiles minor).*

caracense (de *Caracea,* ant. c. que se supone sea Guadalajara) ***adj.-s.*** Guadalajareño.

caraceño, -ña ***adj.-s.*** De Carazo, dep. de Nicaragua.

caracha ***f.*** *Argent., Bol., Colomb.* y *Perú.* Enfermedad de las llamas, parecida a la roña o la sarna. 2 *Argent., Bol., Colomb.* y *Perú.* Erupción cutánea. 3 *Colomb.* Entre mineros, cierta formación en que el oro se encuentra en menas de cuarzo, de aspecto negruzco por la oxidación, lo que le da la apariencia de la sarna o la caracha (enfermedad).

carache (voz quechua) ***m.*** *Chile.* Caracha (enfermedad y erupción).

carachento, -ta ***adj.*** *Amér. Merid.* Sarnoso.

I) caracho, -cha ***adj.*** De color violáceo.

II) ¡caracho! Interjección ¡caramba! o ¡caray! menos eufemística que éstas.

carachoso, -sa ***adj.*** *Perú.* Sarnoso.

carachupa ***f.*** *Perú.* Zarigüeya.

caracoa (ár. *qarqura*) ***f.*** Embarcación de remo us. en Filipinas.

caracol (relac. con l. *scarabaeu,* escarabajo) ***m.*** Molusco gasterópodo de concha en espiral; esp. los terrestres, pulmonados, propios de los lugares húmedos, de concha débil, algo aplanada por un lado, con el cuerpo prolongado y cuatro tentáculos en la cabeza, dos de ellos más largos que los otros dos *(Helix* sp.). 2 Concha de caracol. 3 Parte del oído interno, constituida por un cono hueco arrollado en espiral. 4 Pieza cónica del reloj, con un surco en el cual se enrosca la cuerda. 5 Rizo redondo y aplastado, sostenido por horquillas, que llevan algunas mujeres sobre la sien. En Méjico, rizo de pelo en gral. 6 Vuelta que el jinete hace dar al caballo. 7 Vueltas que da un camino. 8 *Méj.* Especie de camisón ancho y corto, que usan las mujeres para dormir. 9 *Méj.* Chambra o blusa de mujer. -10 ***m. pl.*** Cante popular andaluz, de carácter ligero y festivo.

caracola ***f.*** Bocina. 2 *Ar.* Caracol terrestre de concha blanca. 3 *Ar.* Tuerca. 4 *Murc.* Planta trepadora de jardín y la flor de ella.

caracolada ***f.*** Guisado de caracoles.

caracolear ***intr.*** Hacer caracoles el caballo. 2 DEP. En algunos juegos, moverse el jugador que está en posesión del balón o pelota en un espacio de terreno muy pequeño, sin crear jugada.

caracolejo ***m.*** Dim. de *caracol.*

caracoleo ***m.*** Acción de caracolear. 2 Efecto de caracolear.

caracolero, -ra ***m. f.*** Persona que tiene por oficio coger o vender caracoles.

¡caracoles! Interjección ¡Caramba!

caracolí ***m.*** *Colomb.* Anacardo (planta).

caracolillo (dim. de *caracol*) ***m.*** Planta leguminosa papilionácea de jardín, de hojas romboidales puntiagudas y flores grandes, blancas y azules, aromáticas y enroscadas en figura de caracol *(Dolichos lignosus).* 2 Flor de esta planta. 3 Clase de café de grano más pequeño y redondo que el común. 4 Variedad de caoba muy veteada. -5 ***m. pl.*** Guarnición que solía ponerse en el canto de los vestidos. -6 ***m.*** *Can.* Piedrecilla menuda, de forma irregular y color blanquecino. 7 *Argent.* y *Urug.* Fideo en forma de caracol.

caracote ***m.*** *Colomb.* Adorno mujeril en demasía.

carácter (gr. *charakter* < *charassa,* grabar) ***m.*** Señal o marca que se imprime, pinta o esculpe. 2 Signo de escritura o de imprenta; estilo o forma de las letras y signos: *libro escrito en caracteres góticos; caracteres elzeverianos.* 3 Señal o figura mágica cabalística. 4 Según el dogma católico, señal indeleble impresa en el alma por los sacramentos del bautismo, confirmación y orden. 5 Conjunto de rasgos y de circunstancias que indican la naturaleza esencial de una cosa o la manera de pensar y obrar de una persona o pueblo, y por los que se distingue de los demás: *el ~ de la arquitectura griega; el ~ español;* ***de medio ~,*** sin cualidades bien definidas. 6 Modo de ser peculiar y privativo de cada persona por sus cualidades psíquicas: *~ irascible, violento, pacífico.* 7 Individualidad moral, esp. definida por la energía de la voluntad: *un hombre de ~; ser todo un ~; la educación del ~.* 8 Condición de las personas por sus relaciones naturales, dignidades o estados: *el ~ de padre, de juez.* 9 INFORM. Cifra, letra del alfabeto, signo de puntuación u otro símbolo que pueda leer, conservar o imprimir un ordenador. ◇ Pl.: *caracteres.* ◇ INCOR.: *carácteres.*

SIN. *6* **Genio, modo** o **manera de ser, temperamento; genial** y **natural,** pertenecen al habla popular; **índole, condición,** son cultos; **idiosincrasia,** es término médico que sólo se usa en la lengua escrita.

caracterismo ***m.*** Carácter.

característica (de *característico*) ***f.*** Parte entera de un logaritmo; la parte decimal del logaritmo se llama *mantisa.* 2 *Argent.* Prefijo del número telefónico.

característicamente ***adv. m.*** Señaladamente.

característico, -ca ***adj.*** Relativo al carácter. -2 ***adj.-f.*** Cualidad por la que una persona o cosa se distingue de sus semejantes: *las características del arte mozárabe.* -3 ***m. f.*** Actor o actriz que representa papeles de personas de edad.

caracterización ***f.*** Acción de caracterizar o caracterizarse. 2 Efecto de caracterizar o caracterizarse.

caracterizado, -da ***adj.*** Distinguido, autorizado por prendas personales, por categoría social o por oficio público: *un ~ político.*

caracterizador, -ra ***adj.*** Que caracteriza. -2 ***m. f.*** Maquillador.

caracterizar ***tr.*** Determinar [a una pers. o cosa] por sus cualidades peculiares: *~ las figuras de una comedia;* ser determinados los caracteres [de una cosa]: *éstas son las cualidades que caracterizan el amor sincero.* 2 Autorizar o enaltecer [a uno] con algún empleo o dignidad. 3 Representar un actor [su papel] con verdad y fuerza de expresión. -4 ***prnl.*** Componer el actor su fisonomía o vestirse conforme al tipo que ha de representar. ◇ ** CONJUG. [4] como ***realizar.***

caracterología ***f.*** Rama de la psicología que estudia los caracteres (modos de ser) individuales o colectivos.

caracterológico, -ca ***adj.*** Perteneciente o relativo a la caracterología.

caracú (guaraní) ***m.*** *Bol., Chile* y *R. de la Plata.* Casta de ganado vacuno, de pelo corto y fino y cola delgada, más útil para carne que para el trabajo. 2 *Amér.* Tuétano de los animales y hueso que lo contiene.

caracucho ***m.*** *Colomb.* Balsamina de los trópicos cuyo jugo produce tinte morado *(Dupatieus balsamina).*

caracul (de la c. de *Karakul*) ***m.*** Variedad de carnero del Asia occidental de lana larga y ondulada. 2 Piel negra que de él se obtiene. ◇ También *karakul.*

caracumbé ***m.*** *Colomb.* y *Chile.* Cumbé, baile de negros. 2 *Perú.* Apodo festivo del negro.

carado, -da ***adj.*** Con los adv. *bien* o *mal,* que tiene buena o mala cara.

caradociense ***m.*** GEOL. Piso del sistema ordovício en el que tuvo lugar la máxima expansión de los mares ordovícios.

caradriforme ***adj.-m.*** Ave del orden de los caradriformes. -2 ***m. pl.*** Orden de aves de tamaño y aspecto variado, por lo general buenas voladoras, y propias de las regiones costeras; como la gaviota y el zarapito.

caradura ***adj.-com.*** fam. Sinvergüenza, descarado, cara dura.

carago ***m.*** *Amér. Central.* Carao.

caraguata, caraguatá (guaraní) ***f.*** *Amér. Merid.* Planta bromeliácea textil *(Tillandsia rubra; Bromelia serra).* 2 Filamento textil producido por estas plantas. 3 Pita, planta amarilidácea.

caraguay ***m.*** *Bol.* Lagarto grande *(Podinema tequixim).*

caraipo ***m.*** Planta de América del Sur (gén. *Caraipa).*

caraira ***f.*** *Cuba.* Caracará.

caraísmo (hebr. *cara,* leer) ***m.*** Doctrina judaica que rechaza la tradición y exige una escrupulosa adhesión al texto literal de la Escritura.

caraíta ***adj.-com.*** Partidario del caraísmo. -2 ***adj.*** Relativo a los caraítas.

caraja ***f.*** MAR. Vela cuadrada que los pescadores de Veracruz largan en un botalón. 2 *Colomb.* fam. *y* desp. Mujer, tipa.

carajá ***com.*** Individuo de una tribu indígena del Brasil, del grupo de los tapuyas.

carajada ***f.*** vulg. Tontería, idiotez. 2 vulg. Cosa insignificante o de poca importancia.

carajillo ***m.*** fam. Bebida caliente a base de café y licor, gralte. coñac o anís.

carajo ***m.*** vulg. Pene, miembro viril.

FRS. *Irse al ~,* malograrse, estropearse, tener mal fin; *mandar al ~,* rechazar a una persona con desprecio, enfado o de malos modos; *no valer un ~,* no tener ningún valor, no valer para nada.

¡carajo! vulg. Interjección con que se denota enfado, disgusto, fastidio; admiración, sorpresa, extrañeza, etc.

carama ***f.*** Escarcha. 2 *Venez.* Hacinamiento de palos y maleza en las crecientes de los ríos. 3 *Venez.* Montón, balumba. 4 *Venez.* fig. Cornamenta de un ciervo. 5 *Venez.* fig. Dentadura irregular de un sujeto.

caramanchel (de *cámara*) ***m.*** Cubierta a modo de tejadillo con que se cierran las escotillas de algunos buques. 2 *Argent.* y *Chile.* Figón, merendero, puesto de bebidas. 3 *Colomb.* Tugurio, chiribitil. 4 *Ecuad.* Caja de vendedor ambulante. 5 *Perú.* Cobertizo. 6 *Venez.* Montón desordenado.

caramanchelero, -ra ***m. f.*** Persona que vende en un caramanchel.

caramanchón ***m.*** vulg. Camaranchón.

caramanduca ***f.*** *Perú.* Bizcocho tostado de pasta fina.

caramañola ***f.*** *León.* Vasija con tubo para beber. 2 *Argent.* y *Chile.* Vasija en forma de cantimplora, que usan los soldados para llevar agua. 3 *Colomb.* Empanada o torta de yuca frita o batata rellena.

caramarama ***f.*** *Cuba.* Planta forrajera, perenne.

caramayola ***f.*** *Argent.* y *Chile.* vulg. Caramañola.

I) ¡caramba! (probabl. orig. bantú) Interjección con que se denota extrañeza o enfado.

II) caramba (moda generalizada por una actriz del s. XVIII, llamada *la Caramba*) ***f.*** Moña que llevaban las mujeres sobre la cofia. 2 *Amér. Central.* Instrumento músico popular hecho con el epicarpio de algunos frutos. 3 *Argent.* y *Méj.* Canción popular muy antigua.

carambanado, -da *adj.* Helado, o hecho carámbano.
carámbano *m.* Pedazo de hielo largo y puntiagudo. 2 *Nicar.* Carao.
SIN. *1* **Candelizo, canelón, chupón.**
carambillo *m.* Caramillo (planta).
I) carambola (orig. desconocido) *f.* Lance del juego de los trucos o del billar, consistente en hacer que la bola con que se juega toque a las otras dos. 2 En los trucos o billar, juego a base de tres bolas y sin palos. 3 En el juego del revesino, jugada en que se sacan a un tiempo el as y el caballo de copas. 4 fig. Doble resultado que se alcanza con una sola acción. 5 Enredo o embuste para alucinar y burlar a alguno. 6 fig. *y* fam. Casualidad, azar, suerte.
FR. *Por ~*, indirectamente, por rodeos; por casualidad.
II) carambola *f.* Fruto del carambolo.
carambolear *intr.* Hacer carambolas. -2 *prnl. Chile.* Achisparse.
carambolero, -ra *m. f. Argent.* y *Chile.* Carambolista. -2 *m.* Carambolo (árbol).
carambolí *m. Cuba.* Arbusto boragináceo de América, que produce flores de color anaranjado muy subido, cuyos cálices son comestibles *(Cordia sebestana).*
carambolista *com.* Jugador de carambolas.
carambolo (malayo *carambil*) *m.* Árbol oxalidáceo, tropical, de hojas compuestas y aovadas, flores rojas y fruto en baya amarilla, del tamaño de un huevo, que se consume crudo, en ensalada o en compota, y del que se extrae el zumo para la preparación de bebidas refrescantes *(Averrhoa carambola).*
carambuco *m. Argent.* Aromo, árbol leguminoso.
caramel *m.* Variedad de sardina propia del Mediterráneo (gén. *Clupea).*
caramelear *tr. Colomb.* Dar largas [a un asunto]. 2 *P. Rico.* Halagar, engatusar, acaramelar.
caramelizar *tr.* Acaramelar (bañar). 2 Transformar en caramelo. ◇ ** CONJUG. [4] como ***realizar.***
caramelo (b. l. *cannamella,* cañamiel) *m.* Pasta de azúcar hecho almíbar y endurecido sin cristalizar al enfriarse. 2 fam. ***De ~***, muy bueno, excelente. 3 *Filip.* Azucarillo.
caramente *adv. m.* Costosamente. 2 Encarecidamente.
caramera *f. Venez.* Dentadura mal ordenada.
caramero *m. Colomb.* Palizada.
caramida (ár. *caramit*) *f.* Imán (magnetita).
caramiello *m.* Tocado o sombrero a manera de mitra, us. por las mujeres en Asturias y León.
caramilla *f.* Calamina.
caramillar *m.* Terreno poblado de caramillos.
caramilleras (v. *cremallera*) *f. pl. Ast.* y *Sant.* Llares.
caramillo (l. *calamellu* < *calamu,* caña) *m.* Flautilla de caña, madera o hueso, con sonido muy agudo. 2 Zampoña (flauta). 3 Planta del mismo género y usos que la barrilla, con tallo erguido y hojas agudas *(Salsola vermuculata).* 4 Montón mal hecho. 5 Chisme, enredo: *levantaron un ~ contra su honra.*
SIN. *1* **Flautillo.** *3* **Carambillo, jijallo, sisallo, salado, tarrico.**
caramilloso, -sa *adj.* fam. Quisquilloso.
caramujo *m.* Especie de caracol pequeño que se pega a los fondos de los buques (gén. *Trochus, Littorina).* 2 Escaramujo (especie de rosal).
caramuru *m. Amér.* Pez de agua dulce que vive en las aguas estancadas, esp. en la región del Amazonas, y cuya carne comen los indios *(Lepidopsidon).*
caramuzal (turco *car,* comercio + *mucel,* portador) *m.* Buque turco de tres palos y popa muy elevada.
carancho *m. Bol., Perú* y *R. de la Plata.* Caracará, ave.
carandaí *m.* Palmera alta, originaria del Brasil y muy abundante en América del Sur, cuya madera se emplea en construcción. De sus hojas, en forma de abanico, se hacen pantallas y sombreros, y produce además una cera excelente *(Copernicia cerifera).*
SIN. **Carnauba; caranday** *(Argent.),* **tambal, tamban** *(Ecuad.).*
caranday *m. Argent.* Carandaí.
carandero *m.* Palmera pequeña de la isla de Ceilán.
caranegra *adj.-s. Argent.* Oveja de raza especial, por el color de su cara. -2 *m. Amér.* Especie de mono negro.
caranga *f. Amér. Central* y *Ecuad.* Cáncano, piojo.
carángano *m. Amér.* Cáncano, piojo. 2 *Colomb.* Instrumento que en la música de los negros de los Chacos hace la voz de bajo.
carangueño, -ña *adj.-s.* De Carangas, provincia del departamento boliviano de Oruro.
carantamaula *f.* fam. Careta de cartón, de aspecto horrible y feo. 2 fig. Persona mal encarada.
carantón, -tona *adj. Ecuad.* Carilleno.
carantoña *f.* fam. Carantamaula. 2 fig. Mujer vieja y fea, muy afeitada y compuesta. -3 *f. pl.* Halagos, caricias y lisonjas para conseguir alguna cosa.
SIN. *3* **Cucamonas, garatusas.**
carantoñero, -ra *m. f.* fam. Persona que hace carantoñas (halagos).
caraña *f. Amér. Central* y *Amér. Merid.* Resina medicinal, sólida, quebradiza, gris amarillenta, algo lustrosa y de mal olor, que se obtiene de ciertos árboles anacardiáceos de América. 2 *Amér. Central* y *Amér. Merid.* Árbol burseráceo que produce esta resina *(Protium heptaphyllum).*
carañuela *f. Cuba.* Trampa o hurto disimulado.
carao *m. Amér. Central.* Árbol tropical, que da flores en racimos rosados y un fruto leñoso, como de medio metro de largo, con unas celdillas que contienen una especie de melaza, de propiedades tónicas y depurativas *(Cassia grandis).* 2 Ave gruiforme de América, de unos 60 cms. de longitud y plumaje castaño grisáceo. Vive en zonas húmedas, nada bien y es mal volador *(Aramus guarauna).*
caraota *f. Venez.* Alubia o judía.
carapa *f.* Planta meliácea de las Antillas. Los indios extraían de ella un aceite que, mezclado con bija, les servía para teñirse el cuerpo (gén. *Carapa guayanensis).*
carapacha *f. Colomb.* Corteza de árbol.
carapachay *m.* Entre los indígenas del Río de la Plata, hombre montaraz que habitaba en las islas. 2 *Argent.* y *Parag.* Leñador, carbonero.
carapacho *m.* Caparazón que cubre las tortugas, los cangrejos y otros animales. 2 *Colomb., Cuba, Chile, Ecuad., Perú* y *Venez.* Guisado que se hace en la misma concha de los mariscos. -3 *m. pl.* ETNOL. Pueblo indígena del Perú, en el departamento de Huánaco.
carapato *m.* Aceite de ricino.
¡carape! Interjección ¡Caramba!
carapegueño, -ña *adj.-s.* De Carapeguá, ciudad del departamento paraguayo de Paraguarí.
carapico *m.* Planta rubiácea y de flor pequeña, propia de la Guayana.
carapopela *m.* Especie de lagarto muy venenoso del Brasil.
carapucho *m. Ast.* Capucho. 2 *Ast.* Sombrero de forma ridícula. 3 *Perú.* Planta gramínea, cuyas semillas embriagan y producen delirio *(Bromus catharticus).*
carapulca *f. Perú.* Guisado de carne con papas y ají.
caraqueño, -ña *adj.-s.* De Caracas, capital de Venezuela.
carare *m. Venez.* Carate, micosis epidérmica.
carasol (de *cara al sol*) *m.* Solana.
carasolero, -ra *adj.-s. La Mancha.* Persona desocupada, ociosa.
carata *adj.-f.* Karata.
carate *m. Amér. Central* Caracha (erupción). 2 *Pan.* Por comparación, gallo o gallina de color gris con manchas negras y blancas.
caratea *f.* Enfermedad escrofulosa, propia de los países cálidos y húmedos de América.
caratejo, -ja *adj. Colomb.* Que tiene carate (enfermedad).
caratillo *m. Venez.* Carato, bebida.
I) carato *m. Amér.* Jagua.
II) carato *m. P. Rico* y *Venez.* Bebida refrescante hecha con arroz o maíz molido, o con el jugo de la piña o de la guanábana, y aderezada con azúcar blanco o papelón y agua.
caratoso, -sa *adj. Amér.* Que tiene carate (enfermedad).
carátula *f.* Dim. de *careta.* 2 Portada de un libro, revista, disco, etc. 3 fig. Profesión histriónica. 4 *Guat.* y *Méj.* Esfera del reloj.
caratulado, -da *m. f.* Que tiene el rostro cubierto con carátula. -2 *adj. Argent.* y *Urug.* DER. Titulado, nominado, rotulado.
caratular *tr.* Hacer carátulas para los libros. 2 *Argent.* Cubrir la cara con carátula o máscara. 3 *Argent.* Poner a un libro la carátula o portada.
caratulero, -ra *m. f.* Persona que tiene por oficio hacer o vender carátulas.
caraú *m. Argent.* Ave zancuda, de unos 35 cms. de alto, de pico largo y encorvado, y color castaño obscuro *(Aranus guarauna).*
SIN. **Carrao, carrau,** en otras partes de Amér.
carava (ár. *caraba,* propincuidad) *f.* Reunión que celebraban los labradores los días de fiesta para recrearse.

Caravaca, v. cruz patriarcal o de Caravaca.
caravana (persa *caraván*) *f.* En Oriente, grupo de viajeros, peregrinos, mercaderes, etc., que se juntan para atravesar el desierto o países infestados de ladrones, tribus hostiles, etc. 2 Grupo de vehículos que viajan uno tras otro en la misma dirección, poco distanciados entre sí, y a una velocidad más lenta de lo normal. 3 fig. Gran número de personas reunidas para ir juntas de viaje, especialmente los grupos de gitanos nómadas. 4 En la orden de San Juan, primera campaña que hacían los caballeros por la mar, en persecución de musulmanes. 5 Vehículo remolcable que permite hacer la vida en su interior aprovechando al máximo su reducido espacio; automóvil de esas mismas características. 6 *Colomb.* Alcaraván. 7 *Cuba.* Trampa para cazar pájaros. 8 *Hond.* y *Méj.* Reverencia, cortesía, por lo común afectada. -9 *f. pl. Amér.* Pendientes, arracadas.
caravanero *m.* Conductor de una caravana.
caravaning (in. *caravan;* por analogía con *camping*) *m.* Forma de camping practicado en una caravana (vehículo).
caravasar, caravansar (turco *caravan serai*) *m.* Construcción en los países orientales destinada a alojamiento de los que viajan en caravana.
I) caray *m.* Carey. ◇ Pl.: *carayes.*
II) ¡caray! Interjección ¡Caramba!
carayá (guaraní) *m. Amér.* Mono aullador, grande, de color negro *(Mycetes niger).*
carayaca *m. Venez.* Carayá.
carbalí *adj.* Carabalí. ◇ Pl.: *carbalíes.*
carballón *m.* Alga feofícea, de color pardo anaranjado y con el borde del fronde conspicuamente aserrado *(Ficus serratus).*
carbamida *f.* QUÍM. V. urea.
cárbaso (l. *-su*) *m.* Variedad de lino muy delgado. 2 Vestidura hecha de este lino. 3 poét. Lino, vela de la nave.
carbinol (de *carbono* + *-ol*) *m.* QUÍM. Alcohol metílico.
carbocha *f. Extr.* Castaña asada.
carbochera *f. Extr.* Olla para asar castañas.
carbodinamita *f.* Materia explosiva derivada de la nitroglicerina.
carbógeno (*carbono* + gr. *gennáo,* engendrar) *m.* Polvo que sirve para preparar el agua de Seltz.
carbohidrato *m.* QUÍM. Hidrato de carbono.
carbol *m.* Fenol.
carbólico (de *carbol*) *adj.* Fénico.
carbolíneo (de *carbón* + l. *oleum,* aceite) *m.* Substancia líquida y grasa, obtenida de la destilación del alquitrán de la hulla, us. para hacer impermeable la madera.
carbón (l. *carbone*) *m.* Substancia sólida, ligera, negra y combustible, que resulta de la destilación o de la combustión incompleta de la leña o de otros cuerpos orgánicos: *~ **animal*** *(o **negro animal**),* el que por medio de la destilación se obtiene de los huesos y otras substancias animales; *~ **vegetal**,* el de leña. 2 Brasa o ascua, después de apagada. 3 Carboncillo. 4 *~ **de piedra*** *(u **hornaguera**),* substancia fósil, dura, bituminosa, de color obscuro o negro, formada en épocas geológicas pasadas por la descomposición parcial de materias vegetales, fuera del acceso del aire y bajo la acción de la humedad, y en muchos casos de un aumento de presión y temperatura. Recibe, según sus clases, los nombres de *turba, lignito, antracita, hulla.* 5 Nombre vulgar de algunos hongos basidiomicetes, parásitos de los cereales (gén. *Ustilago).* 6 *Colomb.* Carbunco, enfermedad.
carbonada *f.* Cantidad grande de carbón que se echa de una vez en la hornilla. 2 Carne cocida, picada y asada. 3 Bocado de leche, huevo y dulce, frito en manteca. 4 *Amér.* Guisado compuesto de pedazos de carne, rebanadas de choclos, zapallo, papas y arroz.
carbonado *m.* Diamante negro.
carbonalla *f.* Mezcla de arena, arcilla y carbón que sirve para construir el suelo de los hornos de reverbero.
carbonar *tr.-prnl.* Hacer carbón.
carbonario (it. *carbonaro*) *m.* Afiliado al carbonarismo.
carbonarismo *m.* Asociación política secreta, doctrinalmente muy afín a la masonería, que actuó esp. en Italia y Francia a principios del s. XIX.
carbonatación *f.* QUÍM. Tipo de meteorización por la que el CO_2 atmosférico reacciona con el agua para dar H_2CO_3 (ácido carbónico).
carbonatado, -da *adj.* [base] Combinado con el ácido carbónico, formando carbonato.
carbonatar *tr.* Convertir [una substancia] en carbonato, o saturarla de ácido carbónico.
carbonatita *f.* Roca magmática intrusiva alcalina compuesta fundamentalmente por calcita y en menor cantidad por minerales radioactivos.
carbonato (de *carbono* + *-ato*) *m.* Sal del ácido carbónico.
carboncillo *m.* Palillo carbonizado que sirve para dibujar. 2 Dibujo hecho con este palillo y según su técnica. 3 Clase de arena negra por la acción del sol. 4 *C. Rica.* Árbol de flores rosadas adornadas de largos filamentos *(Inga grandiflora).* 5 *Chile.* Carbonilla.
SIN. *1* y *2* **Carbón,** dibujo al carbón. *4* **Cabellos de ángel.**
carbonear *tr.* Hacer carbón [de leña]. -2 *intr.* Cargar un buque carbón para su consumo. -3 *tr. Chile.* Incitar, estimular.
carboneo *m.* Acción de carbonear. 2 Efecto de carbonear.
carbonera *f.* Pila de leña, cubierta de arcilla para el carboneo. 2 Lugar donde se guarda el carbón. 3 Seta con el sombrero de color variable, las láminas y el pie blancos; su carne es excelente *(Russula cyanoxantha).* 4 MAR. vulg. Vela de estay mayor. 5 *Colomb.* Mina de hulla. 6 *Chile.* Parte del ténder en que va el carbón. 7 *Hond.* Planta de los jardines.
carbonería *f.* Lugar donde se vende carbón. 2 *Chile.* Instalación destinada en los campos a hacer carbón de leña mediante el empleo de hornos.
carbonero, -ra (l. *-ariu*) *adj.* Relativo al carbón. -2 *m. f.* Persona que tiene por oficio hacer o vender carbón. -3 *m.* Paro carbonero. 4 Pez marino teleósteo gadiforme, parecido al abadejo, de gran tamaño y color pardo verdoso *(Pollachius virens).* 5 *Cuba.* Árbol de madera dura, blanquecina y correosa *(Capparis jamaicensis).* 6 *Chile.* El que estimula o carbonea. 7 *Guat.* Ave parecida a la tanagra.
carbónico, -ca *adj.* Relativo al carbono. 2 [mezcla o combinación] En que entra el carbono: ***Ácido*** *~*, H_2CO_3, ácido que existe sólo en disolución; con las bases forma carbonatos.
carbónidos *m. pl.* Grupo de substancias que comprenden los cuerpos formados del carbono puro o combinado.
carbonífero, -ra (*carbón* + *-fero*) *adj.* [terreno] Que contiene carbón mineral. -2 *adj.-m.* Período geológico de la era primaria o paleozoica que sigue al devónico y precede al pérmico, y terreno a él correspondiente. 3 *adj.* Perteneciente o relativo a este período.
carbonilla *f.* Carbón menudo, cisco. 2 Residuos de carbón desprendidos de las locomotoras. 3 *Argent.* Carboncillo para dibujar.
carbonilo *m.* QUÍM. Óxido de carbono que actúa como radical.
carbonita *f.* Especie de coque natural, que se encuentra en algunas minas de carbón de piedra. 2 Substancia explosiva que se emplea con los mismos fines que la dinamita.
carbonización *f.* Acción de carbonizar o carbonizarse. 2 Efecto de carbonizar o carbonizarse.
carbonizar *tr.* Reducir a carbón [un cuerpo orgánico]. ◇ ** CONJUG. [4] como ***realizar.***
carbono *m.* Metaloide tetravalente sólido, insípido e inodoro, que es el constituyente más importante del carbón. Su símbolo es *C* y su peso atómico es 12.
carbonoso, -sa *adj.* Que tiene carbón. 2 Parecido al carbón.
carborundo *m.* Carburo de silicio, CSi, cuerpo de gran dureza que se obtiene sometiendo a temperaturas muy elevadas una mezcla de coque, arena y cloruro de sodio; se usa para substituir ventajosamente al esmeril y al asperón.
carboxilo (de *carbo-* + *oxi-* + *-ilo*) *m.* Grupo monovalente formado por carbono, oxígeno e hidrógeno, -COOH, característico de los ácidos orgánicos.
carbuncal *adj.* Relativo al carbunco.
carbunclo (v. *carbúnculo*) *m.* Rubí. 2 Carbunco.
carbunco (de *carbunclo*) *m.* Enfermedad virulenta y contagiosa producida por una bacteria específica, que padecen los animales, y que puede transmitirse al hombre, dando origen al ántrax. 2 *C. Rica.* Cocuyo, insecto.
carbuncosis *f.* Infección carbuncosa. ◇ Pl.: *carbuncosis.*
carbuncoso, -sa *adj.* Carbuncal.
carbúnculo (l. *-lu;* doble etim. *carbunclo*) *m.* Rubí.
SIN. **Piropo.**
carburación *f.* Acto por el que se combinan el carbono y el hierro para producir el acero. 2 Acción de carburar. 3 Efecto de carburar. 4 En los motores de explosión, paso de la corriente de aire sobre la gasolina para obtener la mezcla inflamable.
carburado, -da *adj.* QUÍM. Que contiene carbono.
carburador *m.* Aparato para carburar; esp., aquel en que se produce la carburación en el motor de explosión.
carburante *adj.-s.* Cuerpo que contiene hidrocarburo. -2 *m.*

Mezcla de hidrocarburos que se emplea en los motores de explosión y de combustión interna.
carburar (de *carburo*) *tr.* Mezclar los gases o el aire atmosférico con los carburantes gaseosos o con los vapores de los carburantes líquidos para hacerlos explosivos o detonantes. 2 Mezclar [algún cuerpo] con carburo. 3 fam. Funcionar. 4 fig. *y* fam. Tener lucidez en un asunto, ser de reflejos rápidos o trabajar con ahínco.
carburata *m.* pop. Carburador.
carburina *f.* Sulfato de carbono us. para quitar las manchas de grasa en los tejidos.
carburo *m.* Combinación del carbono con un cuerpo simple. 2 esp. Carburo de calcio, C_2Ca, usado para obtener el acetileno.
I) carca (abrev. de *carcundia*) *adj.-com.* desp. Carlista. 2 fam. Viejo, lleno de prejuicios, extremadamente conservador.
II) carca (voz quechua) *f. Amér.* Olla en que se cuece la chicha. 2 *Perú.* Costra de suciedad.
carcacha *f. Méj.* Coche viejo.
carcahuesal *m. Colomb.* Terreno pantanoso, esp. el formado de carcavones o por pisadas de animales, que al desecarse dejan el suelo muy desparejo.
carcaj (fr. *carquois* < persa *terkech*) *m.* Aljaba. 2 Caja pendiente de un tahalí, en que se mete el extremo del palo de la cruz alta cuando se lleva en procesión. 3 *Amér.* Funda de cuero en que se lleva el rifle al arzón de la silla. ◇ Pl.: *carcajes.*
carcajada (ár. *cahcaha*) *f.* Risa impetuosa y ruidosa. 2 *A ~ tendida,* con gran risa.
SIN. v. **Risa.**
carcajear *intr.-prnl.* Reír a carcajadas.
carcamal *adj.-m.* fam. Persona vieja y achacosa.
I) carcamán *m.* Buque grande, malo y pesado.
II) carcamán, -na (como *carcamal*) *m. f. Perú.* Persona de muchas pretensiones y poco mérito. 2 *Argent.* y *Cuba.* Extranjero de poco viso. 3 *Perú.* Carcamal. -4 *m. Méj.* Juego de azar consistente en acertar los números que marquen tres dados.
cárcamo (v. *carcamal*) *m.* Cárcavo.
carcañal *m.* Calcañar.
carcarañá *f. Argent.* Ave de rapiña.
carcasa (fr. *carcasse*) *f.* Armazón, estructura de un objeto. 2 fig. *y* fam. Aspecto físico, cuerpo. 3 Esqueleto de un ave. 4 Bomba incendiaria.
cárcava (de *cárcavo*) *f.* Hoya que suelen hacer las avenidas. 2 Zanja o foso. 3 Sepultura (hoyo).
carcavina *f.* Cárcava.
cárcavo (ár. *carcab,* vientre) *m.* Hueco en que juega el rodezno de los molinos.
SIN. **Cárcamo.**
carcavón *m.* Aum. de *cárcava.* 2 Barranco que hacen las avenidas en la tierra movediza.
carcavuezo (de *cárcavo*) *m.* Hoyo profundo en la tierra.
I) carcax *m.* Carcaj. ◇ Pl.: *carcajes.*
II) carcax (ár. *jaljal*) *m.* Aljorca. ◇ Pl.: *carcajes.*
carcaza *f.* Carcaj.
cárcel (l. *carcere*) *f.* Edificio y local destinado para la custodia y seguridad de los presos. 2 Ranura por donde corren los tablones de una compuerta. 3 Lugar de partida para la carrera de carros en el circo romano. 4 CARP. Barra de madera con dos salientes, entre los cuales se colocan y oprimen con un tornillo o con cuñas dos piezas de madera encoladas, para que se peguen. 5 IMPR. Par de tablas iguales que, afirmadas en las piernas de la prensa, abrazan y sujetan el husillo.
SIN. *1* **Prisión,** estilo escogido o forense; **chirona, gayola,** fam.; germ. **trena.**
carcelaje *m.* Derecho que al salir de la cárcel pagaban los presos. 2 Carcelería (detención).
carcelario, -ria *adj.* Relativo a la cárcel.
carcelazo *m. Ecuad., Perú* y *P. Rico.* Reclusión en la cárcel.
carcelera *f.* Canto popular andaluz, cuyo tema son los trabajos y penalidades de los presidiarios.
carcelería *f.* Detención forzada, aunque no sea en la cárcel. 2 Fianza carcelera.
carcelero, -ra *adj.* Carcelario. -2 *m. f.* Persona que tiene por oficio cuidar de la cárcel.
carchar *tr. R. de la Plata.* Robar, despojar.
carchense *adj.-s.* De Carchi, provincia del norte de Ecuador.
carcheo *m. Urug.* Acción de carchar. 2 Efecto de carchar.
carchi *m. Colomb.* Carne salada.
carcino- (del gr. *karkinos,* cangrejo, cáncer) Elemento prefijal que entra en la formación de palabras con el significado de cangrejo, crustáceo; cáncer, tumor: *carcinología, carcinofobia.*
carcinofobia (*carcino-* + *-fobia*) *f.* Cancerofobia.
carcinogénesis (*carcino-* + *-génesis*) *f.* MED. Conjunto de fenómenos que determinan la aparición del desarrollo y crecimiento de un cáncer.
carcinógeno, -na (*carcino-* + *-geno*) *adj.-m.* Substancia o agente que produce el cáncer o favorece su aparición.
carcinoide (*carcino-* + *-oide*) *m.* PAT. Tumor de baja malignidad, propio del intestino delgado aunque puede encontrarse en cualquier punto del organismo.
carcinología (*carcino-* + *-logía*) *f.* Parte de la zoología que trata de los crustáceos.
carcinológico, -ca *adj.* Relativo a la carcinología o a los crustáceos.
carcinoma (gr. *karkinoma*) *m.* Tumor de naturaleza cancerosa.
carcinomatoide *adj.* MED. [proceso no tumoral] Que se parece a un carcinoma.
carcinomatoso, -sa *adj.* Canceroso.
carcocha *f. Perú.* Carruaje viejo, de aspecto feo.
cárcola *f.* Pedal del telar (de tejer).
SIN. **Premidera.**
carcoma (raíz *carc,* de donde gr. *karkinos* y l. *cancer*) *f.* Insecto coleóptero muy pequeño, de color obscuro, cuya larva roe y taladra la madera *(Anobium punctatum).* 2 Polvo que produce este insecto después de digerir la madera que ha roído. 3 fig. Cuidado grave y continuo que mortifica y consume al que lo tiene. 4 fig. Persona o cosa que poco a poco va gastando y consumiendo la hacienda.
SIN. *1* **Coso;** *Ar.* **quera.**
carcomer *tr.* Roer la carcoma [la madera]. 2 fig. Consumir poco a poco [alguna cosa, como la salud, la virtud]. -3 *prnl.* Llenarse de carcoma una cosa.
carcomilla *f. Cuba.* Carcomillo.
carcomillo *m. P. Rico.* Carcoma, envidia.
carcón *m.* Correa con argollas en sus extremos en que se afirman las varas de la silla de manos.
carcunda *adj.-com.* desp. Carca.
cardi-, v. cardio-.
carda (de *cardo*) *f.* Acción de cardar. 2 Efecto de cardar. 3 Cabeza terminal del tallo de la cardencha. 4 Instrumento para preparar el hilado de la lana, compuesto de una tabla a la cual se adhiere un pedazo de becerrillo cuajado de puntas de hierro. 5 fig. Amonestación, reprensión. 6 *Argent.* Clase de cacto.
SIN. *4* **Cardencha, palmar, peine.**
cardada *f.* Porción de lana que se carda de una vez.
cardado, -da *adj.* [fibra] Que se ha tratado con la carda: *algodón ~.* -2 *m.* En peluquería, acción de cardar el pelo. 3 En peluquería, efecto de cardar el pelo.
cardador, -ra *m. f.* Persona que tiene por oficio cardar. -2 *m.* Miriápodo diplópodo de cuerpo cilíndrico, que vive en los sitios húmedos, se alimenta de restos vegetales, despide olor fétido y puede arrollarse en espiral *(gén. Julus).*
SIN. *1* **Pelaire.**
cardadura *f.* Acción de cardar la lana.
cardal *m.* Cardizal. 2 Pita, planta amarilidácea.
cardamina *f.* Mastuerzo de prado.
cardamomo *m.* Planta cingiberácea de la India, de fruto capsular, cuyas semillas se emplean en medicina como aromáticas y carminativas *(Elettaria cardamomum).* 2 Fruto de esta planta.
SIN. **Grana del Paraíso.**
cardán *m.* MEC. Articulación para transmitir un movimiento de rotación en direcciones distintas. 2 MEC. Suspensión consistente en dos círculos concéntricos cuyos ejes forman ángulo recto.
cardar *tr.* Preparar con la carda [una materia textil] para el hilado. 2 Sacar el pelo con la carda [a los paños y felpas]. 3 Entre peluqueros, tirar con fuerza de los mechones y peinarlos luego en sentido contrario, a fin de que el cabello quede enredado y abulte más.
SIN. **Carduzar,** menos us.
cardario *m.* ZOOL. Pez de la familia de la raya *(Raia fullonica).*
cardelina (l. *carduele*) *f.* Jilguero.
I) cardenal (l. ecl. *cardinale;* v. *cardinal*) *m.* Prelado que forma parte del Sacro Colegio o Consejo del Papa y forma, con otros, el cónclave para la elección del Sumo Pontífice. 2 *~ de Santiago,* canónigo de la iglesia compostelana, que tiene este título y algunas preeminencias especiales. 3 Ave paseriforme americana muy hermosa con un alto penacho rojo al cual debe su nombre *(Richmondena cardinalis).* 4 *Chile.* Geranio. 5 *Ecuad.*

Mezcla de varios vinos con ron, jugo de piña, zumo de limón y nuez moscada.
SIN. *1* **Purpurado.**

II) cardenal (de *cárdeno*) ***m.*** Equimosis.

cardenalato ***m.*** Dignidad de cardenal.

cardenalicio, -cia ***adj.*** Relativo al cardenal (prelado).

cardencha (de *cardo*) ***f.*** Planta dipsacácea de tallo espinoso, de flores purpúreas terminales, provistas en su base de grandes brácteas espinosas, que se utilizan para cardar los paños y la lana *(Dipsacus sativus).* 2 Carda (instrumento). 3 Motivo decorativo en forma de cardo.
SIN. *1* **Abrepuño, cardón, escobilla. Regüeldo,** la que brota en el tallo de la principal.

cardenchal ***m.*** Terreno donde abundan las cardenchas.

cardenense ***adj.-s.*** De Cárdenas, capital de la provincia cubana de Matanzas.

cardenilla (de *cárdeno*) ***f.*** Variedad de uva menuda, tardía y de color amoratado. 2 Planta saxifragácea.

cardenillo ***m.*** Dim. de *cárdeno.* 2 Mezcla venenosa de acetatos básicos de cobre, de color verde o azulado, que se forma en la superficie de los objetos de cobre o sus aleaciones. 3 Acetato de cobre que se emplea en pintura. 4 Mariposa diurna de pequeño tamaño, que se distingue de otras especies afines por la coloración de las alas posteriores *(Tomares ballus).* -5 ***adj.-m.*** Color verde claro del acetato de cobre. -6 ***adj.*** De color cardenillo.
SIN. *1, 2, 3, 5* y *6* **Verdete, verdín.**

cárdeno, -na (l. *cardinu,* color del cardo) ***adj.*** Color amoratado. 2 [toro] Cuyo pelo tiene mezcla de negro y blanco. 3 [agua] De color opalino. -4 ***m.*** *Logr.* Pan de harina recién molida.
SIN. *1* **Lívido, nidrio.**

cardería ***f.*** Taller donde se carda la lana. 2 Fábrica de cardas.

cardero ***m.*** El que tiene por oficio hacer cardas.

carderola ***f.*** *Huesca* Jilguero.

-cardia (gr. *kardía,* corazón) Elemento sufijal que entra en la formación de palabras con el significado de corazón: *taquicardia.*

cardíaca, cardiaca ***f.*** Agripalma.

cardiáceo, -a (*cardi-* + *-áceo*) ***adj.*** Que tiene forma de corazón.

cardíaco, -ca, cardiaco, -ca (gr. *kardiakós*) ***adj.*** Relativo al corazón. -2 ***adj.-s.*** Que padece del corazón.
SIN. **Cordíaco,** p. us.

cardialgia (gr. *kardialgía* < *cardi-* + *-algia*) ***f.*** Dolor en el músculo cardíaco, localizado a nivel de la región precordial o de la epigástrica.

cardiálgico, -ca ***adj.*** Relativo a la cardialgia.

cardias (gr. *kardía,* estómago) ***m.*** Orificio superior del estómago por el cual comunica con el esófago. ◇ Pl.: *cardias.*

cardiectasia (*cardi-* + *-ectasia*) ***f.*** Dilatación de las cavidades del corazón.

cardillar ***m.*** Terreno en que abundan los cardillos.

I) cardillo (dim. de *cardo*) ***m.*** Planta compuesta, de flores amarillentas y hojas rizadas con el margen espinoso; se cría en sembrados y barbechos, y las penquitas de sus hojas se comen cocidas cuando están tiernas *(Scolymus hispanicus).*
SIN. **Tagarnina.**

II) cardillo ***m.*** *Méj.* Viso o reflejo del sol, producido por un espejo, con el cual se entretienen los niños.

cardina ***f.*** Hoja parecida a las del cardo, usada como ornamentación en el estilo gótico. ◇ Úsase también en plural.

cardinal (l. *-alis;* doble etim. *cardenal*) ***adj.*** Principal, fundamental: *puntos cardinales; virtudes cardinales.* 2 Perteneciente o relativo a los signos Aries, Cáncer, Libra y Capricornio, porque tienen su principio en los cuatro puntos cardinales del Zodíaco, y entrando el Sol en ellos, empiezan respectivamente las cuatro estaciones del año. 3 GRAM. ***Adjetivo numeral ~,*** v. adjetivo. -4 ***adj.-m.*** MAT. V. número ~.

cardio-, cardi-, -cardio (gr. *kardía,* corazón) Elemento prefijal y sufijal que entra en la formación de palabras con el significado de corazón o relacionado con él: *cardiografía, cardialgia, miocardio.*

cardioangiología (*cardio-* + *angiología*) ***f.*** Rama de la medicina que trata de la fisiología y patología de los vasos sanguíneos y del corazón.

cardiode ***m.*** Micrófono en forma de corazón.

cardiofobia (*cardio-* + *-fobia*) ***f.*** Temor morboso a las enfermedades del corazón.

cardiografía (*cardio-* + *-grafía*) ***f.*** Estudio y descripción del corazón. 2 Registro de los movimientos del corazón por medio del cardiógrafo.

cardiógrafo (*cardio-* + *-grafo*) ***m.*** Aparato que mide y registra los movimientos del corazón.
REL. **Cardiograma,** inscripción registrada por este aparato.

cardiograma (*cardio-* + *-grama*) ***m.*** Inscripción registrada por el cardiógrafo.

cardiología (*cardio-* + *-logía*) ***f.*** Tratado del corazón y de sus funciones y enfermedades.

cardiólogo, -ga ***adj.-s.*** Especialista en enfermedades del corazón.

cardiomegalia (*cardio-* + *-megalia*) ***f.*** MED. Aumento del volumen del corazón por crecimiento anormal del músculo cardíaco.
SIN. **Macrocardia, megalocardia.**

cardiópata ***adj.-com.*** Persona que padece alguna afección cardíaca.

cardiopatía (*cardio-* + *-patía*) ***f.*** Enfermedad del corazón.

cardioprotector, -ra (*cardio-* + *protector*) ***adj.-m.*** [fármaco] Que sirve para prevenir las enfermedades del corazón.

cardiovascular (*cardio-* + *vascular*) ***adj.*** Perteneciente o relativo al corazón y vasos sanguíneos: *sistema ~; enfermedad ~.*

cardioversión (*cardio-* + *versión*) ***f.*** MED. Método de tratamiento de las alteraciones del ritmo cardíaco o de su paro, consistente en efectuar una descarga eléctrica, de gran intensidad y poca duración, sobre el área cardíaca.

cardítico, -ca ***adj.*** Relativo al corazón o a la carditis.

carditis (*cardi-* + *-itis*) ***f.*** Inflamación del tejido muscular del corazón. ◇ Pl.: *carditis.*

cardizal ***m.*** Terreno en que abundan los cardos y otras hierbas inútiles.
SIN. **Cardal, arrezafe, carduzal.**

cardo (l. *cardu*) ***m.*** Planta compuesta, de hojas grandes y espinosas como las de la alcachofa, y cabezuelas azules, redondas, cubiertas de brácteas coriáceas acabadas en apéndice espinoso; sus pencas se comen, después de aporcada la planta para que resulten más blancas y sabrosas *(Cynara cardunculus).* 2 Planta más o menos parecida al cardo: ***~ ajonjero,*** ajonjera; ***~ almizclero,*** compuesta, bienal, de hojas pinnadas y espinosas, y capítulos de color púrpura *(Carduus nutans);* ***~ bendito*** o ***santo,*** compuesta, de zumo narcótico y purgante *(Cnicus benedictus);* ***~ blanco,*** umbelífera perenne de flores dispuestas en umbelas globulares de color azul *(Eryngium bourgatii);* ***~ borriquero, lechal, lechero*** o ***mariano*** (también *arzolla, espina blanca* y *toba),* compuesta, cubierta de jugo viscoso, empleada para cuajar la leche *(Silybum marianum);* ***~ corredor*** o ***setero*** (también *eringe),* umbelífera, de flores azuladas, y fruto ovoide y espinoso *(Eryngium campestre);* ***~ de cardador,*** cardencha; ***~ de liga,*** compuesta perenne con una roseta basal de hojas espinosas que lleva en el centro un capítulo púrpura *(Atractylis gummifera);* ***~ estrellado*** (también *calcitrapa* y *tríbulo),* compuesta medicinal de tallo velloso y flores blancas o purpúreas *(Centaurea calcitrapa);* ***~ santo,*** *Amér.,* cardosanto; ***~ yesquero,*** compuesta, perenne y erecta, de capítulos globulares de color azul *(Echinops ritro).* 3 Cardina. 4 fig. Persona fea o arisca. 5 Escobilla de alambre que se emplea para limpiar limas y diversos objetos de metal. 6 *Méj.* Adormidera espinosa.
REL. *1* Flor del **~, vilano.**

cardón (de *cardo*) ***m.*** Cardencha (planta). 2 Acción de cardar el paño antes de tundirlo. 3 Efecto de cardar el paño antes de tundirlo. 4 Pita, planta amarilidácea. 5 *C. Rica, Méj.* y *Perú.* Planta cactácea de la que existen varias especies (gén. *Cereus).* 6 *Argent.* y *Bol.* La que sirve para setos vivos y como planta forrajera. 7 *Bol.* La de gran tamaño; alcanza unos 20 m. de altura. 8 *Perú* y *Venez.* Cardo, planta.

cardona ***f.*** *Cuba.* Especie de cacto que se cría en la costa (gén. *Melocatus).*

Cardona ***n. pr.*** Personaje folklórico que figura en la comparación corriente: *más listo que Cardona.* Sobre su origen se han hecho varias conjeturas acerca de varios individuos de linaje de Cardona que efectivamente, se distinguieron por su listeza, pero no se ha podido llegar a conclusiones firmes.

cardonal ***m.*** Sitio en que abundan los cardones.

cardoncillo (dim. de *cardón*) ***m.*** Cardo mariano, planta compuesta. .

cardosanto ***m.*** *Amér.* Adormidera espinosa.

carducha ***f.*** Carda gruesa de hierro.

cardume, -men ***m.*** Banco de peces. 2 *Chile.* Abundancia de cosas.

carduzador, -ra ***m. f.*** Persona que tiene por oficio carduzar.

carduzal ***m.*** Cardizal.

carduzar (del ant. *carduza,* carda III) ***tr.*** Cardar. ◇ ** CONJUG. [4] como ***realizar.***
careada ***f.*** *Perú.* Entre galleros, careo o cotejo.
careado, -da ***adj.*** *Méj.* En las riñas de gallos, el que se presenta descubierto, por contraposición al tapado.
careador ***m.*** *S. Dom.* El que cuida del gallo durante la pelea.
carear (de *cara*) ***tr.*** Confrontar [unas personas] con otras con objeto de apurar la verdad, esp. con fines policíacos o judiciales. 2 fig. Cotejar [una cosa] con otra: ~ *una copia con el original.* 3 Dirigir [el ganado] hacia alguna parte. 4 Dar la última mano a la cara [del pan de azúcar]. -5 ***intr.*** Dar o presentar la faz hacia una parte: *la casa carea a la montaña.* -6 ***prnl.*** Verse las personas para algún negocio; en gral., ponerse cara a cara dos o más personas para resolver un asunto desagradable. -7 ***tr.*** *Amér.* Poner frente a frente [dos gallos] para conocer su modo de pelear.
carebe ***m.*** *Venez.* Pichagua, cuchara rústica.
carecer (l. *carescere*) ***intr.*** Tener falta de alguna cosa: ~ *de recursos.* 2 *Urug.* Ser necesario, requerir. ◇ ** CONJUG. [43] como ***agradecer.***
careciente ***adj.*** Que carece.
carecimiento ***m.*** Carencia.
careicillo ***m.*** *Cuba.* Arbusto silvestre de hojas ásperas y flores blancas en ramillete *(Curatella americana).*
carel ***m.*** Borde superior de una embarcación pequeña donde se fijan los remos que la mueven.
careliano ***m.*** GEOL. Movimiento orogénico que afectó al norte de Europa durante el precámbrico, entre el arcaico y algónquico.
carelio, -lia ***adj.-s.*** De Carelia, región del nordeste de Europa, que comprende zonas de Finlandia y la Unión Soviética. -2 ***adj.-m.*** Lengua balofinesa, hablada en el nororeste de la Unión Soviética.
carena (l. *carina,* quilla) ***f.*** Obra viva, parte normalmente sumergida de la nave. 2 Reparo y compostura hecha en el casco de la nave. 3 fig. Burla y chasco con que se zahiere y reprende: *dar, sufrir, llevar,* o *aguantar,* **~.** 4 Carrocería aerodinámica de un vehículo.
carenado ***m.*** Carenadura.
carenadura ***f.*** Acción de carenar. 2 Efecto de carenar.
carenaje ***m.*** GALIC. Carena, carenadura.
carenar (l. *carinare*) ***tr.*** Reparar el casco [de una nave]: ***~ de firme un buque,*** repararlo completamente. 2 Dar forma aerodinámica [a la carrocería de un vehículo].
carencia (l. *-ntia*) ***f.*** Falta o privación de alguna cosa.
carencial ***adj.*** MED. Relativo a la carencia.
carenero ***m.*** Paraje en que se carena.
carenóstilo ***m.*** Insecto de la familia de los carábidos (gén. *Carenostylus).*
carenote (de *carena*) ***m.*** Tablón que se aplica a los lados de la quilla de una embarcación, para que se mantenga derecha cuando se vara en la playa.
carente ***adj.*** Careciente.
careo ***m.*** Acción de carear o carearse. 2 Efecto de carear o carearse. 3 *Ecuad., P. Rico* y *S. Dom.* Pausa en la pelea de gallos.
carero, -ra ***adj.*** fam. Que vende caro.
carestía (b. l. *carestia* < l. *carere,* carecer) ***f.*** Falta o escasez de alguna cosa; p. ant., de los víveres. 2 Subido precio de las cosas de uso común.
SIN. *2* **Encarecimiento,** acto de aumentar el precio; **carestía,** estado de los precios producido por el encarecimiento.
careta (dim. de *cara*) ***f.*** Máscara o mascarilla para cubrir la cara. 2 Máscara de alambres que usan los colmeneros. 3 Máscara de red metálica que usan los esgrimidores. 4 Parte delantera de la cabeza del cerdo, salada para su conservación. 5 *Cuba.* Calandra.
SIN. *1* **Antifaz,** si es de tela. *1* y *2* **Máscara, carátula.** *2* **Carilla.**
careto, -ta (de *careta*) ***adj.*** [res caballar o vacuna] De cara blanca con el resto de la cabeza de color obscuro. -2 ***m.*** fam. Cara. -3 ***adj.*** *Salv., Hond.* y *Nicar.* [pers.] Que tiene la cara sucia y pringada.
caretudo, -da ***adj.*** *Cuba.* Cariduro, descarado.
carey ***m.*** Tortuga carey. 2 Materia córnea translúcida, susceptible de hermoso pulimento, que se obtiene en chapas delgadas calentando por debajo las escamas de la tortuga carey; sirve para hacer cajas, peines, etc., así como para incrustaciones o embutidos. 3 Cierta mariposa. 4 *Cuba.* Bejuco de hojas anchas y tan ásperas, que se usan como lija *(Tetracera volubilis).* 5 *Cuba.* Arbusto boragináceo de las costas que se emplea en bastones, por la semejanza que su madera tiene con el quelonio del mismo nombre *(Cordia angiocarpa).* ◇ Pl.: *careyes.*
SIN. *1* y *2* **Caray.** *2* **Concha.**
careza (de *caro*) ***f.*** p. us. Carestía.
carfolita ***f.*** Mineral del sistema rómbico que se presenta en cristales aciculares de color amarillento o verdoso con brillo sedoso.
SIN. **Piedra paja,** pop.
carga ***f.*** Acción de cargar. 2 Efecto de cargar. 3 Lo que se transporta a hombros, a lomo, o en cualquier vehículo: ***~ mayor,*** la que suele llevar una acémila; ***~ menor,*** la que suele llevar un asno; fig., ***a cargas,*** con gran abundancia. 4 Unidad de medida de algunos productos forestales. 5 Cantidad de grano; en unas partes es de cuatro fanegas y en otras de tres. 6 Cosa que hace peso sobre otra. 7 Peso sostenido por una estructura. 8 Trabajo útil que suministra un motor en cada unidad de tiempo: ***~ eléctrica.*** 9 Obligación aneja a un estado; empleo u oficio. 10 Cuidados y aflicciones del ánimo. 11 Cantidad de explosivo que se echa en el cañón o en las municiones de un arma de fuego, en una mina o en un barreno: ***~ de profundidad,*** explosivo cuyo mecanismo le permite explotar a una profunidad determinada dentro del mar. 12 Resistencia que se ha de vencer por una máquina o motor, en circunstancias dadas. 13 Material que se añade a una composición para darle resistencia y propiedades adecuadas. 14 fig. Tributo, imposición, censo, hipoteca, servidumbre u otras obligaciones que pesan sobre las personas (~ *personal*) o sobre la propiedad (~ *real*). 15 Ataque de un cuerpo militar o de la fuerza pública: ~ *de caballería; la policía dio una* ***~; volver a la ~,*** fig., insistir en un empeño o tema. 16 FÍS. Cantidad de electricidad: ~ *elemental.* 17 FÍS. Carga del electrón o del protón.
SIN. *14* DER. **Gravamen.**
cargadas ***f. pl.*** Juego de naipes en que pierde el que no hace baza, y, si todos hacen, pierde aquel que tiene más.
REL. El que no hace baza es **bolo.**
cargadera ***f.*** MAR. Cabo con que se facilita la operación de arriar o cerrar las velas volantes y de cuchillo. -2 ***f. pl.*** *Colomb.* MAR. Tirantes.
cargadero ***m.*** Sitio donde se cargan y descargan mercancías y artefactos instalados para estas operaciones. 2 ARQ. Dintel. 3 Boca de los hornos metalúrgicos.
cargadilla (de *cargar*) ***f.*** Aumento de una deuda por acumulación de los intereses. -2 ***f. pl.*** *Colomb.* Tirria, ojeriza.
cargado, -da (de *cargar*) ***adj.*** [tiempo o atmósfera] Bochornoso. 2 Fuerte, espeso, saturado: *café muy* ~. 3 [oveja, y p. ext. otras hembras e incluso mujer] Próxima a parir. 4 En el juego del monte la carta a que se ha puesto más dinero, de las dos que forman el albur y el gallo. 5 fam. Bebido, borracho. -6 ***m.*** Movimiento de la danza española que consiste en poner el pie derecho en el lugar que ocupa el izquierdo. 7 fig. *y* fam. Muerto, liquidado. -8 ***adj.*** BLAS. [pieza o arma] Sobre la que se ha pintado otra u otras que no sean brisura. 9 *C. Rica.* Cargante. 10 *Ecuad.* Engatillado, o [caballo o toro] de pescuezo grueso o levantado en la parte superior.
cargador ***m.*** El que embarca las mercancías para su transporte. 2 El que tiene por oficio conducir cargas. 3 Bieldo para cargar y encerrar la paja. 4 Pieza o instrumento que contiene varios cartuchos para cargar ciertas armas de fuego. 5 Pala mecánica u otro dispositivo para cargar vagones en galerías. 6 Sirviente que introduce la carga en las piezas de artillería. 7 *Amér.* Mozo de cordel. 8 *Colomb.* Banda o cuerda de cuero que sirve para sujetar una maleta o bulto análogo que se lleva a la espalda. 9 *Chile.* Sarmiento algo recortado en la poda, que se deja para que lleve el peso del nuevo fruto. 10 *Guat.* Cohete muy ruidoso. -11 ***m. pl.*** *Colomb.* Tirantes de los pantalones.
SIN. *4* **Peine.**
cargadora ***f.*** *Venez.* Niñera.
cargamento ***m.*** Conjunto de mercancías que carga una embarcación
SIN. **Cargazón.**
cargante (p. a. de *cargar*) ***adj.*** fam. Enojoso, pesado: *lectura* **~.**
cargar (b. l. *carricare* < l. *carru,* carro) ***tr.*** Poner o echar [peso, mercancía, etc.] [sobre una persona, bestia o vehículo] para transportarlo: ~ *el saco a,* o *en, hombros;* ~ *leña en el carro;* ~ *el mulo;* ~ *el barco de trigo;* ~ *para América.* 2 fig. Poner a uno encima muchas cosas: *la cargó de joyas.* 3 Introducir la carga en un arma de fuego: ~ *el fusil.* 4 Proveer a algún utensilio o aparato de aquello que necesita para funcionar: ~ *un acumulador, una pila, una máquina fotográfica.* 5 fam. Comer o beber

con exceso. 6 FÍS. Almacenar en las armaduras de [un condensador] sendas cargas eléctricas. 7 FÍS. Hacer pasar a [un acumulador] una corriente opuesta a la que éste sumnistra. 8 MAR. Cerrar o recoger los paños [de las velas]. 9 VETER. ant. Untar [las caballerías] con su propia sangre después de haberlas sangrado. 10 *Logr.* Fecundar un animal macho a la hembra. 11 AUMENTAR O AGRAVAR EL PESO O LA FUERZA. 12 Imponer [a personas o cosas] [una carga u obligación] (v. aceps. 28 y 32): *le cargó la responsabilidad; ~ el peso del gobierno a uno;* esp. imponer tributos: *~ el reino con,* o *de, impuestos;* se usa gralte. en abs. y acompañado de adv. de cantidad, *mucho, bastante,* etc.: *habéis cargado mucho en la venta.* 13 Imputar, achacar: *~ un delito a uno; ~ la culpa al mal tiempo.* 14 En ciertos juegos de naipes, echar sobre la carta jugada [otra que gane]; en el monte, ruleta, etc., aumentar el dinero puesto [en una carta, color, número]. 15 Acometer con fuerza [al enemigo]; evolucionar la fuerza pública para dispersar [a la multitud]. 16 COM. Anotar en las cuentas [las partidas que corresponden al debe]. 17 DEP. En el fútbol y otros juegos, desplazar de su sitio un jugador a otro mediante un choque violento con el cuerpo. -18 ***intr.*** Inclinarse a una parte, arreciar, hacer fuerza: *la tempestad cargó hacia el norte; cargó el viento del sudeste.* -19 ***prnl.*** Incomodar, cansar, enojar: *me carga su impertinencia; este libro le carga.* 20 Admitir el cargo de alguna cantidad. 21 vulg. *y* fam. Matar, romper, eliminar: *se lo cargaron de un tiro; se cargó el tornillo a fuerza de apretar.* -22 ***intr.*** ACOPLAR O REUNIR MUCHAS COSAS: *~ la memoria, la imaginación; cargó el público en el teatro.* 23 Producir las plantas mucho fruto: *este año los olivos han cargado.* 24 Dicho de los pulmones, y en gral. de cualquier conducto respiratorio, o del ambiente, llenarlos de humo, polvo, mucosidades, etc., que dificultan la respiración normal. -25 ***prnl.*** Aglomerarse las nubes: *cargarse el cielo, el horizonte.* -26 ***intr.*** HACER PESO, GRAVITAR: *la poca ropa no carga los hombros.* 27 Estribar, apoyarse, descansar: *la bóveda carga sobre las columnas.* 28 Tomar o echar a otro una obligación o culpa (v. acep. 32), esp. con la prep. *sobre*: *cargue su sangre sobre nosotros.* 29 GRAM. Recaer el acento sobre una sílaba o vocal: *el acento carga en la penúltima sílaba.* -30 ***prnl.*** Inclinarse, echar el cuerpo hacia alguna parte: *cargarse de hombros; ~ delantero el carro; ~ de popa.* 31 fig. *y* fam. Suspender, entre estudiantes: *ese profesor se ha cargado a la mitad de los alumnos;* ***cargársela,*** fig., recibir las consecuencias desagradables de algún acto propio o ajeno: *me la he cargado por todos.* 32 Con la prep. *con,* tomar sobre sí algún peso, obligación o responsabilidad: *yo cargaré con eso; yo cargo con todo; su padre cargó con las costas.* 33 Con la prep. *de,* llegar a tener abundancia de algo (v. acep. 2): *se cargaba de razón, de paciencia, de años.* ◇ ** CONJUG. [7] como ***llegar.***

cargareme (*cargaré + me*) ***m.*** Documento con que se hace constar el ingreso de alguna cantidad en caja o tesorería.

cargatasajo ***m.*** *Cuba.* Juego de naipes parecido a la brisca, en el que pierde el último jugador que se queda con cartas.

cargazón ***f.*** Cargamento. 2 Pesadez sentida en alguna parte del cuerpo: *~ de cabeza.* 3 Aglomeración de nubes espesas. 4 *Argent.* Obra mecánica tosca y mal rematada. 5 *Chile.* Abundancia de frutos en las plantas.
SIN. *3* **Capote.**

cargo ***m.*** ant. Acción de cargar. 2 Carga o peso: *~* ***de conseja,*** lo que la agrava. 3 Conjunto de capachos, llenos de aceituna molida, o cantidad de uva ya pisada que se prensa de una vez. 4 fig. Obligación, precisión de hacer o de hacer cumplir una cosa. 5 Gobierno, dirección, custodia: ***hacerse uno ~ de una cosa,*** fig., encargarse de ella; considerar todas sus circunstancias. 6 Dignidad, empleo, oficio. 7 Persona que lo desempeña. 8 En las cuentas, conjunto de cantidades de que se debe dar satisfacción. ***Ser uno en ~ a otro,*** ser su deudor. 9 fig. Falta que se imputa a uno en su comportamiento: ***hacer ~ a uno de una cosa,*** imputársela, reconvenirle con ella. 10 MAR. Buque de carga. 11 *Chile.* Certificado que al pie de los escritos pone el secretario judicial para señalar el día o la hora en que fueron presentados.
SIN. *10* v. **Reconvención.**

cargosear ***tr.*** *Argent, Chile* y *Urug.* Importunar, molestar.

cargosería ***f.*** *Chile* y *R. de la Plata.* Machaqueo, insistencia enojosa.

cargoso, -sa (de *cargar*) ***adj.*** Pesado, grave. 2 Molesto, cargante, gravoso.

carguero, -ra ***adj.*** Que lleva carga. -2 ***m.*** Buque de carga. 3 *Amér.* Mozo de cordel y bestia de carga.

carguío ***m.*** Cantidad de mercancías que componen la carga. 2 Carga (transporte).

cari (del mapuche *cari,* verde) ***adj.*** *Argent.* y *Chile.* De color plomizo. 2 *Argent.* [plumaje de las gallináceas] Cuyo color está formado por manchitas blancas y rojas. 3 *Argent.* y *Chile.* [oveja] De lana parda; [manta y poncho] del mismo color: *oveja ~, poncho ~.* -4 ***m.*** *Chile.* Pimienta de la India.

caria (de *cariátide*) ***f.*** Fuste de columna.

cariacedo, -da (de *cara + acedo*) ***adj.*** Desapacible, desagradable, enojado.

cariaco ***m.*** *Cuba.* Baile popular caracterizado por doblar las piernas hacia atrás hasta tocar con los talones en las nalgas. 2 *Guayaquil.* Bebida fermentada, de jarabe de caña, cazabe y patatas.

cariacontecido, -da (de *cara + acontecido*) ***adj.*** fam. *y* hum. Que muestra en el semblante aflicción o sobresalto.

cariacos ***m. pl.*** Indios caribes de las Antillas en la época del descubrimiento.

cariacuchillado, -da (de *cara + acuchillado*) ***adj.*** Que tiene alguna cicatriz en la cara.

cariado, -da (de *cariar*) ***adj.*** [hueso o diente] Atacado de caries. ◇ INCOR. vulg. *careado.*

cariadura ***f.*** Daño producido en el hueso o diente por la caries.

cariaguileño, -ña (de *cara + aguileño*) ***adj.*** fam. Que tiene larga la cara, enjutos los carrillos y algo corva la nariz.

carialegre ***adj.*** Risueño.

carialzado, -da ***adj.*** Que tiene la cara levantada.

cariampollado, -da, cariampollar (de *cara + ampolla*) ***adj.*** Mofletudo.

cariancho, -cha ***adj.*** fam. Que tiene ancha la cara.

cariaquito ***m.*** Arbusto vivaz, aromático, que crece hasta poco más de un metro de altura, de hojas recias, dentadas, flores pequeñas, blancas o moradas, y fruto dulce, consistente en una pequeña baya globulosa que encierra una semilla *(gén. Lantane).*

cariar (l. *-are*) ***tr.*** Producir caries [en un hueso]. -2 ***prnl.*** Padecer caries [en hueso o diente]. ◇ INCOR. vulg. *carear.* ◇ ** CONJUG. [12] como ***cambiar.***
SIN. *2* **Picarse.**

cariátide (gr. *Karyátides*) ***f.*** Estatua de mujer con traje talar; p. ext., figura humana que en un cuerpo arquitectónico sirve de columna o pilastra.

caríbal (de *caribe*) ***adj.-s.*** desus. Caníbal.

Caribdis ***n. pr.*** V. Escila.

caribe ***adj.-s.*** De un pueblo amerindio que habita en el norte de América de Sur. -2 ***adj.-m.*** Familia de lenguas precolombinas habladas por los caribes en esta región. -3 ***m.*** fig. Hombre cruel e inhumano, por alusión a los indios de Caribana. 4 Pez pequeño y muy voraz que vive en las costas de Venezuela *(Serrasalmo piraya).* 5 *Cuba.* Substancia incolora y pegajosa que se desprende de algunas plantas y esponjas marinas; si se toca produce mucho picor.

caribello ***adj.*** [toro] Que tiene la cabeza obscura y la frente con manchas blancas.

caribito ***m.*** *Colomb.* y *Venez.* Pez llamado también palometa, muy frecuente en el Mediterráneo *(Lichia glauca).*

cariblanca ***m.*** *Colomb.* y *C. Rica.* Carablanca.

cariblanco ***m.*** *C. Rica.* Especie de jabalí, más pequeño que el europeo y más feroz y cauteloso que el saíno *(Tayassu peccari).*

caribú ***m.*** ZOOL. Reno salvaje del Canadá, cuya carne es comestible *(Rangifer caribou).*

caricáceo, -a ***adj.-f.*** Planta de la familia de las caricáceas. -2 ***f. pl.*** Familia de plantas angiospermas dicotiledóneas, que incluye árboles con tallo poco ramificado y jugoso, flores generalmente unisexuales, de cáliz muy pequeño y corola gamopétala y pentámera.

caricari ***m.*** Halcón brasileño que se alimenta de reptiles, ratones, pajarillos e insectos *(Cerchneis cinnamomina).*

caricarillo, -lla ***adj.*** Relativo al hijo o hija de un viudo respecto de los hijos de una viuda con quien ha contraído matrimonio, y viceversa.

caricato (it.) ***m.*** Bajo cantante que en la ópera hace los papeles de bufo. 2 Imitador cómico de algunos personajes, frente al público. 3 *Amér.* Caricatura. 4 *Cuba.* Manera de cortar el cabello a ras del cráneo.

caricatura (it.; de *caricare,* cargar) ***f.*** Figura ridícula en que se deforman las facciones y el aspecto de una persona. 2 Obra de arte en que se ridiculiza a una persona o cosa. 3 fig. Persona estrafalaria o ridícula. 4 *Amér.* Cortometraje de dibujos animados.

caricatural *adj.* Caricaturesco.
caricaturar *tr.* Caricaturizar.
caricaturesco, -ca *adj.* Relativo a la caricatura o hecho a modo de caricatura.
caricaturista *com.* Dibujante de caricaturas.
caricaturizar *tr.* Hacer la caricatura [de una pers. o cosa]. 2 Remedar grotescamente la forma de hablar o el estilo literario de alguien. ◇ ** CONJUG. [4] como ***realizar.***
carichato, -ta *adj.* Que tiene la cara aplanada.
caricia (der. de *caro*) *f.* Demostración cariñosa que se hace rozando suavemente con la mano: *hacer caricias a un niño, a un perro,* etc. 2 Halago, demostración amorosa. 3 fig. Roce, sensación, toque suave de una cosa, que produce una impresión agradable, como el sol, la brisa, etc.
SIN. v. **Fiesta.**
cariciosamente *adv. m.* Haciendo caricias.
caricioso, -sa *adj.* Cariñoso.
caridad (l. ecl. *charitate* < gr. *charis,* gracia) *f.* Virtud teologal que consiste en amar a Dios sobre todas las cosas, y al prójimo como a nosotros mismos, por amor de Dios. 2 Virtud cristiana opuesta a la envidia y a la animadversión. 3 Limosna que se da o auxilio que se presta a los necesitados. 4 Refresco que se da por las cofradías a los que asisten a la fiesta del santo patrono. 5 Agasajo que se hacía en muchos pueblos pequeños con motivo de las honras de los difuntos. 6 Tratamiento us. en ciertas órdenes religiosas y en alguna cofradía. 7 MAR. Quinta ancla de respeto. 8 *Méj.* Comida de los presos.
caridelantero, -ra (de *cara* y *delantero*) *adj.* Descarado y entremetido.
caridoliente *adj.* Que en el semblante manifiesta dolor.
cariedón *m.* Insecto que roe las nueces.
carientismo (gr. *charientismós* < *charientizomai,* chancear) *m.* RET. Figura que consiste en disfrazar ingeniosa y delicadamente la ironía o la burla.
caries (l.) *f.* Alteración progresiva de los huesos que conduce a su destrucción. 2 Desintegración del esmalte y de la dentina de los dientes por la acción de ciertas bacterias. 3 Tizón de los cereales. 4 ~ ***seca,*** enfermedad de los árboles, que convierte el tejido leñoso en una substancia amarillenta, seca y estoposa. ◇ Pl.: *caries.* ◇ INCOR.: *carie.*
SIN. 2 **Picadura,** principio de caries.
carifresco, -ca *adj. Cuba* y *P. Rico.* Descarado.
carifruncido, -da *adj.* fam. Que tiene fruncida la cara.
carigordo, -da *adj.* fam. Que tiene gorda la cara.
cariharto, -ta *adj.* Carirredondo.
carilampiño, -ña *adj. Amér.* Barbilampiño.
carilanco *m.* Mamífero artiodáctilo de América del Sur. Es una especie próxima al pécari, de la selva tropical *(Tayassu pecari).*
carilargo, -ga *adj.* fam. Que tiene larga la cara, esp. a causa de preocupación o disgusto.
carilimpieza *f. Pan.* Desfachatez.
carilimpio, -pia *adj. Amér.* Descarado.
carilindo, -da *adj.* De linda cara.
cariliso, -sa *adj. Colomb.* Liso, desvergonzado, fresco.
carilla *f.* Careta. 2 Plana o página.
carilleno, -na *adj.* Que tiene abultada la cara.
carillo, -lla *adj.* Caro, amado o querido. -2 *m. f.* Amante, novio, en lenguaje rústico y poético.
carillón (fr.; l. v. *quadrilio,* cuaternario, por las cuatro campanas de los ant. carillones) *m.* Conjunto de campanas acordadas. 2 Sonido producido por las mismas. 3 Instrumento de percusión que consiste en una serie de tubos o láminas de acero afinadas en distintos tonos. ◇ INCOR.: *carrillón.*
carilucio, -cia (de *cara* y *lucio*) *adj.* fam. Que tiene lustrosa la cara.
carimañola *f. Colomb.* y *Pan.* Empanada de yuca, carne, etc.
carimba *f. Perú.* Marca que con hierro candente se ponía a los esclavos. 2 *Cuba.* Calimba.
carimbar *tr. Amér. Merid.* Marcar [reses o esclavos] con la carimba o carimbo.
carimbo *m. Argent., Bol., Perú, P. Rico* y *Urug.* Hierro para marcar las reses y ant. los esclavos.
carincho *m.* Guisado americano, hecho con patatas cocidas enteras, carne de vaca, carnero o gallina y sal con ají.
carinegro, -gra *adj.* Que tiene muy morena la cara.
caringa (voz africana) *f. Cuba.* Baile afrocubano.
carininfo, -fa *adj.* De cara afeminada.
cariñana (de María de Borbon, princesa de *Carignan,* 1606-1692) *f.* Toca femenina del s. XVII ajustada al rostro, como la que usan las religiosas.
cariñar *intr.-prnl. Ar.* Sentir nostalgia o añoranza.
cariñena *m.* Vino de Cariñena, comarca de Zaragoza, muy dulce y oloroso.
cariño (gall. < *caro,* amado) *m.* Inclinación de amor o buen afecto. 2 fig. Expresión y señal de dicho sentimiento. 3 Esmero con que se hace una labor o se trata una cosa. -4 *m. pl.* Recuerdos, saludos. -5 *m. Colomb., C. Rica, Chile* y *Nicar.* Regalo, obsequio.
cariñosa *f. Pan.* Sarna o roña.
cariñosamente *adv. m.* Con cariño.
cariñoso, -sa *adj.* Afectuoso.
cario, -ria *adj.-s.* De Caria, antigua región del sudoeste de Asia Menor. 2 *Amér.* Guaraní.
cario-, -cario (gr. *karyon,* nuez) Elemento prefijal y sufijal que entra en la formación de palabras con el significado de nuez, y, en gral., hueso de los frutos y núcleo: *carióspide, cariogamia, arrenocario.*
carioca *adj.-s.* De Río de Janeiro, ciudad de Brasil. 2 p. ext. Brasileño.
cariocar *m. Colomb.* Árbol de grande altura, de hojas compuestas, digitadas, y flores en racimos terminales *(Caryocar glabrum).*
cariocariáceo, -a *adj.-f.* Planta de la familia de las cariocariáceas. -2 *f. pl.* Familia de plantas angiospermas dicotiledóneas, casi siempre leñosas, con frutos dropáceos provistos de una a cuatro semillas y hojas divididas en tres lóbulos.
cariocarpo, -pa (*cario-* + *-carpo*) *adj.* BOT. [planta] De fruto parecido a la nuez.
cariocerita *f.* MINERAL. Silicato que cristaliza en el sistema hexagonal; es radioactivo y se presenta en cristales de color pardo.
cariocinesis (*cario-* + -cinesis) *f.* BIOL. División indirecta de la célula, precedida de una transformación completa del núcleo; es la forma más general de la división de las células y ofrece un mecanismo muy complicado. ◇ Pl.: *cariocinesis.*
SIN. **Mitosis.**
cariocinético, -ca *adj.* Relativo a la cariocinesis.
cariocito (*cario-* + *-cito*) *m.* Célula con núcleo.
carioco, -ca *adj. Amér.* Aguarico.
cariofanales *f. pl.* Orden de bacterias, dentro de la clase esquizomicetes, que forman colonias microscópicas filamentosas constituidas por individuos flagelados.
cariofiláceo, -a (gr. *karyóphyllon,* clavo de especia) *adj.-f.* Planta de la familia de las cariofiláceas. -2 *f. pl.* Familia de plantas dicotiledóneas, que incluye hierbas o matas, de tallos nudosos articulados, hojas opuestas, estrechas y sencillas, flores hermafroditas regulares y fruto capsular; como el clavel.
cariofilales *f. pl.* Orden de plantas dentro de la clase dicotiledóneas, herbáceas con hojas opuestas o verticiladas y flores actinomorfas y hermafroditas.
cariofileo, -a *adj.* Cariofiláceo.
cariofilina *f.* Substancia contenida en gran cantidad en el clavo de las Molucas.
cariogamia (*cario-* + *-gamia*) *f.* BOT. Fusión de núcleos como consecuencia de un proceso sexual.
cariópside (*cario-* + gr. *opsis,* vista) *f.* Fruto seco, monospermo e indehiscente, considerado como un aquenio, de pericarpio adherido a la semilla; como el grano de trigo.
carioquinesis (*cario-* + *-quinesis*) *f.* Cariocinesis.
cariotipo (*cario-* + *-tipo*) *m.* Conjunto cromosómico total de un individuo.
cariparejo, -ja (de *cara* + *parejo,* igual) *adj.* fam. [pers.] De cara imperturbable.
caripelado *m. Colomb.* Mono capuchino *(gén. Cebus).*
carirraído, -da (de *cara* y *raído*) *adj.* fam. Descarado.
carirredondo, -da *adj.* fam. Redondo de cara.
carisea *f.* Tela basta de estopa, que se tejía en Inglaterra, muy usada en España en los siglos XVI y XVII para ropas de cama pobre. También se hacía de lana.
cariseto *m.* Tela de lana.
carisias *f. pl.* MIT. Fiestas griegas nocturnas en honor de las Gracias.
carisma (gr. *chárisma* < *charizomai,* agradar) *m.* TEOL. Don gratuito que concede Dios con abundancia a una criatura. 2 Prestigio personal que infunde respeto a los demás.
carismático, -ca *adj.* Relativo al carisma. 2 Dotado de carisma.
carisquío *m.* BOT. Árbol de la familia de las mimosáceas, que

vive en los países cálidos del antiguo mundo y cuyas especies son apreciadas por su buena madera.
caristias *f. pl.* MIT. Convite familiar que los romanos celebraban el 18 y 20 de febrero de cada año, para hacer paces entre los parientes.
caristio, -tia *adj.-s.* De una antigua tribu que habitaba en la región de Guipúzcoa a la derecha del río Deva y llegaba hasta el centro de Álava.
carita *f. S. Dom.* Individuo que está de gorrón en una parte.
caritán *m.* Colector de la tuba en Filipinas.
caritativamente *adv. m.* Con caridad.
caritativo, -va *adj.* Que ejercita la caridad: ~ *con,* o *para,* o *para con, los pobres.* 2 Relativo a la caridad.
carite *m. Cuba* y *P. Rico.* Pez parecido al pez sierra, pero más largo y delgado *(Scomberomorus maculatus).* 2 *Venez.* Pez de río *(Serrasalmo piraya).*
cariucho (quechua *cari,* varón + *ucho,* ají) *m. Ecuad.* Guiso de carne y patatas con ají.
cariz (de *cara*) *m.* Aspecto de la atmósfera. 2 fig. Aspecto que presenta un asunto o negocio.
carlán *m.* El que en Aragón tenía cierta jurisdicción y derechos en un territorio.
carlanca *f.* Collar ancho y fuerte, erizado de puntas de hierro, que preserva a los mastines de las mordeduras de los lobos. 2 fig. *y* fam. Maula, picardía: *tener muchas carlancas.* 3 *C. Rica.* Grillete del presidiario. 4 *Ecuad.* Especie de trangallo o palo que se cuelga de la cabeza a los animales para que no entren en los sembrados. 5 *Chile* y *Hond.* Molestia causada por alguna persona machacona y fastidiosa. 6 *Hond.* Persona de tal condición.
SIN. *1* **Carranca.** REL. *1* **Carranza,** punta de hierro.
carlanco *m.* Carraca (pájaro).
carlancón, -cona *adj.-s.* Persona astuta que tiene muchas carlancas.
carlanga *f. Méj.* Pingajo, harapo, guiñapo.
carlanía *f.* Dignidad de carlán. 2 Territorio sujeto a él.
carlear *intr.* Jadear.
carlense *adj.-s.* De San Carlos, capital del estado venezolano de Cojedes.
carleño, -ña *adj.-s.* De San Carlos, capital del departamento nicaragüense de Río San Juan.
carleta (fr. *carlette*) *f.* Lima para desbastar el hierro. 2 Especie de pizarra procedente de Angers (Francia).
carlín (de *Carlos*) *m.* Moneda española del siglo XVI.
carlina *f.* Angélica (planta).
carlinga (fr. *carlingue*) *f.* MAR. Hueco, gralte. cuadrado, en que se encaja la mecha (espiga). 2 Cabina del avión, donde se halla el piloto y ayudantes de vuelo.
carlismo *m.* Programa político de los partidarios del príncipe Carlos María Isidro de Borbón (1788-1855) o de sus descendientes que han pretendido el trono de España. 2 Partido político basado en él.
SIN. **Tradicionalismo;** mientras vivió D. Jaime de Borbón (1870-1931), se llamó también **jaimismo.** *2* **Comunión tradicionalista.**
carlista *adj.-com.* Partidario del carlismo. -2 *adj.* Relativo al carlismo.
SIN. **Tradicionalistta, jaimista.** Desp., **carca, carcunda.**
carlita *f.* ÓPT. Luneta que sirve para leer.
carló *m.* Vino tinto de Sanlúcar de Barrameda, así llamado por ser imitación del de Benicarló.
carlón *m. And.* y *Argent.* Carló.
carlota (n. propio *Carlota*) *f.* Torta de leche, huevos, azúcar, cola de pescado y vainilla.
carlovingio, -gia *adj.-s.* Carolingio.
carmañola (fr. *carmagnole,* [v. caramañola], de *Carmagnola,* región del Piamonte) *f.* Especie de marsellés (chaquetón) de cuello estrecho. 2 Canción revolucionaria francesa.
carme (ár. *karm,* viña) *m.* Carmen (quinta).
carmel *m.* Especie de llantén.
carmelina *f.* Segunda lana que se saca de la vicuña.
carmelita (l. ecl. < l. *-ites,* habitante del monte Carmelo) *adj.-com.* Religioso de la orden del Carmen. 2 Carmelitano. -3 *f.* Flor de la capuchina que se suele echar en las ensaladas. -4 *f. pl.* Pastelillos muy finos de almendra. -5 *adj. Cuba* y *Chile.* [color] Pardo, castaño claro o acanelado, por alusión al del hábito de los carmelitas.
carmelitano, -na *adj.* Relativo a la orden del Carmen. -2 *adj.-s.* Coloniense.
I) carmen *m.* Orden religiosa fundada en el monte Carmelo hacia el siglo XII que, al propagarse por Europa, se convirtió en mendicante. En el siglo XVI fue reformada en sus ramas masculina y femenina por San Juan de la Cruz (1542-1591) y Santa Teresa de Jesús (1515-1582).
II) carmen (v. *carme*) *m.* En Granada, quinta con huerto o jardín.
III) carmen (l.) *m.* Verso o composición poética, esp. si está escrita en latín.
carmenador (l. *carminator*) *m.* El que carmena. 2 Instrumento para carmenar. 3 Batidor (peine).
SIN. **Escarmenador.**
carmenadura *f.* Acción de carmenar. 2 Efecto de carmenar.
carmenar (l. *carminare*) *tr.* Desenredar y limpiar [el cabello, la lana, la seda, etc.]. 2 fig. *y* hum. Repelar (tirar del pelo). 3 fig. Quitar [a uno] el dinero o cosas de valor.
SIN. **Escarmenar.**
carmentales *f. pl.* Fiestas romanas en honra de la ninfa Carmenta.
carmentina *f.* Planta acantácea medicinal.
carmes *m.* Quermes. ◇ Pl.: *carmes.*
carmesí (ár. *quermezí*) *adj.-m.* Color parecido al de la grana, dado por el quermes animal. -2 *adj.* De color carmesí. -3 *m.* Polvo de color de la grana quermes. 4 Tela de seda roja. ◇ Pl.: *carmesíes.*
carmesita *f.* Silicato hidratado nativo de hierro y alúmina.
carmín (l. med. *carminiu* < ar. *quermez,* grana, × l. *miniu,* minio) *adj.-m.* Color rojo encendido, sacado esp. de la cochinilla o de la alizarina. -2 *adj.* De color carmín. -3 *m.* Materia de este color. 4 Rosal silvestre con flores carmíneas *(gén. Rosa).* 5 Flor de esta planta.
carminativo, -va (del ant. *carminar,* expeler) *adj.* [medicamento] Que favorece la expulsión de los gases existentes en el tubo digestivo.
carmíneo, -a *adj.* De carmín. 2 De color de carmín.
carminita (de *carmín*) *f.* Arseniato anhidro nativo de hierro y plomo.
carminoso, -sa *adj.* De color que tira a carmín.
carn-, v. carni-.
carnación *f.* Manera de representar la carne, o color con que se representa en la pintura. 2 BLAS. Color natural y no heráldico, que se da en el escudo a varias partes del cuerpo humano.
carnada *f.* Cebo animal para pescar o cazar. 2 fig. *y* fam. Añagaza.
SIN. *1* **Carnaza.**
carnadura *f.* vulg. Musculatura, robustez. 2 Encarnadura (calidad).
carnaje *m.* Tasajo que llevan las embarcaciones.
carnal (l. *-ale*) *adj.* Relativo a la carne. 2 Lascivo, lujurioso, dado a la carnalidad. 3 Relativo a la lujuria. 4 fig. Terrenal, y que sólo mira las cosas del mundo. 5 [pers.] Que es pariente por línea colateral: *primo* ~. -6 *m.* Tiempo del año que no es cuaresma.
carnalidad *f.* Vicio y deleite de la carne.
carnalita *f.* Cloruro doble de potasio y magnesio; es la más importante de las sales potásicas naturales. Se usa como abono.
carnalmente *adv. m.* Con carnalidad.
carnauba *f.* Carandaí.
carnaval (it. *carnevale* < *carneleva,* quita la carne) *m.* Los tres días que preceden al miércoles de ceniza. 2 Fiesta popular que se celebra en tales días y consiste en mascaradas, bailes y otros regocijos bulliciosos. 3 fig. *y* desp. Conjunto de informalidades y fingimientos que se reprochan en una reunión o en el trato de un negocio.
SIN. **Carnestolendas, antruejo.**
carnavalada *f.* Acción o broma propia del tiempo de carnaval. 2 fig. Asunto, reunión o hecho grotesco, poco serio.
carnavalear *intr. Ecuad., Perú* y *P. Rico.* Jugar al carnaval.
carnavalesco, -ca *adj.* Relativo al carnaval.
carnavál ico, -ca *adj.* p. us. Carnavalesco.
carnavalito *m. Argent.* Baile de origen incaico de las provincias norteñas; se ejecuta por parejas formando rondas, al son de las quenas, charangos y otros instrumentos. 2 Canto y música que acompaña a este baile.
carnaza *f.* Cara de las pieles que ha estado en contacto con la carne. 2 Carnada (cebo). 3 desp. Abundancia de carnes en una persona. 4 Carne en abundancia y de mala calidad. 5 *Amér.* ***Echar a uno de*** **~,** hacerle sufrir algún daño o peligro para librarse el que lo echa.
SIN. *4* **Carnuza.**

I) carne (l.) *f.* Parte del cuerpo de los animales constituida por sus músculos. 2 p. anal. Parte mollar de la fruta. 3 Carne de los animales considerada como alimento: ~ *de pelo;* ~ *de pluma;* ~ ***cediza,*** la que empieza a corromperse; ~ ***mollar,*** la magra y sin hueso; ~ ***salvajina,*** la de animales monteses; ***carnes blancas,*** las de reses tiernas o de aves. 4 Carne y productos comestibles de los cuadrúpedos y de las aves, en contraposición al pescado, verduras, etc.: *día de abstinencia de* ~. 5 El cuerpo humano en oposición al espíritu: *la resurreción de la* ~*; el Verbo se hizo* ~, se encarnó. 6 El cuerpo como sustentáculo de la concupiscencia y de la sensualidad. 7 *Amér.* Cerne.

REL. *1* En tecn. y voces cultas, v. **sarco-**. SIN. *2* **Pulpa.**

FR. *1 En* ~ *viva,* parte del cuerpo despojada accidentalmente de epidermis; *cobrar* o *echar, carnes,* engordar el que estaba flaco; *criar carnes,* ir engordando; *temblarle a uno las carnes,* tener gran miedo u horror de alguna cosa; *metido en carnes,* persona algo gruesa sin llegar a la obesidad; ~ *de gallina,* fig., espasmo que da a la epidermis humana la apariencia de la piel de las gallinas desplumadas; ~ *sin hueso,* fig., empleo de mucha utilidad y poco trabajo; *poner uno toda su* ~ *carne en el asador,* arriesgarlo todo de una vez, o extremar el intento; ~ *de cañón,* fig., tropa inconsiderablemente expuesta al peligro de muerte; *no ser uno ni* ~ *ni pescado,* fig., carecer de carácter o ser inútil.

II) carne *f.* En el juego de la tabla, la parte cóncava de ésta, que forma como una S.

carné (fr. *carnet*) *m.* Tarjeta de identificación personal o de afiliación a alguna asociación, organización, partido, etc. ◇ Pl.: *carnés.* ◇ Sigue en uso la forma *carnet*, pero es preferible esta forma castellanizada, admitida por la Real Academia Española de acuerdo con la pronunciación habitual.

carneada *f. Amér.* Acción de carnear. 2 *Amér.* Efecto de carnear. 3 Lugar en que se carnean las reses.

carnear *tr. Amér.* Matar y descuartizar [un animal] para beneficiarlo. 2 *Argent.* y *Méj.* Herir o matar [a alguien] en un combate o riña. 3 *Chile.* Engañar o estafar [a alguien].

cárneas *f. pl.* Fiestas lacedemonias en honor de Apolo.

carnecería *f.* Carnicería. ◇ Aunque no puede tacharse de incorrecta esta palabra, el uso más gral. y autorizado prefiere *carnicería.*

carnecilla *f.* Dim. de *carne.* 2 Carnosidad pequeña.

carneiro *m.* Molusco lamelibranquio, provisto de una concha de gran tamaño, de hasta 8 cms., con valvas similares de bordes fuertemente dentados, y que vive en fondos fangosos a poca profundidad *(Acanthocardia echinata).*

carneola *f.* Roca calcárea impregnada con óxidos de hierro y con fragmentos aislados de dolomía negra.

carnerada *f.* Rebaño de carneros.

carneraje *m.* Contribución que se paga por los carneros. 2 *Argent., Chile* y *Urug.* Conjunto de carneros.

carnereamiento *m.* Pena que se impone por entrar a hacer daño los carneros en alguna parte.

carnerear (de *carnero*) *tr.* Matar [reses], en pena de haber hecho algún daño el ganado. 2 Amorecer. 3 *Argent.* Eliminar [al candidato] para un puesto o empleo.

carnerero *m.* Pastor de carneros.

carneril *adj.* Relativo al carnero.

I) carnero (de *carne*) *m.* Rumiante bóvido de la subfamilia de los ovinos, de siete a ocho decímetros de altura, frente convexa, cuernos divergentes arrollados en espiral, cola larga y lana espesa y flexible; se cría en domesticidad y de él se aprovechan esp. la lana y la carne *(Ovis aries):* ~ ***merino,*** v. merino; ~ ***de cinco cuartos,*** especie africana, de cuernos cortos, lana larga y cola gruesa; ~ ***de simiente,*** el que se guarda para morueco; ~ ***llano,*** el castrado. 2 Carne de dicho animal. 3 fig. *y* fam. ***No haber tales carneros,*** no ser cierto lo que se dice. 4 ~ ***del Cabo,*** albatros. 5 ~ ***marino,*** foca. 6 *Amér.* Llama, rumiante. 7 *Argent.* y *Chile.* Persona sin voluntad ni iniciativa.

REL. v. **Oveja.** SIN. *1* **Marón, morueco, murueco,** carnero padre.

II) carnero (l. *carnariu*) *m.* ant. Lugar donde se echan los cadáveres. 2 Osario. 3 Sepulcro de familia que solía haber en algunas iglesias.

carneruno, -na *adj.* Relativo o parecido al carnero.

carnestolendas (*carni-* + l. *tollere,* quitar) *f. pl.* Carnaval (días).

carnet *m.* Carné.

carni-, carn- (l. *caro, carnis,* carne) Elemento prefijal que entra en la formación de palabras con el significado de carne: *carnívoro, carniforme.*

carnicería *f.* Sitio donde se vende por menor la carne. 2 fig. Destrozo y mortandad de gente. 3 p. ext. Herida, lesión, etc., con efusión de sangre. 4 *Ecuad.* Matadero.

SIN. *1* **Tablajería.**

carnicero, -ra *adj.-s.* Animal que da muerte a otro para comérselo. -2 *adj.-m.* Carnívoro (animal). -3 *adj.* [coto o dehesa] Donde pace el ganado que se destina al abasto público. 4 fam. [pers.] Que come mucha carne. 5 fig. Cruel, sanguinario, inhumano. -6 *m. f.* Persona que vende carne. -7 *m. pl.* Carnívoros. -8 *m. Ecuad.* Matarife. -9 *f. Chile.* Jaula donde se guarda la carne.

SIN. *6* **Cortador, cortante, tablajero, tajante.**

cárnico, -ca *adj.* Perteneciente o relativo a la carne comestible y a sus preparados: *industrias cárnicas.*

carnicol *m.* Pesuño. 2 Taba, juego.

carniense *m.* GEOL. Período del triásico alpino formado sobre todo por dolomías.

carnificación *f.* Alteración morbosa que da a los tejidos de ciertos órganos una consistencia de carne.

carnificarse *prnl.* Sufrir carnificación un órgano o tejido. ◇ ** CONJUG. [1] como *sacar.*

carnífice *m.* Entre los alquimistas, fuego.

carniforme (*carni-* + *-forme*) *adj.* Que tiene aspecto de carne.

carnina *f.* Principio amargo contenido en el extracto de carne.

carniola (de *Carniola,* región de Italia del N.) *f.* Variedad de calcedonia de color rojo amarillento.

carnios *m. pl.* Ant. pueblo que habitó la Italia septentrional, al Norte del Véneto, y dio nombre a la Carniola.

carniseco, -ca *adj.* Delgado, de pocas carnes.

carnívoro, -ra (l. *-ru* < *carni-* + *-voro*) *adj.-s.* Animal que se alimenta de carne. -2 *adj.-m.* Animal del orden de los carnívoros. -3 *m. pl.* Orden de mamíferos placentarios que se alimentan principal o exclusivamente de carne; se caracterizan por tener pequeños los incisivos y grandes los molares, dos de los cuales son cortantes y mayores que los demás. -4 *adj.* [planta] Que se nutre de ciertos insectos que atrapa por medio de órganos dispuestos para ello.

SIN. *2* y *3* **Carnicero.**

carniza *f.* Desperdicio de la carne que se mata. 2 Carne muerta.

carnosidad *f.* Carne superflua que crece en una llaga. 2 Carne que sobresale en alguna parte del cuerpo. 3 Gordura extremada.

carnoso, -sa *adj.* De carne. 2 Que tiene muchas carnes. 3 Que tiene consistencia de carne. 4 [órgano vegetal] Formado por tejido parenquimatoso, blando y lleno de jugo.

carnotita *f.* MINERAL. Mineral de uranio, del que se extrae radio.

carnudo, -da *adj.* Carnoso (de muchas carnes).

carnuza *f.* desp. Carne abundante y basta.

I) caro *m. Cuba.* Comida que se hace con huevas de cangrejo y cazabe, y también las mismas huevas.

II) caro, -ra (l. *-ru*) *adj.* Que excede mucho del valor o estimación regular. 2 Subido de precio. 3 Amado, querido. -4 *adv. m.* A un precio alto o subido.

SIN. *2* **Costoso** es lo que cuesta mucho. **Caro** guarda relación con los precios ordinarios; **dispendioso,** es lo que supone un gasto excesivo, esp. para los medios del comprador. REL. **Encarecer,** subir el precio, vender caro; subst. **carestía** y **encarecimiento.** SIN. *3* Se usa corrientemente en las expr. **cara mitad** y **caro amigo.**

caroba *f. R. de la Plata.* Planta arbórea bignoniácea, cuya madera se emplea para hacer muebles *(Jacaranda caroba).*

caroca (l. *carruca,* carroza) *f.* Decoración de lienzos y bastidores con que, en determinadas solemnidades, se adornan calles o plazas. 2 Composición bufa, a semejanza de los antiguos mimos. 3 fig. Dicho o hecho afectadamente cariñoso y lisonjero. -4 *Extr.* Embuste, mentira.

carocha *f.* Carrocha.

carochar *intr.* Carrochar.

carocho *m.* Pez marino seláceo, de color chocolate, con reflejos violáceos y manchas obscuras *(Scymnorhinus licha).*

carofíceas *f. pl.* Clase de algas del tipo clorófitos, propias de aguas dulces y que alcanzan un elevado grado de complejidad.

carola *f.* Baile medieval, durante el cual los ejecutantes daban vueltas cogidos de un dedo de la mano. 2 Música y canto, alternado con estrofas recitadas, de este baile. 3 *Chile.* Carona (tela).

caroleno *m. Méj.* Jerga convencional empleada entre novios gralte.

carolina *f.* Hierba leguminosa, con hojas pinnadas y cabezuelas florales globulosas de color rosa y lila *(Coronilla varia).* 2 Pas-

telito compuesto de un fondo de pasta de hojaldre y de un relleno de crema pastelera recubierto de merengue. 3 *Cuba.* Cuyá.
carolingio, -gia *adj.-s.* Relativo a Carlomagno (742-814), a su familia y dinastía, o a su tiempo.
SIN. **Carlovingio.**
carolino, -na *adj.-s.* De las Carolinas, archipiélago de la Micronesia, en el océano Pacífico occidental. 2 De San Carlos, ciudad del departamento uruguayo de Maldonado; p. ext., maldonense.
cárolus *m.* Moneda flamenca que se usó en España en tiempo de Carlos I (1500-1558).
caromomia (l. *caro,* carne + *momia*) *f.* Carne seca de los cuerpos humanos embalsamados, que se usó antig. en medicina.
carón, -na *adj. Amér.* Carigordo. 2 *Colomb.* Descarado.
carona (l. v. *caronia* < l. *caro,* carne) *f.* Tela acojinada puesta entre la silla o albarda y el sudadero, para que no se lastimen las caballerías. 2 Parte interior de la albarda. 3 Parte del lomo sobre el cual cae la carona de la albarda.
caronería *f. Colomb.* Descaro, desfachatez.
Caronte *n. pr.* MIT. Barquero que pasa las almas de los muertos por la laguna Estigia.
caroñoso, -sa (de *carona*) *adj.* [caballería] Que tiene mataduras.
caroquero, -ra *adj.-s.* Que hace carocas.
carosiera *f.* Fruto del carosiero.
carosiero *m.* Especie de palmera del Brasil, cuyo fruto (*carosiera*) es muy parecido al del manzano.
carosis (gr. *károsis*) *f.* Sopor profundo acompañado de insensibilidad completa. ◇ Pl.: *carosis.*
caroso, -sa (quechua *cara,* piel, cuero) *adj. Perú.* Rubio, desteñido.
carota *f.* Cara. -2 *com.* fam. Descarado, caradura.
carótida (gr. *karotis,* pl. *-ides*) *f.* Arteria que por uno y otro lado del cuello lleva la sangre a la cabeza.
carotina (b. l. *carota,* zanahoria) *f.* Pigmento amarillo anaranjado que se encuentra en ciertas células vegetales, y da su color a la zanahoria.
carotinoide *adj.-s.* Substancia con estructura molecular, aspecto y propiedades semejantes a la carotina.
caroto *m. Ecuad.* Árbol de madera pesada.
carozo (quizá relac. con l. *caryon,* nuez) *m.* Raspa de la espiga del maíz. 2 *Extr.* y *Sal.* Hueso de la aceituna bien molido, con que se ceba a los cerdos. 3 *Extr.* y *Amér.* Hueso del durazno y otras frutas.
SIN. *1* **Bolillo, corcho, mazorco, pabilo, panizo, torillo** en And.
I) carpa (l.) *f.* Pez teleósteo cipriniforme comestible, de agua dulce, verdoso por encima y amarillento por debajo, con la boca pequeña, escamas grandes y una sola aleta dorsal *(gén. Cyprinus).*
II) carpa (probable orig. germ., emparentado con fr. *grappe*) *f.* Gajo de uvas.
III) carpa (quechua, toldo) *f.* Gran toldo que cubre un circo o cualquier otro recinto. 2 Tenderete de feria. 3 Tienda de campaña.
carpanel (ant. *escarpanel;* fr. *anse de panier*) *adj.* V. arco apainelado o carpanel. ◇ También *zarpanel.*
carpanta *f.* burl. Hambre violenta. 2 *Sal.* Galvana, flojera. 3 *Méj.* Trulla de gente alegre o maleante.
carpazo *m.* Arbusto cistáceo de hoja plana, lanceolada y vellosa por el haz y el envés; las flores son blancas y pentámeras *(Cistus psilopsepalus).*
carpe (l. *carpinu*) *m.* Ojaranzo (jara). 2 Árbol coriláceo de hasta 25 m. de altura, con la corteza lisa y gris y ramas muy erguidas; las hojas son ovales, puntiagudas y doblemente aserradas; la madera es fuerte y resistente *(Carpinus betulus).*
carpedal *m.* Plantío de carpes.
carpelar *adj.* Relativo al carpelo.
carpelo (gr. *karpós,* fruto) *m.* BOT. Órgano sexual femenino de las plantas fanerógamas, que sostiene y protege los óvulos; en las gimnospermas es abierto e indiferenciado; en las angiospermas, solo o junto con otros, forma el ovario, y su porción apical se prolonga, dando lugar al estilo y al estigma.
carpeta (ing. *carpet,* tapete) *f.* Cubierta de badana o tela para mesas o arcas. 2 Par de cubiertas entre las que se guardan papeles, documentos, etc. 3 Cartera grande para escribir sobre ella y guardar papeles. 4 Factura de los valores o efectos públicos o comerciales que se presentan al cobro, al canje o a la amortización.
carpetano, -na *adj.-s.* De Carpetania, antigua región del centro de España.
carpetazo (de *carpeta*) fig. ***Dar ~,*** en las oficinas, suspender arbitrariamente la tramitación de una solicitud o expediente. 2 Dar por terminado un asunto o desistir de proseguirlo.
carpetear *tr. Venez.* Esconder, dar carpetazo, encarpetar. 2 *Venez.* Estafar. 3 *Venez.* Interrumpir.
carpetovetónico, -ca (de los Montes *Carpetovetónicos*) *adj.* Partidario del carpetovetonismo.
carpetovetonismo (de los Montes *Carpetovetónicos*) *m.* Defensa de lo español a ultranza, rechazando la influencia exterior.
carpiano, -na *adj.* Relativo al carpo.
cárpico, -ca *adj.* BOT. Perteneciente o relativo al carpelo o al fruto.
carpicultura *f.* Técnica de dirigir y fomentar la reproducción de carpas (pez) para su propagación y venta.
carpidor *m. Amér.* Instrumento usado para carpir.
carpín *m.* Pez teleósteo cipriniforme de agua dulce, muy similar a la carpa de la que se diferencia por su menor tamaño y la ausencia de barbillones *(Carassius carassius).*
carpincho *m.* Capibara.
carpintear *intr.* Trabajar en el oficio de carpintero. 2 Hacer obra de carpintero por afición.
carpintería *f.* Establecimiento de carpintero. 2 Oficio de carpintero. 3 Obra o labor del carpintero. 4 ~ ***metálica,*** la que en vez de madera emplea metales para la construcción de muebles, armaduras de puertas y ventanas, etc.
carpinteril *adj.* Relativo al carpintero o a la carpintería.
carpintero, -ra (celt. l. *carpentariu,* maestro de coches) *m.* El que tiene por oficio trabajar y labrar la madera, gralte. común: ~ ***de blanco,*** el que hace los entramados, armaduras, etc., para los edificios; ~ ***de carretas,*** o ***de prieto,*** carretero (que hace carros); ~ ***de ribera*** (también *calafate*), el que trabaja en obras navales; ~ ***de cámara,*** el ebanista de un buque de pasajeros. 2 Pájaro carpintero. -3 *f.* Abeja carpintera.
SIN. *1* **Maderero.**
carpir *tr. Amér.* Limpiar o escardar [la tierra] con el carpidor. 2 p. us. Rasgar, arañar o lastimar; ús. esp. como prnl. 3 Dejar [a uno] pasmado y sin sentido.
carpo (l. *-pu* < gr. *karpós*) *m.* Región del esqueleto de la mano, compuesta de ocho huesos dispuestos en dos filas, que se articula con el antebrazo y el metacarpo.
carpo-, -carpo, -carpa (gr. *karpós,* fruto) Elemento prefijal y sufijal que entra en la formación de palabras con el significado de fruto, carpo: *carpología, anomocarpo.*
carpobálsamo (*carpo-* + *bálsamo*) *m.* Fruto del árbol que produce el opobálsamo.
carpófago, -ga (*carpo-* + *-fago*) *adj.* [animal] Que se alimenta gralte. de frutos.
carpología (*carpo-* + *-logía*) *f.* Parte de la botánica que estudia el fruto de las plantas.
carqueja *f.* Arbusto dioico de 30 a 60 cms. de altura, áfilo; posee tallos articulados, provistos longitudinalmente de dos alas de 2 a 5 milímetros de ancho, y se multiplica por división de matas *(Baccharis articulata).*
carquerol *m.* Pieza de los telares de terciopelo de la cual penden unas cuerdas que se fijan en las cárcolas.
carquesa (l. *carchesia,* cierta vasija) *f.* Horno para templar objetos de vidrio.
carquexia *f.* Mata leguminosa parecida a la retama *(Pterospartum tridentatum; P. sagittale).*
carquiento, -ta *adj. Perú.* Desaseado, que tiene carca (suciedad).
carquiñol (cat. *carquinyoli*) *m. Ar.* Pasta de harina, huevos y almendra machacada, a la que luego se dan varias formas.
carquis *adj. Méj.* Catrín.
carra *f.* En los teatros, plataforma deslizante sobre la que va montada una decoración o parte de ella, que puede aparecer o desplazarse según la conveniencia de la representación. 2 Planta euforbiácea, monoica y perenne, con la base del tallo leñosa; las hojas y el tallo están cubiertas de una blanca pubescencia lanosa *(Mercurialis tomentosa).*
I) carraca (ár. turco) *f.* Ant. nave de transporte de hasta dos mil toneladas. 2 desp. Barco viejo o tardo en navegar, y, p. ext., cualquier artefacto deteriorado o caduco. 3 Sitio en que se construían antig. los bajeles. Por ant. ***La Carraca,*** la de Cádiz.
II) carraca (onomat.) *f.* Instrumento músico de madera que produce un ruido seco y desapacible, usado para significar el terremoto al final de las tinieblas en Semana Santa. 2 MEC. Mecanismo de rueda dentada y linguete que tienen algunas herramien-

tas para que el movimiento de vaivén del mango sólo actúe en un mismo sentido. 3 ZOOL. Ave coraciforme de lindo plumaje de tonalidades azules, de costumbres solitarias. Se alimenta de insectos y también mata algunos reptiles pequeños; anida en los agujeros de los árboles o en las grietas de las peñas *(Coracias garrulus)*. 4 *Colomb.* Mandíbula o quijada seca de algunos animales.
carracho ***m.*** *P. Rico.* Vehículo viejo y pesado, carraca. 2 Instrumento musical llamado también güiro o güícharo.
carraco, -ca (de *carraca I*) ***adj.-s.*** Viejo achacoso. -2 ***m.*** *Colomb.* Aura (ave). 3 *C. Rica.* Joyuyo.
Carracuca ***n. pr. m.*** Personaje que figura en las comparaciones populares: ***más perdido que ~***, para ponderar la pobreza o los vicios de alguien; *más feo que ~*.
carrada (de *carro*) ***f.*** Carretada (carga). 2 *Méj.* Medicina para cal.
carrafa ***f.*** *Sal.* Fruto del algarrobo.
carral (de *carro*) ***m.*** Barril para acarrear vino. 2 *Murc.* Viejo achacoso, carraco.
carraleja (dim. de *carral,* barrilito, por el aceite que contiene) ***f.*** Escarabajo de color negro con los élitros blandos y pequeños. Si se ve en peligro desprende una secreción oleosa de color rojizo que es tóxica *(Meloë proscarabeus)*.
SIN. **Aceitera, cubilla, cubillo.**
carralero ***m.*** El que tiene por oficio hacer carrales.
carramplón ***m.*** *Colomb.* Instrumento musical rústico. 2 *Colomb.* y *Méj.* Chopo, fusil viejo. 3 *Colomb.* Clavo que suele ponerse a los tacones y suelas de los zapatos para darles más seguridad y duración.
carranca ***f.*** Carlanca (collar).
carranchil ***m.*** *Colomb.* Sarna.
carranchoso, -sa ***adj.*** *Colomb.* y *Cuba.* Corranchoso, rudo, áspero.
carrancla ***f.*** *Cuba.* Aparato de marcha torpe y deficiente, carraca. 2 fig. Persona que sirve para poco.
carrancudo, -da ***adj.*** [pers.] Cuellierguido, tieso de carácter, orgulloso.
carrandanga ***f.*** *Colomb.* Montón de cosas, multitud.
carrandilla ***f.*** *Chile.* Sarta, hilera, muchedumbre.
carrandón ***m.*** *Venez.* Fusil de chispa.
carranganada ***f.*** *Hond.* Cantidad grande de cosas.
carranza ***f.*** Punta de hierro de la carlanca.
carrao ***m.*** *P. Rico* y *Venez.* Caraú. -2 ***m. pl.*** *Colomb.* y *Cuba.* Zapatos ramplones.
carraón ***m.*** Escanda menor.
carrara ***m.*** Mármol blanco de Carrara, región de Italia.
I) carrasca (probl. origen prerrom.) ***f.*** Encina gralte. pequeña, o mata de ella (gén. *Quercus coccifera*).
II) carrasca ***f.*** *Amér.* Instrumento músico de origen africano, consistente en un bordón con muescas que se rasga a compás con un palillo.
carrascal ***m.*** Terreno o monte poblado de carrascas. 2 *Chile.* Pedregal.
carrascalejo ***m.*** Dim. de *carrascal*.
carrasco ***m.*** Carrasca (encina). 2 *Amér.* Extensión grande de terreno cubierto de vegetación leñosa.
carrascón ***m.*** Aum. de *carrasca*.
carrascoso, -sa ***adj.*** [terreno] Que abunda en carrascas.
carraspada ***f.*** Bebida compuesta de vino tinto aguado, o del pie de este vino, con miel y especias.
carraspear ***intr.*** Tener carraspera. 2 Mondar la garganta.
carraspeño, -ña ***adj.*** Áspero, bronco.
carraspeo ***m.*** Acción de carraspear. 2 Efecto de carraspear.
carraspera (onomat. × *raspar*) ***f.*** fam. Aspereza en la garganta, que enronquece la voz.
SIN. v. **Ronquera.**
carraspique ***m.*** Planta crucífera de jardín, de hojas lanceoladas y flores blancas o moradas en corimbos redondos muy apretados, el fruto es comprimido y casi circular *(Ibers umbellata; Thaspi arvense)*.
carraspla ***f.*** *Ecuad.* Pobreza extremada.
carrasposa ***f.*** *Colomb.* Planta de hojas ásperas (gén. *Cale aspera*).
carrasposo, -sa ***adj.*** [pers.] Que padece carraspera crónica. 2 *Amér.* Que es áspero al tacto, que raspa la mano.
carrasqueño, -ña ***adj.*** Relativo a la carrasca. 2 Semejante a ella. 3 fig. Áspero.
carrasquera ***f.*** Carrascal.
carrasquilla ***f.*** Aladierna. 2 Camedrio.
carrejo (emparentado con ant. *carrera,* camino) ***m.*** Pasillo (pieza).
carrendilla ***f.*** *Chile.* Sarta, hilera. -2 ***loc. adv. De ~***, de carretilla.
carrera (l. v. *carraria* < l. *carru,* carro) ***f.*** Paso rápido del hombre o del animal que corren: ***tomar ~***, o ***carrerilla,*** correr un espacio corto a fin de tomar impulso para saltar. 2 fig. Curso de los astros. 3 Curso que sigue uno en sus acciones. fig. Profesión de las armas, letras, ciencias, etc.: ***dar ~ a uno,*** costearle los estudios. 4 Duración de la vida humana. 5 Pugna de velocidad: *~ de automóviles; ~ de galgos; ~ a pie;* ***~ de fondo,*** la atlética de largo recorrido. 6 Pugna de velocidad entre animales no cabalgados, como liebres, avestruces, etc. 7 Sitio destinado para correr. 8 Camino real o carretera. 9 Calle que fue antes camino: *la ~ de San Jerónimo.* 10 Serie de calles que ha de recorrer una comitiva: *los soldados cubrían la ~*. 11 Trayecto o recorrido señalado para un desfile, procesión, etc. 12 Línea regular de navegación. 13 Recorrido que hace un vehículo de alquiler. 14 fig. Crencha (raya). 15 Serie de cosas puestas en orden o hilera. 16 Línea de puntos que se sueltan en la media. 17 Carrerilla. 18 ARQ. Viga horizontal para sostener otras. 19 fr. ***Hacer la ~***, recorrer la calle una prostituta buscando clientes.
SIN. *1* **Corrida.** *16* **Acarraladura** (*Chile* y *Perú*).
carreraje ***m.*** En béisbol, tanteo.
carrereado, -da ***adj.*** *Méj.* Que se hace deprisa.
carrerear ***tr.*** *Méj.* Urgir, dar prisa. -2 ***intr.*** *Guat.* Correr, emprender la carrera.
carrerilla ***f.*** Dim. de *carrera*. 2 Paso de danza española antigua. 3 MÚS. Sucesión rápida ascendente o descendente de sonidos o notas musicales. Notas que expresan la carrerilla. -4 ***loc. adv.*** fam. ***De ~***, de memoria y de corrido, sin enterarse mucho de lo que se ha leído o estudiado.
carrerista ***com.*** Persona aficionada o concurrente a las carreras de caballos. 2 La que apuesta en ellas. 3 La que hace carreras de automóviles, bicicletas, etc. 4 Caballerizo que iba delante del coche que ocupaban las personas reales.
carrero ***m.*** Carretero. 2 *Ast.* Rastro o huella que deja en los caminos la gente, los animales o los carros. 3 *Ast.* Rastro, estela que deja en el agua la embarcación.
carreta ***f.*** Carro largo, angosto y más bajo que el ordinario, gralte. de ruedas sin llanta, y con una lanza a la cual se sujeta el yugo.
carretada ***f.*** Carga que lleva una carreta o un carro. 2 fig. Gran cantidad de cosas. 3 ***A carretadas,*** en abundancia. 4 *Méj.* Medida que se usa para vender y comprar cal: *consta de 12 cargas de 10 arrobas cada una.*
carretaje ***m.*** Trajín que se hace con carretas y carros.
carretal ***m.*** Sillar toscamente desbastado.
carrete (de *carro*) ***m.*** Cilindro de madera, metal o plástico taladrado por el eje, con bordes en sus bases, para devanar y mantener arrollados en él hilos, alambres, cintas, etc. 2 Cilindro de la caña de pescar en que se enrolla el sedal. 3 Conductor eléctrico, aislado y arrollado sobre sí mismo, en una o varias capas, a igual que el hilo en un carrete; sirve para imanar una barra de hierro dulce colocada en su interior, y, con ésta u otras aplicaciones, forma parte de muchos aparatos eléctricos. 4 Cilindro en el que se enrolla la película fotográfica. 5 Película enrollada para obtener fotografías. 6 ***Dar ~ a alguien,*** entretenerle.
SIN. *1* y *3* **Bobina.**
I) carretear ***tr.*** Conducir [una cosa] en carro o carreta. 2 Guiar [un carro o carreta]: *~ el carro de fulano; carretéalo bien.* -3 ***prnl.*** Inclinar el cuerpo con los pies hacia afuera, los bueyes o mulas, tirando de un carruaje.
II) carretear (voz imitativa) ***intr.*** *Cuba.* Gritar las cotorras y loros, sobre todo cuando son jóvenes.
carretel ***m.*** MAR. Carrete grande, propio para arrollar cables. 2 Carrete de las cañas de pescar. 3 *Amér.* Carrete de hilo para coser.
carretela (it. *carrettella*) ***f.*** Coche de cuatro asientos con caja poco profunda y cubierta plegadiza. 2 *Chile.* Ómnibus, diligencia.
carretera (de *carreta*) ***f.*** Camino público, ancho y espacioso, dispuesto para carros y coches. 2 ***~ de circunvalación,*** la que rodea una población.
carretería ***f.*** Conjunto de carretas. 2 Ejercicio de carretear. 3 Establecimiento del carretero. 4 Barrio, plaza o calle en que abundan estos establecimientos. 5 Lugar donde antiguamente pernoctaban al aire libre las carretas en las afueras de una pobla-

ción. 6 Baile del s. XVII a imitacion de los que bailaban los carreteros.

carreteril *adj.* Relativo a los carreteros. 2 Semejante a ellos o a sus maneras y costumbres: *lenguaje ~.*

carretero *adj.* V. camino carretero. -2 *m.* El que tiene por oficio hacer carros y carretas. 3 El que guía las caballerías o bueyes que tiran de ellos. 4 *Can.* Cigarrillo hecho con tabaco de hebra fuerte.

SIN. *3* **Carrero.**

carretil *adj.* Relativo a la carreta.

carretilla (dim. de *carreta*) *f.* Carro pequeño de mano, con una rueda en la parte anterior, o más raramente dos en el centro, y dos varas y pies, o asa, en la posterior. 2 Bastidor de madera con tres ruedas por pies y una manija, de la cual se asen los niños para aprender a andar. 3 Buscapiés. 4 Pintadera. 5 ~ ***elevadora,*** pequeño vehículo de carga con motor eléctrico, dotado de un sistema de elevación de pallets. 6 *Argent.* y *Urug.* Carro de carga tirado por tres mulas emparejadas, en una de las cuales va montado el conductor. 7 *Argent.* y *Chile.* Quijada, mandíbula, carrillera. 8 *Argent.* Fruto del trébol de carretilla, que se enreda entre la lana de las ovejas. 9 *Chile.* Carreta. 10 *Guat.* Tontería, necedad.

FR. *De ~,* de memoria y sin reflexión: *saber,* o *repetir de ~.*

carretillada *f.* Lo que cabe en una carretilla.

carretillero *m.* El que conduce una carretilla. 2 *R. de la Plata.* Carretero, el que conduce un carro.

carretillo *m.* Especie de garrucha o polea que tienen los telares de galones.

I) carretón *m.* Carro pequeño, a modo de un cajón abierto, con dos ruedas, que puede ser tirado por una caballería. 2 Armazón con una rueda, en donde lleva el afilador las piedras y un barrilito con agua. 3 Taburete sobre cuatro ruedas en donde se pone a los niños para que aprendan a andar. 4 Pequeña plataforma giratoria con dos pares de ruedas montadas sobre sendos ejes próximos, paralelos y solidarios entre sí, que se utilizan en ambos extremos de los vehículos de gran longitud destinados a circular sobre carriles. 5 ~ ***de lámparas,*** garrucha para subir y bajar las lámparas de las iglesias. 6 *Amér. Central.* Carrete de hilo.

SIN. *3* **Castillejo.**

II) carretón, -na *adj. Ecuad.* y *S. Dom.* Que arrastra los pies al andar por viejos.

carretonada *f.* Lo que cabe en un carretón.

carretonaje *m. Chile.* Transporte en carretón, y precio que se cobra por él.

carretoncillo *m.* Dim. de *carretón.* Carro muy pequeño. 2 Especie de trineo usado en algunas montañas cubiertas de nieve.

carretonero *m.* El que conduce el carretón. 2 *Colomb.* Trébol.

carric (de *Garrick,* 1717-1779, actor inglés) *m.* Especie de gabán muy holgado, con una o varias esclavinas. ◇ Pl.: *carrics* o *carriques.*

carricera (de *carrizo*) *f.* Cola de zorra.

SIN. **Rabo de zorra.**

carricerín (de carricero) *m.* Ave paseriforme pequeña insectívora, de plumaje pardo listado, que vive en matorrales palustres *(Acrocephalus schoenobaenus).*

carricero (de *carrizo*) *m.* Ave del género de los carriceros. -2 *m. pl.* Género de aves paseriformes insectívoras, que se caracterizan por tener el pico largo y deprimido; como el carricerín *(Acrocephalus* sp.*).*

carricillo *m.* Dim. de *carrizo.* 2 *Cuba.* Planta gramínea, ramosa, de hojas oblongas; sirve de pasto *(Panicum arborescens).* 3 *C. Rica.* Gramínea trepadora, común en las breñas *(gén. Panicum).* 4 *Chile* Correhuela mayor. 5 *Méj.* Caña (planta).

carricoche *m.* Carro cubierto cuya caja era como la de un coche. 2 desp. Coche viejo o de mala figura. 3 Tiovivo.

carricuba *f.* Carro de riego.

carriego *m.* Buitrón. 2 Cesta para echar en colada las madejas de lino.

carriel *m. Amér.* Guarniel. 2 *C. Rica.* Bolsa de cuero para viaje.

carril *m.* Huella que dejan en el suelo las ruedas del carruaje. 2 Surco (hendedura). 3 Camino capaz tan sólo para el paso de un carro. 4 En una vía pública, banda longitudinal destinada al tránsito de una sola fila de vehículos: ~ ***de aceleración,*** el que en una autopista o autovía permite al vehículo alcanzar la velocidad adecuada antes de entrar en la vía principal. 5 Guía metálica o de cemento, con el perfil apropiado para que sirva de plano de deslizamiento a los ferrocarriles. 6 *Chile* y *P. Rico.* Ferrocarril.

SIN. *1* **Rodada, releje, rodera.** *5* **Raíl, riel.**

carrilada *f.* Carril (huella).

carrilano *m. Chile.* Obrero ferroviario. 2 *Chile.* Bandolero, ladrón.

carrilera *f.* Carril (huella). 2 *Cuba.* Apartadero de una vía férrea. 3 *Colomb.* Emparrillado. 4 *Colomb.* Vía del tren.

carrilero, -ra *m. f. Perú.* Ferroviario.

carrilete *m.* Instrumento quirúrgico us. antiguamente.

carrillada (de *carrillo I*) *f.* Grasa que tiene el puerco a uno y otro lado de la cara. 2 Tiritón que hace temblar y chocar las mandíbulas.

carrillera *f.* Quijada. 2 Correa que forma el barboquejo del casco o del chacó.

I) carrillo (de *cara*) *m.* Parte carnosa de la cara, desde la mejilla hasta lo bajo de la quijada.

SIN. **Moflete,** carrillo grueso y carnoso.

II) carrillo (de *carro*) *m.* Polea.

carrilludo, -da *adj.* Que tiene abultados los carrillos.

SIN. **Mofletudo.**

carrindanga *f. Argent.* y *Urug.* desp. Carricoche.

carriño *m.* En la milicia antigua, avantrén.

carriola (it. *carriuola*) *f.* Cama baja o tarima con ruedas. 2 Carro pequeño con tres ruedas en que solían pasearse las personas reales.

carrique *m.* Carric.

carriquí *m. Colomb.* y *Venez.* Pájaro córvido de color verde en el dorso y amarillo en la cola, sumamente arisco *(Xanthoura yncas).* 2 *Colomb.* Persona huraña, irascible.

SIN. *1* **Guereguere, querqués, querrequerre.**

carrizada *f.* MAR. Fila de pipas amarradas que se conducen a remolque flotando sobre el agua.

carrizal *m.* Terreno poblado de carrizos.

carrizo (l. **cariceu >carex*) *m.* Planta gramínacea, de raíz larga, rastrera y dulce, tallo alto, hojas anchas y copudas; sus hojas sirven para forrajes; sus tallos, para construir cielos rasos, y sus panojas, para hacer escobas *(Phragmites vulgaris).* 2 Hierba ciperácea, cespitosa perenne, con las hojas lineares, punzantes y cortantes; las flores están muy reducidas, carecen de perianto y son unisexuales *(Carex* sp.*).* 3 *Can.* Pimpollo y hoja de la caña verde, que brotan de cada uno de sus nudos y que se arrancan periódicamente a la planta para pasto del ganado. 4 *Amér.* Planta gramínea, de tallos nudosos que contienen en su interior agua dulce y fresca *(Arundo phragmites).*

SIN. *1* **Cañavera, cañeta, cisca.**

I) carro (celt. l. *-rru*) *m.* Carruaje de dos ruedas, con lanza o varas para enganchar el tiro, y cuya armazón consiste en un bastidor con listones o cuerdas, y varales o tablas en los costados y frentes: ~ ***fuerte,*** carro para transportar grandes pesos, mucho más largo que ancho y sin bordes, cuyo tablero está formado por cuarterones fuertemente unidos; ~ ***de combate,*** en la antigüedad, el muy veloz desde el cual lanzaban los combatientes armas arrojadizas; modernamente, *tanque. Untar el ~,* fig., gratificar a uno para conseguir lo que se desea. 2 Carga de un carro. 3 Parte corredera de una máquina que transporta algo de un lugar a otro del mecanismo: *el ~ de una máquina de escribir, de una máquina de imprimir.* 4 ~ ***Mayor,*** o simplte. ~, Osa Mayor. 5 ~ ***Menor,*** Osa Menor. 6 ~ ***de Venus,*** acónito. 7 *Amér.* Automóvil. 8 *Amér.* Tranvía. 9 *Amér.* Coche de ferrocarril. 10 *P. Rico.* fig. Hombre lerdo y perezoso.

II) carro *m. C. Rica.* Árbol que da fruto comestible y vive en la vertiente del Pacífico.

carrocear *tr. Guat.* Pasear [a un niño] en un carrito.

carrocería (de *carrocero*) *f.* Establecimiento en que se construyen, venden y componen carruajes. 2 Caja de un vehículo automóvil o ferroviario. 3 fig. *y* fam. Cuerpo de una persona.

carrocero, -ra *adj.* Relativo a la carroza. -2 *m.* Constructor de carruajes. 3 El que fabrica, monta o repara carrocerías.

carrocha (por *cagarrocha,* de *cagar*) *f.* Huevecillos del pulgón o de otros insectos. ◇ También *carocha.*

carrochar (de *carrocha*) *intr.* Poner sus huevecillos los insectos. ◇ También *carochar.*

carrocín (dim. de *carroza*) *m.* Silla volante.

carromatero *m.* El que guía un carromato.

carromato (it.) *m.* Carro que suele tener bolsas de cuerdas para la carga y un toldo de lienzo y cañas. 2 desp. Carruaje grande, viejo o incomodo.

carrón *m.* Cantidad de ladrillos que puede llevar un hombre al sitio donde han de emplearse. 2 *Cuba.* Macizo de hierro colado usado en los ingenios.

carronada (ing. *carronade,* de *Carrona,* c. de Escocia) *f.* Ant. cañón de marina.
carroña (l. v. *caronia* < l. *caro,* carne) *f.* Carne corrompida. -2 *com.* fig. Persona vil y despreciable.
carroñar (de *carroña*) *tr.* Infectar con roña [al ganado lanar].
carroñero, -ra *adj.* ZOOL. Que se alimenta de carroña.
carroño, -ña (de *carroña*) *adj.* Podrido, corrompido. 2 *Colomb.* [gallo] Inhábil para la pelea. 3 *Colomb.* p. ext. Cobarde.
carroñoso, -sa *adj.* Que huele a carroña.
carroso, -sa *adj. Venez.* Sospechoso, de malas artes.
carrotanque *m. Colomb.* Camión cisterna.
carroza (it. *carrozza*) *f.* Coche grande ricamente adornado, usado gralte. para funciones públicas. 2 Armazón cubierta con un toldo, para defender de la intemperie la cámara de las góndolas y falúas. 3 Coche fúnebre. -4 *adj.-com.* vulg. Viejo, anticuado.
carrozar *tr.* Poner carrocería a [un vehículo]. ◇ ** CONJUG. [4] como *realizar.*
carruaje (antig., acción de transportar) *m.* Vehículo formado por una armazón de madera o hierro, montado sobre ruedas. 2 desus. Conjunto de carros y coches que se previene para un viaje.
carruajero *m.* El que guía o conduce cualquier clase de carruaje. 2 *Amér.* El que fabrica carruajes.
carruata *f. Amér.* Planta amarilidácea de cuya fibra se hacen cuerdas muy resistentes *(gén. Agave).*
carruca *f.* Coche de lujo, introducido en Roma en la época imperial.
carrucha (de *carro*) *f.* Polea.
carruco *m.* Desp. de *carro.* 2 Carro pequeño en que el eje da vueltas con las ruedas, que carecen de rayos. 3 Porción de tejas que puede cargar un hombre.
carrujado, -da *adj.-m.* Encarrujado.
carrujo *m.* Copa de un árbol.
carrumba *f. Colomb.* Baile de compases vivos.
carrumia *f. Colomb.* Mugre en los pies.
carrusel (fr. *carrousel*) *m.* Ejercicio ecuestre. 2 Tiovivo, caballitos. 3 Parada deportiva.
carrusiana *f. Colomb.* Meretriz.
carruzo *m. Colomb.* y *P. Rico.* Canuto de caña hueca.
carst *m.* Karst.
cárstico, -ca *adj.* Kárstico.
carta (l. *charta*) *f.* Papel escrito, y gralte. cerrado, dirigido a una persona ausente para comunicarle alguna cosa: ~ *familiar;* ~ ***abierta,*** la dirigida a una persona y destinada a la publicidad; ~ ***pastoral,*** o simplte. ***pastoral,*** escrito que con exhortaciones o instrucciones dirige un prelado a sus diocesanos. 2 Acta, escritura en la que son registrados ciertos títulos, derechos, etc.: ~ ***credencial,*** la que acredita a un embajador o ministro; ~ ***de crédito,*** la que previene a uno que dé a otro dinero por cuenta del que la escribe; ~ ***de dote,*** escritura pública que expresa la aportación de bienes que hace la esposa; ~ ***de fletamento,*** escritura que expresa el contrato de fletamento; ~ ***ejecutoria*** o ***ejecutoria de hidalguía*** o ~ ***de hidalguía,*** ejecutoria (título); ~ ***de marca,*** patente de corso; ~ ***de contramarca,*** despacho con que el gobierno de un estado autoriza a sus súbditos para hacer el corso contra las naves de otra potencia que haya dado cartas de marca; ~ ***de naturaleza,*** documento que acredita la naturalización de un extranjero; ~ ***de vecindad,*** título en el que se reconoce a uno como vecino de una ciudad; ~ ***verde,*** documento de color verde que certifica que un vehículo está asegurado contra daños a terceros fuera de su país de origen; ~ ***blanca,*** fig., facultad que se da a uno para obrar con entera libertad; ***a ~ cabal, loc. adv.,*** intachable, completo: *hombre honrado a ~ cabal.* 3 Constitución escrita o código fundamental de un estado, esp. la otorgada por el soberano. 4 Naipe: ~ ***falsa,*** la de poco o ningún valor en ciertos juegos de naipes; ***echar las cartas,*** fig., hacer predicciones fundadas en la combinación fortuita de ciertas cartas; ***tomar uno cartas en un negocio,*** fig., intervenir en él. 5 Lista de platos y bebidas de un restaurante, o local donde se expende. 6 MAR. Mapa: ~ ***de marear,*** mapa de un mar con sus costas o los parajes donde hay escollos o bajíos. 7 ~ ***acordada,*** la que tiene represión o advertencia reservada de un tribunal superior a un cuerpo o persona de carácter. 8 ~ ***de ajuste,*** imagen televisada con líneas, círculos, sombras y colores de diversa intensidad que se suele emitir antes del principio de la programación diaria para poder ajustar los receptores. 9 ***Jugar uno la última ~,*** emplear el último recurso en caso de apuro. 10 ***Jugárselo todo a una ~,*** hacer depender de un solo recurso la solución de una grave dificultad.
SIN. *1* **Epístola,** esp. si es de carácter literario. *6* v. **Mapa.**
cartabón (it. *quarto buono*) *m.* Instrumento en forma de triángulo rectángulo escaleno, usado en el dibujo lineal. 2 Regla graduada, con un tope fijo y otro movible, que los zapateros usan para medir la longitud del pie. 3 Ángulo que forman en el caballete las dos vertientes de una armadura de tejado. 4 TOPOGR. Prisma octogonal metálico, que se encaja en un bastón y tiene en cada cara una rendija vertical para dirigir visuales que formen entre sí ángulos rectos. 5 *Amér.* Marca o talla para medir a las personas.
SIN. *2* **Marco.**
cartabonear *intr. Amér. Merid.* Tomar medidas con el cartabón o con otro instrumento que haga sus veces.
cartabuche *m. Can.* Carretero, cigarrillo.
cartagena *f. Colomb.* Tonada popular, muy común entre los habitantes de Tierra Caliente (Colombia).
cartagenero, -ra *adj.-s.* De Cartagena, c. de Murcia. 2 De Cartagena, cap. del departamento de Bolívar (Colombia). -3 *f.* Modalidad de cante flamenco semejante al polo que tuvo su origen en Cartagena: *el cantador se arrancó por cartageneras.*
cartaginense (l. *carthaginensis*) *adj.-s.* Cartaginés. 2 De Cartago, c. y prov. de Costa Rica.
cartaginés, -nesa *adj.-s.* De Cartago, ant. c. de África. 2 Cartagenero.
SIN. *1* **Púnico.**
cártama *f.* Cártamo.
cártamo (ár. *cártam*) *m.* Alazor.
cartapacio (l. v. *chartapacia*) *m.* Cuaderno para escribir o tomar apuntes; esp. el rayado que se usa para ejercitarse en la caligrafía. 2 Funda de badana, hule o cartón en que los muchachos que van a la escuela meten sus libros y papeles. 3 Conjunto de papeles contenidos en una carpeta.
cartapel (prov. *cartabel*) *m.* Escrito inútil o impertinente.
cartazo *m.* Aum. de *carta.* 2 fam. Carta o papel que censura o reprende.
carteadera *f. Ecuad.* Cambio de cartas, carteo.
carteado, -da *adj.-s.* Juego de naipes que no es de envite. -2 *adj. Venez.* Remendado, hablando de colores del ganado.
cartear *intr.* Jugar las cartas falsas para tantear el juego. -2 *prnl.* frecuent. Corresponderse por carta.
cartel (it. *cartello*) *m.* Papel, impreso o manuscrito, que se fija en un paraje público para hacer saber alguna cosa, a veces hecho sólo con fines decorativos, o que sirve en las escuelas para enseñar a leer: ***tener ~,*** tener fama, buena reputación; fr. tomada del cartel de espectáculos: *un artista de ~.* 2 Pasquín. 3 ant. Escrito público de desafío. 4 Escrito relativo al canje o rescate de los prisioneros, o a alguna otra proposición de los enemigos. 5 Red para pescar sardinas. 6 Cártel.
cártel (ing. *cartel*) *m.* Convenio o asociación de empresas comerciales, para mantener o aumentar los precios de determinadas mercancías. ◇ Es también legítima la pronunciación *cartel,* ya que la palabra inglesa tiene el mismo origen italiano que la española.
cartela (it. *cartella*) *f.* Pedazo de cartón, madera, etc., a modo de tarjeta, donde se apunta o escribe algo. 2 Ménsula a modo de modillón, de más altura que vuelo. 3 Hierro que, en número variable, sostiene los balcones cuando no tienen repisa de albañilería. 4 Decoración que enmarca a modo de orla una parte central destinada a recibir emblemas, leyendas, etc. 5 BLAS. Pieza heráldica ordinaria, pequeña y rectangular, puesta verticalmente y en serie en la parte superior del escudo.
cartelado, -da *adj.* BLAS. [escudo] Sembrado de carteles.
SIN. **Billetado.**
cartelera *f.* Armazón con superficie adecuada para fijar los carteles, esp. los de espectáculos públicos. 2 Sección en los periódicos donde se anuncian los espectáculos.
cartelero, -ra *m.* El que tiene por oficio fijar carteles. -2 *adj.* [espectáculo, autor, artista, torero, etc.] Que tiene cartel o atrae al público.
cartelón *m.* Aum. de *cartel.*
carteo *m.* Acción de cartear o cartearse. 2 Efecto de cartear o cartearse.
cárter *m.* Cubierta protectora de los órganos de un mecanismo. 2 Pieza de la bicicleta destinada a proteger la cadena de transmisión. 3 Depósito para lubricante, en la parte inferior de un motor de explosión.
cartera (de *carta*) *f.* Billetero (utensilio). 2 Bolsa de piel, con tapadera y gralte. con asa, para llevar libros, legajos, etc. 3 fig. Empleo de ministro: *desempeña la ~ de Hacienda.* 4 Ejercicio de

ministro: *ministro sin ~*. 5 Valores o efectos comerciales de curso legal que forman parte del activo de un comerciante, banco o sociedad. 6 Cubierta formada por dos hojas de cartón, unidas por uno de sus lados, que sirve para dibujar sobre ella y para guardar estampas o dibujos. 7 Tapa o portezuela de tela que cierra el bolsillo de algunas prendas de vestir. 8 *Amér.* Bolso de las mujeres.
SIN. 7 **Golpe, pata, portezuela.**

cartería *f.* Empleo de cartero. 2 Oficina inferior de correos, donde se recibe y despacha la correspondencia pública.

carterista *com.* Ladrón de carteras.

cartero, -ra *m. f.* Persona cuyo oficio es repartir las cartas del correo.

cartesianismo *m.* Sistema filosófico de Descartes (1596-1650) y de sus discípulos.

cartesiano, -na *adj.* Perteneciente o relativo al cartesianismo. -2 *adj.-com.* Partidario del cartesianismo. 3 GEOM. V. coordenada cartesiana.

carteta (de *carta*) *f.* Parar (juego).

cartilágine *m.* Cartílago.

cartilagíneo, -a (de *cartílago*) *adj.* [pez] Comprendido en la subclase de los elasmobranquios.

cartilaginoso, -sa *adj.* Relativo a los cartílagos. 2 Semejante al cartílago.
SIN. **Ternilloso.**

cartílago (l.) *m.* Tejido conjuntivo blanquecino, sólido, resistente y elástico, que forma el esqueleto de algunos vertebrados inferiores, y, en los superiores, se añade a ciertos huesos para prolongarlos, o bien forma o contribuye a la forma de ciertos órganos, como en la laringe, la oreja, la nariz, etc.
SIN. **Ternilla** es la denominación corriente; **cartílago** es tecnicismo.

cartilla (dim. de *carta*) *f.* Libro para aprender las letras del alfabeto. 2 Tratado breve y elemental de un oficio o arte. 3 Cuaderno donde se anotan ciertas sustancias o datos referentes a determinada persona: *~ de ahorros, de racionamiento; ~ de trabajo.* 4 Añalejo. 5 *~* ***militar,*** la que se da al soldado cuando se licencia y en la que se hacen constar, además de los datos personales, las vicisitudes de su servicio, las obligaciones a que queda sujeto, etc.

cartillero, -ra *adj.* y fam. [obra de teatro] Que se representa con gran frecuencia y actor amanerado y vulgar.

cartivana (de *carta + vana*) *f.* Tira de papel o tela que se pone en las láminas u hojas sueltas para encuadernarlas.

carto- (de *carta*) Elemento prefijal que entra en la formación de palabras con el valor de carta: *cartografía.*

cartografía (*carto- + -grafía*) *f.* Arte de trazar cartas geográficas. 2 Ciencia que las estudia.

cartografiar (de *cartografía*) *tr.* Levantar y trazar una carta geográfica. ◇ ** CONJUG. [13] como ***desviar.***

cartográfico, -ca *adj.* Relativo a la cartografía.

cartógrafo, -fa (*carto- + -grafo*) *m. f.* Autor de cartas geográficas.

cartograma (*carto- + -grama*) *m.* Mapa geográfico o topográfico en el cual las intensidades de un cierto fenómeno cuantitativo se representan con la intensidad o calidad del color o del trazado.

cartolas *f. pl.* Artolas.

cartomancia, -mancía (*carto- + -mancia*) *f.* Arte supersticioso de adivinar el futuro por medio de los naipes.

cartomántico, -ca *adj.* Relativo a la cartomancia. -2 *adj.-s.* Que practica la cartomancia.

cartometría (*carto- + -metría*) *f.* Medición de las líneas trazadas sobre las cartas geográficas.

cartométrico, -ca *adj.* Relativo a la cartometría.

cartómetro (*carto- + -metro*) *m.* Curvímetro que se usa para medir las líneas trazadas sobre las cartas geográficas.

cartón (it. *cartone*) *m.* Hoja gruesa formada de pasta de papel endurecida por compresión de un conjunto de varias hojas de papel sobrepuestas. 2 *~* ***piedra,*** pasta de papel, yeso y aceite secante, con la que puede hacerse toda clase de figuras. 3 Dibujo en grande que un pintor realiza como modelo para ser ejecutado al fresco, en mosaico, tapicería, etc.: *los cartones de Goya.* 4 Adorno que imita las hojas largas de algunas plantas. 5 Paquete en el que van incluidas normalmente diez cajetillas de tabaco. 6 En el juego del bingo, tarjeta con la que participa cada jugador en una sola jugada y en la que están impresos 15 números de los que se sortean. 7 ARQ. Adorno prominente de la clave del arco romano y de los modillones.

cartonaje *m.* Obras de cartón.

cartoné (fr.) *m.* Encuadernación que se hace con tapas de cartón y forro de papel.

cartonera *f. Amér.* Avispa cuyo nido semeja una caja de cartulina *(Polistes gallicus; Vespula vulgaris).*

cartonería *f.* Establecimiento del cartonero. 2 Profesión y arte del cartonero.

cartonero, -ra *adj.* Relativo al cartón. -2 *m. f.* Persona que tiene por oficio hacer o vender cartones u obras de cartón. 3 Persona que se dedica a la recogida de cartones.

cartucha *f.* fam. *Colomb.* Mujer virgen.

cartuchera *f.* Caja, gralte. forrada de cuero, para llevar cartuchos. 2 Canana.

cartuchería *f.* Fábrica de cartuchos. 2 Conjunto o provisión de cartuchos con que se dota a una unidad militar, grupo de cazadores, mina, etc.

cartucho (it. *cartoccio*) *m.* Cilindro de cartón, de metal, de lienzo, etc., que contiene una cantidad determinada de explosivo, esp. una carga completa para un arma de fuego: *un ~ de dinamita; un ~ de fusil;* ***último ~,*** fig., última posibilidad. 2 Envoltorio cilíndrico de monedas de una misma clase. 3 Dispositivo intercambiable, de forma, tamaño y material variables, provisto de lo necesario para que funcionen ciertas máquinas, aparatos e instrumentos: *un ~ fotográfico, de una estilográfica, de una impresora láser.* 4 Cucurucho. 5 Óvalo que rodea el nombre del faraón en la escritura jeroglífica egipcia. 6 ARQ. Tarjeta.

cartuchón, -chona *adj. Chile.* [pers.] Que finge no conocer algo que en realidad sabe.

cartuja (de *Chartreuse,* lugar de Francia donde se fundó) *f.* Orden religiosa muy austera y de vida contemplativa, que fundó San Bruno (¿1035?-1101) el año 1086. 2 Monasterio de esta orden.

cartujano, -na *adj.* Relativo a la cartuja. -2 *adj.-s.* Cartujo. -3 *adj.* [caballo o yegua] Que ofrece las señales más características de la raza andaluza.

cartujo, -ja *adj.-s.* Religioso de la cartuja. -2 *m.* fig. Hombre taciturno o muy retraído.

cartulario (l. med. *chartulariu*) *m.* En algunos archivos, libro becerro o tumbo. 2 ant. Escribano, esp. el que custodiaba las escrituras.

cartulina (l. *chartula,* cartita) *f.* Cartón delgado, muy terso.

cartusana *f.* Galón de bordes ondulados.

caruata *f. Venez.* Carruata.

caruca *adj. S. Dom.* [palma real] Que no tiene barriga.

carúncula (l. *caro,* carne) *f.* Excrecencia carnosa, esp. la que presentan algunos animales; como la cresta del gallo. 2 *~* ***lacrimal,*** pequeño abultamiento rojizo en el ángulo interno del ojo. 3 Excrecencia contigua al micrópilo que acompaña a ciertas semillas.

carunculado, -da *adj.* Que tiene carúnculas.

caruncular *adj.* Relativo a las carúnculas.

carupanero, -ra *adj.-s.* De Carúpano, c. de Venezuela. -2 *adj.* Relativo a dicha ciudad.

carura *f. Amér. Central, Argent.* y *Ecuad.* Carestía.

carurú (guaraní) *m.* Planta americana de medio metro de altura, que sirve para hacer lejía *(Amaranthus melancholicus).*

caruto *m. Colomb.* y *Venez.* Jagua (árbol).

carvajal *m.* Robledal.

carvajo, carvallo (l. **carvalía*) *m.* Roble.

carvallada *f.* Robledal.

carvallar *m.* Robledal.

carvalledo *m.* Robledal.

carvi (l. *careu,* arabizado) *m.* Simiente de la alcaravea.

cas *f.* Apócope de casa en la expr. *casa de*: *en ~ de fulano.* A menudo *en ca fulano.* ◇ Hoy sólo tiene uso en algunas regiones entre la gente del pueblo.

casa (l., choza) *f.* Edificio o parte de él destinado para habitación humana: *~* ***de campo,*** la que está fuera de poblado; *~* ***de labor*** o ***labranza,*** la que habitan los labradores y en la que tienen sus ganados y aperos; *~* ***de tócame Roque,*** aquella en que vive mucha gente y hay gran desorden; *~* ***de vecindad,*** la que contiene muchas viviendas reducidas; *~* ***mortuoria,*** aquella en que recientemente ha muerto una persona; *~* ***de huéspedes,*** establecimiento de hostelería de similar categoría que la pensión, que no presta servicio de comedor. V. hotel; *~* ***paterna,*** domicilio de los padres; *~* ***terrera,*** *Can.*, la de una sola planta; ***echar uno la ~ por la ventana,*** fig., gastar con esplendidez por cualquier motivo; ***para andar por ~,*** ***loc. adj.,*** se aplica a hechos, procedimientos, soluciones, de poco valor, sin rigor, etc.; ***poner***

~, tomar casa haciéndose cabeza de familia; *la ~ de un rey, de un príncipe,* el conjunto de sus criados y sirvientes. 2 Familia. 3 Linaje: *la ~ de Borbón; la ~ de Austria.* 4 Edificio destinado a un uso especial público o privado: ~ ***consistorial,*** edificio donde está instalada la administración municipal y donde se reúne el ayuntamiento; ~ ***de contratación de las Indias,*** tribunal que entendía en los negocios de las Indias; ~ ***de Dios*** o ***del Señor,*** templo o iglesia; ~ ***de expósitos,*** inclusa; ~ ***de moneda,*** la destinada para acuñar moneda; ~ ***de socorro,*** establecimiento benéfico donde se prestan los primeros auxilios a heridos o atacados de cualquier accidente; ~ ***de citas, de lenocinio, de prostitución, de tolerancia,*** mancebía. 5 Establecimiento industrial o mercantil: ~ ***de empeños,*** establecimiento donde se presta dinero mediante empeño de alhajas o ropas; ~ ***de banca,*** establecimiento donde se ejerce la banca (comercio). 6 Edificio, mobiliario, régimen de vida, etc., de alguien. 7 Escaque (casilla). 8 ASTROL. ~ ***celeste,*** parte en que se considera dividido el cielo por los círculos del atacir. 9 En el juego de tablas reales, semicírculo lateral cortado en el mismo tablero, en donde se van colocando las piezas. 10 Cabaña (en el billar). 11 Componente delimitado por el cruce de un cuerpo y una calle en un retablo. También *encasamiento.* -12 *pl. Chile.* Casa principal de un fundo.
SIN. *1* v. **Habitación.** REL. Del l. *domus* se forman varios deriv., como *domicilio, domesticar, doméstico.*

casabe *m.* Cazabe. 2 Pez del mar de las Antillas, de color amarillento, en forma de media luna y un palmo de largo *(Chloroscombrus chrysurus).*

casabillo *m. Cuba.* Lunar o verruga que sale en la cara.

casabú *m.* Especie de armadillo sudamericano *(Cabassous unicinctus).* ◇ Pl.: *casabúes.*

casaca (it. *casacca*) *f.* Vestidura ceñida al cuerpo, con mangas hasta las muñecas y con faldones hasta las corvas. 2 Especie de chaqueta o abrigo corto de aspecto gralte. muy deportivo. 3 *Colomb.* Frac. 4 *Guat.* y *Hond.* Animada conversación en voz baja. 5 *Guat.* Compañía, sociedad.
FR. *Cambiar de ~,* dejar un partido para seguir otro.

casación *f.* Acción de casar o anular.

casacón *m.* Aum. de *casaca.*

casadero, -ra *adj.* Que está en edad de casarse: *tiene una hija ya casadera.*

casadilla *f. Colomb.* Golosina de harina de maíz o de trigo, con relleno de dulce de coco.

casado, -da *adj.-s.* Persona que está casada. -2 *m.* IMPR. Modo de colocar las páginas en la platina para que, doblado el pliego, queden numeradas correlativamente. -3 *adj. Cuba.* [tabaco en rama] Que tiene igual cantidad de capa y tripa.

casaisaco *m. Cuba.* Vegetal parásito adherido al tronco de las palmeras; tiene hojas anchas y color morado (gén. *Psittacanthus).*

casal *m.* Casería, casa de campo. 2 Solar o casa solariega. 3 *Can., Argent.* y *Urug.* Pareja de macho y hembra.

casalicio *m.* Casa, edificio importante.

casamata (it. *casamatta*) *f.* Bóveda muy resistente para instalar una o más piezas de artillería. 2 *Colomb.* Casetas ligeras que se pueden transportar de una parte a otra.

casamentero, -ra (de *casamiento*) *adj.-s.* Que con frecuencia propone bodas o interviene en el ajuste de ellas.

casamiento *m.* Acción de casar o casarse. 2 Efecto de casar o casarse. 3 Ceremonia nupcial. 4 Contrato hecho con las solemnidades legales entre hombre y mujer, para vivir maridablemente. 5 ~ ***de bragueta,*** casamiento por interés.
SIN. v. **Matrimonio.**

casampulga *f. Salv.* y *Hond.* Araña venenosa del tamaño de un guisante, patas cortas y abdomen rojo (gén. *Lycosa casampulga).*

casamuro *m.* En la fortificación antigua, muralla ordinaria y sin terraplén.

casanareño, -ña *adj.-s.* Casanarense.

Casandra *n. pr.* MIT. Hija de Príamo, rey de Troya. Apolo le concedió el don de profecía, pero, airado después contra ella, hizo que nadie creyese sus predicciones.

casanerense *adj.-s.* De Casanare (Colombia).

casanga *f. Colomb.* fest. Casorio. 2 Dulce muy usado en los matrimonios de los campesinos.

casanova (del n. del it. *Casanova,* 1725-1798) *m.* desus. Hombre que trata obsesivamente de seducir al mayor número posible de mujeres.

casapuerta (*casa + puerta*) *f.* Portal o zaguán.

casaquilla *f.* Casaca muy corta.

I) casar *m.* Conjunto de casas que no llegan a formar pueblo.

II) casar (b. l. *cassare* > *cassu,* nulo) *tr.* DER. Anular, abrogar, derogar.
SIN. v. **Abolir.**

III) casar (de *casa*) *intr.-prnl.* Contraer matrimonio: ~, o *casarse, en segundas nupcias;* ~, o *casarse, con su prima; casarse por poderes.* -2 *tr.* Autorizar el cura párroco o, con licencia suya, otro sacerdote el sacramento del matrimonio; en el matrimonio civil, el juez. 3 Disponer un padre o superior el casamiento [de pers. que está bajo su autoridad]. 4 fig. Poner sobre una carta el jugador y el banquero [cantidades iguales]. 5 Unir, juntar [una cosa] con otra: ~ *lo blanco con lo negro;* en gral., disponer y ordenar [algunas cosas] de suerte que hagan juego o tengan correspondencia entre sí: ~ *los colores; intr., estos colores no casan.*
FR. *No casarse uno con nadie,* conservar la independencia de su opinión o actitud.

casariego, -ga *adj. Ast.* Casero, amigo de estar en casa.

casarón *m.* Caserón.

casa-sola *adj. Cuba.* Egoísta.

casatienda (*casa + tienda*) *f.* Tienda con vivienda.

casba (ár., ciudadela) *f.* Castillo amurallado en las ciudades orientales y centroafricanas que servía de palacio para el sultán. 2 Parte antigua de estas ciudades.

casca (de *cascar*) *f.* Hollejo de la uva pisada y exprimida. 2 Corteza de ciertos árboles usada para curtir las pieles y teñir artes y aparejos de pesca. 3 Rosca de mazapán y cidra o batata, bañada y cubierta con azúcar. 4 Cáscara.
SIN. *2* **Curtido, taño.**

cascabel (prov. cat. *cascavell* < l. *cascabellu,* campanilla, instrumento) *m.* Bola de metal, hueca y agujereada, que lleva dentro un pedacito de hierro o latón para que, moviéndolo, suene: ***poner el ~ al gato,*** *fr.* fig. *y* fam., acometer una empresa difícil o peligrosa. 2 Remate posterior en forma casi esférica, de algunos cañones de artillería. 3 fig. Persona alegre o poco juiciosa. 4 *Serpiente de ~* v. crótalo. 5 IMPR. Letra que levanta el rodillo al pasar encima del molde, por no estar bien encajada la línea.
SIN. *1* **Cascabillo,** desus. *2* **Contera.**

cascabela *f. C. Rica.* Crótalo o serpiente de cascabel.

cascabelada *f.* Fiesta ruidosa y lugareña que se hacía con los pretales de cascabeles. 2 fig. Dicho o hecho de poco juicio.

cascabelear (frec.; de *cascabel*) *tr.* fig. Alborotar [a uno] con esperanzas vanas para que ejecute alguna cosa. -2 *intr.* Portarse con ligereza. 3 *Amér.* Hacer ruido de cascabeles. 4 *Chile.* Refunfuñar.
SIN. *1* **Levantar los cascos** [a uno].

cascabeleo *m.* Ruido de cascabeles, y fig. de voces y risas.

cascabelero, -ra *adj.-s.* fig. [pers.] De poco juicio. -2 *m.* Sonajero. -3 *f.* Hierba rastrera que suele crecer al borde de los caminos y en terrenos arenosos *(Spergularia rubra).*

cascabelillo (dim. de *cascabel*) *m.* Variedad de ciruela pequeña y redonda, de color purpúreo oscuro y sabor dulce.

cascabil *m. La Mancha.* Cascabillo, cúpula de la bellota.

cascabillo *m.* Cascabel (campanilla). 2 Cascarilla en que se contiene el grano de trigo o cebada. 3 Cúpula de la bellota. 4 *La Mancha.* Lóbulo de la oreja.

cascabullo *m. And.* Cascabillo del trigo. 2 *Extr.* y *Sal.* Cascabillo de la bellota.

cascaciruelas (*de cascar + ciruela*) *com.* fig. Persona inútil y despreciable. ◇ Pl.: *cascaciruelas.*

cascada (it. *cascata* < *cascare;* l. v. **casiare;* por l. *cadere,* caer) *f.* Despeñadero de agua. 2 Conjunto o serie de varios elementos, aparatos, máquinas, etc., enlazados entre sí.
SIN. Si es de gran altura y caudal, ***catarata.*** Ordinariamente, ***salto de agua,*** esp. refiriéndose a su aprovechamiento industrial.

cascado, -da (de *cascar*) *adj.* fig. [persona o cosa] Muy trabajada o gastada. 2 fig. [voz] Que carece de sonoridad y entonación.

cascador, -ra (fr. *cascadeur*) *m. f.* Actor acróbata especializado en acciones peligrosas.
SIN. **Especialista.**

cascadura *f.* Acción de cascar o cascarse. 2 Efecto de cascar o cascarse.

cascajal, -jar *m.* Paraje donde hay mucho cascajo (guijo). 2 Vertedero de la casca de la uva.
SIN. *1 Sant.* **Lera.** *Ast.* **Llera.**

cascajera *f.* Cascajar, lugar donde abunda el cascajo o guijo.

cascajero, -ra *m. f.* Vendedor de cascajo o frutos de cáscara seca. -2 *m. Colomb.* Cascajal. 3 *Colomb.* Mina ya explotada, pero que aún contiene oro.

cascajo (de *cascar*) ***m.*** Guijo, fragmentos de piedra y de otras cosas que se quiebran. 2 Conjunto de frutas de cáscara seca. 3 Vasija, trasto o mueble roto e inútil: ***estar hecho un ~,*** fig., estar decrépito. 4 fig. Moneda de vellón. 5 Casa vieja.

cascajoso, -sa ***adj.*** Abundante en cascajo (guijo).

cascalbo (*casca* + *albo*) ***adj.*** V. pino, trigo cascalbo.

cascalote ***m.*** Árbol americano, leguminoso, muy alto y grueso, cuyo fruto abunda en tanino y se emplea para curtir, y también como medicamento astringente (gén. *Poinciana).*

cascamajar (*cascar* + *majar*) ***tr.*** Quebrantar [una cosa] machacándola algo.

cascambruca ***f.*** *Cuba.* fam. Pendencia entre muchos.

cascamiento ***m.*** Cascadura.

cascante ***adj.*** Que casca. -2 ***adj.-s.*** *And.* Charlatán, parlanchín.

cascanueces ***m.*** Utensilio a modo de tenaza, para partir nueces, avellanas, etc. 2 Ave paseriforme de plumaje vinoso salpicado de manchas blancas *(Nucyfraga caryocatactes).* 3 fig., fam. *y* p. us. Trincapiñones, mozo de poco juicio. ◇ Pl.: *cascanueces.*

SIN. *1* **Rompenueces.**

cascapiñones ***com.*** Persona que saca, rompe y monda los piñones. -2 ***m.*** Tenaza para cascar los piñones. ◇ Pl.: *cascapiñones.*

cascar (l. v. **quassicare* < l. *quatere,* sacudir) ***tr.*** Quebrantar o hendir [una cosa quebradiza]. 2 fig. Quebrantar la salud [de uno]. 3 Dar [a uno] golpes; pegarle. -4 ***intr.*** fam. Charlar. -5 ***tr.-prnl.*** Estropear, dañar una cosa. -6 ***intr.*** fig. Infringir una derrota. 7 fig. *y* fam. Morir. ◇ ** CONJUG. [1] como ***sacar.***

SIN. *1* **Rajar, hender, romper.** *3* **Golpear, pegar, zurrar.**

cáscara (der. de *casca*) ***f.*** Corteza o cubierta de algunas cosas: *~ de huevo; ~ de almendras;* ***ser de,*** o ***de la, ~ amarga,*** fig., ser travieso y valentón, ser persona de ideas muy avanzadas. 2 Corteza (de planta). 3 *~* ***sagrada,*** corteza de un arbusto de California usada como laxante *(Rhamnus purshiana).* 4 *~* ***amarga,*** corteza de un árbol de la América tropical usada como alterante y tónica *(Tairi antidesma).* 5 *Murc.* Capullo del que se extrae el gusano de seda muerto, para hacer el filadiz. 6 *Murc.* Pimiento desecado al aire libre y preparado para la molienda. 7 *And.* Malicia, segunda intención.

SIN. *1* **Casca,** aunque en rigor *cáscara* es la cubierta rígida que se separa cascando (*nuez, avellana*), y **piel** o **monda** la flexible que se separa mondando (*patata, manzana*), es frecuente llamar cáscara a la corteza de algunos frutos que se pueden mondar o pelar con los dedos, como la *naranja,* el *plátano,* el *limón.*

cascarañado, -da ***adj.*** *Cuba* y *P. Rico.* Cacarañado, picado de viruelas. 2 *Chile.* Picado de peste.

¡cáscaras! fam. Interjección con que se denota sorpresa o admiración.

cascarazo ***m.*** *P. Rico.* fest. Golpe fuerte. 2 *P. Rico* y *S. Dom.* fest. Trago de licor. 3 *Colomb.* Puñada, latigazo.

cascarear ***tr.*** *Colomb., C. Rica* y *Hond.* Cascar, zurrar. 2 *Méj.* Salir a la calle en busca de un negocio. 3 *Guat.* Comerse las cáscaras de algunas frutas. -4 ***intr.*** *Guat.* Estar en la miseria.

cascarela ***f.*** Cuatrillo.

cascarete ***m.*** *P. Rico.* Cosa o persona vieja y sin valor.

cascarilla (dim. de *cáscara*) ***f.*** Arbusto euforbiáceo de 1,5 m. de altura, cuya corteza tiene propiedades medicinales *(Croton eleuteria).* 2 Quina delgada y más comúnmente la que se llama de Loja. 3 Laminilla delgada de metal con que se revisten varios objetos. 4 Blanquete hecho de cáscara de huevo. 5 Cáscara de cacao, de cuya infusión se hace una bebida que se toma caliente. 6 *Amér.* Quino (árbol). 7 *Amér.* Corteza amarga, aromática y medicinal de numerosas especies de árboles de los géneros Cinchona y Croton.

cascarillal ***m.*** *Perú.* Lugar poblado de muchos árboles silvestres de quina.

cascarillero, -ra ***m. f.*** Persona que tiene por oficio recoger o vender cascarilla. -2 ***m.*** Cascarillo.

cascarillina ***f.*** Principio amargo de la corteza del cascarillo.

cascarillo ***m.*** *Amér.* Cascarilla (árbol). 2 Quino (árbol).

cascarita ***com.*** *S. Dom.* Corto de genio, parapoco.

cascarón ***m.*** Aum. de *cáscara.* 2 Cáscara de huevo de cualquier ave, y esp. la rota por el pollo al salir de él. 3 Lance del juego del cuatrillo. 4 ***Bóveda de ~,*** v. bóveda de cuarto de esfera. 5 fig. *~* ***de nuez,*** embarcación muy pequeña. 6 *Amér.* El de huevo, relleno de algodón y otras cosas, que se tiran unos a otros a la cabeza durante el carnaval. 7 *Argent.* y *Urug.* Árbol que produce una goma de color rojo *(Cascaronia astragalina).* 8 *Colomb.* Cubierta de la mazorca de maíz.

cascaronear ***tr.-prnl.*** *Guat.* Tirar cascarones las personas, unas a otras, en época de carnaval.

cascarrabias (de *cascar* + *rabia*) ***com.*** fam. Persona que fácilmente se irrita. ◇ Pl.: *cascarrabias.*

SIN. **Paparrabias.**

cascarria ***f.*** Cazcarria.

cascarrojas ***m. pl.*** Insectos o gusanillos que se crían en los buques.

cascarrón, -rrona (de *cascar*) ***adj.*** fam. Bronco, áspero y desapacible.

cascarudo, -da ***adj.*** Que tiene gruesa la cáscara. -2 ***m.*** Insecto coleóptero de antenas dentadas y claramente separadas en su base, que ataca gran variedad de productos almacenados, incluyendo el tabaco *(Lasioderma serricorne).*

cascaruleta ***f.*** Cuchareta (trigo). 2 fam. Ruido hecho con los dientes, dándose golpes con la mano en la barbilla.

cascarullo (der. del l. **quassicare,* cascar) ***m.*** *Ál., Ar.* y *Guadal.* Cascarilla de los cereales.

cascás ***m.*** *Chile.* Insecto coleóptero, notable por sus mandíbulas en figura de gancho. ◇ Pl.: *cascás.*

casco (de *cascar*) ***m.*** Cráneo. 2 Pieza de la armadura que cubre y defiende la cabeza. 3 Pieza de diversos materiales y formas, según su uso, que sirve para proteger la cabeza: *un ~ militar; un ~ de minero; un ~ de motorista; un ~ de obrero de la construcción.* 4 Conjunto formado por dos auriculares en serie fijados en las orejas por una cinta metálica, que pasa sobre la cabeza. 5 Cáscara dura y carnosa de la cebolla. 6 Cáscara dura de algunos frutos. 7 Copa del sombrero. 8 Casquete (empegado). 9 Uña del pie o de la mano de las bestias caballares. 10 Cuerpo de la nave, con abstracción del aparejo y las máquinas. 11 Tonel, pipa o botella para contener líquidos; tonel para contener arenques u otra salazón. 12 Pedazo de una vasija o vaso rotos: *un ~ de botella.* 13 Conjunto de los edificios agrupados de una población, por oposición a las afueras o al término municipal. 14 Armazón de la silla de montar. 15 Embarcación filipina de fondo plano y costados verticales, con batangas y velas de estera. 16 *~* ***de Júpiter,*** acónito. 17 BLAS. Pieza que imita el casco y sirve para timbrar el escudo. -18 ***m. pl.*** Cabeza (testa; intelecto): ***alegre, barrenado,*** o ***ligero, de cascos,*** persona de poca reflexión y juicio; ***de cascos lucios,*** alegre de cascos; ***levantar a uno de cascos,*** cascabalear (alborotar). 19 Cabeza de carnero o de vaca, quitados los sesos y la lengua. 20 Despojos de las reses. -21 ***m.*** *Amér.* Gajo de naranja, granada, etc. 22 *Chile.* Suelo de una propiedad rústica aparte de los edificios y plantaciones. 23 *Guat.* *~* ***de mula,*** especie de tortuga. 24 *Salv.* Especie de molusco.

SIN. *9* **Suelo, pezuña, pesuña, vaso.**

cascol ***m.*** Resina de un árbol de Guayana, que sirve para fabricar lacre negro.

cascolitro ***m.*** Planta gramínea de América del Sur (gén. *Chascolytrum).*

cascote (de *casco*) ***m.*** Fragmento de alguna fábrica de albañilería derribada o arruinada. 2 Conjunto de escombros. 3 Trozo de metralla, o fragmento pequeño de un proyectil hueco de artillería.

cascotear ***tr.*** *Argent.* y *Urug.* Tirar cascotes [a una persona o cosa]. 2 *Guat.* Apedrear. 3 *Colomb.* Repellar las paredes.

cascudo, -da ***adj.*** [animal] De mucho casco en los pies.

cascué ***m.*** Especie de sollo del río Nilo. ◇ Pl.: *cascués.*

cascundear ***tr.*** *Amér. Central.* Azotar, zurrar.

case-, v. casei-.

casei-, case- (l. *caseu,* queso) Elemento prefijal que entra en la formación de palabras con el significado de queso: *caseiforme.*

caseación (l. *caseu,* queso) ***f.*** Acción de cuajarse la leche.

caseico, -ca ***adj.*** Caseoso. 2 [ácido] Producido por la descomposición del queso.

caseificación ***f.*** Acción de caseificar. 2 Efecto de caseificar. 3 PAT. Degeneración o necrosis de un tejido, como consecuencia de la cual la zona afectada muestra una consistencia pastosa, blanquecina, que recuerda al queso blando; es característico de la inflamación tuberculosa.

caseificar (*casei-* + l. *facere,* hacer) ***tr.*** Transformar en caseína. 2 Separar o precipitar la caseína [de la leche]. ◇ ** CONJUG. [1] como ***sacar.***

caseiforme (*casei-* + *-forme*) ***adj.*** Que tiene forma o apariencia de queso o de caseína.

caseína ***f.*** Albuminoide contenido en la leche, que se precipita por la adición de ácidos. 2 Substancia nitrogenada contenida en el gluten vegetal.

caseinógeno (de *caseína* + *-geno*) ***m.*** Fosfoproteína que se halla en la leche y puede transformarse en caseína por acidificación.
cáseo, -a ***adj.*** Caseoso. -2 ***m.*** Cuajada.
caseoso, -sa ***adj.*** Relativo al queso. 2 Parecido a él.
SIN. Es tecn., lo mismo que ***cáseo***; en el habla usual, **quesero, -ra**.
caseramente (de *casero*) ***adv. m.*** Llanamente, sin ceremonia.
casería ***f.*** Casa aislada en el campo, con fincas rústicas dependientes de ella. 2 Gobierno económico interior de una casa, propio de las mujeres. 3 *Amér.* Parroquia o clientela.
SIN. **Villoria.**
caserillo ***m.*** Especie de lienzo casero.
caserío ***m.*** Conjunto de casas. 2 Casería (casa).
caserna (fr. *caserne*) ***f.*** Bóveda, a prueba de bomba, que se construye debajo de los baluartes para alojar soldados y almacenar cosas. 2 *La Mancha.* Casa a orilla de un camino, gralte. destinada a mesón o parador. 3 GALIC. Cuartel.
casero, -ra ***adj.*** Que se hace o cría en casa: *pan ~; palomo ~*. 2 Que se hace entre personas de confianza, sin cumplidos: *función casera.* 3 [pers.] Que está mucho en su casa. 4 [juez deportivo o arbitraje] Que favorece al equipo en cuyo campo se juega. -5 ***m. f.*** Dueño de una casa, que la alquila a otro. 6 Administrador de ella. 7 Inquilino. 8 Arrendatario de una casería. 9 *Amér.* Parroquiano. -10 ***adj.-s.*** *Cuba* y *Chile.* Persona que pacta o acostumbra traer a la casa los artículos de venta usuales, esp. los comestibles.
caserón ***m.*** Aum. de *casa*. 2 Casa muy grande y destartalada. ◇ También *casarón*, p. us.
caseta ***f.*** Casa pequeña de construcción ligera. 2 Barraca de feria. 3 En los balnearios y playas, casilla o garita donde se desnudan los bañistas. 4 DEP. p. ext. Vestuario, en gral. 5 MAR. Cámara o pequeño departamento sobre cubierta para guardar algo u ofrecer abrigo en caso de mal tiempo: ~ ***de derrota***, la que guarda los mapas y derroteros; ~ ***del timón***, la que contiene la rueda del timón, la aguja náutica y demás elementos necesarios para gobernar un buque.
casete (fr. *cassette*) ***f.*** Cajita, gralte. de material plástico, que contiene una cinta magnética para el registro y reproducción del sonido, de imágenes, o de ambos. -2 ***m.*** Aparato que sirve para hacer dichos registros y reproducción del sonido.
casetón (de *casa*) ***m.*** Adorno, gralte. con molduras y un florón en el centro, que se pone en los techos y bóvedas.
SIN. **Artesón.**
cashaco ***adj.*** *Perú.* De cabello grueso e hirsuto.
casho (voz aimara) ***m.*** *Perú.* Puntal de acero del tacho.
casi (l. *quasi*) ***adv. c.*** Cerca de, poco menos de, aproximadamente, por poco: ~ *cien hombres;* ~ *increíble;* ~ *ocupaba el salón;* ~ *desde esta mañana; roto* ~ *el navío; mil años o* ~; también se usa repetido: ~ ~ *me caigo.* 2 ***¡Casi nada!*** excl. fam., denota que la cosa que se expresa tiene mucha importancia. ◇ Hállase en la lengua hablada construido con la conj. *que:* ~ *que parece de ayer;* ~ *que sí*; pero este uso es raro en la lengua literaria.
casia (l.) ***f.*** Arbusto leguminoso de la India, parecido a la acacia, de flores amarillas y olorosas y semillas negras y duras *(*gén. *Cassia angustifolia).*
SIN. **Sen, sena.**
cásico ***m.*** Ave paseriforme insectívora de Sudamérica, de unos 40 cms. de longitud, pico largo y puntiagudo y plumaje negro; en la cabeza posee una cresta típica *(Cassicus cristatus).*
casicontrato ***m.*** Cuasicontrato.
casida (ár.) ***f.*** Composición poética arábiga y también persa, breve y de asunto gralte. amoroso. 2 Tercianaria.
cásida ***f.*** Insecto coleóptero, de cuerpo redondeado con los élitros brillantes, y de antenas no excesivamente largas *(*gén. *Cassida).*
casidulina ***f.*** Concha microscópica del Mediterráneo. Se halla también en el Perú y en la Patagonia.
casilla ***f.*** Casa o albergue pequeño y aislado: *la* ~ *de un paso a nivel.* 2 ant. Despacho de billetes de los teatros. 3 Compartimiento del casillero, o de algunas cajas, estanterías, etc. 4 División del papel rayado verticalmente o en cuadrículas. 5 Escaque (de ajedrez). 6 fig. ***Sacar a uno de sus casillas***, alterar su método de vida; hacerle perder la paciencia. 7 *Cuba.* Trampa para cazar pájaros. 8 *Ecuad.* Excusado, retrete. 9 *Bol., Chile, Perú* y *R. de la Plata.* ~ ***postal*** o ***de correo***, apartado de correos.
casillero, -ra (de *casilla*) ***m. f.*** Persona encargada de un paso a nivel en el ferrocarril, la cual vive en una casilla. -2 ***m.*** Mueble con varias divisiones, para tener clasificados papeles u otros objetos. 3 En deporte, marcador.
SIN. *2* **Clasificador.**
casillo ***m.*** *And.* Cascarilla de los cereales.
casimba ***f.*** *Amér.* Pozo de agua, manantial; vasija o barril para recoger agua de lluvia o de un manantial.
casimir (de *Kazmira,* c. de la India) ***m.*** Cachemir.
casimira ***f.*** Cachemir.
casimiro, -ra ***adj.*** *Amér.* burl. Bizco.
casimpulga ***f.*** *Nicar.* Casampulga.
casina ***f.*** Arbusto de hojas alternas, pecioladas y simples, y flores axilares hermafroditas; de sus hojas se prepara una infusión estimulante parecida al té *(Ilex vomitaria).*
casineta (fr. *cassinette*) ***f.*** *Argent.* ant. Tejido de lana que se usaba para forros. 2 Casinete.
casinete ***m.*** *Amér. Merid.* Tela de calidad inferior al casimir.
casinita ***f.*** MINERAL. Feldespato de barita.
casino (it.) ***m.*** Casa de recreo, situada gralte. fuera de población. 2 Sociedad de los que se juntan en una casa, mediante la cuota que paga cada socio, para conversar, leer, jugar, etc. 3 Edificio en que esta sociedad se reúne.
SIN. *2* y *3* **Círculo, sociedad, club.**
Casiopea (gr. *Kassiépeia,* personaje mitológico) ***n. pr.*** Constelación boreal situada entre Perseo y Cefeo.
casiopiri ***m.*** Arbusto espontáneo en la India y que se cultiva en los jardines europeos por su hermosura y fragancia.
casis (l. *cassis,* casco) ***f.*** Grosellero negro. -2 ***m.*** Molusco del Mediterráneo y del mar de las Indias *(*gén. *Cassis).* ◇ Pl.: *casis.*
casitéridos (v. casiterita) ***m. pl.*** QUÍM. Grupo de elementos que comprende el estaño, el antimonio, el cinc y el cadmio.
casiterita (gr. *kasiteros,* estaño) ***f.*** Bióxido de estaño nativo, de color pardo y brillo diamantino.
casmodia (gr. *kasmodia*) ***f.*** Enfermedad que consiste en bostezar con excesiva frecuencia.
casné ***m.*** *Méj.* Gasné o pañuelo de seda.
caso (l. *-su*) ***m.*** Suceso, acontecimiento; lance, ocasión o coyuntura: ~ ***fortuito***, suceso, por lo común dañoso, que acontece inesperadamente; DER., fuerza mayor. 2 Enfermo de una enfermedad infecciosa, y p. ext., de cualquier enfermedad: ***ser un*** ~, destacar uno por su carácter o condiciones; ~ ***clínico***, proceso morboso individual, esp. el no habitual. 3 En las ciencias, observación o experiencia con que se busca inducir una ley general. 4 Asunto de que se trata: ~ ***de conciencia***, punto dudoso en materia moral; ~ ***reservado***, culpa grave de que sólo puede absolver el superior. 5 GRAM. Función que desempeñan los substantivos, adj. y pron. en la oración en que figuran. Forma que dichas palabras toman en determinadas lenguas para expresar su función sintáctica. Los casos de la lengua latina son nominativo, genitivo, dativo, acusativo, vocativo y ablativo. En otras lenguas indoeuropeas se cuenta, además, el locativo y el instrumental. V. declinación y declinar: ~ ***oblicuo***, el que desempeña una función indirecta por medio de una preposición: acusativo, genitivo, dativo y ablativo. ◇ Son *casos rectos* el nominativo y vocativo y *casos oblicuos* todos los demás.
SIN. *1* v. **Acontecimiento** y **ocasión.** FR. ~ *que,* o *en* ~ *de que,* si sucede tal o cual cosa; *dado el* ~, supuesta tal o cual cosa; *en todo* ~, como quiera que sea, o sea lo que fuere; *hacer* o *venir, al* ~ *una cosa,* venir al propósito de lo que se trata; convenir o importar para algún efecto; *hacer* ~ *de uno* o *de una cosa,* tenerle consideración, apreciarla; *hacer* ~ *omiso de una cosa,* prescindir de ella.
casón ***m.*** Aum. de *casa*.
casona ***f.*** *Sant.* Casa grande, con cierto señorío tradicional.
casorio ***m.*** fam. Casamiento mal concertado o de poco lucimiento.
caspa (origen dudoso) ***f.*** Escamilla formada en la cabeza a raíz de los cabellos. 2 La que forman los herpes o queda de las hinchazones o llagas. 3 Óxido y pátina que se desprende del cobre antes de fundirlo. 4 *Sal.* Musgo que se cría en la corteza de algunos árboles.
caspaletear ***intr.*** *Colomb.* Rabiar, desesperar.
caspera ***f.*** Lendrera.
caspete ***m.*** *Colomb.* Rancho o sancocho (guiso).
caspia ***f.*** *Ast.* Corazón de la manzana o de cualquier otro fruto. 2 *Ast.* Orujo de manzana.
caspicia ***f.*** Corteza seca del olivo.
caspicias ***f. pl.*** fam. Resto, sobras de ningún valor.
caspio, -pia (l. *-iu*) ***adj.-s.*** De un ant. pueblo de Hircania.
caspiroleta ***f.*** *Amér.* Bebida refrescante, hecha de leche, cane-

la, huevos, azúcar y varios ingredientes aromáticos. 2 *Cuba.* Cafiroleta.

¡cáspita! Interjección con que se denota extrañeza o admiración.

caspolino, -na *adj.-s.* De Caspe, c. de Zaragoza.

casposo, -sa *adj.* Lleno de caspa.

casquear *tr. Colomb.* Dividir en cascos o cachos [alguna fruta]. -2 *intr. Venez.* Piafar una bestia, golpear el suelo con los cascos.

casqueo *m. Pan.* Acción de limpiar la tierra con el machete de modo que no quede nada visible de la maleza.

casquería *f.* Tienda del casquero.

casquero, -ra (de *casco*) *m. f.* Persona que vende despojos de las reses. -2 *m.* Lugar donde se cascan los piñones.
SIN. *1* **Tripicallero.**

casquetazo (de *casquete*) *m.* Cabezada (golpe).

casquete (de *casco*) *m.* Pieza de la armadura que cubre y defiende el casco de la cabeza. 2 Cubierta de tela, cuero, etc., que se ajusta al casco de la cabeza. 3 Media peluca que cubre solamente una parte de la cabeza. 4 Empegado de pez y otros ingredientes que ponen en la cabeza de los tiñosos a fin de curarlos. 5 vulg. Cópula sexual. 6 GEOM. ~ ***esférico,*** parte de la superficie de la esfera, cortada por un plano que no pasa por su centro. 7 ~ ***polar,*** parte de la superficie del globo terráqueo comprendida entre el círculo polar y el polo respectivo.
SIN. *3* **Casco.**

casquiacopado, -da *adj.* [caballería] Que tiene el casco a manera de copa.

casquiblando, -da *adj.* [caballería] Que tiene blandos los cascos.

casquiderramado, -da *adj.* [caballería] Que tiene ancho de palma el casco.

casquijo (de *casco*) *m.* Multitud de piedra menuda, que se emplea como grava o para hacer hormigón. 2 *Logr.* Cascarilla de trigo después de trillado.

casquilla (de *casco*) *f.* Entre colmeneros, cubierta de las celdas donde se crían las reinas. -2 *f. pl.* Cápsulas pequeñas de plata que sirven a los plateros para graduar el peso de los ensayos en la balanza de precisión.
SIN. *1* **Enjambradera.**

casquillo (dim. de *casco*) *m.* Anillo o abrazadera de metal que refuerza la extremidad de una pieza de madera. 2 Hierro de la saeta o flecha. 3 Parte metálica del cartucho de cartón. 4 Cartucho metálico vacío. 5 Parte metálica de la bombilla que conecta con el circuito. 6 *Amér.* Herradura. -7 *C. Rica.* Portaplumas. 8 *Hond.* Forro que se pone a los sombreros.

casquilucio, -cia (*casco* + *lucio*) *adj.* fam. Casquivano.

casquimuleño, -ña (paras.) *adj.* [caballo o yegua] Que tiene los cascos pequeños, duros y encañutados, como los de las mulas.

casquín *m. Amér. Central.* Coscorrón.

casquinear *tr. Amér. Central.* Dar casquines.

casquite *adj. Venez.* Agriado, aplicado a la bebida llamada carato; p. ext. [pers.] de mal carácter.

casquivano, na (*casco* + *vano*) *adj.* fam. Alegre de cascos.
SIN. **Casquilucio.**

casta (port. *casta,* pura, aplicado a raza) *f.* Generación o linaje: ***cruzar las castas,*** mezclar diversas familias de animales para mejorar o variar las castas. 2 Parte de los habitantes de un país que forman clase especial. 3 En la América hispánica, grupo de población, racial o étnico, resultante de la mezcla de blanco, indio, negro e incluso amarillo, cuya clasificación y terminología va cayendo en desuso, pero que recoge este diccionario. 4 fig. Especie o calidad de una cosa. 5 *Méj.* Entre impresores, conjunto de letras, números y signos de un mismo grado y ojo.
SIN. **Raza** y **casta** pueden aplicarse a hombres o animales, lo mismo que **generación;** en cambio, **linaje, progenie** y **estirpe** se usan sólo tratándose de hombres; **estirpe** y **prosapia** sugieren cierta nobleza, y se refieren más bien al tronco principal y originario de una familia; **ralea** es desp.

castado, -da *adj. P. Rico.* Valiente.

castálidas (l. *Castalides,* de la fuente *Castalia*) *f. pl.* Musas.

castalio, -lia *adj.* Relativo a la fuente Castalia. 2 Relativo a las musas.

castamente *adv. m.* Con castidad.

castaña (l. *castanea*) *f.* Fruto del castaño: ~ ***apilada*** o ***pilonga*** (en Galicia, *maya),* la que se ha secado al humo y se guarda todo el año; ~ ***regoldana,*** la que da el castaño silvestre. 2 Especie de moño que con el pelo se hacen las mujeres en la parte posterior de la cabeza. 3 Vasija o frasco para contener líquidos, de figura semejante a la de la castaña. 4 fig. *y* fam. Bofetada, cachete, puñetazo. 5 fig. *y* fam. Golpe, trompazo, choque. 6 fig. *y* fam. Borrachera. 7 ~ ***de agua,*** planta trapácea acuática anual o perenne, con las hojas flotantes; las flores son solitarias, de color blanco, y el fruto globoso, cubierto por dos o cuatro espinas gruesas *(Trapa natans).* 8 *Cuba.* Pieza que sirve de chumacera a la maza mayor de los trapiches. 9 *Méj.* Barril pequeño.

castañal, -ñar *m.* Terreno poblado de castaños.

castañazo *m.* fam. Puñetazo.

castañear *tr.* fam. Castañetear.

castañeda *f.* Castañal.

castañero, -ra *m. f.* Persona que vende castañas. -2 *m.* Nombre de diferentes aves palmípedas *(gén. Colymbus).*

castañeta (de *castaña*) *f.* ant. Castañuela (palillos). 2 Sonido que resulta de juntar la yema del dedo medio con la del pulgar y hacerla resbalar para que choque en el pulpejo. 3 Pez marino teleósteo, carnívoro, de cuerpo alto muy ovalado y comprimido, hocico muy corto y aleta caudal muy escotada *(Brama brama).* 4 TAUROM. Moña, lazo que se ponen los toreros en la cabeza.

castañetada *f.* Castañetazo.

castañetazo *m.* Golpe recio dado con las castañuelas o con los dedos. 2 Estallido que da la castaña cuando revienta en el fuego. 3 Chasquido que suelen dar las coyunturas de los huesos. 4 fam. Golpetazo, puñetazo.

castañeteado *m.* Son que se hace tocando las castañuelas.

castañetear (frecuent.) *tr.* Tocar las castañuelas: ~ *una seguidilla.* -2 *intr.* Dar chasquidos con los dedos. 3 Sonarle a uno los dientes dando los de una mandíbula contra los de la otra, por efecto del frío o del miedo. 4 Sonarle a uno las choquezuelas de las rodillas al andar. 5 Producir la perdiz macho unos sonidos a manera de chasquidos.

castañeteo *m.* Acción de castañetear.

castaño, -ña *adj.-m.* Color parecido al de la cáscara de la castaña: ***pasar una cosa de ~ obscuro,*** fig., ser demasiado enojosa o grave. -2 *adj.* De color castaño. -3 *m.* Árbol cupulífero de unos 20 m. de altura, tronco grueso, copa ancha y redonda, hojas grandes, flores masculinas en amentos y las femeninas axilares, y fruto comestible de cáscara correosa de color pardo obscuro, con la cúpula convertida en una envoltura coriácea y espinosa *(Castanea sativa).* 4 Madera de este árbol. 5 ~ ***de Indias,*** árbol hipocastáneo, de madera blanda y amarillenta, hojas palmeadas, flores en racimos derechos y fruto muy parecido al del castaño común *(Æsculus hippocastanum).* 6 ~ ***de Indias rojo,*** parecido al anterior, pero de flores rosas y fruto más pequeño *(Æsculus carnea).* 7 ~ ***de Pará,*** árbol mirtáceo cuyo gran fruto contiene semillas comestibles (nuez de Pará), de las que se extrae aceite para usos culinarios y fabricación de jabones *(Bertholletia excelsa).*

castañola *f.* Castañeta, pez.

castañuela (dim. de *castaña*) *f.* Instrumento músico de percusión, compuesto de dos piezas cóncavas de madera o de marfil, a modo de conchas. Se sujeta con un cordón al dedo pulgar o al de en medio y se repica con los dedos, produciendo un sonido indeterminado y seco. Sirven para dar mayor acento al ritmo, esp. en ciertos bailes populares, y gralte. se usan dos, una para cada mano. 2 Planta ciperácea, delgada, larga y de raíz tuberculosa, propia de lugares aguanosos, que una vez seca se siega y sirve para cubrir chozas y para otros usos *(Bulbocastanum incrassattanum).* 3 Planta umbelífera perenne, con tubérculos ricos en hidratos de carbono y comestibles *(Bunium incrassatum).* 4 Planta compuesta, anual o bienal, ramificada en forma dicotoma, de hojas vellosas con una espina en la punta; las flores se disponen en capítulos amarillos *(Pallenis spinosa).* 5 Pez marino teleósteo, de pequeño tamaño y cola ahorquillada; los adultos son de color pardo, mientras que los jóvenes son de color azul brillante *(Chromis chromis).* 6 Pieza de hierro que sirve para elevar sillares con una grúa.
SIN. *1* **Crótalo, palillos.**

castañuelo, -la *adj.* Dim. de *castaño.* 2 [caballo, yegua] De color castaño.

castellanía (de *castellano*) *f.* ant. Territorio o jurisdicción independiente, con leyes particulares y jurisdicción separada para el gobierno de su capital y pueblos de su distrito.

castellanidad *f.* Carácter y condición de castellano. 2 Peculiaridad de Castilla y de lo castellano.

castellanismo *m.* Vocablo, giro o modo de hablar propio de las provincias castellanas, pero diferente del español común. 2 Amor o apego a las cosas características de las provincias castellanas.

castellanización *f.* Acción de castellanizar o castellanizarse. 2 Efecto de castellanizar o castellanizarse.

castellanizar *tr.* Dar forma castellana [a un vocablo de otro idioma]. 2 Enseñar el castellano [a los que no lo saben]. -3 *prnl.* Hacerse hablante del castellano. ◇ ** CONJUG. [4] como ***realizar.***
SIN. **Españolizar.**

castellano, -na *adj.-s.* De Castilla, antiguo reino español y actual territorio del centro y norte de España, que comprende diversas regiones autónomas en la moderna división administrativa. 2 Español, lengua española. 3 Dialecto románico, nacido en Cantabria, del que tuvo su origen la lengua española. 4 Variedad de la lengua española hablada modernamente en gran parte de Castilla. -5 *m.* Moneda castellana de oro de la Edad Media. 6 Peso usado para el oro y la plata (4,60 g.; cincuentava parte del marco). 7 Lanza (hombre). -8 *m. f.* Señor de un castillo. -9 *m.* Alcaide o gobernador de un castillo. -10 *f.* Mujer del castellano. 11 Copia de cuatro versos de romance octosílabo. 12 ~ ***de oro,*** castellano (moneda). -13 *m. Ál.* y *Logr.* Viento sur. -14 *adj. Chile.* [ave] De color ceniciento obscuro con pintas rojizas.
SIN. *5* **Pesante.**

castellanohablante *adj.-s.* [pers.] Que tiene como lengua materna el castellano.

castellar *m.* Todabuena.

castellología (de *castillo* + *-logía*) *f.* Aspecto de la historia que trata de los castillos, esp. antiguos.

castellonense *adj.-s.* De Castellón de la Plana, capital y provincia perteneciente a la comunidad autónoma del País Valenciano.

casticidad *f.* Calidad de castizo.

casticismo *m.* Amor a lo castizo.
SIN. **Pureza,** tratándose del lenguaje.

casticista (de *castizo*) *com.* Purista en el uso del idioma.

castidad (l. *-itate*) *f.* Estado, virtud del que se abstiene de todo goce sexual ilícito. 2 Continencia absoluta: *hacer voto de* ~.

castigación *f.* p. us. Castigo.

castigadera *f.* Entre arrieros, correa o cuerda con que se ata el badajo del cencerro.

castigador, -ra *adj.-s.* Que castiga.

castigar (l. *-are*) *tr.* Ejecutar algún castigo [en un culpado]: *castigarle de,* o *por, sus fechorías.* 2 Escarmentar (corregir). 3 Mortificar, afligir: ~ *el cuerpo.* 4 Estimular con el látigo o con las espuelas a una cabalgadura para que acelere la marcha. 5 fig. Corregir, enmendar [obras o escritos]: ~ *el estilo.* 6 Aminorar [gastos]. 7 fam. Enamorar, dar flechazo [a una pers.]. 8 TAUROM. Herir [al toro]. 9 *Méj.* Apretar [un tornillo, una cuerda, etc.]. ◇ ** CONJUG. [7] como ***llegar.***

castigo (de *castigar*) *m.* Pena impuesta al que ha cometido un delito o falta: ~ ***ejemplar,*** el grave y extraordinario, para que sirva de mayor escarmiento. 2 fig. Tratándose de obras o escritos, enmienda, corrección. 3 fig. *y* fam. Persona o cosa que da mucho sufrimiento o trabajo. 4 TAUROM. Herida infligida al toro.
SIN. *1* **Punición,** es latinismo que sólo se emplea en su sentido más gral. y abstracto. REL. *1* **Punible,** que merece castigo; relativo al castigo, **punitivo;** falta de ~, **impunidad;** que queda sin ~, **impune.**

castila *adj.-s. Filip.* Español. -2 *m.* Idioma español.

castilla *f. Chile.* Bayetón.

castillado, -da *adj.* BLAS. [escudo o pieza] Sembrado de castillos.

castillejo *m.* Dim. de *castillo.* 2 Carretón (taburete). 3 Andamio que se arma para levantar pesos considerables, gralte. en la construcción de edificios. 4 Parte del telar de mano. 5 *Méj.* Armazón vertical de hierro colocada a ambos lados del trapiche o molino de cañas, en la cual descansan los ejes de los cilindros moledores o mazas.

castillete *m.* Dim. de *castillo.* 2 Armazón de distintas formas y materias que sirve de sostén.

castillito *m.* Agróstide.

castillo (l. *castellu*) *m.* Edificio o conjunto de edificios, cercados de murallas, baluartes, fosos y otras fortificaciones: ***hacer castillos de naipes,*** fig., confiar en el logro de una cosa, contando con medios ineficaces; ***hacer castillos en el aire,*** fig., abrigar lisonjeras esperanzas sin fundamento alguno. 2 Cabida de un carro desde la escalera hasta lo alto de los varales. 3 Parte de la cubierta alta de un buque entre el palo trinquete y la proa: ~ ***de popa,*** cubierta parcial que, en la misma sección, tienen algunos buques a la altura de la borda. 4 Ant. máquina de guerra en forma de torre que se ponía sobre los elefantes. 5 Maestril. 6 Pollera para aprender a andar. 7 ~ ***de fuego,*** armazón para fuegos artificiales. 8 BLAS. Figura que representa una o más torres.

castilluelo *m.* Dim. de *castillo.*

castina (al. *kalkstein,* de *kalk,* cal + *stein,* piedra) *f.* Fundente calcáreo que se emplea cuando el mineral que se trata de fundir contiene mucha arcilla.

castizamente *adv. m.* De manera castiza y pura.

castizar *tr. Cuba* y *P. Rico.* Aparear [animales de distintas razas]. ◇ ** CONJUG. [4] como ***realizar.***

castizo, -za (de *casta*) *adj.* De buen origen y casta. 2 [pers.] Que en su manera de ser y obrar representa bien los caracteres de su raza, país, ciudad, etc.: *negro* ~; *madrileño* ~. 3 [lenguaje] Puro y sin mezcla de voces ni giros extraños. 4 p. ext. Puro, típico, genuino: *costumbre, tradición, comida castiza.* 5 Muy prolífico. -6 *adj.-s. Méj.* y *P. Rico.* desus. Cuarterón (mestizo). 7 *Méj.* desus. Cuarterón de mulato. 8 *Méj.* desus. ~ ***cuatralbo,*** descendiente de blanco y mestiza.

casto, -ta (l. *-tu*) *adj.* Que guarda castidad. 2 Que es conforme a la castidad. 3 fig. [cosa] Que conserva en sí aquella pureza y hermosura con que se crió y aleja toda idea de sensualidad en quien la contempla.
SIN. **Puro.**

castor (l.) *m.* Mamífero roedor, de cuerpo grueso, cubierto de pelo muy espeso y fino, pies posteriores palmeados y cola plana y escamosa; es muy apreciado por su piel, y construye sus viviendas a orillas de los ríos y lagos con hojas, cortezas y raíces de los árboles, las cuales le sirven también de alimento *(Castor faber).* 2 Paño o fieltro hecho con pelo de castor. 3 Tela de lana de suavidad parecida a la del pelo del castor.

Cástor (gr. *Kástor,* pers. mitológico) *n. pr.* Estrella de la constelación de Géminis. 2 ~ ***y Pólux,*** fuego de San Telmo; como personajes mitológicos se les considera símbolo de la amistad entrañable y se les llama en pl. *dioscuros.* 3 ASTRON. Géminis.

castorcillo (dim. de *castor*) *m.* Tela de lana, tejida como la estameña.

castoreño (de *castor*) *adj.-s.* V. sombrero castoreño.

castóreo (l. *-eu*) *m.* Substancia segregada por el castor y depositada en dos bolsas que tienen en las ingles, que se ha usado como antiespasmódico.

castorina *f.* Especie de tejido parecido a la tela de castor. 2 Materia grasa contenida en el castóreo.

castra *f.* Acción de castrar. 2 Tiempo en que se suele castrar.

castración *f.* Acción de castrar. 2 Efecto de castrar.

castradera *f.* Instrumento de hierro para castrar (las colmenas).

castrado *adj.-s.* Que ha sufrido la castración.

castrador *m.* Capador. 2 Castrapuercas.

castradura *f.* Castración. 2 Capadura (cicatriz).

castrametación (l. *castra,* campamento + *metatione,* medición) *f.* Arte de disponer los campamentos militares.

castrapuercas, -cos *m.* Silbato compuesto de varios cañoncillos unidos, de que usan los capadores para anunciarse. ◇ Pl.: *castrapuercas* y *castrapuercos.*

castrar (l. *-are*) *tr.* Capar (extirpar). 2 Podar. 3 Quitar [a las colmenas] parte de los panales con miel. 4 fig. Debilitar, enervar. 5 Secar o enjugar [las llagas]. 6 Arrancar o cortar [al maíz] las matas sobrantes, para que las otras se desarrollen mejor.
SIN. *3* **Catar, cortar.**

castrazón *f.* Acción de castrar (las colmenas). 2 Efecto de castrar (las colmenas). 3 Tiempo de castrar (las colmenas).

castrense (l.) *adj.* Relativo al ejército y al estado o profesión militar.

castrismo *m.* Doctrina política basada en Fidel Castro (n. 1927). 2 Conjunto de partidos que se inspiran en dicha doctrina.

castrista *adj.* Relativo al gobierno de Fidel Castro (n. 1927). -2 *adj.-com.* Partidario de las ideas de este político.

I) castro (l. *-tru,* castillo) *m.* Ciudad céltica situada en una cima rocosa, amurallada y con diversas viviendas de planta circular o elíptica. 2 Juego que usan los muchachos, dirigiendo unas piedrecitas por unas rayas, dispuestas al modo de un ejército acampado. 3 *Ast.* y *Sant.* Peñasco que avanza de la costa hacia el mar, o que sobresale aislado en éste y próximo a aquella.

II) castro *m.* Castrazón.

castrón *m.* Macho cabrío castrado. 2 *Cuba.* Puerco grande castrado.

castruera *f. Colomb.* Instrumento músico campestre.

castuga *f. Amér.* Cierto insecto lepidóptero.

cástula (l.) *f.* Túnica larga que las mujeres romanas usaban como vestido interior.

castúo, -a *adj.-s.* fig. Extremeño. -2 *m.* Habla peculiar de los extremeños.

castuzo, -za *adj. P. Rico.* Castado. 2 Temerario.

casual (l. *-ale*) *adj.* Que sucede por casualidad. 2 GRAM. Referente a los casos de la declinación: *desinencias casuales.* -3 *m.* vulg. *y* rúst. Casualidad, azar.

casualidad (de *casual*) *f.* Suceso imprevisto cuya causa se ignora.

SIN. **Azar, acaso** (lit.), **caso fortuito.** En **contingencia, eventualidad, accidente,** puede averiguarse la causa; cabe contar de antemano con posibles contingencias, eventualidades y accidentes; pero el azar, la casualidad y el acaso son inasequibles por completo. **Chamba, chiripa** y **suerte** son casualidades favorables, esp. en el juego.

casualismo *m.* Teoría que funda en el acaso el origen de todos los acontecimientos.

casualista *com.* Persona que profesa el casualismo.

casualizar *intr. Guat.* Suceder algo casualmente. ◇ ** CONJUG. [4] como *realizar.*

casualmente *adv. m.* Por casualidad.

casuárido, -da *adj.-m.* Ave de la familia de los casuáridos. -2 *m. pl.* Familia de aves casuariformes, de cuerpo muy robusto y patas poderosas perfectamente adaptadas a la carrera. El cuerpo está cubierto de plumas de color negro, aunque el cuello es desnudo y de colores vivos; en la cabeza presenta una especie de casco.

casuariforme *adj.-m.* Ave del orden de los casuariformes. -2 *m. pl.* Orden de aves no voladoras pero buenas corredoras, propias de Asia y Australia; como el casuario y el emú.

casuarina *f.* Árbol de la familia de las casuarináceas, que vive en Australia, Java, Madagascar y Nueva Holanda *(Casuarina equisetifolia).*

casuarináceo, -a *adj.-s.* Planta angiosperma dicotiledónea, leñosa que vive en Australia y en otras islas del Océano Pacífico. Tiene flores unisexuales, sin periantio o con periantio sencillo. -2 *f. pl.* Familia de estas plantas.

casuario (malayo *kasuvari*) *m.* Ave casuariforme capaz de correr a gran velocidad, cuyo plumaje es obscuro con manchas rojas y azules; como el avestruz, utiliza sus fuertes patas como arma defensiva *(Casuaris casuaris).*

casuca, -cha *f.* desp. Casucho.

casucho *m.* desp. Casa pequeña y mal construida.

casuista (l. ecl. *casu,* caso de conciencia) *adj.-com.* Autor versado en casuística. -2 *adj.* p. ext. Que expone casos prácticos propios de cualquiera de las ciencias morales o jurídicas.

casuística *f.* Parte de la teología moral que trata de los casos de conciencia. 2 Consideración de los diversos casos particulares que se pueden prever en determinada materia.

casuístico, -ca *adj.* Relativo al casuista o a la casuística. 2 [disposición legal] Que rige casos especiales.

casulla (b. l. *casula,* capa con capucha) *f.* Vestidura que se pone el sacerdote sobre todas las demás para celebrar la misa. 2 *Hond.* Grano de arroz que conserva la cáscara entre los demás ya descascarillados.

casullero *m.* El que tiene por oficio hacer casullas y demás vestiduras y ornamentos para el culto divino.

casullo *m. And.* y *Extr.* Cascarilla de los cereales.

casumba *f. Colomb.* Casucha.

casunguear *tr. Perú.* Azotar, castigar [a uno].

casupo *m. Venez.* Cucurucho de paja para empacar botellas.

casusa *f. C. Rica.* Ron.

casuta *adj. Perú.* Desportillado; [pers.] a la que le falta un diente.

I) cata *f.* Acción de catar. 2 Porción de alguna cosa que se prueba. 3 *Extr.* Busca, pesquisa. 4 *Colomb.* y *Méj.* Calicata. 5 *Colomb.* Cosa oculta o encerrada. 6 *Argent.* Acción de catear.

SIN. *1* v. **Prueba.**

II) cata *f. Argent., Bol.* y *Chile.* Cachaña, ave. 2 *Bol.* Catita. 3 *Méj.* Catarinita.

cata- (gr. *katá*) Prefijo que entra en la formación de palabras con el significado de abajo, hacia abajo; de arriba a abajo, completamente; contra; en, por, con.

catabejas *m.* Paro carbonero.

catabólico, -ca *adj.* Relativo al catabolismo.

catabolismo *m.* BIOL. Parte del proceso del metabolismo en la cual se destruye la substancia de los seres vivos.

REL. v. **Metabolismo.**

catabre, catabro *m. Colomb.* Vasija de calabaza en que se lleva el grano para sembrar.

SIN. **Cataure,** en otros países.

catabrón *m. Colomb.* Canasto ancho y alto.

catacaldos (*catar* + *caldos*) *com.* fam. Persona que emprende muchas cosas sin fijarse en ninguna. 2 Persona entremetida. ◇ Pl.: *catacaldos.*

SIN. **Catasalsas.**

cataclasis (*cata-* + gr. *klásis,* acción de romper) *f.* GEOL. Fragmentación de los distintos componentes de una roca como consecuencia de un proceso tectónico. ◇ Pl.: *cataclasis.*

cataclasita *f.* GEOL. Roca metamórfica producida por un metamorfismo dinámico ligero que ha provocado una deformación mecánica poco profunda.

cataclismo (gr. *kataklysmós,* inundación) *m.* Trastorno grande del globo terráqueo, producido por el agua. 2 fig. Gran trastorno en el orden social o político. 3 fig. Catástrofe, desastre.

catacresis (gr. *katáchresis,* uso, abuso) *f.* RET. Tropo que consiste en dar a una palabra un sentido traslaticio para designar una cosa que carece de nombre especial: *la hoja de una espada.* ◇ Pl.: *catacresis.*

catacumbas (b. l. *catacumba*) *f. pl.* Serie de galerías subterráneas para uso funerario utilizadas en los primeros siglos de nuestra era por judíos y cristianos en Roma. No se emplearon para el culto normal.

catadióptrico, -ca (*cata-* + gr. *dioptrikós,* medida de la distancia) *adj.* Que implica a la vez reflexión y refracción de la luz. 2 [aparato] Compuesto de espejos y lentes.

catador *m.* El que cata. 2 p. ext. El que por experiencia es hábil para apreciar algo: *buen ~ de pintura.* 3 ~ ***de vinos,*** catavinos.

SIN. *3* v. **Enólogo.**

catadura *f.* Acción de catar. 2 Efecto de catar. 3 Gesto o semblante.

catafalco (it.) *m.* Túmulo suntuoso que suele ponerse en los templos para las exequias solemnes. ◇ V. cadahalso y cadalso.

catafase (*cata-* + *fase*) *f.* Fase de la mitosis desde la formación de los cromosomas hasta la división de la célula.

catafilo (*cata-* + *-filo* III) *m.* BOT. Hoja pequeña, escuamiforme, que normalmente tiene función protectora, situada en la base del tallo o sobre cualquier órgano subterráneo.

catáfora *f.* RET. Anticipación de lo que va a venir en el discurso, realizada por una palabra, generalmente un demostrativo.

cataforesis (*cata-* + *foresis*) *f.* Desplazamiento de partículas que se hallan en suspensión, bajo la influencia de un campo eléctrico. El movimiento tiene lugar pralte. hacia el cátodo. ◇ Pl.: *cataforesis.*

catafórico, -ca *adj.* Perteneciente o relativo a la catáfora.

catafusa *f. Hond.* Especie de burjaca.

catajarria *f. Venez.* desp. Sarta, retahíla.

catalán, -lana *adj.-s.* De Cataluña, región del nordeste de España y del sur de Francia. -2 *adj.-m.* Lengua romance hablada principalmente en Cataluña y en el sur de Francia, que se divide en dos grupos de dialectos: oriental y occidental; como el balear y el valenciano, respectivamente: ~ ***central,*** dialecto perteneciente al grupo catalán oriental, hablado principalmente en Gerona, Barcelona y nordeste de Tarragona. 3 fig. *y* fam. Tren expreso Sevilla-Barcelona. 4 *Ecuad.* Papahígo, gorro de paño.

catalanidad *f.* Calidad y carácter de lo que es catalán.

catalanismo *m.* Movimiento político catalán defensor de una autonomía más o menos amplia para Cataluña. 2 Doctrina de dicho movimiento. 3 Vocablo, giro o modo de hablar propio de Cataluña. 4 Amor o apego a las cosas características de Cataluña.

catalanista *adj.-com.* Relativo al catalanismo. 2 Partidario del catalanismo.

catalanohablante *adj.-com.* [pers.] Que tiene como lengua materna el catalán.

catalasa *f.* Enzima presente en ciertos tejidos animales y vegetales que descompone el agua oxigenada.

cataláunico, -ca (l. *-cu*) *adj.* Relativo a la ant. Catalaunio, hoy Châlons-sur-Marne, en cuyos campos fue derrotado Atila.

cataldo *m.* MAR. Vela triangular que los bombos, quechemarines y lugres largan a modo de arrastradera.

cataléctico (gr. *katalektikós*) *adj.-s.* V. verso cataléctico.

catalecto *adj.-s.* Cataléctico.

catalejo (de *catar,* ver + *lejos*) *m.* Anteojo de larga vista.

catalepsia (gr. *katálepsis* < *katalambano,* sorprender) *f.* Suspensión repentina de la sensibilidad y de los movimientos voluntarios, acompañada de una rigidez muscular que hace que los miembros se inmovilicen en cualquier postura en que se los coloque.

cataléptico, -ca *adj.* Relativo a la catalepsia. -2 *adj.-s.* Atacado de catalepsia.
catalicores *m.* Pipeta usada para catar vinos y licores. ◇ Pl.: *catalicores.*
I) catalina *f.* vulg. Excremento humano.
II) catalina *adj.* V. rueda catalina.
catalineta *f. Cuba.* Pez de unos 30 cms. de largo, color amarillo con fajas obscuras, cola ahorquillada y escamas ásperas *(gén. Anisotremus).*
SIN. **Cataluta, cataluja.**
catálisis (gr. *katálysis,* disolución, destrucción) *f.* Aceleración de una reacción química producida por la presencia de una substancia que permanece aparentemente intacta. ◇ Pl.: *catálisis.*
catalítico, -ca *adj.* Relativo a la catálisis.
catalizador *m.* Cuerpo capaz de producir la catálisis.
catalizar *tr.* Producir la catálisis. 2 p. ext. Causar o provocar un proceso o una reacción [de cualquier tipo]. 3 fig. Atraer y agrupar [fuerzas, opiniones, sentimientos, etc.]. ◇ ** CONJUG. [4] como ***realizar.***
catalnica *f.* fam. Cotorra, papagayo pequeño.
catalogación *f.* Acción de catalogar. 2 Efecto de catalogar.
catalogador, -ra *adj.* Que cataloga. -2 *m. f.* Persona que forma catálogos.
catalogar *tr.* Hacer el catálogo [de los libros, monedas, pinturas, etc.] de una biblioteca, exposición, etc. 2 Incluir [un libro, moneda, etc.] en un catálogo. ◇ ** CONJUG. [7] como ***llegar.***
catálogo (l. *-gu;* gr. *katálogos*) *m.* Lista ordenada de libros, monedas, pinturas, precios, objetos en venta, etc.: *el ~ de una biblioteca, de una exposición.*
catalpa *f.* Árbol bignoniáceo caducifolio da hasta 12 m. de altura con las hojas grandes y acorazonadas; las flores, dispuestas en inflorescencias piramidales, son acampanadas y de color blanco con manchas púrpuras y dos rayas amarillas; el fruto es una especie de legumbre larga y delgada *(Catalpa bignonioides).*
catalufa *f.* Tejido de lana tupido y afelpado, para alfombras. 2 *Cuba.* Catalineta.
cataluja *f. Cuba.* Catalineta.
catamarán *m.* Balsa hindú de 3 ó 5 troncos, propulsada a remos o a vela. 2 Embarcación deportiva con dos cascos ahusados a modo de patines y una plataforma, propulsada a vela o a motor. 3 Conjunto de dos flotadores ahusados en un hidroavión.
catamarqueño, -ña *adj.-s.* De Catamarca, capital y provincia del norte de Argentina.
catamenial (gr. *katamenios,* mensual) *adj.* Relativo a la función menstrual.
catamita *f. Colomb.* Halago, lisonja, zalamería.
catán (ár. *jatán,* sable) *m.* Especie de alfanje oriental.
catana *f.* Catán. 2 *Argent.* y *Chile.* burl. Sable, esp. el largo y viejo y el que usaban los policías. 3 *Cuba.* Cosa pesada, tosca y deforme. 4 *Venez.* Loro verde y azul. Hay otras variedades.
catanga (quechua *acatanca*) *f. Argent.* y *Chile.* Escarabajo, insecto que suele frecuentar los excrementos *(Megathopa villosa).* 2 *Argent.* y *Bol.* Carrito tirado por un caballo para el transporte de frutas. 3 *Colomb.* Nasa, canasto para pescar.
SIN. *1* **Acatanca.**
catango *m. Argent.* Especie de carreta.
cataplasma (l.) *f.* Composición de consistencia blanda, que se aplica a una parte del cuerpo como emoliente o calmante. -2 *com.* fig. *y* fam. Persona enfermiza o achacosa, que constantemente se aplica remedios.
SIN. FARM. **Embroca, embrocación.**
catapleíta *f.* Mineral ciclosilicato que cristaliza en el sistema monoclínico, de color variado.
cataplexia (l. *cataplexis* < gr. *kataplesso,* pasmar) *f.* PAT. Especie de asombro o estupefacción que se manifiesta sobre todo en los ojos. 2 PAT. Embotamiento súbito de la sensibilidad en una parte del cuerpo. 3 VETER. Catalepsia de los animales.
¡cataplum! Interjección ¡Pum!
catapulta (l.) *f.* Máquina militar antigua para arrojar piedras o saetas. 2 Máquina que en los buques sirve para lanzar aviones.
SIN. **Trabuquete.**
catapultar *tr.* Disparar o lanzar [piedras, aviones] con catapulta. 2 fig. Promover, promocionar [a una persona] de modo fulgurante y repentino: *su buena imagen lo catapultó a la fama.*
catar (v. *captar*) *tr.* Probar [una cosa] para examinar su sabor. 2 Examinar, registrar, buscar. 3 ant. Mirar. 4 Castrar las colmenas.
catara *f. Venez.* Zumo de la yuca amarga, ligeramente cocido, al cual se agregan, para darle sabor picante, algunos pimientos.
cataraña *f.* Ave ciconiforme, variedad de garza, con el cuerpo blanco y los ojos, el pico y los pies de color verde rojizo *(gén. Ardea).* 2 Lagarto de las Antillas.
catarata (l. *cataracta*) *f.* Cascada o salto grande de agua. 2 MED. Opacidad del cristalino o de su cápsula que impide total o parcialmente la visión: ***batir la ~,*** hacerla bajar a la parte inferior de la cámara posterior del ojo; ***extraer la ~,*** sacar el cristalino por una abertura hecha en la córnea transparente; ***tener uno cataratas,*** fig., estar ofuscado por ignorancia o por pasión. -3 *f. pl.* Nubes cargadas de agua en el momento en que se vierten copiosamente.
catarinas *f. pl. Méj.* Entre charros, espuelas.
catarinita *f. Méj.* Periquillo, variedad de la cotorra *(Bolborhynchus lineolatus).* 2 *Méj.* Coleóptero pequeño y de color rojo *(Leptinotarsa mexicana).*
cátaros (gr. *katharós,* puro) *m. pl.* Herejes de los siglos XI y XII que afirmaban la existencia de los dos principios universales, el bien y el mal, rechazaban los sacramentos y el culto a las imágenes, atacaban a la Iglesia y justificaban el suicidio. Su género de vida era de una gran sencillez.
catarral *adj.* Relativo al catarro.
catarrino (*cata-* + gr. *rinos,* nariz) *adj.-m.* Primate del infraorden de los catarrinos. -2 *m. pl.* Infraorden de primates antropoides que se caracterizan por tener el tabique nasal muy estrecho y la cola nunca prensil; comprende tres familias: cercopitécidos, póngidos o antropomorfos y homínidos.
catarro (l. *catarrhu* < gr. *katárrhos*) *m.* Inflamación de una membrana mucosa con aumento de su secreción; esp., inflamación de las mucosas de las vías aéreas. 2 Flujo de las membranas mucosas.
SIN. **Constipado, resfriado.**
catarroso, -sa *adj.-s.* Que habitualmente padece catarro. 2 Acatarrado.
catarsis (gr. *catharsis*) *f.* Purificación de las pasiones del ánimo mediante las emociones provocadas por la obra de arte, esp. por la tragedia. 2 MED. Expulsión espontánea o provocada de substancias nocivas al organismo. 3 p. ext. Eliminación de recuerdos que perturban la conciencia o el equilibrio nervioso. ◇ Pl.: *catarsis.*
catártico, -ca (gr. *kathartikós* < *kathairo,* purificar) *adj.* [medicamento] Purgante. 2 Relativo a la catarsis psíquica o determinante de ella.
catasalsas *com.* fam. Catacaldos. ◇ Pl.: *catasalsas.*
catascopio (l. *-iu*) *m.* Nave muy ligera que los antiguos empleaban para transmitir noticias o hacer descubiertas en tiempo de guerra.
catástasis (gr.) *f.* RET. Punto culminante del asunto de un drama, tragedia o poema épico. ◇ Pl.: *catástasis.*
catastral *adj.* Relativo al catastro.
catastro (b. gr. *katastichon,* lista, registro) *m.* Censo estadístico de las fincas rústicas y urbanas.
catástrofe (l. *-ophe* < *katastrepho,* abatir, destruir) *f.* Desenlace del poema dramático, esp. cuando es doloroso. 2 p. ext. Desenlace desgraciado de otros poemas. 3 fig. Suceso infausto que altera gravemente el orden regular de las cosas. 4 fig. Hiperbólicamente, cosa de mala calidad o que resulta mal, está mal hecha, etc.
catastrófico, -ca *adj.* Relativo a una catástrofe o con caracteres de tal. 2 fig. Desastroso, muy malo.
catastrofismo *m.* Pesimismo extremo. 2 Tendencia a predecir catástrofes. 3 Teoría según la cual la historia de la Tierra habría sufrido grandes catástrofes naturales en momentos determinados que habrían eliminado los organismos vivos de aquellas épocas.
catastrofista *adj.* Que hace prueba de catastrofismo.
catata *f. Cuba.* Mate amarillo grande y aplastado.
catatán *m. Chile.* fam. Castigo (pena).
catatar *tr. Perú.* Hechizar, fascinar [a alguien].
cataté *adj. Cuba.* desus. Mentecato, necio, despreciable.
catatermómetro (*cata-* + *termómetro*) *m.* Instrumento para medir el poder refrigerante del aire ambiente, o sea, la cantidad de calor cedida al mismo por el cuerpo humano.
catatipia (*cata-* + *-tipia*) *f.* Procedimiento fotográfico para obtener pruebas por medio de la catálisis.
catatonía (*cata-* + gr. *tónos,* tensión) *f.* PAT. Conjunto de fenómenos psicomotores, caracterizados por una ausencia total de reacción frente a estímulos exteriores y a un rechazo total a hablar, alimentarse, moverse, etc.; es una manifestación propia de la esquizofrenia.

catatumba *f. Colomb.* Calado, labor que imita la randa o encaje. 2 *Méj.* Voltereta.

cataubas *m. pl.* Tribu indígena, ya extinguida, de la América del Norte.

cataure *m. Cuba* y *Venez.* Catabre o catauro.

catauro *m. Ant.* Especie de cesto formado de yaguas, y muy usado para transportar frutas, huevos, etc.

cataviento (de *catar* + *viento*) *m.* Hilo como de medio metro de largo con otros objetos ligeros unidos a él; puesto en un asta manual se coloca en la borda de barlovento, para que indique la dirección del viento.

catavino (de *catar* + *vino*) *m.* Taza para probar el vino. 2 Tubo o pipeta para sacar vino de un tonel y catarlo. 3 Copa de cristal fino con la que se examinan, huelen y prueban los mostos y los vinos. 4 *La Mancha.* Agujerito en la parte superior de la tinaja, para probar el vino.

catavinos *m.* El que tiene por oficio catar los vinos. 2 fam. Borracho. ◇ Pl.: *catavinos.*
SIN. v. **Enólogo.**

catazona *f.* GEOL. En un proceso de metamorfosis regional, zona profunda sometida a presiones y temperaturas elevadas.

catch (ing.) *m.* ANGLIC. Lucha libre.

catchup *m.* Ketchup.

cate *m. And.* Golpe, bofetada. 2 Suspenso en exámenes.

cateada *f.* fam. Acción de catear. 2 Efecto de catear.

cateador, -ra *adj.* Que catea. -2 *m.* Martillo de punta y mazo que usan los mineros para romper los minerales que van a estudiar. 3 *Amér.* El que hace catas para hallar minerales.

catear *tr.* Catar, buscar. 2 Entre estudiantes, suspender en los exámenes [a un alumno]. 3 *Amér.* Tantear [el terreno] en busca de alguna veta de mineral. 4 *Amér.* Allanar o registrar la policía [la casa de alguno].

catecismo (l. ecl. *catechismu* < gr. *katecheo,* instruir; doble etim. *catequismo*) *m.* Libro que contiene la exposición sucinta de alguna doctrina, ciencia o arte en forma de preguntas y respuestas; esp. el que contiene la explicación de la doctrina cristiana.

catecú *m. Amér.* Areca. ◇ Pl.: *catecúes.*

catecumenado *m.* Tiempo durante el cual se preparaba el catecúmeno para recibir el bautismo.

catecúmeno, -na (l. ecl. *katechumenu* < gr. *katechoúmenos,* el que se instruye) *m. f.* Persona que se está instruyendo en la doctrina católica, con el fin de recibir el bautismo. 2 p. ext. Neófito de una doctrina cualquiera.

cátedra (l. *cathedra;* doble etim. *cadera, cadiera*) *f.* Asiento elevado desde donde el maestro enseña: *~ del Espíritu Santo,* fig., púlpito. 2 En las ant. basílicas, asiento destinado al obispo. 3 fig. Capital o matriz donde reside el prelado. 4 Dignidad pontificia o episcopal: *~ de San Pedro,* dignidad del Sumo Pontífice. 5 fig. Empleo de profesor, el más alto en institutos de bachillerato y universidades. 6 Aula. 7 Asignatura que expone un catedrático.

catedral (de *cátedra*) *adj.-f.* Iglesia principal de una diócesis en que reside el obispo o arzobispo con su capítulo.
SIN. *Ar.* **Seo.**

catedralicio, -cia *adj.* Relativo a la catedral.

catedralidad *f.* Dignidad de ser catedral una iglesia.

catedrático, -ca (de *cátedra*) *m. f.* Persona que ocupa en propiedad una cátedra de enseñanza. -2 *f.* Mujer del catedrático. -3 *m.* Derecho que pagaban al obispo las iglesias y beneficios en señal de sumisión y respeto.

categorema (gr. *kategórema*) *f.* LÓG. Cualidad por la que un objeto se clasifica en una u otra categoría.

categoría (gr. *kategoría,* cualidad atribuida a un objeto) *f.* FIL. En la lógica aristotélica, concepto general que, en número de diez, puede decirse y afirmarse de toda cosa (substancia, cualidad, cantidad, relación, lugar, tiempo, posición, estado, acción, pasión). 2 FIL. En la lógica kantiana, los doce «conceptos puros del entendimiento», es decir, los doce modos más generales según los cuales la razón forma sus juicios y que, por consiguiente, constituyen las doce formas primeras de toda objetividad en general (categorías de la cantidad: unidad, pluralidad, totalidad; categorías de la cualidad: realidad, negación, limitación; categorías de la relación: substancia, causalidad, comunidad o acción recíproca; categorías de la modalidad: existencia, posibilidad, necesidad). 3 FIL. En los sistemas panteísticos, concepto puro o noción a priori con valor trascendental al par lógico y ontológico. 4 fig. Grupo en que se puede clasificar distintos objetos. 5 Condición social de unas personas respecto de las demás: *de ~,* [pers.] de elevada condición; p. ext. [cosa] que es importante. 6 Jerarquía establecida en una profesión o carrera. 7 fig. Elemento de clasificación en las ciencias.
SIN. *5* **Jerarquía.**

categorial *adj.* Relativo a las categorías lógicas. 2 Concerniente a cualquier tipo de categorías.

categóricamente *adv. m.* De una manera categórica.

categórico, -ca (b. l. *-cu;* gr. *kategorikós*) *adj.* Que afirma o niega de una manera absoluta, sin condición ni alternativa alguna.

categorismo *m.* Sistema de categorías.

categorización *f.* Acción de categorizar. 2 Efecto de categorizar.

categorizar *tr.* Ordenar o clasificar por categorías. ◇ ** CONJUG. [4] como ***realizar.***

catela (l. *catella;* dim. de *catena,* cadena) *f.* ARQUEOL. Cadenilla de oro o de plata que los romanos solían poner en cualquier alhaja, como hoy también se usa.

catenaria (l., propia de la cadena) *adj.-f.* Curva formada por una cadena, cuerda, o cosa parecida, suspendida entre dos puntos que no están en la misma vertical. 2 Sistema de suspensión de cable conductor que, teniendo que permanecer en contacto con el dispositivo de toma de corriente de la locomotora o del tranvía eléctrico, está unido a un cable portante por mediación de hilos sustentadores verticales o péndolas.

catenular (l. *catenula,* cadenilla) *adj.* De forma de cadena.

cateo *m. Amér.* Acción de catear. 2 Efecto de catear.

catequesis (l. ecl. *catechesis* < gr. *katecheo,* instruir) *f.* Catequismo. ◇ Pl.: *catequesis.*

catequismo (v. *catecismo*) *m.* Ejercicio de instruir en cosas relativas a la religión. 2 Arte de instruir por medio de preguntas y respuestas.

catequista *com.* Persona que catequiza (instruye).

catequístico, -ca *adj.* Relativo al catequismo. 2 Que está escrito en preguntas y respuestas.

catequización *f.* Acción de catequizar. 2 Efecto de catequizar.

catequizador, -ra *m. f.* Persona que catequiza (persuade).

catequizar (l. ecl. *catechizare* < gr. *catechizo,* instruir) *tr.* Instruir oralmente [a uno], esp. en la religión católica. 2 Persuadir [a uno] a que ejecute o consienta una cosa que repugnaba. ◇ ** CONJUG. [4] como ***realizar.***

cateramba *f.* Coloquíntida de Egipto *(gén. Citrullus).*

catéresis (gr. *kathairesis,* destrucción) *f.* MED. Extenuación independiente de toda evacuación artificial. 2 MED. Debilitación producida por un medicamento. 3 Acción cáustica moderada.

caterético, -ca (gr. *kathairetikós,* que destruye) *adj.-s.* CIR. Perteneciente o relativo a la catéresis. 2 Que debilita o deprime. -3 *m. f.* MED. Cáustico superficial.
SIN. **Escarótico.**

catering (voz inglesa) *m.* Servicio de suministro o abastecimiento a los aviones.

caterva (l.) *f.* desp. Multitud de personas o cosas consideradas en grupo, pero sin concierto, o de poca importancia: *una ~ de pedigüeños.*

catervarios (l. *-iu*) *m. pl.* Gladiadores romanos que luchaban formados en grupos.

catete *m. Chile.* Puches que se hacen con caldo de cerdo. 2 *Chile.* El demonio: ***saber más que ~,*** saber más que Lepe.

catéter (b. l. *catheter* < gr. *kathiemi,* introducir) *m.* Sonda (para desobstruir). 2 Algalia (gr. *ergaleion*). 3 CIR. Sonda metálica empleada en la cistotomía. ◇ Pl.: *catéteres.*

cateterismo *m.* CIR. Acto de introducir un catéter en un conducto o cavidad.

I) cateto (gr. *káthetos,* trazado de arriba abajo) *m.* Lado que forma el ángulo recto en el triángulo rectángulo.

II) cateto, -ta *m. f.* desp. Palurdo.

catetómetro (de *cateto* + *-metro*) *m.* Instrumento para medir pequeñas diferencias de altura.

catey *m. Cuba.* Perico (ave). 2 *S. Dom.* Corojo.

catgut (ing.) *m.* CIR. Cuerda de tripa preparada con el tejido conjuntivo del intestino delgado del carnero que se utiliza en suturas quirúrgicas.

catibia (voz indígena) *f. Cuba.* Residuo de la harina de yuca: *comer ~,* fr. fig., comulgar con ruedas de molino.

catibo (voz indígena) *m. Cuba.* Pez de forma de anguila, especie de murena negra y amarilla *(Tetranorhinus variabilis).* 2 *Cuba.* Persona rústica.

catiguá *f. Argent.* y *Parag.* Árbol meliáceo de 12 a 14 m. de altura *(Cassearia sylvestris).*
catilinaria *adj.-f.* Oración pronunciada por Cicerón (106-43 a. C.) contra Catilina (¿109?-62). -2 *f.* p. ext. Escrito o discurso vehemente dirigido contra alguna persona.
catimbao (port.) *m. Chile* y *Perú.* Máscara o figurón que sale en la procesión del Corpus. 2 *Chile.* Payaso. 3 *Perú.* Persona obesa y de baja estatura.
catín *m.* Crisol en que se refina el cobre para obtener las rosetas.
catinga (guaraní *cating,* hedor) *f.* Bosque del Brasil formado por árboles de hojas caducas. 2 *Amér.* Intenso olor de la transpiración de los indios y negros. 3 *Amér.* Olor fuerte y desagradable que despiden algunos animales y plantas. 4 *Amér.* p. ext. Olor desagradable e intenso que emana de aglomeraciones de personas o animales. 5 *Argent.* Suciedad, porquería. 6 *Chile.* despect. Nombre que dan los marinos a los soldados de tierra.
catingo, -ga *adj. Bol.* Futre, meticuloso.
catingoso, -sa *adj. Argent.* y *Bol.* Que tiene catinga o mal olor. ◇ También *catingudo, -da.*
catingudo, -da *adj. Argent.* y *Bol.* Catingoso.
catión (de *cátodo*) *m.* FÍS. Átomo o grupo de átomos que, por haber perdido una parte de sus electrones, tiene carga positiva. 2 QUÍM. Ion cargado positivamente.
REL. **Anión,** se llama el negativo.
catire (cumanagota) *adj. Amér.* [pers.] Rubio. ◇ También *catiro, -ra (Ecuad.)* y *catirrucio, -cia (Venez.).*
catiro, -ra *adj. Ecuad.* Catre.
catirrucio, -cia *adj. Venez.* Catire.
catita *f.* Ave psitaciforme sudamericana, de unos 30 cms. de longitud, con el dorso de color verde y la parte inferior del cuerpo, las alas y la cola de color azul y verde *(Myopsitta monacha).* 2 Ave psitaciforme americana, parecida a un loro pequeño *(Psittacus erytrifrons).*
catite *m.* Piloncillo hecho del azúcar más depurado. -2 *adj.-m.* V. sombrero ~. 3 Golpe o bofetada dados con poca fuerza. 4 *Méj.* Especie de tela de seda.
catitear *intr. Argent.* Temblequear la cabeza en los ancianos. 2 fig. Andar escaso de dinero. -3 *tr. Argent.* y *Bol.* Enredar [una cometa] con el hilo de otra.
catiteo *m. Nicar.* Costura a mano con puntadas en línea quebrada o en forma de punta de flecha.
cativa *f. Pan.* Semilla comestible del árbol cativo.
cativí *f. Hond.* Especie de herpe que produce unas manchas moradas en todo el cuerpo.
cativo *m. C. Rica* y *Nicar.* Árbol colosal que llega a 60 m. de altura; tiene flores blancas y produce abundante fruto de una sola semilla; su resina se usa para curar llagas *(Copaiba hemitomophyla).*
catizumba *f. Amér. Central.* Multitud, balumba.
catleya (del apellido de *William Cattley,* botánico) *f.* Género de plantas de la familia de las orquídeas.
cato (malayo *cayu,* árbol) *m.* Árbol índico del género acacia, de cuya corteza se extrae una substancia tintórea y tánica *(Acacia catechu).* 2 *Bol.* Medida agraria de 40 varas en cuadro.
SIN. *1* **Cate de la India, catechú, catecú.**
catoche *m. Méj.* Mal humor, displicencia.
catódico, -ca *adj.* Relativo al cátodo.
cátodo (gr. *káthodos,* camino descendente) *m.* Electrodo por donde la corriente eléctrica sale del electrólito. 2 Polo negativo de una pila eléctrica.
CONTR. **Ánodo.**
catodonte *m.* Cachalote.
católicamente *adv. m.* Conforme a la doctrina católica.
catolicidad *f.* Calidad de católico. 2 Universalidad. 3 Catolicismo.
catolicísimo, -ma *adj.* Superl. de *católico.*
catolicismo *m.* Creencia de la Iglesia católica. 2 Comunidad y gremio universal de los que pertenecen a la Iglesia católica.
católico, -ca (l. ecl. *catholicus* < gr. *katholikós,* universal) *adj.* Universal. 2 esp. Dícese de la Santa Iglesia Romana, fundada por Jesucristo, cuya cabeza visible es el Papa. 3 Verdadero, cierto, infalible, de fe divina. 4 Renombre que de antiguo tenían los reyes de España, y esp. aplicado a Fernando II de Aragón (1452-1516) e Isabel I de Castilla (1451-1504). 5 fig. *y* fam. Sano y perfecto. -6 *adj.-s.* [pers.] Que profesa la religión católica.
SIN. *1* V. **Universal.**
catolicón (gr. *katholikon (íama),* remedio universal) *m.* Diacatolicón.
catolizar *tr.* Hacer que [una persona o cosa] adquiera carácter católico. ◇ ** CONJUG. [4] como ***realizar.***
I) catón (de M. P. *Catón,* 234-149 a. C., censor romano) *m.* fig. Censor severo.
II) catón (de Dionisio *Catón,* s. III, gramático latino) *m.* Libro compuesto de frases y períodos cortos para ejercitar en la lectura a los principiantes.
catoniano, -na *adj.* Que tiene las virtudes de Catón y de sus imitadores.
catonismo *m.* Imitación o tendencia a imitar las virtudes catonianas.
catonizar *intr.* Censurar con rigor y aspereza, a la manera de Catón (234-149 a. C.). ◇ ** CONJUG. [4] como ***realizar.***
catóptrica (gr. *katoptriké*) *f.* Parte de la óptica que trata de la reflexión de la luz.
REL. **Dióptrica,** la parte que trata de la refracción de la luz.
catóptrico, -ca *adj.* Relativo a la catóptrica. 2 Relativo a la reflexión de la luz.
catoptro- (gr. *kátoptron,* espejo) Elemento prefijal que entra en la formación de palabras con el significado de espejo: *catoptromancia.*
catoptrofobia (*catoptro-* + *-fobia*) *f.* Temor morboso a los espejos.
SIN. **Eisoptrofobia.**
catoptromancia, -mancía (*catoptro-* + *-mancia*) *f.* Adivinación por medio de espejos.
catoptroscopia (*catoptro-* + *-scopia*) *f.* MED. Reconocimiento del cuerpo humano por medio de espejos.
catoquita (gr. *kátochos,* que retiene) *f.* MINERAL. Piedra bituminosa de la isla de Córcega, que parece tener la propiedad de atraer y retener la mano.
catorce (l. *quattuordecim*) *adj.* Diez más cuatro; **NUMERACIÓN. 2 Décimocuarto. -3 *m.* Guarismo del número catorce.
catorceavo, -va *adj.-s.* Parte, que junto con otras trece iguales, constituye un todo; **NUMERACIÓN.
catorcena *f.* Conjunto de catorce unidades.
catorceno, -na (*catorce* + *-eno*) *adj.* Décimocuarto. 2 Que tiene catorce años.
catorrazo *m. Méj.* Golpe, bofetada.
catorro *m. Méj.* Golpe, encuentro violento y su efecto. 2 *Colomb.* Cuarto, apartamento.
catorzavo, -va (*catorce* + *-avo*) *adj.-m.* Catorceavo; ** NUMERACIÓN.
catraca *f. Méj.* ZOOL. Ave semejante al faisán *(Crux globicera).*
catracho, -cha *adj.-s. Amér. Central.* fest. Hondureño.
catre (de *cuatro,* infl. por fr.) *m.* Cama ligera para una sola persona: ~ ***de tijera,*** el que tiene el lecho de tela o de cuerdas entrelazadas, y armazón compuesta de dos largueros y cuatro pies plegables cruzados en aspa. 2 *Argent.* ~ ***de balsa,*** balsa, jangada. 3 *Méj.* y *Perú.* ~ ***de viento,*** catre de tijera.
catrecillo *m.* Silla pequeña de tijera.
catrera *f. Argent.* y *Urug.* Camastro, lecho.
catricofre *m.* Cofre para recoger la cama, provisto de unos bastidores que pueden servir de catre.
catrín, -na *m. f. Amér. Central* y *Méj.* Gomoso, petimetre. -2 *f. Méj.* Medida de pulque que equivale a casi un litro.
catrinear *intr. Guat.* Ponerse catrina o elegante una mujer.
catrinería *f. Méj.* Calidad de catrín. 2 Conjunto de catrines (petimetres).
catrintre *m. Chile.* Queso hecho de leche desnatada. 2 *Chile.* fig. Pobre mal vestido.
catrinura *f. Méj.* Dicho o hecho de catrín (petimetre).
catrivoliado, -da *adj. Pan.* Experimentado.
catuán (n. del macho de la hicotea) *adj. S. Dom.* fig. Sujeto haragán.
catuche *m. Méj.* y *Venez.* Anona (arbolito).
catucho *m. Méj.* Anona (arbolito).
catumba *f. Can.* Fiesta popular.
caturra *f. Chile.* Cotorra o loro pequeño.
catuto (arauc. *cahutun,* cortar) *m. Chile.* Pan de forma cilíndrica, hecho de trigo machacado y cocido.
catzo *m. Ecuad.* Nombre de varias especies de abejorros.
cauba *f. Argent.* Arbolito espinoso de buena madera *(Bahuinia pruinosa).*
cauca *m. Bol.* Bizcocho de harina de trigo. 2 *Ecuad.* Hierba

forrajera que se siembra en los potreros cercados, para alimento de las bestias.
caucano, -na *adj.-s.* De Cauca, departamento del norte de Colombia.
caucara (voz quechua) *f. Ecuad.* Carne que está inmediatamente debajo del cuero de las reses, sobre las costillas.
caucáseo, -a (l. *-eu*) *adj.* Relativo a la cordillera del Cáucaso.
caucasiano, -na *adj.* Caucáseo.
caucásico, -ca *adj.-s.* [pers.] De una raza que comprende los principales pueblos de Europa, norte de África y sudoeste de Asia, llamada también raza blanca. -2 *adj.-m.* Tronco lingüístico independiente del indoeuropeo, cuyo dominio cubre la región del Cáucaso, y que se divide en dos grupos: septentrional y meridional; como el chechenolesgiano y el georgiano, respectivamente.
caucau *m. Perú.* Picante de estómago e intestino con papas menudas y verduras.
cauce (v. *cáliz*) *m.* Lecho de los ríos y arroyos. 2 Conducto descubierto por donde corren las aguas para los riegos y otros usos. 3 Modo, procedimiento o norma: *la solicitud va por el ~ reglamentario.*
SIN. *1* **Cuérrago, cuérnago.**
caucel (mej. *cahuitl,* árbol + *ocelotl,* tigre: tigre del árbol) *m. C. Rica, Hond.* y *Nicar.* Gato montés de piel hermosa y manchada como el jaguar *(Felis tigrina).*
SIN. *Nicar.* **Causuelo.**
caucense *adj.-s.* De Coca. villa de Segovia.
caucha *f. Chile.* Planta umbelífera, especie de cardo que se usa como antídoto de la picadura de la araña venenosa *(Eringium rostratum).*
cauchal *m.* Terreno abundante en caucheras.
cauchar *tr. Colomb.* y *Ecuad.* Trabajar el caucho; extraerlo [de los árboles].
cauchau *m. Chile.* Fruto de la luma, semejante a la murtilla.
cauchera *f.* Planta de la cual se extrae caucho. 2 *Colomb.* Honda.
cauchero, -ra *adj.* Perteneciente o relativo al caucho: *negocio ~.* -2 *m. f.* Persona que busca o trabaja el caucho. -3 *f. Colomb.* y *Venez.* Horquilla de madera con tirantes de goma que usan los niños para matar avecillas.
cauchil *m.* Depósito regulador del abastecimiento de agua, del cual parten las cañerías de la red de distribución.
I) caucho (voz americana) *m.* Substancia compleja, elástica y tenaz, que se encuentra en el jugo lechoso de gran número de plantas tropicales; tiene infinidad de aplicaciones en la industria y en las artes. 2 *Pan., P. Rico* y *S. Dom.* Árbol moráceo del que se obtiene esta substancia *(Castilla elastica).* 3 *Colomb.* Manta impermeable. 4 *Colomb.* y *Pan.* fig. Escobilla del limpiaparabrisas.
SIN. **Goma elástica, hule.** REL. **Vulcanizar,** combinar el ~ con azufre para darle mayor elasticidad y duración.
II) caucho (ing. *couch*) *m. P. Rico.* Canapé.
cauchotina (fr. *caoutchoutine*) *f.* Compuesto de caucho, usado en las tenerías para dar flexibilidad e impermeabilidad a las pieles.
caución (l. *cautione*) *f.* Prevención, cautela. 2 DER. Seguridad personal de que se cumplirá lo pactado, prometido o mandado: ~ ***de conducta,*** pena que obliga con destierro a presentar fiador de que no va a ejecutar el obligado un determinado mal dentro de cierto plazo; ~ ***de indemnidad,*** la que se otorga para dejar a otro exento de alguna obligación; ~ ***juratoria,*** la que se abona en juramento
SIN. v. **Precaución** y **garantía.**
caucionar *tr.* DER. Dar caución. 2 DER. Precaver [cualquier daño o perjuicio].
caucos *m. pl.* Nombre de los componentes de un antiguo pueblo de Germania.
cauda (l., cola) *f.* Falda o cola de la capa magna o consistorial.
caudado, -da (l. *caudatus,* con cola) *adj.* BLAS. [cometa o estrella heráldicos] Que tiene cola o una punta más larga que las otras y de esmalte diferente.
I) caudal (v. *capital*) *adj.* p. us. Caudaloso. -2 *m.* Cantidad de agua que mana o corre. 3 Hacienda, bienes, dinero. 4 fig. Abundancia de cosas que no sean hacienda o dinero.
II) caudal (l. *cauda,* cola) *adj.* Relativo a la cola: *aleta ~.*
caudalosamente *adv. m.* Con mucho caudal o con grande abundancia.
caudaloso, -sa *adj.* De mucha agua: *río, torrente ~.* 2 desus. Acaudalado.
caudatario (l. ecl. *-iu*) *m.* Persona que en las ceremonias ayuda a llevar alzada la cauda.
caudato *adj.* V. cometa ~.
caudatrémula (l. *cauda tremula,* cola temblorosa) *f.* Aguzanieves.
caudi- (l. *cauda,* cola) Elemento prefijal que entra en la formación de palabras con el significado de cola: *caudimano.*
caudillaje *m.* Mando de un caudillo. 2 *Amér.* Caciquismo, tiranía. 3 *Argent.* y *Chile.* Conjunto o sucesión de caudillos. 4 *Argent.* Época de su predominio histórico.
caudillismo *m.* Sistema político del caudillaje.
caudillo (b. l. *capitellu,* cabecilla) *m.* El que, como cabeza, guía y manda la gente de guerra. 2 El que dirige algún gremio, comunidad o cuerpo. 3 *Argent.* Cacique.
caudimano, caudímano (*caudi-* + *mano*) *adj.* [animal] Que tiene cola prensil, de la cual se sirve como instrumento de trabajo; como el castor.
caudino, -na *adj.-s.* De Caudio, antigua ciudad del centro de Italia, en el Samnio.
caudón *m.* Alcaudón.
caujazo *m.* Planta americana, borraginácea, cuya madera se emplea en la construcción *(gén. Cordia).*
cauje *m. Ecuad.* Árbol del litoral, de fruto agradable, del tamaño del mamey *(gén. Chrysophyllum).*
caujil *m. Colomb.* y *Venez.* Anacardo (planta).
caula *f. Amér.* Treta, ardid.
-caule, -caulo (v. *cauli-* y *caulo-*) Elemento sufijal que entra en la formación de palabras con el significado de tallo: *acaule.*
caulescente (l., que crece en tallo) *adj.* BOT. [planta] Que tiene el tallo muy bien desarrollado, por lo que se distingue fácilmente de la raíz.
cauli- (l. *cauli,* tallo) Elemento prefijal que entra en la formación de palabras con el significado de tallo: *caulífero.*
caulículo (l. *-lu* < *caulis,* tallo) *m.* Vástago que nace en lo interior de las hojas que adornan el capitel corintio.
caulífero, -ra (*cauli-* + *-fero*) *adj.* BOT. [planta] Que echa flor sobre el tallo.
cauliforme (*cauli-* + *-forme*) *adj.* De forma de tallo.
caulinar *adj.* BOT. Que se origina a partir del tallo o pertenece a él.
caulo- (gr. *kaulós,* tallo) Elemento prefijal que entra en la formación de palabras con el significado de tallo: *caulorrizo.*
-caulo, v. -caule.
caulógeno, -na (*caulo-* + *-geno*) *adj.* BOT. Que surge o se forma en el tallo.
caulorrizo, -za (*caulo-* + *-rrizo*) *adj.* BOT. [vegetal] Cuyo tallo produce raíces.
caulosarco (*caulo-* + *-sarco*) *m.* BOT. Tallo hinchado o tuberculoso.
caulote *m. Amér. Central.* Árbol malváceo, semejante al moral en la hoja y fruto *(Heliocarpus americana).*
SIN. **Cuanlote.**
caunce *m. Colomb.* vulg. Planta tropical de la familia de las ocnáceas, astringente y amarga.
cauncha *f. Colomb.* Alimento de maíz tostado, molido y mezclado con dulce.
cauno *m. Amér. Merid.* Chajá.
cauque *m. Chile.* Pejerrey grande de lomo plateado *(Atherina caucus).* 2 *Chile.* fig. Persona lista y viva.
cauquén *m. Chile.* Canquén.
cauquenino, -na *adj.-s.* De Cauquenes, capital de la provincia chilena de de Maule.
cauri *m.* Molusco gasterópodo que abunda en las costas de Oriente y cuya concha sirve de moneda en la India y costas africanas *(Cyprœa moneta).*
cauro (l. *-ru*) *m.* Noroeste, viento.
I) causa (l., doble etim. *cosa*) *f.* Aquello por lo que una cosa es antecedente necesario e invariable de un efecto: *se desconocen las causas del accidente;* ~ ***eficiente,*** o simplte. ~, aquello por lo que un ser se hace lo que es; ~ ***final,*** fin con que o porque se hace una cosa; ~ ***material,*** aquella de la cual se hace y en la cual existe el ser; ~ ***formal,*** aquello por lo cual un ser es como es; ~ ***primera,*** la que a su vez carece de causa: *Dios es la única ~ primera.* 2 Motivo o razón para obrar: *la escasez de recursos económicos fue la ~ por la que abandonó el negocio.* 3 Pleito (litigio). 4 Proceso criminal que se instruye de oficio o a instancia departe: ~ *vista para sentencia.* 5 Empresa o doctrina en que se forma interés o partido: *la ~ del pueblo;* ~ ***pública,*** utilidad

y bien del común; ***hacer uno la ~ de otro,*** favorecerla. -6 ***loc. prep. A ~ de,*** por efecto, a consecuencia de.

REL. *1* **Etiología,** estudio de las causas de un orden determinado de efectos, esp. en biología y patología.

II) causa (quechua *causay,* subsistencia) ***f.*** *Chile.* Golosina que se come a deshora; merienda. 2 *Perú.* Manjar o puré de papas con lechuga, aceitunas, choclo, ají, etc.

causador, -ra ***adj.-s.*** Que causa.

causafinalista ***com.*** Filósofo partidario de las causas finales.

causahabiente ***m.*** DER. Persona que se ha subrogado por cualquier título en el derecho de otra u otras.

causal (l. *-ale*) ***adj.*** [relación] De causa entre dos o más seres o hechos: *relación ~; encadenamiento ~.* 2 GRAM. ***Oración ~,*** la compuesta en que se enuncia una de las oraciones como causa o motivo de la otra: *no salí porque hacía mal tiempo.* 3 ***Conjunción ~,*** la que sirve de nexo en las oraciones causales, como *porque, ya que, puesto que,* etc. -4 ***f.*** Razón y motivo de alguna cosa.

causalidad ***f.*** Relación entre causa y efecto. 2 FIL. ***Principio de ~,*** uno de los axiomas fundamentales del pensamiento, cuyo enunciado es: *todo fenómeno tiene una causa.* 3 Principio u origen de alguna cosa.

causante (de *causar*) ***adj.*** Que causa. -2 ***m.*** DER. Persona de quien proviene el derecho que alguno tiene.

causar (l. *-are*) ***tr.*** Producir una causa [su efecto]: *el agua causa desastres; las olas causaron averías en las naves.* 2 Ser causa o motivo [de una cosa]: *la codicia causa muchos males;* ***prnl.,*** *de la codicia se causan muchos males.* -3 ***tr.-prnl.*** p. ext. Ser ocasión o darla para que una cosa suceda.

SIN. *1* **Originar.** *2* **Traer, acarrear.**

causativo, -va ***adj.*** Que es origen o causa de alguna cosa. -2 ***m.*** En lingüística indoeuropea es frecuente llamar así al caso acusativo, traduciendo literalmente el gr. *aitiatiké.*

causear ***intr.*** *Chile.* Tomar el causeo; merendar. 2 Comer, en gral. -3 ***tr.*** Vencer con facilidad [a una persona]. 4 *Chile.* Comer fiambres a deshora.

causeo ***m.*** *Chile.* Causa, merienda, gaudeamus.

causía (l. < gr. *kausía*) ***f.*** Sombrero de fieltro y alas anchas, usado por los griegos y romanos.

causídica ***f.*** ARQ. Crucero de iglesia.

causídico, -ca ***adj.*** DER. Relativo a causas o pleitos. -2 ***m.*** inus. Abogado (letrado).

causón (l. *causone* < gr. *kausos,* ardor) ***m.*** Calentura fuerte y de corta duración.

cáustica ***f.*** GEOM. Curva que forman los rayos de luz emanados de un foco y refractados o reflejados por una superficie curva.

cáusticamente ***adv. m.*** De manera cáustica.

causticar ***tr.*** Dar causticidad [a una cosa]. ◇ ** CONJUG. [1] como ***sacar.***

causticidad ***f.*** Calidad de cáustico. 2 fig. Malignidad en lo que se dice o escribe.

cáustico, -ca (l. *-cu* < gr. *kaio,* quemar) ***adj.*** Que quema y desorganiza los tejidos animales. 2 fig. Mordaz, agresivo. -3 ***adj.-m.*** Medicamento que desorganiza los tejidos produciendo una escara. -4 ***m.*** Vejigatorio.

causuelo ***m.*** *Nicar.* Caucel.

cautamente ***adv. m.*** Con cautela.

cautela (b. l.) ***f.*** Precaución y reserva con que se procede. 2 Astucia, maña para engañar.

SIN. *1* v. **Precaución.**

I) cautelar (de *cautela*) ***tr.*** Prevenir, precaver. -2 ***prnl.*** Precaverse, recelarse.

SIN. *2* **Acautelarse.**

II) cautelar ***adj.*** DER. Preventivo, precautorio. 2 DER. [medida o regla] Que sirve para prevenir la consecución de determinado fin o precaver lo que pueda dificultarlo: *sentencia ~.*

cautelosamente ***adv. m.*** Con cautela.

cauteloso, -sa ***adj.*** [pers.] Que obra con cautela. 2 fig. [cosa] Que parece tener cautela.

cauterio (b. l. *-iu* < gr. *kauterion*) ***m.*** Cauterización. 2 CIR. Medio empleado para convertir los tejidos en una escara: ***~ actual,*** instrumento cuyo extremo se aplica candente para la formación instantánea de una escara; ***~ potencial,*** el que obra, con más o menos lentitud, por sus propiedades químicas. 3 fig. Lo que corrige o ataca eficazmente algún mal.

cauterización ***f.*** Acción de cauterizar. 2 Efecto de cauterizar.

cauterizador, -ra ***adj.-s.*** Que cauteriza.

cauterizar (b. l. *-izare*) ***tr.*** Curar [las heridas u otras enfermedades] con el cauterio. 2 fig. Corregir con asperezas o rigor [un vicio]. 3 fig. Tildar [a uno] con alguna nota o censura. ◇ **CONJUG. [4] como ***realizar.***

cautín ***m.*** Aparato para soldar con estaño.

cautino, -na ***adj.-s.*** De Cautín, provincia del sur de Chile.

cautivador, -ra ***adj.*** Que cautiva.

cautivante ***adj.*** Cautivador.

cautivar (b. l. *captivare*) ***tr.*** p. us. Aprisionar [al enemigo] en la guerra. 2 fig. Rendir, sujetar enteramente: *es preciso ~ los intereses individuales en servicio de una comunidad.* 3 Atraer, ejercer irresistible influencia [en el ánimo de uno]: *~ a uno con beneficios.* -4 ***intr.*** inus. Ser hecho cautivo: *yo cautivé contigo en Argel.*

SIN. *2* **Seducir.**

cautiverio ***m.*** Estado de la persona cautiva. 2 p. ext. Encarcelamiento. 3 Privación de libertad a los animales no domésticos. 4 Estado de vida de estos animales.

cautividad ***f.*** Cautiverio.

cautivo, -va (l. *captivu*) ***adj.-s.*** Aprisionado en la guerra: *~ de los moros;* fig., *~ de su amor.*

cauto, -ta (l. *-tu*) ***adj.*** Que obra con cautela.

Cava (La ~) ***f.*** Apodo de Florinda, hija del conde D. Julián, a quien, según la tradición, sorprendió el rey D. Rodrigo mientras se bañaba en el Tajo. Para vengar a su hija ultrajada, el conde llamó a España a los moros (v. *Julián* y *Rodrigo*).

I) cava ***f.*** Acción de cavar y labor que se hace a las viñas cavándolas. 2 ***~ de líneas,*** labor dada cerca del tallo de la planta.

II) cava (l., de *cavu,* hueco) ***f.*** En palacio, oficina donde se cuidaba del agua y del vino que bebían las personas reales. 2 Foso. 3 Pieza subterránea donde se conserva el vino y se cría. -4 ***m.*** Vino blanco espumoso natural, cuyo proceso de elaboración y crianza, desde la toma de espuma hasta la eliminación de las lías, transcurre en la misma botella en que se ha efectuado el tiraje.

REL. *4* **Champaña.**

III) cava ***adj.*** V. vena cava.

cavacote (de *cavar + coto*) ***m.*** Montoncillo de tierra, a modo de mojón.

cavadizo, -za ***adj.*** [suelo] Que se cava con facilidad. 2 [tierra o arena] Que se separa cavando.

cavado, -da ***adj.*** Cóncavo.

cavador ***m.*** El que tiene por oficio cavar.

cavadura ***f.*** Acción de cavar. 2 Efecto de cavar.

cavalillo ***m.*** Reguera o canal entre dos fincas.

caván ***m.*** Medida filipina de capacidad para áridos, igual a 75 litros.

cavar (l. *-are*) ***tr.*** Levantar o mover [la tierra] con la azada, azadón, etc. -2 ***intr.*** Ahondar, profundizar: *la herida cava para adentro.* 3 fig. Meditar profundamente: *~ en las verdades y misterios de la fe.* ◇ HOMÓF.: *cabe* (v.), *cabe* (m.), *cabe* (prep.), *cabo* (m.) y *cábalas* (f.).

cavaria ***f.*** Ave americana que defiende a las demás de ciertas aves de rapiña.

cavarra ***f.*** *Logr.* Rebaño, dula de vacas.

cavatina (it.) ***f.*** MÚS. Especie de aria de corta duración.

cavazón ***f.*** Acción de cavar.

cávea (l.; doble etim. *cavia, gavia*) ***f.*** Jaula romana para aves y otros animales. 2 Graderío concéntrico o hemiciclo destinado a los espectadores en los teatros, anfiteatros y circos romanos.

cáveat (l. *caveat*) ***m.*** Aviso o recomendación que se hace a alguien. ◇ Pl.: *cáveat.*

cavedio (l. *cavœdiu*) ***m.*** Patio de la ant. casa romana.

caverna (l.) ***f.*** Concavidad natural profunda, en la tierra o en alguna roca. 2 MED. Excavación creada en un órgano, generalmente en el pulmón, por evacuación de tejidos destruidos.

cavernario, -ria ***adj.*** Relativo a las cavernas, o que tiene caracteres de ellas. 2 [hombre prehistórico] Que vivía en cavernas.

cavernícola (*caverna + -cola*) ***adj.*** Que vive en las cavernas. 2 fig. *y* fam. Retrógrado en política.

SIN. **Troglodita.**

cavernidad ***f.*** Cavernosidad.

cavernosidad ***f.*** Oquedad natural de la tierra; cueva.

cavernoso, -sa ***adj.*** Relativo o semejante a la caverna. 2 Sordo y bronco: *voz cavernosa; tos cavernosa; suspiro ~.* 3 Que tiene muchas cavernas.

caveto (it. *cavetto*) ***m.*** Moldura cóncava cuyo perfil es un cuarto de círculo.

caví ***m.*** *Chile* y *Perú.* Oca (planta).

I) cavia (v. *cavea*) ***f.*** Especie de alcorque o excavación.

II) cavia *m.* Conejillo de Indias o cobayo.
cavial *m.* Caviar.
caviar (turco *javiar,* por medio del italiano) *m.* Manjar de huevas de esturión aderezadas.
cavicornio, -a (l. *cavu,* hueco + *cornu,* cuerno) *adj.-m.* Bóvido.
cavidad (l. *-itate*) *f.* Espacio hueco de un cuerpo cualquiera: ~ ***paleal,*** v. paleal.
SIN. **Concavidad, hueco, seno, vacío.**
cavido (der. del l. *acavare*) *m. Sant.* Mojón.
cavilación *f.* Acción de cavilar. 2 Efecto de cavilar. 3 Cavilosidad.
cavilar (l. *cavillare*) *tr.* Fijar tenazmente la consideración [en una cosa] con demasiada insistencia. ◇ HOMÓF.: *cabila* (f.).
cavilosamente *adv. m.* Con cavilación.
cavilosear *intr. P. Rico.* Cavilar. 2 Forjarse ilusiones. 3 *Amér. Central.* Chismear.
caviloseria *f. Colomb.* Cavilosidad.
cavilosidad *f.* Aprensión, prejuicio infundado.
caviloso, -sa *adj.* Que se deja preocupar por alguna idea. 2 *Amér. Central.* Chismoso. 3 *Colomb.* Quisquilloso, buscarruidos, levantisco.
cavitación *f.* Formación de huecos o cavidades locales en un líquido, como resultado de la reducción de la presión total.
caviteño, -ña *adj.-s.* De Cavite, provincia del norte de Filipinas, en la isla de Luzón.
I) cavo *m.* Huronera, madriguera.
II) cavo, -va *adj.-s.* V. vena cava.
cavona *f. Sant.* Azadón.
cavul *m. Chile.* Cardón o cirio.
cay *m. Argent.* Caí.
caya (aimara *kaa*) *f. Bol.* Chuño del tubérculo llamado oca. 2 *Perú.* Coca helada y seca al sol.
cayá *m.* Cargo o dignidad personal en Argel, inmediatamente inferior al agá. ◇ Pl.: *cayaes.*
cayada *f.* Cayado (palo).
cayadilla *f.* Instrumento que usan los forjadores para agrupar el carbón en el centro del hogar.
cayado (b. l. *caia,* bastón) *m.* Palo o bastón corvo por la parte superior: ~ *de pastor.* 2 Báculo pastoral de los obispos. 3 ~ ***de la aorta,*** curva de esta arteria después de su salida del ventrículo izquierdo.
SIN. *1* v. **Palo.**
cayajabo (voz indígena) *m. Cuba.* Semilla muy dura, de color rojo obscuro, con la cual juegan los niños. 2 *Cuba.* Especie de mate de semilla amarilla *(Canavalia cubensis).*
cayama *f. Cuba.* Ave zancuda, acuática, que se alimenta de peces y construye su nido en la copa de los árboles *(Tantalus loculator).*
cayán *m.* Tapanco.
cayana *f.* Callana (vasija).
cayanco *m. Hond.* Cataplasma de hierbas calientes.
cayapa (n. de una tribu india del Ecuador) *f. Venez.* Concierto de obreros para ejecutar un trabajo, sin recibir paga.
cayapear (de *Cayapo,* tribu india) *intr. Venez.* Reunirse muchos para atacar a uno sobre seguro.
cayapero *m. Venez.* Individuo de la cayapa.
cayapona *f.* Planta americana cucurbitácea, de cuyo fruto se extrae un purgante muy enérgico *(gén. Cayaponia).*
cayarí (voz indígena) *m. Cuba.* Cangrejo de agua dulce, de color rojo.
cayaschi, cayascho *m. Argent.* Restos de la uva que quedan en racimos, después de la vendimia; o de la chacra después de recogido el maíz. 2 Acción de recoger estos restos.
cayaya (voz indígena) *f. Cuba.* Arbusto silvestre, de florecillas blancas en racimos, y frutilla parecida a la pimienta *(gén. Turnefortia).* 2 *Guat.* Especie de chachalaca, ave.
cayena (de *Cayena,* cap. de la Guayana fr.) *f.* Especia que se extrae de la baya del guindillo de Indias.
cayeputi (malayo *cayu putí,* árbol blanco) *m.* Árbol mirtáceo de la India y de Oceanía, de cuyas hojas se extrae un aceite aromático usado en medicina *(Melaleuca coieputi).*
cayerío *m. Cuba.* Conjunto de cayos o isletas.
cayetana *f. Colomb.* vulg. Enema, lavativa.
cayeté *adj.-s.* ETNOL. De una antigua tribu amerindia de la familia tupí que habitaba en el centro y este de Brasil.
cayo (bajo al. *Kaye,* médano) *m.* Isla rasa, arenosa, frecuentemente anegada y cubierta en gran parte de mangle, muy común en el mar de las Antillas y en el golfo mejicano.
cayopollín *m.* Mamífero marsupial de Sudamérica de unos 30 cms. de longitud, más otros 30 cms. de la cola, que es prensil. Su pelaje es de color gris *(Philander opossum).*
cayota *f. Ast.* y *Argent.* Chayote.
cayote (mej. *chaiotl*) *m.* Chayote (chayotera y su fruto). 2 ZOOL. Coyote.
cayubro, -bra *adj. Colomb.* Rubio, rojo. 2 Persona enojadiza.
cayuca *f. Cuba.* fam. Cabeza humana, pralte. si es alargada de adelante atrás.
I) cayuco *m. Amér.* Embarcación india de una pieza, más pequeña que la canoa, con el fondo plano y sin quilla, que se gobierna y mueve con el canalete.
II) cayuco, -ca *adj. Cuba.* [pers.] Que tiene la cabeza comprimida por los lados y alargada hacia la frente. 2 Torpe, rudo, ignorante.
cayumbo *m. Cuba.* Especie de junco que nace en las ciénagas y en los ríos.
cayutana *f.* BOT. Planta de Filipinas perteneciente a la familia de las rutáceas cuyas semillas se usan como condimento *(Zanthoxylum nitidum).*
I) caz (v. *cáliz*) *m.* Canal para tomar y conducir el agua. ◇ Pl.: *caces.*
II) caz (probl. ár. vulg. *gafe*) *m. Ar.* Peto (herramienta). ◇ Pl.: *caces.*
I) caza *f.* Acción de cazar: ~ ***corta,*** aquella en la que se cobran pocas piezas; ~ ***en mano,*** la que se hace andando y con la escopeta preparada; ~ ***a toro suelto,*** la del conejo cuando se mete el hurón y se deja libre la boca de la madriguera para disparar la escopeta; ~ ***al salto*** o ***a rabo,*** la que practica un cazador en solitario o con perro, intentando cobrar todas las piezas que le salen; ~ ***de ala,*** la que se hace batiendo el terreno de acuerdo con la distancia, marcha y dirección que señala el cazador principal; ~ ***en ala,*** la realizada con el perro y en campo libre; ***dar ~,*** perseguir a un animal o a una embarcación; fig., procurar con afán llegar a comprender o conseguir una cosa: *dar ~ a un ministerio; dar ~ a un cargo.* 2 Animal salvaje, antes y después de cazado: ~ ***de altura, mayor*** o ***montería,*** jabalíes, lobos, ciervos, etc.; ~ ***menor,*** liebres, conejos, perdices, etc.; ***levantar uno la ~,*** fig., llamar la atención sobre un asunto dando lugar a que otro se entremeta en él. 3 Alcance, seguimiento, persecución. -4 *m.* Avión de caza.
SIN. y REL. **Venación,** ant. y lit. **Cinegética, montería,** arte de la caza; **cetrería,** caza ant. con halcones, azores, etc., amaestrados; adjs. **venatorio, cinegético,** relativo a la caza.
II) caza *f.* Lienzo ant. muy delgado, parecido a la gasa.
cazabe (hait. *cazabi,* pan de yuca) *m.* Torta que se hace en varias partes de América con harina de raíz de yuca. ◇ También *casabe.*
cazabombardero *m.* Avión que sirve tanto para la caza de otros aviones como para el bombardeo ligero.
cazaclavos *m.* Instrumento para arrancar clavos. ◇ Pl.: *cazaclavos.*
cazadero, -ra *adj.* Que puede ser cazado. -2 *m.* Sitio en que se caza o que es a propósito para cazar.
cazador, -ra *adj.* [animal] Que por instinto caza otros animales. -2 *adj.-s.* [pers.] Que caza por oficio o por diversión: ~ ***de alforja,*** el que para cazar utiliza trampas o lazos; ~ ***furtivo,*** el que caza en terreno vedado, sin autorización. 3 fig. y fam. [pers.] Que gana a otro, trayéndolo a su partido. 4 Soldado de infantería ligera.
cazadora *f.* Especie de chaqueta. 2 *Amér. Central.* Camión pequeño, camioneta. 3 *C. Rica.* Avecilla muy vivaz y de lindo plumaje de color amarillo limón; gorjea de un modo agradable *(gén. Deudroica aestiva).*
cazadotes *m.* El que trata de casarse con mujer rica. ◇ Pl.: *cazadotes.*
cazaguate *m. Méj.* Planta semejante a la pasionaria *(gén. Ipomoea).*
cazalla *f.* Aguardiente fabricado en Cazalla de la Sierra, ciudad de Sevilla.
cazamoscas *m. Venez.* Papamoscas. ◇ Pl.: *cazamoscas.*
cazanazis (de *cazar* + *nazi*) *adj.-com.* [pers.] Que se ocupa en seguir la pista de los nazis hasta descubrirlos para ponerlos ante la justicia. ◇ Pl.: *cazanazis.*
cazar (l. v. *captiare* < l. *captare,* tratar de coger) *tr.* Buscar o perseguir [a las aves, fieras, etc.] para cogerlas o matarlas. 2 fam. Adquirir con destreza [una cosa difícil]. 3 Captarse la voluntad de [uno] con halagos o engaños. 4 Sorprender [a uno] en un des-

cuido o en algo que deseaba ocultar. 5 DEP. Cometer un jugador falta [sobre otro] de manera violenta, sin intención de jugar el balón: *el defensa iba a ~ al delantero.* 6 Alcanzar un corredor o grupo de corredores [a otro] que iba por delante. 7 MAR. Poner tirante [la escota] hasta que el puño de la vela quede lo más cerca posible de la borda. ◇ ** CONJUG. [4] como ***realizar.***
SIN. *2* y *4* **Atrapar, pillar, pescar.**

cazarete *m.* Pieza de la jábega o del boliche.

cazarrecompensas (de *cazar* + *recompensa*) ***adj.-com.*** [pers.] Que se ocupa en seguir a una persona, por la cual la justicia ofrece una recompensa, hasta descubrirla.

cazata *f.* Cacería.

cazatorpedero *m.* Buque de guerra pequeño y bien armado, de marcha muy rápida, destinado a la persecución de los torpederos enemigos.
SIN. **Contratorpedero.**

cazcalear *intr.* fam. Andar de una parte a otra, afectando diligencia: *~ por las calles.*

cazcarria *f.* Lodo que se coge y seca en la parte de la ropa que va cerca del suelo: *estar lleno de cazcarrias.* 2 *R. de la Plata.* Excremento del ganado ovejuno y vacuno.
SIN. **Cascarria, zarpa, zarria, zarrapastra.**

cazcarriento, -ta *adj.* fam. Que tiene muchas cazcarrias.

cazcorvo, -va (*cazo* + *corvo*) *adj.* [caballería] Que tiene las patas corvas. 2 *Colomb.* y *Venez.* Patizambo, zancajoso.

cazo (gr. l. *cattia,* taza) *m.* Vasija metálica, de porcelana, etc., cilíndrica y con mango largo. 2 Cucharón semiesférico con el mango largo y vertical. 3 Cazoleta de la espada. 4 Recazo (parte de cuchillo). 5 Cuchara de máquina excavadora. 6 fig. Bruto, torpe. 7 Proxeneta
FR. *Poner el ~,* fig., cobrar el chulo la recaudación de su protegida; p. ext., cobrar, recibir la paga.

cazolada *f.* Cantidad de comida que cabe en una cazuela.

cazoleja *f.* Cazoleta de arma.

cazolero (de *cazuela*) *adj.-s.* Cominero.

cazoleta *f.* Dim. de *cazuela.* 2 Pieza de metal, debajo del puño de la espada o sable para resguardo de la mano. 3 Pieza redonda de acero, en medio de la parte exterior del broquel, para cubrir su empuñadura. 4 Receptáculo pequeño de algunos objetos: *la ~ de la pipa.* 5 Pieza de la llave de las armas de chispa, que se llenaba de pólvora, para inflamar la carga. 6 Especie de perfume.

cazoletear *intr.* Cucharetear (meterse). 2 fam. Cominear.

cazoletero (de *cazuela*) *adj.-s.* Cominero.

cazolón *m.* Aum. de *cazuela.*

cazón (de *cazar*) *m.* Pez marino seláceo escualiforme, de siete a ocho metros de largo, muy voraz y temible, cuya piel se emplea como lija *(Galeorhinus galeus).*
SIN. **Gáleo, nioto, perro marino, tollo.**

cazonal *m.* Conjunto de arreos y aparejos para pescar cazones. 2 Red de grandes mallas para pescar peces grandes. 3 fig. Negocio muy arduo y sin salida.

cazonete *m.* MAR. Muletilla que se pone a la extremidad de un cabo para pasarla por una gaza.

cazudo, -da (de *cazo*) *adj.* Que tiene mucho recazo.

cazuela (de *cazo*) *f.* Vasija redonda, más ancha que honda, para guisar. 2 Guisado de legumbres y carne picada. 3 Sitio del teatro a que sólo podían concurrir mujeres. 4 ant. Paraíso, en el teatro. 5 IMPR. Componedor ancho que puede contener varias líneas. 6 *P. Rico.* Dulce que se hace de batata y otros tubérculos, con leche de coco, clavo, canela y azúcar. ◇*2* Se compone y prepara de varios modos en diferentes países de América. En Chile se hace de carne, gallina, maíz tierno, ají, etc. En Ecuador se prepara con plátano verde y pescado.

cazueleja *f. C. Rica.* Especie de bandeja de hoja de lata, con un borde, en la cual se pone el pan al echarlo en el horno.

cazuelo *adj.-s.* desp. De Calatayud, ciudad de Zaragoza.

cazumbrar *tr.* Juntar con cazumbre las duelas y tablas de las cubas de vino.

cazumbre *m.* Cordel de estopa poco torcida con que se unen las tablas y duelas de las cubas de vino.

cazumbrón *m.* El que tiene por oficio cazumbrar.

cazunguear *tr. Perú.* Casunguear.

cazuñar *tr. Amér. Central.* Hurtar.

cazurrear *intr.* Comportase o proceder como cazurro.

cazurrería *f.* Cualidad de cazurro.

cazurría *f.* Cazurrería.

cazurro, -rra (ár. *cadzur,* insociable) *adj.-s.* desp. De pocas palabras y muy metido en sí. 2 Taimado. 3 Tosco, basto, zafio.

cazuz (ár. *caçuç*) *m.* Hiedra. ◇ Pl.: *cazuces.*

cazuzo, -za *adj. Chile.* Famélico, hambriento.

Cd, símbolo químico del *cadmio.*

¡ce! (l. *ecce,* he aquí, mira) ant. Interjección con que se llama a una persona.

ce *f.* Nombre de la letra *c*: *~ **por be,*** o *~ **por** ~,* menuda, circunstancialmente. ◇ Pl.: *ces.*

Ce, símbolo químico del *cerio.*

ceanoto *m.* Planta rámnea de América y Oceanía con varias especies. La más importante recibe el nombre de *té de Jersey,* y entre los indios se emplea como medicinal *(*gén. *Ceanotus).*

cearina *f.* Pomada que sirve de excipiente de otras y se prepara con cera, ceresina y parafina líquida.

ceba *f.* Cebo dado al ganado para engordar. 2 fig. Acción de cebar (los hornos). 3 *Sant.* Hierba seca acopiada para el invierno. 4 *Amér.* Cebo de arma de fuego.

cebada (l. **cibata,* pp. de *cibare,* cebar) *f.* Planta gramínácea parecida al trigo, de espigas formadas por espiguillas uniformes y grano aguzado en los extremos *(Hordeum vulgaris); ~ **ladilla,*** especie cuya espiga tiene dos órdenes de granos y éstos son chatos y pesados; *~ **perlada,*** la mondada y redondeada a máquina. 2 Grano de cebada. 3 Cebadura.
REL. ~ verde y en hierba, **alcacel** y **alcacer;** ~ preparada para fabricar cerveza, **malta;** ~ germinada y tostada, para substituir el café, **malta.**

cebadal *m.* Terreno sembrado de cebada.

cebadar *tr.* Dar cebada [a las bestias].

cebadazo, -za *adj.* Perteneciente a la cebada: *paja ~.*

I) cebadera *f.* Morral para dar cebada al ganado en el campo. 2 Cajón para la cebada.

II) cebadera (de *cebar*) *f.* Vela del bauprés. 2 Cogedor de palastro para cargar el horno a través del cebadero.

I) cebadero *m.* El que tiene por oficio vender cebada. 2 Macho que llevaban los arrieros cargado con la cebada de la recua. 3 Caballería que va delante en las cabañas del ganado mular, a la cual siguen las otras.

II) cebadero *m.* El que tenía por oficio cebar y adiestrar aves de cetrería. 2 Lugar destinado a cebar animales. 3 Lugar en que se echa el cebo a la caza. 4 Abertura por donde se introduce mineral en el horno.

cebadil *m. Murc.* Cebadera I.

cebadilla *f.* Especie de cebada de hojas blandas y vellosas que crece espontánea en las paredes y caminos *(Bromus catharticus).* 2 Raíz de vedegambre. 3 Fruto de una planta americana cuyo polvo se usa como insecticida y estornutatorio.
SIN. *1* **Espigadilla.**

cebado, -da *adj.* BLAS. [lobo] Que lleva cordero u otra presa en la boca. 2 *Amér.* [fiera] Que por haber probado carne humana es más temible.

cebador, -ra *adj.* Que ceba. -2 *m.* Interruptor térmico o contacto de bimetal que sirve para el encendido de lámparas de descarga gaseosa, esp. tubos fluorescentes. 3 Frasquito en que se llevaba pólvora para cebar las armas de fuego. -4 *m. f. R. de la Plata.* Persona que ceba el mate.
SIN. *3* **Polvorín.**

cebadura *f.* Acción de cebar o cebarse. 2 Efecto de cebar o cebarse. 3 *R. de la Plata.* Cantidad de yerba que se pone en el mate cuando se prepara la infusión.

cebar (l. *cibare*) *tr.* Dar o echar cebo [a los animales] para engordarlos o atraerlos: *~ con bellotas.* 2 fig. Alimentar de combustible [un horno, una lámpara, etc.]. 3 Poner [en las armas, proyectiles, barrenos, etc.] el cebo para inflamarlos; poner cebo [al cohete u otro artificio de pólvora]. 4 Llenar de líquido [un sifón o una bomba], dar empuje al volante [de una máquina, etc.] para que empiece a funcionar. 5 Tocar [la aguja magnética] con un imán para darle fuerza. -6 ***tr.-prnl.*** fig. Fomentar [en una pers.] un afecto o pasión: *~ el alma con esperanzas; cebarse en llanto; cebarse de esperanzas;* atraer: *~ al enemigo.* 7 fig. *y* fam. Alimentar, engordar a personas. -8 ***intr.-tr.*** fig. Penetrar, agarrar [el clavo] en la madera, [el tornillo] en la tuerca, etc. -9 ***prnl.*** fig. Entregarse con mucha diligencia e intención a una cosa: *cebarse en el estudio.* 10 Encarnizarse, ensañarse: *se cebó en su víctima;* producir estragos las cosas materiales: *cebarse la peste.* 11 *C. Rica* y *Méj.* Fallar, marrar, refiriéndose a tiros o cohetes; p. ext., fallar cualquier asunto. -12 *tr. Bol.* y *R. de la Plata.* *~ **el mate,*** prepararlo para ser tomado.

cebedero *m. Venez.* vulg. Amorío.

cebellina (it. *zibellino,* del eslavo *sobolj*) *adj.* V. marta cebellina.

cebica (ár. *sabika,* lingote, pedazo de metal) *f. Extr.* Laña, grapa.
cebiche *m.* Sebiche.
cébido, -da *adj.-m.* Primate de la familia de los cébidos. 2 *m. pl.* Familia de primates platirrinos de talla media, cuerpo alargado y cola bien desarrollada.
cebil *m. Argent.* y *Urug.* Árbol leguminoso, alto y corpulento. Su madera se emplea en la construcción; sus hojas las come el ganado en años de escasez, y su corteza (llamada *zumaque*) es un curtiente enérgico *(Piptadenia cebil).*
cebipiro *m.* Árbol del Brasil de la familia de las papilionáceas, a cuya corteza, de propiedades astringentes, se atribuyen virtudes medicinales *(Bowdichia virgiloides).*
I) cebo (l. *cibu*) *m.* Comida dada a los animales para alimentarlos, engordarlos o atraerlos. 2 Alimentos o artificios que los simulan con que el pescador intenta atraer y coger los peces. 3 fig. Porción de materia explosiva con que en las armas de fuego, proyectiles huecos, barrenos, etc., se provoca la explosión de la carga. 4 Porción de mineral que se echa de una vez para cebar el horno. 5 Fomento o pábulo dado a un afecto o pasión.
II) cebo *m.* Cefo.
cebolla (l. **cepulla*) *f.* Planta liliácea hortense, de hojas fistulosas y cilíndricas, flores en umbela esferoidal, y bulbo comestible, blanco o rojizo, globuloso y deprimido, formado por capas tiernas y jugosas de olor fuerte y sabor picante *(Allium cepa).* 2 Bulbo de esta planta. 3 ~ ***albarrana,*** planta liliácea medicinal *(Urginea maritima).* 4 ~ ***escalonia,*** chalote. 5 Bulbo. 6 fig. Corazón del madero o pieza de madera acebollados. 7 Parte redonda del velón, en la cual se echa el aceite. 8 Pieza esférica de plomo o zinc que se pone en las cañerías para que por ellas no pase la broza. 9 fig. *y* fam. Cabeza de persona. 10 *Guat.* y *Hond.* fig. Mando, autoridad.
SIN. *2* **Albarrana, ceborrincha, escila, esquila.**
cebollada *f.* Guiso con cebolla.
cebollana *f.* Planta muy parecida a la cebolla, de flores violadas, con uno o varios bulbos pequeños y ovoides, de sabor dulce y hojas jugosas, que se comen en ensalada *(Allium schoenoprasum).*
SIN. **Cebollino, ajo cebollino.**
cebollar *m.* Terreno sembrado de cebollas.
cebollero, -ra *adj.* V. grillo o alacrán cebollero. 2 Relativo a la cebolla. -3 *m. f.* Persona que vende cebollas.
cebolleta *f.* Planta muy parecida a la cebolla, con el bulbo pequeño y parte de las hojas comestibles *(Allium fistulosum).* 2 Cebolla común que se come tierna. 3 fig. *y* fam. Cabeza de persona. 4 *Cuba.* Especie de juncia cuyos tubérculos son parecidos a los de las chufas, aunque más pequeños *(gén. Cyperus).*
SIN. *1* **Babosa, cebollino.**
cebollín *m.* Puerro.
cebollino *m.* Sementero de cebollas cuando están en sazón para ser trasplantadas. 2 Simiente de cebolla. 3 Cebollana. 4 Planta liliácea de hojas semicilíndricas y flores encarnadas que se cría en los lugares incultos *(Allium ampeloprasum).* 5 Cebolleta. 6 fig. Hombre torpe e ignorante.
SIN. *4* **Ajete, ajipuerro, ajo porro, ajo puerro, ajo tierno, puerro silvestre.**
cebollita *f. Chile.* Juego de niños.
cebollón, -na *m.* Variedad de cebolla, de figura aovada, menos picante que la común *(gén. Allium).* -2 *m. f. Chile.* Solterón.
cebolludo, -da *adj.* [planta] Que es de cebolla o nace de ella.
cebón, -bona *adj.-s.* Animal que está cebado. -2 *m.* Cerdo.
ceborrincha *f.* Cebolla albarrana.
cebra (voz congoleña) *f.* Mamífero équido de África, parecido al asno, de pelaje blanco amarillento con listas transversales, pardas o negras *(Equus zebra).* ◇ También *zebra.*
cebrado, -da *adj.* [animal] Que tiene manchas como la cebra, gralte. alrededor o debajo de los antebrazos, piernas o corvejones.
cebratana *f.* Cerbatana.
cebreros *m.* Vino elaborado en la zona de Cebreros (Ávila). ◇ Pl.: *cebreros.*
cebrión *m.* Insecto coleóptero de cuerpo prolongado y élitros blandos *(gén. Cebrio).*
cebruno, -na *adj.* Cervuno (color del caballo).
cebú *m.* Mamífero bovino que se distingue del buey por tener encima de la cruz una o dos jibas grasientas; vive doméstico en la India y en África, y se utiliza como bestia de carga *(Bos indicus).* 2 Variedad del mono llamado carayá *(Allouatta caraya).* ◇ Pl.: *cebúes.*
cebuano, -na *adj.-s.* De Cebú, prov. de Filipinas. -2 *m.* Lengua hablada en Cebú.
ceburro *adj.* Candeal.
ceca (ár. *secca,* troquel) *f.* Casa donde se acuña moneda. 2 En Marruecos, moneda.
cecal (l. *cæcu,* ciego) *adj.* Relativo al intestino ciego.
ceceante *adj.* Que cecea.
cecear *intr.* Pronunciar la *s* como *c.* -2 *tr.* ant. Llamar [a uno] diciéndole *¡ce, ce!*
SIN. *1* **Zacear.**
ceceo *m.* Acción de cecear. 2 Efecto de cecear.
ceceoso, -sa *adj.* Que cecea.
SIN. Apl. a personas, burl. **zopas, zopitas.**
cecesmil *m. Hond.* Plantío de maíz temprano.
cechero *m.* El que acecha en la caza.
cecí *m. Cuba.* Sesí.
cecial (der. de *siccu,* seco; afín a *cecina*) *m.* Merluza u otro pescado parecido a ella, seco y curado al aire.
SIN. **Pescada.**
cecias (l. *caecias* < gr. *kaekías*) *m.* Viento del nordeste.
cecidio *f.* Agalla de árbol.
cecilia *f.* Anfibio tropical ápodo, con aspecto de serpiente pero desprovisto de escamas; carece de vista y vive enterrado en el suelo.
cecina (l. v. **siccina* < l. *siccu,* seco) *f.* Carne acecinada. 2 *Chile.* Embutido de carne. 3 *Ecuad.* Loncha de carne fresca. 4 *R. de la Plata.* Pedazo largo y angosto de carne seca sin sal.
SIN. **Chacina.**
cecinar *tr.* Acecinar. 2 *Ecuad.* Cortar la carne en forma de cecina.
cecografía (l. *cæcu,* ciego + *-grafía*) *f.* Alfabeto y modo de escribir de los ciegos.
cecógrafo *m.* Aparato con que escriben los ciegos.
cécubo (l. *cæcubu*) *m.* Vino célebre en la ant. Roma.
cecuciente *adj.-com.* [pers.] Que se está quedando ciego.
I) ceda (l. *seta*) *f.* Cerda (pelo).
II) ceda *f.* Zeda.
cedacear *intr.* Disminuir, obscurecer. Apl. a la vista.
cedacería *f.* Establecimiento del cedacero.
cedacero *m.* El que tiene por oficio hacer o vender cedazos.
cedacillo *m.* Planta gramínacea, parecida a la tembladera, pero con las espiguillas acorazonadas y violáceas *(Briza media).*
SIN. **Lágrimas de San Pedro.**
cedazo (l. v. *sœtaceu* < l. *sœta,* cerda) *m.* Tela de cerdas, más o menos clara, que cierra la parte inferior de un aro; sirve para separar las partes sutiles de las gruesas en algunas cosas. 2 Red grande para pescar.
SIN. *1* **Tamiz,** el muy tupido.
cedazuelo *m.* Dim. de *cedazo.*
ceder (l. *-ere*) *intr.* Disminuirse o cesar la resistencia de una cosa: *las galeras cedían y se inclinaban a huir; el príncipe cedió a todo.* 2 Rendirse, sujetarse: ~ *a la desventura, a la autoridad.* 3 Mitigarse, disminuir su fuerza el viento, la calentura, etc. 4 Fallar, romperse o soltarse algo sometido a una fuerza excesiva. 5 Resultar o convertirse una cosa en bien o mal de alguno: ~ *en su propia honra, en la estimación de uno.* 6 Renunciar a algún derecho, empeño o pretensión: ~ *de sus locas pretensiones.* 7 Ser inferior alguien o algo con respecto a una persona o cosa con que se la compara. -8 *tr.* Dar, transferir, traspasar a otro [una cosa]: ~ *el paso, la corona, la tierra.* 9 DEP. Pasar [la pelota, el balón, la bola, etc.] un jugador a otro del mismo equipo situado en la proximidad de aquél para que continúe la jugada.
cedilla *f.* La letra *ce* con una virgulita [ç] de la antigua escritura española, que representaba un sonido interdental sordo, a diferencia de la *z* interdental sonora. 2 La virgulita de esta letra. 3 El mismo signo empleado en algunas lenguas modernas, como el francés y el catalán.
SIN. **Zedilla.**
cedizo, -za (de *ceder*) *adj.* [alimento] Que empieza a corromperse.
cedoaria (ár. y persa *zeduar*) *f.* Planta cingiberácea de la India de cuya raíz se obtiene el arrurruz *(Curcuma zedoaria).*
cedras *f. pl.* Alforjas de pellejo, de que usan los pastores.
cedrelo *m.* Árbol meliáceo de madera rojiza y olorosa, muy apreciada por su belleza y resistencia *(Cedrela odorata).*
cedrelón (gr. *kedros,* cedro + *elaion,* aceite) *m.* Aceite de cedro, especie de resina que usaban los antiguos.
cedreno *m.* Parte líquida de la esencia del cedro.

cedria (l.) *f.* Goma, resina o licor que destila el cedro.
SIN. **Cidria.**

cédride (l.) *f.* Fruto del cedro.

cedrino, -na (l. *-nu*) ***adj.*** Relativo al cedro: *tabla cedrina.*

cedrito ***m.*** Bebida preparada con vino dulce y resina del cedro.

cedro (l. *-dru* < gr. *kedros*) ***m.*** Árbol conífero abietáceo, muy alto, de tronco grueso y derecho, ramas horizontales; hojas persistentes, casi punzantes, y madera aromática compacta, incorruptible, usada en la construcción y en ebanistería (gén. *Cedrus*): ~ ***del Líbano,*** el de mayor altura y hojas verdeoscuras; ~ ***de la India*** o ***deodara,*** variedad de ramas inclinadas y hojas no punzantes. 2 Madera de este árbol. 3 ~ ***de España,*** sabina. 4 ~ ***de Virginia,*** árbol cupresáceo de tronco recto y superficie rojiza *(Juniperus virginiana).* 5 ~ ***japonés,*** árbol taxodiáceo de unos 30 m. de altura y con los conos espinosos. A pesar de su nombre no es un verdadero cedro *(Cryptomesia japonica).* 6 *Argent.* ~ ***de Misiones,*** especie que forma grandes bosques en las vertientes de los ríos Paraná y Uruguay. 7 *C. Rica.* ~ ***amargo*** o ***blanco,*** clase muy estimada por su madera olorosa y duradera. 8 *C. Rica.* ~ ***dulce,*** uno gigantesco, de madera menos estimada, aunque de hermosa apariencia.

cedróleo ***m.*** Aceite esencial extraído del cedro.

cedrón ***m.*** *Amér.* Luisa. 2 *Amér. Central.* Planta que produce unas semillas muy amargas, usadas como febrífugo y contra el veneno de las serpientes *(Simaba cedron).*

cédula (l. *schedula,* hojita de papel) ***f.*** Pedazo de papel o pergamino escrito o para escribir en él: ~ ***ante diem,*** citación para el día siguiente que se hace a los individuos de una comunidad; ~ ***de citación,*** DER., comunicación del juez a quien debe comparecer en juicio, con señalamiento de día, hora y lugar; ~ ***en blanco,*** la que va firmada y se da a alguno con facultad de llenarla según le convenga; ~ ***hipotecaria,*** DER., documento que da fe de un crédito hipotecario; ~ ***personal*** o ***de vecindad,*** documento oficial que expresa las circunstancias personales de cada vecino, acredita el pago de un impuesto y sirve de documento de identidad; ~ ***real*** o ***real*** ~, despacho del rey, expedido por algún tribunal superior. 2 Documento en que se reconoce una deuda u otra obligación. 3 *Argent., Chile* y *Urug.* ~ ***de identidad,*** tarjeta de identidad.
SIN. *1* **Papeleta.**

cedulaje ***m.*** Derecho que se pagaba por el despacho de las cédulas reales.

cedular ***tr.*** p. us. Publicar [una cosa] por medio de carteles puestos en las paredes.

cedulario ***m.*** Reunión de reales cédulas.

cedulón ***m.*** Edicto o anuncio que se fija en sitios públicos. 2 fig. Pasquín. 3 *Méj.* Albarán.

cefal-, v. cefalo-.

cefalalgia (*cefal-* + *-algia*) ***f.*** Dolor de cabeza.

cefalálgico, -ca ***adj.*** Relativo a la cefalalgia.

cefalea (l. *cephalaea*) ***f.*** Cefalalgia violenta y tenaz que afecta ordinariamente a uno de los lados de la cabeza.

-cefalia (gr. *kephalé,* cabeza) Elemento sufijal que entra en la formación de palabras con el significado de cabeza: *acrocefalia.*

cefálico, -ca (gr. *kephalé,* cabeza) ***adj.*** Relativo a la cabeza.

cefalitis (*cefal-* + *-itis*) ***f.*** Encefalitis. ◇ Pl.: *cefalitis.*

céfalo (l. *cephalu*) ***m.*** Róbalo.

cefalo-, cefal-, -céfalo (gr. *kephalé,* cabeza) Elemento prefijal y sufijal que entra en la formación de palabras con el significado de cabeza: *cefalópodo, cefalalgia, braquicéfalo.*

cefalocordado (*cefalo-* + l. *cor, cordis,* corazón) ***adj.-m.*** Animal del subtipo de los cefalocordados. -2 ***m. pl.*** Subtipo de animales procordados cuyo notocordio se extiende de un extremo a otro del cuerpo. Sólo está representado por la especie *Branchiostoma lanceolatum*, animal de aspecto de pez, que vive enterrado en la arena.

cefalópodo (*cefalo-* + *-podo*) ***adj.-m.*** Molusco de la clase de los cefalópodos. -2 ***m. pl.*** Clase de moluscos marinos, generalmente sin concha, de cabeza voluminosa rodeada de brazos serpentiformes, provistos de ventosas y con el pie transformado en un embudo; como el pulpo y el calamar.

cefalorraquídeo (*cefalo-* + *raquídeo*) ***adj.*** Relativo a la cabeza y al raquis.

cefalotáceo, -a ***adj.-f.*** Planta de la familia de las cefalotáceas. -2 ***f. pl.*** Familia de plantas serraceniales carnívoras que ponen las hojas modificadas en forma de recipiente, donde atrapa a los insectos.

cefalotaxáceo, -a ***adj.-f.*** Planta de la familia de las cefalotaxáceas. -2 ***f. pl.*** Familia de plantas coniferales que incluye árboles o arbustos parecidos a los tejos, de óvulos solitarios y semillas grandes con la capa externa carnosa.

cefalotomía (*cefalo-* + *-tomía*) ***f.*** Craneotomía.

cefalotórax (*cefalo-* + *tórax*) ***m.*** Región del cuerpo de los arácnidos y muchos crustáceos constituida por la fusión de la cabeza con el tórax. ◇ Pl.: *cefalotórax.*

cefeidas ***f. pl.*** ASTRON. Nombre genérico de las estrellas variables dentro de un corto período.

Cefeo (gr. *Kefeús,* pers. mitológico) ***n. pr.*** Constelación boreal situada entre el Cisne y el polo.

céfiro (l. *zephyru* < gr. *zéphyros*) ***m.*** Poniente (viento). 2 poét. Viento suave y apacible. 3 Tela de algodón, especie de muselina, fina, suave y de colores variados.
SIN. *2* **Favonio.**

cefo (l. *cephu*) ***m.*** Mamífero cuadrumano, originario de la Nubia, con el cuerpo rojo y la nariz blanca *(Cercopithecus cephus).* 2 ~ ***del trigo*** o ***pigmeo,*** insecto himenóptero, de cuerpo cilíndrico bastante fino, cuyas larvas minan los tallos de los cereales y otras cosechas *(Cephus pygmaeus).*
SIN. *1* **Cebo, cepo.**

cegado ***adj.*** ARQ. V. arco ciego.

cegador, -ra ***adj.*** Que ciega o deslumbra.

cegajo ***m.*** Macho cabrío de dos años.

cegajoso, -sa (de *cegar*) ***adj.-s.*** Que habitualmente tiene cargados y llorosos los ojos.

cegamiento ***m.*** Ceguedad, ofuscación.

cegaña ***f.*** *And.* Legaña.

cegar (l. *-caecare*) ***intr.*** Perder enteramente la vista: *vio el país antes de* ~; ***intr.-prnl.,*** fig., ~ o *cegarse, de cólera;* ***antes ciegues que tal veas,*** fam., que en ninguna manera suceda el mal que me predices. -2 ***intr.-prnl.*** Quedar momentáneamente ciego a causa de una luz intensa, del fuego, etc. 3 IMPR. Llenarse de tinta o suciedad una letra. -4 ***tr.*** Quitar la vista [a uno]: *cegó a Muley Hacen su padre;* fig., ofuscar u obcecar los afectos o pasiones [el entendimiento y la razón a uno]: *la codicia le ciega,* o *le ciega los ojos, el juicio,* etc. 5 Disminuir el calado de un canal o puerto impidiendo la navegación por él. 6 fig. Cerrar o tapar [una cosa, puerta, cañería, pozo, etc.]; esp., obstruir conductos, veredas u otros pasos estrechos impidiendo el tránsito por ellos. ◇ ** CONJUG. [48] como ***regar.***

cegarra (de *cegar*) ***adj.-s.*** fam. Cegato.

cegarrita (dim. de *cegarra*) ***adj.-s.*** fam. Persona que por debilidad de la vista necesita recogerla mucho para poder ver.

cegato, -ta (l. *cœcatu,* cegado) ***adj.-s.*** Corto o escaso de vista.

cegatón, -na ***adj.*** Cegato.

cegatoso, -sa ***adj.-s.*** Cegajoso.

cegesimal (forma abreviada de *centímetro, gramo* y *segundo*) ***adj.*** V. sistema cegesimal. ◇ Se abrevia **C. G. S.**

cegrí (ár. *tzegrí,* fronterizo) ***adj.-s.*** De una familia nazarí que reinó en Granada durante la segunda mitad del siglo XV. 2 ***Cegríes y abencerrajes, loc. fig.,*** tirios y troyanos. ◇ También *zegrí.* ◇ Pl.: *cegríes.*

cegua ***f.*** *Amér. Central.* Cigua, fantasma.

ceguecillo, -lla ***adj.-s.*** Dim. de *ciego.*

ceguedad (l. *cœcitate*) ***f.*** Total privación de la vista. 2 fig. Alucinación; afecto que ofusca la razón.
SIN. *1* MED. **Ablepsia.** *2* **Obcecación, ofuscación.**

ceguera (de *ciego*) ***f.*** Ceguedad. 2 Especie de oftalmía que suele dejar ciego al enfermo. 3 PAT. ~ ***verbal,*** alexia, pérdida de la capacidad de leer a pesar de conservar la visión.

ceguezuelo, -la ***adj.-s.*** Dim. de *ciego.*

ceiba (voz haitiana) ***f.*** Árbol bombáceo de las regiones tropicales, muy alto, de tronco grueso, hojas palmeadas, flores rojas axilares y fruto cónico con seis semillas envueltas en una especie de algodón, usado para rellenar almohadas; sus flores son tintóreas y con su madera se fabrica celulosa *(Ceiba pentandra).* 2 Alga en figura de cinta que se cría en el Océano.

ceibal ***m.*** Terreno plantado de ceibas o de ceibos.

ceibo ***m.*** Planta leguminosa de adorno y medicinal, originaria de América del Sur *(Erythrina cristagalli).* 2 *Venez.* Ceiba (árbol).

ceibón ***m.*** *Ant.* Ceiba (árbol).

ceilán, v. Jacinto de Ceilán.

ceína ***f.*** QUÍM. Substancia extraída del maíz.

ceisatita ***f.*** MINERAL. Variedad de ópalo.

ceja (l. *cilia,* cejas) ***f.*** Parte prominente y curvilínea, cubierta de pelo, sobre la cuenca del ojo. 2 Pelo que la cubre: ***quemarse uno las cejas,*** fig., estudiar mucho; ***tener a uno entre*** ~ ***y*** ~, mirarle con prevención desfavorable; ***tener uno entre ~ y ~ una cosa,*** fijarse en un pensamiento o propósito. 3 fig. Parte que sobresale un poco en algunas cosas: *~ de la encuadernación.* 4 Banda de nubes que suele haber sobre las cumbres de los montes. 5 MÚS. En los instrumentos músicos de cuerda, listón que sobresale, entre el clavijero y el mástil, para apoyo y separación de las cuerdas. 6 MÚS. Cejuela. 7 fig. Parte superior o cumbre del monte o sierra. 8 *Amér. Merid.* Sección de un bosque cortado por un camino. 9 *Bol.* y *Cuba.* Camino estrecho, senda o vereda en una faja del bosque. 10 *Bol.* Porción metálica o mancha que se presenta al hacer las pruebas para averiguar la riqueza de un polvo mineral.

cejadero, -dor ***m.*** Tirante de la guarnición de los carruajes, que sirve para cejar y retroceder.

cejar (v. *cesar*) ***intr.*** Retroceder, andar hacia atrás, esp. las caballerías que tiran de un carruaje: *el enemigo comenzó a ~; el cochero no quiso ~.* 2 fig. Aflojar o ceder en un empeño o discusión.

cejialba ***f.*** Mariposa diurna diminuta, de color pardo en la cara superior y verde en la inferior *(Callophrys rubi).*

cejijunto, -ta ***adj.*** Que tiene las cejas muy pobladas y casi juntas. 2 fig. Ceñudo.

SIN. **Cejunto,** menos us.

cejilla ***f.*** MÚS. Cejuela (cuerda).

cejirrubia ***f.*** Mariposa diurna diminuta de color pardo-rojizo, con la frente y los ojos bordeados de rojo *(Callophrys avi).*

I) cejo (de *ceja*) ***m.*** Niebla que se levanta sobre los ríos y arroyos después de salir el sol. 2 Ceño.

II) cejo (aféresis de *vencejo*) ***m.*** Atadura de esparto.

cejudo, -da ***adj.*** Que tiene las cejas muy pobladas y largas.

cejuela ***f.*** Dim. de *ceja.* 2 MÚS. Pieza suelta que aplicada transversalemente sobre la encordadura de la guitarra, sirve para elevar por igual la entonación del instrumento.

SIN. *2* **Ceja, cejilla.**

cejunto, -ta ***adj.*** Cejijunto.

cel-, v. celo-.

celacanto (gr. *koilos,* hueco y *akanthos,* espina) ***m.*** Pez crosopterigio del océano Índico, con las aletas ventrales adaptadas a la locomoción, lo que supone la vía evolutiva que dio lugar a las patas de los vertebrados terrestres *(Latimeria chalumnae).*

I) celada (l. *cassis cœlata,* yelmo cincelado) ***f.*** Pieza de la armadura que cubre y defiende la cabeza. 2 Soldado de a caballo que usaba celada.

II) celada (de *celar II*) ***f.*** Emboscada de gente de armas. 2 Asechanza dispuesta con disimulo.

SIN. *2* **Encerrona, emboscada.**

celadamente ***adv. m.*** A escondidas, encubiertamente.

celadón ***adj.*** Verdeceledón.

celador, -ra ***adj.*** Que cela o vigila. -2 ***m. f.*** Persona destinada por la autoridad para ejercer vigilancia.

celaduría ***f.*** Oficina o despacho del celador. 2 Cargo de celador.

celaje (l. *cœlu,* cielo) ***m.*** Aspecto del cielo surcado de nubes tenues y policromas: *los celajes del crepúsculo.* 2 Conjunto de nubes. 3 Claraboya o abertura en la parte superior de un techo o bóveda por donde se descubre el cielo. 4 fig. Presagio, principio de lo que se espera y desea. 5 PINT. Trozo de cielo pintado en un cuadro. 6 *Perú, P. Rico* y *S. Dom.* Aparición fantástica de la imagen de una persona.

celajería ***f.*** Celaje (nubes).

celán ***m.*** Especie de arenque.

celandés, -desa ***adj.-s.*** Zelandés.

celante ***adj.*** [religioso franciscano] Que observa la regla rígidamente, en cuanto a no poseer bienes, a diferencia de los llamados conventuales.

I) celar (b. l. *zelare,* emular) ***tr.*** Procurar con particular cuidado [el cumplimiento de las leyes y toda clase de obligaciones]: *~ la observancia de un reglamento; ~ el honor de la justicia;* ***intr.,*** *~ sobre la observancia de una ley, por la santidad de la Iglesia.* 2 desus. Observar [a una pers.] por recelo que se tiene de ella: *celo a mi hijo o celo la conducta de mi hijo;* esp., atender con esmero [a la persona amada] por tener celos de ella. 3 Vigilar [a los dependientes e inferiores]; cuidar de que cumplan con sus deberes.

II) celar (l. *-are*) ***tr.*** Encubrir, ocultar.

SIN. v. **Ocultar.**

III) celar (l. *cœlare*) ***tr.*** Grabar [en láminas de metal o madera] para sacar estampas. 2 Esculpir o cortar con buril o cinceles [metal, piedra o madera].

celastráceo, -a (de *celastro*) ***adj.-f.*** Planta de la familia de las celastráceas. -2 ***f. pl.*** Familia de plantas dicotiledóneas que incluye árboles o arbustos, de hojas simples, alternas u opuestas; flores en cimas o racimos axilares, perianto doble y fruto en cápsula o baya.

celastrales ***f. pl.*** Orden de plantas, dentro de la clase dicotiledóneas; son plantas leñosas y hierbas con las hojas simples, de flores actinomorfas, pentámeras y heteroclamídeas.

celastríneo, -a ***adj.*** BOT. Celastráceo.

celastro (gr. *kélastros,* cambrón) ***m.*** Arbusto celastráceo, trepador, de América y de África, entre los cuales se halla el llamado cerezo de los hotentotes *(gén. Celastrus).*

celayense ***adj.-s.*** De Celaya, ciudad del estado mejicano de Guanajuato.

celda (l. *cella*) ***f.*** Aposento pequeño: *la ~ de un religioso, de un colegial, de un preso.* 2 Celdilla (de avispas). 3 Compartimiento de un cuadro estadístico, formado por una columna y una línea horizontal que la corta. 4 BOT. Cavidad existente dentro de un ovario, a la cual están unidos los óvulos. 5 BOT. Cavidad existente en la antera, que contiene el polen. 6 MINERAL. Unidad mínima de una red cristalográfica que presenta todas las propiedades geométricas del mineral.

REL. En forma de celda o relativo a ella, adj. **celular:** *prisión celular.*

celdilla (dim. de *celda*) ***f.*** Casilla de forma hexagonal que, con otras muchas, compone los panales de las abejas, avispas, etc.: *~* ***real,*** la amplia e irregular de la reina. 2 fig. Hornacina. 3 Célula (celda pequeña). 4 Lóculo (de semillas). 5 fig. Nicho, hueco practicado en un muro.

SIN. *1* **Alvéolo, vasillo.**

cele ***adj.*** *C. Rica.* Celeque.

-cele (gr. *kele,* tumor) Elemento sufijal que entra en la formación de palabras con el significado de tumor: *hidrocele.*

celebérrimo, -ma ***adj.*** Superl. de *célebre.*

celebración ***f.*** Acción de celebrar. 2 Aplauso, aclamación.

celebrado, -da ***adj.*** Célebre, famoso.

celebrador, -ra ***adj.*** Que celebra o aplaude alguna cosa.

celebrante ***adj.*** Que celebra. -2 ***m.*** Sacerdote que dice la misa: *el ~ era un jesuita.*

celebrar (l. *-are*) ***tr.*** Hacer solemnemente [una función, ceremonia, junta, contrato o cualquier otro acto jurídico]. 2 Venerar solemnemente con culto público [los misterios de la religión católica y la memoria de sus santos]. 3 Decir misa: ***abs.,*** *hoy celebra mi hermano; ~ de pontifical.* 4 Alabar, aplaudir, festejar [a una pers., cosa o acontecimiento]. 5 Tener, realizar [alguna sesión o entrevista]. -6 ***tr.-prnl.*** Realizar una acto, una reunión, un espectáculo, etc. 7 *Cuba.* Enamorar.

célebre (l.) ***adj.*** Famoso. 2 Chistoso, festivo. 3 *Amér.* Agraciado, hermoso, aplicado especialmente a las mujeres. ◇ Superl.: *celebérrimo.*

célebremente ***adv. m.*** Con celebridad.

celebridad ***f.*** Calidad de célebre. 2 Conjunto de festejos con que se solemniza una fiesta o suceso. 3 Persona famosa: *fulano es una ~.*

SIN. *1* v. **Fama.**

celedón ***m.*** Verdeceledón.

celemín (ár. *zemení,* ocho sextarios) ***m.*** Medida para áridos (en Castilla, 4,625 litros; dozava parte de la fanega). 2 Porción de áridos que llena exactamente la medida del celemín. 3 Ant. medida agraria (en Castilla unos 537 metros cuadrados).

celeminada ***f.*** Celemín (porción de áridos).

celeminero ***m.*** Mozo de paja y cebada.

celenterados ***m. pl.*** Cnidarios.

celentéreo (*celo-* + gr. *énteron,* intestino) ***adj.-m.*** Animal del grupo de los celentéreos. -2 ***m. pl.*** Grupo sin categoría taxonómica que agrupa a dos tipos de animales metazoos: cnidarios y ctenóforos; se caracterizan por presentar simetría radiada, carecer de cavidad interna y poseer un único poro que hace la función de boca y ano.

celeque (mej. *cetlic,* tierno) ***adj.*** *Amér. Central.* [fruta] Tierno.

célere (l.) ***adj.*** Pronto, rápido. -2 ***m.*** Individuo del orden ecuestre en los primeros tiempos de Roma. -3 ***f. pl.*** FÁB. Las horas.

celeridad (l. *-itate*) ***f.*** Prontitud, rapidez, velocidad.

celerífero ***m.*** Vehículo precedente de la bicicleta, consistente en dos ruedas unidas por un armazón.

celescopio (*celo-* + *-scopio*) ***m.*** Aparato que sirve para iluminar las cavidades de un cuerpo orgánico.

celesta ***f.*** Instrumento músico de teclado en que los macillos producen el sonido golpeando láminas de acero.

I) celeste (l. *cœleste*) ***adj.*** Relativo al cielo: *los cuerpos celestes.* -2 ***adj.-m.*** Color azul claro. 3 Registro del órgano. -4 ***adj.*** De color celeste.
II) celeste (de *celeste*) ***m.*** Baño que se daba a los paños.
celestial ***adj.*** Relativo al cielo, como mansión de los bienaventurados. 2 fig. Perfecto, delicioso. 3 irón. Tonto o inepto.
SIN. *1* y *2* **Paradisíaco, empíreo.**
celestialmente ***adv. m.*** Por disposición del cielo. 2 fig. Perfecta, agradablemente.
I) celestina (de *Celestina,* personaje de la *Tragicomedia de Calixto y Melibea*) ***f.*** fig. Alcahueta. 2 ***Polvos de la madre Celestina,*** en la tradición popular y literaria, polvos mágicos que obran por arte de birlibirloque.
II) celestina (de *celeste*) ***f.*** Sulfato de estroncio nativo, de color azulado y fractura concoidea.
III) celestina ***f.*** Celestino, avecita.
celestinear ***intr.*** Alcahuetear.
celestinesco, -ca ***adj.*** Relativo a la celestina I.
celestino, -na ***adj.-s.*** Religioso de la congregación fundada en el s. XIII por Pedro Morone (Celestino V, 1215-1296), que seguía la regla de San Benito (480-547), aunque hacía vida eremítica. -2 ***adj.*** Relativo a esta congregación. -3 ***m.*** Avecita canora de Tucumán, de plumaje amarillo claro con las alas verdes y azuladas.
celíaco, -ca (l. *cœliacu* < gr. *koilía,* vientre) ***adj.*** Relativo al abdomen o a su contenido: *arteria celíaca* o *tronco ~.* -2 ***f.*** PAT. Enfermedad, gralte. infantil, en la que existen trastornos de la absorción y presencia de heces pastosas y brillantes. -3 ***adj.-s.*** Que padece dicha enfermedad.
celiaquía ***f.*** MED. Enfermedad propia de la infancia que consiste en una defectuosa absorción intestinal de los principios naturales, sobre todo de los líquidos.
celibato ***m.*** Soltería. 2 fam. *y* hum. Hombre célibe.
célibe (l. *cœlibe*) ***adj.-com.*** Soltero.
célico, -ca (l. *cœlicu*) ***adj.*** poét. Celeste (del cielo). 2 poét. Celestial (paradisíaco).
celícola (l. *cœlu,* cielo + *-cola*) ***m.*** lit. Habitante del cielo.
celidonato ***m.*** QUÍM. Sal resultante de la combinación del ácido celidónico con una base.
celidonia (gr. *chelidón,* golondrina) ***f.*** Hierba papaverácea, de tallo ramoso, flores amarillas en umbela y fruto capsular; contiene un jugo lechoso y cáustico que se ha usado en medicina *(Chelidonium maius).* 2 ***~ menor,*** hierba ranunculácea de tallo tendido, hojas lustrosas acorazonadas, enteras o festoneadas, y flores amarillas. Es venenosa *(Ranunculus ticaria).*
SIN. **Golondrinera, hierba de las golondrinas, hirundinaria.** *2* **Cabeza de perro.**
celidónico, -ca ***adj.-s.*** Ácido cristalizable contenido en la celidonia.
celillo (dim. de *celo* I) ***m.*** Modalidad de caza de perdiz con reclamo en la que a la llamada de éste acuden otros machos.
celinda ***f.*** Jeringuilla (planta). 2 Flor de esta planta.
celindrate ***m.*** Guisado compuesto con cilantro.
cella ***f.*** ARQ. Espacio interior de los templos griegos y romanos comprendido entre el pronaos y el pórtico.
cellenco, -ca ***adj.*** [pers.] Muy achacoso y baldado.
cellisca ***f.*** Temporal de agua y nieve muy menuda, con fuerte viento.
cellisquear ***impers.*** Caer agua y nieve muy menuda con fuerte viento.
cello (v. *círculo*) ***m.*** Aro para sujetar las duelas de las cubas, comportas, pipotes, etc. 2 Celo, cinta adhesiva.
SIN. *1* **Cerco.**
I) celo (l. *zelu* < gr. *zelos*) ***m.*** Cuidado y esmero en el cumplimiento de los deberes. 2 Interés ardiente y activo por una causa o persona, esp. por la gloria de Dios y el bien de las almas. 3 Recelo de que lo que uno tiene o desea, llegue a ser alcanzado por otro. 4 Apetito de la generación en los animales irracionales. 5 Época en que los animales irracionales tienen dicho apetito. -6 ***m. pl.*** Sospecha de que la persona amada ponga su cariño en otra: ***dar celos,*** dar una persona motivo para que otra los sienta.
SIN. *6* **Achares** (vulg. y fam.).
II) celo (*Cello,* firma comercial) ***m.*** Cinta adherente que se pega por contacto.
celo-, cel-, -celo (gr. *koilos,* vacío, hueco) Elemento prefijal y sufijal que entra en la formación de palabras con el significado de hueco, cóncavo, cavidad: *celomielia, celoma, platicelo.*
celofán (fr. *cellophane,* marca comercial) ***m.*** Tejido delgado y flexible, a manera de papel transparente, hecho de viscosa solidificada. Ús. pralte. para envolver objetos y preservarlos de la humedad.
celoidina ***f.*** Producto obtenido por la evaporación incompleta del colodión; se emplea en fotografía, en cirugía y para incluir preparaciones microscópicas.
celoma (*cel-* + *-oma*) ***m.*** Cavidad general del cuerpo del animal, gralte. con dos aberturas al exterior, procedente del hueco que se forma en el embrión al desdoblarse en dos hojas su mesodermo.
celomado, -da ***adj.-s.*** Animal dotado de celoma.
celomielia (*celo-* + gr. *myelós,* medula) ***f.*** MED. Cavidad patológia en la medula.
celosa ***f.*** *Cuba.* Arbusto espinoso, de flores azuladas y madera compacta y dura *(Duranta plumierii).*
celosamente ***adv. m.*** Con celo o celos.
celosía (de *celoso*) ***f.*** Enrejado de listoncillos que se pone en las ventanas y otros huecos análogos. 2 Panel o paramento de piedra o madera que cumple una función similar. 3; Pasión de los celos.
celoso, -sa ***adj.*** Que tiene celo o celos. 2 Receloso. 3 [embarcación] Que por insuficiente estabilidad aguanta poca vela. 4 *Amér. Merid.* y *Ant.* [arma de fuego, trampa o resorte] Que se dispara o funciona con demasiada facilidad. 5 *Amér.* [mecanismo] Muy sensible.
celota ***com.*** Persona perteneciente a un grupo religioso del pueblo judío que se caracteriza por la vehemencia y rigidez de su integrismo religioso.
celotex (nombre comercial registrado) ***m.*** Lámina de fibra, fabricada del bagazo de la caña, que se usa para tabiques, cielorrasos y como aislador de paredes. ◇ Pl.: *celotex.*
celotipia (l. *zelotypia* < gr. *zelótypos,* celoso) ***f.*** Celosía (pasión).
celsitud (l. *-udo*) ***f.*** lit. Elevación y excelencia de alguna cosa o persona. 2 Alteza [tratamiento].
celt-, v. celto-.
celta (l.) ***adj.-s.*** De un pueblo antiguo prerromano establecido en el occidente de Europa. -2 ***adj.-m.*** Familia de lenguas del tronco indoeuropeo que se divide en dos grupos: el celta insular y el celta continental; como el británico y el galo, respectivamente.
celtibérico, -ca (l. *-cu* < *celt-* + *ibérico*) ***adj.-s.*** De Celtiberia, antigua región de la España Tarraconense.
celtíbero, -ra, celtibero, -ra (l. *-eri* < *celt-* + *ibero*) ***adj.-s.*** Celtibérico.
céltico, -ca (l. *-cu*) ***adj.*** Relativo a los celtas.
celtídeo, -a (l. *celtis,* almez) ***adj.-f.*** Planta de la familia de las celtídeas. -2 ***f. pl.*** Familia de plantas dicotiledóneas que incluye árboles o arbustos, con ramitos axilares espinosos, hojas alternas, flores hermafroditas o unisexuales y fruto en drupa carnosa; como el almez.
celtismo ***m.*** Doctrina que supone ser la lengua céltica origen de la mayoría de las modernas. 2 Amor al estudio de lo relativo al pueblo celta.
celtista ***com.*** Persona que cultiva la lengua y la literatura célticas.
celto-, celt- (de *celta*) Elemento prefijal que entra en la formación de palabras con el valor de celta: *celtohispano.*
celtohispánico, -ca (*celto-* + *hispánico*) ***adj.*** Celtohispano.
celtohispano, -na (*celto-* + *hispano*) ***adj.*** [monumento o resto] De la cultura céltica y existente en la península ibérica.
celtolatino, -na (*celto-* + *latino*) ***adj.*** [palabra] De origen céltico e incorporado al latín.
célula (l. *cellula;* dim. de *cella,* hueco) ***f.*** Pequeña celda, cavidad o seno. 2 Elemento anatómico primordial de los seres vivos, consistente en una masa, gralte. microscópica, el protoplasma, provista de núcleo. La mayoría de las células animales son desnudas, protegidas sólo por la membrana plasmática; las vegetales poseen, además de una membrana plasmática, una rígida membrana celular, originada por secreción. Las células viven, ya aisladas e independientes (seres unicelulares), ya en conjunción unas con otras, formando los tejidos orgánicos: ***~ adiposa,*** la que forma el tejido adiposo. 3 fig. Grupo político: *~ comunista.* 4 INFORM. Unidad elemental de almacenamiento, en ordenadores.
REL. **Citología,** parte de la biología que estudia la célula.
celulado, -da ***adj.*** Provisto de células o dispuesto en forma de ellas.
celular ***adj.*** Relativo a las células. 2 Formado por células. 3 [es-

tablecimiento carcelario] Donde los reclusos están sistemáticamente incomunicados.

celulario, -ria *adj.* Compuesto de muchas celdillas o células.

celulita (de *célula*) *f.* Pasta muy usada en la industria, que se obtiene machacando la fibra leñosa y mezclándola con substancias minerales, cera y caucho.

celulitis (de *célula* + *-itis*) *f.* MED. Inflamación, a veces dolorosa, del tejido celular subcutáneo, esp. a nivel de muslos, región glútea y abdomen, más frecuente en las mujeres.

celuloide (de *célula* + *-oide*) *m.* Substancia sólida, casi transparente, elástica y de mucha aplicación en la industria, compuesta esencialmente de pólvora de algodón y alcanfor.

celulosa (de *célula*) *f.* Substancia sólida, blanca, amorfa, insoluble en el agua, el alcohol y el éter, que forma la parte esencial de la membrana celular de los vegetales; se usa para fabricar papel, tejidos, explosivos, barnices, etc.

celulósico, -ca *adj.* De celulosa.

celuloso, -sa *adj.* Abundante en células.

cembro *m.* Pino de 20 a 40 m. de altura, de ramas recias y extendidas, y corteza gris rojiza; apreciado por su madera ligera, se halla en la montañas a grandes alturas *(Pinus cembra).*

cementación *f.* Acción de cementar. 2 Efecto de cementar. 3 METAL. Operación que consiste en calentar a temperatura elevada piezas de hierro dulce o acero, rodeadas de materias carbonosas. 4 MIN. Introducción de barras de hierro en disoluciones de sales de cobre para que este metal se precipite.

cementar (de *cemento*) *tr.* Calentar [una pieza de metal] en contacto con otra materia en polvo o en pasta; como el hierro con el carbón para convertirlo en acero. 2 Obtener [un metal] por precipitación de una solución.

cementerial *adj.* Perteneciente al cementerio.

cementerio (l. *cœmenteriu* < gr. *koimeterion* < *koiman,* poner en el lecho) *m.* Terreno, gralte. cercado, destinado a enterrar cadáveres. 2 Lugar aislado, sombrío, de escasa animación. 3 ~ ***de automóviles*** o ***de coches,*** lugar donde se almacenan los automóviles destinados al desguace. 4 ~ ***nuclear*** o ***radiactivo,*** emplazamiento preparado para almacenar objetos radiactivos inutilizables.

SIN. *1* **Camposanto,** es nombre popular, predominante en And. y otras regiones; **necrópolis,** en estilo elevado, o entre los arqueólogos: *necrópolis fenicia;* **cementerio** es de uso gral.; **fosal,** entre campesinos; **rauda,** cementerio árabe.

cementero, -ra *adj.* Perteneciente o relativo al cemento.

cemento (l. *cœmentu;* doble etim. *cimiento*) *m.* Cal hidráulica; en gral., toda clase de substancias pulverulentas capaces de formar con el agua pastas blandas que se endurecen espontáneamente al contacto del aire o del agua, y sirven para formar bloques o para unir los elementos de la construcción: ~ ***portland,*** el que adquiere al secarse un color semejante al de la piedra de las canteras inglesas de Portland; ~ ***romano,*** el que se endurece pronto al contacto del aire y en el agua; ~ ***armado,*** hormigón armado. 2 Materia con que se cementa una pieza de metal. 3 Masa mineral que une los fragmentos de que se componen algunas rocas. 4 Tejido óseo que envuelve la raíz de los dientes.

SIN. *3* **Cimento.**

cementoso, -sa *adj.* Que tiene los caracteres del cemento.

cemita *f. Salv.* y *Nicar.* Pastel formado por dos capas de pan de salvado, con relleno de dulce, hecho con alguna fruta tropical.

cempasúchil *m. Méj.* Clavelón.

cempoal (azteca *cempasúchil,* veinte flores) *m. Méj.* Clavelón.

SIN. **Clavel de Indias,** nombre que se le da en Europa, donde se cultiva.

cena (l. *cœna*) *f.* Comida que se toma por la noche. 2 Acción de cenar. 3 p. ant. Última cena de Nuestro Señor Jesucristo con los apóstoles.

cenaaoscuras (de *cenar* + *a oscuras*) *com.* fig. *y* fam. Persona huraña. 2 Persona que por tacañería se priva de las comodidades regulares. ◇ Pl.: *cenaaoscuras.*

cenacho (ár. *sannaj,* cesto) *m.* Espuerta honda y flexible, con una o dos asas, para llevar comestibles. 2 *P. Rico.* vulg. Camastro.

cenáculo (l. *cœnaculu*) *m.* Sala en que Jesucristo celebró su última cena. 2 fig. Reunión habitual de literatos, artistas, etc.

cenada *f. Méj.* Acción de cenar. 2 *Méj.* Efecto de cenar.

cenadero *m.* Sitio destinado para cenar. 2 Cenador (espacio).

cenado, -da *adj.* [pers.] Que ha cenado. -2 *f. Méj.* Cenata.

cenador, -ra *adj.-s.* Que cena. -2 *m.* Espacio, gralte. redondo, que suele haber en los jardines, cercado y vestido de plantas trepadoras, parras o árboles. 3 Galería de las que hay en la planta baja de algunas casas de Granada.

SIN. *2* **Glorieta, lonjeta.**

cenaduría *f. Méj.* Fonda o figón cuyo comercio especial es el servicio de cenas.

cenagal *m.* Lugar lleno de cieno. 2 fig. Negocio difícil.

cenagoso, -sa (de *ciénaga*) *adj.* Lleno de cieno.

SIN. **Cienoso.**

cenal *m.* MAR. Aparejo que llevan los faluchos y sirve para cargar la vela por alto.

cenancle *m. Méj.* ant. Mazorca de maíz.

cenar (l. *cœnare*) *intr.* Tomar la cena. -2 *tr.* Comer en la cena: ~ *una tortilla.*

cenata *f. Cuba.* Cena copiosa y alegre entre amigos.

cenca *f. Perú.* Cresta de las aves.

cencapa *f. Perú.* Jáquima que se pone a la llama.

cenceño, -ña *adj.* Delgado o enjuto.

cencerra *f.* Cencerro.

cencerrada *f.* fam. Ruido de cencerros, cuernos, etc., para burlarse de los viudos en la primera noche de sus nuevas bodas: *dar cencerrada.* 2 p. ext. Alboroto, festivo.

cencerrear (frecuent.) *intr.* Tocar o sonar insistentemente cencerros. 2 fig. Tocar un instrumento destemplado o tocarlo mal. 3 Hacer ruido los hierros de aldabas, puertas, coches, máquinas, etc., cuando no están bien ajustados. 4 fig. *y* fam. Moverse un diente antes de caerse.

cencerreo *m.* Acción de cencerrear. 2 Efecto de cencerrear.

cencerro (vasc. *zinzerri*) *m.* Campanilla cilíndrica, gralte. tosca, hecha con chapa de hierro o de cobre, que se ata al pescuezo de las reses: ~ ***zumbón,*** el que se pone en la guía o cabestro. 2 ***Estar como un*** ~, fr. fig. fam. Estar loco o chiflado.

SIN. **Campano, esquila,** esp. cuando es de forma acampanada; **zumba,** ~ grande. FR. *A cencerros tapados,* sigilosamente.

cencerrón *m.* Redrojo (racimo).

cencha *f.* Traviesa en que se fijan los pies de las butacas, camas, etc.

cencibel *f.* Especie apreciada de uva que produce vino tinto.

SIN. **Tempranillo.**

cencido, -da (l. *sancire,* prohibir, vedar) *adj.* [hierba o terreno] Antes de ser hollado. ◇ También *sencido.*

cenco *m.* Reptil del orden de los ofidios, que vive en América.

cencuate (méj. *cencoatl*) *m. Méj.* Culebra venenosa de más de un metro de largo y muy pintada *(Pitiophis Deppei).*

cendal (der. del l. *sindone,* sábana) *m.* Tela de seda o lino muy delgada y transparente. 2 Humeral (paño). 3 Barbas de la pluma. -4 *m. pl.* Gropos.

cendalí *adj.* Relativo al cendal. ◇ Pl.: *cendalíes.*

céndea (der. del l. *centu,* ciento) *f. Nav.* Congregación de varios pueblos que componen un ayuntamiento.

cendolilla (de *cendal*) *f.* Mozuela de poco juicio.

cendra (l. v. **cinera* < l. *cinis,* ceniza) *f.* Pasta de ceniza de huesos, limpia y lavada, con que se preparan las copelas de afinación.

cendrada (v. *cernada*) *f.* Cendra. 2 Asiento de ceniza que se pone en la plaza del horno de afinar la plata. 3 *Murc.* Desparramiento de cosas menudas.

cendradilla (dim. de *cendra*) *f.* Horno de pequeña afinación para metales ricos.

cendrado, -da *adj.* Acendrado.

cendrar *tr.* Acendrar.

cendrazo (de *cendra*) *m.* Parte de la copela que se arranca con los pallones de plata.

cenefa (ár. *çalcanefa,* borde del vestido) *f.* Lista sobrepuesta o tejida en los bordes de las cortinas, doseles, pañuelos, etc. 2 Lista que llevan en medio las casullas, gralte. de tela o de color diferente de la de los lados. 3 Dibujo de ornamentación puesto a lo largo de los muros, pavimentos y techos; suele consistir en elementos repetidos de un mismo adorno. 4 MAR. Madero grueso que rodea una cofa, o en que termina y apoya su armazón. 5 MAR. Canto circular de la armazón de los tambores en las ruedas de un vapor. 6 MAR. Tira de lona que cuelga de las relingas del toldo, para que no entre el sol por el costado.

cenestesia (gr. *koinós,* común + *aisthesis,* sensación) *f.* Conjunto de sensaciones que percibimos en nuestros órganos internos.

cenestésico, -ca *adj.* Relativo a la cenestesia.

cenestillo *m. P. Rico.* Cestillo, serijo.

cenete *adj.-s.* De la tribu beréber de Zeneta: *la tribu de los cenetes es de las más antiguas y principales del África Septentrional.* -2 *adj.-m.* Conjunto de dialectos beréberes hablados en el norte y el este de África.

cenetero *m.* Cenetista.

cenetismo (v. cenetista) ***com.*** Movimiento sindical anarquista.
cenetista (de *C*onfederación *N*acional del *T*rabajo) ***adj.-com.*** Perteneciente o relativo a la central sindical anarquista CNT, Confederación Nacional del Trabajo. -2 ***com.*** Persona afiliada a dicho sindicato.
cenhegí ***adj.-s.*** De la tribu beréber del Zanhaga: *de la tribu de los cenhegíes salieron los almorávides.* ◇ Pl.: *cenhegíes.*
cení (ár. *ciní,* de China) ***m.*** Especie de latón muy fino. ◇ Pl.: *cenies.*
cenia (v. *aceña*) ***f.*** Azuda o máquina simple para elevar el agua y regar terrenos. 2 En Marruecos, noria (máquina), y también huerto o jardín que se riega con ella.
cenicero ***m.*** Espacio debajo de la rejilla del hogar, para recoger la ceniza. 2 Sitio donde se recoge o echa la ceniza. 3 Recipiente donde se echa la ceniza y restos del cigarro.
cenícero ***m.*** *Amér. Merid.* Cenízaro.
cenicienta (nombre de la protagonista de un cuento popular) ***f.*** Persona o cosa injustamente postergada, desconsiderada o despreciada.
ceniciento, -ta ***adj.*** De color de ceniza.
SIN. **Cinericio, cinéreo.**
cenicilla (dim. de *ceniza*) ***f.*** Oídio.
cenismo (gr. *koinismós*) ***m.*** Mezcla de dialectos.
cenit (ár. *cemt erraç,* acimut de la cabeza) ***m.*** ASTRON. Punto del hemisferio celeste superior al horizonte que corresponde a un lugar de la Tierra. ◇ También *zenit.* ◇ No se usa en plural. ◇ INCOR.: *cénit.*
CONTR. **Nadir.**
cenital ***adj.*** Relativo al cenit: *luz cenital.*
ceniza (l. v. **cinisia* < l. *cinis*) ***f.*** Polvo mineral de color gris claro que queda como residuo de una combustión completa: ~ ***volcánica,*** parte más fina, pulverulenta, de materiales basálticos proyectados en el aire por los volcanes; ***reducir una cosa a cenizas,*** fig., destruirla, reducirla a partes muy menudas; ***tomar uno la ~,*** recibirla de manos del sacerdote el miércoles de ceniza. 2 fig. Residuos de un cadáver, restos mortales: *aventar las cenizas de sus mayores.* 3 fig. Memoria o recuerdo de los difuntos. 4 Oídio. 5 ~ ***azul, verde,*** etc., colores utilizados en pintura que tienen una base de cobre. 6 PINT. Cernada (aparejo).
REL. Sobre el l. *cinis, -eris* se han formado varias palabras cultas, como *cinéreo, cinericio, incinerar.*
cenizal ***m.*** Cenicero, sitio en que se recoge o echa la ceniza.
cenízaro ***m.*** *C. Rica.* Samán, árbol.
cenizo, -za ***adj.*** Ceniciento. -2 ***m.*** Planta silvestre quenopodiácea, de tallo blanquecino, hojas verdes por el haz y cenicientas por el envés, y flores verdosas en panoja *(Chenopodium album).* 3 Oídio. 4 Aguilucho pálido. 5 burl. Persona desafortunada en el juego, o que con su presencia acarrea mala suerte a los jugadores. 6 Aguafiestas. -7 ***com.*** p. ext. Persona a la que se le atribuye mala suerte.
SIN. *2* **Armuelle borde, berza de pastor, ceñiglo.**
cenizoso, -sa ***adj.*** Que tiene ceniza. 2 Cubierto de ceniza. 3 Ceniciento.
cenobial ***adj.*** Relativo al cenobio.
cenobio (l. *cœnobium* < gr. *koinós,* común + *bios,* vida) ***m.*** Monasterio.
cenobita ***com.*** Persona que en los primeros siglos del cristianismo vivía en una comunidad religiosa gobernada por un superior, a diferencia del anacoreta.
cenobítico, -ca ***adj.*** Relativo al cenobita.
cenobitismo ***m.*** Método de vida de los cenobitas. 2 Cosa peculiar de ellos.
cenocítico, -ca ***adj.*** BOT. [célula o talo plurinucleado] Que carece de membranas internas que individualicen las células.
cenojil (v. *henojil*) ***m.*** ant. Liga (cinta).
cenomaniense ***m.*** GEOL. Período del Cretácico caracterizado por una importante transgresión marina.
cenopegias ***f. pl.*** Escenopegia.
cenotafio (l. *cenotaphium* < gr. *kenós,* vacío + *taphos,* sepulcro) ***m.*** Monumento funerario que no contiene el cadáver del personaje a quien se dedica.
cenote ***m.*** Depósito natural de agua subterránea, gralte. a gran profundidad, que se halla en Méjico y otras partes de América. ◇ También *zonote.*
cenozoico, -ca (gr. *kainós,* nuevo + *zoon,* animal) ***adj.-m.*** Terciario (era y terreno). 2 En algunas escuelas actuales, era geológica que abarca el terciario y el cuaternario. -3 ***adj.*** Perteneciente o relativo a dicha era.
REL. V. **Era.**
censar ***tr.-intr.*** Hacer el censo o empadronamiento [de los habitantes de algún lugar]. -2 ***tr.*** Incluir o registrar en el censo.
censatario ***m.*** El obligado a pagar los réditos de un censo.
SIN. **Censuario.**
censido, -da ***adj.*** DER. Gravado con censo.
censista ***com.*** Funcionario que interviene en la confección de censos demográficos o electorales.
censo (l. *-su*) ***m.*** Padrón que los censores romanos hacían de las personas o haciendas. 2 Lista oficial de los habitantes de un pueblo o estado, con indicación de sus condiciones sociales, económicas, etc.: ~ ***electoral,*** el de los individuos con derecho a votar. 3 Contribución que se pagaba por cabeza entre los ant. romanos. 4 Pensión anual que pagaban algunas iglesias a su prelado por razón de superioridad u otras causas. 5 DER. Contrato por el cual se sujeta un inmueble al pago de una pensión anual como interés de un capital invertido y reconocimiento de dominio directo que se transmite con el inmueble: ~ ***al quitar,*** censo redimible; ~ ***irredimible*** o ***muerto,*** censo perpetuo que por pacto no podía redimirse nunca (actualmente todos son redimibles); ~ ***perpetuo,*** imposición hecha sobre bienes raíces, con obligación de pagar el comprador cierta pensión anual y no poder enajenar la finca sin dar cuenta al señor del censo, para que la tome por el tanto que otro diere, o perciba la veintena parte de todo el precio; ~ ***de por vida,*** el que se impone por una o más vidas; ~ ***consignativo,*** aquel en que se recibe alguna cantidad por la cual se ha de pagar una pensión anual, asegurando dicha cantidad o capital con bienes raíces; ~ ***reservativo,*** aquel en que se da un edificio o heredad con pacto de pagar el adquirente al enajenarse cierta pensión anual; ~ ***mixto,*** el impuesto sobre una finca, quedando obligada la persona de modo que, aunque la finca perezca, pueda reclamarse la pensión; ~ ***enfitéutico,*** enfiteusis; ~ ***fructuario,*** el que se paga en frutos.
SIN. *5* **Tributo, carga.**
censor (l. *censore*) ***m.*** Magistrado de la ant. Roma a cuyo cargo estaba formar el censo de la ciudad y velar sobre las costumbres de los ciudadanos. 2 p. ext. El que en una corporación o sociedad está encargado de velar por la observancia de los estatutos, reglamentos y acuerdos. 3 El que, en función gubernativa, examina los escritos y noticias destinados a la publicidad, para juzgar si pueden ser publicados, e interviene las comunicaciones postales, telegráficas y telefónicas. 4 El que es propenso a murmurar o criticar las acciones o cualidades de los demás.
censorino, -na, censorio, -ria ***adj.*** Relativo al censor o a la censura.
censual ***adj.*** Relativo al censo.
censualista ***com.*** Persona a cuyo favor se impone o está impuesto un censo, o la que tiene derecho a percibir sus réditos.
censuario ***m.*** Censatario.
censura (l.) ***f.*** Oficio y dignidad de censor (magistrado). 2 Acción de reprobar en los demás su conducta, acciones, etc. 3 Murmuración, detracción. 4 Examen de noticias y escritos hecho por el censor, y dictamen emitido; intervención del censor en las comunicaciones postales, telegráficas y telefónicas. 5 Pena eclesiástica del fuero exterior, impuesta por algún delito con arreglo a los cánones.
SIN. *2* **Desaprobación, reprobación, vituperio.** *2* y *3* **Crítica.**
censurable ***adj.*** Reprobable, condenable.
censurador, -ra ***adj.-s.*** Que censura.
censurante ***adj.*** Censurador.
censurar (de *censura*) ***tr.*** Examinar y formar juicio el censor [de un texto, doctrina, película, etc.]. 2 Corregir, reprobar: ~ *a uno su conducta.* 3 Murmurar, vituperar: ~ *en uno sus malos hechos.*
SIN. *2* y *3* **Criticar.**
censurista ***com.*** Persona que tiene propensión a censurar o reprender a las demás.
centalla ***f.*** Chispa que salta del carbón de madera cuando se enciende.
centaura, -rea (l.) ***f.*** ~, o ~ ***mayor,*** planta compuesta, de tallo ramoso, hojas grandes y flores de color pardo purpúreo en corimbo irregular, con involucro escamoso *(Centaurea scabiosa).* 2 ~ ***menor,*** planta gencianácea, de tallo cuadrangular, hojas radicales lisas y flores róseas o blancas en forma de embudo, dispuestas en ramillete *(Centaurium umbellatum).* 3 ~ ***amarilla,*** hierba gencianácea erecta de flores amarillas de corola tubular y dispuestas en grupos ramificados *(Centaurium maritimum).*
SIN. *2* **Aciano, escobilla.**

centaureo, -a *adj.-f.* Gencianáceo.
centaurina (de *centaura*) *f.* Substancia que existe en ciertas plantas amargas.
centauro (l. *-ru* < gr. *kéntauros*) *m.* Monstruo fabuloso, mitad hombre y mitad caballo. 2 Constelación austral situada entre la Cruz y la Hidra.
SIN. *1* **Hipocentauro.**
centavería *f. Ecuad.* Corral para animales.
centavo, -va (de *ciento* + *-avo*) *adj.-m.* Centésimo. -2 *m.* Moneda americana de plata, cobre o níquel, centésima parte de un peso. 3 Moneda ecuatoriana de níquel, centésima parte de un sucre.
centella (l. *scintilla*) *f.* METEOR. Rayo, esp. el de poca intensidad. 2 Chispa que salta del pedernal herido con el eslabón. 3 fig. Reliquia de algún vivo afecto del ánimo, de alguna discordia, etc. 4 fig. Persona o cosa muy veloz o breve. 5 *Chile.* Ranúnculo.
SIN. *1* **Exhalación.**
centellador, -ra *adj.* Que centella.
centellante *adj.* Centelleante.
centellar (l. *scintillare*) *intr.* Centellear.
centellazo *m. P. Rico.* fest. Golpe contundente.
centelleante *adj.* Que centellea.
centellear *intr.* Despedir rayos de luz como indecisos o trémulos, o de intensidad y coloración variables. 2 fig. Despedir centellas los ojos de una persona.
centelleo *m.* Acción de centellear. 2 Efecto de centellear. 3 Efecto molesto que provocan las imágenes de televisión o de cinematografía cuando, por sucederse con insuficiente rapidez, existe entre ellas una pausa perceptible.
centellero *m. Chile.* Centillero.
centellón *m.* Aum. de *centella.*
centén (de *centeno II*) *m.* Ant. moneda española de oro (cien reales). 2 *Cuba.* Moneda de oro que vale cinco pesos.
centena (l.) *f.* Conjunto de cien unidades.
SIN. En sing. se dice también **un ciento, una centena, un centenar.**
centenada *f.* Cantidad como de ciento: ***a centenadas,*** en gran número.
I) centenal *m.* Centena.
II) centenal *m.* Terreno sembrado de centeno.
I) centenar *m.* Centena. 2 Centenario (fiestas).
II) centenar *m.* Centenal II.
centenario, -ria (l. *-iu*) *adj.* Relativo a la centena. -2 *adj.-s.* [pers.]. Que tiene cien años de edad. -3 *m.* Espacio de cien años. 4 Día en que se cumplen una o más centenas de años de algún suceso. 5 Fiestas con que se celebra.
SIN. *2* **Quintañón, -ona.**
centenaza *adj.-s.* Paja de centeno.
centenero, -ra *adj.* [terreno] En que se da bien el centeno.
centenilla *f.* Género de plantas primuláceas de América que comprende varias especies *(Centunculus minimus).*
I) centeno (b. l. *-nu* < l. *hordeum centenum,* cebada que da ciento) *m.* Planta graminácea, parecida al trigo, de hojas estrechas y ásperas, espiga larga y delgada y granos oblongos, puntiagudos por un extremo y muy nutritivos *(Secale cereale).* 2 Grano de esta planta.
II) centeno, -na (l. *-nu*) *adj.* Centésimo (lugar).
centenoso, -sa *adj.* Mezclado con mucho centeno.
centesimal (de *centésimo*) *adj.* [número] Del uno al noventa y nueve inclusive. 2 Que está dividido en cien partes.
centésimo, -ma (l. *-mu*) *adj.-s.* Parte que, junto a otras noventa y nueve iguales, constituye un todo; **NUMERACIÓN. -2 *adj.* Que ocupa el último lugar en una serie ordenada de ciento. -3 *m.* Moneda de Italia y de varios países americanos, que vale la centésima parte de la unidad monetaria.
SIN. *1* **Centavo, céntimo.** *2* **Centeno,** ant.
centi- (del l. *centum,* cien) Elemento prefijal que entra en la formación de palabras con el significado de cien, ciento; en el sistema métrico decimal significa la centésima parte.
centiárea (*centi-* + *área*) *f.* Unidad de superficie, en el sistema métrico decimal, equivalente a la centésima parte del área, o sea, a 1 m^2.
centibario *m.* Unidad de presión atmosférica equivalente a 7,5 mms. de mercurio.
centígrado, -da (*centi-* + *grado*) *adj.* Que tiene la escala dividida en cien grados: *termómetro ~.*
centigramo (*centi-* + *gramo*) *m.* Unidad de masa, en el sistema métrico decimal, equivalente a la centésima parte de un gramo. ◇ INCOR.: *centígramo.*
centilitro (*centi-* + *litro*) *m.* Unidad de capacidad, en el sistema métrico decimal, equivalente a la centésima parte de un litro. ◇ INCOR.: *centílitro.*
centillero *m.* Candelabro de siete luces, que se usa en la exposición del Santísimo Sacramento.
centiloquio (*centi-* + l. *eloquium,* discurso) *m.* Obra que tiene cien partes, tratados o documentos.
centimano, centímano (l. *-nu* < *centi-* + *mano*) *adj.-s.* De cien manos: *Briareo y otros gigantes mitológicos eran centimanos.*
centímetro (*centi-* + *metro*) *m.* Unidad de longitud, en el sistema métrico decimal, que tiene la centésima parte de un metro: ~ ***cuadrado,*** unidad de superficie, en el sistema métrico decimal, correspondiente a un cuadrado que tenga un centímetro de lado; ~ ***cúbico,*** unidad de volumen, en el sistema métrico decimal, correspondiente a un cubo cuyo lado es un centímetro, y equivale a un gramo de agua destilada.
céntimo, -ma (del fr. *centime;* con cambio de acento; p. anal. con *décimo,* y otros) *adj.* Centésimo. -2 *m.* Centésima parte de una unidad monetaria: *~ de peseta, de escudo.*
centinela (it. *sentinella*) *amb.* Soldado armado, que por un tiempo determinado se coloca de guardia en un sitio: *estar de ~; hacer de ~;* ~ ***de vista,*** la que se pone al preso para que no le pierda de vista. 2 fig. Persona que está en observación de alguna cosa. -3 *f. Bol.* Enorme malecón, desembarcadero de tablones.
centinodia (l.) *f.* Planta poligonácea medicinal, de tallos nudosos y tendidos sobre la tierra y semilla pequeña, de que gustan mucho las aves *(Polygonum aviculare).* 2 Planta poligonácea, de tallo recto con articulaciones muy abultadas, hojas lanceoladas y flores inodoras, verdes o róseas, en espiga terminal *(*gén. *Polygonum).*
SIN. *1* **Correhuela, sanguinaria mayor, saucillo.**
centinormal (*centi-* + *normal*) *adj.* QUÍM. [disolución] Cien veces menos concentrado de lo normal.
centiplicado, -da (*centi-* + l. *plicatu,* doblado) *adj.* Que está centuplicado.
centipondio (*centi-* + l. *pondius,* peso) *m.* Quintal.
centola, -lla (l. *centocula,* de cien ojos) *f.* Crustáceo marino, decápodo, braquiuro, comestible, de caparazón casi redondo cubierto de pelos y tubérculos ganchudos, y patas largas y vellosas *(Maja squinado).*
centollo *m.* Centolla.
centón (l. *centone*) *m.* Manta hecha de gran número de piececitas de paño o tela de diversos colores. 2 fig. Obra literaria compuesta enteramente, o en la mayor parte, de sentencias y expresiones ajenas.
SIN. *2* **Rapsodia.**
centonar *tr.* Amontonar [cosas o trozos de ellas] sin el orden debido. 2 fig. Componer obras literarias con retazos y sentencias de otras.
centrado, -da (l. *-atu*) *adj.* [cosa] Cuyo centro se halla en la posición que debe ocupar. 2 fig. [individuo] Que se halla en el ambiente o medio que le corresponde.
central (l. *-ale*) *adj.* Relativo al centro. 2 Que está en el centro: *nave ~.* 3 Que ejerce su acción sobre todo un campo o territorio. 4 Esencial, importante. -5 *f.* Oficina, casa o establecimiento principal: *la ~ de una orden religiosa; ~ de Correos; la ~ y las sucursales de un Banco.* 6 Instalación industrial para la producción de energía eléctrica a partir de otras formas de energía: ~ ***hidráulica*** o ***hidroeléctrica,*** la que utiliza la energía cinética de una masa de agua que acciona una turbina; ~ ***geotérmica,*** la que aprovecha la energía térmica que proviene directamente del subsuelo; ~ ***solar*** o ***heliotérmica,*** la que utiliza la energía térmica procedente del sol; ~ ***eólica,*** la que aprovecha la energía del viento para hacer girar un rotor; ~ ***nuclear,*** la que utiliza la energía térmica de materias fisionables que se produce en un reactor nuclear. 7 Local o edificio en el cual están centralizados los elementos, o una parte importante de ellos, de una red de comunicación: *~ telefónica.* -8 *m.* DEP. Jugador de un equipo de fútbol que actúa en el centro de la defensa. 9 *Ant., Nicar., Perú* y *Salv.* p. ant. Hacienda importante donde se fabrica azúcar. 10 *Perú.* Lugar donde se hallan los laboratorios principales para el beneficio de los metales.
centralismo *m.* Sistema en el que la acción política y administrativa está concentrada en manos de un gobierno único y central, que absorbe las funciones propias de los organismos locales.
SIN. **Unitarismo.**

centralista *adj. com.* Partidario del centralismo. -2 *adj.* Relativo a él. -3 *m.* Encargado de una red de comunicaciones, en especial de una centralita telefónica. 4 *P. Rico.* Dueño de una central azucarera.
centralita (dim. de *central*) *f.* Aparato que conecta una o varias líneas telefónicas con diversos teléfonos instalados en los locales de una misma entidad.
centralización *f.* Acción de centralizar o centralizarse. 2 Efecto de centralizar o centralizarse.
centralizador, -ra *adj.-s.* Que centraliza.
centralizar (de *central*) *tr.-prnl.* Reunir [varias cosas] en un centro común, o hacerlas depender de un poder central. 2 Asumir el poder público central [facultades atribuidas a organismos locales o regionales]. ◇ ** CONJUG. [4] como ***realizar.*** ◇ Su signif. es intens. con respecto a *centrar.*
centrar (de *centro*) *tr.* Determinar el punto céntrico [de una superficie o de un volumen]. 2 Colocar [una cosa] de manera que su centro coincida con el de otra: ~ *un cuadro en la pared.* 3 Colocar [una pieza] de manera que coincida su eje geométrico con el eje de rotación: ~ *una barra en un torno.* 4 Entre cazadores, coger en el centro de la munición [la pieza sobre la cual se dispara]. 5 Hacer que se reúnan en el lugar conveniente los proyectiles de las armas de fuego, los rayos de luz de los focos luminosos, etc. 6 DEP. En el juego del fútbol, lanzar un jugador [el balón] desde un lado del terreno hacia la parte central próxima a la portería contraria. -7 *tr.-prnl.* fig. Atraer alguien o algo sobre sí la atención, el interés. -8 *prnl.* fig. Encontrarse conforme una persona en el lugar o ambiente que le corresponde.
SIN. **Encentrar,** p. us.
centrarco *m. Amér.* ZOOL. Pez marino teleósteo que tiene muchas espinas en las aletas.
centri-, v. centro-.
céntrico, -ca *adj.* Central; esp., [lugar, inmueble, establecimiento] Que está en el centro de una ciudad, o cercano a él: *una calle céntrica.*
centrifugación *f.* Acción de centrifugar.
centrifugado *m.* Acción de centrifugar. 2 Efecto de centrifugar.
centrifugadora *f.* Máquina que aprovecha la fuerza centrífuga para secar ciertas substancias o para separar los componentes de una masa o mezcla. 2 Máquina con la cual se puede someter a una persona a aceleraciones tan fuertes como las que se manifiestan a bordo de los aviones más rápidos y de las naves espaciales.
centrifugar *tr.* Someter [una masa, líquido, etc.] a la acción de una centrifugadora. 2 Secar [la ropa] por medio de la acción centrifugadora de la lavadora (máquina). ◇ ** CONJUG. [7] como ***llegar.***
centrífugo, -ga (*centri-* + *-fugo*) *adj.* MEC. Que aleja del centro: *fuerza centrífuga.* 2 [producto] Obtenido por la centrifugación: *azúcar centrífuga.* -3 *f. Amér.* En las fábricas de azúcar, máquina que, por medio de la fuerza centrífuga, separa la miel del azúcar cristalizada.
CONTR. *1* **Centrípeto.**
centrina (gr. *kentron,* aguijón) *f.* Pez marino seláceo, de color grisáceo o rojizo, a veces con manchas negras, con una robusta espina en la primera aleta, de carne poco estimada *(Oxynotus centrina).*
SIN. **Cerdo marino.**
centriolo *m.* Parte central de un centrosoma.
centrípeto, -ta (*centri-* + l. *petere,* ir, dirigir) *adj.* Que atrae, dirige o impele hacia el centro: *fuerza centrípeta.*
CONTR. **Centrífugo.**
centris *m.* Insecto himenóptero propio de la América del Sur.
centrisco (gr. *kentriskos*) *m.* Trompetero (pez).
centrismo *m.* Ideología política de los partidos de centro.
centrista *adj.-com.* Afiliado a un partido político de centro; partidario del centrismo. -2 *adj.-s.* Perteneciente o relativo al centrismo.
centro (l. *-tru* < gr. *kentron,* aguijón) *m.* Punto equidistante de todos los de una circunferencia o de la superficie de una esfera. 2 Punto equidistante de todos los vértices y lados o caras de un polígono o poliedro. 3 Punto de intersección de todos los diámetros de una línea o superficie curva. 4 Lo más distante de la periferia de una cosa: *el ~ de España;* ***el ~ de una ciudad,*** conjunto de sus calles más concurridas. 5 Lugar de donde parten o a donde convergen acciones particulares coordenadas: ~ *fabril;* ~ *comercial;* ~ *turístico;* ~ ***nervioso,*** grupo de células nerviosas que tiene una misión particular, ya sea en el encéfalo, en la médula espinal o en cualquier parte del cuerpo. 6 Fin u objeto principal a que se aspira: *el ~ de mis preocupaciones.* 7 Nombre de ciertas sociedades que persiguen un fin cultural, el fomento de cierto orden de actividades, etc.: ~ *católico;* ~ *excursionista.* 8 Tendencia o agrupación política cuya ideología es intermedia entre la de la derecha y la de la izquierda. 9 BLAS. Punto o parte central del escudo. 10 DEP. En el juego del fútbol, pase largo desde un lado del terreno hacia la parte central próxima a la portería contraria. 11 ~ ***de gravedad,*** punto de aplicación de la resultante de todas las acciones de la gravedad sobre las moléculas de un cuerpo. 12 ~ ***de mesa,*** frutero, florero o adorno de cualquier clase destinado a ser colocado en medio de una mesa. 13 ~ ***de población,*** agrupación de viviendas en la que existen los elementos necesarios para la vida común de los habitantes. -14 *adj.-s.* Deportista que en el campo defiende el puesto central de una línea. -15 *m. Bol.* Alfombra de pequeñas dimensiones. 16 *Colomb.* Fondo. 17 *Cuba.* Terno de pantalón, camisa y chaleco. 18 *Ecuad.* Traje, vestido o falda de bayeta que usan las mujeres del pueblo y las indias a modo de refajo. 19 *Hond.* y *Méj.* Chaleco.
SIN. *9* **Corazón.**
centro-, centri-, -centro (de *centro*) Elemento prefijal y sufijal que entra en la formación de palabras con el significado de centro: *centrosoma, centrífugo, baricentro;* central: *centroeuropeo;* aguijón o espina: *centrodonte.*
centroamericano, -na (*centro-* + *americano*) *adj.-s.* De América Central.
centrobárico, -ca (*centro-* + gr. *baros,* pesadez) *adj.* Relativo al centro de gravedad.
centrocampista (*centro-* + *campo*) *com.* DEP. En el juego del fútbol, miembro de un equipo que tiene como misión principal contener los avances del equipo contrario en el centro del campo y ayudar tanto a la defensa como a la delantera del equipo propio.
SIN. **Medio, mediocampista, volante.**
centrodonte (*centro-* + *-odonte*) *adj.* ZOOL. [animal] De dientes puntiagudos.
centroeuropeo, -a (*centro-* + *europeo*) *adj.-s.* De Europa Central. 2 Relativo a la Europa Central.
centrolense *adj.-com.* De Central, dep. del Paraguay.
centrosoma (*centro-* + *-soma*) *m.* BIOL. Corpúsculo próximo al núcleo de la célula, que desempeña un papel importante en la cariocinesis.
SIN. **Astrocentro, citocentro.**
centrospermo, -ma (*centro-* + gr. *sperma,* simiente) *adj.-s.* BOT. Planta que tiene los rudimentos seminales o las semillas en posición central o axial en el ovario o en el fruto, respectivamente. 2. *f. pl.* Orden clásico que agrupaba a varias familias; incluía los actuales órdenes cariofilales, quenopodiales y cactales.
centunviral *adj.* Relativo a los centunviros.
centunvirato *m.* Consejo de los centunviros.
centunviro (l. *centumviru*) *m.* En la ant. Roma, miembro de un tribunal compuesto de ciento o ciento cinco ciudadanos que juzgaban los asuntos civiles.
centuplicar (l. *-are*) *tr.* Hacer cien veces mayor [una cosa]. 2 Multiplicar [una cantidad] por ciento. ◇ ** CONJUG. [1] como ***sacar.***
céntuplo, -pla (l. *-plu*) *adj.-m.* Producto de la multiplicación por ciento de una cantidad.
centuria (l.) *f.* Periodo de cien años. 2 En la milicia romana, compañía de cien hombres.
SIN. *1* **Siglo.**
centurión (l. *-urione*) *m.* Jefe de una centuria.
centurionazgo *m.* Empleo de centurión.
cenuro (gr. *koinós,* común + *ura,* cola) *m.* ZOOL. Tenia de la especie *Coenurus cerebralis,* cuyos quistes o cisticercos provocan en el ganado lanar la enfermedad llamada modorra.
cenutrio, -tria *adj. Ar.* y *La Mancha.* [pers.] Despreciable, tosco, zafio.
cenzalino, -na *adj.* Relativo al cénzalo.
cénzalo *m.* Mosquito *(Culex pungens).*
cenzonte (náhu. *centzontli,* cuatrocientas) *m. Guat., Hond.* y *Méj.* Sinsonte.
cenzontle *m.* Cenzonte.
ceñideras *f. pl.* Prenda que usan algunos obreros y trabajadores del campo para cubrir los pantalones y evitar su deterioro.
ceñido, -da (de *ceñir*) *adj.* fig. Moderado y reducido en sus gastos. 2 [insecto] Que tiene muy señalada la división entre el

tórax y el abdomen; como la abeja. 3 Apretado, ajustado. -4 *f.* MAR. Navegación a vela contra el viento.

ceñidor *m.* Faja, correa o cosa análoga con que se ciñe el cuerpo por la cintura. 2 Artemisa (planta compuesta). 3 BLAS. Faja diminuta en dos terceras partes del escudo.

ceñidura *f.* Acción de ceñir o ceñirse. 2 Efecto de ceñir o ceñirse.

ceñiglo *m.* Cenizo (plantal).

ceñimiento *m.* Acción de ceñir o ceñirse. 2 Efecto de ceñir o ceñirse.

ceñir (l. *cingere*) *tr.* Rodear, ajustar [la cintura o el cuerpo a uno]: *le ciñeron con sogas; le ceñirán la cintura con sogas; ~ la frente con,* o *de, flores;* apretar, [una cosa] sobre el cuerpo de uno rodeándolo: *me ciñe cadenas un tirano;* apretar, rodear alguna cosa [el cuerpo de uno]: *un cordón le ciñe los brazos* o *le ciñe.* 2 Cerrar o rodear una cosa [a otra]: *~ el mar una tierra.* 3 fig. Abreviar [una cosa, esp. el estilo o la narración]. 4 MAR. Navegar de bolina: *~ el viento.* -5 *prnl.* Moderarse o reducirse en los gastos, en las palabras, etc. 6 Amoldarse, concretarse a una ocupación o trabajo. ◇ ** CONJUG. [36].

I) ceño (de *ceñir*) *m.* Cerco o aro que ciñe alguna cosa. 2 Especie de cerco elevado que suele hacerse en la tapa del casco a las caballerías.
SIN. *2* **Cincho.**

II) ceño *m.* Fruncimiento de la frente y cejas en señal de enojo. 2 fig. Aspecto imponente y amenazador que toman ciertas cosas.
SIN. *1* **Capote** (fam.), **sobrecejo, sobreceño.**

I) ceñoso, -sa *adj.* [caballería] Que tiene ceño.

II) ceñoso, -sa *adj.* Ceñudo.

ceñudo, -da *adj.* Que tiene ceño o sobreceja.
SIN. **Capotudo, cejijunto, hosco.**

ceo (l. *zeu*) *m.* Gallo (pez).

ceoán *m. Méj.* Ave de unos 25 cms. de longitud, y de forma parecida a un mirlo, pero con pecho de color gris ladrillo y cabeza y dorso de color gris obscuro *(Turdus migratorius).*

ceolita *f.* MIN. Silicato natural, procedente de algunas rocas volcánicas. Tiene la propiedad de intercambiar en una solución iones calcio por sodio. Antiguamente se usó para el tratamiento de aguas duras. ◇ También *zeolita.*

cepa (l. v. *ceppa* < l. *cippu,* tronco) *f.* Parte del tronco de un árbol o planta que está dentro de tierra y unida a las raíces. 2 Tronco de la vid, y, p. ext., de toda planta. 3 Raíz o principio de alguna cosa, como el de las astas y cola de los animales. 4 Tronco u origen de una familia o linaje. 5 En los arcos y puentes, parte del machón desde que sale de tierra hasta la imposta. 6 fig. Núcleo de un nublado. 7 *~ **caballo,*** ajonjera. 8 *~ **virgen,*** planta sarmentosa muy parecida a la vid; ***de buena ~,*** fig., de calidad reconocida por buena. 9 *Hond.* y *P. Rico.* Conjunto de varios árboles o plantas que tienen una raíz común; aplíc. esp. al plátano.

cepear *intr.* Colocar cepos para cazar conejos y otros animales.

cepeda *f.* Lugar en que abundan arbustos y matas de cuyas cepas se hace carbón.

cepejón (de *cepa*) *m.* Raíz gruesa que arranca del tronco del árbol.

cepellón (de *cepa*) *m.* Pella de tierra que se deja adherida a las raíces de los vegetales para trasplantarlos.

cepera *f.* Cepeda.

cepero (de *cepo* I) *m.* Cazador que practica su actividad por medio de cepos. 2 *Nav.* El que vende cepos, rejillas y braseros, bozales y demás útiles de alambre.

cepillado *m.* Cepilladura.

cepilladora *f.* Máquina para trabajar la madera que consta de un cilindro rotatorio con cuchillas, que actúa rebajando el grueso de una pieza de madera en la totalidad de su anchura.

cepilladura *f.* Acepilladura.

cepillar *tr.* Quitar el polvo [a una cosa] con un cepillo. 2 Alisar con cepillo [la madera o los metales]. 3 Quitar [a alguien] la rusticidad en sus modales, lenguaje, etc. 4 fig. Adular [a uno]. 5 fig. Quitar el dinero, desplumar. -6 *tr.-prnl.* fig. Matar, asesinar. 7 En el lenguaje estudiantil, suspender. -8 *tr.* DEP. Desviar ligeramente con la cabeza o la bota la trayectoria del balón. ◇ Es vulg. en gral. el uso de *acepillar* por *cepillar.*

cepillazo *m. C. Rica.* Adulación.

cepillo *m.* Dim. de *cepo.* 2 Cepo (arquilla). 3 Instrumento de carpintería formado por un prisma cuadrangular de madera, que lleva embutido en una abertura transversal un hierro acerado con filo, el cual sobresale un poco de la cara que ha de ludir con la madera que se quiere labrar: *~ **bocel,*** o simplemente *bocel,* el que tiene canales y hierro con filo semicircular y sirve para hacer medias cañas. 4 Instrumento de albañilería hecho con cerdas duras, fibra vegetal o alambre, con el que se limpian paramentos, juntas y elementos metálicos como trabajo de preparación que precede a un acabado. 5 Instrumento formado de cerdas o filamentos de materias diversas, fijos en una montura de forma y materia variable, con o sin mango, y para diferentes usos: *~ de la ropa; ~ de dientes; ~ del pelo; ~ para barrer.* 6 *Amér. Central.* fig. Adulador. 7 *Venez.* Escobilla del limpiaparabrisas.
SIN. *3* **Limpiadera.** *4* **Escobilla.**

cepita *f.* Variedad de ágata formada de conchas o capas concéntricas.

I) cepo (l. *cippu;* doble etim. *cipo*) *m.* Gajo o rama de árbol. 2 Madero grueso y vertical en que se asientan la bigornia, yunque, etc. 3 Instrumento, hecho de dos maderos gruesos para sujetar a un reo por la garganta o el pie. 4 Conjunto de dos vigas entre las cuales se sujetan otras piezas de madera. 5 Instrumento para devanar la seda antes de torcerla. 6 Artificio para cazar, de formas variadas, a menudo formado por dos zoquetes de madera armados con puntas de hierro. 7 Arquilla, gralte. de madera, con una ranura por donde puede pasar una moneda; se fija en las iglesias y otros parajes para recoger limosnas y donativos. 8 Utensilio que sujeta los periódicos, o revistas sin doblarlos en cafés, hoteles, etc. 9 Tronco de un árbol cortado. 10 *~ **del ancla,*** pieza que se adapta a la caña del ancla cerca del arganeo, en sentido perpendicular a ella y al plano de los brazos. 11 *Amér.* ~ ***de campaña*** o ***colombiano,*** castigo militar que se ejecutaba oprimiendo al reo entre dos fusiles, o con uno solo, atándolo con las correas de un soldado.
SIN. *7* **Cepillo.**

II) cepo (l. *cephu*) *m.* Cefo.

cepola *f.* ZOOL. Pez teleósteo del suborden de los fisóstomos, que vive en el Mediterráneo y en el Atlántico y del cual se conocen varias especies *(gén. Cepola).*

cepón *m.* Aum. de *cepa* (vid).

ceporro *m.* Cepa vieja arrancada para lumbre. 2 fig. Persona tonta, cerrada, poco inteligente.

ceprén *m. Ar.* Palanca (barra).

ceptí *adj.* ant. Ceutí. ◇ Pl.: *ceptíes.*

cequí (ár., cierta moneda) *m.* Ant. moneda de oro acuñada en varios estados de Europa; admitida en el comercio de África, recibió de los árabes este nombre. ◇ Pl.: *cequíes.*

cequia *f.* Acequia.

cequiaje *m.* En muchas provincias, impuesto que pagan los regantes para la conservación de las acequias, guardas de las tandas de riego, etc.

cequión *m. Murc.* Caz de un molino u otro artefacto hidráulico. 2 *Chile.* Canal o acequia grande. 3 *Venez.* Arroyo.

-cer, v. -ecer.

cera (l.) *f.* Substancia sólida amarillenta, fácilmente fusible y combustible para dar luz, que segregan las abejas para formar las celdillas de los panales: *~ **amarilla,*** la que tiene su color natural; *~ **blanca,*** la que ha sido blanqueada al sol; *~ **aleda,*** cera con que las abejas untan por dentro la colmena; *~ **vegetal,*** la que se extrae de diversos árboles y plantas americanos; *~ **virgen,*** la que no está aún melada, o la que está en el panal y sin labrarse; *~ **toral,*** cera por curar o que está aún amarilla; *~ **vana,*** la de los panales sin miel. 2 Conjunto de velas o hachas de cera que sirven en alguna función: *~ **vieja,*** la de los cabos que quedan de velas o cirios. 3 Substancia parecida a la cera: *~* o ***cerilla de los oídos,*** humor craso que se cría en el conducto de los oídos (también *cerumen);* *~ **de palma,*** exudación de una palmera de los Andes, que se usa como sustitutivo de la cera; *~ **mineral,*** mezcla de hidrocarburos sólidos de color obscuro o amarillento. 4 Preparado a base de cera que se usa para dar brillo *(encerar)* a pavimentos, muebles, etc. 5 ESC. *~ **perdida,*** técnica escultórica de fundido, destinada a obtener figuras huecas. 6 ZOOL. Membrana que rodea la base del pico de algunas aves, como las rapaces, gallinas y palomas. -7 *f. pl.* Conjunto de las casillas de cera de una colmena. -8 *f. Cuba.* Planta, especie de bejuco o enredadera, cuyas hojas y flores rosadas parecen, en su grosor y viso, hechas de cera *(Chimarris cymosa).* 9 *Méj.* Vela de cera.

cera-, v. cerato-.

ceracate *f.* Variedad de ágata de color de cera.

ceración *f.* QUÍM. Operación de fundir metales.

cerafolio (l. *choerefoliu*) *m.* Perifollo (planta).

ceragallo *m. C. Rica.* Planta perenne herbácea, de la familia de las lobeliáceas, con tallo ramoso y flores rojas y amarillas *(Lobelia laxiflora).*
cerámica (v. *cerámico*) *f.* Arte de fabricar vasijas y otros objetos de barro, loza y porcelana de todas clases y calidades. 2 Estos mismos objetos considerados en conjunto. 3 Conocimiento científico de ellos, desde el punto de vista arqueológico.
REL. *1* La **alfarería** sólo emplea el barro para fabricar vasijas, pero no otros materiales; la **tejería (tejar)** fabrica tejas, ladrillos y adobes. Una y otra son parte de la **cerámica.**
cerámico, -ca (gr. *keramikós* < *kéramos,* arcilla) *adj.* Relativo a la cerámica.
ceramista *com.* El que tiene por oficio fabricar objetos de cerámica.
ceramita *f.* Especie de piedra preciosa. 2 Ladrillo de resistencia superior a la del granito.
ceramografía (gr. *kéramos,* arcilla + *-grafía*) *f.* Arte de decorar la cerámica. 2 Tratado sobre la historia de la cerámica.
cerapez (*cera* + *pez*) *f.* Cerote (pez y cera).
cerapio *m.* En el lenguaje estudiantil, cero.
cerasiote *m.* FARM. ant. Purgante que contiene jugo de cerezas.
cerasita *f.* Silicato nativo de alúmina y magnesio.
cerasta, -tas (gr. *keras,* cuerno) *f.* Víbora muy venenosa de Egipto y Palestina, que tiene una especie de cuernecillos encima de los ojos *(Cerastes cornutus).*
SIN. **Hemorroo.**
ceraste, -tes *m.* Cerasta.
cerástide (*cerasta* + *-ide*) *m.* Insecto lepidóptero nocturno, propio de Europa *(gén. Cerastides).*
cerat-, v. cerato-.
ceratias (gr. *keratías*) *m.* Cometa de dos colas.
cerato (l. *-tu*) *m.* FARM. Composición que tiene por base una mezcla de cera y aceite, y se diferencia del ungüento en no contener resinas.
cerato-, cerat-, cera- (gr. *keras, -atos,* cuerno) Elemento prefijal que entra en la formación de palabras con el significado de cuerno; córneo; córnea del ojo: *ceratobranquial, ceratotomía.* ◇ También *querato-, querat-, quera-.*
ceratobranquial (*cerato-* + *branquial*) *m.* ZOOL. Segmento cartilaginoso de un arco branquial situado entre el epibranquial y el hipobranquial.
ceratotomía (*cerato-* + *-tomía*) *f.* CIR. Operación para seccionar la córnea. ◇ También *queratotomía.*
ceratótomo (*cerato-* + *-tomo*) *m.* CIR. Instrumento para operar la catarata. ◇ También *queratótomo.*
ceráuneo, -a *adj.* Relativo al rayo.
ceraunia (v. *cerauno-*) *f.* Piedra de rayo.
cerauno- (gr. *keraunos,* rayo) Elemento prefijal que entra en la formación de palabras con el significado de rayo: *ceraunografía.*
ceraunofobia (*cerauno-* + *-fobia*) *f.* Temor morboso a los rayos y tempestades.
ceraunografía (*cerauno-* + *-grafía*) *f.* Ceraunología.
ceraunógrafo (*cerauno-* + *-grafo*) *m.* Aparato con el que se obtienen gráficos permanentes de las tempestades eléctricas próximas.
ceraunología (*cerauno-* + *-logía*) *f.* Parte de la meteorología que estudia el rayo y sus fenómenos.
SIN. **Ceraunografía.**
ceraunomancia, -mancía (*cerauno-* + *-mancia*) *f.* Adivinación supersticiosa por medio de las tempestades.
ceraunómetro (*cerauno-* + *-metro*) *m.* Aparato para medir la intensidad de los relámpagos.
cerbas *m.* Árbol muy corpulento de la India.
cerbatana (ár. *zabatana*) *f.* Cañuto en que se introducen bodoques u otras cosas para hacerlas salir violentamente por uno de sus extremos. 2 Instrumento de carrizo, parecido al anterior; lo usan algunos indios de América para disparar flechas. 3 Culebrina de muy poco calibre usada ant. 4 Trompetilla para los sordos. 5 *Can.* Santateresa.
SIN. *1* **Bodoquera.**
cerbero (l. *-ru;* gr. *Kérberos*) *m.* Cancerbero. 2 Arbusto pequeño del que hay variedades, alguna con cierto principio o jugo venenoso *(gén. Cerbera).*
I) cerca (de *cerco*) *f.* Vallado, tapia o muro con que se rodea algún espacio, heredad o casa.
SIN. **Cercado.**
II) cerca (l. *circa*) *adv. l. t.* Que denota proximidad, gralte. mediata. La relación de proximidad supone un término mental, tácito o expreso, al cual la referimos. Si es tácito, se usa como abs.: *íbamos ~; el plazo está ~; viven ~.* 2 Si el término de la relación se expresa, lleva la prep. *de*: *íbamos ~ de ellos; el plazo está ~ de cumplirse; viven ~ de allí, de casa.* -3 **loc. adv. De ~,** a corta distancia: *les perseguían de ~; en ~,* ant., en contorno, alrededor. -4 *adv. c.* Aproximadamente, poco menos: *~ de dos mil hombres.* -5 **prep. ~ de,** junto a, ante: *embajador ~ de la Santa Sede;* ant., acerca de: *pregúntale ~ de eso.* -6 *m. pl.* PINT. Objetos situados en el primer término de un cuadro. ◇ Admite el dim. *cerquita.*
cercado (de *cercar*) *m.* Huerto, prado u otro lugar rodeado con una cerca. 2 Cerca I. 3 *Bol.* El ejido de una población. 4 *Perú.* División territorial que comprende la capital de un estado o provincia y los pueblos que de aquélla dependen.
SIN. *1* **Cerrado.**
cercador, -ra *adj.-s.* Que cerca. -2 *m.* Entre cinceladores, hierro sin corte, que sirve para dibujar contornos en piezas de chapa delgada sin cortarla.
cercanamente *adv. l. t.* Próximamente, a poca distancia.
cercanía *f.* Calidad de cercano. 2 Contorno (territorio).
cercano, -na *adj.* Próximo, inmediato: *~ a su fin.* -2 *f. Cuba.* Rayuela (juego infantil).
cercar (l. *circare*) *tr.* Rodear o circunvalar [un sitio] con vallado, muro, etc., de suerte que quede delimitado y resguardado: *~ la hacienda;* en gral., poner o estar alrededor delimitando: *unos árboles cercan la plaza.* 2 Rodear mucha gente [a una pers. o cosa]: *todos cercaron a César.* 3 Rodear (andar). 4 MIL. Rodear [un lugar enemigo] para conquistarlo. ◇ ** CONJUG. [1] como *sacar.*
SIN. *1* **Circuir, circundar, recercar.** *2* **Asediar, sitiar.** REL. *4* v. **Asediar.**
cercen, -cén (l. *circinu,* compás, círculo) *adv. m. A cercén,* enteramente y en redondo. ◇ La acentuación etim. es *cercen,* pero desde hace más de dos siglos está autorizado *cercén.*
cercenador, -ra *adj.-s.* Que cercena.
cercenadura *f.* Acción de cercenar. 2 Efecto de cercenar. 3 Porción que se quita de la cosa cercenada.
cercenamiento *m.* Cercenadura.
cercenar (l. *circinare,* redondear) *tr.* Cortar [las extremidades de una cosa]. 2 Disminuir o acortar: *~ el gasto.*
SIN. **Chapodar.**
I) cerceta (l. v. *cercedula*) *f.* Ave anseriforme del tamaño de una paloma; es parda, cenicienta y salpicada de lunares más obscuros *(Anas* sp.*)*
SIN. **Zarceta.**
II) cerceta *f.* Pitoncito blanco que nace al ciervo en la frente, candil de ojo.
cercha (v. *círculo*) *f.* Regla delgada y flexible, de madera, para medir superficies cóncavas y convexas. 2 Patrón de contorno curvo para labrar superficies cóncavas o convexas en un sillar. 3 CARP. Pieza de tabla en forma de segmentos de círculo, con que se forma el aro de una mesa redonda, un arco, etc. 4 CONSTR. Conjunto de piezas de madera en forma curva, que formando un armazón sirven de apoyo y guía en la construcción de un arco. 5 MAR. Círculo de madera que forma la rueda del timón, en el que se afirman las cabillas. 6 Aro de hierro, de perfil determinado, que tiene diversos usos. 7 *Amér.* Cimbra (armazón de maderos). 8 *Cuba.* Vara o listón corvo de madera, que se emplea en la armazón del fuelle de los quitrines; varilla que sostiene el mosquitero o la colgadura de la cama.
cerchar (v. *circular II*) *tr.* Acodar [las vides].
cerchearse (de *cercha*) *prnl.* Doblarse o encorvarse la vigas u otras maderas que sustentan algún peso, por la humedad u otra causa.
cerchón (de *cercha*) *m.* Cimbra (armazón de maderos).
cercillo (v. *zarcillo*) *m.* Tijereta (zarcillo).
cerciorar (b. l. *certiorare*) *tr.-prnl.* Asegurar [a uno] la verdad de una cosa.
cerclaje *m.* MED. Reunión mediante alambre de los fragmentos óseos de una fractura, con el fin de fijar e inmovilizar a ambos en una correcta posición.
cerco (v. *circo*) *m.* Lo que ciñe o rodea. 2 Aro de cuba, de rueda y de otros objetos. 3 Aureola que a nuestra vista presenta el Sol, y a veces la Luna. 4 Marco (que rodea). 5 Corrillo. 6 Giro o movimiento circular. 7 Asedio de una plaza o ciudad: *alzar el ~; poner ~ a una villa.* 8 Arte de rodeo que consiste en una red de 1.300 a 1.500 m. de largo por 20 ó 30 de ancho. Se usa en las costas de Galicia para la pesca de la sardina, caballa, boga,

aguja y otros peces que forman bancos. 9 *Amér.* Cerca, valla o seto vivo.

SIN. *2* **Cello** (menos us.). *3* **Halo.** *6* **Rodeo.** *7* **Sitio.**

cerco-, -cerco, -cerca (gr. *kérkos,* cola) Elemento prefijal y sufijal que entra en la formación de palabras con el significado de cola: *cercopiteco, cisticerco.*

cercopitécido (*cerco-* + *-piteco*) ***adj.-m.*** Primate de la familia de los cercopitécidos. -2 ***m. pl.*** Familia de primates catarrinos, básicamente arborícolas y, por lo general, desprovistos de cola; son propios de África; como el babuino, el papión y el mandril.

cercopiteco ***m.*** Mono catarrino propio de África, de formas ligeras y graciosas, provisto de abazones y callosidades isquiáticas *(Cercopitechus saboeus).*

cércopo ***m.*** Insecto hemíptero de cabeza alongada y cuatro alas *(Aphrophora espumaria).*

cercote ***m.*** Red para cercar los peces.

cerda (de *cerdo*) ***f.*** Pelo grueso y duro de la cola y crin de las caballerías, y del cuerpo del jabalí, puerco, etc. 2 Lazo de cerda para cazar perdices. 3 Mies segada. 4 Tumor carbuncoso que se le forma al cerdo en las partes laterales del cuello. 5 Manojo pequeño de lino sin rastrillar. 6 *Colomb.* Pista. 7 *Venez.* Ganga, provecho.

SIN. *1* **Ceda,** p. us; **seda** en algunos animales, esp. el jabalí.

cerdada (de *cerdo*) ***f.*** Charranada, acción malintencionada o indigna.

cerdamen ***m.*** Manojo de cerdas preparadas para brochas, cepillos, etc.

cerdear (de *cerdo*) ***intr.*** Flaquear de los brazuelos las caballerías; también los toros cuando están heridos de muerte. 2 Sonar ásperamente las cuerdas de un instrumento. 3 fig. Resistirse a hacer algo. 4 Comportarse suciamente, en sentido material o moral. 5 *Colomb.* Participar en un negocio. -6 ***tr.*** *Argent.* y *Urug.* Tusar o cortar la cerda [de los animales].

cerdo, -da (vasc. *zerri*) ***m. f.*** Mamífero artiodáctilo suido paquidermo, doméstico, derivado probablemente del jabalí, de cuerpo grueso, cerdas fuertes, cabeza grande, orejas caídas, hocico casi cilíndrico, patas cortas y cola corta y delgada *(gén. Sus).* 2 ~ ***marino,*** centrina; marsopa. -3 ***adj.-s.*** fig. Persona desaliñada y sucia. 4 fig. Persona grosera, sin cortesía ni crianza.

SIN. **Coche, cocho, cochino, cuino, gocho** (Ast.), **gorrino, guarro, marrano, puerco, tocino** (Ar.); todos ellos se usan como adj. en las aceps. 3 y 4. REL. **Cochinada, -ería, gorrinada, -ería, guarrada, -ería, marranada, -ería,** califica una cosa o acto sucio en sentido material o moral; el ~ **gruñe,** y su voz es un **gruñido;** para buscar la comida **hoza** en el suelo; rebaño de cerdos, **piara;** pastor de cerdos, **porquerizo;** ~ pequeño, **lechón;** habitación del ~ doméstico, **pocilga,** más us. que **zahúrda; cochitril** y **cuchitril,** se usan muy poco en esta acep., que es la originaria.

cerdoso, -sa ***adj.*** Que tiene muchas cerdas (pelos duros). 2 Parecido a ellas.

cerdudo, -da ***adj.*** Cerdoso. 2 fig. [hombre] Que tiene mucho pelo y fuerte en el pecho.

I) cereal (l. *-ale*) ***adj.*** Relativo a la diosa Ceres. -2 ***adj.-pl.*** Fiestas que se hacían en honor de la diosa Ceres.

II) cereal (l. *-ale*) ***adj.-m.*** Planta gramínea de semillas farináceas, y estas mismas semillas; como el trigo, el centeno, el arroz, etc. -2 ***m. pl.*** Productos manufacturados con estas semillas, que se consumen gralte. a la hora del desayuno.

cerealina (de *cereal*) ***f.*** Fermento nitrogenado contenido en el salvado, que sacarifica el almidón y altera el gluten.

cerealista ***adj.*** Relativo a la producción y tráfico de los cereales: *Congreso ~.* -2 ***adj.-com.*** Persona que se dedica a la producción y tráfico de los cereales.

cerebelo (l. *-ellu*) ***m.*** Porción del encéfalo que ocupa la parte inferior y posterior de la cavidad craneana; consta de tres partes, una mediana y estrecha, y dos laterales voluminosas, y se le atribuye la función de reforzar las corrientes nerviosas motoras para hacer más enérgica la contracción muscular.

cerebración ***f.*** Proceso mental que se considera resultado de la actividad cerebral.

cerebral ***adj.*** Relativo al cerebro. -2 ***adj.-s.*** Intelectual en oposición a emocional, apasionado, vital, etc.; imaginario, en oposición a vivido.

cerebralismo ***m.*** Predominio de lo cerebral o preferencia por ello.

cerebrina ***f.*** FARM. Medicamento antineurálgico, compuesto de antipirina, cafeína y cocaína.

cerebro (l. *-bru*) ***m.*** Encéfalo. 2 Parte superior y más voluminosa del encéfalo, constituida pralte. por dos hemisferios separados longitudinalmente por una gran cisura y unidos en la base por una masa de substancia blanca o cuerpo calloso. Es el centro de todo el sistema nervioso y la sede de la inteligencia. 3 Cabeza (intelecto). 4 fig. ~ o ~ ***gris,*** persona que concibe o dirige un plan de acción. 5 fig. Persona sobresaliente en actividades culturales, científicas o técnicas. 6 ~ ***electrónico,*** dispositivo electrónico capaz de efectuar determinadas operaciones sin intervención del hombre. 7 Madreporario colonial que se reproduce asexualmente por bipartición, sin que se separen totalmente los individuos que comparten la boca, los tentáculos, etc. *(gén. Meandrina).*

SIN. *2* **Seso.**

cerebroespinal (*cerebro* + *espinal*) ***adj.*** Relativo al cerebro y a la medula espinal.

cereceda ***f.*** Cerezal.

cerecilla ***f.*** Guindilla (pimiento).

cerecillo ***m.*** Arbusto caprifoliáceo de hasta 2 m. de altura, con las hojas elípticas de color verde grisáceo, las flores blancas al principio y amarillas más tarde; su fruto, rojo, es utilizado como purgante *(Lonicera xylosteum).*

cerecino ***m.*** Arbusto rosáceo, de hojas ovaladas con dientes redondeados, flores blancas olorosas en corimbos simples y frutos ovalados negros *(Prunus mahaleb).*

ceremonia (l. *coeremonia*) ***f.*** Acto o serie de actos exteriores arreglados por ley o costumbre, en celebración de una solemnidad: ***de ~,*** con toda solemnidad; por ceremonial; ***maestro de ceremonias,*** en una corporación, el encargado de dirigir el ceremonial; ***traje de ~,*** el que se emplea en actos solemnes. 2 Ademán afectado, en obsequio de una persona o cosa: ***por ~,*** cumplido.

ceremonial ***adj.*** Relativo al uso de las ceremonias. -2 ***m.*** Conjunto de formalidades y ceremonias para la celebración de determinada solemnidad. 3 Libro que contiene el ceremonial que se debe observar en cada una de las solemnidades de la Iglesia, de una corporación, etc.

ceremonialmente ***adv. m.*** Ceremoniosamente.

ceremoniáticamente ***adv. m.*** p. us. Con arreglo a las ceremonias.

ceremoniático, -ca ***adj.*** p. us. Ceremonioso.

ceremoniero ***adj.*** Ceremonioso (que gusta de ceremonias).

ceremoniosamente ***adv. m.*** Con ceremonia.

ceremonioso, -sa ***adj.*** Que observa puntualmente las ceremonias. 2 Que gusta de cumplimientos exagerados.

cereño, -ña ***adj.-s.*** [perro] De color de cera.

céreo, -a (l. *-eu*) ***adj.*** De cera.

cerería ***f.*** Establecimiento del cerero.

SIN. **Bujiería,** p. us.

cerero ***m.*** El que tiene por oficio labrar o vender la cera.

Ceres ***n. pr.*** Diosa romana de la fertilidad, a la cual se suele representar con corona de espigas. Entre los griegos, *Deméter.*

ceresina ***adj.-f.*** Goma que se saca del cerezo, el almendro o el ciruelo.

cereta ***f.*** *P. Rico.* Cerote, miedo.

ceretano, -na ***adj.-s.*** De un antiguo pueblo hispánico prerromano que habitaba el Pirineo oriental.

cerevisina ***f.*** Levadura de cerveza; se usa como medicina.

cereza (l. v. *cerasea* < l. *cerasu*) ***f.*** Fruto del cerezo: ~ ***mollar,*** cereza común; ~ ***póntica,*** guinda (fruta). 2 Color rojo obscuro que ofrecen algunos minerales. 3 Grado de incandescencia de algunos metales que toman un color rojo vivo. Se llama también rojo cereza. 4 *Amér. Central, Colomb., Cuba* y *P. Rico.* Cáscara del grano de café. 5 *C. Rica.* Fruta empalagosa y muy distinta de la europea, producida por un árbol frondoso que se cultiva en los jardines.

cerezal ***m.*** Terreno poblado de cerezos. -2 ***f.*** *Ast.* Cerezo, árbol que da cerezas.

cerezo (de *cereza*) ***m.*** Árbol rosáceo, de unos 5 m. de altura, de tronco liso y ramoso, hojas simples y dentadas, flores blancas y fruto en drupa pequeña, globulosa u oblonga, encarnada, jugosa y dulce; su madera se emplea en ebanistería *(Prunus avium).* 2 Madera de este árbol. 3 ~ ***silvestre,*** cornejo. 4 ~ ***de Santa Lucía,*** cerecino. 5 ~ ***aliso,*** árbol rosáceo de hojas elípticas, flores blancas y olorosas y frutos globulares *(Prunus padus).* 6 *Amér.* Nombre de varios árboles y arbustos, de fruto más o menos parecido al cerezo europeo *(Malpighia punicifolia; M. glabra).*

cérido ***m.*** Nombre genérico de los cuerpos simples cuyo tipo es el cerio.

cerífero, -ra (*cera* + *-fero*) ***adj.*** Que produce o da cera.

cerífico, -ca *adj.* V. pintura cerífica.
ceriflor (*cera* + *flor*) *f.* Planta boraginácea, de flores amarillentas, de las cuales se supone vulgarmente que sacan la cera con preferencia las abejas *(Cerinthe maior).* 2 Flor de esta planta.
SIN. **Becoquino.**
cerilla *f.* Vela de cera, muy delgada y larga. 2 Fósforo (trozo de madera). 3 Cera de los oídos. ◇ También *cerillo.*
cerillero, -ra *m. f.* Fosforera. 2 Persona que vende cerillas y también tabaco, en cafés, bares y locales de este tipo, y en la calle.
cerillo *m.* Cerilla (vela de cera). 2 *And., Cuba* y *Méj.* Fósforo, cerilla. 3 *Cuba.* Árbol silvestre, de madera estimada en carpintería *(Exostemma caribeum).* 4 *C. Rica.* Planta gutífera tropical, de cuya corteza mana una goma amarilla parecida a la cera *(Symphonia globulifera).* 5 *Nicar.* Cerito.
cerina *f.* Especie de cera que se extrae del alcornoque. 2 Silicato nativo de cerio, de color pardo rojizo. 3 Substancia que se obtiene de la cera blanca.
cerio (de *Ceres,* divinidad mitológica) *m.* Metal raro, de color gris brillante, muy dúctil y maleable. Su símbolo es *Ce* y su peso atómico 140,25.
ceriolario (l. *-iu*) *m.* Candelabro para velas de cera, usado por los romanos.
cerita *f.* Mineral formado por silicato de cerio asociado a otros metales.
cerito *m. C. Rica.* Arbusto de la costa, cuyas flores blancas parecen de cera *(Casearia corymbosa).*
cermeña *f.* Fruto del cermeño.
cermeño *m.* Especie de peral, de hojas acorazonadas, vellosas por el envés, que da una pera pequeña muy aromática y sabrosa. -2 *adj.-m.* fig. Hombre tosco, sucio, necio.
cermet *m.* METAL. Aleación de un metal con un material cerámico, que conserva sus propiedades útiles a temperaturas extraordinariamente elevadas.
cernada (l. v. **cinerata;* doble etim. *cendrada*) *f.* Parte no disuelta de la ceniza, que queda en el cernadero al echar la lejía. 2 PINT. Aparejo de ceniza y cola para imprimar los lienzos que se han de pintar, especialmente al temple. 3 VETER. Cataplasma de ceniza y otros ingredientes. 4 *León.* Ceniza que queda en el hogar. 5 *Bol.* Vomitivo hecho de orines, sal y ceniza.
REL. **Acernadar,** poner ~. SIN. *2* PINT. **Ceniza.**
cernadero *m.* Lienzo basto que se ponía sobre la ropa, al hacer la colada, para que sólo pase la lejía y se detenga en él la cernada. 2 Lienzo de hilo, o de hilo y seda, de que se hacían valonas.
cerne *m.* Parte más dura y sana del tronco de los árboles.
cernedera *f.* Marco de madera del tamaño de la artesa, sobre el cual se pone uno o dos cedazos para cerner con más facilidad.
cernedero *m.* Delantal que se pone el que cierne la harina. 2 Lugar para cerner la harina.
cernedor, -ra *m. f.* Persona que cierne. -2 *m.* Torno para cerner harina.
cerneja (l. *cerniculu*) *f.* Mechón de pelo que tienen las caballerías detrás del menudillo. ◇ Se usa generalmente en plural.
cernejudo, -da *adj.* Que tiene muchas cernejas.
cerner (l. *-ere*) *tr.* Separar con el cedazo [una materia reducida a polvo] de las partes más gruesas, esp. [la harina] del salvado. 2 fig. Observar, examinar: *~ el horizonte.* 3 Depurar [los pensamientos y las acciones]: *~ una teoría.* -4 *intr.* Estar fecundándose la flor de las plantas, esp. el olivo, el trigo y la vid. 5 fig. Llover suave y menudo. -6 *prnl.* Andar o menearse moviendo el cuerpo a uno y otro lado. 7 Mover las aves sus alas manteniéndose en el aire sin avanzar. 8 fig. Amenazar de cerca algún mal. ◇ ** CONJUG. [28] como ***entender.***
SIN. *1* **Pasar.**
cernícalo (l. *cerniculu*) *m.* Ave rapaz falconiforme, de cabeza abultada y plumaje rojizo manchado de negro; anida en las ruinas y en las cavidades de los árboles *(Falco tinnunculus).* 2 ~ ***patirrojo,*** ave falcónida más pequeña que la anterior, de color negro pizarra, con los calzones de color rojo castaño claro; es insectívora *(F. vespertinus).* 3 fig. Hombre ignorante y rudo. 4 fam. Embriaguez, borrachera.
SIN. *1* **Mochete.** *2* **Cobez.**
cernidero *m. Amér.* Cernedero.
cernidillo (de *cernido*) *m.* Lluvia muy menuda. 2 fig. Paso menudo y con contoneo.
cernido *m.* Acción de cerner. 2 Cosa cernida, y esp. la harina.
cernidor *m.* Cedazo para cerner. 2 *Argent.* y *P. Rico.* Cernedero (delantal).
cernidura *f.* Cernido (de cerner). -2 *f. pl.* Lo que queda después de cernida la harina.
cernir *tr.* Cerner. ◇ ** CONJUG. [29] como ***discernir.***
cerno *m.* Corazón de algunas maderas duras.
cero (ár. *céfer,* vacío; doble etim. *cifra*) *m.* MAT. Signo sin valor propio, que en la numeración arábiga ocupa los lugares donde no ha de haber guarismo; colocado a la derecha de un número entero decuplica su valor. 2 FÍS. En las diversas escalas de los termómetros, manómetros, etc., punto desde el cual se cuentan los grados y otras fracciones de medida: ~ ***absoluto,*** punto de la escala termométrica que está a 273 grados bajo el cero normal, en el termómetro centígrado. 3 Fallo en el tiro.
FR. *1 Ser uno un ~ a la izquierda,* fig., ser inútil, no valer la pena.
cero- (gr. *kerós,* cera) Elemento prefijal que entra en la formación de palabras con el significado de cera: *cerografía.*
ceroferario *m.* Acólito que lleva el cirial en la iglesia y procesiones.
cerografía *f.* Método de grabado que consiste en recubrir con cera una plancha metálica, sobre la cual se traza después el dibujo con un punzón, y ahondando las líneas hasta quedar descubierto el metal, que luego ha de ser atacado por los ácidos.
cerógrafo (*cero-* + *-grafo*) *m.* Anillo con que los romanos sellaban en cera los cofres y armarios.
ceroleína (*cero-* + l. *oleu,* aceite) *f.* Substancia que, con otras dos, constituye la cera de las abejas.
cerollo, -lla *adj.* [mies] Que al tiempo de segarla está algo verde y correosa.
ceroma *f.* ARQUEOL. Ungüento con que se frotaban los miembros los atletas, antes de empezar la lucha.
ceromancia, ceromancía *f.* Arte vano de adivinar que consiste en ir echando gotas de cera derretida en una vasija de agua, y observar sus figuras.
ceromático, -ca (l. *-cu*) *adj.* [medicamento] Que en cuya composición entran aceite y cera.
ceromiel (de *cera* + *miel*) *m.* Mezcla de cera y miel que se usaba antig. para curar úlceras y heridas.
cerón *m.* Residuos de los panales de la cera.
ceronero *adj.-s.* [pers.] Que tiene por oficio comprar cerones.
ceroplástica (gr. *keroplastikós,* arte de cerero) *f.* Técnica escultórica de trabajar con cera.
cerorrinco *m.* Ave de rapiña parecida al halcón, que vive en América.
ceroso, -sa *adj.* Que tiene cera, o se parece a ella.
cerote *m.* Mezcla de pez y cera con que los zapateros enceran los hilos con que cosen. 2 fig. Miedo. 3 *Bol.* Torzal de cera para encender.
SIN. *1* **Cerapez.**
cerotear *tr.* Dar cerote los zapateros [a los hilos con que cosen]. -2 *intr. Chile.* Gotear la cera de las velas encendidas.
cerotero (de *cerote*) *m.* Pedazo de fieltro con que los pirotécnicos untan de pez los cohetes.
ceroto (l. *-tu*) *m.* desus. Cerato.
cerquillo *m.* Dim. de *cerco.* 2 Círculo o corona formada de cabello en la cabeza de los religiosos de algunas órdenes. 3 Vira (del calzado). 4 *Argent.* y *Méj.* Fleco, flequillo o pelo recortado sobre la frente.
cerquininga *adv. S. Dom.* fam. Cerca, cerquita.
cerquita *adv. l. t.* Muy cerca.
cerracatín, -tina *m. f.* Tacaño, miserable.
cerrada *f.* Parte de la piel del animal que corresponde al lomo.
cerradera *f.* Cerradero.
cerradero, -ra *adj.-s.* Lugar que se cierra; instrumento con que se ha de cerrar algo. -2 *m.* Chapa de hierro hueca o agujero en la madera donde entra el pestillo de la cerradura. 3 Cordones con que se cierran y abren las bolsas y bolsillos.
cerradizo, -za *adj.* Que se puede cerrar.
cerrado, -da (de *cerrar*) *adj.* fig. Incomprensible, oculto y oscuro. 2 Muy cargado de nubes: *cielo ~; atmósfera cerrada.* 3 [pers.] Muy callado, disimulado y silencioso. 4 Torpe, tardo en comprender. 5 [pronunciación o acento] Que tiene muy marcados los rasgos propios del país del hablante: *francés ~.* 6 [barba] Muy poblada. -8 *m.* Cercado (huerto).
cerrador, -ra *adj.-s.* Que cierra. -2 *m.* Cosa con que se cierra otra.
cerradura (de *cerrar*) *f.* Cerramiento (acción y efecto). 2 Mecanismo de metal que se fija en puertas, tapas de cofres, cajones, etc., para cerrarlos por medio de uno o más pestillos que se hacen jugar con la llave: ~ ***de golpe*** o ***de golpe y porrazo,***

la que, por tener pestillo de mueble, se cierra automáticamente; ~ ***de molinillo,*** la que tiene movible el caño por donde entra la tija de la llave; ~ ***de seguridad,*** la que lleva varios pasadores de enclavamiento, dispuestos de manera que no dejan correr el pestillo si no se levantan simultáneamente a diferentes alturas, mediante una llave especial; ~ ***embutida,*** la que va fijada e introducida por entero en un alojamiento abierto en el borde de la puerta; ~ ***universal,*** la que puede emplearse indistintamente estirando o empujando a derecha o a izquierda.

I) cerraja (b. l. *seraculu* < l. *sera) f.* Cerradura (mecanismo).

II) cerraja (b. l. *serralia) f.* Hierba compuesta, de tallo hueco y ramoso y cabezuelas amarillas, sin involucro, en corimbos terminales; es amarga y se usa en medicina *(Sonchus oleraceus).* 2 fig. ***Agua de cerrajas,*** cosa insubstancial.

SIN. *1* **Lechecino.**

cerrajear *intr.* Ejercer el oficio de cerrajero.

cerrajería *f.* Oficio de cerrajero. 2 Establecimiento o calle donde se fabrican y venden cerraduras y otros instrumentos de hierro. 3 CONSTR. Conjunto de cerraduras, cerrojos, picaportes y demás herrajes de sujeción que se usan en los edificios.

cerrajero *m.* Maestro u oficial que tiene por oficio hacer cerraduras y otros instrumentos de hierro.

cerrajón *m.* Cerro alto y escarpado. 2 Carraja (hierba).

cerral (de *cerro I) m.* Conjunto de cerros (montes).

cerramiento *m.* Acción de cerrar. 2 Efecto de cerrar. 3 Cosa que cierra o tapa cualquier abertura, conducto o paso. 4 Cerrado y coto. 5 Entre albañiles, división que se hace con tabiques, y no con pared gruesa, en una pieza o estancia. 6 ARQUEOL. Lo que cierra y termina el edificio por la parte superior.

SIN. *1* y *2* **Cerradura.** *3* **Cierre.**

cerrar (b. l. *serare) tr.* Hacer que [el interior de un edificio, recinto, receptáculo, etc.] no tenga comunciación directa con el exterior: ~ *una caja, una habitación.* 2 Asegurar con cerradura: ~ ***en falso,*** echar la llave, falleba, etc., de manera que, no cebando en el cerradero, se deja abrir fácilmente. 3 Hacer entrar de nuevo [los cajones de un mueble] en su hueco. 4 Juntar [una parte del cuerpo del animal o de cosas articuladas] con otra, o unirla al todo de que forman parte: ~ *los ojos* o *los párpados, la boca, los labios;* ~ *las alas;* ~ *las piernas.* 5 Encoger, doblar, plegar [lo que estaba extendido]: ~ *la mano, un abanico,* etc. 6 Pegar o disponer [una carta, paquete, cubierta, etc.] de modo que no sea posible ver lo que contengan sin despegarlas o romperlas. 7 Poner término [a ciertas actividades]: ~ *un debate, una cuenta;* ~ ***un libro de comercio,*** por dejar de hacer anotaciones en él. 8 Dar por firmes y terminados [los ajustes, contratos, etc.]. 9 Ir detrás o en último lugar [un conjunto de personas que camina formando hilera o columna]: ~ *la procesión.* 10 ARQ. Formar la clave de [un arco o bóveda]. -11 ***tr.-intr.*** Cesar el funcionamiento de un local o establecimiento: ~ *el bufete.* -12 ***tr.-prnl.*** Unir, apiñar: *el batallón cierra sus filas; el batallón se cierra;* MIL., ***formación cerrada, orden cerrado,*** con los soldados en filas apretadas. 13 Hacer desaparecer [una abertura]: ~ *un agujero, un ojal, una brecha,* etc. 14 Poner fin a las actividades [de una corporación, o establecimiento científico, industrial, etc.]: ~ *las Cortes, la Universidad, una fábrica,* etc.; en términos solemnes, clausurar. 15 Juntar las flores sus pétalos. 16 FON. Hacer que se aproximen entre sí los órganos articuladores al emitir un sonido estrechando el paso del aire. -17 ***tr.-intr.-prnl.*** Cicatrizar una herida. 18 Encajar o asegurar en su marco [la hoja de una puerta o ventana]: *esta puerta no cierra* o *no se cierra.* 19 En el juego del dominó, poner una ficha que impida seguir colocando las demás que aún tengan los jugadores. 20 Embestir, acometer: *los franceses cerraron antes de tiempo;* ~ *por lo más agrio de la cuesta;* ~ *con el enemigo.* ***¡Cierra España!,*** ant. grito de guerra de los españoles al acometer. 21 Dicho de caballerías, llegar a igualarse todos los dientes. -22 ***prnl.*** fig. Mantenerse firme en el propósito: *cerrarse en callar.* 23 Hablando del vehículo o del conductor que toma una curva, ceñirse al lado de mayor curvatura. ◇ ** CONJUG. [27] como ***acertar.***

SIN. *2* **Entornar,** volver la puerta o ventana hacia el marco sin cerrar del todo. *4* **Traspellar, traspillar.**

cerrazón (de *cerrar) f.* Obscuridad grande, por cubrirse el cielo de nubes muy negras. 2 fig. Incapacidad de comprender algo por ignorancia o prejuicio. 3 fig. Obstinación, obcecación. 4 FON. Cualidad que adquiere un sonido al cerrarse los órganos articuladores. 5 *Argent.* Niebla o neblina. 6 *Colomb.* Contrafuerte de una cordillera.

cerrejón *m.* Cerro pequeño.

cerrería *f.* fig. Soltura, desenfreno de costumbres.

cerrero, -ra *adj.* Que vaga de cerro en cerro, libre y suelto. 2 Cerril. 3 *Amér.* fig. Inculto, brusco. 4 *Venez.* Que es amargo.

cerreta *f.* MAR. Brazal.

cerretano, -na (l. *-nu) adj.-s.* [pers.] De la Cerretania, hoy la Cerdeña, ant. reg. de la España Tarraconense.

cerrevedijón *m.* Vedija grande.

cerril (de *cerro,* monte) ***adj.*** [terreno] Escabroso. 2 [caballería y ganado vacuno] Indómito. 3 Que se obstina en una actitud o parecer sin admitir trato ni razonamiento. 4 fig. *y* fam. Grosero, tosco.

SIN. *2* **Bozal, cerrero.**

cerrilidad *f.* Calidad de cerril; grosería, incivilidad.

cerrilla *f.* Instrumento para cerrillar la moneda.

cerrillada *f. Amér. Merid.* Cordillera de cerros pequeños.

cerrillar (de *cerrillo) tr.* Poner el cordoncillo [a las piezas de moneda].

cerrillejo *m.* Vellosidad.

cerrillo *m.* Dim. de *cerro* (lomo). 2 Grama del Norte. -3 ***m. pl.*** Hierros en que está grabado el cordoncillo para cerrillar.

cerrilmente *adv. m.* De manera cerril. 2 A secas.

cerrión *m.* Canelón (carámbano).

I) cerro (l. *cirru,* mechón, crin > pescuezo, lomo > loma) ***m.*** Cuello o pescuezo del animal. 2 Espinazo o lomo: ***en*** ~, en pelo. 3 Elevación de tierra aislada menor que el monte: ***por los cerros de Úbeda,*** fig., por lugar muy remoto y fuera de camino; ***echar, ir*** o ***irse, por los cerros de Úbeda,*** divagar, decir despropósitos.

SIN. *3* v. **Colina I.** REL. *3* **Cerrajón,** cerro alto y abrupto; **cerrejón,** pequeño; **cerral,** conjunto de cerros.

II) cerro (l. *cirru,* mechón, rizo) *m.* Manojo de lino o cáñamo después de rastrillado. 2 Tejido fino hecho de esta fibra.

cerrojazo *m.* Acción de echar el cerrojo recia y bruscamente. 2 Clausura o final brusco de cualquier actividad, reunión, charla, etc.: *dar el* ~. 3 fam. En el juego del dominó, cierre.

cerrojeo *m. Perú.* Acto de ir y venir entre un punto y otro sin plan definido.

cerrojillo, -jito *m.* Herreruelo (pájaro).

cerrojo (ant. *berrojo* < l. *veruculu,* barra de hierro) ***m.*** Barreta de hierro con manija que, sostenida por dos armellas y entrando en otra o en un agujero dispuesto al efecto, cierra una puerta o ventana. 2 Mecanismo que cierra la recámara de algunas armas de fuego, como el fusil. 3 En algunos deportes, como el fútbol, sistema de juego que consiste en colocarse los jugadores en la defensa.

cerrolarguense *adj.-s.* De Cerro Largo, dep. del Uruguay.

cerrón (de *cerro II) m.* Lienzo basto parecido a la estopa.

cerruma (l. *cirru, cerneja;* doble etim. *ceruma) f.* Cuartilla (del casco).

certajenal *m. Cuba.* Saltaneja.

certamen (l.) *m.* fig. Función literaria, en que se argumenta o diserta sobre algún asunto. 2 Concurso abierto para estimular con premios el cultivo de las ciencias, las letras o las artes.

certeneja *f. Chile.* Cierre hecho con hoyos muy próximos, de modo que no puedan pasarlo los ganados vacunos o caballares. 2 *Chile.* Hoyo que se hace en el cauce de un río. 3 *Méj.* Bache profundo.

certeramente *adv. m.* De un modo certero.

certería *f.* p. us. Acierto, tino y destreza en tirar.

certero, -ra *adj.* Diestro en tirar. 2 Seguro; acertado. 3 Cierto, sabedor, bien informado.

certeza (de *cierto) f.* Conocimiento seguro, claro y evidente de las cosas. 2 Firme adhesión de la mente a algo conocible, sin temor de errar.

certidumbre *f.* Certeza.

certificable *adj.* Que puede o debe certificarse.

certificación *f.* Acción de certificar. 2 Efecto de certificar. 3 Documento en que se certifica algo. 4 Operación según la cual los responsables de la aviación internacional reconocen que un aparato se ajusta a las normas y reglamentos vigentes.

certificado, -da *adj.-s.* Carta o paquete que se certifica. -2 ***m.*** Certificación (documento).

certificador, -ra *adj.-s.* Que certifica.

certificar (l. med. *-are) tr.* Dejar cierto y libre de duda [a uno]: *me certificó de mi buena suerte;* afirmar [una cosa], darla por cierta : ~ *lo sucedido.* 2 DER. Hacer cierta [una cosa] por medio de un instrumento público. 3 Hacer registrar [un envío por correo], obteniendo un resguardo que acredite el envío. ◇ **CONJUG. [1] como ***sacar.***

SIN. *1* v. **Asegurar.**
certificativo, -va *adj.* Certificatorio.
certificatorio, -ria *adj.* Que certifica o sirve para certificar.
certinidad *f.* Certeza.
certísimo, -ma *adj.* Superl. de *cierto.*
certitud (l. *-udo*) *f.* Certeza.
cerúleo, -a (l. *coeruleu*) *adj.-m.* Color azul del cielo despejado, de la alta mar o de los grandes lagos. -2 *adj.* De color cerúleo.
cerulina (de *cerúleo*) *f.* Azul de añil soluble.
ceruma (v. *cerruma*) *f.* Cuartilla (del casco).
cerumen *m.* Cera de los oídos.
ceruminoso, -sa *adj.* Perteneciente al cerumen. 2 Que se parece a la cera.
cerusa (l. *cerussa*) *f.* Carbonato de plomo.
SIN. v. **Albayalde.**
cerusita *f.* Cerusa.
cerval *adj.* Relativo al ciervo. 2 Parecido a él. 3 esp. [miedo] Muy grande.
SIN. **Cervuno,** menos us.; **cervario** (lit.); **cervino.**
cervantes *f.* Mariposa diurna diminuta, de color pardo con puntos marginales blancos *(Erynnis tages).*
cervantesco, -ca *adj.* Cervantino.
cervántico, -ca *adj.* Cervantesco.
cervantino, -na *adj.* Propio y característico de Cervantes (1547-1616) o parecido a cualquiera de sus dotes o calidades.
cervantismo *m.* Influencia de las obras de Cervantes (1547-1616) en la literatura general. 2 Calidad de cervantista. 3 Giro o locución cervantina.
cervantista *adj.-com.* [pers.] Dedicado con especialidad al estudio de las obras de Cervantes (1547-1616).
cervantita *f.* Mineral de la clase de los óxidos; se presenta en masas aciculares junto a otros minerales de antimonio.
cervantófilo, -la (*Cervantes* + *-filo* I) *adj.* Devoto de Cervantes (1547-1616). -2 *adj.-s.* Coleccionista de ediciones de las obras de Cervantes.
cervario, -ria (l. *-iu*) *adj.* Cerval.
cervatica *f.* Langostón.
cervatillo *m.* Dim. de *cervato.* 2 Almizclero (mamífero).
cervato *m.* Ciervo menor de seis meses.
cerveceo *m.* Fermentación de la cerveza.
cervecería *f.* Establecimiento del cervecero.
cervecero, -ra *m. f.* Persona que tiene por oficio hacer o vender cerveza. -2 *adj.* Relativo a la cerveza: *cotización de las acciones cerveceras.* 3 [pers.] Que bebe gran catidad de cerveza o que es muy aficionado a ella.
cerveza (célt. *cervesia,* adopt. en l.) *f.* Bebida preparada con granos de cebada u otros cereales fermentados en agua, y aromatizada con lúpulo.
cervicabra (de *ciervo* y *cabra*) *f.* Pequeño antílope de 1,25 m. de longitud y 80 cms. de alzada, cuyo pelaje es de color castaño rojizo en la parte superior, y blanco en el hocico, pecho y vientre *(Antilope cervicabra).*
cervical (l. *-ale*) *adj.* Relativo a la cerviz: *vértebra ~.*
cervicitis *f.* PAT. Proceso inflamatorio, agudo o crónico, del cuello uterino, gralte. producido por la acción de un agente piógeno. ◇ Pl.: *cervicitis.*
cervicular *adj.* Cervical.
cérvido *adj.-m.* Mamífero de la familia de los cérvidos. -2 *m. pl.* Familia de rumiantes cuyo macho, rara vez la hembra, lleva un par de cuernos óseos, macizos y caducos, a veces ramificados, que durante su formación están cubiertos por la piel; como el ciervo y el corzo.
cervigón *m.* Cerviguillo.
cervigudo, -da *adj.* De cerviz abultada. 2 fig. Porfiado, terco, testarudo.
cerviguera *f.* Cabezo, cerro.
cerviguillo *m.* Parte exterior de la cerviz, esp. cuando es abultada.
SIN. **Pestorejo.**
cervillera (l. v. **cerbellaria*) *f.* Capacete.
cervino, -na (l. *-nu*) *adj.* Cerval.
cerviz (l. *cervice*) *f.* Parte posterior del cuello del hombre y de los animales. 2 fig. ***Bajar,*** o ***doblar uno la ~,*** humillarse; ***levantar uno la ~,*** engreírse, ensoberbecerse; ***ser duro de ~,*** ser indómito.
SIN. *1* **Cogote,** no se usa en las aceps. fig. REL. vb. **descervigar,** torcer la cerviz a un animal.
cervuno, -na *adj.* Cerval. 2 [caballería] De color intermedio entre el obscuro y el zaino. 3 De cuero de ciervo: *zapatos cervunos.* -4 *m.* Planta gramínea, de hojas enrolladas y ásperas, y flores en espigas largas *(Nardus stricta).*
cesación (l. *cessatione*) *f.* Acción de cesar. 2 Efecto de cesar. 3 ***Cesación a divinis,*** suspensión canónica de los divinos oficios en una iglesia violada.
cesalpináceo, -a *adj.-f.* Planta de la familia de las cesalpináceas. -2 *f. pl.* Familia de plantas leguminales leñosas, de flores cigomorfas, con los dos pétalos inferiores que cubren a los dos laterales y éstos a su vez al superior; como el algarrobo.
cesamiento *m.* Cesación.
cesante *adj.* Que cesa. -2 *adj.-com.* Empleado del gobierno a quien se priva de su empleo. 3 *Chile.* Persona que ha quedado sin trabajo.
cesantía *f.* Estado de cesante. 2 Paga que disfruta el empleado cesante en determinadas circunstancias. 3 Privación de un cargo como castigo.
cesar (l. *cessare;* doble etim. *cejar*) *intr.* Suspenderse o acabarse una cosa: *cesó la disputa.* 2 Dejar de hacer lo que se está haciendo: *~ de correr; ~ en el trabajo.* 3 Dejar de desempeñar algún empleo o cargo. ◇ INCOR.: su uso como transitivo con el significado de *destituir, relevar, deponer.*
César (l. *Caesar*) *n. pr.* Sobrenombre de la familia romana Julia que llevaron los emperadores romanos y la persona designada para suceder en el imperio. 2 Emperador.
cesaraugustano, -na *adj.-s.* De la ant. Cesaraugusta, hoy Zaragoza.
cesárea *f.* Operación que consiste en extraer un feto viable, practicando una incisión en las paredes del abdomen y del útero de la madre.
SIN. **Histerotomía.**
cesáreo, -a (l. *caesareu*) *adj.* Relativo al imperio o a la majestad imperial.
cesariano, -na *adj.* Relativo a Julio César (101-44 a. de C.). -2 *adj.-s.* Partidario de este emperador. -3 *adj.* Relativo al césar.
cesariense (l. *caesariensis*) *adj.-s.* De Cesarea, nombre de diversas ciudades antiguas, fundadas o embellecidas por emperadores romanos.
cesarismo (de *César*) *m.* Sistema de gobierno en el cual una sola persona asume y ejerce todos los poderes públicos.
SIN. **Dictadura.**
cesarista *com.* Partidario o servidor del cesarismo.
cese (de *cesar*) *m.* Acción de cesar en un empleo o cargo. 2 Efecto de cesar en un empleo o cargo. 3 Nota que se pone en la nómina o título de los que gozan de un sueldo del estado, o documento que se expide, para que desde aquel día cese el pago de la asignación que tenía algún individuo.
cesenés, -sa *adj.-s.* De Cesena, ciudad de la provincia italiana de Forli.
cesibilidad *f.* Condición de cesible.
cesible (l. *cessu* < *cedere,* ceder) *adj.* Que se puede ceder.
cesio (l. *cœsiu,* azul) *m.* Metal alcalino, de color blanco de plata, que se inflama espontáneamente en el aire. Su símbolo es *Cs* y su peso atómico 132,81.
cesión (l. *cessione*) *f.* Renuncia de alguna cosa, posesión, acción o derecho que una persona hace a favor de otra. 2 DEP. Acción de ceder (la pelota, el balón, la bola, etc.). 3 DER. ~ ***de bienes,*** dejación que los adeudores hacen de sus bienes a sus acreedores.
cesionario, -ria *m. f.* Persona en cuyo favor se hace alguna cesión.
cesionista *com.* Persona que hace cesión de bienes.
cesonario, -ria *m. f.* Cesionario.
césped, -de (l. *cœspite*) *m.* Hierba menuda y tupida que cubre el suelo. 2 Tepe. 3 En algunos deportes, como fúbol, rugby, etc., terreno de juego. 4 Corteza que se forma en el corte por donde han sido podados los sarmientos. 5 ~ ***espinoso,*** hierba carcofilácea, tendida, perenne y pubescente, con las hojas estrechas, alagardas y uninervias y las flores de color blanco *(Arenaria montana).* 6 ~ ***inglés,*** ballico.
SIN. *1* y *4* **Gallón.**
cespedera *f.* Prado de donde se sacan céspedes.
cespitar (l. *-are,* tropezar) *intr.* p. us. Titubear, vacilar.
SIN. v. **Vacilar.**
cespitoso, -sa (de *césped*) *adj.* Que crece en forma de matas espesas.
I) cesta (l. *cista*) *f.* Recipiente tejido con mimbres, juncos, etc., gralte. redondeado, para recoger o llevar ropa, frutas, etc. 2 Ces-

tada. 3 Carruaje con caja de mimbre. 4 Equinodermo con el disco de unos 7 cms. de diámetro y los brazos de hasta 16 cms., muy ramificados. Su color es rojizo con manchas claras *(Gorgonocephalus costosus)*. 5 DEP. En el juego del baloncesto, aro de metal con una red colgante en el que hay que introducir la pelota para conseguir un tanto, 6 DEP. En el juego del baloncesto, tanto. 7 ~ ***de la compra,*** ECON., conjunto de artículos concretos cuyos precios se tienen en cuenta al hacer el estudio de las variaciones en el nivel de vida de ciertos sectores de la población.

II) cesta (de *cesto II*) ***f.*** Especie de pala, cóncava y en figura de uña, que, sujeta a la mano, sirve para jugar a la pelota. SIN. **Chistera.**

cestada ***f.*** Lo que cabe en una cesta.

cestería ***f.*** Establecimiento del cestero. 2 Arte del cestero.

cestero, -ra ***m. f.*** Persona que tiene por oficio hacer o vender cestos o cestas.

cestiario ***m.*** Gladiador que combatía armado con el cesto II.

I) cesto (l. *-tu*) ***m.*** Cesta grande, más alta que ancha. 2 ~ ***de los papeles,*** papelera.

II) cesto (l. *cæstu*) ***m.*** Armadura de la mano, usada en el pugilato por los ant. atletas; consistía en correas guarnecidas con puntas de metal.

cestocida (de *cestodo* + *-cida*) ***adj.-s.*** Fármaco cuya misión es provocar la muerte y sobre todo la expulsión de cualquier gusano intestinal.

cestodo (gr. *kestos,* cinta + *eidos,* forma) ***adj.-m.*** Gusano de la clase de los cestodos. -2 ***m. pl.*** Clase de gusanos platelmintos, de cuerpo acintado, que viven parásitos en el interior de otros animales y carecen totalmente de tubo digestivo; como la tenia.

cestón ***m.*** Cesto grande. 2 Gavión (en fortificaciones). 3 *Colomb.* vulg. Montón.

cestonada ***f.*** Fortificación hecha con cestones.

cesura (l. *cæsura* < *cædere,* cortar) ***f.*** En la poesía griega y latina, pausa que se hace en el verso por haber terminado una palabra dentro de un pie. Dicho nombre se aplica a la separación establecida intencionalmente por el poeta en un lugar determinado. 2 En la prosodia moderna, pausa exigida por el ritmo, que divide los versos largos en dos partes llamadas hemistiquios. 3 *Extr.* Herida hecha con un instrumento cortante. SIN. *1* y *2* **Incisión,** p. us.

ceta ***f.*** Zeta.

cetáceo (l. *cetu* < gr. *ketos*) ***adj.-m.*** Mamífero del orden de los cetáceos. -2 ***m. pl.*** Orden de mamíferos placentarios adaptados enteramente a la vida acuática, de cuerpo fusiforme, con la cola gruesa y musculosa, y sin otras extremidades que las escapulares, transformadas en aletas; como el delfín y la ballena.

cetaria (l.) ***f.*** Estanque en comunicación con el mar, donde se conservan vivos langostas y crustáceos destinados al consumo.

cetarina ***f.*** Producto medicinal extraído del liquen de Islandia.

cetario ***m.*** Paraje en que la ballena y otros vivíparos marinos suelen fijarse para criar sus hijuelos.

cético, -ca ***adj.*** [ácido] Extraído de la cetina.

cetilato ***m.*** QUÍM. Sal formada por el ácido de cetilo y una base.

cetilo ***m.*** QUÍM. Hidrocarburo que contiene el radical alcohol propio de este cuerpo, y demás compuestos de la serie del mismo.

cetina (l. *cetu,* cetáceo) ***f.*** Esperma de la ballena.

cetme (sigla de *C*entro de *E*studios *T*écnicos de *M*ateriales *E*speciales) ***m.*** Fusil de asalto español, similar a la ametralladora, pero de uso individual y menos pesado.

cetonas ***f. pl.*** QUÍM. Compuestos que contienen en su molécula un grupo counido a radicales hidrocarbonadas.

cetonia ***f.*** Insecto coleóptero con reflejos metálicos que vive en las flores y en los árboles *(Cetonia aurata)*.

cetosis ***f.*** MED. Aumento en un organismo de acetona y de sus compuestos derivados, con significación patológica muy diversa, pero que suele observarse en la descompensación de una diabetes. ◇ Pl.: *cetosis.*

cetra (l.) ***f.*** Escudo de cuero de que usaron ant. los españoles.

cetrarina (de *cetraria,* una especie de liquen) ***f.*** Materia amarga que se encuentra en algunos líquenes.

cetrería (de *cetrero* II) ***f.*** Arte de criar, amaestrar y curar las aves que servían para la caza de volatería. 2 Caza de aves y algunos cuadrúpedos que se hacía con halcones y otras aves rapaces que perseguían la presa hasta herirla o matarla.

I) cetrero ***m.*** Ministro que sirve con capa y cetro en las funciones de iglesia.

II) cetrero (l. *acceptorariu* < *acceptore,* azor) ***m.*** El que ejercía la cetrería (caza). -2 ***adj.*** Relativo a la cetrería.

cetrino, -na (l. *citrinu,* de color de cidra) ***adj.-m.*** Color amarillo verdoso. -2 ***adj.*** De color cetrino. 3 Compuesto con cidra, o que participa de sus cualidades. 4 fig. Melancólico y adusto.

I) cetro (l. *sceptru* < gr. *skeptron*) ***m.*** Vara de oro de que usan los emperadores y reyes por insignia de su dignidad. 2 fig. Esta misma dignidad. 3 Reinado de un príncipe: ***empuñar el ~,*** empezar a reinar. 4 Preeminencia en alguna cosa: *el ~ de la elocuencia.* 5 Vara larga de plata o cubierta de ella, de que usan en la iglesia los prebendados o los capellanes que acompañan al preste en el coro y en el altar. 6 Vara que usan las congregaciones, cofradías o sacramentales, llevándola sus mayordomos o diputados. 7 ~ ***de bufón,*** el que remata en una cabeza grotesca.

II) cetro (de *cetrero* II) ***m.*** Vara o percha de la alcándara.

ceu ***m.*** *Chile* Arbusto de las coriariáceas, de frutos venenosos de los que se obtiene una materia curtiente y una tinta negra *(Coriaria ruscifolia)*.

ceugma ***f.*** Zeugma.

ceutí (ár. *zebti*) ***adj.-s.*** De Ceuta, ciudad española del noroeste de África. 2 Tipo de limón, muy oloroso, oriundo de Ceuta. -3 ***m.*** Ant. moneda de Ceuta. ◇ Pl.: *ceutíes.* ◇ También *ceptí,* ant.

ceviche ***m.*** Plato de pescado o marisco crudo cortado en trozos pequeños y preparado en un adobo de jugo de limón o naranja agria, cebolla picada, sal y ají.

Cf, símbolo químico del *californio.*

C.G.S. (iniciales de *centímetro, gramo,* y *segundo*) Abreviatura del sistema cegesimal.

Ch, ch ***f.*** Che, dígrafo que representa gráficamente a la consonante africada, palatal y sorda.

I) cha ***m.*** Nombre genérico que dan al té los chinos y, p. ext., los filipinos y algunos hispanoamericanos. ◇ Pl.: *chaes.*

II) cha ***m.*** Título del antiguo soberano de Persia.

cha- (v. *sub*) Forma romance del elemento prefijal latino *sub-* que entra en español con el significado de bajo: *chapodar.*

chabacanada ***f.*** Chabacanería.

chabacanamente ***adv. m.*** Con chabacanería.

chabacanear ***intr.*** Comportarse una persona de forma chabacana. 2 Ser una cosa de gusto chabacano.

chabacanería ***f.*** Falta de arte, gusto y mérito estimable. 2 Dicho grosero o insubstancial. SIN. **Achabacanamiento.**

chabacano, -na ***adj.*** Sin arte o grosero y de mal gusto. -2 ***adj.-m.*** Criollo español hablado en algunos lugares de las islas Filipinas, cuya estructura morfosintáctica es, en gran parte, la de las lenguas autóctonas del archipiélago, mientras que su componente léxico es fundamentalmente español. 3 *Méj.* Árbol semejante al albaricoquero *(Prunus armeniaca)*.

chabasita ***f.*** Cabasita.

chabela ***f.*** *Bol.* Bebida hecha con mezcla de vino y chicha.

chabelón ***m.*** *Guat.* Cobarde, amujerado.

chabisque ***m.*** *Ar.* Lodo, fango.

chabola (vasc.) ***f.*** Caseta o choza, gralte. la construida en el campo. 2 Barraca mísera en los suburbios de las ciudades.

chabolismo ***m.*** Abundancia de chabolas en los suburbios, como síntoma de miseria social. 2 Calidad de chabolista.

chabolista ***com.*** Persona que en los suburbios de una gran ciudad vive en una mísera chabola.

chabota ***f.*** METAL. Bloque grande de acero que sirve de asiento al yunque de un martillo con pilón o a la matriz inferior de una matriz inferior de una prensa de estampar o máquina similar.

chabuco (de la onomat. *chab*) ***m.*** *Extr.* Charco.

chaca (arauc.) ***f.*** *Bol.* Puente o arco. 2 *Chile.* Variedad de marisco comestible *(Venus Dombeyi; V. thaca)*.

chacal (turco) ***m.*** Mamífero carnívoro, algo menor que el lobo, propio de las regiones templadas de Asia y África, que vive en bandas numerosas y se alimenta preferentemente de carne muerta *(Canis aureus)*. 2 *Méj.* Chacalín.

chacaleje ***m.*** *Salv.* Miriñaque (alhajuela).

chacalín ***m. f.*** *Amér. Central.* Persona chiquitina. -2 ***m.*** *Hond.* Camarón.

chacana ***f.*** *Ecuad.* Camilla, parihuela. 2 *Perú.* Desván para frutos.

chacanear ***tr.*** Espolear con fuerza [a la cabalgadura]. 2 Majaderear. 3 *Chile.* Importunar. -4 ***intr.*** *Bol.* y *R. de la Plata.* Usar de una cosa diariamente.

I) chácara ***m. f.*** *Amér. Merid.* Chacra.

II) chácara (quechua *chara,* bolsa) ***f.*** *Amér.* Bolsa, garniel. 2 *Colomb.* Monedero.

III) chácara (quechua *chakara,* divieso, ántrax) *f. Amér.* Llaga, úlcera.
chacarandá *m. Venez.* Jacarandá, árbol.
chacarear *intr. Argent.* y *Urug.* Trabajar en la chacra.
chacarera *f.* Baile popular argentino, de parejas sueltas, cuyo ritmo es de tres por cuatro alternando con seis por ocho, y se acompaña de canciones sugerentes y humorísticas. 2 Música y letra de este baile.
chacarería *f. Amér.* Cultivo de una chacra; horticultura. 2 *Chile.* Conjunto de chacras.
chacarero, -ra *adj. Amér. Merid.* Labrador, horticultor. 2 *Colomb.* Curandero. 3 *Urug.* Hablador.
chacarona *f. Can.* Sama; dorada, peces. 2 *Can.* Pescado curado.
chacarrachaca (onomat.) *f.* fam. Ruido de disputa o algazara.
chacarruscar *tr. Perú.* Fundir juntos [varios metales]. ◇ ** CONJUG. [1] como ***sacar.***
chacate (náhu. *chacatl*) *m. Méj.* Planta poligalácea *(Krameria grayi* y *canescens).*
chacchaco *m. Perú.* Fragmentos muy pequeños de sillar.
chacchapeo *m. Perú.* En la región interandina, masticación de la coca.
chacchar *tr. Ecuad.* y *Perú.* Mascar coca.
chacear *intr. Venez.* Hacer chazas el caballo.
chácena *f.* En algunos teatros, amplio espacio rectangular, abierto en el centro del muro del fondo del escenario y situado bajo la jácena o viga maestra que sostiene su parte superior, a veces usado en las representaciones como prolongación de la escena visible al público.
chacera *f. Colomb.* Mujer que vende varios artículos en una chaza (bandeja) por las calles.
I) chacha (relac. con *tata*) *f.* Niñera. 2 fam. *y* p. ext. Sirvienta. 3 *La Mancha.* Tía carnal o política.
SIN. **Tata.**
II) chacha *f. Guat.* Chachalaca.
chachá *m. Cuba.* Maruga (instrumento músico). 2 *Guat.* Molleja de las aves, pralte. la de la gallina. ◇ Pl.: *chachaes.*
chachacaste *m. Amér. Central.* Aguardiente.
chachaco, -ca *adj. Amér. Central.* Cacarañado, picoso.
chachacoma (probabl. aimara) *f. Chile.* Planta medicinal, de flores amarillas y hojas pequeñas *(Senecio eriophyton).*
chachacuate *m. Méj.* Pretal que se pasa al toro por la barriga, para montarlo en pelo.
cha-cha-cha, chachachá *m.* Baile moderno de origen cubano, derivado de la rumba y el mambo. 2 Música y ritmo de este baile.
chachafruto *m. Colomb.* Árbol de la familia de las leguminosas, de fruto comestible *(Erythrina edulis Triana).*
chachagua *adj. Nicar.* Gemelos, mellizos: ***gobierno*** ~, gobierno de dos. -2 *f. C. Rica.* Hormiga colorada. 3 *Méj.* Planta brentácea.
chachaguate, -ta *adj. Guat.* [cosas] Naturalmente unida a otra o duplicada. -2 *m.* Correa de cuero, cuerda.
chachaguato *adj. Guat.* y *Hond.* Chachagua.
chachal *m. Guat.* Collar con adornos us. por los indígenas. 2 *Perú.* Lápiz plomo.
chachalaca *f.* Ave galliforme de América Central, con plumas muy largas, verdes y tornasoladas en la cola; no tiene cresta ni barbas; es muy vocinglera y de carne sabrosa *(Ortalis wagleri).* 2 *Hond.* Especie de langosta grande. 3 *Amér. Central* y *Méj.* fig. Persona locuaz.
chachalaquear *intr. Guat.* Chacharear.
chachamol *adj. Méj.* Chachaco.
chachapoyano, -na *adj.-s.* De Chachapoyas, capital del departamento peruano de Amazonas.
chachapoyense *adj.-s.* Chachapoyano.
chachapuyno, -na *adj.-s.* Chachapoyano.
cháchara (voz imitativa) *f.* fam. Abundancia de plantas inútiles. 2 fam. Conversación frívola. 3 *Ecuad.* Burla, juego, broma. -4 *f. pl.* Baratijas, cachivaches.
SIN. *2* v. **Conversación.**
chacharachas (quechua *ch'chara,* andrajoso) *f. pl. Chile.* Adornos ridículos. 2 *Chile.* Baratijas. 3 *Chile.* Frase con que se da principio a los cuentos.
chacharear (de *cháchara,* frecuent.) *intr.* fam. Hablar mucho y sin substancia. -2 *intr.-tr. Méj.* Comprar y vender baratijas o chucherías.
chacharería *f. Méj.* Baratijas, chucherías.
chacharero *adj.-s.* fam. Charlatán. 2 *Méj.* Buhonero, vendedor de baratijas.
chacharita *f.* Pécari.
chacharón, -na *adj.-s.* fam. Muy chacharero o charlatán.
chachay *adj.-com. Pan.* Persona bien vestida.
chache *m. La Mancha.* fam. En el lenguaje infantil, hermano mayor.
chachi *adj.* fam. Chanchi.
chacho, -cha (aféresis de *muchacho*) *m. f.* Tratamiento de confianza, cariñoso o irónico. -2 *m.* Puesta que se hace en el juego del hombre. -3 *adj.-s. Amér. Central.* Gemelo, mellizo. 4 *Méj.* Sirviente.
chachupico (voz aimara) *adj. Perú.* Ridículo en el vestir.
chacina *f.* Cecina. 2 Carne de cerdo adobada, de la cual se suelen hacer embutidos.
chacinería *f.* Tienda en que se vende chacina.
chacinero, -ra *m. f.* Persona que hace o vende chacina.
chaco (guaraní) *m. Amér. Merid.* Montería con ojeo que hacían antiguamente los indios, estrechando en círculo la caza para cogerla. 2 *Bol.* Plantación. 3 *Venez.* Empalizada para atrapar caimanes.
chacó (húngaro *shakó*) *m.* Morrión de la caballería ligera, aplicado después a tropas de otras armas. ◇ Pl.: *chacós.*
chacolí (vasc. *chocolín*) *m.* Vino ligero y algo agrio que se hace en el País Vasco, y también en Cantabria, Asturias, Burgos y Chile. ◇ Pl.: *chacolíes.*
chacolinero, -ra *m. f.* Persona que fabrica o que vende chacolí.
chacolotear (de *choclo,* frecuent.) *intr.* Hacer ruido la herradura por estar floja o faltarle clavos.
SIN. **Chapalear, chapear.**
chacoloteo *m.* Acción y efecto de chacolotear.
chacón *m.* Lagarto que vive en Filipinas, parecido a la salamanquesa *(Platydactylus guttatus).* 2 Perú. Cacique, jefe indio.
chacona *f.* Baile cortesano en compás ternario y movimiento lento. 2 Música, de origen italiano, y canto de este baile.
chaconada (fr. *jaconas*) *f.* Tela de algodón muy fina us. en el siglo XIX.
chaconero, -ra *adj.-s.* Que escribía chaconas. 2 Que las bailaba.
chacota *f.* Bulla y alegría ruidosa con que se celebra alguna cosa.
FR. *Hacer ~ de algo,* o *tomarlo a ~,* bromear, tomarlo a broma.
chacote *m. Bol.* Daga larga con filo.
chacotear (de *chacota,* frecuent.) *intr.* Burlarse, chancearse, divertirse con algazara.
chacoteo *m.* Acción de chacotear. 2 Efecto de chacotear.
chacotería *f. Argent.* y *Urug.* Chacota.
chacotero, -ra *adj.-s.* fam. Que usa de chacotas.
chacotón, -na *adj. Argent.* y *Urug.* Chacotero.
chacra (quechua) *f. Amér.* Alquería o granja.
chacta *f. Perú.* Aguardiente de caña.
chacuaco (voz americana) *m.* Horno de manga para fundir minerales de plata. 2 *Amér. Central.* Cigarro mal hecho. 3 *Méj.* y *Salv.* Colilla de cigarro. -4 *adj.-s. P. Rico.* Chapucero. 5 *S. Dom.* y *Urug.* Rústico, grosero.
chacual *m. Amér.* Cestilla de cuero usada por los jugadores de Méjico, para lanzar la pelota.
chacualear *intr. Méj.* Chacotear.
chacualote *m. Méj.* Dulce de calabaza.
chacuaquería (de *chacuaco,* rudo, chapucero) *f. Amér.* Tosquedad, chapucería.
chacurrusca *f. Bol.* Mezcla de minerales para facilitar la extracción de la plata.
chadiano, -na *adj.-s.* De Chad, nación del centro de África. -2 *adj.-m.* Conjunto de lenguas sudanesas, habladas en Chad, Níger y Nigeria; como el hausa.
chafado, -da, pp. de *chafar.* 2 *adj.* fam. Estropeado, roto. 3 fig. *y* fam. Desilusionado, deprimido.
chafaldete *m.* Cabo para cargar los puños de gavias y juanetes.
chafaldita *f.* Pulla ligera e inofensiva.
SIN. v. **Burla.**
chafalditero, -ra *adj.-s.* Propenso a decir chafalditas.
chafallar (de *chafallo*) *tr.* fam. Chapucear.
chafallo *m.* fam. Remiendo mal echado. 2 Borrón en un escrito.
chafallón, -llona *adj.-s.* fam. Que chafalla. 2 Chapucero (persona).
chafalmejas (de *chafar* + *almeja*) *com.* fam. Pintamonas. 2 *Can.* Persona despreciable; zascandil. ◇ Pl.: *chafalmejas.*

chafalonía *f.* Objetos inservibles de plata u oro, para fundir.
chafalote, -ta *adj. Argent.* y *Urug.* Ordinario en sus modales. -2 *m. Amér.* Chafarote (espada). 3 *Bol.* Caballo pesado.
chafandín *m.* Persona vanidosa e informal.
chafanidos *com. La Mancha.* fam. Hombre sin formalidad y de poco seso. ◇ Pl.: *chafanidos.*
chafar (del radical onomat. *claf*) *tr.-prnl.* Aplastar [lo que está erguido o levantado]: ~ *las hierbas, el pelo,* etc. -2 *tr.* Arrugar y deslucir [la ropa] maltratándola. 3 fam. Estropear, romper. 4 fig. *y* fam. Cortar [a uno] en una conversación o concurrencia, dejándole sin tener qué responder: *me ha chafado.* -5 *tr.-intr.* fig. *y* fam. Desilusionar, deprimirse. 6 *Chile.* Echar, despedir. 7 *Méj.* Zafar.
cháfara *f. P. Rico.* Mujer insolente.
chafardal *m. Extr.* Terreno espesamente poblado de malezas.
chafardo *m. Extr.* Extensión no muy grande de tierra que se deja cubierta de monte bajo, después de ser descuajada una dehesa. 2 *Extr.* Choza de pastor.
chafariz *m.* En las fuentes monumentales, parte elevada donde están puestos los caños por donde sale el agua.
chafarota *f. Hond.* Muchacha descuidada.
chafarotazo *m.* Golpe dado con chafarote.
chafarote (ár. *xofra,* cuchilla) *m.* Alfanje corto y ancho. 2 desp. Sable o espada ancha o muy larga. 3 *Guat.* Militar de alta graduación, sin cultura.
chafarrinada (de *chafarrinar*) *f.* Borrón o mancha que desluce una cosa. 2 Pintura mala.
chafarrinar (quizá de *chafar*) *tr.* Deslucir [una cosa] con manchas o borrones.
chafarrinón *m.* Chafarrinada.
chafarrocas *m.* Pez marino teleósteo de pequeño tamaño, rostro alargado y puntiagudo, cuerpo largo y ahusado, y aletas pélvicas convertidas en una ventosa *(Lepadogaster lepadogaster; L. bimaculatus).* ◇ Pl.: *chafarrocas.*
SIN. **Pegarrocas; pez de pega; pez puerco.**
chafirete *m. Méj.* Conductor de camión.
chafirrazo (de *chafirro*) *m. C. Rica.* Machetazo, cuchillada.
chafirro (de *Sheffield,* c. inglesa) *m. C. Rica.* Cuchillo, machete.
chaflán (fr. *chanfrein*) *m.* Cara, gralte. larga y estrecha, que resulta en un sólido de cortar por un plano una esquina o ángulo diedro. 2 ARQ. Plano que se une con otros dos perpendiculares, reemplazando el ángulo recto que resultaría por dos ángulos obtusos iguales.
chaflanar *tr.* Achaflanar.
chafruto *m. Colomb.* Chachafruto.
chagalla *f. Venez.* Vara para armar tabiques.
chagolla *f. Méj.* Moneda falsa o muy gastada. 2 *Méj.* fig. Cosa despreciable.
chagorra *f. Méj.* Mujer de clase baja.
chagra *f. Colomb.* y *Ecuad.* Chacra o heredad pequeña. 2 *Cuba.* Instrumento cilíndrico de acero, us. por los zapateros para amolar cuchillas. 3 *Ecuad.* Labrador, campesino. -4 *adj. Ecuad.* Inculto, agreste.
chagrero, -ra *m. f. Colomb.* Chacarero.
chagrillo *m. Ecuad.* Mezcla de flores y de pétalos.
chagrín *m.* GALIC. Tafilete.
SIN. **Achagrinado** (adj.), curtido a imitación del ~.
chagua *f. Colomb.* Gavilla (reunión). 2 *Colomb.* Sistema cooperativo ya us. en el s. XVIII.
chagual *m. Amér.* Planta bromeliácea, de tronco escamoso y flores verdosas. La medula del tallo nuevo es comestible y las fibras sirven para cordeles *(Tillandsia rubra).* 2 *Chile.* Tallo o bohordo del cardón cuando está tierno.
SIN. **Cháguar, caraguatá, cháhuar.**
chaguala *f.* Pendiente que los indios llevaban en la nariz. 2 *Colomb.* Zapato viejo, chancleta. 3 *Colomb.* Chirlo.
chagualo *m. Colomb.* Chaguala (zapato viejo).
chagualón *m. Colomb.* Árbol del incienso.
chaguar *tr. Argent.* Exprimir [la ropa, esponja, o cosa semejante]. ◇ **CONJUG. [22] como ***averiguar.***
cháguar *m.* Chagual. 2 *Amér.* Pita (planta).
cháguara *f. Argent.* y *Urug.* Piola o cordel de fibra de chaguar.
chaguarama *m. f. S. Dom.* Palma real.
chaguaramo *m. Venez.* Palma real.
chaguarazo *m. Argent.* y *Urug.* Latigazo. 2 *Argent.* y *Urug.* fig. Insulto, palabra soez.
chagüeto, -ta *adj. Colomb.* Torcido, tuerto.
chagüi *m. Ecuad.* Pajarito que abunda en el litoral.
chagüiscle *m. Méj.* Chahuistle.
chagüite (mej. *chahuitl*) *m. Amér. Central.* Aguazal, charco. 2 *Amér. Central.* Sementera.
cháhuar *adj.-s. Ecuad.* Caballería de color bayo. -2 *m.* Chagual.
chahuistle (mej.) *m. Méj.* Roya del maíz.
chailota *f.* Postre o entremés hecho con pan, bizcocho o galletas y fruta. 2 p. ext. Postre que se presenta envuelto en bizcocho o pasta fina.
chaima *adj.-com.* [pers.] Indio de una tribu que habita al norte de Venezuela. -2 *m.* Dialecto caribe de los chaimas.
chaina *f. Perú.* Quena. 2 *Perú.* Jilguero.
I) chaira (ár. *xufeira*) *f.* Cuchilla con que los zapateros cortan la suela. 2 Cilindro de acero con que los carniceros y otros oficiales afilan sus cuchillas. 3 Navaja.
SIN. *1* **Tranchete, trinchete.** *1* y *2* **Cheira.** *2* **Afilón, eslabón.**
II) chaira (quechua *chairu,* potaje) *f. Chile.* Guiso boliviano parecido a la carbonada.
chairar *tr. R. de la Plata.* Afilar el cuchilllo en la chaira (cilindro de acero).
chairo *m. Bol.* Chupe (guisado).
chajá (guaraní) *m.* Ave falconiforme de América meridional, herbívora, tan corpulenta como el pavo; lleva un moño de plumas y en cada ala tiene dos poderosos espolones con los que pelea *(Chauna torquata).* ◇ También *yajá.*
chajal *m. Ecuad.* Indio que estaba al servicio de un cura en las parroquias. 2 *Ecuad.* Criado. 3 *Guat.* Mandadero de los juzgados.
chajuá, chajuán *m. Colomb.* Bochorno, calor.
chajuanarse *prnl. Colomb.* Fatigarse.
chal (indostánico *shal*) *m.* Pañuelo mucho más largo que ancho, que se ponen las mujeres en los hombros como abrigo o adorno.
chala (quechua *challa*) *f. Amér.* Hoja que envuelve la mazorca del maíz. 2 *Argent.* y *Bol.* fig. Dinero. 3 *Bol.* Gralte. envoltura de todos los cereales. 4 *Bol.* Cuarta parte del cuartillo (moneda). 5 *Ecuad.* Rebusca (fruto). -6 *f. pl. Chile.* Calzado femenino que imita la chalala.
I) chalaco *m.* Especie de sombrero de paja.
II) chalaco, -ca *adj.-s.* De El Callao, capital y provincia del centro de Perú.
chalado, -da (de *chalar*) *adj.* fam. Alelado, falto de juicio: *estar* ~. 2 fam. Muy enamorado.
chaladura *f.* fam. Extravagancia, manía, locura. 2 fam. Enamoramiento.
chalaila *f. Chile.* Cacle.
chalala *f. Chile.* Sandalia tosca.
chalán, -lana (fr. *chaland,* parroquiano) *adj.-s.* Que trata en compras y ventas, esp. de caballerías, y tiene maña para ello. -2 *m. Amér.* Picador, domador de caballos.
chalana (l. v. *chelandiu* < b. gr. *chelandion*) *f.* Embarcación menor, de fondo plano, para transportes en parajes de poco fondo. 2 *Can.* fig. Zapato grande. 3 *Can.* fig. Pie de gran tamaño.
chalanear *tr.* desp. Tratar [los negocios] con destreza propia de chalanes. 2 *Amér.* Adiestrar [caballos]. 3 *Amér. Central.* Bromear. 4 *Argent.* Abusar de uno molestándolo.
chalaneo *m.* Acción de chalanear. 2 Efecto de chalanear.
chalanería *f.* Astucia de los chalanes.
chalanesco, -ca *adj.* desp. Propio de chalanes.
I) chalar (voz gitana) *tr.* Enloquecer, alelar. 2 Enamorar.
II) chalar *m. Chile.* Lugar donde hay chalas (hojas).
III) chalar *tr. Ecuad.* Entre niños, y en el juego de cometas, enredar o romper éstas el hilo con que vuelan. -2 *prnl. P. Rico.* Fastidiarse.
chalate *m. Méj.* Caballejo matalón.
chalateco, -ca *adj.-s.* De Chalatenango, capital y departamento del norte de El Salvador.
¡chalay! *Argent.* Interjección con que se expresa satisfacción por un olor agradable.
chalaza *f.* Ligamento torcido en espiral que sostiene la yema del huevo en medio de la clara. 2 BOT. Punto por donde el óvulo está adherido al funículo.
SIN. **Prendidura.**
chalazión *m.* MED. Pequeña tumoración indolora y dura del borde libre de los párpados, motivada por la inflamación crónica de una glándula sebácea.
chalca (arauc.) *f. Chile.* Papada.
chalcha (arauc.) *f. pl. Chile.* Papada.
chalchal *m. Argent.* y *Bol.* Árbol frutal *(Schmidelia edulis).*

chalchihuite (mej. *chachihuitl*) *m. C. Rica* y *Méj.* Especie de esmeralda basta. 2 *Amér. Central.* Baratija, cosa de poco valor. 3 *Amér. Central.* Sortilegio, espanto.
chalchudo, -da *adj. Chile.* fam. Papudo, mofletudo.
chalcolita *f.* MINERAL. Mineral de uranio de color verde, fosfato hidratado de uranio hexavalente y cobre, que proviene de la alteración de la pechblenda.
chale *m. Méj.* Chino de nacionalidad. 2 *Nicar.* Chal.
chalé (fr. *chalet*) *m.* Casa de madera de estilo suizo. 2 Vivienda individual, por lo general aislada y con terreno ajardinado.
chaleco (de *jaleco*) *m.* Prenda de vestir sin mangas que se pone encima de la camisa: ~ ***salvavidas,*** el neumático o de otro sistema, destinado a mantenerse a flote en el agua. 2 Jaleco. 3 fig. Mujer despreciable y sin atractivos.
chalecón, -na *adj. Méj.* Tramposo.
chalequear *tr. Guat.* Conseguir algo con engaño. 2 *Méj.* Robar. 3 *Venez.* Violentar, interrumpir.
chalequero, -ra *m. f.* Persona que tiene por oficio hacer chalecos.
chalet (fr.) *m.* Chalé. ◇ Pl.: *chalés*. Es preferible en sing. la forma castellanizada *chalé* adoptada por la Real Academia Española.
chalilones (arauc. *chalin,* despedir + *ilón,* carne) *m. pl. Chile.* Carnaval.
chalina (de *chal*) *f.* Corbata de caídas largas. 2 *Amér.* Chal angosto us. esp. en Argenttina.
I) challa (quechua *ch'allay,* rociar con agua) *f. Bol.* y *Chile.* Juego de carnaval.
II) challa (arauc.) *f. Chile.* Olla de greda que se aplica a la de hierro fundido, de tres patas. 2 *Chile.* Utensilio de madera en forma de aljofaina, usado para lavar arenas auríferas.
challapateño, -ña *adj.-s.* De Challapata, capital de la provincia boliviana de Abaroa.
challar *intr. Chile.* Jugar a la challa.
challo *m. Ecuad.* Malla de piola para pescar.
challudo, -da *adj. Ecuad.* Ralo, mal tejido, apl. a telas.
challulla *f. Perú.* Cierto pez fluvial y sin escamas.
chalón *m. Amér.* Manto o mantón negro.
chalona *f. Bol.* Carne de oveja, salada y seca al sol. 2 *Perú.* Carne de carnero acecinada.
chaloso, -sa *adj. Bol.* Arrugado, como chala (hoja) seca.
chalota *f.* Chalote.
chalote (fr. *échalote* < *Ascalon,* ciudad de Fenicia) *m.* Planta hortense liliácea de hojas alesnadas, flores moradas y muchos bulbos agregados, como en el ajo, blancos por dentro y rojizos por fuera, que se usan como condimento *(Allium ascalonicum).*
SIN. **Ajo chalote, escalona, escaloña, ascalonia** y **cebolla escalonia.**
chaludo, -da *adj. Amér. Merid.* Que tiene mucha chala (hoja o dinero).
chalungo, -ga *adj. P. Rico.* Chapucero.
chalupa (neerl. *sloep*) *f.* Embarcación pequeña con cubierta y dos palos para velas. 2 Embarcación mayor que llevan a bordo los grandes buques para su servicio. -3 *adj.* fig. *y* fam. Chalado, chiflado; muy enamorado. -4 *f. Méj.* Especie de canoa muy angosta. 5 *Méj.* Torta de maíz pequeña y ovalada.
chama *f.* Acción de chamar. 2 Efecto de chamar. 3 *Logr.* Utilidad o interés que se logra en lo que se comercia.
chamaco, -ca *m. f. Méj.* Niño, muchacho.
chamacuises *m. pl. R. de la Plata.* Tamangos.
chamada *f.* Chamarasca. 2 *And., La Mancha* y *Murc.* Acontecimiento adverso o desagradable.
chamagoso, -sa (mej. *chamahuac,* basto, burdo) *adj. Méj.* Mugriento, astroso. 2 *Méj.* Mal pergeñado. 3 *Méj.* Bajo, vulgar y deslucido, apl. a cosas.
chamagua *f. Méj.* Milpa de maíz que empieza a sazonarse.
chamaina *f. Extr.* Hoguera pequeña.
chamal (arauc.) *m. Amér.* Paño grande que usan los indios para cubrirse desde los hombros las mujeres, y desde la cintura los hombres, y que suelen éstos cruzarlo por entre las piernas hacia adelante y asegurarlo con el cinturón.
SIN. **Chiripá.**
chamaluco *adj. P. Rico.* Chapucero.
chamán (palabra siberiana a través del ruso) *m.* Hechicero al que se supone dotado de poderes sobrenaturales para sanar a los enfermos, adivinar, invocar a los espíritus, etc.
chamanismo *m.* Conjunto de creencias y prácticas referentes a los chamanes.
chamanístico, -ca *adj.* Perteneciente o relativo al chamanismo.
chamanto *m. Chile.* Especie de poncho o chamal con abertura para la cabeza.
SIN. **Chamanta.**
chamar *tr.* Entre chamarileros y gente vulgar, cambiar (permutar).
chámara, chamarasca (port. < l. *flamma,* llama) *f.* Leña menuda y hojarasca, que levanta mucha llama. 2 Esta misma llama.
chamarilear *tr.* Chamar.
chamarileo *m.* Acción de chamarilear. 2 Efecto de chamarilear.
chamarilería *f.* Establecimiento donde se compran y venden trastos viejos.
chamarilero, -ra (de *chamar*) *m. f.* Persona que tiene por oficio comerciar en trastos viejos.
chamarillero, -ra *m. f.* Chamarilero. -2 *m.* Tahúr.
chamarillón, -llona *adj.-s.* [pers.] Que juega mal a los naipes.
chamarín *m. Cuba.* Chamariz.
chamariz (ár. *çamariz,* canario campestre) *m.* Ave paseriforme, más pequeña que el jilguero, de plumaje verdoso con manchas y fajas obscuras en la cabeza, dorso y alas *(Chrysomitris spinus).*
chamarón (aum. de *chamariz*) *m.* Ave paseriforme, pequeña, de cola muy larga, con el plumaje blanco y negro *(Ægithalos caudatus).*
chamarra (v. *zamarra*) *f.* Vestidura parecida a la zamarra. 2 *Amér. Central.* fig. Engaño, fraude. 3 *Guat.* y *Venez.* Manta de lana burda.
chamarrear *tr. Amér. Central.* Hacer chamarras (engaños). 2 *Guat.* Torear con la chamarra (vestidura). 3 *Guat.* Incomodar, enojar.
chamarrero *m. Venez.* Curandero rural.
chamarreta (de *chamarra*) *f.* Especie de casaquilla holgada.
chamarretada *f. Logr.* Llamarada viva y de corta duración.
chamarro *m. Amér. Central.* Manta gruesa de lana o materia semejante.
I) chamba *f.* fam. Chiripa.
SIN. **Casualidad.**
II) chamba (quechua *champa*) *f. Argent.* y *Ecuad.* Champa (tepe). 2 *Bol.* MIN. Sulfato de cinc gris azulado. 3 *Colomb.* y *Ecuad.* Cocha (charco). 4 *Colomb.* y *Venez.* Zanja. 5 *Ecuad.* Enredo de ideas, por alusión al estado enmarañado de la champa (tepe). 6 *Guat.* y *Méj.* Trabajo, ocupación, gralte. mal remunerado y eventual.
chambado *m. Argent.* y *Chile.* Cuerna, vaso rústico.
chambaril *m. Sal.* Zancajo, talón. -2 *m. pl.* Conjunto de útiles del zapatero.
chambear *tr. Colomb.* Hacer chambas (tepe). 2 *Colomb.* Cortar o herir con navaja de afeitar. 3 *Ecuad.* Champear. -4 *intr. Colomb.* y *Ecuad.* Andar por entre las chambas (tepes). 5 *Méj.* Ocuparse en alguna chamba (trabajo) de poco estipendio. 6 *Méj.* Cambiar, feriar.
chambeco *m. Chile.* El diablo. 2 *Chile.* Calavera, tronera.
chambelán (fr. *chambellan*) *m.* Camarlengo, gentilhombre de cámara.
I) chamberga *f. And.* Género de cinta de seda muy angosta. 2 *La Mancha.* Cama del arado. 3 *La Mancha.* Tierra labrada. 4 *La Mancha.* Caballón, lomo entre surco y surco de la tierra arada.
II) chamberga *f. Colomb.* Cuerna. 2 *Cuba* y *Hond.* Planta trepadora que produce un fruto en forma de corazón, comestible *(Tagetes erecta).*
chambergar *tr. La Mancha.* Arar, hacer chamberga. ◇ ** CONJUG. [7] como ***llegar.***
chambergo, -ga (del mariscal *Schomberg*) *adj.* [regimiento] Creado en Madrid para la guardia de Carlos II en su menor edad. -2 *adj.-s.* Individuo de dicho cuerpo. 3 Cierta prenda del uniforme de este cuerpo. -4 *adj.-m.* V. sombrero chambergo. -5 *m. Cuba.* Ave de paso, del tamaño de un gorrión, que causa mucho daño en los arrozales *(Dolichonyx oryzivorus).*
chamberguear *tr. La Mancha.* Arar, chambergar.
chamberinada *f. Perú.* Elegancia, compostura.
chamberines *m. pl. Méj.* Adornos.
chambi *m. La Mancha* y *Murc.* Helado, sorbete.
chambilla *f.* ARQ. Cerco de piedra en que se afirma una reja de hierro.
chambimbe *m. Colomb.* Semilla muy negra y redonda del *Sapindus saponaria.*
chambo *m. Méj.* Cambio de granos y semillas por otros artículos.

chambón, -bona *adj.-s.* De escasa habilidad en el juego. 2 p. ext. Poco hábil en cualquier arte o facultad. -3 *adj.* Que consigue por chiripa alguna cosa.
chambonada *f.* Desacierto propio del chambón. 2 Ventaja obtenida por chiripa. 3 *Amér.* Tosquedad, chapucería.
chambonear *intr.* Jugar torpemente, como chambón. 2 *Amér.* Cometer chambonadas.
chambones *m. pl. P. Rico.* Zapatos ramplones.
chamborote *adj. Ecuad.* Aplícase al pimiento blanco. 2 *Ecuad.* fig. [pers.] De nariz larga.
chambra (fr. *chambre,* habitación) *f.* Vestidura corta, a modo de blusa, que usaban las mujeres sobre la camisa. 2 *S. Dom.* Especie de fusil de cañón muy largo. 3 *S. Dom.* Machete de hoja ancha. 4 *Venez.* Algazara.
SIN. **Chapona.**
I) chambrana (cat. *xambrana* < fr. ant. *chambrande* < lat. *camerandus,* part. de fut. pasivo de *camerare,* construir en forma de bóveda.) *f.* Labor o adorno que se pone alrededor de las puertas, ventanas, etc. 2 Conjunto de listones o travesaños que unen las patas de una mesa o silla para afirmarlas.
II) chambrana (de *zambra*) *f. Colomb.* Pendencia. 2 *Venez.* Algazara, bullicio.
chambre *m. Venez.* Baile popular.
chambuque *m. Colomb.* Modo de enlazar que consiste en arrojar el lazo a la res sin hacerlo girar para darle impulso. 2 *Colomb.* Lazo corredizo que se hace al extremo del rejo para enlazar ganado.
chambuquear *tr. Colomb.* Enlazar [ganado] de chambuque.
chamburgo *m. Colomb.* Remanso, charco.
chamburo *m. Ecuad.* Chilguacán. ◇ También *chamburú.*
chamca *f. Bol.* Mazamorra de chuño.
chamela *f. Ecuad.* Cántaro, vasija.
chamelar *intr.* En el juego del dominó llamado chamelo, substituir un jugador las fichas que le han correspondido por otras tantas de las que quedan en la mesa. Dicho jugador gana o pierde el doble de cada tanto.
chamelicos (quizá del quechua *chamillcu,* olla pequeña) *m. pl. Colomb.* Garambaina. 2 *Chile* y *Perú.* Cachivaches.
chamelo *m.* Variedad del juego del dominó, en que intervienen cuatro jugadores de los que sólo actúan tres en cada mano, independientemente y con las fichas que les han correspondido, salvo en el caso en que se chamele.
chamelote (fr. ant. *chamelot*) *m.* Camelote (tejido).
chamelotón *m.* Chamelote ordinario y grosero.
chamerluco *m.* Vestido que usaban las mujeres, ajustado al cuerpo, bastante cerrado por el pecho y con una especie de collarín.
chamicado, -da *adj. Chile* y *Perú.* [pers.] Taciturno y también que está perturbado por la embriaguez.
chamicera (de *chamizo*) *f.* Pedazo de monte quemado.
chamicero, -ra *adj.* Relativo al chamizo o parecido a él. -2 *m. Colomb.* Lugar donde abunda la chamiza, leña menuda.
chamico (quechua) *m. Amér.* Estramonio. ◇ La Academia la registra con el nombre de *chamigo.*
chaminera *f. Logr.* Chimenea.
chamiza (de *chamizo*) *f.* Hierba gramínacea medicinal, que nace en las tierras húmedas, y se emplea para techumbre de chozas y casas rústicas. 2 Leña menuda que sirve para los hornos.
chamizar *tr.* Cubrir [una choza, una cabaña, etc.] con chamiza. ◇ ** CONJUG. [4] como ***realizar.***
chamizo, -za (der. de l. *flamma,* llama; con posible influencia gall. port.) *m.* Árbol medio quemado o chamuscado. 2 Leño medio quemado. 3 Choza cubierta de chamiza. 4 desp. Tugurio sórdido. -5 *adj.-s. Méj.* desus. Descendiente de coyote e india. 6 *Méj.* desus. Descendiente de mestizo y castiza. 7 *Méj.* desus. Descendiente de indio y albarazada (coyote y morisca). 8 *Méj.* desus. Descendiente de saltatrás e india. 9 *Méj.* desus. Descendiente de indio y mulata.
chamón *m. Colomb.* Ave que se alimenta de insectos *(Crotophaga major).*
chamorra *f.* fam. Cabeza trasquilada. 2 *Extr.* Encina vieja y con muy pocas ramas.
chamorro, -rra *adj.-s.* Que tiene la cabeza esquilada. 2 V. trigo chamorro. -3 *m.* Lengua mixta hablada en las Islas Marianas, de base indígena con fuerte influencia de la lengua española. -4 *adj. Murc.* [cerdo] Pequeño y gordo. 5 p. ext. [pers.] Regordete. -6 *m. Méj.* Pantorrilla.
chamosita *f.* Clorita de la serie de las ferroferricloritas de color verde grisáceo o negro.
chamoso, -sa *adj. And.* y *Cast.* [árbol] Atacado de hongos.
champa (quechua) *f. Amér. Merid.* Raigambre, tepe, cepellón. 2 *Amér.* Cosa que tiene semejanza a una champa (tepe). 3 *Amér. Central.* Tienda provisional de palmas. 4 *Ecuad.* Pita. 5 *Amér.* fig. Cosa enredada.
champaca *f. Argent.* y *S. Dom.* Árbol magnoliáceo tropical de cuyas flores se extrae un aceite usado en perfumería *(Michelia champaca).*
I) champán (malayo *sampan* < chino *sanpan*) *m.* Embarcación grande de fondo plano, para navegar por los ríos, que se usa en el Pacífico y en algunas partes de América.
II) champán *m.* Champaña.
III) champán *m. S. Dom.* Onomatopeya del ruido causado por las caballerías al pasar un lodazal. 2 *S. Dom.* Lodazal.
champanera *f. Méj.* Yunta propiedad de un peón que presta sus servicios en los terrenos del patrón.
champaña (fr. *Champagne,* región de Francia) *m.* Vino blanco espumoso, de origen francés.
champañazo *m. Chile.* Banquete, comida o reunión en que se bebe mucho champaña.
champañizar *tr.* Convertir [un vino] en espumoso. ◇ ** CONJUG. [4] como ***realizar.***
champar *tr.* fam. Decirle [a uno] algo desagradable o echarle en cara algún beneficio.
champear *tr. Argent.* y *Ecuad.* Tapar o cerrar con champas, césped o tepes [una presa o un portillo].
champeta *f. Colomb.* Cuchilla del campesino. 2 Embarcación chica.
champi (voz quechua) *m. Perú.* Arma de combate.
champiñón (fr. *champignon*) *m.* Seta, hongo.
champola *f. Amér. Central, Cuba* y *S. Dom.* Refresco hecho con pulpa de guanábana, azúcar y agua. 2 *Chile.* Refresco hecho de chirimoya.
champú (ing. *shampoo*) *m.* Jugo de la corteza interna de un árbol chileno, machacada y disuelta en agua, que se usa para lavar la cabeza. 2 Detergente para el cabello. ◇ Pl.: *champúes* o *champús.*
champucería *f. Perú.* Lugar donde se vende champú.
champudo, -da *adj. Chile.* Chascón.
champulón, -na *adj. C. Rica.* [ave de corral] De andar torpe y desairado. Apl. también a personas.
champurrado *m. Cuba.* Bebida hecha de ciruelas cocidas y agua, azúcar y clavos. 2 *Méj.* Bebida hecha con atole, chocolate y azúcar. 3 *Méj.* p. ext. Cosas o asuntos revueltos.
champurrar *tr.* fam. Chapurrar (mezclar).
champurria *f. Venez.* Champurrado, mezcla de licores.
champurrio *m. S. Dom.* Mezcla de licores.
champurro *m. Méj.* y *S. Dom.* Mezcla de licores.
champús, champuz *m. Colomb., Ecuad.* y *Perú.* Gachas de harina de maíz o de maíz cocido, azúcar y zumo de naranjillo.
chamuchina *f.* Cosa de poco valor. 2 *Amér.* Populacho. 3 *Amér.* Reunión de chiquillos. 4 *Ecuad.* y *Venez.* Discusión.
chamuco *m. Méj.* El diablo. 2 *Méj.* Pan de huevo.
chamullar *intr.* vulg. Hablar, charlar.
chamulle *m.* vulg. Habla; jerga.
chamuquiña *f. S. Dom.* Persona o cosa sin valor.
chamurrar *tr.* Somarrar, socarrar.
chamusca *f. Ecuad.* Pendencia, chamusquina. 2 *Ecuad.* Acción de guerra sin importancia.
chamuscado, -da *adj.* fig. Algo indiciado o tocado de un vicio o pasión.
chamuscar (gall. < l. v. **flammuscare*) *tr.* Quemar [una cosa] por la parte exterior. -2 *prnl.* fig. *y* fam. Escamarse, desconfiar. -3 *tr. Méj.* Vender a bajo precio. -4 *prnl. Colomb.* Amoscarse, enfadarse. ◇ ** CONJUG. [1] como ***sacar.***
chamusco *m.* Chamusquina.
chamuscón *m. Colomb.* Acción de chamuscar. 2 *Colomb.* Efecto de chamuscar.
chamusquina *f.* Acción de chamuscar o chamuscarse: ***oler a chamusquina,*** fig., tener mala impresión de un negocio, situación, etc., barruntar un peligro. 2 Efecto de chamuscar o chamuscarse. 3 Camorra.
SIN. *1* y *2* **Socarrina.**
chamusquino, -na *adj. Ecuad.* Vulgar.
chan *m. Amér. Central.* Chía.
chana *f. Hond.* Combinación casual en la distribución de naipes, que asegura la ganancia a su poseedor.
chaná *com.* Indio americano que en la época de la conquista

española habitaba en las cuencas del Paraná, hasta el río Corrientes, y del Uruguay inferior, y en las islas de Entre Ríos y Buenos Aires. -2 *adj.-m.* Lengua de estos indios. -3 *adj.* Relativo a los indios chanaes o a su lengua.

chanada *f.* fam. Chasco, superchería.

I) chanca *f.* Chancla. 2 *Sal.* Zueco I.

II) chanca *f. And.* Depósito a manera de troje destinado a curar boquerones, caballas y otros peces para ponerlos en conservas. 2 *And.* Pequeña industria de salazón de pescado.

III) chanca *f. Amér.* Trituración. 2 *Bol.* Estrujado de pollo o conejo con ají. 3 *Chile* y *Perú.* Tunda o paliza.

chancaca (náhu. *chiancaca*) *f. Amér.* Masa preparada con azúcar mascabado y de diversas maneras. 2 *Amér. Central.* Torta de harina de trigo o de maíz con miel. 3 *Ecuad.* Úlcera, llaga.

chancacazo *m. Chile* y *Perú.* Golpe, pedrada. 2 *Chile.* Aum. de *chanca* (paliza).

chancaco *m. Pan.* Pepita aplastada del marañón (árbol).

chancadora *f. Chile.* Trituradora.

chancaquear *tr. Chile.* Chancar (apalear).

chancaquita *f. Amér.* Pastilla de chancaca mezclada con nueces, coco, etc.

chancar (quechua *chancay*) *tr. Amér.* Triturar [algo, esp. minerales]. 2 *Amér.* Maltratar, golpear. 3 *Chile* y *Ecuad.* Ejecutar mal, o a medias una cosa. 4 *Perú.* fig. Estudiar con ahínco, empollar. ◇ ** CONJUG. [1] como ***sacar.***

chancarrazo *m. Cuba.* fest. Trago de licor.

chancay *m. Ecuad.* y *Perú.* Bizcocho de harina coloreada con azafrán.

chance *m.* ANGLIC. Oportunidad, ocasión.

SIN. **Baza.**

chancear *intr.-prnl.* Usar de chanzas: *chancearse con uno.*

chancero, -ra *adj.* Que acostumbra chancear.

chancha *f. Amér.* Hembra del chancho (cerdo). 2 *Colomb.* desp. Boca. 3 *Chile.* Carreta pequeña hecha de madera.

chanchaco *m. Bol.* Medias gruesas de lana.

chanchada *f. Amér.* Acción indigna, bajeza, vileza.

chanchar *tr. Bol.* Sacar aprisa y corriendo [a uno], como a chancho con estaca.

cháncharras máncharras *f. pl.* fam. Pretextos para dejar de hacer una cosa: *andar en* **~ ~.**

chancharreta *f. Perú.* Zapato con el talón metido para adentro en forma de chancleta.

chancharriento, -ta *adj. Colomb.* Andrajoso.

chancharrita *com. Bol.* Andrajoso. 2 *Bol.* Bobalicón.

chanchería *f. Amér.* Tienda donde se vende carne de chancho y embuchados.

chanchero, -ra *m. f. Argent.* y *Chile.* Persona que cuida chanchos o cerdos, los cría y vende el producto. 2 *Argent.* y *Chile.* Lo que se refiere al chancho o al chanchero.

chanchi *adj.* fam. Extraordinario, espléndido.

chanchiras *f. pl. Colomb.* Andrajos.

chanchiriento, -ta *adj. Colomb.* Chancharriento.

chancho, -cha *adj. Amér.* Puerco, sucio, desaseado. -2 *m. f. Amér.* Cerdo. -3 *m. Amér.* En el juego de damas o ajedrez, ficha que al fin de la partida queda sin movimiento. 4 *Chile.* En el juego de dominó, ficha de número doble. 5 *Chile.* Máquina chancadora.

chanchullar *intr. Cuba.* Hacer chanchullos.

chanchullero, -ra *adj.-s.* Que gusta de andar en chanchullos.

chanchullo (del ant. *chancha,* embuste) *m.* fam. Manejo ilícito para conseguir un fin y esp. para lucrarse.

chanciller *m.* Canciller.

chancillería (de *chanciller*) *f.* Tribunal superior de justicia. De sus ejecutorias no había apelación, y sólo se admitía el recurso por agravio e injusticia notoria, y la súplica al rey en grado de mil y quinientas. 2 Importe de los derechos que se pagaban al canciller por su oficio.

chancla (de *chanclo*) *f.* Zapato viejo cuyo talón está ya caído y aplastado por el mucho uso. 2 Chancleta.

chancle *m. Guat.* Petimetre.

chancleta (dim. de *chancla*) *f.* Chinela o zapatilla sin talón o con el talón doblado; ***en chancletas,*** sin llevar calzado el talón del zapato. -2 *com.* fam. Persona inepta. -3 *f. Amér.* fest. Niña recién nacida.

chancletada *f. Colomb.* Chancletazo.

chancletazo *m.* Golpe dado con la chancleta.

chancletear (frecuent.) *intr.* Andar en chancletas. 2 Hacer ruido con las chancletas. 3 *Cuba.* Huir. -4 *tr. Ecuad.* y *Guat.* Castigar con una chancleta.

chancleteo *m.* Ruido de las chancletas cuando se anda con ellas.

chancletero, -ra *adj. Amér.* Persona de baja esfera.

chancletudo, -da *adj. Amér.* Chancletero. -2 *m. Guat.* Petimetre.

chanclo (l. *soccolu* × *zanco*) *m.* Calzado de madera o suela gruesa, para preservarse de la humedad y del lodo. 2 Zapato grande de materia elástica. 3 Parte inferior de algunos calzados, en forma de chanclo.

SIN. *1* **Choclo, zoclo, zueco.**

chanco *m.* Zanco.

chancro *m.* Úlcera contagiosa de origen venéreo o sifilítico.

chancua *f. Argent.* y *Urug.* Maíz de la mazamorra cuando está chirle (insípido). 2 *Argent.* y *Urug.* Maíz molido y despojado de la cascarilla y arista.

chancuar *tr. Argent.* Chancar (triturar).

chancuco *m. Colomb.* Tabaco de contrabando. 2 *Colomb.* p. ext. Contrabando.

chancuquear *intr. Colomb.* Contrabandear.

chancuquero *m. Colomb.* Contrabandista.

chanda, chande *f. Colomb.* Sarna.

chandal, chándal (fr. *chandail*) *m.* Prenda deportiva compuesta de pantalón y jersey de mangas largas que se viste sobre otras prendas más cortas.

chandoso, -sa *adj. Colomb.* Sarnoso.

chane *m. Hond.* Baqueano.

chaneca *f. Bol.* vulg. Trenza de pelo.

chanelar *intr.* vulg. Comprender, saber.

chaneque *adj.-s. Guat.* Jovial. 2 *Guat.* y *Salv.* Guía.

chanfaina (de *sanfaina,* del l. *symphonĭa,* concierto, del gr. *symphonía,* concierto) *f.* Guisado de bofes o livianos picados. 2 Especie de sofrito a medio cocer a base de cebolla, berenjenas, pimientos, tomate y calabacín. 3 *Sal.* Menestra de verduras. 4 Zampoña. 5 *Colomb.* Guiso que se hace con carne de oveja o cordero. 6 *Colomb.* Cargo o empleo.

chanfaino *m.* Longaniza gallega, de carne de cerdo y despojos, que se consume cocinada.

chanfla *f.* Chanflón, moneda falsa. 2 *Ar.* Chapucería, obra mal hecha.

chanfle *m. Méj.* vulg. Chaflán. 2 *Argent.* y *Urug.* Polizonte, gendarme. 3 *P. Rico.* Jugador torpe.

chanflear *tr. Argent.* y *Urug.* Chaflanar.

chanfleta *adj. Extr.* Inútil.

chanflón, -flona *adj.* Tosco, grosero, mal formado. 2 V. clavo **~.** -3 *m.* Disco de metal o moneda estropeada que se usa para jugar al chito. 4 *adj.-s. P. Rico.* Jugador torpe.

chanflonía *f. Murc.* Chanza, chuscada.

changa *f.* fam. Negocio, trato, de poca importancia. -2 *f. Murc.* fam. Cosa inservible y despreciable, cachivache, antigualla. 3 *And., Amér. Merid., Cuba* y *P. Rico.* Chanza. 4 *Argent., Bol.* y *Urug.* Servicio que presta el changador, y retribución que se le da. 5 *Pan.* Tortilla de maíz nuevo. 6 *P. Rico.* Insecto dañino para las plantas; fig., persona mala.

changador *m. Argent.* y *Bol.* Mozo de cordel.

changadora *f. R. de la Plata.* Mujer buscona.

changalla *f. Chile.* Crustáceo, especie de camarón *(Bithynius longimana).*

changango, -ga *m. Argent.* y *Urug.* Charango (bandurria). -2 *adj. Bol.* Chapucero.

changar (quechua *chancar*) *intr. Argent.* y *Bol.* Prestar un servicio el mozo de cordel; hacer una changa, y p. ext. hacer trabajos de poca monta. ◇ ** CONJUG. [7] como ***llegar.***

changarra *f. Extr.* y *Sal.* Cencerro.

changarrear *intr. Logr.* Sonar el cencerro.

changarro *m.* Cencerro. 2 *Méj.* Tienda de poca importancia.

changle (arauc. *chagdu*) *m. Chile.* Hongo comestible que crece en los robles *(Clavaria caralloides).*

chango, -ga *adj.-s. Chile.* Persona torpe y fastidiosa. 2 *Méj.* Listo, vivo. 3 *P. Rico.* Bromista. -4 *m. f. Méj.* Muchacho (voz cariñosa). 5 *P. Rico.* Persona de poco seso y afectada en sus modales. -6 *m. Amér.* Mono, esp. pequeño. 7 *Argent.* y *Urug.* Muchacho que sirve en una casa. 8 *Pan.* Changa (tortilla). -9 *m. pl. Venez.* Harapos.

changó *m. Cuba.* Ataque epiléptico.

changolotear *tr. Amér. Central* y *Colomb.* Zangolotear.

changoneta *f. Guat.* Broma, chanza.

changonga *f. Colomb.* Burla, irrisión.

changuear *intr.-prnl. Amér.* Bromear, chancear.

changuenga *f. Pan.* Riña, alboroto.
changuería *f. P. Rico* y *S. Dom.* Broma, monería.
changuero, -ra *adj. Ant.* y *Colomb.* Bromista, chancero. 2 *R. de la Plata.* [animal o vehículo] Destinado a viajes cortos.
changüí *m.* fam. Chasco, engaño: *dar ~ a una persona.* 2 fam. Persona inexperta o novata. 3 *Cuba.* Baile de gente baja. 4 *Cuba.* Ganga, baratura. ◇ Pl.: *changüíes.*
changuicero, -ra *adj. Argent.* y *Urug.* fest. Persona que aparentemente se deja engañar.
changüira *adj. Hond.* Cobarde.
changüisazo *m. Perú.* germ. Engaño.
changurro *m.* Plato vasco popular hecho con centollo cocido y desmenuzado en su caparazón.
chano, chano (gall.) *loc. adv.* fam. Paso a paso, poco a poco.
chanquete (it. *bianchette*) *m.* Pez marino teleósteo, de pequeño tamaño, cuerpo fino y traslúcido, y de color amarillento o rosado, punteado de negro sobre la cabeza *(Aphya minuta).*
chanta *f. Urug.* Acción de chantar (hacer esperar) a alguno.
chantaje (fr. *chantage*) *m.* Amenaza de pública difamación o daño semejante hecho contra alguno, a fin de obtener de él algún provecho.
chantajista *com.* Persona que ejercita habitualmente el chantaje.
chantar (voz gallega) *tr.* desus. Vestir o poner: *~ la capa a uno.* 2 desus. Clavar, hincar [una cosa]. 3 desus. Decir a uno [una cosa] cara a cara: *se la chantó.* 4 *Perú* y *R. de la Plata.* Tirar [a uno] con violencia alguna cosa; golpear. 5 *Perú* y *R. de la Plata.* Plantar [a uno] en alguna parte. 6 *Urug.* Dejar plantado [a alguien] esperando vanamente.
chante *m. Perú.* Hollejo del tronco del plátano.
chantillí (fr. *Chantilly*) *m.* Crema de nata batida, que se emplea mucho en pastelería. ◇ Pl.: *chantillíes.*
chantillón (fr. *échantillon*) *m.* Escantillón.
chanto *m.* Tronco, rama o piedra larga que se hinca de punta en el suelo.
chantre (fr. *chantre* < l. *cantore*) *m.* Dignidad de las iglesias catedrales que antig. gobernaba el canto en el coro.
SIN. **Capiscol; primicerio,** en algunas iglesias.
chantría *f.* Dignidad de chantre.
chanza (it. *ciancia*) *f.* Dicho festivo y gracioso. 2 Hecho burlesco.
I) chanzoneta (fr. *chansonnette*) *f.* Copla, canción o composición poética ligera y festiva que se cantaba en ciertas festividades religiosas.
II) chanzoneta *f.* Chanza.
chanzonetero *m.* El que componía chanzonetas (coplas).
chaña (arauc. *chañan,* arrebatar) *f. Chile.* Rebatiña.
chañaca *f. Chile.* Sarna. 2 *Chile.* Descrédito, mala fama.
chañado, -da *adj. Chile.* Desaliñado, mal preparado.
chañadura *f. Chile.* Chaña. 2 *Chile.* Robo de caudales públicos o mala distribución de ellos. 3 *Chile.* Desaliño.
chañal *m. Amér.* Chañar, árbol.
chañaquiento, -ta *adj. Chile.* Que tiene chañaca (sarna).
I) chañar *m. Amér.* Árbol parecido al olivo en el tamaño y las hojas; su fruto es dulce y comestible *(Gourliea decorticans).* 2 *Amér.* Fruto de este árbol.
II) chañar *tr. Chile.* Arrebatar [lo que cae al suelo] en la chaña. 2 *Chile.* Destrozar [una cosa].
chaño (arauc.) *m. Chile.* Frazada de lana burda, con flecos o sin ellos, listada de negro y rojo, que se usa a guisa de colchón, y más gralte. como sudadero.
¡chao! (it. *ciao*) fam. Interjección ¡adiós!
chaola *f.* Chabola.
I) chapa (fr. *chape,* capa y chapa) *f.* Hoja (lámina): *~ de metal; ~* **de madera,** la que emplean los carpinteros y ebanistas para recubrir maderas menos nobles. 2 Trozo de piel, gralte. baldés, con que los zapateros refuerzan algunas costuras del calzado. 3 Chapeta (mancha). 4 Mancha de color rojo que se ponían artificialmente las mujeres en el rostro. 5 fig. Seso, cordura, formalidad: *persona de ~.* 6 Caracol terrestre de gran tamaño, común en Valencia, con la concha deprimida a manera de chapa en su parte superior, aquillada, muy áspera y de color de tierra. 7 Cerradura (mecanismo). 8 Cápsula de botella. 9 Distintivo de un cargo o profesión: *~ de policía.* 10 ARQ. Capa con que se impermeabilizan cubiertas, suelos, etc. 11 ZOOL. Cutícula que protege las células del epitelio del intestino. -12 *f. pl.* Juego en que se tiran por alto dos monedas iguales, ganando y volviendo a tirar el que lo ha hecho si quedan ambas con la cara hacia arriba, perdiendo y dejando de tirar si salen dos cruces, y tirando de nuevo sin perder ni ganar si resulta cara y cruz. 13 ***Hacer chapas,*** ejercer la prostitución. 14 *Perú.* fam. Colores agradables en el rostro.
II) chapa (voz quechua) *m. Amér. Merid.* Indio que sirve de espía. 2 *Ecuad.* Policía, gendarme.
chapacaca *m. Ecuad.* Empleado que comete exacciones.
chapadanza *f. Colomb.* Burla, juego.
chapado, -da (de *chapar*) *adj.* Chapeado. 2 fig. Hermoso, gentil, gallardo.
FR. fig. *~ a la antigua,* [pers.] muy apegado a los hábitos y costumbres antiguos.
chapalear *intr.* Chapotear (sonar el agua). 2 Chacolotear. 3 *Venez.* Bailar el chapaleo.
chapaleo *m.* Acción de chapalear. 2 Efecto de chapalear. 3 *Venez.* Baile de candil.
chapaleta (de *chapa*) *f.* Válvula de la bomba hidráulica.
chapaletear *intr. S. Dom.* Chapalear.
chapaleteo (de *chapalear*) *m.* Rumor de las aguas al chocar con la orilla. 2 Ruido que al caer produce la lluvia.
chapana *f. Perú.* Pasta de yuca y chancaca que se come fría. 2 *Perú.* Cierto tocado.
chapandonga *f. Hond.* Diversión desordenada.
chapandongo *m. Amér. Central.* Enredo, revoltillo.
chapaneco, -ca *adj. Amér. Central.* Rechoncho.
chapapote (náhu. *cha,* apóc. de *tzauctli,* cosa pegajosa + *popochtli,* perfume) *m.* Asfalto más o menos espeso. 2 *Cuba.* Clase de alquitrán.
chapar *tr.* Chapear (cubrir). 2 fig. Asentar, encajar: *le chapó un no como una casa.* 3 fig. *y* fam. Trabajar. 4 fig. *y* fam. Estudiar. 5 *Colomb.* y *Ecuad.* Acechar, atisbar, y en gral., mirar, observar. 6 *Perú.* Apresar. 7 *Perú.* Conseguir clientes.
chaparra (vasc. *zabarra;* dim. de *abarra,* encina) *f.* Coscoja (árbol). 2 Chaparro. 3 Coche ant. de caja ancha y poco elevada.
chaparrada *f.* Chaparrón.
chaparral *m.* Terreno poblado de chaparros.
chaparraluna *f. Colomb.* Balsa, embarcación.
chaparrastroso, -sa *adj. Guat.* Zaparrastroso.
chaparrazo *m. Logr.* y *Hond.* Chaparrón.
chaparrear *impers.* Llover reciamente.
chaparreras *f. pl. Méj.* Especie de zahones de piel adobada.
chaparro (de *chaparra*) *m.* Mata ramosa de encina o roble. 2 Arbusto de América Central, de la familia de las malpigiáceas, de cuyas ramas se hacen bastones *(gén. Byrsonima).* 3 fig. Persona rechoncha. 4 *Ecuad.* Maleza, matorral. 5 *Méj.* Muchacho, niño.
SIN. *1* **Mata parda.**
chaparrón (de *chaparrear*) *m.* Lluvia recia de corta duración. 2 fig. *y* fam. Cosa que cae en gran cantidad: *un ~ de peticiones, de injurias.* 3 FÍS. Conjunto de partículas engendradas en el curso de la multiplicación progresiva de una partícula primaria de gran energía que atraviesa un medio material. 4 *And.* y *P. Rico.* Riña, regaño, reprimenda.
chaparrudo, -da *adj.* Achaparrado, rechoncho. -2 *m.* Pez marino teleósteo perciforme, de pequeño tamaño y coloración obscura con manchas variadas *(Gobius niger).*
chapatal *m.* Lodazal o ciénaga.
chape *m. Colomb.* y *Chile.* Trenza de pelo. 2 *Chile.* Ciertas clases de moluscos, alguno comestible. Reciben este nombre los gén. *Patella* y *Fissurella.*
chapeado, -da *adj.* Que está cubierto o guarnecido con chapas. -2 *m.* Acción de chapear o cubrir con chapas. 3 Efecto de chapear o cubrir con chapas. -4 *adj. Chile.* fig. Rico, adinerado.
chapeador, -ra *adj.-m.* Que chapea.
chapear *tr.* Cubrir o guarnecer con chapas. 2 ARQ. Cubrir con obra de ladrillos puestos de canto estructuras de madera para evitar incendios, o con otro fin. -3 *intr.* Chacolotear. 4 *Guat.* Jugar a chapas. -5 *tr. Cuba* y *P. Rico.* Escardar [la tierra] con el machete. -6 *prnl. Chile.* Medrar, mejorar de situación económica.
SIN. *1* **Chapar, enchapar.**
chapecán (voz araucana) *m. Chile.* Peinado de las niñas dividido en muchas trenzas.
chapecar *tr. Chile.* Trenzar [el pelo], hacer chapes. 2 *Chile.* Enristrar [ajos o cebollas]. ◇ ** CONJUG. [1] como ***sacar.***
chapeo (fr. *chapeau*) *m.* ant. Sombrero (prenda).
chapera (de *chapa*) *f.* Plano inclinado con travesaños que se usa en las obras en substitución de escaleras.
chapería *f.* Adorno hecho de chapas. 2 *Ecuad.* Tropa de chapas (policías). 3 *Ecuad.* Cuartel de la policía.

chapero *m.* Homosexual que se prostituye.
chaperón (fr.) *m.* Capirote (res vacuna). 2 Papahígo con faldas. 3 Alero de madera en que se apoyan los canalones. 4 Listón de madera que cubre las juntas de una obra o de unos maderos.
chaperonado, -da *adj.* Capirotado.
chapeta *f.* Dim. de *chapa.* 2 Mancha de color encendido que suele salir en las mejillas. 3 *Méj.* Chapetón (rodaje). -4 *adj. pl. Amér. Central.* Chapetón (torpe).
SIN. **Chapa, roseta.**
chapetear *intr.* Chapotear.
I) chapetón *m. Méj.* Rodaje de metal con que se adornan los arneses de montar.
II) chapetón, -tona *adj.-s.* En algunos países de América, europeo recién llegado. -2 *m.* Chapetonada. 3 Chaparrón, aguacero. -4 *adj. Amér.* Torpe, poco diestro. 5 *Argent.* Fanfarrón, perdonavidas. 6 *C. Rica.* [pers.] Que anda con dificultad.
chapetonada *f.* Primera enfermedad que sufre el europeo recién llegado a algunos países de América hasta aclimatarse. 2 p. ext. Inexperiencia, error del que no está enterado. 3 Dolencia imprecisa. 4 *Amér.* Acción u obra mal ejecutada por falta de conocimiento. 5 *Perú.* Erupción con picazón. 6 *S. Dom.* Chubasco imprevisto y de corta duración.
chapetonar *intr. Chile* y *C. Rica.* Obrar sin habilidad.
chapia *f. C. Rica.* Acción de chapear (escardar).
chapico *m. Chile.* Arbusto siempre verde, espinoso, cuyas hojas se usan para teñir de amarillo *(Desfontainea spinosa).*
chapín (de *escarpín*) *m.* Chanclo de corcho, forrado de cordobán, que usaban antig. las mujeres. 2 Pez parecido al cofre, que vive en los mares tropicales *(gén. Ostracium).* 3 Orquídea, planta. -4 *adj. Colomb., Guat.* y *Hond.* Pateta. -5 *adj.-s. Amér. Central.* Guatemalteco.
chapinada *f. Amér. Central.* Dicho o hecho propio de chapines (guatemaltecos).
chapinazo *m.* Golpe dado con un chapín.
chapinería *f.* Oficio de chapinero. 2 Establecimiento del chapinero. 3 *Amér. Central.* Dicho o hecho propio del natural de Guatemala.
chapinero *m.* El que tiene por oficio hacer o vender chapines.
chapinete *m.* Madero que formaba parte de los entramados en ciertas obras de albañilería.
chapingorro *m. Cuba.* Especie de jamo.
chapinismo *m. Amér. Central.* Lo que es propio o natural de Guatemala. 2 *Amér.* Vocablo, giro o modo de expresión propio de los guatemaltecos. 3 *Amér.* Amor o apego a las cosas propias de Guatemala.
chapinizarse *prnl. Amér. Central.* Adquirir las costumbres y los modales de los guatemaltecos. ◇ ** CONJUG. [4] como ***realizar.***
chapino, -na *adj. Amér. Merid.* Patojo.
chapiri *m.* fam. Gorro militar formado por dos pedazos cuadrangulares de paño cosidos por tres de sus lados, y abierto el cuarto para introducir la cabeza, y del que pende una borla, propio del uniforme de los legionarios.
chápiro *m.* Sólo se emplea en la expr. fam. de enojo *¡Voto al ~!* u otras parecidas.
chapisca *f. C. Rica.* Recolección del maíz.
chapiscar *tr. Amér. Central.* Cosechar el maíz. ◇ ** CONJUG. [1] como ***sacar.***
chapista *adj.-com.* [pers.] Que tiene por oficio hacer chapas.
chapistería *f.* Taller donde se trabaja la chapa. 2 Arte de trabajar la chapa.
chapita *m. Ecuad.* desp. Chapa (policía).
chapitel (v. *capitel*) *m.* Remate de las torres que se levanta en figura piramidal. 2 p. ext. Torre cubierta con un gran chapitel. 3 Pequeño cono de piedra dura que, encajado en el centro de la aguja imantada, sirve de apoyo al extremo del estilete de acero sobre el que gira aquélla.
chapla *f. Perú.* En algunas partes, especie de sandalia.
chaple *m.* Buril que tiene la punta biselada como el escoplo.
chapo, -pa *adj. Méj.* Chaparro (rechoncho).
chapó (fr. *chapeau,* sombrero) *m.* Partida de billar en mesa grande o de troneras, jugada gralte. entre cuatro. ◇ Pl.: *chapós.*
FR. *Hacer ~*, derribar en una sola jugada los cinco palos colocados en el centro de la mesa; el que lo hace gana la partida.
chapodar (l. *subputare < cha- + podar*) *tr.* Cortar ramas [de los árboles], aclarándolos para que no se envicien. 2 fig. Cercenar.
SIN. *1* **Desvastigar.**
chapodo *m.* Trozo de rama chapodada.
chapola *f. Colomb.* Mariposa. 2 *Colomb.* Mujer pública.
chapolear *intr. Colomb.* Mariposear.
chapolera *f. Colomb.* Joven recolectora de café.
chapolero, -ra *adj. Colomb.* Mariposón, inconstante.
chapolín *m.* Juego de billar con seis agujeros en la mesa.
chapololo *m. Méj.* Aljofifa.
chapón *m.* Borrón grande de tinta. 2 Chapa, esp. la lámina de madera.
chapona *f.* Chambra. 2 *Urug.* Americana, chaqueta.
chapopote *m. Méj.* Chapapote.
chaposo, -sa *adj. Bol.* y *Perú.* Velludo y encarnado de cara.
chapote *m.* Especie de cera negra que mascan los americanos para limpiar los dientes.
chapotear *tr.* Humedecer [una cosa] repetidas veces con esponja o paño empapado en un líquido, sin estregarla. -2 *intr.* Sonar el agua batida por los pies y las manos: *el agua chapotea.* 3 Agitar los pies o las manos en el agua: *los niños chapotean.*
SIN. *2* **Chapalear.** *2* y *3* **Guachapear.**
chapoteo *m.* Acción de chapotear. 2 Efecto de chapotear.
chaptalización (del enólogo fr. *Chaptal,* 1746-1832) *f.* Adición de azúcar al mosto para enriquecerlo y suprimir la acidez por medio del carbonato cálcico.
chapucear (de *chapuz* II) *tr.* Hacer o remendar [algo] sin arte ni aseo. -2 *intr. Méj.* Hacer trampas.
SIN. **Chafallar; frangollar** añade idea de apresuramiento en la labor desmañada.
chapuceramente *adv. m.* Con chapucería.
chapucería (de *chapucero*) *f.* Tosquedad, imperfección en cualquier artefacto. 2 Obra hecha sin arte ni pulidez. 3 Embuste.
SIN. *3* v. **Mentira.**
chapucero, -ra (de *chapuz* II) *adj.* Hecho tosca y groseramente. -2 *adj.-s.* [pers.] Que trabaja de este modo. 3 [pers.] Que arregla de todo un poco. 4 Embustero. -5 *m.* Herrero que fabrica cosas de hierro. 6 Vendedor de hierro viejo.
SIN. *1* y *2* **Charanguero, desmañado.** *5* **Chispero.**
chapucista *com.* desp. Chapucero o persona que trabaja mal. 2 Persona que hace chapuzas o trabajos de poca importancia.
chapul *m. Colomb.* Libélula.
chapula *f. Ecuad.* Mujer del soldado.
chapulete *m. Ecuad.* fig. Persona inquieta.
chapulín *m. Amér.* Langosta, cigarrón. 2 *Amér. Central.* Niño, chiquitín.
chapulinada *f. Amér. Central.* Chiquillería.
chapullar *tr. Murc.* Chapotear.
chapuna (voz quechua) *f. Ecuad.* Mezcla, esp. de harina de cebada tostada con un alimento líquido.
chapupo *m. Guat.* Chapapote.
chapuro *m. Guat.* Chapopote.
chapurrado *m. Cuba.* Bebida compuesta de ciruelas cocidas con agua, azúcar y clavos. 2 Mezcla de licores.
chapurrar (voz imitativa) *tr.* Hablar con dificultad [un idioma] pronunciándolo mal y usando en él vocablos, giros o modos de expresión exóticos. 2 fam. Mezclar [un licor] con otro.
SIN. *2* **Champurrar.**
chapurrear *tr.-intr.* Chapurrar (hablar).
chapurreau *m.* Habla del pueblo de Aguaviva (Teruel). ◇ También *chapurriau.*
chapurreo *m.* Manera de hablar del que chapurrea. 2 Pronunciación defectuosa del niño o del extranjero.
chapurriau *m.* Chapurreau.
I) chapuz *m.* Acción de chapuzar. 2 ***Dar ~,*** chapuzar.
SIN. **Capuz.**
II) chapuz *m.* Labor de poca importancia. 2 Chapucería (obra). 3 MAR. Pieza que se agrega exteriormente a las principales que forman un palo, para completar su redondez.
chapuza *f.* Chapuz II.
chapuzar (l. v. **subputeare < sub- +* l. *puteo,* pozo; doble etim. *zampuzar*) *tr.-prnl.* Meter de cabeza en el agua: *~ a uno en el mar; ~,* o *chapuzarse, en el río.* ◇ ** CONJUG. [4] como ***realizar.***
SIN. **Capuzar, zampuzar, zapuzar.**
chapuzón *m.* Acción de chapuzar o chapuzarse. 2 Efecto de chapuzar o chapuzarse.
chaqué (fr. *jaquette*) *m.* Levita, con los faldones separados. ◇ Pl.: *chaqués.*
chaquear *tr. Argent.* y *Bol.* Brozar [un terreno].
chaqueño, -ña *adj.-s.* De Gran Chaco, región del centro de América Central, que comprende territorios de Bolivia, Paraguay y Argentina.

chaqueta (ant. *jaqueta, jaco* < ár. *xacc*) *f.* Prenda exterior de vestir, con mangas y sin faldones, que se ajusta al cuerpo y llega a las caderas. 2 *Amér.* Apodo que se daba en Méjico, durante la guerra de la independencia, a los partidarios de los españoles.
SIN. *1* **Americana; saco** *(Can., Amér.).*
chaquete (fr. *jacquet*) *m.* Juego parecido al de damas que se juega con la ayuda de unos dados.
chaquetear (de *chaqueta*) *intr.* burl. Huir, escapar. Ús. entre soldados: *el enemigo chaqueteó.* 2 burl. Cambiar de partido o ideología, gralte. con sentido oportunista.
chaqueteo *m.* Acción de chaquetear.
chaquetero, -ra *adj.-s.* [pers.] Que chaquetea. 2 fam. Adulador, tiralevita.
chaquetía *f.* Obsequio que se hace en algunos pueblos el día de los Santos.
chaquetilla *f.* Chaqueta más corta que la ordinaria, de forma diferente y casi siempre con adornos. 2 La usada por los toreros.
chaquetón *m.* Aum. de *chaqueta.* 2 Prenda de vestir de más abrigo y algo más larga que la chaqueta.
chaquiñán (quechua *chaqui,* pie + *ñan,* camino) *m. Ecuad.* Vereda, atajo.
chaquira *f. Amér. Merid.* Grano de aljófar, abalorio o cuentecilla de vidrio que llevaban los españoles para vender a los indios. 2 *Pan.* Cuello postizo, como adorno femenino, hecho con abalorios de diversos colores.
¡char! (aféresis de *marchar*) *Chile.* Interjección con que se grita a los jinetes para que empiecen la marcha.
chara *f. Argent.* Avestruz de corta edad. 2 *Venez.* Pequeña quinta; huerta.
charabán (fr. *char-à-bancs*) *m.* desus. Coche descubierto, con dos o más filas de asientos.
charabasca (de or. onomat.) *f.* Ramujo.
charabón, -na *m. f. R. de la Plata.* Avestruz joven. 2 *R. de la Plata.* fig. Niño, jovencito. -3 *adj. Bol.* Extraviado.
charada (fr. *charade* < prov. *charrado,* charla) *f.* Acertijo en que se trata de adivinar una palabra haciendo una indicación sobre el significado de ésta y el de las palabras que pueden formarse tomando una sílaba o combinando dos o más sílabas de la principal.
charadrio (gr. *charadriós*) *m.* Alcaraván.
charaíz *m. Extr.* Depósito, estanque, charco.
charal *m. Méj.* Pez teleósteo de cuerpo comprimido y espinoso, de unos 5 cms. de longitud y muy delgado *(Chirostoma jordani).*
FR. *Estar uno hecho un* ~, Méj., fam., estar muy flaco.
charaludo, -da *adj. Méj.* Flaco como un charal (pez).
charamada *f.* Llamarada del fuego.
charambita *f. Burg., Pal.* y *Vallad.* Dulzaina.
charamita *f.* Charambita.
charamo *m. S. Dom.* Maleza débil y seca us. para calentar hornos.
I) charamusca *f. pl. Amér.* Leña menuda con que se hace fuego. 2 *Cuba* y *P. Rico.* Bulla, alboroto.
II) charamusca *f. Méj.* Confitura en forma de tirabuzón, hecha de azúcar con otras substancias y acaramelada.
charamuscar *tr. Cuba* y *P. Rico.* Chamuscar. ◇ ** CONJUG. [1] como *sacar.*
charanagua *f. Méj.* Bebida hecha de pulque agrio, miel y chile colorado, al calor del fuego manso.
charanda *f. Méj.* Tierra rojiza.
charanga *f.* Conjunto musical que consta sólo de instrumentos de viento, comúnmente de metal. 2 Bulla persistente, monótona. 3 *Extr.* Morcilla hecha con verduras. 4 *Amér.* Baile familiar.
charango, -ga *m.* Especie de bandurria pequeña que usan los indios del Perú. 2 *Cuba.* En el juego de la familia, carta de poco valor. 3 *Perú.* Piano desafinado. 4 *P. Rico.* Charanga (baile familiar). -5 *m. f. Cuba.* Cosa fraccionada.
charanguear *intr. Perú.* Tocar mal el piano.
charanguero, -ra *adj.-s.* Chapucero (hecho, persona). -2 *m.* En los puertos de Andalucía, buhonero. 3 Barco que se usa en Andalucía para el tráfico de unos puertos con otros.
charapa *f. Ecuad.* y *Perú.* Especie de tortuga pequeña y comestible *(gén. Podocnemis).*
charape *m. Méj.* Bebida fermentada hecha con pulque, panocha, miel, clavo y canela.
charapo *m. Venez.* Machete de rozar.
charata *f. Argent.* y *Bol.* Chachalaca, ave.
charca (ár. *tarca*) *f.* Depósito de agua detenida en el terreno.
SIN. **Poza.** Lo que queda en la orilla de un río después de una avenida, **pozanca.**
charcal *m.* Terreno en que abundan los charcos.
charcarón *m. Colomb.* Charco grande.
charcha *f. Guat.* Chorcha (cresta).
charchada *f. Hond.* Melindre, monada.
charchina *f. Méj.* Matalote, caballo flaco y ruin.
charchón, -na *adj. Guat.* [ave] Que tiene mucha cresta.
charchuelear *intr. Guat.* Conversar, murmurar.
charco *m.* Charca pequeña que se forma en el pavimento. 2 fig. *y* fam. ***Pasar uno el*** ~, marcharse a América, o venir de allí. 3 *Colomb.* Remanso de un río.
SIN. *1* **Lagunajo; tollo** *(Arg.).*
charcón, -cona (quechua *charqui*) *adj.-s. Argent.* y *Bol.* Res o animal doméstico que nunca engorda; fig., persona flaca.
charcutería *f.* GALIC. Salchichería, tienda de embutidos.
charera *f. Filip.* Tetera.
chareto, -ta *adj. Venez.* Choreto (tuerto).
charla (it. *ciarla*) *f.* fam. Acción de charlar. 2 Conferencia simple y sin pretensiones. 3 Cagaaceite (pájaro).
SIN. *1* v. **Conversación.**
charlador, -ra *adj.-s.* fam. Charlatán (hablador).
charladuría *f.* Charla indiscreta.
charlar (it. *ciarlare*) *intr.* Hablar mucho, sin substancia o fuera de propósito. 2 Conversar sin objeto determinado, por mero pasatiempo.
SIN. *2* **Garlar.**
charlata *f. Chile.* Tablilla o listoncito con que se rellenan las aberturas de la madera.
charlatán, -tana (it. *ciarlatano*) *adj.-s.* Que habla mucho y sin substancia. 2 Hablador indiscreto. 3 Embaidor. Díc. esp. de curanderos y proyectistas.
SIN. **Sacamuelas.** *1* **Churrullero.**
charlatanear (de *charlatán,* frecuent.) *intr.* Charlar.
charlatanería *f.* Locuacidad. 2 Calidad de charlatán.
charlatanismo *m.* Charlatanería, esp. si es engañosa.
charlear *intr.* Croar.
charlestón (de *Charleston,* c. de EE.UU. en que nació) *m.* Baile de movimiento rápido, que fue muy popular hacia 1920. 2 Música de este baile.
charlista *com.* Persona que pronuncia charlas, conferencias.
charlón, -na *adj.-s. Ecuad.* Charlatán, hablador.
charlotada (de *Charlot,* torero bufo) *f.* Festejo taurino bufo. 2 Actuación pública, colectiva, grotesca o ridícula.
charlotear (frecuent.) *intr.* Charlar.
charloteo *m.* Charla.
charneca *f.* Lentisco.
charnecal *m.* Terreno poblado de charnecas.
charnego, -ga *m. f.* desp. En Cataluña, inmigrante de otra región.
charnela (l. v. *cardinaria* < l. *cardine,* gozne) *f.* Bisagra (herraje). 2 Gozne. 3 Articulación de las dos valvas de los moluscos lamelibranquios. 4 Pedacito de papel engomado, fino y transparente, habitualmente utilizado para adherir sellos en las hojas de coleccionista. 5 GEOL. Zona en la que los dos flancos de un pliegue se doblan por lo que cambia su buzamiento.
charneta *f.* fam. Charnela.
charol (voz china) *m.* Barniz muy lustroso y permanente, que conserva su brillo y se adhiere perfectamente a la superficie del cuerpo a que se aplica. 2 Cuero con este barniz. 3 fam. ***Darse*** ~, alabarse, darse importancia. 4 *Amér.* Bandeja.
charola *f. Amér.* Charol (bandeja). 2 *Amér. Central.* Ojo grande, ojazo. ◇ La acep. 2 se usa más en pl.
charolado, -da *adj.* Lustroso.
charolar *tr.* Barnizar [algo] con charol o con otro líquido análogo.
charolista *com.* Persona que tiene por oficio dorar o charolar.
charpa (germ. *skerpa,* bolso) *f.* Especie de tahalí, con ganchos para colgar armas de fuego. 2 Cabestrillo (aparato).
charpazo *m. Extr.* Lluvia torrencial y violenta.
charque *m. Amér. Merid.* Charqui.
charqueador, -ra *m. f. Argent.* Persona que charquea, que hace charque.
charquear *tr. Amér. Merid.* Hacer charqui [la carne]. 2 *Amér. Merid.* Herir. -3 *prnl. Argent.* Agarrarse a la montura cuando el potro corcovea, para no caer.
charquecillo *m. Perú.* Congrio salado y seco.

charqueño, -ña *adj.-s.* De Charcas, provincia del departamento boliviano de Potosí.
charquera *f. Colomb.* Red para pescar.
charquería *f. Chile.* Trozo de mineral nativo que semeja un pedazo de charqui (tajada de fruta).
charquetal *m.* Charcal.
charqui (quechua) *m. Amér.* Pedazo de carne, gralte. de vaca, secado al sol o al aire. 2 p. ext. Tajada de algunas frutas, como membrillos, zapallos, etc., secada al sol.
charquicán *m. Amér. Merid.* Guiso hecho con charqui, ají, papas y otras legumbres. 2 *Amér. Merid.* fig. Barullo, revoltijo.
charquimanzana *f. Argent.* y *Urug.* Rebanada de manzana sin cáscara y secada al sol.
charquizapallo *m. Argent.* y *Urug.* Tajadas angostas de pulpa de zapallo (calabaza) secadas al sol.
charra *f. Ecuad.* Sarna, grano. 2 *Hond.* Sombrero común, ancho de alas y bajo de copa.
charrada *f.* Dicho o hecho propio de un charro. 2 Baile propio de los charros. 3 fig. Obra o adorno charro (de mal gusto). 4 *Murc.* Conversación.
charrador, -ra *adj. Murc.* Parlanchín.
charral *m. Amér. Central.* Matorral, breña.
charramasca *f. Amér. Central.* Chamarasca (leña).
charramente *adv. m.* Con charrada.
I) charrán (ár. *xarrani,* malvado) *adj.-s.* Pillo, tunante. -2 *m. Murc.* Hablador indiscreto, delator. 3 *Murc.* Persona de mal proceder.
II) charrán *m.* Ave caradriforme de cola ahorquillada y plumaje blancuzco con capirote negro en verano y frente blanca en invierno *(Sterna hirundo).*
charranada *f.* Acción propia del charrán.
charrancito (de *charrán*) *m.* Ave caradriforme de tamaño diminuto con la frente blanca en verano y en invierno *(Sterna albifrons).*
charranear *intr.* Hacer vida de charrán o conducirse como tal.
charranería *f.* Condición de charrán. 2 Obra o dicho de charrán.
charranesco, -ca *adj.* Relativo a los charranes o propio de ellos.
charranga *f. Colomb.* Charanga (baile). 2 *Guat.* Guitarra.
charrango *m. Hond.* Bulla, jaleo.
charranguear *tr. Méj.* Charlatanear. 2 *Guat.* Rasguear la charranga (guitarra).
charranguero, -ra *adj. Murc.* Charlatán, parlanchín.
charrangulla *f. Logr.* Lagartija.
charrar (de *charlar*) *intr.* fam. Charlar, hablar en exceso y de modo indiscreto. -2 *tr.* Contar o referir algún suceso indiscretamente.
charrasca (voz imitativa) *f.* fam. Arma arrastradiza, por lo común, sable. 2 fam. Navaja de muelles. 3 *Nicar.* Chicharrón.
charrascal *m. Colomb.* Carrascal.
charrascarse *prnl. Nicar.* Achicharrarse, requemarse. ◇ ** CONJUG. [1] como ***sacar.***
charrasco *m.* fam. Charrasca (arma). 2 Pez marino teleósteo, de cabeza ancha, cubierta de espinas, cuerpo redondeado, ahusándose hacia la cola, y color variable según la estación y actividad sexual *(Myoxocephalus scorpius; Cottus s.).*
charrasquear *tr. Méj.* Herir con charrasca (arma). 2 *Ecuad., Pan.* y *Venez.* Rasguear un instrumento. 3 *Pan.* Rechinar los dientes.
charrasqueo *m.* Sonido metálico.
charreada *f. Méj.* Nombre genérico de varias fiestas nacionales.
charrear *intr. Méj.* Actuar como charro.
charrería *f.* Charrada (obra o adorno).
charrete (fr. *charrette*) *m.* Coche de dos ruedas y dos o cuatro asientos.
charretela *f. Colomb., C. Rica* y *Perú.* vulg. Charretera.
charretera (fr. *jarretière,* liga) *f.* Divisa militar de oro, plata, seda, etc., en forma de pala, que se sujeta sobre el hombro y de la cual pende un fleco como de 1 dm. de largo. 2 Jarretera (liga). 3 Hebilla de la jarretera. 4 fig. Albardilla (almohadilla).
charro, -rra *adj.-s.* Aldeano de Salamanca. 2 fig. Basto y rústico. -3 *adj.* fig. [cosa] Demasiado adornado y de mal gusto. -4 *m. Cuba.* Juego de las chinatas o pasote. 5 *Méj.* Jinete que viste traje especial, compuesto de chaqueta con bordados, pantalón ajustado, camisa blanca y sombrero de ala ancha y copa alta, cónica. 6 *Méj.* Este mismo sombrero. -7 *adj. Méj.* Diestro en el manejo del caballo. 8 *Méj.* Pintoresco.
I) charrúa (fr. *charrue,* arado) *f.* Embarcación pequeña que servía para remolcar otras mayores. 2 *And.* Escardillo. 3 *And.* Arado compuesto.
II) charrúa *adj.-com.* Individuo perteneciente a las tribus que habitaban la costa septentrional del Río de la Plata.
charrusco *m. Argent.* y *Bol.* Metátesis de churrasco.
chárter (voz inglesa) *adj.-m.* Avión que realiza un vuelo por contrato o alquiler.
chartreuse (fr. *Grande Chartreuse,* casa madre de los cartujos) *m.* Licor fabricado hoy por los cartujos. ◇ No se usa en plural.
charuto (voz portuguesa) *m. Bol.* y *R. de la Plata.* Cigarro puro de chala (hoja de maíz).
chas (onomat.) *m.* Ruido que produce una cosa al romperse.
chasca (de *chamarasca*) *f.* Leña menuda procedente de la limpia de los árboles. 2 Ramaje que se coloca sobre la leña dispuesta para hacer carbón. 3 *Amér.* Cabello enmarañado. 4 *Amér.* Greña, maraña en general.
SIN. *1* **Chavasca, frasca, ramulla.**
chascá *m.* Chascás.
chascada *f. Hond.* Adehala.
chascar (v. *chasquido*) *intr.* Chasquear (la madera). -2 *tr.* Separar súbitamente del paladar [la lengua], produciendo una especie de chasquido. 3 Ronzar o triturar [un manjar quebradizo]. 4 Engullir. 5 *And.* Cavar la tierra sin profundizar. ◇ ** CONJUG. [1] como ***sacar.***
chascarrillo (de *chascarro*) *m.* fam. Anécdota ligera, cuentecillo agudo, frase equívoca y graciosa.
SIN. **Chascarro,** menos usado.
chascarro (de *chasco*) *m.* Chascarrillo.
chascás (polaco *czapcka*) *m.* Morrión con cimera plana y cuadrada. ◇ Pl.: *chascases.*
chascha *m. Perú.* Entre indios, perro chico.
I) chasco *m.* Burla o engaño. 2 fig. Decepción que produce un suceso inesperado o adverso.
SIN. **Fiasco.**
II) chasco, -ca (quechua) *adj. Argent.* y *Bol.* [cabello] Crespo y recio. 2 *Argent.* y *Bol.* [pelaje, plumaje] Erizado, hirsuto; p. ext., [animal] con este pelaje o plumaje: *carnero ~.*
chascón, -na *adj. Chile.* Enmarañado, enredado, greñudo. -2 *f. Can.* Suerte de la lucha canaria.
REL. *1* **Chascudo,** en Argent.; **chascoso,** en Perú.
chasconear *tr. Chile.* Enredar, enmarañar [algo]. 2 *Chile.* Repelar, tirar del pelo.
chascudo, -da *adj. Argent.* Chascón.
chasgarro *m. Bol.* Chiste.
chasis (fr. *châssis*) *m.* Armazón que sostiene el motor y la carrocería de un automóvil: ***en el ~,*** quedarse muy delgado. 2 Bastidor donde se colocan las placas fotográficas para exponerlas en la cámara obscura. 3 fig. *y* fam. Esqueleto. ◇ Pl.: *chasis.*
chasís *m. Amér.* Chasis.
chaso, -sa *m. f. Ecuad.* Labriego que no es de raza aborigen.
chaspar *tr. And.* Limpiar de hierba un terreno con el corte de la azada, sin cavar ni destruir las raíces: *chasparon todo el olivar.*
chasparrear *tr.-prnl. Amér. Central.* Chamuscar.
chaspe *m.* Señal que se hace sobre los troncos de los árboles, mediante un golpe superficial de hacha.
chaspear *tr.* Hacer chaspes [en los árboles].
chasponazo *m.* Señal que deja la bala al rozar un cuerpo duro.
chasque *m. Amér.* Chasqui.
chasqueador, -ra *adj.-s.* Que chasquea.
I) chasquear *tr.* Dar chasco o zumba [a uno]. 2 p. anal. Faltar a lo prometido. -3 *intr.* Frustrar un hecho adverso las esperanzas de alguno.
SIN. *2* **Chascar.**
II) chasquear *tr.* Manejar [el látigo o la honda] haciéndoles dar chasquido. -2 *intr.* Dar chasquidos la madera u otra cosa cuando se abre por sequedad. -3 *tr. Colomb.* Tascar [el freno] la caballería.
SIN. *1* **Restallar.**
chasquero, -ra *adj. Argent.* y *Urug.* Relativo al chasque o chasqui.
chasqueteo *m.* Acción de dar chasquidos repetidos. 2 Efecto de dar chasquidos repetidos.
chasqui (quechua) *m. Amér.* Emisario, mensajero, enviado.
I) chasquido (voz imitativa) *m.* Sonido o estallido hecho con el látigo o la honda cuando se sacuden en el aire con violencia. 2 Ruido seco y súbito que produce el romperse, rajarse o desga-

jarse alguna cosa. 3 Ruido que se produce con la lengua al separarla súbitamente del paladar. 4 Ruido semejante a los mencionados.

SIN. **Traquido,** el de la madera.

II) chasquido, -da ***adj.*** *Bol.* Arruinado.

chata ***f.*** Bacín plano, con borde entrante y mango hueco por donde se vacía. Us. como orinal de cama para los enfermos que no pueden incorporarse. 2 Variedad de alubia de la zona del Roncal (Navarra). -3 ***f. pl.*** *La Mancha.* Narices. -4 ***f.*** *Amér.* Chalana.

chatarra ***f.*** Escoria del mineral de hierro. 2 Hierro viejo. 3 fam. *y* desp. Calderilla, conjunto de monedas metálicas. 4 fam. *y* desp. Conjunto de condecoraciones o de joyas que lleva una persona.

chatarrear ***tr.*** Desguazar [un buque] o trocear [maquinaria] para convertirlos en chatarra.

chatarrería ***f.*** Comercio de chatarra. 2 Tienda en que se realiza.

chatarrero, -ra ***m. f.*** Persona que tiene por oficio comerciar con la chatarra (hierro viejo).

chatasca ***f.*** *Argent.* Charquicán.

chatear ***intr.*** fam. Beber chatos de vino.

chatedad ***f.*** Calidad de chato.

chateo ***m.*** fam. Acción de chatear. 2 fam. Efecto de chatear.

chatino ***m.*** *Cuba.* Rodaja frita de plátano.

chatío, -a ***m. f.*** *Guat.* Mozo, chicuelo.

chato, -ta (b. l. *plattu,* aplanado) ***adj.-s.*** Que tiene la nariz poco prominente y como aplastada. -2 ***adj.*** [nariz] De esta figura. 3 Sin relieve, con menos elevación que las cosas de la misma especie: *embarcación chata.* -4 ***m.*** En las tabernas, vaso bajo y ancho de vino u otra bebida; p. ext., vaso de cualquier forma, con vino. -5 ***adj.*** *Amér.* Pobre, mezquino. 6 *P. Rico* y *S. Dom.* Entre galleros, [gallo] malo que sirve para que los demás gallos se ejerciten pegándole. 7 *P. Rico* y *S. Dom.* Cobarde.

chatón (fr. < germ. *kasten,* caja) ***m.*** Piedra preciosa gruesa engastada en una joya. 2 Cabeza de clavo grande, a modo de tachuela, que sirve para ornamentar.

chatre ***adj.*** *Amér. Merid.* Elegante, acicalado. -2 ***m.*** *Chile.* Refajo.

chatria (sánscr.) ***m.*** Individuo de la segunda casta de la India; es la de los guerreros o nobles.

chatunga ***adj.-f.*** fam. Chata, expresión cariñosa.

chatura ***f.*** Condición de chato.

chauceriano, -na ***adj.*** Relativo al poeta inglés Chaucer (¿1340?-1400).

chaucha ***f.*** *Chile.* Patata temprana o menuda que se deja para simiente. 2 *Argent.* Judía verde. 3 *Bol.* y *Chile.* Dinero. 4 *Bol.* Inocentada. 5 *Chile.* Moneda de 20 centavos. 6 *Ecuad.* Pequeña ganancia; modesto estipendio. -7 ***adj.*** *R. de la Plata.* De mala clase. 8 *R. de la Plata.* Insípido, sin gracia.

chauchau ***m.*** *Chile* y *Perú.* Entre el bajo pueblo, la comida. 2 *Chile.* Revoltijo.

chauche ***m.*** Pintura encarnada hecha con minio, que en Castilla se emplea para teñir el pavimento de las habitaciones.

chaucheo ***m.*** *Chile.* Negocio poco importante.

chauchera ***f.*** *Chile.* Portamonedas.

chauchero, -ra ***m. f.*** *Chile.* Gralte. toda persona que se ocupa en pequeños servicios o trabajos.

chaufa (voz de chinos) ***f.*** *Perú.* Potaje de arroz.

chaúl (ing. *shawl,* pañuelo grande) ***m.*** Tela de seda de la China parecida al gro.

chaupicuchara ***m.*** *Ecuad.* fam. *y* fest. Media paleta, media cuchara o persona mediana en cualquier arte.

chauvinismo (de *Chauvin,* soldado de Napoleón) ***m.*** GALIC. Patriotería.

chauvinista ***adj.-s.*** Que practica el chauvinismo.

chauz (turco *chaux,* ujier) ***m.*** Entre los árabes, portero de estrados, alguacil o ministro del juez.

chaval, -la ***adj.-s.*** fam. Joven.

chavalería ***f.*** fam. Conjunto de chiquillos.

chavalo, -la ***m. f.*** *Amér. Central* y *Venez.* Muchacho callejero.

chavalongo (arauc.) ***m.*** *Argent.* y *Chile.* Tifoidea. 2 *Argent.* y *Chile.* Pesadez de cabeza; modorra.

chavar ***tr.*** *P. Rico.* Molestar. -2 ***prnl.*** *P. Rico.* Fastidiarse.

chavasca ***f.*** Chasca.

chavea ***m.*** fam. Rapazuelo, muchacho.

chavear (de *chavo*) ***intr.*** *P. Rico.* Trabajar con escasos recursos, esp. en el comercio.

chavería ***f.*** *P. Rico.* Conjunto de chavos o centavos.

chavero, -ra ***adj.*** *Murc.* Tacaño, ruin. -2 ***m. f.*** *P. Rico.* Persona que trabaja sin recursos.

chaveta (port. < l. *clave,* llave) ***f.*** Clavo hendido en casi toda su longitud, que, introducido por el agujero de un hierro o madero, se remacha separando las dos mitades de su punta. 2 Clavija que, puesta en el agujero de una barra, impide que se salgan las piezas que la barra sujeta. 3 fig. ***Perder la ~,*** perder el juicio. 4 *P. Rico* y *S. Dom.* Botón de tamaño gande para hacer vestidos. -5 ***adj.*** *Cuba.* Alcahuete. 6 *P. Rico.* Destornillado, sin seso.

chavetear ***tr.*** *Cuba.* Cortar reiteradamente con la chaveta. 2 fig. Desaprobar ruidosa y públicamente.

chavetera ***f.*** MEC. Ranura hecha en los tubos de las ruedas y poleas para introducir en ella la chaveta.

chavo (aféresis de *ochavo*) ***m.*** Moneda de cobre de valor variable según los países y épocas. -2 ***m. pl.*** Dinero en general: *tener, gastar,* etc., *chavos.* -3 ***m.*** *Méj.* Medida de 350 m^2.

chavó (voz gitana) ***m.*** vulg. Chaval.

¡chavó! Interjección con que se denota admiración o sorpresa.

chavola ***f.*** Chabola.

chay ***m.*** *Guat.* Piedra de rayo.

chaya ***f.*** *Chile* y *Perú.* Burlas y juegos de carnaval.

chayanteño, -ña ***adj.-s.*** De Chayanta, prov. del dep. de Potosí (Bolivia).

chayar ***intr.*** *Argent.* y *Chile.* Jugar a la chaya.

chaye ***m.*** *Guat.* y *Salv.* Pedazo de vidrio cortante.

chayo ***m.*** *Cuba* y *Méj.* Arbusto cuyas hojas tiernas se comen cocidas; su fruto y su tronco están cubiertos de púas *(Jatropha urens).* 2 *Chile.* Coladero us. por los albañiles.

chayón, -na ***adj.*** *Ecuad.* [pers.] Que no puede ver bien la luz, por lo rubio de las pestañas y lo azul de los ojos.

chayotada ***f.*** *Guat.* Tontería, sandez.

chayote (méj. *chaiotl*) ***m.*** Fruto de la chayotera. 2 Chayotera. 3 *S. Dom.* y *Venez.* fig. Mujer tonta, sin gracia. -4 ***adj.*** *Hond.* Cobarde.

SIN. *1* y *2* **Cayote.**

chayotera ***f.*** Planta cucurbitácea trepadora americana, aclimatada en Canarias y en Valencia, de fruto comestible en forma de pera, de 10 a 12 cms. de largo, con la corteza rugosa o asurcada, la carne parecida a la del pepino y una sola pepita por semilla *(Sechium edule).*

chaza ***f.*** Suerte del juego de la pelota en que ésta vuelve contrarrestada y se para o la detienen antes de llegar al saque. 2 Señal que se pone donde paró la pelota. 3 MAR. Espacio que media entre dos portas de una batería. 4 ***Hacer chazas,*** mantenerse el caballo sobre el cuarto trasero adelantando terreno a saltitos con las manos levantadas. 5 *Logr.* Excremento del ganado vacuno. 6 *Colomb.* Bandeja usada por las vendedoras de dulces y otros géneros.

chazador ***m.*** El jugador que chaza o está dedicado a este fin. 2 El que cuida de señalar el sitio de la chaza.

chazar ***tr.*** Detener [la pelota] antes que llegue a la raya señalada para ganar. 2 Señalar [el sitio] donde está la chaza. ◇ ** CONJUG. [4] como ***realizar.***

I) chazo ***m.*** Corte que los carpinteros hacen con el hacha en los cantos de un leño, o con la azuela.

II) chazo, -za ***m. f.*** *Ecuad.* Campesino. -2 ***m.*** *Venez.* Parada súbita que ejecuta el jinete.

che ***f.*** Nombre del dígrafo *ch.* ◇ Pl.: *ches.*

¡che! *Val., Argent., Bol.* y *Urug.* Interjección con que se llama, se hace detener o se pide atención a una persona. También expresa a veces asombro o sorpresa.

chebo, -ba ***adj.*** *Guat.* Ebrio, borracho.

checa ***f.*** Comité de policía secreta en la Rusia soviética. 2 Organismo semejante que ha funcionado en otros países y que sometía a los detenidos a crueles torturas. 3 Local en que actuaban estos organismos. 4 *Guat.* Pan negro, ordinario.

cheche ***m.*** *Cuba* y *P. Rico.* Jaque, valentón. 2 *P. Rico.* Jefe, director. 3 *P. Rico.* Persona inteligente. -4 ***adj.*** *Méj.* Consentido, llorón.

chechear ***intr.*** *Argent.* Usar con frecuencia el vocablo *che.*

REL. **Checheo,** uso frecuente de dicho vocablo.

chechenolesgiano, -na ***adj.-m.*** Conjunto de lenguas pertenecientes al grupo caucásico septentrional oriental, habladas en el sudoeste de la Unión Soviética; como el ávaro.

chécheres ***m. pl.*** *Amér. Central* y *Colomb.* Trastos.

chechón, -na ***adj.*** *Méj.* [niño] Mimado.

I) checo ***m.*** *Perú.* Mitad de un epicarpio endurecido de la *Langenaria globular,* que se usa como vasija.

II) checo, -ca ***adj.-s.*** De una región europea formada por Bohemia, Moravia y parte de Silesia, que, junto a Eslovaquia, cons-

tituye Checoslovaquia. -2 *adj.-m.* Lengua perteneciente al grupo eslavo occidental, hablada principalmente en esta región europea.
checoslovaco, -ca *adj.-s.* De Checoslovaquia, nación de Europa central.
cheira *f.* Chaira.
cheje *m. Hond.* y *Salv.* Eslabón de una cadena.
chele *m. Amér. Central.* Legaña. 2 *P. Rico* y *S. Dom.* vulg. Centavo. -3 *adj. Amér. Central.* Peliblanco. 4 *Salv.* Extranjero que no es español.
chelear *tr. Amér. Central.* Blanquear. -2 *intr. Guat.* Salir muchos cheles (legañas) en los ojos.
cheli *m.* Jerga con elementos castizos, marginales y contraculturales.
chelín (ing. *shilling*) *m.* Moneda inglesa de plata, vigésima parte de la libra esterlina, fuera de la circulación desde 1971.
chelo *adj. Méj.* Rubio, peliblanco.
chelón, -na *adj.-s. Guat.* Ternero muy desarrollado.
cheloso, -sa *adj. Salv.* Legañoso.
chema *m. Guat.* vulg. Quetzal (moneda).
chemba *f. S. Dom.* fest. Jeta.
chemulco *m. S. Dom.* Traje masculino de casimir.
chenca *f. Amér. Central.* Colilla de cigarro.
chencha *adj. Méj.* Holgazán.
chenche *m. P. Rico.* Valentón. 2 *S. Dom.* Baile popular.
chenco, -ca *adj. Guat.* y *Salv.* Torcido, patojo.
chenquear *intr. Guat.* Cojear.
chenquera *f. Guat.* Cojera.
chenta *f. Murc.* Vericueto, sendero escarpado.
chepa (v. *giba*) *f.* Corcova. 2 *Murc.* Chasca, leña menuda.
chepado, -da *adj. La Mancha* y *Murc.* Corcovado.
chepazo *m. S. Dom.* Chiripazo.
chepe *m. Hond.* Libro de consulta. 2 *Méj.* Marimacho.
chepí (guaraní *che,* mi + *pi,* cuero) *m. Parag.* Especie de taparrabos.
chépica (arauc.) *f. Chile.* Grama.
cheposo, -sa *adj.* Corcovado. -2 *adj.-s.* desp. De Zaragoza.
cheque (ing. *check*) *m.* Documento en forma de mandato de pago, para retirar una persona, por sí o por un tercero, los fondos que tiene disponibles en poder de otra: ~ ***en blanco,*** el que carece de algunos requisitos legales en el momento de su expedición, que son subsanados antes de la presentación; ~ ***cruzado,*** el expedido al portador, y en el anverso del cual escribe cruzado, quien lo libra, o lo posee, el nombre de un banquero o de una sociedad, que será el único perceptor legítimo de importe; ~ ***de viaje*** o ***de viajero,*** el que se puede hacer efectivo en bancos de diversos países. 2 *Guat.* Empleado de aduanas encargado de facturar bultos.
chequear *tr.* ANGLIC. Confrontar, cotejar, comprobar [cuentas, escritos]. 2 Inspeccionar, fiscalizar [servicios, oficinas, administración]. 3 Facturar, expedir [equipajes, mercancías]. 4 Anotar, registrar en general. 5 Reconocer o examinar el médico [el estado de salud de una persona]. 6 Repasar, revisar [un automóvil u otra máquina]. ◇ El empleo uniforme de *chequear* indica vocabulario pobre y pereza mental, puesto que los diversos significados atribuidos a este anglicismo se expresan con entera propiedad y riqueza de matices con los verbos españoles adecuados para cada caso.
chequén (arauc.) *m. Chile.* Planta mirtácea, especie de arrayán (gén. *Eugenia).*
chequendengue *m. Cuba.* desp. Cheque bancario o del gobierno.
chequeo (del ingl. *check-up*) *m.* Reconocimiento médico general en un individuo que no presenta ningún síntoma, con la finalidad de realizar un diagnóstico precoz de una enfermedad que hasta entonces no se ha manifestado.
chequera *f.* Talonario de cheques. 2 *Amér.* Cartera para guardar el talonario.
chercán (arauc. *chedcañ*) *m. Chile.* Pajarillo semejante al ruiseñor, pero de canto mucho menos dulce. Es insectívoro y muy doméstico *(Troglodytes platensis).* 2 *Chile.* Mazamorra de harina tostada con agua o leche caliente y azúcar.
chercha *f. Hond.* y *Venez.* Chacota, burla, zumba.
cherchar *intr. Venez.* Burlar, bromear.
chérchere *adj. Perú.* Malo, mal hecho, ridículo. -2 *m. pl. Pan.* Chécheres.
cherchero, -ra *adj. Venez.* Burlón, bromista.
chercheroso, -sa *adj. Perú.* De pobre aspecto; sucio.
cherebeque *com. Colomb.* Persona lista, avisada.
chericles *m. Ecuad.* Ave trepadora, especie de loro de la América tropical.
chérif *m.* Sherif.
cherna *f.* Pez marino teleósteo perciforme, de cuerpo rechoncho que alcanza hasta 2 m. de longitud, de color pardo grisáceo con reflejos vinosos en los adultos, y pardo violáceo en los jóvenes *(Polyprion americanum).* 2 Mero (pez).
chernaje *m. S. Dom.* Plebe, gentualla.
chernozem *m.* Suelo típico de las praderas, excelente para el cultivo de gramíneas.
chero *m. Méj.* vulg. Cárcel.
cherpe *m. P. Rico.* Valentón.
cherqués *adj.-s.* De Cherquesia, región del noroeste del Cáucaso. -2 *adj.-m.* Lengua abaskokerketa, hablada en esta región.
cherre *m. C. Rica.* Madera de ebanistería.
chérrican *m.* Jerrycan.
cheruje *m. Bol.* Picadillo de plátano con carne.
cherva (ár. *jerua*) *f.* Ricino.
chervonetz *m.* Moneda rusa (diez rublos). ◇ Pl.: *chervonetz.*
chéster (n. de un condado inglés) *m.* Queso inglés, parecido al manchego. ◇ Pl.: *chéster* o *chésteres.*
chestertoniano, -na *adj.* Relativo al escritor inglés Chesterton (1874-1936).
chete *adj. Colomb.* Tonto; insignificante.
cheuque (arauc.) *m. Chile.* Flamenco, ave.
cheurón (fr. *chevron*) *m.* ARQ. Moldura con decoración en zigzag. 2 BLAS. Cabrio (pieza honorable del escudo).
cheuto, -ta (arauc. *cheghta,* cosa cortada) *adj. Chile.* [pers.] Que tiene el labio partido o deformado.
chévere *m. Cuba, P. Rico* y *Venez.* Valentón, petimetre. -2 *adj. Colomb., Méj.* y *Venez.* Magnífico, muy bueno. 3 *Cuba* y *Venez.* Benévolo, indulgente. 4 *Ecuad., P. Rico* y *Venez.* Primoroso, gracioso, bonito.
chevió (de *Cheviot,* monte de Escocia) *m.* Lana del cordero de Escocia. 2 Paño que se hace con ella, y también sus imitaciones hechas con lanas ordinarias. ◇ Pl.: *cheviots.*
chey (arauc. *che,* gente) *f. Chile.* Concubina.
chi *f.* Ji.
I) chía *f.* Manto negro y corto, usado ant. en los lutos. 2 Faldón de la beca que caía desde la cabeza hasta la mitad de las espaldas; era insignia de nobleza y autoridad. 3 En algunas comarcas, heraldo enlutado con largo manto que precede a la procesión del Santo Entierro.
II) chía (mej. *chian*) *f. Méj.* Semilla de una especie de salvia *(Salvia columbaria).* 2 Refresco hecho con esta semilla remojada en agua, con azúcar y zumo de limón.
chianti (de *Chianti,* región italiana) *m.* Quianti.
chiapaneco, -ca *adj.-s.* De Chiapas, estado de Méjico.
chiba *f. Colomb.* y *Venez.* Mochila.
chibalete (fr. *chevalet*) *m.* IMPR. Armazón de madera donde se colocan las cajas para componer.
chibanco, -ca *adj. C. Rica.* Chingo (corto).
chibcha *adj.-s.* De un pueblo que habitó en las tierras altas de Bogotá y Txunja. -2 *m.* Idioma de los chibchas.
SIN. **Mosca, muisca.**
chibera *f. Méj.* desus. Látigo que usan los cocheros.
chibirico *m. Cuba.* Metátesis de chiribico.
chibolo *m.* Chibola.
chibola *f. Amér.* Cuerpo redondo y pequeño; chichón.
chibolón, -na *adj. Guat.* Rechoncho, gordinflón.
chibón, -na *adj. Cuba.* Majadero, burlón.
chiborra *f.* Botarga que con una vejiga hinchada colgada de un palo pega a los muchachos y en ciertas fiestas acompaña y va delante de los danzantes.
chibuquí (turco *chebuc,* varita) *m.* Pipa turca de tubo largo y recto. ◇ Pl.: *chibuquíes.*
chic (fr.) *adj.* GALIC. Elegante, de moda, distinguido.
chica *f.* Botella pequeña. 2 Doncella, criada. 3 Chicha. 4 *Cuba.* Baile de negros parecido al fandango. 5 *Méj.* Medida para vender pulque.
chicada (de *chico*) *f.* Rebaño de corderos enfermizos y tardíos, que pastan separados del resto del ganado. 2 Niñada.
chicago *m. Perú.* Inodoro.
chicalé *m. Amér. Central.* Pájaro muy lindo por los colores de su plumaje.
chicalote (méj. *chicalotl*) *f. Guat.* y *Méj.* Adormidera espinosa.
chicana (del fr. *chicane*) *f.* Artimaña, procedimiento de mala

fe, esp. el utilizado en un pleito por alguna de las partes. 2 Broma, chanza.

chicane (voz francesa) *f.* DEP. Serie de obstáculos artificiales colocados en la pista para que moderen su velocidad los corredores de automovilismo o de motorismo.

chicanear *intr.* Emplear chicanas.

chicanero, -ra *adj.* [pers.] Que emplea chicanas.

chicano, -na (aféresis de *mexicano*) *adj.-s.* Ciudadano de los Estados Unidos de América perteneciente a la minoría de origen mejicano allí existente. -2 *adj.* Perteneciente o relativo a dicha comunidad. -3 *m.* Movimiento reivindicador del libre desarrollo de la cultura peculiar de esta minoría y del goce total de sus derechos civiles.

chicao *m. Colomb.* Cacique, pájaro.

chicape *m. Guat.* vulg. Burro.

chicar *tr. Argent.* y *Urug.* Mascar tabaco. ◇ ** CONJUG. [1] como *sacar.*

chicarrón, -rrona *adj.-s.* fam. Persona de corta edad muy crecida y desarrollada.

I) chicha (voz caribe) *f.* fam. En lenguaje infantil, carne comestible. 2 fam. Carne del cuerpo humano: *está haciendo régimen porque tiene mucha ~.*

II) chicha *f.* Bebida alcohólica usada en América, que resulta de la fermentación del maíz en agua azucarada. 2 *Chile.* La que se obtiene de la fermentación del zumo de la uva o de la manzana. 3 *Amér. Central* y *Ecuad.* fig. Berrinche, mal humor.
FR. *De ~ y nabo,* insignificante, despreciable. *No ser ni ~ ni limonada,* no servir para nada una persona o cosa.

III) chicha *adj.* V. calma chicha.

chichaguy (voz chibcha) *m. Colomb.* Divieso (tumor).

chichar *tr. Ecuad.* Fabricar la chicha de jora.

chícharo (l. **ciceru < cicera,* almorta) *m.* Guisante. 2 *And.* Garbanzo. 3 *Colomb.* Cigarro de mala calidad.

chicharra *f.* Cigarra. 2 Juguete que consiste en un cañuto corto, tapado por uno de sus extremos con un pergamino estirado, en cuyo centro se coloca un hilo encerado, que al correr entre los dedos produce un ruido desapacible. 3 Timbre eléctrico de sonido sordo. 4 fig. Persona muy habladora. 5 En el lenguaje de la droga, colilla de porro. 6 Pez marino teleósteo perciforme, de cuerpo alargado cubierto de escamas ásperas y adherentes, color pardusco o rosado, marcado por pequeñas manchas obscuras o azuladas; la segunda parte de sus aletas pectorales está tremendamente desarrollada *(Dactylopterus volitans).* 7 *Murc.* Pimiento que se arranca con su mata para secarlo. 8 *And.* Juguete infantil que consiste en una vejiga inflada a un palo, sobre la cual se atiranta una cuerda que se hace sonar con un arco a modo de violón. 9 *Ecuad.* Reunión o corrillo de sirvientes.

chicharrar *tr.* Achicharrar.

chicharrear (de *chicharra*) *intr.* Sonar o imitar el ruido que hace la chicharra.

chicharrero, -ra *m. f.* Persona que tiene por oficio hacer o vender chicharras (juguetes). -2 *adj.-s.* fam. De la isla de Tenerife. -3 *m.* fig. Paraje muy caluroso.

chicharrina *f.* Calor excesivo, sofocante.

chicharro *m.* Chicharrón (residuo). 2 Pez marino teleósteo perciforme, de cuerpo fusiforme, con la línea lateral sinuosa, de color azul obscuro con una mancha negra poco marcada en el opérculo y las aletas ligeramente rosadas *(Trachurus picturatus).* 3 Jurel, pez.

I) chicharrón (de *chicharrar*) *m.* Residuo de las pellas del cerdo, después de derretida la manteca. 2 fig. Vianda requemada. 3 fig. Persona muy tostada por el sol. -4 *m. pl.* Fiambre prensado en moldes, formado por trozos de carne de distintas partes del cerdo
SIN. *I* **Gorrón.**

II) chicharrón, -rrona *adj. Cuba.* Adulador, chismoso. -2 *m. Cuba.* Moneda de plata. 3 *Cuba* y *S. Dom.* Nombre de diversos árboles de madera dura *(gén. Comocladia, Terminalia, Ehretia* y otros*).*

I) chiche (apócope del náhu *chichihualli,* teta) *m. Amér.* Pecho, mama de la nodriza. 2 *Méj.* Nodriza.
SIN. *I* **Chichi.**

II) chiche (quechua *chichi,* cosa menuda) *m. Amér. Merid.* Juguete, alhaja, dije. 2 *Amér.* Persona habilidosa. 3 *Amér.* Persona elegante y gralte. cosa bien adornada. 4 *Colomb.* Fórmula afectuosa. -5 *adj. Amér. Central.* Fácil, cómodo, sencillo.
SIN. *I* **Chichi.**

chichear *intr.-tr.* Sisear.

chicheme *m. Amér. Central.* Refresco de maíz quebrado, cocido con leche y azúcar.

chicheño, -ña *adj. Perú.* Zonzo, tonto.

chicheo *m.* Siseo.

chichera *f. Amér. Central.* Cárcel.

chichería *f.* Casa o tienda donde en América se vende chicha.

chichero, -ra *adj. Amér.* Perteneciente o relativo a la chicha (bebida). -2 *m. f.* Persona que vende o fabrica chicha (bebida). -3 *m. Perú.* Chichería.

chichi *m. Amér.* Chiche. -2 *adj. Nicar.* Fácil.

chichicaste (mej. *chichicaxtli*) *m. Amér.* Arbusto silvestre, especie de ortiga, de tallo fibroso, que se utiliza en cordelería *(Urtica baccifera).* 2 *C. Rica.* fig. Persona de genio irritable.
SIN. *I* **Pringamoza.**

chichicuilote *m. Méj.* Ave zancuda, comestible, parecida al zarapito, pero más pequeña *(Gambetta melanolenca).*

I) chichigua (mej. *chichi,* mamar) *f. Amér. Central* y *Méj.* Nodriza. 2 *Ant.* Volantín pequeño. 3 *Méj.* Árbol que sirve de sombra.

II) chichigua (voz chibcha) *adj.-s. Colomb.* Pequeño, baladí. 2 *Colomb.* Moneda fraccionaria. 3 *Colomb.* Entre tahúres, juego de poca cantidad.

chichiguaca *m. Cuba.* Voz cariñosa, apl. a los niños.

chichiguar *intr. Colomb.* Negociar en pequeño.

chichigüero, -ra *adj. Colomb.* Que negocia en pequeño.

chichilasa *f. Méj.* Hormiga de color rojo, pequeña, pero muy maligna. 2 *Méj.* fig. Mujer hermosa, pero arisca.

chichilo *m. Bol.* Especie de tití, mono de color amarillento *(Nictipithecus trivirgatus).*

chichimeca *adj.-com.* [pers.] Que se estableció en Tezcuco. 2 Indio que habitaba al oeste y norte de Méjico. -3 *f. Méj.* Tos ferina. -4 *adj. Méj.* Chocho, lelo.

chichimeco, -ca *adj.-s.* Chichimeca.

chichina *f. Hond.* Excremento.

chichinabo (de ~) *loc. adj.* [pers., cosa] Despreciable, sin valor.

chichinar *tr. Méj.* Quemar, chamuscar [algo].

chichipán *m. Extr.* y *Murc.* Herrerillo, pájaro.

chichirimico *m. Ecuad.* y *Perú.* Juego de chicos que consiste en tomar una cosa ajena y esconderla.

chichisbeo (it. *cicisbeo*) *m.* Obsequio continuado de un hombre a una mujer. 2 Este mismo hombre.

chichismo *m. Colomb.* Abuso de la chicha (bebida).

chichito *m.* fam. Niño pequeño. 2 fam. *y* desp. Criollo hispanoamericano.

chicho *m.* fam. Rizo pequeño de cabello que cae sobre la frente. 2 fam. Rulo del pelo.

chichoca *f. Argent.* Chuchoca.

chicholo *m. Argent.* y *Bol.* Ticholo, cierto dulce.

I) chichón (l. *abscessione,* tumor) *m.* Hinchazón que se forma en la cabeza por efecto de un golpe. 2 *Sor.* Brote de leguminosas.
SIN. **Porcino, tolondro, tolondrón, turumbón.**

II) chichón, -chona *adj. Amér. Central.* Fácil, sin dificultad. 2 *R. de la Plata.* Bromista, majadero. -3 *m. Chile.* Bebida compuesta de una especie de chicha gruesa.

chichonear *tr. R. de la Plata.* Burlar, bromear.

chichonera *f.* Gorro, para preservar de golpes en la cabeza a los niños y a ciertos deportistas. 2 *Colomb.* Pelotera.

chichota *f.* Pizca, parte mínima de una cosa. 2 Almorta, planta. 3 *Amér. Central.* Chichote.

chichote *m. Mur., Amér. Central* y *Venez.* Chichón, tolondrón.

chichurro *m.* Caldo que resulta de cocer las morcillas al hacerlas.

chiclayano, -na *adj.-s.* De Chiclayo, cap. del dep. de Lambayeque (Perú).

chicle (mejic. *tzictli*) *m.* Gomorresina que se extrae del tronco del zapote. 2 En el lenguaje de la droga, hachís. 3 Substancia gomorresinosa que, endulzada y aromatizada, se usa como goma de mascar. 4 *Méj.* y *Salv.* Leche que se extrae del tronco del zapote y del chicozapote. 5 *Méj.* Suciedad, mugre.

chiclear *intr.* Mascar chicle. -2 *tr. Amér. Central.* Ejercer el oficio de chiclero.

chiclero, -ra *m. Amér. Central.* Persona que se dedica a la extracción de chicle (gomorresina).

chico, -ca (l. *ciccu,* cosa de poquísimo valor) *adj.* Pequeño, de poco tamaño. -2 *adj.-s.* Niño. 3 Muchacho. -4 *m. f.* En el trato de confianza, persona de no corta edad. -5 *m.* Muchacho que hace recados y ayuda, en trabajos de poca importancia, en las

oficinas, comercios u otros establecimientos análogos. -6 *f.* Criada, empleada que trabaja en los menesteres caseros. 7 ~ ***de conjunto***, muchacha que, en las revistas musicales y espectáculos semejantes, forma parte del conjunto que canta y baila. 8 *Amér.* En algunos juegos, tanda, mano, partida. 9 *Cuba.* Moneda de poco valor. 10 *Perú.* Moneda de cobre de un centavo. -11 ***adj.*** *Méj.* irón. Antepuesto al nombre, grande, descomunal.
GRAM. Dim. usuales: *chiquito, chiquillo* (subs.); *chiquitín, chiquitito, chiquirritito, chiquirritín.*

chicoco, -ca ***adj.*** *Chile.* [pers.] De corta edad, pero robusta. Es voz de cariño. -2 ***m. f.*** Enano, pigmeo.

chicol (mej.) ***m.*** *Méj.* Horcón de tres brazos para soporte de tinajas.

chicolear ***intr.*** Decir chicoleos. -2 ***prnl.*** *Argent.* Divertirse, recrearse.

chicoleo (de *chico*) ***m.*** fam. Dicho o donaire de que se usa con las mujeres por galantería.

chicolongo ***m.*** *Cuba.* Hoyuelo, juego de muchachos.

chícora ***f.*** *Venez.* Utensilio agrícola indígena para cavar la tierra.

chicorear ***intr.*** *Venez.* Ahoyar con la chícora. 2 *Venez.* Alancear.

chicoria (l. *cicchoriu*) ***f.*** Achicoria.

chicoriáceo, -a ***adj.*** BOT. Relativo a la achicoria.

chicorro ***m.*** fam. Chicote (persona).

chicorrotico, -ca, -llo, -lla, -to, -ta ***adj.*** fam. Dim. de *chico.*

chicorrotín, -tina ***adj.*** fam. Dim. de *chico.* -2 ***adj.*** fam. Chiquirritín.

chicota ***f.*** *Colomb.* Voz para llamar al ganado vacuno.

chicotazo ***m.*** Golpe dado con el chicote. 2 *S. Dom.* Trago de licor.

chicote, -ta (de *chico*) ***m. f.*** fam. Persona de poca edad, robusta y bien hecha. -2 ***m.*** fig. Cigarro puro. 3 MAR. Extremo de cuerda, o pedazo pequeño separado de ella. 4 *Amér.* Látigo. 5 *Amér. Central.* Serie, retahíla.

chicotear ***tr.*** *Amér.* Dar chicotazos [a una persona o animal]. 2 *Colomb.* Matar. 3 *Colomb.* Hacer pedazos. 4 *Colomb.* Hablando de [ganado], llamarlo con la voz chicota. 5 *Chile.* Estucar sin igualar la mezcla con la llana. 6 *Venez.* Disputar, pelear. -7 ***prnl.*** *Chile.* Disciplinarse. 8 *S. Dom.* Traguear.

chicotillo ***m.*** *Bol.* Tira gruesa de cuero us. para azotar la caballería.

chicozapote (méj. *xicohtzapotl*) ***m.*** Zapote.

chicta ***f.*** *Ecuad.* Acción de chictar. 2 *Ecuad.* Efecto de chictar.

chictar (quechua *chigtana,* rajar) ***tr.*** *Ecuad.* Restablecer con el arado los surcos [de la sementera].

chicuace (mej. *chicohuace*) ***m.*** *Méj.* Persona que tiene seis dedos en una mano o pie.

chicuaco, -ca ***adj.*** *Venez.* Tonto, imbécil.

chicuelo, -la ***adj.-s.*** Dim. de *chico.*

chicuite ***m.*** *Amér. Merid.* Balde para achicar el agua de las minas.

chicura ***f.*** *Méj.* BOT. Guaco (planta).

chícura ***f.*** *Venez.* Variante de chicora.

chicurón ***m.*** *Venez.* Chícura grande.

chiera ***f.*** *Méj.* Persona que vende chía y refrescos.

chifa (voz china) ***f.*** *Perú.* Fonda en que se sirven viandas chinas.

chifaná (voz china) ***m.*** *Perú.* Potaje chino que se ha añadido a la culinaria criolla.

I) chifla ***f.*** Acción de chiflar. 2 Efecto de chiflar. 3 Especie de silbato.

II) chifla (ár. *xafra,* cuchilla de zapatero) ***f.*** Cuchilla con que los encuadernadores y guanteros raspan y adelgazan las pieles.

III) chifla ***f.*** *Méj.* Mal humor.

chifladera ***f.*** Chifla (silbato). 2 *Méj.* Monomanía, chifladura.

chiflado, -da ***adj.*** Maniático. 2 Enamorado en exceso.
SIN. v. **Loco.**

chifladura ***f.*** Acción de chiflar o chiflarse. 2 Efecto de chiflar o chiflarse. 3 Maña, deseo, afición exagerada por alguna persona o cosa.

I) chiflar (b. l. **sifilare*) ***intr.*** Silbar con la chifla o imitar su sonido con la boca. -2 ***tr.-prnl.*** Hacer burla o escarnio [de uno] en público. 3 fam. Beber a grandes tragos [vinos y licores]. -4 ***prnl.*** Perder uno la energía de las facultades mentales. 5 Tener sorbido el seso por una persona o cosa. -6 ***intr.*** *Guat.* y *Méj.* Cantar los pájaros.

II) chiflar ***tr.*** Raspar con la chifla [las badanas y pieles finas].

chiflato (l. *sibilatu*) ***m.*** Silbato (instrumento).

chifle ***m.*** Chifla (silbato). 2 Silbato o reclamo para cazar aves. 3 Frasco de cuerno para guardar pólvora. 4 *Ecuad.* Rebanada de plátano verde, frita en mantequilla o grasa de cerdo. 5 *Argent.* y *Urug.* Cuerna, liana.

chiflero ***m.*** *Bol.* Mercachifle (buhonero).

chifleta ***f.*** *Amér. Central* y *Méj.* Broma satírica, burla.

chiflete ***m.*** Chifla (silbato).

chiflido ***m.*** Sonido del chiflo. 2 Silbo que lo imita.

chiflín ***m.*** *Salv.* Aguardiente clandestino.

chiflo (l. *sifilu,* silbo) ***m.*** Chifla (silbato).

chiflón ***m.*** *Amér. Central.* Cascada que corre subterránea. 2 *Amér. Merid.* Viento colado, o corriente muy sutil de aire. 3 *Argent.* y *Chile.* MIN. Labor o plano inclinado. 4 *Méj.* Canal por donde sale el agua con fuerza. 5 *Méj.* Derrumbe de piedra suelta en el interior de una mina.

chifurnia ***f.*** *Guat.* y *Salv.* Paraje lejano.

chiga ***f.*** *Venez.* Substancia feculenta extraída de las semillas del chigo.

chigo ***m.*** *Venez.* Árbol del que se extrae la chiga *(Campsiandra comosa).*

chigre (del l. *sicera*) ***m.*** *Ast.* Sidrería. 2 *Murc.* Torno en las prensas de palanca.

chigrero ***m.*** *Ast.* Dueño de un chigre. 2 *Ecuad.* Comerciante que vende géneros de la sierra al litoral de la República.

chigua ***f.*** *Amér.* Especie de serón o cesto hecho con cuerdas o cortezas de árboles, de forma oval. Sirve para muchos usos domésticos. 2 *Bol.* Red para pájaros. 3 *Chile.* Cuna rústica.

chiguato, -ta ***adj.*** *Salv.* Cobarde.

chigüé ***m.*** *Venez.* Hambre canina.

chigüil ***m.*** *Ecuad.* Masa de maíz, manteca y huevos con queso, envuelta en chala y cocida al vapor.

chigüín ***m.*** *Hond., Nicar.* y *Salv.* Muchacho raquítico.

chihua ***f.*** *Argent.* y *Chile.* Chigua.

chihuahua ***adj.-m.*** V. perro ~. -2 ***m.*** *Ecuad.* Armazón tosca de cañas, revestida de papel y llena de pólvora, que se usa en los fuegos de artificio. 3 *Ecuad.* Peso deficiente de ley.

chihuahuense ***adj.-com.*** De Chihuahua, c. y estado de Méjico.

chií ***adj.-com.*** Musulmán que considera a Alí y sus descendientes como únicos califas legítimos.

chiita ***adj.-com.*** GALIC. Chií.

chijete ***adj.*** *Chile.* Dicharachero, apl. esp. a las mujeres locuaces.

chila (voz aimara) ***f.*** *Bol.* Chuño seco de plátano, yuca o racacha.

chilaba (ár. vulgar) ***f.*** Vestidura con capucha de que usan los moros.

chilacayote (náhu. *tzilac,* liso + *ayotli,* calabaza) ***m.*** *Méj.* Cidra cayote.

chilacoa ***f.*** *Colomb.* Especie de chochaperdiz muy común y abundante. El nombre se aplica gralte. al *Himantopus mexicanus.*

chilanco ***m.*** Cilanco.

chilandre, -dra ***m. f.*** *Guadal., Sor., Teruel* y *Zar.* Gorrión campestre.

chilapeño ***m.*** *Méj.* Sombrero ordinario de paja.

chilaquil (náhu. *chilli,* pimiento + *quilitl,* yerba comestible) ***m.*** *Méj.* Guiso que se hace con pedazos de tortilla de maíz fritos en manteca y adobados con chile y otros ingredientes. 2 *Méj.* Sombrero de fieltro viejo y mugriento.

chilaquila ***f.*** *C. Rica* y *Guat.* Tortilla de maíz con relleno de queso, hierbas y chile.

chilaquiles ***m. pl.*** *Méj.* Guisado que se hace con tortilla.

chilar ***m.*** Terreno poblado de chiles.

chilate (náhu. *chilli,* pimiento + *atl,* agua) ***m.*** *Amér. Central.* Especie de atole de maíz tostado y zumo de ají.

chilatole ***m.*** *Méj.* Guiso de maíz, chile y carne.

chilca (quechua) ***f.*** *Amér.* Nombre de varias especies de arbolitos balsámicos y resinosos que se usan en veterinaria *(gén. Baccharis* y *Eupatorium).*
SIN. **Chirca.**

chilcano (quechua) ***m.*** *Perú.* Potaje de poco valor.

chilchís ***m.*** *Bol.* Llovizna.

chilchote ***m.*** *Méj.* Especie de ají o chile muy picante.

chilco ***m.*** *Chile.* Fucsia silvestre. 2 *Colomb.* y *Perú.* Chilca.

Chile ***n. pr.*** V. *nitrato de* ~.

I) chile (mej. *chilli,* pimienta) ***m.*** Pimiento (planta y fruto). 2 *Amér. Central.* Bola o mentira. 3 *Colomb.* En algunas regiones, especie de red para pescar.

II) chile ***m.*** Albahaquilla de Chile.

chileajo ***m.*** *Méj.* Guisado de chile con carne de cerdo.

chilena *f.* DEP. Jugada de fútbol en la que el jugador, saltando hacia atrás hasta quedar en el aire con la espalda paralela al suelo, golpea el balón con un movimiento de tijeras con las piernas, imprimiéndole una trayectoria por encima de su cabeza, opuesta o perpendicular a la dirección en que venía. 2 *Ecuad.* y *Perú.* Marinera (baile).
chilenismo *m.* Vocablo, giro o modo de hablar propio de los chilenos. 2 Amor o apego a las cosas características de Chile.
chilenita *f.* Mineral de la clase de los bismuturos, que cristaliza en el sistema cúbico. 2 *Argent.* Baile.
chilenizar *tr.* Dar [a algo o alguien] carácter chileno. ◇ ** CONJUG. [4] como ***realizar.***
chileno, -na, -ño, -ña ***adj.-s.*** De Chile, nación de América del sur. -2 ***adj.*** *Urug.* [ganado vacuno] De cuernos rectos y levantados.
chilero, -ra *m. f. Guat.* y *Méj.* Persona que cultiva y vende chile. 2 *Méj.* ant. *y* desp. Tendero de comestibles. 3 *Amér. Central.* Vasija para el chile (pimiento). -4 ***adj.*** *Guat.* [pers.] Mentiroso.
chilguacán *m. Ecuad.* Especie de papayo *(Carica heilbornii).* SIN **Chamburo.**
chili *m.* Viento del sur, seco y cálido, que sopla en Túnez.
chilicotear ***intr.*** *Bol.* Entretenerse en poquita cosa.
chililillo (maya) *m. Amér. Central.* Bejuco para amarrar o varita que hace de látigo. 2 *Salv.* Manopla.
chilindrina *f.* fam. Cosa de poca importancia. 2 Chascarrillo. 3 Chafaldita.
chilindrinero, -ra ***adj.-s.*** fam. Que cuenta chilindrinas.
chilindrón *m.* Juego de naipes, especie de pechigonga sin envites. 2 Preparación culinaria, típica de Aragón, Navarra y La Rioja, hecha con cordero o pollo, pimientos, tomates, cebolla, ajos, pimienta y sal. 3 *Cuba.* Negocio sucio. 4 *Hond.* Chilca.
chilinguear *tr. Colomb.* vulg. Columpiar, mecer.
chilizate ***adj.*** *Hond.* Encolerizado.
I) chilla (de *chillar*) *f.* Instrumento con que los cazadores imitan el chillido de algunos animales.
II) chilla (aféresis de *cuchilla*) *f.* Tabla delgada de ínfima calidad. V. clavo de chilla. 2 Plancha lisa o bruñida, del tamaño del libro, hecha de madera, hoja de lata o cartón, que, junto con otra igual, sirve para poner el libro ya dorado en la prensa.
III) chilla (arauc.) *f. Chile.* Especie de zorra de menor tamaño que la europea común *(Canis azarae).* 2 *Argent.* Otra especie de zorra *(Canis gracilis).* 3 *Argent.* y *Bol.* Pelusa de las plantas y los granos.
chillada *f. Amér. Central.* Acción de chillar. 2 *Amér. Central.* Efecto de chillar.
chillado *m.* Techo de alfajías y tablas de chilla.
chillador, -ra ***adj.-s.*** Que chilla.
chillanejo, -ja ***adj.-s.*** desp. De Chillán, cap. de la prov. de Nuble (Chile).
chillanense ***adj.-com.*** De Chillán, cap. de la prov. de Nuble (Chile). 2 Relativo a esta ciudad.
chillar (v. *silbar*) ***intr.*** Dar chillidos. 2 Imitar con la chilla el chillido de los animales de caza. 3 Chirriar. 4 Hablando de colores, destacarse con demasiada viveza o estar mal combinados. 5 fam. Reñir a alguien dando voces. 6 fig. Protestar, quejarse. -7 ***prnl.*** *Amér.* Picarse, ofenderse. 8 *Amér. Central.* Avergonzarse, disgustarse.
chillera *f.* MAR. Barra de hierro doblada en ángulo recto por ambos extremos, los cuales encajan en la amurada o en las brazolas, dejando el hueco necesario para poder estibar de modo que no se muevan con los balances del buque ciertas municiones de la artillería, como balas, saquetes de metralla, etc.
chillería *f.* Conjunto de chillidos o voces descompasadas. 2 Regaño, reprensión vocinglera.
chillido (de *chillar*) *m.* Sonido inarticulado de la voz, agudo y desapacible.
chilligua *f. Bol.* Paja para hacer escobas.
I) chillo *m.* Chilla (instrumento). 2 *Amér. Central.* Deuda. 3 *Ecuad.* Estado de enojo o resentimiento. 4 *Ecuad.* Reclamo enérgico en que intervienen muchos. 5 *P. Rico.* Plebe.
II) chillo, -lla ***adj.*** *Perú.* De color negro subido.
I) chillón *m.* Clavo de chilla.
II) chillón, -llona ***adj.-s.*** fam. Que chilla mucho. 3 fig. [color] Demasiado vivo o mal combinado.
chillonazo *m. C. Rica.* Chasco, vergüenza.
chilmecate *m. Méj.* Planta, bejuco leñoso muy desarrollado *(Jaullinia pinnata).*
chilmole (mej. *chilmulli,* salsa de ají) *m. Méj.* Salsa que se hace con chile y tomate, o con chile, naranja agria, sal y cebolla. SIN. **Chirmol.**
chilomona (gr. *chíloma,* heno) *m.* Protozoo flagelado muy abundante en las aguas dulces que contienen substancias en putrefacción.
I) chilote (mej. *xilotl*) *m. Méj.* Bebida de pulque con chile. 2 *Amér. Central.* Elote muy tierno.
II) chilote, -ta ***adj.-s.*** De Chiloé, prov. de Chile.
chilotear ***intr.*** *Amér. Central.* Filotear el maíz.
chilpar *tr. Argent.* Hender de un tajo la oreja de un animal.
chilpe (quechua *chilipi,* hebras de hojas secas) *m. Ecuad.* Cabuya, cordel. 2 *Ecuad.* Hoja seca de maíz. 3 *Ecuad.* Oreja hendida de la res. -4 *m. pl. Chile* y *Ecuad.* Andrajos. 5 *Chile* y *Ecuad.* Trastos, trebejos.
chilpiar (quechua *chilpina,* rasgar, romper) *tr. Ecuad.* Hender la oreja [de una res] para señalarla. 2 *Ecuad.* Desgarrar pedazos o tiras de cualquier cosa.
chilpocle (mej. *chilli,* chile + *poctli,* humo) *m. Méj.* Pimiento secado al humo.
chilposo, -sa ***adj.*** *Chile.* Andrajoso, harapiento. 2 *Perú.* Desgreñado.
chiltepe *m. Guat.* Chiltipiquín.
chiltepín *m. Méj.* Chiltipiquín.
chiltipiquín (mej. *chilli,* pimiento y *tecpín,* pulga) *m.* Pimiento. 2 *Méj.* fig. Enérgico, cascarrabias.
chiltote (mej. *chilli,* pimiento + *tototl,* pájaro) *m. Amér. Central* y *Méj.* Turpial, ave.
chiltuca, chiltuga *f. Salv.* Casampulga.
chiluca *f. Méj.* Pórfido traquítico us. en construcciones.
chima *f. Bol.* Salvado de trigo.
chimachima (guaraní) *m. Argent.* Chimango.
chimal *m. Méj.* Cabellera alborotada.
chimalteco, -ca ***adj.-s.*** De Chimaltenango, c. y dep. de Guatemala.
chimango *m.* Ave falconiforme de América meridional, de unos 30 cms. de largo, color obscuro en algunas partes, y acanelado y blancuzco en otras *(Milvago chimango).* 2 *R. de la Plata.* Hombre del pueblo.
chimar *tr. Méj.* Fastidiar [a alguien]. -2 ***prnl.*** *C. Rica* y *Hond.* Lastimarse.
chimarra *f. Colomb.* Juego de muchachos.
chimba (quechua *chimpa*) *f. Colomb.* y *Ecuad.* Trenza de pelo. 2 *Colomb.* Juego de naipes. 3 *Chile* y *Perú.* Banda de un río opuesta a aquella en que se está. 4 *Chile.* En ciudades situadas sobre ríos, el barrio que queda en el lado menos importante. 5 *Perú.* Vado.
chimbador *m. Perú.* Indígena perito en atravesar ríos. 2 *Perú.* Caballo muy alto.
chimbanquele *m. Venez.* Baile popular.
chimbar *tr. Ecuad.* Mohatrar. 2 *Ecuad.* y *Perú.* Vadear [un río]. -3 ***intr.*** *Perú.* Salir bien en una empresa.
chimbé (voz guaraní) ***adj.*** *Parag.* [animal] Que tiene el hocico romo y arremangado.
chimbero, -ra ***adj.*** *Chile.* Plebeyo, arrabalero.
chimbilá *m. Colomb.* Murciélago.
chimbilaco *m. Colomb.* Juego de chicos.
chimbilín *m. S. Dom.* Niñito.
chimbique *m. Venez.* Tambor tosco de origen africano. 2 *Venez.* Baile ejecutado con dicho instrumento.
chimbo, -ba ***adj.-s.*** *Amér.* Dulce hecho con huevos, almendras y almíbar. -2 ***adj.*** *Colomb.* y *Venez.* Gastado, desgastado. -3 *m. Colomb.* Moneda fraccionaria. 4 *Colomb.* Pedazo de carne. 5 *Hond.* Máquina movida por aguas que sirve para soplar, us. por los mineros.
chimbombera *f. Venez.* Anemia perniciosa.
chimbombo, -ba ***adj.*** *Venez.* Anémico, edematoso.
chimboracense ***adj.-com.*** De Chimborazo, prov. del Ecuador.
chimborrio *m. Colomb.* Tambor de los indios.
chimbuzo *m. Ecuad.* Cuerpo cilíndrico y estrecho, de extremidad cónica, parecido al embudo.
chimeco, -ca ***adj.*** *Guat.* [niño] Que tiene el cabello rubio.
chimenea (fr. *cheminée* < b. l. *caminata* < l. *caminu,* hogar) *f.* Conducto para dar salida al humo (producto gaseoso): ~ *de un buque.* 2 Hogar o fogón para guisar o calentarse, provisto de este conducto. 3 Chimenea para calentarse, situada en un hueco abierto en la pared y guarnecida con un marco y una repisa en su parte superior; llámase también *chimenea francesa.* 4 Con-

ducto o canal de un volcán por donde se expulsan al exterior los materiales volcánicos. 5 En las armas de pistón, cañoncito de la recámara donde se encaja la cápsula. 6 Orificio circular que tiene el paracaídas en su centro y que, al dar lentamente salida al aire, asegura la estabilidad del mismo. 7 Conducto de madera por donde suben y bajan los contrapesos en las maniobras de la maquinaria teatral. 8 *Amér.* MIN. Pique que sirve para comunicar las galerías entre sí.

chimichaca *f. Hond.* Aguardiente.
chimicolito *m. Hond.* Revólver.
chiminango *m. Colomb.* Árbol corpulento que abunda en el Cauca *(Pithecolobium macristachyum).*
chimiscol *m. C. Rica.* Aguardiente de caña.
chimiscolear *intr. Méj.* Chismosear. 2 *Méj.* Tomar tragos de licor.
chimiscolero, -ra *m. f. Méj.* Persona que anda de aquí para allá, que tiene muchos amigos.
chimisturria *f. Méj.* Chapurrado, mezcla de bebidas.
chimó *m. Venez.* Pasta de extracto de tabaco y sal de urao; se hace también de la ceniza que da el tamo del café. La saborean los campesinos llevándola en la boca.
chimojo *m. Cuba.* Medicamento antiespasmódico hecho de tabaco, cáscara de plátano, salvia y otros ingredientes.
chimole *m. Amér. Central.* Chilmole.
chimolero, -ra *m. f. Méj.* desp. Fondista.
chimpa *f. Méj.* Mixtura de pinole, chilacayote y agua.
chimpancé (voz del Congo) *m.* Primate catarrino póngido de África occidental, de brazos largos, cabeza grande, barba y cejas prominentes, nariz aplastada y el cuerpo cubierto de pelo pardo negruzco; se domestica fácilmente *(Pan troglodytes).* ◇ Pl.: *chimpancés.*
chimpinilla *f. Hond.* Espinilla de la pierna.
chimuelo, -la *adj. Méj.* Mellado.
chin *m. P. Rico y S. Domingo.* Pizca.
I) china *f.* Planta liliácea, especie de zarzaparrilla, que se cría en América y de cuyos rizomas se obtiene una harina comestible *(Smilax pseudo-china).* 2 Tejido de seda o lienzo que viene de la China, o el labrado a su imitación. 3 Porcelana de China, o porcelana en gral.: *tengo una muñeca de ~.* 4 *Cuba* y *P. Rico.* Naranja dulce.
SIN. / **Lampatán.**
II) china *f. Amér.* India o mestiza en gral. Según los países tiene aceps. especiales, como india que se dedica al servicio doméstico, aya, niñera; en algunas partes, amante o concubina. 2 *Colomb.* Peonza, trompo. 3 *Colomb.* Aventador para avivar el fuego.
chinaca *f. Méj.* Pobretería, gente desharrapada y miserable.
chinacate (mej. *tzintl,* anca de animal + *nacatl,* carne) *m. Méj.* Gallo sin plumas en el anca.
chinaje *m. Argent.* y *Urug.* Chinerío.
chinama (mej. *chinamitl,* seto de cañas) *f. Guat.* y *Salv.* Choza, cobertizo de cañas y ramas.
chinamitla *f. Méj.* Choza pequeña de paja.
chinamo *m. Amér. Central.* Chinama.
chinampa *f. Méj.* Terreno de corta extensión en las lagunas vecinas a la ciudad de Méjico, donde se cultivan flores y verduras.
chinampear *intr. Méj.* Huir el gallo en una pelea. 2 *Méj.* p. ext. Huir. 3 *Méj.* Rehusar un compromiso. 4 *Méj.* Tener miedo.
chinampero, -ra *adj.-s. Méj.* Cultivador de chinampas; producto que se obtiene en ellas. -2 *adj.* [gallo] Cobarde, que no sirve para la pelea.
chinana (mej. *tzinana*) *f. Méj.* Supositorio. 2 *Méj.* fig. Molestia.
chinancal *m. Méj.* Casista construida en una chinampa.
chinandegano, -ga *adj.-s.* De Chinandega, c. y dep. de Nicaragua.
chinanta *f.* Medida de peso us. en Filipinas y que equivale a 6,326 kgs.
chinapo *m. Méj.* Obsidiana.
chinar *tr.* Embutir con chinas [los revoques de mampostería].
chinarral *m.* Lugar donde abundan los chinarros.
chinarro *m.* Piedra algo mayor que una china.
chinaste (mej. *xinachtli,* semillero) *m. Amér. Central.* Germen prolífico. 2 *Amér. Central.* Raza: *gallo de buen ~.*
chinastear *tr. Amér. Central.* Fecundar el macho [a la hembra], esp. tratándose de aves de corral.
chinata *f. Cuba.* Cantillo. 2 *Cuba.* Bolita para jugar. 3 *Cuba.* Juego de niños, en que se emplean chinitas.
chinazo *m.* Aum. de china (piedra). 2 Golpe dado con una china.
chincate *m.* Azúcar moreno último que sale de las calderas.
chincha *f. Amér. Central.* Chinche, insecto.
chinchal *m. Cuba* y *P. Rico.* Puesto pequeño de tabaco. 2 *Cuba* y *P. Rico.* Tiendecita pobre.
chinchar (de *chinche*) *tr.* vulg. Molestar, fastidiar. 2 Matar. -3 *prnl.* Soportar una molestia o aguantar un perjuicio.
chíncharo *m. Colomb.* Dado de jugar.
chincharrazo *m.* fam. Cintarazo.
chincharrero *m.* Lugar lleno de chinches. 2 Barco pequeño que usan en América para pescar.
chinche (l. *cimice*) *amb.* Insecto hemíptero, de color rojo obscuro y cuerpo deprimido, casi elíptico, que segrega un líquido fétido y chupa la sangre del hombre produciendo picadas irritantes *(Cimex lectularis).* 2 ~ *de campo,* insecto hemíptero parecido al anterior y parásito de los vegetales. 3 Chincheta. -4 *com.-adj.* Persona chinchosa. -5 *m. Chile.* Fuelle pequeño. 6 *Méj.* Cárcel.
GRAM. Aunque la Academia lo considera femenino, se usa también como masc. en extensas regiones de España y de América, tanto en la lengua hablada como en la escrita.
chinchel *m. Chile.* Caramanchel (merendero).
chinchemolle *m. Chile.* Insecto sin alas, que habita bajo las piedras y se distingue por su olor nauseabundo *(Anisomorpha crassa).*
chinchero *m.* ant. Tejido de mimbres o listones de madera con varios agujerillos, que se ponía alrededor de las camas para recoger las chinches, y sacudirlas después. 2 Lugar lleno de chinches. 3 *Cuba.* Bodega de pobre aspecto. 4 *Guat.* Lado del sol en la plaza de toros.
chincheta *f.* Clavito metálico de cabeza circular y chata y punta acerada que sirve para asegurar al tablero el papel en que se dibuja, o para otros fines parecidos.
chinchilla *f.* Mamífero roedor de América del sur, parecido a la ardilla, aunque algo mayor, y con el pelaje gris; su piel es muy estimada en peletería *(Chinchilla lanigera).* 2 Piel de este animal.
chinchimén (arauc.) *m. Chile.* Especie de nutria de mar, cuyo cuerpo mide unos 30 cms. *(Myocastor coypus).*
I) chinchín (onomat. de sonido de los platillos) *m.* Música callejera. 2 fig. Propaganda estrepitosa, esp. cuando sólo consiste en la apariencia. 3 Llovizna. 4 Brindis en que se hace chocar los vasos o copas. 5 *Amér. Central* y *R. de la Plata.* Especie de sonajero de lata.
II) chinchín *m. Chile* y *Perú.* Arbusto siempre verde, de madera dura *(Azara microphylla).*
chinchinear *intr.* Brindar. -2 *tr. Amér. Central.* Acariciar, mimar [a alguien].
chinchintor *m. Guat.* Serpiente fabulosa de la fantasía popular. 2 *Hond.* Persona muy enojada.
chincholero *m.* Escaramujo.
chinchón *m.* Bebida anisada de alta graduación. 2 Juego de naipes muy parecido al remigio, en el que el jugador puede conservar en la mano las cartas no ligadas, pudiéndolas añadir en las combinaciones de otros jugadores.
chinchona *f.* QUÍM. Quina.
chinchonear *tr. Ecuad.* Azuzar, encolerizar.
chinchorrazo *m. Amér.* Chincharrazo. 2 *S. Dom.* Trago de licor.
chinchorrear *intr.* Traer y llevar chismes y cuentos. -2 *tr.* Molestar, fastidiar. 3 *Colomb.* Pescar con el chinchorro (red). -4 *intr. Colomb.* Mecerse en el chinchorro (hamaca).
chinchorrería (de *chinchorrero*) *f.* fig. Impertinencia, pesadez. 2 Chisme, cuento.
chinchorrero, -ra (de *chinche*) *adj.* fig. Que se emplea en chismes y cuentos con impertinencia y pesadez. -2 *m.* Marinero embarcado en un chinchorro.
chinchorro *m.* Red a modo de barredera, menor que la jábega. 2 Embarcación de remos, muy chica. 3 Hamaca ligera tejida de cordeles. 4 *C. Rica.* Grupo de casuchas o cuartos de alquiler. 5 *Méj.* Recua que consta de pocas unidades. 6 *P. Rico* y *S. Dom.* Tiendecita pobre.
chinchoso, -sa (de *chinche*) *adj.* fig. [pers.] Molesto y pesado.
SIN. **Chinche.**
chinchudo, -da *adj. Argent.* Chinchoso, molesto.
chinchulín (quechua *chunchulli,* tripas menudas) *m. Amér. Merid.* Yeyuno de los vacunos.
chinchurria *f. Venez.* Chinchulín. 2 *Venez.* fig. Mujerzuela.
chincol (arauc.) *m.* Ave paseriforme de América del sur, muy

semejante al gorrión europeo, pero de canto agradable *(gén. Zonotrichia).* 2 *Chile.* Juego de chicos. 3 *Chile.* Mezcla de licores.
SIN. *1* **Chingol, chingolo.**

chincolito *m. Chile.* Bebida alcohólica compuesta de agua y aguardiente.

chincolo, -la *adj. Méj.* Sin cola.

chincotel *m. Cuba.* Bebida de agua azucarada, ginebra, yemas de huevo y limón.

chincual *m. Méj.* Sarampión. 2 *Méj.* Deseo constante de paseos y diversiones.

chincualear *intr. Méj.* Parrandear, andar de juerga.

chincuete (mej. *tzintli,* parte posterior y *cueitl,* faldas) *m. Méj.* Tela que, a modo de enaguas, se enrollan las indias.

chinda *com.* Persona que vende despojos de reses.

chindar *tr.* Arrojar, tirar, deshacerse [de una cosa].

chindo, -da *adj. Salv.* Mentecato.

chiné *adj.* [tela] Rameado o colorido. ◇ Pl.: *chinés.*

chinear (de *china,* niñera) *tr. Amér. Central.* Llevar en brazos o a cuestas [a un niño]. 2 *Amér. Central.* Consentir, mimar. 3 *Amér.* Requebrar a las chinas.

chinela (gall. port. y ant. *chanela* < b. l. **planella,* zueco < l. *planu) f.* Calzado casero de suela ligera y sin talón. 2 Especie de chapín que se usaba a modo de chanclo.

chinelazo *m.* Golpe dado con una chinela.

chinelón *m.* Aum. de *chinela.* 2 *Venez.* Especie de zapato con orejas, sin botones, hebillas ni lazos, y más alto que la chinela.

chineo *m. C. Rica.* Acción de chinear, mimar, halagar. 2 *C. Rica.* Efecto de chinear, mimar, halagar.

chinería *f. Chile.* Chinerío. 2 *Perú.* Grupo de chinos asiáticos.

chinerío *m. Urug.* Conjunto de chinos (gente del pueblo bajo). 2 *Argent., Chile* y *Urug.* Conjunto de chinas o mujeres aindiadas.

chinero *m.* Armario o alacena en que se guardan piezas de china, cristalería, etc. 2 *And.* Tirador, para disparar piedrecillas.

chinesco, -ca *adj.* Chino (de China). 2 Parecido a las cosas de China. -3 *m.* Instrumento músico de percusión compuesto de una armadura metálica, guarnecida de campanillas y cascabeles, enastada en un mango para hacerlo sonar sacudiéndolo a compás. -4 *f. pl.* V. sombras chinescas.

chinga *f. C. Rica* y *Venez.* Colilla de cigarro. 2 *C. Rica.* Barato que pagan los jugadores. 3 *Hond.* Chunga, burla. 4 *Venez.* Chispa, borrachera. 5 *Amér.* Mofeta, mamífero. 6 *Venez.* Cantidad mínima de una cosa.

chingado, -da *adj.* vulg. Estropeado, averiado. 2 vulg. Fastidiado, molesto, irritado.

chingalito *m. Colomb.* Mezcla de licores.

chingana *f. Amér. Merid.* Taberna en que suele haber canto y baile. 2 *Amér.* Fiesta animada en que se baila, se canta y se bebe. 3 *Bol.* Pozo, conducto subterráneo.

chinganear *intr. Argent.* Parrandear.

chingar *tr.* vulg. Beber con frecuencia [vino o licores]. 2 vulg. Practicar el coito, fornicar. 3 Importunar, molestar, fastidiar. 4 Estropear. -5 *prnl.* Embriagarse. -6 *intr.* Tintinear. 7 *Can.* Salpicar. -8 *prnl. Can.* y *Amér.* Fracasar, frustrarse alguna cosa. -9 *tr. Amér. Central.* Cortar el rabo [a un animal]. -10 *intr. Amér. Central.* Bromear. 11 *C. Rica.* Cobrar la chinga (barato). 12 *Argent.* y *Urug.* Colgar un vestido más de un lado que de otro. -13 *tr. Guat.* Hablando de gallos de pelea, adiestrarlos. ◇ ** CONJUG. [7] como **llegar.** ◇ En la acepción *2* es voz malsonante.

chingaste *m. Amér. Central.* Residuo, heces.

chinglar (onomat. *ching, chingl,* del trago) *tr.-intr.* Pasar un trago de vino.

chingo, -ga *adj. Colomb.* y *Cuba.* vulg. Pequeño, diminuto. 2 *Amér. Central.* [animal] Rabón. 3 *Amér. Central* y *Venez.* Chato, romo, desnarigado. 4 *Amér. Central.* [vestido] Corto. 5 *C. Rica.* Desnudo, en paños menores. 6 *Venez.* Deseoso, ávido. 7 *Nicar.* Bajo de estatura. -8 *m. Pan.* Calzón del traje usado por los campesinos. 9 *Pan.* Maleficio, hechicería. -10 *m. pl. Amér. Central.* Pingos, ropa interior.

chingol, chingolo *m. Amér. Merid.* Chincol.

chingoleto, -ta *adj. C. Rica.* Chingo (corto), hablando de vestidos.

chingolingo *m. Guat.* Rifa de las ferias.

chingoyo *m. Perú.* Género de plantas compuestas *(Conyza chingoya).*

chingue *m. Argent.* y *Chile.* Mofeta, mamífero. 2 *Colomb.* Camisón de baño para mujer. -3 *adj. Chile.* Hediondo.

chinguear *intr. Hond.* Bromear. 2 *C. Rica.* Cobrar el barato. -3 *tr. Amér. Central.* Variante de chingar. 4 *Pan.* Jugar.

chínguere *m. Méj.* Bebida alcohólica de mala calidad.

chinguero *m. C. Rica.* Garitero. 2 *Guat.* Gallo maestro que sirve para chingar (adiestrar). 3 *Pan.* Jugador, tahúr.

chinguillo (arauc. *chincull*) *m. Chile.* Red que se coloca en las carretas para aumentar su capacidad. 2 *Chile.* Chigua (cuna rústica). 3 *Chile.* Especie de chigua (cesta para pescado). 4 *Perú.* Red fuerte usada para cargar bultos en los buques.

chinguina *f. Méj.* Legaña.

chinguinoso, -sa *adj. Méj.* Legañoso.

chinguirito *m. Cuba* y *Méj.* Aguardiente de calidad inferior. 2 *Cuba.* Trago de bebida alcohólica.

chinilla *adj. C. Rica.* [tela] A cuadritos blancos y negros.

chininingo, -ga *adj. S. Dom.* Entre campesinos, muy pequeño.

chinitear *intr. Argent.* Chinear (andar en amores con chinas).

I) chino, -na *m. f.* Piedra pequeña. 2 Suerte que echan los muchachos metiendo en el puño una piedrecita; presentando las dos manos cerradas pierde aquel que señala la mano en que está la piedra. 3 En el lenguaje de la droga, pequeño trozo de hachís. -4 *m. pl.* Juego que consiste en acertar el conjunto de monedas que esconden varios jugadores en la mano cerrada y que no pueden exceder de tres por jugador.
SIN. *1* **Chinorra, chinorro.** FR. *Caer la* o *tocar la* ~ [a alguien], fig., llegarle la desgracia o tener un golpe de mala suerte; *poner chinas,* fig., suscitar dificultades, obstáculos.

II) chino, -na *adj.-s.* De China, nación del centro y este de Asia. -2 *adj.-m.* Lengua taichina, hablada oficialmente en esta nación. 3 V. perro ~. -4 *m.* Idioma de los chinos. 5 Colador muy fino en forma de embudo. -6 *loc. adj. De chinos,* [trabajo, labor, etc.] muy difícil y que requiere gran paciencia. -7 *m. And.* y *La Mancha.* Cerdo. 8 *And.* y *La Mancha.* Voz para llamar al cerdo.
SIN. *1* **Sínico** se aplica sólo a las cosas. REL. **Sinología,** estudio de la lengua, literatura, instituciones, etc., de la China; derivado, **sinólogo.**

III) chino, -na *m. f. Amér.* vulg. Indio, mestizo. 2 *Amér. Merid.* Criado. 3 *Amér.* Hombre del pueblo. 4 *Amér.* Calificativo cariñoso. 5 *desus.* Descendiente de indio y zamba. 6 *Argent.* desus. Descendiente de blanco y negra. 7 *Cuba.* desus. Descendiente de negro y mulata. 8 *Cuba., Méj.* y *Perú.* desus. Descendiente de negro e india. 9 *Méj.* desus. Descendiente de morisco y española. 10 *Méj.* desus. Descendiente de lobo (indio y negra) y negra. 11 *Méj.* desus. Chamizo (saltatrás e india). 12 *Perú.* desus. Descendiente de mulato e india. -13 *m. Argent.* Enojo, enfado. 14 *Pan.* Pantalón azul obscuro y de género muy fuerte. -15 *m. pl. Méj.* Rizo de pelo. -16 *adj.-s. Amér. Central.* Pelón, pelado. 17 *Amér. Central.* Rabioso, airado. 18 *Colomb.* Gallo, caballo o cerdo de color amarillento. -19 *f. Amér. Central* y *Argent.* Niñera. 20 *Chile.* Amante o concubina. 21 *Colomb.* Peonza. 22 *Colomb.* Aventador para avivar el fuego.

chinorro, -rra *m. f.* Chino, piedra pequeña.

chinostra *f.* vulg. Cabeza.

chinotibetano, -na *adj.-m.* Tronco lingüístico cuyo dominio cubre una gran parte del este de Asia, que se divide en dos grupos: tibetobirmano y taichino.

chinta *f. Salv.* Muñeca ordinaria, de palo.

chío, -a *adj. Bol.* Apolillado, carcomido: *diente* ~.

chip (voz inglesa) *m.* INFORM. Diminuto trozo de cristal semiconductor, en forma de cubo, en el que se han formado diodos, transistores u otros componentes que, interconectados, constituyen un circuito integrado funcional.

chipa (quechua) *f. Amér. Merid.* Rodillo o cesto de paja que se emplea para recoger frutas y legumbres. 2 *Bol.* y *Colomb.* Cárcel. 3 *Bol.* y *Colomb.* Estafa en el juego. 4 *Colomb.* Rosca como la us. para mantener en pie una vasija redonda.

chipá (guaraní) *m. Parag.* Torta de harina de mandioca o maíz. 2 *Argent.* y *Parag.* Hígado.

chipaco *m. Bol.* Torta de pan de acemite.

chipaneco *m. Méj.* Entre los indios, enaguas de color rojo.

chipao (voz guaraní) *m. Argent.* Torta de tripa de vacuno, asada.

chipar *tr. Bol.* Estafar.

chipe *m. Chile* y *Venez.* Moneda de poco valor, imaginaria. 2 *Guat.* Último hijo de una mujer. 3 *Guat.* Género de pájaros. 4 *Amér. Central.* Encanijado. 5 *Amér. Central.* Persona que por todo gime y lloriquea.

chipé (voz gitana) *f.* Verdad, bondad. 2 fam. ***De*** ~, de órdago. ◇ Pl.: *chipés.*

chipén (voz gitana) *f.* Vida, bullicio. -2 *adj.* fam. Estupendo, excelente. 3 fam. *De ~*, de órdago. -4 *f. La ~*, la verdad, lo auténtico. ◇ Pl.: *chipenes.*

chipeno *m. Bol.* Medida de dos arrobas, para azúcar.

chipeya *f. Guat.* Bolita de cera.

chipi *m. Méj.* Chípil.

chipiar *tr. Guat.* Fastidiar, molestar. ◇ ** CONJUG. [12] como *cambiar.*

chipichape *m.* fam. Zipizape. 2 Golpe. 3 *Murc.* Llovizna persistente.

chipichipi *m. Guat.* y *Méj.* Llovizna.

chípil (mej. *tzipitl*) *m. Méj.* Niño llorón.

chipile *m. Méj.* Planta herbácea, vivaz, de hojas comestibles *(Crotalaria guatemalensis).*

chipileza *f. Méj.* Estado enfermizo del niño.

chipilín *m. Guat., Méj.* y *Salv.* Chipile.

chipilinear *tr. Guat.* y *Salv.* Molestar, fastidiar.

chipilingo *m. Colomb.* y *Méj.* Niño de corta edad. 2 *Cuba.* Ficha de poco valor, us. en juegos como equivalente a la moneda. -3 *adj. Cuba.* Raquítico.

chipilo *m. Bol.* Rodajas de plátano fritas.

chipión *m. Amér. Central.* Reprimenda.

chipioso, -sa *adj. Guat.* Llorón.

chipirón *m.* Calamar joven.

chipirre *adj. Venez.* Variante de pichirre.

chipojear *tr. Cuba.* Chispojear.

chipojo *m. Cuba.* Camaleón, especie de lagarto.

chipola *f. Venez.* Cierto aire musical.

chipolo *m. Amér.* Juego de naipes semejante al tresillo.

chiporra *f. Guat.* y *Hond.* Tumor en la cabeza.

chipotazo *m. Amér. Central.* Palmetazo, manotada.

chipote (mej. *xipotli,* chichón) *m. Méj.* Chichón. 2 *Amér. Central.* Manotada.

chipotear *intr.-tr. Amér. Central.* Manotear.

chippendale (de su creador, Thomas *Chippendale,* 1718-1779.) *m.* Estilo mobiliario inglés de mediados del siglo XVIII caracterizado por influencias góticas y orientales.

chipriota, -te *adj.-s.* De Chipre, nación insular del este del mar Mediterráneo. -2 *adj.-m.* Dialecto del griego común, hablado antiguamente en esta isla.
SIN. **Ciprino, ciprió.**

chipuste *m. Amér. Central.* Chibolo. 2 *Amér. Central.* Rechoncho. 3 *Salv.* Trocito, mendrugo. -4 *adj. Amér. Central.* Mequetrefe.

chiqueadores *m. pl. Amér. Central* y *Méj.* Rodajas de papel que, untadas con sebo u otra substancia, se pegan en las sienes como remedio casero para el dolor de cabeza. 2 *Méj.* Rodajas de carey que se usaron en Méjico como adorno mujeril. 3 *Guat.* Hojaldres largas y delgadas.

chiquear *tr. Cuba* y *Méj.* Mimar [a una persona], esp. de palabra. 2 *Perú.* Confrontar. -3 *prnl. Amér. Central.* Contonearse al andar. 4 *Amér. Central.* Pavonearse. 5 *Méj.* Hacerse rogar.

chiqueo *m. Cuba* y *Méj.* Mimo, halago. 2 *Amér. Central.* Contoneo.

chiqueón, -na *adj. Cuba.* Mimado.

chiquera *f. Extr.* Lugar donde se echan las aceitunas.

chiquerear *tr. Ecuad.* Enchiquerar [el ganado].

chiquero (de *cochiquera*) *m.* Zahúrda donde se recogen de noche los puercos. 2 Toril. 3 *R. de la Plata.* Establo, corral de cerdos, ovejas, etc.

chiquetear *tr. P. Rico.* Mimar.

chiqueteo *m. P. Rico.* Mimo.

chiquichaque (voz imitativa) *m.* El que tenía por oficio aserrar piezas gruesas de madera. 2 Ruido que se hace cuando se masca fuertemente.

chiquigüite (mej. *chiquihuitl*) *m. Amér. Central* y *Méj.* Cesto o canasta sin asas. -2 *adj. Méj.* Abobado, inútil.

chiquilicuatro *m.* fam. Chisgarabís.

chiquilín, -na *m. f.* fam. Chiquillo, niño.

chiquillada *f.* Acción propia de chiquillos.

chiquillería *f.* fam. Multitud, concurrencia de chiquillos.

chiquillerío *m. Perú.* Chiquillería.

chiquillo, -lla *adj.* Chico (niño y muchacho).

chiquimulteco, -ca *adj.-s.* De Chiquimula, c. y dep. de Guatemala.

chiquirín *m. Guat.* Insecto semejante a la cigarra, pero de canto más agudo y fuerte *(Odopoea imbellis).*

chiquirritico, -ca, -llo, -lla, -to, -ta *adj.* fam. Dim. de *chico.*

chiquirritín, -tina *adj.* Dim. de *chiquitín.* -2 *adj.-s.* Niño o niña que no ha salido de la infancia.

chiquisá *m. Amér. Merid.* Abejón.

chiquitear *intr.* Tomar chiquitos. -2 *tr. P. Rico.* Chiquetear. -3 *prnl. Nicar.* Achicarse.

chiquitero, -ra *m. f.* Persona que acostumbra a tomar chiquitos en los bares.

chiquitín, -na *adj.* Dim. de *chiquito.* -2 *adj.-s.* Chiquirritín.

chiquito, -ta *adj.-s.* [pers.] Dim. de *chico.* -2 *m.* Vaso de vino. 3 *Argent.* y *Urug.* Un poco, un momento.

chiquitura *f. Amér. Central* y *R. de la Plata.* Pequeñez, cosa muy chica. 2 *Amér. Central.* Niñería, chiquillada.

chira *f. C. Rica.* Espata o garrancha de plátano. 2 *Colomb.* Jirón. 3 *Salv.* Llaga.

chirajear *tr. Guat.* Hacer chirajos (andrajos) [una tela].

chirajo *m. Amér. Central.* Trastos, trebejos. 2 *Amér. Central.* Andrajos.

chirajoso, -sa *adj. Amér. Central.* Andrajoso.

chirapa *f. Bol.* Andrajo. 2 *Perú.* Lluvia con sol.

chirapo, -pa *adj. Ecuad.* [ave de corral] Que tiene las plumas crespas.

chiraposo, -sa *adj. Ecuad.* Andrajoso.

chirare *m. Venez.* Pequeña nasa de mimbre o varillas en forma de cono truncado.

chirca *f. Amér. Merid.* Chilca. 2 *Colomb.* Cierta madera de tinte. 3 *C. Rica.* Colilla del cigarro. 4 *C. Rica.* Rocín, matalón.

chircada (de *chirca,* rocín) *f. C. Rica.* Borricada, disparate.

chircagre *m. C. Rica.* Tabaco de buena calidad.

chircal *m.* Terreno poblado de chircas. 2 *Colomb.* Tejar.

chircaleño *m. Colomb.* Tejero, alfarero.

chircalero *m. Colomb.* Chircaleño.

chircate *m. Colomb.* Saya de tela tosca.

chirel *m. Venez.* Flor ya cuajada del cacao. 2 *Venez.* Capullo del cafeto.

chirga *f. Colomb.* Burla.

chirgua *f. Venez.* Vasija para cargar agua.

chirhuar (quechua *chirway*) *tr. Perú.* Estrujar.

chiri *m.* En el lenguaje de la droga, porro.

chiribico *m. Cuba.* Pez pequeño, de figura elíptica y color morado *(gén. Pomacanthus).* 2 *Cuba.* Pastelillo hecho de harina, azúcar y manteca.

chiribita *f.* Chispa (partícula inflamada). -2 *f. pl.* fam. Partículas que, vagando en el interior de los ojos, ofuscan la vista. -3 *f.* Maya (planta). -4 *f. Cuba.* Pez propio de los mares de las Antillas, con dientes en el borde de las mandíbulas, y cuyas aletas dorsal y anal están cubiertas de escamas *(Chaetodon paru).*

chiribital *m. Colomb.* Erial.

chiribitil (de *chivitil*) *m.* Desván, rincón o escondrijo. 2 Cuarto muy pequeño.

I) chiricano *m. Ecuad.* Especie de tamal (empanada). 2 *Pan.* Dulce de maíz hecho al horno.

II) chiricano, -na *adj.-s.* De Chiriquí, prov. de Panamá.

chiricatana (quechua *chiri,* frío + *jatana,* manta) *f. Ecuad.* Poncho de tela basta.

chiricaya *f. Amér. Central* y *Méj.* Jiricaya.

chirichi (quechua *chiri,* frío) *m. Ecuad.* Frío, escalofrío.

chiricote *m. Argent.* y *Parag.* Ave de cabeza y cuello gris azulados, pecho de color ocre canela y abdomen negro. Vive a orillas de lagunas y esteros *(Aramides cayanea).*

chíriga *f. Colomb.* Burla, chirigota.

chirigota *f.* fam. Cuchufleta.

chirigotear *intr.* Chancear, decir chirigotas.

chirigotero, -ra *adj.* Que dice chirigotas.

chirigua *f. Venez.* Chirgua, vasija. 2 *Chile.* Chirigüe.

chiriguare *m. Venez.* Ave de rapiña muy voraz. 2 *Venez.* fig. Penuria general.

chirigüe *m. Chile.* Avecilla común, de color aceitunado por encima, alas negras, garganta, pecho y abdomen amarillos *(Sycalis arvensis).*
SIN. **Chirigua.**

chirimbolo *m.* fam. Utensilio, vasija o cosa análoga: *los chirimbolos de la cocina.* 2 Remate torneado de un mueble. -3 *m. pl.* Juego de azar.

chirimía (fr. ant. *chalemie* < l. *calamellu*) *f.* MÚS. Instrumento músico de viento parecido al clarinete, con diez agujeros y boquilla con lengüeta de caña. -2 *com.* Músico que toca este instrumento. -3 *f. Guat.* fig. y fam. Persona que habla mucho y con voz desagradable y tiple.

chirimoya *f.* Fruto del chirimoyo. 2 Chirimoyo. 3 fam. Cabeza humana.

chirimoyo (voz americana) ***m.*** Árbol anonáceo, originario de América central, de tronco ramoso, hojas elípticas y puntiagudas, flores solitarias, olorosas, de pétalos verdosos, y fruto comestible en baya grande, verdosa por fuera y blanca por dentro *(Annona cherimolia).* 2 *Gran.* Chirimoya, fruto de este árbol.
chirinada ***f.*** *Argent., Urug.* y *Parag.* Fracaso. ◇ Ús. esp. en tono despectivo.
chirinche ***m.*** *Ecuad.* Chirichi.
chirinco ***m.*** *Hond.* Desecho.
chiringa ***f.*** *Cuba* y *P. Rico.* Volantín (cometa) pequeño.
chiringo ***m.*** *Méj.* Pedazo pequeño de una cosa. 2 *P. Rico.* Caballo pequeño.
chiringuito ***m.*** Quiosco o puesto de bebidas y comidas sencillas al aire libre. 2 ***fr. Montarse un ~,*** organizarse un pequeño negocio. 3 *Can.* Chorrito menudo.
chirino ***m.*** *Hond.* Cangrejillo que anda gralte. en las playas del mar.
chirinola ***f.*** Juego de muchachos parecido al de los bolos. 2 Conversación larga. 3 fig. Cosa de poco momento. 4 Pelotera, riña, pendencia. 5 *And.* fam. Cabeza del hombre.
FR. *Estar de ~*, estar de fiesta o de buen humor.
chiripa ***f.*** En el juego de billar, suerte favorable ganada por casualidad. 2 fig. Casualidad favorable. 3 *P. Rico.* Pizca. 4 *P. Rico.* Negocio pequeño. 5 *P. Rico.* Propina.
SIN. *1* v. **Casualidad.**
chiripá ***m.*** Prenda exterior de vestir us. por los campesinos de Argent., Parag., Río Grande del Sur (Brasil) y Urug., consistente en un paño que, a manera de calzones, cubre la mayor parte de los muslos y, pasando entre las piernas, se sujeta a la cintura. 2 *Argent.* Pañal que se pone a los niños en sus primeros años y que, por su forma, se parece al chiripá de los gauchos. ◇ Pl.: *chiripaes.*
chiripazo ***m.*** *Amér.* Término ponderativo de acierto casual.
chiripear ***tr.*** Ganar [tantos] por chiripa (en billar). -2 ***intr.*** *Perú, P. Rico* y *S. Dom.* Hacer chiripas (negocios).
chiripero (de *chiripa*) ***m.*** El que hace chiripa (en el juego). 2 El que una o muchas veces obtiene algo por chiripa (casualidad).
SIN. **Chambón.**
chiripío ***m.*** *Hond.* Dinero.
chirís ***m.*** *Guat.* Chiriso.
chiriso, -sa ***m. f.*** *Guat.* Niño pequeño. -2 ***adj.-s*** *Guat.* Raza de gallos de pelea.
chirivía (ár. v. español *chariviya* < l. *careu*) ***f.*** Planta umbelífera, de tallo anguloso, hojas recortadas y raíz fusiforme blanca o rojiza, carnosa y comestible *(Pastinaca sativa).* 2 ***~ de agua,*** la acuática, perenne y erecta, con los tallos estriados; las hojas emergidas son pinnadas y las sumergidas lineares; las flores son blancas *(Sium latifolium).* 3 Aguzanieves, ave.
chirivisco ***m.*** *Guat.* y *Hond.* Leña de arbusto seco.
chirla ***f.*** Molusco de la familia de las almejas, pero de menor tamaño *(Venerupis aurea).* 2 *Ecuad.* Golpe que se da con la parte palmar de los dedos.
chirlador, -ra ***adj.*** fam. Que chirla.
chirlar (l. *zinzilare*) ***intr.*** fam. Hablar atropelladamente y a gritos. -2 ***tr.*** Producir chirlos (heridas).
chirlata ***f.*** Timba de ínfima especie. 2 MAR. Trozo de madera que completa otro pedazo que está corto o defectuoso.
chirlatar ***tr.*** MAR. Poner chirlatas.
chirlazo ***m.*** Chirlo.
chirle ***adj.*** fam. Insípido, insubstancial. -2 ***m.*** Sirle.
chirlear ***intr.*** *Ecuad.* Cantar los pájaros al amanecer. -2 ***tr.*** *Amér. Merid.* Dar chirlos, cuchilladas [a alguien].
chirlería ***f.*** Charla, habladuría.
chirlo ***m.*** Herida prolongada en la cara. 2 Señal que deja esta herida.
SIN. *2* **Costurón, cicatriz.**
chirlomirlo ***m.*** Cosa de poco alimento. 2 Estribillo de cierto juego infantil.
chirmol ***m.*** *Guat.* Chilmole.
chirmolero, -ra ***adj.*** *Guat.* Revoltoso, chismoso.
chirmoloso, -sa (de *chirmol*) ***adj.*** *Guat.* [pers.] Amigo de intrigas, que gusta de hacer enredos.
chirola ***f.*** *Amér. Central.* Cárcel. 2 *Amér. Central.* Bolita. 3 *Argent.* y *Bol.* Moneda de plata de 20 centavos. 4 *C. Rica.* Chira (de plátano).
chirolazo ***m.*** *Guat.* y *Salv.* Tragantada.
chirona ***f.*** fam. Cárcel (edificio): *meter, estar en ~.*
REL. De esta expr. se ha formado el vb. **enchironar,** encarcelar.
chiros ***m. pl.*** *Colomb.* Andrajos, jirones.
chiroso, -sa ***adj.*** *Amér. Central* y *Colomb.* Astroso.
chirota ***f.*** *Amér. Central.* Mujer desenvuelta. -2 ***com.*** *Hond.* Persona traviesa y divagada.
chirotada ***f.*** *Amér. Central.* Inconveniencia. 2 *Ecuad.* Zoncería.
chirote ***m.*** *Ecuad.* y *Perú.* Especie de pardillo de canto dulce *(Sturnella militaris).* 2 *Perú.* Tonto, bobo. -3 ***adj.*** *C. Rica.* fig. Grande, hermoso. 4 *C. Rica.* Valiente, listo.
chirotear ***intr.*** *Amér. Central.* Callejear.
chirpial ***m.*** Pie joven procedente de brote de la cepa o raíz de un árbol.
chirpín ***m.*** *Hond.* Color pintado.
chirpinol (mej. *chilli,* ají, y *pinolli,* harina de maíz) ***m.*** *C. Rica.* Condimento para aderezar los manjares.
chirraca ***f.*** *C. Rica.* Árbol resinoso, del cual se extrae una especie de copal, muy usado como incienso *(Myroxilon pereirae).* 2 *C. Rica.* Resina de este árbol. 3 *C. Rica.* Adulación.
chirre ***adj.*** *Guat.* [órgano del cuerpo] Que tiene desviación.
chirrear ***intr.*** Chirriar.
chirria ***f.*** *Colomb.* Broma, jarana. 2 *Nicar.* Tirria, ojeriza.
chirriadera ***f.*** *Colomb.* Chirria (broma).
chirriadero, -ra ***adj.*** Que chirría.
chirriado, -da ***adj.*** *Colomb.* Salado, gracioso. 2 *Colomb.* Alegre, animado.
chirriador, -ra ***adj.*** Chirriadero. -2 ***m.*** *Cuba.* Pajarito, especie de estornino, que parece ser el chamariz *(Fringilla spinus).*
chirriante ***adj.*** Chirriadero.
chirriar (voz imitativa) ***intr.*** Dar sonido agudo ciertas cosas cuando son manipuladas, como el tocino cuando se fríe. 2 Ludir con ruido el cubo de las ruedas de un carro u otra cosa que lude o se frota con otra. 3 Chillar los pájaros que no cantan con armonía. 4 fig. Cantar desentonadamente. 5 *Colomb.* Andar de chirria (jarana). 6 *Colomb.* Tiritar de frío o de miedo. ◇ ** CONJUG [13] como ***desviar.***
SIN. *1* y *2* **Rechinar, gruñir.**
chirriburri ***m.*** *Cuba.* Zurriburri.
chirrido (de *chirriar*) ***m.*** Voz o sonido agudo y desagradable de algunas aves u otros animales. 2 Sonido agudo continuado.
chirringo ***adj.*** *Colomb.* Chiquitín.
chirrío ***m.*** Chirrido.
chirrión (de *chirriar*) ***m.*** Carro fuerte de dos ruedas y eje móvil. 2 *Amér.* Látigo o rebenque fuerte hecho de cuero. 3 *Amér. Central.* Sarta, retahíla. 4 *Amér. Central.* Charla, esp. entre enamorados.
chirriona ***f.*** *Méj.* Mujer desenvuelta. 2 *Méj.* Coqueta.
chirrionear ***tr.*** *Colomb.* y *Méj.* Dar con el chirrión (látigo).
chirrionero ***m.*** El que tiene por oficio conducir un chirrión.
chirrisco, -ca ***adj.*** *Amér. Central* y *Venez.* Pequeñito, diminuto. 2 *Méj.* Enamoradizo.
chirucas ***f. pl.*** Botas ligeras de lona resistente.
chirula ***f.*** Chistu.
chirulí ***m.*** *Venez.* Pequeño pájaro cantor, de dorso negro *(gén. Euphonia).*
chirulio ***m.*** *Hond.* Guiso hecho con huevos batidos y cocidos, con maíz, chile, achiote y sal.
chirumbela ***f.*** Churumbela.
chirumen ***m.*** fam. Caletre.
chirusa ***f.*** *Amér.* Mujer del bajo pueblo, por lo común mestiza o descendiente de mestizos.
chiruza ***f.*** *Amér.* Chirusa. 2 *Méj.* Gallo de ínfima categoría.
chis ***m.*** En el lenguaje infantil, orina, pis.
I) ¡chis! (b. l. *st!*) Interjección ¡Chitón! 2 *Guat.* Voz que indica que hay algo sucio, torpe, que provoca náuseas. ◇ También *¡achís!*
II) ¡chis! ¡chis! Interjección ¡Ce!
chisa ***f.*** *Colomb.* Larva de un género de escarabajos.
chisacá ***m.*** *Colomb.* Planta, especie de crisantemo *(Spilanthes mutisii).*
chiscar (de origen onomat.) ***tr.*** Sacar chispas del eslabón chocándolo con el pedernal. ◇ ** CONJUG. [1] como ***sacar.***
chiscarra ***f.*** Roca caliza de tan poca coherencia que se divide fácilmente en fragmentos pequeños.
chischás ***m.*** Ruido de las espadas al chocar unas con otras en la lucha.
chischís ***m.*** *Amér. Central* y *Colomb.* Llovizna. 2 *P. Rico.* Pizca.
chischisco ***m.*** *Argent.* y *Bol.* Arrebatiña.
chisco ***m.*** *Perú.* Ave de dulce canto y larga cola *(Mimus longicaudatus).*

chiscón *m.* desp. Tabuco.
chisga *f. Colomb.* Género de pájaros *(Fringila granatina).*
chisgarabís *m.* fam. Zascandil, mequetrefe, chiquilicuatro. ◇ Pl.: *chisgarabises.*
chisgo *m. Méj.* Gracia, donaire, atractivo.
chisgua (voz chibcha) *f. Colomb.* Mochila.
chisguete (de origen onomat.) *m.* fam. Trago o corta cantidad de vino que se bebe. 2 fam. Chorrillo de un líquido cualquiera que sale violentamente: *echar un ~.*
chisguetear *tr. Amér. Central.* Salpicar.
chisma *f.* ant. Chisme (noticia).
chismar *tr.* Chismear.
chismarajo *m. Guat.* Chisme, enredo.
chisme (v. *cisma*) *m.* Noticia verdadera o falsa con que se pretende meter discordia o murmuración. 2 fam. Baratija o trasto pequeño.
SIN. *1* **Reporte.**
chismear *tr.* Traer y llevar [chismes] (noticias).
chismería *f.* Chisme (noticia).
chismerío *m. P. Rico* y *Urug.* Chisme (noticia).
chismero, -ra *adj.-s.* Chismoso.
chismografía (voz humorística) *f.* Ocupación de chismear. 2 Relación de los chismes y cuentos que corren.
chismorrear *intr.* frecuent. Chismear.
SIN. **Comadrear, cotillear.**
chismorreo *m.* Acción de chismorrear.
SIN. **Comadreo, cotilleo.**
chismosear *intr.* Chismear.
chismoso, -sa *adj.-s.* Que chisma o es dado a chismear.
SIN. **Cuentista, cuentón, murmurador, cizañero.**
chismoteo *m.* Acción y hábito de chismear.
chispa *f.* Partícula inflamada que salta de la lumbre, del hierro herido por el pedernal, etc. 2 *~ **eléctrica,*** explosión ruidosa, acompañada de una ráfaga luminosa brillante, producida por la descarga eléctrica entre dos cuerpos a través del aire. 3 fig. Penetración, viveza de ingenio: *tener mucha ~; **ser una ~,*** ser muy vivo y despierto. 4 Partícula de cualquier cosa: *bebió una ~ de licor.* 5 Gota de lluvia menuda y escasa: *caen chispas.* 6 Diamante muy pequeño. 7 fam. Borrachera (embriaguez). 8 Noticia falsa, bola. 9 ***Echar chispas,*** estar irritado. 10 *Guat.* y *Méj.* Resultado, éxito. 11 *Méj.* Coche ligero de dos ruedas tirado por un solo caballo. -12 ***adj.*** *Méj.* Chistoso, gracioso.
SIN. *1* **Chiribita.** *2* **Relámpago, rayo,** cuando salta entre las nubes, o entre las nubes y la tierra.
chisparoso, -sa *adj. Colomb.* Espantadizo.
chisparse *prnl.* Achisparse, embriagarse.
chispazo *m.* Acción de saltar la chispa. 2 Daño que hace. 3 Cuento, chisme: *ir con el ~; dar el ~.* 4 fig. Suceso aislado y de poca entidad que, como señal o muestra, precede o sigue al conjunto de otros de mayor importancia. 5 vulg. Trago, copa.
chispeante *adj.* Que chispea. 2 fig. [escrito o discurso] Abundante en detalles de ingenio y agudeza.
chispear *intr.* Echar chispas. 2 Relucir mucho. 3 fig. Lucir, sobresalir. -4 ***impers.*** Lloviznar muy débilmente. -5 ***prnl.*** *Argent.* y *S. Dom.* Embriagarse ligeramente.
chispero, -ra (de *chispa*) *m.* Chapucero (herrero). 2 Herrero de grueso. 3 ant. Majo, chulo. -4 ***adj.*** [cohete] Del que se desprenden chispas. 5 *Colomb.* y *S. Dom.* Propagador de noticias falsas. -6 ***m.*** *S. Dom.* Revólver.
chispitina *f.* Porción muy pequeña de alguna cosa. 2 Espacio de tiempo muy corto.
chispo, -pa *adj.* fam. Achispado, bebido. -2 ***m.*** Chisquete (trago). -3 ***adj.*** *Cuba.* Chispoleto.
chispojear *tr.-prnl. Cuba.* Ridiculizar.
chispola *f. Venez.* Cierto baile popular.
chispoleto, -ta *adj.* Que es listo y vivaracho.
chisporrotear (frecuent.) *intr.* Despedir chispas reiteradamente.
chisporroteo *m.* fam. Acción de chisporrotear. 2 Ruido producido por una corriente eléctrica excesiva en un micrófono, o en un disco de gramófono.
chisposo, -sa *adj.* Que arroja muchas chispas cuando se quema.
chisque *m.* Eslabón para encender la yesca con el pedernal.
chisquero *m.* Esquero. 2 Encendedor de bolsillo.
¡chist! Interjección ¡Chis!
chistar (l. *st!,* ¡chis!) *intr.* Prorrumpir en alguna voz o hacer ademán de hablar. 2 Llamar o reclamar la atención de alguien con la interjección ¡chis! 3 ***Sin ~ ni mistar,*** sin decir palabra. ◇ En la primera acepción se usa por lo común con una negación.
SIN. **Rechistar,** intensivo.
chistata *f. Hond.* Mal de orina.
chistate *m. Amér. Central.* Ardor al orinar.
chistaví *adj.-s.* De Gistaín (Huesca). 2 Variedad dialectal hablada en el valle de Gistaín. 3 Este valle.
chiste (l. *sciscitare,* inquirir, informarse) *m.* Dicho agudo y gracioso. 2 Suceso gracioso y festivo. 3 Burla o chanza. 4 fig. ***Dar uno en el ~,*** dar en el punto de la dificultad. 5 ***Tener ~,*** tener gracia.
SIN. **Gracia, graciosidad, agudeza.**
chistear *tr. Argent.* Llamar con la interj. *¡chist!*
chistera (l. *cistella*) *f.* Cestilla angosta por la boca y ancha por abajo, que llevan los pescadores para echar los peces. 2 Cesta (pala). 3 fig. Sombrero de copa alta.
chistido *m.* Especie de silbido.
chistorra *f.* Embutido de origen navarro, hecho con carne de cerdo y vacuno, panceta y tocino, que se consume pralte. frito.
chistosada *f. Méj.* Chiste insulso.
chistosamente *adv. m.* Con chiste.
chistoso, -sa *adj.* Que usa de chistes. 2 [lance o suceso] Que tiene chiste.
chistu (vasc.) *m.* Flautilla que se usa en el País Vasco y el Bearn. Se toca con la mano derecha, mientras la mano izquierda, con ayuda de la baqueta, percute el tamboril, con el cual va asociada siempre.
SIN. **Chirula.**
chistulari (vasc.) *m.* Tocador de chistu.
¡chit! Interjección ¡Chis!
chita (de *chito*) *f.* Astrágalo (hueso). 2 Juego que consiste en poner derecho este hueso o una piedra similar y tirar a ella con tejos o piedras para derribarla. 3 Cosa de poca importancia. 4 fig. ***Dar en la ~,*** dar en el hito. -5 ***loc. adv. A la ~ callando,*** a la chiticallando. -6 ***f.*** *Méj.* Redecilla (tejido). 7 *Perú.* Pez de unos 40 cms. de longitud *(Anisotremus scapularis).*
SIN. *2* **Chito, tejo.**
chital *m.* Mamífero rumiante de 1,50 m. de longitud y 90 cms. de altura, de pelaje rojizo con siete filas longitudinales de manchas blancas a ambos lados del cuerpo, y la frente y el hocico negros *(Cervus axis).*
chitar *intr.* Chistar. -2 ***tr.*** *P. Rico.* Llamar [a uno] con la interjección ¡chit! 3 *Colomb.* y *Chile.* Hacer parar [un animal] con dicha interjección.
chite *m. Colomb.* Corazoncillo.
¡chite! Interjección ¡Chis!
chitearse (voz chibcha) *prnl. Colomb.* Saltarse algo con el fuego, como la loza, etc.
chiticalla (de *¡chito! + callar*) *com.* fam. Persona muy callada y reservada. 2 fam. Cosa o suceso que se procura tener callado.
chiticallando (de *¡chito! + callando*) *adv. m.* fam. Con mucho silencio. 2 fig. Con disimulo o en secreto. 3 fam. ***A la ~,*** chita callando.
I) chito *m.* Pieza sobre que se pone el dinero en el juego del chito. 2 Chita (juego). 3 Juego que consiste en derribar con tejos un pequeño cilindro de madera sobre el que se han colocado las monedas apostadas por los jugadores. El jugador que lo hace se lleva las monedas que han quedado más cerca de su tejo que del cilindro.
SIN. **Mojón, tanga, tango, tángana, tángano, tarusa.**
II) ¡chito! (de *chis*) fam. Interjección con que se impone silencio.
III) chito *m. Méj.* Carne de chivo frita en su propio sebo. 2 *Méj.* Mugre, grasa, suciedad.
I) chitón (gr. *chitón,* concha) *m.* Quitón.
II) ¡chitón! fam. Interjección ¡Chito!
chitreano, -na *adj.-s.* De Chitré, cap. de la prov. de Herrera (Panamá).
chiuchi (voz quechua) *m. Perú.* Pollito, muchacho.
chiva *f. Amér.* Perilla, barba. 2 *Amér. Central.* Manta, colcha. 3 *C. Rica* y *Hond.* Berrinche. 4 *Hond.* Borrachera. 5 *Venez.* Red para llevar legumbres y verduras.
chivada *f. Cuba.* Chasco, decepción.
chivado, -da *adj. Cuba.* Dificultoso.
chivar *tr.* vulg. Fastidiar [a alguien]. 2 fam. Acusar, delatar. -3 ***prnl.*** fam. Fastidiarse. 4 *Amér.* Enfadarse.
chivarras *f. pl. Méj.* Calzones de cuero peludo de chivo.

chivarro, -rra *m. f.* Chivo o chiva de uno a dos años de edad.
chivatazo *m.* fam. Soplo, delación.
chivateado, -da *adj. Chile.* [dinero] Contante y sonante.
chivatear *intr.* fam. Chivar. 2 *Chile.* Gritar los araucanos cuando acometen en son de guerra. 3 *Chile.* Imitar esa gritería. 4 *Ecuad.* y *Perú.* Retozar con estruendo y algazara. 5 *Venez.* Imponerse una persona en el ánimo de otras, por admiración. 6 *Venez.* Engañar. -7 *prnl. Cuba.* Asustarse.
chivateo *m.* Acción de chivatear, chivar. 2 Efecto de chivatear, chivar. 3 *Chile.* Vocinglería. 4 *Ecuad.* y *Perú.* Acción de retozar con algazara.
chivatería *f. Ecuad.* Vocinglería. 2 *Venez.* Truhanería.
chivato, -ta *adj.-s.* Soplón, delator, acusador. -2 *m. f.* Chivo o chiva que pasa de seis meses y no llega al año. -3 *m.* fig. Dispositivo que advierte de una anormalidad o que llama la atención sobre algo. -4 *f.* Linterna. 5 *And.* Porra que traen los pastores. -6 *m. f. Bol.* Aprendiz o aprendiza, ayudante. 7 *Colomb.* Persona ruin. -8 *m. Colomb.* Planta, variedad de ají. 9 *Chile.* Aguardiente de ínfima calidad. 10 *Pan.* Fantasma que representa al demonio y se manifiesta bajo la forma de un chivo que despide llamas por los ojos. 11 *Venez.* Hombre bien considerado. 12 *Venez.* Confitura hecha de auyama, leche de coco y azúcar.
chivatón, -na *adj. Perú.* [niño] Travieso.
chivaza *f. Colomb.* Junco de cortas dimensiones que produce un bulbo usado como perfume por el pueblo *(Cyperus articulatus).*
chivé (voz aimara) *m. Bol.* Especie de harina de yuca cocida y tostada al rescoldo.
chivear *intr. Guat.* Jugar a chivo (dados). 2 *S. Dom.* Coquetear.
chivera *f. Amér. Central* y *Colomb.* Barba (pelo). 2 *Venez.* Aprisco. 3 *Venez.* desp. Tienda de ropavejeros.
chivería *f. Guat.* Juego de muchachos.
chivero, -ra *m. Logr.* Majada para los chivos. -2 *adj. Cuba* y *P. Rico.* Aficionado a chivos (intrigas). 3 *Ecuad.* Pendenciero. 4 *P. Rico.* Negociante en pequeño.
chiverrada *f.* Chiverrazo.
chiverrazo *m. Amér. Central.* Batacazo, caída.
chiverre *m. C. Rica* y *Salv.* Cidra cayote.
chiveta *f. Cuba.* Molestia.
chivetero *m.* Corral donde se encierran los chivos.
chivichana *f. Cuba.* Lotería.
chivicoyo *m. Méj.* Ave gallinácea de caza y de carne estimada *(Lophortyx gambeli).*
chivillo *m. Perú.* Pájaro cantor de plumaje negro *(Cassicus palliatus).*
chivín (arauc. *chivulln,* rebosar) *m. Chile.* Isla flotante en lagos o lagunas, formada por una red de raíces.
chivital, chivitil *m.* Chivetero.
chivito *m. Colomb.* Chivo (moneda). 2 *S. Dom.* Quídam.
I) chivo (ár. *chub,* pozo) *m.* Poza donde se recogen las heces del aceite.
II) chivo, -va (al. *Sibbe,* cordero) *m. f.* Cría de la cabra desde que no mama hasta que llega a la edad de procrear. 2 Pollo de jilguero. 3 fig. *y* fam. ***Estar como un ~,*** o ***como una chiva,*** estar chiflado.
III) chivo, -va *m. f. Amér. Central.* Juego de dados. -2 *m. Amér.* Berrinche. 3 *Amér. Central.* Diputado nacional. 4 *Ant.* Comercio contrario a la ley, acción de comerciar y mercaderías prohibidas. 5 *Ant.* Intriga. 6 *Ant.* Lo que es o tiene apariencia de ilícito. 7 *Colomb.* Moneda de níquel de uno o dos centavos. 8 *Colomb.* y *C. Rica.* Interjección con que se provoca a una persona colérica. 9 *Cuba.* Barba. 10 *Cuba.* Entre chicos, golpe. 11 *Ecuad.* y *Guat.* Muchacho necio, travieso. 12 *Méj.* Salario de un día de trabajo. -13 *adj.-f. Amér.* Chivera (barba). 14 *Salv.* Agua que ha servido para lavar la piedra de moler. -15 *f. Amér.* Mujer de conducta incorrecta. 16 *Amér. Central.* Manta de lana. 17 *Colomb.* y *Pan.* Ómnibus. 18 *Chile* y *Hond.* Marimacho. 19 *Guat.* y *Hond.* El último juego en que se decide quién paga determinados gastos. 20 *Hond.* y *R. de la Plata.* Borrachera. 21 *Venez.* Mochila. 22 *Venez.* Moneda de níquel de un centavo. 23 *Venez.* Dado emplomado. 24 *Venez.* Desecho de ropa hecho para revender. -25 *f. pl. Méj.* Bártulos, trebejos.
chivón, -na *adj. Cuba.* Majadero.
chivoso, -sa *adj. Colomb.* Colérico, enfadado.
chivudo, -da (de *chiva,* barba) *adj.-s. Argent., Cuba* y *Venez.* Que lleva barba larga.
chiza (de *chisa*) *f. Colomb.* Gusano que ataca la patata.
chloantita *f.* Mineral de la clase de los arseniuros que cristaliza en el sistema cúbico, de color blanco o gris y con brillo metálico.
¡cho! Interjección ¡So!
choapino *m. Chile.* Alfombra tejida a mano.
chobena *f. Bol.* Baile parecido al taquirari.
choc *m.* Choque, estado de depresión.
chocá *f. Colomb.* Cuyabra, vasija.
chocador, -ra *adj.* Que choca.
chocancia *f. Colomb.* y *Venez.* Chocarrería.
chocante *adj.* Que choca. 2 Gracioso, chocarrero. 3 *Argent.* Indigno, impropio. 4 *Méj.* Fastidioso, empalagoso.
chocantería *f. And.* y *Amér.* Impertinencia, broma chocante.
chocao *m. Pan.* Mazamorra de plátano y coco.
chocar (de *choque*) *intr.* Encontrarse violentamente una cosa con otra. 2 fig. Pelear, combatir: ~ *los vecinos entre sí.* 3 fig. Provocar, irritar por genio o por costumbre: ~ *con los vecinos.* 4 fig. Causar extrañeza o enfado: ~ *a los oyentes por sus teorías.* -5 *tr.* Darse [las manos] en señal de saludo, conformidad, enhorabuena, etc. 6 Juntar [las copas] los que brindan. ◇ ** CONJUG. [1] como ***sacar.*** ◇ Impropio por gustar, agradar: *me choca esta fruta.*
SIN. / **Topar.**
chocarrear *intr.-prnl.* Decir chocarrerías.
chocarrería (de *chocarrero*) *f.* Chiste grosero.
chocarrero, -ra (der. de l. *jocariu,* bufón) *adj.* Que tiene chocarrería. -2 *adj.-s.* Que tiene por costumbre decir chocarrerías.
chocha *f.* Ave caradriforme, poco menor que la perdiz, de pico largo, recto y delgado, cabeza comprimida y plumaje gris rojizo con manchas negras; se alimenta de orugas y lombrices, y su carne es muy sabrosa *(Scolopax rusticola).* 2 ~ ***de mar,*** trompetero, pez. 3 *Extr.* Hueso de melocotón.
SIN. / **Becada, coalla, chorcha, gallina sorda, gallineta, pitorra.**
chochaperdiz *f.* Chocha.
chochar *intr. Amér.* Chochear.
chochear (de *chocho* II) *intr.* Tener debilitadas las facultades mentales por efecto de la edad: ~ *con,* o *por, la vejez;* ~ *de viejo.* 2 fig. Extremar el cariño o la afición a personas o cosas, a punto de conducirse como quien chochea.
SIN. / **Caducar.**
chochera, chochez *f.* Calidad de chocho II. 2 Dicho o hecho de persona que chochea.
chochín (de *chocha*) *m.* Ave paseriforme, diminuta, rechoncha, de color pardo profusamente listado, y cola gralte. levantada *(Troglodytes troglodytes).*
chochito *m. P. Rico* y *Venez.* Planta herbácea trepadora, propia de la América tropical *(Bradburya virginiana).*
I) chocho *m.* Altramuz (fruto). 2 Canelón (confite largo). 3 vulg. Vulva. 4 *Extr.* Ombligo. 5 *La Mancha.* Cacahuete. 6 *Cuba.* Especie de fríjol *(Lupinus albus).* -7 *m. pl.* Dulce que se ofrece a los niños para que callen.
II) chocho, -cha *adj.* Que chochea. 2 fig. Lelo de puro cariño.
chochoca *f. Perú.* Chuchoca.
chochoco, -ca *adj. Argent.* y *Chile.* Chuchoco.
chochocol (náhu. *tzotzocolli*) *m. Méj.* Cántaro, botijo.
chocholear *tr. Colomb.* Mimar, acariciar.
chochovía *f. La Mancha.* Totovía, cogujada.
chochueca *f. S. Dom.* Fritura de yuca.
chocil *m. Colomb.* Choza del pescador.
chocla *f. C. Rica.* Cierto juego. 2 *Pan.* Mazorca tierna de maíz.
choclar (de *choclo*) *intr.* En el juego de la argolla, introducir de golpe la bola por las barras.
choclear *intr. Colomb.* y *Pan.* Granar el maíz. 2 *Perú.* Brotar varias plantas de un tubérculo.
I) choclo (l. *socculu*) *m.* Chanclo (calzado).
II) choclo (quechua *chocllo*) *m. Amér. Merid.* Mazorca tierna de maíz. 2 *Amér. Merid.* Guisado a base de este maíz. 3 *Argent.* Percance, dificultad. 4 *Argent.* Carga, molestia. 5 *Méj.* Zapato bajo para hombre. 6 *Pan.* Cierto juego, hoyuelo.
choclón, -clona *adj.* Entremetido. -2 *m.* Acción de choclar. 3 *Argent.* Juego de billar en que se hace caer una bola en la tronera. 4 *Chile.* Lugar en que celebran sus reuniones políticas los partidarios de un candidato, durante el período electoral. 5 *Perú.* Chócolo, hoyuelo, juego de muchachos. -6 *adj. Colomb.* [maíz] Que empieza a endurecer; [ave] que no ha acabado de emplumar.
choclotanda *f. Ecuad.* Humita.
I) choco *m.* Jibia pequeña *(gén. Sepia).*
II) choco *m. Amér. Merid.* Perro de aguas.
III) choco, -ca *adj. Amér.* [pers. o animal] Que carece de un

miembro, como el ojo, la oreja, el dedo, la pierna, etc. 2 *Bol.* Color rojo obscuro. 3 *Colomb.* [pers.] De tez muy morena. 4 *Chile* y *Ecuad.* Rufo, de pelo crespo y ensortijado, por alusión al perro de aguas así llamado. 5 *Ecuad.* y *Nicar.* Agrio, fermentado. 6 *Guat.* [moneda] Viejo y gastado. 7 *Perú.* Caparro, mono. -8 ***m.*** *Bol.* Sombrero de copa. 9 *Chile.* Tueco o tocón. -10 ***m. pl.*** *Chile.* Freno de las ruedas. 11 *Guat.* Rizos o bucles.
chocoano, -na ***adj.-s.*** De Chocó, dep. de Colombia.
chócola ***f.*** *Amér. Central.* Juego del hoyuelo.
chocolate (mej. *chocolatl*) ***m.*** Pasta hecha con cacao y azúcar molidos, gralte. aromatizada con canela o vainilla: ~ ***del loro, loc.*** fam., ahorro insignificante en relación con la economía que se busca. 2 Bebida hecha de esta pasta desleída y cocida en agua o en leche. 3 En el lenguaje de la droga, hachís.
chocolatera ***f.*** Vasija para hacer chocolate (bebida). 2 fig. *y* fam. Coche viejo. 3 fig. *y* fam. Barco de mala calidad.
chocolatería ***f.*** Establecimiento del chocolatero (fabricante y vendedor). 2 Establecimiento donde se sirve al público chocolate. 3 *Amér. Central.* y *Ecuad.* fig. *y* fest. Cabeza de persona o animal.
chocolatero, -ra ***adj.-s.*** Muy aficionado a tomar chocolate. -2 ***m. f.*** Persona que tiene por oficio fabricar o vender chocolate.
chocolatillo ***m.*** *Bol.* Fruto del cacao silvestre.
chocolatín ***m.*** desp. Chocolatina.
chocolatina ***f.*** Pequeña tableta delgada de chocolate para tomar en crudo.
chocolear ***tr.*** *Chile.* Recortar la cola [a las caballerías] 2 ***intr.*** *Colomb.* fam. Entristecerse.
chocolera ***f.*** *Colomb.* Roza de un terreno.
chócolo ***m.*** *Colomb.* Choclo, mazorca. 2 *Colomb.* Hoyuelo, juego de muchachos.
chocolón ***m.*** *Amér. Central.* Juego del hoyuelo.
chocolongo ***m.*** *Cuba.* Chocolón.
chocorazo ***m.*** *Colomb.* Pucherazo electoral.
chocorear ***tr.*** *Colomb.* Birlar un acta electoral.
chocorí ***m.*** *Venez.* Maíz tierno.
chócoro ***m.*** *Colomb.* Totuma destinada a recipiente de líquidos. 2 *Colomb.* p. ext. Objeto de la misma forma.
chocosa ***f.*** *Chile.* Especie de pan de masa batida.
chocoyo ***m.*** *Amér. Central.* Chócolo (juego). 2 *Guat.* Herreruelo, pájaro. 3 *Hond.* Hoyuelo en las mejillas.
chodejo, -ja ***adj.*** *Méj.* Sucio.
chofas ***f. pl.*** *Bol.* Gafas de color.
chofe (v. *bofe*) ***m.*** Pulmón.
chófer, chofer (fr. *chauffeur*) ***m.*** Conductor de automóvil. 2 *Guat.* Piloto de automóvil. ◇ En Amér. la acentuación más frecuente es *chofer.* ◇ Pl.: *chóferes*, vacilante junto a *chófers.*
chofeta (fr. *chaufferette*) ***f.*** Braserillo manual que servía gralte. para encender el cigarro.
SIN. **Copilla, chufeta, escalfeta, estufilla.**
chofista ***m.*** Estudiante pobre que se mantenía con chofes.
chojín ***m.*** *Guat.* Plato preparado con carne de cerdo, chile (pimiento), rábanos y otros ingredientes.
chola ***f.*** fam. Cabeza del hombre. 2 fam. Cabeza (intelecto, juicio).
cholada ***f.*** *Ecuad.* Acción propia de un cholo (plebeyo).
cholazo ***m.*** *Perú.* Resultado del cruzamiento de blancos e indios.
cholco, -ca ***adj.*** *Guat.* y *Salv.* Mellado, choco.
cholear ***tr.*** *Chile.* Mezclar vinos tinto y blanco.
cholenco ***m.*** *Hond.* Caballo viejo y estropeado.
cholerío, -a ***m. f.*** *Perú.* Conjunto de cholos (indios y mestizos).
cholero, -ra ***m. f.*** *Guat.* desp. Sirviente o sirvienta de clase ínfima.
choleta ***f.*** *Chile* y *Perú.* Tela de algodón para forrar vestidos. 2 *Ecuad.* Coleta o crehuela.
cholgua (arauc. *chollhua*) ***f.*** *Chile.* Especie de mejillón *(Mytilus magellanicus).*
cholla ***f.*** Chola. 2 *Amér. Central.* Chócola. 3 *Amér. Central.* Llaga. 4 *Amér. Central* y *Colomb.* Pereza, flema.
chollar ***tr.*** *Amér. Central.* Desollar, ludir la piel. 2 *Amér. Central.* Reprender, mortificar.
chollo ***m.*** fam. Ganga, trabajo o negocio que produce un beneficio con muy poco esfuerzo. 2 *La Mancha.* fig. *y* fam. Bola; embuste, mentira.
chollón ***m.*** *Guat.* Desolladura.
chollqui ***adj.*** *Perú.* Arrugado.
cholludo, -da ***adj.*** *Amér. Central* y *Colomb.* Haragán.
cholo, -la ***adj.-s.*** Indio civilizado. 2 desp. Descendiente de mulatos. 3 Descendiente de mestizo y castiza. 4 *Amér.* Mestizo de europeo e india. 5 *Chile.* Indio puro del sur del país. 6 Indio civilizado. 7 desp. Hijo de mulatos. 8 *Venez.* [pers. o animal] Que es mimado. -9 ***adj.*** *Amér.* Tratamiento de cariño. 10 *Chile.* Cobarde.
choloj ***f.*** *Guat.* Conjunto de vísceras de la res, con las que se hace un guiso.
cholojera. ***f.*** *Guat.* Mujer que vende choloj.
cholojería ***f.*** *Guat.* Lugar donde se venden menudos de cerdo y otros animales.
cholón ***m.*** *Bol.* Frutilla de churqui. 2 *Perú.* Bola de loza con que juegan los chicos.
choloque ***m.*** *Amér.* Árbol que da unas bolas de color obscuro que se emplean como jabón (gén. *Sapindus).* 2 *Amér.* Fruto de este árbol. 3 *Perú.* Semilla negra y redonda con que juegan los chicos a los bolos.
cholotón, -na ***adj.*** *Guat.* Niño o animal muy desarrollado.
choluteca ***adj.-com.*** De Choluteca, c. y dep. de Honduras.
cholutecano, -na ***adj.-s.*** Choluteca.
chomba ***f.*** *Chile.* Chompa (vestidura).
chombo, -ba ***adj.-s.*** *Pan.* Mestizo de negro e indígena. 2 *Pan.* Negro inglés de las Antillas.
chomite (mej. *tzomitl*) ***m.*** *Méj.* Falda de lana, sin costura, usada por las indias. 2 *Méj.* Cierta tela de lana burda, y ropa hecha con esta tela.
chompa ***f.*** *Amér.* Vestidura de cuerpo en tejido de punto, suéter. 2 *Venez.* Barra de hierro.
chompipa ***m.*** *Ecuad.* Rechoncho.
choncaco ***m.*** *Argent.* Molesto.
choncho, -cha ***adj.*** *Extr.* [fruta] Medio cocido o medio maduro. 2 *Guat.* [fríjol] Cocido sin ninguna preparación.
choncholí ***m.*** *Perú.* Manjar de tripas de vaca aderezadas con salsa de ají, cebolla y ajos.
chonchón, -na ***adj.*** *Chile.* [pers.] Repelente y de mal agüero. 2 *Chile.* Volantín pequeño. 3 *Chile.* Fonda de ínfima clase. 4 *Chile.* Lámpara basta y portátil, gralte. de acetileno.
chonclarse ***prnl.*** *Colomb.* Cansarse, fatigarse.
chonco, -ca ***adj.*** *C. Rica.* Choco, mutilado. -2 ***m.*** *C. Rica.* Muñón, parte de un miembro cortado.
chonela ***f.*** *C. Rica.* Rotura, en una prenda de vestir. 2 *C. Rica.* Úlcera, llaga. 3 *C. Rica.* Ventanilla, agujero.
chonete ***m.*** *C. Rica.* Sombrero viejo y estropeado.
chonetera ***f.*** *C. Rica.* Pobreza, inopia.
chonga ***f.*** *P. Rico.* Racimo pequeño de plátanos. 2 *P. Rico.* Cochinillo.
chongo ***m.*** *Chile.* Cuchillo malo, sin filo. 2 *Chile.* Vaso ordinario de vidrio. 3 *Guat.* Rizo de pelo. 4 *Méj.* Moño de pelo. 5 *Méj.* Chanza, broma. -6 ***adj.*** *C. Rica.* Choco, sin dedos. 7 *P. Rico* y *S. Dom.* Caballo malo, ordinario. 8 *Venez.* [gallo o gallina] Grande. -9 ***m. pl.*** *Méj.* Plato de dulce.
chonguear(se) ***intr.-prnl.*** *Méj.* Dar chongo, burlarse, chunguearse. -2 ***tr.*** *Guat.* Hacer los chongos (trenzas).
chonguenga ***f.*** *Hond.* Borrachera.
chonguita ***f.*** *P. Rico.* Cochinillo.
chonono ***m.*** *Bol.* Rizo de pelo.
chonta (quechua) ***f.*** *Amér. Merid.* Nombre de varias especies de palmeras espinosas (gén. *Astrocaryum; Bactris; Guilielma).* 2 *Colomb.* Especie indígena de serpiente negra, de collar blanco.
chontaduro ***m.*** *Colomb.* Chontaruro.
chontal ***adj.-s.*** *Amér.* Tribu indígena de Amér. Central, de costumbres muy groseras. 2 *Amér.* [pers.] Rústico e inculto.
chontaleño, -ña ***adj.-s.*** De Chontales, dep. de Nicaragua.
chontaruro (quechua) ***m.*** *Ecuad.* Palma pequeña de fruta comestible agrupada en racimos *(Guilielma speciosa).*
chonte ***m.*** *Guat.* Guardia, polizonte.
I) chopa (l. *clupea*) ***f.*** Pez marino teleósteo perciforme, semejante a la dorada, de la que se distingue por dos manchas negras que tiene junto a la cola *(Spondyliosoma cantharus).*
II) chopa ***f.*** MAR. Cobertizo colocado en la popa junto al asta de la bandera.
III) chopa ***f.*** *S. Dom.* Sirvienta, criada.
chopal ***m.*** Chopalera.
chopalera ***f.*** Terreno poblado de chopos.
SIN. **Chopera.**
chopazo ***m.*** *Chile.* Chope (puñetazo). 2 *Pan.* Golpe fuerte en el juego.
chope (arauc.) ***m.*** *Argent.* y *Chile.* Puñetazo. 2 *Chile.* Palo acha-

flanado en una punta por ambas caras, que sirve para cavar las tierras, extraer tubérculos, etc. 3 *Chile.* Raño, garfio de hierro que sirve para arrancar ostras, lapas y otros mariscos.
chopear *intr. Chile.* Trabajar con el chope. -2 *tr. Chile.* Dar chopazos (puñetazos).
chopera *f.* Arbusto ramnáceo, extendido, ramificado y caducifolio, de hojas elípticas y flores unisexuales y, a menudo, apétalas *(Rhamnus pumils).* 2 Chopalera. 3 fam. Bota de vino.
chopí (guaraní) *m. Argent.* Tordo, de figura esbelta y con un penachito en la cabeza *(Aphobus chopi).*
chopiniano, -na *adj.* Relativo al compositor musical polaco Federico Chopin (1810-1849).
chopito *m.* Cefalópodo muy parecido a la jibia aunque de menor tamaño y más estrecho, con un aguijón en la parte posterior del cuerpo que es la continuación exterior de la concha *(Sepia elegans).*
I) chopo (port. < l. *populu,* álamo) *m.* Árbol salicáceo de tamaño mediano, de corteza obscura y hojas verdes por las dos caras *(Populus nigra).* 2 Madera de este árbol.
II) chopo (it. *schioppo*) *m.* fam. Fusil: *cargar con el ~.*
III) chopo *m. And.* Variedad de jibia *(Sepia orbignyiana).*
chopper (voz inglesa) *f.* Bicicleta o motocicleta con el manillar muy alto y el sillín alargado.
choque (medio alto al. *choc*) *m.* Acción de chocar. 2 fig. Contienda, disputa, con una o más personas. 3 MIL. Combate de corta duración y poco número de tropas. 4 MED. Estado de profunda depresión nerviosa y circulatoria, sin pérdida de la conciencia, que se produce después de intensas conmociones.
SIN. *1, 2* y *3* **Encuentro, topada, colisión.** / **Topetazo, trompada** y **encontronazo** son intensivos.
choquearse *prnl. Amér. Central.* Entortarse.
choquera *f. Guat.* Acción de choquear o choquearse.
choquezuela (de *chueca* II) *f.* Rótula (hueso).
choquito *m.* Chopito.
chorar *tr.* vulg. Hurtar, robar.
chorbo, -ba *m. f.* vulg. Individuo, tipo, fulano. 2 vulg. Persona joven. 3 vulg. Novio o acompañante habitual.
chorcha *f.* Chocha. 2 *Amér. Central.* Cresta de ave. 3 *Amér. Central.* Bocio. 4 *Guat.* Pájaro dentirrostro, semejante a la oropéndola *(Icterus icterus).* 5 *Hond.* y *Salv.* Cacique (ave). 6 *Méj.* Grupo de gente divertida. 7 *Méj.* desp. Fiesta casera.
chorchero, -ra *adj. Méj.* Fiestero.
chórcholas *f. pl. Perú.* fam. Soles (monedas).
chordón *m.* Frambueso.
choreado, -da *adj. Chile.* Resabiado para el trabajo.
chorear *intr. Colomb.* y *Perú.* pleb. Robar, hurtar. 2 *Chile.* vulg. Protestar, refunfuñar.
chorempa *m. Hond.* Gallo inservible para la lucha.
choreo *m. Chile.* Protesta, refunfuño.
choreque *m. Amér. Central.* Vuelo de las faldas y enaguas.
choreto, -ta *adj. P. Rico.* Abundante. 2 *Venez.* Tuerto, contrahecho.
chori *m.* vulg. Ratero, ladronzuelo. -2 *f.* vulg. Navaja.
choricera *f.* Máquina para hacer chorizos.
choricería *f.* Establecimiento de chorizos.
choricero, -ra *m. f.* Persona que tiene por oficio hacer o vender chorizos. 2 fig. Extremeño (de Extremadura). 3 fam. Persona de modales ordinarios y vulgares. 4 vulg. Ratero, ladrón.
chorizada *f.* vulg. Dicho o hecho propio de un chorizo, ratero.
chorizo (l. *salciciu*) *m.* Embutido, regularmente de carne de cerdo picada y adobada, el cual se cura al humo. 2 Balancín (ús. por volatineros). 3 vulg. Ratero, ladrón. 4 Componente de uno de los bandos en que se dividían los aficionados al teatro en el Madrid del siglo XVIII y comienzos del XIX. 5 *Amér. Merid.* Pasta de barro y paja para cubrir la pared de un rancho. 6 *Argent., Parag.* y *Urug.* Pieza de lares situada sobre el lomo, al lado del espinazo. 7 *Méj.* Rollo de monedas. -8 *adj. Colomb.* y *Ecuad.* Mentecato, tonto. 9 *Cuba.* desp. Mulato, negro. -10 *Méj.* Malvado; travieso.
chorla *f.* Especie de ganga (gallinácea), pero de mayor tamaño.
chorlitejo (de *chorlito*) *m.* Ave caradriforme limícola, pequeña, rechoncha, de plumaje pardo por encima y blanco en las partes inferiores *(Charadrius dubius).*
chorlito (raíz onomat. *corli*) *m.* Ave caradriforme zancuda, de unos 30 cms. de longitud, de pico largo y recto, patas finas y negruzcas, plumaje gris con rayas pardas por encima y blanco con manchas leonadas en las partes inferiores; su carne es muy apreciada *(Charadrius pluvialis).* 2 fig. Cabeza de chorlito.
I) chorlo (al. *schörl*) *m.* Turmalina. 2 Silicato natural de alúmina, de color azul celeste.
II) chorlo, -la *m. f. Amér. Central* y *Colomb.* Chozno o tataranieto.
chorno, -na *m. f. Ant.* Chozno.
I) choro *m.* germ. pleb. Hurto (cosa hurtada). 2 Ratero, ladronzuelo.
II) choro (quechua) *m. Chile.* Mejillón.
III) choro *m. Ecuad.* Churro (rizo).
choroco, -ca *adj. C. Rica.* Viejo, decrépito. 2 *Venez.* Desnarigado. -3 *m. pl. C. Rica.* Trastos, trebejos.
choronazo *m. Bol.* Capirotazo.
chorote *m. Argent.* Indio de cierta parcialidad que habita en el Chaco. 2 *Colomb.* y *Venez.* Chocolatera de loza sin vidriar. 3 *Cuba.* Toda bebida espesa. 4 *Méj.* y *Venez.* Especie de chocolate que se hace cociendo cacao y mezclándolo con azúcar negro. 5 *P. Rico.* Café a base de maíz, palmiche, gandules u otros granos. 6 *Colomb.* Pequeño cazo de barro donde se cuece el cacao tostado y molido para mezclarlo con agua.
chorotega *adj-s.* Pueblo indígena, hoy extinguido, que habitó desde el sur de Méjico hasta Nicaragua. -2 *m.* Lengua de este pueblo.
choroy (arauc.) *m. Chile.* Especie de loro más pequeño que el común; anda en bandadas y perjudica los sembrados *(Psittacus leptorhyncus).*
chorquear *tr. Sant.* Sembrar patatas.
chorquillar *tr. Sant.* Sembrar a hoyo.
I) chorra *f. Chile.* Argot o jerga del hampa chilena.
II) chorra *f.* vulg. Azar, casualidad. 2 vulg. Miembro viril. -3 *com.* ~ o *chorras,* persona tonta, estúpida. -4 *f. Sal.* Trozo de tierra que queda sin arar por haber un peñasco u otro obstáculo. 5 *Sal.* Este mismo obstáculo.
chorrada *f.* Porción de líquido que se añade después de dar la medida. 2 vulg. Necedad, tontada. 3 vulg. Detalle excesivo o innecesario.
chorreado, -da *adj.* [res vacuna] Que tiene el pelo con rayas verticales de color obscuro. 2 Sucio, manchado por un líquido que chorrea. -3 *f.* Pequeña cantidad de líquido que se vierte a chorro. -4 *adj. Ecuad.* Mojado, empapado. -5 *m. P. Rico.* Baile jíbaro.
chorreadura *f.* Chorreo. 2 Mancha que deja un líquido que ha caído chorreando.
chorreante *adj.* Que chorrea.
chorrear *intr.* Caer un líquido formando chorro. 2 Salir el líquido lentamente y goteando. 3 fam. Ir viniendo sin interrupción. -4 *tr.* vulg. Abroncar, reprender, amonestar severamente.
chorreo *m.* Acción de chorrear. 2 Efecto de chorrear. 3 fam. Bronca, reprimenda, amonestación severa.
chorreón *m.* Chorretada, golpe o chorro de un líquido. 2 Huella o mancha que deja ese chorro.
chorrera (de *chorro*) *f.* Paraje por donde cae una corta porción de líquido. 2 Señal que el agua deja por donde ha corrido. 3 Trecho corto de río en que el agua, por causa de un gran declive, corre con mucha velocidad. 4 Guarnición de encaje que se ponía en la abertura de la camisola por la parte del pecho 5 En el traje de golilla, adorno de que pendía la venera. 6 *Amér.* Serie, séquito de cosas. 7 *Cuba.* Regaño, represión.
SIN. *4* **Pechera.**
chorrero *m. C. Rica.* Serie, conjunto.
chorretada *f.* fam. Chorro de un líquido que sale improvistamente. 2 Chorrada.
chorrete *m. Argent.* Tipo insignificante. 2 *Hond.* Guarnición bordada en los vestidos.
chorretear *tr. Guat.* Manchar.
chorretón *m.* Chorretada, chorro o golpe de un líquido. 2 Mancha o huella que produce ese chorro.
chorriento, -ta *adj. Méj.* Churriento.
chorrillo (dim. de *chorro*) *m.* fig. Acción continua de recibir o gastar una cosa. 2 fig. ***Irse uno por el ~,*** seguir la costumbre. 3 V. sembrar a chorrillo.
chorro (l. *susurru,* susurro) *m.* Golpe de un líquido que sale o cae con fuerza y continuidad. 2 p. ext. Caída sucesiva de cosas iguales y menudas. 3 fig. Sucesión abundante e impetuosa de cosas. 4 Masa de gas caliente proyectado hacia atrás por un motor de reacción. 5 fig. ***~ de voz,*** plenitud de la voz. -6 ***loc. adv.*** fig. ***A chorros,*** copiosamente, con abundancia: *hablar a chorros.* -7 *m. Can.* y *Amér. Central.* Grifo o llave de agua. 8 *Bol.* Ramal de látigo. 9 *Cuba* y *P. Rico.* Represión.

SIN. *1* **Caño.** Cuando es delgado, **hilo.**

chorroborro *m.* fig. *y* desp. Aluvión. 2 *Logr.* Persona que hace las cosas atropelladamente.

chorrón *m.* Cáñamo que se saca limpio de la primera rastrillada.

chortal (de *chorro*) *m.* Lagunilla formada por un manantial que brota en su fondo.

chosco *m.* Embutido asturiano hecho con lengua de cerdo, magro, lomo y papadas. Se presenta en una sola pieza redondeada. Se consume crudo o cocido.

chota *adj.* vulg. Soplón, delator. 2 *And.* Mano izquierda. -3 *f. Bol.* Niña india que empieza a presumir de mujer. -4 *adj. Cuba.* Burlón. 5 *Cuba* y *P. Rico.* Chambón, inhábil. 6 *P. Rico.* Cobarde.

chotacabras (ant. *chotar,* mamar el *choto* + *cabra*) *amb.* Ave caprimulgiforme, de ojos grandes, pico corto y ancho, plumaje gris, con manchas y rayas negras, alas largas y cola cuadrada; es crepuscular y acude a los rediles en busca de los insectos que allí se crían *(Caprimulgus europœs).* 2 ~ *pardo,* ave caprimulgiforme semejante a la anterior, de la que se distingue por tener un collar rojizo *(Caprimulgus ruficollis).* ◇ Pl.: *chotacabras.*

SIN. **Engañapastores, zumaya.**

chotar *tr. P. Rico.* En el juego de tala, dar con el palo pequeño [al más grande].

chote *m. Cuba.* Chayote.

chotear *tr.-prnl.* vulg. Hacer mofa o burla [de alguien]. -2 *intr. Ar.* Retozar; dar muestras de alegría. -3 *tr. Colomb.* Mimar. 4 *Guat.* Vigilar el policía secreto [a una persona]. 5 *Guat.* Señalar la sociedad [a un individuo] por sus malos procedimientos. -6 *prnl. Argent.* Levantarse el ala del sombrero sobre la frente.

choteo *m.* vulg. Burla, pitorreo.

chotería *f. Cuba.* Choteo, burla. 2 *Cuba.* Soplonería, delación.

chotero, -ra *adj. Guat.* Burlón.

chotis (ing. *scottish* o al. *schottisch*) *m.* Baile de origen escocés típico de Madrid, de ritmo binario y movimiento moderado. 2 Música de este baile. ◇ Pl.: *chotis.*

choto, -ta (l. *suctu;* supino de *sugere,* mamar) *m. f.* Cría de la cabra mientras mama. 2 Ternero. -3 *adj.* Zurdo. 4 *Argent.* y *Urug.* Fullero, trapacero. 5 *Colomb.* Persona o animal a quien se mima. 6 *Colomb.* Versátil en política. 7 *Hond.* Color amarillo rojizo.

chotuno, -na *adj.* [ganado cabrío] Que mama. 2 [cordero] Flaco y enfermizo.

chova *f.* Ave paseriforme de plumaje negro con visos verdes, pico amarillo o rojizo, desnudo en la base, y pies rojizos *(Corvus frugilegus).* 2 Corneja. -3 *m. Chile.* Persona simple que pronuncia muy mal.

chovinismo *m.* Chauvinismo.

chovinista *adj.-s.* Chauvinista.

chow-chow *adj.-m.* V. perro ~. ◇ Pl: *chow-chow.*

choya *f. Guat.* Pereza, pachorra, pesadez.

choyudo, -da *adj. Guat.* Despacioso, perezoso, que todo lo hace con choya.

choz (onomat.) *f.* desus. Golpe, novedad, extrañeza: *dar* o *hacer choz.*

choza (ár. *joçça*) *f.* Cabaña formada de estacas y cubierta de ramas o paja. 2 Cabaña (casilla rústica).

chozno, -na *m. f.* Hijo del tataranieto.

chozo *m.* Choza pequeña.

chozpar *intr.* Saltar o brincar con alegría ciertos animales jóvenes; como el cordero, el cabrito.

chozpo *m.* Salto o brinco que da un animal cuando chozpa.

chozpón, -pona *adj.* Que chozpa mucho.

chozuela *f.* Dim. de *choza.*

christmas (del ing. *Christmas card*) *m.* Tarjeta de Navidad. ◇ Se pronuncia *crismas.* ◇ Pl.: *christmas.*

¡chss! Interjección ¡Chis!

chuamico *m. Méj.* Ponche de cidra y frutas agridulces.

chuanche *adj. Colomb.* Crudo.

chuapino *m. Chile.* Pellón de lujo en las monturas de campo.

chuascle (mej. *tzohuaztli*) *m. Méj.* Trampa para cazar animales. 2 *Méj.* Engaño.

chubascada *f.* Chubasco, chaparrón de cierta violencia y de corta duración.

chubasco (port. *chuva* < l. *pluvia,* lluvia) *m.* Chaparrón o aguacero con mucho viento. 2 fig. Adversidad o contratiempo transitorios. 3 MAR. Nubarrón obscuro y cargado de humedad que aparece repentinamente, empujado por un viento fuerte, y que no siempre se resuelve en agua.

chubascoso, -sa *adj.* Lluvioso, tormentoso.

chubasquear *impers.* Llover, esp. en forma de chubascos.

chubasquería *f.* MAR. Aglomeración de chubascos en el horizonte.

chubasquero *m.* Impermeable.

chubesqui (de *Choubertsky,* nombre comercial) *m.* Estufa para calefacción, de dobles paredes y forma cilíndrica, que por lo general funciona con carbón.

chubico, -ca *adj. Ecuad.* Legañoso.

chubillo *m. Guat.* Pájaro dentirrostro.

chubutense *adj.-s.* De Chubut, territorio de Argentina.

chuca (ár. *xucca,* hendedura) *f.* Lado de la taba que tiene una concavidad.

chucán, -na *adj. Guat.* y *Hond.* Bufón, chocarrero.

chucanear *intr. Guat.* Bufonear, bromear.

chucanta *adj. Salv.* Bromista.

chucao (arauc.) *m. Chile.* Pájaro del tamaño del zorzal, de plumaje pardo, cuyo canto anuncia desgracia según el vulgo *(Pterotocus rubecula).*

chucaque *m. Perú.* Malestar del organismo por haber sufrido una vergüenza muy grande, según creencia popular.

chúcaro, -ra (quechua *chucru,* duro) *adj. Amér.* [ganado, esp. equino] Arisco, bravío. 2 *Amér.* [pers.] Esquivo.

chuce *m. R. de la Plata.* Chuse.

chucear *tr. Amér.* Herir o picar con chuzo u otra arma punzante. 2 *Colomb.* fig. Engañar; apretar las clavijas; dar un sablazo.

chucero *m.* Soldado armado de chuzo.

chucha (de *chucho*) *f.* fam. Perra (hembra del perro). 2 fam. Borrachera. 3 Galbana. 4 vulg. Peseta. 5 *Colomb.* Zarigüeya. 6 *Colomb.* Juego del escondite. 7 *Colomb.* Sobaquina, grajo. 8 *Colomb.* Gol obtenido de una forma inesperada en el fútbol. 9 *Colomb.* y *Venez.* Instrumento musical.

chuchada *f. Amér. Central.* Fraude, engaño. 2 *Guat.* Chuchería.

chuchaque *m. Ecuad.* Malestar que se siente al otro día de haber bebido mucho.

chuchar *tr. Cuba* y *P. Rico.* Excitar a la riña, ofensa o burla. 2 *Cuba.* Azuzar con un chucho (látigo). 3 *P. Rico* y *S. Dom.* Achuchar.

chuchasma *f. P. Rico.* vulg. Mofa. 2 *P. Rico.* Gentualla.

chuchau *m. Amér.* Pita, planta.

chuchazo *m. Cuba* y *Venez.* Latigazo dado con el chucho.

chuchear (voz imitativa) *intr.* Cuchichear. 2 Coger caza menor con aparejos.

I) chuchería (de *chocho* II) *f.* Fruslería pulida y delicada. 2 Alimento ligero, golosina.

II) chuchería *f.* Acción de chuchear (coger caza menor). 2 *Colomb.* Buhonería.

chuchero, -ra *adj.* Que chuchea (coge caza menor). -2 *m. Colomb.* Buhonero. 3 *Cuba.* Guardagujas.

I) chuchi (arauc. *chuchin,* nudo de los palos) *adj. Chile.* Romo, chato. 2 *Chile.* Fruncido, torcido. 3 *Chile.* [fruta] Que no se desarrolla bien.

II) chuchi (quechua *chucchina,* recoger sobras) *m. Ecuad.* Espigador.

chuchinga *m. C. Rica.* Hombre afeminado.

chuchiquear *tr. Hond.* Suplicar. 2 *Hond.* Mimar, acariciar.

chuchir *tr. Ecuad.* Espigar.

chuchito *m. Guat.* Tamal de maíz, chile y verduras.

I) chucho (de *¡chucho!*) *m.* fam. Perro (mamífero). 2 *Cuba* y *Venez.* Látigo, vergajo.

II) chucho *m. Chile.* Ave de rapiña cuyo graznido se toma vulgarmente como de mal agüero *(Noctua pumila).* 2 *Ant.* Aguja de ferrocarril. 3 *Cuba.* Conmutador, llave de la luz.

III) chucho (quechua *chujchu*) *m. Amér. Merid.* Escalofrío de la fiebre; fiebre intermitente. 2 *Argent.* y *Urug.* Sobresalto, miedo. 3 *Colomb.* Buhonería. 4 *Chile.* Cárcel.

IV) chucho *m.* Pastinaca, pez. 2 Pez marino teleósteo perciforme de América meridional, pequeño como el arenque, y de carne muy estimada *(gén. Anchoviella).* 3 *Cuba.* Aguja, pincho. 4 *Cuba* y *Méj.* Obispo, pez.

V) chucho, -cha (del chibcha) *adj. Amér. Central.* Mezquino, miserable. 2 *Colomb.* [fruto] Aguanoso. 3 *Colomb.* [pers.] Arrugado.

¡chucho! (onomat.) Interjección con que se contiene o espanta al perro.

SIN. **¡Zuzo!**

chuchoca (voz quechua, aimara y arauc.) *f. Amér. Merid.* Especie de frangollo o maíz cocido y seco, que se usa como condimento.

chuchoco, -ca *adj. Argent.* Viejo, decrépito.

chuchón (de *chuchar,* azuzar) *m. Méj.* Gallo de careo; azuzador.

chuchoso, -sa *adj. Colomb.* Que tiene chucha (grajo).

chuchuca *f. Bol., Ecuad.* y *Hond.* Chuchoca. -2 *adj. Ecuad.* Arrugado.

chuchumeco *m. Amér. Merid.* Apodo con que se zahiere al hombre ruin. 2 *Colomb.* Viejo achacoso. 3 *Cuba* y *Perú.* Sandunguero, currucato, gracioso. 4 *Ecuad.* Máscara que remeda una vieja vestida ridículamente. 5 *Méj.* Chichimeca.

chuchumequear *intr. Perú.* Vivir entre chuchumecos.

chuchuquear (quechua *chuchukuy,* temblar) *intr. Colomb.* Tiritar de frío.

chuchurrido, -da *adj.* fam. Ajado, arrugado.

chuchurrir *tr.-prnl.* fam. Ajar, marchitar.

chucla *f.* Pez marino teleósteo perciforme, de tamaño pequeño, de cuerpo alto y de color gris azulado o verdusco *(Spicara maena).*

chucleto *m.* Pez marino teleósteo, parecido al pejerrey, aunque menor *(Atherina hepsetus).*

chuclla *f. Perú.* En el interior del país, choza de paja.

chuco, -ca *adj. Amér.* [carne] Que olisca o huele mal.

chucua *f. Colomb.* Lodazal, pantano.

chucuala *m.* Reptil saurio de Sudamérica, de unos 30 cms. de longitud, de color gris amarillo con manchas negras difusas, que se alimenta de vegetales. Los nativos aprecian mucho su carne y consumen el animal entero hervido *(Sauromalus obesus).*

chucula (quechua) *f. Ecuad.* Preparación de plátano maduro cocido y batido en leche, con queso, especias y alguna esencia. 2 *Perú.* Utensilio hecho de la corteza de una cucurbitácea.

chucupa *f. Perú.* Mantilla.

chucura *f. Colomb.* Mochila.

chucuri *m. Ecuad.* Animal parecido a la comadreja *(Mustela agilis).*

chucuto, -ta *adj. Venez.* Rabón. -2 *m. Venez.* El diablo.

I) chueca (orig. desconocido; cat. *soca;* fr. *souche*) *f.* Tocón (parte de tronco). 2 Juego entre dos bandos, cada uno de los cuales procura que una bola impelida por el contrario no pase la raya que señala su término. 3 fig. Burla, chasco.

II) chueca (v. *chuca*) *f.* Hueso redondeado o parte de él que encaja en el hueco de otro en una coyuntura.

chueco, -ca *adj. Amér.* Estevado, patituerto; torcido, desviado, en gral. 2 *Amér.* [calzado] Que tiene los tacones torcidos. -3 *m. Méj.* Comercio de cosas robadas.

chuela (aféresis de *hachuela*) *f. Chile.* Destral.

chuequear *intr. Argent.* y *Perú.* Caminar como los chuecos.

chueta (cat. *jueu,* judío) *com.* En las Baleares, supuesto descendiente de judíos conversos.

chufa *f.* Planta ciperácea de raíz rastrera que produce unos tubérculos aovados, con cicatrices anulares, carnosos y dulces, que se usan para preparar bebidas refrescantes *(Cyperus esculentus).* 2 Tubérculo de esta planta. 3 Burla, mentira. 4 fig. *y* fam. Bofetada.
SIN. *1* y *2* **Cotufa y cuca.**

chufar (de *chufa,* burla) *intr.-prnl.* Hacer escarnio de una cosa.

chufería *f.* Casa donde hacen o venden horchata de chufas.

chufero, -ra *m. f.* Persona que tiene por oficio vender chufas.

I) chufeta *f.* desus. Chofeta.

II) chufeta, -fleta (de *chufa,* burla) *f.* fam. Cuchufleta.

chufla *f.* Cuchufleta.

chuflaibailas (de *chuflar + y + bailar*) *com.* Persona alocada y de poco juicio. ◇ Pl.: *chuflaibailas.*

chuflarse *prnl.* Zumbarse, mofarse.

chufletear *intr.* fam. Decir chufletas.

chufletero, -ra *adj.-s.* fam. Que chufletea.

chugo, -ga *adj. Ecuad.* Bayo, de color dorado bajo.

chui, *P. Rico.* Voz us. repetidamente para llamar a los cerdos.

chuica *f. C. Rica.* Andrajo, harapo. -2 *f. pl. C. Rica.* Trastos, trebejos.

chuico (aimara *huyccu,* ciego) *m. Chile.* Especie de damajuana usada gralte. para repartir el vino.

chuiquero *m. C. Rica.* Montón de chuicas.

chula *f.* Fruto del candelabro, planta *(gén. Cereus).*

chulada (de *chulo*) *f.* Acción indecorosa propia de gente de mala crianza o ruin condición. 2 Dicho o hecho gracioso con cierta soltura y desenfado. 3 Bravuconada, guapeza.

chulanchar *tr. Argent.* Mecer el cuerpo de un lado a otro.

chulapear *intr.* Actuar como chulapo.

chulapería *f.* Chulería.

chulapo, -pa *m. f.* Chulo (individuo afectado).

chulapón, -na *adj.-s.* Chulapo.

I) chulco (quechua *chullcu*) *m. Ecuad.* Especie de sopa. 2 *Ecuad.* Usura, interés excesivo. 3 Planta acedera *(Oxalis).*

II) chulco, -ca (quechua *sulko,* el menor) *m. f. Bol.* Hijo menor de una familia.

chulé (caló) *m.* vulg. Duro, moneda española de cinco pesetas.
SIN. **Chulí.**

chulear (de *chulo*) *tr.-prnl.* Zumbar o burlar [a uno] con gracia y chiste. -2 *tr.* vulg. Ejercer de chulo, vivir a costa de una mujer. -3 *intr.* Jactarse, presumir, esp. de valiente. -4 *tr. Méj.* Galantear.

chulenco, -ca *adj. Venez.* Chullenco (patojo).

chulería *f.* Aire o gracia en las palabras o ademanes. 2 Conjunto o reunión de chulos. 3 Valentonería.

chulesco, -ca *adj.* Relativo a los chulos.

chuleta (valenciano *chulleta,* de *chulla*) *f.* Costilla con carne de ternera, carnero o puerco. 2 fig. Pieza que se añade a alguna obra manual para rellenar un hueco. 3 Entre estudiantes, papel con extractos o notas, que se lleva escondido para copiar en los exámenes escritos. 4 Pieza delgada de madera us. por los carpinteros. 5 fig. *y* fam. Bofetada. -6 *m.* vulg. Chulo, matón, presumido. -7 *f. pl.* fig. Patillas.

chulí *m.* vulg. Chulé, moneda de 5 pesetas.

chulillo *m. Perú.* Ayudante en algún oficio.

chulla *f. Ar.* Lonja de carne. -2 *adj. Ecuad.* Que tiene poco valor.

chullaleva *m. Ecuad.* El que aparenta riquezas.

chulleco, -ca *adj. Chile.* Chueco, torcido.

chullenco, -ca *adj. Chile.* Chueco, torcido.

I) chullo (quechua *cchulla,* solo) *m. Perú.* Gordo (moneda).

II) chullo, -lla *adj. Ecuad.* [objeto] Que usándose en número par, se queda solo: *un guante* ~. -2 *m.* Persona de la clase media o baja. 3 Quídam, sujeto despreciable.

chullpa *f.* Monumento funerario de los aimaraes, antiguo pueblo indio de Bolivia y Perú.

I) chulo, -la (it. *ciullo*) *adj.-s.* Que hace y dice las cosas con chulada. -2 *adj.* fig. *y* fam. Lindo, bonito. -3 *m. f.* Individuo del pueblo bajo de Madrid que viste y se produce con cierta afectación y guapeza. -4 *m.* Rufián. 5 El que obliga o ayuda a las mujeres a la prostitución. 6 El que ayuda en el matadero al encierro de las reses mayores. 7 El que en las fiestas de toros da a los lidiadores garrochones, banderillas, etc.
SIN. *3* v. **Majo.**

II) chulo (quechua *chchulu*) *m. Amér.* Aura, ave. 2 *Bol.* Chullo (gordo). 3 *Méj.* Especie de brochón de albañiles y pintores.

chulón, -lona *adj. Amér. Central.* Desnudo, en cueros.

chulpa *f. Bol.* y *Perú.* Sepulcro incaico o preincaico.

chulpi *adj. Ecuad.* Arrugado.

chulquero, -ra (de *chulco,* usura) *adj. Ecuad.* Usurero.

chulquinear *intr. Colomb.* Retoñar, retoñecer.

chulumañeño, -ña *adj.-s.* De Chulumani, c. de la prov. de Sur Yungas del dep. de La Paz (Bolivia).

chulunco, -ca *adj. Hond.* Corto.

chulupo, -pa *adj. Venez.* Desgastado, hablando de monedas.

chuma *f. Argent.* y *Ecuad.* Borrachera.

chumacera (port. *chumaceira*) *f.* MEC. Cojinete. 2 MEC. Pieza de metal o madera, con una muesca en que descansa y gira cualquier eje de maquinaria. 3 MAR. Tablita puesta al borde de la lancha y en cuyo medio está el tolete. 4 MAR. Rebajo semicircular en los botes, que sirve para que en él juegue el remo.

chumado, -da *adj. Argent.* y *Ecuad.* Borracho.

chumal *m. Ecuad.* Humita.

¡chúmale! *Argent.* y *Urug.* Interjección ¡Chúmbale!

chumarse *prnl. R. de la Plata* y *Ecuad.* Embriagarse.

chumazón *f. Ecuad.* Diversión continuada.

chumba *f. Bol.* Sulfato de cinc gris azulado. 2 *Chile.* Especie de chaleco, confeccionado con lana. 3 *Pan.* Protuberancia.

¡chúmbale! *Argent.* y *Urug.* Voz para azuzar a los perros.

chumbar (port. *chumbo,* bala) *tr. La Mancha, Argent.* y *Urug.* Azuzar [al perro] a morder. 2 *Bol.* Disparar con bala.

chumbe (quechua) *m. Amér.* Faja ancha con que se ciñen a la cintura el tipoy y otras vestiduras.

chumbeado, -da *adj. Bol.* De poca monta.

chumbear *tr. Argent.* y *Urug.* Tirar con chumbos (perdigones).

chumbera (de *chumbo*) *f.* Planta cactácea de tallo formado por una serie de paletas ovales, erizadas de espinas, flores grandes con muchos pétalos, y fruto en baya de corteza verde amarillenta y pulpa comestible, dulce y de color anaranjado *(Opuntia ficus-indica).*
SIN. **Higuera chumba, de Indias, de pala** o **de tuna, nopal, tunal.**
I) chumbo (voz portuguesa) *m. Argent.* y *Urug.* Bala, perdigón. 2 *Colomb.* Chumpipe.
II) chumbo, -ba *adj.* V. higo chumbo e higuera chumba.
chumbote *m. Ecuad.* Ternero o becerro grande.
chumearse *prnl. Chile.* Emborracharse.
chumeca *m. C. Rica.* Calificativo dado a los negros de Jamaica.
chumero *m. Amér. Central.* Aprendiz de un oficio.
chuminada *f.* vulg. Cosa sin importancia, tontería, estupidez.
chumino *m.* vulg. Genitales femeninos.
chumo, -ma *adj. Ecuad.* Borracho. 2 *Perú.* Soso, insípido, desabrido.
chumpi *m. Bol.* Chumbe (faja). 2 *Perú.* Cordón de lana de varios colores.
chumpipe *m. Guat.* y *Méj.* Pavo común. -2 *adj. Guat.* Zonzo.
chumpipear (de *chumpipe*) *intr. Guat.* Vagar, pavear.
chuna *f.* ZOOL. Chuña.
chunca *f. Perú.* Dado hecho de madera o hueso. 2 *Argent.* Parte de la pierna que va desde la rodilla hasta el tobillo.
chuncar *intr. Perú.* Jugar a las bolitas o a los dados. ◇ ** CONJUG. [1] como ***sacar.***
chunche *m. Colomb.* Sarna. 2 *Nicar.* Quídam. -3 *m. pl. Amér. Central.* Bártulos.
chunchillos *m. pl. Colomb.* Chinchulín.
chuncho (del quechua *chúnchu,* salvaje) *m. Perú.* Individuo de una tribu de indios bárbaros. 2 *Perú.* Maravilla, planta compuesta. 3 *Perú.* Huraño, rústico. 4 *Chile.* Búho. 5 *Chile.* Persona que trae mala suerte.
chunchucuyo *m. Amér. Central.* Rabadilla de ave.
chunchules *m. pl. Chile.* Chinchulín.
chunchulín *m. Bol.* y *Parag.* Chinchulín.
chunchullos *m. pl. Colomb.* y *Chile.* Chinchulín.
chunco, -ca *adj. Amér.* Choco (mutilado). 2 *Bol.* y *Perú.* Expr. de cariño.
chunero *m. Guat.* y *Salv.* Aprendiz de algún oficio.
chunga (de *zumba*) *f.* fam. Burla festiva: *estar de ~.* 2 *Argent.* Mujer charra. 3 *Chile.* Gamella de madera con un palo atravesado, us. para transporte.
SIN. v. **Burla.**
chungarse *prnl.* Chunguearse. ◇ ** CONJUG. [7] como ***llegar.***
chungo, -ga *adj.* vulg. Malo, falso. 2 vulg. Estropeado. 3 vulg. Divertido. 4 *Venez.* Ebrio.
chungón, -na *adj.-s.* Persona aficionada a la chunga o guasa.
chunguearse (de *chunga*) *prnl.* fam. Burlarse festivamente.
chungueo *m.* fam. Acción de chunguearse. 2 fam. Efecto de chunguearse.
chunguería *f. P. Rico.* Chunga.
chunguero, -ra *adj. P. Rico.* Jocoso.
chunguiar *tr. Guat.* y *Hond.* Ordeñar de manera que el chorro de leche caiga en la boca de la persona que ordeña.
chuno, -na (quechua *chunu,* arrugado) *adj. Ecuad.* Arrugado. -2 *m. Bol.* y *Chile.* Especie de pan de papa. 3 *Bol.* y *Chile.* Fécula de papa.
chuña (quechua) *f.* Ave gruiforme de Sudamérica, de 82 cms. de longitud; tiene el plumaje de color grisáceo con un penacho sobre la cabeza; las patas son muy largas y el pico de color rojo *(Cariama cristata).* 2 *Chile.* Arrebatiña.
chuñista *adj. Bol.* Que falta a clases. 2 *Bol.* Embrollón.
chuño *m. Amér.* Fécula de patata. 2 Alimento que se hace de esta fécula.
I) chupa (ár. *chopa*) *f.* Parte del vestido que cubría el tronco del cuerpo, a veces con faldillas de la cintura abajo y con mangas ajustadas; se ponía gralte., incluso en traje militar, debajo de la casaca. 2 Usábase también sin casaca, y así se generalizó después como traje menos solemne, más sencillo o más modesto. 3 Chaqueta, chaquetilla. 4 fig. ***Poner a uno como ~ de dómine,*** ponerle como un trapo.
II) chupa *f.* Medida de capacidad us. en Filipinas.
III) chupa *f. Amér.* Borrachera. 2 *Pan.* Bolsa o costal.
chupaalcuzas (de *chupar* + *alcuza*) *m. La Mancha.* desp. Hombre roñoso, mezquino, con proclividad a la usura. ◇ Pl.: *chupaalcuzas.*
chupacirios *m.* desp. Beato (que frecuenta templos). ◇ Pl.: *chupacirios.*
chupachupa *f. Colomb.* Apéndice terminal del eje primario del racimo de plátanos.
chupada *f.* Acción de chupar.
SIN. **Succión.**
chupadero, -ra *adj.* Que chupa. -2 *m.* Chupador (pieza para niños).
chupado, -da *adj.* fig. Muy flaco y extenuado. 2 fig. *y* vulg. [pregunta, lección, etc.] Muy fácil. Entre estudiantes, p. ext., fácil o sencillo de hacer. 3 *Amér.* Borracho.
chupador, -ra *adj.* Que chupa. -2 *m.* Pieza adecuada que se da a chupar a los niños para facilitarles la primera dentición.
chupadura *f.* Acción de chupar. 2 Efecto de chupar.
chupaflor (*chupar* + *flor*) *m.* Especie de colibrí, propio de Venezuela.
chupalámparas (de *chupar* + *lámpara*) *m.* fam. Monaguillo, sacristán. -2 *com.* desp. Chupacirios. ◇ Pl.: *chupalámparas.*
chupaleche *f.* Mariposa diurna caracterizada por la larga cola de que están provistas las alas posteriores y por la profusión de manchas negras sobre fondo amarillento *(Iphiclides podalirius).*
chupalla *f. Bol.* Tabaquera hecha del buche bien sobado del avestruz. 2 *Chile.* Planta bromeliácea que tiene las hojas en forma de roseta y cuyo jugo se emplea en la medicina casera *(Puya pyramidata).* 3 *Chile.* Sombrero hecho con tirillas de las hojas de esta planta.
chupamiel *f.* Hierba anual boraginácea, con hojas alargadas y flores amarillas dispuestas en grupos densos *(Lithospermum apulum).*
chupamirto *m. Méj.* Colibrí.
chupampa *f. Hond.* Fábrica clandestina de licores.
chupandina *f. Argent.* y *Urug.* Bebentina.
chupapiedras *m. And.* Juguete infantil compuesto por un círculo de cuero por cuyo centro se pasa una cuerda. Aplicándolo mojado sobre una piedra plana hace de ventosa y la atrae. ◇ Pl.: *chupapiedras.*
chupar (relacionado con l. *succu,* jugu) *tr.* Sacar o atraer con los labios [el jugo o la substancia de una cosa]: *~ un limón; ~ con fuerza.* 2 Embeber en sí los vegetales [el agua o la humedad]. 3 fam. Absorber. 4 Ir quitando o consumiendo [la hacienda de uno] con pretextos y engaños. 5 fig. *y* fam. Sacar beneficios sin trabajar o merecerlos; aprovecharse [de alguien]. -6 *prnl.* Irse enflaqueciendo o desmedrando. -7 *tr. Amér.* Hablando de cosas desagradables, aguantarlas, sufrirlas.
SIN. *1* **Succionar,** tecn. o estilo selecto.
chupasangre *m.* Seta agarical con el sombrero gris oliváceo; su carne es blanca pero en contacto con el aire se vuelve rojiza *(Boletus fellens).*
chupatintas (*chupar* + *tinta*) *m.* desp. Oficinista. ◇ Pl.: *chupatintas*
SIN. **Cagatinta** o **cagatintas.**
chupativo, -va *adj.* Que tiene virtud de chupar.
chupatomates *m. Perú.* Adulador grosero. ◇ Pl.: *chupatomates.*
I) chupe (quechua) *m. Chile* y *Perú.* Guisado que se hace con papas en caldo, a que se añade carne o pescado, queso, ají, tomate, etc. Tiene variantes en los diversos países sudamericanos. 2 *Chile.* Juego que consiste en arrojar monedas al aire. 3 *Chile.* El que en este juego, o en otra faena, queda el último.
II) chupe *m.* fam. Chupete, chupador.
chuperretear *tr.* Chupetear mucho.
chupeta *f.* Dim. de *chupa.* 2 MAR. Cámara situada en popa, y de pequeñas dimensiones.
chupete *m.* Chupador (para niños). 2 *Amér.* Caramelo arrollado a un palito que chupan los niños. -3 *com. Argent.* Niño que tiene la costumbre de chuparse los dedos. 4 *Chile.* Cometa pequeña. -5 *adj. Chile.* [cometa] Que queda sin fuerza para mantenerse tenso.
chupetear (frecuent.) *tr.-intr.* Chupar poco y con frecuencia.
chupeteo *m.* Acción de chupetear.
chupetilla *f.* Pequeña cubierta de cristal que se pone en las escotillas para que no penetre la lluvia en la bodega.
I) chupetín (dim. de *chupete*) *m.* Acción de chupetear.
II) chupetín (dim. de *chupeta*) *m.* Especie de justillo o ajustador, con faldillas pequeñas.
chupetón *m.* Acción de chupar con fuerza. 2 Efecto de chupar con fuerza.
chupi *adj.* fam. Estupendo, magnífico, excelente.

chupilca (arauc. *chulco,* panes + *pillcu,* frangollo) *f. Chile.* Harina disuelta en licor ordinario o en jugo de sandía.
I) chupín *m.* Chupa corta.
II) chupín *m. Chile.* Plato a base de congrio o mariscos.
chupinazo *m.* Disparo hecho con una especie de mortero en los fuegos artificiales, cuya carga son cadenillas. 2 DEP. Disparo potente a la puerta contraria, esp. en el fútbol.
chupingo, -ga *adj. Chile.* Medio ebrio.
chupino, -na (quechua, sin cola) *adj. Argent.* [animal] Que ha perdido la cola o que la tiene muy corta.
chupito *m.* Trago de vino u otro licor.
I) chupo (quechua) *m. Amér.* Divieso.
II) chupo (de *chupar*) *m. Colomb.* Biberón.
chupón, -pona *adj.* fig. Que chupa. -2 *adj.-s.* Que saca dinero con astucia y engaño. 3 [jugador] Que retiene mucho tiempo el balón, la pelota, la bola, etc., antes de efectuar un pase. -4 *m.* Vástago de los árboles que les chupa la savia y amengua el fruto. 5 Señal que queda en la piel después de chupar. 6 Pluma con cañón no consolidado que suele tener sangre si se arranca. 7 Pirulí, caramelo. 8 Carámbano. 9 FÍS. Émbolo de las bombas de desagüe. 10 *Amér.* Biberón. 11 *Amér.* Chupete o chupador. 12 *Colomb.* y *P. Rico.* Chupada. 13 *Cuba* y *P. Rico.* Bagazo que queda en la naranja, después de chupada. 14 *Chile.* Furúnculo. 15 *Chile.* Planta. 16 *Hond.* y *Méj.* Envoltorio de trapo con algún ingrediente us. por los curanderos.
SIN. *3* **Mamón.**
chupóptero (voz burlesca formada de *chupar* + la term. *-ptero* de algunos órdenes de insectos) *m.* Persona que, sin trabajar, disfruta de uno o varios sueldos, dietas, etc.
chuque *adj. Ecuad.* fig. Cándido.
chuquearse *prnl. Amér. Central.* Ensuciarse.
chuquía *f. Amér. Central.* Hediondez.
chuquiragua *f. Ecuad.* y *Perú.* Planta compuesta, que se cría en los Andes y se usa como febrífugo *(Chuquiragua diacanthoides).*
chuquisa *f. Chile* y *Perú.* Chusquisa.
chuquisaqueño, -ña *adj.-s.* De Chuquisaca, dep. de Bolivia.
churana *f. Amér.* Aljaba que usan los indios.
churcar (voz takana) *tr. Bol.* Remar con fuerza haciendo roncar el remo en el agua. ◇ ** CONJUG. [1] como ***sacar.***
churco *m. Chile.* Planta oxalídea, propia de este país *(*gén. *Oxalis).*
churdón *m.* Frambueso. 2 Frambuesa. 3 Jarabe de frambuesa.
churear *tr. Ecuad.* Hacer churos (rizos).
chureca *f. Hond.* Boca de labios delgados que se pliegan con facilidad y gracia.
churero *m. Ecuad.* Instrumento para hacer churos (rizos).
churla *f.* Churlo.
churlo *m.* Saco de lienzo de pita cubierto con uno de cuero.
I) churo *m. Amér. Merid.* Instrumento de viento en forma de caracol us. por los indios. 2 *Ecuad.* Rizo de pelo. 3 *Ecuad.* Escalera de caracol.
II) churo, -ra *adj. Argent.* Bonito, bien puesto.
churqui *m.* Arbusto oxalidáceo de hasta 50 cms. de altura, propio de Chile *(Oxalis gigantea).*
churra *f.* Ortega. 2 *P. Rico.* vulg. Diarrea.
churrar *tr. Extr.* y *Sal.* Tostar.
churrascado, -da *adj.* Chamuscado, quemado.
churrascar *tr. And.* Tostar. ◇ ** CONJUG. [1] como ***sacar.***
churrasco *m.* Carne asada a la brasa.
churrasquear *intr. R. de la Plata.* Hacer o comer churrascos.
churre *m.* fam. Pringue gruesa y sucia que corre de una cosa grasa. 2 fig. Lo que se parece a ella. 3 Impurezas que lleva la lana antes de su lavado.
churrear *intr.-prnl. P. Rico.* Tener diarrea. 2 Ensuciarse la ropa.
churrel *m. La Mancha.* Niño de corta edad.
churrería *f.* Establecimiento del churrero.
churrero, -ra *m. f.* Persona que tiene por oficio hacer o vender churros.
churreta *f. Amér.* Diarrea. 2 *Colomb.* Cosa que se parece al churre. 3 *Colomb.* Tralla de cuerda. 4 *Colomb.* Jeringa de caña.
churretada *f.* Churrete grande. 2 Cantidad de churretes.
churrete (de *churre*) *m.* Mancha que ensucia alguna parte visible del cuerpo.
churretear *tr. Amér.* Pringar, manchar. -2 *prnl. Perú* y *Ecuad.* Tener diarrea.
churretoso, -sa *adj.* Lleno de churretes.
churri *adj. And.* Gárrulo, enfadoso y sin substancia. 2 *Ecuad. Gallo* ~, el ordinario.
churria *f. Colomb.* Chiripa. 2 *Méj.* Mancha alargada, producida al chorrear una cosa. -3 *f. pl. Amér.* Cámara, diarrea.
churriana *f.* vulg. Ramera.
churriburri *m.* fam. Zurriburri.
churriento, -ta *adj.* Que tiene churre. 2 *Amér.* Que tiene diarrea.
churrigueresco, -ca *adj.-s.* Estilo arquitectónico, derivación del barroco, propagado en España por Ribera (1683-1742), Churriguera (1665-1723) y otros. Se caracteriza por los excesos ornamentales en todos los miembros del edificio, esp. en los vanos y balconajes, y por lo retorcido y dislocado de columnas, frisos, frontones, arcadas y dinteles, llenos de flores, hojas, grecas, cintas y figuras de hombres y animales. 2 fig. Charro (demasiado adornado).
churriguerismo *m.* Sistema de sobrecargar de adornos las obras de arquitectura churrigueresca.
churriguerista *m.* Arquitecto que adopta el churriguerismo en sus obras.
churrinche *m. Argent.* Pájaro de color pardo obscuro *(Myarchus coronatus; Pydrocephalus parvirrostris).*
churrio, -rria *adj. Ecuad.* [gallo] De mala raza. 2 *Ecuad.* p. ext. [pers.] Basto o vulgar.
churripuerco, -ca *adj.* [pers.] Desaseado, mugriento.
churriquearse *prnl. Cuba.* Ensuciarse.
churritar *intr.* Gruñir el verraco.
I) churro *m.* Cohombro. 2 Dulce de harina y azúcar frito con aceite, de forma cilíndrica estriada. 3 fam. Chapuza, chapucería, cosa mal hecha.
II) churro, -rra *adj.-s.* Res cuya lana es más basta y larga que la merina. -2 *adj.* Relativo a esta lana.
churroso, -sa *adj. Cuba.* Que tiene diarrea.
churruchel *m. Extr.* Tratante en lanas.
churrullero, -ra *adj.-s.* Charlatán, que habla mucho.
churrumbo, -ba *adj. Colomb.* [ave de corral] Crespo.
churrupaco, -ca *adj. Perú.* Chuto (voz insultante).
churruscar (de *churrusco*) *tr.-prnl.* Empezar a quemar [el pan, el guisado, etc.]: *el arroz se ha churruscado.* ◇ ** CONJUG. [1] como ***sacar.***
churrusco (relacionado con *corrusco*) *m.* Pedazo de pan demasiado tostado. 2 *Colomb.* Instrumento para lavar platos. -3 *adj. Colomb.* y *Pan.* Crespo, ensortijado.
churuata *f. Venez.* Vivienda común de los indios, gralte. grande.
churubía *f. Extr.* Lavandera blanca.
churubito, -ta *adj. Murc.* Señoritingo, lechuguino.
churuco, -ca *adj. Guat.* Arrugado, marchito. 2 *Hond.* Falto de una oreja. -3 *m. Amér. Central.* Entre jugadores, cubilete. 4 *Pan.* Mochila. 5 *Perú.* Vasija grande que usan los arrieros.
churumbel (voz gitana) *m.* Niño.
churumbela (v. *caramillo*) *f.* Instrumento músico de viento parecido a la chirimía, pero más pequeño. 2 *Extr.* Lavandera común. 3 *Amér.* Bombilla us. para tomar el mate. 4 *Colomb.* Preocupación, cuidado. 5 *Colomb.* y *Ecuad.* Pipa de fumar.
churumen *m.* fam. Chirumen.
I) churumo *m.* fam. Jugo o substancia.
II) churumo *m. Bol.* Calabaza esférica con un agujero que, colgada de un árbol, despide un sonido al entrarle el aire, y sirve para pedir auxilio a los viandantes. 2 *Bol.* Calabaza con un agujero us. para llevar agua. 3 *Bol.* Bolacha de goma.
¡chus! Interjección ¡Tus!
chuscada *f.* Dicho o hecho de chusco.
chuscamente *adv. m.* De un modo chusco.
chuscarrar *tr. Logr., Murc.* y *Nav.* Socarrar, churruscar.
chuschar *tr. Argent.* Tirar [a uno] del pelo.
I) chusco, -ca *adj.-s.* Que tiene gracia, donaire y picardía. -2 *adj. Chile.* [gallo] Ordinario. 3 *Perú.* [perro] Cruzado, que no es de casta. 4 *Perú.* Ordinario, corriente. 5 *Perú.* Malcriado, de modales incorrectos.
II) chusco (probablemente relacionado con *cuscurro, corrusco, churrusco*) *m.* Pedazo de pan, mendrugo. 2 MIL. Pieza de pan de munición; p. ext., pan alargado, más corto que la barra.
chuscujeta *f. Ecuad.* Bezo, labio grueso.
chuse (quechua *chusi,* frazada) *m. R. de la Plata.* Tejido de hilos gruesos de lana que fabrica la gente del campo, us. para alfombrar las habitaciones.
chusear *intr. Bol.* Explotar la dinamita o pólvora sin hacer efecto.
chusgo, -ga *adj. Bol.* [gallo] Vulgar.
chusma (gr. *keleusma*) *f.* Conjunto de galeotes. 2 Conjunto

de gente soez. 3 *Amér.* Conjunto de indios sin autoridad, que componen una toldería o campamento.
chusmaje *m. Amér.* Chusma.
chusmo *m. Venez.* Pequeña nasa.
chuso, -sa (quechua *chhuso,* desmedrado) *adj. Argent.* Seco, apergaminado. 2 *Bol.* Chuspí (de ojos pequeños). 3 *Chile* y *R. de la Plata.* Caballo malo.
chuspa (quechua) *f. Amér. Merid.* Bolsa, morral. 2 *Ecuad.* Bollo de harina de trigo o maíz, y la comida que de ellos se hace.
chuspí (voz quechua) *adj. Ecuad.* Que tiene ojos pequeños. -2 *m. Bol.* Baile de indios en el entierro de un niño.
chusque *m. Colomb.* Planta gramínea de mucha altura; es una especie de bambú *(Chusquea scandens).*
chusquero *adj.-m.* MIL. Oficial o jefe militar que ha ascendido reenganchándose en el ejército y sin pasar por una academia militar. -2 *m. Extr.* Arriero que vende leña menuda.
chusquisa *f. Chile* y *Perú.* Mujer de vida alegre.
chuste *m. C. Rica.* Cera amarilla.
chut *m.* Acción de chutar I. 2 Efecto de chutar I.
SIN. **Tiro.**
I) chuta *f. Bol.* Calzón de bayeta.
II) chuta *f.* En el lenguaje de la droga, jeringuilla.
I) chutar (ing. *shoot*) *intr.* En el juego del fútbol, lanzar [la pelota] con el pie. -2 *prnl.* En el lenguaje de la droga, inyectársela.
II) chutar (quechua *chutani*) *tr. Ecuad.* Halar.
I) chute *m. Chile.* En coa, futre, lechuguino. 2 *Guat.* y *Salv.* Púa, aguijón. 3 *Guat.* y *Salv.* Persona entremetida, intrusa.
II) chute *m.* En el lenguaje de la droga, inyección de droga.
chuterío *m. Perú.* Conjunto de chutos o cholos.
chuto, -ta *adj. Bol.* Tímido y de pocos alcances. 2 *Bol.* y *Venez.* Rabón. 3 *Bol.* y *Venez.* Romo y pequeño. 4 *Perú.* Voz insultante apl. sólo a los cholos.
chuva *f. Perú.* Mono platirrino de color negro intenso en la región dorsal y amarillo rojiza en la ventral, con una mancha en la frente *(Ateles variegatus).*
chuvash *adj.-s.* De Chuvashi, república del este de la Unión Soviética. -2 *adj.-m.* Lengua turca, hablada en esta república.
chuy *m. Bol.* y *Perú.* Semilla, redonda y lustrosa, de la achira (planta acuática).
¡chuy! *R. de la Plata.* Interjección con que se expresa la sensación de frío intenso.
chuyaco (quechua *chhuyac*) *m. Colomb.* Alimento a base de guanábana, azúcar, vino y polvo de canela.
chuye *m. Bol.* Chuy (bolita de achira).
chuyo, -ya (del quechua *chullu,* remojar) *adj. Bol.* y *Ecuad.* Aguado, poco espeso, esp. algunos alimentos. -2 *m. Perú.* fam. Centavo.
chuza *f. Amér. Merid.* Pileta en que se recoge el agua que rodea las capellinas y bacines para quemar las masas de mineral amalgamado. 2 *Chile* y *Urug.* Barreta, palo con punta de hierro, a manera de lanza. 3 *Méj.* Lance en los juegos de boliche y billar, que consiste en derribar todos los palos de una vez y con sólo una bola. 4 *Argent.* y *Urug.* Especie de lanza rudimentaria, de forma parecida al chuzo. 5 *Urug.* Púa.
chuzar *tr. Colomb.* Punzar, pinchar, herir. ◇ ** CONJUG. [4] como *realizar.*
chuzazo *m.* Golpe dado con el chuzo.
chuznieto, -ta *m. f. Ecuad.* Chozno.
I) chuzo (de *suizo,* ant. soldado de infantería) *m.* Palo armado con un pincho de hierro usado a modo de lanza. 2 Bastón que usaban los serenos. 3 *Amér. Central.* Pico de ave. 4 *Amér. Central.* Aguijón de escorpión. 5 *C. Rica* y *Guat.* Garrocha. 6 *Cuba.* Látigo retorcido que va adelgazándose hacia la punta. 7 *Chile.* Surtidor, chorro de agua. 8 *Chile.* Rocín. 9 *Chile.* Barreta de hierro us. para cavar. 10 *Perú.* Zapato. -11 *m. pl. Chile.* En coa, zapatos.
II) chuzo, -za *adj. Ecuad.* desp. [cabello] Ríspido. 2 *R. de la Plata* y *C. Rica.* Arrugado, achicharrado. -3 *m. f. Ecuad.* Niño, chicuelo.
chuzón, -zona (de *chusco*) *adj.-s.* Astuto, difícil de engañar. 2 Que tiene gracia para burlarse de otros en la conversación. -3 *adj. Ecuad.* Que tiene el pelo ríspido. -4 *m. Colomb.* Punzada o pinchazo.
chuzonada *f.* Bufonada.
chuzonería *f.* Burleta.
cía (b. l. *scia* < gr. *ischás*) *f.* Hueso de la cadera.
ciaboga (de *ciar* + *bogar*) *f.* Maniobra de dar vuelta en redondo a una embarcación de remos, bogando los de una banda y ciando los de otra. 2 p. anal. Igual maniobra en un buque de vapor sirviéndose del timón y la máquina.
ciabogar *intr.* Dar ciaboga; tomar la ciaboga. ◇ ** CONJUG. [7] como *llegar.*
cian-, v. ciano-.
cian *adj.-m.* Color azul verdoso complementario del rojo.
cianamida *f.* Compuesto sólido cristalino, delicuescente, combustible y de bajo punto de fusión: ~ *cálcica,* compuesto que se obtiene por reacción de carburo cálcico y nitrógeno en un horno eléctrico, y se utiliza como abono nitrogenado.
cianato *m.* Sal del ácido ciánico.
cianea (gr. *kyanos,* azul) *f.* Lapislázuli.
cianhídrico, -ca (*cian-* + *-hídrico*) *adj. Ácido ~,* HCN, líquido muy venenoso, incoloro, soluble en agua, que es una combinación de cianógeno e hidrógeno.
SIN. **Prúsico.**
ciani (ár. *Zián,* nombre de un régulo) *m.* Ant. moneda mora, de oro, de baja ley. ◇ Pl.: *cianíes.*
ciánico, -ca *adj.* [ácido] Resultante de la oxidación e hidratación del cianógeno (CNOH).
cianita *f.* Turmalina de color azul.
ciano-, cian- (gr. *kyanos,* color azul obscuro) Elemento prefijal que entra en la formación de palabras con el significado de color azul obscuro. En química indica la presencia del radical cianógeno.
cianobacterias (*ciano-* + *bacteria*) *f. pl.* Grupo taxonómico, con categoría de división, de organismos procariotas, también llamados algas azules; a esta división pertenece una clase, las cianofíceas.
cianodermia (*ciano-* + *-dermia*) *f.* MED. Cianosis.
cianofíceo, -a (*ciano-* + gr. *phycos,* alga) *adj.-f.* Alga de la clase de las cianofíceas. -2 *f. pl.* Clase de algas dentro de la división cianobacterias, caracterizadas por la presencia de un pigmento azul o ficocianina.
cianógeno (*ciano-* + *-geno*) *m.* Gas compuesto de carbono y nitrógeno, CN_2, venenoso incoloro, inflamable y de olor penetrante; obra en sus combinaciones como radical univalente: CN.
cianografía (*ciano-* + *-grafía*) *f.* Cianotipia.
cianosis (gr. *kyánosis* < *cian-* + *-osis*) *f.* MED. Coloración azul, negruzca o lívida de la piel, por falta de riego sanguíneo. ◇ Pl.: *cianosis.*
SIN. **Cianodermia.**
cianótico, -ca *adj.* Relativo a la cianosis. 2 Que la padece.
cianotipia (*ciano-* + *-tipia*) *f.* Procedimiento empleado para obtener reproducciones de planos, dibujos o clisés fotográficos por medio del papel marión.
cianotipo (*ciano-* + *-tipo*) *m.* FOT. Dibujo azul sobre fondo blanco o viceversa, obtenido sobre papel sensibilizado al ferroprusiato.
cianotriquita *f.* Mineral de la clase de los sulfatos que cristaliza en el sistema rómbico en cristales de hábito circular y de color azulado.
cianuración *f.* METAL. Proceso de temple de cementación, en el cual se incrementa la proporción de carbono de la superficie del acero calentándolo en un baño de cianuro de sodio fundido. 2 METAL. Procedimiento para extraer el oro y la plata de su ganga mediante una débil solución de cianuro de sodio, que los disuelve, y la precipitación de tal solución con cinc.
cianuro *m.* QUÍM. Sal del ácido cianhídrico: *CNK,* ~ potásico.
SIN. **Prusiato.**
ciar *intr.* Remar hacia atrás; p. ext., andar hacia atrás, retroceder. 2 fig. Aflojar en un negocio cesando en él. ◇ ** CONJUG. [13] como *desviar.*
I) ciática *f.* Neuralgia del nervio ciático.
II) ciática *f. Perú.* Arbusto de hojas largas y estrechas cuyo tallo gotea, al ser cortado, un líquido blanco y venenoso, como lo es la simiente, especie de nuez vómica *(Cervera peruviana).*
ciático, -ca (l. *sciaticu*) *adj.* Relativo a la cadera o al isquion: *nervio ~.*
ciatiforme (l. *cyathu,* copa + *-forme*) *adj.* De forma de copa.
ciatio (l. *cyathu,* copa) *m.* BOT. Inflorescencia que consta de una flor femenina central y cinco grupos de flores masculinas periféricas. Parece una flor única.
ciato (l. *cyathu,* copa) *m.* Vaso usado por los romanos para trasegar los líquidos. 2 ~ *atrompetado,* hongo nidularial, ciatiforme, que se abre cuando está maduro, apareciendo en su interior varios cuerpos lenticulares parecidos a huevos que contienen las esporas *(Cyathus olla).* 3 ~ *estriado,* hongo ciatiforme con el

exterior de color pardo y el interior estriado de color gris *(C. striatus)*.

cibaje *m. Amér.* Variedad de pino.

cibal (l. *cibu,* alimento) *adj.* Relativo a la alimentación.

cibaque *m. Guat.* Medula fibrosa de una especie de tule us. en tiras angostas para amarrar.

cibarcos *m. pl.* Pueblo antiguo que habitaba la costa norte de Galicia.

cibeleo, -a *adj.* poét. Relativo a la diosa Cibeles.

Cibeles (l. *Cybele;* gr. *Kybele*) *n. pr.* Diosa de la Naturaleza entre los pueblos ant. del Asia Menor. 2 ASTRON. Tierra (planeta). ◇ Pl.: no suele usarse.

REL. / **Coribante,** sacerdote de Cibeles.

cibelina *adj.* V. cebellina.

cibera (l. *cibaria,* víveres) *adj.* Que sirve para cebar. -2 *f.* Porción de trigo que se echa en la tolva del molino para que vaya cebando la rueda. 3 Toda simiente que puede servir para mantenimiento y cebo. 4 Residuo de los frutos después de exprimidos. 5 *Logr.* Tornillo para ajustar más o menos la piedra del molino para dar punto a la harina.

cibernética *f.* MED. Ciencia que estudia el funcionamiento de las conexiones nerviosas y en los seres vivos. 2 ELECTR. Teoría de los sistemas de control que se sirve de las analogías entre las máquinas y el sistema nervioso de los animales y el hombre.

cibernético, -ca *adj.* Perteneciente o relativo a la cibernética. -2 *adj.-s.* [pers.] Que cultiva la cibernética.

ciberuela *f.* Dim. de *cibera.*

cibi *m. Cuba.* Pez parecido a la cojinúa *(Caranx cibi).*

cibiaca *f.* Parihuela.

cibica (ár. *cebica,* lingote) *f.* Barra de hierro embutida como refuerzo en la parte superior de la manga del eje de los carruajes. 2 MAR. Grapa con que se sujeta una pieza a otra mayor.

cibicón *m.* Aum. de *cibica.* 2 Cibica larga y gruesa que se embute en la parte inferior de la manga del eje de los carruajes.

cíbola *f.* Hembra del bisonte.

cíbolo *m.* Bisonte.

ciborio (l. *ciboria,* copa hecha con el fruto del nenúfar; doble etim. *cimborio, cimborrio*) *m.* Baldaquino (pabellón) dela basílica paleocristiana.

cibucán *m. Amér.* Espuerta o serón grande que se utiliza para exprimir la yuca rayada y eliminar el yare o zumo venenoso que contiene, a fin de hacer el cazabe.

cibui *m. Perú.* Cedro.

cica *f.* Planta cicadal con aspecto de una pequeña palmera de cuyo tronco se obtiene un sagú *(Cycas revoluta).*

cicadáceas *f. pl.* Familia de plantas gimnospermas, propias de los países tropicales, semejantes a las palmeras y helechos arborescentes.

cicadal *adj.-f.* Planta gimnosperma, dioica, de tallo inramificado coronado por un penacho de hojas pinnadas; tiene aspecto de palmera y hoy es muy escasa. -2 *f. pl.* Clase de estas plantas.

cicádeo, -a (l. *cicada,* cigarra) *adj.* Parecido a la cigarra.

cicádido *adj.-m.* ZOOL. Insecto hemíptero del suborden de los homópteros que produce un sonido estridente, como la cigarra. -2 *m. pl.* Familia de estos animales.

cicadófitos *m. pl.* División de plantas que incluye los órdenes benetitales y cicadales.

cicatear *intr.* fam. Hacer cicaterías.

cicatería *f.* Calidad de cicatero. 2 Acción propia del cicatero.

cicatero, -ra *adj.-s.* Ruin, mezquino, tacaño. 2 Que da importancia a pequeñas cosas o se ofende por ellas.

cicatricial *adj.* Perteneciente o relativo a la cicatriz.

cicatriz (l. *-ice*) *f.* Señal que de una herida o llaga queda en los tejidos orgánicos. 2 fig. Impresión que deja en el ánimo algún sentimiento.

SIN. **Costurón,** la muy visible y extensa; **chirlo,** la que deja una herida en la cara.

cicatrización *f.* Acción de cicatrizar o cicatrizarse. 2 Efecto de cicatrizar o cicatrizarse.

cicatrizal *adj.* Relativo a la cicatriz.

cicatrizante *adj.-s.* Que cicatriza.

cicatrizar *tr.-prnl.* Curar completamente [una herida o llaga] de modo que sólo quede la cicatriz. ◇ ** CONJUG. [4] como ***realizar.***

cicatrizativo, -va *adj.* Que tiene virtud de cicatrizar.

cicca *f.* Gimnosperma dioica, cuyo eje floral no tiene crecimiento limitado. Originario de Asia y Oceanía, el gén. *Cycas* posee unas 16 especies. La *Cycas revoluta* se cultiva a menudo como planta decorativa.

cícera *f.* Especie de garbanzo, cicércula o almorta.

cicercha *f.* Almorta.

cicércula (l. *cicercha,* garbanzo menudo) *f.* Almorta.

cícero (de una edición de las obras de *Cicerón,* 106-43 a. C., el orador romano) *m.* IMPR. Unidad de medida usada en tipografía, que tiene 12 puntos y equivale a poco más de 4,5 mm.

cicerón (del gran orador romano) *m.* fig. Hombre muy elocuente.

cicerone (it.) *com.* Persona que enseña y explica las curiosidades de una localidad, edificio, etc.

ciceroniano, -na *adj.* Propio y característico del orador y literato Cicerón (106-43 a. C.), o parecido a cualquiera de sus dotes o calidades.

cicimate *m. Méj.* Especie de hierba cana medicinal *(Senecio vulneraria).*

cicindela (l., luciérnaga) *f.* Insecto coleóptero de forma esbelta y coloración metálica, con las antenas insertas en la base de las mandíbulas *(Cicindela campestris).*

cicindélido *adj.-m.* Insecto de la familia de los cicindélidos. -2 *m. pl.* Familia de insectos coleópteros del tipo de la cicindela que tiene colores variados.

ciclada (l. *cyclade* < gr. *kyklos,* círculo) *f.* Vestidura talar que usaron antig. las mujeres.

ciclamato *m.* Edulcorante sintético usado en terapéutica como substitutivo del azúcar en diabéticos.

ciclamen *m.* Ciclamino.

ciclamino (l. *cyclaminu*) *m.* Pamporcino.

ciclamor *m.* Árbol leguminoso de jardín, de tronco y ramas tortuosos, hojas acorazonadas y flores de color carmesí en racimos abundantes *(Cercis siliquastrum).*

SIN. **Algarrobo loco, árbol de Judas, árbol del amor, arjorán, sicamor.**

ciclán *adj.-s.* Que tiene un solo testículo. -2 *m.* Borrego o primal cuyos testículos están en el vientre y no salen al exterior.

ciclar (del ár. *siqal,* pulimiento) *tr.* Bruñir y abrillantar [las piedras preciosas].

ciclatón (de *ciclada*) *m.* Vestidura a modo de túnica lujosa, usada en la Edad Media.

cíclico, -ca (l. *cyclicu*) *adj.* Relativo a un ciclo. 2 [poeta] Que refiere en una obra casos de un ciclo épico o legendario; [poesía épica] que abarca y comprende el ciclo todo o parte de él. 3 Que ocurre en ciclos: ***método*** o ***plan ~ en la enseñanza,*** el gradual cuyo contenido se amplía concéntricamente. 4 BOT. [flor] Que tiene las piezas en verticilos. 5 QUÍM. ***Serie cíclica,*** la que forman los compuestos orgánicos que tienen cadena cerrada o se comportan químicamente como si la tuviesen; en contraposición a *serie acíclica.*

ciclismo *m.* Deporte de los aficionados a la bicicleta o al velocípedo.

ciclista (de *ciclo*) *com.* Velocipedista. 2 Persona que practica el ciclismo. -3 *adj.* Ciclístico. ◇ INCOR.: *biciclista.*

ciclístico, -ca *adj.* Relativo al ciclismo.

ciclo (l. *cyclu* < gr. *kyklos,* círculo) *m.* Período de tiempo en que se verifican una serie de acontecimientos o fenómenos hasta llegar a uno a partir del cual vuelven a producirse en el mismo orden: ~ ***económico,*** período de la economía de un país en el que se reiteran fases de expansión y contracción, de duración no muy variable. 2 En electricidad, evolución completa del valor de una corriente oscilatoria. Cada uno está formado por dos alternancias o semiperíodos iguales y de signo contrario. 3 Serie de estados por los que pasa un cuerpo hasta llegar de nuevo al estado inicial. 4 Serie de actos celebrados dentro de un año académico, un curso, etc. 5 En los planes de estudios, período de tiempo en que se estudian determinadas materias. 6 Serie de conferencias u otros actos de carácter cultural relacionados entre sí, gralte. por el tema. 7 Conjunto de tradiciones épicas concernientes a determinado período, a un grupo de sucesos, o a un personaje heroico: ~ ***bretón, carolingio.*** 8 BOT. Espira que forman alrededor del tallo los puntos de inserción de las hojas.

REL. 2 **Frecuencia,** el número de ciclos producidos por segundo; múltiplos: **kilociclo** (mil ciclos), **megaciclo** (un millón). SIN. **Período.**

ciclo-, -ciclo (l. < gr. *kylos,* círculo) Elemento prefijal y sufijal que entra en la formación de palabras con el significado de círculo; con ruedas; ciclo: *ciclostoma, hemiciclo.*

ciclocross (de *ciclo* y el ing. *cross* - country) *m.* Carrera de bicicletas en terreno accidentado.

ciclograma (*ciclo-* + *-grama*) *f.* Registro gráfico del campo visual obtenido con el ciclosopio.

cicloidal *adj.* Relativo a la cicloide.

cicloide (gr. *kykloidés*) *f.* Curva plana descrita por un punto de una circunferencia cuando ésta rueda sobre una línea recta.
SIN. **Trocoide.**
cicloideo, -a *adj.* Cicloidal.
ciclómetro (*ciclo-* + *-metro*) *m.* Instrumento propio para medir círculos. 2 Contador de revoluciones, graduado en millas o en kilómetros, que es movido por la rueda de una bicicleta para registrar la distancia recorrida.
ciclomorfosis (*ciclo-* + *-morfosis*) *f.* Cambios cíclicos de forma o polimorfismo periódico de algunas especies.
ciclomotor (*ciclo-* + *motor*) *m.* Vehículo de dos ruedas provisto de un motor de pequeña cilindrada y poca potencia que no alcanza los 40 kms./h.
ciclomotorista *com.* Persona que conduce o viaja en un ciclomotor.
ciclón (gr. *kyclón,* de *kykloo,* remolinarse) *m.* Huracán. 2 Perturbación atmosférica constituida por un área de presión más baja que las circundantes, que se traslada gralte. a gran velocidad, y alrededor de la cual giran fuertes vientos en sentido contrario al de las agujas de un reloj en el hemisferio norte, viceversa en el hemisferio sur. 3 Aparato estático, que mediante la fuerza centrífuga originada por un fluido en movimiento turbulento, separa las partículas que este lleva en suspensión. 4 fig. Persona llena de ímpetu.
REL. **Vórtice,** centro de un ~.
ciclonal *adj.* Relativo a los ciclones.
SIN. **Ciclónico, -ca.**
ciclonera *f. S. Dom.* Refugio para guarecerse de los ciclones.
ciclónico, -ca *adj.* Perteneciente o relativo al ciclón y, en especial, a la rotación de sus vientos.
cíclope (l. *cyclope* < gr. *kyklos,* círculo + *ops,* vista) *m.* FAB. Gigante hijo del Cielo y de la Tierra, que tenía sólo un ojo en medio de la frente.
GRAM. Los clásicos acentúan *ciclope*, a la manera latina; *cíclope*, generalizado modernamente, reproduce el acento gr. SIN. En la mitología popular del N. de España, **ojanco.**
ciclópeo, -a *adj.* Relativo a los cíclopes. 2 [construcción antiquísima] Hecho con enormes piedras sin argamasa. 3 fig. Gigantesco (excesivo).
ciclópico, -ca *adj.* Ciclópeo.
ciclorama (*ciclo-* + *-orama*) *m.* Panorama (vista pintada). 2 En los teatros, gran tela panorámica de superficie curvada y de color uniforme, situada en el fondo y en los laterales del escenario, que, convenientemente iluminada, facilita los efectos del cielo o ambiente necesarios.
cicloscopio (*ciclo-* + *-scopio*) *m.* Aparato para medir la velocidad de rotación de un eje o una máquina.
ciclosilicato *m.* MINERAL. Silicato en cuya estructura existen grupos de tres, cuatro o seis tetraedros silicio-oxígeno unidos por un vértice.
ciclostilo (*ciclo-* + l. *stylu*) *m.* Aparato que sirve para copiar muchas veces un escrito o dibujo por medio de una tinta especial sobre una plancha gelatinosa.
ciclostoma (*ciclo-* + *-stoma*) *m.* ZOOL. Molusco gasterópodo, pulmonado, muy común en España, la abertura de cuya concha es circular *(Ciclostoma elegans).*
ciclóstomo (*ciclo-* + *-stomo*) *adj.-m.* Animal de la clase de los ciclóstomos. -2 *m. pl.* Clase de animales vertebrados agnatos de cuerpo pisciforme y con la boca constituida por una ventosa circular, que incluye dos órdenes: petromizoniformes y mixiniformes.
ciclotema *m.* GEOL. Serie repetitiva de estratos de materiales detríticos y capas de carbón debida a variaciones en el nivel del mar por movimientos epirogénicos.
cicloterapia (*ciclo-* + *-terapia*) *f.* MED. Empleo de la bicicleta en el tratamiento de ciertas enfermedades.
ciclotimia *f.* Psicosis maniacodepresiva.
ciclotímico, -ca *adj.* Relativo a la ciclotimia. 2 [pers.] Que la padece.
ciclotrón (de *ciclo* + la terminación de *electrón*) *m.* FÍS. Aparato eléctrico usado para el bombardeo del núcleo de los átomos, a fin de producir transmutaciones y radiactividad artificial.
cicloturismo *m.* Turismo hecho viajando en bicicleta.
-cico, sufijos para la formación de diminutivos de palabras agudas de dos o más sílabas terminadas en *n* o *r*: *galancillo, mujercita, resplandorcico, ruincillo, fermincico, ladronzuelo;* y dicciones llanas acabadas en *n*: *imagencica, dictamencillo.*
ciconiforme *adj.-m.* Ave del orden de los ciconiformes. -2 *m. pl.* Orden de aves piscívoras, por lo general grandes y buenas voladoras; como la cigüeña y la garza.
cicua *f. Méj.* Vainas foliares que integran el falso tallo del plátano, ya sean alimenticias u ornamentales.
cicuta (l.) *f.* Nombre de varias plantas umbelíferas: ~ ***mayor*** o simplte. ~, planta de olor desagradable, de tallo ramoso manchado de rojo obscuro, hojas muy divididas y flores blancas en umbela; contiene principios tóxicos muy activos *(Conium maculatum);* ~ ***menor*** (también *etusa* y *perejil de perro),* planta de raíz abultada y tronco derecho, tan tóxica como la anterior *(Cicuta virosa).*
cicutina *f.* Alcaloide venenoso contenido en la cicuta.
cid (de *Cid* Campeador, h. 1043-1099, el héroe castellano) *m.* fig. Hombre muy valiente. ◇ Pl.: *cides.*
-cida (l. *-cida,* del v. *cædere,* matar) Elemento sufijal que entra en la formación de palabras con el significado de matar: *homicida, suicida.*
cidiano, -na *adj.* Relativo al Cid (h. 1043-1099).
-cidio (l. *-cidium,* del v. *cædere,* matar) Elemento sufijal que entra en la formación de palabras con el significado de muerte, asesinato: *homicidio, parricidio.*
cidra *f.* Fruto del cidro. 2 ~ ***cayote,*** planta, variedad de sandía, cuyo fruto es de corteza lisa y verde con manchas. Su carne es jugosa, blanca, y tan fibrosa, que después de cocida se asemeja a una cabellera enredada, de la cual se hace el dulce llamado *cabello de ángel (Cucurbita ficifolia).* 3 Fruto de esta planta.
cidrada *f.* Conserva de cidra.
cidral *m.* Terreno poblado de cidros.
cidrato *m.* Azamboa.
cidrayota *f. Chile.* Chayotera.
cidrera *f.* Cidro.
cidria *f.* Cedria.
cidro (l. *citru*) *m.* Árbol rutáceo, de tronco liso y ramoso, hojas persistentes, verdes y lustrosas por el haz, rojizas por el envés, flores encarnadas olorosas y fruto en hesperidio parecido al limón, aunque algo mayor, de pulpa agria y corteza gruesa y carnosa, que contiene un aceite esencial; el fruto se usa en medicina y para hacer confituras *(Citrus medica).*
SIN. **Azamboero, azambogo, cidral, cidrera, poncí, poncil, poncilero, toronjo.**
cidronela (de *cidra*) *f.* Toronjina.
ciegaliebres (de *cegar* + *liebre*) *adj.-s. La Mancha.* fig. Cegato. ◇ Pl.: *ciegaliebres.*
ciegamente *adv. m.* Con ceguedad.
ciegayernos (de *cegar* + *yerno*) *m.* fig. *y* fam. Cosa de poco valor que aparenta tenerlo grande. ◇ Pl.: *ciegayernos.*
ciego, -ga (l. *cœcu*) *adj.-s.* Privado de la vista. -2 *adj.* fig. Ofuscado, poseído con vehemencia de alguna pasión: ~ *de amor, de dolor;* ~ *con los celos;* ***a ciegas, loc. adv.,*** ciegamente; fig., sin conocimiento, sin reflexión; ***ponerse*** ~, ***fr.,*** fig. *y* fam., colmarse de bebida o porros. 3 fig. [conducto] Obstruido. 4 fig. [pan o queso] Que no tiene ojos. -5 *m.* Intestino ciego. 6 Morcón (morcilla). 7 ARQ. V. arco ciego. 8 *Amér. Merid.* En los juegos donde hay triunfos, jugador que no tiene ninguno. 9 *Cuba.* Terreno llano, que por estar rodeado de bosques, carece de comunicación. 10 *Ecuad.* Pez de los ríos de este país.
ciegotomía (*ciego* + *-tomía*) *f.* CIR. Formación de una abertura artificial en el intestino ciego.
cieguecico, -ca *adj.-s.* Dim. de *ciego.*
cielín (dim. de *cielo*) *adj.* Se emplea como apelativo cariñoso.
cielito *adj.* Cielín. -2 *m. Argent.* y *Urug.* Baile popular ejecutado por parejas, generalmente seis, asidas de las manos, quedando una pareja en el centro del corro. 3 *Argent.* y *Urug.* Música y canto, en el que se repiten los términos cielo y cielito, de este baile.
cielo (l. *cœlu*) *m.* Esfera aparente, azul y diáfana que rodea a la Tierra y en la cual parece que se mueven los astros. 2 Clima (atmósfera, temperatura): *el ~ benigno de España; bajo el ~ de los trópicos.* 3 Conjunto de esferas concéntricas a la Tierra en las que, según los ant., se movían los astros. 4 Esta esfera, la más alta de las cuales fue el cielo empíreo. 5 Según la religión cristiana, mansión en que los ángeles, los santos y los bienaventurados gozan la presencia de Dios: *el reino de los Cielos; bajado del ~;* fig., prodigioso, excelente; ***clamar una cosa al*** ~, fig., ser una cosa manifiesta o indignamente injusta o disparatada; ***llovido del*** ~, que ocurre con gran oportunidad; ***mover*** ~ ***y tierra,*** hacer todas las gestiones imaginables para el logro de una cosa; ***ver uno el*** ~ ***abierto,*** presentársele coyuntura favorable para salir de un apuro. 6 fig. Dios o su providencia: *¡Valedme, cielos!*

7 fig. Parte superior que cubre algunas cosas: ~ ***de la cama;*** ~ ***de la boca,*** paladar (de la boca); ~ ***raso,*** techo de superficie plana y lisa.

SIN. *5* **Empíreo, gloria, paraíso, patria celestial, reino de los cielos, bienaventuranza.**

¡cielos! Interjección con que se denota susto y sorpresa.

ciemar *tr. Logr.* Estercolar.

ciemo *m.* Fimo, estiércol.

ciempiés (*cien + pies*) *m.* Miriápodo quilópodo con las patas y las antenas muy largas; se alimenta de moscas y polillas *(Scutigera coleoptrata).* 2 fig. Obra o trabajo desatinado o incoherente. ◇ Pl.: *ciempiés.*

cien *adj.* Apóc. de *ciento.*

FR. *Poner a* ~, fr. fig. fam., poner muy excitado; poner muy enojado. GRAM. Ús. siempre delante de substantivos en plural: *cien días, cien libros.* Puede interponerse adjetivos: *cien hermosas doncellas, cien magníficos cuadros.* Cuando le sigue otro numeral, se apocopa si lo multiplica (*cien mil, cien millones*) y no se apocopa si se suma a él (*ciento diez, ciento cuatro*). Frases como *éramos más de cien, español cien por cien,* son incorrectas.

ciénaga (de *cieno*) *f.* Lugar cenagoso.

ciencia (l. *scientia*) *f.* Conocimiento cierto de las cosas por sus principios y causas: ***saber una cosa a,*** o ***de,*** ~ ***cierta,*** saberla con toda seguridad. 2 fig. Saber, sabiduría o erudición. 3 Habilidad, maestría. 4 Conjunto sistematizado de conocimientos que constituyen un ramo del saber humano: *la química es una* ~; ***gaya*** ~, arte de poesía en tiempo de los trovadores. 5 Conjunto de las ciencias particulares: *los adelantos de la* ~ *moderna.* 6 ~ ***ficción,*** género narrativo literario o cinematográfico en que se mezcla la previsión del futuro con los descubrimientos científicos.

ciénega *f. Amér.* Ciénaga.

cienegal *m. Amér. Central.* Cenagal.

cienfueguero, -ra *adj.-s.* De Cienfuegos, capital de la provincia cubana de las Villas.

cienmilésimo, -ma *adj.-s.* Parte que, junto a otras noventa y nueve mil novecientas noventa y nueve iguales, constituye un todo; **NUMERACIÓN.

cienmilímetro *m.* Centésima parte de un milímetro.

cienmillonésimo, -ma *adj.-s.* Parte que, junto a otras noventa y nueve millones noventa y nueve mil novecientas noventa y nueve iguales, constituye un todo; **NUMERACIÓN.

cienmilmillonésimo, -ma *adj.-s.* Parte que, junto a otras noventa y nueve mil novecientas noventa y nueve millones novecientas noventa y nueve mil novecientas noventa y nueve iguales, constituye un todo; **NUMERACIÓN.

cieno (l. *cœnu*) *m.* Lodo blando que se deposita en el fondo de las lagunas o en sitios bajos y húmedos. 2 fig. Deshonra, descrédito.

SIN. *1* v. **Barro.** REL. Terreno con mucho cieno, **lamedal** o **cenagal.**

cienoso, -sa *adj.* Cenagoso.

ciensayos *m.* Pájaro fabuloso, del que se decía que debajo de su plumaje, de colores diversos, tenía un vello muy espeso. ◇ Pl.: *ciensayos.*

científicamente *adv. m.* Según los preceptos de una ciencia o arte.

cientificidad *f.* Propiedad de lo que es científico.

cientificismo *m.* Tendencia a dar excesivo valor a las nociones más o menos científicas. 2 Confianza plena en los principios y resultados de la investigación científica y práctica rigurosa de sus métodos.

cientificista *adj.-com.* Partidario del cientificismo. -2 *adj.* Perteneciente o relativo al cientificismo.

científico, -ca *adj.* Que posee alguna ciencia o ciencias. 2 Relativo a ellas. -3 *m. f.* Persona que se dedica a la ciencia, sabio.

ciento (l. *centu*) *adj.* Diez veces diez; **NUMERACIÓN. 2 Centésimo (lugar). -3 *m.* Guarismo del número ciento. 4 Centena. -5 *m. pl.* Juego de naipes en el que gana el primero que hace cien puntos. -6 *loc. adv.* ***A cientos,*** a grandes cantidades. 7 ~ ***por*** ~, completamente; puro, sin mezcla. -8 *loc.* fig. ~ ***y la madre,*** muchedumbre.

SIN. v. **Cien.** REL. En el sistema métrico decimal se emplean las formas prefijas **hect-, hecto-,** procedentes del gr. *hecatón: hectárea, hectolitro.*

cientocincuentenario *m.* Conmemoración del siglo y medio de algún suceso.

cientoenrama *f.* Milenrama. 2 Agrimonia, planta rosácea.

cientopiés (de *ciento* y *pies*) *m.* Escolopendra. ◇ Pl.: *cientopiés.*

cierna (de *cerner*) *f.* Antera de la flor del trigo, de la vid y de otras plantas.

cierne *m.* Acción de cerner (fecundarse la flor). -2 *loc. adv.* ***En cierne,*** en flor; vid, olivo, trigo, etc. 3 fig. ***Estar en cierne*** o ***en ciernes una cosa,*** estar muy a sus principios, faltarle mucho para su perfección.

ciernepedos (de *cernir + pedo*) *com. La Mancha.* vulg. Persona que anda moviendo el trasero a uno y otro lado. ◇ Pl.: *ciernepedos.*

cierraojos (a ~) *loc. adv.* Sin pensar, sin reflexionar.

cierrapuertas (de *cerrar + puerta*) *m. S. Dom.* Reperpero, motín, revuelta, desorden. ◇ Pl.: *cierrapuertas.*

cierre *m.* Acción de cerrar o cerrarse: *el* ~ *de un establecimiento.* 2 Efecto de cerrar o cerrarse. 3 Cerradura. 4 Utensilio o mecanismo que sirve para cerrar: ~ ***hidráulico,*** el que opera el agua en un sifón para evitar la salida de gases al exterior de una cañería; ~ ***metálico,*** cortina metálica plegadiza que cierra una puerta; ~ ***relámpago,*** *R. de la Plata,* cremallera de prendas de vestir, bolsos, etc.; ~ ***de seguridad,*** mecanismo dispuesto en puertas, cadenas, joyas, cajas, etc., que impide la apertura a no ser que se accione sobre el mecanismo de forma establecida de antemano. 5 Bloque de acero que sirve para obturar la abertura posterior de un arma de fuego. 6 IMPR. Tratándose de periódicos, revistas y otras publicaciones análogas, acción de dar por terminada la admisión de originales para la edición que está en prensa.

FR. fig. fam. *Echar el* ~, callar; terminar [con algo o alguien].

cierro *m.* Cierre. 2 *And.* Mirador (balcón cubierto). 3 *Chile.* Cerca, tapia, o vallado. 4 *Chile.* Sobre de carta.

ciertamente *adv. m.* Con certeza.

ciertísimo, -ma *adj.* fam. Certísimo.

cierto, -ta (l. *certu*) *adj.* Fijo, determinado: *déme usted un día* ~. 2 Seguro, que no puede dejar de suceder: *la ruina es cierta.* 3 Que existe en la realidad, que es indubitable: *el hecho es* ~, *la narración exacta y verdadera.* 4 Que tiene conocimiento verdadero o está seguro de la verdad de una cosa: *estoy* ~ *de lo que afirmo.* 5 Precediendo inmediatamente al substantivo, alguno: ~ *día; en* ~ *lugar.* 6 [perro] Que da señales indudables de la caza y la levanta. -7 *adv.* ***afirm.*** Ciertamente: *supúsose* ~ *que él sería el general; ¿es esa la calle? - Cierto.* ◇ Superl. *certísimo,* fam. *ciertísimo.*

FRS. *Al* ~ (inus.) o *de* ~, ciertamente: *no se puede saber de* ~; *por* ~, *hermano mío, si aún no te decides eres muy cobarde.* Con mucha frecuencia se usa *por* ~ para intercalar alguna observación a propósito de lo que se dice: *Vinieron unos chiquillos, muy sucios por* ~, *a decirnos... El molinero, que por* ~ *era amigo mío, no podía guiarnos.*

cierva (l. *cervu*) *f.* Hembra del ciervo.

ciervo (l. *cervu*) *m.* Mamífero rumiante cérvido, de complexión robusta y formas esbeltas, frente ancha, hocico agudo, patas altas y delgadas y cola corta. El macho está armado de cuernas estriadas y ramosas que llegan a tener diez candiles cada una; la hembra es algo menor y no tiene cuernas *(Cervus elaphus).* 2 ~ ***de las pampas,*** rumiante de las pampas sudamericanas, de un metro de largo y 10 cms. de cola, de aspecto y color semejantes a los del ciervo común *(Odocoileus bezoarticus).* 3 ~ ***volante,*** insecto coleóptero, el de mayor tamaño en Europa; el macho tiene mandíbulas enormes, largas y ramificadas, que recuerdan las astas del ciervo *(Lucanus cervus).*

SIN. *1* **Venado.** REL. Cría del ~, **cervato, cervatillo;** celo del ~, **brama;** relativo al ~, ***adjs.*** **cerval, cervuno, cervino;** ciervo joven con una sola punta en la cornamenta, **varetón; enodio,** el de tres a cinco años de edad. REL. v. **Candil.**

cierzas *f. pl.* Vástagos de la vid.

cierzo (l. **cerciu*) *m.* Viento septentrional.

SIN. v. **Norte;** cierzo flojo pero muy frío, **zarzagán; zarzaganillo,** el que causa tempestades.

cifela (gr. *kyphella,* nubes) *m.* Hongo que crece y vive entre el musgo de los tejados *(gén. Cyphella).*

cifoscoliosis *f.* PAT. Alteración de la morfología de la columna vertebral con lo que además del defecto físico, se produce un gran déficit respiratorio. ◇ Pl.: *cifoscoliosis.*

cifosis (gr. *kyphós,* convexo) *f.* MED. Encorvadura defectuosa de la columna vertebral, de convexidad posterior. ◇ Pl.: *cifosis.*

cifra (ár. *céfer,* del cero) *f.* Número (signo). 2 Sistema de signos convenidos para una escritura secreta. -3 *loc. adv.* fig. ***En*** ~, obscura o misteriosamente; con brevedad, en compendio. 4 Abreviatura (monograma y abreviaduría); iniciales de los nombres y apellidos de uno, enlazadas o combinadas.

SIN. *1* **Guarismo.** *2* **Clave.** REL. **Criptografía,** arte de la escritura en cifra; adj., **criptográfico. Criptograma,** documento cifrado.

cifradamente *adv. m.* En cifra.

cifrado, -da *adj.* Escrito en cifra: *mensaje ~.*
cifrar *tr.* Escribir en cifra. 2 fig. Dicho esp. del discurso, compendiar, reducir: *~ las vidas de los santos en un martirologio; en una arca cifró el género humano.* 3 fig. Seguido de la prep. *en,* reducir a persona, cosa o idea determinada [lo que ordinariamente procede de varias causas]: *~ la esperanza en Dios.*
I) cigala (v. *cigarra*) *f.* Crustáceo decápodo macruro de cuerpo ancho y aplanado, pinzas muy desarrolladas y caparazón duro y rosado *(Scyllarus arctus).*
II) cigala (fr. *cigale*) *f.* MAR. Forro, gralte. de piola, que se pone al arganeo de anclotes y rezones.
cigallo *m.* MAR. Cigala II.
cigarra (l. v. **cicara;* por l. *cicada*) *f.* Insecto hemíptero, de color obscuro, cabeza gruesa, ojos salientes, alas membranosas y abdomen cónico, en cuya base poseen los machos un aparato por medio del cual producen un sonido estridente y monótono *(Cicada plebeia).* 2 *~ **de mar,*** crustáceo decápodo macruro, parecido a la langosta, pero con el cuerpo más ancho y aplanado *(Scyllarides latus).*
SIN. *1* **Aqueta, chicharra.**
cigarral *m.* En Toledo, huerta cercada fuera de la ciudad, con árboles frutales y casa para recreación.
cigarralero, -ra *m. f.* Persona que habita en un cigarral o cuida de él.
cigarrería *f. Amér.* Tienda en que se venden cigarros. 2 *Amér.* Fábrica de cigarros, cigarrillos, etc.
cigarrero, -ra *m. f.* Persona que tiene por oficio hacer o vender cigarros. -2 *f.* Caja o mueblecillo para cigarros puros. 3 Petaca.
cigarrillo *m.* Cigarro pequeño de picadura envuelta en una hoja de papel de fumar.
cigarro (maya *sicar*) *m.* Rollo de hojas de tabaco, que se enciende por un extremo y se fuma por el opuesto: *~ **puro,*** cigarro; *~ **de papel,*** cigarrillo. 2 *Ecuad.* Libélula o caballito del diablo.
SIN. *1* **Tabaco, cigarro puro** o simpl. **puro; veguero,** el que está hecho de una sola hoja; **pitillo.**
cigarrón *m.* Aum. de *cigarra.* 2 Saltamontes. 3 *Argent.* y *P. Rico.* Abejorro.
cigo- (gr. *zygós,* yugo) Elemento prefijal que entra en la formación de palabras con el significado de yugo, unión, pareja: *cigodáctilo, cigomorfa.* ◇ También *zigo-.*
cigodáctilo, -la (*cigo-* + *-dáctilo*) *adj.* [pers. o animal] Que tiene dos dedos unidos o soldados. ◇ También *zigodáctilo.*
cigodonto, -ta (*cigo-* + gr. *odontos,* diente) *adj.* Que tiene las cúspides de los dientes molares unidos en pares. ◇ También *zigodonto.*
cigofiláceo, -a (l. < *cigo-* + *-filo* III) *adj.-f.* Planta de la familia de las cigofiláceas. -2 *f. pl.* Familia de plantas dicotiledóneas, de hojas paripinnadas y estipuladas, flores regulares y fruto generalmente capsular; como el abrojo. ◇ También *zigofiláceo.*
cigofíleo, -a *adj.* BOT. Cigofiláceo.
cigoma *m.* Arco óseo situado en el lado de la cabeza de los mamíferos y que sostiene la parte inferior de la órbita.
cigomático, -ca (gr. *zygoma, -atos,* pómulo) *adj.* Relativo a la mejilla o pómulo: ***arco ~,*** el que forman, debajo de la sien, una apófisis del hueso malar con otra del temporal llamada *apófisis cigomática;* ***músculo ~,*** músculo exterior de la comisura labial cuya función es desplazarla hacia arriba y hacia afuera. ◇ También *zigomático.*
cigomorfo, -fa (*cigo-* + *-morfo*) *adj.* BOT. [flor, vegetal] Que tiene simetría bilateral, es decir, un solo plano de simetría. 2 V. flor cigomorfa. ◇ También *zigomorfo.*
SIN. *1* **Dorsiventral.** CONTR. **Actinomorfo.**
cigoñal (de *cigüeña*) *m.* Pértiga enejada sobre un pie de horquilla, con una vasija atada a un extremo, para sacar agua de pozos someros. 2 Viga que mueve la báscula de un puente levadizo.
cigoñino (l. *ciconinu*) *m.* Pollo de la cigüeña.
cigoñuela *f.* Cigüeñuela (ave).
cigosis (gr. *zygós*) *f.* BIOL. Unión sexual de dos organismos unicelulares; conjugación de gametos. ◇ Pl.: *cigosis.* ◇ También *zigosis.*
cigotaxis (*cigo-* + *taxis*) *f.* BIOL. Atracción mutua de los gametos del sexo opuesto. ◇ Pl.: *cigotaxis* ◇ También *zigotaxis.*
cigoto *m.* BIOL. Huevo (célula germinal femenina). ◇ También *zigoto.*
cigozoospora (*cigo-* + *zoospora*) *f.* BIOL. Célula móvil producida por la unión de dos células de tipo similar. ◇ También *zigozoospora.*
cigua (mej. *cihuatl,* mujer) *f. Hond.* Mujer fabulosa que, según la creencia popular, tiene cara de caballo y anda de noche. 2 Árbol lauráceo de las Antillas *(Laurus martinicensis).* 3 *Cuba.* Especie de caracol de mar *(Livona pica).* ◇ También *sigua.*
ciguanaba *f. Amér. Central.* Cigua (mujer fabulosa). ◇ También *siguanaba.*
ciguanea *f. Cuba.* Lugar cenagoso en el litoral.
ciguapa *f. Cuba.* Siguapa. 2 *C. Rica.* Árbol que produce una especie de zapotillos de carne color de yema de huevo y simiente parecida a la del mamey (gén. *Vitellaria).*
ciguapate (mej. *cihuapatli*) *f. Hond.* y *Méj.* Arbusto umbelífero aromático, de hojas medicinales *(Eriocoma tomentosa).* ◇ Algunos autores escriben *ciguapacle.*
ciguaraya *f. Cuba.* Siguaraya.
ciguatarse *prnl.* Aciguatarse (atontarse).
ciguatera *f. Amér.* Enfermedad que suelen contraer los peces y crustáceos. 2 *Amér.* Intoxicación producida por la ingestión de peces venenosos.
ciguato, -ta *adj.* Que padece ciguatera. Aciguatado.
cigüeña (l. *ciconia*) *f.* Ave ciconiforme de un metro de altura, de cuello y pico largos, cuerpo blanco, alas negras y patas largas y rojas; es ave de paso y anida en las torres y árboles elevados *(Ciconia ciconia).* 2 Hierro sujeto a la cabeza de la campana, donde se asegura la cuerda para tocarla. 3 Codo que tienen los tornos y otras máquinas en la prolongación del eje, por cuyo medio se les da con la mano movimiento rotatorio. 4 fig. Tortura en la cual se esposan a la víctima las manos bajo las rodillas y se le obliga a caminar. -5 *fr.* fig. ***Esperar la ~,*** estar embarazada. 6 *Cuba* y *S. Dom.* Vagoneta de ferrocarril. 7 *Guat.* y *Hond.* Especie de organillo mecánico.
REL. *1* vb. **Crotorar,** producir la ~ un ruido peculiar con el pico. SIN. *3* **Manivela, manubrio.**
cigüeñal *m.* Cigoñal. 2 Manubrio. 3 Parte importante de los motores de automóvil y aeroplano consistente en un eje doblado en uno o más codos, en cada uno de los cuales se ajusta una biela cuya cabeza está unida al pistón del émbolo. Sirve para transformar en circular el movimiento rectilíneo de los émbolos.
cigüeñato *m.* Cigoñino.
cigüeño *m.* p. us. Macho de la cigüeña. 2 *Extr.* Cubo para sacar agua del pozo.
cigüeñuela *f.* Cigüeña (manivela). 2 Ave caradriforme, más pequeña que la cigüeña, con plumaje blanco y negro; vive cerca de las lagunas y pantanos; abunda en Gibraltar *(Himantopus himantopus).*
SIN. *2* **Cigoñuela.**
ciguete *adj.-s.* Género de uva blanca, parecido a la albilla.
cija (l. *cella,* granero; doble etim. *cilla*) *f.* Cuadra para el ganado lanar. 2 Pajar.
cilampa *f. C. Rica* y *Salv.* Llovizna. 2 *Pan.* Frío de la madrugada. 3 *Pan.* Fantasma.
cilanco *m.* Charco formado a orillas de los ríos.
cilantro *m.* Hierba umbelífera medicinal, de tallo lampiño y hojas filiformes, flores rojizas y simiente elipsoidal *(Coriandrum sativum).*
SIN. **Culantro.**
ciliado (v. *ciliar*) *adj.-m.* Protozoo del tipo de los ciliados. -2 *m. pl.* Tipo de protozoos provistos de pestañas vibrátiles; abundan en las aguas dulces y aparecen en las infusiones de hojas, por lo que se le llama también infusorios.
ciliar (l. *ciliu,* pestaña) *adj.* Relativo a las pestañas o parecido a ellas. 2 Órgano del globo del ojo: *músculos ciliares.*
cilicio (l. *-iu*) *m.* Vestidura áspera usada antig. para la penitencia. 2 Faja de cerdas o de cadenillas de hierro con puntas que se lleva ceñida al cuerpo para mortificación.
cilindrada *f.* En los motores de explosión, capacidad que tienen los cilindros.
cilindrado *m.* Acción de cilindrar. 2 Efecto de cilindrar.
cilindradora *f. Colomb.* Apisonadora.
cilindrar *tr.* Comprimir con el cilindro o rodillo.
cilíndrico, -ca *adj.* GEOM. Relativo al cilindro. 2 De forma de cilindro. V. superficie cilíndrica.
cilindro (l. *cylindru* < gr. *kylindros*) *m.* Sólido limitado por una superficie curva cerrada y dos planos paralelos que forman sus bases: *~ **recto,*** *~ **oblicuo,*** los de bases perpendiculares u oblicuas respectivamente a las generatrices de la superficie cilín-

drica; ~ ***de revolución,*** el recto de bases circulares. 2 p. ant. Cilindro de revolución. 3 Pieza de una máquina que tenga forma de cilindro, en general. 4 Caja, gralte. cilíndrica, en que se mueve el émbolo de una bomba, máquina de vapor, etc. 5 Pieza del motor en la que tiene lugar la combustión o explosión de la mezcla carburada dando impulsión al pistón que pone en marcha el árbol motor mediante la biela. 6 Rodillo para comprimir o aplastar. 7 Tambor de la máquina del reloj, sobre el cual se enrosca la cuerda. 8 IMPR. Pieza de la máquina que, girando sobre el molde o sobre el papel, si ella tiene los moldes, hace la impresión. 9 Pieza que por su movimiento de rotación bate y toma la tinta con que los rodillos han de bañar el molde. 10 *Méj.* Organillo de música callejera. 11 *Nicar.* Bombona metálica y de cierre hermético que se usa para contener gases y líquidos muy volátiles.

cilindroaxil (*cilindro* + l. *axis,* eje) ***adj.*** Relativo a un cilindroeje.

cilindroeje ***m.*** Prolongación de una célula nerviosa, larga y de contorno liso que da ramas colaterales en ángulo recto.

cilio (l. *cilium,* ceja) ***m.*** BIOL. Filamento protoplasmático delgado y permanente que emerge de los protozoos ciliados y otras células; mediante su movimiento se efectúa la locomoción de las células en un medio líquido.

cilióforos ***m. pl.*** Ciliados.

cilla (v. *cija*) ***f.*** Casa o cámara donde se recogían los granos. 2 Renta decimal.

SIN. *1* **Cámara, cillero.**

cillerero (b. l. *cellarariu* < *cella,* granero) ***m.*** En algunas órdenes monacales, el mayordomo del monasterio.

cillería ***f.*** Cargo de cillerero o de cilleriza.

cilleriza (v. *cillerero*) ***f.*** En algunas órdenes, monja que tiene la mayordomía del convento.

cillerizo ***m.*** Cillero (persona).

cillero (b. l. *cillariu*) ***m.*** El que tenía a su cargo guardar los diezmos en la cilla. 2 Cilla (cámara). 3 Bodega, despensa.

-cillo, -a, v. -cico.

cima (l. *cyma,* botón o renuevo < gr. *kyma*) ***f.*** Tallo del cardo y de otras verduras. 2 BOT. Inflorescencia en que el eje principal es sobrepasado en desarrollo por los ejes secundarios, éstos por los terciarios, etc.: ~ ***helicoidea*** o ***cincino,*** la que tiene los ejes laterales a uno y otro lado del principal; ~ ***escorpioidea*** o ***bóstrice,*** la que tiene los ejes laterales a un solo lado del principal. 3 Lo más alto de una montaña o de un árbol. 4 fig. Fin o complemento de una obra o cosa: ***dar ~ a una cosa,*** fig., concluirla felizmente. 5 Elemento arquitectónico de perfil curvo, generalmente de remate y en ocasiones sustentante en la cornisa. 6 ***Por ~,*** por encima.

cimacio (l. *cymatiu*) ***m.*** Gola (moldura). 2 Cuerpo superior de la cornisa; borde cimero de un retablo.

cimarra (hacer ~) *Argent.* y *Chile.* fr. *y* fam. Hacer novillos.

cimarrón, -rrona ***adj.*** [animal doméstico] Que huye al campo y se hace montaraz. -2 ***adj.-s.*** ***Amér.*** Esclavo que huía buscando la libertad. -3 ***adj.*** [animal] Salvaje, por oposición al domesticado; [planta] silvestre, por oposición a la cultivada. 4 *R. de la Plata.* [mate] Sin azúcar. 5 *Chile.* Holgazán, perezoso. -6 ***adj.-s.*** MAR. Marinero indolente. -7 ***m.*** *Colomb.* Aromo, árbol leguminoso.

cimarronada ***f.*** *Amér.* Manada de animales cimarrones.

cimarronear ***intr.*** *Amér.* Huir, escapar, hacerse cimarrón. 2 *Argent.* Tomar mate cimarrón.

cimarronera ***f.*** *Colomb.* y *Venez.* Ganado montaraz.

cimarronero ***m.*** *C. Rica.* Gran jinete muy diestro en coger el ganado salvaje.

cimate (méj. *cimatl*) ***m.*** *Méj.* Planta cuyas raíces se usan como condimento.

I) cimba (l. *cymba*) ***f.*** Barquilla cuyos extremos formaban curva hacia arriba y empleaban los romanos en los ríos.

II) cimba (quechua *simpa,* pelo trenzado) ***f.*** *Bol.* Trenza que usan algunos indios.

cimbado ***m.*** *Bol.* Látigo trenzado, chicote.

cimbalaria (de *címbalo*) ***f.*** Planta escrofulariácea, decorativa, de hojas carnosas parecidas a las de la hiedra y flores purpúreas con una mancha amarilla *(Antirhinum cymbalaria).*

cimbalero ***m.*** MÚS. Persona que toca el címbalo.

cimbalillo (dim. de *címbalo*) ***m.*** Campana pequeña.

cimbalista ***m.*** Cimbalero.

címbalo (l. *cymbalu* < gr. *kymbalon*) ***m.*** Cimbalillo. 2 Instrumento músico de percusión, parecido a los platillos, usado por los griegos y romanos.

cimbanillo ***m.*** Cimbalillo.

címbara (ár. *zebbara,* podadera) ***f.*** Rozón.

cimbel (l. v. **cymbellu* < l. *cymbalu,* címbalo; doble etim. *cimillo*) ***m.*** Cordel atado a la punta del cimillo en que se pone el ave que sirve de señuelo. 2 Ave o figura de ella que se emplea con dicho objeto. 3 fig. Atractivo, aliciente. 4 fig. *y* fam. Soplón, acusador.

SIN. *2* **Señuelo.**

cimboga ***f.*** Naranjo amargo.

cimborio, -rrio (v. *ciborio*) ***m.*** desus. Cuerpo cilíndrico que sirve de base a la cúpula y que descansa sobre los arcos torales. 2 Torre o cuerpo saliente al exterior que se levanta sobre el crucero de una iglesia a fin de iluminar su interior.

cimbornio, -nia ***adj.*** *Venez.* Cimborro (imbécil).

cimborro, -rra ***adj.*** *Venez.* Zonzo, imbécil.

cimbra ***f.*** Armazón de madera que se utiliza a manera de plantilla para construir arcos y bóvedas. 2 Curvatura de la superficie interior de un arco o bóveda. 3 MAR. Curvatura dada a una tabla, para colocarla y clavarla en su lugar en el forro de un casco. 4 *Argent.* y *Urug.* Trampa de caza que consiste en un lazo corredizo diversamente dispuesto. 5 *Argent.* Máquina sencilla para reducir a polvo la algarroba.

SIN. *1* **Cerchón.**

cimbrado (de *cimbrar*) ***m.*** Paso de baile que se hace doblando rápidamente el cuerpo por la cintura. 2 CARP. Operación de flexar o curvar la madera.

cimbrar (der. del l. **vimine,* mimbre) ***tr.-prnl.*** Imprimir movimiento vibratorio [a una vara larga u otra cosa flexible] asiéndola por un extremo. 2 en gral. Doblar [una cosa elástica]. 3 fig. *y* fam. Dar [a uno] con una vara o palo. 4 fig. Mover con garbo el cuerpo al andar. 5 ARQ. Colocar las cimbras [en una obra].

cimbre ***m.*** Galería subterránea.

cimbreante ***adj.*** Flexible (que se dobla), que se cimbra fácilmente.

cimbrear ***tr.-prnl.*** Cimbrar.

cimbreño, -ña ***adj.*** Que se cimbra (mueve). 2 fig. [pers. delgada] Que mueve el talle con gallardía.

cimbreo ***m.*** Acción de cimbrar o cimbrarse. 2 Efecto de cimbrar o cimbrarse.

cimbria (v. *fimbria*) ***f.*** Filete (miembro de moldura).

címbrico, -ca ***adj.*** Relativo a los cimbros.

cimbro, -bra (l. *cimbru*) ***adj.-s.*** De un pueblo que habitó antig. en la Jutlandia: *los cimbros y los teutones derrotaron a un ejército romano en lo que hoy se llama Estiria.* -2 ***m.*** Lengua de los cimbros, uno de los dialectos del celta.

cimbrón ***m.*** *Amér.* Cintarazo, cimbronazo. 2 *Ecuad.* Punzada, dolor lancinante.

cimbronazo ***m.*** Cintarazo. 2 *Argent., Colomb.* y *C. Rica.* Estremecimiento nervioso muy fuerte. 3 *Venez.* Temblor de tierra.

cimentación ***f.*** Acción de cimentar. 2 Efecto de cimentar.

cimentado ***m.*** Afinamiento del oro pasándolo por el cimiento real.

cimentador, -ra ***adj.-s.*** Que cimenta.

cimentar ***tr.*** Echar o poner los cimientos [de un edificio o fábrica]. 2 Fundar (edificar). 3 fig. Establecer los principios [de algunas cosas espirituales]: ~ *la virtud, la ciencia,* etc.; ~ *la paz en la clemencia.* 4 Afinar [el oro] con cimiento real. ◇ ** CONJUG. [27] como ***acertar.*** ◇ Es verbo de poco uso en el que predominan las formas sin diptongar.

cimento ***m.*** Cemento (masa mineral).

cimera ***f.*** Parte superior del morrión que se solía adornar con plumas u otras cosas. 2 BLAS. Adorno que se pone sobre la cima del yelmo o celada.

cimérica ***f.*** GEOL. Fase de la orogenia alpina que transcurrió a finales del jurásico; elevó Sierra Nevada y la zona noroccidental de Alemania.

cimerio, -ria (l. *cimmeriu*) ***adj.-s.*** De un antiguo pueblo que habitaba al norte del mar Negro: *los cimerios, según presumen algunos, dieron nombre a Crimea.*

cimero, -ra (de *cima*) ***adj.*** Que finaliza o remata por lo alto alguna cosa elevada. 2 fig. Insigne, ilustre.

cimicaria ***f.*** Yezgo.

cimiento (l. *cæmentu;* doble etim. *cemento*) ***m.*** Parte del edificio que está debajo de la tierra y sobre el que estriba toda la fábrica: ***abrir los cimientos,*** hacer las zanjas en que se han de fabricar los cimientos. 2 fig. Principio y raíz de una cosa. 3 ~ ***real,*** composición de vinagre, sal común y polvo de ladrillo, que se empleó para afinar el oro al fuego.

SIN. **Fundamento.**

cimillo (v. *cimbel*) *m.* Cara en que se sujeta el ave que sirve de señuelo.
cimitarra (persa *ximizir*) *f.* Especie de sable usado por turcos y persas.
cimo- (gr. *kyma,* ola) Elemento prefijal que entra en la formación de palabras con el significado de ola, osilación: *cimómetro.*
cimofana (*cimo-* + *-fano*) *f.* Crisoberilo.
cimógeno, -na (gr. *zyme,* fermento + *-geno*) *adj.-m.* Productor de fermentaciones o de fermentos.
cimoleta *f.* Polvo rico en óxido de hierro que se obtiene al secarse el lodo formado en las cubetas de agua de las muelas de afilar.
cimómetro *m.* Aparato destinado a la determinación de la frecuencia de las corrientes alternas, esp. de la media y alta frecuencia.
cimoso, -sa *adj.* En forma de cima. 2 BOT. ***Inflorescencia cimosa,*** aquella en que, en oposición a la racimosa, el eje principal es sobrepasado por los secundarios.
cimpa *f. Perú.* Cimba, trenza.
cin-, v. cino-.
cina *f. Ecuad.* Especie de planta gramínea.
cinabrio (l. *cinnabari*) *m.* Sulfuro nativo de mercurio, muy pesado y de color obscuro, del cual se extrae ordinariamente el mercurio.
REL. **Bermellón,** cinabrio pulverizado.
cinacina *f. Argent.* Árbol leguminoso, de hoja estrecha y menuda y flor olorosa amarilla y roja. Se emplea en setos vivos y su semilla es medicinal *(gén. Parkinsonia).*
cinámico, -ca *adj.* Relativo al cinamomo. 2 ***Ácido ~,*** el obtenido por la acción del cloruro de etilo sobre la esencia de almendras amargas.
cinamomo (l. *cinnamomu*) *m.* Árbol meliáceo de madera dura y aromática, tronco recto, ramas irregulares, hojas bipinnadas; flores blancas en panoja, y fruto parecido a una cereza pequeña, del que se extrae un aceite usado en medicina y en la industria *(Melia azederach).* 2 Árbol eleagnáceo, de hojas parecidas a las del olivo, y flores de olor penetrante *(Elæagnus angustifolia).* 3 Substancia aromática que, según unos, es la mirra, y según otros, la canela.
SIN. *1* **Acederaque, agriaz, agrión, rosariera.** *2* **Panjí.** *1* y *2* **Árbol del paraíso.**
cinantropía (*cin-* + gr. *ánthropos,* hombre) *f.* PAT. Enajenación mental en la que el paciente se cree convertido en perro.
cinaque *m. Hond.* Ejote (vaina de fríjol).
cinc (al. *Zink*) *m.* Metal blanco azulado, de estructura laminosa, quebradizo a bajas temperaturas y a temperaturas superiores a 200°, y que se empaña pronto al contacto del aire. Su símbolo es *Zn* y su peso atómico 65,37. ◇ También se escribe *zinc.* ◇ Pl.: *cines.*
REL. Aleación de cobre y cinc, **latón** o **azófar;** aleación de cinc, plomo y estaño, **peltre;** id. de cobre, níquel y cinc, **platinoide.**
cinc-, v. cinco-.
cinca *f.* En el juego de los bolos, cualquier falta que se comete.
cincado, -da (de *cinc*) *adj.* METAL. [objeto] Cubierto con un baño de cinc. -2 *m.* Baño de cinc.
cincel (l. v. *cisellu* < del l. *cædere,* cortar) *m.* Herramienta con boca acerada y recta de doble bisel, usada para labrar a golpe de martillo piedras y metales.
cincelado *f.* Cinceladura.
cincelador *m.* El que tiene por oficio cincelar.
cinceladura *f.* Acción de cincelar. 2 Efecto de cincelar.
cincelar *tr.* Labrar, grabar con cincel [en piedras o metales]. 2 fig. Hacer incisiones sobre el pescado para facilitar su cocción.
cincha (de *cincho*) *f.* Faja con que se asegura la silla o albarda sobre la cabalgadura, ciñéndola por debajo de la barriga: *ir,* o *venir uno, rompiendo cinchas,* fig., correr con velocidad en coche o a caballo. 2 *Colomb.* Mezcla. 3 *C. Rica.* Machete que usa la policía para dar de plano.
cinchacear *tr. Guat.* fam. Dar cinchazos.
cinchada *f. Amér. Merid.* Cinchadura.
cinchado, -da *adj. And.* y *Amér.* Mezclado, que tiene cincha o mezcla.
cinchadura *f.* Acción de cinchar.
cinchar *tr.* Asegurar [la silla o albarda] apretando las cinchas. 2 Asegurar [un barril, rueda, etc.] con cinchos. 3 fig. Poner hielo picado y sal alrededor de un preparado para su enfriamiento. -4 *intr. Argent.* y *Urug.* Vivir mal, yugar.
cinchazo (de *cincho,* faja de cuero) *m.* Golpe que se da con el cincho o cinturón.
cinchera *f.* Parte del cuerpo de las caballerías en que se pone la cincha. 2 VETER. Enfermedad que padecen los animales en el lugar donde se les cincha.
cincho (v. *cíngulo*) *m.* Faja ancha con que se ciñe y abriga el estómago. 2 Cinturón de vestir. 3 Aro de hierro con que se aseguran los barriles, ruedas, maderos ensamblados, etc. 4 Pleita de esparto que forma el contorno de la encella. 5 Fajo, brazado de maleza. 6 ARQ. Porción de arco saliente en el intradós de una bóveda en cañón. 7 ARQ. Moldura corrida y volada que acusa al exterior la división en plantas de un edificio. 8 VETER. Ceño (en caballerías). 9 *Logr.* y *Amér.* Cincha.
cinchón *m. Argent.* Guasca muy estrecha que hace las veces de sobrecincha. 2 *Colomb.* Sobrecarga de una caballería. 3 *Ecuad.* Aro de hierro o madera que sujeta las duelas de las cubas.
cinchuela *f.* Dim. de *cincha.* 2 Lista o faja angosta.
cinchuelo *m.* Faja estrecha y de adorno, que se pone a los caballos cuando se trata de exhibirlos.
cincino *m.* BOT. Cima helicoidea.
cinco (l. *quinque*) *adj.* Cuatro y uno; ** NUMERACIÓN. 2 Quinto (lugar). -3 *m.* Guarismo del número cinco. 4 Naipe que representa cinco señales. 5 En el juego de bolos, el que ponen delante de los otros, separado de ellos. 6 Guitarrilla venezolana de cinco cuerdas. 7 *C. Rica, Chile* y *Méj.* Moneda de cinco centavos.
REL. Numerosos deriv. cultos se forman del l. *quinque (quinquenio, quinquefolio)* o del gr. *penta (pentágono, pentagrama).*
cinco-, cinc- (de *cinc*) Elemento prefijal que entra en la formación de palabras con el significado de cinc: *cincografía.*
cincoenrama (*cinco* + *en* + *rama*) *f.* Hierba rosácea, de hojas compuestas de cinco hojuelas, flores solitarias amarillas y raíz medicinal *(Potentilla reptans).* 2 ***~ leñosa,*** arbusto ramificado con las hojas divididas en cinco foliolos lanceolados, y las flores amarillas *(Potentilla fruticosa).* 3 ***~ palustre,*** planta vivaz con los tallos leñosos y tendidos, las hojas divididas en foliolos dentados y las flores rojizas *(Potentilla palustris).*
SIN. *1* **Quinquefolio.**
cincograbado (*cinco-* + *grabado*) *m.* Grabado en cinc hecho en una plancha por medio de un mordiente.
cincografía (*cinco-* + *-grafía*) *f.* Arte de dibujar o grabar en una plancha de cinc preparada al efecto. ◇ También *zincografía.*
cincolite *m. Méj.* Especie de huacal alto que sirve para almacenar y conservar el maíz.
cincollagas *m. Cuba.* Planta silvestre parecida al ajonjolí *(Martinica ugnata).* ◇ Pl.: *cincollagas.*
cincomesino, -na *adj.* De cinco meses.
cincona (planta dedicada a la virreina del Perú, condesa de *Chinchón,* s. XVII) *f.* Quina.
cinconegritos *m. Amér. Central.* Arbusto de hojas aromáticas *(Lantana camara).* ◇ Pl.: *cinconegritos.*
cinconina *f.* Alcaloide que se extrae de la quina.
cincuenta (l. *quinquaginta*) *adj.* Cinco veces diez; **NUMERACIÓN. 2 Quincuagésimo (último en una serie de 50). -3 *m.* Guarismo del número cincuenta.
cincuentavo, -va (*cincuenta* + *-avo*) *adj.-m.* Quincuagésimo.
cincuentena *f.* Conjunto de cincuenta unidades. Quincuagésimo.
SIN. **Quincuagena.**
cincuentenario *m.* Conmemoración del día en que se cumplen cincuenta años de algún suceso.
cincuenteno, -na (*cincuenta* + *-eno*) *adj.* Quincuagésimo. 2 *Colomb.* Cincuentón.
cincuentésimo *adj.* Quincuagésimo.
cincuentón, -tona *adj.-s.* [pers.] Que ha cumplido cincuenta años de edad y no ha llegado a los sesenta.
SIN. **Quincuagenario.**
cine *m.* Abreviación usual de cinematógrafo: ***~ mudo,*** aquel en que la proyección es silenciosa, sin acompañamiento de sonidos ni voces; ***~ de autor,*** el realizado por un director que a su vez es el guionista y controla la producción técnica; ***~ sonoro,*** aquel en que la proyección va acompañada de sonido y voces. -2 *loc. adj.* fam. ***De ~,*** fastuoso, impresionante, de fábula.
cine-, v. cino-.
cineasta (*cine* + gr. *aistesis,* sensación) *com.* Actor o actriz de cinematógrafo. 2 gral. Persona que se dedica a la producción de películas cinematográficas. 3 Aficionado al cine.
SIN. **Peliculero,** fam.
cineclub (*cine* + *club*) *m.* Asociación dedicada a la difusión de la cultura cinematográfica. 2 Lugar donde se reúne esta asociación y donde se proyectan y comentan las películas.

cinefilia (*cine* + *filia*) *f.* Pasión por el cine.
cinéfilo, -la (*cine* + *-filo*) ***adj.-s.*** Apasionado por el cine.
cinegética *f.* Arte de la caza.
SIN. **Montería.**
cinegético, -ca (gr. *kynegetikós* < *kyon,* perro) ***adj.*** Relativo a la cinegética.
SIN. **Venatorio, -a.**
cinema ***m.*** Cine.
cinema-, cinemato-, cinemo- (gr. *kinema, -atos,* movimiento) Elemento prefijal que entra en la formación de palabras con el significado de movimiento: *cinemascope, cinematógrafo, cinemómetro.*
cinemascope (*cinema-* + gr. *scopeo,* observar) ***m.*** Sistema cinematográfico que comprime ópticamente la imagen en las tomas y la descomprime en la proyección en gran pantalla panorámica, y con efectos sonoros estereofónicos.
cinemascopio ***m.*** inus. Cinemascope.
cinemateca (*cinema-* + *-teca*) *f.* Filmoteca.
cinemática *f.* Parte de la mecánica que trata del movimiento en sus condiciones de espacio y tiempo.
cinematismo ***m.*** Pintura que plasma el movimiento físico por medio de la sucesión temporal.
cinemato-, v. cinema-.
cinematografía (*cinemato-* + *-grafía*) *f.* Arte de representar el movimiento por medio de la fotografía.
cinematografiar ***tr.*** Impresionar en una película cinematográfica [una escena, acto público, etc.]. ◇ ** CONJUG. [13] como *desviar.* ◇Se usa también *tomar* o *impresionar una película* o el anglicismo *filmar.*
cinematográficamente ***adv. m.*** Con arreglo a las normas y estilo del arte cinematográfico.
cinematográfico, -ca ***adj.*** Relativo al cinematógrafo o a la cinematografía.
cinematógrafo (*cinemato-* +*-grafo*) ***m.*** Linterna de proyecciones dispuesta de modo que permita el paso rapidísimo, por delante de la lente, de una película que contiene una serie de imágenes correspondientes a momentos consecutivos de una escena, las cuales, proyectadas sobre una pantalla, producen la ilusión de un cuadro cuyas figuras se mueven. 2 Local público donde se proyectan películas cinematográficas. 3 Arte de representar obras dramáticas para ser reproducidas por medio de la fotografía y el cinematógrafo.
SIN. **Kinetógrafo.**
cinematoscopio (*cinemato-* + *-scopio*) ***m.*** Aparato óptico gracias al cual una serie de imágenes de un cuerpo en movimiento se funde en una sola imagen que parece moverse con perfecta naturalidad.
cinemo-, v. cinema-.
cinemógrafo (*cinemo-* + *-grafo*) ***m.*** FÍS. Instrumento registrador de la velocidad del viento.
cinemómetro (*cinemo-* + *-metro*) ***m.*** Instrumento, en gral., indicador de velocidad.
cineración *f.* Incineración.
cinerama ***m.*** Cinematógrafo basado en la proyección de tres imágenes que se yuxtaponen para dar la impresión de relieve en la pantalla.
cineraria (l.) *f.* Género de plantas compuestas, hierbas o arbustos de hojas alternas y cabezuelas olorosas, de colores diversos, según las variedades, y agrupadas en corimbos.
cinerario, -ria (l. *-iu*) ***adj.*** Ceniciento. 2 Destinado a contener cenizas de cadáveres: *urna cineraria.*
cinéreo, -a (l. *-eu*) ***adj.*** Ceniciento.
cinericio, -cia ***adj.*** De ceniza. 2 Ceniciento.
cines-, v. cinesi-.
cinescopado, -da ***adj.*** Quinescopado.
cinescopar ***tr.*** Quinescopar.
cinescopio ***m.*** Quinescopio.
cinesi-, cinesio-, cineso-, cines-, v. quinesi-.
cinesia *f.* Quinesia.
cinésica *f.* Quinésica.
cinesio-, v. cinesi-.
cinesiología *f.* Quinesiología.
cinesiológico, -ca ***adj.*** Quinesiológico.
cinesiólogo, -ga ***m. f.*** Quinesiólogo.
-cinesis, -cinesia, v. -quinesis.
cinesiterapeuta ***com.*** Quinesiterapeuta.
cinesiterapia *f.* Quinesiterapia.
cinesiterápico, -ca ***adj.*** Quinesiterápico.
cineso-, v. cinesi-.
cinestesia *f.* Cenestesia. 2 RET. Metáfora en la que tienen lugar sensaciones de distinta procedencia.
cinética *f.* Parte de la dinámica que trata del movimiento producido por las fuerzas. 2 ~ ***química,*** la que estudia las velocidades de las reacciones químicas.
cinético, -ca (gr. *kinetikós* < *kinein,* mover) ***adj.*** Relativo al movimiento.
cingalés, -lesa ***adj.-s.*** De Ceilán, actualmente Sri Lanka, nación insular del océano Índico. -2 ***adj.-m.*** Lengua perteneciente al grupo indoario, hablada oficialmente en esta nación.
cíngaro, -ra (it. *zingaro*) ***adj.-s.*** Gitano (nómada), esp. el de Europa central.
cingiberáceo, -a ***adj.-f.*** Planta de la familia de las cingiberáceas. -2 ***f. pl.*** Familia de plantas monocotiledóneas tropicales, de hojas envainadoras y flores cigomorfas con el androceo reducido a un solo estambre fértil.
SIN. **Drimirríceo.**
cingla *f.* *Murc.* Cerco de hierro, ceño.
cinglado (de *cinglar* II) ***m.*** Depuración de las masas metálicas por medio del fuego.
cinglador ***m.*** Martillo grande usado en las fraguas.
I) cinglar (escandinavo *sigla*) ***tr.*** Hacer andar [un bote, canoa, etc.] con un solo remo puesto a popa.
II) cinglar (fr. *cingler* < l. *cingula,* cincha) ***tr.*** Forjar [el hierro] para limpiarlo de escorias.
cingleta (l. *cingula,* cíngulo) *f.* Cuerda con un corcho en la punta, que el jabegote lía al cabo de la jábega para tirar de él.
cíngulo (l. *cingulu* < *cingere,* ceñir; doble etim. *cincho*) ***m.*** Cordón de lino, cáñamo o seda que ciñe la cintura; esp. el que usa el sacerdote cuando se reviste el alba. 2 Cordón que usaban como insignia los soldados.
cinia *f.* Zinnia.
cínicamente ***adv. m.*** Con cinismo.
cínico, -ca (l. *cynicu* < *kyon, kynós,* perro) ***adj.-s.*** Filósofo de la escuela socrática fundada por Antístenes (444-365 a. C.). -2 ***adj.*** Relativo a esta escuela. 3 Impúdico, descarado.
cínife (l. < gr. *knips*) ***m.*** Mosquito (insecto).
cinípedo, -da ***adj.-m.*** Himenóptero de la familia de los cinípedos. -2 ***m. pl.*** Familia de himenópteros de pequeño tamaño con las antenas derechas y filamentosas, y un conducto ovopositor delgado y setáceo en las hembras.
cinismo ***m.*** Doctrina de los cínicos. 2 Impudencia, obscenidad descarada. 3 Desvergüenza en defender o practicar acciones o doctrinas vituperables.
SIN. *2* y *3* **Impudor.**
cino-, cine-, cin- (gr. *kyon, kynós,* perro) Elemento prefijal que entra en la formación de palabras con el significado de perro: *cinecéfalo, cinegética, cinantropía.*
cinocéfalo (l. *cynocephalu* < *cino-* + *-céfalo*) ***adj.*** Que tiene cabeza de perro. -2 ***adj.-s.*** Cercopitécido.
cinomoriáceo, -a ***adj.-s.*** Planta de la familia de las cinomoriáceas. -2 ***f. pl.*** Familia de plantas santalales parásitas, desprovistas de clorofila, que se fijan al hospedador por un rizoma tuberoso. Son de colores variados y tienen aspecto de hongo, con flores pequeñas y numerosas.
cinódromo ***m.*** Canódromo.
cinoglosa (*cino-* + gr. *glossa,* lengua) *f.* Hierba boraginácea, de raíz fusiforme, tallo y hojas vellosas y flores violáceas en racimos pequeños *(Cynoglossum officinale).*
SIN. **Lapilla, lengua canina o de perro, viniebla.**
cinomorfo, -fa (*cino-* + *-morfo*) ***adj.*** Parecido a un perro. -2 ***adj.-m.*** Cercopitécido.
cinomoriáceo, -a ***adj.-s.*** Planta santalal parásita, desprovista de clorofila, que se fija al hospedador por un rizoma tuberoso. Es de colores variados y tiene aspecto de hongo, con flores pequeñas y numerosas. -2 ***f. pl.*** Familia de estas plantas.
cinorexia (*cin-* + gr. *órexis,* apetito) *f.* PAT. Hambre canina.
cinosura (l. *cynosura* < *cino-* + gr. *ourá,* cola) *f.* Osa Menor.
cinqueño, -ña ***adj.*** *Ant.* [ave] Que tiene cinco dedos. 2 *P. Rico* y *S. Dom.* [pers.] Que tiene seis dedos en una mano o pie.
cinquero ***m.*** El que tiene por oficio trabajar en cinc.
cinquillo ***m.*** Cinqueño.
cinquina *f.* Quinterno (lotería).
cinta (l. *cincta;* v. *cinto*) *f.* Tejido largo y angosto. 2 p. ext. Tira de papel, celulosa, acero, plástico, etc.: ~ ***aisladora,*** la impregnada con una disolución adhesiva de caucho, que se emplea para recubrir los empalmes de los conductores eléctricos; ~ ***autoad-***

hesiva, celo (cinta adherente); ~ ***cinematográfica,*** película; ~ o ~ ***magnética,*** INFORM., la que sirve como soporte de datos para un ordenador; ~ ***magnetofónica,*** cinta en que se imprimen sonidos que pueden luego ser reproducidos; ~ ***métrica,*** escala de medición larga y flexible; ~ ***pegante,*** *Colomb.*, cinta autoadhesiva. 3 Dispositivo formado por una banda de material metálico o plástico que, movida automáticamente, traslada mercancías, equipajes, etc. 4 Planta gramínácea de adorno, de tallos estriados, hojas anchas, listadas de blanco y verde, y flores en panoja alargada, mezclada de blanco y violeta *(Phalaris arundinacea).* 5 Pez marino teleósteo perciforme, de cuerpo acintado, terminado en látigo y con las aletas dorsal y anal muy largas, unidas a una caudal en un pincel *(Cepola rubescens).* 6 Red para pescar atunes. 7 Maderas que por fuera refuerzan la trabazón del costado de un buque de proa a popa. 8 Hilera de baldosas en un solado, paralela y arrimada a las paredes. 9 Solomillo. 10 Pasta de harina de trigo de forma alargada y estrecha. 11 ARQ. Filete de moldura. 12 ARQ. Motivo decorativo formado por una faja larga y estrecha que, a veces, se pliega y repliega de maneras diferentes. 13 BLAS. Divisa o lema. 14 DEP. En la gimnasia rítmica, aparato compuesto por una banda larga y estrecha unida a un palito con el que se efectúan diversos ejercicios de habilidad y coordinación de movimientos. 15 TOPOGR. Tira de acero o algodón que sirve para medir distancias cortas. 16 VETER. Corona del casco. 17 *Cuba* Listoncito plano de madera, que cubre y disimula las junturas de las tablas en cierta clase de tejados. ◇ INCOR.: *en cinta,* por encinta.

cintagorda (*cinta* + *gorda*) ***f.*** Red de cáñamo, de hilos fuertes y gruesos, para la pesca del atún.

cintajo ***m.*** Desp. de *cinta.*

cintar ***tr.*** ARQ. Poner [cintas o fajas imitadas], como adorno, en las construcciones.

cintarazo (de *cinta*) ***m.*** Golpe dado de plano con la espada. 2 Golpe que se da en la espalda con un cinto, látigo, etc.
SIN. *1* **Chincharrazo.**

cintarear ***tr.*** fam. Dar cintarazos.

cinteado, -da ***adj.*** Guarnecido de cintas.

cintear ***tr.*** *S. Dom.* Dividir en porciones largas y estrechas [una res] sacrificada para el consumo.

cintería ***f.*** Conjunto de cintas. 2 Comercio de ellas. 3 Tienda donde se venden.

cintero, -ra ***m. f.*** Persona que tiene por oficio hacer o vender cintas. -2 ***m.*** Ceñidor que usaban esp. las aldeanas, adornado y tachonado. 3 Soga o maroma que se ciñe a alguna cosa.

cinteta ***f.*** Red que se usa en la costa mediterránea para pescar.

cintiforme ***adj.*** Con forma o aspecto parecidos al de una cinta.

cintilar ***tr.*** Brillar, centellear.

cintillo (Dim. de *cinto*) ***m.*** Cordoncillo de seda para ceñir la copa de los sombreros. 2 Sortija guarnecida de piedras preciosas.

cinto, -ta (l. *cinctu* < *cingere*, ceñir) Pp. irreg. de *ceñir.* 2 ***m.*** Faja para ceñir y ajustar la cintura. 3 Cintura (talle). 4 *Argent.* Una especie de tuna pequeña y colorada.

cintra (fr. *cintre* < l. v. *cincturare,* ceñir) ***f.*** Curvatura de un arco o bóveda.

cintrado, -da ***adj.*** Que forma cintra.

cintrel (de *cintra*) ***m.*** Cuerda o regla que, fija por un extremo en el centro de un arco o bóveda, señala la oblicuidad de las hiladas de la fábrica.

cintura (l. *cinctura*) ***f.*** Parte más estrecha del cuerpo humano, por encima de las caderas. 2 Parte de un vestido que corresponde a la cintura. 3 Cinta o pretinilla con que las damas solían apretar la cintura para hacerla más delgada: ***meter a uno en*** ~, fig., sujetarle, hacerle entrar en razón. 4 ANAT. ~ ***escapular,*** parte del cuerpo humano en donde se articulan las extremidades superiores con el tronco. 5 ARQ. Parte superior de la campana de una chimenea. 6 MAR. Ligadura que se da a las jarcias o cabos contra sus respectivos palos. -7 ***m.*** *Cuba.* fest. Conquistador, tenorio.
SIN. *1* **Cinto.** *1* y *2* **Talle.**

cinturica, -lla, -ta ***f.*** Cintura (pretinilla).

cinturón ***m.*** Aum. de *cintura.* 2 Tira de cuero o de tejido fuerte, con la cual se sujetan y ciñen las prendas de vestir: ~ ***de lastre,*** el cargado con peso para facilitar la inmersión del submarinista. 3 Cinto (faja) usado por las mujeres. 4 fig. Serie de cosas que circuyen a otras: ~ ***de baluartes.*** 5 DEP. En judo y otras artes marciales, categoría según el color del mismo. 6 MIL. Cinto de cuero o paño, que se coloca sobre el uniforme y sirve para sostener el sable, bayoneta, cartucheras, etc. 7 ~ ***de seguridad,*** el que sujeta a los viajeros a su asiento. -8 ***fr.*** fig. ***Apretarse el*** ~, tener que reducir gastos.

cinzolín ***adj.-s.*** De color violeta rojizo.

ciñuelero ***m.*** *Bol.* y *R. de la Plata.* Buey guía.

ciñuelo ***m.*** *Argent.* y *Urug.* Ciñuelero.

-ción, sufijo que entra en la formación de nombres que significan acción y efecto, gralte. derivados de verbos. La mayoría son de origen latino: *abdicación, abolición.* Los de origen español se derivan de verbos, gralte. de la 1ª y 3ª conjugación, y toman respectivamente las formas *-ación (alteración)* o *-ición (fundición).* Existen algunos derivados de nombres, tomados éstos, gralte., de su forma latina; *aeración, aviación.*

cipa ***f.*** *Venez.* Fango, lodo, barro.

cipariso (l. *cyparissu*) ***m.*** poét. Ciprés.

cipayo (persa *cipahí,* soldado de a caballo) ***m.*** Soldado indio al servicio de una potencia europea.

cipe ***adj.*** *Amér. Central.* [niño] Encanijado durante la lactancia. -2 ***m.*** *C. Rica.* Duende que, según el vulgo, se alimenta de ceniza. 3 *Hond.* Tamal (empanada) de maíz aún no endurecido. 4 *Salv.* Resina.

cipera (l. *cippus*) ***f.*** ARQ. Asiento que se hace sobre los tirantes para el pie del árbol de una linterna.

ciperáceo, -a (l. *cyperu,* juncia) ***adj.-f.*** Planta de la familia de las ciperáceas. -2 ***f. pl.*** Familia de plantas monocotiledóneas, herbáceas, con rizoma, tallos generalmente triangulares y sin nudos, hojas envainadoras, flores unisexuales y fruto monospermo; como el papiro.

ciperales ***f. pl.*** Orden de plantas dentro de la clase monocotiledóneas. Son plantas generalmente herbáceas, con las hojas delgadas y lineares y las flores hermafroditas o unisexuales.

cipero ***m.*** *Venez.* Poso, asiento, heces.

cipipa ***f.*** *Colomb.* Producto de la yuca que se prepara como el almidón.

cipmunk ***m.*** Pequeña ardilla de América del Norte, con bandas obscuras en su pelaje *(gén. Tamias).*

cipo (l. *cippu;* doble etim. *cepo*) ***m.*** Pilastra o trozo de columna erigido en memoria de alguna persona difunta. 2 Hito (mojón). 3 *Colomb.* Trozo grande de una cosa. -4 ***adj.*** *Ecuad.* Sipo.

cipolino, -na ***adj.-s.*** Variedad de mármol micáceo de origen metamórfico.

cipotada ***f.*** vulg. Porrazo.

cipotazo ***m.*** vulg. Golpe violento.

cipote ***adj.*** Bobo, zonzo. 2 Rechoncho, obeso. -3 ***m.*** Porra, cachiporra. 4 Palillo de tambor. 5 vulg. Pene. -6 ***adj.*** *Amér.* Chiquillo, muchacho.

ciprés (l. *cypressus*) ***m.*** Árbol conífero cupresáceo, de madera rojiza y olorosa, de tronco derecho, ramas erguidas, copa espesa y cónica, hojas menudas persistentes y flores monoicas; sus gálbulas se emplean en medicina *(Cupressus sempervirens).* 2 Madera de este árbol. 3 Altar mayor, cuando queda aislado y tiene por sus cuatro lados otros tantos altares o mesas para celebrar.
SIN. *1* **Cipariso,** poét. REL. *1* **Piñuela,** nuez o fruto del ~.

cipresal ***m.*** Terreno poblado de cipreses.

cipresillo ***m.*** Abrótano hembra.

cipresino, -na ***adj.*** Relativo al ciprés.

ciprina ***f.*** Variedad de vesubiana de color azul debido a impurezas de cobre.

cipriniforme ***adj.-m.*** Pez del orden de los cipriniformes. -2 ***m. pl.*** Orden de peces teleósteos de agua dulce; como la piraña, el barbo y la carpa.

ciprino, -na, *adj.-s.* Chipriota. -2 ***m.*** Pez ornamental de color rojo, variedad cultivada del carpín.

ciprio, -pria ***adj.-s.*** Chipriota.

cipriota ***adj.-s.*** Chipriota.

cique ***m.*** *Bol.* y *Perú.* Piedras que se parten de las cajas de una mina para dar entrada al minero. 2 Colena o levadura.

ciquiricata ***f.*** fam. Ademán o demostración con que se intenta lisonjear a alguno.

ciquitroque ***m.*** Pisto (fritada).

circa ***f.*** *Chile.* Entre mineros, perforación que se hace en el piso de la veta de carbón para facilitar su extracción.

circadiano, -na (l. *circa,* cerca + *dies,* día) ***adj.*** [período] De 24 horas, aproximadamente. 2 Que ocurre cada día aproximadamente a la misma hora: *ritmos circadianos.*

circasiano, -na ***adj.-s.*** De Circasia, reg. de la Rusia europea.

circe (de *Circe*) ***f.*** En la *Odisea,* maga que transformaba los hombres en animales. 2 Mujer astuta y engañosa.

circense (l.) *adj.* [juego o espectáculo] Que hacían los romanos en el circo. 2 Relativo al circo.
circo (l. *-cu;* doble etim. *cerco*) *m.* En la ant. Roma, espacio rectangular destinado a carreras de carros, ejercicios gimnásticos, etc., rodeado de gradas para los espectadores. 2 Edificio, con gradería para los espectadores y en medio un espacio circular, donde se ejecutaban ejercicios ecuestres y gimnásticos; p. anal. ~ *taurino,* plaza de toros. 3 En algunas montañas, depresión limitada por una especie de cerco coronado de cimas escarpadas. 4 ~, o ~ ***ecuestre,*** espectáculo muy variado en el que intervienen atletas, equilibristas, payasos, animales amaestrados, etc. 5 fig. Gran jaleo.
circón (ár. *zargún,* color de oro) *m.* Silicato nativo de circonio, más o menos transparente, que posee en alto grado la doble refracción, de color gris, verde, rojo o incoloro. Es piedra preciosa.
SIN. **Jargón, Jacinto** o **Jacinto de Ceilán.**
circona *f.* Óxido de circonio.
circonio *m.* Cuerpo simple, de color y aspecto metálicos, que se emplea para preparar una pólvora relámpago usada en fotografía. Su símbolo es *Zr* y su peso atómico 91,22.
circuición *f.* Acción de circuir. 2 Efecto de circuir.
circuir (l. *-ire*) *tr.* Rodear, cercar. ◇ ** CONJUG. [62] como ***huir.***
circuitería *f.* INFORM. En un ordenador, parte que corresponde a los elementos físicos constituyentes, ya sean de tipo electrónico, eléctrico o mecánico.
circuito (l. *-tu*) *m.* Terreno comprendido dentro de un perímetro cualquiera. 2 Bojeo o contorno. 3 Red de comunicaciones: ~ *de carreteras, de ferrocarriles.* 4 Camino que sigue una corriente eléctrica desde uno al otro polo del generador; esp. cuando pasa por aparatos donde esta corriente es utilizada o modificada. Díc. que está abierto o cerrado según que se halle o no interrumpido en alguno de sus puntos: ***corto*** ~, el que se establece cuando la corriente pasa directamente de uno a otro polo del generador; ofrece muy poca resistencia, por la cual aumenta mucho la intesidad de la corriente, y la energía eléctrica se transforma en calor; ~ ***integrado,*** conjunto de conductores y semiconductores integrados en un componente único; ~ ***magnético,*** parte de una máquina o aparato electromagnético, gralte. de hierro, por donde fluye, en trayecto cerrado, la inducción magnética. 5 Movimiento circular. 6 Vuelta, recorrido circular, previamente fijado para carreras de automóviles, motocicletas, bicicletas, etc.
circulable *adj.* Que puede o debe circular.
circulación *f.* Acción de circular: ~ *del agua por las cañerías;* ~ ***fiduciaria,*** la de billetes de banco. 2 Efecto de circular. 3 Ordenación del tránsito por las vías urbanas, ferrocarriles, caminos, etc. 4 En el cuerpo de los animales, movimiento continuo de la sangre, en una dirección determinada, por conductos adecuados y pasando por un centro propulsor o corazón y por los órganos respiratorios, con objeto de llevar a las células los alimentos y el oxígeno que necesitan y recoger los productos destinados a la eliminación. La circulación es *sencilla* cuando, en cada recorrido, la sangre pasa una sola vez por el corazón, como en los peces; y *doble,* cuando pasa dos veces por dicho órgano, como en el hombre y los vertebredos superiores; es *completa* cuando la sangre venosa y la arterial no se mezclan nunca, e *incompleta* cuando lo hacen, aunque sea parcialmente. 5 ECON. Movimiento total y ordenado de los productos, monedas y, en general, de la riqueza. 6 ECON. Parte de la Economía política que estudia estos fenómenos. 7 QUÍM. Operación que consiste en tratar por el fuego una substancia contenida en uno de los matraces del vaso de reencuentro, de modo que los vapores que se desprenden se condensen en el otro matraz y vuelvan a la masa de donde salieron.
circulante *adj.* Que circula: *dinero* ~.
I) circular (l. *-are*) *adj.* Relativo al círculo. 2 De figura de círculo. -3 *f.* Orden que una autoridad superior dirige a sus subalternos. 4 Carta o aviso igual a otros muchos dirigido a diversas personas para notificarles algo.
II) circular (l. *-are;* doble etim. *cerchar*) *intr.* Andar o moverse en derredor; en gral., ir y venir: *los convidados circulan por el jardín; el aire circula por la casa.* 2 Correr o pasar una cosa de unas personas a otras: ~ *una noticia, un escrito.* 3 Partir de un centro órdenes circulares: *el decreto circula por las provincias;* ***tr.,*** dirigir uno [órdenes circulares]: *hemos circulado el decreto.* 4 Salir una cosa por una vía y volver por otra al punto de partida: *la sangre circula por las arterias y las venas.* 5 COM. Pasar los valores de una en otra persona.
circularmente *adv. m.* En círculo.
circulatorio, -ria *adj.* Relativo a la circulación: *sistema* ~.
círculo (l. *-lu;* doble etim. *cello* y *cercha*) *m.* Porción de un plano comprendida y limitada por la circunferencia: ~ ***equinoccial,*** Ecuador; ~ ***máximo,*** el que teniendo su circunferencia en la esfera, divide a ésta en dos partes iguales. 2 ASTRON. ~ ***polar ártico*** y ***antártico,*** círculos imaginarios menores paralelos al Ecuador, cuya distancia angular a los polos es la misma que la distancia de los trópicos al Ecuador. 3 GEOGR. El de los dos que en correspondencia con éstos se considera en la esfera terrestre. 4 Circunferencia. 5 Circuito, distrito, corro. 6 Areóla (rodea el pezón). 7 Nombre de varios instrumentos que llevan un círculo graduado: ~ ***acimutal,*** instrumento náutico portátil con el cual se establece la posición relativa de un objeto exterior para determinar, combinando esta indicación con la de la brújula, el rumbo de una nave; ~ ***de reflexión,*** instrumento usado en astronomía náutica, compuesto de un círculo graduado y dos alidadas con un espejo cada una, que sirve para medir ángulos en cualquier plano, repitiéndolos; ~ ***repetidor,*** instrumento empleado en geodesia, parecido al de reflexión pero con anteojos en vez de espejos. 8 ~ ***vicioso,*** razonamiento que se basa en una premisa que supone la conclusión que hay que demostrar. 9 Casino, sociedad: ~ *recreativo.*
SIN. *1* y *2* **Redondel.**
circum-, circun- (l. *circum,* alrededor) Prefijo que entra en la formación de palabras con el significado de alrededor. Antes de *b, m, p* y a veces *n* toma la forma *circum-.* En los restante casos se escribe *circun-.*
circumcirca *adv. lat.* fam. Alrededor de, sobre poco más o menos.
circumnutación (*circum-* + *nutación*) *f.* BOT. Movimiento de crecimiento de los ejes de una planta, consistente en que los tallos y las raíces, al alargarse, describen con sus vértices vegetativos una hélice. ◇ Esta es la grafía que usan los libros de BOT. La Academia no registra esta voz en su diccionario.
circumpolar (*circum-* + *polar*) *adj.* Que está alrededor del polo.
circun-, v. circum-.
circuncidante *adj.* Que circuncida.
circuncidar (l. *circumcidare* < *circum-* + *caedere,* cortar) *tr.* Cortar circularmente una porción del prepucio. 2 fig. Cercenar, quitar o moderar [una cosa].
SIN. *1* **Retajar,** ant.
circuncisión (l. ecl. *circumcisione*) *f.* Acción de circuncidar; p. excel. la de Nuestro Señor Jesucristo. 2 Efecto de circuncidar. 3 Fiesta con que anualmente celebra la Iglesia este misterio (1° de enero). 4 Escultura o pintura que representa la circuncisión de Jesucristo.
circunciso, pp. irreg. de *circuncidar.* 2 *m.* Hombre circunciso. 3 fig. Judío, moro.
circundante *adj.* Que circunda.
circundar (l. *circumdare*) *tr.* Cercar, rodear.
circunferencia (l. *circumferentia*) *f.* Curva plana cerrada, cuyos puntos equidistan de otro llamado centro, situado en el mismo plano. 2 Contorno de una superficie, territorio, mar, etc.
SIN. *2* **Periferia.**
circunferencial *adj.* Relativo a la circunferencia.
circunferencialmente *adv. m.* En circunferencia.
circunferente (l.) *adj.* Que circunscribe.
circunferir (l. *circumferre*) *tr.* Circunscribir, limitar. ◇ ** CONJUG. [35] como ***hervir.***
circunflejo (l. *circumflexu*) V. acento circunflejo.
circunfuso, -sa (l. *circumfusu* < *circum-* + *fusus,* derramado) *adj.* Difundido o extendido en derredor.
circunlocución *f.* RET. Figura que consiste en expresar por un rodeo de palabras algo que hubiera podido decirse con menos: ***la lengua de Cervantes,*** por la castellana.
SIN. **Perífrasis.**
circunloquio (l. *circumloquiu* < *circum-* + *loqui,* hablar) *m.* Circunlocución.
SIN. v. **Rodeo.**
circunnavegación *f.* Acción de circunnavegar. 2 Efecto de circunnavegar. ◇ Esta es la grafía adoptada por la Academia. Sin embargo, es frecuente hallar *circumnavegación, circumnavegar* en tratados de Geografía y buenos autores modernos.
SIN. **Periplo,** tratándose de la antigüedad o en estilo lit. REL. Está en uso el p. a. **circumnavegante.**
circunnavegar (l. *circumnavigare*) *tr.* Navegar alrededor: ~

un continente; dar un buque la vuelta [al mundo]. ◇ ** CONJUG. [7] como ***llegar.***

circunscribir (l. *circumscribere*) ***tr.*** Reducir a ciertos límites o términos [una cosa]: *la lucha se circunscribió a las capitales.* 2 GEOM. Trazar una figura que rodee [a otra figura] tocándola en el mayor número de puntos posibles, p. ej. una circunferencia que pase por todos los vértices de un polígono. -3 ***prnl.*** Ceñirse, concretarse a una ocupación.

circunscripción ***f.*** Acción de circunscribir. 2 Efecto de circunscribir. 3 División de un territorio.

circunscripto, -ta, circunscrito, -ta, pp. irreg. de *circunscribir.* 2 ***adj.*** [figura] Que circunscribe [a otra].

circunsolar (*circun-* + *solar* II) ***adj.*** Que rodea al Sol.

circunspección (l. *circumspectione*) ***f.*** Prudencia ante las circunstancias, para comportarse comedidamente.

circunspecto, -ta (l. *circumspectu*) ***adj.*** Que se conduce con circunspección.

SIN. **Mirado, remirado.**

circunstancia (l. *circumstantia*) ***f.*** Accidente de tiempo, lugar, modo, etc., que está unido a la substancia de algún hecho o dicho. 2 Conjunto de lo que está en torno a uno; el mundo, en cuanto mundo de alguien. 3 Calidad o requisito. 4 DER. ~ ***modificativa,*** figura jurídica que modifica la responsabilidad criminal: ~ ***agravante, atenuante*** y ***eximente,*** la que recarga, alivia o anula esta responsabilidad.

circunstanciadamente ***adv. m.*** Con toda menudencia y detalle.

circunstanciado, -da ***adj.*** Que se refiere o explica circunstancialmente.

circunstancial ***adj.*** Que implica alguna circunstancia o depende de ella. 2 GRAM. ***Complemento*** ~, v. complemento.

circunstante ***adj.*** Que está alrededor. -2 ***adj.-s.*** Que están presentes.

circunvalación ***f.*** Acción de circunvalar. 2 Carretera de circunvalación. 3 MIL. Línea de atrincheramientos.

circunvalar (l. *circumvallare*) ***tr.*** Cercar, ceñir, rodear [una ciudad o fortaleza].

circunvecino, -na (*circun-* + *vecino*) ***adj.*** [lugar u objeto] Que se halla cerca y alrededor de otro.

circunvolar (l. *circumvolare*) ***tr.*** Volar alrededor. ◇ ** CONJUG. [31] como ***contar.***

circunvolución (*circum-* + l. *volutione,* vuelta) ***f.*** Vuelta o rodeo de alguna cosa: ~ ***cerebral,*** relieve de la superficie exterior del cerebro, separado de los demás por surcos llamados anfractuosidades.

circunyacente (*circun-* + *yacente*) ***adj.*** Circunstante (alrededor).

cirenaico, -ca (l. *cyrenaicu*) ***adj.-s.*** De Cirene o de Cirenaica, antigua ciudad y actual región del nordeste de Libia, respectivamente. 2 Escuela socrática fundada por Aristipo (s. IV a. C.) y sus seguidores. -3 ***adj.*** Relativo a esta escuela. -4 ***adj.-m.*** Dialecto dórico hablado antiguamente en Cirene.

cireneo, -a (l. *cyrenœu*) ***adj.-s.*** Cirenaico.

cirial (de *cirio*) ***m.*** Candelero alto que llevan los acólitos en algunas funciones de iglesia. 2 *Méj.* Ciruela común.

cirigallo, -lla ***m. f.*** Persona que pasa el tiempo yendo y viniendo, sin hacer cosa de provecho.

cirílico, -ca ***adj.*** Perteneciente o relativo al alfabeto usado en ruso y otras lenguas eslavas. Su invención se atribuye a San Cirilo en el siglo IX.

cirimba ***f.*** *Guat.* Barriga abultada, panza.

cirineo (de Simón *Cirineo,* que ayudó a Jesús a llevar la cruz) ***m.*** fig. Persona que ayuda a otra.

cirio (l. *cereu*) ***m.*** Vela de cera de un pabilo, larga y gruesa: ~ ***pascual,*** el muy grueso que se bendice solemnemente el Sábado Santo y se conserva hasta el día de la Ascensión. Lleva clavadas cinco piñas de incienso. 2 fig. *y* fam. Trifulca, jaleo grande. 3 *Cuba.* Árbol semejante al pino, de madera amarilla, con veteado ligero, compacta, dura y muy estimada *(Xilopia obtusifolia).* 4 *Méj.* Planta cactácea.

cirirí ***m.*** *Colomb.* Bienteveo (pájaro).

cirolero ***m.*** Ciruelo (árbol).

cirquero, -ra ***m. f.*** *Méj.* Acróbata, volatinero.

cirri-, cirro- (l. *cirru,* rizo, fleco) Elemento prefijal que entra en la formación de palabras con el significado de rizo, fleco: *cirriforme, cirrópodo.*

cirriforme (*cirri-* + *-forme*) ***adj.*** BOT. En forma de zarcillo o parecido a un zarcillo: *pecíolo* ~.

cirrípedo ***adj.-m.*** Cirrópodo. -2 ***m. pl.*** Cirrópodos.

I) cirro (de *escirro*) ***m.*** Tumor duro, sin dolor continuo y de naturaleza particular, que se forma en diferentes partes del cuerpo.

II) cirro (l. *cirru,* rizo, fleco) ***m.*** Zarcillo (hoja). 2 Apéndice filiforme de algunos animales y plantas. 3 Nube, gralte. blanca, de textura fibrosa que se presenta en las regiones superiores de la atmósfera.

SIN. *3* **Rabos de gallo.**

I) cirro- (gr. *kirros,* amarillento, rojizo) Elemento prefijal que entra en la formación de palabras con el significado de amarillo anaranjado: *cirronosis.*

II) cirro-, v. cirri-.

cirrocúmulo (*cirro* II + *cúmulo*) ***m.*** Nube blanca alta con aspecto de bancos, hojas o capas delgadas.

cirrópodo (*cirro-* II + *-podo*) ***adj.-m.*** Crustáceo del orden de los cirrópodos. -2 ***m. pl.*** Orden de crustáceos entomostráceos, marinos, que viven fijos a las rocas y tienen el cuerpo imperfectamente segmentado, protegido por un caparazón bivalvo reforzado por placas calizas; como el percebe.

cirronosis (*cirro-* I + gr. *nosos,* enfermedad) ***f.*** PAT. Dolencia fetal caracterizada por la amarillez de la pleura y peritoneo. ◇ Pl.: *cirronosis.*

cirrosis (de *cirro* I) ***f.*** MED. Enfermedad del hígado en que se produce un aumento del tejido fibroso y destrucción de las células hepáticas. ◇ Pl.: *cirrosis.*

cirroso, -sa ***adj.*** Que tiene cirros.

cirrostrato (de *cirro* II + *estrato*) ***m.*** Nube alta en forma de velo nuboso blanquecino y transparente.

cirrótico, -ca ***adj.*** Relativo a la cirrosis. -2 ***adj.-s.*** [pers.] Que padece cirrosis.

cirso-, cirs- (gr. *kirsós,* várice) Elemento prefijal que entra en la formación de palabras con el significado de várice: *cirsotomía, cirsoftalmía.*

cirsocele (*cirso-* + *-cele*) ***m.*** MED. Varicocele.

cirsoftalmía (*cirs-* + *oftalmía*) ***f.*** MED. Oftalmía caracterizada por la dilatación de los vasos sanguíneos.

cirsotomía (*cirso-* + *-tomía*) ***f.*** CIR. Operación para extirpar las varices.

ciruela (l. v. *cereola;* l. *cereu,* de cera) ***f.*** Fruto del ciruelo: ~ ***amacena, almacena*** o ***damascena,*** la de color morado y forma oval; ~ ***claudia,*** la verde, redonda y muy dulce y jugosa; ~ ***de corazoncillo,*** la verde y de figura acorazonada; ~ ***de dama o imperial,*** cascabelillo; ~ ***de data*** o ***pernigón,*** la negra, muy jugosa y de gusto delicado; ~ ***de fraile,*** la de figura oblonga, de color verde amarillento, con la carne adherida al hueso y menos dulce que las demás; ~ ***de Génova,*** la grande y negra, que suelta el hueso limpio; ~ ***de yema,*** la aovada, amarillenta, que suelta el hueso limpio; ~ ***porcal,*** la basta y gorda; ~ ***verdal,*** la de color que tira a verde aun estando madura; ~ ***zaragocí,*** la amarilla originaria de Zaragoza.

Ciruela (el maestro ~) ***n. pr.*** Personaje folklórico que figura en la comparación corriente: *como el maestro ~, que no sabía leer y puso escuela.*

ciruelillo ***m.*** *Amér.* Notro, árbol.

ciruelo (de *ciruela*) ***m.*** Árbol frutal de tronco derecho y robusto, madera flexible y dura, hojas lanceoladas y dentadas, flores blancas y fruto en drupa jugosa, que según las variedades tiene distintos colores, figuras y tamaños *(Prunus domestica).* 2 fig. Hombre muy necio e incapaz. 3 ~ ***de China,*** árbol sapindáceo que da frutos carnosos y comestibles *(Litchi sinensis).* 4 ~ ***amarillo,*** arbolito anacardiáceo de las Antillas y América del Sur, de fruto amarillo comestible *(Spondias purpurea).* 5 *Méj.* ~ ***campechano,*** ciruelo amarillo.

SIN. *1* **Cirolero,** p. us.

cirugía (l. *chirurgia* < gr. *cheír,* mano y *ergon,* obra) ***f.*** Parte de la medicina que tiene por objeto curar las enfermedades o corregir deformidades, mediante operaciones hechas con la mano o con instrumentos: ~ ***mayor,*** la relativa a operaciones de gran importancia o peligro; ~ ***menor,*** la relativa a procedimientos de importancia secundaria; ~ ***plástica,*** la que consiste en restablecer, mejorar o embellecer la forma de una parte del cuerpo; ~ ***estética,*** la que consiste sólo en el embellecimiento.

REL. Relativo a la cirugía, **quirúrgico.**

ciruja ***m.*** *Argent.* El que busca en los basurales los desperdicios que pueden utilizarse.

cirujano, -na ***m. f.*** Persona que profesa la cirugía.

SIN. **Quirurgo,** p. us.; **sacapotras,** desp. aplicado al mal cirujano; **operador.**

cirulo ***m.*** Juego de naipes en el que intervienen de 4 a 6 jugadores consistente en hacer bazas en las que no haya cartas del palo de oros.

cis- (de la prep. l. *cis*, de parte de acá) Prefijo que entra en la formación de palabras con el significado de la parte de acá: *cismontano*.
SIN. **Citra-**. CONTR. **Trans-, tras-**.

cisalpino, -na (l. *-nu* < *cis-* + *alpino*) ***adj.*** Situado entre los Alpes y Roma.

cisandino, -na ***adj.*** Situado aquende los Andes.

cisatlántico, -ca ***adj.*** Del lado de acá del Atlántico.

cisca (celt. *sesca*) ***f.*** Carrizo. 2 *Méj.* Vergüenza. 3 *Méj.* Enojo.

ciscar (voz grosera) ***tr.*** Ensuciar [una cosa]. -2 ***prnl.*** Ensuciarse (eufem). -3 ***tr.*** *Cuba.* Avergonzar. 4 *Méj.* Enojar, molestar. ◇ ** CONJUG. [1] como ***sacar***.

cisco ***m.*** Carbón menudo. 2 fig. Bullicio, reyerta; desorden. 3 *Logr.* Barro negruzco. 4 *Can.* Basura, broza.
SIN. *2* v. **Lucha**.

ciscón ***m.*** Aum. de *cisco*. 2 Restos que quedan en los hornos de carbón. -3 ***adj.*** *Méj.* [pers.] Que gusta de hacer que otro se cisque (enoje). 4 *Cuba.* Que se avergüenza fácilmente.

cisio (l. *-iu*) ***m.*** Ant. carruaje romano, ligero, de dos ruedas.

cisión ***f.*** Cisura.

cisionar ***tr.*** *Perú.* Dividir, crear banderías.

cisípedo (l. *cœsu*, cortado + *-pedo*) ***adj.*** Que tiene el pie dividido en dedos.

cisma (l. *chisma;* doble etim. *chisme*) ***amb.*** División o separación entre los individuos de un cuerpo o comunidad: *~* ***de Oriente***, división entre la Iglesia griega y la romana. 2 Discordia, desavenencia. 3 *Colomb.* Dengue, remilgo. 4 *Colomb.* Chisme. ◇En el uso actual es siempre *m.* Su empleo como *f.* es anticuado.

cismar ***tr.*** *Sal.* y *Murc.* Meter discordia, sembrar cizaña. -2 ***intr.*** *Argent.* y *Urug.* Sismar.

cismáticamente ***adv. m.*** De manera cismática.

cismático, -ca ***adj.-s.*** [pers.] Que se aparta de su legítima religión. 2 [pers.] Que introduce cisma o discordia en un pueblo o comunidad. -3 ***adj.*** *Colomb.* Chismoso. 4 *Colomb.* Melindroso.

cismontano, -na (l. *-nu* < *cis-* + *montano*) ***adj.*** Situado aquende los montes.
SIN. **Citramontano**.

cisne (l. *cycnu* < gr. *kyknos*) ***m.*** Ave palmípeda anseriforme, de cuello largo y flexible, patas cortas y alas grandes, con una verruga frontal negra y el pico rojo *(Cygnus olor)*. 2 Constelación boreal situada entre la Lira y el Pegaso. 3 fig. Poeta o músico excelente. 4 *Argent.* y *Urug.* Plumerillo para empolvar el cutis. -5 ***adj.*** *Colomb.* y *Venez.* [caballo] Pardusco.

cisno, -na ***adj.*** *Venez.* Bestia belloria o pardusca.

cisoide (l. *cœsu*, cortado + *-oide*) ***f.*** Curva de tercer grado formada por dos ramas simétricas que parten de un mismo punto y tienen una asíntota común.

cisoria (b. l. *cisoriu*, el corte de un arma) ***adj. Arte ~***, la de trinchar. ◇Es voz que se conserva casi exclusivamente por el recuerdo de la obra de este título escrita por Enrique de Villena (s. XV).

cispadano, -na (l. *-nu*) ***adj.*** Situado entre Roma y el río Po.

cisplatino, na ***adj.*** Del lado de acá del Plata.

cisquera ***f.*** Almacén de cisco. 2 *Cuba.* Vergüenza, bochorno.

cisquero ***m.*** El que tiene por oficio hacer o vender cisco. 2 Muñequilla de lienzo, con carbón molido dentro, que sirve para estarcir.

cist-, v. cisto-.

cista (l., cesta, celda, vaso) ***f.*** Celdilla practicada generalmente en el suelo, donde se colocaban los despojos del difunto. 2 Vaso metálico con tapa, usado en Roma como recipiente para guardar objetos preciosos.

cistáceo, -a (l. *cistu*, jara) ***adj.-f.*** Planta de la familia de las cistáceas. -2 ***f. pl.*** Familia de plantas dicotiledóneas que incluye matas o arbustos de hojas opuestas, flores en corimbo o panoja y frutos capsulares; como la jara.

cistalgia (*cist-* + *-algia*) ***f.*** MED. Dolor o neuralgia de la vejiga urinaria.

cistectomía (*cist-* + *-ectomía*) ***f.*** CIR. Extirpación quirúrgica, parcial o total, de la vejiga urinaria, gralte. por causa tumoral.

cistepático, -ca (*cist-* + *-epático*), ***adj.*** MED. Perteneciente o relativo a la vesícula biliar y al hígado.

cisterciense ***adj.-m.*** Religioso del Císter. -2 ***adj.*** Relativo a la orden religiosa de la regla de San Benito (¿480?-547), fundada por San Roberto (¿1000?-1067) en el s. XI; debió su mayor florecimiento a San Bernardo (1090-1153).

cisterna (l.) ***f.*** Depósito subterráneo donde se recoge y conserva el agua. 2 Depósito de agua de un retrete o urinario. 3 Vehículo que transporta líquidos: *camión ~; barco ~; vagón ~*. 4 MAR. Tanque de combustible de un buque. 5 MAR. Depósito en que llevan su carga los petroleros y otros barcos destinados al transporte de líquidos.
SIN. / **Aljibe**. La preferencia por uno u otro sin. varía según las regiones.

cisti-, v. cisto-.

cistibranquio (*cisti-* + *branquio*) ***adj.*** ZOOL. [animal] Que presenta las branquias encerradas en cavidades vasculares.

cisticerco (*cisti-* + *-cerco*) ***m.*** Larva de la tenia que vive enquistada en los músculos de ciertos mamíferos, esp. en el cerdo, y que ingerida por el hombre se desarrolla en el intestino de éste.

cisticercosis (*cisticerco* + *-osis*) ***f.*** Conjunto de fenómenos morbosos originados por la presencia de cisticercos en los tejidos de ciertos mamíferos. ◇ Pl.: *cisticercosis*.
SIN. **Ladrería**.

cístico (v. *cisti-*) ***adj.*** Que tiene forma de vejiga. 2 Relativo a una vejiga, esp. a la de la orina o a la vesícula biliar.

cistina ***f.*** Aminoácido que contiene azufre, que se halla en muchas proteínas, esp. en el cabello, lana y piel.

cistíneo, -a ***adj.-f.*** Cistáceo. -2 ***f. pl.*** Cistáceas.

cistitis (*cist-* + *-itis*) ***f.*** MED. Inflamación de la vejiga. ◇ Pl.: *cistitis*.

cisto-, cisti-, cist-, -cisto (gr. *kystis*, vejiga) Elemento prefijal y sufijal que entra en la formación de palabras con el significado de vejiga, vesícula, quiste: *cistotomía, cistibranquio, cistalgia, macrocisto*.

cistografía (*cisto-* + *-grafía*) ***f.*** MED. Radiografía de la vejiga urinaria tras la introducción de un contraste que se elimina por vía renal.

cistopatía (*cisto-* + *-patía*) ***f.*** PAT. Término general para los procesos patológicos que afectan a la vejiga urinaria.

cistoscopia ***f.*** MED. Técnica endoscópica que permite observar de modo directo la pared interna de la vejiga urinaria y efectuar una biopsia dirigida o una pequeña intervención quirúrgica.

cistoscopio (*cisto-* + *-scopio*) ***m.*** CIR. Endoscopio para explorar la superficie interior de la vejiga.

cistotomía (*cisto-* + *-stomía*) ***f.*** CIR. Incisión de la vejiga para operar en su interior.

cisura (l. *scissura* < *scindere*, desgarrar, cortar) ***f.*** Rotura o hendidura sutil. 2 Herida que se hace al sangrar a un enfermo. 3 ANAT. Surco largo y profundo que separa los lóbulos pulmonares o divide algunos lóbulos de los hemisferios cerebrales.

cita (de *citar*) ***f.*** Señalamiento de día, hora y lugar para verse y hablarse dos o más personas. 2 Mención o nota que se alega para prueba de lo que se dice o refiere.
SIN. *2* v. **Aludir**.

citación ***f.*** Acción de citar. 2 Aviso por el que se cita a alguien para una diligencia. 3 DER. *~* ***de evicción***, la que se hace al vendedor por ser llegado el caso de la evicción; *~* ***de remate***, la que en juicio ejecutivo se hace al deudor para que pueda oponerse a la ejecución.

citador, -ra ***adj.-s.*** Que cita.

citano, -na (l. *scitu*, conocido + la terminación de *fulano, mengano*) ***m. f.*** fam. Zutano.

citar (l. *-are*) ***tr.*** Avisar a uno señalándole día, hora y lugar para tratar de algún negocio. 2 DER. Notificar [a uno] el emplazamiento o llamamiento del juez. 3 Alegar [textos o lugares] en comprobación de lo que se dice o escribe. 4 TAUROM. Provocar [al toro] para que embista o para que acuda a determinado lugar.
SIN. *3* v. **Aludir**.

citara (ár. *cítara*, tabique) ***f.*** Pared con sólo el grueso del ancho del ladrillo común. 2 Tropas que formaban los flancos del cuerpo principal.

cítara (l. *cithara;* gr. *kithara;* doble etim. *cítola*) ***f.*** Antiguo instrumento músico de cuerda griego parecido a la lira, pero de mayor y más dulce sonoridad. 2 Instrumento músico de cuerda, compuesto de una caja armónica, llana, con una serie de cuerdas tendidas horizontalmente que se tocan con una púa.

citarilla ***f.*** Dim. de *citara*. 2 *~* ***sardinel***, paredilla de ladrillos puestos alternativamente de plano y de canto u oblicuamente.

citarista ***com.*** Persona que toca la cítara.

citarón ***m.*** Aum. de *citara*. 2 Zócalo de albañilería sobre el cual se pone un entramado de madera.

citatorio, -ria ***adj.-f.*** DER. Mandamiento con que se cita a alguno para que comparezca ante el juez.

citereo, -a ***adj.*** poét. Relativo a Venus, adorada en la isla de Citeres.

citerior (l.) *adj.* Situado en la parte de acá.
CONTR. **Ulterior.**

cítiso (l. *cytisu*) *m.* Codeso.

I) cito-, -cito (gr. *kytos,* hueco, cubierta de un hueco) Elemento prefijal y sufijal que entra en la formación de palabras con el significado de célula, hueco o cubierta de un hueco: *citología.*

II) -cito, -cita, v. -cico, -a, etc.

citocentro (*cito-* + *-centro*) *m.* Centrosoma.

citocinesis (*cito-* + *-cinesis*) *f.* BIOL. División del citoplasma.

citodiagnosis (*cito-* + *diagnosis*) *f.* MED. Diagnosis basada en el examen de las células.

citodiagnóstico *m.* MED. Método diagnóstico fundado en el examen cuantitativo y cualitativo de las células aisladas de un material orgánico.

citófono *m. Colomb.* Interfono.

citogénesis (*cito-* + *-génesis*) *f.* Período de desarrollo y división de las células.

citogenética (*cito-* + *genética*) *f.* Rama de la genética que estudia los datos citológicos relativos al patrimonio cromosómico en relación con los datos genéticos relativos a la transmisión de los caracteres hereditarios.

cítola (v. *cítara*) *f.* Tablita de madera, pendiente de una cuerda sobre la piedra del molino harinero, para que la tolva despida la cibera y para conocer que se para el molino cuando deja de golpear.
SIN. **Tarabilla.**

citología (*cito-* + *-logía*) *f.* Parte de la biología que estudia la célula y sus funciones.

citológico, -ca *adj.* Propio o relativo a la célula.

citoplasma (*cito-* + *-plasma*) *m.* BOT. Parte del protoplasma de la célula que rodea al núcleo.

citostoma (*cito-* + *-stoma*) *m.* En las células provistas de membrana resistente, abertura a modo de boca por donde entran las partículas alimenticias.

citote (de *yo te cito*) *m.* fam. Citación o intimación para compeler a uno a que ejecute alguna cosa.

citra- (l. *citra*) Prefijo que entra en la formación de palabras con el mismo significado que *cis-.*

citramontano, -na (l. < *citra-* + *montano*) *adj.* Cismontano.

citrato *m.* Sal o éster del ácido cítrico.

cítrico, -ca (v. *citrón*) *adj.* Relativo al limón. 2 *Ácido* **~,** el cristalino, de gusto agradable, que se encuentra en el limón y otras frutas. -3 *m. pl.* Agrios.

citrícola (l. *citrus* + *colere,* cultivar) *adj.* Perteneciente o relativo al cultivo de cítricos.

citricultura (l. *citrus* + *cultura,* cultivar) *f.* Cultivo de cítricos.

citriforme *adj.* Que tiene forma de limón.

citrina *f.* Aceite esencial del limón.

citrino, -na *adj.* De color amarillo verdoso.

citrón (l. *citru,* limón) *m.* Limón (fruto).

ciudad *f.* Población grande de mayor preeminencia que las villas: *La* **~** ***eterna,*** Roma; *la* **~** ***santa,*** Jerusalén. 2 Conjunto de calles y edificios que componen la ciudad: **~** ***jardín,*** conjunto urbano formado por casas unifamiliares, provista cada una de jardín; **~** ***lineal,*** conjunto urbano que ocupa una faja de terreno de varios kilómetros de longitud, con una sola avenida central y calles transversales que van a dar al campo; **~** ***satélite,*** población situada fuera del recinto de una ciudad importante, pero vinculado a ésta de algún modo. 3 Ayuntamiento o cabildo de cualquier ciudad.
SIN. *1* y *2* **Urbe,** esp. la muy populosa.

ciudadanía *f.* Calidad y derecho de ciudadano.

ciudadano, -na *adj.-s.* Natural o vecino de una ciudad. -2 *adj.* Relativo a la ciudad o a los ciudadanos. -3 *m.* El habitante de las ciudades ant. o de estados modernos como sujeto de derechos políticos y que interviene, ejercitándolos, en el gobierno del país. 4 El que en el pueblo de su domicilio tenía un estado medio entre el de caballero y el de oficial mecánico. 5 Hombre que pertenecía al estado llano.
SIN. *2* **Urbano,** si se refiere a la ciudad: *parques urbanos* o *ciudadanos;* **cívico,** cuando toca a la ciudadanía en su aspecto político: *virtudes cívicas* o *ciudadanas;* **civil,** si concierne a los ciudadanos: *discordias civiles* o *ciudadanas; convivencia civil* o *ciudadana.*

ciudadela (it. *cittadella*) *f.* Fortaleza para defender una plaza de armas. 2 *Cuba.* Casa con muchas habitaciones independientes y con un patio común donde viven familias pobres.

ciudad-realeño, -ña *adj.-s.* De Ciudad Real.

ciútico, -ca *adj. Bol.* y *Chile.* Siútico.

civet (fr. ant. *cive,* cebolleta > l. *caepa,* cebolla) *m.* Preparación de carne, gralte. de caza, puesta a macerar con vino tinto, cebolla, zanahoria y especias.

civeta (de *civeto*) *f.* Gato de algalia.

civeto (ár. *zobbed*) *m.* Algalia (substancia).

cívico, -ca (l. *-cu*) *adj.* Relativo a la ciudadanía o a los ciudadanos como colectividad política: *corona cívica; manifestación cívica; valor* **~.** 2 Patriótico.

civil (l. *-le*) *adj.* Ciudadano (relativo a la ciudad). 2 Sociable, urbano, atento. 3 DER. Relativo a las relaciones e intereses privados en orden al estado de las personas, régimen de las familias, condición de los bienes y los contratos: *código* **~.** 4 [pers.] Que no es militar o eclesiástico. 5 DER. [disposición] Que emana de las potestades laicas, en oposición a las eclesiásticas; [disposición] referente a la generalidad de los ciudadanos, enfrente de la especial que rige la organización militar o las relaciones mercantiles: *matrimonio* **~;** *jurisdicción* **~.** -6 *m.* Individuo del cuerpo de la Guardia civil. -7 *m. pl.* Pareja de guardias civiles.

civilidad (l. *-itate*) *f.* Calidad de civil, sociabilidad, urbanidad.

civilismo *m. Amér.* Gobierno que ejercen los civiles.

civilista *com.* El que por profesión o estudio se dedica al derecho civil. 2 *Amér.* Partidario del poder civil y enemigo del militarismo y de la influencia política del clero.

civilización *f.* Acción de civilizar o civilizarse. 2 Efecto de civilizar o civilizarse. 3 Conjunto de ideas, ciencias, artes, costumbres, creencias, etc., de un pueblo o de una raza: **~** *griega.*

civilizador, -ra *adj.-s.* Que civiliza.

civilizar (de *civil*) *tr.* Sacar del estado salvaje [a un pueblo o persona]. 2 Educar, ilustrar. ◇ ** CONJUG. [4] como ***realizar.***

civilmente *adv. m.* Con civilidad. 2 DER. Conforme al derecho civil.

civismo (l. *civis,* ciudadano) *m.* Celo por las instituciones e intereses de la patria. 2 Celo y generosidad al servicio de los demás ciudadanos.

cizalla (fr. *cisailles*) *f.* Instrumento, a modo de tijeras grandes, para cortar en frío planchas de metal. 2 Cortadura o fragmento de cualquier metal. 3 Especie de guillotina que sirve para cortar cartones en pequeñas cantidades y a tamaño reducido. 4 En las casas de moneda, residuo de los rieles de que se ha cortado la moneda.

cizallamiento *m.* Tipo de deformación en que los planos paralelos de una pieza se desplazan unos respecto a otros pero paralelamente a sí mismos.

cizallar *tr.* Cortar con la cizalla [una cosa].

cizallas *f. pl.* Cizalla.

cizaña (l. ecl. *zizania* < gr. *zizanion*) *f.* Planta graminácea, de tallo ramoso y espigas anchas y planas, cuyos granos contienen un principio tóxico; crece entre los cereales y es muy difícil de extirpar *(Lolium tremulentum).* 2 fig. Vicio que se mezcla entre las buenas acciones o costumbres. 3 fig. Cosa que daña a otra, maleándola o echándola a perder. 4 fig. Disensión, enemistad: *meter,* o *sembrar,* **~.**
SIN. *1* **Borrachuela, cominillo, joyo, rabillo.**

cizañador, -ra *adj.* Que cizaña.

cizañar, -ñear *tr.* Sembrar o meter cizaña (enemistad).
SIN. **Encizañar.**

cizañero, -ra *adj.-s.* Que tiene el hábito de cizañar.
SIN. **Chismoso.**

Cl, símbolo químico del *cloro.*

clac (fr. *claque* < onomat. *clac*) *m.* Sombrero de copa alta, plegable. 2 Sombrero de tres picos cuyas partes laterales se juntan. 3 Claque. ◇ Pl.: *claques.*
SIN. *1* **Sombrero de muelles.**

clachique (de *tlachique*) *m. Méj.* Pulque sin fermentar.

claco (mej. *tlaco*) *m.* Moneda ant. de cobre.

clacopacle (mej. *tlaco patli*) *m. Méj.* Aristoloquia, planta.

clacote *m. Méj.* Tumorcillo o divieso.

clacuache *m. Méj.* Tlacuache.

cladócero (gr. *klados,* rama + *keras,* cuerno) *adj.-m.* Crustáceo del orden de los cladóceros. -2 *m. pl.* Orden de crustáceos entomostráceos, generalmente de agua dulce, microscópicos, de cuerpo comprimido, caparazón bivalvo que deja libre la cabeza con antenas natatorias y cuatro o seis pares de patas.

clado-, -clado (gr. *klados,* rama) Elemento prefijal y sufijal que entra en la formación de palabras con el significado de rama, ramificiación: *acantóclado, cladócero.*

cladodio (gr. *klados,* rama) *m.* Tallo o rama aplanados que se cargan de clorofila y toman aspecto de hoja.

SIN. **Filocladio.**

clamador, -ra (de *clamar*) ***adj.-f.*** Ave del suborden de las clamadoras. -2 ***f. pl.*** Suborden de aves del orden de los pájaros, con el dedo pulgar pequeño y sin movimiento autónomo, y con la siringe no adaptada esp. para el canto, como el vencejo.

clamar (l. *-are;* doble etim. *llamar*) ***intr.*** Emitir la palabra de manera grave y solemne: *clamando con una voz sonora añadió la postrera palabra;* esp., dar voces lastimosas pidiendo favor y ayuda: *~ a Dios; ~ por la paz; ~ contra el jefe;* ***tr.,*** *~ favor;* fig., se dice de las cosas inanimadas cuando necesitan o parece que pidan algo: *todo clamaba contra el viejo orden; la tierra clamaba por agua.*

clámide (gr. *chlamys + ydos*) ***f.*** Capa corta y ligera que usaron los griegos y los romanos. 2 Tiburón de cuerpo muy alargado, serpentiforme y coloración gris parduzca *(Chlamydoselachus anguineus).*

clamidobacterias ***f. pl.*** Orden de vegetales dentro de la clase esquizomicetes. La característica más importante de estas bacterias es la presencia de una vaina o cubierta protectora.

clamor (l. *-re*) ***m.*** Grito o voz proferidos con vigor y esfuerzo, esp. si es colectivo: *~ popular.* 2 Conjunto de voces lastimosas. 3 Toque de campanas por los difuntos.

clamoreada (de *clamorear*) ***f.*** Clamor (grito y voces lastimosas).

clamorear ***tr.*** frecuent. Rogar con clamores para conseguir [una cosa]: *~ una noticia;* ***intr.,*** *~ por una reforma.* -2 ***intr.*** Doblar (tocar a muerto).

clamoreo ***m.*** Clamor repetido y continuado. 2 Ruego importuno y repetido.

clamoroso, -sa (de *clamor*) ***adj.*** [rumor] De las voces o quejas de mucha gente. 2 Vocinglero.

clamosidad ***f.*** Calidad de clamoso.

clamoso, -sa (l. *-osu*) ***adj.*** ant. Que clama o grita.

clan (celt. *clann,* progenie) ***m.*** En los pueblos celtas, grupo social formado por un número de familias que pretendían descender de un antepasado común y que gralte. reconocían la autoridad de un jefe. 2 p. ext. Grupo de personas unidas por un interés común. ◇ Pl.: *clanes.*

clandestinamente ***adv. m.*** De manera clandestina.

clandestinidad ***f.*** Calidad de clandestino.

clandestino, -na (l. *-nu*) ***adj.*** Secreto, oculto, hecho ilícitamente. 2 Escrito sin pie de imprenta y repartido ocultamente.

clanga (l.) ***f.*** Planga.

clangor (l.) ***m.*** poét. Sonido de la trompeta o del clarín.

clapa ***f.*** *Méj.* Ricino.

claque (fr. *claque* < *clac,* onomat.) ***f.*** fig. Conjunto de personas que aplaude en los teatros u otros espectáculos, por asistir de balde u otra recompensa.

SIN. **Alabardero.**

claqué (voz fr.) ***m.*** Baile que consiste en llevar el ritmo de una melodía con la punta y el tacón del zapato, haciéndolo sonar como instrumento de percusión.

claqueta ***f.*** CINEM. Artilugio que se sitúa delante de la cámara al inicio de cada toma, compuesto de dos planchas de madera unidas mediante una bisagra, una de las cuales lleva una pizarra sobre la que se escriben los datos necesarios para identificar la toma. -2 ***f. pl.*** Instrumento musical de percusión.

claquetista ***com.*** CINEM. Persona encargada del manejo de la claqueta.

claquiche ***m.*** *Méj.* Pulque sin fermentar.

clara (de *claro*) ***f.*** Citoplasma o materia albuminosa, blanca y transparente, que rodea la yema del huevo. 2 En la pelairia, pedazo de paño mal tejido que se trasluce. 3 Raleza de parte del pelo, que deja ver un pedazo de la piel. 4 Espacio corto en el que se suspende el agua en tiempo lluvioso. 5 Monja clarisa. 6 fam. Claridad. 7 Bebida refrescante en la que se mezclan cerveza y gaseosa.

claraboya (fr. *claire-voie*) ***f.*** Ventana abierta en el techo o en la parte alta de las paredes.

SIN. **Tragaluz.**

claramente ***adv. m.*** Con claridad.

clarar (l. *-are*) ***tr.*** p. us. Aclarar.

clarea ***f.*** Bebida hecha con vino, azúcar, canela y otras cosas aromáticas.

clarear (de *claro*) ***tr.*** Dar claridad [a una cosa]. -2 ***impers.*** Empezar a amanecer. 3 Irse abriendo y disipando el nublado. -4 ***prnl.*** Transparentarse. 5 fig. Descubrir uno involuntariamente sus planes o propósitos. -6 ***intr.*** *Méj.* Atravesar una bala de parte a parte cualquier cuerpo.

SIN. *2* y *3* **Aclarar.** *4* **Traspintarse.**

clarecer (l. *-scere*) ***impers.*** Amanecer. ◇ ** CONJUG. [43] como ***agradecer.***

clarens (de *Clarence,* nombre de un ducado inglés) ***m.*** Coche de cuatro asientos, con capota. ◇ Pl.: *clarens.*

clareo ***m.*** Acción de aclarar un monte.

clarete (fr. ant. *claret*) ***adj.-m.*** Especie de vino tinto algo claro.

claretiano, -na ***adj.-s.*** Religioso de la Congregación de Hijos del Corazón de María, fundada en 1849 por S. Antonio M. Claret (1807-1870). -2 ***f.*** Religiosa de la Congregación de Misioneras de María Inmaculada.

clareza ***f.*** lit. Claridad.

claridad (l. *-itate*) ***f.*** Calidad de claro: *la ~ del día; la ~ del agua, de un diamante; ~ de estilo, de lenguaje; ~ de la vista o de los ojos.* 2 Dote de los cuerpos gloriosos, que consiste en el resplandor y luz que en sí tienen. 3 fig. Palabra o frase con que se le dice a uno, franca o resueltamente, algo desagradable. 4 fig. Buena opinión y fama que resulta del nombre y de los hechos de alguna persona. 5 Distinción con que por medio de los sentidos, y más especialmente de la vista y del oído, percibimos las sensaciones, y por medio de la inteligencia las ideas.

claridoso, -sa ***adj.*** *Guat., Méj.* y *Salv.* [pers.] Que acostumbra a decir claridades o frases amargas.

clarificación ***f.*** Acción de clarificar. 2 Método tradicional para dar nitidez a un vino, mediante la adición de distintas substancias, como clara de huevo, gelatina, etc., que precipitan las proteínas del vino y las partículas en suspensión.

clarificador, -ra ***adj.-s.*** Que clarifica. 2 Utensilio, procedimiento o substancia que se emplea para clarificar líquidos. -3 ***f.*** *Bol., Cuba* y *P. Rico.* Vasija en que se clarifica el guarapo del azúcar.

clarificar (l. ecl. *-are*) ***tr.*** Iluminar, alumbrar [una cosa]. 2 Aclarar [una cosa]: *~ el bosque.* 3 Poner claro [lo que estaba turbio o lleno de heces, esp. los licores]. 4 Añadir una o más claras de huevo a un líquido, salsa, mantequilla, etc., para que al coagularse absorban las impurezas. ◇ ** CONJUG. [1] como ***sacar.***

SIN. *3* **Defecar.**

clarificativo, -va ***adj.*** Que tiene virtud de clarificar.

clarífico, -ca (l. *-cu*) ***adj.*** lit. Resplandeciente.

clarimente (de *claro*) ***m.*** ant. Afeite que usaban las mujeres.

clarimento ***m.*** Color claro y vivo de cualquier pintura.

clarín (de *claro*) ***m.*** Instrumento músico de viento, de metal, sin llaves ni pistones. 2 Registro del órgano cuyos sonidos son una octava más agudos que los del registro análogo llamado trompeta. -3 ***com.*** Músico que toca el clarín. -4 ***m.*** Tela de hilo muy delgada y clara. 5 *Chile.* Guisante de olor. 6 *~* ***de la selva,*** ave canora americana, del tamaño del tordo, plumaje gris y cola tan larga como el cuerpo *(Myadectes unicolor).*

SIN. *1* **Trompeta.**

clarinada (de *clarín*) ***f.*** fam. Dicho intempestivo o desentonado.

SIN. **Trompetada, trompetazo.**

clarinado, -da (fr. *clarine,* campanilla) ***adj.*** BLAS. [animal] Que lleva campanillas o cencerros.

clarinazo ***m.*** Toque fuerte de clarín. 2 fig. Llamada de atención.

clarinero ***m.*** Clarín (el que lo toca).

clarinete (it. *clarinetto*) ***m.*** Instrumento de viento, compuesto de un tubo cilíndrico con agujeros que se tapan con los dedos o con llaves, boquilla en la que se aplica una lengüeta de caña, y pabellón en forma de campana. 2 Músico que toca este instrumento.

clarinetista ***m.*** Clarinete (músico).

clariniano, -na ***adj.*** Relativo al escritor español Leopoldo Alas (1852-1901), que escribió con el seudónimo de Clarín.

clarión (fr. *crayon* < *craie,* greda) ***m.*** Pasta hecha de yeso mate y greda, para escribir en los encerados y otros usos.

SIN. **Tiza; gis,** desus.

clarioncillo (dim. de *clarión*) ***m.*** Barra de pasta blanca para pintar al pastel, que se aguza como el lápiz.

clarisa ***adj.-f.*** Religiosa que pertenece a la segunda orden de San Francisco, fundada por Santa Clara (1193 ó 1194-1253) en el s. XIII.

claristorio (ing. *clerestory*) ***m.*** Último piso de la nave central de una iglesia gótica, ocupado por ventanales.

clarividencia (de *claro* + l. *videre,* ver) ***f.*** Facultad de comprender y discernir claramente las cosas. 2 Penetración, perspicacia. 3 Supuesta percepción paranormal de realidades visuales.

SIN. *2* **Videncia.**

clarividente *adj.-s.* Que posee clarividencia.

claro, -ra (l. *-ru*) *adj.* Bañado de luz o brillante, luminoso: *habitación clara; **cielo, día** ~,* despejado, sin nubes. 2 p. ext. [color] Poco subido: *verde ~.* 3 Transparente y terso, límpido: *agua clara; cristal muy ~; diamante ~; **voz clara,*** no confusa. 4 [vino] Blanco. 5 fig. Ilustre, insigne, famoso: *hombre de clara prosapia.* 6 [líquido] No muy espeso. 7 Ralo: *pelo ~; bosque ~.* 8 fig. Capaz de comprender, de discernir, perspicaz, agudo: *inteligencia clara; vista clara.* 9 Evidente. 10 Que se expresa con lisura, sin rebozo; que no ofrece dudas: *lenguaje ~; **a las claras,*** manifiesta, públicamente. 11 [sonido] Neto y puro; [timbre] agudo. 12 TAUROM. [toro] Que acomete francamente. 13 VETER. [caballo] Que andando aparta los brazos uno de otro, echando las manos hacia fuera, de modo que no puedan rozarse. -14 *m.* Espacio que media entre algunas cosas: *los claros de un escrito, de una procesión, de un sembrado.* 15 Parte de una pintura de tonos poco subidos. 16 *~ **de luna,*** momento corto en que la luna se muestra en noche obscura con toda claridad. 17 ARQ. Luz (ventana): *los claros de una casa.* -18 *adv. m.* Claramente: *hablemos ~.* -19 *m. Colomb.* Parte líquida de la comida llamada mazamorra. 20 *Perú.* Bebida espumosa llamada así por su casi perfecta transparencia. 21 *Venez.* Aguardiente de caña.
SIN. *9* v. **Patente.**

claror (l.) *m.* lit. Resplandor o claridad.

claroscuro (*claro + oscuro*) *m.* Conveniente distribución de la luz y de las sombras en un cuadro. 2 Diseño o dibujo que no tiene más que un color sobre el campo en que se pinta. 3 Aspecto que ofrece la escritura mediante la combinación de trazos gruesos, medianos y finos. 4 Combinación de luz y de sombra en la naturaleza. ◇ Pl.: *claroscuros.*

clarucho, -cha *adj.* desp. [substancia] Desleído en cantidad excesiva de líquido.

clascal *m. Méj.* Tortilla de maíz.

clase (l. *classe*) *f.* Conjunto de personas de la misma condición social o que ejercen la misma profesión u oficio: *la ~ de los artesanos; ~ media; **clases pasivas,*** denominación oficial bajo la que se comprenden los cesantes, jubilados, retirados, inválidos, viudas y huérfanos que gozan de un haber pasivo o pensión. 2 Grupo de una división hecho con arreglo a determinadas condiciones o calidades: *vagón de primera ~.* 3 Conjunto de escolares o estudiantes que reciben un mismo grado de enseñanza o estudian la misma asignatura y asisten a las lecciones correspondientes: *~ elemental; ~ de química.* 4 Esta lección: *mañana no habrá ~; **capar** ~, Colomb.,* hacer novillos. 5 Aula. 6 fig. Distinción, categoría. 7 H. NAT. Grupo de animales o de plantas que forma una categoría de clasificación entre el tipo o subtipo y el orden. -8 *f. pl.* MIL. Individuos de tropa que forman los grados intermedios entre el sargento y el soldado raso. -9 ***loc. De primera** ~,* superior, excelente.

clásicamente *adv. m.* De modo clásico.

clasicismo *m.* Conformidad con los principios de los escritores grecolatinos, considerados clásicos en el Renacimiento y, posteriormente, con los de todos aquellos que en lo equilibrado, elegante y sereno de la forma se parecían a los antiguos. Del campo literario la palabra y el concepto de clasicismo se extendió al de las demás bellas artes. ◇A menudo se emplea en oposición a *romanticismo.*

clasicista *adj.-com.* Partidario del clasicismo.

clásico, -ca (l. *classicu,* de la primera clase) *adj.-s.* Autor u obra que se tiene por modelo digno de imitación en cualquier literatura o arte. 2 Relativo al clasicismo: *estilo ~.* 3 [pers.] Partidario del clasicismo. -4 *adj.* Principal o notable en algún concepto. 5 [objeto, esp. vestido] Que por no ajustarse a las modas cambiantes tiene un uso más duradero.

clasificación *f.* Acción de clasificar. 2 Efecto de clasificar. 3 INFORM. Proceso que permite una ordenación de elementos, según un determinado criterio atendiendo al valor de una clave.
SIN. En H. NAT. **taxonomía.**

clasificador, -ra *adj.-s.* Que clasifica. -2 *m.* Mueble con cajoncitos o departamentos para guardar separadamente y con orden los papeles. 3 Guardasellos (libro). -4 *f.* Máquina para clasificar.
SIN. *2* **Casillero.**

clasificar (b. l. *classificare*) *tr.* Ordenar o disponer por clases: *~ unos documentos; ~ obreros por sus aptitudes.* 2 Determinar la clase o grupo a que corresponde [una cosa]: *~ una planta.* -3 *prnl.* Obtener determinado puesto en una competición: *se clasificó en tercer lugar.* 4 Conseguir un puesto que permite continuar en una competición o torneo deportivo: *nuestro equipo se ha clasificado para jugar la final.* ◇ ** CONJUG. [1] como ***sacar.***

clasificatorio, -ria *adj.* Que clasifica.

clasista *adj.* Perteneciente o relativo a una clase social determinada, con exclusión de las demás. -2 *adj.-com.* Partidario de las diferencias de clase o que se comporta con fuerte conciencia de ellas.

clástico, -ca *adj.* Frágil, endeble. 2 GEOL. [sedimento, roca sedimentaria] Que se ha depositado como fragmento de minerales o rocas preexistentes.

clasto *m.* Fragmento de roca, en gral.

clatro *m.* Hongo de los falales, en un principio esférico, de color blanco; al madurar se rompe y aparece un cuerpo enrejado hueco y esférico de color rojo en la parte exterior y verde por dentro *(Clathrus cancellatus).*

claudia (de la reina *Claudia,* mujer de Francisco I de Francia, 1494-1547) *adj.* V. ciruela claudia.

claudicación *f.* Acción de claudicar. 2 Efecto de claudicar.

claudicante *adj.* Que claudica.

claudicar (l. *-are*) *intr.* desus. Cojear. 2 fig. Faltar a sus deberes o a sus principios. 3 fig. Ceder, transigir, consentir, rendirse. ◇ ** CONJUG. [1] como ***sacar.***

claustra (l.) *f.* Claustro (galería). 2 Especie de celosía practicada en losas de piedra o barro cocido, formando dibujos.

claustral *adj.* Relativo al claustro. -2 *adj.-s.* Miembro del claustro de un centro docente. 3 Relativo o perteneciente a ciertas órdenes religiosas.

claustrar (de *claustro) tr.* Cercar con vallado.

claustrillo (dim. de *claustro) m.* Salón de algunas universidades en que se celebran ciertos actos académicos de segundo orden.

claustro (l. *-tru,* de *claudere,* cerrar) *m.* Galería que cerca el patio principal de una iglesia, convento, etc. 2 Estado monástico. 3 Junta formada por el rector y los representantes de todos los estamentos de una Universidad; p. ext., junta de profesores de otros centros docentes. 4 *~ **materno,*** matriz (útero).

claustrofobia (l. *claustrum,* encierro + *-fobia*) *f.* MED. Temor morboso a los recintos o espacios limitados.

cláusula (l. < *clausu,* cerrado) *f.* DER. Disposición de un contrato, tratado, testamento o cualquier otro documento análogo, público o particular: *~ **resolutoria,*** la que previene o motiva la ineficacia del título o acto en que va contenida. 2 GRAM. y RET. Período; conjunto de palabras que forman un sentido psicológicamente completo. Si contiene una sola oración gramatical, se llama *~ simple.* Si contiene más de una oración gramatical, *~ compuesta.* 3 *~ **rítmica,*** en la versificación, pie rítmico.
SIN. *1* **Estipulación.**

clausulado, -da *adj.* Cortado (apl. a estilo). -2 *m.* Conjunto de cláusulas.

clausular *tr.* Cerrar o terminar [el período]; poner fin [a lo que se estaba diciendo]. 2 Poner cláusulas [a un contrato, tratado, etc.].

clausura (l., cerradura, encierro) *f.* En los conventos de religiosos, recinto interior donde no pueden entrar mujeres; y en los de religiosas, aquel donde no pueden entrar hombres ni mujeres seglares. 2 Obligación que tienen las personas religiosas de no salir de cierto recinto, y prohibición a los seglares de entrar en él. 3 Vida religiosa o de clausura. 4 Acto solemne con que se termina o suspenden las deliberaciones de un congreso, tribunal, etc. 5 Acción de clausurar o cerrar. 6 Efecto de clausurar o cerrar.

clausurar *tr.* Poner fin solemnemente [a una asamblea, exposición, certamen, etc.]. 2 Cerrar [un comercio, salón de espectáculos, etc.] por orden gubernativa.

clava (l.) *f.* Palo toscamente labrado, cuyo grueso va en aumento desde la empuñadura hasta el extremo opuesto. 2 MAR. Abertura superior y a lo largo del trancanil de ambas bandas de la cubierta de proa en algunas embarcaciones de poco porte, para dar salida al agua que embarcan.
SIN. **Porra.**

clavadizo, -za *adj.* [puerta, ventana, mueble] Adornado con clavos de bronce o hierro bañado con estaño, muy usado en los pasados siglos.

clavado, -da *adj.* Guarnecido o armado con clavos. 2 Fijo, puntual: *llegó a las siete clavadas.* 3 fig. Pintiparado (a propósito). 4 Muy semejante.

clavadora *f.* Máquina para clavar clavos.

clavadura *f.* Herida que se hace a las caballerías cuando algún clavo de la herradura penetra en la carne.
SIN. **Enclavadura.**

claval *adj.* [unión o juntura de dos huesos] En que uno entra en el otro como un clavo.

clavar (l. *-are*) *tr.* Introducir [un clavo u otra cosa aguda] a fuerza de golpes en un cuerpo; en gral., introducir [una cosa puntiaguda]: *~ una daga en el pecho; ~ un punzón por los lomos; prnl., clavarse una espina.* 2 Causar una clavadura [a las caballerías]. 3 En joyería, engastar [las piedras] en el oro o la plata. 4 Sujetar, fijar con clavos [una cosa] en otra: *~ los maderos contra el poste.* 5 fig. Fijar, parar: *~ los ojos, la atención,* etc.; *le dejó clavado en la pared.* 6 fig. Engañar [a uno] perjudicándole: *se ha clavado en la compra.* 7 fig. *y* fam. Inmovilizar, dejar atónito. 8 MIL. Inutilizar [un cañón] introduciendo en el oído un clavo de acero a golpes de mazo. -9 *intr.* fig. *y* fam. Cobrar un precio excesivo. 10 *prnl. Perú.* Colocarse en una parte sin ser llamado.

SIN. *1* **Hincaz.** *2* y *4* **Enclavar.**

clavaria *f.* *~ **fistulosa,*** hongo cilíndrico poliporal, con el extremo superior más ancho y hueco por dentro *(Clavaria fistulosa).* 2 *~ **rizada,*** hongo muy ramificado poliporal, pero con las ramas aplanadas y rizadas y de color amarillo *(Sparassis crispa).*

clavario, -ria *m. f.* Clavero (caballero).

clavazón *f.* Conjunto de clavos.

clave (l. doble etim. *llave*) *m.* Ant. instrumento de cuerda parecido al clavicordio, cuyas cuerdas eran tañidas con puntas de pluma o con láminas de cobre por medio de un teclado; la sequedad de su sonoridad no admitía matices dinámicos. -2 *f.* MÚS. Signo puesto en el pentagrama para determinar el nombre de las notas. 3 Explicación de los signos empleados para escribir en cifra. 4 Lo que es preciso conocer para entender una cosa: *la ~ de un enigma.* 5 Lo que tiene una importancia decisiva: *la decisión ~ fue otra.* 6 Lo que ocupa un lugar o ejerce una función determinante: *el hombre ~ es el ministro de economía.* 7 ARQ. Piedra central con que se cierra un arco o bóveda.

SIN. *2* **Llave.** *3* **Contracifra.** REL. **Criptografía,** arte de escribir con clave secreta; adj., **criptográfico.**

clavecín *m.* GALIC. Clavicordio.

clavel (l. *clavellu;* dim. de *clavu,* clavo) *m.* Planta cariofilácea de tallos delgados y nudoso, hojas largas y estrechas y flores olorosas, terminales de cáliz gamosépalo, con un calículo de brácteas y corola de cinco pétalos; con el cultivo estas flores se hacen dobles y adquieren colores muy diversos *(Dyanthus caryophyllus).* 2 Flor de esta planta: *~ **reventón,*** el de color rojo obscuro, con muchos pétalos y muy oloroso. 3 *~ **coronado,*** clavellina de pluma. 4 *~ **de las Indias,*** planta compuesta ornamental de flores vistosas, aunque de olor desagradable. A pesar de su nombre no es un clavel *(Tagetes patula).* 5 *~ **de túnica,*** hierba cariofilácea, erecta y perenne, con las hojas lineares y el borde áspero; las flores son de color rosa o blanco y tienen los pétalos escotados *(Petrohargia saxifraga).* 6 *~ **de mar,*** antozoo con esqueleto duro calcáreo dentro del cual se hallan los pólipos, de color rosa o pardo; tiene doce tentáculos y su cuerpo es transparente *(Caryophylla clavus).* 7 *Colomb.* *~ **del aire,*** planta bromeliácea ornamental *(*gén. *Tillaudsia).* 8 *Cuba, P. Rico* y *Venez.* *~ **de muerto,*** clavel de las Indias.

clavelina *f.* Comátula.

clavelito *m.* Especie de clavel de tallos rectos y ramosos, con multitud de flores dispuestas en corimbos, que despiden suave olor por la tarde y por la noche *(Dianthus superbus).* 2 *Cuba.* Planta silvestre que se cría en los pantanos y produce flores venenosas *(Echites paludosa).* 3 *~ **de sabana,*** nombre de dos plantas parecidas a la anterior y también de flores venenosas *(Echites biflora* y *E. andrewssii).*

clavellina *f.* Clavel, esp. el de flores sencillas. 2 Planta semejante al clavel común, pero de tallos y hojas muy pequeños *(Dianthus monspessulanus).* 3 *~ **de pluma,*** especie de clavel de tallos tendidos al principio y erguidos después, de hojas radicales lineares y largas, y flores blancas o rojas con cinco pétalos finamente divididos *(Dianthus plumarius).* 4 *~ **de los cartujos,*** hierba cariofilácea perenne de hojas lineares y flores de color rosa, púrpura o blanco *(Dianthus carthusianorum).* 5 Comátula. 6 ARTILL. Tapón de estopa que sirve para impedir que el polvo entre por el oído del cañón. 7 *Cuba.* Nombre de varias plantas *(*gén. *Croton; Ginora; Exostemma* y *Jussiaca).*

clavelón (aum. de *clavel*) *m.* Planta compuesta oriunda de Méjico, de tallo y ramas erguidas, hojas recortadas y flores amarillas y fétidas *(Tagetes erecta).*

claveque (de *Clabecq,* c. de Bélgica) *m.* Cristal de roca que se talla imitando el diamante.

clavera *f.* Molde para cabezas de clavos. 2 Agujero por donde se introduce el clavo. 3 Mojonera (sitio).

clavería *f.* Dignidad de clavero (caballero). 2 Oficina que en las cátedrales entiende en la administración de las rentas del cabildo.

I) clavero (de *clavo I*) *m.* Árbol mirtáceo tropical, de copa cónica, hojas persistentes, flores blancas de cáliz encarnado, fruto en baya roja; los capullos de sus flores son los clavos de especia *(Caryophyllus aromaticus).*

SIN. **Árbol del clavo, giroflé.** REL. **Madreclavo,** el clavo de especia que ha estado dos años en el árbol.

II) clavero, -ra (de *clave,* llave) *m. f.* Llavero (persona). -2 *m.* En algunas órdenes militares, caballero encargado de la custodia y defensa de su principal castillo o convento. 3 *Méj.* Clavijero, percha.

SIN. *2* **Clavario.**

claveta *f.* Estaquilla o clavo de madera.

clavete *m.* Dim. de *clavo.* 2 MÚS. La púa con que se toca la bandurria.

clavetear (frecuent. de *clavar*) *tr.* Guarnecer con clavetes o clavos: *~ una puerta.* 2 Herretear [las agujas, cordones, etc.]. 3 fig. Terminar [un negocio o asunto] de la manera más completa y definitiva.

claveteo *m.* Acción de clavetear. 2 Efecto de clavetear.

I) clavi- (l. *clavis,* clave, llave) Elemento prefijal que entra en la formación de palabras denotando relación con la clavícula o con la voz clave: *clavicordio.*

II) clavi- (l. *clava,* porra) Elemento prefijal que entra en la formación de palabras con el significado de clava o porra: *claviforme.*

clavicembalista *com.* Músico que toca el clavicémbalo o clavicordio.

clavicémbalo (l. *clavicymbalu*) *m.* Clavicordio.

clavicímbalo, clavicímbano (l. *clavicymbalu*) *m.* Clavicordio.

clavicordio (*clavi-* + *-cordio*) *m.* MÚS. Ant. instrumento de cuerda, precursor del piano, cuyas cuerdas percutidas directamente con macillos por medio de un teclado permitían matices de intensidad.

clavícula (l. doble etim. *clavija*) *f.* Hueso largo de los situados transversalmente en uno y otro lado de la parte superior y anterior del tórax y articulados por un extremo con el esternón y por el otro con el acromion del omóplato correspondiente.

SIN. **Islilla,** p. us.

claviculado, -da *adj.* Que tiene clavículas.

clavicular *adj.* Relativo a la clavícula.

claviforme (*clavi-* II + *-forme*) *adj.* Que tiene forma de clava o porra.

clavija (v. *clavícula*) *f.* Trozo de metal, madera u otra materia, que se encaja en el taladro de una pieza sólida para sujetar algo, para hacer señales en un tablero, etc.: *las clavijas de una guitarra; ~ **maestra,*** barra de hierro, en forma de clavo, usada en los coches para fijar el carro sobre el juego delantero y facilitar su movimiento. 2 Terminal de un cable eléctrico que se introduce en el enchufe para establecer una conexión.

FR. *Apretar las clavijas a uno,* estrecharle en los razonamientos, o bien sujetar su conducta.

clavijero *m.* Pieza larga y angosta, en que se colocan las clavijas de los instrumentos músicos de cuerda. 2 Percha (pieza). 3 Parte del timón del arado en el cual están los agujeros para poner la clavija.

clavillo, -to (dim. de *clavo*) *m.* Pasador que sujeta las varillas de un abanico o las hojas de unas tijeras. 2 Clavo (capullo seco). 3 Punta de hierro colocada en el puente y en el secreto del piano, para dar dirección a las cuerdas.

claviórgano (*clavi-* I + *órgano*) *m.* Instrumento muy armonioso, que tiene cuerdas como el clave y tubos como el órgano.

clavo (l. *-vu*) *m.* Pieza de metal larga y delgada, con cabeza y punta, que sirve para unir dos cosas, para colgar algo de ella o para fines ornamentales: *~ **baladí,*** el de herrar y de tamaño menor que el clavo; *~ **chanflón,*** el que estaba labrado toscamente; *~ **de a cuarto,*** el que tiene de largo unos ocho centímetros; *~ **de ala de mosca,*** el de cabeza aplanada lateralmente; *~ **de a ochavo,*** que mide siete centímetros; *~ **de chilla*** (también *chillón*), el de seis centímetros de largo y espiga delgada y piramidal; *~ **de gota de sebo,*** el de cabeza semiesférica; *~ **de herrar,*** el que sirve para herrar las caballerías; *~ **de media chilla,*** el de unos tres centímetros de largo; *~ **de pie,*** el que no pasa de veinte centímetros de largo; ~ ***de rosca,*** tornillo con resalte en hélice; ~ ***de roseta,*** el de adorno con la cabeza en figura de rosa; ~ ***de tercia,*** el que tiene algo menos de treinta centímetros de largo; ~ ***hechizo,*** el que se usa en la herradura hechiza; ~ ***romano,*** el de adorno con cabeza de latón labrado; ~ ***tablero,*** especie de clavo a propósito para clavar tablas; ~ ***timonero,*** el que sujeta el timón del arado; fig., ***agarrarse uno a,*** o ***de, un ~ ardiendo,*** valerse de cualquier medio, para salvarse de un peligro; ***dar uno en el ~,*** acertar en lo que se hace o dice; ***remachar uno en el ~,*** querer enmendar un error con otro mayor; añadir argumentos a otros ya dados; ***como un ~,*** fijo, exacto, puntual: *a la diez estaré en tu casa como un ~.* 2 fig. Dolor agudo o grave congoja. 3 Parte, inferior y superior, de la cámara de cocción, que facilita la colocación de las piezas en el horno de alfarería e impide que el peso de unas aplaste o deforme otras. 4 Callo duro de figura piramidal, gralte. en los dedos de los pies. 5 Tumor en la cuartilla, entre pelo y casco. 6 Tejido muerto que se desprende del divieso. 7 Capullo seco de la flor del clavero. En América se aplica a otras varias plantas aromáticas. 8 Estigma de la rosa del azafrán recién cortado. 9 fig. *y* fam. Daño o perjuicio que uno recibe. 10 fig. *y* fam. Persona o cosa molesta, engorrosa. 11 CONSTR. ***Hacer ~,*** unirse y trabarse sólidamente los materiales de una edificación o la piedra del firme de un camino. 12 *Colomb.* Mal negocio. 13 *Hond.* y *Méj.* Parte de una veta muy rica en metales. 14 *Venez.* Moneda de 50 céntimos de bolívar.

claxon (ingl.) ***m.*** Bocina, aparato avisador de los automóviles. ◇ Pl.: *cláxones.*

claxonazo ***m.*** Sonido fuerte del claxon, bocinazo.

clazol (mej. *tlazolli*) ***m.*** *Méj.* Bagazo de la caña. 2 Basura.

cleido- (gr. *kleis, kleidós,* llave) Elemento prefijal que entra en la formación de palabras con el significado de llave, denotando gralte. relación con la clavícula: *cleidocostal.*

cleidocostal (*cleido-* + *costal*) ***adj.*** ANAT. Perteneciente o relativo a la clavícula y a las costillas.

cleisto- (gr. *kleistós,* cerrado) Elemento prefijal que entra en la formación de palabras con el significado de cerrado: *cleistogamia.*

cleistogamia (*cleisto-* + *-gamia*) ***f.*** BOT. Proceso por el cual la fecundación de la flor se produce cuando ésta está cerrada.

cleistógamo, -ma (*cleisto-* + *-gamo*) ***adj.*** [planta] De polinización por cleistogamia.

clemátide ***f.*** Nombre de varias plantas ranunculáceas del gén. *Clematis*, esp. la medicinal, de tallo sarmentoso y trepador, hojas opuestas y flores blancas y olorosas *(C. vitalba).*
SIN. **Hierba de los lazarosos** o **de los pordioseros.**

clematítide ***f.*** Hierba aristoloquiácea, no trepadora, erecta, perenne, con las hojas ovales, sentadas, y las flores, de color amarillo pardo, en forma de trompeta. Es venenosa *(Aristolochia clematitis).*

clemencia (l. *-ntia*) ***f.*** Virtud que modera el rigor de la justicia.

clemente ***adj.*** Que tiene clemencia.

clementemente ***adv. m.*** Con clemencia.

I) clementina ***f.*** Constitución del papa Clemente V (1264-1314) de que se compone la colección del derecho canónico publicada por el papa Juan XXII (1245-1334) el año 1317. -2 ***f. pl.*** Esta colección.

II) clementina ***f.*** Variedad de naranja mandarina de piel más roja, sin pepitas y muy dulce.

cleopatra ***f.*** Mariposa diurna semejante a la limonera, de color amarillo, más intenso en el macho *(Gonepteryx cleopatra).*

clepsidra (l. *clepsydra* < gr. *klepto,* despojar + *hydor,* agua) ***f.*** Reloj de agua.

clepto- (gr. *kleptes,* ladrón) Elemento prefijal que entra en la formación de palabras con el significado de ladrón: *cleptomanía.*

cleptofobia (*clepto-* + *-fobia*) ***f.*** Temor morboso a robar o ser robado.

cleptomanía (*clepto-* + *manía*) ***f.*** Propensión morbosa al hurto.

cleptomaníaco, -ca ***adj.*** Cleptómano.

cleptómano, -na ***adj.-s.*** [pers.] Que padece cleptomanía.

clerecía ***f.*** Clero. 2 Número de clérigos que concurren con sobrepellices a una función de iglesia. 3 Oficio u ocupación de clérigos. 4 V. mester de clerecía.

clerén (voz haitiana) ***m.*** *S. Dom.* Aguardiente de caña.

clergyman (voz inglesa) ***m.*** Traje de paisano de los sacerdotes, que se lleva con alzacuello, y que substituye a la sotana.

clerical (l. ecl. *-ale*) ***adj.*** Relativo al clérigo: *hábito ~; estado ~.* 2 Relativo al clericalismo y partidario de él.

clericalismo ***m.*** Influencia del clero en los asuntos políticos. 2 Excesiva sumisión al clero y sus directrices.
SIN. *1* **Teocratismo, ultramontanismo.**

clericalmente ***adv. m.*** Como corresponde al estado clerical.

clericato ***m.*** Estado y honor del clérigo. ~ ***de cámara***, empleo honorífico en el palacio del Papa.

clericatura ***f.*** Estado clerical.

clericó (ing. *claret coup*) ***m.*** *Argent.* Vino clarete, al cual se le echan trozos de fruta, azúcar y soda.

clerigalla ***f.*** desp. Calificativo aplicado a los malos clérigos.

clérigo (l. ecl. *-icu*) ***m.*** El que ha recibido las órdenes sagradas: ~ ***de cámara,*** el que obtiene un clericato de cámara; ~ ***de corona,*** el que sólo tiene la primera tonsura; ~ ***de menores,*** el que sólo tiene algunas o las cuatro órdenes menores; ~ ***de misa,*** presbítero o sacerdote. 2 El que tiene la primera tonsura. 3 En la Edad Media, hombre letrado y de estudios escolásticos, aunque no tuviese orden alguna. 4 ***Clérigos menores,*** orden de clérigos establecida en Nápoles el año de 1588 por Juan Agustín Adorno (1551-1591), caballero genovés, junto con San Francisco Caracciolo (1563-1608). 5 *S. Dom.* Monaguillo.
SIN. *1* **Eclesiástico, tonsurado, cura, capellán.**

clerigón ***m.*** En algunas catedrales, mozo de coro o monacillo.

cleriguicia ***f.*** despect. Clerecía.

clerizón (v. clerizonte) ***m.*** Clerigón.

clerizonte (antes *clerizón;* l. ecl. *clericione*) ***m.*** Que usaba de hábitos clericales sin estar ordenado. 2 Clérigo mal vestido o de malos modales.

clero (l. ecl. *-ru,* gr. *kleros*) ***m.*** Conjunto de los clérigos: ~ ***regular,*** el que se liga con votos solemnes de pobreza, obediencia y castidad; ~ ***secular,*** el que no hace dichos votos. 2 Clase sacerdotal en la Iglesia católica.

clerofobia (*clero-* + *fobia*) ***f.*** Odio manifiesto al clero.

clerófobo, -ba ***adj.-s.*** Persona que manifiesta clerofobia.

cleta (del célt. *kleta*) ***f.*** *Ar.* Cancilla.

cletráceo, -a ***adj.-f.*** Planta de la familia de las cletráceas. -2 ***f. pl.*** Familia de plantas dicotiledóneas ericales que incluye arbustos o pequeños árboles de hojas alternas y flores en racimos.

cleuasmo (gr. *chlemasmós,* sarcasmo) ***m.*** RET. Figura que se comete cuando el que habla atribuye a otro sus buenas acciones o cualidades, o cuando se atribuye a sí mismo las malas de otro.

clic ***m.*** LING. Sonido de variable naturaleza que tiene empleo en ciertas lenguas, el cual se realiza mediante dos oclusiones; una posterior, velar, y otra anterior, labial, dental o palatal. Entre ambas, mediante succión, se forma una cavidad casi vacía; al deshacerse las oclusiones y penetrar el aire exterior en dicha cavidad, se produce ese sonido. ◇ Pl.: *clics.*

clica ***f.*** ZOOL. Molusco lamelibranquio marino, dimiario, con valvas iguales, de forma acorazonada. Es comestible *(Isocardia cor).*

cliché ***m.*** Clisé de imprenta. 2 Imagen fotográfica negativa obtenida mediante cámara obscura. 3 fig. Lugar común, idea o expresión demasiado repetida o formularia.

clienta ***f.*** Mujer que compra en una tienda o utiliza los servicios de un profesional o de un establecimiento.

cliente (l.) ***com.*** En la ant. Roma, plebeyo que estaba bajo la protección de un patricio. 2 p. ext. Persona que está bajo la protección o tutela de otro. 3 Respecto del que ejerce alguna profesión, persona que utiliza sus servicios. 4 Respecto a un comerciante, la persona que habitualmente compra en su establecimiento.
SIN. *4* **Parroquiano** es denominación popular; **cliente,** es más escogido. La preferencia por uno u otro depende de la importancia que se atribuye al establecimiento o al comprador habitual.

clientela ***f.*** Protección, amparo con que los poderosos patrocinan a los que se acogen a ellos. 2 Conjunto de los clientes de una persona o establecimiento.
SIN. *2* En el comercio **clientela** y **parroquia** tienen la misma diferencia que **cliente** y **parroquiano**; en las profesiones liberales, siempre **clientela.**

clima (l. del gr. *klima*) ***m.*** Conjunto de condiciones atmosféricas que caracterizan una región. 2 Temperatura particular y demás condiciones atmosféricas y telúricas de cada país. 3 País, región. 4 Espacio del globo terráqueo, comprendido entre dos paralelos, en los cuales la duración del día mayor del año se diferencia en determinada cantidad. 5 fig. Ambiente o circunstancias de orden moral.
SIN. *4* **Plaga.**

clima-, climat-, climato- (gr. *klima, -atos,* clima) Elemento prefijal que entra en la formación de palabras con el significado de inclinación, y p. ext. clima: *climatología.*

climacofobia (gr. *klimakos,* escalera + *-fobia*) *f.* Temor morboso a las escaleras.
climatérico, -ca (l. *climactericu* < gr. *klimaktér,* escalón) *adj.* Relativo a cualquiera de los períodos de la vida considerados como críticos. 2 Tiempo peligroso por alguna circunstancia. FR. *Estar uno* ~, estar de mal temple, delicado.
climaterio (gr. *klimaktér,* escalón) *m.* Período de la vida que precede y sigue a la extinción de la función genital.
climático, -ca *adj.* Relativo al clima.
climatización *f.* Acción de climatizar. 2 Efecto de climatizar.
climatizador, -ra *adj.* Que climatiza. -2 *m.* Aparato que sirve para climatizar.
climatizar *tr.* Dar a un espacio limitado, como el interior de un avión, sala, vagón de ferrocarril, etc., las condiciones necesarias para obtener la presión, temperatura y humedad del aire convenientes para la salud o comodidad. ◇ ** CONJUG. [4] como ***realizar.***
climato-, v. clima-.
climatología (*climato-* + *-logía*) *f.* Estudio de los climas.
climatológico, -ca *adj.* Relativo a la climatología. 2 Relativo a las condiciones de cada clima.
climatoterapia (*climato-* + *-terapia*) *f.* Tratamiento de las enfermedades por acción de los distintos climas.
clímax (l. *climax;* gr. *klimax,* escala) *m.* RET. Gradación. 2 Punto culminante de un argumento o asunto de una obra. 3 Punto más alto y culminante de un proceso. 4 Asociación vegetal que ha alcanzado la madurez y que es el resultado final de una serie de sucesiones, puesto que es la forma más estable para aquellas determinadas condiciones ecológicas. ◇ Pl.: *clímax.*
clin *f.* Crin.
clina *f.* Gradación cuantitativa de las características de una especie vegetal o animal a través de diferentes partes de su área de dispersión, asociada con factores cambiantes ecológicos, geográficos o de otros tipos.
clinch (ing.) *m.* En boxeo, agarro, lucha cuerpo a cuerpo.
clineja *f. Cuba* y *P. Rico.* Crizneja o soga en forma de trenza que se hace del cogollo de la palma. 2 *S. Dom.* y *Venez.* Crizneja, moño, trenza de cabellos.
clínic *m.* ANGLIC. DEP. Reunión de entrenadores de baloncesto para intercambiar conocimientos, aprender nuevas tácticas, etc.
clínica (v. *clínico*) *f.* Parte práctica de la enseñanza de la medicina. 2 Departamento de los hospitales destinado a dar esta enseñanza. 3 Hospital privado, gralte. quirúrgico, regido por uno o varios médicos.
clínico, -ca (gr. *klinikós* < *kline,* lecho) *adj.* Relativo a la clínica: *análisis* ~. -2 *adj.-s.* Médico experimentado en la práctica clínica. 3 V. ojo ~.
clinicoterapia (de *clínica* + *-terapia*) *f.* Tratamiento de las enfermedades por descansos en la cama o por una cura de reposo.
clino- (gr. *klino*) Elemento prefijal que entra en la composición de palabras con el significado de inclinar: *clinómetro.*
clinoanfíbol *m.* Anfíbol monoclínico.
clinoenstatita *f.* Clinopiroxeno incoloro o ligeramente amarillento, presente en algunas rocas peridotíticas.
clinohumita *f.* Silicato del grupo de los subnesosilicatos, que cristaliza en el sistema monoclínico, clase prismática; se presenta en masas granulares de color amarillo o castaño.
clinómetro (*clino-* + *-metro*) *m.* Instrumento para medir un ángulo de desviación o comprobar la horizontalidad de un objeto.
clinopiroxeno *m.* Mineral piroxeno monoclínico.
clinopodio (gr. *klinopodion* < *kline,* lecho + *-podio*) *m.* Hierba labiada, de raíz rastrera, tallo cuadrangular y velloso, hojas opuestas y flores aromáticas, blancas o purpúreas, en cabezuela terminal *(Calamintha clinopodium).*
Clío *f.* MIT. Musa de la Historia.
clip (ing.) *m.* Utensilio hecho con una barrita de metal o de plástico, doblada sobre sí misma, que sirve por presión para sujetar papeles. 2 Especie de horquilla, de lados iguales, superpuestos y muy juntos, que sirve para sujetar el pelo. 3 Pendiente que no atraviesa la oreja. ◇ Se usa habitualmente el plural *clips.*
clipe *m.* Clip.
clípeo (l. *clypeu*) *m.* Escudo ant. de forma circular y abombada. 2 Medallón con esa forma.
clíper (ing. *clipper*) *m.* Buque de vela, fino y ligero. 2 Avión grande para el transporte de pasajeros. ◇ Pl.: *clíperes.*
cliptogénesis *f.* GEOL. Destrucción del relieve por la acción de los agentes geológicos externos. ◇ Pl.: *cliptogénesis.*
clisado *m.* Acción de clisar. 2 Efecto de clisar. 3 Arte de clisar.
clisar (de *clisé*) *tr.* IMPR. Reproducir con metal vaciado [el molde, sacado de una página compuesta de letras movibles o de un grabado en relieve].
clisé (fr. *cliché*) *m.* IMPR. Plancha clisada, y esp. la que representa algún grabado.
cliserie *f.* Distribución de especies o asociaciones vegetales que se suceden en función de la altura del terreno.
clisímetro *m.* TOPOGR. Clitómetro simple o de tamaño reducido.
clistel, -ter (l. *clyster* < gr. *klyzo,* lavar) *m.* MED. Ayuda (medicamento).
clisterizar *tr.* MED. Administrar el clister [a uno]. ◇ ** CONJUG. [4] como ***realizar.***
clitelo *m.* Grupo de anillos de la lombriz de tierra que segregan una especie de mucosidad con que el animal envuelve sus huevos.
Clitemnestra *n. pr.* MIT. Esposa de Agamenón. Durante su ausencia fue amante de Egisto, y ambos mataron a Agamenón a su regreso. Clitemnestra murió a manos de su hijo Orestes.
clitocibe *m.* ~ ***blanqueado,*** seta de color blanco amarillento, muy tóxica *(Clitocybe dealbata).* 2 ~ ***de las cunetas,*** seta con el sombrero pardo rojizo, el pie corto y la carne firme, muy tóxica *(C. rivulosa).* 3 ~ ***gigante,*** la de sombrero muy grande de color crema y en forma de embudo; el pie es corto y robusto *(C. gigantea).* 4 ~ ***oloroso,*** la de sombrero pequeño, aplanado, de color amarillo grisáceo *(C. fragans).*
clitómetro (gr. *klitos,* inclinación + *-metro*) *m.* TOPOGR. Instrumento empleado en la medición de las pendientes del terreno.
clítoris (gr. *kleitoris*) *m.* Cuerpo carnoso en la parte más elevada de la vulva. ◇ Pl.: *clítoris.*
clivaje *m.* MIN. Separación en planos de un cristal debido a la presión.
clivia *f.* Planta amarilidácea con bulbo del que salen las hojas cintiformes y las flores de color amarillo o naranja, dispuestas en umbelas *(Clivia miniata).*
clivoso, -sa (l. *-su*) *adj.* poét. Que está en cuesta.
clizeño, -ña *adj.-s.* De Cliza, c. y prov. del dep. de Cochabamba (Bolivia).
clo, onomatopeya con que se representa la voz propia de la gallina clueca.
cloaca (l.) *f.* Conducto, gralte. subterráneo, por donde van las aguas sucias o las inmundicias de los pueblos. 2 Porción terminal del intestino cuando desembocan en ella las aberturas genital y urinaria; como ocurre en las ascidias, en las aves y en otros vertebrados. 3 fig. Lugar inmundo, cenagal.
cloasma *m.* MED. Coloración cutánea de contornos irregulares en forma de placas de color amarillo obscuro que aparecen principalmente en la cara dutante el embarazo y en pacientes con ciertas alteraciones metabólicas.
clocar *intr.* Cloquear (cacarear). ◇ ** CONJUG. [49] como ***trocar.***
cloche (ing. *clutch*) *Amér.* Embrague.
clomífero *m.* Fármaco que ejerce su acción sobre los testículos, usado en los tratamientos de esterilidad masculina por falta de espermatozoides.
I) clon (ing. *clown*) *m.* Payaso. ◇ Pl.: *clones.*
II) clon *m.* Individuo reproducido de una manera perfecta en el aspecto fisiológico y bioquímico a partir de una célula originaria. 2 Grupo de plantas que se han producido a partir de una planta originaria, sin reproducción sexual. 3 *Chile.* Maqui (arbusto). ◇ Pl.: *clones.*
clonación *f.* Acción de producir un clon II.
clónico, -ca *adj.* Perteneciente o relativo al clon II.
clonqui *m. Chile.* Planta semejante a la arzolle *(Xanthium spinosum; Acaena splendens).*
cloque (fr. *croc,* garfio) *m.* Bichero. 2 Garfio enastado para enganchar los atunes en las almadrabas.
I) cloquear (l. *glocire*) *intr.* Cacarear la gallina clueca.
II) cloquear *tr.* Enganchar [el atún] con el cloque en las almadrabas.
cloqueo *m.* Cacareo de la gallina clueca.
cloquera *f.* Estado de las aves que quieren empollar.
cloquero *m.* El que maneja el cloque.
clor-, v. cloro-.
cloración *f.* Método de potabilización y desinfección de las aguas, en el que se emplea cloro.
cloral *m.* Líquido de olor picante, obtenido por la acción del cloro sobre el alcohol etílico. Es un hipnótico poderoso.

clorar *tr.* Poner cloro [en un líquido].
clorato *m.* Sal del ácido clórico.
clorhidrato *m.* Sal formada por la combinación del ácido clorhídrico íntegro con una base. ◇ Se llama también *cloruro* y *muriato.*
clorhídrico *adj.-m.* Ácido gaseoso, ClH, incoloro, muy soluble en el agua, de olor picante, compuesto de cloro e hidrógeno, muy utilizado en la industria.
SIN. **Ácido muriático, espíritu de sal, ácido hidroclórico.**
clórico, -ca *adj.* Relativo al cloro. 2 Que contiene cloro. 3 Esp. los compuestos de cloro en que éste tiene una valencia de cinco o más de cinco.
clorídeas *f. pl.* Familia de plantas gramíneas, caracterizadas por tener flores dispuestas en espiga.
clorinidad *f.* Cantidad total de halógenos (en granos de cloro) que contiene un kg. de agua marina.
cloristosquisto *m.* Roca metamórfica de color verde, compuesta fundamentalmente por clorita y originada por metamorfismo regional.
clorita (gr. *chlorós,* verde) *f.* Mineral verdoso y de brillo anacarado, compuesto de un silicato y un aluminato hidratados de magnesia y óxido de hierro.
clorítico, -ca *adj.* [terreno o roca] En cuya composición se halla la clorita.
clorito *m.* QUÍM. Sal formada por la combinación del ácido cloroso con un metal.
cloro (gr. *chlorós,* verde) *m.* Elemento gaseoso, de color amarillo verdoso, muy pesado, sofocante y tóxico. Su símbolo es *Cl* y su peso atómico 35,5.
cloro-, clor- (gr. *chlorós,* verde) Elemento prefijal que entra en la formación de palabras con el significado de verde amarillento: *clorofila;* en química denota en un compuesto la presencia del cloro: *cloroformo.*
cloroanfenicol *m.* Antibiótico que se extrae de un hongo (*Streptomyces venezulae*). Puede obtenerse por síntesis. Se emplea para combatir las fiebres tifoideas.
SIN. **Cloromicetina.**
cloroarsinas *f. pl.* QUÍM. Grupo de compuestos utilizados como gases de combate, de composición variable, en la cual entran siempre el cloro y el arsénico unidos a radicales alcohólicos o bencénicos.
clorococales *f. pl.* Orden de algas dentro de la clase clorofíceas; son parecidas a las volvocales pero carecen de undulipodios y de mancha ocular.
clorofíceo, -a (*cloro-* + gr. *phykos,* alga) *adj.-f.* Alga de la clase de las clorofíceas. -2 *f. pl.* Clase de algas dentro del tipo clorófitos; son algas de aspecto muy variado, desde unicelular e inmóvil hasta pluricelular y de forma cenocítica, generalmente de color verde.
clorofila (*cloro-* + gr. *phyllon,* hoja) *f.* Pigmento verde de las plantas que se acumula esp. en las hojas.
clorofílico, -ca *adj.* Relativo a la clorofila. 2 ***Función clorofílica,*** la propia de la clorofila, por la cual las plantas verdes transforman en substancia orgánica los alimentos minerales.
clorófitos *m. pl.* Tipo de algas constituido por la clase de las clorofíceas.
clorofórmico, -ca *adj.* Relativo al cloroformo y a sus efectos en el organismo.
cloroformización *f.* Acción de cloroformizar. 2 Efecto de cloroformizar.
cloroformizar *tr.* Anestesiar por la acción del cloroformo. ◇ ** CONJUG. [4] como ***realizar.***
cloroformo (*cloro-* + *fórmico*) *m.* Cuerpo compuesto de carbono, hidrógeno y cloro, $CHCl_3$. Es líquido, incoloro, de olor parecido al de la camuesa y se emplea en medicina como anestésico.
cloromicetina *f.* Cloroanfenicol.
cloromonadofíceo, -a *adj.-f.* Alga de la clase de las cloromonadofíceas. -2 *f. pl.* Clase de algas dentro de la división xantófitos, flagelados unicelulares que poseen, como pigmento, xantofila, aparte de la clorofila.
cloroplasto (*cloro-* + *plasto*) *m.* Plasto impregnado de clorofila.
cloropreno *m.* QUÍM. Producto que se obtiene del acetileno y es el 2 clorobutadieno, que por polimerización da un caucho sintético muy parecido al natural.
cloroquinina *f.* Droga empleada para combatir la malaria.
clorosis *f.* Enfermedad de las adolescentes caracterizada por empobrecimiento de la sangre, palidez del rostro, palpitaciones, etc. 2 Enfermedad de las plantas, debida a la falta de ciertas sales, que produce la pérdida del color verde. ◇ Pl.: *clorosis.*
clorótico, -ca *adj.* Relativo a la clorosis. -2 *adj.-f.* Mujer que la padece.
clorurar *tr.* Transformar [una substancia] en cloruro.
cloruro *m.* Compuesto de cloro y otro elemento o radical. 2 Sal del ácido clorhídrico.
SIN. **Clorhidrato.**
clóset (anglic.) *m. Colomb.* Ropero, alacena.
Cloto *n. pr.* MIT. Una de las tres Parcas.
clown *m.* ANGLIC. Payaso. ◇ También *clon.*
club (ing.) *m.* Junta de individuos de una sociedad política, a veces clandestina. 2 Sociedad deportiva o de recreo. 3 Asociación deportiva de carácter profesional. 4 Localidad de anfiteatro, la más próxima al escenario; en los cines, localidad del piso superior al patio de butacas. 5 Sala de fiestas con baile y espectáculo. 6 DEP. En el golf, bastón con que se lanza la pelota. ◇ Pl.: *clubes.*
clube *m.* Club.
clubista *com.* Socio de un club.
clucas *adj. C. Rica.* Zambo o patizambo.
clueco, -ca (de *clocar, cloquear*) *adj.-s.* Ave cuando se echa sobre los huevos para empollarlos. -2 *adj.* fig. [pers.] Muy débil y casi impedido por la vejez. 3 *Ant.* y *Perú.* burl. Culeco.
SIN. *1* **Llueca.** REL. **Enclocar, encloquecer, enllocar,** ponerse clueca una gallina.
cluniacense (l., de la ant. *Cluniacum,* Cluni) *adj.-s.* Del monasterio o congregación de Cluni, de San Benito, en Borgoña.
clupeiforme *adj.-m.* Pez del orden de los clupeiformes. -2 *m. pl.* Orden de peces teleósteos primitivos que presentan todas las vértebras iguales y carecen de radios espiniformes en las aletas; como la sardina, el arenque, la trucha, etc.
clusa *f.* Nuez pequeña.
Cm, símbolo químico del *curio.*
cneoráceo, -a (de *cneorum,* nombre de un gén. de plantas) *adj.-s.* Planta de la familia de las cneoráceas. -2 *f. pl.* Familia de plantas angiospermas dicotiledóneas, afín a las cigofiláceas.
cnidario *adj.-m.* Animal del tipo de los cnidarios. -2 *m. pl.* Tipo de metazoos con simetría radial, provistos de tentáculos y nematocistos; se pueden presentar bajo dos formas: pólipo (sésil) y medusa (pelágica); se dividen en tres clases: hidrozoos, escifozoos y antozoos.
cnidiosporidio *adj.-m.* Protozoo del tipo de los cnidiosporidios. -2 *m. pl.* Tipo de protozoos provistos de un filamento enrollado alrededor de la célula; son parásitos intracelulares y sólo se reproducen asexualmente por esporulación.
co- (l. *cum*) Prefijo latino que entra en la formación de palabras con el significado de unión o compañía. Se halla en muchas palabras calcadas del latín (*coadjutor, coetáneo*), y conserva en castellano su plena vitalidad para formaciones cultas (*colindante, correinado*). ◇ V. con-.
coa *f.* Palo aguzado que usaban los indios para labrar la tierra. 2 *Chile.* Jerga de los delincuentes, germanía: *hablar en ~.* 3 *Méj.* Instrumento agrícola que se usa en lugar de la azada. Es a modo de pala de hierro recta por un lado, curva por el otro y terminada en punta, con un astil largo de madera en la misma línea de la parte recta. 4 *Méj.* y *Salv.* Quetzale.
coacción (l. *coactione*) *f.* Fuerza o violencia que se hace a una persona para precisarla a que diga o ejecute alguna cosa. 2 DER. Poder legítimo del derecho para imponer su cumplimiento o prevalecer sobre su infracción.
coaccionar *tr.* Ejercer coacción.
coacervación *f.* Acción de coacervar. 2 Efecto de coacervar.
coacervar (l. *-are*) *tr.* Juntar o amontonar.
coacreedor, -ra *m. f.* Acreedor con otro.
coactivo, -va (der. de l. *coactu,* impulso) *adj.* Que tiene fuerza de apremiar u obligar.
coacusado, -da (*co-* + *acusado*) *adj.-s.* Acusado con otro u otros.
coadjutor, -ra (v. *coadyutor*) *m. f.* Persona que ayuda y acompaña a otra en ciertas cosas. -2 *m.* Eclesiástico que tiene título y disfruta dotación para ayudar al cura párroco en la cura de almas. 3 Entre los regulares jesuitas, el que no tiene la profesión solemne; llámase coadjutores espirituales a los sacerdotes, y temporales a los que no lo han de ser.
coadjutoría *f.* Empleo o cargo de coadjutor.
coadministrador (*co-* + *administrador*) *m.* El que en vida

de un obispo propietario ejerce ciertas funciones de éste con las facultades necesarias.

coadquiridor, -ra *m. f.* DER. Persona que juntamente con otra adquiere una misma cosa.

coadquisición (*co-* + *adquisición*) *f.* Adquisición en común entre dos o más personas.

coadunación *f.* Acción de coadunar. 2 Efecto de coadunar.

coadunamiento *m.* Coadunación.

coadunar (l. *-are*) *tr.* Unir, mezclar e incorporar [unas cosas] con otras.

coadyutor (l. *coadiutor*) *m.* Coadjutor.

coadyutorio, -ria (de *coadyutor*) *adj.* Que ayuda o auxilia.

coadyuvador, -ra *m. f.* Persona que coadyuva.

coadyuvante *adj.* Que coadyuva. -2 *com.* DER. En lo contencioso administrativo, parte que, juntamente con el fiscal, sostiene la resolución de la administración demandada.

coadyuvar (l. *adiuvare*, ayudar) *tr.* Contribuir o ayudar a la consecución [de una cosa]: ~ *a las miras del gobierno; intr.*, ~ *a vuestros intentos;* ~ *al bien público.*

coagente (*co-* + *agente*) *m.* El que coopera a algún fin.

coagulable *adj.* Que puede coagularse.

coagulación *f.* Acción de coagular o coagularse. 2 Efecto de coagular o coagularse. 3 ELECTR. Método de tratamiento por una corriente bipolar, que convierte los tejidos que sufren su acción en una masa necrótica.

SIN. *1* y *2* **Cuajamiento.**

coagulador, -ra *adj.* Que coagula.

coagulante *adj.* Que coagula.

coagular (l. *-are;* doble etim. *cuajar*) *tr.-prnl.* Hacer que se solidifique [una substancia albuminosa disuelta en un líquido].

SIN. Ús. como voz científ. **Cuajar,** es el término corriente; **cortar(se),** tratándose de la leche.

coágulo (l. *-lu;* doble etim. *cuajo*) *m.* Coagulación de la sangre. 2 Grumo extraído de un líquido coagulado. 3 Masa coagulada.

SIN. *2* y *3* Es voz científ. como términos corrientes, **cuajo, cuajarón, grumo.**

coaguloso, -sa *adj.* Que se coagula o está coagulado.

coahuilense *adj.-s.* De Coahuila, estado del norte de Méjico.

coahuilteca *adj.-com.* Individuo de algunas de las tribus que habitaron Coahuila, al norte de Méjico. -2 *adj.* Perteneciente o relativo a este pueblo. -3 *m.* Idioma hablado por los antiguos habitantes del norte de Méjico.

coaita *f.* Especie de mono de Amér. Central *(Ateles ater).*

coala *m.* Koala.

coalescencia *f.* Propiedad de las cosas de unirse o fundirse. 2 QUÍM. Acción mediante la cual las partículas en suspensión coloidal o las gotitas de una emulsión se unen para formar granos o getas mayores.

coalescente (l.) *adj.* Que une o funde. 2 [cosa] Que se une o funde con otra.

coalición (l. *coalitu*, unido) *f.* Confederación, liga, alianza.

coalicionista *com.* Miembro de una coalición.

coaligar *tr.-prnl.* Coligar. ◇ INCOR. formada modernamente por cruce con *coalición.* ◇ ** CONJUG. [7] como ***llegar.***

coalla (onomat.) *f.* Chocha.

coana (gr. *choanos*, embudo) *f.* Orificio posterior de las fosas nasales. 2 científ. Cavidad o embudo.

coandú *m.* Mamífero roedor de Sudamérica, nocturno, de unos 90 cms. de longitud y cola prensil. Está perfectamente adaptado a la vida arborícora *(Coendou prehensilis).* ◇ Pl.: *coandúes.*

coanocito (*coana* + *-cito* I) *m.* Célula que tapiza las paredes interiores de la esponja, y que con el movimiento de sus flagelos determina la circulación del agua por el cuerpo del animal.

coanoflagelado (*coana* + *flagelado*) *m.* Protozoo, flagelado, que vive asociado en colonias fijas en las aguas dulces; posee un pedúnculo y tiene el flagelo rodeado de una especie de collar.

coapóstol (*co-* + *apóstol*) *m.* El que es apóstol juntamente con otro.

coaptación (l. *coaptatione*) *f.* Acción de coaptar. 2 Efecto de coaptar. 3 CIR. Acción de colocar en sus relaciones naturales los fragmentos de un hueso fracturado o de restituir en su sitio un hueso dislocado.

coaptar (l. *coaptare*, de *co*, por *cum*, con y *aptare*, adaptar) *tr.* ant. Proporcionar, ajustar o hacer que convenga una cosa con otra.

coarcho *m.* Cabo fijo por un extremo en la almadraba, y por el otro en una ancla que sostiene la red del cobarcho.

coarrendador, -ra *m. f.* Persona que juntamente con otra arrienda una cosa.

coartación *f.* Acción de coartar. 2 Efecto de coartar. 3 Precisión de ordenarse dentro de cierto término, por obligar a ello el beneficio eclesiástico que se ha obtenido. 4 MED. Estrechez de la aorta.

coartada (de *coartar*) *f.* DER. Hecho de haber estado ausente el presunto reo del paraje en que se cometió el delito al mismo tiempo y hora en que se supone haberse cometido: *probar, preparar la* ~.

coartado, -da (l. *coartadu*) *adj.-s.* ant. Esclavo o esclava que pactaba su rescate con el dueño.

coartador, -ra *adj.-s.* Que coarta.

coartar (l. *coartare*) *tr.* Limitar, restringir: ~ *la voluntad.*

coate, -ta *adj. Méj.* Cuate.

coatí *m.* Cuatí.

coautor, -ra (*co-* + *autor*) *m. f.* Autor con otro u otros.

coaxial (*co-* + *axial*) *adj.* [objeto] Que tiene un eje común.

I) coba *f.* fam. Embuste gracioso. 2 Halago o adulación fingidos: *dar* ~, lisonjear, adular.

II) coba (ár. *cobba*) *f.* En Marruecos, tienda de campaña que usa el sultán en sus expediciones. 2 En Marruecos, cúpula o edificio terminado en cúpula.

III) coba *f. Chile.* Una de las distintas capas del nitrato de sosa.

cobaltaje *m.* METAL. Operación consistente en depositar electrolíticamente una capa de cobalto sobre una pieza de metal para protegerla contra la oxidación.

cobáltico, -ca *adj.* Relativo al cobalto.

cobaltina *f.* Mineral de la clase de los sulfuros que cristaliza en el sistema cúbico, de color blanco y brillo metálico.

cobaltita *f.* Cobaltina.

cobalto (al. *Kobalt*) *m.* Metal de color blanco rojizo, duro y tan difícil de fundir como el hierro. Entra en la composición de muchas pinturas y esmaltes. Su símbolo es *Co* y su peso atómico 58,9.

cobaltoterapia (*cobalto* + *-terapia*) *f.* Tratamiento mediante la bomba de cobalto; se basa en la acción terapéutica ejercida por las radiaciones beta y gamma emitidas por el cobalto 60. Se usa especialmente para tratar tumores malignos.

cobanero, -ra *adj.-s.* De Cobán, capital del departamento guatemalteco de Alta Verapaz.

cobarcho *m.* Parte de la almadraba.

cobarde (fr. *couard* < ant. *coue*, cola) *adj.-s.* Pusilánime, sin valor ni espíritu. -2 *adj.* Hecho con cobardía. 3 fig. [vista] Sensible y de poca claridad o alcance. 4 *Hond.* [tierra] De poca producción.

SIN. v. **Medroso.**

cobardear *intr.* Tener o mostrar cobardía.

cobardemente *adv. m.* Con cobardía.

cobardía (de *cobarde*) *f.* Falta de ánimo y valor.

cobardón, -na *adj.* fam. Muy cobarde.

cobaya (l. mod. *cobaya*) *m.* Mamífero roedor originario de América, del volumen de un conejo pequeño; se emplea esp. en laboratorios para experimentos de bacteriología *(Cavia cobaya).*

SIN. **Conejillo de Indias, cavia.**

cobayo *m.* Cobaya.

cobea *f. Amér. Central.* Planta enredadera de la familia de las campanillas y de lindas flores violáceas *(Cobaea scandens).*

cobear *intr.* fam. Dar coba, lisonjear.

cobero, -ra *adj.* fam. Que da coba, lisonjero.

cobertera (l. v. *coopertoria*) *f.* Pieza circular, con una asa o botón en medio, para tapar las ollas y otras vasijas. 2 Pluma del ave que cubre la inserción de las remeras y timoneras. 3 GEOL. Terrenos que cubren a otros más antiguos. 4 *Ecuad.* Garniel, bolsa.

cobertizo *m.* Tejado saledizo para guarecerse de la lluvia. 2 Lugar cubierto, generalmente abierto por uno o más de sus lados, que se apoya en un muro o sobre pies derechos. 3 p. ext. Cubierta ligera o rústica

SIN. **Techado, sotechado, tapadizo, tejavana; tendajo, tendejón,** el mal construido o muy rústico; **tinglado,** en los muelles y estaciones del ferrocarril.

cobertor (l. *coopertoriu*) *m.* Colcha. 2 Manta de abrigo para la cama. 3 ARQ. Guardapolvo o cornisa volada sobre puertas y ventanas.

cobertura (l. v. *coopertura*) *f.* Cubierta (lo que tapa). 2 Ceremonia de cubrirse por primera vez los grandes de España delante del rey. 3 Garantía metálica del papel moneda. 4 Acción de cubrir (cautelarse).

cobez *f.* Cernícalo patirrojo.
cobija (de *cobijo*) *f.* Teja que se pone con la parte cóncava hacia abajo abrazando sus lados dos canales del tejado. 2 Pluma pequeña que cubre el arranque de las penas del ave. 3 Cubierta (lo que tapa). 4 ARQ. Tablero que sobre modillones o canes, forma el alero de un tejado. 5 *Amér.* Manta y ropa de cama. 6 *Cuba.* Techo construido con palma o paja. 7 *Méj.* Manta con la cual se emboza la persona que la usa. 8 *S. Dom.* Cuero del ganado vacuno. 9 *Venez.* vulg. Palmera indígena *(Copernicia tectorum).*
cobijador, -ra *adj.* Que cobija.
cobijamiento *m.* Acción de cobijar o cobijarse. 2 Efecto de cobijar o cobijarse.
cobijar (de *cobija*) *tr.* Cubrir o tapar. 2 fig. Albergar (dar albergue). 3 *Ant.* y *Ecuad.* p. ant. Techar casas rústicas, ranchos o bohíos.
SIN. *2* **Encobijal.**
cobijense *adj.-s.* De Cobija, capital del departamento boliviano de Pando.
cobijeño, -ña *adj.-s.* Cobijense.
cobijera *f. Venez.* Mujer desvergonzada.
cobijo (l. *cubiculu,* dormitorio) *m.* Cobijamiento. 2 Hospedaje sin manutención. 3 *Ecuad.* Cobija (manta y ropa de cama).
cobijón *m. Colomb.* Cuero o piel grande con que se cubre la carga de las caballerías.
cobista (de *coba I*) *adj.-s.* fam. Persona aduladora, lisonjera.
cobla (cat.) *f.* En Cataluña, conjunto de músicos, gralte. once, que se dedican a tocar sardanas.
cobo (voz indígena) *m.* Caracol del mar de las Antillas; tiene concha de color nacarado y de unos 25 cms. de diámetro *(Birgus latro).* 2 ~ ***acuático,*** mamífero rumiante de hasta 2 m. de longitud, cuyo pelaje es de color gris amarillento. Es el único antílope que presenta una especie de anillo alrededor de la grupa *(Kobus ellipsiprymnus).* 3 *C. Rica.* Frazada, cobertor.
cobol (de *C*ommon *B*usiness *O*riented *L*anguaje) *m.* INFORM. Lenguaje simbólico, orientado hacia la programación de problemas de gestión.
Cobos *n. pr.* V. indirecta del P. Cobos (1582-1657).
I) cobra (v. *cópula I*) *f.* Coyunda para uncir bueyes. 2 Serie de yeguas enlazadas y amaestradas para la trilla.
II) cobra (port.) *f.* Serpiente venenosa de África y Arabia de hasta 2,4 m. de longitud, de color amarillento o pardo, a veces con manchas *(Naja haje):* ~ ***de anteojos,*** propia de Asia Meridional y Australia, mide 1,9 m. de longitud y el cuerpo es de color amarillento o negruzco; cerca de la cabeza tiene un dibujo que recuerda unas gafas *(Naja naja);* ~ ***real,*** la de mayor tamaño, de feroz mirada, alta agresividad y veneno muy peligroso *(Ophiophagus hannah).*
III) cobra (de *cobrar III*) *f.* Acción de coger el perro la pieza muerta o herida, y traerla al cazador.
cobrable, cobradero, -ra *adj.* Que se ha de cobrar o puede cobrarse.
cobrador, -ra *m. f.* Persona que tiene por oficio cobrar. -2 *adj.* [perro de caza] Que cobra la pieza muerta o herida y la trae al cazador.
SIN. v. **Recaudador.**
cobranza *f.* Acción de cobrar. 2 Efecto de cobrar. 3 Exacción o recolección de caudales o frutos. 4 MONT. Acción de cobrar las piezas que se matan.
SIN. **Cobro.**
cobrar (l. *recuperare,* recobrar < *capere,* tomar) *tr.* Recuperar: ~ *las tierras perdidas.* 2 Percibir uno [la cantidad que otro le debe]: ~ *de los deudores;* ~ *en papel;* irón., recibir golpes: *te aviso que vas a* ~. 3 Tirar [de cuerdas o sogas] e irlas recogiendo. 4 Adquirir: ~ *buena fama, crédito;* ~ *un enemigo.* 5 Tomar o sentir [ciertos efectos o movimientos del ánimo]: ~ *cariño a una persona;* ~ *afición a las letras.* 6 MONT. Recoger [las piezas que se han herido o muerto]. -7 *prnl.* Recuperarse, volver en sí: *cobrarse del susto.*
SIN. *2* **Recibir, reembolsarse** (COM.); **percibir,** es voz más escogida, us. pralte. en la administración: *los empleados han percibido sus haberes*; **recaudar,** es cobrar de varias personas, y es la tarea del cobrador o recaudador; **colectar,** recaudar donativos, limosnas, etc.
cobratorio, -ria *adj.* Relativo a la cobranza.
I) cobre (l. *cupru*) *m.* Metal de color rojo pardo, dúctil, maleable, muy tenaz y uno de los mejores conductores del calor y de la electricidad; entra en muchas aleaciones a las cuales comunica su dureza. Su símbolo es *Cu* y su peso atómico 63,57: ***batir uno el*** ~, fig., tratar un negocio con mucha viveza y empeño; ***batirse el*** ~, fig., trabajar mucho en negocios de utilidad, o disputar con mucho acaloramiento y empeño; ~ ***quemado,*** sulfato de cobre; ~ ***verde,*** malaquita; ~ ***rojo,*** cobre químicamete puro; ~ ***amarillo,*** latón, azófar. 2 Batería de cocina hecha de cobre. 3 Conjunto de los instrumentos metálicos de viento de una orquesta. 4 Pintura sobre cobre. 5 Soporte, en varios de los procesos de grabación. 6 Resultado obtenido mediante un proceso calcográfico. 7 *Amér.* Moneda de cobre que vale un centavo.
REL. Del l. **cupru** derivan la mayor parte de los tecn., como *cúprico, cuproso, cuprífero, cuprita*; **bronce,** aleación de cobre y estaño; **latón** o **azófar,** íd. de cobre y cinc; **cuproníquel,** íd. de cobre y níquel; **platinoide,** íd. de cobre, níquel y cinc.
II) cobre (v. *cópula*) *m.* Atado de dos pescadas de cecial. 2 ant. Reata de bestias. V. cobra (coyunda o yeguas enlazadas).
cobrear *tr.* Dar o cubrir de cobre [alguna cosa].
cobreño, -ña *adj.* De cobre.
cobrizo, -za *adj.* Que contiene cobre. 2 Parecido al cobre en el color.
cobro *m.* Cobranza. ◇ INCOR.: *cobre.*
coburgo, -ga *adj.-s. Cuba.* [pers.] Que se casa por interés.
I) coca (voz aimara) *f.* Arbusto eritroxiláceo del Perú, de hojas alternas, flores blanquecinas y fruto en baya roja. Sus hojas se usan en infusión como estimulante nervioso y proporcionan la cocaína *(Erythroxylon cocca).* 2 Hoja de este arbusto. 3 Cocaína. 4 ~ ***de levante,*** planta menispermácea de la India y Oceanía, de fruto muy venenoso *(Anamirta cocculus).*
SIN. *1* y *2* **Hayo.** *4* **Morga.**
II) coca (l. *coccu* < gr. *kokkos;* doble etim. *coco I, II, III* y *IV*) *f.* Baya pequeña y redonda. 2 *Colomb.* Boliche, juguete. -3 ***loc. adv. Méj. De*** ~, en balde o de balde.
III) coca (l. *concha,* concha) *f.* Embarcación usada en la Edad Media. 2 Porción en que suelen dividir el cabello las mujeres. 3 Cabeza (parte del cuerpo). 4 Golpe dado con los nudillos en la cabeza. 5 Cachada. 6 MAR. Vuelta que toma un cabo por vicio de torsión.
IV) coca *f. S. Dom.* y *Venez.* Coco o fantasma con que se mete miedo a los niños.
cocacho *adj. Perú.* [frijol] Que conserva alguna dureza por estar mal cocido. -2 *m. Amér. Merid.* Coscorrón, capón, cocotazo.
cocacolonización (der. de *Coca Cola,* marca registrada) *f.* irón. Imposición de las costumbres norteamericanas.
I) cocada *f.* Dulce compuesto pralte. de la medula rallada del coco.
II) cocada *f. Perú.* Provisión de hojas de coca. 2 Amasijo de coca y cal para mascar.
cocador, -ra *adj.* fam. Que coca.
cocaína *f.* Alcaloide cristalino, amargo, obtenido de las hojas de la coca, de propiedades anestésicas y vasoconstrictoras, también se usa como droga y estupefaciente.
SIN. **Blanco, nieve, perico.**
cocainismo *m.* Toxicomanía por uso de cocaína.
cocainomanía (de *cocaína* + *manía*) *f.* Hábito morboso de intoxicarse con cocaína.
cocainómano, -na *adj.* Perteneciente o relativo a la cocainomanía. -2 *adj.-s.* Que padece de cocainomanía.
cocaísmo *m. Amér. Merid.* lit. Uso excesivo de mascar coca.
cocal *m. Amér.* Cocotal. 2 *Bol.* y *Perú.* Sitio plantado de árboles de coca.
cocamas *m. pl.* ETNOL. Tribu indígena del Perú, que vive en el distrito de Omaguas.
cocán *m. Perú.* Pechuga de ave guisada.
cocar *tr.* fam. Hacer cocos (gestos, muecas). ◇ ** CONJUG. [1] como *sacar.*
cocarar *tr. Perú.* Proveer de hojas de coca [a alguien].
cocaroco *m. Amér.* Voz imitativa del canto del gallo. 2 *Chile.* Arrogante, orgulloso. 3 *P. Rico.* Persona de grandes influencias.
cocaví (quechua *kokau*) *m. Amér. Merid.* Pequeña provisión de víveres, gralte. de coca, que llevan los que viajan.
cocazo *m. S. Dom.* y *Urug.* Cocotazo (golpe).
coccidio *adj.-m.* Protozoo del orden de los coccidios. -2 *m. pl.* Orden de protozoos esporozoos que casi siempre viven parásitos dentro de las células de muchos animales donde permanecen hasta la reproducción. Muchos son patógenos.
cóccido (l. *coccinu,* grana) *adj.-m.* Insecto de la familia de los cóccidos. -2 *m. pl.* Familia de insectos hemípteros, parásitos de vegetales. Tienen un gran dimorfismo sexual. Los machos son alados y las hembras ápteras.

coccígeo, -a *adj.* Relativo al cóccix.
coccinélido *adj.-m.* Insecto de la familia de los coccinélidos. -2 *m. pl.* Familia de insectos coleópteros de pequeño tamaño, colorido vistoso y aspecto esférico; como la mariquita.
coccíneo, -a (l. *coccinu,* grana) *adj.* Purpúreo (de color).
cocción (l. *coctione*) *f.* Acción de cocer o cocerse. 2 Efecto de cocer o cocerse.
SIN. **Decocción, cocimiento, cocedura; cochura,** esp. si se trata del pan u objetos cerámicos.
cóccix (l. *coccyx* < gr. *kókkyx*) *m.* Hueso impar, formado por la fusión de cuatro vértebras rudimentarias que se articula con el sacro y constituye la terminación de la columna vertebral. ◇ Pl.: *cóccix.*
SIN. **Coxis, hueso palomo.**
coceador, -ra *adj.* [animal] Que tira muchas coces.
coceadura *f.* Acción de cocear. 2 Efecto de cocear.
coceamiento *m.* Coceadura.
cocear (de *coz*) *intr.* Dar o tirar coces. 2 fig. Resistir, no querer convenir en una cosa. -3 *tr. Argent.* Maliciar, sospechar.
cocedero, -ra *adj.* Fácil de cocer. -2 *m.* Lugar en que se cuece una cosa, y esp. el vino.
cocedizo, -za *adj.* Cocedero (fácil de cocer).
cocedor *m.* El que tiene por oficio cocer el mosto. 2 Cocedero (lugar).
cocedura *f.* Cocción.
cocer (l. *coquere;* en l. v. *cocere*) *tr.* Someter [un manjar] en un líquido a la acción del fuego para que se pueda comer; en gral., preparar [un manjar] por medio del fuego. 2 Someter [una cosa] a la acción del calor en un líquido para que comunique a éste ciertas cualidades: ~ *el té.* 3 Someter [ciertas cosas] a la acción del calor para que adquieran determinadas propiedades: ~ *el pan, los ladrillos.* 4 fig. *y* fam. Asarse, experimentar excesivo calor. 5 Digerir [la comida]. 6 Enriar: ~ *el lino.* 7 CIR. Madurar (empezar a supurar). -8 *intr.* Hervir un líquido: *el chocolate cuece.* 9 Fermentar o hervir sin fuego: *el vino cuece.* -10 *prnl.* Padecer por largo tiempo un dolor o incomodidad: *no cocerle a uno el pan,* fam., impacientarse vivamente. 11 Emborracharse. ◇ ** CONJUG. [54].
cocha (quechua *kocha,* laguna) *f.* En el beneficio de los metales, estanque que se separa del lavadero principal con una compuerta. 2 *Chile* y *Ecuad.* Laguna, charco. 3 *Perú.* Espacio grande y despejado, era, pampa.
cochabambino, -na *adj.-s.* De Cochabamba, capital y departamento del centro de Bolivia.
cochada *f. Colomb.* Cochura, cocción. 2 *Chile.* La cantidad de agua de riego que corresponde a cada vecino en turno o mita.
cochama *m. Colomb.* Pez grande del río Magdalena.
cochambre (de *cocho* II) *amb.* Cosa puerca, grasienta y de mal olor.
cochambrería *f.* Conjunto de cosas cochambrosas.
cochambrero, -ra *adj.-s.* fam. Lleno de cochambre.
cochambriento, -ta *adj.* Cochambrero.
cochambroso, -sa *adj.-s.* Cochambrero.
cochano *m. Venez.* Pepita de oro nativo.
cochar *tr. P. Rico.* Conducir de un sitio a otro [el ganado vacuno], estimulando su andar con fuertes voces. -2 *intr. Guat.* Negociar en coches.
cocharro *m.* Vaso o taza de madera o de piedra.
cochastro (desp. de *cocho* II) *m.* Jabato de leche.
cochayuyo (quechua *cocha,* laguna + *yuyo,* hierba) *m. Amér.* Planta marina comestible, en forma de alga, que tiene más de tres metros de largo y dos dm. de ancho *(Durvillaea utilis).*
I) coche (checo *kochi*) *m.* Carruaje, gralte. de cuatro ruedas, con una caja, dentro de la cual hay asientos para dos o más personas: ~ ***de camino,*** el destinado para hacer viajes; ~ ***de rúa,*** el que no era de camino; ~ ***de estribos,*** el que tenía asientos en las portezuelas. 2 p. ext. Vehículo automóvil: ~ ***celular,*** vehículo acondicionado para transportar personas detenidas por la autoridad; ~ ***escoba,*** el que va recogiendo a los corredores que abandonan la carrera; ~ ***de bomberos,*** el equipado con los medios necesarios para la extinción de incendios; ~ ***de línea,*** el que lleva pasajeros entre dos o más poblaciones; ~ ***de plaza*** o ***de punto,*** el matriculado y numerado con destino al servicio público por alquiler, y que tiene un punto fijo de parada; ~ ***fúnebre,*** el construido para la conducción de cadáveres al cementerio; ~ ***patrulla,*** el de la policía. 3 p. ext. Tranvía o vagón de ferrocarril para pasajeros: ~ ***cama,*** el que lleva camas para los viajeros.
FR. *Viajar en el ~ de San Francisco* o *de San Fernando,* a pie.
II) coche (de *cocho* II) *m.* Cerdo. 2 *Amér.* ~ ***de monte,*** puerco de monte, pécari o jabalí de las tierras cálidas.
cochear *intr.* Guiar las caballerías que tiran del coche. 2 fest. Poseer un vehículo. -3 *intr.-prnl.* Andar con frecuencia en coche.
cocheche *m. Hond.* Hombre afeminado.
cochera *f.* Paraje donde se encierran los coches. 2 Mujer del cochero. -3 *adj.* [puerta] Que es lo suficientemente grande para que puedan pasar [por ella] los coches o carruajes. ◇ INCOR.: *cochería.*
cocherada *f. Méj.* Expresión soez.
cochería *f. Argent.* y *Chile.* Sitio o establecimiento en el que se alquilan coches.
cocheril *adj.* fam. Propio de los coches y de los cocheros.
I) cochero *m.* El que tiene por oficio guiar las caballerías que tiran del coche. 2 ASTRON. Auriga (constelación).
II) cochero, -ra (l. v. *coctariu* < l. *coctu,* cocido) *adj.* Que fácilmente se cuece.
cocherón *m.* Aum. de *cochera* (paraje).
cochevira (de *cocho II* + l. *butyru,* manteca) *f.* Manteca de puerco.
cochevís (fr. *cochevis*) *f.* Cogujada. ◇ Pl.: *cochevís.*
cochi *m.* Voz con que, pronunciada repetidamente, se llama a los cerdos.
cochifrito (de *cocho I* + *frito*) *m.* Guisado de cabrito o cordero medio cocido y después frito y condimentado.
cochigato *m. Méj.* Ave zancuda, de cabeza y cuello negros, con un collar rojo, vientre verde y pico largo y robusto *(Jacana espinosa).*
cochina *f.* Hembra del cochino.
cochinada *f.* fig. Cochinería.
cochinamente (de *cochino*) *adv. m.* Suciamente. 2 fig. Con bajeza.
I) cochinata (it. < *coxinu*) *f.* MAR. Madero de la parte inferior de la popa, endentado en el codaste y demás armaduras de aquella parte.
II) cochinata *f. Colomb.* y *Cuba.* Cerda de poca edad.
cochinchino, -na *adj. Colomb.* Calceto, con plumas en las patas.
cochinear *intr.* fam. Hacer cochinerías.
cochinería (de *cochino*) *f.* fig. Porquería, suciedad. 2 fig. Acción indecorosa, ruin, grosera.
cochinero, -ra *adj.* [fruto] Que, por ser de inferior calidad dentro de su clase, se da a los cochinos.
SIN. **Porcuno.**
I) cochinilla (de *cochina*) *f.* Crustáceo malacostráceo isópodo, terrestre, propio de parajes húmedos, de color gris obscuro, patas cortas y ojos sentados; puede arrollarse en forma de bola (gén. *Armadillium; Porcellio; Oniscus).* 2 ~ ***marina,*** crustáceo isópodo, malacostráceo, con el cuerpo oval, aplanado y carente de caparazón *(Ligia oceanica).*
SIN. **Cucaracha; cocrinilla de humedad** o **gusano de San Antón; milpiés; porqueta; puerca.**
II) cochinilla (l. v. **coccinella* < dim. de *coccinu,* escarlata) *f.* Insecto hemíptero, originario de Méjico, de cabeza cónica, antenas cortas y trompa filiforme; vive sobre el nopal y reducido a polvo de una materia colorante roja *(Coccus cacti).* 2 Materia colorante obtenida de este insecto.
SIN. **Grana.**
cochinillo *m.* Cochino o cerdo de leche.
SIN. **Corezuelo, lechón.**
cochino, -na (de *cocho* II) *m. f.* Cerdo. -2 *adj.-s.* Persona muy sucia y desaseada. -3 *adj.* Desagradable, miserable. -4 *m. f.* fig. *y* fam. Persona tacaña o miserable. -5 *m. Cuba.* Pez teleósteo, plectognato, de color obscuro por el lomo y claro en el vientre *(Balistes vetula).*
cochiquera *f.* fam. Cochitril.
cochite-hervite (de *cocho* I + *hervido*) *loc.* fam. Significa que se hace o se ha hecho una cosa con precipitación y prontitud. -2 *m.* El que muestra en sus acciones indeliberación y aturdimiento.
cochitril (de *cocho* II) *m.* Pocilga. 2 fig. Habitación estrecha y desaseada.
SIN. **Cuchitril,** más us.
cochizo *m.* Parte más rica de una mina.
I) cocho, -cha, p. irreg. de *cocer.*
II) cocho, -cha (voz imitativa) *m. f. Ast., Gal.* y *Logr.* Cerdo. 2 Sucio, asqueroso.
III) cocho (aimara *cochu*) *m. Argent.* Maíz tostado y pulveri-

zado, mezclado con harina de algarroba para endulzarlo. 2 *Chile.* Ulpo o chercan caliente.
cochón (del fr.) *m. Hond.* Cocheche.
cochorro *m.* ZOOL. Abejorro (insecto coleóptero).
cochoso, -sa *adj. Ecuad.* Sucio, cochino.
cochote *m. Méj.* vulg. Perico o loro grande.
cochura (l. *coctura*) *f.* Cocción. 2 Masa de pan que se ha amasado para cocer.
cochurra *f. Cuba.* Dulce de guayaba con su semilla.
cocido (de *cocer*) *m.* Olla (guiso).
cociembre *f.* Fermentación del vino.
cociente (l. *quotiente,* cuantas veces) *m.* MAT. Resultado que se obtiene dividiendo una cantidad por otra.
SIN. **Cuociente,** desus.
cocimiento *m.* Cocción. 2 Líquido cocido con substancias medicinales. 3 Entre tintoreros, baño dispuesto con diversos ingredientes, que sirve para preparar y abrir los poros de la lana, a fin de que reciba mejor el tinte.
cocina (l. *coquina* < *coquere,* cocer) *f.* Pieza de la casa en que se guisa la comida: ~ *de a bordo.* 2 p. ext. Aparato de calefacción para cocer la comida: ~ *eléctrica;* ~ *económica;* ~ *de butano.* 3 Arte de preparar la comida: ~ *española; libro de* ~. 4 Potaje de legumbres y semillas.
SIN. *3* **Arte culinaria, gastronomía.** REL. **Culinario,** relativo a la cocina.
cocinar (l. *coquinare*) *tr.* Guisar (preparar manjares). -2 *intr.* Meterse uno en cosas que no le tocan.
cocinear *intr.* fam. Andar en cosas de cocina.
cocinería *f. Chile* y *Perú.* Figón.
cocinero, -ra *m. f.* Persona que tiene por oficio guisar (preparar manjares).
SIN. **Guisandero; ranchero,** en los cuarteles, cárceles, etc., donde se come rancho. REL. **Pinche, sollastre, marmitón, pícaro, galopillo,** ayudante del cocinero.
cocineta *f.* Bizcocho compuesto de varias piezas, una encima de otra, de mayor a menor, fomando una pirámide, bañado con merengue y adornado con frutas confitadas.
I) cocinilla (de *cocina*) *m.* fam. Entremetido en cosas domésticas y esp. en las que son propias de las mujeres.
II) cocinilla, -ta (dim. de *cocina*) *f.* Aparato, a modo de hornillo portátil, en que se utilizan combustibles líquidos o gaseosos. 2 En algunas partes, chimenea para calentarse.
SIN. *1* **Infernillo** o **infiernillo.**
cocl-, coclo-, coclio- (l. *cochlea,* caracol; doble etim. gr. *kochlos,* concha) Elemento prefijal que entra en la formación de palabras con el significado de caracol y concha.
cóclea (l. *cochlea* < gr. *kochlías*) *f.* Rosca de Arquímedes. 2 H. NAT. Parte u órgano en forma de espiral.
I) coclear *adj.* Relativo a una cóclea o a su forma.
II) coclear *m.* Unidad de peso equivalente a media dracma.
coclearia *f.* Planta crucífera medicinal de hojas abrazadoras, las inferiores de forma de cuchara, flores pequeñas y blancas y silicuas globulosas *(Cochlearia officinalis).* 2 ~ ***de Dinamarca,*** hierba crucífera anual tendida con las flores pequeñas y de color blanco o malva *(Cochlearia danica).*
coclesano, -na *adj.-s.* De Coclé, prov. de Panamá.
coclio-, v. cocl-.
coclo-, v. cocl-.
I) coco (v. *coca* II) *m.* Fruto del cocotero. 2 Segunda cáscara de este fruto. 3 Cocotero. 4 ~ ***de Indias,*** coco (fruto, segunda cáscara y cocotero). 5 Percal.
II) coco (v. *coca* II) *m.* Bacteria de forma redondeada. 2 Micrococo.
REL. Algunos se presentan en grupos llamados **sarcinas.**
III) coco (v. *coca* II) *m.* Larva de diferentes especies que se cría en las semillas, frutas y otras cosas comestibles.
IV) coco (v. *coca* II) *m.* Cuentecilla que viene de la India, de color obscuro, de la cual se hacen rosarios. 2 ~ ***de Levante,*** coca (planta menispermácea).
V) coco *m.* Fantasma que se figura para meter miedo a los niños. 2 Gesto, mueca: ***hacer cocos,*** halagar con fiesta o ademanes; hacer carantoñas los enamorados. 3 fam. Cabeza: *comer el* ~, fig. *y,* fam., convencer a alguien aprovechándose de su ingenuidad o buena fe. 4 Moño, peinado femenino. 5 Mujer fea en demasía. 6 *Colomb.* Sombrero hongo. 7 *Cuba.* Ibis, ave zancuda de color blanco, de cuello más largo que el cuerpo y de vuelo pesado y torpe *(Ibis alba).*
SIN. **Bu, cancón, papón.**
coco-, -coco (de *coco* II) Elemento prefijal y sufijal que entra en la formación de palabras con el valor de forma de coco en la bacteria designada: *cocobacilo, estreptococo.*
cocó *m. Cuba.* Tierra blanquecina que emplean los albañiles para las obras de mampostería y suelo de hormigón.
cocobálsamo (de *coca* II y *bálsamo*) *m.* Fruto del árbol que da el opobálsamo.
cocobolear *tr. Colomb.* Ahorcar.
cocobolo *m.* Árbol poligonáceo de América, de unos 30 metros de altura, de frutos parecidos a la guinda y madera encarnada, muy preciosa, dura y pesada *(gén. Coccotoca).* 2 Madera de este árbol.
cocodrilo *m.* Reptil del orden de los cocodrilos de color verdoso, propio de las regiones intertropicales, muy voraz, con la piel cubierta de escamas durísimas, y dos crestas laterales en la parte superior de la cola *(gén. Crocodilus).* -2 *m. pl.* Orden de reptiles de gran tamaño, con aspecto de lagartos, pero con el orificio cloacal en disposición longitudinal, los dientes implantados en alvéolos de los huesos maxilares, el corazón con dos ventrículos bien separados y la boca con bóveda palatina; como el cocodrilo y el caimán.
cocol *m. Méj.* Panecillo que tiene forma de rombo. 2 *Méj.* Rombo, en adornos tejidos, bordados, etc.
cocolera *f. Méj.* Especie de tórtola *(Melopelia leucoptera).*
cocolero *m. Méj.* desp. Panadero que sólo hace o vende cocoles.
cocolía *f. Méj.* Ojeriza, antipatía, tirria. 2 *P. Rico.* Cangrejo de mar.
cocoliche *m. Argent.* y *Urug.* Jerga que hablan los extranjeros, esp. los italianos. 2 Italiano que habla de este modo.
cocoliste *m. Méj.* desus. Enfermedad epidémica. 2 Tabardillo, enfermedad.
cocolo, -la *m. f. Ant.* Negro de las islas inglesas del Caribe.
cocolón *m. Ecuad.* y *Perú.* Arroz que, al cocerse, queda pegado a la olla. 2 *Ecuad.* Hijo menor de una familia.
cocoloro *m. Bol.* Carozo, hueso de la fruta.
cocomacaco *m. Ant.* burl. Bastón grueso.
cocombro *m. S. Dom.* Cohombro, fruta.
cocona *f. Cuba.* Galardón, propina.
coconete (méj. *coconetl,* niño) *m. Méj.* y *Cuba.* Pequeño, chiquito. 2 *S. Dom.* Bienmesabe, dulce.
cócono, -na *m. f. Méj.* Pavipollo.
coconota *f. Méj.* Aum. de *cócona.* 2 fig. Mujer fatua y presuntuosa.
cócora (de *coco* III) *com.-adj.* fam. Persona molesta e impertinente. -2 *f. Colomb., Cuba* y *P. Rico.* Cólera, rabia. 3 *Cuba* y *P. Rico.* Escozor, incomodidad, molestia. 4 *Perú.* Ojeriza, antipatía. 5 *S. Dom.* Miedo.
I) cocoriaco *m. S. Dom.* Cacareo.
II) cocoriaco, -ca *adj. Cuba* y *P. Rico.* [pers.] Muy feo.
cocorino, -na *adj. Méj.* Importuno, molesto.
cocorismo *m. Méj.* Inconveniencia.
cocorote *m. Colomb.* Coco o fantasma.
cocorotina *f. Cuba.* vulg. Parte superior de la cabeza.
cocorrón *m. P. Rico.* Mazorca de maíz pequeña. 2 *Amér.* Coscorrón. 3 *Colomb.* Dulce de harina con coco y panela.
cocorrona *adj. S. Dom.* [guayaba] En cierne.
cocoso, -sa *adj.* Dañado del coco (larva).
cocotal *m.* Terreno poblado de cocoteros
SIN. En América **cocal.**
cocotazo *m. Amér.* Coca, golpe dado en la cabeza. 2 *Cuba.* Trago de licor.
cocote *m.* Cogote.
cocotero (de *coco* I) *m.* Árbol palmáceo de los países tropicales, de tallo alto y esbelto, hojas divididas en lacinias y flores en espádice ramoso; su fruto es una especie de drupa del tamaño de un melón mediano, angulosa, recubierta de un tejido fibroso que da una materia textil y esconde la cáscara leñosa, la cual contiene en su interior una pulpa blanca comestible y oleaginosa, bañada en un líquido dulce *(Cocos nucifera).*
SIN. **Coco, palma de coco, palma indiana.**
cocotudo, -da *adj.* Descocado, desenvuelto. 2 *Amér.* [pers. o animal] Que tiene el cogote grueso. 3 *Cuba* y *P. Rico.* [pers.] De carácter firme, testarudo.
cocoyé *m. Cuba.* Baile de negros, de origen haitiano.
cocoyol *m. Méj.* Coyol.
cóctel (ing. *coktail*) *m.* Mezcla de varios licores. 2 Reunión de personas en la cual se sirven cócteles. 3 fig. Mezcla de cosas diversas. 4 ~ ***de mariscos,*** plato frío de marisco, con salsa mayo-

nesa, u otras derivadas. 5 ~ *molotov*, especie de granada de mano, explosiva o incendiaria, de fabricación casera.
SIN. *1* **Combinado.**

coctel *m. Colomb.* y *P. Rico.* Cóctel.

coctelera *f.* Vasija de metal en la cual se mezclan los componentes del cóctel.

cocui *m. Venez.* Pita (planta).

cocuiza *f. Méj.* y *Venez.* Cuerda muy resistente que se hace con las fibras del cocuy.

cocullada *f. Ar.* Cogujada.

cocuma *f. Perú.* Mazorca de maíz asada.

cocuy *m.* Cocuyo. 2 *Amér.* Agave o pita.

cocuyera *f. Cuba.* Jaula para cocuyos (insectos). 2 Lámpara pequeña colgante.

cocuyo *m.* Insecto coleóptero de América tropical, de unos 3 cms. de largo, con dos manchas amarillentas a los lados del tórax, por las cuales despide de noche una luz azulada *(Pyrophorus).* 2 *Cuba.* Insecto parecido al anterior, pero sin fosforescencia *(Zophobas morio).* 3 *Cuba.* Nombre de diferentes árboles *(Brumelia nigra; Lucuma diotyonoura; etc.).* 4 *Colomb.* Piloto trasero del automóvil. 5 *Venez.* Pita (planta).
SIN. *1* **Cucuy, cucuyo.**

I) coda (it., cola) *f.* Período adicional con que termina una pieza de música. 2 Reproducción, más o menos extensa, de los motivos más agradables y salientes, al final de alguna pieza bailable. 3 FON. Parte final de una sílaba posterior al núcleo silábico.

II) coda (de *codo*) *f.* Prisma pequeño triangular, de madera, que se encola en el ángulo entrante formado por la unión de dos tablas.

codadura (de *acodadura*) *f.* Parte enterrada del sarmiento acodado.

codal (l. *cubitale*) *adj.* Que consta de un codo. 2 Que tiene medida o figura de codo. -3 *m.* Pieza de la armadura que cubre y defiende el codo. 4 Brazo de un nivel de albañil. 5 Madero atravesado horizontalmente entre las jambas de un vano o entre los hastiales de una excavación. 6 Mugrón o sarmiento acodado de la vid. 7 ARQ. Aguja (barra de hierro). 8 CARP. Listón en que se asegura la hoja de la sierra. 9 MIN. Arco de ladrillo que se apoya en el mineral por sus extremos, construido provisionalmente para contrarrestar la presión de los hastiales. 10 *Méj.* Vela más gruesa y corta que la común.
REL. *5* Poner codales, vb. **acodalar;** subst. **acodalamiento.**

codaste (l. *cauda,* cola) *m.* Pieza gruesa de madera o hierro puesta verticalmente sobre el extremo de la quilla inmediato a la popa; sirve de fundamento a toda la armazón de esta parte del buque.

codazo *m.* Golpe dado con el codo. -2 *loc. adv.* ***A ~ limpio,*** a empujones.

codeador, -ra *adj.-s. Amér. Merid.* Pedigüeño.

codear (frecuent.) *intr.* Mover los codos o dar golpes con ellos. -2 *prnl.* fig. Tratarse de igual a igual una persona con otra. -3 *intr. Amér. Merid.* Pedir con insistencia.

codecisión (*co-* + *decisión*) *f.* Decisión tomada en común por varias personas, grupos, empresas, organismos, instituciones, etc.

codeína (gr. *kódeia,* cabeza de adormidera) *f.* Alcaloide menos tóxico que la morfina, que, como ésta, se extrae del opio.

codelincuencia *f.* Calidad de codelincuente.

codelincuente *(co- + delincuente) adj.-com.* Persona que delinque con otra u otras.

codena *f.* p. us. En la fabricación de paños, grado de resistencia del tejido.

codeo *m.* Acción de codear o codearse. 2 Efecto de codear o codearse. 3 *Amér. Merid.* Socaliña, sablazo.

codera *f.* Pieza de adorno o remiendo que se pone en los codos de los chaquetones, chaquetas, etc. 2 Cabo con que se amarra un buque por la popa. 3 Codal (pieza de la armadura). 4 Protección de los codos usada en algunos deportes.
REL. *2* v. **Acoderar,** amarrar con codera una nave fondeada; subst. **acoderamiento.**

codesera *f.* Terreno poblado de codesos.

codeso (v. *citiso*) *m.* Mata leguminosa de tallo ramoso, hojas compuestas, flores amarillas y semillas arriñonadas *(Adenocarpus hispanicus).*
SIN. **Borne, piorno.**

codeudor, -ra *(co- + deudor) m. f.* Persona que participa en una deuda con otra u otras.

codezmero *m.* Recibidor de diezmos y partícipe en ellos.

códice (l. doble etim. *código*) *m.* Libro manuscrito de cierta antigüedad y de importancia histórica o literaria. 2 LITURG. Parte del misal y del breviario que contiene los oficios concedidos a una diócesis o corporación particularmente.

codicia (l. v. **cupiditia*) *f.* Apetito desordenado de riquezas. 2 fig. Deseo vehemente de algunas cosas buenas: ~ *de saber.* 3 TAUROM. Acometividad del toro.

codiciable (de *codicia*) *adj.* Apetecible.

codiciador, -ra *adj.-s.* Que codicia.

codiciante *adj.* Codiciador.

codiciar (de *codicia*) *tr.* Desear con ansia [riquezas, etc.]. ◇ ** CONJUG. [12] como *cambiar.*
SIN. v. **Desear.**

codicilar *adj.* Relativo al codicilo.

codicilo (l. *codicillu;* dim. de *codex,* código) *m.* DER. Toda disposición de última voluntad que no contiene la institución de heredero; puede otorgarse en ausencia del testamento o como complemento del mismo.

codiciosamente *adv. m.* Con codicia.

codicioso, -sa *adj.-s.* Que tiene codicia. -2 *adj.* fig. Laborioso, hacendoso.
SIN. *1* **Interesado, interesable.**

codicología (de *códice* + *-logía*) *f.* Disciplina que estudia los libros manuscritos bajo todos sus aspectos.

codicológico, -ca *adj.* Propio o relativo a la codicología.

codicólogo,-ga *m. f.* Especialista en codicología.

codificable *adj.* Que puede codificarse.

codificación *f.* Acción de codificar. 2 Efecto de codificar. 3 INFORM. Operación consistente en representar un conjunto de informaciones por otro conjunto de informaciones siguiendo una ley dada por una tabla de correspondencia, llamada código. 4 Grupo ordenado de instrucciones de computador que se requieren para realizar cierta acción o solucionar determinado problema.

codificador, -ra *adj.* Que codifica.

codificar (l. *codice,* código) *tr.* Reunir [leyes, estatutos] en un código. 2 Poner un texto en un sistema de signos distinto al que posee. ◇ ** CONJUG. [1] como *sacar.*

código (v. *códice*) *m.* Cuerpo de leyes dispuesto según un plan metódico y sistemático. 2 Recopilación de las leyes o estatutos de un país. 3 Conjunto de símbolos y reglas para transmitir información: ~ ***Morse,*** sistema telegráfico de señales en que a cada letra, número o signo de puntuación, corresponde una combinación determinada de rayas, puntos o espacios, de sonidos largos o breves o de luces intantáneas o prolongadas. 4 Combinación de letras, de números o de letras y números que sirve como identificación oficial abreviada de organismos, empresas, emisoras de radio y televisión, compañías de aviación, etc. 5 p. ant. Código de Justiniano. 6 fig. Conjunto de reglas o preceptos sobre cualquier materia. 7 MAR. ~ ***de señales,*** vocabulario convencional que consiste en una combinación de banderas para comunicarse entre sí o con los semáforos.

codillera *f.* VETER. Tumor que padecen las caballerías en el codillo, por la compresión del callo interno de la herradura a consecuencia de la costumbre de acostarse como las vacas.

codillo (dim. de *codo*) *m.* En los cuadrúpedos, coyuntura del brazo próxima al pecho, y la parte comprendida entre esta coyuntura y la rodilla. 2 Estribo (pieza). 3 Parte de la rama que queda unida al tronco cuando aquélla se corta. 4 Codo (pieza de tubería). 5 Extremo de la quilla, desde el cual arrancan la roda y el codaste. 6 En el juego del tresillo y otros, lance de perder el que ha entrado, por haber hecho más bazas que él alguno de los otros jugadores. 7 ARQ. Recodo o ángulo formado por dos paredes de fachada de un edificio.
SIN. *1* *Codo.* FR. *Dar ~,* más us. que *acodillar. Tirar a uno al codillo,* procurar destruirle, haciéndole todo el daño posible.

codirección *(co- + dirección) f.* Dirección ejercida por dos o más personas en común.

codirector, -ra *(co- + director) adj.-s.* Director juntamente con otro u otros.

codo (v. *cúbito*) *m.* Parte posterior de la articulación del brazo con el antebrazo: ***alzar,*** o ***empinar, uno el ~,*** fig., beber mucho vino o licor; ***comerse uno los codos de hambre,*** fig., padecer gran necesidad; ***dar de,*** o ***del, ~,*** tocar con el codo a una persona para avisarla de algo, fig., despreciar a una persona o cosa; ***hablar por los codos,*** fig., hablar demasiado; ***romperse uno los codos,*** fig., aplicarse con ahínco al estudio. 2 Codillo (en cuadrúpedos). 3 Pieza de tubería formando ángulo. 4 Antigua medida de longitud, equivalente a unos 42 cms., contado desde el codo al extremo de los dedos: ~ ***real, de rey, perfecto*** o ***de ribera,*** medida de longitud, equivalente a 57,40 cms., o sea, treinta y tres dedos; ~ ***común*** o ***geométrico,*** medida de longitud, equivalente a 41,80 cms., o sea, media vara; ~ ***mayor*** y ***mediano,*** ant. medidas moriscas de longitud, equivalente a treinta y dos y veinticuatro pulgadas respectivamente. 5 ~ ***de ribera cúbico,*** medida de capacidad, equivalente a 329 dm^3. 6 ~ ***geométrico cúbico,*** medida de capacidad, equivalente a 173 dm^3. -7 ***com.*** *Guat.* y *Méj.* Mezquino.

REL. *1* **Cúbito,** hueso del codo; relativo al codo, adj. **cubital:** arteria cubital. SIN. *3* **Codillo.**

codoco, -ca ***adj.*** *Guat.* [pers.] Manco, esp. por impedimento del codo.

codón (l. *cauda,* cola) ***m.*** Bolsa de cuero para cubrir la cola del caballo.

codoñate (cat. *codonyat* < *codony,* membrillo) ***m.*** Dulce de membrillo.

SIN. **Carne de membrillo,** más us.; **membrillate** es p. us.

codorniz ***f.*** Ave galliforme de paso, de unos dos decímetros de largo, con la cabeza, el lomo y las alas de color pardo obscuro, y la parte inferior gris amarillenta *(Coturnix coturnix).* 2 Pequeña galliforme cubana que no pertenece al género coturnix *(Colinus cubanensis).* ◇ V. rey de codornices.

REL. **Guarnigón,** pollo de la ~.

coeducación (*co-* + *educación*) ***f.*** Educación dada juntamente a jóvenes de ambos sexos.

coeficiencia (*co-* + *eficiencia*) ***f.*** Acción de dos o más causas para producir un efecto.

coeficiente (*co-* + *eficiente*) ***adj.*** Que juntamente con otra cosa produce un efecto. -2 ***m.*** MAT. Número que escrito a la izquierda e inmediatamente a un monomio indica las veces que ha de tomarse como sumando. Cuando el coeficiente se refiere a todo un binomio o polinomio, enciérrase éste dentro de un paréntesis. 3 FÍS. Número empleado como factor que expresa el valor de un cambio o efecto bajo determinadas condiciones: ~ ***de absorción,*** el que indica el volumen de un gas absorbido por una unidad de volumen de un líquido a 0° y a la presión normal; ~ ***de dilatación cúbica,*** el que expresa el aumento de la unidad de volumen de un cuerpo por cada grado de elevación de temperatura; ~ ***de dilatación lineal,*** el que expresa el alargamiento de la unidad longitudinal de un cuerpo por cada grado de elevación de temperatura; ~ ***de escorrentía,*** relación entre el agua de la lluvia que cae en una zona determinada y el agua que corre. 4 Valor relativo de cada una de las pruebas de un examen. 5 Relación o proporción entre una variable significativa y cierta base arbitraria, dentro de un área espacial determinada y cierto período de tiempo convencional. 6 fig. *y* fam. Persona que acompaña en sus exámenes al aspirante a ingreso en las Academias Militares.

coendú (voz tupí *cuandú,* puerco espín) ***m.*** *Amér.* Roedor de cola larga; mide medio metro de cuerpo y otro tanto de cola *(Cercolabes prehensilis).*

SIN. **Cuandú.**

coenzima (*co-* + *enzima*) ***f.*** Substancia que acompaña a una enzima y que es esencial para su actividad.

coepíscopo (l. ecl. *-pu*) ***m.*** Obispo contemporáneo de otros en una misma prov. eclesiástica.

SIN. **Obispo comprovincial.**

coequipier ***m.*** GALIC. En ciclismo, compañero de equipo.

coercer (l. *-ere*) ***tr.*** Contener, refrenar, sujetar. ◇ ** CONJUG. [2] como ***mecer.*** ◇ Ús. esp. como término jurídico, lo mismo que sus derivados. El sujeto que coerce es la ley, la autoridad, el mando.

coercibilidad ***f.*** Calidad de coercible.

coercible ***adj.*** Que puede ser coercido.

coercímetro ***m.*** FÍS. Aparato que mide la fuerza coercitiva de los materiales magnéticos.

coerción ***f.*** Acción de coercer.

coercitividad ***f.*** FÍS. Facultad del imán que conserva su imantación, esp. cuando se halla sometido a la acción de un campo magnético contrario.

coercitivo, -va ***adj.*** Que coerce.

coercividad ***f.*** Fuerza desmagnetizadora necesaria para borrar una cinta magnética completamente saturada.

coetáneo, -a (l. *cœtaneu*) ***adj.-s.*** Que es de la misma edad o tiempo.

SIN. V. **Contemporáneo.**

coeternidad ***f.*** Calidad de coeterno.

coeterno, -na (l. *cœternu*) ***adj.*** Que coexiste eternamente.

coevo, -va (l. *cœvu*) ***adj.*** lit. [cosa] Que existió en el mismo tiempo [que otra].

coexistencia ***f.*** Presencia simultánea en un mismo lugar de cosas o fenómenos que apenas tienen contactos o influencias entre sí, o carecen de ellos.

coexistente ***adj.*** Que coexiste.

coexistir (*co-* + *existir*) ***intr.*** Existir una persona o cosa a la vez que otra u otras: ~ *con Homero.*

coextenderse (*co-* + *extender*) ***prnl.*** Extenderse simultáneamente. ◇ ** CONJUG. [28] como ***entender.***

cofa (ár. *coffa,* cesto) ***f.*** MAR. Meseta colocada horizontalmente en el cuello de un palo para afirmar la obencadura de la gavia, facilitar la maniobra de las velas altas, etc. 2 MURC. Espuerta grande.

cofia (b. l. *cofea* < ant. alto al. **kupphja*) ***f.*** Ant. tocado femenino de encajes, blondas, cintas, etc. 2 Red para recoger y sujetar el pelo. 3 Gorro blanco de mujer. 4 Birrete almohadillado que se llevaba debajo del yelmo. 5 Pieza de la armadura ant. que se atornillaba a la calva del casco para reforzarla, y de la que pendían tres ramales articulados para defender el cuello. 6 Piloriza. 7 Parte superior de la cubierta del arquegonio de los musgos que se desprende al desarrollarse el embrión. 8 BOT. Envoltura resistente que, en forma de dedal, protege la parte terminal de la raíz.

cofiador ***m.*** DER. Fiador con otro, o compañero en la fianza. ◇ También *confiador,* p. us.

cofiezuela ***f.*** Dim. de *cofia.*

cofín (l. *cophinu* < gr. *kóphinos*) ***m.*** Cesto o canasto.

cofrada ***f.*** La que pertenece a una cofradía.

cofrade (*co-* + l. *frate,* hermano) ***com.*** Persona que pertenece a una cofradía.

SIN. **Congregante,** tratándose de una cofradía religiosa.

cofradía (l. *confratria*) ***f.*** Congregación o hermandad que forman algunos devotos, con autorización competente para ejercitarse en obras de piedad. 2 Gremio, compañía o unión de gente para un fin determinado.

SIN. **Hermandad.** *1* **Archicofradía,** la que se considera más antigua o importante que otras.

cofre (fr.) ***m.*** Mueble parecido al arca, gralte. de tapa convexa, cubierto de piel, tela o chapa y forrado de tela o papel. 2 Estuche para joyas, joyero. 3 Caja de una cerradura. 4 Pez cofre. 5 *C. Rica.* Maletero del automóvil. 6 *Méj.* Capó.

SIN. *1* **Baúl, mundo,** esp. si se emplea para viaje.

cofrero ***m.*** El que tiene por oficio hacer o vender cofres.

cofto, -ta ***adj.-s.*** Copto.

cofundador, -ra ***adj.-s.*** [pers.] Que juntamente con otro u otros funda alguna cosa.

cogecha ***f.*** *Logr.* Cosecha.

cogechar ***tr.*** *And.* Barbechar; binar; terciar.

cogecho ***m.*** *And.* Barbecho. 2 *And.* Arada que se da a la tierra en el otoño, con las primeras aguas, para sembrarla otra vez sin que descanse. 3 *And.* Acción de barbechar.

cogedera ***f.*** Varilla de madera o de hierro con que se coge el esparto. 2 Caja pequeña, ancha de boca, para recoger el enjambre de abejas. 3 Palo largo terminado por varios hierros corvos, para coger del árbol la fruta a que no alcanza la mano. 4 *Colomb.* Jáquima, cabezada de cordel.

cogedero, -ra ***adj.*** Que puede cogerse. -2 ***m.*** Mango o asidero.

cogedizo, -za ***adj.*** Que fácilmente se puede coger.

cogedor, -ra ***adj.-s.*** Que coge. -2 ***m.*** Cajón de madera para recoger la basura, sin cubierta ni tabla por delante y con un mango por detrás. 3 Utensilio de metal, en forma de cucharón, para coger el carbón y la ceniza en las cocinas y chimeneas. 4 *Ecuad.* Agente improvisado del Gobierno que apresa y maltrata a todo el que pueda servir como soldado. 5 *Ecuad.* Trago de licor.

cogedura ***f.*** Acción de coger.

coger (l. *colligere*) Sus numerosas acepciones pueden clasificarse según que la acción sea voluntaria o involuntaria por parte del sujeto agente. ACCIÓN VOLUNTARIA. ***tr.,*** Juntar, reunir: ~ *flores;* esp., recoger los frutos del campo: ~ *las aceitunas.* 2 Tomar con la mano: *cogí los libros;* asir: *le cogí por el pescuezo;* apresar, atrapar: ~ *pájaros; cogerse los dedos;* fig., salir burlado, perder donde se pensaba ganar. 3 Alcanzar: *el toro le ha cogido; le cogí a la media hora, a pocos pasos de su casa;* fig., ~ *un empleo;* ~ *el tren;* fig., entender, penetrar: *no pude* ~ *lo que dijo; lo cogí en seguida; cogerle [a uno] las vueltas;* fig., entender su intención, su astucia. 4 Sorprender: *lo cogí de sobresalto;*

les ha cogido la noche en el bosque; ~ [a uno] de nuevas; fig., sorprenderle. 5 Hallar, encontrar: *me cogió entre las puertas; ahora le cogeré de buen humor.* 6 Apoderarse alguien [de una cosa] de otra persona: *me coge siempre el lápiz.* 7 Descubrir, confiscar la policía [una cosa] que se intentaba pasar de contrabando: *la policía cogió varios alijos de joyas.* 8 Incorporarse [a un trabajo o actividad ya empezada]: *cogió el curso a la mitad.* 9 Contratar o alquilar: *cogió una chica por horas.* 10 Cubrir el macho [a la hembra]. 11 *Amér. Central.* Dirigirse, encaminarse. ACCIÓN INVOLUNTARIA. 12 ***intr.*** Hallarse, encontrarse, estar situado: *la casa coge muy lejos de mi barrio.* -13 ***tr.*** Recibir, absorber: *la tierra no ha cogido bastante agua; ~ frío; ~ una enfermedad; ~ miedo.* 14 Contener, abarcar: *la tinaja coge diez arrobas de vino; la alfombra cogía todo el salón;* vulg., caber: *aquí no cogen todos.* ◇ ** CONJUG. [5] como ***proteger.*** ◇ En la República Argentina y en Paraguay, la signif. se ha degradado y conviene sustituir este v. por *agarrar, tomar, alcanzar,* u otros análogos. ◇ Cuando el sujeto es inanimado, la acep. oscila entre las de acción voluntaria y las de involuntaria: *la pared, al derrumbarse, me cogió debajo;* vulg. unido a otro verbo por medio de la conj. *y,* se convierte en verbo vacío que significa vagamente una resolución o determinación: *cogió y se entró derecho sin hablar una palabra.* Compárese con el mismo sentido del verbo *ir: ella va y me dice.*
SIN. *2* v. **Asir.**

cogerencia (*co- + gerencia*) ***f.*** Gerencia que desempeñan dos o más personas conjuntamente.

cogerente ***m.*** Gerente que desempeña su cargo conjuntamente con otro u otros.

cogestión (*co- + gestión*) ***f.*** Participación del personal en la administración de la empresa.

cogida ***f.*** Cosecha de frutos. 2 Acto de esquilmarlos. 3 Acto de coger el toro a un torero.

cogido ***m.*** Pliegue que se hace en la tela de un vestido, de una cortina, etc.

cogienda ***f.*** *Colomb.* y *Venez.* Cosecha. 2 *Colomb.* Caza que se da a los infelices para hacerlos soldados por fuerza.

cogioca ***f.*** *Cuba* y *P. Rico.* fest. Enjuague o negociación oculta. 2 *Cuba.* Lucro, malversación.

cogioquero, -ra ***adj.*** *P. Rico.* Tramposo, habilidoso.

cogitabundo, -da (l. *-du*) ***adj.*** lit. Pedante. Muy pensativo.

cogitativo, -va (l. *cogitare,* pensar) ***adj.*** Que tiene facultad de pensar. ◇ Se usa sólo como literario o filosófico.

cognación (l. *-atione*) ***f.*** Parentesco de consanguinidad por la línea femenina entre los descendientes de un tronco común. 2 p. ext. Parentesco.

cognado, -da ***m. f.*** Pariente por cognación. 2 GRAM. Semejante, parecido.

cognaticio, -cia ***adj.*** Relativo al parentesco de cognación.

cognición (l. *-itione*) ***f.*** Conocimiento (acción y efecto).

cognomen (l.) ***m.*** Apellido, nombre de familia.

cognomento (l. *-tu*) ***m.*** Renombre que adquiere una persona o un pueblo: *Alfonso el Sabio; Jerusalén la Santa.*
SIN. **Agnomento.**

cognoscible (b. l. *-ibile*) ***adj.*** Conocible.

cognoscitivo, -va (l. *cognoscere,* conocer) ***adj.*** Que es capaz de conocer: *potencia cognoscitiva.*

cogollar ***intr.*** *Colomb.* Acogollar, echar cogollos las plantas.

cogollero ***m.*** *Cuba.* Gusano de unos 3 cms. de largo, que vive en el cogollo del tabaco y destruye su hoja *(Chloridea virescens).*

cogollo (l. *cucullu,* capucha) ***m.*** Lo interior y más apretado de la lechuga, berza, etc. 2 Brote de los árboles y otras plantas. 3 Parte alta de la copa del pino, que se corta y se deseca al aprovechar el árbol para madera. 4 fig. Lo mejor o más substancioso de alguna cosa: *el ~ de una ciudad, de un negocio.* 5 *Amér.* Punta de la caña de azúcar. 6 *Argent.* Chicharra grande *(Tympanoterpes gigas).* 7 *Colomb.* Parte superficial del mineral de una mina. 8 *Chile.* Agregado que suele hacerse al final de las tonadas en alabanza o censura picaresca de alguna persona. 9 *Chile.* Frases complementarias de algún sermón o discurso.
SIN. *4* **Cohollo.** *6* **Coyuyo.**

cogombrillo ***m.*** Cohombrillo amargo.

cogombro (l. *cucumere*) ***m.*** ant. Cohombro.

cogón ***m.*** Planta gramínea, propia de los países cálidos y cuyas cañas sirven en Filipinas para techar las casas en el campo *(Imperata cylindrica).*

cogonal ***m.*** Terreno abundante en cogones.

cogorza ***f.*** vulg. Borrachera.

cogota ***f.*** Fruto de la alcachofa. 2 fig. Cabeza humana.

cogotazo ***m.*** Golpe dado en el cogote con la mano abierta.

cogote (prov. *cogot* < l. *cucutiu*) ***m.*** Parte superior y posterior del cuello. 2 Penacho que se colocaba en la parte del morrión que corresponde al cogote.
SIN. *1* **Cerviz,** us. además en aceps. fig., como *levantar la cerviz,* en las cuales no se emplea *cogote;* **cocote,** p. us.; **nuca,** es voz escogida y se refiere a la parte superior del cogote; **pescuezo,** apl. gralte. a los animales.

cogotera ***f.*** Trozo de tela sujeto con botones en la parte posterior de algunas prendas que cubren la cabeza, para resguardar la nuca del sol o de la lluvia. 2 Sombrero que los cocheros ponen a las bestias de tiro cuando han de sufrir un sol muy ardiente. 3 *Can.* Lance de la lucha canaria. 4 *Argent.* Parte carnosa que rodea el cogote, con referencia solamente al ganado bovino.
SIN. **Cubrenuca.**

cogotillo ***m.*** Dim. de *cogote.* 2 Arco de hierro que se pone en los coches detrás del fuste delantero.

cogotudo, -da ***adj.*** [pers.] Que tiene muy grueso el cogote. 2 fig. [pers.] Muy orgulloso. -3 ***m.*** *Amér. Merid.* Plebeyo enriquecido. 4 *S. Dom.* Individuo influyente en política.

cogucho ***m.*** Azúcar de inferior calidad.

cóguil (arauc. *coghull*) ***m.*** *Chile.* Planta y fruto comestible del boqui.

coguilera ***f.*** *Chile.* Boqui.

cogujada (b. l. **cuculliata,* que tiene capuz) ***f.*** Ave paseriforme granívora, parecida a la alondra, de plumaje pardo rojizo con un penacho en la cabeza *(Galerida cristata).*
SIN. **Alondra, capirote, cochevís, cogullada** (Ar.), **coguta** (Extr.), **copada, cotovía, cugujada; galerita, golloría, moñuda, totovía, tova, vejeta.**

cogujón (l. *cucullu,* capuz) ***m.*** Punta de colchón, almohada, serón, etc.
SIN. **Cujón.**

cogujonero, -ra ***adj.*** De figura de cogujón: *canasta cogujonera.*

cogulla (l. *cuculla,* cogulla) ***f.*** Hábito o ropa exterior que visten varios religiosos monacales.
SIN. **Casulla, cugulla.**

cogullada ***f.*** Papada del puerco. 2 *Ar.* Cogujada.

coguta ***f.*** *Extr.* Cogujada.

cohabitación ***f.*** Acción de cohabitar.

cohabitar (l. *-are*) ***intr.*** Habitar juntamente con otro u otros. 2 Hacer vida marital el hombre y la mujer. 3 fig. Compartir el poder formaciones políticas, o miembros de ellas, de ideología distinta.

cohecha ***f.*** DER. Acción de cohechar II. 2 DER. Efecto de cohechar II.

cohechador, -ra ***adj.-s.*** DER. Que cohecha.

I) cohechar (l. *coactare*) ***tr.*** DER. Sobornar [a un juez o funcionario público].

II) cohechar (l. **confectare*) ***tr.*** Dar [a la tierra] la última vuelta antes de sembrarla.

I) cohecho ***m.*** DER. Acción de cohechar o dejarse cohechar. 2 DER. Efecto de cohechar.

II) cohecho ***m.*** Tiempo de cohechar la tierra.

cohen (hebr. *cohén,* sacerdote) ***com.*** p. us. Adivino, hechicero. 2 Alcahuete (de algo ilícito).

coheredar (*co- + heredar*) ***tr.*** Heredar juntamente con otro u otros: *~ una hacienda.*

coheredero, -ra ***m. f.*** Heredero con otro u otros.

coherencia (l. *cohærentia*) ***f.*** Conexión de unas cosas con otras: *~ de un discurso, de un párrafo.* 2 FÍS. Cohesión. 3 Resistencia que opone un cuerpo a disgregarse en partículas. 4 LING. Estado de un sistema lingüístico cuando sus componentes aparecen en conjuntos solidarios.
SIN. *1* y *2* v. **Cohesión.** *1* **Congruencia.**

coherente ***adj.*** Que tiene coherencia.

cohesión (l. *cohærere,* estar unido) ***f.*** Acción de reunirse o adherirse las cosas entre sí o la materia de que están formadas. 2 Efecto de reunirse o adherirse las cosas entre sí o la materia de que están formadas. 3 FÍS. Unión entre las moléculas de un cuerpo. 4 FÍS. Fuerzas de atracción que las mantiene unidas. 5 Enlace (unión).
SIN. *1, 2* y *3* **Adherencia, adhesión, coherencia, cohesión;** dejando a un lado sus signif. esps., **adherencia** y **cohesión** indican, en gral., unión de una cosa a otra, a la cual permanece en cierto modo subordinada: *adherencia de un líquido a la vasija, de la hiedra al tronco; adhesión a un partido político;* en **coherencia** y **cohesión,** la unión se produce entre unas cosas y otras, o entre las partes de un todo: *coherencia de las palabras de un discurso; coherencia* o *cohesión de una doctrina; cohesión molecular.* Lo contrario de

coherencia o *cohesión* es incoherencia, disgregación, disociación.

cohesivo, -va *adj.* Que produce cohesión.

cohesor (v. *cohesión*) *m.* Tubo de vidrio lleno de limaduras metálicas que se usó como detector en los primeros tiempos de la telegrafía sin hilos.

cohetazo *m.* desus. Agujero relleno de materia explosiva (barreno).

cohete (cat. *coet,* der. del l. *cauda*) *m.* Tubo de papel, caña, lata, etc., lleno de pólvora y otros explosivos y reforzado con muchas vueltas de hilo o de cordel empegado, que se lanza a lo alto dándole fuego por la parte inferior: ~ ***tronador,*** el que da muchos truenos; ~ ***chispero,*** el que arroja muchas chispas. 2 Elemento de propulsión en los aviones de reacción, en los satélites artificiales y en los proyectiles dirigidos y balísticos. 3 vulg. Coito. 4 *Guat.* y *Méj.* Borracho. -5 ***loc. adv.*** *R. de la Plata.* ***Al ~,*** en vano, inútilmente.

SIN. **Volador.**

cohetera *f.* Mujer del cohetero.

cohetería *f.* Taller o fábrica donde se hacen cohetes. 2 Tienda donde se venden. 3 Disparo de cohetes. 4 Conjunto de cohetes que se disparan juntos. 5 Arte de emplear cohetes en la guerra o en la investigación espacial.

cohetero *m.* El que tiene por oficio hacer cohetes y otros artificios pirotécnicos.

cohetito *m. Méj.* Copa de licor que se bebe en una reunión.

cohibición *f.* Acción de cohibir o cohibirse. 2 Efecto de cohibir o cohibirse.

cohibir (l. *cohibere*) *tr.-prnl.* Refrenar, reprimir [a uno] en sentido moral: *tu presencia me cohíbe; la vergüenza cohibía sus palabras.* ◇ ** CONJUG. [21] como ***prohibir.***

cohobación *f.* Acción de cohobar. 2 Efecto de cohobar.

cohobar (l. med. *-are*) *tr.* Destilar repetidas veces [una substancia], haciendo que el líquido destilado vuelva al vaso, donde está el residuo de la destilación anterior.

cohobo (ár. *gahba,* color pardusco) *m.* Piel de ciervo. 2 *Ecuad.* y *Perú.* Ciervo.

cohollo *m.* Cogollo.

cohombral *m.* Terreno sembrado de cohombros.

cohombrillo *m.* Dim. de *cohombro.* 2 ~ ***amargo,*** planta cucurbitácea medicinal cuyo fruto, del tamaño de un huevo de paloma, contiene un jugo muy amargo *(Ecballium elatherium).* 3 Fruto de esta planta.

SIN. *2* **Elaterio.** *2* y *3* **Calabacilla, cogombrillo, pepino del diablo.**

cohombro (v. *cogombro*) *m.* Pepino (planta). 2 ~ ***largo,*** planta cucurbitácea, variedad de pepino, de fruto largo y torcido *(Cucumis flexuosus).* 3 Fruto de esta planta. 4 Fruta de sartén de la misma masa que el buñuelo, cortada en trozos de figura de cohombro. 5 ~ ***de mar,*** holoturia.

SIN. *1* y *2* **Alficoz, badea;** ant. **cogombro.** *3* **Churro.**

cohonestador, -ra *adj.* Que cohonesta.

cohonestar (l. *-are*) *tr.* Dar visos de honesta [a una acción indecorosa].

SIN. **Colorear, colorir, honestar.**

cohorte (l.) *f.* Cuerpo de infantería del ant. ejército romano, compuesto de varias centurias. 2 fig. Conjunto, número, serie.

coicoy (onomat. por su canto) *m. Chile.* Sapo pequeño, que tiene en la espalda cuatro protuberancias a manera de ojos *(Cystignathus bibronii).*

coihué (arauc.) *m. Argent.* y *Chile.* Árbol de mucha elevación y de madera semejante a la del roble *(gén. Notafagus).*

coila *f. Chile.* vulg. Mentira, embeleco.

I) coima (ár. *couaima,* manceba) *f.* Concubina.

II) coima (de *coime*) *f.* Gaje del garitero por prevenir lo necesario para las mesas de juego. 2 *Chile, Perú* y *R. de la Plata.* Dádiva con que se soborna a un empleado o persona influyente.

coime (ár. *cáim,* jefe, administrador) *m.* El que cuida del garito y presta con usura a los jugadores. 2 Mozo de billar.

coimear *intr. Chile, Perú* y *R. de la Plata.* Recibir coima o soborno.

coimero, -ra *m. f. Chile, Perú* y *R. de la Plata.* Persona que recibe coimas o sobornos. -2 *m.* Coime (del garito).

coincidencia *f.* Acción de coincidir. 2 Efecto de coincidir.

coincidente *adj.* Que coincide.

coincidir (*co-* + *incidir*) *intr.* Convenir una persona o cosa con otra: ~ *con el público.* 2 Ajustarse materialmente una cosa con otra: *las dos figuras coinciden.* 3 Ocurrir dos o más cosas al mismo tiempo: *la muerte del rey coincidió con la victoria;* esp., concurrir simultáneamente dos o más personas en un mismo lugar.

coiné (gr. *koiné*) *f.* Lengua común procedente del dialecto ático adoptada por los griegos a partir del s. IV. 2 Lengua común que procede de una reducción a unidad, más o menos artificial, de una variedad idiomática. ◇ También *koiné.*

coinquilino, -na (*co-* + *inquilino*) *m. f.* Inquilino con otro.

coinquinar *tr.* Manchar, ensuciar, inficionar.

cointeresado, -da (*co-* + *interesado*) *adj.-s.* Interesado con otro u otros en un todo del cual han de participar.

coipa *f. Argent.* Tierra blanca de los Andes que contiene sales de potasa y sirve para lavar lanas.

coipo, -pa (arauc.) *m. f. Argent.* y *Chile.* Mamífero roedor de unos 50 cm. de largo y otro tanto de cola; pasa la mayor parte del tiempo en el agua; su piel llamada en Europa *castor del Plata,* es muy fina *(Myopotamus coipu).*

coipu *m. Argent.* Coipo.

coirón *m. Amér. Merid.* Planta gramínea, de hojas duras y punzantes, que se usa para techar las barracas en el campo *(Andropogon argenteus).*

coironal *m.* Terreno en que abunda el coirón.

coitar *intr.* Realizar el coito, copular.

coito (l. *-tu*) *m.* Ayuntamiento carnal del hombre con la mujer.

cojal *m.* Pellejo que los cardadores se ponen en la rodilla, para cardar.

cojanco, -ca *adj. Cuba.* Que cojea algo.

cojate (voz indígena) *m. Cuba.* Planta liliácea de unos dos metros de altura, con grandes y anchas hojas y flores rojas obscuras en forma de lirio *(gén. Zinziber).*

cojatillo *m. Cuba.* Especie de jengibre silvestre *(Amomum silvester).*

cojear (b. l. *coxigare*) *intr.* Andar inclinando el cuerpo más a un lado que a otro por no poder sentar con regularidad ambos pies. 2 p. ext. Moverse una mesa o cualquier otro mueble por falta de estabilidad o por tener mal asiento. 3 fam. Faltar a la rectitud de la conducta. 4 fig. Adolecer de algún vicio o defecto. 5 fam. ***Saber de qué pie cojea alguien,*** conocer su defecto o inclinaciones.

SIN. *1* **Renquear.**

cojedense *adj.-s.* De Cojedes, estado del oeste de Venezuela.

cojera *f.* Accidente que impide andar con regularidad.

cojijo (l. *culiculu;* dim. de *culex,* mosquito) *m.* Sabandija, bicho. 2 Disgusto o queja por motivo leve.

cojijoso, -sa (de *cojijo*) *adj.* Que se queja o resiente por causa ligera.

cojillo, -lla *m. f. Perú.* Persona con respecto a quien la ha criado como hijo.

cojín (l. *coxinu* < *coxa,* muslo) *m.* Almohadón (para descansar). 2 MAR. Defensa de cajeta que se pone en las vergas y en las bordas para que no se rocen determinados cabos. 3 ~ ***de aire,*** capa de aire inyectado debajo de un vehículo de transporte terrestre o marítimo para mantenerlo separado de la superficie.

cojinete *m.* Dim. de *cojín.* 2 Almohadilla (de coser). 3 Cara lateral del capitel jónico. 4 Pieza de hierro con que se sujetan los carriles a las traviesas del ferrocarril. 5 Pieza movible de acero, con limas o cortes en uno de sus cantos, que sirve en las terrajas para labrar la espiral del tornillo. 6 IMPR. Pieza de metal que sujeta el cilindro. 7 MEC. Pieza de metal o madera, en que descansa y gira cualquier eje de maquinaria: ~ *de bolas.* 7 ***m. pl.*** *Colomb.* y *Venez.* Alforjas, cantinas.

SIN. *6* **Chumacera, palomilla.**

cojinillo *m. Argent.* y *Urug.* Pellón, zalea. -2 ***m. pl.*** *Guat., Hond.* y *Méj.* Alforjas, cantinas.

cojinúa (voz indígena) *f. Cuba* y *P. Rico.* Pez de color plateado, de unos 30 cm. de largo; su carne es muy apreciada *(Caranx pisquetus).*

SIN. **Cojinuda.**

cojita *f. Venez.* Conserva de coco y papelón.

cojitranco, -ca (*cojo-* + *tranco*) *adj.-s.* desp. Cojo travieso que anda inquieto de una parte a otra.

cojo, -ja (b. l. *coxu* < l. *coxa,* muslo) *adj.-s.* [pers.] Que cojea o que carece de un pie o pierna. -2 *adj.* [animal o mueble] Que cojea o que le falta una pata. 3 fig. [cosa] Que cojea: *razonamiento ~; verso ~.* 4 [pie, pierna o pata] De donde proviene el cojear.

SIN. **Paticojo;** fam. **renco, rengo,** ~ por lesión de la cadera.

cojobo *m. Cuba.* Jabí, árbol.

cojolite (mej. *coxolitli*) *m. Méj.* Especie de faisán con un penacho en la cabeza y plumas leonadas *(Penelope purpurascens).*

cojón *m.* Testículo.

¡cojones! Interjección con que se denota sorpresa, disgusto o enfado.
cojonudo, -da *adj.* vulg. Magnífico, estupendo, excelente.
cojudo, -da *adj.* [animal] No castrado. 2 *Amér. Merid.* Tonto, primo.
cojuelo, -la *adj.-s.* Dim. de *cojo.* 2 ***Diablo Cojuelo,*** en el folclore, diablillo travieso y enredador; su tradición popular inspiró a Vélez de Guevara (1579-1644) una novela titulada *El diablo cojuelo.*
cojutepequense *adj.-s.* De Cojutepeque, cabecera del dep. de Cuscatlán (El Salvador).
cok (ing. *coke*) *m.* Coque. ◇ Pl.: *coques.*
col (l. *caule*) *f.* Planta crucífera hortense, de hojas anchas, lobuladas en la base, con pencas gruesas; flores pequeñas, blancas o amarillas, en racimo al extremo del tallo, y silicuas erectas con semillas muy menudas; se han originado de ella muchas variedades, que sirven para alimento del hombre o de los animales *(Brassica oleracea acephala).* 2 ~ ***de Bruselas,*** variedad de hojas alternas y caracterizada porque en sus axilas aparecen yemas apretadas del tamaño de un huevo que se consumen como verdura y son muy apreciadas *(Brassica oleracea prolifera).* 3 ~ ***lombarda,*** lombarda. 4 ~ ***marina,*** hierba crucífera perenne, con las hojas inferiores gruesas y lobuladas, y las flores blancas dispuestas en inflorescencias *(Crambre maritima).* 5 *Amér.* ~ ***palma,*** palma cuyo cogollo es comestible. 6 *Colomb.* ~ ***de monte,*** planta medicinal silvestre de la familia de las aráceas.
SIN. **Berza.**
col-, v. cole-.
I) cola (l. *cauda*) *f.* Parte posterior del cuerpo de algunos animales que se diferencia del resto, formando apéndice, y que, en los vertebrados, contiene las últimas vértebras. 2 Conjunto de plumas fuertes y más o menos largas que tienen las aves en la rabadilla. 3 Apéndice, parte de una cosa parecida por su forma, posición o inserción, a la cola de un animal: ~ ***de un cometa,*** su rastro luminoso; ~ ***de un sillar,*** su entrega; ~ ***de un vestido,*** porción que se arrastra por el suelo; ~ ***de milano*** o ***de pato,*** espiga de ensamblaje, en forma de trapecio, con la base menor en el arranque; adorno arquitectónico hecho en esta forma. 4 Parte posterior o final de una cosa, por oposición a cabeza o principio: ~ *de un ejército en marcha;* ***tener o traer*** ~ ***una cosa,*** fig., tener consecuencias graves; fig., ***a la*** ~, detrás. 5 Parte posterior de una explanada, trinchera o cualquier obra de fortificación. 6 Hilera o fila de personas que esperan vez: *hacer, guardar* ~. 7 Peinado que consiste en recogerse el pelo, atándolo con un pasador o goma elástica en la nuca. 8 ~ ***de caballo,*** planta equisetal perenne con tallo subterráneo, delgado y duro, del que salen raíces ramificadas *(Equisetum arvense).* 9 ~ ***de león,*** agripalma. 10 ~ ***de ratón,*** hierba ranunculácea anual, con las hojas dispuestas en roseta basal, y flores muy pequeñas y solitarias de color amarillo verdoso *(Myosurus minimus).* 11 ~ ***de zorra,*** planta gramínácea, de raíz articulada y flores en tirso cilíndrico con aristas largas y paralelas *(Alopecurus pratensis).* 12 ~ ***de rata,*** línea de seda o material plástico de diámetro decreciente, de unos 30 metros de longitud, usada por los pescadores para lanzar la mosca a distancia; fleo. 13 ~ ***de golondrina,*** obra de defensa en forma de ángulo entrante.
SIN. *1* **Rabo,** esp. en los cuadrúpedos. *11* **Alopecuro, carricera, rabo de zorra.**
II) cola (l. v. *colla* < gr. *kolla*) *f.* Pasta fuerte, translúcida y pegajosa, hecha gralte. cociendo raeduras y retazos de pieles; disuelta después en agua caliente, sirve para pegar: ~ ***de pescado, colapez*** o ***colapiscis,*** gelatina casi pura hecha con la vejiga de los esturiones; ~ ***de retal,*** la hecha con recortaduras del baldés para preparar los colores al temple y aparejar los lienzos y piezas del dorado bruñido.
III) cola *f.* Árbol esterculiáceo de África tropical cuyas semillas son muy estimadas por sus cualidades tónicas y reconstituyentes *(Cola vera; C. acuminata).* 2 ***Nuez de*** ~, semilla de estos árboles.
-cola (l. *colere*) Elemento sufijal que entra en la formación de palabras designando al que cultiva o al que vive en un lugar: *agrícola, arborícola, cavernícola.*
colaboración *f.* Acción de colaborar. 2 Efecto de colaborar. 3 Parte de una obra realizada por un colaborador.
colaboracionismo *m.* Actividad de colaboracionista.
colaboracionista *adj.-com.* Partidario de la colaboración; esp., en la última guerra mundial, partidario de colaborar con el enemigo en los países ocupados militarmente por él.
colaborador, -ra *m. f.* Persona que colabora.
colaborar (l. ecl. *collaborare*) *intr.* Trabajar con otras personas, esp. en obras de ingenio. 2 Tratándose de periódicos, revistas, etc., escribir para ellos sin ser redactor fijo.
colachi *m. Méj.* Comida de calabaza tierna, elote y queso.
colación (l. *collatione* < *collatu*; pp. de *conferre,* dispensar, conferir) *f.* Acto de colar I, o de conferir un grado de universidad. 2 Cotejo de una cosa con otra. 3 Conferencia o conversación que tenían los ant. monjes sobre cosas espirituales. 4 Territorio o parte de vecindario que pertenece a cada parroquia en particular. 5 Refacción que se acostumbra tomar por la noche en los días de ayuno. 6 Refacción de dulces, pastas y a veces fiambres, con que se obsequia a un huésped o se celebra algún suceso. 7 DER. ~ ***de bienes,*** manifestación que al partir una herencia se hace de los bienes que un heredero forzoso recibió gratuitamente del causante en vida de éste, para que sean contados en la computación de legítimas y mejoras: ***traer a*** ~ ***y partición una cosa,*** incluirla en la colación de bienes; ***traer a*** ~, fig., aducir pruebas o razones en abono de una causa; mezclar especies inoportunas en un discurso o conversación; ***sacar a*** ~ ***a una persona o cosa,*** fig., hacer mención, mover a conversación de ellas. 8 *Amér. Merid.* Confite, bombón, grajea. 9 *Méj.* Mezcla de confites diversos.
colacionar (de *colación*) *tr.* Cotejar [una cosa] con otra. 2 Hacer colación [de un beneficio eclesiástico].
colactáneo, -a (l. *collactaneu*) *m. f.* Hermano de leche.
I) colada *f.* Acción de colar II; esp. la ropa: ***salir una cosa en la*** ~, fig., descubrirse lo que ya estaba olvidado y oculto, esp. las malas acciones. 2 Efecto de colar II. 3 Lavado periódico de la ropa sucia. 4 Lejía en que se cuela la ropa. 5 Ropa colada. 6 Faja de terreno por donde pueden transitar los ganados para ir de unos a otros pastos. 7 Garganta entre montañas muy angosta y de mal suelo. 8 Masa de lava que se desplaza desde el cráter de un volcán por la zona de mayor pendiente hasta que solidifica. 9 Sangría que se hace en los altos hornos para que salga el hierro fundido. 10 fig. Enredo, lío, asunto. 11 DEP. Internada. 12 TAUROM. Acción de colarse o engañarse el toro.
SIN. *6* v. **Cañada.**
II) colada (por alusión a una espada del Cid) *f.* fig. Buena espada.
III) colada *f. Colomb.* Especie de arroz con leche. 2 *Ecuad.* Mazamorra.
coladera *f.* Cedacillo para licores. 2 *Amér.* Cloaca o conducto por donde se vierten las aguas. 3 *Méj.* Sumidero con agujeros. 4 *Colomb.* Coladero.
coladero *m.* Colador (utensilio). 2 Camino o paso estrecho. 3 Lugar por donde es fácil colarse. 4 Entre estudiantes, centro de enseñanza donde se aprueba muy fácilmente el curso. 5 MIN. Boquete que se deja en el entrepiso de una mina.
SIN. *1* **Colador, pasador.**
coladilla *f. Méj.* Nombre de un ser imaginario, derivado del verbo «colarse» (introducirse a escondidas).
coladizo, -za *adj.* Que se cuela fácilmente.
SIN. **Caladizo.**
colado, -da *adj.* fig. *y* fam. [pers.] Que está muy enamorado. 2 METAL [hierro] De segunda fundición tal y como sale del alto horno.
I) colador (de *colar I*) *m.* El que da colación de los beneficios eclesiásticos.
II) colador (de *colador II*) *m.* Utensilio en que se cuela un líquido: ~ *de cocina;* ~ ***de aceite,*** el que depone las partículas más voluminosas en el momento en que la bomba de aceite aspira el lubricante en el cárter del motor. 2 *And.* Criba.
coladora *f.* La que hace coladas. 2 Máquina que sirve para colar la ropa.
coladura *f.* Acción de colar (por manga). 2 Efecto de colar (por manga). 3 fig. Inconveniencia, equivocación, plancha. 4 Residuo de cualquier cosa colada. 5 *Méj.* Residuo que queda al colar la masa de maíz o harina de arroz disuelta en agua para hacer el atole.
SIN. *3* v. **Error.**
colágeno (*cola II* + *-geno*) *m.* Constituyente de la substancia fundamental de los tejidos conjuntivo óseo y cartilaginoso, que por el calor se convierte en gelatina.
colagogo, -ga (gr. *cholé,* bilis + *-agogo,* conductor) *adj.* [purgante] Que provoca el drenaje de la bilis.
colagón *m. Méj.* Conducto o canal.
colaina *f.* Acebolladura.
colambre *f.* Corambre.

colana *f.* fam. Trago, trinquis.
colangiopatía (*col-* + *angio-* + *-patía*) *f.* PAT. Proceso patológico de los conductos biliares, en gral.
colangiotomía (*col-* + *angio-* + *-tomía*) *f.* CIR. Incisión de un conducto biliar para la extracción de un cálculo enclavado y para drenaje del líquido retenido.
colangitis (*col-* + *angitis*) *f.* MED. Inflamación aguda o crónica de los conductos biliares que salen del hígado, generalmente de causa infecciosa u obstructiva. ◇ Pl.: *colangitis.*
colanilla *f.* Pasadorcillo con que se cierran puertas y ventanas.
colaña *f.* Tabique de poca altura que sirve de antepecho en las escaleras o de división en los graneros.
colapez (*cola II* + *pez*) *f.* Colapiscis.
colapiscis (*cola II* + l. *piscis,* pez) *f.* Cola de pescado. ◇ Pl.: *colapiscis.*
colapsar *tr.* Producir colapso. -2 *intr.-prnl.* Sufrir colapso o caer en él. 3 Decrecer o disminuir intensamente una actividad cualquiera.
colapso (l. *collapsu;* pp. de *collabi,* caer) *m.* MED. Postración repentina de las fuerzas vitales, determinadas por debilidad de la influencia necesaria de los centros nerviosos. 2 MED. Disminución anormal del tono de las paredes de una parte orgánica hueca, con decrecimiento o supresión de su luz. 3 MEC. Deformación brusca de un cuerpo por la acción de una fuerza. 4 fig. Interrupción súbita de un movimiento o actividad. 5 fig. Destrucción, ruina, de una institución, sistema, etc.
I) colar (l. v. *collare*) *tr.* Conferir canónicamente [un beneficio eclesiástico].
II) colar (l. *-are*) *tr.* Pasar [un líquido] por manga, cedazo o paño: ~ *los zumos de las hierbas;* hacer pasar o pasar por un lugar estrecho: ~ *el hueso por el resquicio;* fam., ***no ~ una cosa,*** no ser creída; *intr., el pez cuela por el resquicio.* 2 Blanquear [la ropa] con lejía caliente. 3 Vaciar. 4 DEP. Meter rápidamente la pelota dentro de la portería, cesta, etc., marcando un tanto. -5 *intr.* fam. Beber vino. 6 Pasar una cosa en virtud de engaño o artificio: *el elogio cuela blandamente; tr.,* ~ *una moneda falsa.* -7 *prnl.* Introducirse a escondidas y sin permiso en alguna parte. 8 Decir inconvenientes o embustes. 9 Equivocarse por inadvertencia. 10 Enamorarse. 11 TAUROM. Meterse el toro bajo el engaño. -12 *intr. Cuba.* En el juego del burro, expresar que uno esté resuelto a jugar determinada mano. ◇ ** CONJUG. [31] como ***contar.***
colargol *m.* Plata coloidal, utilizada en medicina.
colateral (l. *collaterale*) *adj.* [cosa] Que está a uno y otro lado de otra principal: *altar ~; nave ~.* 2 *adj.-com.* Pariente que no lo es por línea recta.
SIN. *2* **Transversal.**
I) colativo, -va (l. *collativu*) *adj.* Que no se puede gozar sin colación canónica; esp. beneficios eclesiásticos.
II) colativo, -va *adj.* Que tiene virtud de colar y limpiar.
colayo *m.* Bocanegra.
colazo *m.* Coletazo.
colca (quechua *kollka,* granero) *f. Perú.* En las chacras, granero, troja.
colcha (l. *culcita*) *f.* Cobertura de cama para adorno y abrigo.
SIN. **Cubrecama, sobrecama, telliza.**
colchado, -da *adj.* [prenda o presea] De tela y acolchado. -2 *f.* Colchadura.
colchadura *f.* Acción de colchar. 2 Efecto de colchar.
colchagüino, -na *adj.-s.* De Colchagua, provincia del centro de Chile.
colchar *tr.* Acolchar.
colchero, -ra *m. f.* Persona que tenía por oficio hacer o vender colchas.
cólchico *m.* Cólquico. ◇ Es de uso INCOR.
colchón (de *colcha*) *m.* Especie de saco cuadrilongo, relleno de lana, pluma, cerda, etc., o provisto de muelles, cosido por todos lados, generalmente basteado y de tamaño proporcionado para dormir sobre él: ~ ***de viento,*** el de tela impermeable henchido de aire; ~ ***de muelles,*** armadura de madera o hierro, con varios resortes enlazados, sobre la cual se ponen los colchones ordinarios; ~ ***de tela metálica*** (también *somier),* el de armazón elástica y tirante.
FR. *Hacer un ~*, descoserlo, varear la lana para ahuecarla y volverlo a coser.
colchonera *adj.-f.* V. aguja colchonera.
colchonería *f.* Lanería. 2 Establecimiento de colchonero.
colchonero, -ra *m. f.* Persona que tiene por oficio hacer o vender colchones. -2 *adj.-s.* Partidario del Atlético de Madrid, club de fútbol. 3 Propio o relativo a dicho club.
colchoneta (de *colchón*) *f.* Cojín largo y delgado que se pone por encima de un sofá, de un banco, etc. 2 Colchón delgado y estrecho. 3 Colchón hinchable.
colcol, -la *m. f. Argent.* vulg. Búho, especie de autillo. 2 fig. *y* fam. Persona fea y sin gracia.
colcótar (ár. < gr. *chálkanthos,* flor de cobre) *m.* Óxido de hierro pulverizado, de color rojo, que se usa en pintura.
colcrén (ingl. *coldcream*) *m.* Pomada hecha con grasa de cetáceo, aceite de almendras dulces y algún aroma, que se emplea para suavizar la piel.
I) cole *m.* fam. Colegio.
II) cole *m. Sant.* fam. Chapuzón.
cole-, col- (gr. *cholé,* bilis) Elemento prefijal que entra en la formación de palabras con el signficado de bilis: *colecistopatía.*
coleada *f.* Sacudida que dan con la cola algunos animales. 2 *Amér.* Acto de derribar una res tirándola de la cola.
coleadero *m. Méj.* Diversión que consiste en colear reses.
coleado, -da *adj. Chile.* [pers.] Que pierde una votación; [estudiante] que sale reprobado en un examen.
coleador, -ra *adj.* [animal] Que colea. -2 *m. Argent.* El que quiere beber a costa de otros. 3 *P. Rico.* Gallero que colea (prepara) los gallos durante la riña. 4 *Argent., Méj.* y *Venez.* El que tira de la cola de una res para derribarla.
SIN. **Coleo.**
colear (frecuent.) *intr.* Mover la cola: *todavía colea.* 2 fig. *y* fam. Perdurar un asunto: *la compra de la nueva sociedad todavía colea a causa del papeleo.* -3 *tr.* TAUROM. Sujetar [la res] por la cola. 4 *Amér.* Derribar [una res] tirándola de la cola hacia un costado. 5 *Amér. Central* y *P. Rico.* Hablando de personas, frisar en una edad. 6 *Colomb.* y *Venez.* Incomodar, hostigar. 7 *Chile.* Negar a alguno su aprobación en un intento dado. 8 *Guat.* Perseguir a una persona. 9 *Perú* y *P. Rico.* Preparar [los gallos] para la pelea. 10 *S. Dom.* Enamorar, cortejar. -11 *prnl. Venez.* Hablando de un carruaje, patinar.
SIN. *1* **Rabear.**
colección (l. *collectione*) *f.* Conjunto de cosas, gralte. de una misma clase: ~ *de grabados;* ~ *numismática.*
coleccionador, -ra *m. f.* Persona que colecciona.
coleccionar *tr.* Formar colección [de objetos, seres naturales, etc.].
coleccionismo *m.* Afición a coleccionar.
coleccionista *com.* Coleccionador.
colecistitis (*cole-* + *cistitis*) *f.* MED. Inflamación aguda o crónica de la vesícula biliar, producida generalmente por la presencia de un cálculo. ◇ Pl.: *colecistitis.*
colecistopatía (*cole-* + *cistopatía*) *f.* Enfermedad de la vesícula biliar, sea infecciosa, sea tumoral.
colecta (l. *collecta*) *f.* Repartimiento de una contribución que se cobra por vecindario. 2 Recaudación de donativos voluntarios, esp. para fines benéficos. 3 En el antiguo ritual de la misa, oración que el sacerdote dice antes de la Epístola.
colectación *f.* Acción de colectar. 2 Efecto de colectar.
colectar (de *colecta*) *tr.* Recaudar donativos. 2 Reunir en uno o más tomos [obras antes sueltas].
SIN. *1* v. **Cobrar.**
colecticio, -cia (l. *collectitiu,* recogido de diversos parajes) *adj.* [cuerpo de tropa] Compuesto de gente nueva y sin disciplina. 2 [tomo] Formado por obras sueltas.
colectivamente *adv. m.* En común, conjuntamente.
colectivero *m. Argent.* Conductor de un colectivo, autobús de pasajeros.
colectividad *f.* Conjunto de personas reunidas o concertadas para un fin.
SIN. v. **Sociedad.**
colectivismo *m.* Teoría económica según la cual el capital y cualquier medio de producción han de pertenecer al Estado para ser distribuidos al individuo, quien debe gozar del fruto obtenido con su propio trabajo. ◇ Esta teoría se distingue del comunismo porque para el último el estado debe ser, además del único propietario, el único productor y distribuidor del producto. El colectivismo sirve de base al socialismo propugnado por Marx (1818-1883), Engels (1820-1895) y Bakunin (1814-1876).
colectivista *adj.-com.* Partidario del colectivismo. -2 *adj.* Relativo a dicho sistema.
colectivización *f.* Acción de colectivizar. 2 Efecto de colectivizar.
colectivizar *tr.* Convertir en colectivo [lo que era individual]: ~ *una explotación agrícola.* 2 Aplicar el colectivismo. -3 *prnl.*

Agruparse, reunirse en sus intereses o trabajo, esp. agremiarse. ◇ ** CONJUG. [4] como ***realizar.***

colectivo, -va (l. *collectivu,* recogido, amontonado < *colligere,* atar, unir) ***adj.*** Que tiene virtud de recoger o reunir. 2 Que afecta a una colectividad: *intereses colectivos; aspiraciones colectivas; caracteres colectivos.* 3 GRAM. ***Nombre ~,*** v. nombre. -4 ***m.*** Conjunto limitado de personas que tienen algo en común: *el ~ de empleados de banca.* 5 *Argent.* y *Parag.* Automóvil de alquiler.

colector, -ra (l. *collectore*) ***adj.*** Que recoge. -2 ***m.*** Recaudador. 3 Eclesiástico que recibe las limosnas de las misas y las reparte entre los que las han de celebrar. 4 Caño o canal que recoge las aguas procedentes de un avenamiento o las sobrantes del riego. 5 Conducto subterráneo en el cual vierten las alcantarillas sus aguas. 6 En la dínamo, cilindro que rodea el extremo del árbol de rotación; está formado por una serie de láminas de cobre aisladas unas de otras y en conexión con los carretes del inducido. -7 ***m. f.*** Coleccionista. 8 Persona que reúne para sus estudios y conocimientos, documentos, textos, etc. -9 ***m. ~ de basuras,*** instalación de una casa por donde se echa la basura que va a parar a un depósito.

colecturía ***f.*** Recaudación de algunas rentas. 2 Oficio de colector (eclesiástico). 3 Oficina donde se reciben las rentas y se guardan los papeles de ellas.

colédoco ***adj.*** ZOOL. [conducto] Formado por la unión de los conductos cístico y hepático y que desemboca en el duodeno.

colega (l. *collega*) ***com.*** Persona que desempeña la misma función que otra. 2 fam. *y* pop. Compañero, amigo.
REL. **Concolega,** el que es del mismo colegio que otro.

colegatario (l. *collegatariu*) ***m.*** Aquel a quien se le ha legado una cosa juntamente con otro u otros.

colegiación ***f.*** Acción de colegiarse. 2 Efecto de colegiarse.

colegiadamente ***adv. m.*** En forma de colegio o comunidad.

colegiado, -da ***adj.-s.*** Persona que pertenece a una corporación que forma colegio. 2 Cuerpo constituido en colegio. -3 ***m.*** En las competiciones deportivas, árbitro.

colegial ***adj.*** Relativo al colegio. 2 Relativo a un cabildo de canónigos. -3 ***m.*** El que tiene beca o plaza en un colegio. 4 El que asiste a cualquier colegio particular. 5 fig. Mancebo inexperto y tímido. 6 *Chile.* Pájaro que vive a orillas de los ríos y lagunas; mide unos trece centímetros de largo; la hembra es de color ceniciento y el macho negro y rojo, a lo cual se debió su nombre, por analogía con el traje de los ant. colegiales *(Amblycercus prevosti; Lichenops perspicillatus).* 7 *Méj.* El que monta mal a caballo.

colegiala ***f.*** Alumna que tiene plaza en un colegio o asiste a él.

colegialista ***adj.-com.*** *Urug.* Que es partidario del régimen colegiado de gobierno.

colegialización ***f.*** Colegiación.

colegialmente ***adv. m.*** Colegiadamente.

colegiarse ***prnl.*** Constituirse, organizarse en colegio los individuos de una profesión o clase. 2 Afiliarse a un colegio constituido. ◇ ** CONJUG. [12] como ***cambiar.***

colegiata ***f.*** Iglesia colegial.

colegiatura ***f.*** Beca o plaza de colegial o de colegiala.

colegio (l. *collegiu* < *colligere,* reunir) ***m.*** Comunidad de personas que viven en una misma casa dedicadas al estudio y sometidas a ciertas reglas. 2 Casa del colegio. 3 Establecimiento de enseñanza primaria o secundaria. 4 Corporación de hombres de la misma profesión: *~ de médicos.* 5 *~* ***electoral,*** conjunto de electores comprendidos legalmente en un mismo grupo para votar; lugar donde se reúnen para votar.

colegir (l. *colligere;* doble etim. *coger*) ***tr.*** Juntar, unir [cosas sueltas]. 2 Inferir, deducir [una cosa] de otra: *~ de,* o *por, los antecedentes.* ◇ ** CONJUG. [55] como ***elegir.***
SIN. *1* **Recolegir.** *2* v. **Deducir.**

colegislador, -ra ***adj.*** [cuerpo] Que concurre con otro para la formación de las leyes.

colelitiasis (*cole-* + *litiasis*) ***f.*** PAT. Formación o presencia de cálculos biliares, que pueden ser únicos o múltiples y de tamaños muy variables. ◇ Pl.: *colelitiasis.*

colémbolo ***m.*** Insecto del orden de los colémbolos. -2 ***m. pl.*** Orden de insectos apterigotas saprófitos, de pequeño tamaño y con la boca masticadora y en algunos casos chupadora.

colemia (*col-* + *-emia*) ***f.*** MED. Presencia de bilis en la sangre y estado morboso consiguiente.

colemula ***m.*** *Colomb.* Especie de ruana larga y angosta.

colena ***f.*** *Chile.* Entre mineros, lavadura.

colénquima ***f.*** Tejido característico de peciolos y tallos jóvenes, formado por células alargadas con paredes reforzadas de celulosa.

coleo ***m.*** Acción de colear.

coleóptero (gr. *koleópteros* < *koleós,* estuche + *pterón,* ala) ***adj.-m.*** Insecto del orden de los coleópteros. -2 ***m. pl.*** Orden de insectos pterigotas con la boca de tipo masticador, de metamorfosis complicada, con las alas del primer par convertidas, por una espesa capa de quitina, en una especie de estuche bajo el cual se pliegan transversalmente las largas alas membranosas del segundo par; como el escarabajo.

coleperitoneo (*cole-* + *peritoneo*) ***m.*** MED. Paso de la bilis, gralte. por perforación de la vesícula, al peritoneo originando una inflamación grave del mismo.

colera ***f.*** Adorno de la cola del caballo.

I) cólera (l. *cholera* < gr. *cholé,* bilis) ***f.*** Bilis. 2 fig. Ira, enojo, enfado: ***montar uno en ~,*** airarse, encolerizarse; ***tomarse uno de la ~,*** perder el uso racional por la vehemencia de la ira.
SIN. *2* v. **Ira.**

II) cólera (de *cólera,* bilis) ***m.*** Enfermedad contagiosa, epidémica, aguda y muy grave, originaria de la India, y caracterizada por vómitos y evacuaciones parecidas al agua de arroz, calambres, concentración de fuerzas y frío en las extremidades. 2 *~* ***nostras*** o ***esporádico,*** gastroenteritis aguda con síntomas que recuerdan a los del cólera morbo.
SIN. *1* **~ asiático, ~ morbo, tifo asiático.** REL. **Vírgula,** vibrión que ocasiona el cólera morbo.

III) cólera ***f.*** Tela blanca de algodón engomada.

colerético ***m.*** Substancia que estimula la producción y secreción de bilis por parte del hígado, sin afectar la función de la vesícula biliar.

colérico, -ca ***adj.*** Relativo a la cólera o que participa de ella. 2 fig. Que fácilmente se deja llevar de la cólera. 3 Relativo a la enfermedad del cólera. -4 ***adj.-s.*** Atacado de esta enfermedad.
SIN. *2* **Corajudo.**

coleriforme (*cólera II* + *-forme*) ***adj.*** [enfermedad] Que tiene algunos síntomas parecidos a los de la enfermedad del cólera.

colerín ***m.*** *Amér.* Colerina.

colerina (dim. de *cólera*) ***f.*** Cólera nostras. 2 Forma benigna de la enfermedad del cólera. 3 Síntomas precursores de esta enfermedad.

colerización ***f.*** Vacunación profiláctica contra la enfermedad del cólera.

colerizar ***tr.-prnl.*** p. us. Irritar, poner colérico. ◇ ** CONJUG. [4] como ***realizar.***

colero ***m.*** *Amér.* En algunas minas, ayudante del capataz. 2 *Chile.* fest. Sombrero de copa.

colesteatosis ***f.*** Acumulación exagerada de colesterol en los tejidos, en especial en piel y tendones. ◇ Pl.: *colesteatosis.*

colesterina (gr. *cholé,* bilis + *stereós,* sólido) ***f.*** FISIOL. Substancia grasa que existe normalmente en la sangre, en la bilis y otros humores, y se encuentra cristalizada en los cálculos biliares. También se halla en la yema del huevo.

colesterinemia (de *colesterina* + *-emia*) ***f.*** Cantidad de colesterina en la sangre.

colesterol (de *colesterina* + *-ol*) ***m.*** Colesterina.

coleta (dim. de *cola*) ***f.*** Mechón largo de cabello en la parte posterior de la cabeza. 2 Cabello envuelto desde el cogote en una cinta en forma de cola: *la ~ de un peluquín; la ~ de un torero;* ***cortarse la ~,*** fig., dejar su oficio el torero, p. ext., cesar uno en una actividad o dejar una costumbre. 3 fig. Adición breve a lo escrito o hablado. 4 Crehuela. 5 *Colomb.* y *Cuba.* Cañamazo. 6 *Ecuad.* Percalina. 7 *Méj.* Mahón, tela amarilla.

coletazo ***m.*** Golpe dado con la cola. 2 Sacudida que dan con la cola los peces moribundos. 3 fig. Última manifestación de una actividad próxima a extinguirse.

coletear ***tr.*** *Cuba.* Dar coletazos o golpes con la cola.

coletero ***m.*** El que tenía por oficio hacer o vender coletos.

coletilla ***f.*** Coleta.

coletillo (dim. de *coleto*) ***m.*** Corpiño sin mangas.

coleto ***m.*** ant. Vestidura de piel que cubre el cuerpo ciñéndolo hasta la cintura. 2 fig. Cuerpo del hombre. 3 Interior de una persona: *hablar para su ~.* 4 *Chile.* Papirote en la cabeza.

coletón ***m.*** *Cuba* y *Venez.* Tela basta de estopa. 2 *Venez.* Sujeto ruin y despreciable.

coletudo, -da ***adj.*** Descarado, desvergonzado.

coletuy ***m.*** Planta leguminosa ornamental de tallo leñoso *(*gén. *Coronilla).*

colgadero, -ra *adj.* A propósito para colgarse o guardarse: *frutos colgaderos.* -2 *m.* Garfio o escarpia, que sirve para colgar de él alguna cosa. 3 Asa o anillo que entra en el garfio o escarpia. -4 *adj.-f.* Pluma que cuelga del cuello de los gallos.
colgadizo, -za *adj.* Que sólo tiene uso estando colgado. -2 *m.* Tejadillo saliente de una pared, sostenido con tornapuntas. 3 *Cuba.* Casa baja cuyo techo tiene una sola vertiente.
colgado, -da (de *colgar*) *adj.* fig. [pers.] Burlado en sus esperanzas o deseos. 2 fig. Contingente, incierto. 3 fig. Vivamente atento, anhelosamente pendiente [de algo o alguien]. 4 vulg. [pers.] Colocado por el alcohol o los estupefacientes.
colgador *m.* Especie de percha portátil que se cuelga de una varilla situada en el interior de los armarios roperos; sirve para tener colgados los trajes sin que se arruguen. 2 IMPR. Tabla puesta en un palo largo, para subir los pliegos recién impresos y colgarlos en las cuerdas en que se enjugan.
colgadura *f.* Conjunto de tapices o telas con que se cubren y adornan las paredes, balcones, etc.: ~ ***de cama,*** cortinas, cenefas y cielo de la cama.
colgajo *m.* Trapo o cosa despreciable que cuelga. 2 Porción de frutas colgadas para conservarlas. 3 Porción de piel sana que en las operaciones quirúrgicas se reserva para cubrir la herida.
SIN. *2* **Arlo.**
colgalejo *m. P. Rico.* desp. Colgajo.
colgamiento *m.* Acción de colgar. 2 Efecto de colgar.
colgandejear *tr. Colomb.* Colgar, suspender.
colgandejo *m. Colomb.* y *Venez.* Colgajo.
colgandero, -ra *adj.* Colgante.
colgante *adj.-s.* Que cuelga: *puente* ~. -2 *m.* Pinjante (joya). 3 ARQ. Festón (adorno).
colgar (v. *colocar*) *tr.* Poner [una cosa] pendiente de otra sin que llegue al suelo: ~ *la fruta de un clavo;* ~ *la ropa en la percha;* esp., revestir o adornar con tapices o colgaduras: ~ *una iglesia, un balcón, las calles.* 2 Ahorcar: ~ *a un reo;* entre estudiantes, suspender, reprobar en examen: *me han colgado en Matemáticas.* 3 ant. Regalar [a uno] una alhaja en el día de su santo, de su cumpleaños, etc.: *si cumplo años me cuelgan.* 4 Imputar, achacar: ~ *una fechoría.* 5 Abandonar una profesión o actividad: ~ *los libros.* 6 Aplicado a tapices, vestidos, etc., presentar bordes desiguales, bajar una parte más que otra. -7 *intr.* Estar una cosa en el aire pendiente de otra: *las campanas cuelgan.* 8 Interrumpir una conversación telefónica colocando el auricular sobre el aparato correspondiente. 9 fig. Depender de la voluntad o dictamen de otro. 10 ***¡Cuelguen!*** voz militar de mando, que ordena llevar el fusil colgado del hombro por el portafusil. ◇ ** CONJUG. [52].
SIN. *1* **Suspender.** *4* v. **Atribuir.** *7* y *9* **Pender, estar pendiente.**
coliamarillo *m. Méj.* Tucán, ave de las ranfástidas.
colias *f.* Especie de mariposa diurna de color amarillo anaranjado que muestra un dimorfismo sexual muy acusado *(Colias crocea).* ◇ Pl.: *colias.*
coliastada *f.* Avispa de la madera.
colibacilo (*colon* + *bacilo*) *m.* Bacilo que hace fermentar la leche y que existe en abundancia en el intestino, donde es gralte. inofensivo, pero puede pasar a otros órganos, ocasionando diversas alteraciones.
colibacilosis (*colibacilo* + *-osis*) *f.* Enfermedad originada por el colibacilo. ◇ Pl.: *colibacilosis.*
colibia *f.* Seta pequeña de color grisáceo, comestible *(Collybia butyracea).*
coliblanco, -ca *adj.* De cola blanca. -2 *m. f.* Aguzanieves.
colibrí (voz caribe) *m.* Ave apodiforme americana con numerosas especies, algunas de las cuales cuentan con los ejemplares más pequeños de todos los existentes, de pico arqueado o anguloso, que liban el néctar de las flores *(*gén. *Tronchilus).* ◇ Pl.: *colibríes.*
SIN. **Pájaro mosca** o **resucitado, picaflor, tomineja, tomineje.**
cólica *f.* Cólico pasajero caracterizado por evacuaciones claras.
SIN. **Pasacólica.**
colicano, -na *adj.* [animal] Que tiene canas en la cola.
SIN. **Rabicano.**
coliche *m.* fam. Fiesta a la que, sin ser formalmente convidados, pueden acudir los amigos de quien la da.
cólico, -ca (l. *-cu* < gr. *kolon,* colon) *adj.* Relativo al intestino colon. -2 *m.* Acceso doloroso localizado en los intestinos, producido por la contracción de la túnica muscular: ~ ***cerrado,*** el acompañado de estreñimiento pertinaz. 3 Dolor debido a la obstrucción o distensión de alguna víscera: ~ ***biliar*** o ***hepático,*** el producido por el paso de un cálculo por una de las vías biliares; ~ ***nefrítico*** o ***renal,*** el producido por el paso de un cálculo por las vías urinarias superiores; ~ ***miserere,*** oclusión intestinal aguda, cuyos síntomas predominantes son el dolor y el vómito de excrementos.
colicoli *m. Chile.* Especie de tábano de color pardo, muy común y molesto *(*gén. *Tabanus).*
colicorto *m.* Mamífero marsupial de pequeño tamaño, que vive en Centro y Sudamérica. Tiene hábitos nocturnos y son beneficiosos, ya que se alimentan de insectos y roedores *(Monodelphis* sp.*).*
colicuación *f.* Acción de colicuar o colicuarse. 2 Efecto de colicuar o colicuarse. 3 MED. Enflaquecimiento rápido por licuación de partes sólidas.
colicuar (l. *colliquare*) *tr.* Derretir, desleír simultáneamente [dos o más substancias sólidas, esp. crasas]. ◇ ** CONJUG. [10] como *adecuar.*
colicuativo, -va *adj.* Que colicua o es propio para colicuar. 2 [flujo] Que produce con rapidez el enflaquecimiento: *sudor* ~.
colicuecer (l. *colliquescere*) *tr.* Colicuar. ◇ ** CONJUG. [43] como *agradecer.*
colidir *tr.* Chocar, tropezar con una oposición física o moral.
coliflor (*col* + *flor*) *f.* Variedad de col, de inflorescencia hipertrofiada, con los brotes transformados en masas carnosas que forman una pella blanca y compacta *(Brassica oleracea botrytis).* ◇ INCOR.: *los coliflores,* por las coliflores.
coligación *f.* Acción de coligarse. 2 Efecto de coligarse. 3 Unión enlace de unas cosas con otras.
coligado, -da *adj.-s.* Unido, confederado con otro u otros.
coligadura *f.* Coligación.
coligallero *m. Amér. Central.* Minero que roba pequeñas cantidades de oro para vender.
coligamiento *m.* Coligadura.
coligar (l. *colligare*) *tr.-prnl.* Unirse, confederarse con otro u otros. ◇ ** CONJUG. [7] como ***llegar.*** ◇ Por cruce con *coalición* se ha formado modernamente el vb. innecesario *coaligar.*
coliguacho *m. Chile.* Moscardón negro, especie de tábano, con los bordes del coselete y el abdomen cubiertos de pelos anaranjados o rojizos *(Tabanus depressus).* -2 *adj. Chile.* burl. Muy grande. 3 *Chile.* Que tiene color pardo obscuro.
coligual *m. Chile.* Sitio poblado de coligües.
coliguay (arauc.) *m. Chile.* Arbusto euforbiáceo cuya leña da olor agradable al quemarse. Su jugo es venenoso y con él enherbolaban los indios las flechas *(Adenopeltis colliguaya).*
coligüe (arauc.) *m. Argent.* y *Chile.* Gramínea muy ramosa, trepadora y de madera dura. Sus hojas son un pasto excelente y de la semilla se hace una clase de sopa *(Chusquea coleu).*
colilarga *f. Chile.* Pajarillo insectívoro que tiene en la cola dos plumas más largas que todo el cuerpo *(Synallaxis aegythaloides).*
colilla (dim. de *cola*) *f.* Punta del cigarro que se tira.
colillero, -ra *m. f.* Persona que recoge colillas.
colimación (de *co-* + l. *limes,* umbral) *f.* FÍS. Acción de colimar. 2 FÍS. Efecto de colimar. 3 ÓPT. Acción de dar a la vista una dirección determinada en ciertos aparatos ópticos.
colimador *m.* FÍS. Parte del espectroscopio donde se reconcentra la luz para su observación. 2 FÍS. Parte de un anteojo astronómico dispuesta para asegurar la colimación. 3 FÍS. En ciertos aparatos, parte que colima los rayos luminosos.
colimar (l. *collimare;* error de copia por *collineare*) *tr.* FÍS. Obtener un haz de rayos paralelos a partir de un foco luminoso.
colimbo *m.* Ave gaviforme de alas cortas que vive en las costas de los países fríos y se alimenta de peces *(*gén. *Colymbus).*
colimense *adj.-s.* De Colima, capital y estado del sudoeste de Méjico.
colimote, -ta *adj.-s.* Colimense.
colín *adj.* [caballo] De poca cola. 2 [piano] De cola pequeña. -3 *m.* Barrita de pan larga y del grueso de un dedo. 4 Pequeña cola del vestido. 5 Parte trasera de la carena de una motocicleta. 6 Ave galliforme americana de pequeño tamaño, parecida a la codorniz *(*gén. *Ortyz).*
I) colina (l. *colle,* collado) *f.* Elevación natural de terreno, menor que una montaña.
SIN. **Alcor, cabezo, cerviguera, cerro, collado, cuesto.**
II) colina *f.* Simiente de coles y berzas. 2 Vivero de coles pequeñas que aún no se han trasplantado. ◇También *colino.*
III) colina (gr. *cholé,* bilis) *f.* Componente de la lecitina que se encuentra en muchos tejidos animales y vegetales.
colinabo (*col* + *nabo*) *m.* Variedad de col, de raíz carnosa

como la del nabo *(Brassica oleracea gongylodes).* 2 Especie de nabo parecido a la remolacha *(Brassica napus napobrassica).*
colincho, -cha *adj. Ecuad.* Reculo, rabón, colín.
colindancia *f.* Hablando de terrenos, condición de colindante.
colindante (*co-* + *lindante*) *adj.* [campo o edificio] Contiguo con otro.
colindar *intr.* Lindar entre sí dos o más fincas.
colineta (de *colina*) *f.* Ramillete (dulces). 2 *Venez.* Dulce de huevo y almendra.
colino *m.* Colina II.
colipavo, -va (*cola* + *pava*) *adj.-s.* Paloma que tiene la cola más ancha que las demás.
coliquera *f.* Cólico que se repite durante cierto tiempo.
colirio (l. *collyriu*) *m.* Medicamento que se aplica por instilación a la conjuntiva del ojo. 2 *Colomb.* Lavativa pequeña.
colirrábano *m.* Colinabo.
colirrojo *m.* Ave paseriforme con la cola y sus coberteras dorsales color castaño rojizo *(gén. Phœnicurus).*
colisa (fr. *coulisse,* corredera) *f.* MAR. Plataforma giratoria sobre la cual gira la cureña sin ruedas de un cañón. 2 El mismo cañón montado de ese modo. 3 *Chile.* Sombrero de paja.
coliseo (l. *colosseu,* colosal) *m.* Anfiteatro Flavio, delante del cual se puso una estatua colosal de Domiciano. 2 Teatro o cinematógrafo de alguna importancia.
colisión (l. *collisione* < *collidere,* chocar) *f.* Choque de dos cuerpos. 2 Rozadura o herida causada por el ludimiento de una cosa con otra. 3 fig. Oposición y pugna de ideas, principios o intereses, o de las personas que los representan.
colisionar *intr.* Chocar, producirse una colisión.
colista *com.* burl. Persona que espera en una cola (fila). 2 El que va último en una competición colectiva.
colitear *tr. Guat.* Colear o seguir a una persona.
coliteja *adj.* [paloma] Cuya cola tiene forma de teja árabe.
colitigante *com.* Persona que litiga en unión con otra.
colitis *f.* MED. Inflamación del intestino colon. ◇ Pl.: *colitis.*
coliza *f.* MAR. Colisa.
I) colla (l. *collu,* cuello) *f.* Gorjal (pieza de armadura). 2 Arte de pesca compuesto de varias nasas colocadas en fila cuando se calan.
II) colla *f.* Temporal que en los mares de Filipinas sopla gralte. del sudoeste con fuerza varia, y alternativas de chubascos violentos, recalmones y fuertes lluvias.
III) colla *adj.-s.* Habitante de las mesetas andinas; en gral. los bolivianos. 2 *Argent.* Indio mestizo de algunas comarcas. 3 *Perú.* Mezquino, miserable.
IV) colla *f.* Grupo de cargadores o descargadores de barcos.
collada *f.* Collado (depresión). 2 Duración larga de un mismo viento.
colladía *f.* Conjunto de collados.
collado (l. *colle,* colina) *m.* Colina (elevación de terreno). 2 Depresión suave por donde se puede pasar fácilmente de un lado a otro de una sierra.
collage (voz fr.) *m.* Técnica plástica que consiste en la utilización de elementos diversos, como papel, tela, chapa, etc., cortados, rasgados o rotos, estructurados libremente y pegados sobre un soporte, con libre elección de formas, colores y calidades.
collalba *f.* Mazo de madera con el cual los jardineros desmenuzan los terrones. 2 ~ *gris* o simplte. ~, ave paseriforme pequeña, insectívora, inquieta, de hasta 12 cms. de longitud, de vuelo rápido, pico fino, con el obispillo y los laterales de la cola de color blanco y el dorso pardusco *(Oenanthe oenanthe).* 3 ~ *rubia,* ave paseriforme pequeña, parecida a la anterior, pero con el cuerpo de color ocre amarillento *(Oenanthe hispanica).*
collar (l. *collare* < *collu,* cuello) *m.* Cadena, sarta de perlas, etc., que rodea el cuello como adorno o usan como insignia en algunas magistraturas, dignidades y órdenes de caballería. 2 antig. Aro de metal puesto al cuello de un malhechor por castigo, de un esclavo como signo de servidumbre, etc. 3 Aro, gralte. de cuero, que se ciñe al pescuezo de los animales domésticos. 4 En ciertas aves, faja de plumas de distinto color alrededor del cuello. 5 Anillo que abraza una pieza circular de una máquina. 6 *Cuba* y *Méj.* Collera, arreo.
collareja *f. C. Rica* y *Méj.* Especie de comadreja *(Mustela brasiliensis).* 2 *Colomb.* y *C. Rica.* Especie de paloma de color azul, apreciada por su carne *(Chloroenas albilínea).*
collarejo *m.* Dim. de *collar.* -2 *adj. Colomb.* [animal] Que tiene como un collar de otro color.
collarín *m.* Dim. de *collar.* 2 Alzacuello de los eclesiásticos. 3 Sobrecuello angosto de algunas casacas. 4 Aparato ortopédico que rodea el cuello y que se emplea fundamentalmente para inmovilizar las vértebras cervicales. 5 Reborde que rodea el orificio de la espoleta de las bombas, para facilitar su manejo. 6 Etiqueta que se pega en el cuello de las botellas. 7 ARQ. Collarino.
SIN. *2* **Sobrecuello.**
collarino (it.) *m.* Parte del fuste de la columna dórica y de la toscana, comprendida entre el astrágalo y el capitel.
SIN. **Collarín.**
I) collazo (l. *collatio,* tributo) *m.* Mozo de labranza al que se le da alguna tierra para que la labre para sí. 2 ant. Persona dada en señorío juntamente con la tierra; pagaba al señor cierto tributo.
II) collazo *m.* Hermano de leche. 2 Compañero de servicio en una casa. 3 Palo con que se ayuda el que recoge gavillas.
colleja (l. *caulicula* < *caule,* col) *f.* Hierba cariofilácea, de hojas blanquecinas y suaves, tallos ahorquillados y flores blancas en panojas colgantes; se cría en los sembrados y parajes incultos y algunos la comen como verdura *(Silene inflata).*
collejas *f. pl.* Nervios delgados que los carneros tienen en el pescuezo.
collera (de *cuello*) *f.* Collar de cuero o lona, relleno, que se pone al cuello de las caballerías o bueyes. 2 fig. Cadena con que se ata a los presidiarios. 3 *Amér.* Pareja. 4 *Argent.* y *Chile.* Yunta de animales. 5 *P. Rico* y *Urug.* Correa o tira de cuero. -6 *f. pl. Amér. Merid.* Gemelos de camisa, juego de dos botones u otros objetos iguales.
collerazo *m. P. Rico.* Golpe dado con una collera (correa).
collerón *m.* Aum. de *collera.* 2 Collera de lujo para los caballos de los coches.
collie *adj.-m.* V. perro pastor. ~ ◇ Se pronuncia *coli.*
colliguay *m. Chile.* Coliguay.
collir *tr. Perú.* Asar [una cosa] envolviéndola en un palo mojado.
collocho *m. Chile.* Coyocho.
collón, -na *adj.* fam. Cobarde, medroso.
collonada *f.* fam. Acción propia de collón.
collonería *f.* fam. Cobardía.
collota (quechua *colluta,* el que le falta un dedo) *f. Perú.* Mano de almirez o mortero.
colmadamente *adv. m.* Con mucha abundancia.
colmado, -da (de *colmar*) *adj.* Abundante, completo. -2 *m.* Establecimiento donde se sirven comidas especiales. 3 Establecimiento de venta de comestibles.
colmar (v. *cumular*) *tr.* Llenar [una medida, un cajón, etc.] hasta que el contenido levante más que los bordes. P. ext., llenar [las cámaras o trojes]. 2 fig. Dar toda la plenitud: ~ *las esperanzas;* dar con abundancia: ~ *de mercedes.*
colmatación *f.* GEOL. Relleno de una cuenca sedimentaria.
colmena (l. *columella,* columnita) *f.* Vaso de corcho, paja, madera, etc., que sirve de habitación a un enjambre de abejas. 2 Enjambre de abejas que habita en la colmena. 3 fig. Multitud de personas.
SIN. **Corcha, corcho.**
colmenar *m.* Lugar donde están las colmenas.
SIN. **Abejar, abejera.**
colmenear *intr. Guat., Hond.* y *Venez.* Buscar colmenas.
colmenero, -ra *m. f.* Persona que tiene colmenas o cuida de ellas. -2 *adj.* [oso] Que ataca las colmenas para comerse la miel. 3 *Cuba* y *Hond.* [caballo] Que levanta la cabeza cuando anda.
colmenilla *f.* Hongo ascomicetes, comestible, de sombrerete aovado, consistente y carnoso *(gén. Morchella).*
SIN. **Cagarria, crespilla, morilla, múrgula.**
colmillada *f.* Colmillazo.
colmillar *adj.* Relativo a los colmillos.
colmillazo *m.* Golpe dado o herida hecha con el colmillo.
colmilleja *f.* Pez teleósteo cipriniforme, propio de aguas dulces estancadas, de cabeza muy comprimida, con tres pares de barbilones cortos y una espina móvil debajo de cada ojo *(Cobitis taenia).*
colmillo (l. *columellu*) *m.* Diente agudo colocado entre el último incisivo y la primera muela: ***enseñar uno los colmillos,*** fig., hacerse temer o respetar; ***escupir uno por el*** ~, fig., echar fanfarronadas, o bien sobreponerse a todo respeto y consideración. 2 Incisivo prolongado en forma de cuerno que, junto a otro, tienen los elefantes en la mandíbula superior
SIN. *1* **Canino, diente columelar.**
colmilludo, -da *adj.* Que tiene grandes colmillos. 2 fig. Sagaz, astuto.
I) colmo (l. *cumulu,* montón) *m.* Porción de materia pastosa

o árida que sobresale por encima de los bordes del vaso que la contiene. 2 fig. Complemento o término de alguna cosa. 3 Techo de paja. 4 Paja que se usa para cubrir cabañas.
FR. fam. *y* fig. *Ser [una cosa] el* ~, rebasar la medida. *A* o *al* ~, colmadamente.
II) colmo, -ma (de *colmar*) ***adj.*** Que está colmado o tiene colmo: *celemín* ~.
colobo ***m.*** Mono catarrino africano, de cuerpo delgado y cola muy larga *(Colobus polykomos)*.
coloboma ***m.*** Anomalía congénita que presentan párpados, iris, cristalino, coroides, retina y nervio óptico; por lo general, ausencia congénita de la porción inferior del iris.
colocación ***f.*** Acción de colocar o colocarse. 2 Efecto de colocar o colocarse. 3 Situación (disposición). 4 Empleo o destino.
colocado, -da ***adj.-s.*** En el juego de pelota, jugador que queda en segundo lugar después del ganador de la quiniela. 2 En las carreras de caballos, [pers.] que llega en segundo lugar a la meta. 3 [pers.] Que tiene un empleo. 4 fam. [pers.] Que se halla bajo los efectos del alcohol o de los estupefacientes. -5 ***m.*** En rugby, acto de dar un puntapié al balón colocado en el suelo con este fin.
colocar (l. *collocare;* doble etim. *colgar*) ***tr.*** Poner, instalar, situar [a una pers. o cosa] en un lugar determinado. 2 fig. Poner [a uno] en un empleo o condición determinada de vida. 3 Tratándose de capital, invertirlo: ~ *el dinero en fincas, en una hipoteca, en obligaciones.* 4 Tratándose de mercancía, venderla, hallarle mercado: *la naranja se coloca bien en Inglaterra.* 5 fam. Seguido de adverbios como *bien, mal*, etc., casar a alguien. 6 fig. *y* fam. Conseguir que alguien acepte, escuche, compre, etc., una cosa que no desea. -7 ***prnl.*** Ponerse a tono con la bebida o con la droga. ◇ ** CONJUG. [1] como ***sacar.***
SIN. *1* Añade a **poner** un matiz de cuidado, esmero: ~ *un cuadro en la pared*, frente a *poner un cuadro en la pared.*
colocasia ***f.*** Planta arácea, originaria de la India, de hojas grandes, aovadas y redondeadas en el margen; su raíz es carnosa y, lo mismo que las hojas, se come cocida *(Colocasia sculenta)*.
SIN. **Haba de Egipto.**
colocho (náhu, *cololli,* garabato) ***m.*** *Amér. Central.* Viruta o doladura de madera. 2 *Amér. Central.* Rizo, tirabuzón. 3 *Guat.* y *Salv.* Favor o servicio.
colocolo (arauc.) ***m.*** *Chile.* Especie de gato montés *(Felis colocolo)*. 2 *Chile.* Animal fabuloso sobre el cual corren muchas supersticiones.
colocutor, -ra (*co-* + *locutor*) ***m. f.*** Persona que habla con otra. 2 Persona que toma parte en una conversación.
SIN. **Interlocutor,** mucho más us.
colodión (gr. *kollodes,* pegajoso) ***m.*** Disolución de algodón pólvora en éter y alcohol; se emplea para la preparación de placas fotográficas, y como aglutinante en cirugía.
colodra ***f.*** Vasija de madera en forma de barreño, usada por los pastores para ordeñar el ganado. 2 Vasija de madera en la que se tiene el vino que se mide y vende por menor. 3 Cuerna (vaso rústico). 4 *Burg., Pal.* y *Sant.* Estuche de madera que lleva el segador a la cintura sujeto con una correa, para colocar la pizarra con que a menudo afila el dalle. 5 *La Mancha.* fig. Cabeza del hombre.
colodrillo (de *colodra*) ***m.*** Parte posterior de la cabeza.
colofón (l. *colophon* < gr. *kolophón*) ***m.*** Anotación al final de los libros, para indicar el nombre del impresor y el lugar y la fecha de la impresión, o alguna otra circunstancia. 2 fig. Frase, actitud, decisión complementaria que pone término a un asunto u obra.
colofonía (gr. *kolophonia* < *Colophón*, ciudad del Asia Menor) ***f.*** Resina sólida, translúcida, pardusca o amarillenta, e inflamable, residuo de la destilación de la trementina.
SIN. **Pez griega.**
colofonita (de *colofonia*) ***f.*** Granate de color verde claro o amarillento rojizo.
cologaritmo ***m.*** Opuesto del logaritmo de un número, es decir, resultado de cambiar de signo dicho logaritmo; pero escrito siempre de tal modo que su mantisa sea positiva.
cologüina ***f.*** *Guat.* Una variedad de gallina.
coloidal ***adj.*** Relativo a los coloides. 2 Que tiene consistencia, propiedades o carácter de coloide.
coloide (gr. *kolla,* cola + *-oide*) ***adj.-m.*** Cuerpo que, disgregado en un líquido, aparece como disuelto por la extremada pequeñez de sus partículas, pero que, a diferencia del cristaloide, no se difunde con su disolvente si tiene que atravesar ciertas láminas porosas.
coloideo, -a ***adj.*** Coloidal.
colombianismo ***m.*** Vocablo, giro o modo de expresión propio de Colombia. 2 Amor o apego a las cosas características de Colombia.
colombiano, -na ***adj.-s.*** De Colombia, nación del noroeste de América del Sur.
colombicultura (l. *columba,* paloma + *-cultura*) ***f.*** Cría y fomento de la reproducción de palomas.
colombina ***f.*** *Cuba.* Catre con bastidor de alambre.
colombino, -na (it. *Colombo*) ***adj.*** Relativo a Cristóbal Colón (1451?-1506) o a su familia: *fiestas colombinas.*
colombo ***m.*** Planta menispermácea de África y Asia cuya raíz tiene propiedades medicinales *(Jaterrhiza palmata)*. 2 Raíz de esta planta.
colombofilia ***f.*** Técnica de la cría de palomas, en especial mensajeras. 2 Deporte dedicado a la cría, adiestramiento, etc., de las palomas.
colombófilo, -la (l. *columba,* paloma + *-filo* I) ***m. f.*** Persona aficionada a la colombofilia.
colombroño, -ña ***m. f.*** *Perú* y *S. Dom.* Tocayo.
colon (l. < gr. *kolon*) ***m.*** Parte del intestino grueso que se extiende desde el ciego al recto. Comprende cuatro segmentos: ascendente, transversal, descendente y sigmoideo. 2 GRAM. Parte o miembro significado del período, y el signo ortográfico con que se distingue, gralte. el punto y coma o los dos puntos. 3 ~ ***perfecto,*** el que por sí hace sentido. 4 ~ ***imperfecto,*** aquel cuyo sentido pende de otro miembro del período. ◇ Es voz us. en la gramática de las lenguas clásicas, pero inus. en las modernas.
colón (por llevar la efigie de *Cristóbal Colón,* 1451-1506) ***m.*** Moneda costarriqueña de oro. 2 Moneda salvadoreña de oro.
Colón ***n. pr. El huevo de Colón,*** v. huevo.
colonato ***m.*** Sistema de explotación de las tierras por medio de colonos.
colonche ***m.*** *Méj.* Bebida alcohólica que se hace con el zumo de la tuna cardona o colorada y azúcar.
colonda (l. *columna*) ***f.*** Pie derecho o poste de tabiques, andamios, etc.
colonense ***adj.-s.*** De Colón, provincia del centro de Panamá.
coloneño, -ña ***adj.-s.*** De Colón, departamento del norte de Honduras.
I) colonia (l. < *colonu,* labrador) ***f.*** Establecimiento fundado por un conjunto de personas que van a poblar un territorio alejado, pero que continúan perteneciendo a su patria: *Ampurias fue una* ~ *griega.* 2 Este territorio: *las colonias francesas.* 3 Gente que se establece en un lugar despoblado de su propio país para cultivarlo. 4 Conjunto de individuos de un país que viven en otro extranjero: *la* ~ *española de París.* 5 Agrupación de animales pequeños que viven juntos. 6 Conjunto de viviendas construidas en el ensanche de una población. 7 Residencia veraniega en el campo, habitada por niños que pasan en ella sus vacaciones. 8 Cinta de seda, lisa, de unos dos dedos de ancho. 9 *P. Rico* y *S. Dom.* Finca de caña refaccionada por una central (hacienda).
II) colonia ***f.*** Agua de Colonia. 2 *Cuba.* Planta de jardín, así llamada por el olor de sus hojas y flores *(Alpinia nutans)*.
coloniaje ***m.*** *Amér.* Período histórico en que América formó parte de la nación española, y sistema de gobierno practicado por España en sus colonias.
colonial ***adj.*** Relativo a la colonia. -2 ***adj.-m.*** Ultramarino (comestible).
colonialismo ***m.*** Tendencia a mantener un territorio bajo dominio político o económico.
colonialista ***adj.-com.*** Relativo al colonialismo o partidario de él.
coloniense ***adj.-s.*** De Colonia, capital y departamento del sur de Uruguay.
colonización ***f.*** Acción de colonizar. 2 Efecto de colonizar.
colonizador, -ra ***adj.-s.*** [pers.] Que coloniza.
colonizar ***tr.*** Establecer colonia o colonias [en un territorio]. 2 Proceder a la explotación y organización de una colonia. 3 Repoblar y valorar económicamente [un territorio]. ◇ ** CONJUG. [4] como ***realizar.***
colono (l. *-nu* < *colere*, cultivar) ***m.*** Habitante de una colonia. 2 Labrador que cultiva una heredad arrendada y suele vivir en ella. 3 *Cuba.* Comerciante detallista que goza de la protección mercantil de un almacén. -4 ***adj.*** *Cuba.* [cabalgadura] De pelo amarillento, con la crin blanca.
colopatía (gr. *kolon,* colon) ***f.*** Proceso patológico, congénito o adquirido, del colon.

coloquial *adj.* [palabra o giro] Propio de la conversación corriente.

coloquíntida *f.* Planta cucurbitácea, de hojas ásperas y vellosas, hendidas en cinco lóbulos, flores amarillas y fruto amargo, de corteza lisa, con la forma, color y tamaño de una naranja, que se usa en medicina como purgante *(Cucumis colocynthis).* 2 Fruto de esta planta.

SIN. **Alhandal, tuera.**

coloquio (l. *colloquiu*) *m.* Conversación o plática entre dos o más personas. 2 Género de composición literaria en forma de diálogo. 3 Reunión de personas donde se expone y discute un tema determinado. 4 Discusión que puede seguir a una disertación, sobre las cuestiones tratadas en ella. 5 *Colomb.* Comedia o sainete que suele representarse en las plazas. 6 *Méj.* Fiesta cantada que se hace alrededor del nacimiento de Cristo.

SIN. v. **Conversación.**

color (l.) *m.* Calidad de los fenómenos visuales que depende de la impresión distinta que producen en el ojo las luces de distinta longitud de onda, la ausencia total de luz (~ *negro*), o la suma de todas las luces *(~ blanco)*: ~ *rojo;* ~ *de fuego;* ~ ***del espectro solar, del iris*** o ***elemental,*** el procedente de la descomposición de la luz del sol (rojo, anaranjado, amarillo, verde, azul, añil y violado); ***colores complementarios,*** los elementales o puros que sumados dan el blanco; ***colores nacionales,*** los de la bandera nacional; ***colores litúrgicos,*** los seis que emplea la Iglesia Romana en los ornamentos, según las festividades: blanco, rojo, verde, morado, negro, y en España, por privilegio, el azul; ***de*** ~, [vestido] que no es blanco ni negro; [pers.] que no pertenece a la raza blanca; ***mudar uno de*** ~, fig., demudarse (el semblante); ***ponerse uno de mil colores,*** mudársele el color del rostro por vergüenza o cólera reprimida; ***sacarle a uno los colores a la cara*** o ***al rostro,*** avergonzarle, sonrojarle; ***salirle a uno los colores a la cara*** o ***al rostro,*** ponerse colorado de vergüenza. 2 fig. Carácter peculiar o aparente de una cosa: *novela de ~ dramático; este período carece de ~ político;* ***ver uno de ~ de rosa las cosas,*** considerarlas de un modo halagüeño. 3 Pretexto, motivo, razón aparente para hacer una cosa: ***so*** ~, con o bajo pretexto. 4 Colorido en la pintura. 5 Substancia colorante, usada para pintar o teñir: *un tubo de* ~; ***dar*** ~ o ***colores,*** pintar.

REL. *1* Del gr. *chroma, chromatos* se forman varios tecnicismos referentes al color: *cromático, cromatina, policromía, acromatismo.* GRAM. El empleo como femenino ha caído en desuso, aunque se mantiene en expresiones arcaizantes: *se le demudó la ~ al oírle*; y en zonas dialectales.

coloración *f.* Acción de colorar. 2 Efecto de colorar.

coloradilla *f. Amér.* Garrapatilla de color rojizo.

colorado, -da *adj.* Que tiene color. 2 Que tiene color más o menos rojo. 3 Libre, obsceno. 4 Que se funda en alguna apariencia de razón o de justicia. -5 *m.* Bejel. 6 *Amér.* Mono colorado. 7 *Cuba.* Escarlatina.

colorados *m. pl. Méj.* y *Perú.* En las minas se da este nombre a los hidratos de hierro que contienen plata nativa o cloruro de plata.

coloradote, -ta *adj.* fam. [pers.] Que tiene el rostro colorado.

colorante *adj.-m.* Que colora: *materias colorantes; colorantes sintéticos.*

REL. **Tintóreas,** se llaman las plantas que contienen colorante.

colorar (l. *-are;* doble etim. *corlar*) *tr.* Dar de color o teñir [una cosa].

colorativo, -va *adj.* Que tiene virtud de dar color.

colorear *tr.* Colorar. 2 fig. Pretextar algún motivo o razón para hacer [una cosa poco justa]; cohonestarla después de hecha. -3 *intr.* Mostrar una cosa el color colorado que en sí tiene. 4 Tomar algunos frutos el color encarnado de su madurez.

SIN. *2* **Colorir.**

colorete *m.* Afeite de color encarnado.

SIN. **Arrebol,** hoy p. us.

colorido *m.* Disposición y grado de intensidad de los diversos colores de una pintura. 2 fig. Color (luz y pretexto). 3 Arte de combinar los colores. 4 fig. Brillo del estilo en las obras literarias. 5 fig. Colorete de las mujeres. 6 Color, carácter peculiar de una cosa.

coloridor, -ra *adj.* PINT. p. us. Colorista.

colorimetría (*colori* + *-metría*) *f.* Determinación manifiesta de la intensidad del color de una substancia. 2 Procedimiento de análisis químico cuantitativo fundado en la intensidad o cambios del color de las disoluciones.

colorímetro *m.* Instrumento que sirve para la colorimetría.

colorín *m.* Jilguero. 2 Color vivo y llamativo: *los colorines de un traje.* -3 *adj. Chile.* Pelirrojo.

FR. *Y ~ colorado, este cuento está acabado,* fórmula tradicional con que terminan los cuentos de niños.

colorinche *m. Argent.* y *Urug.* Color muy subido.

colorir *tr.* Dar color: ~ *una estampa.* 2 fig. Colorear (pretextar). -3 *intr.* Tener o tomar color una cosa naturalmente. ◇ Verbo defectivo; se usa sólo en los tiempos y personas cuya desinencia contiene la vocal *i: coloría, coloriré, coloriendo.*

colorismo *m.* LIT. Propensión a recargar el estilo con calificativos vigorosos o redundantes. 2 PINT. Tendencia a dar exagerada preferencia al color sobre el dibujo.

colorista *adj.-s.* PINT. Que usa bien el color. -2 *adj.* [escritor] Que emplea medios de expresión vigorosos para dar relieve a su lenguaje y estilo.

colosal *adj.* Relativo al coloso. 2 fig. De estatura mayor que la natural. 3 fig. Excelente, extraordinario.

SIN. *3* Para su empleo en la lengua hablada con carácter intens. gral., v. **Brutal.**

colosalismo *m.* Calidad de colosal. 2 desp. Afán de admirar por lo desmesuradamente grande o extraordinario.

colosense *adj.-com.* De Colosas, ant. ciudad de la Frigia Capitiana.

coloso (l. *colossu* < gr. *kolossós*) *m.* Estatua que excede mucho del tamaño natural: *el ~ de Rodas.* 2 fig. Persona o cosa sobresaliente.

colostomía (gr. *kolon,* colon + *stóma,* orificio) *f.* CIR. Intervención quirúrgica consistente en hacer desembocar directamente el colon al exterior, a través de la pared abdominal.

colote (mej. *coloti,* troje) *m. Méj.* Cesto de mimbre alto, cilíndrico, con tapa, usado por los campesinos pralte. para guardar la ropa.

colpa *f.* Colcótar que como magistral se emplea para beneficiar la plata en algunos procedimientos de amalgamación. 2 *Chile* y *Perú.* Sosa natural usada para preparar la mazamorra. 3 *Chile* y *Perú.* Metal en piedra; trozo de mineral puro. 4 *Perú.* Pequeña fuente que utilizan los animales selváticos como abrevadero.

colpo- (gr. *kólpos,* golfo, vagina) Elemento prefijal que entra en la formación de palabras con el significado de vagina: *colpopatía.*

colpocele (*colpo-* + *-cele*) *m.* MED. Salida de la vagina hacia sus órganos vecinos, vejiga urinaria y recto.

colpopatía (*colpo-* + *-patía*) *f.* MED. Alteración, tumoral o no, de la vagina.

colpoplastia (*colpo-* + *-plastia*) *f.* CIR. Intervención quirúrgica en ginecología destinada a la reconstrucción del periné y de la vagina, desgarrados durante el parto.

colposcopia (*colpo-* + *-scopia*) *f.* MED. Examen del conducto vaginal y del cuello del útero por método endoscópico.

colquecharqueño, -ña *adj.-s.* De Colquechaca, c. de la prov. de Chayanta del dep. de Potosí (Bolivia).

colquicáceo, -a *adj.-f.* Planta hoy comprendida en la familia de las liliáceas, como el cólquico.

cólquico (de *Kolchos,* Cólquida) *m.* Hierba liliácea, con tres o cuatro hojas planas, flores de color de rosa y frutos capsulares; su raíz es amarga y medicinal *(Colchicum autumnale).*

SIN. **Azafrán silvestre, espantapastores, quitameriendas, vellorita.**

colt (de *Colt,* 1814-1862, su inventor) *m.* Revólver de cilindro giratorio de seis cámaras.

colúbrido *m.* ZOOL. Individuo de la familia de reptiles ofidios, de que es tipo la culebra común.

coludir (l. *colludere*) *intr.* DER. Pactar en daño de tercero.

coludo, -da *adj. Amér.* Olvidadizo, que deja sin cerrar la puerta que abre para pasar. 2 *Chile.* Rabudo.

columbario (l. *-iu*) *m.* Conjunto de nichos, en los cementerios de los antiguos romanos, donde colocaban las urnas cinerarias.

columbeta *f.* Voltereta que dan sobre la cabeza los muchachos en sus juegos.

columbiforme *adj.-m.* Ave del orden de los columbiformes. -2 *m. pl.* Orden de aves con alas largas y afiladas, el pico y las patas cortos y la cabeza pequeña; son monógamas, de costumbres terrícolas y vegetarianas; como las palomas.

columbino, -na (l. *-nu* < *columba,* paloma) *adj.* Relativo a la paloma, o parecido a ella; gralte. se aplica al candor y sencillez del ánimo. -2 *adj.-m.* Color amoratado de algunos granates. -3 *adj.* De color columbino.

columbrar (b. l. **columinare* < l. *columen,* cima) *tr.* Ver desde lejos [una cosa], sin distinguirla bien. 2 fig. Rastrear o conjeturar por indicios [una cosa].

SIN. *1* v. **Divisar.**

columbrete ***m.*** Mogote en medio del mar.

columelar (l. *columellare* < *columella*, columnilla) ***adj.-s.*** V. diente columelar.

columna (l.) ***f.*** Elemento vertical de sostén y apoyo, generalmente de forma cilíndrica, que suele estar formado por base, fuste y capitel. Se emplea como elemento constructivo, aunque, a veces, tiene una función decorativa: ~ ***abalaustrada,*** la que tiene forma de balaustre; ~ ***adosada,*** la que se levanta adherida a otro elemento vertical; ~ ***aislada, suelta*** o ***exenta,*** la que está sin arrimar a los muros ni a otra parte del edificio; ~ ***ática*** o ***cuadrada,*** la aislada, de base cuadrada; ~ ***compuesta,*** la perteneciente al orden compuesto. Sus proporciones son las de la corintia, y su capitel tiene las hojas de acanto del corintio con las volutas del jónico en lugar de caulículos; ~ ***corintia,*** la perteneciente al orden corintio. Su altura era antiguamente de nueve y media a diez veces su diámetro inferior, pero después se ha hecho en ocasiones más bajas, y su capitel está adornado con hojas de acanto y caulículos; ~ ***dórica,*** la perteneciente al orden dórico. Su altura no pasaba de seis veces el diámetro inferior, pero después se ha hecho llegar a siete veces y aún más. Su capitel se compone de un ábaco con un equino o un cuarto bocel, y las mas ant. no tenían basa; ~ ***embebida*** o ***entregada,*** la que parece introducir en otro cuerpo parte de su fuste; ~ ***entorchada*** o ***salomónica,*** la que tiene el fuste contorneado en espiral; ~ ***estriada,*** aquella cuyo fuste está adornado con canales o estrías unidas una a otra o separadas por un filete; ~ ***fajada,*** la que tiene el fuste formado por piedras o trozos labrados y rústicos alternativamente, y también la que presenta fajas o anillos salientes; ~ ***fasciculada,*** la que tiene el fuste formado por varias columnillas delgadas; ~ ***gótica,*** la perteneciente al estilo ojival; consiste en un haz de columnillas y tiene el capitel adornado con hojas muy recortadas, como las de cardo; ~ ***jónica,*** la perteneciente al orden jónico. Su altura es de ocho a ocho y media veces su diámetro inferior y su capitel está adornado con volutas; ~ ***lotiforme,*** la egipcia, variante de la papiriforme, con capitel lotiforme; ~ ***ojival,*** la perteneciente al estilo ojival. Es cilíndrica, delgada y de mucha altura, lleva capitel pequeño y a veces ninguno, y descansa en basamento característico. Ofrécese fasciculada en torno de pilares y machones; ~ ***palmiforme,*** la egipcia con capitel palmiforme; ~ ***papiriforme,*** la egipcia con el fuste lobulado, representando un haz de tallos de papiro. Su capitel se halla formado por la flor de esta planta, y puede representarse abierta o cerrada; ~ ***románica,*** la perteneciente al estilo románico. Es de poca altura, con capitel de ábaco grueso y tambor ricamente historiado, fuste liso y basa característica o imitada de las clásicas; ~ ***rostrada*** o ***rostral,*** la que tiene el fuste adornado con espolones de nave. 2 Monumento conmemorativo que tiene forma de columna. 3 fig. Sostén, ayuda, apoyo. 4 Porción de tropa dispuesta en formación de poco frente y mucho fondo. Parte de un ejército en campaña: *la ~ del general N.* 5 Unidad de tropas independiente y constituida provisionalmente, sin sujeción a normas reglamentarias. También ~ *mixta.* 6 Pila de cosas colocadas ordenadamente unas sobre otras. 7 ~ ***vertebral, espina dorsal, raquis, rosario, espinazo*** o ***esquena,*** elemento característico del esqueleto de los vertebrados, formado por una serie de vértebras, cada una en articulación semifija con la siguiente, y en cuyo interior se aloja la medula espinal. 8 FÍS. Porción de fluido contenido en un cilindro vertical: ~ *barométrica.* 9 IMPR. Parte en que se divide de arriba abajo una plana de una composición tipográfica por medio de un espacio blanco o de una línea. 10 QUÍM. Dispositivo en forma de torre que se emplea para la separación de los gases o líquidos de una mezcla o disolución.

Quinta columna. Durante la guerra civil española de 1936-1939, el general Mola (1887-1937) dijo, en un discurso por radio, que atacaban Madrid cuatro columnas, y que la quinta la formaban los simpatizantes de Franco (1892-1975) dentro de Madrid. Esta frase dio pie a que después se extendiese universalmente el nombre de *quinta columna* para designar a los que en la retaguardia de un ejército se dedican al espionaje, difusión de noticias, sabotaje, etc., en favor del enemigo.

columnario, -ria (l. *-iu*) ***adj.*** Que tiene columnas. -2 ***adj.-s.*** Moneda de plata acuñada en América en el s. XVIII con un sello en el que están esculpidas dos columnas y la inscripción *plus ultra.*

columnata (l.) ***f.*** Serie de columnas de un edificio.

columnista ***adj.-com.*** Persona que tiene a su cargo la redacción de una columna especial en una publicación periodística.

columpiar ***tr.-prnl.*** Mecer [al que está sentado en un columpio]. -2 ***prnl.*** fig. Mover el cuerpo de un lado a otro al andar. 3 fig. *y* fam. Equivocarse, meter la pata. ◇ ** CONJUG. [12] como ***cambiar.***

columpio ***m.*** Cuerda fija por ambos extremos a un punto elevado y en cuyo centro se sienta alguna persona y se mece. 2 *Chile.* Mecedora, balancín. 3 *Guat.* Bimbalete.

SIN. *1* **Mecedero, mecedor, mecendero, mecerendero** (And.).

coluna ***f.*** desus. Columna.

colunia ***f.*** *Venez.* Gavilla de gente perdida, coluvie.

coluria (*col-* + *-uria*) ***f.*** PAT. Presencia aumentada de sales biliares en la orina, propia de una lesión o alteración del hígado.

coluro (l. *-ru* < gr. *kolos,* truncado + *ourá,* cola) ***m.*** ASTRON. Círculo máximo de la esfera celeste que pasa por los polos y corta a la eclíptica en los puntos equinocciales *(~ de los equinoccios),* y en los solsticiales *(~ de los solsticios).*

colusión ***f.*** Acción de coludir. 2 Efecto de coludir.

colusor ***m.*** El que comete colusión.

colusorio, -ria ***adj.*** Que tiene carácter de colusión o la produce.

colutorio (l. *collutu;* pp. de *colluere,* lavar) ***m.*** Enjuagatorio medicinal.

coluvie (l. *colluvie*) ***f.*** Gavilla de pícaros. 2 Sentina, lodazal.

coluvión ***m.*** Depósito acumulado al pie de una pendiente tras un corto recorrido y como consecuencia de la acción erosiva de las aguas de arroyada.

colza (flam. *kohlsaad*) ***f.*** Planta crucífera, variedad de nabo, de cuyas semillas se extrae un aceite muy empleado en el norte de Europa para la condimentación y el alumbrado *(Brassica napus oleifera).*

com-, v. con-.

I) coma (l. *comma* < gr. *komma,* parte de un período) ***f.*** Signo ortográfico [,] que indica la división de las frases o miembros más cortos de la oración o del período; se emplea en aritmética para separar los enteros de las fracciones decimales; **PUNTUACIÓN. 2 MÚS. Parte de las nueve en que, teóricamente, se divide el tono. 3 Ménsula que suelen tener por debajo los asientos movibles de las sillas de coro, y que, estando levantado el asiento, sirve para apoyarse en ella el que está de pie. 4 ÓPT. Aberración o defecto de un instrumento que reproduce con forma semejante a la coma ortográfica lo que en realidad es un punto.

SIN. *1* **Inciso,** p. us. *3* **Misericordia.**

II) coma (gr. *koma,* sopor) ***m.*** Estado morboso debido a causas muy diversas, caracterizado por la abolición de las funciones psíquicas y la inmovilidad, con conservación de la circulación y de la respiración.

comadrajo ***m.*** *Cuba.* Regalo que se hace dentro del término comprendido entre el día de Reyes y la Cuaresma.

comadrazgo ***m.*** Parentesco espiritual que contraen la madre de una criatura y la madrina de ésta.

comadre (l. ecl. *commatre*) ***f.*** Partera. 2 Madrina de un niño con relación al padrino y a los padres. 3 Madre de un niño con relación a la madrina. 4 Vecina y amiga íntima de una mujer. 5 fam. Alcahueta.

comadrear (de *comadre*) ***intr.*** fam. Chismear, murmurar, esp. las mujeres.

comadreja (l. v. *commatericula;* dim. de *commater,* comadre) ***f.*** Mamífero carnívoro mustélido, de unos 3 dms. de largo, de pelaje pardo por el dorso y blanco por debajo, cuerpo muy alargado y patas cortas; caza de noche y es muy perjudicial *(Mustela nivalis).* 2 *Argent.* Zarigüeya.

SIN. **Mustela; ardilla, bonuca, donosilla, monuca, mostalilla, mostolilla, villería** (*Sant.); **doronsilla** (*Sal.); **mostadiecha, mustadiella** (*Ast.); **mustrela** (*Ar.); **paniquesa** (*Ar., Ál., Murc.* y *Nav.).*

comadreo ***m.*** fam. Acción de comadrear. 2 Efecto de comadrear.

comadrería ***f.*** fam. Chismes y cuentos propios de comadrero y comadrera.

comadrero, -ra (de *comadre*) ***adj.-s.*** Persona holgazana y chismosa.

comadrón (de *comadre*) ***m.*** Cirujano que asiste a la mujer en el acto del parto.

SIN. **Tocólogo,** científ. **Partero,** vulg.

comadrona (de *comadre*) ***f.*** Partera.

comal (mej. *comalli*) ***m.*** *Amér. Central, Guat.* y *Méj.* Disco bajo y delgado de barro sin vidriar que se usa para cocer las tortillas de maíz y para tostar el café y el cacao.

comalear ***tr.*** *Guat.* Operación de labranza que consiste en limpiar en círculo o en forma de comal, alrededor de las plantas.

comalia *f.* Enfermedad de los animales, esp. del ganado lanar, consistente en una hidropesía general.
SIN. **Morriña, zangarriana.**
comalido, -da (de *comalia*) *adj.* Enfermizo (de poca salud).
comanche *adj.-s.* De una tribu de indios que vivían en Tejas y Nuevo Méjico. -2 *m.* Lengua de los comanches.
comandancia *f.* Empleo de comandante. 2 Territorio sujeto militarmente a él. 3 Oficina donde despacha.
comandanta *f.* Mujer del comandante. 2 Nave en que iba el comandante o jefe de una escuadra o de parte de ella.
comandante (l. v. *commandare*) *m.* Jefe militar de categoría comprendida entre las de capitán y teniente coronel. 2 Militar que ejerce el mando en ocasiones determinadas, aunque no tenga el empleo jerárquico de comandante: ~ ***de armas,*** militar a quien por su mayor categoría corresponde el mando superior sobre una colectividad; ~ *de un fuerte, de un puesto,* etc.; ~ ***de un avión,*** oficial piloto que tiene el mando del mismo; ~ ***en jefe,*** jefe de todas las fuerzas armadas de una nación o en una guerra para una determinada batalla; ~ ***militar,*** el que ejerce el mando de tropas y de los servicios correspondientes a ellas, en determinada localidad; ~ ***mayor,*** jefe encargado de la oficina de contabilidad en los cuerpos y establecimientos militares; ~ ***general,*** oficial general con mando sobre grandes colectividades orgánicas del ejército o la marina; ~ ***de provincia marítima,*** jefe de marina que tiene autoridad superior provincial; ~ ***general de escuadra,*** general de la armada, revestido del mando superior en una escuadra.
comandar (l. v. *commandare*) *tr.* Mandar [un ejército, una flota, etc.]. 2 DEP. Ocupar el primer lugar de una clasificación deportiva.
comandita (it. *accomandita,* depósito, custodia) *f.* Sociedad en comandita. Abreviatura *S. en C.*: ***en*** ~, en sociedad comanditaria.
comanditar (de *comandita*) *tr.* Aprontar los fondos [para una empresa comercial o industrial de otro], sin contraer obligación mercantil alguna.
comanditario, -ria *adj.-s.* Relativo a la comandita. -2 *adj.-m.* Suministrador de capital en una sociedad en comandita.
comando (de *comandar*) *m.* Mando militar. 2 Pequeño grupo de tropas de choque, destinado a hacer incursiones ofensivas en terreno enemigo o a realizar operaciones arriesgadas. 3 Grupo armado que emplea la violencia en su propio beneficio. 4 Miembro de un grupo armado. 5 DEP. *Colomb.* Primer lugar de una clasificación deportiva.
comarca (*co-* + l. *marca,* provincia) *f.* División territorial que comprende varias poblaciones.
SIN. **Redonda.**
comarcal *adj.* Relativo a la comarca.
comarcano, -na *adj.* Cercano, inmediato, contiguo.
comarcar (de *comarca*) *intr.* Lindar entre sí países o heredades. -2 *tr.* Plantar [árboles] en líneas rectas y a distancias iguales, de modo que formen calles en todas direcciones. ◇ ** CONJUG. [1] como ***sacar.***
comatoso, -sa *adj.* Relativo al coma II.
comátula *f.* Equinodermo crinoideo que vive cerca de las costas *(Antedon mediterranea).*
SIN. **Lirio de mar.**
comayagüense *adj.-s.* De Comayagua, capital y departamento del centro de Honduras.
comba (l. *cumba* < gr. *kymbe,* cosa cóncava) *f.* Inflexión que toman algunos cuerpos sólidos cuando se encorvan. 2 Juego de niños que consiste en saltar por encima de una cuerda que se hace pasar por debajo de los pies y sobre la cabeza del que salta. 3 Esta misma cuerda. 4 *Ecuad.* y *Perú.* Martillo grueso.
SIN. *1* v. **Curvatura.** *3* **Saltador.**
combada (de *combar*) *f.* Teja con que se cubren los tejados.
combado *m.* Nervio curvo en las bóvedas estrelladas.
combadura *f.* Efecto de combarse. 2 Curvatura de una bóveda.
combalacharse *prnl.* Confabularse.
combar (de *comba*) *tr.-prnl.* Encorvar, torcer [un objeto de madera, hierro, etc.]. -2 *intr. Chile.* Trabajar con combo (martillo).
combate (de *combatir*) *m.* Acción bélica en la que intervienen fuerzas militares de alguna importancia. 2 fig. Lucha o desasosiego interior del ánimo. 3 *Méj.* Ayuda recíproca que se prestan los habitantes de un lugar para hacer sus trabajos.
SIN. v. **Lucha.** FR. *Fuera de* ~, inutilizado para continuar la lucha. Ús. gralte. con los vbs. *estar, quedar, dejar,* etc.
combatible *adj.* Que puede ser combatido o conquistado.
combatidor *adj.* Combatiente.
combatiente (de *combatir*) *adj.-com.* Que combate. -2 *m.* Soldado que forma parte de un ejército. 3 Pez de acuario de pequeño tamaño y colores muy vistosos *(Betta splendens).* 4 Ave caradriforme zancuda de unos 30 cms. de longitud, de plumaje apagado durante el invierno; en primavera, el macho se reviste de un plumaje muy vistoso con una gorguera alrededor de la cabeza *(Philomachus pugnax).*
combatir (l. v. **combattere* < l. *combatuere*) *intr.-prnl.* Pelear: ~ o *combatirse, con,* o *contra, el enemigo; se combatía en la ciudad.* -2 *tr.* Acometer, embestir [a una pers. o cosa]: ~ *la fortaleza;* ~ *a los enemigos.* 3 fig. Batir, golpear con violencia [las cosas inanimadas]: *las olas combaten el acantilado.* 4 fig. Agitar [el ánimo] los afectos y pasiones: *le combaten mil pensamientos;* ***prnl.,*** *las pasiones se combaten en su pecho;* ***pasiva,*** *seguíla, combatido de mil pensamientos;* ***intr.,*** *mil sentimientos combatían en su pecho.* 5 fig. Contradecir, impugnar: ~ *las calumnias; la combatían con ruegos.*
combatividad *f.* Inclinación natural a la lucha.
combativo, -va *adj.* Inclinado a la lucha, a la contienda o a la polémica; batallador, luchador.
combazo *m. Chile.* Combo, puñetazo.
combeneficiado *m.* Beneficiado a la vez que otro u otros en una misma iglesia.
combés (port., *convés*) *m.* Espacio descubierto, ámbito. 2 MAR. Espacio en la cubierta superior desde el palo mayor hasta el castillo de proa.
combina *f.* vulg. Combinación, esp. en el sentido de plan, traza, artimaña.
combinable *adj.* Que se puede combinar.
combinación *f.* Acción de combinar o combinarse. 2 Efecto de combinar o combinarse. 3 Plan, traza, artimaña: *se le descubrió la* ~. 4 Unión de dos cosas en un mismo sujeto. 5 ÁLG. Grupo que se puede formar con cierto número de elementos, reuniéndolos de dos en dos (~ ***binaria***), de tres en tres (~ ***ternaria***), etc., de manera que cada grupo se diferencie de los demás en un elemento por lo menos. 6 En los diccionarios, conjunto de vocablos que empiezan con unas mismas letras, como los que empiezan por *ab,* por *ba,* etc. 7 Prenda interior femenina que se lleva debajo del vestido. 8 QUÍM. Unión de dos o más cuerpos para formar un compuesto homogéneo, distinto de los componentes.
combinado *m.* Cóctel. 2 DEP. Equipo integrado por jugadores de diferentes equipos.
combinar (b. l. *-are* < l. *bini,* de dos en dos) *tr.* Unir [cosas diversas] de manera que formen un compuesto: ~ *lo dulce con lo útil;* poner de acuerdo [cosas o intenciones] : ~ *las ideas, los movimientos.* 2 Unir o juntar [escuadras o ejércitos] para algún fin. 3 Disponer, trazar [los quehaceres] siguiendo un orden: ~ *un plan.* 4 DEP. En el fútbol, pasar la pelota de un jugador a otro para desmarcarse y volver a recogerla en situación más favorable. 5 MAT. Formar combinaciones. -6 *intr.* Armonizar una cosa con otra. -7 *tr.-prnl.* QUÍM. Unir [dos o más elementos] para formar un compuesto químico. -8 *prnl.* Ponerse de acuerdo para una acción conjunta. ◇ HOMÓF.: *convine* y *convino* (v.).
combinatorio, -ria *adj.* Perteneciente o relativo a la combinación. 2 MAT. V. análisis combinatorio.
combo, -ba (de *comba*) *adj.* Que está combado. -2 *m.* Asiento sobre el cual se colocan los toneles y las cubas. 3 *Chile.* Martillo, mazo. 4 *Chile.* Puñetazo, trompada.
comboso, -sa *adj.* Combado.
combretáceo, -a (l. *combretu*) *adj.-f.* Planta de la familia de las combretáceas. -2 *f. pl.* Familia de plantas, árboles o arbustos tropicales, afines a las mirtáceas, con el ovario unilocular y el fruto monospermo; como el mirobálano.
comburente (l. p. a. de *comburere,* quemar) *adj.-m.* Que hace entrar en combustión o la activa.
combustibilidad *f.* Calidad de combustible.
combustible (de *combustión*) *adj.* Que puede arder. 2 Que arde con facilidad. -3 *adj.-s.* QUÍM. Substancia capaz de combinarse con un cuerpo oxidante. -4 *m.* Leña, carbón y cualquiera otra materia que sirve para hacer lumbre. 5 ~ ***nuclear,*** materia que se emplea para producir calor mediante reacciones nucleares.
SIN. *1* y *2* **Ustible,** (lit. p. us.). CONTR. *1* y *2* **Incombustible.**
combustión (l. *-stione*) *f.* Acción de arder o quemar. 2 Efecto de arder o quemar. 3 QUÍM. Reacción de una substancia con el oxígeno con desprendimiento de calor y, a veces, de luz: *motor de* ~ *interna;* ~ ***espontánea,*** la que se produce en ciertas substancias cuando se hallan finamente disgregadas, sin que in-

tervenga aplicación de un foco de calor; ~ ***orgánica,*** conjunto de oxidaciones que ocurren en la intimidad de los tejidos; MED., la que se produce en las partes grasas del cuerpo humano por el uso continuado y excesivo de las bebidas alcohólicas.

SIN. *1* y *2* **Ustión,** (latinismo pedante); **ignición** (lit. cientif.); **quema.**

combusto, -ta (l. *-tu*) ***adj.*** Que está abrasado.

comebolas ***com.*** *Colomb.* Azotacalles. 2 *Cuba.* Tonto, que cree todas las bolas (mentiras) que oye. ◇ Pl.: *comebolas.*

comechingón, -na ***m. f.*** Indio americano que habitaba en las sierras de Córdoba, República Argentina. -2 ***m.*** Lengua de estos indios. -3 ***adj.*** Perteneciente o relativo a dichos indios o a su lengua.

comecocos ***com.*** Persona, cosa, institución, doctrina, etc., alienante. ◇ Pl.: *comecocos.*

comecome (de *comer*) ***m.*** Comezón, picazón en el cuerpo. 2 p. ext. Desazón del ánimo, preocupación.

comedero, -ra ***adj.*** Que se puede comer. -2 ***m.*** Vasija donde se echa la comida a algunos animales. 3 Sitio adonde acude a comer el ganado.

comedia (l. *comœdia*) ***f.*** Obra dramática, esp. la de enredo y desenlace festivos o placenteros: ~ ***de enredo,*** la de trama ingeniosa y complicada; ~ ***de costumbres,*** la que tiene por asunto actos comunes de la vida social ordinaria; ~ ***de carácter,*** aquella cuyo fin principal es la pintura del carácter de las personas; ~ ***de capa y espada,*** en el teatro español del s. XVII, la de costumbres caballerescas de aquel tiempo; ~ ***de figurón,*** en el teatro español del s. XVII, aquella en cuyo protagonista se pinta algún carácter o vicio ridículo y extravagante; ~ ***heroica,*** aquella en que intervienen príncipes y altos personajes; ~ ***togada,*** la latina de argumento romano, y la de personajes de condición humilde. 2 Género cómico. 3 Teatro (edificio). 4 fig. Suceso de la vida real, capaz de interesar y mover a risa. 5 Farsa o fingimiento. 6 ~ ***musical,*** obra teatral o cinematográfica en que se declama, se canta y se baila.

comediante, -ta (de *comedia*) ***m. f.*** Actor, actriz. 2 fig. Hipócrita.

comediar (de *comedio*) ***tr.*** Promediar. ◇ ** CONJUG. [12] como ***cambiar.***

comedidamente ***adv. m.*** Con comedimiento.

comedido, -da (de *comedirse*) ***adj.*** Cortés, moderado. 2 *Amér.* Servicial, complaciente. 3 *Ecuad.* Entremetido.

comedimiento (de *comedirse*) ***m.*** Cortesía, moderación.

comedio (*co-* + *medio*) ***m.*** Centro de algún territorio o lugar. 2 Espacio de tiempo que media entre dos épocas.

comediógrafo, -fa ***m. f.*** Persona que escribe comedias.

comedión ***m.*** desp. Aum. de *comedia.*

comedirse (l. *commetiri* < *metiri*, medir) ***prnl.*** Arreglarse, contenerse: ~ *en sus acciones.* 2 Ofrecerse o disponerse para alguna cosa. 3 *Argent.* y *Ecuad.* Entremeterse. ◇ ** CONJUG. [34] como ***servir.*** ◇ La acep. 2 es muy frecuente en los clásicos, está hoy casi desus.

comedón ***m.*** Grano sebáceo con un puntito negro que se forma en la piel del rostro, debido gralte. a la obstrucción del conducto excretor de una glándula sebácea por un ácaro diminuto *(Demodex folliculorum).*

SIN. **Espinilla.**

comedor, -ra ***adj.*** Que come mucho. -2 ***m.*** Pieza destinada en las casas para comer. 3 p. ext. Mobiliario de este aposento. 4 Establecimiento destinado para servir comidas.

comedura ***f.*** *P. Rico.* Porción de alimento que se da al ganado.

comefrío ***m.*** *Colomb.* Rufián, chulo.

comegente ***m.*** *Ecuad.* y *P. Rico.* Tragaldabas.

comején (del arahuaco antillano *comixén*) ***m.*** Termes. 2 *Ecuad.* y *Perú.* fig. Zozobra, inquietud.

comejenera ***f.*** Lugar donde se cría comején (insecto). 2 *Venez.* fig. Paraje donde se reúnen gentes de mal vivir.

comelata ***f.*** *Cuba* y *P. Rico.* fest. Comilona.

comelona ***f.*** *P. Rico* y *S. Dom.* fest. Comilona.

comemierda ***f.*** *And.* Abubilla.

comendador (l. *commendatore* < *commendare,* recomendar) ***m.*** Caballero que tiene encomienda en alguna de las órdenes militares o de caballeros. 2 El que en las órdenes de distinción tiene dignidad superior a la de caballero e inferior a la de maestre. 3 ~ ***mayor,*** dignidad en algunas órdenes militares inmediatamente inferior a la de maestre. 4 Prelado de algunas casas de religiosos, como de la Merced y de San Antonio. 5 ~ ***de Calatrava*** o simplemente ***el Comendador,*** D. Gonzalo de Ulloa, personaje del *Burlador de Sevilla* de Tirso de Molina (¿1583?-1648), y de otras obras literarias, inspiradas en el mismo asunto, entre ellas esp. el *Don Juan Tenorio* de Zorrilla (1817-1893); v. Convidado de piedra.

comendadora ***f.*** Superiora o prelada de los conventos de las órdenes militares, o de religiosas de la Merced.

comendatario (l. ecl. *commendatariu*) ***m.*** Eclesiástico secular que goza en encomienda un beneficio regular.

comendaticio, -cia (l. ecl. *commendatitiu*) ***adj.*** [despacho de recomendación] Que dan algunos prelados.

comendatorio, -ria ***adj.*** [papel, carta] De recomendación.

comendero ***m.*** Persona a quien se daba en encomienda alguna villa o lugar, o tenía en ellos algún derecho concedido por los reyes.

comensal (paras. del l. *mensa,* mesa) ***com.*** Persona que vive a la mesa y expensas de otra, en cuya casa habita. 2 Persona que come con otras en una misma mesa. 3 BIOL. Organismo de una especie que vive en asociación estrecha con una o más especies distintas.

comensalía (de *comensal*) ***f.*** Compañía de casa y mesa.

comensalismo ***m.*** Asociación externa entre dos organismos que es beneficiosa para ambas.

comentador, -ra ***m. f.*** Persona que comenta. 2 Persona que inventa falsedades.

comentar (l. *commentari* < *mens,* mente, alma) ***tr.*** Escribir o hacer comentarios [sobre una obra, una persona, un suceso, etc.].

comentario (l. *commentariu*) ***m.*** Observación hablada o escrita para explicar, ilustrar o criticar el sentido de una obra, discurso, etc. -2 ***m. pl.*** Conversación sobre personas o sucesos, gralte. con algo de murmuración. 3 Título que se da a algunas memorias históricas escritas con brevedad.

comentarista ***com.*** Persona que comenta en gral., y esp. que escribe comentarios.

comento ***m.*** Acción de comentar. 2 Efecto de comentar. 3 Comentario (observación). 4 Embuste (mentira).

SIN. *4* v. **Mentira.**

comenzante ***adj.-s.*** Que comienza.

comenzar (l. v. **cominitiare*) ***tr.*** Empezar (dar principio): *los púgiles comienzan la lucha;* cuando el complemento es un infinitivo, suele introducirse con la prep. *a*: *comenzó a prevenir y llamar gente; comenzaba a cerrar la noche.* 2 Con el complemento directo implícito, empezar, tener principio una cosa: ~ *por la «Diana» de Montemayor;* ~ *en los campos de Montiel;* ~ *por reñir (*equivale a ~ *riñendo); **intr.,** aventuras y desventuras nunca comienzan por poco.* ◇ ** CONJUG. [47] como ***empezar.***

SIN. En el habla rúst. y vulg. **Encomenzar, escomenzar.** v. **Empezar.**

comepiojo ***m.*** *Argent.* vulg. Mamboretá.

I) comer ***m.*** Comida (alimento).

II) comer (l. *comedere*) ***intr.*** Tomar alimento: *no se puede vivir sin* ~. 2 Tomar la comida principal del día: *comen a la una.* -3 ***tr.*** Mascar y tragar [el alimento]: ~ *fruta.* 4 Corroer, desgastar: *el orín come el hierro.* 5 Gastar, consumir: *la estufa come mucho carbón; comerse la hacienda;* ~ ***plomo,*** gastar el cazador muchos perdigones porque la pieza presenta dificultades para el tiro. 6 Dejar la luz desvaído [un color]. 7 En los juegos de tablero, ganar [una pieza o peón] al contrario. 8 Sentir comezón física o moral: *la pierna me come; la envidia le comía.* -9 ***prnl.*** Saltarse letras o palabras al escribir o hablar. 10 fig. Llevar uno encogidas prendas como calcetines, medias, etc., de modo que se van metiendo dentro de los zapatos. ◇ HOMÓF.: *como* (adv.).

FRS. *Comer el coco,* fig. fam., convencer a alguien aprovechándose de su ingenuidad o buena fe. *Comerse unos a otros,* estar en gran discordia; ~ *vivo a uno,* desear una persona tomar venganza contra él, o bien causarle una cosa grave molestia; ~ *y callar,* da a entender que al que está a expensas de otro, le conviene obedecer y no replicar; *comerse una cosa a otra,* denota que una cosa anula o hace desmerecer a otra; *sin comerlo ni beberlo,* sin haber tenido parte en la causa o motivo del daño o provecho que se sigue; ~ *con los ojos,* sentir atracción por la comida; *comerse a* [algo o alguien] *con los ojos,* mirarlo con codicia, envidia, amor o cólera; *comerse los codos de hambre,* estar muy necesitado. SIN. 3 Expres. intensivas: **tragar, engullir, devorar** (sugiere avidez), **embocar, embaular, zampar;** fam.: **manducar, papar, jamar** (vulg.), **hacer por la vida;** ant.: **yantar** (aceps. 1 y 3). REL. Numerosas plabras cultas o técnicas se forman con el l. *voro* (herbívoro, carnívoro), o con las formas de origen gr. *fago, fagia (fagocitosis, antropófago, antropofagia).*

comerciable ***adj.*** Aquello con que se puede comerciar. 2 fig. [pers.] Sociable.

comercial *adj.* Relativo al comercio. 2 Que tiene fácil aceptación en el mercado.
SIN. *1* **Mercante, mercantil.** El primero, se aplica sólo a la marina dedicada al comercio: *un barco mercante;* **comercial** es más corriente que **mercantil**, pero su sinonimia es completa. Sin embargo se dice *Derecho mercantil*, con preferencia a *comercial;* **marchante** tiene hoy poco uso.
comercialidad *f.* Calidad de comercial.
comercialismo *m.* Mentalidad exageradamente comercial.
comercialización *f.* Acción de comercializar. 2 Efecto de comercializar.
comercializar *tr.* Dar [a un producto] condiciones y organización adecuadas para su venta. ◇ ** CONJUG. [4] como ***realizar.***
comercialmente *adv. m.* De una manera comercial.
comerciante *adj.-com.* [pers.] Que comercia. -2 ***com.*** Dueño de un comercio. 3 fig. [pers.] Que antepone el dinero o el interés a todo, o que en sus actos nunca prescinde de ellos.
SIN. **Mercader** tiene hoy p. us. y se dice, pralte., del ambulante que va de un lado a otro con sus mercancías; **tratante** se dice, en los medios rurales, del que comercia en ganado o en productos agrícolas; **mercadante, merchante** y **mercante** son ant.; **mercachifle,** desp.; **negociante,** sugiere cierta importancia en su comercio y tratos; **traficante** sugiere, pralte., la actividad y diligencia que pone en sus negocios, y a veces es desp.; el **trajinante** no tiene negocio fijo.
comerciar *intr.* Comprar y vender o permutar productos naturales o industriales con fin lucrativo: ~ *en frutas.* 2 fig. Tener trato y comunicación unas personas con otras. ◇ ** CONJUG. [12] como ***cambiar.***
SIN. **Mercadear, tratar;** v. el artículo anterior.
comercio (l. *commerciu* < *merce*, mercancía) ***m.*** Acción de comerciar. 2 Efecto de comerciar. 3 Conjunto de comerciantes de una población, país, etc. 4 Establecimiento comercial. 5 Juego de naipes.
comestible (l. *comestu;* pp. de *comedere,* comer) ***adj.*** Que se puede comer. -2 ***m.*** Todo género de artículos alimenticios: *comprar comestibles.*
cometa (l.; gr. *kome,* cabellera) ***m.*** Astro gralte. formado por un núcleo poco denso, acompañado de una larga cola o cabellera nebulosa; describe una órbita muy excéntrica y es sólo visible durante un corto período por su revolución: ~ ***barbato,*** aquel cuya zona luminosa precede al núcleo; ~ ***caudato,*** aquel cuya zona luminosa va detrás del núcleo; ~ ***corniforme,*** el de cola encorvada; ~ ***crinito*** (también *rosa),* el de cola dividida en varios ramales divergentes; ~ ***periódico,*** el de órbita perfectamente calculada. 2 *f.* Armazón plana y muy ligera, generalmente de cañas y papel o tela; en la parte inferior se le pone una especie de cola y, sujeta hacia el medio a un bramante muy largo, se arroja al aire, que la va elevando. 3 Juego de naipes en que el nueve de oros, llamado cometa, es comodín y gana doble si él termina el juego.
SIN. *1* **Estrella de rabo.** *2* **Birlocha** y **milocha,** menos us. **Pájaro bitango; pájara, pandero, pandorga.**
cometario, -ria *adj.* Relativo a los cometas.
cometedor, -ra *adj.-s.* Que comete alguna acción.
cometer (l. *committere*) ***tr.*** Dar a uno sus veces poniendo a su cargo o cuidado [algún negocio]: *cometió la publicación de las indulgencias a don Gil de Albornoz;* ~ *a la habilidad de uno un negocio.* 2 COM. esp. Dar comisión mercantil: ~ *una operación de venta a un representante.* 3 Incurrir [en alguna culpa o yerro]: ~ *un pecado, un delito.* 4 Emplear [figuras gramaticales o retóricas]: ~ *el hipérbaton.*
SIN. *1* v. **Encargar.**
cometido (de *cometer*) ***m.*** Comisión, encargo. 2 p.ext. Incumbencia, obligación moral.
cometón *m. Cuba.* Cometa o volantín (juguete).
comezón (de *comer*) ***f.*** Picazón en alguna parte del cuerpo o en todo él. 2 fig. Desazón que ocasiona el deseo de alguna cosa.
SIN. V. **Picazón.**
comible *adj.* fam. [cosa de comer] Que no es enteramente desagradable al paladar.
cómic (voz inglesa) ***m.*** Serie o secuencia de viñetas o representaciones gráficas de finalidad narrativa.
comicalla *f. P. Rico.* Especie de gofio.
cómicamente *adv. m.* De una manera cómica, chistosamente.
comicastro *m.* Mal cómico.
comicial *adj.* Relativo a los comicios.
comicidad *f.* Cualidad de cómico, vis cómica: *la ~ de una escena.*
comicios (l. *comitiu*) ***m. pl.*** Junta que tenían los romanos para tratar de los negocios públicos. 2 Reuniones y actos electorales.
cómico, -ca (l. *-cu* < gr. *komikós*) ***adj.*** Relativo a la comedia. 2 Capaz de divertir o de excitar la risa. 3 [actor] Que representa papeles jocosos. -4 ***adj.-s.*** El que representa comedias: ~ ***de la legua,*** el que anda representando en poblaciones pequeñas. -5 ***m. f.*** Comediante.
comida *f.* Lo que se come; alimento. 2 Alimento que se toma habitualmente en horas determinadas: *hacer tres comidas al día.* 3 Alimento principal que se toma cada día, gralte. al mediodía o a primeras horas de la tarde. 4 Acción de comer. 5 *Colomb.* Cena. 6 *Colomb.* Pulpa de algunas plantas.
SIN. *1* Jocosos: **bucólica, manduca, pitanza, condumio.** *3* v. **Almuerzo.**
comidero, -ra *m. f. Amér. Central.* Persona que hace y vende comidas ordinarias, bodeguero.
comidilla (dim. de *comida*) ***f.*** fig. Gusto, complacencia especial que uno tiene en cosas de su genio o inclinación: *el deporte es su ~.* 2 fig. Tema preferido en alguna murmuración o conversación satírica: *hubo un escándalo que fue la ~ del pueblo.*
SIN. *2* **Platillo.**
comido, -da *adj.* [pers.] Que ha comido. 2 ~ ***y bebido,*** mantenido.
comienzo (de *comenzar*) ***m.*** Principio, origen y raíz de una cosa.
comilitón *m.* Conmilitón.
comilitona *f.* fam. Comilona.
comilla *f.* Dim. de *coma.* -2 ***f. pl.*** Signo ortográfico («...», "...") que se pone al principio y al fin de las palabras y frases incluidas como citas o ejemplos en impresos y manuscritos. 3 Signo ortográfico ('...') que se usa al principio y al final de una palabra o frase incluidas como cita o puestas de relieve dentro de un texto entrecomillado más extenso. También se emplea para indicar que una palabra está usada en su valor conceptual o como definición de otra; **PUNTUACIÓN.
comilón, -lona *adj.-s.* Que come mucho o desordenadamente.
SIN. **Comilón, tragantón, tragón, zampón,** se refieren sólo a la cantidad; **gastrónomo,** supone refinamiento; **voraz,** no se dice del hombre más que en sentido fig., sí de los animales, del apetito y del fuego.
comilona *f.* fam. Comida variada y muy abundante.
cominear (de *comino*) ***intr.*** Entremeterse el hombre en menudencias propias de mujeres.
cominería *f.* Menudencia, insignificancia en dichos o hechos.
cominero *adj.-s.* fam. Que cominea.
SIN. **Cazolero, cazoletero.**
Cominform (de *Com*unista + *Inform*ación) ***m.*** Denominación que desde la última guerra mundial ha adoptado el Comintern. ◇ También *Kominform.*
cominillo (dim. de *comino*) ***m.*** Cizaña (planta). 2 *Chile* y *R. de la Plata.* Sospecha, escozor. 3 *R. de la Plata.* Bebida alcohólica muy agradable. 4 *S. Dom.* Desasosiego.
comino *m.* Planta umbelífera de tallo ramoso, flores blancas o rojizas y semillas aromáticas, pequeñas, aovadas, unidas de dos en dos, que se usan en medicina y como condimento *(Cuminum cyminum).* 2 Semilla de esta planta. 3 ~ ***rústico,*** laserpicio. 4 Cosa de poca importancia: *me importa un ~ lo que haga.* 5 Persona de pequeño tamaño. 6 *Colomb.* Árbol de las lauráceas, de madera muy perfumada y resistente *(Aniba perutiles).*
REL. **Cuminol,** esencia que se extrae de él; **cumínico,** ácido que contiene.
Comintern (de *Com*unista + *Intern*acional) ***m.*** Tercera Internacional. V. Internacional. ◇ También *komintern.*
comiquear *intr.* Representar comedias caseras.
comiquería *f.* fam. Conjunto o reunión de cómicos.
comisar *tr.* Declarar que [una cosa] ha caído en comiso.
SIN. **Decomisar.**
comisaria *f.* fam. Mujer del comisario.
comisaría *f.* Empleo del comisario. 2 Oficina del comisario. 3 Jurisdicción administrativa del comisario.
comisario (l. med. *commissariu* < l. *committere,* cometer) ***m.*** El que tiene poder o facultad de una autoridad superior para ejecutar alguna orden o entender en algún negocio: ~ ***de policía,*** jefe de policía; ~ ***de guerra,*** jefe de administración militar encomendado de diversas funciones de intendencia e intervención, y cuya categoría equivale a la de teniente coronel del ejército, cuando es de primera clase, y a la de comandante si es de segunda; ~ ***ordenador,*** funcionario que substituyó en el s. XVII al veedor y al contador, encargados de la administración militar; ~ ***político,*** delegado del poder civil o de un partido político que, en determinadas colectividades, tiene como misión fundamental la educación y la vigilancia politicosocial de los miembros de esa colectividad. 2 *P. Rico.* Alcalde de barrio.

SIN. *1* Las funciones del comisario emanan del Poder público en sus diferentes jerarquías, y son permanentes o de larga duración; las del **comisionado** suelen ser de corta duración, o circunstanciales, y pueden proceder de cualquier persona natural o jurídica.

comiscar *tr.-intr.* Comer poco y a menudo [de varias cosas]. ◇ ** CONJUG. [1] como *sacar.*

comisión (l. *commissio*) *f.* Acción de cometer. 2 Encargo que una persona da a otra para que haga alguna cosa. 3 Mandato para realizar ciertas transacciones comerciales y cantidad que se cobra por ello. 4 Conjunto de personas delegadas temporalmente para hacer alguna cosa: *una ~ parlamentaria.* 5 *~ **de servicio**,* destino laboral provisional creado para cubrir determinadas necesidades. 6 *Chile.* En el juego de cometas, el ataque de una contra otra.

comisionado, -da *adj.-s.* Encargado de una comisión. -2 *m. Cuba.* Alguacil.

comisionar (de *comisión*) *tr.* Dar una comisión [a una o más personas].

comisionista *com.* Persona que se emplea en desempeñar comisiones mercantiles.

comiso (l. **commissu,* confiscación) *m.* DER. Pena de pérdida de la cosa, en que incurre el que comercia en géneros prohibidos o falta a un contrato en que se estipuló esta pena. 2 Pena accesoria de privación de los efectos o instrumentos del delito. 3 Cosa comisada.

SIN. **Decomiso, confiscación.**

comisorio, -ria (l. *commissoriu*) *adj.* DER. Obligatorio o válido por determinado tiempo, o aplazado para cierto día: *pacto ~; pacto de ley comisoria.*

comisquear *tr.-intr.* Comiscar.

comistión *f.* Conmistión.

comistrajo (de *conmisto*) *m.* desp. Mezcla irregular y extravagante de manjares.

comisura (l. *commissura < committere,* juntar) *f.* Punto de unión de ciertas partes similares del cuerpo: *la ~ de los labios, de los párpados.* 2 Sutura de los huesos del cráneo por medio de dientecillos a manera de sierra.

comital *adj.* lit. Condal. ◇ Uso muy restringido aun dentro de las ciencias históricas.

comité (fr. *comité;* ing. *committee*) *m.* Comisión (personas). 2 Junta dirigente de un partido político o de una de sus secciones. 3 *~ **paritario**,* el formado por un número igual de representantes de las partes implicadas.

comiteco *m. Méj.* En algunas partes, bebida embriagante.

comitente *adj.-s.* Que comete.

comitiva (b. l. *comite,* el que acompaña) *f.* Acompañamiento (gente).

cómitre (l. *comite,* ministro subalterno) *m.* Persona que en las galeras dirigía la boga y a cuyo cargo estaba el castigo de los galeotes. 2 fig. *y* p. ext. El que ejerce su autoridad con excesivo rigor o dureza.

comiza (l. *coma <* gr. *kome,* barba) *f.* Especie de barbo mayor que el común con el hocico más largo y el lomo más corvo *(Barbus comiza).*

commelináceo, -a *adj.-f.* Planta de la familia de las commelináceas. -2 *f. pl.* Familia de plantas angiospermas monocotiledóneas, herbáceas, con tallo nudoso.

como (l. *quomodo <* l. v. *quomo*) *adv. m. relat. comp.* Del modo o la manera que, o a modo o manera de. En este sentido comparativo denota idea de equivalencia, semejanza o igualdad y corresponde con los antecedentes, generalmente implícitos (*así, tal, tanto, manera, modo* y otros): *lleva unos zapatos ~ unas barcas; es rubio ~ el oro; se portó ~ un héroe* (como se porta un héroe); *nada deseaba tanto ~ disfrutar de sosiego; tal lo dijo ~ lo supo.* 2 Según, conforme: *la caridad, ~ dice fray Luis de Granada, ...* 3 En calidad de: *asiste a la boda ~ testigo.* -4 *conj.* Con el carácter de conjunción temporal, sola o reforzada con antecedentes, así que: *~ llegamos a la posada, se dispuso la cena; así ~ entró en la venta, conoció a D. Quijote; tan luego ~ fue abriendo camino, conoció que se había perdido.* 5 En función de conjunción final, a fin de que, de modo que: *mandamos a nuestros presidentes y oidores que provean ~ por culpa de los letrados no se dilaten las causas.* 6 Como conjunción copulativa, que: *sabrás ~ hemos llegado buenos.* 7 Hace también oficio de conjunción condicional, equivaliendo a si: *~ no te enmiendes dejaremos de ser amigos.* 8 Toma también carácter de conjunción causal, sola o seguida de la conjunción *que,* porque: *~ recibí tarde el aviso no pude llegar a tiempo; lo sé de fijo, ~ que el lance ocurrió delante de mí.* 9 En ciertas construcciones del verbo en subjuntivo equivale al gerundio del mismo verbo: *~ sea la vida del hombre milicia sobre la tierra, es menester vivir armados,* esto es, *siendo la vida del hombre,* etc. ◇ HOMÓF.: *cómo* (v.).

cómo *adv. m. interr.* De qué modo o manera: *¿~ lo has hecho?; no sé ~ te encuentras.* 2 Por qué motivo o razón; en virtud de qué: *¿~ no fuiste ayer de paseo?; no sé ~ no la mató.* 3 Denota idea de encarecimiento en buen o mal sentido: *¡~ llueve! ¡~ huyó el cobarde!* 4 *¿~ **así?**,* expresión que se emplea para pedir con extrañeza o enfado explicación de alguna cosa. 5 *¿~ **no?**,* equivale a ¿cómo podría ser de otro modo?: *mañana partiré, y ¿cómo no? si lo he prometido;* se usa mucho con el valor de la afirmación *sí*: *¿está usted seguro? -¿Cómo no?* -6 *m.* Precedido del artículo, modo, manera: *el cómo y el cuándo.* ◇ HOMÓF.: *como* (v.).

¡cómo! Interjección con que se denota extrañeza o enfado.

cómoda (fr. *commode <* l. *commodu,* cómodo) *f.* Mueble con tablero de mesa y cajones superpuestos que ocupan todo el frente.

comodable (l. *commodare,* prestar) *adj.* DER. [cosa] Que se puede prestar.

cómodamente *adv. m.* Con comodidad.

comodante *com.* DER. Persona que da una cosa en comodato.

comodatario *m.* DER. El que toma prestada una cosa en comodato.

comodato (l. *commodatu,* préstamo) *m.* DER. Contrato por el cual se da o recibe prestada una cosa no fungible con la obligación de restituirla.

comodidad (l. *commoditate*) *f.* Calidad de cómodo. 2 Conveniencia, abundancia de las cosas necesarias para vivir a gusto. 3 Buena disposición de las cosas para el uso que se ha de hacer de ellas. 4 Ventaja, oportunidad. 5 Utilidad, interés.

SIN. *2* **Regalo, bienestar.**

comodidoso, -sa *adj. C. Rica.* Comodón.

I) comodín (de *cómodo*) *m.* En algunos juegos de naipes, carta que se puede aplicar a cualquier suerte favorable. 2 fig. Lo que sirve para fines diversos. -3 *adj. Amér.* Comodón, regalón.

II) comodín (dim. de *cómoda*) *m.* Cómoda pequeña.

comodino, -na *adj. Méj.* Comodín (comodón).

comodista *adj.* Comodón.

cómodo, -da (l. *commodu < modu,* medida) *adj.* Que se presta al uso necesario, sin presentar ningún inconveniente, molestia, etc. 2 Oportuno, fácil, acomodado.

comodón, -dona *adj.* Que es amante de la comodidad y regalo.

SIN. **Regalón.**

comodoro (ing. *commodore*) *m.* En la marina inglesa, norteamericana, etc., oficial de grado inferior al de contraalmirante, esp. el que manda la división de una escuadra. 2 Persona que en los clubes náuticos tiene a su cargo la inspección y buen orden de las embarcaciones.

comoquiera *adv. m.* De cualquier manera. -2 *loc. conj.* Como quiera que.

compa *m. Colomb., Guat.* y *Hond.* Apóc. de compañero o de compadre.

compacidad *f.* Calidad de compacto.

compact disk (voz ingl.) *m.* Disco compacto.

compactación *f.* Acción de compactar.

compactado, -da *adj. Perú.* [pers.] Que, según el vulgo, ha hecho pacto con el diablo.

compactar *tr. Colomb.* y *Chile.* Hacer compacta [una cosa].

compactibilidad *f.* Calidad de compactible.

compactible *adj.* Que se puede hacer compacto o más compacto.

compacto, -ta (l. *-tu < compingere,* unir) *adj.* [cuerpo] De textura apretada y poco porosa: *madera compacta.* 2 Apretado, apiñado: *escritura, impresión, multitud compacta.* -3 *m.* Conjunto de componentes de un sistema que están unidos, aunque pudieran ser independientes.

compadecer (b. l. *compatescere <* l. *pati,* padecer) *tr.-prnl.* Compartir [la desgracia ajena] doliéndose de ella: *~ a los pobres; ~ las desgracias de un pueblo; compadecerse de los pobres.* -2 *prnl.* Venir bien una cosa con otra: *regalo y oración no se compadecen en uno; el regalo no se compadece con la oración.* 3 Conformarse, ponerse de acuerdo. ◇ ** CONJUG. [43] como *agradecer.*

compadrada *f. Argent.* y *Urug.* Baladronada; alarde, ostentación.

compadraje (de *compadre*) ***m.*** Concierto de varias personas para ayudarse mutuamente. Tómase en mala parte. 2 Compañerismo entre compadres.
compadrar ***intr.*** Contraer compadrazgo. 2 Hacerse amigo de uno.
SIN. **Encompadrar.**
compadrazgo ***m.*** Conexión que el padrino de una criatura contrae con los padres de ésta. 2 Compadraje. 3 *Méj.* Confabulación, contubernio.
SIN. *1* **Compaternidad.**
compadre (l. ecl. *compatere*) ***m.*** Padrino de un niño con relación a la madrina y a los padres. 2 Padre de un niño con relación al padrino. 3 Con respecto a los padres del confirmado, el padrino en la confirmación. 4 *And.* y *Amér.* Amigo o conocido de uno, o compañero de posada o camino, esp. como tratamiento entre las clases populares: *¡Compadre Luis!* -5 ***adj.*** *Argent.* y *Parag.* Fanfarrón, matón, chulo. ◇ En la acepción 5 úsase principalmente en su forma diminutiva *compadrito.*
¡compadre! Interjección con que se denota admiración.
compadrear ***intr.*** Tratarse familiarmente, llamándose mutuamente compadre. 2 *Argent., Parag.* y *Urug.* Baladronear. 3 *Argent., Parag.* y *Urug.* Hacer ostentación de títulos, riquezas, buenas relaciones.
compadreo ***m.*** Compadraje.
compadrería ***f.*** Lo que pasa entre compadres.
compadrito ***m.*** *Amér.* Compadre (fanfarrón).
REL. **Compadrón,** *(Argent.* y *Urug.).*
compadrón ***m.*** *Argent.* y *Urug.* Hombre que trata de imitar al compadrito.
compaginación ***f.*** Acción de compaginar o compaginarse. 2 Efecto de compaginar o compaginarse.
compaginador ***m.*** Que compagina.
compaginar (l. *-are* < *compages,* trabazón) ***tr.*** Poner en buen orden [cosas que tienen alguna relación o conexión mutua]. 2 IMPR. Ajustar (distribuir). -3 ***prnl.*** fig. Corresponder o conformarse bien una cosa con otra: *esa noticia no se compagina con los informes oficiales.*
compaisano, -na ***adj.-s.*** *Urug.* Que es del mismo país, provincia o lugar que otro.
companaje (l. v. *-iu* < *com,* con + *panis,* pan) ***m.*** Comida fiambre que se toma con pan.
companga ***f.*** *Cuba.* despect. Compañía, compaña.
compango ***m.*** Companaje.
compaña ***f.*** Compañía. ◇ Su uso supone familiaridad: *¡Adiós, María y la compaña! comimos en buena compaña.*
compañerismo ***m.*** Vínculo que existe entre compañeros. 2 Concordia y buena correspondencia entre ellos.
SIN. **Camaradería,** intensifica la confianza.
compañero, -ra (del ant. *compaño* < l. v. *companiu,* de *com,* con + *panis,* pan) ***m. f.*** Persona que vive, trabaja, juega, etc., con otra habitual o circunstancialmente: ~ *de estudios;* ~ *de viaje;* ~ *de,* o *en, las fatigas; el perro es el* ~ *del hombre.* 2 Miembro de un mismo partido político o sindicato. 3 fig. Cosa que hace juego o tiene correspondencia con otra u otras.
SIN. *1* y *2* **Camarada,** como tratamiento usual entre individuos de asociaciones, partidos, etc., se prefiere uno u otro según la costumbre establecida en cada agrupación. SIN. *1* **Colega, compinche, socio.**
compañía (del ant. *compaño*) ***f.*** Presencia de una persona a la vera de otra para que no esté sola. 2 Persona o personas que acompañan a otra u otras. 3 Sociedad para fines comerciales o industriales: ~ *anónima;* ~ *comanditaria.* 4 Conjunto de personas que constituyen un cuerpo. 5 Unidad orgánica de soldados a las inmediatas órdenes de un capitán. 6 Cuerpo de actores formado para representar en los teatros. 7 ***Compañía de Jesús,*** orden de los jesuitas.
SIN. *2* v. **Acompañamiento.** *3* **Sociedad.** *5* **Capitanía.**
compañón ***m.*** desus. Testículo.
comparable ***adj.*** Que puede o merece compararse con otra persona o cosa.
comparación ***f.*** Acción de comparar. 2 Efecto de comparar. 3 GRAM. ***Grados de*** ~, diferente intensidad con que un adjetivo calificativo es aplicado a dos o más substantivos: *este papel es más blanco,* o *menos blanco,* o *tan blanco como la nieve.* 4 RET. Símil.
comparado, -da ***adj.*** Que procede por comparación: *Gramática comparada. Anatomía comparada.*
comparador (de *comparar*) ***m.*** FÍS. Instrumento para señalar las más pequeñas diferencias entre las longitudes de dos reglas.
comparanza ***f.*** vulg. *y* rúst. Comparación (acción y efecto).
comparar (l. *-are;* doble etim. *comprar*) ***tr.*** Examinar [dos o más objetos] para descubrir sus relaciones, diferencias o semejanzas: ~ *un vestido con otro;* ~ *el mérito de los trabajos presentados.* 2 Cotejar.
SIN. **Parangonar.**
comparatismo ***m.*** LING. Gramática comparada, y período en que se desarrolla.
comparatista ***com.*** Persona versada en estudios comparados de ciertas disciplinas.
comparativamente ***adv. m.*** Con comparación.
comparativo, -va ***adj.*** Que compara o sirve para comparar: *oración comparativa, juicio* ~. -2 ***adj.-m.*** [adjetivo y adverbio] Que expresa comparación. Opuesto a positivo y superlativo. 3 GRAM. ***Conjunción comparativa,*** la que denota idea de comparación: *como, así como.*
comparecencia ***f.*** DER. Acto de comparecer personalmente o por escrito ante el juez o un superior.
comparecer (*com-* + *parecer*) ***intr.*** DER. Presentarse uno ante otro, especialmente ante el juez, personalmente o por orden, para un acto formal, en virtud del llamamiento o intimación que se le ha hecho, o mostrándose parte de algún negocio. 2 irón. Presentarse, llegar a destiempo, o de algún modo que produce risa o sorpresa: *no compareció hasta el día siguiente; ha comparecido con un sombrero estrafalario.* ◇ ** CONJUG. [43] como ***agradecer.***
SIN. **Presentarse; personarse,** es comparecer en persona, no por delegación. Ambos vbs. son también susceptibles de empleo irón. cuando se aplican en circunstancias que no tienen la formalidad que les es propia.
compareciente ***com.*** DER. Persona que comparece ante el juez.
comparecimiento ***m.*** *Venez.* Comparecencia.
comparendo (l. *-du* < *comparere,* comparecer) ***m.*** DER. Mandato u orden de comparecencia. 2 DER. Despacho en que se manda a uno comparecer.
comparición ***f.*** DER. Comparecencia. 2 DER. Auto del juez o superior, mandando a alguno comparecer.
comparsa (it.) ***f.*** Acompañamiento (en teatro). 2 Conjunto de máscaras vestidas con trajes de una misma clase. -3 ***com.*** Persona que forma parte del acompañamiento (teatro).
SIN. *3* **Figurante.**
comparsería ***f.*** Conjunto de comparsas que participan en las representaciones teatrales.
comparte ***com.*** DER. Persona que es parte con otra.
compartidor, -ra ***m. f.*** Persona que comparte en unión con otra u otras.
compartidura ***f.*** *P. Rico.* Partidura del cabello.
compartimentación ***f.*** Acción de compartimentar. 2 Efecto de compartimentar.
compartimentar ***tr.*** Proyectar o efectuar la subdivisión interna de una superficie o un espacio: *se compartimentó el barco.*
compartimento ***m.*** Compartimiento.
compartimiento ***m.*** Acción de compartir. 2 Efecto de compartir. 3 Parte que resulta de compartir un todo: ~ *de un coche de ferrocarril;* ~ *de equipaje.* 4 ~ ***estanco,*** sección, absolutamente independiente, en que se divide un buque de hierro, para conseguir que flote, aun cuando se haya anegado alguna.
compartir ***tr.*** Repartir, dividir, distribuir [una cosa] en partes. 2 Usar, poseer [en común]: ~ *la merienda;* ~ *la opinión de otro.*
SIN. v. **Repartir.**
comparto ***m.*** *Colomb.* Exacción, contribución forzosa.
compás (fr.) ***m.*** Instrumento, para trazar arcos de circunferencia y tomar distancias, formado por dos piernas agudas, unidas en su extremidad superior por un eje o clavillo: ~ ***de calibres,*** el que tiene las ramas encorvadas con las puntas hacia fuera, para medir el diámetro interior de taladros, tubos, etc.; ~ ***de cuadrante,*** el que tiene un arco con un tornillo de presión para mantener fijas las puntas en cualquier abertura; ~ ***de espesor,*** el de brazos curvos con las puntas hacia adentro, propio para medir espesores o gruesos; ~ ***de proporción,*** instrumento análogo al compás ordinario, pero cuyos brazos consisten en dos reglas planas graduadas; ~ ***de reducción,*** el de cuatro puntas cuyas ramas terminan en punta por sus dos extremos, y que lleva un botón que puede correr en una ranura abierta a lo largo de ambas ramas; ~ ***de varas,*** reglón que lleva una punta deslizable a lo largo del mismo y otra fija en uno de sus extremos, propio para trazar curvas de gran diámetro. 2 Resortes de metal para levantar o bajar la capota de los coches. 3 Brújula compuesta de una caja redon-

da con dos círculos concéntricos; uno, el interior en equilibrio sobre una púa, con la rosa de los vientos, movido por una aguja imanada que lleva adherida, indica el rumbo de la nave, por comparación con el exterior, fijo y marcando la dirección de la quilla de la nave. 4 Territorio o distrito señalado a un monasterio y casa de religión, en contorno o alrededor de la misma casa y monasterio. 5 Atrio o lonja que precede a iglesias y conventos. 6 fig. Regla o medida de algunas cosas. 7 ESGR. Movimiento del cuerpo cuando deja un lugar para ocupar otro. 8 MÚS. Período de tiempo igual a otros con que se marca el ritmo de una frase musical, cuya división natural viene indicada en el pentagrama por unas líneas verticales: *marcar el ~ con la mano; seguir, perder el ~*; ~ ***binario***, el que se mide en tiempos pares; ~ ***compuesto***, aquel cuyas divisiones pertenecen alternativamente a los dos órdenes de ritmo ternario y binario; ~ ***mayor***, el que tiene doble duración que el menor; ~ ***menor***, el que tiene la duración asignada a cuatro negras; ~ ***ternario***, el que se compone de tres tiempos o un múltiplo de tres; ~ ***de espera***, silencio que dura todo el tiempo de un compás. 9 *Colomb.* Constelación boreal Casiopea que tiene cinco estrellas prominentes formando una eme.

compasadamente (de *compasado*) ***adv. m.*** Con arreglo o medida.

compasado, -da (de *compasar*) ***adj.*** Arreglado, moderado, cuerdo.

compasar (l. v. *-assare* < l. *passu*, paso) ***tr.*** Medir con el compás: ~ *la madera.* 2 fig. Arreglar, proporcionar [las cosas] de modo que no sobren ni falten: ~ *el gasto, el tiempo.* También *acompasar.* 3 MÚS. Dividir en tiempos iguales las composiciones, formando líneas perpendiculares que cortan el pentagrama.

compasear ***tr.*** Compasar las composiciones musicales.

compaseo ***m.*** MÚS. Acción de marcar o señalar los compases. 2 MÚS. Efecto de marcar o señalar los compases.

compasible ***adj.*** Digno de compasión. 2 Compasivo.

compasillo ***m.*** MÚS. Compás menor.

compasión (l. *-assione*) ***f.*** Sentimiento de pena o dolor hacia el mal que padece alguno.

SIN. **Conmiseración, lástima, misericordia.**

compasionado, -da (de *con-* y *pasión*) ***adj.*** p. us. Apasionado.

compasivamente ***adv. m.*** Con compasión.

compasivo, -va ***adj.*** Que tiene compasión. 2 Que fácilmente se mueve a compasión.

compaternidad (*com-* + *paternidad*) ***f.*** Compadrazgo.

compatibilidad ***f.*** Calidad de compatible. 2 Propiedad que poseen dos sistemas de comunicación para ser interconectados sin pérdida de información.

compatibilizar ***tr.*** Hacer compatible [algo]. ◇ ** CONJUG. [4] como ***realizar.***

compatible (l. *compati*, simpatizar) ***adj.*** Capaz de unirse o concurrir en un mismo lugar o sujeto.

CONTR. **Incompatible.**

compatricio, -cia ***m. f.*** Compatriota.

compatriota ***com.*** Persona de la misma patria que otra.

compatrón, -na ***m. f.*** Compatrono.

compatronato ***m.*** Derecho y facultades de compatrono.

compatrono, -na ***m. f.*** Patrono juntamente con otro u otros.

compeler (l. *compellere*) ***tr.*** Obligar [a uno], con fuerza o por autoridad, a que haga una cosa. ◇ Se usa pralte. como término legal, así como los deriv. *compulsivo, compulsatorio, compulsión*; pp. irreg., us. como adj., *compulso.*

compendiador, -ra ***adj.-s.*** Que compendia.

compendiar (l. *-are*) ***tr.*** Reducir a compendio: ~ *una narración.* ◇ ** CONJUG. [12] como ***cambiar.***

compendiariamente ***adv. m.*** p. us. En compendio.

compendio (l. *-iu*) ***m.*** Breve y sumaria exposición de lo más substancial de una materia expuesta latamente. ***En*** ~, con la precisión y brevedad propias del compendio.

SIN. **Epítome, rudimentos, resumen, suma, sumario, sinopsis, compilación, recopilación, síntesis**; aunque no puede trazarse divisoria entre ellos, *epítome* y *rudimentos* sugieren exposición elemental para personas que nada conocen de la materia, en tanto que *compendio, resumen, suma* y *sumario* pueden contener materia complicada extensa, dentro de la brevedad de su exposición. En la *sinopsis*, se ordenan los puntos esenciales en forma que a primera vista puedan abarcarse; suele presentarse como esquema o cuadro. *Recopilación* sugiere idea de resumen final de una exposición más extensa; pero puede equivaler a resumen, compendio, o bien ser sin. de *compilación*. Todos estos sinónimo con excepción de *epítome* y *rudimentos*, implican una *síntesis* de la materia tratada.

compendiosamente ***adv. m.*** En compendio.

compendioso, -sa ***adj.*** Que está, o se escribe, o dice, en compendio. 2 Que reúne o engloba resumidamente muchas cosas.

compendista ***com.*** Autor de algún compendio. 2 Compendiador.

compendizar ***tr.*** Compendiar. ◇ ** CONJUG. [4] como ***realizar.***

compenetración ***f.*** Acción de compenetrarse. 2 Efecto de compenetrarse.

compenetrarse ***rec.*** Penetrar las partículas de una substancia entre las de otra. 2 fig. Identificarse las personas en ideas y sentimientos. 3 fig. Influirse hasta identificarse a veces cosas distintas.

compensable ***adj.*** Que se puede compensar.

compensación ***f.*** Acción de compensar. 2 Efecto de compensar. 3 COM. Entre banqueros, intercambio de cheques, letras u otros instrumentos de crédito que están en posesión de uno de ellos y aparecen girados contra otro, con liquidación periódica, ordinariamente cotidiana de los créditos y débitos recíprocos. 4 Entre naciones, liquidación análoga a la anterior de los créditos y débitos recíprocos, procedentes del comercio internacional, por medio de los bancos de emisión respectivos, o de organismos anejos. 5 DER. Modo de extinguir obligaciones; consiste en dar por pagada la deuda de cada uno en cuantía igual a la de su crédito, que se da por cobrado en otro tanto: ~ *bancaria.* 6 FISIOL. Modificación que se produce en un órgano para neutralizar un defecto y mantener el equilibrio.

compensador, -ra ***adj.*** Que compensa. -2 ***m.*** Péndulo de reloj, cuya varilla está reemplazada por una armazón de barritas, combinadas de modo que la longitud total no varíe, cualquiera que sea la temperatura.

compensar (l. *-are* < *pensare*, pesar) ***tr.*** Neutralizar el efecto [de una cosa] con el de otra: *este negociante compensa las pérdidas con las ganancias; las pérdidas se compensan con las ganancias.* 2 Dar o hacer [una cosa] en resarcimiento del daño que se ha causado: *le compenso el libro con un cuadro.* 3 ***Compensarse uno a sí mismo***, resarcirse por su mano del daño que otro le ha hecho. -4 ***prnl.*** MED. Llegar un órgano enfermo a un estado de compensación.

SIN. **Contrapesar, contrabalancear, recompensar.**

compensativo, -va, compensatorio, -ria ***adj.*** Que compensa o iguala.

competencia (l. *-entia*) ***f.*** Disputa o contienda entre dos o más sujetos sobre alguna cosa. 2 Rivalidad (oposición). 3 Incumbencia. 4 Aptitud, idoneidad. 5 Atribución legítima a un juez u otra autoridad para el conocimiento o resolución de un asunto. 6 FILOL. Sistema de reglas interiorizado por los hablantes y que constituye su saber lingüístico. 7 *Argent., Colomb.* y *Parag.* Acción de competir, competición deportiva. 8 *Argent., Colomb.* y *Parag.* Efecto de competir, competición deportiva.

competente ***adj.*** Bastante, oportuno, adecuado: *poder ~; edad ~.* 2 [pers.] A quien compete o incumbe alguna cosa. 3 Apto, idóneo, esp. en el trabajo intelectual. 4 GEOL. Que puede soportar presiones dirigidas.

competentemente ***adv. m.*** De manera competente. 2 Con legítima facultad o aptitud.

competer (l. *-ere*, concordar) ***intr.*** Pertenecer, tocar o incumbir a uno una cosa.

competición ***f.*** Competencia (disputa, rivalidad), esp. en deportes, certámenes, etc.

competidor, -ra ***adj.-s.*** Que compite.

SIN. **Rival.**

competir (b. l. *-ere*, demandar) ***intr.-prnl.*** Contender dos o más personas para lograr la misma cosa: ~ *con su hermano.* 2 Igualar una cosa a otra en su perfección o propiedades. ◇ ** CONJUG. [34] como ***servir.***

SIN. **Emular**, es imitar a otro para igualarle o superarle; no incluye idea de lucha sino de estímulo propio; a diferencia de **competir**, y más aún de **rivalizar** y **contender.**

competitividad ***f.*** Capacidad de competir o de soportar la competencia económica o deportiva.

competitivo, -va ***adj.*** Que puede competir: *precios competitivos.*

compi ***com.*** fam. *y* pop. Compiche.

compilación ***f.*** Acción de compilar. 2 Obra en la que se compilan extractos de libros, documentos, etc.

COMPLEMENTO DIRECTO

Casos más frecuentes

Construcción con *a*	Construcción sin *a*
1) *César venció a Pompeyo.* (Nombre propio de persona.)	*Plutarco os dará mil Alejandros.* (Nombre propio usado como común.)
2) *Ensilló a Rocinante.* (Nombre propio de animal.)	*Ensilló el caballo.* (Nombre común de animal.)
3) *Dejó a Velancia. — Conquistó a Sevilla.* Pero también se dice correctamente: *conozco Madrid; vimos Barcelona en tres días.* El uso actual prefiere la forma sin preposición. (Nombres propios de localidad, sin artículo.)	*Visitó La Coruña. — Veremos El Escorial.* (Nombre propio de localidad con artículo.)
4) *Busco al criado de mi casa.* (Nombre común de pers. con palabra que lo determina.)	*Busco criados diligentes.* (Nombre común de pers. sin determinar.)
5) *Tienen por Dios al vientre. — Temo al agua.* (Nombre de cosa que se personifica o al que se atribuye una cualidad activa.)	*Partiremos esta leña. — Recojo el agua.* (Nombre de cosa en general.)
6) *No conozco a nadie, a ninguno. — Busca a otro, a todos, a cualquiera, a alguien, a ti.* (Pronombres indef. que representan personas, o personales.)	*Dame otro* [papel]. *— No sabía nada. — Di algo.* (Pronombres indefinidos que representan cosas.)
7) *Aquél a quien amo. — El hombre a quien amo.*	*No hay quien venga. — No sé quién vendrá.* (*Quién* es sujeto del segundo verbo.)
8) Llamar a la muerte. — Temer a la pluma más que al acero. (Cosas personificadas o verbos que por lo regular llevan complemento de persona.) (Pero también: *temer la muerte; desear la gloria.* Uso vacilante según el grado con que se siente la personificación en cada caso.)	*Transformar el hombre en Dios. — La escuela de la guerra forma los grandes capitanes.* (Nombres de persona sin preposición, porque el verbo que les acompaña suele llevar complemento de cosa.)

compilador, -ra *adj.-s.* Que compila. -2 *m.* INFORM. Programa que traduce los programas escritos en lenguajes de alto nivel al lenguaje de la máquina.
compilar (l. *-are* < *pilare*, robar) *tr.* Allegar en un solo cuerpo de obra [extractos de diferentes libros, documentos, etc.]. SIN. **Recopilar.**
compilatorio, -ria *adj.* Relativo a la compilación. 2 Compilador.
compinche *com.* fam. *y* desp. Amigo, compañero, esp. el de fechorías.
compitales (l.) *f. pl.* Fiestas que los romanos hacían a sus lares protectores de las encrucijadas.
cómpite *adj. Venez.* Cómplice. 2 *Colomb.* Competente.
compitura *f. Venez.* Complicidad.
complacedero, -ra *adj.* p. us. Complaciente.
complacedor, -ra *adj.-s.* Que complace.
complacencia *f.* Sentimiento con que uno se complace en una cosa.
complacer (l. *-ere*) *tr.* Acceder uno a los deseos, gustos, etc. [de otro]. 2 Causar [a otro] satisfacción o placer, agradarle. -3 *prnl.* Hallar plena satisfacción en una cosa: *complacerse en, de,* o *por una buena noticia.* ◇ ** CONJUG. [43] como ***agradecer.***
complaciente *adj.* Propenso a complacer.
complacimiento *m.* Complacencia.
compleción *f.* Acción de completar. 2 Efecto de completar. 3 Calidad o condición de completo.
complejidad *f.* Calidad de complejo.
complejo, -ja (l. *-exu* < *complecti*, enlazar) *adj.* Que se compone de elementos diversos. -2 *adj.-m.* MAT. V. número ~. -3 *m.* Conjunto de varias cosas. También *complexo.* 4 Conjunto de edificios o instalaciones agrupados en función de una actividad común. 5 PSICO. Asociación de sentimientos inconscientes que influyen sobre la personalidad: ~ *de inferioridad, de frustración,* etc. SIN. *1* v. **Complicado.**
complementar *tr.* Dar complemento [a una cosa]. Completar.
complementariedad *f.* Calidad de complementario.
complementario, -ria *adj.* Que forma el complemento de una cosa. 2 V. ángulo ~ 3 V. color ~.
****complemento** (l. *-tu*) *m.* Lo que es preciso añadir a una cosa para que sea íntegra o perfecta. 2 Parte que se completa con otra u otras mutuamente. 3 Perfección, colmo de alguna cosa. 4 Arco complementario. 5 GEOM. Ángulo complementario. 6 GRAM. Palabra o grupo de palabras que sirve para completar a otra u otras, bien sea en su significado, bien en su función gramatical. En la oración los complementos pueden ser *del sujeto, del verbo* y *de los complementos.* Los complementos del verbo son: ~ ***directo*** (también *objeto directo*), el que designa la persona o cosa que recibe directamente la acción del verbo transitivo. ~ ***indirecto*** (también *objeto indirecto*), el que designa la persona o cosa que recibe daño o provecho de la acción del verbo. ~ ***circunstancial***, el que expresa circunstancias de lugar, modo, tiempo, medio o instrumento de la acción verbal. 7 BIOL. Substancia existente en el plasma sanguíneo y en la linfa, que queda destruida por temperaturas superiores a los cincuenta y seis grados centígrados y es indispensable para que dichos líquidos ejerzan su actividad inmunitaria. 8 MIL. ***De ~***, [oficial o suboficial] que ha prestado servicio en período de instrucción y queda disponible para ser utilizado en caso de movilización.
SIN. *1* **Suplemento.** *3* **Cumplimiento.**
completamente *adv. m.* Cumplidamente, enteramente.
completar (de *completo*) *tr.* Integrar, hacer cabal [una cosa]. 2 Hacer perfecta [una cosa] en su clase.
completas (de *completo*) *f. pl.* Última parte del oficio divino, con que se terminan las horas canónicas del día.
completivamente *adv. m.* De un modo que completa.

COMPLEMENTO DIRECTO (continuación)

Regla general

9) De los ejemplos que preceden se deduce que la lengua española reclama complemento directo con *a* siempre que pueda lógicamente confundírsele con el sujeto de la oración. Esto ha de ocurrir sobre todo cuando con el compl. directo se expresa lo viviente, personal o personificado, y lo determinado que cobra realidad viva.

Casos de anfibología

	No se dirá	Se dirá
10)	*Ha sido preciso dejar al enemigo en rehenes al conde.* (¿Quién es dejado en rehenes?)	*Ha sido preciso dejar el enemigo en rehenes al conde,* o al contrario, *el conde en rehenes al enemigo...* — Nótese: *Allí se daría orden de llevar a Dorotea a sus padres,* en que el compl. directo es un nombre propio puesto al lado del verbo.
11)	*Triunfad: el mundo entero subyugue el entusiasmo que os anima.* (¿Quién subyuga a quién?)	*Triunfad: al mundo entero subyugue el entusiasmo que os anima.* (Para que se vea con claridad cuál es el sujeto.)

completivo, -va *adj.* Que completa y llena. 2 Acabado, perfecto.
SIN. Se usa muy poco fuera de la terminología gramatical, donde equivale a **complementario;** lo **completivo** tiene carácter lógico, mientras que en lo **expletivo,** predomina el valor afectivo o estético.

completo, -ta (l. *-tu*) *adj.* Entero, lleno. -2 *m. Colomb.* y *P. Rico.* Resto de una deuda.

complex *adj.-m.* ANAT. Músculo que da movimiento a la cabeza, formado por tendones y fibras entrelazados.

complexidad *f.* Complejidad.

complexión (l. *-one*) *f.* Constitución fisiológica de una persona o animal. 2 RET. Figura que consiste en empezar con un mismo vocablo y en acabar igualmente con uno mismo, diverso del otro, dos o más cláusulas o miembros del período.

complexionado, -da *adj.* [con los adverbios *bien* o *mal*] De buena, o mala, complexión.

complexional *adj.* Relativo a la complexión.

complexo, -xa *adj.* Complejo.

complicación *f.* Acción de complicar o complicarse algo. 2 Efecto de complicar o complicarse algo. 3 Concurrencia de cosas diversas. 4 Embrollo, dificultad. 5 MED. Síntoma que se agrega a los habituales de una enfermedad y que la agrava.

complicado, -da *adj.* Enmarañado, de difícil comprensión. 2 Compuesto de gran número de piezas. 3 [pers.] Cuyo carácter y conducta no son fáciles de entender.
SIN. **Complejo,** da idea de mayor trabazón entre los elementos componentes; por esto se substantiva fácilmente. *1* **Intrincado, laberíntico.** *2* **Múltiple.**

complicar (l. *-are* < *plicare,* plegar) *tr.* Mezclar, unir [cosas entre sí diversas]. 2 Mezclar, comprometer [a alguien] en un asunto. -3 *prnl.* Embrollarse, enmarañarse. ◇ ** CONJUG. [1] como ***sacar.***

cómplice (b. l. *-ice*) *com.* DER. Persona que, sin ser autora de un delito o falta, coopera a su perpetuación por actos anteriores o simultáneos: *ser ~ de otro.* 2 Participante en un delito o falta imputable a dos o más personas: *~ con otros; ~ en el delito.*

complicidad *f.* Calidad de cómplice.

complot (fr.) *m.* Confabulación entre dos o más personas contra otra u otras. 2 Trama, intriga. 3 Conjuración o conspiración de carácter político o social. ◇ Pl.: *complots.*
SIN. *1* v. **Conspiración.**

complotado, -da *adj.-s.* Que forma parte de un complot o conjura.

complotar *intr.-prnl.* Tramar un complot, conjurar, conspirar.

complutense (l., de *Complutum,* Alcalá de Henares) *adj.-s.* De Alcalá de Henares, ciudad de Madrid.
SIN. **Alcalaíno, -na,** es la denominación usual, sobre todo cuando se aplica a personas. *Complutense* es término docto que alude a la ant. ciudad de Alcalá: *Universidad ~, bibliografía ~.*

compluvio (l. *-iu*) *m.* Abertura cuadrada o rectangular de la techumbre de la ant. casa romana, para dar luz y recoger las aguas pluviales.

compón (fr.) *m.* BLAS. Cuadrado de esmalte alternado que cubre el fondo de cualquier figura o mueble del escudo.

componado, -da *adj.* BLAS. Figura o pieza formada por compones.

componedor, -ra *m. f.* Persona que compone. -2 *m.* IMPR. Regla con un borde a lo largo y un tope en uno de los extremos, en el cual se colocan las letras y signos que han de componer un renglón. 3 DER. ***Amigable ~,*** persona cuya decisión o sentencia se han comprometido a cumplir las partes interesadas en una divergencia o litigio. 4 *Can.* Curandero, yerbero. 5 *Chile.* Cirujano de huesos. -6 *f.* IMPR. Máquina para componer textos.

componenda (l. de *componere,* arreglar) *f.* Cantidad que se paga en la dataría romana por algunas bulas y licencias cuyos derechos no tienen tasa fija. 2 Arreglo o transacción censurable o de carácter inmoral. 3 Acción de componer (un negocio).

componente *adj.-m.* Que compone o entra en la composición de un todo. -2 *m. Cuba* y *P. Rico.* Castigo corporal impuesto por agentes de la seguridad pública.

componer (l. *-ere*) *tr.* Formar un todo juntando o disponiendo [cosas diversas o partes de una misma cosa]: *~ una medicina; este tal caballo fue compuesto por el sabio Merlín.* 2 Constituir, formar [un cuerpo o agregado de varias personas o cosas]: *~ una junta; la junta se compone de cinco individuos.* 3 Hacer, producir [obras literarias o musicales]: *~ un tratado de matemáticas, una poesía,* etc.; **abs.,** hacer versos o producir obras musicales: *el maestro está componiendo.* 4 Adornar [algo]: *~ la casa, el salón.* 5 Ataviar y engalanar [a alguien]: *~ la novia; la novia se está componiendo.* 6 Aderezar con ingredientes [el vino u otras bebidas]. 7 Ordenar o reparar [lo desordenado o roto]: *~ unos cuadros.* 8 Concordar, poner en paz [a los enemistados]: *~ a las personas con palabras amorosas; componerse con los acreedores.* 9 Cortar [un negocio] por vía de transacción, esp. acallando [al que puede perjudicar]: *compusieron a los sabinos con los privilegios de ciudadanos; con dineros compuso este negocio.* 10 Moderar, corregir, arreglar: *la música compone los ánimos; ~ las costumbres.* 11 Disponer [el semblante o el exterior de las personas] de modo que muestren modestia o serenidad; esp., en sentido peyorativo, acomodar una cosa a un fin dañado: *~ las razones, la expresión,* etc.; fam., ***componérselas,*** ingeniarse para salir de un apuro o lograr algún fin. 12 fam. Reforzar, restablecer: *el vino me ha compuesto el estómago.* 13 GRAM. Formar [un vocablo] combinando otros vocablos o añadiendo un prefijo; en gral., estar formado un vocablo de determinada manera: *la palabra se compone de sílabas.* 14 IMPR. Reproducir [un texto] juntando los caracteres tipográficos y formando palabras, líneas y planas. 15 MAT. Constituir [una determinada cantidad]: *cuatro arrobas componen un quintal; un quintal se compone de cuatro arrobas.* 16 MAT. Reemplazar [en una proporción cada antecedente] por la suma del mismo con su consecuente. 17 *Amér.* Restituir a su lugar los huesos dislocados. 18 *Argent.* Preparar cuidadosamente el gallo para la pelea o el caballo para la carrera. 19 *Chile* y *Méj.* eufem. Castrar, capar. ◇ ** CONJUG. [78] como ***poner.***
SIN. *4* y *5* **Aderezar; hermosear,** poniendo en ello primor especial en los pormenores; **perfilar,** fam. y refiriéndose a personas, **emperejilar, emperifollar.** *7* v. **Reparar.**

componible (de *componer*) *adj.* Que se puede conciliar o concordar con otra.

COMPOSICIÓN

Pueden darse tres casos: I) composición propiamente dicha; II) composición por medio de prefijos, y III) parasíntesis.

I. — COMPOSICIÓN PROPIAMENTE DICHA

Dos o más palabras se reúnen para formar una nueva.

1) Compuestos formados por unidades semánticas que tienden a estrecharse por sus relaciones de determinante a determinado, o por su función. A veces se escriben separadas: *casa de campo, para que, a sabiendas, cariancho, correveidile, abrojo.*

2) Composición incompleta. Los componentes conservan su independencia en la escritura: *ojo de buey, con todo esto, a pesar de.*

3) Composición por coordinación. Los elementos se yuxtaponen en el vocablo compuesto, escrito en una sola palabra: *camposanto, casatienda, coliflor, cualquiera, agridulce, vinagre.*
Esta composición se llama imperfecta cuando los dos componentes conservan la *s* del plural: *ricashembras, mediascañas;* V. **número.**

4) Composición por subordinación. Algunos elementos se eliden:

bocacalle	boca de la calle
bienmesabe	vocablo que equivale a una frase entera
zaherir	transformado *(faz ferir,* herir la faz*)*

5) Los componentes pueden ser:

dos adjetivos	*agridulce*
dos substantivos	*carricoche*
adjetivo y substantivo, o viceversa	*mediodía, vinagre, cejijunto*
dos verbos	*ganapierde*
verbo y substantivo, o vicerversa	*quitasol, maniatar*
pronombre y verbo	*cualquiera*
adverbio y verbo, o viceversa	*malcasar, dondequiera, catalejo*
adverbio y substantivo	*bienandanza*
adverbio y adjetivo	*malcontento*
preposición y substantivo	*sinvergüenza*
preposición y relativo	*conque*
dos preposiciones	*desde*
preposición y conjunción	*porque*
adverbio y conjunción	*aunque*
conjunción y verbo	*siquiera*
una oración o frase	*correveidile, bienmesabe*
siglas, acrónimos	*talgo, tergal*

componte ***m.*** *Cuba* y *P. Rico.* Tormento o castigo arbitrariamente impuesto por agentes de policía.

compontear ***tr.*** *Cuba* y *P. Rico.* Aplicar el componte [a un detenido].

comporta (de *comportar*) ***f.*** Especie de canasta para transportar las uvas en la vendimia. 2 *Perú.* Molde para solidificar el azufre refinado.

comportable ***adj.*** Soportable, tolerable.

comportamiento ***m.*** Conducta (proceder).

comportante ***adj.*** Que comporta.

comportar (l. *-are*) ***tr.*** fig. Sufrir, tolerar: *el beneficio no comporta los gastos de transporte.* -2 ***prnl.*** Portarse, conducirse: *el alumno se comporta bien.* 3 GALIC. Acarrear, traer consigo.

comporte (de *comportar*) ***m.*** ant. Proceder (ir una cosa tras otra).

comportería ***f.*** Arte u oficio de comportero. 2 Taller del comportero.

comportero ***m.*** El que tiene por oficio hacer o vender comportas.

****composición** (l. *-itione*) ***f.*** Acción de componer. 2 Efecto de componer. 3 Obra científica, literaria o musical. 4 Parte de la música que enseña las reglas para la formación del canto y del acompañamiento. 5 Oración que se dicta al discípulo para que la traduzca a la lengua que aprende. 6 Ejercicio escolar de redacción sobre un tema dado. 7 Ajuste, convenio entre dos o más personas. 8 Compostura (mesura). 9 Naturaleza de los elementos presentes en un compuesto y proporción en que se hallan. 10 Conjunto de los vagones que forman un tren. 11 GRAM. Procedimiento para formar palabras nuevas agrupando dos o más palabras ya existentes en el idioma: *bocamanga, aguardiente, correveidile.* También se llama composición la prefijación o anteposición de prefijos: *adyacente, contradecir.* 12 IMPR. Conjunto de líneas, galeradas y páginas antes de la imposición. 13 IMPR. Acción de juntar los caracteres tipográficos formando palabras, líneas y planas. 14 ESC. y PINT. Arte de agrupar las figuras y accesorios para conseguir el mejor efecto.
FR. *Hacer uno composición de lugar,* meditar las circunstancias de un negocio para formar el plan conducente a su más acertada dirección.

compositivo, -va (l. *-vu*) ***adj.*** [prefijo o palabra] Que forma compuestos.

compositor, -ra ***adj.-s.*** Que compone. 2 Que hace composiciones musicales. -3 ***m.*** *Argent., Parag.* y *Urug.* Que prepara un caballo para la carrera o un gallo para la riña. 4 *Chile.* Algebrista o cirujano de huesos.

compostelano, -na ***adj.-s.*** De Compostela, hoy Santiago de Compostela, c. de Galicia.

compostura (l. *compositura*) ***f.*** Construcción y hechura de un todo que consta de varias partes. 2 Reparo de una cosa descompuesta. 3 Aseo, adorno, aliño. 4 Mezcla o preparación con que se adultera o falsifica algo. 5 Ajuste, convenio. 6 Modestia, me-

COMPOSICIÓN (continuación)

6) Reglas generales de composición:

a) El primer elemento termina en vocal y el segundo empieza en consonante:

1.er caso: *primogénito* .... *primo-génito*
sociólogo .... *socio-logo*

la vocal del primer elemento es *o*, según la forma griega.

2.º caso: novilunio .... novi-lunio
ojinegro .... oji-negro

la vocal es *i*, según la forma latina.

b) El primer elemento termina en vocal y el segundo empieza también por vocal; resultan las formas:
boquiancho .... *boqui-ancho*
cuellierguido .... *cuelli-erguido*

La composición es de tipo latino, esto es, se convierte en *i* la vocal final del primer elemento o bien se pierde una vocal: *abrojo* (de *abre-ojo*) *abr-ojo*.

Hay muchos casos que conservan las dos vocales: *vengainjurias, puercoespín.*

II. — COMPOSICIÓN POR MEDIO DE PREFIJOS

Los prefijos son:

1) Las preposiciones: *contraponer, entretela,* etc. Se las llama prefijos SEPARABLES, porque tienen uso como palabras independientes.

2) Los prefijos propiamente dichos, o INSEPARABLES, porque no tienen uso fuera de la composición, son los siguientes: *a,* o *an, ab, ad, ana, anfi, anti, archi, bis* o *biz, cata, centi, circum, cis, cifra, dece, deci, des, di, dis, en, epi, equi, es, ex, extra, hecto, hiper, hipo, in, inter, kili, meta, mili, miria, mono, ob, para, per, peri pos, pre, preter, pro, proto, re, res, sin, sus, super, trans, tras* y *ultra.*
El significado de los prefijos y alteraciones que algunos de ellos sufren al entrar en contacto con determinados sonidos se hallarán explicados en el DICCIONARIO.

OBSERVACIÓN: Algunos teóricos consideran que la formación de prefijo más base léxica pertenece a la derivación, como los demás procesos de formación de palabras con afijos.

puesta. 3 Aseo, adorno, aliño. 4 Mezcla o preparación con que se adultera o falsifica algo. 5 Ajuste, convenio. 6 Modestia, mesura y circunspección. 7 *Argent.* y *Urug.* Acción de componer o preparar gallos y caballos. 8 *Argent.* y *Urug.* Efecto de componer o preparar gallos y caballos.
SIN. *2* **Remiendo,** esp. si es de corta entidad; **reparación** sugiere mayor importancia. V. **Reparar,** para otros matices.
compota (fr. *compote* < l. *composita,* compuesta) *f.* Dulce de fruta cocida con agua y azúcar.
compotera *f.* Vasija en que se sirve compota.
compra *f.* Acción de comprar. 2 Efecto de comprar. 3 Conjunto de comestibles comprados para el consumo diario. 4 Objeto comprado, en gral.
comprable *adj.* Que puede comprarse.
comprachilla *f. Guat.* Pájaro conirrostro parecido al mirlo.
compradero, -ra *adj.* p. us. Comprable.
compradillo *m.* Comprado.
compradizo, -za *adj.* p. us. Comprable.
comprado *m.* Juego entre 4, con 8 naipes cada jugador, y en el cual los 8 que restan se rematan en el que da más.
comprador, -ra *adj.-s.* Que compra.
comprante *adj.* Comprador.
comprar (l. v. **comperare* < l. *comparare;* doble etim. *comparar*) *tr.* Adquirir [una cosa] a cambio de cierta cantidad de dinero. 2 Sobornar [a uno].
SIN. *1* **Adquirir** es término culto, que abarca no sólo la compra, sino todos los medios de adquisición; **mercar,** coincide con comprar en su significado, pero hoy se emplea sólo en los medios rurales y entre las clases populares.
compraventa *f.* Negocio del que se dedica a comprar al público objetos usados para revenderlos: ~ *de libros, de antigüedades.* 2 *Contrato de* ~, aquél en que el vendedor se compromete a entregar la cosa que vende y el comprador a pagar el precio convenido por ella.
comprehender *tr.* ant. Comprender. ◇ Aunque es forma ant., y como tal la registran los diccionarios, se emplea todavía con cierta frecuencia en el lenguaje filosófico. Lo mismo hay que decir de los derivados *comprehensible, comprehensivo, comprehensor* y *comprehensión.*
comprendedor, -ra *adj.* Que comprende.
comprender (l. *comprehendere*) *tr.* p. us. Abrazar, ceñir, rodear por todas partes [una cosa]: *nos conviene caminar antes que nos comprendan las tinieblas.* 2 Contener, incluir en sí [una cosa]: *España comprende muchos reinos y provincias; en el reino de León se comprendían las provincias de Galicia y de Portugal.* 3 Entender, penetrar: *yo no comprendo sus intenciones; sólo el hombre es capaz de* ~ *la naturaleza.*
comprendiente *adj.* Que comprende.
comprensibilidad *f.* Calidad de comprensible.
comprensible *adj.* Que se puede comprender: ~ *al entendimiento;* ~ *para todos.*

COMPOSICIÓN (continuación)

III. — PARASÍNTESIS

Las palabras que se han formado a la vez por composición y por derivación se llaman *parasintéticas.* Ejemplos:

pordiosero	*por* + *Dios* + sujijo *-ero*
machihembrar	*machi* + *hembra* + sufijo *-ar*
sietemesino	*siete* + *mes* + sufijo *-ino*
aprisionar	prefijo *a-* + *prisión* + sufijo *-ar*

Los parasintéticos no deben confundirse con los derivados de palabras compuestas. Así, p. ej., *suboficialato* es derivado del compuesto *suboficial;* pero *desalmado* es parasintético, porque no existen en español las palabras *desalma,* ni *almado,* que hubieran podido formarlo. De igual manera es parasintético *aprisionar,* puesto que no tenemos en uso las voces *aprisión,* ni *prisionar.*

OBSERVACIÓN: Para algunos teóricos la parasíntesis es la formación de palabras mediante un prefijo y un sufijo simultáneamente.

comprensión *f.* Acción de comprender. 2 Facultad, acto o proceso de comprender (entender) las cosas. 3 Actitud comprensiva o tolerante. 4 LÓG. Conjunto de caracteres que integran un concepto.

4 Así, p. ej., el concepto *hombre* comprende los caracteres *animal racional* que lo definen. Se diferencia de la *extensión,* que es el conjunto de objetos a que un concepto puede aplicarse, p. ej., el concepto *hombre* se extiende a *europeo, asiático, americano,* etc.

comprensivo, -va *adj.* Que comprende, contiene o incluye: *precio ~ de todos los impuestos.* 2 Que tiene la facultad de comprender (entender) fácilmente, de comprender muchas cosas: *es un hombre muy ~.* 3 Tolerante.

comprenso, -sa, pp. irregular inus. de *comprender.*

comprensor, -ra *adj.-s.* Que comprende. 2 TEOL. [pers.] Que goza la eterna bienaventuranza.

compresa (l., fem. de *compressu*) *f.* Pedazo de lienzo o celulosa que se aplica para usos médicos debajo de la venda o vendaje, y en la higiene femenina.

compresbítero *m.* Compañero de otro en el acto de recibir el orden del presbiterado.

compresibilidad *f.* Calidad de compresible.

compresible *adj.* Que se puede comprimir.

compresión *f.* Acción de comprimir. 2 Efecto de comprimir. 3 Sinéresis. 4 Presión que alcanza la mezcla en el cilindro de un motor, antes de que se produzca la explosión.

compresivo, -va *adj.* Que comprime.

compreso, -sa, pp. irreg. de *comprimir.*

compresor, -ra *adj.-s.* Que comprime. -2 *m.* Mecanismo usado para comprimir gases.

comprimario, -ria (*con* + *primario*) *m. f.* Cantante de teatro que hace los segundos papeles.

comprimente *adj.* Que comprime.

comprimible *adj.* Compresible.

comprimido, -da (de *comprimir*) *adj.-s.* Reducido a menor volumen. 2 Aplanado, achatado. 3 ZOOL. Estrechado lateralmente, o sea en el sentido del plano medianero, como ocurre en ciertos peces. -4 *m.* FARM. Tableta medicinal de pequeño tamaño que se obtiene por compresión de sus ingredientes previamente reducidos a polvo.

comprimir (l. *-ere*) *tr.* Apretar, reducir por presión el volumen [de una cosa]. 2 Reprimir, contener.

comprobable *adj.* Que se puede comprobar.

comprobación *f.* Acción de comprobar. 2 Efecto de comprobar.

comprobante *adj.-s.* Que comprueba.

comprobar (l. *-are*) *tr.* Verificar, confirmar [una cosa] mediante demostración o pruebas que la acreditan como cierta: *~ un dato con fechas; ~ la firma de un documento.* ◇ ** CONJUG. [31] como *contar.*

comprobatorio, -ria *adj.* Que comprueba.

comprofesor, -ra *m. f.* Persona que ejerce la misma profesión que otra.

comprometedor, -ra *adj.-s.* Que compromete.

comprometer (l. *-ittere*) *tr.-prnl.* Poner de común acuerdo en manos de un tercero la solución [de una diferencia, pleito, etc.]: *~ las diferencias en jueces, árbitros.* 2 Exponer a algún peligro o daño: *~ los intereses de la nación; ~ al príncipe; no querían comprometerse a una guerra civil.* 3 Constituir [a uno] en una obligación: *comprometerle a pagar; comprometerse con otro en una promesa mercantil.* -4 *prnl.* Establecer [una pareja] relaciones amorosas formales.

comprometido, -da *adj.* Difícil, arriesgado, apurado, apremiante: *situación comprometida.*

comprometimiento *m.* Acción de comprometer o comprometerse. 2 Efecto de comprometer o comprometerse.

compromisario, -ria (l. *-issariu*) *adj.-s.* Relativo al compromiso. 2 [pers.] En quien otras delegan para que concierte, resuelva o efectúe alguna cosa. -3 *m. f.* Persona por quien los electores se hacen representar para una elección.

compromiso (l. *-issu*) *m.* Delegación que para proveer ciertos cargos eclesiásticos o civiles hacen los electores en uno o más de ellos a fin de que designen el que haya de ser nombrado. 2 Convenio entre litigantes, por el cual comprometen su litigio en jueces árbitros o amigables componedores. 3 Escritura o instrumento en que las partes otorgan este convenio. 4 Obligación contraída, palabra dada, fe empeñada. 5 Dificultad, embarazo, empeño. 6 Esponsales. 7 DEP. fig. Encuentro deportivo. -8 *m. pl. Méj.* Rizos o bucles ensortijados.

FR. *Estar,* o *poner, en compromiso,* estar, o poner, en duda una cosa que antes era clara y segura.

compromisorio, -ria *adj.* Que incluye compromiso u obligación.

comprovincial (l. *comprovinciale*) *adj.* V. obispo comprovincial.

comprovinciano, -na *m. f.* Persona de la misma provincia que otra.

comprueba *f.* IMPR. Prueba ya corregida, que sirve para ver si en las nuevas pruebas se han hecho las correcciones indicadas.

compto *m.* Tribunal de Navarra denominado Cámara de Comptos.

I) compuerta (*com-* + *puerta*) *f.* Portón de gruesos tablones, encajado por ambos lados en una ranura a lo largo de la cual puede deslizarse y que en los canales o presas fluviales sirve para graduar o cortar el paso del agua. 2 Especie de antepecho que se coloca en una puerta para cerrarla y no impedir la luz del día. SIN. *1* **Tablacho.**

II) compuerta (del ant. *comportar,* llevar) *f.* Pedazo de tela sobrepuesto en que los comendadores de las órdenes militares traían la cruz al pecho.

compuestamente *adv. m.* Con compostura. 2 Ordenadamente.

compuesto, -ta (l. *compositu*) pp. irreg. de *componer.* 2 *adj.* Formado por varios simples o que consta de varias partes o elementos: *cuerpo ~; número ~; flor compuesta; hoja compuesta; inflorescencia compuesta; ojo ~.* 3 Relativo al orden compuesto. 4 ARQ. V. orden compuesto. 5 fig. Mesurado, circunspecto. 6 GRAM. V. conjunción, oración, palabra, tiempo ~. -7 *adj.-m.* MAT. V. número ~. -8 *m.* Agregado de varias cosas que componen un todo. -9 *adj.-f.* Planta de la familia de las compuestas. -10 *f. pl.* Familia de plantas dicotiledóneas, hierbas, arbustos y algunos árboles que se caracterizan por tener las flores compuestas; como la dalia.

compulsa *f.* Acción de compulsar. 2 Efecto de compulsar. 3 DER. Copia o traslado de una escritura, instrumento o autos, sacado judicialmente y cotejado con su original.

compulsación *f.* Acción de compulsar.

compulsar (l. *-are*) *tr.* DER. Sacar compulsa [de una escritura, de un auto, etc.]. 2 Comprobar [un texto adoptado] con el original o el de otras ediciones o copias. 3 *P. Rico.* Compeler.

SIN. *2* **Cotejar.**

compulsión (l. *-ione*) *f.* DER. Apremio y fuerza que, por mandato de la autoridad, se hace a uno, compeliéndole a que ejecute alguna cosa.

compulsivo, -va (de *compulso*) *adj.* Que tiene virtud de compeler.

compulso, -sa, pp. irreg. de *compeler.*

compulsorio, -ria *adj.-s.* DER. Mandato que da el juez para compulsar un instrumento o proceso.

compunción (l. *compunctione*) *f.* Sentimiento o dolor de haber pecado. 2 Sentimiento que causa el dolor ajeno. 3 fig. Melancolía, tristeza.

SIN. *1* v. **Arrepentimiento.**

compungido, -da (de *compungir*) *adj.* Atribulado, afligido.

compungir (l. *-ere*) *tr.* Mover [a uno] a compunción. -2 *prnl.* Contristarse uno de algún pecado propio o de la aflicción ajena. ◇ ** CONJUG. [6] como ***dirigir.***

compungivo, -va (de *compungir*) *adj.* [cosa] Que punza o pica.

compurgación (de *compurgar*) *f.* DER. Purgación. 2 DER. ~ ***canónica,*** purgación canónica.

compurgador (de *compurgar*) *m.* DER. En la purgación canónica, cualquiera de los que en ella juraban que creían que el acusado habría jurado con verdad ser inocente.

compurgar (l. *-are*) *tr.* DER. Pasar [el acusado] por la prueba de la compurgación. 2 *Méj.* Cumplir el reo [la pena]. ◇ ** CONJUG. [7] como ***llegar.***

computable *adj.* Que se puede computar.

computación *f.* Cómputo.

computador, -ra *adj.-s.* Que computa o calcula. -2 *m. f.* Calculador o calculadora, aparato o máquina de calcular. 3 Calculador electrónico de elevada potencia equipado de memorias de gran capacidad y aparatos periféricos, que permite solucionar con gran rapidez y sin intervención humana, durante el desarrollo del proceso, problemas lógicos y aritméticos muy complejos: ~ ***analógico,*** aquel cuyos componentes se ajustan de modo que sus leyes físicas de funcionamiento sean análogas a las leyes matemáticas del proceso que se trata de estudiar; ~ ***digital,*** aquel en que todas las magnitudes se traducen en números, con los cuales opera para realizar los cálculos; ~ ***híbrido,*** el compuesto de una parte analógica y otra digital, y que aprovecha óptimamente las características de ambas.

SIN. *3* **Ordenador.**

computadorización *f.* Acción de computadorizar. 2 Efecto de computadorizar.

computadorizar *tr.* Someter [datos] al tratamiento de una computadora. ◇ ** CONJUG. [4] como ***realizar.***

computar (l. *-are;* doble etim. *contar*) *tr.* Determinar indirectamente [una cantidad, esp. el tiempo] por el cálculo de ciertos datos. 2 Tomar en cuenta, ya sea en general, ya de manera determinada: *se computan los años de servicios en otros cuerpos.*

computerización (der. de *computerizar*) *f.* Computadorización.

computerizar (der. del ingl. *computer,* computador) *tr.* Computadorizar. ◇ ** CONJUG. [4] como ***realizar.***

computista *com.* Persona que computa.

cómputo (l. *-tu;* doble etim. *cuento, cuenta*) *m.* Cálculo para determinar la fecha de las fiestas movibles de la Iglesia. 2 Determinación indirecta de una cantidad mediante el cálculo de ciertos datos.

SIN. *2* En ASTRON. **Epilogismo.**

comto, -ta (l. *comptu*) *adj.* p. us. [lenguaje, estilo o manera] Afectado por exceso de lima.

comucho *m. Chile.* Grupo, montón, multitud.

comulación *f.* Acumulación.

comulgante *adj.-s.* Que comulga.

comulgar (v. *comunicar*) *tr.* Administrar la sagrada comunión: ~ *a un enfermo.* -2 *intr.* Recibir la sagrada comunión. 3 fig. Compartir con otro u otros los mismos principios, ideas, sentimientos. ◇ ** CONJUG. [7] como ***llegar.***

FR. **Comulgar con ruedas de molino,** ser muy crédulo, dejarse engañar.

comulgatorio *m.* Barandilla de las iglesias ante la que se arrodillan los que comulgan; en los conventos de religiosas, ventanilla por donde se les da la comunión.

común (l. *commune*) *adj.* Que no es privativo de uno, sino compartido por dos o más al mismo tiempo: ~ *a muchos.* 2 Relativo a la mayoría o a todo el mundo: *sentido ~; opinión ~.* 3 Ordinario, vulgar, frecuente. 4 Bajo, de inferior clase: *modales muy comunes.* -5 *m.* Todo el pueblo de un país, provincia o ciudad: ***el ~ de las gentes,*** la mayor parte de las gentes; ***en ~,*** por muchos, y no por uno en particular: *gozar, tener,* o *poseer, una cosa en ~;* juntos todos los individuos, para todos generalmente: ***hacerlo en ~; por lo ~,*** comúnmente. 6 Retrete. 7 GRAM. ~ ***de dos*** o ***nombre ~,*** v. género ~. 8 ~ ***de tres,*** en la gramática latina, adjetivo de una terminación que se puede juntar a substantivos de los tres géneros.

SIN. *2* v. **General.** *3* **Regular, usual, corriente.**

comuna *f.* Conjunto de personas que viven en comunidad económica, a veces sexual, al margen de la sociedad organizada. 2 *Murc.* Acequia principal. 3 *Amér.* Municipio, ayuntamiento.

comunal *adj.* Común (no privativo). -2 *adj.-s.* Común (pueblo). 3 *Amér.* Perteneciente o relativo a la comuna o municipio.

comunalmente *adv. m.* En común.

comunero, -ra (de *común*) *adj.* Popular, agradable para con todos. 2 Relativo a las comunidades de Castilla o partidario de ellas. -3 *m.* El que tiene parte indivisa con otro u otros en un inmueble, un derecho, etc. -4 *m. pl.* Pueblos que tienen comunidad de pastos. -5 *adj. Colomb.* Partidario de la independencia de Colombia y del Paraguay.

comunicabilidad *f.* Calidad de comunicable.

comunicable *adj.* Que puede comunicarse: *noticia ~.* 2 Sociable, tratable: *persona ~.*

comunicación *f.* Acción de comunicar o comunicarse. 2 Efecto de comunicar o comunicarse. 3 Papel escrito en que se comunica alguna cosa oficialmente. 4 Trato o correspondencia entre dos o más personas. 5 Unión que se establece entre ciertas cosas, tales como mares, pueblos, casas o habitaciones mediante pasos, canales, vías, escaleras, crujías, etc. 6 Medio de unión entre dichas cosas. 7 Sonido característico que emite un aparato telefónico y que indica que puede marcarse el número deseado. -8 *f. pl.* Correos, telégrafos, teléfonos, etc.

comunicado, -da (de *comunicar*) *adj.* [lugar] Ligado a otro, generalmente más importante, por medio del transporte público, o de vías de comunicación: *barrio bien ~.* -2 *m.* Escrito que, en causa propia y firmado, se dirige a uno o varios periódicos para que lo publiquen. 3 Comunicación (papel escrito). 4 Parte (militar). 5 *Méj.* Encargo que el testador deja a su albacea.

comunicador, -ra *adj.* Que comunica o sirve para comunicar. -2 *m.* Dispositivo transmisor del movimiento motor a una máquina.

comunicante *adj.-s.* Que comunica: *vasos comunicantes; contesto a mi ~.*

comunicar (l. *communicare;* doble etim. *comulgar*) *tr.* Hacer a otro partícipe [de lo que uno tiene]: ~ *el talento, las riquezas, la alegría.* 2 Dar parte, hacer saber a uno [una cosa]: *le comuniqué mis más secretos pensamientos;* esp. en construcción abs., conservar o tratar con alguno de palabra o por escrito: *comunico con mi primo; comunicarse por señas.* 3 Consultar con otros [un asunto] tomando su parecer: *parecióle ~ el negocio con el Miramolín.* 4 Transmitir señales mediante un código común al emisor y al receptor. -5 *intr.* Dar un teléfono, al marcar un número, la señal indicadora de que la línea está ocupada por otra comunicación. -6 *prnl.* Tratándose de cosas inanimadas, tener correspondencia o paso unas con otras: *los dos lagos se comunican.* -7 *tr. Amér.* Levantar la incomunicación [a un preso]. ◇ **CONJUG. [1] como ***sacar.***

SIN. *1* **Impartir.**

comunicatividad *f.* Calidad de comunicativo.

comunicativo, -va *adj.* [actitud, sentimiento] Que tiende a ganarse a otras personas: *risa comunicativa.* 2 [pers.] Que tiene tendencia a hacer partícipe a los demás de sus ideas o sentimientos.

comunicología *f.* Conjunto de conocimientos, técnicas, etc., que tratan del conocimiento e información entre personas o grupos humanos.

comunidad (l. *communitate*) *f.* Calidad de común (no privativo): ~ *de ideas, de origen.* 2 Común (pueblo). 3 Reunión de personas que viven juntas y bajo ciertas reglas: ~ *de propietarios;* ~ *religiosa.* -4 *f. pl.* Levantamientos populares, esp. los de Castilla en tiempos de Carlos I (1500-1558).

comunión (l. *communione*) *f.* Participación en lo que es común: ~ *de ideas, de afectos.* 2 Participación de los fieles en los bienes espirituales como miembros de un mismo cuerpo: ~ *de la Iglesia* o *de los Santos.* 3 Congregación de los que profesan la misma fe, esp. religiosa, y están sujetos a la misma disciplina: *la ~ cristiana; las comuniones protestantes;* p. ext., ***la ~ tradicionalista,*** el partido tradicionalista. 4 Participación en el sacramento de la Eucaristía: *recibir la ~;* ~ *general.*

comunismo *m.* Sistema de organización social en el que se establece la abolición de la propiedad privada y la comunidad de bienes. 2 Sistema político que trata de construir dicha organización social. 3 ~ ***libertario,*** anarquismo.

1 y *2* Difiere del colectivismo, del socialismo agrario y del socialismo de estado, en que éstos sólo pretenden: el primero distribuir todos los medios de producción; el segundo, suprimir la propiedad privada de la tierra, y el tercero, reclamar la propiedad colectiva, sólo en el caso de exigirlo el interés general.

comunista *adj.-com.* Partidario del comunismo. -2 *adj.* Relativo a este sistema.

comunitario, -ria *adj.* Propio o relativo a la comunidad, en especial la Comunidad Económica Europea.

comúnmente *adv. m.* De uso o consentimiento común. 2 Frecuentemente.

comuña (l. *communia,* cosas comunes) *f.* Trigo mezclado con centeno.

comuñas *f. pl.* Camuñas.

con (l. *cum*) *prep.* Expresa en general concurrencia, medio o modo que sirve para hacer alguna cosa. Denota: compañía, unión: *se encerró con Sancho en su aposento; llegaremos con el día; me voy con mi padre (*esto es, *donde está mi padre).* 2 Instrumento, medio o manera: *se defendió con el puñal; gobernaba la patria con los consejos; eran agasajados con amor; entrar en la ciudad con armas.* 3 Contenido o adherencia: *una bolsa con dinero; un misal con tapas cubiertas de tafilete.* 4 Reciprocidad: *ámense unos con otros.* 5 Comparación: *su fuerza no es nada con la que profeso yo.* 6 en gral. Expresa idea de relación o comunicación con otros: *estar en paz con el ventero; hablo con todos; es una historia que me pasó con una hechicera; tenía escaso influjo con el rey;* significando esp. relación se combina con la preposición *para*: *su lealtad para con el rey es muy grande.* 7 Antepuesta al infinitivo, equivale a gerundio: *con declarar se eximió el tormento;* o a la conj. concesiva *aunque*: *con ser tan antiguo le han postergado.* 8 A pesar de: *con el crédito que tenía no supo mirar por sí.* 9 Contrapone lo que se dice en una exclamación con una realidad expresa o implícita: *¡con lo hermosa que era esta calle y ahora la han estropeado!* 10 ***Con que,*** o ***con tal que,*** o ***con sólo que, loc. conj. condic.,*** en el caso de que.

con-, com- (de la prep. *con)* Prefijo que entra en la formación de palabras expresando reunión, cooperación o agregación: *confluir, convenir, consorcio.* Antes de *b* y *p* toma la forma *com*: *composición;* otras veces pierde la *n* y se convierte en *co*: *cooperar, colateral.*

conacaste (del nahua *cuahuit,* árbol y *nacasti,* oreja) *m.* Árbol tropical de la familia de las mimosáceas, de fruto no comestible, con forma de oreja, cuyo pericarpio coriáceo es de color café obscuro lustroso y en cuyo mesocarpio, mucilaginoso, de color blanquecino, se distribuyen las semillas, pequeñas y durísimas. La madera se utiliza para la ebanistería y la construcción *(Enterolabium cyclocarpum).*

conacho *m. Perú.* Mortero de piedra que se usaba para triturar los minerales que tenían oro o plata nativos.

conativo, -va *adj.* Relativo al conato, o que tiene carácter de tal. Ús. gralte. con referencia a los conatos o impulsiones psíquicas.

conato (l. *-tu* < *conart,* esforzarse) *m.* Empeño y esfuerzo en la ejecución de una cosa. 2 Propensión, tendencia, propósito; acto que se inicia y no continúa: ~ *de incendio.* 3 DER. Acto y delito que se empezó y no llegó a consumarse.

SIN. *2* **Pujo.**

conaza *f. Pan.* Seje.

conca *f.* Concha, caracol.

concadenar (l. *concatenare;* doble etim. *concatenar*) *tr.* fig. Unir estrechamente [unas cosas con otras] como los eslabones de una cadena.

concalecerse *prnl. Extr.* Pudrirse. ◇ ** CONJUG. [43] como ***agradecer.***

concambio *m.* y desus. Canje.

concanónigo (*con-* + *canónigo*) *m.* Canónigo al mismo tiempo que otro en una misma iglesia.

concatedralidad *f.* Calidad que constituye a una iglesia en dignidad de catedral, pero unida con otra y con un solo capítulo para los dos, como la Seo y el Pilar de Zaragoza. 2 Hermandad entre dos catedrales, cuyos canónigos tienen asiento en el coro de la catedral a la que, en realidad, no pertenecen.

concatenación *f.* Acción de concatenar. 2 Efecto de concatenar. 3 RET. Figura que se comete empleando al pricipio de dos o más cláusulas del período la última voz de la cláusula inmediatamente anterior.

SIN. *1* y *2* **Encadenamiento.** *3* **Epanástrofe.**

concatenar *tr.* fig. Concadenar.

concausa (*con-* + *causa*) *f.* Cosa que, juntamente con otra, es causa de algún efecto.

SIN. **Factor.**

cóncava (l.) *f.* Concavidad.

concavidad *f.* Calidad de cóncavo. 2 Parte o sitio cóncavo.

SIN. *2* **Cuenco, seno, cavidad.**

cóncavo, -va (l. *-vu* < *cavus,* hueco) *adj.* Que tiene, respecto del que mira, la superficie más deprimida en el centro que por las orillas. -2 *m.* Concavidad (parte cóncava). 3 MIN. Ensanche alrededor del brocal de los pozos interiores de minas para colocar y manejar desembarazadamente los tornos.

concavoconvexo, -xa *adj.* [cuerpo] Que presenta dos superficies opuestas, una cóncava y otra convexa, de radio mayor la primera que la segunda: *lente concavoconvexa.*

concebible *adj.* Que puede concebirse (comprenderse).

concebimiento *m.* Concepción.

concebir (l. *concipere*) *intr.-tr.* Dar existencia en el seno [a un nuevo ser] por medio de la fecundación: *su esposa ha concebido; concibió un hijo varón.* 2 fig. Formar en la mente [idea o concepto de una cosa]; comprenderla: *concibió el pensamiento de arrojarlos; concibe sin dificultad; no se concibe tanta crueldad.* -3 *tr.* fig. Comenzar a sentir [una pasión o afecto]: ~ *esperanzas.* ◇ ** CONJUG. [34] como ***servir.*** ◇ GALIC.: por expresar, redactar, contener: *una carta concebida en los siguientes términos.*

concedente *adj.* Que concede.

conceder (l. *-ere*) *tr.* Hacer merced y gracia [de una cosa]. 2 Convenir [en lo que uno dice o afirma]: *le concedo que en esto no tengo razón.* 3 Atribuir una cualidad o condición, discutida o no, a una persona o cosa.

SIN. *1* **Otorgar; conferir** tiene especial solemnidad, y se refiere siempre a honores, atribuciones, encargos importantes. *2* **Convenir en, admitir, asentir.**

concejal, -la *m. f.* Individuo de un concejo o ayuntamiento.

SIN. **Munícipe, regidor municipal, edil.**

concejala *f.* Mujer que desempeña una concejalía. 2 Mujer del concejal.

concejalía *f.* Oficio o cargo de concejal.

concejeramente *adv. m.* Públicamente, sin recato.

concejero, -ra *adj.* desus. Público, conocido.

concejil *adj.* Relativo al concejo. 2 Común a los vecinos de un pueblo. -3 *adj.-s.* ant. Gente que era enviada a la guerra por un concejo. 4 Empleo o cargo que se desempeña sin recibir remuneración alguna.

concejo (v. *concilio*) *m.* Ayuntamiento (corporación y casa consistorial). 2 Municipio. 3 Sesión celebrada por los individuos de un concejo.

concelebración *f.* Acto de concelebrar. 2 Efecto de concelebrar.

concelebrar *tr.-intr.* Celebrar [una misa] entre varios sacerdotes.

conceller (cat. *conseller* < l. *consiliariu*) *m.* Miembro o vocal del consejo municipal o del gobierno autonómico de Cataluña.

concento (l. *-tu*) *m.* Canto acordado y armonioso de diversas voces.

concentrabilidad *f.* Calidad de concentrable.

concentrable *adj.* Que puede concentrarse o ser concentrado.

concentración *f.* Acción de concentrar o concentrarse. 2 Efecto de concentrar o concentrarse. 3 ~ ***parcelaria,*** agrupación de diversas fincas rústicas para facilitar el cultivo. 4 V. campo de concentración.

concentrado, -da (de *concentrar*) *adj.* Internado en el centro de una cosa. 2 fig. Reconcentrado, no comunicativo. -3 *m.* Salsa espesa de alguna cosa: ~ *de tomate, de carne.*

concentrador, -ra *adj.* Que concentra.
concentrar *tr.-prnl.* fig. Reunir en un centro o punto [lo que estaba separado]: ~ *el poder en una mano; el interés se concentra en una escena; el gobierno concentró tropas en la capital.* 2 DEP. Reunir, aislar [a un deportista o a un equipo] en un lugar antes del encuentro. 3 QUÍM. Aumentar la proporción de materia disuelta con relación al disolvente. -4 *prnl.* Reconcentrarse.
SIN. *1* **Reconcentrar.**
concéntrico, -ca *adj.* GEOM. [figura o sólido] Que tiene un mismo centro.
concentuoso, -sa (de *concento*) *adj.* Armonioso.
concepción (l. *-tione*) *f.* Acción de concebir. 2 Efecto de concebir. 3 p. excel. La de la Virgen María Madre de Dios. 4 Fiesta con que la Iglesia celebra anualmente, el ocho de diciembre, el dogma de la Inmaculada Concepción de la Virgen.
concepcionero, -ra *adj.-s.* De Concepción, capital y departamento del centro de Paraguay.
concepcionista *adj.-f.* Religiosa que pertenece a la tercera orden franciscana llamada de la Inmaculada Concepción. -2 *f. pl.* Esta orden religiosa.
conceptear *intr.* irón. Usar frecuentemente conceptos agudos o ingeniosos.
conceptible *adj.* Que se puede concebir o imaginar.
conceptismo *m.* Estilo literario conceptuoso, caracterizado por el abuso del ingenio. Aplícase esp. a los prosistas y oradores del s. XVII.
conceptista *adj.-com.* Persona que cultiva el conceptismo.
conceptivo, -va *adj.* Que puede concebir.
concepto (l. *-tu*) *m.* Idea que concibe el entendimiento. 2 Pensamiento expresado con palabras: *un ~ oscuro, claro.* 3 Sentencia, agudeza. 4 Opinión, juicio formado esp. por vía de observación: *tener buen ~ de uno; en mi ~ ya es tarde.* 5 Aspecto, calidad, título. 6 *Argent.* y *Urug.* Utilidad o beneficio que uno tiene, o gasto que hace.
conceptual *adj.* Relativo al concepto.
conceptualismo *m.* Doctrina metafísica que trata de mediar entre el nominalismo y el realismo, a base de admitir la realidad de las nociones universales en cuanto son conceptos de la mente, pero negándosela fuera de ésta.
conceptualista *adj.* Relativo al conceptualismo. -2 *adj.-com.* Partidario del conceptualismo.
conceptualización *f.* Acción de conceptualizar. 2 Efecto de conceptualizar.
conceptualizar *tr.-intr.* Elaborar un concepto a partir de un elemento. 2 Organizar en conceptos. 3 Exponer o mantener ideas abstractas, sin preocupación por una aplicación práctica. ◇ **CONJUG. [4] como ***realizar.***
conceptuar *tr.* Formar concepto o juicio [de una persona o cosa]: ~ *a uno de inteligente.* ◇ ** CONJUG. [11] como ***actuar.***
conceptuosamente *adv. m.* De manera conceptuosa.
conceptuosidad *f.* Calidad de conceptuoso.
conceptuoso, -sa *adj.* Sentencioso, agudo, lleno de conceptos: *escritor ~; estilo ~.*
concercano, -na *adj.* Próximo, limitante alrededor.
concernencia (de *concernir*) *f.* p. us. Respecto o relación.
concerniente *adj.* Que concierne.
concernir (l. *-ere*) *unipers.* Atañer. ◇ ** CONJUG. [29] como ***discernir;*** se usa sólo en los presentes de indicativo y subjuntivo, en el pretérito imperfecto de indicativo y en las formas no personales.
SIN. **Atañer, referirse a, tocar a,** indican relación mayor o menor de una cosa con otra; **afectar,** implica interés directo o gran intensidad de la relación: *una ley que me concierne* es una ley que me afecta, pero en este último caso resalta más el daño o provecho que espero de ella.
concertación *f.* Acuerdo en común de las diversas partes que componen un todo: *la ~ social es beneficiosa.*
concertadamente *adv. m.* Con orden y concierto.
concertado, -da *m. f. C. Rica.* Criado, servidor. 2 *Venez.* Persona de malas costumbres a quien las autoridades obligan a hacer servicio personal en una familia sin percibir salario. -3 *m. Cuba.* Mozo de labranza.
concertador, -ra *adj.-s.* Que concierta.
concertaje *m. Ecuad.* Contrato mediante el cual un indígena se obliga a trabajar como jornalero.
concertante (it.) *adj.* Que concierta. -2 *adj.-m.* MÚS. Composición en que las voces o instrumentos ejecutan simultáneamente melodías distintas e igualmente importantes.
concertar (l. *-are,* combatir, discutir; it. *-are,* ordenar) *tr.-prnl.* Pactar, ajustar, acordar [un negocio]: ~ *la paz entre dos naciones; ~ un casamiento;* en gral., poner de acuerdo [intenciones diferentes]: ~ *el padre con el hijo; los dos reyes se concertaron;* esp. tratar el precio de una cosa: *concierta una casa de la ciudad.* 2 Componer, ordenar las partes [de una cosa o varias cosas entre sí]: *le concertaron los dislocados huesos; ~ un plan acabado y completo.* 3 Cotejar, concordar [una cosa con otra]: ~ *dos fechas históricas.* 4 Acordar entre sí [voces o instrumentos músicos]. -5 *intr.-prnl.* Concordar, convenir entre sí una cosa con otra: *música y gloria conciertan bien; valiente y sabio pocas veces se conciertan.* -6 *intr.* GRAM. Guardar concordancia las palabras variables de una oración. V. concordancia. 7 MONT. Ir los monteros con los sabuesos al monte divididos por diversas partes; conocer la caza que hay en él por la huella y la pista. -8 *prnl. Amér.* Alquilarse o ajustarse un criado. ◇ ** CONJUG. [27] como ***acertar.***
concertina *f.* Especie de acordeón de forma hexagonal.
concertino (it.) *m.* Músico que toca la parte más destacada de un concierto (composición).
concertista *com.* Persona que dirige un concierto, o canta o toca en él. 2 esp. El que da un concierto, acompañado o no de piano u orquesta.
concesible *adj.* Que puede ser concedido.
concesión (l. *-essione*) *f.* Acción de conceder y de ceder en una posición ideológica o en una posición adoptada. 2 Efecto de conceder y de ceder en una posición ideológica o en una posición adoptada. 3 DER. Otorgamiento gubernativo a favor de particulares o de empresas: *la ~ de una obra pública.* 4 RET. Figura que se comete cuando el que habla conviene o aparenta convenir en algo que se le objeta o pudiera objetársele, dando a entender que aun así podrá sustentar victoriosamente su opinión.
SIN. *4* **Epítrope.**
concesionario, -ria *adj.-s.* Individuo o entidad que tiene la exclusiva de producción o distribución de determinados productos en una zona. -2 *m. f.* DER. Persona a quien se hace una concesión.
concesivo, -va *adj.* Que se concede o puede concederse. -2 *adj.-f.* GRAM. ***Oración concesiva,*** la subordinada que expresa una objeción o dificultad para el cumplimiento de lo que se dice en la oración principal; pero este obstáculo no impide su realización: *aunque haga mal tiempo, saldremos.* 3 ***Conjunción concesiva,*** la que enlaza oraciones de esta clase: *aunque, por más que,* etc.
concha (l. *conchula;* dim. de *concha;* gr. *konche*) *f.* Caparazón (envoltura rígida), y también la formación caliza, gralte. externa, segregada por el manto de los braquiópodos y de los moluscos. 2 Ostra. 3 Carey (materia córnea). 4 fig. Cosa en figura de concha (caparazón): ~ ***auditiva,*** cavidad de la oreja donde tiene principio el canal auditivo. 5 Mueble colocado en medio del proscenio para ocultar al apuntador y reflejar su voz hacia los actores. 6 Seno muy cerrado en la costa del mar. 7 Solera (muela de molino). 8 BLAS. Venera (cruz). 9 ARQ. Cubierta de cuarto de esfera, de un ábside o nicho, frecuentemente en forma de venera. 10 *Amér.* Órgano sexual femenino. 11 *Amér.* Cinismo, descaro. 12 *Colomb.* y *Cuba.* Cachaza, pachorra. 13 *Guat.* Cáscara del huevo.
REL. *1* Parte de la zoología que estudia las conchas, **conquiliología.** V. **Valva.** FR. fig. *Tener conchas,* ser astuto o cauteloso.
conchabado, -da *m. f. Amér. Merid.* Sirviente a sueldo.
conchabanza *f.* Acomodación conveniente de una persona en alguna parte. 2 Acción de conchabarse. 3 Efecto de conchabarse.
SIN. **Aconchabamiento.**
conchabar (port.) *tr.* Unir, juntar, asociar, esp. mezclar [las diferentes clases de lana] después de esquilada. -2 *prnl.* fam. Confabularse. -3 *tr. Amér.* Asalariar, tomar [sirviente] a sueldo. 4 *Chile.* Trocar [cosas de poco valor].
conchabo *m. Amér.* Contrato de servicio menudo, gralte. doméstico. 2 *Chile.* Permuta o cambio de una cosa por otra.
conchado, -da *adj.* [animal] Que tiene conchas.
conchal *adj.* V. seda conchal.
conchar (quechua *concho,* residuo) *tr. Ecuad.* Apurar [un líquido] hasta las heces. -2 *intr. S. Dom.* Entre chóferes, trabajar en un concho (automóvil) de los que rinden servicio por el precio más bajo. 3 *S. Dom.* Tomar tragos de licor que cuestan el precio más bajo.
conchería *f. C. Rica.* Simpleza, expresión propia de un concho (campesino costarricense).

conchero *m.* Depósito prehistórico de restos de moluscos y peces que servían de alimento a los hombres de aquellas edades. Gralte. se hallan a orillas del mar, ríos, cuevas o cavernas.

conchífero, -ra (de *concha* + *-fero*) *adj.* GEOL. [terreno secundario] Que se caracteriza por la abundancia de moluscos fósiles.

conchil (de *concha*) *m.* Molusco gasterópodo marino, de gran tamaño; segrega un licor que, como el de la púrpura y el múrice, fue usado antiguamente en tintorería.

conchita *f. Cuba.* Semicírculo que por adorno se hace en las telas y otras cosas.

I) concho (quechua) *m. Amér.* Residuos, sedimentos, borras; poso de un líquido; sobras de una comida; restos de fundición. Ús. frec. en pl. 2 *C. Rica.* Campesino del país. 3 *Chile* y *Perú.* Benjamín de un matrimonio. 4 *Chile.* Final de una cosa. 5 *S. Dom.* Automóvil en servicio público. -6 *adj. Ecuad.* De color de heces de chicha (bebida) o cerveza. 7 *Perú.* De color rojo obscuro.

II) ¡concho! Interjección eufemística por ¡coño!

conchoso, -sa *adj. Chile* y *Ecuad.* Lleno de concho (residuo).

conchucharse *prnl. Cuba* y *P. Rico.* Confabularse.

conchudo, -da *adj.* [animal] Cubierto de conchas. 2 fig. Cauteloso. 3 *Amér.* Sirvengüenza. 4 *P. Rico.* Terco, temerario.

conchuela *f.* Dim. de *concha.*

concia *f.* Parte vedada de un monte.

conciencia (l. *conscientia*) *f.* Conocimiento que el espíritu humano tiene de su propia existencia, de sus estados y de sus actos: *no tener ~ de sus propios méritos.* 2 Propiedad del espíritu humano de formular juicios normativos espontáneos e inmediatos sobre bondad o maldad de ciertos actos individuales determinados. 3 Moralidad.

FR. *A conciencia,* díc. de las obras hechas con solidez, sin fraude ni engaño; *en conciencia,* de conformidad con sus dictados. SIN. **Consciencia,** voz usada en sentido filosófico.

concienciación *f.* Acción de concienciar a alguien o de concienciarse. 2 Efecto de concienciar a alguien o de concienciarse.

concienciar *tr.-prnl.* Hacer que [alguien] tome conciencia de sí mismo. -2 *prnl.* Adquirir conciencia de algo. ◇ ** CONJUG. [12] como *cambiar.*

concienzudamente *adv. m.* A conciencia, de modo concienzudo.

concienzudo, -da *adj.* [pers.] Que es de estrecha y recta conciencia. 2 [pers.] Que hace las cosas con gran atención y detenimiento. 3 Hecho a conciencia.

concierto (de *concertar*) *m.* Buen orden y disposición de las cosas. 2 Convenio entre dos o más personas o entidades sobre un fin común. 3 Sesión en que se ejecutan varias composiciones de canto o de música instrumental. 4 Composición musical en la que uno o más instrumentos se destacan del acompañamiento de la orquesta. 5 Armonía musical de voces o instrumentos. 6 MONT. Acción de concertar. -7 *loc. adv. De ~,* de común acuerdo. -8 *m. C. Rica.* Acomodo, colocación, empleo. 9 *Ecuad.* Hombre sometido a un concertaje.

conciliable *adj.* Que puede conciliarse.

conciliábulo (l. *-lu*) *m.* Concilio no convocado por autoridad legítima. 2 fig. Junta para intrigar o tratar de una cosa que es o se presume ilícita.

SIN. *2* **Conseja** (pop.); **conventículo;** la **camarilla** tiene carácter más o menos permanente; el **corrillo** sugiere pralte. murmuración; **sinagoga** (fig.) es hoy p. us.

conciliación *f.* Acción de conciliar. 2 Efecto de conciliar. 3 Conveniencia o semejanza de una cosa con otra. 4 Favor o protección que uno se granjea.

conciliador, -ra *adj.* Que concilia o es propenso a conciliar o conciliarse.

SIN. **Temperante.**

I) conciliar *adj.* Relativo a los concilios: *decisión, decreto ~.* -2 *m.* Persona que asiste a un concilio.

II) conciliar (l. *-are*) *tr.* Concertar, poner de acuerdo [a los que estaban opuestos entre sí]. 2 Conformar [doctrinas aparentemente contrarias]: *~ lo útil con lo agradable.* -3 *prnl.* Granjear, atraerse [las voluntades y la benevolencia]: *conciliarse el respeto de todos;* p. ext. dícese también de los afectos contrarios. ◇ ** CONJUG. [12] como *cambiar.*

SIN. *1* y *2* **Concordar, concertar; reconciliar,** supone oposición o enemistad previa mucho mayor: p. ej. *se concilia* a los litigantes de un pleito, y *se reconcilia* a los enemigos; **concitar(se),** cuando se trata de sentimientos hostiles.

conciliativo, -va *adj.-m.* Lo que concilia.

conciliatorio, -ria *adj.* Que puede conciliar o se dirige a este fin.

concilio (l. *-iu;* doble etim. *concejo*) *m.* Junta o congreso, esp. de eclesiásticos, para deliberar y decidir sobre materias de dogmas y de disciplina: *~* ***ecuménico*** o ***general,*** junta de todos los obispos de la Iglesia convocada legítimamente; *~* ***provincial,*** el del metropolitano y sus sufragáneos. 2 Colección de los decretos de un concilio.

SIN. **Sínodo,** cuando es eclesiástico.

concinidad (l. *concinnitate*) *f.* p. us. Calidad de concino.

concino, -na *adj.* p. us. Bien ordenado y compuesto. Apl. al lenguaje.

concíón *f.* p. us. Sermón (discurso).

concionador, -ra *m. f.* p. us. Persona que predica en público.

concionante *m.* p. us. Predicador.

concionar (l. *contionari,* discursear) *intr.* p. us. Hablar en público.

concisamente *adv. m.* De modo conciso.

concisión (l. *-isione*) *f.* Calidad del estilo que consiste en expresar los conceptos con las menos palabras posibles.

SIN. **Brevedad, sobriedad; laconismo,** si es extremada.

conciso, -sa (l. *-su*) *adj.* Que tiene concisión.

concitación *f.* Acción de concitar. 2 Efecto de concitar.

concitador, -ra *adj.-s.* Que concita.

concitar (l. *-are*) *tr.* Excitar [los sentimientos de uno] contra otro; promover discordias o sediciones: *~ los ánimos; ~ el pueblo contra el gobierno; se concitó el odio de todos.* 2 Reunir, congregar.

SIN. v. **Conciliar.**

concitativo, -va *adj.* Que concita.

conciudadano, -na *m. f.* Ciudadano de una misma ciudad, respecto de los demás. 2 p. ext. Natural de una misma nación, respecto de los demás.

conclapache (mej. *contlapachoa,* encubridor) *com. Méj.* Compinche.

cónclave, conclave (l. med. *conclave* < l. *clave,* llave) *m.* Lugar en donde los cardenales se encierran para elegir Papa. 2 Junta de los cardenales. 3 fig. Junta para tratar algún asunto. ◇ *Conclave* es la acentuación clásica y etimológica, substituida modernamente por *cónclave;* ambas están autorizadas por la Academia.

conclavista *m.* Familiar o criado que entra en el cónclave para asistir o servir a los cardenales.

concluir (l. *concludere*) *tr.-prnl.* Dar remate [a una cosa]; acabar (dar fin): *~ un trato; ~ una obra; concluirse la representación.* -2 *tr.* Decidir, formar juicio [sobre lo que se ha tratado]: *al fin todos concluían que el pastor forastero había llevado la ventaja.* 3 Inferir, deducir [una verdad] de otras: *por donde concluyo que Dios es justo.* 4 Convencer [a uno]; dejarle sin qué responder: *os parece que me concluís con vuestras razones; ~ a uno de ignorante.* 5 Ganarle la espada [al contrario] por el puño o guarnición. 6 DER. abs. Poner fin a los alegatos en defensa de una parte, después de haber respondido a los de la contraria. -7 *intr.* Finalizar, rematar: *el primer acto concluye con un monólogo; ~ en vocal una palabra; ~ por las mismas letras.* ◇ ** CONJUG. [62] como *huir.*

SIN. *1* y *7* v. **Terminar.** *3* v. **Deducir.**

conclusión *f.* Acción de concluir o concluirse, fin de una cosa. 2 Efecto de concluir o concluirse, fin de una cosa. 3 Deducción, consecuencia, resolución que se toma luego de un largo razonar: *he llegado a la ~ de que es culpable;* ***en conclusión,*** en suma, por último. 4 LÓG. Juicio inferido de las premisas de un silogismo. 5 DER. Afirmación final contenida en el escrito de calificación penal: *las conclusiones del fiscal.*

conclusivo, -va *adj.* Que concluye o finaliza una cosa.

concluso, -sa, pp. irreg. de *concluir.* 2 *adj.* DER. [juicio] Que está para sentencia.

concluyente *adj.* Que concluye (convence).

concluyentemente *adv. m.* De un modo concluyente.

concocción *f.* Digestión de los alimentos.

concofrade *m.* Cofrade, juntamente con otro.

concoide *adj.* Concoideo. -2 *f.* Dado, en un plano, un haz de rectas que pasan todas por un punto y son cortadas por una secante común, la curva formada por los puntos de cada una de ellas que distan una cantidad constante del punto en que cada recta corta la secante común.

concoideo, -a (gr. *konchoeides* < *konche,* concha + *-oideo*) *adj.* Semejante a la concha; [fractura de un cuerpo sólido] que

CONCORDANCIA

REGLAS GENERALES

Las reglas generales de concordancia de la lengua española se reducen a dos:

1) *El caballo. La mujer. Este niño. Los míos. Hombre severo. Árboles altos. La banca nieve. Lo bueno.*	**La palabra determinante** (artículo, adjetivo o pronombre) **concuerda en género y número con el substantivo** al que determina.(*)
Noble paseo, árboles y jardín.	El adjetivo calificativo antepuesto a varios nombres concuerda en gral. con el primero de éstos.
2) *Yo escribo. Vosotros leéis. Ellos volverán. Mis hermanos cantan. Tú eres bueno. Mi madre es buena. Estos libros son bonitos.*	**Los nombres y pronombres,** en función de sujeto, **concuerdan en número y persona con el verbo** o con el predicado nominal. En este caso el adjetivo concuerda en género y número con el sujeto y en número con el verbo.

(*) Las palabras femeninas que empiezan por *a* tónica requieren la forma masculina del artículo *(el agua)* pero no la del demostrativo *(esta agua)*. V. **este**.

CASOS ESPECIALES

Suelen presentarse en función del sujeto, que pueden ofrecer formas muy variadas. Para la solución de estos casos debe tenerse en cuenta: *a*) si concurren dos o más nombres o pronombres de diverso género, se da la preferencia al masculino; *b*) si concurren diversas personas gramaticales, se da la preferencia a la primera sobre la segunda y a la segunda sobre la tercera.

Enlace copulativo de varios sujetos

3) *Mi padre y mi madre escriben. — El perro y el lobo son enemigos. — Mi padre y mi madre son cariñosos.*	Verbo en plural, adjetivo del predicado nominal en plural y en masculino.
4) *Las ovejas y los corderos son pacíficos. — Aquella madre y sus hijos son piadosos.*	Verbo y adjetivo en plural y masculino.
5) *No le sedujo (o sedujeron) el oro ni las riquezas. — No le sedujeron las riquezas ni el oro.*	Verbo en plural o en el numero del sujeto más próximo.

resulta en formas curvas, a manera de conchas, como sucede en el pedernal y en el acre.

concolega *com.* El que es del mismo colegio que otro.

concolón *m. Pan.* y *Perú.* Cocolón (residuo quemado).

concomerse (*con-* + *comer*) *prnl.* fam. Mover los hombros y espaldas por causa de alguna comezón o por burla y jocosidad. 2 fig. Sentir comezón interior; consumirse de impaciencia, pesar u otro sentimiento.

SIN. **Coscarse, escoscarse, recomerse, reconcomerse** (intensivo).

concomimiento *m.* fam. Acción de concomerse.

concomio *m.* fam. Concomimiento.

concomitancia *f.* Acción de concomitar. 2 Efecto de concomitar.

concomitante *adj.* Acompañante, asociado. ◇ Su uso es exclusivo de la terminología científica: *fenómenos concomitantes.* Se limita a señalar la idea de asociación, sin decir nada sobre la conexión mutua de los hechos concomitantes ni su agrupación causal, a diferencia de *concurrente, relacionado, coordinado.*

concomitar (l. *-ari*) *tr.* Acompañar una cosa [a otra] u obrar juntamente con ella.

concón (arauc.) *m. Chile.* Autillo o ave rapaz nocturna parecida a la lechuza, pero algo mayor *(Syrnium sylophilum).* 2 *Chile.* Viento terral de la costa sudamericana del Pacífico.

concordable *adj.* Que se puede concordar con otra cosa.

concordablemente *adv. m.* Con arreglo a otra cosa.

concordación (l. *-atione*) *f.* Coordinación, combinación o conciliación de algunas cosas.

concordador, -ra *adj.-s.* Que concuerda y concilia.

****concordancia** (l. med. *-ntia*) *f.* Correspondencia o conformidad de una cosa con otra. 2 FÍS. Estado de dos fenómenos vibratorios que no presentan ninguna diferencia de fase. 3 GRAM. Relación de dos o más palabras diferentes por la conformidad de accidentes. 4 MÚS. Justa proporción que guardan entre sí las voces que suenan juntas. -5 *f. pl.* Índice alfabético de todas las palabras de un libro, con todas las citas de los lugares en que se hallan.

concordante *adj.* Que concuerda.

concordar (l. *-are*) *tr.* Poner de acuerdo [lo que no lo está]: *~ opiniones.* -2 *intr.* Convenir una cosa con otra: *la copia concuerda con su original.* 3 GRAM. Guardar concordancia las palabras variables de una oración. 4 GRAM. Concertar. ◇ ** CONJUG. [31] como *contar.*

concordata *f.* Concordato.

concordatario, -ria *adj.* Relativo al concordato.

concordativo, -va *adj.* Que pone de acuerdo.

concordato (l. *-tu*) *m.* Tratado o convenio sobre asuntos eclesiásticos entre el gobierno de un estado y la Santa Sede.

concorde (l.) *adj.* Conforme, uniforme, de un mismo parecer y sentir.

CONCORDANCIA (continuación)

6) *Comer poco y cenar poco es saludable. — Holgazanear y aprender son incompatibles.*	Los sujetos son verbos en infinitivo. El predicado va en singular si los verbos del sujeto no se contraponen como en el segundo ejemplo.
Sujetos sin enlace	
7) *Una palabra tuya, un recuerdo tuyo es consolador* (o *son consoladores*). — Un recuerdo tuyo, una palabra tuya, es consoladora (o *son consoladores*). — *Dios, nuestros intereses, la conciencia, nos imponen este sacrificio.*	Verbo en singular o en plural. Adjetivo en el género y número del sujeto más próximo, o en masculino plural.
Enlace disyuntivo de varios sujetos	
8) *El hermano o la hermana estará enferma* (o *estarán enfermos*). — *La hermana o el hermano estará enfermo* (o *estarán enfermos*). — *Él o ella vendrá* (o *vendrán*).	La misma concordancia del caso precedente.
Sujeto con un complemento enlazado por la prep. *con*	
9) *Llegará* (o *llegarán*) *la madre con sus hijos. — La madre con sus hijos está muy contenta* (o *están muy contentos*).	Verbo en singular o en plural.
Varios sujetos resumidos por uno de ellos	
10) *Consejos, súplicas, amenazas, todo fue infructuoso. — Riquezas, gloria, honores, nada bastó a su ambición.*	Verbo y atributo concuerdan con el sujeto que los resume todos.
Nombre o vocablo colectivo en singular, como sujeto	
11) *Una multitud de enemigos atacó* (o *atacaron*) *a nuestros soldados. — Otra mucha gente de casa le pellizcaron. —Escasísima cantidad de obras maestras tiene una fama que jamás se marchita.*	El verbo concierta en singular pero puede concertar en plural, antendiendo al sentido.
12) *Comenzaron a entrar por el jardín adelante hasta cantidad de doce dueñas. — Que obligó a que por entonces ninguno de los que escuchándole estaban le tuviesen por loco.*	El verbo concuerda con *doce dueñas*, no con *cantidad.* El verbo concierta con *los que*

concordemente *adv. m.* Conformemente.

concordia (l.) *f.* Conformidad, unión. 2 Ajuste entre personas que litigan. 3 Unión (sortija). 4 Instrumento jurídico, autorizado en debida forma, en el cual se contiene lo tratado y convenido entre las partes.

concorpóreo, -a (*con-* + *corpóreo*) *adj.* TEOL. [pers.] Que, comulgando dignamente, se hace un mismo cuerpo con Cristo.

concorvado, -da *adj.* p. us. Corcovado.

concreado, -da *adj.* TEOL. [cualidad] Que existe en el hombre desde su creación.

concreción (l. *-etione*) *f.* Acumulación de partículas unidas para formar masas: ~ ***calcárea.*** 2 MED. Cálculo: ~ *biliar.*

concrecionar *tr.* Formar concreciones.

concrescencia *f.* BOT. Crecimiento simultáneo de varios órganos de un vegetal, tan cercanos que se confunden en una sola masa.

concrescente *adj.* [órgano vegetal] Que presenta concrescencia.

concretamente *adv. m.* De un modo concreto.

concretar (de *concreto*) *tr.* Combinar, concordar [algunas especies o cosas]. 2 Reducir a lo más esencial [la materia de que se habla o escribe]: ~ *un razonamiento.* 3 Expresar en forma concreta [las ideas abstractas o las imágenes genéricas]. -4 ***prnl.*** Reducirse o tratar de una cosa sola con exclusión de otros asuntos: *me concreto a tus preguntas.*

concretizar *tr.* Concretar. ◇ ** CONJUG. [4] como ***realizar.***

concreto, -ta (l. *-tu;* pp. de *concrescere,* crecer junto con otro, cuajarse) *adj.* [objeto] Considerado en sí mismo, con exclusión de cuanto pueda serle extraño o accesorio. 2 Real, particular; GRAM., ***nombre*** ~, v. nombre (concreto). 3 [cosa] Que sufre concreción. -4 ***adj.-m.*** MAT. V. número ~. -5 ***m.*** Concreción. 6 Hormigón: *un muro de* ~.

FR. *En concreto,* en resumen, en conclusión. CONTR. *1, 2* y *3* **Abstracto.**

concubina (l.) *f.* Mujer que hace vida marital con un hombre que no es su marido.

SIN. **Manceba, querida.**

concubinario *m.* El que tiene concubina.

concubinato *m.* Trato de un hombre con su concubina.

SIN. **Amancebamiento, abarraganamiento.**

concúbito (l. *concubitu*) *m.* Ayuntamiento carnal.

concuerda (por ~) (de *concordar) loc. adv.* Significa que la copia de un escrito está conforme al original.

conculcación *f.* Acción de conculcar. 2 Efecto de conculcar.

conculcador, -ra *adj.* Que conculca.

conculcar (l. *-are*) *tr.* lit. Hollar (pisar). 2 Quebrantar [una ley, convenio, etc.]. ◇ ** CONJUG. [1] como ***sacar.***

concuna *f. Colomb.* Cuncuna.

concuñado, -da *m. f.* Cónyuge de una persona respecto del cónyuge de otra pers. hermana de aquélla. ◇ En Filipinas y numeroso países de Amér. ús. las formas *concuño, -ña.*

CONCORDANCIA (continuación)

Concordancia de sentido

13) *S. M. es muy bondadoso.* *Nos, el obispo, mandamos.* *Usted es generoso o generosa.* *¿Véis esa repugnante criatura? Chato, pelón, etc.*	En masculino a pesar de *majestad.* En 1.ª pers. pl. a pesar de *el obispo.* En masculino o femenino según el género de la persona. En masculino a pesar de *esa criatura.*

Concordancia deliberada

14) *¿Cómo estamos?* *La hemos hecho*	En el habla coloquial, discordancia del sujeto singular y el plural del verbo para mostrar afecto o para disminuir la responsabilidad.
Decimos, creemos, pensamos...	Plural de modestia.
Nos, el Rey mandamos...	Plural mayestático.
¡Mira esto! *¿Qué es aquello?*	Se utilizan los demostrativos neutros refiriéndose a personas con intención despectiva.

Atracción del predicado

15) *La soledad inmensa que aflige el alma son setecientas leguas de arena y cielo. — La demás chusma del bergantín son negros y turcos. — La renta de mi tío son trescientas mil pesetas. — Todos los operarios era gente medrosa.*	El verbo concierta con el predicado por un fenómeno de atracción debido a la proximidad o a la intensidad de éste. *Soledad,* por ej., está muy lejos de *son,* y *setecientas leguas,* etc.; es una expresión muy intensa.

CONCORDANCIA DEL PRONOMBRE RELATIVO

16) *Los individuos con los que te tratas, son malos. — Las personas a las cuales te diriges no vienen aquí.*	Los pronombres relativos *que* y *cual,* cuando llevan artículo, concuerdan en género y número con el antecedente.
17) *El caballero* (o *la señora*) *de quien hablas, murió. — Son los muchachos a quienes enseñaste. — Las personas a quien amas.*	El relativo *quien* concuerda en número con su antecedente. — *Quien* con antecedente en plural es un caso anticuado de concordancia (v. artículo **quien**).
18) *El sol cuyos rayos iluminan la tierra es una estrella fija.*	El relativo *cuyo* concuerda con el nombre que le sigue, el cual expresa la cosa poseída.
19) *Tú eres el que lo hizo* (o *hiciste*). — *Vosotros sois quienes gritáis* (o *gritan*).	El verbo puede concertar en 2.ª pers. *(tú, vosotros),* o en tercera *(el niño, los hombres).*

concupiscencia (l. *-entia*) *f.* Apetito y deseo, gralte. desordenado, de los bienes terrenos, y esp. de placeres deshonestos.
concupiscente *adj.* Dominado por la concupiscencia.
concupiscible (l. *-ile*) *adj.* Deseable. 2 FIL. [voluntad] Que tiende hacia el bien sensible. ◇ V. apetito concupiscible.
concurrencia *f.* Reunión en un mismo lugar o tiempo de personas, sucesos o cosas: *la ~ de un teatro; ~ de fuerzas; ~ de circunstancias.* 2 Acción de contribuir con otros a un resultado: *prestar su ~ a uno.* 3 Asistencia, ayuda, influjo. 4 Competencia, rivalidad.
SIN. **Concurso.**
concurrente *adj.-s.* Que concurre.
concurrido, -da *adj.* [lugar, espectáculo, etc.] Adonde concurre público: *conferencia poco concurrida.*
concurrir (l. *-ere*) *intr.* Juntarse en un mismo lugar muchas personas: *~ a una iglesia.* 2 Coincidir en el tiempo varias cosas: *este año concurre el domingo de Ramos con la festividad de la Encarnación.* 3 Juntarse varias cosas para producir un efecto: *las causas que concurren para adquirir, no asisten para mantener.* 4 Contribuir con una cantidad para determinado fin. 5 Convenir con otro en el parecer o dictamen: *concurrieron todos en el mismo sentir.* 6 Tomar parte con otros [en un concurso]: *~ al certamen académico.* 7 Competir, rivalizar. 8 GEOM. Pasar varias líneas por un mismo punto.
concursado *m.* Deudor declarado legalmente en concurso de acreedores.
concursante *adj.-s.* Que concursa o concurre.
concursar (de *concurso*) *tr.* Ordenar que los bienes [de una pers.] se pongan en concurso de acreedores. 2 Concurrir o acudir a un concurso: *~ una cátedra; ~ un empleo.*
concurso (l. *-su*) *m.* Concurrencia: *~ de gente; ~ de fenómenos; prestar su ~ a uno.* 2 Competencia abierta entre diversas personas en quienes concurren las mismas condiciones, para escoger la mejor o las mejores: *tomar parte en un ~; abrir un ~ para proveer una cátedra, para construir un edificio.* 3 Competición deportiva. 4 Competición o prueba entre varios participantes para conseguir un premio: *~ de belenes.* 5 *~* ***de acreedores,*** procedimiento judicial para aplicar el activo de un deudor al pago de sus acreedores.
SIN. *3* **Pleito de acreedores.**
concusión (l. *-ussione*) *f.* Sacudimiento. 2 Exacción hecha por un funcionario en provecho propio.
concusionario, -ria *adj.-s.* Que comete concusión.
condado (l. *comitatu,* cortejo) *m.* Dignidad honorífica de conde. 2 Territorio o lugar gobernado antiguamente por un conde o condesa.
condadura *f.* fam. Condado (dignidad).
condal *adj.* Relativo al conde o a su dignidad.

condazgo *m. Méj.* burl. Título y estado de conde.
conde (l. *comite,* compañero del séquito del emperador) *m.* En el régimen feudal, señor de una comarca, de la que gobernaba todos los castillos, ciudades, pueblos, etc. 2 En la jerarquía de títulos nobiliarios, el situado después del marqués y antes de vizconde. 3 ~ *de Barcelona,* título de los ant. soberanos de Cataluña. 4 ~ *de Castilla,* en la Edad Media hasta el rey don Fernando I (1035-1065), soberano independiente en gran parte de Castilla la Vieja. 5 Caudillo que elegían los gitanos para que les gobernase. 6 *And.* y *Logr.* El que manda en el campo una cuadrilla de trabajadores a destajo.
condecente (de *condecir*) *adj.* Conveniente o correspondiente.
condecir (l. *-icere*) *intr.* Convenir, concertar o guardar armonía una cosa con otra. ◇ ** CONJUG. [69] como ***decir;*** pp. irreg.: *condicho.*
condecoración *f.* Acción de condecorar. 2 Efecto de condecorar. 3 Cruz, venera u otra insignia de honor y distinción.
condecorar (l. *-are*) *tr.* Dar o imponer una condecoración [a uno].
condena (de *condenar*) *f.* DER. Parte de la sentencia que dicta un juez o tribunal, en la cual se impone la pena al acusado de un delito o falta. 2 Extensión y grado de la pena. 3 Testimonio que da de la sentencia el escribano del juzgado, para que conste en el destino que lleva el reo sentenciado.
condenable *adj.* Digno de ser condenado.
condenación *f.* Acción de condenar o condenarse. 2 Efecto de condenar o condenarse. 3 p. ant. La eterna.
SIN. **Damnación** en estilo elevado, esp. en los medios eclesiásticos refiriéndose a la acep. 3. En cambio no podría decirse *la damnación de una herejía,* sino la *condenación*; **condena,** tratándose de sanciones penales.
condenado, -da *adj.-s.* Réprobo. 2 fig. Perverso, endemoniado, nocivo. 3 *Chile.* Sagaz, astuto, listo.
condenador, -ra *adj.-s.* Que condena o censura.
condenar (l. *condemnare*) *tr.* Declarar culpable el juez [al reo] o decretar [contra un litigante], imponiendo la pena o sanción correspondiente: ~ *a presidio;* ~ *con,* o *en, las costas;* en gral., declarar, juzgar culpado: *no condenes a la ligera.* 2 Reprobar la autoridad competente [una doctrina u opinión]; en gral., desaprobar, sentir mal [de una cosa]: ~ *la usura, las malas costumbres;* ~ *por lascivo a un autor.* 3 Tabicar o incomunicar [una habitación]; cerrar o tapiar [pasos, puertas, ventanas, etc.]. 4 Forzar [a uno] a hacer algo penoso. 5 Echar a perder [alguna cosa]. -6 *tr.-prnl.* Molestar, irritar, exasperar. -7 *prnl.* Culparse a sí mismo. 8 Incurrir en la pena eterna.
condenatorio, -ria *adj.* Que contiene condena o puede motivarla. 2 DER. [pronunciamiento judicial] Que castiga al reo o que manda al litigante entregar cosa o cumplir obligaciones.
condensabilidad *f.* Calidad de condensable.
condensable *adj.* Que puede condensarse.
condensación *f.* Acción de condensar o condensarse. 2 Efecto de condensar o condensarse. 3 QUÍM. Unión de dos o más moléculas para formar un compuesto de cadena más larga.
condensador, -ra *adj.* Que condensa. -2 *m.* Aparato para reducir los gases a menor volumen. 3 Aparato utilizado en las máquinas de vapor para condensar éste después que ha actuado sobre los émbolos. 4 Sistema óptico empleado en las máquinas de proyección para concentrar en una superficie dada los rayos procedentes de un foco luminoso. 5 ~ ***eléctrico,*** aparato compuesto esencialmente de dos conductores (armaduras) separados por un dieléctrico, destinados a aumentar la capacidad eléctrica y la carga sin aumentar el potencial. Este condensador se llama *fijo* o *variable,* según que las armaduras guarden siempre su posición relativa o pueda variar ésta a voluntad.
condensante *adj.* Que condensa.
condensar (l. *-are* < *densu,* denso; doble etim. *condensar*) *tr.-prnl.* Reducir el volumen [de una cosa], dándole mayor densidad; esp., pasar un gas al estado líquido. -2 *tr.* fig. Reducir la extensión [de un escrito o discurso] sin quitarle nada de lo esencial.
condensativo, -va *adj.* Que tiene virtud de condensar.
condenso, -sa, p.p. irreg. de *condensar,* condensado.
condesa (l. *comitissa*) *f.* Mujer del conde. 2 La que por sí goza de este título. -3 *adj.-f. Murc.* Variedad de naranja de color rojo en su piel y en su pulpa.
condesar (v. *condensar*) *tr.* ant. Ahorrar, economizar.
condescendencia *f.* Acción de condescender. 2 Efecto de condescender. 3 Calidad de condescendiente.
condescender (l. *-ere*) *intr.* Acomodarse por bondad al gusto y voluntad de otro: ~ *a los ruegos de alguien.* ◇ ** CONJUG. [28] como ***descender.***
SIN. **Deferir,** implica cortesía o respeto; **transigir,** es acomodarse en parte al parecer o voluntad ajena contra el propio deseo u opinión; cuando se hace con algún fin particular, v. **contemporizar;** para otros matices, v. **consentimiento.**
condescendiente *adj.* Pronto a condescender.
condesil *adj.* fam. *y* fest. Condal.
condestable (b. l. *comite stabuli,* conde de la caballeriza) *m.* El que antig. ejercía la primera dignidad de la milicia. 2 El que hace veces de sargento en las brigadas de artillería de marina.
condestablesa *f.* Mujer del condestable.
condestablía *f.* Dignidad de condestable.
I) condición (l. *-itione*) *f.* Índole, naturaleza o propiedad de las cosas. 2 Natural, carácter o genio de los hombres: *ser de* ~ *apacible.* 3 Calidad o circunstancia con que se promete una cosa. 4 Cláusula obligatoria de la que depende la validez de un acto: *las condiciones de la paz; estipular las condiciones de un contrato.* 5 Circunstancia exterior que determina, limita o modifica el estado de una persona o cosa: *trabajar en malas condiciones; las condiciones de la existencia.* 6 Estado social o calidad del nacimiento: *ser de* ~ *plebeya; la* ~ *de esclavo; hombre de* ~ *noble* o simplemente *de* ~. -7 *loc. conj.* ***A condición que,*** siempre que, con tal que.
II) condición *f. Argent.* Danza del país.
condicionado, -da *adj.* Acondicionado. 2 Condicional.
condicional *adj.* Que incluye una condición. -2 *adj.-f.* GRAM. ***Oración*** ~, la subordinada que establece una condición (*prótasis*) para que se efectúe la acción expresada por la oración principal (*apódosis*): *si estudiases te aprobarían.* 3 ***Conjunción*** ~, la que señala la relación en oraciones de esta clase: *si, con, tal que, a condición [de] que,* etc. -4 *m.* GRAM. En algunas tendencias de la gramática actual, tiempo del modo indicativo. Antes se consideraba como un modo verbal independiente, el *modo potencial* (v.). ◇ INCOR.: Usar en la prótasis el modo potencial, p. ej., *si vendría le recibiríamos con gusto,* en lugar de *si viniera o viniese, le recibiríamos con gusto.*
condicionalmente *adv. m.* Con condición.
condicionamiento *m.* Acción de condicionar (determinar). 2 Efecto de condicionar (determinar). -3 *m.-pl.* Limitación, restricción.
condicionante *adj.-s.* Que determina o condiciona.
condicionar (de *condición*) *intr.* p. us. Convenir una cosa con otra: *el estudio del latín condiciona con el de la historia.* -2 *tr.* Hacer depender [una cosa] de alguna condición: ~ *el trabajo al salario.* 3 Determinar las condiciones [de las materias, esp. de las fibras textiles] para fines industriales. 4 Acondicionar, disponer.
condignamente *adv. m.* De manera condigna.
condigno, -na (l. *-gnu*) *adj.* Que corresponde a otra cosa o se sigue naturalmente de ella.
cóndilo (l. *condylu,* del gr. *kóndylos*) *m.* Eminencia redondeada en la extremidad de un hueso, que forma articulación encajando en el hueco correspondiente de otro hueso.
condimentación *f.* Acción de condimentar. 2 Efecto de condimentar.
condimentar (de *condimento*) *tr.* Sazonar la comida.
condimento (l. *-tu*) *m.* Lo que sirve para sazonar la comida.
SIN. **Aliño.**
condiscípulo, -la (l. *-lu*) *m. f.* Persona que estudia o ha estudiado con otra u otras bajo la dirección de un mismo maestro.
condolecerse (l. *condolescere*) *prnl.* p. us. Condolerse. ◇ ** CONJUG. [43] como ***agradecer.***
condolencia (de *condolerse*) *f.* Participación en el pesar ajeno. 2 Pésame.
condolerse (l. *condolere*) *prnl.* Dolerse, con otro, del pesar que le aflige, participar en su dolor. ◇ ** CONJUG. [32] como ***mover.***
condominio *m.* DER. Dominio de una cosa que pertenece en común a dos o más personas. 2 *P. Rico.* Edificio poseído en régimen de propiedad horizontal.
REL. / **Indivisión,** estado de ~.
condómino (l. *dominu,* señor) *com.* DER. Condueño.
condón *m.* vulg. Preservativo.
condonación *f.* Acción de condonar. 2 Efecto de condonar.
condonante *adj.-s.* Que condona.
condonar (l. *-are*) *tr.* Remitir [una pena o deuda].
SIN. v. **Perdonar.**

condonguearse *prnl. Colomb.* y *P. Rico.* Contonearse.
cóndor (quechua *cúntur*) *m.* Ave rapaz falconiforme, de gran tamaño, que habita en la cordillera de los Andes; su plumaje es negro con un collar blanco, y tiene blancas también la espalda y la parte superior de las alas *(Sarcorhamphus gryphus).* 2 Moneda de oro colombiana y ecuatoriana. 3 Moneda de oro chilena.
condoreño, -ña *adj. Argent.* Relativo al cóndor (ave).
condorí *m. Amér.* Peonía (arbusto leguminoso).
condotiero (it. *condottiere*) *m.* Jefe de soldados mercenarios italianos y, p. ext., de otros países. 2 Soldado mercenario.
condr-, v. condrio-.
condrila *f.* Planta compuesta de tallo velloso y mimbreño y flores amarillas; es comestible y de su raíz se saca liga *(Chondrilla juncea).*
SIN. **Ajonjera, juncal.**
condrín *m.* Peso para metales us. en Filipinas, que equivale a 37 centigramos y 6 miligramos.
condrio-, condro-, condr- (gr. *chondrós,* cuerpo pequeño y redondo) Elemento prefijal que entra en la formación de palabras con el significado de grano, cuerpo pequeño y redondo, y también cartílago: *condriosoma.*
condrioma *m.* Conjunto de los condriosomas de una célula.
condriosoma (*condrio-* + *-soma*) *m.* Granulación y filamentos existentes en el protoplasma de la célula.
SIN. **Mitocondria.**
condritis (*condr-* + *-itis*) *f.* Inflamación del tejido cartilaginoso. ◇ Pl.: *condritis.*
condrito *m.* GEOL. Aerolito que presenta corpúsculos globulares de tamaño macroscópico.
condro-, v. condrio-.
condrodisplasia (*condro-* + *displasia*) *f.* MED. Retraso e irregularidad en la formación del cartílago, y que con el tiempo ocasiona deformaciones óseas y articulares, con un notable acortamiento de los huesos de las extremidades.
condrografía (*condro-* + *-grafía*) *f.* Parte de la anatomía que trata de la descripción de los cartílagos.
condrográfico, -ca *adj.* Relativo a la condrografía.
condroíctio *adj.-m.* Elasmobranquio.
condrología (*condro-* + *-logía*) *f.* Parte de la organología que trata de los cartílagos.
condroma *m.* Tumor producido a expensas del tejido cartilaginoso.
condromalacia (*condro-* + gr. *malakós,* blando) *f.* MED. Reblandecimiento anormal de los cartílagos en el feto.
condrósteo *adj.-m.* Pez del superorden de los condrósteos. -2 *m. pl.* Superorden de peces actinopterigios primitivos cuyo esqueleto todavía no está totalmente osificado; sólo incluye un orden: acipenseriformes.
conducción *f.* Acción de conducir (dirigir, guiar y llevar). 2 Efecto de conducir (dirigir, llevar y guiar). 3 Ajuste hecho por precio y salario. 4 Conjunto de conductos dispuestos para el paso de algún líquido o fluido.
conducencia *f.* Conducción.
conducente *adj.* Que conduce.
conducho *m.* Comestible que podían pedir los señores a sus vasallos.
conducible *adj.* Que puede ser conducido.
conducir (l. *-ere*) *tr.* Dirigir y guiar [a una o más personas] hacia un paraje: *una estrella nos guía, un amigo nos conduce;* fig., apl. a los caminos o señales: *estas huellas nos conducirán allí; intr., el camino conduce a una casa.* 2 Dirigir y guiar [un negocio]: ~ *la petición al bien del reo;* esp. gobernar y guiar [un vehículo]: *abs., ¿quién conduce?* 3 Ser causa de que [una pers. o cosa] llegue a cierto estado: *el vicio conduce a la degradación.* 4 Llevar, transportar [cosas] de una parte a otra: ~ *la carga en carreta;* ~ *por mar.* 5 Ajustar, concertar [a uno] por precio o salario: *el capitán condujo y levantó gente.* 6 Transmitir, propagar de un lugar a otro un fluido, corrientes de partículas, radiaciones, etc. 7 *Ar.* Igualar (convenirse) el médico, veterinario, etc. -8 *intr.* Ser a propósito para algún fin: *esto no conduce a nada.* -9 *prnl.* Comportarse, proceder de ésta o la otra manera. ◇ ** CONJUG. [46].
conducta (l., *conducida*) *f.* ant. Conducción. 2 Manera de conducirse. 3 Gobierno, dirección. 4 Iguala en algunas regiones. 5 ant. Comisión para reclutar y conducir gente de guerra. 6 Recua o carros que transportan algo; ant. llevaban la moneda a la corte.
SIN. *2* **Comportamiento, proceder.**
conductancia *f.* FÍS. Propiedad de algunos cuerpos que permiten el paso a su través de los fluidos energéticos como la electricidad, cuando las tensiones son diferentes.
CONTR. **Resistencia.**
conductero *m.* ant. El que tiene por oficio llevar una conducta.
conductibilidad *f.* FÍS. Conductividad.
conductible *adj.* Que puede ser conducido.
conducticio *adj.* DER. Relativo al canon (precio).
conductismo *m.* Doctrina psicológica exclusivamente basada en la observación del comportamiento objetivo del ser que se estudia.
conductista *adj.-s.* Perteneciente o relativo al conductismo.
conductividad *f.* Calidad de conductivo. 2 FÍS. Propiedad natural de los cuerpos que consiste en transmitir el calor o la electricidad.
REL *2* Según ella, los cuerpos se califican de **buenos** o **malos conductores.**
conductivo, -va *adj.* Que tiene virtud de conducir.
conducto (l. *-tu,* conducido) *m.* Canal, gralte. cubierto, que sirve para dar paso y salida a diferentes materias. 2 Tubo o canal que en los cuerpos organizados para la vida sirve a las funciones fisiológicas: ~ ***auditivo externo,*** canal óseo, excavado en el temporal, recubierto de tegumento, que va desde el pabellón de la oreja hasta la membrana del tímpano; ~ ***auditivo interno,*** canal excavado en el peñasco del temporal por el que circulan los nervios facial, intermediario y auditivo; ***conductos semicirculares,*** pequeños conductos del oído interno, situados detrás del caracol y encargados de la percepción de las sensaciones que constituyen la base del sentido del equilibrio. 3 fig. Medio o vía que se sigue en algún negocio. 4 fig. Persona por quien se dirige un negocio o pretensión, o por quien se tiene noticia de alguna cosa. ***Por conducto de*** (una pers.), por su mediación; ***conducto regular,*** en MIL. y administración, serie de jefes o autoridades en orden jerárquico ascendente, por medio de los cuales se tramita un expediente, petición, queja, etc.
SIN. *2* **Vía.**
conductor, -ra (l.) *adj.* Que conduce. -2 *adj.-s.* [pers.] Que gobierna y guía un vehículo: ~ ***suicida,*** el de un automóvil que circula deliberadamente por el carril de sentido contrario. 3 [cuerpo] Que deja pasar fácilmente a través de su masa el calor o la electricidad: ~ ***eléctrico,*** cuerpo buen conductor, gralte. alambre o cable, que se emplea para establecer comunicación eléctrica entre dos cuerpos de diferente potencial, dando paso a la corriente. -4 *m. Amér.* Cobrador de los pasajes en un vehículo.
condueño (*con-* + *dueño*) *com.* Dueño con otro de alguna cosa.
SIN. DER. **Condómino.** REL. La calidad de condueño se llama en DER. **condominio.**
conduerma *f. Cuba.* Cachaza, lentitud. 2 *Méj.* Majadería. 3 *Méj.* Cócora, persona que molesta. 4 *Venez.* Modorra, sueño pesado.
condumio (del ant. *condir,* condimentar) *m.* burl. Manjar que se come con pan. 2 Comida en gral. 3 *Ecuad.* Relleno de queso o carne sazonada que se pone en las humitas, hallacas, hayacas, etc. 4 *Ecuad.* Frase equívoca o de doble sentido. 5 *Méj.* Dulce, especie de turrón.
conduplicación (l. *-atione*) *f.* RET. Figura que se comete repitiendo al principio de una cláusula o miembro del período, la última palabra del miembro o cláusula inmediatamente anterior.
SIN. **Epanástrofe.**
condurango *m. Ecuad.* Planta sarmentosa, tintórea y medicinal *(Gonolobus condurango).*
condutal *m.* Conducto de desagüe para las aguas pluviales.
conectador *m.* Mecanismo para conectar.
conectar (del ingl. *connect;* tomado del l. *connectëabre*) *tr.* Combinar con el movimiento de una máquina [el de un aparato dependiente de ella]. 2 Poner en contacto, unir. 3 DEP. Empalmar [un pase o jugada].
conectivo, -va *adj.* Que sirve para conectar.
coneja *f.* Hembra del conejo. 2 fig. Mujer que da a luz a menudo. 3 *Can.* Herida grande y muy abierta en la cabeza.
conejal, -jar *m.* Conejera.
conejear *tr. Guat.* Cazar conejos. 2 *Guat.* p. ext. Espiar, observar [a una persona].
conejera *f.* Madriguera de conejos. 2 fig. Cueva estrecha y larga. 3 fig. Sótano o aposento estrecho donde se recogen muchas personas. 4 fig. *y* fam. Casa donde suele juntarse mucha gente de mal vivir.
SIN *1* **Conejal, conejar, vivar.**

conejero, -ra *adj.* Que caza conejos: *perro* ~. -2 *m. f.* Persona que tiene por oficio criar o vender conejos. 3 fig. *y* fam. De Lanzarote, isla de Canarias.

conejillo *m.* Dim. de *conejo.* 2 Cobayo. -3 *m. pl.* Fumaria.

conejo (l. *cuniculu*) *m.* Mamífero lagomorfo lepórido, de forma que recuerda la de la liebre, pero de menor tamaño; vive en madrigueras, se domestica fácilmente, su carne es comestible y su pelo se emplea para fieltros y otras manufacturas *(Oryctolagus cuniculus).* 2 fig. *y* vulg. Órgano sexual femenino. 3 *Amér.* Nombre que reciben diversas especies de roedores. -4 *adj. Amér. Central.* Soso, sin azúcar, amargo. -5 *m. Cuba.* Pez de un metro de largo, de color plateado, con aleta dorsal a todo lo largo del lomo *(Alepisaurus altivelis).* 6 *Guat.* Detective.

REL. Conejo pequeño **gazapo.** Madriguera de conejos, **conejera, gazapera; vivar, conejar, conejera,** lugar donde crían o abundan; **cunicultura,** arte de criarlos y aprovecharlos.

conejuno, -na *adj.* Relativo al conejo. 2 Parecido a él. -3 *f.* Pelo de conejo.

conexidades (de *conexo*) *f. pl.* V. anexidades.

conexión (de *conexo*) *f.* Trabazón, concatenación de una cosa con otra. 2 Acción de conectar un mecanismo, tubo, cable, etc. 3 Efecto de conectar un mecanismo, tubo, cable, etc. -4 *f. pl.* Amistades, mancomunidad de ideas o de intereses.

SIN. **Relación, correspondencia.**

conexionar *tr.* Enlazar, ligar, conectar.

conexionarse *prnl.* Contraer conexiones.

conexivo, -va (l. *connexivu*) *adj.* Que puede unir (juntar).

conexo, -xa (l. *connexu,* conectado) *adj.* Que tiene conexión. 2 DER. [delito] Que por su relación con otros debe ser objeto de un mismo proceso.

confabulación *f.* Acción de confabularse. 2 Efecto de confabularse.

SIN. v. **Confabular** y **Contubernio.**

confabulador, -ra *m. f.* Persona que confabula o se confabula.

confabular (l. *-ari* < *fabulari,* hablar) *intr.* desus. Conferir, conversar, tratar familiarmente: ~ *con los ángeles;* ~ *de diversas cosas.* -2 *prnl.* Ponerse secretamente de acuerdo dos o más personas sobre una cuestión que interesa también a un tercero: *se han confabulado con los contrarios para perderme.*

SIN. *2* **Conchabarse,** además de ser voz que linda entre lo fam. y lo plebeyo, se aplica a la confabulación más menuda entre pocas personas. P. ej., unos cuantos rateros *están conchabados* para declarar ante la policía; los revendedores *se conchaban* para subir el precio en un mercado; pero las grandes empresas *se confabulan* a fin de provocar la carestía de un artículo; **estar en connivencia,** es expresión más suave y signif. hallarse en relación o contacto para mañas o fraudes: *el prestidigitador estaba en connivencia con tres espectadores.*

confalón (it. *confalone* < germ. *gundfano*) *m.* Estandarte, esp. el de la Iglesia Romana.

SIN. **Gonfalón.**

confalonier, -niero (it. *confaloniere*) *m.* El que lleva el confalón.

confarreación (l. *-atione*) *f.* Forma de matrimonio de los ant. romanos, mediante el cual la mujer entraba en comunidad de bienes con el marido, y los hijos gozaban de ciertos privilegios.

confección (l. *-ctione*) *f.* Acción de confeccionar, esp. prendas de vestir. 2 Efecto de confeccionar, esp. prendas de vestir. 3 p. ext. Fabricación en serie de prendas de vestir. 4 Acción de preparar o hacer determinadas cosas, como bebidas, perfumes, etc., gralte. por mezcla o combinación de otras. 5 Efecto de preparar o hacer determinadas cosas, como bebidas, perfumes, etc., gralte. por mezcla o combinación de otras. 6 Preparación farmacéutica de consistencia blanda, con cierta cantidad de jarabe o miel.

confeccionador, -ra *adj.-s.* Que confecciona.

confeccionar (de *confección*) *tr.* Hacer enteramente [una obra material] combinando sus diversos elementos, ingredientes, etc. 2 FARM. Hacer confecciones, preparar según arte [los medicamentos]. 3 p. ext. Preparar o hacer obras de entendimiento, como presupuestos, estadísticas, etc.

confeccionista *adj.-com.* Persona que se dedica a la fabricación o comercio de ropas hechas.

confector (l. *-tore*) *m.* Gladiador.

confederación (l. *confœderatione*) *f.* Unión, pacto, liga entre algunas personas, naciones o estados para un fin único. 2 Conjunto de personas o de estados confederados: ~ *helvética.*

SIN. **Federación.**

confederado, -da *adj.-s.* Que entra o está en una confederación.

confederal *adj.* Relativo a una confederación.

confederar (l. *confœderare*) *tr.* Reunir en confederación [a varias personas, naciones o estados].

SIN. **Federar.**

confederativo, -va *adj.* Federativo.

confer (l. *confer*) Palabra usada en los escritos para indicar algo que debe verse o consultarse.

conferencia (l. *-entia* < *conferre,* juntar) *f.* Reunión de dos o más personas, esp. si son representantes diplomáticos, para tratar de un negocio, asunto, etc. 2 Disertación en público sobre una cuestión científica, literaria, doctrinal, etc. 3 En algunas universidades, lección que llevan los estudiantes cada día. 4 Junta que celebran las agrupaciones de socios de la Sociedad de San Vicente de Paul. 5 ~ ***telefónica,*** conversación por teléfono entre poblaciones distintas. 6 ~ ***de prensa,*** reunión en la que los periodistas preguntan a una persona sobre determinados asuntos.

SIN. *1* v. **Conversación.**

conferenciante *com.* Persona que pronuncia una conferencia (disertación).

conferenciar (de *conferencia*) *intr.* Reunirse dos o más personas para tratar de un negocio, asunto, etc.: *el embajador argentino conferenció con el jefe del gobierno.* ◇ ** CONJUG. [12] como *cambiar.*

conferencista *com. Amér.* Conferenciante.

conferir (l. *conferre*) *tr.* Conceder a uno [dignidad, empleo o facultades]. 2 Tratar, examinar entre varias personas [un asunto]: ~ *un negocio con, o entre, amigos.* 3 Cotejar, comparar [una cosa con otra]: *confería el sueño y la verdad,* o *el sueño con la verdad.* 4 Tratándose de órdenes, instrucciones, etc., comunicarlas para su cumplimiento. 5 Atribuir o prestar una cualidad no física a una persona o cosa. ◇ ** CONJUG. [35] como ***hervir.***

SIN. *1* v. **Conceder.**

confesa (de *confeso*) *f.* Viuda que entraba a ser monja.

confesable *adj.* Que puede confesarse.

confesado, -da *m. f.* fam. Hijo o hija de confesión.

confesante *adj.-s.* Que confiesa. 2 DER. Que confiesa en juicio.

confesar (**confessare* < pp. *confessu* < *confiteri,* confesar) *tr.-prnl.* Manifestar o decir uno [sus actos, ideas o sentimientos ocultos]. 2 Reconocer uno [lo que no puede negar], por motivos de razón, fe, etc.: ~ *una verdad; el buen ladrón confesó a Cristo.* 3 Declarar [la verdad] obligado por las circunstancias: ~ *su delito; el reo confesó;* ~ ***de plano,*** decir lisa y llanamente una cosa sin ocultar nada. 4 Declarar el penitente al confesor [sus pecados]: *confesarse a Dios; confesarse con un padre franciscano;* ~ *sus pecados o confesarse de ellos; confiesa y comulga cada mes.* 5 Oír el confesor [al penitente]. 6 DER. Declarar el reo o litigante ante el juez. ◇ ** CONJUG. [27] como ***acertar***; pp. reg. ***confesado***; irreg. ***confeso.***

confesión *f.* Acción de confesar o confesarse: *hizo* ~ *de sus sentimientos; la* ~ *del reo;* ~ ***auricular,*** la sacramental; ~ ***general,*** la que se hace de los pecados de toda la vida pasada, o de una gran parte de ella; ***oír de*** ~, confesar. 2 Efecto de confesar o confesarse. 3 Afirmación pública de la fe que uno profesa: *la* ~ *de Augsburgo.* 4 Creencia religiosa y conjunto de personas que tienen esta creencia. 5 DER. Declaración del reo o litigante en el juicio.

confesional *adj.* Relativo a una confesión religiosa.

confesionalidad *f.* Calidad de confesional.

confesionario *m.* Confesonario. 2 Tratado o discurso en que se dan reglas para saber confesar y confesarse.

confesionista *adj.-s.* [pers.] Que profesa la confesión de Augsburgo, declaración de fe propuesta por los luteranos a la Dieta de Augsburgo en 1530 y rechazada por ésta y por Carlos V (1338-1380).

confeso, -sa (l. *confessu*) *adj.* [pers.] Que ha confesado su delito o culpa. -2 *adj.-s.* Judío convertido. -3 *m.* Monje lego, donado.

SIN. **Confitente,** p. us. *2* **Converso.**

confesonario *m.* Mueble dentro del cual se coloca el sacerdote para oír las confesiones sacramentales en las iglesias.

confesor (l. ecl. *confessore*) *m.* Cristiano que profesa públicamente la fe de Jesucristo, y por ella está pronto a dar la vida: *los santos confesores de la Iglesia.* 2 Sacerdote que, con licencia del ordinarió, confiesa a los penitentes.

confesorio *m.* Confesonario.

confesuría *f.* Cargo de confesor.

confeti (it. *confetti*) *m.* Pedacitos de papel de color que se arrojan en las fiestas de carnaval, al paso de las procesiones, etc. ◇ Pl.: *confetis.*
confiabilidad *f.* Calidad de confiable. 2 Fiabilidad, probabilidad de buen funcionamiento de una cosa.
confiable *adj.* [persona o cosa] Que se puede confiar en ella.
confiadamente *adv. m.* Con seguridad y confianza.
confiado, -da (de *confiar*) *adj.* Crédulo, imprevisor. 2 Presumido, orgulloso.
confiador *m.* p. us. Cofiador.
confianza (de *confiar*) *f.* Esperanza firme que se tiene de una persona o cosa. 2 Seguridad que uno tiene en sí mismo. 3 Presunción y vana opinión de sí mismo. 4 Familiaridad en el trato, a veces excesiva: *de ~,* [pers.] con quien se tiene trato familiar; [pers.] en quien se puede confiar; [cosas] que poseen las cualidades recomendables para su fin; *en ~,* confiadamente. 5 Ánimo, aliento, vigor. 6 Pacto hecho ocultamente, pralte. si son tratantes o del comercio.
SIN. *1* **Fe.**
confianzudo, -da *adj.* [pers.] Que se toma demasiada confianza. 2 Crédulo, imprevisor.
confiar (l. v. *confidare* < l. *confidere*) *tr.* Depositar en uno sin más seguridad que la buena fe [la hacienda, un secreto, etc.]. 2 p. ext. Poner al cuidado de uno [un negocio]: *le confiaron la dirección de la obra.* 3 Dar confianza o esperanza [a uno]: *tus favores me confían.* -4 *intr.-prnl.* Esperar con firmeza y seguridad: *~ en la prosperidad; ~ de sí mismo; ~ de,* o *en, alguno; yo me confío en usted.* ◇ ** CONJUG. [13] como ***desviar.***
SIN. *1* y *4* **Fiar.** *2* v. **Encargar.**
confidencia (l. *-entia*) *f.* Confianza. 2 Revelación secreta, noticia reservada.
confidencial *adj.* Que se hace o se dice en confidencia, que contiene una confidencia.
confidencialmente *adv. m.* De manera confidencial.
confidente, -ta (l.) *adj.* Fiel, seguro, de confianza. -2 *m. f.* Persona a quien otra fía sus secretos o le encarga la ejecución de cosas reservadas. 3 eufem. Espía. -4 *m.* Canapé de dos asientos. 5 Silla o sillón auxiliar de despacho.
confidentemente *adv. m.* Confidencialmente. 2 Con fidelidad.
configuración (l. *-atione*) *f.* Disposición de las partes que componen una cosa y le dan su peculiar figura: *~ del terreno.*
configurar (l. *-are*) *tr.* Dar determinada configuración [a una cosa].
confín (l. *-ine*) *adj.* Que confina (linda). -2 *m.* Término que divide las poblaciones, provincias, etc., y señala los límites de cada uno. 3 Último término a que alcanza la vista.
SIN. *2* **Raya, límite, linde.**
confinación *f.* Confinamiento.
confinado, -da *adj.-s.* [pers.] Que sufre la pena de confinamiento.
confinamiento *m.* Acción de confinar. 2 Efecto de confinar. 3 DER. Pena aflictiva consistente en relegar al condenado a cierto lugar seguro para que viva en libertad, pero vigilado por las autoridades.
SIN. v. **Destierro.**
confinante *adj.* Que confina o linda; limítrofe.
confinar (de *confín*) *intr.* Lindar o estar contiguo: *~ con Francia.* -2 *tr.* Desterrar [a uno], asignándole residencia obligatoria: *~ a,* o *en, tal parte.* -3 *prnl.* Encerrarse, recluirse: *se confinó en su casa.*
SIN. *1* v. **Lindar.**
confingir (l. *confingere* < *cum,* con + *fingere,* formar) *tr.* Mezclar [una o más cosas] con un líquido hasta formar masa; pralte. us. por los boticarios. ◇ ** CONJUG. [6] como ***dirigir.***
confinidad *f.* Cercanía.
confirmación *f.* Acción de confirmar. 2 Efecto de confirmar. 3 Nueva prueba de la verdad y certeza de un suceso, dictamen, etc. 4 Uno de los siete sacramentos, destinado a hacer que descienda el Espíritu Santo sobre el cristiano para confirmarlo en la gracia del bautismo. 5 RET. Parte del discurso en que se aducen las pruebas para demostrar la proposición.
confirmadamente *adv. m.* Con firmeza, seguridad y aprobación.
confirmador, -ra *adj.-s.* Que confirma.
confirmando, -da *m. f.* Persona que va a recibir el sacramento de la confirmación.
confirmante *adj.-s.* Que confirma.
confirmar (l. *-are*) *tr.* Corroborar la verdad o certeza [de una cosa]: *~ una doctrina.* 2 Corroborar el concepto que merece [una persona]: *~ a uno por sabio; ~ de docto.* 3 Revalidar [lo ya aprobado]: *~ una sentencia.* 4 Asegurar, dar [a una pers. o cosa] mayor firmeza: *~ a uno en la fe.* 5 Administrar [a uno] el santo sacramento de la confirmación.
SIN. *1* y *2* v. **Ratificar.** *3* **Convalidar.**
confirmativo, -va *adj.* [auto o sentencia] Que se confirma por otro anterior.
confiscable *adj.* Que se puede confiscar.
confiscación *f.* Acción de confiscar. 2 Efecto de confiscar.
SIN. **Comiso, decomiso,** tratándose de mercancías.
confiscado, -da *adj. And., Can.* y *Venez.* fam. Maldito, condenado, travieso.
confiscar (l. *-are*) *tr.* Atribuir al fisco [los bienes de una persona]. ◇ ** CONJUG. [1] como ***sacar.***
confiscatorio, -ria *adj.* Relativo a la confiscación.
confisgado, -da *adj. Amér. Central.* Bribón, pícaro.
confitado, -da *adj.* Confiado, esperanzado.
confitar (de *confite*) *tr.* Cubrir con baño de azúcar [las frutas o semillas preparadas para este fin]. 2 Cocer [las frutas] en almíbar. 3 fig. Endulzar, suavizar. 4 Conservar [carne comestible] después de frita intensamente en su propia salsa, en tarros, recubierta de grasa.
confite (fr. *confit* < l. *confectu*) *m.* Pasta de azúcar y algún otro ingrediente, en forma de bolillas.
confitente *adj.* p. us. Confeso (confesado).
confiteor (l., confieso, primera palabra de esta oración) *m.* Oración que se reza en la misa y en la confesión. 2 fig. Confesión paladina de alguna falta o error. ◇ Pl.: *confiteor.*
confitera *f.* Vasija o caja para poner confites.
confitería *f.* Establecimiento del confitero. 2 Arte de fabricar dulces y confituras de todas clases. 3 *Amér.* Café donde se expenden dulces, tabacos, etc., además de bebidas.
SIN. **Dulcería, pastelería.**
confitero, -ra *m. f.* Persona que tiene por oficio hacer o vender dulces y confituras.
confitico, -llo, -to (dim. de *confite*) *m.* Labor menuda que tienen algunas colchas.
confitillo *m. Cuba.* Pelo rizado de los negros. 2 *Cuba.* Artemisilla.
confitura *f.* Fruta u otra cosa confitada.
conflación (l. *-atione* < *conflagrare,* arderse) *f.* desus. Fundición (acción y efecto).
conflagración (l. *-atione*) *f.* Incendio (fuego grande). 2 Perturbación repentina de pueblos o naciones, esp. a causa de guerra.
conflagrar (l. *-are*) *tr.* Inflamar, incendiar, quemar [una cosa].
conflátil (l. *-ile*) *adj.* Que se puede fundir.
conflictar *intr.* ANGLIC. Oponerse, chocar, ser incompatible.
conflictividad *f.* Calidad de conflictivo. 2 Situación de conflicto, especialmente en las relaciones laborales.
conflictivo, -va *adj.* ANGLIC. Opuesto, contrario, antagónico, incompatible.
conflicto (l. *-tu*) *m.* Lo más recio de un combate. 2 Choque, combate prolongado: *el ~ ruso-japonés.* 3 fig. Combate y angustia del ánimo. 4 Apuro, situación desgraciada, de difícil salida. 5 Antagonismo, rivalidad.
SIN. *4* Serie intensiva: **dificultad, apuro, apretura, aprieto, apretón, ahogo, reventón.**
confluencia *f.* Acción de confluir. 2 Lugar donde confluyen los ríos o los caminos.
confluente *adj.* Que confluye. -2 *m.* Confluencia (lugar).
confluir (l. *confluere*) *intr.* Juntarse dos o más corrientes de agua en un paraje. 2 fig. Juntarse en un punto dos o más caminos. 3 Concurrir en un sitio mucha gente. ◇ ** CONJUG. [62] como ***huir.***
conformación (l. *-actione*) *f.* Disposición de las partes que forman una cosa. 2 QUÍM. Posible disposición geométrica de los átomos de una molécula, que se obtiene por rotación respecto de un enlace simple que hace de eje.
conformador (de *conformar*) *m.* Aparato con que los sombrereros toman la medida y configuración de la cabeza.
conformar (l. *-are*) *tr.* Dar forma [a alguna cosa]. -2 *tr.-intr.-prnl.* Ajustar, concordar [una cosa con otra]: *~ las almas divididas; ~ la vida a,* o *con, la doctrina; la traducción se conforma con el original; las señales y efectos no conforman; conformaba con nuestra regla.* -3 *intr.-prnl.* Convenir una persona con otra; ser de su mismo dictamen: *sólo conformaba en el lenguaje; se*

han conformado las partes. -4 ***prnl.*** Sujetarse uno voluntariamente a hacer o sufrir una cosa: *conformarse a,* o *con, la voluntad de Dios.*
SIN. *4* **Resignarse.**

conforme (l.) ***adj.*** De forma igual a otro objeto tomado como modelo. 2 Acorde con otra cosa tomada como término de comparación, que se corresponde con ciertos principios, costumbres, etc., con lo que ha sido ordenado por alguien. 3 Acorde con otro en un mismo dictamen, unido con él para alguna acción o empresa. 4 Asentimiento que se pone al pie de un escrito. 5 Resignado y paciente en las adversidades. -6 ***adv. m.*** Denota relación de conformidad, correspondencia o modo, y equivale a con arreglo a, en proporción a, en correspondencia a: *~ a derecho; ~ a soberbia;* a tenor de, ajustándose a, de acuerdo con: *~ a lo prescrito; ~ a lo que anoche determinamos;* del mismo modo que, en el mismo grado que, al mismo paso que: *todo queda ~ estaba; se alegraba ~ veía los semblantes de cada uno.* 7 Se contrapone a así: *~ se piensa la traición, así se ejecuta.* 8 Según, de la misma manera: *todo te lo devuelvo ~ lo recibí.*

conformemente ***adv. m.*** Con unión y conformidad.

conformidad (l. *-itate*) ***f.*** Semejanza entre dos personas. 2 Calidad de conforme. 3 Simetría y proporción entre las partes que componen un todo. 4 Adhesión total de una persona a otra. 5 Tolerancia y sufrimiento en las adversidades. ***De ~*** conformemente.
SIN. *5* **Resignación.**

conformismo ***m.*** Práctica del conformista.

conformista ***adj.-com.*** [pers.] Que está de acuerdo con lo oficialmente establecido en política, religión, orden social, etc. 2 [pers.] Que se adapta fácilmente a cualquier circunstancia de carácter público o privado. 3 En Inglaterra, persona que está conforme con la religión oficial del estado.

confort (voz inglesa) ***m.*** Comodidad, bienestar.

confortabilidad ***f.*** Calidad de confortable.

confortable ***adj.*** Que conforta (anima). 2 Que produce comodidad. 3 Que produce o da la sensación de confort.

confortablemente ***adv. m.*** De un modo confortable.

confortación ***f.*** Acción de confortar o confortarse. 2 Efecto de confortar o confortarse.

confortador, -ra ***adj.-s.*** Que conforta.

confortamiento ***m.*** Confortación.

confortante ***adj.-s.*** Que conforta. -2 ***m.*** Mitón.

confortar (l. *-are*) ***tr.*** Dar vigor, espíritu y fuerza. 2 Animar, consolar [al afligido].

confortativo, -va ***adj.-s.*** Que tiene virtud de confortar.

conforte (de *confortar*) ***m.*** Confortación. 2 Confortativo.

confortes ***m. pl.*** *Guat.* Chiqueadores (rodajas de papel).

confracción (l. *-ctione*) ***f.*** Acción de romper (separar y quebrar).

confrade ***m.*** p. us. Cofrade.

confraternal ***adj.*** Relativo a los amigos y camaradas.

confraternar (l. *fraternu,* fraterno) ***intr.*** Hermanarse una persona con otra.

confraternidad ***f.*** Hermandad (parentesco y amistad íntima).

confraternizar ***intr.*** Confraternar. 2 Tratarse con amistad y camaradería. 3 Llegar a establecer trato o amistad personas separadas por alguna diferencia social, de grupo, intereses, etc. ◇ **CONJUG. [4] como ***realizar.***
SIN. **Fraternizar.**

confricación ***f.*** Acción de confricar. 2 Efecto de confricar.

confricar (l. *-are*) ***tr.*** Estregar. ◇ ** CONJUG. [1] como ***sacar.***

confrontación ***f.*** Acción de confrontar (carear, cotejar, confinar). 2 Simpatía, conformidad natural entre personas o cosas.

confrontador, confrontante ***adj.*** Que confronta.

confrontar (l. *fronte,* la frente) ***tr.*** Carear [a una pers. con otra]: *~ dos testigos; ~ a un testigo con el reo.* 2 Cotejar [una cosa con otra], esp. escritos. -3 ***intr.*** Confinar, alindar. -4 ***intr.-prnl.*** Estar o ponerse una cosa enfrente de otra: *no confrontan nuestras ideas; confrontarse con un competidor.* 5 inus. Congeniar una persona con otra: *la nación española confronta,* o *se confronta, con la italiana.*
SIN. *3* v. **Lindar.**

confucianismo ***m.*** Conjunto de las doctrinas morales, políticas y religiosas predicadas por Confucio (551-479) en el siglo V antes de Cristo.

confucianista ***adj.-com.*** Confuciano.

confuciano, -na ***adj.*** Relativo al confucianismo. -2 ***adj.-s.*** Que profesa el confucianismo.

confucionismo ***m.*** Confucianismo.

confucionista ***adj.*** Confuciano.

confulgencia (l. *confulgere,* brillar mucho) ***f.*** Brillo simultáneo: *~ de los astros.*

confundible ***adj.*** Que puede confundirse o ser confundido.

confundidor, -ra ***adj.-s.*** Que confunde.

confundimiento ***m.*** Acción de confundirse o perturbarse una persona. 2 Efecto de confundirse o perturbarse una persona.

confundir (l. *-ere*) ***tr.-prnl.*** Mezclar [cosas o personas diversas] de modo que no puedan distinguirse unas de otras: *los dos ríos confunden sus aguas; confundirse en,* o *entre, la muchedumbre; confundirse con la plebe.* 2 No hacer la distinción debida [entre las cosas]: *~ el lenguaje y el estilo,* o *con el estilo;* tomar erróneamente una cosa por otra, equivocarse: *confundirse en los juicios; está usted confundido; le confundí con su hermano.* 3 Perturbar, desordenar: *~ todas las leyes divinas y humanas.* 4 fig. Convencer o concluir [a uno] en la disputa: *~ a los herejes.* 5 fig. Turbar [a uno] de manera que no acierte a explicarse: *nos confunde tanta audacia; todos se confundían sospechando que aquello era burla.* 6 fig. Humillar, abatir, avergonzar: *usted me confunde con elogios; confundirse de lo que se ve.* ◇ Pp.: *confundido* y *confuso.*

confusamente ***adv. m.*** Con confusión (falta de orden).

confusión (l. *-usione*) ***f.*** Falta de orden, de concierto y de claridad. 2 Acción de confundir o mezclar. 3 Efecto de confundir o mezclar. 4 eufem. Equivocación. 5 Perplejidad, desasosiego, turbación del ánimo. 6 Abatimiento, humillación. 7 Afrenta, ignominia. 8 DER. Modo de extinguirse las obligaciones por reunirse en un mismo sujeto el crédito y la deuda.
SIN. *2* y *3* v. **Error.**

confusionismo ***m.*** Obscuridad en las ideas o en el lenguaje, producida en gral. deliberadamente.

confusionista ***adj.*** Relativo al confusionismo. -2 ***com.*** Persona que lo practica.

confuso, -sa (l. *-su*) ***adj.*** Mezclado, revuelto. 2 Obscuro, dudoso. 3 Difícil de distinguir, poco perceptible. 4 fig. Turbado, temeroso.

confutación ***f.*** Acción de confutar. 2 Efecto de confutar.

confutador, -ra ***adj.-s.*** Confutatorio.

confutar (l. *-are* < *futare,* argüir) ***tr.*** Refutar de modo convincente [la opinión contraria].
SIN. v. **Contradecir.**

confutatorio, -ria ***adj.*** Que confuta.

conga ***f.*** *Cuba.* Hutía de media vara de largo y color ceniciento o rojizo. Es de forma parecida a la rata *(gén. Capromys).* 2 *Colomb.* y *Ecuad.* Hormiga grande y venenosa. 3 *Cuba.* Baile popular de origen africano en compás de cuatro por cuatro, ejecutado por bailarines que marchan en fila, cogidos por la cintura. 4 *Cuba* Música y canto de este baile.

congal ***m.*** *Méj.* Burdel, lupanar.

congelable ***adj.*** Que se puede congelar.

congelación ***f.*** Acción de congelar o congelarse. 2 Efecto de congelar o congelarse. 3 FÍS. ***Punto de ~*** o ***punto crioscópico,*** temperatura a la cual se congela un líquido.

congelador ***m.*** Vasija para congelar. 2 En las neveras, compartimiento especial donde se produce hielo. 3 Aparato electrodoméstico que sirve para congelar alimentos y guardarlos congelados.

congelamiento ***m.*** Congelación.

congelante ***adj.*** Que congela.

congelar (l. *-are*) ***tr.-prnl.*** Hacer pasar [un cuerpo] del estado líquido al sólido. 2 fig. Someter [una substancia jugosa] a una temperatura lo bastante baja para que se congele el líquido que la embebe: *~ carne.* 3 Mantener provisionalmente inactivos [los saldos, créditos, etc.] de una cuenta, por disposición de la autoridad. 4 fig. Bloquear, inmovilizar, reservar [algo]. 5 ECON. Declarar inmodificables sueldos, salarios o precios.

congelativo, -va ***adj.*** Que tiene virtud de congelar.

congénere (l.) ***adj.*** Del mismo género, de un mismo origen o de la propia derivación.

congenial ***adj.*** De igual genio. 2 Congénito, connatural.

congeniar ***intr.*** Avenirse una persona con otra u otras por tener el mismo genio, carácter o inclinaciones. ◇ ** CONJUG. [12] como ***cambiar.***

congenital ***adj.*** ANGLIC. Congénito.

congénito, -ta (l. *-tu*) ***adj.*** Que se engendra juntamente con otra cosa. 2 Connatural y como nacido con uno.
CONTR. *2* **Adquirido:** *predisposiciones congénitas y hábitos adquiridos.* SIN. *2* **Ingénito, innato.**

congerie (l.) *f.* Montón de cosas.
congestión (l. *-stione*) *f.* Acumulación excesiva de sangre en una parte del cuerpo. 2 fig. Acumulación, aglomeración en gral.: *~ del tráfico en una calle; ~ de mercancías en una estación.*
congestionar *tr.-prnl.* Producir congestión [en una parte del cuerpo]. -2 *prnl.* Producirse una concurrencia excesiva de personas, vehículos, etc.
congestivo, -va *adj.* Relativo a la congestión. 2 Propenso a ella.
congiario (l. *-iu*) *m.* Don que en algunas ocasiones distribuían al pueblo los emperadores romanos.
congio (l. *-iu*) *m.* Ant. medida romana para líquidos (unos 3 l.; octava parte del ánfora).
conglobación *f.* Acción de conglobar o conglobarse. 2 Efecto de conglobar o conglobarse. 3 fig. Unión y mezcla de cosas inmateriales. 4 RET. Conjunto notable de argumentos para probar algún hecho o aserto.
conglobar (l. *-are*) *tr.* Juntar [cosas] de modo que formen globo o montón.
conglomeración *f.* Acción de conglomerar o conglomerarse. 2 Efecto de conglomerar o conglomerarse.
conglomerado *m.* Efecto de conglomerarse. 2 Aglomerado, esp. el de madera. 3 GEOL. Masa formada por fragmentos redondeados de diversas rocas o substancias minerales unidas por un cemento.
conglomerante *adj.-s.* Material capaz de unir fragmentos de una o varias substancias y dar cohesión al conjunto, por efecto de transformaciones químicas en su masa, que originan nuevos compuestos; como el cemento, el yeso, la cal, etc.
conglomerar (l. *-are*) *tr.* Aglomerar. -2 *prnl.* Agruparse fragmentos o corpúsculos de una misma o de diversas substancias de modo que resulte una masa compacta.
conglutinación *f.* Acción de conglutinar o conglutinarse. 2 Efecto de conglutinar o conglutinarse.
conglutinante *adj.-m.* Que conglutina.
conglutinar (l. *-are*) *tr.-prnl.* Aglutinar.
conglutinativo, -va *adj.-m.* Que tiene virtud de conglutinar.
conglutinoso, -sa *adj.* Que tiene virtud para pegar.
I) congo *m.* *Amér.* Hueso mayor de las piernas posteriores del cerdo. 2 *Cuba.* Baile popular en compás de dos por cuatro, ejecutado por parejas. 3 *Cuba.* Música sencilla y monótona de este baile. 4 *Hond.* Pez teleósteo de cuerpo rayado de negro *(Mycetes palliatus).* 5 *C. Rica* y *Salv.* Mono aullador.
II) congo, -ga *adj.-s.* Congoleño.
congó *m.* *S. Dom.* Peón haitiano novato.
congoja (*co-* + ant. *angoja,* angustia) *f.* Desmayo, fatiga y aflicción del ánimo.
congojar *tr.* Acongojar.
congojosamente *adv. m.* Con congoja.
congojoso, -sa *adj.* Que produce congoja. 2 Afligido.
congola *f.* *Colomb.* Pipa de fumar.
congolear *tr.* *Colomb.* Pescar con el cóngolo (red).
congoleño, -ña, congolés, -lesa *adj.-s.* De la República Popular del Congo, nación del oeste de África, y de la República Democrática del Congo, actual Zaire, nación del centro de África. -2 *adj.-m.* Lengua perteneciente al grupo bantú occidental, hablada en estas naciones
SIN. *1* **Congo II.**
cóngolo *m.* Planta bignoniácea de Colombia, llamada también totuma *(Crescentia alata).* 2 *Colomb.* Vasija hecha del fruto del totumo (árbol). 3 *Colomb.* Red para pescar.
congolona *f.* *C. Rica.* Gallina silvestre, mayor que la perdiz y de carne muy estimada.
congona (quechua *concona*) *f.* *Amér.* Hierba piperácea, aromática y medicinal, con flores en espigas terminales *(Piper dolabriformis).*
congoña *f.* Planta del orden de las celastrales cuyas hojas poseen una substancia estimulante similar a la cafeína y que se utiliza para preparar infusiones *(Villaresia congoha).*
congorocho *m.* *Venez.* Especie de ciempiés que vive en terrenos húmedos (gén. *Spirobolus*).
congosto (l. v. **congustu* < l. *angustu,* estrecho; a través del cat. *congost*) *m.* Desfiladero entre montañas.
congraciador, -ra *adj.* Que procura congraciarse.
congraciamiento *m.* Acción de congraciar o congraciarse. 2 Efecto de congraciar o congraciarse.
congraciar (*con-* + *gracia*) *tr.-prnl.* Conseguir [la benevolencia o el afecto de uno]: *el marqués los ha congraciado; congraciarse con todos.* ◇ ** CONJUG. [12] como ***cambiar.***
congratulación *f.* Acción de congratularse. 2 Efecto de congratularse.
SIN. v. **Felicitación.**
congratular (l. *-ari*) *tr.-prnl.* Manifestar [a uno], con expresiones de complacencia, que se comparte su alegría, satisfacción, etc.: *congratularse con los suyos; congratularse de,* o *por, alguna cosa.*
congratulatorio, -ria *adj.* Que denota o supone congratulación.
congregación (l. *-atione*) *f.* Junta para tratar de uno o más negocios. 2 Reunión de monasterios de una misma orden bajo la dirección de un superior general. 3 Cofradía (hermandad). 4 *~ **de los fieles,*** Iglesia católica o universal. 5 Cuerpo o comunidad de sacerdotes seculares, dedicados al ejercicio de los ministerios eclesiásticos, bajo ciertas constituciones. 6 En el Vaticano, junta compuesta de cardenales, prelados, etc., para el despacho de varios asuntos: *~ de Ritos, de Propaganda.*
congregante, -ta *m. f.* Individuo de una congregación.
SIN. **Cofrade.**
congregar (l. *-are*) *tr.-prnl.* Juntar, reunir. ◇ ** CONJUG. [7] como ***llegar.***
SIN. v. **Juntar.**
congresal *m.* *Amér.* Congresista.
congresista *com.* Miembro de un congreso científico, literario, etc.
congreso (l. *-essu* < *congredi,* caminar juntamente) *m.* Junta de varias personas para deliberar sobre algún negocio, esp. la hecha para tratar asuntos de gobierno y regular cuestiones internacionales: *~ **de los Diputados,*** cuerpo legislativo compuesto de personas nombradas por elección. 2 Edificio donde los diputados a Cortes celebran sus sesiones. 3 En algunos países, asamblea nacional. 4 Conferencia generalmente periódica en que los miembros de una asociación, cuerpo, organismo, profesión, etc., se reúnen para debatir cuestiones previamete fijadas. 5 p. us. Cópula carnal.
congrí *m.* *Cuba.* Arroz con fríjoles guisados conjuntamente. 2 *S. Dom.* Guiso de arroz y judías.
congrio (l. *congru*) *m.* Pez marino teleósteo, anguiliforme, comestible, que habita cerca de las desembocaduras de los ríos *(Conger conger).*
congrua (l. *congruu,* congruo) *f.* Renta que debe tener el que se ha de ordenar *in sacris.* 2 Cantidad supletoria que satisface el Estado a algunos funcionarios cuyos emolumentos (cobrados de particulares) no alcanzan un mínimum determinado.
congruamente *adv. m.* Congruentemente.
congruencia (l. *-ntia*) *f.* Conveniencia, oportunidad; ilación o conexión de ideas, palabras, etc. 2 Relación existente entre dos números tales que, divididos cada uno por otro número dado (módulo), dan el mismo residuo. Díc. que estos números son congruentes con respecto al módulo. 3 DER. Conformidad de extensión, concepto y alcance entre el fallo y las pretensiones de las partes formuladas en el juicio. 4 TEOL. Eficacia de la gracia de Dios, que obra sin destruir la libertad del hombre.
CONTR. *1* **Incongruencia, dislate** (intensivo). SIN. *1* **Coherencia.**
congruente (l.) *adj.* Conveniente, oportuno. 2 [número] Que es congruente respecto a un módulo.
congruentemente *adv. m.* De manera congruente.
congruidad *f.* Congruencia (conveniencia).
congruismo *m.* Doctrina de los congruistas.
congruista *m.* TEOL. El que sostenía la opinión de que la gracia es eficaz por su congruencia.
congruo, -grua (l. *-uu*) *adj.* Congruente (conveniente).
conguito *m.* *Amér.* Ají.
conhortar (l. *cohortari*) *tr.* ant. Consolar.
conhorte (cat. prov. *conhort*) *m.* ant. Acción de conhortar. 2 ant. Efecto de conhortar.
coni- (l. *conus,* cono) Elemento prefijal que entra en la formación de palabras con el significado de cono: *coniforme.*
conicidad *f.* Calidad de cónico. 2 Forma cónica.
cónico, -ca *adj.* Relativo al cono: ***secciones cónicas,*** la elipse, la hipérbola y la parábola. 2 De forma de cono.
conidio (gr. *konis*) *m.* En la reproducción asexual de los hongos, espora que nace por gemación en el extremo de una hifa.
conidióforo (*conidio* + *-foro*) *m.* Hifa en cuyo extremo se forman conidios.
conífero, -ra *adj.-f.* Planta del orden de la coníferas. -2 *f. pl.* Orden de plantas al que pertenecen árboles y arbustos ramificados, de flores unisexuales y semillas en estróbilos (piñas).

CONJUGACIÓN

MODELO DE LAS TRES CONJUGACIONES REGULARES
(AMAR - TEMER - PARTIR)

VOZ ACTIVA

Formas no personales

Simples	Compuestas
Infinitivo: am-*ar,* tem-*er,* part-*ir*	*haber* amado, temido, partido
Gerundio: am-*ando,* tem-*iendo,* part-*iendo*	*habiendo* amado, temido, partido
Participio: am-*ado,* tem-*ido,* part-*ido.*	El participo no tiene compuesto

Formas personales

MODO INDICATIVO

Tiempos simples	Tiempos compuestos
Presente (Bello: Presente) am-*o, -as, -a; -amos, -áis, -an* tem-*o, -es, -e; -emos, -éis, -en* part-*o, -es, -e; -imos, -ís, -en*	Pretérito perfecto —Pretérito perfecto compuesto— (Bello: Antepresente) *he, has, ha; hemos, habéis, han* amado, temido, partido
Pretérito imperfecto (Bello: Copretérito) am-*aba, -abas, -aba; -ábamos, -abais, -aban* tem / part } *-ía, -ías, -ía; -íamos, -íais, -ían*	Pretérito pluscuamperfecto (Bello: antecopretérito) *había, habías, había;* *habíamos, habíais, habían* amado, temido, partido
Pretérito indefinido —Pretérito perfecto simple— (Bello: Pretérito) am-*é, -aste, -ó; -amos, -asteis, -aron* tem / part } *-í, -iste, -ió; -imos, -isteis, -ieron*	Pretérito anterior (Bello: Antepretérito) *hube, hubiste, hubo;* *hubimos, hubisteis, hubieron* amado, temido, partido
Futuro imperfecto —Futuro— (Bello: Futuro) amar / temer / partir } *-é -ás, -á; -emos, -éis, -án*	Futuro perfecto (Bello: Antefuturo) *habré, habrás, habrá;* *habremos, habréis, habrán* amado, temido, partido

coniferófitos *m. pl.* División del reino vegetal.
coniforme (*coni-* + *-forme*) *adj.* Cónico (de forma).
conimbricense *adj.-s.* De Coimbra, c. de Portugal.
conivalvo, -va (*coni-* + l. *valva,* hoja de puerta) *adj.* [molusco] De concha cónica.
coniza (l. *conyza;* gr. *kónyza*) *f.* Hierba compuesta, medicinal, de tallo muy ramoso, hojas lanceoladas y cabezuelas amarillas *(Inula conyza).* 2 Zaragatona.
conjetura (l. *coniectura*) *f.* Juicio que se forma de una cosa o acaecimiento por las señales o indicios que de él se tienen. SIN. v. **Suposición.**
conjeturable *adj.* Que se puede conjeturar.
conjeturador, -ra *adj.* Que conjetura.
conjetural *adj.* Fundado en conjeturas.
conjeturalmente *adv. m.* Con, o por, conjeturas.
conjeturar (l. *coniecturare*) *tr.* Creer [algo] por conjeturas: ~ *la fecha de un monumento por,* o *de, sus motivos ornamentales.* SIN. **Calcular;** v. **Suponer.**
conjuelo *m. Colomb.* Animal fabuloso del que se dice que vive en el vientre de la mujer encinta.
conjuez (l. *coniudice*) *m.* Juez juntamente con otro en un mismo negocio.
conjugable *adj.* Que puede conjugarse.
****conjugación** (l. gramatical *coniugatione*) *f.* BIOL. Fusión en uno de los núcleos de las células reproductoras de los seres vivos. 2 GRAM. Acción de conjugar un verbo. 3 GRAM. Serie ordenada de todas las formas de un verbo, por medio de las cuales se expresan sus accidentes gramaticales. 4 GRAM. Grupo en que se dividen los verbos de una lengua según la manera como se conjugan. En castellano hay tres conjugaciones: terminados en *-ar* (primera), en *-er* (segunda) y en *-ir* (tercera).
conjugado, -da *adj.* [líneas o cantidad] Que está enlazada con otra por alguna ley o relación determinada. 2 [nervio] Que concurre a una misma acción. -3 *adj.-f.* Alga de la clase de las conjugadas. -4 *f. pl.* Clase de algas verdes, unicelulares o filamentosas que se reproducen por conjugación.
conjugar (l. gramatical *coniugare,* unir < *iugu,* yugo) *tr.-prnl.* Unir, enlazar: *no podía ~ los intereses de todos.* 2 GRAM. Unir sucesivamente las desinencias [de un verbo] a su radical, o establecer las formas compuestas para expresar los accidentes de voz, modo, tiempo, número y persona. 3 GRAM. Poner o decir en serie ordenada todas las formas que puede revestir [un verbo]. -4 *tr. Ecuad.* fest. Reñir con alguien. ◇ ** CONJUG. [7] como *llegar.*
****conjunción** (l. *coniunctione*) *f.* Acción de unirse dos o más cosas. 2 Efecto de unirse dos o más cosas. 3 ASTRON. Situación relativa de dos astros cuando tienen la misma longitud. Situación relativa a la Tierra con respecto a un astro cuando se halla en la línea recta que une al Sol con este astro y entre ambos.

CONJUGACIÓN (continuación)

Potencial simple
—Condicional—
(Bello: Prospretérito)

amar, temer, partir } *-ía, -ías, -ía, -íamos, -íais, -ían*

Potencial compuesto
—Condicional perfecto—
(Bello: Antepospretérito)

habría, habrías, habría;
habríamos, habríais, habrían
amado, temido, partido

MODO SUBJUNTIVO

Presente
(Bello: Presente)

am *-e, -es, -e; -emos, -éis, -en*
tem, part } *-a, -as, -a; -amos, -áis, -an*

Pretérito perfecto
(Bello: Antepresente)

haya, hayas, haya;
hayamos, hayáis, hayan
amado, temido, partido

Pretérito imperfecto
(Bello: Pretérito)

am } *-ara, -aras, -ara; -áramos, -arais, -aran* o *-ase, -ases, -ase; -ásemos, -aseis, -asen*

tem, part } *-iera, -ieras, -iera; -iéramos, -ierais, -ieran* o *-iese, -ieses, -iese; -iésemos, -ieseis, -iesen*

Pretérito Pluscuamperfecto
(Bello: Antepretérito)

hubiera, hubieras, hubiera;
hubiéramos, hubierais, hubieran, o
hubiese, hubieses, hubiese;
hubiésemos, hubieseis, hubiesen
amado, temido, partido

Futuro imperfecto
—Futuro—
(Bello: Futuro)

am-*are, -ares, -are; -áremos, -areis, -aren*
tem, part } *-iere, -ieres, -iere; -iéremos, -iereis, -ieren*

Futuro perfecto
(Bello: Antepretérito)

hubiera, hubieres, hubiere;
hubiéremos, hubiereis, hubieren
amado, temido, partido

MODO IMPERATIVO*
Presente
am -a, -e; -emos, *-ad,* -en
tem -e, -a; -amos, *-ed,* -an
part -e, -a; -amos, *-id,* -an
(El imperativo no tiene compuesto)

*El imperativo en español no tiene más formas propias que la segundas personas: *ama* (tú), *amad* (vos.). Las demás personas proceden del presente de subjuntivo.

CONJUGACIÓN DE LOS VERBOS PRONOMINALES

Verbo pronominal es el que se conjuga con un pronombre personal en función de complemento, coincidiendo en persona con el sujeto.

El pronombre personal *(me, te se, nos, vos, se)* se antepone al verbo en todos los tiempos y personas de los modos indicativo y subjuntivo y se pospone al verbo formando una sola palabra (pronombre enclítico) en todas las formas del modo imperativo y en las formas no personales (infinitivo y gerundio).

OBSERVACIONES: El pronombre puede ser enclítico también en los modos indicativo y subjuntivo, pero el uso más extendido en estos casos es la anteposición del pronombre.

En los tiempos compuestos el pronombre enclítico se une al verbo auxiliar.

4 GRAM. Parte de la oración que enlaza las oraciones simples para constituir la oración compuesta o período. Por su forma, la conj. puede ser ***simple***, si consta de una sola palabra (ej., *y, más, que*), y ***compuesta*** cuando consta de más de una palabra (ej., *para que, puesto que*). Por su función las conj. se llaman ***coordinantes,*** cuando las oraciones enlazadas por ellas mantienen cierta independencia gramatical y de sentido; ***subordinantes***, cuando dichas oraciones dependen unas de otras en su forma y significado. ◇ V. la nomenclatura de unas y otras en el cuadro gramatical.

conjuntado, -da ***adj.*** Que forma un conjunto armonioso.

conjuntamente ***adv. m.*** Juntamente.

conjuntar ***tr.*** Agrupar [varias cosas] de tal modo que formen un conjunto armonioso.

conjuntista (deriv. de *conjunto*) ***com.*** Corista de teatro.

conjuntiva (v. *conjuntivo*) ***adj.-f.*** Membrana mucosa que cubre la cara posterior de los párpados y la parte anterior del globo del ojo; en esta parte, esp. delante de la córnea, es transparente. SIN. **Adnata.**

conjuntival ***adj.*** Relativo a la conjuntiva.

conjuntivitis (de *conjuntiva + -itis*) ***f.*** MED. Inflamación de la conjuntiva. ◇ Pl.: *conjuntivitis.*

conjuntivo, -va (l. *coniunctivu*) ***adj.*** Que junta y une. V. tejido conjuntivo. 2 GRAM. Relativo a la conjunción o que tiene su naturaleza: *modo* **~.**

conjunto, -ta (l. *coniunctu*) ***adj.*** Unido o contiguo a otra cosa. 2 Mezclado, incorporado con otra cosa diversa. 3 Aliado, unido a otro por parentesco o amistad. -4 ***m.*** Agregado de varias cosas. 5 Totalidad de una cosa, considerada sin atender a sus partes o detalles. 6 Grupo de personas que actúan bailando y cantando en espectáculos de variedades. 7 Juego de vestir femenino hecho gralte. con tejido de punto y compuesto de jersey y chaqueta, o también de otras prendas. 8 Grupo poco numeroso de músicos que acompañan a un cantante o cantan ellos mismos. 9 MAT. Totalidad de entes matemáticos que tienen determinada propiedad. -10 ***loc. adj. adv. En ~***, en su totalidad, sin detalles.

conjura, conjuración ***f.*** Acuerdo concertado secretamente contra el estado o el soberano.

conjurado, -da ***adj.-s.*** Que entra en una conjuración.

conjurador ***m.*** El que conjura.

conjuramentar(se) ***tr.-prnl.*** Juramentar(se).

conjurante ***adj.-s.*** Que conjura.

conjurar (l. *coniurare*) ***intr.-prnl.*** Ligarse con otro mediante juramento para algún fin. -2 ***intr.*** Conspirar las personas o cosas contra uno. -3 ***tr.*** Juramentar (tomar juramento). 4 Decir [contra los demonios] los exorcismos dispuestos por la Iglesia. 5 Pedir [a uno] con instancia o con alguna especie de autoridad: *conjúroos, oh hijas de Jerusalén, si sabéis de mi amado.* 6 fig. Impedir, evitar [un daño o peligro].

CONJUGACIÓN (continuación)

Formas no personales

Simples

Infinitivo: *lavarse*
Gerundio: *lavándome*
lavándote
lavándose...

Compuestas

haberse lavado
habiéndome lavado
habiéndote lavado
habiéndose lavado...

Formas personales

MODO INDICATIVO

Tiempos simples

Presente
(yo) *me lavo*
(tú) *te lavas*
(él, ella) *se lava*
(nos.) *nos lavamos*
(vos.) *os laváis*
(ellos / ellas) *se lavan*

Tiempos compuestos

Pretérito Perfecto
(yo) *me he lavado*
(tú) *te has lavado*
(él, ella) *se ha lavado*
(nos.) *nos hemos lavado*
(vos.) *os habéis lavado*
(ellos / ellas) *se han lavado*

MODO IMPERATIVO

Presente
lávate (tú)
lávese (él, ella)
lavémonos (nos.)
lavaos (vos.)
lávense (ellos), etc...

V. acento y pronombre

VOZ PASIVA

La voz pasiva se construye con el verbo *ser* conjugado en cualquiera de sus formas y el participio del verbo conceptual. Debe tenerse en cuenta que ésta es la única perífrasis verbal en que el participio concuerda en género y número con el sujeto (paciente).

Formas no personales

Simples

Infinitivo: *ser lavado* o *lavada*
Gerundio: *siendo lavado* o *lavada*

Compuestas

haber sido lavado o *lavada*
habiendo sido lavado o *lavada*

Formas personales

MODO INDICATIVO

Presente

soy lavado o *lavada*
eres lavado o *lavada*
es lavado o *lavada*

Pretérito Perfecto

he sido lavado o *lavada*
has sido lavado o *lavada*
ha sido lavado o *lavada*

conjuro ***m.*** Acción de conjurar. 2 Efecto de conjurar. 3 Imprecación supersticiosa con la cual cree el vulgo que hacen sus prodigios los hechiceros. 4 Ruego encarecido.

conllevador, -ra ***adj.-s.*** Que conlleva.

conllevar ***tr.*** Ayudar a uno a llevar [los trabajos]. 2 Sufrir [a uno] el genio y las impertinencias. 3 Ejercitar la paciencia [en los casos adversos]. 4 Implicar, suponer, acarrear.

conllorar ***intr.*** Asociarse al sentimiento de una desgracia.

conmemorable ***adj.*** Digno de conmemoración.

conmemoración ***f.*** Acción de conmemorar. 2 Solemnidad, ceremonia religiosa, con que se conmemora una pers. o acontecimiento: *la ~ de los difuntos; en ~ de una victoria.* 3 Simple mención o recuerdo de un santo en la liturgia, cuando su festividad coincide con otra más importante.
SIN. / v. **Recuerdo.**

conmemorar (l. *commemorare*) ***tr.*** Hacer solemnemente memoria o servir para hacer memoria [de una pers. o acontecimiento]: *~ a todos los santos; monumento para ~ una victoria.*

conmemorativo, -va ***adj.*** Que conmemora: *sesión conmemorativa; obelisco ~.*
SIN. **Memorativo.**

conmemoratorio, -ria ***adj.*** Conmemorativo.

conmensurabilidad ***f.*** Calidad de conmensurable.

conmensurable (l. *commensurabile*) ***adj.*** Sujeto a medida o valuación. 2 MAT. [cantidad] Que tiene con otra una medida común.
CONTR. **Incomensurable, inmensurable.**

conmensuración ***f.*** Medida, igualdad o proporción que tiene una cosa con otra.

conmensurar (l. *commensurare*) ***tr.*** Medir con igual o debida proporción.

conmensurativo, -va ***adj.*** Que sirve para conmensurar.

conmesal ***com.*** p. us. Comensal.

conmesalía ***f.*** p. us. Comensalía.

conmigo (l. *cum*, con + *mecum*, conmigo) Forma especial del **pronombre personal *mí* como término de la preposición *con.*

conmilitón (l. *commilito*) ***m.*** Soldado compañero de otro en la guerra.
SIN. **Comilitón.**

conminación ***f.*** Acción de conminar. 2 Efecto de conminar. 3 RET. Figura que consiste en amenazar con males terribles a personas o cosas personificadas.

conminador, -ra ***adj.*** Que conmina o amenaza.

conminar (l. *comminari* < *minari*, amenazar) ***tr.*** Amenazar [a uno con penas y castigos] el que tiene potestad de hacerlo: *el hado nos conmina con males; conminóle con un castigo.* 2 DER. Intimar la autoridad un mandato [al reo o pers. culpable] bajo apercibimiento de corrección o pena determinada.
SIN. v. **Amenazar.**

CONJUGACIÓN (continuación)

somos lavados o *lavadas*	*hemos sido lavados* o *lavadas*
sois lavados o *lavadas*	*habéis sido lavados* o *lavadas*
son lavados o *lavadas*	*han sido lavados* o *lavadas*

MODELOS DE CONJUGACIÓN IRREGULAR

Variaciones gráficas

En la conjugación de algunos verbos se presentan una serie de modificaciones que no deben ser consideradas como irregularidades, sino que se deben a reglas puramente ortográficas. Dichas modificaciones son las siguientes:

1. SACAR (la *c* se convierte en *qu* delante de *e*)

Indicativo				Subjuntivo			Imperativo
Presente	Indefinido	Futuro	Potencial	Presente	Imperfecto	Futuro	
	saqué			*saque*			
	sacaste			*saques*			saca (tú)
	sacó			*saque*			*saque* (él)
	sacamos			*saquemos*			*saquemos* (nos.)
	sacasteis			*saquéis*			sacad (vos.)
	sacaron			*saquen*			*saquen* (ellos)

2. MECER (la *c* se convierte en *z* delante de *a* y *o*)

Indicativo				Subjuntivo			Imperativo
Presente	Indefinido	Futuro	Potencial	Presente	Imperfecto	Futuro	
mezo				*meza*			
meces				*mezas*			mece (tú)
mece				*meza*			*meza* (él)
mecemos				*mezamos*			*mezamos* (nos.)
mecéis				*mezáis*			meced (vos.)
mecen				*mezan*			*mezan* (ellos)

3. ZURCIR (la *c* se convierte en *z* delante de *a* y *o*)

Indicativo				Subjuntivo			Imperativo
Presente	Indefinido	Futuro	Potencial	Presente	Imperfecto	Futuro	
zurzo				*zurza*			
zurces				*zurzas*			zurce (tú)
zurce				*zurza*			*zurza* (él)
zurcimos				*zurzamos*			*zurzamos* (nos.)
zurcís				*zurzáis*			zurcid (vos.)
zurcen				*zurzan*			*zurzan* (ellos)

conminativo, -va *adj.* Que conmina.
conminatorio, -ria *adj.-s.* Mandamiento que incluye amenaza de alguna pena, y del juramento con que se conmina a una persona.
conminuta (l. *comminuta*) *adj.-f.* Fractura en que el hueso queda reducido a fragmentos menudos.
conmiseración (l. *commiseratio*) *f.* Compasión.
conmiserarse *prnl. Perú.* Dolerse del mal ajeno.
conmiserativo, -va *adj.* Que tiene conmiseración o compasión.
conmistión (l. *commistio*) *f.* Mezcla de cosas diversas.
SIN. **Comistión.**
conmisto, -ta (l. *commistu*) *adj.* Mezclado.
conmistura, conmixtión *f.* Conmistión.
conmixto, -ta *adj.* Conmisto.
conmoción (l. *commotio*) *f.* Movimiento o perturbación violenta del ánimo o del cuerpo. 2 Levantamiento, tumulto, disturbio. 3 Movimiento sísmico muy perceptible. 4 ~ ***cerebral,*** pérdida del conocimiento ocasionada por un golpe fuerte en la cabeza, o por otras causas.
conmocionar *tr.* Producir conmoción.
conmonitorio (l. *commonitoriu*) *m.* Memoria o relación escrita de algunas cosas o noticias. 2 DER. Carta acordada en que se avisaba su obligación a un juez subalterno.
conmoración (l. *commoratione*) *f.* RET. Expolición.
conmovedor, -ra *adj.* Que conmueve.
conmover (l. *commovere*) *tr.-prnl.* Perturbar, inquietar, mover fuerte o eficazmente. 2 Enternecer (emocionar). ◇ ** CONJUG. [32] como ***mover.***
SIN. V. **Emocionar.**
conmuta (de *conmutar*) *f.* Conmutación, permuta.
conmutabilidad *f.* Calidad de conmutable.
conmutable *adj.* Que se puede conmutar.
conmutación *f.* Acción de conmutar. 2 Efecto de conmutar. 3 Retruécano (RET.). 4 DER. Indulto parcial que altera la naturaleza del castigo en favor del reo. 5 ELECTR. Cambio de circuito de una corriente eléctrica; en gral. acción de abrir, cerrar o dirigir un circuito eléctrico.
conmutador, -ra *adj.* Que conmuta. -2 *m.* FÍS. Pieza o aparato eléctrico que sirve para que una corriente cambie de conductor. 3 FÍS. Dispositivo automático empleado en radar para evitar que la energía emitida alcance al receptor, pero permitiendo que la energía recibida llegue sin pérdidas apreciables. 4 *Amér.* Centralita telefónica.
SIN. *2* **Cortacorriente.**
conmutar (l. *commutare*) *tr.* Trocar, permutar [una cosa] por otra, esp. [una pena, una obligación, etc.] por otra más suave: ~ *una obligación con,* o *por, otra;* ~ *una pena en otra.* 2 Dar

CONJUGACIÓN (continuación)

4. REALIZAR (la *z* se convierte en *c* delante de *e*)

Indicativo				Subjuntivo			Imperativo
Presente	Indefinido	Futuro	Potencial	Presente	Imperfecto	Futuro	
	realicé			*realice*			realiza (tú)
	realizaste			*realices*			*realice* (él)
	realizó			*realice*			*realic*emos (nos.)
	realizamos			*realicemos*			realizad (vos.)
	realizasteis			*realicéis*			*realicen* (ellos)
	realizaron			*realicen*			

5. PROTEGER (la *g* se convierte en *j* delante de *a* y *o*)

Indicativo				Subjuntivo			Imperativo
Presente	Indefinido	Futuro	Potencial	Presente	Imperfecto	Futuro	
protejo				*proteja*			protege (tú)
proteges				*protejas*			*proteja* (él)
protege				*proteja*			*protejamos* (nos.)
protegemos				*protejamos*			proteged (vos.)
protegéis				*protejáis*			*protejan* (ellos)
protegen				*protejan*			

6. DIRIGIR (la *g* se convierte en *j* delante de *a* y *o*)

Indicativo				Subjuntivo			Imperativo
Presente	Indefinido	Futuro	Potencial	Presente	Imperfecto	Futuro	
dirijo				*dirija*			dirige (tú)
diriges				*dirijas*			*dirija* (él)
dirige				*dirija*			*dirijamos* (nos.)
dirigimos				*dirijamos*			dirigid (vos.)
dirigís				*dirijáis*			*dirijan* (ellos)
dirigen				*dirijan*			

7. LLEGAR (la *g* se convierte en *gu* delante de *e*)

Indicativo				Subjuntivo			Imperativo
Presente	Indefinido	Futuro	Potencial	Presente	Imperfecto	Futuro	
	llegué			*llegue*			llega (tú)
	llegaste			*llegues*			*llegue* (él)
	llegó			*llegue*			*lleguemos* (nos.)
	llegamos			*lleguemos*			llegad (vos.)
	llegasteis			*lleguéis*			*lleguen* (ellos)
	llegaron			*lleguen*			

validez en un centro, carrera o país a estudios aprobados en otro. 3 Comprar, vender o cambiar comercialmente unas cosas por otras.

conmutatividad *f.* Calidad de conmutativo.

conmutativo, -va *adj.* Relativo a la conmutación: *contrato* ~. 2 [justicia] Que debe regular las permutas. 3 MAT. [operación o propiedad de ciertas operaciones] De resultado invariable cambiando el orden de sus términos o elementos.

conmutatriz *f.* FÍS. Aparato que sirve para convertir la corriente eléctrica alterna en continua, o viceversa.

connato, -ta *adj.* Nacido a tiempo de otro.

connatural (l. *-ale*) *adj.* Propio o conforme a la naturaleza del ser viviente.

connaturalización *f.* Acción de connaturalizarse. 2 Efecto de connaturalizarse.

connaturalizar (de *connatural*) *tr.* Hacer connatural [una cosa]. -2 *prnl.* Acostumbrarse uno a una cosa: ~ *con el trabajo, con el clima.* ◇ ** CONJUG. [4] como *realizar.*

connaturalmente *adv. m.* De manera connatural.

connivencia (l. *-ntia*) *f.* Disimulo o tolerancia del superior para las faltas de sus subordinados. 2 Acción de confabularse. SIN. v. **Confabular.**

connivente *adj.* [hoja u otro componente de una planta] Que, estando más o menos separado [de otro] por la base, se aproxima a él hasta ponerse en contacto por su extremo superior, pero sin llegar a soldarse. 2 Culpable de connivencia.

connotación *f.* Acción de connotar. 2 Efecto de connotar. 3 Parentesco en grado remoto.

connotado, -da *adj. Amér.* Notable, conspicuo. -2 *m.* Connotación (parentesco).

connotante *adj.* Que connota.

connotar (*con-* + *notar*) *tr.* Hacer relación. 2 GRAM. Sugerir una palabra [otra significación], además de la primera: la palabra *león* denota el animal de este nombre, y connota «valentía».

connotativo, -va *adj.* GRAM. Que connota.

connovicio, -cia *m. f.* Persona que hace el noviciado juntamente con otra.

connubial *adj.* Relativo al connubio.

connubio (l. *-iu*) *m.* poét. Matrimonio (sacramento y jurídico).

connumerar (l. *-are*) *tr.* Contar [una cosa] o hacer mención [de ella] entre otras.

cono (l. *-nu* < gr. *konos*) *m.* BOT. Piña (fructificación). 2 GEOM. Sólido limitado por una base plana de periferia curva y la superficie formada por las rectas que unen cada punto de esta base con un punto llamado vértice: ~ ***recto,*** el de base perpendicular a su eje; ~ ***oblicuo,*** el de base oblicua a su eje; ~ ***circular,*** el de base circular; ~ ***truncado,*** parte de cono comprendida entre la base y el otro plano que corta la superficie cónica. 3 GEOM.

CONJUGACIÓN (continuación)

8. DISTINGUIR (*gu* se convierte en *g* delante de *a* y *o*)

Indicativo				Subjuntivo			Imperativo
Presente	Indefinido	Futuro	Potencial	Presente	Imperfecto	Futuro	
distingo				*distinga*			dintingue (tú)
distingues				*distingas*			*distinga* (él)
distingue				*distinga*			*distingamos* (nos.)
distinguimos				*distingamos*			distinguid (vos.)
distinguís				*dintingáis*			*distingan* (ellos)
distinguen				*distingan*			

9. DELINQUIR (*qu* se convierte en *c* delante de *a* y *o*)

Indicativo				Subjuntivo			Imperativo
Presente	Indefinido	Futuro	Potencial	Presente	Imperfecto	Futuro	
delinco				*delinca*			delinque (tú)
delinques				*delincas*			*delinca* (él)
delinque				*delinca*			*delincamos* (nos.)
delinquimos				*delincamos*			delinquid (vos.)
delinquís				*delincáis*			*delincan* (ellos)
delinquen				*delincan*			

Los verbos terminados en *-jar, -jer* y *-jir* conservan la *j* en todos los tiempos y personas.

Modificaciones en la acentuación

Verbos teminados en *-uar* o *-iar*

La *u* o la *i* pueden permanecer átonas en toda la conjugación y, por tanto, no llevar nunca tilde o, por el contrario, acentuarse en algunos tiempos y personas. Aparte de esta peculiaridad, estos verbos son regulares en su conjugación.

10. ADECUAR* (*u* átona)

Indicativo				Subjuntivo			Imperativo
Presente	Indefinido	Futuro	Potencial	Presente	Imperfecto	Futuro	
adecuo				adecue			adecua (tú)
adecuas				adecuas			adecue (él)
adecua				adecua			adecuemos (nos.)
adecuamos				adecuemos			adecuad (vos.)
adecuáis				adecuéis			adecuen (ellos)
adecuan				adecuen			

11. ACTUAR (*ú* acentuada en determinados tiempos y personas)

Indicativo				Subjuntivo			Imperativo
Presente	Indefinido	Futuro	Potencial	Presente	Imperfecto	Futuro	
actúo				*actúe*			*actúa* (tú)
actúas				*actúes*			

Superficie cónica. 4 Montaña o agrupación de lavas, cenizas, etc., de forma cónica. 5 FÍS. ~ ***de luz,*** haz de rayos luminosos limitado por una superficie cónica, gralte. circular. 6 ~ ***de sombra,*** espacio ocupado por la sombra que proyecta un cuerpo, gralte. esférico. 7 ZOOL. Prolongación conoidea de ciertas células de la retina de los vertebrados, situada en la capa de los conos y bastoncillos, que recibe las impresiones luminosas de color. 8 Molusco gasterópodo marino, provisto de una concha univalva en forma de cono de hasta 5 cms. de altura; posee un diente hueco con el que inyecta veneno a su presa *(Conus mediterraneus).* 9 *Murc.* Tonel de grandes dimensiones, que se suele destinar en las bodegas para pisar la uva y recoger el mosto.

conocedor, -ra (de *conocer*) ***adj.-s.*** Avezado a discernir la naturaleza y propiedades de una cosa. 2 Experto, enterado, entendido. -3 ***m.*** Mayoral de ganado vacuno.

conocencia (l. *cognoscentia*) ***f.*** DER. Confesión que en juicio hace el reo o el demandado. 2 ant. *y* rúst. Conocimiento.

conocer (l. *cognoscere*) ***tr.*** Tener la idea o noción [de una cosa]; llegar a saber, por medio de la inteligencia, [la naturaleza, cualidades y relaciones de las cosas]: ~ *el orden de la naturaleza;* ~ *la estructura de la materia.* 2 Tener idea [del carácter de una pers.]: *como te conozco, no hago caso de tus palabras;* p. ext., tener noticia [de una pers.]: *le conozco, he oído hablar de él;* tener trato o comunicación [con una pers.]: *nos conocemos, nos tratamos;* ***prnl.,*** *se conocen de muchos años.* 3 Percibir [el objeto] como distinto de todo lo que no es él; distinguir: *conocer las hierbas buenas de las malas.* 4 Echar de ver que [una pers. o cosa] es la misma de que ya uno tenía idea: *el enfermo conoció su habitación.* 5 Entender, advertir, echar de ver [alguna cosa o circunstancia particular]: ~ *el peligro.* 6 Presumir, conjeturar [lo que puede suceder]: ~ *que ha de llover.* 7 Entender [en un asunto] con facultad legítima para ello: ~ *el juez una causa;* ***intr.,*** ~ *de,* o *en, tal asunto;* ***intr.,*** ser conocedor: *conozco bien de pinturas.* 8 inus. Confesar: *lo conocieron con ingenuidad;* mostrar agradecimiento: *Job conoció a Dios haberle hecho rico.* 9 fig. Tener trato carnal el hombre [con una mujer]. -10 ***prnl.*** Juzgar justamente de sí mismo. ◇ ** CONJUG. [44].

conocible ***adj.*** Que se puede conocei, o es capaz de ser conocido.

SIN. **Cognoscible.**

conocidamente (de *conocido*) ***adv. m.*** Claramente.

conocido, -da (de *conocer*) ***adj.*** Distinguido, ilustre. -2 ***m. f.*** Persona con quien se tiene trato, pero no amistad.

conocimiento ***m.*** Acción de conocer: ***teoría del*** ~, epistemología. 2 Efecto de conocer. 3 Entendimiento, inteligencia, razón natural. 4 Conciencia de la propia existencia: *perder,* o *recobrar, el* ~. 5 DER. Documento expedido por el capitán de un buque en el que constan las mercaderías embarcadas y sus destinata-

CONJUGACIÓN (continuación)

actuamos	actuemos	actuemos (nos.)
actuáis	actuéis	actuad (vos.)
actúan	*actúen*	*actúen* (ellos)

12. CAMBIAR* (*i* átona)

Indicativo				Subjuntivo			Imperativo
Presente	Indefinido	Futuro	Potencial	Presente	Imperfecto	Futuro	
cambio				cambie			
cambias				cambies			cambia (tú)
cambia				cambie			cambie (él)
cambiamos				cambiemos			cambiemos (nos.)
cambiáis				cambiéis			cambiad (vos.)
cambian				cambien			cambien (ellos)

* Verbo regular. Se incluye como modelo de conjugación para diferenciarlo de los otros verbos que rompen el diptongo en determinados tiempos y personas.

13. DESVIAR (*í* acentuada en determinados tiempos y personas)

Indicativo				Subjuntivo			Imperativo
Presente	Indefinido	Futuro	Potencial	Presente	Imperfecto	Futuro	
desvío				*desvíe*			
desvías				*desvíes*			*desvía* (tú)
desvía				*desvíe*			*desvíe* (él)
desviamos				desviemos			desviemos (nos.)
desviáis				desviéis			desviad (vos.)
desvían				*desvíen*			*desvíen* (ellos)

14. AUXILIAR (la *i* puede ser átona o tónica)

Indicativo				Subjuntivo			Imperativo
Presente	Indefinido	Futuro	Potencial	Presente	Imperfecto	Futuro	
auxilío				*auxilíe*			
auxilías				*auxilíes*			*auxilía* (tú)
auxilía				*auxilíe*			*auxilíe* (él)
auxiliamos				auxiliemos			auxiliemos (nos.)
auxiliáis				auxiliéis			auxiliad (vos.)
auxilían				*auxilíen*			*auxilíen* (ellos)
o				o			o
auxilio				auxilie			
auxilias				auxilies			auxilia (tú)
auxilia				auxilie			auxilie (él)
auxiliamos				auxiliemos			auxiliemos (nos.)
auxiliáis				auxiliéis			auxiliad (vos.)
auxilian				auxilien			auxilien (ellos)

Verbos con diptongo en la raíz.

Algunos verbos rompen el diptongo y, por tanto, la *u* y la *i* llevan tilde en determinados tiempos y personas.

rios. 6 Documento o firma que se pide y da para identificar la persona del que pretende cobrar un cheque, letra, etc., cuando el pagador no le conoce. 7 Conocido (persona).
SIN. *1* y *2* **Cognición** (lit.).

conoidal ***adj.*** Relativo al conoide.

conoide (gr. *konoeides; cono + -oide*) ***adj.*** De figura parecida a la de un cono. -2 ***m.*** Sólido formado por la revolución de una sección cónica alrededor de su eje. 3 Superficie engendrada por una recta que se mueve apoyándose en una curva y en una recta dadas y conservándose paralela a un plano.

conoideo, -a (*cono + -oideo*) ***adj.*** Que tiene figura cónica: *conchas conoideas.*

conopeo (l. *conopeu,* colgadura de cama) ***m.*** Velo o cortina que se pone sobre el sagrario cubriéndolo completamente.

conopial (v. *conopeo*) ***adj.*** ARQ. V. arco conopial.

conoto ***m.*** *Venez.* Especie de gorrión, de mayor tamaño que el europeo, que imita el canto de otras aves *(Ostinops decumanus).*

conque (*con + que*) ***conj. ilativa.*** Anuncia una consecuencia natural de lo que acaba de decirse: *te educó, te dio carrera; ~ no tienes motivo sino para estarle agradecido;* después de punto final se refiere a lo que se tiene ya sabido o apoya la frase que sigue: *¿~ está usted de enhorabuena?; ¿~ nos vamos o nos quedamos?* -2 ***m.*** fam. Condición: *éste es el ~ indispensable para la unión.* ◇ INCOR.: *Conqué.* ◇ Obsérvese la forma *con que* en el sentido *con el cual, la cual,* etc.: *las atribuciones con que he sido investido.* No debe confundirse con la prep. *con* y la conj. *que*: *con que me quieras tengo bastante.*

conqué ***m.*** *Logr.* Razón, motivo, interés. 2 *Guat., Perú* y *P. Rico.* fest. Conquibus, dinero.

conquense ***adj.-s.*** De Cuenca, capital y provincia perteneciente a la comunidad autónoma de Castilla-León.

conqui-, conquilio- (gr. *konchylion,* dim. de *konche,* concha) Elemento prefijal que entra en la formación de palabras con el significado de concha.

conquián ***m.*** *Méj.* Juego de naipes muy común.

conquibus ***m.*** fam. Cumquibus.

conquiforme (*conqui- + -forme*) ***adj.*** De figura de concha.

conquilio-, v. conqui-.

conquiliófago, -ga (*conquilio- + -fago*) ***adj.*** Que se alimenta de conchas.

conquiliología (*conquilio- + -logía*) ***f.*** Parte de la zoología que trata de los moluscos y esp. de sus conchas.
SIN. **Malacología.**

conquiliólogo, -ga ***m. f.*** Perito en conquiliología.
SIN. **Malacólogo.**

conquiolina ***f.*** Substancia córnea que forma la concha de los moluscos.

CONJUGACIÓN (continuación)

15. AISLAR (*í* acentuada en determinados tiempos y personas)

Indicativo				Subjuntivo			Imperativo
Presente	Indefinido	Futuro	Potencial	Presente	Imperfecto	Futuro	
aíslo				*aísle*			*aísla* (tú)
aíslas				*aísles*			*aísle* (él)
aísla				*aísle*			aislemos (nos.)
aislamos				aislemos			aislad (vos.)
aisláis				aisléis			*aíslen* (ellos)
aíslan				*aíslen*			

16. AUNAR (*ú* acentuada en determinados tiempos y personas)

Indicativo				Subjuntivo			Imperativo
Presente	Indefinido	Futuro	Potencial	Presente	Imperfecto	Futuro	
aúno				*aúne*			*aúna* (tú)
aúnas				*aúnes*			*aúne* (él)
aúna				*aúne*			aunemos (nos.)
aunamos				aunemos			aunad (vos.)
aunáis				aunéis			*aúnen* (ellos)
aúnan				*aúnen*			

17. DESCAFEINAR (*í* acentuada en determinados tiempos y personas)

Indicativo				Subjuntivo			Imperativo
Presente	Indefinido	Futuro	Potencial	Presente	Imperfecto	Futuro	
descafeíno				*descafeíne*			*descafeína* (tú)
descafeínas				*descafeínes*			*descafeíne* (él)
descafeína				*descafeíne*			descafeinemos (nos.)
descafeinamos				descafeinemos			descafeinad (vos.)
descafeináis				descafeinéis			*descafeínen* (ellos)
descafeínan				*descafeínen*			

18. REHUSAR (*ú* acentuada en determinados tiempos y personas)

Indicativo				Subjuntivo			Imperativo
Presente	Indefinido	Futuro	Potencial	Presente	Imperfecto	Futuro	
rehúso				*rehúse*			*rehúsa* (tú)
rehúsas				*rehúses*			*rehúse* (él)
rehúsa				*rehúse*			rehusemos (nos.)
rehusamos				rehusemos			rehusad (vos.)
rehusáis				rehuséis			*rehúsen* (ellos)
rehúsan				*rehúsen*			

conquista *f.* Acción de conquistar. 2 Efecto de conquistar. 3 Cosa o pers. conquistada.
conquistable *adj.* Que se puede conquistar. 2 fig. Fácil de conseguir.
conquistador, -ra *adj.-s.* Que conquista.
conquistar (l. v. *conquistare* < l. *conquirere*) *tr.* Adquirir a fuerza de armas [un reino, provincia, ciudad, etc.]. 2 fig. Ganar la voluntad [de uno]. 3 fig. Lograr el amor de una persona. SIN. / **Tomar.**
conrear (cat., cultivar) *tr.* Preparar [una cosa] mediante cierta manipulación; como en el obraje [de los paños], echarles el aceite; en el cultivo [de las tierras], dar una segunda reja. -2 *prnl. Murc.* Beneficiarse, vivir del trabajo agrícola, y p. ext. tener un mediano pasar acomodado.
conreinar (*con-* + *reinar*) *intr.* Reinar con otro en un mismo reino.
conreo *m.* Acción de conrear. 2 Efecto de conrear. 3 *Murc.* Beneficio, provecho.
consabido, -da (*con-* + *sabido*) *adj.* Que ya es sabido por cuantos intervienen en un acto de comunicación. 2 Conocido, habitual, característico.
consabidor, -ra *adj.-s.* Que sabe alguna cosa juntamente con otro.
consagrable *adj.* Que puede consagrarse.
consagración *f.* Acción de consagrar o consagrarse. 2 Efecto de consagrar o consagrarse.
consagrante *adj.-s.* Que consagra.
consagrar (l. *consecrare*) *tr.* Hacer o declarar sagrada [a una pers. o cosa]; dedicarla a cultos sagrados: *~ una iglesia; ~ a un obispo.* 2 Pronunciar el sacerdote las palabras rituales para transformar [el pan y el vino] en el cuerpo y la sangre de Jesucristo: *abs., el sacerdote consagra.* 3 Dedicar, ofrecer a Dios por culto o voto [a una pers. o cosa]: *~ una hija a Dios; consagrarse con voto de virginidad.* 4 Deificar los romanos [a sus emperadores] o concederles la apoteosis. 5 fig. Erigir un monumento para perpetuar la memoria [de una pers. o suceso]; en gral., dedicar, ofrecer en calidad de homenaje u obsequio: *la Academia consagra sus loores a sus muertos.* 6 Destinar [una palabra] para determinada significación. 7 Sancionar, aprobar [algo] una persona que tiene autoridad para ello. -8 *tr.-prnl.* Dedicar con suma eficacia y ardor [una cosa] a determinado fin: *~ la vida a la patria; consagrarse al estudio.* 9 Conferir fama [a alguien] en determinada actividad: *esa novela lo consagró.* ◇ Impropio por dedicar, destinar, aplicados a cosas vulgares: *consagraba muchas horas al tocador,* por dedicaba, etc.
consagratorio, -ria *adj.* Relativo a la consagración.
consanguíneo, -a (l. *-eu*) *adj.-s.* Pariente por consanguinidad. 2 Hermano que no es de doble vínculo sino de padre solamente.

CONJUGACIÓN (continuación)

19. REUNIR (*ú* acentuada en determinados tiempos y personas)

Indicativo				Subjuntivo			Imperativo
Presente	Indefinido	Futuro	Potencial	Presente	Imperfecto	Futuro	
reúno				*reúna*			
reúnes				*reúnas*			*reúne* (tú)
reúne				*reúna*			*reúna* (él)
reunimos				reunamos			reunamos (nos.)
reunís				reunáis			reunid (vos.)
reúnen				*reúnan*			*reúnan* (ellos)

20. AMOHINAR (*í* acentuada en determinados tiempos y personas)

Indicativo				Subjuntivo			Imperativo
Presente	Indefinido	Futuro	Potencial	Presente	Imperfecto	Futuro	
amohíno				*amohíne*			
amohínas				*amohínes*			*amohína* (tú)
amohína				*amohíne*			*amohíne* (él)
amohinamos				amohinemos			amohinemos (nos.)
amohináis				amohinéis			amohinad (vos.)
amohínan				*amohínen*			*amohínen* (ellos)

21. PROHIBIR (*í* acentuada en determinados tiempos y personas)

Indicativo				Subjuntivo			Imperativo
Presente	Indefinido	Futuro	Potencial	Presente	Imperfecto	Futuro	
prohíbo				*prohíba*			
probíbes				*prohíbas*			*prohíbe* (tú)
prohíbe				*prohíba*			*prohíba* (él)
prohibimos				prohibamos			prohibamos (nos.)
prohibís				prohibáis			prohibid (vos.)
prohíben				*prohíban*			*prohíban (ellos)*

Variaciones gráficas y cambios en la acentuación

En este grupo incluimos aquellos verbos que presentan los dos tipos de modificación a la vez.

22. AVERIGUAR (*u* átona, *gu* pasa a *gü* delante de *e*)

Indicativo				Subjuntivo			Imperativo
Presente	Indefinido	Futuro	Potencial	Presente	Imperfecto	Futuro	
	averigüé			*averigüe*			
	averiguaste			*averigües*			averigua (tú)
	averiguó			*averigüe*			*averigüe* (él)
	averiguamos			*averigüemos*			*averigüemos* (nos.)
	averiguasteis			*averigüéis*			averiguad (vos.)
	averiguaron			*averigüen*			*averigüen* (ellos)

consanguinidad (l. *-itate*) ***f.*** Parentesco de las personas que descienden de un mismo tronco.
consciencia ***f.*** Conciencia (conocimiento). ◇ Se usa en sentido filosófico.
conscienciallsmo ***m.*** Idealismo psicológico.
consciente (l.) ***adj.*** Que tiene conciencia (conocimiento). 2 Con pleno uso de los sentidos y facultades.
conscientemente ***adv. m.*** De manera consciente.
conscripción ***f.*** *Argent.* Reclutamiento, quinta.
conscripto (l. *-tu*) ***adj.*** V. padre conscripto. 2 *Bol., Colomb., Chile, Ecuad.* y *Parag.* Recluta, quinto.
consectario, -ria (l. *consectariu*) ***adj.*** Consiguiente y anejo a otra cosa. -2 ***m.*** Corolario.
consecución (l. *-utione*) ***f.*** Acción de conseguir. 2 Efecto de conseguir.
consecuencia (l. *consequentia*) ***f.*** Hecho o acontecimiento que se sigue o resulta necesariamente de otro: *tener consecuencias una cosa;* fig., ***ser de ~ una cosa,*** ser de importancia; ***en ~***, conforme a lo dicho, mandado o acordado anteriormente. 2 Proposición que se deduce lógicamente de otra o de un sistema de proposiciones dado. 3 LÓG. Ilación (trabazón o nexo). 4 LÓG. Correspondencia lógica entre la conducta de uno y los principios que profesa.
SIN. *1* **Resultado, resulta, secuela.**
consecuente (l. *consequente* < *consequi*, ir detrás; doble etim. *consiguiente*) ***adj.*** Que viene inmediatamente después en orden o está situado a continuación. 2 Que es consecuencia (resultado) de una cosa. 3 Conforme a las leyes de la lógica: *razonamiento ~*. 4 [pers.] Que tiene consecuencia (correspondencia lógica). -5 ***m.*** Segunda proposición del entimema. 6 GRAM. V. consiguiente. 7 MAT. Segundo término de una razón.
CONTR. *3* y *4* **Inconsecuente.** REL. *5* y *7* **Antecedente,** primera proposición del entimema y primer término de una razón.
consecuentemente ***adv. m.*** Por consecuencia.
consecutivamente ***adv. m.*** De manera consecutiva. 2 Uno después de otro.
consecutivo, -va (l. *consequi,* ir detrás de uno) ***adj.*** Que se sigue a otra cosa inmediatamente. -2 ***adj.-f.*** GRAM. ***Oración consecutiva,*** la subordinada que se expresa como una consecuencia de la principal. 3 GRAM. ***Conjunción consecutiva,*** la que enlaza oraciones de esta clase; pueden considerarse *continuativas* o *ilativas.*
conseguido, -da ***adj.*** Logrado.
conseguimiento ***m.*** Consecución.
conseguir (l. *consequere*) ***tr.*** Obtener [lo que se pretende o desea]. ◇ ** CONJUG. [34] como ***servir.***
SIN. **Lograr, alcanzar.**
conseja (l. *consilia;* pl. de *consilium,* consejo) ***f.*** Cuento, fábula, patraña. 2 Conciliábulo (conventículo).
consejera ***f.*** fam. Mujer del consejero.

CONJUGACIÓN (continuación)

23. AHINCAR (*í* acentuada en determinados tiempos y personas, la *c* se convierte en *qu* delante de *e*)

INDICATIVO				SUBJUNTIVO			IMPERATIVO
Presente	Indefinido	Futuro	Potencial	Presente	Imperfecto	Futuro	
ahínco	*ahinqué*			*ahínque*			
ahíncas	ahincaste			*ahínques*			*ahínca* (tú)
ahínca	ahincó			*ahinque*			*ahínque* (él)
ahincamos	ahicamos			*ahinquemos*			*ahinquemos* (nos.)
ahincáis	ahincasteis			*ahinquéis*			ahincad (vos.)
ahíncan	ahincaron			*ahínquen*			*ahínquen* (ellos)

24. ENRAIZAR (*í* acentuada en determinados tiempos y personas, la *z* se convierte en *c* delante de *e*)

INDICATIVO				SUBJUNTIVO			IMPERATIVO
Presente	Indefinido	Futuro	Potencial	Presente	Imperfecto	Futuro	
enraízo	*enraicé*			*enraíce*			
enraízas	enraizaste			*enraíces*			*enraíza* (tú)
enraíza	enraizó			*enraíce*			*enraíce* (él)
enraizamos	enraizamos			*enraice*mos			*enraicemos* (nos.)
enraizáis	enraizasteis			*enraic*éis			enraizad (vos.)
enraízan	enraizaron			*enraícen*			*enraícen* (ellos)

25. CABRAHIGAR (*í* acentuada en determinados tiempos y personas, la *g* se convierte en *gu* delante de *e*)

INDICATIVO				SUBJUNTIVO			IMPERATIVO
Presente	Indefinido	Futuro	Potencial	Presente	Imperfecto	Futuro	
cabrahígo	*cabrahigué*			*cabrahígue*			
cabrahígas	cabrahigaste			*cabrahígues*			*cabrahíga* (tú)
cabrahíga	cabrahigó			*cabrahígue*			*cabrahígue* (él)
cabrahigamos	cabrahigamos			*cabrahíguemos*			*cabrahiguemos* (nos.)
cabrahigáis	cabrahigasteis			*cabrahiguéis*			cabrahigad (vos.)
*cabrahíg*an	cabrahigaron			*cabrahíguen*			*cabrahíguen* (ellos)

26. HOMOGENEIZAR (*í* acentuada en determinados tiempos y personas, *z* se convierte en *c* delante de *e*)

INDICATIVO				SUBJUNTIVO			IMPERATIVO
Presente	Indefinido	Futuro	Potencial	Presente	Imperfecto	Futuro	
homogeneízo	*homogeneicé*			*homogeneíce*			
homogeneízas	homogeneizaste			homogeneíces			*homogeneíza* (tú)
homogeneí*za*	homogeneizó			*homogeneíce*			*homogeneíce* (él)
homogeneizamos	homogeneizamos			*homogeneicemos*			*homogeneicemos* (nos.)
homogeneizáis	homogenizasteis			*homogeneicéis*			homogeneizad (vos.)
homogeneízan	homogeneizaron			*homogeneícen*			*homogeneícen* (ellos)

consejería (de *consejo*) *f.* Lugar, establecimiento, oficina, etc., donde funciona un consejo, corporación consultiva, administrativa o de gobierno. 2 Cargo de consejero.

consejero, -ra *m. f.* Persona que aconseja o sirve para aconsejar. 2 fig. Lo que sirve de advertencia para la conducta de la vida: *la envidia es mala consejera.* 3 Persona que forma parte de algún Consejo. 4 Ministro de algunos gobiernos autonómicos de España.

SIN. / **Consiliario,** sólo us. en ciertos medios eclesiásticos.

consejo (l. *consiliu*) *m.* Parecer o dictamen que se da o toma para hacer o no hacer una cosa. 2 Reunión de personas oficialmente encargadas de aconsejar al rey, al jefe de un estado, de un ejército, de una administración, etc.; cuerpo legislativo o administrativo de un estado, de una corporación, esp. municipal; reunión destinada a formar un tribunal especial: *el ~ de los ancianos; el ~ de una sociedad anónima;* ~ ***de Aragón,*** el que entendía en todo lo relativo a la ant. corona de Aragón; ~ ***real*** o ***de Castilla,*** tribunal supremo en asuntos contenciosos y cuerpo consultivo de los reyes en negocios de administración y política; ~ ***de Hacienda,*** el que, ya como cuerpo consultivo ya como tribunal, entendía en lo relativo a las rentas públicas; ~ ***de Ciento,*** ant. corporación municipal de Barcelona, de importantes atribuciones creada por Jaime I (1208-1276) en 1274; ~ ***de la Inquisición,*** tribunal supremo en las causas sobre delitos contra la fe y sus conexos; ~ ***de Estado,*** alto cuerpo consultivo que entiende en los negocios más altos del estado; ~ ***de Ministros,*** ministerio o bien reunión de los ministros para tratar de los negocios de estado; ~ ***de guerra,*** tribunal compuesto de generales, jefes u oficiales, que, con asistencia de un asesor del cuerpo jurídico, entiende en las causas de la jurisdicción militar; DER., ~ ***de familia,*** reunión de personas que intervienen por ley en la tutela de un menor o un incapacitado. 3 Lugar donde se reúnen. 4 Acuerdo (resolución de una persona).

consenso (l. *-su*) *m.* lit. Asenso, consentimiento. 2 Acuerdo conseguido por diferentes grupos políticos.

consensual *adj.* Perteneciente o relativo al consenso. 2 V. contrato consensual.

consensuar *tr.* Llegar a un consenso. 2 Acordar [algo] por mayoría, incluso antes de someterlo a votación: *la ley estaba consensuada cuando se discutió en el Parlamento.* ◇ ** CONJUG. [11] como ***actuar.***

consentido, -da (de *consentir*) *adj.* Mimado con exceso. 2 [marido] Que sufre la infidelidad de su mujer.

SIN. / **Malacostumbrado.**

consentidor, -ra *adj.-s.* Que consiente (permite; mima).

consentimiento *m.* Acción de consentir. 2 Efecto de consentir. 3 DER. Conformidad de voluntades entre los contratantes.

SIN. **Asentimiento, asenso, anuencia, aquiescencia, aprobación, benepláci-**

CONJUGACIÓN (continuación)

Verbos de irregularidad sistemática

En este grupo incluimos aquellos verbos que presentan los siguientes tipos de irregularidad:

- Diptongación de la vocal de la raíz en sílaba tónica.
- Debilitación de la vocal de la raíz.
- Pérdida de la vocal de la desinencia por influencia de la consonante de la raíz.
- Adición de una consonante a la consonante final de la raíz.

Existe, en estos casos, una correlación de irregularidades que resumimos en el siguiente cuadro:

Pres. Indic.	→	Pres. Subj.	→	Pres. Imperat.
Indef. Indic.	→	Imperf. Subj.	→	Futuro Imperf. Sub.
Fut. Imperf. Indic.	→	Potencial simple.		

27. ACERTAR (la *e* diptonga en *ie* en sílaba tónica)

Indicativo				Subjuntivo			Imperativo
Presente	Indefinido	Futuro	Potencial	Presente	Imperfecto	Futuro	
acierto				*acierte*			
aciertas				*aciertes*			*acierta* (tú)
acierta				*acierte*			*acierte* (él)
acertamos				acertemos			acertemos (nos.)
acertáis				acertéis			acertad (vos.)
aciertan				*acierten*			*acierten* (ellos)

28. ENTENDER (la *e* diptonga en *ie* en sílaba tónica)

Indicativo				Subjuntivo			Imperativo
Presente	Indefinido	Futuro	Potencial	Presente	Imperfecto	Futuro	
entiendo				*entienda*			
entiendes				*entiendas*			*entiende* (tú)
entiende				*entienda*			*entienda* (él)
entendemos				entendamos			entendamos (nos.)
entendéis				entendáis			entended (vos.)
entienden				*entiendan*			*entiendan* (ellos)

29. DISCERNIR (la *e* diptonga en *ie* en sílaba tónica)

Indicativo				Subjuntivo			Imperativo
Presente	Indefinido	Futuro	Potencial	Presente	Imperfecto	Futuro	
discierno				*discierna*			
disciernes				*disciernas*			*discierne* (tú)
discierne				*discierna*			*discierna* (él)
discernimos				discernamos			discernamos (nos.)
discernís				discernáis			discernid (vos.)
disciernen				*disciernan*			*disciernan* (ellos)

to, cuando significa aceptación, admisión de un criterio ajeno; **autorización, venia, licencia, permiso,** si predomina la idea del consentimiento formal para hacer algo. Los sin. de la 1.ª serie pueden substituir a los de la 2.ª, y son su expresión atenuada; pero los de la 2.ª no pueden emplearse para significar adhesión puramente intelectual a un pensamiento ajeno; **transigencia, tolerancia,** consentimiento que damos a pesar de nuestra opinión o deseo, o venciendo alguna resistencia; para otros matices, v. **Condescender** y **contemporizar.**

consentir (l. *-ire*) ***intr.-tr.*** Admitir con voluntad determinada [el dictamen ajeno o la sugestión propia]: *~ con las pasiones; ~ en adorar el sol; ~ el mal.* 2 Creer, tener por cierta [una cosa]: *consentí en que me robaban en aquel momento.* -3 ***tr.*** Permitir [una cosa], condescender en que se haga: *los ministros consienten el alboroto.* 4 Ser compatible, ofrecer posibilidad: *el puerto consiente barcos de mucho porte;* admitir, permitir: *me consiente delante de sí;* sufrir: *es una obra que no consiente añadidura.* 5 Mimar con exceso [a los hijos]; ser sobrado, indulgente [con los inferiores]. 6 DER. Otorgar, obligarse. -7 ***intr.*** Ceder, aflojarse las piezas que componen un mueble u otra construcción. -8 ***prnl.*** Empezar a rajarse o henderse una cosa: *el buque se consintió al varar.* ◇ ** CONJUG. [34] como ***hervir.***
SIN. 5 **Consentir, mal acostumbrar, mal inclinar, enviciar, viciar,** serie intensiva; v. **Pervertir.**

conserje (fr. *concierge*) ***m.*** El que tiene por oficio cuidar de la custodia, limpieza y llaves de un edificio o establecimiento público.

conserjería ***f.*** Oficio del conserje. 2 Habitación del conserje en el edificio que está a su cuidado.

conserva (de *conservar*) ***f.*** Carne, pescado, fruta, etc., que en virtud de cierta preparación y a veces envasada herméticamente, se conserva comestible durante mucho tiempo. 2 Compañía que se hacen varias embarcaciones navegando juntas para auxiliarse o defenderse mutuamente: *navegar en ~.*

conservable ***adj.*** Que puede conservarse.

conservación ***f.*** Acción de conservar o conservarse. 2 Efecto de conservar o conservarse.

conservador, -ra ***adj.-s.*** Que conserva. 2 [pers., opinión o partido político] Que tiende a mantener lo establecido: *diario ~; partido ~.* -3 ***m. f.*** Persona que cuida de la conservación de alguna cosa: *~ del museo del Prado.*

conservaduría ***f.*** Cargo de conservador en algunas dependencias públicas. 2 Oficina del mismo.

conservadurismo ***m.*** Doctrina de los partidos políticos conservadores. 2 Actitud de los conservadores.

conservante ***adj.*** Que conserva. -2 ***m.*** Substancia que impide o retrasa el deterioro de la calidad de un alimento.

conservar (l. *-are*) ***tr.*** Mantener [una cosa] en cierto estado; cuidar de su permanencia: *~ la hacienda;* mantener vivo y sin

CONJUGACIÓN (continuación)

30. ADQUIRIR (la *i* diptonga en *ie* en sílaba tónica)

Indicativo				Subjuntivo			Imperativo
Presente	Indefinido	Futuro	Potencial	Presente	Imperfecto	Futuro	
adquiero				*adquiera*			
adquieres				*adquieras*			*adquiere* (tú)
adquiere				*adquiera*			*adquiera* (él)
adquirimos				adquiramos			adquiramos (nos.)
adquirís				adquiráis			adquirid (vos.)
adquieren				*adquieran*			*adquieran* (ellos)

31. CONTAR (la *o* diptonga en *ue* en sílaba tónica)

Indicativo				Subjuntivo			Imperativo
Presente	Indefinido	Futuro	Potencial	Presente	Imperfecto	Futuro	
cuento				*cuente*			
cuentas				*cuentes*			*cuenta* (tú)
cuenta				*cuente*			*cuente* (él)
contamos				contemos			contemos (nos.)
contáis				contéis			contad (vos.)
cuentan				*cuenten*			*cuenten* (ellos)

32. MOVER (la *o* diptonga en *ue* en sílaba tónica)

Indicativo				Subjuntivo			Imperativo
Presente	Indefinido	Futuro	Potencial	Presente	Imperfecto	Futuro	
muevo				*mueva*			
mueves				*muevas*			*mueve* (tú)
mueve				*mueva*			*mueva* (él)
movemos				movamos			movamos (nos.)
movéis				mováis			moved (vos.)
mueven				*muevan*			*muevan* (ellos)

33. DORMIR (la *o* diptonga en *ue* en sílaba tónica o se convierte en *u* en determinados tiempos y personas)

Indicativo				Subjuntivo			Imperativo
Presente	Indefinido	Futuro	Potencial	Presente	Imperfecto	Futuro	
duermo	dormí			*duerma*	*durmiera*	*durmiere*	
duermes	dormiste			*duermas*	*durmieras*	*durmieres*	*duerme* (tú)
duerme	*durmió*			*duerma*	*durmiera*	*durmiere*	*duerma* (él)
dormimos	dormimos			*durmamos*	*durmiéramos*	*durmiéremos*	*durmamos* (nos.)
dormís	dormisteis			*durmáis*	*durmierais*	*durmiereis*	dormid (vos.)
duermen	*durmieron*			*duerman*	*durmieran*	*durmieren*	*duerman* (ellos)
					o		
					durmiese		
					durmieses		
					durmiese		
					durmiésemos		
					durmieseis		
					durmiesen		

daño [a uno]; hacer perseverar en cierto estado: *respeta y ama al que te hizo y te conserva con,* o *en, salud.* 2 Hablando [de costumbres, virtudes, etc.], continuar la práctica de ellas. 3 Guardar con cuidado [una cosa]: *~ unos libros en el armario.* 4 Hacer conservas: *~ la fruta.*

SIN. *3* **Retener** es intensivo, y envuelve idea de conservar o guardar una cosa a pesar de algún obstáculo o dificultad: *retener un libro más tiempo del señalado para devolverlo; retener a un visitante que desea o debe marcharse.*

conservatismo *m. Amér.* Conservadurismo.

conservativo, -va *adj.* Que conserva.

conservatoría *f.* Jurisdicción y conocimiento privativo que tenía un juez conservador sobre los que gozaban determinado fuero. -2 *f. pl.* Letras o despachos que libraban los jueces conservadores a favor de los que gozaban de su fuero.

conservatorio, -ria (l. *-iu*) *adj.* Que contiene y conserva alguna o algunas cosas. -2 *m.* Establecimiento oficial para la enseñanza y fomento de ciertas artes: *~ de música; ~ de declamación.* 3 *Argent.* Academia o colegio particular. 4 *Chile.* Invernáculo, invernadero, estufa.

conservería *f.* Oficio del conservero.

conservero, -ra *m. f.* Persona que tiene por oficio hacer conservas. 2 Propietario de una industria conservera. -3 *adj.* Relativo a las conservas: *industria conservera.*

considerable *adj.* Digno de consideración. 2 Grande, cuantioso.

considerablemente *adv. m.* Con consideración.

consideración *f.* Acción de considerar: ***tomar en ~ una cosa,*** considerarla digna de atención, declarar una asamblea que una proposición merece ser discutida; ***ser de ~ una cosa,*** ser de importancia, monta o consecuencia. 2 Efecto de considerar. 3 En los libros espirituales, asunto sobre que se ha de meditar. 4 Urbanidad, respeto, deferencia.

consideradamente *adv. m.* Con consideración.

considerado, -da (de *considerar*) *adj.* Que obra con reflexión. 2 Que atiende y respeta a los demás, o que es atendido y respetado.

considerador, -ra *adj.-s.* Que considera.

considerando (gerundio de *considerar*) DER. Razón esencial que precede y sirve de apoyo al precepto de una ley, fallo, dictamen, etc., y empieza con dicha palabra.

REL. **Resultandos,** fundamentos de hecho en las sentencias, que suelen seguir a los considerandos.

considerante *adj.* Que considera.

considerar (l. *-are*) *tr.* Pensar, reflexionar [una cosa] con atención: *considera, hijo mío, lo que me debes.* 2 Tomar en consideración [un asunto, propuesta, etc.]. 3 Juzgar, estimar: *consideras a los hombres demasiado malos; no te consideres feliz;* imagi-

CONJUGACIÓN (continuación)

34. SERVIR (la *e* debilita en *i* en determinados tiempos y personas)

Indicativo				Subjuntivo			Imperativo
Presente	Indefinido	Futuro	Potencial	Presente	Imperfecto	Futuro	
sirvo	serví			*sirva*	*sirviera*	*sirviere*	
sirves	serviste			*sirvas*	*sirvieras*	*sirvieres*	*sirve* (tú)
sirve	*sirvió*			*sirva*	*sirviera*	*sirviere*	*sirva* (él)
servimos	servimos			*sirvamos*	*sirviéramos*	*sirviéremos*	*sirvamos* (nos.)
servís	servisteis			*sirváis*	*sirvierais*	*sirviereis*	servid (vos.)
sirven	*sirvieron*			*sirvan*	*sirvieran*	*sirvieren*	*sirvan* (ellos)
					o		
					sirviese		
					sirvieses		
					sirviese		
					sirviésemos		
					sirvieseis		
					sirviesen		

35. HERVIR (la *e* diptonga en *ie* en sílaba tónica o se convierten en *i* en deteminados tiempos y personas)

Indicativo				Subjuntivo			Imperativo
Presente	Indefinido	Futuro	Potencial	Presente	Imperfecto	Futuro	
hiervo	herví			*hierva*	*hirviera*	*hirviere*	
hierves	herviste			*hiervas*	*hirvieras*	*hirvieres*	*hierve* (tú)
hierve	*hirvió*			*hierva*	*hirviera*	*hirviere*	*hierva* (él)
hervimos	hervimos			*hirvamos*	*hirviéramos*	*hirviéremos*	*hirvamos* (nos.)
hervís	hervisteis			*hirváis*	*hirvierais*	*hirviereis*	hervid (vos.)
hierven	*hirvieron*			*hiervan*	*hirvieran*	*hirvieren*	*hiervan* (ellos)
					o		
					hirviese		
					hirvieses		
					hirviese		
					hirviésemos		
					hirvieseis		
					hirviesen		

36. CEÑIR (la *i* de la desinencia se pierde absorbida por la *ñ* y la *e* se convierte en *i* en determinados tiempos y personas)

Indicativo				Subjuntivo			Imperativo
Presente	Indefinido	Futuro	Potencial	Presente	Imperfecto	Futuro	
ciño	ceñí			*ciña*	*ciñera*	*ciñere*	
ciñes	ceñiste			*ciñas*	*ciñeras*	*ciñeres*	*ciñe* (tú)
ciñe	*ciñó*			*ciña*	*ciñera*	*ciñere*	*ciña* (él)
ceñimos	ceñimos			*ciñamos*	*ciñéramos*	*ciñéremos*	*ciñamos* (nos.)
ceñís	ceñisteis			*ciñáis*	*ciñerais*	*ciñereis*	ceñid (vos.)
ciñen	*ciñeron*			*ciñan*	*ciñeran*	*ciñeren*	*ciñan* (ellos)
					o		
					ciñese		
					ciñeses		
					ciñese		
					ciñésemos		
					ciñeseis		
					ciñesen		

nar: *se consideraba en un palacio.* 4 Tratar [a uno] con urbanidad y respeto.

considerativo, -va *adj.* Que considera.

consiervo, -va (l. *conservu*) *m. f.* Siervo o esclavo, juntamente con otro u otros, de un mismo señor.

consigna (de *consignar*) *f.* Orden dada al que manda un puesto, a un centinela, guarda, etc.; p. ext., orden dada por un partido a sus afiliados. 2 Depósito de equipajes de una estación de transportes.

consignación *f.* Acción de consignar. 2 Efecto de consignar. 3 Cantidad consignada en presupuesto para determinado fin. 4 *Ecuad.* Puesto de compra y venta de aguardiente.

consignador *m.* COM. El que consigna sus mercancías o naves a la disposición de un corresponsal suyo.

consignar (l. *-are*) *tr.* Destinar [el rédito de una finca o efecto] para el pago de una deuda o renta. 2 Señalar en el presupuesto [una cantidad] para un fin determinado. 3 Designar la tesorería que ha de cumplir [obligaciones determinadas]. 4 Destinar [un sitio] para poner en él una cosa; esp., entregar [una cosa] por vía de depósito. 5 Manifestar por escrito [las opiniones, votos, doctrinas, etc.]. 6 COM. Enviar [las mercancías] por mediación de un corresponsal. 7 DER. Depositar judicialmente [el precio de una cosa o alguna cantidad]. 8 *Colomb.* Ingresar [dinero en una cuenta].

consignatario *m.* El que recibe en depósito, por auto judicial, el dinero que otro consigna. 2 Acreedor que administra, por convenio con su deudor, la finca que éste le ha consignado, hasta que se extinga la deuda. 3 COM. Destinatario de un buque, un cargamento o una partida de mercaderías. 4 Persona que en los puertos de mar representa al armador de un buque para entender en los asuntos administrativos relacionados con su carga y pasaje.

consignativo *adv.* V. censo consignativo.

consigo (l. *cum,* con y *secum,* consigo) Forma especial del **pronombre personal reflexivo *sí* como término de la preposición *con*.

consiguiente (v. *consecuente*) *adj.* Que depende y se deduce de otra cosa. -2 *m.* Segunda proposición del entimema. 3 Consecuencia (proposición): *por ~*, loc. conj., como consecuencia. 4 GRAM. Segundo término de una relación gramatical. Se opone a antecedente, p. ej., la oración de relativo, la apódosis de una condicional, etc.

SIN. **Consecuente.** FR. *Ir,* o *proceder, en ~*, obrar en consecuencia (correspondencia lógica).

consiguientemente *adv. m.* Por consecuencia.

consiliario, -ria (l. *-iu*) *m. f.* Consejero. 2 En varias sociedades, persona elegida para asistir con su consejo al superior que las gobierna.

CONJUGACIÓN (continuación)

37. REÍR (sigue el modelo de *ceñir* con la diferencia de que la pérdida de la *i* no se debe a la influencia de ninguna consonante)

INDICATIVO				SUBJUNTIVO			IMPERATIVO
Presente	Indefinido	Futuro	Potencial	Presente	Imperfecto	Futuro	
río	reí			*ría*	*riera*	*riere*	
ríes	reíste			*rías*	*rieras*	*rieres*	*ríe* (tú)
ríe	*rió*			*ría*	*riera*	*riere*	*ría* (él)
reímos	reímos			*riamos*	*riéramos*	*riéremos*	*riamos* (nos.)
reís	reísteis			*riáis*	*rierais*	*riereis*	reíd (vos.)
ríen	*rieron*			*rían*	*rieran*	*rieren*	*rían* (ellos)
					o		
					riese		
					rieses		
					riese		
					riésemos		
					rieseis		
					riesen		

38. TAÑER (la *i* de la desinencia se pierde absorbida por la *ñ* en determinados tiempos y personas)

INDICATIVO				SUBJUNTIVO			IMPERATIVO
Presente	Indefinido	Futuro	Potencial	Presente	Imperfecto	Futuro	
	tañí				*tañera*	*tañere*	
	tañiste				*tañeras*	*tañeres*	
	tañó				*tañera*	*tañere*	
	tañimos				*tañéramos*	*tañéremos*	
	tañisteis				*tañerais*	*tañereis*	
	tañeron				*tañeran*	*tañeren*	
					o		
					tañese		
					tañeses		
					tañese		
					tañésemos		
					tañeseis		
					tañesen		

39. EMPELLER (la *i* de la desinencia se pierde absorbida por la *ll* en determinados tiempos y personas)

INDICATIVO				SUBJUNTIVO			IMPERATIVO
Presente	Indefinido	Futuro	Potencial	Presente	Imperfecto	Futuro	
	empellí				*empellera*	*empellere*	
	empelliste				*empelleras*	*empelleres*	
	empelleó				*empellera*	*empellere*	
	empellimos				*empelléramos*	*empelléremos*	
	empellisteis				*empellerais*	*empellereis*	
	empelleron				*empelleran*	*empelleren*	
					o		
					empellese		
					empelleses		
					empellese		
					empellésemos		
					empelléseis		
					empellesen		

consimilitud *f.* ant. *y* lit. Semejanza mutua.
REL. Han tenido también algún uso lit. el adj. **consímil** y el adv. **consímilmente**.

consintiente *adj.* Que consiente.

consistencia *f.* Duración, estabilidad. 2 Trabazón, coherencia. 3 FÍS. Fuerza con que se atraen las partículas de la masa de un cuerpo.

consistente (l.) *adj.* Que consiste. 2 Que tiene consistencia.

consistir (l. *-ere*) *intr.* Estribar, estar fundada una cosa en otra: *la perfección consiste en la imitación de las virtudes de Cristo.* 2 Ser efecto de una causa: *mis sentimientos consisten en mis desgracias.* 3 Estar una cosa incluida en otra o constituida por ella: *el primer fondo consiste en dos mil pesetas.*

consistorial *adj.-s.* Relativo al consistorio: *casa* ~, ayuntamiento. -2 *adj.* [dignidad] Que se proclama en el consistorio del Papa.

consistorialmente *adv. m.* En consistorio, o por el consistorio del Papa y cardenales de la Iglesia.

consistorio (l. *-iu*) *m.* Consejo que tenían los emperadores romanos para tratar los negocios más importantes. 2 Consejo que celebra el Papa con asistencia de los cardenales de la Santa Iglesia Romana. 3 fig. ~ *divino,* tribunal o trono de Dios. 4 En algunas ciudades y villas de España, ayuntamiento o cabildo secular. 5 Lugar donde se juntan los consistoriales o capitulares para celebrar consistorio. 6 Consejo directivo en algunas comunidades religiosas protestantes o judías.
SIN. *4* y *5* **Villa.**

consocio, -cia *m. f.* Socio con respecto a otro u otros.

consola (fr. *console*) *f.* Mesa, gralte. sin cajones y con un segundo tablero inmediato al suelo, que suele estar arrimada a la pared, y en la cual se colocan candelabros y otros adornos. 2 Tablero de mandos de un aparato eléctrico o electrónico. 3 ARQ. Elemento arquitectónico en voladizo, como las ménsulas, canes, modillones, repisas, etc.

consolable *adj.* Capaz de consuelo.

consolablemente *adv. m.* Con consuelo.

consolación *f.* Acción de consolar o consolarse. 2 Efecto de consolar o consolarse. 3 En algunos juegos carteados, tanto que paga a los demás jugadores el que entra solo y pierde.

consolador, -ra *adj.-s.* Que consuela. -2 *m.* Pene artificial para simular el coito.
SIN *2* **Vibrador.**

consolante *adj.* Consolador.

consolar (l. *-ari*) *tr.-prnl.* Aliviar la pena o aflicción [de uno]. ◇ ** CONJUG. [31] como *contar.*

consolativo, -va, consolatorio, -ria *adj.* Consolador.

consólida (l.) *f.* Consuelda: ~ *real,* espuela de caballero.

consolidación *f.* Acción de consolidar o consolidarse. 2 Efecto de consolidar o consolidarse.

consolidado, -da (de *consolidar*) *adj.-m.* Deuda pública de

CONJUGACIÓN (continuación)

40. MUÑIR (la *i* de la desinencia se pierde absorbida por la *ñ* en determinados tiempos y personas)

INDICATIVO				SUBJUNTIVO			IMPERATIVO
Presente	Indefinido	Futuro	Potencial	Presente	Imperfecto	Futuro	
	muñí				*muñera*	*muñere*	
	muñiste				*muñeras*	*muñeres*	
	muñó				*muñera*	*muñere*	
	muñimos				*muñéramos*	*muñéremos*	
	muñisteis				*muñerais*	*muñereis*	
	muñeron				*muñeran*	*muñeren*	
					o		
					muñese		
					muñeses		
					muñese		
					muñésemos		
					muñeseis		
					muñesen		

41. MULLIR (la *i* de la desinencia se pierde absorbida por la *ll* en determinados tiempos y personas)

INDICATIVO				SUBJUNTIVO			IMPERATIVO
Presente	Indefinido	Futuro	Potencial	Presente	Imperfecto	Futuro	
	mullí				*mullera*	*mullere*	
	mulliste				*mulleras*	*mulleres*	
	mulló				*mullera*	*mullere*	
	mullimos				*mulléramos*	*mulléremos*	
	mullisteis				*mullerais*	*mullereis*	
	mulleron				*mulleran*	*mulleren*	
					o		
					mullese		
					mulleses		
					mullese		
					mullésemos		
					mulleseis		
					mullesen		

42. NACER (la *c* se convierte en *zc* delante de *a* y *o*)

INDICATIVO				SUBJUNTIVO			IMPERATIVO
Presente	Indefinido	Futuro	Potencial	Presente	Imperfecto	Futuro	
nazco				*nazca*			
naces				*nazcas*			nace (tú)
nace				*nazca*			*nazca* (él)
nacemos				*nazcamos*			*nazcamos* (nos.)
nacéis				*nazcáis*			naced (vos.)
nacen				*nazcan*			*nazcan* (ellos)

carácter perpetuo, cuyas inscripciones o títulos producen una renta fija.

consolidar (l. *-are*) *tr.* Dar firmeza o solidez [a una cosa]; en gral., fig. reunir o pegar [lo que se había quebrado o roto]. 2 Liquidar [una deuda flotante] para convertirla en fija o perpetua. 3 fig. Asegurar del todo [la amistad, la alianza, etc.]. -4 *prnl.* DER. Reunir en un sujeto atributos [de un dominio] antes disgregado.

SIN. **Solidar.**

consolidativo, -va *adj.* Que consolida.

consomé *m.* Consumado (caldo).

consonancia (l. *-ntia*) *f.* MÚS. Cualidad de aquellos sonidos que, oídos simultáneamente, producen un efecto agradable. 2 MÉTR. Identidad de sonido en la terminación de dos palabras, desde la última vocal que lleva el acento inclusive; constituye esta consonancia la rima perfecta; como *luna* y *fortuna*. 3 Uso inmotivado, o no requerido por la rima, de voces consonantes muy próximas unas de otras. 4 fig. Relación de igualdad o conformidad de algunas cosas entre sí.

****consonante** *adj.-s.* MÉTR. Voz con respecto a otra de la misma consonancia: *rima* ~ o *perfecta.* 2 MÚS. Que forma consonancia. 3 V. letra consonante. -4 *adj.* Que tiene relación de igualdad o conformidad con otra cosa, de la cual es correspondiente y correlativa. -5 *adj.-f.* GRAM. Sonido de una lengua originado por el cierre o estrechamiento de los órganos de articulación. Se producen solos o acompañados de vocal.

consonantemente *adv. m.* Con consonancia.

consonántico, -ca *adj.* Relativo a una consonante o a las consonantes: *sistema ~ de un idioma.*

consonantismo *m.* Sistema consonántico de un idioma, de una época, etc.

consonantización *f.* Conversión histórica de una vocal en consonante.

REL. Se usa el vb. **consonantizar(se).**

consonar (l. *-are*) *intr.* MÚS. Formar consonancia. 2 Aconsonantar (palabras). 3 fig. Tener algunas cosas igualdad o conformidad entre sí. ◇ ** CONJUG. [31] como *contar.*

cónsone *adj.* fig. *y* p. us. Consonante (correspondiente). 2 MÚS. Consonante. 3 MÚS. Acorde.

cónsono, -na (l. *-nu*) *adj.* fig. Consonante (relación). 2 MÚS. Consonante (con consonancia).

consorcio (l. *-rtiu*) *m.* Participación de una misma suerte con uno o varios. 2 Unión o compañía de los que viven juntos, esp. los cónyuges. 3 Agrupación de entidades para negocios importantes: ~ *bancario, aduanero, de seguros.*

consorte (l.) *com.* Persona que es partícipe con otra u otras de la misma suerte. 2 Marido respecto de la mujer, y viceversa. -3 *com. pl.* Los que litigan unidos, formando una sola parte en

CONJUGACIÓN (continuación)

43. AGRADECER (la *c* se convierte en *zc* delante de *a* y *o*)

INDICATIVO				SUBJUNTIVO			IMPERATIVO
Presente	Indefinido	Futuro	Potencial	Presente	Imperfecto	Futuro	
agradezco				*agradezca*			
agradeces				*agradezcas*			agradece (tú)
agradece				*agradezca*			*agradezca* (él)
agradecemos				*agradezcamos*			*agradezcamos* (nos.)
agradecéis				*agradezcáis*			agradeced (vos.)
agradecen				*agradezcan*			*agradezcan* (ellos)

44. CONOCER (la *c* se convierte en *zc* delante de *a* y *o*)

INDICATIVO				SUBJUNTIVO			IMPERATIVO
Presente	Indefinido	Futuro	Potencial	Presente	Imperfecto	Futuro	
conozco				*conozca*			
conoces				*conozcas*			conoce (tú)
conoce				*conozca*			*conozca* (él)
conocemos				*conozcamos*			*conozcamos* (nos.)
conocéis				*conozcáis*			conoced (vos.)
conocen				*conozcan*			*conozcan (ellos)*

45. LUCIR (la *c* se convierte en *zc* delante de *a* y *o*)

INDICATIVO				SUBJUNTIVO			IMPERATIVO
Presente	Indefinido	Futuro	Potencial	Presente	Imperfecto	Futuro	
luzco				*luzca*			
luces				*luzcas*			luce (tú)
luces				*luzca*			*luzca* (él)
lucimos				*luzcamos*			*luzcamos* (nos.)
lucís				*luzcáis*			lucid (vos.)
lucen				*luzcan*			*luzcan* (ellos)

46. CONDUCIR (la *c* se convierte en *zc* delante de *a* y *o* y el pretérito indefinido es irregular)

INDICATIVO				SUBJUNTIVO			IMPERATIVO
Presente	Indefinido	Futuro	Potencial	Presente	Imperfecto	Futuro	
conduzco	**conduje**			*conduzca*	**condujera**	**condujere**	
conduces	**condujiste**			*conduzcas*	**condujeras**	**condujeres**	conduce (tú)
conduce	**condujo**			*conduzca*	**condujera**	**condujere**	*conduzca* (él)
conducimos	**condujimos**			*conduzcamos*	**condujéramos**	**condujéremos**	*conduzcamos* (nos.)
conducís	**condujisteis**			*conduzcáis*	**condujerais**	**condujereis**	conducid (vos.)
conducen	**condujeron**			*conduzcan*	**condujeran**	**condujeren**	*conduzcan* (ellos)
					o		
					condujese		
					condujeses		
					condujese		
					condujésemos		
					condujeseis		
					condujesen		

el pleito. 4 Los que juntamente son responsables de un delito. SIN. *2* **Cónyuge; cara mitad,** fam.

conspecífico, -ca *adj.* Perteneciente a la misma especie.

conspicuo, -cua (l. *-uu*) *adj.* Ilustre, insigne.

conspiración *f.* Acción de conspirar (obrar contra). SIN. **Conjura, conjuración, complot.**

conspirado, conspirador, -ra *m. f.* Persona que conspira.

conspirar (l. *-are*) *intr.* Concurrir varias cosas a un mismo fin, gralte. malo: *la malicia y la ignorancia conspiran a corromper las costumbres.* 2 Obrar de consuno contra una persona o cosa: *~ con otros en un intento;* esp., unirse contra su superior o soberano: *el hermano conspiró contra su príncipe.* SIN. **Conjurarse.**

constancia (l. *-ntia*) *f.* Firmeza y perseverancia del ánimo: *hombre de gran ~*. 2 Certeza, exactitud de algún hecho o dicho. 3 Acción de hacer constar alguna cosa de manera fehaciente, prueba: *no hay ~ de que recibió el dinero.* 4 Efecto de hacer constar alguna cosa de manera fehaciente, prueba.

constanciense *adj.-s.* De Constanza, c. de Alemania.

constante *adj.* Que tiene constancia. 2 [cosa] Persistente, durable. 3 Que consta. -4 *adj.-f.* MAT. V. cantidad constante. 5 Cantidad, valor que se mantiene invariable: ***constantes vitales,*** MED., conjunto de datos relativos a la composición y las funciones del organismo, cuyo valor debe mantenerse dentro de ciertos límites para que la vida prosiga en condiciones normales; *~ **solar,*** energía media que la Tierra recibe del sol.

constantemente *adv. m.* Con constancia. 2 Con notoria certeza. 3 A menudo, insistentemente.

constantiniano, -na *adj.* Relativo al gobierno de Constantino el Grande (270 a 288-337).

constantinopolitano, -na *adj.-s.* De Constantinopla, hoy Estambul (Turquía).

constar (l. *-are;* doble etim. *costar*) *intr.* Estar compuesto un todo de determinadas partes: *el ejército constaba de seis mil infantes.* 2 Tener los versos la medida y la acentuación correspondientes: *estos versos no constan.* 3 Ser cierta y evidente una cosa: *esta circunstancia consta en los autos, me consta que ha llegado; constan su edad y nombre.*

constatación *f.* Acción de constatar. 2 Efecto de constatar.

constatar (fr. *constater*) *tr.* Comprobar, hacer constar.

constelación (l. *constellatione*) *f.* Figura arbitraria formada con un conjunto de estrellas fijas y región celeste que comprende una de estas figuras. 2 Clima o temple. 3 ASTROL. Aspecto de los astros al tiempo de levantar el horóscopo.

constelado, -da *adj.* GALIC. Estrellado, lleno de estrellas.

constelar *tr.* GALIC. Cubrir, llenar.

consternación *f.* Acción de consternar o consternarse. 2 Efecto de consternar o consternarse.

CONJUGACIÓN (continuación)

Verbos de irregularidad sistemática con variación gráfica

En este grupo incluimos aquellos verbos que participan de algunas de las irregularidades del grupo anterior y también de variaciones gráficas.

47. EMPEZAR (la *e* diptonga en *ie* en sílaba tónica y la *z* se convierte en *c* delante de *e*)

INDICATIVO				SUBJUNTIVO			IMPERATIVO
Presente	Indefinido	Futuro	Potencial	Presente	Imperfecto	Futuro	
empiezo	*empecé*			*empiece*			
empiezas	empezaste			*empieces*			*empieza* (tú)
empieza	empezó			*empiece*			*empiece* (él)
empezamos	empezamos			*empecemos*			*empecemos* (nos.)
empezáis	empezasteis			*empecéis*			empezad (vos.)
empiezan	empezaron			*empiecen*			*empiecen* (ellos)

48. REGAR (la *e* diptonga en *ie* en sílaba tónica y la *g* se convierte en *gu* delante de *e*)

INDICATIVO				SUBJUNTIVO			IMPERATIVO
Presente	Indefinido	Futuro	Potencial	Presente	Imperfecto	Futuro	
riego	*regué*			*riegue*			
riegas	regaste			*riegues*			*riega* (tú)
riega	regó			*riegue*			*riegue* (él)
regamos	regamos			*reguemos*			*reguemos* (nos.)
regáis	regasteis			*reguéis*			regad (vos.)
riegan	regaron			*rieguen*			*rieguen* (ellos)

49. TROCAR (la *o* diptonga en *ue* en sílaba tónica y la *c* se conviernte en *qu* delante de *e*)

INDICATIVO				SUBJUNTIVO			IMPERATIVO
Presente	Indefinido	Futuro	Potencial	Presente	Imperfecto	Futuro	
trueco	*troqué*			*trueque*			
truecas	trocaste			*trueques*			*trueca* (tú)
trueca	trocó			*trueque*			*trueque* (él)
trocamos	trocamos			*troquemos*			*troquemos* (nos.)
trocáis	trocasteis			*troquéis*			trocad (vos.)
truecan	trocaron			*truequen*			*truequen* (ellos)

50. FORZAR (la *o* diptonga en *ue* en sílaba tónica y la *z* se concierne en *c* delante de *e*)

INDICATIVO				SUBJUNTIVO			IMPERATIVO
Presente	Indefinido	Futuro	Potencial	Presente	Imperfecto	Futuro	
fuerzo	*forcé*			*fuerce*			
fuerzas	forzaste			*fuerces*			*fuerza* (tú)
fuerza	forzó			*fuerce*			*fuerce* (él)
forzamos	forzamos			*forcemos*			*forcemos* (nos.)
forzáis	forzasteis			*forcéis*			forzad (vos.)
fuerzan	forzaron			*fuercen*			*fuercen* (ellos)

consternar (l. *-are*) ***tr.-prnl.*** Conturbar mucho y abatir el ánimo [de uno].

constipación (v. *-atione*) ***f.*** Constipado. 2 MED. ~ ***de vientre,*** estreñimiento.

constipado (de *constipar*) ***m.*** Catarro, resfriado.

constipar (l. *-are,* constreñir) ***tr.*** Cerrar los poros, impidiendo la transpiración. -2 ***prnl.*** Resfriarse, acatarrarse.

constipativo, -va ***adj.*** ant. Que produce constipación.

constitución (l. *constitutione*) ***f.*** Acción de constituir: *la ~ de una sociedad.* 2 Efecto de constituir. 3 Manera de estar constituida una cosa: *la ~ atmosférica.* 4 Contextura fisiológica y conjunto de fuerzas vitales de un individuo: *ser de ~ robusta.* 5 Forma de gobierno de un estado. 6 Ley fundamental de la organización de un estado. 7 En el derecho romano, ley que establecía el príncipe, ya fuese por carta, ya por edicto, decreto, rescripto u orden. 8 ~ ***pontificia,*** bula. 9 ~ ***apostólica,*** decisión o mandato solemne del Papa, cuya observancia comprende a toda la Iglesia católica o a varias órdenes, cuerpos o clases de los fieles. 10 Ordenanza o estatuto con que se gobierna una corporación. 11 ***Constituciones apostólicas,*** colección de reglas eclesiásticas atribuidas a los apóstoles, pero cuyo verdadero autor se ignora.
SIN. *4* **Complexión.**

constitucional ***adj.*** Inherente a la constitución de un individuo. 2 Relativo a la constitución de un estado. -3 ***adj.-s.*** Adicto a ella.

constitucionalidad ***f.*** Condición de constitucional.

constitucionalmente ***adv. m.*** Con arreglo a la constitución.

constituidor, -ra ***adj.-s.*** Que establece o constituye.

constituir (l. *-uere*) ***tr.*** Formar, componer: *éstas son las virtudes que constituyen la felicidad.* 2 Con voces como apuro, dificultad, etc., poner, reducir: *~ impedimento;* se construye a menudo con la prep. *en*: *~ [una cosa] en impedimento.* 3 Hacer que [una pers. o cosa] sea de cierta calidad o condición: *Dios los constituyó jueces del mundo.* 4 Fundar, erigir, ordenar: *constituyeron un colegio de veinte sacerdotes; ~ un censo sobre una dehesa; se han constituido en república.* -5 ***prnl.*** Seguido de una de las preposiciones *en* o *por,* asumir obligación, cargo o cuidado: *se constituyó por su guardador, en fiador.* ◇ ** CONJUG. [62] como ***huir.***

constitutivo, -va ***adj.-m.*** Que constituye una cosa en el ser de tal y la distingue de otras.

constituyente (de *constituir*) ***adj.*** Que constituye, constitutivo. -2 ***adj.-f. pl.*** Cortes convocadas para dictar o reformar la constitución del estado: *reunión de las Constituyentes.* -3 ***com.*** Persona elegida como miembro de una asamblea constituyente.

constreñidamente ***adv. m.*** Con constreñimiento.

constreñimiento ***m.*** Coacción, apremio.

CONJUGACIÓN (continuación)

51. AVERGONZAR (la *o* diptonga en *ue* en sílaba tónica, la *g* se convierte en *gü* y la *z* en *c* delante de *e*)

INDICATIVO				SUBJUNTIVO			IMPERATIVO
Presente	Indefinido	Futuro	Potencial	Presente	Imperfecto	Futuro	
avergüenzo	*avergoncé*			*avergüence*			
avergüenzas	avergonzaste			*avergüences*			*avergüenza* (tú)
avergüenza	avergonzó			*avergüence*			*avergüence* (él)
avergonzamos	avergonzamos			*avergoncemos*			*avergoncemos* (nos.)
avergonzáis	avergonzasteis			*avergoncéis*			avergonzad (vos.)
avergüenzan	avergonzaron			*avergüencen*			*avergüencen* (ellos)

52. COLGAR (la *o* diptonga en *ue* en sílaba tónica y la *g* se convierte en *gu* delante de *e*)

INDICATIVO				SUBJUNTIVO			IMPERATIVO
Presente	Indefinido	Futuro	Potencial	Presente	Imperfecto	Futuro	
cuelgo	*colgué*			*cuelgue*			
cuelgas	colgaste			*cuelgues*			*cuelga* (tú)
cuelga	colgó			*cuelgue*			*cuelgue* (él)
colgamos	colgamos			*colguemos*			*colguemos* (nos.)
colgáis	colgasteis			*colguéis*			colgad (vos.)
cuelgan	colgaron			*cuelguen*			*cuelguen* (ellos)

53. JUGAR (la *u* diptonga en *ue* en sílaba tónica y la *g* se convierte en *gu* delante de *e*)

INDICATIVO				SUBJUNTIVO			IMPERATIVO
Presente	Indefinido	Futuro	Potencial	Presente	Imperfecto	Futuro	
juego	*jugué*			*juegue*			
juegas	jugaste			*juegues*			*juega* (tú)
juega	jugó			*juegue*			*juegue* (él)
jugamos	jugamos			*juguemos*			*juguemos* (nos.)
jugáis	jugasteis			*juguéis*			jugad (vos.)
juegan	jugaron			*jueguen*			*jueguen* (ellos)

54. COCER (la *o* diptonga *ue* en sílaba tónica y la *c* se convierte en *z* delante de *a* y *o*)

INDICATIVO				SUBJUNTIVO			IMPERATIVO
Presente	Indefinido	Futuro	Potencial	Presente	Imperfecto	Futuro	
cuezo				*cueza*			
cueces				*cuezas*			*cuece* (tú)
cuece				*cueza*			*cueza* (él)
cocemos				*cozamos*			*cozamos* (nos.)
cocéis				*cozáis*			coced (vos.)
cuecen				*cuezan*			*cuezan* (ellos)

constreñir (l. *constringere*) ***tr.*** Obligar, precisar [a uno] que haga una cosa. 2 Impedir o quitar la libertad para realizar algo. 3 MED. Apretar y cerrar como oprimiendo. ◇ ** CONJUG. [36] como ***ceñir.***
constricción (l. *-ctione*) ***f.*** Acción de constreñir. 2 Efecto de constreñir.
constrictivo, -va ***adj.*** Que tiene virtud de constreñir.
constrictor, -ra ***adj.*** Que produce constricción. -2 ***adj.-m.*** Medicamento que se emplea para constreñir.
constringente ***adj.*** Que constriñe o aprieta.
constriñir ***tr.*** Constreñir. ◇ ** CONJUG. [40] como ***muñir.***
construcción ***f.*** Acción de construir. 2 Efecto de construir. 3 Tratándose de edificios, obra construida. 4 Arte de construir. 5 GRAM. Ordenamiento y disposición sintáctica de las palabras en la oración y las oraciones en el período. 6 ***Figuras de ~,*** alteraciones de la construcción sintáctica regular en beneficio de la expresividad del lenguaje, p. ej. el hipérbaton, la elipsis, el pleonasmo.
constructivismo ***m.*** ARQ. Movimiento artístico, abstracto y vanguardista, nacido en Rusia a principios del siglo XX, que incorpora a la obra artística espacio y tiempo, a fin de conseguir formas dinámicas.
constructivo, -va ***adj.*** Que construye o sirve para construir, por oposición a lo que destruye: *crítica constructiva.*
constructor, -ra ***adj.-s.*** Que construye.
construir (l. *-uere*) ***tr.*** Hacer con los elementos necesarios y siguiendo un plan [un mueble, una máquina, una casa, un navío, etc.]. 2 ant. Traducir [textos] del latín o del griego al castellano. 3 GRAM. Ordenar y enlazar debidamente las palabras [en la oración o frase] o las oraciones [en el período] para la expresión del pensamiento: *este escritor no construye con elegancia.* ◇ ** CONJUG. [62] como ***huir.***
consubstanciación ***f.*** Doctrina luterana según la cual el cuerpo y la sangre de Jesucristo se hallan presentes en la eucaristía sin que por ello quede destruida la substancia del pan y del vino. ◇ Se le opone la doctrina católica de la *transubstanciación.*
consubstancial (l. ecl. *-ale*) ***adj.*** Que es de la misma substancia, individua naturaleza y esencia con otro.
consubstancialidad ***f.*** Calidad de consubstancial.
consuegrar ***intr.*** Hacerse un padre o una madre consuegro o consuegra de otro padre o madre.
consuegro, -gra (l. *consoceru*) ***m. f.*** Padre o madre de un cónyuge, respecto del padre o madre del otro.
consuelda (v. *consólida*) ***f.*** Hierba boraginácea, vellosa, de hojas ovales, flores en racimos colgantes y rizoma mucilaginoso, empleado en medicina *(Symphytum officinale).* 2 ~ ***menor,*** hierba boraginácea, muy parecida a la anterior, pero con los rizomas tuberosos *(S. tuberosum).*
SIN. **Suelda. / Sínfito.**

CONJUGACIÓN (continuación)

55. ELEGIR (la *e* se convierte en *i* en determinados tiempos y personas y la *g* se convierte en *j* delante de *a* y *o*)

Indicativo				Subjuntivo			Imperativo
Presente	Indefinido	Futuro	Potencial	Presente	Imperfecto	Futuro	
elijo	elegí			*elija*	*eligiera*	*eligiere*	
eliges	elegiste			*elijas*	*eligieras*	*eligieres*	*elige* (tú)
elige	*eligió*			*elija*	*eligiera*	*eligiere*	*elija* (él)
elegimos	elegimos			*elijamos*	*eligiéramos*	*eligiéremos*	*elijamos* (nos.)
elegís	elegisteis			*elijáis*	*eligierais*	*eligiereis*	elegid (vos.)
eligen	*eligieron*			*elijan*	*eligieran*	*eligieren*	*elijan* (ellos)
					o		
					eligiese		
					eligieses		
					eligiese		
					eligiésemos		
					eligieseis		
					eligiesen		

56. SEGUIR (la *e* se convierte en *i* en determinados tiempos y personas y la *gu* en *g* delante de *a* y *o*)

Indicativo				Subjuntivo			Imperativo
Presente	Indefinido	Futuro	Potencial	Presente	Imperfecto	Futuro	
sigo	seguí			*siga*	*siguiera*	*siguiere*	
sigues	seguiste			*sigas*	*siguieras*	*siguieres*	*sigue* (tú)
sigue	*siguió*			*siga*	*siguiera*	*siguiere*	*siga* (él)
seguimos	seguimos			*sigamos*	*siguiéramos*	*siguiéremos*	*sigamos* (nos.)
seguís	seguisteis			*sigáis*	*siguierais*	*siguiereis*	seguid (vos.)
siguen	*siguieron*			*sigan*	*siguieran*	*siguieren*	*sigan* (ellos)
					o		
					siguiese		
					siguieses		
					siguiese		
					siguiésemos		
					siguieseis		
					siguiesen		

57. ERRAR (la *e* se convierte en *ye* en sílaba tónica)

Indicativo				Subjuntivo			Imperativo
Presente	Indefinido	Futuro	Potencial	Presente	Imperfecto	Futuro	
yerro				*yerre*			
yerras				*yerres*			*yerra* (tú)
yerra				*yerre*			*yerre* (él)
erramos				*erremos*			erremos (nos.)
erráis				erréis			errad (vos.)
yerran				*yerren*			*yerren* (ellos)

consuelo *m.* Lo que consuela. 2 Gozo, alegría. fig. *Sin* ~, sin medida ni tasa.
consueta (l. *consuetu,* acostumbrado) *com.* Apuntador de teatro. -2 *f. pl.* Conmemoraciones comunes que se dicen ciertos días en el oficio divino al fin de las laudes y vísperas. 3 Reglas consuetudinarias por que se rige un cabildo o capítulo eclesiástico; en sing., conjunto de estas reglas y una de ellas en particular. SIN. *2* y *3* **Sufragios.**
consuetudinario, -ria (l. *-iu* < *consuetudo,* costumbre) *adj.* Que es de costumbre: *derecho* ~. 2 [pers.] Que tiene costumbre de cometer alguna culpa.
cónsul (l.) *m.* Magistrado que tenía en la República romana la suprema autoridad y cuya magistratura duraba solamente un año; p. ext., en diferentes épocas magistrado o funcionario. -2 *com.* Agente diplomático que cuida de proteger en una población las personas e intereses de los nacionales del país que representa: ~ *de España en Buenos Aires;* ~ ***general,*** jefe del servicio consular de su nación en el país en que reside. 3 Magistrado de algunas repúblicas o municipios.
cónsula *f.* Mujer del cónsul.
consulado *m.* Dignidad de cónsul romano. 2 Tiempo que duraba esta dignidad. 3 Tribunal que entendía en asuntos comerciales de mar y tierra. 4 Cargo de cónsul. 5 Oficina de un cónsul. 6 Territorio o distrito en que un cónsul ejerce su autoridad.
consular *adj.* Relativo a un cónsul o a los cónsules: *provincia* ~*; jurisdicción* ~.
consularmente *adv. m.* En calidad de cónsul.
consulesa *f.* Mujer del cónsul.
consulta *f.* Acción de consultar. 2 Efecto de consultar. 3 Reunión de dos o más personas para aconsejarse entre sí sobre una determinación o temor, y esp. la de un médico y un enfermo o un abogado y su cliente. 4 Parecer o dictamen acerca de una cosa consultada. 5 Clínica o local donde el médico visita a sus enfermos.
consultable *adj.* Digno de consultarse o preguntarse.
consultación *f.* Consulta (reunión).
consultante *adj.-s.* Que consulta.
consultar (l. *-are*) *tr.* Deliberar, tratar con una o varias personas [sobre lo que se ha de hacer en un negocio]: ~ *una dificultad;* ~ *lo que conviene; ya tengo con quien* ~. 2 Pedir parecer, dictamen o consejo: ~ *una dificultad al,* o *con el, confesor;* ~ *a sus consejeros, a las cortes;* ~ *a,* o *con, la razón.* 3 Averiguar datos. 4 Dar los consejos, tribunales, etc., al rey o a otra autoridad dictamen por escrito [sobre un asunto] o proponerse [sujetos] para un empleo: *prevengo al Consejo trate y me consulte los medios de ordenar su archivo; el Consejo consulta todos los empleos civiles; el Consejo consultó favorablemente al Rey.* -5 *tr.-intr.* Hacerse examinar por un médico.

CONJUGACIÓN (continuación)

58. AGORAR (la *o* diptonga *ue* en sílaba tónica y la *g* se convierte en *gü* delante de *e*)

INDICATIVO				SUBJUNTIVO			IMPERATIVO
Presente	Indefinido	Futuro	Potencial	Presente	Imperfecto	Futuro	
agüero				*agüere*			
agüeras				*agüeres*			*agüera* (tú)
aguëra				*agüere*			*agüere* (él)
agoramos				agoremos			agoremos (nos.)
agoráis				agoréis			agorad (vos.)
agüeran				*aguëren*			*agüeren* (ellos)

59. DESOSAR (la *o* se convierte en *hue* en sílaba tónica)

INDICATIVO				SUBJUNTIVO			IMPERATIVO
Presente	Indefinido	Futuro	Potencial	Presente	Imperfecto	Futuro	
deshueso				*deshuese*			
deshuesas				*deshueses*			*deshuesa* (tú)
deshuesa				*deshuese*			*deshuese* (él)
desosamos				desosemos			desosemos (nos.)
desosáis				desoséis			desosad (vos.)
deshuesan				*deshuesen*			*deshuesen* (ellos)

60. OLER (la *o* se convierte en *hue* en sílaba tónica)

INDICATIVO				SUBJUNTIVO			IMPERATIVO
Presente	Indefinido	Futuro	Potencial	Presente	Imperfecto	Futuro	
huelo				*huela*			
hueles				*huelas*			*huele* (tú)
huele				*huela*			*huela* (él)
olemos				olamos			olamos (nos.)
oléis				oláis			oled (vos.)
huelen				*huelan*			*huelan* (ellos)

61. LEER (la *i* de la desinencia se convierte en *y* delante de *o* y *e*)

INDICATIVO				SUBJUNTIVO			IMPERATIVO
Presente	Indefinido	Futuro	Potencial	Presente	Imperfecto	Futuro	
	leí				**leyera**	**leyere**	
	leíste				**leyeras**	**leyeres**	
	leyó				**leyera**	**leyere**	
	leímos				**leyéramos**	**leyéremos**	
	leísteis				**leyerais**	**leyereis**	
	leyeron				**leyeran**	**leyeren**	
					o		
					leyese		
					leyeses		
					leyese		
					leyésemos		
					leyeseis		
					leyesen		

consultativo, -va *adj.* ANGLIC. Consultivo.

consultivo, -va *adj.* [materia] Que los consejos o tribunales deben consultar con el gobierno. 2 [junta o corporación] Establecido para ser oído y consultado por los que gobiernan.
SIN. *2* **Asesor.**

consultor, -ra *adj.-s.* Que da su parecer, consultado sobre algún asunto. 2 Que consulta. 3 Individuo no investido con la dignidad cardenalicia que con voz y voto forma parte de algunas de las congregaciones de la curia romana. 4 ~ ***del Santo Oficio,*** ministro del tribunal de la Inquisición que antig. asistía a las vistas y daba su parecer antes que el ordinario; últimamente sólo servía de suplente en ausencia o enfermedad, a los abogados de los presos pobres.
SIN. *1* **Asesor.**

consultorio *m.* Establecimiento privado donde se despachan informes sobre materias técnicas. 2 Establecimiento particular en el que uno o más médicos reciben a los enfermos que van a consultarles. 3 Sección que en los periódicos o en las emisoras de radio, está destinada a contestar las preguntas que les hace el público.
SIN. *2* **Policlínica,** cuando es de varias especialidades.

consumación *f.* Acción de consumar. 2 Efecto de consumar. 3 Extinción, acabamiento total: ***la ~ de los siglos,*** el fin del mundo.

consumadamente *adv. m.* Perfectamente.

consumado, -da (l. *consummatu*) *adj.* Perfecto en su línea: *~ escritor; ~ en una Facultad.* -2 *m.* Caldo de carnes, muy substancioso.
SIN. *2* **Consomé.**

consumador, -ra *adj.-s.* Que consuma.

consumar (l. *consummare*) *tr.* Llevar a cabo totalmente [una cosa]. 2 DER. Dar cumplimiento [a un acto jurídico, esp. a un contrato].

consumativo, -va *adj.* Que consuma o perfecciona.

consumero *m.* Empleado de consumos.
SIN. **Portalero.**

consumible *adj.* Que puede consumirse o ser consumido.

consumición (de *consumir*) *f.* Consunción (acción y efecto). 2 Consumo (gasto). 3 Lo que se consume en un café o en cualquier establecimiento público de comidas y bebidas.

consumido, -da (de *consumir*) *adj.* fig. Muy flaco, extenuado y macilento. 2 Que se aflige con poco motivo.

consumidor, -ra *adj.-s.* Que consume. -2 *m. f.* Persona o conjunto de personas que satisface sus necesidades mediante el uso de los bienes y servicios generados en el proceso productivo.

consumimiento (de *consumir*) *m.* Consunción (acción y efecto).

consumir (l. *-ere*) *tr.-prnl.* Destruir: *el fuego consume la leña;*

CONJUGACIÓN (continuación)

62. HUIR (la *i* se convierte en *y* delante de *a, e* y *o*)

Indicativo				Subjuntivo			Imperativo
Presente	Indefinido	Futuro	Potencial	Presente	Imperfecto	Futuro	
huyo	huí			*huya*	*huyera*	*huyere*	
huyes	huiste			*huyas*	*huyeras*	*huyeres*	*huye* (tú)
huye	*huyó*			*huya*	*huyera*	*huyere*	*huya* (él)
huimos	huimos			*huyamos*	*huyéramos*	*huyéramos*	*huyamos* (nos.)
huís	huisteis			*huyáis*	*huyerais*	*huyereis*	huid (vos.)
huyen	*huyeron*			*huyan*	*huyeran*	*huyeren*	*huyan* (ellos)
					o		
					huyese		
					huyeses		
					huyese		
					huyésemos		
					huyeseis		
					huyesen		

63. ARGÜIR (la *i* se convierte en *y* delante de *a, e* y *o,* y la *gü* en *gu* delante de *y*)

Indicativo				Subjuntivo			Imperativo
Presente	Indefinido	Futuro	Potencial	Presente	Imperfecto	Futuro	
arguyo	argüí			*arguya*	*arguyera*	*arguyere*	
arguyes	argüiste			*arguyas*	*arguyeras*	*arguyeres*	*arguye* (tú)
arguye	argu*yó*			*arguya*	*arguyera*	*arguyere*	*arguya* (él)
argüimos	argüimos			*arguyamos*	*arguyéramos*	*arguyéremos*	*arguyamos* (nos.)
argüís	argüisteis			*arguyáis*	*arguyerais*	*arguyereis*	argüid (vos.)
arguyen	argu*yeron*			*arguyan*	*arguyeran*	*arguyeren*	*arguyan* (ellos)
					o		
					argu*yese*		
					arguyeses		
					arguyese		
					arguyésemos		
					arguyeseis		
					arguyesen		

Verbos irregulares

Por último, reunimos en este grupo los verbos irregulares propiamente dichos, cuyas irregularidades son de distintos tipos y no pueden agruparse en una sola de las clasificaciones previstas.

consumirse a fuego lento; extinguir: *el vicio consumió su hacienda;* hablando de enfermedades o trabajos, aniquilar: *consumirse con la fiebre; consumirse en largas meditaciones.* 2 Desazonar, afligir: *su lentitud me consume; consumirse de fastidio.* -3 ***tr.*** Gastar [comestibles u otros géneros]. 4 Hacer uso de bienes y valores no consumibles: *la sociedad consume mucha información.* 5 Tomar el sacerdote en la misa [el cuerpo y sangre de Jesucristo] bajo las especies de pan y vino: *~ el cáliz; estuvo arrodillado desde el sanctus hasta consumir;* ant., beber [el vino de la ablución] en la misa. 6 *Colomb.* Sumergir [algo].
SIN. *5* **Sumir.** Acción de sumir o consumir, **sunción.**

consumismo ***m.*** Actitud de consumir bienes y valores sin aparente necesidad.

consumista ***adj.-s.*** Que practica el consumismo.

consumo (de *consumir*) ***m.*** Gasto de aquellas cosas que con el uso se extinguen o destruyen. 2 Cantidad de energía o combustible que necesita un motor o un vehículo para asegurar su funcionamiento a lo largo de una distancia dada o durante determinado tiempo. -3 ***m. pl.*** Impuesto municipal sobre ciertos géneros introducidos en una población para su venta y consumo.

consunción (l. *consumptione*) ***f.*** Acción de consumir o consumirse. 2 Efecto de consumir o consumirse. 3 Enflaquecimiento.
SIN. *1* y *2* **Consumición** y **consumimiento.** *3* MED. **Tabes.**

consuno (de ~) (*con-, so [II]* y *uno*) ***loc. adv.*** De común acuerdo.

consuntivo, -va ***adj.*** Que tiene virtud de consumir. ◇ Us. esp. en medicina: *enfermedad consuntiva.*

consunto, -ta (l. *consumptu*) pp. irreg. de *consumir.*

consustancial ***adj.*** Consubstancial.

consustancialidad ***f.*** Consubstancialidad.

contabilidad ***f.*** Calidad de contable. 2 Orden adoptado para llevar las cuentas en debida forma: *~* ***nacional,*** sistema contable que permite una representación cuantitativa simplificada de la economía; *~* ***pública,*** conjunto de procedimientos que rigen la ejecución financiera y la comprobación de las operaciones del estado y demás entes públicos.

contabilizar ***tr.*** Apuntar [una partida o cantidad] en los libros de cuentas. 2 Estudiar, plantear o desarrollar [un negocio, proyecto, etc.] en cifras contables. ◇ ** CONJUG. [4] como ***realizar.***

contable ***adj.*** Que puede ser contado. -2 ***com.*** Persona que por profesión se dedica a la contabilidad.
SIN. *2* **Tenedor de libros, contador.**

contactar ***tr.*** Establecer contacto o comunicación.

contacto (l. *-tu*) ***m.*** Acción de tocarse dos o más cosas. 2 Efecto de tocarse dos o más cosas. 3 Parte por donde se tocan. 4 Conexión en gral.; esp., la eléctrica y la que se establece por radio. 5 Mecanismo para abrir o cerrar un circuito eléctrico. 6 fig. Relación o comunicación entre personas: ***poner*** o ***ponerse en ~,***

CONJUGACIÓN (continuación)

64. ANDAR

Indicativo				Subjuntivo			Imperativo
Presente	Indefinido	Futuro	Potencial	Presente	Imperfecto	Futuro	
	anduve				**anduviera**	**anduviere**	
	anduviste				**anduvieras**	**anduvieres**	
	anduvo				**anduviera**	**anduviere**	
	anduvimos				**anduviéramos**	**anduviéremos**	
	anduvisteis				**anduvierais**	**anduviereis**	
	anduvieron				**anduvieran**	**anduvieren**	
					o		
					anduviese		
					anduvieses		
					anduviese		
					anduviésemos		
					anduvieseis		
					anduviesen		

65. ASIR

Indicativo				Subjuntivo			Imperativo
Presente	Indefinido	Futuro	Potencial	Presente	Imperfecto	Futuro	
asgo				**asga**			
ases				**asgas**			**ase** (tú)
ase				**asga**			**asga** (él)
asimos				**asgamos**			**asgamos** (nos.)
asís				**asgáis**			asid (vos.)
asen				**asgan**			**asgan** (ellos)

66. CABER

Indicativo				Subjuntivo			Imperativo
Presente	Indefinido	Futuro	Potencial	Presente	Imperfecto	Futuro	
quepo	**cupe**	**cabré**	**cabría**	**quepa**	**cupiera**	**cupiere**	
cabes	**cupiste**	**cabrás**	**cabrías**	**quepas**	**cupieras**	**cupieres**	cabe (tú)
cabe	**cupo**	**cabrá**	**cabría**	**quepa**	**cupiera**	**cupiere**	**quepa** (él)
cabemos	**cupimos**	**cabremos**	**cabríamos**	**quepámos**	**cupiéramos**	**cupiéremos**	**quepamos** (nos.)
cabéis	**cupisteis**	**cabréis**	**cabríais**	**quepáis**	**cupierais**	**cupiereis**	cabed (vos.)
caben	**cupieron**	**cabrán**	**cabrían**	**quepan**	**cupieran**	**cupieren**	**quepan** (ellos)
					o		
					cupiese		
					cupieses		
					cupiese		
					cupiésemos		
					cupieseis		
					cupiesen		

iniciar esta relación o comunicación. 7 FOT. Prueba positiva de un cliché fotográfico del mismo tamaño que éste.

contactología (*contacto + -logía*) *f.* Técnica de fabricación de lentes de contacto.

contactólogo, -ga *m. f.* Especialista en la aplicación de lentes de contacto.

contadero, -ra *adj.* Que se puede o se ha de contar; como los días, meses y años. -2 *m.* Pasadizo estrecho dispuesto de manera que puedan entrar o salir personas o animales tan sólo de uno en uno.

contado, -da (de *contar*) *adj.* Raro, poco: *contadas veces.* 2 Determinado, señalado: ***al*** ~ *(o a luego pagar),* con dinero contante; ***por de*** ~, por supuesto, de seguro. -3 *m. Colomb.* Plazo. ◇ En la acepción *1* se usa generalmente en plural.

contador, -ra *adj.-s.* Que cuenta. -2 *m.* Persona que en una gestión o administración lleva la cuenta y razón de la entrada y salida de caudales. 3 Persona nombrada por juez competente, o por las mismas partes, para liquidar una cuenta. 4 Aparato para llevar la cuenta automáticamente del número de revoluciones de una rueda, del volumen de agua o de gas que pasa por una cañería, etc. 5 Mesa en que los mercaderes suelen recibir y dar el dinero. 6 Especie de escritorio o papelera, con varias gavetas, sin puertecillas ni adornos de remates. 7 ***Sin*** ~, sin medida. -8 *m. f. Ecuad.* Prestamista.

contaduría *f.* Oficio de contador. 2 Oficina del contador. 3 Oficina donde se lleva la cuenta y razón de los caudales o gastos de una institución, administración, etc.: ~ *de ejército;* ~ *de la provincia.* 4 Administración de un espectáculo público, en donde se expenden los billetes con anticipación. 5 Contabilidad. 6 *Ecuad.* Casa de empeños.

contagiar *tr.* Transmitir [a uno] una enfermedad por contagio: *nos contagió con sus dolencias; la locura del amo contagió al escudero.* -2 *prnl.* Adquirir por contagio una enfermedad: *contagiarse del,* o *por el,* o *con el, roce.* -3 *tr.-prnl.* Pervertir [a uno] con el mal ejemplo. ◇ ** CONJUG. [12] como ***cambiar.***

SIN. *1* **Pegar, inficionar, contaminar; infectar,** como voz culta o técn.; **inocular,** cuando se hace por medios artificiales.

contagio (l. *-iu*) *m.* Transmisión, por contacto inmediato o mediato, de una enfermedad específica. 2 Germen de la enfermedad contagiosa. 3 La misma enfermedad contagiosa. 4 fig. Perversión que resulta del mal ejemplo o de la mala doctrina. 5 fig. Imitación de algún gesto, modo de reír o hablar, etc., hecha impensadamente. 6 fig. Transmisión de sentimientos, actitudes, simpatías, etc., a consecuencia de influencias de uno u otro orden.

REL. v. **Epidemia.**

contagiosidad *f.* Calidad de contagioso.

contagioso, -sa *adj.* [enfermedad] Que se contagia. 2 Que

CONJUGACIÓN (continuación)

67. CAER

Indicativo Presente	Indefinido	Futuro	Potencial	Subjuntivo Presente	Imperfecto	Futuro	Imperativo
caigo	caí			**caiga**	**cayera**	**cayera**	
caes	caíste			**caigas**	**cayeras**	**cayeres**	cae (tú)
cae	**cayó**			**caiga**	**cayera**	**cayere**	**caiga** (él)
caemos	caímos			**caigamos**	**cayéramos**	**cayéremos**	**caigamos** (nos.)
caéis	caísteis			**caigáis**	**cayerais**	**cayéreis**	caed (vos.)
caen	**cayeron**			**caigan**	**cayeran**	**cayeren**	**caigan** (ellos)
					o		
					cayese		
					cayeses		
					cayese		
					cayésemos		
					cayeseis		
					cayesen		

68. DAR

Indicativo Presente	Indefinido	Futuro	Potencial	Subjuntivo Presente	Imperfecto	Futuro	Imperativo
doy	**di**			**dé**	**diera**	**diere**	
das	**diste**			des	**dieras**	**dieres**	da (tú)
da	**dio**			**dé**	**diera**	**diere**	**dé** (él)
damos	**dimos**			demos	**diéramos**	**diéremos**	demos (nos.)
dais	**disteis**			deis	**dierais**	**diereis**	dad (vos.)
dan	**dieron**			den	**dieran**	**dieren**	den (ellos)
					o		
					diese		
					dieses		
					diese		
					diésemos		
					dieseis		
					diesen		

69. DECIR

Indicativo Presente	Indefinido	Futuro	Potencial	Subjuntivo Presente	Imperfecto	Futuro	Imperativo
digo	**dije**	**diré**	**diría**	**diga**	**dijera**	**dijere**	
dices	**dijiste**	**dirás**	**dirías**	**digas**	**dijeras**	**dijeres**	**di** (tú)
dice	**dijo**	**dirá**	**diría**	**diga**	**dijera**	**dijere**	**diga** (él)
decimos	**dijimos**	**diremos**	**diríamos**	**digamos**	**dijéramos**	**dijéremos**	**digamos** (nos.)
decís	**dijisteis**	**diréis**	**diríais**	**digáis**	**dijerais**	**dijereis**	decid (vos.)
dicen	**dijeron**	**dirán**	**dirían**	**digan**	**dijeran**	**dijeren**	**digan** (ellos)
					o		
					dijese		
					dijeses		
					dijese		
					dijésemos		
					dijeseis		
					dijesen		

tiene mal que se contagia. 3 fig. [vicio, costumbre] Que se contagia con el trato.
SIN. *1* y *3* **Pegadizo, pegajoso.**

contáiner (voz inglesa) ***m.*** Recipiente que se emplea para el transporte de diversas mercancías para protegerlas sin que sufran manipulaciones, entre puntos muy distantes.

contal ***m.*** Sartal para contar.

contaminación ***f.*** Acción de contaminar o contaminarse. 2 Efecto de contaminar o contaminarse.

contaminador, -ra ***adj.*** Que contamina.

contaminante ***adj.*** Que contamina.

contaminar (l. *-are*) ***tr.*** Penetrar la inmundicia [en un cuerpo] causando en él manchas o mal olor. 2 Contagiar, inficionar. 3 fig. Pervertir, mancillar [la pureza de la fe o de las costumbres]: *contaminarse con los vicios; contaminarse de,* o *en, la herejía.* 4 fig. Hablando [de la ley de Dios], infringirla, pecar contra ella. 5 Corromper o alterar [un texto]. -6 ***tr.-intr.*** Degradar el entorno mediante la emisión de elementos nocivos. 7 p. ext. *y* fig. Contagiarse de ideas perjudiciales.

contante (de *contar*) ***adj.*** [dinero] Efectivo. ◇ También *contante y sonante.*

contar (v. *computar*) ***tr.*** Notar uno por uno o por grupos [objetos homogéneos] para saber cuántas unidades hay en el conjunto: ~ *los días;* ~ *una cosa por,* o *con, los dedos;* ~ *los huevos por docenas.* 2 Tener, haber, existir [cosas que se pueden numerar]: *cuenta veinte años; se contaban tres mil soldados.* 3 Poner o meter en cuenta: *te los contaré a dos pesetas; sin contar a las mujeres, llegan a mil; los niños cuentan.* 4 Poner [a uno] en el número, clase u opinión que le corresponde: *le cuento entre mis amigos,* o *por mi amigo.* 5 Referir o narrar [un suceso real o imaginario]: ~ *una hazaña por verdadera.* -6 ***intr.*** Hacer, formar cuentas según reglas de aritmética: *a esta edad ha de saber* ~. 7 Con la preposición *con,* tener presente a una persona o cosa, confiar en ella para el logro de algún fin: ~ *con sus fuerzas, con su padre;* fig., ~ ***uno por hecha una cosa,*** dar tanto valor a la promesa o al deseo de hacerla, como si se hubiera ejecutado. ◇ ** CONJUG. [31].
SIN. *5* **Referir, narrar, relatar,** los tres de uso culto; **narrar** y **relatar** sugieren extensión en lo contado , mayor que los demás; **relacionar,** se refiere a hechos reales, no imaginarios.

contario ***m.*** Contero.

contemperar (l. *-are*) ***tr.*** Atemperar.

contemplación ***f.*** Acción de contemplar. -2 ***f. pl.*** Complacencias, miramientos: *andar con contemplaciones.*

contemplador, -ra ***adj.-s.*** Que contempla. -2 ***adj.*** Contemplativo.

contemplar (l. *-ari*) ***tr.*** Aplicar la mente [a un objeto material o espiritual] con atención y algún particular afecto. 2 TEOL. esp.

CONJUGACIÓN (continuación)

70. ERGUIR

Indicativo				Subjuntivo			Imperativo
Presente	Indefinido	Futuro	Potencial	Presente	Imperfecto	Futuro	
irgo / yergo	erguí			**irga / yerga**	**irguiera**	**irguiere**	
irgues / yergues	erguiste			**irgas / yergas**	**irguieras**	**irguieres**	**irgue / yergue** (tú)
irgue / yergue	**irguió**			**irga / yerga**	**irguiera**	**irguiere**	**irga / yerga** (él)
erguimos	erguimos			**irgamos**	**irguiéramos**	**irguiéremos**	**irgamos** (nos.)
erguís	erguisteis			**irgáis**	**irguierais**	**irguiereis**	erguid (vos.)
irgen / yerguen	**irguieron**			**irgan / yergan**	**irguieran**	**irguieren**	**irgan / yergan** (ellos)
					o		
					irguiese		
					irguieses		
					irguiese		
					irguiésemos		
					irguieseis		
					irguiesen		

71. ESTAR

Indicativo				Subjuntivo			Imperativo
Presente	Indefinido	Futuro	Potencial	Presente	Imperfecto	Futuro	
estoy	**estuve**				**estuviera**	**estuviere**	
estás	**estuviste**				**estuvieras**	**estuvieres**	
está	**estuvo**				**estuviera**	**estuviere**	
estamos	**estuvimos**				**estuviéramos**	**estuviéremos**	
estáis	**estuvisteis**				**estuvierais**	**estuviereis**	
están	**estuvieron**				**estuvieran**	**estuvieren**	
					o		
					estuviese		
					estuvieses		
					estuviese		
					estuviésemos		
					estuvieseis		
					estuviesen		

72. HABER

Indicativo				Subjuntivo			Imperativo
Presente	Indefinido	Futuro	Potencial	Presente	Imperfecto	Futuro	
he	**hube**	**habré**	**habría**	**haya**	**hubiera**	**hubiere**	
has	**hubiste**	**habrás**	**habrías**	**hayas**	**hubieras**	**hubieres**	**he** (tú)
ha	**hubo**	**habrá**	**habría**	**haya**	**hubiera**	**hubiere**	**haya** (él)
hemos	**hubimos**	**habremos**	**habríamos**	**hayamos**	**hubiéramos**	**hubiéremos**	**hayamos** (nos.)
habéis	**hubisteis**	**habréis**	**habríais**	**hayáis**	**hubierais**	**hubiereis**	habed (vos.)
han	**hubieron**	**habrán**	**habrían**	**hayan**	**hubieran**	**hubiren**	**hayan** (ellos)
					o		
					hubiese		
					hubieses		
					hubiese		
					hubiésemos		
					hubieseis		
					hubiesen		

Absortar el alma en la vista y consideración [de Dios o en los misterios de la religión]: *no contempla otra cosa fuera de sí; intr., ~ en Dios; ~ en el misterio de la Santísima Trinidad.* 3 en gral. Mirar, considerar: *el jefe contemplaba la multitud enemiga.* 4 Complacer, ser muy condescendiente [con uno]. 5 barb. Considerar, examinar, analizar: *la ley contempla ese hecho.*

contemplativamente *adv.* Con contemplación.

contemplativo, -va *adj.* Relativo a la contemplación. 2 Que contempla o acostumbra contemplar. 3 Dado a la contemplación de las cosas divinas.

contemporáneamente *adv. t.* Al mismo tiempo; en la misma época.

contemporaneidad *f.* Calidad de contemporáneo.

contemporáneo, -a (l. *-eu*) *adj.-s.* Que existe al mismo tiempo que otra persona o cosa. 2 Relativo al tiempo o época actual.

SIN. *1* **Coetáneo, sincrónico, simultáneo;** todos indican coincidencia en el tiempo, pero **contemporáneo,** y más aún **coetáneo,** se refieren a un largo período de límites indeterminados: *Cervantes y Shakespeare son contemporáneos;* **coetáneo,** se usa también aplicado estrictamente a personas de la misma edad aproximada; **sincrónico,** denota correspondencia exacta de hechos o fenómenos: *cuadro sincrónico de la literatura del siglo XVII; marcha sincrónica de dos relojes;* **simultáneo,** señala coincidencia precisa en un tiempo definido: *la llegada de los dos trenes fue simultánea.*

contemporización *f.* Acción de contemporizar. 2 Efecto de contemporizar.

contemporizador, -ra *adj.-s.* Que contemporiza.

contemporizar (*con-* + *temporizar*) *intr.* Acomodarse uno al gusto o dictamen ajeno por algún fin particular. ◇ ** CONJUG. [4] como ***realizar.***

SIN. **Temporizar.** Cuando se hace con miras interesadas, y tomándose a mala parte, **pastelear;** V. **condescender** y **consentimiento.**

contención *f.* Acción de contener (reprimir). 2 Efecto de contener (reprimir). 3 Contienda, emulación. 4 DER. Litigio trabado entre dos partes.

contencioso, -sa (l. *contentiosu*) *adj.* [pers.] Que, por costumbre, contradice o disputa todo lo que otros afirman. 2 DER. [materia] Sobre que se contiende en juicio, o [forma] en que se litiga. 3 DER. [negocio] Sujeto al juicio de los tribunales en contraposición a los llamados administrativos. V. Recurso contencioso-administrativo.

contendedor *m.* Que contiende.

contender (l. *-ere*) *intr.* Pelear, luchar, batallar materialmente: *~ con uno; ~ por las armas; ~ sobre el imperio de África.* 2 fig. Competir, rivalizar: *~ en hidalguía.* 3 Disputar (debatir). ◇ ** CONJUG. [28] como ***entender.***

SIN. *2* V. **Competir.**

contendiente *adj.-s.* Que contiende.

CONJUGACIÓN (continuación)

73. HACER

Indicativo: Presente	Indefinido	Futuro	Potencial	Subjuntivo: Presente	Imperfecto	Futuro	Imperativo
hago	**hice**	**haré**	**haría**	**haga**	**hiciera**	**hiciere**	
haces	**hiciste**	**harás**	**harías**	**hagas**	**hicieras**	**hicieres**	**haz** (tú)
hace	**hizo**	**hará**	**haría**	**haga**	**hiciera**	**hiciere**	**haga** (él)
hacemos	**hicimos**	**haremos**	**haríamos**	**hagamos**	**hiciéramos**	**hiciéremos**	**hagamos** (nos.)
hacéis	**hicisteis**	**haréis**	**haríais**	**hagáis**	**hicierais**	**hiciereis**	haced (vos.)
hacen	**hicieron**	**harán**	**harían**	**hagan**	**hicieran**	**hicieren**	**hagan** (ellos)
					o		
					hiciese		
					hicieses		
					hiciese		
					hiciésemos		
					hicieseis		
					hiciesen		

74. IR

Indicativo: Presente	Imperfecto	Indefinido	Potencial	Subjuntivo: Presente	Imperfecto	Futuro	Imperativo
voy	**iba**	**fui**		**vaya**	**fuera**	**fuere**	
vas	**ibas**	**fuiste**		**vayas**	**fueras**	**fueres**	**ve** (tú)
va	**iba**	**fue**		**vaya**	**fuera**	**fuere**	**vaya** (él)
vamos	**íbamos**	**fuimos**		**vayamos**	**fuéramos**	**fuéremos**	**vayamos** (nos.)
vais	**ibais**	**fuisteis**		**vayáis**	**fuerais**	**fuereis**	**id** (vos.)
van	**iban**	**fueron**		**vayan**	**fueran**	**fueren**	**vayan** (ellos)
					o		
					fuese		
					fueses		
					fuese		
					fuésemos		
					fueseis		
					fuesen		

75. OÍR

Indicativo: Presente	Indefinido	Futuro	Potencial	Subjuntivo: Presente	Imperfecto	Futuro	Imperativo
oigo	oí			**oiga**	**oyera**	**oyere**	
oyes	oíste			**oigas**	**oyeras**	**oyeres**	**oye** (tú)
oye	**oyó**			**oiga**	**oyera**	**oyere**	**oiga** (él)
oímos	oímos			**oigamos**	**oyéramos**	**oyéremos**	**oigamos** (nos.)
oís	oísteis			**oigáis**	**oyerais**	**oyereis**	oíd (vos.)
oyen	**oyeron**			**oigan**	**oyeran**	**oyeren**	**oigan** (ellos)
					o		
					oyese		
					oyeses		
					oyese		
					oyésemos		
					oyeseis		
					oyesen		

contendor ***m.*** Contendedor.

contenedor, -ra ***adj.*** Que contiene. -2 ***m.*** Embalaje metálico grande y recuperable, de tipos y dimensiones normalizados internacionalmente y con dispositivos para facilitar su manejo.

contenencia (de *contener*) ***f.*** Parada o suspensión que hacen algunas aves, esp. las de rapiña, en el aire. 2 Paso de lado, en el cual parece que se contiene o detiene el que danza.

contener (l. *continere*) ***tr.*** Llevar o encerrar dentro de sí una cosa [a otra]: *la colección contiene cien obras; se contiene en los límites de sus estados.* 2 Reprimir o suspender [el movimiento de un cuerpo]: *~ los progresos de la invasión.* 3 fig. Reprimir o moderar [una pasión]: *~ el temor; contenerse en sus deseos.* 4 *Chile.* Significar, querer decir. ◇ ** CONJUG. [87] como ***tener.***

contenido, -da ***adj.*** Que se conduce con moderación. -2 ***m.*** Lo que se contiene dentro de una cosa: *el ~ de una caja; el ~ de la carta.* 3 LING. Significado de un signo lingüístico o de un enunciado.

conteniente ***adj.*** Que contiene.

contenta ***f.*** Agasajo con que se contenta a alguno. 2 Endoso. 3 Certificado de solvencia dado a los oficiales de cargo de los buques, al cesar en su cometido. 4 *Amér.* Declaración, gralte. escrita, por la cual uno se da por pagado o declara que una obligación ha sido satisfecha. 5 *Perú.* Premio máximo que otorgan las universidades, consistente en la exoneración de los derechos de matrícula o de alguno de los grados de bachiller o doctor.

contentadizo, -za ***adj.*** [pers.] Que fácilmente se contenta: ***bien*** o ***mal*** *~*, fácil o difícil de contentar.

contentado, -da ***m. f.*** *Perú.* Alumno de una universidad a quien se le agracia con una contenta (premio).

contentamiento ***m.*** Contento (alegría).

contentar (l. *-are*) ***tr.*** Satisfacer el gusto o las aspiraciones [de uno]; darle contento. 2 COM. p. us. Endosar (ceder). -3 ***prnl.*** Darse por contento o quedar contento: *contentarse con su suerte; contentarse con las apariencias.* -4 ***tr.-prnl.*** *Amér.* Reconciliar. 5 *Perú.* Otorgar en las universidades el premio llamado contenta.

contentible (l. *contemptibile*) ***adj.*** Despreciable.

contentivo, -va (del ant. *contento,* contenido, moderado) ***adj.*** Que contiene. 2 [pieza de apósito] Que sirve para contener otras.

contento, -ta (l. *-tu*) ***adj.*** Alegre, satisfecho. -2 ***m.*** Alegría, satisfacción. *A ~*, a satisfacción. -3 ***adj.*** *Bol., Guat.* y *P. Rico.* Reconciliado.

contentona ***adj.*** *S. Dom.* Alegrona.

contentura ***f.*** *Ant., Chile* y *Pan.* fest. Alegría, contento.

conteo (de *contar*) ***m.*** Cálculo, valoración. 2 *Colomb.* y *C. Rica.* Recuento.

contera (de *cuento,* regatón) ***f.*** Pieza gralte. de metal, que se pone en el extremo inferior del bastón, del paraguas, de la vaina de la espada, etc. 2 Cascabel (del cañón). 3 Estribillo (cláusula).

CONJUGACIÓN (continuación)

76. PLACER

Indicativo: Presente	Indefinido	Futuro	Potencial	Subjuntivo: Presente	Imperfecto	Futuro	Imperativo
plazco	plací			*plazca*	placiera	placiere	
places	placiste			*plazcas*	placieras	placieres	place (tú)
place	plació o **plugo**			*plazca o*	placiera o	placiere o	*plazca (él)*
placemos	placimos			**plegue**	**pluguiera**	**pluguiere**	*plazcamos* (nos.)
placéis	placisteis			*plazcamos*	placiéramos	placiéremos	placed (vos.)
placen	placieron o **pluguieron**			*plazcáis*	placierais	placiereis	*plazcan* (ellos)
				plazcan	placieran	placieren	
					o		
					placiese		
					placieses		
					placiese o		
					pluguiese		
					placiésemos		
					placieseis		
					placiesen		

77. PODER

Indicativo: Presente	Indefinido	Futuro	Potencial	Subjuntivo: Presente	Imperfecto	Futuro	Imperativo
puedo	**pude**	*podré*	*podría*	*pueda*	**pudiera**	**pudiere**	
puedes	**pudiste**	*podrás*	*podrías*	*puedas*	**pudieras**	**pudieres**	*puede* (tú)
puede	**pudo**	*podrá*	*podría*	*pueda*	**pudiera**	**pudiere**	*pueda* (él)
podemos	**pudimos**	*podremos*	*podríamos*	podamos	**pudiéramos**	**pudiéremos**	podamos (nos.)
podéis	**pudisteis**	*podréis*	*podríais*	podáis	**pudierais**	**pudiereis**	poded (vos.)
pueden	**pudieron**	*podrán*	*podrían*	*puedan*	**pudieran**	**pudieren**	*puedan* (ellos)
					o		
					pudiese		
					pudieses		
					pudiese		
					pudiésemos		
					pudieseis		
					pudiesen		

78. PONER

Indicativo: Presente	Indefinido	Futuro	Potencial	Subjuntivo: Presente	Imperfecto	Futuro	Imperativo
pongo	**puse**	**pondré**	**pondría**	**ponga**	**pusiera**	**pusiere**	
pones	**pusiste**	**pondrás**	**pondrías**	**pongas**	**pusieras**	**pusieres**	**pon** (tú)
pone	**puso**	**pondrá**	**pondría**	**ponga**	**pusiera**	**pusiere**	**ponga** (él)
ponemos	**pusimos**	**pondremos**	**pondríamos**	**pongamos**	**pusiéramos**	**pusiéremos**	**pongamos** (nos.)
ponéis	**pusisteis**	**pondréis**	**pondríais**	**pongáis**	**pusierais**	**pusiereis**	poned (vos.)
ponen	**pusieron**	**pondrán**	**pondrían**	**pongan**	**pusieran**	**pusieren**	**pongan** (ellos)
					o		
					pusiese		
					pusieses		
					pusiese		
					pusiésemos		
					pusieseis		
					pusiesen		

4 Conjunto de los tres versos con que se da remate a la sextina. 5 fig. Fin o remate de alguna cosa: *por* ~, por remate, por final.

contérmino, -na (l. *-nu*) *adj.* [pueblo o territorio] Confinante con otro.

contero (de *cuenta*) *m.* Moldura en forma de cuentas en serie.

conterráneo, -a (l. *-eu*) *adj.-s.* Natural de la misma tierra que otro. ◇ También *coterráneo.*

contertuliano, -na *m. f.* Contertulio.

contertulio, -lia *m. f.* Persona que concurre con otras a una tertulia.
SIN. **Tertulio, tertuliano, tertuliante.**

contesta *f. Can.* y *Amér.* vulg. Contestación. 2 *Méj.* Conversación, plática.

contestable *adj.* Que se puede contestar o impugnar.

contestación *f.* Acción de contestar. 2 Efecto de contestar. 3 Altercación o disputa. 4 Polémica, oposición o protesta, a veces violenta, contra lo establecido: *la ~ al ministro fue muy fuerte.* 5 DER. *~a la demanda,* escrito en que el demandado opone excepciones o defensas a la acción del demandante.

contestador, -ra *m. f.* Que contesta. -2 *m.* Aparato que da una contestación previamente codificada: ~ *telefónico,* el automático.

contestano, -na *adj.-s.* De la Contestania, reg. de la España Tarraconense.

contestar (l. *-ari*) *tr.* Responder [a lo que se pregunta, se habla o se escribe]: *contesto todas tus preguntas; ~ pocas palabras; contesto a tus cartas;* en gral., responder, corresponder: *abs., no contesta a nadie; París no contesta.* 2 Declarar y atestiguar en conformidad completa [con lo que otro u otros atestiguan]; mostrarse conteste con ellos: *ellos lo confirmaron, y lo contestaron los testigos.* 3 Comprobar, verificar. -4 *intr.* Someter a una crítica radical las instituciones, autoridades, formas de vida, etc., del sistema dominante. 5 Convenir o conformarse una cosa con otra: *todas las religiones de la Iglesia contestan uniformes en la estima del padre fray Luis.* 6 *Méj.* Conversar. 7 *Méj.* Discutir. ◇ GALIC.: por impugnar, negar: *estos hechos no pueden ser contestados.*

contestatario, -ria *adj.-s.* Que practica la contestación (polémica).

conteste (l. *cum,* con + *teste,* testigo) *adj.* Que testimonia con otro sin discrepar en nada.

contesto *m. Méj.* y *R. de la Plata.* Contestación.

contestón, -na *adj.-s.* [pers.] Que replica, por sistema, de malos modos, respondón.

contexto (l. *-tu*) *m.* Orden de composición o tejido de ciertas obras. 2 p. ext. Enredo, unión de cosas que se enlazan y entretejen. 3 fig. Serie del discurso, tejido de la narración, hilo de la historia. 4 Conjunto de palabras, más o menos extenso, que se

CONJUGACIÓN (continuación)

79. PREDECIR

Indicativo Presente	Indicativo Indefinido	Indicativo Futuro	Indicativo Potencial	Subjuntivo Presente	Subjuntivo Imperfecto	Subjuntivo Futuro	Imperativo
predigo	**predije**			**prediga**	**predijera**	**predijera**	**predice** (tú)
predices	**predijiste**			**predigas**	**predijeras**	**predijeras**	**prediga** (él)
predice	**predijo**			**prediga**	**predijera**	**predijera**	**predigamos** (nos.)
predecimos	**predijimos**			**predigamos**	**predijéramos**	**predijé-remos**	predecid (vos.)
predecís	**predijisteis**			**predigáis**	**predijerais**	**predijereis**	**predigan** (ellos)
predicen	**predijeron**			**predigan**	**predijeran**	**predijeren**	
					o		
					predijese		
					predijeses		
					predijese		
					predijésemos		
					predijeseis		
					predijesen		

80. QUERER

Indicativo Presente	Indicativo Indefinido	Indicativo Futuro	Indicativo Potencial	Subjuntivo Presente	Subjuntivo Imperfecto	Subjuntivo Futuro	Imperativo
quiero	**quise**	*querré*	*querría*	*quiera*	**quisiera**	**quisiere**	*quiere* (tú)
quieres	**quisiste**	*querrás*	*querrías*	*quieras*	**quisieras**	**quisieres**	*quiera* (él)
quiere	**quiso**	*querrá*	*querría*	*quiera*	**quisiera**	**quisiere**	queramos (nos.)
queremos	**quisimos**	*querremos*	*querríamos*	queramos	**quisiéramos**	**quisiéremos**	quered (vos.)
queréis	**quisisteis**	*querréis*	*querríais*	queráis	**quisierais**	**quisiereis**	*quieran* (ellos)
quieren	**quisieron**	*querrán*	*querrían*	*quieran*	**quisieran**	**quisieren**	
					o		
					quisiese		
					quisieses		
					quisiese		
					quisiésemos		
					quisieseis		
					quisiesen		

81. RAER

Indicativo Presente	Indicativo Indefinido	Indicativo Futuro	Indicativo Potencial	Subjuntivo Presente	Subjuntivo Imperfecto	Subjuntivo Futuro	Imperativo
rao, o **raigo** o **rayo**	raí			**raiga** o **raya**	**rayera**	**rayere**	rae (tú)
raes	raíste			**raigas** o **rayas**	**rayeras**	**rayeres**	**raiga** o **raya** (él)
rae	*rayó*			**raiga** o **raya**	**rayera**	**rayere**	**raigamos** o **rayamos** (nos.)
raemos	raímos			**raigamos** o **ra-yamos**	**rayéramos**	**rayéremos**	raed (vos.)
raéis	raísteis			**raigáis** o **rayáis**	**rayerais**	**rayereis**	**raigan** o **rayan** (ellos)
raen	*ra*yeron			**raigan** o **rayan**	**rayeran**	**rayeren**	
					o		
					rayese		
					rayeses		
					rayese		
					rayésemos		
					rayeseis		
					rayesen		

necesitan para precisar un significado en un texto. 5 p. ext. Situación, conjunto de circunstancias o condiciones, sistema de valores.

contextual *adj.* Perteneciente o relativo al contexto.

contextualizar *tr.* Poner en un determinado contexto. ◇ **CONJUG. [4] como ***realizar.***

contextuar *tr.* Acreditar con textos. ◇ ** CONJUG. [11] como ***actuar.***

contextura (de *contexto*) *f.* Disposición, unión de las partes que contienen un todo. 2 Contexto. 3 fig. Configuración corporal del hombre, que indica su complexión.

contezuelo *m.* Cuentecillo.

conticinio (l. *-iu* < *contiscere*, callar) *m.* Hora de la noche en que todo está en silencio. Es voz culta de uso muy limitado.

contienda (de *contender*) *f.* Pelea, disputa. 2 DEP. fig. Encuentro deportivo.

SIN. *1* v. **Lucha.**

contigioso, -sa *adj. Chile.* Descontentadizo.

contignación (l. *-atione* < *tignum*, madero) *f.* Trabazón de vigas y cuartones con que se forman los pisos y techos.

contigo (l. *cum*, con + *tecum*, contigo) Forma especial del **pronombre personal *ti* como término de la preposición *con*.

contiguamente *adv. m.* Con contigüidad.

contigüidad (l. *-itate*) *f.* Inmediación de una cosa a otra.

contiguo, -gua (l. *-uu*) *adj.* Que está tocando a otra cosa: *~ al jardín.*

SIN. **Inmediato.**

continencia (l. *-ntia*) *f.* Virtud que modera y refrena las pasiones. 2 Abstinencia de los deleites carnales. 3 Acción de contener. 4 Especie de graciosa cortesía en el arte del danzado. 5 DER. ***~ de la causa,*** unidad que debe haber en todo juicio para que sea una la acción principal, uno el juez y unas las personas que lo sigan hasta la sentencia.

SIN. *1* y *2* v. **Templanza.**

I) continental *adj.* Relativo a los países del continente.

II) continental (del nombre de una agencia de mensajerías establecida en varias ciudades) *m.* Escritorio público que se encarga de hacer llegar a su destino, por medio de propios, las cartas u otros objetos que se le confían. 2 Carta o mensaje que se envía por medio de una de estas agencias.

continente (l.) *adj.* Que posee y practica la continencia. -2 *m.* Gran extensión de tierra separada por los océanos, y en general, por determinados accidentes geográficos o factores históricos: ***Antiguo Continente,*** el formado por Europa, Asia y África; ***Nuevo Continente,*** América. 3 Lo que contiene a otra cosa dentro de sí: *el ~ y el contenido.* 4 Aire del semblante y actitud y compostura del cuerpo.

SIN. *2* **Tierra firme.**

CONJUGACIÓN (continuación)

82. ROER

Indicativo				Subjuntivo			Imperativo
Presente	Indefinido	Futuro	Potencial	Presente	Imperfecto	Futuro	
roo, **roigo** o **royo**	roí			roa, **roiga** o **roya**	**royera**	**royere**	
roes	roíste			roas, **roigas** o **royas**	**royeras**	**royeres**	roe (tú)
roe	**royó**			roa, **roiga** o **roya**	**royera**	**royere**	roa, **roiga** o **roya** (él)
roemos	roímos			roamos, **roigamos** o **royamos**	**royéramos**	**royéremos**	roamos, **roigamos** o **royamos** (nos.)
roéis	roísteis			roáis, **roigáis**, o **royáis**	**royerais**	**royereis**	roed (vos.)
roen	**royeron**			roan, **roigan**, o **royan**	**royeran**	**royeren**	roan, **roigan** o **royan** (ellos)
					o		
					royese		
					royeses		
					royese		
					royésemos		
					royeseis		
					royesen		

83. SABER

Indicativo				Subjuntivo			Imperativo
Presente	Indefinido	Futuro	Potencial	Presente	Imperfecto	Futuro	
sé	**supe**	*sabré*	*sabría*	**sepa**	**supiera**	**supiere**	
sabes	**supiste**	*sabrás*	*sabrías*	**sepas**	**supieras**	**supieres**	sabe (tú)
sabe	**supo**	*sabrá*	*sabría*	**sepa**	**supiera**	**supiere**	**sepa** (él)
sabemos	**supimos**	*sabremos*	*sabríamos*	**sepamos**	**supiéramos**	**supiéremos**	**sepamos** (nos.)
sabéis	**supisteis**	*sabréis*	*sabríais*	**sepáis**	**supierais**	**supiereis**	sabed (vos.)
saben	**supieron**	*sabrán*	*sabrían*	**sepan**	**supieran**	**supieren**	**sepan** (ellos)
					o		
					supiese		
					supieses		
					supiese		
					supiésemos		
					supieseis		
					supiesen		

84. SALIR

Indicativo				Subjuntivo			Imperativo
Presente	Indefinido	Futuro	Potencial	Presente	Imperfecto	Futuro	
salgo		**saldré**	**saldría**	**salga**			
sales		**saldrás**	**saldrías**	**salgas**			**sal** (tú)
sale		**saldrá**	**saldría**	**salga**			**salga** (él)
salimos		**saldremos**	**saldríamos**	**salgamos**			**salgamos** (nos.)
salís		**saldréis**	**saldríais**	**salgáis**			salid (vos.)
salen		**saldrán**	**saldrían**	**salgan**			**salgan** (ellos)

continentemente *adv. m.* Con continencia.

contingencia (l. *-ntia*) *f.* Posibilidad de que una cosa suceda o no suceda. 2 Cosa que puede suceder o no suceder. 3 Riesgo. SIN. v. **Casualidad.**

contingentar *tr.* Fijar un contingente de importación, limitarla de algún modo.

contingente (l.) *adj.* Que puede suceder o no suceder. -2 *m.* Contingencia. 3 Parte proporcional con que uno contribuye en unión de otros para un fin: ~ ***provincial,*** aportación de los ayuntamientos a la hacienda de la Diputación provincial. 4 Cuota que se señala a un país o a un industrial para la importación, exportación o producción de determinadas mercancías. 5 Cupo o conjunto de hombres que cada año ingresan en el servicio militar.

contingentemente *adv. m.* Casualmente.

contingible (l. *contingere,* acontecer) *adj.* Posible, que puede suceder.

continuación *f.* Acción de continuar. 2 Efecto de continuar.

continuadamente *adv. m.* Continuamente.

continuador, -ra *adj.-s.* Que continúa una cosa empezada por otro.

continuamente *adv. m.* Frecuente, repetidamente.

continuar (l. *-are*) *tr.* Proseguir uno [lo comenzado]: *los peregrinos continuaron su camino; ~ una historia.* -2 ***intr.*** Durar, permanecer: *continuó la lluvia todo el día; ~ con salud; ~ en su puesto; ~ por buen camino;* ***prnl.,*** *continuóse por toda la mañana la entrada de segadores.* -3 ***prnl.*** Seguir, extenderse: *en la parte que el cabo se continúa con la tierra firme;* ***intr.,*** *la casa que continuaba con el convento existe aún.* ◇ ** CONJUG. [11] como ***actuar.***

continuativo, -va *adj.* Que implica idea de continuación. -2 ***adj.-f.*** GRAM. Conjunción continuativa, la consecutiva que implica o denota idea de continuación.

continuidad (l. *-itate*) *f.* Unión natural que tienen entre sí las partes del continuo. 2 Persistencia, perseverancia. 3 MAT. Calidad o condición de las funciones o transformaciones continuas. FR. *Solución de ~*, interrupción, corte en un continuo o en una serie continua.

continuismo *m. Amér.* Permanencia indefinida de una persona en el mismo cargo público.

continuo, -nua (l. *-uu*) *adj.* Que dura, obra, se hace o se extiende sin interrupción: *línea continua.* 2 Perseverante en hacer algo. 3 [cosa] Que tiene unión con otra. 4 V. cantidad continua, proporción continua. -5 *m.* Compuesto de partes unidas entre sí. 6 V. movimiento continuo. -7 *adv. m.* Continuamente. FR. *De ~*, continuamente.

conto (der. de *contar*) *m.* Moneda imaginaria brasileña.

contonearse (paras. de *tono*) *prnl.* Mover con afectación los hombros y caderas al andar.

contoneo *m.* Acción de contonearse. SIN. **Campaneo,** fam.

CONJUGACIÓN (continuación)

85. SATISFACER

Indicativo Presente	Indicativo Indefinido	Indicativo Futuro	Indicativo Potencial	Subjuntivo Presente	Subjuntivo Imperfecto	Subjuntivo Futuro	Imperativo
satisfago	**satisfice**	**satisfaré**	**satisfaría**	**satisfaga**	**satisficiera**	**satisficiere**	**satisfaz,** satisfece (tú)
satisfaces	**satisficiste**	**satisfarás**	**satisfarías**	**satisfagas**	**satisficieras**	**satisficieres**	**satisfaga** (él)
satisface	**satisfizo**	**satisfará**	**satisfaría**	**satisfaga**	**satisficiera**	**satisficiere**	**satisfagamos** (nos.)
satisfacemos	**satisficimos**	**satisfaremos**	**satisfaríamos**	**satisfagamos**	**satisificiéramos**	**satisficiéremos**	satisfaced (vos.)
satisfacéis	**satisficisteis**	**satisfaréis**	**satisfaríais**	**satisfagáis**	**satisficierais**	**satisficiereis**	**satisfagan** (ellos)
satisfacen	**satisficieron**	**satisfarán**	**satisfarían**	**satisfagan**	**satisficieran**	**satisficieren**	
					o		
					satisficiese		
					satisficieses		
					satisficiese		
					satisficiésemos		
					satisficieseis		
					satisficiesen		

86. SER

Indicativo Presente	Indicativo Imperfecto	Indicativo Indefinido	Indicativo Potencial	Subjuntivo Presente	Subjuntivo Imperfecto	Subjuntivo Futuro	Imperativo
soy	**era**	**fui**			**fuera**	**fuere**	
eres	**eras**	**fuiste**			**fueras**	**fueres**	**sé** (tú)
es	**era**	**fue**			**fuera**	**fuere**	sea (él)
somos	**éramos**	**fuimos**			**fuéramos**	**fuéremos**	seamos (nos.)
sois	**erais**	**fuisteis**			**fuerais**	**fuereis**	**sed** (vos.)
son	**eran**	**fueron**			**fueran**	**fueren**	sean (ellos)
					o		
					fuese		
					fueses		
					fuese		
					fuésemos		
					fueseis		
					fuesen		

87. TENER

Indicativo Presente	Indicativo Indefinido	Indicativo Futuro	Indicativo Potencial	Subjuntivo Presente	Subjuntivo Imperfecto	Subjuntivo Futuro	Imperativo
tengo	**tuve**	**tendré**	**tendría**	**tenga**	**tuviera**	**tuviere**	
tienes	**tuviste**	**tendrás**	**tendrías**	**tengas**	**tuvieras**	**tuvieres**	**ten** (tú)
tiene	**tuvo**	**tendrá**	**tendría**	**tenga**	**tuviera**	**tuviere**	**tenga** (él)
tenemos	**tuvimos**	**tendremos**	**tendríamos**	**tengamos**	**tuviéramos**	**tuviéremos**	**tengamos** (nos.)
tenéis	**tuvisteis**	**tendréis**	**tendríais**	**tengáis**	**tuvierais**	**tuviereis**	tened (vos.)
tienen	**tuvieron**	**tendrán**	**tendrían**	**tengan**	**tuvieran**	**tuvieren**	**tengan** (ellos)
					o		
					tuviese		
					tuvieses		
					tuviese		
					tuviésemos		
					tuvieseis		
					tuviesen		

contonguearse ***prnl.*** *Cuba.* Contonearse.

contorcerse (l. *contorquere,* estremecer) ***prnl.*** Sufrir o afectar contorsiones. ◇ ** CONJUG. [54] como ***cocer.***

contorción (l. *-rtione*) ***f.*** Retorcimiento. 2 Contorsión.

contornado, -da (de *contornar*) ***adj.*** BLAS. [animal o su cabeza] Vuelto a la siniestra del escudo. 2 [medalla] Que está rodeada de un cerquillo.

contornar, -near ***tr.*** Dar vueltas alrededor [de un paraje]. 2 PINT. Hacer los perfiles [de una figura].

contorneo ***m.*** Acción de contornear. 2 Efecto de contornear.

contorno (*con-* + *torno*) ***m.*** Conjunto de las líneas que limitan una figura o composición. 2 Territorio o afueras que rodean un lugar o una población: *los contornos de una ciudad; en ~,* alrededor (adv. l.). 3 NUMIS. Canto de la moneda o medalla. ◇ En la acepción *2* se usa generalmente en plural.
SIN. *1* **Perímetro** en GEOM.; si se trata de una figura curvilínea, **periferia.** *2* **Afueras, alrededores, cercanía** o **cercanías, inmediaciones, proximidad** o **proximidades; vecindad.**

contorsión (l. *-sione*) ***f.*** Movimiento irregular que contrae los miembros, las facciones del rostro, etc.: *las contorsiones del dolor; las contorsiones de un bufón.*

contorsionarse ***prnl.*** Hacer contorsiones voluntaria o involuntariamente.

contorsionista ***com.*** Persona que ejecuta contorsiones difíciles en los circos.

contorto, -ta, pp. de *contornar.* 2 ***adj.*** Que da vueltas alrededor [de algo].

contra (l.) ***prep.*** Expresa en general opinión y contrariedad. Significa pugna: *armó una escuadra contra los cartagineses; juego contra ti; navegar contra el viento; voy contra mi voluntad.* 2 Enfrente o mirando hacia: *han puesto un mojón contra oriente.* 3 A cambio de: *entrega de un objeto contra recibo.* -4 ***m.*** Concepto opuesto o contrario a otro: *el pro y el contra de un asunto.* 5 Contrarrevolucionario. 6 MÚS. Pedal del órgano. -7 ***m. pl.*** Bajos más profundos en algunos órganos. -8 ***f.*** fam. Dificultad, inconveniente: ***hacer,*** o ***llevar, a uno la contra,*** oponerse a lo que dice o intenta; en ciertos juegos, como el tresillo, ser principal contricante. 9 Guerrilla contrarrevolucionaria. 10 ESGR. Parada que consiste en un movimiento circular rapidísimo de la espada. -11 ***loc. adv.*** vulg. Cuanto: *contra más pobre más soberbio.* -12 ***f.*** *Amér.* Contraveneno. 13 *Cuba* y *P. Rico.* Dádiva, ñapa. ◇ Ant. por hacia: *caminamos contra el bosque.*

¡contra! Interjección con que se denota enfado o sorpresa. ◇ También ¡Recontra!

contra- (de la prep. *contra*) Prefijo que entra en la formación de palabras denotando cosa contraria u opuesta: *contrabando, contraindicar;* duplicación o refuerzo: *contrabarrera, contraventana;*

CONJUGACIÓN (continuación)

88. TRAER

Indicativo				Subjuntivo			Imperativo
Presente	Indefinido	Futuro	Potencial	Presente	Imperfecto	Futuro	
traigo	**traje**			**traiga**	**trajera**	**trajere**	
traes	**trajiste**			**traigas**	**trajeras**	**trajeres**	trae (tú)
trae	**trajo**			**traiga**	**trajera**	**trajere**	**traiga** (él)
traemos	**trajimos**			**traigamos**	**trajéramos**	**trajéremos**	**traigamos** (nos.)
traéis	**trajisteis**			**traigáis**	**trajerais**	**trajereis**	traed (vos.)
traen	**trajeron**			**traigan**	**trajeran**	**trajeren**	**traigan** (ellos)
					o		
					trajese		
					trajeses		
					trajese		
					trajésemos		
					trajeseis		
					trajesen		

89. VALER

Indicativo				Subjuntivo			Imperativo
Presente	Indefinido	Futuro	Potencial	Presente	Imperfecto	Futuro	
valgo		**valdré**	**valdría**	**valga**			
vales		**valdrás**	**valdrías**	**valgas**			vale (tú)
vale		**valdrá**	**valdría**	**valga**			**valga** (él)
valemos		**valdremos**	**valdríamos**	**valgamos**			**valgamos** (nos.)
valéis		**valdréis**	**valdríais**	**valgáis**			valed (vos.)
valen		**valdrán**	**valdrían**	**valgan**			**valgan** (ellos)

90. VENIR

Indicativo				Subjuntivo			Imperativo
Presente	Indefinido	Futuro	Potencial	Presente	Imperfecto	Futuro	
vengo	**vine**	**vendré**	**vendría**	**venga**	**viniera**	**viniere**	
vienes	**viniste**	**vendrás**	**vendrías**	**vengas**	**vinieras**	**vinieres**	**ven** (tú)
viene	**vino**	**vendrá**	**vendría**	**venga**	**viniera**	**viniere**	**venga** (él)
venimos	**vinimos**	**vendremos**	**vendríamos**	**vengamos**	**viniéramos**	**viniéremos**	**vengamos** (nos.)
venís	**vinisteis**	**vendréis**	**vendríais**	**vengáis**	**vinierais**	**viniereis**	venid (vos.)
vienen	**vinieron**	**vendrán**	**vendrían**	**vengan**	**vinieran**	**vinieren**	**vengan** (ellos)
					o		
					viniese		
					vinieses		
					viniese		
					viniésemos		
					vinieseis		
					viniesen		

segundo lugar en categoría o grado: *contraalmirante, contralto.*

contraacusación (*contra-* + *acusación*) ***f.*** Acusación contraria a otra anterior, a la cual pretende anular.

contraalmirante (*contra-* + *almirante*) ***m.*** MIL. Oficial general de la armada, inmediatamente inferior al vicealmirante, equivalente al general de brigada en el ejército de tierra o aire. ◇ También *contralmirante*.

contraamura ***f.*** Cabo grueso que, en malos tiempos, se da en ayuda de la amura de las velas mayores.

contraaproches (fr. *contre-approches* < *approcher,* acercar) ***m. pl.*** Trinchera que los sitiados hacen para descubrir y deshacer los trabajos de los sitiadores.
SIN. **Contratrinchera.**

contraarmadura ***f.*** ARQ. Segunda vertiente que se da a un tejado cuando los pares están demasiado empinados, poniendo contrapares que vuelen más.
SIN. **Falsaarmadura.**

contraarmiños ***m. pl.*** BLAS. Figura del escudo en que los armiños tienen cambiados los esmaltes.

contraatacar ***tr.-intr.*** Efectuar un contraataque. ◇ ** CONJUG. [1] como *sacar.*

contraataguía ***f.*** Segunda ataguía que se pone detrás de la principal para reforzarla.

contraataque (*contra-* + *ataque*) ***m.*** Reacción ofensiva contra el avance del enemigo. 2 p. ext. Respuesta ofensiva a una acusación o crítica. 3 DEP. Jugada rápida sobre la meta del equipo contrario. -4 ***m. pl.*** Líneas fortificadas que oponen los sitiados a los ataques de los sitiadores.

contraaviso ***m.*** Aviso contrario a otro anterior.

contrabajete ***m.*** Composición musical para voz de bajo profundo.

contrabajo (it. *contrabasso*) ***m.*** Instrumento músico de cuerda y arco, de la figura de un violoncelo, pero mucho mayor, el cual suena una octava más bajo que él. 2 ***com.*** Músico que toca este instrumento. 3 MÚS. Bajo profundo.
SIN. **Violón.**

contrabajón ***m.*** MÚS. Instrumento de viento que suena una octava más grave que el bajón.

contrabajonista ***com.*** Persona que toca el contrabajón.

contrabalancear ***tr.*** Hacer equilibrio [a un peso] en la balanza. 2 fig. Compensar, contrapesar.

contrabalanza ***f.*** Contrapeso. 2 fig. Contraposición.

contrabandado ***adj.*** BLAS. [escudo] Bandado y partido en que las bandas de cada parte llevan opuestos los esmaltes para indicar las referidas divisiones.

contrabandear ***intr.*** Ejercitar el contrabando.

contrabandista ***adj.-com.*** [pers.] Que hace habitualmente contrabando.
SIN. **Metedor, matutero.**

CONJUGACIÓN (continuación)

91. VER

Indicativo				Subjuntivo			Imperativo
Presente	Indefinido	Futuro	Potencial	Presente	Imperfecto	Futuro	
veo	vi				viera	viere	
ves	viste				vieras	vieres	ve (tú)
ve	vio				viera	viere	vea (él)
vemos	vimos				viéramos	viéremos	veamos (nos.)
veis	visteis				vierais	viereis	ved (vos.)
ven	vieron				vieran	vieren	vean (ellos)
					o		
					viese		
					vieses		
					viese		
					viésemos		
					vieseis		
					viesen		

92. YACER

Indicativo				Subjuntivo			Imperativo
Presente	Indefinido	Futuro	Potencial	Presente	Imperfecto	Futuro	
yazco, yazgo o yago				yazca, yazga o yaga			
yaces				yazcas, yazgas o yagas			yace o yaz (tú)
yace				yazca, yazga o yaga			yazca, yazga o yaga (él)
yacemos				yazcamos, yazgamos o yagamos			yazcamos, yazgamos o yagamos (nos.)
yacéis				yazcáis, yazgáis o yagáis			yaced (vos.)
yacen				yazcan, yazgan o yagan			yazcan, yazgan o yagan (ellos)

Los verbos defectivos se hallan conjugados en los artículos correspondientes.
Los gerundios y participios irregulares también se indican en el artículo correspondiente

contrabando (*contra-* + *bando*) ***m.*** Introducción o fabricación fraudalenta de géneros y mercaderías prohibidos, o que no han pagado los consumos o derechos de aduana: ~ ***de guerra,*** armas, municiones, víveres, etc., entregados por una nación neutral a un estado beligerante. 2 Géneros y mercaderías prohibidos. 3 fig. Lo que es o parece ser ilícito. 4 fig. Cosa hecha contra el uso ordinario.
SIN. *1* y *2* **Matute** es un contrabando en pequeña escala, y se dice pralte. de la introducción de mercancías en una población sin pagar el impuesto de consumos: *entrar, pasar matute* o *[algo] de matute.*
contrabarrera ***f.*** Segunda fila de asientos en los tendidos de las plazas de toros.
contrabasa ***f.*** Pedestal (de la columna).
contrabatería (*contra-* + *batería*) ***f.*** Batería opuesta a otra del enemigo. 2 fig. Medida destinada a contrarrestar la intriga ajena.
contrabatir ***tr.*** Tirar [contra una batería enemiga].
contrabloqueo (*contra-* + *bloqueo*) ***m.*** MAR. En la guerra moderna, operaciones destinadas a restar eficacia al bloqueo enemigo o a destruir las armas que para mantenerlo se emplean.
contrabocel ***m.*** ARQ. Caveto, moldura cóncava.
contrabolina ***f.*** Segunda bolina que se da en ayuda de la primera.
contrabracear ***tr.*** Bracear en sentido contrario las velas de una embarcación.
contrabranque (*contra-* + *branque*) ***m.*** MAR. Contrarroda.
contrabraza ***f.*** Cabo que se emplea en ayuda de la braza.
contracaja ***f.*** IMPR. Caja perdida.
contracalcar (*contra-* + *calcar*) ***tr.*** Calcar en sentido contrario. ◇ ** CONJUG. [1] como ***sacar.***
contracambio ***m.*** Trueque o compensación. 2 Importe del segundo cambio que se origina al recambiar una letra.
contracanal ***m.*** Canal que se deriva de otro principal. 2 Baqueta que se introduce en el tercio inferior de cada canal o estría de una columna, para protegerla de los golpes.
contracancha ***f.*** Lugar que separa la cancha del público.
contracandela ***f.*** *Cuba* y *P. Rico.* En las plantaciones, fuego que se aplica de propósito, a fin de cortar el fuego general al encontrar éste un calvero que impide su propagación.
contracarril ***m.*** Carril auxiliar puesto al lado del ordinario en una curva, paso a nivel, cruce de líneas, etc.
SIN. **Contracarriel.**
contracarta (*contra-* + *carta*) ***f.*** Contraescritura.
contracción (l. *-ctione*) ***f.*** Acción de contraer o contraerse. 2 Efecto de contraer o contraerse. 3 Metaplasmo que consiste en hacer de dos palabras una sola: *al, del,* por ***a el*** y ***de el.*** 4 Sinéresis.
SIN. *3* y *4* **Crasis.**
contracebadera ***f.*** MAR. Sobrecebadera.
contracédula (*contra-* + *cédula*) ***f.*** Cédula con que se revoca otra anterior.
contraceña ***f.*** *Murc.* Segunda noria que eleva de otra el agua para el riego.
contracepción ***f.*** Anticoncepción.
contraceptivo, -va ***adj.-m.*** Anticonceptivo.
contrachapado, -da ***adj.-s.*** Tablero formado por varias capas finas de madera encoladas de modo que sus fibras queden entrecruzadas.
contrachapeado, -da ***adj.-s.*** Contrachapado.
contrachapear ***tr.*** Colocar un chapeado encima de otro y en sentido contrario.
contrachaveta (*contra-* + *chaveta*) ***f.*** Pieza, clavija o cuña de hierro o madera, cónica o prismática, que se introduce ajustada en algunas chavetas, atravesándolas por el extremo opuesto a su cabeza.
contracifra (*contra-* + *cifra*) ***f.*** Clave (de escritura).

CONJUNCIONES Y NEXOS CONJUNTIVOS

Coordinantes

ADVERSATIVAS. Denotan oposición o diferencia entre las oraciones enlazadas: *más, pero, empero, aunque, sino, sin embargo, no obstante, con todo, más bien,* etc.

COPULATIVAS*. Denotan simple enlace sin matices especiales: *y, e, ni, que.*

DISTRIBUTIVAS. Cada una de las disyuntivas que se reitera. También ejercen esta función muchas palabras que se repiten o se oponen: *bien... bien; ya... ya; aquí... allá; este... aquel; ora... ora; uno... otro; que... que,* etc.

DISYUNTIVAS.** Expresan contradicción: *o, u.*

Subordinantes

CAUSALES. Indican que una de las oraciones es causa o motivo de la otra: *que, porque, pues, pues que, puesto que, ya que, como, supuesto que, como quiera que, como que, por cuanto, visto que, en vistas de que,* etc. Algunas de estas conjugaciones, lo mismo que las consecutivas, ofrecen matices intermedios coordinantes y subordinantes.

COMPARATIVAS. Denotan idea de comparación: *así como, así también, de modo que, tal como, mejor que, cual... tal, cuanto... tanto, igual... que, lo mismo que,* etc. Muchas de ellas tienen también valor CONSECUTIVO.

CONCESIVAS. Expresan en la subordinada una objeción o dificultad para que se efectúe lo que indica la principal, pero este obstáculo no impide la realización del hecho: *aunque, por más que, a pesar* (*de*) *que, así, si bien, mal que, sea como sea, en caso* (*de*) *que, con sólo que, siempre que, ya que, como, cuando,* etc.

CONDICIONALES. Denotan condición o necesidad de que se verifique alguna circunstancia: *si, con tal que, a condición* (*de*) *que, en caso* (*de*) *que, con solo que, siempre que, ya que, como, cuando,* etc.

CONSECUTIVAS. Presentan a una oración como consecuencia de la otra: *pues, por* (*lo*) *tanto, por consiguiente* (estas se emplean como nexos CONTINUATIVOS), *luego, conque, por esto* (o *eso*), *así que, así pues* (todas las anteriores se llaman también ILATIVAS); *tanto, tan... que; tal... que; así... que, de modo que, de manera que, en grado que, que* (sin el antecedente *modo, manera),* etc.

FINALES. Expresan en la subordinada el fin de la principal: *a que, para que, a fin de que,* etc.

MODALES. Entra en su composición un adverbio de modo: *conforme, como, según, de modo que, de manera que, así como,* etc.

TEMPORALES. Denotan idea de tiempo. Entra en la composición de algunas un adverbio o expresión de tiempo: *cuando, aun no, no bien, desde que, luego que, antes que, después que, mientras (que), entretanto (que),* etc.

La conjunción *que* enlaza subordinadas sustantivas.

* V. los artículos **y**, II) **e**
** V. los artículos **o**, II) **u**

contraclave *f.* Dovela inmediata a la clave de un arco o bóveda.
contracodaste (*contra-* + *codaste*) ***m.*** Pieza de igual figura que el codaste y empernada a él por su parte interior.
contraconceptivo, -va ***adj.*** Anticonceptivo.
contracorriente (*contra-* + *corriente*) *f.* Corriente derivada y de dirección opuesta a la de la principal de que procede.
contracosta *f.* Costa de una isla o península, opuesta a la que se encuentran primero los que navegan a ella por los rumbos acostumbrados.
contractibilidad *f.* Contractilidad.
contráctil (de *contracto*) ***adj.*** Capaz de contraerse.
contractilidad *f.* Calidad de contráctil. 2 Facultad de contraerse y dilatarse que poseen ciertas partes de los cuerpos organizados.
contractivo, -va ***adj.*** Que contrae.
contracto, -ta (l. *-tu*) Pp. irreg. de *contraer.*
contractual (l. *contractu,* contrato) ***adj.*** Procedente del contrato o derivado de él.
contractura *f.* MED. Contracción involuntaria, duradera o permanente, de uno o más grupos musculares. 2 ARQ. Disminución que sufre el diámetro del fuste de una columna en su parte superior.
contracuartelado, -da ***adj.*** BLAS. Que tiene cuarteles contrapuestos.
contracultura (*contra-* + *cultura*) *f.* Conjunto de valores que caracterizan a algunos movimientos de rechazo de los valores culturales establecidos.
contracultural ***adj.*** Perteneciente o relativo a la contracultura.
contradanza (ing. *country-dance,* baile campestre) *f.* Baile de figuras que ejecutan muchas parejas a un tiempo. 2 Música de este baile. 3 *Venez.* Revoltillo de fríjoles y arroz.
contradecir (l. *contradicere*) ***tr.-intr.*** Decir uno lo contrario [de lo que otro afirma]: ~ *la verdad; el cura le contradecía.* 2 Obrar en contradicción una cosa con otra. -3 ***prnl.*** Decir uno lo contrario de lo que antes ha dicho, sin retractarse de ello; decir cosas contradictorias. ◇ ** CONJUG. [69] como ***decir.*** Pero el imperat. es ***contradice,*** no ***contradi.*** ◇ INCOR.: ***contradicirían*** por *contradirían.*
SIN. *1* **Contradecir** es oponerse a lo que otro dice, ya sea con razones o argumentos, ya por motivos afectivos o de índole no racional, como el llamado espíritu de contradicción; **impugnar, refutar** y el p. us. **opugnar,** suponen necesariamente contradecir con argumentos, pruebas o razones; cuando éstas son convincentes, **confutar,** p. us. Un niño respondón **contradice** las palabras o mandatos de su padre, no los **impugna** ni **refuta.** Una doctrina es **impugnada** o **refutada** por sus contrarios; **impugnar** acentúa el matiz de lucha o polémica que corresponde a su origen etimológico; **refutar** sugiere pralte. el razonamiento frío.
contradeclaración *f.* Declaración en sentido contrario.

CONSONANTES

SIPNOSIS DE LA EVOLUCIÓN DE LAS CONSONANTES LATINAS EN ESPAÑOL

V. previamente **fonética** y **vocales**

INICIALES DE PALABRA

Simples. — Por lo general se conservan como en latín: *portaticu*>portazgo, *bonu*>bueno, *mutare*>mudar, *succidu*>sucio, *robure*>roble. La excepción más importante es la **f**, la cual se convierte primero en **h** aspirada y después se pierde como sonido, aunque la ortografía conserva su grafía: *facere*>hacer, *filiu*>hijo, *fumu*>humo.

Agrupadas. — La s *líquida* tiende a desarrollar una vocal antepuesta: *scribere*>escribir, *spatula*>espalda, *stabulu*>establo. Consonante sorda + **l** se palatiza en **ll:** *pluvia*>lluvia, *clave*>llave, *flamma*>llama.

INTERIORES

Simples. — Las sordas se convierten en sonoras de su mismo punto de articulación, y las sonoras unas veces se conservan y otras se pierden. Ejemplos clasificados:

Oclusivas sordas: *populu*>pueblo, *latu*>lado, *focu*>fuego.
Fricativas sordas: **cophanu*>cuévano, *profectu*>provecho.
Oclusivas sonoras: (conservadas): *probare*>probar, *nidu*>nido, *plaga*>llaga.
Oclusivas sonoras: (perdidas): *sabucu*>sáuco, *limpidu*>limpio, *litigare*>lidiar.
Fricativas sonoras (conservadas): *majore*>mayor, *lavare*>lavar
Fricativas sonoras (perdidas): *pejore*>peor, *rivu*>río.

Dobles. — Se convierten en sencillas: *bucca*>boca, *mittere*>meter. La **l** y la **n** dobles se transforman en las palatales **ll** y **ñ** respectivamente: *caballu*>caballo, *annu*>año.

Agrupadas. — Ejemplos de los dos principales grupos que sufren cambios:

rs>s: *ursu*>oso
ns>s: *mensa*>mesa
mb>m: *lumbu*>lomo
gn>ñ: *signa*>seña.

mn>ñ: *damnu*>daño.
sc>c: *nesciu*>necio
ult>uch: *multu*>mucho.

ps>s: *ipse*>ese.
pt>t: *aptare*>atar.
ct>ch: *factu*>hecho.
x(cs)>j: *dixi*>dije.

Ejemplos de consonantes seguidas de yod:

dy, gy>y: *radiu*>rayo, *exagiu*>ensayo.
ty, cy>c, z: *tertiariu*>tercero, *puntione*>punzón, *calcea*>calza.
ny>ñ: *Hispania*>España.
ly>j: *muliere*>mujer.

Al perderse las vocales pretónica y postónica se forman grupos de consonantes que en latín no estaban en contacto: se les llama **grupos romances.** Con frecuencia tienen evolución distinta de la de los grupos latinos. Ejemplos: *famine*>hambre (a diferencia de *damnu*>daño); *capitale*>caudal (compárese *aptare*>atar)

FINALES

Las que eran finales en latín, se pierden en romance, con escepción de *s, l, r;* esta última pasa a ser interior: *minus*>menos, *mel*>miel, *inter*>entre. Desde comienzos de la Edad moderna, el idioma fija las consonantes que pueden ser finales. Son las siguientes: **d, n, l, r, z, s,** y en algunas palabras **j** (reloj). Las palabras que terminan en otra consonante cualquiera son cultas o extranjeras: *querub, vivac, máximum, déficit.*

contradenuncia *f.* Denuncia en sentido contrario.
contradicción *f.* Acción de contradecir o contradecirse. 2 Efecto de contradecir o contradecirse. 3 Afirmación y negación que recíprocamente se destruyen: *principio de ~.* 4 Oposición, contrariedad.
SIN. **Implicación,** oposición de dos términos entre sí.
contradicho, -cha, pp. irreg. de *contradecir.*
contradictor, -ra *adj.-s.* Que contradice.
contradictoria (v. *contradictorio*) *f.* LÓG. Juicio que se opone en cantidad y cualidad a otro.
contradictoriamente *adv. m.* Con contradicción.
contradictorio, -ria (l. *-iu*) *adj.* Que tiene contradicción con otra cosa. 2 DER. Que se hace en presencia de los interesados.
contradique *m.* Segundo dique, construido cerca del primero.
contradriza *f.* MAR. Segunda driza dada en ayuda de la principal.
contradurmente *m.* Contradurmiente.
contradurmiente *m.* MAR. Tablón unido al durmiente para reforzarlo por la parte inferior.
contraelectromotriz *adj.* [fuerza] Que se desarrolla en un circuito, cuando varía la corriente que por él circula, en sentido contrario a la fuerza electromotriz que la origina.
contraemboscada *f.* Emboscada que se hace contra otra.
contraembozo *m.* Tira, de color diferente al embozo, que se coloca a continuación de éste en la parte interior de la capa.
contraenvite *m.* En algunos juegos, envite en falso.

contraer (l. *contrahere*) *tr.* Estrechar, reducir a menor volumen o extensión: ~ *un músculo, el hierro; prnl.,* encogerse: *el hierro se contrae.* 2 GRAM. Reducir [dos o más vocales] a un diptongo o a una vocal larga. 3 fig. Reducir [el discurso o idea] a un solo punto, *prnl.,* reducirse: *nuestro conocimiento se contrae a lo existente.* 4 Aplicar a un caso particular [proposiciones o máximas generales]. 5 Adquirir [costumbres, vicios, obligaciones, enfermedades, etc.], caer [en ellos]. 6 Adquirir [el vínculo matrimonial]. -7 *prnl. Amér.* Concentrar todas las fuerzas en un trabajo o asunto. ◇ ** CONJUG. [88] como *traer*; pp. pas. irreg.: *contracto*, ús. sólo como adjetivo. ◇ INCOR.: *contraíste*, por *contrajiste*
CONTR. *1* **Extender** o **dilatar.** REL. *2* la sílaba así reducida se llama **contracta.**
contraescarpa (*contra-* + *escarpa*) *f.* FORT. Pared en talud del foso, enfrente de la escarpa.
contraescota (*contra-* + *escota*) *f.* MAR. Cabo dado en ayuda de la escota.
contraescotín *m.* MAR. Cabo dado en ayuda del escotín.
contraescritura *f.* Instrumento otorgado para protestar o anular otro anterior.
SIN. **Contracarta.**
contraespionaje (*contra-* + *espionaje*) *m.* Actividad que se lleva a cabo a fin de descubrir y evitar el espionaje.
contraestay (*contra-* + *estay*) *m.* Cabo que refuerza el estay. ◇ Pl.: *contraestayes.*
contrafagot *m.* MÚS. Especie de fagot de grandes dimensiones, cuyos sonidos se producen a la octava grave del fagot ordinario. ◇ Pl.: *contrafagotes.*
contrafajado, -da *adj.* BLAS. Que tiene fajas contrapuestas en los metales y colores.
contrafallar *intr.* En algunos juegos de naipes, poner un triunfo superior [al que había jugado el que falló antes].
contrafallo *m.* Acción de contrafallar. 2 Efecto de contrafallar.
contrafase *f.* ELECTR. Dispositivo de constitución simétrica, caracterizado por un funcionamiento alternativo.
contrafaz *f.* Reverso de monedas o medallas.
contrafigura *f.* Persona o maniquí con aspecto muy parecido al de uno de los personajes de la obra teatral, que ante el público aparenta ser el mismo personaje.
contrafija *f.* ARQ. Espiga que se encuentra con otra.
contrafilete *m.* Carne de lomo de res sin solomillo.
contrafilo *m.* Filo que se suele sacar a las armas blancas de un solo corte, por la parte opuesta a éste y en el extremo inmediato a la punta.
contraflorado, -da *adj.* BLAS. Que tiene flores contrapuestas en el color y metal.
contrafoque *m.* MAR. Foque, más pequeño que el principal, que se enverga por su cara de popa;
contrafoso (*contra-* + *foso*) *m.* En los teatros, segundo foso, practicado debajo del primero. 2 Foso paralelo a la contraescarpa.
contrafuego (*contra-* + *fuego*) *m.* Incendio provocado para apagar o cortar los progresos de otro incendio en un bosque, monte, etc.
contrafuero *m.* Infracción de fuero.
contrafuerte *m.* Correa de la silla donde se afianza la cincha. 2 Pieza de cuero con que se refuerza interiormente el calzado. 3 ARQ. Machón, saliente en el paramento de un muro, para fortalecerlo. 4 Fuerte que se hace enfrente de otro. 5 Cadena secundaria de montañas que arranca de la principal.
SIN. *3* **Botarel, espolón, estribo.**
contrafuga (*contra-* + *fuga*) *f.* MÚS. Especie de fuga, en la cual la imitación del tema se ejecuta en sentido inverso.
contragolpe (*contra-* + *golpe*) *m.* Efecto producido por un golpe en sitio distinto del que sufre la contusión. 2 Golpe dado en respuesta de otro. 3 DEP. Contraataque.
contraguardia (*contra-* + *guardia*) *f.* Obra exterior compuesta de dos caras que forman ángulo, edificada delante de los baluartes.
contraguerrilla *f.* Tropa ligera organizada para operar contra las guerrillas.
contraguía (*contra-* + *guía*) *f.* En el tiro par, caballería que va delante y a la izquierda.
contrahacedor, -ra *adj.-s.* Que contrahace.
contrahacer *tr.* Imitar [una cosa]; esp., falsificarla. 2 Remedar. -3 *prnl.* Fingirse. ◇ ** CONJUG. [73] como *hacer.*
contrahaz *f.* desus. Revés en las ropas o cosas semejantes.
contrahecho, -cha, pp. irreg. de *contrahacer*. 2 *adj.-s.* Que tiene torcido o corcovado el cuerpo.
contrahechura (*contra-* + *hechura*) *f.* Imitación fraudulenta de alguna cosa.
contrahierba (*contra-* + *hierba,* veneno) *f.* Planta morácea de la América meridional, cuya raíz, fusiforme, blanca, amarga y aromática, se ha usado como contraveneno *(Dorstenia brasiliensis).* 2 Composición medicinal que se hace con esta raíz. 3 Contraveneno (precaución).
contrahilera *f.* ARQ. Hilera que resguarda y defiende a otra.
contrahílo (a ~) (*contra-* + *hilo*) *loc. adv.* En dirección opuesta al hilo.
contrahuella (*contra-* + *huella*) *f.* Plano vertical del peldaño. 2 TECNOL. Reproducción de la huella dejada en relieve por un cuerpo sobre una materia plástica.
SIN. *1* **Altura.**
contraindicación *f.* Acción de contraindicar. 2 Efecto de contraindicar.
contraindicado, -da *adj.* [agente terapéutico] Perjudicial en una determinada afección o dolencia.
contraindicante *m.* Síntoma que contradice la indicación de un remedio.
contraindicar *tr.* Disuadir de la utilidad de [un remedio] que por otra parte parece conveniente. 2 MED. Señalar como perjudicial, en ciertos casos [determinado remedio, alimento o acción]. ◇ ** CONJUG. [1] como *sacar.*
contrajudía *f.* En el juego del monte, naipe contrario al llamado judía.
contralecho (a ~) (*contra-* + *lecho*) *loc. adv.* [sillar] Colocado con las capas de estratificación perpendiculares al plano de hilada.
contralisios *m. pl.* Vientos que circulan a gran altura en la misma zona, pero en dirección contraria a los alisios.
contralizo *m.* Varilla del telar que sirve para mover los lizos.
contrallado, -da *adj. P. Rico.* Maldito, de la piel del diablo.
contralmirante *m.* Contraalmirante.
contralor *m.* En el ejército el que interviene en la cuenta y razón de los caudales y efectos. 2 En algunos países de América, funcionario encargado de examinar la contabilidad oficial. 3 Oficio honorífico de la casa real de Borgoña. 4 Inspección, control.
contraloría *f.* En algunos países de América, servicio encargado de examinar la legalidad y corrección de los gastos públicos.
contralto (it.) *m.* MÚS. Voz media entre la de tiple y la de tenor. -2 *com.* MÚS. Persona que tiene esta voz.
contraluz *amb.* Aspecto de las cosas desde el lado opuesto a la luz. 2 Fotografía tomada en estas condiciones.
Etimológicamente le corresponde el género femenino, como señala la Academia. Sin embargo, es muy frecuente su uso como masculino.
contramaestre (*contra-* + *maestre*) *m.* Jefe o vigilante de los demás oficiales y obreros en algunos talleres o fábricas. 2 Oficial de mar que dirige la marinería bajo las órdenes del oficial de guerra. 3 ~ ***de muralla,*** censor injusto e indocto de la gente y faenas marineras.
contramalla *f.* Claro que abraza la red estrecha para que pueda formarse la bolsa donde se detiene el pescado. 2 Red puesta detrás de otra de mallas más estrechas, para detener el pescado que entra por sus mallas enredado en la red pequeña.
contramalladura *f.* Contramalla.
contramallar *tr.* Hacer contramallas.
contramandar (*contra-* + *mandar*) *tr.* Ordenar a uno [lo contrario de lo mandado anteriormente].
contramandato *m.* Mandato contrario a otro anterior. 2 Contraorden.
contramangas (*contra-* + *manga*) *f. pl.* Adorno que se usaba para cubrir las mangas de la camisa.
contramaniobra (*contra-* + *maniobra*) *f.* Maniobra en sentido contrario.
contramano (a ~) *loc. adv.* En dirección contraria a la acostumbrada o a la prescrita por la autoridad: *una multa por circular un vehículo a contramano.*
contramarca (*contra-* + *marca*) *f.* Segunda marca puesta en fardos, animales, armas, etc. 2 Derecho de cobrar un impuesto, poniendo su señal en las mercaderías que ya lo pagaron. 3 Este mismo impuesto. 4 Marca con que se resella una moneda o medalla anteriormente acuñada.
SIN. *1* **Contraeña.**
contramarcar *tr.* Poner contramarca [a un animal, mercadería, moneda, etc.]. ◇ ** CONJUG. [1] como *sacar.*

contramarcha (*contra-* + *marcha*) ***f.*** Retroceso que se hace del camino que se lleva. 2 MAR. Cambio sucesivo de rumbo, en un mismo punto, de todos los buques de una línea. 3 MIL. Evolución con que una tropa vuelve el frente a donde tenía la espalda.

contramarchar ***intr.*** MIL. Hacer contramarcha.

contramarco (*contra-* + *marco*) ***m.*** Segundo marco que se clava en el cerco que está fijo en la pared, para poner en él las vidrieras.

contramarea ***f.*** Marea contraria a otra.

contramatar ***tr.-prnl.*** *Amér.* Hacer daño [a alguien] golpeándolo contra algo. -2 ***prnl.*** *Méj.* Arrepentirse.

contramedida ***f.*** Medida tomada para paliar o anular otra.

contramesana (*contra-* + *mesana*) ***f.*** Árbol pequeño de algunos buques, entre la popa y el palo mesana.

contramina (*contra-* + *mina*) ***f.*** MIL. Mina hecha para volar la del enemigo o para salirle al encuentro en sus trabajos subterráneos. 2 fig. Intriga para evitar los efectos de la ajena. 3 MIN. Comunicación de dos o más minas.

contraminar ***tr.*** Hacer contraminas [en un terreno]. 2 fig. Averiguar [lo que uno quiere hacer], para que no consiga su intento.

contramuelle ***m.*** Muelle, gralte. opuesto a otro.

contramuralla (*contra-* + *muralla*) ***f.*** Contramuro.

contramuro ***m.*** Falsabraga.

contranatural (*contra-* + *natural*) ***adj.*** Contrario al orden de la naturaleza.

contranota ***f.*** DER. Resolución o propuesta razonada de autoridad administrativa, separándose del informe del inferior.

contraofensiva (*contra-* + *ofensiva*) ***f.*** MIL. Ofensiva para contrarrestar la del enemigo, haciéndole pasar a la defensiva.

contraoperación (*contra-* + *operación*) ***f.*** Operación en sentido contrario.

contraorden (*contra-* + *orden*) ***f.*** Orden con que se revoca otra anterior.
SIN. **Contramandato.**

contrapalado, -da ***adj.*** BLAS. Que tiene palos contrapuestos.

contrapalanquín (*contra-* + *palanquín*) ***m.*** MAR. Segundo palanquín en ayuda del principal.

contrapar (*contra-* + *par*) ***m.*** Cabrio.

contrapariente ***com.*** Pariente de parientes.

contrapartida (*contra-* + *partida*) ***f.*** Asiento para corregir algún error en la contabilidad por partida doble. 2 En los tratados de comercio, concesión que compensa las ventajas otorgadas a la otra parte contratante. 3 Cosa que produce efectos contrarios a otra, compensándola.
FR. *Por ~*, por compensación.

contrapás (v. *contrapaso*) ***m.*** Figura o paseo en la contradanza. 2 Baile popular de algunas comarcas de Cataluña. 3 Música de este baile.

contrapasamiento ***m.*** Acción de contrapasar. 2 Efecto de contrapasar.

contrapasar ***intr.*** Pasarse al bando contrario. 2 BLAS. Estar dos figuras de animales en actitud de pasar encontradas.

contrapaso ***m.*** En la danza, paso que se da a la parte opuesta del que se ha dado antes. 2 Segundo paso que cantan unas voces cuando otras cantan el primero.

contrapear ***tr.*** Aplicar [unas piezas de madera contra otras], de manera que sus fibras estén cruzadas. 2 Colocar [cosas] en posición alternada, por ejemplo los libros, en los que alternan los lomos puestos sobre los cortes, al apilarlos.

contrapechar ***tr.*** En los torneos, hacer un jinete que su caballo dé con los pechos [en los del que monta su contrario].

contrapelo (a ~) (*contra-* + *pelo*) ***loc. adv.*** Contra la inclinación natural del pelo. 2 fig. Con dificultad, con desgana.

contrapesar ***tr.*** Servir de contrapeso [a algo]: *~ una cosa con otra.* 2 fig. Igualar, compensar, subsanar [una cosa] con otra.
SIN. **Contrabalancear.**

contrapeso (*contra-* + *peso*) ***m.*** Peso que contrabalancea otro. 2 Añadidura que se echa para completar el peso en la compra. 3 Balancín (de volatinero). 4 fig. Lo que se considera suficiente para equilibrar una cosa. 5 *Chile.* fig. Inquietud, zozobra.
SIN. / **Contrabalanza.**

contrapeste ***m.*** Remedio contra la peste.

contrapicado, -da ***m.*** CINEM. Toma efectuada por la cámara de abajo hacia arriba.

contrapié (a ~) ***loc. adv.*** Con gran dificultad. 2 Contrariamente a lo bien hecho.

contrapilastra ***f.*** Resalto que se hace en el paramento a ambos lados de una pilastra o media columna. 2 Mediacaña de madera que se pone al borde de la hoja de una puerta o ventana, para que impida el paso del aire.
SIN. **Traspilastra.**

contrapisón ***adj.*** *Colomb.* Alcahuete.

contraponedor, -ra ***adj.-s.*** Que contrapone.

contraponer (b. l. *-ere*) ***tr.*** Poner [una cosa] enfrente de otra. 2 fig. Comparar, cotejar: *contrapone mi riqueza a,* o *con, la suya.* 3 Oponer: *contraponía los ciudadanos a los soldados; el vicio se contrapone a la virtud.* ◇ ** CONJUG. [78] como ***poner.***

contraportada ***f.*** IMPR. Página que se pone frente a la portada con el nombre de la serie a que pertenece el libro y otros detalles sobre éste.

contraposición ***f.*** Acción de contraponer o contraponerse. 2 Efecto de contraponer o contraponerse.
SIN. **Contrabalanza.**

contrapotenzado, -da ***adj.*** BLAS. Que tiene potenzas encontradas en los metales o en el color.

contrapozo (*contra-* + *pozo*) ***m.*** FORT. Hornillo establecido contra la galería del enemigo.

contrapresión ***f.*** Presión en sentido contrario.

contraprestación ***f.*** DER. Para cada parte contratante, la prestación con que la otra parte corresponde a la suya.

contraprincipio ***m.*** Acción contraria a un principio reconocido por tal.

contraproducente ***adj.*** [dicho o acto] Cuyos efectos son opuestos a la intención con que se profiere o ejecuta.

contraproposición (*contra-* + *proposición*) ***f.*** Contrapropuesta.

contrapropuesta (*contra-* + *propuesta*) ***f.*** Proposición con que se contesta o se impugna otra ya formulada.

contraproyecto ***m.*** Proyecto diferente de otro determinado.

contraprueba ***f.*** Nueva prueba para comprobar la primera. 2 IMPR. Segunda prueba. 3 *Colomb.* y *P. Rico.* Prueba de la parte contraria, en los litigios.

contrapuerta ***f.*** Portón (puerta). 2 Puerta situada detrás de otra. 3 FORT. Antepuerta.

contrapuesto, -ta (l. *contrapositu*) pp. de *contraponer.* 2 ***adj.*** [figura] Que, junto con otra igual, está invertida en relación con ésta.

contrapunta ***f.*** MEC. Pieza del torno puesta al cabezal.

contrapuntante ***m.*** MÚS. El que canta de contrapunto.

contrapuntarse ***prnl.*** Contrapuntearse.

contrapuntear ***tr.*** Cantar [algo] de contrapunto. -2 ***tr.-prnl.*** Decir una persona a otra palabras picantes: *se ha contrapunteado con su hermano.* -3 ***prnl.*** Picarse o resentirse entre sí dos o más personas: *contrapuntearse de palabras.* -4 ***intr.*** *Amér.* Cantar versos improvisados dos o más poetas populares en competencia. 5 *Amér.* Competir, rivalizar.

contrapunteo ***m.*** Acción de contrapuntear o contrapuntearse. 2 Efecto de contrapuntear o contrapuntearse. 3 *Amér.* Disputa.

contrapuntismo ***m.*** MÚS. Simultaneidad de dos o varias melodías. 2 MÚS. Práctica preferente del contrapunto.

contrapuntista ***m.*** MÚS. Compositor que practica el contrapunto con cierta preferencia o con mucha pericia.

contrapunto (*contra-* + *punto,* nota musical) ***m.*** MÚS. Concordancia armoniosa de voces contrapuestas. 2 MÚS. Arte de combinar, según ciertas reglas, dos o más melodías diferentes. 3 fig. Desenlace. 4 Contraste. 5 *Amér.* Desafío poético de dos o más poetas populares.

contrapunzar ***tr.*** Remachar [una pieza] con el contrapunzón. ◇ ** CONJUG. [4] como ***realizar.***

contrapunzón ***m.*** Botador para remachar piezas en sitios donde no puede entrar el martillo. 2 Instrumento para hacer los punzones usados en el grabado de sellos y monedas.

contraquilla (*contra-* + *quilla*) ***f.*** MAR. Pieza que cubre toda la quilla por la parte interior.

contrariado, -da ***adj.*** Afectado, disgustado, malhumorado.

contrariamente ***adv. m.*** En contra.

contrariar (l. v. *-are*) ***tr.*** Oponerse [a una intención, propósito, deseo, etc., de una pers.]: *~ la vocación de uno.* 2 Producir disgusto, enfadar. 3 Obstaculizar, dificultar. ◇ GALIC. por combinar: *~ colores.* ◇ ** CONJUG. [13] como ***desviar.***

contrariedad (b. l. *-etate*) ***f.*** Oposición entre dos cosas. 2 Accidente que impide o retarda el logro de un deseo. 3 Disgusto, desazón.

contrario, -ria (l. *-iu*) ***adj.*** Opuesto o repugnante a una cosa: *obrar en sentido ~; ser ~ a toda ostentación; llevar uno la contraria,* llevar la contra; ***al ~, por el ~,*** o ***por lo ~; loc. adv.,***

al revés, de un modo opuesto; ***en contrario,*** en contra. 2 Que daña o perjudica. -3 ***m. f.*** Enemigo, adversario. 4 Persona que pleitea con otra. -5 ***m.*** Impedimento, embarazo, contradicción.

contrarraya (*contra-* + *raya*) *f.* Raya de un grabado que cruza a otras.

contrarreforma (*contra-* + *reforma*) *f.* Conjunto de actividades, escritos, concilios, etc., con que el catolicismo se opuso a la reforma luterana.

REL. Deriv. **contrarreformismo, contrarreformista.**

contrarregistro (*contra-* + *registro*) ***m.*** Revisión y comprobación de los adeudos hechos en una primera línea fiscal.

contrarreguera (*contra-* + *reguera*) *f.* Canal oblicuo a la línea de pendiente, para que las aguas no arrastren la labor.

contrarreloj (*contra-* + *reloj*) ***adj-f.*** DEP. Prueba consistente en cubrir una determinada distancia en el menor tiempo posible, de forma individual o por equipos: *etapa* **~.**

contrarréplica *f.* Contestación dada a una réplica. 2 Dúplica.

contrarrestar (*contra-* + l. *restare,* resistir) ***tr.*** Resistir, hacer frente y oposición [a algo]. 2 Paliar, neutralizar, contrapesar una cosa la influencia o efecto producido por otra. 3 Volver [la pelota] desde la parte del saque.

REL. **Irrefragable,** es lo que no se puede contrarrestar.

contrarresto ***m.*** Acción de contrarrestar. 2 Efecto de contrarrestar. 3 Persona que, en el juego de pelota, se encarga de volverla del saque. -4 ***m. pl.*** ARQ. Resistencia que oponen algunos elementos arquitectónicos a los empujes ejercidos por otros. 5 ARQ. Elementos que ejercen dicha resistencia, como contrafuertes, estribos y machones. -6 ***m.*** *Chile.* Combinación poética sumamente difícil.

contrarrevolución *f.* Revolución política que tiende a destruir los efectos de otra anterior.

contrarrevolucionario, -ria ***adj.*** Perteneciente o relativo a una contrarrevolución. -2 ***m. f.*** Partidario de ella.

contrarriel (*contra-* + *riel*) ***m.*** Contracarril.

contrarroda (*contra-* + *roda*) *f.* MAR. Pieza de igual figura que la roda y empernada a ella por su parte interior.

SIN. **Contrabranque.**

contrarronda *f.* MIL. Segunda ronda.

SIN. **Sobrerronda.**

contrarrotura *f.* VETER. Emplasto que se aplica sobre la piel para curar la rotura, luxación o relajación de tejidos.

SIN. **Rotura.**

contrasalida *f.* MIL. Ataque de los sitiadores a los sitiados que intentan una salida.

contrasalva (*contra-* + *salva*) *f.* Descarga de artillería en contestación al saludo hecho de igual modo.

contraseguro (*contra-* + *seguro*) ***m.*** Contrato en que el asegurador se obliga a reintegrar al contratante las primas o cuotas percibidas, en determinados casos, mediante determinadas condiciones.

contrasellar ***tr.*** Poner un contrasello.

contrasello ***m.*** Sello más pequeño con que se marcaba el principal. 2 Señal que dejaba el mismo sello.

contrasentido (*contra-* + *sentido*) ***m.*** Inteligencia contraria al sentido natural de las palabras. 2 Deducción opuesta a lo que arrojan de sí los antecedentes. 3 Despropósito, disparate.

contraseña *f.* Contramarca (segunda marca). 2 Seña que se dan unas personas a otras para entenderse entre sí, para ser reconocidas o para que les sea permitida alguna cosa: *la ~ de salida de un teatro.* 3 MIL. Palabra o señal que se da para conocerse unos a otros y no tenerse por enemigos o extraños en la confusión del combate o en la obscuridad.

contraseñar ***tr.*** Poner una contraseña en uno o más objetos.

contrastable ***adj.*** Que se puede contrastar.

contrastar (it. *-are;* l. *stare,* mantenerse) ***tr.*** Resistir, hacer frente: *los enemigos contrastaban la industria y esfuerzo de los nuestros; él no puede ~ a,* o *con,* o *contra, mi porfía.* 2 Comprobar y fijar la ley [de los objetos de oro y plata] y sellarlos con la marca del contraste. 3 Comprobar por ministerio público la exactitud [de las pesas y medidas] y acreditarlo sellándolas. -4 ***intr.*** Mostrar notable diferencia o condiciones opuestas dos cosas cuando se comparan una con otra: *contrasta la amenidad de los jardines con la pelada sierra.*

contraste ***m.*** Acción de contrastar. 2 Efecto de contrastar. 3 El que ejerce oficio público de contrastar (metales nobles). 4 Señal que se imprime en los objetos de metal noble como garantía de haber sido contrastados. 5 Oficina donde se contrasta. 6 Almotacén. 7 Oposición o diferencia notable que existe entre personas o cosas. 8 Diferencia de intensidades de iluminación en la gama de blancos y negros o en la de colores de una imagen. 9 En fotografía en blanco y negro, relación de diferencia de densidad entre las partes más obscuras y las más luminosas de la imagen. 10 fig. Contienda o combate entre personas o cosas. 11 Cambio repentino de un viento en otro contrario. 12 Peso público de la seda cruda. 13 FOT. Cualidad de la imagen fotográfica, inversamente proporcional a la riqueza de los matices intermedios entre el blanco y negro. 14 TECNOL. Substancia que tiene la propiedad de ser opaca a los rayos X.

SIN. *3* **Marcador.**

contrastivo, -va ***adj.*** FILOL. Que explica los fenómenos mediante la comparación de lenguas o de estados de una sola lengua.

contrata *f.* Contrato, ajuste, convenio, y documento que lo asegura. 2 esp. Contrato hecho para ejecutar una obra material o prestar un servicio por precio determinado. 3 Entre actores y cantantes, ajuste, ocupación.

contratación *f.* Acción de contratar. 2 Efecto de contratar. 3 Comercio y trato de géneros vendibles.

contratajamar ***m.*** Estribo dispuesto en situación opuesta al tajamar en el pilar de un puente.

contratante ***adj.-s.*** Que contrata.

contratapa (*contra-* + *tapa* I, carne) *f.* Carne de vaca que está entre la babilla y la tapa.

contratar ***tr.*** Pactar, convenir, hacer contratos o contratas; en gral., hacer operaciones de comercio. 2 Ajustar [un servicio].

contraterrorismo (*contra-* + *terrorismo*) ***m.*** Actividad dirigida a reprimir el terrorismo.

contraterrorista ***adj.*** Relativo al contraterrorismo. -2 ***com.*** Persona dedicada a actividades contraterroristas.

contratiempo (*contra-* + *tiempo*) ***m.*** Accidente perjudicial y por lo común inesperado. 2 MÚS. Articulación de un sonido sobre el tiempo débil del compás, o parte débil de un tiempo sin prolongación sobre el tiempo fuerte: ***a ~***, en sentido inverso al tiempo ordinario con que marca el compás. -3 ***m. pl.*** EQUIT. Movimientos desordenados que hace el caballo.

SIN. *1* **Percance.** En ocasiones se acerca al signif de **desgracia.**

contratipo ***m.*** CINEM. Copia en negativo obtenida de una copia positiva.

contratista ***com.*** Persona que por contrata ejecuta una obra material o está encargada de un servicio para el gobierno, una corporación o un particular.

contrato (l. *contractu*) ***m.*** Acuerdo de dos o más voluntades dirigido a crear una obligación de dar o hacer, y documento en que se acredita: ~ ***a la gruesa*** o ***a riesgo marítimo,*** aquel por el que una persona presta a otra cierta cantidad sobre objetos expuestos a riesgos marítimos, dependiendo su reembolso y el premio convenido del feliz arribo de los objetos a puerto; ~ ***aleatorio,*** aquel cuya ventaja depende de un acontecimiento incierto; ~ ***conmutativo,*** aquel en que se da una cosa equivalente a la que se recibe; ~ ***unilateral,*** el que sólo produce obligaciones para una de las partes; ~ ***bilateral*** o ***sinalagmático,*** aquel en que los contratantes quedan obligados recíprocamente; ~ ***nominado,*** el que tiene individualidad propia y tiene reglas especiales en la ley; ~ ***innominado,*** el que no es nominado y se celebra usando de la libertad de contratar; ~ ***consensual,*** el que se perfecciona por el sólo consentimiento; ~ ***real,*** el que además del consentimiento requiere la entrega de la cosa; ~ ***solemne,*** el que requiere la forma notarial.

contratorpedero ***m.*** Cazatorpedero.

contratreta *f.* Ardid que se opone a una treta.

contratrinchera (*contra-* + *trinchera*) *f.* Contraaproches.

contratuerca (*contra-* + *tuerca*) *f.* Tuerca auxiliar que se superpone a otra para evitar que ésta se afloje por efecto de la vibración o por otras causas.

contravalación *f.* Acción de contravalar. 2 Efecto de contravalar.

contravalar (*contra-* + l. *vallare,* fortificar) ***tr.*** Construir, el ejército que sitia, una línea fortificada alrededor de [la plaza sitiada].

contravalor (*contra-* + *valor*) ***m.*** Precio o valor que se da a cambio de lo que se recibe.

contravapor (*contra-* + *vapor*) ***m.*** Corriente de vapor que obra en sentido opuesto a la que de ordinario mueve una máquina y que sirve para que se detenga o retroceda si es locomóvil.

contravención *f.* Acción de contravenir. 2 Efecto de contravenir.

contraveneno (*contra-* + *veneno*) ***m.*** Medicamento para con-

trarrestar los efectos del veneno. 2 fig. Precaución tomada para evitar un perjuicio.
SIN. *1* **Antídoto.** *2* **Contrahierba.**

contravenir (b. l. *-ire*) *tr.* Obrar en contra [de lo que está mandado]: ~ *a la ley.* ◇ ** CONJUG. [90] como *venir.*
SIN. v. **Quebrantar.**

contraventana (*contra-* + *ventana*) *f.* Puerta que interiormente cierra sobre la vidriera. 2 Puerta de madera que en los países fríos se pone en la parte de afuera de las ventanas y vidrieras.
SIN. **Puertaventana.**

contraventor, -ra *adj.-s.* Que contraviene.

contraventura *f.* Desdicha, infortunio.

contraverado, -da *adj.* Que tiene contraveros.

contraveros (*contra-* + *veros*) *m. pl.* BLAS. V. veros (esmaltes).

contravidriera (*contra-* + *vidriera*) *f.* Segunda vidriera, para mayor abrigo.

contravoluta *f.* Voluta que duplica la principal.

contrayente *adj.-s.* Que contrae y; esp., [pers.] que contrae matrimonio.

contrecho, -cha (l. *contractu* < pp. de *contrahere,* contraer) *adj.* Baldado, tullido.

contrete *m.* Puntal que sujeta horizontalmente una pieza: *cadena de* ~.

contri (arauc. *conthi;* o *conthul,* molleja de ave) *m. Chile.* Molleja, estómago muscular que tienen las aves. 2 *Chile.* Entrañas.

contribución (l. *-utione*) *f.* Acción de contribuir. 2 Efecto de contribuir. 3 Cantidad con que se contribuye a algún fin, esp. la que se impone para las cargas del estado: ~ ***de guerra,*** la extraordinaria que impone un ejército beligerante a las plazas que ocupa o toma; fig., ~ ***de sangre,*** servicio militar; ~ ***industrial,*** la que el estado impone a las industrias, comprendiendo el comercio y las profesiones liberales; ~ ***territorial,*** la que el estado impone sobre inmuebles, cultivo y ganadería.

contribuidor, -ra *adj.-s.* Que contribuye.

contribuir (l. *-ere*) *tr.* Pagar cada uno [la cuota que le cabe] por un impuesto o repartimiento: *los propietarios contribuyen el 20 % de la renta;* fig., *entonces los pueblos contribuyen más contentos;* ~ *a,* o *para, una cosa.* -2 *tr.-intr.* Concurrir voluntariamente [con una cantidad] para determinado fin: *el rey contribuyó con cuantiosas cantidades;* ~ *a los gastos.* -3 *intr.* fig. Ayudar y concurrir con otros al logro de algún fin: ~ *al alivio de una persona;* ~ *para conservar la paz.* ◇ ** CONJUG. [62] como ***huir.***

contribulado, -da (l. *-atu*) *adj.* Que padece tribulación.
SIN. **Atribulado,** más ús.

contribular *tr.* Atribular, causar tribulación. -2 *prnl.* Sentir contricción.

contributario, -ria *m. f.* Tributario con otras personas.

contributivo, -va *adj.* Relativo a las contribuciones e impuestos.

contribuyente *adj.* Que contribuye. -2 *com.* Persona que paga contribución al estado.

contrición (l. *-tione*) *f.* Dolor del alma por haber ofendido a Dios, por ser quien es y porque se le debe amar sobre todas las cosas. ◇ INCOR.: *contricción.*
REL. En la **atrición** predomina el temor del castigo eterno. SIN. v. **Arrepentimiento.**

contrín *m.* Peso filipino (39 cg.).

contrincante *com.* Que forma parte de una misma trinca en las oposiciones. 2 Competidor, rival, adversario.

contristar (l. *-are*) *tr.-prnl.* Afligir, entristecer.

contrito, -ta (l. *-tu*) *adj.* Que siente contricción. 2 fig. Melancólico, triste.

control *m.* Comprobación, inspección, intervención; dirección, mando, regulación: ~ ***de la natalidad, loc. substantiva,*** limitación voluntaria del número de hijos de una pareja. 2 Sitio donde está situado un control o inspección. ◇ Pl.: *controles.*

controlador, -ra *adj.* Que controla. -2 *m. f.* Persona encargada de controlar y dirigir los movimientos de los aviones desde tierra.

controlar (fr. *-er*) *tr.* Comprobar, intervenir, inspeccionar: *estas cuentas deben ser controladas;* dirigir, regular: ~ *un motor;* ~ *los precios de las mercancías.* -2 *prnl.* Moderarse.

controversia (l.) *f.* Discusión larga y reiterada entre dos o más personas sobre un punto de doctrina: *una* ~ *religiosa; una* ~ *científica.* -2 *loc. adv.* ***Sin*** ~, sin duda.
SIN. v. **Lucha.**

controversial *adj.* Relativo a la controversia. 2 Que es o puede ser objeto de controversia. 3 Polémico, que busca la controversia.

controversista *com.* El que trata sobre puntos de controversia.

controvertible *adj.* Que se puede controvertir.

controvertir (l. *-ere*) *intr.-tr.* Discutir, extensa y detenidamente [sobre una materia]. ◇ ** CONJUG. [35] como ***hervir.***

contubernio (l. *-iu*) *m.* Cohabitación, esp. la ilícita. 2 fig. Alianza vituperable.
SIN. *2* Intensifica el carácter maligno de **confabulación.**

contumacia (l.) *f.* Calidad de contumaz. 2 DER. Rebeldía (procesal).

contumaz (l. *contumax -acis*) *adj.* Porfiado y tenaz en mantener un error. 2 Impenitente. 3 [materia propia] Para propagar los gérmenes de un contagio. -4 *adj.-s.* DER. Rebelde.
SIN. *1* v. **Terco.**

contumazmente *f.* Con contumacia.

contumelia (l.) *f.* Injuria u ofensa dicha a una persona.

contumelioso, -sa *adj.* Injurioso, ofensivo. 2 Que dice contumelias.

contumeria *f. Amér. Central.* Subterfugio.

contumerioso, -sa *adj. Amér. Central.* Dengoso, melindroso.

contundencia *f.* Calidad de contundente, convincente.

contundente (l.) *adj.* Que produce contusión: *la herida fue producida con un instrumento* ~. 2 fig. Que produce grande impresión en el ánimo, convenciéndolo: *prueba* ~.
SIN. *1* **Tundente.**

contundir (l. *-ere*) *tr.* Magullar, golpear.

conturbación (l. *-atione*) *f.* Inquietud, turbación.

conturbado, -da (de *conturbar*) *adj.* Revuelto, intranquilo.

conturbador, -ra *adj.-s.* Que conturba.

conturbar (l. *-are*) *tr.* Turbar, inquietar. 2 fig. Intranquilizar, alterar el ánimo.

conturbativo, -va *adj.* Que conturba.

contusión (l. *-usione*) *f.* Lesión por golpe que no causa herida exterior.

contusionar *tr.* Contundir, producir contusión [a una persona o animal].

contuso, -sa (l. *-su*) *adj.-s.* Que ha recibido contusión.

contutor *m.* El que ejercía la tutela juntamente con otro.

conuco *m. Amér.* Pequeña heredad, o campito, con su rancho.

conuquero, -ra *m. f. Amér.* Propietario o habitante de un conuco.

conurbación *f.* Conjunto de poblaciones próximas, unas a otras, cuyo crecimiento las ha puesto en contacto.

convalecencia (l. *-scentia*) *f.* Acción de convalecer. 2 Efecto de convalecer. 3 Estado del convaleciente. 4 Casa u hospital para convalecer los enfermos. 5 Período de tiempo que dura la recuperación de las fuerzas perdidas por el enfermo.

convalecer (l. *-escere*) *intr.* Recobrar las fuerzas perdidas por enfermedad. 2 fig. Salir una persona o colectividad del estado de postración o peligro en que se encontraban. ◇ ** CONJUG. [43] como ***agradecer.***

convaleciente *adj.-s.* Que convalece.

convalidación *f.* Acción de convalidar. 2 Efecto de convalidar.

convalidar (l. *-are*) *tr.* Confirmar (revalidar). 2 Dar validez académica en un país, institución, facultad, sección, etc. [a estudios aprobados en otro país, institución, etc.].

convección (b. l. *-ctione,* conducción) *f.* Transmisión de calor en un fluido por movimiento de capas desigualmente calientes.

convecino, -na (*con-* + *vecino*) *adj.* Cercano, próximo. -2 *adj.-s.* Que tiene vecindad con otro en un mismo pueblo.

convector *m.* Aparato de calefacción por convección.

convelerse (l. *convellere,* de *cum,* con + *vellere,* arrancar) *prnl.* MED. desus. Agitarse con contracción y estiramiento de uno o varios miembros o músculos del cuerpo.

convencedor, -ra *adj.-s.* Que convence.

convencer (l. *convincere*) *tr.-prnl.* Reducir [a uno] con argumentos o pruebas a reconocer la verdad de una cosa, a adoptar una resolución, etc. ◇ ** CONJUG. [2] como ***mecer.***
SIN. **Persuadir.**

convencimiento *m.* Acción de convencer o convencerse. 2 Efecto de convencer o convencerse.
SIN. **Convicción, persuasión.**

convención (l. *-ntione*) *f.* Pacto entre dos o más personas. 2 Conveniencia, conformidad. 3 Asamblea de los representantes de un país, que asume todos los poderes. 4 Norma aceptada por costumbre. 5 Reunión general de partidos políticos, agrupacio-

nes o gremios de índole varia para elegir o proclamar candidatos o resolver otros asuntos.
SIN. *1* **Convenio.**
convencional *adj.* Relativo a la convención (pacto). 2 Que resulta o se establece en virtud de precedentes o de costumbre; tradicional, habitual. 3 Usual, corriente, habitual. 4 [idea o actitud] Falto de originalidad, acomodaticio. -5 *m.* Individuo de una convención.
convencionalismo *m.* Conjunto de opiniones o procedimientos basados en ideas falsas o dudosas que, por comodidad o conveniencia social, se tienen como verdaderas.
convencionalista *adj.-s.* Relativo al convencionalismo o afecto a él.
convencionalmente *adv. m.* Por convención. 2 De manera convencional, según precedentes o costumbres.
convenenciero, -ra *adj. Méj.* y *Perú.* Acomodaticio, conveniencero.
convenible *adj.* Que se conviene fácilmente con los demás. 2 Tratándose del precio, razonable, moderado. 3 Conveniente.
convenido *adv. m.* Que expresa conformidad o consentimiento.
conveniencia (l. *-ntia*) *f.* Correlación y conformidad entre dos cosas distintas. 2 Ajuste, concierto y convenio. 3 Acomodo de una persona para servir en una casa. 4 Utilidad, provecho. 5 Comodidad. -6 *f. pl.* Haberes, rentas, bienes. 7 GALIC. Decoro, urbanidad.
convenienciero, -ra *adj.-s.* Que sólo atiende a su conveniencia propia.
conveniente *adj.* Útil, oportuno, provechoso. 2 Conforme, concorde. 3 Decente, proporcionado.
SIN. *1* **Acomodado, adecuado, proporcionado, idóneo,** son gralte. exprs. objetivas de la aptitud para un fin; mientras que **conveniente, oportuno, provechoso,** añaden un matiz de estimación subjetiva por parte del hablante.
convenientemente *adv. m.* Útil, adecuada y oportunamente.
convenio (de *convenir*) *m.* Ajuste, pacto, acuerdo: ~ ***colectivo,*** el tomado entre la parte empresarial y la sindical sobre salarios y condiciones de trabajo. 2 Texto en que se contiene lo acordado.
convenir (l. *-ire*) *intr.* Ser de un mismo parecer y dictamen: *se ha convenido,* o *hemos convenido, en dar a la poesía el primer lugar.* 2 Acudir o juntarse varias personas en un mismo lugar. 3 Corresponder, pertenecer: *a ninguno más que al príncipe conviene la sabiduría.* 4 Ser a propósito, ser conveniente: *pide lo que más convenga a tu salud.* 5 Concertar, pactar, ponerse de acuerdo con otra u otras personas. -6 *prnl.* Ajustarse, concordarse: *estamos distantes de convenirnos con los libreros.* 7 DER. Coincidir dos o más voluntades causando obligación. ◇ **CONJUG. [90] como ***venir.*** HOMÓF.: ***combine*** y ***combino*** (v.).
FR. *Conviene a saber,* a saber.
conventico *m.* Conventillo.
conventículo (l. *-lu*) *m.* Junta ilícita y clandestina de algunas personas. ◇ También *conventícula,* p. us.
SIN. v. **Conciliábulo.**
conventillero, -ra *m. f. Argent.* Chismoso, intrigante.
conventillo *m. Amér.* Casa de vecindad.
convento (l. *-tu,* congregación, junta) *m.* Casa en que vive una comunidad de religiosos bajo las reglas de su instituto. 2 Comunidad de religiosos que habitan en una misma casa. 3 MAR. Clara o hueco entre dos cuadernas. 4 *Ecuad.* Casa del cura.
SIN. v. **Monasterio.**
conventual *adj.* Relativo al convento. -2 *m.* Religioso que reside en un convento, o es individuo de una comunidad. 3 Religioso franciscano cuya orden posee rentas. 4 En algunas órdenes religiosas, predicador de la casa.
conventualidad *f.* Carácter o condición de conventual. 2 Morada de las personas religiosas que viven en un mismo convento. 3 Asignación de un religioso a un convento determinado.
conventualmente *adv. m.* En comunidad.
convergencia *f.* Acción de converger. 2 Efecto de converger. 3 Orientación de tres haces de electrones en un tubo de color en la apertura, durante el barrido de una línea: ~ *horizontal, vertical.*
CONTR. **Divergencia.**
convergente *adj.* Que converge: *lente* ~.
CONTR. **Divergente.**
converger, -gir (l. *-ere*) *intr.* Dirigirse a un mismo punto: *dos líneas que convergen; varios caminos convergían en aquel lugar.* 2 fig. Concurrir al mismo fin los dictámenes u opiniones de dos o más personas. ◇ ** CONJUG. [5] como ***proteger,*** [6] como ***dirigir.*** INCOR.: *convirgió* por convergió; *convirgiese* por convergiese.
CONTR. *1* **Divergir.** *2* **Disentir.**
conversa (apóc. de *conversación*) *f.* fam. Conversación, palique.
conversable (de *conversar*) *adj.* Tratable, sociable.
conversación *f.* Acción de conversar. 2 Efecto de conversar. 3 eufem. Comunicación y trato carnal. 4 desus. Concurrencia o compañía.
SIN. *1* **Coloquio,** supone cierta familiaridad o confianza (~ *amoroso,* ~ *íntimo*), cuando no se refiere a un modo de composición literaria (~ *pastoril*); **diálogo,** es lit.: ~ *filosófico, del teatro, de la novela*; **plática,** tiene sabor arcaizante; o se refiere al sermón breve que pronuncia el sacerdote al pie del altar; **charla** es ~ sin objeto determinado, por pasatiempo, y más aún **cháchara, palique** y **parloteo,** que acentúan su carácter fam. y sugieren pralte. el sonido animado de las voces; **entrevista,** sugiere un objeto determinado y serio; **conferencia,** tiene carácter grave, a acusa de la importancia del asunto o de los interlocutores. FR. fig. *Dejar caer una cosa en la* ~, decirla afectando descuido; *trabar* ~, dar principio a la plática.
conversacional *adj.* INFORM. [utilización del ordenador] En la que el hombre dialoga con la máquina con ayuda de un terminal, tal como una máquina de escribir en funciones de entrada y salida.
conversadera *f. S. Dom.* Conversación larga.
conversadero *m. Argent.* y *S. Dom.* Conversación desatinada.
conversador, -ra *adj.* [pers.] De conversación agradable. 2 *Amér.* Charlatán.
conversar (l. *-ari,* estar con frecuencia) *intr.* Hablar una o varias personas con otra u otras: ~ *en,* o *sobre, materias fútiles.* 2 Vivir, habitar en compañía de otros: *se hizo hombre y viniendo a la tierra conversó con los hombres;* en gral., tratar y tener amistad unas personas con otras. 3 MIL. Hacer conversión. -4 *tr. Chile* y *Ecuad.* Contar, referir [algo].
conversata *f. Chile.* Conversación larga.
conversión *f.* Acción de convertir o convertirse. 2 Efecto de convertir o convertirse. 3 Mutación de una cosa en otra. 4 Mudanza de mala vida a buena. 5 Cambio que experimenta el interés de una renta; esp. acción y efecto de convertir una emisión de valores mobiliarios en otra de condiciones diferentes. 6 Adaptación a una actividad diferente. 7 Cambio de efectos públicos por otros de diferentes características. 8 MIL. Mutación del frente, de una fila, girando sobre uno de sus extremos. 9 RET. Figura que se comete empleando una misma palabra al fin de dos o más cláusulas o miembros del período.
SIN. *9* **Epístrofe.**
conversivo, -va *adj.* Que tiene virtud de convertir una cosa en otra. 2 Convertible.
converso, -sa (pp. irreg. de *convertir*) *adj.* [moro, judío] Convertido al cristianismo. -2 *m.* En algunas órdenes religiosas, lego (hermano).
SIN. *1* **Confeso.**
conversón, -sona *adj. Colomb.* y *Ecuad.* Charlatán. 2 *Amér. Central.* Parrafada, conversación.
convertibilidad *f.* Calidad de convertible. 2 ECON. Cualidad de una moneda para poder ser cambiada legalmente por oro o por otra divisa.
convertible *adj.* Que puede convertirse. -2 *m. Amér.* Automóvil de tipo descapotable.
convertidor *m.* Aparato para convertir la fundición de hierro en acero. 2 ELECTR. Dispositivo que sirve para transformar una corriente. 3 FÍS. Aparato que transforma una magnitud física en otra diferente, o simplemente varía su valor. 4 En televisión, aparato que transforma las señales de un sistema a otro.
convertir (l. *-ere*) *tr.-prnl.* Volver, enderezar: ~ *las armas contra los moros;* ~ *los pensamientos hacia Dios;* ~ *la cuestión a otro objeto.* 2 Mudar o volver [una cosa] en otra: *convirtió el agua en vino; convertirse el mal en bien.* 3 Cambiar [una emisión de valores mobiliarios] por otra de condiciones o renta diferentes. 4 Ganar a alguien para que profese una religión o la practique. -5 *prnl.* DIAL. Substituirse una palabra o proposición por otra de igual significado. ◇ ** CONJUG. [29] como ***discernir.***
SIN. *2* v. **Cambiar.** *4* v. **Apostatar.**
convexidad *f.* Calidad de convexo. 2 Parte o sitio convexo.
convexo, -xa (l. *-xu*) *adj.* Que tiene, respecto del que mira, la superficie más prominente en el medio que en los extremos.
convexocóncavo, -va *adj.* [cuerpo] Que presenta dos superficies opuestas, una convexa y otra cóncava, de radio mayor la primera que la segunda: *lente* ~.

convicción (l. *-ictione*) *f.* Convencimiento. 2 Idea religiosa, ética o política a la que uno está fuertemente adherido.

convicto, -ta (l. *-tu*) Pp. irreg. de *convencer.* 2 *adj.* [reo] A quien legalmente se ha probado su delito, aunque no lo haya confesado.

convictor (l.) *m.* En algunas partes, el que vive en un seminario o colegio sin ser del número de la comunidad.

convictorio *m.* En los colegios de jesuitas, departamento donde viven los educandos.

convidada (de *convidar*) *f.* fam. Convite en que, gralte., sólo se invita a beber.

convidado, -da (de *convidar*) *m. f.* Persona que recibe un convite. 2 ***El ~ de piedra,*** persona que está quieta y silenciosa como una estatua, aludiendo a la del Comendador de Calatrava, don Gonzalo de Ulloa, en el *Burlador de Sevilla y Convidado de piedra* de Tirso de Molina (¿1583?-1648). 3 fig. Gorrón, gorrista, parásito.

convidador, -ra, convidante *adj.-s.* Que convida.

convidar (l. v. *convitare* < l. *invitare*× *conviviu*) *tr.* Rogar una persona [a otra] que la acompañe a comer, a una fiesta, etc. 2 fig. Mover, incitar: *él es manso y nos convida a serlo.* -3 *prnl.* Ofrecerse voluntariamente para alguna cosa.

FR. *Convidar a uno con una cosa,* ofrecérsela. SIN. *1* y *2* **Invitar,** en gral. se estima como más elegante que **convidar.**

convincente *adj.* Que convence.

SIN. v. **Persuasivo.**

convincentemente *adv. m.* De manera convincente.

convite *m.* Acción de convidar. 2 Efecto de convidar. 3 Función, y esp. banquete, a que es uno convidado. 4 *Amér. Central* y *Méj.* Mojiganga que recorre las calles anunciando alguna fiesta. 5 *Colomb.* y *Venez.* Reunión de trabajadores que prestan su servicio ganando sólo la comida.

SIN. *1* **Invitación.**

convival (l. *-ale*) *adj.* Relativo al convite. ◇ Voz culta, evocadora de la antigüedad.

convivencia *f.* Acción de convivir.

conviviente (l. *convivente*) *com.* Aquel con quien comúnmente se vive.

convivir *intr.* Vivir en compañía de otro u otros, cohabitar.

convocación *f.* Acción de convocar. 2 ANGLIC. Reunión, asamblea, congregación.

convocador, -ra *adj.-s.* Que convoca.

convocar (l. *-are*) *tr.* Citar, llamar [a varias personas] para que concurran a lugar o acto determinado: *~ a junta.* 2 Aclamar (dar voces). ◇ ** CONJUG. [1] como ***sacar.***

convocatoria *f.* Anuncio o escrito con que se convoca.

convocatorio, -ria *adj.* Que convoca.

convolvuláceo, -a (l. *convolvulu,* n. genérico de la enredadera) *adj.-f.* Planta de la familia de las convolvuláceas. -2 *f. pl.* Familia de plantas dicotiledóneas, árboles, matas y hierbas, generalmente de tallo voluble, con hojas en forma de tubo o campana, y fruto capsular; como la maravilla.

convólvulo (l. *-lu*) *m.* Oruga de cuerpo verde amarillento y cabeza parda brillante, que roe los frutos y hojas de la vid. 2 Enredadera (planta).

SIN. *1* **Gusano revoltón.**

convoy (fr. *convoi*) *m.* Escolta o guardia. 2 Conjunto de los buques o carruajes, efectos o pertrechos escoltados. 3 Tren. 4 Vinagreras. 5 fig. *y* fam. Séquito o acompañamiento. ◇ Pl.: *convoyes.*

convoyar (de *convoy*) *tr.* Acompañar de un lugar a otro [a una pers. o cosa] para protegerla. 2 *Chile.* Ayudar a uno con dinero o cosas equivalentes para algún negocio o empresa. 3 *P. Rico.* Inducir [a una persona] con falsos halagos a hacer una cosa. -4 *prnl. P. Rico* y *Venez.* Confabularse.

convulsión (l. *-sione*) *f.* Contracción muscular espasmódica, violenta y repetida, debida a irritación del sistema nervioso central. 2 Sacudida de la tierra o el mar por efecto de los terremotos. 3 fig. Agitación política o social de carácter violento que trastorna la normalidad de la vida colectiva.

convulsionante *adj.* Que convulsiona; [terapéutica] que propone la curación de enfermedades mediante drogas que producen convulsiones en el enfermo.

convulsionar *tr.* Producir convulsiones.

convulsionario, -ria *adj.* Que padece convulsiones. -2 *m. pl.* Supersticiosos franceses del s. XVIII, contagiados del jansenismo, que sufrían o aparentaban sufrir convulsiones al congregarse ante el sepulcro del diácono París, para recobrar la salud.

convulsiterapia (de *convulsión* + *-terapia*) *f.* MED. Producción de sacudidas mediante procedimientos diversos para el tratamiento de la fase aguda de ciertas psicosis.

convulsivo, -va *adj.* Con carácter de convulsión.

convulso, -sa (l. *-su*) *adj.* Atacado de convulsiones. 2 fig. Que se halla muy excitado.

conyúdice (l. *coniudice*) *m.* desus. Conjuez.

conyugación *f.* BOT. Tipo de reproducción de algunos organismos consistente en el intercambio de una parte de la substancia nuclear.

conyugadas *f. pl.* Clase y orden de vegetales dentro de la división clorófitos; son algas microscópicas que se caracterizan por reproducirse por conyugación.

conyugal (l. *coniugale*) *adj.* Relativo a los cónyuges.

conyugalmente *adv. m.* Con unión conyugal.

conyugar *intr. Cuba.* Contraer matrimonio. ◇ ** CONJUG. [7] como ***llegar.***

cónyuge (l. *coniuge*) *com.* Consorte: *los cónyuges se deben amor y fidelidad.* ◇ INCOR.: *cónyugue.*

conyugicida (de *cónyuge* + *-cida*) *com.* Cónyuge que mata al otro cónyuge.

conyugicidio (de *cónyuge* + *-cidio*) *m.* Muerte causada por uno de los cónyuges al otro.

coña (der. de *coño*) *f.* vulg. Guasa, burla disimulada. 2 vulg. Cosa molesta.

coñá *m.* Coñac.

coñac (fr. *Cognac,* región de Francia) *m.* Aguardiente de graduación alcohólica muy elevada, obtenido por la destilación de vinos flojos y añejado en toneles de roble. ◇ El plural generalizado es *coñacs.*

coñazo (der. de *coño*) *m.* Persona, dicho o hecho que se caracteriza por su pesadez, inutilidad o machaconería: ***dar el ~,*** fr. vulg., molestar.

coñearse (der. de *coña*) *prnl.* vulg. Guasearse, burlarse disimuladamente.

coñera *f. Extr.* Cruz que forman los brazos del alcornoque, al separarse del tronco.

coñete (der. de *coño*) *m.* fam. Coño. -2 *adj. Chile.* Tacaño, mezquino.

coño (l. *cunnus*) *m.* Parte externa del aparato genital de la hembra. ◇ Es voz malsonante.

¡Coño! Interjección con que se denota sorpresa, enfado, disgusto, etc.

coñón (der. de *coña*) *adj.-s.* vulg. Persona burlona o bromista.

coolí (ingl. *coolee*) *m.* Indio o chino que trabaja en una colonia.

coona *f.* Planta venenosa con cuyo jugo enherbolaban sus flechas los indios. 2 Hoja de esta planta.

cooperación *f.* Acción de cooperar. 2 Efecto de cooperar.

cooperador, -ra *adj.-s.* Que coopera.

cooperante *adj.* Cooperador.

cooperar (l. *-ari*) *intr.* Obrar juntamente con otro u otros para un mismo fin. 2 Ayudar un país a otro menos avanzado para que se desarrolle.

SIN. **Colaborar,** cooperar en el trabajo, esp. si es intelectual.

cooperario *m.* El que coopera.

cooperativa *f.* Sociedad formada por productores o consumidores para vender o comprar en común: *~ agraria; ~de consumo.*

cooperativismo *m.* Estudio y fomento de las cooperativas.

cooperativista *adj.* Relativo a la cooperación. -2 *adj.-com.* Partidario del cooperativismo. -3 *com.* Persona que pertenece a una sociedad cooperativa.

cooperativo, -va *adj.* Que coopera o puede cooperar a alguna cosa.

cooperita *f.* Mineral de la clase de los sulfuros que cristaliza en el sistema tetragonal, de color blanco.

coopositor, -ra *m. f.* Persona que concurre con otra u otras a las oposiciones.

cooptación *f.* Acción de cooptar. 2 Efecto de cooptar.

cooptar *tr.* Llenar las vacantes de una corporación mediante el voto de los integrantes de la misma.

coordenado, -da (de *co-* + *ordenado*) *adj.-f.* Línea que sirve para determinar la posición de un punto, y eje o plano a que aquella línea se refiere: ***~ cartesiana,*** recta paralela a cada uno de dos ejes trazados sobre un plano, o a alguna de las intersecciones de tres planos, con respecto a los cuales se determina la posición de un punto del espacio por la longitud de dicha recta, contada desde los ejes o planos no paralelos a ella (*ordenada* y

abscisa); ***coordenadas esféricas,*** las que se emplean para fijar la posición de un astro en la esfera celeste, y se refieren al horizonte, al ecuador y a la eclíptica; ***coordenadas geográficas,*** las que se emplean para fijar la posición de un lugar de la superficie de la Tierra, longitud y latitud.
coordinación *f.* Acción de coordinar. 2 Efecto de coordinar. 3 GRAM. Relación que existe entre oraciones de sentido independiente.
coordinadamente *adv. m.* Con coordinación.
coordinado, -da *adj.* Coordenado. -2 *adj.-f.* ***Oración ~,*** v. oración.
coordinador, -ra *adj.-s.* Que coordina.
coordinamiento *m.* Coordinación.
coordinante *adj.* Coordinativo. -2 *adj.-f.* GRAM. ***Conjunción ~*** o ***coordinativa,*** v. conjunción.
coordinar (l. *ordinare,* ordenar) *tr.* Disponer [cosas] metódicamente. 2 Concertar [esfuerzos, medios, etc.] para una acción común.
coordinativo, -va *adj.* Que puede coordinar. -2 *adj.-f.* GRAM. ***Conjunción coordinativa*** o ***coordinante,*** v. conjunción.
copa (l. *cuppa*) *f.* Vaso con pie para beber. 2 Líquido que cabe en una copa. 3 Medida para líquidos, equivalente a 126 mls., o sea, a una cuarta parte de un cuartillo. 4 Carta del palo de copas. 5 Parte del sombrero en que entra la cabeza. 6 Pieza de esta forma con que se cubre el brasero para mantener y dosificar el calor de las brasas. 7 p. ext. Brasero con esta pieza. 8 Conjunto de ramas y hojas de un árbol. 9 Constelación austral situada al norte de la Hidra. 10 Premio que se concede en algunos certámenes deportivos. 11 Competición deportiva para lograr este premio. 12 *Murc.* Penacho de la planta del maíz. -13 *f. pl.* Palo de la baraja española. 14 Cabezas del bocado del freno.
SIN. *4* **Casco.** *6* **Carrujo.** *7* **Vaso.**
copada (de *copo I*) *f.* Cogujada.
I) copado, -da *adj.* Que tiene copa: *árbol muy copado.*
SIN. **Coposo, copudo.**
II) copado, -da *adj. Colomb.* Sin blanca.
copador *m.* Mazo de madera o martillo que sirve para encorvar chapas de metal.
copaiba (guaraní *copauba*) *f.* Copayero. 2 Bálsamo de copaiba.
copaína *f.* QUÍM. Principio que se obtiene de la copaiba.
copajira *f. Bol.* Agua rezumada y corrosiva de las minas.
copal (voz mej.) *adj.-m.* Resina casi incolora, muy dura, sin olor ni sabor, que se emplea para fabricar barnices de buena calidad. -2 *m.* Nombre de varios árboles tropicales, de los cuales se saca la resina por incisión, esp. los leguminosos de los gén. *Hymenœa* y *Trachylobium.*
copalillo *m. Cuba.* Árbol sapindáceo, de buena madera, dura y compacta, grano fino y color amarillo o rojizo claro *(Thouinia nervosa).* 2 *Hond.* Curbaril.
SIN. *1* **Canelillo.**
copaneco, -ca *adj.-s.* De Copán, departamento del oeste de Honduras.
copano (l. v. *copana*) *m.* Barco pequeño usado antiguamente.
copante (náhu. *quanhpantli,* puente de madera) *m. Guat., Hond.* y *Méj.* Pasadera.
copaquira (aimara) *f. Chile* y *Perú.* Caparrosa o vitriolo azul.
copar (fr. *couper,* de *coup,* golpe) *tr.* Hacer en los juegos de azar una apuesta equivalente [a todo el dinero con que responde la banca]. 2 fig. Conseguir en una elección [todos los puestos]. 3 MIL. Apresar por sorpresa [a una fuerza militar].
coparticipación (*co-* + *participación*) *f.* Acción de participar con otro en alguna cosa.
copartícipe *com.* Que participa con otro.
copartidario, -ria (*co-* + *partidario*) *adj.-s.* Que pertenece al mismo partido político.
copayero *m.* Árbol leguminoso de la América meridional, de cuyo tronco se extrae el bálsamo de copaiba *(Copaifera officinalis).*
copazo *m.* Copa grande. 2 fam. Con los verbos *tomar, beber, atizar,* etc., beberse una copa de vino o licor, a veces de un solo golpe.
cope (de *copo,* copar) *m.* Parte más espesa de la red de pescar.
copé *m.* Especie de nafta o betún natural de algunas regiones americanas, que se mezclaba con alquitrán.
copear (frecuent.) *intr.* Vender por copas las bebidas. 2 Tomar copas.
copec, copeck *m.* Moneda rusa de cobre, centésima parte de un rublo. ◇ También *kopec.* ◇ Pl.: *copecks.*
copeca *f.* Copec.
copeisillo *m. Ant.* Especie de copey más pequeño que éste *(gén. Clusia).*
copela (l. *cuppella;* dim. de *cuppa,* copa) *f.* Crisol de paredes porosas donde se ensayan o purifican los minerales de oro y plata. 2 Plaza hecha en los hornos de copela con arcilla apisonada.
copelación *f.* Acción de copelar. 2 Efecto de copelar.
copelar *tr.* Fundir [minerales o metales] en copela o en hornos de copela.
copeo *m.* Acción de copear. 2 Efecto de copear.
copépodo (gr. *kope,* remo + *-podo*) *adj.-m.* Crustáceo del orden de los copépodos. -2 *m. pl.* Orden de crustáceos entomostráceos diminutos, con un solo ojo, sin caparazón ni extremidades abdominales, que nada con el primer par de antenas.
copera *f.* Sitio donde se guardan o ponen las copas. 2 Bandeja de cerámica, de superficie plana y, por lo general, circular, con un reborde de poca altura, y a menudo elevada por un repié. 3 *Colomb.* Camarera que sirve en bares, clubes nocturnos, etc.
copernicano, -na *adj.-s.* Propio o relativo a Copérnico (1473-1543) y a sus seguidores. 2 ***Giro ~,*** modificación importante que se produce [en el desarrollo de un acontecimiento, de una opinión, etc.].
copero *m.* El que tenía por oficio traer la copa y dar de beber a su señor. 2 Mueble que contiene las copas en que se sirven licores. -3 *adj.* Relativo a la copa deportiva o a la competición para ganarla. 4 [juego, jugador o equipo] Apto para ganar una copa deportiva.
SIN. *1* **Pincerna.**
copeta *f.* Dim. de *copa.* 2 *Ar.* As de copas.
copete (de *copo*) *m.* Cabello levantado sobre la frente. 2 Penacho (cresta). 3 Mechón de crin que cae al caballo sobre la frente. 4 Cima de una montaña. 5 En los sorbetes y bebidas heladas, colmo que tienen los vasos. 6 Adorno que suele ponerse en la parte superior de algunos muebles y edificios. 7 Parte superior de la pala del zapato. 8 Extremo superior de una pieza de madera en una armadura. 9 fig. Atrevimiento, altanería, presuntuosidad: ***gente de alto ~*** *(o encopetada),* la noble o linajuda. 10 *R. de la Plata.* Porción de espuma o de yerba seca que corona la boca del mate bien cebado.
SIN. **Tupé.**
copetín (genovés *cuppettin*) *m. Amér.* Copa de licor.
II) copetón, -na (de *copete,* penacho de plumas) *adj. Amér.* Copetudo. 2 *Venez.* Cobarde. -3 *m. Colomb.* Gorrión moñudo *(Sakesphorus pulchellus).* -4 *f. Méj.* Mujer elegante.
I) copetón, -na (de *copa*) *adj. Colomb.* Calamocano, achispado.
copetuda (de *copete*) *f.* Alondra. 2 *Cuba.* Maravilla, planta compuesta.
copetudo, -da *adj.* Que tiene copete. 2 fig. Que hace vanidad de su nacimiento o de otras circunstancias que le distinguen.
copey *m. Amér.* Árbol gutífero de mucha altura y hermoso ramaje; hojas dobles y carnosas; flores inodoras, amarillas y rojas; fruto esférico, pequeño y venenoso *(Clusia rosea).*
copia (l.) *f.* Gran cantidad, abundancia. 2 Reproducción textual de un escrito, impreso, composición musical, etc.: *la ~ de un testamento.* 3 Imitación servil del estilo o de las obras de un escritor o artista. 4 Reproducción exacta de una obra artística: *una ~ de la Venus de Milo.* 5 Imitación o remedo de una persona. 6 ***~ intermedia,*** prueba positiva de una película en celuloide de grano fino, para obtener de ella pruebas negativas.
SIN. *2* **Transcripción, traslado, trasunto; duplicado,** es segundo documento igual al primero. *3* **Plagio.**
copiador, -ra *adj.-s.* Que copia. 2 Multicopista. 3 COM. Libro o registro en el que se conserva la copia de la correspondencia enviada.
copiante *com.* Copista.
copiapino, -na *adj.-s.* De Copiapó, capital del departamento chileno de Atacama. 2 Relativo a esta ciudad.
copiar (de *copia*) *tr.* Escribir [lo mismo que está escrito o impreso en otra parte]. 2 Ir escribiendo [lo que otro dicta o dice en discurso seguido]. 3 Reproducir un examen o parte de él valiéndose de un libro, apunte o examen de un compañero. 4 Sacar copia [de una obra de pintura o escultura]. 5 Representar exactamente [la naturaleza] en las obras de pintura o escultura; p. ext., representar fielmente con palabras. 6 Imitar o remedar [a uno]. 7 Imitar o remedar servilmente [el estilo o las obras de escritores o artistas]. 8 fig. *y* poét. Hacer descripción o pintura de una cosa. -9 *intr.* Entre radioaficionados, oír con nitidez la transmisión ◇ ** CONJUG. [12] como ***cambiar.***

SIN. *1* **Transcribir.** *2* **Trasladar.** *4* y *5* **Reproducir.** *7* **Plagiar**; burl. **fusilar.**

copichuela *f.* fam. Copa, bebida alcohólica.

copihue (arauc.) *m. Chile.* Enredadera muy común, que da una flor roja y hermosa, a veces blanca, y una baya parecida al ají antes de madurar *(Lapageria rosea).*

copilador, -ra *adj.-s.* Compilador.

copilar *tr.* Compilar.

copilla (dim. de *copa*) *f.* Chofeta.

copiloto *m.* Piloto auxiliar en un buque, aeronave o automóvil de carreras.

copina *f. Méj.* Piel copinada o sacada entera.

copinar *tr. Méj.* Desollar [animales], sacando entera la piel. 2 *Méj.* Salirse una cosa de otra a la cual envuelve. 3 *Méj.* Soltar, desatar.

copinol *m. Guat.* Curbaril o anime.

copión, -na *adj.-s.* Persona que copia o imita una obra ajena. -2 *m.* Copia mala de un cuadro o una estatua. 3 CINEM. Película impresionada sobre la que se realiza el montaje.

copiosamente *adv. m.* De manera copiosa.

copiosidad (l. *copiositate*) *f.* Abundancia, copia excesiva de una cosa.

copioso, -sa (l. *-su*) *adj.* Abundante, cuantioso.

copista *com.* Persona que se dedica a copiar escritos u obras de arte.

copistería (de *copista*) *f.* Establecimiento donde se hacen copias.

copla (v. *cópula*) *f.* Combinación métrica o estrofa. 2 Composición **poética que consta sólo de una cuarteta, de una redondilla o de otra combinación breve y, gralte., sirve de letra en las canciones populares: ~ ***de arte mayor,*** la de ocho dodecasílabos (riman el primero, cuarto, quinto y octavo; el segundo y tercero, y el sexto y séptimo); ~ ***de pie quebrado,*** aquella en que alterna el verso de este nombre con otros más largos. 3 Pareja (par). 4 fig. Cuento, habladuría, impertinencia, evasiva. 5 ~ ***de buche,*** sonido muy suave, de medio tono, que emiten los reclamos de perdiz cuando quieren atraer a las que están libres. -6 *f. pl.* Versos. 7 ***Las coplas de Calaínos.*** V. Calaínos. -8 *f. Amér.* Pedazo de caño o tubo con que en la cañería se unen dos caños.

coplanario, -ria *adj.* MAT. Que se halla situado en un mismo plano.

coplear *intr.* Hacer, decir o cantar coplas.

coplería *f.* Conjunto de coplas.

coplero, -ra *m. f.* Persona que vende coplas, romances, jácaras, etc. 2 fig. Mal poeta.

SIN. *2* v. **Poeta.**

coplista *com.* Coplero, mal poeta.

coplón *m.* desp. Mala composición poética.

I) copo (relac. con l. *cuppa*) *m.* Porción de cáñamo, lana u otra materia dispuesta para hilarse. 2 Porción de nieve trabada que cae cuando nieva. 3 p. ext. Cosa que por su aspecto, ligereza o color se parece a los copos de nieve. 4 Grumo o coágulo. 5 *Argent.* y *Venez.* Conjunto de nubes acumuladas. 6 *Venez.* Copa de un árbol.

II) copo *m.* Acción de copar. 2 Bolsa de red con que se terminan varios artes de pesca. 3 Pesca hecha con uno de estos artes.

I) copón *m.* Aum. de *copa*. 2 p. ant. En el culto católico, copa grande de metal con baño de oro por dentro que contiene las hostias consagradas para la comunión de los fieles.

II) copón (de *copo II*) *m. Colomb.* Red, manga, nasa.

coposesión (*co-* + *posesión*) *f.* Posesión con otro u otros.

coposesor, -ra *m. f.* Persona que posee con otra u otras.

coposo, -sa *adj.* Copado.

copra *f.* Medula del coco de la palma.

copresidencia (*co-* + *presidencia*) *f.* Presidencia compartida.

copresidir *intr.* Presidir conjuntamente con otro u otros.

copri-, copro- (gr. *kopros,* excremento) Elementos prefijales que entran en la formación de palabras con el significado de excremento: *coprívoro, coprofagia.*

coprino *m.* Género al que pertenecen varias setas de pequeñas dimensiones, con el pie muy largo y estrecho y el sombrero caído, de forma cilíndrica *(Coprinus* sp.*).*

coprívoro, -ra (*copri-* + *-voro*) *adj.* Coprófago.

coprocultivo (*copro-* + *cultivo*) *m.* MED. Cultivo y reconocimiento de los gérmenes o parásitos de las heces, con fines diagnósticos o terapéuticos.

coproducción (*co-* + *producción*) *f.* Producción hecha conjuntamente por varios individuos o entidades.

coprofagia (*copro-* + *-fagia*) *f.* Inclinación morbosa a comer inmundicias.

coprófago, -ga (*copro-* + *-fago*) *adj.-s.* Que come excrementos o inmundicias.

SIN. **Coprívoro.**

coprolito (*copro-* + *-lito*) *m.* Excremento fósil abundante en los fosfatos. 2 Nódulo fosfático de las rocas sedimentarias. 3 Concreción fecal dura.

copropiedad (*co-* + *propiedad*) *f.* Propiedad de una cosa compartida con otro u otros.

copropietario, -ria *adj.-s.* Propietario de una cosa juntamente con otro u otros.

cóptico, -ca *adj.* Copto.

copto, -ta (del gr. *Aigyptos,* Egipto) *adj.-s.* Cristiano de Egipto y Etiopía. En su mayoría son eutiquianos, pero los hay católicos con rito especial. -2 *adj.* Perteneciente o relativo a estos cristianos. -3 *adj.-m.* Conjunto de dialectos que constituyen la última fase del egipcio (lengua camitosemítica), hablados antiguamente en el noroeste de África; como el bohaíricos.

copucha *f. Chile.* Vejiga de animal vacuno, que sirve para varios usos. 2 *Chile.* Mentira, bola. 3 *Chile.* ***Hacer copuchas,*** inflar los carrillos.

copuchar *intr. Chile.* Mentir.

copuchento, -ta *adj. Chile.* Mentiroso, farsante.

copudo, -da *adj.* Que tiene mucha copa.

I) cópula (l. doble etim. *copla, cobra*) *f.* Atadura, ligamento de una cosa con otra. 2 Unión sexual. 3 GRAM. Verbo substantivo que une el sujeto con el atributo. 4 LÓG. Término que une el predicado con el sujeto.

II) cópula *f.* ARQ. Cúpula (bóveda).

copulación *f.* Acción de copular.

copular *tr.* Realizar la cópula. -2 *prnl.* Unirse o juntarse carnalmente.

copulativamente *adv. m.* Juntamente.

copulativo, -va *adj.* Que liga y junta dos cosas. -2 *adj.-m.* GRAM. ***Verbo ~,*** verbo substantivo. -3 *adj.-f.* GRAM. ***Oración copulativa,*** la simple que lleva verbo copulativo; la coordinada enlazada por conjunción copulativa. 4 GRAM. ***Conjunción copulativa,*** la que coordina aditivamente una oración con otra, o elementos análogos de una misma oración gramatical.

coque (ing. *coke*) *m.* Residuo del carbón de piedra, después de que, sometido a elevadas temperaturas, ha perdido sus substancias volátiles; es un combustible que produce gran cantidad de calor.

SIN. **Cok.**

I) coquear *tr. Colomb.* Azuzar. -2 *intr. P. Rico.* vulg. Atisbar.

II) coquear *intr. Amér.* Mascar coca, chacchar.

coqueluche (fr.) *f.* GALIC. Tos ferina.

I) coquera (de *coca,* voz aimara) *f.* Cabeza del trompo.

II) coquera *f.* Hueco pequeño en la masa de una piedra.

III) coquera *f.* Recipiente para tener el coque cerca de la chimenea.

IV) coquera *f. Colomb.* Enfermedad causada por hongos que afecta al hombre y a los animales.

coquería *f.* Fábrica donde se quema la hulla para la obtención del coque.

coquero, -ra *adj.-s. Bol.* y *Perú.* Que negocia en coca o la cultiva. -2 *f. Bol.* Sitio para la coca. -3 *m. S. Dom.* Entre jugadores, mal pagador. -4 *m. Colomb.* fam. Traficante de cocaína.

coquetear (de *coqueta*) *intr.* Tratar de agradar una persona a otra del sexo contrario por vanidad. 2 Galantear, cortejar.

coqueteo *m.* Coquetería.

coquetería *f.* Acción de coquetear. 2 Efecto de coquetear. 3 Afición a arreglarse y vestirse bien. 4 Arte, gusto exquisito para las cosas materiales.

coquetismo *m.* Coquetería.

coqueto, -ta (fr. *coquette; coquet,* gallito) *adj.* Coquetón. -2 *adj.-f.* Mujer que en su relación con hombres juega habitualmente a atraerlos sin concederles favores definitivos. 3 Mujer y niña que cuida esmeradamente de su arreglo personal y, p. ext., también de su casa. -4 *f.* Mueble de tocador, con espejo, que sirve a las mujeres para peinarse o maquillarse.

coquetón, -na (de *coqueta*) *adj.* Gracioso, atractivo, agradable. -2 *adj.-s.* Persona que procura agradar a las del otro sexo.

coquí (onomat.) *m. Ant.* Anfibio anuro, pequeño y con una línea blanca en el dorso, de voz aguda y suave *(Xylodes martinicensis* o *portorricensis).* ◇ Pl.: *coquíes.*

coquiduro, -ra *adj. P. Rico.* Cabeciduro.

coquillo *m. Cuba.* ant. Tela de algodón blanco y fino.

coquímbano, -na *adj.-s.* De Coquimbo, provincia del centro de Chile. 2 Relativo a esta provincia.

coquimbita *f.* Mineral de la clase de los sulfatos que cristaliza en el sistema hexagonal, de color violeta.
coquimbo *m. Bol.* y *Hond.* Liberal en política, en contraposición al cachureco. 2 *Urug.* Pardo, mulato.
coquina *f.* Molusco lamelibranquio, comestible, de valvas finas, ovales y aplastadas, que abunda en las costas gaditanas y malagueñas *(Donax trunculus).*
coquinario, -ria *adj.* Relativo a la comida.
coquinero, -ra *adj.-s.* Persona que coge o vende coquinas.
coquino *m. Bol.* Árbol quenopodiáceo, de madera laborable y fruto comestible *(Solanum meridense).*
coquipelado, -da *adj. P. Rico.* Que se ha cortado el cabello a rape.
coquiseco, -ca *adj.-s. P. Rico.* Coco sin agua. -2 *m. f. P. Rico.* Muchacho o muchacha torpe.
coquismolis *m. Cuba.* Dulce de huevo y coco. ◇ Pl.: *coquismolis.*
I) coquito (dim. de *coco* V) *m.* Gesto que se hace al niño para que ría.
II) coquito *m.* Ave americana gallinácea, parecida a la tórtola, con plumaje de color pardo. Su arrullo asemeja el canto del cuclillo *(Scardafella inca; Columbigallina passerina).*
III) coquito *m. Amér.* Palmera baja de cuyo fruto se obtiene aceite comestible *(Corozo oleifera).* 2 *Amér.* Fruto de esta palmera.
coquización *f.* Acción de coquizar. 2 Efecto de coquizar.
coquizar *tr.* Transformar [la hulla] en coque. ◇ ** CONJUG. [4] como ***realizar.***
I) cora (ár.; del gr. *chora,* territorio) *f.* División territorial, poco extensa, entre los árabes.
II) cora *f. Perú.* Hierbecilla perjudicial que crece en los plantíos y hay que extirpar.
coracán *m.* Planta gramínea tropical, cuyas semillas se utilizan como alimento en épocas de escasez *(Eleusine coracana).*
coráceo, -a *adj.* Coriáceo.
coracero *m.* Soldado de caballería armado de coraza. 2 fig. Cigarro puro de tabaco muy fuerte y malo. 3 Insecto coleóptero de cuerpo blando y alargado, con los élitros peludos *(Rhagonycha fulva).*
I) coracha (v. *coraza*) *f.* Saco de cuero usado como envase.
REL. vb. **Encorachar,** meter en la ~ un líquido.
II) coracha (ár. *qawaraya*) *f.* Sistema de fortificación y defensa consistente en un muro o doble muro que arranca de la cerca urbana y avanza hasta una torre albarrana situada junto a una toma de agua. 2 p. ext. Espacio encerrado entre estos muros.
corachín *m.* Dim. de *coracha.*
coraciforme *adj.-m.* Ave del orden de los coraciformes. -2 *m. pl.* Orden de aves heterogéneo que se caracterizan por poseer el pico muy desarrollado y las patas provistas de cuatro dedos; suelen ser arborícolas y carnívoras; como la abubilla y el martín pescador.
coracina *f.* Coraza pequeña formada por launas superpuestas a modo de escamas sujetas a una tela muy fuerte.
coracoides (gr. *kórax, -akos,* cuervo + *-oide*) *adj.* [apófisis del omóplato] En forma de pico de cuervo, que corresponde a la parte más prominente del hombro. -2 *m.* En las aves y reptiles, hueso independiente que corresponde a la apófisis coracoides de los mamíferos. ◇ Pl.: *coracoides.*
corada (del ant. *cor,* corazón) *f.* Corazonada (asadura). 2 Asadura (hígado).
coraje (l. *cor,* corazón, ánimo) *m.* Impetuosa decisión y esfuerzo del ánimo; valor. 2 Irritación, ira.
SIN. *1* v. **Valor.** *2* v. **Ira.**
corajina (de *coraje*) *f.* fam. Arrebato de ira.
corajinoso, -sa *adj.* Corajoso.
corajoso, -sa (de *coraje*) *adj.* Enojado, irritado.
corajudo, -da (de *coraje*) *adj.* Colérico. 2 Valeroso, esforzado, valiente.
I) coral (l. *coralliu*) *m.* Cnidario antozoo que vive en colonias sobre un tejido blando consolidado por un polípero, arborescente, de color rojo o rosado (gén. *Corallium).* 2 Polípero del coral; sus partes más compactas, después de pulimentadas, se emplean en joyería. 3 *Amér.* Planta arbórea que produce una semilla de granos duros, rojos y lustrosos que se utilizan para hacer collares y adornos *(Antigonum leptotus).* -4 *f.* Culebra de Venezuela, muy venenosa, de color encarnado y con anillos negros (gén. *Elaps).* -5 *pl.* Sartas de cuentas de coral que usan las mujeres para adorno. 6 Carúnculas rojas del cuello y cabeza del pavo. 7 *Logr.* Escaramujo.
SIN. *1* **Coralina.**
II) coral *adj.* Relativo al coro. -2 *m.* MÚS. Composición vocal armonizada a cuatro voces y ajustada a un texto de carácter religioso. 3 Composición instrumental análoga a este canto.
III) coral (del ant. *cor,* corazón) *adj.* V. gota coral.
coralario *adj.-m.* Antozoo.
coralero, -ra *m. f.* Persona que tiene por oficio trabajar en corales o traficar con ellos.
coralífero, -ra (*coral* I + *-fero*) *adj.* Que tiene corales; como el fondo del mar, las rocas, etc.
coraliforme (*coral* I + *-forme*) *adj.* Que tiene forma de coral.
coralígeno, -na (*coral* I + *-geno*) *adj.* Que produce coral.
coralillo *m. Amér. Merid.* Coral, serpiente. 2 *Cuba.* Coral (planta arbórea). 3 *Cuba.* ~ ***blanco,*** bejuco o enredadera que produce flores blancas en espiga; es muy frondoso y estimado en jardinería *(Porona paniculata).* 4 *Cuba.* ~ ***rosado,*** enredadera perenne con flores rosadas todo el año *(Antigonon leptopus).*
coralina *f.* Coral (pólipo). 2 Alga rodofícea, de tallo parecido al de ciertos musgos, gelatinoso y cubierto por lo común de una costra caliza blanca; vive adherida a las rocas submarinas y se emplea como vermífugo *(Corallina officinalis).* 3 Producción marina parecida al coral.
SIN. *2* **Musgo marino.**
coralino, -na *adj.* Del coral o parecido a él.
coralito *m. pl. S. Dom.* y *P. Rico.* Peonía (arbusto leguminoso).
corambre (l. v. **coriamine* < *coriu,* cuero) *f.* Conjunto de cueros. 2 Odre. ◇ También *colambre.*
corambrero *m.* El que tiene por oficio tratar y comerciar en corambre.
corán *m.* Alcorán.
corana *f. Chile.* Hoz que usan los indios.
coránico, -ca *adj.* Alcoránico.
coranvobis (l. *coram vobis,* delante de vosotros) *m.* fam. Aspecto de la persona que afecta seriedad, y esp. cuando es gruesa o corpulenta. ◇ Pl.: *coranvobis.*
corar *tr. Amér.* Labrar [chacras de indios].
coras *m.* Cuadrumano, especie de cinocéfalo. ◇ Pl.: *coras.*
corasí *m. Cuba.* Variedad de mosquito, de cabeza rojiza, cuya picadura es muy dolorosa (gén. *Culex).*
coraza (l. *coriacea;* fem. de *-eu,* de cuero; doble etim. *coracha*) *f.* Armadura del busto, hecha de cuero, hierro o acero, compuesta de peto y espaldar. 2 fig. Cosa inmaterial que protege o guarda a alguien. 3 MAR. Blindaje (planchas). 4 Concha de los quelonios.
coraznada (de *corazonada,* asadura) *f.* Corazón del pino. 2 Guisado de corazones.
corazón (der. del l. *cor*) *m.* Órgano central de la circulación de la sangre, que en los animales inferiores es la simple dilatación de un vaso, y en los superiores es musculoso, contráctil, y tiene dos, tres o cuatro cavidades, llamadas aurículas las superiores y ventrículos las inferiores. El del hombre tiene forma de cono invertido con la punta dirigida a la izquierda; está situado en la cavidad del pecho y se halla dividido en dos aurículas y dos ventrículos, en comunicación cada aurícula con el ventrículo de su mismo lado: ~ ***artificial,*** aparato destinado a asegurar la circulación de la sangre, reemplazando temporalmente al corazón natural. 2 fig. Sentimiento interior; deseo, alegría, sufrimiento: ***anunciarle a uno el ~ una cosa,*** hacérsela presentir; ***atravesar el ~,*** penetrar de dolor a uno; ***con el ~ en la mano,*** con toda franqueza y sinceridad; ***helársele a uno el ~,*** quedarse atónito o pasmado a causa de una mala noticia; ***brincarle el ~ dentro del pecho,*** estar muy emocionado por la alegría o la impaciencia; ***limpio de ~,*** persona de nobles sentimientos; ***secar*** o ***secarse el ~,*** hacer o hacerse insensible. 3 Ánimo, valor, espíritu: *no tener ~ para decir, hacer,* etc., *una cosa; tener uno mucho ~.* 4 Voluntad, amor, benevolencia: *el ~ de un padre; tener uno ~ de bronce;* ***no tener ~,*** ser insensible; ***de ~,*** de buena gana, con amor; ***latir el ~ por alguien,*** sentir amor. 5 fig. Representación convencional de un corazón. 6 Palo de la baraja francesa. 7 Parte central o interior de una cosa: *el ~ de una ciudad; el ~ de un madero.* 8 ***Corazón de León,*** estrella de primera magnitud situada hacia el medio de la constelación del León. 9 ***Prensa del ~,*** conjunto de revistas que se ocupan de las relaciones sentimentales de artistas y personajes famosos. 10 Dedo cordial. 11 BLAS. Centro del escudo. ◇ En la acepción *6* se usa generalmente en plural.
REL. *1* Los derivados y compuestos cultos parten del l. *cor, cordis (cordial, cordiforme, misericordia)* o del gr. *Kardias (cardiólogo, endocardio).* SIN. *8* **Régulo.** *10* **Cordial.**

corazonada (de *corazón*) *f.* Impulso espontáneo con que uno se mueve a ejecutar alguna cosa arriesgada y difícil. 2 Presentimiento. 3 fam. Asadura de una res.
SIN. *3* **Corada.**
corazoncillo (dim. de *corazón*) *m.* Hierba gutífera medicinal, de tallo ramoso en la parte superior, hojas pequeñas, elípticas, flores amarillas y fruto capsular *(Hypericum perforatum).*
SIN. **Hipérico, cori, hierba de San Juan.**
corazonista *adj.* Relativo al Sagrado Corazón de Jesús o de María: *apostolado ~.* -2 *adj.-com.* Religioso o religiosa que pertenece a una de las órdenes denominadas del Sagrado Corazón.
corbachada *f.* desus. Golpe dado con el corbacho.
corbacho (turco *corbach*) *m.* desus. Vergajo con que el cómitre castigaba a los forzados.
corbata (fr. *cravate;* forma fr. de *croata*) *f.* Trozo de seda, de lienzo fino, etc., que, puesto alrededor del cuello, se ata por delante con un lazo o nudo, dejando caer las puntas por el pecho. 2 Banda o cinta, con bordadura o fleco de oro o plata, que con un lazo o nudo se ata en las banderas y estandartes. 3 Insignia propia de las encomiendas de ciertas órdenes civiles. 4 En el juego de carambolas, tirada en la que pasa la bola del que juega como ciñendo la contraria, sin tocarla, entre ella y la banda. 5 En el juego del golf, recorrido que hace la pelota alrededor de la boca de un hoyo, sin caer en él. 6 En el teatro, parte del proscenio comprendida entre la batería y la línea en que está la concha del apuntador. 7 Pastel de hojaldre almendrado, en forma de corbata de lazo. -8 *m.* ant. El que no sigue la carrera eclesiástica ni la de la toga. -9 *f. Argent.* Pañuelo, por lo común de vivos colores, que usan atado al cuello los campesinos y gauchos. 10 *Colomb.* Parte anterior del cuello de los gallos. 11 *Colomb.* fam. Empleo de poco esfuerzo y buena remuneración.
corbatear *tr. Colomb.* Picar un gallo [a otro] en la corbata.
corbatería *f.* Establecimiento donde se venden corbatas.
corbatero, -ra *m. f.* Persona que tiene por oficio hacer o vender corbatas.
corbatín *m.* Corbata corta que se ata por detrás con un broche, o por delante con un lazo sin caídas. 2 fig. *y* fam. ***Irse,*** o ***salirse, por el ~,*** persona muy flaca y de cuello largo.
corbato *m.* Baño frío en que está sumergido el serpentín del alambique.
SIN. **Refrigente, resfriante.**
corbatón *m. Ecuad.* Chapa (agente de policía). 2 *Perú.* Variedad de cigarro.
corbatudo *adj.-s. Colomb.* fest. Hombre de pro.
corbela *f.* Alga fucácea perteneciente al género *Fucus.*
corbella (del moz. *qurbel,* podadera pequeña, del l. *curvu,* curvo) *f. Ar.* Hoz para segar.
corbeta (l. *corbita,* nave de carga) *f.* Embarcación de guerra, más pequeña que la fragata, con tres palos y vela cuadrada. ◇ HOMÓF.: *corveta.*
SIN. **Fragata ligera.**
corbícula *f.* ZOOL. Aparato transportador de polen en las abejas, constituido por la tibia posterior dilatada, con su franja de largos pelos.
corbo *m. La Mancha.* Canasto fabricado de palma, de que se usa principalmente en la vendimia para el transporte de la uva. 2 *Murc.* Banasta, para frutas especialmente.
corbona (de *corbe*) *f.* Cesta o canasto.
corca *f. Ar.* y *Murc.* Carcoma.
corcar *tr. Ar.* y *Murc.* Carcomer. ◇ ** CONJUG. [1] como ***sacar.***
corcel (l. *cursu,* carrera < fr. *coursier*) *m.* lit. Caballo ligero, de mucha alzada, que servía para los torneos y batallas.
corcesca (de *Córcega,* isla del Mediterráneo) *f.* Especie de partesana de hierro a modo de arpón.
I) corcha *f.* Corcho arrancado del alcornoque. 2 Corchera. 3 Colmena.
II) corcha *f.* MAR. Acción de corchar. 2 MAR. Efecto de corchar.
corchapín *m.* Escorchapín.
I) corchar (de *colchar*) *tr.* MAR. Unir [las filásticas] de un cordón o [los cordones] de un cabo, torciéndolos uno sobre otro.
II) corchar (de *corcho*) *tr.* Encorchar, tapar botellas o vasijas con corcho. 2 *Colomb.* Hacer ver [a alguno] su ignorancia.
corche (v. *corcho*) *m.* Alcorque (chanclo).
corchea (fr. *croche,* torcido) *f.* MÚS. Figura cuya duracion equivale a la mitad de la negra.
corchera *f.* Cubeta de corcho en que se pone la garrafa con hielo, para refrescar las bebidas. 2 En una piscina, línea que separa las pistas longitudinales para los nadadores.
SIN. **Corcha, corcho.**
corchero, -ra *adj.* Relativo al corcho. -2 *m. f.* Obrero u obrera que se emplea en descorchar los alcornoques.
corcheta *f.* Hembra en que entra el macho de un corchete.
corchete (fr. *crochet,* ganchillo) *m.* Especie de broche metálico, compuesto de macho y hembra. 2 Macho del corchete. 3 Pieza de madera, con unos dientes de hierro, con la que los carpinteros sujetan el madero que han de labrar. 4 Signo de estas figuras [ ] que, puesto ya vertical, ya horizontalmente, abraza dos o más guarismos, palabras, renglones o pentagramas; **puntuación. 5 Parte final de una dicción o período que, por no caber en el renglón, se pone encima o debajo de él, precedida de un corchete. 6 ant. *y* fig. Ministro inferior de justicia, encargado de prender a los delincuentes.
SIN. *1* **Gafete.** *4* **Llave.**
corcho (l. *cortice,* corteza, y corcho; doble etim. *corche*) *m.* Tejido suberoso del alcornoque: *~* ***bornizo*** o ***virgen,*** el que se obtiene de la primera pela del árbol; *~* ***segundero,*** el que se obtiene de la segunda pela. 2 Corchera. 3 Colmena. 4 Tapón de corcho. 5 Caja de corcho para conducir ciertos géneros comestibles. 6 Tabla de corcho que se pone delante de las mesas y camas para abrigo, o de las chimeneas para impedir que prendan las chispas. 7 Alcornoque (chanclo). 8 *And.* Carozo. 9 *Argent.* Nombre de cierta enredadera común. 10 *Cuba.* Trozo cilíndrico, ahuecado, que se usa para colmena.
¡córcholis! Interjección ¡Caramba!
corchoso, -sa *adj.* Parecido al corcho.
SIN. **Suberoso.**
corchotaponero, -ra *adj.* Relativo a la industria de los tapones de corcho.
corcino *m.* Corzo pequeño.
corciol *m. La Mancha.* Barreño.
corcolén *m. Chile.* Arbusto siempre verde, de flores amarillas *(Azara serrata).*
corcón *m.* Lisa, pez.
corcor (onomat.) *m. Amér. Central.* Ruido que hace un líquido al pasar por la garganta.
corcova *f.* Corvadura anómala de la columna vertebral, o del pecho, o de ambos a la vez. 2 Joroba de algunos rumiantes camélidos, formada por acumulación de grasa. 3 *Amér.* Prolongación de una fiesta por uno o más días.
SIN. **Joroba, jiba, chepa;** científ., **sífosis; lordosis,** la que tiene prominencia anterior.
corcovado, -da *adj.-s.* Que tiene una o más corcovas.
SIN. **Jorobado, jorobeta** (desp.), **giboso, cheposo, corcoveta** (desp.).
corcovar (l. *concurvare*) *tr.* Encorvar (doblar).
corcovear (frecuent.) *intr.* Dar corcovos. 2 *Amér.* Refunfuñar, indignarse. 3 *Méj.* Tener o sentir miedo.
corcoveo *m. Amér.* Corcovo.
corcoveta *f.* Dim. de *corcova.* -2 *com.* desp. Persona corcovada.
corcovo (de *corcovar*) *m.* Salto que dan algunos animales encorvando el lomo. 2 fig. Curvatura, torcimiento. 3 *Salv.* Soborno.
corcuncho, -cha *adj. Amér. Central.* Curcuncho.
corcusido (de *corcusir*) *m.* fam. Costura de puntadas mal hechas. 2 fam. Zurcido mal hecho.
corcusilla *f. Logr.* y *La Mancha.* Rabadilla.
corcusir (de *con-* + *cusir*) *tr.* Zurcir con puntadas mal hechas.
SIN. **Cusir.**
cord-, v. cordi-.
cordada *f.* Grupo de alpinistas sujetos por una misma cuerda.
I) cordado (l. *chorda,* cuerda) *adj.-m.* Animal del tipo de los cordados. -2 *m. pl.* Tipo de animales metazoos celomados caracterizados por tener un eje esquelético (notocordio) o columna vertebral, el sistema nervioso central en posición dorsal, el corazón en posición ventral y la faringe adaptada a la respiración; comprende los procordados y los vertebrados.
II) cordado, -da *adj.* BLAS. [instrumento músico o arco] Cuyas cuerdas son de distinto esmalte. 2 BOT. Acorazonado.
cordaje (de *cuerda*) *m.* Jarcia de una embarcación. 2 DEP. Conjunto de cuerdas de una raqueta para practicar ciertos deportes; como el tenis. 3 MÚS. Conjunto de cuerdas de un instrumento de cuerda.
I) cordal *m.* Pieza que en los instrumentos de cuerda ata éstas por el cabo opuesto al que se sujeta en las clavijas.
SIN. **Puente.**
II) cordal (de *cuerdo*) *adj.-s.* V. muela cordal.
cordato, -ta (l. *-tu*) *adj.* desus. Juicioso, prudente.

cordectomía (de *cuerda* + *-ectomía*) *f.* CIR. Intervención quirúrgica consistente en extirpar una cuerda vocal.
cordel (l. *chorda,* cuerda) *m.* Cuerda delgada. 2 Distancia de cinco pasos. 3 Vía para el ganado trashumante (v. *cañada*). 4 Medida agraria de Cuba equivalente a 414 centiáreas. -5 *loc. adv.* *A* ~, en línea recta. -6 *m. Chile.* Juego de la comba.
cordelado, -da *adj.* [cinta de seda] Que imita al cordel.
cordelar *tr.* Acordelar.
cordelazo *m.* Golpe dado con cordel.
cordelejo *m.* Dim. de *cordel.* 2 fig. Chasco, zumba: *dar* ~. 3 *And.* y *Méj.* fig. Largas, dilación.
cordelería *f.* Oficio de cordelero. 2 Establecimiento del cordelero. 3 Cordería. 4 Cordaje.
cordelero, -ra *adj.* Perteneciente o relativo al cordel: *industria cordelera.* -2 *m. f.* Persona que tiene por oficio hacer o vender cordeles y otras obras de cáñamo. -3 *m.* Religioso franciscano.
cordellate (cat. *cordellat*) *m.* Tejido basto de lana, cuya trama forma cordoncillo.
cordera *f.* Hija de la oveja, que no pasa de un año. 2 fig. Mujer dócil y humilde.
corderaje *m. Chile.* Borregada.
cordería *f.* Conjunto de cuerdas.
corderil *adj.* Perteneciente o relativo al cordero.
corderilla *f.* Dim. de *cordera.*
corderillo *m.* Piel de cordero adobada con su lana.
corderina *f.* Piel de cordero.
corderino, -na *adj.* Relativo al cordero.
cordero (l. *chordu,* tardío en nacer) *m.* Hijo de la oveja, que no pasa de un año: ~ ***de su cesto,*** el lechal; ~ ***endoblado,*** el que mama de dos ovejas; ~ ***lechal,*** el que no ha sido destetado; ~ ***mueso,*** el que nace con las orejas muy pequeñas; ~ ***pascual,*** el que con determinado ritual comían los hebreos en la fiesta instituida para celebrar su pascua, o sea la salida de Egipto; ~ ***recental,*** el que no ha pastado todavía; ~ ***rencoso,*** el que tiene una higadilla dentro y otra fuera. 2 Piel de cordero adobada. 3 Carne de este animal para el consumo. 4 fig. Hombre dócil y humilde. 5 ***El Cordero, el Cordero de Dios*** o ***el Divino Cordero,*** Nuestro Señor Jesucristo.
REL. V. **oveja.**
corderuelo, -la *m. f.* Dim. de *cordero.*
corderuna *f.* Corderina.
cordezuela *f.* Dim. de *cuerda.*
cordi-, cord- (l. *cor, cordis,* corazón) Elemento prefijal que entra en la formación de palabras con el significado de corazón: *cordial.*
cordíaco, -ca *adj.* p. us. Cardíaco.
cordial (v. *cordi-*) *adj.* Que tiene virtud para fortalecer el corazón. 2 Afectuoso, de corazón. -3 *adj.-m.* Dedo cordial. -4 *m.* Bebida compuesta de varios ingredientes propios para confortar a los enfermos. 5 Dulce pequeño hecho con almendras y relleno de cabello de ángel.
cordialidad *f.* Calidad de cordial (afectuoso). 2 Franqueza, sinceridad.
cordialmente *adv. m.* Afectuosamente, de corazón.
cordierita *f.* Silicato del grupo de los ciclosilicatos de color azul, gris o amarillo y de brillo vítreo.
SIN. **Jolita** o **iolita.**
cordiforme (*cordi-* + *-forme*) *adj.* Acorazonado.
cordila (l. *cordyla* < gr. *kordyle*) *f.* Atún recién nacido.
cordilina *f.* Pequeño árbol ornamental, de la familia de la yuca y el drago, oriundo de Nueva Zelanda *(Cordyline australis).*
cordilla (del l. *chorda,* intestino) *f.* Trenza de tripas de carnero. 2 Desperdicio de tripas u otras partes de las reses que se suele dar de comer a los gatos.
cordillera (de *cordel*) *f.* Serie de montañas enlazadas entre sí. -2 *loc. adv. Amér.* ***Por*** ~, pasando una cosa de una persona a otra.
SIN. **Cadena de montañas, sierra.**
cordillerano, -na *adj.* Relativo a la cordillera, esp. a la de los Andes. -2 *adj.-s.* De las Cordilleras, dep. del Paraguay.
cordilo (gr. *kordylos*) *m.* Reptil saurio africano de unos dos decímetros de largo, negruzco, con la cola corta y el cuerpo cubierto de escamas aquilladas, excepto en la cabeza que son dentadas *(Cordylus giganteus).* 2 Animal conocido por los antiguos y que parece ser la larva o renacuajo de una salamandra.
cordimariano, -na (*cordi-* + *mariano*) *adj.* Perteneciente o relativo al Corazón de María. -2 *m. f.* Religioso perteneciente a alguna de las congregaciones o instituciones que incluyen en su título oficial el nombre del Corazón de María.
-cordio (l. *chorda,* cuerda) Elemento sufijal que entra en la formación de palabras con el significado de cuerda: *clavicordio.*
cordita (de *cuerda*) *f.* Pólvora sin humo compuesta de nitroglicerina y algodón pólvora, mezclados con acetona.
corditis (de *cuerda* + *-itis*) *f.* MED. Inflamación aguda o crónica de las cuerdas vocales, gralte. por irritación continuada. ◇ Pl.: *corditis.*
córdoba *m. Nicar.* Unidad monetaria, peso.
cordobán (de *Córdoba,* c. de Andalucía) *m.* Piel curtida de macho cabrío o de cabra. 2 Este mismo cuero decorado. 3 *Cuba.* Nombre de varios árboles de los géneros *Miconia, Acinodendrum* y *Rodeletia.*
cordobana (andar a la ~), fr. y fam. Andar desnudo.
cordobanero, -ra *m. f.* Persona que tiene por oficio fabricar cordobanes.
cordobés, -besa *adj.-s.* De Córdoba. 2 De Córdoba, dep. de Colombia. -3 *adj.-m.* V. sombrero cordobés.
cordométrica (gr. *chordé,* cuerda + *métrico*) *adj.* [línea] Que suele señalarse en la pantómetra, con divisiones que representan diferentes cuerdas de un círculo de radio conocido.
cordón *m.* Cuerda delgada, gralte. redonda, y esp. la que ciñe el cuerpo de los religiosos de algunas órdenes: ~ *de seda; el* ~ *de San Francisco.* 2 Órgano de forma parecida a la de un cordón: ~ ***umbilical*** (también *ombligo),* conjunto de vasos que unen la placenta con el feto, por los que éste se nutre durante su desarrollo. 3 Broquel. 4 Conjunto de hombres colocados a intervalos para impedir el paso de un lado a otro de la línea que forman: *un* ~ *de policía;* ~ *sanitario.* 5 Pita (planta amarilidácea). 6 ARQ. Bocel. 7 ELECTR. Conductor muy flexible, formado por numerosos hilos de cobre finos, torcidos y recubiertos por una capa de caucho u otra materia plástica y a veces por una funda de hilo de algodón trenzado. 8 MAR. Los que se forman de filástica, según el grueso que ha de tener la beta o cabo que se ha de fabricar. 9 VETER. Raya o faja blanca que algunos caballos tienen desde la nariz hasta la frente. -10 *m. pl.* Divisa que ciertos militares llevan colgada del hombro derecho. -11 *m. Cuba* y *P. Rico.* Pretil al borde de los tendales. 12 *R. de la Plata.* Orilla exterior de la acera.
cordonadura *f.* Adorno formado por cordones.
cordonazo *m.* Golpe dado con un cordón. 2 MAR. ~ ***de San Francisco,*** borrascas que suelen ocurrir hacia el equinoccio de otoño.
cordoncillo (dim. de *cordón*) *m.* Lista angosta y algo abultada que forma el tejido en algunas telas. 2 Labor en el canto de las monedas. 3 Resalto a manera de cordón en la juntura de algunos frutos, como la nuez, y de otras cosas. 4 Bordado lineal. 5 *Amér.* Mático.
cordonería *f.* Conjunto de objetos que fabrica el cordonero. 2 Oficio de cordonero. 3 Establecimiento del cordonero.
cordonero, -ra *m. f.* Persona que tiene por oficio hacer o vender cordones, flecos, etc. -2 *m.* El que tiene por oficio hacer jarcias.
cordubense *adj.* Cordobés.
cordula *f.* Cordilo.
cordura (de *cuerdo*) *f.* Prudencia, juicio.
corea (l. *chorea* < gr. *choreia*) *f.* Baile que por lo común se acompaña con canto. 2 Música y canto de este baile. 3 Baile de San Vito.
coreano, -na *adj.-s.* De Corea del Norte y de Corea del Sur, naciones del este de Asia. -2 *adj.-m.* Lengua hablada en la península de Corea, y de difícil filiación.
I) corear *tr.* Componer [piezas musicales] para ser cantadas con acompañamiento de coros. 2 Acompañar con coros [una composición musical]. 3 fig. Asentir ostensiblemente y a veces por adulación [al parecer ajeno]. 4 Hablar a la vez varias personas. 5 fig. Aclamar, aplaudir.
II) corear (de *cora*) *tr. Perú.* Arrancar [las coras] o yerbas malas.
corecico, -illo *m.* Corezuelo.
corega, -go (gr. *choregós,* jefe del coro) *m.* Ciudadano que costeaba la enseñanza y vestido de los coros de música y baile en los concursos dramáticos de Grecia.
GRAM. Es más correcto y está más de acuerdo con la etimología decir *corego* que *corega.*
coreico, -ca *adj.* MED. Relativo a la corea (enfermedad).
I) coreo (gr. *choreios; choros,* coro) *m.* Troqueo (pie clásico).
II) coreo (de *corear*) *m.* Combinación o enlace de los coros en la música.

coreografía (gr. *choreía*, baile + *-grafía*) *f.* Arte de componer bailes. 2 Arte de representar en el papel un baile por medio de signos. 3 Arte de la danza.
REL. **Terpsícore**, musa de la coreografía.
coreográfico, -ca *adj.* Relativo a la coreografía.
coreógrafo, -fa *m. f.* Compositor de bailes. 2 Director de un ballet.
corepíscopo (gr. *chorepiskopos* < *chora*, campo + *episkopos*, obispo) *m.* Prelado a quien en la Edad Media se investía alguna vez del carácter episcopal, pero que no ejercía más jurisdicción que la delegada del obispo propio.
corete *m.* Círculo de cuero que los guarnicioneros ponen en los clavos. 2 PINT. Muñequilla de cabritilla con que se pulimenta la encarnación de las esculturas.
coreuta (del gr. *choreutés*) *com.* Persona que formaba parte del coro en la tragedia griega.
corezuelo *m.* Dim. de *cuero*. 2 Cochinillo. 3 Pellejo del cochinillo asado.
SIN. *3* **Cuerezuelo.**
cori (l. *coris*) *m.* Corazoncillo.
corí *m.* Curiel.
Coria (El bobo, el tonto de ~), personaje folklórico al que se alude en la conversación desde hace siglos. Velázquez (1599-1660) tituló así uno de sus retratos más conocidos; pero antes de su época se le encuentra citado en varios textos.
I) coriáceo, -a (l. *-eu* < *coriu*, cuero) *adj.* De consistencia de cuero.
II) coriáceo, -a (de *coriaria*, género de plantas) *adj.-f.* Planta de la familia de las coriáceas. -2 *f. pl.* Familia de plantas angiospermas dicotiledóneas, leñosas o herbáceas, con hojas opuestas, flores hermafroditas y fruto indehiscente.
coriámbico, -ca (v. *coriambo*) *adj.-s.* V. verso coriámbico. -2 *adj.* [composición poética] Escrito en estos versos.
coriambo (gr. *koriambos*) *m.* Pie de la versificación clásica que se compone de un troqueo y un yambo: —◡ ◡—.
coriana *f. Colomb.* Cobertor, manta.
coriano, -na *adj.-s.* De Coro, capital del estado venezolano de Falcón.
coriariáceo, -a *adj.-f.* Planta de la familia de las coriariáceas. -2 *f. pl.* Familia de plantas terebintales, caracterizadas porque las flores poseen pétalos carnosos que envuelven a cinco carpelos libres.
coribante (l. *corybantes* < gr. *korybas*) *m.* Sacerdote de Cibeles, que en las fiestas de esta diosa danzaba, con movimientos descompuestos y extraordinarios, al son de ciertos instrumentos.
coridora *f.* Pez teleósteo siluriforme, ornamental de agua dulce, de 3 a 6 cms. de longitud, cuyo cuerpo está cubierto de una coraza ósea. Proviene de la región tropical sudamericana *(gén. Corydoras sp.)*.
corifeo (l. *coryphaeu*, del gr. *koryfaíos*) *m.* El que guiaba el coro en las antiguas tragedias clásicas. 2 fig. El que es seguido de otros en una opinión, secta o partido.
coriláceo, -a (l. *corylus*, avellana) *adj.-f.* Planta de la familia de la coriláceas. -2 *f. pl.* Familia de plantas que incluye árboles y arbustos de hojas sencillas, flores en amentos y frutos indehiscentes.
corimbo (l. *corymbu* < gr. *kórymbos*) *m.* Inflorescencia constituida por un eje alargado del que parten los ejes secundarios, siendo éstos más largos cuanto más abajo están insertados; de modo que las flores vienen a quedar a casi la misma altura.
REL. *En forma de ~*, sin serlo propiamente; *adj.* **corimbiforme, corimboideo.** SIN. **Maceta.**
corindón (sáns. *kuruvinda;* a través del fr. *corindon*) *m.* Alúmina nativa cristalizada, de la cual son variedades muchas piedras preciosas.
SIN. **Esmeralda oriental; leucozafiro; zafiro,** es la variedad azul.
corino, -na *adj. P. Rico.* Escaro, de brazos o pies torcidos.
coríntico, -ca *adj.* Corintio.
corintio, -tia (l. *-thiu*) *adj.-s.* De Corinto, capital de la monarquía griega de Korinzias. -2 *adj.* V. orden corintio. 3 Relativo al orden corintio.
Corinto *n. pr.* V. parra, pasa de ~.
corinto, -ta *adj.-m.* Color rojo obscuro, cercano a violáceo. -2 *adj.* De color corinto.
corión (l. *choriu* < gr. *chorion*) *m.* Membrana exterior de la dos que envuelven el feto.
corisanto *m.* Nombre de varias plantas del género *Chorizanthe*, cuyas especies son originarias de California y Chile.
corisco, -ca *adj. Venez.* Rabioso, iracundo.
corista *com.* Religioso que asiste al coro y esp., el destinado al coro desde que profesa hasta su ordenación sacerdotal. 2 Persona que canta formando parte de algún coro. -3 *f.* Mujer que forma parte del coro de revistas musicales o espectáculos frívolos.
corito, -ta (de *cuero*) *adj.* Desnudo. 2 fig. Encogido y pusilánime. -3 *m.* Obrero que lleva los pellejos de mosto o vino desde el lagar a las cubas. -4 *m. f.* fam. Montañés, asturiano.
coriza (l. *coryza* < gr. *kóryza*) *m.* Romadizo.
corla *f.* Transflor.
corlador, -ra *m. f.* Persona que tiene por oficio corlar.
corladura *f.* Barniz que, dado sobre una pieza plateada y bruñida, la hace parecer dorada.
corlar, -lear (v. *colorar*) *tr.* Dar corladura.
corleador, -ra *m. f.* Corlador.
corma (berb. *curma*) *f.* Conjunto de dos pedazos de madera, adaptados al pie del hombre o del animal para impedir que ande libremente. 2 fig. Molestia o gravamen. 3 Tallo subterráneo, redondeado, hinchado, que parece un bulbo en su aspecto general, pero sólido, y sin estar compuesto por hojas carnosas superpuestas.
cormiera *m.* BOT. Arbolillo pomáceo silvestre, muy abundante en España *(Amelanchier vulgaris)*.
cormo (gr. *kormós*, tronco de árbol) *m.* Aparato vegetativo de una planta caracterizado por poseer fibras y vasos y por estar bien diferenciado en raíz, tallo y hojas.
cormofita (*cormo* + *-fito*) *adj.-f.* Planta cuyo aparato vegetativo es un cormo.
SIN. **Rizofita.**
cormófito *m.* Vegetal con cormo.
cormorán (fr. *cormoran* < fr. ant. *cormarenc*, de *corp*, cuervo y *marenc*, marino) *m.* Ave pelecaniforme de hasta un metro de longitud, color obscuro y pico largo *(Phalacrocorax sp.)*
SIN. **Cuervo marino, mergánsar, mergo.**
cornac, -ca (sánscrito *karnikin*, elefante) *m.* Hombre que en ciertas regiones de Asia cuida, guía y doma un elefante. ◇ Pl.: *cornacs* y *cornacas*.
SIN. **Naire.**
cornáceo, -a (l. *cornu*, cornejo) *adj.-f.* Planta de la familia de las cornáceas. -2 *f. pl.* Familia de plantas dicotiledóneas, que incluye árboles, arbustos y hierbas, de hojas opuestas, enteras o dentadas, flores pequeñas en cabezuela o corimbo y drupas carnosas; como el cornejo.
cornada *f.* Golpe dado por un animal con la punta del cuerno. 2 Herida penetrante de cierta importancia por el asta de una res vacuna al cornear. 3 Treta de la esgrima vulgar.
cornadillo (de *cornado*) fr., fig. *y* fam. ***Emplear,*** o ***poner, uno su ~***, contribuir con medios y diligencias para el logro de un fin.
cornado (de *coronado*) *m.* Moneda castellana de vellón de los s. XIII al XVI (la mitad de un dinero).
cornadura *f.* Cornamenta.
cornal (de *cuerno*) *m.* Coyunda (correa fuerte).
cornalina (l. *corna*, frutos del cornejo) *f.* Ágata de color de sangre o rojiza.
SIN. **Alaqueca, cornelina, cornerina, corniola, restañasangre.**
cornalón *adj.* [toro] Que tiene muy grandes los cuernos.
cornamenta *f.* Cuernos de algunos animales, como el toro, vaca, venado, etc. 2 fam. Atributo simbólico del marido engañado.
SIN. *1* **Cuerna, encornadura, herramienta.**
cornamusa (fr. *cornemuse*) *f.* Trompeta larga de metal de pabellón muy ancho, que en el medio de su longitud hace una rosca muy grande. 2 Instrumento músico, especie de gaita gallega. 3 MAR. Pieza de metal o de madera para amarrar los cabos.
cornatillo *m.* Variedad de aceituna larga y encorvada a manera de cuerno.
SIN. **Cornezuelo.**
córnea (l., de *túnica córnea*) *f.* Membrana transparente en forma de disco abombado, que se halla delante del iris y forma el segmento anterior de la túnica fibrosa del ojo.
corneado, -da *adj.* Encornado.
corneador, -ra *adj.* Acorneador.
cornear *tr.* Acornear.
cornecico, -llo, -to *m.* Dim. de *cuerno*.
corneja (l. *cornicula;* dim. de *cornix*) *f.* Ave paseriforme, de plumaje totalmente negro, pico robusto y voz característica *(Corvus corone)*. 2 Buharro.
SIN. *1* **Chova.**

cornejal *m.* Terreno poblado de cornejos.
cornejo (de *corno*) *m.* Arbusto cornáceo, muy ramoso, de hojas opuestas, aovadas, flores blancas en cima, fruto en drupa redonda y madera muy dura *(Cornus mas).*
SIN. **Cerezo silvestre, cornizo, corno, durillo, sangüeño, sanguino, sanguiñuelo.**
cornelina *f.* Cornalina.
corneo- (l. *corneus,* córneo) Elemento prefijal que entra en la formación de palabras con el significado de córneo; especialmente en relación con *cuerno* y *córnea.*
córneo, -a (l. *-eu*) *adj.* De textura parecida a la del cuerno.
córner (ing., ángulo, esquina) *m.* DEP. Falta que se comete en el juego del fútbol cuando la pelota cae fuera por la línea de la portería, habiéndola tocado antes algún jugador del equipo al que corresponde la meta. 2 DEP. Sanción correspondiente a dicha falta.
cornerina *f.* Cornalina.
corneta (dim. de *cuerno*) *f.* Instrumento músico de viento parecido al clarín. 2 ~ ***de llaves,*** instrumento de viento parecido a la corneta, y con diversos orificios en el tubo, que se abren y cierran por medio de llaves. 3 Especie de clarín usado para dar los toques reglamentarios a las tropas de infantería del ejército. 4 ~ ***de monte,*** trompa de caza. 5 Cuerno que usan los porqueros para llamar al ganado de cerda. 6 ~ ***acústica,*** trompetilla (aparato). 7 Bandera pequeña terminada en dos farpas y con una escotadura angular en medio de ellas. 8 Búsano. -9 ***com.*** Músico que toca la corneta: ~ ***de órdenes,*** soldado que sigue al jefe para dar los toques de mando.
cornete *m.* Dim. de *corneto.* 2 Pequeña lámina ósea y de figura abarquillada situada en el interior de las fosas nasales.
cornetilla (dim. de *corneta*) *f.* Pimiento de cornetilla. 2 Molusco gasterópodo que constituye una verdadera plaga en los bancos de ostras, atacándolas mediante la ránula, que funciona como un taladro *(Murex erinaceus).*
SIN. *2* **Corniño.**
cornetín *m.* Dim. de *corneta.* 2 Instrumento músico de viento parecido al clarín, pero con tres pistones. -3 ***com.*** Músico que toca este instrumento. -4 ***m.*** MIL. Especie de clarín usado para dar los toques reglamentarios a las tropas de infantería del ejército.
corneto, -ta *adj. Méj.* y *Venez.* [res vacuna] Que tiene el cuerno desviado hacia abajo o hacia atrás. 2 *Amér. Central.* Patizambo. 3 *Venez.* Tronzo.
cornezuelo *m.* Dim. de *cuerno.* 2 Cornatillo. 3 Cornicabra (aceituna). 4 Hongo ascomicete, parásito del centeno, cuyo aparato esporífero tiene forma de cuernecito. Sus preparados son muy usados en medicina *(Claviceps purpurea).* 5 Instrumento usado por los albéitares para separar los vasos y tejidos en las operaciones quirúrgicas.
REL. *4* Del ~ se extrae la ergotina.
corni- (l. *cornu,* cuerno) Elemento prefijal que entra en la formación de palabras con el significado de cuerno.
corniabierto, -ta (*corni-* + *abierto*) *adj.* [toro o vaca] Que tiene los cuernos muy separados.
cornial *adj.* Dispuesto o fabricado en figura de cuerno.
cornialtar *m. Chile.* Purificador (lienzo).
corniapretado, -da (*corni-* + *apretado*) *adj.* [toro o vaca] Que tiene los cuernos muy juntos.
cornibrocho, -cha (*corni-* + *brocho*) *adj.* [res vacuna] Que tiene los cuernos con la punta inclinada hacia dentro.
cornicabra (*corni-* + *cabra*) *f.* Terebinto. 2 Variedad de aceituna larga y puntiaguda. 3 Mata asclepiadácea, derecha, ramosa, de hojas oblongas y opuestas, flores blanquecinas y fruto puntiagudo y encorvado *(Periploca laevigata).* 4 *Extr.* Cabra que tiene sólo un cuerno.
SIN. *2* **Cornezuelo.**
cornidelantero, -ra *adj.* [toro, vaca] Que tiene los cuernos desarrollados hacia adelante.
corniforme (*corni-* + *-forme*) *adj.* De figura de cuerno. 2 ASTRON. V. cometa ~.
cornigacho, -cha (*corni-* + *gacho*) *adj.* [toro o vaca] Que tiene los cuernos algo inclinados hacia abajo.
cornígero, -ra (l. *-eru*) *adj.* y poét. Que tiene cuernos.
cornija (l. **cornicula* < *cornu,* punta) *f.* Cornisa. 2 Parte superior del cornisamento.
cornijal (l. *cornu,* punta) *m.* Punta, ángulo o esquina del colchón, edificio, finca, etc. 2 Purificador (lienzo). 3 *Colomb.* Cavidad tras el pulpejo de la oreja.
cornijamento, -miento *m.* Cornisamento.
cornijón (de *cornija*) *m.* Cornisamento. 2 Esquinazo que forma la casa en la calle.
cornil (de *cuerno*) *m.* Coyunda (soga).
corniño *m.* Cornetilla, molusco gasterópodo.
corniola *f.* Cornalina.
cornisa (it. *cornice*) *f.* Coronamiento compuesto de molduras, o cuerpo voladizo con molduras, que remata a otro. 2 Parte superior del cornisamiento. 3 Faja horizontal estrecha que corre al borde de un precipicio o acantilado.
cornisamento, -miento *m.* Entablamento.
cornisón *m.* Cornijón.
corniveleto, -ta (*corni-* + *veleto*) *adj.* [toro, vaca] Que tiene los cuernos altos y derechos.
cornivuelto, -ta (*corni-* + *vuelto*) *adj.* [toro, vaca] Que tiene los cuernos vueltos hacia atrás.
cornizo (l. **corniceu,* de *cornus,* el árbol cornejo) *m.* Cornejo.
corno (l. *cornu*) *m.* Cornejo. 2 ~ ***inglés*** (it. < l. *cornu,* cuerno), instrumento músico de viento, más grande y de sonido más grave que el oboe.
cornucopia (l. *cornu,* cuerno + *copia,* abundancia) *f.* Vaso de figura de cuerno, rebosando frutas y flores, que usaban los gentiles como símbolo de la abundancia. 2 Espejo pequeño de marco tallado y decorado, que suele tener uno o más brazos a manera de candelabros.
REL. *1* V. **Amaltea.**
cornuda *f.* Pez marino seláceo, muy parecido al pez martillo *(Sphyrna tudes).*
cornudilla (l. *cornuta*) *f.* Pez martillo.
cornudo, -da *adj.* Que tiene cuernos. -2 ***adj.-m.*** Marido de mujer adúltera.
SIN. *2* **Predestinado,** burl.
cornúpeta (l. *cornu,* cuerno + *petere,* acometer) *adj.-s.* lit. Animal que figura en algunas monedas, en actitud de acometer con los cuernos. 2 Toro de lidia. 3 fam. Cornudo, marido de mujer adúltera.
cornúpeto (de *cornúpeta*) *m.* TAUROM. Toro de lidia.
cornuto (l. *corñutu*) *adj.* LÓG. Relativo al argumento o silogismo llamado también dilema.
cornwallita *f.* Mineral de la clase de los arseniatos que cristaliza en el sistema monoclínico en costras de color verde obscuro.
I) coro (l. *choru* < gr. *chorós*) *m.* En las tragedias clásicas, conjunto de actores que actuaban como una unidad, contemplando el espectáculo mientras se representaba la acción principal, e interviniendo en las mismas escenas por boca del *corifeo* o comentando la acción en los intervalos con cantos y evoluciones adecuadas a lo que se había representado. 2 Conjunto de personas que en una función musical cantan simultáneamente una pieza concertada: *un ~ de voces mixtas; el ~ de un teatro de ópera.* 3 Fragmento o pieza musical que recita o canta el coro: *un ~ de Sófocles; un ~ de Palestrina.* 4 Composición poética que sirve de letra a un coro musical. 5 Conjunto de personas reunidas para cantar, regocijarse o alabar alguna cosa. 6 Conjunto de eclesiásticos, religiosos o religiosas, congregado en el templo para cantar o rezar los divinos oficios. 7 Rezo y canto de las horas canónicas, asistencia a ellas y tiempo que duran. 8 Parte de la iglesia destinada al coro. 9 Conjunto de asientos, con respaldos generalmente labrados, donde se sienta el clero en una iglesia. 10 Grupo de los nueve en que se dividen los espíritus angélicos.
REL. *1* **Terpsícore,** musa del canto coral y de la danza; **corego,** el que costeaba el vestido y ensayos de los coros. SIN. *9* **Orden.**
II) coro (l. *cauru*) *m.* poét. Noroeste (viento).
III) coro (l. *cor, corazón,* ánimo) ***loc. adv. De ~,*** de memoria: *decir, saber,* o *tomar, de coro.*
REL. **Decorar,** en los clásicos, aprender de coro.
IV) coro (quechua) *adj. Perú.* Mocho, falto de algún aditamento.
corocero, -ra *adj. P. Rico.* Cicatero.
I) corocha *f.* Vestidura ant. a manera de casaca amplia y larga.
II) corocha *f.* Larva del escarabajuelo, de color negro verdoso, que vive sobre la vid y devora las partes tiernas.
corocito *m. Colomb.* y *Venez.* Coquito (palmera).
corocoreño, -ña *adj.-s.* De Coroco, capital de la provincia boliviana de Pacajes.
corografía (gr. *chorographia* < *chora,* país + *-grafía*) *f.* Descripción geográfica de un país.
corográficamente *adv. m.* Según las reglas de la corografía.
corográfico, -ca *adj.* Relativo a la corografía.

corógrafo, -fa *m. f.* Persona que se dedica a la corografía.
coroideo, -a *adj.* [membrana vascular] Muy fino. 2 Perteneciente o relativo a las coroides.
coroides (gr. *chorioeidés* < *chorion*, cuero + *-oide*) *adj.-f.* Membrana del globo del ojo, situada entre la esclerótica y la retina. ◇ Pl.: *coroides.*
coroiditis (de *coroides* + *-itis*) *f.* MED. Inflamación, aguda o crónica, de la membrana coroides, gralte. asociada a alteraciones de la retina. ◇ Pl.: *coroiditis.*
coroigueño, -ña *adj.-s.* De Coroico, capital de la provincia boliviana de Nor Jungas.
corojal *m. Ant.* Sitio poblado de árboles de corojo.
corojito, -ta *adj. Cuba.* Rechoncho.
corojo *m.* Coyol.
corola (l. *corolla,* coronilla) *f.* Verticilo periantal interno, gralte. coloreado, de las flores heteroclamídeas: ~ *cruciforme;* ~ *acampanada.*
REL. La ~ se compone de **pétalos;** la flor sin ~ se llama **apétala;** la flor que tiene los pétalos libres es **dialipétala;** si los tiene soldados entre sí, **gamopétala.**
corolario (l. *corollariu* < *corolla*, coronilla) *m.* Proposición que se deduce por sí sola de lo demostrado anteriormente.
coroliflora (*corola* + *flor*) *adj.-s.* Planta de flores heteroclamídeas que tiene los estambres concrescentes en los pétalos.
coroliforme (*corola* + *-forme*) *adj.* Que tiene forma o aspecto de corola.
corolino, -na *adj.* BOT. Perteneciente o relativo a la corola de las flores.
corona (l.) *f.* Cerco de ramas, de flores o de metal, con que se ciñe la cabeza; esp., el que se usa como señal de ofrenda, premio, galardón, o recompensa: ~ *de laurel;* ~ *mural;* ~ *de rosas;* ~ ***fúnebre,*** la floral dedicada a un fallecido como prueba de afecto y admiración. 2 Cerco de metal adornado de piedras preciosas, con que se ciñe la cabeza como símbolo de dignidad real o de nobleza: ~ *real;* ~ *de conde, de marqués, de príncipe.* 3 fig. Dignidad real: ***ceñir,*** o ***ceñirse, uno la*** ~, empezar a reinar. 4 Reino o monarquía: *la* ~ *de España.* 5 Adorno en forma de corona. 6 Aureola (círculo). 7 Coronilla (parte de la cabeza). 8 Tonsura, de figura redonda, que se hacen los eclesiásticos. 9 Halo (meteoro luminoso). 10 Luminosidad difusa que envuelve al sol, sólo visible a simple vista en el eclipse total. 11 Zona periférica de una aglomeración urbana. 12 Forma de presentar ciertos platos de hortalizas, arroz, etc., en pequeños conos truncados. 13 Parte de un diente que sobresale de las encías. 14 Arandela (anillo). 15 Parte superior de una campana, en la que se halla la anilla de la que pende el badajo. 16 Rosario de siete dieces y sarta de cuentas por las cuales se reza. 17 Unidad monetaria de Dinamarca, Suecia, Noruega, Islandia y Checoslovaquia. 18 Moneda portuguesa de oro (diez milreis). 19 Moneda alemana de oro (diez marcos). 20 Ant. moneda austro-húngara de plata. 21 Ant. moneda castellana de oro de los siglos XV al XVII. 22 Ant. moneda castellana de plata del siglo XIV. 23 ~ ***de casco,*** extremo de la piel de las cabalgaduras que circunda el nacimiento del casco, o la parte de él más inmediata a la piel. 24 ~ ***de la reina,*** hierba saxifragácea vivaz, con las hojas basales y dispuestas en roseta, las flores son de color blanco *(Saxifraga catalaunica).* 25 ~ ***de rey,*** hierba globulariácea medicinal, de cabezuelas en forma de corona *(Saxifraga longifolia).* 26 ~ ***imperial,*** planta liliácea de adorno, de flores azafranadas, dispuestas en círculo en la extremidad del tallo, que termina en una corona de hojas *(Fritillaria imperialis).* 27 ARQ. Moldura plana y ancha de la cornisa, bajo el cimacio. 28 ARQ. Deambulatorio. 29 GEOM. Porción de plano comprendida entre dos circunferencias concéntricas. 30 MONT. Parte alta de las cornamentas del ciervo que terminan en pala, y de la que nacen los últimos candiles de la cuerna. 31 *Cuba.* Hojas superiores de la planta de tabaco.
SIN. *1* **Guirnalda,** la de flores y ramos. *1* y *6* **Diadema.** *30* **candelabro.**
coronación *f.* Acto de coronar a un soberano. 2 Coronamiento (fin, adorno).
coronado *m.* Clérigo tonsurado u ordenado de menores que goza el fuero de la Iglesia. 2 *Cuba.* Pez carángido, como de un metro o más de largo, boca muy hendida y color verde claro *(Seriola lalaudi).* -3 *adj. Cuba* y *R. de la Plata.* fest. Cornudo.
coronador, -ra *adj.-s.* Que corona.
coronal (l. *-ale*) *adj.* Perteneciente o relativo al hueso frontal. 2 [sutura] Frontoparietal. -3 *m.* Hueso frontal.
coronamento, -miento (de *coronar*) *m.* fig. Fin de una obra. 2 Remate de un edificio o adorno arquitectónico. 3 MAR. Parte de borda que corresponde a la popa del buque.
coronar (l. *-are*) *tr.* Poner una corona [en la cabeza de uno], esp. como signo de autoridad soberana: ~ *al poeta con,* o *de, flores;* ~ ***a uno por monarca,*** fig., investir de la autoridad soberana; en gral., poner coronas [sobre alguna cosa]: *coronaron las urnas con flores olorosas.* 2 fig. Galardonar, premiar. 3 fig. Perfeccionar, completar [una obra]. 4 fig. Poner o ponerse personas o cosas en la parte superior [de una eminencia, torre, etc.]: *la sierra está coronada de nieve.* -5 ***intr.*** En el juego de las damas, cambiar un peón por una dama cuando éste llega a la línea de fondo del bando contrario. 6 En el juego del ajedrez, cambiar un peón por otra pieza cualquiera cuando éste llega a la línea de fondo del bando contrario. 7 Dejar ver la cabeza el feto en el momento del parto. 8 fest. Ser infiel un cónyuge, poner cuernos.
coronaria (*coronaria* + *-patía*) *f.* Rueda de los relojes que manda la aguja de los segundos. 2 Hierba ranunculácea perenne con las hojas divididas y las flores de color muy variado *(Anemone coronaria).* 3 Hierba cariofilácea perenne toda ella cubierta de pelos blancos y ásperos; las hojas son ovales y las flores normalmente de color rojo *(Lychnis coronaria).*
coronario, -ria (l. *-iu*) *adj.* Relativo a la corona: *arteria, vena coronaria.* 2 BOT. De figura de corona.
coronariopatía *f.* Enfermedad de los vasos coronarios, de las arterias, causada especialmente por la arteriosclerosis.
coronda *f. Argent.* Árbol de hoja menuda y fruto en forma de espigas, con semillas semejantes a las habas. La cáscara que las contiene, si se raspa y aspira, hace estornudar con más fuerza que el rapé *(Gloditschia amorphoides).*
corondel (l. **colondre* < *cylindros* × *columna*) *m.* IMPR. Regleta que se pone en el molde de alto a bajo para dividir la plana en columnas. -2 *m. pl.* Rayas verticales transparentes en el papel de tina.
REL. *2* Las rayas horizontales se llaman **puntizones.**
I) coronel (it. *colonnello* < *colonna*, columna) *m.* Jefe militar que reglamentariamente manda un regimiento: ***teniente*** ~, v. teniente.
II) coronel (de *corona*) *m.* Moldura que remata un miembro arquitectónico. 2 Pastelito de hojaldre que se toma con el té. 3 BLAS. Corona heráldica. 4 *Colomb.* y *Cuba.* Cometón grande. 5 *Colomb.* Remate superior de las cometas.
coronela *adj.* [compañía, bandera, etc.] Que pertenecía al coronel. -2 *f.* Mujer del coronel.
coronelía *f.* Empleo de coronel. 2 MIL. Regimiento.
corónide *f.* Fin, coronamiento de una cosa.
coronilla (dim. de *corona*) *f.* Parte de la cabeza humana opuesta a la barbilla: ***andar*** o ***bailar, de*** ~, procurar una cosa con todo esfuerzo y diligencia; ***estar hasta la*** ~, estar cansado de alguna cosa hasta la saciedad. 2 Tonsura de figura redonda que se hacía a los clérigos en la cabeza. 3 ~ ***de fraile,*** arbusto globulariáceo, perennifolio y ramificado, de hojas coriáceas con la punta punzante y flores azules dispuestas en cabezuelas globulares *(Globularia alypum).* 4 V. injerto de coronilla.
SIN. *1* **Corona.**
coronillo *m. Argent.* Nombre de diversos árboles de los géneros *Scutia* y *bouganvillea.* De algunos de ellos se extrae una tintura roja obscura.
coronio *m.* Hierro fuertemente ionizado que se detectó por primera vez en la corona solar.
corónopo (l. *coronopus* < gr.) *m.* Hierba plantaginácea, pubescente, con hojas pinnatífidas agrupadas en una roseta basal, y flores parduscas en espigas *(Plantago coronopus).*
coronta (quechua) *f. Amér. Merid.* Mazorca del maíz después de desgranada.
corosil *m.* Aleación de hierro y silicio, empleada para fabricar núcleos magnéticos de transformadores.
corosol *m.* Variedad de anona *(gén. Anona).*
corota (quechua) *f. Argent.* Bolsa testicular. 2 *Bol.* Cresta de gallo.
corotos *m. pl. Amér.* Trastos, trebejos.
coroza (v. *caperuza*) *f.* Capirote de papel engrudado y de figura cónica, que se ponía por castigo en la cabeza de ciertos delincuentes. 2 Capa de junco, gralte. con caperuza, que usan los labradores gallegos. 3 Tresnal.
SIN. *1* **Rocadero.**
corozal *m.* Corojal.
corozo *m.* Coyol. 2 *Bol.* Hueso exterior de las frutas.

corpa *f.* Trozo de mineral en bruto. 2 *Chile.* Colpa. -3 *m. Bol.* Arriero que lleva coca.
corpachón, -panchón *m.* fam. Aum. de *cuerpo.* 2 Cuerpo de ave despojado de las pechugas y piernas.
corpazo *m.* fam. Aum. de *cuerpo.*
corpecico, -llo, -to *m.* Dim. de *cuerpo.* 2 Corpiño (jubón).
corpiñejo *m.* Dim. de *corpiño.*
corpiño *m.* Dim. de *cuerpo.* 2 Almilla o jubón sin mangas. 3 *Argent.* Sostén.
corporación (l. *-atione*) *f.* Asociación, entidad, comunidad, gralte. de carácter público: ***asistir en ~***, con el carácter de tal, e investidos sus miembros de la autoridad e insignias de su cargo.
corporal (l. *-ale*) ***adj.*** Relativo al cuerpo, en oposición a espiritual, intelectual, etc. -2 ***m.*** Lienzo que, generalmente junto a otro, se extiende encima del ara para poner sobre él la hostia y el cáliz: *la bolsa de los corporales.*
SIN. *1* **Somático; corpóreo** puede referirse tanto al cuerpo de los seres vivos como al inanimado.
corporalidad *f.* Calidad de corporal. 2 Cosa corporal.
corporalmente *adv. m.* Con el cuerpo.
corporativamente *adv. m.* En corporación.
corporativismo *m.* Doctrina que propugna la reunión o agrupación de los individuos de una misma profesión en una corporación. 2 Tendencia de un grupo profesional a defender o extender sus intereses y derechos particulares sobre los generales.
corporativo, -va *adj.* Relativo a la corporación: *representación corporativa.*
corporeidad *f.* Calidad de corpóreo.
corporeizar *tr.* Dar cuerpo o materia [a algo inmaterial]. ◇ ** CONJUG. [4] como ***realizar.***
corpóreo, -a (l. *-eu*) ***adj.*** Que tiene cuerpo o volumen, en oposición a incorpóreo, inespacial. 2 Corporal (cuerpo).
corporificar *tr.-prnl.* Corporeizar. ◇ ** CONJUG. [1] como ***sacar.***
corps (fr. cuerpo) ***m.*** Voz que se introdujo en España sólo para nombrar algunos empleos palatinos: *guardia de ~.* ◇ Pl.: *corps.*
corpudo, -da *adj.* Corpulento.
corpulencia (l. *-ntia*) *f.* Grandeza y magnitud de un cuerpo.
corpulento, -ta *adj.* Que tiene mucho cuerpo.
Corpus (l. *cuerpo*) *n. pr.* Jueves, sexagésimo día después del domingo de Pascua de Resurrección, en el cual celebra la Iglesia la festividad de la institución de la Eucaristía. ◇ Pl.: *Corpus.*
corpus *m.* LING. Conjunto acabado de enunciados.
corpuscular *adj.* Relativo a los corpúsculos. 2 Compuesto de corpúsculos. 3 [sistema filosófico] Que admite por materia elemental los corpúsculos.
corpusculista *m.* Filósofo que sigue el sistema corpuscular.
corpúsculo (l. *-lu*) *m.* Partícula pequeña, célula, molécula, elemento.
corqueño, -ña *adj.-s.* De Corque, capital de la provincia boliviana de Carangas.
corradina *f. Colomb.* Pieza de música.
corral (relac. con l. *corte,* patio) *m.* Sitio cercado y descubierto, junto a las casas o en el campo, esp. el destinado a los animales. 2 fig. Corralito. 3 ***~ de comedias,*** casa, patio o teatro donde se representaban las comedias; diósele este nombre porque ant. estaba descubierto. 4 Atajadizo hecho en los ríos o en la costa del mar, para encerrar la pesca. 5 Circo de montañas cubierto de nieves perpetuas. 6 TAUROM. Recinto que existe en las plazas de toros y encerraderos, con departamentos comunicados entre sí por puertas, para facilitar el apartado de las reses. 7 *Cuba.* Hacienda de campo que comprende un espacio de terreno destinado pralte. a la crianza de ganado menor.
FR. *Hacer corrales,* fig., faltar el estudiante ciertos días a las aulas o a los actos a que debía concurrir. SIN. *1* **Corraliza, corte, cortil.**
corralada *f.* Corral de gran extensión.
corraleja *f. Colomb.* Barrera o valla.
corralera (de *corral*) *f.* Canción andaluza bailable.
corralero, -ra *adj.* Relativo al corral. -2 *m. f.* Persona que tiene corral donde amontona estiércol y suele criar animales domésticos.
corraleta *f.* Lugar muy sucio. 2 Pocilga. 3 *And.* Corral pequeño donde se guardan animales, enseres, útiles, etc.
corralito *m.* Parque, pequeño recinto donde pueden jugar los niños que todavía no andan.
corraliza *f.* Corral (sitio).
corralón *m. Mál.* Casa de vecindad. 2 *Murc.* Corraliza y tinada donde se recoge el ganado. 3 *Amér.* Almacén de maderas, barracón. 4 *Perú.* Solar cerrado dentro de una población. 5 *R. de la Plata.* Corral grande, cercado, con depósito de materiales para la venta.
correa (l. *corrigia*) *f.* Tira de cuero. 2 Flexibilidad y extensión de una cosa correosa. 3 Alga feofícea de fronde de hasta 3,5 m. de longitud; la lámina es ovoide y está dividida en varios frondes parecidos a correas *(Laminaria hyperborea).* 4 ARQ. Madero horizontal colocado sobre los cuchillos de una armadura para asegurar los contrapares. 5 MEC. Órgano de transmisión constituido por una tira o banda flexible, que sirve para conectar dos ejes de rotación por medio de poleas: *~ del ventilador de un automóvil.* -6 ***f. pl.*** Tiras delgadas de cuero, sujetas a un mango, para sacudir el polvo.
FR. *Tener correa,* fig. sufrir zumbas sin mostrar enojo; tener resistencia para el trabajo corporal.
correaje *m.* Conjunto de correas que hay en una cosa. 2 Conjunto de correas que forman parte del equipo individual en los cuerpos armados.
correal (de *correa*) *m.* Piel curtida y de color encendido, usada para vestidos.
SIN. **Estezado.**
correar *tr.* Poner correosa [la lana].
correazo *m.* Golpe dado con una correa.
correcalles *m.* fig. *y* fam. Holgazán, vago. 2 DEP. Desarrollo anodino de un juego o deporte, falto de orden y precisión. ◇ Pl.: *correcalles.*
correcaminos *m.* Ave cuculiforme de hasta 60 cms. de longitud, con el dorso de color negro y ocre, la parte ventral clara, las alas negras con listas blancas, y la cola azul violáceo. Su habilidad para la carrera es extraordinaria *(Geococcyx californiana).* ◇ Pl.: *correcaminos.*
corrección (l. *-ctione*) *f.* Acción de corregir (rectificar). 2 Efecto de corregir (rectificar). 3 Alteración hecha en una obra para mejorarla: ~ ***gregoriana,*** la decretada en el calendario de 1582 por el Papa Gregorio XIII. 4 Reprensión o censura de un delito, falta o defecto: ~ ***fraterna,*** aquella con que privativamente se advierte y corrige un defecto; ~ ***disciplinaria,*** castigo leve que el superior impone por faltas de algún subordinado. 5 Calidad de correcto. 6 IMPR. Acción de leer las pruebas para señalar las erratas que tiene la composición. 7 MIL. Lugar donde cumplen el arresto los sargentos, brigadas y suboficiales. 8 RET. Figura que se comete cuando se dice una palabra o cláusula corrigiendo la anterior para mejorar el concepto.
SIN. *4* **Epanortosis.**
correccional *adj.* Que conduce a la corrección. -2 *m.* Establecimiento penitenciario destinado al cumplimiento de las penas de prisión y de presidio correccional: ~ ***de menores,*** reformatorio.
SIN. *2* v. **Penal.**
correccionalismo *m.* Sistema penal que tiende a modificar por la educación la propensión a la delincuencia.
correccionalista *adj.-s.* Partidario del correccionalismo.
correccionalmente *adv. m.* Con pena o procedimiento correccional.
correcorre *m. Cuba* y *P. Rico.* Huida desordenada de gente.
correctamente *adv. m.* De un modo correcto.
correctivo, -va *adj.-m.* Que corrige o atenúa: *medicamento ~.* 2 GRAM. ***Conjunción correctiva ~,*** v. conjunción adversativa; ***oración*** ~ o ***restrictiva,*** v. oración adversativa. -3 ***m.*** Castigo que se impone a una persona para corregirla.
correcto, -ta (l. *-tu*) pp. irregular de *corregir.* 2 ***adj.*** Conforme a las reglas, libre de errores o defectos: *estilo, dibujo ~.* 3 [pers.] Cortés, tratable, comedido.
corrector, -ra *adj.-s.* Que corrige. 2 Superior o prelado en los conventos de religiosos paulinos. -3 *m. f.* IMPR. Persona encargada de corregir las pruebas.
corredentor, -ra *adj.-s.* Redentor juntamente con otro u otros.
corredera (l. **curritoria*) *f.* Ranura o carril por donde resbala otra pieza en ciertas máquinas o artefactos: ***puerta, ventana ~,*** la que se abre deslizándose vertical o lateralmente por ranuras o carriles. 2 Pieza que abre y cierra los agujeros por donde entra y sale el vapor en los cilindros de una máquina. 3 Postiguillo de celosía que corre de una a otra parte para abrir o cerrar. 4 Muela superior del molino. 5 Aparato para medir la velocidad de una nave, y esp. el formado por un cordel arrollado por uno de sus extremos a un carretel y atado por el otro a la barquilla. 6 Este

cordel. 7 Cucaracha *(Periplaneta orientalis)*. 8 *Amér.* Calle. 9 *Argent.* Rabión en un río. 10 *Colomb.* Diarrea.
FR. *De ~*, apl. a las puertas y ventanas que en lugar de abrirse girando sobre goznes lo hacen deslizándose vertical o lateralmente por carriles o ranuras.

corredero *m.* Paraje apropiado para el acoso y derribo de las reses vacunas. 2 *Colomb.* Cauce antiguo de un río. 3 *Méj.* Hipódromo. 4 *S. Dom.* Cierrapuertas, reperpero. 5 *Venez.* Lugar predilecto de una persona.

corredizo, -za *adj.* Que se desata o corre con facilidad: *nudo ~; lazada corrediza.*

corredor, -ra *adj.-s.* Que corre mucho. -2 *m.* Antig., soldado que se enviaba para descubrir y observar al enemigo o para hacer correrías en tierra de enemigos. 3 El que tiene por oficio intervenir en compras y ventas de toda clase: *~ de cambios; ~ de comercio*, funcionario que interviene en la negociación de letras, en los contratos de compraventa de efectos comerciales y en los de seguros. 4 Pasillo (pieza). 5 Galería que corre alrededor del patio de algunas casas. 6 Balcón corrido. 7 Ave caradriforme limícola de color arenoso, con patas largas color crema pálido y pico corto y curvado *(Cursorius cursor)*. 8 *~ aéreo*, espacio por el que deben circular los aviones en sus desplazamientos normales. 9 FORT. Camino cubierto. -10 *m. f.* Persona que practica la carrera en competiciones deportivas: *~ de fondo*, el que practica carreras de largo recorrido. -11 *f. pl.* Aves primitivas incapaces de volar pero que presentan las patas fuertes y bien adaptadas a la carrera. Reciben esta denominación los representantes de los órdenes: estruciformes, reiformes y casuariformes.

corredura (de *correr*) *f.* Lo que rebosa en la medida de los líquidos.

correduría *f.* Oficio de corredor. 2 Corretaje (diligencia). 3 DER. Achaque.

correería *f.* Oficio de correero. 2 Establecimiento del correero.

correero, -ra *m. f.* Persona que tiene por oficio hacer o vender correas.

corregencia *f.* Empleo de corregente.

corregente *adj.-s.* Que ejerce la regencia juntamente con otro.

corregibilidad *f.* Calidad de corregible.

corregible *adj.* Capaz de corrección.

corregidor, -ra *adj.* Que corrige. -2 *m.* Magistrado que en su territorio ejercía la jurisdicción real con mero y mixto imperio, y conocía de las causas contenciosas y gubernativas, y del castigo de los delitos. 3 Alcalde que en algunas poblaciones importantes presidía el ayuntamiento y ejercía funciones gubernativas. 4 *Perú.* Nombre vulgar de un pájaro *(Mimus longicaudatus)*.

corregidora *f.* Mujer del corregidor.

corregimiento *m.* Empleo u oficio del corregidor. 2 Territorio de su jurisdicción. 3 Oficina del corregidor.

corregir (l. *corrigere*) *tr.* Enmendar, rectificar [lo errado]. 2 Advertir, amonestar, reprender. 3 fig. Templar, moderar [la actividad de una cosa]. 4 Repasar [los ejercicios o exámenes de los alumnos] señalando los errores al tiempo que se les da una calificación. -5 *intr. Cuba* y *P. Rico.* Defecar. ◇ ** CONJUG. [55] como *elegir*.

correhuela *f.* Dim. de *correa*. 2 Centinodia (planta medicinal). 3 Mata convolvulácea de tallo tendido y voluble, hojas cordiformes y flores acampanilladas; se emplea como vulneraria *(Convolvulus arvensis)*. 4 *~ mayor*, hierba convolvulácea perenne, cuyos brotes y raíces son comestibles *(Calystegia sepium)*. 5 Juego que se hace con una correa con las dos puntas cosidas.

correinado *m.* Gobierno simultáneo de dos reyes en una nación.

correinante *adj.-s.* Que reina juntamente con otro.

correjel (de *correa*) *m.* Cuero grueso y flexible, a propósito para correones y suelas.

correlación *f.* Relación recíproca o mutua entre dos o más cosas. 2 LING. Conjunto de dos series de fonemas opuestas por un mismo rasgo distintivo. 3 Relación que se establece entre ellas. 4 MAT. Existencia de mayor o menor dependencia mutua entre dos variables aleatorias.

correlacionar *tr.* Poner en relación recíproca [algunas cosas].

correlativamente *adv. m.* Indicando o implicando correlación.

correlativo, -va *adj.* Que tiene o indica una correlación. -2 *adj.-m.* GRAM. Palabra que, al usarse junto a otra en un período, señala relación mutua entre las oraciones o elementos sintácticos en que figuran: *cuanto ... tanto; tal ... cual; así ... como;* también se dice de las oraciones así relacionadas. -3 *m. Chile.* Digestivo, laxante.

correlato *m.* Término que corresponde a otro en una correlación.

correligionario, -ria *adj.-s.* Que profesa la misma religión que otro. 2 p. ext. Que tiene la misma opinión política que otro.

correlón, -na *adj. Colomb., Méj.* y *Venez.* Corredor (que corre). 2 *Méj.* Cobarde.

correncia (de *correr*) *f.* fam. Diarrea. 2 fig. Vergüenza, empacho. 3 fig. *y* fam. Afluencia, verbosidad.

correndilla *f.* fam. Acción de ir o pasar corriendo un trecho corto.

correntada *f. Amér.* Corriente impetuosa.

correntera *f. Urug.* Corriente.

correntía *f.* fam. Correncia (diarrea). 2 *Ar., Murc.* y *Val.* Riego de inundación.

correntino, -na *adj.-s.* De Corrientes, prov. de la Argentina. -2 *adj. P. Rico.* Perdido, correntón. -3 *m. Bol.* Baile popular.

correntío *adj.* Corriente (que corre); aplícase a las cosas líquidas. 2 fig. Ligero, desembarazado.

correntómetro (de *corriente* + *-metro*) *m.* Aparato destinado a medir la velocidad y la dirección de las corrientes de agua, esp. de las marinas.

correntón, -tona *adj.* Amigo de corretear. 2 Festivo, chancero. 3 [gallo] Cobarde. -4 *m. Colomb.* y *P. Rico.* Corriente fuerte de agua.

correntoso, -sa *adj. Amér.* [río o curso de agua] De corriente muy rápida.

I) correo (de *correr*) *m.* El que tiene por oficio llevar la correspondencia de un lugar a otro. 2 Tren correo. 3 Servicio público que tiene por objeto el transporte de la correspondencia oficial y privada: *~ aéreo*, el mandado por avión; *~ marítimo*, el cursado por barco; *~ terrestre*, el enviado por ferrocarril o automóvil; *~ certificado*, aquel cuyo destinatario firma al recibir el envío; *~ urgente*, el de entrega rápida. 4 Oficina del servicio de correos: *apartado de correos*, departamento de las oficinas de correos donde se deposita por separado la correspondencia de personas que van a recogerla allí por sí mismas. 5 Cartas recibidas y expedidas: *leer el ~; ~ electrónico*, INFORM., correspondencia que se transmite por ordenador a un usuario concreto. 6 Buzón donde se deposita la correspondencia. 7 *Amér.* Entre chicos, disco de papel o cartón que se pone en la cuerda de las cometas.
REL. Concerniente al ~, *adj.* **postal:** comunicaciones postales, servicios postales.

II) correo (*co-* + *reo*) *m.* DER. Responsable con otro u otros de un delito.

correón *m.* Aum. de *correa*. 2 Sopanda (correa).

correoso, -sa (de *correa*) *adj.* Que fácilmente se dobla y estira sin romperse. 2 fig. [alimento] Que se mastica con dificultad. 3 fig. [pers.] Que en trabajos, deportes, quehaceres, etc., dispone de mucha resistencia física.

correr (l. *currere*) *intr.* Caminar con impulso y velocidad de manera que al dar los pasos los pies queden sin tocar el suelo un momento: *~ como una liebre; ~ por mal camino.* V. andar. 2 p. ext. Partir de ligero a poner en ejecución una cosa. 3 p. anal. Moverse las cosas o girar con rapidez; moverse los fluidos en un sentido determinado. 4 Extenderse los ríos: *el Tajo corre en medio de una vega fertilísima;* soplar o dominar los vientos: *casi todo el año corren vientos recios.* 5 Ir, pasar y extenderse de una parte a otra: *la cordillera corre de norte a sur.* 6 Transcurrir el tiempo: *~ el mes, las horas, los plazos*, etc. 7 p. anal. Ir devengándose las pagas o salarios; no haber detención ni dificultad en su pago. 8 Pasar un negocio por la oficina correspondiente: *lo que toca a los tribunales, corra por ellos; ~ a cargo*, o *por cuenta de*, ser de incumbencia un asunto de una oficina o persona determinada; *~ uno con una cosa* o *~ por uno una cosa*, entender en una cosa, encargarse de ella; *a todo turbio*, o *a turbio, correr*, por mal que vayan las cosas, por desgraciadamente que sucedan. 9 Circular, ser utilizado, tener valor entre el público, estar admitido: *estos dogmas han corrido por todas las edades; esta moneda no corre; utilice el papel sellado que corra este año; corre la fama de sus versos; corren unas cien comedias mías.* 10 Seguido de las prep. *a* o *por* y una expr. que indique precio, venderse las mercancías: *el aceite corre a*, o *por, tantas pesetas litro.* 11 Recurrir al favor de uno. -12 *tr.* Recorrer (atravesar): *Adolfo ha corrido medio mundo;* fam., *correrla*, andar en diversiones y lances, esp. a deshora de la noche. 13 Recorrer en son de guerra [territorio enemigo]: *los soldados han corrido toda aquella tierra.* 14 fam. Saltear, arrebatar: *sustentaban la casa con lo que corrían.* 15 Sacar a carrera abierta en competencia con otros [el bruto en que se cabalga]: ~ *un caballo.* 16 Lidiar [los toros]. 17 Adelantar [la escopeta] para que el tiro alcance mayor distancia. 18 *fact.* Hacer huir, acosar: *los muchachos corrían perros por las calles.* 19 p. ext. Avergonzar, confundir: *te digo que ninguno se pondrá a correrte; el pueblo se corrió y se retiró de la plaza.* 20 Hacer que [una cosa] se deslice sobre sí misma o pase de un lugar a otro: *corred esta silla; correrse la silla.* 21 Echar o tender [un velo, una cortina, etc.], cuando está recogido, o recogerlo cuando está echado o tendido. 22 Estar expuesto [a contingencias o peligros]; arrostrarlos: ~ *aventuras;* ~ *la suerte del soldado.* 23 Arrendar, sacar a pública subasta. 24 Recorrer [los comercios], visitar a los clientes un corredor para comprar o vender [algo]: ~ *la plaza;* ~ *fincas;* ~ *géneros de punto.* 25 INFORM. Ejecutar un ordenador un programa determinado. -26 ***prnl.*** Hacerse a derecha o izquierda los que están en línea. 27 Pasarse, deslizarse una cosa con demasiada facilidad. 28 Derretirse [una vela, una bujía, etc.] haciendo canal de cera o sebo. 29 fam. Excederse, espontanearse demasiado. 30 Ofrecer por una cosa más de lo debido. -31 ***prnl.*** vulg. Eyacular semen. -32 ***tr.*** *Amér.* Despedir [a uno] con descomedimiento. 33 *Argent.* Hacer [a uno] entrar en temores o sospechas. 34 *Cuba.* En el juego del monte, ir descubriendo las cartas una por una.

correría (de *correr*) ***f.*** Hostilidad que hace la gente de guerra, talando y saqueando el país. 2 Viaje corto a varios puntos, volviendo a aquel en que se reside.
SIN. *1* **Incursión, razzia**; de gente de a caballo **algara.**

correspondencia ***f.*** Acción de corresponder o corresponderse. 2 Efecto de corresponder o corresponderse. 3 Trato recíproco entre dos personas. 4 Conformidad. 5 Significado de una palabra en otro idioma distinto. 6 Correo. 7 Comunicación entre dos vehículos, dos pueblos, etc. 8 Medio de transporte para la comunicación entre pueblos. 9 Sinonimia. 10 Relación que realmente existe o convencionalmente se establece entre los elementos de distintos conjuntos o colecciones. 11 Relación entre términos de distintas series o sistemas que tienen en cada uno igual significado, caracteres o función. 12 ~ ***de sensaciones,*** relación de sinestesia. 13 MAT. ~ ***biunívoca,*** la que existe o se establece entre los elementos de dos conjuntos cuando, además de ser unívoca es recíproca; es decir, cuando a cada elemento del segundo conjunto corresponde, sin ambigüedad, uno del primero. 14 MAT. ~ ***unívoca,*** aquella en que a cada elemento del primer conjunto corresponde inequívocamente un elemento del segundo.
SIN. *1, 2* y *3* **Conexión, relación.** *3* **Relación.**

corresponder (*co-* + *responder*) ***intr.*** Pagar, compensar los afectos, beneficios o agasajos: ~ *a los beneficios;* ~ *con el bienhechor.* 2 Tocar o pertenecer: ~ *un oficio a los profesores.* -3 ***intr.-rec.*** Tener proporción una cosa con otra: *el valor de nuestro brazo corresponde a la fama; los aledaños de estas provincias no se corresponden.* -4 ***rec.*** Comunicarse por escrito una persona con otra. 5 Comunicarse por contigüidad. 6 Estar dos cosas situadas simétricamente. 7 Atenderse y amarse recíprocamente.

correspondiente ***adj.*** Que corresponde a algo o que se corresponde con algo. 2 V. ángulos correspondientes. -3 ***adj.-s.*** Que tiene correspondencia con una persona. 3 Miembro no numerario de una corporación, que por lo general reside fuera de la sede de ésta y colabora con ella por correspondencia, con deberes y derechos variables según los reglamentos de cada corporación: *académico* ~.

correspondientemente ***adv. m.*** Con correspondencia.

corresponsabilidad ***f.*** Responsabilidad compartida.

corresponsable ***adj.*** Que comparte la responsabilidad con otro u otros.

corresponsal ***adj.-com.*** Entre comerciantes y periodistas, correspondiente (que tiene correspondencia).

corresponsalía ***f.*** Cargo de corresponsal de un periódico, cadena de televisión, agencia de noticias, etc., y su oficina.

corretaje ***m.*** Diligencia que pone el corredor en los ajustes y ventas. 2 Oficio del corredor. 3 Remuneración que recibe por su servicio. 4 *Hond.* Arrendamiento de tierras en que el arrendatario paga en frutos. 5 *Hond.* Fruto con que se paga este arrendamiento.
SIN. *1* **Correduría.** *3* **Comisión.**

correteada ***f.*** *Chile.* Acción de correr (perseguir). 2 *Chile.* Efecto de correr (perseguir).

corretear (frecuent. de *correr*) ***intr.*** fam. Andar de calle en calle o de casa en casa. 2 Correr en varias direcciones, esp. jugando: *los niños correteaban por el jardín.* -3 ***tr.*** *Amér.* Perseguir, hostigar. 4 *Amér. Central.* Ahuyentar, despedir. 5 *Chile.* Activar el despacho de alguna diligencia.

correteo ***m.*** Acción de corretear. 2 Efecto de corretear.

corretería ***f.*** *Ecuad.* Agitación, prisa.

corretero ***adj.-s.*** fam. Que corretea.

corretón, -na ***adj.-s.*** Que corrretea mucho.

corretora (de *correctora*) ***f.*** Religiosa que en algunas comunidades dirige el canto del coro.

correvedile, correveidile (de *corre, ve* y *dile*) ***com.*** fig. Persona que lleva y trae chismes. 2 fig. Alcahuete (celestina). ◇ Pl.: *correveidile.*

correverás (*corre* + *verás*) ***m.*** Juguete que se mueve por un resorte oculto. ◇ Pl.: *correverás.*

corrida ***f.*** Carrera (paso rápido). 2 Canto popular andaluz, llamado también playeras. 3 ~ ***de toros,*** fiesta que consiste en lidiar cierto número de toros en una plaza cerrada. -4 ***loc. adv.*** ***De*** ~, con presteza y sin entorpecimientos. -5 ***f.*** *Chile, P. Rico* y *S. Dom.* Juerga, esp. de noche. 6 *Chile.* Veta mineral que se manifiesta a flor de tierra. 7 *Chile.* Hilera de cosas en línea recta. ◇ En la acepción *2* se usa generalmente en plural.

corridamente ***adv. m.*** Corrientemente.

corrido, -da (de *correr*) ***adj.*** Que excede un poco del peso o de la medida de que se trata. 2 ***Letra*** ~, la cursiva. 3 [pers.] Experimentado y astuto. 4 fig. Avergonzado, confundido. 5 Hablando de algunas partes de un edificio, contiguo, seguido: *balcón* ~. 6 Tratándose de tiempo, transcurrido: *dos semanas corridas; plazo* ~. -7 ***m.*** Cobertizo hecho a lo largo de las paredes de los corrales. 8 Romance cantado. 9 Baile mejicano. 10 Música y canto de este baile. -11 ***De*** ~, ***loc. adv.,*** de corrida. -12 ***adj.*** *Amér.* Completo, cabal. -13 ***m.*** *Perú.* Fugitivo de la justicia.

¡corriendo! Interjección con que se denota orden de movimiento o acción.

corriente ***adj.*** Que corre: *agua* ~. 2 [semana, mes, etc.] Actual, que transcurre ahora: *al* ~, sin retraso, con exactitud; ***estar al*** ~ ***de una cosa,*** estar enterado de ella; ***poner a uno al*** ~ ***de una cosa,*** enterarle de ella. 3 Fluido. 4 Generalmente aceptado o admitido por el uso común o por la costumbre: *moneda* ~. 5 Cierto, sabido, admitido comúnmente: ~ *y moliente.* 6 Que no tiene impedimento ni embarazo para su uso y efecto. 7 [cosa] De calidad ordinaria. -8 ***f.*** Masa de agua que se mueve continuamente en dirección determinada y movimiento de esta masa: ~ *marina; la* ~ *de un río;* fig., ***dejarse llevar de la*** ~, conformarse con la opinión de los más; ***navegar,*** o ***ir, contra la*** ~, pugnar contra el común sentir o la costumbre. 9 ~ ***de aire,*** movimiento de traslación de una masa de aire debida a causas naturales o artificiales. 10 ~ ***eléctrica,*** paso de la electricidad entre dos puntos de diferente potencial, a través de un conductor. Puede ser *continua*, cuando fluye siempre en la misma dirección, y *alterna* cuando cambia periódicamente de dirección. 11 fig. Curso, movimiento o tendencia de los sentimientos o de las ideas. 12 Tendencia, representada en el interior de un partido político pluralista, que se distingue por la interpretación particular de algunos aspectos de la ideología o de la estrategia común. 13 FÍS. ~ ***de alta frecuencia,*** la eléctrica que cambia el sentido muchas veces por segundo. -14 ***adv. m.*** De acuerdo, conforme, está bien.

corrientemente ***adv. m.*** Sin dificultad ni contradicción.

corrientoso, -sa ***adj.*** *Venez.* Correntoso.

corrigendo, -da (l. *-du,* que ha de corregirse) ***adj.-s.*** Que sufre pena o corrección en lugar destinado al efecto. -2 ***f.*** Lo que debe corregirse en un libro, fe de erratas.

corrigia ***f.*** Arbusto escrofulariáceo perenne y lampiño, con las hojas coriáceas, enteras y lanceoladas y las flores de color pardo rojizo por fuera y amarillas con manchas obscuras por dentro *(Digitalis obscura).*

corrillero, -ra ***adj.*** [pers.] Aficionado a andar de corrillo en corrillo.

corrillo ***m.*** Corro donde se juntan algunos a discurrir y hablar, separados de lo restante del concurso.
SIN. **Cerco,** p. us. v. **Conciliábulo.**

corrimiento ***m.*** Acción de correr o correrse: ~ ***de tierras,*** deslizamiento. 2 Efecto de correr o correrse. 3 Fluxión de humores en alguna parte del cuerpo. 4 fig. Vergüenza, rubor. 5 Desmedro de la vid en la época de la florescencia, por efecto del frío, viento o lluvia.
SIN. *3* MED. **Reuma.** *4* v. **Vergüenza.**

corrinchear ***intr.*** *Colomb.* Retozar, alborotar.

corrincho (de *corro*) ***m.*** Junta de gente ruin. 2 *Ecuad.* Corretería.

corrivación (l. *-atione*) ***f.*** Obra o canalización para hacer confluir en algún punto varios arroyuelos.

corro (l. *curru,* carro) ***m.*** Cerco que forma la gente para hablar, para solazarse, etc.: ***hacer ~ aparte,*** reunirse varias personas en un grupo pequeño dentro de una reunión mayor, para hablar entre sí. 2 Espacio que incluye. 3 Espacio circular o casi circular. 4 Juego de niños que forman un círculo, cogidos de las manos, y cantan dando vueltas alrededor.

corroboración ***f.*** Acción de corroborar o corroborarse. 2 Efecto de corroborar o corroborarse.

corroborante ***adj.-m.*** Medicamento que corrobora el efecto de los demás a los que va asociado.

corroborar (l. *-are*) ***tr.*** Vivificar y dar mayores fuerzas [al débil, desmayado o enflaquecido]. 2 fig. Dar nueva fuerza [a un argumento, teoría, opinión, etc.] con nuevos raciocinios o mayores datos.

SIN. *2* v. **Ratificar.**

corroborativo, -va ***adj.*** Que corrobora.

corrobra ***f.*** Alboroque.

corroer (l. *corrodere*) ***tr.-prnl.*** Desgastar lentamente [una cosa] como royéndola. 2 Producir corrosión química. 3 fig. Perturbar [el ánimo] o arruinar [la salud] el peso del remordimiento o de alguna aflicción. ◇ ** CONJUG. [82] como ***roer.***

SIN. v. **Roer.**

corrompedor, -ra ***adj.-s.*** Corruptor.

corromper (l. *corrumpere*) ***tr.-prnl.*** Alterar y trastocar la forma [de una cosa]: *la hiedra corrompe la pared que acaricia; el sueño se corrompe con los desvelos;* esp., echar a perder, pudrir: *el calor corrompe la comida.* 2 fig. Viciar, pervertir: ~ *las costumbres, el habla,* etc. -3 ***tr.*** esp. Sobornar o cohechar [al juez o a otra autoridad] con dádivas, beneficios, etc.; seducir [a una mujer]. 4 fig. *y* fam. Incomodar, fastidiar. -5 ***intr.*** Oler mal.

SIN. *2* v. **Pervertir.**

corrompidamente ***adv. m.*** Errada y viciadamente.

corroncha ***f.*** *Amér.* Costra. 2 *Colomb., C. Rica* y *Hond.* vulg. Concha.

corroncho ***m.*** *Colomb.* Pez fluvial pequeño, de cuerpo deprimido, cubierto de escamas ásperas de color apizarrado, y labios negruzcos *(Hypostomus aburrensis).* -2 ***adj.*** *Colomb.* Recio, áspero. 3 *Venez.* Tardo, lento.

corronchoso, -sa ***adj.*** *Colomb.* Rudo, tosco.

corrongo, -ga ***adj.*** *C. Rica* y *Cuba.* Gracioso, bonito.

corronguera ***f.*** *C. Rica* y *Cuba.* Simpatía, gracia.

corroñoso, -sa ***adj.*** *Colomb.* Corronchoso.

corrosal (voz antillana) ***m.*** *Amér.* Anona (árbol).

corrosca ***f.*** *Colomb.* Sombrero de paja gruesa, de alas anchas, usado por los campesinos para protegerse del sol.

corrosible ***adj.*** Que puede ser corroído.

corrosión ***f.*** Acción de corroer o corroerse. 2 Efecto de corroer o corroerse. 3 BIOL. Método de preparación anatómica de un órgano, consistente en infiltrar, en las partes que se desea conservar de él, una substancia resistente a la acción de un líquido corrosivo, destruyendo con éste las partes restantes. 4 QUÍM. Proceso paulatino que cambia la composición química de un cuerpo metálico por acción de un agente externo, destruyéndolo aunque manteniendo lo esencial en su forma.

corrosivo, -va ***adj.*** Que corroe o tiene virtud de corroer: *líquido ~.* 2 fig. [pers., lenguaje, estilo] Incisivo, mordaz, irónico o hiriente.

SIN. **Mordaz,** esp. en sentido fig.; **mordicante, mordiente,** tratándose de acción química.

corroyente ***adj.*** Que corroe.

corrugación (l. *corrugare,* arrugarse) ***f.*** Contracción o encogimiento.

corrugar ***tr.*** Dar a una superficie lisa estrías o resaltos de forma regular y conveniente para asegurar su inmovilidad, protegerla, etc. ◇ ** CONJUG. [7] como ***llegar.***

corrulla ***f.*** Corulla.

corrumpente ***adj.*** Que corrompe. 2 fig. Fastidioso, molesto.

corrupción (l. *-ptione*) ***f.*** Acción de corromper o corromperse: *~ de comestibles; la ~ de un juez; la ~ del idioma.* 2 Efecto de corromper o corromperse. 3 Mal olor.

corruptamente ***adv. m.*** Corrompidamente.

corruptela (l.) ***f.*** Corrupción. 2 Mala costumbre o abuso, esp. los introducidos contra la ley.

corruptibilidad ***f.*** Calidad de corruptible.

corruptible ***adj.*** Que puede corromperse.

corruptivo, -va ***adj.*** Que corrompe o tiene virtud para corromper.

corrupto, -ta (l. *-tu*) pp. irreg. de *corromper.*

corruptor, -ra ***adj.-s.*** Que corrompe.

corrusco ***m.*** fam. Mendrugo.

corruto ***m.*** *Cuba.* Matraca, instrumento.

corsariamente ***adv. m.*** A lo corsario, a modo de corsario.

corsario, -ria (it. *corsaro* < l. **corsariu* < *cursoriu* < *cursu,* carrera; doble etim. *cosario*) ***adj.-s.*** [pers.] Que manda una embarcación armada en corso. -2 ***adj.*** [embarcación] Armado en corso. -3 ***m.*** Pirata.

corsé (fr. *corset,* dim. de *corps,* cuerpo) ***m.*** Prenda interior de que usan las mujeres para ceñirse el cuerpo.

corsear ***intr.*** MAR. Ir a corso.

corsetería ***f.*** Establecimiento del corsetero.

corsetero, -ra ***m. f.*** Persona que tiene por oficio hacer o vender corsés.

corsita ***f.*** Roca magmática intrusiva con características intermedias entre las dioritas y los gabros.

corsito ***m.*** Aguja de mar.

I) corso (l. *cursu,* carrera) ***m.*** Campaña que hacen los buques mercantes con patente de su gobierno para perseguir a los piratas o a las embarcaciones enemigas: *ir, salir a ~; venir de ~.* 2 Campaña marítima contra el comercio enemigo, que se hace siguiendo las leyes de la guerra. 3 Expedición que llevan a cabo los corsarios.

II) corso, -sa (l. *-su*) ***adj.-s.*** De Córcega, isla del Mediterráneo occidental.

corta ***f.*** Acción de cortar árboles o plantas. 2 Época en que se realiza. 3 Cortadero de caza.

cortaalambres (*cortar + alambre*) ***m.*** Cortafrío o tenaza para cortar hilos metálicos. ◇ Pl.: *cortaalambres.*

cortabolsas (*cortar + bolsa*) ***com.*** fam. Ladrón, ratero. ◇ Pl.: *cortabolsas.*

cortacallos (*cortar + callo*) ***m.*** Cuchillo especial que usan los callistas. ◇ Pl.: *cortacallos.*

cortacésped (*cortar + césped*) ***amb.*** Máquina para recortar el césped en los jardines.

cortacigarros ***m.*** Cortapuros. ◇ Pl.: *cortacigarros.*

cortacircuito (*cortar + circuito*) ***m.*** Aparato que interrumpe automáticamente la corriente eléctrica. ◇ No se debe confundir con *cortocircuito.*

cortacorriente (*cortar + corriente*) ***m.*** Conmutador (pieza).

cortada ***f.*** *Amér.* Cortadura, herida.

cortadera ***f.*** Cuña de acero sujeta a un mango para cortar el hierro candente. 2 Instrumento para cortar los panales. 3 Mata gramínea de hojas angostas de color verde azulado y flores en panícula fusiforme *(Cortaderia selloana).* 4 *Amér.* Planta ciperácea, de hojas largas y aplanadas que cortan como una navaja. Vive en lugares pantanosos, y su tallo se usa para tejer cuerdas y sombreros *(Paspalum virgatum).*

cortadero, -ra ***adj.*** Que se corta fácilmente. -2 ***m.*** Franja de unos 40 m. de anchura donde se colocan los cazadores, se tala y limpia el terreno montuoso para permitir ver y tirar.

cortadillo, -lla ***adj.*** [moneda] Que no ha sido cortada en forma circular. -2 ***m.*** Vaso pequeño y cilíndrico. 3 Pequeño pastelito en forma cuadrangular hecho de harina, manteca y azúcar, relleno de cabello de ángel y con una capa de azúcar rayada por encima.

cortado, -da (de *cortar*) ***adj.*** Ajustado, proporcionado. 2 [estilo de escritor] Que expresa los conceptos separadamente, en cláusulas breves y sueltas. 3 V. escudo cortado. 4 BLAS. [pieza, mueble, animal o miembro de éste] Cuya mitad superior es de un esmalte y la inferior de otro. V. escudo ~. 5 Taza o vaso de café con un poco de leche. 6 Cabriola que se hace en la danza o baile, con salto violento. -7 ***adj.*** *Amér.* [cuerpo] Que experimenta calofrío. 8 *Amér. Merid.* Sin dinero.

SIN. *2* **Clausulado, inciso.**

cortador, -ra ***adj.*** Que corta. -2 ***m.*** Carnicero (que vende carne). 3 Diente incisivo. 4 El que en las sastrerías, zapaterías, etc., corta los trajes o las piezas que en estos talleres se fabrican.

cortadura ***f.*** División hecha en un cuerpo continuo por instrumento cortante. 2 Paso entre dos montañas. 3 Recortado. 4 Parapeto con cañoneras y merlones, para impedir que el enemigo se aloje en la brecha. 5 Obra que consta gralte. de un foso y su parapeto de tierra y fajinas, hecha en los pasos estrechos para defenderlos. 6 MAT. En el campo de los números reales, toda clasificación de éstos en dos grupos o clases no vacías (A y A') que cumplan las condiciones siguientes: 1ª Ser completa, es decir, todo número real pertenece a una u otra clase. 2ª Ser ordenada, es decir, todo número *a* de A es menor que cualquier *a'*

de A'. Se usa para demostrar la existencia del número irracional. 7 MIN. Ensanche en el encuentro de las galerías con el pozo principal. -8 *f. pl.* Recorte (porción).
SIN. *1* **Corte, incisión** (técn.), **sección.**

cortafierros *m. pl. Ar.* Cortafrío.

cortafrío *m.* Cincel fuerte para cortar hierro frío a martillazos, o para abrir agujeros o rozas en las paredes, suelos, etc.
SIN. **Tajadera.**

cortafuego (*cortar* + *fuego*) *m.* Vereda ancha que se deja en los bosques y sembrados para que no se propaguen los incendios. 2 ARQ. Pared toda de fábrica, sin madera alguna, con el fin de que no se propague el fuego.

cortahílos (*cortar* + *hilo*) *m.* Juego de muchachos en el que uno debe perseguir, hasta alcanzarlo, al último que se cruza entre él y el perseguido. ◇ Pl.: *cortahílos.*

cortahuevos *m.* Aparato que sirve para cortar en láminas un huevo. ◇ Pl.: *cortahuevos.*

cortalápices (*cortar* + *lápiz*) *m.* Instrumento para aguzar los lápices. ◇ Pl.: *cortalápices.*
SIN. **Sacapuntas.**

cortamente *adv. m.* Con cortedad.

cortante (de *cortar*) *adj.* Que corta. -2 *m.* Carnicero (que vende carne). 3 Cuchillo grande utilizado en las carnicerías para cortar la carne.
SIN. *1* **Tajante.**

cortao (fr. *corteau*) *m.* Antigua máquina de guerra.

cortapapel, cortapapeles *m.* Plegadera.

cortapastas (*cortar* + *pasta*) *m.* Utensilio de pastelería, liso o estriado, para recortar las pastas con distintas formas. ◇ Pl.: *cortapastas.*

cortapicos *m.* Tijereta (insecto). ◇ Pl.: *cortapicos.*

cortapiés *m.* fam. Tajo o cuchillada que se tira a las piernas. ◇ Pl.: *cortapiés.*

cortapisa *f.* Guarnición de diferente tela, que se ponía en ciertas prendas de vestir. 2 fig. Gracia con que se dice una cosa. 3 Condición con que se concede o se posee una cosa. 4 Dificultad, estorbo: *poner cortapisas.*

cortaplumas (*cortar* + *pluma*) *m.* Navaja pequeña. ◇ Pl.: *cortaplumas.*
SIN. **Tajaplumas.**

cortapruebas (*cortar* + *prueba*) *m.* Plumilla de acero parecida a las de escribir, pero con una punta cortante para cortar las pruebas fotográficas en el papel. ◇ Pl.: *cortapruebas.*

cortapuros (*cortar* + *puro*) *m.* Instrumento para cortar la punta de los cigarros puros. ◇ Pl.: *cortapuros.*
SIN. **Cortacigarros.**

cortar (l. *curtare* < *curtu*, corto) *tr.* Dividir [una cosa] o separar sus partes con algún instrumento afilado; esp. trinchar [las viandas]; ant. dar los tajos convenientes [a la pluma de ave para escribir]. 2 Recortar. 3 Dar la forma conveniente [a las piezas de que se ha de componer una prenda de vestir]: ~ ***de vestir,*** hacer vestidos; fam., murmurar (criticar). 4 p. anal. Recitar [el verso], pronunciar [un idioma] bien o mal. 5 Grabar. 6 Hacer que cese la continuidad o unión: ~ *un puente.* 7 En el juego de naipes, alzar parte de ellos dividiendo [la baraja]. 8 Hender un fluido o líquido: *la flecha corta el aire; el buque corta el agua.* 9 fig. Interponerse una cosa; separar una cosa [a otra] en dos porciones: *las sierras cortan la provincia; los árboles cortan el paisaje; el meridiano corta el ecuador.* 10 Omitir algo en una [lectura, discurso, etc.]. 11 Atajar, embarazar, interrumpir [el curso de las cosas]: ~ *el paso, la comunicación, las clases.* 12 esp. Suspender [la conversación o plática]. 13 Quitar la palabra [a alguien]. 14 Dejar [a alguien] sin opción a responder. 15 Refiriéndose al aire o al frío, ser muy penetrante y sutil; ***abs.,*** *el aire corta.* 16 Castrar [las colmenas]. 17 Decidir o ser árbitro [en un negocio]. 18 En el lenguaje de la droga, adulterarla añadiéndole algún producto. 19 Tomar el camino más corto. 20 DEP. Interrumpir [una jugada] del equipo contrario. 21 MIL. Dividir [una parte del ejército enemigo]. -22 ***prnl.*** Turbarse, faltar a uno palabras; quedarse sin iniciativa ninguna, sin saber qué decir. 23 Tratándose de leches, salsas, etc., separarse los componentes perdiendo su continuidad; ***tr.,*** ~ *la leche.* 24 Abrirse una tela o vestido por los dobleces o arrugas. -25 ***tr.*** *Argent., P. Rico* y *Urug.* Atravesar [el campo] desviándose del camino. 26 *Chile.* Aventajar [a un caballo] en la carrera. -27 ***intr.*** *Argent.* Separarse uno de los demás en una marcha o carrera. 28 *Chile.* Tener el caballo el aliento fatigoso a consecuencia de haber corrido mucho. 29 *Urug.* Expirar.
SIN. *22* Tratándose de leche, **cuajar, arrequesonarse, coagularse** (cientif.).

cortatubo *m.* Cizalla especial para cortar tubos.

cortaúñas (*cortar* + *uña*) *m.* Especie de tenacilla, alicates o pinzas con la boca afilada y curvada hacia dentro, que sirve para cortar las uñas. ◇ Pl.: *cortaúñas.*

cortaviento *m.* Aparato delantero de un vehículo para cortar el viento.

I) corte *m.* Filo (arista). 2 Acción de cortar; esp., incisión, herida cortante. 3 Efecto de cortar; esp., incisión, herida cortante. 4 Corta. 5 Arte y acción de cortar las diferentes piezas que componen un vestido, calzado, etc.: *tratado de ~ y confección.* 6 Cantidad de tela o cuero necesaria para hacer un vestido, un calzado, etc. 7 Sección (figura). 8 Superficie que forma cada uno de los cantos de un libro. 9 fig. *y* fam. Réplica ingeniosa e inesperada. 10 fig. *y* fam. Situación súbita que produce turbación. 11 dep. En el juego del golf, eliminación que se lleva a cabo en un torneo al establecerse, tras dos recorridos al campo, el máximo número de golpes con los que un jugador puede continuar en la competición. 12 *Argent.* Gallardía, gentileza; movimiento o contoneo que se hace en ciertos bailes. 13 *Chile.* Servicio o pequeña diligencia que se encomienda a algún otro y por lo cual se da algún pago.
FR. fig. vulg. ~ *de mangas,* ademán de significado obsceno y despectivo que se hace con la mano, extendiendo el dedo corazón entre el índice y el anular doblados. A la vez se levanta el brazo y se golpea en él con la otra mano. *Dar ~,* dar apuro, dar vergüenza. *Darse uno ~,* darse importancia, darse tono. SIN. *2* **Cortadura, tajo** (intens.); **incisión** es tecnicismo.

II) corte (l. *corte,* patio, corral) *f.* Población donde habitualmente reside el soberano: *marcharse a la ~; ~* ***celestial,*** cielo (mansión). 2 Conjunto de todas las personas que componen la familia y comitiva del rey. 3 p. ext. Séquito, comitiva o acompañamiento: ***hacer la ~,*** concurrir a palacio o a la casa de un magnate, en muestra de obsequioso respeto; galantear. 4 Corral (sitio). 5 Establo. 6 Aprisco. -7 ***f. pl.*** Junta general que en los ant. reinos de Aragón, Cataluña, Valencia, Castilla y Navarra celebraban las personas autorizadas para intervenir en los negocios graves del estado. Modernamente, conjunto formado por los representantes del país, con facultad de hacer leyes y otras atribuciones. -8 *f. Amér.* Tribunal de justicia.
SIN. *3* v. **Acompañamiento.** *7* **Parlamento, Cámara, Asamblea nacional.**

cortedad (de *corto*) *f.* Pequeñez, poca extensión. 2 fig. Falta o escasez de talento, de valor, de instrucción, etc. 3 fig. Poquedad de ánimo.
SIN. *3* v. **Vergüenza.**

cortega *f.* Ortega.

cortejador, -ra *adj.-s.* Que corteja.

cortejante *adj.* Cortejador.

cortejar (it. *corteggiare*) *tr.* Asistir, acompañar [a uno], contribuyendo a lo que sea de su agrado. 2 Galantear; hablar entre sí los novios.

cortejo (it. *corteggio,* séquito) *m.* Acción de cortejar. 2 Personas que forman el acompañamiento en una ceremonia. 3 desus. Fineza, agasajo, regalo. 4 Persona que tiene con otra relaciones amorosas.
SIN. *2* v. **Acompañamiento.**

cortero, -ra *adj. Chile.* Esportillero, ganapán, cargador.

cortés (de *corte* II) *adj.* Atento, afable, obsequioso.

Cortés *n. pr.* Hernán Cortés (1485-1547), conquistador de Méjico. *Ser un ~*, ser valiente, animoso. V. Quemar las naves.

cortesanamente *adv. m.* Con cortesanía.

cortesanazo, -za *adj.* Afectadamente cortés.

cortesanesco, -ca *adj.* Relativo a los cortesanos.

cortesanía (de *cortesano*) *f.* Cortesía, urbanidad.

cortesano, -na (it. *cortegiano*) *adj.* Relativo a la corte. 2 Cortés. -3 *m.* Palaciego que sirve al rey en la corte. -4 *f.* Prostituta de modales distinguidos o de notable cultura.

cortesía (de *cortés*) *f.* Calidad de cortés. 2 Demostración o acto con que se manifiesta la atención, respeto o afecto que tiene una persona a otra. 3 En las cartas, expresiones de urbanidad puestas antes de la firma. 4 Tratamiento (título). 5 Gracia o merced. 6 Regalo (dádiva). 7 IMPR. Hoja, página o parte de ella que se deja en blanco en algunos impresos, entre dos capítulos o al principio de ellos.
SIN. **Urbanidad, educación, finura, afabilidad.** *2* y *3* **Cumplimiento, cumplido.**

cortésmente *adv. m.* Con cortesía.

I) corteza (l. **corticea,* fem. de *-eu,* de corteza) *f.* Parte exterior, compuesta de varias capas, del tallo, raíz y ramas de los vegetales leñosos. 2 Parte exterior y dura de algunas cosas; como

el limón, el queso, el pan, etc. 3 fig. Exterioridad de una cosa no material. 4 Rusticidad, falta de política y crianza en una persona. 5 ANAT. ~ ***cerebral,*** capa más superficial del cerebro, constituida por substancia gris. 6 ~ ***terrestre,*** capa superior de la tierra.
II) corteza *f.* Ortega.
cortezaño (der. de *corteza*) *m. Logr.* Barbecho pobre.
cortezo *m.* Cantero o corteza de pan.
cortezudo, -da *adj.* Que tiene mucha corteza. 2 fig. [pers.] Rústico.
cortezuela *f.* Dim. de *corteza* I.
SIN. **Crústula,** científ.
cortical (der. del l. *cortice,* corteza) *adj.* científ. Relativo a la corteza.
corticoide *adj.-s.* Hormona que se produce en la corteza suprarrenal.
cortijada *f.* Conjunto de habitaciones de un cortijo. 2 Conjunto de cortijos.
cortijero, -ra *m. f.* Persona que cuida de un cortijo y vive en él. 2 Capataz de un cortijo.
cortijo (l. *corte,* corral, casa de campo) *m.* Finca de tierra y casa de labor.
cortil *m.* Corral (sitio).
cortina (l.) *f.* Paño colgante con que se cubre una puerta, una ventana, una cama, etc. 2 fig. Lo que encubre y oculta algo: ***correr la ~,*** descubrir lo oculto o difícil de entender, o pasar en silencio una cosa; MIL., ~ ***de fuego, de gases,*** la que cubre una extensión determinada, que no puede atravesarse sin ser tocado por las balas o el gas; ~ ***de humo,*** masa de humo que sirve para ocultarse del enemigo; fig., acción, gesto, etc., para distraer la atención de otro. 3 FORT. Lienzo de muralla entre dos baluartes. 4 ~ ***de muelle,*** muro de sostenimiento a orillas de un río o del mar, y esp. en los puertos, para las operaciones de embarque y desembarque. 5 fig. *y* fam. En las tabernas, residuo de vino que dejan en las copas o vasos los bebedores. 6 ~ ***de hierro,*** *Amér.,* telón de acero.
cortinado, -da *adj.* ant. Que tiene cortinas. 2 V. arco cortinado.
cortinaje *m.* Conjunto o juego de cortinas.
cortinal *m.* Pedazo de tierra cercado, inmediato a pueblo o casas de campo.
cortinario *m.* Género de setas medianas caracterizadas por tener el pie estriado y las esporas rojizas *(Cortinarius* sp.*).*
cortinilla *f.* Cortina pequeña.
SIN. **Visillo.**
cortinón *m.* Aum. de *cortina.*
cortisona *f.* Medicamento que pertenece al grupo de los corticoides, así llamados porque algunos de ellos se hallan en la corteza suprarrenal. Se emplea pralte. como antirreumático y antialérgico.
cortisquear *tr.* Hacer cortes en un papel, tela, etc.
cortito *adv. m. Chile.* Suavemente.
I) corto, -ta (l. *curtu*) *adj.* Que no tiene la extensión o el tamaño que le corresponde. 2 De poca duración, estimación o entidad. 3 Que no alcanza al punto de su destino: *tiro ~.* 4 Escaso o defectuoso. 5 fig. De escaso talento o poca instrucción. 6 Tímido, encogido. 7 Falto de palabras para explicarse.
SIN. *2* **Breve** se aplica a la duración, en tanto que **corto,** puede referirse a la extensión y a la duración; **sucinto, sumario, compendioso,** se refieren a la exposición oral o escrita de una materia, relato, explicación, etc. *6* v. **Medroso.**
II) corto *m.* Cortometraje.
cortocircuito *m.* Perturbación en un circuito eléctrico por la conexión directa entre dos conductores de distinta fase, con la producción de una corriente de gran intensidad. ◇ No se debe confundir con *cortacircuito.*
cortometraje (elipsis de *película de cortometraje*) *m.* Película cinematográfica de duración inferior a treinta y cinco minutos.
cortón (de *cortar*) *m.* Grillo cebollero.
SIN. **Alacrán cebollero, grillo cebollero, grillotalpa.**
corúa *f. Cuba.* Ave palmípeda, especie de cuervo marino que se alimenta de peces y mariscos *(*gén. *Phalacnocorax).*
coruja *f.* Lechuza.
corulla *f.* Pañol de las jarcias en las galeras. ◇ También *corrulla.*
corunco, -ca *adj. Guat.* Curunco.
corundo *m.* Corindón.
coruña *f.* Lienzo que tomó su nombre de la ciudad en que se fabrica.
coruñés, -ñesa *adj.-s.* De La Coruña.
corupán *m. Bol.* Árbol gomero de buena madera *(Piptademia communis).*
coruscación *f.* poét. Brillo.
coruscante *adj.* poét. Que corusca.
coruscar (l. *-are*) *intr.* poét. Brillar. ◇ ** CONJUG. [1] como *sacar.*
corusco, -ca (l. *-cu,* resplandeciente) *adj.* poét. Que corusca.
corva (l. *curva*) *f.* Parte de la pierna, opuesta a la rodilla, por donde se dobla y encorva. 2 Tumor que se forma en el corvejón de las caballerías. 3 Pez marino teleósteo, de cabeza grande y redondeada, cuerpo ovoide y dos aletas dorsales, la primera espinosa *(Sciaena umbra).* 4 *P. Rico.* Hoz.
SIN. *1* **Jarrete;** científ. **tarso.**
corvadura (l. *curvatura*) *f.* Parte por donde se tuerce, dobla o encorva una cosa. 2 Curvatura. 3 ARQ. Parte curva o arqueada del arco o de la bóveda.
corval *adj.* V. aceituna corval.
corvallo *m.* Pez marino teleósteo perciforme, carnívoro, de cuerpo rechoncho y coloración general pardo dorada, con las aletas obscuras *(Johnius umbra; Sciana u).*
corvar *tr.* Encorvar.
I) corvato *m.* Pollo del cuervo.
II) corvato (de *corvo*) *m.* Depósito de agua fría para refrigerar el serpentín del alambique.
corvaza *f.* VETER. Tumor que se forma en la parte lateral externa e inferior del corvejón en las caballerías.
corvecito *m.* Dim. de *cuervo.*
I) corvejón (de *corvo*) *m.* En las extremidades posteriores de los cuadrúpedos, articulación situada entre la parte inferior de la pierna y la superior de la caña. 2 Espolón de los gallos.
SIN. **Jarrete.**
II) corvejón (l. *corvu,* cuervo) *m.* Cuervo marino.
corvejos *m. pl.* Corvejón (articulación).
corvella *f. La Mancha.* Instrumento mayor que la hoz y de mango más largo.
corveta (de *corva*) *f.* Movimiento que se enseña al caballo, haciéndolo andar con los brazos en el aire. 2 *Amér. Central.* Estevado. ◇ HOMÓF.: *corbeta.*
corvetear *intr.* Hacer corvetas el caballo.
córvido (l. *corvu,* cuervo) *adj.-m.* Ave de la familia de los córvidos. -2 *m. pl.* Familia de aves paseriformes robustas, con el pico fuerte y el plumaje negro, a menudo con reflejos metálicos; como el cuervo.
corvillo *m.* Instrumento cortante, a modo de espadín, con que se corta el hilo y forma el rizo en los terciopelos. 2 *Ar.* Espuerta de mimbres.
corvina (de *corvino*) *f.* Pez marino teleósteo perciforme, de cuerpo alargado y gran tamaño, y de color gris plateado con reflejos parduscos *(Sciaena umbra).* 2 *Ecuad.* y *Perú.* En argot policial y fam., la víctima de un asesinato.
corvinera *f.* Red para pescar corvinas.
corvinero *m. Ecuad.* Matón; asesino.
corvino, -na (l. *-nu*) *adj.* Relativo al cuervo o parecido a él.
corvo, -va (l. *curvu*) *adj.* Arqueado o combado. -2 *m.* Garfio. 3 Corvina. 4 En algunos países de América, machete curvo utilizado en la labranza y, p. ext., cuchillo que se usa como arma.
SIN. *1* **Curvado, recorvo.**
corza *f.* Hembra del corzo.
corzo (quizá der. del l. *curtiare*) *m.* Mamífero rumiante cérvido, algo mayor que la cabra, de cola corta, pelaje gris rojizo, y cuernas pequeñas verrugosas y ahorquilladas hacia la punta *(Capreolus capreolus).*
REL. **Corcino,** corzo pequeño. En Amér. Merid. se llama corzo al *Cervus rufus.*
corzuela *f.* Pequeño ciervo de Sudamérica, de hasta 1,10 m. de longitud y 70 cms. de altura, cuyo pelaje es rojizo en la parte superior y blanco en la inferior. Las astas están reducidas y tienen forma de candil *(Mozama rufa).*
corzuelo (der. de l. *cortice,* corteza) *m.* Porción de granos de trigo que conservan la cascarilla y se separan de los demás cuando se ahecha.
corzuno, -na *adj.* [pollo] Que tiene las patas con cierta similitud a las del corzo.
I) cosa (v. *causa*) *f.* Todo lo que tiene entidad, ya sea corporal o espiritual, natural o artificial, real o abstracta. 2 Objeto inanimado, por oposición a ser viviente: *personas y cosas.* 3 En oraciones negativas, nada: *no valer ~,* o *~ alguna.*

FR. *Cosa del otro jueves*, hecho extravagante; o que sucedió hace ya mucho tiempo; ~ *de oír*, o *de ver*, cosa digna de ser oída o vista; *poquita* ~, persona débil o pusilánime; *como si tal* ~, como si no hubiera pasado nada; *no haber tal* ~, no ser así, o ser falso; *no sea* ~ *que*, expr. que indica prevención o cautela; *ser algo* ~ *de uno*, ser de su aprecio, estimación, interés, etc. Loc. adv. *A* ~ *hecha*, con éxito seguro; ~ *de, cerca de*, o poco más o menos: *a* ~ *de cinco metros de distancia;* ~ *mala*, fig. fam., mucho, en cantidad; ~ *fina*, expresión vacía de significado que intensifica el sentido de la frase o contexto en que intensifica el sentido de la frase o contexto en que se inserta.

II) cosa ***conj.*** *Amér.* De tal manera que, de suerte, por ejemplo. 2 *Amér.* Para que, a fin de que.

cosaco, -ca (ruso *kasak*, caballero) ***adj.-s.*** De un pueblo pastor y guerrero que se estableció en las estepas del sur de Rusia en el s. XV. -2 ***m.*** Soldado ruso de tropa ligera. -3 ***adj.*** Como término de comparación, [pers.] de aspecto fuerte o bárbaro o que aguanta con facilidad cualquier ejercicio violento o gran cantidad de bebida.

cosario, -ria (v. *corsario*) ***adj.*** Perteneciente o relativo al ordinario o al cazador de oficio. 2 Cursado, frecuentado. -3 ***m.*** Ordinario, trajinero. 4 Cazador de oficio. -5 ***adj.*** *Colomb.* [caballo amansado y ya hecho] En que puede emprenderse un viaje.

coscachear ***tr.*** *Chile.* Dar de coscachos (coscorrones).

coscacho ***m.*** *Argent., Chile* y *Ecuad.* Cocacho (golpe).

coscarana ***f.*** *Ar.* Torta muy delgada y seca que cruje al mascar.

coscarear ***tr.*** *Hond.* Conseguir [algo] astutamente.

coscarrón ***m.*** *P. Rico.* Árbol de madera muy compacta y dura *(Gyminda latifolia).*

coscarse ***prnl.*** fam. Concomerse. 2 fam. No enterarse, no entender algo. ◇ ** CONJUG. [1] como ***sacar.***

coscino-, coscinio- (gr. *kóskinon*, criba) Elemento prefijal que entra en la formación de palabras con el significado de criba.

coscoja (de *coscojo*) ***f.*** Árbol o arbusto cupulífero, de poca altura, achaparrado, parecido en lo demás a la encina, donde vive con preferencia el quermes *(Quercus coccifera).* 2 Hoja seca de la carrasca o encina. 3 Chapa de hierro arrollada en forma de cañuto, que se coloca en los travesaños de las hebillas para que corra con facilidad el correaje. 4 *Amér.* Coscojo.

SIN. *1* **Chaparra, maraña, mata rubia** o **matarrubia.**

coscojal, -jar ***m.*** Terreno poblado de coscojas.

SIN. **Marañal.**

coscojero, -ra ***adj.*** *Argent.* y *Colomb.* [caballería] Que agita mucho los coscojos del freno.

coscojita ***f.*** Coxcojita.

coscojo (l. *cusculiu*) ***m.*** Agalla producida por el quermes en la coscoja. -2 ***m. pl.*** Piezas de hierro, a modo de cuentas, que, ensartadas en unos alambres eslabonados y asidos por los extremos al bocado de los frenos a la brida, forman con la salivera los sabores.

coscoletas (a) ***loc. adv.*** A cuestas.

coscolina ***f.*** *Méj.* Mujer de malas costumbres.

coscolino, -na ***adj.*** *Méj.* Arisco, descontentadizo. 2 *Méj.* Travieso, inquieto.

coscomate ***m.*** *Méj.* ant. Troje cerrado hecho con barro y zacate, para conservar el maíz.

coscón, -cona ***adj.-s.*** fam. Socarrón, astuto.

coscoroba ***f.*** *Argent.* y *Chile.* Ave acuática enteramente blanca, especie de cisne más pequeño que el común y con el cuello corto *(Cignus coscoroba).*

coscorrón (de *cosque*) ***m.*** Golpe en la cabeza que no saca sangre y duele. 2 fig. *y* fam. Percance, contratiempo debido a la inexperiencia o tozudez. 3 *Can.* Coscurrón.

coscurro ***m.*** Mendrugo de pan.

coscurrón ***m.*** Trozo de pan frito.

cosecante ***f.*** TRIG. Secante del complemento de un ángulo o de un arco.

cosecha (ant. *cogecha* < l. *collecta* < *colligere*, coger) ***f.*** Conjunto de frutos que se recogen de la tierra. 2 Acción de recogerlos. 3 Tiempo en que se recogen. 4 fig. Conjunto de ciertas cosas no materiales: *hacer* ~ *de virtudes, de vicios;* ***ser una cosa de la*** ~ ***de uno,*** ser de su propia invención.

SIN. *1, 2* y *3* **Recolección, recogida.**

cosechador, -ra ***adj.*** Que cosecha, ***f.,*** Máquina de tracción automóvil que realiza a la vez la siega y la trilla de los cereales.

cosechar ***intr.-tr.*** Recoger la cosecha: ~ *muchas aceitunas.* 2 fig. Ganarse, atraerse o concitarse simpatías, odios, fracasos, éxitos, etc.

SIN. **Recolectar,** es voz escogida y lit.

cosechero, -ra ***m. f.*** Persona que tiene cosecha.

cosecho ***m.*** *Ant.* Cosecha.

cosechón ***m.*** Cosecha muy abundante.

cosedora ***f.*** Máquina provista de varios cabezales alimentados en hilo vegetal o metálico que sirve para unir los pliegos de un libro cosiéndolos o engrapándolos.

cosedura ***f.*** Costura.

coselete (fr. *corselet* < *corps*, cuerpo) ***m.*** Ant. coraza ligera, gralte. de cuero, que usaron ciertos soldados de infantería. 2 Soldado que llevaba coselete, pica o alabarda. 3 Tórax de los insectos.

coseno ***m.*** TRIG. Seno del complemento de un ángulo o de un arco: ~ ***verso,*** seno verso del complemento de un ángulo o de un arco.

coser (l. *consuere*) ***tr.*** Unir con hilo, gralte. enhebrado en la aguja, dos o más pedazos [de tela, cuero u otro material]. 2 Engrapar papeles, uniéndolos con máquina. 3 Hacer dobladillos, pespuntes y otras labores de aguja: ~ *de sastrería.* 4 fig. Unir estrechamente [una cosa con otra]: *las aves para alzar el vuelo cosen el pecho con la tierra; Sancho se cosió con la duquesa.* 5 fig. Atravesar: *le cosió el pecho con la espada;* ~ *a puñaladas.*

FR. *Coser y cantar*, denota que aquello que se ha de hacer no ofrece dificultad alguna.

cosetada (de *coso*) ***f.*** Paso acelerado o carrera.

cosetano, -na (l. *-nu*) ***adj.-s.*** De Cosetania, antigua región de la España Tarraconense.

cosiaca ***f.*** *Amér.* Cosa insignificante.

cosiata ***f.*** *Colomb.* Cosa menuda.

cosible ***adj.*** Que puede coserse.

cósico ***adj.*** MAT. [número] Que es potencia exacta de otro.

cosicosa ***f.*** Quisicosa.

cosido ***m.*** Acción de coser. 2 Efecto de coser. 3 Calidad de la costura.

cosidura (de *coser*) ***f.*** Tratándose de cabos, especie de ligada.

cosificación ***f.*** Acción de cosificar. 2 Efecto de cosificar.

cosificar (de *cosa*) ***tr.*** Convertir [algo] en cosa. 2 Considerar como cosa [algo que no lo es]. 3 Identificar con un acto u objeto concreto. ◇ ** CONJUG. [1] como ***sacar.***

cosijo ***m.*** *Guat., Nicar.* y *Méj.* Cojijo.

cosijoso, -sa ***adj.*** *Amér. Central* y *Méj.* Engorroso, molesto. 2 *Guat.* y *Méj.* Cojijoso.

cosita ***f.*** *Pan.* Merienda entre comidas.

cositero, -ra ***adj.*** *Colomb.* Mezquino, amigo de detalles.

cosmético, -ca (gr. *kosmetikós* < *kosmeo*, adornar) ***adj.-s.*** Preparado para hermosear la tez o el pelo. 2 fig. Efectista. -3 ***f.*** Arte de preparar y aplicar estos preparados. 4 fig. Arreglo o actuación de carácter efectista.

cosmetología ***f.*** Cosmética.

cosmetólogo, -ga ***m. f.*** Especialista en productos de cosmetología.

cósmico, -ca (gr. *kosmos*, mundo) ***adj.*** Relativo al cosmos. 2 [orto u ocaso de un astro] Que coincide con la salida del Sol.

cosmo-, -cosmo (gr. *kósmos*, mundo) Elemento prefijal y sufijal que entra en la formación de palabras con el significado de mundo.

cosmódromo ***m.*** Base de lanzamientos espaciales, esp. en la Unión Soviética.

cosmofísica ***f.*** Astrofísica.

cosmogonía (*cosmo-* + *-gono*) ***f.*** Ciencia o sistema que trata de la formación del universo.

cosmogónico, -ca ***adj.*** Relativo a la cosmogonía.

cosmogonista ***com.*** Persona que profesa la cosmogonía.

cosmografía (*cosmo-* + *-grafía*) ***f.*** Descripción astronómica del mundo, o astronomía descriptiva.

SIN. **Uranografía.**

cosmográfico, -ca ***adj.*** Relativo a la cosmografía.

cosmógrafo, -fa ***m. f.*** Persona que por profesión o estudio se dedica a la cosmografía.

SIN. **Uranógrafo.**

cosmología (*cosmo-* + *-logía*) ***f.*** Parte de la metafísica que estudia los principios generales de la constitución del mundo físico.

cosmológico, -ca ***adj.*** Relativo a la cosmología. 2 ***Argumento*** ~, prueba de la existencia de Dios que consiste en inferir de la existencia del universo una última causa del mismo, que no deba su existencia a otra causa anterior sino que tenga en sí misma su razón de ser; semejante ser, creador del mundo, debe ser distinto de éste: es Dios.

cosmólogo, -ga ***m. f.*** Persona que por profesión o estudio se dedica a la cosmología.

cosmonauta (*cosmo-* + *nauta*) ***com.*** Astronauta.
cosmonáutica ***f.*** Astronáutica.
cosmonáutico, -ca ***adj.*** Astronáutico.
cosmonave ***f.*** Astronave.
cosmopolita (*cosmo-* + *gr. polítes,* ciudadano) ***adj.-com.*** [pers.] Que considera a todo el mundo como patria suya. 2 fig. Que le gusta mucho viajar. 3 Que es común a todos los países o a muchos de ellos. 4 Que puede vivir o aclimatarse en todos los países.
SIN. v. **Universal.**
cosmopolitismo ***m.*** Doctrina y género de vida de los cosmopolitas.
SIN. **Internacionalismo.**
cosmoquímica ***f.*** Disciplina que se ocupa del estudio de la distribución y aparición de los elementos en el universo.
cosmorama (*cosmo-* + *-orama*) ***m.*** Artificio óptico que sirve para ver aumentados los objetos mediante una cámara oscura. 2 Lugar donde por recreo se ven representados de este modo los paisajes y monumentos más notables del universo.
cosmos (gr. *kosmos*) ***m.*** Universo concebido como un todo ordenado, por oposición a caos. 2 Mundo (cosas creadas). ◇ Pl.: *cosmos.*
cosmovagar (*cosmo-* + *vagar*) ***intr.*** Salir un astronauta de la cápsula o vehículo astronáutico en movimiento. ◇ ** CONJUG. [7] como ***llegar.***
cosmóvago, -ga ***m. f.*** Astronauta que cosmovaga.
I) coso (l. *cursu,* lugar donde se corre) ***m.*** Plaza o lugar cercado para corridas de toros y otras fiestas públicas. 2 Calle principal en algunas poblaciones. 3 *Colomb.* Lugar para animales realengos.
II) coso (l. *cossu*) ***m.*** Carcoma (insecto).
cosorio ***m.*** *Bol.* Ladrón o lunfardo.
cospe ***m.*** Corte de hacha o azuela hecho en una madera, para facilitar el desbaste de ella. 2 *C. Rica.* Trago de licor. 3 *Hond.* Pago o regalo inesperado.
cospearse ***prnl.*** *C. Rica.* Echarse al cuerpo cospes (tragos).
cospel ***m.*** Disco de metal para hacer la moneda.
SIN. **Flan, tejo.**
cosque (de *cascar*) ***m.*** fam. Coscorrón.
cosquillar ***tr.*** Cosquillear.
cosquillas ***f. pl.*** Sensación que produce sobre ciertas partes del cuerpo una sucesión rápida de toques ligeros; provoca involuntariamente a risa y, continuada, da convulsiones.
FR. *Buscarle a uno las ~*, hacer lo posible por impacientarle; *hacerle a uno ~ una cosa*, excitarle el deseo o la curiosidad, o hacerle temer un daño; *tener malas ~*, ser cosquilloso.
cosquillear ***tr.*** Hacer cosquillas.
cosquillejas ***f. pl.*** Dim. de *cosquillas.*
cosquilleo ***m.*** Sensación que producen las cosquillas u otra cosa semejante.
cosquilloso, -sa ***adj.*** Que siente mucho las cosquillas. 2 fig. Quisquilloso.
I) costa (de *costar*) ***f.*** Cantidad que se paga por una cosa: ***a ~ de,*** mediante; *a ~ de muchos sudores;* ***a toda ~***, sin limitación en el gasto o en el trabajo. 2 Costa de la manutención del trabajador cuando se añade al salario. -3 ***f. pl.*** Gastos judiciales: *condenar a uno en costas.*
SIN. *1* **Coste, costo.** Sólo el uso establece ciertas diferencias entre ellos. **Costa,** más antiguo, se aplica especialmente a lo que se paga por razones judiciales o penales: *las costas de un juicio;* **coste** es la valoración monetaria, previa al gasto; **costo** hace referencia al desembolso ya realizado.
II) costa (l., lado, costilla; doble etim. *cuesta*) ***f.*** Tierra que bordea la orilla del mar: ***barajar la ~***, navegar cerca de ella siguiendo sus sinuosidades. 2 Instrumento de madera usado por los zapateros, para alisar y bruñir los cantos de la suela.
SIN. *1* **Costera.**
costado (l. *-tu,* que tiene costillas) ***m.*** Parte lateral del cuerpo humano que está entre pecho, espalda, sobacos y vacíos. 2 Lado, esp. el derecho o izquierdo de un ejército o del casco de un buque. 3 Remate lateral de una sillería de coro, frecuentemente tallada, o de un tramo de una escalera. 4 IMPR. Margen blanco que queda a cada uno de los lados verticales de la página, llamados lomo y corte. -5 ***m. pl.*** En la genealogía, líneas de los abuelos paternos y maternos de una persona. -6 ***m.*** *Méj.* Andén del ferrocarril.
SIN. *2* **Flanco, lado.**
costal ***adj.*** Relativo a las costillas. -2 ***m.*** Saco grande de tela ordinaria. 3 Listón que, atravesado por las agujas, mantiene las fronteras de los tapiales en posición vertical. 4 Pisón.
SIN. *2* **Quilma.**
costalada ***f.*** Golpe que uno da al caer de espaldas o de costado.
costalar ***intr.*** *Argent.* y *Urug.* Rodar.
costalazo ***m.*** Costalada.
costalearse ***prnl.*** *Chile.* Darse una costalada o costalazo. 2 *Chile.* fig. Sufrir fracasos.
costalejo ***m.*** Dim. de *costal.*
costalero ***m.*** Ganapán o mozo de cordel. 2 Persona que lleva a hombros los pasos en las procesiones.
costana ***f.*** Zarzo que cubre los lados de un carro en que se lleva carbón. 2 Calle en cuesta o pendiente.
costanera (v. *costanero*) ***f.*** Cuesta (pendiente). -2 ***f. pl.*** Maderos largos que cargan sobre la viga principal que forma el caballete de un tejado. -3 ***f.*** *Cuba.* Orilla o faja de terreno sólido que rodea una ciénaga.
SIN. *2* **Asnas.**
costanero, -ra (de *costa* II) ***adj.*** Que está en cuesta. 2 Perteneciente o relativo a la costa: *pesca costanera.* -3 ***m.*** *Argent.* Poste que sostiene las paredes laterales de una choza.
costanilla ***f.*** Dim. de *costana.* 2 Calle corta y en cuesta.
costar (v. *constar*) ***intr.*** Ser comprada o adquirida una cosa por determinado precio. 2 fig. fact. Causar una cosa cuidado, desvelo, perjuicio, etc.: *mil penas cuesta una gloria; la buena fama cuesta mucho de adquirir,* o *cuesta mucho de adquirir la buena fama.* ◇ ** CONJUG. [31] como ***contar.***
costarricense ***adj.-s.*** De Costa Rica, nación de América Central.
costarriqueñismo ***m.*** Vocablo, giro o locución propios de los costarricenses. 2 Amor o apego a las cosas características de Costa Rica.
costarriqueño, -ña ***adj.*** Costarricense.
coste ***m.*** Costa (cantidad). 2 ECON. Medida y valoración del consumo realizado o previsto por la aplicación de los factores para la obtención de un producto, trabajo o servicio.
costeado, -da ***adj.*** *Argent.* [ganado] Que se halla en buenas condiciones para el engorde.
costeante ***adj.*** *Perú.* Burlón. 2 *Perú.* Que inspira risa o buen humor.
I) costear ***tr.*** Pagar el coste [de una cosa]. -2 ***prnl.*** Producir una cosa lo suficiente para cubrir sus gastos.
SIN. v. **Pagar.**
II) costear ***tr.*** Navegar sin perder de vista [la costa]. 2 Pasar por el lado de algo. 3 Rematar el costado o lado de una cosa. 4 fig. Esquivar o soslayar una dificultad o peligro. 5 *Argent.* y *Chile.* Llegar hasta un sitio con mucho trabajo.
III) costear ***tr.*** *Argent.* y *Urug.* Pastorear el ganado. 2 *Perú.* Burlarse de uno.
costeño, -ña ***adj.*** Costanero. -2 ***adj.-s.*** Zelayense. 3 ***~ del Cabo,*** del Cabo Gracias a Dios, capital del departamento nicaragüense de Zelaya. -4 ***m.*** *Colomb.* Guineo, plátano.
costeo ***m.*** *Argent.* y *Urug.* Acción de costear (pastorear).
costera (v. *costero*) ***f.*** Costado de un fardo o cosa semejante. 2 Mano de papel quebrado que completa por encima y debajo las resmas de papel de tina. 3 Cuesta (pendiente). 4 Costa (orilla). 5 Tiempo que dura la pesca de ciertos peces.
costero, -ra (de *costa* II) ***adj.*** Costanero. -2 ***m.*** Habitante de la costa. 3 Pieza más inmediata a la corteza, que sale al aserrar un tronco en el sentido de su longitud. 4 Hastial de un criadero. 5 MIN. Muro que forma los costados de un horno alto.
costezuela ***f.*** Dim. de *cuesta.*
costil (del l. *costa,* costilla) ***adj.*** Relativo a las costillas.
costilla (l. *costa*) ***f.*** Hueso largo y encorvado, que inserto por un extremo en unas vértebras, forma con éstas y con el esternón, cuando lo hay, el armazón de la caja torácica; en el hombre son en número de doce pares y se distinguen en verdaderas, falsas y flotantes: ***costillas verdaderas,*** las de los siete primeros pares, que vienen a soldarse con el esternón; ***costillas falsas,*** las de los tres pares siguientes, que se sueldan las de cada lado a la última verdadera mediante un cartílago común; ***costillas flotantes,*** las de los dos últimos pares, que tienen el extremo libre; ***medirle a uno las costillas,*** darle de palos. 2 fig. Cosa de figura de costilla: *costillas de una silla.* 3 Palo vertical que en número par tienen los yugos de caballerías. 4 fam. Esposa. 5 ARQ. Listón que se coloca horizontalmente sobre los cuchillos de una cimbra para enlazarlos y recibir las dovelas. 6 AERON. Elemento estructural que, en el fuselaje y el ala de un avión, equivale a las cuadernas de un buque. 7 BOT. Línea o pliegue saliente en la superficie de hojas y frutos. 8 MAR. Cuaderna de un buque. -9 ***f. pl.*** Espalda (cuerpo).

costillaje *m.* Costillar (costillas y parte del cuerpo).
costillar *m.* Conjunto de costillas. 2 Parte del cuerpo en la cual están. 3 Pedazo de carne de buey, situado debajo de la espalda, o entre la octava y undécima costilla.
costilludo, -da (de *costilla*) *adj.* fam. Fornido y ancho de espaldas.
costino, -na *adj.* Relativo al costo (hierba). 2 *Chile.* Costanero o relativo a la costa.
I) costo *m.* Costa (cantidad). 2 *Argent.* y *P. Rico.* Trabajo que cuesta conseguir una cosa.
II) costo (l. *-tu*) *m.* Hierba compuesta, propia de la zona tropical, de flores amarillas y raíz amarga que pasa por tónica, diurética y carminativa *(Aucklandia costus).* 2 Esta misma raíz. 3 ~ ***hortense,*** hierba de Santa María. 4 En el lenguaje de la droga, hachís.
costomate (náhu. *coztic,* amarillo + *tomatl,* tomate) *m. Méj.* Tomatillo amarillo muy común *(Physalis coztomatl).*
costosamente *adv. m.* Muy caro, a mucha costa.
costoso, -sa *adj.* Que cuesta mucho. 2 fig. Que acarrea daño o sentimiento.
SIN. **Insume** (lit. p. us.); v. **Caro.**
costra (l. *crusta*) *f.* Cubierta exterior que se endurece o seca sobre una cosa húmeda o blanda. 2 Postilla (en llagas). 3 ~ ***láctea,*** usagre (erupción). 4 Bizcocho que se daba en las galeras para el mantenimiento de la gente. 5 Moco (extremo del pabilo). 6 *Colomb.* Rebanada de pan azucarada y tostada.
SIN. *1* **Encostradura.**
costrada *f.* Especie de empanada cubierta con una costra de azúcar, huevos y pan.
costrón (de *costra,* postilla) *m.* Trozo de pan frito cortado en forma regular, con que se adornan ciertos guisos.
costroso, -sa *adj.* Que tiene costras.
costumbre (l. v. **consuetumine* < l. *consuetudine*) *f.* Manera de obrar establecida por un largo uso o adquirida por la repetición de actos de la misma especie. 2 Práctica muy usada y recibida que ha adquirido fuerza de precepto. -3 *f. pl.* Conjunto de inclinaciones y usos de un pueblo o un individuo, esp. en sentido moral: *hombre de costumbres disolutas.*
SIN. *1* **Hábito,** en la lengua culta y lit. *2* y *3* **Uso, usanza.**
costumbrismo *m.* En las obras literarias y artísticas, atención especial que se presta a la pintura de las costumbres típicas de un país o región.
costumbrista *adj.-s.* Que cultiva en literatura la pintura de las costumbres. 2 Relativo al costumbrismo.
costura (l. v. **consutura,* el arte de coser) *f.* Acción de coser. 2 Efecto de coser. 3 Serie de puntadas que une dos piezas cosidas: ***sentar las costuras,*** planchar con fuerza las de un vestido; ***sentar a uno las costuras,*** fig., sentarle la mano. 4 p. ext. Unión hecha con clavos, roblones, esp. la de los tablones o planchas del casco de un buque. 5 Labor que está cosiéndose y se halla sin acabar, esp. si es de ropa blanca.
SIN. *1* **Cosedura** (p. us.), acción de coser; **cosido;** en CIR. e H. NAT., **sutura.**
costurajo *m. Méj.* Costurón.
costurar *tr. Amér. Central* y *Bol.* Coser.
costurera (de *costura*) *f.* Mujer que tiene por oficio coser.
costurero *m.* Mesita con cajón y almohadilla para la costura. 2 Caja o canastilla para guardar los útiles de costura. 3 Cuarto de costura. 4 Modisto, hombre que diseña o hace vestidos de mujer.
costurón *m.* Aum. de *costura.* 2 desp. Costura grosera. 3 fig. Cicatriz muy visible de una herida o llaga.
cosuba *f. Cuba.* Película que cubre el grano de maíz. 2 *Cuba.* Residuo inservible de la yuca.
cosubia *f. Cuba.* vulg. Sustento, comida.
I) cota (germ. *kotta*) *f.* Arma defensiva del cuerpo, usada antig., de cuero y guarnecida de cabezas de clavo y anillos de hierro, o de mallas de hierro entrelazadas: ~ ***jacerina,*** cota de malla. 2 Vestidura de los reyes de armas, sobre la cual están bordados los escudos reales. 3 MIL. Fortaleza de los indígenas filipinos, formada por troncos de árboles revestidos de tierra y piedras. 4 MONT. Piel callosa que cubre la espaldilla y costillares del jabalí. 5 *Bol.* y *Chile.* Roquete, de mangas cortas, us. por los eclesiásticos. 6 *P. Rico.* vulg. Camisa larga de niño.
II) cota (l. *quota;* fem. de *quotu,* cuantos) *f.* Cuota. 2 Número que en los planos topográficos indica la altura de un punto. 3 Esta misma altura.
cotabatense *adj.-s.* De Cotabato, capital y provincia de Filipinas en la isla de Mindanao.
cotagaiteño, -ña *adj.-s.* De Cotagaita, cantón del departamento boliviano de Potosí.
cotana *f.* Muesca que se abre en la madera para encajar allí otro madero o una espiga. 2 Escoplo con que se abre dicha muesca.
cotangente *f.* TRIG. Tangente del complemento de un ángulo o de un arco.
cotanza (de *Coutances,* c. de Francia) *f.* Tela de lienzo entrefino.
cotar (de *cota* II) *tr.* Acotar.
cotara *f. Méj.* Cutara.
cotardía (fr. *cotte hardie*) *f.* Especie de jubón forrado, usado en la Edad Media.
cotarra *f.* Cotarro.
cotarrera (de *cotarro*) *f.* fig. Mujer chismosa.
cotarro (desp. de *coto* I) *m.* Albergue nocturno para pobres y vagabundos. 2 fig. *y* fam. Colectividad en estado de inquietud o agitación. 3 Ladera de un barranco.
cote *m.* MAR. Vuelta que se da al chicote de un cabo, alrededor del firme, pasándolo por dentro del seno.
cotejable *adj.* Que se puede cotejar.
cotejar (de *cota* II) *tr.* Comparar [una cosa con otra u otras], teniéndolas a la vista.
SIN. **Parangonar.** Cuando se trata de escritos, ediciones, etc., **compulsar, confrontar.**
cotejear *tr. Colomb.* Acotejar (incitar).
I) cotejo *m.* Acción de cotejar. 2 Efecto de cotejar. 3 *Venez.* Especie de lagartijo de color amarillento con rayas negras y una longitudinal blanca sobre el espinazo *(Thecactylus rapicaudus).*
II) cotejo, -ja *adj.-s. Amér. Merid.* y *Pan.* Parejo, igual.
cotense *m. Amér.* Tela burda de cáñamo.
cotensia *f. Argent.* y *Bol.* Cotense.
coterna *f. Colomb.* vulg. Sombrero.
coterráneo, -a *adj.* Conterráneo.
cotí *m.* Cuti. ◇ Pl.: *cotíes.*
cotidianamente *adv. t.* Diariamente.
cotidianidad *f.* Calidad de cotidiano.
cotidiano, -na (l. *quotidianu*) *adj.* Diario (cada día).
cotila (gr. *kotyle,* cavidad) *f.* Cavidad de un hueso en que entra la cabeza de otro.
cotiledón (gr. *kotyledón;* v. *cotila*) *m.* Hoja primera que, sola o junto a otra, se forma en el embrión de una planta fanerógama, modificada especialmente y que en algunos casos acumula substancias de reserva.
REL. **Monocotiledóneas** o **dicotiledóneas,** se llaman las plantas según tengan la semilla, respectivamente, con un cotiledón o con dos; las plantas cuya semilla no tiene cotiledones son **acotiledóneas.**
cotiledóneo, -a *adj.* Relativo al cotiledón. -2 *adj.-f.* Planta fanerógama, porque tiene cotiledón o cotiledones.
cotilla (dim. de *cota* I) *f.* Ajustador armado de ballenas de que usaban las mujeres. -2 *com.* fig. Persona chismosa y parlanchina.
cotillear *intr.* Chismorrear.
cotilleo *m.* Chisme, murmuración, habladuría.
cotillero, -ra *m. f.* Persona que tenía por oficio hacer o vender cotillas. 2 Chismoso.
cotillo (de *cutir,* golpear) *m.* Parte del martillo y otras herramientas que sirve para golpear.
cotillón (fr.) *m.* Danza con figura que solía ejecutarse al fin de los bailes de sociedad. 2 Baile de sociedad en que al final se ejecuta tal danza. 3 Baile y fiesta que se celebra un día señalado; esp., el de final de año.
cotiloideo, -a *adj.* De figura de taza. 2 [cavidad articular del hueso ilíaco] Donde entra la cabeza del fémur.
I) cotín (de *cutir*) *m.* Golpe que el jugador que resta da a la pelota al volverla de revés alto al que saca. 2 *Venez.* Camarada.
II) cotín *m.* Cutí, tejido de algodón.
cotinga *m. Amér.* Género de pájaros dentirrostros, de buen tamaño y de plumaje muy variado y vistoso.
cotiquear *intr. Cuba.* Charlar como cotica (cierta cotorra).
cotiquera *f. Cuba.* Charla.
cotisuelto *m. P. Rico.* Muchacho que lleva la camisa por fuera de los pantalones.
I) cotiza (fr. *cotice*) *f.* BLAS. Banda de poco ancho.
II) cotiza *f. Venez.* Especie de alpargata. 2 ***Ponerse uno las cotizas,*** ponerse en salvo.
cotizable *adj.* Que puede cotizarse.
cotización *f.* Acción de cotizar. 2 Efecto de cotizar.

cotizado, -da (de *cotiza* I) *adj.* BLAS. V. escudo cotizado.
cotizar (fr. *cotiser*) *tr.* Asignar el precio [de un valor en la bolsa, de un artículo en el mercado]. 2 Imponer o fijar una cuota o escote, repartir un pago. 3 Poner precio, valorar, estimar. -4 *intr.* Pagar o recaudar una cuota, esp. la impuesta por los sindicatos a sus asociados. -5 *tr., Perú* y *P. Rico.* Vender [algo]. ◇ ** CONJUG. [4] como ***realizar.***
I) coto (l. *cautu,* defendido) *m.* Terreno acotado. 2 Hito (poste). 3 Término, límite. 4 Población en territorio de señorío.
II) coto (l. *quotu,* cuantos) *m.* Postura, tasa. 2 Medida lineal (medio palmo). 3 Partida de billar en que uno de dos jugadores o partidos ha de ganar tres mesas antes que el otro. 4 Convención que suelen hacer entre sí los mercaderes de no vender sino a determinado precio algunas cosas.
III) coto (l. *cottu*) *m.* Pez fluvial pequeño, de cuerpo ancho, boca grande y ojos pequeños que sobresalen sobre el perfil dorsal de la cabeza, de color grisáceo pardusco, algo oliváceo, con grandes manchas de contorno irregular *(Cottu gobio).*
IV) coto (quechua) *m. Amér. Merid.* Bocio o papera. 2 *Perú.* Cáscara de un árbol del gén. *Cotoquinia.*
cotobelo (port. *cotovello,* recodo) *m.* Abertura en la vuelta de la cama del freno.
cotomono *m. Perú.* Mono del gén. *Stentor.*
cotón (ár.) *m.* Tela de algodón estampada de varios colores. 2 *Amér.* Camisa de trabajo que usan los hombres.
cotona *f. Amér.* Camisa fuerte de algodón u otra materia, de formas variadas según los países. 2 *Méj.* Chaqueta de gamuza.
cotonada (de *cotón*) *f.* Tela de algodón, con fondo liso o listado y flores de varios colores.
cotoncillo (dim. de *cotón*) *m.* Pelotilla de badana y borra con que remata por arriba el tiento de los pintores.
cotonear *tr. Hond.* Complacer por interés [a una persona].
cotonía (ár.) *f.* Tela blanca de algodón, especie de lona delgada, que forma cordoncillo.
cotonificio *m.* Industria algodonera.
cotonilla *f. P. Rico.* Cotonía.
cotonina *f.* Tela basta hecha con hilos gruesos de algodón de mala calidad, sin apresto ni blanqueo, usada en las mismas aplicaciones que la lona.
cotopaxense *adj.-s.* Cotopaxeño.
cotopaxeño, -ña *adj.-s.* De Cotopaxi, provincia del centro de Ecuador.
cotornicultura *f.* Crianza y cuidado de codornices para su propagación y venta.
cotorra *f.* Papagayo pequeño. 2 Ave psitaciforme americana parecida al papagayo, pero más pequeña, con las mejillas cubiertas de plumas, de alas y cola largas y puntiagudas, y plumaje de colores varios en que domina el verde *(gén. Amazona; Conurus; Paleornis).* 3 Urraca. 4 fig. Persona habladora.
cotorrear (frecuent.) *intr.* Hablar con exceso.
cotorreo *m.* fig. Conversación bulliciosa de mujeres.
cotorrera *f.* Hembra del papagayo. 2 fig. Cotorra (persona). 3 fig. Ramera, prostituta.
cotorro *m. Cuba.* Cagón (pez). 2 *Argent.* y *Urug.* Entre lunfardos (ladrones), el lugar donde uno vive.
cotorrón, -rrona (de *cotorra*) *adj.* [hombre o mujer viejo] Que presume de joven.
cotoso, -sa *adj. Perú.* Persona afectada de coto (papera). 2 *Ecuad.* Tonto, necio.
cototo *m. Argent.* y *Chile.* Chichón.
cotovía *f.* Totovía, cogujada.
cotral *adj.* Cutral.
cotúa *f. Venez.* Mergo, ave marina.
I) cotudo, -da *adj.* Peludo, algodonado.
II) cotudo, -da *adj. Amér. Merid.* Que tiene coto o bocio.
cotufa *f.* Tubérculo de la raíz del aguaturma, que se come cocido. 2 Golosina, gollería. 3 Chufa (planta y tubérculo).
FR. fig. *Pedir cotufas en el golfo,* pedir cosas imposibles.
coturno (l. *cothurnu* < gr. *kóthornos*) *m.* Calzado griego y romano que llegaba hasta la pantorrilla, sujetándose por el frente con un cordón pasado por ojetes. 2 Calzado de suela de corcho sumamente gruesa, que, con objeto de aparecer más altos, usaban los antiguos actores en las tragedias.
FR. fig. *Calzar el coturno,* usar de estilo alto y sublime, esp. en poesía; vb. Componer tragedias.
cotutor *m.* Tutor juntamente con otro u otros.
cotuza *f. Guat.* y *Salv.* Agutí.
coulomb *m.* Culombio en la nomenclatura internacional. ◇ Se pronuncia *culomb.*
coupí *m. Amér.* Árbol rosáceo de América del Sur que se cultiva por la almendra comestible de su fruto *(Acioa guianensis).*
covacha *f.* desp. Cueva pequeña. 2 *And.* y *Amér.* Aposento donde van a parar los trastos viejos. 3 *Ant.* y *Guat.* Casa humilde y pobre. 4 *Ecuad.* Tienda donde se venden legumbres, cereales, etc. 5 *Méj.* Parte posterior de un carruaje donde se coloca el equipaje. 6 *Méj.* y *P. Rico.* Aposento situado debajo de la escalera. 7 *P. Rico.* Perrera.
covachuela *f.* Dim. de *covacha.* 2 Secretaría del despacho universal, hoy ministerio, llamado así porque estaba situada en los sótanos del ant. real palacio. 3 desp. Oficina pública.
covachuelista *m.* desp. Oficial de una covachuela. 2 Oficinista del Estado.
covachuelo *m.* fam. Covachuelista.
covada *f.* Costumbre practicada en algunos lugares, consistente en el cambio de funciones entre el hombre y la mujer tras el parto, al volver la parturienta inmediatamente a sus tareas habituales y ocupar el marido su lugar en la cama, simulando actitudes y dolores.
covadera *f. Chile* y *Perú.* Espacio de tierra de donde se extrae guano o salitre. 2 *Colomb.* Cavadura, acción y efecto de cavar.
covalencia *f.* QUÍM. Unión entre dos átomos por medio de un par de electrones compartido por ambos.
covalonga *f.* Planta de la familia de las cucurbitáceas, que crece silvestre en los montes de Venezuela *(Fevillea cordifolia).*
covanilla *f.* Covanillo.
covanillo *m.* Dim. de *cuévano.*
covezuela *f.* Dim. de *cueva.*
covín (arauc. *coven*) *m. Chile.* Maíz o trigo tostado. ◇ Según algunos autores, no es voz aguda, como acentúa la Academia, sino llana: *covin.*
cox-, V. coxo-.
coxa (l., parte superior del muslo) *f.* Primer artejo de la pata del insecto, por el cual ésta se une al tórax.
SIN. **Cadera.**
coxal (v. *coxo-*) *adj.* Relativo a la cadera: *hueso* ~ o simplte ~, hueso par, constituido por la soldadura de otros tres, que forman la pelvis.
SIN. **Hueso innominado.**
coxalgia (*cox-* + *-algia*) *f.* Dolor en la cadera. 2 Artritis tuberculosa coxofemoral.
coxálgico, -ca *adj.* Relativo a la coxalgia. 2 Que padece coxalgia.
coxartrosis (*cox-* + *artrosis*) *f.* MED. Artrosis de la cadera que se caracteriza por ocasionar dolor en la deambulación y una limitación dolorosa de los movimientos de la articulación. ◇ Pl.: *coxartrosis.*
coxcojilla, -ta (l. *coxu,* cojo) *f.* Juego de muchachos, que consiste en andar a la pata coja y dar con el pie a una piedrecita para sacarla de ciertas rayas trazadas en el suelo. ◇ También *coscojita.*
coxis *m.* Cóccix. ◇ Pl.: *coxis.*
coxo-, cox- (l. *coxa,* cadera) Elemento prefijal que entra en la formación de palabras con el significado de cadera.
coxofemoral (*coxo-* + *femoral*) *adj.* Relativo a la cadera y el fémur.
coy (neerl. *kooi,* cama a bordo) *m.* Trozo de lona que, colgado de sus cuatro puntas, sirve de cama a bordo. 2 *Cuba.* Cesto que se cuelga del techo para guardar esp. comestibles. 3 *Colomb., Cuba* y *P. Rico.* Cuna rústica, gralte. de lona. ◇ Pl.: *coyes.*
coya (quechua *koya,* reina, princesa) *f.* Mujer del emperador, soberana o princesa entre los antiguos peruanos. 2 *Colomb.* Ramera. 3 Persona irascible, aludiendo a la irritación de un arácnido del gén. *Latrodectes.*
coyabra *f. Colomb.* Vasija.
coyamel *m. Méj.* y *Guat.* Saino o pecarí, llamado también cuapicol.
coyán (arauc.) *m. Chile.* Especie de haya *(Notophagus obliqua).*
coyocho (arauc.) *m. Chile.* Nabo.
coyol (mej. *coyolli,* cascabel, por la forma de su fruto) *m. Amér. Central* y *Méj.* Palmera de mediana altura, de cuyo tronco se extrae una bebida agradable que fermenta rápidamente. Produce en grandes racimos una fruta de pulpa amarillenta y cuesco duro y negro, del que se hacen dijes, botones, cuentas de rosario, etc. *(Acrocomia sclerocarpa).*
SIN. **Corozo, corojo.**

coyolar *m. Amér. Central* y *Méj.* Sitio poblado de coyoles.
coyoleo *m. Amér.* Especie de codorniz.
coyolsúchil *m.* Planta amarilídea de Méjico que produce flores muy hermosas, llamadas del mismo modo *(Momarea hirtela).*
coyor *m. Amér.* Palmera de América tropical parecida al coyol. 2 *P. Rico.* fig. Fuerte, resistente. 3 Mezquino.
coyotaje *m. Méj.* Coyoteo.
coyote (mej. *coyotl,* adive) *m.* Especie de lobo gris que se cría en Méjico *(Canis latrans).* 2 *Méj.* Individuo que se dedica a coyotear. 3 *C. Rica.* Chismoso, pícaro. -4 *adj. Méj.* De color semejante al del animal de este nombre. -5 *adj.-s. Méj.* desus. Descendiente de cuarterón (mulato y mestiza) y mestiza. 6 *Méj.* desus. Descendiente de barcino y mulata. 7 *Méj.* desus. Mestizo, descendiente de español e india. 8 *Méj.* desus. Descendiente de mestizo e india. 9 *Méj.* desus. Descendiente de indio y coyota. 10 *Méj.* desus. Descendiente de mulato y chamiza. 11 *Méj.* desus. ~ ***mestizo,*** descendiente de chamizo y mestiza. ◇ La forma f. del adj. de las aceps. 5 a 9 es *coyota.*
coyotear *intr. Méj.* Ocuparse en operaciones menudas de compra, venta y préstamo, gralte. rápidas y de producto inmediato.
coyoteo *m. Méj.* Ocupación de coyotear.
coyotero, -ra *adj. Méj.* [perro] Amaestrado para perseguir a los coyotes. -2 *m. f.* Trampa para cazar coyotes. -3 *f.* Reunión de coyotes, y, p. ext., gritería, algarabía.
coyotomate *m. Méj.* Tomate del color del coyote (mamífero).
coyunda (l. *coniuncta,* unida) *f.* Correa fuerte o soga de cáñamo, con que se uncen los bueyes al yugo. 2 Correa para atar las abarcas. 3 fig. Unión matrimonial. 4 fig. Dominio, opresión. 5 *Nicar.* Látigo.
SIN. *1* **Cornal, cornil.**
coyundazo *m. Nicar.* Latigazo, golpe dado con una coyunda.
coyundear *tr. Nicar.* Pegar o castigar con una coyunda o látigo.
coyundoso, -sa *adj. C. Rica.* Que se extiende fácilmente sin romperse. 2 Que comienza a endurecerse.
coyuntero *m.* Acoyuntero.
coyunto, -ta *adj. P. Rico.* vulg. Conjunto o unido por parentesco.
coyuntura (*co-* + l. *iunctura,* unión) *f.* Articulación movible de un hueso con otro. -2 *f.* fig. Sazón, circunstancia o coincidencia adecuada para alguna cosa. 3 En economía política, estado general de prosperidad o depresión del ciclo económico en un momento dado. 4 Conjetura o pronóstico sobre el futuro político, social, económico, etc., de una sociedad o de un país. ◇ INCOR.: *conyuntura.*
SIN. *1* **Juntura,** tanto si es movible como si no lo es. *2* v. **Ocasión.**
coyuntural (de *coyuntura*) *adj.* Que depende de la coyuntura o circunstancia.
coyuyo *m. Argent.* y *Bol.* Cogollo, insecto.
coz (l. *calce,* talón) *f.* Acción de echar violentamente hacia atrás una o ambas patas traseras un animal, y, p. ext., una persona. 2 Golpe dado con este movimiento: ***dar coces contra el aguijón,*** fig., resistirse obstinadamente a una fuerza superior. 3 fig. Acción o palabra injuriosa: *soltar una* ~. 4 Retroceso que hace, o golpe que da, un arma de fuego al dispararla. 5 Culata (escopeta). 6 fig. Parte inferior o más gruesa de un madero, y esp. de un mastelero. 7 En el lenguaje de la droga, sensación súbita y placentera de gran intensidad al inyectarse heroína.
cozolmeca *f. Méj.* BOT. Planta de las liliáceas *(Smilax rotundifolia).*
Cr, símbolo químico del *cromo.*
crabrón (l. *crabrone*) *m.* Avispón (avispa mayor).
crac *m.* Onomat. de algunos ruidos. 2 Quiebra importante y sonada, esp. de un grupo financiero o industrial. 3 Deportista sumamente brillante y efectivo.
-cracia (gr. *kratos*) Elemento sufijal que entra en la formación de palabras con el significado de fuerza, autoridad, dominación. El que participa de esta fuerza, autoridad o dominación es designado con el elemento *-crata.* Se halla gralte. en voces originariamente griegas: *democracia, aristocracia.*
crack *m.* Droga derivada de la cocaína purificada en laboratorio.
cracoviano, -na *adj.-s.* De Cracovia, ciudad del sur de Polonia. -2 *f.* Baile originario de dicho país, usado en España a mediados del s. XIX.
cracrá *f. C. Rica.* Mazorca de maíz de pocos granos.
cramponado, -da (fr. *cramponné*) *adj.* BLAS. [pieza] Que en sus extremidades tiene una media potenza.
cran (fr. *cran*) *m.* Muesca de las letras de imprenta.
cranco *m. Murc.* Cangrejo.
craneal *adj.* Relativo al cráneo.
craneano, -na (de *cráneo*) *adj.* Craneal.
cráneo (gr. *kranion*) *m.* Caja ósea en que está contenido el encéfalo;
FR. fig. *Secársele a uno,* o *tener uno seco, el* ~, volverse, o estar, loco; *ir de* ~, tener dificultades en lo que se está realizando; intentar algo imposible. SIN. **Casco,** ant. o burl.
craneo- (de *cráneo)* Elemento prefijal que entra en la formación de palabras con el valor de cráneo: *craneología.*
craneoestenosis (*craneo-* + *estenosis*) *f.* MED. Malformación debida a la soldadura precoz de las suturas craneanas, que provoca una disminución del desarrollo del conjunto del cráneo, lo que se traduce en déficit orgánicos y psíquicos. ◇ Pl.: *craneoestenosis.*
craneología (*craneo-* + *-logía*) *f.* Estudio del cráneo de las diferentes razas humanas y de las diferentes especies animales.
craneopatía (*craneo-* + *-patía*) *f.* MED. Enfermedad del cráneo.
craneoscopia (*craneo-* + *-scopia*) *f.* Arte que presume conocer las facultades intelectuales y afectivas por la inspección de la superficie exterior del cráneo.
craneotabes *f.* MED. Reblandecimiento de lo huesos craneales.
craneotomía (*craneo-* + *-tomía*) *f.* Trepanación craneal. 2 En los casos de muerte fetal, trituración instrumental de la cabeza cuando ésta es un obstáculo para su expulsión.
SIN. *2* **Cefalotomía.**
craniano, -na *adj.* Craneal.
craniectomía *f.* CIR. Intervención quirúrgica que consiste en extirpar parte de la bóveda craneana, para lograr la descomposición de las estructuras del sistema nervioso central.
crápula (l.) *f.* Embriaguez o borrachera. 2 fig. Disipación, libertinaje. -3 *m.* Hombre de vida licenciosa. -4 *adj.-s.* Crapuloso.
crapuloso, -sa *adj.* Dado a la crápula.
craquear (de *craking*) *tr.* Disociar o romper los hidrocarburos más pesados del petróleo con el objeto de obtener una proporción mayor de productos ligeros.
craquelado *m.* Conjunto de grietas superficiales de una porcelana, pintura, etc., que le dan aspecto cuarteado.
craqueo *m.* Acción de craquear. 2 Efecto de craquear.
crasamente *adv. m.* fig. Con suma ignorancia.
crascitar *intr.* Graznar el cuervo.
SIN. **Crocitar, croscitar.**
crasiento, -ta (de *craso*) *adj.* Grasiento.
crasis (gr. *krasis*) *f.* GRAM. Contracción. ◇ Pl.: *crasis.*
crasitud *f.* Gordura (tejido adiposo).
craso, -sa (l. *crassu*) *adj.* Grueso, gordo. 2 fig. [error, ignorancia] Indisculpable. -3 *m.* Crasitud.
crasuláceo, -a (l. *crassu,* graso) *adj.-f.* Planta de la familia de las crasuláceas. -2 *f. pl.* Familia de plantas dicotiledóneas, hierbas y arbustos, xerófilos, de hojas carnosas, flores en cima y frutos en folículo; como la uña de gato.
-crata, v. -cracia.
cráter (l.) *m.* Boca de los volcanes. 2 Depresión circular en la superficie de la Luna. 3 Copa (constelación).
crátera (l.; del gr. *krater*) *f.* En Grecia y Roma, vasija en que se mezclaba el vino con agua antes de servirlo a la mesa. ◇También *krátera.*
crateriforme (de *cráter* + *-forme*) *adj.* Que tiene forma de cráter.
cratícula (l., reja pequeña) *f.* Ventanita por donde se da la comunión a las monjas. 2 FÍS. Aparato o medio dispersor de la luz, consistente en una superficie pulida con numerosas y finísimas rayas equidistantes.
cratón *m.* GEOL. Región estable de la corteza terrestre que tras haber sido plegada al principio, ha pasado por un largo período de estabilidad.
craza *f.* Crisol en que se funden el oro y la plata para amonedarlos.
crazada *f.* Plata cendrada y dispuesta para ligarla.
crea (fr. *cres*) *f.* Tela de hilo que se usaba para sábanas, camisas, etc.
creable *adj.* Que puede ser creado.
creación (l. *-tione;* doble etim. *criazón*) *f.* Acto de criar (producción). 2 Mundo (cosmos). 3 Acción de crear.
creacionismo *m.* Doctrina filosófica opuesta al evolucionismo, según la cual las especies de seres vivos fueron creadas por Dios y no provienen unas de otras por evolución. 2 Doctrina teo-

lógica, opuesta al traducianismo, según la cual Dios crea directa y expresamente el alma de cada uno de los hombres. 3 Doctrina poética que defiende la absoluta autonomía del poema.

creacionista *adj.-s.* Relativo al creacionismo. 2 Partidario de él.

creador, -ra *adj.-s.* Dios que sacó todas las cosas de la nada. 2 fig. Que crea: *Esquilo es el ~ de la tragedia; la imaginación creadora de un poeta.*

cream (voz inglesa) *m.* Vino dulce de Jerez, de color muy claro.

crear (l. *-are;* doble etim. *criar*) *tr.* Criar (producir). 2 fig. Instituir [un nuevo empleo o dignidad]: *~ el oficio de condestable.* 3 Tratándose de dignidades muy elevadas, gralte. vitalicias, hacer a una persona [lo que antes no era]: *fue creado papa.* 4 Establecer, fundar; hacer nacer [una cosa] o darle vida: *~ una industria, un sistema, un derecho,* etc. 5 Producir una obra, imitar, componer: *~ el papel de avaro en una comedia.*

creatina *f.* Compuesto cristalino débilmente básico que se encuentra en los músculos.

creatividad *f.* Aptitud para crear o inventar.

creativo, -va *adj.* [pers.] Con espíritu de inventiva. 2 [pers.] Con aptitudes para el trabajo de creación. 3 Que propicia la creación. 4 Que denota espíritu de inventiva.

crecal (fr. *créquier,* ciruelo, de *crèque,* ciruela < neerl. *kriek*) *m.* BLAS. Pieza heráldica en forma de candelabro de siete y a veces de más brazos.

crece *f. Chile.* Creciente de un río.

crecedero, -ra *adj.* Que está en aptitud de crecer. 2 [vestido] Muy holgado que se hace a los niños. -3 *f. Perú.* Vasija o poza donde se hace germinar el maíz para convertirlo en jora.

crecer (l. *crescere*) *intr.* Aumentar de tamaño insensiblemente y por la propia fuerza de los seres vivientes. 2 Hablando de personas, adelantar en cualquier línea: *~ en virtud.* 3 Recibir aumento una cosa por añadírsele nueva materia: *~ el río.* 4 Adquirir nueva forma, o mayor cantidad, algunas cosas: *~ el tumulto; ~ la hacienda.* 5 En las labores de punto, ir añadiendo puntos regularmente a los que están prendidos en la aguja, para que resulte aumentado su número en la vuelta siguiente. 6 Aumentar de valor la moneda. 7 Aumentar la parte iluminada de la luna. 8 Subir la marea [el mar]. -9 *prnl.* Tomar [algo] mayor autoridad, importancia o atrevimiento. 10 Tomar [un deportista o un equipo] mayor fuerza o atrevimiento de los que le son habituales, para superar a sus adversarios. ◇ ** CONJUG. [43] como ***agradecer.***

SIN. **Aumentar,** en sus acep. intr.; **crecer** sugiere un aumento progresivo, mientras que en **aumentar** y **subir** (aceps. 2 a 7), puede ser progresivo o de una sola vez; **acrecentar** y **acrecer,** coinciden con crecer en indicar acción progresiva; pero se diferencian de él en que siempre son tr. CONTR. **Decrecer, menguar.**

creces (de *crecer*) *f. pl.* Aumento aparente de volumen que adquiere el trigo en la troje traspalándolo de una parte a otra. 2 Señales que indican disposición de crecer. 3 fig. Aumento, ventaja, exceso en algunas cosas: *con ~,* amplia, colmadamente.

crecida *f.* Aumento del agua de los ríos y arroyos.

SIN. **Llena, desbordamiento, riada,** cuando llegan a salir de madre.

crecidamente *adv. m.* Con aumento o ventaja.

crecido, -da *adj.* fig. Grande, numeroso. -2 *m. pl.* Puntos que se aumentan en algunas labores de punto.

creciente *adj.* Que crece. 2 V. luna, cuarto creciente. 3 En algunas partes, levadura, microorganismos de la fermentación. -4 *m.* BLAS. Figura heráldica con media luna con las puntas hacia arriba. 5 Crecida. 6 *~ de la Luna,* intervalo que media entre el novilunio y el plenilunio. 7 *~ del mar,* subida del agua del mar por efecto de la marea.

crecimiento *m.* Acción de crecer (aumentar). 2 Efecto de crecer (aumentar). 3 Aumento del valor intrínseco de la moneda.

credencia (l. v. *-ntia;* doble etim. *creencia*) *f.* Mesa o repisa que se pone inmediata al altar, a fin de tener a mano lo necesario para la celebración de los divinos oficios. 2 Aparador en que se ponían los frascos de vino y de agua de que, previa la salva, había de beber el rey o alguna persona principal.

credencial (de *credencia*) *adj.* Que acredita. -2 *f.* Carta credencial: *las credenciales de un ministro.* 3 Documento que sirve para que a un empleado se le dé posesión de su plaza.

credenciero *m.* El que tenía a su cuidado la credencia, y solía hacer la salva antes de que bebiera su señor.

credibilidad *f.* Calidad de creíble.

crediticio, -cia *adj.* Relativo al crédito público y privado.

crédito (l. *-tu*) *m.* Asenso: *dar ~,* creer. 2 Reputación, fama, autoridad. 3 COM. Opinión que goza una persona de que satisfará puntualmente los compromisos que contraiga: *dar a ~,* prestar dinero sin otra seguridad que la del crédito de aquel que lo recibe; *abrir un ~,* autorizar a uno por medio de documento para que pueda recibir de otro la cantidad que necesite o hasta cierta suma. 4 Carta de crédito. 5 *~ abierto,* letra abierta. 6 Derecho que uno tiene a recibir de otro alguna cosa, por lo común dinero. 7 Plazo concedido para el pago de una deuda.

credo (l. *creo,* primera palabra del símbolo) *m.* Oración ordenada por los apóstoles que contiene los principales artículos de la fe católica. 2 Parte de la misa en que se reza o canta dicha oración. 3 fig. Conjunto de doctrinas comunes a una colectividad.

FR. *Que canta el credo,* expr. fam. con que se pondera lo extraordinario de una cosa. *Loc. adv.* fig. *en un credo,* en breve espacio de tiempo.

crédulamente *adv. m.* Con credulidad.

credulidad *f.* Calidad de crédulo.

SIN. **Tragaderas, tragadero,** (ambos fam.).

crédulo, -la (l. *-lu*) *adj.* Que cree fácilmente.

creederas *f. pl.* fam. Demasiada facilidad en creer: *¡buenas ~ tienes!*

creedero, -ra *adj.* Creíble, verosímil.

creedor, -ra *adj.* Crédulo.

creencia (v. *credencia*) *f.* Firme asentimiento y conformidad con alguna cosa. 2 Completo crédito prestado a un hecho o noticia. 3 Religión, secta.

SIN. *2* **Fe, confianza.**

creer (l. *credere*) *tr.* Dar por cierta [una cosa que no está comprobada o demostrada]: *creo lo que tú dices; ~ de ligero,* dar crédito o asenso a las cosas, sin suficiente fundamento. 2 Tener fe [en las verdades reveladas por Dios y propuestas por la Iglesia]: *estas verdades créelas; creo en Dios y en su Iglesia; y el padre exclamó: creo;* en gral., tener fe [en los dogmas de una religión]. 3 Pensar, juzgar, conjeturar: *el pueblo cree que tú eres la causa de sus desgracias; yerras si crees que eso es cierto; se creían felices en su dirección y gobierno.* 4 Tener [una cosa] por verosímil o probable: *dentro de ocho días creo que volveré.* ◇ **CONJUG. [61] como ***leer.*** ◇INCOR.: *es de creerse,* por es de creer.

FR. *¡Ya lo creo!* es evidente, no cabe duda. GRAM. En la lengua hablada hay hoy en día fuerte tendencia a hacerlo pronominal. Es correcto y lit. usarlo así en sentido atributivo, en la acep. de juzgarse, estimarse, pensar en sí mismo: *me creo feliz; te creías rico; se cree sabio.* En cambio, se siente gralte. como vulg. cuando le acompaña un compl. directo: *no te lo creas; ella se ha creído que volverá,* y más en la frs. madrileñas *¡qué te crees tu eso!; ¡qué te lo has creído!.*

crehuela *f.* Crea ordinaria y floja.

SIN. **Coleta, coletilla.**

creíble *adj.* Que puede o merece ser creído.

creíblemente *adv. m.* Probablemente, verosímilmente, según se cree.

creído, -da *adj.* Crédulo, confiado. 2 fam. [pers.] Vanidoso, orgulloso, muy pagado de sí mismo.

I) crema (fr. *crème* < gr. *chrisma,* ungüento) *f.* Nata de la leche. 2 *~ catalana,* natillas espesas tostadas por encima con plancha de hierro candente. 3 *~ pastelera,* crema compuesta de yemas, leche, azúcar, aromatizada con café, vainilla, etc. Se emplea para relleno o adorno de toda clase de pasteles. 4 Sopa espesa. 5 Confección para suavizar el cutis, de consistencia pastosa. 6 Betún para el calzado. 7 Licor dulce y espeso. -8 *adj.* De color beige. 9 fig. Que es lo más excelente de su clase. 10 fig. [sociedad] Elegante y distinguida.

II) crema (gr. *trema*) *f.* GRAM. Diéresis.

cremá *f.* En la ciudad de Valencia, quema de las fallas la noche de San José.

cremación (l. *crematione*) *f.* Acción de quemar. 2 Incineración de los muertos.

SIN. *1* Es voz docta; en el habla corriente, **quema, quemazón.**

cremallera (l. v. **cremáculu,* caramilleras, llares) *f.* Barra metálica con dientes en uno de sus cantos para engranar con un piñón. 2 Cierre que se aplica a una abertura longitudinal en prendas de vestir, bolsos y cosas semejantes. 3 Ferrocarril de montaña caracterizado por tener los rieles en fuerte pendiente y dentados, en los que engranan las ruedas de los vagones

FR. fig. y fam., *echar la ~,* cerrar la boca, callarse.

crematista *adj.-s.* Partidario de la cremación de los muertos.

crematística (gr. *chrematistiké* < *chrémata,* las riquezas) *f.* Economía política; esp., parte de la economía política que se refiere al dinero. 2 Interés pecuniario de un negocio.

crematístico, -ca *adj.* Relativo a la crematística.
SIN. v. **Pecuniario.**
crematofobia (gr. *chrémata*, dinero + *-fobia*) *f.* Temor morboso al dinero.
crematorio, -ria *adj.* Relativo a la cremación de los cadáveres y materias deletéreas. -2 *m.* Edificio destinado a la incineración de cadáveres.
cremento (l. *-tu*) *m.* p. us. Incremento.
cremería *f. Argent.* Establecimiento agrícola donde se preparan algunos productos lácteos, como la crema, el queso y la mantequilla.
cremómetro (*crema* + *-metro*) *m.* Instrumento para medir la cantidad de manteca contenida en la leche.
cremona (fr. *crémone*) *f.* Artificio para asegurar puertas y ventanas, consistente en dos varillas de hierro que con un mismo movimiento de un puño o manubrio entran en huecos dispuestos al efecto en las partes superior o inferior del marco.
cremonés, -nesa *adj.-s.* De Cremona, c. de Italia.
crémor (l., nata) *m.* Tartrato ácido de potasa, usado como purgante en medicina y como mordiente en tintorería: ~ *tártaro.*
cremoso, -sa *adj.* De la naturaleza o aspecto de la crema. 2 Que tiene mucha crema.
crenado, -da *adj.* BOT. [margen de las hojas] Provisto de dientes redondeados y someros.
crencha *f.* Raya que divide el cabello en dos partes. 2 Esta misma parte.
SIN. *1* **Raya; carrera**, p. us.; **partidura.**
crenchar *tr.* Hacer raya en el pelo.
crenoterapia (gr. *kréne*, manantial + *-terapia*) *f.* Tratamiento terapéutico que utiliza las aguas minerales.
crenulado, -da *adj.* Que presenta el borde cortado en festones muy pequeños.
creolina *f.* FARM. Preparación líquida negruzca, espesa, de creosota de hulla y jabones resinosos; es desorizante y desinfectante.
creosota (gr. *kreas*, carne + *soxo*, conservar) *f.* Líquido aceitoso, de sabor urente y cáustico, obtenido de la destilación de la madera, el alquitrán, etc., que se emplea mucho como antiséptico y para preservar de la putrefacción.
creosotado, -da *adj.* Que contiene creosota.
creosotar *tr.* Impregnar de creosota [la madera].
crep (fr. *crêpe*) *m.* Crepé.
crepar *tr.* GALIC. Crespar o encrespar [el cabello].
crepé (fr. *crêpé* < l. *crispu*, rizado) *m.* Cabellos postizos y rizados que se emplean para abultar el tocado o para hacer barbas y bigotes. 2 Tejido de lino, y gralte. de algodón, que presenta relieves en la superficie; se usa mucho para mantelería. V. crespón. 3 Caucho esponjoso utilizado en la fabricación de calzados.
crepe (fr. *crêpe*) *f.* Especie de torta muy fina y ligera, dulce o salada, hecha en la sartén y que puede ir rellena con los más variados alimentos.
crepidoma *f.* Basamento de un templo, en especial del griego, formado por tres escalones o gradas.
crepitación *f.* Acción de crepitar. 2 Efecto de crepitar. 3 Ruido que producen al rozarse los extremos de un hueso fracturado, y, a veces, el aire al penetrar en los pulmones.
crepitante *adj.* Que crepita.
crepitar (l. *-are*) *intr.* Hacer un ruido semejante a los chasquidos de la leña que arde.
crepuscular *adj.* Relativo al crepúsculo. 2 [estado de ánimo semiconsciente] Que se produce inmediatamente antes o después del sueño, o bien a consecuencia de accidentes patológicos o de anestesia general. 3 ZOOL. [animal] Que busca su alimento pralte. durante el crepúsculo.
crepusculino, -na *adj.* Crepuscular.
crepúsculo (l. *-lu*) *m.* Claridad que hay al amanecer y al anochecer. 2 Tiempo que dura esta claridad. 3 fig. Decadencia.
SIN. **Lubricán.**
crequeté *m. Cuba.* Caracatey.
cresa *f.* En algunas partes, conjunto de huevos puestos por la reina de las abejas. 2 Larva de ciertos dípteros, que se alimenta de materias orgánicas en descomposición. 3 Montón de huevecillos que ponen las moscas sobre las carnes.
SIN. **Queresa, querocha.** *1* En otros lugares se llama **moscarda.** *2* **Saltón,** la que suele criarse en el tocino y el jamón.
crescendo (it.) *m.* MÚS. Aumento gradual de la intensidad del sonido. 2 Pasaje musical que se ejecuta de esta manera.
creso (de *Creso*, 560-546 a. C., rey de Lidia) *m.* fig. El que posee grandes riquezas.
crespar *tr.* Encrespar [el cabello] con el peine para que, al peinarlo, abulte más.
crespilla *f.* Colmenilla.
crespillo *m. Murc.* Pasta o galleta muy tostada y dura que se hace con harina, huevo, azúcar, aceite y aguardiente. 2 *Hond.* Bejuco que hecha unas panojas de flores en forma de cabellos blancos *(Clematis dioica).*
crespina (l. *crispu*, crespo) *f.* Cofia que usaban las mujeres para recoger el pelo.
crespo, -pa (l. *crispu*) *adj.* Encarrujado, retorcido: *planta de hojas crespas; cabello* ~. 2 [estilo] Artificioso y obscuro. 3 fig. Irritado, alterado. -4 *m.* Bucle, rizo.
Crespo (Pedro ~) *n. pr.* Protagonista de los dramas de Lope (1562-1635) y Calderón (1600-1681) titulados *El Alcalde de Zalamea*. Es la encarnación del honor y de la justicia inflexible.
crespón (de *crespo*) *m.* Tejido ligero, caracterizado por presentar una superficie arrugada y mate, a causa de la poca densidad de urdimbre y trama, y pralte. por la elevada torsión de la trama, o de la urdimbre y trama a la vez. Se fabrica de seda, rayón, algodón y estambre, y se tiñe en todos los colores; a menudo en negro para lutos. Sus muchas variedades tienen nombres, esp. ~ o *crep de la China; crep georget; crep marroquén; crep satén.*
cresta (l. *crista*) *f.* Carnosidad roja que tienen en la cabeza el gallo y algunas otras aves. 2 Penacho (plumas). 3 Protuberancia de poca extensión y altura que ofrecen algunos animales, aunque no sea carnosa ni de pluma. 4 fig. Cumbre peñascosa de una montaña. 5 Cima de una ola coronada de espuma. 6 fig. Cabeza de las personas. 7 ~ ***de gallo***, gallocresta (planta labiada). 8 ARQ. Elemento de una cresteria. 9 ARQ. Decoración de los arcos y nervios de la bóveda de crucería. 10 FORT. ~ ***de la explanada***, extremidad más alta de la explanada. 11 *Colomb.* Objeto amado, amores.
crestado, -da *adj.* Que tiene cresta.
crestería (de *cresta*) *f.* Adorno ojival de labores caladas, que se colocaba en las partes altas de los edificios. 2 FORT. Almenaje de las ant. fortificaciones. 3 FORT. Conjunto de las obras de defensa superiores.
crestomatía (gr. *chrestomátheia* < *chrestós*, útil y *manthano*, aprender) *f.* Colección de escritos selectos para la enseñanza.
SIN. **Antología** y **florilegio** no tienen necesariamente carácter docente, aunque lo tienen con frecuencia. **Analectas** y **selectas** son menos usuales.
crestón *m.* Aum. de *cresta*. 2 Parte superior de la celada, en la cual se ponían las plumas. 3 Parte superior de un filón o de una masa de rocas, cuando sobresale en la superficie del terreno. 4 *Colomb.* Muchacho enamoricado.
SIN. *3* **Farallón, farellón.**
crestudo, -da *adj.* Que tiene mucha cresta. 2 fig. Orgulloso.
creta (l. greda) *f.* Carbonato de cal terroso.
cretáceo, -a (l. *-eu*) *adj.-s.* Cretácico. -2 *adj.* Gredoso.
cretácico, -ca *adj.-m.* Tercer y último período geológico de la era secundaria o mesozoica que sigue al jurásico, y terreno a él correspondiente. -2 *adj.* Perteneciente o relativo a dicho período.
cretense (l.) *adj.-s.* De Creta, isla griega en el este del Mediterráneo. -2 *adj.-m.* Dialecto dórico hablado antiguamente en esta isla.
crético, -ca *adj.* Cretense. -2 *m.* Anfímacro.
cretinismo *m.* Enfermedad, gralte. endémica, propia de las regiones montañosas, caracterizada por una detención del desarrollo físico y mental, acompañada de deformidades. 2 fig. *y* fam. Estupidez.
cretino, -na (fr. *crétin* < l. *christianu*, cristiano) *adj.-s.* Que padece de cretinismo. 2 fig. Estúpido, necio.
cretona (fr. *cretonne* < *Creton*, lugar de Francia) *f.* Tela de algodón, blanca o estampada.
creyente *adj.-s.* Que cree.
crezneja *f.* Crizneja.
cría *f.* Acción de criar a los hombres, o a las aves, peces y otros animales. 2 Efecto de criar a los hombres, o a las aves, peces y otros animales. 3 Niño o animal mientras se está criando. 4 Conjunto de hijos que tienen de un parto, o en un nido, los animales. 5 *Amér.* Prosapia, estirpe.
REL. *3* Los nombres de las crías de los animales se hallarán en el artículo correspondiente a éstos, p. ej., *pollino* y *lobezno*, en *asno* y *lobo*. SIN. *4* v. **Lechigada.**
criada (v. *criado*) *f.* Moza (pala).
criadero, -ra *adj.* Fecundo en criar. -2 *m.* Lugar donde se trasplantan los árboles para que se críen. 3 Lugar destinado para la

cría de los animales. 4 MIN. Agregado de substancias inorgánicas de útil explotación, que naturalmente se hallan entre la masa de un terreno.
SIN. *2* **Plantel.** *4* **Mina, venero.**
criadilla *f.* Testículo de ciertos animales destinado al consumo alimenticio. 2 Patata (tubérculo). 3 fig. Panecillo que tiene la hechura de las criadillas del carnero. 4 ~ ***de mar,*** nombre de ciertos pólipos alcionarios de figura globosa (gén. *Alcyonium).* 5 ~ ***de tierra,*** hongo ascomicete, de figura redondeada, negruzco por fuera y blanquecino o pardo por dentro, que se cría bajo tierra *(Tuber cibarium).* 6 Hongo himenogastral de forma esférica, parecido a la trufa, de color amarillo en un principio y pardo más tarde *(Rhizopogon luteolus).*
SIN. *5* **Trufa,** es una de sus variedades más apreciadas; **turma.**
criado, -da (de *criar*) ***adj.*** Con los adv. *bien* o *mal,* [pers.] de buena o mala crianza. -2 ***m. f.*** Persona que, mediante salario, se emplea, esp. en el servicio doméstico.
SIN. *2* **Fámulo** y **familiar** se usan en los medios eclesiásticos; **sirviente, servidor** y **doméstico** son voces más escogidas; **mozo, -za** se usan pralte. en los medios rurales, o designan a los que se ocupan en los menesteres más humildes; **menegilda, maritornes** son nombres burl. de la criada; es frecuente llamarla **sirvienta, muchacha de servir** o **de servicio.** REL. **Servicio** o **servidumbre,** conjunto de los criados de una casa.
criador, -ra ***adj.-s.*** Atributo dado sólo a Dios, como autor de la creación. -2 ***adj.*** Que nutre y alimenta. 3 [tierra o provincia] Que es abundante respecto de ciertas cosas. -4 ***m. f.*** Persona que tiene por oficio criar animales. -5 ***m.*** Vinicultor.
criaduelo, -la ***m. f.*** Dim. de *criado, -da.*
crialo ***m.*** Ave cuculiforme de unos 40 cms. de longitud, con la parte superior del cuerpo de color pardo, moteada de blanco, la parte inferior blancuzca, y la cola gris con los bordes blancos *(Clamator glandarius).*
criamiento (de *criar*) ***m.*** Renovación y conservación de alguna cosa.
criandera *f. Amér.* Nodriza.
criandero ***m.*** *Colomb.* Criador de animales.
crianza *f.* Acción de criar; esp. la recibida durante la lactancia. 2 Efecto de criar. 3 Época de la lactancia. 4 Envejecimieto de un vino. 5 Urbanidad, atención, cortesía: *buena, mala* ~. 6 *Chile.* Conjunto de hijos que nacen de los animales en una época determinada y se crían juntos. 7 *Chile.* Criadero de animales o árboles.
crianzo ***m.*** *And.* Pollino (asno).
criar (v. *crear*) ***tr.*** Producir [algo] de nada. 2 Producir [algo] los seres vivos o la naturaleza: *esta tierra cría gusanos; nuestros conejos crían a menudo.* 3 Nutrir, alimentar la madre o la nodriza [al niño] o el animal hembra [a sus cachorros]. 4 p. anal. Instruir y educar. 5 p. ext. Dar, originar, producir un lugar o país [personas, animales, plantas, cosas] que viven o están en él: *cría este suelo bellas zagalas; los toros que cría el Jarama; las encinas se crían en los montes.* 6 Estimular por arte u oficio la producción [de aves u otros animales domésticos]; seleccionarlos o cebarlos con fines industriales: ~ *gallinas, cerdos,* etc. 7 Cuidar [el vino ya fermentado] para mejorarlo. 8 Crear (instituir). 9 Hablando [de un expediente o negocio], entender en él desde sus principios. 10 Fomentar, dar ocasión [para alguna cosa]: ~ *una necesidad; el largo mandar cría soberbia.* -11 ***prnl.*** Producirse, hacerse. ◇ ** CONJUG. [13] como ***desviar.*** ◇ En las aceps. 1, 8 y 10 se usa con preferencia ***crear.***
criatura (l. *creatura*) *f.* Toda cosa criada. 2 Niño de poco tiempo. 3 Feto antes de nacer. 4 fig. Hechura (persona).
criazón *f.* Crianza de animales. 2 Conjunto de las crías de un animal. ◇ Aplicado a una familia humana es ant.
criba (l. *cribru*) ***m.*** Instrumento para cribar compuesto de un cerco de madera al cual está asegurado un cuero agujereado o una tela metálica. 2 Aparato mecánico que se emplea en agricultura para cribar semillas, o en minería para lavar y limpiar los minerales. 3 BOT. Tabique situado en el interior de los vasos cribosos de las plantas y que tiene pequeños orificios por los que pasa la savia descendente. 4 Molusco gasterópodo marino, provisto de una concha univalva de hasta 7 cms. de longitud, plana y con una serie de aberturas en la parte superior *(Haliotis lamellosa).* 5 fig. Separación de lo esencial de lo que no lo es, selección.
SIN. *1* **Harnero, cribo, zaranda.** *4* **Peneira, oreja de mar.**
cribado ***m.*** Acción de cribar. 2 Efecto de cribar. -3 ***adj.*** [carbón mineral] De tamaño reglamentario superior a 45 milímetros. -4 ***m.*** *Amér. Merid.* Especie de bordado a modo de agujerito. 5 *Argent.* Fleco del calzoncillo que asoma debajo del chiripá.
cribador, -ra ***adj.-s.*** Que criba.
cribar (l. *cribrare*) ***tr.*** Pasar [una semilla, un mineral, etc.] por la criba, para limpiarlo de impurezas o separar las partes menudas de las gruesas. 2 *R. de la Plata.* Hacer cribos (bordados).
SIN. **Acribar,** p. us.
cribelo (l. *cribellu;* dim. de *cribum,* cribo) ***m.*** ZOOL. Órgano que tienen muchas arañas en el abdomen y que también produce seda por estar provisto de glándulas adecuadas para ello.
cribete ***m.*** Especie de camastro.
cribillo ***m.*** Suelo agujereado que separa la cámara de combustión y la de cocción de un horno de cocer cerámica.
cribo ***m.*** Criba. 2 *R. de la Plata.* Cribado (bordado).
criboso, -sa (de *criba*) ***adj.*** BOT. [vaso] Que tiene cribas y sirve para conducir la savia descendente de los vegetales. 2 Agujereado como una criba.
cric (fr. *cric,* onomat.) ***m.*** Gato (máquina). 2 Onomatopeya de algunos ruidos. ◇ Pl.: *crics.*
crica *f.* Partes pudendas de la mujer.
cricoides (gr. *krikoeides* < *krikos,* anillo + *-oide*) ***adj.-m.*** Cartílago anular de la laringe que forma la parte inferior de este órgano. ◇ Pl.: *cricoides.*
cricquet (ing. *cricket*) ***m.*** Juego entre dos equipos formados por once jugadores, que consiste en tratar de derribar el rastrillo contrario, defendido por un jugador con una pala. ◇ Pl.: *cricquets.*
cri-cri, onomat. que imita el canto del grillo.
crimen (l.) ***m.*** Delito grave. 2 Delito que consiste en herir gravemente o matar a una persona. 3 fig. *y* fam. Acción muy mala.
Crimilda ***n. pr.*** En los *Nibelungos,* esposa de Sigfredo, inspiradora de la sangrienta venganza contra los asesinos de su marido, que llena gran parte del poema.
criminación *f.* Acción de criminar. 2 Efecto de criminar.
criminal ***adj.-s.*** Que ha cometido o procurado cometer un crimen. -2 ***adj.*** Relativo al crimen o que de él toma origen. 3 [ley, instituto o acción] Destinado a perseguir y castigar los crímenes.
SIN. *2* y *3* **Penal.**
criminalidad *f.* Calidad o circunstancia que hace que una acción sea criminosa. 2 Cómputo de los crímenes cometidos en un territorio y tiempo determinados.
criminalista ***adj.*** [escribano] Que actúa en el enjuiciamiento criminal. -2 ***com.*** Persona que por profesión o estudio se dedica al derecho penal.
criminalmente ***adv. m.*** Por la vía criminal. 2 Con criminalidad.
criminar (l. *-are*) ***tr.*** Acriminar. 2 fig. Censurar.
criminógeno, -na (l. *crimen, -inis,* crimen + *-geno*) ***adj.*** Que propicia la criminalidad.
criminología (l. *crimen, -inis,* crimen + *-logía*) *f.* Ciencia del delito, sus causas y su represión.
criminológico, -ca ***adj.*** Relativo a la criminología.
criminoso, -sa (l. *-su*) ***adj.*** Criminal. -2 ***m. f.*** Delincuente o reo.
crimno (gr. *krimnón*) ***m.*** Harina gruesa de espelta y de trigo, de que se hacen comúnmente las gachas o puches.
crin (l. *-ne*) *f.* Conjunto de cerdas que tienen algunos animales en la cerviz, en la parte superior del cuello y en la cola: *las crines del caballo.* 2 ~ ***vegetal,*** filamentos flexibles y elásticos que se obtienen de las hojas del esparto y de ciertas algas y musgos, y que se emplean en tapicería para rellenar.
crinado, -da ***adj.*** poét. Que tiene largo el cabello.
crinar (de *crin*) ***tr.*** Peinar.
crineja *f. Venez.* Crizneja, trenza.
crinejear ***tr.*** *Venez.* Hacer crinejas (trenzas).
crinera *f.* Parte superior del cuello de las caballerías donde nace la crin.
crinito (l. *-tu*) ***adj.*** Crinado. 2 V. cometa ~.
crinoide (l. *crine,* crin + *-oide*) ***adj.*** Que tiene forma de pelo.
crinoideo (l. *crine,* crin + *-oideo*) ***adj.-m.*** Animal de la clase de los crinoideos. -2 ***m. pl.*** Clase de equinodermos pelmatozoos, con el disco en forma de cono invertido y los brazos provistos de prolongaciones laterales en forma de barbas de pluma; la mayor parte viven fijos en los fondos marinos, como el lirio de mar.
crinolina *f.* GALIC. Miriñaque. 2 *Méj.* Deporte que consiste en que el lazador conserva la lazada de la reata en el aire y en círculo. 3 *Perú.* Atril de músico.
crinología (gr. *krino,* segregar + *-logía*) *f.* Parte de la fisiología que estudia las glándulas y sus secreciones.
REL. **Endocrinología,** si se ocupa esp. de las de secreción interna.

I) crio- (gr. *kryos,* frío glacial) Elemento prefijal que entra en la formación de palabras con el significado de frío intenso: *crioscopia.*
II) crio- (gr. *kriós,* carnero) Elemento prefijal que entra en la formación de palabras con el significado de carnero: *criocéfalo.*
crío ***m.*** fam. Niño o niña que se está criando.
criobiología (de *crio-* I + *biología*) ***f.*** Disciplina que se ocupa de la utilización de temperaturas muy bajas para la conservación de substancias biológicas, tejidos, células vivas, etc.
criocéfalo (*crio-* II + *-céfalo*) ***m.*** ARQUEOL. Esfinge que tenía cabeza de carnero.
criocirugía (*crio-* I + *cirugía*) ***f.*** Técnica quirúrgica que hace uso local de temperaturas muy bajas para la destrucción de formaciones proclives a la hemorragia.
crioclastia (*crio-* I + gr. *klastós,* fragmentado) ***f.*** Fragmentación de las rocas como consecuencia del fenómeno de dilatación producido por los efectos hielo-deshielo.
crioconito (*crio-* I + gr. *konis, -tos,* polvo) ***m.*** Fragmento de roca de tamaño muy reducido presente en la superficie de los glaciares y que al calentarse provoca la fusión del hielo por lo que da lugar a pequeñas cavidades.
criodesecación (*crio-* I + *desecación*) ***f*** FÍS. y QUÍM. Método de desecación en el vacío, a temperaturas inferiores a 0°.
criodeshidratación (*crio-* I + *deshidratación*) ***f.*** Liofilización.
crioelectrónica (*crio-* I + *electrónica*) ***f.*** Aplicación de las temperaturas muy bajas a la electrónica, con lo que se logran valores casi nulos de resistencia.
crióforo (*crio-* I + *-foro*) ***m.*** FÍS. Instrumento en el cual el agua llega a helarse por su propia evaporación.
crióforo (*crio-* II + *-foro*) ***m.*** Representación artística de un hombre que lleva un cordero a las espaldas.
criogenética ***f.*** Estudio de los fenómenos que se producen a temperaturas próximas al cero absoluto.
criogenia (*crio-* I + *-genia*) ***f.*** Rama de la física que se ocupa de la producción de temperaturas muy bajas.
criogénico, -ca ***adj.*** Que produce bajas temperaturas, o relativo a ellas.
criolacolito ***m.*** Abombamiento hemisférico del suelo de considerables dimensiones, debido a la acción del hielo que contiene en su interior; se produce sobre todo en las proximidades del polo.
criolita ***f.*** Fluoruro de aluminio y sodio, que cristaliza en el sistema monoclínico. Se usa para dar opacidad al vidrio.
criollaje ***m.*** *Argent.* Conjunto de criollos.
criollera ***f.*** *Colomb.* Cobardía.
criollismo ***m.*** Los criollos, tomados en general. 2 Modo de ser de los criollos. 3 Vocablo, giro o modo de expresión propio de los criollos. 4 Amor o apego a las cosas propias de los criollos. 5 Tendencia literaria de signo realista que surgió en Hispanoamérica a finales del siglo XIX.
criollización ***f.*** Fenómeno de hibridación entre diversas culturas y grupos étnicos.
criollo, -lla (port. *crioulo* < *criar*) ***adj.-s.*** Hijo de padres europeos, nacido en cualquier otra parte del mundo. 2 Negro nacido en América, por oposición al que ha sido traído de África. 3 Americano descendiente de europeos. 4 *Perú.* Descendiente de europeo y mestiza. 5 *Perú.* Mulato. 6 *Perú.* ~ ***mestizo,*** descendiente de blanco y amarilla. -7 ***adj.*** [cosa o costumbre] Propio de los países americanos. 8 [lengua o dialecto] Derivado de lenguas europeas y hablado por algunos pueblos de razas de color. -9 ***m.*** Especie de cambur. -10 ***adj.*** *Colomb.* [raza de gallos] Corpulento y muy cobarde. 11 *Colomb.* Cobarde, por alusión a esta raza de gallos. 12 *Perú.* Nacional, en contraposición a extranjero.
criología ***f.*** Crioscopia.
crioluminiscencia (*crio-* I + *luminiscencia*) ***f.*** FÍS. Emisión de luz por ciertos cuerpos cuando están sometidos a temperaturas muy bajas.
criomagnetismo (*crio-* I + *magnetismo*) ***m.*** FÍS. Conjunto de las propiedades magnéticas que se manifiestan cuando los cuerpos se hallan sometidos a temperaturas muy bajas.
criometría (*crio-* I + *-metría*) ***f.*** FÍS. Medida de las temperaturas de congelación.
criómetro (*crio-* I + *-metro*) ***m.*** FÍS. Termómetro para temperaturas muy bajas.
crioscopia (*crio-* I + *-scopia*) ***f.*** Parte de la física que estudia los fenómenos relativos al frío.
SIN. **Criología.** REL. Adj. der. **crioscópico, -ca,** *punto crioscópico,* punto de congelación.
criostato (*crio-* I + *-stato*) ***m.*** FÍS. Aparato que se usa para mantener una temperatura muy baja y constante mediante el uso de gases licuados.
criotécnica (*crio-* I + *técnica*) ***f.*** Conjunto de las aplicaciones tecnológicas de las temperaturas muy bajas.
crioterapia (*crio-* I + *-terapia*) ***f.*** Procedimiento terapéutico que utiliza el frío en el tratamiento de ciertas enfermedades.
criotropismo (*crio-* I + *tropismo*) ***m.*** Tropismo estimulado por la acción del frío.
crioturbación (*crio-* I + *turbación*) ***f.*** Cambio de posición de las partículas de un suelo por la influencia de las alternancias del hielo y deshielo en los países de régimen glacial.
cripta (l. *crypta* < gr. *krypto,* esconder; doble etim. *gruta*) ***f.*** Lugar subterráneo en que se acostumbra enterrar a los muertos. 2 Piso subterráneo destinado al culto en una iglesia. 3 Estancia o edificación subterránea de un edificio. 4 Subterráneos de un teatro. 5 BIOL. Oquedad más o menos profunda en el parénquima de los órganos.
SIN. *1* **Bóveda.**
críptico, -ca ***adj.*** Perteneciente o relativo a la criptografía. 2 Obscuro, enigmático.
cripto- (gr. *kryptós,* oculto) Elemento prefijal que entra en la formación de palabras con el significado de oculto: *criptografía.*
criptoanálisis (*cripto-* + *análisis*) ***m.*** Arte de descifrar criptogramas.
criptocristalino, -na (*cripto-* + *cristal*) ***adj.*** [mineral] Que presenta cristales muy pequeños, por lo que externamente parece no estar cristalizado.
criptógamo, -ma (*cripto-* + *-gamo*) ***adj.*** BOT. Que no tiene manifiestos los órganos sexuales. -2 ***adj.-s.*** Planta que no se reproduce por semillas formadas en flores.
CONTR. Las plantas que tienen manifiestos sus órganos sexuales se llaman **fanerógamas.**
criptografía (*cripto-* + *-grafía*) ***f.*** Arte de escribir con clave secreta o de un modo enigmático.
criptográfico, -ca ***adj.*** Relativo a la criptografía.
criptógrafo, -fa ***m. f.*** Persona experta en criptografía. -2 ***m.*** TECNOL. Aparato que permite hacer con facilidad la combinación de letras empleadas en la escritura cifrada.
criptograma (*cripto-* + *-grama*) ***m.*** Documento cifrado.
criptón ***m.*** Gas raro, monoatómico, incoloro e inodoro, de número atómico 83,7. Fue descubierto por el químico inglés Ramsay (1852-1916) y se usa en ciertas lámparas eléctricas de gas.
criptopórtico (*cripto-* + *pórtico*) ***m.*** ARQ. Pórtico, pasillo o galería subterránea.
criptorquidia (*cripto-* + gr. *orchis,* testículo) ***f.*** MED. Ausencia de uno o ambos testículos en el escroto.
SIN. **Anorquidia.**
crique (ing. *creak*) ***m.*** *Hond.* Riachuelo.
críquet ***m.*** Cricquet.
cris ***m.*** Arma blanca, propia de Filipinas, que suele tener la hoja serpenteada. ◇ Pl.: *crises.*
cris-, v. criso-.
crisálida (l. *chrysallide* < gr. *chrysós,* oro) ***f.*** Ninfa (insecto). 2 Caja o capullo de la ninfa. 3 Fase inactiva de la vida de algún insecto.
crisantema ***f.*** Crisantemo.
crisantemo (*cris-* + *-antemo*) ***m.*** Planta compuesta de jardín, de hojas alternas, verdes por el haz y blanquecinas por el envés, y cabezuelas solitarias o reunidas en corimbo, grandes y de colores variados *(Chrysanthemum indicum).* 2 Flor de esta planta.
criselefantino, -na (*cris-* + *elefantino*) ***adj.*** De oro y marfil.
crisis (l. < *krisis*) ***f.*** Mutación considerable que acaece en una enfermedad, ya sea para mejorarse, ya para agravarse el enfermo. 2 Mutación importante en el desarrollo de otros procesos, ya de orden físico, ya históricos o espirituales. 3 p. ext. Momento decisivo y grave de un negocio, de la política, etc.: ~ ***ministerial,*** situación de un ministerio desde el momento en que dimiten uno o varios de sus miembros, hasta aquel en que se nombran los que han de substituirlos. 4 Situación difícil y comprometida. 5 Escasez, carestía. 6 Juicio que se hace de una cosa después de haberla examinado cuidadosamente. ◇ Pl.: *crisis.*
SIN. *6* Más gralte., **criterio.**
crisma (l. y gr. *chrisma* < gr. *chrio,* ungir) ***amb.*** Aceite y bálsamo mezclados que consagran los obispos el Jueves Santo para ungir a los que se bautizan, confirman u ordenan. 2 fig. *y* fam. Cabeza de persona.
FR. En el lenguaje fam. ús. como femenino. *Romper la ~ a uno,* descalabrarle. REL. *1* **Olivera,** vaso en que se guarda.

crismera *f.* Vaso o ampollla, gralte. de plata, en que se guarda el crisma.
crismón (de *crisma*) *m.* Monograma de Cristo compuesto por las letras mayúsculas X y P entrelazadas, o P cruzada en su trazo vertical por una barra horizontal.
SIN. **Lábaro.**
crisneja *f.* Crizneja.
criso-, cris- (gr. *chrysós,* oro) Elemento prefijal que entra en la formación de palabras con el significado de oro: *crisoterapia.*
crisobalanáceo, -a *adj.-s.* BOT. Planta leñosa angiosperma, dicotiledónea, siempre verde, que vive en los países tropicales, esp. en la América Meridional. -2 *f. pl.* Familia de estas plantas.
crisoberilo (gr. *chrysobéryllos* < *criso-* + *berilo*) *m.* Piedra preciosa, aluminato de berilo con óxido de hierro, de color verde amarillento.
crisocianosis (*criso-* + *cianosis*) *f.* MED. Pigmentación obscura, violada, metálica, de la piel, como consecuencia de la inyección de sales de oro.
crisocola (*criso-* + *kólla*) *f.* Silicato del grupo de los ciclosilicatos, de color verde o azul verdoso y tiene brillo vítreo o terroso. 2 ARQUEOL. Substancia que los antiguos empleaban para soldar el oro.
crisoelefantino, -na *adj.* Criselefantino.
crisofíceo, -a (*criso-* + gr. *phycos,* alga) *adj.-f.* Alga de la clase de las crisofíceas. -2 *f. pl.* Clase de algas dentro del tipo crisófitos.
crisófitos (*criso-* + *-filo*) *m. pl.* Tipo de algas en el que se incluyen especies doradas o pardo amarillentas debido a la xantofila; presentan dos undulipodios diferentes.
crisol (b. l. *crucibolus,* lámpara de cuatro mechas en cruz) *m.* Cavidad en la parte interior de un alto horno en el que se acumula el metal fundido. 2 Objeto de metal o pieza de un equipo, fabricado para verter metal fundido dentro de un molde de manera que adquiera la forma requerida. 3 fig. Prueba.
crisolada *f.* Porción de metal derretido que cabe en el crisol.
crisolar (de *crisol*) *tr.* Acrisolar.
crisólito (gr. *chrysólithos* < *criso-* + *-lito*) *m.* Silicato nativo de hierro y magnesio, de color verdoso. 2 ~ ***de los volcanes,*** silicato de magnesia de color aceitunado, pardo, rojo o negro. 3 ~ ***oriental,*** piedra preciosa, silicato de alúmina de color amarillo verdoso.
crisólofo, -fa (*criso-* + gr. *lóphos,* penacho) *adj.* ZOOL. Que tiene el penacho dorado.
crisomélido *adj.-s.* Insecto de la familia de los crisomélidos. -2 *m. pl.* Familia de insectos coleópteros herbívoros; son escarabajos de pequeño tamaño, cuerpo generalmente ovalado y de colores vistosos; como el escarabajo de la patata.
crisopa *f.* Insecto neuróptero de tamaño mediano, de color verde, con antenas filiformes y pocas venas longitudinales *(Chrysopa septempunctata).*
crisopacio *m.* Crisoprasa.
crisopeya (de *criso-* + gr. *poieo,* hacer) *f.* Arte con que se pretendía convertir los metales en oro.
SIN. v. **Alquimia.**
crisoprasa (gr. *chrysóprasos*) *f.* Ágata de color verde manzana.
crisoterapia (*criso-* + *-terapia*) *f.* MED. Tratamiento mediante sales de oro, en determinadas enfermedades.
SIN. **Auroterapia.**
crispación *f.* Irritación.
crispadura *f.* Crispamiento.
crispamiento *m.* Crispatura, crispación.
crispar (l. *-are*) *tr.* Causar contracción repentina y pasajera [en los músculos de una parte del cuerpo]. -2 *tr.-prnl.* fig. *y* fam. Irritar.
crispatura *f.* Efecto de crispar o crisparse.
crispilla *f.* Crespilla, colmenilla, hongo.
crispir *tr.* Salpicar de pintura [una obra] para imitar una piedra de grano, y esp. el pórfido.
crista (l.; doble etim. *cresta*) *f.* BLAS. Crestón (celada).
cristal (l. *crystallu* < gr. *krystallos*) *m.* Cuerpo formado por la solidificación en determinadas condiciones de ciertas substancias que han sido fundidas o disueltas y que toma la forma de un sólido geométrico más o menos regular: ~ ***de roca,*** cuarzo cristalizado, incoloro y transparente; ~ ***tártaro,*** tártaro purificado y cristalizado. 2 Vidrio pesado, brillante y muy transparente, que resulta de la fusión de arena silícea con potasio y minio; se usa para hacer prismas, lentes, vajilla fina, etc.: ~ ***hilado,*** cristal fundido y estirado en forma de hilos; ~ ***tórico,*** cristal para lentes correctoras de la vista, una de cuyas superficies, gralte. la interior, tiene la doble curvatura del toro y permite corregir el astigmatismo en todo el campo de visión del ojo. 3 Hoja de cristal o vidrio con que se forman las vidrieras, ventanas, etc. 4 fig. Espejo. 5 Objeto de cristal. 6 Tela de lana muy delgada y con algo de lustre. 7 *Amér.* Copa, vaso. 8 *Ant.* Jalea. 9 *Cuba.* Mucílago de vegetales.
SIN. *3* y *4* **Luna,** cristal de un espejo, de un escaparate, etc.
cristalería *f.* Establecimiento donde se fabrican o venden objetos de cristal. 2 Conjunto de estos mismos objetos. 3 Arte de fabricar objetos de cristal. 4 Conjunto de hojas de cristal o vidrio de un armario.
cristalero, -ra *m.* El que coloca cristales. -2 *m. f.* Persona que trabaja en cristal o que lo vende. -3 *f.* Armario con cristales. 4 Aparador. 5 Cierre o puerta con cristales. -6 *m. R. de la Plata.* Armario para guardar la cristalería.
cristalino, -na *adj.* De cristal o parecido a él. -2 *m.* Cuerpo transparente, en forma de lente biconvexa, situado detrás de la pupila del ojo y destinado a hacer converger los rayos luminosos de manera que formen imágenes sobre la retina.
cristalizable *adj.* Que se puede cristalizar.
cristalización *f.* Acción de cristalizar o cristalizarse. 2 Efecto de cristalizar o cristalizarse. 3 Cosa cristalizada.
cristalizador *m.* Recipiente usado en los laboratorios, donde se vierten las disoluciones para que cristalicen.
cristalizar *intr.-prnl.* Tomar ciertas substancias la forma cristalina. 2 fig. Tomar forma clara y precisa las ideas o sentimientos de una persona o colectividad. -3 *tr.* Hacer tomar la forma cristalina [a ciertas substancias]. ◇ ** CONJUG. [4] como ***realizar.***
cristalo- (gr. krystallos, cristal) Elemento prefijal que entra en la formación de palabras con el significado de cristal, vidrio: *cristalografía.*
cristaloblástesis (*cristalo-* + gr. *blastos,* germen) *f.* GEOL. Crecimiento simultáneo de cristales en condiciones de presiones dirigidas y alta viscosidad que se dan en los procesos metamórficos. ◇ Pl.: *cristaloblástesis.*
cristaloeléctrico, -ca (*cristalo-* + *eléctrico*) *adj.* FÍS. [fenómeno eléctrico] Provocado por el calor en algunos cristales.
cristalofísica (*cristalo-* + *física*) *f.* Parte de la cristalografía que estudia las propiedades físicas de los cuerpos cristalinos.
cristalofísico, -ca *adj.* FÍS. Referente a las propiedades físicas de los cristales.
cristalografía (*cristalo-* + *-grafía*). *f.* Rama de las ciencias naturales que tiene por objeto el estudio de los cristales (cuerpos).
cristalográfico, -ca *adj.* Relativo a la cristalografía.
cristaloide *m.* Substancia que, en disolución, atraviesa las láminas porosas que no dan paso a los coloides.
cristaloideo, -a *adj.* Relativo a los cristaloides.
cristalometría (*cristalo-* + *-metría*) *f.* Conocimiento de las propiedades matemáticas de los cristales; ciencia de medirlos y regularizarlos.
cristaloquímica (*cristalo-* + *química*) *f.* Parte de la cristalografía que estudia las relaciones entre la composición química y la forma cristalina.
cristel *m.* Clister.
cristero, -ra (del grito *¡Viva Cristo Rey!*) *adj.-s.* Combatiente o partidario del alzamiento antirrevolucionario y clerical iniciado en Méjico en el año 1926.
cristianamente *adv. m.* Con cristiandad.
cristianar (de *cristiano*) *tr.* fam. *y* pop. Bautizar (sacramento).
cristiandad (b. l. *christianitate*) *f.* Conjunto de los fieles que profesan la religión cristiana. 2 Conjunto de países de religión cristiana. 3 Observancia de la ley de Cristo.
cristianesco, -ca *adj.* Morisco imitando lo cristiano.
cristianísimo, -ma (superl. de *cristiano*) *adj.* Renombre que se aplicaba a los reyes de Francia.
cristianismo *m.* Religión cristiana. 2 Conjunto de los cristianos. 3 Bautizo.
cristianización *f.* Acción de cristianizar. 2 Efecto de cristianizar.
cristianizar (b. l. *christianizare*) *tr.* Conformar [una cosa] con el dogma o con el rito cristiano. 2 Influir las ideas, costumbres, etc., de los cristianos [en gentes que no lo son]. ◇ ** CONJUG. [4] como ***realizar.***
cristiano, -na (l. *christianu* < gr. *christianós*) *adj.-s.* Que profesa la fe de Cristo: ~ ***nuevo,*** el que se convierte al cristianismo

y se bautiza siendo adulto; ~ *viejo*, el que desciende de cristianos, sin mezcla conocida de moro, judío o gentil. -2 *adj.* Relativo a la religión de Cristo y arreglado a ella: *doctrina* ~. 3 irón. [vino] Aguado. -4 *m.* Hermano o prójimo. 5 Persona o alma viviente. 6 fam. Lengua española en oposición a otra. 7 *Amér. Central.* Cándido, bonachón.
SIN. *1* **Nazareno**, esp. entre los gentiles.
cristina *f.* Fruta de sartén hecha a base de harina, huevo y anís.
cristino, -na *adj.-s.* Partidario de doña Isabel II (1830-1904) bajo la regencia de su madre doña María Cristina de Borbón (1806-1878), contra el pretendiente don Carlos (1788-1855).
Cristo (l. *Cristu* < gr. *christós, ungido*) *m.* El Hijo de Dios hecho hombre. 2 Crucifijo.
cristobalense *adj.-s.* De San Cristóbal, capital del estado venezolano de Tachira. 2 De San Cristóbal Las Casas, ciudad del estado mejicano de Chiapas.
cristobalina *f.* Hierba de San Cristobal.
cristobalita *f.* Mineral de la clase de los óxidos con dos formas que cristalizan respectivamente en el sistema cúbico y tetragonal, incoloro, translúcido y con brillo vítreo.
cristobita *com.* Marioneta.
cristofarina *f.* Hierba de San Cristobal.
cristofué *m. Venez.* Pájaro algo mayor que la alondra, de color entre amarillo y verde *(gén. Saurophagus).*
cristología (*Cristo* + *-logía*) *f.* Tratado de lo relativo a Cristo.
cristológico, -ca *adj.* Relativo a la cristología.
cristus (l. *Christus*, Cristo) *m.* Cruz que precede al abecedario en la cartilla. 2 ant. Abecedario. ◇ Pl.: *cristus.*
crisuela (ant. *crisuelo*, candil < *crisol*) *f.* Cazoleta inferior del candil.
criterio (gr. *kritérion* < *krino*, juzgar) *m.* LÓG. Carácter o propiedad de una persona o cosa por el que podemos formular un juicio de valor sobre ellas: ~ *de la verdad.* 2 Juicio o discernimiento. 3 Opinión, ideas que una persona tiene sobre cualquier asunto.
criteriología (*criterio* + *-logía*) *f.* Parte de la lógica que estudia los criterios de la verdad.
criteriológico, -ca *adj.* Perteneciente o relativo a la criteriología.
critérium *m.* Competición deportiva no oficial, con participantes de alta categoría. 2 En hípica, carrera en la que se dirime la superioridad de una montura de una generación determinada.
crítica (v. *crítico*) *f.* Arte de juzgar el valor, las cualidades y los defectos de una obra artística, literaria, etc. 2 Juicio o conjunto de juicios críticos sobre una obra artística, literaria, etc. 3 Conjunto de críticos de arte, literatura, etc. 4 Acción de censurar las acciones o la conducta de uno, o de hacer notar los defectos de una cosa. 5 Murmuración.
criticable *adj.* Que se puede criticar.
criticador, -ra *adj.-s.* Que critica o es propenso a ello.
críticamente *adv. m.* Con sentido crítico.
criticar *tr.* Examinar y juzgar con espíritu crítico [una obra artística, literaria, etc.]. 2 Censurar [las acciones o la conducta de uno]; hacer notar [los defectos de una cosa]. ◇ ** CONJUG. [1] como *sacar.*
criticastro (de *crítico*) *m.* desp. El que sin conocimientos ni autoridad censura y satiriza las obras de ingenio.
criticidad *f.* Calidad o condición de crítico.
criticismo (gr. *krino*, examinar) *m.* FIL. Sistema filosófico que considera a la epistemología como una disciplina filosófica independiente y fundamental, previa por consiguiente a cualquier otra. 2 FIL. Doctrina epistemológica de Kant (1724-1804) que, en oposición al dogmatismo y al escepticismo, trató de mediar entre ambos afirmando que el conocimiento es posible en cuanto es conocimiento del fenómeno y no del nóumeno, y que la verdad es accesible por la aplicación a nuestras sensaciones de las formas puras y trascendentales de la sensibilidad y del entendimiento.
crítico, -ca (l. *-cu* < gr. *kriticós*) *adj.* Relativo a la crisis: *fase ~ de una enfermedad; momento* ~. 2 Relativo a un punto de transición en que alguna propiedad sufre un cambio finito: *temperatura* ~. 3 fig. Que decide la suerte de uno: *ocasión* ~. -4 *adj.-s.* Que juzga las cualidades y los defectos de una obra artística, literaria, etc.: *examen ~; un ~ literario.* -5 *adj.* FÍS. [condición] Que permite que un reactor inicie la reacción en cadena.
criticón, -cona *adj.-s.* desp. Que todo lo critica (censura).
critiqueo *m.* fam. Murmuración, crítica.
critiquizar (frecuent.) *tr.* desp. Criticar traspasando los justos límites de la crítica. ◇ ** CONJUG. [4] como *realizar.*
crizneja (l. *crine*, crin) *f.* Trenza de cabellos. 2 Soga o pleita.
SIN. *2* **Crezneja.**
croar (onomat.) *intr.* Cantar la rana.
SIN. **Groar**, p. us.
croata *adj.-s.* De Croacia, república de Yugoslavia. -2 *adj.-m.* Servocroata.
crocante (fr. *croquant*, piñonate) *m.* Guirlache.
croché (fr. *crochet*) *m.* Ganchillo (labor). 2 Ornamentación vegetal que anima las agujas y gabletes del gótico. 3 En boxeo, cierto golpe que se da con el brazo doblado en ángulo.
crocino, -na (l. *-nu*) *adj.* De azafrán.
crocitar (l. *-are*) *intr.* Crascitar.
croco (gr. *krokos*) *m.* Azafrán (planta).
croissant (voz francesa) *m.* Medialuna, bollo. ◇ Pl.: *croissants.*
croissantería *f.* Establecimiento donde se hacen o venden croissants.
crol (ingl. *crawl*) *m.* DEP. Manera de nadar consistente en un movimiento rotatorio de los brazos y en un movimiento de arriba abajo de los pies.
crolista *com.* Nadador que practica el crol.
cromado *m.* Acción de cromar. 2 Efecto de cromar.
Cro-Magnon *n. pr.* Raza humana prehistórica, del período paleolítico.
cromar *tr.* Dar un baño de cromo [a los objetos metálicos] para hacerlos inoxidables.
cromaticidad *f.* Calidad de color de la luz, dependiente de la longitud de onda en ella dominante y de su pureza.
cromático, -ca (gr. *chromatikós*) *adj.* Relativo al color o a los colores. 2 [cristal o instrumento óptico] Que presenta al ojo del observador los objetos contorneados con los colores del arco iris. 3 [sistema músico] Cuyos sonidos proceden por semitonos.
CONTR. *2* **Acromático.**
cromatina (gr. *chroma*, color) *f.* Substancia protoplásmica, coloreable, del núcleo de la célula.
cromatismo *m.* Calidad de cromático.
cromato- (gr. *chroma -atos*, color) Elemento prefijal que entra en la formación de palabras con el significado de color: *cromatóforo.*
cromatofobia (*cromato-* + *-fobia*) *f.* Temor morboso a ciertos colores.
SIN. **Cromofobia.**
cromatóforo (*cromato-* + *-foro*) *m.* Célula que lleva pigmento; como las de la capa profunda de la epidermis.
cromatografía (*cromato-* + *-grafía*) *f.* QUÍM. Método de análisis que permite la separación de gases o líquidos de una mezcla por adsorción selectiva, produciendo manchas diferentemente coloreadas en el medio adsorbente.
-cromía (v. *cromo-*) Elemento sufijal que entra en la formación de palabras con el significado de color: *fotocromía.*
crómico, -ca *adj.* Que contiene cromo entre sus componentes.
cromita *f.* Cromito ferroso nativo, mena del cromo.
crómlech (galo y bretón, piedra a la redonda) *m.* Monumento megalítico consistente en una serie de menhires que cierran un espacio de terreno de figura elíptica o circular. ◇ Pl.: *crómlechs.*
SIN. **Crónlech.**
cromo (gr. *chroma*, color) *m.* Metal gris claro, duro, quebradizo, refractario y susceptible de pulimento. Su símbolo es *Cr.* y su peso atómico 52. Forma numerosas voces compuestas: *cromosoma, acromático, policromía.* 2 Cromolitografía (estampa). 3 fig. *y* fam. Preciosidad.
cromo-, -cromo (gr. *chroma*, color) Elemento prefijal y sufijal que entra en la formación de palabras con el significado de color, pigmento: *cromolitografía.*
cromocentro (*cromo-* + *-centro*) *m.* BIOL. Engrosamiento de la cromatina, observable en los núcleos de células en división.
cromófilo, -la (*cromo-* + *-filo* I) *adj.* Que se tiñe fácilmente, que tiene avidez por un colorante.
cromofobia (*cromo-* + *-fobia*) *f.* Cromatofobia.
cromófobo, -ba (*cromo-* + *-fobo*) *adj.* Difícil o imposible de teñirse.
cromofotografía (*cromo-* + *fotografía*) *f.* Técnica fotográfica basada en la reducción de los iones mediante la luz.
cromógeno, -na (*cromo-* + *-geno*) *adj.* [bacteria] Que produce materias colorantes u origina coloraciones.
cromolitografía (*cromo-* + *litografía*) *f.* Arte de litografiar con varios colores. 2 Estampa obtenida por medio de este arte.

cromolitografiar *tr.* Obtener [una estampa] por medio de la litografía. ◇ ** CONJUG. [[13] como *desviar.*
cromolitográfico, -ca *adj.* Relativo a la cromolitografía.
cromolitógrafo, -fa *m. f.* Persona que ejerce el arte de la cromolitografía.
cromonema *m.* Elemento fundamental del cromosoma, observable con el microscopio.
cromoplasto (*cromo-* + *plasto*) *m.* Plasto que se impregna de carotina o xantofila.
cromoproteína (*cromo-* + *proteína*) *f.* Proteína pigmentada.
cromorradiómetro (*cromo-* + *radiómetro*) *m.* FÍS. Instrumento para medir o dosificar los rayos x por medio del cambio de color producido en placas o cápsulas colocadas próximas a la piel.
cromosfera (*cromo-* + *esfera*) *f.* Zona superior de la envoltura gaseosa del sol, compuesta pralte. por hidrógeno inflamado.
cromosoma (*cromo-* + *-soma*) *m.* Corpúsculo de forma fija en que se reúnen los gránulos de cromatina en ciertos momentos de la vida celular; el número de cromosomas es constante para las células de una misma especie.
cromosómico, -ca *adj.* Propio o relativo al cromosoma.
cromosomopatía (de *cromosoma* + *-patía*) *f.* Alteración en la composición cromosómica de un individuo.
cromoterapia (*cromo-* + *-terapia*) *f.* Utilización terapéutica de los efectos producidos por los colores en el organismo.
cromotipia (*cromo-* + *-tipia*) *f.* Impresión hecha en colores. 2 Lámina así obtenida.
cromotipografía (*cromo-* + *tipografía*) *f.* Arte de imprimir en colores. 2 Obra hecha por este procedimiento.
cromotipográfico, -ca *adj.* Relativo a la cromotipografía.
cromotungsteno (*cromo-* + *tungsteno*) *m.* METAL. Acero especial para herramientas de corte rápido, que contiene proporciones variables de cromo de tungsteno.
cromoxilografía (*cromo-* + *xilografía*) *f.* IMPR. Procedimiento de impresión de colores por medio de planchas de madera.
cron *m.* Unidad geológica de tiempo equivalente a un millón de años.
crónica (gr. *chroniká,* biblia) *f.* Historia en que se observa el orden de los tiempos. 2 Artículo periodístico en que se comenta algún tema de actualidad. 3 Información que, a través de una emisora, envía un corresponsal, en directo o diferido, sobre unos hechos que él observa e interpreta.
crónicamente *adv. m.* De un modo crónico.
cronicidad *f.* Calidad de crónico.
cronicismo *m.* MED. Larga duración de una dolencia. 2 Estado crónico de un enfermo.
crónico, -ca (l. *chronicu;* gr. *chronikós*) *adj.* [enfermedad] De larga duración; [dolencia] habitual. 2 [vicio] Inveterado. 3 Que viene de tiempo atrás.
cronicón (de *crónico*) *m.* Breve narración cronológica.
-cronismo (gr. *chronos,* tiempo) Elemento sufijal que entra en la formación de palabras con el significado de tiempo: *heterocronismo.*
cronista *com.* Autor de una crónica o el que tiene por oficio escribirla.
SIN. **Historiador, historiógrafo,** si se trata de una crónica (historia).
cronístico, -ca *adj.* Relativo a la crónica o al cronista.
crónlech *m.* Crómlech. ◇ Pl.: *crónlechs.*
crono *m.* Cronómetro. 2 DEP. Tiempo.
crono-, -crono (gr. *chronos,* tiempo) Elemento prefijal y sufijal que entra en la formación de palabras con el significado de tiempo: *cronología, heterócrono.*
cronobiología (*crono-* + *biología*) *f.* Disciplina que se ocupa de los ritmos biológicos.
cronoescalada (*crono* + *escalada*) *f.* DEP. En ciclismo, prueba contrarreloj disputada en una gran pendiente que el corredor ha de subir.
cronoestratigrafía (*crono-* + *estratigrafía*) *f.* GEOL. Disciplina que se ocupa de la división de los sedimentos depositados sucesivamente.
cronofotografía (*crono-* + *fotografía*) *f.* Estudio del movimiento de una persona o cosa a través de una serie de fotografías en tomas sucesivas.
cronografía (*crono-* + *-grafía*) *f.* Cronología.
cronógrafo, -fa *m. f.* Persona que por profesión o estudio se dedica a la cronología. -2 *m.* Instrumento registrador de intervalos de tiempo sumamente pequeños.
cronograma (*crono-* + *-grama*) *m.* Diagrama que representa la evolución temporal de un fenómeno cualquiera.
cronología (*crono-* + *-logía*) *f.* Ciencia que tiene por objeto determinar el orden y fechas de los sucesos históricos. 2 Manera de computar los tiempos: ~ *griega, cristiana, musulmana.* 3 Serie de personas o sucesos históricos por orden de fechas.
cronológicamente *adv. m.* Por orden de los tiempos.
cronológico, -ca *adj.* Relativo a la cronología.
cronologista *com.* Cronólogo.
cronólogo, -ga *m. f.* Persona que por profesión o estudio se dedica a la cronología.
cronometrador, -ra *adj.-s.* El encargado de cronometrar.
cronometraje *m.* Medición del tiempo.
cronometrar *tr.* Medir con cronómetro [el tiempo], esp. en la realización de un trabajo o en una prueba deportiva.
cronometría (*crono-* + *-metría*) *f.* Medida exacta del tiempo.
cronométrico, -ca *adj.* Relativo a la cronometría o al cronómetro.
cronómetro (*crono-* + *-metro*) *m.* Reloj de alta precisión para medir fracciones de tiempo muy pequeñas.
Cronos *n. pr.* MIT. El Tiempo, padre de los dioses.
cronoscopio (*crono-* + *-scopio*) *m.* Aparato que sirve para medir intervalos de tiempo muy cortos.
cronoterapia (*crono-* + *-terapia*) *f.* Prevención o cura de las enfermedades en relación con sus características temporales.
cronotropismo (*crono-* + *tropismo*) *m.* Regularidad de los latidos del corazón.
croococales *f. pl.* Orden de vegetales dentro de la clase cianofíceas.
croque (onomat. *croc*) *m.* Gancho o garfio de hierro acerado, sujeto a un astil, us. pralte. por pescadores y marineros. 2 Golpe que se da en la cabeza o con ella, coscorrón, torniscón.
croquero *m.* Pescador que emplea el croque.
croquet (ing.) *m.* Juego que consiste en hacer pasar bajo unos aros unas bolas de madera impulsándolas con un mazo. ◇ Pl.: *croquets.*
croqueta (fr. *croquette*) *f.* Masa compuesta de distintos alimentos, pescado, jamón, carne, huevo, etc., picada y ligada por una bechamel espesa, rebozada en huevo y pan rallado y frita en abundante aceite. ◇ INCOR.: *cocreta.*
croquis (fr.) *m.* Diseño ligero de un paisaje, terreno, etc., hecho a ojo. 2 Dibujo ligero, tanteo. ◇ Pl.: *croquis.*
cros (ing.) *m.* DEP. Competición que consiste en una carrera de obstáculos en el campo. ◇ Pl.: *cros.*
croscitar *intr.* desus. Crascitar.
crosopterigio *adj.-m.* Pez de la infraclase de los crosopterigios. -2 *m. pl.* Infraclase de peces osteíctios que se caracterizan por la presencia de un pulmón, lo que los aproxima a los vertebrados terrestres; como los dipnoos.
crótalo (l. *-lu* < gr. *krótalon*) *m.* MÚS. Ant. instrumento de percusión. 2 MÚS. lit. Castañuela (instrumento). 3 ZOOL. Serpiente venenosa de América que tiene en la punta de la cola unos anillos o discos con los cuales produce al moverse un ruido particular *(Crotalus horridus).*
SIN. *3* **Culebra** o **serpiente de cascabel.**
crotón (gr. *krotón*) *m.* Arbusto euforbiáceo monoico cuyas semillas producen aceite de propiedades purgantes y epispásticas *(Croton tiglium).*
crotoniata (l.) *adj.-s.* De Crotona, ciudad de la región italiana de Calabria.
crotorar (de *crótalo*) *intr.* Producir la cigüeña un ruido peculiar, haciendo chocar rápidamente la parte superior del pico con la inferior.
cruce *m.* Acción de cruzar o de cruzarse (atravesar). 2 Punto por donde se cortan mutuamente dos líneas. 3 Lugar donde se cruzan o encuentran dos o más vías de circulación. 4 Interferencia que se produce cuando en un canal telegráfico, telefónico, radiofónico, etc., se capta conjuntamente la señal de otro canal, de tal modo que en la recepción se destruyen las audiciones de ambos. 5 BIOL. Reproducción sexual hecha a base de individuos que proceden de razas distintas. 6 DEP. Interrupción de un pase del equipo contrario. 7 En gramática histórica, influencia recíproca de dos palabras en su forma y significado. En este diccionario se indica con el signo ×. P. ej., el vb. *alcanzar* se formó × de los ant. *encalzar* y *acalzar.*
cruceiro *m.* Cruzeiro.
cruceño, -ña *adj.-s.* De Santa Cruz, departamento del centro de Bolivia. 2 De Cruz o Cruces, nombre de numerosos pueblos de España y América.
crucera (de *cruz*) *f.* Nacimiento de las agujas de las caballerías.

crucería (de *crucero) f.* Arcos o nervios que refuerzan la intersección de bóvedas, propio de la arquitectura gótica. 2 V. Bóveda de ~.
crucero *adj.* ARQ. V. arco crucero. -2 *m.* El que lleva la cruz en las procesiones y otras funciones sagradas. 3 Cruz (constelación). 4 Encrucijada (paraje). 5 Cruz de piedra, de dimensiones variables, que se coloca en el cruce de caminos y en los atrios. 6 Espacio en que se cruzan la nave mayor de una iglesia y la que la atraviesa. 7 Nave transversal o transepto. 8 Determinada extensión de mar en que cruzan uno o más buques. 9 Buque o conjunto de buques destinados a cruzar; esp., el de guerra de gran radio de acción, provisto de potente artillería. 10 Viaje marítimo o aéreo de recreo. 11 Dirección de los planos paralelos, por donde los minerales y las rocas suelen tener división más fácil. 12 Vigueta, madero de sierra. 13 IMPR. Línea por donde se ha doblado el pliego de papel, al ponerlo en resmas. 14 IMPR. Listón de hierro que en la imposición sirve para dividir la forma en dos partes. 15 MAR. Maniobra o acto de cruzar. 16 *Amér.* Armadura que hay en los pozos para colgar los cubos.
cruceta *f.* Cruz o aspa que resulta de la intersección de dos series de líneas paralelas. 2 MAR. Meseta que en la cabeza de los masteleros sirve de cofa. 3 MEC. En los motores de automóvil y otras máquinas, pieza que sirve de articulación entre el vástago del émbolo y la biela. 4 *C. Rica.* Entre campesinos, puñal. 5 *Cuba* y *P. Rico.* Apuesta en el juego del monte. 6 *Chile.* Torniquete.
crucetear *intr. Cuba* y *S. Dom.* Pasar una persona repetidas veces por un mismo sitio; andar de calle en calle.
cruceteo *m. Ant.* Acto de crucetear.
cruci- (l. *crux, crucis,* cruz) Elemento prefijal que entra en la formación de palabras con el significado de cruz: *cruciforme.*
crucial *adj.* [lugar o momento] Donde se cruzan vías de comunicación, hechos, fenómenos, etc. 2 fig. De la mayor importancia o transcendencia; decisivo, culminante: *una decisión ~; fase ~ de la guerra.* -3 *f. pl.* En algunas clasificaciones, orden de plantas, mayoritariamente herbáceas, dentro de la clase dicotiledónea.
cruciata *f.* Especie de genciana de flores azules y hojas dispuestas en cruz *(Gentiana cruciata).*
cruciferario (de *crucífero*) *m.* Crucero (que lleva la cruz).
crucífero, -ra (l. *-er* < *cruci-* + *-fero*) *adj.* poét. Que tiene o lleva la insignia de la cruz. -2 *adj.-f.* Planta de la familia de las crucíferas. -3 *f. pl.* Familia de plantas dicotiledóneas, de hojas alternas, flores en racimo, de corola cruciforme y fruto en silicua o silícula; como la col y el alhelí.
Crucificado (el ~) *adj.-m.* p. ant. Jesucristo.
crucificar (l. *-are*) *tr.* Fijar o clavar en una cruz [a uno]. 2 fig. Sacrificar (arriesgar). ◇ ** CONJUG. [1] como *sacar.*
crucifijo (l. *-ixu*) *m.* Efigie de Cristo crucificado.
SIN. **Cristo.**
crucifixión *f.* Acción de crucificar. 2 Efecto de crucificar. 3 p. ant. Suplicio de Cristo en la cruz. 4 Representación artística de éste.
crucifixor *m.* El que crucifica.
cruciforme (*cruci-* + *-forme*) *adj.* De forma de cruz.
crucígero, -ra (*cruci-* + *-gero*) *adj.* poét. Crucífero.
crucigrama (*cruci-* + *-grama*) *m.* Entretenimiento que consiste en combinar palabras cruzando sus letras en sentido horizontal y vertical, con arreglo a un casillero y a unas indicaciones sobre el significado de tales palabras.
crucigramista *adj.-s.* Autor de crucigramas, o aficionado a resolverlos.
crucillo (de *cruz*) *m.* Juego de los alfileres.
crucutear *tr. S. Dom.* Esculcar [una cosa].
cruda *f. Guat.* y *Méj.* Borrachera y malestar que deja después de pasada. 2 *Guat.* Mentira exagerada.
crudamente *adv. m.* Con aspereza, dureza y rigor.
crudelísimo, -ma (l. *-issimu*) Superl. de *cruel.*
SIN. **Cruelísimo.**
crudeza (de *crudo*) *f.* Calidad de crudo: *la ~ de la seda; hablar con ~; la ~ de una expresión.* -2 *f. pl.* Alimentos que se detienen en el estómago por no estar bien digeridos.
crudillo *m.* Tela áspera y dura, semejante al lienzo crudo, usada para entretelas y bolsillos.
crudo, -da (l. *-du*) *adj.* [comestible] Que no está cocido. 2 [fruta] Que no está en sazón. 3 [cosa] Que no está preparado o curado: *cuero ~.* 4 [alimento] Difícil de digerir. 5 [tumor] Que no está maduro. 6 [tiempo] Muy frío y destemplado: *el ~ invierno.* 7 [agua] En la que abundan las sales calizas en disolución. 8 De color crema o amarillento. 9 fig. Sin atenuantes, cruel, áspero: *la cruda verdad.* 10 fig. *y* fam. Fanfarrón. -11 *adj.-m.* Mineral viscoso que una vez refinado proporciona el petróleo, el asfalto y otros productos. -12 *m.* Tejido de estopa. -13 *adj. Méj.* [estado de somnolencia] En que se encuentra una persona después de una borrachera. 14 *P. Rico.* [pers.] Que no ha estudiado debidamente un asunto para discutirlo.
cruel (l. *crudele*) *adj.* Que se deleita en hacer sufrir: *hombre ~.* 2 Que hace sufrir: *expresión ~; dolor ~.* 3 fig. Sangriento, duro, violento: *una ~ catástrofe.* ◇ Superl.: *crudelísimo* y *cruelísimo.*
crueldad *f.* Calidad de cruel: *la ~ del tigre; la ~ de sus palabras.* 2 Acción propia de una persona cruel: *esto es una ~ inútil.*
SIN. **Sevicia** (intensivo).
cruelísimo Superl. de *cruel.*
SIN. **Crudelísimo.**
cruelmente *adv. m.* Con crueldad.
cruentamente *adv. m.* Con derramamiento de sangre.
cruento, -ta (l. *-tu;* v. *crúor*) *adj.* Sangriento.
crujía *f.* Corredor largo de un edificio, que da acceso a piezas situadas a ambos lados. 2 Sala larga de un hospital con camas a ambos lados. 3 Espacio comprendido entre dos muros de carga. 4 Fila de aposentos o piezas seguidos o puestos a continuación. 5 En algunas catedrales, paso cerrado con verjas o barandillas desde el coro al presbiterio. 6 MAR. Espacio de popa a proa en medio de la cubierta del buque: ***pasar ~,*** en las galeras, hacer sufrir al delincuente en la crujía una pena análoga a la carrera de baquetas; fig., ***pasar ~,*** o ***sufrir una ~,*** padecer trabajos o males de alguna duración. 7 MAR. Pasamano (en los navíos).
SIN. *2* **Galera.**
crujidero, -ra *adj.* Que cruje. -2 *m.* Trencilla de cáñamo o de seda que se empalma al látigo, o a la cabeza de éste y de la tralla, para que restalle. -3 *f. Amér.* Pieza de suela o de cuero que hace crujir el calzado.
crujido *m.* Acción de crujir. 2 Efecto de crujir. 3 Pelo que tienen las hojas de espada en el sentido de su longitud.
crujidor, -ra *adj.* Crujiente.
crujiente *adj.* Que cruje.
crujir (cat. *cruixir* < franco *krostjan*) *intr.* Hacer cierto ruido algunos cuerpos cuando luden unos con otros o se rompen: *~ la seda, las hojas secas; ~ la madera; ~ los dientes.*
crúor (l., la sangre derramada) *m.* Principio colorante de la sangre. 2 Glóbulos sanguíneos. 3 Coágulo sanguíneo. 4 poét. Sangre. ◇ Pl.: *crúores.*
cruórico, -ca *adj.* Relativo al crúor.
crup (fr. *croup*) *m.* Garrotillo. ◇ Pl.: *crups.*
crupal *adj.* Relativo al crup.
crupié, crupier (voz francesa) *com.* Persona empleada en las casas de juegos para controlar las apuestas, repartir las cartas y dirigir los juegos.
crural (l. *-ale*) *adj.* Relativo al muslo. V. biceps ~.
crustáceo, -a (l. *crusta,* costra) *adj.* Que tiene costra. -2 *adj.-m.* Artrópodo de la clase de los crustáceos. -3 *m. pl.* Clase de artrópodos mandibulados de respiración branquial, dos pares de antenas, el cuerpo cubierto generalmente por un caparazón calcáreo, la cabeza y el tórax soldados formando un cefalotórax y las patas dispuestas unas para la prensión y otras para la locomoción; a esta clase pertenecen dos subclases: entomostráceos y malacostráceos.
crústula (l.) *f.* científ. Cortezuela.
cruz (l. *cruce*) *f.* Madero hincado verticalmente en el suelo y atravesado en su parte superior por otro más corto en los que se clavaban o ataban las extremidades de ciertos condenados; esp. la cruz en que murió Nuestro Señor Jesucristo. ***La señal de la ~***, la que se hacen los cristianos con su mano derecha en la frente, la boca y el pecho; fig., ***hacerse uno cruces,*** demostrar la admiración o extrañeza que causa alguna cosa. 2 fig. Lo que es causa de sufrimiento prolongado: *esta enfermedad es mi ~;* irón., *la ~ del matrimonio.* 3 Monumento u objeto que representa la cruz en que murió Jesucristo: *una ~ de piedra; ~ de oro.* 4 Insignia decorativa de la cruz cristiana usada como distintivo de ciertas órdenes religiosas o militares, dignidades eclesiásticas, etc.: ***~ ancorada,*** aquella cuyos brazos vuelven en forma de ganchos o áncoras; ***~ ansada*** o ***egipcia,*** la de tres brazos y un asa o anilla en lugar del brazo superior; ***~ de Alcántara,*** la de Calatrava con un peral verde en el escudete del crucero y sin trabas; ***~ de Calatrava,*** la de brazos iguales, terminados en flores de lis muy abiertas; ***~ de la espada,*** la formada por los gavilanes, la empuñadura y la hoja; ***~ de Malta,*** la de brazos iguales, muy ensan-

chados y limitados por una línea recta; ~ *de Montesa,* la de color rojo y brazos iguales; ~ *de San Andrés,* aquella cuyos brazos forman un aspa o X; sistema de ensamblaje en forma de aspa o X; ~ *de San Antonio,* la egipcia o de tao; ~ *de Santiago,* la de color rojo y en forma de espada; ~ *del Santo Sepulcro,* la potenzada, cantonada de cuatro iguales; ~ *flordelisada,* BLAS., aquella cuyos brazos terminan en flores de lis: ~ *gamada,* v. gamada; ~ *griega,* la de brazos iguales; ~ *latina,* aquella cuyo travesaño divide al palo en partes desiguales; ~ *patriarcal* o *de Caravaca,* la de dos travesaños paralelos y desiguales; ~ *papal,* la de tres travesaños de diferentes tamaños, el central más largo; ~ *patriarcal, de Caravaca* o *de Lorena,* la de dos brazos horizontales paralelos, el inferior más largo que el superior; ~ *potenzada,* BLAS. la que tiene pequeños travesaños sobre sus cuatro extremidades; ~ *recrucetada* o *recruzada,* BLAS., aquella cuyos brazos forman otros tantas cruces; ~ *tao,* la que tiene forma de T; ~ *trebolada,* BLAS. la que remata en forma de hoja de trébol. 5 Condecoración en forma de cruz: *la gran ~ de Isabel la Católica; ~ laureada del mérito militar.* 6 Señal o marca en forma de dos rectas que se cruzan perpendicularmente; fig., *hacer la ~ a uno,* no querer saber nada más de él. *De la ~ a la fecha,* desde el principio hasta el fin; *en ~, loc. adv.,* con los brazos extendidos horizontalmente; perpendicularmente a la posición del cazador. 7 Reverso de una moneda; en oposición a *cara* o *anverso.* 8 Unión de la caña del ancla con los brazos. 9 Parte en que termina el tronco y empiezan las ramas de un árbol. 10 En los libros y otros escritos, antepuesta a un nombre de persona, significa que ha muerto. En los diccionarios latinos, ante una voz, indica que pertenece al bajo latín. 11 En ciertos cuadrúpedos, parte alta del lomo donde se cruzan los huesos de las extremidades anteriores con el espinazo. 12 Trenca (de la colmena). 13 ~ *de Jerusalén,* planta cariofilácea de adorno, de tallos cilíndricos y nudosos, hojas lanceoladas y flores de color escarlata en ramilletes terminales. 14 ARQ. Planta de un edificio distribuido en naves que se cortan perpendicularmente: ~ *griega,* planta que presenta los cuatro brazos iguales; ~ *latina,* planta en la que el transepto divide a la nave mayor en dos partes desiguales. 15 ASTRON. Constelación austral situada al sur del Centauro. 16 BLAS. Pieza de honor formada con el palo y la faja. -17 *f. pl.* En las tahonas, los cuatro palos que abrazan el eje y afirman la corona de la rueda principal.

FR. *Hacerse cruces,* persignarse (manifestar admiración). SIN. *14* **Crucero.**

cruza *f.* BIOL. Cruce. 2 *Chile.* Bina. 3 *Chile.* fig. *y* fam. *Hacer la ~ a uno,* aceptarle el combate cuerpo a cuerpo; venir o irse a las manos.

cruzada (de *cruz*) *f.* Expedición que en la Edad Media dirigieron los cristianos contra los infieles para liberar Palestina y defender la fe. 2 *Santa Cruzada,* la de la liga que en Lepanto venció a los turcos. 3 Tropa que iba a estas expediciones. 4 Campaña (actos, esfuerzos). 5 Encrucijada (paraje). 6 Hierba rubiácea, pilosa, de hojas ovadas verticiladas en grupos de cuatro, y flores de color amarillo dispuestas en verticilos en las axilas de las hojas *(Cruciata laevipes).*

cruzado, -da *adj.-s.* [pers.] Que se alistaba para alguna cruzada. 2 Caballero que trae la cruz de una orden militar. -3 *adj.* [animal] Nacido de padres de distintas castas. 4 Que está en cruz. 5 [tela] De hilos muy apretados. 6 [prenda de vestir] Que tiene el ancho necesario para poder sobreponer un delantero sobre otro: *chaqueta cruzada; abrigo ~.* 7 BLAS. [pieza] Que lleva cruz sobrepuesta. -8 *m.* Moneda castellana del s. XIV, de plata de baja ley. 9 Moneda castellana del s. XIV, de vellón. 10 Moneda castellana del s. XV, de oro. 11 Moneda portuguesa de plata. 12 Unidad monetaria del Brasil. 13 Postura de la guitarra. -14 *f. pl.* Rayas cruzadas que se hacen en los dibujos para sombrearlos.

cruzadora *f. Méj.* Mujer que roba en combinación con el ratero.

cruzamen *m.* MAR. Cruce del mastelero con las vergas. 2 MAR. Longitud de las vergas en los barcos de cruz.

cruzamiento *m.* Acción de cruzar (poner la cruz y cruzar castas). 2 Efecto de cruzar (poner la cruz y cruzar castas). 3 Cruce.

cruzar *tr.* Atravesar [una cosa] sobre otra en forma de cruz: ~ *las manos, los brazos; cruzarse de brazos; palabras cruzadas,* v. crucigrama. 2 Ponerle [a una pers.] la cruz de una orden: *prnl., se cruzó en Toledo.* 3 Atravesar [una calle, un campo, etc.] pasando de una parte a otra. 4 Dar [a las hembras de los animales] machos de distinta procedencia para mejorar las castas. 5 Trazar [en un cheque] dos rayas paralelas para que éste sólo pueda ser cobrado por medio de una cuenta corriente. 6 MAR. Navegar en todas direcciones [dentro de un espacio de mar] para algún objeto determinado. -7 *intr.* Tener una anchura suficiente para que pueda cruzarse: *este abrigo no cruza.* -8 *prnl.* Tomar la cruz, o sea alistarse en una cruzada. 9 Pasar por un lugar dos personas, vehículos, trenes, etc., en dirección o sentido opuestos. 10 Aglomerarse, estorbándose unos a otros, los negocios o expedientes. 11 Atravesar (entremezclar). 12 GEOM. Pasar un trazo lineal a cierta distancia de otro sin llegarlo a cortar ni serle paralelo. 13 VETER. Caminar el animal cruzando los brazos o las piernas. 14 DEP. Interrumpir [un pase] del equipo contrario. -15 *tr. Amér.* Hacer con el arado una cruza [a las tierras]. ◇ ** CONJUG. [4] como *realizar.*

cruzeiro *m.* Ant. unidad monetaria del Brasil.

Cs, símbolo del *cesio.*

ctenóforo (gr. *ktenós,* peine + *-foro*) *adj.-m.* Animal del tipo de los ctenóforos. -2 *m. pl.* Tipo de metazoos diploblásticos provistos de bandas ciliadas, que utilizan como propulsor y de células adhesivas; presentan simetría radial y son pelágicos.

I) cu *f.* Nombre de la letra *q.* ◇ Pl.: *cúes.*

II) cu *m.* Nombre que los ant. españoles daban a los templos mejicanos.

III) ¡cu! *interj. C. Rica.* Grito para azuzar a los perros.

Cu, símbolo del *cobre.*

cuaba *f. Cuba.* Nombre de varios árboles cuya madera se utiliza para antorchas *(Amyris balsamifera; Croton lucidus).* 2 *Cuba* y *S. Dom.* Hacho de astillas vegetales. 3 *Cuba* y *S. Dom.* fig. Persona tramposa y mal pagadora. 4 *S. Dom.* Molestia, fastidio, perjuicio.

cuabal *m. Cuba.* Manchón de tierra estéril.

cuabear *intr. Cuba.* Pescar de noche alumbrándose con cuabas o cosa semejante.

cuaca *f. Colomb.* Fécula de yuca calentada a 100 grados.

cuacar *tr. Colomb.* y *P. Rico.* Gustar, cuadrar [alguna cosa]. Ús. pralte. en forma negativa: *no me cuaca ese vestido.* ◇ **CONJUG. [1] como *sacar.*

cuácara *f. Colomb.* vulg. Levita. 2 *Chile.* Blusa o chaqueta.

cuache *adj. Amér. Central.* Cuate (gemelo).

cuaco *m.* Harina de la raíz de yuca. 2 *Méj.* Matalón, rocín.

cuaderna (v. *cuaterna*) *f.* Pareja de cuatro en el juego de tablas. 2 Ant. moneda (ocho maravedís). 3 Pieza curva cuya base encaja en la quilla del buque y desde allí arranca en dos ramas simétricas, formando como las costillas del casco. 4 Conjunto de estas piezas. 5 V. vía.

SIN. *3* **Orenga.**

cuadernal (de *cuaderno*) *m.* Conjunto de dos o más poleas, colocadas paralelamente dentro de una misma armadura.

cuadernillo (dim. de *cuaderno*) *m.* Conjunto de cinco pliegos de papel. 2 Añalejo.

cuaderno (v. *cuaterno*) *m.* Conjunto de algunos pliegos de papel, doblados y cosidos en forma de libro. 2 Libro pequeño en que se lleva la cuenta y razón, o en que se escriben algunas noticias, ordenanzas o instrucciones: ~ *de bitácora,* aquel en que se apuntan el rumbo, velocidad y demás accidentes de la navegación. 3 IMPR. Conjunto de cuatro pliegos metidos uno dentro de otro.

SIN. *1* y *2* **Libreta.**

cuado, -da *adj.-s.* De un pueblo de origen suevo, que habitó el sudeste de la ant. Germania.

cuadra (l. *quadra,* cuadro) *f.* Sala o pieza espaciosa. 2 Sala de un cuartel, hospital o prisión, en que duermen muchos. 3 Caballeriza. 4 Conjunto de caballos pertenecientes a un mismo dueño. 5 Conjunto de jinetes y caballos de un mismo equipo en las carreras de caballos. 6 fig. Conjunto de personas que desarrollan una misma actividad: *la ~ de escritores de una editorial.* 7 Grupa. 8 *Amér.* Manzana de casas. 9 *Amér.* Longitud de una manzana de casas. 10 *Amér.* Medida de longitud.

cuadrada *f.* MÚS. Figura que vale dos compases mayores.

SIN. **Breve.**

cuadradamente *adv. m.* Ajustada o exactamente.

cuadradillo *adj.-s.* Azúcar cortado en terrones cuadrados. -2 *m.* Cuadrado (pieza de camisa; regla de papel). 3 Barra de hierro cuadrada. 4 Regla para trazar líneas rectas. 5 Tejido o tela de cuadros.

cuadrado, -da (l. *quadratu*) *adj.-m.* Cuadrilátero rectángulo de lados iguales. -2 *adj.* De forma parecida a la del cuadrado. 3 p. ext. [cuerpo prismático] De sección cuadrada. 4 fig. Perfecto, cabal. -5 *m.* Regla cuadrada, para rayar con igualdad el papel. 6 fig. Hombre rudo y de torpes modales. 7 Troquel. 8 Pieza cuadrada con que en las camisas se unían las mangas al cuerpo. 9 ASTROL. Posición o aspecto de un astro distante noventa grados de otro. 10 DEP. p. us. Equipo. 11 IMPR. Pieza de metal del cuerpo de las letras que, puesta entre ellas, forma espacios, intervalos o blancos, o las afirma y sostiene. 12 MAT. Producto de una cantidad multiplicada por sí misma. 13 ~ ***de las refracciones,*** instrumento para delinear los relojes solares; contiene el valor o grado de los ángulos de la refracción correspondientes a los ángulos de la incidencia. 14 ~ ***geométrico,*** instrumento para medir alturas y distancias. 15 ~ ***mágico,*** conjunto de números colocados en cuadro de tal modo que por cualquiera fila salga una misma suma. 16 *Colomb.* Donairoso, apuesto.

SIN. *1* y *9* **Cuadro.** *11* **Cuadratín.** *12* **Segunda potencia.**

cuadrafonía ***f.*** Técnica de grabación del sonido por medio de cuatro canales, consiguiéndose un relieve acústico superior al de la estereofonía.

REL. **Estereofonía.**

cuadrafónico, -ca ***adj.*** Propio o relativo a la cuadrafonía.

cuadragenario, -ria (l. *quadragenariu*) ***adj.*** De cuarenta años.

cuadragésima (l. ecl. *quadragesima*) ***f.*** Cuaresma.

cuadragesimal ***adj.*** Relativo a la cuaresma. ◇ Más corrientemente *cuaresmal.*

cuadragésimo, -ma (l. *quadragesimu*) ***adj.-s.*** Parte que, junto a otras treinta y nueve iguales, constituye un todo; ** NUMERACIÓN. 2 ***adj.*** Que ocupa el último lugar en una serie ordenada de cuarenta.

SIN. *1* **Cuarentavo.**

cuadral (de *cuadro*) ***m.*** Madero que atraviesa oblicuamente de una carrera a otra en los ángulos entrantes.

SIN. **Cuadrante.**

cuadrangular ***adj.*** Que tiene o forma cuatro ángulos.

cuadrángulo, -la (l. *quadrangulu*) ***adj.-m.*** Que tiene cuatro ángulos.

cuadrantal (l. *quadrantale*) ***m.*** Medida romana para líquidos (48 sextarios; una ánfora).

cuadrante (l. *quadrante*) ***m.*** Moneda romana de cobre (cuarta parte de un as). 2 Cuarta parte de una herencia. 3 Medida de longitud equivalente a un cuarto de pie. 4 Reloj solar trazado en un plano. 5 Cuadral. 6 Parte observable de un instrumento indicador, en la que va una escala y se mueve una aguja indicadora. 7 ~ ***de reducción,*** figura geométrica trazada en un cartón, para resolver gráficamente los problemas relativos a la línea del rumbo. 8 ~ ***de reflexión,*** instrumento parecido al sextante, cuyo sector abraza la cuarta parte de la circunferencia. 9 ASTROL. Porción, junto a otras tres, en que la media esfera celeste superior al horizonte queda dividida por el meridiano y el primer vertical. 10 ASTRON. Instrumento compuesto de un cuarto de círculo graduado, con pínulas o anteojos, para medir ángulos. 11 GEOM. Cuarta parte de la circunferencia o del círculo, comprendida por dos radios perpendiculares entre sí. 12 IMPR. Máquina provista de una cuchilla horizontal que se usa para cortar interlíneas. 13 MAR. Parte, junto a otras tres, en que se considera dividido el horizonte y la rosa náutica. 14 *C. Rica.* Conjunto de manzanas y calles que forman una ciudad o cualquier población cuya planta está trazada a base de cuadras. 15 *Méj.* Notaría del curato donde se llevan los libros del bautismo, casamiento y defunción.

cuadranura (fr. *cadranure*) ***f.*** Pata de gallina.

cuadrar (l. *quadrare*) ***tr.*** Dar a [una cosa] figura de cuadro o de cuadrado: ~ *las piedras; las columnas cuadran el patio.* 2 Coincidir o hacer coincidir en las cuentas los totales del debe y del haber. 3 CARP. Trabajar o formar [los maderos] en cuadro. 4 GEOM. Dada [una figura], determinar un cuadrado que le sea equivalente en superficie. 5 MAT. Elevar [un número] a la segunda potencia. 6 PINT. Cuadricular. -7 ***intr.*** Conformarse o ajustarse una cosa con otra. 8 Agradar una cosa: *esta moldura no me cuadra.* -9 ***prnl.*** Ponerse una persona en posición erguida y con los pies en escuadra. 10 fig. Mostrar de pronto una persona inusitada firmeza o gravedad. 11 EQUIT. Pararse el caballo quedando con los cuatro remos en firme. 12 *Chile.* Subscribirse por una importante cantidad de dinero, o dar esa cantidad o valor. 13 *P. Rico* y *S. Dom.* Enriquecerse una persona. 14 *Venez.* Lucirse, quedar airosa una persona o conseguir algo de mucha importancia. -15 ***intr.*** *Chile.* Estar pronta una persona para ejecutar algo que se solicita.

cuadrático, -ca ***adj.*** MAT. Relativo al cuadrado. 2 MAT. Que tiene cuadrados como potencia más alta. 3 MAT. V. media cuadrática.

cuadratín ***m.*** Cuadrado (IMPR.).

cuadratura (l. *quadratura*) ***f.*** Acción de cuadrar una figura. 2 Efecto de cuadrar una figura. 3 Situación relativa de dos cuerpos celestes que en longitud o en ascensión recta distan entre sí uno o tres cuartos de círculo.

FR. *La ~ del círculo,* frase con que se indica la imposibilidad de una cosa.

cuadrera ***f.*** *Urug.* Cuadra, caballeriza.

cuadrero, -ra ***adj.*** *Argent.* [caballo parejero] Acostumbrado a correr en línea recta.

cuadrete ***m.*** Dim. de *cuadro.*

cuadri- (l. *quadri-*) Elemento prefijal numeral que entra en la formación de palabras con el significado de cuatro o cuatro veces. Toma también la forma *cuatri-.*

cuadricenal (*cuadri-* + *decenal*) ***adj.*** Que se hace cada cuarenta años.

cuádriceps (*cuadri-* + l. *caput,* cabeza) ***adj.*** De cuatro cabezas. 2 [músculo del muslo] Que presenta uno de sus extremos escindido en cuatro cabos independientes. ◇ Pl.: *cuádriceps.*

cuadriciclo (*cuadri-* + *-ciclo*) ***m.*** Velocípedo de cuatro ruedas.

cuadrícula ***f.*** Conjunto de los cuadrados que resultan de cortarse perpendicularmente dos series de rectas paralelas.

cuadriculación ***f.*** Acción de cuadricular. 2 Efecto de cuadricular.

cuadriculado, -da ***adj.*** Que tiene cuadrícula: *papel, cuaderno ~.*

I) cuadricular ***adj.*** Relativo a la cuadrícula.

II) cuadricular ***tr.*** Trazar líneas que formen una cuadrícula: *~ un papel.*

SIN. PINT. **Cuadrar, recuadrar.**

cuadrienal ***adj.*** Que se repite cada cuadrienio. 2 Que dura un cuadrienio.

cuadrienio (l. *quadriennium*) ***m.*** Período de cuatro años.

SIN. **Cuatrienio.**

cuadrífido, -da ***adj.*** De cuatro divisiones.

cuadrifoliado, -da ***adj.*** [planta] De cuatro hojas.

cuadrifolio, -lia (*cuadri-* + *folio*) ***adj.*** Que tiene cuatro hojas.

cuadriforme (l. *quadriforme* < *cuadri-* + *forme*) ***adj.*** Que tiene cuatro formas o cuatro caras: ***edificio ~,*** el que tiene cuatro fachadas. 2 De figura de cuadro.

cuadriga (l. *quadriga*) ***f.*** Tiro de cuatro caballos enganchados de frente. 2 Carro tirado de este modo: *una ~ romana.* ◇ INCOR.: *cuádriga.*

cuadrigémino, -na ***adj.-m.*** ANAT. Pequeño tubérculo situado en la base del cerebro que, en número de cuatro, está en relación con las vías ópticas los dos anteriores y auditivas los posteriores.

cuadriguero ***m.*** El que conduce una cuadriga.

cuadril ***m.*** Anca. 2 Cadera (del cuerpo). 3 Hueso del anca.

cuadrilateral ***adj.*** Cuadrilátero.

cuadrilátero, -ra (l. *quadrilateru*) ***adj.*** Que tiene cuatro lados. -2 ***m.*** Polígono de cuatro lados. 3 DEP. Plataforma o terreno en que se disputan los combates de boxeo.

SIN. *2* **Tetrágono.**

cuadriliteral (*cuadri-* + *literal*) ***adj.*** De cuatro letras.

cuadrilítero, -ra ***adj.*** Cuadriliteral.

cuadrilla (de *cuatro*) ***f.*** Conjunto de varias personas para el desempeño de algunos oficios: ~ *de pintores;* p. ext., ~ *de bandidos.* 2 Compañía que toma parte en algunas fiestas públicas: *la ~ de un torneo.* 3 ant. Grupo armado de la Santa Hermandad para perseguir a los malhechores. 4 Parte que con otras tres componía el Consejo de la Mesta. 5 Baile de salón entre cuatro parejas. 6 Conjunto de perros que se dedican a la caza. 7 TAUROM. Conjunto de lidiadores que actúan bajo la dirección del espada en una corrida. 8 *Logr.* Distrito municipal, barrio. 9 *Murc.* Antigua división territorial de la Huerta para distribuir los riegos.

SIN. *1* **Partida.** *En ~,* DER., circunstancia agravante de concurrir más de tres personas a la comisión de un delito.

cuadrillar ***intr.*** *Argent.* Actuar en cuadrilla.

cuadrillazo ***m.*** *Chile.* Asalto, ataque de varias personas contra una.

cuadrillero ***m.*** Cabo de una cuadrilla. 2 Individuo de una cuadrilla (Santa Hermandad). 3 Guardia de policía rural en Filipinas. 4 *Chile.* Persona que da cuadrillazo o que es aficionado a darlo.

cuadrillo (dim. de *cuadro*) ***m.*** Saeta de madera tostada y cuadrangular, usada antiguamente.

cuadrilobulado, -da (*cuadri-* + *lobulado*) ***adj.*** Que consta de cuatro lóbulos.

cuadrilocular ***adj.*** De cuatro divisiones.

cuadrilongo, -ga (*cuadri-* + l. *longu,* largo) ***adj.*** Rectangular (relativo al rectángulo). -2 ***m.*** Rectángulo (paralelogramo).

cuadrimestre *adj.-s.* Cuatrimestre.

cuadringentésimo, -ma (l. *quadringentesimu*) *adj.-s.* Parte que junto a otras trescientas noventa y nueve iguales constituye un todo; ** NUMERACIÓN. 2 *adj.* Que ocupa el último lugar en una serie ordenada de cuatrocientos.

cuadrinieto, -ta (*cuadri-* + *nieto*) *m. f.* Cuarto nieto o cuarta nieta.

cuadrino, -na *adj. Chile.* Trabajador del cuadro (matadero).

cuadrinomio (*cuadri-* + gr. *nomós*, parte, porción) *m.* Expresión algebraica que consta de cuatro términos.

cuadripartito, -ta (*cuadri-* + *parte*) *adj.* Que consta de cuatro partes, esp. un convenio o acuerdo.

cuadripétalo, -la (*cuadri-* + *pétalo*) *adj.* BOT. [flor] De cuatro pétalos.

cuadriplicador, -ra *adj.-s.* Que cuadriplica.

cuadriplicar *tr.* Cuadruplicar. ◇ ** CONJUG. [1] como *sacar.*

cuadripolar *adj.* Que tiene cuatro polos.

cuadrisílabo, -ba *adj.-s.* Cuatrisílabo.

cuadrivalente *adj.* QUÍM. [cuerpo] Cuya valencia es cuádruple.

cuadrivio (l. *quadriviu*, cuatro caminos) *m.* Paraje donde concurren cuatro sendas. 2 antig. Conjunto de las cuatro artes matemáticas: *aritmética, música, geometría y astrología o astronomía.*

REL. *2* En unión del **trivio** formaba las **siete artes liberales.**

cuadrivista *com.* antig. El versado en las cuatro artes del cuadrivio.

cuadríyugo (l. *quadriiugu*) *m.* Carro de cuatro caballos.

cuadro, -dra (l. *quadru*) *adj.-m.* Cuadrado (cuadrilátero): *en ~, loc. adv.*, en forma o a modo de cuadrado. -2 *m.* Rectángulo. 3 Tela sostenida por un bastidor, tabla, cartón, etc., en el que hay una pintura y está destinado a ser colgado en una pared. 4 Marco (cerco). 5 fig. Descripción viva y animada de un espectáculo o suceso hecha por escrito o de palabra. 6 Formación de la infantería en figura de cuadrilátero presentando cuatro caras al enemigo. 7 Conjunto de jefes, oficiales, suboficiales, brigadas, sargentos y cabos de un batallón o regimiento. 8 Persona que ejerce una función de control o que participa en la dirección de una empresa o de un organismo oficial. 9 Conjunto de dirigentes de un partido político, un sindicato, una empresa, etc. 10 Conjunto de datos o cifras representados de manera que se advierta de forma clara las relaciones que existen entre ellos: *~ sinóptico; ~ clínico*, descripción de los síntomas y estado de un paciente. 11 Tablero para el control de una instalación mecánica o eléctrica: *~ eléctrico; ~ de distribución*, en una central eléctrica, tablero con el conjunto de aparatos para establecer comunicaciones entre los generadores y los receptores; en una central telefónica, conjunto de aparatos para establecer o interrumpir las comunicaciones de unos abonados con otros; *~ de mandos*, panel con los instrumentos de medida para controlar un mecanismo más o menos complejo. 12 Cosa de forma cuadrada o rectangular: *los cuadros de un jardín.* 13 Subdivisión de un acto correspondiente a un cambio de decoración. 14 En un poema dramático, agrupación de personajes que durante algunos momentos permanecen en determinada actitud. 15 fig. Espectáculo de la naturaleza o escena que se ofrece a la vista y es capaz de mover el ánimo. 16 Armazón de la bicicleta. 17 *~ flamenco*, conjunto de personas que interpretan música de tipo andaluz flamenco. 18 ASTROL. Cuadrado. 19 DEP. Equipo. 20 En el juego de pelota vasca, división hecha en el muro lateral, para marcar el saque y el pase. 21 *Chile.* Matadero público.

FR. *Estar o quedarse en ~*, fig., estar o quedarse un cuerpo sin tropa; p. ext., quedarse uno sólo, sin familia, sin partidarios o sin bienes.

cuadropea *f.* Cuatropea.

cuadrumano, -na, -drúmano, -na (l. *quadrumanu*) *adj.* De cuatro manos. -2 *adj.-s.* Animal que tiene el pulgar oponible a los demás dedos, tanto en las extremidades anteriores como en las posteriores.

cuadrupedal *adj.* De cuatro pies, o relativo a ellos.

cuadrupedante *adj.* poét. Cuadrúpedo.

cuadrúpede *adj.* desus. Cuadrúpedo.

cuadrúpedo (l. *quadrupedu*) *adj.-s.* Animal de cuatro pies. 2 ASTRON. Signo Aries, Tauro, Leo, Sagitario o Capricornio.

cuádruple (l. *quadruplex*) *adj.* Que contiene un número cuatro veces exactamente. 2 [serie] De cuatro cosas iguales o semejantes.

SIN. **Cuádruplo, -pla.**

cuádruplex *m.* Sistema de telegrafía por el que se pueden transmitir simultáneamente cuatro telegramas.

cuadruplicación (l. *quadruplicatione*) *f.* Multiplicación por cuatro.

cuadruplicar (l. *cuadruplicare*) *tr.* Hacer cuádruple [una cosa]. 2 Multiplicar por cuatro [una cantidad]. ◇ ** CONJUG. [1] como *sacar.* ◇ INCOR.: *cuatriplicar.*

SIN. **Cuadriplicar, cuatrodoblar.**

cuádruplo, -pla (l. *quadruplu*) *adj.-m.* Cuádruple.

cuaima *f. Venez.* Serpiente muy ágil y venenosa, negra por el lomo y blanquecina por el vientre. 2 *Venez.* Persona lista, peligrosa, cruel.

cuaja *f. S. Dom.* Haraganería, pereza.

cuajada (de *cuajar*) *f.* Parte caseosa y crasa de la leche, que se separa del suero y forma una masa propia para hacer queso o requesón. 2 Requesón (naterón).

SIN. **Cáseo.**

cuajadillo (de *cuajado*) *m.* Labor menuda que se hace en los tejidos de seda.

cuajado, -da (de *cuajar*) *adj.* fig. Inmóvil, paralizado por el asombro que produce alguna cosa. 2 fig. *y* fam. Dormido. -3 *m.* Vianda de carne picada, hierbas o frutas, etc., con huevos y azúcar. -4 *adj. S. Dom.* Haragán, perezoso.

cuajadura *f.* Acción de cuajar o cuajarse. 2 Efecto de cuajar o cuajarse.

cuajaleche (*cuajar* + *leche*) *m.* Amor de hortelano.

cuajamiento (de *cuajar*) *m.* Coagulación.

cuajaní (voz indígena) *m. Cuba.* Árbol parecido al cedro y de madera más resistente; produce una semilla venenosa y, por incisión, se extrae de él una especie de goma parecida a la arábiga *(Bumelia palida).*

cuajanicillo *m. Cuba.* Árbol rosáceo de menor tamaño que el cuajaní *(Prunus sphoerocarpa).*

I) cuajar (de *cuajo*) *m.* Última de las cuatro cavidades en que se divide el estómago de los rumiantes.

II) cuajar (v. *coagular*) *tr.-prnl.* Trabar [un líquido], tornándolo sólido o pastoso. 2 fig. Recargar de adornos [una cosa]. -3 *intr.-prnl.* fig. Lograrse, tener efecto una cosa: *cuajó*, o *se cuajó, su pretensión.* -4 *intr.* fig. Gustar, agradar: *fulano no me cuaja.* -5 *prnl.* fig. Llenarse, poblarse: *se cuajó de gente la plaza.* 6 Dormirse con profundo sueño. 7 Permanecer inactivo. -8 *intr. Murc.* Granar, nacer y formarse el fruto en árboles y plantas. 9 *Méj.* Decir cuajos (mentiras). 10 *Méj.* Hablar por hablar. -11 *prnl. Méj.* Emborracharse.

cuajará *m. Cuba.* Árbol silvestre que da madera de construcción.

cuajarón *m.* Porción de sangre o de otro líquido cuajado. 2 fam. Persona que no trabaja, inactiva.

cuajicote (mej. *cuauh*, árbol + *xicotl*, abejón) *m. Méj.* Especie de tábano grande y negro, que anida en el tronco de los árboles.

cuajilote (mej. *cuauh*, árbol + *xilotl*, cabello) *m. Méj.* Árbol bignoniáceo, de tronco nudoso, cuyo fruto parece espiga de maíz y contiene semillas menudas, jugosas y dulces *(Parmentiera edulis).*

cuajinicuil *m. Amér.* Árbol leguminoso que alcanza de seis a ocho metros de altura y que suele sembrarse para dar sombra al cacao *(Inga edulis).* 2 Fruto de este árbol.

cuajiote (mej. *cuauh*, árbol + *xiotl*, sarna) *m. Amér. Central* y *Méj.* Árbol burseráceo de tamaño mediano, hojas redondas y corteza rojiza; produce una goma de uso medicinal *(Elaphrion fagaroides).*

cuajo (v. *coágulo*) *m.* Materia para cuajar la leche, contenida en el cuajar de los rumiantes que aún no pacen. 2 Substancia con que se cuaja un líquido. 3 Efecto de cuajar. 4 Cuajar de los rumiantes. 5 fig. *y* fam. Calma, lentitud. 6 *Méj.* fig. Charla ociosa. 7 *Méj.* fig. Mentira.

FR. *De ~*, de raíz, sacando enteramente una cosa del lugar en que estaba arraigada: *arrancar de ~.*

cuakerismo *m.* Cuaquerismo.

cuákero, -ra *m. f.* Cuáquero.

cual (l. *quale*) *pron. relat.* Precedido del artículo *el*, en sus distintas formas de género y número, equivale al relativo *que*, pero sólo puede substituirlo en oraciones explicativas: *los estudiantes, que estaban lejos, no veían la pizarra,* o *los cuales estaban lejos;* pero en las especificativas no es posible esta substitución: ***los estudiantes que estaban lejos no veían la pizarra,*** es decir, sólo los que estaban lejos, no todos, puede ir precedido de prep., y entonces pueden substituirse entre sí; la preferencia por *que* o *el cual* en las especificativas se regula en este caso por condiciones que la Gramática determina. -2 ***pron.-adj. correlat.*** Denota idea de igualdad o semejanza cualitativa o modal, por lo que se emplea en oraciones comparativas. Su antecedente expreso o tácito es *tal* y determina implícitamente al mismo substantivo determinado por éste: *nos hizo tal servicio cual requería nuestra necesidad; no podrán ser los sucesos tales cuales pedía el momento; levantaron un alboroto cual se puede presumir de gente apasionada.* 3 Adquiere valor adverbial y se asimila a *como, así como,* en oraciones subordinadas de modo: *escuchamos su demanda cual si frisase en locura.* 4 ***Tal cual,*** v. tal. ◇ Pl.: *cuales.*

cuál (v. *cual) **pron.-adj. interr.*** Pregunta o pondera las cualidades de las personas o cosas en interrogación directa o indirecta, o en frase exclamativa o dubitativa: *si el criado es tan discreto; ¿cuál debe ser el amo?; el fruto nos enseña cuál es el árbol; ¡cuál se verán los infieles!* 2 Pregunta sobre las personas o cosas: *¿cuál estrella infeliz me sacó de mi casa?;* en este caso puede substantivarse y pasa a ser pronombre: *¿cuál es el más loco de todos?* 3 Empléase como pron. indefinido repetido de manera distributiva: *todos contribuyeron, cuál más cuál menos, al buen resultado; tengo muchos libros, cuáles de historia, cuáles de poesía.* 4 ***A cuál más,*** loc. en que se pondera que una cualidad es tan viva en unos individuos, que no se sabe quién aventaja a los otros. ◇ Pl.: *cuáles.*

cualesquier ***adj. indef.*** Plural de *cualquier.*

cualesquiera ***adj.-pron. indef.*** Plural de *cualquiera.*

cualidad (l. *qualitate;* doble etim. *calidad*) ***f.*** Carácter que distingue a las personas o cosas: *la extensión es una ~ de la materia; la probidad brilla entre sus cualidades.* 2 Calidad (personalidad).

SIN. / **Propiedad,** es una cualidad especial o peculiar: *propiedades del cloro*; **atributo,** es cualidad o propiedad esencial o inherente: *la inmaterialidad es atributo del alma.*

cualificado, -da ***adj.*** Calificado, que posee autoridad y merece respeto. 2 De buena calidad o de buenas cualidades. 3 [trabajador] Que está especialmente preparado para una tarea determinada.

cualificar ***tr.*** lit. Calificar. ◇ ** CONJUG. [1] como ***sacar.***

cualitativo, -va ***adj.*** Que denota cualidad. V. análisis ~.

cualque (l. *qualis quam*) ***adj. indef.*** inus. Alguno, cualquier, cualquiera.

cualquier ***adj. indef.*** Apócope de *cualquiera.* ◇ Por su calidad de adj. no se emplea sino antepuesto al nombre. ◇ Pl.: *cualesquier.*

cualquiera (*cual + quiera < querer*) ***adj. indef.*** Denota que se trata de un objeto indeterminado; uno, sea el que fuere: *le intimida una dificultad ~.* -2 ***pron. indef.*** Denota una persona indeterminada; alguno, sea el que fuere: *~ que haya viajado lo sabe.* -3 ***com.*** fig. *y* desp. Precedido del artículo indeterminado, persona vulgar y poco importante: persona de poco fiar, sin escrúpulos. -4 ***f.*** fig. *y* desp. Precedido de *una,* mujer que se conduce libertinamente; p. ext., prostituta. ◇ Pl.: *cualesquiera.*

GRAM. Como adj. antepuesto al subst., es hoy gral. el uso de la forma apocopada *cualquier*; la forma plena es arcaica. En cambio, es de rigor cuando va pospuesta: *busco una fonda cualquiera; busco cualquier fonda.*

cuamil ***m. Méj.*** Huerta con arboleda, de poca extensión.

cuán (v. *cuan I*), ***adv. c.*** Encarece el grado o la intensidad del adjetivo o adverbio al que precede en frases de interrogación o admiración directa o indirecta: *¿cuán rica tú te alejas?; no puedes imaginarte cuán desgraciado soy; consideraba cuán como niña hablaba doña Clara.*

I) cuan (l. *quam*) ***adv. c.*** Encarece la significación del adjetivo o adverbio al que precede: *cayó cuan largo era.* -2 ***adv. correlat.*** p. us. En correspondencia con *tan* se emplea en comparaciones de equivalencia o igualdad: *tan piadoso sois para querer dar salud, cuan poderoso para darla.* ◇ Antes de *mejor, peor, mayor, menor, más* y *menos* se usa el adverbio *cuanto,* que refuerza la comparación de desigualdad.

II) cuan (voz quechua) ***m. Colomb.*** Cabuya (cuerda). 2 *Hond.* Chachalaca.

cuándo (l. *quando*) ***adv. t. interr.*** En qué tiempo: *¿cuándo vendrás?* 2 Se emplea también como distributivo equivaliendo a unas veces y otras veces: *siempre está riñendo, cuándo con motivo, cuándo sin él.* 3 ***¿De cuándo acá?*** denota la extrañeza con que se significa que alguna cosa está o sucede fuera de lo regular. -4 ***m.*** Precedido del artículo *el,* tiempo, momento: *el cómo y el cuándo.*

I) cuando (v. *cuándo*) ***adv. relat. t.*** Enlaza oraciones mediante el concepto de tiempo. Sus antecedentes pueden ser: un substantivo que significa tiempo: *éstas son las horas cuando él suele dar audiencia; entonces* u otros adverbios: *entonces la mentira satisface cuando parece verdad;* el antecedente puede ir seguido del verbo *ser*: *el lunes es cuando las sesiones son más borrascosas.* -2 ***conj.*** Embebiendo el antecedente, queda reducido al oficio de conjunción temporal, en el tiempo, en el punto o en la ocasión en que: *España entera estaba en poder de los árabes cuando Pelayo se arrojó a defenderla; me compadecerás cuando sepas mis desventuras; ven a buscarme cuando sean las diez.* 3 p. anal. Con carácter de conjunción condicional, en caso de que, si: *cuando no tuviera que hacerlo por obligación lo haría por gusto.* 4 p. anal. Como conjunción concesiva, aunque: *no faltaría a la verdad cuando le fuera en ello la vida;* en este caso puede ser reforzado con el adv. *aun*: *no faltaría a la verdad aun cuando,* etc.. 5 p. anal. Toma asimismo carácter de conjunción causal o continuativa equivaliendo a puesto que: *cuando tú lo dices, verdad será.* 6 p. anal. Como conjunción copulativa en el oficio de la conjunción *que* con algunos verbos que suelen exigirla: *esperaba cuando viniese su señor.* -7 ***loc. adv., ~ más*** o ***~ mucho,*** a lo más; ***~ menos,*** a lo menos; ***de ~ en ~*** o ***de vez en ~,*** algunas veces, de tiempo en tiempo. ◇ En su oficio de conj. puede usarse en correlación con las voces *apenas, aún no, no bien, luego: apenas estaba sosegada la gente ~ sintió que llamaban a la puerta.*

II) cuando ***m. Bol.*** y *Chile.* Baile que estuvo muy en boga a mediados del siglo XIX.

cuandú ***m. Amér.*** Coendú.

cuanlote ***m. Méj.*** Caulote.

cuanta (pl. del l. *quantum*) ***m.*** Úsase en la terminología científica en significación de cuantía, cantidad: *los ~ de luz en la teoría relativista.*

cuantía (de *cuanto*) ***f.*** Cantidad: *la ~ de una factura; me asombra la ~ de esta cosecha.* 2 Suma de cualidades o circunstancias que enaltecen a una persona o la distinguen de las demás. 3 DER. Valor de la materia litigiosa.

cuantiar (de *cuantía*) ***tr.*** Apreciar [una hacienda], tasar. ◇ **CONJUG. [13] como ***desviar.***

cuántico, -ca ***adj.*** FÍS. Perteneciente o relativo al cuanto (cantidad de energía). -2 ***f.*** Teoría según la cual la emisión y absorción de energía se efectúa de manera discontinua.

cuantidad (l. *quantitate*) ***f.*** Cantidad. Úsase esp. en matemáticas y filosofía.

cuantificable ***adj.*** Que puede ser cuantificado.

cuantificación ***f.*** Acción de cuantificar. 2 Efecto de cuantificar. 3 LÓG. Explicitación de la cantidad (extensión y comprensión) en los enunciados o juicios, o especialmente en el predicado.

cuantificador ***m.*** LÓG. Elemento que cuantifica.

cuantificar (de *cuanto*) ***tr.*** Expresar numéricamente una magnitud. 2 Expresar mediante números aspectos cualitativos de la realidad. 3 FÍS. Introducir los principios de la mecánica cuántica en el estudio de un fenómeno físico. 4 LÓG. Explicitar la cantidad en los enunciados o juicios. ◇ ** CONJUG. [1] como ***sacar.***

cuantimás ***adv. m.*** vulg. Contracción de *cuanto* y *más.*

cuantiosamente ***adv. m.*** En gran cantidad.

cuantioso, -sa (de *cuantía*) ***adj.*** Grande en cantidad.

cuantitativo, -va (de *cuantidad*) ***adj.*** Relativo a cantidad. V. análisis cuantitativo.

cuánto, -ta (v. *cuanto I*) ***pron.-adj. interr.*** Sólo o agrupado con un substantivo, sirve para preguntar o encarecer la cantidad, número, intensidad, etc., de una cosa: *¿cuántos libros necesitas?; ¡cuánto dolor cuesta!; ¿cuántos necesitas?, ¿cuánto vale?* -2 ***adv. interr.*** En qué grado o manera, hasta qué punto, qué cantidad, en la interrogación directa o indirecta: *dile cuánto me alegro que esté mejor.* 3 Con verbos expresivos de tiempo denota duración indeterminada: *¡cuánto ha que partió!* -4 ***m.*** Precedido del artículo *el,* parte, participación, cuota: *es el cuánto de la hacienda pública.*

I) cuanto, -ta (l. *quantu*) ***pron.-adj. relat.*** En correlación con *tanto* o con *todo,* tácitos o expresos, compara denotando idea de equivalencia o igualdad cuantitativa: *cuanta alegría él lleva, tanta tristeza nos deja; cuantos llegan a la muralla, tantos caen heridos; cuanto alcanzan sus ojos, tanto aniquila su genio atroz.* -2 ***pron. relat.*** Todos los que, todo lo que: *quiero castigar a todos cuantos escuderos mentirosos hay en el mundo; morían todos cuantos saltaban a tierra;* o, sin antecedente expreso: *morían cuantos saltaban a tierra.* 3 En plural y precedido de *unos* o de algún pronombre indefinido, algunos: *tengo unos cuantos.* -4 ***adv. relat. c.*** Antepuesto a otros adverbios o a la conjunción *que,* y en correlación con *tanto*, compara oraciones e indica equivalencia cuantitativa: *cuanto más sufro, tanto más crece la saña de mis perseguidores; tengo tanto más empeño en acabar la obra, cuanto que mañana no podré dedicarme a ella.* 5 Enlaza oraciones subordinadas temporales indicando simultaneidad y equivale a mientras: *durará la privanza cuanto durare la obediencia.* -6 ***loc. adv.*** ***Cuanto a*** o ***en cuanto a,*** por lo que toca o corresponde a. 7 ***Cuanto antes,*** con diligencia, lo más pronto posible. 8 ***Cuanto más*** o ***cuanto y más,*** contrapone a lo que se ha dicho lo que se va a decir, denotando en este segundo miembro idea de encarecimiento: *se rompen las amistades antiguas, cuanto más las recientes.* 9 ***Cuanto más que,*** expresa haber para una cosa mayor causa o razón que la que ya se ha indicado: *mi amo me podrá perdonar, cuanto más que él es tan bueno y honrado.* 10 desus. ***En cuanto,*** mientras: *en cuanto se hacía hora de cenar, se fueron a una gran alameda;* al punto que, luego que (sucesión inmediata): *en cuanto anochezca iré a buscarte.* 11 ***Por cuanto,*** se usa como causal para notar la razón que se va a dar de alguna cosa: *por cuanto son muchos los que me solicitan, he decidido salir luego para Madrid,* en el formulismo administrativo es frecuente contraponer en párrafos separados: *Por cuanto. Por tanto.*

II) cuanto ***m.*** FÍS. Cantidad discreta más pequeña de energía que puede ser absorvida, propagada o emitida por la materia: ***teoría de los cuantos,*** teoría según la cual la emisión, propagación y absorción de energía se efectúa de manera discontinua. ◇ También *quantum.*

cuapascle, cuapastle (náhu. *cuahuitl,* árbol, y *pachtli,* heno) ***m.*** *Méj.* Heno o musgo que se cría sobre los árboles y las piedras. -2 ***adj.*** *Méj.* De color leonado o de herrumbre.

cuaquerismo ***m.*** Doctrina protestante fundada en Inglaterra en el s. XVII por Jorge Fox (1624-1690). Distínguese por la simplicidad del culto y su rigorismo moral, que condena el lujo, el servicio militar, etc. En un principio sus adeptos manifestaban su religiosidad con temblores. ◇ También *cuakerismo.*

cuáquero, -ra (ing. *quaker,* tembloroso) ***m. f.*** Individuo afiliado al cuaquerismo. ◇ También *cuákero.*
SIN. **Temblador.**

cuarango (quechua) ***m.*** *Perú.* Árbol rubiáceo, una de las especies de quino más apreciadas por su corteza *(Cinchona condaminea).*

cuarcífero, -ra (de *cuarzo* + *-fero*) ***adj.*** Que contiene cuarzo.

cuarcita ***f.*** Roca granular compacta, compuesta de cuarzo.

cuarenta (l. *quadraginta*) ***adj.*** Cuatro veces diez. 2 Cuadragésimo (lugar). -3 ***m.*** Guarismo del número cuarenta. 4 DEP. En el juego del tenis, tercer tanto de un juego, ganado por un jugador o pareja. 5 *Las* ~, número de puntos que gana en el tute el que reúne el caballo y el rey del palo que es triunfo.

cuarentano ***adj.*** *Colomb.* [fruto] Que se produce a los cuarenta días de sembrada la planta.

cuarentavo, -va (*cuarenta* + *-avo*) ***adj.-m.*** Cuadragésimo.

cuarentén ***adj.*** [pieza de madera de hilo] De 40 palmos de longitud. Usado en Cataluña y Huesca.

cuarentena (*cuarenta* + *-eno*) ***f.*** Conjunto de cuarenta unidades. 2 Espacio de cuarenta días, meses o años. 3 Tiempo que están privados de comunicación los que vienen de lugares donde hay epidemia. 4 p. ext. Aislamiento que por cualquier motivo se impone a una persona. 5 fig. Suspensión del asenso a una noticia o hecho para asegurarse de su certidumbre: *poner en ~ un rumor.* 6 Cuaresma (tiempo).

cuarentenal ***adj.*** Relativo al número cuarenta.

cuarentón, -na ***adj.-s.*** [pers.] Que ha cumplido cuarenta años de edad y no ha llegado a los cincuenta.

cuaresma (v. *cuadragésima*) ***f.*** Tiempo de cuarenta y seis días que, desde el miércoles de ceniza, inclusive, precede a la festividad de la Resurrección y en el cual la Iglesia preceptúa ciertos días de ayuno en memoria de los cuarenta que ayunó el Señor en el desierto. 2 Conjunto de sermones para las dominicas y ferias de cuaresma. 3 Libro que contiene los de un autor sobre este mismo asunto.

cuaresmal (v. *cuadragesimal*) ***adj.*** Relativo a la cuaresma.
SIN. **Cuadragesimal.**

cuaresmario ***m.*** Cuaresma (sermón).

cuarta (l. *quarta*) ***f.*** Parte que junto a otras tres iguales constituye un todo. 2 En el juego de los cientos, serie de cuatro cartas de un mismo palo que se siguen en orden. 3 Palmo (medida). 4 ASTRON. Cuadrante, esp. en el Zodíaco y la Eclíptica. 5 ASTRON. División o rumbo que, junto a otros treinta y uno, compone la rosa náutica. 6 DER. Derecho a percibir la cuarta parte de ciertos bienes, establecido para casos determinados: ~ ***falcidia,*** el que tenía el heredero instituido de deducir para sí la de la herencia, gravada desmedidamente; ~ ***marital,*** el que el derecho foral catalán reconoce a la viuda honesta y pobre, a la muerte de su marido; ~ ***trebelánica*** o ***trebeliánica,*** el que tenía el heredero fiduciario de deducir para sí la de la herencia; ~ ***funeral*** o simplte. ***cuarta,*** el que tiene la parroquia a una parte de todas las obvenciones y emolumentos del funeral y misas de un feligrés suyo, celebrados en iglesia extraña. 7 MÚS. Intervalo entre una nota y la cuarta inferior o superior de la escala. 8 *Amér.* Látigo tejido de cuero, con un mango de cerca de una cuarta, para las caballerías; p. ext., torzal, guasca o cadena que sirve para cuartear. 9 *Amér.* Cabalgadura que se agrega al tiro ordinario de un vehículo para ayudarle. 10 *P. Rico.* Compinche.
SIN. *1* **Cuarterón.**

cuartago (de *cuarto*) ***m.*** Caballo de mediano cuerpo. 2 Jaca.

cuartaguear ***intr.*** *Chile.* Andar el caballo cuartago.

cuartal (de *cuarto*) ***m.*** Medida agraria, de Zaragoza (2,384 á.). 2 Medida para áridos, de Zaragoza (5,60 l.; cuarta parte de la fanega aragonesa), y de Cataluña (unos 17,50 l.; duodécima parte de la cuartera). 3 Pan que tiene la cuarta parte de una hogaza.

cuartán (de *cuarto*) ***m.*** Medida para áridos, de Gerona (18,08 l.). 2 Medida para aceite, de Barcelona (4,15 l.).

cuartana (l. *quartana*) ***f.*** Calentura que entra con frío, de cuatro en cuatro días: ~ ***doble,*** la que repite dos días con uno de intervalo.

cuartanal ***adj.*** Relativo a la cuartana.

cuartanario, -ria ***adj.-s.*** Que padece cuartanas. -2 ***adj.*** Cuartanal.

cuartar ***tr.*** Dar la cuarta vuelta de arado [a una tierra] antes de sembrarla.

cuartazo ***m.*** *Cuba, Méj.* y *P. Rico.* Golpe dado con la cuarta, o látigo.

cuartazos (aum. de *cuartos*) ***m. pl.*** fig. Hombre excesivamente corpulento, flojo o desaliñado.

cuarteado, -da ***m.*** Retícula de grietas y hendiduras en obras pictóricas, de muy diversa forma y presentación, y como consecuencia de defectos en el acabado y conservación.

cuarteador, -ra ***adj.-s.*** Que cuartea.

cuarteamiento ***m.*** Acción de cuartear o cuartearse. 2 Efecto de cuartear o cuartearse.

cuartear ***tr.*** Partir o dividir [una cosa] en cuartas partes; p. ext., dividir en más o menos partes. 2 Descuartizar. 3 Echar la puja del cuarto [en las rentas ya rematadas]. 4 Hacer el cuarto jugador [en algún juego]. 5 [en las cuestas y malos pasos de los caminos] Dirigir los carruajes en zigzag en vez de seguir la línea recta. -6 ***intr.-prnl.*** TAUROM. Hacer el torero un cuarteo al ir a poner banderillas. -7 ***prnl.*** Henderse, agrietarse una pared, un techo, etc. -8 ***tr.*** *Amér.* Ayudar con la cuarta o guía de los vehículos. 9 *Méj.* Azotar repetidas veces con la cuarta [a un animal]. -10 ***prnl.*** *Cuba.* Plantarse provocativamente en son de reto o desafío. 11 *Ecuad.* Esperar a alguien que se le necesita con urgencia. 12 *Méj.* Acobardarse, rajarse, faltar a la palabra empeñada. 13 *Venez.* Contemporizar; cambiar de opinión.

cuartel (de *cuarto*) ***m.*** Cuarta parte. 2 BLAS. División de un escudo en cruz: ***franco*** ~, primer cuartel del escudo o cantón diestro del jefe, un poco menor que la cuarta parte del escudo; también se escribe *francocuartel.* 3 Cuadro de un jardín. 4 ant. Distrito de una población. 5 Porción de terreno acotado para un fin determinado. 6 Lugar donde se establece parte de un ejército en campaña: *cuarteles de invierno;* ~ ***general,*** lugar donde se establece con su estado mayor el jefe de un ejército o de una división; ***dar*** ~, ofrecer buen trato a los vencidos, cuando se entregan rindiendo las armas. 7 Edificio destinado para alojamiento permanente de la tropa. 8 Armazón de tablas con que se cierran las bocas de las escotillas, escotillones, etc. 9 fig. *y* fam. Casa o habitación de cualquiera.

cuartelada ***f.*** Pronunciamiento militar.

cuartelar ***tr.*** Dividir [un escudo] en cuarteles.

cuartelazo ***m.*** Cuartelada.

cuartelero, -ra ***adj.-s.*** Relativo al cuartel. -2 ***m.*** Soldado que cuida del aseo y seguridad del dormitorio que ocupa su compañía. 3 MAR. Marinero esp. destinado a cuidar de los equipajes. 4 *Ecuad.* y *Perú.* Camarero o empleado de un hotel.

cuartelesco, -ca ***adj.*** Relativo al cuartel, militar, soldadesco.

cuartelillo (dim. de *cuartel*) ***m.*** Lugar en que se aloja una sección de tropa. 2 Local donde está instalado un puesto de tropa, de guardia urbana, etc.

cuarteo *m.* Acción de cuartear o de cuartearse. 2 Rápido movimiento del cuerpo hacia uno u otro lado, para evitar un golpe o un atropello; esp., el que hace el banderillero para hurtar el cuerpo al toro. 3 *Colomb.* Suspensión transitoria de las lluvias. 4 *Venez.* Sistema de pagar, satisfaciendo una cuota y pidiendo otro crédito igual al anterior. 5 *Venez.* Duplicidad en política.
SIN. *2* **Esguince.**

cuartera (l. *quartaria*) *f.* Medida para áridos, de Cataluña (unos 70 l.). 2 Medida agraria de Cataluña (algo más de 36 á.). 3 Madero de dimensiones varias, que por lo común mide quince pies de longitud y ocho pulgadas en cuadro, de sección.

cuarterada (de *cuartera*) *f.* Medida agraria de las islas Baleares (7.103 m^2).

cuartería *f. Cuba, Chile* y *S. Dom.* Casa de vecindad.

cuarterola *f.* Barril que contiene la cuarta parte de un tonel. 2 Medida para líquidos (130 l.). 3 *Chile.* Tercerola pequeña; carabina que usa la caballería. 4 *Chile.* Cubeta de aguador.

cuarterón, -rona (de *cuarto*) *adj.-s.* Descendiente de mestizo y española. 2 *Amér.* desus. Descendiente de mulato y mestiza. 3 *Amér.* desus. ~ ***saltatrás,*** descendiente de negro y tercerona. 4 *Colomb., Cuba., Méj.* y *P. Rico.* desus. Descendiente de blanco y mulata. 5 *Méj.* desus. Descendiente de blanco y tercerona. 6 *Méj.* desus. ~ ***cuatralbo,*** tercerón. 7 *Méj.* y *Perú.* desus. ~ ***de chino,*** descendiente de español y china (morisco y española). 8 *Méj., Perú* y *Venez.* desus. ~ ***de mestizo,*** descendiente de español y mestiza. 9 *Méj.* y *Perú.* desus. ~ ***de mulato,*** descendiente de español y mulata. -10 *m.* Cuarta (parte). 11 Cuarta parte de una libra. 12 Postigo (cuarterón). 13 Cuadro que hay entre los peinazos de las puertas y ventanas. 14 *Murc.* Cuarta parte de una arroba.

cuarteta (it. *quartetta*) *f.* Redondilla. 2 Combinación métrica de cuatro versos de arte menor, rimados el segundo y el cuarto; **POESÍA. 3 *Cuba.* Cuarta parte de un cuadro de caballería.

cuarteteto *m.* desus. Cuarteto.

cuarteto (it. *quartetto*) *m.* Combinación métrica de cuatro versos de arte mayor, consonantes o asonantes; **POESÍA. 2 MÚS. Composición para cuatro voces o cuatro instrumentos. 3 MÚS. Conjunto de estas cuatro voces o instrumentos.

cuartico *m. S. Dom.* Décimo de billete de lotería.

cuartilla (dim. de *cuarta*) *f.* Medida para áridos (13,87 l. cuarta parte de la fanega). 2 Medida para líquidos (4,033 l. cuarta parte de la cántara). 3 Cuarta parte de una arroba. 4 Cuarta parte de un pliego de papel. 5 Parte que media entre el menudillo y la corona del casco de las caballerías.

cuartillero, -ra *m. f.* Persona encargada de recoger y llevar los originales a la redacción de un periódico.

cuartillo (dim. de *cuarto*) *m.* Medida para áridos (1,156 l. cuarta parte de un celemín). 2 Medida para líquidos (0,504 l. cuarta parte de la azumbre). 3 ant. Cuarta parte de un real. 4 Ant. moneda castellana de vellón ligada con plata, del s. XV (cuarta parte de un real; ocho maravedís y medio). 5 *Chile.* Recuerdo que se distribuye en algunas fiestas de familia. 6 *Hond.* Rosquilla de cuajada con una tableta de conserva de leche.
SIN. *2* **Tarja** o **tara,** el cuartillo de plata.

cuartilludo, -da *adj.* [caballería] Largo de cuartillas.

cuartiza *f. Méj.* Zurra, tunda, felpa.

cuartizo *m.* Cuartón (madero).

cuarto, -ta (l. *quartu*) *adj.-s.* Que ocupa el último lugar en una serie ordenada de cuatro; **NUMERACIÓN. -2 *adj.-m.* Parte que junto a otras tres iguales constituye un todo. -3 *m.* Cuarta parte de una hora. 4 Parte en que, junto a otras tres, se considera dividido el cuerpo de los cuadrúpedos y aves. 5 Hoja de las cuatro de que se compone un vestido. 6 Grupo de los cuatro en que suele dividirse la fuerza de las guardias para repartir el servicio. 7 Cada una de las cuatro líneas de abuelos paternos y maternos. 8 Habitación (estancia): ~ *de costura;* ~ ***de banderas,*** sala de los cuarteles en que se custodian las banderas; ~ ***de aseo,*** pequeña habitación con lavabo, retrete y a veces otros servicios; ~ ***de baño,*** habitación como la anterior, y además, con pila de baño; ~ ***de estar,*** pieza de la casa en que habitualmente se reúnen las personas de la familia y donde éstas reciben a los de su confianza. 9 Servidumbre del rey, de un individuo de la familia real o del jefe del estado: *jefe del ~ militar del rey.* 10 ant. Moneda española de cobre (cuatro maravedís de vellón). 11 Medida de capacidad para líquidos, equivalente a un cuarto de galón. 12 fam. Dinero: ***no tener uno un ~,*** estar muy falto de dinero; ***cuatro cuartos,*** poco dinero; ***de tres al ~,*** de poco valor. 13 ***En ~,*** [libro, folleto, etc.] de longitud y latitud iguales a la de la cuarta parte de una hoja de papel de marca ordinaria. 14 ~ ***de Luna,*** cuarta parte del tiempo que media desde una conjunción a otra de la Luna con el Sol, esp. la segunda y la cuarta, llamadas respectivamente ~ *creciente* y ~ *menguante.* -15 *m. pl.* Miembros del cuerpo del animal robusto y fornido; miembros bien proporcionados. -16 *m. Méj.* Luz de posición del automóvil.

cuartodecimano, -na (l. *quartodecimanu*) *adj.-s.* Hereje que fijaba la pascua en la luna de marzo, aunque no cayese en domingo.

cuartogénito, -ta (l. *quartu,* cuarto + *genitu,* engendrado) *adj.-s.* Nacido en cuarto lugar.

cuartón (de *cuarto*) *m.* Madero que resulta de aserrar longitudinalmente en cruz una pieza enteriza. 2 Cierta medida de líquidos. 3 Pieza de tierra de labor, gralte. cuadrangular.
SIN. *1* **Cuartizo.**

cuartucho (de *cuarto*) *m.* desp. Habitación ruin.

cuartuco *m.* Cuartucho.

cuarzo (al. *Quarz*) *m.* Anhídrido silícico, que se presenta en cristales hexagonales o en masas cristalinas o compactas, con diversos colores y grados de transparencia, y es uno de los constituyentes del granito y otras rocas: ~ ***hialino,*** cristal de roca.

cuarzoso, -sa *adj.* Que tiene cuarzo.

cuás *m. Méj.* Amigo inseparable.

cuascle *m. Méj.* Manta que se echa al caballo.

cuascoto *m. C. Rica.* Hijo que nace posteriormente a un par de gemelos.

cuasi (l. *quasi*) *adv. c.* p. us. Casi.

cuasi- (l. *quasi*) Elemento prefijal que entra en la formación de algunas palabras cultas con el valor de *cuasi*: *cuasicontrato, cuasidelito.*

cuasia (del negro *Quassi,* que descubrió las virtudes de esta corteza) *f.* Arbolito simarubáceo con hojas compuestas y flores rojas, de cuya corteza se extrae la cuasina *(Quassia amara).*

cuasicontrato (*cuasi-* + *contrato*) *m.* DER. Hecho lícito del cual, por equidad, derivan nexos jurídicos.
SIN. **Casicontrato.**

cuasidelito (*cuasi-* + *delito*) *m.* DER. Acción dañosa para otro, ejecutada sin ánimo de hacer mal, o de la que, siendo ajena, debe uno responder por algún motivo.

cuasimodo (del l. *Quasi modo,* palabras con que empieza el introito de la misa de este día) *m.* V. domingo de Cuasimodo.

cuasina *f.* Tónico amargo, no astringente, obtenido a partir de la corteza y raíz de la cuasia, utilizado contra las lombrices infantiles y en la industria cervecera.

cuasiusufructo (*cuasi-* + *usufructo*) *m.* Derecho usufructuario que recae sobre cosa fungible.

cuasquesa *f. Hond.* Tortilla de maíz con queso.

cuatatán *m. Méj.* Caballo de silla y de trabajo.

cuate, -ta (mej. *coatl*) *adj.-s. Méj.* Mellizo, gemelo. 2 *Méj.* fig. Igual o muy semejante. 3 *Guat.* y *Méj.* Camarada, compinche.

cuatepín *m. Méj.* Sopapo, pescozón.

cuatequil *m. Méj.* Maíz.

cuatera *f. Méj.* Mujer que da a luz cuates (gemelos).

cuaterna (l. *quaterna;* doble etim. *cuaderna*) *f.* Suerte de la ant. lotería cuando salían cuatro números de la combinación elegida.

cuaternario, -ria (l. *quaternariu*) *adj.* Que consta de cuatro unidades o elementos. -2 *adj.-m.* Era geológica que sigue a la terciaria y llega hasta la actualidad, y terreno a ella correspondiente; según algunas escuelas actuales, período geológico superior del cenozoico. 3 Perteneciente o relativo al cuaternario.
REL. *2* y *3* v. **Era** y **cenozoico.** SIN. *2* **Antropozoico** y **neozoico.**

cuaternidad *f.* Conjunto de cuatro personas o cosas.

cuaterno, -na (l. *quaternu;* doble etim. *cuaderno*) *adj.* Que consta de cuatro números.

cuatezón, -zona (mej. *quatezon,* motilón) *adj. Méj.* [animal] Que, debiendo tener cuernos por naturaleza, carece de ellos.

cuatezonar *tr. Méj.* Suprimir los cuernos [de un animal].

cuatí (guaraní) *m. Amér. Merid.* Especie de mono, de color pardo y claro, semejante al macaco en el cuerpo y en el grito, pero de cabeza más larga *(Nasus fusca).*
SIN. **Coatí; cusumbe,** *Ecuad.*; **susumbo,** *Colomb.*

cuatorvirato *m.* Dignidad de cuatorviro.

cuatorviro (l. *quattuorviru*) *m.* Magistrado romano que en municipios o colonias presidía, junto a otros tres, el gobierno de la ciudad.

cuatralbo, -ba (*cuatro* + *albo*) *adj.* Que tiene blancos los cuatro pies. -2 *adj.-s. Perú.* desus. Descendiente de español y mestiza.

cuatrear *tr. Argent.* Cuatrerear.
cuatreño, -ña *adj.* [novillo o novilla] Que está entre los cuatro y cinco años.
cuatrerear *intr.-tr. Argent.* Hacer oficio de cuatrero, robar.
cuatrerismo *m. R. de la Plata.* Actividad de los cuatreros.
cuatrero, -ra (de *cuatro*) *adj.-s.* Ladrón que hurta bestias. 2 *Méj.* y *Perú.* Ladrón, ratero, pícaro. -3 *adj. Amér. Central.* Traidor, desleal. 4 *Méj.* Que dice cuatros (disparates).
cuatri-, v. cuadri-.
cuatriborleado, -da *adj.-s. P. Rico* y *Venez.* fest. [pers.] De grandes conocimientos. 2 *P. Rico.* Magnífico.
cuatricromía *f.* IMPR. Técnica de impresión cromotipográfica basada en la superposición de matrices del original, descompuestas en los tres colores básicos (rojo, amarillo y azul) más el negro.
cuatriduano, -na (l. *quatriduanu*) *adj.* De cuatro días.
cuatrienal *adj.* Que sucede o se repite cada cuatrienio. 2 Que dura un cuatrienio.
cuatrienio *m.* Cuadrienio.
cuatrillizo, -za *adj.-s.* [pers.] Nacido de un mismo parto con otros tres.
cuatrillo *m.* Juego semejante al tresillo, que se juega entre cuatro.
SIN. **Cascarela.**
cuatrillón *m.* Un millón de trillones; se expresa por la unidad seguida de veinticuatro ceros; **NUMERACIÓN.
cuatrimestral *adj.* Que sucede o se repite cada cuatro meses. 2 Que dura un cuatrimestre.
cuatrimestre (l.) *adj.* Que dura cuatro meses. -2 *m.* Espacio de cuatro meses.
SIN. **Cuadrimestre.**
cuatrimotor (*cuatri-* + *motor*) *adj.-m.* Avión provisto de cuatro motores y cuatro hélices. -2 *m.* En el lenguaje de la droga, porro.
cuatrinca (l. *cuatrini,* cuatro) *f.* Junta de cuatro personas o cosas: ~ *de opositores.* 2 En el juego de la báciga, junta de cuatro cartas semejantes: ~ *de treses.*
cuatrirreactor (*cuatri-* + *reactor*) *adj.-m.* Avión provisto de cuatro motores de reacción.
cuatrisílabo, -ba (*cuatri-* + *sílaba*) *adj.-s.* De cuatro sílabas: *verso* ~.
SIN. **Cuadrisílabo, tetrasílabo.**
cuatro *adj.* Tres y uno; **NUMERACIÓN. 2 NÚM. Cuarto. -3 *m.* Guarismo del número cuatro. 4 Naipe con cuatro señales: *el* ~ *de copas.* 5 ~ ***ojos,*** pez teleósteo ciprinodontiforme de Sudamérica caracterizado por poseer ojos divididos en dos mitades, la superior sirve para enfocar los objetos que hay fuera del agua, al nadar por la superficie, y la inferior para enfocar lo que hay dentro del agua *(Anableps anableps).* 6 *C. Rica.* Moneda de plata que vale la mitad de un peso. 7 *Méj.* Trampa, engaño, ardid. 8 *Méj.* Disparate. 9 *P. Rico* y *Venez.* Guitarrilla de cuatro cuerdas.
REL. v. **tetra-.**
cuatrocentista *adj.* Que se refiere o pertenece al s. XV: *retablo* ~. -2 *m.* Escritor o artista del s. XV: *los cuatrocentistas italianos.*
cuatrocientos, -tas *adj.* Cuatro veces ciento; **NUMERACIÓN. 2 Cuadringentésimo (lugar). -3 *m.* Guarismo del número cuatrocientos.
cuatrodoblar (*cuatro* + *doblar*) *tr.* Cuadruplicar (hacer cuádruple).
cuatrojos (*cuatro* + *ojo*) *com.* vulg. Persona que usa gafas. ◇ Pl.: *cuatrojos.*
cuatropea (l. *quadrupedia* < *cuatro* + *pede,* pie) *f.* Derecho de alcabala por la venta de caballerías en los mercados. 2 Bestia de cuatro pies. 3 Lugar de una feria, donde se vende el ganado.
cuatropeado (*cuatro* + l. *pede,* pie) *m.* Movimiento en la danza, que se hace levantando la pierna izquierda y dejándola caer, y cruzando la otra encima con aceleración, sacando la que primero se sentó y dando con ella un paso adelante.
cuatrotanto (*cuatro* + *tanto*) *m.* Cuádruplo, o una cantidad cuadruplicada.
cuba (l. *cupa*) *f.* Recipiente de madera, para contener líquidos, compuesto de duelas unidas y aseguradas con aros de hierro o madera, y cerrado en sus extremos con tablas; ***calar una*** ~, medirla con una vara, para saber su capacidad y pagar los derechos. 2 fig. Líquido que cabe en una cuba. 3 Persona que bebe mucho vino: ***estar hecho una*** ~, estar borracho. 4 METAL. Parte del hueco interior de un horno alto, comprendida entre el vientre y el tragante. 5 ~ ***libre,*** bebida hecha mezclando ciertas bebidas alcohólicas con otras refrescantes. 6 *Colomb.* Hermano o hijo menor.
cubación *f.* Cubicación.
cubagüés, -sa *adj.-s.* De Cubagua, isla de Venezuela.
cubalibre *m.* Cuba libre.
cubanicú (voz indígena) *m. Cuba.* Planta silvestre; sus hojas pulverizadas se usan para curar llagas y heridas *(Erythroxylon minutifolium).*
cubanismo *m.* Vocablo, giro o modo de expresión propio de los cubanos. 2 Amor o apego a las cosas características de Cuba.
cubanización *f.* fig. Atracción de un país a la órbita de influencia soviética.
cubanizar *tr.* Dar carácter cubano [a una persona o cosa]. ◇ ** CONJUG. [4] como ***realizar.***
cubano, -na *adj.-s.* De Cuba, nación insular situada en el Golfo de Méjico.
cubar *intr. Colomb.* Quedarse esperando.
cubata *m.* fam. Cuba libre.
cubeba (ár. *cubaba*) *f.* Arbusto piperáceo, trepador, de hojas lisas y fruto a modo de pimienta de color obscuro que se emplea en medicina *(Piper cubeba).* 2 Fruto de esta planta.
cubera *f. Cuba* y *P. Rico.* Pez que alcanza hasta un metro de largo, de color blanquecino por el vientre y aceitunado por el lomo *(Lutjanus pargus).*
cubería *f.* Arte u oficio del cubero. 2 Establecimiento del cubero.
cubero *m.* El que tiene por oficio hacer o vender cubas. -2 *adj. S. Dom.* Engañador.
cubertería *f.* Conjunto de cucharas, tenedores, cuchillos y utensilios semejantes para el servicio de mesa.
cubertura *f.* Cobertura.
cubeta *f.* Dim. de *cuba.* 2 Recipiente en forma más o menos de cubo usado para algún fin: ~ *de instrumentos.* 3 Herrada con asa hecha de tablas endebles. 4 Recipiente, gralte. rectangular, de vidrio, gutapercha, etc., muy usado en operaciones químicas, y esp. en las fotográficas: ~ *de revelado.* 5 Depósito de mercurio en la parte inferior de ciertos barómetros, sobre el cual actúa directamente la presión atmosférica. 6 Parte inferior del arpa, donde están colocados los resortes de los pedales. 7 Depresión amplia de origen tectónico donde se depositan sedimentos. 8 *Méj.* Sombrero de copa alta.
cubeto *m.* Dim. de *cubo.* 2 Cubeta pequeña.
cúbica *f.* Tela de lana más fina que la estameña.
cubicación *f.* Acción de cubicar. 2 Efecto de cubicar.
cubicar (de *cúbico*) *tr.* Elevar [un número] al cubo. 2 Determinar la capacidad o el volumen [de un cuerpo] conociendo sus dimensiones: ~ *una habitación;* ~ *maderas.* ◇ ** CONJUG. [1] como ***sacar.***
cubiche *com. Ant.* fest. Cubano.
cubichería *f. Cuba.* fest. Despreocupación, inconformidad.
cubichete *m.* MAR. Tablado que impide la entrada del agua en el combés.
cúbico, -ca (l. *-cu* < gr. *kubikós*) *adj.* GEOM. Relativo al cubo. 2 De figura de cubo geométrico, o parecido a él. 3 CRIST. [sistema cristalino] De forma holoédrica con tres ejes principales iguales y perpendiculares entre sí. 4 Perteneciente o relativo a este sistema.
cubículo (l. *-lu*) *m.* Aposento, alcoba. 2 En las catacumbas, ensanchamiento de los ambulacros en forma de celda, que los antiguos cristianos utilizaban como capilla u oratorio.
cubierta (de *cubierto*) *f.* Lo que se pone encima de una cosa para taparla o resguardarla. 2 Sobre (de papel). 3 Parte exterior del libro encuadernado, formada por dos tapas o planos de cartón recubiertos de papel, tela o piel. 4 Parte exterior de la techumbre de un edificio; ~ ***a un agua,*** la que está organizada a una sola vertiente; ~ ***a cuatro aguas,*** la que tiene cuatro vertientes; ~ ***a dos aguas,*** la organizada a dos vertientes que se unen por su parte superior en caballete o cumbrera, y que suele estar montada sobre piñones o hastiales; ~ ***de choza,*** la realizada con materiales vegetales: paja, hojas, etc.; ~ ***de pabellón,*** la que cubre un espacio poligonal a tantas aguas como lados tiene su base; ~ ***plana,*** aquella en la que no intervienen estructuras de cierre inclinadas ni curvas. 5 Suelo que divide el interior del casco de un navío, y esp. el superior. 6 Parte exterior del neumático de las ruedas de autos, bicicletas, etc. 7 fig. Pretexto. 8 *Amér.* eufem. Vaina de arma blanca. 9 *Colomb.* Documento impreso que se adhería a los sobres de cartas certificadas.
SIN. *1* **Cobertura, cobija.**

cubiertamente *adv. m.* Ocultamente.
cubierto, -ta (l. *coopertu*) Pp. irreg. de *cubrir.* 2 *m.* Techumbre de una casa u otro paraje que cubre de las inclemencias del tiempo: *estar a ~,* bajo techado; fig., protegido; *estamos a ~ de sus intrigas.* 3 Servicio de mesa para cada uno de los comensales, compuesto de plato, cuchillo, tenedor, cuchara, pan y servilleta. 4 Juego compuesto de cuchara, tenedor y cuchillo: *he comprado una docena de cubiertos.* 5 Comida que se da en las fondas, hoteles y restaurantes a una persona, por precio determinado: *~ especial; ~ de mil pesetas.*
cubijar *tr.-prnl.* desus. Cobijar.
cubil (l. *-ile*) *m.* Paraje donde los animales, pralte. las fieras, se recogen para dormir. 2 Cauce de las aguas corrientes.
SIN. *1* v. **Guarida.**
cubilar (de *cubil*) *intr.* Majadear (ganado).
cubileo *m. Perú.* Cubileteo, engaño.
cubilete (fr. *gobelet*) *m.* Vaso de cobre, cuerno, madera, etc., más ancho por la boca que por el suelo, que usan los cocineros y pasteleros, los prestidigitadores, los jugadores de dados, etc. 2 Pastel de carne picada en figura de cubilete. 3 Flor del nenúfar. 4 *Amér.* Sombrero de copa alta.
cubiletear *intr.* Manejar los cubiletes. 2 fig. Valerse de mañas y artificios para lograr un propósito.
cubileteo *m.* Acción de cubiletear.
cubiletero *m.* Jugador de cubiletes. 2 Cubilete de cobre usado por los cocineros y pasteleros. 3 Recipiente metálico para servir los cubitos de hielo.
cubilla (de *cuba,* por el aceite que segrega) *f.* Meloe.
cubillo (dim. de *cubo*) *m.* Meloe. 2 Pieza de vajilla para mantener fría el agua. 3 Aposento pequeño que había en los teatros de Madrid a cada lado de la embocadura.
SIN. *3* **Faltriquera,** ant.
cubilote (fr. *cubilot*) *m.* Horno cilíndrico de chapa de hierro revestida interiormente con ladrillos refractarios, destinado a refundir el hierro colado.
cubismo (de *cubo*) *m.* Movimiento artístico del s. XX que reduce la expresión primaria del volumen y la forma a figuras geométricas: *~ **analítico**,* el que intenta mostrar los cuerpos desintegrándolos en sus componentes volumétricos esenciales; *~ **sintético**,* el que intenta mostrar de modo simultáneo la forma de un objeto visto desde perspectivas diferentes.
cubista *adj.* Que practica el cubismo. 2 Relativo al cubismo.
cubital (l. *-ale*) *adj.* Relativo al codo: *arteria ~; vena ~.* 2 Que tiene un codo de longitud.
cúbito (l. *-tu;* doble etim. *codo*) *m.* Hueso del antebrazo, el más largo y grueso, el cual forma el codo en su articulación con el húmero.
I) cubo (de *cuba*) *m.* Vasija de metal o madera, gralte. de figura de cono truncado invertido, con asa en el borde superior, empleado en usos domésticos. 2 Cilindro hueco en que remata por abajo la bayoneta y la moharra de la lanza. 3 Mechero (candelero). 4 Pieza central en que se encajan los rayos de las ruedas de los carruajes. 5 Pieza en que se arrolla la cuerda de algunos relojes de bolsillo. 6 Estanque de los molinos para recoger el agua cuando es poca. 7 Torreón circular de las fortalezas antiguas. 8 ***A cubos,*** en abundancia, con mucha fuerza. 9 *S. Dom.* Engaño.
II) cubo (l. *-bu* < gr. *kubós*) *m.* MAT. Tercera potencia de un número o de una expresión algebraica. 2 GEOM. Sólido regular limitado por seis cuadrados iguales. 3 Adorno saliente de figura cúbica en los techos artesonados. 4 p. ext. Cuerpo sólido en gral., con forma de cubo geométrico o parecido a él.
SIN. *2* **Hexaedro regular.**
cuboides (*cubo II* + *-oides*) *adj.-m.* Hueso situado en la parte exterior y superior del tarso. ◇ Pl.: *cuboides.*
cubrecabeza, cubrecabezas *f.* Prenda de cualquier forma o materia que se emplea para proteger o tapar la cabeza. ◇ Pl.: *cubrecabezas.*
cubrecadena (de *cubrir* + *cadena*) *m.* Pieza que cubre la cadena de las bicicletas.
cubrecama *f.* Colcha.
cubrecorsé (de *cubrir* + *corsé*) *m.* Prenda de vestir que usaban las mujeres sobre el corsé.
cubrecosturas (de *cubrir* + *costura*) *f.* Cinta estrecha y bordada que se cose encima de una costura para disimularla. ◇ Pl.: *cubrecosturas.*
cubrefuego *m.* GALIC. Queda.
cubrejunta (de *cubrir* + *junta*) *m.* Listón de madera que tapa las juntas de un entablonado. 2 Cemento empleado para cubrir las juntas de los enlosados.
SIN. **Tapajuntas.**
cubremantel (de *cubrir* + *mantel*) *m.* Mantel de adorno que se pone sobre el corriente.
cubrenuca (de *cubrir* + *nuca*) *f.* Cogotera. 2 Parte inferior del casco, que cubre y defiende la nuca.
cubreobjetos (de *cubrir* + *objeto*) *m.* Lámina delgada de cristal, de forma cuadrangular, que protege las preparaciones microscópicas. ◇ Pl.: *cubreobjetos.*
cubrepán (de *cubrir* + pan) *m.* Hierro en forma de escuadra y con un palo largo por mango, que sirve a los pastores para cubrir con fuego la torta y para descubrirla.
cubrepiano (de *cubrir* + *piano*) *m.* Tapete para cubrir el teclado del piano.
cubrepié (de *cubrir* + *pie*) *m. Amér.* Cubrecama. -2 *m. pl.* Manta pequeña que se pone a los pies de la cama.
cubreplatos (de *cubrir* + *plato*) *m.* Cobertura de tela metálica muy tupida, de forma semiesférica, que se coloca sobre un plato para preservar el contenido de éste. ◇ Pl.: *cubreplatos.*
cubrición *f.* Acción de cubrir el macho a la hembra. 2 Tiempo en que se efectúa.
cubrimiento *m.* Acción de cubrir, tapar u ocultar. 2 Efecto de cubrir, tapar u ocultar. 3 Ceremonia de cubrirse un grande de España.
cubrir (l. *cooperire*) *tr.* Ocultar y tapar enteramente [una cosa] con otra: *cubren el suelo con alfombras; le traerán un mantón con que se cubra;* ocultar [una cosa] en parte : *~ la mesa de manjares.* 2 Tapar una cosa la superficie [de otra]: *el polvo cubría los muebles; el campo se cubre de doradas mieses.* 3 Proteger, defender: *cubrió su pecho con el escudo;* fig., *los cubría con su autoridad;* esp., MIL., proteger [un puesto o un movimiento]: *~ la retirada.* 4 Recorrer [una distancia]. 5 fig. Colmar, llenar. 6 Entre periodistas, ocuparse de [un asunto]. 7 Incluir: *en el precio se cubren el viaje y la manutención.* 8 fig. Ocultar o disimular [una cosa] con arte: *cubre con su modestia muchas cosas.* 9 Juntarse el macho [con la hembra] para fecundarla. 10 ARQ. Poner el techo [a la fábrica], o techarla. 11 DEP. Marcar a un jugador contrario o vigilar una zona del campo. -12 *prnl.* Ponerse el sombrero, la gorra, etc.; esp., tomar un grande de España posesión de los privilegios de su dignidad, poniéndose el sombrero delante del rey. 13 fig. Pagar, satisfacer una deuda; esp., ir añadiendo partidas a la data hasta nivelar con el cargo; suscribir(se) un empréstito o emisión de valores. 14 Cautelarse de cualquier responsabilidad o riesgo. 15 METEOR. Anublarse. 16 MIL. Defenderse con reparos los sitiados de los ataques del sitiador. 17 VETER. Cruzar las caballerías algo las manos o los pies al andar. ◇ El partic. es irregular: *cubierto.*
cubujón *m. P. Rico.* Chiribitil. 2 *P. Rico.* Callejón de extramuros.
cuca (l. *coccu*) *f.* Chufa (planta y tubérculo). 2 Cuco (oruga). 3 vulg. Cucaracha. 4 Mujer enviciada en el juego. -5 *f. pl.* Nueces, avellanas y otros frutos análogos. -6 *f. Logr.* Golosina. 7 *Amér.* Dulce de harina. 8 *Colomb.* Cauchera (honda). 9 *Chile.* Ave zancuda semejante a la garza europea, pero más grande *(*gén. *Ardea).*
cucalambé *m. P. Rico* y *Venez.* Baile de negros.
cucalón, -na *adj. Chile.* Curioso, entrometido.
cucamba *adj. Hond.* Cobarde. -2 *f. Colomb.* Adminículo de mojigangas carnavalescas. 3 *Colomb.* Danza con que se festeja el día de Corpus. 4 *Perú.* Mujer pequeña, gorda y desgarbada.
cucambé *m. Colomb.* y *Venez.* Juego del escondite.
cucamonas (de *cucar* + *mona*) *f. pl.* fam. Carantoñas.
cucaña (it. *cuccagna*) *f.* Palo largo, untado de jabón o de grasa, por el cual se ha de andar en equilibrio o trepar, para coger como premio un objeto atado a su extremidad. 2 Diversión de ver avanzar o trepar por dicho palo. 3 fig. Lo que se consigue con poco trabajo.
cucañero, -ra (de *cucaña*) *adj.-s.* fig. Que tiene habilidad para lograr las cosas con poco trabajo.
cucar (de *coco*) *tr.* Guiñar (el ojo). 2 Hacer burla [de uno]. 3 Entre cazadores, avisarse de la proximidad [de una pieza]. -4 *intr.* Huir un animal cuando le pica la mosca. ◇ ** CONJUG. [1] como ***sacar.***
cucaracha (de *cuco,* insecto) *f.* Cochinilla (crustáceo). 2 Insecto dictióptero nocturno y corredor, de cuerpo deprimido, negro por encima y rojizo por debajo, que se esconde en los sitios húmedos y obscuros, devora toda clase de comestibles y los infi-

ciona con su mal olor *(Blatta orientalis)*. 3 Insecto dictióptero de América, de cuerpo rojizo y elitroides más largas que el cuerpo *(Periplaneta americana)*. 4 Tabaco en polvo de color avellana. 5 *Ecuad.* Moneda de níquel de diez centavos. 6 *Méj.* Coche de tranvía que va a remolque de otro. 7 *Méj.* Coche de mal aspecto.
SIN. **Corredera, curiana.**

cucarachear ***intr.*** *Chile.* Bailar mal el trompo. 2 *Chile.* Enamorar mariposeando. 3 *Ecuad.* Registrar. 4 *P. Rico.* Tratar de conseguir las cosas con poco trabajo o a costa ajena. 5 *P. Rico.* Eludir dificultades.

cucarachera ***f.*** Aparato para coger cucarachas.

cucarachero, -ra ***adj.*** *Colomb.* y *P. Rico.* Trapisondista; cucañero. 2 *Cuba* y *S. Dom.* Enamoradizo. 3 *Ecuad.* [pers.] Muy insinuante. 4 *P. Rico.* Astuto. -5 ***m.*** *Colomb.* y *Venez.* Pájaro insectívoro, de color leonado, con pintas blancas y negras y de canto agradable, semejante al del ruiseñor *(Tryothorus mysticalis)*.

cucaracho, -cha ***adj.*** *Méj.* Cacarañado.

cucarachón, -na ***adj.*** *Cuba.* Cucarachero (enamoradizo). 2 *Venez.* Trapisondista.

cucarda (fr. *cocarde*) ***f.*** Escarapela (divisa). 2 Martillo de boca ancha, cubierta de puntas de diamante, con que los canteros rematan ciertas obras de sillería. 3 Pieza de adorno que va a los dos lados de las frontaleras de la brida.

cucarra ***f.*** *Chile.* Coca o golpe en la cabeza.

cucarrear ***intr.*** *Chile.* Moverse mal el trompo.

cucarro, -rra ***adj.*** Muchacho vestido de fraile. 2 Fraile aseglarado. 3 fig. *y* fam. Ebrio, borracho. 4 *Chile* y *R. de la Plata.* Trompo que baila mal.

cucarrón ***m.*** *Colomb.* Escarabajo.

cucay ***m.*** *Venez.* Calabazo, vasija.

cucayo (voz quechua) ***m.*** *Bol.* y *Ecuad.* Cocaví. 2 *Colomb.* Concolón (pegado de la olla).

cucha (voz quechua) ***f.*** Yacija del perro. 2 hum. Cama: *meterse en la ~*. 3 *Perú.* Cocha (laguna).
LOC. *1 ¡Cucha! ¡cucha ahí!*, palabras con que se ordena a un perro que se acueste.

¡cucha! *And.* Interjección con que se denota asombro o sorpresa.

cuchalela ***f.*** *Colomb.* Zanguanga (mal fingido).

cuchar ***f.*** ant. Cuchara. 2 Ant. medida de capacidad para áridos (tercera parte de un cuartillo).

cuchara (l. *cochleare*) ***f.*** Instrumento, de madera o metal, compuesto de un mango y una palita cóncava, gralte. de forma oval, que esp. sirve para comer; fig., ***meter uno su ~***, introducirse inoportunamente en la conversación de otros, o en asuntos ajenos. 2 Utensilio semejante a la cuchara. 3 Vasija redonda de hierro o cobre, con un pico en un lado y un mango largo en el otro, usada para sacar el líquido de una tinaja. 4 Cucharada. 5 Espátula (ave). 6 MAR. Achicador (cucharón). 7 METAL. Recipiente donde se echa el metal líquido de los crisoles y sirve para transportarlo para su colada en los moldes de las fundiciones. -8 ***f. pl.*** TAUROM. Cuernos del toro. -9 ***f.*** *Amér.* Llana o trulla de albañil. 10 *Amér. Central* y *Chile.* Puchero (gesto). 11 *Cuba.* Maestro de albañil. 12 *Venez.* Indica uno de los grados de instrucción profesional entre los alarifes de Caracas.

cucharada ***f.*** Porción que cabe en una cuchara. 2 fig. ***Meter uno su ~***, cucharetear (entrometerse).

cucharal ***m.*** Bolsa en que los pastores guardan las cucharas.

cucharear (frecuent.) ***tr.*** Sacar con cuchara. 2 Cabecear una embarcación. -3 ***intr.*** Cucharetear.

cucharero, -ra ***m. f.*** Persona que tiene por oficio hacer o vender cucharas. 2 Cucharetero (listón).

cuchareta ***f.*** Dim. de *cuchara*. 2 Inflamación del hígado en el ganado lanar. 3 Ave zancuda de América, de pico en forma de espátula *(Spatula clypeata)*. -4 ***adj.-s.*** Especie de trigo propio de Andalucía, de espigas algo vellosas, casi tan anchas como largas, con aristas laterales. -5 ***com.*** *And., Cuba* y *Méj.* fig. Persona entrometida.
SIN. *4* **Cascaruleta.**

cucharetazo ***m.*** Golpe de cuchara.

cucharetear (de *cuchareta*) ***intr.*** fam. Revolver la olla o cazuela con la cuchara. 2 Hacer ruido con la cuchara cuando se come. 3 fig. Meterse sin necesidad en negocios ajenos: *~ en todo.*

cucharetero, -ra ***m. f.*** Persona que tiene por oficio hacer o vender cucharas de palo. -2 ***m.*** Listón con agujeros, para colocar las cucharas en la cocina. 3 fam. Fleco que se ponía en la parte inferior de las enaguas.

cucharilla ***f.*** Dim. de *cuchara*. 2 Enfermedad del hígado en los cerdos. 3 Varilla de hierro para sacar el polvo del fondo de los barrenos. 4 Artificio de pesca consistente en un eje metálico que, sujeto por un extremo al hilo, remata por el otro en uno o varios anzuelos; una pieza metálica gira velozmente en torno de dicho eje cuando el hilo se arrastra con rapidez, atrayendo con su movimiento y brillo a peces voraces.

cucharón ***m.*** Aum. de *cuchara*. 2 Cacillo de metal o de loza para repartir ciertos manjares en la mesa. -3 ***com.*** *And.* y *Colomb.* fig. Cuchareta, persona entrometida.

cucharro ***m.*** Pedazo de tablón para entablar algunos sitios de la embarcación.

cuche, cuchi ***m.*** *Amér.* Cerdo, cochino. 2 *Guat.* ***~ de monte,*** puerco de monte, saíno.

cuché, v. papel cuché.

cuchear ***intr.*** p. us. Cuchichear.

cucheta (del fr. *couchette*) ***f.*** Litera de los barcos.

cuchí, ***m.*** Voz para llamar al cerdo. 2 Cerdo.

cuchibachero, -ra ***adj.*** *S. Dom.* Enamoradizo; festivo.

cuchichear (de *cuchicheo*) ***intr.*** Hablar en voz baja o al oído a uno. ◇ También *cuchear*, menos us.

cuchicheo (onomat.) ***m.*** Acción de cuchichear. 2 Efecto de cuchichear.

cuchichí ***m.*** Canto de la perdiz.

cuchichiar (onomat.) ***intr.*** Cantar la perdiz de modo que parece repetir las sílabas de *cuchichí.* ◇ ** CONJUG. [13] como ***desviar.***

cuchiflí ***m.*** *Cuba.* vulg. Calabozo.

cuchilla ***f.*** Cuchillo grande. 2 Instrumento de hierro acerado, de varias formas, usado para cortar: *~ de un carnicero; la ~ de una guillotina.* 3 Archa. 4 Hoja de cualquier arma blanca de corte (arma). 5 Hoja de afeitar. 6 poét. Espada (arma). 7 *Amér.* Cortaplumas. 8 *Amér.* Pedacito de vidrio que se pone en el rabo de una cometa para cortar el cordel de la otra a fin de que se pierda. 9 *Amér.* Cuchillo, añadidura que se echa a la ropa. 10 *Amér.* Loma, cumbre, meseta, cuando se prolongan considerablemente. 11 *Colomb.* Limpiaparabrisas. 12 *Chile.* Ceja angosta de monte o cadena de montañas.

cuchillada ***f.*** Golpe de arma de corte. 2 Herida que resulta. -3 ***f. pl.*** Pendencia o riña. 4 Aberturas hechas en los vestidos para que por ellas se vea otra tela de distinto color u otra prenda lujosa.

cuchillar ***adj.*** Relativo al cuchillo o parecido a él. -2 ***m.*** Montaña con varias elevaciones escarpadas o cuchillas.

cuchillazo ***m.*** Cuchillada.

cuchilleja ***f.*** Dim. de *cuchilla.*

cuchillejo ***m.*** Dim. de *cuchillo.*

cuchillería ***f.*** Oficio de cuchillero. 2 Establecimiento del cuchillero. 3 Sitio, barrio o calle donde estaban las tiendas de los cuchilleros.

cuchillero ***m.*** El que tiene por oficio hacer o vender cuchillos. 2 Abrazadera (pieza). 3 ARQ. Abrazadera de hierro que en el extremo inferior del pendolón sujeta la viga tirante de las armaduras. -4 ***adj.*** [hierro] Que sirve para fabricar cuchillos. 5 Pendenciero.

cuchillo (l. *cultellu*) ***m.*** Instrumento formado por una hoja de acero de un solo corte, con mango de metal, madera, etc.: *~ de cocina;* ***~ bayoneta,*** el que reemplaza la antigua bayoneta en algunas armas de fuego; ***~ de monte,*** el grande usado por los cazadores; ***~ eléctrico,*** el formado por dos láminas, cuyo motor eléctrico imprime un rápido movimiento alternativo en sentido opuesto; ***pasar a ~,*** dar muerte. 2 Colmillo inferior del jabalí. 3 fig. Añadidura triangular que se hace a un vestido para darle mayor vuelo: *falda con cuchillos de raso.* 4 Pieza triangular que a ambos lados de la media empalma la caña con el pie. 5 ant. Derecho de gobernar, castigar y poner en ejecución las leyes: *señor de horca y ~.* 6 ARQ. Triángulo formado por dos pares y un tirante en una armadura de cubierta. 7 ARQ. Conjunto de piezas de madera o hierro que, colocado verticalmente sobre apoyos, sostiene la cubierta de un edificio o el piso de un puente o una cimbra. 8 CETR. Pluma del ala del halcón inmediata a la principal. 9 MAR. V. vela de cuchillo.

cuchillón ***m.*** Aum. de *cuchillo.* 2 *Chile.* Doladera.

cuchinato, -ta ***m. f.*** *P. Rico.* Guajino.

cuchipanda ***f.*** fam. *y* desp. Francachela.

cuchite ***adj.*** *C. Rica.* Persona que anda con paso muy menudo. 2 *C. Rica.* Persona delicada y melindrosa.

cuchitril ***m.*** Cochitril.

cuchivachín *m. Venez.* Rábula.
I) cucho, -cha *m. f. Chile.* fam. Nombre que se da al gato, esp. para llamarlo. -2 *adj. Amér. Central.* Jorobado. 3 *Méj.* Desnarigado. 4 *Méj.* Leporino. 5 *Colomb.* fam. Viejo. -6 *m. Bol.* Medida para líquidos.
II) cucho (quechua *cuchu,* cosa cuadrada o angosta) *m. Colomb.* Desván. 2 *Ecuad.* y *Perú.* Rincón, esquina.
cuchubal *m. Hond.* Unión de dos o más personas con mal fin. 2 *Salv.* Negocio de pacotilla.
cuchubos *m. pl. Amér.* Cuchugos.
cuchuche *m. Ecuad.* Cuatí.
cuchuchear *intr.* Cuchichear. 2 Chismear.
cuchucho *m. Ecuad.* fig. Tenorio empedernido.
cuchuco *m. Colomb.* Sopa de cebada con carne de cerdo.
cuchufleta (de *chufleta*) *f.* fam. Dicho o palabras de broma o chanza. 2 *Guat.* Zapato viejo. 3 *Méj.* Especie de bizcocho.
SIN. **Chirigota, chufleta.** v. **Burla.**
cuchufletear *intr.* fam. Bromear, decir cuchufletas.
cuchufletero, -ra *adj.* Persona aficionada a decir cuchufletas.
cuchuflí *m. Cuba.* Lugar estrecho y molesto. 2 *Cuba.* Cárcel.
cuchuflín *m. Colomb.* Rincón; encierro.
cuchugo *m. Amér. Merid.* Caja de cuero que suele llevarse en el arzón de la silla de montar. Ús. pralte. en pl.
cuchumbear *intr. Guat.* Jugar dados con el cuchumbo (cubilete).
cuchumbí *m.* Mamífero carnívoro fisípedo, de hasta 90 cms. de longitud, cuyo pelaje es de color pardo en el dorso y rojizo en el vientre. Su cola es prénsil *(Potus flavus).*
SIN. **Kinkajú.**
cuchumbo *m. Amér. Central.* Embudo. 2 *Amér. Central.* Cubeta, cubo. 3 *Amér. Central* y *Méj.* Cubilete (para dados). 4 *Guat.* y *Hond.* Juego de dados.
cuchuna *f. Perú.* Cuchillo de gran tamaño, us. por algunos indígenas a guisa de hoz.
cuchunchear *intr. Cuba.* Tramar algo entre algunas personas.
cuchuquí *adj. Bol.* Sucio, asqueroso.
cuchuyo *m. Colomb.* y *Ecuad.* Cuchugo.
cucleto, -ta *adj. Guat.* Renco.
cuclillas (en ~) (de *clueco*) *loc. adv.* Modo de sentarse doblando el cuerpo de suerte que las asentaderas se acerquen al suelo o descansen en los calcañares.
REL. vb. **Acuclillarse,** ponerse en cuclillas.
cuclillo (l. *cuculu*) *m.* Ave cuculiforme, poco menor que una tórtola, de plumaje ceniciento, azulado por encima, cola negra con pintas blancas y alas pardas; se dice que la hembra pone los huevos en los nidos de otras aves *(Cuculus canorus).* 2 fig. Marido de la adúltera.
I) cuco *m.* Coco (fantasma).
II) cuco, -ca (l. *-cu*) *adj.* fig. Pulido, de aspecto agradable. -2 *adj.-s.* fig. Taimado y astuto. -3 *m.* Oruga o larva de cierta mariposa nocturna. 4 Cuclillo (ave). 5 Malcontento (juego). 6 fam. Tahúr. 7 Arete (pez). 8 *And., Sal.* y *Valle del Ebro.* Abubilla. 9 *R. de la Plata.* Durazno.
cucú (onomat.) *m.* Canto del cuclillo. 2 Reloj que contiene un cuclillo mecánico, el cual sale por una abertura y señala con su canto las horas y las medias horas o los cuartos. ◇ Pl.: *cucúes.*
cucubá (voz indígena) *m. Cuba.* Ave nocturna parecida a la lechuza, que vive en el hueco de los árboles y cuyo grito semeja al ladrido del perro (gén. *Noctua).*
cucúbalo *m.* Hierba cariofilácea, pubescente, de hojas ovaladas y peludas, que trepa sobre otras plantas; sus frutos son bayas negras redondas *(Cucubalus baccifer).*
cucubano *m. P. Rico.* Cucuyo, insecto.
cucubo *m. Colomb.* Arbusto de la familia de las solanáceas espinosas, cuyo fruto de pepas verdes, redondas, de diámetro aproximado de un centímetro, se emplea para ablandar la mugre en el lavado de la ropa *(Solanum saponaceum).*
cucuche (a ~) *loc. adv. Amér. Central.* A horcajadas.
cucufata *com. Extr.* Persona presumida.
cucufate *adj. Extr.* Pequeño, insignificante. 2 *Méj.* Cacarizo.
cucufato *m. Bol.* y *Perú.* Santurrón.
cucuisa *f. Cuba.* Pita (planta).
cuculí *com. Amér.* Especie de paloma torcaz pequeña, cuyo canto ha dado origen a su nombre *(Culumba meloda).*
cuculiforme *adj.-m.* Ave del orden de los cuculiformes. -2 *m. pl.* Orden de aves con la cola larga y las patas cortas, provistas de cuatro dedos dirigidos dos hacia delante y dos hacia atrás; son omnívoras y de costumbres parasitarias; como el cuco.
cuculistearse *prnl. Hond.* Enmohecerse una cosa.
cuculla (l. *cuculla*) *f.* Prenda de vestir ant. a modo de capucha. 2 Cogulla. 3 Agujero o chimenea central de la bóveda fija del horno de cocer cerámica.
cucullada *f. Ar.* Cogujada.
cucullo *m. Vallad.* Abubilla.
cucumbé *m. Hond.* Juego de chicos.
cucumbito *m. Ecuad.* Cierto juego.
cucumela *f.* Seta con el sombrero gris y con una volva en la base del pie *(Amanita vaginata).*
cucúrbita (l., calabaza) *f.* ant. Retorta (vasija).
cucurbitáceo, -a (l. *cucurbita,* calabaza) *adj.-s.* Planta dicotiledónea, gralte. monoica, rastrera o trepadora, de hojas sencillas, flores de cinco pétalos y fruto en pepónide; como la calabaza y el melón. -2 *f. pl.* Familia de estas plantas.
cucurbitales *f. pl.* Orden de plantas, dentro de la clase dicotiledóneas, con flores pentámeras, hermafroditas y actinomorfas.
cucuriaco, -ca *adj. Colomb.* Industrioso, experto, hábil. -2 *m. Colomb.* Rábula, abogadejo.
cucurucho (l. *cuculliunculu*) *m.* Papel o cartón arrollado en forma cónica. 2 Armazón cónico gralte. de cartón que usan los penitentes en Semana Santa en la cabeza. 3 Cubierta coniforme del molino de viento. 4 *Amér.* Vestido us. en las procesiones de Semana Santa, que remata en una capucha. 5 *Amér. Central* y *Colomb.* Parte más alta de cualquier figura de forma cónica. 6 *Cuba.* Azúcar poco depurado.
SIN. **Cartucho.**
cucurucu *m. Perú, P. Rico* y *S. Dom.* Onomatopeya del canto del gallo.
cucurutear *tr. Colomb.* vulg. Esculcar [una cosa].
cucusque *adj. Salv.* Que anda sucio y desarrapado.
cucuteño, -ña *adj.-s.* De Cúcuta, capital del departamento colombiano de Norte de Santander.
cucuy, -yo *m.* Cocuyo. ◇ Pl.: *cucuyes.*
cucuyé *m. Cuba.* Cocoyé (baile afrocubano).
cucuyera *f. Cuba.* Cocuyera.
cudria (l. *chorda,* cuerda) *f.* Soguilla de esparto crudo con que se ensogan las espuertas.
cudú *m.* Antílope grande, con largos cuernos exclusivos de los machos, formando tres o cuatro espirales. El pelaje es corto y de color gris *(Tragelaphus strepsiceros).* ◇ Pl.: *cudúes.*
cueca *f. Amér. Merid.* Zamacueca.
cueceleches (de *cocer* + *leche*) *m.* Utensilio de cocina que sirve para calentar la leche sin que se salga cuando hierve. ◇ Pl.: *cueceleches.*
cuecha (mej. *cuechoa,* moler mucho una cosa) *f. C. Rica.* Bocado de breva (tabaco para mascar).
cueco *m. Pan.* Afeminado.
cuelga *f.* Conjunto de frutas que se cuelgan para conservarlas. 2 ant. Regalo que se da a uno en el día de su cumpleaños. 3 *Colomb.* y *Chile.* Pendiente o desnivel de las acequias; inclinación de una corriente de agua.
cuelgacapas (de *colgar* + *capa*) *m.* Mueble para colgar la capa y otras prendas de vestir. ◇ Pl.: *cuelgacapas.*
SIN. **Capero, mozo.**
cuelgaplatos (de *colgar* + *plato*) *m.* Utensilio con el cual se fijan o cuelgan en las paredes los platos artísticos. ◇ Pl.: *cuelgaplatos.*
cuelgue *m.* En el lenguaje de la droga, estado producido por una droga.
cuéllaga *f. La Mancha.* En el molino de viento, piedra en forma de media luna que sirve de soporte al eje.
SIN. **Bóllega.**
cuellicorto, -ta (de *cuello* + *corto*) *adj.* Que tiene corto el cuello.
cuellierguido, -da (de *cuello* + *erguido*) *adj.* Tieso y levantado de cuello.
cuellilargo, -ga (de *cuello* + *largo*) *adj.* Largo de cuello.
cuello (l. *collu*) *m.* Parte del cuerpo que une la cabeza con el tronco. 2 Tira de tela unida a una prenda, o adorno suelto de encaje, piel, etc., para cubrir o abrigar el cuello: ~ ***acanalado, alechugado, escarolado*** o ***apanalado,*** adorno ant. de lienzo, sobrepuesto al cabezón de la camisa y encañonado con molde; ~ ***almidonado,*** el planchado con almidón para darle rigidez y brillo; ~ ***de pajarita,*** el postizo y almidonado, con las puntas dobladas hacia afuera; ~ ***cisne,*** cuello alto, que gralte. se dobla sobre sí mismo. 3 Parte más estrecha y delgada de un cuerpo: ~ *de un mastelero.* 4 Parte superior y más angosta de una vasija.

5 Pezón o tallo de cada cabeza de ajo, cebolla, etc. 6 En los molinos de aceite, parte de la viga más inmediata a la tenaza.

cuelmo (l. *culmu,* caña de trigo) ***m.*** Tea (madera).

cuenca (v. *concha*) ***f.*** Escudilla de madera de los peregrinos, mendigos, etc. 2 Cavidad en que está cada uno de los ojos. 3 Territorio rodeado de alturas. 4 Territorio cuyas aguas afluyen todas a un mismo río, lago o mar. 5 Territorio por donde se extienden las ramificaciones de una mina.

SIN. *2* **Órbita.** *4* **Valle,** cuenca de un río.

cuencano, -na ***adj.-s.*** De Cuenca, cap. de la prov. de Azuay (Ecuador).

cuenco (de *cuenca*) ***m.*** Vaso de barro, hondo y ancho, sin borde o labio. 2 Concavidad (parte).

cuenda ***f.*** Cordoncillo de hilos que recoge y divide la madeja para que no se enmarañe. 2 *Colomb.* Cable superior del chinchorro de pescar.

cuenta ***f.*** Acción de contar, cálculo: *~ de restar;* ***la ~ de la vieja,*** fig., la que se hace por un procedimiento vulgar, esp. por los dedos; ***echar cuentas,*** contar, sobre poco más o menos, el importe o gasto de una cosa; fig., ***perder la ~ de una cosa,*** no acordarse de ella a causa de su antigüedad, o no poderla reducir a número por su gran muchedumbre. 2 Efecto de contar, cálculo. 3 Estado de las sumas para cobrar o pagar: *pedir la ~ al camarero;* fig., ***las cuentas del Gran Capitán,*** las exorbitantes formadas sin la debida justificación; ***ajustar cuentas,*** poner en claro lo que se ha de pagar o cobrar; fig., díc. en son de amenaza; ***a ~*** o ***a buena ~,*** como parte de una cantidad a pagar; *cobrar mil pesetas a ~;* fig., ***con ~ y razón,*** con puntualidad; ***en resumidas cuentas,*** en conclusión o con brevedad. 4 Registro regular de transacciones pecuniarias, de haberes y créditos, etc.: ***~ corriente,*** aquella en que se asientan las partidas del debe y del haber de una persona o entidad; ***abrir ~,*** iniciarla; ***cerrar la ~,*** saldarla, concluirla; ***dar ~ de una cosa,*** fig., dar fin de ella, destruyéndola o malgastándola. 5 fig. Exposición de razones, motivos, actos, etc.: *dar* o *pedir ~.* 6 Cuidado, incumbencia, cargo, obligación: ***dar uno buena,*** o ***mala, ~ de su persona,*** corresponder bien o mal a la confianza que de él han hecho; ***¡cuenta con lo que dices!,*** ¡cuidado en el hablar!; ***de ~ y riesgo de uno,*** bajo su responsabilidad. 7 Consideración: ***tener en ~,*** tener presente, considerar; ***caer uno en la ~ de una cosa,*** llegar a comprenderla o parar mientes en ella; ***de ~,*** persona de importancia. 8 Bolilla ensartada o taladrada para serlo, y esp. las del rosario. 9 ***~ atrás,*** contar para atrás. 10 ***Salir de cuentas,*** haber cumplido el periodo de gestación. 11 *Extr.* Cochinilla.

cuentacacao ***f.*** *Hond.* Araña algo venenosa, que deja, al pasar por la piel de las personas, un salpullido (gén. *Avicularia).*

cuentachiles ***m. pl.*** *Méj.* Hombre cominero. ◇ Pl.: *cuentachiles.*

cuentacorrentista ***com.*** Persona titular de una cuenta corriente.

cuentadante (*cuenta + dante*) ***adj.-com.*** Persona que da o ha dado cuenta de fondos que ha manejado, a quien puede exigírsele y censurarla.

cuentadedos ***m.*** *Murc.* Mariquita, insecto. ◇ Pl.: *cuentadedos.*

cuentagotas (de *contar + gota*) ***m.*** Utensilio para verter un líquido gota a gota. -2 ***loc. adv.*** fig. *y* fam. ***A*** o ***con ~,*** poco a poco, muy despacio. ◇ Pl.: *cuentagotas.*

cuentahílos (de *contar + hilo*) ***m.*** Especie de microscopio para contar los hilos de un tejido. ◇ Pl.: *cuentahílos.*

cuentaimágenes (de *contar + imagen*) ***m.*** CINEM. Dispositivo que tienen ciertas cámaras cinematográficas, merced al cual se sabe el número de imágenes ya impresionadas y se pueden obtener efectos especiales. ◇ Pl.: *cuentaimágenes.*

cuentakilómetros (de *contar + kilómetro*) ***m.*** Contador que registra las revoluciones de las ruedas de un vehículo, e indica el número de kilómetros recorridos. ◇ Pl.: *cuentakilómetros.*

cuentapasos ***m.*** Podómetro. ◇ Pl.: *cuentapasos.*

cuentarrevoluciones (de *contar + revolución*) ***m.*** Contador que registra las revoluciones de un eje o de una máquina. ◇ Pl.: *cuentarrevoluciones.*

cuentavueltas (de *contar + vuelta*) ***m.*** Instrumento usado en las competiciones deportivas, para anotar las veces que los participantes han recorrido el mismo trayecto. 2 Tacómetro. ◇ Pl.: *cuentavueltas.*

cuentear ***intr.*** *Amér. Central.* Chismear, andar con cuentos.

cuenterete ***m.*** *Amér. Central.* Cuento, bola, mentira.

cuentero, -ra ***adj.-s.*** Cuentista (chismoso).

cuentezuela ***f.*** Dim. de *cuenta.*

cuentista ***adj.-com.*** Persona que suele narrar o escribir cuentos. 2 fam. Chismoso. 3 Jactancioso, presuntuoso.

cuentistero, -ra ***adj.*** *Perú.* Chismoso.

I) cuento (v. *cómputo*) ***m.*** Narración corta en prosa, que pertenece a la ficción literaria, ideada para producir una impresión rápida y llamativa: *libro de cuentos; ~ de hadas; ~ de viejas;* fig., ***el ~ de nunca acabar,*** cosa interminable; ***dejarse,*** o ***quitarse, uno de cuentos,*** omitir los rodeos e ir a lo substancial de una cosa; ***a ~,*** al caso, a propósito; *venir a ~ una cosa.* 2 Chisme o enredo para indisponer a una persona con otra: *venirle a uno con cuentos.* 3 Cómputo; fig., ***sin ~,*** sin cuenta, o sin número. 4 ant. Millón: ***~ de cuentos,*** billón. 5 Embuste, engaño, fraude: *vivir del ~; ~ chino.* 6 *Guat.* Nombre indeterminado de las compras menudas que se hacen en el mercado (ús. más en pl.).

II) cuento (l. *contu,* del gr. *kontós*) ***m.*** Regatón o contera de la pica, la lanza, el bastón, etc. 2 Pie derecho o puntal puesto para sostener alguna cosa.

cuentón, -tona ***adj.-s.*** fam. Cuentista, chismoso.

cuepa (mej.) ***f.*** *Amér. Central* y *Colomb.* Disco cóncavo de cera con que juegan los chicos. 2 *Amér. Central* y *Colomb.* Objeto pequeño y achatado.

cuequear ***intr.*** *Chile.* Bailar la cueca.

cuera (de *cuero*) ***f.*** Especie de jaquetilla de piel que se usaba sobre el jubón. 2 *Amér. Central.* Polaina burda, de cuero muy duro y a veces crudo. 3 *Bol., Pan.* y *P. Rico.* Azotaina, zurra.

cuerazo ***m.*** *Ecuad.* Latigazo.

cuerda (l. *chorda* < gr. *chordé*) ***f.*** Conjunto de hilos de cáñamo, lino, esparto, etc., que, torcidos, forman un solo cuerpo cilíndrico y flexible: *la ~ de un arco, de una ballesta.* 2 Conjunto de penados atados juntos. 3 Parte propulsora del mecanismo de un reloj, antig. cadenita arrollada en un cilindro y que por el extremo libre sostenía una pesa: *dar ~ al reloj.* 4 Medida agraria ant. en España y Amér., de extensión variable según los países. 5 Talla normal del ganado caballar, y que equivale a siete cuartos, o sea, 1,47 m. 6 Arte de pesca que consiste en tres o más moscas separadas entre sí y montadas en unos codales atados a la línea principal y un flotador que facilita el lanzamiento. 7 Borde de un estrato de roca que queda descubierto en la falda de una montaña. 8 ***~ dorsal,*** notocordio. 9 ***~ floja,*** alambre con poca tensión sobre la cual hacen sus ejercicios los volatineros. 10 ARQ. Línea de arranque de una bóveda o arco. 11 DEP. En la gimnasia rítmica, aparato con el que se ejecutan diversos ejercicios de habilidad y coordinación de movimientos. 12 DEP. Perímetro interior de una pista deportiva y parte de la pista situada a lo largo de este perímetro. 13 GEOM. Segmento de recta que une los extremos de un arco o curva. 14 MÚS. Hilo hecho con una tira retorcida de tripa de carnero, a veces envuelta por alambre en hélice, que, por vibración, produce los sonidos en ciertos instrumentos músicos: ***~ falsa,*** la que por su defectuosidad no se puede templar con las demás del instrumento. 15 MÚS. Voz fundamental de tiple, contralto, tenor o bajo. -16 ***f. pl.*** Tendones del cuerpo humano: ***estirar uno las cuerdas;*** fig., pasearse o ponerse en pie. 17 ***Cuerdas vocales,*** repliegues musculares que en número de cuatro, dos superiores y dos inferiores, se encuentran en el interior de la laringe. Las inferiores, puestas en vibración por el aire emitido por los pulmones, producen el sonido de la voz; las superiores contribuyen a reforzarlo.

SIN. *1* MAR. **Cabo.** *12* **Subtensa.** REL. *1* **Jarcia, cordaje, cordelería,** conjunto de cuerdas o cabos de una embarcación. *13* **Encordadura,** conjunto de cuerdas de un instrumento; **encordar,** vb., poner cuerdas a un instrumento. FRS. *1* fig. *Aflojar,* o *apretar, la ~,* disminuir, o aumentar, el rigor de la ley, de la disciplina, etc. *3 Dar ~ a un negocio,* darle largas; *dar ~ a uno,* halagar su pasión o su manía incitándole a perdurar en ella: *parecía que daban ~ al orador; bajo ~,* loc. adv., solapadamente, con disimulo. *9* fig. *Andar en la ~ floja,* proceder con vacilación entre dificultades. *13* fig. *Ser [uno] de la ~,* o *de la misma ~,* ser de las mismas ideas políticas, del mismo carácter o aptitudes.

cuerdamente ***adv. m.*** Con cordura.

cuerdezuela ***f.*** Cordezuela.

cuerdo, -da (l. **corde,* corazón, ánimo) ***adj.-s.*** Que está en su juicio, prudente.

cuereada ***f.*** *Amér. Merid.* Temporada en que se obtienen los cueros secos, pralte. vacunos, desde matar y desollar las reses y secar las pieles al sol y al aire, hasta entregarlas al comercio. 2 *Can., Amér. Central* y *Colomb.* Cueriza, azotaina.

cuerear ***tr.*** *Amér.* Azotar [a una persona o animal]. 2 *Amér. Merid.* Ocuparse en las operaciones de la cuereada. 3 *Amér.* fig.

Causar daño [en la persona o en la honra]. 4 *Amér.* fig. Ganar [a uno] en el juego.

cuerera *f. Chile.* Extremada pobreza.

cuerezuelo *m.* Corezuelo.

cueriza *f. Amér.* Azotaina.

cuerna *f.* Vaso rústico hecho con un cuerno de res vacuna. 2 Cuerno macizo que algunos animales mudan todos los años; como el ciervo. 3 Cornamenta. 4 Trompa de hechura semejante al cuerno bovino, que se usó en la montería y que aún usan ciertas gentes en el campo para comunicarse.

SIN. **Aliara, liara.**

cuérnago (de *cuérrago*) *m.* Cauce.

cuernavaquense *adj.-s.* De Cuernavaca, capital del estado mejicano de Morelos.

cuernavaqueño, -ña *adj.-s.* p. us. Cuernavaquense.

cuernecillo *m.* Planta papilionácea, tendida y perenne, con las hojas divididas en cinco folíolos, y las flores amarillas, a menudo con estrías rojas *(Lotus corniculatus).*

cuernezuelo *m.* Dim. de *cuerno.*

cuerno (l. *cornu*) *m.* Prolongación ósea del frontal, cubierta por una capa epidérmica o estuche córneo, propia de los rumiantes cérvidos y bóvidos. 2 Prolongación ósea que, en número de una o dos, tienen los rinocerontes en la línea media de la nariz. 3 Materia que forma el estuche córneo de los cuernos de los bovinos, de la cual se hacen objetos diversos. 4 Extremidad de alguna cosa que remata en punta y tiene semejanza con los cuernos: *los cuernos de la Luna.* 5 Ala de un ejército o de una escuadra. 6 Vasija o recipiente de cuerno. 7 fig. *y* fam. Atributo de la infidelidad matrimonial: *poner los cuernos.* 8 fig. *y* fam. Sanción grave. 9 ANAT. Prolongación de la substancia gris en la substancia blanca de la médula espinal. 10 MÚS. Instrumento músico de viento, de forma corva, generalmente de cuerno, que tiene el sonido como de trompa. 11 ZOOL. Antena. 12 ~ ***de caza,*** cuerna (trompa). 13 ~ ***de la abundancia,*** cornucopia; seta poliporal en forma de embudo, de color pardo casi negro, con el borde ondulado *(Craterellus cornucopioides).* 14 ~ ***de Ammón,*** ammonites.

SIN. *1* **Asta.** FRS. *Mandar a uno al ~*, mandarlo a paseo. *Romperse los cuernos*, trabajar con ahínco. *En los cuernos del toro*, en un inminente peligro. *Saber* u *oler a ~ quemado*, fig., hacer desagradable impresión en el ánimo de una cosa. *Poner a uno en los cuernos de la Luna*, alabarle desmesuradamente.

¡cuerno! Interjección con que se denota enfado, sorpresa o asombro.

cuero (l. *coriu*) *m.* Pellejo del buey y otros animales, esp. después de curtido y preparado para ciertos usos: *una chaqueta de ~;* ~ ***en verde,*** el que no ha recibido preparación alguna. 2 Odre. 3 ~ ***cabelludo,*** piel del cráneo. 4 ~ ***exterior,*** epidermis. 5 ~ ***interior,*** cutis. 6 DEP. Balón. 7 *Amér.* Correa, látigo. 8 *Colomb.* Solterona. 9 *Colomb.* Vejestorio, carcamal. 10 *Cuba.* Nombre común de varias especies de árboles de hojas coriáceas y rígidas *(Exostema caribaeum; Ilex dioica; I. nitida).* 11 *Cuba.* Mujer vieja. 12 *Cuba* y *Guat.* Despreocupación, descaro, cara dura.

FR. *En cueros*, o *en cueros vivos*, o *en pelota*, desnudo.

cuerpear *intr. Argent.* Esquivar, hacer esguince. 2 fig. Capotear.

cuerpo (l. *corpus*) *m.* Substancia material: *los cuerpos químicos;* ~ ***simple*** (o ***elemento***), el que hasta el presente no ha podido descomponerse en otros de distinta naturaleza; ~ ***compuesto,*** los constituidos por la combinación de dos o más simples. 2 Porción limitada de materia, objeto: *un ~ celeste.* 3 Grueso de los tejidos, papel, chapas, etc.: ***tomar ~ una cosa,*** fig., aumentarse de poco a mucho. 4 Espesura de un líquido: ***dar ~ a una cosa,*** espesarla. 5 Conjunto de características organolépticas del vino. 6 En el hombre y en los animales, conjunto de las partes materiales que componen su organismo: *el ~ y el alma.* 7 Cadáver: *de ~ presente.* 8 Tronco, a diferencia de la cabeza y las extremidades: ***de medio ~,*** [retrato] en que sólo se reproduce la mitad superior del cuerpo. 9 Parte de un vestido que cubre desde los hombros hasta la cintura: ***a ~***, o ***en ~***, sin capa, gabán u otro abrigo exterior. 10 Parte central o principal de una cosa: ~ ***de un libro, de un documento,*** lo que en ellos se dice, con excepción del título, índices y preliminares; ~ ***de bomba,*** tubo dentro del cual juega el émbolo de la bomba hidráulica. 11 Parte, que puede ser independiente, cuando se la considera unida a otra principal: *los dos cuerpos de aquel edificio.* 12 Zona horizontal de un retablo, cuando tiene más de una calle. 13 Colección de leyes civiles o canónicas. 14 Conjunto de personas que forman una comunidad, ejercen una misma función, etc.: ~ ***diplomático,*** conjunto de lo representantes diplomáticos extranjeros de un país; ~ ***facultativo,*** conjunto de los individuos que poseen determinados conocimientos técnicos, así militares como civiles; ~ ***legislativo,*** asamblea política que elabora leyes; ~ ***social,*** sociedad (conjunto de individuos). 15 ~ ***calloso,*** masa arqueada de substancia blanca, en el fondo de la cisura longitudinal del cerebro, que enlaza los dos hemisferios. 16 ~ ***tiroide,*** v. tiroides. 17 ARQ. División en la fachada de un edificio o en un retablo establecida por cornisas o impostas. 18 ARQ. Retablo, considerado en su conjunto. 19 DER. ~ ***del delito,*** cosa en que, o con que, se ha cometido un delito. 20 GEOM. Figura de tres dimensiones. 21 IMPR. Tamaño de los caracteres de cada fundición. 22 MIL. Conjunto determinado de soldados con sus respectivos oficiales: ~ ***de ejército,*** unidad formada por dos o más divisiones; ~ ***de guardia,*** conjunto de soldados destinados a hacer la guardia, y lugar donde descansan los que no están de centinela; tropa auxiliar del ejército, a diferencia del arma o tropa combatiente: ~ *de Intendencia, Sanidad, Ingenieros.*

REL. *6* **Somatología,** estudio del cuerpo, en oposición a Psicología. Adj. **somático,** corporal. SIN. *20* **Sólido.** FRS. *6 Dar uno con el ~ en tierra*, caer al suelo. *Huir* o *hurtar, uno el ~*, moverse con ligereza para evitar el golpe que le dirigen; *pedirle a uno el ~ una cosa*, apetecerla. *A ~ de rey*, o *a qué quieres ~*, con todo regalo y comodidad; *en ~ y alma*, totalmente; *~ a ~*, a brazo partido; *de ~ entero*, hablando de personas, cabal, completo.

cuérrago (l. *corrugu,* cauce) *m.* Cauce.

cuerudo, -da *adj. Amér.* Caballería lerda. 2 *Amér.* Persona fastidiosa. 3 *Amér. Central.* Descarado.

I) cuerva *f.* Graja.

II) cuerva *f. Alm., La Mancha* y *Murc.* Sangría, bebida refrescante.

cuervajera *f. La Mancha.* Cuervera.

cuervera *f.* Vasija especial para hacer y beber la cuerva.

cuervo (l. *corvu*) *m.* Ave paseriforme carnívora, mayor que la paloma, de pico grueso más largo que la cabeza, tarsos fuertes, plumaje negro con reflejos metálicos y cola redondeada *(Corvus corax).* 2 ~ ***merendero,*** grajo. 3 ~ ***marino,*** cormorán. 4 Constelación austral situada al sur de Virgo. 5 vulg. Cura, sacerdote.

REL. *1* El ~ **grazna;** graznar el ~, **crascitar, crocitar, croscitar;** voz del ~, **graznido;** pollo del ~, **corvato;** relativo al ~, **corvino.** SIN. *3* **Corvejón.** FR. *Tomar la del ~*, largarse.

cuesca *f. Colomb.* Cholla, cabeza.

cuesco *m.* Hueso de la fruta. 2 fam. Pedo que se expele con ruido. 3 ~ ***de lobo,*** hongo licoperdal cilíndrico, con la parte superior más gruesa, de color blanco grisáceo que más tarde se torna pardo *(Lycoperdon perlatum).* 4 MIN. En Riotinto, escoria procedente de los hornos de manga. 5 *Colomb.* y *Venez.* Palmera indígena de cuyo fruto se extrae aceite, produce fibras textiles y con cuyas semillas se hacen botones *(Attalea amygdalina).* 6 *Colomb.* y *Venez.* Fruto de dicha palmera. 7 *Colomb.* y *Venez.* Aceite sacado de dicho fruto. 8 *Chile.* Hombre enamoradizo. 9 *Méj.* Masa redondeada de mineral de gran tamaño.

cuescomate (méj. *cuezcomatl*) *m. Méj.* Troje de barro en forma de tinaja para guardar semillas.

cuesque *m. Logr.* Cuesco, hueso de la fruta.

I) cuesta (v. *costa*) *f.* Terreno en pendiente. -2 *loc. adv.* ***A cuestas,*** sobre los hombros o espaldas; fig., a su cargo, sobre sí.

SIN. *1* **Costanera, costera, subida.** FR. fig. *Hacérsele a uno ~ arriba una cosa*, sentirla mucho, hacerla con repugnancia; *ir ~ abajo*, decaer, declinar una persona o cosa.

II) cuesta, cuestación (l. *quoestu,* pp. *quaerere,* buscar, pedir) *f.* Petición de limosnas para un objeto piadoso o benéfico.

cuestezuela *f.* Dim. de *cuesta* (pendiente).

cuestión (l. *quoestione*) *f.* Pregunta que se hace o propone para averiguar la verdad de una cosa controvirtiéndola. 2 Punto controvertible, problema que se trata de resolver, materia sobre la cual se disputa: ~ ***batallona*** o ***candente,*** la que acalora los ánimos y a que se da mucha importancia; ~ ***de gabinete,*** la que afecta o puede afectar a la existencia o continuación de un ministerio, y, en gral., la de mucha importancia para cualquiera; ~ ***de confianza,*** la que para comprobarla plantea el gobierno al jefe del estado o al parlamento, haciendo depender su continuación en el poder de un acuerdo determinado del primero o de la votación de la cámara. 3 Riña. 4 DER. ~ ***previa,*** la que corresponde a competencia administrativa e influye necesariamente en un fallo penal; ~ ***prejudicial,*** la que siendo supuesto de un fallo, corresponde a jurisdicción distinta del que lo ha de dictar; ~ ***de competencia,*** desacuerdo y contienda entre jueces y

otras autoridades acerca de la facultad para entender en un asunto; ~ *de tormento*, averiguación de la verdad que se practicaba dando tormento al presunto culpable inconfeso. 5 MAT. Problema: ~ *determinada* o *indeterminada*, problema determinado o indeterminado.
SIN. *3* v. **Lucha.**
cuestionable *adj.* Dudoso, que se puede discutir.
SIN. **Discutible.**
cuestionar (l. *quæstionare*) *tr.* Controvertir [un punto dudoso].
cuestionario (b. l. *quæstionariu*) *m.* Libro que trata de cuestiones; programa de examen u oposición. 2 Lista de cuestiones.
cuesto *m.* Cerro (colina).
cuestor (l. *quæstor*) *m.* Ant. magistrado romano, encargado de la administración del erario público; en la ciudad y en los ejércitos tuvo esp. funciones de carácter fiscal. 2 El que pide limosna para el prójimo o para llevar a cabo una obra benéfica.
cuestuario, -ria, cuestuoso, -sa (l. *quæstuosu*) *adj.* Que implica ganancia.
cuestura *f.* Dignidad o empleo de cuestor romano.
cuétano *m. Salv.* Oruga de cierta clase de mariposas.
I) cuete *m. Méj.* Lonja de carne que se saca del muslo de la res.
II) cuete *m.* vulg. Cohete.
cueto (probl. prerromano) *m.* Sitio alto y defendido. 2 Colina de forma cónica, aislada y, gralte., peñascosa.
cueva (l. esp. **cova* < l. clás. *cava*) *f.* Cavidad subterránea. 2 Sótano. 3 Construcción megalítica con una cámara cubierta y un corredor de acceso, al aire libre o dentro de un túmulo artificial.
cuévano (l. v. **cophanu* < l. *cophinu*) *m.* Cesto de mimbres grande y hondo, poco más ancho de arriba que de abajo, para llevar la uva en la vendimia y otros usos.
cuevear *intr. Guat.* Penetrar en una cueva.
cuevero, -ra *m.* El que tiene por oficio hacer cuevas. -2 *adj.-s. And.* y *La Mancha.* Que habita en una cueva.
cuezo *m.* Artesilla de madera, en que amasan el yeso los albañiles. 2 vulg. Cuello.
FR. fig. fam. *Meter el* ~, querer enterarse de todo; meter la pata.
cufiar *tr. Ecuad.* Atisbar, espiar. ◇ ** CONJUG. [13] como *desviar.*
cúfico, -ca (ár. *Cufa,* c. de Siria) *adj.* Carácter empleado en la ant. escritura arábiga.
cufifo, -fa *adj. Chile.* Achispado, calamocano.
cugujada *f.* Cogujada.
cugulla *f.* Cogulla.
cugullada *f. Ar.* Cogujada.
cui *m. Amér. Merid.* Cuy, cobaya, conejillo de indias. ◇ Pl.: *cuis.*
cuica *f. Amér. Merid.* Lombriz. 2 *P. Rico.* Juego de la comba y cuerda con que se juega.
cuicacoche *f.* Ave canora de Méjico *(Harporhynchus longirostris).*
cuico, -ca *adj. Argent.* y *Chile.* Apodo que se da a los naturales de otras regiones. 2 *Ecuad.* Delgado, flaco (como la *cuica,* lombriz). -3 *m. Bol.* Indio de raza enana.
cuida *f.* En los colegios, colegiala encargada de cuidar de otra menor.
cuidado *m.* Atención para hacer bien una cosa, esp. la que se tiene para con un enfermo: ***estar uno de*** ~, estar gravemente enfermo; ***de*** ~, peligroso. 2 Recelo, sobresalto, temor. 3 Dependencia o negocio que está a cargo de uno.
¡cuidado! Interjección con que se advierte la proximidad de un peligro o la contingencia de caer en error. 2 Se emplea en son de amenaza: *¡cuidado conmigo!* 3 Seguido de la prep. *con* y un nombre significativo de persona, denota enfado contra ella: *¡cuidado con el hombre y qué terco es!*
cuidador, -ra *adj.-s.* Que cuida. 2 Nimiamente solícito y cuidadoso. -3 *m.* Entrenador deportivo. 4 *Argent.* Enfermero. -5 *f. Méj.* Niñera.
cuidadosamente *adv. m.* Con esmero.
cuidadoso, -sa *adj.* Que tiene cuidado (atención): ~ *con,* o *para con, un enfermo;* ~ *del,* o *por el, resultado.*
cuidandero, -ra *adj.-s. Amér.* Persona que cuida.
cuidar (l. *cogitare,* pensar, preparar) *tr.* Poner diligencia y atención [en la ejecución de una cosa]. 2 Asistir: ~ *a,* o *de, un enfermo.* 3 Guardar, conservar: ~ *la casa;* ~ *la ropa;* ***intr.***, seguido de la prep. *de:* ~ *de la hacienda, de los niños.* -4 ***prnl.*** Seguido de la prep. *de,* vivir con advertencia respecto de una cosa: *no se cuida del qué dirán.* 5 Preocuparse de su salud.
SIN. *1* **Velar por, mirar por,** cuidar solícitamente.
cuido *m.* Acción de cuidar.
cuidoso, -sa *adj.* Cuidadoso.
cuigen *adj. C. Rica.* Cuijen.
cuija *f. Méj.* Lagartija pequeña, llamada así por el sonido que emite. 2 *Méj.* fig. Mujer flaca y fea.
cuije *m. Salv.* Persona que secunda o ayuda a otra. 2 *Hond.* Bribón, tunante.
cuijen *adj. C. Rica.* [gallina] Gris o blanca y negra. -2 *m. C. Rica.* El diablo.
cuila (port. *cuelho,* conejo) *f. C. Rica.* Mujer muy fecunda.
cuilapeño, -ña *adj.-s.* De Cuilapa, cap. del dep. de Santa Rosa (Guatemala).
cuilmas *m. pl. C. Rica.* Flojo, afeminado.
cuima *f. Méj.* Calabaza tierna.
cuino (de *cochino*) *m.* Cerdo.
cuircho *m. Méj.* Amante.
cuis *m. Argent.* y *Chile.* Cuy, cobaya, conejillo de indias. ◇ Pl.: *cuises.*
cuisera *f. Colomb.* Madriguera de cuyes (conejillos).
I) cuita (del ant. *cuitar,* darse prisa, anhelar < l. *cogitare*) *f.* Trabajo, aflicción, desventura.
II) cuita (mej. *cuitlatl,* excremento de ave) *f. Amér. Central.* Excremento de las aves y p. ext., las deyecciones humanas.
cuitadamente *adv. m.* Con cuita.
cuitado, -da *adj.* Afligido, desventurado. 2 fig. Apocado, tímido.
cuitamiento *m.* Apocamiento, timidez.
cuitear *intr. Amér. Central.* Defecar las aves.
cuitlacoche (mej. *cuitlatl,* suciedad + *cochli,* dormido) *f. Méj.* Ave canora, algo menor que el tordo, de color pardo sucio y muy dormilona *(Harporhynchus longirostris).*
cuja (l. *coxa,* cadera) *f.* Bolsa de cuero asida a la silla del caballo, para meter el cuento de la lanza o bandera. 2 Anillo de hierro sujeto al estribo derecho, en el que los lanceros colocan el cuento de su arma. 3 Armadura de la cama. 4 Parte de la armadura que cubre y defiende el muslo. 5 *Amér.* Cama de diversos tipos y materiales. 6 *Hond.* y *Méj.* Sobre o cubierta en que se incluye una carta. 7 *Méj.* Envoltura de un fardo. 8 *Perú.* Féretro, andas donde se coloca el ataúd.
cujabo *m. Cuba.* Lugar donde abundan los cujes.
cuje *m. Cuba.* Vara horizontal que se coloca sobre otras dos verticales, en la que se cuelgan las mancuernas del tabaco en la recolección. 2 *Colomb.* Voz para azuzar a los perros. 3 *Cuba* y *P. Rico.* Tallo vegetal largo y flexible us. para hacer fuetes.
cujear *tr. Cuba.* Azotar. 2 *Cuba.* Reprender. 3 *Colomb.* fig. Azuzar.
cují *m. Pan.* Sablazo, estafa. 2 *Venez.* Aromo. -3 *adj. Colomb.* Tacaño, mezquino.
cujicero *adj. Pan.* Sablista, estafador.
cujinillos *m. pl. Guat.* y *Méj.* Cojinillos (alforjas).
cujisal *m. Venez.* Terreno poblado de cujíes.
cujón *m.* Cogujón.
culada *f.* Golpe dado con las asentaderas.
culantrillo (dim. de *culantro*) *m.* Helecho de frondas divididas en hojuelas redondeadas que suele criarse en las paredes de los pozos y otros sitios húmedos; se usa en infusión, como pectoral y sudorífico *(Adianthum capillus veneris).*
SIN. **Culantrillo de pozo, cabellos de Venus.**
culantro (l. *coriandru*) *m.* Cilantro.
cular *adj.* Perteneciente o relativo al culo. 2 [morcilla o chorizo] Hecho con la tripa más gruesa.
culas *f. pl. Guat.* Ayuda, protección.
culata (de *culo*) *f.* Anca (de caballería). 2 Carne de cadera, trozo superior de la pierna del buey. 3 Parte posterior de la caja de la escopeta, fusil o pistola, que sirve para asirlas o afianzarlas cuando se apuntan y se disparan. 4 Parte que cierra el cañón de un arma de fuego por el extremo opuesto a la boca. 5 fig. Parte posterior de algunas cosas. 6 fam. Posadera. 7 MEC. Pieza metálica que se ajusta al bloque de los motores de explosión y cierra el cuerpo de los cilindros. 8 *Argent.* Parte posterior o trasera del carro. 9 *R. de la Plata.* Cobertizo rústico que se construye en el campo para resguardo de animales y efectos.
SIN. *3* **Coz.**
culatada *f.* Culatazo.
culatazo *m.* Golpe dado con la culata de un arma. 2 Coz que da el fusil, la escopeta, etc., al tiempo de disparar. 3 *Colomb.* y *P. Rico.* Tamborilada o tamborilazo.
SIN. *2* **Retroceso.**

culatero *m. Venez.* Peón que cuida de mantener en orden las reses.
culcumeque (del nahua *cuculi,* enfermo y *miqui,* muerto) *adj. Salv.* Enfermizo. 2 Miedoso, cobarde.
culcusido *m.* fam. Corcusido.
culé *adj.-s.* Partidario del Fútbol Club Barcelona.
SIN. **Azulgrana, barcelonista.**
culear *intr.* vulg. Mover el culo. 2 Salirse la parte trasera de un automóvil o motocicleta de la línea en que va avanzando.
culebra (l. v. *colobra* < l. *colubra*) *f.* Reptil ofidio, esp. el de pequeño y mediano tamaño: ~ *de cascabel,* crótalo; ~ *de cristal,* eslizón, lución, reptil. 2 Serpentín (tubo largo). 3 Canal muy tortuoso que hace en el corcho la larva de un insecto coleóptero. 4 Nombre con el que se designan varias plantas. 5 fig. Desorden o alboroto promovido de repente por unos pocos en una reunión pacífica. 6 Chasco que se da a uno, como los golpes que los presos de la cárcel daban de noche al que entraba de nuevo y no pagaba la patente. 7 ~ *de mar,* pez marino teleósteo anguiliforme, de cuerpo muy alargado de color pardo rojizo, con el hocico puntiagudo y que vive en madrigueras *(Oxystomus serpers; Ophisurus s.).* 8 ASTRON. *Culebra y Nube,* constelación situada hacia el polo ártico. 9 MAR. Cabo delgado con que se aferran las velas pequeñas y se amadrinan cabos y palos dándoles vueltas en espiral. 10 *Amér.* Cuenta para cobrar. 11 *Méj.* Tromba de agua. 12 *Colomb.* fam. Acreedor.
SIN. *1* **Bicha,** ús. comúnmente entre gentes supersticiosas que creen de mal agüero pronunciar esta palabra.
culebrazo *m.* Culebra (chasco).
culebrear (de *culebra*) *intr.* Andar haciendo eses. 2 *Ant.* Eludir la dificultad. 3 *S. Dom.* Hacer acciones obscuras y poco honestas.
culebreo *m.* Acción de culebrear. 2 Efecto de culebrear.
culebrero, -ra *adj. P. Rico.* Astuto, solapado. -2 *m. Colomb.* fam. Charlatán que vende toda clase de remedios en ferias y otros lugares públicos.
culebrilla (dim. de *culebra*) *f.* Enfermedad cutánea propia de los países tropicales. 2 Dragontea. 3 Hendedura que queda en los cañones de las armas de fuego cuando el hierro no está bien trabajado. 4 Clase de papel de seda. 5 Relámpago zigzagueante. 6 *Ant.* Vuelta circular que da el volatín (cometa) en el aire por mucho tiempo.
culebrina (de *culebra*) *f.* Ant. pieza de artillería, larga y de poco calibre. 2 Meteoro eléctrico y luminoso con apariencia de línea ondulada. 3 Culebrilla (cometa).
culebrón *m.* Aum. de *culebra.* 2 fig. Hombre muy astuto y solapado. 3 fig. Mujer intrigante, de mala reputación. 4 *Méj.* Telenovela con gran cantidad de capítulos. 5 *Cuba, Ecuad.* y *Méj.* Pieza de teatro mala y disparatada. 6 *Cuba, Ecuad.* y *Méj.* Obra literaria mala, ridícula y sin importancia.
culeca *f. Venez.* Fuego de artificio.
culeco, -ca *adj. Amér.* fest. Envanecido o muy contento: *estar uno ~ con algo.* 2 *Amér.* Muy enamorado.
culén (voz mapuche) *m.* Albahaquilla de Chile *(Psoralea glandulosa).*
culequear *intr. Colomb.* y *P. Rico.* Cloquear, clocar.
culequera *f. Amér.* Cloquera. 2 *Amér.* Enamoramiento, ilusión. 3 *Amér. Central.* Pereza, aversión a salir de casa.
culequero, -ra *adj. P. Rico.* Enamoradizo.
culera (de *culo*) *f.* Señal que en las mantillas de los niños dejan las manchas excrementicias. 2 Remiendo en los calzones o pantalones sobre la parte que cubre las asentaderas. 3 *Colomb.* Matadura en el espinazo de una bestia.
culeras *com.* vulg. Cobarde, miedoso, servil. ◇ Pl.: *culeras.*
culero, -ra (de *culo*) *adj.* Perezoso, calmoso. -2 *adj.-s.* [pers.] Que se dedica al tráfico de drogas, especialmente hachís, ocultándolas en su cuerpo después de haberlas introducido a través del ano. -3 *m.* Especie de bolsa de lienzo que se pone a los niños en la parte posterior para su limpieza. 4 Granillo (tumorcillo). 5 *Argent.* Cinto ancho de cuero con numerosos bolsillos.
SIN. *3* **Talega.**
culetazo *m. P. Rico.* Tamborilazo.
culí (ing. *coolie* < indostano *quli*) *m.* En la India, China y otros países de Oriente, trabajador o criado indígena. 2 *Amér.* Indostano o persona que tiene sus caracteres físicos. ◇ Pl.: *culíes.*
culiacanense *adj.-s.* p. us. Culiacano.
culiacano, -na *adj.-s.* p. us. De Culiacán, cap. del estado de Sinaloa (Méjico).
culiblanco *m.* Collalba gris. 2 Aguzanieves.
culichiche *m. Cuba.* Quídam (mequetrefe).
culícido *adj.-s.* Insecto de la familia de los culícidos. -2 *m. pl.* Familia de insectos dípteros, del suborden de los nematóceros, que se desarrolla en el agua, en cuya superficie deposita sus huevos.
culillo *m. Amér.* Miedo, esp. con los verbos *dar, entrar, tener.* 2 *Cuba.* Prisa, impaciencia. 3 *Nicar.* Inquietud, preocupación.
culimalla *f. Cuba.* Furrumalla (gentualla).
culimbo, -ba *adj. Colomb.* Colincho.
culimiche *adj. Méj.* Mísero, de poco valor.
culimpinarse, *Méj.* Inclinarse, agacharse una persona.
culinario, -ria (l. *-iu*) *adj.* Relativo a la cocina. -2 *f.* Arte de guisar.
culincar (probl. del arauc.) *tr. Chile.* Tostar [granos] a medias. ◇ ** CONJUG. [1] como *sacar.*
culincho, -cha *adj. Ecuad.* Colincho.
culinegro, -gra *adj.* fam. De culo negro.
culingo, -ga *adj. Ecuad.* Culincho.
culipandear *intr. Cuba* y *P. Rico.* Emplear falsas promesas o evasivas.
culipandeo *m. Cuba.* Desorden, escándalo. 2 *Colomb.* y *P. Rico.* Esguince, evasiva.
culitillo *adj. com. Guat.* Cobarde.
culito (dim. de *culo*) *m.* Pequeña porción de vino u otro licor en el fondo de un vaso.
culle (arauc.) *m. Chile* y *Perú.* Hierba oxalídea, cuyo zumo se usa como bebida refrescante *(Oxalis rosea).*
culm *m.* GEOL. Facies de arena y arcilla propia del carbonífero inferior.
culmen (l.) *m.* Cumbre (mayor elevación). ◇ Latinismo innecesario.
culminante *adj.* Que es lo más elevado de un monte, edificio, etc. 2 [punto] Más alto en que puede hallarse un astro sobre el horizonte. 3 fig. Superior, sobresaliente, principal.
culminar (l. *-are,* levantar, elevar) *intr.* Llegar una cosa a la posición más elevada que puede tener. 2 Pasar un astro por el meridiano superior del observador. -3 *tr.* Dar fin a una tarea.
culo (l. *-lu*) *m.* Parte inferoposterior del tronco de los racionales sobre la cual descansa el cuerpo cuando uno se sienta. 2 Ancas del animal. 3 Ano. 4 fig. Extremidad inferior o posterior de una cosa: ~ *de una vasija.* 5 Escasa porción de líquido que queda en el fondo de un vaso. 6 En el juego de la taba, parte más plana, opuesta a la carne.
SIN. *1, 2* y *3* Expr. eufemísticas: **trasero, salva sea la parte.** Fam.: **tras, traspontín, asentaderas.** FRS. *Culo de mal asiento,* fig. fam., persona inquieta que no está a gusto en ninguna parte. *Lamer el culo,* vulg., adular, comportarse de modo servil. *Limpiarse el culo con algo,* vulg., despreciar esa cosa. *Mojarse el culo,* vulg., comprometerse, tomar partido, arriesgarse. *Perder uno el culo,* fig. y fam., ir corriendo a por algo en condiciones deshonrosas, difíciles o peligrosas.
-culo, -cula, sufijo átono de substantivos y adjetivos. Se halla en latinismos como *molécula, opúsculo, tubérculo, minúsculo, clavícula.* Algunos conservan la significación diminutiva del sufijo lat. originario; pero en su mayoría este valor diminutivo se ha obscurecido del todo para los hablantes.
culombímetro *m.* ELECTR. Instrumento para medir la cantidad de electricidad que pasa por un conductor, constituido la mayoría de veces por un amperímetro graduado en amperios-hora.
culombio (de *Coulomb,* 1736-1806, físico francés) *m.* Unidad de masa eléctrica, equivalente a la cantidad de electricidad que, pasando por una disolución de plata, es capaz de separar de ella 1 miligramo y 118 milésimas de este metal.
culón, -lona *adj.* Que tiene abultado el culo. -2 *m.* fig. Soldado inválido.
culote (fr. *culot*) *m.* ARTILL. Macizo de hierro que, con diversos fines, tienen algunos proyectiles en el sitio opuesto a la boca de la espoleta. 2 Restos de fundición que quedan en el fondo del crisol. 3 Prenda inferior femenina de diversas formas y tamaños; gralte. cubre las caderas.
culpa (l.) *f.* Falta más o menos grave cometida voluntariamente: ~ *teológica,* transgresión voluntaria de la ley divina; *echar la ~ a uno de una cosa,* atribuirle que ha sido causa de que suceda; *tener uno la ~ de una cosa,* haber sido causa de que suceda. 2 Responsabilidad, causa de un suceso o acción imputable a una persona.
culpabilidad *f.* Calidad de culpable. 2 DER. Imputabilidad, responsabilidad.

culpabilísimo, -ma *adj.* Superl. de *culpable.*
culpabilizar *tr.* Culpar [a alguien]. ◇ ** CONJUG. [4] como *realizar.*
culpable *adj.-s.* Que tiene la culpa de una cosa. -2 *adj.* [acción o cosa] Perteneciente a una persona culpable. ◇ Superl.: *culpabilísimo.*
culpablemente *adv. m.* Con culpa; de modo culpable.
culpación *f.* Acción de culpar o culparse.
culpadamente *adv. m.* Con culpa.
culpado, -da *adj.-s.* Que ha cometido culpa. 2 Inculpado, acusado.
culpar (l. *-are*) *tr.* Echar la culpa [a uno] de una cosa: ~ *a un inocente.* 2 Censurar.
SIN. **Inculpar;** v. **atribuir.**
culpeo (arauc. *culpeu*) *m. Chile.* Especie de zorra más grande que la común europea *(Canis culpeu o magellanicus).*
culposo, -sa *adj.* [acto u omisión] Imprudente o negligente que origina responsabilidades.
cultalatiniparla (de *culto + latín + parla*) *f.* Lenguaje de los cultiparlistas.
cultamente *adv. m.* Con cultura. 2 fig. Con afectación.
cultedad *f.* Calidad de culterano o culto.
culteranismo *m.* Estilo literario caracterizado por sus metáforas violentas, alusiones oscuras, hipérboles extremadas, latinismos, etc., que invadió la literatura europea a finales del siglo XVI y principios del XVII, encontrando en España su máximo representante en la poesía barroca de Góngora (1561-1627), por lo que también se le llamó gongorismo. Equivale al marinismo italiano, preciosismo francés y eufuismo inglés.
culterano, -na *adj.-s.* [escritor, estilo] Que incurre en culteranismo.
SIN. **Gongorino.**
cultería *f.* fest. Cultedad.
cultero, -ra *adj.-s.* fest. Culterano.
cultiparlar (de *culto + parlar*) *intr.* Hablar como los culteranos.
cultiparlista (de *cultiparlar*) *adj.-com.* Que habla en estilo del culteranismo.
cultipicaño, -ña (de *culto + picaño*) *adj.* fest. Culto, en el mal sentido de esta palabra, y picaresco juntamente.
cultismo *m.* Culteranismo. 2 Palabra culta o erudita.
cultivable *adj.* Que se puede cultivar.
cultivación *f.* Cultivo o cultura.
cultivador, -ra *adj.-s.* Que cultiva. -2 *m.* Instrumento agrícola para la tierra.
cultivar (l. med. *-are* < l. *cultu;* pp. de *colere*) *tr.* Dar [a la tierra y a las plantas] las labores necesarias para que fructifiquen. 2 fig. Desenvolver, ejercitar [las facultades o aptitudes]: ~ *el talento, la memoria;* ejercitarse [en las artes o las ciencias]: ~ *las lenguas, la música.* 3 Poner todos los medios para mantener y estrechar [el trato humano]: ~ *las amistades.* 4 En bacteriología, sembrar y hacer producir en materiales apropiados [microbios o sus gérmenes].
cultivo *m.* Acción de cultivar: ~ ***intensivo,*** el que prescinde de los barbechos y mediante abonos y riegos hace que la tierra, sin descansar, produzca las cosechas. 2 Efecto de cultivar.
REL. Se forman compuestos de **cultura,** como *viticultura, oleicultura, arboricultura,* para designar técnicamente la ciencia y arte de los diferentes cultivos; los adj. que les corresponden se forman con el sufijo **-cola,** p. ej., *agrícola, vitícola.*
culto, -ta (l. *-tu*) *adj.* [tierra o planta] Cultivado. 2 Dotado de cultura (conocimientos). 3 fig. Culterano. 4 De gusto moderado, sin extravagancias o excesos, razonable. -5 *m.* Cultivo. 6 Honor que se tributa en diversas religiones a ciertas cosas tenidas como divinas o sagradas. Esp. en la religión católica, reverente homenaje que el hombre tributa a Dios, a la Virgen o a los santos, y conjunto de actos y ceremonias con que se tributa este homenaje: ~ *interno;* ~ *externo;* ~ *supersticioso;* ~ ***de dulía,*** el que se da a los santos; ~ ***de hiperdulía,*** el que se da a la Santísima Virgen; ~ ***de latría,*** el que se da a Dios. 7 p. ext. Adoración de que son objeto algunas cosas: *rendir ~ a la sabiduría.* -8 *adj.* LING. [palabra, expresión] Que no ha tenido evolución popular.
SIN. *5* **Liturgia,** es el culto público y oficial de la Iglesia; **servicio religioso** o **divino,** o simplemente **servicio.**
cultor, -ra (l.) *adj.-s.* Que adora o venera alguna cosa. 2 Que cultiva.
-cultor, -cultora (l. *cultor,* cultivador) Elemento sufijal que entra en la formación de palabras con el significado de cultivador: *viticultor, horticultor, puericultora.*
cultrún (arauc.) *m. Chile.* Tambor us. por los indios.
cultual *adj.* Cultural. 2 Relativo al culto religioso.
cultura (l.) *f.* Cultivo en gral.; esp., el de las facultades humanas: ~ *física, moral, estética, intelectual.* 2 Conjunto de modos de vida y costumbres, conocimientos, grado de desarrollo artístico, científico, industrial, en una época o grupo social, etc.: ~ ***de masas,*** la que pertenece a un gran número de personas lograda por los medios sociales de comunicación; ~ ***popular,*** conjunto de las manifestaciones en que se expresa la vida tradicional en un pueblo.
-cultura (v. *-cultor*) Elemento sufijal que entra en la formación de palabras con el significado en gral. de cultivo, cría: *agricultura, arboricultura, puericultura.*
cultural *adj.* Relativo a la cultura.
culturar (de *cultura*) *tr.* Cultivar (la tierra).
culturismo *m.* DEP. Práctica sistemática de ejercicios gimnásticos encaminada al desarrollo de los músculos.
culturista *com.* DEP. Persona que practica el culturismo.
culturización *f.* Acción de culturizar. 2 Efecto de culturizar.
culturizar *tr.* Integrar en una cultura. ◇ ** CONJUG. [4] como *realizar.*
cuma *f. Argent.* vulg. Madrina, comadre. 2 *Hond.* Cuchillo grande.
cumacera (quechua *kumashiva*) *f. Perú.* Madera pesada y fácil de pulir.
cumanagoto, -ta *adj.-s.* De Cumaná, capital del estado venezolano de Sucre. -2 *m.* Dialecto caribe de Venezuela.
cumanense *adj.-s.* Cumanagoto.
cumanés, -sa *adj.-s.* Cumanagoto.
cumano, -na (l. *-nu*) *adj.-s.* De Cumas, antigua ciudad del sur de Italia.
cumarina *f.* QUÍM. Ácido orgánico que se encuentra en diversas plantas, como en la aspérula, la grama de olor, etc.
cumarona *f.* QUÍM. Substancia líquida que se extrae del alquitrán de hulla.
cumarracha *f. P. Rico.* Mujer que lleva el jinete a la grupa en fiestas populares.
cumarú *m. Amér. Central.* Yape.
cumba *f. Hond.* y *Nicar.* Jícara de boca ancha.
cumbamba (quechua, *cumpana,* quijada) *f. Colomb.* Barba (parte de la cara).
cumbambón, -na *adj. Colomb.* De barba sobresaliente.
cumbancha *f. Cuba* y *S. Dom.* Juerga poco ordenada.
cumbanchar, cumbanchear *intr. Cuba* y *S. Dom.* Divertirse.
cumbanchero, -ra *adj. Ant.* Juerguista.
cumbarí (guaraní) *adj.-s. Argent.* Ají o pimiento muy rojo y picante.
cumbé *m.* Baile popular de Guinea, antecedente de la cumbiamba. 2 Música de este baile.
cumbearse *prnl. Hond.* Dirigirse elogios recíprocamente dos o más personas.
cumbes (quechua *kumpi*) *m. Perú.* Tapicería.
cumbia *f. Colomb.* y *Pan.* Cumbiamba.
cumbiamba *f. Colomb., Pan.* y *Perú.* Baile popular de movimiento lento, ejecutado por parejas que giran sin tocarse. 2 *Colomb., Pan.* y *Perú.* Música de este baile.
cúmbila *m. Cuba.* Camarada, amigo.
cumblera *f. Perú, P. Rico* y *S. Dom.* Cumbrera, caballete (de un tejado).
cumbo *m. Hond.* Jícara de boca angosta. 2 *Hond.* Elogio excesivo o intensivo dirigido a una persona. 3 *Amér. Central.* Sombrero hongo. 4 *Guat.* En los ferrocarriles, vagoneta giratoria us. para el transporte de materiales. 5 *Salv.* Calabaza de boca cuadrada.
cumbre (l. **culmine*) *f.* Cima de una montaña. 2 fig. Mayor elevación de una cosa, último grado a que puede llegar. 3 Reunión de muy alto nivel: *la ~ de los ministros de economía.*
SIN. *2* **Fastigio,** lit.
cumbrera (de *cumbre*) *f.* Parhilera. 2 Dintel. 3 Cumbre (cima). 4 Pieza de madera de veinticuatro o más pies de longitud y con una escuadría de diez pulgadas de tabla por nueve de canto. 5 Caballete del tejado.
cumbumba *f. Cuba.* Juego infantil.
SIN. **Quimbumbia.**
cume *m. Guat.* Cuneco.
cúmel (al. *Kümmel*) *m.* Bebida alcohólica alemana y rusa, muy dulce, que tiene por base el comino.

cumiche *m. Amér. Central.* El más joven de los hijos de una familia.
SIN. **Cuneco, -ca,** en Venez.
cumínico *adj.* [ácido] Que se obtiene del comino.
cuminol *m.* Aceite esencial que se extrae del comino.
cumpa *m. Argent., Chile, Ecuad.* y *Perú.* vulg. Compadre, padrino.
cúmplase (imperat. del v. *cumplir*) *m.* Fórmula que, puesta al pie de ciertos documentos, confirma lo que en ellos se expresa y ordena su cumplimiento. 2 *Chile.* Ejecutoria.
cumpleaños (*cumplir* + *año*) *m.* Aniversario del nacimiento de una persona. ◇ Pl.: *cumpleaños.*
SIN. **Días,** *hoy celebra sus días.*
cumplidamente *adv. m.* Entera, cabalmente.
cumplidero, -ra *adj.* [plazo] Que se ha de cumplir a cierto tiempo. 2 Que conviene o importa para alguna cosa.
cumplido, -da (de *cumplir*) *adj.* Completo. 2 Hablando de ciertas cosas, largo o abundante. 3 Exacto en todos los cumplimientos, atenciones y muestras de urbanidad para con los otros. 4 [soldado] Que, terminado el servicio militar, permanece en el regimiento hasta obtener la licencia. -5 *m.* Acción obsequiosa, muestra de urbanidad.
SIN. *5* **Cumplimiento, cortesía.**
cumplidor, -ra *adj.-s.* Que cumple o da cumplimiento. 2 esp. [pers.] Celoso y exacto en el cumplimiento de su deber.
cumplimentación *f.* Cumplimento.
cumplimentar (de *cumplimiento*) *tr.* Felicitar o hacer visita de cumplimiento [a uno]. 2 Poner en ejecución [una orden].
cumplimentero, -ra *adj.-s.* fam. Que hace demasiados cumplimientos.
cumplimiento *m.* Acción de cumplir o cumplirse. 2 Efecto de cumplir o cumplirse. 3 Cumplido (acción). 4 Oferta hecha por pura cortesía. 5 Perfección en el modo de obrar o de hacer alguna cosa. 6 Complemento (perfección).
cumplir (l. *-ere*) *tr.* Remediar [a uno] o proveerle de lo que le falta: *el buen Jesús nos cumple de justicia;* en gral., hacer que [una cosa] quede completa: *faltaba dinero para ~ el rescate.* 2 Llenar o completar [un tiempo determinado]; esp., dícese de la edad cuando se llega [a un número cabal de años, meses, etc.]: *hoy cumple catorce años.* -3 *abs.* Ser el tiempo o día en que termina una obligación o plazo: *esta letra cumplirá el catorce de mayo;* esp, terminar uno en la milicia el tiempo a que está obligado. 4 Ejecutar, llevar a cabo [aquello que está previsto de antemano]: *~ un deber, un deseo.* -5 *intr.-abs.* Hacer uno aquello que debe o a que está obligado: *~ con su obligación; ~ con alguno; ~ por su padre; ~* ***uno por otro,*** fig, hacer uno expresión o cumplido en nombre de otro. 6 Convenir, importar: *cumple a Juan hacer un esfuerzo.* 7 ***Por ~,*** por mera cortesía. -8 *prnl.* Verificarse, realizarse: *hoy se cumple la profecía.*
cumquibus *m.* fam. Dinero, caudal. ◇ Pl.: *cumquibus.*
cumucho *m. Chile.* Reunión de cosas o agrupamiento de personas. 2 *Chile.* Casucha muy tosca.
cumulador, -ra *adj.* Acumulador (que acumula).
cumular (l. *-are;* doble etim. *colmar*) *tr.* Acumular.
cumulativamente *adv. m.* Acumulativamente.
cumulativo, -va *adj.* DER. Acumulativo.
cúmulo (l. *-lu*) *m.* Montón, junta de muchas cosas sobrepuestas. 2 Junta, unión o suma de muchas cosas, aunque no sean materiales. 3 Conjunto de nubes propias del verano, que tienen apariencia de montañas nevadas con bordes brillantes. 4 ***~ estelar,*** agrupación de astros en número considerable y en pequeño espacio.
cumulonimbo (*cúmulo* + *nimbo*) *m.* Nube baja con prolongaciones verticales extensas, de contornos indefinidos que forman masas aisladas esferoidales.
I) cuna (l.) *f.* Cama para niños, con bordes altos, y que puede mecerse. 2 fig. Lugar de nacimiento de una persona o cosa: *Alcalá de Henares, ~ de Cervantes; Grecia fue la ~ de la filosofía.* 3 Estirpe, linaje: *de noble ~.* 4 Espacio comprendido entre los cuernos de una res bovina. 5 Puente rústico formado por dos maromas paralelas y listones de madera atravesados sobre ellas. 6 En algunas partes, inclusa. 7 fig. Origen o principio de una cosa. 8 Pieza convexa que sirve de apoyo a la caña del cañón de artillería. 9 Juego de muchachos. 10 Camarote de una embarcación pequeña. 11 MAR. Basada.
SIN. *1* **Brizo,** p. us.
II) cuna *adj.-s.* Parcialidad de indios que habita en algunas regiones de Panamá y Colombia. -2 *m.* Lengua de estos indios.
cunaguaro *m. Venez.* Animal carnicero muy feroz, de cerca de un metro de largo y piel roja con manchas sobre el lomo y los costados *(Leopardus pardalis).*
cunar *tr.* Acunar.
cuncho *m. Colomb.* Concho (residuo).
cuncuna *f. Colomb.* Paloma silvestre *(gén. Columba).* También *concuna.* 2 *Chile.* Oruga cubierta de pelos, a modo de ortigas *(Ormiscoides crinita).* 3 fr., fig. *y* fam. *Chile* ***Hacerse*** [uno] ***una ~,*** encogerse, doblegarse.
cuncuno, -na *adj. Colomb.* Reculo.
cunda (afronegrismo) *m. Cuba* y *Méj.* Mozo alegre y bromista.
cundango *m. Cuba* y *S. Dom.* Afeminado.
cundeamor *m. Amér. Central.* Planta cucurbitácea, trepadora, con flores en forma de jazmines y frutos amarillos, que contienen semillas muy rojas. ◇La Academia registra la forma *cundiamor,* de menos uso literario.
cundería *f. Perú.* Acción maliciosa o resabiosa.
cundido *m.* Aceite, vinagre y sal que se da a los pastores y en algunas partes lo que se da a los muchachos para que coman el pan.
cundidor, -ra *adj.* [cosa] Que cunde.
cundinamarqués, -sa *adj.-s.* De Cundinamarca, departamento del norte de Colombia.
cundir (got. **kundjan*) *intr.* Extenderse hacia todas partes una cosa, generalmente los líquidos, y en especial el aceite. 2 Condimentar. 3 Propagarse o multiplicarse una cosa, esp. las cosas inmateriales. 4 Dar mucho de sí una cosa; aumentarse su volumen: *el buen lino cunde; el arroz cunde al cocerse.* 5 Avanzar, progresar algún trabajo.
cuneado, -da *adj.* En forma de cuña.
cunear *tr.* p. us. Acunar. -2 *prnl.* Mecerse (la cuna).
cuneco, -ca *m. f. Venez.* Hijo menor de una familia.
SIN. **Cumiche,** en Amér. Central.
cuneiforme (l. *cuneu,* cuña + *-forme*) *adj.* De figura de cuña: ***escritura ~,*** la de caracteres en forma de cuña o clavo, que usaron ant. algunos pueblos del Asia. 2 BOT. [parte de la planta] Que tiene esta figura. -3 *adj.-m.* Conjunto de los tres huesos cortos de la segunda fila del tarso, que se articulan por detrás con el escafoides.
cuneo *m.* Acción de cunear o cunearse. 2 Efecto de cunear o cunearse.
cúneo (l. *-eu;* doble etim. *cuño*) *m.* Espacio de la cávea en forma de cuña comprendido entre los vomitorios de los teatros o anfiteatros antiguos. 2 Formación triangular de un cuerpo de tropa que iba a chocar con otro por el vértice para romperlo o dividirlo.
cunera *f.* Mujer que en palacio tiene por oficio mecer la cuna de los infantes. 2 *Murc.* Silla baja, con pies dispuestos para poder mecer o acunar a los niños.
cunero, -ra (de *cuna*) *adj.-s.* Expósito. 2 fig. Toro que se lidia sin saberse o designarse su ganadería. 3 Candidato o diputado a Cortes extraño al distrito y patrocinado por el gobierno. 4 fig. De autor desconocido. 5 *And.* Caballería de hierro desconocido.
cuneta (de *cuna*) *f.* Zanja de desagüe en medio de los fosos secos de las fortificaciones. 2 Zanja en los lados de un camino, para recibir las aguas llovedizas.
cunicular *adj.* [roedor] Parecido al conejo.
cunicultor, -ra (l. *cuniculus,* conejo + *-cultor*) *m. f.* Persona que practica la cunicultura.
cunicultura (l. *cuniculus,* conejo + *-cultura*) *f.* Arte de criar conejos para aprovecharlos.
cunilago *m.* Pulicaria.
cunnilingus *m.* Contacto de los órganos sexuales femeninos con los orales de la pareja. ◇ Pl.: *cunnilingus.*
cuno *m. Colomb.* Cununo.
cununo (voz quechua) *m. Colomb.* y *Ecuad.* Especie de tambor hecho del tronco de palma.
cunyaya *f. Cuba.* Palanca rústica para exprimir frutos.
cuña (l. *cunea*) *f.* Pieza de madera o metal terminada en ángulo diedro, muy agudo; sirve para hender cuerpos sólidos, para ajustar uno con otro, para rellenar una raja, etc. 2 Objeto que se emplea para estos fines. 3 Recipiente de poca altura y forma adecuada para recoger la orina y el excremento del enfermo que no puede abandonar el lecho. 4 Piedra de empedrar en forma de pirámide truncada. 5 Hueso cuneiforme. 6 fig. Palanca (influencia). 7 Breve espacio publicitario de radio o televisión. 8 Soborno en los juzgados. 9 DEP. Movimiento de los esquís en el que éstos quedan dispuestos en forma de A, con las espátulas jun-

tas, que se realizan para frenado y viraje. 10 ARTILL. Sistema de cierre de los cañones. 11 METEOR. ~ ***de altas presiones,*** faja de aire de altas presiones que separa un ciclón de otro. 12 *Amér. Central.* Automóvil de dos asientos. 13 *Ecuad.* fig. Persona exigente y molesta, gralte. para pedir favores. 14 *Hond.* Hombre avaro.
SIN. *1* y *2* **Falca,** en *Ar.* y *Murc.*

cuñadía (de *cuñado*) ***f.*** Afinidad (parentesco).

cuñado, -da (l. *cognatu*) ***m. f.*** Hermano o hermana de un cónyuge respecto del otro.
SIN. **Hermano** o **hermana político, -ca.**

cuñao (pronunciación vulg. de *cuñado*) ***m.*** *Venez.* Término us. por el indio para designar a todos sus conocidos.

cuñar (l. *cuneare,* de *cuneus,* cuño) ***tr.*** desus. Acuñar (imprimir).

cuñete ***m.*** Cubeto o barril pequeño.

cuño (v. *cúneo*) ***m.*** Troquel con que se sellan las monedas, las medallas y otras cosas análogas. 2 Impresión o señal que deja este sello. 3 Cúneo (tropa). 4 fig. Signo, señal, huella: *el estilo muestra el ~ del autor.*

cuociente ***m.*** desus. Cociente.

cuodlibetal ***adj.*** Cuodlibético.

cuodlibético, -ca ***adj.*** Relativo al cuodlibeto, o que participa de su índole.

cuodlibeto (l. *quodlibet,* lo que agrada) ***m.*** Discusión sobre un punto científico elegido al arbitrio del autor. 2 Ejercicio en las universidades en que disertaba el graduando sobre materia elegida a su gusto. 3 Dicho mordaz dirigido únicamente a entretener.

cuota (l. *quota;* f. de *quotu,* cuantos; doble etim. *cota*) ***f.*** Parte o porción fija proporcional. 2 Cantidad asignada a cada contribuyente en el repartimiento o lista cobratoria. 3 Pago en metálico mediante el cual se permitía a los reclutas gozar de ciertas ventajas.

cuotear ***tr.*** *Chile.* Prorratear, repartir algo equitativamente entre varios.

cuotidiano, -na ***adj.*** Diario.

cupana ***f.*** *Colomb.* y *Venez.* Árbol sapindáceo, pequeño, frondoso, con cuyo fruto hacen los indios tortas alimenticias y una bebida estomacal *(Paullina cupana).*

cupay ***m.*** Árbol del Paraguay, muy parecido a la copaiba *(Copaifera langefordi).*

cupe ***m.*** Hebra simple de azafrán.

cupé (fr. *coupé*) ***m.*** Especie de berlina, generalmente de dos plazas. 2 Automóvil de dos puertas. 3 En las ant. diligencias, compartimiento situado delante de la baca.

cupial ***m.*** *Urug.* Especie de cobertizo o tinglado.

cupido ***m.*** Amorcillo, representación del dios del amor en la figura de un niño con alas y con los ojos vendados que lleva un carcaj y un arco. 2 fig. Hombre enamoradizo y galanteardor. 3 *Cuba.* Arbusto silvestre, de hojas finas y flores moradas de cinco pétalos, que se cría a orillas de los arroyos.

Cupido ***n. pr. m.*** MIT. Dios del amor, hijo de Venus; entre los griegos, Eros.

cupilca ***f.*** *Chile.* Mazamorra suelta, preparada con harina tostada de trigo, mezclada con chacolí o chicha de uvas o manzanas.

cuplé (fr. *couplet*) ***m.*** Copla, canción, tonadilla. ◇ Pl.: *cuplés.*

cupletista ***f.*** Cancionista, tonadillera. 2 Artista que canta cuplés. -3 ***com.*** Persona que compone cuplés.

cupo (de *caber*) ***m.*** Cuota, parte proporcional que corresponde a un pueblo o a un particular en un impuesto, empréstito o servicio. 2 Parte, porcentaje en gral. 3 ***Excedente de ~,*** mozo que, al sortear las quintas, queda libre de hacer el servicio militar. 4 *Amér.* Cabida, lo que cabe en una cosa. 5 *Amér.* Plaza de un vehículo. 6 *Méj.* fig. Cárcel.

cupón (fr. *coupon,* corte, porción) ***m.*** Parte de un documento de la deuda pública o de una sociedad industrial o de crédito, que periódicamente se va cortando para presentarla al cobro de los intereses vencidos. 2 p. anal. Parte recortable, en los vales, cartillas de racionamiento, etc., para ser entregada cada vez que se hace uso del derecho que confiere.

cupr-, v. cupri-.

cupresáceo, -a (l. *cupressu,* ciprés) ***adj.-f.*** Planta de la familia de la cupresáceas. -2 ***f. pl.*** Familia de plantas gimnospermas, coníferas, de hojas verticiladas u opuestas y flores femeninas de pocos carpelos, que dan un fruto globoso, seco o carnoso; como el ciprés.

cupresíneo, -a ***adj.*** Cupresáceo.

cupresino, -na (l. *cupressinu*) ***adj.*** lit. Relativo al ciprés. 2 De madera de ciprés.

cupri-, cupro-, cupr- (l. *cuprum,* cobre) Elemento prefijal que entra en la formación de palabras con el significado de cobre.

cúprico, -ca (v. *cupr-*) ***adj.*** Relativo al cobre o que lo contiene. 2 [compuesto] En el que el cobre es bivalente.

cuprífero, -ra (*cupri-* + *-fero*) ***adj.*** Que tiene cobre.

cuprita ***f.*** Óxido cuproso nativo.

cupro-, v. cupri-.

cuproníquel (*cupro-* + *níquel*) ***m.*** Aleación de cobre y níquel que se emplea para fabricar monedas. 2 Moneda hecha con esta aleación.

cuproso, -sa ***adj.*** [compuesto] De cobre en que éste es monovalente.

cúpula (l., dim. de *cupa,* cuba) ***f.*** Bóveda hemisférica de base cilíndrica, con que suele cubrirse todo un edificio o parte de él: ~ ***gallonada,*** o ***de gallones,*** o ***de gajos,*** la que recuerda o imita los gajos de una naranja; ***falsa ~,*** forma primitiva obtenida por aproximación sucesiva de hiladas. 2 Torrecilla de hierro redonda y giratoria de algunos buques blindados, dentro de la cual llevan uno o más cañones de grueso calibre. 3 fig. Órgano superior de decisión o mando en cualquier asociación, organización o institución. 4 BOT. Involucro foliáceo, escamoso o espinoso que acompaña a ciertos frutos; como la avellana, la bellota, etc.
SIN. **Dombo, domo, media naranja.**

cupulífero, -ra (*cúpula* + *-fero*) ***adj.-f.*** Planta de la familia de las cupulíferas. -2 ***f. pl.*** Familia de plantas dicotiledóneas, que incluye árboles y arbustos de hojas sencillas, flores monoicas y fruto indehiscente más o menos cubierto por una cúpula; como el castaño y la encina.
SIN. **Fagáceo.**

cupulino ***m.*** Cuerpo superior que se añade a la cúpula.

cuque ***m.*** *Guat.* Soldado.

cuquear ***tr.*** *Cuba.* Azuzar.

cuquera ***f.*** *P. Rico.* Cuquería (taimería).

cuquería ***f.*** Cualidad de cuco. 2 Taimería.

cuquero ***m.*** Pícaro, astuto.

cuquillero, -ra ***adj.-s.*** vulg. Cazador furtivo.

cuquillo ***m.*** Cuclillo (ave). 2 *Vallad.* y *Tol.* Abubilla.

cura (l., cuidado, solicitud) ***m.*** Sacerdote encargado del cuidado espiritual de una feligresía. 2 Sacerdote católico. 3 fam. Partícula de saliva que involuntariamente se echa al hablar. -4 ***f.*** Curación. 5 Curativa. -6 ***m.*** *And.* y *Extr.* Carraleja. -7 ***f.*** *Colomb.* y *Venez.* Aguacate. 8 *Chile.* Borrachera, embriaguez. 9 ~ ***de almas,*** cargo que tiene el párroco de cuidar, instruir y administar los sacramentos a sus feligreses.
SIN. *1* ~ **párroco, rector.** FR. *2* fig. fam. *Este ~*, yo, la persona que habla.

curable ***adj.*** Que se puede curar.

curaca (quechua *curae,* hijo mayor + *ca,* demostrativo) ***m.*** *Amér.* Cacique, autoridad indígena.

curación ***f.*** Acción de curar o curarse. 2 Efecto de curar o curarse.

curadera ***f.*** *Chile.* Borrachera.

curadillo (de *curado*) ***m.*** Bacalao.

curado, -da (de *curar*) ***adj.*** V. beneficio curado. 2 fig. Endurecido, seco, curtido. 3 *Amér.* Borracho.

curador, -ra (l. *-atore*) ***adj.-s.*** Que tiene cuidado de alguna cosa. 2 Que cura. -3 ***m. f.*** DER. Persona nombrada para cuidar de los bienes y negocios del menor, o del incapaz de gobernarlos por sí: ~ ***ad bona,*** la que cuida los bienes de un incapacitado; ~ ***ad litem,*** la nombrada por el juez para seguir los pleitos y defender los derechos de un menor, representándolo. 4 Persona que cura lienzos, pescado, carne, etc.

curaduría ***f.*** Cargo de curador de un menor.
SIN. **Curatela.**

curagua (arauc.) ***f.*** *Chile.* Maíz de grano muy duro y hojas dentadas *(Zea curagua).*

curalle (de *curar*) ***m.*** Pelotilla mojada en un líquido purgante que daban los cazadores a sus halcones.

curalotodo ***m.*** Sanalotodo. ◇ Pl.: *curalotodo.*

curamagüey (voz indígena) ***m.*** *Cuba.* Enredadera de tallo y pedúnculos peludos y de flores grandes. Sus partes leñosas, reducidas a polvo, son venenosas, pero las hojas las come sin peligro el ganado vacuno *(Cinoanchum grandiflorum).*

curandería ***f.*** Arte y práctica de los curanderos.

curanderil ***adj.*** fam. Relativo al curandero y a sus procedimientos.

curanderismo ***m.*** Intrusión de los curanderos en el ejercicio de la medicina. 2 Curandería.

curandero, -ra (de *curar*) *m. f.* Persona que hace de médico sin serlo.
curanto (arauc. *curantu,* pedregal) *m. Chile.* Guiso primitivo de mariscos y algas marinas, cocido sobre piedras muy calientes en un hoyo.
curaña *f. Chile.* Ponzoña que se extrae de ciertas plantas.
curar (l. *-are,* cuidar) *intr.* Con la prep. *de,* cuidar, poner cuidado: ~ *de los caballos; **no curo de tus palabras,*** hacer caso. -2 *tr.* Aplicar [a los enfermos o heridos] los remedios correspondientes a su enfermedad o dolencia: ~ *a una mujer, a un soldado; curarse en un hospital; curarse con baños.* 3 Sanar: *tú me has curado; **prnl.,** se ha curado en pocos días; **intr.,** ha curado de su enfermedad.* 4 fig. Sanar [las dolencias o pasiones del alma]. 5 Remediar [un mal]. 6 Disponer o costear lo necesario para la curación [de un enfermo]: *los marqueses le curaron con todo regalo; curar en salud;* fig., precaverse de un daño que puede sobrevenir. 7 Manipular o beneficiar [una cosa]; esp., preparar [carnes, pescado] por medio de sal, humo, etc., para que se conserven; curtir o preparar [las pieles] para usos industriales; tener [las maderas] cortadas mucho tiempo antes de usar de ellas; beneficiar [los hilos o lienzos] para que se conserven; en gral., secar o preparar [una cosa] para su conservación. -8 *prnl. Chile.* fam. Embriagarse, emborracharse.
curare (voz americana) *m.* Veneno muy activo que los indios de la América meridional extraen del árbol de su mismo nombre, y con el cual emponzoñan sus armas. Se usa como medicinal. 2 *Amér.* Árbol loganiáceo de América del que se obtiene este veneno *(Strychnos toxifera).*
curasao (de *Curazao,* una de las Antillas) *m.* Licor fabricado con corteza de naranja y otros ingredientes.
SIN. **Curazao.**
curatela *f.* Curaduría.
curativa *f.* Método curativo.
curativo, -va *adj.* Que sirve para curar.
curato *m.* Cargo espiritual del cura de almas. 2 Parroquia (territorio). 3 *Extr.* Carraleja.
curazao *m.* Curasao.
curazoleño, -ña *adj.-s.* De Curazao, isla del sur de las Antillas holandesas.
curbana (voz indígena) *f. Cuba.* Arbusto silvestre, aromático, del cual se obtiene una especie de canela de inferior calidad *(Canella alba).*
curbaril (voz americana) *m.* Árbol de América tropical, perteneciente a la familia de las leguminosas. Su madera se usa en ebanistería; por incisiones practicadas en su tronco se extrae la resina anime, empleada en medicina *(Hymenaea courbaril).*
SIN. **Anime.**
curco, -ca (quechua *curcu,* tronco de árbol) *adj. Amér.* Jorobado. -2 *f. Amér.* Joroba.
curcucho, -cha *adj.-s. Guat., Nicar.* y *Salv.* Jorobado.
cúrcuma (ár. *curcum*) *f.* Planta cingiberácea de la India, de cuya raíz se obtiene el curry *(Curcuma longa).*
SIN. **Azafrán de la India.**
curcuncha *f. Argent.* Joroba.
curcuncho, -cha *adj. Amér.* Jorobado. 2 *Bol.* y *Ecuad.* Molesto, exasperado.
curcur *m. P. Rico.* Corcor.
curcusilla *f.* Rabadilla.
curcutear *tr. S. Dom.* Registrar (mirar con cuidado).
curda *f.* fam. Borrachera. -2 *m.* fam. Borracho.
curdela *f.* fam. Borrachera. -2 *m.* fam. Borracho.
curdo, -da (ár. *curd,* nombre gentilicio) *adj.-s.* De Curdistán, región del Oriente Medio, que comprende zonas de Turquía, Armenia, Irak e Irán. -2 *adj.-m.* Lengua perteneciente al grupo iranio moderno occidental, hablada en esta región. ◇ También *kurdo.*
cureno *m. Amér. Merid.* Zurrón de cacao del peso de seis arrobas.
cureña (l. *columna*) *f.* Armazón compuesta de dos gualderas fuertemente unidas, colocadas sobre ruedas o correderas, y en la cual se monta el cañón de artillería. 2 Pieza de nogal en basto, trazada para hacer la caja de un fusil. 3 Palo de la ballesta.
cureñaje *m.* Conjunto de cureñas de un parque o de un ejército.
cureo *m. Chile.* Pájaro de especie intermedia entre el tordo y el mirlo, de color negro brillante, de canto armonioso, que imita el de otras aves *(Turdus cureus).* 2 Árbol silvestre de Venezuela.
curesca *f.* Borra inútil que se queda en los palmares después de cardado el paño.
curetuí (guaraní) *m. Argent.* Pajarillo común, de color blanco y negro.
curí *m. Amér. Merid.* Planta arbórea araucariácea que da una piña grande, con piñones como castañas que se comen cocidos *(Araucaria brasiliensis).* 2 *Colomb.* Conejo de judias, cobaya. -3 *f. Colomb.* fig. Mujer fecunda.
curia (l.) *f.* Subdivisión de la tribu romana. 2 Lugar donde se reunía la curia o el senado. 3 Senado romano. 4 Conjunto de abogados, procuradores y empleados en la administración de justicia. 5 Tribunal donde se tratan los negocios contenciosos. 6 Conjunto de oficinas para el despacho de asuntos eclesiásticos: ~ *diocesana;* ~ ***romana,*** conjunto de congregaciones, tribunales y oficios que coadyuvan con el Papa en el gobierno de la Iglesia universal.
curía *f. Venez.* Bebida que se prepara con batata.
curial *adj.* Relativo a la curia, esp. a la romana. 2 El que tiene correspondencia en Roma para hacer traer las bulas y rescriptos pontificios. 3 Empleado subalterno de los tribunales de justicia o de las curias.
curialesco *adj.* Propio o peculiar de la curia. Tómase gralte. en mal sentido.
curiana *f.* Cucaracha (insecto).
curiara *f. Colomb.* y *Venez.* Embarcación de vela y remo, más ligera y larga que la canoa.
curibay (guaraní) *m. Argent.* Especie de pino, de fruto muy purgante *(Araucaria brasiliensis).*
curicano, -na *adj.-s.* De Curicó, capital y provincia del centro de Chile.
curiche *m. Bol.* Pantano o laguna. 2 *Chile.* Persona de color obscuro o negro.
curiel *m. Cuba.* Roedor de grandes uñas, casi rabón y parecido al conejillo de Indias. Es el *corí* de los historiadores primitivos de América *(Cavia cobaya).*
curiela *f. Cuba.* Mujer muy fecunda, por alusión a la hembra del curiel.
curinga *f. Ecuad.* Pequeño fraude.
curino *m. Extr.* Higo de color blanco y con rabo muy largo.
curio (nombre de los esposos *Curie*) *m.* Elemento transuránico, que se obtiene por bombardeo del plutonio con partículas alfa. Su símbolo es *Cm,* su número atómico 96 y su peso atómico 242. 2 Unidad de radiactividad.
curiosamente *adv. m.* Con curiosidad. 2 Con limpieza. 3 Cuidadosamente.
curiosear (de *curioso,* frecuent.) *intr.* Ocuparse en averiguar lo que otros hacen o dicen. 2 Procurar, sin necesidad, y a veces con impertinencia, enterarse de alguna cosa. -3 *intr.-tr.* Fisgonear, fisgar.
curiosidad *f.* Calidad de curioso. 2 Cosa curiosa, rara, extraña. 3 Aseo, limpieza. 4 Cuidado de hacer una cosa con primor o diligencia.
curioso, -sa (l. *-su*) *adj.-s.* Que desea saber o averiguar alguna cosa; que inquiere lo que no debiera importarle: ~ *de noticias;* ~ *por saber.* -2 *adj.* Que despierta expectación o interés. 3 Que trata una cosa con cuidado o diligencia. 4 Limpio, aseado. -5 *m. Amér.* Curandero.
SIN. **Fisgón,** desp. intensivo.
curiquinque *m. Ecuad.* Ave que se asemeja al buitre por su rostro desnudo y que era sagrada entre los incas *(gén Polyborus).*
curiyú (guaraní) *m. Argent.* y *Parag.* Boa de gran tamaño *(Boa diviniloquis).*
currante *adj.* fam. [pers.] Que trabaja o que es muy trabajador.
currar *intr.* fam. Trabajar.
curre *m.* fam. Trabajo, actividad laboral.
currelar *intr.* fam. Trabajar.
currelo *m.* fam. Trabajo.
curricán *m.* Aparejo de pesca de un solo anzuelo. 2 *Ant.* y *Colomb.* Cabruja (cordel). 3 *Cuba.* Alcahuete. 4 *P. Rico.* Entre campesinos, frío intenso.
curricular *adj.* Perteneciente o relativo al currículo o a un currículo.
currículo *m.* Currículum vitae. 2 Plan de estudios. 3 Conjunto de estudios y prácticas destinados a que el alumno desarrolle plenamente sus posibilidades.
currículum vitae *m.* Relación de los datos personales e historia profesional, que presenta el aspirante a un cargo o puesto de trabajo. ◇ El pl.: latino es *currícula*; es incorrecto *currículums.* Por esto es preferible emplear la forma españolizada *currículo,* que admite el plural *currículos.*

currinche *m.* desp. Entre periodistas, principiante. 2 fig. Persona de pocos alcances, sean sociales, mentales, económicos, etc.
currión *m.* Trozo de cuero usado para alisar los piezas de cerámica en el torno.
currito *adj.-com.* Currante.
curro, -rra *adj.* Ufano. 2 Decidido, que no se acobarda con facilidad. -3 *m.* vulg. Trabajo, ocupación. 4 Golpe, pescozón. 5 GALIC. Plazoleta o rincón de una calle estrecha. -6 *m. f. Guat.* Marrano de raza enana.
curruca (l.) *f.* Ave paseriforme cantora, insectívora, de 10 a 12 cms. de largo, con el plumaje pardo por encima y blanco por debajo, la cabeza negruzca y el pico recto y delgado. Su nombre se extiende a otras especies del mismo género *(Sylvia sp.).*
curruchada *f. Colomb.* Baile popular parecido al currulao.
currucho, -cha *adj. Guat.* [caballo] Pequeño.
currucutear *intr. Colomb.* Arrullarse las palomas.
currucutú *m. Colomb.* y *La Mancha.* Arrullo de las palomas.
currucutucú *m. Colomb.* Arrullo de las palomas.
currulao *m. Colomb.* Baile al son de un tambor.
currundungo, -ga *adj. Venez.* Regordete.
currupantioso, -sa *adj. Perú.* fest. Exagerado, chistoso.
currutaco, -ca (de *curro*) *adj.-s.* fam. Muy afectado en el uso de las modas. -2 *adj. Amér.* Rechoncho. -3 *m. pl. Amér. Central.* Diarrea.
curry (voz inglesa) *m.* Polvo utilizado como condimento, sazonador de carnes y pescados y para preparar salsas, de composición variable en la que intervienen el cilantro, canela, jenjibre, pimienta de cayena, pimienta, clavo, nuez moscada y cúrcuma, que es su principal excipiente.
cursado, -da (de *cursar*) *adj.* Experimentado en alguna cosa.
cursante *adj.-s.* Que cursa.
cursar (l. *-are,* correr de acá para allá; frecuent.) *tr.* Frecuentar [un paraje]: *en vano andas cursando las boticas;* hacer con frecuencia [una cosa]: *curso la lectura de los salmos.* 2 Estudiar [una materia] asistiendo a las explicaciones del profesor: *~ las escuelas; ~ los estudios en Alcalá;* **abs.**, *~ en Alcalá.* 3 Dar curso en la administración pública [a una solicitud, instancia o expediente]. ◇ INCOR.: por correr, regir: *el día cinco del que cursa.*
cursería *f.* Cursilería.
cursi (transposición burl. del apellido *Sicur*) *adj.-com.* fam. Persona que presume de fina y elegante sin serlo. -2 *adj.* Que, con apariencia de elegancia o riqueza, es ridículo y de mal gusto.
cursiento, -ta *adj. Amér.* Que tiene diarrea.
cursilada *f.* Acción propia del cursi. 2 Cosa cursi.
cursilería *f.* Calidad de cursi. 2 Dicho o cosa cursi.
cursillista *adj.-s.* Que asiste a un cursillo.
cursillo *m.* Curso de poca duración. 2 Breve serie de conferencias acerca de una materia determinada.
cursivo, -va (de *curso*) *adj.-s.* Carácter y letra de mano que se liga mucho para escribir de prisa. -2 *adj.-f.* IMPR. V. letra cursiva.
curso (l. *-su*) *m.* Camino que sigue una cosa animada de un movimiento progresivo: *el ~ de los astros; ~ de un río; interrumpir el ~ de los acontecimientos; el ~ de la vida; dar ~ a un informe.* 2 En las universidades, escuelas, etc., tiempo señalado en cada caso para asistir a oír las lecciones: *~ académico.* 3 Serie de lecciones que forman la enseñanza de una materia: *~ monográfico; dar un ~ de agricultura.* 4 p. ext. Tratado especial: *~ de física.* 5 Serie de informaciones, consultas, etc., que precede a la resolución de un expediente; marcha del asunto. 6 Serie o continuación: *~ de los sucesos.* 7 Circulación, difusión entre las gentes. 8 Conjunto de alumnos de un mismo grado de estudios. 9 ***Seguir su ~***, marchar algo normalmente. 10 ASTRON. Movimiento, recorrido, real o aparente de un astro. 11 MED. Proceso evolutivo de una enfermedad: *~ postoperatorio.*
cursómetro (*curso* + *-metro*) *m.* Aparato para medir la velocidad de los trenes de ferrocarril.
cursor (l., corredor) *m.* Oficial eclesiástico destinado a cuidar del orden que ha de observarse en las procesiones. 3 INFORM. Símbolo móvil de la pantalla del ordenador que indica el lugar donde se puede insertar, suprimir o reemplazar un carácter. 4 MEC. Pieza pequeña que se desliza a lo largo de otra mayor en algunos aparatos.
cursorio, -ria *adj.* ZOOL. Adaptado para la carrera.
curtación *f.* ASTRON. Acortamiento (en astronomía).
curtido *m.* Acción de curtir. 2 Efecto de curtir. 3 Cuero curtido: *almacén de curtidos.* 4 Casca (corteza). -5 *adj.-s.* fig. *y* fam. [pers.] Con experiencia.
curtidor *m.* El que tiene por oficio curtir pieles.
SIN. **Noquero.**
curtiduría *f.* Establecimiento donde se curten y trabajan las pieles.
SIN. **Tenería.**
curtiembre *f.* Curtimiento. 2 *Amér.* Tenería.
curtiente *adj.-m.* Substancia que sirve para curtir.
curtimbre *f.* Acción de curtir. 2 Efecto de curtir.
curtimiento *m.* Acción de curtir o curtirse. 2 Efecto de curtir o curtirse.
curtir (l. *conterere,* rozar, triturar) *tr.* Adobar o aderezar [las pieles]. -2 *tr.-prnl.* fig. Endurecer o tostar [el cutis] al sol o al aire. 3 p. ext. Acostumbrar [a uno] a la vida dura, esp. a sufrir las inclemencias del tiempo. -4 *tr. Amér. Merid.* Añadir sal [a los minerales fríos], o magistral [a los calientes], para la amalgamación. 5 *Chile.* Entre jugadores, desbancar [a uno]. -6 *prnl. Amér. Central* y *Colomb.* Ensuciarse, emporcarse. -7 *tr. Argent., R. de la Plata* y *Urug.* fig. Castigar azotando.
FR. *Estar uno curtido en una cosa,* estar acostumbrado a ella, o ser diestro en hacerla.
curto *m. Logr.* Conejo, gazapo.
curú *m. Perú.* Gusano o larva de la polilla.
curubo *m. Colomb.* Especie de enredadera *(Passiflora mollisima).*
curuca *f.* Lechuza.
curuchito *m. Colomb.* Cuchitril.
curuchupa *com. Ecuad.* Conservador y católico en política.
curucú *m. Nicar.* Quetzale, ave.
curucutear *tr. Venez.* Mudar [trastos] de sitio.
curucutero, -ra *adj. Venez.* Curioso, escudriñador.
curucutu *m. Bol.* Acción de echar alguna cosa al aire para ser cogida al vuelo.
curucutú (onomat.) *m. Colomb.* Arrullo de las palomas.
curuguá (guaraní) *m. Argent.* Enredadera que da fruto amarillo y negro semejante a la calabaza, de unos 30 cms. de largo y de agradable olor *(Sicana odorifera).*
curuja *f.* Ave estrigiforme de América, de unos 25 cms. de longitud; el plumaje es de color pardo, con manchas blancas en la parte superior y amarillo en el vientre *(Speotyto cunicularia).*
curujey *m. Cuba.* Nombre de numerosas especies de bromeliáceas, hierbas parásitas en su mayoría (gén. *Guzmania; Tillandsia).* 2 fig. Parásito, el que vive de mogollón.
curul (l. *-ule*) *adj.* Relativo al edil patricio y a la silla en que se sentaba.
curuma *f. Hond.* y *Salv.* Sal gema que lame el ganado.
curumare *m. Venez.* Aire o son melancólico de los indios del Casiquiare.
curumuta *f. Colomb.* El fruto de la palmera de vino *(Scheelea butyracea).*
curunco, -ca *adj. Guat.* y *Salv.* Guatuso, pelirrubio.
curunda *f. Ecuad.* Zuro o raspa del maíz.
curupay (guaraní) *m. Amér. Merid.* Corupán.
curupí *m.* Árbol euforbiáceo, de hojas parecidas a las del sauce y que despide, hiriéndolo, una substancia lechosa muy blanca *(Sapium aucuparium).* ◇ Pl.: *curupíes.*
cururo *m. Chile.* Especie de rata campestre, de color negro, y muy dañina *(Ctenomys magellanicus).*
cururú *m. Amér. Merid.* Azucarito.
curuvica *f. Argent.* y *Parag.* Fragmento diminuto que resulta de la trituración de una piedra, y p. ext. de cualquier otro material sólido.
curva (l., fem. de *curvu,* curvo) *f.* GEOM. Línea curva. 2 Representación esquemática de las fases sucesivas de un fenómeno por medio de una línea cuyos puntos van indicando valores variables. 3 Recodo de una carretera o camino: *~* ***abierta,*** la que, por tener escasa curvatura, pueden tomar los vehículos sin moderar considerablemente su marcha; *~* ***cerrada,*** la que vuelve al punto de partida. 4 MAR. Pieza fuerte de madera, que se aparta de la figura recta y sirve para asegurar dos maderos ligados en ángulo. 5 TOPOGR. *~* ***de nivel,*** línea que resulta de la intersección del terreno con plano horizontal, empleada en los dibujos para figurar al relieve del terreno.
curvado, -da *adj.* Que tiene forma curva.
curvar *tr.* Dar forma curva: *muebles de madera curvada.* 2 Encorvar (doblar).
curvatón *m.* MAR. Curva pequeña.
curvatura (l.) *f.* Desvío de la dirección recta.
SIN. **Corvadura,** esp. si se trata de cosas materiales; **encorvadura, encorva-**

miento, no son conceptos geométricos cuando significan el efecto de encorvar[se]; **alabeo,** si se trata de maderas u otras superficies; **comba,** sugiere gralte. la idea de convexidad; todos se hallan dentro del concepto abstracto de **curvatura.**

curvear *intr.* Seguir una curva; hacer una curva.

curvidad *f.* Curvatura.

curvígrafo (l. *curvus,* curva + *-grafo*) *m.* GEOM. Instrumento mecánico para trazar curvas.

curvilíneo, -a (l. *-eu*) *adj.* GEOM. Compuesto de líneas curvas: *ángulo ~.* 2 GEOM. Que se dirige en línea curva.

curvímetro (l. *curvu,* curvo + *-metro*) *m.* Instrumento para medir con facilidad las líneas de un plano.

curvo, -va (l. *vu*) *adj.-s.* Que constantemente se aparta de la dirección recta sin formar ángulos. 2 Corvo, combado. 3 *Colomb.* Estevado. 4 *P. Rico.* Zurdo.

cusca *f. Méj.* Mujer andariega y chismosa. 2 *Colomb.* Borrachera. 3 *Hond.* Joroba.

cusca (hacer la ~) *fr.* fig. *y* fam. Molestar, fastidiar, perjudicar.

cuscatleco, -ca *adj.-s.* De Cuscatlán, departamento del centro de El Salvador. 2 p. ext. Salvadoreño.

cusco, -ca *m. Amér.* Cuzco. -2 *m. f. Ecuad.* y *Hond.* Jorobado, corcovado. -3 *adj. Argent.* [joven] Que alardea de grande.

cuscungo *m. Ecuad.* Especie de búho.

cuscurrear *intr.* Comer cuscurros. 2 Crujir la comida al masticar.

cuscurro, cuscurrón (de *corrusco*) *m.* Cantero de pan, pequeño y muy cocido.

cuscurroso, -sa *adj.* Que cuscurrea.

cuscús *m.* Plato árabe confeccionado a base de sémola de trigo duro, carne o pollo y diferentes verduras. ◇ Pl.: *cuscús.*

cuscuta (ár. *cuxuta*) *f.* Hierba parásita que carece de clorofila, hojas y raíces; está formada sólo por pequeños tallos ramificados *(Cuscuta europaea).*

cuscutáceo, -a *adj.-f.* Planta de la familia de las cuscutáceas. -2 *f. pl.* Familia de plantas tubifloras parásitas, sin clorofila, raíces ni hojas; las flores son muy pequeñas, actinomorfas y reunidas en grupos.

cuscutear *tr. S. Dom.* Crucutear.

cusir *tr.* fam. Corcusir.

cusita *adj.* Descendiente de Cus, hijo de Cam y nieto de Noé. 2 [nación] Que, procedente de la Bactriana, ocupó varias regiones de Asia y África y dominó en Susiana o Caldea. -3 *adj.-m.* Familia de lenguas del tronco camitosemítico, habladas en el este de África; como el somalí y el bedia.

cusma (quechua) *f. Ecuad.* y *Perú.* Especie de camisa sin mangas, hecha de fibra de corteza o de palma, que usan los indios. ◇ También se escribe *cushma.*

cuspa *f. Venez.* Arbusto semejante a la palmera y cuya corteza se emplea como la quina *(Bomplandia trifoliata).*

cuspar *tr. Chile.* Correr uno para alcanzar [a otro]. 2 *Chile. prnl.* Hallarse deseoso de partir, esp. las caballerías.

cuspe (quechua *cushpi,* perinola, trompo) *m.* y *Chile.* Peonza, trompo. 2 *Chile.* fig. *y* fam. Persona muy chica y bulliciosa.

cúspide (l., punta) *f.* Cumbre puntiaguda de los montes. 2 Remate superior de alguna cosa, que tiende a formar punta. 3 fig. Apogeo, cumbre: *está en la ~ de la fama.* 4 GEOM. Punto donde concurren los vértices de todos los triángulos que forman las caras de la pirámide o las generatrices del cono.

SIN. **Fastigio** (lit.). *4* **Vértice.**

cusqui (hacer la ~) *fr.* fig. *y* fam. Hacer la cusca.

custiero *m. Logr.* Guarda de campo.

custodia (l.) *f.* Acción de custodiar. 2 Efecto de custodiar. 3 Persona o escolta que custodia a un preso. 4 Pieza de oro, plata, etc., en que se expone el Santísimo Sacramento a la pública veneración. 5 Sagrario (lugar). 6 En la orden franciscana, agregado a algunos conventos que no bastan para formar provincia. 7 *Chile.* Consigna de una estación o aeropuerto, lugar donde los viajeros depositan temporalmente equipajes o paquetes.

SIN. *3* **Ostensorio.**

custodiar (l. *-are*) *tr.* Tener cuidado y vigilancia [de una persona o cosa]. ◇ ** CONJUG. [12] como *cambiar.*

SIN. **Guardar.**

custodio *m.* El que custodia. 2 En la orden franciscana, superior de una custodia (agregado).

cusubé *m. Cuba.* Dulce seco, hecho de almidón de yuca, con agua, azúcar y a veces huevos, de que forman bollitos.

cusuco *m. Colomb.* Zambomba (instrumento). 2 *Amér. Central.* Armadillo.

cusumbe *m. Colomb.* y *Ecuad.* Cuatí.

cusumbo *m. Colomb.* Cuatí.

cusumbosolo *m. Colomb.* Misántropo (por alusión al cusumbo, animal que vive solo).

cususa *f. Amér. Central.* Aguardiente de caña.

cut-, V. cuti-.

cuta *f. Guat.* Mentira. Ús. más en plural.

cutacha *f. C. Rica, Hond.* y *Nicar.* Cuchillo largo y recto. 2 *Guat.* Media botella de aguardiente. 3 *Guat.* Zapato bajo. Ús. más en plural.

cutama *f. Chile.* Costal, talego. 2 *Chile.* Persona torpe y pesada.

cutáneo, -a *adj.* Relativo al cutis: *erupción cutánea.*

cutara *f. C. Rica, Cuba* y *Méj.* Chinela o chancleta, zapato basto y sin tacón, de la gente del campo.

cutarear *intr. Cuba.* Sonar las cutaras al andar.

cutarera *f. Cuba.* Chancletera, apl. a mujeres.

cutarra *f. C. Rica* y *Hond.* Cutara.

cutarrear *tr. Guat.* Robar, hurtar.

cutarro *m. Ecuad.* Cutara. 2 *Colomb.* Vasija rústica.

cute *m. Murc.* Juego del escondite. 2 *Pan.* Trago de licor. 3 *Venez.* Carate (enfermedad).

cúter (ing. *cutter*) *m.* Embarcación con velas al tercio, una cangreja y varios foques. ◇ Pl.: *cúteres.*

cutero, -ra *adj. Guat.* Que dice cutas o mentiras.

cutete *m. Guat.* Género de reptiles iguánidos *(Lacerta basilicum).*

cutí (fr. *coutil* < l. *culcita,* colchón) *m.* Tela fuerte de lienzo que se usa para cubiertas de colchones. ◇ Pl.: *cutíes.*

SIN. **Cotí, terliz.**

cuti-, cut- (l. *cutis,* piel) Elemento prefijal que entra en la formación de palabras con el significado de piel: *cutirreacción.*

cutirreacción (*cuti-* + *reacción*) *f.* MED. Medio de diagnóstico empleado para averiguar el estado de inmunidad o de hipersensibilidad del organismo.

SIN. **Dermorreacción.**

cutiano (de *cuotidiano*) *adv. t.* Diariamente, continuadamente.

cutícula (l.) *f.* Película. 2 Epidermis. 3 Piel que rodea la base de las uñas. 4 Tejido delgado y elástico que tapiza exteriormente el tallo y las hojas de los vegetales. 5 ZOOL. Capa externa de las tres que forman la concha de los moluscos y que da a aquélla su coloración característica en las diversas especies.

cuticular *adj.* Relativo a la cutícula.

cutidero *m.* Batidero (golpeo).

cutina *f.* BOT. Substancia especial producida por el citoplasma y de que está formada la cutícula (tejido).

cutinita *f.* Componente microscópico de los carbones que sirve para diferenciarlos; está formado por los restos de la cutícula que cubre externamente a los vegetales.

cutinización *f.* Impregnación de la pared de una célula con substancias grasas. Formación de cutina.

I) cutio (de *cutir*) *m.* Trabajo material. 2 *Logr.* Coscorrón.

II) cutio *adv. t.* Continuamente, seguidamente.

cutir (l. **cutere*) *tr.* Golpear [una cosa] con otra.

cutis (l.) *m.* Piel del hombre; esp., a la del rostro. ◇ Pl.: *cutis.*

cutleriales *f. pl.* Orden de algas, dentro de la clase feofíceas, con el talo laminar o discoidal, más o menos dividido.

cuto, -ta *adj. Amér. Central* y *Bol.* Tuco, manco. 2 *Amér. Central* y *Bol.* Desdentado, mellado. 3 *Amér. Central* y *Bol.* Hablando de cosas, truncado.

cutoso, -sa *adj. Venez.* Caratoso.

cutral (der. del l. *culter,* reja del arado) *adj.-s.* Buey cansado y viejo, y vaca que ha dejado de parir.

SIN. **Cotral.**

cutre *adj.* Tacaño (mezquino). 2 Pobretón, barato. 3 Sórdido. -4 *m. Colomb.* Suciedad.

cutriar *tr. Logr.* Terciar la tierra con el arado. ◇ ** CONJUG. [12] como *cambiar.*

cutroso, -sa *adj. Colomb.* Que tiene cutre (suciedad).

cutucho, -cha (quechua *cutu,* corto, recortado y *ucho,* chico pequeño) *adj. Ecuad.* Colincho.

cutuco *m. Salv.* Fruto del calabacero. 2 *Guat.* Pedazo de algo comestible.

cutucúes *m. pl. Cuba.* Útiles personales de gente pobre.

cutul *m. Ecuad.* Pucón.

cutupa *f. Perú.* Pedazo del tronco de un árbol.

cutusa *f. Colomb.* Especie de tórtola.

cututún (voz arauc.) ***m.*** *Chile.* Peuco (juego).
cuy ***m.*** *Amér. Merid.* Conejillo de Indias. 2 *Ecuad.* Cohete, buscapiés. ◇ Pl.: *cuyes.*
cuya ***f.*** *Venez.* y *Chile.* Vasija hecha de calabaza. 2 *Guat.* y *Perú.* Por alusión a la hembra del cuy (conejillo), mujer fecunda.
cuyá ***m.*** *Cuba.* Árbol de buena madera *(Dipholis salicifolia).*
cuyabra ***f.*** *Colomb.* Coyabra.
cuyamel ***m.*** *Hond.* Pez que vive en los ríos y de carne muy estimada *(Huro nigricans).*
cuyano, -na ***adj.-s.*** De Cuyo, antigua provincia del centro de Argentina. 2 *Chile.* fam. Argentino.
cuyaya ***f.*** *Cuba.* Sijú. 2 *S. Dom.* Toque alegre de corneta con motivo de una noticia grata. 3 *S. Dom.* Baile popular.
cúyo, -ya (v. *cuyo I*) ***pron. interr.*** inus. De quien, de qué persona: *¿cúyos son estos libros?* ◇ Usual en la lengua clásica. ◇ Pl.: *cúyos, cúyas.*
I) cuyo, -ya (l. *cuius*) ***pron. relat. poses.*** Precede al substantivo que expresa la cosa poseída por el antecedente, y concierta con este substantivo: *mi hermano, cuya mujer está enferma.* 2 Puede llevar cualquier prep. de acuerdo con el oficio del nombre con el cual concierta: *el amigo a cuya casa me dirijo; Pelayo, por cuyo arrojo alcanzó vida y libertad España.* 3 Construido con el verbo *ser* hace el oficio de atributo: *ellas, cuya es la casa, duermen y se descuidan.* -4 ***m.*** fam. Galán o amante de una mujer. ◇ Es incorrecto usado por *el cual* sin idea alguna de posesión: *dos hombres cruzan el río montados en buenas caballerías, cuyos hombres traen armas;* correcto: *los cuales traen armas.* La lengua oral descuidada substituye a veces *cuyo* por *que su: los alumnos que sus padres son empleados,* en lugar de *los alumnos cuyos padres son empleados.* ◇ Pl.: *cuyos, cuyas.*
II) cuyo, -ya ***m. f.*** *Salv.* Cobaya, conejillo de indias.
cuyuco ***m.*** *Perú.* Negro guardaespaldas.
cuyují (voz indígena) ***m.*** *Cuba.* Especie de pedernal duro y quebradizo. Su dureza es proverbial, y sirve de término de comparación.
¡cuz! Interjección para llamar a los perros.
cuzca ***f.*** *Méj.* Prostituta solapada. 2 *Amér. Central.* Coquetona.
cuzcatleco, -ca (de *Cuzctlán,* nombre indígena de lo que es actualmente El Salvador) ***adj.-s.*** Salvadoreño.
cuzco ***m.*** Perro pequeño, gozque.
cuzcuz ***m.*** Alcuzcuz.
cuzma (voz quechua) ***f.*** Cusma.
cuzque (voz chibcha) ***adj.*** *Colomb.* De color negro.
cuzqueño, -ña ***adj.-s.*** De Cuzco, capital y departamento del sur de Perú.
cuzquero ***m.*** *Méj.* Putañero.
cuzuro ***m.*** *Bol.* Fibra de plátano afianzada con lianas silvestres, us. para envolver los cestos y tambores de coca (arbusto).
cyca ***adj.-f.*** Planta del género de las cycas. 2. f. pl. Género de plantas arbóreas o arbustivas, parecidas a las palmeras, cuyas hojas pinnadas forman una corona terminal.
cyclops (gr. *Kyklops,* cíclope) ***adj.-m.*** Crustáceo del género de los cyclops. -2 ***m. pl.*** Género de crustáceos copépodos, muy común en las aguas dulces. ◇ Pl.: *cyclops.*
czar ***m.*** Zar. ◇ Pl.: *czares.*
czarevitz ***m.*** Zarevitz. ◇ Pl.: *czarevitz.*
czariano, -na ***adj.*** Zariano.
czarina ***f.*** Zarina.

D, d *f.* De, cuarta letra del **alfabeto español que representa gráficamente a la consonante oclusiva dental y sonora. 2 *D,* cifra romana equivalente a quinientos. 3 Símbolo químico del *deuterio.* 4 MAT. Símbolo del diferencial.
dabitis *m.* FIL. Voz mnemotécnica que expresa el modo silogístico en el cual las premisas y las conclusiones son afirmativas. ◇ Pl.: *dabitis.*
dable (de *dar,* suceder, existir) *adj.* Hacedero, posible.
dabuti *adj.* vulg. Estupendo. -2 *adv.* vulg. Fabulosamente.
daca (por «*da acá*»; o «*dame acá*») ***Andar al toma y ~***, andar en dares y tomares.
I) dacio (l. *datio*) *m.* desus. Tributo o imposición sobre alguna cosa.
II) dacio, -cia *adj.-s.* De Dacia, ant. reg. de Germania.
dación (l. *datione*) *f.* DER. Acción de dar. 2 DER. Efecto de dar. 3 ~ ***en pago,*** cesión de alguna cosa en pago de una deuda.
dacriadenitis (*dacri-* + *adentis*) *f.* MED. Inflamación de la glándula lacrimal. ◇ Pl.: *dacriadenitis.* ◇ También *dacrioadenitis.*
dacrio-, dacri- (gr. *dakryon,* lágrima) Elemento prefijal que entra en la formación de palabras con el significado de lágrima: *dacriadenitis, diacriocisto.*
dacrioadenitis *f.* MED. Dacriadenitis.
dacriocistitis (*dacriocisto* + *-itis*) *f.* MED. Inflamación aguda o crónica del saco lacrimal, gralte. ocasionada por la presencia de un obstáculo en los conductos lacrimales. ◇ Pl.: *dacriocistitis.*
dacriocisto (*dacrio-* + *-cisto*) *m.* MED. Saco lagrimal.
dactilado, -da (l. *dactylu,* dedo) *adj.* De figura semejante a la de un dedo.
dactilar *adj.* Digital: *huellas dactilares.*
dactili-, v. dactilo-.
-dactilia (v. *dactilo-*) Elemento sufijal que entra en la formación de palabras con el significado de dedo: *leptodactilia.*
dactílico, -ca (l. *dactylicu* < gr. *-kós* < dáktylos, dedo) *adj.* Propio o relativo al dáctilo, pie: *verso ~.*
dactiliforme (*dactili-* + *-forme*) *adj.* Que tiene forma semejante a la palmera; como ciertos capiteles egipcios.
dactiliología (gr. *daktylios,* anillo + *-logía*) *f.* Parte de la arqueología que estudia los anillos y, p. ext., las piedras preciosas grabadas.
dactilión (gr. *dáktylos,* dedo) *m.* desus. Aparato que se coloca en el teclado de los pianos para dar agilidad y seguridad a los dedos del principiante.
dactilitis (de *dactili-* + *-itis*) *f.* Inflamación de un dedo. ◇ Pl.: *dactilitis.*
dáctilo (gr. *dáktylos,* dedo; doble etim. *dátil*) *m.* Pie de la versificación clásica, formado por una sílaba larga y dos breves: -U U.
dactilo-, -dactili, -dáctilo (gr. *dáktylos,* dedo) Elemento prefijal y sufijal que entra en la formación de palabras con el significado de dedo: *dactiloscopia, artiodáctilo.*
dactilofasia (*dactilo-* + gr. *phasis,* palabra) *f.* Técnica utilizada por los sordomudos para expresar, mediante signos convencionales, letras o sílabas.
dactilografía *f.* Mecanografía.
dactilográfico, -ca *adj.* Mecanográfico.
dactilógrafo, -fa *m. f.* Mecanógrafo.
dactilograma (*dactilo-* + *-grama*) *m.* Impresión digital tomada con propósitos de identificación judicial, policial o forense, mediante el tintado de la mano y la impresión de los diez pulpejos sobre el papel.
dactilología (*dactilo-* + *-logía*) *f.* Arte de hablar con los dedos, esp. el alfabeto de los sordomudos.
dactilológico, -ca *adj.* Relativo a la dactilología.
dactiloscopia (*dactilo-* + *-scopia*) *f.* Sistema de identificación mediante la comparación de las impresiones digitales.
dactiloscópico, -ca *adj.* Relativo a la dactiloscopia.
dactiloscopista *com.* Persona especializada en el estudio, reconocimiento y clasificación de huellas e impresiones dactilares.
-dad (l. *-tate*) Sufijo que entra en la formación de nombres abstractos de cualidad derivados de adjetivos. En voces de tres sílabas suele tomar la forma de *-edad: cortedad, viudedad;* en las de más de tres sílabas, la forma *-idad: barbaridad, efectividad.* Estas formas a veces se sincopan*: liviandad, mezquindad.* Combinándose con adjetivos que llevan el sufijo *-ble, como amable, soluble,* forma derivados secundarios en *-bilidad: amabilidad, solubilidad.* V. -tad.
dadaísmo (de *dada,* bisílabo en el que se quiere reconocer la primera palabra articulada por el niño) *m.* Movimiento artístico y literario, iniciado por Tristan Tzara (1896-1963) en 1916. En el programa de esta escuela figuraban como puntos principales el desprecio del público y la ausencia de toda significación racional, por la supresión de relaciones entre el pensamiento y la expresión.
dadaísta *adj.* Perteneciente o relativo al dadaísmo. -2 *adj.-com.* Partidario de él.
dádiva (l. *dativa;* f. de *-vu,* que se da, dativo; doble etim. *dativo*) *f.* Regalo que se da graciosamente.
SIN. v. **Regalo.**
dadivado, -da *adj.* p. us. Sobornado, cohechado.
dadivar *tr.* Hacer dádivas [a una persona].
dadivosamente *adv. m.* Con generosidad.
dadivosidad *f.* Calidad de dadivoso.
dadivoso, -sa *adj.-s.* Persona propensa a hacer dádivas.
SIN. v. **Generoso.**
I) dado (de origen oriental; en relac. con el ár. *dad,* juego) *m.*

Pieza cúbica en cuyas caras hay señalados puntos desde uno hasta seis y que sirve para varios juegos de azar: ~ *falso,* el que tiene más peso por un lado que por otro; *cargar un* ~, hacerlo falso. 2 Pedacito prismático de hierro que se introducía en la ant. carga de metralla. 3 Pieza cúbica de metal u otra materia dura que sirve en las máquinas para apoyar tornillos, ejes, etc. 4 En las banderas, paralelogramo de distinto color que su fondo. 5 ARQ. Neto. 6 ARQ. Moldura en forma de paralelepípedo. 7 ARQ. ~ *de cimentación,* zapata aislada de forma cúbica. 8 MAR. Travesaño de hierro que refuerza los eslabones de las cadenas.
SIN. 7 **Zapata.**

II) dado, -da (pp. de *dar*) *adj.* Concedido, supuesto, disimulado. -2 *loc. conj. condic.* o *conces.* ~ *que,* supuesto que, a condición que: *dado que sea verdad, cuenta con él.* 3 *loc.* FIL. ~ *y no concedido,* denota que se deja pasar una proposición, sea verdadera o falsa, porque no interesa para la cuestión de que se trata. 4 *Dado caso,* v. caso. ◇ INCOR. Es impropio por especial, determinado en frases como: *hay momentos dados.*

dador, -ra (l. *datore*) *adj.-s.* Que da. 2 ELECTR. [átomo] Que se introduce como impureza entre los de un semiconductor para que ceda a los mismos uno de sus electrones. -3 *m.* Librador de una letra de cambio.
SIN. 2 **Donador.**

Dafne *n. pr.* MIT. Ninfa de la cual se enamoró Apolo. Para librarla de la persecución del dios, su padre la convirtió en laurel. En recuerdo de ella, Apolo se coronó con hojas de este árbol.

dafnita *f.* Clorita de la serie de las ferrocloritas, que se presenta en escamas de color verde.

I) daga (b. l. **daca*) *f.* Arma blanca de hoja corta, parecida a la espada. 2 *P. Rico.* Machete.

II) daga (ár. *taca*) *f.* p. us. Tonga de ladrillos que se cuece de una vez en el horno.
SIN. **Tendada.**

dagame *m. Amér.* Árbol de tronco sin ramaje, alto, sólido y terminado en copa reducida *(Calycophyllum candidisimum).*

daguerrotipar *tr.* Obtener y fijar la imagen [de un objeto] por medio del daguerrotipo.

daguerrotipia *f.* Daguerrotipo (arte).

daguerrotipo (de *Daguerre,* 1787-1851, n. de su inventor) *m.* Arte de fijar en planchas metálicas, preparadas al efecto, las imágenes formadas en la cámara obscura. 2 Aparato para este fin. 3 Retrato o vista obtenido por medio del daguerrotipo.

daguilla *f. Cuba.* Árbol de corteza fibrosa, propia para cordelería *(Lagetta lintearia).* 2 *C. Rica.* Hoja del izote.

dahir (ár.) *m.* En Marruecos, carta abierta con órdenes del sultán. 2 Decreto del jalifa.

daifa (ár. *daifa*) *f.* Manceba.

daiquirí *m.* Cóctel hecho con ron, zumo de lima, almíbar y marrasquino.

dajao (voz indígena) *m. Ant.* Pez de río, de unos 30 cms. de largo, de carne apreciada *(Agonostomus monticula).*

dala (ant. alto al. *dola,* tubo) *f.* MAR. Canal de tablas por donde salía el agua que achicaba la bomba.

dalaga *f. Filip.* Mujer soltera, doncella y joven.

dale *m. Cuba.* Juego de bolas.

dalear *tr.-intr.-prnl.* vulg. Ladear.

dalia (de *Dahl,* s. XVIII, que la trajo de Méjico) *f.* Planta compuesta de jardín, de hojas opuestas y partidas; cabezuelas grandes e inclinadas con muchas lígulas de colores muy variados, y rizoma con raíces tuberosas *(Dahlia variabilis).* 2 Flor de esta planta.

Dalila *n. pr.* BIB. Mujer filistea amada de Sansón. Inducida por sus compatriotas, cortó de noche los cabellos a Sansón, con lo cual perdió éste su extraordinaria fuerza *(Jueces, XVI).*

daliniano, -na *adj.* Relativo al pintor español Salvador Dalí (1914-1989).

dalla (l. *dacula*) *f.* Guadaña.

dallador *m.* El que dalla.

dallar *tr.* Segar [la hierba] con la guadaña.
SIN. **Guadañar.**

dalle *m.* Guadaña.
SIN. **Dalle** o **dalla,** su uso preferente varía según las comarcas.

dálmata *adj.-s.* De Dalmacia, región de Yugoslavia. -2 *adj.-m.* Lengua romance hablada en las costas de Dalmacia y desaparecida a finales del s. XIX. 3 V. perro ~.

dalmática (l.) *f.* Túnica blanca adornada de púrpura, usada en la época imperial romana. 2 Túnica abierta por los lados, usada por los reyes de armas y los maceros. 3 Vestidura sagrada que se pone encima del alba; es propia del diácono.

dalmático, -ca *adj.* Dálmata. -2 *m.* Lengua que se hablaba en Dalmacia.

daltoniano, -na *adj.-s.* Que padece de daltonismo. -2 *adj.* Relativo a esta enfermedad.

daltónico, -ca *adj.* Daltoniano.

daltonismo (de *Dalton,* 1766-1844, físico inglés) *m.* Defecto de la vista que consiste en no percibir determinados colores o en confundir algunos entre sí.
SIN. **Acromatopsia.**

I) dama (fr. *dame* < l. *domina*) *f.* Mujer noble y distinguida. 2 Señora que acompañaba y servía a la reina o a las princesas. 3 Mujer noble a la que se consagraba un caballero: *la* ~ *de sus pensamientos.* 4 Mujer galanteada o pretendida por un hombre. 5 Actriz que hace los papeles principales: *segunda, tercera, cuarta* ~, actrices que hacen papeles secundarios, salvo los de graciosa y característica. 6 En el juego de damas, peón coronado. 7 En el juego de ajedrez, pieza que tiene los movimientos combinados de la torre y del alfil (más gralte. *reina*). 8 ~ *de noche,* planta solanácea, de flores blancas, muy olorosas durante la noche *(Cestrum nocturnum; C. nitidum).* -9 *f. pl.* Juego entre dos personas, cada una de las cuales dispone de 12 piezas que mueve según ciertas reglas en un tablero similar al del ajedrez; el objeto de cada jugador es comer todas las piezas del adversario.

II) dama (neerl. *dam,* dique) *f.* METAL. Losa que cierra el crisol de un horno por la parte delantera.

III) dama (l.) *f.* Gamo.

damaceno, -na *adj.* Damasceno.

damajagua *f. Ecuad.* Majagua *(Hibiscus tiliacens).*

damajuana (fr. *damejeanne,* por comparación pintoresca) *f.* Bombona.
SIN. **Garrafón.**

damán *m.* Mamífero hiracoideo africano con aspecto de roedor pero anatómicamente más próximo a los proboscídeos; es herbívoro, gregario y diurno *(Procavia* sp.*).*

damasana *f. Amér.* Damajuana.

damascado, -da *adj.* Adamascado.

damasceno, -na *adj.-s.* De Damasco, c. de Siria. V. ciruela damascena.

damasco (de *Damasco,* c. de Siria) *m.* Tela fuerte de seda o lana, con dibujos formados con el tejido y cuyo brillo los distingue del fondo. 2 Variedad del albaricoquero *(Prunus armeniaca).* 3 Fruto de este árbol.

damasina *f.* Damasquillo.

damasonio (l. *-iu* < gr. *-ion*) *m.* Azúmbar (planta).

damasquillo *m.* Tejido de lana o seda parecido al damasco, pero no tan grueso. 2 Albaricoque.

damasquina *f. Méj.* Clavel de las Indias.

damasquinado *m.* Ataujía de metales finos sobre hierro o acero.

damasquinar *tr.* Adornar [objetos de hierro o acero] con damasquinados: ~ *una espada.*

damasquino, -na (v. *damasco*) *adj.* Damasceno. 2 [arma blanca] De temple muy fino y hermosas aguas.

damería *f.* Melindre, delicadeza, aire desdeñoso. 2 fig. Reparo, escrupulosidad.

damero *m.* Tablero del juego de damas. 2 p. ext. Planta de urbanizaciones, ciudades, etc., que están constituidas por cuadrados o rectángulos.

damesana *f. Amér.* Damajuana.

damisela (fr. *demoiselle*) *f.* Señorita, en sentido apreciativo, cariñoso y a veces irónico; es poco usual.

damnación (l. *-atione*) *f.* desus. Condenación.

damnificado, -da *adj.-s.* Dañado, perjudicado.
CONTR. **Indemne.**

damnificador, -ra *adj.* Que damnifica.

damnificar (l. *-are*) *tr.* Causar daño [a una persona o cosa]. ◇ ** CONJUG. [1] como *sacar.*
SIN. v. **Dañar.**

Damocles *n. pr.* Cortesano adulador (s. IV a. C.) de Dionisio de Siracusa (430-367), al cual éste obligó a desempeñar su puesto. Al ocupar su trono vio sobre su cabeza una espada pendiente de un hilo, y entonces comprendió cuán débil es la gloria del tirano. Ha quedado como proverbial *la espada de Damocles* para designar una amenaza o peligro inminente.

dámper *m.* MEC. Amortiguador pequeño que se dispone en el extremo de un cigüeñal con objeto de anular las vibraciones de torsión.

Dánae *n. pr.* MIT. Hija de un rey de Argos, el cual la mandó encerrar en una prisión para impedir que se casase, y evitar así el cumplimiento de un oráculo anunciador de que un hijo de ella había de destronarle. Zeus la visitó en forma de lluvia de oro, y de esta unión nació Perseo.

danaides *f. pl.* MIT. Nombre de las cincuenta hijas del rey Dánao, a las cuales ordenó su padre que matasen a sus esposos. Todas cumplieron el mandato paterno, excepto Hipermnestra, que facilitó a Linceo los medios de salvarse. En castigo de su crimen, las cuarenta y nueve hermanas fueron condenadas al Hades, donde han de llenar de agua un tonel sin fondo.

danalita *f.* Tectosilicato que cristaliza en el sistema cúbico, en cristales amarillos, rosados o rojizos.

danburita *f.* Tectosilicato que cristaliza en el sistema rómbico, clase bipiramidal; es incolora, blanco amarillenta o parda, y tiene brillo vítreo.

danchado, -da (fr. *danché;* l. *denticatus*) *adj.* BLAS. Dentado.

dandi (ing. *dandy*) *m.* Hombre que se distingue por su extremada elegancia y buen tono. 2 *S. Dom.* Moquillo (enfermedad). ◇ Pl.: *dandis.*

dandismo *m.* Calidad de dandi. 2 Porte e indumentaria de los dandis. 3 Conjunto de dandis.

danés, -nesa *adj.-s.* De Dinamarca, nación del norte de Europa. -2 *adj.-m.* Lengua perteneciente al grupo germánico nórdico, idioma oficial de esta nación europea. -3 *adj.-s.* Perro alano.
SIN. *1* y *2* **Dinamarqués.**

dango *m.* Planga.

dánico, -ca *adj.* Dinamarqués.

daniel *m. Venez.* Dado (juego).

Daniel *n. pr.* Profeta hebreo (s. VII a. C.), autor del libro de su nombre en el Antiguo Testamento.

danta *f.* Anta (mamífero). 2 Tapir americano.

dante (ár. *lamt*) *m.* Anta (mamífero).

dantellado, -da (fr. *dentele*) *adj.* BLAS. Dentellado.

dantesco, -ca *adj.* Propio y característico del poeta Dante (1265-1321) o parecido a cualquiera de sus dotes o calidades. 2 [escena o situación] Que causa espanto.

dantismo *m.* Inclinación o preferencia que se concede a las obras de Dante (1265-1321). 2 Influjo que este autor ejerce sobre algún otro. 3 Erudición y estudio de su vida y obras.

dantista *adj.-s.* Que se dedica al estudio de Dante (1265-1321) y sus obras.

danto *m.* Ave paseriforme de América meridional, de plumaje negro azulado; tiene un copete o penacho que se prolonga hasta la extremidad del pico y cuyo contorno semeja la trompa del tapir o danta *(Cephalopterus glabricollis).* 2 *C. Rica.* Látigo de piel de danta (tapir).

danubiano, -na *adj.* Territorio situado a orillas del Danubio, río de la Europa Central. 2 Relativo a estos territorios o al Danubio.

danza *f.* Baile I: ~ ***de cintas,*** aquella en que los danzantes hacen diversas figuras, cruzando y descruzando las cintas que penden de un palo; ~ ***de espadas,*** que se hace con espadas o bastones en la mano, golpeando con ellos al compás de la música, y simulando pendencia; ***baja*** **~,** alemanda. 2 Habanera. 3 fig. Negocio desacertado o de mala ley: *meterle a uno en la ~.* 4 fig. y fam. Disputa, riña.
SIN. y REL. *1* V. **Baile.**

danzado *m.* Danza (baile y habanera).

danzador, -ra *adj.* Que danza.

danzante, -ta *m. f.* Persona que danza en procesiones y bailes. 2 fig. Persona activa, mañosa, que cuida su negocio. 3 Persona ligera de juicio, petulante y entremetida.

danzar (fr. *danser,* bailar, de origen desconocido) *intr.-tr.* Bailar. -2 *intr.* Moverse una cosa bullendo y saltando. 3 Andar de un lado para otro sin hacer nada de provecho. 4 fig. Intervenir o entrometerse en un negocio. ◇ ** CONJUG. [4] como ***realizar.***

danzarín, -rina *m. f.* Persona que danza con destreza. -2 *adj.-s.* fig. Danzante (persona petulante).

danzón *m. Cuba.* Baile popular en compás de dos por cuatro, parecido a la habanera. 2 *Cuba.* Música de este baile.

danzonear *intr. Cuba.* Bailar danzones.

dañable (l. *damnabile*) *adj.* Perjudicial, gravoso. 2 p. us. Digno de ser condenado.

dañado, -da *adj.* Malo, perverso. 2 Estropeado, echado a perder. -3 *adj.-s.* Condenado.

dañador, -ra (l. *damnatore*) *adj.-s.* Que daña.

dañar (l. *damnare*) *tr.-prnl.* Causar dolor, maltratar o echar a perder: ~ *al prójimo en la honra; dañarse del pecho.*
SIN. **Damnificar,** es lit., jurídico, administrativo, y envuelve una idea más gral. y abstracta que *dañar: la inundación ha damnificado a los pueblos ribereños,* pero *ha dañado los cimientos de una casa.* **Perjudicar,** tiene a menudo matiz atenuado; es producir un daño indirecto o parcial.

dañero, -ra *adj. Venez.* Brujo, embaucador.

dañificar *tr. Perú* y *P. Rico.* vulg. Dañar, damnificar. ◇ **CONJUG. [1] como ***sacar.***

dañinear *tr. Chile.* Hacer daño [a alguien].

dañino, -na *adj.* Que daña: *animal ~.*
SIN. **Nocivo.**

daño (l. *damnu*) *m.* Efecto de dañar o dañarse. 2 DER. ~ ***emergente,*** detrimento o destrucción de bienes, a diferencia del lucro cesante. 3 ***Daños y perjuicios,*** resarcimiento a fin de reparar un perjuicio que se ha causado a alguien. 4 ***Hacer*** **~,** lastimar.
FRS. V. *Pena de ~. A ~ de uno,* por su cuenta y riesgo; *en ~ de alguien o algo,* en perjuicio suyo.

dañosamente *adv. m.* Con daño o peligro.

dañoso, -sa (l. *damnosu*) *adj.* Que daña.
SIN. **Nocivo, dañino.**

dar (l. *dare*) *tr.* Traspasar uno a otro gratuitamente la posesión o propiedad [de alguna cosa]; donar: *te daré un libro; ~ de balde.* 2 Proporcionar, ofrecer, procurar [alguna cosa; especialmente no material]: *¿quién te dio esta idea?; ¿puede darme más información?; no te he dado permiso; dale recuerdos a tus padres.* 3 Nombrar, designar para un cargo: *le han dado la cartera de transporte.* 4 Permitir tener algo; conceder: *dale tiempo a llegar a casa antes de llamar por teléfono; ~ permiso.* 5 Pagar a cambio de algo: *he dado 300.000 pesetas por ese coche viejo; ¿cuánto me daría por este collar?* 6 Realizar una acción; hacer que algo suceda: *dio la señal de fuego; dame un beso; ~ un paseo; le dio un bofetón; ~ un golpe.* 7 Producir beneficios o frutos: *la higuera da higos y brevas.* 8 Celebrar, tener lugar un espectáculo, una diversión o un suceso: *dio una conferencia en el Ateneo; dan un nueva obra de teatro; daremos un fiesta por su cumpleaños.* 9 Comunicar felicitaciones, pésames, etc. 10 Producir [un efecto, apariencia, etc.]: *da la impresión de ser feliz; da muy bien en televisión; espero que el niño no te haya dado problemas.* 11 Seguido de la prep. *por,* considerar o declarar [a una persona o cosa] en cierta condición o estado: *~ por libre; ~ por inocente; ~ una jugada por buena; ~ por visto; ~ por concluido;* ~ ***por hecho,*** DER., dar por concluida una causa; ~ ***por quito,*** dejar libre. 12 Expeler, desprender: *~ mucho humo.* 13 p. anal. Sonar el reloj las horas: *han dado las doce.* 14 Untar, recubrir alguna superficie: *~ barniz a un mueble.* 15 Abrir el paso de conductos: *~ el agua; ~ la luz.* -16 *intr.* Seguido de las preposiciones *en* y *de,* caer: *~ de narices; ~ en el suelo.* 17 Seguido de las preposiciones *con, contra* o *en,* acertar, atinar, chocar: *~ en el blanco; ~ contra un poste.* 18 Seguido de la preposición *en,* empeñarse: *~ en un tema; ~ en irse.* 19 Seguido de la preposición *sobre,* golpear, acometer: *~ sobre el más flaco; ~ sobre el yunque;* ~ ***tras uno,*** perseguirle, acosarle con furia. 20 Seguido de la preposición *de* y los verbos *almorzar, cenar,* etc., servir, costear el almuerzo, la cena, etc.: *~ de almorzar; ~ de cenar.* 21 Seguido de las preposiciones *a, en* o *sobre,* mirar una cosa hacia esta u otra parte, o ir a parar en ella: *~ a la calle; ~ al norte; ~ en un despeñadero; ~ sobre el mar.* 22 Empezar a sentirse una cosa física o moralmente: *me da el frío; me da un dolor; el corazón me da que se pondrá bueno.* 23 Seguido de *que* y un infinitivo, ser causa de lo que el verbo expresa: *~ que sentir; ~ que hablar; ~ que hacer; ~ que decir.* -24 *prnl.* Entregarse, ceder en la resistencia que se hacía: *ya se ha dado el que disputaba;* p. anal, en la caza, pararse de cansadas las aves o caer la pieza en algún sitio. 25 Suceder, existir alguna cosa: *se da el caso.* 26 Tratándose de frutos de la tierra, producirse: *aquí se dan bien las patatas.* 27 Seguido de la preposición *por,* considerarse uno en algún estado o en peligro o en inmediación de él: *darse por vencido; ~ por muerto;* ***darse uno por sentido,*** sentirse o formar queja contra otro por un desaire o agravio. 28 Seguido de la preposición *a* y de los infinitivos *creer, imaginar,* etc., hace más intenso el sentido de estos verbos: *darse a imaginar;* ***darse uno a conocer,*** hacer saber quién es, o descubrir su carácter o calidades; ***darse uno a entender,*** explicarse por señas o en lengua extraña. ◇ ** CONJUG. [68]. ◇ Es de formación moderna la expr. *dar por* seguida de un infinitivo; en este caso no es tr., sino intr.: *dar por cantar,* frente a la frase tradicional dar en cantar.
FRS. *~ de sí,* extenderse o ensancharse, esp. las telas, pieles, etc., o bien producir utilidades o inconvenientes las personas o las cosas; *~ uno consigo o con otro, en alguna parte,* ir o hacer ir a ella; parar o caer o hacer caer en ella: di conmigo o *con él, en París, en el suelo, en la cama; ~ uno en*

ello, caer en la cuenta: ~ *en duro* o *en blando,* hallar o no hallar resistencia para conseguir lo que solicita; ~ *a uno en qué entender,* darle molestia o ponerle en embarazo o apuro: ~ *a uno en qué pensar,* darle motivo para sospechar algo; *darse uno a buenas,* cesar en la oposición que hacía a una cosa; *dársela a uno,* pegársela; *dársela a uno algo, mucho, poco,* etc., *de una cosa,* importarle algo, mucho, poco, etc.; *dársele a uno tanto por lo que va como por lo que viene,* importarle nada lo que suceda o pueda suceder; *dar y tomar,* discutir, altercar, o bien, en equitación, aflojar y tirar alternativamente de las riendas; *dé donde diere,* expr. para denotar que se obra o habla a bulto, sin reflexión ni reparo; *dar de lado* [a una pers. o cosa], prescindir de ella, no hacerle caso; *ahí me las den todas,* expr. con que se denota que no importa determinada desgracia; *a mal dar,* por contraria que se muestre la fortuna; *¡dale!,* interj. para reprobar con enfado la obstinación; *¡dale que dale!,* o *¡qué le das!,* o *qué le darás!,* expr. que refuerzan el significado de ¡dale!; *dar algo a alguno,* maleficiarlo por medio de la comida o de la bebida; *dar mal o bien,* tener buena o mala suerte en el juego; *dar, que van dando,* expr. con que se da a entender que se vuelve golpe por golpe, ofensa por ofensa, etc.

daraptí FIL. Voz mnemotécnica que designa el silogismo cuyas premisas son universales afirmativas, y la conclusión particular afirmativa.

dardabasí *m.* Ave falconiforme diurna, de plumaje obscuro, alas y colas puntiagudas; se alimenta de las sabandijas del campo *(Cerneis naumanni).* ◇ Pl.: *dardabasíes.*

dardanio, -nia *adj.* Relativo a Dardania o Troya.

dárdano, -na (l. *-nu*) *adj.-s.* Troyano.

dardo (germ. *darod*) *m.* Arma arrojadiza semejante a una lanza pequeña y delgada. 2 Motivo de ornamentación en figura de punta de flecha, que separa dos óvulos consecutivos. 3 Llama que se proyecta sobre alguna cosa, como la del soplete. 4 fig. Dicho satírico o agresivo y molesto.

dares y tomares *expr.* fam. Cantidades dadas y recibidas. 2 fig. Altercaciones y réplicas entre dos o más personas.

darienita *adj.-s.* De Darién, prov. de Panamá.

dársena (ár. *darcenáa;* doble etim. *arsenal*) *m.* Parte resguardada artificialmente, en aguas navegables, dispuestas para la carga y descarga.

darviniano, -na *adj.* Relativo al darvinismo.

darvinismo *m.* Teoría biológica del naturalista inglés Carlos Darwin (1809-1882), que explica el origen de las especies vivientes por la transformación de unas en otras en virtud de una selección natural debida a la lucha por la existencia.

darvinista *com.* Partidario del darvinismo.

dasicerco *m.* Mamífero marsupial de Australia, del tamaño de una rata, color gris rojizo, y se alimenta fundamentalmente de ratones *(Dasycercus cristicanda).*

dasifilo *adj.* Que tiene muchas hojas. 2 Que tiene hojas gruesas.

dasímetro *m.* FÍS. Instrumento para medir la densidad de un gas.

dasiuro *m.* Mamífero marsupial de Australia, depredador de unos 40 cms. de longitud, más de 25 cms. de cola, de pelaje castaño moteado de blanco en el dorso, y el vientre blanco *(Dasyurus quoll).*

dasocracia (gr. *dasos,* bosque + *-cracia*) *f.* Parte de la dasonomía que trata de la ordenación de los montes a fin de obtener la mayor renta anual y constante.

dasocrático, -ca *adj.* Relativo a la dasocracia.

dasonomía (gr. *dasos,* bosque + *nomos,* ley) *f.* Ciencia que trata de la conservación, cultivo y aprovechamiento de los montes.

dasonómico, -ca *adj.* Relativo a la dasonomía.

I) data (l.) *f.* En un escrito, inscripción, etc., indicación del lugar y tiempo en que se ha escrito o ejecutado: ***larga*** ~, tiempo remoto. 2 Partida o conjunto de partidas que componen el descargo de lo recibido. 3 Orificio de salida en un depósito de agua.
SIN. *1* **Fecha,** hoy más usado. *2* **Abono** en cuenta, **haber.** *3* **Toma.**

II) data (fr. *datte* < prov. *datil* < l. *dactylus*) *f.* Ciruela de data.

datáfono *m.* Servicio de transmisión de datos a través del teléfono, previo abono a la línea.

datar *tr.* Poner la data o determinarla si no se conoce: ~ *un documento.* -2 *tr.-prnl.* Anotar en las cuentas [partidas de data]; abonar o acreditar. -3 *intr.* Existir desde un momento dado: *nuestra amistad data de ayer.*
SIN. *1* **Fechar,** hoy más usado. *2* **Adatar,** p. us. Modernamente se prefiere **abonar.**

dataría (del antig. *data,* permiso) *f.* Tribunal de la curia romana por donde se despachan las provisiones de beneficios que no son consistoriales, las dispensas matrimoniales, de edad y otras.

datario *m.* Prelado encargado de la dataría.

dátil (v. *dáctilo*) *m.* Fruto de la palmera. 2 fig. *y* fam. Dedo. Ús. pralte. en plural. 3 ~ *del desierto,* fruto de un árbol cigofiláceo del desierto africano de raíces muy profundas que le permiten alcanzar el agua necesaria *(Balanites aegyptiaca).* 4 ~ o ~ ***marino,*** molusco lamelibranquio, litófago, comestible y de figura parecida a la del dátil *(Lithodomus lithophagus).*
SIN. *2* **Uña.**

datilado, -da *adj.* De color de dátil maduro o parecido a él.

datilera *adj.-f.* Palmera que da fruto. 2 fig. *y* fam. Mano.
SIN. *1* **Palma.**

datismo (de *Datis,* personaje de la comedia griega) *m.* RET. Manera de hablar acumulando los sinónimos.

dativo, -va (l. *-vu;* doble etim. *dádiva*) *m.* Caso de la declinación en que se pone la palabra que expresa el objeto no inmediato de la acción del verbo. Equivale al complemento indirecto, que en español suele ser expresado por las preposiciones *a* o *para.* -2 *adj.* DER. V. tutela dativa. 3 DER. Albacea, tutor dativo.

I) dato (l. *datu*) *m.* Antecedente necesario para llegar al conocimiento exacto de una cosa. 2 Documento (que aclara). 3 INFORM. Información que se suministra o que se obtiene de un ordenador y, en un sentido más amplio, valor numérico. 4 MAT. Magnitud que se cita en el enunciado de un problema y que permite hallar el valor de las incógnitas.

II) dato *m.* Título de alta dignidad en algunos países de Oriente.

datura (v. daturina) *f.* BOT. Estramonio.

daturina (der. culto del sáns. *dhatura,* especie de estramonio) *f.* Alcaloide existente en el estramonio.

daubéntonido *adj.-m.* Prosimio de la familia de los daubéntonidos. -2 *m. pl.* Familia de prosimios insectívoros y nocturnos, propios de Madagascar; como el ayeaye.

dauco (l. *-cu*) *m.* Biznaga (planta). 2 Zanahoria silvestre.

daudá (arauc. *daldal*) *f. Chile.* Planta usada como contraveneno *(Flaveria contrayerba).*

davalar *intr.* Abatir (separarse un buque de su rumbo).

davawense *adj.-s.* De Davao, prov. de Filipinas.

davaweño, -ña *adj.-s.* Davawense.

David *n. pr.* Profeta, rey de Israel después de la muerte de Saúl; fue el fundador del linaje de Jesucristo.

davideño, -ña *adj.-s.* De David, cap. de la prov. de Chiriquí (Panamá).

davídico, -ca *adj.* Relativo a David o a su poesía y estilo.

davyna *f.* MINERAL. Silicato del grupo de los tectosilicatos, que cristaliza en el sistema hexagonal, formando cristales prismáticos blancos o incoloros.

daza (ár. *docça*) *f.* Zahína (planta).

D.D.T. (abreviatura de *diclorodifeniltricloroetano*) Insecticida muy eficaz y persistente, que actúa por ingestión o contacto.

I) de *f.* Nombre de la letra *d.*

II) de (l.) *prep.* Elemento de relación que introduce tanto complementos del verbo como del nombre. Denota: propiedad, posesión y pertenencia: *casa de mi padre; los árboles del jardín.* 2 Materia de que está hecha una cosa: *puente de hierro;* cuando nos referimos a partes de alguna cosa o cantidad, comunica sentido partitivo: *bebimos de aquella agua; algunos de vosotros; diez de los reunidos aceptaron;* por esto se usa en frases comparativas cuando se trata de cantidades: *más de mil, menos de una docena.* 3 fig. Atribución del contenido al continente: *un vaso de vino; un plato de carne.* 4 fig. Materia o asunto de que se trata: *un libro de Física; hablan de negocios.* 5 Naturaleza, condición o carácter de una persona o cosa: *hombre de valor; entrañas de fiera.* 6 Origen y procedencia: *salir de casa; venir de Bilbao; oriundo de Galicia;* fig., *de esto se deduce; de sus razones inferimos;* equivale a menudo a *desde* cuando se trata de distancias locales y temporales, y, fig., de diferencias físicas o morales: *de Madrid a Barcelona; de 10 a 12; de amigo a amigo; del viejo al joven.* 7 p. ext. Causa; equivale a *por: temblar de miedo; morir de harto; desternillarse de risa.* 8 Modo o manera: *caer de espaldas; obrar de buena gana; de un salto;* precediendo al número *uno, una,* denota la rápida ejecución de alguna cosa: *se bebió el vino de un trago; terminemos de una vez.* 9 Tiempo en que sucede algo: *de día; de madrugada; de viejo; de niño; hora de comer, ocasión de lucirse.* 10 Destino o finalidad: *máquina de afeitar; gorro de dormir.* 11 Elemento de relación que introduce el complemento agente, hoy menos usual que la expresión con *por: era temido de muchos; querido de todos.* 12 Sirve para determinar o fijar con mayor viveza la aplicación de un nombre apelativo: *la ciudad de Cádiz; la isla de Cuba; el año de 1944; el teatro de Cervantes; la calle de Alcalá.* 13 Con infinitivos forma frases de

significado condicional o concesivo: *de seguir así, tendremos que reprenderle; de no habérmelo dicho, hubieras podido escribirme.* 14 Forma expresiones de menosprecio, ironía o amenaza del tipo: *¡ay de ti! el bueno de Juan; ¡pobre de ella!*
GRAM. Véanse para mejor precisar el empleo de esta prep., los artículos *manera, momento, cuando, deber,* etc., y el cuadro de **SUBSTANTIVO. Para las frases verbales en que interviene esta prep. v. los correspondientes verbos auxiliares (*haber de, tener de). 2* Del ant. sentido partitivo sobreviven algunas frases hechas; como: *dar de bofetadas, de palos. 8* Este significado modal ha dado origen a numerosas frases adverbiales: *de golpe, de primera, de balde. 12* El uso de la prep. *de* responde en estos casos a la tradición literaria. Pero la lengua actual tiende a suprimir la prep., sobre todo en Amér. En España el uso vacila en denominaciones como *la plaza (de) Colón, el teatro (de) Cervantes;* sin embargo, se dice y escribe gralte. *en el año 1967.*

I) de- (pref. lat. *de-*) Prefijo que entra en la formación de palabras con un valor intensivo, denotando conclusión o reforzamiento de la acción: *deambular, denegrecer.*

II) de- v. des-: *decalcificar.*

dé, pres. de subj. e imperat. de *dar.*

dea (l.) *f.* poét. Diosa.

deacinco *m. Guat.* Moneda de plata que en oro representa cinco centavos de quetzal (moneda).

deadiez *m. Guat.* Moneda de plata cuyo valor en oro es de diez centavos de quetzal (moneda).

deambular (l. *deambular < de-* I + *ambular*) ***intr.*** Andar o pasear sin objeto determinado, por pasatiempo.

deambulatorio (l. *-riu*) *m.* ARQ. Espacio compuesto por una o más naves que giran tras el presbiterio o capilla mayor de algunas iglesias, en especial las románicas y góticas, como consecuencia de la prolongación de las naves laterales, y que da paso a otras capillas o absidiolos que a él se abren. 2 ARQ. En los edificios de planta central, la nave o espacio que rodea al central.
SIN. *1* **Girola.**

deán (v. *decano*) *m.* El que preside el cabildo después del prelado. 2 En la ant. universidad de Alcalá, graduado más ant. de cada facultad.

deanato *m.* Dignidad de deán. 2 Territorio eclesiástico perteneciente al deán.

deanazgo *m.* Deanato.

deaveinticinco *m. Guat.* Moneda de plata de 25 centavos.

debacle (voz francesa) *f.* GALIC. Ruina, hecatombe, desastre.

debajero *m. Ecuad.* Refajo. 2 *Chile.* Piel adobada que se pone debajo de la enjalma de la caballería.

debajo (*de-* I + *bajo*) ***adv. l.*** En lugar o puesto inferior: *le han cogido ~;* cuando antecede a un nombre o palabra equivalente pide la prep. *de: ~ de la mesa.* 2 fig. Con sumisión o sujeción a personas o cosas (pide también la prep. *de*): *~ de tutela; ~ de Poncio Pilato.* ◇ INCOR.: *debajo mía, debajo nuestro* por debajo de mí, debajo de nosotros.
REL. Aunque en sentido fig. los clásicos usaban **debajo de,** se emplea hoy más frecuentemente la prep. **bajo:** *bajo tutela, bajo Poncio Pilato.*

debate *m.* Acción de debatir (discutir): *~ parlamentario.* 2 Lucha, combate.
SIN. v. **Lucha.**

debatir (l. *debattuere < de-* I + *batir*) ***tr.*** Altercar, discutir, contender [sobre una cosa]. 2 Combatir, guerrear [por una cosa]. -3 ***prnl.*** Agitarse, forcejar, sacudirse: *se debatía inútilmente.*

debe (de *deber*) *m.* En contabilidad, parte de la cuenta corriente donde se asientan todas las sumas que se cargan a la persona a quien se le abre.
SIN. **Cargo,** hoy p. us. CONTR. **Haber.**

debelación *f.* Acción de debelar. 2 Efecto de debelar.

debelador, -ra ***adj.-s.*** Que debela.

debelar (l. *debellare*) ***tr.*** lit. Vencer por las armas [al enemigo].

I) deber (v. *deber II*) *m.* Aquello a que está obligado el hombre por los preceptos religiosos o morales o por las leyes positivas: *el ~ del cristiano; ~ del hombre; el ~ del ciudadano.* 2 Deuda. 3 Trabajo escolar que el alumno realiza en su casa por orden del maestro.
SIN. *1* **Obligación.** REL. **Deontología,** teoría y tratado de los deberes.

II) deber (l. *-ere*) ***tr.*** Estar obligado [a algo] por ley moral o por necesidad física o lógica: *debemos obediencia a nuestros padres; la conclusión debe ser ésta;* p. ext., sentirse obligado [a mostrar gratitud, respeto, etc.]: *debemos darle las gracias;* la obligación por necesidad física se expresa más propiamente por *haber de: el hombre ha de comer,* o *tener que,* esta forma con carácter más inmediato y menos general: *tienes que* (o *has de*) *comer.* 2 Tener obligación de satisfacer [una cantidad] o de dar o entregar [una cosa]: *le debo cien pesetas; debo un libro.* -3 ***prnl.*** Tener por causa, ser consecuencia de. -4 ***auxiliar.*** Con la prep. *de,* ser posible o verosímil un suceso: *debe de haber llovido; debe de ser así.*
GRAM. Es vb. modal, v. *Querer.* No se encuentra en los clásicos la forma prnl.: *deberse a la patria, a los hijos,* etc., pero es frecuente en la lengua moderna. Aunque abundan los ejemplos ant. y modernos de confusión entre *deber* y *deber de,* conviene mantener la diferencia.

debidamente ***adv. m.*** Cumplidamente.

debido, -da ***adj.*** Justo, razonable: *como es debido.* ◇ INCOR.: Su empleo adverbial invariable, con valor de *a causa de, en virtud de: la cosecha, debido a la sequía, era muy mala; los precios, debido a la escasez, eran muy altos.*

débil (l. *-ile*) ***adj.-s.*** Deficiente en fuerza física o resistencia: *un ~ apoyo; el enfermo está muy ~.* 2 fig. Carente de fuerza, vigor o eficiencia en carácter, acción o expresión: *un hombre ~ de carácter; un color ~; una voz ~.* 3 ~ ***mental,*** persona de escasa inteligencia o retrasada mental. ◇ INCOR.: como substantivo: *conozco tu débil.*
SIN. **Endeble.**

debilidad (l. *-itate*) *f.* Cualidad de débil. 2 Flaqueza, vicio. 3 fam. Hambre. 4 Afecto, cariño: *tiene por ella verdadera ~.*
SIN. *1* MED. **Astenia,** debilidad general del cuerpo; v. **-stenia.**

debilitación (l. *-actione*) *f.* Acción de debilitar o debilitarse. 2 Efecto de debilitar o debilitarse. 3 Debilidad. 4 Disminución gradual de una magnitud física.

debilitadamente ***adv. m.*** Débilmente.

debilitador, -ra ***adj.*** Que debilita. -2 *m.* FOT. Baño químico destinado a disminuir la intensidad de los clisés fotográficos.

debilitamiento *m.* Debilitación.

debilitante ***adj.-s.*** Debilitador.

debilitar (l. *-are*) ***tr.*** Disminuir la fuerza, el vigor o la eficiencia [de una pers. o cosa]; hacerla débil.

débilmente ***adv. m.*** Con debilidad.

debilucho, -cha ***adj.*** fam. Débil, enclenque.

debitar ***tr.*** Adeudar o cargar en cuenta, inscribir en el debe. ◇Aunque es de origen inglés y no hacía falta en nuestro idioma, se ha extendido su empleo en el lenguaje bancario.

débito (l. *-tu*) *m.* Deuda. 2 ~ ***conyugal,*** recíproca obligación de los cónyuges para la propagación de la especie.
SIN. *1* **Deuda** es la voz corriente; **débito,** sólo se emplea en estilo elevado o en la terminología jurídica o bancaria: *su ~ asciende a 27.000 ptas.*

debla *f.* Cante popular andaluz, ya en desuso, de carácter melancólico y con copla de cuatro versos.

debó *m.* Instrumento para adobar las pieles. ◇ Pl.: *deboes.*

debocar ***intr.*** *Argent.* y *Bol.* Vomitar. ◇ ** CONJUG. [1] como ***sacar.***

debut (del fr. *début*) *m.* Estreno. 2 p. ext. Primera actuación de alguien en una actividad cualquiera.

debutante ***adj.-s.*** Persona que hace su primera aparición pública o profesional.

debutar (del fr. *débuter*) ***intr.*** Estrenarse una obra, presentarse un artista, etc. 2 Presentarse por primera vez ante el público una persona en cualquier otra actividad. 3 Ser presentada en sociedad una joven.

deca- (gr. *deka,* diez) Elemento prefijal que entra en la formación de palabras con el significado de diez.

década (l. *decade,* del gr. *dekas, -ádos,* decena) *f.* Serie de diez, esp. período de diez días o años: *la primera ~ de febrero; la segunda ~ de este siglo.* 2 Decena. 3 Conjunto de diez hombres en el ejército griego. 4 Historia de diez personajes. 5 División compuesta de diez libros o capítulos en una obra histórica: *las décadas de Tito Livio.* 6 ELECTR. Intervalo de frecuencias comprendido entre dos frecuencias que están en la relación de 10 a 1.

decadencia (*de-* I + l. *cadentia,* caída; a través del fr. *décadence*) *f.* Declinación, principio de debilidad o de ruina.
SIN. v. **Caída.**

decadente ***adj.*** Decaído, o que se halla en camino de decaer. -2 ***adj.-com.*** Artista y literato de refinamiento excesivo.

decadentismo *m.* Escuela literaria y artística de fines del siglo XIX caracterizada por el escepticismo de sus temas y la propensión a un refinamiento exagerado.

decadentista ***adj.-com.*** Partidario del decadentismo.

decaedro (*deca-* + *-edro*) *m.* Sólido de diez caras.

decaer (l. **decadere < de-* I + *caer*) ***intr.*** Pasar gradualmente una persona o cosa de un estado de perfección o prosperidad a un estado de imperfección, de disolución o de adversidad. 2 Debilitarse. 3 Separarse la embarcación de su rumbo, arrastrada por el viento, la marejada o la corriente. ◇ ** CONJUG. [67] como *caer.*

decagonal *adj.* Relativo al decágono. 2 Que tiene forma de decágono.

decágono, -na (gr. *dekágonos* < *deca-* + *-gono*) *adj.-m.* Polígono de diez ángulos.

decagramo (*deca* + *gramo*) *m.* Medida de masa y peso, equivalente a 10 grs.

decaído, -da *adj.* Que se halla en decadencia. 2 Triste, desanimado, débil.

decaimiento *m.* Flaqueza, debilidad. 2 FÍS. Pérdida progresiva de radiactividad de una masa de materia radiactiva al aumentar la proporción de sus átomos estables y disminuir el número de los que se desintegran.

decalcificación *f.* MED. Descalcificación.

decalcificar (*de-* II + *calcificar*) *tr.-prnl.* MED. Descalcificar. ◇ ** CONJUG. [1] como *sacar.*

decalescencia *f.* Absorción de calor por el hierro o el acero cuando se calientan por encima de su punto de transformación.

decalitro (*deca-* + *litro*) *m.* Medida de capacidad, equivalente a 10 l.

decálogo (gr. *dekálogos* < *deca-* + *-logo*) *m.* Los diez mandamientos de la ley de Dios, dados por el Señor a Moisés en el monte Sinaí. 2 Conjunto de diez consejos, normas, preceptos, etc., que se consideran básicos para el ejercicio de cualquier actividad; p. ext, conjunto de ellos, aunque no sean diez.
SIN. *1* **Tablas de la Ley.**

decalvación *f.* Acción de decalvar. 2 Efecto de decalvar.

decalvar (l. *-are*) *tr.* ant. Rasurar [a una persona] todo el cabello, gralte. en pena de un delito.

decámetro (*deca-* + *-metro*) *m.* Medida de longitud equivalente a 10 m.

decampar (paras.) *intr.* Levantar el campo un ejército.

decanal *adj.* Relativo al decano: *el equipo ~ de la Facultad.*

decanato (l. *-atu;* doble etim. *deanato*) *m.* Dignidad del decano. 2 Deanato. 3 Despacho destinado oficialmente al decano para el desempeño de su cargo. 4 Período de tiempo en el que el decano ejerce su dignidad.

decanía *f.* Finca o iglesia rural propiedad de un monasterio.

decano, -na (l. *-nu;* doble etim. *deán*) *m. f.* Persona más antigua de una comunidad, cuerpo, junta, etc. 2 En una corporación o en una facultad universitaria, el que, aun no siendo el más antiguo, es elegido o designado para presidirla.

decantación *f.* Acción de decantar (inclinar). 2 Efecto de decantar (inclinar).

I) decantar (l. *-are* < *de-* I + *cantar*) *tr.* Propalar, ponderar, engrandecer. -2 *prnl.* Preferir, inclinarse por.

II) decantar (paras. de *canto*) *tr.* Inclinar suavemente una vasija sobre otra para que caiga [el líquido contenido en la primera] sin que salga el poso.

decapado *m.* METAL. Acción de eliminar la costra de impurezas que se forma en la superficie de ciertos cuerpos, como los metales.

decapante *adj.-m.* Producto usado para decapar.

decapar (paras. de *capa*) *intr.* TECNOL. Quitar por métodos físico-químicos la capa de óxido, pintura, etc., que cubre cualquier objeto. 2 Desoxidar la superficie de un metal por inmersión en un baño de ácido.

decapitación *f.* Degollación. 2 Acción de decapitar. 3 Efecto de decapitar.

decapitar (l. *-are* < *de-* II + *caput, -itis,* cabeza) *tr.* Degollar; cortar la cabeza: *~ a un condenado.*

decaploide *adj.* BIOL. Que tiene diez veces el número haploide de cromosomas.

decápodo, -da (*deca-* + *-podo*) *adj.* Que tiene diez patas. -2 *adj.-m.* Molusco del orden de los decápodos. 3 Crustáceo del orden de los decápodos. -4 *m. pl.* Orden de moluscos dibranquiados, con diez tentáculos provistos de ventosas y caparazón interno; como el calamar y la sepia. 5 Orden de crustáceos malacostráceos con los ojos pedunculados y cinco pares de patas; como el cangrejo y la langosta.

decapsulador *m.* Descapsulador.

decárea (*deca-* + *área*) *f.* Medida agraria, equivalente a 10 a.

decasílabo, -ba (gr. *dekasyllabos* < *deca-* + *sílaba*) *adj.-s.* De diez sílabas: *verso ~.*

decatir *intr.* TECN. Quitar el brillo a los paños.

decatlón *m.* En atletismo, competición que consta de diez pruebas.

decatloniano *adj.-s.* Atleta que compite en un decatlón.

deceleración (*de-* II + *aceleración*) *f.* Aceleración negativa o disminución de la velocidad de un móvil.

decelerómetro (de *deceleración* + *-metro*) *m.* Aparato que sirve para medir la deceleración.

decémero, -ra *adj.* Que sucede o se repite cada diez días.

decemnovenal (l. *-ale*) *adj.* [período] De diecinueve años: *ciclo ~.*

decemnovenario *adj.* Decemnovenal.

decena (l.) *f.* Conjunto de diez unidades. 2 MÚS. Octava de la tercera.

decenal (l. *decennale*) *adj.* Que se repite cada decenio. 2 Que dura un decenio.

decenar *m.* Cuadrilla de diez.

decenario, -ria *adj.* Relativo al número diez. -2 *m.* Decenio. 3 Especie de rosario de sólo diez cuentas.

decencia (l. *-ntia*) *f.* Respeto exterior a las buenas costumbres o a las conveniencias sociales: *portarse con ~; la ~ en el vestir.* 2 Dignidad en los actos y en las palabras, conforme al estado o calidad de la persona: *contestar con ~.*
SIN. v. **Decoro.**

decenio (l. *decenniu*) *m.* Período de diez años.

deceno, -na (l. *-nu*) *adj.* p. us. Décimo (último en una serie de diez).

decentar (*de-* I + *encentar*) *tr.* Empezar a cortar o gastar [del pan, del queso, etc.]. 2 fig. Empezar a hacer perder [lo que se había conservado sano]: *~ la salud.* 3 Violar, desflorar. -4 *prnl.* Ulcerarse una parte del cuerpo por estar echado mucho tiempo de un mismo lado en la cama. ◇ ** CONJUG. [27] como *acertar.*
SIN. *1* y *3* **Encender, encetar.**

decente (l.) *adj.* Que manifiesta o tiene decencia: *actitud ~; hombre ~.* 2 Moderadamente confortable o satisfactorio: *tiene una casa ~; tiene un sueldo ~.* 3 Aseado, limpio, curioso.

decentemente *adv. m.* Con decencia, de un modo decente.

decenvir *m.* Decenviro.

decenviral (l. *decemvirale*) *adj.* Relativo a los decenviros.

decenvirato (l. *decemviratu*) *m.* Empleo o dignidad de decenviro. 2 Tiempo que duraba este empleo.

decenviro, -vir (l. *decemvir*) *m.* En la Roma ant., cada uno de los miembros de una comisión de diez personas nombrada legalmente; esp., magistrado, que junto con otros nueve, fue encargado por los romanos de la redacción de la ley de las Doce Tablas.

decepción (b. l. *-ptione*) *f.* Engaño. 2 Contrariedad o pesar causados por un desengaño.
SIN. *2* **Desilusión, desengaño, desencanto,** son gralte. más intensos.

decepcionar *tr.* Desilusionar o desengañar.

deceso (l. *decessu*) *m.* Óbito, muerte.

dechado (v. *dictado*) *m.* Muestra o modelo que se tiene presente para imitar. 2 Labor que las niñas ejecutan en lienzo, imitando la muestra. 3 fig. Ejemplo, modelo: *~ de virtudes; ~ de maldades.*

deci- (l. *decimus,* décima parte) Elemento prefijal que entra en la formación de palabras denotando la décima parte de.

deciárea (*deci-* + *área*) *f.* Medida de superficie, décima parte de un área.

decibel *m.* FÍS. Nombre del decibelio en la nomenclatura internacional.

decibelímetro (*decibelio-* + *-metro*) *m.* FÍS. Aparato que sirve para medir los decibelios con relación a un nivel de referencia de una señal patrón.

decibelio (*deci-* + *belio*) *m.* Fonio. 2 Unidad de diferencia de niveles de potencia en las comunicaciones eléctricas.

decible (l. *-ibile*) *adj.* Que se puede decir o explicar.

decideras *f. pl.* fam. Facilidad de palabra.

decidero, -ra *adj.* Que se puede decir sin reparo ni inconveniente.

decididamente *adv. m.* Con decisión, resueltamente. 2 Seguramente, ciertamente: *decididamente, el mes que viene me caso.*

decidido, -da (del prnl. *decidirse*) *adj.* Resuelto, audaz: *era hombre ~; le hablé en tono ~.* 2 pp. de *decidir*: *un pleito ~.*
CONTR. *1* **Indeciso.**

decidir *tr.* Acabar [con una dificultad]; formar juicio definitivo [sobre un asunto, controversia, etc.]: *~ un pleito.* 2 Mover [a uno] la voluntad a fin de que tome una determinación: *procuraré decidirle.* -3 *tr.-prnl.* Resolver (tomar decisión): *estamos decididos, o nos decidimos, a viajar; nos decidimos por este sistema; me decido a favor del padre; sobre este pleito hemos decidido abstenernos; en esta cuestión decidimos insistir.*

decidor, -ra *adj.-s.* Que habla con facilidad y gracia. -2 *adj.-m.* [ave macho] Que con su canto sirve de reclamo.
decidua *f.* Mucosa uterina durante el embarazo, que se expulsa con la placenta en el momento del alumbramiento; tiene como misión nutrir y proteger al óvulo fecundado y participar en la formación de la placenta.
decigramo (*deci- + gramo*) *m.* Unidad de masa, en el sistema métrico decimal, equivalente a la décima parte de un gramo.
decilitro (*deci- + litro*) *m.* Unidad de capacidad, en el sistema métrico decimal, equivalente a la décima parte de un litro.
décima (l.) *f.* Décima parte de un grado del termómetro clínico: *tiene tres décimas de fiebre.* 2 Combinación métrica de diez octosílabos; riman gralte. el primero, cuarto y quinto; el segundo y el tercero; el sexto, séptimo y décimo, y el octavo y noveno; **POESIA. 3 Antigua moneda de cobre (décima parte de un real de vellón). 4 Diezmo.
SIN. *3* **Espinela.**
decimacuarta *adj.* Decimocuarta.
decimal (l. *-ale*) *adj.* Parte que junto a otras nueve iguales constituye una cantidad. 2 [sistema métrico de pesas y medidas] Cuyas unidades son múltiplos o divisores de diez con respecto a la principal de cada clase. 3 [sistema de numeración] Cuya base es diez. 4 [dígito] Que en un número real o racional aparece detrás de la coma. 5 Relativo al diezmo. -6 *m. pl. Méj.* Centavos, dinero en general.
SIN. *4* **Diezmal.**
decimanona *adj.* Decimonona.
decimanovena *f.* Uno de los registros de trompetería del órgano.
decimaoctava *adj.* Decimoctava.
decimaquinta *adj.* Decimoquinta.
decimaséptima *adj.* Decimoséptima.
decimasexta *adj.* Decimosexta.
decimatercera *adj.* Decimotercera.
decimatercia *adj.* Decimotercia.
decímetro (*deci- + metro*) *m.* Unidad de longitud, en el sistema métrico decimal, equivalente a la décima parte de un metro: ~ ***cuadrado,*** unidad de superficie, en el sistema métrico decimal, representada por un cuadrado de un decímetro de lado; ~ ***cúbico,*** unidad de volumen, en el sistema métrico decimal, representada por un cubo de un decímetro de arista y equivalente a un litro. 2 ***Doble*** ~, instrumento en forma de regla, dividido en centímetros y milímetros, y que tiene por longitud 20 cms.
décimo, -ma (l. *-mu;* doble etim. *diezmo*) *adj.-s.* Parte que, junto a otras nueve iguales, constituye un todo; **NUMERACIÓN. -2 *adj.* Que ocupa el último lugar en una serie ordenada de diez. -3 *m.* Décima parte del billete de lotería. 4 Moneda de plata de Colombia, Méjico y el Ecuador.
decimoctavo, -va *adj.* Que ocupa el último lugar en una serie ordenada de dieciocho.
SIN. **Dieciocheno,** p. us.
decimocuarto, -ta *adj.* Que ocupa el último lugar en una serie ordenada de catorce.
decimonónico, -ca *adj.* Perteneciente o relativo al siglo XIX. 2 Anticuado, pasado de moda.
decimonono, -na *adj.* Que ocupa el último lugar en una serie ordenada de diecinueve.
decimonoveno, -na *adj.* Decimonono.
decimoquinto, -ta *adj.* Que ocupa el último lugar en una serie ordenada de quince.
SIN. **Quinceno.**
decimoséptimo, -ma *adj.* Que ocupa el último lugar en una serie ordenada de diecisiete.
decimosexto, -ta *adj.* Que ocupa el último lugar en una serie ordenada de dieciséis.
SIN. **Dieciseiseno,** p. us.
decimotercero, -ra, decimotercio, -cia *adj.* Que ocupa el último lugar en una serie ordenada de trece.
SIN. **Treceno, tredécimo.**
deciocheno, -na *adj.-s.* Dieciocheno.
I) decir (v. *decir II*) *m.* Dicho (refrán). 2 Dicho notable por la sentencia, por la oportunidad, etc.: *sus decires nos cautivaban.*
II) decir (l. *dicere*) *tr.* Manifestar con palabras habladas o escritas, o por medio de otros signos [el pensamiento o los estados afectivos]: *él ha dicho que vayamos; lo dice Cervantes; su semblante dice su dolor; dicen de Cervantes; lo dijo de memoria;* ~ *una cosa por la otra;* esp. pronunciar: *dijo poco a poco;* p. ext. se aplica a los libros por las especies que contienen: *lo dice la Escritura.* 2 Asegurar, sostener, opinar: *digo que es verdad.* 3 Nombrar, llamar: *¿cómo se dice tu hermano?, le dicen Paco.* 4 Con los adverbios *bien* o *mal*, convenir o armonizar una cosa con otra: *el verde dice mal a una morena.* -5 *prnl.* Reflexionar: *y yo me digo, ¿para qué sirve eso?* 6 *Venez.* En ciertas frases, comenzar, empezar a. ◇**CONJUG. [69]. ◇INCOR.: *dicistes.*
FRS. *A* ~ *verdad*, a la verdad, en verdad, por cierto; ~ *a uno cuántas son cinco*, amenazarle con alguna represión, tratarle mal; ~ *de nones* o ~ *nones*, negar una cosa, esp. el reo; ~ *de una hasta ciento*, expresar muchas claridades o desvergüenzas; ~ *uno entre sí* o ~ *para sí*, razonar consigo mismo; *decir por decir*, hablar sin fundamento; *decírselo a uno deletreando*, ser preciso expresarle una cosa con la mayor claridad; *¿lo he de decir cantado o rezado?*, expresión con que se suele reprender al que no se da por entendido; *no* ~ *uno ni malo ni bueno*, no contestar, o bien usa de culpable silencio y tolerancia; *¡digo, digo!*, voces que se usan para llamar la atención de una persona o parar al que va a hacer una cosa; *el qué dirán*, respeto a la opinión pública; *es* ~, expr. con que se corrige lo que ha sido expresado antes; *por decirlo así*, para prevenir que la expresión empleada no es del todo exacta u oportuna; *como quien dice* o *como si dijéramos*, expr. que se usa para explicar o suavizar lo que se ha afirmado; *como quien no dice nada*, expr. con que se denota que es cosa de consideración aquello de que se trata; *no digamos*, expr. con que se da a entender que lo que se afirma falta poco para que sea exacto; *que digamos*, expr. con que se afirma y pondera aquello que se ha manifestado en la frase anterior con negación: *no llueve, que digamos.*
decisión (l. *-isione*) *f.* Resolución adoptada en una cosa dudosa. 2 Firmeza de carácter. 3 Resolución de un árbitro, arbitraje. 4 Mandato o sentencia de un juez o de un tribunal.
decisivamente *adv. m.* De modo decisivo.
decisivo, -va *adj.* Que decide o resuelve: *razón decisiva.* 2 Que en gral. es concluyente, tajante.
decisorio, -ria *adj.* Decisivo. 2 DER. V. juramento decisorio.
decitex (*deci- + tex*) *m.* Submúltiplo del tex, equivalente a una masa diez veces menor que la de éste. ◇ Pl.: *decitex.*
declamación (l. *-atione*) *f.* Acción o arte de declamar. 2 La cosa declamada. 3 Discurso pronunciado con demasiado calor, y particularmente invectiva áspera contra algo. 4 Arte de representar en el teatro.
declamador (l. *-atore*) *adj.-s.* Que declama.
declamar (l. *-are*) *intr.-tr.* Hablar o recitar en voz alta, con la entonación adecuada y los ademanes convenientes: ~ *versos.* -2 *intr.* Hablar en público o ejercitarse para ello. 3 Expresarse con demasiado calor y vehemencia o hacer alguna invectiva con aspereza.
declamatorio, -ria (l. *-iu*) *adj.* De forma enfática y exagerada: *estilo* ~.
declarable *adj.* Que puede ser declarado.
declaración (l. *-atione*) *f.* Acción de declarar o declararse. 2 Efecto de declarar o declararse. 3 Manifestación o explicación de lo que otro u otros dudan o ignoran. 4 DER. Deposición que bajo juramento hace el testigo o perito en una causa, o el reo sin juramento.
declaradamente *adv. m.* Manifiestamente, con claridad.
declarador, -ra (l. *-atore*) *adj.-s.* Que declara.
declarante *com.* DER. Persona que declara ante el juez.
declarar (l. *-are*) *tr.-prnl.* Dar a conocer o explicar [los propios sentimientos o pensamientos, hechos o circunstancias no manifiestos, etc.]: ~ *su pasión;* ~ *sus intenciones;* ~ *las rentas;* ~ *los valores;* ~ *la verdad;* ~ *la guerra; declararse a favor de uno; declararse por un partido; declararse con alguno.* -2 *tr.* Manifestar los juzgadores su decisión [acerca de la calificación de alguno]: ~ *culpable a uno;* ~ *a uno por enemigo.* 3 Manifestar la cantidad y la naturaleza de mercancías u objetos sometidos al pago de derechos para satisfacerlos. -4 *intr.* Manifestar los testigos o el reo ante el juez lo que saben acerca de lo que se les pregunta o expone. -5 *prnl.* Manifestarse abiertamente alguna cosa; producirse, formarse: *declararse un incendio.* 6 Manifestar un enamorado su amor a la persona amada pidiéndole relaciones formales. -7 *tr.* ~ ***un texto, un pasaje,*** en los clásicos, aclararlo, explicarlo. 8 MAR. Hablando del viento, fijarse en dirección, carácter o intensidad: *se declaró un levante.* -9 *prnl. Cuba.* Darse por vencido, fracasar.
declarativo, -va (l. *-vu*) *adj.* Que declara (explica) de una manera perceptible una cosa que de suyo no es o no está clara. 2 DER. [juicio] Que tiene por objeto la declaración de un derecho.
declaratorio, -ria *adj.* Que declara (explica) lo que no se sabía o estaba dudoso. 2 DER. [pronunciamiento] Que define una calidad o derecho sin contener mandamiento ejecutivo.

declinable (l. *-abile*) ***adj.*** [parte de la oración] Que se declina.

declinación (l. *-atione*) ***f.*** Caída, descenso. 2 fig. Decadencia. 3 Ángulo que forma un plano vertical con el meridiano de un lugar: ~ ***de la aguja*** o ~ ***magnética,*** ángulo que forma la aguja imantada con el meridiano de un lugar. 4 ASTRON. Distancia angular de un astro al ecuador celeste. 5 GRAM. Acción de declinar: *esta ~ es incorrecta.* 6 GRAM. Efecto de declinar. 7 Serie ordenada de los casos gramaticales: *~ de la palabra «musa».* 8 Clase o modelo a que puede atribuirse una palabra según como se declina: *pertenece a la primera ~.*

SIN. *1* y *2* v. **Caída.**

declinante ***adj.*** [plano, pared] Que tiene declinación o inclinación.

declinar (l. *-are*) ***intr.*** Separarse o desviarse de una dirección determinada, esp. alejarse del meridiano la aguja imantada, o un astro, del ecuador celeste: *~ a,* o *hacia, un lado; ~ de un punto.* 2 fig. Caminar o aproximarse una cosa a su fin: *~ el día.* 3 Decaer, menguar una persona o cosa en sus condiciones o cualidades: *~ en sabiduría; ~ en riqueza; ~ en vigor.* 4 Ir cambiando de naturaleza o de costumbre hasta tocar en extremo contrario: *~ de la virtud en vicio.* 5 Renunciar, dimitir: *~ un cargo.* 6 DER. Recusar. 7 GRAM. Recitar o poner por orden los casos [de las palabras que tienen este accidente gramatical]. En español sólo se declina el pronombre personal.

SIN. *5* **Rehusar.**

declinatoria ***f.*** DER. Petición en que se declina el fuero. 2 DER. Petición que se hace a un juez para que se abstenga de conocer un asunto y lo remita al juez competente; es una de las excepciones dilatorias.

declinatorio ***m.*** Instrumento para medir la declinación de un plano por medio de la brújula.

declinómetro (de *declinación + -metro*) ***m.*** FÍS. Brújula dotada de una gran sensibilidad para medir con precisión la declinación magnética.

declive (l.) ***m.*** Pendiente, inclinación del terreno o de la superficie de una cosa. 2 fig. Decadencia.

SIN. *2* v. **Caída.**

declividad (l. *-itate*) ***f.*** Declivio.

declivio ***m.*** Declive.

decocción (l. *-ctione*) ***f.*** Acción de cocer en agua substancias vegetales o animales. 2 Efecto de cocer en agua substancias vegetales o animales. 3 Producto líquido que se obtiene por medio de esta operación. 4 MED. Amputación de una parte del cuerpo.

SIN. v. **Cocción.**

decodificación ***f.*** Descodificación.

decodificador ***m.*** Descodificador.

decodificar ***tr.*** Descodificar. ◇ ** CONJUG. [1] como ***sacar.***

decoloración (fr. *décoloration*) ***f.*** Acción de descolorar o descolorarse. 2 Efecto de descolorar o descolorarse. 3 En algunas industrias, blanqueo.

decolorante ***m.*** Substancia usada para decolorar.

decolorar (l. *-are*) ***tr.-prnl.*** científ. Descolorar.

decomisar ***tr.*** Comisar. 2 Incautarse de una cosa, como pena.

decomiso ***m.*** Comiso.

I) decoración (l. *-atione*) ***f.*** Acción de decorar (adornar). 2 Efecto de decorar (adornar). 3 Cosa que decora. 4 Decorado teatral. 5 Arte de decorar o adornar.

II) decoración ***f.*** Acción de decorar (aprender). 2 Efecto de decorar (aprender).

I) decorado ***m.*** Decoración (acción y efecto). 2 Conjunto de telones, bambalinas y trastos con que se figura un lugar o sitio cualquiera en una representación teatral. 3 CINEM. Ambiente en el que se desarrollan las escenas de una película.

II) decorado ***m.*** Decoración (cosa que decora).

decorador, -ra ***m. f.*** Persona que decora (adorna).

I) decorar (l. *-are*) ***tr.*** Adornar, hermosear [una cosa o un sitio]. 2 lit. Condecorar.

II) decorar (paras.) ***tr.*** ant. Aprender o recitar [una cosa] de coro o de memoria. 2 Silabear.

decorativismo ***m.*** Predominio en una escuela u obra de arte, de lo ornamental sobre lo estructural.

decorativo, -va ***adj.*** Relativo a la decoración (adorno). 2 fig. y fam. Que no interesa por la calidad sino sólo por la presencia. 3 ARQ. [elemento] Que, sin desempeñar un papel constructivo, contribuye a crear un ambiente determinado.

decoro (l. *-ru*) ***m.*** Honor, respeto, reverencia que se debe a una persona. 2 Circunspección, gravedad. 3 Pureza, recato. 4 Honra, estimación. 5 ARQ. Parte de la arquitectura que enseña a dar a los edificios el aspecto que les corresponde según sus destinos. 6 RET. En literatura, conformidad entre el comportamiento de los personajes y sus respectivas condiciones sociales. 7 RET. Adecuación del estilo de una obra literaria al género, al tema y a la condición social de los personajes.

SIN. Puede substituir a **decencia** en todos los casos; pero **decencia** se usa pralte. en las aceps. 2 y 3, y es poco frecuente en las demás.

decorosamente ***adv. m.*** Con decoro.

decoroso, -sa (l. *-su*) ***adj.*** Que tiene decoro: *es una muchacha muy decorosa.* 2 Que tiene o manifiesta decoro: *conducta decorosa.*

decorticar (*de-* II + l. *cortice,* corteza) ***tr.*** CIR. Extirpar la corteza de una formación orgánica normal o patológica. ◇ ** CONJUG. [1] como ***sacar.***

decrecer (l. *decrescere < de-* II + *crecer*) ***intr.*** Menguar, disminuir. ◇ ** CONJUG. [43] como ***agradecer.***

SIN. **Disminuir, menguar, aminorar,** en sus acep. intr.; **decrecer,** a pesar de ser intercambiable con cualquiera de ellos, sugiere gralte. un proceso más o menos continuado, que lo hace más propio para indicar una disminución progresiva: *los días decrecen hasta el 21 de diciembre.* En cambio, no sería propio para expresar una disminución que se produce una sola vez; compárese con el sentido de acción progresiva del simple **crecer,** frente a **aumentar.**

decrecida (*de-* II + *crecida*) ***f.*** Velocidad de descenso del nivel de agua en un sistema natural cuando la depleción o agotamiento superan la velocidad de llenado.

decreciente ***adj.*** Que decrece.

decrecimiento (l. *-tu*) ***m.*** Disminución.

decremento ***m.*** ELECTR. En un sistema oscilante amortiguado, relación entre la amplitud de oscilación al inicio de un período y la amplitud al final del mismo.

decrepitación ***f.*** Acción de decrepitar. 2 Efecto de decrepitar.

decrepitante ***adj.*** Que decrepita.

decrepitar ***intr.*** Crepitar por la acción del fuego.

decrépito, -ta (l. *-tu*) ***adj.-s.*** [pers.] De edad muy avanzada y que tiene muy amenguadas sus potencias. -2 ***adj.*** fig. Que ha llegado a su última decadencia.

decrepitud ***f.*** Suma vejez. 2 Chochez (calidad). 3 Decadencia extrema de personas o cosas.

SIN. *3* v. **Caída.**

decrescendo (it.) ***m.*** MÚS. Disminución gradual de la intensidad del sonido. 2 MÚS. Pasaje de una composición musical que se ejecuta de esta manera.

decretal (l. *-ale*) ***adj.*** Relativo a las decretales. -2 ***f.*** Epístola en la cual el Papa contesta a una consulta particular, que sirve de regla para todos los casos particulares semejantes. -3 ***f. pl.*** Libro en que están recopiladas las epístolas o decisiones pontificias.

decretalista ***m.*** Expositor o intérprete de las decretales.

decretar ***tr.*** Ordenar por decreto el jefe del estado o su gobierno, o un tribunal o juez [sobre materias de la respectiva competencia]. 2 Indicar marginalmente [el curso o respuesta que se ha de dar a un escrito].

decretero ***m.*** Lista o colección de decretos.

decretista ***com.*** Expositor del Decreto de Graciano (s. XII).

decreto (l. *-tu*) ***m.*** Decisión tomada por la autoridad competente en materia de su incumbencia, y que se hace pública en las formas prescritas: ~ ***ley,*** disposición de carácter legislativo que, sin ser sometida al órgano adecuado, se promulga por el poder ejecutivo, en virtud de alguna excepción circunstancial o permanente, previamente determinada; *real ~; un ~ del Papa; revocar un ~.* 2 Acción de decretar (indicar). 3 Efecto de decretar (indicar). 4 ~ ***de Graciano,*** libro de derecho canónico que recopiló Graciano (s. XII). -5 ***loc. adv.*** fig. ***Por real ~,*** a la fuerza, porque sí, obligatoriamente.

decretorio (l. *-iu*) ***adj.*** MED. Crítico, decisivo: *día ~.*

decúbito (l. *-tu <* pp. de *decumbere,* acostarse) ***m.*** Posición del cuerpo tendido sobre un plano horizontal: ~ ***lateral,*** ~ ***prono*** o ~ ***supino,*** aquel en que el cuerpo está echado de costado, sobre el vientre o sobre la espalda, respectivamente.

decumbente ***adj.*** [pers.] Que yace en cama, o la guarda por enfermedad. 2 [órgano vegetal] Que crece inclinado. ◇Latinismo pedante p. us.

decuplar (l. *-are*) ***tr.*** Decuplicar.

decuplicar ***tr.*** Hacer décupla [una cosa]. 2 Multiplicar por diez [una cantidad]. ◇ ** CONJUG. [1] como ***sacar.***

décuplo, -pla (l. *-plu*) ***adj.-m.*** Que contiene un número diez veces exactamente.

decuria (l.) *f.* Conjunto de diez personas (senadores, caballeros, etc.) en la antigua Roma. 2 Décima parte de una centuria romana.

decurión (l. *-rione*) *m.* Jefe de una decuria. 2 En las colonias y municipios romanos, individuo de la corporación que los gobernaba.

decurionato *m.* Dignidad de decurión. 2 Cuerpo de los decuriones.

decurrente (l. *decurrere,* correr) *adj.* [hoja] Cuyo limbo se extiende a lo largo del pecíolo y hasta del tallo, formando una especie de ala.

decursas (l. *decursus;* pp. de *decurrere,* correr) *f. pl.* DER. Réditos caídos de los censos.

decurso (l. *-su,* recorrido) *m.* Sucesión o continuación del tiempo.

SIN. **Transcurso.**

decusado, -da, decuso, -sa (l. *-ssu;* pp. de *decussare,* cruzar las manos) *adj.* Que forma aspa o cruz. 2 [par de hojas opuestas] Colocado de manera que forma cruz con el par inferior y superior de los nudos contiguos.

dedada *f.* Porción que con el dedo se toma de una cosa: *una ~ de almíbar.* 2 fig. ***Dar una ~ de miel,*** mantener a uno en sus esperanzas. 3 fig. Mancha o marca que dejan los dedos en alguna superficie.

dedal (l. *digitale;* doble etim. *digital*) *m.* Utensilio de metal, hueso, etc., cilíndrico, hueco, con la superficie llena de hoyuelos y gralte. cerrado por un casquete esférico, que sirve para proteger la punta del dedo que empuja la aguja, cuando se cose. 2 Dedil.

dedalera *f.* Digital (planta).

dédalo (de *Dédalo,* personaje mitológico que construyó el laberinto de Creta) *m.* fig. Laberinto (lugar o cosa confusa).

dedeo *m.* MÚS. Agilidad y destreza de los dedos al tocar un instrumento. 2 MÚS. Indicación de los dedos que han de usarse para ejecutar un pasaje.

dedicación (l. *-atione*) *f.* Acción de dedicar (poner bajo advocación). 2 Efecto de dedicar (poner bajo advocación). 3 Fiesta que recuerda la consagración de un templo, altar, etc. 4 Inscripción de la dedicación de un edificio. 5 Acción de dedicarse a una profesión o trabajo: *~ **a tiempo completo,*** la que ocupa todo el tiempo disponible, con exclusión de otro trabajo. 6 Efecto de dedicarse a una profesión o trabajo.

dedicar (l. *-are*) *tr.* Poner [una cosa] bajo la advocación de Dios o de los Santos consagrándola al culto: *~ una iglesia a la Virgen; ~ la vida a Dios.* 2 p. ext. Consagrar [una cosa] a personajes eminentes, representaciones, hechos gloriosos, etc.: *~ un monumento a la patria.* 3 Poner [una obra] bajo la protección de alguno y, en general, dirigir a una persona por modo de obsequio [un objeto y, principalmente, una obra de entendimiento]. -4 *tr.-prnl.* Emplear, destinar, aplicar: *~ tiempo al estudio; dedicarse a las matemáticas.* ◇ ** CONJUG. [1] como ***sacar.***

SIN. **Consagrar** sugiere mayor solemnidad, y más todavía **ofrendar.**

dedicativo, -va *adj.* Dedicatorio.

dedicatoria *f.* Carta o nota dirigida a la persona a quien se dedica una obra.

REL. Los escritos la llevan al principio, impresa o manuscrita. Entre literatos se la llama a menudo **envío.**

dedicatorio, -ria *adj.* Que tiene o supone dedicación.

dedición (l. *-itione*) *f.* En la ant. Roma, rendición de una ciudad o pueblo a discreción y sin condiciones.

dedignar (l. *dedignari*) *tr.-prnl.* Desdeñar, despreciar.

dedil *m.* Funda de cuero o de otra materia que se pone en los dedos para que no se lastimen o manchen en ciertos trabajos.

dedillo *m.* Dim. de *dedo.* -2 *loc. adv.* ***Al ~,*** perfectamente.

dedo (v. *digito*) *m.* División en que terminan las extremidades de los vertebrados, salvo los peces; esp., miembro en que termina la mano y el pie del hombre: *~ **pulgar,*** el primero y más grueso de la mano o del pie; *~ **índice,** ~ **cordial*** o ***de en medio*** o ***del corazón,** ~ **anular,** ~ **auricular*** o ***meñique,*** el primero, segundo, tercero y cuarto, respectivamente, a partir del pulgar; fig., ***el ~ de Dios,*** la omnipotencia divina manifestada en algún suceso extraordinario; fig., ***a ~,*** elección antidemocrática por influencias; ***chuparse los dedos,*** sufrir perjuicio por descuido, improvisación, etc.; ***no mamarse el ~,*** no dejarse engañar; ***no mover un ~,*** no tomarse ningún trabajo o interés por algo o alguien; ***poner a uno los cinco dedos en la cara,*** darle una bofetada; ***hacer ~,*** hacer auto-stop. 2 Medida de longitud, equivalente a unos 18 mms., o sea, duodécima parte del palmo. 3 Medida de diez nudillos us. para llevar con cuenta la labor de la calceta. 4 Porción de una cosa, del ancho de un dedo: ***a dos dedos de,*** muy cerca de, o a punto de.

REL. Numerosos derivados y compuestos cultos se forman del l. *digitu,* como *digital, digitígrado;* o del gr. *dáktylos,* como *dactiloscopia, artiodáctilo.*

dedocracia *f.* fig. *y* fam. Sistema de elección o nombramiento a dedo. 2 fig. fam. Conjunto de los así elegidos o nombrados.

dedolar *tr.* CIR. Cortar oblicuamente [alguna parte del cuerpo]. ◇ ** CONJUG. [31] como ***contar.***

deducción (l. *-ctione*) *f.* Acción de deducir. 2 Efecto de deducir. 3 FIL. Forma de razonamiento que consiste en partir de un principio general conocido para llegar a un principio particular desconocido. 4 Derivación: *~ del agua de una acequia.* 5 MÚS. En el canto llano, serie de notas que ascienden o descienden diatónicamente o por grados conjuntos.

deducible *adj.* Que puede ser deducido.

deducir (l. *deducere*) *tr.* Sacar [consecuencias] de un principio, proposición o supuesto y, en gral., llegar [a un resultado] por el razonamiento: *~ de, o por, lo dicho.* 2 Rebajar [alguna partida] de una cantidad. 3 DER. Alegar, presentar las partes [sus defensas o derechos]. ◇ ** CONJUG. [46] como ***conducir.*** INCOR.: *deducí,* por deduje.

SIN. *1* **Colegir, inferir, concluir, seguirse,** (impersonal), fuera del lenguaje filosófico, no significan más que alcanzar un resultado por medio de razonamiento, lo mismo que **deducir;** son sin. en el habla ordinaria; a diferencia de **inducir,** de lo particular a lo gral., equivalente a **colegir, deducir,** cuando quiere dársele todo su rigor conceptual, significa partir de un principio gral., método lóg. de la deducción; **inferir** y **concluir,** denotan llegar a una conclusión por vía deductiva o inductiva, indistintamente.

deductivo, -va (l. *-vu*) *adj.* Que procede por deducción.

defacto *adv. m.* De hecho. ◇Se escribe comúnmente por separado, *de facto.*

CONTR. *de iure,* de derecho.

defalcar *tr.* p. us. Desfalcar. ◇ ** CONJUG. [1] como ***sacar.***

defatigante *adj.-s.* Desfatigante.

defecación (l. *defæcatio*) *f.* Acción de defecar. 2 Efecto de defecar.

defecador, -ra *adj.* Que sirve para defecar o clarificar un líquido.

defecar (l. *defæcare* < *de-* II + *fæce,* hez) *tr.* Clarificar un líquido. -2 *intr.* Expeler los excrementos. ◇ ** CONJUG. [1] como ***sacar.***

defección (l. *-ctione*) *f.* Acción de separarse con deslealtad de una causa; deserción.

defeccionar *intr.* GALIC. Desertar, abandonar uno su puesto, hacer defección.

defectibilidad *f.* Calidad de defectible.

defectible *adj.* Que puede faltar.

defectivo, -va *adj.* Defectuoso. V. verbo defectivo.

defecto (l. *-tu*) *m.* Carencia de las cualidades propias de una cosa. 2 Imperfección natural o moral. -3 *m. pl.* IMPR. Pliegos que sobran o faltan en el número completo de la tirada. -4 *loc. adv.* ***Por ~,*** [inexactitud o diferencia] que consiste en menos, que no llega a lo que debiera.

defectuosamente *adv. m.* Con defecto.

defectuosidad *f.* Calidad de imperfecto, defectuoso.

defectuoso, -sa *adj.* Imperfecto.

defendedero, -ra *adj.* Defendible.

defendedor, -ra *adj.-s.* Defensor.

defender (l. *-ere*) *tr.* Sostener [a alguna persona o cosa] contra un ataque o lo que puede dañar: *~ a un compañero; ~ la ciudad; defenderse como leones;* fig., *~ la religión; ~ el honor; defenderse de una acusación; defenderse contra el impostor.* 2 Proteger [a alguna persona o cosa] para evitarle molestia o daño: *la capa nos defiende del frío; la pared defiende del viento; nos defendemos del sol con un paraguas;* sostener la inocencia [de alguno], esp. en juicio. 3 Mantener [una afirmación] contra el dictamen ajeno. 4 ant. Vedar, prohibir. 5 Embarazar (estorbar). 6 En ciertos deportes, juegos, etc., oponerse a la acción de los adversarios. -7 ***prnl.*** fig. Lograr una no muy buena holgura económica: *se defiende con su trabajo.* ◇ ** CONJUG. [28] como ***entender.***

SIN. *2* v. **Proteger.**

defendible *adj.* Que se puede defender.

defendido, -da *adj.-s.* Persona a quien defiende un abogado.

defenestración *f.* Acción de defenestrar. 2 Efecto de defenestrar.

defenestrar *tr.* Arrojar a alguien por una ventana. 2 fig. Destituir o expulsar [a alguien] de un puesto, cargo, situación, etc., gralte. de manera inesperada o violenta.

defensa (b. l. doble etim. *dehesa*) *f.* Acción de defender o defenderse. 2 Efecto de defender o defenderse. 3 Arma o cosa con que uno se defiende en un peligro; *f. pl.,* p. anal., los cuernos del toro, los colmillos del elefante, etc. 4 Obra de fortificación: *las defensas de una ciudad.* 5 Parapeto de cualquier obra de fortificación. 6 Barandilla elemental que sirve de protección. 7 p. us. Refuerzo de obra en las paredes de un canal o río. 8 Precaución que se toma ante un posible ataque de aviones enemigos. 9 Amparo, socorro. 10 Abogado defensor. 11 BIOL. Agente o mecanismo gracias al cual los organismos son capaces de protegerse contra determinados agentes físico-químicos y biológicos. 12 DEP. Línea más retrasada de un equipo deportivo, encargada de defender la portería de su equipo. -13 *com.* DEP. Jugador encargado de defender la portería de su equipo: ~ ***central,*** el que juega en el centro de la defensa; ~ ***escoba,*** jugador que refuerza la línea de defensa y que se halla situado detrás de ésta; ~ ***lateral,*** el que juega en uno de los extremos de la defensa. -14 *f.* DER. Conjunto de razones alegadas en juicio para defender al acusado: ***legítima*** ~, circunstancia eximente de culpabilidad en ciertos delitos. -15 *f. pl.* MAR. Aparejos que se cuelgan del costado de la embarcación para que no se lastime durante las faenas. -16 *f. C. Rica* Construcción de refuerzo en los apoyos de un puente. 17 *Cuba, Chile* y *Méj.* Parachoques del automóvil.
SIN. *6* **Barandilla, baranda, barrera** (*Colomb.*). *12* **Zaga.** *13* **Defensor, zaguero.**

defensión (l. *-sione*) *f.* Resguardo, defensa.

defensiva *f.* Situación o estado del que sólo trata de defenderse: *estar a la ~.*

defensivo, -va *adj.* Que sirve para defender y esp. para resistir un ataque: *alianza ofensiva y defensiva.* -2 *m.* Defensa, resguardo. 3 Paño que, empapado de un líquido, se aplica a alguna parte enferma del cuerpo. -4 *m. pl. Hond.* Parches.

defensor, -ra (l.) *adj.-s.* Que defiende: *los defensores de la patria.* -2 *m.* Persona que en un juicio está encargado de la defensa de un acusado. 3 ~ ***del pueblo,*** persona encargada de defender al ciudadano frente a los errores o excesos de poder de la administración pública. 4 DEP. Defensa (jugador).

defensoría *f.* DER. Ministerio o ejercicio de defensor.

defensorio (l. *-iu*) *m.* Escrito en defensa o satisfacción de una persona o cosa.

deferencia *f.* Adhesión respetuosa al dictamen o proceder ajeno. 2 fig. Muestra de respeto o de cortesía. 3 Condescendencia.

deferente (l.) *adj.* Que demuestra deferencia. 2 Que conduce el exterior: *tubo ~.*

deferir (l. *deferre*) *intr.* Adherirse al dictamen de uno por respeto o cortesía: ~ *al parecer de otro.* -2 *tr.* Comunicar, delegar parte de la jurisdicción o poder: ~ *la causa a los tribunales.* ◇ ** CONJUG. [35] como ***hervir.***

deficiencia (l. *-ntia*) *f.* Defecto. ◇ Expresión atenuativa.

deficiente (l.) *adj.* Que tiene defecto.

déficit (l., 3.ª pers. de sing. del pres. de indic. de *deficere,* faltar) *m.* Lo que falta a las ganancias para que se equilibren con los gastos, para que el crédito sea igual al débito, o para que la cantidad de una mercancía sea igual al consumo. 2 p. ext. Falta o escasez de algo que se juzga necesario: *hay ~ de plazas hospitalarias.* ◇ Pl.: *déficit.*
CONTR. **Superávit.**

deficitario, -ria *adj.* [balance, cuenta, presupuesto, etc.] Cuya liquidación arroja déficit. 2 MED. Que presenta una falta de desarrollo orgánico, en especial sensorial, o psíquico.

definible *adj.* Que se puede definir.

definición (l. *-itione*) *f.* Acción de definir. 2 Decisión de una deuda o contienda por autoridad legítima: *las definiciones del Concilio* o *del Papa.* 3 Proposición o fórmula por medio de la cual se define: *una ~ clara; una ~ exacta.* 4 En televisión, número de líneas en que se divide la imagen transmitida. 5 ASTRON. Poder separativo de un telescopio que determina la nitidez de sus imágenes. 6 ÓPT. Menor distancia entre dos puntos, que un instrumento óptico es capaz de separar. -7 *f. pl.* Conjunto de estatutos y ordenanzas de las órdenes militares, excepto de la de Santiago.

definicional *adj.* FILOL. Que da la definición de una voz, expresión, etc.

definido, -da *adj.* Que tiene límites precisos. -2 *m.* Aquello sobre lo que versa toda definición. ◇ En la acep. 2 se usa pralte. con el artículo neutro: *lo ~ no debe entrar en la definición.*
SIN. *1* **Delimitado,** preferentemente si se trata de imágenes o cosas materiales; **determinado,** con referencia a conceptos, cantidades.

definidor, -ra (l. *-itore*) *adj.-s.* Que define. -2 *m.* Religioso que forma el definitorio: ~ ***general,*** el que asiste al general de la orden en el gobierno de toda ella; ~ ***provincial,*** el que sólo asiste en una provincia.

definir (l. *-ire*) *tr.* Fijar y enunciar con claridad y exactitud [la significación de una palabra]. 2 Delimitar, fijar o explicar [la naturaleza de una persona o cosa]: ~ *a un individuo;* ~ *los caracteres de un vegetal;* ~ *la jurisdicción de una magistratura.* 3 Decidir por autoridad legítima [un punto dudoso de dogma, de disciplina, etc.]: *los concilios lo han definido así.* 4 PINT. Concluir [una obra] hasta en los menores detalles.

definitivamente *adv. m.* De una manera definitiva.

definitivo, -va (l. *-vu*) *adj.* Que decide o concluye. -2 *loc. adv.* ***En definitiva,*** definitivamente.

definitorio *m.* En algunas órdenes religiosas, cuerpo que componen para regirla los definidores generales o provinciales, presididos por el general o provincial de la orden. 2 Pieza destinada para las juntas que celebra.

deflacción *f.* Proceso de arranque y transporte de pequeñas partículas sólidas producido por la acción del viento.

deflación *f.* Reducción de la circulación fiduciaria cuando ha adquirido excesivo volumen por efecto de una inflación. 2 Bajada continua de los precios a lo largo del tiempo.
CONTR. **Inflación.**

deflacionario, -ria *adj.* Relativo a la deflación o que tiende a producirla: *política deflacionaria.*
SIN. **Deflacionista.** CONTR. **Inflacionario.**

deflacionista *adj.* Deflacionario. -2 *adj.-com.* [pers.] Partidario de la deflación.

deflagración (l. *-atione*) *f.* Acción de deflagrar. 2 Efecto de deflagrar.

deflagrador, -ra *adj.* Que deflagra. -2 *m.* Aparato eléctrico usado en las minas para hacer estallar los barrenos.

deflagrar (l. *-are*) *intr.* Arder rápidamente con llama y sin explosión.
SIN. **Flagrar,** en sentido gral. lit. Us. esp. en QUÍM. y pirotecnia.

deflector *m.* Elemento de las válvulas termoiónicas que regulan y dirigen la emisión electrónica. 2 Aparato usado para cambiar la dirección de un fluido. 3 Cristal orientable de la ventanilla delantera del automóvil.

deflegmar (*de-* II + *flegma*) *tr.* Quitar agua [a un líquido] por evaporación o destilación.

deflexión *f.* FÍS. Desviación de partículas por la acción de un campo eléctrico o magnético.

deflexo, -xa *adj.* Curvado hacia la parte inferior.

defoliación (*de-* II + *foliación*) *f.* Caída prematura de las hojas de los árboles y plantas, producida por enfermedad, influjo atmosférico o por agentes químicos.

defoliante *adj.-m.* Producto químico que provoca la defoliación.

defoliar (l. *defoliare,* desfoliar) *tr.* Causar o provocar la defoliación. ◇ CONJUG. [12] como ***cambiar.***

deforestación *f.* Acción de deforestar. 2 Efecto de deforestar.

deforestar (*de-* II + ant. fr. *forest,* bosque) *tr.* Despojar un terreno de plantas forestales.

deformación (l. *-atione*) *f.* Acción de deformar o deformarse. 2 Efecto de deformar o deformarse. 3 Alteración de las características morfológicas o anatómicas de una parte del organismo. 4 ~ ***profesional,*** conjunto de costumbres o puntos de vista equivocados debidos al ejercicio de algunas profesiones.

deformador, -ra *adj.-s.* Que deforma.

deformar (l. *-are*) *tr.* Alterar [una cosa] en su forma.
SIN. Es voz culta que se aplica tanto a lo material como a lo fig.: ~ *un sombrero,* ~ *el carácter de un niño,* ~ *la verdad*; v. **desfigurar.** En el habla pop. y sobre cosas materiales, **desformar, disformar** (p. us.).

deformatorio -ria *adj.* Que deforma o sirve para deformar.

deforme (l. < *de-* II + *-forme*) *adj.* Que presenta una gran irregularidad o anomalía en su forma.
SIN. **Disforme,** acentúa el aspecto feo, desproporcionado, monstruoso, de la anomalía. C. *tenía un pie deforme* y *tenía un pie disforme*; **informe,** es lo que no tiene la forma normal.

deformemente *adv. m.* De manera deforme.

deformidad (l. *-itate*) *f.* Calidad de deforme. 2 Cosa deforme. 3 fig. Error grosero.
SIN. Entre ~ y **disformidad** existe la misma diferencia de matiz que entre **deforme** y **disforme.**

defraudación (l. *-atione*) *f.* Acción de defraudar. 2 Efecto de defraudar.

defraudador, -ra (l. *-ator*) *adj.-s.* Que defrauda.

defraudar (l. *-are*) *tr.* Privar [a uno] con dolo o engaño de lo que le toca de derecho: *~ a la hacienda; ~ de sus bienes a sus herederos.* 2 p. ext. Cometer un fraude en perjuicio de alguno: *~ algo al,* o *del, depósito.* 3 fig. Frustrar, malograr [alguna cosa en que se confiaba]; decepcionar [a alguno]: *~ las esperanzas,* o *~ a uno en las esperanzas.* 4 fig. Turbar, quitar, embarazar: *~ la claridad del día.*
defuera (l. *de* y *foras*) *adv. l.* Exteriormente o por la parte exterior: *se ve ~.* 2 ***Por ~,*** defuera.
defunción (l. *defunctione*) *f.* Muerte (cesación de la vida).
degeneración (l. *-atione*) *f.* Acción de degenerar. 2 Efecto de degenerar. 3 Alteración grave de la estructura de un tejido orgánico.
degenerado, -da *adj.-s.* Depravado, envilecido, muy vicioso.
degenerante *adj.* Que degenera. 2 ARQ. V. arco adintelado.
degenerar (l. *-are*) *intr.* Decaer de las cualidades de su especie, de su raza, de su linaje: *estas plantas degeneran; la familia ha degenerado.* 2 Decaer, desdecir una persona o cosa de su primera calidad o estado: *las costumbres degeneran.* 3 Pasar de una condición o estado a otro contrario y peor: *de santo degeneró en monstruo.* 4 PINT. Desfigurarse una cosa hasta el punto de parecer otra.
degenerativo, -va *adj.* Que causa degeneración.
deglución (l. *-utione*) *f.* Acción de deglutir. 2 Efecto de deglutir.
deglutir (l. *degluttire*) *intr.-tr.* Tragar [los alimentos].
deglutorio, -ria *adj.* Relativo o perteneciente a la deglución.
degollación (l. *decollatione*) *f.* Acción de degollar. 2 Efecto de degollar.
degollada *f. Can.* Desfiladero, depresión del terreno entre dos elevaciones.
degolladero *m.* Parte del cuello por donde se degüella al animal. 2 Sitio donde se degüella. 3 fig. ***Llevar a uno al ~,*** ponerlo en gravísimo riesgo. 4 Patíbulo para degollar a un delincuente. 5 Degolladura (escote).
degollado *m.* Degolladura (escote). 2 *Cuba.* Ave de paso, así llamada porque tiene una faja roja en la garganta *(Coccoborus ludovicianus).*
degollador, -ra *adj.-s.* Que degüella.
degolladura *f.* Herida hecha en la garganta. 2 Escote hecho en las costillas, jubones, etc. 3 Cama del arado. 4 Llaga (junta). 5 Garganta, parte más estrecha de los balaustres y otras piezas por el estilo.
degollamiento *m.* Degollación.
degollante *adj.-com.* fig. *y* fam. Presumido o necio; que aburre y enoja a quien le trata.
degollar (l. *decollare* < *de-* II + *collu,* cuello) *tr.* Cortar [la garganta o el cuello] a una persona o animal. 2 p. ext. Escotar [el cuello de las vestiduras]; matar el espada [al toro con estocadas mal dirigidas]. 3 fig. Hacerse en extremo antipática una persona [a otra]: *Juan me degüella.* 4 fig. Destruir, arruinar; esp., representar los actores mal [una obra dramática]. 5 CONSTR. Rehundir la juntas de una fábrica, pasando por ellas la punta de la paleta. 6 MAR. Rasgar [una vela] con la faca en momentos de peligro. ◇ ** CONJUG. [31] como ***contar.***
SIN. *1* **Yugular.** *5* **Estriar** (*Colomb.*), **rehundir** (*Urug.*), **sisar** (*C. Rica*).
degollina *f.* fam. Matanza (mortandad). 2 fig. Abundancia de suspensos en un examen.
degollinada *f.* Matanza.
degradable *adj.* Que se puede degradar. 2 [compuesto químico] Que se descompone por medio de un determinado agente.
degradación *f.* Acción de degradar o degradarse: *~ militar.* 2 Efecto de degradar o degradarse. 3 Pena máxima que comprende la deposición y la privación perpetua del fuero y de las señales exteriores del carácter clerical, aunque se conserva el carácter de la ordenación, que es indeleble. 4 Humillación, bajeza. 5 PINT. Disminución del tamaño de las figuras de un cuadro, con arreglo a las leyes de la perspectiva.
degradador *m.* Desvanecedor, aparato us. en fotografía.
degradante *adj.* Que degrada (humilla).
degradar (l. *-are* < *de-* II + *gradus,* grado) *tr.* Deponer [a una persona] de las dignidades, honores, etc., que tiene. 2 Humillar, envilecer: *el vicio degrada al hombre.* 3 PINT. Disminuir gradualmente [el tamaño y viveza del color de las figuras] para producir la impresión de la distancia. 4 QUÍM. Convertir [una molécula compleja] en otras de constitución más sencilla.
degredo *m. Venez.* Hospital de los que padecen enfermedad contagiosa. 2 *Venez.* Lugar donde se arrumba lo que es inútil.
degrero *m. Colomb.* Degredo.
degú (arauc. *deuu*) *m.* Roedor pequeño parecido al ratón, muy prolífico, frecuente en las zonas habitadas de las costas de Perú y Chile *(Octodon degus).*
degüello *m.* Acción de degollar. 2 Parte más delgada del dardo o de otra arma o instrumento semejante. 3 CONSTR. Herramienta parecida al martillo, que se utiliza para achaflanar.
SIN. **Azuela** (*Colomb.*).
degul *m.* Planta leguminosa de Chile *(Phaseolus vulgaris).*
degustación (l. *-tione*) *f.* Acción de degustar.
degustar *tr.* Probar o catar alimentos o bebidas.
dehesa (v. *defensa*) *f.* Tierra acotada destinada a pastos. 2 Erial.
SIN. *1* **Redonda, acampo.**
dehesar *tr.* Adehesar.
dehesero *m.* Guarda de una dehesa.
dehiscencia *f.* Acción de abrirse naturalmente el pericarpio de ciertos frutos o las antenas de una flor, para dar salida a la semilla o al polen. 2 MED. Abertura espontánea de una parte o de un órgano que se había suturado durante una intervención quirúrgica.
dehiscente (l., p. a. de *dehiscere,* abrirse paso) *adj.* [fruto] En que se produce la dehiscencia.
deicida (l. < *Deus,* dios + *-cida*) *adj.-com.* Que dio muerte a Jesucristo o contribuyó a ello. 2 fig. Sacrílego.
deicidio *m.* Crimen de los deicidas.
deíctico, -ca (del gr. *deicticós*) *adj.* Perteneciente o relativo a la deíxis. -2 *m.* Elemento gramatical que realiza una deíxis.
deidad (l. *deitate*) *f.* Divinidad. 2 Dios de los gentiles.
deificación (l. *-atione*) *f.* Acción de deificar o deificarse. 2 Efecto de deificar o deificarse.
deificar (l. *-are* < *Deus,* dios + *facere,* hacer) *tr.* Divinizar (suponer divina). 2 Divinizar [una cosa] por medio de la participación de la gracia. 3 fig. Ensalzar excesivamente [a una persona]. 4 Representar [a un ser] ornado con los atributos de la divinidad. -5 *prnl.* En la teología mística, unirse el alma íntimamente con Dios en el éxtasis, y transformarse en él por participación, no de esencia, sino de gracia. ◇ ** CONJUG. [1] como ***sacar.***
deífico, -ca (l. *-cu*) *adj.* Relativo a Dios.
deiforme (l. *Deus,* dios + *forme*) *adj.* poét. Que se parece, en la forma, a las deidades.
deionización (*de-* II + *ionización*) *f.* Desaparición de iones en un gas ionizado.
Deípara (l.) *adj.* Título que se da exclusivamente a la Virgen María, por ser madre de Dios.
deísmo (l. *deus,* dios) *m.* Doctrina teológica que afirma la existencia de un Dios personal, creador del universo y primera causa del mundo, pero niega la providencia divina y la religión revelada. V. teismo.
deísta *adj.-com.* Partidario del deísmo.
deiure *adv. m.* De derecho. ◇ Se escribe gralte. por separado, *de iure.*
CONTR. *de facto,* de hecho.
deíxis *f.* LING. Señalamiento que se realiza mediante ciertos elementos lingüísticos que muestran, como *este, ese*; que indican una persona, como *yo, vosotros*; un lugar, como *allí, arriba*; o un tiempo, como *ayer, ahora.* El señalamiento puede referirse a otros elementos del discurso: *llamé a Juan y a Pilar, pero ésta no contestó*; o presentes solo en la memoria: *aquel tiempo fue difícil*; *~* ***anafórica,*** la que se produce mediante anáfora; *~* ***catafórica,*** la que se produce mediante catáfora. 2 Mostración que se realiza mediante un gesto, acompañando o no a un deíctico gramatical. ◇ Pl.: *deixis.*
deja *f.* Parte que queda y sobresale entre dos muescas o cortaduras.
dejación *f.* Acción de dejar. 2 Efecto de dejar. 3 DER. Cesión, desistimiento o abandono. 4 *Amér. Central* y *Colomb.* Dejadez.
dejada *f.* Dejación (acción y efecto). 2 DEP. Pase corto y suave que efectúa un jugador.
dejadero, -ra *adj.* Que se ha de dejar: *los bienes terrenales son dejaderos.*
dejadez *f.* Pereza; negligencia de sí mismo o de sus cosas propias. 2 Debilidad física, decaimiento, flojera.
dejado, -da *adj.* Negligente; que no cuida de sí mismo o de sus cosas propias. 2 Abatido, decaído, débil.
dejador *m.* El que deja.
dejamiento *m.* Dejación. 2 Flojedad. 3 Desasimiento, desapego de una cosa.
dejante *adv. m. Amér.* Además de, fuera de, no obstante.

dejar (l. **delaxare < laxare*) ***tr.*** Soltar [una cosa]; retirarse o apartarse [de ella] real o moralmente: *dejó el sombrero en la mesa;* ~ ***a sus amigos, a sus hijos,*** abandonarlos, desampararlos; ~ *la calentura dejó al enfermo;* ~ ***a la ciudad,*** ausentarse de ella; ***su novia,*** romper el noviazgo. 2 Retirarse, haciendo que [alguna persona o cosa] quede en un lugar: ~ ***el libro en casa,*** olvidarlo; ~ ***sucesor,*** nombrarlo; ~ ***los asuntos al hijo,*** encomendárselos; esp. hablando de lo que uno posee al morir: ~ *muchos hijos,* ~ *una gran fortuna;* ***aquel negocio dejó mil pesetas,*** las produjo de ganancia. 3 Hacer que alguno entre o continúe en posesión [de alguna cosa]: *le he dejado con las herramientas;* ***nos ha dejado esta casita,*** nos la ha legado; prestar: *déjame el gabán, un libro.* 4 No poner impedimento, consentir, permitir: ~ *salir;* ~ *hablar;* ~ *correr el agua;* complementando un infinitivo, hacerse lo que éste indica: ~ *oír la voz;* ***prnl.,*** *dejarse oír;* fig., ***dejar correr una cosa,*** permitirla. 5 No continuar [en una cosa]: ~ *para mañana;* ~ *la carrera;* ***prnl.,*** *dejarse la carrera;* con verbos en infinitivo se usa seguido de la prep. *de* cuando se refiere a actos propios que cesan: ~ *de escribir;* ~ ***de existir,*** morir. Si se trata de actos ajenos (extraños), v. acepción 4. 6 AUXILIAR. Hacer que se produzcan situaciones expresadas por un participio: ~ *dicho, escrito, sentido, satisfecho;* por un adjetivo o adverbio: ~ *contento,* ~ *bien;* por un nombre o verbo precedidos de preposición: ~ *por heredero;* ~ *en paz;* ~ *en ayunas;* ~ *en cueros;* ~ *con su tema;* ~ *sin acción;* ~ *por hacer;* ~ *por contar;* fig., ~ ***feo a uno,*** desairarle, abochornarle; ~ ***fresco a uno,*** dejarle burlado; ~ ***a uno por*** o ***para, quien es,*** despreciarlo por falta de crianza o educación; ~ ***uno temblando alguna cosa,*** comerse o beberse la mayor parte de lo que contenía un plato o vasija. Estas expresiones tienen siempre sentido perfectivo. 7 Precedido del adv. *no* y seguido de la prep. *de* y un verbo en infinitivo, hacer [lo que éste indica] a pesar de motivos en contra: *no dejará de escribir la carta.* -8 ***prnl.*** Descuidarse de sí mismo; olvidar sus conveniencias o aseo. 9 Entregarse, darse a una ocupación: *se dejó a sus rezos.* 10 Abandonarse por desaliento o pereza; entregarse: *dejarse al arbitrio de la fortuna.* 11 Seguido de la prep. *de,* cesar en alguna cosa: *dejarse de dudas; dejarse de preguntas.* ◇ Es impropio el empleo de *quedar* por *dejar,* frecuente en algunas provincias de Castilla *lo quedo,* por *lo dejo.*

FRS. *Dejarse uno caer,* soltar una especie con disimulo, o bien presentarse inopinadamente; *dejarse uno decir,* soltársele en la conversación alguna especie que no le convenía manifestar: *se dejó decir que mataría a su enemigo; dejarse caer el sol* o *el calor,* obrar estas cosas con mucha eficacia; *dejarse uno llevar de una cosa,* deponer el dictamen propio por seguir el ajeno; *no dejarse uno ensillar* o *albardar,* no permitir que le dominen, o bien no querer estar sujeto a otro.

dejarretar ***tr.*** Desjarretar.

dejativo, -va ***adj.*** Perezoso, flojo, desmayado.

deje ***m.*** Dejo (pronunciación y gusto).

dejillo ***m.*** Deje.

dejo ***m.*** Dejación (acción y efecto). 2 Fin, paradero de una cosa. 3 Modo particular de pronunciación y de inflexión de la voz que acusa un estado de ánimo transitorio o peculiar del hablante. 4 Gusto que queda de la comida o bebida. 5 Placer o disgusto que queda después de una acción. 6 Inflexión descendente con que termina cada período de emisión de voz en el habla o en el canto. 7 Dejamiento.

SIN. *4* **Saborcillo, gustillo, deje; resabio,** si es desagradable.

dejugar ***tr.*** Quitar el jugo [de algo]. ◇ ** CONJUG. [7] como ***llegar.***

dejuramente ***adv.*** *Argent., P. Rico* y *Urug.* vulg. Ciertamente.

del, contracción de la prep. *de* y el artículo *el*: *la naturaleza del hombre* por *de el hombre.*

dél, ant. Contracción de la prep. *de* y el pronombre *él*: *hablaron dél* por *de él.*

delación (l. *-atione*) ***f.*** Acción de delatar. 2 Efecto de delatar. 3 Denuncia. 4 Aviso secreto que se da a la autoridad de un hecho delictivo.

SIN. **Soplo.**

delantal ***m.*** Prenda de vestir que, atada a la cintura, se usa para cubrir el traje. 2 Mandil (delantal de tela fuerte).

delante (l. *de + in + ante*) ***adv. l.*** Con prioridad de lugar, en la parte anterior o en un sitio donde da la cara de una persona o cosa. 2 Enfrente. -3 ***adv. m.*** A la vista, en presencia: *decir algo* ~ *de testigos.* ◇ INCOR.: *delante nuestro, delante mío* por delante de nosotros, delante de mí.

delantera ***f.*** Parte anterior de una cosa: *la* ~ *de un coche; la* ~ *de un edificio; la* ~ *del patio de butacas de un teatro.* 2 Cuarto delantero de una prenda de vestir. 3 Guardamano de la escopeta. 4 vulg. Pecho de la mujer. 5 Espacio con que uno se adelanta a otro en el camino: ***coger la*** ~, adelantarse a uno; fig., aventajársele; anticipársele en algo. 6 Canal (corte de un libro). 7 En una sala de espectáculos, primera fila de asientos. 8 DEP. Línea de ataque de un equipo deportivo. -9 ***f. pl.*** Zahones.

delanteril ***adj.*** Relativo a la delantera o a los delanteros en los equipos deportivos.

delantero, -ra ***adj.*** Que está o va delante: *fila delantera.* -2 ***m.*** Postillón que gobierna las caballerías delanteras. 3 DEP. Jugador de la línea de ataque de un equipo deportivo. 4 DEP. ~ ***centro,*** el que juega en el centro de la delantera y es el encargado de rematar las jugadas. -5 ***adj.*** *La Mancha.* [joven] Que tiene más edad de la que representa.

SIN. *4* **Ariete, artillero.**

delatable ***adj.*** Digno de ser delatado.

delatante ***adj.*** Que delata.

delatar (l. *delatu,* acusado) ***tr.*** Revelar a la autoridad un delito, designando [el autor], sin ser parte obligada del juicio el que delata. 2 Descubrir, revelar [una cosa]. -3 ***prnl.*** Dar a conocer la intención involuntariamente.

SIN. *1* **Soplar.**

delator, -ra (l. *-atore*) ***adj.-s.*** Denunciador, acusador.

SIN. desp. **Acusón, soplón, fuelle, malsín; acusica, acusique,** entre niños; en las cárceles, **chivato,** (pleb.). Aunque a menudo todos ellos coinciden con **denunciador, denunciante, acusador,** éstos pueden proceder abierta y públicamente, mientras que **delator** y sus equivalentes tienen algo de clandestinidad o espionaje; v. **espía.**

delco ***m.*** Sistema de encendido, usado en los automóviles, basado en la corriente que produce una batería de acumuladores.

dele (l., 2.ª pers. sing. del imperat. de *delere,* borrar) ***m.*** IMPR. Signo con que el corrector indica al margen de las pruebas que ha de efectuarse una supresión.

deleble (l. *delere,* borrar) ***adj.*** Que puede borrarse fácilmente.

CONTR. **Indeleble.**

delectable (l. *delectabile*) ***adj.*** Deleitable.

delectación (l. *-atione*) ***f.*** Deleite. 2 ~ ***morosa,*** complacencia deliberada en un objeto o pensamiento prohibido, sin ánimo de ponerlo por obra.

delegación (l. *-atione*) ***f.*** Acción de delegar. 2 Efecto de delegar. 3 Cargo de delegado. 4 Oficina del delegado. 5 Conjunto o reunión de delegados: *el ministro recibió a una* ~ *de aquella provincia.*

delegado, -da (l. *-tu*) ***adj.-s.*** Persona en quien se delega una facultad o poder.

delegante ***adj.*** Que delega.

delegar (l. *-are*) ***tr.*** Dar una persona [a otra] la facultad o poder que aquélla tiene para que haga sus veces: *el tribunal delegó un juez para instruir el sumario.* 2 Transferir [el poder o autoridad de uno] a otra persona: ~ *sus poderes a fulano;* ~ *la presidencia de una junta a un vocal.* ◇ ** CONJUG. [7] como ***llegar.***

delegatorio, -ria ***adj.*** Que delega o encierra alguna delegación.

deleitabilísimo, -ma ***adj.*** Superl.: de *deleitable.*

deleitable (l. *delectabile*) ***adj.*** Deleitoso. ◇ Superl.: *deleitabilísimo.*

deleitablemente ***adv. m.*** Deleitosamente.

deleitación (v. *delectación*) ***f.*** Deleite.

deleitamiento ***m.*** Delectación.

deleitante ***adj.*** Que deleita.

deleitar (l. *delectare*) ***tr.*** Producir deleite: *la música deleita el oído; me deleito con la lectura.*

deleite ***m.*** Placer del ánimo, de los sentidos.

deleitosamente ***adv. m.*** Con deleite, o de modo que causa deleite.

deleitoso, -sa ***adj.*** Que causa deleite.

deletéreo, -a (gr. *-rios*) ***adj.*** Mortífero, venenoso.

deletreador, -ra ***adj.-s.*** Que deletrea.

deletrear (*de-* I + *letra*) ***intr.-tr.*** Pronunciar separadamente las letras de cada sílaba, cada una de las sílabas de la palabra y luego la palabra entera. 2 Descifrar una por una las letras [de una inscripción, moneda o documento] difícil de leer. -3 ***tr.*** fig. Adivinar, interpretar [lo obscuro y difícil de entender].

deletreo ***m.*** Acción de deletrear. 2 Procedimiento para enseñar a leer deletreando.

deleznable ***adj.*** Que se rompe, disgrega o deshace fácilmente. 2 Que se desliza y resbala con mucha facilidad. 3 fig. Inconsistente; de poca duración o resistencia. 4 fig. Despreciable.

deleznarse (metátesis de *deslenar,* der. de *lene* < l., suave) ***prnl.*** Deslizarse, resbalarse.
délfico, -ca ***adj.*** Relativo a Delfos o al oráculo de Apolo en Delfos.
Delfín ***n. pr.*** Constelación boreal situada entre Pegaso y el Águila.
I) delfín (l. *delphinu,* del gr. *delphís, -ínos*) ***m.*** Mamífero cetáceo odontoceto, de dos a tres metros de longitud, con el hocico prolongado en forma de pico *(gén. Delphinus).* 2 En natación, estilo en que la propulsión se efectúa por la ondulación del cuerpo y la brazada por encima del agua.
SIN. *1* **Arroaz, golfín, puerco marino, tonina.**
II) delfín (fr. *Dauphin,* de *Dauphiné,* región de Francia) ***m.*** Título que se daba al primogénito del rey de Francia. 2 Sucesor, designado o probable, de un político o de una personalidad importante.
delfina ***f.*** Mujer del delfín de Francia.
delfinario ***m.*** Edificio destinado a la exhibición de delfines vivos.
delga ***f.*** Chapita o varilla conductora que, aislada, forma el colector de una dinamo.
delgadamente ***adv. m.*** Delicadamente. 2 fig. Aguda, ingeniosamente.
delgadez ***f.*** Calidad de delgado.
delgado, -da (v. *delicado*) ***adj.*** Flaco, de pocas carnes, de poco grueso. 2 Delicado, tenue, de poco grueso, suave. 3 [terreno] De poca substancia, endeble o de escasa profundidad laborable. 4 Agudo, sutil. 5 [agua] Que contiene pocas sales. 6 MAR. Relativo a la parte de los extremos de popa y proa, en la que se estrecha el pantoque. -7 ***adj.-m.*** Intestino delgado. -8 ***m. pl.*** Partes inferiores del vientre de los cuadrúpedos, hacia las ijadas.
SIN. *1* **Enjuto, cenceño.**
delgaducho, -cha ***adj.*** Algo delgado.
deliberación ***f.*** Acción de deliberar. 2 Efecto de deliberar.
deliberadamente ***adv. m.*** Con deliberación.
deliberado, -da ***adj.*** Voluntario, intencionado.
deliberante ***adj.*** Que delibera.
deliberar (l. *-are*) ***intr.*** Examinar atentamente el pro y el contra de una decisión: *el tribunal delibera.* -2 ***tr.*** Decidir [una cosa] luego de cuidadoso examen: *deliberó hacerlo.*
deliberativo, -va ***adj.*** Relativo a la deliberación.
delicadamente ***adv. m.*** Con delicadeza.
delicadez ***f.*** Debilidad, falta de vigor. 2 Flojedad, indolencia. 3 Delicadeza. 4 Escrupulosidad de genio que se ofende de poco.
delicadeza ***f.*** Cualidad de delicado. 2 Finura. 3 Atención y exquisito miramiento. 4 Escrupulosidad.
delicado, -da (l. *-tu;* doble etim. *delgado*) ***adj.*** Tenue, suave, tierno: *perfume ~; sentimientos delicados.* 2 fig. Bien parecido: *rostro ~.* 3 Sensible a las menores impresiones, quebradizo, fácil de deteriorarse: *piel delicada; vaso ~; color ~.* 4 Débil, enfermizo. 5 Que exige mucho cuidado o habilidad: *operación delicada; situación delicada.* 6 Dotado de una gran finura de apreciación, sutil: *gusto ~; paladar ~.* 7 Ingenioso, agudo. 8 Difícil de contentar, suspicaz, fácil de resentirse. 9 Que procede con escrupulosidad o miramiento. 10 Atento, fino, cortés.
SIN. *8* **Sentido, susceptible, cosquilloso, quisquilloso, picajoso.**
delicaducho, -cha ***adj.*** De poca salud, débil.
delicia (l.) ***f.*** Placer muy intenso del ánimo. 2 Placer sensual muy vivo. 3 Aquello que causa delicia. 4 Bizcocho relleno de mermelada, crema, cabello de ángel, etc., y enrollado.
deliciosamente ***adv. m.*** Con delicia, de modo delicioso.
delicioso, -sa (l. *-su*) ***adj.*** Capaz de causar delicia.
delictivo, -va ***adj.*** Relativo al delito. 2 [acto] Que constituye delito.
delictuoso, -sa ***adj.*** Delictivo.
delicuescencia ***f.*** Calidad de delicuescente.
delicuescente (l., p. a. de *deliquescere,* liquidarse) ***adj.*** [cuerpo] Que tiene la propiedad de absorber la humedad del aire y disolverse en ella. 2 fig. Inconsistente, sin vigor, decadente; esp. las costumbres y estilos literarios y artísticos.
delimitación ***f.*** Limitación. 2 Acto de señalar límites: *~ de una propiedad; ~ de facultades* o *poderes.*
delimitar (*de-* I + *limitar*) ***tr.*** Señalar los límites [de algo]: *~ una finca; ~ las atribuciones.*
delincuencia (b. l. *-quentia*) ***f.*** Calidad de delincuente. 2 Conjunto de delitos.
delincuente ***adj.-com.*** Que delinque.
delineación (l. *-atione*) ***f.*** Acción de delinear. 2 Efecto de delinear.
delineador, -ra ***adj.-s.*** Que delinea. -2 ***m. f.*** *Colomb., C. Rica, Perú, P. Rico* y *Urug.* Delineante. -3 ***m.*** *Colomb., C. Rica* y *Perú.* Tiralíneas.
delineamento, -miento ***m.*** Delineación.
delineante ***com.*** Persona que tiene por oficio trazar planos: *~ **proyectista,*** técnico auxiliar de un arquitecto o ingeniero, capacitado para proyectar cualquier obra dentro de su especialidad, así como para levantar planos topográficos de los emplazamientos, o estudiar y realizar nuevos planteamientos.
delinear (l. *-are*) ***tr.*** Trazar las líneas [de una figura], esp. las principales, los contornos. 2 ARQ. Trazar un plano de una construcción a escala.
delinquimiento ***m.*** Acción de delinquir. 2 Efecto de delinquir.
delinquir (l. *-quere*) ***intr.*** Cometer un delito. ◇ ** CONJUG. [9].
delio, -lia ***adj.-s.*** De Delos, isla del Egeo.
deliquete ***adj.*** *P. Rico.* desp. Muy sensible al dolor.
deliquio (l. *-iu*) ***m.*** Desmayo, desfallecimiento. 2 Éxtasis.
delirante ***adj.*** Que delira.
delirar (l. *-are*) ***intr.*** Hallarse en estado de delirio. 2 fig. Decir o hacer despropósitos o disparates.
delirio (l. *-iu*) ***m.*** Estado de perturbación mental, causado por una enfermedad, que se manifiesta por excitación, alucinaciones e incoherencia de las ideas. 2 Estado de excitación violenta en que se deja de obedecer a la razón. 3 fig. Despropósito, disparate. 4 ***Delirios de grandeza,*** actitud de la persona que sueña con una situación o con lujos que no están a su alcance. -5 ***loc. adv. Con ~,*** en gran manera, enormemente.
SIN. **Desvarío.**
delirioso, -sa ***adj.*** fam. Demente.
delírium trémens (l.) ***m.*** Enfermedad debida al abuso de las bebidas alcohólicas que se manifiesta por un delirio acompañado de temblores.
delitescencia ***f.*** MED. Desaparición de alguna afección local. 2 QUÍM. Pérdida de agua que experimenta un cuerpo al cristalizarse.
delito ***m.*** Culpa, crimen, violación de la ley. 2 Acción u omisión voluntaria, castigada por la ley con pena grave: *~ **común,*** el que sin ser político está penado en el código ordinario; *~ **político,*** el que va contra la seguridad del estado o los poderes y autoridad del mismo; *~ **de lesa majestad,*** el que, en régimen monárquico, se comete contra la vida del monarca, del inmediato sucesor o del regente; *~ **consumado,*** el que con plena ejecución produce un resultado punible; *~ **flagrante*** o ***infraganti,*** aquel en cuya comisión se sorprende al reo; *~ **frustrado,*** aquel en que, realizados todos los actos necesarios, no se logra el fin, contra la voluntad del culpable.
della, dello, ant. Contracción de *de ella* y *de ello:* ***dello con dello,*** expr. fam. con que se significa la mezcla de cosas opuestas entre sí.
delo-, -delo (gr. *delos,* visible) Elemento prefijal y sufijal que entra en la formación de palabras con el significado de visible, manifiesto: *delomorfo.*
CONTR. **Adelo-.**
delomorfo (*delo-* + *-morfo*) ***adj.*** Que tiene límites bien definidos.
CONTR. **Adelomorfo.**
delta ***f.*** Cuarta letra del **alfabeto griego. 2 Ala delta. -3 ***m.*** Zona triangular formada por sedimentos arrastrados por un río, y depositados en su desembocadura: *el ~ del Ebro, del Nilo.*
deltoides (gr. *delta,* la letra *d* y *-oide*) ***adj.*** De figura de delta mayúscula. -2 ***adj.-m.*** Músculo triangular situado en el hombro, que sirve para levantar el brazo. ◇ Pl.: *deltoides.*
deludir (l. *-ere*) ***tr.*** lit. *y* p. us. Engañar, burlar.
delusivo, -va ***adj.*** Engañoso.
delusor, -ra (l.) ***adj.-s.*** Engañador.
delusoriamente ***adv. m.*** Con engaño o artificio.
delusorio, -ria (l. *-iu*) ***adj.*** Engañoso.
dem-, v. demo-.
demacración ***f.*** Pérdida de carnes por falta de nutrición.
demacrado, -da ***adj.*** Que muestra demacración.
demacrar(se) (*de-* I + l. *macrare,* enflaquecer) ***prnl.-tr.*** Perder carnes por causa física o moral.
demagogia (gr. *-gía*) ***f.*** Dominación tiránica del pueblo. 2 Halago de las pasiones del pueblo, para hacerla instrumento de la propia ambición política.
demagógico, -ca ***adj.-s.*** Relativo a la demagogia o al demagogo.

demagogo, -ga (gr. *-gós < dem- + -agogo*) ***m. f.*** Jefe de una facción popular. 2 Agitador turbulento del pueblo. 3 Persona que es partidaria de la demagogia (dominación) o practica la demagogia (halago de la plebe).
demanda ***f.*** Solicitud, petición. 2 Limosna que se pide para una obra pía. 3 Tablilla o imagen con que se pide esta limosna. 4 Pregunta. 5 Empresa o intento. 6 Empeño o defensa. 7 Busca: *ir en ~ de una persona* o *cosa.* 8 COM. Pedido de mercancías: *la oferta y la ~.* 9 DER. Petición que un litigante sustenta en el juicio. 10 DER. Escrito que se presenta al juez para que resuelva sobre un derecho que se reclama: ***contestar uno la ~,*** trabar el juicio impugnando las peticiones del actor; ***salir uno a la ~,*** mostrarse parte en un pleito, oponiéndose al que es contrario en él. 11 *Argent.* Figura del pericón (baile popular).
SIN. *8* v. **Pedido.**
demandadero, -ra ***m. f.*** Persona destinada para hacer mandados.
SIN. **Mandadero.**
demandado, -da ***m. f.*** DER. Persona contra quien se actúa, o a quien se pide algo en juicio.
demandador, -ra ***adj.-s.*** Que demanda. -2 ***m. f.*** Persona que pide limosna con una demanda. 3 DER. Demandante (en un juicio).
demandante ***adj.-s.*** Que demanda. -2 ***com.*** Persona que demanda en un juicio.
demandar (l. *-are,* confiar) ***tr.*** Pedir, desear, apetecer o preguntar [una cosa]. 2 DER. Presentar una demanda contra [alguien].
demarcación ***f.*** Acción de demarcar. 2 Efecto de demarcar. 3 Terreno demarcado. 4 En las divisiones territoriales, parte comprendida en cada jurisdicción. 5 GEOGR. Línea natural o convencional de separación entre dos estados o territorios.
SIN. **Delimitación.**
demarcador, -ra ***adj.-s.*** Que demarca.
demarcar (*de-* I + *marcar*) ***tr.*** Señalar o marcar los límites [de un país o terreno]. 2 MAR. y DEP. Marcar. ◇ ** CONJUG. [1] como ***sacar.***
SIN. *1* v. **Limitar, delimitar.**
demarraje ***m.*** GALIC. Arrancada, empujón.
demarrar ***intr.*** Realizar un demarraje.
demás (b. l. *de magis,* mucho) ***adj.-pron. indef.*** Precedido de los artículos *lo, la, los* y *las,* lo otro, la otra, los otros o los restantes, las otras. En plural se usa muchas veces sin artículo: *Juan y los ~ compañeros.* 2 ***Y ~,*** otras personas o cosas, etc.: *llegaron los hijos, las hijas y ~.* -3 ***adv. c.*** Además: *~ de esto te daré aquello.* -4 ***loc. adv. Por ~,*** en vano, inútilmente; en demasía; ***por lo ~,*** por lo que hace relación a otras consideraciones.
demasía (de *demás*) ***f.*** Exceso: ***en ~,*** excesivamente. 2 Atrevimiento. 3 Insolencia, desafuero. 4 Maldad, delito. 5 MIN. Terreno franco comprendido entre dos o más minas.
SIN. *1* v. **Exceso.**
demasiadamente ***adv. c.*** Demasiado.
demasiado, -da (de *demasía*) ***pron. adj. indef.*** Que es en demasía, que tiene demasía. -2 ***adv. c.*** En demasía: *escribe ~.*
demasiarse ***prnl.*** Excederse, desmandarse. ◇ **CONJUG. [13] como ***desviar.***
demasié ***adj.-adv.*** pop. Demasiado.
demediar (*de-* I + *mediar*) ***tr.*** Partir, dividir en mitades. 2 Cumplir la mitad [del tiempo, edad o carrera que se ha de vivir, andar, etc.]. 3 Usar o gastar [una cosa] haciéndole perder la mitad de su valor. ◇ ** CONJUG. [12] como ***cambiar.***
SIN. **Dimidiar,** desus. *1* y *2* **Promediar.**
demencia (l. *-ntia*) ***f.*** Locura (privación del juicio). 2 MED. Estado de debilidad, gralte. progresivo y fatal, de las facultades mentales. 3 fig. *y* fam. Desatino, disparate.
demencial ***adj.*** Relativo a la locura.
dementado, -da ***adj.-s.*** *Amér.* Loco, demente.
dementar (l. *-are*) ***tr.*** Hacer perder el juicio [a una persona]. ◇ ** CONJUG. [27] como ***acertar.***
demente (l.) ***adj.-s.*** Loco, falto de juicio. 2 MED. Que padece demencia (debilidad mental).
SIN. v. **Loco.**
demergido, -da ***adj.*** Abatido, hundido.
demeritar ***tr.-prnl.*** *Amér.* vulg. Menoscabar, desmerecer.
demérito ***m.*** Lo que hace desmerecer. 2 Falta de mérito.
SIN. v. **Desmerecimiento.** CONTR. **Mérito, merecimiento.**
demeritorio, -ria ***adj.*** Que desmerece.
Deméter ***n. pr.*** MIT. Ceres.

demisión (l. *-issione*) ***f.*** Sumisión, abatimiento.
demiurgo (gr. *demiourgós,* el que produce, o crea) ***m.*** En la filosofía platónica, creador y ordenador del mundo. 2 En la escuela gnóstica, principio activo del mundo.
demo-, dem- (gr. *demos,* pueblo) Elemento prefijal que entra en la formación de palabras con el significado de pueblo: *democracia.*
democión ***f.*** Pérdida progresiva de los privilegios y derechos de una persona.
democracia (gr. *demokratía < demo- + -cracia*) ***f.*** Régimen político en que el pueblo ejerce la soberanía. 2 Doctrina política favorable a la intervención del pueblo en el gobierno: ***~ cristiana,*** teoría política y conjunto de partidos que la adoptan. 3 Tendencia a mejorar la condición del pueblo. 4 Conjunto de los demócratas de un país. 5 País gobernado en régimen democrático: *las democracias occidentales, americanas.*
demócrata (*demo- + -crata*) ***adj.-s.*** Partidario de la democracia.
democratacristiano, -na ***adj.*** Perteneciente o relativo a la democracia cristiana. -2 ***adj.-com.*** Partidario de la democracia cristiana.
democráticamente ***adv. m.*** De modo democrático.
democrático, -ca ***adj.*** Relativo a la democracia.
democratización ***f.*** Acción de democratizar. 2 Efecto de democratizar.
democratizar (gr. *demokratizo*) ***tr.*** Hacer democrática [una sociedad, ley, institución, etc.]. 2 Hacer [algo] accesible a un gran número de personas. ◇ ** CONJUG. [4] como ***realizar.***
democristiano, -na ***adj.-s.*** Democratacristiano.
demódex ***m.*** Género de acáridos que producen diversas afecciones cutáneas (gén. *Demodex*). El *demodex folliculorum* es un huésped de los folículos pilosos faciales.
demodulación (*de-* II + *modulación*) ***f.*** FÍS. Fenómeno inverso a la modulación de las ondas eléctricas.
demodulador ***m.*** ELECTR. Circuito o dispositivo empleado para la demodulación de una señal.
demografía (*demo- + -grafía*) ***f.*** Estudio estadístico de la población.
demográfico, -ca ***adj.*** Relativo a la demografía.
demógrafo ***com.*** Persona que se dedica al estudio de la demografía.
demoledor, -ra ***adj.-s.*** Que demuele.
demoler (l. *-ire*) ***tr.*** Deshacer, derribar o arruinar [una construcción material o figurada]. 2 *Cuba.* Abandonar el objeto de un establecimiento, cambiándolo en otro. ◇ ** CONJUG. [32] como ***mover.***
demolición (l. *-itione*) ***f.*** Acción de demoler. 2 Efecto de demoler.
demolitorio ***m.*** *Cuba.* Juicio que se sigue para demoler una hacienda.
demología (*demo- + -logía*) ***f.*** Ciencia que estudia el folclore de un país.
demológico, -ca ***adj.*** Relativo a la demología.
demonche ***m.*** eufem. *y* fam. Diablo.
demoniaco, -ca, demoníaco, -ca (gr. *daimoniakós*) ***adj.*** Relativo al demonio. -2 ***adj.-s.*** Endemoniado (poseso).
demonio (gr. *daimonion*) ***m.*** Diablo. 2 Entre los gentiles, genio que presidía el destino del hombre dándole buenas o malas inspiraciones: *el ~ familiar de Sócrates.* 3 Uno de los tres enemigos del alma, según el catecismo de la doctrina cristiana. 4 fig. Persona fea, mala o de increíble astucia. -5 ***loc. adj. Del ~,*** tremendo, impresionante.
SIN. *1* v. **Diablo** y **Lucifer.**
demonio-, demono- (gr. *daimonion,* demonio) Elemento prefijal que entra en la formación de palabras con el significado de demonio.
demoniomanía (*demonio- + -manía*) ***f.*** Demonomanía.
demonismo ***m.*** Fe en la existencia de seres espirituales y en las prácticas de magia.
demono-, v. demonio-.
demonofobia (*demono-* + -fobia) ***f.*** Temor morboso al demonio.
demonólatra ***com.*** Persona que practica la demonolatría.
demonolatría (*demono- + -latría*) ***f.*** Culto supersticioso rendido al diablo.
demonología (*demono- + -logía*) ***f.*** Ciencia que trata de la naturaleza y cualidades de los demonios.
demonológico, -ca ***adj.*** Perteneciente o relativo a la demonología.

demonomancia, -mancía (*demono- + -mancia*) *f.* Arte supersticiosa de adivinar lo porvenir mediante la inspiración de los demonios.
demonomanía (*demono- + manía*) *f.* Manía del que se cree endemoniado.
demontre *m.* eufem. *y* fam. Diablo.
¡demontre! fam. Interjección ¡Diablo!
demoño *m. Ast.* Diablo.
demora *f.* Dilación. 2 DER. Tardanza en el cumplimiento de una obligación desde que es exigible. 3 MAR. Dirección o rumbo de un objeto, con relación a la de otro.
demorar (l. *-ari*) *tr.* Retardar. -2 *intr.* Detenerse o hacer mansión en un sitio. 3 MAR. Corresponder un objeto a una dirección determinada respecto al paraje desde donde se observa o a otro lugar.
SIN. *1* v. **Atrasar** y **aplazar.**
demoroso, -sa *adj.-s. Chile.* [pers.] Moroso, lento.
demos (gr.) *m.* Conjunto de individuos que forman una unidad política. ◇ Pl.: *demos.*
demoscopia (*demo- + -scopia*) *f.* Técnica de estudio de las orientaciones y pareceres de la opinión pública sobre alguna cuestión.
demoscópico, -ca *adj.* Perteneciente o relativo a la demoscopia.
demosofía (*demo- + -sofía*) *f.* Folclore.
demóstenes *m.* fig. Hombre muy elocuente. ◇ Pl.: *demóstenes.*
demostino, -na *adj.* Propio y característico del orador Demóstenes (384-322 a. C.), o parecido a cualquiera de sus dotes o cualidades.
demostrable (l. *demonstrabile*) *adj.* Que se puede demostrar.
demostrablemente *adv. m.* De un modo demostrable.
demostración (l. *demonstratione*) *f.* Razonamiento con que se hace evidente la verdad de una proposición. 2 Comprobación de un principio o teoría con un ejemplo o hecho cierto. 3 Manifestación exterior de sentimientos o intenciones: *demostraciones de amistad, de respeto.* 4 Ostentación o manifestación pública de fuerza, poder, riqueza, etc.
demostrador, -ra *adj.-s.* Que demuestra.
demostrar (l. *demonstrare* < *de-* I + *mostrar*) *tr.* Probar [alguna cosa] sirviéndose de cualquier género de demostración. 2 LÓG. Hacer ver que [una verdad particular] está comprendida en otra universal cierta y evidente. 3 Manifestar [alguna cosa] con evidencia o con muestras inequívocas: ~ *alegría;* ~ *impaciencia;* ~ *más edad de la que se tiene.* 4 ant. Enseñar. ◇ ** CONJUG. [31] como ***contar.***
demostrativamente *adv. m.* Clara, ciertamente.
demostrativo, -va *adj.* Que demuestra. -2 ***adj.-m.*** GRAM. Que sirve para indicar la situación relativa de las personas o cosas como si las señalara. Realizan esta función los *adjetivos demostrativos* (este, ese, aquel), los *pronombres demostrativos* (éste, ése, aquél) y los *adverbios demostrativos* (aquí, acá, allí, así, etc.).
demótico, -ca (gr. *-ikós,* popular) ***adj.-m.*** [lengua] En estado popular, por oposición a la lengua en estado culto; esp., griego moderno hablado, frente a la lengua escrita y purista. -2 ***adj.*** Género de escritura, simplificación de la hierática, empleada en Egipto desde el s. VI a. C.
demudación (l. *-tatione*) *f.* Acción de demudar o demudarse. 2 Efecto de demudar o demudarse.
demudamiento *m.* Demudación.
demudar (l. *-tare* < *de-* I + *mudar*) *tr.* Mudar, variar, alterar, disfrazar o desfigurar [una cosa]. -2 ***prnl.*** Cambiarse repentinamente el color, el gesto o la expresión del semblante. 3 Alterarse, inmutarse.
demulcente ***adj.-m.*** Emoliente.
demultiplicar (*de-* II + *multiplicar*) *tr.* TECNOL. Reducir una magnitud con arreglo a una determinada relación. ◇ ** CONJUG. [1] como ***sacar.***
denantes *adv. t.* rúst. Antes.
denario (l. *-iu* < *deni,* diez; doble etim. *dinero*) ***adj.-m.*** Que se refiere al número diez o lo contiene. -2 ***m.*** Ant. moneda romana de plata (diez ases o cuatro sestercios). 3 Ant. moneda romana de oro (cien sestercios).
dende (l. *deinde*) ant. Desde.
Perdura hoy en el habla rústica.
dendri-, v. dendro-.
dendriforme (*dendri- + -forme*) *adj.* De figura de árbol.
dendrita (gr. *-tes,* de los árboles) *f.* Concreción mineral arborescente que suele presentarse en las fisuras y juntas de las rocas. 2 Árbol fósil. 3 Prolongación protoplásmica ramificada de una célula nerviosa. 4 MINERAL. Cristal metálico, gralte. producido por solidificación, caracterizado por una estructura análoga a la de un árbol con múltiples ramas.
dendrítico, -ca *adj.* De figura de dendrita.
dendro-, dendri-, -dendro (gr. *dendron,* árbol) Elemento prefijal y sufijal que entra en la formación de palabras con el significado de árbol: *dendrografía, dendriforme.*
dendrocronología (*dendro- + cronología*) *f.* Rama de la botánica que establece la edad de un árbol o sus vicisitudes climáticas y ecológicas de tiempos pasados, a través de los anillos de crecimiento anual.
dendrografía (*dendro- + -grafía*) *f.* Tratado de los árboles.
dendrográfico, -ca *adj.* Relativo a la dendrografía.
dendroide, -deo, -a (*dendro- + -oide*) *adj.* Arborescente.
dendrometría (*dendro- + -metría*) *f.* Disciplina que se ocupa de la medición del tamaño, volumen, peso, etc., de los árboles.
dendrómetro (*dendro- + -metro*) *m.* Instrumento para medir los árboles en pie.
dendrotráquea (*dendro- + tráquea*) *f.* Tráquea arborescente; como la de los insectos.
Deneb (ár. *danab,* cola) *n. pr.* ASTRON. Estrella de primera magnitud en la constelación del Cisne.
Denébola *n. pr.* ASTRON. Estrella importante de la constelación del León.
denegación (l. *-atione*) *f.* Acción de denegar. 2 Efecto de denegar. 3 DER. ~ ***de auxilio,*** delito que se comete desobedeciendo injustificadamente en requerimiento de la autoridad o eludiendo sin excusa legal una función o cargo público.
SIN. **Negativa** o **negación,** en gral. **Denegación** y **desestimación,** pertenecen al lenguaje jurídico o administrativo.
denegar (l. *-are*) *tr.* No conceder [lo que se pide o solicita]. ◇ ** CONJUG. [48] como ***regar.***
SIN. **Desestimar, negar.**
denegatorio, -ria *adj.* Que incluye denegación.
denegrecer (*de-* I + *negrecer*) *tr.* Ennegrecer. ◇ ** CONJUG. [43] como ***agradecer.***
denegrido, -da *adj.* De color que tira a negro, ennegrecido.
denegrir (l. *nigrere*) *tr.* p. us. Denegrecer. ◇ Verbo defectivo; se usa sólo en las formas no personales.
denervación (*de-* II + *enervación*) *f.* Intervención quirúrgica consistente en seccionar los filetes nerviosos que conducen la sensibilidad de una articulación.
dengoso, -sa *adj.* Melindroso. 2 *Colomb.* Que anda contoneándose.
I) dengue (probl. voz descriptiva) *m.* Melindre mujeril consistente en afectar males y disgustos de lo que más se desea. 2 Esclavina de paño que llevaban las mujeres cruzada sobre el pecho. 3 Enfermedad epidémica caracterizada por fiebre, dolores en los miembros y un exantema seguido de descamación. -4 ***com.*** Persona que hace melindres. -5 ***m.*** *Colomb.* Contoneo.
II) dengue *m. Chile.* Planta herbácea, ramosa, de flores inodoras, rojas, amarillas o blancas, que se marchitan al menor contacto (*gén. Mirabilis).* 2 *Chile* Flor de esta planta.
denguear *intr.* Hacer dengues (melindres).
denguero, -ra *adj.* Dengoso.
denier *m.* TEXT. Unidad de medida empleada para diferir la finura de las fibras textiles.
denigración *f.* Acción de denigrar. 2 Efecto de denigrar. 3 Acción de ennegrecer o ennegrecerse. 4 Efecto de ennegrecer o ennegrecerse.
denigrador, -ra *adj.-s.* Denigrante.
denigrante *adj.-s.* Que denigra.
denigrar (b. l. *-are,* ennegrecer) *tr.* Hablar mal [de una persona o cosa] para destruir su buena fama u opinión. 2 Injuriar (inferir injuria).
SIN. *1* **Vilipendiar.**
denigrativo, -va *adj.* Que denigra: *palabra denigrativa.*
denigratorio, -ria *adj.* Relativo a la denigración.
denodadamente *adv. m.* Con denuedo.
denodado, -da (l. *-tatu*) *adj.* Que tiene o muestra denuedo.
denominación (l. *-atione*) *f.* Nombre o renombre con que se distinguen las personas y las cosas: ~ ***de origen,*** garantía oficial de la procedencia y calidad de ciertos productos agropecuarios, como vinos, quesos, aceites y embutidos.
denominadamente *adv. m.* Distinta, señaladamente.
denominado, -da *adj.* MAT. Número complejo.

denominador, -ra (l. *-atore*) *adj.-s.* Que denomina. -2 *m.* MAT. En un quebrado, guarismo escrito debajo del numerador y separado de éste por una raya horizontal, o al mismo nivel y separado por una raya inclinada o por dos puntos, que indica las partes iguales en que se considera dividida la unidad: ***común ~***, número múltiplo de todos los de un conjunto de fracciones.
denominar (l. *-are*) *tr.* Nombrar o distinguir con un nombre o renombre particular [una persona o cosa].
SIN. v. **Nombrar.**
denominativo, -va (l. *-vu*) *adj.* Que implica o denota denominación. 2 GRAM. [palabra, y esp. verbo] Que deriva de un nombre, como *torear* de *toro.*
denostadamente *adv. m.* Con denuesto.
denostador, -ra *adj.-s.* Que denuesta.
denostar (b. l. *dehonestare*) *tr.* Injuriar gravemente; infamar de palabra [a alguien] en su presencia. ◇ ** CONJUG. [31] como ***contar.***
denostosamente *adv. m.* Denostadamente.
denostoso, -sa *adj.* Que implica injuria o afrenta.
denotación (l. *-tione*) *f.* Acción de denotar. 2 Efecto de denotar.
denotar (l. *-are*) *tr.* Indicar o significar [algo], esp. mediante alguna señal: *esas palabras denotan su desdén.* 2 GRAM. V. connotar.
denotativo, -va *adj.* Que denota.
densamente *adv. m.* Con densidad.
densidad (l. *-itate*) *f.* Calidad de denso. 2 Relación entre la masa y el volumen de una substancia; o entre la masa de una substancia y la masa de un volumen igual de otra substancia tomada como patrón. 3 ***~ de población,*** número de habitantes por unidad de superficie.
SIN. **Peso específico.** REL. *2* **Areómetro** o **densímetro,** instrumento para medirla.
densificación *f.* Acción de densificar. 2 Efecto de densificar. 3 CARP. Procedimiento para mejorar la calidad de la madera por compresión.
densificar *tr.-prnl.* Hacer densa [una cosa]. ◇ ** CONJUG. [1] como ***sacar.***
densimetría *f.* Medición de la densidad de los cuerpos.
densímetro (*denso* + *-metro*) *m.* Areómetro graduado para la determinación de densidades.
densitómetro *m.* FOT. Opacímetro para medir la densidad de una fotografía por transparencia (clisés) o por reflexión (papel).
densivolúmetro *m.* FÍS. Instrumento para medir la densidad de un cuerpo mediante determinación previa de su volumen.
denso, -sa (l. *densu*) *adj.* Compacto, que contiene mucha materia en poco espacio. 2 Craso, espeso, engrosado. 3 fig. Obscuro, confuso.
dentado, -da *adj.* Que tiene dientes, o puntas parecidas a ellos. V. hoja dentada. 2 BLAS. [escudo] Cuyas piezas están guarnecidas de puntas; [animal] que muestra sus dientes de esmalte distinto que el cuerpo. -3 *m.* Corte, en forma de dientes, de los bordes de un sello de correos. 4 Forma de ese corte. 5 CARP. Ensambladura de dos tablas, una de las cuales tiene unos dientes que encajan en los entrantes de la otra.
dentadura *f.* Conjunto de dientes de una persona o animal. 2 Dientes postizos.
SIN. **Herramienta.**
I) dental (l. *-ale*) *m.* Palo donde se encaja la reja del arado. 2 Piedra o hierro cortante del trillo.
II) dental (l. *-alis*) *adj.* Relativo a los dientes. -2 *adj.-s.* Sonido consonante articulado con la punta o el predorso de la lengua aplicada a los dientes incisivos superiores, y letra que lo representa; como la *d* y la *t*.
SIN. *2* **Dentolingual.**
dentalización *f.* GRAM. Acción de dentalizar o dentalizarse. 2 GRAM. Efecto de dentalizar o dentalizarse.
dentalizar *tr.* GRAM. Articular [un sonido] hacia la región dental, por influencia de las consonantes dentales vecinas: la *n* se dentaliza en las palabras *fuente, antes, honda.* ◇ **CONJUG. [4] como ***realizar.***
dentamen *m.* pop. Dentadura.
dentar *tr.* Poner o formar dientes [a una cosa]: *~ una rueda; ~ una sierra.* -2 *intr.* Endentecer. ◇ ** CONJUG. [27] como ***acertar.***
dentario, -ria (l. *-iu*) *adj.* Dental.
dentecillo *m.* Dim. de *diente.* ◇ INCOR.: *dientecillo.*
dentejón (de *diente*) *m.* Yugo con que se uncen los bueyes a la carreta.
dentellada *f.* Acción de mover la quijada con alguna fuerza sin mascar cosa alguna. 2 Herida que dejan los dientes en la parte donde muerden.
SIN. *2* v. **Mordedura.**
dentellado, -da *adj.* Que tiene dientes. 2 Parecido a ellos. 3 Herido a dentelladas. 4 ARQ. y BLAS. [pieza] Que lleva en su contorno muchos dientes menudos y espacios entre cada diente de forma circular y no angulosa, a diferencia de la dentada. 5 ARQ. Mellado en forma de diente de sierra
SIN. *4* **Dantellado.**
dentellar *intr.* Batir los dientes unos contra otros con claridad, como cuando se tiembla mucho.
dentellear *tr.* Mordiscar.
dentellón *m.* Diente grande que se suele echar en las cerraduras maestras. 2 ARQ. Dentículo. 3 ARQ. Parte de la adaraja entre dos vacíos. 4 ARQ. Parte saliente de la adaraja o corte de un muro en que se dejan enteras las piezas o ladrillos que sobresalen, en previsión de una prolongación. 5 *Murc.* Pieza saliente en el extremo de la lanza de la carreta, donde se sujeta el yugo. 6 *C. Rica, Perú* y *P. Rico.* Resalto de un muro de ladrillo que se recorta como las gradas de un escalera.
SIN. **Eslabón** (*Colomb.*).
dentera *f.* Sensación desagradable experimentada en los dientes y encías al comer ciertas cosas, oír ciertos ruidos o tocar determinados cuerpos. 2 fig. Envidia. 3 Deseo vehemente.
dentezuelo *m.* Dim. de *diente.*
denti-, dento- (l. *dens, dentis,* diente) Elemento prefijal que entra en la formación de palabras con el significado de diente.
denticina *f.* Medicamento destinado a facilitar la dentición en los niños.
dentición (l. *-itione*) *f.* Acción de endentecer. 2 Efecto de endentecer. 3 Tiempo en que se echa la dentadura: *~* ***temporal,*** primera dentición o dentición de leche. 4 ZOOL. Clase y número de dientes que caracteriza a un animal mamífero, según su especie: *~* ***completa,*** la del animal que tiene las tres clases de dientes.
denticonejuno, -na *adj.* [caballería] Con dientes que no permiten apreciar la edad del animal.
denticulación *f.* ZOOL. Conjunto de los dientecillos que ofrecen algunos órganos de ciertos animales.
denticulado, -da *adj.* Que tiene dentículos. V. hoja denticulada.
denticular *adj.* De figura de dientes.
dentículo (l. *-lu*) *m.* ARQ. Adorno en forma de paralelepípedo rectángulo que se coloca alineado en la parte superior del friso del orden jónico y en otros miembros arquitectónicos. 2 H. NAT. Órgano o parte de él en figura de diente pequeño; como los de ciertas hojas y los de la epidermis de ciertos animales.
dentífrico, -ca (*denti-* + l. *fricare,* frotar) *adj.-m.* Substancia que sirve para limpiar los dientes: *pasta dentífrica; un ~.* ◇ INCOR.: *dentrífico.*
dentimellado, -da *adj.* Que tiene mella en los dientes. ◇ También *dientimellado.*
dentina *f.* Marfil de los dientes. 2 *Pan.* Mal olor.
dentirrostro, -tra (*denti-* + l. *rostru,* pico) *adj.-s.* Pájaro que tiene a cada lado del pico una punta y una escotadura que se corresponden. -2 *m. pl.* Suborden de estos animales.
dentista *adj.-com.* [pers.] Que por profesión o estudio se dedica a la odontología y prótesis dental.
SIN. **Odontólogo, estomatólogo,** son tecn. Desp., **sacamuelas. Dentista,** es el nombre gral.
dentistería *f. Amér.* Consultorio del dentista, clínica dental. 2 *Amér. Merid.* Odontología.
dentivano, -na (*denti-* + *vano*) *adj.* [caballería] Que tiene los dientes muy largos, anchos y ralos.
dento-, v. denti-.
dentolabial *adj.-s.* Labiodental.
dentolingual *adj.-s.* Dental.
dentón, -tona *adj.-s.* Dentudo. -2 *m.* Pez marino teleósteo perciforme, comestible, de cuerpo oval, comprimido, de hasta 1 m. de longitud, de color gris plateado con reflejos y con dos de sus dientes salientes *(Dentex dentex).*
dentrambos, -bas, ant. Contracción de *de entrambos* y de *de entrambas.*
dentrera *f. Colomb.* Dentrodera.
dentrífico *m.* vulg. Dentífrico. ◇ Es de uso INCOR.
dentro (l. *de* + *intro,* dentro) *adv. l. t.* A o en la parte interior

de un espacio limitado: ~ *de un cajón;* en un tiempo entre el momento inicial y el final : ~ *de un año;* en lo interior de un espacio o término imaginario : ~ *de mi alma.* 2 Puede llevar antepuestas las prep. *hacia* o *por* y pospuesta la prep. *en* substituyendo a la prep. *de:* ~ *en su pecho.* -3 **loc. adv.** ***A*** ~, adentro. 4 ***Dentro*** o ***fuera***, expr. con que se excita a uno a tomar una resolución.
SIN. v. **Adentro.**

dentrodera *f. Colomb.* Criada, moza de servicio.
dentrodería *f. Colomb.* Oficio de la dentrodera.
dentudo, -da *adj.-s.* Que tiene dientes desproporcionados. -2 *m. Cuba.* Pez, especie de tiburón, voraz y temible, de unos tres metros de largo, con dos filas de dientes largos y agudos en cada mandíbula *(Isurus oxyrhynchus).*
SIN. *1* **Dientudo.**

dentuzo, -za *adj. Cuba.* Dentudo.
denudación (l. *-atione*) *f.* H. NAT. Acción de denudar o denudarse. 2 Efecto de denudar o denudarse.
denudar (l. *-are;* doble etim. *desnudar*) *tr.-prnl.* H. NAT. Quitar [lo que en estado natural recubre una cosa]: ~ *un hueso;* ***denudarse un árbol***, desprendérsele la corteza. 2 Eliminar por erosión la parte más prominente de un terreno y transformarlo en una llanura o penillanura.
denuedo *m.* Brío, esfuerzo, intrepidez.
denuesto *m.* Injuria grave de palabra.
SIN. v. **Insulto.**

denuncia *f.* Acción de denunciar. 2 Efecto de denunciar. 3 DER. Notificación a la autoridad competente de una violación de la ley penal perseguible de oficio. 4 ~ ***de un tratado***, en el derecho internacional, manifestación de la voluntad de no prorrogar un tratado.
denunciable *adj.* Que se puede denunciar.
denunciación (l. *-tiatione*) *f.* Denuncia (acción y efecto).
denunciador, -ra (l. *-tiatore*) *adj.-s.* Que denuncia. -2 *m. f.* Denunciante.
denunciante *com.* Persona que hace una denuncia.
SIN. v. **Delator.**

denunciar (l. *-tiare*) *tr.* desus. Noticiar, avisar; esp., dar a la autoridad parte o noticia [de un daño hecho]. 2 Publicar o notificar solemnemente: ~ *la guerra;* ~ *un armisticio.* 3 esp. Participar oficialmente del estado ilegal, irregular o inconveniente [de una cosa]: ~ *un tratado.* 4 Delatar. 5 desus. Pronosticar. 6 ~ ***una mina***, acudir a la autoridad competente el que la ha descubierto, para registrar su derecho a la concesión. ◇ ** CONJUG. [12] como ***cambiar.***
denunciatorio, -ria *adj.* Relativo a la denuncia: *alegación* ~.
denuncio *m.* MIN. Acción de denunciar una mina. 2 *Amér.* Denuncia.
deodara (l. mod.) *m.* Variedad de cedro de la India.
deontología (gr. *deon deontos,* deber + *-logía*) *f.* Teoría o tratado de los deberes, esp. los relativos a una situación social dada: ~ *médica.*
REL. Adj. deriv., **deontológico.**

deparador, -ra *adj.* Que depara.
deparar (l. *parare,* preparar) *tr.* Suministrar, proporcionar, conceder [una cosa]. 2 Poner delante, presentar [una cosa].
departamental *adj.* Relativo a un departamento.
departamento (fr. *département*) *m.* Parte en que se divide un territorio, un edificio, un vehículo, una caja, etc. 2 Ministerio o ramo de la administración. 3 Distrito a que se extiende la jurisdicción de un capitán general de marina. 4 En las universidades, unidad de docencia, de investigación y económica, formada por una o varias áreas de conocimiento de materias afines. 5 *Argent., Chile, Perú* y *Urug.* Apartamento. 6 *Urug.* Provincia, división de un territorio sujeta a una autoridad administrativa.
departidor, -ra *adj.-s.* Que departe.
departir (l. **departire* < *de-* I + *partir*) *intr.* Conversar: ~ *con alguno* o *sobre algo.*
depauperación *f.* Acción de depauperar o depauperarse. 2 Efecto de depauperar o depauperarse.
depauperar (l. *-are*) *tr.-prnl.* Empobrecer. 2 Debilitar, extenuar [el organismo o una de sus partes].
dependencia *f.* Hecho de depender de una persona o cosa: *hallarse bajo la* ~ *de uno.* 2 Cosa que depende de otro: *las dependencias de una casa comercial.* 3 Conjunto de dependientes. 4 Habitación o espacio dedicados a los servicios de una casa.
depender (l. *-ere*) *intr.* Estar condicionada una cosa con otra, estar conexa con otra cosa o seguirse a ella. 2 Estar subordinada una cosa a otra, de la que forma parte. 3 Estar una persona bajo el dominio o autoridad de otra, necesitar del auxilio o protección de ésta.
SIN. *1* y *2* **Pender,** lit.

dependienta *f.* Empleada que tiene a su cargo atender a los clientes en las tiendas.
dependiente *adj.* Que depende: *sucursal* ~ *de una oficina central.* -2 *m.* Empleado, esp. de comercio. 3 Que sirve a uno o es subalterno de una autoridad.
depilación *f.* Acción de depilar o depilarse. 2 Efecto de depilar o depilarse.
depilador, -ra *adj.-s.* Que depila.
depilar (l. *-are* < *de-* II + *pilus,* pelo) *tr.-prnl.* Quitar el pelo o vello [de una parte del cuerpo], bien arrancándolo, bien por medios químicos: ~ *los brazos;* ~ *las piernas.*
depilatorio, -ria *adj.-m.* Que sirve para depilar: *crema depilatoria.*
deplorable (l. *-abile*) *adj.* Lamentable, digno de ser deplorado.
deplorablemente *adv. m.* De una manera deplorable.
deplorar (l. *-are*) *tr.* Sentir viva y profundamente [algo]. 2 Lamentar.
deponente *adj.-s.* Esp. persona que depone (afirma). 2 GRAM. Verbo latino que con significación de activo se conjuga por la voz pasiva.
deponer (l. *-ere*) *tr.* Dejar, separar, apartar de sí: ~ *la cólera;* ~ ***las armas***, cesar en la lucha. 2 Bajar o quitar [una cosa del lugar en que está]: ~ *una imagen.* 3 Privar [a una persona] de su empleo, retirarle sus honores, dignidades, etc.; degradarla: ~ *a un funcionario;* ~ *a un rey.* 4 Afirmar, atestiguar: *Pedro depone que ha visto lo ocurrido;* esp., declarar ante la autoridad judicial. 5 Evacuar el vientre. 6 *Méj., Guat.* y *Hond.* Devolver, vomitar. ◇ ** CONJUG. [78] como ***poner;*** pp. irreg.: ***depuesto.***
SIN. *3* **Destituir,** esp. si se trata de una autoridad; **dejar cesante, separar del servicio,** si se trata de un empleado.

depopulador, -ra (l. *-ator*) *adj.-s.* Que hace estragos en campos y poblados.
deportación (l. *-atione*) *f.* Acción de deportar. 2 Efecto de deportar. 3 Pena que consiste en deportar a un culpable.
SIN. v. **Destierro.**

deportante *com.* desus. Deportista.
deportar (l. *-are*) *tr.* Transportar [a un condenado] a un lugar lejano del que no debe salir.
deporte (del ant. *deportar,* descansar, divertirse) *m.* Recreación, pasatiempo, gralte. al aire libre. 2 Juego o ejercicio en que se hace prueba de agilidad, destreza o fuerza y que aprovecha al cuerpo y al espíritu. 3 fr. ***Hacer algo por*** ~, hacerlo por distracción, desinteresadamente.
deportismo *m.* Afición a los deportes o ejercicio de ellos.
deportista *com.-adj.* Persona aficionada a los deportes o entendida en ellos.
deportivamente *adv. m.* De manera deportiva.
deportividad *f.* Calidad de deportivo; esp., comportamiento caballeroso en los deportes.
deportivo, -va *adj.* Relativo al deporte. 2 Que se ajusta a las normas de corrección que el consenso general estima deben observarse en la práctica de los deportes. -3 *adj.-m.* Automóvil de dos puertas, carrocería aerodinámica y muy veloz.
deportoso, -sa *adj.* desus. Divertido (alegre).
deposición *f.* Exposición o declaración de una cosa. 2 Evacuación de vientre. 3 Privación o degradación de empleo o dignidad: ~ ***eclesiástica***, privación a perpetuidad de oficio y beneficio, con retención del canon y fuero; pena media entre la suspensión y la degradación. 4 DER. Declaración hecha verbalmente ante un juez o tribunal.
SIN. *2* **Cámara.**

depositador, -ra *adj.-s.* Que deposita.
depositante *adj.* Depositador. -2 *adj.-s.* esp. [pers.] Que establece un depósito de dinero, valores, joyas, etc., para su custodia o como garantía de una obligación.
depositar (de *depósito*) *tr.* Confiar a uno [una cosa] sobre su palabra; esp., poner [bienes o valores] bajo la custodia de persona abonada: ~ *valores en un Banco;* fig., ~ *la confianza,* ~ *la fama,* etc., *en alguno.* 2 Colocar [algo] en un sitio determinado por un tiempo; en gral., encerrar, contener. 3 Poner [a una persona] en lugar donde libremente pueda manifestar su voluntad, habiéndola sacado el juez competente de la parte donde se teme que le hagan violencia. 4 Colocar interinamente [un cadáver] en un lugar, hasta que se le dé sepultura. 5 Sedimentar.

-6 *prnl.* Caer en el fondo de un líquido una materia que esté en suspensión. -7 *tr. Méj.* Proceder a la reserva [del Santísimo Sacramento].

depositaría *f.* Lugar donde se hacen los depósitos. 2 Tesorería de la oficina o dependencia pública. 3 Cargo de depositario.

depositario, -ria (l. *-iu*) *adj. Relativo al depósito.* 2 fig. Que contiene o encierra una cosa. -3 *m. f.* Persona en quien se deposita una cosa. -4 *m.* Tesorero de la dependencia pública.

depósito (l. *-tu*) *m.* Acción de depositar. 2 Efecto de depositar. 3 Cosa depositada. 4 Lugar o paraje donde se deposita. 5 Organismo adscrito a una zona de reclutamiento, en el cual quedan concentrados los que no pueden ir inmediatamente al servicio activo. 6 Recipiente que sirve para contener un líquido: ~ *de gasolina de un automóvil.* 7 ~ ***de cadáveres,*** lugar, generalmente provisto de refrigeración, donde se depositan los cadáveres que por motivo de investigación científica o judicial no pueden ser enterrados en el tiempo habitual. 8 ~ ***de reserva territorial,*** aquel del cual dependen las clases e individuos de tropas que han prestado servicio activo y están todavía sujetos a nuevo llamamiento. 9 ~ ***franco,*** conjunto de mercancías importadas, libres de derecho de aduana hasta su reexportación o ser introducidas en el país. 10 ***En*** ~, mercancía entregada para su exposición y venta. La parte no vendida se devuelve. 11 COM. ~ ***indistinto,*** el que se constituye a nombre de dos o más personas o entidades. 12 DER. ~ ***irregular,*** aquel en que se autoriza al depositario para utilizar la cosa depositada. 13 DER. ~ ***miserable,*** o ***necesario,*** el hecho por obligación legal o a causa de apuro o desgracia.

depravación (l. *-tione*) *f.* Acción de depravar o depravarse. 2 Efecto de depravar o depravarse.

depravadamente *adv. m.* De manera depravada.

depravado, -da *adj.-s.* Demasiado viciado en las costumbres.
SIN. v. **Malo.**

depravador, -ra (l. *-atore*) *adj.-s.* Que deprava.

depravar (l. *-are*) *tr.-prnl.* Viciar, corromper.
SIN. v. **Pervertir.**

depre *f.* fam. Depresión.

deprecación (l. *-atione*) *f.* Acción de deprecar. 2 RET. Figura que consiste en dirigir un ruego o súplica ferviente.

deprecante *adj.* Que depreca.

deprecar (l. *-are*) *tr.* Rogar, suplicar con instancia o eficacia [una cosa]. ◇ ** CONJUG. [1] como *sacar.*
SIN. v. **Rogar.**

deprecativo, -va (l. *-vu*) *adj.* Relativo a la deprecación. 2 GRAM. Palabra o frase que expresa súplica.

deprecatorio, -ria *adj.* Deprecativo. V. modo deprecativo.

depreciación *f.* Disminución del valor o precio de una cosa. 2 Pérdida de valor de una moneda en el mercado libre de dinero.
SIN. **Desvalorización.**

depreciar (l. *-tiare*) *tr.* Disminuir el valor o precio [de una cosa]. -2 *intr.* Perder valor [una moneda en el mercado libre de dinero]: *la moneda ha sido depreciada en un 5 por ciento.* ◇ ** CONJUG. [12] como *cambiar.*
SIN. **Desvalorizar. Depreciar,** es voz más escogida que **abaratar,** y por ello se usa esp. en Economía, banca y grandes negocios. Se *deprecian* la moneda o los valores públicos, y se *abarata el* pan.

depredación (l. *deprœdatione*) *f.* Saqueo con violencia y devastación. 2 Malversación o exacción injusta por abuso de autoridad o confianza.

depredador, -ra *m. f.* El que depreda. 2 Animal que caza a otros animales.

depredar (l. *deprœdare*) *tr.* Saquear con violencia o devastación. 2 Cazar para su subsistencia algunos animales a otros de cierto tamaño.

depresión (l. *-ssione*) *f.* Acción de deprimir o deprimirse: ~ *del terreno.* 2 Efecto de deprimir o deprimirse. 3 Baja, descenso en gral. 4 Concavidad de alguna extensión en un terreno u otra superficie. 5 Síndrome caracterizado por una tristeza profunda e inmotivada y por la inhibición o disminución de las funciones psíquicas. 6 Período de baja actividad económica gral., caracterizado por desempleo masivo, deflación, decreciente uso de recursos y bajo nivel de inversiones. 7 ~ ***de horizonte,*** ángulo formado por el horizonte racional y la visual tangente a la superficie del mar, ocupando el observador una posición elevada. 8 ~ ***magnética,*** ángulo que forma la inclinación magnética con la superficie de un lugar.

depresivo, -va *adj.* Que deprime.

depresor, -ra (l. *-ssore*) *adj.-s.* Que deprime o humilla. -2 *m.* MED. Instrumento para deprimir o apartar: ~ *de la lengua.*

deprimente *adj.* Depresivo.

deprimido, -da *adj.* Que sufre depresión fisiológica o moral. 2 ZOOL. Aplastado en sentido dorsoventral, o sea del plano frontal; como la cabeza del pejesapo o el cuerpo de la raya y el torpedo. 3 ARQ. V. arco ~.

deprimir (l. *-ere*) *tr.* Reducir el volumen [de un cuerpo] por medio de la presión: *el peso del aire deprime la columna barométrica;* esp., hundir una parte de la superficie [de un cuerpo]: *el golpe le deprimió los huesos del cráneo.* 2 Humillar, rebajar [a una persona o cosa]; producir decaimiento de ánimo: *le deprimen más de lo que merece; la noticia deprimió su ánimo; la abundancia deprime los precios.* -3 *prnl.* Disminuir el volumen de un cuerpo o deformarse por virtud de un hundimiento. 4 Aparecer baja una superficie o línea con referencia a la inmediata.

deprisa *adv. m.* Aprisa.

depuesto, -ta (l. *depositu*) pp. irreg. de *deponer.*

depuración *f.* Acción de depurar o depurarse. 2 Efecto de depurar o depurarse. 3 FISIOL. Proceso por el cual el organismo elimina substancias nocivas o inútiles.

depurado, -da *adj.* Pulido, trabajado, elaborado cuidadosamente.

depurador, -ra *adj.-s.* Que depura o sirve para depurar. -2 *m.* Dispositivo, aparato o procedimiento para depurar las aguas potables, el gas, etc. 3 MEC. Filtro que purifica el aceite de una máquina o motor antes de introducirlo de nuevo en el circuito de engrase.

depurar (l. *-are* < *de-* I + *purus,* puro) *tr.* Quitar las impurezas [de una cosa]: ~ *un lenguaje;* ~ *la sangre.* 2 fig. Acrisolar la conducta [de alguno]. 3 Rehabilitar en el ejercicio de su cargo al que por causas políticas estaba separado o en suspenso. 4 Someter a un funcionario a expediente para sancionar su conducta política. 5 Eliminar de un cuerpo, organización, partido político, etc., a los miembros considerados como disidentes.
SIN. *1* v. **Purificar.**

depurativo, -va *adj.-m.* Medicamento que depura los humores, esp. la sangre.

depuratorio, -ria *adj.* Que sirve para depurar.

deputar *tr.* Diputar.

deque (*de* + *que*) *adv. t.* rúst. vulg. Después que, luego que. ◇ La Academia lo registra como una sola palabra; pero se escribe también *de que.*

dequeísmo *m.* Uso incorrecto o abusivo de la preposición *de* y la conjunción *que*: *le dije de que viniera* por *le dije que viniera.*

derby (ing.) *m.* Carrera anual de caballos que se celebra en Epsom (Inglaterra). 2 p. ext. Competición hípica importante. 3 Encuentro deportivo de rivalidad local o regional.

derecha (l. *directa*) *f.* Mano derecha. 2 En las asambleas parlamentarias, conjunto de los representantes de los partidos conservadores. 3 p. ext. Conjunto de personas que profesan ideas conservadoras. 4 ***¡Derecha!*** voz de mando militar para ordenar al soldado que se vuelva hacia la mano derecha.
SIN. *1* **Diestra.** REL. *2* v. **Izquierda,** sobre el origen de esta denominación política.

derechamente *adv. m.* En derechura. 2 fig. A las claras. 3 Con prudencia, destreza y justicia.

derechazo *m.* Bofetada dada con la mano derecha. 2 DEP. En boxeo, golpe dado con la mano derecha. 3 TAUROM. Pase de muleta ejecutado con la mano derecha.

derechera *f.* Vía o senda derecha.

derechismo *m.* Doctrina política de derecha. 2 Calidad de derechista.

derechista *adj.* Perteneciente o relativo a la derecha política.

derechito *adv. m.* fam. Derecho, derechamente.

derecho, -cha (v. *directo*) *adj.* Recto, sin torcerse a un lado ni a otro. 2 Justo, fundado, legítimo: ***a derechas,*** como es debido. 3 Vertical, en oposición a inclinado. 4 [parte del cuerpo] Que está situado en el lado opuesto al corazón: *brazo* ~; *pierna derecha.* 5 Que está situado, con respecto al hombre, en el lado opuesto al corazón: *el ala derecha de un ejército; el ala derecha de un edificio.* 6 [parte de un río] Que queda a la derecha de quien se coloca mirando hacia donde corren las aguas. 7 [forma y movimiento helicoidal] Que avanza cuando gira en el mismo sentido que las manecillas de un reloj. -8 *adv. m.* En derechura, derechamente. -9 *m.* Facultad de hacer una cosa no prohibida o de hacer o exigir todo lo que la ley o la autoridad establece en nuestro favor o nos permite quien puede hacerlo. 10 Justicia, razón. 11 Influencia legítima de los lazos afectivos: *los derechos de la*

DERIVACIÓN

En español, como en las demás lenguas neolatinas, la derivación es el medio más usual para la formación de palabras nuevas. Consiste en añadir a una palabra primitiva algún sufijo de los muchos que el idioma tiene en uso, p.ej., *bondad-oso, real-engo, can-ino, pas-iego.* La palabra se llama **derivada.** Cuando a un vocablo ya derivado se le añade otro sufijo, se forma un **derivado secundario,** p. ej., *mar- mar-ino*>*marin-ero.*

REGLAS GENERALES

EL VOCABLO PRIMITIVO ES VERBO, y el sufijo se agrega al radical si éste acaba en consonante: degoll-*ar,* degoll-*ina,* o pierde el radical la *e* o la *i* si acaba en una de las dichas vocables: berre-*ar,* berr-*ido;* chirri-*ar,* chirri-*ido.*

EL VOCABLO PRIMITIVO NO ES VERBO Y TERMINA EN VOCAL, y pierde las letras finales *a, e, o:* político, polític-*astro;* cama, cam-*illa;* pie, pi-*ececito;* gloria, glori-*eta;* vidrio, vidri-*ero;* pero algunas veces pierde todo el diptongo final: sandio, sand-*ez;* reliquia, relic-*ario.*

EL VOCABLO NO ES VERBO Y TERMINA EN CONSONANTE, y no sufre modificación: amor, amor-*oso,* excepto los en *dad,* que pierden las letras *ad:* vanidad, vanid-*oso.*

DIMINUTIVOS

Los ejemplos son masculinos. Los femeninos de cada serie se forman cambiando en *a* la *o* final de la desinencia.

-ececito, -ececillo, -ececico, -ecezuelo, para los monosílabos acabados en vocal (*pie*).

-ecito, -ecillo, -ecico, -ezuelo, -achuelo, (-ichuelo), para los monosílabos acabados en consonante (*sol*); *-ecito, -ecillo, -ecico, -ezuelo, -achuelo (-ichuelo),* para los bisílabos cuya primera sílaba es *ue, ie (huevo, reina, ciego);* para los bisílabos cuya última sílaba es *ia, io, ua (bestia, genio, lengua);* para las voces terminadas en *io (frío),* y para los vocablos de dos sílabas terminados en *e (cofre).*

-cito, -ciello, -cico-, -zueco, para las voces agudas de dos o más sílabas terminadas en *n* o *r (galán, resplandor),* y para las voces llanas acabadas en *n (dictamen).*

-ito, -illo, -ico, -uelo, para las voces, que pudiendo formar diminutivos, no entran en los cuadros precedentes *(pájaros, árbol, papel).*

AUMENTATIVOS

-ón, azo, acho, -ote, hombrón, hombrazo, hombracho, hombrote; papelón, papelazo, papelacho, papelote; y los aumentativos de aumentativos: hombrachón, hombrachote, picaronazo, etc.

Pueden formar aumentativos y diminutivos los substantivos, adjetivos y adverbios. Los gerundios pueden formar diminutivos: *callandito.*

Nota. — La significación, origen y particularidades morfológicas de los sufijos se hallarán en el artículo que a cada uno de ellos dedica este DICCIONARIO.

amistad. 12 Conjunto de leyes, preceptos y reglas a que están sometidos los hombres en toda sociedad civil: ~ ***canónico,*** sistema de normas establecidas por la Iglesia católica por las cuales se ordena y regula el régimen y disciplina de la sociedad cristiana; ~ ***civil,*** conjunto de normas que regulan las relaciones entre las personas físicas o jurídicas, en lo que respecta a su capacidad legal y situación familiar, patrimonial y contractual; ~ ***financiero,*** conjunto de normas relativas a la organización económica del Estado; ~ ***internacional,*** el que regula las relaciones entre los diferentes Estados y entre los súbditos de las distintas naciones; ~ ***penal,*** conjunto de normas y disposiciones que regulan la imposición de penas por el Estado a los autores de delitos y faltas; ~ ***privado,*** el que regula las relaciones entre los particulares, planteadas en su propio nombre y beneficio. 13 Ciencia que estudia las leyes y su aplicación: *tratado de ~ administrativo; facultad de ~.* 14 Lado mejor labrado de una tela, papel, tabla, etc. -15 ***m. pl.*** Lo que el estado, una provincia, una ciudad o un particular, tiene derecho a cobrar: *derechos aduaneros; derechos materiales; los derechos de un autor.* -16 ***adj. Amér.*** Afortunado, feliz.
SIN. *4, 5* y *7* **Diestro.**

derechohabiente ***adj.-com.*** Persona que deriva su derecho en otra.

derechoso, -sa ***adj.-s. Guat.*** y *Hond.* Copropietario.

derechuelo ***m.*** Costura muy sencilla que se enseñaba a las niñas.

derechura ***f.*** Calidad de derecho. 2 *En ~,* por el camino más recto; sin detenerse. 3 *Amér. Central* y *Perú.* Buena suerte.

derelicto, -ta, pp. irreg. de *derelinquir.*

derelinquir (l. *-ere*) ***tr.*** Derrelinquir. ◇ **CONJUG. [9] como ***delinquir.***

deriva ***f.*** Acción de derivar (abatir). 2 Desplazamiento lento que, por cualquier causa, experimenta el nivel de una señal, la sintonía de un receptor de radio, etc.
FR. *A la ~,* [buque] sin gobierno; [objeto] abandonado a merced de las olas y del viento; fig., sin rumbo propio en la conducta, actos, etc.

****derivación** (l. *-atione*) ***f.*** Acción de derivar (encaminar): *esta acequia es la ~ de un río.* 2 Pérdida de fluido en una línea eléctrica, esp. la producida por la acción de la humedad ambiente. 3 Conexión de un circuito eléctrico respecto a otro a la misma diferencia de potencial. 4 GRAM. Acción o procedimiento para derivar las palabras. 5 GRAM. Palabra derivada. 6 MAT. Operación de hallar la derivada; diferenciación. 7 RET. Figura que consiste en emplear en una cláusula dos o más voces de un mismo radical.

derivada *f.* Hablando de funciones matemáticas, límite hacia el cual tiende la razón entre el incremento de la función y el correspondiente a la variable, cuando este último tiende a cero.
derivado, -da *adj.* [palabra, esp. substantivo, adjetivo y verbo] Que se deriva de otra palabra de la misma lengua. V. primitivo, simple, compuesto y parasintético. 2 QUÍM. [producto] Que se obtiene de otro: *los derivados del petróleo.*
derivar (l. *-are*) *intr.-prnl.* Traer su origen de alguna cosa: ~, o *derivarse, de gran autoridad.* 2 MAR. Abatir (separarse del rumbo). 3 p. ext. Salir de madre un río. -4 *tr.* Encaminar, conducir [una cosa]: *derivamos la atención hacia el mar.* 5 GRAM. Formar [una palabra] de otra cambiando su forma o añadiéndole un sufijo; dar a una palabra otro significado cambiando su función. V. habilitación.
derivativo, -va (l. *-vu*) *adj.* GRAM. Que implica o denota derivación; [palabra] que deriva de otra. 2 MED. desus. [medicamento] Que aparta de la zona afectada por una enfermedad los humores o las substancias determinantes de ella.
derivo *m.* Origen, procedencia.
derivómetro (de *deriva* + *-metro*) *m.* AERON. Instrumento que se usa a bordo de las aeronaves para medir la deriva con respecto al suelo.
derm-, v. dermato-.
dermal *adj.* Dérmico.
dermalgia (*derm-* + *-algia*) *f.* Dolor nervioso de la piel.
dermáptero *adj.-m.* Insecto del orden de los dermápteros. -2 *m. pl.* Orden de insectos pterigotas de pequeñas dimensiones y abdomen terminado en pinzas; las alas son pequeñas, las anteriores coriáceas y las posteriores membranosas; como la tijereta.
dermatitis (*dermat-* + *-itis*) *f.* Inflamación de la piel. ◇ También *dermitis.* ◇ Pl.: *dermatitis.*
dermato-, dermat-, dermo-, derm-, -dermo, -derma, -dermia, -dermis (de la voz gr. *derma, dermatos,* piel) Elemento prefijal y sufijal que entra en la formación de palabras con el significado de piel: *paquidermo, mioderma, actinodermis.*
dermatoesqueleto (*dermato-* + *esqueleto*) *m.* Tegumento endurecido y rígido que recubre exteriormente el cuerpo de los artrópodos y otros invertebrados.
dermatofito (*dermato-* + *-fito*) *m.* Hongo parásito que produce una enfermedad en la piel de los animales.
dermatofitosis (*dermatofito* + *-osis*) *f.* Enfermedad de la piel, producida por hongos parásitos que se desarrollan únicamente en la capa córnea de la epidermis y en los pelos, como la tiña. ◇ Pl.: *dermatofitosis.*
dermatógeno (*dermato-* + *-geno*) *m.* Capa externa diferenciada de la raíz en crecimiento, en gral. monocelular.
dermatoglifo (*dermato-* + gr. *glipho,* grabar) *m.* Surco de la yema del dedo y de la palma de la mano, cuyo estudio en un dactilograma permite diferenciar a los individuos.
dermatología (*dermato-* + *-logía*) *f.* Parte de la medicina que trata de las enfermedades de la piel.
dermatológico, -ca *adj.* Relativo a la dermatología.
dermatólogo, -ga *m. f.* Persona especializada en dermatología.
dermatomo *m.* Dermatotomo.
dermatosis (*dermat-* + *-osis*) *f.* MED. Enfermedad de la piel, en general. ◇ Pl.: *dermatosis.*
SIN. **Dermatopatía.**
dermatotomo (*dermato-* + *-tomo*) *m.* CIR. Instrumento quirúrgico que hace posible la obtención de cortes muy finos de piel mediante una cuchilla afiladísima, de espesor mínimo y constante; se utiliza para el trasplante cutáneo. ◇ También *dermatomo.*
dermesto *m.* Género de coleópteros que da nombre a la familia derméstidos; son de pequeño tamaño y su alimentación es a base de carne, grasas, huesos, pieles, plumas y otras substancias de origen animal *(Dermestes).*
-dermia, v. dermato-.
dérmico, -ca *adj.* MED. Relativo a la dermis.
dermis (v. *epidermis*) *f.* Capa de tejido conjuntivo situada debajo de la epidermis y que, con ésta, forma la piel. ◇ Pl.: *dermis.*
dermitis (*derm-* + *-itis*) *f.* Dermatitis. ◇ Pl.: *dermitis.*
dermo-, -dermo, -a, v. dermato-.
dermografía (*dermo-* + *-grafía*) *f.* MED. Dermografismo.
dermografismo (*dermo-* + *grafismo*) *m.* MED. Reacción cutánea ante un estímulo mecánico, con persistencia de señales rojas o blancas en el lugar del contacto.
dermohidratante (*dermo-* + *hidratante*) *adj.-m.* [cosmético] Hidratante.
dermoide (*dermo-* + *-oide*) *m.* MED. Tumor formado por tejidos cutáneos de origen embrionario.
dermopatía (*dermo-* + *-patía*) *f.* Dermatosis.
dermoprotector, -ra (*dermo-* + *protector*) *adj.-m.* [cosmético] Que sirve para proteger la piel de los efectos del sol, del frío, del aire, etc.
dermorreacción (*dermo-* + *reacción*) *f.* MED. Antirreacción.
dermotropo, -pa (*dermo-* + *tropo*) *adj.* Que tiene afinidad por la piel.
-dero, -dera (l. *-toriu*) Sufijo que entra en la formación de substantivos y adjetivos derivados de verbo. Los substantivos denotan instrumento: *prendedero, regadera;* lugar: *abrevadero;* existe la tendencia progresiva a especializar la forma femenina para expresar instrumento: *lanzadera, podadera, raedera;* y la masculina para lugar: *vertedero, mentidero, matadero;* el f. pl. se usa fig. y fam. para significar medios, capacidad: *entendederas, explicaderas, despachaderas, absolvederas;* los adjetivos denotan actitud activa o pasiva.
derogación (l. *-atione*) *f.* Acción de derogar. 2 Disminución, deterioración.
derogador, -ra *adj.-s.* Que deroga.
derogar (l. *-are*) *tr.* Anular o modificar [una ley o precepto] con una nueva ley o precepto. 2 Destruir, suprimir. ◇ ** CONJUG. [7] como *llegar.*
SIN. v. **Abolir.**
derogatorio, -ria (l. *-iu*) *adj.* Que deroga: *cláusula derogatoria.*
derrabadura *f.* Herida que se hace al animal al derrabarle.
derrabar (paras.) *tr.* Cortar o arrancar la cola [a un animal].
derrama *f.* Repartimiento de un gasto eventual, esp. de una contribución. 2 Contribución extraordinaria.
derramadero *m.* Vertedero.
derramado, -da (de *derramar*) *adj.* fig. Pródigo (derrochador).
derramador, -ra *adj.-s.* Que derrama.
derramamiento *m.* Acción de derramar o derramarse. 2 Efecto de derramar o derramarse. 3 Dispersión, esparcimiento de un pueblo o de una familia.
derramaplaceres *m.* Derramasolaces. ◇ Pl.: *derramaplaceres.*
derramar (l. v. *diramare,* separarse las ramas de un árbol, del l. *ramu,* rama) *tr.-prnl.* Dejar salir de un recipiente y esparcir [líquidos o cosas menudas]: ~ *agua al, en,* o *por, el suelo,* o *derramarse agua,* etc. -2 *tr.* Repartir o distribuir entre los vecinos de una localidad [los impuestos o pechos]. 3 fig. Publicar, divulgar [una noticia]. -4 *prnl.* Esparcirse, desmandarse con desorden y confusión: *los sublevados se han derramado por la ciudad.* 5 Desembocar una corriente de agua.
derramasolaces *com.* Aguafiestas. ◇ Pl.: *derramasolaces.*
derrame *m.* Derramamiento. 2 Porción de un líquido o de un árido que se desperdicia al medirlo o que se sale y pierde del recipiente que lo contiene. 3 Declive de tierra por el cual corre o puede correr el agua. 4 Subdivisión de una cañada o valle en salidas más angostas. 5 Corte oblicuo en el muro de una puerta o ventana para que sus hojas se puedan abrir más. 6 CONSTR. Espesor del muro cuando queda de manifiesto al abrir un vano en él y dejar sus jambas, antepecho o dintel en plano inclinado, especialmente cuando es hacia el interior, con el fin de que la luz abarque un campo mayor de la estancia. 7 FORT. En las aspilleras, saeteras y troneras, grosor del muro abierto en el plano inclinado hacia elexterior. 8 MED. Salida anormal al exterior, o acumulación anormal en una cavidad, de un líquido orgánico. 9 *Colomb.* y *Perú.* ARQ. Moldura en forma de bisel. -10 *m. pl. Chile.* Aguas sobrantes de un predio que vierten en otro inferior.
derramo *m.* Derrame (corte oblicuo).
derrapaje *m.* Acción de derrapar. 2 Efecto de derrapar.
derrapar (del fr. *déraper*) *intr.* Patinar un vehículo desviándose lateralmente de la dirección que llevaba.
derraspado *adj.* Desraspado.
derredor (*de* + *redor*) *m.* Circuito, contorno de una cosa: *al,* o *en* ~, en circuito, en contorno.
SIN. **Rededor.**
derrelicto (l. *derelictu*) *m.* MAR. Buque u objeto abandonado en el mar.

derrelinquir (l. *derelinquere*) *tr.* Abandonar, desamparar. ◇ **CONJUG. [9] como ***delinquir.***

derrenegar (*de-* I + *renegar*) *intr.* Abominar de una persona o cosa. ◇ ** CONJUG. [48] como ***regar.***

derrengado, -da *adj.* Torcido. 2 fig. Muy cansado.

derrengadura *f.* Lesión que queda en el cuerpo derrengado.

derrengar (l. v. *desrenicare* < l. *renes,* riñones) *tr.-prnl.* Descaderar, lastimar el espinazo o los lomos [de una persona o animal]. 2 Torcer, inclinar [alguna cosa] a un lado más que a otro. 3 fig. Cansarse, fatigarse en exceso. ◇ ** CONJUG. [48] como ***regar*** en los clásicos. En autores modernos se hallan ejemplos sin diptongo.
SIN. *1* **Desriñonar.**

derrengo *m. And.* Palo con que se derriba la fruta, tirándolo a los árboles que la tienen.

derrengue (de *derrengar*) *m.* VETER. Parálisis de las extremidades posteriores de los bóvidos, producida por el virus de la rabia transmitido por murciélagos.

derreniego *m.* rúst. Reniego.

derretido, -da *adj.* fig. Amartelado, enamorado. -2 *m.* Hormigón I.

derretimiento *m.* Acción de derretir o derretirse. 2 Efecto de derretir o derretirse. 3 fig. Afecto vehemente, amor intenso.

derretir (probl. del l. v. *de* + *-retrire;* por el l. cl. *reterere,* desgastar) *tr.-prnl.* Liquidar por medio del calor [una cosa sólida]. -2 *tr.* Gastar, disipar [la hacienda]. 3 fam. Trocar [la moneda]. -4 *prnl.* fig. Enardecerse con el amor divino o profano. 5 Enamorarse con facilidad. 6 fam. Deshacerse, estar lleno de impaciencia o inquietud. ◇ ** CONJUG. [34] como ***servir.***
SIN. *1* **Regalar, fundir.**

derribado, -da *adj.* [anca de una caballería] Que es algo más baja de lo regular por el extremo.

derribador *m.* El que destruye o derriba algo. 2 El que derriba reses vacunas.

derribar (relac. con el l. *ripa*) *tr.* Demoler, echar a tierra [cosas u otras construcciones]; en gral., transformar, echar a rodar [lo que está puesto en alto]: *~ al valle; ~ de la cumbre; ~ en,* o *por, tierra.* 2 Hacer dar en el suelo [a una persona, animal o cosa], empujándolos un jinete con garrocha. 3 Postrar (derribar; debilitar). 4 fig. Hacer perder [a una persona] la privanza, cargo o estimación adquirida. 5 Sujetar, abatir [los afectos desordenados del ánimo]. 6 EQUIT. Hacer que [el caballo] ponga los pies lo más cerca posible de las manos para que baje las ancas. -7 *prnl.* Tirarse a tierra, dejarse caer.
SIN. *1* y *2* **Tirar, tumbar.**

derribo *m.* Materiales que quedan después de la demolición.

derrick *m.* Torre de perforación de un pozo de petróleo.

derrisco *m. Cuba.* Barranco profundo.

derriza *f. Extr.* Riña. 2 *Extr.* Destrozo, grande.

derrocadero *m.* Sitio de muchas rocas, de donde hay peligro de caer y precipitarse.
SIN. **Despeñadero.**

derrocamiento *m.* Acción de derrocar. 2 Efecto de derrocar.

derrocar (paras.) *tr.* Despeñar, precipitar, desde una peña o una roca: *~ de la cumbre; ~ en,* o *por, tierra.* 2 fig. Derribar [a uno] del estado o fortuna que tiene. 3 fig. Enervar, precipitar [una cosa espiritual o intelectual]. 4 fig. *y* p. us. Echar por tierra, arruinar [un edificio]: *~ al suelo.* ◇ ** CONJUG. Puede ser irregular [49] como ***trocar,*** y así lo usaron los clásicos; pero en la lengua moderna son frecuentes las autoridades que lo emplean como regular.
SIN. *2, 3* y *4* **Derribar,** pero con signif. intensiva respecto a éste.

derrochador, -ra *adj.-s.* Que derrocha o malbarata el caudal.
SIN. v. **Pródigo.**

derrochar (probl. del fr. *dérocher,* despeñar, der. de *roche,* roca; comp. cast. *derrocar*) *tr.* Dilapidar. 2 fig. *y* fam. Tener una cosa buena en cantidad: *derrocha amabilidad.*

derroche *m.* Acción de derrochar. 2 Efecto de derrochar.

derrostrarse (paras.) *prnl.* fig. *y* desus. Deshacerse el rostro, maltratarse la cara.

I) derrota (de *rota;* elipsis del l. *[via] rupta,* camino abierto) *f.* Camino, vereda o senda de tierra. 2 Rumbo de una embarcación al navegar. 3 Dirección pretendida del desplazamiento de un vehículo.
SIN. *2* **Rota, ruta.**

II) derrota (en fr. ant. *derouter,* echar del camino) *f.* Vencimiento completo de un ejército seguido gralte. de fuga desordenada. 2 fig. Ruina, desastre.
SIN. **Rota.**

derrotado, -da *adj.* Que anda con vestidos deteriorados o raídos. 2 fam. Deprimido, sobrepasado por los acontecimientos.

derrotar (de *derrota II*) *tr.* Vencer y hacer huir [al ejército contrario]. 2 Vencer a los contrarios en una discusión, campaña, pelea, encuentro deportivo, etc. 3 desus. Romper, destrozar [muebles, vestidos, etc.]. 4 Disipar, derrochar [la hacienda]. 5 Destruir, arruinar [a uno] en la salud o los bienes. -6 *prnl.* Derrumbarse ante las contrariedades. 7 MAR. Apartarse la embarcación del rumbo adecuado por cualquier causa. 8 TAUROM. Tendencia del toro a dar cornadas levantando la cabeza.

derrote *m.* Cornada que da el toro levantando la cabeza.

derrotero *m.* Línea señalada en la carta de marear, para gobierno de los pilotos en los viajes. 2 Dirección dada por escrito para un viaje de mar. 3 Libro que contiene estos caminos. 4 Derrota (rumbo). 5 fig. Camino tomado para lograr el fin propuesto. 6 *Cuba.* Tesoro oculto.
SIN. *5* **Ruta.**

derrotismo *m.* Calidad de derrotista.

derrotista *adj.* [pers.] Que en tiempo de guerra habla o escribe presagiando directa o indirectamente la derrota de su país, bien por pesimismo, bien con intención maliciosa; [conducta, noticias, campaña, etc., y p. ext. otras empresas militares] que presagian derrota: *actitud ~; rumores derrotistas.* 2 Pesimista.

derrubiar (v. *derrumbar*) *tr.* Robar lentamente una corriente de agua [la tierra de las riberas o tapias]. ◇ ** CONJUG. [12] como ***cambiar.***

derrubio *m.* Acción de derrubiar. 2 Efecto de derrubiar. 3 Tierra que se desmorona por esta causa.

derruir (l. *diruere,* demoler, der. del l. *ruere,* lanzar violentamente) *tr.* Derribar o arruinar [un edificio]. ◇ ** CONJUG. [62] como ***huir.***

derrumbadero *m.* Despeñadero (declive; riesgo).

derrumbamiento *m.* Acción de derrumbar o derrumbarse. 2 Efecto de derrumbar o derrumbarse.

derrumbar (b. l. **derupare* < l. *rupes,* roca; doble etim. *derrubiar*) *tr.-prnl.* Precipitar, despeñar.

derrumbe *m.* Despeñadero (precipicio). 2 MIN. Derrumbamiento.

derrumbo *m.* Despeñadero (precipicio).

derviche (persa *dervix*) *m.* Especie de monje musulmán perteneciente a una secta político-religiosa.

des-, de- (l. *dis-*) Prefijo que entra en la formación de palabras denotando negación o inversión del significado del vocablo simple: *desconfiar; deshacer;* privación: *desalojar;* exceso: *deslenguado;* fuera de: *descamino, destierro.* A veces implica afirmación, como en *despavorido.*
GRAM. Para su confusión frecuente con el prefijo *es-* (l. *ex-*), v. *es-.*

desabarrancar (*des-* + *abarrancar*) *tr.* Sacar de un barranco, barrizal o pantano [lo que está atascado]. 2 fig. Sacar [a uno] de una dificultad. ◇ ** CONJUG. [1] como ***sacar.***

desabastecer (*des-* + *abastecer*) *tr.* Privar del abastecimiento [a una persona o pueblo]. ◇ ** CONJUG. [43] como ***agradecer.***

desabejar (paras. de *des-* + *abeja*) *tr.* Sacar las abejas [de la colmena].

desabollador *m.* Utensilio propio para desabollar.

desabollar *tr.* Quitar las abolladuras: *~ una olla.*

desabonarse (*des-* + *abonar*) *prnl.* Cesar de estar abonado.

desabono *m.* Acción de desabonarse. 2 Efecto de desabonarse. 3 Perjuicio que se hace a uno hablando contra él.

desabor (*des-* + *sabor*) *m.* Insipidez, desabrimiento en el paladar o en la cosa que se come o bebe.
SIN. **Sinsabor.**

desabordarse (*des-* + *abordar*) *prnl.* Separarse una embarcación después de haber abordado con otra.

desaborido, -da *adj.* Sin sabor. 2 Sin substancia. -3 *adj.-s.* fig. [pers.] De carácter indiferente o soso.

desabotonar (*des-* + *abotonar*) *tr.* Desasir los botones [de una prenda de vestir]. -2 *intr.* fig. Abrirse los capullos de las flores.

desabridamente *adv. m.* Con desabrimiento.

desabrido, -da *adj.* De poco o ningún sabor: *manjar ~; fruta desabrida.* 2 De mal sabor. 3 [tiempo] Destemplado, desigual. 4 fig. Áspero y desapacible en el trato.
SIN. **Insubstancial, insulso, insípido, soso.**

desabrigado, -da *adj.* Desamparado.

desabrigar *tr.* Quitar el abrigo [a una persona]. ◇ ** CONJUG. [7] como ***llegar.***

desabrigo *m.* Acción de desabrigar o desabrigarse. 2 Efecto de desabrigar o desabrigarse. 3 fig. Desamparo.

desabrimiento *m.* Falta de sazón: *el ~ de un manjar, de una fruta.* -2 tr.- prnl. fig. Desazón interior. 3 Aspereza en el trato. 4 En la ballesta y armas de fuego, dureza de su empuje al dispararse.

SIN. *1* **Desazón.**

desabrir *tr.* Dar mal gusto [a un manjar]. 2 fig. Desazonar el ánimo [de uno]: *desabrirse con alguno.*

desabrochar (*des-* + *abrochar*) *tr.* Desasir los broches, corchetes, botones, etc. [de una prenda de vestir]. 2 fig. Abrir, descubrir [una cosa]. -3 *prnl.* Confiar un secreto, suceso o sentimiento.

desacalorarse *prnl.* Aliviarse uno del acaloramiento que padece.

desacatador, -ra *adj.-s.* Que desacata o se desacata.

desacatamiento *m.* Desacato.

desacatar (*des-* + *acatar*) *tr.* Faltar a la reverencia o respeto que se debe [a uno]. 2 Desobedecer, o no cumplir [una norma, ley, orden, etc.].

desacato *m.* Irreverencia para con las cosas sagradas. 2 Falta de respeto. 3 DER. Delito que se comete calumniando, injuriando, insultando o amenazando a un ministro o a una autoridad en el ejercicio de sus funciones o con ocasión de ellas.

desacedar *tr.* Quitar la acedía [a una persona o cosa].

desaceitado, -da *adj.* Que está sin aceite o no tiene el que necesita.

desaceitar (*des-* + *aceitar*) *tr.* Quitar el aceite [a los tejidos y otras obras de lana].

desaceleración *f.* Acción de desacelerar. 2 Efecto de desacelerar.

desacelerar (*des-* + *acelerar*) *tr.* Retardar, retrasar, quitar celeridad.

desacerar (*des-* + *acero*) *tr.-prnl.* Quitar o gastar el acero [de una herramienta].

desacerbar (*des-* + *acerbo*) *tr.* Templar, quitar lo áspero y agrio [a una cosa].

desacertadamente *adv. m.* Con desacierto.

desacertado, -da *adj.* Que yerra u obra sin acierto.

desacertar (*des-* + *acertar*) *intr.* Errar; no tener acierto. ◇ ** CONJUG. [27] como ***acertar.***

desachirarse *prnl. Colomb.* Despejarse el cielo.

desachispar *tr.* fam. Quitar la borrachera [a alguien].

desacidificar *tr.* Quitar la acidez [a una cosa]. ◇ ** CONJUG. [1] como ***sacar.***

desacierto *m.* Acción de desacertar. 2 Efecto de desacertar. 3 Dicho o hecho desacertado.

SIN. v. **Error.**

desaclimatar *tr.* Cambiar de clima [a una persona].

desacobardar *tr.* Quitar la cobardía o el miedo [a uno].

desacollarar *tr. Argent.* Separar lo que está acollarado.

desacomedido, -da *adj. Amér.* Que no es acomedido.

desacomodadamente *adv. m.* Sin comodidad.

desacomodado, -da *adj.* [pers.] Que no tiene los medios y conveniencias competentes para mantener su estado. 2 Que está sin acomodo. 3 Que causa incomodidad. 4 *Chile.* Desordenado.

SIN. *2* **Parado, desocupado; cesante,** si se trata de un funcionario. *3* **Incómodo.**

desacomodamiento *m.* Incomodidad.

desacomodar (*des-* + *acomodar*) *tr.* Privar de la comodidad [a una persona o cosa]. -2 *tr.-prnl.* Quitar el acomodo [a uno].

desacomodo *m.* Acción de desacomodar o desacomodarse. 2 Efecto de desacomodar o desacomodarse.

desacompañamiento *m.* Acción de desacompañar. 2 Efecto de desacompañar.

desacompañar *tr.* Rehuir, dejar la compañía [de uno].

desacondicionar *tr. Chile.* Quitar [a una persona] la buena condición en que estaba. 2 *Guat.* Desordenar [las cosas] que estaban bien condicionadas.

desaconsejado, -da *adj.-s.* Que obra sin consejo ni prudencia, y sólo por capricho.

desaconsejar (*des-* + *aconsejar*) *tr.* Disuadir, aconsejar no hacer [una cosa].

desacoplamiento *m.* Acción de desacoplar. 2 Efecto de desacoplar.

desacoplar (*des-* + *acoplar*) *tr.* Separar [lo que estaba acoplado].

desacordadamente *adv. m.* Sin acuerdo.

desacordado, -da *adj.* PINT. [obra] Cuyas partes desentonan por razón de la composición o del colorido.

desacordar (*des-* + *acordar*) *tr.* Destemplar [un instrumento músico] o templarlo de modo que esté más alto o más bajo que el que da el tono. 2 Cantar con voz destemplada o fuera de tono con la de los demás. ◇ ** CONJUG. [31] como ***contar.***

desacorde *adj.* Que no iguala o concuerda con otra cosa; esp., [instrumento músico] desafinado o de distinto tono.

desacorralar *tr.* Sacar [el ganado o un animal] del corral o cercado. 2 TAUROM. Sacar [las reses bravas] fuera de la manada o del lugar de su querencia.

desacostumbradamente *adv. m.* Sin costumbre, fuera de lo regular.

desacostumbrado, -da *adj.* Fuera del uso y del orden común.

SIN. **Insólito.**

desacostumbrar (*des-* + *acostumbrar*) *tr.-prnl.* Hacer perder [a uno] una costumbre.

SIN. **Deshabituar, desvezar;** para sus matices distintivos, v. **acostumbrar.**

I) desacotar (*des-* + *acotar* I) *tr.* Levantar el coto [de un terreno].

II) desacotar (de *des-* + *acotar II*) *intr.* Apartarse del concierto o cosa que se está tratando. -2 *tr.* Rechazar, no admitir [una cosa]. 3 Entre muchachos, suspender [las leyes que ponen en sus juegos].

desacotejar *tr. Cuba.* Desarreglar.

desacoto *m.* Acción de desacotar I. 2 Efecto de desacotar I.

desacralizar *tr.-prnl.* Quitar el carácter sacro [a algo que lo tenía]. ◇ ** CONJUG. [4] como ***realizar.***

desacreditado, -da *adj.* Que no goza de buena opinión.

desacreditador, -ra *adj.-s.* Que desacredita.

desacreditar (*des-* + *acreditar*) *tr.* Disminuir el crédito o reputación [de una persona] o el valor y estimación [de una cosa].

desactivación *f.* Acción de desactivar. 2 Efecto de desactivar. 3 FÍS. Reducción de la actividad de una substancia fuertemente radiactiva, por desintegración radiactiva.

desactivar (*des-* + *activar*) *tr.* Anular cualquier potencia activa, como la de explosivos, procesos físicos y químicos, planes económicos, etc. 2 Suprimir la actividad propia de una substancia. 3 FÍS. Eliminar los elementos radiactivos presentes en un cuerpo.

desacuartelar *tr.* Sacar [las tropas] de los cuarteles.

desacuerdo *m.* Discordia o disconformidad en los dictámenes o acciones: *estar en ~.* 2 p. us. Error. 3 p. us. Olvido de una cosa. 4 ant. Enajenación.

desaderezar (*des-* + *aderezar*) *tr.-prnl.* Desaliñar. ◇ **CONJUG. [4] como ***realizar.***

desadeudar (*des-* + *adeudar*) *tr.-prnl.* Libertar [a uno] de sus deudas.

desadorar (*des-* + *adorar*) *tr.* Dejar de adorar.

desadormecer (*des-* + *adormecer*) *tr.-prnl.* Despertar, espabilar [a uno]. 2 fig. Desentumecer [un miembro]. ◇ ** CONJUG. [43] como ***agradecer.***

desadornar (*des-* + *adornar*) *tr.* Quitar el adorno o compostura [de una persona o cosa].

desadorno *m.* Falta de adorno o compostura.

desadvertidamente *adv. m.* Inadvertidamente.

desadvertido, -da *adj.* Inadvertido.

desadvertimiento *m.* Inadvertencia.

desadvertir *tr.* No reparar o advertir [una cosa]. ◇ ** CONJUG. [29] como ***discernir.***

desafear *tr.* Quitar o disminuir la fealdad [de una persona o cosa].

desafección *f.* Malquerencia.

SIN. v. **Antipatía.**

desafecto, -ta *adj.* Que no siente estima por una cosa o muestra hacia ella desvío o indiferencia. 2 Contrario. -3 *m.* Malquerencia.

desaferencia *f.* FISIOL. Eliminación o interrupción de la transmisión de los impulsos nerviosos desde una parte del sistema nervioso a otra, que con respecto a ella es considerada central, por destrucción de las vías aferentes o por acción de substancias químicas.

desaferrar (*des-* + *aferrar*) *tr.* Desasir, soltar [lo que está aferrado]. 2 fig. Sacar [a uno] del dictamen que tenazmente defiende. 3 MAR. Levantar [las áncoras] para navegar. ◇ ** CONJUG. como ***aferrar,*** podía ser irregular [27] como ***acertar,*** en los siglos XVI y XVII. Hoy se usa como regular: *desaferra.*

desafiador, -ra *adj.-s.* Que desafía.
desafianzar *tr.* Quitar la fianza. ◇ ** CONJUG. [4] como ***realizar.***
desafiar (*des-* + *a-* I + *fiar*) ***tr.*** Retar, provocar [a uno] a singular combate, contienda o discusión. 2 Competir [con uno] en cosas que requieren fuerza o destreza. 3 fig. Competir, oponerse una cosa [a otra]: *el barco desafiaba la tempestad.* 4 Enfrentarse a las opiniones o mandatos de una persona. 5 Afrontar con valentía [una situación difícil]. ◇ ** CONJUG. [13] como ***desviar.***
desafición *f.* Falta de afición, desafecto.
desaficionar (*des-* + *aficionar*) ***tr.*** Hacer perder la afición [a una cosa].
desafilar *tr.* Embotar el filo [de un arma o herramienta].
desafinación *f.* Acción de desafinar o desafinarse. 2 Efecto de desafinar o desafinarse.
desafinadamente *adv. m.* Con desafinación: *cantar* ~.
desafinar (*des-* + *afinar*) ***intr.-prnl.*** Apartarse [la voz o el instrumento] de la debida entonación. -2 ***intr.*** fig. Decir en una conversación cosa indiscreta o inoportuna.
SIN. **Desentonar.**
desafío *m.* Acción de desafiar. 2 Efecto de desafiar. 3 Rivalidad, competencia.
SIN. *1* y *2* **Reto.** Cuando está sujeto a ciertas reglas, v. **duelo.**
desaforadamente *adv. m.* Desordenadamente, con exceso. 2 Con desafuero y osadía.
desaforado, -da *adj.* Que obra sin ley ni fuero, atropellando por todo. 2 Que es o se expide contra ley o privilegio. 3 fig. Grande en exceso, desmedido, fuera de lo común.
desaforar (*des-* + *aforar*) ***tr.*** Quebrantar los fueros y privilegios que corresponden [a uno]. 2 Privar [a uno] del fuero o exención que goza por causa injustificada. -3 ***prnl.*** Descomponerse, atreverse, descomedirse. ◇ ** CONJUG. [31] como ***contar.***
desaforo *m. Cuba.* Ardor, arrebato.
desaforrar (*des-* + *aforrar*) ***tr.*** Quitar el forro [a una cosa].
desafortunado, -da *adj.* Sin fortuna. 2 Desacertado, no oportuno.
SIN. *1* v. **Desgraciado.**
desafuero *m.* Acto violento contra la ley. 2 p. ext. Acción contraria a las buenas costumbres o a los consejos de la sana razón. 3 DER. Hecho que priva de fuero al que lo tenía.
SIN. v. **Exceso.**
desagarrar (*des-* + *agarrar*) ***tr.*** fam. Soltar [lo que está preso o agarrado].
desagraciado, -da *adj.* Sin gracia.
desagraciar *tr.* Quitar la gracia [a una persona o cosa]. ◇ **CONJUG. [12] como ***cambiar.***
desagradable *adj.* Que desagrada: ~ *al gusto;* ~ *con,* o *para,* o *para con, las gentes.*
SIN. **Molesto, irritante, enojoso,** etc., adjetivos más intensos, son substituidos en la actualidad, entre personas educadas, por *desagradable,* usado como eufemismo.
desagradablemente *adv. m.* Con desagrado.
desagradar (*des-* + *agradar*) ***intr.-prnl.*** Causar desagrado.
desagradecer (*des-* + *agradecer*) ***tr.*** No agradecer [el beneficio recibido]. 2 Desconocerlo. ◇ ** CONJUG. [43] como ***agradecer.***
desagradecidamente *adv. m.* Con desagradecimiento.
desagradecido, -da *adj.-s.* Que desagradece: ~ *al beneficio;* ~ *con,* o *para, todos.*
desagradecimiento *m.* Acción de desagradecer. 2 Efecto de desagradecer.
SIN. **Ingratitud,** intensivo.
desagrado *m.* Disgusto, descontento. 2 Expresión de disgusto en el trato o en el semblante: *mostrar* ~.
desagraviar *tr.* Reparar el agravio hecho [a uno]. 2 Compensar el perjuicio causado [a uno]. ◇ ** CONJUG. [12] como ***cambiar.***
desagravio *m.* Acción de desagraviar o desagraviarse. 2 Efecto de desagraviar o desagraviarse. 3 Práctica piadosa que se hace para reparar las ofensas hechas a Dios.
desagregación *f.* Acción de desagregar o desagregarse. 2 Efecto de desagregar o desagregarse.
desagregar (*des-* + *agregar*) ***tr.*** Separar de una cosa [otra que estaba unida a ella]. ◇ ** CONJUG. [7] como ***llegar.***
SIN. v. **Disgregar.**
desaguadero *m.* Conducto o canal de desagüe. 2 Motivo que ocasiona continuo gasto.
SIN. *1* **Despedida.**
desaguador *m.* Desaguadero (conducto).
desaguar (*des-* + *aguar*) ***tr.*** Extraer, echar el agua [de un lugar]: ~ *un pantano por las esclusas.* 2 fig. Disipar, consumir. 3 fig. *y* fam. Orinar. -4 ***intr.*** Entrar o desembocar los ríos en el mar. -5 ***prnl.*** Exonerarse por vómito o evacuación del vientre, o por ambas vías. ◇ ** CONJUG. [22] como ***averiguar.***
SIN. *1* y *2* **Vaciar.**
desaguayungar *tr. Colomb.* Desatar, separar. ◇ ** CONJUG. [7] como ***llegar.***
desaguazar (*des-* + *aguazar*) ***tr.*** Quitar el agua [de alguna parte]. ◇ ** CONJUG. [4] como ***realizar.***
desagüe *m.* Acción de desaguar o desaguarse. 2 Efecto de desagüar o desaguarse. 3 Desaguadero (conducto).
desaguisado, -da (*des-* + der. de *guisa*) ***adj.*** Hecho contra la ley o la razón. -2 ***m.*** Agravio, denuesto, acción descomedida. 3 fig. Destrozo o fechoría. 4 *Argent.* Desorden.
desaherrojar *tr.* Quitar los hierros [al que está aherrojado].
desahijar (*des-* + *ahijar*) ***tr.*** Apartar en el ganado las crías [de las madres]. -2 ***prnl.*** Enjambrar mucho las abejas, empobreciendo la colmena. ◇ **CONJUG. [15] como ***aislar.***
desahitarse (*des-* + *ahitar*) ***prnl.*** Quitarse el ahíto. ◇ ** CONJUG. [15] como ***aislar.***
desahogadamente *adv. m.* Con desahogo. 2 Con descoco.
desahogado, -da *adj.* Descarado, descocado. 2 [sitio] En que no hay aglomeración de personas o cosas; p. ext., holgado, espacioso. 3 [pers.] Que vive con desahogo: *posición* o *fortuna desahogada.* 4 MAR. [barco] Que navega con desembarazo.
desahogar (*des-* + *ahogar*) ***tr.*** Consolar, aliviar [a uno] en sus necesidades o aflicciones. -2 ***tr.-prnl.*** Dar rienda suelta [a los deseos o pasiones]. -3 ***prnl.*** Repararse, recobrarse del calor o la fatiga. 4 Desempeñarse, salir del ahogo de las deudas contraídas. 5 Decir una persona a otra el sentimiento o queja que tiene de ella: *desahogarse en denuestos.* 6 Hacer confidencias una persona a otra, expansionarse: *desahogarse de su pena.* ◇ ** CONJUG. [7] como ***llegar.***
desahogo *m.* Alivio de la pena, trabajo o aflicción. 2 Expansión, esparcimiento. 3 Desembarazo, libertad. 4 Desvergüenza, descaro. 5 fig. *Vivir con* ~, tener los recursos suficientes para pasarlo cómodamente.
desahuciadamente *adv. m.* Sin esperanza.
desahuciar (*des-* + *afiduciar* < l. *fiducia,* confianza) ***tr.*** Quitar [a uno] las esperanzas de conseguir lo que desea. 2 Considerar el médico [al enfermo] sin esperanza de salvación. 3 Despedir o expulsar [al inquilino o arrendatario] el dueño de la finca. ◇ ** CONJUG. [12] como ***cambiar.***
SIN. *3* **Lanzar.**
desahucio *m.* Acción de desahuciar al inquilino o arrendatario. 2 Efecto de desahuciar al inquilino o arrendatario.
desahumado, -da *adj.* [licor] Que ha perdido fuerza por evaporación de parte de su substancia.
desahumar (*des-* + *ahumar*) ***tr.*** Quitar el humo [de una cosa o lugar]. ◇ ** CONJUG. [16] como ***aunar.***
desainadura *f.* Enfermedad de las caballerías, consistente en derretírsele el saín dentro del cuerpo.
desainar (*des-* + *sainar*) ***tr.*** Quitar el saín [a un animal], o la crasitud y substancia [a una cosa]. 2 CETR. Debilitar [al azor] cuando está en la muda. 3 *Cuba.* Debilitar, en gral. ◇ ** CONJUG. [15] como ***aislar.***
desairadamente *adv. m.* Sin aire ni garbo.
desairado, -da *adj.* Que carece de garbo y donaire. 2 fig. [pers.] Que no queda airoso en lo que pretende. 3 fig. Menospreciado, desatendido.
desairar (*des-* + *aire*) ***tr.*** Desatender [a una persona] o desestimar [una cosa] ◇ ** CONJUGA.[15] como ***aislar.***
desaire *m.* Falta de garbo y donaire. 2 Acción de desairar. 3 Efecto de desairar.
desaislarse *prnl.* Dejar de estar aislado. ◇ ** CONJUG. [15] como ***aislar.***
desajarrar *tr. Chile* y *P. Rico.* vulg. Desarrajar.
desajustar (*des-* + *ajustar*) ***tr.*** Desconcertar [cosas que estaban ajustadas]. -2 ***prnl.*** Desconvenirse, apartarse del ajuste o concierto hecho o próximo a hacerse.
desajuste *m.* Acción de desajustar o desajustarse. 2 Efecto de desajustar o desajustarse.
desalabanza *f.* Acción de desalabar. 2 Efecto de desalabar. 3 Vituperio.
desalabar (*des-* + *alabar*) ***tr.*** Vituperar.
desalabear (*des-* + *alabear*) ***tr.*** CARP. Quitar el alabeo [a una pieza de madera].

desalabeo *m.* Acción de desalabear.
desalación *f.* Acción de desalar. 2 Efecto de desalar.
desaladamente *adv. m.* fig. Con suma aceleración. 2 Con vehemente anhelo.
desalado, -da *adj.* Acelerado, ansioso.
I) desaladura *f.* Acción de desalar o quitar la sal. 2 Efecto de desalar o quitar la sal.
II) desaladura *f.* Acción de desalar o quitar las alas. 2 Efecto de desalar o quitar las alas.
desalagar (*des-* + *alagar*) *tr.* Desecar, desencharcar [un terreno]. ◇ ** CONJUG. [7] como ***llegar.***
I) desalar *tr.* Quitar la sal [a una cosa]: ~ *la cecina.* 2 Quitar o disminuir la salinidad [del agua del mar] para convertirla en potable o para ciertos usos industriales.
II) desalar (paras.) *tr.* Quitar las alas [a un ave]. -2 ***prnl.*** fig. Andar o correr con suma aceleración. 3 fig. Sentir vehemente anhelo por conseguir una cosa. 4 *Can.* Bajar las alas del sombrero para conseguir más sombra en la cabeza.
SIN. *2* y *3* **Exhalarse.** *3* **Desalmarse.**
desalbardar *tr.* Desenalbardar.
desalcoholización *f.* Separación del alcohol de un objeto o líquido.
desalentadamente *adv. m.* Con desaliento.
desalentador, -ra *adj.* Que causa desaliento.
desalentar *tr.-prnl.* Hacer dificultoso el aliento [de uno] por fatiga o cansancio. 2 fig. Quitar el ánimo, acobardar [a uno]. ◇ ** CONJUG. [27] como ***acertar.***
SIN. v. **Acobardar.**
desalfombrar *tr.* Quitar las alfombras que cubren [el suelo de una habitación, etc.].
desalforjar *tr.* Sacar de las alforjas [una cosa]. -2 ***prnl.*** fig. Desabrocharse la ropa para desahogarse del calor.
desalhajar *tr.* Quitar [de una habitación] las alhajas (muebles preciosos).
desaliento *m.* Decaimiento del ánimo.
desalineación *f.* Acción de desalinear o desalinearse. 2 Efecto de desalinear o desalinearse.
desalinear (*des-* + *alinear*) *tr.* Hacer perder la alineación [de lo que está alineado].
desaliñadamente *adv. m.* Con desaliño.
desaliñado, -da *adj.* Que adolece de desaliño.
desaliñar *tr.-prnl.* Descomponer el atavío o el aliño [de una persona o cosa].
SIN. **Desataviar.**
desaliño *m.* Desatavío, falta de aliño. 2 fig. Negligencia, descuido.
desalivar *intr.-prnl.* Arrojar saliva con abundancia.
desalmadamente *adv. m.* Sin conciencia. 2 Sin humanidad.
desalmado, -da (de *desalmar*) *adj.* Falto de conciencia. 2 Cruel, inhumano.
desalmamiento (paras.) *m.* desus. Abandono de la conciencia. 2 Inhumanidad, perversidad.
desalmar (paras. de *des-* + *alma*) *tr.-prnl.* fig. Quitar la fuerza y virtud [a una cosa]. 2 Desasosegar. -3 ***prnl.*** fig. Desalar (sentir anhelo).
desalmenado, -da *adj.* Falto de almenas.
desalmenar *tr.* Quitar o destruir las almenas.
desalmidonar *tr.* Quitar el almidón [a la ropa almidonada].
desalojamiento *m.* Acción de desalojar. 2 Efecto de desalojar.
desalojar (*des-* + *alojar*) *tr.* Sacar o hacer salir de un lugar [a una persona o cosa]: ~ *al enemigo de una posición.* 2 Desplazar. -3 ***intr.*** Dejar voluntariamente el alojamiento.
desalojo *m.* Desalojamiento.
desalquilar *tr.-prnl.* Dejar de tener alquilado [un local, una cosa].
desalterar (*des-* + *alterar*) *tr.* Sosegar [al que está alterado].
desalumbradamente *adv. m.* Erradamente, con ofuscación.
desalumbrado, -da *adj.* Deslumbrado. 2 fig. Que ha perdido el tino y procede sin acierto.
desalumbramiento *m.* Ceguedad, falta de tino o acierto en las cosas.
desamable (*des-* + *amable*) *adj.* Indigno de ser amado.
desamador, -ra *adj.-s.* Que desama.
desamar *tr.* Dejar de amar [a la persona o cosa]. 2 Aborrecer, querer mal.
desamarrar *tr.* Quitar las amarras [a un buque]. 2 Dejar [un buque] sobre una sola ancla o amarra. 3 fig. Desasir, desviar o apartar [una cosa].
desamartelar *tr.-prnl.* Desenamorar.
desamasado, -da *adj.* Desecho, desunido.
desambientar *intr.-prnl.* Desentonar, desdecir una persona o cosa del ambiente en que se halla. Ús. pralte. en las Bellas Artes. -2 ***prnl.*** Sentirse uno fuera del ambiente o circunstancias que le son propios.
desambiguar *tr.* Quitar el carácter de ambiguo [a algo]. ◇ ** CONJUG. [22] como ***averiguar.***
desamigado, -da (de *amigar*) *adj.* Separado de la amistad de uno.
desamistarse (*des-* + *amistar*) *prnl.* Perder o dejar la amistad de uno.
desamoblar *tr.* Desamueblar. ◇ ** CONJUG. [31] como ***contar.***
desamoldar (*de-* + *amoldar*) *tr.* Hacer perder [a una cosa] la figura que tomó del molde. 2 fig. Descomponer la proporción [de una cosa].
desamor *m.* Falta de amor o afecto a una persona o cosa; desafección. 2 Enemistad, aborrecimiento.
desamorado, -da *adj.* Que no siente amor o no lo manifiesta.
desamorar (paras.) *tr.-prnl.* Hacer perder el amor [a una persona].
desamoroso, -sa *adj.* Que no siente amor o agrado.
desamorrar (*des-* + *amorrar*) *tr.* fam. Hacer que [una persona] deje de estar amorrada.
desamortizable *adj.* Que puede o debe desamortizarse.
desamortización *f.* Acción de desamortizar. 2 Efecto de desamortizar.
desamortizador, -ra *adj.-s.* Que desamortiza.
desamortizar (*des-* + *amortizar*) *tr.* Dejar libres [los bienes amortizados]. 2 Poner en estado de venta los bienes de manos muertas, mediante disposiciones legales. ◇ ** CONJUG. [4] como ***realizar.***
desamotinarse (*des-* + *amotinar*) *prnl.* Dejar de formar parte de un motín, cesar en él.
desamparadamente *adv. m.* Sin amparo.
desamparador, -ra *adj.-s.* Que desampara.
desamparar (*des-* + *amparar*) *tr.* Abandonar, dejar sin amparo [a la persona o cosa que lo pide o necesita]. 2 Ausentarse, abandonar [un lugar]. 3 DER. Dejar o abandonar [una cosa] con renuncia de todo derecho a ella.
desamparo *m.* Acción de desamparar. 2 Efecto de desamparar.
desamueblar *tr.* Quitar los muebles [de una casa o habitación].
SIN. **Desamoblar,** p. us.
desanchar *tr.* *La Mancha.* vulg. Ensanchar, aumentar la anchura de una cosa. -2 ***prnl.*** *La Mancha.* fig. Ensancharse, envanecerse, afectar gravedad y señorío.
desanclar, desancorar *tr.* Levantar las áncoras [de una embarcación].
desandar *tr.* Volver atrás [en el camino ya andado]. ◇ **CONJUG. [64] como ***andar.***
desanderado, -da *adj.* *Cuba.* Sin tino, como alocado.
desandrajado, -da (paras. de *des-* + *andrajo*) *adj.* Andrajoso, desastrado.
desangelado, -da *adj.* Falto de ángel, gracia, simpatía.
desangramiento *m.* Acción de desangrar o desangrarse. 2 Efecto de desangrar o desangrarse.
desangrar *tr.-prnl.* Sacar o salir la sangre [a una persona o a un animal] en gran cantidad. 2 fig. Agotar o desaguar [un lago, un estanque, etc.]. 3 fig. Empobrecer [a uno], disipándole la hacienda insensiblemente.
desanidar (*des-* + *anidar*) *intr.* Dejar el nido las aves ya crecidas. -2 ***tr.*** fig. Echar de un lugar [a los que acostumbran ocultarse o guarecerse en él].
desanimación *f.* Desaliento, desánimo. 2 Falta de concurrencia en un lugar, espectáculo público, reunión, etc.
desanimadamente *adv. m.* Sin ánimo, sin aliento.
desanimado, -da *adj.* Decaído, desalentado. 2 [lugar, espectáculo, reunión, etc.] Donde concurre poca gente.
desanimar (*des-* + *animar*) *tr.-prnl.* Desalentar.
SIN. v. **Acobardar.**
desánimo *m.* Falta de ánimo o de aliento.
desanublar (*des-* + *anublar*) *tr.-prnl.* Despejar, aclarar [el semblante, etc.].
desanudadura *f.* Acción de desanudar. 2 Efecto de desanudar.
desanudar (*des-* + *anudar*) *tr.* Deshacer el nudo [en una cosa]. 2 fig. Desenmarañar.

desañudadura *f.* Desanudadura.
desañudar *tr.* Desanudar.
desaojar (*des-* + *aojar* I) *tr.* Curar el aojo [de una persona].
desapacibilidad *f.* Calidad de desapacible.
desapacible (*des-* + *apacible*) *adj.* Que causa disgusto o enfado, o es desagradable a los sentidos. 2 [tiempo] Destemplado, desagradable a causa de la lluvia, el viento, etc.
desapaciblemente *adv. m.* Desagradablemente.
desapadrinar (*des-* + *apadrinar*) *tr.* Desaprobar. 2 Dejar de proteger.
desapañar (*des-* + *apañar*) *tr.* Descomponer, desataviar.
desaparear *tr.* Separar [dos cosas que hacían par].
SIN. **Desparejar.**
desaparecer (*des-* + *aparecer*) *tr.-prnl.* Ocultar, quitar de delante con presteza [una cosa]. -2 *intr.* Ocultarse, quitarse de la vista de uno con prontitud. ◇ ** CONJUG. [43] como ***agradecer.***
SIN. **Desaparecer,** ant.
desaparejar *tr.* Quitar el aparejo [a una caballería]. 2 Quitar o destruir en todo o en parte el aparejo [de una embarcación].
desaparición *f.* Acción de desaparecer. 2 Efecto de desaparecer.
desaparroquiar (*des-* + *aparroquiar*) *tr.* Separar [a uno] de su parroquia. 2 Quitar los parroquianos [a una tienda, comerciante, etc.]. ◇ ** CONJUG. [12] como ***cambiar.***
desapartar *tr.* *Extr.* y *Amér.* Alejar, apartar.
desapasionadamente *adv. m.* Sin pasión, sin interés ni otro respeto.
desapasionado, -da *adj.* Falto de pasión, imparcial.
desapasionar *tr.-prnl.* Quitar [a una persona] la pasión que tiene a una persona o cosa.
desapegar (*des-* + *apegar*) *tr.* Despegar [separar]. -2 *prnl.* Desprenderse del apego o afecto a una persona o cosa. ◇ ** CONJUG. [7] como ***llegar.***
desapego *m.* fig. Falta de apego o afecto.
desapegualar *tr.* *Chile.* Cortar el lazo del pegual.
desapercibidamente *adv. m.* Sin prevención ni apercibimiento.
desapercibido, -da (v. *apercibido*) *adj.* Desprevenido, desprovisto de lo necesario. 2 Inadvertido: *pasar ~.*
desapercibimiento (v. *apercibir*) *m.* Desprevención, falta de apresto de lo necesario.
desapestar *tr.* Desinfectar [a una persona o cosa contaminada de la peste]. 2 Quitar el mal olor [a una persona o cosa].
desapiadadamente (v. *apiadar*) *adv. m.* Despiadadamente.
desapiadado, -da (v. *apiadado*) *adj.* Despiadado.
desapiolar (*des-* + *apiolar*) *tr.* Quitar el lazo o atadura con que los cazadores ligan [las piernas de la caza menor y los picos de las aves] para colgarlas después de muertos.
desaplacible (v. *aplacible*) *adj.* Desagradable.
desaplicación *f.* Falta de aplicación, holgazanería.
SIN. **Inaplicación.**
desaplicadamente *adv. m.* Sin aplicación.
desaplicado, -da *adj.-s.* Que no se aplica.
desaplicar (*des-* + *aplicar*) *tr.-prnl.* Hacer perder la aplicación [a una persona]. ◇ ** CONJUG. [1] como ***sacar.***
desaplomar *tr.-prnl.* ALBAÑ. Desplomar.
desapoderadamente *adv. m.* Precipitadamente y sin poderse contener.
desapoderado, -da (de *desapoderar*) *adj.* Precipitado, que no puede contenerse: *~ en su ambición.* 2 fig. Furioso, violento, desordenado.
desapoderamiento *m.* Acción de desapoderar o desapoderarse. 2 Efecto de desapoderar o desapoderarse. 3 Desenfreno, libertad excesiva.
desapoderar *tr.-prnl.* Despojar [a uno] de lo que tenía o de aquello de que se había apoderado: *~ de la herencia.* 2 Quitar [a uno] los poderes que se le habían dado.
desapolillar *tr.* Quitar la polilla: *~ un vestido.* -2 *prnl.* fig. Salir de casa cuando se ha pasado mucho tiempo sin salir de ella.
desaporcar *tr.* Quitar la tierra con que está aporcada [una planta]. ◇ ** CONJUG. [1] como ***sacar.***
desaposentar (*des-* + *aposentar*) *tr.* Privar del aposento [al que lo tenía]. 2 Echar, apartar de sí [a alguien].
desaposesionar (*des-* + *aposesionar*) *tr.* Desposeer.
desapoyar *tr.* Quitar el apoyo con que se sostenía [una cosa].
desapreciar *tr.* Desestimar, no apreciar [una cosa] como merece. ◇ ** CONJUG. [12] como ***cambiar.***
desaprender *tr.* Olvidar [lo aprendido].
desaprensar *tr.* Quitar el lustre o aguas que [las telas y otras cosas] adquieren en la prensa. 2 fig. Librar [una cosa] de una apretura.
desaprensión *f.* Falta de aprensión (desconfianza; opinión).
desaprensivo, -va *adj.* Que tiene desaprensión. Se usa a menudo como eufemismo por fresco, sinvergüenza.
desapretar *tr.* Aflojar [lo que está apretado]. ◇ ** CONJUG. [27] como ***acertar.***
desapretinar *tr.* *Chile.* Despretinar.
desaprisionar *tr.* Quitar las prisiones [a uno], o sacarle de la prisión.
desaprobación *f.* Acción de desaprobar. 2 Efecto de desaprobar.
desaprobador, -ra *adj.* Que no aprueba.
desaprobar (*des-* + *aprobar*) *tr.* No aprobar [una cosa]; no asentir [a ella]. ◇ ** CONJUG. [31] como ***contar.***
SIN. **Reprobar, vituperar** (ambos intensivos); **improbar,** p. us.; **suspender,** en exámenes.
desapropiación *f.* Desapropiamiento.
desapropiamiento *m.* Acción de desapropiarse. 2 Efecto de desapropiarse.
desapropiar (*des-* + *apropiar*) *prnl.* Desposeerse uno de la propiedad sobre lo propio: *desapropiarse de una finca.* -2 *tr.* Quitar [a uno] la propiedad de una cosa: *~ a uno de una mercancía.* ◇ ** CONJUG. [12] como ***cambiar.***
desapropio *m.* Desapropiamiento.
desaprovechado, -da *adj.-s.* [pers.] Que, pudiendo adelantar en algo, no lo hace. 2 Que no produce lo que debería.
desaprovechamiento *m.* Acción de desaprovechar. 2 Efecto de desaprovechar.
desaprovechar (*des-* + *aprovechar*) *tr.* No aprovechar [una cosa], emplearla mal. 2 Desperdiciar o dejar inservible [una parte de algo]. -3 *intr.* Perder lo que se había adelantado.
desapuntalar (*des-* + *apuntalar*) *tr.* Quitar los puntales [a un edificio].
desapuntar *tr.* Quitar las puntadas [a lo cosido con ellas]. 2 Hacer perder la puntería: *~ un cañón.* 3 En iglesias catedrales, colegiales y otras, borrar los apuntes hechos por las faltas de asistencia de sus alumnos al coro. -4 *prnl.* fam. Dejar de participar en algún compromiso ya señalado.
desarbolar *tr.* Quitar o derribar la arboladura [de una nave]. 2 *Extr.* Andar vivamente de acá para allá sin rumbo ni concierto. 3 *Ant.* y *Perú.* ant. Destartalar.
SIN. *1* y *3* **Desmantelar.**
desarbolo *m.* MAR. Acción de desarbolar. 2 MAR. Efecto de desarbolar.
desarenar *tr.* Quitar la arena [de un lugar].
desareno *m.* Acción de desarenar. 2 Efecto de desarenar.
desargentar *tr.* METAL. Separar la plata de su ganga, del plomo argentífero o del oro con el cual se hallaba mezclado. 2 Quitar el revestimiento de plata aplicado sobre los objetos de otros metales.
desarmable *adj.* [objeto] Que puede desarmarse.
desarmado, -da *adj.* Desprovisto de armas. 2 fig. [pers.] Que no puede cumplir su voluntad por consideraciones especiales, compromisos, escrúpulos, etc. 3 fig. Sin argumentos con que actuar.
desarmador *m.* Disparador (pieza del arma de fuego).
desarmadura *f.* Desarme.
desarmamiento *m.* Desarme.
desarmar (*des-* + *armar*) *tr.* Quitar o hacer entregar [a una persona, a un cuerpo o una plaza] las armas que tiene; análogamente, desceñir [a una persona] las armas que lleva; [prnl.] *desarmarse.* 2 Licenciar [las fuerzas de tierra, aire o mar]. 3 Quitar [al buque] la artillería y el aparejo, y amarrar [el casco] en la dársena. 4 Descomponer [un artefacto] separando las piezas de que se compone. 5 fig. Templar, aplacar [los ánimos de uno]: *~ la cólera; ~ el enojo.* 6 fig. Confundir. Dejar a alguien sin posibilidades de actuar. 7 ESGR. Quitar el arma [del adversario] por un movimiento rápido de la propia.
SIN. *4* **Desmontar.**
desarme *m.* Acción de desarmar o desarmarse. 2 Efecto de desarmar o desarmarse. 3 Supresión parcial o total de las fuerzas armadas, o de determinada clase de armamento: *~ nuclear.*
desarmonía *f.* Carencia de armonía.
desarmonizar *tr.* Suprimir la armonía [entre dos o más cosas]. ◇ ** CONJUG. [4] como ***realizar.***

desarraigado, -da *adj.-s.* fig. Que vive al margen de las leyes y costumbres sociales. 2 fig. Que no vive en su país natal.
desarraigar (*des-* + *arraigar*) *tr.-prnl.* Arrancar de raíz [un árbol o una planta]. 2 fig. Echar, desterrar [a uno] de donde vive. 3 fig. Extinguir, extirpar [una pasión, una costumbre, etc.]. 4 fig. Apartar del todo [a uno de su opinión]. ◇ ** CONJUG. [7] como ***llegar.***
SIN. *1* **Desplantar.**
desarraigo *m.* Acción de desarraigar o desarraigarse. 2 Efecto de desarraigar o desarraigarse.
desarrajar *tr. Amér.* Descerrajar.
desarrancarse (*des-* + *arrancar*) *prnl.* Separarse un individuo de una asociación. ◇ ** CONJUG. [1] como ***sacar.***
desarrapado, -da *adj.* Desharrapado.
desarrebozadamente *adv. m.* Sin rebozo.
desarrebozar *tr.* Quitar el rebozo [a una persona]. 2 fig. Descubrir, hacer patente [una cosa]. ◇ ** CONJUG. [4] como ***realizar.***
desarrebujar (*des-* + *arrebujar*) *tr.* Desenvolver o desenmarañar [lo que está revuelto]. 2 fig. Explicar o poner en claro [lo que está confuso]. 3 Desenvolver la ropa en que está [uno] arrebujado.
desarregladamente *adv. m.* Con desarreglo.
desarreglado, -da *adj.* Que hace las cosas sin regla. 2 Desordenado, descuidado en sus cosas.
desarreglar (*des-* + *arreglar*) *tr.* Sacar de regla [una cosa], desordenarla.
desarreglo *m.* Falta de regla, desorden.
I) desarrendar (*des-* + *arrendar* II) *tr.* Quitar la rienda [del caballo]. ◇ ** CONJUG. [27] como ***acertar.***
II) desarrendar (*des-* + *arrendar* I) *tr.* Dejar o hacer dejar [una finca que se tenía arrendada]. ◇ ** CONJUG. [27] como ***acertar.***
desarrevolver (*des-* + *a-* I + *revolver*) *tr.* Desenvolver, desembarazar. ◇ ** CONJUG. [32] como ***mover.***
desarrimar *tr.* Separar [una cosa] de aquello a que está arrimada. 2 fig. Disuadir [a una persona].
desarrimo *m.* Falta de arrimo.
desarrollable *adj.* Que puede desarrollarse.
desarrollar (*des-* + *arrollar*) *tr.-prnl.* Descoger [lo que está arrollado], deshacer [un rollo]. 2 Hacer pasar [una cosa del orden físico, intelectual o moral] por una serie de estados sucesivos, cada uno de los cuales es más perfecto o más complejo que el anterior: ~ *al niño;* ~ *la industria;* ~ *el entendimiento.* 3 Explicar [una teoría], llevarla de deducción en deducción hasta las últimas consecuencias. 4 Llevar a cabo, realizar una idea, proyecto, etc. -5 *prnl.* Transcurrir, acaecer, sucederse: ~ *los acontecimientos.* -6 *tr.* ARQ. Representar mediante un dibujo, y de forma simultánea, las distintas caras o fachadas de una construcción o de alguna parte o elemento de la misma. 7 MAT. Efectuar las operaciones necesarias para cambiar la forma [de una expresión analítica]. 8 QUÍM. Extender [una fórmula empírica] de modo que exprese la agrupación atómica: *fórmula desarrollada.*
SIN. *1* **Desenrollar.** *1, 2* y *3* **Desenvolver.**
desarrollo *m.* Acción de desarrollar o desarrollarse. 2 Efecto de desarrollar o desarrollarse. 3 Dibujo en el que se muestran simultáneamente las diversas partes de algo que en la realidad no puede ser abarcado en su totalidad desde una perspectiva fija o única. 4 CARP. Procedimiento para cortar la madera que permite obtener una chapa fina y continua a partir de un tronco. 5 MEC. Distancia que recorre un vehículo con cada vuelta dada al plato con los pedales.
desarropar *tr.* Quitar o apartar la ropa que cubre [a una persona].
desarrugadura *f.* Acción de desarrugar o desarrugarse. 2 Efecto de desarrugar o desarrugarse.
desarrugar *tr.* Hacer desaparecer las arrugas: ~ *la frente.* ◇ ** CONJUG. [7] como ***llegar.***
desarrumar (*des-* + *arrumar*) *tr.* Descomponer el arrumaje [de la carga de un buque].
SIN. **Desatorar.**
desarticulación *f.* Acción de desarticular o desarticularse. 2 Efecto de desarticular o desarticularse.
desarticulado, -da *adj.* Desorganizado, inconexo, elíptico; en especial, una forma literaria o la lengua coloquial.
desarticular *tr.* Hacer salir [un miembro] de su articulación: ~ *la muñeca;* ~ *el brazo;* fig., ~ *un mecanismo.* 2 fig. Quebrantar [un plan, una organización].
desartillar (*des-* + *artillar*) *tr.* Quitar la artillería [a un buque, fortaleza, etc.].
desarzonar (paras. de *arzón*) *tr.* Hacer que el jinete salga violentamente de la silla.
desasado, -da (paras.) *adj.* Que tiene rotas o quitadas las asas.
desaseadamente *adv. m.* Sin aseo.
desaseado, -da *adj.* Falto de aseo.
desasear *tr.* Quitar el aseo [de una persona o cosa].
desasegurar (*des-* + *asegurar*) *tr.* Hacer perder la seguridad [a una cosa]. 2 Cancelar un contrato de seguro: ~ *un empleado;* ~ *una mercancía.*
desasentar *tr.* Remover, quitar [una cosa] de su lugar o asiento. -2 *intr.* fig. Desagradar, no sentar bien una cosa. -3 *prnl.* Levantarse del asiento. ◇ ** CONJUG. [27] como ***acertar.***
desaseo *m.* Falta de aseo.
desasimiento *m.* Acción de desasir o desasirse. 2 Efecto de desasir o desasirse. 3 fig. Desinterés.
desasimilación (*des-* + *asimilación*) *f.* Metabolismo en virtud del cual ciertos principios que entran a formar parte de los seres vivos se separan de su substancia y son eliminados de su organismo.
desasimilar *tr.* Efectuar la desasimilación. 2 Privar [a una cosa] de los elementos asimilables.
desasir *tr.-prnl.* Soltar, desprender [lo asido]: *desasirse de malos hábitos.* -2 *prnl.* fig. Desprenderse, desapropiarse una cosa. ◇ ** CONJUG. [65] como ***asir.***
desasistencia *f.* Falta de asistencia.
desasistir (*des-* + *asistir*) *tr.* Desacompañar, desamparar.
desasnar (paras. de *de-* + *asno*) *tr.* burl. *y* fig. Quitar la rudeza [a una persona] por medio de la enseñanza.
desasociable *adj.* Insociable.
desasociar *tr.* Hacer que dejen de estar asociadas [dos o más personas]. ◇ ** CONJUG. [12] como ***cambiar.***
desasolio *m. P. Rico.* vulg. Desasosiego.
desasosegadamente *adv. m.* Con desasosiego.
desasosegar *tr.-prnl.* Privar de sosiego. ◇ ** CONJUG. [48] como ***regar.***
SIN. **Inquietar, desalmar, intranquilizar.**
desasosiego *m.* Falta de sosiego.
desastar *tr.* Quitar o cercenar las astas [a una res].
desastradamente *adv. m.* Desgraciadamente, de un modo desastroso.
desastrado, -da *adj.* Desgraciado, infeliz. -2 *adj.-s.* [pers.] Roto y desaseado.
desastre (l. *astru*, astro, hado) *m.* Desgracia grande, suceso infeliz y lamentable. 2. 2 fig. Cosa de mala calidad, mal resultado o mal aspecto: *el examen fue un* ~. 3 fig. Persona falta de habilidad, suerte o compostura: *es un* ~ *jugando al tenis; llegó a la fiesta hecho un* ~. 4 fig. En la guerra, derrota, pérdida muy grave.
desastrosamente *adv. m.* De modo desastroso.
desastroso, -sa *adj.* Desastrado (desgraciado). 2 fig. Muy malo.
desatacar (*des-* + *atacar* II) *tr.* Desatar [una prenda] soltando las agujetas, botones, etc., que la atacan. 2 Sacar los tacos [de los barrenos o armas de fuego]. -3 *prnl.* ant. Desabrocharse los calzones o pantalones. -4 *tr. Méj.* Soltar el atacador (engallador) [a los animales de tiro] para que puedan bajar la cabeza y descansar. ◇ ** CONJUG. [1] como ***sacar.***
desatadamente *adv. m.* Libremente, sin orden ni sujeción.
desatador, -ra *adj.-s.* Que desata.
desatadura *f.* Acción de desatar o desatarse. 2 Efecto de desatar o desatarse.
desatancar (paras. de *atanco*) *tr.* Desobstruir [un conducto obstruido]. -2 *prnl.* Desatascarse. ◇ ** CONJUG. [1] como ***sacar.***
SIN. *1* **Desatascar, desatrampar, desatrancar.**
desatar (*des-* + *atar*) *tr.-prnl.* Soltar [lo que está atado con vínculos materiales o morales]; desenlazar [lo que ata]: ~ *un paquete;* ~ *una cuerda; desatarse de sus compromisos.* 2 fig. *y* ant. Desleír, liquidar, derretir: ~ *el hielo; el hielo se desata.* 3 ant. Resolver, aclarar: ~ *un problema.* -4 *prnl.* Perder el encogimiento. 5 Extenderse en hablar. 6 Descomedirse: *se desató en improperios.* 7 Desencadenarse (desenfrenarse).
desatascador, -ra *adj.-s.* Que desatasca.
desatascar (*des-* + *atascar*) *tr.* Sacar del atascadero. 2 Desobstruir [un conducto obstruido]. ◇ ** CONJUG. [1] como ***sacar.***
SIN. **Desatollar.**
desatasco *m.* Acción de desatascar. 2 Efecto de desatascar.

desataviar *tr.* Quitar los atavíos [a una persona]. ◇ ** CONJUG. [13] como *desviar.*
desatavío *m.* Descompostura, desaliño de la persona.
desate *m.* Acción de desatarse (descomedirse; desencadenarse). 2 Efecto de desatarse (descomedirse; desencadenarse). 3 ~ *de vientre,* flujo, soltura de vientre.
desatención *f.* Falta de atención, distracción. 2 Descortesía, falta de urbanidad o respeto, descomedimiento.
SIN. v. **Grosería.**
desatender (*des-* + *atender*) *tr.* No prestar atención [a lo que se dice o hace]. 2 No hacer caso o aprecio [de una persona o cosa]. 3 No corresponder [a uno], no asistirle con lo que es debido. ◇ ** CONJUG. [28] como *entender.*
desatentadamente *adv. m.* Con desatiento, sin tino.
desatentado, -da *adj.-s.* Que habla u obra sin tino ni concierto. -2 *adj.* Excesivo, desordenado.
desatentamente *adv. m.* Con desatención.
desatentar *tr.-prnl.* Turbar el sentido o hacer perder el tiempo. ◇ ** CONJUG. [27] como *acertar.*
desatento, -ta (*des-* + *atento*) *adj.* [pers.] Que no pone en una cosa la atención debida. -2 *adj.-s.* Descortés.
desaterrar *tr. Amér.* Escombrar. ◇ ** CONJUG. [27] como *acertar.*
desatesorar *tr.* Gastar [lo atesorado].
desatibar (*des-* + *atibar*) *tr.* MIN. Desatorar (quitar los escombros).
desatiento *m.* Pérdida del tacto: *los moribundos suelen mostrar ~.* 2 Desasosiego, inquietud.
desatierre *m. Amér.* Escombrera.
desatinadamente *adv. m.* Inconsideradamente, con desatino. 2 Desmedidamente, excesivamente.
desatinado, -da *adj.* Desarreglado, sin tino. -2 *adj.-s.* Persona que habla o procede sin juicio ni razón.
desatinar (*des-* + *atinar*) *tr.* Hacer perder el tino, desatentar. -2 *intr.* Decir o hacer desatinos. 3 Perder el tino en un sitio o lugar.
desatino *m.* Falta de tino. 2 Locura, despropósito o error.
desatollar (*des-* + *atollar*) *tr.* Sacar del atascadero.
desatolondrar (*des-* + *atolondrar*) *tr.-prnl.* Desaturdir.
desatontarse (*des-* + *atontar*) *prnl.* Salir uno del atontamiento en que estaba.
desatorar *tr.* MAR. Desarrumar. 2 MIN. Quitar los escombros que atoran [una excavación].
desatornillador *m. Amér.* Destornillador.
desatornillar *tr.* Destornillar.
desatracar *tr.* Separar [una embarcación] de aquello a que está atracada. -2 *intr.* Separarse la nave de la costa cuando su proximidad ofrece algún peligro. ◇ ** CONJUG. [1] como *sacar.*
desatraer (*des-* + *atraer*) *tr.* Separar [una cosa] de otra. ◇ ** CONJUG. [88] como *traer.*
desatraillar (*des-* + *atraillar*) *tr.* Quitar la traílla: *~ los perros.* ◇ ** CONJUG. [15] como *aislar.*
desatrampar (*des-* + *atrampar*) *tr.* Desatancar (desobstruir).
desatrancar (*des-* + *atrancar*) *tr.* Quitar [a la puerta] la tranca. 2 Desatascar [un pozo, una fuente, etc.]. ◇ ** CONJUG. [1] como *sacar.*
desatufarse (*des-* + *atufar*) *prnl.* Liberarse del tufo. 2 fig. Desenfadarse.
desaturdir (*des-* + *aturdir*) *tr.-prnl.* Quitar [a uno] el aturdimiento.
SIN. **Desatolondrar.**
desautoridad *f.* Falta de autoridad o de respeto.
desautorización *f.* Acción de desautorizar. 2 Efecto de desautorizar.
desautorizadamente *adv. m.* Sin autoridad o crédito.
desautorizado, -da *adj.* Falto de autoridad, poder, crédito o estimación.
desautorizar (*des-* + *autorizar*) *tr.* Quitar [a una persona o cosa] autoridad, poder, crédito o estimación. ◇ ** CONJUG. [4] como *realizar.*
desavahado, -da *adj.* Libre de nieblas, vahos y vapores.
desavahamiento *m.* Acción de desavahar o desavaharse. 2 Efecto de desavahar o desavaharse.
desavahar (*des-* + *avahar*) *tr.* Desarropar para que exhale el vaho y se temple [lo que está muy caliente]. 2 Dejar enfriar [una cosa] hasta que no eche vaho. 3 Orear. -4 *prnl.* fig. Desahogarse, esparcirse.
desavasallar *tr.* Eximir [a uno] del vasallaje.
desavecindado, -da *adj.* [casa o lugar] Desierto o sin vecinos.
desavecindarse *prnl.* Ausentarse de un lugar, mudando a otro el domicilio.
desavenencia (*des-* + *avenencia*) *f.* Oposición, discordia, contrariedad.
desavenido, -da *adj.* [pers.] Que está discorde o no se conforma con otro.
desavenir (*des-* + *avenir*) *tr.-prnl.* Desconcertar, discordar [a personas o cosas]: *desavenirse con algunos; desavenirse de otros; desavenirse dos personas entre sí.* ◇ ** CONJUG. [90] como *venir.*
desaventajadamente *adv. m.* Sin ventaja.
desaventajado, -da *adj.* Inferior y poco ventajoso.
desaventura *f.* Desventura.
desaviar (*des-* + *aviar*) *tr.* Descaminar. 2 Quitar o no dar [a uno] el avío (prevención) necesario para una cosa. ◇ ** CONJUG. [13] como *desviar.*
desavío *m.* Acción de desaviar o desaviarse. 2 Efecto de desaviar o desaviarse. 3 Desorden, desaliño, incomodidad. 4 *And.* Trastorno producido a alguien.
desavisado, -da *adj.-s.* Inadvertido, ignorante.
desavisar (*des-* + *avisar*) *tr.* Dar [a uno] aviso contrario al que se había dado.
desayar *tr. And.* Deshojar la mazorca.
desayudar *tr.* Embarazar lo que pueda servir de ayuda [a uno].
desayunado, -da *adj.* Que se ha desayunado.
desayunar (*des-* + *ayunar*) *tr.-intr.-prnl.* Tomar el desayuno: *desayunarse con chocolate.* 2 fig. ~ *de,* tener la primera noticia de un suceso o especie: *ahora me desayuno de tu ascenso.*
GRAM. Por analogía con *comer, cenar,* etc., aumenta su uso como intransitivo: *después iré a desayunar;* o como transitivo: *he desayunado un bollo con café.*
desayuno *m.* Primer alimento ligero que se toma por la mañana. 2 Acción de desayunarse.
desazogar *tr.* Quitar el azogue [a una cosa]. ◇ ** CONJUG. [7] como *llegar.*
desazón *f.* Desabrimiento (falta de sazón). 2 Falta de sazón y tempero en las tierras que se cultivan. 3 fig. Disgusto, pesadumbre, sinsabor. 4 fig. Molestia.
desazonado, -da *adj.* [tierra] Que no está en sazón. 2 fig. Indispuesto, disgustado. 3 fig. Inquieto.
desazonar *tr.* Quitar la sazón o el sabor [a un manjar]. 2 fig. Disgustar, desabrir [el ánimo]. -3 *prnl.* fig. Sentirse indispuesto en la salud.
SIN. *2* v. **Enojar.** *3* **Descomponerse.**
desazufrar (*des-* + *azufrar*) *tr.* Eliminar el azufre [de una cosa].
desbabadero *m. Venez.* Pieza donde se encierra el cacao hasta que pierde la baba que contiene.
desbabar *intr.-prnl.* Expeler las babas. -2 *tr.* Hacer que el caracol suelte su baba. 3 *Venez.* y *Méj.* Quitar [la baba] al cacao.
desbabe *m. Méj.* Acción de quitar la baba al cacao o al café.
desbagar *tr.* Sacar de la baga [la linaza]. 2 *Extr.* Sacar la uva de los gajos. ◇ ** CONJUG. [7] como *llegar.*
desbalagar *tr. And.* y *Méj.* Dispersar, esparcir. 2 *Extr.* y *Hond.* Malbaratar, derrochar. 3 *Méj.* Desbaratar, deshacer, esp. hablando de un tumor que se desinflama y acaba por sanar. ◇ ** CONJUG. [7] como *llegar.*
desbambarse *prnl. Méj.* Destejerse una tela.
desbancar (paras.) *tr.* MAR. Despejar, desembarazar [un sitio] de los bancos que lo ocupan. Decíase esp. en las galeras. 2 En el juego de la banca y otros, ganar [al banquero] todo el fondo que puso. 3 fig. Hacer perder [a uno] la amistad o el cariño de otra persona ganándola para sí. 4 fig. Suplantar, quitar [a alguien] de una posición y ocuparla uno mismo. ◇ ** CONJUG. [1] como *sacar.*
desbandada *f.* Acción de desbandarse. 2 Efecto de desbandarse. 3 *A la ~,* confusamente y sin orden; en dispersión.
desbandarse (paras. de *des-* + *bando*) *prnl.* Desparramarse; huir en desorden. 2 Apartarse de la compañía de otros. 3 Desertar.
desbarahustar *tr.* ant. Desbarajustar. ◇ ** CONJUG. [16] como *aunar.*
desbarahúste *m.* ant. Desbarajuste.
desbarajustar (v. *baraustar*) *tr.* Desordenar (con sentido intensivo).
desbarajuste *m.* Desorden, confusión grande.
desbaratabailes *com. La Mancha.* Aguafiestas. ◇ Pl.: *desbaratabailes.*
desbaratadamente *adv. m.* Con desbarate.

desbaratado, -da *adj.-s.* De mala vida, conducta o gobierno.
desbaratador, -ra *adj.-s.* Que desbarata.
desbaratamiento *m.* Descomposición, desconcierto.
desbaratar (*des-* + *baratar*) *tr.* Deshacer, arruinar [cosas materiales] o impedir, estorbar [en lo inmaterial]: ~ *un proyecto.* 2 p. anal. Disipar, malgastar [los bienes]. 3 MIL. Desordenar, poner en confusión [a los contrarios]. -4 *intr.* Disparatar. -5 *prnl.* Descomponerse, hablar u obrar fuera de razón.
desbarate *m.* Acción de desbaratar. 2 Efecto de desbaratar. 3 ~ *de vientre,* o sólo ~, repetición muy frecuente de deposiciones.
desbarato *m.* Desbarate.
desbarbado, -da *adj.* Que carece de barba.
desbarbador *m.* CONSTR. Raspador de hoja cuadrangular, muy afilado, que se emplea para quitar las barbas del metal.
SIN. **Escofina** (*Colomb.*).
desbarbar *tr.* Quitar las barbas [de una cosa]: ~ *una planta.* -2 *tr.-prnl.* Afeitar la barba [de uno].
desbarbillar (paras. de *des-* + *barbilla,* dim. de *barba*) *tr.* AGR. Desbarbar [los troncos de las vides nuevas].
desbardar *tr.* Quitar la barda [a una tapia].
desbarrancadero *m.* *Amér.* Despeñadero.
desbarrancar *tr.* *Amér.* Desbancar a un rival. 2 *Amér.* Arruinar. ◇ ** CONJUG. [1] como ***sacar.***
desbarranque *m.* *Chile* y *Perú.* Despeñamiento.
desbarrar *intr.* Tirar en el juego de la barra lo más lejos posible sin cuidarse de hacer tiro. 2 Deslizarse, escurrirse. 3 fig. Discurrir, hablar u obrar fuera de razón.
SIN. *3* **Disparatar.**
desbarretar (paras.) *tr.* Quitar las barretas [a un calzado].
desbarrigado, -da *adj.* Que tiene poca barriga.
desbarrigar *tr.* fam. Herir [a alguien] en la barriga. -2 *intr.* *Cuba.* Dar a luz. ◇ ** CONJUG. [7] como ***llegar.***
desbarro *m.* Acción de desbarrar. 2 Efecto de desbarrar.
desbarrumbarse *prnl.* *C. Rica* y *Guat.* Derrumbarse.
desbarrumbo *m.* *C. Rica.* Derrumbamiento.
desbastado *m.* METAL. Operación a que es sometido el lingote en la primera fase de la laminación.
desbastador *m.* Herramienta para desbastar.
desbastadura *f.* Efecto de desbastar.
desbastar (paras.) *tr.* Quitar las partes más bastas [de una cosa que se haya de labrar]. 2 Gastar, disminuir. 3 Quitar la tosquedad, educar, afinar [a las personas incultas]. 4 Dar [a una pieza] la forma aproximada que se quiere obtener. 5 METAL. Efectuar la operación de desbastado.
SIN. *3* **Descortezar.**
desbaste *m.* Acción de desbastar. 2 Efecto de desbastar. 3 Estado de un material destinado a labrarse, despojado de las partes más bastas.
desbastecido, -da (v. *abastecer*) *adj.* Sin bastimentos.
desbautizarse (*des-* + *bautizar*) *prnl.* fig. Irritarse, impacientarse mucho. ◇ ** CONJUG. [4] como ***realizar.***
desbazadero *m.* Sitio o paraje húmedo y, por tanto, resbaladizo.
desbeber (*des-* + *beber*) *intr.* fam. Orinar.
desbecerrar (paras.) *tr.* Destetar o separar los becerros [de sus madres].
desbenzolar *tr.* Sacar el benzol [del gas del alumbrado].
desbinzar *tr.* *Murc.* Quitar las binzas al pimiento para molerlo. ◇ ** CONJUG. [4] como ***realizar.***
desblanquecido, -da *adj.* Blanquecino.
desbloquear (*des-* + *bloquear*) *tr.* Romper un bloqueo. 2 Suprimir los obstáculos que impiden el desarrollo de una acción, evolución, progreso, etc. 3 COM. Levantar el bloqueo [de una cantidad o crédito]. 4 MEC. Aflojar una tuerca y, en gral., toda pieza bloqueada. -5 *tr.-prnl.* Dejar libre o empezar a moverse [lo que estaba agarrotado, colapsado, interrumpido, etc.].
desbloqueo *m.* Acción de desbloquear. 2 Efecto de desbloquear.
desbocadamente *adv. m.* Desenfrenadamente, desvergonzadamente.
desbocado, -da *adj.* [pieza de artillería] De boca más ancha que lo restante del ánima. 2 [escote o cuello de una prenda de vestir] Demasiado abierto hacia los lados y que no ajusta bien. 3 [instrumento] Que tiene gastada o mellada la boca: *un martillo ~; una gubia desbocada.* 4 [caballería] Que corre precipitadamente y sin dirección, insensible a la acción del freno. -5 *adj.-s.* Acostumbrado a decir palabras indecentes y ofensivas.
SIN. *5* **Deslenguado.**
desbocamiento *m.* Acción de desbocarse. 2 Efecto de desbocarse.
desbocar (paras.) *tr.* Quitar o romper la boca [a una cosa]: ~ *el cántaro.* -2 *tr.-prnl.* Abrirse un vestido o un jersey más de lo normal, coger mala forma, especialmente la parte del cuello. -3 *intr.* Desembocar. -4 *prnl.* Hacerse insensible una caballería a la acción del freno y dispararse. 5 fig. Desvergonzarse, prorrumpir en denuestos. ◇ ** CONJUG. [1] como ***sacar.***
desbolillarse *prnl.* Fracturarse o desarticularse el fémur la perdiz enjaulada.
desboquillar (paras.) *tr.* Quitar o romper la boquilla [de una cosa].
desbordable *adj.* Que se puede desbordar.
desbordamiento *m.* Acción de desbordar o desbordarse. 2 Efecto de desbordar o desbordarse. 3 fig. Desenfreno: ~ *de su conducta.*
SIN. *1* **Llena, riada,** tratándose de ríos o arroyos.
desbordante *adj.* Que sale de sus límites o de la medida.
desbordar (paras.) *intr.-prnl.* Salir de los bordes, derramarse: *desbordarse el río en la arena, o por los campos.* 2 Desmandarse las pasiones o los vicios. 3 fig. Sobreabundar, rebosar: *alegría que desborda.* -4 *tr.* fig. Abrumar [a una persona] con situaciones no controlables. 5 DEP. Dejar atrás [un jugador] a otro del equipo contrario.
desborde *m.* Desbordamiento.
desbornizar (paras.) *tr.* Arrancar el corcho bornizo [de los alcornoques]. ◇ ** CONJUG. [4] como ***realizar.***
desboronar *tr.* desus. Desmoronar.
desborradora *f.* Obrera que quita la borra o los nudos que quedan después de tejida la lana.
desborrar *tr.* Quitar la borra o los nudos [a los paños].
desbotonar *tr.* Quitar el botón [a un florete]. 2 *Ant.* y *Perú.* Quitar los botones y la guía [a la planta del tabaco] para que ganen en tamaño las hojas.
desbragado (v. *bragado*) *adj.* fam. Sin bragas. -2 *adj.-s.* fig. y desp. Descamisado (desharrapado).
desbragar *tr.* *And.* Cavar alrededor de la cepa una pileta de unos 20 cms. de profundidad, para quitar las raíces superficiales y recoger los brotes para injertos. ◇ ** CONJUG. [7] como ***llegar.***
desbraguetado *adj.* fam. Que lleva la bragueta mal abotonada.
desbravador *m.* El que tiene por oficio desbravar (amansar).
desbravar (paras. de *bravo*) *tr.* Amansar [el ganado cerril]. -2 *intr.-prnl.* Perder o deponer parte de la braveza. 3 Perder los licores su fuerza. 4 fig. Aplacar la cólera; romperse el ímpetu de una corriente.
desbravecer *intr.-prnl.* Desbravar (la cólera; los licores). ◇ ** CONJUG. [43] como ***agradecer.***
desbrazarse (paras.) *prnl.* Extender violentamente los brazos, hacer fuerza con ellos. ◇ ** CONJUG. [4] como ***realizar.***
desbrevarse (v. desbravar) *prnl.* Perder una cosa su fuerza y actividad: ~ ***el vino,*** echarse a perder.
desbridamiento *m.* CIR. Acción de desbridar. 2 CIR. Efecto de desbridar.
desbridar (paras. de *brida*) *tr.* CIR. Cortar tejidos fibrosos que, produciendo estrangulación, pueden ocasionar la gangrena [en algún órgano]. 2 CIR. Separar las bridas o filamentos que atraviesan [una llaga] y estorban la salida del pus. 3 Retirar la broqueta que sujeta una vianda, después de cocida ésta.
desbriznar (paras.) *tr.* Reducir a briznas, desmenuzar [una cosa]: ~ *la carne;* ~ *el palo.* 2 Sacar los estambres [a la flor de azafrán]. 3 Quitar la brizna [a las legumbres].
SIN. *2* **Despinzar, esbinzar, esblencar, esbrencar, espinzar, mondar.**
desbrozado *m.* Acción de desbrozar. 2 Efecto de desbrozar.
desbrozar (paras.) *tr.* Quitar la broza [a un terreno, un paso, un árbol]. ◇ ** CONJUG. [4] como ***realizar.***
SIN. **Desembrozar.**
desbrozo *m.* Acción de desbrozar. 2 Efecto de desbrozar. 3 Cantidad de broza acumulada en alguna parte.
desbruar *tr.* Quitar [al tejido] la grasa para meterlo en el batán. ◇ ** CONJUG. [11] como ***actuar.***
desbrujar *tr.* Desmoronar.
desbuchar (paras.) *tr.* Desembuchar. 2 Desainar. 3 Bajar y aliviar el buche de las aves de rapiña.
desbulla *f.* Concha de la ostra desbullada.
desbullador *m.* Tenedor para ostras.
desbullar (v. *despojar*) *tr.* Sacar [la ostra] de su concha. 2 Quitar la cáscara o envoltura de [algunas cosas].

descabal *adj.* No cabal.
descabalado, -da *adj.* Incompleto, sin compañero.
descabalamiento *m.* Acción de descabalar o descabalarse. 2 Efecto de descabalar o descabalarse.
descabalar *tr.* Dejar descabal [una cosa] por pérdida de alguna de sus partes esenciales: *descabalarse una colección por falta de dos ejemplares.* 2 Desnivelar, desigualar.
descabalgadura *f.* Acción de descabalgar.
descabalgar (*des-* + *cabalgar*) *intr.* Bajar de una caballería en que se iba montado. 2 Desmontar de la cureña [un cañón], o imposibilitarse el uso [de éste] por destrucción de la cureña. ◇ ** CONJUG. [7] como *llegar.*
descabelladamente *adv. m.* fig. De modo descabellado.
descabellado, -da *adj.* fig. Que va sin orden, concierto o razón.
descabellamiento *m.* fig. Despropósito.
descabellar (*des-* + *cabellar*) *tr.-prnl.* Despeinar, desgreñar. -2 *tr.* TAUROM. Matar instantáneamente [al toro], hiriéndole en la cerviz con la punta del estoque.
SIN. *2* **Descordar.**
descabello *m.* TAUROM. Acción de descabellar. 2 TAUROM. Efecto de descabellar.
descabezadamente *adv. m.* fig. Descabelladamente.
descabezado, -da *adj.-s.* fig. Que va fuera de razón. 2 fig. Desmemoriado.
descabezamiento *m.* Acción de descabezar o descabezarse. 2 Efecto de descabezar o descabezarse.
descabezar (paras.) *tr.* Quitar o cortar la cabeza [a una persona o animal]. 2 p. ext. Cortar la parte superior o las puntas [de los árboles, maderos, etc.]. 3 fig. *~ el sueño,* adormilarse un poco. 4 Quitar [a uno] del encabezamiento que han hecho en un pueblo. 5 fig. Empezar a vencer [la dificultad o un embarazo que se encuentra en alguna cosa]: *~ una dificultad.* 6 MIL. Poner las primeras hileras [de un batallón, regimiento, etc.] en la dirección necesaria para una marcha de flanco. 7 MIL. Rebasar o vencer [un obstáculo] la cabeza de la columna. -8 *intr.* Terminar una tierra de labor en otra, ir a unirse con ella. -9 *prnl.* Desgranarse las espigas de las mieses. 10 fig. *y* fam. Descalabazarse. ◇ ** CONJUG. [4] como *realizar.*
descabritar (paras.) *tr.* Separar los cabritos [de sus madres].
descabullarse *prnl. Colomb.* y *Venez.* Escabullarse.
descabullirse *prnl.* Escabullirse. 2 fig. Huir de una dificultad con sutileza. 3 Eludir la fuerza de las razones contrarias. ◇ ** CONJUG. [41] como *mullir.*
descacarañado, -da *adj. Chile.* Descascarado.
descachalandrado, -da *adj. Amér.* Escachalandrado.
descachar *tr. Amér.* Descornar.
descacharrado, -da *adj. Guat.* y *Hond.* Desaseado.
descacharrante *adj.* burl. Que produce hilaridad o regocijo ruidoso: *una comedia ~.* 2 Us. con valor intensivo, gral., v. brutal.
descacharrar *tr.-prnl.* Escacharrar.
descachazar *tr. Amér.* Quitar la cachaza [al guarapo] en su paila correspondiente. ◇ ** CONJUG. [4] como *realizar.*
descacilar *tr. And.* y *Ant.* Descafilar.
descaderado, -da *adj.* [animal] Que tiene rota la cadera.
descaderar (paras.) *tr.-prnl.* Hacer [a uno] daño grave en las caderas.
SIN. **Derrengar.**
descadillador, -ra *m. f.* Persona que descadilla.
descadillar (paras.) *tr.* Quitar [a la lana] los cadillos, pajillas y motas.
descaecer (*des-* + *caecer*) *intr.* ant. Decaer (cambiar de estado). ◇ ** CONJUG. [43] como *agradecer.*
descaecimiento *m.* ant. Decaimiento.
descafeinado, -da *adj.* Que no tiene cafeína. 2 fig. Anodino.
descafeinar *tr.* Quitar la cafeína [a un preparado de café]. 2 fig. Hacer anodino [algo] privándolo de sus elementos más importantes o característicos. ◇ ** CONJUG. [17].
descafilar (de *cáfila*) *tr.* Limpiar y descantear [los ladrillos o baldosas] procedentes de un derribo, para utilizarlos de nuevo.
SIN. **Escafilar.**
descaimiento *m.* ant. Decadencia.
descalabazarse (paras. de *calabaza*) *prnl.* fig. Calentarse la cabeza en averiguar una cosa, sin lograrlo. ◇ **CONJUG. [4] como *realizar.*
SIN. **Descrismarse.**
descalabrado, -da *adj.-s.* Que ha salido mal de una pendencia o en un negocio.
descalabradura *f.* Herida recibida en la cabeza. 2 Cicatriz que queda de esta herida.
descalabrar (paras. de *calavera*) *tr.-prnl.* Herir [a uno] en la cabeza: *~ a pedradas; ~ con un guijarro.* 2 p. ext. Herir o maltratar en otra parte del cuerpo. -3 *tr.* fig. Causar daño o perjuicio: *dejamos su negocio descalabrado.* 4 ***Descalábrame con eso,*** expr. con que se da a entender irón. a uno que no hará lo que dice o promete.
SIN. *1* **Romper la crisma** o **el bautismo**; fam. **descabezar; escalabrar.**
descalabro *m.* Contratiempo, infortunio, daño o pérdida (signif. intensivo).
descalandrajar (paras. de *calandrajo*) *tr.* Desgarrar [una cosa de tela] haciéndola andrajos: *~ un vestido.*
descalcador *m.* MAR. Instrumento para descalcar.
SIN. **Maquillo.**
descalcar (*des-* + *calcar*) *tr.* MAR. Sacar las estopas viejas [de las costuras de un buque]. ◇ ** CONJUG. [1] como *sacar.*
descalcez *f.* Calidad de descalzo. 2 Condición de ciertas órdenes religiosas, cuyos miembros, por instituto, deben llevar los pies desnudos.
descalcificación (*des-* + *calcificación*) *f.* Acción de descalcificar o descalcificarse. 2 Efecto de descalcificar o descalcificarse. 3 MED. Disminución anormal de las sales calcáreas en los huesos y otros tejidos.
descalcificadora *f.* Máquina que sirve para descalcificar.
descalcificar (*des-* + *calcificar*) *tr.* Quitar la cal [a algo]. -2 *intr.-prnl.* MED. Disminuir anormalmente las sales calcáreas en los huesos y otros tejidos. ◇ ** CONJUG. [1] como *sacar.*
descalicharse (*des-* + *caliche,* costilla de cal) *prnl. And.* Desconcharse y deteriorarse las paredes por desprendimiento de las capas de cal del enlucido.
descalificación *f.* Acción de descalificar. 2 Efecto de descalificar.
descalificar (*des-* + *calificar*) *tr.* Desconceptuar, deshonorar. 2 DEP. Retirar [a un deportista] en una competición. ◇ ** CONJUG. [1] como *sacar.*
descalostrado, -da (paras.) *adj.* [niño] Que ha pasado ya los días del calostro.
descalzador *m.* Instrumento usado para descalzar (socavar).
descalzaperros *m.* Contienda, revuelta, barullo. ◇ Pl.: *descalzaperros.*
descalzar *tr.* Quitar el calzado. 2 Quitar uno o más calzos [a una cosa]. 3 Socavar. -4 *prnl.* Perder las caballerías una o más herraduras. 5 Pasar un fraile calzado o descalzo. ◇ ** CONJUG. [4] como *realizar.*
descalzo, -za, pp. irreg. de *descalzar.* 2 *adj.* Que trae desnudas las piernas o los pies. 3 fig. Desnudo, falto de recursos, sin bienes de fortuna. -4 *adj.-s.* Religioso que está sujeto a la descalcez.
descamación (paras. de *escama*) *f.* Desprendimiento de la epidermis seca en forma de laminillas, en el curso o al final de una afección cutánea o de una enfermedad eruptiva. 2 Disgregación de una roca en escamas concéntricas debido a la meteorización.
descamar *tr.* Quitar las escamas [a los peces]. -2 *prnl.* Caerse la piel en forma de escamillas.
descambiar *tr.* Deshacer un cambio o una compra. ◇ **CONJUG. [12] como *cambiar.*
descaminadamente *adv. m.* Fuera de camino, sin acierto.
descaminar (*des-* + *caminar*) *tr.* Apartar a uno del camino que debe seguir. 2 fig. Apartar [a uno] de un buen propósito, inducirle a que haga lo que no es justo ni conveniente. 3 fig. *y* p. us. Decomisar.
SIN. *1* **Desaviar, desviar, desencaminar, descarriar.**
descamino *m.* Acción de descaminar o descaminarse. 2 Efecto de descaminar o descaminarse. 3 Cosa que se quiere introducir de contrabando. 4 fig. Error.
descamisado, -da (paras.) *adj.* Sin camisa. -2 *adj.-s.* desp. Muy pobre, desharrapado.
SIN. *2* **Desbragado.**
descamisar *tr. Amér.* Arruinar, empobrecer [a alguien].
descampado, -da *adj.-m.* Terreno descubierto y desembarazado: *un robo en ~.*
SIN. **Escampado.**
descampar *impers.* Escampar.
descanar *tr. Chile* y *Guat.* Quitar o teñir las canas [del cabello].
descansadamente *adv.* Sin trabajo, sin fatiga; quieta y reposadamente.
descansadero *m.* Sitio donde se puede descansar.

descansado, -da *adj.* Que trae en sí una satisfacción que equivale al descanso: *trabajo muy ~.* 2 Que no exige mucho esfuerzo o trabajo.

descansar (*des-* + *cansar*) *intr.* Cesar el trabajo, reposar para reparar las fuerzas: *~ de la fatiga; ~ sobre las armas.* 2 p. ext. Dormir: *el enfermo ha descansado bien;* yacer en el sepulcro: *~ en paz;* dejar sin cultivo uno o más años la tierra de labor. 3 Estar una cosa asentada o apoyada sobre otra. 4 fig. Tener algún alivio en los cuidados: *~ de los infortunios.* 5 fig. Estar en la confianza de los oficios o el favor de otro: *descansa en su criado.* -6 *tr.* Aliviar o ayudar [a uno] en el trabajo: *~ a un compañero.* 7 Asentar o apoyar [una cosa] sobre otra: *descanse usted el brazo sobre la almohada.*

SIN. *2* **Quedar en barbecho** un campo.

descansillo *m.* Porción de piso horizontal en que termina un tramo de escalera.

SIN. **Meseta, descanso, mesilla, rellano.**

descanso *m.* Cesación o pausa en el trabajo o fatiga y en los cuidados físicos o morales. 2 Descansillo. 3 Asiento sobre que se apoya una cosa. 4 Intermedio de un espectáculo o de una competición deportiva.

SIN. *1* **Respiro** es breve descanso o interrupción del trabajo; **reposo** sugiere mayor quietud o descanso prolongado.

descantar (paras.) *tr.* Limpiar de cantos o piedras [un lugar].

descantear (paras.) *tr.* Quitar los cantos o ángulos [de una cosa].

descanterar (paras.) *tr.* Quitar el cantero o canteros [de una cosa]: *~ el pan.*

descantillar (paras.) *tr.* Romper o quebrar las aristas o cantos [de una cosa]. 2 fig. Desfalcar o rebajar [algo] de una cantidad.

descantillón *m.* Escantillón.

descantonar *tr.* Descantillar.

descañar *tr.* Romper la caña [a las mieses u otras plantas].

descañonar (paras.) *tr.* Quitar los cañones [a las aves]. 2 Afeitar a contrapelo para cortar más de raíz [las barbas]. 3 fig. Pelar (desplumar).

descaperuzar (paras.) *tr.* Quitar la caperuza (a una persona o a una prenda). ◇ ** CONJUG. [4] como ***realizar.***

descaperuzo *m.* Acción de descaperuzar o descaperuzarse.

descapillar *tr.-prnl.* desus. Quitar la capilla.

descapirotar *tr.-prnl.* Quitar el capirote.

descapitalización *f.* Acción de descapitalizar o descapitalizarse. 2 Efecto de descapitalizar o descapitalizarse. 3 fig. Empobrecimiento social o cultural de una comunidad.

descapitalizar *tr.* Perder o hacer perder el capital. -2 *tr.-prnl.* fig. Hacer perder las riquezas históricas o culturales acumuladas por un país o grupo social. ◇ ** CONJUG. [4] como ***realizar.***

descapotable *adj.-m.* Automóvil cuya capota puede ser plegada.

descapotar *tr.* En los coches que tienen capota, plegarla o bajarla.

descapsulador (der. de *des-* + *cápsula*) *m.* Instrumento que sirve para quitar las cápsulas metálicas que cierran las botellas.

descapullar *tr.* Quitar el capullo [a alguna cosa]. -2 *intr. Murc.* Abrirse las flores.

descaradamente *adv. m.* Con descaro.

descarado, -da *adj.-s.* Que habla u obra con descaro.

SIN. **Deslavado.**

descaramiento *m.* Descaro.

descararse (paras. de *cara*) *prnl.* Dejar de contenerse en hacer o decir lo que el precepto humano, las conveniencias, la prudencia, el pudor, etc., privan de hacer o decir: *~ a pedir; ~ con el jefe.*

descarbonatar *tr.* Quitar [de un cuerpo] el ácido carbónico que contiene.

descarburación *m.* Acción de descarburar; esp., operación de separar de los carburos de hierro el carbono que entra en su composición. 2 Efecto de descarburar.

descarburante *adj.* [procedimiento] Que se emplea para descarburar una materia, esp. el acero.

descarburar *tr.* Eliminar o disminuir el carbono o compuestos de carbono que contiene [un cuerpo].

descarcañalar *tr.-prnl.* Arrollar la parte del [zapato] que cubre el carcañal.

descardar *tr. Cuba.* Escardar.

descarga *f.* Acción de descargar. 2 Efecto de descargar. 3 *~ cerrada,* fuego que se hace a la vez, y a una voz de mando, por una unidad del ejército; a diferencia del *fuego a discreción* que hace cada soldado individualmente. 4 ARQ. Aligeramiento de un cuerpo de construcción, cuando tiene peso excesivo. V. arco de *~.* 5 FÍS. Neutralización de las cargas opuestas en las armaduras de un condensador eléctrico. 6 FÍS. Proceso que tiene lugar en los acumuladores cuando se les hace funcionar como generadores. 7 FÍS. Ionización de un gas por la acción de un campo eléctrico suficientemente intenso, con lo cual se origina un gran desplazamiento de iones, en gral. acompañado de emisión de luz. El rayo, el salto del arco entre conductores cargados, etc., son ejemplos de descargas de este tipo.

descargada *f.* En el juego del monte, la carta que no está cargada.

descargadas *adj.-pl.* BLAS. [armas] Infamadas.

descargadero *m.* Sitio destinado para descargar.

descargador *m.* El que tiene por oficio descargar mercancías. 2 Sacatrapos. 3 ELECTR. Dispositivo compuesto de dos electrodos entre los cuales tiene lugar una descarga disruptiva.

descargadura *f.* Parte del hueso que se separa de la carne mollar al vender ésta.

descargar *tr.* Quitar o aliviar la carga [a una cosa]; p. anal., quitar [a la carne del lomo] la falda y parte del hueso. 2 Disparar [las armas de fuego], o extraer [de ellas] la carga que llevan; p. ext., dar [un golpe] con violencia: *le descargó un palo;* ***intr.,*** *~ en contra,* o *sobre, el inocente.* 3 Anular la carga o tensión eléctrica [de un cuerpo]. 4 Liberar [a uno] de un cargo u obligación: *esta orden le descarga mucho.* 5 Desahogar el mal humor, enfado, sobre personas o cosas. 6 Absolver de culpa. 7 *Extr.* y *Can.* Podar [la vid]. 8 IMPR. Eliminar el exceso de tinta, haciendo que sea absorbida por una hoja de papel. -9 *intr.* Desembocar los ríos en el mar o en un lago. 10 Deshacerse una nube en lluvia o granizo. -11 *prnl.* Dejar el empleo o cargo; eximirse de sus obligaciones cometiendo a otro lo que debía ejecutar por sí: *descargarse de alguna cosa en su secretario; descargarse con el ausente.* 12 DER. Dar los reos satisfacción a los cargos y purgarse. ◇ ** CONJUG. [7] como ***llegar.***

descargo *m.* Acción de descargar (quitar carga). 2 Partida de data o salida en las cuentas. 3 Satisfacción, respuesta o excusa de un cargo.

SIN. *2* **Haber.**

descargue *m.* Descarga de un peso o transporte.

descariñarse *prnl.* Perder el cariño a una persona o cosa.

descariño *m.* Tibieza en la voluntad o despego en el cariño.

descarnada *f.* p. ant. La muerte.

descarnadamente *adv. m.* fig. Con franqueza, sin ambages ni atenuantes.

descarnado, -da *adj.* fig. [asunto] Crudo o desagradable, expuesto sin paliativo, y también [expresión] de condición semejante.

descarnador *m.* Instrumento de acero con que se despega de la encía la muela o dientes que se quiere arrancar.

descarnadura *f.* Acción de descarnar o descarnarse. 2 Efecto de descanar o descarnarse.

descarnar (paras.) *tr.* Quitar [al hueso o la piel] la carne. 2 Quitar parte [de una cosa], desmoronarla. 3 Separar [una cosa dura de otra blanda]. 4 fig. Dejar débil, escuálido. 5 Quitar [a un pellejo] los restos de carne y el tejido subcutáneo para curtirlo. 6 Desapegar [a uno] de las cosas terrenas.

descaro *m.* Desvergüenza, atrevimiento, insolencia.

SIN. **Descompostura, descoco.**

descarozado *m. Argent.* y *Chile.* Melocotón mondado y puesto a secar al sol.

descarozar *tr. Amér. Merid.* Sacar el carozo [a las frutas]. ◇ ** CONJUG. [4] como ***realizar.***

descarrancarse *prnl.* Descomponerse. ◇ ** CONJUG. [1] como ***sacar.***

descarretillar *tr. Chile.* Rasgar [la boca] dislocando las carretillas (quijadas).

descarriado, -da *adj.* fig. [pers.] Que se aparta de lo justo o razonable, o de la religión.

descarriamiento *m.* Descarrío.

descarriar (probl. cruce de *descarrerar,* descarriar × *desviar*) *tr.* Apartar [a uno] del camino, echarlo fuera de él. -2 *tr.-prnl.* Apartar del rebaño [una o varias reses]. -3 *prnl.* Separarse o perderse una persona de las demás con quienes iba en compañía. 4 Apartarse de lo justo y razonable. ◇ ** CONJUG. [13] como ***desviar.***

SIN. *1* V. **Descaminar.**

descarriladura *f.* Descarrilamiento.

descarrilamiento *m.* Acción de descarrilar. 2 Efecto de descarrilar.

descarrilar (paras.) ***intr.*** Salir fuera del carril: ~ *un tren.*
descarrío ***m.*** Acción de descarriar o descarriarse. 2 Efecto de descarriar o descarriarse.
descartar (paras. de *carta*) ***tr.*** Apartar [una cosa de sí], rechazarla. 2 DEP. Eliminar de un equipo o selección a un jugador por exceder el número de los elegidos el cupo autorizado. -3 ***prnl.*** Dejar en el juego las cartas que se consideran inútiles, sustituyéndolas por otras. 4 fig. p. us. Excusarse una persona de hacer alguna cosa: *descartarse de un compromiso.*
descarte ***m.*** Acción de descartarse. 2 Cartas desechadas. 3 DEP. Jugador descartado de un equipo o selección.
descasamiento ***m.*** Declaración de nulidad de un matrimonio.
descasar (*des-* + *casar*) ***tr.*** Separar [a los casados], anular el matrimonio. 2 fig. Turbar la disposición [de cosas que casaban bien]. 3 IMPR. Alterar la colocación [de las planas que componen una forma] para ordenarlas de otra manera. 4 *Guat., Perú* y *P. Rico.* Deshacer lo pactado.
SIN. *1* v. **Divorciar.**
descascar (*des-* + *cascar*) ***tr.*** Descascarar. -2 ***prnl.*** Hacerse cascos una cosa. 3 fig. Hablar mucho y sin comedimiento. ◇ ** CONJUG. [1] como ***sacar.***
descascarar (paras.) ***tr.*** Quitar la cáscara [de una cosa]. -2 ***prnl.*** fig. Levantarse y caer la cáscara de algunas cosas.
descascarillado ***m.*** Acción de descascarillar. 2 Efecto de descascarillar.
descascarillar (paras.) ***tr.*** Quitar la cascarilla [de una cosa].
descaspar (paras.) ***tr.*** Quitar o limpiar la caspa [a alguien].
SIN. **Escoscar.**
descasque ***m.*** Acción de descortezar los árboles, esp. los alcornoques.
descastado, -da ***adj.-s.*** Que manifiesta poco cariño a los parientes. 2 p. ext. Que no corresponde al cariño que le han demostrado.
descastar (paras.) ***tr.*** Exterminar una casta [de animales, esp. dañinos].
descatolizar ***tr.*** Apartar de la religión católica [a una persona o pueblo]. ◇ ** CONJUG. [4] como ***realizar.***
descaudalado, -da (paras.) ***adj.*** [pers.] Que ha perdido su caudal.
descebar ***tr.*** Quitar el cebo [a un arma de fuego]. 2 Quitar el agua del interior del cuerpo de una bomba centrífuga.
descendencia ***f.*** Conjunto de hijos y demás generaciones sucesivas por línea recta descendente. 2 Casta, estirpe.
SIN. *1* **Prole.**
descendente ***adj.*** Que desciende.
descender (l. *-ere*) ***intr.*** Pasar de un lugar alto a otro bajo, bajar: ~ *al valle;* ~ *por etapas;* fig., pasar de un grado alto a otro bajo en alguna cosa moral: ~ *en el favor de uno.* 2 Fluir, correr una cosa líquida. 3 Proceder lo particular de lo general, derivarse: *tales consecuencias descienden de tales principios;* pasar de lo general a lo particular: *descenderemos a los detalles.* 4 Proceder, por generaciones sucesivas, de una persona o linaje. 5 Disminuir el nivel [de algo]. -6 ***tr.*** Bajar (conducir abajo): ~ *un cuadro.* 7 Bajar el valor o fondos de una cosa, como precios, temperatura, etc. ◇ ** CONJUG. [28] como ***entender.***
SIN. **Bajar;** v. **Decrecer** y **disminuir.**
descendiente ***com.*** Persona que desciende de otra.
descendimiento ***m.*** Acción de descender a uno. p. ant. El del sagrado cuerpo de Cristo, bajándolo de la cruz; representación o composición que se hace de este paso: *un* ~ *de mármol.*
descendista ***adj.-com.*** DEP. Ciclista o esquiador especialista en descensos.
descensión (l. *-sione*) ***f.*** Descenso (acción y efecto).
descenso (l. *-su*) ***m.*** Acción de descender. 2 Efecto de descender. 3 Bajada. 4 fig. Caída de una dignidad o estado a otro inferior. 5 DEP. Carrera de velocidad en esquí alpino, disputada a lo largo de un trazado en el que están señalados unos pasos obligados.
SIN. *1, 2, 3* y *4* v. **Caída.**
descentración ***f.*** Acción de descentrar o descentrarse. 2 Efecto de descentrar o descentrarse.
descentrado, -da ***adj.*** [instrumento o pieza de una máquina] Cuyo centro está fuera de la posición debida. 2 fig. Que no está en su centro, esp. refiriéndose a personas.
descentralización ***f.*** Acción de descentralizar. 2 Efecto de descentralizar. 3 Sistema político que propende a descentralizar.
descentralizador, -ra ***adj.*** Que descentraliza.
descentralizar (*des-* + *centralizar*) ***tr.*** Hacer menos dependientes del poder o la administración central [ciertas funciones, servicios, atribuciones, etc.]. ◇ ** CONJUG. [4] como ***realizar.***
descentramiento ***m.*** Acción de descentrar o descentrarse. 2 Efecto de descentrar o descentrarse.
descentrar ***tr.-prnl.*** Sacar o salir [una cosa] de su centro. 2 Desequilibrar.
desceñido, -da ***adj.*** Que no está ceñido.
desceñidura ***f.*** Acción de desceñir o desceñirse. 2 Efecto de desceñir o desceñirse.
desceñir (l. *discingere*) ***tr.*** Desatar, quitar el ceñidor: ~ *la faja.* ◇ ** CONJUG. [36] como ***ceñir.***
I) descepar (paras.) ***tr.*** Arrancar de raíz [los árboles o plantas que tienen cepa]. 2 fig. Exterminar, extirpar.
II) descepar (paras.) ***tr.*** Quitar los cepos [a las anclas o anclotes].
descerar (paras.) ***tr.*** Despuntar [las colmenas]; sacar [de ellas] las ceras vanas.
descercado, -da ***adj.*** [lugar] Abierto, que no tiene cerca.
descercador ***m.*** El que obliga y fuerza al enemigo a levantar el sitio o cerco de una plaza o fortaleza.
descercar (*des-* + *cercar*) ***tr.*** Derribar la muralla [de un pueblo] o la cerca [de una casa, heredad, etc.]. 2 Levantar o forzar a levantar el sitio puesto [a una plaza o fortaleza]. ◇ ** CONJUG. [1] como ***sacar.***
descerco ***m.*** Acción de descercar (levantar el sitio). 2 Efecto de descercar (levantar).
descerebración ***f.*** Acción de descerebrar. 2 Efecto de descerebrar. 3 MED. Pérdida de la conexión normal de la medula espinal y del bulbo raquídeo con el cerebro, gralte. tras un accidente. 4 FISIOL. Extirpación experimental del cerebro de un animal.
descerebrar ***tr.*** MED. Producir la inactividad funcional del cerebro. 2 FISIOL. Extirpar experimentalmente el cerebro de un animal.
descerezar (paras.) ***tr.*** Quitar [a la semilla del café] la carne de la baya o cereza en que está contenida. ◇ ** CONJUG. [4] como ***realizar.***
descerrajado, -da ***adj.*** fig. De perversa vida y mala índole.
descerrajadura ***f.*** Acción de descerrajar.
descerrajar (paras.) ***tr.*** Arrancar o violentar la cerradura [de una puerta, cofre, etc.]. 2 fig. Disparar [uno o más tiros] con arma de fuego.
descerrar ***tr.*** desus. Abrir, descubrir lo cerrado. ◇ ** CONJUG. [27] como ***acertar.***
descerrumarse (paras.) ***prnl.*** Desconcertarse una caballería la articulación del menudillo de la cerruma.
descervigamiento ***m.*** Acción de descervigar. 2 Efecto de descervigar.
descervigar (paras.) ***tr.*** Torcer la cerviz [a un animal]. 2 Desnucar [a un animal]. ◇ ** CONJUG. [7] como ***llegar.***
deschalar ***tr.*** *Argent.* Quitar la chala [del maíz].
deschapar ***tr.*** *Amér. Merid.* Descerrajar.
deschavetado, -da ***adj.*** *Amér.* Chiflado, que ha perdido la chaveta.
deschavetarse ***prnl.*** Perder el juicio, la chaveta.
deschepicar ***tr.*** *Chile.* Arrancar la chépica. ◇ ** CONJUG. [1] como ***sacar.***
deschuponar (paras.) ***tr.*** Quitar [a un árbol] los chupones.
deschurrado ***m.*** Operación de lavar la lana.
descifrable ***adj.*** Que se puede descifrar.
descifrador ***m.*** El que descifra.
desciframiento ***m.*** Descifre.
descifrar ***tr.*** Leer [un escrito cifrado], llegar a leer [lo escrito en caracteres o lengua desconocidos]. 2 fig. Llegar a comprender [lo intrincado y de difícil inteligencia].
descifre ***m.*** Acción de descifrar. 2 Efecto de descifrar.
descimbramiento ***m.*** ARQ. Acción de descimbrar. 2 ARQ. Efecto de descimbrar.
descimbrar ***tr.*** Quitar las cimbras [de una obra].
descimentar ***tr.*** Deshacer los cimientos [de un edificio]. ◇ ** CONJUG. [27] como ***acertar.***
descinchar ***tr.*** Quitar o soltar las cinchas [a una caballería].
descinto, -ta, pp. irreg. de *desceñir.*
descintrar ***tr.*** Quitar la cintra de una arcada.
desclavador ***m.*** Cincel de boca ancha, recta y poco afilada, usado para desclavar.
desclavar (*des-* + *clavar*) ***tr.*** Arrancar o quitar los clavos [a alguna cosa] o desprender [una cosa] del clavo o los clavos que la aseguran o sujetan. 2 Desengastar [las piedras preciosas] de

la guarnición de metal. -3 ***prnl.*** Aflojarse, desprenderse un clavo del lugar en que está clavado.
SIN. **Desenclavar,** p. us.
desclavijar ***tr.*** Quitar las clavijas [a una cosa].
descoagulante ***adj.*** Que descoagula.
descoagular (*des-* + *coagular*) ***tr.*** Liquidar [lo coagulado].
SIN. **Descuajar** es de uso gral.; **descoagular** es término científico.
descobajar (paras.) ***tr.*** Quitar el escobajo [de la uva].
descobijar ***tr.*** Descubrir, destapar, desabrigar.
descocadamente ***adv. m.*** Con descoco.
descocado, -da ***adj.-s.*** Que habla u obra con descoco. -2 ***m.*** *Chile.* Melocotón entero, gralte. secado al sol. Ús. más en plural.
descocador ***m.*** Instrumento us. para descocar.
descocar (paras.) ***tr.*** Quitar [a los árboles] los cocos. ◇ **CONJUG. [1] como ***sacar.***
descocarse (paras. del fam. *coca,* cabeza, voz descriptiva, en el sentido de no tener cabeza) ***prnl.*** Hablar u obrar con demasiada libertad y osadía. ◇ ** CONJUG. [1] como ***sacar.***
descocedura ***f.*** Efecto de descocer.
descocer (l. *discoquere*) ***tr.*** Digerir [la comida]. -2 ***prnl.*** Desazonarse, disgustarse. ◇ ** CONJUG. [54] como ***cocer.***
descochollado, -da (*des-* + der. de quechua *kocholla,* alegremente) ***adj.*** *Chile.* Andrajoso. 2 *Chile.* Vicioso. 3 *Chile.* Irascible.
descoco ***m.*** fam. Demasiada libertad y osadía.
SIN. V. **Descaro.**
descodificación ***f.*** En la transmisión de un mensaje, operación por la que el receptor descifra una secuencia de signos.
descodificador, -ra ***adj.*** Que descodifica. -2 ***m.*** Aparato o dispositivo para descodificar: ~ *de calor.*
descodificar (*des-* + *codificar*) ***tr.*** Aplicar inversamente a un mensaje codificado las reglas de su código para obtener la forma primitiva del mensaje. 2 Interpretar un mensaje codificado. ◇ ** CONJUG. [1] como ***sacar.***
descoger (*des-* + *coger*) ***tr.*** Desplegar, extender o soltar [lo que está plegado, arrollado o recogido]. ◇ ** CONJUG. [5] como ***proteger.*** ◇ Es vulgar su empleo por *escoger.*
descogollar (paras.) ***tr.*** Quitar los cogollos [a una planta o árbol].
descogotado, -da ***adj.*** Que lleva pelado y descubierto el cogote.
descogotar (paras.) ***tr.*** MONT. Cortar de raíz las astas [al venado].
descohesión ***f.*** DEP. Falta de juego de conjunto en un equipo.
descolar (paras.) ***tr.*** Cortar la cola [a un animal]. 2 Quitar [a la pieza de paño] la punta o el extremo opuesto a aquel en que está la marca de la fábrica. 3 *Méj.* fig. Despreciar.
descolchar (*des-* + *colchar*) ***tr.*** MAR. Desunir los cordones [de los cabos].
descolgado, -da ***adj.-s.*** Desconectado de los amigos o del grupo al que se pertenece.
descolgar (*des-* + *colgar*) ***tr.*** Bajar [lo que está colgado]: ~ *un cuadro*; en gral., bajar colgado de cuerda, cadena, etc. [cualquier objeto]; esp., quitar las colgaduras y otros adornos [de una iglesia, aposento, etc.]. -2 ***prnl.*** Escurrirse de alto abajo por una cuerda u otra cosa: *descolgarse de,* o *por, la pared; descolgarse al jardín.* 3 Ir bajando de un sitio alto o por una pendiente una persona o cosa: *los ganados se descuelgan por las montañas.* 4 En el ciclismo y otros deportes, quedar un corredor atrás de sus competidores. 5 fig. Salir (hacer algo inesperado): *descolgarse con una noticia.* 6 fig. Aparecer inesperadamente una persona. 7 Arrojarse rápidamente las perdices. ◇ ** CONJUG. [52] como ***colgar.***
descoligado, -da ***adj.*** Apartado de la liga o confederación.
descollado, -da ***adj.*** Elevado, eminente.
descollamiento ***m.*** Descuello.
descollar (paras. de *cuello*) ***intr.*** Sobresalir: ~ *en ingenio;* ~ *entre,* o *sobre, otros.* ◇ ** CONJUG. [31] como ***contar.***
descolletar (der. l. *collu*) ***intr.*** *Logr.* Espigar el trigo.
descolmar ***tr.*** Rasar [una medida] para quitarle el colmo. 2 fig. Disminuir.
descolmillar (paras.) ***tr.*** Quitar o quebrantar los colmillos [a un animal].
descolocación ***f.*** Falta de colocación.
descolocado, -da ***adj.*** Sin colocación o desacomodado.
descolocar ***tr.*** DEP Desmarcar. ◇ ** CONJUG. [1] como ***sacar.***
descolón ***m.*** *Méj.* Contestación desatenta.
descolonización ***f.*** Proceso histórico que conduce a la independencia política de los pueblos colonizados.
descolonizar ***tr.*** Otorgar [un país a otro] la independencia. ◇ ** CONJUG. [4] como ***realizar.***
descoloramiento ***m.*** Acción de descolorar o descolorarse. 2 Efecto de descolorar o descolorarse.
descolorante ***adj.*** Que quita el color.
descolorar (l. *discolorare*) ***tr.-prnl.*** Quitar o amortiguar el color [a una cosa].
SIN. **Descolorir** más us.; **decolorar** es científico.
descolorido, -da ***adj.*** De color pálido, amortiguado.
descolorimiento ***m.*** Acción de descolorir o descolorirse. 2 Efecto de descolorir o descolorirse.
descolorir ***tr.*** Descolorar. ◇ Verbo defectivo; se usa sólo en los tiempos y personas cuyas desinencia contiene la vocal *i: descoloría, descoloriré, descoloriendo.*
descombrar (paras. de *escombro*) ***tr.*** Desembarazar [un lugar] de cosas que estorban.
SIN. **Desescombrar, escombrar.**
descombro ***m.*** Acción de descombrar. 2 Efecto de descombrar.
descomedidamente ***adv. m.*** Con descomedimiento. 2 Con exceso, sin medida.
descomedido, -da ***adj.*** Excesivo, desproporcionado, fuera de lo regular. -2 ***adj.-s.*** Descortés.
descomedimiento ***m.*** Desatención; falta de respeto.
SIN. V. **Grosería.**
descomedirse (*des-* + *comedir*) ***prnl.*** Faltar al respeto, de obra o de palabra. ◇ ** CONJUG. [34] como ***servir.***
descomer ***intr.*** fam. Descargar el vientre.
descomodidad ***f.*** Incomodidad.
descompadrar (*des-* + *compadrar*) ***tr.*** Descomponer la amistad [de dos o más personas]. -2 ***intr.*** Cesar en la amistad los que eran amigos.
descompaginar (*des-* + *compaginar*) ***tr.*** Descomponer (desorganizar).
descompás ***m.*** Exceso, falta de medida o proporción.
descompasadamente ***adv. m.*** Descomedidamente.
descompasado, -da ***adj.*** Descomedido (excesivo).
descompasar ***tr.*** Hacer perder el compás [a alguien]. -2 ***prnl.*** Descomedirse.
descompensación ***f.*** Acción de descompensar. 2 Efecto de descompensar. 3 MED. Estado funcional de un órgano enfermo, esp. el corazón, en el cual éste no es capaz de subvenir a las exigencias habituales del organismo a que pertenece.
descompensar (*des-* + *compensar*) ***tr.-prnl.*** Hacer perder la compensación. -2 ***prnl.*** MED. Llegar un órgano enfermo a un estado de descompensación.
descomponer (*des-* + *componer*) ***tr.*** Separar las diversas partes que forman [un compuesto o un todo]: ~ *el agua en oxígeno e hidrógeno;* ~ *una fuerza;* ~ *un movimiento.* 2 Desorganizar, desbaratar: ~ *un ejército;* ~ *una familia.* 3 Indisponer los ánimos [de las personas], malquistarlas: *este incidente descompuso a los hermanos.* 4 Estropear [un mecanismo]. -5 ***prnl.*** Desorganizarse una substancia animal o vegetal; entrar o hallarse un cuerpo en estado de putrefacción: *descomponerse la sangre; descomponerse un cadáver.* 6 fig. Desazonarse el cuerpo, perder la salud. 7 Perder uno en las palabras o en las obras la serenidad o la compostura habitual: *descomponerse con alguno; descomponerse en palabras.* ◇ ** CONJUG. [78] como ***poner.***
SIN. 7 **Desbaratarse.**
descomponible ***adj.*** Que se puede descomponer.
descomposición ***f.*** Acción de descomponer o descomponerse. 2 Efecto de descomponer o descomponerse. 3 fam. Diarrea.
descompostura ***f.*** Descomposición. 2 Desaliño en el adorno de personas o cosas. 3 fig. Descaro, falta de moderación, de modestia, de cortesía.
descompresión ***f.*** Acción de descomprimir. 2 Efecto de descomprimir. 3 Procedimiento para eliminar la presión o los efectos de la misma. 4 PAT. Estado patológico consecutivo a la disminución súbita de la presión ejercida sobre el organismo por un líquido o gas.
descompresor ***m.*** Aparato para disminuir la presión de un fluido en algún punto de un circuito hidroneumático. 2 Dispositivo, en algunos motores Diesel, para disminuir la compresión en el momento del arranque, a fin de hacerlo más fácil.
descomprimir ***tr.*** Hacer cesar la compresión.
descompuestamente ***adv. m.*** Con descompostura.
descompuesto, -ta ***adj.*** Que ha experimentado una descomposición. 2 fig. Inmodesto, atrevido, descortés. 3 fig. Perturbado, alterado. 4 *Amér.* Borracho.

descomulgado, -da, p. p. de *descomulgar.* 2 *adj.-s.* Malvado, perverso.
descomulgar *tr.* Excomulgar. ◇ **CONJUG. [7] como ***llegar.***
descomunal (*des-* + *comunal*) *adj.* Extraordinario, monstruoso, enorme, muy distante de lo común en su línea.
descomunalmente *adv. m.* De modo muy distante de lo común.
desconceptuar (*des-* + *conceptuar*) *tr.* Desacreditar, descalificar. ◇ ** CONJUG. [11] como ***actuar.***
desconcertadamente *adv. m.* Sin concierto.
desconcertado, -da *adj.* fig. Desbaratado, de mala conducta, sin gobierno.
desconcertador *m.* Que desconcierta.
desconcertante *adj.* Desconcertador.
desconcertar (*des-* + *concertar*) *tr.* Desordenar, turbar el orden, composición y concierto [de una cosa]: ~ *un reloj.* 2 Tratándose de los huesos, dislocar. 3 fig. Sorprender, suspender el ánimo [de una persona]: *me desconcertaron.* -4 *prnl.* Desavenirse las personas o cosas que estaban acordes. 5 Perder la serenidad y hacer las cosas sin el miramiento que corresponde. ◇ ** CONJUG. [27] como ***acertar.***
desconchabar *tr. Amér.* Dislocar.
desconchado *m.* Parte en que una pared ha perdido su enlucido. 2 Parte en que una pieza de loza o porcelana ha perdido el vidriado.
desconchadura *f.* Desconchado.
desconchar (paras. de *concha*) *tr.-prnl.* Quitar [a una pared] parte de su enlucido.
desconchón *m.* Caída de un trozo pequeño de enlucido o de pintura. 2 Huella o señal que deja esta caída.
desconcierto *m.* Descomposición de las partes de una máquina o de un cuerpo. 2 fig. Desorden, desavenencia. 3 Falta de modo y medida en dichos y hechos. 4 Falta de gobierno y economía. 5 Flujo de vientre.
desconcordia *f.* Desunión, oposición.
desconectar (*des-* + *conectar*) *tr.* Interrumpir la conexión [de una o más piezas o partes] con las restantes de una máquina o aparato. 2 fig. Separar: *está desconectado de la realidad.*
desconexión *f.* Acción de desconectar. 2 Efecto de desconectar.
desconfiadamente *adv. m.* Con desconfianza.
desconfiado, -da *adj.* Que desconfía.
SIN. **Receloso, escamado** (fam.); **suspicaz, mal pensado, escamón** (fam.), el ~ por costumbre o carácter.
desconfianza *f.* Falta de confianza.
SIN. Serie intensiva: **Inconfidencia** (lit.); **prevención; aprensión,** cuando es infundada o poco fundada; **desconfianza, recelo, escama, malicia, sospecha. Suspicacia** es desconfianza habitual. v. **Miedo.**
desconfiar (*des-* + *confiar*) *intr.* No tener confianza: ~ *de un amigo.* ◇ ** CONJUG. [13] como ***desviar.***
desconformar (*des-* + *conformar*) *intr.* Disentir de una cosa. -2 *prnl.* Discordar (ser opuestas).
desconforme *adj.* Disconforme.
desconformidad *adj.* Disconformidad.
descongelación *f.* Acción de descongelar. 2 Efecto de descongelar.
descongelar (*des-* + *congelar*) *tr.* Quitar la escarcha que se acumula en la cámara de congelación [de un frigorífico]. 2 Licuar [lo que está helado]. 3 fig. Dar efectividad [a las cuentas, créditos, etc.] que estaban inmovilizados provisionalmente.
descongestión *f.* Acción de descongestionar. 2 Efecto de descongestionar.
descongestionar (*des-* + *congestionar*) *tr.* Disminuir o quitar la congestión [de una parte del cuerpo]. 2 p. anal. Disminuir la aglomeración o acumulación de cualquier especie: ~ *el tráfico de una plaza;* ~ *los muelles de mercancías.*
descongojar *tr.* Quitar las congojas, consolar [a una persona].
desconocedor, -ra *adj.* Que desconoce.
desconocer (*des-* + *conocer*) *tr.* No reconocer [a una persona o cosa que habíamos conocido]. 2 Hallar [a una persona o cosa] muy diferente de como la habíamos conocido: *Juan está desconocido; prnl., Juan se desconoce.* 3 No conocer: ~ *el francés.* 4 Negar uno ser suya [alguna cosa], rechazarla: ~ *a sus amistades.* 5 Darse por desentendido [de una cosa] o afectar que se ignora. ◇ ** CONJUG. [44] como ***conocer.***
desconocidamente *adv. m.* Con desconocimiento.
desconocido, -da *adj.-s.* ant. Desagradecido: ~ *a los beneficios.* 2 Ignorado, no conocido antes: ~ *de sus paisanos;* ~ *para todos.*
SIN. *2* **Ignoto, incierto.**
desconocimiento *m.* Acción de desconocer. 2 Efecto de desconocer. 3 Ignorancia. 4 ant. Desagradecimiento.
desconsentir *tr.* No consentir [en una cosa]. ◇ ** CONJUG. [35] como ***hervir.***
desconsideración *f.* Acción de desconsiderar. 2 Efecto de desconsiderar.
desconsideradamente *adv. m.* Sin consideración.
desconsiderado, -da *adj.-s.* Falto de consideración, de advertencia o de consejo.
desconsiderar (*des-* + *considerar*) *tr.* No guardar [a uno] la consideración debida.
desconsolación *f.* Desconsuelo, aflicción.
desconsoladamente *adv. m.* Con desconsuelo.
desconsolado, -da *adj.* Que carece de consuelo. 2 fig. Melancólico, triste y afligido: *un rostro* ~. 3 fig. [estómago] Desfallecido o débil.
desconsolador, -ra *adj.* Que desconsuela.
desconsolante *adj.* Desconsolador.
desconsolar (*des-* + *consolar*) *tr.-prnl.* Privar de consuelo; afligir. ◇ ** CONJUG. [31] como ***contar.***
desconsuelo *m.* Angustia; aflicción; falta de consuelo. 2 Desfallecimiento o debilidad del estómago.
descontado, -da (pp. de *descontar*) *Dar por* ~, *fr.* fam., contar alguien con algo como seguro e indiscutible. 2 *Por* ~, *loc.* fam., por supuesto, sin duda alguna.
descontagiar (*des-* + *contagiar*) *tr.* Quitar el contagio, purificando [una cosa] que está apestada. ◇ ** CONJUG. [12] como ***cambiar.***
descontaminación *f.* Acción de descontaminar. 2 Efecto de descontaminar.
descontaminar (*des-* + *contaminar*) *tr.* Someter a tratamiento lo que está contaminado, a fin de que pierda sus propiedades nocivas.
descontar *tr.* Rebajar [una cantidad] de una cuenta, factura, etc. 2 Pagar [una letra u otro documento no vencido] rebajando de su importe la cantidad que se estipule en concepto de intereses. 3 fig. Rebajar algo [del mérito o virtudes que se atribuyen a una persona]. 4 fig. Dar por cierto o por acaecido [aquello de que se trata]: *descontemos la disputa.* 5 DEP. Tener el árbitro en cuenta el tiempo que el partido ha estado interrumpido, para añadirlo al final, de modo que aquél alcance la duración reglamentaria. ◇ ** CONJUG. [31] como ***contar.***
descontentadizo, -za *adj.-s.* Que con facilidad se descontenta. 2 Difícil de contentar.
descontentamiento *m.* Falta de contento, disgusto. 2 Desavenencia, falta de amistad.
descontentar (*des-* + *contentar*) *tr.* Desagradar, disgustar.
descontento, -ta, pp. irreg. de *descontentar.* 2 *adj.-s.* [pers.] Que no se halla a gusto en un lugar, que no está de acuerdo con la que le dan o tiene. -3 *m.* Disgusto, desagrado: *había gran* ~ *en el pueblo; sentí* ~ *de mí mismo.*
descontextualizar (*des-* + *contextualizar*) *tr.* Sacar de un contexto. ◇ ** CONJUG. [4] como ***realizar.***
descontinuación *f.* Acción de descontinuar. 2 Efecto de descontinuar.
descontinuar *tr.* Discontinuar. ◇ ** CONJUG. [11] como ***actuar.***
descontinuo, -nua *adj.* MAT. Discontinuo.
descontrol *m.* Falta de control, de orden, de disciplina.
descontrolado, -da *adj.* [pers.] Que ha perdido el dominio de sí mismo. 2 TECNOL. Que, a causa de una avería o por interrupción de la corriente eléctrica, queda momentáneamente fuera de todo control automático o humano.
descontrolarse *prnl.* Perder uno el dominio de sí mismo.
desconvenible (*des-* + *convenible*) *adj.* Que no se acomoda o no tiene proporción con otra cosa.
desconveniencia (*des-* + *conveniencia*) *f.* Incomodidad, perjuicio, desacomodo.
SIN. **Disconveniencia.**
desconveniente *adj.* No conveniente (no conforme).
SIN. **Disconveniente.**
desconvenir (l.) *intr.* No convenir en las opiniones; no concordar entre sí dos personas o cosas. ◇ ** CONJUG. [90] como ***venir.***
SIN. **Disconvenir.**
desconversable (*des-* + *conversable*) *adj.* desus. De genio áspero y desabrido, que huye de las gentes, o que ama la soledad.

desconvidar (*des- + convidar*) ***tr.*** Anular el convite hecho [a uno]. 2 Revocar [lo ofrecido o prometido].
desconvocar (*des- + convocar*) ***tr.*** Anular [una convocatoria]: *la reunión, la huelga ha sido desconvocada.* ◇ ** CONJUG. [1] como ***sacar.***
descorazonadamente ***adv. m.*** Con descorazonamiento.
descorazonar (paras.) ***tr.*** Arrancar el corazón [a uno]. -2 ***tr.-prnl.*** fig. Desanimar, desalentar.
SIN. V. **Acobardar.**
descorchador ***m.*** El que descorcha. 2 Sacacorchos.
descorchar (paras. de *corcho*) ***tr.*** Quitar o arrancar el corcho [al alcornoque]. 2 Romper el corcho [de la colmena] para sacar la miel. 3 Sacar el corcho que cierra [un envase]. 4 p. ext. Romper [una caja o cosa semejante] para robar lo que hay dentro.
descorche ***m.*** Acción de descorchar (el alcornoque, una botella, etc.). 2 Efecto de descorchar (el alcornoque, una botella, etc.).
I) descordar (paras.) ***tr.*** Desencordar. ◇ ** CONJUG. [31] como ***contar.***
II) descordar ***tr.*** TAUROM. Descabellar. ◇ ** CONJUG. [31] como ***contar.***
descorderar (paras.) ***tr.*** Separar los corderos [de las madres] para formar nuevos rebaños.
descoritar ***tr.-prnl.*** Desnudar, dejar en cueros [a alguien].
descornar (paras.) ***tr.*** Quitar o arrancar los cuernos [a un animal]. -2 ***prnl.*** fam. Descalabazarse. 3 fig. *y* fam. Trabajar duramente. ◇ ** CONJUG. [31] como ***contar.***
descoronar (*des- + coronar*) ***tr.*** Quitar la corona [a alguien]. 2 En las grandes bodegas, bajar [las botas] ya vacías, de la andanza.
descorrear (*des- + correar*) ***intr.-prnl.*** Soltar el ciervo la piel que cubre los pitones de sus astas, cuando éstas van creciendo.
descorregido, -da ***adj.*** desus. Desarreglado, incorrecto.
descorrer ***tr.*** Volver uno a correr [el espacio que antes había corrido]. 2 Plegar o reunir [lo que estaba antes estirado, como las cortinas, el lienzo, etc.]. -3 ***intr.-prnl.*** Correr o escurrir una cosa líquida.
descorrimiento ***m.*** Efecto de desprenderse o correr un líquido.
descorrotarse ***prnl.*** *P. Rico.* vulg. Escorrotarse.
descortés (*des- + cortés*) ***adj.-s.*** Falto de cortesía.
SIN. **Desatento, descomedido.** Intensivamente, **malcriado, grosero.**
descortesía ***f.*** Falta de cortesía.
SIN. **Desatento, descomedimiento, impolítica.** V. **Grosería.**
descortésmente ***adv. m.*** Sin cortesía.
descortezador, -ra ***adj.-s.*** Que descorteza.
descortezadura ***f.*** Parte de corteza que se quita a una cosa. 2 Parte descortezada.
descortezamiento ***m.*** Acción de descortezar o descortezarse.
descortezar (paras.) ***tr.*** Quitar la corteza: ~ *un árbol;* ~ *un pan.* 2 fig. Desbastar (educar). ◇ ** CONJUG. [4] como ***relizar.***
SIN. *1* **Escoscar.**
descortezo ***m.*** Acción de descortezar los árboles. 2 Efecto de descortezar los árboles.
descortinar (paras.) ***tr.*** Destruir a cañonazos la cortina [de una plaza o fortaleza].
descosedura ***f.*** Descosido (en prenda).
descoser (*des- + coser*) ***tr.-prnl.*** Soltar, cortar las puntadas [de las cosas que estaban cosidas]. 2 fig. ~ ***la boca,*** romper a hablar el que estaba callado. -3 ***prnl.*** fig. Descubrir indiscretamente [lo que convenía callar]. 4 fig. *y* fam. Ventosear.
descosidamente ***adv. m.*** fig. Con mucho exceso. 2 Con incoherencia y desorden.
descosido, -da ***adj.*** fig. Que habla fácilmente de lo que convenía tener oculto. 2 Desordenado, falto de la trabazón conveniente. -3 ***m.*** Parte descosida en un vestido u otra prenda.
descostarse ***prnl.*** Apartarse, separarse. ◇ **CONJUG. [31] como ***contar.***
descostillar (paras.) ***tr.*** Dar muchos golpes [a uno] en las costillas. -2 ***prnl.*** Caerse de espaldas con riesgo de romperse las costillas.
descostrar (paras.) ***tr.*** Quitar la costra [a una cosa].
descotar ***tr.*** vulg. Escotar (cortar).
descote ***m.*** vulg. Escote (escotadura).
descotorrar ***tr.*** *Cuba.* fest. Descomponer [algo].
descoyuntamiento ***m.*** Acción de descoyuntar o descoyuntarse. 2 Efecto de descoyuntar o descoyuntarse. 3 fig. Desazón grande, que se siente en el cuerpo como si se tuvieran descoyuntados los huesos.
descoyuntar (*des-* + l. *coniunctare,* unir) ***tr.-prnl.*** Desencajar [un hueso]. 2 fig. Molestar [a uno] con pesadeces. 3 fig. Agotarse, cansarse.
descoyunto ***m.*** Descoyuntamiento.
descozor ***m.*** *Chile* y *Guat.* Escozor.
descrédito (*des- + crédito*) ***m.*** Disminución o pérdida del crédito (fama y opinión).
descreencia ***f.*** Descreimiento.
descreer (l. *discredere*) ***tr.*** Faltar a la fe, dejar de creer [en una cosa]. 2 Negar el debido crédito [a una persona]. ◇ **CONJUG. [61] como ***leer.***
descreídamente ***adv. m.*** Con descreimiento.
descreído, -da ***adj.-s.*** Incrédulo, falto de fe; sin creencia, esp. en materia religiosa.
descreimiento ***m.*** Actitud del descreído, incredulidad.
descremado, -da ***adj.*** Desnatado: *leche descremada.* -2 ***m.*** Acción de descremar. 3 Efecto de descremar.
descremadora ***f.*** Desnatadora.
descremar ***tr.*** Desnatar.
descrestadera ***f.*** *Colomb.* Timo, trapisonda.
descrestar (paras.) ***tr.*** Quitar la cresta: ~ *un gallo.* 2 fig. Atenuar o suprimir los elementos extremos. 3 *Colomb.* Timar, engañar [a alguien].
descriarse (*des- + criar*) ***prnl.*** Desmejorarse. 2 Estropearse. ◇ ** CONJUG. [13] como ***desviar.***
describible ***adj.*** Descriptible.
describir (l. *-ere*) ***tr.*** Delinear, dibujar [una cosa] de modo que dé cabal idea de ella: ~ *una elipse.* 2 Representar [personas o cosas] por medio del lenguaje: ~ *un jardín.* 3 LÓG. Definir [una cosa] dando únicamente una idea general de sus partes o propiedades.
descripción (l. *-ptione*) ***f.*** Acción de describir. 2 Efecto de describir. 3 DER. Inventario.
descriptible ***adj.*** Que se puede describir.
descriptivo, -va (l. *-vu*) ***adj.*** Que describe: *explicación descriptiva.*
descripto, -ta (l. *-tu*) desus. pp. irreg. de *describir.*
descriptor, -ra (l. *-re*) ***adj.-s.*** Que describe.
descrismar (paras.) ***tr.*** Quitar el crisma. 2 fig. Dar [a uno] un gran golpe en la cabeza: *por poco le descrisman.* -3 ***prnl.*** fig. Enfadarse mucho, perder la paciencia y el tino. 4 fig. Descalabazarse.
SIN. *2* **Romper la crisma** o **el bautismo, descalabrar.**
descristianar ***tr.-prnl.*** Descrismar (quitar y descalabrar).
descristianizar ***tr.*** Apartar de la fe cristiana [a un pueblo o a una persona]. ◇ ** CONJUG. [4] como ***realizar.***
descrito, -ta, pp. irreg. de *describir.*
descruzar ***tr.*** Deshacer la forma de cruz [de dos cosas cruzadas]. ◇ ** CONJUG. [4] como ***realizar.***
descuadernar (paras.) ***tr.*** Desencuadernar. 2 fig. Desbaratar, descomponer: ~ *el juicio.*
descuadrar ***intr.*** *P. Rico.* Desagradar.
descuadrillado, -da ***adj.*** Que sale de la cuadrilla o va fuera de ella. -2 ***m.*** Enfermedad que suelen padecer las bestias en el hueso del cuadril.
descuadrillarse (paras.) ***prnl.*** Derrengarse las bestias por el cuadril.
descuajar ***tr.*** Liquidar, descoagular [lo que estaba cuajado o solidificado]. 2 Arrancar de raíz o de cuajo [plantas o malezas]. 3 fig. Hacer [a uno] desesperanzar.
descuajaringar ***tr.*** Desvencijar, desunir, desconcertar alguna cosa. -2 ***prnl.*** fam. Relajarse las partes del cuerpo por efecto de cansancio. ◇ ** CONJUG. [7] como ***llegar.***
descuaje, -jo ***m.*** Acción de descuajar (desesperanzar [a uno]).
descuajilotado, -da ***adj.*** *Amér. Central.* Pálido, desencajado.
descuartizamiento ***m.*** Acción de descuartizar.
descuartizar (paras.) ***tr.*** Dividir [un cuerpo] en cuartos. 2 Hacer pedazos [una cosa]. ◇ ** CONJUG. [4] como ***realizar.***
SIN. **Cuartear.**
descubierta ***f.*** Especie de pastel sin cubierta de hojaldre. 2 MAR. Inspección matutina y vespertina del aparejo de un buque. 3 MAR. Reconocimiento del horizonte al salir y ponerse el sol. 4 MIL. Reconocimiento del terreno para observar si en las inmediaciones hay enemigos.
SIN. *1* **Destapada.**
descubiertamente ***adv. m.*** Claramente, patentemente, sin rebozo ni disfraz.
descubierto, -ta, pp. irreg. de *descubrir.* 2 ***adj.*** Destocado, sin sombrero. 3 Como predicado de complemento, expuesto uno

a cargos y reconvenciones: *está, queda, vive,* etc., *descubierto.* -4 ***m.*** Acto de exponer el Santísimo a la adoración de los fieles. 5 Déficit: ***estar en ~,*** estar adeudado; ***al ~, loc. adv.,*** sin tener disponible, los contratantes de una operación mercantil, lo que es objeto de la misma. 6 ***En ~,*** (en un ajuste de cuentas), sin dar salida a alguna partida del cargo o faltando algo para satisfacerla; fig., sin poder dar salida a un cargo o reconvención. 7 ***A la descubierta*** o ***al ~,*** descubiertamente; al raso, sin albergue.

descubridero ***m.*** Lugar alto desde el que se descubre mucho terreno.

descubridor, -ra ***adj.*** MAR. [embarcación] Usado para hacer la descubierta. -2 ***adj.-s.*** Que descubre una cosa desconocida, esp. tierras o mares ignorados: *los descubridores del radio fueron los esposos Curie; Colón fue el ~ de América.* -3 ***m.*** MIL. Batidor.

descubrimiento ***m.*** Acción de descubrir una cosa desconocida, esp. tierras o mares ignorados: *un ~ científico; el ~ de América.* 2 Cosa descubierta.

descubrir (b. l. *discooperire*) ***tr.*** Destapar [lo que estaba tapado o cubierto] y, en general, hacer patente, manifestar: *~ el pecho; ~ un secreto;* ***prnl.,*** *descubrirse a,* o *con, alguno.* 2 Hallar [lo que estaba ignorado o escondido]: *~ una conspiración; ~ un tesoro.* 3 Venir en conocimiento [de una cosa por primera vez]: *~ un continente;* inventar: *~ la imprenta.* 4 Alcanzar a ver, registrar: *~ nuevas estrellas con el telescopio; ~ un panorama hermoso.* 5 En el boxeo, abrir la guardia. -6 ***prnl.*** Quitarse de la cabeza el sombrero, gorra, etc. 7 Darse a conocer una persona que por alguna razón, vestido, distancia, etc., no había sido reconocida. ◇ pp. irregular *descubierto.*

descuello ***m.*** Exceso en la estatura, elevación, etc., de personas o cosas entre las de su clase. 2 fig. Altanería, avilantez.

descuento ***m.*** Acción de descontar. 2 Efecto de descontar. 3 Rebaja de una parte de la deuda o precio. 4 COM. Operación de adquirir antes del vencimiento valores gralte. endosables. 5 COM. Cantidad que se rebaja del importe de los valores para retribuir esta operación.

descuerar (paras.) ***tr.*** Desollar, despellejar. 2 fig. Desollar (causar daño).

descuernacabras (*descornar + cabra*) ***m.*** Viento frío y recio que sopla de la parte del Norte. ◇ Pl.: *descuernacabras.*

descuernar ***tr.*** Descornar.

descuerno ***m.*** fam. Desaire, afrenta.

descuidadamente ***adv. m.*** Con descuido.

descuidado, -da ***adj.-s.*** Omiso, negligente. 2 Desaliñado. -3 ***adj.*** Desprevenido.

descuidar (*des- + cuidar*) ***tr.*** Libertar, descargar [a uno] de algún cuidado u obligación. 2 Distraer [a uno] para que desatienda lo que le importa. -3 ***intr.-prnl.*** No cuidar de las cosas, desatenderlas: *descuidarse de,* o *en, su obligación; ~ de sus deberes.* -4 ***intr.*** *Jaén.* Salir de su cuidado, dar a luz una mujer.

descuidero, -ra ***adj.-s.*** Ratero que hurta aprovechando descuidos.

descuido ***m.*** Omisión, negligencia, falta de cuidado. 2 Olvido, inadvertencia. 3 Desatención que desdice de aquel que la ejecuta, o de aquel a quien ofende o perjudica. 4 eufem. Desliz, falta, tropiezo vergonzoso.

descuitado, -da ***adj.*** Que vive sin cuitas.

descular (paras.) ***tr.*** Desfondar (quitar el fondo).

desculatar ***tr.*** Quitar la culata [al arma].

descumbrado, -da (paras.) ***adj.*** Llano, sin cumbre.

descunchar (de *cuncho*) ***intr.*** *Colomb.* fam. Perder uno en el juego hasta la última moneda.

descurtir ***tr.*** Blanquear [la piel curtida].

desdar (*des- + dar*) ***tr.*** Dar vueltas, en sentido inverso [a un manubrio] para deshacer otras vueltas anteriores.

desde (contrac. de las prep. l. *de, ex* y *de*) ***prep.*** Denota el punto, en tiempo o lugar, de que procede, se origina o ha de empezar a contar una cosa, un hecho o una distancia: *~ la Creación; ~ ahora; ~ Madrid; ~ mi casa.* 2 Después de: *~ el primero hasta el último.* 3 Es parte de muchas locuciones adverbiales: *~ luego, ~ entonces,* etc., y de la loc. conj. *~ que.*

desdecir (*des- + decir*) ***intr.*** fig. Degenerar una persona o una cosa de su condición primera; decaer, venir a menos: *~ de su carácter.* 2 fig. No convenir, no conformarse una cosa con otra: *estos cuadros desdicen de la suntuosidad del salón.* -3 ***prnl.*** Retractarse de lo dicho. ◇ ** CONJUG. [79] como ***predecir.***

SIN. **2 Despegarse.**

Desdémona ***n. pr.*** V. Otelo.

desdén (der. de *desdeñar*) ***m.*** Indiferencia y despego menospreciativos. 2 ***Al ~,*** al descuido; con desaliño afectado.

desdentado, -da ***adj.*** Que ha perdido los dientes. -2 ***m. pl.*** Edentados.

SIN. **Maldentado.**

desdentar ***tr.*** Quitar o sacar los dientes. ◇ ** CONJUG. [27] como ***acertar.***

desdeñable ***adj.*** Que merece ser desdeñado.

desdeñador, -ra ***adj.-s.*** Que desdeña.

desdeñar (l. v. **disdignare < dignare,* juzgar digno) ***tr.*** Tratar con desdén [a una persona o cosa]. -2 ***prnl.*** Tener a menos el hacer o decir una cosa: *desdeñarse de alguna cosa.*

desdeñosamente ***adv. m.*** Con desdén.

desdeñoso, -sa ***adj.-s.*** Que manifiesta desdén.

desdevanar (*des- + devanar*) ***tr.*** Deshacer el ovillo en que se había devanado o recogido [el hilo] de la madeja.

desdibujado, -da ***adj.*** [dibujo] Defectuoso; [cosa] mal conformada.

desdibujarse (*des- + dibujar*) ***prnl.*** fig. Perder [algo] la claridad y precisión de sus perfiles y contornos.

desdicha (*des- + dicha*) ***f.*** Desgracia (infortunio). 2 Pobreza suma, miseria, necesidad. 3 fig. *y* fam. Persona inútil, calamidad.

desdichadamente ***adv. m.*** Con desdicha.

desdichado, -da ***adj.-s.*** Desgraciado (desafortunado). 2 Cuitado, sin malicia, pusilánime: *~ en elegir; ~ para gobernar.*

desdicho, -cha, pp. irreg. de *desdecir.*

desdinerar (paras. de *dinero*) ***tr.*** Empobrecer [un país] despojándolo de moneda. -2 ***prnl.*** Quedarse sin dinero.

desdoblamiento ***m.*** Acción de desdoblar o desdoblarse. 2 Efecto de desdoblar o desdoblarse. 3 fig. Explanación de un texto, doctrina, etc.

desdoblar (*des- + doblar*) ***tr.*** Extender [lo que estaba doblado]. 2 fig. Formar dos o más cosas por separación de los elementos que suelen estar juntos [en otra].

desdorar (*des- + dorar*) ***tr.*** Quitar el oro [de una cosa dorada]. 2 fig. Deslustrar, mancillar [la virtud, reputación, fama, etc., de uno].

desdoro ***m.*** Deslustre en la virtud, reputación, fama, etc.

desdoroso, -sa ***adj.*** fig. Que desdora.

desdramatizar ***tr.*** Atenuar o suprimir el carácter dramático [de algo]. ◇ ** CONJUG. [4] como ***realizar.***

deseable ***adj.*** Digno de ser deseado.

deseablemente ***adv. m.*** De manera deseable.

deseador, -ra ***adj.-s.*** Que desea.

desear (l. *desiderare*) ***tr.*** Sentir atracción [por una cosa] hasta el punto de quererla poseer o alcanzar. 2 Anhelar [que acontezca o deje de acontecer algún suceso]. -3 ***prnl. Me veo y me deseo,*** expr. para encarecer el afán por conseguir algo.

SIN. El sentimiento de deseo se une a matices psíquicos: **aspirar a, querer, codiciar, ambicionar,** vbs. que sugieren voluntad activa del sujeto, en mayor o menor grado, para procurarse lo deseado; los vbs. **suspirar por, ansiar, anhelar** (intensivos de **desear**), no suponen necesariamente actividad por parte del sujeto. Las signif. esp. que dependen del complemento directo, se hallarán en los artículos correspondientes a cada uno de estos vbs., p. ej. *apetecer un buen vino, codiciar la riqueza,* etc.

desebar ***tr.*** *Méj.* Desensebar [un animal].

desecación ***f.*** Acción de desecar o desecarse. 2 Efecto de desecar o desecarse.

desecador, -ra ***adj.*** Desecante.

desecamiento ***m.*** Desecación.

desecante ***adj.-s.*** Que deseca.

desecar (l. *desiccare*) ***tr.-prnl.*** Eliminar el jugo [de un cuerpo vivo], quitar el agua que cubre [un terreno]: *~ un pantano.* 2 fig. Endurecer, hacer insensible. ◇ ** CONJUG. [1] como ***sacar.***

desecativo, -va ***adj.*** Que tiene la propiedad de desecar.

desecha ***f.*** *Colomb.* Atajo.

desechable ***adj.*** Que se puede desechar. 2 [objeto] Destinado a ser usado una sola vez, como jeringuillas, pañales, etc.

desechadamente ***adv. m.*** Vilmente, despreciablemente.

desechar (*des- + echar*) ***tr.*** Excluir: *~ los libros malos;* expeler, arrojar: *~ a los revoltosos del local;* rechazar: *~ un empleo;* reprobar: *~ una actitud;* menospreciar, hacer poco caso o aprecio: *~ el talento de un alumno.* 2 Deponer, apartar de sí [un pesar, temor, sospecha, etc.]: *~ un pensamiento.* 3 Dejar por inútil [el vestido u otra cosa de uso]. 4 Dar el movimiento necesario [a las llaves o cerrojos] para abrir. ◇ HOMÓF.: *deshecho, -cha* (v.) y *deshecha* (f.).

desechito *m. Cuba.* Tabaco de segunda clase.
desecho *m.* Residuo que se desecha de una cosa, después de haber escogido lo mejor: *ganado de ~*. 2 Que no sirve a la persona para quien se hizo. 3 fig. Desprecio, desestimación. 4 Residuo, desperdicio, recorte sobrante en una industria. 5 *Amér.* Atajo, vereda. 6 *Cuba.* Primera clase del tabaco, que son las hojas del cogollo. ◇ HOMÓF.: *deshecho* (v.).
desedificación, fig. Mal ejemplo.
desedificar (*des-* + *edificar*) *tr.* fig. Ejercer, con el mal ejemplo, influencia nociva en los sentimientos. ◇ ** CONJUG. [1] como ***sacar.***
deseducar *tr.* Hacer perder la educación. ◇ ** CONJUG. [1] como ***sacar.***
deseguida *adv.* vulg. En seguida.
deselectrización *f.* Acción de deselectrizar. 2 Efecto de deselectrizar.
deselectrizar (*des-* + *electrizar)) tr.* Descargar de electricidad [un cuerpo]. ◇ ** CONJUG. [4] como ***realizar.***
deselladura *f.* Acción de desellar. 2 Efecto de desellar.
desellar *tr.* Quitar el sello [a una cosa]: ~ *una carta.*
desembalaje *m.* Acción de desembalar.
desembalar (*des-* + *embalar*) *tr.* Deshacer el embalaje [de una cosa]: ~ *las mercancías.*
desembaldosar *tr.* Arrancar las baldosas: ~ *una habitación.*
desemballestar *intr.* Disponerse a bajar el halcón cuando está remontado.
desembalsar *tr.* Dar salida [al agua] contenida en un embalse, o a parte de ella.
desembalse *m.* Acción de desembalsar. 2 Efecto de desembalsar.
desembanastar *tr.* Sacar de la banasta [lo que estaba en ella]. 2 fig. Hablar mucho [de una cosa] sin discreción. 3 burl. Desenvainar [la espada u otra arma]. -4 *prnl.* fig. Soltarse el animal que estaba sujeto o encerrado. 5 fig. *y* burl. Desembarcar (salir de un carruaje).
desembarazadamente *adv. m.* Sin embarazo.
desembarazado, -da *adj.* Despejado, libre; que no se embaraza fácilmente.
desembarazar (*des-* + *embarazar*) *tr.* Quitar el impedimento que se opone [a una cosa]; dejarla libre y expedita. 2 Evacuar, desocupar [un espacio, habitación, etc.]. -3 *prnl.* fig. Apartar uno de sí lo que le estorba para algún fin. -4 *tr. Amér.* Dar a luz la mujer. ◇ ** CONJUG. [4] como ***realizar.***
desembarazo *m.* Soltura, desenfado. 2 *Amér.* Alumbramiento, parto de mujer.
SIN. *1* **Desenvoltura, desempacho.**
desembarcadero *m.* Lugar a propósito para desembarcar.
desembarcar (*des-* + *embarcar*) *tr.* Sacar de la nave y poner en tierra [lo embarcado]. -2 *intr.-prnl.* Salir de una embarcación o aeronave: ~ *de la nave;* ~ *en el aeropuerto.* -3 *intr.* Separarse una persona de la dotación de un buque. 4 fig. Salir de un carruaje. 5 Llegar la escalera al plano bajo en que termina. ◇ **CONJUG. [1] como ***sacar.***
desembarco *m.* Acción de desembarcar (salir de una embarcación o aeronave). 2 Meseta donde termina la escalera. 3 MAR. Operación militar que realiza en tierra la dotación o las tropas de un buque. 4 fig. Entrada de un individuo, grupo social o empresa en un sector de la vida pública o de la economía con intención de influir en él.
desembargadamente *adv. m.* Libremente, sin impedimento.
desembargar (*des-* + *embargar*) *tr.* Quitar el impedimento o embarazo [a una cosa]. 2 DER. Alzar el embargo o secuestro [de una cosa]: ~ *una casa.* ◇ **CONJUG. [7] como ***llegar.***
desembargo *m.* DER. Acción de desembargar. 2 Efecto de desembargar.
desembarque *m.* Acción de desembarcar. 2 Efecto de desembarcar.
desembarrancar (*des-* + *embarrancar*) *tr.* Sacar a flote [una nave embarrancada]. ◇ **CONJUG. [1] como ***sacar.***
desembarrar *tr.* Quitar el barro [de un lugar].
desembaular *tr.* Sacar [lo que está en un baúl, y, por ext., lo que está guardado en una caja, talega, etc.]. 2 fig. *y* fam. Desahogarse uno comunicando [lo que le causa pena]. ◇ ** CONJUG. [16] como ***aunar.***
desembebecerse (*des-* + *embebecer*) *prnl.* Salir uno del embebecimiento. ◇ ** CONJUG. [43] como ***agradecer.***
desembelesarse (*des-* + *embelesar*) *prnl.* Salir uno del embelesamiento.
desemblantado, -da (paras.) *adj.* Que tiene demudado el semblante.
desemblantarse *prnl.* Demudarse.
desembocadero *m.* Desembocadura.
desembocadura *f.* Abertura o estrecho por donde se sale de un punto a otro. 2 Salida de una calle. 3 Paraje donde un río, canal, etc., desemboca en otro, en el mar o en un lago.
desembocar (*des-* + *embocar*) *intr.* Salir como por una boca o estrecho. 2 Entrar, desaguar una corriente de agua, en el mar, en otra corriente, etc. 3 Tener una calle o camino salida a determinado lugar. 4 fig. Acabar, terminar, tener su desenlace. ◇ ** CONJUG. [1] como ***sacar.***
desembojadera *f.* Mujer dedicada a desembojar.
desembojadora *f.* Desembojadera.
desembojar (*des-* + *embojar*) *tr.* Quitar el embojo [los capullos de seda].
desembolsar *tr.* Sacar [lo que está en la bolsa]. 2 fig. Pagar o sacar de su propia bolsa [una cantidad de dinero].
desembolso *m.* fig. Entrega de dinero, efectivo y de contado. 2 Dispendio, gasto, coste.
desemboque *m.* Desembocadero.
desemborrachar (*des-* + *emborrachar*) *tr.-prnl.* Desembriagar.
desemboscarse *prnl.* Salir del bosque, espesura o emboscada. ◇ ** CONJUG. [1] como ***sacar.***
desembotar (*des-* + *embotar*) *tr.* fig. Hacer que [lo que estaba embotado] deje de estarlo: ~ *el entendimiento.*
desembozar *tr.-prnl.* Quitar [a uno] el embozo. ◇ ** CONJUG. [4] como ***realizar.***
desembozo *m.* Acción de desembozar o desembozarse.
desembragar *tr.* MEC. Desprender del eje motor [un mecanismo o parte de él]. ◇ ** CONJUG. [7] como ***llegar.***
desembrague *m.* Acción de desembragar. 2 Efecto de desembragar.
desembravecer *tr.* Amansar, quitar la bravura: ~ *un toro.* ◇ ** CONJUG. [43] como ***agradecer.***
desembravecimiento *m.* Acción de desembravecer o desembravecerse. 2 Efecto de desembravecer o desembravecerse.
desembrazar *tr.* Quitar [una cosa] del brazo. 2 Arrojar [una cosa] con la mayor fuerza del brazo: ~ *un arma.* ◇ ** CONJUG. [4] como ***realizar.***
desembriagar *tr.* Quitar la embriaguez [a uno]. ◇ ** CONJUG. [7] como ***llegar.***
desembridar *tr.* Quitar las bridas [a una cabalgadura].
desembrocar *tr. Méj.* Sacar [los panes de azúcar] de los moldes para ponerlos a secar al sol. 2 *Guat.* y *Hond.* Poner boca arriba una vasija. ◇ ** CONJUG. [1] como ***sacar.***
desembrollar *tr.* Desenredar, aclarar [lo embrollado].
desembrozar *tr.* Desbrozar. ◇ ** CONJUG. [4] como ***realizar.***
desembrujar *tr.* Deshacer el embrujamiento o hechizo de que [uno] se supone víctima.
desembuchar *tr.* Expeler las aves [lo que tienen en el buche]. 2 fig. Decir [todo cuanto se sabe y se tenía callado acerca de una cosa].
SIN. **Desbuchar.**
desembullar *tr.-prnl. Cuba.* Desanimar.
desembullo *m. Cuba.* Falta de embullo.
desemejablemente *adv. m.* Con desemejanza.
desemejado, -da *adj.* Desfigurado.
desemejante *adj.* Diferente, no semejante: ~ *de los otros.*
desemejantemente *adv. m.* Con desemejanza.
desemejanza *f.* Diferencia, no semejanza.
SIN. v. **Diferencia.**
desemejar (*de-* II + *semejar*) *intr.* No parecerse una cosa a otra, diferenciarse de ella. -2 *tr.* Desfigurar [a una persona o cosa].
desempacar (*des-* + *empacar*) *tr.* Deshacer las pacas [en que van las mercancías]. -2 *prnl.* Desenojarse. -3 *tr. Amér.* Deshacer [el equipaje]; sacar las cosas [de las maletas]. ◇ ** CONJUG. [1] como ***sacar.***
desempachar *tr.* Quitar el empacho (indigestión) [que uno sufre]. -2 *prnl.* fig. Perder el empacho (vergüenza); desembarazarse, desenvolverse.
desempacho *m.* fig. Desembarazo.
desempadronar *tr.* Dar de baja en el padrón. 2 fig. Matar.
desempajar *tr. Amér.* Despajar. 2 *Colomb.* y *Guat.* Quitar el techo de paja.
desempalagar (*des-* + *empalagar*) *tr.* Quitar [a una persona] el empalago. 2 Desembarazar [el molino] del agua estancada

que impide el movimiento del rodezno. ◇ ** CONJUG. [7] como ***llegar.***
desempalmar (*des- + empalmar) tr.* Romper, desconectar un empalme [de la corriente eléctrica, cañería, etc.].
desempañar *tr.* Limpiar [una cosa empañada]. 2 Quitar los pañales [a una criatura].
desempapelar (*des- + empapelar*) *tr.* Quitar [a una cosa] el papel que la cubría: ~ *una habitación.* 2 Sobreseer un proceso [contra alguien], descartarle de él.
desempaque *m.* Acción de desempacar. 2 Efecto de desempacar.
desempaquetar (*des- + empaquetar*) *tr.* Desenvolver [lo que estaba empaquetado].
desemparejar *tr.* Desigualar [lo que estaba o iba igual y parejo].
desemparentado, -da *adj.* Sin parientes.
desemparvar (*des- + emparvar*) *tr.* Recoger la parva, formando montón.
desempatar *tr.* Deshacer el empate [entre dos cosas]: ~ *los votos.* 2 *Colomb., Cuba* y *P. Rico.* Desamarrar.
desempate *m.* Acción de desempatar: *un partido de ~.*
desempavonar *tr.* Despavonar.
desempedrador, -ra *m. f.* Persona que desempiedra.
desempedrar *tr.* Arrancar las piedras [de un sitio empedrado]. 2 fig. Correr desenfrenadamente; pasear mucho [por un lugar determinado]. ◇ ** CONJUG. [27] como ***acertar.***
desempegar *tr.* Quitar el baño de pez [a una cosa empegada]: ~ *una tinaja;* ~ *un pellejo.* ◇ ** CONJUG. [7] como ***llegar.***
desempeñar *tr.* Sacar, liberar [lo que estaba en poder de otro en garantía de un préstamo]. 2 Liberar [a una persona] de los empeños o deudas que tenía contraídos. 3 p. ext. Sacar [a uno] airoso del empeño o lance en que se hallaba. 4 Cumplir, hacer [aquello a que uno está obligado]: ~ *sus obligaciones;* ~ *un cargo;* esp., representar [un papel en las obras dramáticas]. -5 ***prnl.*** TAUROM. ant. Apearse los caballeros en la plaza para herir al toro con la espada.
desempeño *m.* Acción de desempeñar o desempeñarse. 2 Efecto de desempeñar o desempeñarse.
desempeorarse *prnl.* Fortalecerse, recuperarse.
desempercudir *tr. Cuba.* Despercudir la ropa, lavarla, limpiarla de su suciedad.
desemperezar *intr.-prnl.* Desechar o sacudir la pereza. ◇ **CONJUG. [4] como ***realizar.***
desempernar *tr.* MAR. Sacar los pernos con que están sujetas [las piezas de construcción].
desempertigar *tr. Chile.* Quitar del pértigo [la yunta]. ◇ **CONJUG. [7] como ***llegar.***
desempleado, -da *adj.-s.* Persona sin trabajo; parado.
desempleo (*des- + empleo*) *m.* Falta de trabajo, paro forzoso.
desemplumar *tr.* Desplumar.
desempolvadura *f.* Acción de desempolvar o desempolvarse. 2 Efecto de desempolvar o desempolvarse.
desempolvar *tr.* Quitar el polvo [a una cosa]. 2 Volver a usar lo que se había abandonado: ~ *los estudios, las viejas amistades.* 3 Traer a la memoria o a la consideración algo que estuvo mucho tiempo olvidado.
SIN. **Despolvar.**
desempolvorar *tr.* p. us. Desempolvar.
desemponzoñar *tr.* Libertar [a uno] del daño causado por la ponzoña; o quitar [a una cosa] sus cualidades ponzoñosas.
desempotrar *tr.* Sacar [una cosa empotrada].
desempozar *tr.* Sacar [una cosa empozada]. ◇ ** CONJUG. [4] como ***realizar.***
desempulgadura *f.* Acción de desempulgar.
desempulgar *tr. ant. Quitar de las empulgaduras [la cuerda de la ballesta].* 2 CETR. Soltar de las pihuelas [el ave de presa] para lanzarla sobre la pieza que se ha de cobrar. ◇ ** CONJUG. [7] como ***llegar.***
desempuñar *tr.* Dejar de empuñar.
desenalbardar *tr.* Quitar la albarda [a una caballería].
SIN. **Desalbardar.**
desenamorar *tr.-prnl.* Hacer perder [a uno] su enamoramiento.
desenastar (*des- + enastar*) *tr.* Quitar el asta o mango [a un arma o herramienta].
desencabalgar *tr.* Desmontar [una pieza de artillería]. ◇ **CONJUG. [7] como ***llegar.***
desencabar *tr. Amér. Central* y *Colomb.* Desenastar.
desencabestrar (*des- + encabestrar*) *tr.* Sacar [la pata de una caballería] que se ha enredado en el cabestro.
SIN. **Descabestrar.**
desencadenamiento *m.* Acción de desencadenar o desencadenarse. 2 Efecto de desencadenar o desencadenarse.
desencadenar (*des- + encadenar*) *tr.* Quitar la cadena [al que está con ella amarrado]. 2 fig. Romper o desunir el vínculo [de las cosas]: ~ *la guerra.* -3 ***prnl.*** Estallar con violencia las fuerzas naturales o las pasiones: *desencadenarse la tempestad, la cólera.*
SIN. *3* **Desatarse, desenfrenarse.**
desencajadura *f.* Parte que queda sin unión cuando se quita la trabazón.
desencajamiento *m.* Acción de desencajar o desencajarse. 2 Efecto de desencajar o desencajarse.
desencajar *tr.* Desunir [una cosa] del encaje que tenía con otra. -2 ***prnl.*** Descomponerse el semblante por enfermedad o por pasión del ánimo.
SIN. *1* **Desquiciar.**
desencaje *m.* Desencajamiento.
desencajo *m. Perú* y *P. Rico.* Desencajamiento.
desencajonamiento *m.* Acción de desencajonar. 2 Efecto de desencajonar.
desencajonar *tr.* Sacar [lo que está dentro de un cajón; esp. el toro de lidia].
desencalabrinar (*des- + encalabrinar*) *tr.-prnl.* Quitar [a uno] su encalabrinamiento.
desencalcar (*des- + encalcar*) *tr.* Aflojar [lo recalcado o apretado]. ◇ ** CONJUG. [1] como ***sacar.***
desencallar *tr.* Poner a flote [una embarcación encallada].
desencaminar *tr.* Descaminar.
desencanallar *tr.* Sacar [a una persona] del encanallamiento.
desencantador, -ra *adj.* Que desencanta.
desencantamiento *m.* Desencanto.
desencantar (*des- + encantar*) *tr.* Deshacer el encantamiento [de una persona o cosa]. 2 Desilusionar.
desencantaración *f.* Acción de desencantarar. 2 Efecto de desencantarar.
desencantarar *tr.* Sacar del cántaro [el nombre o nombres] metidos en él para una elección por insaculación. 2 Excluir de esta elección [determinados nombres].
desencanto *m.* Acción de desencantar o desencantarse. 2 Efecto de desencantar o desencantarse.
desencapillar *tr.* MAR. Zafar o desprender [lo encapillado].
desencapotadura *f.* Acción de desencapotar o desencapotarse. 2 Efecto de desencapotar o desencapotarse.
desencapotar *tr.* Quitar el capote [a alguno]. 2 fam. Descubrir, manifestar. 3 EQUIT. Hacer que levante la cabeza [el caballo que tiene por costumbre traerla baja]. -4 ***prnl.*** fig. Despejar el cielo, el horizonte. 5 fig. Desenojarse.
desencaprichar (*des- + encaprichar*) *tr.* Disuadir [a uno] de un capricho.
desencarcelar *tr.* Excarcelar.
desencarecer (*des- + encarecer*) *tr.* Abaratar. ◇ ** CONJUG. [43] como ***agradecer.***
desencargar *tr.* Revocar el encargo [de hacer una cosa]. ◇ ** CONJUG. [7] como ***llegar.***
desencarnar *tr.* MONT. Quitar [a los perros] las reses muertas para que no se encarnicen. 2 fig. Perder la afición [a una cosa]. -3 ***prnl.*** Separarse el alma del cuerpo, morir. Ús. pralte. entre los espiritistas.
desencarpetar *tr.* Sacar [un documento, expediente, proceso, etc.] de la carpeta o legajo en que se guardaba. 2 fig. Volver a ocuparse [de un asunto] ya olvidado.
desencartonar *tr.* Quitar [a algo] el cartón que lo recubre.
desencasquillar *tr. Amér. Central* y *Venez.* Desherrar. -2 ***prnl.*** *Colomb.* Caérsele la suela al tacón del zapato.
desencastillar *tr.* Echar de un castillo o lugar fuerte [a sus defensores]. -2 ***tr.-prnl.*** fig. Franquear, aclarar [lo oculto].
desencerrar (*des- + encerrar*) *tr.* Sacar del encierro; franquear la salida [a lo que estaba encerrado, y en general abrir [lo que está cerrado]. 2 fig. Descubrir, manifestar [lo que estaba oculto]. ◇ ** CONJUG. [27] como ***acertar.***
desenchuecar *tr. Chile.* Desencorvar. ◇ ** CONJUG. [1] como ***sacar.***
desenchufar (*des- + enchufar*) *tr.* Separar o extender [lo que está enchufado].
desencinchar *tr. Méj.* Descinchar.

desencintar (*des-* + *encintar*) *tr.* Quitar las cintas que ataban o adornaban [una cosa]. 2 Quitar el encintado [a un pavimento].
desenclavar *tr.* Desclavar. 2 fig. Sacar violentamente [a uno] del sitio en que está.
desenclavijar *tr.* Quitar las clavijas: ~ *el arpa.* 2 fig. Desasir, desencajar.
desencoche *m.* Acción de bajar de un coche.
desencofrar *tr.* Quitar el encofrado.
desencoger *tr.* Estirar [lo encogido]. -2 *prnl.* fig. Perder el encogimiento. ◇ ** CONJUG. [5] como ***proteger.***
desencogimiento *m.* Acción de desencoger. 2 fig. Desembarazo, despejo.
desencoladura *f.* Acción de desencolar o desencolarse. 2 Efecto de desencolar o desencolarse.
desencolar *tr.* Despegar [una cosa] de otra a la que estaba pegada con cola.
desencolerizar *tr.* Apaciguar [al que está encolerizado]. ◇ ** CONJUG. [4] como ***realizar.***
desenconamiento *m.* Desencono.
desenconar *tr.* Mitigar, quitar la inflamación o encendimiento [a una herida, tumor, etc.]. 2 Desahogar [el ánimo enconado]; moderar el encono [a alguno]. -3 *prnl.* Hacerse suave una cosa.
desencono *m.* Acción de desenconar o desenconarse. 2 Efecto de desenconar o desenconarse.
desencontrarse *prnl. Amér.* No hallarse las personas que se buscan. 2 *Amér.* No concordar las opiniones sobre un asunto. 3 *Amér.* Tener opiniones opuestas sobre un asunto dos personas.
desencordar *tr.* Quitar las cuerdas [a un artefacto, esp. a los instrumentos de música]. ◇ ** CONJUG. [31] como ***contar.***
SIN. **Descordar.**
desencordelar *tr.* Quitar los cordeles que ataban o sujetaban [una cosa].
desencorvar *tr.* Enderezar [lo que está encorvado].
desencovar *tr.* Sacar [una cosa] o hacer salir [un animal] de una cueva. ◇ ** CONJUG. [31] como ***contar.***
desencrespar *tr.* Abatir o deshacer [lo encrespado].
desencuadernado *m.* fig. Baraja (conjunto de naipes).
desencuadernar (*des-* + *encuadernar*) *tr.* Deshacer [lo encuadernado]: ~ *un libro;* ~ *un cuaderno.*
SIN. **Descuadernar.**
desencuartar *tr. Méj.* Desencabestrar.
desencuentro *m. Argent.* Efecto de no hallarse dos personas que se buscan. 2 *Argent.* Efecto de no coincidir dos personas en sus opiniones.
desendemoniar *tr.* Lanzar los demonios. ◇ ** CONJUG. [12] como ***cambiar.***
desendiablar *tr.* Desendemoniar.
desendiosar *tr.* fig. Abatir la vanidad y altanería [del que, por orgullo, se hace intratable].
desenfadadamente *adv. m.* Con desenfado.
desenfadaderas *f. pl.* fam. Recurso para salir de alguna dificultad: *tener buenas* ~.
desenfadado, -da *adj.* Desembarazado, libre. 2 [lugar] Espacioso, capaz.
desenfadar (*des-* + *enfadar*) *tr.-prnl.* Quitar el enfado [a una persona].
SIN. **Desatufar(se).**
desenfado *m.* Desahogo, soltura. 2 Diversión o desahogo del ánimo.
SIN. *1* **Desempacho, desenvoltura.**
desenfaldar *tr.* Bajar el enfaldo [de un vestido]: ~ *uno la capa.*
desenfardar *tr.* Desenvolver [lo que estaba enfardado].
desenfardelar *tr.* Desenfardar.
desenfilar *tr.-prnl.* MIL. Poner [una fuerza o material] a cubierto de los tiros del enemigo.
desenfocar *tr.-prnl.* Hacer perder o perder el enfoque. ◇ **CONJUG. [1] como ***sacar.***
desenfoque (*des-* + *enfoque*) *m.* Falta de enfoque o enfoque defectuoso.
desenfrailarse *prnl.* Dejar de ser fraile; secularizarse. 2 fig. Salir una persona de la opresión o sujeción en que estaba. 3 Vacar de ocupaciones y negocios por algún tiempo.
desenfrenadamente *adv. m.* Con desenfreno.
desenfrenado, -da *adj.* [comportamiento, lenguaje, etc.] Sin moderación ni contención.
desenfrenamiento *m.* Desenfreno.
desenfrenar *tr.* Quitar el freno [a las caballerías]. -2 *prnl.* fig. Desmandarse; entregarse a los vicios y maldades. 3 Desencadenarse.
SIN. **Desfrenar.**
desenfreno *m.* fig. Acción de desenfrenarse. 2 fig. Efecto de desenfrenarse. 3 fig. ~ ***del vientre,*** flujo precipitado del vientre.
desenfundar *tr.* Quitar la funda [a una cosa].
desenfurecer *tr.* Hacer deponer el furor: ~ *a un amigo.* ◇ ** CONJUG. [43] como ***agradecer.***
desenfurruñar *tr.* Desenfadar, desenojar, quitar el enfurruñamiento [a alguien].
desenganchar *tr.* Soltar [una cosa enganchada]. 2 Quitar de un carruaje [las caballerías de tiro].
desengañadamente *adv. m.* Claramente, sin recelo ni engaño. 2 fig. Malamente, con desaliño y poco acierto.
desengañado, -da *adj.* Que está enseñado por la experiencia. 2 Desilusionado, falto de esperanza. 3 *Chile* y *Ecuad.* Muy feo.
desengañador, -ra *adj.* Que desengaña.
desengañar (*des-* + *engañar*) *tr.* Hacer conocer [a uno] el engaño o error en que está: *desengañarse de ilusiones.* 2 Quitar [a uno] sus esperanzas o ilusiones.
SIN. *2* **Decepcionar, desilusionar, desencantar.**
desengañilar *tr.* Desasir, apartar [al que tiene agarrado a otro] de los gañiles.
desengaño *m.* Acción de desengañar o desengañarse (desilusionarse). 2 Efecto de desengañar o desengañarse (desilusionarse). 3 Claridad con que se echa en cara de uno alguna falta. -4 *m. pl.* Lecciones de una amarga experiencia.
desengargolar *tr. Colomb.* Desenredar.
desengarrafar (*des-* + *engarrafar*) *tr.* Desprender y soltar [lo que se tiene asido con los dedos encorvados en figura de garra].
desengarzar *tr.* Deshacer el engarce [de una cosa]; desprender [lo engarzado]. ◇ ** CONJUG. [4] como ***realizar.***
desengastar *tr.* Sacar [una cosa] de su engaste.
desengavetar *tr. Guat.* Sacar algo que estaba desde hacía tiempo en una gaveta.
desengomar *tr.* Desgomar.
desengoznar *tr.-prnl.* Desgoznar.
desengranar *tr.* Quitar o soltar el engranaje [de alguna cosa con otra].
desengrasante *adj.-s.* Que quita la grasa. 2 Que enflaquece.
desengrasar (*des-* + *engrasar*) *tr.* Quitar la grasa [a algún objeto]. -2 *intr.* fam. Enflaquecer (ponerse flaco). 3 Desensebar. 4 fig. Cambiar de ocupación para hacer más llevadero el trabajo. -5 *tr. Chile.* Tomar el desengraso (postre).
desengrase *m.* Acción de desengrasar. 2 Efecto de desengrasar.
desengraso *m. Colomb.* y *Chile.* Postre, sobremesa.
desengrilletar *tr.* MAR. Zafar un grillete [a una cadena].
desengrosar *tr.-intr.* Adelgazar, enflaquecer. ◇ ** CONJUG. [31] como ***contar.***
desengrudamiento *m.* Acción de desengrudar. 2 Efecto de desengrudar.
desengrudar *tr.* Quitar el engrudo [a una cosa engrudada].
desenguantarse *prnl.* Quitarse los guantes.
desenguaracar *tr. Chile.* Desenrollar la guaraca. 2 *Chile.* en gral. Desenrollar, desenvolver. 3 *Chile.* Mostrar algo que se mantenía oculto. ◇ ** CONJUG. [1] como ***sacar.***
desenhebrar *tr.* Sacar la hebra [de la aguja].
desenhetrar (*des-* + ant. *enhetrar*) *tr.* Desenredar [el cabello].
desenhornar (*des-* + *enhornar*) *tr.* Sacar del horno [una cosa que se había introducido en él para cocerla].
SIN. **Deshornar.**
desenjaezar *tr.* Quitar los jaeces [a una caballería]. ◇ **CONJUG. [4] como ***realizar.***
desenjalmar *tr.* Quitar la enjalma [a una bestia].
desenjaular *tr.* Sacar de la jaula [una persona o animal].
desenlace *m.* Acción de desenlazar o desenlazarse. 2 Efecto de desenlazar o desenlazarse. 3 Final de un suceso, de una narración o de una obra dramática.
SIN. **Desenredo, solución, resolución.**
desenladrillado *m.* Acción de desenladrillar. 2 Efecto de desenladrillar.
desenladrillar (*des-* + *enladrillar*) *tr.* Deshacer el enladrillado [de una habitación, etc.].
SIN. **Desladrillar.**
desenlazar (*des-* + *enlazar*) *tr.* Desatar los lazos, desasir y sol-

tar [lo que está atado]. -2 ***prnl.*** fig. Resolver la trama de una obra dramática, narrativa o cinematográfica, hasta llegar a su final. 3 fig. Dar desenlace [a un asunto o a una dificultad]. ◇ ** CONJUG. [4] como ***realizar.***
SIN. **Deslazar.**

desenliar ***tr.*** *P. Rico* y *S. Dom.* Desliar. ◇ ** CONJUG. [13] como ***desviar.***

desenlodar ***tr.*** Quitar el lodo [a una cosa].

desenlosar (*des-* + *enlosar*) ***tr.*** Deshacer el enlosado [de una habitación, patio, etc.].

desenlutar ***tr.*** Quitar el luto [a una persona o cosa].

desenmallar (*des-* + *enmallar*) ***tr.*** Sacar de la malla [el pescado].

desenmarañar (*des-* + *enmarañar*) ***tr.*** Desenredar [una cosa enmarañada]: ~ *el cabello.* 2 fig. Poner en claro [una cosa enredada u obscura].

desenmascaradamente ***adv. m.*** Públicamente y con descaro.

desenmascarar (*des-* + *enmascarar*) ***tr.*** Quitar la máscara [a uno]. 2 fig. Dar a conocer los verdaderos propósitos, sentimientos, etc. [de una persona].

desenmohecer (*des-* + *enmohecer*) ***tr.*** Quitar el moho [a una cosa]. -2 ***prnl.*** fig. Recuperar una persona o cosa su buen estado de acción o funcionamiento después de un tiempo de inactividad. ◇ **CONJUG. [43] como ***agradecer.***

desenmudecer (*des-* + *enmudecer*) ***intr.-tr.*** Libertarse del impedimento natural que tenía uno para hablar. 2 fig. Romper uno el silencio que guardaba desde hacía algún tiempo. ◇ ** CONJUG. [43] como ***agradecer.***

desenojar (*des-* + *enojar*) ***tr.-prnl.*** Hacer deponer el enojo [a una persona]. -2 ***prnl.*** fig. Esparcir el ánimo.
SIN. **Desatufar(se), desempacar(se), desencapotar(se),** los tres más o menos irón. *2* **Desenfadarse.**

desenojo ***m.*** Deposición del enojo.

desenredar (*des-* + *enredar*) ***tr.*** Deshacer el enredo: ~ *una cuestión.* 2 fig. Poner orden [a lo que estaba confuso y desordenado]. -3 ***prnl.*** fig. Salir de una dificultad o lance: *desenredarse del lazo.*
SIN. *3* **Desenvolverse.**

desenredo ***m.*** Acción de desenredar o desenredarse. 2 Efecto de desenredar o desenredarse. 3 Desenlace.

desenrizar ***tr.*** Desrizar. ◇ ** CONJUG. [4] como ***realizar.***

desenrollar ***tr.*** Desarrollar (deshacer).

desenroscar (*des-* + *enroscar*) ***tr.-prnl.*** Descoger, extender lo que está enroscado. 2 Sacar de su asiento lo que está introducido a vuelta de rosca. ◇ ** CONJUG. [1] como ***sacar.***

desenrudecer ***tr.*** Quitar la rudeza; mejorar, pulir [a una persona o cosa]. ◇ ** CONJUG. [43] como ***agradecer.***

desensamblar ***tr.*** Desunir [las piezas de madera ensambladas].

desensañar (*des-* + *ensañar*) ***tr.*** Hacer deponer la saña [a uno].

desensartar ***tr.*** Soltar [lo ensartado].

desensebar ***tr.*** Quitar el sebo [a algún animal o cosa]. -2 ***intr.*** fig. Variar de ocupación para hacer más descansado el trabajo. 3 fig. Quitar el sabor de la grosura tomando fruta u otra cosa semejante.
SIN. *3* **Desengrasar.**

desenseñar (*des-* + *enseñar*) ***tr.*** Hacer olvidar con una buena enseñanza [lo malo que uno había aprendido].

desensibilizador ***m.*** FOT. Producto químico que permite reducir la sensibilidad de las emulsiones fotográficas ya impresionadas.

desensillar ***tr.*** Quitar la silla [a una caballería].

desensoberbecer ***tr.*** Hacer deponer la soberbia [a uno]. ◇ ** CONJUG. [43] como ***agradecer.***

desensortijado, -da ***adj.*** [rizo de pelo] Que se ha deshecho. 2 [hueso] Que está fuera de su lugar.

desentablar ***tr.*** Arrancar las tablas [del lugar donde están clavadas]; deshacer el tablado; ***abs.***, *vamos a* ~. 2 fig. Descomponer o alterar el orden [de una cosa]. 3 fig. Deshacer, desconcertar [un negocio o amistad].

desentalingar (*des-* + *entalingar*) ***tr.*** MAR. Zafar el cable o cadena del arganeo [del ancla]. ◇ ** CONJUG. [7] como ***llegar.***

desentarimar ***tr.*** Quitar el entarimado [de una habitación, lugar, etc.].

desentechar ***tr.*** *Amér.* Destechar.

desentejar ***tr.*** *Amér.* Destejar.

desentendencia ***f.*** *Perú.* Despego, acción de desentenderse de algo.

desentenderse ***prnl.*** Fingir que no se entiende una cosa; afectar ignorancia. 2 Prescindir de un asunto o negocio; no tomar parte en él. ◇ ** CONJUG. [28] como ***entender.***

desenterrador ***m.*** Que desentierra.

desenterramiento ***m.*** Acción de desenterrar. 2 Efecto de desenterrar.

desenterrar ***tr.*** Exhumar, sacar [lo que está debajo de tierra]: ~ *del polvo;* ~ *de entre el polvo.* 2 fig. Traer a la memoria [lo olvidado]. ◇ ** CONJUG. [27] como ***acertar.***

desentierramuertos (de *desenterrar* + *muerto*) ***com.*** fig. Persona que infama la memoria de los muertos. ◇ Pl.: *desentierramuertos.*

desentoldar ***tr.*** Quitar los toldos [de un lugar]. 2 fig. Despojar [una cosa] de su adorno y compostura. -3 ***prnl.*** *Méj.* Desencapotarse el cielo.

desentonación ***f.*** Desentono.

desentonadamente ***adv. m.*** Con desentono.

desentonamiento ***m.*** Desentono.

desentonar ***intr.*** Subir o bajar la entonación de la voz o de un instrumento fuera de oportunidad. 2 Salir del tono y punto que compete. -3 ***tr.*** Humillar el orgullo [de uno]. -4 ***prnl.*** Levantar la voz, descomedirse.

desentongar ***tr.*** *Cuba.* Deshacer una tonga (rimero). 2 *Colomb.* Combatir los efectos de la tonga (brebaje). ◇ ** CONJUG. [7] como ***llegar.***

desentono ***m.*** Desproporción en el tono de la voz. 2 fig. Descompostura y descomedimiento en el tono de la voz o en la conveniencia de lo que se dice.
SIN. **Salida de tono.**

desentornillar ***tr.*** Destornillar.

desentorpecer ***tr.-prnl.*** Sacudir la torpeza. 2 Hacer capaz al que antes era torpe y rudo. ◇ ** CONJUG. [43] como ***agradecer.***

desentramar ***tr.*** *Argent.* Deshacer la armazón de madera puesta para levantar una pared o muro.

desentrampar ***tr.-prnl.*** Desempeñar (libertad de deudas).

desentrañamiento ***m.*** Acción de desentrañarse o desentrañar.

desentrañar ***tr.*** Sacar, arrancar las entrañas [a uno]. 2 fig. Penetrar lo más dificultoso [de una materia]. -3 ***prnl.*** fig. Despojarse uno de cuanto tiene para darlo a aquel a quien ama.

desentrenamiento ***m.*** Acción de desentrenarse. 2 Efecto de desentrenarse.

desentrenarse (*des-* + *entrenar*) ***prnl.*** Disminuir o perder la fuerza, destreza, etc., por falta de ejercicio.

desentronizar ***tr.*** Destronar. 2 fig. Deponer [a uno] de la estimación que tenía. ◇ ** CONJUG. [4] como ***realizar.***

desentumecer (*des-* + *entumecer*) ***tr.*** Quitar el entumecimiento [a un miembro]. ◇ ** CONJUG. [43] como ***agradecer.***
SIN. **Desadormecer, desentumir.**

desentumecimiento ***m.*** Acción de desentumecer o desentumecerse. 2 Efecto de desentumecer o desentumecerse.

desentumir ***tr.*** Desentumecer.

desenvainar ***tr.*** Sacar de la vaina [un arma]. 2 fig. Sacar [las uñas] el animal que tiene garras. 3 Sacar [lo que está oculto o encubierto].

desenvelejar ***tr.*** MAR. Quitar el velaje [al navío].

desenvendar ***tr.*** p. us. Desvendar.

desenvergar ***tr.*** Desatar [las velas envergadas]. ◇ ** CONJUG. [7] como ***llegar.***

desenviolar ***tr.*** Purificar [el lugar sagrado] que se profanó.

desenvoltura ***f.*** fig. Soltura (agilidad). 2 Desvergüenza, deshonestidad, esp. en las mujeres. 3 Facilidad y expedición en el decir.

desenvolvedor, -ra ***adj.-s.*** Que desenvuelve o escudriña.

desenvolver (*des-* + *envolver*) ***tr.-prnl.*** Desarrollar. 2 Descifrar o aclarar [una cosa que estaba obscura o enredada]: ~ *una cuenta.* -3 ***prnl.*** Desempachar (desembarazarse). 4 Desenredar (salir de una dificultad). 5 fig. Obrar con despejo, maña y habilidad. ◇ ** CONJUG. [32] como ***mover***; pp. irreg. ***desenvuelto.***

desenvolvimiento ***m.*** Acción de desenvolver o desenvolverse. 2 Efecto de desenvolver o desenvolverse.

desenvueltamente ***adv. m.*** fig. Con desenvoltura. 2 fig. Con claridad y expedición.

desenvuelto, -ta, pp. irreg. de *desenvolver.* 2 ***adj.*** Que tiene desenvoltura.

desenyugar ***tr.*** *Amér.* Desyugar, quitar el yugo. ◇ ** CONJUG. [7] como ***llegar.***

desenyuntar ***tr.*** *Cuba, Perú* y *P. Rico.* Desuncir.

desenzarzar *tr.* Sacar de las zarzas [una cosa enredada en ellas]. 2 fig. Separar o aplacar [a los que riñen o disputan]. ◇ ** CONJUG. [4] como ***realizar.***
deseo (l. **desediu*) *m.* Acción de desear: ***coger a ~ una cosa,*** lograr lo que se deseaba; ***venir uno en ~, de una cosa,*** desearla; ***arder en deseos de una persona o cosa, fr.*** fig. *y* fam., quererla, desearla mucho. 2 Movimiento de la voluntad hacia el conocimiento, posesión o disfrute de una cosa. 3 Cosa deseada. 4 *And.* Antojo.
deseoso, -sa *adj.* Que desea: *~ del bien público.*
desequido, -da (paras.) *adj.* Reseco (demasiado seco).
desequilibrado, -da *adj.* Falto de equilibrio mental.
SIN. V. **Loco.**
desequilibrar *tr.* Hacer perder el equilibrio [a una persona o cosa]. -2 *prnl.* Perder el equilibrio mental.
desequilibrio *m.* Falta de equilibrio. 2 Alteración en la conducta de una persona. 3 ECON. Desajuste de las magnitudes económicas. 4 ECON. Situación del mercado en que la oferta difiere de la demanda.
deserción (l. *-tione*) *f.* Acción de desertar. 2 DER. Abandono que se hace de la apelación que se tenía interpuesta.
SIN. *1* **Defección;** burl. **tornillo.**
deserrado, -da *adj.* Libre de error.
desertar (l. *-are*) *intr.* Desamparar, abandonar el soldado sus banderas: *~ al campo contrario; ~ de sus banderas.* 2 fig. Abandonar las concurrencias que se solían frecuentar. 3 fig. Abandonar alguien su obligación, su deber, el partido o causa que defiende, etc. 4 DER. Separarse o abandonar la causa o apelación.
SIN. *1* y *2* **Desbandarse,** cuando son muchos los que desertan.
desértico, -ca *adj.* Desierto. 2 Perteneciente o relativo al desierto. 3 [clima] Caracterizado por la sequedad.
desertícola (de *desierto* + *-cola*) *adj.* Que vive en parajes desiertos.
desertización *f.* Acción de desertizar. 2 Efecto de desertizar.
desertizar (der. de *desierto*) *tr.- prnl.* Convertir en desierto. -2 *tr.* fig. Hacer que desaparezca toda actividad humana en un lugar. ◇ ** CONJUG. [4] como ***realizar.***
desertor, -ra (l.) *m.* Que deserta (desampara y abandona). -2 *m. f.* fig. *y* fam. Persona que se retira de una opinión o causa que servía o de una concurrencia que se solía frecuentar.
SIN. V. **Prófugo.**
deservicio *m.* Culpa que se comete contra uno a quien hay obligación de servir.
deservidor, -ra *adj.-s.* Que desirve o sirve mal.
deservir *tr.* Faltar a la obligación que se tiene de obedecer y servir [a uno]. ◇ ** CONJUG. [34] como ***servir.***
desescombrar *tr.* Escombrar.
deseslabonar *tr.* Deslabonar.
desespaldar *tr.* Herir [a uno] en la espalda, rompiéndola o desconcertándola.
SIN. **Despaldar.**
desespañolizar *tr.* Quitar [a personas o cosas] el carácter español. ◇ **CONJUG. [4] como ***realizar.***
desesperación *f.* Pérdida total de la esperanza. 2 fig. Alteración extrema del ánimo causada por la consideración de un mal irreparable o por la impotencia de lograr éxito. 3 Cosa que la causa: ***ser [una cosa] una ~,*** ser sumamente molesta.
desesperadamente *adv. m.* Con desesperación.
desesperado, -da *adj.-s.* Poseído de desesperación.
desesperador, -ra *adj.* Que desespera.
desesperante *adj.* Que desespera o impacienta.
desesperanza *f.* Falta de esperanza.
desesperanzar *tr.-prnl.* Quitar la esperanza [a uno]. ◇ **CONJUG. [4] como ***realizar.***
desesperar (*des-* + *esperar*) *intr.-prnl.* Desesperanzar: *~ de la pretensión.* -2 *tr.* Impacientar, exasperar [a uno]. -3 *prnl.* Despecharse hasta el punto de cobrar horror a la vida.
desespero *m.* Desesperación.
desestabilidad *f.* Falta de estabilidad de un orden constituido.
desestabilización *f.* Acción desestabilizar. 2 Efecto de desestabilzar.
desestabilizador, -ra *adj.* Que desestabiliza, que compromete o perturba un orden constituido.
desestabilizar *tr.* Comprometer o perturbar la estabilidad [de un orden constituido]. ◇ ** CONJUG. [4] como ***realizar.***
desestancar *tr.* Dejar libre [lo que estaba estancado]. ◇ ** CONJUG. [1] como ***sacar.***
desestanco *m.* Acción de desestancar. 2 Efecto de desestancar.
desestañar *tr.* Quitar el estaño [de un objeto estañado].
desesterar *tr.* Quitar la estera o esteras que cubren el suelo [de una habitación, escalera, etc.].
desestero *m.* Acción de desesterar. 2 Efecto de desesterar. 3 Día en que se desestera.
desestiba *f.* Acción de desestibar. 2 Efecto de desestibar.
desestibar *tr.* Sacar el cargamento de la bodega de un barco y disponerlo para la descarga.
desestima, desestimación *f.* Acción de desestimar. 2 Efecto de desestimar.
desestimar *tr.* No tener la debida estimación [a una cosa]. 2 DER. Denegar: *~ un recurso, una solicitud.*
desfachatadamente *adv. m.* Con desfachatez.
desfachatado, -da (it. *sfacciato;* con terminación *-ado,* tomada de *descarado*) *adj.* Descarado, desvergonzado.
desfachatez (it. *sfacciatezza*) *f.* Descaro, desvergüenza. ◇ Posee un matiz intensivo.
desfajar *tr.* Quitar [a una persona o cosa] la faja que la fajaba.
desfalcador *adj.-s.* Que desfalca.
desfalcar (it. *defalcare,* der. probl. del germ. *falkan,* despojar) *tr.* Quitar parte [de una cosa]; descabalarla. 2 Tomar para sí [un caudal que se tenía bajo obligación de custodia]. 3 Derribar [a uno] del favor o amistad que gozaba. ◇ También *defalcar,* p. us. ◇ ** CONJUG. [1] como ***sacar.***
desfalco *m.* Acción de desfalcar. 2 Efecto de desfalcar.
desfallecer *tr.* Causar desfallecimiento o disminuir las fuerzas [a persona o animal]. -2 *intr.* Decaer, debilitarse: *~ de ánimo.* 3 Padecer desmayo. ◇ ** CONJUG. [43] como ***agradecer.***
desfallecido, -da *adj.* Que desfallece.
desfalleciente *adj.* Desfallecido.
desfallecimiento *m.* Disminución del ánimo, decaimiento de vigor y fuerzas.
desfamar *tr.* Difamar.
desfarfollar *tr. And.* Deshojar la mazorca.
desfasado, -da *adj.* FÍS. Que está fuera de fase. 2 p. ext. [proceso económico] Que no se sincroniza con la coyuntura; y en gral., [ley o disposición del poder público] cuyos efectos son inadecuados para un momento determinado.
desfasamiento *m.* FÍS. Diferencia de fase entre dos fenómenos periódicos de la misma frecuencia.
desfasar *tr.-prnl.* Producir un desfasamiento [en un movimiento periódico]. -2 *prnl.* Retrasarse [con respecto a algo], perder la posibilidad de adaptarse [a algo] o de entenderse [con alguien].
desfase *m.* Desfasamiento. 2 fig. Inoportunidad, inadecuación para un tiempo determinado. 3 Diferencia, separación, falta de correspondencia entre varias cosas.
desfatigante *adj.* [tratamiento] Que quita o atenúa la fatiga.
desfavor *m. Chile.* Disfavor.
desfavorable *adj.* Poco favorable, perjudicial.
desfavorablemente *adv. m.* Con disfavor, denegación o perjuicio.
desfavorecedor, -ra *adj.* Que desfavorece.
desfavorecer *tr.* Dejar de favorecer [a uno]; desairarle. 2 Contradecir o hacer oposición [a una cosa], favoreciendo la contraria. 3 eufem. Afear. ◇ ** CONJUG. [43] como ***agradecer.***
desfibrado *m.* Acción de desfibrar.
desfibradora *f.* TECNOL. Máquina us. para desfibrar.
desfibrar *tr.* Quitar las fibras [a las materias que las contienen]: *~ plantas textiles, maderas,* etc.
desfibrilación *f.* Detención de la fibrilación cardíaca, con reanudación del ritmo cardíaco normal.
desfibrilador *m.* Instrumento para la práctica de la desfibrilación.
desfibrinación *f.* Destrucción o separación de la fibrina de la sangre.
desfiguración *f.* Acción de desfigurar o desfigurarse. 2 Efecto de desfigurar o desfigurarse.
desfiguramiento *m.* Desfiguración.
desfigurar *tr.* Deformar, hacer que [una cosa] pierda su figura propia; u obscurecer [una cosa] para que no se vea su forma. 2 Desemejar, ajar [el semblante]: *se ha desfigurado.* 3 Hablando de las intenciones, deseos, etc., o de la deformación simulada del semblante, fingir: *~ el semblante; ~ los deseos.* 4 Referir [una cosa] alterando sus verdaderas circunstancias. -5 ***prnl.*** Inmutarse por un accidente o por alguna pasión del ánimo.
desfiguro *m. Argent.* y *Perú.* Desfiguramiento. 2 *Méj.* Cosa ridícula.

desfijar *tr.* Arrancar o quitar [una cosa] del sitio donde está fijada.

desfilachar *tr.* ant. Deshilachar.

desfiladero *m.* Paso estrecho por donde la tropa tiene que marchar desfilando. 2 Paso estrecho entre montañas.

desfilar (fr. *défiler,* der. de *file,* hecho en cast. *fila*) *intr.* Marchar en fila. 2 Pasar las tropas ante el rey, un elevado personaje, etc. 3 Marchar las tropas en orden y formación más reducida que la que hasta allí se trata. 4 fig. Salir, varios, uno tras otro, de alguna parte.

desfile *m.* Acción de desfilar.

SIN. **Parada,** cuando se trata de un desfile militar grande y solemne.

desflaquecer *tr.* p. us. Enflaquecer. ◇ ** CONJUG. [43] como *agradecer.*

desflaquecimiento *m.* p. us. Enflaquecimiento.

desflecar (paras.) *tr.* Sacar flecos, destejiendo los extremos [de una tela, cinta, etc.]. 2 *Cuba* y *P. Rico.* Azotar. ◇ ** CONJUG. [1] como *sacar.*

desflecharse *prnl. Ecuad.* Dispararse.

desflemar (paras.) *intr.* Expeler las flemas. -2 *tr.* QUÍM. Separar la flema [de un líquido espiritoso].

desflocar (paras.) *tr.* Desflecar. ◇ ** CONJUG. [49] como *trocar.* ◇ Tiene poco uso en sus formas irregulares, que suelen substituirse por las de *desflecar,* de idéntico significado.

desfloración *f.* Desfloramiento.

desfloramiento *m.* Acción de desflorar. 2 Efecto de desflorar.

desflorar *tr.* Ajar, quitar la flor o el lustre [a una cosa]. 2 fig. Desvirgar. 3 fig. Tratar superficialmente [de un asunto o materia].

desflorecer *intr.-prnl.* Perder la flor. ◇ ** CONJUG. [43] como *agradecer.*

desflorecimiento *m.* Acción de desflorecer. 2 Efecto de desflorecer.

desfogar (it. *sfogare,* der. de *foga,* ardor impetuoso, der. del l. *fuga;* en cast., cruce con *fuego* y con *desahogar*) *tr.* Dar salida al fuego: ~ *un horno.* 2 Apagar [la cal]. -3 *tr.-prnl.* fig. Manifestar con vehemencia [una pasión]: ~ *la cólera en alguno,* o *desfogarse en alguno.* -4 *intr.* MAR. Resolverse [una nube, una tempestad, etc.] en agua o viento. ◇ ** CONJUG. [7] como *llegar.*

desfogonar (paras.) *tr.-prnl.* Quitar o romper el fogón [de un arma de fuego].

desfogue *m.* Acción de desfogar o desfogarse (dar salida al fuego y apagar). 2 Efecto de desfogar o desfogarse (dar salida al fuego y apagar). 3 *Méj.* Agujero por donde se descarga el agua de un conducto cubierto.

desfollonar (paras. de *follón*) *tr.* Quitar [a las plantas] las hojas o vástagos inútiles.

SIN. **Deslechugar.**

desfondamiento *m.* Acción de desfondarse. 2 Efecto de desfondarse. 3 fig. Hundimiento de un equipo deportivo, por la marcha adversa de un partido.

SIN. *1* y *2* **Desfonde.**

desfondar (paras.) *tr.-prnl.* Quitar o romper el fondo [a un vaso, caja, etc.]. 2 MAR. Romper, agujerear el fondo [de una nave]. -3 *tr.* Dar [a la tierra] labores profundas. -4 *tr.-prnl.* En competiciones deportivas, quitar o perder fuerza o empuje.

SIN. *1* **Descular.**

desfonde *m.* Acción de desfondar. 2 Efecto de desfondar.

desformar *tr.* Deformar [cosas materiales].

desforrar *tr.* Quitar el forro [a una cosa].

desfortalecer *tr.* Demoler [una fortaleza] o quitarle la guarnición: ~ *el recinto;* ~ *la torre.* ◇ ** CONJUG. [43] como *agradecer.*

SIN. **Desmantelar.**

desfortificar *tr.* Quitar la fortificación [de un lugar]. ◇ **CONJUG. [1] como *sacar.*

desforzarse (*des-* + *forzar*) *prnl.* p. us. Vengarse, desagraviarse. ◇ ** CONJUG. [50] como *forzar.*

desfrenamiento *m.* fig. Desenfreno.

desfrenar *tr.-prnl.* Desenfrenar.

desfruncir *tr.* Desplegar (desdoblar). ◇ ** CONJUG. [6] como *dirigir.*

desfrutar *tr.* Privar de fruto [a una planta] antes de que llegue a sazón. 2 p. us. Disfrutar.

desfrute *m.* p. us. Disfrute.

desga (de **desgar* < l. **depsicare,* de *depsere,* amasar) *f. Las Encartaciones.* Artesa grande labrada en una sola pieza de madera.

desgabilado, -da *adj.* [pers.] Desvaído, desgarbado y pusilánime.

desgaire (probl. del cat. *a escaire,* oblicuamente, der. del l. *quadru,* cuadrado) *m.* Desaliño, desaire, gralte. afectado. 2 Ademán de desprecio. 3 *Al* ~, con descuido.

desgajadura *f.* Rotura de la rama cuando lleva consigo parte del tronco a que está asida.

desgajar (paras. de *gajo*) *tr.* Desgarrar, arrancar [una rama] del tronco, y en general, despedazar, romper [alguna cosa]. -2 *prnl.* fig. Apartarse, soltarse, desprenderse una cosa de otra.

desgaje *m.* Acción de desgajar o desgajarse. 2 Efecto de desgajar o desgajarse.

desgalgadero *m.* Pedregal en pendiente. 2 Despeñadero, precipicio.

desgalgar (paras. de *galga*) *tr.-prnl.* Despeñar (precipitar). ◇ ** CONJUG. [7] como *llegar.*

desgalichado, -da (cruce de *desgalibado,* der. de *gábilo* × *desdichado*) *adj.* fam. Desaliñado, desgarbado.

desgalichadura *f.* Desaliño, desgarbo.

desgalillarse (de *galillo*) *prnl. La Mancha, Cuba* y *P. Rico.* Desgañitarse.

desgalonar *tr.* Quitar los galones [a alguien].

desgana *f.* Inapetencia. 2 Tedio, hastío de una cosa.

desganar (paras. de *gana*) *prnl.* Perder el apetito de la comida. 2 fig. Disgustarse, apartarse de lo que antes se hacía con gusto; sentir tedio o fastidio. -3 *tr.* Quitar [a alguno] el deseo o gana de hacer una cosa.

desganchar (paras.) *tr.* Quitar los ganchos [de los árboles]. 2 *Amér. Central.* Desenganchar.

desgano *m.* Desgana.

desgañifarse *prnl.* Desgañitarse.

desgañitarse (l. *gannitu,* aullido) *prnl.* Esforzarse uno violentamente, gritando o voceando. 2 Enronquecerse.

SIN. **Desgargantarse, desgaznatarse.**

desgañotar *tr. P. Rico* y *S. Dom.* Matar [a uno] cortándole el gaznate.

desgarbado, -da (paras. de *garbo*) *adj.* Falto de garbo.

desgarbo *m.* Falta de garbo.

desgargantarse (paras. de *garganta*) *prnl.* Desgañitarse (esforzarse violentamente).

I) desgargolar (paras. de *gárgola*) *tr.* Sacudir [el lino o el cáñamo secos], para que despidan la linaza o el cañamón.

II) desgargolar (paras.) *tr.* Sacar de los gárgoles [una pieza de madera].

desgaritar (paras. de *garete*) *intr.-prnl.* Perder el rumbo. -2 *prnl.* Separarse la res de la madrina o del redil. 3 fig. No seguir el intento que se había empezado.

desgarradamente *adv. m.* Con desgarro o desvergüenza.

desgarrado, -da *adj.-s.* Que procede licenciosamente y con escándalo.

desgarrador, -ra *adj.* Que desgarra o tiene fuerzas para desgarrar.

desgarradura *f.* Desgarrón.

desgarramiento *m.* Acción de desgarrar o desgarrarse. 2 Efecto de desgarrar o desgarrarse.

desgarranchado, -da *adj. Hond.* Desaseado.

desgarrar (paras. de *garra*) *tr.-prnl.* Rasgar (romper). 2 Herir vivamente [los sentimientos de una persona]. 3 Esgarrar. 4 Sentir gran pena. -5 *prnl.* Apartarse, separarse uno de la compañía de otros.

desgarretar *tr. Amér. Merid.* y *P. Rico.* Desjarretar.

desgarriate *m. Méj.* Destrozo; desastre.

desgarro *m.* Rompimiento. 2 fig. Arrojo, desvergüenza. 3 fig. Fanfarronada. 4 *Amér.* Esputo.

desgarrón *m.* Desgarro grande en la ropa. 2 Jirón del vestido al desgarrarse la tela.

SIN. *1* **Rasgado, rasgón.**

desgarronar *tr. Argent.* Desjarretar.

desgastamiento *m.* Prodigalidad, profusión.

desgastar (*des-* + *gastar*) *tr.* Quitar o consumir por el roce parte [de una cosa]. 2 fig. Pervertir, viciar; debilitar. -3 *prnl.* Perder fuerza o poder: *el alcalde se ha desgastado.*

desgaste *m.* Acción de desgastar o desgastarse. 2 Efecto de desgastar o desgastarse.

desgatar *tr.* Quitar el labrador [las hierbas llamadas gatas].

desgavillado, -da *adj.* Decaído del vigor físico, desmadejado.

desgaznatarse (paras. de *gaznate*) *prnl.* fam. Desgañitarse (esforzarse violentamente).

desglosar *tr.* Quitar la nota o glosa [a un escrito]. 2 Separar [una hoja, pliego, etc.] de otros con los cuales estaba encuadernado. 3 fig. Separar, apartar [una cuestión] de otras, especialmente para estudiarla o considerarla por separado.
desglose *m.* Acción de desglosar. 2 Efecto de desglosar. 3 Acción de dividir un escenario en diferentes escenas.
desgobernado, -da *adj.* [pers.] Que se gobierna mal.
desgobernar *tr.* Perturbar el gobierno [de un país]; gobernar sin tino [un país]. 2 Desencajar [los huesos]. 3 Conducir mal [la nave] descuidándose en el gobierno del timón: *abs., el timón desgobierna.* 4 Perturbar la dirección o el orden de una cosa. -5 *prnl.* Afectar, en ciertos bailes antiguos, movimientos de miembros desconcertados. ◇ ** CONJUG. [27] como *acertar.*
desgobierno *m.* Desorden, desbarate, falta de gobierno. 2 Acción de desgobernar (desencajar).
desgolillar *tr. P. Rico.* Cortar la golilla [a las aves].
desgolletar (paras.) *tr.* Quitar el gollete [a una vasija]. 2 Aflojar o quitar [la ropa que cubre el cuello].
desgomar *tr.* Quitar la goma [a los tejidos, esp. a los de seda].
SIN. **Desengomar.**
desgonzar (paras.) *tr.* Desgoznar. -2 *tr.-prnl.* Desencajar, desquiciar. ◇ ** CONJUG. [4] como *realizar.*
desgorrarse *prnl.* Quitarse la gorra.
desgoznar (paras.) *tr.* Quitar los goznes [a una cosa]. -2 *prnl.* fig. Desgobernarse.
SIN. **Desengoznar.**
desgracia (*des-* + *gracia*) *f.* Caso o acontecimiento funesto. 2 Mal que constituye un perpetuo motivo de aflicción: *tener la ~ de ser sordo.* 3 Suerte adversa. 4 Falta de gracia. 5 Pérdida de privanza: *caer en ~.*
SIN. *1, 2* y *3* **Desventura, infelicidad, desdicha.** *2* y *3* **Infortunio, malaventura.**
desgraciadamente *adv. m.* Con desgracia.
desgraciado, -da *adj.-s.* Que padece desgracia. 2 Desafortunado. -3 *adj.* Falto de gracia y atractivo. 4 Desagradable. -5 *m. f.* Persona que inspira compasión o menosprecio.
SIN. *1* y *2* **Desventurado, malaventurado, desdichado, infeliz, infortunado; infausto,** lo mismo que **aciago,** no suele aplicarse a personas, sino pralte. a tiempos o sucesos: *un día, un acontecimiento, infausto* o *aciago*; **desafortunado,** sugiere más bien un matiz atenuado con respecto a los demás sinónimos.
desgraciar *tr.* Disgustar, desagradar [a alguno]: *ayer le desgracié.* -2 *tr.-prnl.* Echar a perder [a una persona o cosa]; esp., malograr o impedir su desarrollo. 3 fam. Deshonrar [a una mujer]. 4 Asesinar o herir gravemente. -5 *prnl.* Desavenirse, desviarse uno de un amigo, o perder la gracia o favor de alguno. 6 Malograrse. ◇ ** CONJUG. [12] como *cambiar.*
desgramar (paras.) *tr.* Quitar la grama [de un campo, etc.].
desgranado, -da *adj.* [rueda o piñón dentado] Que ha perdido alguno de sus dientes.
desgranador, -ra *adj.-s.* Que desgrana. -2 *m. f.* Máquina para desgranar productos agrícolas.
desgranar *tr.* Sacar el grano [de una cosa]: *~ maíz.* 2 En artillería, tamizar [la pólvora]. -3 *prnl.* Desgastarse el oído o el grano en las armas de fuego. 4 Soltarse las piezas ensartadas: *desgranarse un collar.* 5 *Argent.* y *Chile.* Disgregarse.
desgrane *m.* Acción de desgranar o desgranarse. 2 Efecto de desgranar o desgranarse.
desgranzar (paras.) *tr.* Separar las granzas: *~ el trigo.* 2 PINT. Hacer la primera trituración de los colores. ◇ ** CONJUG. [4] como *realizar.*
desgrasar (paras.) *tr.* Quitar la grasa [a las lanas o a los tejidos de lana].
SIN. **Desengrasar.**
desgrase *m.* Acción de desgrasar. 2 Efecto de desgrasar.
desgravación *f.* Acción de desgravar. 2 Efecto de desgravar.
desgravar *tr.* Rebajar los derechos arancelarios o los impuestos.
desgreñado, -da *adj.* Despeinado, con el cabello en desorden.
desgreñar (paras.) *tr.* Descomponer los cabellos [de una persona]. -2 *prnl.* Andar a la greña.
SIN. **Despeinar, desmelenar, despelotar, despeluznar, despeluzar.**
desgreño *m. Argent.* y *Colomb.* Desorden, despilfarro. 2 *Argent.* y *Chile.* Despeluzamiento.
desguabinar *tr. Amér.* Desguañangar.
desguace *m.* Acción de desguazar. 2 Efecto de desguazar.
desguanzar *tr. Méj.* Descuajaringar, desencuadernar. -2 *prnl. Amér. Central* y *Méj.* Desfallecer. 3 *Méj.* Cansarse. ◇ ** CONJUG. [4] como *realizar.*
desguanzo *m. Méj.* Falto de fuerza y vigor.
desguañangado, -da *adj. Argent.* y *Chile.* Mal arreglado, sin gracia.
desguañangar *tr. Amér.* vulg. Causar daño; desbaratar. -2 *prnl. P. Rico.* Desfallecer, perder el ánimo. ◇ ** CONJUG. [7] como *llegar.*
desguañar *tr. P. Rico.* vulg. Desguañangar.
desguañingar *tr. P. Rico.* vulg. Desguañangar. ◇ ** CONJUG. [7] como *llegar.*
desguardo *m. Argent.* Relicario o talismán.
desguarnecer (*des-* + *guarnecer*) *tr.* Quitar la guarnición que servía de adorno [a una cosa]. 2 Quitar las guarniciones [a los animales de tiro]. 3 Quitar la fortaleza o la fuerza [a una plaza, a un castillo, etc.]. 4 Quitar piezas esenciales [de un instrumento mecánico]: *~ un martillo.* 5 ant. Quitar en un combate [piezas de la armadura del contrario]. ◇ ** CONJUG. [43] como *agradecer.*
desguarnir (*des-* + *guarnir*) *tr.* MAR. Zafar del cabrestante las vueltas del virador, la cadena de un ancla, etc., o despasar la beta de un aparejo que laborea por motón, cuadernal o guindaste.
desguarranchado, -da *adj. Hond.* Desgarranchado.
desguatar (del arauc. *guata,* barriga) *tr. Chile.* Destripar.
desguazar *tr.* Desbastar con el hacha [un madero]. 2 Deshacer [un buque] total o parcialmente. 3 Desmontar o deshacer cualquier estructura. ◇ ** CONJUG. [4] como *realizar.*
desguince *m.* Cuchillo con que se corta el trapo en los molinos de papel. 2 Esguince.
desguindar *tr.* MAR. Bajar [lo que está guindado]. -2 *prnl.* MAR. Descolgarse de lo alto.
desguinzar (v. *esquinzar*) *tr.* Cortar [el trapo] con el desguince. ◇ ** CONJUG. [4] como *realizar.*
desgurrumbar *tr. P. Rico.* vulg. Derrumbar.
desgusanar *tr. Colomb.* Sacar los gusanos [a los animales].
deshabitado, -da *adj.* Que ya no está habitado.
SIN. v. **Inhabitado.**
deshabitar *tr.* Dejar de habitar [un lugar o casa]. 2 Dejar sin habitantes [una población o territorio].
deshabituación *f.* Acción de deshabituar o deshabituarse. 2 Efecto de deshabituar o deshabituarse.
deshabituar *tr.-prnl.* Hacer perder [a uno] el hábito o costumbre que tenía. 2 Eliminar por procedimientos terapéuticos un hábito o costumbre, esp. tratándose de las drogas. ◇ ** CONJUG. [11] como *actuar.*
deshacedor, -ra *adj.-s.* Que deshace. 2 *~ de agravios,* el que los venga.
deshacer (b. l. *disfacere* < *des-* + *hacer*) *tr.* Destruir o alterar [lo que se ha hecho o está hecho]: *~ **una figura,*** quitarle la forma; *~ **una hilera,*** descomponerla; *~ **un reloj,*** desarmarlo; *~ **una planta,*** destruirla; *~ **una res,*** dividirla en partes; *~ **un cuchillo,*** desgastarlo; *~ **un negocio, un trato,*** etc., fig., desconcertarlos. 2 Romper, poner en fuga [un ejército]. 3 Derretir, liquidar, y, análogamente, desleír, disolver [alguna cosa] en un líquido. 4 Desandar, recorrer en sentido contrario una calle, camino, etc. -5 *prnl.* Desbaratarse, destruirse una cosa, y esp., estropearse, maltratarse gravemente: *deshacerse los pasteles.* 6 fig. Afligirse mucho, impacientarse: *deshacerse en llanto.* 7 fig. Trabajar con mucho ahínco. 8 fig. Enflaquecerse, extenuarse. 9 fig. Desaparecer o desvanecerse de la vista. 10 ***Deshacerse de una cosa,*** desapropiarse de ella, dejarla. 11 ***Deshacerse en atenciones, elogios,*** etc., prodigarlos, extremarlos. ◇ ** CONJUG. [73] como *hacer.* ◇ HOMÓF.: *desecho.*
deshaldo (*des-* + *haldo*) *m.* Marceo.
deshambrido, -da (paras.) *adj.* p. us. Muy hambriento.
desharrapado, -da (paras.) *adj.-s.* Lleno de harapos; roto. ◇ También *desarrapado.*
desharrapamiento *m.* Miseria, pobreza extremada.
deshebillar (paras.) *tr.* Soltar la hebilla [de una cosa] o desprender [lo que estaba sujeto con ella].
deshebrar (paras.) *tr.* Sacar las hebras [de una tela] destejiéndola. 2 fig. Deshacer [una cosa] en partes muy delgadas.
deshecha *f.* Disimulo para ocultar algo o desvanecer sospechas. 2 p. us. Despedida cortés. 3 Salida precisa de un lugar. 4 Género de cancioncita final de una composición poética. 5 En la danza española, mudanza que se hace con el pie contrario, deshaciendo la misma que se había hecho. ◇ HOMÓF.: *desecha* (v. *desechar*) y *deshecha* (v. *deshacer*).
deshechizar *tr.* Deshacer el hechizo o maleficio [de una persona hechizada]. ◇ ** CONJUG. [4] como *realizar.*
deshecho, -cha, pp. irreg. de *deshacer.* 2 *adj.* Hablando de

lluvia, temporales, etc., impetuoso, violento. -3 *m. Colomb.* Deshecha (salida precisa). ◇ HOMÓF.: *desecho, -cha* (v.) y *deshecha* (f.).

deshelar *tr.* Liquidar [lo que está helado]. ◇ ** CONJUG. [27] como ***acertar.***

desherbar (paras.) *tr.* Arrancar [las hierbas perjudiciales]. ◇ ** CONJUG. [27] como ***acertar.*** ◇ También *desyerbar.*

SIN. **Escardar,** desherbar un sembrado.

desheredación *f.* Acción de desheredar. 2 Efecto de desheredar.

desheredado, -da *adj.-s.* Pobre, que carece de lo necesario.

desheredamiento *m.* Desheredación.

desheredar *tr.* Excluir [a una persona] de la herencia. -2 *prnl.* fig. Apartarse uno de su familia, obrando de modo indigno.

SIN. **Exheredar,** p. us.

deshermanar *tr.* fig. Quitar la conformidad o igualdad [de dos cosas conformes o iguales]. -2 *prnl.* Faltar a los deberes fraternales.

desherradura *f.* Daño que padece en la palma una caballería por haberla traído desherrada.

desherrar *tr.* Quitar los hierros [al que está aprisionado]. 2 Quitar las herraduras [a una caballería]. ◇ ** CONJUG. [27] como ***acertar.***

desherrumbramiento *m.* Acción de desherrumbrar. 2 Efecto de desherrumbrar.

desherrumbrar *tr.* Quitar la herrumbre [de una cosa].

deshidratación *f.* Acción de deshidratar. 2 Efecto de deshidratar.

deshidratar *tr.* Quitar [a una substancia] el agua de hidratación. -2 *prnl.* Perder agua en exceso los tejidos del cuerpo.

deshidrogenar *tr.* Eliminar [de cualquier substancia] el hidrógeno.

deshidrogenasa *f.* Enzima que cataliza la oxidación de hidrógeno.

deshielo *m.* Acción de deshelar o deshelarse. 2 Efecto de deshelar o deshelarse. 3 Época o temporada en que se produce dicha acción. 4 fig. Distensión en las relaciones [entre personas, países, etc.].

deshierba *f.* Escarda (acción y efecto).

deshijar *tr.* Apartar en el ganado las crías [de las madres]. 2 *Cuba, Hond.* y *Méj.* Quitar los chupones [a las plantas].

deshijo *m. Venez.* Acción de deshijar las plantas.

deshijuelar *tr.* Sacar [a una planta] los renuevos que le nacen.

deshilachar (paras.) *tr.* Sacar hilachas [de una tela]. 2 Reducir los trapos y los desechos de la hilatura de la lana a una borra destinada a ser hilada de nuevo.

deshilado, -da *adj.* Que va desfilando uno después de otro. 2 ***A la deshilada,*** en fila; fig., con disimulo. -3 *m.* Labor que se hace sacando hilos de un tejido y haciendo calados con los que quedan.

deshiladura *f.* Acción de deshilar (sacar hilos). 2 Efecto de deshilar (sacar hilos).

deshilar *tr.* Sacar hilos [de un tejido]; esp., destejer [la orilla] dejando pendientes los hilos a modo de flecos. 2 p. anal. Reducir a hilos [ciertas carnes, como la pechuga de gallina]. 3 Cortar la fila de las abejas, para sacar [un enjambre] y pasarlo a vaso nuevo. -4 *intr.* Ahilar (adelgazarse).

deshilo *m.* Acción de deshilar la fila de las abejas. 2 Efecto de deshilar la fila de las abejas.

deshilvanado, -da *adj.* fig. [discurso, pensamiento, etc.] Sin enlace ni trabazón.

deshilvanar *tr.* Quitar los hilvanes [a una cosa hilvanada].

deshincadura *f.* Acción de deshincar o deshincarse. 2 Efecto de deshincar o deshincarse.

deshincar *tr.* Sacar [lo que está hincado]. -2 *prnl.* Levantarse la persona que está de rodillas. ◇ ** CONJUG. [1] como ***sacar.***

deshinchar *tr.-prnl.* Quitar o deshacer la hinchazón: *~ un globo; ~* ***una noticia, un artículo,*** en el periodismo, rebajar su importancia o extensión. 2 fig. Desahogar [la cólera o el enojo]; hacer perder la vanidad. 3 fig. Deponer la presunción. 4 fig. Desanimarse, perder el impulso o las ganas.

deshinchazón *f.* Acción de deshinchar. 2 Efecto de deshinchar.

deshipoteca *f.* Acción de deshipotecar. 2 Efecto de deshipotecar.

deshipotecar *tr.* Cancelar la hipoteca o hipotecas [de una cosa hipotecada]. 2 Levantar un gravamen. ◇ ** CONJUG. [1] como ***sacar.***

deshojador, -ra *adj.-s.* Que quita las hojas de los árboles.

deshojadura *f.* Acción de deshojar.

deshojar (paras.) *tr.-prnl.* Quitar las hojas [a una planta] o los pétalos [a una flor]. 2 Quitar las hojas de una cosa. ◇ HOMÓF.: *desojar.*

deshoje *m.* Caída de las hojas de las plantas.

deshollejar (paras.) *tr.* Quitar el hollejo: *~ la uva; ~ las habichuelas.*

deshollinadera *f.* Deshollinador (escoba).

deshollinador, -ra *adj.-s.* Que deshollina. 2 fig. Que repara y escudriña. -3 *m.* Instrumento para deshollinar (quitar el hollín). 4 Escoba de palo muy largo para deshollinar (limpiar con deshollinador).

SIN. *1* **Limpiachimeneas.**

deshollinar (paras.) *tr.* Quitar el hollín [de las chimeneas]. 2 p. ext. Limpiar con el deshollinador [techos y paredes]. 3 fig. y fam. Mirar con atención o curiosidad para husmear [algo].

deshonestamente *adv. m.* De un modo deshonesto.

deshonestarse *prnl.* p. us. Perder en las acciones la gravedad y el decoro que corresponde.

deshonestidad *f.* Calidad de deshonesto. 2 Dicho o hecho deshonesto.

SIN. **Impudicia** o **impudicicia, inhonestidad, torpeza.**

deshonesto, -ta *adj.* Falto de honestidad.

deshonor *m.* Pérdida del honor. 2 Afrenta, deshonra.

deshonorar *tr.* Quitar [a uno] el honor. 2 Quitar [a uno] su dignidad, cargo o empleo.

deshonra *f.* Pérdida de la honra. 2 Cosa deshonrosa. 3 ***Tener a ~ una cosa,*** juzgarla deshonrosa.

SIN. **Afrenta, ignominia, oprobio,** cuando es pública.

deshonrabuenos *com.* fam. Calumniador. 2 Persona que degenera de sus mayores. ◇ Pl.: *deshonrabuenos.*

deshonradamente *adv. m.* Deshonrosamente.

deshonrador, -ra *adj.-s.* Que deshonra.

deshonrar *tr.* Quitar la honra [a alguno]; esp. violar [a una mujer]. 2 Injuriar. 3 Despreciar y escarnecer [a uno].

deshonrible (paras. de *honra*) *adj.-s.* fam. Sin vergüenza y despreciable.

deshonrosamente *adv. m.* Con deshonra.

deshonroso, -sa *adj.* Afrentoso, indecoroso, poco decente.

deshora (*des-* + *hora*) *f.* Tiempo inoportuno, no conveniente. 2 *A ~*, fuera de hora o de tiempo; de repente, intempestivamente.

deshornar (paras.) *tr.* Desenhornar.

deshuesadora *f.* Máquina para quitar el hueso a cualquier fruto.

deshuesar (paras.) *tr.* Quitar los huesos [de la carne de un animal o fruto].

SIN. **Desosar.**

deshumanización *f.* Acción de deshumanizar. 2 Efecto de deshumanizar.

deshumanizado, -da *adj.* [pers.] Carente de sentimientos.

deshumanizar *tr.-prnl.* Privar [a una pers. o cosa] del carácter humano. 2 fig. Perder una persona sus sentimientos. ◇ **CONJUG. [4] como ***realizar.***

deshumano, -na *adj.* Inhumano.

deshumedecer *tr.-prnl.* Desecar. ◇ ** CONJUG. [43] como ***agradecer.***

deshumidificador *adj.-m.* Aparato que sirve para deshumidificar.

deshumidificar *tr.* Eliminar la humedad con medios artificiales. ◇ ** CONJUG. [1] como ***sacar.***

desiderable (l. *-abile*) *adj.* Digno de ser apetecido y deseado.

SIN. Es latinismo pedante, de uso muy restringido. La voz corriente es **deseable.**

desiderata (l.) *f.* Lista de objetos que se desea adquirir, esp. libros en las bibliotecas.

desiderativo, -va (l. *-vu*) *adj.* Que expresa deseo. 2 GRAM. V. oración desiderativa u optativa.

desiderátum *m.* Objeto de un vivo o constante deseo. 2 Lo más digno de ser apreciado en su línea.

desidia (l.) *f.* Negligencia, inercia.

desidiosamente *adv. m.* Con desidia.

desidioso, -sa (l. *-su*) *adj.-s.* Negligente, dejado, abandonado.

desierto, -ta (l. *desertu*) *adj.* Despoblado, solo, inhabitado: *la calle estaba desierta.* 2 [subasta o certamen] En que nadie toma parte, o a nadie se adjudica. -3 *m.* Lugar inhabitado, esp. por su esterilidad, falta de vegetación, etc.: *el ~ del Sáhara.*

designación (l. *-atione*) *f.* Acción de designar (señalar). 2 Efecto de designar (señalar).
designar (l. *-are*) *tr.* Formar designio de realizar [un trabajo]. 2 Denominar, determinar [una persona o cosa] por su nombre o rasgo distinto: ~ *los candidatos.* 3 Señalar [una persona o cosa] para determinado fin.
SIN. *2* v. **Nombrar.**
designativo, -va (l. *-vu*) *adj.* Denominativo.
designio *m.* Pensamiento, plan. 2 Intención o propósito.
SIN. *2* v. **Fin.**
desigual *adj.* No igual: *dos catetos desiguales; un terreno* ~. 2 fig. Arduo, grande, dificultoso. 3 fig. Inconstante, vario: *tiempo ~; ingenio* ~. 4 fig. ***Salir ~ una cosa,*** torcerse, desgraciarse.
desigualar *tr.* Hacer que [una persona o cosa] no sea igual a otra. -2 ***prnl.*** Preferirse, adelantarse, aventajarse.
desigualdad *f.* Calidad de desigual: *las desigualdades de un terreno.* 2 MAT. Expresión de la falta de igualdad entre dos cantidades.
SIN. v. **Diferencia.**
desigualmente *adv.* Con desigualdad.
desilusión *f.* Carencia o pérdida de las ilusiones. 2 Desengaño (acción y efecto).
SIN. v. **Decepción.**
desilusionar *tr.* Hacer perder [a uno] las ilusiones. -2 ***prnl.*** Desengañarse.
desimaginar *tr.* Borrar [una cosa] de la imaginación.
desimanación *f.* Desimantación.
desimanar *tr.* Desimantar.
desimantación *f.* Acción de desimantar o desimantarse. 2 Efecto de desimantar o desimantarse.
desimantar *tr.* Hacer perder la imantación [a un hierro o acero].
desimponer *tr.* IMPR. Quitar la imposición [de una forma]. ◇ ** CONJUG. [78] como ***poner.***
desimpresionar *tr.* Desengañar (hacer conocer el error): *desimpresionarse de una idea.*
desinclinar *tr.* Apartar [a uno] de la inclinación que tenía.
desincorporar *tr.* Separar [lo incorporado].
desincrustante *adj.-s.* Producto químico empleado para prevenir la formación de incrustaciones.
desincrustar (*des- + incrustar*) *tr.* Quitar las incrustaciones que se forman [en las calderas]; decapar.
desinencia (l. med. *-ntia* < l. *desinere,* acabar) *f.* GRAM. Terminación de un vocablo, que expresa un accidente gramatical: *en español la s es la ~ del plural.*
SIN. **Terminación flexional.**
desinencial *adj.* Relativo a la desinencia.
desinente *adj.* GRAM. Perfectivo.
desinfartar *tr.* Resolver un infarto [de un órgano o parte del cuerpo].
desinfección *f.* Acción de desinfectar. 2 Efecto de desinfectar.
desinfectante *adj.-m.* Que desinfecta.
SIN. **Antiséptico.**
desinfectar (*des- + infectar*) *tr.* Quitar [de una cosa] lo que puede ser una causa de infección: ~ *una habitación; desinfectarse las manos.*
desinfectorio *m. Chile.* Establecimiento público en que se desinfecta la ropa y objetos de los enfermos.
desinficionar *tr.* Desinfectar.
desinflamación *f.* Acción de desinflamar o desinflamarse. 2 Efecto de desinflamar o desinflamarse.
desinflamar *tr.* Hacer desaparecer la inflamación (reacción): ~ *la llaga;* ~ *una pierna.*
desinflar *tr.-prnl.* Sacar lo que contenía [un cuerpo inflado]. -2 ***prnl.*** fam. Desistir de un empeño, rajarse.
desinformación *f.* Acción de desinformar. 2 Efecto de desinformar.
desinformar *intr.* Dar información intencionadamente manipulada al servicio de ciertos fines.
desinquieto, -ta *adj. And.* y *Can.* Inquieto.
desinsaculación *f.* Acción de desinsacular. 2 Efecto de desinsacular.
desinsacular *tr.* Sacar las bolillas o cédulas en que se hallan [los nombres de las personas insaculadas].
desinsectación *f.* Operación de desinsectar.
desinsectador, -ra *adj.* Que desinsecta.
desinsectar *tr.* Exterminar los insectos [de un local, barco, etc.].
desintegración *f.* Acción de desintegrar: ~ ***nuclear,*** transformación que experimenta un núcleo atómico por pérdida de alguna partícula. 2 Efecto de desintegrar.
desintegrar *tr.* Romper la integridad [de lo que forma un todo unitario], disociar: ~ *un territorio;* ~ *los átomos.* 2 *Amér.* Descompletar.
SIN. v. **Disgregar.**
desinterés *m.* Desprendimiento y desapego de todo provecho personal. 2 Falta de interés.
SIN. *1* **Desasimiento, desprendimiento.**
desinteresadamente *adv. m.* Con desinterés.
desinteresado, -da *adj.* Desprendido, apartado del interés.
SIN. v. **Generoso.**
desinteresarse *prnl.* Perder uno el interés que tenía en algo.
desintestinar *tr.* Sacar los intestinos.
desintoxicación *f.* Acción de desintoxicar. 2 Efecto de desintoxicar. 3 Proceso fisiológico o terapéutico que convierte en innocuas las substancias tóxicas.
desintoxicar *tr.-prnl.* Combatir la intoxicación o sus efectos. ◇ ** CONJUG. [1] como ***sacar.***
desinvernar *intr.* Salir las tropas de los cuarteles de invierno: *tr., el general desinvierna a las tropas.* ◇ ** CONJUG. [27] como ***acertar.***
desistimiento *m.* Acción de desistir. 2 Efecto de desistir.
desistir (l. *-ere*) *intr.* Renunciar a una empresa o intento empezado a ejecutar: ~ *del propósito.* 2 DER. Abdicar o abandonar un derecho.
SIN. *2* **Separarse.**
desjarretadera *f.* Vara larga, provista de una media luna muy cortante en uno de sus extremos, usada para desjarretar toros y vacas.
desjarretar *tr.* Cortar las piernas [de un animal] por el jarrete. 2 fig. Debilitar y dejar sin fuerzas [a uno]. 3 CARP. Cortar las piezas de madera con exactitud. 4 *C. Rica.* CONSTR. Cortar o armar de manera ligera y sin cuidado.
desjarrete *m.* Acción de desjarretar. 2 Efecto de desjarretar.
desjugar (paras.) *tr.* Sacar el jugo [a una cosa]. ◇ ** CONJUG. [7] como ***llegar.***
SIN. QUÍM. **Desucar.**
desjuiciado, -da (paras.) *adj.* Falto de juicio.
desjuntamiento *m.* Acción de desjuntar o desjuntarse. 2 Efecto de desjuntar o desjuntarse.
desjuntar *tr.-prnl.* Dividir, separar, apartar [lo juntado].
deslabonar *tr.* Soltar y desunir un eslabón de otro: ~ *una cadena.* 2 fig. Desunir [una cosa]. -3 ***prnl.*** fig. Apartarse de la compañía o trato de una persona.
SIN. **Deseslabonar.**
desladrillar (paras.) *tr.* Desenladrillar.
deslamar (paras.) *tr.* Quitar la lama [de un lugar o recipiente].
deslanar *tr.* Quitar la lana [de una piel].
deslandrar *tr. Venez.* Acogotar un gallo [a otro] con un golpe de espolón.
deslastrar *tr.* Quitar el lastre [de una embarcación lastrada].
deslatar (paras.) *tr.* Quitar las latas [a una casa, embarcación, etc.].
deslateralización *f.* FON. Acción de deslateralizar o deslateralizarse. 2 FON. Efecto de deslateralizar o deslateralizarse.
deslateralizar *tr.-prnl.* FON. Transformar una consonante lateral en otra que no lo es, como la segunda *l* del latín *rebellis* en la *d* de *rebelde.* ◇ ** CONJUG. [4] como ***realizar.***
deslavado, -da *adj.-s.* fig. Descarado.
deslavadura *f.* Acción de deslavar. 2 Efecto de deslavar.
deslavar *tr.* Lavar [una cosa] muy por encima sin aclararla bien. 2 Desustanciar [una cosa]. 3 *Méj.* Desmoronar un río [la ribera].
deslavazado, -da *adj.* Insubstancial, insulso. 2 Desordenado, mal compuesto. 3 Falto de vigor o fuerza en su posición, movimiento o compostura. 4 Carente de unión en sus partes.
deslavazar *tr.* Deslavar. ◇ ** CONJUG. [4] como ***realizar.***
deslave *m. Amér.* Derrubio.
deslazamiento *m.* Acción de deslazar. 2 Efecto de deslazar.
deslazar *tr.* Desenlazar. ◇ ** CONJUG. [4] como ***realizar.***
desleal *adj.-s.* Que obra sin lealtad: ~ *a su rey;* ~ *con su amada.*
SIN. Intensivos: **pérfido, traidor.**
deslealmente *adv. m.* Con deslealtad.
deslealtad *f.* Falta de lealtad.
deslechar *tr. Colomb.* Ordeñar.
deslechugador, -ra *adj.-s.* Que deslechuga.
deslechugar (paras.) *tr.* Limpiar [las viñas] de lechuguillas y

otras hierbas. 2 Desfollonar. 3 Chapodar las puntas [de los sarmientos] que llevan fruto, al acercarse la madurez de éste. ◇ **CONJUG. [7] como *llegar.*

deslechuguillar *tr.* Deslechugar.

desleidura *f.* Desleimiento.

desleimiento *m.* Acción de desleír o desleírse. 2 Efecto de desleír o desleírse.

desleír (obtenido sobre algunas formas del verbo l. *delere,* borrar) *tr.-prnl.* Desunir las partes [de algunos cuerpos] por medio de un líquido: ~ *en agua.* 2 fig. Expresar [los pensamientos o conceptos] con sobreabundancia de palabras. ◇ ** CONJUG. [37] como *reír.*

SIN. *1* v. **Disolver.**

deslendrar (paras.) *tr.* Quitar las liendres [al cabello de una persona]. ◇ ** CONJUG. [27] como *acertar.*

deslenguado, -da *adj.* fig. Desvergonzado, desbocado (mordaz).

SIN. **Lenguaraz.**

deslenguamiento *m.* fig. Acción de deslenguarse. 2 fig. Efecto de deslenguarse.

deslenguar (paras.) *tr.* Quitar o cortar la lengua: ~ *a un animal.* -2 *prnl.* fig. Desvergonzarse. ◇ ** CONJUG. [22] como *averiguar.*

I) desliar *tr.* Desatar [lo liado]. ◇ ** CONJUG. [13] como *desviar.*

II) desliar (paras.) *tr.* Separar las lías [del vino]. ◇ ** CONJUG. [13] como *desviar.*

desligadura *f.* Acción de desligar o desligarse. 2 Efecto de desligar o desligarse.

desligar *tr.-prnl.* Desatar las ligaduras: ~ *una cabra.* 2 fig. Desenmarañar [una cosa no material]. 3 fig. Separar una cosa de otra a la que va naturalmente unida, considerarla con independencia de ella. -4 *tr.* Absolver a uno [de las censuras eclesiásticas]. 5 Dispensar [a uno] de la obligación contraída. 6 MÚS. Picar. ◇ ** CONJUG. [7] como *llegar.*

deslindador, -ra *m. f.* Persona que deslinda.

deslindamiento *m.* Deslinde.

deslindar *tr.* Señalar los lindes [de un lugar, provincia o heredad]. 2 fig. Aclarar [una cosa], poniéndola en sus propios términos, para que no sea confundida.

deslinde *m.* Acción de deslindar. 2 Efecto de deslindar. 3 DER. Derecho que corresponde al propietario de una finca para delimitar los términos de la misma.

desliñar (paras. de *lino*) *tr.* Quitar cualquier hilacha o cosa extraña [al paño] después de tundido.

SIN. **Enmondar.**

deslío *m.* Operación de separar el vino nuevo de las lías depositadas en el fondo de la vasija durante la fermentación del mosto.

desliz *m.* Acción de deslizar o deslizarse. 2 Efecto de deslizar o deslizarse. 3 eufem. Falta, culpa, error. 4 fig. Desacierto, equivocación, indiscreción voluntaria. 5 fig. Falta, flaqueza en sentido moral, con especial referencia a la relación carnal.

deslizable *adj.* Que se puede deslizar.

deslizadero, -ra *adj.* Deslizadizo. -2 *m.* Lugar o sitio resbaladizo.

deslizadizo, -za *adj.* Que hace deslizar o se desliza fácilmente.

deslizador *m.* Planeador. -2 *m. pl.* Piezas de metal en forma de cúpula que se usan en lugar de roldanas.

deslizamiento *m.* Desliz.

deslizante *adj.* Que desliza.

deslizar (de una raíz onomat. *liz-*) *intr.-tr.* Resbalar, irse los pies, correr [un cuerpo] o escurrirse por encima de una superficie lisa o mojada: *nos deslizábamos por el hielo; deslicé el vagón por el plano; el tren se desliza por el raíl.* 2 Decir o hacer [una cosa] por descuido. -3 *prnl.* Escaparse, evadirse. 4 Caer en una flaqueza: *deslizarse en el vicio.* ◇ ** CONJUG. [4] como *realizar.*

deslomada *f. Hond.* Despropósito.

deslomadura *f.* Acción de deslomar o deslomarse. 2 Efecto de deslomar o deslomarse.

deslomar (paras.) *tr.* Lastimar gravemente los lomos [de una persona o animal]. -2 *prnl.* Trabajar o esforzarse mucho.

deslucidamente *adv. m.* Sin lucimiento.

deslucido, -da *adj.* Que carece de lucimiento. 2 fig. [pers.] Que gasta su hacienda sin que le luzca. 3 [pers.] Que hace una cosa en público sin lucimiento ni gracia.

deslucimiento *m.* Falta de despejo y lucimiento.

deslucir *tr.-prnl.* Quitar la gracia o el lustre [a una cosa]. 2 fig. Desacreditar. ◇ ** CONJUG. [45] como *lucir.*

deslumbrador, -ra *adj.* Que deslumbra.

deslumbramiento *m.* Acción de deslumbrar. 2 Efecto de deslumbrar. 3 Turbación que se experimenta cuando hiere la vista una luz muy viva. 4 Preocupación del ánimo por efecto de la pasión.

deslumbrante *adj.* Deslumbrador.

deslumbrar (paras. de *lumbre*) *tr.* Ofuscar [la vista] con demasiada luz: *abs., este fuego deslumbra.* 2 fig. Dejar [a uno] perplejo acerca de los designios de otro. 3 Producir [a uno] impresión excesiva.

SIN. *1* **Traslumbrar, encandilar.**

deslustrador, -ra *adj.-s.* Que deslustra.

deslustrar *tr.* Quitar el lustre, en particular [a las sedas artificiales]. 2 Quitar la transparencia [al vidrio o al cristal] frotándolo con esmeril o por otro procedimiento. 3 fig. Desacreditar. -4 *tr.-prnl.* Descolorar [la superficie de un metal] por la acción del aire.

SIN. *1* y *3* **Empañar.**

deslustre *m.* Falta de lustre. 2 Acción de deslustrar. 3 fig. Descrédito producido por una acción indecorosa.

deslustroso, -sa *adj.* Deslucido, feo, indecoroso.

desmabrar *tr. Chile.* Derrabar.

desmadejado, -da *adj.* fig. Que siente desmadejamiento.

desmadejamiento *m.* fig. Flojedad, decaimiento, desaire del cuerpo.

desmadejar (paras. de *madeja*) *tr.* fig. Causar flojedad en el cuerpo [de uno].

desmadrado, -da *adj.* [animal] Abandonado por la madre. 2 [pers.] Que actúa sin respeto ni miramiento.

desmadrar (paras.) *tr.* Separar de la madre [las crías del ganado]. -2 *prnl.* Salirse de madre [un arroyo, torrente, etc.]. 3 fam. Perder la cordura y la dignidad. 4 fam. Actuar fuera de los límites de cualquier tipo de convencionalismo. 5 *Colomb.* Sufrir la hembra el descendimiento patológico de la matriz.

desmadre (de *madre,* terreno por donde corre un río o arroyo) *m.* fig. *y* fam. Acción de desmadrarse, perder las normas, excederse. 2 fig. *y* fam. Efecto de desmadrarse, perder las normas, excederse. 3 fig. *y* fam. Exceso desmesurado en palabras o acciones. 4 fig. *y* fam. Jolgorio, juerga incontrolada.

desmadrinarse *prnl. Argent.* Desamorarse.

desmagnetizar *tr.* FÍS. Restituir al estado neutro [un cuerpo imantado]. ◇ ** CONJUG. [4] como *realizar.*

I) desmajolar (paras.) *tr.* Arrancar o descepar los majuelos [de una viña]. ◇ ** CONJUG. [31] como *contar.*

II) desmajolar (paras.) *tr.* Desatar [el zapato] de las majuelas que lo sujetan. ◇ ** CONJUG. [31] como *contar.*

desmalazado, -da *adj.* Desmazalado.

desmalezar *tr. Amér.* Desherbar, desbrozar, quitar la maleza [a un terreno]. ◇ ** CONJUG. [4] como *realizar.*

desmallador, -ra *adj.* Que rompe o desguarnece las mallas.

desmalladura *f.* Acción de desmallar. 2 Efecto de desmallar.

desmallar *tr.* Deshacer las mallas [de una cosa].

desmamar *tr.* Destetar.

desmameyar *tr. Cuba.* Desbaratar; estropear.

desmamonar (paras.) *tr.* Quitar los mamones [a una planta o árbol]: ~ *las vides.*

desmamparar *tr.* Desamparar. 2 Mamparar.

I) desmán (de *desmandar*) *m.* Exceso, desorden, demasía, tropelía. 2 Desgracia, suceso infausto.

SIN. *1* v. **Exceso.**

II) desmán (fr.) *m.* Mamífero insectívoro, pequeño, con el hocico prolongado en trompa y los pies palmeados, que excava galerías junto a los ríos y pantanos *(gén. Myogale).*

SIN. **Ratón almizclero.**

desmanarse (paras.) *prnl.* Apartarse el ganado de la manada.

desmanchar (*des-* + *manchar*) *tr. Amér.* Quitar manchas. -2 *prnl. Amér.* Apartarse; salir a correr.

desmandado, -da *adj.* Desobediente.

desmandamiento *m.* Acción de desmandar o desmandarse. 2 Efecto de desmandar o desmandarse.

desmandar *tr.* Revocar la orden o mandato [de alguna cosa]. 2 Revocar la manda [de una herencia]. -3 *prnl.* Descomedirse, propasarse. 4 Apartarse de la compañía con que se va. 5 Desmanarse.

desmandingar *tr. S. Dom.* Desbaratar; destrozar. ◇ ** CONJUG. [7] como *llegar.*

desmandingue *m. S. Dom.* Desastre.

desmanear *tr.* Quitar las maneas [a una bestia].

desmangallado *adj. Can.* [pers.] De figura poco airosa, o vestido con desaliño o descuido.

desmangar (paras.) *tr.* Quitar el mango [a un instrumento]. ◇ ** CONJUG. [7] como ***llegar.***
desmanguillar *intr.-prnl. Ecuad.* Caer el caballo.
desmaniguar *tr. Cuba* y *P. Rico.* Limpiar de manigua [un terreno]; despoblarlo de árboles. -2 ***prnl.*** *Cuba.* Trocar los hábitos campesinos por los ciudadanos. ◇ ** CONJUG. [22] como ***averiguar.***
desmano (a ~) *loc. adv.* A trasmano (fuera del alcance de la mano).
desmanotado, -da (paras.) *adj.-s.* Atado, encogido, torpe.
desmantecar (paras.) *tr.* Quitar la manteca: ~ *la leche.* ◇ ** CONJUG. [1] como ***sacar.***
desmantelado, -da *adj.* [casa, habitación, etc.] Mal cuidado y sin muebles.
desmantelamiento *m.* Acción de desmantelar. 2 Efecto de desmantelar.
desmantelar (*des-* + l. *mantellu,* mantel) *tr.* Echar por tierra o arruinar [las fortificaciones de una plaza]. 2 fig. Abandonar, desamueblar [una casa]. 3 MAR. Desarbolar. 4 MAR. Desarmar y desaparejar una embarcación.
desmaña *f.* Falta de maña (habilidad).
desmañadamente *adv. m.* Con desmaña.
desmañado, -da *adj.-s.* Falto de maña (habilidad).
SIN. **Inhábil, desmanotado, chapucero** (intens.), **torpe.**
desmañarse *prnl. Méj.* Madrugar contra la costumbre.
desmaño *m.* Desaliño, descuido.
desmaquillador, -ra *adj.-m.* [producto de belleza u otro objeto] Que sirve para desmaquillar.
desmaquillar *tr.-prnl.* Sacar el maquillaje del rostro.
desmarañar *tr.* Desenmarañar.
desmarcar (*des-* + *marcar*) *tr.* Quitar una marca. -2 ***prnl.*** En algunos deportes, burlar la vigilancia [del adversario]. ◇ **CONJUG. [1] como ***sacar.***
desmarojador, -ra *m. f.* Persona que desmaroja.
desmarojar (paras.) *tr.* Quitar [a los árboles] el marojo.
desmarque *m.* DEP. Acción de desmarcar. 2 DEP. Efecto de desmarcar.
desmarrido, -da (germ. *marrjan,* enfadar) *adj.* desus. Desfallecido, mustio y sin fuerzas.
desmatar (paras.) *tr.* Descuajar las matas [de un terreno].
desmatonar *tr. Amér. Central* y *Colomb.* Desmatar.
desmayadamente *adv. m.* Con desmayo.
desmayado, -da *adj.* De color bajo y apagado. 2 Famélico.
desmayar (germ. **exmagare*) *tr.* Causar desmayo [a alguno]. -2 ***intr.*** fig. Perder el valor, acobardarse. -3 ***prnl.*** Perder el sentido y el conocimiento.
SIN. *2* v. **Acobardar.** *3* **Desvanecerse.**
desmayo *m.* Desaliento. 2 MED. Síncope. 3 Sauce de Babilonia.
desmazalado, -da (*des-* + der. del hebreo *mazzal,* destino, suerte) *adj.* Flojo, caído, dejado. 2 fig. Flojo y caído de espíritu.
desmechar *tr. Méj.* vulg. Mesar el cabello.
desmechonar *tr. Méj.* vulg. Desmechar.
desmedidamente *adv. m.* De modo desmedido.
desmedido, -da *adj.* Desproporcionado; falto de medida; que no tiene término.
desmedirse *prnl.* Descomedirse, excederse. ◇ ** CONJUG. [34] como ***servir.***
desmedra *f.* Desmedro.
desmedrado, -da *adj.* [pers. o cosa] Que no muestra el desarrollo normal.
desmedrar (*des-* + *medrar*) *tr.* Deteriorar. -2 ***intr.*** Decaer, debilitarse, enflaquecer.
desmedro *m.* Acción de desmedrar o desmedrarse. 2 Efecto de desmedrar o desmedrarse.
desmejora *f.* Deterioro, menoscabo.
desmejoramiento *m.* Acción de desmejorar o desmejorarse. 2 Efecto de desmejorar o desmejorarse.
desmejorar (*des-* + *mejorar*) *tr.* Hacer perder el lustre y perfección [a una persona o cosa]. -2 ***intr.-prnl.*** Ir perdiendo la salud.
desmelancolizar *tr.-prnl.* Quitar la melancolía. ◇ ** CONJUG. [4] como ***realizar.***
desmelar *tr.* Quitar la miel [a la colmena]. ◇ ** CONJUG. [27] como ***acertar.***
desmelenado, -da *adj.-s.* [pers. o cosa] Que se presenta sin la compostura debida. 2 fam. Despeinado.
desmelenadura *f.* Acción de desmelenar.
desmelenamiento *m.* Acción de desmelenar o desmelenarse. 2 Efecto de desmelenar o desmelenarse. 3 Acción de proceder con arrebato o de presentarse sin la debida compostura.
desmelenar (paras. de *melena*) *tr.* Desgreñar (despeinar). -2 ***prnl.*** Dejarse arrastrar por una pasión.
desmembración *f.* Acción de desmembrar o desmembrarse. 2 Efecto de desmembrar o desmembrarse.
desmembrador, -ra *adj.-s.* Que desmiembra.
desmembrar (paras.) *tr.* Dividir y separar los miembros [del cuerpo de un animal]. 2 Separar, dividir [una cosa de otra]: ~ *un país.* ◇ ** CONJUG. [27] como ***acertar.***
desmemoria *f.* Falta de memoria.
desmemoriado, -da *adj.-s.* Torpe de memoria. 2 Falto de ella. 3 Que la conserva a intervalos. 4 DER. [pers.] Que pierde totalmente o en gran parte, la conciencia y la memoria de sus actos.
SIN. *1* **Olvidadizo.**
desmemoriarse (paras.) *prnl.* Olvidarse, no acordarse; faltar a uno la memoria. ◇ **CONJUG. [12] como ***cambiar.***
desmenguar *tr.* p. us. Amenguar (disminuir). 2 fig. Desfalcar y disminuir [una cosa no material]. ◇ **CONJUG. [22] como ***averiguar.***
desmentida *f.* Acción de desmentir. 2 Mentís.
desmentido *m.* Desmentida.
desmentidor, -ra *adj.-s.* Que desmiente.
desmentir (*des-* + *mentir*) *tr.* Declarar [a uno] que falta a la verdad. 2 Sostener o demostrar la falsedad [de un dicho o hecho]. 3 Disimular, hacer desaparecer [una cosa] para que no se conozca: ~ *las sospechas, los indicios.* 4 No corresponder uno en su conducta [a lo que debía esperarse de su nacimiento o educación]: ~ *la nobleza de sus antepasados.* -5 ***intr.*** fig. Perder una cosa la línea o nivel que le corresponde respecto de otra. ◇ **CONJUG. [35] como ***hervir.***
desmenudear *intr. Colomb.* Vender por menor.
desmenuzable *adj.* Que se puede desmenuzar.
desmenuzador, -ra *adj.-s.* Que desmenuza. -2 *f.* Máquina de tipo molino destinada a reducir a pequeños fragmentos la remolacha o la caña de azúcar en el proceso industrial de fabricación del azúcar.
desmenuzamiento *m.* Acción de desmenuzar o desmenuzarse. 2 Efecto de desmenuzar o desmenuzarse.
desmenuzar (*des-* + l. v. *minutiare* < *minutia,* parte pequeña) *tr.* Deshacer [una cosa] dividiéndola en partes menudas. 2 fig. Examinar menudamente [una cosa]. ◇ ** CONJUG. [4] como ***realizar.***
SIN. *1* **Despavesar.**
desmeollamiento *m.* Acción de desmeollar. 2 Efecto de desmeollar.
desmeollar (paras.) *tr.* Sacar el meollo o tuétano: ~ *un hueso.*
desmerecedor, -ra *adj.* Que desmerece.
desmerecer *intr.* Perder una cosa parte de su mérito o valor. 2 Ser una cosa inferior a otra con la cual se compara. -3 ***tr.*** Hacerse indigno [de premio o alabanza]. ◇ ** CONJUG. [43] como ***agradecer.***
desmerecimiento *m.* Acción de desmerecer. 2 Efecto de desmerecer.
SIN. *2* **Demérito.**
desmeritar *tr. Ant.* y *Colomb.* Demeritar.
desmérito *m. P. Rico.* vulg. Demérito.
desmesura *f.* Descomedimiento, falta de mesura.
desmesuradamente *adv. m.* Descomedidamente, con exceso.
desmesurado, -da *adj.* Excesivo, mayor de lo común. -2 ***adj.-s.*** Descortés, insolente, atrevido.
desmesurar *tr.* Desarreglar o descomponer. -2 ***prnl.*** Descomedirse, excederse, perder la modestia.
desmigajar (paras.) *tr.* Hacer migajas [una cosa].
desmigar *tr.* Desmigajar [esp. el pan]. ◇ **CONJUG. [7] como ***llegar.***
desmilitarizar (*des-* + *militarizar*) *tr.* Quitar el carácter militar [a una cosa]. 2 Reducir o suprimir el sometimiento a la disciplina militar. 3 Desguarnecer de tropas e instalaciones militares un territorio obedeciendo a un acuerdo internacional. ◇ **CONJUG. [4] como ***realizar.***
desmineralización (*des-* + *mineralización*) *f.* Proceso de purificación del agua, en el cual se eliminan la mayor parte de los sólidos y gases disueltos en ella. 2 MED. Pérdida de una cantidad anormal de principios minerales.
desmirriado, -da (como el port. *mirrado,* de etim. dud., quizá der. de *mirra*) *adj.* fam. Flaco, extenuado, consumido.
SIN. **Esmirriado.**

desmitificar *tr.* Disminuir o privar de atributos míticos [a aquello que los tenía o pretendía tenerlos]; poner en evidencia las características reales de una persona o cosa. 2 fig. Desengañar. ◇ ** CONJUG. [1] como ***sacar.***

desmocha, desmochadura *f.* Desmoche.

desmochar (de *mocho*) *tr.* Quitar, cortar, arrancar o desgajar la parte superior [de una cosa] dejándola mocha: *desmochó un árbol, desnudándole las ramas.* 2 fig. Eliminar parte [de una obra artística o literaria].

SIN. **Mochar,** desus.

desmoche *m.* Acción de desmochar. 2 Efecto de desmochar. 3 Primer destrozo o desbarate que se da a las piedras en las canteras, después de cortadas del banco, para reducirlas a la forma que han de tener.

desmocho *m.* Conjunto de partes desmochadas de una cosa.

desmogar *intr.* Mudar los cuernos el venado y otros animales. ◇ ** CONJUG. [7] como ***llegar.***

desmogue *m.* Acción de desmogar. 2 Efecto de desmogar.

desmolado, -da *adj.* Que ha perdido las muelas.

desmolar *tr. Argent.* Derrengar.

desmoldar *tr.* Sacar [una cosa] del molde.

desmoler *tr.* Desgastar, corromper, digerir. ◇ ** CONJUG. [32] como ***mover.***

desmonetización *f.* Acción de desmonetizar. 2 Efecto de desmonetizar.

desmonetizar (*des-* + *monetizar*) *tr.* Abolir el empleo [de un metal] para la acuñación de moneda. 2 *Argent.* Desvalorizar la moneda. ◇ ** CONJUG. [4] como ***realizar.***

desmongar *tr. P. Rico.* Poner a uno mongo. ◇ ** CONJUG. [7] como ***llegar.***

desmonguillar *tr. P. Rico.* Desmongar.

desmontable *adj.* Que se puede desmontar. -2 *m.* Instrumento de hierro, a modo de palanca, para desmontar las llantas de los neumáticos.

desmontadura *f.* Acción de desmontar. 2 Efecto de desmontar.

desmontaje *m.* Acción de desmontar.

desmontar *tr.* Cortar [en un bosque, monte, etc., todos o parte de los árboles o matas]: *hemos desmontado la sierra* o *los árboles de la sierra.* 2 Deshacer [un montón de tierra, broza, etc.]. 3 p. ext. Allanar [un terreno]. 4 Deshacer [un edificio o parte de él]. 5 Desarmar (descomponer). 6 esp. Retirar del disparador la llave [de una arma de fuego]. 7 Inutilizar el enemigo [las piezas de artillería]. 8 Quitar o no dar la cabalgadura [al que le corresponde tenerla]; en gral., bajar [a uno] de una caballería o de otra cosa: ***prnl., desmontarse del caballo; abs., no quiso ~.***

desmonte *m.* Acción de desmontar (cortar, deshacer y allanar). 2 Efecto de desmontar (cortar, deshacer y allanar). 3 Paraje de terreno desmontado. Ús. a menudo en pl. -4 *m. pl. Amér.* MIN. Ganga, piedras estériles. 5 *Colomb.* MIN. En una mina a cielo abierto, capa superficial.

desmontrencar *tr. Venez.* Separar la vaca de su cría. ◇ **CONJUG. [1] como ***sacar.***

desmoñar (paras.) *tr.* Quitar o descomponer el moño [a una mujer].

desmoralización *f.* Acción de desmoralizar o desmoralizarse. 2 Efecto de desmoralizar o desmoralizarse.

desmoralizador, -ra *adj.-s.* Que desmoraliza.

desmoralizar *tr.* Corromper [las costumbres] con malos ejemplos o doctrinas. -2 *prnl.* Desanimarse, desordenarse, indisciplinarse las tropas. ◇ ** CONJUG. [4] como ***realizar.***

desmorecerse (del l. *emori,* morir) *prnl.* p. us. Perecerse, sentir con violencia una pasión. 2 p. us. Perturbarse la respiración por el llanto o la risa excesiva. 3 Sentir mucho dolor. ◇ ** CONJUG. [43] como ***agradecer.***

desmoronadizo, -za *adj.* Que tiene facilidad de desmoronarse.

desmoronamiento *m.* Acción de desmoronar o desmoronarse. 2 Efecto de desmoronar o desmoronarse.

desmoronar (del ant. *desboronar,* desmigajar el pan, desmoronar, der. de una voz prerrom. *boruna*) *tr.-prnl.* Deshacer y arruinar poco a poco [un cuerpo formado por una aglomeración de substancias]: *~ un edificio.* -2 *prnl.* Venir a menos, irse destruyendo los imperios, los caudales, el crédito, etc. 3 fig. Decaer profundamente el ánimo de una persona.

desmorono *m. Colomb.* Desmoronamiento.

desmosponja *adj.-f.* Porífero de la clase de las desmosponjas. -2 *f. pl.* Clase de poríferos provistos de un esqueleto orgánico (espongina) reforzado, a veces, por espículas silíceas; como la esponja de baño.

desmostarse (paras.) *prnl.* Perder mosto la uva.

desmostelar *tr. Hond.* Desmenuzar.

desmotadera *f.* Desmotadora. 2 Instrumento con que se desmota.

desmotador, -ra *m. f.* Persona que tiene por oficio desmotar. 2 Máquina que sirve para esos fines.

desmotar (paras.) *tr.* Quitar las motas [a la lana o al paño]. 2 *Amér.* Quitar [al algodón] su semilla.

desmote *m.* Acción de desmotar. 2 Efecto de desmotar.

desmovilización *f.* Acción de desmovilizar. 2 Efecto de desmovilizar.

desmovilizar *tr.* Licenciar [las tropas]. ◇ ** CONJUG. [4] como ***realizar.***

desmugrar *tr.* En los batanes, quitar la grasa [a los paños].

desmullir *tr.* Descomponer [lo mullido]. ◇ ** CONJUG. [41] como ***mullir.***

desmultiplicación *f.* MEC. Sistema de transmisión que reduce la velocidad de rotación.

desmultiplicar *tr.* MEC. Disminuir el número de vueltas de una pieza giratoria mediante un engranaje en el que ésta tiene una rueda con un número de dientes mayor que otra que actúa sobre ella. ◇ ** CONJUG. [1] como ***sacar.***

desnacionalización *f.* Acción de desnacionalizar.

desnacionalizar *tr.-prnl.* Quitar el carácter de nacional. ◇ ** CONJUG. [4] como ***realizar.***

desnalgar *tr. Chile.* Lanzar el jinete [a la caballería] a escape y detenerla súbitamente. ◇ ** CONJUG. [7] como ***llegar.***

desnarigado, -da *adj.-s.* Que no tiene narices o las tiene muy pequeñas.

desnarigar *tr.* Quitar [a uno] las narices. ◇ ** CONJUG. [7] como ***llegar.***

desnatado, -da *adj.* [producto lácteo] Que ha sido privado de nata o grasa. -2 *m.* Acción de desnatar. 3 Efecto de desnatar.

SIN. **Descremado.**

desnatadora *f.* Máquina para concentrar las materias grasas de la leche en la nata.

desnatar *tr.* Quitar la nata [a un producto lácteo]. 2 Extraer la materia grasa que tienen los productos lácteos. 3 fig. Escoger lo mejor [de una cosa]. 4 MIN. Quitar la escoria [al metal fundido] cuando sale del horno.

SIN. *1* y *2* **Descremar.**

desnate *m.* Acción de desnatar. 2 Efecto de desnatar.

desnaturalización *f.* Acción de desnaturalizar o desnaturalizarse. 2 Efecto de desnaturalizar o desnaturalizarse.

desnaturalizado, -da *adj.-s.* Que falta a los deberes que impone la naturaleza: *hijo ~.*

desnaturalizante *adj.* QUÍM. Isótopo, no fisil que cuando se añade al material de fisión lo inutiliza.

desnaturalizar *tr.* Privar [a uno] del derecho de naturaleza; desterrarle. 2 Alterar profundamente [una cosa], haciéndole perder sus cualidades esenciales. ◇ ** CONJUG. [4] como ***realizar.***

desnebulización *f.* Conjunto de procedimientos propios para disipar la niebla en los aeropuertos.

desnecesario, -ria *adj.* Innecesario.

desnegamiento *m.* Acción de desnegar o desnegarse. 2 Efecto de desnegar o desnegarse.

desnegar *tr.* p. us. Contradecir [a uno] en lo que propone. -2 *prnl.* p. us. Desdecirse, retractarse de lo dicho. ◇ ** CONJUG. [48] como ***regar.***

desnervar (paras.) *tr.* Enervar.

desnevado, -da *adj.* [paraje] En que suele haber nieve y no la hay.

desnevar (*des-* + *nevar*) ***impers.*** Deshacerse o derretirse la nieve. ◇ ** CONJUG. [27] como ***acertar.***

desnieve *m.* Acción de desnevar. 2 Efecto de desnevar.

desnivel *m.* Falta de nivel. 2 Diferencia de alturas entre dos o más puntos.

desnivelación *f.* Acción de desnivelar o desnivelarse. 2 Efecto de desnivelar o desnivelarse. 3 MEC. Falta de horizontalidad de los árboles de una máquina.

desnivelar *tr.* Sacar de nivel [una cosa].

desnortarse *prnl.* Perder el norte (dirección); desorientarse.

desnucar (paras.) *tr.-prnl.* Dislocar o fracturar los huesos de la nuca [de una persona o animal]. 2 Causar la muerte a una persona o animal por un golpe en la nuca. ◇ ** CONJUG. [1] como ***sacar.***

desnuclearización *f.* Acción de desnuclearizar. 2 Efecto de desnuclearizar.
desnuclearizado, -da *adj.* Que no posee o tiene instaladas armas nucleares.
desnuclearizar *tr.* Abandonar la construcción o instalación de armas nucleares, esp. en un determinado espacio geográfico. ◇ ** CONJUG. [4] como ***realizar.***
desnudamente *adv. m.* Claramente, sin velo ni rebozo.
SIN. **Nudamente,** lit.
desnudamiento *m.* Acción de desnudar o desnudarse. 2 Efecto de desnudar o desnudarse.
desnudar (v. *denudar*) *tr.* Quitar todo el vestido o parte de él. 2 fig. Despojar [una cosa] de lo que la cubre o adorna: ~ *los altares;* ~ *los árboles.* 3 fig. Quitar [a uno] el dinero o las cosas de valor que lleva encima, ya sea robándole, en el juego, etc. 4 fig. Sacar de su vaina [una espada]. -5 *prnl.* Rechazar, apartar de sí una cosa: *desnudarse de las pasiones.*
SIN. **Desvestir.**
desnudez *f.* Calidad de desnudo.
desnudismo *m.* Práctica de los que van desnudos, para exponer el cuerpo a los agentes naturales.
SIN. **Nudismo.**
desnudista *adj.-com.* Persona que practica el desnudismo.
SIN. **Nudista.**
desnudo, -da (*des-* + l. *nudu,* desnudo) *adj.* Sin vestido. 2 fig. Muy mal vestido e indecente. 3 fig. Falto de lo que cubre o adorna. 4 fig. Falto de fortuna. 5 fig. Falto de una cosa no material. 6 fig. Patente, claro, sin rebozo. -7 *m.* PINT. y ESC. Figura humana desnuda, o cuyas formas se perciben aunque esté vestida.
SIN. *1* **Corito, en cueros; nudo,** lit.
desnutrición *f.* Acción de desnutrirse. 2 Efecto de desnutrirse. 3 PAT. Estado consecutivo a un desequilibrio negativo entre el aporte alimentario y las necesidades calóricas, plásticas, vitamínicas o minerales del organismo.
SIN. *3* **Cacotrofia.**
desnutrirse (*des-* + *nutrir*) *prnl.* Depauperarse el organismo por trastorno de la nutrición.
desobedecer (*des-* + *obedecer*) *tr.* No hacer uno [lo que le mandan o está mandado]: ~ *las leyes;* ~ *al rey.* ◇ ** CONJUG. [43] como ***agradecer.***
desobediencia *f.* Acción de desobedecer. 2 Efecto de desobedecer.
desobediente *adj.* Propenso a desobedecer.
SIN. Serie intensiva: **indócil, malmandado, díscolo, rebelde, reacio, reluctante** (lit.).
desobligar (*des-* + *obligar*) *tr.* Librar de una obligación [a uno]. 2 fig. Enajenar el ánimo [de uno]. ◇ **CONJUG. [7] como ***llegar.***
desobligo *m. Ecuad.* Desengaño, desilusión.
desobstrucción *f.* Acción de desobstruir. 2 Efecto de desobstruir.
desobstruir (*des-* + *obstruir*) *tr.* Quitar las obstruciones [a alguna persona o cosa]. 2 Desembarazar (quitar impedimento y evacuar). ◇ ** CONJUG. [62] como ***huir.***
desocarse (de *soco,* mano) *prnl. Amér. Merid.* Despearse los animales. 2 *Amér. Merid.* Dislocarse una mano o un pie. ◇ ** CONJUG. [1] como ***sacar.***
desocasionado, -da *adj.* Que está fuera o apartado de la ocasión.
desocupación *f.* Falta de ocupación, paro, desempleo. 2 Ociosidad.
desocupadamente *adv. m.* Sin ocupación; ociosamente. 2 Libremente, sin embarazo.
desocupado, -da *adj.-s.* Sin ocupación, parado, desempleado. 2 Ocioso. 3 Vacío, no ocupado [por personas o cosas].
desocupar *tr.* Desembarazar [un lugar]; dejarlo libre y sin impedimento. 2 Sacar lo que hay dentro [de alguna cosa]. -3 *prnl.* Quedar libre de un negocio u ocupación. -4 *intr. Amér.* Parir.
desodorante (*des-* + *odorante*) *adj.-s.* Que destruye los olores molestos o nocivos.
desodorar *tr.* Quitar el olor desagradable o nocivo [del cuerpo o de cualquier lugar].
desoír *tr.* Desatender, dejar de oír. ◇ ** CONJUG. [75] como ***oír.***
desojar (paras.) *tr.* Quebrar el ojo [de un instrumento]: ~ *una aguja;* ~ *una azada.* -2 *prnl.* fig. Mirar con mucho ahínco para ver o hallar una cosa. 3 fig. Estropearse uno la vista por forzarla o hacerla trabajar mucho. ◇ HOMÓF.: *deshojar.*
SIN. *2* y *3* **Despestañarse.**
desolación (l. *-atione*) *f.* Acción de desolar o desolarse. 2 Efecto de desolar o desolarse.
desolador, -ra *adj.* Que desuela.
desolar (l. *-are*) *tr.* Asolar (destruir). -2 *prnl.* Afligirse, angustiarse con extremo. ◇ ** CONJUG. [31] como ***contar,*** aunque se usa casi exclusivamente en el infinitivo y participio.
desolazar *tr.* Quitar el solaz; quitar inquietud o aflicción [a alguien]. ◇ ** CONJUG. [4] como ***realizar.***
desoldar (*de-* II + *soldar*) *tr.* Quitar la soldadura [a alguna cosa]. ◇ ** CONJUG. [31] como ***contar.***
desolidarizarse *prnl.* Dejar de ser solidario. ◇ ** CONJUG. [4] como ***realizar.***
desolladamente *adv. m.* Desvergonzadamente, con insolencia y descaro.
desolladero *m.* Sitio destinado para desollar las reses.
desollado, -da *adj.-s.* fam. Descarado, sin vergüenza.
desollador, -ra *adj.-s.* Que desuella. 2 fig. Que hace pagar mucho por una cosa. -3 *m.* Alcaudón.
desolladura *f.* Acción de desollar o desollarse. 2 Efecto de desollar o desollarse.
SIN. **Despellejadura.**
desollar (ant. *desfollar* < l. *flle,* bolsa de cuero) *tr.* Quitar la piel [de un animal] o parte de ella: ~ *un cabrito.* 2 fig. Causar [a uno] grave daño moral o material. 3 fig. ~ ***a uno vivo,*** hacerle pagar mucho más de lo justo por una cosa; murmurar de él acerbamente. ◇ ** CONJUG. [31] como ***contar.***
SIN. **Despellejar, escorchar.**
desollón *m.* fam. Desolladura.
desonce *m.* Acción de desonzar (descontar). 2 Efecto de desonzar (descontar).
desonzar *tr.* Descontar una o más onzas [de cada libra]. 2 fig. Injuriar, infamar. ◇ ** CONJUG. [4] como ***realizar.***
desopilación *f.* Acción de desopilar o desopilarse. 2 Efecto de desopilar o desopilarse.
desopilante *adj.* Festivo, divertido, que produce mucha risa.
desopilar (*des-* + *opilar*) *tr.* Curar [a uno] la opilación. ◇ GALIC.: por hacer reír, desternillarse de risa.
desopilativo, -va *adj.-m.* Medicamento que desopila.
desopinado, -da *adj.* ant. Que ha perdido la buena opinión.
desopinar *tr.* ant. Quitar la buena opinión, desacreditar.
desopresión *f.* Acción de desoprimir. 2 Efecto de desoprimir.
desoprimir *tr.* Librar de la opresión [a una persona o cosa].
desorbitado, -da *adj.* Desmedido o exagerado.
desorbitar *tr.-prnl.* Sacar una cosa de su órbita habitual. 2 Exagerar, abultar, conceder demasiada importancia a una cosa. 3 *Argent.* Enloquecer.
desorden (*des-* + *orden*) *m.* Falta de orden, confusión: ~ *en la administración.* 2 Alteración del orden moral, social. 3 Trastorno funcional. 4 fig. Vida desenfrenada.
SIN. **Desbarajuste** (intensivo).
desordenación *f.* Desorden.
desordenadamente *adv. m.* Con desorden; sin regla.
desordenado, -da *adj.* Que procede con desorden.
SIN. **Inordenado.**
desordenar (*des-* + *ordenar*) *tr.* Poner en desorden: ~ *una biblioteca;* ~ *un convoy.* -2 *prnl.* Salir de regla, excederse.
SIN. *1* **Descomponer, desconcertar, desbaratar.**
desorejado, -da *adj. Amér.* Sin asas. 2 *Cuba.* Pródigo, derrochador. 3 *Guat.* Tonto, necio. 4 *Perú.* Que tiene mal oído.
desorejamiento *m.* Acción de desorejar. 2 Efecto de desorejar.
desorejar (paras.) *tr.* Cortar las orejas [a una persona o animal]. 2 *Colomb.* y *P. Rico.* Desasar.
desorganización *f.* Acción de desorganizar. 2 Efecto de desorganizar.
desorganizadamente *adv. m.* Sin organización.
desorganizador, -ra *adj.-s.* Que desorganiza.
desorganizar (*des-* + *organizar*) *tr.* Destruir la organización [de una cosa]. ◇ ** CONJUG. [4] como ***realizar.***
desorientación *f.* Acción de desorientar o desorientarse. 2 Efecto de desorientar o desorientarse. 3 Pérdida de la noción del tiempo y del espacio, propia de las alteraciones anatómicas o de la función del sistema nervioso central.
desorientador, -ra *adj.-s.* Que desorienta.
desorientar (*des-* + *orientar*) *tr.* Hacer perder la orientación [a una persona]. 2 fig. Confundir, ofuscar, extraviar.
desorillar *tr.* Quitar las orillas: ~ *un tejido;* ~ *un papel.*
desornamentado, -da *adj.* Privado de adornos.
desornamentar *tr.* Desadornar.

desortijado, -da *adj.* VETER. Relajado, dislocado.
desortijar *tr.* AGR. Dar la primera labor [a las plantas, después de nacidas o trasplantadas]. -2 *prnl. Colomb.* y *Chile.* Dislocársele a una caballería el nudillo o artejo de las patas traseras.
desosar (l. *os,* hueso) *tr.* Deshuesar. ◇ ** CONJUG. [59].
desovadero *m.* Época de desove. 2 Lugar a propósito para el desove.
desovar (*des-* + l. *ovu,* huevo) *intr.* Soltar las hembras de los peces y anfibios sus huevos.
desove *m.* Acción de desovar. 2 Efecto de desovar. 3 Época del desove.
SIN. **Muga.**
desovillar *tr.* Deshacer [los ovillos de lana, seda, etc.]: ~ *la lana* o *un ovillo de lana.* 2 fig. Dar ánimo [a alguno]. 3 fig. Desenredar y aclarar [una cosa].
desoxidable *adj.* Que puede ser desoxidado.
desoxidación *f.* Acción de desoxidar o desoxidarse. 2 Efecto de desoxidar o desoxidarse.
desoxidante *adj.-s.* Que desoxida.
desoxidar *tr.* Quitar el oxígeno [a una substancia] con la que estaba combinado. 2 Limpiar [un metal] del óxido que lo manchaba.
desoxigenación *f.* Acción de desoxigenar. 2 Efecto de desoxigenar.
desoxigenante *adj.-s.* Que desoxigena.
desoxigenar *tr.-prnl.* Desoxidar (quitar el oxígeno).
desoxirribonucléico, -ca *adj. Ácido* ~, ácido nucléico que forma el componente más importante de la masa de cromatina del núcleo celular, vinculado a los genes.
despabiladeras *f. pl.* Instrumento a modo de tijeras con que se despabila la luz.
despabilado, -da *adj.* Que no tiene sueño, desvelado. 2 fig. Vivo y despejado.
despabilador, -ra *adj.-s.* Que despabila. -2 *m.* Despabiladeras.
despabiladura *f.* Extremidad del pabilo que se quita de una luz.
despabilar (paras.) *tr.* Quitar [a la luz artificial] la parte ya quemada del pabilo. 2 fig. Despachar brevemente o con presteza: ~ *la comida;* ~ *la hacienda.* 3 Robar, quitar ocultamente. -4 *tr.-prnl.* Avivar y ejercitar el ingenio [de alguno]: *ya le despabilaremos.* -5 *prnl.* Sacudir el sueño: *despabílate, que ya es tarde.* 6 *Cuba, Chile* y *Guat.* fest. Desaparecer. ◇ También *espabilar.*
despachaderas *f. pl.* Modo muy áspero de responder. 2 Facilidad en los negocios o en salir de dificultades.
despachado, -da *adj.* Desfachatado. 2 [pers.] Que es hábil para desempeñar un cometido.
despachador, -ra *adj.* Que despacha mucho y con brevedad. -2 *m. Amér.* En las minas, operario que llena las vasijas de extracción en las cortaduras.
despachante *m. Argent.* Dependiente de comercio. 2 *Argent.* ~ ***de aduana,*** el que tramita el despacho de las mercancías en la aduana.
despachar (formado según *empachar* < l. *impedicare*) *tr.* Abreviar y concluir [un negocio u otra cosa]: ~ *la correspondencia.* 2 p. ext. Resolver, decidir [las causas y negocios]: *el ministro despacha con el rey.* 3 Enviar: ~ *un correo.* 4 Despedir (arrojar): ~ *a un criado.* 5 p. ext. En una tienda o comercio, dar salida [a las mercaderías] vendiéndolas, o procurar [a los compradores] los géneros que piden: ***abs.,*** *hoy no despachamos.* 6 fig. *y* fam. Comer o beber [una cosa por completo]. 7 fig. *y* fam. Matar. -8 *tr.-prnl.* Darse prisa: *despáchate para que te vayas a comer.* 9 fam. Dar a luz la mujer. -10 *prnl.* Desembarazarse de una cosa. 11 fam. Decir uno cuanto le viene en gana.
despachero, -ra *m. f. Chile.* Persona que tiene un despacho (tienda).
despacho *m.* Acción de despachar. 2 Efecto de despachar. 3 Tienda donde se venden determinados efectos: ~ *de leche.* 4 Aposento destinado a despachar los negocios o para el estudio. 5 Comunicación transmitida por vía rápida; esp. entre el gobierno de un estado y sus representantes diplomáticos o de una agencia de información a los periódicos que sirve. 6 Saca de correos, o sobre cerrado y precintado, en cuyo interior se remite correspondencia certificada o asegurada. 7 Expediente, resolución. 8 Cédula, título que se da a uno para algún empleo. 9 *Amér. Merid.* En las minas, el ensanche contiguo a las cortaduras. 10 *Chile.* Pulpería.
SIN. *5* **Parte** en gral.; **telegrama, telefonema, cablegrama, radiograma, radiofonema,** según el medio empleado.

despachurrado, -da *adj.* desus. [pers.] Ridículo y despreciable.
despachurramiento *m.* Acción de despachurrar. 2 Efecto de despachurrar.
despachurrar (paras. de *pancho,* panza) *tr.-prnl.* fam. Aplastar o reventar [una cosa]: *se despachurraron los higos.* 2 fig. Desconcertar o embrollar uno [lo que va hablando]; destripar [un relato]. 3 Dejar [a uno] cortado sin tener qué replicar.
SIN. **Despanzurrar, espachurrar.**
despachurro *m.* Acción de despachurrar. 2 Efecto de despachurrar.
despacio (*de-* I + *espacio*) *adv. m.* Poco a poco, lentamente: *andar* ~. 2 *Argent.* y *Chile.* En voz baja: *háblale* ~. -3 *adv. t.* Por tiempo dilatado: *llorará* ~ *lo que hizo de prisa.* -4 *m.* Dilación, lentitud, tardanza, esp. en Amér. y en los clásicos.
¡despacio! Interjección con que se previene a uno que se modere.
despaciosamente *adv. m.* Lentamente, con detenimiento.
despacioso, -sa *adj.* Espacioso, tardo.
despacito Dim. de *despacio.* 2 *adv. m.* Muy despacio.
¡despacito! Interjección ¡Despacio!
despajador, -ra *adj.-s.* Persona que despaja.
despajadura *f.* Acción de despajar. 2 Efecto de despajar.
despajar (paras.) *tr.* Separar la paja [del grano]. 2 MIN. fig. Cribar a mano [tierras y desechos] para obtener el mineral que hay en ellos.
despajo *m.* Despajadura.
despaldar (paras.) *tr.* Desespaldar.
despaldilladura *f.* Acción de despaldillar o despaldillarse. 2 Efecto de despaldillar o despaldillarse.
despaldillar (paras.) *tr.-prnl.* Desconcertar o romper la espaldilla [a un animal].
despaletar *tr. Amér.* Despaletillar.
despaletillar (paras. de *paletilla*) *tr.* Despaldillar. 2 fig. Magullar a golpes las espaldas [de una persona].
despalillado, -da *m. f.* Acción de despalillar. 2 Efecto de despalillar.
despalillador, -ra *m. f.* Persona que despalilla.
despalillar (paras.) *tr.* Quitar los palillos [a las hojas del tabaco] o el escobajo [a la uva o pasas]. 2 *P. Rico.* Matar [a una persona].
despalmador *m.* Lugar donde se despalman las embarcaciones. 2 Cuchillo corvo, con mango en cada uno de sus extremos, de que usan los herradores para despalmar.
despalmadura *f.* Acción de despalmar. 2 Efecto de despalmar. 3 Espalmadura.
despalmar (paras.) *tr.* Limpiar y dar sebo [a los fondos de las embarcaciones]. 2 En carpintería, achaflanar. 3 Separar los herradores la palma córnea de la carnosa [en los animales]. 4 Arrancar [el césped o grama].
SIN. **Espalmar.**
despalme *m.* Acción de despalmar (los herradores). 2 Corte dado en el tronco de un árbol para derribarlo.
despalomado, -da *adj. Colomb.* Alelado, atontado.
despalotar *tr. P. Rico.* Despalillar (las hojas de tabaco).
despampanador, -ra *m. f.* AGR. Persona que despampana.
despampanadura *f.* AGR. Acción de despampanar. 2 AGR. Efecto de despampanar.
despampanante *adj.* Asombroso. 2 Se usa con carácter intensivo de muy varia aplicación. V. brutal.
despampanar (paras.) *tr.* Quitar los pámpanos [a las vides]. 2 Despimpollar. 3 Dejar atónita [a una persona]. -4 *intr.* fam. Desahogarse uno hablando con libertad. -5 *prnl.* fam. Lastimarse gravemente de resultas de un golpe o caída.
despampanillar *tr.* AGR. Despampanar [las vides].
despampano *m.* Despampanadura.
despamplonar (paras.) *tr.* Separar los vástagos [de las plantas] cuando están muy juntos. -2 *prnl.* fig. Dislocarse la mano.
despancar *tr. Amér. Merid.* Separar la panca [de la mazorca del maíz]. ◇ ** CONJUG. [1] como ***sacar.***
despancijar (paras. de *panza*) *tr.* fam. Despanzurrar.
despanochar *tr. And.* Deshojar la mazorca.
despanzurrar (paras.) *tr.* fam. Romper la panza [a una persona o animal], despachurrar, reventar. 2 fig. *y* fam. Romper algo de modo aparatoso.
despanzurro *m. Chile.* Disparate.
despapar (paras.) *intr.* Llevar el caballo la cabeza demasiado levantada.

despapucho *m. Perú.* Disparate, sandez.
desparecer *intr.-prnl.* ant. Desaparecer. -2 *tr.* p. us. Ocultar. ◇ ** CONJUG. [43] como *agradecer.*
desparedar (paras.) *tr.* Quitar las paredes o tapias [de un lugar].
desparejar (paras.) *tr.* Separar [dos cosas que forman pareja].
SIN. **Desaparear.**
desparejo, -ja *adj.* Dispar. 2 *Argent., Parag., P. Rico* y *Urug.* Desigual, variable, inseguro, con desnivel.
desparejura *f. Argent.* Desigualdad.
desparpajado, -da *adj.* [pers.] Despachado y desenvuelto.
desparpajar (l. **disparpaliare,* dispersar; probl. de resultas de un cruce: l. *spargere,* esparcir × l. v. *expaleare,* der. de *palea,* paja) *tr.* Desbaratar [una cosa] con desaliño y poco aseo; esparcir, derramar. -2 *intr.-prnl.* Hablar mucho y sin concierto. -3 *prnl. Ar.* Proceder con desenvoltura, sin miramientos. -4 *intr.-prnl. Hond.* y *P. Rico.* Sacudir el sueño, despabilarse. 5 *C. Rica, Hond.* y *Méj.* Desparramar. -6 *tr. Colomb.* Desirle [a uno] cuatro frescas. 7 *Hond.* Malgastar.
desparpajo *m.* Desembarazo en el hablar o en las acciones. 2 *Amér. Central.* Desorden, desbarajuste. 3 *Colomb.* Insulto, frescura, desvergüenza.
SIN. *1* Gralte. añade a **desembarazo, despejo,** cierto matiz de descaro, osadía o desenvoltura, según los casos.
desparpucho *m. And.* Dicho desatinado, disparate.
desparramado, -da *adj.* Ancho, abierto.
desparramador, -ra *adj.-s.* Que desparrama.
desparramamiento *m.* Acción de desparramar o desparramarse. 2 Efecto de desparramar o desparramarse.
desparramar (cruce entre *esparcir* × *derramar*) *tr.-prnl.* Esparcir, extender [lo que estaba junto]: *desparramarse los pájaros.* -2 *tr.* fig. Disipar [la hacienda]. 3 Divulgar [una noticia]. -4 *prnl.* Ocuparse en muchas cosas al tiempo. 5 vulg. Expender moneda falsa. 6 Divertirse desordenadamente. -7 *tr. Argent.* Diluir [un líquido espeso].
desparramo *m. Amér.* Acción de desparramar. 2 *Amér.* Efecto de desparramar. 3 *Chile.* Desbarajuste, desconcierto.
desparrancado, -da *adj.* Esparrancado.
desparrancarse *prnl.* Esparrancarse. ◇ ** CONJUG. [1] como *sacar.*
despartidor, -ra *adj.-s.* Que desparte.
despartimiento *m.* Acción de despartir. 2 Efecto de despartir.
despartir (l. *dispartire*) *tr.* Separar, apartar. 2 Poner paz [entre los que riñen].
SIN. *2* **Apaciguar.**
desparvar (paras.) *tr.* Separar la parva [del grano] después de trillada.
despasar (*des-* + *pasar*) *tr.* Retirar [una cinta, cordón], que se había corrido por un ojal. 2 MAR. Desguarnir.
despastar *tr. Chile.* Quitar el pasto o hierbas.
despatarrar (paras. de *pata*) *tr.-prnl.* fam. Abrir excesivamente las piernas [a uno]. 2 Llenar de miedo y asombro [a alguno]: *dejar a uno despatarrado* o *quedarse despatarrado.* -3 *prnl.* Caerse al suelo abierto de piernas.
SIN. **Espatarrar.**
despatillado, -da *adj.-s.* Rebajo hecho en el extremo de una pieza de madera.
despatillar (paras.) *tr.* Cortar [en los maderos] los rebajos necesarios para que entren en las muescas. 2 Cortar las patas o patillas [a una pieza de hierro]. 3 Cortar o afeitar las patillas [a alguno]. 4 *Chile.* Descogollar. -5 *intr. P. Rico.* Correr precipitadamente. -6 *prnl. Ant.* Abrirse de piernas.
despatriar *tr. Colomb.* y *P. Rico.* vulg. Expatriar.
despaturrar *tr. Amér.* Despatarrar.
despavesaderas *f. pl.* Despabiladeras.
despavesadura *f.* Acción de despavesar. 2 Efecto de despavesar.
despavesar (paras. de *pavesa*) *tr.* Despabilar (quitar el pabilo). 2 Quitar, soplando, la ceniza de la superficie [de las brasas].
despavonar (paras.) *tr.* Quitar el pavón [de un instrumento de hierro o acero pavonado].
despavoridamente *adv. m.* Con pavor.
despavorido, -da *adj.* Lleno de pavor.
SIN. **Espavorido, pavorido.**
despavorir (paras.; v. fact.) *intr.-prnl.* Llenar de pavor. ◇ Verbo defectivo; se usa sólo en el infinitivo y participio.
despeadura *f.* Acción de despearse. 2 Efecto de despearse.
despeamiento *m.* Despeadura.
despearse (l. *pede,* pie) *prnl.* Maltratarse los pies con el mucho caminar.
SIN. **Aspearse.**
despechadamente *adv. m.* Con despecho.
I) despechar (de *despecho* I) *tr.-prnl.* Causar despecho [a uno].
II) despechar (paras. de *pecho*) *tr.* fam. Destetar [a un niño]. 2 *Chile.* Despaldillar.
III) despechar (de *des-* + *pechar* III) *tr. Extr.* Abrir [la puerta con llave].
I) despecho (l. *despectu,* menosprecio) *m.* Malquerencia nacida en el ánimo por desengaños sufridos: *obró arrastrado por el ~; ~ amoroso.* 2 Desesperación. 3 *A ~ de,* a pesar de alguno.
II) despecho *m.* Destete.
despechugadura *f.* Acción de despechugar. 2 Efecto de despechugar.
despechugar (paras.) *tr.* Quitar la pechuga [a un ave]. -2 *prnl.* fig. Descubrirse el pecho, mostrarlo. ◇ ** CONJUG. [7] como *llegar.*
despectivamente *adv. m.* Con desprecio.
despectivo, -va (v. *despecho*) *adj.* Despreciativo. 2 GRAM. [substantivo o adjetivo] Que añade idea de menosprecio, burla, repugnancia u hostilidad a la significación de las voces de que deriva. V. aumentativo o diminutivo.
despedazador, -ra *adj.-s.* Que despedaza.
despedazamiento *m.* Acción de despedazar. 2 Efecto de despedazar.
despedazar (paras.) *tr.* Hacer pedazos [un cuerpo] sin orden ni concierto. 2 fig. Maltratar [algunas cosas no materiales]: *~ el alma; ~ la honra.* ◇ ** CONJUG. [4] como *realizar.*
despedida *f.* Acción de despedir. 2 Efecto de despedir. 3 Copla final en ciertos cantos populares. 4 Desaguadero (canal de desagüe).
SIN. **Despido.**
despedido, -da *adj.* [pers.] Que ha perdido el empleo.
despedimiento *m.* Despedida.
despedir (ant. *espedirse,* pedir licencia para marcharse, del l. *expedere,* reclamar, der. de *petere,* pedir) *tr.* Lanzar, arrojar [una cosa]. Análogamente, difundir, esparcir: *~ rayos de luz;* apartar, arrojar de sí [una cosa no material] *: ~ de sí un mal pensamiento;* extender la costa, cabo, etc., alguna prolongación hacia el mar. 2 Apartar uno de sí [a la persona que le es molesta]; esp., quitar [a uno] la ocupación o empleo: *~ a un criado; ~ las tropas.* 3 Acompañar por obsequio [al que sale de una casa u otro lugar]: *me despidió en la puerta.* -4 *tr.-prnl.* Dejar de pretender algo por considerar imposible alcanzarlo, se utiliza con la prep. *de: se despidió de comprar la casa.* -5 *prnl.* Separarse una persona de otra diciéndose palabras o expresiones de afecto o cortesía: *despedirse de los amigos, para un viaje;* ***despedirse a la francesa,*** marcharse sin despedirse. ◇ ** CONJUG. [34] como *servir.*
SIN. *2* **Despachar; dar pasaporte,** expr. fam. o intensiva según los casos.
despedrar (paras.) *tr.* Limpiar de piedras [un terreno, camino, etc.]. ◇ ** CONJUG. [27] como *acertar.*
despedregar (paras.) *tr.* Despedrar. ◇ ** CONJUG. [7] como *llegar.*
despegable *adj.* Que se puede despegar.
despegadamente *adv. m.* Con despego.
despegado, -da *adj.* fig. Áspero o desabrido en el trato. 2 fig. Poco cariñoso, que muestra despego.
despegador, -ra *adj.-s.* Que despega.
despegadura *f.* Acción de despegar. 2 Efecto de despegar.
despegamiento *m.* Desapego.
despegar *tr.-prnl.* Separar [una cosa] de otra a la que estaba pegada o muy junta. -2 *abs.* Separarse un avión del suelo o del agua al iniciar el vuelo. 3 fam. Sentar mal una cosa [a una persona]. 4 fig. Comenzar el desarrollo o la expansión económica e industrial. 5 p. ext. Acelerar la progresión [de algo]. -6 *prnl.* fig. Desapegarse. 7 fig. Desdecir, no corresponder una cosa con otra: *se le despega el sombrero con el mal tiempo que tiene.* -8 *tr. Amér. Central* y *Méj.* Desenganchar. ◇ ** CONJUG. [7] como *llegar.*
despego *m.* Desapego.
despegue *m.* Acción de despegar un avión, helicóptero, cohete o globo que se elevan para iniciar un vuelo. 2 fig. Desarrollo o expansión económica e industrial.
despeinar *tr.-prnl.* Deshacer el peinado [de uno]. 2 Desmelenar, desgreñar.
despejadamente *adv. m.* Con despejo.

despejado, -da ***adj.*** Que tiene desembarazo y soltura en su trato. 2 [pers., entendimiento] Claro. 3 Espacioso, ancho: *frente despejada.* 4 Sin nubes: *día ~.*

despejar (*de-* I + *espejar*) ***tr.*** Desembarazar [un sitio o espacio]. 2 fig. Aclarar (explicar): *~ la situación.* 3 DEP. Resolver una situación comprometida alejando la pelota de la meta propia. 4 MAT. Separar por medio del cálculo [una incógnita] de las otras cantidades que la acompañan en una ecuación. -5 ***prnl.*** Adquirir o mostrar desenvoltura en el trato. 6 Divertirse, esparcirse. 7 Aclararse, serenarse: *el cielo se despeja.* 8 Limpiarse de calentura un enfermo. 9 Recobrar uno su buen estado físico o su capacidad intelectual.

despeje ***m.*** DEP. Acción de evitar un tanto.

despejo ***m.*** Acción de despejar: *el ~ de la plaza de toros.* 2 Efecto de despejar. 3 Desembarazo, soltura. 4 Claro entendimiento, talento.

despellejadura ***f.*** Desolladura.

despellejar (paras.) ***tr.*** Desollar. 2 fig. Hablar mal [de uno]. 3 fig. *y* fam. Dejar a uno sin dinero. -4 ***prnl.*** Levantarse una parte superficial de la piel, formarse como unas escamas.

despelotar (paras. de *pelota*) ***tr.*** Desgreñar [a uno]. -2 ***prnl.*** Ponerse una persona rolliza. 3 fam. Desnudarse.

despelote ***m.*** vulg. Acción de desnudarse. 2 vulg. Hilaridad excesiva.

despelucar ***tr.*** *Amér.* Despeluzar. ◇ ** CONJUG. [1] como ***sacar.***

despeluchar ***tr.-prnl.*** *And., Ar.* y *La Mancha.* Despeluzar.

despeluzamiento ***m.*** Acción de despeluzar o despeluzarse. 2 Efecto de despeluzar o despeluzarse.

despeluzar (paras.) ***tr.*** Desordenar el pelo [de la cabeza, de la felpa, etc.]. 2 fact. Erizar el cabello [a uno], gralte. por horror o miedo. 3 *Cuba.* Pelar [a uno], dejarle sin dinero. ◇ ** CONJUG. [4] como ***realizar.***

SIN. *1* y *2* **Espeluzar, respeluzar.**

despeluznante ***adj.*** Pavoroso, horrible: *trato ~.*

despeluznar (paras.) ***tr.-prnl.*** Despeluzar.

SIN. **Espeluznar.**

despenador, -ra ***adj.-s.*** Que quita las penas. 2 Persona que, en algunas comarcas, daba la muerte a los enfermos desahuciados, a petición de los parientes.

despenalización ***f.*** Acción de despenalizar: *la ~ del aborto.* 2 Efecto de despenalizar.

despenalizar ***tr.*** Suprimir el carácter penal [de un acto ilícito]. ◇ ** CONJUG. [4] como ***realizar.***

despenar ***tr.*** Quitar las penas [a uno]. 2 fig. Matar (dar muerte). 3 *Chile.* Desesperanzar, desahuciar [a alguien].

despendedor, -ra ***adj.-s.*** Que gasta con exceso, derrochando la hacienda.

despender (l. *dispendere*) ***tr.*** Gastar [la hacienda, el dinero, etc.]. 2 fig. Emplear [el dinero, la vida, etc.] desperdiciándolos.

despendio ***m.*** *Hond.* Cachaza.

despenolar (paras.) ***tr.*** Romper [a la verga] alguno de sus penoles.

despensa (l. *dispensare,* administrar) ***f.*** Lugar donde se guardan los comestibles: *la ~ del hogar; ~ de la nave.* 2 Provisión de comestibles. 3 Oficio de despensero. 4 Conjunto de compras que el despensero efectúa diariamente. 5 *Méj.* Lugar bien asegurado en las minas para guardar los minerales ricos.

despensería ***f.*** Despensa (oficio).

despensero, -ra ***m. f.*** Persona que tiene el cargo de la despensa.

despeñadamente ***adv. m.*** Precipitadamente.

despeñadero, -ra ***adj.*** Que es a propósito para despeñar a uno o despeñarse. -2 ***m.*** Declive alto y peñascoso. 3 fig. Riesgo a que uno se expone.

SIN. *2* y *3* **Derrocadero, derrumbadero, precipicio.**

despeñadizo, -za ***adj.*** [lugar] Que es a propósito para despeñarse.

despeñamiento ***m.*** Despeño.

despeñar (paras. de *peña*) ***tr.*** Precipitar [a una persona o cosa] desde una eminencia: *despeñarse al, o en el, mar; despeñarse por la cuesta.* -2 ***prnl.*** fig. Entregarse ciegamente a pasiones, vicios o maldades: *despeñarse de un vicio a otro.*

SIN. *1* **Desgalgar.**

despeño ***m.*** Acción de despeñar o despeñarse. 2 Efecto de despeñar o despeñarse. 3 fig. Caída precipitada. 4 Ruina y perdición. 5 Flujo de vientre.

despeo ***m.*** Despeadura.

despepitar (paras. de *pepita* I) ***tr.*** Quitar las pepitas [de un fruto].

despepitarse (paras. de *pepita* II) ***prnl.*** Gritar con vehemencia o con enojo. 2 fig. Hablar o proceder descomedidamente. 3 ***Despepitarse uno por una cosa,*** mostrar vehementemente afición a ella.

despercatarse ***prnl.*** *Cuba* y *P. Rico.* Despreocuparse.

despercudido, -da ***adj.*** [pers.] De color más claro que el propio de su raza. 2 *Chile.* Despabilado, vivo y despejado.

despercudir ***tr.*** Limpiar [lo que está percudido]. 2 *Amér.* Avivar, despabilar [a uno]. -3 ***prnl.*** *Méj.* Dar dinero u otra cosa.

desperdiciadamente ***adv. m.*** Con desperdicio.

desperdiciado, -da ***adj.-s.*** Que desperdicia. -2 ***adj.*** *Ecuad.* Perdido, calavera.

desperdiciador, -ra ***adj.-s.*** Que desperdicia.

desperdiciar (l. *disperdito,* malbarato) ***tr.*** Malbaratar, emplear mal [una cosa] o no aprovecharla debidamente. ◇ ** CONJUG. [12] como ***cambiar.***

SIN. v. **Malgastar.**

desperdicio ***m.*** Malbaratamiento, derroche. 2 Residuo de lo que no se puede o no es fácil de aprovechar, o se deja de utilizar por descuido.

desperdigamiento ***m.*** Acción de desperdigar o desperdigarse. 2 Efecto de desperdigar o desperdigarse.

desperdigar (l. *disperdere*) ***tr.-prnl.*** Separar, esparcir. 2 Repartir una actividad en demasiadas cosas. ◇ ** CONJUG. [7] como ***llegar.***

desperecer (*des-* + *perecer*) ***intr.*** Perecer. -2 ***prnl.*** Consumirse por el logro de una cosa. ◇ ** CONJUG. [43] como ***agradecer.***

desperezarse (*de-* + *esperezarse*) ***prnl.*** Estirar los miembros para librarlos del entumecimiento o sacudir la pereza. ◇ ** CONJUG. [4] como ***realizar.***

SIN. **Esperazarse, estirarse.**

desperezo ***m.*** Acción de desperezarse.

SIN. **Esperezarse, pandiculación,** lit.

desperfeccionar ***tr.*** *Chile* y *Ecuad.* Deteriorar, causar un desperfecto [a algo], menoscabar.

desperfecto ***m.*** Leve deterioro. 2 Falta, defecto en alguna cosa.

desperfilar ***tr.*** PINT. Suavizar, esfumar los contornos [de los objetos de un cuadro]. 2 MIL. Disimular los perfiles [de las obras de fortificación]. -3 ***prnl.*** Perder una cosa la postura de perfil.

desperfollar ***tr.*** *Murc.* Despinochar.

desperifollar ***tr.*** *La Mancha.* Despinochar.

despernado, -da ***adj.*** [pers.] Que carece de piernas. 2 fig. Fatigado y harto de andar.

despernancarse ***prnl.*** Esparrancarse. ◇ ** CONJUG. [1] como ***sacar.***

despernar (paras.) ***tr.*** Cortar o estropear las piernas [a uno]. ◇ ** CONJUG. [27] como ***acertar.***

desperrar ***tr.-prnl.*** fam. Dejar a uno sin dinero.

despersonalización ***f.*** Acción de despersonalizar o despersonalizarse. 2 Efecto de despersonalizar o despersonalizarse. 3 Estado psíquico experimentado por algunos enfermos mentales, por el cual se sienten extraños a sí mismos, a su cuerpo y al ambiente que le rodea.

despersonalizar ***tr.*** Tratar [a alguien] sin considerar su individualidad. 2 Hacer impersonal. -3 ***prnl.*** Perder la individualidad o el carácter personal. ◇ **CONJUG. [4] como ***realizar.***

despertador, -ra ***adj.*** Que despierta. -2 ***m. f.*** Persona que cuida de despertar a otras. -3 ***m.*** Reloj que a la hora en que previamente se le dispuso hace sonar una campana o timbre. 4 fig. Aviso, estímulo.

despertamiento ***m.*** Acción de despertar. 2 Efecto de despertar.

despertar (l. *expergitu;* pp. de *expergiscere*) ***tr.prnl.*** Cortar el sueño [al que está durmiendo]: *sus pasos me despertaron.* -2 ***tr.*** fig. Traer a la memoria [una cosa]: *ello despertó su antigua sospecha.* 3 Hacer que [uno] vuelva sobre sí y recapacite: *desperté a mi hijo de su estupor.* 4 Mover, excitar [algún apetito o deseo]: *~ la sed.* -5 ***intr.*** Dejar de dormir: *desperté de madrugada; ~ del sueño.* 6 Hacerse más avisado el que antes era abobado y simple: *despertó de su timidez.* ◇ ** CONJUG. [27] como ***acertar.***

despesar ***m.*** desus. Disgusto, pesar.

despescuezar ***tr.*** *P. Rico.* Torcerle [a uno] el pescuezo. ◇ ** CONJUG. [4] como ***realizar.***

despestañar ***tr.*** Quitar las pestañas [a uno]. -2 ***prnl.*** fig. Desojarse (mirar con ahínco). 3 Quemarse las cejas, estudiar con ahínco.

despetroncarse *prnl. Cuba.* Huir rápidamente. ◇ ** CONJUG. [1] como *sacar.*

despezar (paras. de *pieza*) *tr.* Adelgazar por un extremo [un tubo] para enchufarlo en otro. 2 ARQ. Dividir [los muros, arcos, etc.] en las diferentes piezas que han de entrar en su composición. ◇ ** CONJUG. [47] como *empezar.*

despezo *m.* Rebajo hecho en el extremo de un tubo para enchufarlo en otro. 2 Corte por donde las piedras se unen unas con otras. 3 ARQ. Despiezo. 4 CARP. Zoquete (taco sobrante).

despezonar (paras.) *tr.* Quitar el pezón: ~ *una lima.* 2 fig. Dividir o separar [una cosa] de otra. -3 *prnl.* Quebrarse el pezón o la pezonera: *despezonarse el eje de un carro.*

despezuñarse (paras.) *prnl.* Inutilizarse a un animal la pezuña. 2 *Amér.* fig. Caminar muy deprisa; desvivirse, poner mucho empeño en algo.

despiadadamente *adv. m.* Inhumanamente, sin piedad.
SIN. **Desapiadadamente.**

despiadado, -da (paras.) *adj.* Impío, inhumano.
SIN. **Desapiadado.**

despicar (*des-* + *picar*) *tr.* Desahogar, satisfacer. -2 *prnl.* Satisfacerse, vengarse de un pique. -3 *tr.-prnl.* Quitar a las gallinas la parte más aguda del pico. -4 *prnl. Argent.* y *Colomb.* Perder el pico los gallos de pelea. 5 *Venez.* Caer en desgracia. ◇ **CONJUG. [1] como *sacar.*

despichar (*de-* I + *espichar*) *tr.* Despedir el humor o humedad, secar [una cosa]: ~ *una naranja.* -2 *intr.* burl. pleb. Morir. -3 *tr. And.* Descobajar la uva. 4 *Colomb., Chile* y *Venez.* Despachurrar, aplastar, estrujar.
SIN. *2* **Espichar.**

¡despídase! *Ant.* Interjección usada graciosamente para ponderar algo con calor.

despidiente (de *despedir*) *m.* ALBAÑ. Palo de los andamios colgados para mantenerlos separados de la pared. 2 ~ ***de agua,*** vierteaguas.

despido *m.* Despedida.

despiece *m.* Acción de descuartizar a un animal. 2 Manera de estar dispuestas las dovelas de un arco o bóveda, o los sillares en un paramento.

despiertamente *adv. m.* Con ingenio y viveza.

despierto, -ta, pp. irreg. de *despertar.* 2 *adj.* fig. Avisado, despabilado.

despiezar *tr.* ARQ. Despezar (dividir). ◇ **CONJUG. [4] como *realizar.*

despiezo *m.* Acción de despezar. 2 Efecto de despezar. 3 Despiece.

despigmentación *f.* Pérdida progresiva del pigmento.

despilaramiento *m.* Acción de despilarar. 2 Efecto de despilarar.

despilarar *tr. Amér.* Derribar los pilares [de una mina].

despilchado, -da *adj. Argent.* Sin pilchas (prendas).

despilfarrado, -da (der. de *pilfa,* andrajo; var. dial. de *felpa* y *pelfa*) *adj.-s.* Desharrapado, roto. 2 Pródigo. 3 *Chile.* Ralo, desperdigado.

despilfarrador, -ra *adj.-s.* Que despilfarra.

despilfarrar *tr.* Consumir [el caudal] en gastos desarreglados. -2 *prnl.* Gastar profusamente en alguna ocasión.
SIN. v. **Malgastar.**

despilfarro *m.* Destrozo de una cosa, esp. de la ropa, por desidia o desaseo. 2 Gasto excesivo y superfluo.

despilonar *tr. Chile.* Pilonar.

despimpollar (paras.) *tr.* Quitar [a la vid] los pimpollos superfluos.

despinces *m. pl.* Despinzas.

despinochar *tr.* Quitar las hojas a [las mazorcas de maíz].

despintar (*des-* + *pintar*) *tr.* Borrar o raer [lo pintado]. 2 Desfigurar y desvanecer [una cosa]: *con su poder logró* ~ *el negocio.* -3 *intr.* Desdecir, degenerar: *el chico despinta de su casta.* -4 *prnl.* Borrarse fácilmente los colores o los tintes. 5 fig. ***No despintársele a uno una persona*** o ***cosa,*** conservar el recuerdo de su aspecto. -6 *tr. Amér.* Retirar, apartar [los ojos, la vista]: *mientras me hablaba no me despintó la mirada.* 7 *Chile* y *S. Dom.* Verificarse alguna cosa irremisiblemente. 8 *Chile.* Entrar o permanecer una persona al lado de otra. 9 *Chile.* Degenerar un mineral de la ley con que se presentó.

despinte *m. Chile.* Porción de mineral de calidad inferior a lo que se espera o le corresponde.

despinzadera *f.* Mujer que despinza. 2 Instrumento usado para despinzar paños.

despinzado *m.* Acción de despinzar. 2 Efecto de despinzar.

despinzador, -ra *adj.* [pers.] Que despinza.

despinzar (paras.) *tr.* Quitar con pinzas las motas [a los paños, pieles, etc.]. 2 Desbriznar [la flor del azafrán]. ◇ ** CONJUG. [4] como *realizar.*

despinzas *f. pl.* Pinzas para despinzar los paños.

despiojador *m.* Aparato o procedimiento empleado para quitar los parásitos a los animales domésticos.

despiojar (paras.) *tr.* Quitar los piojos: ~ *a un mendigo.* 2 fig. Sacar [a uno] de miseria. 3 *Sal.* Quitar a lo árboles los chupones y ramas inútiles.

despioje *m.* Acción de despiojar o despiojarse. 2 Efecto de despiojar o despiojarse.

despiporren *m.* fam. Escándalo, desorden, etc., gralte. en las diversiones.

despique *m.* Satisfacción que se toma de una ofensa o desprecio recibido y cuya memoria se conservaba con rencor.

despirrotado *adj.* [toro de lidia] Que tiene rota una o las dos astas, siempre que quede en ellas punta.

despistado, -da *adj.-s.* Distraído.

despistar (paras.) *tr.* Hacer perder la pista [a uno], desorientarle. -2 *intr.* Disimular, fingir.

despiste *m.* Desorientación, acto de despistarse. 2 Cambio brusco en la dirección de un vehículo. 3 Calidad, estado de despistado. 4 Fallo, error.

despitorrado, -da *adj.* [toro] Que se le han roto los cuernos.

despizcar *tr.* Hacer pizcas [una cosa]. -2 *prnl.* fig. Deshacerse, poniendo mucho cuidado y empeño en una cosa. ◇ ** CONJUG. [1] como *sacar.*

I) desplacer (*des-* + *placer*) *m.* Pena, desazón, disgusto.

II) desplacer *tr.* Disgustar, desagradar [a alguno]. ◇ ** CONJUG. [43] como ***agradecer.***

desplanchar *tr.* Arrugar [lo planchado].

desplantación *f.* Desarraigo.

desplantador, -ra *adj.* Que desplanta. -2 *m.* Instrumento para arrancar plantas pequeñas sin lastimarlas.

desplantar (*des-* + *plantar*) *tr.* Desarraigar [una planta]. 2 Desviar [una cosa] de la línea vertical. -3 *prnl.* En la danza y en la esgrima, perder la planta o la postura recta.

desplante *m.* En danza o esgrima, postura irregular. 2 fig. Dicho o hecho lleno de arrogancia, descaro o desabrimiento.

desplatado, -da *adj. Amér.* fig. *y* fam. Sin dinero.

desplatar (paras.) *tr.* Separar la plata que se halla mezclada [con otro metal]. 2 *Colomb.* Dejar [a uno] sin dinero.

desplate *m.* Acción de desplatar. 2 Efecto de desplatar.

desplatear (paras.) *tr.* Sacar la plata que cubre [un objeto]. 2 *Amér.* Sacar dinero [a una persona].

desplayado, -da, pp. de *desplayar.* 2 *m. Argent.* Playa de arena que deja descubierta el mar en la marea baja. 3 *Argent.* Descampado en un bosque.

desplayar (paras.) *intr.* Retirarse el mar de la playa.

desplaye *m. Chile.* Acción de desplayar. 2 *Chile.* Efecto de desplayar.

desplazado, -da *adj.-s.* [pers.] Inadaptado, descentrado.

desplazamiento *m.* MAR. Espacio que ocupa en el agua el casco de un buque hasta su línea de flotación; volumen y peso del agua que desaloja. 2 Acción de desplazar o desplazarse. 3 Efecto de desplazar o desplazarse.
REL. 1 v. **Arqueo.**

desplazar (fr. *déplacer,* der. de *place,* lugar) *tr.* Desalojar un cuerpo sumergido [un volumen de agua]; esp., desalojar el buque un volumen de agua igual al volumen de la parte de su casco sumergido y cuyo [peso] es igual al peso total del buque: *este buque desplaza 7.000 toneladas.* 2 Quitar a [una persona o cosa] de un lugar para ponerla en otro. -3 *prnl.* Ir de un lugar a otro; trasladarse. ◇ ** CONJUG. [4] como ***realizar.***

desplegadura *f.* Acción de desplegar o desplegarse. 2 Efecto de desplegar o desplegarse.

desplegar (l. *displicare*) *tr.* Descoger, extender, desdoblar: ~ *la bandera.* 2 Hacer pasar [las tropas] del orden compacto al abierto o extendido. 3 fig. Aclarar, desenvolver, hacer patente [lo obscuro o poco inteligible]: ~ *el significado de unas palabras.* 4 Ejercitar, poner en obra [una aptitud o cualidad]: ~ *prudencia;* ~ *actividad.* ◇ ** CONJUG. [48] como ***regar.***

despleguetear (paras.) *tr.* Quitar los pleguetes [a los sarmientos].

despliegue *m.* Acción de desplegar. 2 Efecto de desplegar. 3 Ostentación.

desplomar (paras. de *plomo*) *tr.* Hacer que [una cosa] pierda la posición vertical. -2 *prnl.* Caerse una pared; caer a plomo una cosa de gran peso; caer sin vida o sin conocimiento una persona. 3 fig. Arruinarse, perderse: *su trono se desploma.* -4 *tr. Venez.* Regañar, reprender [a uno].
SIN. **Desaplomar(se).**

desplome *m.* Acción de desplomar o desplomarse. 2 Efecto de desplomar o desplomarse. 3 ARQ. Salidizo. 4 *Perú.* Sistema antiguo de explotar las minas, que consistía en socavar el filón hasta que se caía por su propio peso.

desplomo *m.* Desviación de la posición vertical: *el ~ de una pared.* 2 *Venez.* Regaño, reprensión.

desplumadura *f.* Acción de desplumar o desplumarse.

desplumar *tr.* Quitar las plumas [a un ave]. 2 Pelar (descañonar). 3 fig. Pelar, quitar los bienes, dejarle a uno sin dinero. -4 *prnl.* Perder las plumas el ave. 5 *And.* Ventosear.

desplume *m.* Desplumadura.

despoblación *f.* Falta total o parcial de la gente que poblaba un lugar.

despoblado *m.* Sitio no poblado y esp. el que ha tenido población. 2 DER. Circunstancia agravante de apreciación potestativa, más indicada cuando la soledad se busca o aprovecha de propósito.
SIN. *1* v. **Inhabitado.**

despoblador, -ra *adj.-s.* Que despuebla.

despoblar *tr.-prnl.* Disminuir considerablemente la población [de un lugar]: *despoblarse un país.* -2 *tr.* fig. Despojar [un sitio] de lo que hay en él: *~ un campo de árboles.* 3 ant. Dejar [una mina] sin el número de trabajadores que exigían las leyes. -4 *prnl.* Quedarse un lugar momentáneamente sin gente por una causa cualquiera. ◇ ** CONJUG. [31] como ***contar.***

despoetizar *tr.* Quitar [a una cosa] su carácter poético. ◇ **CONJUG. [4] como ***realizar.***

despojador, -ra *adj.-s.* Que despoja.

despojar (l. *spoliare;* doble etim. *desbullar*) *tr.* Privar [a uno], gralte. con violencia, de lo que goza y tiene: *~ a uno del mando; ~ de sus vestiduras.* 2 Quitar jurídicamente la posesión de los bienes o habitación que [uno tenía] para dárselo a su legítimo dueño. 3 Quitar [a una cosa] lo que la acompaña o cubre. -4 *prnl.* Desnudarse: *despojarse de las vestiduras.* 5 Desposeerse de una cosa voluntariamente: *despojarse de su hacienda.*

despojo (l. *spoliu*) *m.* Acción de despojar o despojarse. 2 Efecto de despojar o despojarse. 3 Botín del vencedor. 4 fig. Lo que se ha perdido por ciertos accidentes: *la vida es ~ de la muerte; la hermosura es ~ del tiempo.* 5 Vientre, asadura, cabeza y manos de las reses muertas. 6 Alones, molleja, patas, pescuezo y cabeza de las aves muertas: *los despojos de una perdiz.* -7 *m. pl.* Sobras: *los despojos de la mesa.* 8 Restos mortales. 9 Materiales aprovechables de un edificio que se derriba. 10 *Colomb.* Extracción de los minerales de una vena o filón. ◇ Usado en las acepciones 5 y 6 a menudo en plural.
SIN. *3* **Expolio.** *5* **Tripicallos.** REL. *5* El que los vende se llama **casquero** o **tripicallero.**

despolarización *f.* FÍS. Acción de despolarizar. 2 FÍS. Efecto de despolarizar.

despolarizador, -ra *adj.-m.* FÍS. Que tiene la propiedad de despolarizar. -2 *m.* Substancia química empleada en la despolarización.

despolarizar (*des-* + *polarizar*) *tr.* FÍS. Hacer perder la polarización: *~ un rayo luminoso; ~ una pila.* ◇ ** CONJUG. [4] como ***realizar.***

despolimerización *f.* QUÍM. Rotura de un compuesto orgánico en dos o más moléculas de estructura más simple.

despolitizar *tr.-prnl.* Quitar el carácter político [a una persona, reunión, asunto, etc.]. ◇ ** CONJUG. [4] como ***realizar.***

despolvar (paras.) *tr.* Desempolvar.

despolvorear *tr.* Quitar o sacudir el polvo [de una cosa]. 2 fig. Arrojar de sí o desvanecer [una cosa]. 3 *Amér.* Espolvorear o polvorear.
SIN. v. **Espolvorear.**

despolvoreo *m.* Acción de despolvorear. 2 Efecto de despolvorear.

despopularización *f.* Pérdida de la popularidad que tenía una persona, una doctrina o un partido.

despopularizar *tr.* Hacer perder la popularidad [a una persona o cosa]. ◇ ** CONJUG. [4] como ***realizar.***

desporrar *tr. Argent.* Desenredar la porra o vedija que se forma en la crin [de las caballerías].

desporrondingarse *prnl. Amér.* fam. Echar la casa por la ventana, despilfarrarse. 2 *Colomb.* Arrellanarse. 3 *Colomb.* Explayarse en un discurso. 4 *Pan.* Aplastarse. ◇ ** CONJUG. [7] como ***llegar.***

desportilladura *f.* Fragmento que, por accidente, se separa del borde de una cosa. 2 Portillo (mella).

desportillar (paras.) *tr.* Deteriorar [una cosa] abriéndole un portillo en su boca o canto.

desposado, -da *adj.-s.* Recién casado. -2 *adj.* Aprisionado con esposas.
SIN. **Esposado.**

desposando, -da *m. f.* Persona que se desposa o está a punto de desposarse.

desposar (l. *desponsare,* prometer) *tr.* Autorizar el párroco el matrimonio [de los contrayentes]. -2 *prnl.* Contraer esponsales; y p. ext., contraer matrimonio: *desposarse con soltera; desposarse por poderes.*

desposeer *tr.* Privar [a uno] de lo que posee. -2 *prnl.* Renunciar alguno a lo que posee. 3 Desapropiarse. ◇ ** CONJUG. [61] como ***leer.***
SIN. **Desaposesionar.**

desposeído, -da *adj.* Falto de alguna cosa a que en cierto modo tiene derecho.

desposeimiento *m.* Acción de desposeer. 2 Efecto de desposeer.

desposorio *m.* Promesa mutua de contraer matrimonio: *los desposorios de la Virgen.* 2 ant. Acto de contraer matrimonio por palabras de presente.
SIN. v. **Matrimonio.**

despostar (*des-* + *postar* < del ant. *posta,* tajada) *tr. Amér.* Descuartizar [una res o un ave].

desposte *m. Chile.* Acción de despostar. 2 *Chile.* Efecto de despostar.

despostillar *tr. Méj.* Desportillar.

déspota (gr. *despotes,* amo, señor) *m.* En la Grecia antigua, señor de una casa o de los esclavos; en Oriente, soberano absoluto; en el imperio bizantino, persona de la más alta nobleza. 2 Soberano que gobierna sin sujeción a las leyes. -3 *com.* fig. Persona que abusa de su poder o autoridad.
SIN. *3* **Autócrata; tirano.**

despóticamente *adv. m.* Con despotismo.

despótico, -ca (gr. *-kos*) *adj.* Relativo al déspota o al despotismo. 2 Absoluto, sin ley, tiránico.

despotismo *m.* Autoridad absoluta, no limitada por las leyes. 2 Abuso de superioridad o de poder en el trato con los demás.
SIN. v. **Dictadura.**

despotizar *tr. Amér.* Gobernar despóticamente, tiranizar [a un país, corporación, etc.]. ◇ ** CONJUG. [4] como ***realizar.***

despotricar (paras. de *potro,* probl. en el sentido de saltar como un potro; quizá der. del dim. *potrico*) *intr.* Hablar sin consideración ni reparo, diciendo todo lo que a uno se le ocurre. 2 *Can.* Dilapidar, malgastar fortuna y bienes. ◇ ** CONJUG. [1] como ***sacar.***

despotrique *m.* Acción de despotricar.

despreciable *adj.* Digno de desprecio.

despreciador, -ra *adj.* Que desprecia.

despreciar (v. *depreciar*) *tr.* Desestimar y tener en poco: *~ a uno por cobarde.* 2 Desairar o desdeñar. -3 *prnl.* Desdeñarse: *no se desprecia de enseñar a estos alumnos.* ◇ ** CONJUG. [12] como ***cambiar.***
SIN. **Menospreciar,** gralte., es más atenuado en cuanto a la actitud afectiva que corresponde a las aceps. 2 y 3. *I* **Vilipendiar** (intens.).

despreciativo, -va *adj.* Que indica desprecio: *tono ~.*
SIN. **Despectivo, menospreciativo; despreciativa,** si se trata de calificar el carácter de una pers.

desprecio *m.* Desestimación, falta de aprecio, menosprecio. 2 Desaire, desdén.

despredicar *tr. Méj.* Predicar o decir [lo contrario] de lo que antes se había predicado o dicho. ◇ ** CONJUG. [1] como ***sacar.***

desprejuiciarse *prnl. Amér.* Librarse de prejuicios.

desprender (*des-* + *prender*) *tr.* Desunir, despegar, desasir [lo que estaba fijo o unido o lo que se tenía asido]: *desprenderse chispas de una brasa; ~ chispas.* 2 fig. Renunciar a una cosa o desapropiarse de ella: *desprenderse de sus bienes.* 3 Deducirse, inferirse: *el enojo se desprende de sus palabras.* 4 *Argent., Parag., P. Rico* y *Urug.* Desabrochar, desabotonar.

desprendido, -da *adj.* Desinteresado, generoso.
SIN. v. **Generoso.**

desprendimiento *m.* Acción de desprenderse: ~ *de tierras;* ~ *de gases.* 2 Desapego, desasimiento de las cosas. 3 fig. Largueza, desinterés. 4 METAL. Bajada rápida de la carga de un horno que por cualquier motivo se había obstruido en lo alto de la cuba. 5 PAT. Separación de un órgano o parte de él de su situación normal. 6 PINT. y ESC. Representación del descendimiento del cuerpo de Cristo.
despreocupación *f.* Estado de ánimo del que carece de preocupaciones. 2 Descuido, negligencia.
despreocupado, -da *adj.* Que carece de preocupaciones. 2 Que no sigue, o hace alarde de no seguir, las creencias, opiniones o usos generales.
despreocuparse (*des-* + *preocupar*) *prnl.* Librarse de una preocupación. 2 Desentenderse, desviar la atención o el cuidado que se tenía por una persona o cosa.
despresar *tr. Chile.* Trinchar [un ave], partirla, presa por presa.
desprestigiar (*des-* + *prestigiar*) *tr.-prnl.* Hacer perder el prestigio [a una persona]. ◇ ** CONJUG. [12] como ***cambiar.***
desprestigio *m.* Acción de desprestigiar o desprestigiarse. 2 Efecto de desprestigiar o desprestigiarse.
despresurización *f.* Acción de despresurizar. 2 Efecto de despresurizar.
despresurizar *tr.* Hacer que cese la presurización de la cabina de un avión o de una nave espacial. ◇ ** CONJUG. [4] como ***realizar.***
despretinar *tr. Amér.* Romper la pretina [de un vestido].
desprevención *f.* Falta de prevención [o de lo necesario].
desprevenidamente *adv. m.* Sin prevención.
desprevenido, -da *adj.* Que no está prevenido.
SIN. **Descuidado, inadvertido, impróvido** (lit.).
desprivanza *f.* desus. Caída y pérdida de la privanza.
desprivar (*des-* + *privar*) *tr.* desus. Hacer caer de la privanza [a uno]. -2 *intr.* Caer de la privanza.
desproporción *f.* Falta de la proporción debida.
SIN. **Improporción,** menos usado.
desproporcionadamente *adv. m.* Con desproporción.
desproporcionado, -da *adj.* Que no tiene la proporción debida.
desproporcionar *tr.* Quitar la proporción [a una cosa]; sacarlas de regla y medida.
despropositado, -da *adj.* Que es fuera de propósito.
despropósito *m.* Dicho o hecho fuera de razón.
desproveer *tr.* Despojar [a uno] de sus provisiones o de lo necesario para su conservación. ◇ ** CONJUG. [61] como ***leer.*** Para formar los tiempos compuestos utiliza el pp. reg.: ***desproveído*** o, preferiblemente, el pp. irreg.: ***desprovisto.***
desprovisto, -ta, pp. irreg. de *desproveer.* 2 *adj.* Falto de lo necesario.
despueble *m.* Acción de despoblar o despoblarse. 2 Efecto de despoblar o despoblarse.
despueblo *m.* desus. Despueble.
después (ant. *depués,* der. del l. *de* + *post,* adquirió la *s* por cruce con *desque*) *adv. t. l.* Significa posterioridad en el tiempo o en el espacio, cuando se expresa de un modo absoluto: *llegará* ~*; mi calle está* ~*;* cuando esta posterioridad es relativa y necesita señalar su punto de partida, se le añade la preposición *de* seguida del término de comparación: ~ *de las 10;* ~ *de esta calle;* entonces puede significar no sólo posterioridad temporal o espacial, sino también de orden o categoría: ~ *de mí; gran orador* ~ *de Demóstenes.* 2 Precedido de nombres que indican divisiones de tiempo o de espacio, adquiere matiz adjetivo y significa siguiente, posterior, etc.: *un día* ~*; tres filas* ~. 3 ~ ***de,*** seguido de infinitivo equivale a una oración subordinada temporal: ~ *de amanecer;* ~ *de escribir esta carta.* V. infinitivo. 4 ~ ***que, loc. conj. temp.,*** denota simple relación de posterioridad entre dos acciones: ~ *que amanezca saldremos;* por analogía con las construcciones anteriores, tiende a interpolar la prep. *de,* habiendo actualmente vacilación entre ~ *que* y ~ *de que,* ambas admisibles. 5 ~ ***de todo,*** expresión usual concesiva, equivalente a al cabo, al fin y al cabo, a la postre, etc.: ~ *de todo es simpático.*
SIN. *1, 2, 3* y *4* **Luego.**
despulmonarse *prnl.* fam. Desgañitarse.
despulpado *m.* Operación de extraer la pulpa de las frutas.
despulpador *m.* Aparato para despulpar.
despulpar (paras.) *tr.* Sacar o deshacer la pulpa [de algunos frutos]. 2 *Amér. Central.* Descerezar.
despulsamiento *m.* Acción de despulsar o despulsarse. 2 Efecto de despulsar o despulsarse.
despulsar *tr.* Dejar [a uno] sin pulso ni fuerzas por algún accidente repentino. -2 *prnl.* fig. Desvivirse.
despumación *f.* Acción de despumar. 2 Efecto de despumar.
despumar (paras.) *tr.* Espumar (quitar la espuma).
despuntador *m. Méj.* Aparato para separar minerales. 2 *Méj.* Martillo que se usa para romper minerales.
despuntadura *f.* Acción de despuntar. 2 Efecto de despuntar.
despuntar (paras.) *tr.* Quitar o gastar la punta [de alguna cosa]. 2 Cortar las ceras vanas [de la colmena]. 3 MAR. Doblar [el cabo o punta]. -4 *intr.* Empezar a brotar las plantas. 5 Manifestar agudeza o disposición para algo: ~ *en poesía;* ~ *por la pintura;* ~ *de ingenioso.* 6 Empezar a aparecer: ~ *la aurora.* 7 *Logr.* Arrancar los pámpanos sobrantes [a las cepas]. 8 *Sal.* Comer el ganado los brotes tiernos de las plantas. -9 *tr. Extr.* Señalar [el ganado] en las orejas. 10 *Argent.* Atravesar [las puntas de un río u otro caudal de agua].
SIN. *2* **Descerar.**
despunte *m.* Despuntadura. 2 *Argent.* y *Chile.* Desmocho, leña de rama delgada.
desquejar (paras.) *tr.* Formar esquejes [de los retoños de las plantas].
desqueje *m.* Acción de desquejar. 2 Efecto de desquejar.
desquerer *tr.* Dejar de querer. ◇ ** CONJUG. [80] como ***querer.***
desquiciador, -ra *adj.-s.* Que desquicia.
desquiciamiento *m.* Acción de desquiciar o desquiciarse. 2 Efecto de desquiciar o desquiciarse.
desquiciar (paras.) *tr.* Desencajar o sacar de quicio [una cosa]: ~ *una ventana.* 2 fig. Descomponer [una cosa], hacerle perder su seguridad y firmeza: ~ *el mundo.* 3 fig. Análogamente, quitar [a una persona] su aplomo, turbarla. 4 fig. Derribar [a uno] de la privanza o hacerle perder la amistad con otro: ~ *a un favorito.* ◇ ** CONJUG. [12] como ***cambiar.***
desquicio *m. Argent.* Desquiciamiento.
desquijaramiento *m.* Acción de desquijarar. 2 Efecto de desquijarar.
desquijarar (paras.) *tr.* Rasgar la boca [de uno] dislocando las quijadas. ◇ vulg.: *desquijarrar.*
desquijerar (paras. de *quijera*) *tr.* Serrar por los dos lados [un madero] hasta el sitio donde se ha de sacar la espiga.
desquilatar *tr.* Disminuir los quilates [de una aleación de oro]. 2 fig. Disminuir [a una cosa] su valor intrínseco.
desquitar *tr.-prnl.* Restaurar la pérdida sufrida [por uno]; reintegrarse de lo perdido. 2 Vengar [a uno] de un disgusto recibido, despicarse.
desquite *m.* Acción de desquitar. 2 Efecto de desquitar.
desrabadillar *tr. Amér.* Derrengar.
desrabar *tr.* Desrabotar. 2 *Murc.* Quitar los pezones o pedúnculos [a los pimientos].
desraberar *tr. Sal.* Limpiar lo último de la parva.
desrabotar (paras.) *tr.* Cortar el rabo o la cola [a un animal, esp. a las crías de las ovejas].
SIN. **Rabotear.**
desraizar *tr.* Desenraizar. ◇ ** CONJUG. [24] como ***enraizar.***
desramar (paras.) *tr.* Quitar ramas [a un árbol].
desrancharse *prnl.* Desalojar, dejar el rancho. 2 MIL. Separarse los que están arranchados.
desraspado (paras.) *adj.* [trigo] Mocho.
desraspar *tr.* AGR. Quitar las raspas o escobajo de [la uva prensada] antes de ponerla a fermentar.
desrastrojar *tr.* AGR. Quitar el rastrojo.
desratización *f.* Acción de desratizar. 2 Efecto de desratizar.
desratizar *tr.* Exterminar las ratas y ratones en [barcos, almacenes, viviendas, etc.]. ◇ ** CONJUG. [4] como ***realizar.***
desrayar *tr.* AGR. Abrir surcos para el desagüe de un campo labrado.
desrazonable *adj.* Fuera de razón.
desreglar *tr.-prnl.* Desarreglar.
desregulación *f.* Acción de desregular. 2 Efecto de desregular.
desregular *tr.* Eliminar la regularización.
desrelingar *tr.* MAR. Quitar las relingas [a las velas]. ◇ **CONJUG. [7] como ***llegar.***
desreputación *f.* fam. Deshonor, descrédito, falta de reputación.
desrielar *intr. Bol.* y *Chile.* Descarrilar. 2 *Guat.* Levantar o quitar los rieles [de una vía férrea].
desriñonar (paras. de *riñón*) *tr.* Derrengar (descaderar).

desriscar *tr. Chile.* Precipitar [algo] desde un risco o peña. ◇ ** CONJUG. [1] como ***sacar.***

desrizar *tr.-prnl.* Descomponer [lo rizado]. -2 *tr.* MAR. Soltar los rizos [de las velas]. ◇ ** CONJUG. [4] como ***realizar.***
SIN. **Desenrizar.**

desroblar *tr.* Quitar la robladura [a un clavo, perno, etc.].

desrodrigar *tr.* AGR. Sacar los rodrigones [de las plantas]. ◇ ** CONJUG. [7] como ***llegar.***

destacamento *m.* Porción de tropa destacada.

destacar (fr. *détacher,* MIL.; it. *staccare,* PINT.) *tr.* MIL. Separar del cuerpo principal [una porción de tropa]. 2 PINT. Hacer resaltar [los objetos] de un cuadro. -3 *tr.-prnl.* fig. Sobresalir, descollar: *de la cordillera se destaca un ramal;* hacer que una cosa resalte: *~ los méritos de alguien.* ◇ ** CONJUG. [1] como ***sacar.***

destace *m.* Acción de destazar. 2 Efecto de destazar.

destachonar *tr.* Desclavar los tachones.

destaconar (paras.) *tr.* Gastar los tacones [del calzado].

destajador *m.* Especie de martillo que usan los herreros para forjar el hierro.

destajar (*des-* + *tajar*) *tr.* Ajustar las condiciones con que se ha de hacer [una cosa]. 2 En el juego de naipes, cortar [la baraja]. 3 *Ecuad.* y *Méj.* Destazar, cortar, despedazar [una res].

destajazar *tr. P. Rico.* Destajar [una res]. ◇ ** CONJUG. [4] como ***realizar.***

destajero, -ra *m. f.* Destajista.

destajista *com.* Persona que por cuenta de otra hace una cosa a destajo.

destajo *m.* Trabajo que se ajusta por un tanto alzado. 2 Obra o empresa que uno toma por su cuenta.
FR. *A ~,* por un tanto convenido; fig., con empeño, sin descanso y aprisa; *Chile,* a bulto.

destallar (paras.) *tr.* Quitar los tallos inútiles [a las plantas].

destalle *m. P. Rico.* Acción de destallar. 2 *P. Rico.* Efecto de destallar.

destalonar (paras.) *tr.* Quitar o destruir [el talón al calzado]. 2 Cortar [los documentos contenidos en libros talonarios]; quitar el talón [a los documentos que lo tienen unido]. 3 VETER. Rebajar [el casco de una caballería] desde el medio de la palma hacia atrás.

destantearse *prnl. Méj.* Desorientarse.

destanteo *m. Méj.* Desorientación, confusión.

destapada *f.* Descubierta (reconocimiento del terreno).

destapadura *f.* Acción de destapar. 2 Efecto de destapar.

destapar (*des-* + *tapar*) *tr.* Quitar la tapa o tapón: *~ la botella.* 2 Descubrir [lo tapado], quitando la cubierta. -3 *prnl.* fig. Descubrir el secreto, el estado de ánimo: *me destapé con él.* -4 *tr. P. Rico.* Dar, abofetear. -5 *intr. Méj.* Echar a correr.

destape *m.* Acción de destapar. 2 Efecto de destapar. 3 En los espectáculos, acción de desnudarse. 4 Liberalización de prohibiciones, restricciones, etc.

destapiado, -da *m.* Sitio que queda después de derribar las tapias.

destapiar *tr.* Derribar las tapias que cierran [un lugar]. ◇ **CONJUG. [12] como ***cambiar.***

destapinar (der. de *tapín*) *tr. Sant.* Barbechar.

destaponar *tr.* Quitar el tapón o el taponamiento: *~ un frasco, las fosas nasales.* 2 *Perú.* Destapar.

destara *f.* Acción de destarar. 2 Efecto de destarar.

destarar (paras.) *tr.* Descontar la tara [de lo que se ha pesado con ella].

destartalado, -da (etim. dud.; probl. del ár. *istatal,* alargarse; origen del port. *estatelado*) ***adj.*** Descompuesto, desproporcionado y sin orden: *una casa destartalada.*

destartalar *tr. Ant.* y *Perú.* Desbaratar.

destartalo *m.* fam. Falta de orden.

destazador, -ra *m. f.* Persona que tiene por oficio destazar las reses muertas.

destazar (*des-* + *tazar*) *tr.* Hacer piezas o pedazos: *~ una res.* ◇ ** CONJUG. [4] como ***realizar.***

destechadura *f.* Acción de destechar. 2 Efecto de destechar.

destechar *tr.* Quitar el techo [a un edificio].

destejar *tr.* Quitar las tejas al tejado [de un edificio] o a las albardillas [de las tapias]. 2 fig. Dejar sin reparo o defensa [una cosa].

destejer *tr.* Deshacer [lo tejido]. 2 fig. Desbaratar [lo dispuesto o tramado].

destelengar *tr. S. Dom.* Causar daño. ◇ ** CONJUG. [7] como ***llegar.***

destellar (l. *destillare,* gotear, der. de *stilla,* gota) ***intr.*** Despedir destellos.

destello *m.* Acción de destellar. 2 Resplandor vivo y efímero; chispazo o ráfaga de luz intensa y de breve duración. 3 fig. Atisbo, parte muy pequeña de algo, o que aparece inesperadamente o en ciertos momentos.
SIN. **Relumbre, relumbro, relumbrón.**

destempladamente *adv. m.* Con destemplanza.

destemplado, -da *adj.* Falto de temple o de mesura. 2 [tiempo] Desagradable. 3 PINT. [cuadro o pintura] Que tiene disconformidad de tonos.

destemplador, -ra *adj.* Que destempla. -2 *m.* Oficial que destempla el acero.

destemplanza (*des-* + *templanza*) *f.* Falta de templanza (sobriedad; benignidad de clima): *comer con ~; la ~ de la sierra.* 2 Sensación de malestar general, con alteración del pulso. 3 fig. Desorden en los dichos y hechos, falta de moderación.
SIN. *1* **Intemperie.**

destemplar (*des-* + *templar*) *tr.* Alterar, desconcertar la armonía o el buen orden [de una cosa]. 2 Poner [una substancia] en infusión. -3 *tr.-prnl.* Destruir la concordancia con que están templados [los instrumentos músicos]. -4 *prnl.* Sentir malestar acompañado de ligera alteración del pulso. 5 Descomponerse, perder la moderación: *con una sola palabra se destempla.* 6 Perder el temple [un metal]: *~ el acero.* 7 *Ecuad., Guat.* y *Méj.* Sentir dentera.

destemple *m.* Disonancia de las cuerdas de un instrumento. 2 Indisposición (enfermedad leve). 3 fig. Alteración, desconcierto de algunas cosas.
SIN. *2* v. **Enfermedad.**

destentar *tr.* Quitar la tentación [a uno]; disuadirle de algún mal intento. ◇ ** CONJUG. [27] como ***acertar.***

desteñir (*des-* + *teñir*) *tr.-intr.* Quitar el tinte [a un objeto]; borrar o apagar [los colores]: *ese percal destiñe.* ◇ ** CONJUG. [36] como ***ceñir.***

desternerar *tr. Amér.* Desbecerrar.

desternillarse (paras.) *prnl.* Romperse las ternillas: *~ **de risa,*** reír mucho. ◇ INCOR.: *destornillarse.*

desterradero *m.* fig. y desus. Destierro (lugar muy alejado).

desterrado, -da *adj.-s.* Que sufre pena de destierro.

desterrar (*des-* + *terrar*) *tr.* Expulsar [a uno] por justicia de un territorio o lugar: *~ de su patria; ~ a una isla.* 2 fig. Deponer o apartar de sí: *~ la tristeza.* 3 Quitar la tierra [esp. a las raíces de las plantas]. 4 fig. Desechar, o hacer desechar un uso o costumbre. -5 *prnl.* Expatriarse. ◇ **CONJUG. [27] como ***acertar.***
REL. v. **Expatriado.**

desterronamiento *m.* Acción de desterronar. 2 Efecto de desterronar.

desterronar (paras.) *tr.* Deshacer los terrones: *~ un campo.*

destetadera *f.* Instrumento con púas, puesto en las tetas de ciertos animales, para destetar las crías.

destetar (*des-* + *tetar*) *tr.-prnl.* Hacer que deje de mamar [el niño o las crías de los animales]. 2 fig. Apartar [a los hijos] del regalo de su casa. 3 fig. ***Destetarse uno con una cosa,*** haber tenido desde la niñez noticia o uso de ella.
SIN. **Desmamar; despechar** (p. us.) sólo tratándose de niños, no de animales.

destete *m.* Acción de destetar. 2 Efecto de destetar.

desteto *m.* Conjunto del ganado destetado. 2 Lugar en que se recogen los machos y mulas lechuzas recién destetadas.

destetunarse *prnl. P. Rico.* Romperse la crisma.

destiempo (a ~) *loc. adv.* Fuera de tiempo, sin oportunidad.

destiento (*des-* + *tiento*) *m.* Sobresalto, alteración.

destierre *m.* Acción de quitar la tierra de los minerales.

destierro *m.* Pena de la persona desterrada. 2 Efecto de estar desterrada una persona. 3 Residencia del desterrado. 4 fig. Lugar muy apartado.
SIN. *1* **Exilio, ostracismo, extrañamiento, proscripción, confinamiento, deportación,** los tres primeros son lit.; **destierro,** es la voz corriente, usada también en la terminología forense; **proscripción,** es forense y tiene el mismo sentido; **confinamiento** y **relegación** (p. us.) se diferencian de los anteriores en que circunscriben la vida del penado a un área determinada del territorio nacional. La **deportación,** es expulsión del territorio, si el deportado es extranjero; si es nacional, consiste en su traslado a un punto lejano, gralte. colonial, del cual no puede salir: *deportación a Guinea.*

destilable *adj.* Que puede destilarse.

destilación *f.* Acción de destilar. 2 Efecto de destilar. 3 Flujo de humores serosos o mucosos. 4 *~ **fraccionada,*** separación sucesiva de los líquidos de una mezcla aprovechando la diferencia entre sus puntos de ebullición.

destiladera *f.* Instrumento para destilar. 2 fig. *y* desus. Medio sutil e ingenioso de que se vale uno para dirigir un negocio que le conviene. 3 *Méj.* Tinajero, armario.
destilado *m.* Porción de líquido que se recoge después de la destilación.
destilador, -ra *adj.-s.* Que tiene por oficio destilar. -2 *adj.* Referido a lo que se destila. -3 *m.* Filtro (manantial). 4 Alambique.
destilar (l. *destillare*) *intr.* Correr lo líquido gota a gota. -2 *tr.* Filtrar (colar). 3 Evaporar [la parte volátil de una substancia] y reducirla luego a líquida por medio del frío: *agua destilada.*
destilatorio, -ria *adj.* Que sirve para la destilación. -2 *m.* Destilería. 3 Alambique.
destilería *f.* Oficina en que se destila.
destinación (l. *-atione*) *f.* Acción de destinar. 2 Efecto de destinar.
destinar (l. *-are*) *tr.* Señalar o determinar [una cosa] para algún fin o efecto: *~ los ahorros a costear una carrera; ~ un regalo para la señora.* 2 Designar [a una persona] para un empleo o ejercicio, o para que preste sus servicios en determinado lugar: *~ un hijo a la Iglesia; ~ a Melilla.*
destinatario, -ria *m. f.* Persona a quien va dirigida o destinada una cosa.
destino *m.* Hado. 2 Encadenamiento de los sucesos considerado como necesario y fatal: *~ adverso, propicio, favorable.* 3 Consignación o aplicación de una cosa para determinado fin. 4 Empleo. 5 Lugar a donde va dirigido un envío, viajero, etc.: *estación de ~.* También *punto de ~.* 6 Misión histórica de una colectividad.
destiñar *tr.* Quitar [de las colmenas] los destiños o escarzos.
destiño *m.* Parte negruzca del panal que carece de miel.
destiranizado, -da *adj.* Libre de tiranía.
destitución *f.* Acción de destituir. 2 Efecto de destituir.
destituible *adj.* Que puede ser destituido.
destituidor, -ra *adj.-s.* Que destituye.
destituir (l. *-uere*) *tr.* Privar [a uno] de alguna cosa. 2 Separar [a uno] de su cargo como corrección o castigo. ◇ ** CONJUG. [62] como *huir.*
SIN. v. **Deponer.**
destitulado, -da *adj.* Sin título o privado de él.
destocar *tr.* Quitar o deshacer el tocado [de una persona]. -2 *prnl.* Descubrirse la cabeza. ◇ ** CONJUG. [1] como *sacar.*
destoconar *tr. Sal.* Cortar los tocones [de los árboles]. 2 *Venez.* Recortar los cuernos [a los toros o vacas].
destorcedura *f.* Acción de destorcer. 2 Efecto de destorcer.
destorcer *tr.* Deshacer [lo retorcido]. 2 fig. Enderezar [lo que está torcido]: *~ la vara de la justicia.* -3 *prnl.* Perder la embarcación el rumbo. ◇ ** CONJUG. [54] como *cocer.*
destorgar *tr.* Romper o arrancar el torgo [de los árboles]. ◇ ** CONJUG. [7] como *llegar.*
destorlongado, -da *adj. Méj.* fam. Manirroto.
destorlongo *m. Méj.* Despilfarro.
destornillado, -da *adj.-s.* fig. Inconsiderado, precipitado, sin seso.
destornillador *m.* Instrumento para destornillar y atornillar.
destornillamiento *m.* Acción de destornillar. 2 Efecto de destornillar.
destornillar (paras.) *tr.* Sacar [un tornillo] dándole vueltas. -2 *prnl.* fig. Desconcertarse obrando o hablando sin juicio ni seso.
SIN. **Desatornillar.**
destornudar *intr. Amér.* Estornudar.
destorpadura *f.* desus. Acción de afear, manchar o estropear. 2 desus. Efecto de afear, manchar o estropear.
destorrentado, -da, pp. de *destorrentarse.* 2 *adj. Amér. Central.* Manirroto, desarreglado.
destorrentarse *prnl. Guat., Hond.* y *Méj.* Perder el tino, desorientarse. 2 *Méj.* fig. Ir por mal camino.
destoserse *prnl.* Toser sin necesidad o fingir la tos.
destrabar *tr.* Quitar las trabas: *~ una caballería.* 2 Desasir, desprender o apartar [una cosa] de otra. -3 *prnl. And.* Zafarse, librarse de [una molestia].
destrabazón *f.* Acción de destrabar. 2 Efecto de destrabar.
destral (b. l. *dextrale*) *m.* Hacha pequeña que se maneja gralte. con una sola mano.
destraleja *f.* Destral pequeño.
destralero *m.* El que tiene por oficio hacer o vender destrales.
destramar *tr.* Sacar la trama [de la tela].
destratar *tr. Amér.* Romper el trato. 2 *Colomb.* Colocar de nuevo [una cosa] en su sitio.
destrate *m. Colomb.* y *Venez.* Destrueque.
destre *m.* Medida mallorquina de longitud (4,21 m.). 2 *~ superficial,* medida de un destre de lado.
destrejar *intr.* Obrar diestramente.
destrenzar *tr.* Deshacer [lo trenzado]. ◇ ** CONJUG. [4] como *realizar.*
destreza *f.* Habilidad, arte: *obrar con ~.*
SIN. v. **Habilidad; agilidad, soltura,** facilidad, rapidez de movimientos; **mano, buena mano, maña, primor** (intens., estimativo), destreza en el trabajo manual.
destrincar *tr.* MAR. Desatar [una cosa trincada]. ◇ ** CONJUG. [1] como *sacar.*
destripacuentos *com.* fam. Persona que interrumpe inoportunamente un relato. ◇ Pl.: *destripacuentos.*
destripador, -ra *adj.-s.* Que destripa.
destripagasones *m. La Mancha.* fig., fam. *y* desp. Destripaterrones. ◇ Pl.: *destripagasones.*
destripamiento *m.* Acción de destripar. 2 Efecto de destripar.
destripar (paras.) *tr.* Quitar o sacar las tripas: *el toro destripó un caballo.* 2 p. anal. Sacar lo interior [de una cosa]: *~ el almohadón.* 3 Despachurrar (aplastar): *la rueda le destripó un pie.* 4 fig. *y* fam. Destruir el efecto [de un relato] anticipando un oyente el desenlace o solución. -5 *intr. Méj.* fam. Abandonar [los estudios, el estado religioso].
destripaterrones (de *destripar + terrón*) *m.* desp. Gañán o jornalero que cava o ara la tierra. ◇ Pl.: *destripaterrones.*
destrísimo, -ma *adj.* Superl. de *diestro.*
destriunfar *tr.* En ciertos juegos de naipes, sacar los triunfos un jugador [a otro u otros], obligándoles a echarlos.
destrizar *tr.* Hacer trizas [una cosa]. -2 *prnl.* Consumirse, deshacerse por un enfado. ◇ ** CONJUG. [4] como *realizar.*
SIN. *1* **Trizar.**
destrocar *tr.* Deshacer el trueque o cambio [de alguna cosa]. ◇ ** CONJUG. [49] como *trocar.*
SIN. **Descambiar.**
destrón (de *diestro*) *m.* desus. Lazarillo.
destronamiento *m.* Acción de destronar. 2 Efecto de destronar.
destronar (paras.) *tr.* Echar del trono [a un rey]. 2 fig. Desposeer [a uno] de su preeminencia.
SIN. **Desentronizar.**
destroncadora *f.* Máquina us. para destroncar.
destroncamiento *m.* Acción de destroncar. 2 Efecto de destroncar.
destroncar (l. *detruncare*) *tr.* Cortar, tronchar [un árbol] por el tronco. 2 Truncar, interrumpir [cosas no materiales]: *~ un discurso.* 3 Cortar o descoyuntar [el cuerpo o parte de él]. 4 p. ext. Rendir de fatiga: *prnl., nos hemos destroncado trabajando.* 5 fig. Embarazar [a uno] en sus negocios, arruinarle. 6 *Chile, Méj.* y *Nicar.* Descuajar, arrancar [plantas] o quebrarlas con el pie. ◇ ** CONJUG. [1] como *sacar.*
destronque *m. Chile* y *Méj.* Descuaje.
destroyer *m.* desus. MAR. Cazatorpedero.
destrozador, -ra *adj.-s.* Que destroza.
destrozar *tr.* Despedazar, romper, hacer trozos [una cosa]. 2 fig. Gastar inconsideradamente. 3 fig. Estropear, maltratar, deteriorar. 4 fig. Aniquilar, causar gran quebranto moral. -5 *prnl.* fig. Esforzarse mucho físicamente. -6 *tr.* MIL. Derrotar [a los enemigos] con mucha pérdida. ◇ ** CONJUG. [4] como *realizar.*
destrozo *m.* Acción de destrozar: *la lluvia causó destrozos en la huerta.* 2 Efecto de destrozar.
destrozón, -zona *adj.-s.* fig. Que destroza o rompe mucho: *niño ~.* -2 *f.* Disfraz de mamarracho, formado con harapos.
destrucción (l. *-ctione*) *f.* Acción de destruir. 2 Efecto de destruir. 3 Ruina, asolamiento, pérdida casi irreparable.
destructibilidad *f.* Calidad de destructible.
destructible *adj.* Destruible.
destructivamente *adv. m.* Con destrucción.
destructividad *f.* Calidad de destructivo: *la ~ del tiempo.*
destructivo, -va (l. *-vu*) *adj.* Que destruye o puede destruir.
destructor, -ra (l. *-ctore*) *adj.-s.* Que destruye. -2 *m.* Buque de guerra rápido, armado con artillería de mediano calibre, empleado principalmente contra los submarinos en la protección de convoyes.
destructorio, -ria *adj.* Destructivo.
destrueco, -que *m.* Acción de destrocar. 2 Efecto de destrocar.
destruible *adj.* Que puede destruirse.

destruición *f.* desus. Destrucción.
destruir (l. *-uere*) *tr.* Arruinar, deshacer [lo que está construido u otra cosa material]. 2 fig. Deshacer, inutilizar [una cosa no material]: ~ *un argumento.* 3 fig. Malbaratar [la hacienda]. 4 Estorbar [a uno] los medios de vida o privarle de ellos. -5 *prnl.* MAT. Anularse mutuamente dos cantidades iguales y de signo contrario. ◇ ** CONJUG. [62] como *huir.*
SIN. *1* **Devastar,** intens.
destusar *tr. Amér. Central.* Deshojar [la mazorca de maíz], quitarle la hoja o tusa. 2 *Cuba.* Cortar las crines [a una caballería]. 3 *Guat.* Robar. 4 *Guat.* Murmurar.
destustuzar *tr. Chile.* Desnucar, descogotar. -2 *prnl. Chile.* Romperse la crisma. ◇ ** CONJUG. [4] como *realizar.*
destutanar *tr. Extr.* y *Chile.* Sacar el tuétano de los huesos. -2 *prnl. Colomb.* Despampanarse, romperse la crisma. 3 *Cuba* y *P. Rico.* Consumirse, desvivirse.
desubstanciar *tr.* Desustanciar. ◇ ** CONJUG. [12] como *cambiar.*
desucación *f.* Acción de desucar. 2 Efecto de desucar.
desucar (del l. *sucu,* jugo) *tr.* QUÍM. Desjugar. ◇ ** CONJUG. [1] como *sacar.*
desudación *f.* Acción de desudar. 2 Efecto de desudar.
desudar *tr.-prnl.* Quitar el sudor [a uno].
desuellacaras (de *desolllar* + *cara*) *m.* desp. Barbero que afeita mal. -2 *com.* desp. Persona desvergonzada, de malas costumbres. ◇ Pl.: *desuellacaras.*
desuello *m.* Acción de desollar. 2 Efecto de desollar. 3 fig. Desvergüenza, descaro.
desueradora *f.* Máquina us. para desuerar.
desuerar *tr.* Eliminar el suero [de la manteca, mantequilla, queso u otros productos].
desuero *m.* Acción de desuerar. 2 Efecto de desuerar.
desueto, -ta *adj.* Desusado.
desuetud (l. *desuetudo*) *f.* Desuso.
desugar *tr. Sal.* Fregar [la vajilla]. ◇ ** CONJUG. [7] como *llegar.*
desulfuración *f.* Acción de desulfurar. 2 Efecto de desulfurar.
desulfurar *tr.* Eliminar [de una cosa] el azufre o sus compuestos.
desuncir *tr.* Desatar del yugo [las bestias uncidas a él]. ◇ ** CONJUG. [3] como *zurcir.*
SIN. **Desyugar.**
desunidamente *adv. m.* Sin unión.
desunificar *tr. Chile* y *Guat.* Desunir. ◇ ** CONJUG. [1] como *sacar.*
desunión *f.* Separación de las partes que componen un todo, o de las cosas que estaban unidas. 2 fig. Discordia.
desunir (*des-* + *unir*) *tr.* Apartar o separar [lo que estaba unido]. 2 fig. Hacer cesar la buena correspondencia [entre dos o más personas].
desuñar (paras.) *tr.* Quitar o arrancar las uñas: ~ *un animal.* 2 Arrancar las raíces viejas [de las plantas]. -3 *prnl.* fig. Ocuparse con afán en un trabajo manual difícil. 4 fam. Entregarse totalmente a un vicio, esp. al robo.
desuñir *tr. Extr., León, Sal., Vall., Zam.* y *Argent.* Desuncir. ◇ ** CONJUG. [40] como *muñir.*
desurcar *tr.* Deshacer los surcos. ◇ ** CONJUG. [1] como *sacar.*
desurdir (*des-* + *urdir*) *tr.* Deshacer [una tela]; quitar la urdimbre. 2 fig. Desbaratar [una trama o intriga].
desurtido, -da *adj. Amér.* Desprovisto de surtido.
desurtir *tr. Perú* y *P. Rico.* Dejar de surtir.
desusadamente *adv. m.* Fuera de uso.
desusado, -da *adj.* Desacostumbrado, insólito. 2 Que ha dejado de usarse.
desusar (*des-* + *usar*) *tr.* Dejar de usar [una cosa].
desuso *m.* Falta de uso (práctica). 2 DER. Falta de aplicación, o inobservancia de una ley que, sin embargo, no implica su derogación.
desustanciar *tr.-prnl.* Quitar la substancia [a una cosa]. ◇ ** CONJUG. [12] como *cambiar.* ◇ También *desubstanciar.*
SIN. **Deslavar, deslavazar;**
desvahar (*des-* + *vahar*) *tr.* AGR. Quitar lo marchito o seco [de una planta].
desvaído, -da (port. *esvaido* < l. *evanescere,* desvanecer) *adj.* [persona] Alto y desairado. 2 [color] Bajo y disipado. 3 Impreciso, poco definido. 4 [vino] De poca consistencia en el paladar.
SIN. *2* **Pálido.**
desvainadura *f.* Acción de desvainar. 2 Efecto de desvainar.
desvainar (paras.) *tr.* Sacar [las semillas] de las vainas: ~ *habas;* ~ *guisantes.*
desvaír *tr. Sal.* Vaciar, desocupar. -2 *prnl.* Perder la intensidad un color. ◇ Verbo defectivo; se usa sólo en los tiempos y personas cuya desinencia contiene la vocal *i,* que delante de *e* y *o* se convierte en *y: desvaía, desvairé, desvayó, desvayendo.*
desvalido, -da (paras.) *adj.-s.* Desamparado, falto de ayuda y socorro.
desvalijador, -ra *m. f.* Persona que desvalija.
desvalijamiento *m.* Acción de desvalijar. 2 Efecto de desvalijar.
desvalijar (paras.) *tr.* Robar el contenido [de una valija, baúl, etc.]. 2 fig. Despojar [a uno] de su dinero o bienes mediante robo, engaño, juego, etc.
desvalijo *m.* Desvalijamiento.
desvalimiento *m.* Desamparo, falta de ayuda o favor.
desvalorar *tr.* Desvalorizar. 2 Desacreditar, desautorizar [a alguien].
desvalorización *f.* Acción de desvalorizar. 2 Efecto de desvalorizar. 3 ECON. Disminución del valor de las partidas del activo.
SIN. **Devaluación, desvaluación, depreciación.**
desvalorizar *tr.* Depreciar. ◇ ** CONJUG. [4] como *realizar.*
desvaluación *f.* Desvalorización, devaluación.
desván (del l. *vanu,* vacío) *m.* Parte más alta de la casa, inmediata al tejado. 2 ~ *gatero,* que no es habitable.
SIN. **Buharda, buhardilla, bohardilla, boardilla, camaranchón, guardilla, sobrado, zaquizamí.**
desvanecedor, -ra *adj.* Que desvanece. -2 *m* Aparato para desvanecer parte de una fotografía al sacar la positiva.
desvanecer (l. *evanescere*) *tr.-prnl.* Disgregar o difundir las partículas [de un cuerpo] de modo que desaparezcan de la vista: ~ *el humo.* 2 p. anal. Suprimir, anular, promover la desaparición: ~ *una duda;* ~ *una sospecha;* ~ *una conspiración.* 3 fig. *y* ant. Inducir a vanidad: *la gloria desvanece a los hombres.* 4 Borrar de la mente [una idea, una imagen, etc.]. -5 *prnl.* Exhalarse, evaporar la parte volátil de alguna cosa: *desvanecerse el vino.* 6 fig. Turbarse el sentido, desmayarse. ◇ ** CONJUG. [43] como *agradecer.*
desvanecido, -da *adj.* ant. Soberbio, vanidoso.
desvanecimiento *m.* Acción de desvanecer. 2 Efecto de desvanecer. 3 ant. Envanecimiento. 4 En radiotelefonía, disminución de la intensidad de las ondas sonoras en la recepción.
desvaporizadero (paras. de *vaporizar*) *m.* Lugar por donde se evapora o respira [una cosa].
desvarar *tr.* desus. Resbalar, deslizarse. 2 MAR. Poner a flote [la nave que estaba varada].
SIN. **Esvarar.**
desvaretar *tr. And.* Quitar los chupones a los árboles y esp. a los olivos.
desvariado, -da (de *desvariar*) *adj.* Que delira. 2 Sin tino. 3 [rama del árbol] Larga y loca.
desvariar *intr.* Delirar, decir locuras o despropósitos. ◇ **CONJUG. [13] como *desviar.*
SIN. **Prevaricar,** fig. y fam.
desvarío *m.* Dicho o hecho fuera de concierto. 2 Delirio que sobreviene a algunos enfermos. 3 fig. Que sale del orden regular y común de la naturaleza. 4 fig. Desigualdad, inconstancia y capricho.
desvasar *tr. Argent.* Cortar o arreglar el casco o vaso [de una caballería].
desvastar *tr.* vulg. Devastar.
desvastigar (paras. de *vástiga*) *tr.* Chapodar (cortar ramas). ◇ ** CONJUG. [7] como *llegar.*
desveda *f.* Época en que se levanta la veda.
desvedar (*des-* + *vedar*) *tr.* Revocar la prohibición que [una cosa] tenía.
desveladamente *adv. m.* Con desvelo.
desvelamiento *m.* Desvelo.
desvelar *tr.* Quitar el sueño [a uno]. 2 fig. Descubrir, poner de manifiesto. -3 *prnl.* fig. Poner gran cuidado en lo que se desea hacer o conseguir: *desvelarse por su familia.*
desvelo *m.* Acción de desvelar o desvelarse. 2 Efecto de desvelar o desvelarse.
desvenar (paras.) *tr.* Quitar las venas [a la carne]. 2 Sacar de la vena o filón [el mineral]. 3 Quitar las fibras [a las hojas de las plantas]: ~ *el tabaco.* 4 EQUIT. Levantar los cañones [del freno] por el nudo, arqueándolos para que hagan montada.

desvencijar (paras. de *vencejo* I) ***tr.-prnl.*** Aflojar, desconcertar las partes [de una cosa]: ~ *una silla.*
desvendar ***tr.*** Quitar la venda o el vendaje [de lo que estaba vendado].
SIN. **Desenvendar.**
desveno (de *desvenar*) ***m.*** Arco que en el centro del bocado forma el hueco necesario para alojar la lengua del caballo.
SIN. **Montada.**
desventaja ***f.*** Mengua o perjuicio notado por comparación.
desventajosamente ***adv. m.*** Con desventaja.
desventajoso, -sa ***adj.*** Que acarrea desventaja.
desventar ***tr.*** Sacar el aire [de un lugar] donde está encerrado. ◇ ** CONJUG. [27] como ***acertar.***
desventura (*des-* + *ventura*) ***f.*** Desgracia (desdicha).
SIN. **Desaventura,** p. us.
desventuradamente ***adv. m.*** Con desventura.
desventurado, -da ***adj.*** Desgraciado (desdichado). -2 ***adj.-s.*** Cuitado, pobrete, sin espíritu. 3 Avariento, miserable.
desvergonzadamente ***adv. m.*** Con desvergüenza.
desvergonzado, -da ***adj.-s.*** Que habla u obra con desvergüenza.
SIN. **Sinvergüenza, poca vergüenza; inverecundo,** pertenece al leng. culto.
desvergonzarse ***prnl.*** Descomedirse, insolentarse: ~ *con alguno.* ◇ ** CONJUG. [50] como ***forzar.***
desvergüenza (*des-* + *vergüenza*) ***f.*** Falta de vergüenza, insolencia. 2 Dicho o hecho impúdico o insolente.
SIN. **Inverecundia** (leng. culto); **sinvergüencería, sinvergonzonería, procacidad; valor, osadía, audacia, atrevimiento,** se usan también con este significado, tomándolos en mala parte.
desvestir ***tr.*** Desnudar. ◇ ** CONJUG. [34] como ***servir.***
desvezar ***tr.*** Desacostumbrar. 2 *Ar.* Destetar. 3 *Ar.* Aislar los mugrones de la cepa madre, cuando ya tienen bastantes raíces propias. ◇ ** CONJUG. [4] como ***realizar.***
desviación (v. *deviación*) ***f.*** Acción de desviar o desviarse: ~ *del péndulo;* ~ *de la columna vertebral.* 2 Efecto de desviar o desviarse. 3 Ángulo formado por el plano del meridiano magnético y el de la aguja imantada cuando ésta es atraída por un imán. 4 Cosa anormal o aberrante, irregularidad, anomalía. 5 Tramo de una carretera que se aparta de la general para unirse luego con ella después de haber rodeado un pueblo. 6 Camino provisional por el que han de circular los vehículos mientras está en reparación un tramo de carretera. 7 MED. Paso de los humores fuera de su conducto natural. 8 MIN. Vena que al cruzar otra sigue la dirección de ésta en cierta longitud.
SIN. *5* v. **Carretera de circunvalación.**
desviacionismo ***m.*** Acción de apartarse de unos principios o de una línea de conducta. 2 Efecto de apartarse de unos principios o de una línea de conducta.
desviacionista ***adj.-s.*** Que se aparta de un ideario o línea de conducta.
desviador, -ra ***adj.*** Que desvía.
desviar (l. *deviare*) ***tr.-prnl.*** Alejar, separar de su lugar o camino [una cosa]: ~ *el curso de un río; desviarse del camino.* 2 fig. Disuadir o apartar [a uno] de su propósito. -3 ***tr.*** ESGR. Separar [la espada del contrario] formando otro ángulo. ◇ **CONJUG. [13].
desviejar ***tr.*** Entre ganaderos, separar o apartar [del rebaño] las ovejas o carneros viejos.
desvinculación ***f.*** Acción de desvincular. 2 Efecto de desvincular.
desvincular ***tr.*** Romper la vinculación o lazo entre las personas, instituciones, etc. 2 *Argent.* y *Chile.* Desamortizar.
desvío ***m.*** Desviación (ángulo magnético). 2 fig. Desapego, desagrado: *tratar a uno con* ~. 3 Vía o camino que se aparta de otro principal. 4 Cambio de trazado provisional en una carretera o camino. 5 Ruta más larga que se impone a la circulación de vehículos cuando circunstancias especiales impiden seguir el recorrido normal. 6 ALBAÑ. Listón de madera que se sujeta horizontalmente en los tablones de los andamios suspendidos, y se apoyan en la fábrica para evitar el movimiento de vaivén. 7 *Can.* Lance de la lucha canaria. 8 *Argent., Chile* y *P. Rico.* Apartadero de una vía férrea.
I) desvirar (paras.) ***tr.*** Recortar lo superfluo [de la suela del zapato]. 2 Recortar [el libro] el encuadernador.
II) desvirar (*des-* + *virar*) ***tr.*** Dar vueltas al cilindro de los tornos y cabrestantes en sentido contrario a las que se dieron para virar [el cable o cuerda].
desvirgar ***tr.*** Hacer perder la virginidad [a una doncella]. 2 vulg. Estrenar una cosa. ◇ ** CONJUG. [7] como ***llegar.***
SIN. *1* **Desflorar.**
desvirtuar (paras.) ***tr.*** Quitar la virtud o vigor [a una cosa]: ~ *un perfume;* ~ *un argumento.* ◇ ** CONJUG. [11] como ***actuar.***
desvitrificación ***f.*** Acción de desvitrificar. 2 Efecto de desvitrificar.
desvitrificar ***tr.*** Hacer perder el estado de vitrificación [a un cuerpo]. 2 Hacer perder [al vidrio] su transparencia por la acción prolongada del calor. ◇ ** CONJUG. [1] como ***sacar.***
desvivirse ***prnl.*** Mostrar incesante y vivo interés o solicitud por una persona o cosa.
SIN. **Despulsarse.**
desvolcanarse ***prnl.*** *Colomb.* Derrumbarse, desmoronarse.
desvolvedor ***m.*** Instrumento para apretar o aflojar las tuercas.
desvolver (*des-* + *volver*) ***tr.*** Alterar [una cosa], darle otra figura. 2 Arar [la tierra], mullirla y trabajarla. 3 Aflojar [una tuerca o tornillo] dándole vueltas. ◇ ** CONJUG. [32] como ***mover;*** pp. irreg.: ***desvuelto.***
desvuelto, -ta, pp. irreg. de *desvolver.*
desyemar (paras.) ***tr.*** Quitar las yemas [a las plantas]. 2 Sacar la yema del huevo.
desyerba ***f.*** Escarda.
desyerbador, -ra ***adj.-s.*** Que desyerba.
desyerbar (paras.) ***tr.*** Desherbar.
desyerbo ***m.*** *Amér.* Desyerba.
desyugar (paras. de *yugo*) ***tr.*** Desuncir. ◇ ** CONJUG. [7] como ***llegar.***
deszocar (paras. de *zoco*) ***tr.*** Maltratar [el pie o la mano] de modo que quede impedido su uso. 2 Quitar el zócalo [de una columna]. ◇ ** CONJUG. [1] como ***sacar.***
deszulacar ***tr.*** Quitar el zulaque. ◇ ** CONJUG. [1] como ***sacar.***
deszumar ***tr.-prnl.*** Sacar o quitar el zumo.
detall (al ~) ***loc. adv.*** Al por menor.
SIN. **Al menudeo, a la menuda.**
detalladamente ***adv. m.*** Por menor.
detallar ***tr.*** Tratar, referir, enunciar, etc. [una cosa] con todos los detalles. 2 Vender al detall [una mercancía].
detalle ***m.*** Pormenor; relación, cuenta o lista circunstanciada. 2 Delicadeza, finura. 3 *Amér.* Comercio al por menor. 4 *Guat.* Conquista amorosa.
detallista ***com.*** Persona que cuida mucho de los detalles: *un pintor* ~. 2 Comerciante que vende al por menor.
SIN. *2* **Minorista.** CONTR. **Mayorista,** el que vende al por mayor.
detasa (fr. *détaxe*) ***f.*** Rectificación de portes pagados en los ferrocarriles, u otros medios de transporte, cuando ha lugar a hacer rebaja en ellos, para devolver el exceso de lo cobrado.
detección ***f.*** Acción de detectar. 2 Efecto de detectar. 3 Demodulación.
detectar (ing. *to detect* < l. *detegĕre*) ***tr.*** Revelar, descubrir: ~ *las ondas sonoras;* ~ *un yacimiento mineral.* ◇ Se usa generalmente como tecnicismo.
detective (ing. < *to detect,* descubrir) ***com.*** Persona que se ocupa en hacer investigaciones reservadas y particulares, y que, en ocasiones, interviene en los procedimientos judiciales.
detectivesco, -ca ***adj.*** Referente o relativo al detective o a su profesión.
detector, -ra (l., que descubre) ***adj.*** Que detecta o sirve para detectar. -2 ***m.*** Elemento de un receptor de radiotelegrafía, radiotelefonía o televisión que sirve para cambiar las oscilaciones captadas por la antena en otras de menor frecuencia utilizables en los órganos de registro o audición. 3 ~ ***de mentiras,*** aparato empleado para registrar los cambios involuntarios que sufre la persona que está sometida a un interrogatorio.
detención (l. *-ntione*) ***f.*** Acción de detener o detenerse. 2 Efecto de detener o detenerse. 3 Dilación, prolijidad. 4 Arresto (reclusión).
SIN. *1* y *2* **Parada.** *3* **Detenimiento, tardanza.**
detenedor, -ra ***adj.-s.*** Que detiene.
detener (l. *detinere*) ***tr.*** Suspender [una cosa], impedir que pase adelante: ~ *el paso; detenerse con,* o *en, los obstáculos.* 2 Arrestar [poner preso]. 3 Retener, conservar [una cosa]: ~ *una cantidad en su poder.* -4 ***prnl.*** Retardarse o irse despacio; pararse a considerar una cosa: *detenerse a revisar las cuentas.* ◇ ** CONJUG. [87] como ***tener.***
SIN. *1* **Tener, parar.**

detenidamente *adv. m.* Con detención.

detenido, -da *adj.-s.* Arrestado, preso. 2 Embarazado, de poca resolución. 3 Minucioso. 4 Escaso, miserable.

detenimiento *m.* Detención (dilación).

detentación (l. *-atione*) *f.* Acción de detentar. 2 Efecto de detentar.

detentador (l. *-atore*) *m.* El que retiene la posesión de lo que no es suyo.

detentar (l. *-are*) *tr.* Retener uno sin derecho [lo que no le pertenece]. ◇ INCOR.: por ocupar, desempeñar, ostentar un cargo lícitamente.

detentor, -ra *m. f.* Detentador.

detergente *adj.-m.* Substancia que se emplea para lavar o aumentar la eficacia del lavado: ~ *para la ropa;* ~ *para motores.* 2 MED. Detersivo, detersorio.

deterger (l. *-ere*) *tr.* Limpiar un objeto sin corroerlo. 2 MED. Limpiar [una úlcera o herida]. ◇ ** CONJUG. [5] como ***proteger.***

deterior *adj.* p. us. Que es de calidad inferior a la de otra cosa de su especie.

deterioración *f.* Deterioro.

deteriorador, -ra *adj.* Que deteriora.

deteriorar (l. *-are*) *tr.-prnl.* Hacer inferior [una cosa] en calidad o valor, echarla a perder; estropearla.

deterioro *m.* Acción de deteriorar o deteriorarse. 2 Efecto de deteriorar o deteriorarse.

determinable *adj.* Que se puede determinar.

determinación (l. *-atione*) *f.* Acción de determinar o determinarse. 2 Efecto de determinar o determinarse. 3 Osadía, valor, resolución.

determinadamente *adv. m.* Con determinación.

determinado, -da *adj.-s.* Osado, valeroso. 2 Preciso, fijo: *una hora determinada.* 3 GRAM. V. artículo.

determinante *m.* LING. Constituyente del sintagma nominal que depende del nombre; morfema gramatical que depende en género y número del substantivo al que especifica. 2 MAT. Polinomio que tiene como términos todos los productos posibles (con sus signos correspondientes) de *n* términos de una matriz cuadrada de orden *n* de tal manera que cada producto contenga un elemento de cada fila y otro de cada columna. Estos productos llevan los signos + o — según que las permutaciones de los índices que indican las filas y las columnas sean de la misma o de distinta clase.

determinar (l. *-are*) *tr.* Fijar, precisar [una cosa] previa deliberación o estudio: ~ *el volumen de un cuerpo;* ~ *la distancia del sol a la tierra;* ~ *el día de salir.* 2 ~ ***una palabra,*** señalar su extensión, función o significado, por medio de otras palabras de la misma oración. 3 p. anal. Causar, producir: *tales circunstancias determinaron la decadencia del Imperio.* 4 Distinguir, discernir: *no llegó a* ~ *quién fue.* 5 Tomar o hacer tomar la resolución [de realizar una cosa]: *determiné marcharme;* ***prnl.,*** *determínate a estudiar; la noticia me determinó a obrar.* 6 DER. Sentenciar, definir: ~ *un pleito.*

determinativo, -va *adj.* Que determina o resuelve. 2 GRAM. V. adjetivo: ***oración determinativa*** (o *especificativa*), la subordinada adjetiva o de relativo que especifica al antecedente.

determinismo *m.* Doctrina metafísica que afirma que todo fenómeno está determinado de una manera necesaria por las circunstancias o condiciones en que se produce, y, por consiguiente, ninguno de los actos de nuestra voluntad es libre, sino necesariamente condicionado.

REL. El determinismo se diferencia del **fatalismo** en que mientras en éste los acontecimientos se hallan predeterminados *ab æterno* de un modo necesario por un agente exterior, en el determinismo el poder se halla colocado en el agente mismo.

determinista *adj.* Relativo al determinismo. -2 ***adj.-com.*** Partidario del determinismo.

detersión (l. *detergere,* limpiar) *f.* Acción de limpiar o purificar. 2 Efecto de limpiar o purificar. 3 Acción erosiva del hielo en movimiento.

detersivo, -va, detersorio, -ria (v. *detersión*) *adj.-m.* MED. Que limpia o purifica.

SIN. **Detergente, abluente.**

detestable (l. *-abile*) *adj.* Abominable, execrable, pésimo.

detestablemente *adv. m.* De un modo detestable.

detestación (l. *-atione*) *f.* Acción de detestar. 2 Efecto de detestar.

detestar (l. *-ari*) *tr.* Condenar y maldecir [a personas o cosas] tomando al cielo por testigo. -2 ***intr.*** Aborrecer (odiar): ~ *de la mentira.*

detienebuey *m.* Gatuña. ◇ Pl.: *detienebueyes.*

detinencia *f.* p. us. Detención.

detonación *f.* Acción de detonar. 2 Efecto de detonar. 3 Explosión rápida capaz de iniciar la de un explosivo relativamente estable. 4 Ruido ocasionado por una explosión.

detonador, -ra *adj.* Que provoca o causa detonación. -2 ***adj.-s.*** fig. Que desencadena [una acción o proceso]: *el* ~ *de la conflictividad laboral.* -3 ***m.*** Mixto que se pone en un artefacto explosivo para producir su detonación.

detonante *adj.* Que puede detonar. -2 ***m.*** Agente capaz de producir detonación. 3 Lo que llama la atención por contraste violento.

detonar (l. *-are*) *intr.* Dar un estampido como un trueno. -2 ***tr.*** Iniciar una explosión o un estallido. 3 fig. Llamar la atención, causar asombro, admiración, etc.

detorsión (l. *detorquere,* torcer) *f.* Distensión; torcedura (distorsión).

detracción (l. *-ctione*) *f.* Acción de detraer. 2 Efecto de detraer.

detractar (l. *-are*) *tr.* Detraer (infamar).

detractor, -ra (l.) *adj.-s.* Maldiciente o infamador.

detraer (l. *-ahere*) *tr.* Substraer, tomar parte [de una cosa]. 2 fig. Denigrar, infamar. ◇ ** CONJUG. [88] como ***traer.***

detraimiento *m.* Detracción.

detrás (l. *de* + *trans*) *adv. l.* En la parte posterior: *vienen* ~*; iremos* ~*;* cuando la posterioridad se indica en relación con una persona o cosa, se usa ~ *de:* ~ *de mí;* ~ *de la puerta.* 2 Precedido gralte. de la prep. *por,* en ausencia: *todos hablan por* ~ *de él,* o ~ *de él.*

SIN. *1* **Atrás** localiza más vagamente que **detrás**, comp. *están detrás* con *están atrás* (=hacia atrás), si bien la diferencia es a menudo poco perceptible; **atrás**, admite grados de comparación (*más, menos, tan atrás*). *2* el uso de **tras**, en este caso, se siente como lit.: *iban tras (de) él; están tras (de) la puerta.*

detrición *f.* GEOL. Proceso natural de erosión de los estratos.

detrimento (l. *detrimentu,* der. de *deterere,* quitar rozando) ***m.*** Destrucción leve. 2 Pérdida, quebranto. 3 fig. Daño moral.

detrítico, -ca *adj.* GEOL. Formado por detritos: *terreno* ~.

detritívoro, -ra (de *detrito* + *-voro*) *adj.* ZOOL. Que se alimenta de detritos.

detrito *m.* Resultado de la descomposición de una masa sólida en partículas. ◇ También se usa la forma l. *detritus* (sing. y pl.) tanto en sentido recto como fig.: *detritus de una roca, de la sociedad.*

deturpar *tr.* Afear, manchar, estropear, deformar.

deuda (l. *debita;* pl. de *debitu*) *f.* Obligación que uno tiene o contrae de pagar, gralte. en dinero, o reintegrar algo a otro: *contraer deudas;* ~ ***amortizable,*** aquella cuyo capital es reembolsable a plazo determinado; ~ ***consolidada,*** la amortizable que ha sido objeto de consolidación; ~ ***exterior,*** la que se paga al extranjero con moneda extranjera; ~ ***flotante,*** la que no está consolidada y puede variar todos los días; ~ ***interior,*** la que se paga en el propio país con moneda nacional; ~ ***perpetua,*** aquella cuyo capital no es exigible nunca; ~ ***pública,*** la que el estado tiene reconocida por medio de títulos que devengan interés; ~ ***tributaria,*** cantidad total que el sujeto pasivo ha de pagar en favor de la hacienda pública como consecuencia de la aplicación o exacción de un tributo. 2 Pecado, culpa, ofensa: *perdónanos nuestras deudas.*

deudo, -da (v. *débito*) *m. f.* Pariente (familiar). -2 ***m.*** Parentesco.

deudor, -ra (l. *debitore*) *adj.-s.* Que debe: ~ *a,* o *de, la Hacienda;* ~ *en,* o *por, muchos miles.*

CONTR. **Acreedor.**

deuter-, v. deutero-.

deuteragonista (*deuter-* + gr. *agonistos,* actor) *com.* Personaje que sigue en importancia al protagonista, en las obras literarias o análogas.

REL. **Protagonista.**

deuterio (gr. *deúteros,* segundo) *m.* QUÍM. Isótopo de hidrógeno, cuyo peso atómico es doble que el del hidrógeno normal.

SIN. **Hidrógeno pesado.**

deutero-, deuter-, deuto- (del gr. *deúteros,* segundo) Elemento prefijal que entra en la formación de palabras con el significado de segundo: *deuteropatía, deuteragonista, deutóxido.*

deuteromicetes *m. pl.* Hongos imperfectos, que no forman esporas, clase de hongos dentro de la división de los eumicetes.

deuterón *m.* Núcleo del átomo de hidrógeno pesado o deuterio.

SIN. **Deutón.**

Deuteronomio (gr. *-ión* < *deúteros*, segundo + *nomos*, ley) *n. pr.* BIB. Quinto libro del Pentateuco.
deuteropatía (*deutero-* + *-patía*) *f.* PAT. Enfermedad desarrollada como consecuencia de otra anterior.
deuto-, v. deutero-.
deutón *m.* Deuterón.
deutóxido *m.* Bióxido.
devalar (port.) *intr.* MAR. Abatir (derivar).
devaluación *f.* Acción de devaluar. 2 Efecto de devaluar. 3 Modificación del tipo de cambio oficial que reduce el valor de la moneda nacional en relación con las monedas extranjeras y con su patrón metálico.
devaluar *tr.* Cambiar el valor [a una moneda u otra cosa]. 2 Desvalorizar. ◇ ** CONJUG. [11] como *actuar.*
SIN. **Desvalorizar.** REL. **Depreciar, apreciar, revalorizar.**
devanadera *f.* Instrumento giratorio, de cañas o de listones de madera cruzados, alrededor de un eje vertical y fijo en un pie, donde se colocan las madejas para devanarlas. 2 Soporte para enrollar la madeja en estas máquinas. 3 Artefacto sobre el que se mueve un bastidor pintado por los dos lados para hacer mutaciones rápidas en el teatro. 4 Estructura antropomórfica, gralte. de madera, que se cubre con tejidos en las imágenes de vestir.
SIN. *1* **Argadijo, argadillo.**
devanado *m.* Hilo de cobre con revestimiento aislador, que se arrolla y forma parte de algunas máquinas eléctricas. 2 Operación de desenrollar los filamentos de seda de un capullo y reunirlos para formar el hilo de seda.
devanador, -ra *adj.-s.* Que devana. -2 *m.* Alma del ovillo. 3 *Amér.* Devanadera.
devanagari *adj.-m.* Alfabeto empleado por algunas lenguas indoarias; como el sánscrito, el hindi y el bengalí.
devanar (l. **depanare*) *tr.* Arrollar [hilo] en ovillo o carrete: ~ *una madeja.* -2 *prnl. Cuba* y *Méj.* Retorcerse de risa, dolor, llanto, etc.
devaneador, -ra *adj.* Que devanea.
devanear (paras. de *vanear*) *intr.* Decir o hacer devaneos; disparatar.
devaneo *m.* Delirio, desatino, desconcierto. 2 Distracción, pasatiempo vano y reprensible. 3 Amorío pasajero.
devantal *m.* p. us. Delantal.
devastación (l. *-atione*) *f.* Acción de devastar. 2 Efecto de devastar.
devastador, -ra (l. *-atore*) *adj.-s.* Que devasta.
devastar (l. *-are*) *tr.* Destruir [un territorio], arrasando sus edificios o asolando sus campos. 2 p. ext. Destruir (arruinar).
develar *tr.* Quitar o descorrer el velo que cubre alguna cosa. 2 Descubrir, revelar lo oculto o secreto.
develizar *tr. Nicar.* Descorrer o quitar el velo, descubrir. ◇ **CONJUG. [4] como *realizar.*
devengar (l. *vindicare*, reivindicar) *tr.* Adquirir derecho [a retribución] por razón de trabajo, servicio, etc.: ~ *salarios;* ~ *intereses.* ◇ ** CONJUG. [7] como *llegar.* ◇ INCOR.: por causar, ocasionar: ~ *perjuicios;* ~ *pérdidas.*
devengo *m.* Cantidad devengada. 2 Acción de devengar. 3 Efecto de devengar.
I) devenir (fr.) *intr.* Sobrevenir, acaecer. 2 FIL. Llegar a ser. ◇ ** CONJUG. [90] como *venir.*
II) devenir *m.* FIL. Realidad entendida como proceso o cambio; a veces se opone a ser. 2 FIL. Proceso mediante el cual algo se hace o llega a ser.
deverbal *adj.-s.* GRAM. Palabra, y esp. nombre, derivada de un verbo: *empuje*, de *empujar.*
deverbativo, -va *adj.-s.* GRAM. Deverbal.
devillina *f.* Mineral de la clase de los sulfatos que cristaliza en el sistema monoclínico; se presenta en costras de color verde o azulado.
devisa (v. *divisa*) *f.* Señorío solariego que se dividía entre hermanos coherederos. 2 Tierra sujeta a este señorío.
devisar *tr. Méj.* Atajar, detener.
devisero *m.* Hidalgo poseedor de devisa.
devoción (l. *-otione*) *f.* Veneración y fervor religioso; p. ext., prácticas religiosas. 2 Prontitud con que uno está dispuesto a hacer la voluntad de Dios. 3 fig. Costumbre buena, esp. devota. 4 Respeto reverente, abnegado: *tener gran* ~ *al rey.* 5 Inclinación, afición especial.
SIN. *1* **Unción,** gran devoción que se pone en palabras o actos.
devocionario *m.* Libro que contiene varias oraciones para uso de los fieles.
devolución *f.* Acción de devolver. 2 Efecto de devolver.
devolutivo, -va, devolutorio, -ria *adj.* DER. Que devuelve.
devolver (l. *-ere*, hacer rodar) *tr.* Volver [una cosa] al estado o situación que tenía: *no le devolveremos la salud; devuelve la mesa a su lugar.* 2 esp. Restituir [una cosa] a la persona que la poseía: ~ *el dinero;* corresponder a un favor, a un agravio, etc: ~ *bien por mal.* 3 Dar la vuelta a quien ha hecho un pago. 4 fam. Vomitar. 5 *Amér.* Volverse, regresar: *me devolví a casa* por *me volví.* ◇ ** CONJUG. [32] como *mover*; pp. irreg.: *devuelto.*
SIN. *2* **Retornar, tornar,** (ambos lit.).
devón (del nombre del condado inglés de *Devon*) *m.* Señuelo metálico en forma de pez, cuya parte posterior es un anzuelo triple.
devoniano, -na (del condado de *Devon*, Inglaterra) *adj.-s.* Devónico.
devónico, -ca *adj.-s.* GEOL. Período de la era primaria inmediatamente posterior al siluriano, y terreno a él perteneciente.
devorador, -ra (l. *-atore*) *adj.-s.* Que devora.
devorar (l. *-are*) *tr.* Tragar con ansia y apresuradamente. 2 Comer un animal [a otro o a otros]. 3 fig. Consumir, destruir: *el fuego devoró los libros.* 4 fig. Consagrar atención ávida [a una cosa]: ~ *con los ojos;* ~ *un libro.* 5 *Cuen.* Deteriorar.
SIN. *1* v. **Comer.**
devotamente *adv. m.* Con devoción.
devotería *f.* Acto de falsa devoción.
devoto, -ta (l. *-tu*) *adj.-s.* Que tiene devoción: *es un hombre muy* ~; *un* ~ *del rey.* 2 Que mueve a devoción: *una devota imagen.* -3 *m.* Objeto de la devoción de uno: *ese santo quiero tomar por* ~.
devuelto, -ta (l. *devolutu*) Pp. irreg. de *devolver.* 2 *f. Colomb.*, *P. Rico* y *S. Dom.* Vuelta, dinero que se devuelve en el cambio.
dexio- (gr. *dexiós*) Elemento prefijal que entra en la formación de palabras con el significado de que está a la derecha: *dexiocardia.*
dexiocardia (*dexio-* + *-cardia*) *f.* Desviación del corazón hacia la derecha.
SIN. **Dextrocardia.**
dextrina (l. *dextra*, que está a la derecha) *f.* Substancia sólida, gomosa, soluble, obtenida por la acción de los ácidos, el calor y las diastasas sobre el almidón.
dextro (l. *dextru*) *m.* Terreno alrededor de una iglesia, donde se gozaba del derecho de asilo.
dextro- (l. *dexter*) Elemento prefijal que entra en la formación de palabras con el significado de que está a la derecha.
dextrocardia (*dextro-* + *-cardia*) *f.* Dexiocardia.
dextrógiro, -ra (*dextro-* + *girar*) *adj.-m.* Cuerpo o substancia que desvía hacia la derecha el plano de polarización de la luz.
CONTR. **Levógiro,** si lo desvía hacia la izquierda.
dextroglucosa *f.* Dextrosa.
dextrorso, -sa (l. *-su*) *adj.* BOT. Que trepa girando hacia la derecha. 2 FÍS. Que se mueve a derechas, como las manecillas de un reloj.
CONTR. **Sinistrorso.**
dextrórsum *adv. l.* A derechas, como las manecillas de un reloj.
dextrosa (v. *dextrina*) *f.* Glucosa, esp. la de algunas frutas.
REL. Debe su nombre a que sus disoluciones desvían el rayo de luz polarizada hacia la derecha, en tanto que su isómero, la *levoglucosa*, lo desvía hacia la izquierda. SIN. **Dextroglucosa.**
dey (turco) *m.* Título del jefe que gobernaba la regencia de Argel. ◇ Pl.: *deyes.*
deyección (l. *deiectione*) *f.* Conjunto de materias arrojadas por un volcán o desprendidas de una montaña. 2 Defecación de los excrementos. 3 Los excrementos mismos.
deyector (l. *deiectore*) *m.* Aparato para evitar las incrustaciones que se producen en las calderas de vapor.
dezaga *adv. l. Murc.* Detrás.
dezmable *adj.* Sujeto al diezmo.
dezmar *tr.* Diezmar. ◇ ** CONJUG. [27] como *acertar.*
dezmatorio *m.* Sitio donde se recogía el diezmo. 2 Distrito que correspondía a cada parroquia para pagar el diezmo.
dezmeño, -ña *adj.* Dezmero.
dezmería *f.* Territorio de que se cobraba el diezmo.
dezmero, -ra (l. *decimariu*) *adj.* Relativo al diezmo. -2 *m. f.* Diezmero.
I) di- (proc. del l. *di* y *dis*) Prefijo que entra en la formación de palabras con el significado de oposición o contrariedad: *disentir;* origen y procedencia: *dimanar;* extensión o dilatación: *difundir, disolución.*

II) di- (del gr. *dis*) Elemento prefijal que entra en la formación de palabras con el significado de dos veces, el doble; ús. especialmente en la terminología científ.: *dimorfo.*

III) di-, v. dia-.

día (l. *die*) ***m.*** Tiempo que la Tierra emplea en dar una vuelta sobre sí misma: ~ ***astronómico,*** tiempo comprendido entre dos pasos sucesivos del Sol por el meridiano superior; ~ ***civil,*** tiempo comprendido entre dos medias noches sucesivas; ~ ***de pescado, de viernes*** o ***de vigilia,*** aquel en que la Iglesia prohíbe comer carne; ~ ***de precepto,*** aquel en que la Iglesia manda que se oiga misa y que no se trabaje; ~ ***feriado,*** festivo; ~ ***marítimo,*** tiempo transcurrido desde que un barco que va navegando tiene el Sol en su cenit, hasta que sucede lo mismo al siguiente día; ~ ***sidéreo,*** tiempo comprendido entre dos pasos sucesivos de una estrella por el mismo meridiano; ***a días,*** de vez en cuando; ***al*** ~, al corriente; ***vivir al*** ~, fig., gastar todo lo que se gana, sin ahorrar nada; ***poner al*** ~, actualizar o hacer presente una cosa anticuada o retrasada; ***a tantos días fecha*** o ***vista,*** expr. usada en letras y pagarés para indicar que serán abonados al cumplirse los días que se expresan, a contar desde la fecha o desde la aceptación; ***de*** ~ ***en*** ~, día tras día; ***de días,*** de algún tiempo o de mucho tiempo; ***del*** ~, de moda, o bien reciente o hecho en el mismo día; ~ ***por*** ~, diariamente; ***en su*** ~, a su debido tiempo; ***hoy*** ~ u ***hoy en*** ~, hoy, actualmente; ***en el*** ~ ***todo va mal,*** ahora todo va mal; ***los hombres del*** ~, hombres actuales. 2 Aquel en que la Iglesia celebra la memoria de un santo o de un misterio: ~ *de los Inocentes;* ~ *de Reyes.* 3 Tiempo que dura la claridad del Sol: ***antes del*** ~, al amanecer. 4 Tiempo que hace durante el día o gran parte de él: ~ *lluvioso;* ~ *cubierto.* -5 ***m. pl.*** Cumpleaños. 6 Con respecto a una persona, festividad del santo cuyo nombre lleva. 7 fig. Vida: *al fin de sus días; mis días no serán largos;* ***entrado en días,*** que se acerca a la vejez.

REL. *1* **Diario, cotidiano** o **cuotidiano,** correspondiente a todos los días o que se repite cada día; **efímero,** que dura un solo día; **jornada,** trabajo de un día; **jornal,** retribución por este trabajo. *3* Relativo al día, **diurno,** en oposición a **nocturno.**

dia-, di- (prep. gr. *diá*) Prefijo que entra en la formación de palabras con el significado de separación: *diacrítico;* a través de: *dialéctrico;* entre: *diatónico;* con: *dialtea;* algunas veces es intensificativo: *diacodión;* interviene también en la formación de palabras cultas.

diabasa (gr. *diábasis,* acción de pasar) ***f.*** Diorita.

diabático, -ca (gr. *diabaticós,* que puede atravesar o pasar) ***adj.*** FÍS. Que lleva consigo intercambio de calor.

diabetes (gr. < *diabaino,* atravesar) ***f.*** Enfermedad provocada por una insuficiente secreción de insulina, lo que motiva una excesiva eliminación de glucosa en la orina y un enflaquecimiento progresivo. 2 Diabeto. ◇ INCOR.: *diabetis.*

diabético, -ca ***adj.*** Perteneciente o relativo a la diabetes. -2 ***adj.-s.*** Persona que padece diabetes.

diabeto (gr. *diabetes,* sifón) ***m.*** Aparato hidráulico, especie de sifón intermitente, que cuando se llena por completo vuelve a vaciarse del todo.

diabetómetro (de *diabetes* + *-metro*) ***m.*** Polariscopio para medir la proporción de glucosa existente en la orina.

diabitis ***m.*** FIL. Voz mnemotécnica que expresa el modo silogístico en el cual las premisas y las conclusiones son afirmativas.

diabla ***f.*** Diablo hembra. 2 Máquina para cardar lana o algodón. 3 En los teatros y cines, batería de luces que se cuelga del peine, entre bambalinas, en los escenarios. 4 Carro pequeño de dos ruedas. 5 ***A la*** ~, sin esmero alguno, de cualquier manera.

diablear ***intr.*** Hacer diabluras.

diablejo ***m.*** Diablo, persona traviesa.

diablesa ***f.*** fam. Diabla (diablo).

diablesco, -ca ***adj.*** Diabólico.

diablillo ***m.*** Dim. de *diablo.* 2 El que se disfraza de diablo. 3 fig. Persona aguda y enredadora. 4 Pequeña rodaja de pan recubierta de salsa bechamel y queso parmesano, sazonada con pimienta. -5 ***m. pl.*** Tolanos (pelos).

diablismo ***m.*** Sistema teológico que consiste en atribuir al diablo excesiva intervención en las acciones humanas.

diablito ***m.*** Dim. de *diablo.* 2 *Cuba.* Negro vestido ridículamente que en ciertos días de fiesta anda por las calles haciendo piruetas. 3 *Méj.* Dispositivo que permite usar la corriente eléctrica sin que pase por el contador. -4 ***m. pl.*** *Colomb.* Fiesta popular. 5 *Chile.* Juego de muchachos. 6 *Perú.* Baile popular de una pandilla de individuos disfrazados de diablitos.

diablo (l. *diabolu* < gr. *diábolos*) ***m.*** Nombre general de los ángeles rebeldes arrojados por Dios al abismo, y de cada uno de ellos; fig., ***darse uno al*** ~, irritarse, desesperarse; ***el*** ~ ***que...,*** no hay quien: *el* ~ *que lo entienda, que le alcance.* 2 Persona a la que se compara con el diablo, esp. por traviesa, temeraria o astuta: ~ ***encarnado,*** persona perversa; fig., ***como el*** ~ o ***como un*** ~, mucho, demasiado: *eso pesa como un* ~; ***pobre*** ~, hombre bonachón, infeliz. 3 fig. Persona fea en extremo. 4 Instrumento de madera con varias muescas en las que el jugador de billar apoya el taco cuando no puede hacerlo con la mano. 5 ~ ***marino,*** rascacio. 6 ~ ***de Tasmania,*** mamífero marsupial nocturno, depredador, feroz y agresivo, de aprox. 1m. de longitud, de aspecto parecido al de un perro u osezno, con el pelaje negro y un collar blanco en la garganta *(Sarcophilus harrisi).* -7 *Chile.* Vehículo tirado por bueyes, para transportar troncos y maderas. 8 *Chile.* Desclavador con la boca hendida. 9 *Amér.* ***Diablos azules,*** delírium trémens.

SIN. *1* **Demonio.** Expr. eufemísticas: **diantre, diancho, diaño** (Ast.); **demontre, desmonche, demongo** (Ast. y And.); **el malo, el enemigo, el maldito, patas** (fam.); **pateta** (fam.); **patillas, la serpiente, el tentador;** en los clásicos, **el que redro (o riedro) vaya.** P. ant., v. **Lucifer.** FR. *El* ~ *predicador,* aplícase a la persona que con costumbres escandalosas se mete a dar buenos consejos.

¡diablo! *¡Al* ~*! ¡al* ~ *con!* interjección con que se denota impaciencia o enojo. 2 *¡Diablos!* interjección con que se denota extrañeza, admiración o disgusto.

diablura ***f.*** desus. Travesura extraordinaria; acción temeraria. 2 Travesura de poca importancia, esp. de niños.

diabluría ***f.*** *Cuba* y *S. Dom.* Diablura.

diabólicamente ***adv. m.*** Con diablura.

diabólico, -ca (l. *-cu*) ***adj.*** Relativo al diablo. 2 fig. Excesivamente malo. 3 fig. Enrevesado, muy difícil.

diabolín ***m.*** Pastilla de chocolate cubierta con azúcar y envuelta en un papel con un mote.

diábolo ***m.*** Diávolo.

diacatolicón (*dia-* + gr. *catholikón,* universal) ***m.*** Electuario purgante hecho con hojas de sen, raíz de ruibarbo y pulpa de tamarindo.

SIN. **Catalicón, catolicón.**

¡diache! *P. Rico* y *S. Dom.* Interjección ¡diantre!

diacho ***m.*** eufem. *y* fam. Diablo.

¡diacho! Interjección ¡diablos!

diacitrón ***m.*** Acitrón.

diaclasa ***f.*** Fisura en una roca. 2 Plano y superficie de rotura de las rocas, en los que no existen desplazamientos de los dos bloques.

diacodión (*dia-* + *kodía*) ***m.*** Jarabe de adormidera.

diaconado ***m.*** Diaconato.

diaconal (l. *-ale*) ***adj.*** Relativo al diácono.

diaconar ***intr.*** Hacer las funciones de diácono.

diaconato (l. *-atu*) ***m.*** Segunda de las órdenes mayores, por la cual el subdiácono recibe la dignidad y atribuciones del diácono, que son servir inmediatamente al sacerdote, predicar con permiso del obispo, distribuir la eucaristía y bautizar solemnemente en caso de grave necesidad y con permiso del párroco.

diaconía (l. y gr.) ***f.*** Distrito de una iglesia que antiguamente estaba al cuidado de un diácono. 2 Casa en que vivía el diácono.

diaconisa (l. *-issa*) ***f.*** Mujer que en los primeros siglos del cristianismo se dedicaba al servicio de la Iglesia.

diácono (l. *-nu* < gr. *-os,* servidor) ***m.*** Clérigo que ha recibido la orden del diaconato.

SIN. **Levita.**

diacrítico, -ca (gr. *diacriticós,* que distingue) ***adj.*** GRAM. [signo ortográfico] Que sirve para dar a una letra un valor especial; como la diéresis sobre la *u.* Aplíc. esp. a los que se emplean en las lenguas semíticas cuando se quiere indicar las vocales. 2 MED. [síntoma] Característico de una enfermedad que permite distinguirla exactamente de otra.

diacronía (*dia-* + gr. *chrónos,* tiempo) ***f.*** Desarrollo o sucesión de hechos a través del tiempo.

diacrónico, -ca ***adj.*** [fenómeno] Que ocurre a lo largo del tiempo; [estudio] referente a dicho tipo de fenómenos.

CONTR. **Sincrónico.**

diacústica (*di-* III + *acústica*) ***f.*** Parte de la acústica que trata de la refracción de los sonidos.

díada (l. y gr.) ***f.*** Pareja de dos seres o cosas estrecha y especialmente vinculados entre sí.

diadelfo, -fa (*di-* II + *-adelfo*) *adj.* BOT. [estambres] Soldados por los filamentos formando dos haces. 2 BOT. [androceo] De estambres diadelfos.
diadema (l.; gr. *diádema,* que ciñe) *f.* Cinta blanca que antig. ceñía la cabeza de los reyes como insignia de su dignidad. 2 Arco que cierra por la parte superior algunas coronas. 3 Corona (guirnalda; aureola). 4 Adorno femenino de cabeza, en forma de media corona abierta por detrás.
diademado, -da *adj.* Que tiene diadema.
diádico, -ca (gr. *duadicós*) *adj.* Relativo a la díada.
diado *adj.* [día] Preciso y señalado para hacer una cosa. ◇ También *adiado.*
diadoco (gr. *diádochos,* que sucede) *m.* Título del príncipe heredero de la Grecia moderna. 2 Título dado a los generales que a la muerte de Alejandro se disputaron su imperio.
diafanidad *f.* Calidad de diáfano.
diafanizar *tr.* Hacer diáfana [una cosa]. ◇ ** CONJUG. [4] como ***realizar.***
diáfano, -na (gr. *-anés*) *adj.* [cuerpo] A través del cual pasa la luz casi en su totalidad. 2 fig. Claro, limpio. 3 CONSTR. [planta de un edificio] En la cual se ha disminuido más de lo regular el número de apoyos, para que resulten grandes piezas sin ningún estorbo.
diafanómetro (*diáfano* + *-metro*) *m.* FÍS. Aparato para medir la diafanidad del aire, un cuerpo u otra substancia.
diáfisis (gr. *diáphysis,* brote) *f.* Parte tubular del hueso largo, comprendida entre los dos extremos o epífisis. ◇ Pl.: *diáfisis.*
diafonía (gr., disonancia) *f.* Perturbación electromagnética producida en un canal de comunicación por el acoplamiento de éste con otro u otros vecinos. 2 Sonido indeseado producido en un receptor de un canal como consecuencia del acoplamiento de este canal con otros que den paso a señales del mismo origen. 3 Transferencia indebida de energía de un circuito de transmisión perturbador a otro denominado perturbado.
diaforesis (gr. *diaphóresis*) *f.* Sudor copioso provocado artificialmente. ◇ Pl.: *diaforesis.*
diaforético, -ca *adj. m.* Sudorífico.
diafragma (l.; gr. *diáphragma*) *m.* Músculo ancho que separa la cavidad pectoral de la abdominal. 2 Separación en forma de lámina movible o porosa, que intercepta o regula la comunicación entre dos partes de una máquina o un aparato. 3 Disco o membrana vibrante en un teléfono, fonógrafo, etc. 4 En la máquina fotográfica y en ciertos instrumentos ópticos, disco perforado para regular el paso de la luz o reducir el campo de la visión. 5 Sistema anticonceptivo que se aplica a la mujer. 6 ARQ. V. arco diafragma.
diafragmar *tr.* FOT. Cerrar más o menos el diafragma.
diafragmático, -ca *adj.* Relativo al diafragma.
diaftoresis *m.* Metamorfismo retrógrado que afecta a una roca al disminuir las condiciones de presión y temperatura. ◇ Pl.: *diaftoresis.*
diageben *m.* Proyector de diapositivas combinado con una cámara de televisión para difundirlas.
diagénesis *f.* GEOL. Etapa final del ciclo sedimentario en la que una vez depositados los materiales sufren una alteración química y física que provoca gralte. su compactación. ◇ Pl.: *diagénesis.*
diagnosis (gr. *diágnosis*) *f.* Conocimiento de los signos de las enfermedades. 2 Descripción abreviada de una planta. ◇ Pl.: *diagnosis.*
diagnosticable *adj.* Que se puede diagnosticar.
diagnosticar *tr.* Hacer el diagnóstico [de una enfermedad]. ◇ ** CONJUG. [1] como ***sacar.***
diagnóstico, -ca (gr. *-kós*) *adj.* Que sirve para reconocer. 2 Relativo a la diagnosis. -3 *m.* Determinación de una enfermedad por los signos que le son propicios. 4 Conjunto de signos diagnósticos de una enfermedad.
diagometría *f.* FÍS. Medición de la conductibilidad eléctrica de los cuerpos.
diagonal (l. *-ale,* der. del gr. *diagonios,* de *gonía,* ángulo) *adj.-s.* Línea recta que en un polígono va de un vértice a otro no inmediato, y en un poliedro une dos vértices cualesquiera no situados en la misma cara. 2 Tejido en que los hilos se cruzan oblicuamente. 3 ESGR. Tajo que se tira en la línea diagonal que atraviesa el cuadrado.
diagonalmente *adv. m.* De modo diagonal.
diágrafo (*dia-* + *-grafo*) *m.* Instrumento para reproducir los objetos o dibujos con ayuda de la cámara clara.
diagrama (l. *diagramma* < gr. *diágramma*) *m.* Dibujo o representación gráfica que sirve para representar un objeto, indicar la relación entre elementos, o mostrar el valor de una magnitud.
diaguita *com.* Indio americano perteneciente a las parcialidades que, en la época de la conquista española, habitaban la región noroeste de la Argentina. Estas parcialidades hablaban el cacán o lengua cacama. -2 *adj.* Perteneciente o relativo a estos indios.
I) dial (l. *-ale*) *adj.* desus. Relativo a un día. -2 *m. pl.* Efemérides.
II) dial (ing.) *m.* Superficie graduada, de forma variable, sobre la cual se mueve un indicador (aguja, punto luminoso, etc.) que mide o señala una determinada magnitud, como peso, voltaje, longitud de onda, velocidad, etc. 2 Placa con letras o números, en los teléfonos y los receptores de radio, para establecer conexiones.
diálaga (gr. *diallage,* cambio) *f.* Mineral pétreo, de color cambiante según la luz que recibe, formado por un silicato de magnesio, con cal, óxido de hierro y alúmina.
dialectal *adj.* Relativo a un dialecto.
dialectalismo *m.* Vocablo, giro o modo de expresión dialectal. 2 Carácter dialectal.
dialéctica (l.; gr. *dialektiké*) *f.* Entre los griegos, arte de disputar y discurrir en forma dialogada; esp. en Platón, método que a través del diálogo procede a la división lógica de los conceptos en especies y géneros para llegar a las ideas generales o primeros principios. 2 En la Edad Media, lógica formal en oposición a retórica; con ella y con la gramática se formaba el *trivium.* 3 En la actualidad es sinónimo de lógica como ciencia filosófica o como fuerza de razonamiento, como arte de razonar, de descubrir metódicamente la verdad. 4 Conjunto sutilezas, argucias, distinciones ingeniosas e inútiles.
dialéctico, -ca (l. *-cu;* gr. *-kós*) *adj.* Relativo a la dialéctica. -2 *adj.-s.* Que hace uso de la dialéctica (esp. sutilezas).
dialecto (l. *-tu* < gr. *diálektos*) *m.* LING. Lengua en cuanto se la considera con relación al grupo de las varias derivadas de un tronco común. 2 LING. Sistema lingüístico derivado de otro; normalmente con una concreta limitación geográfica. 3 LING. Estructura lingüística, simultánea a otra u otras, que no alcanza la categoría de lengua.
dialectología (*dialecto-* + *-logía*) *f.* Tratado o estudio de los dialectos.
dialectólogo, -ga *adj.-s.* Persona versada en dialectología, o que la profesa o cultiva.
dialefa (*dia-* + *sinalefa*) *f.* Hiato o azeuxis, encuentro de dos vocales que se pronuncian en sílabas distintas.
diali- (gr. *dialuo,* disolver, separar) Elemento prefijal que entra en la formación de palabras con el significado de separado: *dialipétalo.*
dialicarpelar (*diali-* + *carpelar*) *adj.* [flor o gineceo] Cuyos carpelos no están unidos entre sí.
dialipétalo, -la (*diali-* + *pétalo*) *adj.* [corola] Cuyos pétalos no están unidos entre sí.
CONTR. **Gamopétalo** o **monopétalo.**
dialisépalo, -la (*diali-* + *sépalo*) *adj.* [cáliz] Cuyos sépalos no están unidos entre sí.
diálisis (gr.) *f.* Separación de los cristaloides y los coloides contenidos en una mezcla o solución, gracias a su diversa difusibilidad a través de una membrana porosa. 2 CIR. Solución de continuidad. 3 MED. Método terapéutico que tiene por objeto eliminar substancias nocivas de la sangre (como las que contienen nitrógeno y esp. la urea) cuando el riñón no puede hacerlo. 4 ~ ***peritoneal,*** cuando se emplea como membrana dialítica la serosa peritoneal. ◇ Pl.: *diálisis.*
dialítico, -ca *adj.* Relativo a la diálisis.
dializador *m.* Aparato para efectuar la diálisis.
dializar *tr.* Analizar [una substancia] por medio de la diálisis. 2 Depurar [la sangre] mediante la diálisis. ◇ ** CONJUG. [4] como ***realizar.***
dialogador, -ra *m. f.* Persona que interviene en un diálogo. -2 *adj.* [pers.] Abierto al diálogo, al entendimiento.
dialogal *adj.* Dialogístico.
dialogar *intr.* Hablar en diálogos. 2 fig. Negociar. -3 *tr.* Escribir [una cosa] en forma de diálogo. ◇ ** CONJUG. [7] como ***llegar.***
dialogismo (l. *-mu* < gr. *-ós*) *m.* RET. Figura que comete el que expresa en forma de diálogo las ideas o sentimientos de sus personajes.

dialogístico, -ca (gr. *-kós*) ***adj.*** Relativo al diálogo. 2 Escrito en diálogo.

dialogizar ***intr.*** Dialogar. ◇ ** CONJUG. [4] como ***realizar.***

diálogo (l. *-gu* < gr. *-ós*) ***m.*** Conversación entre dos o más personas. 2 Género de obra literaria en que se finge una plática o controversia. 3 fig. Negociación.

SIN. v. **Conversación.**

dialoguista ***com.*** Persona autora de diálogos.

dialtea (*di-* III + *altea*) ***f.*** Ungüento de raíz de altea.

dialtiro ***adv.*** *Guat.* y *Méj.* Enteramente, del todo, por completo.

diamagnético, -ca (*dia-* + *magnético*) ***adj.*** [material] Que tiene menor permeabilidad magnética que el vacío y es repelido por la acción de un fuerte imán. 2 Relativo a esta propiedad. -3 ***m.*** Cuerpo diamagnético.

diamagnetismo ***m.*** FÍS. Propiedad de diamagnético. 2 Parte de la física que estudia los fenómenos diamagnéticos y las propiedades de los cuerpos diamagnéticos.

diamantado, -da ***adj.*** Adiamantado.

diamantar ***tr.*** Dar [a una cosa] el brillo del diamante.

diamante (b. l. < l. *adamante*) ***m.*** Carbono cristalizado en el sistema cúbico, diáfano, de gran brillo, gralte. incoloro; es el más duro de todos los cuerpos y se usa como piedra preciosa: ~ ***brillante,*** el tallado en facetas por la haz y por el envés; ~ ***rosa,*** el tallado por la haz y plano por el envés; ~ ***tabla,*** el tallado por la haz que forma una superficie plana con cuatro biseles. 2 Género de pieza de artillería. 3 Lámpara minera de petróleo dotada de un reflector. 4 Instrumento que usan los vidrieros para cortar el cristal. 5 Excrecencia del pico de las aves que les sirve para romper la cáscara del huevo al nacer.

diamantífero, -ra (de *diamante* + *-fero*) ***adj.*** [terreno, zona, etc.] En que existen diamantes.

diamantino, -na ***adj.*** Relativo al diamante. 2 fig. *y* poét. Duro, inquebrantable.

diamantista ***com.*** Persona que tiene por oficio labrar o vender diamantes y otras piedras preciosas.

diamela (de *Du Hamel,* agricultor francés) ***f.*** Jazmín de Arabia.

diametral ***adj.*** Relativo al diámetro.

diametralmente ***adv. m.*** De un extremo hasta el opuesto. 2 fig. Enteramente.

diámetro (l. *-tru* < gr. *-os* < *dia-* + *-metro*) ***m.*** Línea recta que pasa por el centro y dos puntos cualesquiera de la circunferencia del círculo o de la superficie de la esfera. 2 En otras curvas, línea recta o curva que pasa por el centro cuando aquéllas lo tienen, y divide por la mitad un sistema de cuerdas paralelas: ~ ***conjugado,*** el que, con respecto a otro, divide sus cuerdas paralelas. 3 Eje de la esfera. 4 ASTRON. ~ ***aparente,*** arco de ángulo formado por las dos visuales dirigidas a los extremos del diámetro de un astro. 5 ESGR. ***Línea del*** ~, la que en la planta geométrica divide el círculo en dos partes iguales y en cuyos extremos están situados los contendientes.

diamina ***f.*** QUÍM. Compuesto que contiene dos grupos amino.

Diana ***n. pr.*** Diosa romana de los bosques y de la caza, identificada con la griega Artemis.

diana (de *día*) ***f.*** Toque militar al amanecer, para que la tropa se levante. 2 Punto central de un blanco de tiro. -3 ***m.*** Mono cercopiteco de pelaje muy hermoso en el que alterna el blanco, el negro y el anaranjado *(Cercopithecus diana).*

dianche ***m.*** Diantre.

diandro, -dra (*di-* II + *-andro*) ***adj.*** [flor o androceo] Que tiene dos estambres.

dianense ***adj.-s.*** De Denia, c. de Alicante.

¡diango! *Cuba.* Interjección ¡diablos!

diantero, -ra (*di-* + *-antero*) ***adj.*** BOT. [flor] Que sólo tiene dos anteras y los otros estambres reducidos a los filamentos.

dianto (*di-* II + *-anto*) ***adj.*** BOT. De dos flores.

diantre ***m.*** Eufemismo por *diablo.*

diapalma (*dia-* + *palma*) ***f.*** Emplasto compuesto de litargirio, aceite de palma y sulfato de cinc.

diapasón (l. y gr.) ***m.*** MÚS. En el canto llano, intervalo que comprende tres tonos y dos semitonos mayores: *diapente y diatesarón.* 2 MÚS. Serie de notas que comprenden la extensión total de una voz o instrumento. 3 MÚS. Trozo de madera que cubre el mástil y sobre el cual se pisan con los dedos las cuerdas del violín y de otros instrumentos análogos. 4 MÚS. ~ ***normal,*** el que se emplea como regulador de voces e instrumentos que al sonar da un *la* de 870 vibraciones por segundo. 5 FÍS. Barra metálica en forma de U, que al vibrar produce un tono determinado. Sirve para estudios de acústica, pruebas de audición, etc. 6 fig. *y* fam. ***Bajar*** o ***subir el*** ~, bajar o alzar la voz o el tono del razonamiento.

diapausa (*dia-* + *pausa*) ***f.*** ZOOL. Período de actividad suspendida, que se produce regularmente en la vida de muchos insectos, especialmente en los estados juveniles.

diapédesis (*dia-* + gr. *pédesis,* salto) ***f.*** MED. Trasudación de leucocitos a través de las paredes de los vasos. ◇ Pl.: *diapédesis.*

diapensiáceo, -a ***adj.-f.*** Planta de la familia de las diapensiáceas. -2 ***f. pl.*** Familia de plantas que incluye arbustos o hierbas ericales, perennes, con las hojas simples, las flores regulares, de pétalos y sépalos soldados, y el fruto en cápsula.

diapente (*dia-* + gr. *pente,* cinco) ***m.*** MÚS. Intervalo de quinta.

diapiro ***m.*** Masa rocosa muy plástica que al ser comprimida revienta los estratos superiores y asciende a través de los mismos.

diaporama ***m.*** Técnica audiovisual consistente en la proyección de diapositivas sobre una o varias pantallas yuxtapuestas, mediante varios proyectores combinados.

diapositiva (*dia-* + *positiva*) ***f.*** Fotografía positiva en cristal o en película.

diaprea (fr. *diaprée,* matizada) ***f.*** Ciruela redonda, pequeña y muy gustosa.

diapreado, -da (de *diaprea*) ***adj.*** BLAS. [pieza] Abigarrado o matizado de diferentes colores.

diaquenio (*di-* II + *aquenio*) ***adj.-s.*** Fruto que a la madurez se fragmenta en dos aquenios.

diaquilón (l. *diachylon* < *dia-* + gr. *chylós,* jugo) ***m.*** Ungüento con que se hacen emplastos para ablandar los tumores.

diarero, -ra ***m. f.*** *Argent.* y *Chile.* Vendedor de diarios.

diariamente ***adv. t.*** Cada día.

diariero, -ra ***m. f.*** *Argent.* y *Chile.* Diarero.

diario, -ria (l. *-iu*) ***adj.*** Correspondiente a todos los días: *salario* ~. -2 ***m.*** Relación histórica de lo que ha ido sucediendo día por día. 3 Conjunto de gastos de una casa correspondientes a un día. 4 Periódico que se publica todos los días. 5 ~ ***hablado,*** emisión radiofónica de las noticias de actualidad. 6 COM. Libro diario. -7 ***adv. t.*** *Amér. Central* y *Méj.* Diariamente.

SIN. *1* **Cotidiano, cuotidiano.** *2* **Efemérides,** libro que contiene esta relación.

FR. *De* ~, [vestido] que se usa ordinariamente, por oposición al de gala.

diarismo ***m.*** *Amér.* Periodismo.

diarista ***com.*** desus. Persona que compone o publica un diario.

diarquía (*di-* II + *-arquía*) ***f.*** Gobierno simultáneo de dos reyes. 2 Autoridad dividida y ejercitada simultáneamente entre dos personas, dos instituciones o dos poderes.

diarrea (l. *diarrhœa* < gr. *diarreo,* fluir a través) ***f.*** Fenómeno morboso que consiste en frecuentes evacuaciones intestinales líquidas o semilíquidas. 2 vulg. ~ ***mental,*** confusión de ideas.

SIN. *1* **Cámaras.**

diarreico, -ca ***adj.*** Relativo a la diarrea.

diartrosis (gr. *diártrosis*) ***f.*** Articulación que deja al hueso movible en varias direcciones. ◇ Pl.: *diartrosis.*

diascordio (*dia-* + gr. *scordion,* escordio) ***m.*** ant. Confección medicinal tónica y astringente cuyo principal ingrediente era el escordio.

diasén (*dia-* + *sen*) ***m.*** Electuario purgante cuyo principal ingrediente son las hojas de sen.

diáspero (l. *iaspis*) ***m.*** Diaspro.

diáspora ***f.*** Dispersión.

diásporo ***m.*** Hidróxido de alúmina de color gris perla y textura laminar.

diaspro ***m.*** Variedad de jaspe.

diasque ***m.*** *Chile* y *Hond.* El diablo.

diastasa (gr. *diástasis,* separación) ***f.*** Fermento contenido en ciertas semillas germinadas y otras partes de las plantas, así como en ciertos órganos y secreciones animales, y cuya acción consiste en convertir el almidón en azúcar.

REL. **Ptialina,** la ~ contenida en la saliva.

diastático, -ca ***adj.*** Relativo a la diastasa.

diastema (gr.) ***m.*** ZOOL. Espacio existente entre los dientes contiguos, en especial referido a ambos incisivos centrales superiores, separados por un frenillo.

diástilo (l. y gr. *diástylos*) ***adj.*** ARQ. [monumento o edificio] Con los intercolumnios de seis módulos.

diastimómetro (de *diastema* + *-metro*) ***m.*** TOPOGR. Instrumento para medir distancias, espacios o intervalos.

diástole (l. *-olo;* gr. *olé,* dilatación) ***f.*** En la versificación gr. y l., licencia poética que consiste en usar como larga una sílaba breve. 2 FISIOL. Expansión rítmica del corazón y de las arterias que alterna con la sístole. 3 Movimiento de dilatación de la duramáter y de los senos del cerebro.

diastólico, -ca *adj.* FISIOL. Relativo a la diástole.

diastrofia (gr. *diastrophé,* torsión) *f.* Dislocación de un hueso, músculo, etc.

diastrofismo *m.* GEOL. Proceso por el que las rocas han modificado su disposición primitiva en la corteza.

diastroma *m.* GEOL. Separación entre dos estratos.

diatérmano, -na (*dia-* + gr. *therme,* calor) *adj.* FÍS. [cuerpo] Que da paso fácilmente al calor.
CONTR. **Atérmano.**

diatermia *f.* Terapéutica que utiliza el calor producido por una corriente de alta frecuencia.

diatérmico *adj.* Diatérmano.

diatesarón (*dia-* + gr. *tessaron,* de cuatro) *m.* MÚS. Intervalo de cuarta.

diatésico, -ca *adj.* Relativo a la diátesis.

diátesis (l. y gr. *diáthesis*) *f.* Predisposición orgánica a contraer una determinada enfermedad. ◇ Pl.: *diátesis.*

diatomáceo, -a *adj.* Perteneciente o relativo a las diatomeas.

diatomea (gr. *diatomé* < *dia-* + *-tomos,* corte) *f.* Alga del tipo de los baciliarófitos. -2 *f. pl.* Baciliarófitos.

diatomita *f.* MINERAL. Roca silícea de origen orgánico formada por las frústulas de las diatomeas.

diatónicamente *adv. m.* En orden diatónico.

diatónico, -ca (l. *-cu* < gr. *-ós*) *adj.* Que procede según la sucesión natural de los tonos y semitonos de la escala musical, sin modificaciones cromáticas.

diatonismo *m.* Ejercicio de la música diatónica.

diatrasa *f.* Fermento contenido en la cebada germinada. 2 p. ext. Fermento natural no organizado.

diatreta (gr. *diatreta,* vasos perforados o torneados) *f.* Vaso o copa preciosos de metal o vidrio, artísticamente grabados o colados y con relieves.

diatriba (l.; gr. *-be*) *f.* Discurso o escrito violento o injurioso.

diatropismo (*dia-* + *tropismo*) *m.* BOT. Tropismo que se orienta en dirección transversal al estímulo.

diávolo (it.) *m.* Juguete que consiste en un carrete que gira sobre una cuerda atada al extremo de dos palillos que se manejan con ambas manos, subiendo y bajando éstas alternativamente.

diazo- (de *di-* II + *azo-*) Elemento prefijal que entra en la formación de palabras indicando la presencia en un compuesto del grupo divalente N_2.

diazoar *tr.* QUÍM. Transformar una amina en un derivado azoico.

diazoico *adj.-m.* QUÍM. Compuesto obtenido por acción del ácido nitroso sobre aminas aromáticas a baja temperatura.

dibatag *m.* Antílope de Somalia, de 1,2 m. de longitud y 80 cms. de altura, de pelaje grisáceo en la parte superior y blanco en la inferior, con cuernos sólo el macho *(Ammodorcas clarkei).*

dibranquiado *adj.-m.* ZOOL. Molusco de la subclase de los dibranquiados. -2 *m. pl.* Subclase de moluscos cefalópodos que tienen dos branquias y ocho o diez tentáculos; incluye dos órdenes: octópodos y decápodos.

dibujante *adj.-s.* Que dibuja. -2 *com.* Persona que tiene como profesión el dibujo.

dibujar (cat. *dibuixar* < l. *buxu,* boj) *tr.* Representar en una superficie [la figura de un cuerpo] por medio del lápiz, la pluma, etc. 2 Describir (delinear). -3 *prnl.* fig. Indicarse o revelarse una cosa de una manera aparente: *dibujarse un árbol a lo lejos; dibujarse una opinión.*

dibujo *m.* Arte y acción de dibujar. 2 Imagen dibujada: ***dibujos animados,*** serie de dibujos que, una vez cinematografiados, producen la sensación de movimiento. 3 En una pintura, delineación de las figuras y su ordenación general, consideradas independientemente del colorido. 4 Proporción que debe tener en sus partes y medidas la figura del objeto que se dibuja o pinta. 5 En encajes, bordados, tejidos, etc., figura y disposición de las labores que los adornan. 6 ~ ***lineal,*** el que se realiza con escuadra, cartabón, compás y otros instrumentos análogos. 7 fig. ***No meterse uno en dibujos,*** abstenerse de decir más de aquello que sea pertinente.

dicacidad (l. *-itate*) *f.* Agudeza, mordacidad ingeniosa.

dicasio *m.* Inflorescencia cimosa formada por una flor terminal y dos flores sobre ejes laterales igualmente desarrollados, que nacen a un mismo nivel del eje principal.

dicaz (l. *dicace*) *adj.* Decidor agudamente mordaz.

dicción (l. *dictione*) *f.* Palabra. 2 Manera de hablar o escribir: *buena* o *mala* ~. 3 Pronunciación, declamación. 4 V. figuras de dicción.

diccionario (l. med. *dictionariu* < l. *dictio,* acción de decir) *m.* Conjunto de palabras de una o más lenguas o lenguajes especializados, comúnmente en orden alfabético, con sus correspondientes explicaciones: *un ~ de la lengua española; un ~ español-inglés; un ~ de química.* 2 p. ext. Catálogo alfabético de alguna materia: *un ~ de frases célebres; un ~ de artistas; un ~ geográfico.* 3 Ordenación de términos y voces en un aspecto determinado: *~ ideológico, de la rima, de sinónimos.*
SIN. *1, 2* y *3* **Léxico; lexicón,** esp. el de lenguas ant.; **vocabulario, glosario,** esp. si es parcial de una comarca, autor, oficio, etc.; **tesoro,** nombre de ciertos diccionarios de gran erudición. **Enciclopedia** o **diccionario enciclopédico,** el que contiene todos los conocimientos humanos en artículos ordenados alfabéticamente, o los especiales de una ciencia.

diccionarista *com.* Lexicógrafo.

dicente (l.) *adj.-s.* Que dice.

díceres *m. pl. Amér.* Murmuraciones, rumores.

dicetonas (*di-* + *cetona*) *f. pl.* QUÍM. Compuestos cuya molécula contiene dos veces el grupo CO, propio de las cetonas.

I) dicha (v. *dicho*) *f.* Felicidad. 2 MONT. Latido de los perros cuando encuentran o siguen el rastro de un animal. 3 ***A,*** o ***por,*** ~, por suerte, por ventura, por casualidad.

II) dicha *f. Chile.* vulg. Hierba con hojas o frutos punzantes *(gén. Soliva).*

dicharachero, -ra *adj.-s.* Propenso a decir dicharachos. 2 Decidor, dichero.

dicharacho *m.* Dicho demasiado vulgar, o poco decente.

dichero, -ra *adj.-s.* fam. Que ameniza la conversación con dichos oportunos.

dicheya *f. Chile.* Planta herbácea medicinal *(Arenaria caryofilidea).*

dicho, -cha (l. *dictu, -ta*) Pp. irregular de *decir.* 2 *m.* Sentencia u opinión original o característica: *~ intempestivo, agudo, malicioso;* p. ext., ocurrencia chistosa y oportuna. 3 Expresión familiar insultante y desvergonzada. 4 DER. Deposición del testigo. -5 *m. pl.* Declaración de la voluntad de los contrayentes ante el juez eclesiástico, al prometerse contraer matrimonio: *tomarse los dichos.*
FRS. *Dicho y hecho,* expresa la prontitud de la ejecución; *lo ~, ~,* frase con que uno se ratifica en lo que una vez dijo. SIN. *2* v. **refrán.**

dichón, -na *adj. Argent.* Mordaz, dicaz.

dichosamente *adv. m.* Con dicha.

dichoso, -sa *adj.* Feliz. 2 Que incluye o trae consigo dicha: *hombre ~.* 3 Enfadoso, molesto: *¡~ trabajo!* 4 irón. Desventurado, malhadado. -5 *f. Bol.* fest. Escupidera, bacín.
GRAM. En la acep. 3 suele anteponerse al substantivo.

diciembre (l. *decembre* < *dece,* diez, décimo mes del año entre los romanos) *m.* Último mes del año.

diciente *adj.* Dicente.

dickita *f.* Filosilicato del sistema monoclínico, que se presenta en escamas blanquecinas o amarillentas con brillo perlado.

diclino, -na (*di-* II + gr. *kline,* lecho) *adj.* [planta] Que tiene flores unisexuales y estas mismas flores.

dico- (gr. *dicha*) Elemento prefijal que entra en la formación de palabras con el significado de en dos: *dicogamia.*

dicogamia (*dico-* + *-gamia*) *f.* BOT. Hermafroditismo en el que los órganos sexuales masculinos y femeninos maduran en épocas distintas, por lo que la autofecundación no es posible.

dicoreo (l. *dichoreus;* gr. *dichóreios*) *m.* Pie de la versificación clásica formado por dos coreos: — *U* — *U.*

dicótico, -ca *adj.* [sensación auditiva] Que no es igual en los dos oídos.

dicotiledón (de *di-* II + *cotiledón*) *adj.-m.* Dicotiledóneo.

dicotiledóneo, -a *adj.-f.* Planta de la clase de las dicotiledóneas. 2 *f. pl.* Clase de plantas dentro de la división antófitos, fanerógamas, angiospermas cuyos embriones tiene dos cotiledones opuestos, o más de dos verticilados.

dicotomía (gr. *dichotomía*) *f.* H. NAT. División en dos partes; bifurcación. 2 LÓG. Método de clasificación en que las divisiones y subdivisiones sólo tienen dos partes. 3 LÓG. Aplicación de este método, división en dos. 4 Práctica irregular que consiste en pagar el médico consultante una comisión al médico de cabecera que le ha recomendado un cliente. 5 Fase de la Luna en que sólo es visible la mitad de su disco.

dicotómico, -ca *adj.* Relativo a la dicotomía.

dicótomo, -ma (gr. *dichótomos*) *adj.* Que se divide en dos.

dicroico, -ca *adj.* Que tiene dicroísmo.

dicroísmo (gr. *dichromatismós*) ***m.*** Propiedad que tienen algunos cuerpos de presentar alternativamente dos coloraciones según la dirección de los rayos de luz que los atraviesan.

dicromático, -ca ***adj.*** Que tiene dos colores.

dicromatismo ***f.*** Defecto de la vista que consiste en poder diferenciar sólo dos colores.

dicromismo ***m.*** ZOOL. Propiedad de una especie de presentar dos formas que se diferencian en la coloración.

dicromo, -ma (*di-* II + *-cromo*) ***adj.*** FÍS. [cuerpo transparente] Que, según su espesor, puede presentar dos colores diferentes.

dictado (l. *-tu*) ***m.*** Título de dignidad, honor o señorío; en gral., calificativo: *merecía el ~ de sabio, ignorante,* etc. 2 Acción de dictar a uno que escribe: *escribir al ~.* -3 ***m. pl.*** fig. Inspiraciones o preceptos de la razón o la conciencia.

dictador (l. *-atore*) ***m.*** Magistrado supremo y extraordinario nombrado en la antigua Roma en circunstancias difíciles, e investido de poderes excepcionales. 2 En los estados modernos, el que recibe o se arroga el derecho de asumir todos los poderes.

dictadura (l. *-tura*) ***f.*** Dignidad y cargo de dictador. 2 Tiempo que dura. 3 Concentración de todos los poderes en un solo individuo o en una asamblea. 4 Gobierno que, invocando el interés público, se ejerce fuera de las leyes constitutivas de un país.
SIN. *3* y *4* **Autocracia, autarquía, cesarismo,** cuando todos los poderes los ejerce una sola persona. Los tres son más lit. y menos corrientes que *dictadura*; **despotismo** y **tiranía,** acentúan el carácter abusivo e ilimitado con que se ejerce la autoridad, y se aplican también fuera de la política.

dictáfono (de *dictar* + *-fono*) ***m.*** Aparato fonográfico que recoge y reproduce lo que se habla o dicta en condiciones adecuadas.

dictamen (l.) ***m.*** Opinión, juicio técnico o pericial, que se forma o emite sobre una cosa. 2 DER. Opinión escrita y motivada suscrita por uno o varios facultativos, sobre un asunto determinado de su especialidad.
SIN. **Informe;** v. **opinión.**

dictaminador, -ra ***adj.*** Que dictamina.

dictaminar ***intr.*** Dar dictamen.
SIN. **Informar.**

díctamo (l. *-mu* < gr. *-on*) ***m.*** Orégano. 2 ~ ***blanco,*** planta rutácea de hojas imparipinnadas que dan una esencia volátil; flores grandes blancas o róseas y fruto capsular *(gén. Dictamus).*
SIN. *2* **Fresnillo.**

dictar (l. *-are;* frecuent. *dicere,* decir) ***tr.*** Decir uno [algo] para que otro lo vaya escribiendo. 2 Expedir, pronunciar leyes [fallos, decretos, etc.]. 3 fig. Inspirar, sugerir. 4 *Amér.* Pronunciar [una conferencia, disertación].

dictatorial ***adj.*** Dictatorio. 2 fig. Absoluto, arbitrario, no sujeto a las leyes.

dictatorialmente ***adv. m.*** De manera dictatorial.

dictatorio, -ria (l. *-iu*) ***adj.*** Relativo a la dignidad o al cargo de dictador.

dicterio (l. *-iu*) ***m.*** Dicho denigrante, provocativo.
SIN. v. **Insulto.**

dictióptero ***adj.-m.*** Insecto del orden de los dictiópteros. -2 ***m. pl.*** Orden de insectos pterigotas, con el cuerpo aplanado y las patas largas, provistos de dos pares de alas, de las cuales el par anterior es coriáceo y se mantiene horizontalmente sobre el dorso; como la cucaracha y la santateresa.

dictiotales ***f pl.*** Orden de algas, dentro de la clase feofíceas, con el talo en forma de abanico, que a menudo presenta incrustaciones calcáreas.

didáctica (gr. *-ké*) ***f.*** Arte de enseñar.

didacticismo ***m.*** Cualidad de didáctico. 2 Tendencia o propósito docente o didáctico.

didáctico, -ca (gr. *-kós*) ***adj.*** Perteneciente o relativo a la enseñanza. 2 Propio para enseñar o instruir.

didáctilo, -la (*di-* + *dáctilo*) ***adj.*** Que tiene dos dedos.

didactismo ***m.*** Didacticismo.

didascálico, -ca (l. *-cu* < gr. *-kós*) ***adj.*** Didáctico; aplicado esp. a la poesía didáctica.

didelfo, -fa (*di-* II + gr. *delphús,* matriz) ***adj.-s.*** Marsupial. -2 ***m. pl.*** Orden de estos animales.

didímeo, -a ***adj.*** poét. Relativo a Apolo.

didimio (v. *dídimo*) ***m.*** Metal raro, terroso y de color de acero, que se halla a veces unido al lantano. Su símbolo es *Di.* 2 Término con el que se designaba un supuesto elemento mezcla de praseodimio y neodimio.

dídimo, -ma (gr. *dídymos,* gemelo) ***adj.*** [órgano vegetal] Formado por dos lóbulos iguales y colocados simétricamente. -2 ***m.*** Testículo.

didracma (l. y gr. *didrachma*) ***m.*** Ant. moneda hebrea (medio siclo).

diecinueve ***adj.*** Diez y nueve. -2 ***m.*** Guarismo del número diecinueve; ** NUMERACIÓN.

diecinueveavo, -va ***adj.-m.*** Parte que, junto con otras dieciocho iguales, constituye un todo; ** NUMERACIÓN.

dieciochavo, -va ***adj.-m.*** Dieciochoavo; ** NUMERACIÓN.

dieciocheno, -na ***adj.*** Decimoctavo. 2 V. paño ~.

dieciochesco, -ca ***adj.*** Dieciochista.

dieciochismo ***m.*** Carácter, modos, estilo, etc., propios del siglo XVIII.

dieciochista ***adj.*** Relativo al s. XVIII.

dieciocho ***adj.*** Diez y ocho. -2 ***m.*** Guarismo del número dieciocho; ** NUMERACIÓN.

dieciochoavo, -va ***adj.-m.*** Parte que, con otras diecisiete iguales, constituye un todo; ** NUMERACIÓN.

dieciséis ***adj.*** Diez y seis. -2 ***m.*** Guarismo del número dieciséis; ** NUMERACIÓN.

dieciseisavo, -va ***adj.-m.*** Parte que, junto con otras quince iguales, constituye un todo; ** NUMERACIÓN.

dieciseiseno, -na ***adj.*** Décimosexto.

diecisiete ***adj.*** Diez y siete. -2 ***m.*** Guarismo del número diecisiete; **NUMERACIÓN.

diecisieteavo, -va ***adj.-m.*** Parte que, junto con otras dieciséis iguales, constituye un todo; ** NUMERACIÓN.

diedro (gr. *diedros*) ***adj.*** V. ángulo diedro.

diego (l. *Didacu*) ***m.*** Dondiego. 2 ***Lindo Don Diego,*** hombre presumido.

dieléctrico, -ca (*di-* III + *eléctrico*) ***adj.-m.*** Cuerpo mal conductor, a través del cual se ejerce la inducción eléctrica.

dienerita ***f.*** Mineral de la clase de los arseniuros que cristaliza en el sistema cúbico, con brillo metálico y dureza media.

diente (l. *dente*) ***m.*** Hueso que, en el hombre y en ciertos vertebrados superiores, se halla engastado en las mandíbulas, y, en ciertos vertebrados inferiores, en otras partes de la boca, el cual sirve como órgano de masticación y de defensa: ~ ***incisivo,*** o simplte., ~, el que, en forma de cuña, se halla en la parte más saliente de las mandíbulas de los mamíferos; ~ ***canino*** o ***columelar,*** colmillo; ~ ***molar,*** muela; ***dientes de leche,*** los de la primera dentición en el hombre y en los animales que, con la edad, mudan la dentadura; ***alargarse los dientes,*** fig., tener deseo de algo, esp. de comer; ***dar ~ con ~,*** fig., temblar de miedo o de frío; ***estar a ~,*** fig., no haber comido, teniendo gana; ***enseñar*** o ***mostrar los dientes a uno,*** fig., hacerle rostro, amenazarle; ***pelar el ~,*** *Amér.,* fig., sonreír mucho por coquetería, adular a uno. 2 Punta que a los lados de una escotadura tienen en el pico ciertos pájaros. 3 Punta o resalto que presentan ciertas cosas, esp. el de ciertas herramientas: *~ de sierra; ~ de rueda; dientes de la llave.* 4 Adaraja. 5 Parte en que se divide la cabeza del ajo. 6 ~ ***de perro,*** formón de dos puntas que usan los escultores; planta liliácea, erecta y perenne, con bulbo oblongo, de hojas lanceoladas, con manchas rojizas, y flores solitarias de color rosa con los tépalos vueltos hacia atrás *(Erythronium dens-canis).* 7 ~ ***de elefante,*** molusco escafópodo marino de unos 3 cms. de longitud, cuya concha, abierta por los dos extremos, recuerda un colmillo de elefante *(Dentalium dentalis).* 8 ~ ***de león,*** planta compuesta, de raíces medicinales *(Taraxacum officinale).* 9 ~ ***de muerto,*** almorta. 10 FORT. Defensa con ángulos entrantes y salientes distribuidos alternativamente. 11 *Can.* Gajo de la naranja. 12 *Murc.* Granada muy agria, cuyos granos son largos.
REL. Numerosos deriv. y compuestos se forman del l. *dens, dentis (dentina, dentífrico, dentista).* Varios tecn. parten del gr. *odons odontos (odontalgia, odontología, mastodonte)*; **endentar** o **dentar,** empezar los niños a echar los dientes; **dentición,** es la acción de endentecer y el efecto de endentecer. SIN. *5* **Espigón de ajo.** *7* **Amargón.**

dientecillo ***m.*** INCOR. Dentecillo.

dientimellado, -da ***adj.*** Dentimellado.

dientudo, -da ***adj.*** Dentudo.

diéresis (l. *diæresis* < gr. *diaireo,* dividir) ***f.*** Licencia poética que consiste en pronunciar en dos sílabas las vocales de un diptongo. 2 GRAM. Signo ortográfico, dos puntos colocados sobre una vocal, para indicar que al leer una poesía hay que leer con hiato las vocales que ordinariamente forman diptongo: *süave, dïablo;* en la prosa española se usa cuando se deben pronunciar las dos vocales de las sílabas *güe, güi*: *antigüedad, pingüino;* en otras lenguas la diéresis tiene significados especiales, p. ej., en las vocales alemanas, cuyo timbre es distinto, según la lleven o no; **PUNTUACIÓN. 3 Procedimiento quirúrgico que consiste principalmente en la división de los tejidos orgánicos. ◇ Pl.: *diéresis.*

SIN. *2* **Crema.**

diesel (n. de su inventor, 1858-1913) ***m.*** V. motor diesel.

diesi (l. y gr. *diesis*) ***f.*** MÚS. Sostenido (signo musical).

diestra (l. *dextera*) ***f.*** Mano derecha.

diestramente ***adv. m.*** Con destreza.

diestrísimo, -ma ***adj.*** Superl. de *diestro.* ◇ También *destrísimo.*

diestro, -tra (l. *dexteru*) ***adj.*** Derecho (lado): ***a ~ y siniestro,*** fig., sin tino, sin discreción ni miramiento. 2 Hábil, experto: *~ en razonar; ~ en la esgrima.* -3 ***m.*** Torero de a pie. 4 Riendas o ronzal de las caballerías. ◇ Superl.: *destrísimo* y *diestrísimo.*

I) dieta (l. *diœta* < gr. *diaita*) ***f.*** Régimen en el comer y beber, esp. el que consiste en la abstención total o parcial de alimentos: *estar a ~;* ***~ láctea,*** alimentación exclusiva de leche; ***~ vegetariana,*** la que sólo utiliza hortalizas y frutas. 2 Índice de ingestión humana de alimento y bebida.

II) dieta (como el anterior, pero bajo la influencia de día) ***f.*** En diferentes estados, que generalmente forman confederación, asamblea en la que se deliberan asuntos económicos o políticos comunes: *la ~ helvética; la ~ de Worms.* -2 ***f. pl.*** Honorarios que un funcionario devenga diariamente mientras desempeña una comisión fuera de su residencia oficial: *percibió sus dietas mensualmente.* 3 Estipendio que gana el médico diariamente por visitar a un enfermo. 4 DER. Jornada, gralte. de diez leguas. 5 Retribución o indemnización que se da a los que ejecutan algunas comisiones, forman parte de una asamblea o asisten a determinadas reuniones: *las dietas de los diputados.*

dietar (de *dieta* I) ***tr.*** Adietar.

dietario (de *dieta* II) ***m.*** Libro en que se anotan los ingresos y gastos diarios de una casa. 2 Agenda. 3 Libro en que un cronista escribía los sucesos más notables.

dietética (l. *diœtetica*) ***f.*** Parte de la medicina que tiene por estudio las reglas de la alimentación normal que contribuyen a mantener la salud.

dietético, -ca ***adj.*** Relativo a la dieta I.

dietzeíta ***f.*** Mineral de la clase de los yodados que cristaliza en el sistema monoclínico y se presenta en masas fibrosas; es de color amarillo.

diez (l. *dece*) ***adj.*** Nueve y uno; ** NUMERACIÓN. 2 Décimo (lugar). -3 ***m.*** Guarismo del número diez. 4 Parte en que se divide el rosario. 5 Cuenta gruesa que en el rosario divide las decenas. 6 Carta o naipe de la baraja francesa e inglesa que tiene diez señales. 7 *Chile.* Moneda de diez centavos.

diezmal (ant. *diezma*) ***adj.*** Decimal (de diezmo).

diezmar (l. *decimare*) ***tr.*** Separar [de cada diez personas o cosas] una. 2 esp. Castigar en esta forma [a los delincuentes cuando son muchos o desconocidos entre muchos]. 3 Pagar el diezmo [de ciertas cosas] a la Iglesia. 4 fig. Causar gran mortandad [en un país] la guerra, las epidemias, etc.

diezmero, -ra ***m. f.*** Persona que pagaba el diezmo. 2 Persona que lo percibía.

diezmesino, -na ***adj.*** Que es de diez meses. 2 Relativo a este tiempo.

diezmilésimo, -ma ***adj.-s.*** Parte que, junto con otras nueve mil novecientas noventa y nueve iguales, constituye un todo; **NUMERACIÓN.

diezmilímetro ***m.*** Décima parte de un milímetro.

diezmilmillonésimo, -ma ***adj.-s.*** Parte que, junto con otras nueve mil novecientos noventa y nueve millones novecientas noventa y nueve mil novecientas noventa y nueve iguales, constituye un todo; ** NUMERACIÓN.

diezmillo ***m.*** *Méj.* vulg. Solomo, solomillo.

diezmillonésimo, -ma ***adj.-s.*** Parte que, junto con otras nueve millones novecientas noventa y nueve mil novecientas noventa y nueve iguales, constituye un todo; ** NUMERACIÓN.

diezmo (v. *décimo*) ***m.*** Derecho del diez por ciento que se pagaba al rey, del valor de ciertas mercaderías. 2 Parte de los frutos, o del lucro adquirido, generalmente la décima parte que pagaban los fieles a la iglesia.

SIN. **Décima.**

difamación ***f.*** Acción de difamar. 2 Efecto de difamar.

difamador, -ra ***adj.-s.*** Que difama.

difamar (l. *diffamare*) ***tr.*** Desacreditar [a una persona] publicando cosas contra su buena opinión y fama. 2 Poner una cosa en bajo concepto y estima.

SIN. **Disfamar,** menos us. **infamar,** tiene significado más gral. puesto que puede infamarse a una persona, no sólo publicando cosas contra su fama, sino también por otros medios. P. ej., hay sanciones penales que *infaman,* pero no *difaman.*

difamatorio, -ria ***adj.*** Que difama.

difarreación (l. *diffarreatione*) ***f.*** Ceremonia por la cual se disolvía entre los romanos un matrimonio contraído por confarreación.

difásico, -ca ***adj.*** Bifásico.

diferencia (l. *differentia*) ***f.*** Cualidad de diferente: *la ~ entre dos objetos; estos pájaros presentan notables diferencias; la ~ de carácter entre Pedro y su hermano; ~ de mayor a menor.* 2 fig. Disgusto, disputa: *tuvimos una ~.* 3 MAT. Residuo de la sustracción. 4 MÚS. y DANZA. Variación hecha en el instrumento, o con el cuerpo y a compás. 5 FÍS. ***~ de fase,*** en los procesos periódicos, la diferencia entre los valores que, en un momento dado, tiene la respectiva fracción de período. ◇ INCOR.: *diferiencia.*

LOC. *A ~*, diferentemente; unido a la prep. *de,* sirve para denotar la discrepancia entre dos cosas comparadas entre sí. SIN. *1* **Desigualdad,** en gral.; esp. si se trata de cantidad, dimensión, etc.; **desemejanza** y **disimilitud,** tratándose de cualidades o aspecto general de personas o cosas; **disparidad, discrepancia** y **divergencia,** se aplican pralte. a diferencias de criterio, palabras, opiniones o de cualidades morales. *2* **Resto, resta.**

diferenciación ***f.*** Acción de diferenciar o diferenciarse. 2 Efecto de diferenciar o diferenciarse. 3 MAT. Operación por la cual se determina la diferencial de una función.

diferencial ***adj.*** Relativo a la diferencia. 2 Que indica diferencia o que constituye una diferencia. 3 Que sirve para medir diferencias. 4 [cantidad] Infinitamente pequeña. 5 MAT. V. cálculo ~. -6 ***f.*** MAT. Diferencia infinitamente pequeña de una variable. -7 ***m.*** MEC. Mecanismo que enlaza tres móviles imponiendo entre sus velocidades simultáneas la condición de que cada una de ellas sea proporcional a la suma o a la diferencia de las otras dos. 8 MEC. Engranaje basado en este mecanismo que se emplea en los automóviles.

diferenciar ***tr.*** Hacer distinción [entre las cosas]; averiguar y señalar diferencias [entre ellas]: *~ los caracteres de dos especies; ~ el puma del jaguar.* 2 Hacer que [una cosa] sea diferente en su uso o aplicación sucesiva: *~ la comida; ~ la escritura.* 3 MAT. Hallar la diferencial [de una cantidad variable]. -4 ***intr.*** Discordar: *~ en opiniones.* -5 ***prnl.*** Distinguirse una cosa de otra: *~ en el habla.* 6 Pasar una célula, tejido u órgano, de un estado de constitución general homogéneo a otro especial heterogéneo: *la flor procede de un brote cuyas hojas se han diferenciado.* 7 Hacerse uno notable o famoso. ◇ ** CONJUG. [12] como ***cambiar.***

diferendo ***m.*** Diferencia, desacuerdo, discrepancia entre personas, grupos sociales o instituciones.

diferente (l. *differente*) ***adj.*** Que difiere en algo. -2 ***adj. pl.*** Varios, diversos. -3 ***adv. m.*** Diferentemente.

diferentemente ***adv. m.*** Diversamente, de modo distinto.

diferido, -da ***adj.*** En radio o televisión, [retransmisión] posterior al tiempo en que se verificó la grabación que se emite.

diferir (l. *differe*) ***tr.*** Retardar o suspender la ejecución [de una cosa]: *~ un viaje a,* o *para, otro día; ~ de hoy a mañana.* -2 ***intr.*** Con las preposiciones *de* o *entre*, distinguirse, no ser igual: *~ de uno en opiniones; ~ entre sí.* ◇ ** CONJUG. [35] como ***hervir.***

SIN. V. **Aplazar, atrasar.**

dificerca ***adj.*** [aleta caudal] De dos lóbulos iguales, separados por la columna vertebral que se prolonga en línea recta hasta la extremidad de la cola.

difícil (l. *difficile*) ***adj.*** Que no se logra, ejecuta o entiende sin mucho trabajo. 2 [carácter] Descontentadizo, áspero o intratable de una persona.

difícilmente ***adv. m.*** Con dificultad.

dificultad (l. *difficultate*) ***f.*** Calidad de difícil. 2 Lo que hace difícil una cosa. 3 Inconveniente o contrariedad. 4 Reparo, duda o argumento que se opone a una opinión.

SIN. *3* v. **Estorbo, conflicto.**

dificultador, -ra ***adj.-s.*** Que pone o imagina dificultades.

dificultar (l. *difficultare*) ***tr.*** Poner dificultades [a alguna realización o deseo]; hacer difícil [una cosa]: *~ una carrera.* 2 Tener o estimar [una cosa] por difícil: *dificulto que logre su propósito; intr., él dificultaba acerca de la cuestión.*

dificultosamente ***adv. m.*** Con dificultad.

dificultoso, -sa *adj.* Difícil, lleno de embarazos. 2 fig. *y* fam. [semblante, figuras, etc.] Extraño y defectuoso. 3 Dificultador.

difidación (l. *diffidatione*) *f.* Documento con que se justifica la declaración de guerra. 2 La misma declaración.

difidencia (l. *diffidentia*) *f.* p. us. Desconfianza. 2 Falta de fe.

difidente *adj.* Que desconfía.

difilo, -la (*di-* II + *-filo* III) *adj.* BOT. Que tiene dos hojas. 2 [órgano vegetal] Formado por dos partes semejantes al limbo de las hojas.

difluencia *f.* Estado o calidad de difluente. 2 División de las aguas de un río o de la lengua de un glaciar en varias ramas.

difluente (l., p. a. de *diffluere*) *adj.* Que se esparce por todas partes.

difluir (l. *diffluere*) *intr.* Difundirse, derramarse por todas partes. ◇ ** CONJUG. [62] como ***huir.***

difracción (l. *diffractione,* der. de *diffringere,* romperse) *f.* Desviación de los rayos luminosos cuando pasan por los bordes de un cuerpo opaco.

difractar *tr.* Hacer la difracción de [los rayos luminosos].

difrangente *adj.* Que produce la difracción.

difteria (gr. *diphthera,* membrana) *f.* Enfermedad infecciosa aguda, caracterizada por la formación de falsas membranas en las mucosas, esp. en las de la faringe, nariz, laringe y tráquea.

diftérico, -ca *adj.* Relativo a la difteria. -2 *adj.-s.* Que padece difteria.

difteritis (*difteria* + *-itis*) *f.* Inflamación diftérica. ◇ Pl.: *difteritis.*

difumar *tr.* Esfumar.

difuminar *tr.* Frotar con el esfumino o difumino [un dibujo]. 2 p. ext. Disminuir gradualmente la intensidad de un color, un olor, un sonido, etc. 3 fig. Hacer vago, impreciso [algo]: *la sombras del anochecer difuminan el paisaje.*

difumino (it. *sfummino;* con el pref. *di-*) *m.* Esfumino.

difundidor, -ra *adj.* Que difunde.

difundir (l. *diffundere*) *tr.-prnl.* Extender por todas partes, esparcir ampliamente: *la luz se difunde por el espacio.* 2 Introducir en un cuerpo corpúsculos extraños con tendencia a formar una mezcla homogénea. 3 Transformar los rayos procedentes de un foco luminoso en luz que se propaga en todas direcciones. 4 fig. Divulgar, propagar: *~ un libro; ~ una noticia.*

SIN. V. **Propalar, divulgar.**

difunto, -ta (l. *deffunctu*) *adj.-s.* Persona muerta. -2 *m.* Cadáver. 3 fig. *y* fam. *~* ***de taberna,*** borracho privado de sentido.

difusamente *adv. m.* Con difusión.

difusible *adj.* FÍS. [substancia] Que se mezcla espontáneamente con otras por su superficie de contacto y cuya mezcla se extiende progresivamente.

difusión (l. *diffusione*) *f.* Acción de difundir o difundirse. 2 Efecto de difundir o difundirse. 3 Cualidad de difuso (muy dilatado). 4 *~* ***en cadena,*** unión de varias emisoras para emitir un programa conjunta y simultáneamente.

difusivo, -va *adj.* Que tiene la propiedad de difundir o difundirse.

difuso, -sa (l. *diffusu*) Pp. irreg. de *difundir.* 2 *adj.* Ancho, dilatado. 3 Excesivamente dilatado, superabundante en palabras: *es un orador ~ y un escritor conciso.* 4 Que es poco concreto, claro o limitado.

CONTR. *3* **Sobrio, conciso, ceñido.**

difusor, -ra *adj.* Que difunde. -2 *m.* Aparato para extraer por ósmosis el azúcar de la remolacha. 3 TECNOL. En la iluminación artificial, pantalla que deja pasar la luz de las lámparas con objeto de dirigir y difundir convenientemente los rayos luminosos según el efecto que se desea.

digamma (l.; gr. *digamma*) *f.* Letra del primitivo alfabeto gr., en forma de F, que tenía el sonido de *f* o *v.*

digénesis *f.* Alternación de generaciones.

digerible *adj.* Que se puede digerir.

digerir (l. *digerere*) *tr.* Convertir en el aparato digestivo [los alimentos] en solubles y asimilables por el organismo. 2 fig. Sufrir con paciencia [una desgracia u ofensa]; se usa gralte. con negación: *no ~ una desgracia.* 3 fig. Meditar profundamente [una cosa]. 4 QUÍM. Someter [un cuerpo] a la digestión. ◇ ** CONJUG. [35] como ***hervir.***

digestibilidad *f.* Calidad de digestible.

digestible (l. *-ibile*) *adj.* Fácil de digerir.

digestión (l. *-stione*) *f.* Acción de digerir. 2 Efecto de digerir. 3 QUÍM. Sujeción prolongada de un cuerpo al calor y a la humedad para extraer de él alguna substancia.

digestivo, -va (l. *-vu*) *adj.* [función o parte del organismo] Que atañe a la digestión: *tubo ~; funciones digestivas;* ***aparato*** *~,* v. aparato digestivo. -2 *adj.-m.* Que es a propósito para ayudar a la digestión. -3 *m.* CIR. Medicamento que promueve y sostiene la supuración de las úlceras y heridas.

SIN. *2* MED. **Eupéptico; estomacal.**

digesto (l. *digestu* < *digerere,* ordenar) *m.* Nombre dado a las obras jurídicas de ciertos jurisconsultos romanos, y esp. a la codificación hecha por Triboniano (475-546), por orden del emperador Justiniano (483-565).

digestología (de *digestión* + *-logía*) *f.* Rama de la medicina que versa sobre el estudio, diagnóstico y tratamiento de las enfermedades del aparato digestivo.

digestor (l. *-oriu*) *m.* Vasija fuerte, cerrada a tornillo, para separar en el baño de María la gelatina de los huesos, etc. 2 QUÍM. Aparato que sirve para extraer las partes solubles de ciertos cuerpos.

digitación *f.* Movimiento de los dedos al tocar un instrumento musical.

digitado, -da (l. *-atu*) *adj.* En forma de dedos: *hoja digitada.* 2 [mamífero] Que tiene libres los dedos de los cuatro pies.

digital (l. *ale;* doble etim. *dedal*) *adj.* Relativo a los dedos. 2 [instrumento] Que suministra su información mediante números: *reloj ~; circuito ~;* ***computador*** *~,* el que traduce las magnitudes en números. -3 *f.* Planta escrofulariácea de flores en racimo, con la corola en forma de dedos, y hojas alternas, de las cuales se obtiene un tónico cardíaco *(Digitalis purpurea).* 4 Flor de esta planta. 5 *~* ***amarilla,*** planta venenosa, parecida a la anterior, pero con las flores amarillas *(D. lutea).*

SIN. *1* **Dactilar.** *3* **Dedalera, gualdaperra.**

digitalina *f.* Glucósido contenido en las hojas de la digital.

digitalismo *m.* Intoxicación, aguda o crónica, de pronóstico reservado, por la administración excesiva de digital o de algún glucósido digitálico.

digitalizar *tr.* INFORM. Convertir una magnitud física o una señal en una secuencia de números según ciertas reglas. ◇ ** CONJUG. [4] como ***realizar.***

digiti- (l. *digitus,* dedo) Elemento prefijal que entra en la formación de palabras con el significado de dedo: *digitiforme.*

digitiforme (*digiti-* + *-forme*) *adj.* Que tiene la forma de un dedo.

digitígrado, -da (*digiti-* + l. *gradior,* caminar) *adj.* [mamífero] Que al andar se apoya únicamente sobre los dedos.

dígito (l. *-tu;* doble etim. *dedo*) *adj.* MAT. [número] Que en el sistema de numeración decimal se expresa con una sola cifra. -2 *m.* Dozava parte del diámetro del Sol o de la Luna en el cómputo de los eclipses.

diglosia *f.* Bilingüismo, en especial cuando una de las lenguas goza de privilegios sociales o políticos superiores. 2 ZOOL. Disposición de la lengua en forma doble o bífida.

dignación (l. *-atione*) *f.* desus. Condescendencia con lo que pretende el inferior.

dignamente *adv. m.* De una manera digna. 2 Con justicia, con razón.

dignarse (l. *-are*) *prnl.* Tener la dignación de hacer una cosa: *se dignó recibirnos.*

SIN. **Servirse, tener a bien, tener la bondad,** pueden emplearse como fórmulas de cortesía de uso gral.; **dignarse,** es expresión solemne sólo aplicable a Dios, la Virgen, los santos, o a personas de muy elevada jerarquía.

dignatario *m.* Persona investida de una dignidad.

dignidad (l. *-itate*) *f.* Cualidad de digno. 2 Respeto que merece alguien, esp. uno mismo: *atentar contra su ~; perder la ~;* p. ext., *como lo exige la ~ del lugar;* ***hablar con*** *~,* hablar con gravedad y decoro. 3 Cargo honorífico y de autoridad: *~ de alcalde; dignidades eclesiásticas.* 4 Persona que posee uno de estos cargos.

dignificable *adj.* Que puede dignificarse.

dignificación *f.* Acción de dignificar. 2 Efecto de dignificar.

dignificante *adj.* Que dignifica. 2 TEOL. Apl. más comúnmente a la gracia.

dignificar (l. *-are*) *tr.* Hacer digna o investir de dignidad [a una persona o cosa]. ◇ ** CONJUG. [1] como ***sacar.***

digno, -na (l. *-gnu*) *adj.* Que merece algo: *~ de alabanza; ~ de castigo;* usado de una manera absoluta, se toma siempre en buena parte: *hombre ~; magistrado ~; respuesta digna.* 2 Proporcionado al mérito y condición de una persona o cosa: *~ del lugar en que nos hallamos.* 3 Que tiene dignidad o se comporta con ella. 4 Decoroso, no humillante.

dígrafo (*di-* II + *grafo*) ***m.*** Grupo de dos letras que representa un solo sonido, como la *qu* de *queso*, la *ch*, etc.
digrama ***m.*** Dígrafo.
digresión (l. *digressio*, der. de *digredi*, apartarse) ***f.*** Parte de un discurso extraño al asunto de que se trata. ◇ INCOR.: *disgresión.*
dihidrita ***f.*** Mineral de la clase de los fosfatos que cristaliza en el sistema triclínico; se presenta en pequeños cristales verdes y brillo adamantino.
dihueñe, dihueñi (arauc.) ***m.*** *Chile.* Hongo parásito que crece en varias especies de robles. 2 *Chile.* Fruto pequeño del roble.
dije ***m.*** Alhaja pequeña que suele llevarse colgada por adorno. 2 fig. Persona de relevantes cualidades físicas o morales. 3 fig. *y* fam. Persona muy compuesta. 4 fig. *y* fam. Persona apta para hacer muchas cosas.
dijes (de *decir*) ***m. pl.*** Bravatas.
dika ***f.*** Especie de pan hecho con el fruto o almendra del olva.
dik-dik ***m.*** Antílope de pequeño tamaño, con cuernos sólo el macho, de color gris castaño o rojizo en el dorso y blanco en la parte inferior, con una cresta de pelos eréctiles en la frente, y un anillo blanco alrededor de los ojos *(Madoqua saltiana).*
dilaceración ***f.*** Acción de dilacerar. 2 Efecto de dilacerar.
dilacerar (l. *-are*) ***tr.*** Desgarrar, despedazar las carnes [de una persona o animal]. 2 fig. Lastimar, destrozar [la honra, el orgullo, etc.].
dilación (l. *-atione*) ***f.*** Demora, tardanza.
dilapidación ***f.*** Acción de dilapidar. 2 Efecto de dilapidar.
dilapidador, -ra ***adj.-s.*** Que dilapida.
dilapidar (l. *-are*) ***tr.*** Disipar [los bienes] con gastos desordenados, malgastar.
SIN. **Disipar** y **dilapidar** son lit. o cultos; en el habla corriente predominan **derrochar, malgastar, malbaratar, echar a rodar.**
dilatabilidad ***f.*** Calidad de dilatable.
dilatable ***adj.*** Que puede dilatarse.
dilatación (l. *-atione*) ***f.*** Acción de dilatar o de dilatarse (extender). 2 Efecto de dilatar o de dilatarse (extender). 3 fig. Desahogo y serenidad en una pena o sentimiento grave. 4 CIR. Procedimiento empleado para aumentar o restablecer el calibre de un conducto. 5 FÍS. Aumento de volumen de un cuerpo por separación de sus moléculas y disminución de su densidad.
SIN. *1* **Expansión**, se dice esp. de la ~ de los gases.
dilatadamente ***adv. m.*** Con dilatación.
dilatado, -da ***adj.*** Extenso, vasto, numeroso.
dilatador, -ra ***adj.-s.*** Que dilata o extiende. 2 ANAT. [músculo] Que al contraerse dilata las paredes de las cavidades en que se inserta. -3 ***m.*** CIR. Instrumento que se emplea para agrandar o mantener abierto un orificio.
dilatar (l. *-are*) ***tr.-prnl.*** Extender, hacer mayor [una cosa], o hacer que ocupe más lugar o tiempo; esp., aumentar el volumen [de un cuerpo] sin que aumente su masa: ~ *el calor una barra de hierro; el hierro se dilata;* ~ *el recreo.* 2 Diferir: ~ *un asunto a,* o *para, otra ocasión, hasta mañana, de mes en mes.* 3 Propagar, extender: ~ *la fama.* -4 ***prnl.*** Extenderse mucho en un discurso o escrito.
CONTR. *1* **Contraer.**
dilatativo, -va ***adj.*** Que tiene virtud de dilatar.
dilatómetro (de *dilatación* + *-metro*) ***m.*** FÍS. Instrumento para medir la dilatación de los cuerpos.
dilatoria (v. *dilatorio*) ***f.*** Dilación: *andar con dilatorias.*
dilatorio, -ria (l. *-iu*) ***adj.*** DER. Que tiene por efecto prorrogar un término judicial o de tramitación de un asunto: *excepción dilatoria.*
dilección (l. *-ctione*) ***f.*** Voluntad honesta, amor reflexivo.
dilecto, -ta (l. *-tu*) ***adj.*** Amado con dilección.
dilema (l. *dilemma* < gr. *dilemma*) ***f.*** Razonamiento en que una premisa contiene una alternativa de dos términos y en que las demás premisas muestran que los dos casos de la alternativa implican la misma consecuencia. P. ej., el dilema contra los escépticos: *o crees, o no crees: si crees, algo crees; si no crees, crees que no crees; luego, algo crees.* 2 Problema o situación ambigua.
dilemático, -ca ***adj.*** Relativo al dilema; [razonamiento] que tiene forma o carácter de dilema.
dileniáceo, -a ***adj.-f.*** BOT. Planta de la familia de las dileniáceas. -2 ***f. pl.*** Familia de plantas angiospermas dicotiledóneas, leñosas, rara vez herbáceas.
diletante (it. *dilettante*) ***adj.*** Aficionado al arte, y esp. a la música: ~ *de la ópera.* -2 ***adj.-s.*** Que cultiva algún campo del saber, o se interesa por él, como aficionado y no como profesional.
diletantismo (it. *dilettantismo*) ***m.*** Afición grande a un arte, y esp. a la música.
diligencia (l. *-ntia*) ***f.*** Cualidad de diligente. 2 Trámite de un asunto administrativo, y constancia escrita de haberlo efectuado. 3 Coche grande de camino, divido en dos o tres departamentos y tirado por varias caballerías. 4 Negocio, dependencia, solicitud. 5 DER. Cumplimiento de una resolución judicial.
diligenciamiento ***m.*** Acción de diligenciar. 2 Efecto de diligenciar.
diligenciar (de *diligencia*) ***tr.*** Poner los medios necesarios para el logro [de una solicitud]. 2 Tramitar un asunto administrativo con constancia escrita de que se hace. 3 DER. Tramitar [un asunto] mediante las oportunas diligencias. ◇ ** CONJUG. [12] como ***cambiar.***
diligenciero ***m.*** El que toma a su cargo la solicitud de los negocios de otros.
diligente (l. *diligens*, der. de *diligere*, amar) ***adj.*** Cuidadoso, exacto y activo: ~ *en su oficio.* 2 Pronto, ligero en el obrar: ~ *en sus acciones;* ~ *para cobrar.*
CONTR. **Negligente.**
diligentemente ***adv. m.*** Con diligencia.
dille (arauc.) ***m.*** *Chile.* Chicharra, cigarra.
dilleniales ***f. pl.*** Orden de plantas dentro de la clase dicotiledóneas.
dilogía (l. y gr.) ***f.*** Ambigüedad, doble sentido, equívoco.
SIN. V. **Anfibología.**
dilucidación ***f.*** Acción de dilucidar. 2 Efecto de dilucidar.
dilucidador, -ra ***adj.-s.*** Que dilucida.
dilucidar (l. *-are*) ***tr.*** Explicar, aclarar [un asunto, una proposición, etc.].
SIN. **Elucidar.**
dilucidario ***m.*** Escrito con que se dilucida una obra.
dilución ***f.*** Acción de diluir o diluirse (desleír). 2 Efecto de diluir o diluirse (desleír).
dilúculo (l. *-lu*, crepúsculo matutino) ***m.*** Última parte de las seis en que se dividía la noche.
diluente ***adj.*** Diluyente.
diluir (l. *-ere*) ***tr.*** Desleír. 2 Hacer más pálido [el color] o más difusa [la luz]. 3 fig. Repartir entre varios [la responsabilidad, atribuciones, mando, etc.]. 4 QUÍM. Hacer más líquida [una preparación]; añadir más disolvente [a una disolución]. ◇ ** CONJUG. [62] como ***huir.***
SIN. V. **Disolver.**
diluvial (de *diluvio*) ***adj.*** Relativo al diluvio. 2 GEOL. [terreno] Formado por materias sabulosas que fueron arrastradas por grandes corrientes de agua.
diluviano, -na ***adj.*** Que tiene relación con el diluvio universal, o que hiperbólicamente se compara con él.
diluviar (l. *-are*) ***impers.*** Llover copiosamente. ◇ ** CONJUG. [12] como ***cambiar.***
diluvio (l. *-iu*) ***m.*** Inundación causada por copiosas lluvias. 2 p. ant. El universal con que Dios castigó a los hombres en tiempo de Noé. 3 fig. Lluvia muy copiosa. 4 fig. Excesiva abundancia: *un* ~ *de injurias.*
diluyente ***adj.*** Que diluye. -2 ***adj.-s.*** Substancia líquida que se añade a una solución para hacerla más fluida.
dimanación ***f.*** Acción de dimanar.
dimanar (l. *-are*) ***intr.*** Proceder el agua de sus manantiales. 2 fig. Provenir.
dimensión (l. *-nsione*) ***f.*** FÍS. Magnitud de un conjunto que sirve para definir un fenómeno. 2 FÍS. Producto de las potencias de las unidades físicas fundamentales que sirve para definir otras unidades físicas derivadas. Las unidades fundamentales son la masa, la longitud y el tiempo. 3 GEOM. Longitud de una línea, área de una superficie o volumen de un cuerpo. 4 GEOM. Extensión de un objeto en dirección determinada. 5 MÚS. Medida de los compases. 6 fig. Importancia.
dimensional ***adj.*** Relativo a una dimensión. 2 [género] Que parece oponer nombres de objetos según su diferente tamaño: *barco - barca, caldero - caldera.*
dimensionar ***tr.*** Establecer las dimensiones exactas, el valor preciso [de alguien o algo].
dímero (*di-* II + *-mero*) ***adj.*** QUÍM. [substancia] Que tiene la misma fórmula empírica y peso molecular doble. 2 ZOOL. [insecto] Que sólo tiene dos artejos en todos los tarsos.
dimes y diretes (*di* + *me; diré* + *te*) ***loc.*** fam. Contestación, debate, réplica: *andar en dimes y diretes.*

dimétrico *m.* MINERAL. Grupo de simetría caracterizado porque de los tres parámetros que determinan las caras, dos son iguales y uno diferente.

dímetro (*di-* II + *metro*) *m.* En la poesía clásica, verso que consta de dos metros o pies.

dimiario *adj.* [molusco bivalbo] Que tiene dos músculos abductores para cerrar las valvas de la concha; como las almejas de mar.

dimicado *m. Argent.* Calado o deshilado que se hace en las telas blancas.

dimidiar (l. *-are*) *tr.* desus. Demediar. ◇ ** CONJUG. [12] como ***cambiar.***

diminución (l. *-utione*) *f.* desus. Disminución.

diminuir (l. *-uere*) *tr.* desus. Disminuir. ◇ ** CONJUG. [62] como ***huir.***

diminutamente *adv. m.* Con escasez. 2 Por menor.

diminutivamente *adv. m.* En forma diminutiva.

diminutivo, -va (l. *-vu*) *adj.* Que tiene propiedad de disminuir una cosa. -2 *adj.-s.* GRAM. [sufijo] Que reduce la magnitud del significado del vocablo al que se une, o que, sin reducirlo, presenta al objeto con intenciones emotivas muy diversas por parte del hablante, o para influir a su favor en el oyente. -3 *m.* GRAM. Palabra formada con dichos sufijo. ◇ V. ** DERIVACIÓN.

diminuto, -ta (l. *-tu*) *adj.* Defectuoso, imperfecto. 2 Excesivamente pequeño.

dimisión (l. *-issione*) *f.* Acción de dimitir: *presentar la ~.*

dimisionario, -ria *adj.-s.* Que ha presentado su dimisión.

dimisorias (l. *dimissoriæ litteræ*) *f. pl.* Letras que dan los prelados a sus súbditos para que puedan ir a recibir de un obispo extraño las sagradas órdenes.

dimitente *com.* Persona que dimite.

dimitir (l. *-ttere*) *tr.* Renunciar [a un cargo]: *~ el cargo de presidente;* ***abs.****, el alcalde ha dimitido.* ◇ INCOR.: *dimitir a alguien.*
SIN. V. **Rehusar.**

dimorfismo *m.* Calidad de dimorfo. 2 Propiedad de algunos cuerpos de cristalizar en dos sistemas diferentes. 3 Fenómeno en virtud del cual seres orgánicos de la misma especie ofrecen ciertas diferencias de forma: *~ foliar; ~ sexual.*

dimorfo, -fa (gr. *dimorphos* < *di-* II + *-morfo*) *adj.* Que se presenta en dos formas distintas. 2 [cuerpo] Dotado de dimorfismo (cristalización).

din (apóc.) *m.* fam. Dinero: ***el ~ y el don,*** dinero y calidad.

dina (gr. *dynamis,* fuerza) *f.* Unidad de fuerza en el sistema cegesimal, equivalente a la fuerza que, actuando sobre la masa de un gramo, comunica a ésta en un segundo la velocidad de un centímetro por segundo.

dinacho *m. Chile.* Hierba araliácea, cuyos tallos enterrados en la arena se ablandan y son de gusto delicado *(Gunnera chilensis).*

dinamarqués, -quesa *adj.-s.* De Dinamarca, nación del norte de Europa. -2 *m.* Lengua dinamarquesa.

dinámetro *m.* MEC. Dinamómetro. 2 ÓPT. Instrumento para determinar el poder amplificador de los telescopios.

dinamia *f.* MEC. Unidad de medida expresiva de la fuerza capaz de elevar un kilogramo de peso a la altura de un metro, en un tiempo determinado.

-dinamia (v. *dinamo-*) Elemento sufijal que entra en la formación de palabras con el significado de fuerza, energía.

dinámica (gr. *dynamis,* fuerza) *f.* Parte de la mecánica que estudia el movimiento en relación con las fuerzas que lo producen. 2 fig. Impulso, fuerza: *la ~ de los acontecimientos.* 3 fig. Conjunto de fuerzas que actúan en algún sentido.
REL. **Estática,** parte que estudia el equilibrio de las fuerzas.

dinámico, -ca *adj.* Relativo a la fuerza cuando produce movimiento. 2 Relativo a la dinámica. 3 fig. [pers.] Enérgico, activo, diligente.

dinamismo (gr. *dynamis,* fuerza) *m.* Doctrina metafísica que reduce toda la realidad a agrupaciones de elementos simples, inextensos, cuya esencia es la fuerza, y explica la diversidad del mundo mediante las leyes dinámicas. Se opone al mecanicismo porque mientras según éste el ser es inerte, pasivo, y por consiguiente, distinto de la fuerza que sobre él actúa, el dinamismo identifica al ser con la fuerza misma, es decir, concibe un ser esencialmente actuante. 2 Energía activa y propulsora.

dinamista *adj.-s.* Partidario del dinamismo.

dinamita (gr. *dynamis,* fuerza) *f.* Explosivo consistente en una mezcla de nitroglicerina y una substancia propia inerte. 2 fig. *y* fam. Suceso, lugar, persona, que tiene facilidad para alborotarse o estallar.

dinamitar *tr.* Volar [alguna cosa] con dinamita. 2 fig. Atacar con virulencia, con el propósito de destruir [cualquier cosa]: *~ el concepto de Estado.*

dinamitazo *m.* Explosión o tiro de dinamita.

dinamitero, -ra *adj.-s.* [pers.] Que destruye o trata de destruir por medio de la dinamita.

dinamizar *tr.* Poner en funcionamiento, transmitir dinamismo [a alguien o a alguna cosa]: *~ la red de comunicaciones.* ◇ **CONJUG. [4] como ***realizar.***

dinamo, dínamo (gr. *dynamis,* fuerza) *f.* Máquina destinada a convertir la energía mecánica en energía eléctrica o al revés, mediante la inducción electromagnética, debida gralte. a la rotación de cuerpos conductores en un campo magnético. ◇ INCOR.: *el dinamo* por la dinamo.

dinamo- (gr. *dynamis,* fuerza) Elemento prefijal que entra en la formación de palabras con el significado de fuerza, energía.

dinamoeléctrico, -ca (*dinamo-* + *eléctrico*) *adj.* Relativo a la conversión de la energía mecánica en eléctrica o al revés: ***generador ~*** y ***motor ~***, nombres que recibe la dinamo según sea su función.

dinamógeno, -na (*dinamo-* + *-geno*) *adj.* Que estimula o acrecienta el vigor físico.

dinamometamorfismo (*dinamo-* + *metamorfismo*) *m.* GEOL. Tipo de metamorfismo caracterizado por un aumento importante de presión sin que se den cambios significativos en la temperatura.

dinamometría (*dinamo-* + *-metría*) *f.* Arte de medir las fuerzas motrices.

dinamométrico, -ca *adj.* Relativo a la dinamometría.

dinamómetro (*dinamo-* + *-metro*) *m.* Instrumento destinado a medir una fuerza animal o mecánica. 2 esp. Máquina para medir la potencia efectiva de un motor.

dinar (ár. *dinar* < l. *denariu*) *m.* Moneda árabe de oro de fines del s. VII. 2 Moneda imaginaria persa. 3 Moneda yugoslava de plata.

dinasta, dinastes (l. *dynasta* < gr. *dynastes*) *m.* Príncipe o señor que reinaba con el consentimiento de otro soberano.

dinastía (gr. *dynasteia*) *f.* Serie de príncipes soberanos pertenecientes a una familia: *~ faraónica; ~ borbónica.* 2 Familia en cuyos individuos se perpetúa el poder o la influencia política, económica, cultural, etc.

dinástico, -ca *adj.* Relativo a la dinastía. 2 Partidario de una dinastía.

dinastismo *m.* Fidelidad y adhesión a una dinastía.

dinde *m. Extr.* Entierro de un párvulo.

dinerada *f.* Dineral (cantidad). 2 Ant. moneda (un maravedí de plata).

dineral *adj.* V. pesa dineral. -2 *m.* Cantidad grande de dinero. 3 Juego de pesas usado antig. para comprobar en la balanza el peso de las monedas.
SIN. *2* **Platal.**

dineralada *f.* Dinerada, dineral, cantidad grande de dinero.

dinerario, -ria *adj.* Relativo al dinero como instrumento para facilitar los cambios.

dinerillo *m.* Ant. moneda de vellón (un ochavo aproximadamente). 2 Pequeña cantidad de dinero: *tiene ~ ahorrado.*

dinero (l. *denariu*) *m.* Moneda corriente: *~* ***al contado, contante, contante y sonante*** o ***en tabla,*** dinero pronto, efectivo, corriente; *~* ***negro,*** o *~* ***sucio,*** el obtenido de manera ilícita. 2 Caudal (hacienda). 3 Moneda castellana de plata y cobre del s. XIV (dos cornados). 4 *~* ***burgalés,*** moneda castellana de oro del s. XII (dos pepiones). 5 Moneda peruana de plata. 6 Penique. 7 Antiguo peso para las monedas y objetos de plata (11,52 g.; veinticuatro granos).
SIN. *1* y *2* **Plata,** esp. en América; **guita, pasta, monises, cacao, cuartos, pecunia, perras, tela,** etc., son nombres fam. más o menos burl. GRAM. La lengua clásica usaba con frecuencia el pl.: *dineros son calidad.* Hoy predomina el sentido colectivo; pero algunas regiones conservan el pl.: *¿Cuántos dineros tienes ahorrados? (Ar.)*; en el léxico bancario y comercial, el dinero disponible se llama **numerario** o **efectivo; metálico,** dinero amonedado. REL. adjs., **monetario, crematístico, pecuniario.**

dineroso, -sa *adj.* p. us. Rico, adinerado.

dingo *m.* Mamífero carnívoro australiano parecido al lobo, de color amarillo rojizo. Se trata de una forma doméstica asilvestrada hace varios siglos *(Canis dingo).*

dingolondango *m.* fam. Expresión cariñosa, mimo, halago, arrumaco; ús. pralte. en pl.

dinitrado *adj.* QUÍM. [derivado] Que contiene dos veces el radical NO_2.

dinitrobenzol *m.* QUÍM. Derivado dinitrado del benzol.

dino- (gr. *deinós,* terrible) Elemento prefijal que entra en la formación de palabras con el significado de terrible.

dinodo *m.* TECNOL. Electrodo de un tubo fotomultiplicador cuya función primordial es la de producir una emisión secundaria de electrones, de forma que se obtenga amplificación de corriente.

dinofíceo, -a *adj.-f.* Alga de la clase de las dinofíceas. -2 *f. pl.* Clase algas pirrófitas flageladas que presentan una membrana externa engrosada especial, que contiene pectina.

dinoflagelado *adj.-m.* Protoctista del tipo de los dinoflagelados. -2 *m. pl.* Tipo de protoctistas formado por organismos unicelulares o, a veces, coloniales, dotados de undulipodios y cubiertos por placas celulósicas; algunas especies son carnívoras (animales), mientras que otras son autótrofas (algas).

dinornis (*dino-* + gr. *ornis,* ave) *m.* Ave corredora fósil, parecida al avestruz, pero de mayor tamaño (*Dinornis giganteus*). ◇ Pl.: *dinornis.*

dinosaurio (*dino-* + *saurio*) *m.* Género de reptiles saurios, fósiles, gralte. de gran tamaño, como el diplodoco, que vivió en la Era Secundaria.

dinoterio (*dino-* + gr. *teras,* monstruo) *m.* Mamífero proboscidio fósil, del terreno miocénico, parecido al elefante (*Dinotherium* sp.).

dintel (v. *lintel*) *m.* Elemento horizontal que soporta una carga, apoyando sus extremos en las jambas o pies verticales de un vano.

SIN. **Cargadero, lintel.**

dintelar *tr.* Hacer el dintel [a un vano] o construir [una cosa] en forma de dintel. ◇ También *adintelar.*

dintorno (it.) *m.* Delineación de las partes de una figura contenidas dentro de su contorno o de las contenidas en el interior de la planta o de la sección de un edificio.

diñar (voz gitana) *tr.* Dar [algo]. 2 ***Diñarla,*** morir. 3 ***Diñársela a uno,*** engañarle. -4 ***prnl.*** Fugarse, escapar.

diocesano, -na *adj.* Relativo a la diócesis. -2 *adj.-s.* Obispo o arzobispo que tiene diócesis.

diócesi, -sis (l. *diœcesis* < gr. *dioikeo,* administrar) *f.* Distrito en que tiene y ejerce jurisdicción espiritual un obispo. ◇ Pl.: *diócesis.*

SIN. **Obispado, mitra, sede.**

diodo (*di-* II + gr. *odós,* camino) *m.* ELECTR. Válvula termoiónica de dos electrodos por la que circula la corriente en un solo sentido.

Diógenes *n. pr.* Célebre filósofo cínico. Se mencionan a menudo *el tonel de ~*, dentro del cual vivía, y la *linterna de ~*, con la cual buscaba a un verdadero hombre sin encontrarlo.

dioico, -ca (*di-* II + gr. *oikos,* casa) *adj.* [planta] Que tiene las flores de cada sexo en pie separado, y también estas mismas flores.

REL. **Monoica,** que tiene las flores de cada sexo en un mismo pie.

dionea *f.* Planta droserácea de hojas cordiformes con unos pelos sensitivos en su parte media que determinan, al más leve roce, que el limbo se pliegue sobre sí mismo, por cuyo medio la planta aprisiona los insectos, que luego digiere *(Dionea muscipula).*

SIN. **Atrapamoscas.**

dionisia (l. *-ysia* < *Dyonisus,* Baco) *f.* Piedra que, según los ant., podía dar sabor de vino al agua y ser un remedio contra la embriaguez.

dionisiaco, -ca, dionisíaco, -ca (l. *-ysiacu,* der. de gr. *dionysiakós*) *adj.* Relativo a Dionisos o Baco. -2 *adj. pl.* [fiesta] Que se celebraba en su honor. -3 *adj.* Que tiene pasión por la bebida.

SIN. **Báquico.**

Dionisos *n. pr.* MIT. Baco.

diópsido *m.* Clinopiroxeno cuyos cristales presentan color blanquecino, verdoso, amarillento o casi negro; tiene brillo vítreo.

dioptra (l. y gr.) *f.* Pínula (tablilla). 2 Alidada.

dioptría (*di-* III + gr. *óptomai,* ver) *f.* Unidad de refringencia de los instrumentos ópticos, equivalente a la refringencia de una lente infinitamente delgada cuya distancia focal sea un metro.

dióptrica *f.* Parte de la óptica que trata de la refracción de la luz.

REL. **Catóptrica,** parte que trata de la reflexión de la luz.

dióptrico, -ca (gr. *-kós*) *adj.* Relativo a la dióptrica.

dioptrio *m.* ÓPT. Conjunto de medios transparentes y homogéneos separados por superficies no reflectoras de forma geométrica sencilla.

diorama (*di-* III + *-orama*) *m.* Panorama en que, con un lienzo pintado de colores transparentes y opacos, se producen diferentes efectos escénicos según la manera como se ilumine, permitiendo ver en el mismo sitio dos cosas distintas. 2 Sitio destinado a este recreo.

diorita (gr. *diorizo,* distinguir) *f.* Roca ígnea compuesta esencialmente de feldespato y anfibolita.

SIN. **Diabasa.**

dios (l. *deus*) *m.* En la religión cristiana, ser supremo y eterno, omnisciente, omnipotente y omnipresente, Creador del Universo, al que conserva y rige por su providencia. 2 Ser inmaterial, superior al hombre, cuyas atribuciones son variables según las diversas religiones. 3 En las religiones politeístas, ser personal poseedor de un ámbito restringido de poder sobre una parte o faceta del universo, que pugna o se complementa con otros, igualmente dignos de culto: *el ~ Marte; el ~ del mar; los dioses paganos.* ◇ En la primera acepción se escribe con mayúscula.

FR. *Dar a Dios a uno,* administrarle el Viático; *recibir uno a Dios,* comulgar; *estar con Dios* o *gozar de Dios,* haber muerto y conseguido la bienaventuranza *¡A Dios!,* o *¡adiós!* expr. de despedida o para denotar no ser ya posible evitar un daño; *anda con Dios,* expr. para despedir a uno *¡Bendito sea Dios!* expr. de enfado, o de conformidad en un contratiempo; *¡válgame* o *válgale Dios!* expr. de disgusto o sorpresa; *¡vaya por Dios!* expr. de conformidad y paciencia en un contratiempo. *Dios dirá,* expr. para remitir a la voluntad divina el éxito de lo que nos proponemos; *Dios mediante,* queriendo Dios; *¡Dios mío! interj.* de admiración, extrañeza, dolor o sobresalto; *Dios y ayuda,* expr. para encarecer la suma dificultad de una cosa (*necesitar Dios y ayuda*); *maldita de Dios la cosa,* nada absolutamente; *quiera Dios,* expr. para explicar la desconfianza de que una cosa salga bien como uno se la promete; *¡sabe Dios!* expr. para manifestar la inseguridad o ignorancia de lo que se trataDios man *Dios sabe,* expr. para encarecer o para dar como dudosa una cosa que ignoramos (*Dios sabe lo que me cuesta*); *venga Dios y véalo,* expr. con que se incova a Dios como testigo de una injusticia o error. *A la buena de Dios,* sin artificio ni malicia; sin atención ni cuidado; *como Dios manda,* intachable; *de Dios,* copiosamente: *llueve de Dios. Clamar a Dios,* fig. afligirse; resultar una cosa contra ley y justicia: *eso clama a Dios. Estar de Dios una cosa,* fig. ser inevitable; *llamar a Dios de tú,* usar de excesiva confianza en el trato con los demás; *venir Dios a ver a uno,* sucederle impensadamente un caso favorable; *como Dios,* término de comparación con el significado de muy bien; *bien los sabe Dios,* expr. con que se asegura la certeza de algo; *ni Dios,* nadie; *¡Vive Dios!* ant. juramento de ira o enojo.

SIN. / **Señor, Nuestro Señor, Sumo Hacedor, Altísimo, Eterno, Padre Eterno; Omnipotente,** la **Providencia, Trinidad,** etc., son denominaciones que aluden a sus atributos esenciales; **Iahvé** o **Iehová, Señor de los ejercitos, Adonal, Espíritu Santo,** proceden del Antiguo Testamento; **Cristo, Jesús, Jesucristo, Ungido, Cordero, Nazareno, Mártir del Gólgota, Redentor, Salvador,** etc., del Nuevo Testamento; **Su Divina Majestad,** en la Eucaristía. REL. v. teo-,

diosa *f.* Divinidad de sexo femenino.

SIN. **Dea,** poét.

dioscóreo, -a, dioscoreáceo, -a (de *Dioscórides,* médico gr.) *adj.-f.* Planta de la familia de las dioscóreas. -2 *f. pl.* Familia de plantas monocotiledóneas, de las regiones cálidas o templadas; son herbáceas o sarmentosas, de tallo voluble, hojas palmatinervias, flores pequeñas, generalmente dioicas, y fruto en cápsula, sámara o baya; como el aje.

dioscuros (gr. *dioskouroi,* hijos de Zeus) *m. pl.* V. Cástor y Pólux.

diosma *f. Argent.* Planta rutácea, fragante, de hojas diminutas lanceoladas y flores blancas *(Diosma uniflora).*

diospiráceo, -a *adj.-f.* Ebenáceo.

diospiral *adj.-f.* Ebenal.

diostedé *m. Amér. Merid.* Ave trepadora, de unos 45 cms. de longitud, de plumaje negro, con el pecho y las extremidades de las alas amarillas, y el pico, también amarillo, con rayas negras de gran tamaño (*Rhamphastos ariel*). ◇ Pl.: *diostedé.*

dioxano *m.* Líquido incoloro que se usa como disolvente de ceras, resinas, etc. Es el óxido de dietileno.

dioxina *f.* Cierto preparado químico orgánico tóxico.

dipétalo, -la (*di-* II + *pétalo*) *adj.* [corola o flor] Que tiene dos pétalos.

diplejía *f.* Parálisis que afecta partes simétricas del cuerpo, síntoma de una lesión del sistema nervioso central.

diplo- (gr. *diploos,* doble) Elemento prefijal que entra en la formación de palabras con el significado de doble.

diploblástico *m.* Animal primitivo que sólo presenta dos hojas blastodérmicas (ectodermo y endodermo) y carece de celoma; como los cnidarios y ctenóforos.

diploclamídeo, -a (*diplo-* + gr. *chlamys,* clámide) *adj.* V. flor diploclamídea.
diplococo (*diplo-* + *coco*) *m.* Bacteria formada por una asociación de dos cocos.
diplodoco (*diplo-* + gr. *dokis,* estilete) *m.* Reptil fósil gigantesco, del período jurásico superior *(Diplodocus).*
diplógrafo *m.* Máquina que imprime a la vez con los caracteres ordinarios y los signos en relieve para uso de los ciegos.
diploide *adj.* [organismo] En que cada una de sus células tiene dos veces cada cromosoma diferente.
diploma (l. < gr. *diploo,* doblar) *m.* Despacho, bula, etc., autorizado con sello y armas de un soberano. 2 Título o credencial que expide una corporación para acreditar un grado académico, un premio, etc.
diplomacia (de *diploma*) *f.* Ciencia o conocimiento de los intereses y relaciones internacionales. 2 Carrera de los que se ocupan en esta ciencia. 3 fig. Cortesía aparente e interesada. 4 fig. Habilidad, sagacidad y disimulo.
SIN. v. **Tacto.**
diplomado, -da *adj.* Titulado o graduado.
diplomar *tr.-prnl.* Graduar, dar un título académico [a uno].
diplomática *f.* Estudio científico de los diplomas y otros documentos, tanto en sus caracteres internos como externos, pralte. para establecer su autenticidad o falsedad. 2 Diplomacia (ciencia).
diplomáticamente *adv. m.* Según la diplomacia. 2 fig. Con circunspección, disimulo y sagacidad. 3 fam. Con cortesía, con habilidad.
diplomático, -ca *adj.* Relativo al diploma. 2 Relativo a la diplomacia. 3 fig. Circunspecto, sagaz, disimulado. -4 *adj.-s.* Negocio de estados internacionales y persona que interviene en ellos: *misión diplomática; un ~.*
diplomatista *com.* Persona especializada en la diplomática.
diplopía (*diplo-* + *-opía*) *f.* Fenómeno morboso consistente en ver dobles los objetos.
diplópodo *adj.-m.* ZOOL. Animal de la clase de los diplópodos. -2 *m. pl.* Clase de artrópodos miriápodos provistos de dos pares de patas en cada uno de los segmentos abdominales; como el cardador.
dipluro *adj.-m.* Insecto del orden de los dipluros. -2 *m. pl.* Orden de insectos apterigotas de pequeño tamaño y lucífugos que se alimentan de materia orgánica en descomposición.
dipneo, -nea (*di-* II + *-pnea*) *adj.-s.* Animal dotado de respiración branquial y pulmonar.
dipnoo (v. *dipneo*) *adj.-m.* Pez del orden de los dipnoos. -2 *m. pl.* Orden de peces crosopterigios caracterizados por tener notocordio persistente y respiración branquial y pulmonar. ◇ Pl.: *dipnoos.*
dipodia (gr.) *f.* En la métrica clásica, conjunto de dos pies.
dipolo *m.* FÍS. Conjunto de dos cargas de electricidad iguales y de signo contrario a una distancia fija. 2 QUÍM. Molécula en que los centros efectivos de las cargas positiva y negativa se hallan separados.
dipsacáceo, -a, dipsáceo, -a (l. gr. *dipsacos*) *adj.-f.* Planta de la familia de las dipsacáceas. -2 *f. pl.* Familia de plantas dicotiledóneas, herbáceas, de hojas opuestas o en verticilo, flores en espiga o cabezuela, con involucros bien desarrollados, y fruto en aquenio; como la escabiosa.
dipso- (gr. *dipsa,* sed) Elemento prefijal que entra en la formación de palabras con el significado de sed.
dipsofobia (*dipso-* + *-fobia*) *f.* Aversión a la bebida.
dipsomanía (*dipso-* + *-manía*) *f.* Tendencia irresistible al abuso de la bebida.
dipsomaníaco, -ca *adj.-s.* [pers.] Que padece dipsomanía.
dipsómano, -na *adj.-s.* Dipsomaníaco.
díptero, -ra (l. y gr. *-os* < *di-* II + *-ptero*) *adj.* Que tiene dos alas. -2 *m.* Edificio rodeado con una doble fila de columnas. 3 Edificio con dos alas o costados salientes. -4 *adj.-m.* Insecto del orden de los dípteros. -5 *m. pl.* Orden de insectos pterigotas chupadores, de metamorfosis complicada, con un par de alas membranosas y otro par transformado en dos pequeños órganos encargados de la estabilidad; como la mosca y el mosquito.
dipterocarpáceo, -a, dipterocárpeo, -a (gr. *dípteros,* dos alas + *karpós,* fruto) *adj.-f.* Planta de la familia de las dipterocarpáceas. -2 *f. pl.* Familia de plantas dicotiledóneas, que incluye grandes árboles resinosos de las regiones tropicales de Asia y Oceanía, de hojas aisladas, flores axilares en racimo, raras veces en panoja, regulares y muy grandes, y fruto en aquenio.
díptica (l. y gr. *diptycha*) *f.* Tablas plegables, en forma de libro, en que se acostumbraba anotar en la primitiva Iglesia los nombres de las personas por quienes se había de orar. 2 Catálogo de nombres de personas, gralte. de los obispos de una diócesis: *hallé las dípticas en la biblioteca.*
díptico (l. *-ychus* < gr. *-ychos*) *m.* Díptica (tabla). 2 Cuadro o bajo relieve formado por dos tableros que se cierran como las tapas de un libro.
diptongación *f.* Acción de diptongar o diptongarse. 2 Efecto de diptongar o diptongarse.
diptongar *tr.-prnl.* Pronunciar [dos vocales] en una sola sílaba. 2 Alterarse históricamente [el timbre de una vocal], de manera que se desdoble en un diptongo: *o* latina diptonga, o se diptonga, en *ue* castellana, cuando lleva acento*; mŏvet,* mueve*; rŏta,* rueda. ◇ ** CONJUG. [7] como *llegar.*
diptongo (l. *diphthongu* < gr. *diphtongos* < *di-* II + *phtongos,* sonido) *m.* GRAM. Conjunto de dos vocales que se pronuncian en una sola sílaba.
REL. Las vocales contiguas que se pronuncian en sílaba diferente forman un **hiato,** p. ej.: *vía, baúl, crear.*
diputación (l. *deputatione*) *f.* Acción de diputar. 2 Efecto de diputar. 3 Cargo de diputado: *ejercer la ~.* 4 Duración de este cargo. 5 Negocio que se encomienda al diputado. 6 Conjunto de los diputados. 7 *~ **provincial,*** corporación que dirige y administra los intereses de una provincia, y local que ella ocupa.
diputado, -da *m. f.* Persona nombrada por un cuerpo para representarle: *~ a,* o *en, Cortes; ~ provincial.*
diputador, -ra *adj.-s.* Que diputa.
diputar (l. *deputare*) *tr.* Destinar o elegir [una persona o cosa] para algún uso o ministerio. 2 Designar una colectividad [a uno o más de sus individuos] para que la representen. 3 Conceptuar, reputar, tener por.
dique (neerl. *dijk*) *m.* Muro hecho para contener las aguas. 2 *~ **seco,*** o simplemente *~*, cavidad revestida de fábrica en la orilla de una dársena, río, etc., con compuertas para llenarla o vaciarla, y donde se hacen entrar los buques para limpiarlos y carenarlos: *~ **flotante,*** flotador para el mismo uso, construido con cajones que al llenarse de agua o vaciarse hacen que se hunda más o menos; *~ **de embarque,*** estructura en forma de pasillo que comunica la terminal del aeropuerto con un avión, para el embarque de pasajeros; *~ **de marea,*** el que no precisa de bombas de achique. 3 fig. Cosa con que otra es contenida o reprimida: *~ de las pasiones.* 4 GEOL. Filón estéril que forma muro en medio de otros terrenos.
SIN. *1* **Malecón.**
diquelar (voz gitana) *tr.* Ver, comprender, percibir.
dirceo, -a (l. *dircœu* < gr. *dirkaios* < *Dirka,* pers. mit. de Tebas) *adj.* Tebano: *el cisne ~* (Píndaro 518-¿438? a. C.); *el héroe ~* (Polinices).
dirección (l. *-ctione*) *f.* Acción de dirigir o dirigirse. 2 Efecto de dirigir o dirigirse. 3 Inclinación hacia un lugar determinado. 4 Cargo de director. 5 Conjunto de personas encargadas de dirigir una sociedad o explotación. 6 Oficina del director o de la dirección (conjunto de personas). 7 Recta según la cual se mueve un cuerpo en un momento dado: *~ **de una fuerza,*** recta según la cual la fuerza tiende a mover su punto de aplicación. 8 fig. Recta que indica hacia donde uno se encamina; línea de conducta. 9 Domicilio de una persona. 10 Señas escritas sobre una carta o paquete. 11 INFORM. Información o número que identifica biunívocamente un registro, una posición de memoria, una unidad periférica, un operador aritmético, etc. 12 GEOL. Arrumbamiento de la intersección de las caras de una capa o filón con un plano horizontal. 13 MEC. Mecanismo que sirve para guiar los vehículos automóviles.
SIN. *7* y *8* Tratándose de camino o viaje, **rumbo,** esp. en MAR. REL. En MAT. y MEC., dirección opuesta a otra se llama **sentido.**
direccional *adj.* Que sirve para dirigir. 2 Que se orienta hacia alguna dirección. -3 *m. Amér.* Intermitente del automóvil.
directamente *adv. m.* De un modo directo.
directivo, -va *adj.-s.* Que tiene facultad para dirigir: *junta directiva; deseo hablar con algún ~.* -2 *f.* Mesa o junta de gobierno de una corporación, sociedad, etc. 3 Directriz, conjunto de instrucciones.
directo, -ta (l. *-tu;* pp. de *dirigere,* dirigir; doble etim. *derecho*) *adj.* Derecho, en línea recta. 2 Que va de una parte a otra sin detenerse en los puntos intermedios: *tren ~.* 3 Inmediato, sin intermediario: *tratos directos.* 4 Que se sigue de padres a hijos. 5 ***Complemento*** *~*, v. complemento. 6 ***Estilo*** *~*, v. estilo. -7 ***loc.***

adj. y *adv.* *En* ~, en radio y televisión, [retransmisión] que corresponde al tiempo en que se realiza la grabación de los hechos. -8 *m.* Golpe directo de los boxeadores. -9 *f.* Marcha de un vehículo que permite el desarrollo más largo del motor.
CONTR. 7 **En diferido.**

director, -ra (l.) *adj.-s.* Que dirige. -2 *adj.* GEOM. [extensión] Que determina las condiciones de generación de otra. -3 *m. f.* Persona que dirige: ~ *de un negocio; el* ~ *de un teatro; la directora de una escuela; el* ~ *de una orquesta;* ~ ***espiritual,*** sacerdote que dirige a una persona en asuntos de conciencia; ~ ***de orquesta,*** fig., persona que lleva la iniciativa en una actividad cualquiera. ◇ En la acep. 2 la forma femenina es *directriz.*

directorado *m.* Trabajo del director.

directoral *adj.* Relativo al director o a la directora: *atribuciones directorales.*
SIN. Más frecuente: **directivo.**

directorio, -ria (l. *-iu*) *adj.* Que es a propósito para dirigir. -2 *m.* Lo que sirve para dirigir en alguna ciencia o negocio: ~ *espiritual.* 3 Instrucción para gobernarse en un negocio. 4 Junta directiva de ciertas asociaciones, partidos, etc.

directriz *adj.-s.* GEOM. Forma femenina de director. -2 *f.* fig. Norma, principio fundamental: *las directrices del gobierno, de la política económica.*

dirigente *adj.-s.* Que dirige. -2 *com.* Persona que ejerce función o cargo directivos en una asociación, organismo o empresa.
SIN. Es sin. de **directivo,** y se aplica pralte. al que dirige partidos políticos, movimientos populares, etc.: *los dirigentes del partido, de la subvención.*

dirigible *adj.* Que puede ser dirigido. -2 *m.* V. globo dirigible.

dirigir (l. *-ere*) *tr.-prnl.* Enderezar, llevar rectamente [una cosa] hacia un término o lugar señalado: ~ *una nave;* ~ *un aeroplano a,* o *hacia, Sevilla;* p. ext., poner [a una carta, bulto, etc.] las señas que indiquen a dónde y a quién se ha de enviar. 2 Guiar, encaminar [a alguno] hacia determinado lugar: ~ *por un atajo; dirigirse a,* o *hacia, Madrid.* 3 Volverse, tomar una dirección: ~ *la mirada; la brújula se dirige al norte;* esp., aplicar a una persona un dicho o un hecho: ~ *la palabra a Pedro.* -4 *tr.* Gobernar, regir: ~ *una empresa* o *una compañía,* etc. 5 Aconsejar [a una persona]: ~ *a uno en una empresa;* esp., gobernar la conciencia. 6 Dedicar [una obra de ingenio]: ~ *un soneto.* 7 fig. Encaminar [la intención y las operaciones] a determinado fin: ~ *los estudios al descubrimiento de una cosa.* ◇ ** CONJUG. [6].
SIN. 5 v. **Regir.**

dirigismo *m.* Sistema que preconiza la dirección de la economía del país por parte del Estado.

dirimente *adj.* Que dirime.

dirimible *adj.* Que se puede dirimir.

dirimir (l. *-ere*) *tr.* Disolver, anular: ~ *el matrimonio.* 2 Acabar o resolver [una dificultad, una controversia].

I) dis- (l. *dis*) Prefijo que entra en la formación de palabras denotando negación o disconformidad: *disconforme, distender;* separación: *distraer.* En voces que ya tenían este prefijo en latín no sentimos hoy *dis-* como portador de significado especial: *discreto, disputa.*

II) dis- (gr. *dys,* difícil, mal) Elemento prefijal que entra en la formación de palabras con el significado de difícil, mal: *disfasia, disuria, dislalia.*

disacárido (*di-* II + *sacárido*) *m.* QUÍM. Carbohidrato que resulta de la unión de dos moléculas de monosacáridos con eliminación de una de agua.

disámara *adj.* [fruto] Formado por dos sámaras.

disanto (de *día santo*) *m.* Día de fiesta religiosa.

disartria (*dis-* II + gr. *arthron,* articulación) *f.* MED. Dificultad para la articulación de las palabras que se observa en algunas enfermedades nerviosas.

discal *adj.* ANAT. Perteneciente o relativo al disco intervertebral.

discantado, -da *adj. Perú.* [oficio religioso] Rezado con acompañamiento de música.

discantar (l. *-are*) *tr.* Cantar (mús.). 2 Glosar [cualquier materia]; hablar mucho [sobre ella]. 3 MÚS. Echar el contrapunto sobre un paso.

discante *m.* Tiple (guitarrita). 2 desus. Concierto de música, esp. de instrumentos de cuerda. 3 *Perú.* Extravagancia, patochada.

discar *tr. Argent., Perú* y *Urug.* Marcar, formar un número en el disco del teléfono. ◇ ** CONJUG. [1] como *sacar.*

discente *adj.-com.* Persona que recibe enseñanza. 2 Estudiante, persona que cursa estudios.

disceptación *f.* Acción de disceptar. 2 Efecto de disceptar.

disceptar (l. *-are*) *intr.* Argüir sobre un punto o materia. ◇ Latinismo de uso muy restringido.

discernidor, -ra *adj.-s.* Que discierne.

discerniente *adj.* Discernidor.

discernimiento *m.* Acción de discernir. 2 Facultad de discernir con el pensamiento, esp. el bien del mal: *el inculpado no tiene* ~. 3 DER. Apoderamiento judicial que habilita a una persona para ejercer un cargo.

discernir (l. *-ere*) *tr.* Distinguir [una cosa] de otra por un acto especial de los sentidos o de la inteligencia: ~ *el gneis del granito.* 2 DER. Encargar [a uno] de oficio el juez la tutela de un menor u otro cargo. ◇ ** CONJUG. [29].

disciplina (l.) *f.* Doctrina; regla de enseñanza impuesta por un maestro a sus discípulos. 2 Asignatura. 3 Conjunto de reglas para mantener el orden y la subordinación entre los miembros de un cuerpo. 4 Observancia de estas reglas: *fiel a la* ~ *militar.* 5 Azote, gralte. de cáñamo, con varios ramales: *le castigó con las disciplinas.* 6 Acción de disciplinar o disciplinarse. 7 Efecto de disciplinar o disciplinarse. 8 *Cuba.* Planta parásita de largos tallos articulados *(Euphorbia Tirucalli).*

disciplinable (l. *-abile*) *adj.* Capaz de disciplina o enseñanza. 2 Obediente.

disciplinadamente *adv. m.* Con disciplina e instrucción.

disciplinado, -da *adj.* Que observa la disciplina. 2 fig. [flor] Matizadas de varios colores: *clavel* ~.

disciplinal *adj.* Relativo a la disciplina y buen régimen.

disciplinante *m.* p. ant. Penitente que se azotaba públicamente en la Semana Santa.

I) disciplinar *adj.* Relativo a la disciplina eclesiástica.

II) disciplinar (l. *-are*) *tr.* Instruir, enseñar [a uno] su profesión. 2 Imponer disciplina [a uno]. 3 Dar disciplinazos [a uno].

disciplinario, -ria *adj.* Relativo a la disciplina. 2 [régimen] Que establece disciplina; [pena] que se impone por vía de corrección. 3 [cuerpos militar] Formado con soldados condenados a alguna pena: *batallón* ~.

disciplinazo *m.* Golpe dado con las disciplinas.

discipulado (l. *-atu*) *m.* Ejercicio y calidad de discípulo de una escuela. 2 Doctrina, enseñanza, educación. 3 Conjunto de discípulos.

discipular *adj.* Relativo a los discípulos.

discípulo, -la (l. *-lu*) *m. f.* Persona que recibe las enseñanzas de un maestro, o que cursa en una escuela. 2 Persona que sigue la opinión de una escuela: ~ *de Platón.*
SIN. v. **Estudiante.**

disc-jockey (voz inglesa) *m.* Animador de un programa musical, transmitido en directo, que actúa normalmente en solitario. 2 Persona que pone los discos en una discoteca, emisora de radio, etc. ◇ Se pronuncia *dis yoquei.* ◇ Pl.: *dis yoqueis.*

disco (l. *discu,* der. del gr. *diskos*) *m.* Cuerpo cilíndrico cuya base es muy grande respecto de su altura: ~ ***de señales,*** el de palastro que, colocado en lo alto de un poste, se usa en los ferrocarriles para indicar si la vía está libre o no. 2 Lámina circular de materia plástica en que están escritas las vibraciones de la voz o de otro sonido cualquiera para ser reproducidas por medio del gramófono: ~ ***compacto,*** el fonográfico, de 12 cms. de diámetro y de larga duración cuya grabación se reproduce por medio de un láser; ***soltar un*** ~, repetir sin discernimiento alguna cosa aprendida de memoria. Ús. entre estudiantes, conferenciantes, etc. 3 Pieza giratoria del aparato telefónico para marcar el número con que se quiere establecer comunicación. 4 Pieza metálica en la que hay pintada una señal de las previstas en el código de la circulación, y que se coloca en lugares bien visibles de las calles y carreteras para ordenar el tráfico. 5 Señal luminosa de los semáforos eléctricos que regulan el tráfico. 6 Figura plana con que aparecen a nuestra vista el Sol, la Luna y los planetas. 7 ANAT. ~ ***intervertebral,*** formación fibrosa con figura de disco, entre dos vértebras, en cuyo interior hay una masa pulposa. 8 BOT. Superficie de un órgano en oposición a sus bordes: *el* ~ *de una hoja.* 9 DEP. Tejo circular de perfil elíptico, hecho de madera y cercado de metal, con el que se efectúa la prueba atlética de lanzamiento de disco. 10 INFORM. Elemento de almacenamiento de datos de forma circular, constituido por una lámina delgada de acetato o aluminio recubierto por ambas caras con material magnético: ~ ***duro,*** el formado por una base de aluminio con un recubrimiento de óxido férrico, y de mayores dimensiones que el disquete; ~ ***flexible,*** disquete; ~ ***óptico,*** el grabado mediante rayo láser y leído por medio de sensores ópticos; ~ ***removible,***

disco duro que se puede extraer del ordenador con facilidad. 11 V. grada de discos.
discóbolo (gr. *-os*) *m.* Atleta que arroja el disco.
discófilo, -la (de *disco* + *-filo* I) *adj.-s.* Aficionado a los discos fonográficos.
discografía (de *disco* + *-grafía*) *f.* Técnica de impresionar y reproducir discos fonográficos. 2 Enumeración, relación, conjunto de discos relativos a un tema, una obra, un personaje, etc., determinados.
discográfico, -ca *adj.* Peteneciente o relativo a los discos fonográficos o a la discografía.
discoidal, discoideo *adj.* En forma de disco.
díscolo, -la (l. *dyscolu* < gr. *-os*) *adj.-s.* Avieso, indócil, perturbador.
SIN. v. **Desobediente.**
discoloro, -ra (paras.) *adj.* [hoja] Cuyas dos caras son de diferente color.
disconforme (dis- I + *conforme*) *adj.* No conforme.
SIN. **Desconforme,** p. us.
disconformidad *f.* Diferencia de unas cosas con otras en cuanto a su esencia, forma o fin. 2 Oposición, contrariedad en los dictámenes o en las voluntades.
SIN. **Desconformidad,** p. us.; **desacuerdo.**
discontinuación *f.* Acción de discontinuar. 2 Efecto de discontinuar.
discontinuar *tr.* Interrumpir la continuación [de una cosa]. ◇ ** CONJUG. [11] como *actuar.*
SIN. **Descontinuar.**
discontinuidad *f.* Calidad de discontinuo. 2 Variaciones en la velocidad y dirección de avance de las ondas, que se observan al estudiar la organización del interior de la Tierra por el método sísmico.
discontinuo, -nua *adj.* Interrumpido, intermitente, no continuo. 2 MAT. No continuo.
SIN. **Descontinuo, discreto.**
disconveniencia *f.* Desconveniencia.
disconveniente *adj.* Desconveniente.
disconvenir *intr.* Desconvenir. ◇ ** CONJUG. [90] como *venir.*
discordancia *f.* Contrariedad, diversidad, disconformidad, desacuerdo.
discordante *adj.* Que discuerda.
discordar (l. *-are*) *intr.* Ser opuestas o desavenidas dos o más cosas. 2 En música, no estar acordes las voces o los instrumentos. 3 No convenir uno en opiniones con otro: ~ *del maestro;* ~ *en pareceres;* ~ *sobre filosofía.* ◇ ** CONJUG. [31] como *contar.*
discorde *adj.* Disconforme, desavenido, opuesto. 2 MÚS. Disonante.
discordia (l.) *f.* Desavenencia de voluntades. 2 Diversidad y contrariedad de opiniones. 3 DER. Falta de mayoría para votar sentencia que obliga a repetir el fallo.
SIN. **Desacuerdo.**
discoteca (de *disco* + *-teca*) *f.* Mueble para guardar discos de fonógrafo. 2 Colección de discos. 3 Local público para escuchar música grabada, bailar y consumir bebidas.
discotequero, -ra *adj.* Propio de discotecas: *música discotequera.* -2 *adj.-s.* [pers.] Que frecuenta las discotecas.
discrasia (*dis-* II + gr. *krasis,* mezcla) *f.* MED. Cacoquimia, caquexia.
discrasita *f.* Mineral de la clase de los antimoniuros que cristaliza en el sistema rómbico; de color blanco con pátina parda o dorada.
discreción (l. *-etione*) *f.* Sensatez para formar juicio, y tacto para hablar u obrar. 2 Don de expresarse con agudeza y oportunidad. 3 Dicho o expresión discreta. 4 Cualidad del que sabe guardar un secreto. 5 *A* ~, al buen juicio, antojo o voluntad de uno.
discrecional (de *discreción*) *adj.* Que se hace libre y prudencialmente: *uso* ~. 2 Relativo a la potestad gubernativa en las funciones de su competencia, que no están regladas.
discrecionalidad *f.* Calidad de discrecional.
discrecionalmente *adv. m.* De manera discrecional.
discrepancia (l. *-ntia*) *f.* Cualidad de la persona o de la cosa que discrepa de otra. 2 Disentimiento personal en opiniones o conducta.
SIN. v. **Diferencia.**
discrepante *adj.-s.* Que discrepa.
discrepar (l. *-are*) *intr.* Desdecir, diferenciarse una cosa de otra: ~ *un peso de otro en onzas.* 2 Disentir una persona del parecer o de la conducta de otra.
SIN. *2* **Divergir.**
discretamente *adv. m.* Con discreción.
discretear *intr.* [frecuent.] Ostentar discreción e ingenio, hacer el discreto en la conversación. 2 fam. Cuchichear, andar en confidencias.
discreteo *m.* Acción de discretear. 2 Efecto de discretear.
discreto, -ta (l. *-tu*) *adj.-s.* Dotado de discreción. -2 *adj.* Que incluye o denota discreción: *palabras discretas.* 3 Discontinuo, que se compone de partes separadas: *línea discreta; cantidad discreta.* 4 [pers. o cosa] No extraordinario. 5 DER. Tratamieno curial de algunos magistrados y oficiales. 6 MED. Erupción, esp. de las viruelas, cuando los granos o pústulas están bien separados entre sí. -7 *m. f.* En algunas comunidades religiosas, el que asiste al superior como consiliario en el gobierno de la misma. 8 *A lo* ~, a discreción.
CONTR. *3* **Continuo.**
discretorio *m.* Cuerpo que forman los discretos (de comunidades religiosas). 2 Lugar donde se reúnen.
discrimen (l.) *m.* Riesgo, peligro. 2 Diferencia, diversidad.
discriminación *f.* Acción de discriminar. 2 Efecto de discriminar.
discriminador, -ra *adj.* Que discrimina. -2 *m.* ELECTR. Demodulador de frecuencia modulada.
discriminante *adj.* Que discrimina. -2 *adj.-s.* Función especial de las raíces de una ecuación expresada en términos de sus coeficientes.
discriminar (l. *-are*) *tr.* Separar, distinguir, diferenciar [una cosa de otra]. 2 Establecer diferencias en los derechos o en el trato que se da [a determinados grupos humanos] por motivos de raza, política, religión, etc.
discriminatorio, -ria *adj.* Que discrimina.
discromatopsia (*dis-* II + *cromato-* + *-opsia*) *f.* Dificultad en distinguir los colores.
discromía (*dis-* II + gr. *chroma,* color) *f.* MED. Alteración en la pigmentación cutánea.
disculpa (*dis-* I + *culpa*) *f.* Acción de disculpar o disculparse. 2 Razón que se da para disculpar o disculparse.
SIN. *2* v. **Excusa.**
disculpable *adj.* Que merece disculpa. 2 Que tiene razones en su abono.
disculpablemente *adv. m.* Con disculpa.
disculpadamente *adv. m.* Con razón que disculpe.
disculpar (de *disculpa*) *tr.-prnl.* Dar razones o pruebas que descarguen [a uno] de culpa: *disculparse con alguien;* ~ *de una distracción.* -2 *tr.* No tomar en cuenta o perdonar [las faltas u omisiones cometidas por otro].
SIN. *2* v. **Perdonar.**
discurrir (l. *-ere*) *intr.* Andar, correr por diversas partes y lugares: ~ *de un punto a otro.* 2 Fluir un líquido, correr un río, canal, etc. 3 Hablando del tiempo, transcurrir: *los días discurren.* 4 fig. Reflexionar, razonar acerca de una cosa o tratar de ella con cierto método: ~ *en varias materias;* ~ *sobre artes.* -5 *tr.* Idear, inventar: ~ *un medio;* ~ *un arbitrio.* 6 Inferir, conjeturar: ~ *una conclusión.*
discursar *tr.* p. us. Discurrir sobre una materia.
discursear *intr.* desp. *y* irón. Pronunciar un discurso.
discursible *adj.* Capaz de discurso o de discurrir.
discursista *com.* Persona que forma discursos por cavilosidad y ocio, o pretendiendo lucirse con ellos.
discursivo, -va *adj.* Dado a discurrir, meditabundo. 2 Relativo al discurso.
discurso (b. l. *-su;* pp. de *discurrere,* discurrir y en l. correr de una parte a otra) *m.* Facultad de discurrir. 2 Razonamiento pronunciado en público a fin de convencer a los oyentes o mover su ánimo: *un* ~ *de Cicerón.* 3 Escrito o tratado de no mucha extensión: *el* ~ *sobre el Método, de Descartes.* 4 Serie de palabras y frases empleadas para manifestar lo que se piensa: *perder el hilo del* ~. 5 Paso o transcurso del tiempo: *el* ~ *de los años.* 6 GRAM. Conjunto de oraciones que constituyen una elocución hablada o escrita. 7 Parte del discurso o de la oración. V. oración.
SIN. *2* **Oración, peroración,** en estilo elevado, evocando la antigüedad clásica, y en su significado más abstracto de obra del género oratorio: ~ *fúnebre;* ~ *de Cicerón contra Verres*; las diferentes clases de discursos reciben nombres especiales: **alocución,** discurso breve (oral o escrito) que un superior dirige a sus subordiandos: ~ *a las tropas*; **arenga,** es discurso solemne y enardecedor; su expr. desp. es **soflama;** la **disertación** y la **confe-**

rencia versan sobre temas científicos o artísticos; la primera puede ser oral o escrita, la segunda es oral; el discurso religioso pronunciado por un sacerdote en la iglesia se llama **sermón; plática**, si es breve y gralte, pronunciado al pie del altar; en la oratoria forense, **acusación** y **defensa**; ambos se llaman también **informe**; **perorata**, **soflama** y **prédica** son expr., desp. aplicables a cualquier clase de discurso, sobre todo cuando es de tonos vehementes.

discusión (l. *-ussione*) ***f.*** Acción de discutir. 2 Efecto de discutir. -3 ***loc. adv. Sin ~***, indudablemente.
SIN. *1* y *2* v. **Lucha.**

discusivo, -va ***adj.*** MED. Que disuelve, que resuelve.

discutible ***adj.*** Que se puede o se debe discutir.
SIN. **Cuestionable.**

discutidor, -ra ***adj.-s.*** Aficionado a discusiones.

discutir (l. *-ere*) ***tr.*** Examinar detalladamente [una cuestión] presentando consideraciones favorables y contrarias. -2 ***tr.-intr.*** Contender y alegar razones [acerca de una cosa] contra el parecer de otro: *~ el precio* o *sobre el precio.*

disecable ***adj.*** Que se puede disecar.

disecación ***f.*** Disección.

disecado ***m.*** Acción de disecar. 2 Efecto de disecar.

disecador, -ra ***adj.*** Disector.

disecar (l. *dissecare,* cortar) ***tr.*** Dividir en partes [una planta o el cadáver de un animal] para su estudio o examen. 2 Preparar [los animales muertos] para conservarlos con la apariencia de vivos. 3 p. anal. Preparar [una planta], secándola para que se conserve y pueda ser estudiada. 4 fig. Hacer cuidadosamente el análisis de [algo]. ◇ ** CONJUG. [1] como ***sacar.***
REL. *2* **Taxidermia,** arte de disecar; **taxidermista,** el que se dedica a ella.

disección ***f.*** Acción de disecar. 2 Efecto de disecar.
SIN. Etimológ. significa lo mismo que **anatomía,** y ambos términos pueden emplearse y se han empleado como equivalentes. Hoy, sin embargo, tiende a diferenciarse el nombre de *anatomía* (ciencia, estructura orgánica) del de *disección* (acción de disecar).

disecea (gr. *dysekoía* < *akouo,* oír) ***f.*** MED. Alteración de la audición.

disector, -ra ***m. f.*** El que diseca y ejecuta las operaciones anatómicas.

diseminación ***f.*** Acción de diseminar o diseminarse. 2 Efecto de diseminar o diseminarse.

diseminado, -da ***adj.*** Esparcido, disperso.

diseminador, -ra ***adj.*** Que disemina.

diseminar (l. *disseminare*) ***tr.-prnl.*** Sembrar o desparramar.

disensión (l. *dissensione*) ***f.*** Oposición de varios sujetos en los pareceres o en los propósitos. 2 fig. Contienda, riña.

disenso (l. *dissensu*) ***m.*** Disentimiento.

disentería (l. y gr. < dis- II + *-entero*) ***f.*** Enfermedad infecciosa consistente en la inflamación y ulceración del intestino grueso.

disentérico, -ca ***adj.*** Relativo a la disentería.

disentimiento ***m.*** Acción de disentir. 2 Efecto de disentir.

disentir (l. *dissentire*) ***intr.*** Sentir u opinar de modo distinto de otro: *~ en política.* ◇ ** CONJUG. [35] como ***hervir.***

diseñador, -ra ***m. f.*** Persona que diseña o dibuja.

diseñar (it. *disegnare,* dibujar; der del l. *designare,* marcar) ***tr.*** Hacer un diseño [de una cosa].

diseño ***m.*** Trabajo de proyección de objetos de uso cotidiano, teniendo básicamente en cuenta los materiales empleados y su función: *~ de un edificio, de un vestido.* 2 Descripción, bosquejo de alguna cosa hecho por palabras.

disépalo, -la (*di-* II + *sépalo*) ***adj.*** [cáliz o flor] Que tiene dos sépalos.

disepimento ***m.*** BOT. Pared que divide los lóculos o celdas de un ovario sincárpico.

disertación ***f.*** Acción de disertar. 2 Efecto de disertar. 3 Escrito o discurso en que se diserta.

disertador, -ra ***adj.*** Aficionado a disertar.

disertante ***adj.-com.*** [pers.] Que diserta.

disertar (l. *dissertare*) ***intr.*** Razonar metódicamente sobre alguna materia científica, artística, etc.

diserto, -ta (l. *dissertu*) ***adj.*** Que habla con facilidad y con abundancia de argumentos.

disestesia (*dis-* II + *-estesia*) ***f.*** Trastorno de la sensibilidad caracterizado por una disminución y retardo de las sensaciones.

disfagia (*dis-* II + *-fagia*) ***f.*** MED. Dificultad o imposibilidad de tragar.

disfamar ***tr.*** Difamar.

disfasia (*dis-* II + gr. *phasis,* palabra) ***f.*** Anomalía en el lenguaje consistente en una incoordinación de las palabras, debida a una lesión cerebral.

disfavor (*dis-* I + *favor*) ***m.*** Desaire, desatención. 2 Suspensión del favor. 3 Hecho o dicho desfavorable.

disfonía (*dis-* I + gr. *phoné,* voz, sonido) ***f.*** Trastorno de la fonación.

disformar ***tr.*** p. us. Deformar.

disforme ***adj.*** Deforme. 2 Que presenta en su forma alguna irregularidad que lo hace feo, desproporcionado: *cabeza ~; error ~.*

disformidad ***f.*** Deformidad. 2 Calidad de disforme.

disforzarse ***prnl.*** *Perú.* Extremarse. ◇ ** CONJUG. [4] como ***realizar.***

disfraz ***m.*** Artificio con que se desfigura una cosa. 2 Traje de máscara. 3 fig. Simulación para desfigurar lo que se siente.

disfrazadamente ***adv. m.*** De manera disfrazada.

disfrazar (ant. *desfrezar,* disimular; probl. der. de *freza,* huellas y *frezar,* del l. v. *frictiare,* rozar; l. cl. *fricare,* restregar) ***tr.*** Vestir [a uno] con un vestido desacostumbrado o impropio de su edad, condición o sexo. 2 Desfigurar la forma natural [de una persona o cosa] para que no sea conocida: *se disfrazó con barba y joroba.* 3 fig. Disimular con palabras [lo que se siente]: *~ sus intenciones; ~ con buenas apariencias.* ◇ ** CONJUG. [4] como ***realizar.***
SIN. *3* **Enmascarar, encubrir.**

disfrutar (*dis-* + *frutar*) ***tr.*** Percibir, aprovechar [los productos o ventajas de las cosas]: *~ una finca* o *los productos de una finca;* seguido de la preposición *de,* gozar: ***intr.,*** *~ de una renta;* se usa preferentemente con palabras como salud, comodidad, etc. 2 Aprovecharse [del favor o amistad] de uno: *~ de la protección del ministro.* -3 ***intr.*** Gozar, sentir placer: *~ con la música.*

disfrute ***m.*** Acción de disfrutar. 2 Efecto de disfrutar.

disfuerzo ***m.*** *Perú.* Melindre, remilgo.

disfumar ***tr.*** desus. Esfumar.

disfumino ***m.*** desus. Esfumino.

disfunción ***f.*** Trastorno en el funcionamiento [de algo]. 2 FISIOL. Alteración cuantitativa o cualitativa de la función orgánica.

disgregación (l. *-atione*) ***f.*** Acción de disgregar o disgregarse. 2 Efecto de disgregar o disgregarse.

disgregador, -ra, disgregante ***adj.*** Que disgrega.

disgregar (l. *-are* < *grege,* rebaño) ***tr.*** Separar o desunir las partes integrantes [de una cosa]. ◇ ** CONJUG. [7] como ***llegar.***
SIN. **Desagregar, disociar, dispersar.** Con frecuencia pueden substituirse entre sí, pero tienen matices esp. que los hacen más aptos para ciertos usos; **desagregar,** sugiere separar dos o más cosas que estaban agregadas o unidas; **disgregar,** se refiere a una rotura o separación más íntima de las partes que componen un todo: *cortarse una salsa es desagregarse*; una roca se *disgrega* por la acción de la atmósfera; en **desintegrar,** la idea de quebrantamiento de un todo unitario es aún mayor: *~ un país, la materia*; **disociar** es pralte. us. en QUÍM.; **dispersar,** cuando se trata de una agrupación de seres individuales: *la multitud, el rebaño, se dispersan.*

disgregativo, -va (l. *-ivu*) ***adj.*** Que tiene virtud de disgregar.

disgresión ***f.*** Digresión. ◇ Es uso incorrecto y rechazable, aunque muy extendido, por *digresión.*

disgustadamente ***adv. m.*** Con disgusto.

disgustado, -da ***adj.*** Desazonado, incomodado. 2 Apesadumbrado, pesaroso. 3 *Méj.* Muy difícil de contentar.

disgustar (*dis-* I + *gustar*) ***tr.-prnl.*** Causar disgusto: *disgustarse con, o de, alguna cosa; ~ por causas frívolas.* -2 ***prnl.*** fig. Desazonarse unos con otros, o perder la amistad por desavenencias. 3 fig. Sentir enfado y desazón.

disgusto (de *disgustar*) ***m.*** Impresión desagradable causada por una comida o bebida. 2 fig. Pesadumbre, inquietud. 3 fig. Contienda o diferencia. 4 fig. Enfado, tedio.

disgustoso, -sa ***adj.*** Que causa disgusto.

disidencia (l. *dissidentia*) ***f.*** Acción de disidir. 2 Efecto de disidir. 3 Grave desacuerdo de opiniones. -4 ***loc. adv. A ~***, contra la voluntad o gusto de uno.

disidente ***adj.-com.*** [pers.] Que diside.

disidir (l. *dissidere*) ***intr.*** Separarse por cuestiones doctrinales de una comunidad religiosa, de una escuela filosófica o artística, de un partido político, etc.

disilábico, -ca ***adj.*** Bisílabo.

disílabo, -ba (l. *disyllabu*) ***adj.-s.*** Bisílabo.

disímbolo, -la ***adj.*** *Méj.* Disímil, disconforme.

disimetría (*di-* I + *simetría*) ***f.*** Asimetría.

disimétrico, -ca ***adj.*** Asimétrico.

disímil (l. *dissimilis*) ***adj.*** Desemejante, diferente.

disimilación ***f.*** Acción de disimilar. 2 Efecto de disimilar.

disimilar *tr.-prnl.* GRAM. Alterar [un sonido] para diferenciarlo de otro igual o semejante en la misma palabra: l. *robure,* da en español *roble,* y no *robre,* porque la segunda *r* se ha disimilado de la primera.

disimilitud (l. *dissimilitudo*) *f.* Desemejanza.

SIN. v. **Diferencia.**

disimulable *adj.* Que se puede disimular o disculpar.

disimulación (l. *dissimulatione*) *f.* Acción de disimular. 2 Efecto de disimular. 3 Disimulo. 4 Tolerancia afectada de una incomodidad o de un disgusto.

disimuladamente *adv. m.* Con disimulo.

disimulado, -da *adj.-s.* Que disimula lo que siente.

SIN. **Engañoso, falso, hipócrita.**

disimulador, -ra *adj.-s.* Que disimula.

disimular (l. *dissimulare*) *tr.* Encubrir con astucia [la intención propia] u ocultar [lo que uno siente o padece]. 2 Desentenderse del conocimiento [de una cosa]: ~ *el espectáculo; abs., disimulemos.* 3 Tolerar afectando ignorancia: ~ *las maldades de alguno;* perdonar, permitir: ~ *las faltas de un amigo.* 4 Disfrazar, desfigurar [las cosas]: *la capa disimula tu pobreza;* esp., ocultar, hacer desaparecer: *el azúcar disimula lo amargo de la pócima.*

SIN. v. **Ocultar.**

disimulo *m.* Arte con que se oculta lo que se siente o se sabe. 2 Indulgencia, tolerancia.

disinergia (*di-* I + *sinergia*) *f.* Incoordinación de los movimientos musculares debida a una enfermedad del cerebelo.

disipable (l. *dissipabile*) *adj.* Capaz o fácil de disiparse.

disipación (l. *dissipatione*) *f.* Acción de disipar o disiparse. 2 Efecto de disipar o disiparse. 3 Conducta de una persona entregada a los placeres. 4 ELECTR. Pérdida de energía debida a cualquier resistencia o parte resistiva de una impedancia.

SIN. *2* **Crápula** (intens.).

disipadamente *adv. m.* Con disipación.

disipado, -da *adj.-s.* Disipador. 2 Distraído, entregado a diversiones.

disipador, -ra (l. *dissipatore*) *adj.-s.* Que destruye o malgasta el caudal (hacienda).

disipar (l. *dissipare*) *tr.* Desvanecer [una cosa] por la disgregación y dispersión de sus partes: ~ *el sol la niebla.* 2 Desperdiciar, malgastar: ~ *la hacienda.* -3 *prnl.* Evaporarse, resolverse en vapores: *disiparse el alcohol.* 4 fig. Desvanecerse, quedar en nada una cosa: *disiparse una sospecha.*

SIN. *2* v. **Malgastar.**

diskette *m.* Disquete.

dislacerar *tr.* BARB. Dilacerar.

dislalia (*dis-* II + gr. *laleo,* hablar) *f.* MED. Dificultad de articular las palabras.

dislálico, -ca *adj.-s.* Que padece dislalia.

dislate (ant. *deslate, deslatar;* probl. der. de *lata,* palo, en el sentido de cureña de la ballesta) *m.* Disparate.

dislexia (*dis-* II + gr. *léxis,* dicción) *f.* MED. Perturbación de la capacidad de leer, que se manifiesta por errores, omisiones, inversiones de letras, sílabas o palabras enteras.

disléxico, -ca *adj.-s.* Que padece dislexia.

dislocación *f.* Acción de dislocar. 2 Efecto de dislocar. 3 FÍS. Deformación en la red cristalina de un sólido. 4 GEOL. Cambio de dirección, en sentido horizontal, de una capa o filón.

dislocadura *f.* Dislocación.

dislocar (l. *locare,* colocar) *tr.* Sacar [una cosa] de su lugar, esp. los huesos. 2 Dispersar. 3 fig. Desmembrar. ◇ ** CONJUG. [1] como *sacar.*

SIN. **Desconcertar, descoyuntar, desencajar.**

disloque *m.* fam. El colmo, cosa excelente. ◇ INCOR.: por dislocación.

dismembración *f.* Desmembración.

dismenorrea (*dis-* II + gr. *men,* mes + *-rrea*) *f.* MED. Menstruación dolorosa o difícil.

dismetría (*dis-* II + *-metría*) *f.* MED. Trastorno de la amplitud de los movimientos, perceptible cuando se ordena al individuo efectuar actos voluntarios rápidos.

disminución *f.* Acción de disminuir. 2 Efecto de disminuir. 3 ARQ. Cantidad en que el grueso de un muro es menor que su zarpa. 4 VETER. Enfermedad que padecen las bestias en los cascos.

SIN. *1* y *2* **Descrecimiento, decrecimiento, mengua.**

disminuido, -da *adj.-s.* [pers.] Que tiene incompletas sus facultades físicas o psíquicas.

disminuir (v. *diminuir*) *tr.-intr.-prnl.* Hacer menor la extensión, intensidad o número [de una cosa]. ◇ ** CONJUG. [62] como *huir.*

SIN. En sus aceps. tr. **amenguar, aminorar; menoscabar** y **mermar** se refieren al número o al tamaño; **acortar,** a la longitud y duración; **bajar** y **rebajar** (altura, precio y número); **abreviar** (duración); en sus aceps. intr. y prnl. v. **decrecer.**

dismnesia (*dis-* II + *-mnesia*) *f.* MED. Debilidad de la memoria.

disnea (l. *dyspnœa* < *dis-* II + gr. *pneo,* respirar) *f.* MED. Dificultad de respirar.

disneico, -ca *adj.-s.* Que padece de disnea. -2 *adj.* Relativo a la disnea.

disociable *adj.* Que puede disociarse.

disociación (l. *dissociatione*) *f.* Acción de disociar. 2 Efecto de disociar. 3 QUÍM. Ruptura de una molécula en átomos o moléculas más secillas.

disociador, -ra *adj.* Que disocia.

disociar (l. *dissociare*) *tr.* Separar [cosas unidas]. ◇ ** CONJUG. [12] como *cambiar.*

SIN. v. **Disgregar.**

disodilo *m.* Carbón sapropélico que por combustión despide un olor desagradable.

disolubilidad *f.* Calidad de disoluble.

disoluble (l. *dissolubile*) *adj.* Soluble, que se puede disolver.

disolución (l. *dissolutione*) *f.* Acción de disolver: *una* ~ *de azúcar; la* ~ *del matrimonio.* 2 Efecto de disolver. 3 Mezcla que resulta de disolver cualquier substancia en un líquido. 4 Relajación en las costumbres y rompimiento de los vínculos entre varias personas: ~ *de la sociedad;* ~ *de la familia.* 5 Solución de caucho usada en la reparación de cámaras de neumáticos. 6 Tipo de meteorización química debido a la presencia de materiales solubles en una roca.

disolutamente *adv. m.* Con disolución (relajación).

disolutivo, -va (l. *dissolutivu*) *adj.* Que tiene virtud de disolver.

disoluto, -ta (l. *dissolutu;* doble etim. *disuelto*) *adj.-s.* Licencioso, entregado a los vicios.

disolvencia *f.* Técnica utilizada para pasar de unos planos de imágenes o de sonidos a otros por desaparición gradual de los primeros.

disolvente *adj.-m.* Que tiene la facultad de disolver; que tiende a disolver: *doctrinas disolventes; el agua es un* ~ *natural.*

disolver (l. *dissolvere*) *tr.* Separar, desunir [lo que estaba unido material o moralmente]: ~ *el matrimonio; disolverse una sociedad.* 2 Deshacer, destruir, aniquilar: ~ *una facción; la muerte disuelve todas las cosas.* 3 QUÍM. Hacer pasar al estado de solución [un cuerpo] por la acción de otro cuerpo, gralte. líquido: ~ *con agua fuerte;* ~ *en alcohol.* ◇ ** CONJUG. [32] como *mover;* pp. irreg.: *disuelto.*

SIN. *3* **Desleír,** disgregar un cuerpo en un líquido, aunque no se disuelva en él: ~ *una salsa en aceite.* Todo lo que se disuelve se deslíe, pero no al revés; **diluir** es sin. de **desleír,** aunque de uso culto. En QUÍM. significa disminuir la concentración de una solución, añadirle más disolvente. REL. Lo que se puede disolver es **disoluble** en la acep. 1 (subst. **disolución**); en la acep. 3, **disoluble** o **soluble** (subst. **disolución** o **solución**).

disón *m.* Disonancia (sonido).

disonancia *f.* Sonido desagradable. 2 fig. Disconformidad (diferencia). 3 MÚS. Combinación de sonidos que no están en consonancia.

disonante *adj.* fig. Que discrepa de aquello con que debiera estar conforme.

disonar (l. *dissonare*) *intr.* Sonar desapaciblemente; faltar a la consonancia y armonía. 2 fig. Discrepar, carecer de conformidad. 3 fig. Parecer mal, extrañar una cosa: *esta noticia disonará entre los amigos.* ◇ ** CONJUG. [31] como *contar.*

dísono, -na (l. *dissonu*) *adj.* Disonante.

disorexia (*dis-* II + *-orexia*) *f.* MED. Inapetencia.

disosmia (*dis-* II + gr. *osmao,* oler) *f.* Disminución del olfato.

dispar *adj.* Desigual, diferente.

disparada *f. Amér.* Fuga desordenada y repentina.

disparadamente *adv. m.* Con gran precipitación y violencia. 2 Disparatadamente.

disparadero *m.* Disparador (pieza del fusil).

FR. *Poner* [a alguien] o *estar en el* ~, a punto de decir o hacer algo violento, precipitado.

disparador *m.* El que dispara. 2 Pieza que sujeta la llave del fusil y otras armas de fuego, y que, movida a su tiempo, sirve para dispararlas. 3 Pieza que sirve para hacer funcionar el obturador automático de una cámara fotográfica. 4 Escape de un reloj. 5 Nuez de la ballesta. 6 MAR. Aparato que sirve para desprender el ancla de la serviola en el momento de dar fondo. -7 *adj. Méj.* Manirroto.

disparar (l. *-are,* separar) *tr.* Hacer que [una máquina] despida el cuerpo arrojadizo: ~ *una escopeta;* arrojar o lanzar [un proyectil] por un medio adecuado: ~ *una flecha;* ~ *una pedrada;* ~ *un tiro.* 2 DEP. Tirar (lanzar con fuerza). -3 *intr.* p. us. Decir o hacer disparates. -4 *tr.-prnl.* fig. Crecer o hacer crecer [algo] de forma descontrolada. -5 *prnl.* Correr precipitadamente y sin dirección: *dispararse un caballo.* 6 fig. Dirigirse vivamente hacia una cosa o realizar algo con precipitación. 7 Al hablar u obrar, saltar fuera de razón, perder la paciencia. -8 *intr. Méj.* Gastar dinero, derrochar.
SIN. *1* **Tirar.**

disparatadamente *adv. m.* Fuera de razón y regla.

disparatado, -da *adj.* [pers.] Que disparata. 2 Contrario a la razón. 3 Atroz, desmesurado.

disparatador, -ra (l. *disparatu;* pp. de *disparare,* separar) *adj.-s.* Que disparata.

disparatar *intr.* Decir o hacer cosas fuera de razón y regla.
SIN. **Desbarrar.**

disparate *m.* Dicho o hecho disparatado. 2 fam. Atrocidad, demasía.
SIN. **Dislate.**

disparatero, -ra *adj. Amér.* Disparatador.

disparatorio *m.* Conversación, discurso o escrito lleno de disparates.

disparejo, -ja *adj.* Dispar.

disparidad *f.* Desemejanza, desigualdad de una cosa respecto de otra.
SIN. v. **Diferencia.**

disparo *m.* Acción de disparar o dispararse. 2 Efecto de disparar o dispararse. 3 fig. p. us. Disparate. 4 DEP. Tiro (lanzamiento).
SIN. *1* y *2* **Tiro,** tratándose de un arma de fuego o arrojadiza.

dispendio (l. *-iu*) *m.* Gasto excesivo, derroche. 2 fig. Uso o empleo excesivo de hacienda, tiempo o cualquier caudal.

dispendiosamente *adv. m.* Con dispendio.

dispendioso, -sa (l. *-su*) *adj.* Costoso, de gasto considerable. 2 fig. Gastoso, manirroto.
SIN. *1* v. **Caro.**

dispensa *f.* Privilegio, excepción graciosa de lo dispuesto por las normas generales: ~ ***matrimonial,*** para contraer matrimonio entre parientes hasta cierto grado. 2 Escrito que contiene la dispensa. ◇ INCOR.: vulg. por despensa.

dispensable *adj.* Que se puede dispensar.

dispensación (l. *-atione*) *f.* Acción de dispensar o dispensarse. 2 Efecto de dispensar o dispensarse. 3 Dispensa.

dispensador, -ra (l. *-atore*) *adj.-s.* Que dispensa.

dispensar (l. *-are*) *tr.* Conceder, distribuir: ~ *mercedes;* ~ *elogios;* ~ ***medicamentos,*** despacharlos. 2 Absolver o excusar de una falta leve: *dispénseme que le detenga.* 3 Eximir [a alguno] de una obligación: ~ *a uno de asistir; dispensarse de asistir.* ◇ Es incorrecto usar este verbo con cosas no distribuibles: ~ *un apoyo, la compasión a alguien.*
SIN. *2* y *3* v. **Perdonar.**

dispensaría *f. Chile* y *Perú.* Dispensario.

dispensario *m.* Establecimiento benéfico donde los enfermos, sin estar hospitalizados, reciben asistencia medica y farmacéutica. ◇ GALIC.: por consultorio.

dispepsia (l. *dyspepsia* < *dis-* II + *-pepsia*) *f.* Digestión laboriosa e imperfecta de carácter crónico.
CONTR. **Eupepsia.**

dispéptico, -ca *adj.* Relativo a la dispepsia. -2 *adj.-s.* Enfermo de dispepsia.

dispermo, -ma (*di-* II + gr. *sperma,* semilla) *adj.* BOT. [fruto] Que tiene dos semillas.

dispersar (de *disperso*) *tr.* Separar y diseminar [a personas o cosas]. 2 MIL. Romper y desbaratar [al enemigo] haciéndole huir en desorden. 3 MIL. Desplegar en orden abierto de guerrilla [una fuerza].
SIN. v. **Disgregar.**

dispersión (l. *-sione*) *f.* Acción de dispersar. 2 Efecto de dispersar. 3 FÍS. Separación de los diversos colores espectrales de un rayo de luz. 4 QUÍM. Fluido que contiene uniformemente repartido en su masa un cuerpo en suspesión o en estado coloidal.

dispersivo, -va *adj.* Que tiene facultad de dispersar.

disperso, -sa (l. *-su*) *adj.-s.* [pers.] Que está dispersado. 2 Militar no agregado a ningún cuerpo y residente en el pueblo elegido por él.

dispersor, -ra *adj.* Que dispersa.

displacer *tr.* desus. Desplacer. ◇ ** CONJUG. [76] como ***placer.***

displasia (*dis-* II + gr. *plasso,* formar, modelar) *f.* PAT. Anomalía en el desarrollo de un órgano.

display (voz inglesa) *m.* Representación visual de los datos de salida de cualquier sistema: *el* ~ *de una calculadora de bolsillo.*

displicencia (l. *-ntia*) *f.* Desagrado e indiferencia en el trato. 2 Desaliento en la ejecución de un hecho.
SIN. *2* **Apatía, indolencia, dejadez.**

displicente *adj.* Que desagrada. -2 *adj.-s.* Descontento, desabrido o de mal humor.

dispondeo (l. *-eu;* gr. *dispóndeios*) *m.* Pie de la versificación clásica que tiene dos espondeos, o sea cuatro sílabas largas: — — — —.

disponedor, -ra *adj.-s.* Que dispone (ordena).

disponer (l. *-ere*) *tr.* Colocar, poner [las personas o cosas] en orden y situación conveniente: ~ *las naves en hileras;* ~ *a los alumnos por secciones.* 2 Preparar, prevenir para alguna circunstancia: ~ *la habitación.* 3 Deliberar, mandar [lo que ha de hacerse]: ~ *la comida; la ley lo dispone.* -4 *intr.* Usar de los derechos inherentes a la propiedad o posesión de los bienes; esp., testar acerca de ellos: ~ *de su caudal en testamento.* 5 Valerse de una persona o cosa, utilizarla por suya: ~ *de un amigo;* ~ *de un capital;* ~ *de poco tiempo.* -6 *prnl.* Prepararse para hacer alguna cosa; tener la intención de hacerla: *me dispongo a,* o *para, salir; se disponen a servirnos.* 7 esp. Prepararse a morir o a bien morir. ◇ ** CONJUG. [78] como ***poner;*** pp. irreg.: ***dispuesto.***

disponibilidad *f.* Calidad de disponible. 2 Cantidad disponible: *gasto según mis disponibilidades.* 3 Propiedad de un sistema que representa la continuidad del servicio prestado.

disponible *adj.* [pers. o cosa] De que se puede disponer libremente. 2 [militar o funcionario] En servicio activo sin destino, pero que puede ser destinado inmediatamente.

disposición (l. *-itione*) *f.* Ordenada colocación o distribución de algo: *la* ~ *de un edificio; la* ~ *de unos muebles.* 2 fig. Gallardía y gentileza de la persona. 3 Estado de espíritu o de cuerpo para hacer algo: *no estar en* ~ *de estudiar, de salir a la calle.* 4 Aptitud para hacer algo: *mostrar gran* ~ *para las ciencias.* 5 Lo dispuesto, establecido, decidido: ~ *ministerial;* ~ *testamentaria;* ***última*** ~, testamento. 6 Facultad de disponer de algo: *tener libre* ~ *de sus bienes.* 7 RET. Ordenada colocación o distribución de las diferentes partes de una composición literaria.

dispositivamente *adv. m.* Con carácter dispositivo.

dispositivo, -va (l. *-vu*) *adj.* Que dispone: *la parte dispositiva de una sentencia.* -2 *m.* Mecanismo.
SIN. *2* v. **Instrumento.**

disprosio *m.* QUÍM. Elemento metálico, perteneciente al grupo de las tierras raras. Su símbolo es *Dy,* su número atómico 66, y su peso atómico es 162,46.

dispuesto, -ta (l. *dispositu*) Pp. irreg. de *disponer.* 2 *adj.* Apuesto, gallardo. 3 Hábil, despejado, con aptitud natural. 4 Preparado, en disposición de. 5 ***Bien*** o ***mal*** ~, con buena o mala salud; con ánimo favorable o adverso. ◇ Con el v. *ser* tiene las aceps. *2* y *3*: *era una persona muy dispuesta.* Con *estar* le corresponden las aceps. *4* y *5*: *estoy* ~ *a escucharle.*

disputa *f.* Acción de disputar. 2 Efecto de disputar. 3 ***Sin*** ~, indudablemente.
SIN. v. **Lucha.**

disputable (l. *-abile*) *adj.* Que se puede disputar o es problemático.

disputador, -ra (l. *-atore*) *adj.-s.* Que disputa. 2 Que tiene el vicio de disputar.

disputar (l. *-are*) *tr.* Debatir, altercar, esp. con calor y vehemencia: ~ *con su hermano;* ~ *sobre,* o *por,* o *acerca de, un asunto.* 2 Ejercitarse los estudiantes discutiendo. 3 Contender, emular para alcanzar o defender [alguna cosa]: ~ *una cátedra.*

disquete *m.* INFORM. Disco de pequeño tamaño formado por una base de poliéster bañada de óxido magnético y protegido por una funda de la que no se extrae, para el registro y reproducción de datos magnéticos.
SIN. **Disco flexible.**

disquetera *f.* INFORM. Unidad de disquetes en un microordenador.

disquinesia (*dis-* II + *-quinesia*) *f.* MED. Alteración del movi-

miento de los músculos voluntarios como de los músculos lisos de órganos, vísceras y conductos excretores.
disquisición (l. *-itione*) *f.* Examen o exposición rigurosa y detallada de alguna cuestión.
disrupción *f.* ELECTR. Interrupción o apertura brusca de un circuito eléctrico.
disruptivo, -va *adj.* Que produce ruptura brusca. 2 [descarga] Que se produce entre las dos armaduras de un condensador eléctrico al aumentar gradualmente entre ellas la diferencia de potencial.
distal *adj.* ANAT. Que está más distante del eje o línea media del organismo o del arranque de un miembro y otro órgano, por oposición a proximal.
distancia (l. *-ntia*) *f.* Espacio o tiempo que media entre dos cosas o sucesos. 2 fig. Diferencia notable entre unas cosas y otras. 3 fig. Alejamiento, desafecto entre personas. 4 GEOM. Longitud del segmento de recta comprendido entre dos puntos del espacio. 5 GEOM. Longitud del segmento de recta comprendido entre un punto y el pie de la perpendicular trazada desde él a una recta o a un plano. 6 *fr.* fig. ***Acortar las distancias,*** ceder en alguno de los puntos discrepantes, para llegar a una avenencia. 7 *fr.* fig. ***Guardar las distancias,*** no permitir familiaridad en el trato.
distanciación *f.* Distanciamiento.
distanciamiento *m.* Acción de distanciar o distanciarse. 2 Efecto de distanciar o distanciarse. 3 Enfriamiento en la relación amistosa y disminución de la frecuencia en el trato entre dos personas. 4 Alejamiento afectivo o intelectual de una persona en su relación con un grupo humano, una institución, una ideología, una creencia o una opinión. 5 Recurso artístico, gralte. teatral, mediante el cual se consigue que el espectador o el actor queden psíquicamente distantes de la acción representada, y puedan así adoptar ante ella una actitud claramente cognoscitiva y crítica.
distanciar *tr.-prnl.* Apartar, alejar, poner a distancia [a una pers. o cosa]. ◇ ** CONJUG. [12] como ***cambiar.***
distante *adj.* Apartado, remoto, lejano.
distantemente *adv. m.* Con distancia o intervalo de lugar o de tiempo.
distar (l. *-are*) *intr.* Estar apartada una cosa de otra cierto espacio de lugar o de tiempo. 2 fig. Diferenciarse una cosa de otra.
distender (l. *-ere*) *tr.-prnl.* Aflojar, relajar [lo que está tenso o tirante]. 2 MED. Causar una tensión violenta [en los tejidos, membranas, etc.]. ◇ ** CONJUG. [28] como ***entender.***
distensible *adj.* MED. Que se puede distender.
distensión (l. *-nsione*) *f.* Acción de distender. 2 Efecto de distender.
distermia (*dis-* II + *-termia*) *f.* Temperatura anormal del organismo.
I) dístico (l. y gr. *-chon* < *di-* II + gr. *stichos,* verso) *m.* Composición poética o estrofa de dos versos que expresan un concepto cabal.
SIN. **Pareado,** es más us. en la poesía moderna, mientras que **dístico,** se dice gralte. tratando de versificación gr. y l.
II) dístico, -ca (l. *distichu* < gr. *-chos* < *di-* II + gr. *stichos,* hilera) *adj.* BOT. [hoja, flor, espiga, etc.] Que una mira a un lado y otra a otro.
disticoso, -sa *adj. Perú.* Displicente, esp. para tomar alimentos.
distinción (l. *-nctione*) *f.* Acción de distinguir o distinguirse. 2 Efecto de distinguir o distinguirse. 3 Calidad de distinguido: *es persona de ~.* 4 Prerrogativa, excepción, honor: *es objeto de muchas distinciones.* 5 *A ~,* a diferencia.
distingo (l. *-guo*) *m.* Distinción lógica en una proposición de dos sentidos, uno de los cuales se concede y otro se niega. 2 Reparo, restricción sutil o meticulosa.
distingüendo *adj. Chile* y *Guat.* Entre cultistas, [substantivo] cuya significación varía según el género.
distinguible *adj.* Que puede distinguirse.
distinguido, -da *adj.* Ilustre, aventajado por sus maneras, lenguaje, rango, etc.: *un personaje ~.*
distinguidor, -ra *adj.-s.* Que distingue.
distinguir (l. *-ere*) *tr.* Conocer [a una persona o cosa] por aquello que le diferencia de otra: *~ lo blanco de lo negro.* 2 esp. Considerar diferente o declarar la diferencia que hay entre [una cosa] y otra con la cual se puede confundir: *el profesor distingue los fonemas de las letras.* 3 Ver [una cosa] a pesar de la lejanía, obscuridad, etc.: *~ un barco.* 4 En las escuelas, declarar [una proposición] por medio de una distinción. 5 Caracterizar: *la razón distingue al hombre.* 6 Hacer que [una cosa] se diferencie de otra por medio de alguna particularidad: *distinguiremos estas gallinas por medio de una calza;* ***prnl.,*** *distinguirse de las otras por el color.* 7 Hacer particular estimación [de unas personas] prefiriéndolas a otras: *el ministro le distinguía.* 8 p. ext. Otorgar [a uno] alguna dignidad o prerrogativa: *~ a uno con una cruz.* -9 ***prnl.*** Descollar, sobresalir entre otros: *distinguirse en las letras, por único, entre todos.* ◇ ** CONJUG. [8].
GRAM. A las aceps. 1 a 6 corresponde el adj. **distinto.** A las 7, 8 y 9, **distinguido.** SIN. *3* V. **Divisar.**
distintamente *adv. m.* Diversamente, de modo distinto, claro.
distintivo, -va *adj.* Que tiene facultad de distinguir. -2 *adj.-s.* Cualidad que caracteriza esencialmente una cosa. -3 *m.* Insignia, marca.
distinto, -ta (l. *-nctu*) *adj.* Que no es lo mismo. 2 Que no es parecido. 3 Inteligible, claro, sin confusión.
distocia (gr. < *dis-* II + gr. *tókos,* parto) *f.* CIR. Parto laborioso o difícil.
distócico, -ca *adj.* CIR. Relativo a la distocia.
dístomo, -ma (*di-* II + *-stomo*) *adj.* ZOOL. Que tiene dos bocas.
distorsión *f.* Torcedura (distensión y desviación). 2 FÍS. Deformación de una onda durante su propagación, y cuyo resultado puede apreciarse, p. ej., en las imágenes ópticas o en las transmisiones telefónicas.
distorsionar *tr.* Producir una distorsión. 2 Deformar, tergiversar.
distracción (l. *-ctione*) *f.* Acción de distraer o distraerse. 2 Efecto de distraer o distraerse. 3 Cosa que atrae la atención, esp. la que divierte el ánimo: *los espectáculos son una ~.* 4 desus. Libertad excesiva en las costumbres.
distraer (l. *distrahere*) *tr.* ant. Divertir (apartar): *distraerse a diferente materia;* esp., apartar [a uno] de la vida virtuosa y honesta. 2 Apartar la atención [de una persona] del objeto a que la aplicaba o a que debía aplicarla: *distraerse con,* o *por, el ruido; distraerse de,* o *en, la conversación.* 3 Divertir (entretener): *la música me distrae.* 4 eufem. Malversar [fondos], defraudarlos. ◇ ** CONJUG. [88] como ***traer.*** ◇ INCOR.: *distrayera* por *distrajera.*
distraídamente *adv. m.* Con distracción.
distraído, -da *adj.-s.* Que se distrae con facilidad. 2 Entregado a la vida licenciosa y desordenada. 3 *Chile* y *Méj.* Roto, mal vestido, desaseado. 4 *Ecuad.* Adelgazado, extenuado.
distribución (l. *-utione*) *f.* Acción de distribuir o distribuirse. 2 Efecto de distribuir o distribuirse. 3 Reparto de actores en el teatro y cine. 4 Conjunto de procesos y actividades gracias a los cuales un producto llega al consumidor: *~* ***cinematográfica,*** difusión de películas. 5 Modo de estar dispuestas las diferentes partes de un edificio, las habitaciones, etc. 6 ECON. Repartición del valor del producto entre los factores de la producción. 7 RET. Figura, especie de enumeración, en que ordenadamente se afirma o niega algo acerca de cada una de las cosas enumeradas. 8 Aparato que en los motores de explosión sirve para regular la admisión, encendido y escape. 9 Negocio del distribuidor comercial.
distribuidor, -ra *adj.-s.* Que distribuye. -2 *m.* Mecanismo us. en el sistema de encendido de los motores de explosión, para aplicar la tensión a las bujías de los distintos cilindros. 3 ELECTR. Caja de derivación que permite conectar los circuitos derivados con cada uno de los circuitos principales, sin necesidad de desmontar los conectadores. 4 IMPR. Mecanismo que, en las máquinas de componer, devuelve a los respectivos almacenes las matrices con las que ya se ha fundido la composición. 5 IMPR. Rodillo que distribuye igualmente la tinta sobre la tabla de la máquina de imprimir. 6 MEC. Aparato que en las máquinas de vapor establece alternativamente la comunicación entre la caldera y el cilindro, por un lado del émbolo, y entre el cilindro y el condensador por el otro. -7 *m. f.* Intermediario entre el productor y el detallista de un producto. -8 *f.* Máquina agrícola para esparcir abonos. 9 Empresa de distribuición.
distribuir (l. *-ere*) *tr.* Dividir [una cosa] entre varias personas designando lo que a cada una corresponde: *~ el pan entre los pobres;* o entre varios lugares atribuyendo una parte a cada uno: *~ la tropa en los cuarteles.* 2 Dividir [una cosa] atribuyendo a cada parte su destino o su colocación: *~ un piso; ~ el tiempo; ~ los capítulos de un libro.* 3 esp. En imprenta, deshacer los moldes y repartir [las letras] en los cajetines. ◇ ** CONJUG. [62] como ***huir.***
SIN. **Repartir.**

distributivo, -va (l. *-vu*) ***adj.*** Que toca o atañe a la distribución. -2 ***adj.-f.*** GRAM. ***Oración*** o ***cláusula distributiva,*** la formada por dos o más oraciones coordinadas a las cuales nos referimos alternativamente: *unos lloraban, otros reían; aquí salían, allá entraban, acullá gritaban;* no tiene **conjunciones especiales, sino que las oraciones se enlazan por medio de palabras correlativas. Constituyen un tipo de coordinadas intermedio entre las copulativas y las disyuntivas.
distribuyente ***adj.*** Que distribuye.
distrito (l. *districtus,* der. de *distringere,* separar) ***m.*** Subdivisión administrativa o jurídica de un territorio o población.
SIN. **Cuartel,** ant.
distrofia (*dis-* II + *-trofia*) ***f.*** MED. Estado patológico debido a una alteración de la glándula pituitaria, que afecta a la nutrición y al crecimiento.
disturbar ***tr.*** p. us. Perturbar (alterar el orden).
disturbio (de *disturbar*) ***m.*** Perturbación de la paz y concordia.
disuadir (l. *dissuadere*) ***tr.*** Inducir [a uno] con razones a mudar de dictamen o de propósito: *~ a uno de marcharse.*
SIN. **Desaconsejar, desarrimar.** CONTR. **Persuadir.**
disuasión (l. *dissuasio*) ***f.*** Acción de disuadir. 2 Efecto de disuadir.
disuasivo, -va ***adj.*** Que disuade o puede disuadir.
disuasorio, -ria ***adj.*** Disuasivo.
disuelto, -ta (v. *disoluto*) Pp. irreg. de *disolver.*
disuria (*dis- II* + *-uria*) ***f.*** Evacuación difícil y penosa de la orina.
disúrico, -ca ***adj.*** Relativo a la disuria.
disyunción (l. *disiunctione*) ***f.*** Acción de separar y desunir. 2 Efecto de separar y desunir. 3 FIL. Separación de dos realidades, cada una de las cuales está referida intrínsecamente a la otra (masculino y femenino; izquierdo y derecho). 4 RET. Figura que consiste en presentar razonamientos o imágenes en forma disyuntiva.
disyunta (l. *disiungere,* desunir) ***f.*** MÚS. desus. Mutación de voz con que se pasa de una propiedad o deducción a otra.
disyuntiva (v. *disyuntivo*) ***f.*** Alternativa entre dos cosas por una de las cuales hay que optar.
disyuntivamente ***adv. m.*** Con disyuntiva. 2 Separadamente; cada cosa de por sí.
disyuntivo, -va (l. *disiunctivu*) ***adj.*** Que desune (separa). -2 ***adj.-f.*** GRAM. ***Oración disyuntiva,*** período coordinado formado por dos o más oraciones, una de las cuales excluye a las demás: *págueme o fírmeme un pagaré; o es tonto, o no se ha enterado, o se hace el distraído.* 3 GRAM. ***Conjunción disyuntiva,*** la que enlaza oraciones de esta clase; la más usual es *o.*
disyunto, -ta ***adj.*** Desunido, separado. 2 Término que en número par participa de una disyunción o disyuntiva, por referencia al otro.
disyuntor ***m.*** Aparato eléctrico que tiene por objeto abrir automáticamente el paso de la corriente eléctrica.
I) dita (l. *dicta;* pp. f. de *dicere,* dicho) ***f.*** Persona o efecto que se señala como garantía de un pago. 2 *And.* y *La Mancha.* Préstamo usurario a corto plazo. 3 *Amér.* Deuda.
II) dita ***f.*** *P. Rico.* Vasija hecha de media higüera us. entre la gente pobre.
ditá ***m.*** Árbol apocináceo de Filipinas, de cuya corteza se extrae la ditaína *(Alstonia scholaris).*
ditaína ***f.*** Alcaloide febrífugo que se extrae de la corteza de un árbol de Filipinas llamado *ditá.*
diteísmo (*di-* II + *teísmo*) ***m.*** Doctrina teológica que afirma la existencia de dos dioses.
diteísta ***adj.-com.*** Partidario del diteísmo.
ditero, -ra ***adj.-s.*** *And.* y *La Mancha.* Persona que presta a dita.
ditirámbico, -ca ***adj.*** Perteneciente o relativo al ditirambo.
ditirambo (l. *dithyrambu* < gr. *dithyrambos*) ***m.*** Ant. composición poética en honor de Baco. 2 Composición poética de arrebatado entusiasmo, escrita gralte. en variedad de metros. 3 fig. Alabanza exagerada, encomio excesivo.
SIN. *3* v. **Elogio.**
dítono (l. *-nu* < *di-* II + *tono*) ***m.*** MÚS. Intervalo que consta de dos tonos.
diuca (arauc.) ***f.*** *Argent.* y *Chile.* Pájaro conirrostro, de color gris apizarrado; es poco mayor que el jilguero y canta al amanecer *(Fringilla diuca).* 2 *Argent.* y *Chile.* fig. Alumno predilecto de su profesor.
REL. **Diucazo,** canto de la diuca.
diucón ***m.*** *Chile.* Pajarillo más grande que la diuca *(Taenioptera pyoope).*
diuresis (gr. *diioureo,* orinar) ***f.*** Aumento en la secreción y excreción de la orina. ◇ Pl.: *diuresis.*
diurético, -ca ***adj.-m.*** Medicamento que produce diuresis.
diurno, -na (l. *-nu*) ***adj.*** Perteneciente o relativo al día, en oposición a *nocturno.* 2 De un día de duración. 3 [animal] Que caza de día; [planta] que presenta flores sólo abiertas durante el día. -4 ***m.*** Libro del rezo eclesiástico, que contiene las horas menores desde laudes hasta completas.
CONTR. En ASTRON. no siempre se opone a **nocturno,** sino que a veces se refiere a un día astronómico o sidéreo: *movimiento diurno.*
diuturnidad (l. *-itate*) ***f.*** Espacio dilatado de tiempo.
diuturno, -na (l. *-nu*) ***adj.*** Que dura o subsiste mucho tiempo.
diva (l.) ***f.*** poét. Diosa. V. divo II.
divagación ***f.*** Acción de divagar. 2 Efecto de divagar. 3 Cambio de cauce de un río cuyas aguas pueden seguir cursos diferentes dentro de un lecho muy ancho o adoptar un cauce nuevo fuera del mismo.
divagador, -ra ***adj.-s.*** Que divaga.
divagar (l. *-are*) ***intr.*** Vagar, deambular. 2 Separarse del asunto de que se trata; hablar o escribir sin concierto ni propósito fijo. ◇ ** CONJUG. [7] como ***llegar.***
divalente ***adj.*** QUÍM. Bivalente.
diván (ár. *diuán,* reunión) ***m.*** Entre los turcos, consejo supremo de estado y de justicia. Sala donde se reúne este consejo. 2 Especie de sofá sin respaldo y con almohadones sueltos que se aplica contra la pared. 3 Colección de poesía en árabe, persa o turco.
divergencia ***f.*** Acción de divergir: *~ de rayos luminosos.* 2 Efecto de divergir. 3 fig. Diversidad de opiniones o pareceres.
SIN. v. **Diferencia.** CONTR. *1* y *2* **Convergencia.** *3* **Conformidad, acuerdo.**
divergente ***adj.*** Que diverge: *lente ~.*
CONTR. **Convergente.**
divergir (l. *-ere*) ***intr.*** Irse apartando sucesivamente unas de otras, dos o más líneas, superficies o cosas. 2 fig. Discrepar (disentir). ◇ ** CONJUG. [6] como ***dirigir.***
diversamente ***adv. m.*** Con diversidad.
diversidad (l. *-itate*) ***f.*** Variedad, desemejanza, diferencia. 2 Abundancia, copia, concurso de varias cosas distintas.
diversificación ***f.*** Acción de diversificar. 2 Efecto de diversificar.
diversificar (l. *-are*) ***tr.*** Hacer diversa [una cosa] de otra. 2 Variar los bienes que se producen, compran o venden. -3 ***tr.-prnl.*** Dar variedad a una cosa, darle varios aspectos. ◇ ** CONJUG. [1] como ***sacar.***
diversiforme (de *diverso* + *-forme*) ***adj.*** Que presenta diversidad de formas.
diversión ***f.*** Acción de divertir. 2 Efecto de divertir.
diversivo, -va ***adj.-m.*** Relativo a la diversión. 2 En la medicina tradicional, medicamento que se daba para divertir o apartar en el paraje en que ofenden los humores. 3 MIL. [operación militar] Destinado a desviar la atención o fuerzas del enemigo.
diverso, -sa (l. *su;* doble etim. *divieso*) ***adj.*** De distinta naturaleza, especie, figura, etc.: *~ de los demás; ~ en carácter.* 2 No semejante. -3 ***adj. pl.*** Varios, muchos.
diversorio ***m.*** desus. Posada, mesón común o particular.
divertículo (l. *-lu,* camino apartado) ***m.*** FISIOL. Pequeño saco o tubo cerrado en comunicación con un conducto o cavidad principales.
divertido, -da ***adj.*** Festivo, de buen humor. 2 Que divierte. 3 *Amér.* Ebrio, achispado.
divertimiento ***m.*** Diversión. 2 Distracción momentánea de la atención.
divertir (l. *-ere*) ***tr.*** ant. Apartar, desviar [una cosa] de un sitio para hacerla pasar a otro: *~ la atención de un objeto.* 2 Entretener, recrear: *divertirse con un amigo; ~ en pintar.* 3 MED. Llamar hacia otra parte [el humor]. 4 MIL. Llamar la atención [del enemigo] a varias partes para dividir sus fuerzas. ◇ ** CONJUG. [35] como ***hervir.***
SIN. *1* y *2* **Distraer.**
dividendo (l. *-du*) ***m.*** MAT. Cantidad que ha de dividirse por otra. 2 Cantidad que se reparte entre los accionistas de una sociedad anónima en función de los beneficios obtenidos y del número de acciones de cada uno: *~* ***activo,*** cuota que, en el reparto de los beneficios de una compañía mercantil, se acuerda abonar a cada acción; *~* ***pasivo,*** cuota que, con cargo al importe de una acción no totalmente desembolsada, ha de pagar el accionista. 3 *Chile.* Plazo, cuota.
divididero, -ra ***adj.*** Que ha de dividirse.

dividir (l. *-ere*) *tr.* Partir, separar en partes [una cosa o una cantidad]: ~ *un campo;* ~ *una caja en compartimientos;* ~ *el tiempo.* 2 esp. Distribuir, repartir [alguna cosa] entre varios: ~ *una herencia;* ~ *con,* o *entre, muchos;* ~ *por mitad.* 3 Separar [un conjunto de personas o cosas] en grupos, clases, etc.: ~ *las ciencias;* ~ *las razas humanas.* 4 Introducir un objeto cualquiera, una partición o separación [en otro objeto]: *el camino divide el campo.* 5 fig. Levantar la discordia [entre dos o más personas] desuniendo los ánimos y voluntades: *divide a tus enemigos y vencerás.* 6 MAT. Dadas dos cantidades, una que se llama *dividendo* y otra que se llama *divisor,* hallar las veces (*cociente*) que la segunda está contenida en la primera: ~ ***una cantidad por otra,*** dividirlas tomando la primera como dividendo y la segunda como divisor. También *partir.* -7 *prnl.* Separarse uno de la compañía o amistad de otro.

dividivi (voz indígena) *m.* Árbol leguminoso de Venezuela, cuyo fruto se usa para curtir pieles *(Caesalpina coriaria).* ◇ También *dibidibi.*

dividuo, -dua (l. *-uus*) *adj.* DER. Divisible (que puede dividirse).

divieso (v. *diverso*) *m.* Tumor puntiagudo y duro que se forma en el espesor de la piel por inflamación de un folículo sebáceo.
SIN. **Forúnculo, furúnculo.**

divinal (l. *-ale*) *adj.* poét. Divino.

divinamente *adv. m.* Con divinidad, por medios divinos. 2 fig. Admirablemente, con gran perfección y propiedad.

divinatorio, -ria *adj.* Relativo al arte de adivinar.
SIN. **Adivinatorio.**

divinidad (l. *-itate*) *f.* Naturaleza divina, ser divino: *la* ~ *de Jesucristo.* 2 Dios de las religiones politeístas: *las divinidades mitológicas.* 3 fig. Persona o cosa dotada de gran hermosura.
SIN. *1* y *2* **Deidad.**

divinización *f.* Acción de divinizar. 2 Efecto de divinizar.

divinizar *tr.* Hacer o suponer divina [a una persona o cosa] o tributarle culto y honores divinos. 2 fig. Santificar, hacer sagrada [una cosa]: *Cristo divinizó las bodas con su presencia.* 3 fig. Ensalzar [a uno] desmedidamente. ◇ ** CONJUG. [4] como ***realizar.***
SIN. *1* **Deificar.** *3* **Endiosar, deificar.**

divino, -na (l. *-nu*) *adj.* Relativo a Dios o a los dioses. 2 fig. Muy excelente, primoroso. 3 ***A lo*** ~, expr. que se aplica a las obras literarias profanas en su forma, pero escritas con fines religiosos: *égloga, novela pastoril, libro de caballerías, comedia,* etc., *a lo* ~.

I) divisa (de *divisar*) *f.* Señal exterior para distinguir personas, grados, etc. 2 Moneda extranjera referida a la unidad del país de que se trata. 3 Lazo de cintas de colores con que se distinguen en la lidia los toros de cada ganadero. 4 Empresa (emblema). 5 BLAS. Lema o mote expresado en términos sucintos o por algunas figuras.

II) divisa (l.; doble etim. *devisa*) *f.* DER. ant. Parte de herencia paterna transmitida a descendientes de grado ulterior.

divisar *tr.* Ver a distancia, percibir en conjunto o confusamente [un objeto]. 2 BLAS. Añadir una divisa [al escudo, a las armas de familia].
SIN. **Distinguir,** es ver con claridad suficiente para saber de qué se trata. A medida que la visión va siendo menos distinta establecemos cierta gradación entre: **divisar, entrever, columbrar.**

divisibilidad *f.* Cualidad de divisible. 2 Propiedad que tiene la materia de poderse dividir en partes.

divisible (l. *-ile*) *adj.* Que puede dividirse. 2 [cantidad] Que contiene exactamente a otra cierto número de veces.

división (l. *-isione*) *f.* Acción de dividir. 2 Efecto de dividir. 3 fig. Discordia, desunión. 4 DEP. Agrupación de equipos deportivos o selecciones según méritos o categoría, designadas según numeración: *equipo de primera división.* 5 MAR. Parte de una escuadra. 6 MAT. Operación de dividir. 7 MIL. ~ ***acorazada*** o ***blindada,*** la que está constituida fundamentalmente por carros de combate o fuerzas transportadas en vehículos blindados. 8 MIL. ~ ***móvil,*** aquella en que las tropas son tansportadas sobre camiones o vehículos especiales. 9 MIL. Parte de un cuerpo o ejército, compuesto de brigadas de varias armas. 10 RET. Ordenada distribución de los varios puntos que puede abrazar la proposición del discurso oratorio.

divisional *adj.* Relativo a la división.

divisionario, -ria *adj.* [moneda] Que representa una fracción de la unidad monetaria y tiene un valor convencional superior al efectivo.

divisionismo *m.* Técnica impresionista consistente en la yuxtaposición de los colores sobre el lienzo.

divisivo, -va *adj.* Que sirve para dividir.

divismo *m.* Condición de divo. 2 Afición extremosa a la personalidad de un artista o deportista determinado.

divisor, -ra (l.) *adj.-s.* MAT. Submúltiplo. -2 *m.* Cantidad por la cual se divide exactamente dos o más cantidades: *el 4 es común* ~ *de 8 y de l6;* ***máximo común*** ~, el mayor divisor común a dos o más cantidades
SIN. **Partidor,** p. us.

divisorio, -ria *adj.* Que establece una separación o división. -2 *adj.-s.* Línea que señala los límites entre partes grandes o pequeñas de la superficie terrestre. Línea que puede imaginarse en un terreno, desde la cual las aguas corren en direcciones opuestas.

divo, -va *adj.* poét. Divino: ~ *Augusto.* -2 *adj.-s.* Cantante de sobresaliente mérito: ~ *de ópera;* ~ *de zarzuela.* 3 Engreído, soberbio.

divorciado, -da *adj.-s.* Persona cuyo vínculo matrimonial ha sido disuelto jurídicamente.

divorciar *tr.-prnl.* Separar [los cónyuges] o disolver el vínculo matrimonial [de dos cónyuges] por el divorcio. 2 fig. Separar, apartar [lo que estaba unido o debía estarlo]: *la muerte nos divorcia sin pleitos.* ◇ ** CONJUG. [12] como ***cambiar.***
SIN. *1* **Descasar,** tiene sentido gral. de separar a los cónyuges; **divorciar,** tiene valor legal.

divorcio (l. *divortium*) *m.* Separación del matrimonio por juez competente. 2 En algunos pueblos antiguos o estados modernos, disolución del vínculo matrimonial, de manera que cada cónyuge puede contraer nuevas nupcias. 3 Separación en general, divergencia: ~ *de opiniones.* 4 Falta o desaparición [de algo que mantenía una coordinación, acuerdo, armonía, etc.]. 5 *Colomb.* Cárcel de mujeres.

divulgable *adj.* Que se puede divulgar.

divulgación (l. *-atione*) *f.* Acción de divulgar o divulgarse. 2 Efecto de divulgar o divulgarse.

divulgador, -ra (l. *-atore*) *adj.-s.* Que divulga.

divulgar (l. *-are*) *tr.* Hacer que [una cosa] llegue a conocimiento de gran número de personas. ◇ ** CONJUG. [7] como ***llegar.***
SIN. **Vulgarizar, difundir,** cuando se trata de ciencias, conocimientos, doctrinas, etc.; **publicar, pregonar, difundir, esparcir, sembrar, propagar** (v. **propalar**), si se trata de noticias, rumores, etc.

diyambo (*di-* II + *yambo*) *m.* Pie de la versificación clásica compuesto de dos yambos: *U — U —.*

diz, apóc. ant. de *dice* o de *dícese.*

dizque (*dice que*) ant. Dicho, murmuración, reparo.

DNA, sigla del ácido desoxirribonucleico. Proteína compleja que se encuentra en el núcleo de las células y lleva las características hereditarias.

I) do (it. *do,* sílaba arbitraria) *m.* MÚS. Nota musical, primer grado de la escala fundamental; antig. se llamaba *ut.* 2 ~ ***de pecho,*** una de las notas más agudas a que alcanza la voz de tenor; fig. fam., máximo esfuerzo para la obtención de algo. ◇ Pl.: *does.*

II) do (*de* + adv. ant. *o*) *adv. l.* poét. Donde.

doberman *adj.-m.* V. perro ~.

dobla (l. *dupla*) *f.* Moneda castellana de oro de la Edad Media. 2 Acción de doblar: *jugar a la* ~. 3 *Chile.* Beneficio que el dueño de una mina concede a alguno para que saque durante un día todo el mineral que pueda. 4 *Chile.* Participación que saca un extraño en una comida o en un beneficio cualquiera, sin haber él contribuido con nada.

doblada *f. And.* Oblada. 2 *Murc.* Raspallón. -3 *f. pl. Cuba.* desus. Toque de ánimas.

dobladamente *adv. m.* Al doble. 2 fig. Con doblez, malicia y engaño.

dobladilla *f. Logr.* Pan de forma redonda.

dobladillar *tr.* Hacer dobladillos [en una ropa].

dobladillo *m.* Pliegue que como remate se hace a la ropa en los bordes, doblándola dos veces hacia un mismo sentido para coserla. 2 Hilo fuerte para hacer calceta.
SIN. *1* **Repulgo.**

doblado, -da *adj.* De mediana estatura y recio de miembros. 2 [terreno, tierra, etc.] Quebrado. 3 Curvo, encorvado. 4 fig. Que finge y disimula. 5 ARQ. V. arco ~. -6 *m.* Medida de la marca del paño. 6 Accidente que acometía a los limpiadores de letrinas, cuando el tufo que se levantaba de éstas los dejaba sin sentido. 7 *And.* y *Extr.* Desván.

doblador, -ra *m. f.* Persona que dobla. 2 Actor o actriz que efectúa el doblaje de una película. -3 *m.* TAUROM. Persona que en los encierros conduce los toros al toril utilizando el capote a una mano. 4 *Murc.* Oficial sedero. 5 *Guat.* Espata de maíz en que se envuelve el tabaco para hacer un cigarrillo.

dobladura *f.* Parte por donde se ha doblado o plegado una cosa. 2 Señal que queda. 3 Caballo de reserva que llevaban a la guerra los hombres de armas.
doblaje *m.* Acción de doblar una película cinematográfica. 2 Efecto de doblar una película cinematográfica.
doblamiento *m.* Acción de doblar o doblarse. 2 Efecto de doblar o doblarse.
doblar (l. *duplare*) *tr.* Aumentar [una cosa] haciéndola otro tanto más de lo que era: ~ *el consumo.* 2 Endoblar [un cordero]. 3 En términos de bolsa, prorrogar [una operación a plazos]. 4 En el juego de trucos y billar, hacer que [la bola herida por otra] se traslade al extremo opuesto de la mesa. En el dominó, poner ficha doble. 5 Aplicar una sobre otra dos partes [de una cosa flexible]: ~ *un mantel.* 6 Torcer [una cosa] encorvándola: ~ *el espinazo; prnl., este bastón se dobla.* 7 Pasar la embarcación por delante [de un cabo, promontorio, etc.] y ponerse al otro lado. 8 p. anal. Pasar a otro lado [de una esquina, cerro, etc.], cambiando de dirección en el camino: *intr., doblaron a la derecha, a la otra calle.* 9 fig. Inclinar [a uno] a que haga o piense lo contrario a su primer intento u opinión. 10 fam. Causarle [a uno] gran quebranto: ~ ***a palos,*** castigar severamente. 11 ~ ***una película,*** sincronizarla con las palabras de una lengua distinta de la original. -12 *intr.* Tocar a muerto: *doblan por él.* 13 Binar el sacerdote. 14 Análogamente, hacer un actor dos papeles en una misma obra. -15 *prnl.* Ceder a la persuasión, a la fuerza o al interés: *el juez se dobló a la piedad; intr., el juez se dobló.* 16 Hacerse el terreno más desigual y quebrado. 17 TAUROM. Caer el toro agonizante al final de la lidia. -18 *tr.-prnl. Cuba.* Avergonzar. -19 *tr. Méj.* Derribar [a uno] de un balazo.
SIN. *1* **Duplicar, redoblar, reduplicar.** *5* **Plegar.** REL. *6* **Flexible,** que se puede doblar fácilmente; **flexión,** acción de doblar. SIN. **Doblegar.** *12* **Clamorear.** *15* **Doblegarse, allanarse, ablandarse, blandearse.**
doble (v. *duplo*) *adj.* Que está formado por dos cosas iguales o de la misma especie: ~ *vidriera;* ~ *fila de dientes.* 2 V. flor doble. 3 [ficha del juego del dominó] Que en los dos cuadrados de su anverso lleva igual número de puntos o no lleva ninguno: *el seis ~; el blanco ~.* 4 Que es más fuerte, más concentrado o más grueso que de ordinario: *franela ~.* 5 Fornido o rehecho de miembros. -6 *adj.-s.* Duplo: *al ~,* en cantidad dupla. 7 fig. Que se muestra de una manera y realmente es de otra: *Pedro es muy ~; frase de ~ sentido.* -8 *m.* Doblez (parte y señal). 9 Toque de difuntos. 10 En términos de bolsa, suma que se paga por la prórroga de una operación a plazos, y también de la operación misma. 11 Vaso de cerveza de un cuarto de litro. 12 Espíritu de los muertos, entre los egipcios. 13 Reproducción duplicada. 14 Actor cinematográfico o teatral que en determinadas escenas sustituye a otro a quien se parece. -15 *adv. m.* Doblemente. -16 *m. Cuba.* En el juego de monte, la carta de cuyas cuatro iguales han salido dos. 17 *Chile.* Medida imaginaria equivalente a dos litros. ◇ V. doblete (lingüística).
SIN. *11* **Bock.**
doblegable *adj.* Fácil de torcer, doblar o manejar.
doblegadizo, -za *adj.* Que fácilmente se doblega.
doblegar (v. *duplicar*) *tr.* Doblar (torcer y hacer dos papeles). 2 Blandear. 3 fig. Hacer [a uno] que desista de un propósito y se preste a otro. 4 DEP. Vencer [al deportista o equipo competidor]. ◇ ** CONJUG. [7] como ***llegar.***
SIN. *3* **Doblar, ablandar, blandear.**
doblemente *adv. m.* Con duplicación. 2 Con doblez y malicia. 3 Mucho más: ~ *perjudicial para sus intereses.*
dobles *m. pl.* DEP. En el juego del tenis, partido en que participan cuatro jugadores, dos a cada lado de la red.
doblescudo (*doble* + *escudo*) *m.* Hierba crucífera, áspera y vellosa, de flores amarillas en racimo *(Biscutela auriculata).*
doblete *adj.* Entre doble y sencillo: *tafetán ~.* -2 *m.* Piedra falsa hecha con dos cristales pegados. 3 Suerte del juego de billar. 4 Lance de caza que consiste en matar dos piezas disparando sucesivamente los dos cañones de una escopeta. 5 Serie de dos éxitos o victorias en un corto espacio de tiempo. 6 LING. Dos palabras del mismo origen etimológico. Doble etimológico: *digital* y *dedal, artículo* y *artejo.* 7 QUÍM. Par de electrones que son compartidos por dos átomos.
doblez *m.* Parte que se dobla o pliega de una cosa. 2 Señal que queda. -3 *amb.* fig. Astucia con que uno obra, dando a entender lo contrario de lo que siente.
SIN. *1* y *2* **Pliegue.** *3* **Duplicidad, doble juego, doble trato, mala fe.**
doblilla (dim. de *dobla*) *f.* Antigua moneda de oro.
SIN. **Durillo, escudillo.**
doblón (aum. de *dobla*) *m.* Antigua moneda de oro de diferente valor, equivalente en el s. XVIII a unas 20 ptas. 2 ~ ***de a ciento*** y ***de a cuatro,*** ant. moneda de oro (cien o cuatro doblas respectivamente). 3 ~ ***de a ocho,*** ant. moneda de oro (una onza de oro). 4 ~ ***calesero*** o ***sencillo,*** moneda imaginaria (sesenta reales). 5 Moneda chilena de oro (diez pesos). 6 ~ ***de vaca,*** callos de vaca.
doblonada *f.* ant. Dineral (cantidad).
doca (arauc.) *f. Chile.* Planta rastrera de flores grandes, rosadas, y fruto comestible, un tanto purgante *(Mesembriantheum chilensis).*
doce (l. *duodecim*) *adj.* Diez y dos; **NUMERACIÓN. 2 Duodécimo (lugar). -3 *m.* Guarismo del número doce.
doceañista (*doce* + *año*) *adj.-com.* Partidario de la constitución de 1812, y esp. el que contribuyó a formarla.
doceavo, -va *adj.-s.* Duodécimo (parte).
docemesino *adj.* Aplícase al año de doce meses a diferencia del de otros cómputos.
docena *f.* Conjunto de doce cosas. 2 Ant. peso navarro (12 libras).
docenal *adj.* Que se vende por docenas.
docenario, -ria *adj.* Que consta de doce unidades o elementos constitutivos.
docencia *f.* Ejercicio de la profesión docente.
doceno, -na *adj.* Duodécimo (lugar).
docente (l.) *adj.-s.* Que enseña: *iglesia ~.* 2 Relativo a la enseñanza.
doceta *adj.* Relativo al docetismo.
docetismo (gr. *dokeo,* crecer) *m.* Gnosticismo.
docible *adj.* Dócil.
docientos, -tas *adj. pl.* desus. Doscientos.
dócil (l. *-ile*) *adj.* Suave, apacible, fácil de enseñar: ~ *al mandato;* ~ *de condición;* ~ *para aprender.* 2 Obediente. 3 Que se deja labrar con facilidad: *metal ~.*
docilidad (l. *-itate*) *f.* Calidad de dócil.
docilitar *tr.* Reducir [a uno] a la docilidad, o hacer tratable o flexible [alguna cosa].
dócilmente *adv. m.* Con docilidad.
docimasia, -mástica (gr. *dokimasía*) *f.* Arte de ensayar los minerales para determinar la naturaleza y la proporción de los metales que contienen. 2 MED. Serie de pruebas a que se somete el pulmón del feto muerto para saber si ha respirado antes de morir.
docimástico, -ca *adj.* Relativo a la docimasia.
dock (ing.) *m.* ANGLIC. Dársena o muelle rodeado de almacenes. -2 *m. pl.* Almacenes generales de mercancías. ◇ Pl.: *docks.*
doctamente *adv. m.* Con erudición y doctrina.
doctitud *f.* desus. Calidad de docto.
docto, -ta (l. *-tu* < *docere,* enseñar) *adj.-s.* Que posee muchos conocimientos: ~ *en física.*
doctor, -ra (l.) *m. f.* Persona que enseña una ciencia o arte. 2 Título que da la Iglesia a algunos santos (San Agustín, San Francisco de Sales, Santa Teresa de Jesús, etc.) que con mayor profundidad de doctrina defendieron o enseñaron la religión católica: *El* ~ ***angélico,*** Santo Tomás de Aquino. 3 Persona que ha recibido el último grado académico en una facultad: ~ *en ciencias;* ~ *en derecho.* 4 Médico. -5 *f.* Mujer del doctor. 6 Mujer del médico. 7 irón. Mujer que blasona de sabia.
doctorado *m.* Grado de doctor. 2 Estudios necesarios para obtener este grado. 3 fig. Conocimiento acabado en alguna materia.
doctoral *adj.* Relativo al doctor o al canónigo doctoral: *tesis ~.* 2 fam. Pedante, que habla con solemnidad afectada. -3 *m.* Canónigo doctoral.
doctoramente *adv. m.* De manera doctoral.
doctoramiento *m.* Acción de doctorar. 2 Efecto de doctorar.
doctorando, -da *m. f.* Persona que está próxima a recibir el grado de doctor.
doctorar *tr.-prnl.* Graduar de doctor [a uno]. 2 TAUROM. Tomar [el diestro] la alternativa.
doctrina (l.) *f.* Lo que es objeto de enseñanza. 2 Opinión o conjunto de opiniones de un autor, escuela o secta: *la ~ platónica de las Ideas;* ~ *filosófica.* 3 Conjunto de ideas que sirven de unión a un grupo de personas. 4 ~ ***cristiana,*** conjunto de dogmas cristianos; congregación religiosa fundada en Reims en el s. XVII por San Juan Bautista de la Salle; sus religiosos se llaman Hermanos de la Doctrina cristiana y se dedican a la enseñanza. 5 p. ext. Doctrina cristiana, libro en que ésta se enseña, y clase de catecismo que se da a los niños en la parroquia. 6 *Amér.* Curato colativo servido por regulares. 7 *Amér.* Pueblo de indios convertido al cristianismo.

doctrinable *adj.* Capaz de ser doctrinado.
doctrinador, -ra *adj.-s.* Que doctrina y enseña.
doctrinal (l. *-ale*) *adj.* Relativo a la doctrina. -2 *m.* Libro que contiene reglas y preceptos.
doctrinar *tr.* ant. Adoctrinar.
SIN. v. **Enseñar.**
doctrinario, -ria *adj.-s.* Partidario del doctrinarismo: *Guizot fue un ~.* -2 *adj.* Que atiende más a las doctrinas y teorías abstractas que a la práctica: *un político ~; luchas doctrinarias.*
doctrinarismo *m.* Cualidad de doctrinario. 2 Sistema politicofilosófico nacido durante la Restauración francesa; hace radicar en la inteligencia humana el principio de la soberanía, y aplica fórmulas abstractas y a priori a la gobernación de los pueblos.
doctrinero *m.* El que explica la doctrina cristiana. 2 *Amér.* Párroco regular que tenía a su cargo un curato o doctrina de indios.
doctrino (de *doctrina*) *m.* Huérfano que se recoge en un colegio para educarlo. 2 fig. ***Parecer un ~***, ser tímido.
docudrama *m.* Género televisivo o radiofónico que participa de las características del documental y del drama.
documentación *f.* Acción de documentar. 2 Efecto de documentar. 3 Conjunto de documentos para este fin.
documentado, -da *adj.* [memorial, pedimento, etc.] Acompañado de los documentos necesarios. -2 *adj.-s.* Persona que posee noticias o pruebas acerca de un asunto, o que tiene documentos de identidad personal.
documental *adj.* Que se funda en documentos o se refiere a ellos. -2 *adj.-m.* Programa que informa o ilustra acerca de algo.
documentalista *com.* Persona que se dedica a hacer cine documental, en cualquiera de sus aspectos. 2 Persona que tiene como oficio la preparación y elaboración de toda clase de datos bibliográficos, informes, noticias, etc., sobre determinada materia.
documentalmente *adv. m.* Con documentos.
documentar *tr.* Probar [una cosa] con documentos. -2 *tr.-prnl.* Proporcionar [a uno] los documentos necesarios para un fin.
documentario, -ria *adj.* Documental, perteneciente o relativo a documentos.
documento (l. *-tu*) *m.* Escrito con que se prueba o acredita una cosa. 2 Cosa que sirve para ilustrar o aclarar algo.
SIN. *2* **Dato.**
documentología (*documento* + *-logía*) *f.* Estudio general de los documentos en su aspecto histórico y técnico.
dodeca- (gr. *dódeca,* doce) Elemento prefijal que entra en la formación de palabras con el significado de doce.
dodecaedro (gr. *dodekáedros* < *dodeca-* + *-edro*) *m.* GEOM. Sólido de doce caras: *~* ***regular,*** aquel cuyas caras son pentágonos regulares.
dodecafonía (*dodeca-* + *-fonía*) *f.* Sistema musical atonal que usa exclusivamente doce sonidos de la gama cromática.
dodecafónico, -ca *adj.* Relativo al dodecafonismo.
dodecafonismo *m.* Dodecafonía.
dodecágono, -na (gr. *dodekágonos* < *dodeca-* + *-gono*) *adj.-m.* Polígono de doce ángulos.
dodecasílabo, -ba (*dodeca-* + *sílaba*) *adj.-s.* De doce sílabas: *verso ~.*
dodrante (l.) *m.* Conjunto de las nueve dozavas partes de un as romano. 2 Conjunto de tres cuartas partes de una herencia entre los romanos. 3 Antigua medida de longitud equivalente a tres cuartas partes de un pie.
dogal (l. m. *ducale,* ronzal, der. de *dux, -cis,* guía) *m.* Soga con un nudo corredizo para atar las acémilas. 2 Cuerda para ahorcar un reo. 3 Lazada escurridiza con que se comienza la atadura de dos maderos. 4 fig. ***Estar con el ~ al cuello,*** hallarse en un gran apuro.
dogaresa *f.* Mujer del dux.
dogma (l. y gr.) *m.* Punto capital de un sistema, ciencia, doctrina o religión, proclamado como cierto e innegable. 2 Conjunto de dogmas: *el ~ católico.*
SIN. *2* **Fe,** tratándose de religión.
dogmáticamente *adv. m.* De manera dogmática.
dogmático, -ca (l. *-cu;* gr. *-kós*) *adj.* Relativo a los dogmas. 2 Que afirma como verdad inconcusa o como un hecho establecido lo que es discutible. -3 *adj.-s.* Partidario del dogmatismo. -4 *f.* Conjunto de dogmas.
dogmatismo (l. *-mu*) *m.* Cualidad de dogmático (que afirma): *el ~ de un crítico.* 2 Doctrina epistemológica, opuesta al escepticismo, que afirma la posibilidad y la validez del conocimiento humano, es decir, considera al conocimiento como la toma de posesión por el espíritu de la realidad tal cual es. 3 Inclinación a creer o afirmar.
dogmatista *com.* El que sustenta o introduce nuevas opiniones, enseñándolas como dogmas, contra la verdad de la religión católica.
dogmatizador *m.* Dogmatizante.
dogmatizante *adj.-s.* Que dogmatiza.
dogmatizar (l. *-are*) *intr.* Enseñar dogmas falsos. 2 Hablar o escribir dogmáticamente. ◇ ** CONJUG. [4] como ***realizar.***
dogo, -ga (ing. *dog,* perro) *adj.-s.* V. perro dogo.
dogre (neerl. *dogger*) *m.* Embarcación parecida al queche y destinada a la pesca en el mar del Norte.
doladera *adj.-s.* Segur que usan los toneleros. 2 *Extr.* Utensilio usado para raspar el corcho.
dolado, -da *adj.* fig. *y* desus. Acabado, perfecto.
dolador *m.* Artífice que duela.
doladura *f.* Ripio que se saca con la doladera o el dolobre.
dolaje (de *duela*) *m.* Vino absorbido por la madera de las cubas en que se guarda.
SIN. **Duelaje.**
dolamas (etim. dud., quizás del ár. *zulama,* perjuicio) *f. pl.* Dolames. 2 Achaques que padece una persona.
dolames *m. pl.* Achaques o enfermedades ocultas de las caballerías.
dolar (l. *dolare*) *tr.* Desbastar o labrar [madera o piedra] con la doladera o el dolobre. ◇ ** CONJUG. [27] como ***contar.***
dólar (ing. *dollar* < bajo al. *daler*) *m.* Unidad monetaria norteamericana. ◇ Pl.: *dólares.*
dolarenita *f.* Dolomía con textura detrítica.
dolby (n. patentado por los laboratorios Dolby) *m.* Procedimiento destinado a reducir el nivel de ruido de fondo en las grabaciones magnéticas, de discos y, también, de emisoras.
dolencia (l. *-ntia*) *f.* Indisposición, enfermedad.
SIN. v. **Enfermedad.**
doler (l. *-ere*) *intr.* Padecer dolor una parte del cuerpo: *~ la cabeza;* en tercera persona y en forma pronominal: *me duele la cabeza;* (con la misma construcción) causar repugnancia o disgusto hacer algo: *me duele tener que reprenderle.* -2 *prnl.* Quejarse y explicar el dolor: *dolerse con un amigo.* 3 Compadecerse del mal que otro padece: *dolerse de la desgracia ajena.* 4 Arrepentirse de haber hecho una cosa: *dolerse de sus pecados.* 5 Lamentarse de un defecto o insuficiencia: *se duele del abandono en que le tienen.* 6 Sentirse (formar queja). ◇ ** CONJUG. [32] como ***mover.***
dolerofanita *f.* Mineral de la clase de los sulfatos que cristaliza en el sistema monoclínico; es de color castaño o negro.
dolico- (gr. *dolichós*) Elemento prefijal que entra en la formación de palabras con el significado de largo, alargado: *dolicocéfalo.*
dolicocefalia (*dolico-* + *-cefalia*) *f.* Cualidad de dolicocéfalo.
dolicocéfalo, -la (*dolico-* + *-céfalo*) *adj.* [cráneo] Que es de figura muy oval, porque su diámetro mayor excede en más de un cuarto al menor. 2 [persona o raza] De cráneo dolicocéfalo.
dolido, -da (pp. de *doler*) *adj.* Quejoso, lastimado en sentido moral: *estoy ~ de sus palabras.*
doliente (l. *dolente*) *adj.* Enfermo (que padece enfermedad). 2 Dolorido (apenado). -3 *com.* En un duelo, pariente del difunto.
doliiforme *adj.* De forma de tonel.
dolina *f.* Torca.
dóllimo (arauc.) *m. Chile.* Molusco pequeño de agua dulce *(Unio chilensis).*
dolmen (bretón *taol, tol,* tabla + *men,* piedra) *m.* Megalito en forma de mesa, que se usó como sepultura: *~* ***de corredor,*** cueva artificial formada por yuxtaposición de trilitos.
dolménico, -ca *adj.* Relativo a los dólmenes.
dolo (l. *dolu*) *m.* Engaño, fraude, simulación. 2 DER. En los delitos, voluntad intencional; en los contratos o actos jurídicos, engaño.
dolobre (l. *dolabra*) *m.* Pico de pequeño tamaño y punta acerada, para labrar piedras.
dolomía (de *Dolomieu, 1750-1801,* naturalista francés) *f.* Dolomita.
dolomita *f.* Roca formada por un carbonato doble de cal y magnesia.
SIN. **Caliza lenta.**
dolomítico, -ca *adj.* Relativo a la dolomita, o que la contiene.
dólope *adj.-s.* De Dolopia, ant. pueblo de Tesalia: *los dólopes habitaban en los confines de la Etolia y el Epiro.*

dolor (l.) *m.* Sensación molesta y aflictiva de una parte del cuerpo causada por ciertas lesiones o algunos estados morbosos: ~ *de muelas;* ~ ***de viudo*** o ***de viuda,*** fig., el muy fuerte y pasajero; ~ ***sordo,*** el que no es agudo, pero molesta sin interrupción. 2 Sentimiento aflictivo, comparable al dolor (sensación) y que se padece en el ánimo: *los siete dolores de la Virgen.* 3 Arrepentimiento de una cosa: ~ *de sus pecados.*
SIN. *1* **Mal.** Entre niños, **pupa.** REL. *1* Se forman numerosos tecn. en **-algia, -álgico,** (gr. *algós,* dolor): *cefalalgia, odontalgia, neurálgico.* SIN. *2* y *3* **Aflicción, pena, pesar; pesadumbre** sugiere pralte la acep. 3; **tristeza,** implica un estado de ánimo de cierta duración; **desconsuelo, tormento, suplicio, angustia, tortura,** son intensivos; v. **Tristeza.**

dolora (de las *Doloras,* de Campoamor 1817-1901) *f.* Breve composición poética de espíritu dramático y filosófico.

dolorense *adj.-s.* De Dolores, c. del dep. de Soriano (Uruguay).

dolorido, -da *adj.* Que padece dolor (sensación). 2 Apenado, desconsolado, lleno de dolor y angustia. -3 *adj.-s.* desus. Pariente del difunto que preside el duelo en el entierro o recibe los pésames.

dolorimiento *m.* Sensación de dolor físico o moral, vago y poco intenso.

dolorón *m. Méj.* vulg. Dolor intenso.

dolorosamente *adv. m.* Con dolor. 2 Lamentablemente, lastimosamente.

doloroso, -sa (l. *-su*) *adj.* Lamentable, lastimoso, que mueve a compasión. 2 Que causa dolor. -3 *f.* Representación de la Virgen de los Dolores. 4 fam. Cuenta, importe de lo adquirido o consumido.

dolosamente *adv. m.* Con dolo.

doloso, -sa (l. *-su*) *adj.* Engañoso, fraudulento.

dom (v. *dómino*) *m.* Título que se da a algunos religiosos, como benedictinos, cartujos, etc.

doma *f.* Domadura: ~ *de potros.* 2 fig. Represión de las pasiones e inclinaciones viciosas.

domable (l. *-abile*) *adj.* Que puede domarse.

domador, -ra *m. f.* Que doma. 2 Que exhibe y maneja fieras domadas.

domadura *f.* Acción de domar. 2 Efecto de domar.

domar (l. *-are*) *tr.* Amansar, hacer dócil [a un animal salvaje o fiero]. 2 fig. Sujetar, reprimir: ~ *un niño;* ~ *sus pasiones.*
SIN. *1* **Amaestrar,** es ejercitar o enseñar a un animal para que haga determinados actos.

dombo *m.* Cúpula (bóveda).

domeñable *adj.* Que puede domeñarse.

domeñar (l. **dominiare* < *dominiu,* dominio) *tr.* Someter, sujetar y rendir.

domesticable *adj.* Que puede domesticarse.

domesticación *f.* Acción de domesticar. 2 Efecto de domesticar.

domesticado, -da *adj.* [animal] Que se ha acostumbrado a vivir en compañía del hombre. 2 [pers.] Cuya aspereza de carácter se ha moderado.

domésticamente *adv. m.* Caseramente, familiarmente.

domesticar *tr.* Hacer doméstico [a un animal fiero y salvaje]. 2 Enseñar a un animal a obedecer al hombre y a hacer todo lo que él le mande. 3 Hacer tratable [a una persona que no lo es]; moderar la aspereza de carácter. ◇ ** CONJUG. [1] como *sacar.*

domesticidad *f.* Calidad de doméstico.

doméstico, -ca (l. *-cu*) *adj.* Relativo a la casa u hogar. 2 [animal] Que se cría en la compañía del hombre. -3 *adj.-s.* Criado que sirve en una casa. -4 *m.* Ciclista que, en un equipo, tiene la misión de ayudar al corredor principal.
SIN. *3* v. **Criado.**

domestiquez, domestiqueza *f.* p. us. Mansedumbre de un animal.

domiciliación *f.* Operación mediante la cual una persona o sociedad que tiene cuenta en un banco le ordena a éste que reciba y pague los efectos girados a su cargo.

domiciliar *tr.* Dar domicilio [a una persona]. 2 Efectuar una domiciliación. -3 *prnl.* Fijar su domicilio en un lugar. 4 *Méj.* Escribir en un sobre la dirección [de una carta]. ◇ ** CONJUG. [12] como *cambiar.*

domiciliario, -ria *adj.* Relativo al domicilio. 2 Que se ejecuta en el domicilio del interesado. -3 *m.* Que tiene domicilio en un lugar.

domicilio (l. *-iu*) *m.* En lenguaje administrativo, morada fija y permanente. 2 Lugar en que legalmente se considera establecida una persona o sociedad para el cumplimiento de sus obligaciones y el ejercicio de sus derechos. 3 Casa en que uno habita o se hospeda: ***a*** ~, en el propio domicilio del interesado: *cobrar a* ~.
SIN. v. **Habitación.**

dominación (l. *-atione*) *f.* Acción de dominar, esp. un soberano sobre un pueblo, una nación sobre otra: *la* ~ *romana.* 2 Efecto de dicha acción. 3 MIL. Lugar alto que domina una plaza. -4 *f. pl.* Espíritus angélicos que componen el cuarto coro.
SIN. *3* **Padrastro.**

dominador, -ra (l. *-atore*) *adj.-s.* Que domina o propende a dominar.

dominante (l.) *adj.* Que quiere avasallar a otro; que no sufre contradicciones: *mujer* ~; *carácter* ~. 2 Que sobresale, prevalece o es superior entre otras cosas de su orden y clase: *el punto* ~ *de la sierra; la religión* ~ *en un país.* 3 ASTROL. [astro] Al cual se atribuía dominio más o menos duradero sobre la esfera terrestre. 4 BIOL. [carácter hereditario] Que, cuando se posee, siempre se manifiesta en el fenotipo. 5 MÚS. Quinto grado o nota de una escala diatónica.

dominar (l. *-are*) *tr.* Tener [cosas o personas] bajo el dominio de uno: *su influencia domina la asamblea.* 2 p. ext. Sujetar, contener, reprimir: ~ *la cólera.* 3 fig. Conocer a fondo [una ciencia o arte]: ~ *un idioma.* -4 *intr.-tr.* Sobresalir un monte, un edificio, etc. [entre otros]: *la torre domina sobre todo el pueblo,* o *domina todo el pueblo.* 5 Resaltar, ser algo más perceptible. -6 *prnl.* Reprimirse, ejercer dominio sobre sí mismo: *no pudo dominarse.*
SIN. *1* Serie intensiva **dominar, señorear, sujetar, someter, supeditar; sojuzgar** (implica violencia), **avasallar, subyugar.** *5* **Señorear.**

dominativo, -va *adj.* Dominante.

dominatriz (l. *-trice*) *adj.-s.* Dominadora.

dómine (l. vocativo de *dominus*) *m.* desus. Maestro de gramática latina. 2 Maestro que emplea métodos anticuados. 3 desp. Persona que, sin mérito para ello, adopta el tono de maestro.

domingada *f.* Fiesta o diversión que se celebra en domingo.

domingas *f. pl.* vulg. Pechos femeninos.

domingo (l. *dominicu*) *m.* Primer día de la semana, dedicado al descanso y tradicionalmente al Señor y a su culto: ~ ***de Adviento,*** los cuatro que preceden a la fiesta de Navidad; ~ ***de Cuasimodo,*** el de la octava de la Pascua de Resurrección; ~ ***de Lázaro*** o ***de Pasión,*** el quinto de cuaresma; ~ ***de Piñata,*** el primero de cuaresma; ~ ***de Ramos,*** el último de la cuaresma, que da principio a la Semana Santa; ~ ***de Resurrección,*** el que se celebra en la Pascua de Resurrección del Señor, que es el domingo inmediato al primer plenilunio después del 20 de marzo; fig., ***hacer*** ~, hacer fiesta.

dominguejada *f. Venez.* Simpleza, necedad.

dominguejo *m.* Dominguillo. 2 *Amér.* Persona insignificante, pobre diablo.

dominguero, -ra *adj.* fam. Que se suele usar en domingo: *traje* ~. 2 [persona] Que los domingos suele ataviarse y divertirse: *público* ~. -3 *m.* Conductor que sólo utiliza el automóvil los domingos y días festivos para salir de la ciudad. 4 p. ext. Conductor inexperto.
SIN. *2* **Endomingado.**

dominguillo *m.* Dim. de *domingo.* 2 Muñeco con un contrapeso en la base que, movido en cualquier dirección, vuelve siempre a quedar derecho.
SIN. *2* **Tentemozo, matihuelo, tentetieso, siempretieso.**

domínica (l.) *f.* En lenguaje eclesiástico, domingo. 2 Textos de la Escritura correspondientes a cada domingo en el oficio divino.

dominical (l. *-ale;* doble etim. *doñegal, doñigal*) *adj.* Perteneciente o relativo a la domínica o al domingo: *descanso* ~. 2 [derecho] Pagado al señor de un feudo por los feudatarios. 3 DER. Relativo al derecho de dominio sobre las cosas. -4 *m.* Periódico editado los domingos, gralte. como suplemento de otro.
SIN. *2* **Señorial.**

dominicanismo *m.* Vocablo, giro o modo de expresión propio de los dominicanos. 2 Amor o apego a las cosas propias de la República dominicana.

dominicano, -na *adj.-s.* De Santo Domingo o República Dominicana. 2 Dominico.

dominico, -ca *adj.-s.* Religioso de la Orden de santo Domingo. -2 *adj.* Relativo a esta Orden. -3 *m. pl.* Religiosos de la Orden de Predicadores, fundada en 1215 en Tolosa (Francia) por Santo Domingo de Guzmán (1170-1221), con el principal fin de convertir a los herejes, esp. a los albigenses. -4 *f. pl.* Religiosas de la Orden fundada por Santo Domingo en Prouille (Francia) en 1206 y reformada en el s. XIV por Santa Catalina de Siena (1347-1380). -5 *adj. Amér. Central.* Aplíc. a una especie de plátano pequeño. -6 *m. Cuba.* Pajarillo de plumaje negruzco con manchas blancas *(Chrysomitris).* ◇ GRAM. En Amér. se acentúa a menudo *domínico.*

dominio (l. *-iu) m.* Poder que uno tiene sobre lo suyo. 2 Superioridad legítima sobre las personas. 3 Territorio que un soberano o estado tiene bajo su dominación: *los dominios británicos.* 4 Territorio donde se habla una lengua o dialecto: ~ *lingüístico aragonés.* 5 Conjunto determinado de ideas, materias o conocimientos. 6 Ámbito real o imaginario de una actividad. 7 DER. Plenitud de los atributos que las leyes reconocen al propietario de una cosa para disponer de ella: ~ ***público,*** el de los bienes destinados a uso público y los del Estado destinado a algún servicio público.

SIN. *1, 2* y *3* **Señorío.** *3* **Imperio.**

dominó (fr.) *m.* Juego que se hace con veintiocho fichas rectangulares que tienen una cara dividida en dos cuadrados iguales, que llevan marcados de uno a seis puntos, o no llevan ninguno. 2 Conjunto de estas fichas. 3 Traje talar con capucha usado en las mascaradas. ◇ Pl.: *dominós.*

dómino (l. *dominu;* doble etim. *dom, don, dueño) m.* Dominó (juego y fichas).

domo (it. *duomo* < l. *domu,* casa) *m.* Cúpula (bóveda). 2 Cristal en forma de cúpula.

dompedro *m.* Dondiego. 2 fam. Bacín (vaso).

I) don (l. *donu) m.* Dádiva, presente. 2 Bien natural o sobrenatural que se tiene, respecto a Dios, de quien se recibe: ***dones del Espíritu Santo,*** cualidades o disposiciones que Él comunica al alma con el fin de hacerla más apta para recibir las mociones de la gracia actual. 3 Gracia especial o habilidad para una cosa: ~ ***de gentes,*** conjunto de gracias y prendas con que una persona atrae las voluntades; ~ ***de mando,*** aptitud personal que para ejercer el mando tiene una persona por su firmeza, su prestigio o alguna otra cualidad.

SIN. v. **Regalo.**

II) don (v. *dómino) m.* Tratamiento de respeto muy generalizado, que se antepone a los nombres propios masculinos. Antiguamente estaba reservado a determinadas personas de elevado rango social. 2 Unido a substantivos y adjetivos empleados en vocativo como denuesto, realzaba por contraste su intensidad: ~ *bellaco;* ~ *ladrón;* ~ ***nadie,*** donnadie.

FR. *Ser un* ~ *Juan,* ser un Tenorio.

dona (l. *dona,* pl. de *donum,* don) *f. Chile.* Don, regalo; esp. legado testamentario. -2 *f. pl. Chile.* Regalos de boda que el novio hace a la novia.

donación (l. *-atione) f.* Acción de donar. 2 Efecto de donar. 3 DER. Acto de liberalidad por el cual una persona dispone gratuitamente de una cosa a favor de otra que la acepta. 4 ECON. Transferencia de bienes o capitales, sin que exista contrapartida por parte del receptor.

SIN. v. **Regalo.** REL. *3* Persona que hace la donación, **donador;** la que la recibe, **donatario.**

donadío *m.* En algunas partes, heredamiento o hacienda que trae su origen de donaciones reales.

donado, -da (l. *-tu) m. f.* Persona que sirve a una orden religiosa mendicante y viste hábito, pero no profesa.

SIN. **Hermano,** en oposición a Padre profeso; desp. **hermanuco.**

donador, -ra (l. *-atore) adj.-s.* Que hace donación. 2 Que hace un don. -3 *m.* FÍS. Impureza introducida en un semiconductor puro para que le entregue electrones libres.

SIN. **Donante.**

donaire *m.* Discreción, gracia. 2 Chiste o agudeza graciosa. 3 Gallardía, gentileza, soltura de cuerpo. 4 ***Figura del*** ~, v. gracioso (teatro).

donairoso, -sa *adj.* Que tiene en sí donaire.

donante *adj.-s.* Que dona. -2 *com.* Representación, en una obra de arte, de la persona que la mandó realizar como ofrenda a la divinidad, a un santo, etc. 3 MED. Persona que voluntariamente cede un órgano, sangre, etc., con fines terapéuticos.

donar (l. *-are) tr.* Ceder gratuitamente una persona a otra el dominio [de una cosa].

donatario (l. *-iu) m.* Persona a quien se hace la donación.

donatismo *m.* Doctrina herética predicada pralte. por Donato (s. IV) y que motivó un cisma en el norte de África; negaba la validez de los sacramentos administrados por una persona en pecado mortal.

donatista *adj.-s.* Que profesaba el donatismo.

donativo (l. *-vu) m.* Regalo, cesión.

SIN. v. **Regalo.**

doncel (prov. *donzel* < l. *dominicellu;* dim. de *dominu,* señor) *m.* Joven noble que aún no estaba armado caballero. 2 El que habiendo en su niñez servido de paje a los reyes, pasaba a servir en la milicia. 3 Hombre virgen. 4 Joven, adolescente. 5 Pez marino teleósteo perciforme, de pequeño tamaño, cuerpo alargado y de color rojizo, con tres características manchas negras *(Lappanella fasciata; Ctenolabrus iris).* -6 *adj.* Suave, dulce: *vino* ~; *pimienta* ~. -7 *m. Ar.* y *Murc.* Ajenjo, planta.

doncella (prov. *donzela* < l. *dominicella;* dim. de *domina,* señora) *f.* Mujer virgen. 2 Criada que se ocupa en los menesteres domésticos ajenos a la cocina. 3 Julia, pez. 4 Pez marino teleósteo perciforme, de colores vistosos, hermafrodita, primero macho y luego hembra, que se alimenta de crustáceos y moluscos *(Coris julis).* 5 Atalía, mariposa. 6 *And.* y *Amér. Merid.* Panadizo.

doncellería, doncellez *f.* Estado de doncel o doncella; virginidad.

doncellil *adj.* fam. *y* desus. Relativo a las doncellas.

doncellueca *f.* fam. *y* desus. Doncella entrada ya en edad.

donde (l. *de* + *unde) adv. l.* Indica una vaga relación local que sólo se determina por su antecedente, el cual puede ser otro adverbio de lugar, un substantivo que exprese lugar, un pronombre neutro, o el concepto general expresado por una oración entera: *allí es* ~ *voy; la ciudad* ~ *estábamos; aquello es* ~ *queremos llegar; dijo muchas tonterías, de* ~ *deduje que estaba beodo;* a veces el antecedente se calla por ser desconocido o innecesario: ~ *las dan las toman.* 2 Cuando las relaciones locales expresan movimiento, puede llevar las preposiciones correspondientes: ***adonde,*** o simplte ~, indica el lugar de destino; ***de*** ~, el de procedencia u origen; ***por*** ~, el lugar de tránsito; ***hacia*** ~, la dirección; ***hasta*** ~, el límite del movimiento; ***en*** ~, o simplemente ~, el lugar de permanencia o reposo. 3 A casa de, o el sitio en que está: *estuve* ~ *fulano; iremos* ~ *el juez.* -4 ***loc. adv. ¿Por*** ~***?*** ¿por qué razón, causa o motivo? *¿Por* ~ *tengo que creerlo?* ***donde no,*** de lo contrario: *págueme,* ~ *no, le denuncio.* -5 ***pron. rel.*** Equivale a *en que* o *en el, la, lo que* o *cual; los, las que* o *cuales,* e introduce oraciones subordinadas adjetivas cuyo matiz es a menudo difícil de distinguir del de las subordinadas adverbiales: *la casa* ~ *nací;* con las prep. *de* y *por* indica deducción o consecuencia: *por* ~ *conocí que me engañaba;* en oraciones exclamativas e interrogativas no lleva antecedente expreso y debe acentuarse. ◇ Gramaticalmente se comporta como un adverbio de lugar que ejerce a la vez la función de pronombre relativo, siendo ambas funciones inseparables.

dondequiera *(donde* + *querer) adv. l.* En cualquier parte.

dondiego (de *don Diego) m.* Planta nictaginácea, de flores fragantes blancas y encarnadas en corimbo, que sólo están abiertas de noche *(Mirabilis ialapa).* 2 ~ ***de día,*** planta convolvulácea, de flores axilares, pedunculadas, con las corolas azules manchadas de blanco y amarillo, que sólo están abiertas de día *(Convolvulus tricolor).*

SIN. *1* **Arrebolera, dompedro, donjuán.** *1* y *2* **Diego.**

dondorondón *m. Murc.* desp. Personaje fastuoso y ridículo.

donfrón (de *Domfront,* ciudad de Francia) *m.* Tela ant. de lienzo crudo.

dongón (voz malaya) *m.* BOT. Árbol esterculiáceo de Filipinas, de gran tamaño y de madera fuerte, que se emplea pralte. en construcciones navales *(Sterculia helicteres).*

donguindo *m.* Variedad de peral, de peras grandes, irregulares y azucaradas.

donillero (de *don* I) *m.* ant. Fullero que agasaja a aquellos a quienes quiere inducir a jugar.

donjuán (de *don Juan) m.* Tenorio. 2 Dondiego (planta).

donjuanesco, -ca (paras.) *adj.* Propio de un don Juan Tenorio.

donjuanismo (paras.) *m.* Conjunto de caracteres y cualidades propias de don Juan Tenorio.

donnadie *com.* desp. Persona sin valía, pero conocida, de poco valor y de posición social irrelevante.

donosamente *adv. m.* Con donosura.

donosidad *f.* Gracia, chiste, gracejo.

donosilla (der. de *donoso) f. Sant.* Comadreja.

donoso, -sa (l. *-osu* < *donu,* don) *adj.* Que tiene donaire: *donosa ocurrencia.* ◇ Antepuesto al substantivo suele usarse en sentido irónico.

donostiarra (de *Donostia,* en vasc. San Sebastián) *adj.-s.* De San Sebastián, c. de Guipúzcoa.

SIN. **Easonense.**

donosura (de *donoso*) *f.* Donaire, gracia.
donquero *m.* Mecánico que maneja el donqui.
donqui (ing. *donkey engine*) *m.* Entre los trabajadores de los muelles, grúa pequeña.
donsantiago *m. Chile.* Instrumento us. en los trabajos de las vías férreas para arquear o quebrar rieles.
-donte, -donto, v. -odonte, -odonto.
doña (l. *domina;* doble etim. *dueña*) *f.* Tratamiento de respeto que se aplica a las mujeres y precede a su nombre propio. Actualmente su aplicación va limitándose a la mujer casada o viuda.
doñear (de *doña*) *intr.* fam. Andar entre mujeres.
doñegal, doñigal (v. *dominical*) *adj.-s.* Clase de higo muy colorado por dentro.
dopante *adj.* [substancia química] Que sirve para dopar o doparse.
dopar (del ing. *dope,* drogar) *tr.-prnl.* Suministrar productos farmacéuticos analgésicos, estimulantes o excitantes, especialmente para lograr un mejor rendimiento en una competición deportiva; drogar.
doping (voz ing.) *m.* Medicación utilizada para aumentar de modo no natural el rendimiento general de un individuo, tanto en su aspecto psíquico como en el físico.
doquier, doquiera (*do* II + *querer*) *adv. l.* lit. Dondequiera.
-dor, -dora (l. *-tor*) Sufijo que entra en la formación de palabras y que expresa agente, instrumento o lugar: *acusador, apisonadora, mostrador.* Son gralte. derivados de verbos, pero también pueden derivarse de nombres: *aguador.* Pueden tomar las formas *-ador, -edor* e *-idor,* según los verbos o nombres de que derivan.
dorada (l. *deaurata*) *f.* Pez marino teleósteo perciforme, comestible, de color negro azulado, con una mancha dorada entre los ojos *(Sparus auratus).* 2 Constelación austral situada cerca del polo. 3 *Cuba.* Especie de mosca venenosa.
doradilla *f.* Dorada (pez). 2 Helecho de abundantes hojas verdes por el haz y cubiertas de escamillas doradas por el envés *(Ceterach officinarum).*
doradillo, -lla *m.* Hilo delgado de latón para engarces. -2 *f.* Aguzanieves. 3 Aderezo con el que se logran en la cabritilla reflejos dorados. -4 *adj. Amér.* [caballería] De color melado brillante.
dorado, -da (de *dorar*) *adj.* De color de oro o semejante a él. 2 fig. Esplendoroso, feliz: *edad dorada* -3 *m.* Doradura. -5 *m. pl.* Conjunto de adornos metálicos, o de objetos de metal. -6 *adj. Cuba* y *Chile.* [caballería] De color melado.
Dorado (El) *m.* V. Eldorado.
dorador, -ra *m. f.* Persona que tiene por oficio dorar.
doradura *f.* Acción de dorar. 2 Efecto de dorar.
doral *m.* Mosquitero musical.
dorar (l. *deaurare*) *tr.* Cubrir con oro la superficie de una [cosa] o dar el color de oro [a una cosa]. 2 fig. Paliar, encubrir con apariencia agradable [una cosa desagradable]. 3 fig. Tostar ligeramente [una cosa de comer]. -4 *prnl.* Tomar color dorado: *dorarse las cumbres.*
SIN. *1* **Sobredorar,** tratándose de metales (esp. plata).
dórico, -ca (l. *-cu* < gr. *-kós*) *adj.* Dorio. V. orden dórico. 2 Relativo al orden dórico. -3 *adj.-m.* Conjunto de dialectos pertenecientes al grupo occidental del griego común, hablados antiguamente en Dórida; como el laconio y el argivo.
dorífera, dorífora *f.* Coleóptero de la familia crisomélidos que tiene los élitros amarillos con rayas negras. Se alimentan, lo mismo las larvas que los adultos, de las hojas de diversas solanáceas, como la patata, el tomate, la berenjena y otras. Procede de América del Norte; pasó inadvertidamente a Europa con cargamentos de patatas *(Leptinotarsa decemlineata).*
dorio, -ria *adj.-s.* De Dórida, antigua región del centro de Grecia, y antigua región del sudoeste de Asia menor.
dormán (croata *dolman*) *m.* Chaqueta con alamares y vueltas de piel, usada por ciertos cuerpos de tropa: *el ~ de los húsares.*
SIN. **Pelliza.**
dormición (l. *-tione*) *f.* ant. Acción de dormir. 2 Representación del tránsito o muerte de la Virgen.
dormida *f.* Estado por que pasa cuatro veces el gusano de seda hasta que se encierra en el capullo. 2 Paraje donde pasan la noche ciertos animales. 3 Sueño. 4 *Bol., C. Rica* y *Chile.* Dormitorio.
dormidera *f.* Adormidera (planta). -2 *f. pl.* fam. Facilidad de dormirse: *Juan tiene buenas dormideras.* -3 *f. Cuba* y *P. Rico.* Sensitiva, planta.
dormidero, -ra *adj.* Que hace dormir. -2 *m.* Sitio donde duerme el ganado y otros animales.
dormido *m.* Torta conquense típica del día del Corpus, hecha con harina, huevos, aceite y azúcar.
dormidor, -ra *adj.-s.* Que duerme mucho.
dormilón, -lona *adj.-s.* fam. Muy inclinado a dormir. -2 *m. Chile.* Pajarillo de color ceniciento oscuro y cola larga que mantiene en continuo movimiento *(Muscisaxicola macloviana).*
dormilona *f.* Pendiente con un brillante o una perla: *las dormilonas son muy bellas.* 2 Butaca para dormir la siesta. 3 *Amér. Central.* Sensitiva, planta. 4 *Venez.* Camisa de dormir de mujer.
dormir (l. *-ire*) *intr.* Estar en aquel estado de reposo llamado sueño en que se suspenden las funciones de la vida voluntaria: *~ en paz; ~ a pierna suelta; tr., ~ al niño.* 2 Pernoctar: *~ al raso.* 3 fig. Bailar [el peón o trompo] con mucha rapidez, sin cabecear ni moverse de un sitio. 4 fig. En ciertos juegos de naipes, como el tresillo, quedar en la baceta [alguna carta] sin utilizar. 5 Sosegarse lo que estaba inquieto o alterado: *sus pasiones duermen; dejar ~ un asunto,* fig., no cuidarse de él, olvidarlo. 6 Con la prep. *sobre* y tratándose de cuestiones difíciles, tomarse tiempo para meditar: *~ sobre un asunto.* -7 *prnl.* Caer en el estado de reposo llamado sueño en que se suspenden las funciones de la vida voluntaria: *acaba de dormirse; necesita tener la luz encencida para dormirse.* 8 fig. Adormecerse: *dormirse un pie.* 9 fig. Descuidarse, obrar con poca solicitud: *dormirse en los laureles.* -10 *tr.* Anestesiar [a alguien]. -11 *prnl.* MAR. Pararse o estar torpe la aguja de marear. 12 MAR. Quedarse un buque muy escorado. -13 *tr. Amér. Central.* fest. Seducir, embaucar. ◇ ** CONJUG. [33].
dormirlas *m.* Escondite (juego). ◇ No se usa en plural.
dormitación *f.* Acción de dormitar. 2 Efecto de dormitar.
dormitar (l. *-are*) *intr.* Estar medio dormido.
dormitivo, -va *adj.-m.* Medicamento usado para conciliar el sueño.
SIN. **Somnífero.**
dormitorio (l. *-iu*) *m.* Habitación destinada para dormir en ella. 2 Conjunto de muebles de esta habitación.
dormivela *m.* fam. Duermevela.
dornajo (dim. de *duerna*) *m.* Especie de artesa, pequeña y redonda.
SIN. **Barcal.**
dornillero, -ra *m. f.* Persona que tiene por oficio hacer o vender dornillos.
dornillo *m.* Dornajo. 2 Hortera. 3 Artesilla de madera que sirve de escupidera en las habitaciones.
doronsilla (der. de *donoso.*) *f. Sal.* Comadreja.
dorsal (l. *dorsuale*) *adj.* Relativo al dorso o al lomo: *aleta ~; vértebras dorsales.* -2 *adj.-m.* ANAT. Músculo de la porción inferior del dorso cuya función es la rotación interna del brazo y el desplazamiento del omóplato. -3 *adj.-s.* FON. Consonante en cuya articulación interviene pralte. el dorso de la lengua, en su parte anterior media o posterior; como la *ch,* la *ñ* o la *k.* -4 *m.* Número colocado en la camiseta de un deportista para su identificación. -5 *f.* METEOR. Cuña anticiclónica.
dorsiano, -na *adj.* Relativo al escritor catalán Eugenio D'Ors (1882-1954).
dorsiventral *adj.* Cigomorfo.
dorso (l. *-su*) *m.* Espalda. 2 Revés de una cosa: *el ~ de la moneda; al ~ del grabado.* 3 Parte superior de ciertos órganos: *~ de la mano; ~ del pie; ~ de la nariz.*
dos (l. *duos,* acusativo de *duo*) *adj.* Uno y uno; ** NUMERACIÓN. 2 Segundo. -3 *m.* Guarismo del número dos. 4 Naipe con dos señales. 5 *Amér. Dos y dos,* ambladura, paso portante.
dosalbo, -ba (*dos* + *albo*) *adj.* [caballería] Que tiene blancos dos pies.
dosañal (*dos* + *año*) *adj.* De dos años. 2 Relativo a este tiempo.
doscientos, -tas *adj.* Dos veces ciento; **NUMERACIÓN. 2 Ducentésimo. -3 *m.* Guarismo del número doscientos.
dosel (cat. *dosser* < l. *dorsu,* espalda) *m.* Cubierta ornamental de un asiento, imagen, tumba, altar o púlpito, con la que se realza su dignidad. 2 Antepuerta o tapiz.
SIN. *1* **Sobrecielo.** Si va sobre columnas es más propio llamarlo **baldaquino** o **templete,** reservándose, entonces, el término de **dosel** para la parte superior de éstos.
doselera *f.* Cenefa del dosel.
doselete *m.* Miembro arquitectónico voladizo que se coloca sobre las estatuas, sepulcros, etc., como para resguardarlos.
dosificable *adj.* Que se puede dosificar.

dosificación *f.* Acción de dosificar. 2 Efecto de dosificar.

dosificar *tr.* Establecer las dosis en que ha de tomarse [un medicamento]. 2 Graduar la cantidad o porción de una cosa. ◇ **CONJUG. [1] como *sacar.*

dosillo *m.* Juego de naipes, semejante al tresillo, que se juega entre dos personas.

dosimetría (*dosis* + *-metría*) *f.* Sistema terapéutico que emplea sólo los principios activos de las substancias medicamentosas en dosis fijas. 2 Cuantificación de la dosis de radiación.

dosimétrico, -ca *adj.* Relativo a la dosimetría.

dosímetro (*dosis* + *-metro*) *m.* Aparato para la medición de las dosis de radiación, usado en centros especializados para medir la radioactividad del cuerpo humano que se ha expuesto a fuentes radiactivas.

dosis (gr. *dosis,* acción de dar) *f.* Toma de medicina que se da al enfermo cada vez. 2 fig. Cantidad o porción de una cosa: ~ *de paciencia.*

REL. *1* **Posología,** parte de la terapéutica que trata de las dosis en que deben administrarse los medicamentos.

dosología *f.* Posología.

dossier (voz francesa) *m.* Expediente, legajo.

dotación *f.* Acción de dotar. 2 Efecto de dotar. 3 Aquello con que se dota. 4 Tripulación de un buque de guerra. 5 En el deporte náutico, equipo. 6 Personal de un taller, oficina, etc.

dotador, -ra *adj.-s.* Que dota.

dotal (l. *-ale*) *adj.* Relativo al dote o a la dote.

dotante *adj.-s.* Dotador.

dotar (l. *-are*) *tr.* Constituir dote [a la mujer]: ~ *con bienes raíces;* ~ *en medio millón;* ~ *de lo mejor de un patrimonio.* 2 Señalar bienes [para una fundación o instituto benéfico o de otra índole]. 3 fig. Adornar la naturaleza [a uno] con particulares dones y cualidades: *le dotó de hermosura.* 4 Proveer [a una oficina, un buque, etc.] de los empleados que se consideran convenientes y asimismo de los enseres y objetos materiales que pueda necesitar. 5 Asignar sueldo o haber [a un empleo o cargo cualquiera]. 6 Asignar cantidad [a una partida del presupuesto]. 7 Dar a [una cosa] alguna propiedad o cualidad ventajosa: ~ *una casa de ascensor.*

dote (l.) *amb.* Caudal que con este título lleva la mujer al matrimonio o adquiere después de él. 2 Congrua o patrimonio que se entrega al convento o a la orden en que va a profesar una religiosa. -3 *m.* En el juego de naipes, número de tantos que toma cada uno para saber después lo que pierde o gana. -4 *f.* Excelencia, prenda, calidad apreciable: *se destaca por sus buenas dotes.*

SIN. *3* **Lote.**

dovela (fr. *douvelle* < l. *dolabella;* dim. de *dolabra*) *f.* Piedra labrada en forma de cuña, para formar arcos o bóvedas, etc. 2 Superficie de intradós o de trasdós de las piezas de un arco o bóveda.

dovelado, -da *adj.* Dispuesto y organizado de modo semejante a las dovelas de un arco.

dovelaje *m.* Conjunto de dovelas.

dovelar *tr.* Labrar [una piedra] dándole forma de dovela.

-doxo, -doxa, -doxia (gr. *doxa*) Elemento sufijal que entra en la formación de palabras con el significado de opinión, doctrina: *ortodoxo.*

doxología (gr. *doxa,* gloria + *-logía*) *f.* Fórmula de alabanza a la Divinidad, esp. a la Santísima Trinidad en la liturgia católica.

dozavado, -da *adj.* De doce lados o partes.

dozavo, -va *adj.-s.* Duodécimo (parte): *en* ~, [libro] de tamaño igual a la doceava parte del pliego de papel ordinario.

draba (l. y gr. *drabe*) *f.* Hierba crucífera de flores pequeñas y blancas, en corimbos, y frutos en vainilla puntiaguda (gén. *Draba).*

dracma (l. *drachma;* gr. *-mé*) *f.* Unidad monetaria griega. 2 Ant. moneda griega de plata (un denario romano). 3 Peso usado antig. en farmacia (3,594 g., octava parte de una onza, o sea tres escrúpulos).

draconiano, -na *adj.* Relativo a Dracón (s. VII a. C.), legislador de Atenas. 2 fig. [ley o providencia] Excesivamente severo.

draga (ing. *drag,* rastra) *f.* Máquina para dragar. 2 Barco que lleva esta máquina. 3 Aparato que se emplea para recoger productos marinos, arrastrándolos por el fondo del mar. 4 MAR. Dispositivo propio para soltar de sus amarras las minas submarinas y para destruirlas.

dragado *m.* Acción de dragar. 2 Efecto de dragar.

dragador *m.* Barco equipado especialmente para el dragado.

dragaminas *m.* Buque destinado a limpiar de minas los mares. ◇ Pl.: *dragaminas.*

dragante *m.* BLAS. Figura que representa una cabeza de dragón, con la boca abierta.

SIN. **Dragonete.**

dragar (de *draga*) *tr.* Extraer fango, piedras, arena, etc., del fondo del agua [de un puerto de mar, de un río, de un canal, etc.]. ◇ ** CONJUG. [7] como *llegar.*

drago (l. *draco*) *m.* Árbol liliáceo, de tronco serpentiforme, del cual se obtiene una resina medicinal *(Dracaena drago).*

dragomán (v. *truchimán*) *m.* ant. Intérprete (traductor).

dragón (l. *dracone*) *m.* Animal fabuloso, especie de serpiente con pies y alas, de gran fiereza y voracidad. 2 Reptil saurio cuya piel forma en ambos lados del abdomen unas expansiones que ayudan a los saltos del animal *(Draco volans).* 3 Planta escrofulariácea de jardín, de flores encarnadas o amarillas en espigas terminales *(Antirrhinum murale).* 4 Araña, pez. 5 Pez marino teleósteo perciforme, de tamaño pequeño, cuerpo deprimido y alargado, con un espolón de tres espinas en el preopérculo *(Callionymus pusillus).* 6 Mancha opaca que se forma a veces en las niñas de los ojos de los cuadrúpedos. 7 En los hornos de reverbero, abertura o canal inclinado por donde se cargan o ceban mientras están encendidos. 8 Soldado que combatía a pie y se trasladaba a caballo. 9 Constelación boreal que envuelve a la Osa Menor. 10 BLAS. Figura heráldica que representa un dragón generalmente de perfil, con cabeza y patas de águila, cuerpo y cola de serpiente, alas de murciélago y lengua en forma de dardo. 11 DEP. Embarcación de vela de 9 m. de longitud como máximo; está dotada de velas triangulares a proa, y trapezoidales a popa. 12 *Murc.* Cometa o milocha grande.

SIN. *3* **Becerra, boca de dragón, dragoncillo.**

dragona *f.* Hembra del dragón. 2 MIL. Especie de charretera. 3 *Chile* y *Méj.* Fiador de la espada. 4 *Méj.* Capa para hombre, con esclavina y capucha. 5 *Méj.* Adorno en la abertura de la manga consistente en una rueda de fleco.

dragoncillo *m.* Dim. de *dragón.* 2 Arma de fuego usada antiguamente. 3 Estragón. 4 Pez marino teleósteo, muy parecido al dragón *(Callionymus fasciatus).* 5 Dragón (planta).

dragonear *intr. Amér.* Ejercer un cargo sin tener títulos para ello: ~ *de abogado.* 2 *Amér.* Alardear, jactarse de algo. 3 *Argent.* Galantear a una mujer.

dragonete *m.* Dragante.

dragonites (l. *draconites*) *f.* Piedra fabulosa que decían se halla en la cabeza de los dragones en las Indias.

dragontea (l. *dracontea;* der del gr. *drakónteion*) *f.* Planta herbácea aroidea, de rizoma feculento y grueso *(Dracunculus vulgaris).*

SIN. **Culebrilla, serpentaria, taragontia, zumillo.**

dragontino, -na *adj.* Relativo al dragón.

drague *m. Venez.* Draque.

drakar (voz sueca) *m.* Antiguo barco escandinavo con la proa en forma de dragón, propulsado a remo o con una vela cuadrada.

dralón *m.* Fibra textil sintética acrílica.

drama (l. y gr., der. del gr. *drao,* obrar) *m.* Pieza de teatro en prosa o verso, esp. la de un género mixto entre la tragedia y la comedia. 2 Género dramático. 3 fig. Suceso de la vida real capaz de interesar y conmover: *el* ~ *del Calvario.*

dramáticamente *adv. m.* De manera dramática o teatral; con las condiciones propias del drama.

dramático, -ca (l. *-cu* < gr. *-kós*) *adj.* Perteneciente o relativo al drama. 2 Teatral, afectado. 3 fig. Capaz de interesar y conmover: *situación dramática.* 4 BARB. Espectacular. -5 *adj.-s.* Autor o actor de obras dramáticas. -6 *adj.-f.* [género de poesía o composición poética] Que expone, en forma de diálogo, las ideas y pasiones de personajes. -7 *f.* Técnica o arte de componer obras dramáticas.

dramatismo *m.* Cualidad de dramático.

dramatizable *adj.* Que puede dramatizarse.

dramatización *f.* Acción de dramatizar. 2 Efecto de dramatizar.

dramatizar (gr. *dramatizo*) *tr.* Dar forma dramática: ~ *una novela.* 2 Exagerar [algo] con apariencias dramáticas o afectadas. ◇ ** CONJUG. [4] como *realizar.*

dramaturgia (gr. *dramaturgía*) *f.* Dramática.

dramaturgo, -ga (gr. *dramaturgós*) *m. f.* Persona autora de obras dramáticas.

dramón *m.* Drama terrorífico y malo.

drapeado *adj.-s.* Plegado de tela en adornos de vestidos y de tapicería.

drapear *tr.* Colocar o plegar los paños de la vestidura, y más especialmente, darles la caída conveniente.
draque *m. Amér. Merid.* Bebida confeccionada con agua, aguardiente, azúcar y nuez moscada.
drástico, -ca (gr. *-kós* < *drao,* obrar) *adj.* Que actúa rápida y violentamente. -2 *adj.-s.* Purgante enérgico que actúa irritando la mucosa intestinal. 3 fig. Enérgico, autoritario, draconiano: *la autoridad dictó medidas drásticas.*
drávida *adj.-s.* De un pueblo establecido en la India antes de la llegada de los indoeuropeos.
SIN. **Drávida.**
dravídico, -ca *adj.-s.* Drávida. -2 *adj.-m.* Tronco lingüístico cuyo dominio cubre el sur de India y el norte de Sri Lanka.
dravita *f.* Mineral de la serie isomorfa de la turmalina, de color pardo obscuro debido a su contenido en magnesio.
drenaje (fr. *drénage*) *m.* Operación de dar salida a las aguas muertas o a la excesiva humedad de los terrenos por medio de zanjas o cañerías. 2 CIR. Procedimiento para asegurar la salida de líquidos o exudados de una herida, absceso o cavidad natural.
drenar *tr.* Avenar o encañar las aguas [de un terreno]. 2 CIR. Practicar el drenaje [de una herida, absceso o cavidad].
drepanocitosis (gr. *drépanon,* hoz + *kytos,* célula + *-osis*) *f.* PAT. Enfermedad hereditaria, que se presenta principalmente en individuos de raza negra, caracterizada por disminución de los glóbulos rojos, los cuales, en su mayoría toman forma de hoz. Se origina por la presencia de una hemoglobina anormal. ◇ Pl.: *drepanocitosis.*
dría *f.* Dríada.
dríada (l. *Dryade* < gr. *drys,* árbol) *f.* MIT. Ninfa de los bosques, cuya vida duraba lo que la del árbol a que se suponía unida. 2 Planta rosácea, arbustiva, perennifolia, rastrera y ramificada, con las hojas ovales, rugosas y dentadas; las flores presentan ocho pétalos de color blanco *(Dryas octopetala).*
SIN. *1* **Hamadríada, -de.**
dríade *f.* Dríada.
driblar (ing. *to dribble*) *intr.* En el juego del fútbol, conservar el balón engañando al contrario.
dribling (voz inglesa) *m.* En el juego del fútbol, técnica de controlar o conducir el balón hacia delante sin que se separe mucho de los pies, para eludir al contrario.
dril (ing. *drill*) *m.* Tela fuerte de hilo o de algodón crudos. 2 Mono antropoide omnívoro de hasta 90 cms. de longitud, de color gris pardo, con una banda blanca alrededor de la cara; de costumbres terrestres, sólo sube a los árboles en busca de comida y para dormir *(Mandrillus leucophaeus).*
drimirríceo, -a (gr. *drimys,* acre + *riza,* raíz) *adj.-s.* Cingiberáceo.
drino (gr. *druinas* < *drys,* árbol) *m.* Culebra de color verde brillante, muy delgada, con el hocico prolongado; vive en los árboles de los grandes bosques *(gén. Dryinus).*
driomio *m.* Mamífero roedor de unos 10 cms. de longitud, parecido al lirón *(Dryomis nitedula).*
driza (it. *drizza*) *f.* MAR. Cuerda con que se izan y arrían las vergas, velas, banderas, etc. ◇ También *triza.*
drizar (it. *drizzare*) *tr.* desus. Arriar o izar [las vergas]. ◇ **CONJUG. [4] como ***realizar.***
droga *f.* Substancia, natural o sintética, usada en medicina por sus efectos estimulantes, depresores u obnubiladores. 2 Substancia de efectos estimulantes o alucinógenos que crea dependencia: ~ ***blanda,*** aquella que no crea dependencia y cuyos efectos nocivos son limitados, como son las derivadas del *cannabis*; ~ ***dura,*** la que produce fuerte dependencia y estragos físicos, como la heroína, la cocaína, etc. 3 fig. Cosa desagradable o molesta. 4 fig. Embuste, mentira. 5 *Can.* y *Amér.* Deuda, trampa. 6 *Amér.* Medicamento. 7 *Cuba.* Entre comerciantes, artículo de venta dificultosa.
drogadicción (de *droga* y *adicción*) *f.* Toxicomanía.
drogadicto, -ta (de *droga* + *adicto*) *m. f.* Toxicómano.
drogado, -da *adj.* [pers.] Que está bajo el efecto de una droga.
drogar *tr.-prnl.* Intoxicar con estupefacientes u otras drogas [a personas o animales]. 2 FÍS. Introducir en un elemento semiconductor impurezas dosificadas en proporciones muy pequeñas, con el fin de influir en el comportamiento electrónico del mismo. ◇ ** CONJUG. [7] como ***llegar.***
drogata *com.* vulg. Drogadicto.
drogmán (v. *truchimán*) *m.* ant. Intérprete (traductor).
drogodependencia (de *droga* + *dependencia*) *f.* Drogadicción.
drogón *m. Cuba.* Entre comerciantes, droga. 2 *Cuba.* Cosa dificultosa o comprometida.
drogota *com.* vulg. Drogadicto.
droguería *f.* Trato o comercio en drogas. 2 Establecimiento en que se venden diversos productos de aplicación industrial o doméstica, tales como pinturas, disolventes, detergentes, etc. 3 *Ar.* y *Cat.* Abacería, tienda de comestibles. 4 *Amér.* Farmacia.
droguero, -ra *m. f.* Persona que hace o vende artículos de droguería. 2 *Ar.* y *Cat.* Abacero, tendero de comestibles. 3 *Amér.* Tramposo o mal pagador.
droguete (fr. *droguet*) *m.* Tela, gralte. de lana, listada de varios colores y con flores entre las listas.
droguista *com.* Droguero. 2 *Amér.* Farmacéutico. -3 *com.-adj.* Persona embustera, tramposa.
dromedario (l. *-iu,* der. del gr. *dromás, -adós,* corredor) *m.* Mamífero rumiante camélido, propio de Arabia y el norte de África, muy parecido al camello, pero con una sola joroba *(Camellus dromedarius).*
-dromo (gr. *dromos,* carrera) Elemento sufijal que entra en la formación de palabras con el significado de lugar donde se hacen carreras: *hipódromo.*
dropacismo (l. *-mu*) *m.* Cierta untura depilatoria.
dropar (ing. *drop,* dejar caer, soltar.) *tr.* DEP. En el juego del golf, dejar caer el jugador con la mano la pelota por encima de su hombro, para salvar así un obstáculo donde ésta había caído.
drope *m.* fam. Hombre despreciable.
drosáceo, -a *adj.-s.* Droseráceo.
drósera *f.* Planta droserácea de hojas en rosetas, redondas, largamente pecioladas, con pelos glandulares pegajosos y cortas glándulas digestivas para atrapar y digerir insectos *(Drosera rotundifolia).*
SIN. **Atrapamoscas.**
droseráceo, -a *adj.-f.* Planta de la familia de las droseráceas. -2 *f. pl.* Familia de plantas dicotiledóneas, herbáceas, con hojas alternas provistas de pelos glandulosos; muchas de ellas son carnívoras.
drosómetro (gr. *drosos,* rocío + *-metro*) *m.* Aparato para medir la cantidad de rocío que se forma diariamente.
druida (l.) *m.* Ministro de la religión y de la justicia entre los antiguos galos y celtas. Según su función pertenecía a la clase de los bardos, de los adivinos, de los que cuidaban a la juventud, etc.
druidesa *f.* Mujer (esp. esposa del druida) que intervenía en los asuntos religiosos y políticos, y que gozaba de la reputación de adivina.
druídico, -ca *adj.* Relativo a los druidas y a su religión.
druidismo *m.* Religión de los antiguos galos y celtas; admitía la existencia de varias divinidades, creía en la vida futura y en una especie de metempsícosis. Tenía sus principales santuarios en los bosques.
drupa (l. *druppa,* aceituna madura; der del gr. *dryppa;* comp. de *drys,* árbol + *pipto,* caer) *f.* Fruto monospermo de mesocarpio carnoso, coriáceo o fibroso, y endocarpio leñoso.
drupáceo, -a *adj.* De naturaleza de la drupa o parecido a ella. 2 Que tiene por fruto una drupa.
drusa (al. *druse*) *f.* GEOL. Conjunto de cristales que recubren la superficie de una piedra.
drusiforme (de *drusa* + *-forme*) *adj.* [mineral] Que cristaliza formando drusas, o que tiene el aspecto de éstas.
druso, -sa (de *Darazi,* s. XI, fundador de la secta) *adj.-s.* De una tribu que habita en el Líbano, y que profesa una religión derivada de la mahometana.
dseda, dseta *f.* Sexta letra del **alfabeto griego, equivalente a *ds.*
dúa *f.* desus. Prestación personal en los trabajos de fortificación. 2 desus. Cuadrilla de operarios para ciertos trabajos de minas. 3 *Extr.* y *Sal.* Dula.
dual (l. *duale*) *adj.-m.* Número gramatical que en ciertas lenguas antiguas indica que la palabra designa dos personas o cosas. 2 Que tiene dos aspectos, factores, etc.; que presenta dos elementos, partes, etc. 3 *Chile.* [pers.] Que, juntamente con otra, sale elegida para un puesto sin que se sepa cuál de las dos ha triunfado.
dualidad (l. *-itate*) *f.* Reunión de dos caracteres opuestos en una misma persona o cosa. 2 QUÍM. Propiedad que tienen algunos cuerpos de cristalizar, según los casos, en dos figuras geométricas diferentes. 3 *Chile.* Empate, votación empatada.
SIN. *2* **Dimorfismo.**

dualismo *m.* Toda doctrina o creencia religiosa que explica, ya un orden de cosas, ya todo el universo, por la acción combinada de dos principios opuestos e irreductibles. Esp. doctrina metafísica según la cual la materia y el espíritu, lo físico y lo psíquico, son dos substancias esencialmente distintas e independientes: ~ ***teísta,*** el que no admitiendo la irreductibilidad última de materia y espíritu, afirma que ambos van a parar finalmente a Dios, principio común, fuente de ambos y causa creadora del universo. Se diferencia del monismo, y esp. del panteísmo, en que éstos consideran al absoluto como inmanente al mundo, mientras el dualismo teísta afirma a Dios como transcendente. 2 Dualidad de caracteres.
dualista *adj.-s.* Perteneciente o relatico al dualismo. 2 Partidario del dualismo.
dualístico, -ca *adj.* Relativo al dualismo.
duarte (de *Juan Pablo Duarte,* 1813-1876) *m. S. Dom.* vulg. Peso dominicano, papel moneda equivalente a un dólar estadounidense.
duba (fr. *douve,* zanja, escarpa) *f.* Muro o cerca de tierra.
dubio (l. *dubiu*) *m.* Lo cuestionable. Ús. en tribunales eclesiásticos.
dubitable *adj.* Dudable.
dubitación (l. *-atione*) *f.* Duda. 2 RET. Figura que consiste en manifestar el orador duda sobre lo que debe decir. ◇ *1* Latinismo culto muy p. us. fuera de la FIL.
dubitativamente *adv. m.* De manera dubitativa.
dubitativo, -va *adj.* Que implica o denota duda. 2 GRAM. ***Oración dubitativa,*** la que expresa el juicio como dudoso. Procede del significado del verbo principal. En ambos casos el verbo puede estar en indicativo o subjuntivo, según el grado menor o mayor de la duda: *quizá le conozcas* (o *conoces); dudo de que haya vuelto.*
ducado (l. *-tu*) *m.* Título o dignidad de duque. 2 Territorio que estaba sometido a la autoridad de un duque. 3 Estado gobernado por un duque. 4 Antigua moneda española de oro. 5 Antigua moneda imaginaria (unos doce reales de vellón). 6 Antigua moneda austro-húngara de oro.
ducal (l. *-ale*) *adj.* Relativo al duque.
ducentésimo, -ma (l. *-mu*) *adj.-s.* Parte que junto a otras ciento noventa y nueve iguales constituye un todo; **NUMERACIÓN. -2 *adj.* Que ocupa el último lugar en una serie ordenada de doscientos.
I) ducha (fr. *douche* y éste del it. *doccia,* der. del l. *ductio,* conducción) *f.* Chorro de agua que se hace caer sobre el cuerpo o sobre una parte de él, para limpieza o refresco, o con fines medicinales: ~ ***de agua fría,*** fig., noticia desagradable o que causa gran impresión. 2 Aparato o instalación que sirve para ducharse.
II) ducha (l. *ducta,* conducida) *f.* Lista que se forma en los tejidos.
duchar *tr.-prnl.* Dar una ducha.
duchí (probabl. indígena) *m. Cuba.* ant. Asiento tosco de madera.
ducho, -cha (l. *ductu* < *ducere*) *adj.* Experimentado, diestro.
duco *m.* Laca de nitrocelulosa poco nitrada, cuya disolución se emplea en pintura pulverizándola con pistolete: *pintura al* ~.
dúctil (l. *-ile*) *adj.* [metal] Que mecánicamente se puede extender en alambres o hilos. 2 p. ext. Maleable. 3 fig. [pers.] De blanda condición, condescendiente, acomodadizo.
ductilidad *f.* Calidad de dúctil.
ductivo, -va *adj.* inus. Conducente.
ductor (l.) *m.* p. us. Guía o caudillo. 2 CIR. Instrumento mayor que el exploratorio, utilizado para usar mejor de éste.
ductriz *f.* p. us. La que guía.
duda *f.* Indeterminación del ánimo entre dos juicios o dos decisiones, acerca de un hecho o una noticia, o respecto a las creencias religiosas: ~ ***filosófica,*** escepticismo metódico. 2 ***Sin*** ~, ciertamente. 3 Cuestión que se propone para resolverla. 4 GRAM. ***Adverbio de*** ~, v. adverbio.
dudable *adj.* Que se debe o se puede dudar.
dudar (l. *dubitare*) *intr.* Estar en duda. -2 *tr.* Dar poco crédito [a una especie que se oye]: *lo dudamos.*
SIN. *1* v. **Vacilar.**
dudosamente *adv. m.* Con duda. 2 Con poca probabilidad de que suceda.
dudoso, -sa *adj.* Que ofrece duda. 2 Que está en duda. 3 Que es poco probable.
duela (l. v. *doga,* tonel; a través del fr. ant. *dovelle;* diminut. de *dou(v)e*) *f.* Tabla que forma las paredes curvas de los toneles, barricas, etc. 2 Gusano trematodo de forma ovalada que vive como parásito interno en los vertebrados *(Fasciola hepatica).*
duelaje (de *duela*) *m.* Dolaje.
duelista *m.* El que se precia de saber y observar las leyes del duelo. 2 El que fácilmente desafía a otros.
I) duelo (l. *duellu,* combate) *m.* Combate entre dos, precediendo desafío o reto. 2 DEP. fig. Encuentro deportivo.
SIN. *1* **Desafío, lance de honor.**
II) duelo (l. m. *dolu,* dolor) *m.* Dolor, aflicción, esp. la causada por la muerte de alguno. 2 Reunión de parientes y amigos que asisten a la casa mortuoria, al entierro o a los funerales. 3 Fatiga, trabajo: *los duelos con pan son menos.* 4 ***Duelos y quebrantos,*** fritada hecha con huevos, torreznos y sesos.
duenario *m.* Ejercicio devoto que se practica durante dos días.
duende (de *dueño;* apocopado en frases como *duen de casa*) *m.* Espíritu que popularmente se cree que habita en algunas casas y que travesea. 2 Hechizo, embeleso, encanto. 3 Restaño (tela).
SIN. *1* **Martinico, trasgo.**
duendesco, -ca *adj.* Relativo al duende.
duendo, -da (l. *domitu;* pp. de *domare,* domar) *adj.* Manso, doméstico: *vaca duenda.*
dueña (v. *doña*) *f.* Mujer que tiene el dominio de una cosa. 2 Monja o beata que vivía en comunidad y solía ser mujer principal. 3 Mujer viuda que para guarda de las demás criadas había en las casas principales. 4 Antiguamente, señora o mujer principal casada. La *Dueña Dolorida,* mujer que afecta gran pesar y no habla más que de sus cuitas. Es un personaje cervantino (*Quijote,* II, 36).
SIN. *1* **Ama.**
dueñesco, -ca *adj.* Relativo a las dueñas.
dueño (v. *domino*) *m.* El que tiene el dominio de una cosa. 2 Amo.
FR. *Ser* ~ *de hacer una cosa,* tener libertad para hacerla. SIN. **Señor.**
duermevela (*dormir* + *velar*) *m.* Sueño ligero. 2 Sueño fatigoso y frecuentemente interrumpido. ◇ Pl.: *duermevelas.*
duerna (del célt. *dorna;* var. dial. del célt. *durno,* puño, mano) *f.* Artesa. 2 Tronco hueco en forma de canal, cerrado por sus dos extremos, que sirve para dar de comer a los animales y para otros usos.
duerno (b. l. *duernu* < l. *duo,* dos) *m.* IMPR. Dos pliegos impresos, metidos uno dentro de otro.
duetista *com.* Cantante que se dedica a cantar duetos.
dueto (it. *duetto*) *m.* Dúo musical.
dufrenita *f.* Mineral de la clase de los fosfatos que cristaliza en el sistema monoclínico en masas fibrosas de color verde.
dugo *m. Amér. Central.* Ayuda, auxilio: ***correr*** o ***echar buenos*** o ***malos dugos,*** hacerle a uno buen o mal tercio. 2 *Hond.* ***De*** ~, de balde.
dugón, dugongo *m.* Mamífero sirenio de las costas del Océano Índico, con cola dividida en dos paletas, de color grisáceo y con dos cortos colmillos los machos *(Dugong dugon).*
SIN. **Vaca marina.**
dúho *m.* ant. Banco o escaño que servía de asiento.
dula (ár. *dula,* turno) *f.* Porción de tierra que por turno recibe riego de una misma acequia. 2 Porción de terreno comunal donde por turno pacen los ganados de los vecinos de un pueblo. 3 Conjunto de estas cabezas de ganado.
SIN. *3* **Boalar,** menos usado.
dular *adj.* Relativo a la dula.
dulcamara (l. *dulce* + *amaru,* amargo) *f.* Planta solanácea medicinal, sarmentosa, de hojas acorazonadas, flores pequeñas, violadas y en ramillete, y fruto en baya (*Solanum dulcamara*).
SIN. **Dulzamara.**
dulce (l.; doble etim. *duz*) *adj.* De un sabor parecido al de la miel o del azúcar: ~ *al gusto.* 2 Que no es agrio, amargo o salado: *agua* ~; *almendras dulces;* ***manjar*** ~, manjar falto de sal. 3 fig. Que produce en el oído, en la vista o en el ánimo una impresión agradable semejante al sabor del azúcar: *voz* ~. 4 fig. Naturalmente afable, complaciente, dócil: ~ *en el trato;* ~ *para tratado.* -5 *m.* Manjar compuesto con azúcar o almíbar: *las natillas son un* ~; ~ ***de almíbar,*** fruta conservada en almíbar. -6 *adv. m.* Dulcemente. -7 *m. Amér. Central.* Papelón, azúcar.
dulcedumbre *f.* Dulzura, suavidad.
dulcémele (l. *dulce* + gr. *mélos,* melodía) *m.* Salterio (instrumento músico).
dulcemente *adv. m.* Con dulzura, con suavidad.
dulcería *f.* Confitería.

dulcero, -ra (l. *dulciariu*) ***adj.*** fam. Aficionado al dulce. -2 ***m. f.*** Confitero. -3 ***f.*** Vaso en que se guarda y sirve el dulce de almíbar: ~ *de cristal.*
dulcete ***adj.*** *C. Rica.* Dulzón, dulzarrón.
dulcificación ***f.*** Acción de dulcificar. 2 Efecto de dulcificar.
dulcificante ***adj.*** Que dulcifica.
dulcificar (l. *-are*) ***tr.*** Volver dulce [una cosa]. 2 fig. Mitigar la acerbidad, acrimonia, etc. [de una cosa material o inmaterial]. ◇ ** CONJUG. [1] como ***sacar.***
SIN. *1* Es mucho más us. **endulzar;** FARM. **edulcorar.** *2* **Endulzar.**
dulcinea (por alusión a la dama ideal del Quijote) ***f.*** fig. Mujer querida. 2 fig. Aspiración ideal.
dulcísono, -na (l. *-nu*) ***adj.*** poét. Que suena dulcemente.
dulero ***m.*** Pastor o guarda de la dula.
dulía (gr. *douleia,* servidumbre) ***f.*** Culto que se tributa a los ángeles y santos, como siervos y amigos de Dios.
dulimán (turco *dulamán*) ***m.*** Vestidura talar turca.
dulzaina (fr. ant. *doulçaine*) ***f.*** Antiguo instrumento músico de viento, parecido a la chirimía.
dulzainero ***m.*** El que toca la dulzaina.
dulzaino, -na ***adj.*** Demasiado dulce, o que está dulce no debiendo estarlo.
dulzamara ***f.*** Dulcamara.
dulzarrón, -rrona ***adj.*** desp. De sabor dulce, pero desagradable y empalagoso.
dulzón, -zona ***adj.*** Dulzarrón.
dulzor ***m.*** Dulzura, en gral.; pero se usa más en sentido material, o bien como lit. si es fig.: *el ~ de sus palabras.*
dulzorar ***tr.*** p. us. Dulcificar, endulzar.
dulzura ***f.*** Calidad de dulce: *la ~ de la miel.* 2 fig. Suavidad, deleite: *la ~ del clima.* 3 fig. Afabilidad, bondad, docilidad: *la ~ de su carácter.* -4 ***f. pl.*** Palabras cariñosas, placenteras.
dulzurar ***tr.*** QUÍM. Hacer dulce [un cuerpo] quitándole la sal.
duma ***f.*** Asamblea legislativa de la Rusia zarista.
dumdum (de *Dum-Dum,* India) ***adj.-s.*** Bala explosiva, o limada por la punta hasta que aparece el plomo del interior, con ranuras longitudinales en el casquillo de níquel.
dumontita ***f.*** Mineral radioactivo que cristaliza en el sistema rómbico; forma cristales alargados de color amarillo.
dumper ***m.*** ANGLIC. Volquete.
dumping (ing.) ***m.*** Práctica comercial que consiste en vender a precio antieconómico, con el fin de eliminar a los competidores y apoderarse del mercado.
duna (neerl. *duin*) ***f.*** Montecillo de arena movediza que en los desiertos y playas forma y empuja el viento: *las dunas del Sáhara.*
SIN. **Médano, medaño, mégano; algaida** p. us.
dundasita ***f.*** Mineral de la clase de los carbonatos que se presenta como anisótropo en agregados de tipo radial; es de color blanquecino y tiene brillo vítreo.
dundeco, -ca ***adj.*** *Amér. Central* y *Colomb.* Dundo, tonto.
dundera ***f.*** *Amér. Central.* Simpleza, tontería.
dundo, -da ***adj.*** *Amér. Central* y *Colomb.* Tonto.
dunita ***f*** Roca magmática intrusiva formada casi exclusivamente por olivino y pequeñísimas cantidades de minerales metálicos.
dúo (it. < l. *duo,* dos) ***m.*** MÚS. Composición que se canta o toca entre dos. 2 Conjunto de estas dos voces o instrumentos.
duodecimal ***adj.*** Duodécimo (dozavo). 2 [sistema aritmético] Cuya base es el número doce.
duodécimo, -ma (l. *-mu*) ***adj.-s.*** Parte que, junto con otras once iguales, constituye un todo; **NUMERACIÓN. -2 ***adj.*** Que ocupa el último lugar en una serie ordenada de doce.
SIN. *1* **Doceavo, dozavo.** *2* **doceno.**
duodécuplo, -pla (l. *duo* + *decuplu*) ***adj.-m.*** Que contiene un número doce veces exactamente.
duoden-, v. duodeno-.
duodenal ***adj.*** ZOOL. Relativo al duodeno.
duodenario, -ria (l. *-iu*) ***adj.*** Que dura doce días.
duodenitis (*duoden-* + *-itis*) ***f.*** Inflamación del duodeno. ◇ Pl.: *duodenitis.*
I) duodeno, -na (l. *-eni*) ***adj.*** Duodécimo.
II) duodeno (l. *-um digitorium,* de doce dedos) ***m.*** Primera sección del intestino delgado que va desde el estómago al yeyuno.
duodeno-, duoden- (de *duodeno* II) Elemento prefijal que entra en la formación de palabras con el significado de duodeno (intestino): *duodenotomía, duodenitis.*
duodenotomía (*duodeno-* + *-tomía*) ***f.*** CIR. Sección del duodeno.
duomesino, -na (paras.) ***adj.*** De dos meses. 2 Relativo a este tiempo.
duopolio (de *dúo* + la terminación de *monopolio*) ***m.*** Privilegio exclusivo concedido tan sólo a dos individuos o sociedades de vender o explotar alguna cosa en un territorio determinado.
duopsonio (de *dúo* + gr. *opsonion,* aprovisionamiento de víveres, de *opsonia,* compra de provisiones) ***m.*** ECON. Situación comercial en que sólo hay dos compradores para determinado producto o servicio.
CONTR. **Duopolio.**
dupla (l.) ***f.*** Extraordinario que solía darse en los refectorios de colegios en algunos días clásicos.
dúplex ***m.*** Sistema de transmisión telegráfica que permite expedir simultáneamente por un solo hilo despachos en sentido contrario. 2 Vivienda distribuida en dos pisos diferentes y comunicados entre sí. 3 METAL. Procedimiento que permite la obtención de un lingote doble, en el que las dos partes no tienen la misma composición.
dúplica (de *duplicer*) ***f.*** DER. Escrito en que el demandado responde a la réplica del actor.
SIN. **Contrarréplica.**
duplicación (l. *-atione*) ***f.*** Acción de duplicar. 2 Efecto de duplicar.
duplicadamente ***adv. m.*** Con duplicación.
duplicado ***m.*** Segundo documento o escrito que se expide del mismo tenor que el primero.
duplicador, -ra ***adj.*** Que duplica. -2 ***m.*** Aparato para sacar copias de un escrito.
duplicar (l. *-are;* doble etim. *doblegar*) ***tr.-prnl.*** Hacer doble [una cosa]. 2 Multiplicar por dos [una cantidad]. 3 DER. Contestar el demandado [a la réplica del actor]. ◇ ** CONJUG. [1] como ***sacar.***
duplicativo, -va ***adj.*** Que duplica (hace doble).
duplicatura ***f.*** p. us. Dobladura.
dúplice (l.) ***adj.*** desus. Doble. 2 [convento o monasterio] Donde había una comunidad de religiosos y otra de religiosas.
duplicidad (l. *-itate*) ***f.*** Doblez, falsedad. 2 Calidad de doble.
duplo, -pla (l. *-plu;* doble etim. *doble*) ***adj.-m.*** Que contiene un número dos veces exactamente.
duque (fr. *duc;* l. *duce*) ***m.*** Antiguamente, general de un ejército o gobernador militar y político de una provincia. 2 En la organización feudal, primera dignidad de la jerarquía señorial. 3 Soberano de ciertos estados: *el ~ de Luxemburgo.* 4 Título nobiliario inferior al de príncipe y superior a los de conde y marqués. 5 ***Gran ~,*** especie de búho. 6 MAR. ***~ de alba,*** conjunto de pilotes sujetos por un zuncho de hierro o de otra manera, que se clavan en el fondo del mar en puertos y ensenadas y sirven como norayes. ◇ V. dux.
duquesa ***f.*** Mujer del duque. 2 La que por sí posee un ducado.
duquesita ***f.*** Pasta rellena de chocolate.
dura (de *durar*) ***f.*** Duración.
-dura (l. *-tura*) Sufijo que entra en la formación de palabras expresando acción o efecto y a veces instrumento, medio, etc., en derivados verbales: *bordadura, barredura, añadidura, armadura.* Puede tomar, según los verbos, las formas *-adura, -edura, -idura.*
durabilidad ***f.*** Calidad de durable.
durable (l. *-abile*) ***adj.*** Duradero.
duración ***f.*** Acción de durar. 2 Efecto de durar. 3 Tiempo que dura una cosa. 4 Tiempo que transcurre entre el comienzo y el fin de un proceso.
SIN. **Dura,** aplicado únicamente a cosas materiales que se desgastan con el uso: *un calzado de mucha dura.*
duraderamente ***adv. m.*** Con estabilidad o larga duración.
duradero, -ra ***adj.*** Que dura o puede durar mucho.
duralex (marca registrada) ***m.*** Materia plástica, transparente y de textura vítrea, usada para la fabricación de piezas de vajilla.
duraloy ***m.*** METAL. Aleación de hierro (65 %), cromo (20 %) y aluminio (15 %), utilizada especialmente en la fabricación de piezas muy resistentes al calor.
duraluminio ***m.*** Aleación a base de aluminio que contiene cobre, manganeso y silicio. Tiene gran resistencia a la tracción.
duramadre, duramáter (l. med. *dura mater*) ***f.*** La más externa, gruesa y fibrosa de las tres meninges.
duramen (l.) ***m.*** Parte central, más seca y compacta, del tronco y de las ramas gruesas de un árbol.
duramente ***adv. m.*** Con dureza.
durangués, -sa ***adj.-s.*** De Durango, c. de la prov. de Vizcaya. 2 De Durango, c. y estado de Méjico.

durante *adj.* desus. Que dura. -2 *adv. t.* Precediendo a nombres tiene una significación semejante a mientras: ~ *la guerra.*

durar (l. *-are,* endurecer) *intr.* Continuar siendo, viendo, obrando, etc. 2 Subsistir, permanecer en una cierta situación: *duró largo tiempo en su servicio.*

SIN. **Tirar,** durar trabajosamente: *el enfermo va tirando; este traje tirará todo el invierno;* **durar** se aplica propiamente a los seres inanimados; **vivir,** en tanto, es propio de los seres animados; si bien predomina en cada caso el matiz estático de **durar** y el dinámico de **vivir,** uno y otro vbs. se intercambian a menudo: decir que un hombre *dura* muchos años es expresión irónica; cuando decimos que un edificio *vive* pensamos en el movimiento, utilidad, etc., que hay en él. Las instituciones, costumbres, recuerdos, etc. *duran* o *viven,* según el matiz predominante; **perdurar,** es intensivo; significa durar mucho, subsistir.

durativo, -va (de *durar*) *adj.* Que dura, duradero. 2 GRAM. ***Frase*** o ***expr. verbal durativa,*** la formada por un verbo auxiliar seguido de un gerundio: *estar comiendo, ir escribiendo, andar buscando;* comunica mayor duración al significado del verbo.

duraznense *adj.-s.* De Durazno, c. y dep. del Uruguay.

duraznero *m.* Variedad de melocotonero, cuyo fruto es algo más pequeño que el de las otras.

duraznilla *f.* Durazno (fruto).

duraznillo *m.* Planta poligonácea, de hojas lanceoladas, generalmente con una mancha negra, flores róseas o blancas en espigas laterales, y fruto lenticular en vainillas envueltas por el perigonio *(Polygonum persicaria).* 2 *Amér.* Solanácea febrífuga que da una frutilla de color negro (*Solanum glaucum*).

SIN. *1* **Hierba pejiguera; persicaria.**

durazno (l. *duracinu persicu*) *m.* Duraznero. 2 Fruto de este árbol. 3 *Amér.* Nombre genérico de varias especies de árboles y de sus frutos: melocotonero, pérsico y durazno propiamente dicho. 4 *Argent.* fest. Duro, peso (papel moneda). 5 *Venez.* Moneda de 5 bolívares.

durdo *m.* Maragota. -2 *f. And.* Molleja.

dureza (l. *duritia*) *f.* Calidad de duro. 2 Resistencia que opone un mineral a ser rayado por otro. 3 Parte endurecida de un cuerpo blando. 4 Callosidad. 5 PINT. Agresividad, discordancia de un color. 6 PINT. Ejecución brusca de una pintura, sin la debida gradación de los tonos ni matización en las calidades.

SIN. *3* y *4* **Endurecimiento;** MED. **induración.**

durilla *f. And.* Molleja.

durillo *m.* Arbusto rosáceo de hojas ovales, provistas de borra por el envés, y flores blancas y péndulas *(Ctoneaster integerrimus).* 2 Arbusto caprifoliáceo de madera dura y muy compacta que se emplea en obras de taracea *(Viburnum tinus).* 3 Doblilla. 4 Cornejo.

SIN. *2* **Tino.**

durina *f.* VETER. Enfermedad contagiosa de las caballerías, caracterizada por tumefacción de los ganglios linfáticos, inflamación de los órganos genitales y parálisis.

durmidero *m. Perú* y *P. Rico.* Dormidero, esp. el de aves de corral.

durmiente *com.* Persona que duerme. -2 *m.* Madero colocado horizontalmente sobre el cual se apoyan otros. 3 *Amér.* Traviesa de vía férrea.

FR. *Dormir más que los siete durmientes,* comparación que recuerda la tradición de siete hermanos mártires de Éfeso, en tiempo del emperador Decio (249-251). Fueron emparedados en una caverna, donde se les encontró dormidos al cabo de más de 150 años.

duro, -ra (l. *duru*) *adj.* Que ofrece gran resistencia a ser penetrado, cortado, labrado, comprimido o desfigurado: *el diamante es el cuerpo más ~;* ***un colchón ~,*** poco mullido. 2 fig. Resistente: *ser ~ al cansancio.* 3 Violento, cruel: *ser ~ de corazón.* 4 Difícil de realizar, de soportar, penoso: *trabajo muy ~; ley dura.* 5 Falto de suavidad, áspero: *estilo ~; voz dura.* 6 [dibujo] Cuyas líneas pecan de rígidas; [pintura] que presenta bruscas transiciones de claroscuro; [escultura] cuyo modelado carece de morbidez y hermosura. 7 [agua] De grado hidrométrico elevado. -8 *m.* (elipsis de *peso duro*) Moneda española equivalente a 5 ptas. -9 *adv. m.* Con fuerza: *dale ~.* 10 *Colomb.* Mucho, abundantemente: ***llueve ~,*** llueve mucho. -11 *adj. Méj.* y *Urug.* Ebrio.

durómetro (de *dureza* + *-metro*) *m.* METAL. Aparato para medir la dureza de los metales.

duunvir (l. *duumvir*) *adj.* Relativo a los duunviros, o al duunvirato.

duunviral (l. *duumvirale*) *adj.* Duunvir.

duunvirato *m.* Dignidad y cargo de duunviro. 2 Tiempo que duraba. 3 Régimen político en que el gobierno está encomendado a duunviros.

duunviro *m.* En la ant. Roma, miembro de una comisión de dos personas.

duvetina *f.* Tejido de lana, de pelusa corta y densa.

dux (it. < l. *duce*) *m.* Magistrado supremo en las repúblicas de Venecia y Génova. V. duque.

duz *adj.* ant. Dulce. Se usa todavía en los compuestos *paloduz,* regaliz, y *uvaduz,* gayuba.

Dy, símbolo del *disprosio.*

I) E, e *f.* Quinta letra del **alfabeto español que representa gráficamente a la vocal media y anterior o palatal. 2 MAT. Número irracional base de los logaritmos naturales o neperianos. Esta constante numérica está relacionada con el límite de muchas sucesiones que se manejan frecuentemente en análisis matemático. 3 MÚS. En notación alfabética, representación de la nota *mi* natural. ◇ Pl.: *es* (no es *ees*). ◇ HOMÓF.: *he* (verbo), *¡eh!* (interj.). **II) e** *conj. copul.* Se usa en vez de la *y* para evitar la repetición del mismo sonido antes de palabras que empiecen por *i* o *hi*: *Juan e Ignacio; padre e hijo;* pero no reemplaza a la *y* en principio de interrogación o admiración: *¿y Ignacio?; ¡y Isidro!* ni cuando la palabra siguiente empieza por *y* o *hi* formando diptongo: *Ocaña y Yepes; tigre y hiena.*

e- (l. *ex-*) Prefijo que entra en la formación de palabras denotando origen o procedencia: *emanar;* extensión o dilatación: *efundir.*

-e, sufijo átono que sirve para formar nombres de acción y efecto y de utensilio, derivados de verbos: *cese, corte, vale, combate;* forma también algunos nombres, derivados del nombre de una colectividad, que denominan a cada individuo perteneciente a ella: *cofrade, consorte.*

¡ea! (l. *eia*) Interjección que se usa sola o repetida para significar algún acto de voluntad o para animar o excitar.

-ea, v. -eo.

eagle (voz inglesa) *m.* DEP. En el juego del golf, jugada en la que se consigue meter la pelota en el hoyo en dos golpes menos del par. ◇ Se pronuncia *iguel.*

-ear (l. *-idiare*) Sufijo que sirve para formar verbos derivados de nombres: *vocear;* o de adjetivos: *azulear*. También *tutear* del pron. *tú*. Algunos de estos verbos tienen su equivalente en *-ar: agujerear* y *agujerar*. En otros es distinta la significación: *plantear* y *plantar*. Combinado con otros sufijos, forma verbos derivados de otros verbos: de *verdear, llorar*, etc., *verdeguear, lloriquear*, etc. Tiene en muchos casos significación frecuentativa: *vocear, bastonear*; y alguna vez incoativa: *azulear.*

easonense (de *Œason,* nombre l. de San Sebastian) *adj.-com.* Donostiarra.

ebanista *com.* Persona que tiene por oficio trabajar en ébano y otras maderas finas.

ebanistería *f.* Arte, obra o taller del ebanista.

ébano (l. *ebenu* < gr. *ébenos*) *m.* Árbol ebenáceo, propio de Asia y de las islas de Ceilán y Madagascar, de tronco grueso y madera maciza, pesada, negra por el centro y blanquecina hacia la corteza, muy estimada en ebanistería *(Diospyros ebenum).* 2 Madera de este árbol.
SIN. **Abenuz.**

ebeje *m. Bol.* Aventador de hojas de palma.

ebenáceo, -a *adj.-f.* Planta de la familia de las ebenáceas. -2 *f. pl.* Familia de plantas dicotiledóneas tropicales, que incluye árboles o arbustos de hojas generalmente alternas y enteras, flores axilares de cáliz persistente, fruto en baya carnosa y madera dura y pesada, negra en el centro; como el ébano.

ebenales *f. pl.* Orden de plantas, dentro de la clase dicotiledóneas, leñosas, de hojas sencillas y flores hermafroditas y actinomorfas.

ebionita *adj.-s.* Miembro de la secta herética fundada en Palestina por Ebión en el s. I y que perduró hasta el V. Negaba la divinidad de Jesucristo, aunque reconocía en Él al Mesías; rechazaba las cartas de San Pablo y aceptaba únicamente el Evangelio de San Mateo. Su culto era continuación del judaico.

ebonita (ing. *ebony,* ébano) *f.* Caucho vulcanizado negro y muy duro, capaz de ser tallado y pulido, que se usa para hacer peines, aisladores de aparatos eléctricos, etc.
SIN. **Vulcanita.**

eborario, -ria (l. *-iu*) *adj.* Relativo a la talla en marfil.

ebrancado, -da (fr. *ébranché* < *branche,* rama) *adj.* BLAS. [árbol] Que tiene cortadas las ramas.

ebriedad (l. *-etate*) *f.* Embriaguez.

ebrio, -bria (l. *ebriu*) *adj.-s.* [pers.] Embriagado, borracho. 2 fig. Ciego (ofuscado): ~ *de coraje, de ira.*
SIN. *1* v. **Borracho.**

ebrioso, -sa (l. *-su*) *adj.-s.* Que se embriaga fácilmente.

ebulición, ebullición (l. *-itione*) *f.* Hervor. 2 fig. Agitación transitoria.
REL. **Punto de ebullición,** temperatura a la cual hierve un líquido.

ebullómetro (l. *ebullire,* hervir + *-metro*) *m.* Aparato para medir la temperatura a la cual hierve un cuerpo.

ebulloscopia (l. *ebullire,* hervir + *-scopia*) *f.* QUÍM. Determinación del peso molecular de una substancia, por el aumento del punto de ebullición de un disolvente apropiado. 2 Cálculo de la masa molecular de los cuerpos fundado en el uso del ebullómetro.

ebulloscopio (l. *ebullire,* hervir + *-scopio*) *m.* Ebullómetro.

ébulo *m.* Yezgo.

eburnación *f.* MED. Estado de un tejido óseo, cartilaginoso o fibroso, que se pone duro como el marfil.

ebúrneo, -a (l. *-eu*) *adj.* De marfil, o parecido a él: *frente ebúrnea.*

ecarté (fr. *écarté*) *m.* Juego de naipes.

eccehomo (l. *ecce,* he aquí + *homo,* el hombre) *m.* Imagen de Jesucristo al ser presentado por Pilatos (m. 40) al pueblo. 2 fig. Persona lacerada, rota, de lastimoso aspecto.

eccema (gr. *ekzema,* a través del fr.) *m.* Afección de la piel, caracterizada por vejiguillas muy espesas que forman manchas irregulares y rojizas. ◇ También *eczema.*

eccematoso, -sa *adj.* Relativo al eccema.

eccoprótico (l. *-cu* < gr. *kopros*, excremento) ***m.*** MED. Purgante suave.
ecdémico, -ca ***adj.*** Extraño, que no es indígena.
ecdisis ***f.*** ZOOL. Proceso de regeneración y muda de la epidermis de los insectos. ◇ Pl.: *ecdisis.*
ecdisoma ***f.*** ZOOL. Hormona prototorácica de los insectos que estimula la regeneración y muda de su epidermis.
ecdótica ***f.*** Ciencia del texto; crítica y edición de los textos antiguos, especialmente los de tradición manuscrita.
-ececico, -ececillo, -ececito, -ecezuelo, sufijos que entran en la formación de palabras con significación diminutiva para nombres o adjetivos en los géneros m. y f. y en ambos números sing. y pl.: *piececico, piececillo,* etc.; ** DERIVACIÓN.
-ecer (l. *-scere*) Sufijo verbal de significación incoativa. Forma verbos derivados o parasintéticos de substantivos y adjetivos: *favorecer, ensombrecer, embravecer.*
echacantos (de *echar* + *cantos*) ***m.*** fam. Hombre despreciable y que nada supone en el mundo. ◇ Pl.: *echacantos.*
SIN. **Tiracantos.**
echacorvear ***intr.*** fam. Hacer o tener el ejercicio de echacuervos.
echacorvería ***f.*** fam. Acción propia de echacuervos. 2 fam. Ejercicio y profesión de alcahuete.
echacuervos (de *echar* + *cuervo*) ***m.*** fam. Alcahuete. 2 fam. Hombre embustero y despreciable. 3 fam. Predicador o cuestor que iba por los lugares publicando la cruzada. 4 fam. En algunas partes, el que predica la bula. ◇ Pl.: *echacuervos.*
echada ***f.*** Acción de echar o echarse. 2 Efecto de echar o echarse. 3 Espacio que ocupa el cuerpo de un hombre tendido en el suelo. 4 *Amér.* Fanfarronada.
SIN. *1* y *2* **Echazón.**
echadera ***f.*** Pala de madera para meter en el horno el pan.
echadero ***m.*** Sitio a propósito para echarse a descansar.
echadillo, -lla (de echado) ***adj.-s.*** Expósito.
echadizo, -za (de *echado*) ***adj.-s.*** Enviado con disimulo para rastrear algo o para echar alguna especie. 2 Expósito. -3 ***adj.*** Esparcido con disimulo y arte. 4 Que se desecha por inútil. 5 [escombro, tierra o desperdicio] Que se echa y amontona en lugar determinado.
echado, -da (de *echar*) ***m.*** MIN. Buzamiento de un filón. -2 ***adj.*** *Amér. Central.* Que tiene un cargo bien retribuido. 3 *C. Rica.* Indolente. -4 ***m.*** *Amér.* MIN. Inclinación, recuesto.
echador, -ra ***adj.-s.*** Que echa o arroja. -2 ***m.*** Mozo de café encargado de echar el café y la leche en las tazas. -3 ***adj.-s.*** *Amér. Central* y *Méj.* Fanfarrón.
echadura ***f.*** Acción de echarse las gallinas cluecas sobre los huevos para empollarlos. 2 Conjunto de los huevos que empolla una gallina. 3 Ahechadura: *la echaduras del trigo.*
echalota ***f.*** Chalote.
echamiento ***m.*** Acción de echar o arrojar. 2 Efecto de echar o arrojar.
echapellas (de *echar* + *pella*) ***m.*** El que en los lavaderos de lanas las toma del tablero para echarlas en el pozo. ◇ Pl.: *echapellas.*
echaperros ***m.*** Perrero (en las iglesias). ◇ Pl.: *echaperros.*
I) echar (l. **iectare;* por *iactare*, arrojar) ***tr.*** Hacer que [una cosa] vaya a parar a alguna parte dándole impulso: ~ *las redes.* 2 Hacer salir [a uno] de un lugar, apartarle con violencia. 3 p. anal. Deponer [a uno] de su empleo o dignidad. 4 Despedir de sí: ~ *sangre, olor.* 5 Hacer que [una cosa] caiga en sitio determinado: ~ *dinero en un saco.* 6 Investigar o gastar en cierta cosa el tiempo o la cantidad de algo que se expresa. 7 Poner, ordenar que se haga alguna tarea: *le han echado dos copias de la lección.* 8 Juntar [los animales machos] con las hembras para la generación. 9 Brotar o arrojar las plantas [sus raíces, hojas, flores, etc.]: ***intr.***, *las hojas echan.* 10 p. anal. Salirle a una persona o animal [los dientes, el pelo, etc.]. 11 Inclinar, reclinar o recostar: ~ *el cuerpo atrás.* 12 Poner, aplicar: ~ *un remiendo;* ~ *ventosas.* 13 Dar el movimiento necesario para cerrar [a una llave, cerrojo, etc.]: ~ *el pestillo.* 14 Imponer, cargar [tributos, censos, etc.]. 15 Atribuir una acción a cierto fin: ~ *a mala parte; echarlo a juego.* 16 Empezar a tener granjería o comercio: ~ *colmenas;* ~ *gallinas.* 17 Jugar, aventurar [dinero] a alguna cosa: ~ *a la lotería.* 18 Jugar, llevar a cabo una partida de cartas: ~ *una mano de tute.* 19 Jugar, hacer uso de una carta, ficha, etc.: *echó un as de oros.* 20 Dar, entregar, repartir: ~ *las cartas.* 21 Conjeturar, suponer [el precio, distancia, edad, etc.]: *¿qué edad le echas?* 22 Pregonar, notificar: ~ *un bando.* 23 Proyectar [algo] en el cine o emitir en televisión; representar, ejecutar [una obra teatral u otro espectáculo]. 24 Pronunciar, decir, proferir: ~ *un discurso, una plática.* 25 Hacer, formar [un cálculo, una cuenta, etc.]: ~ *cuentas.* 26 Adquirir aumento notable en las cualidades o partes del cuerpo expresadas: ~ *mal genio;* ~ *barriga.* 27 Con las voces *rayos, centellas*, etc., mostrar mucho enojo: *estaba que echaba chispas.* 28 Junto con las voces *abajo, en tierra, por tierra*, etc., derribar, arruinar. 29 Junto con nombres de pena o reclusión, condenar a ella: *le echaron cinco años de cárcel;* ~ *a galeras.* 30 Junto con algunos nombres toma la significación de los verbos que se forman de ellos o la de otros relacionados: ~ ***maldiciones,*** maldecir; ~ ***una mirada,*** observar ligeramente; ~ ***suertes,*** sortear; ~ ***una parrafada,*** fam., conversar. -31 ***tr.-intr.*** Seguido de la preposición *de*, dar, repartir: ~ *de comer;* empezar a gastar o usar [de coche, caballo, librea, etc.]; presumir: *echarla de valiente, de sabio;* notar, reparar, advertir: ~ *de ver.* 32 Seguido de la preposición *por*, escoger o seguir una carrera o profesión: ~ *por la Iglesia, por el foro;* ir por una parte u otra: ~ *por la izquierda, por el atajo;* ponderar, exagerar [una cosa] todo lo más a que puede llegar: ~ *por mayor, por arrobas.* -33 ***tr.-prnl.*** Seguido de la preposición *a* y un infinitivo de otro verbo, dar principio a la acción de este verbo o ser causa o motivo de ella: ~, o *echarse, a reír;* ~, o *echarse, a perder.* 34 fam. Con las palabras *un bocado, un trago*, etc., comer o beber [alguna cosa]. -35 ***prnl.*** Arrojarse: ~ *al mar.* 36 Precipitarse hacia una persona o cosa: *se echó a mí.* 37 Incoar una acción: ~ *a pensar.* 38 Tenderse a lo largo del cuerpo en un lecho o lugar; especialmente tenderse uno vestido. 39 p. anal. Ponerse las aves sobre los huevos. 40 Calmarse, sosegarse el viento. -41 ***tr.*** *Amér.* Proponer [a una persona o animal] como de superiores facultades para la pelea. 42 *Argent.* y *P. Rico.* Azuzar [a un animal]. ◇ HOMÓF.: *hecho, hecha.*
SIN. *38, 39* y *40* **Tumbarse.** FR. *Echarse uno atrás*, fig., eludir un compromiso, volverse atrás, desdecirse; *echarse uno a dormir*, fig., descuidar una cosa; no pensar en ella; *echarse a perder*, fig., perder su buen sabor, hacerse nociva, causa o motivo de la acción de deteriorar o inutilizar [una cosa] material; malograr [un negocio]; pervertir [a uno]; ~ *a volar*, fig., dar o sacar al público [a una persona o cosa]; ~ *a un lado*, fig., no dar importancia [a una persona o cosa].
II) echar (port. *achar*, hallar) En la expr. clásica ~ ***menos***, modernamente ~ ***de menos*** [a una pers. o cosa]., advertir la falta [de ella], o sentir pena por su falta o ausencia: ~ *en falta.*
echarpe (fr. *écharpe*) ***m.*** Especie de manteleta o chal angosto y largo.
echazón ***f.*** Echada (acción de echar). 2 MAR. Acción de arrojar al agua la carga o parte de ella, para aligerar el buque. 3 MAR. Efecto de dicha acción.
echón, -chona ***adj.-s.*** *Can.* y *Venez.* Fanfarrón, petulante.
echona ***f.*** *Chile.* Hoz para segar.
echonería ***f.*** *Venez.* Jactancia, fanfarronada.
echuna ***f.*** *Argent., Chile* y *Perú.* Hoz.
-ecico, -ecillo, -ecito, -ezuelo, sufijos de significación diminutiva para nombres o adjetivos en los géneros m. y f. y en ambos números sing. y pl.: *geniecico, geniecillo,* etc.; *nuevecico, nuevecillo,* etc.; ** DERIVACIÓN.
ecijano, -na ***adj.-s.*** De Écija, ciudad de Sevilla.
SIN. **Astigitano.**
eclampsia (gr. *éklamps;* brillo o resplandor súbito) ***f.*** Enfermedad de carácter convulsivo que suelen padecer los niños y las mujeres durante el embarazo o el puerperio.
eclámptico, -ca ***adj.*** Relativo a la eclampsia. 2 [pers.] Que padece eclampsia.
eclecticismo (de *ecléctico*) ***m.*** Método que consiste en reunir, procurando conciliarlas, opiniones sacadas de sistemas dinir, procurando conciliarlas, opiniones sacadas de sistemas diversos y aun opuestos: ~ *filosófico.* 2 Cualidad del que admite diferentes tendencias u opiniones: ~ *literario;* ~ *religioso.* 3 fig. Solución que evita los extremos opuestos.
ecléctico, -ca (gr. *eklektikós* < *eklego*, escoger) ***adj.*** Relativo al eclecticismo. 2 Que consta de elementos sacados de diversos sistemas. -3 ***adj.-s.*** Que profesa el eclecticismo.
eclesial ***adj.*** Perteneciente o relativo a la Iglesia como institución.
Eclesiastés (gr. *ekklesiastés*, el que dirige la palabra al pueblo) ***m.*** Libro de la Biblia.
eclesiásticamente ***adv. m.*** De modo propio de un eclesiástico. 2 Por ministerio o con autoridad de la Iglesia.
eclesiástico, -ca (l. *ecclesiasticu;* gr. *ekklesia*, asamblea) ***adj.*** Perteneciente o relativo a la Iglesia. -2 ***m.*** Clérigo. 3 Libro de la Biblia.

eclesiastizar (de *eclesiástico*) *tr.* Dar carácter eclesiástico [a personas o cosas]. 2 esp. Espiritualizar [bienes temporales]. ◇ ** CONJUG. [4] como *realizar.*

eclesiología (gr. *ekklesia,* iglesia + *-logía*) *f.* Disciplina teológica que se ocupa del estudio de la Iglesia en todos sus aspectos.

eclímetro (gr. *ekklinés,* inclinación + *-metro*) *m.* TOPOGR. Instrumento para medir la inclinación de las pendientes. V. brújula ~.

eclipsable *adj.* Que se puede eclipsar.

eclipsar (v. *eclipse*) *tr.* Causar un astro el eclipse [de otro]. 2 fig. Obscurecer o deslucir una cosa más luminosa, más bella, etc. [a otra]. -3 *prnl.* Experimentar un astro un eclipse. 4 fig. Evadirse, ausentarse, desaparecer una persona o cosa.

eclipse (l. *-is* < gr. *ékleipsis,* desaparición) *m.* Ocultación transitoria, total o parcial, de un astro debida a la interposición de otro astro o al paso del primero por la sombra proyectada por otro: ~ ***de Sol,*** el producido por la interposición de la Luna entre la Tierra y el Sol; ~ ***de Luna,*** el producido por el paso de la Luna por la sombra proyectada por la Tierra; ~ ***anular,*** el parcial del Sol en que la Luna llega a ocultar una zona cuyo centro coincide con el del disco solar, dejando visible una corona o anillo; ~ ***parcial,*** aquel en que solo queda oculta una parte del astro eclipsado; ~ ***total,*** aquel en que se hace completamente invisible el astro eclipsado. 2 fig. Ausencia, evasión, desaparición transitoria de una persona o cosa.

eclipsis *f.* p. us. Elipsis. ◇ Pl.: *eclipsis.*

eclíptica (l. < gr. *ekleiptiké*) *f.* ASTRON. Círculo máximo de la esfera celeste que forma con el ecuador un ángulo de 23° 27', y señala el curso aparente del Sol durante el año. 2 Círculo máximo de la Tierra, que forma con el ecuador un ángulo de 23° 27'.

eclíptico, -ca *adj.* Relativo al eclipse o a la eclíptica. V. término eclíptico.

eclisa (fr. *éclisse*) *f.* Plancha metálica que une dos rieles seguidos de una línea férrea.

eclógico, -ca *adj.* Perteneciente o relativo a la égloga.

eclogita *f.* Roca intrusiva ultrabásica, de color rojo.

eclosión (fr.) *f.* Brote, aparición, salida, nacimiento: ~ *de una semilla;* ~ *de una larva.* ~ *de las yemas.* 2 En el lenguaje literario o técnico, acción de abrirse un capullo de flor o de crisálida. 3 fig. Hablando de movimientos culturales o de otros fenómenos históricos, psicológicos, etc., brote, manifestación, aparición súbita. 4 MED. Acción de abrirse el ovario al tiempo de la ovulación para dar salida al óvulo.

eco (l. *echo* < gr. *echo*) *m.* Repetición de un sonido producida por la reflexión de las ondas sonoras. 2 Onda electromagnética que emitida por un radar vuelve a éste cuando ya ha sido reflejada por cualquier obstáculo. 3 Sonido débil y confuso: *los ecos del tambor y la campana.* 4 Repetición de las últimas sílabas o palabras que se cantan a media voz por distinto coro de músicos. 5 Composición poética en que se repite parte de un vocablo o un vocablo entero, para formar una nueva palabra significativa y que sea como eco de la anterior. 6 fig. El que imita o repite aquello que otro dice. 7 fig. Lo que está notablemente influido por un antecedente o procede de él. 8 fig. Novedad, noticia: ***ecos de sociedad,*** noticias de ciertos ambientes sociales publicadas en un periódico o revista.

SIN. *1* **Repercusión, resonancia, tornavoz.**

I) eco- (gr. *oikos,* casa) Elemento prefijal que entra en la formación de palabras con el significado de casa, cosas domésticas y, frecuentemente, ámbito vital, medio natural: *ecología.*

II) eco- (l. y gr. *echo,* eco, resonancia) Elemento prefijal que entra en la formación de palabras con el significado de eco, sonido o resonancia: *ecografía.*

-eco, -ca (orig. incierto) Sufijo de algunos substantivos: *muñeco, manteca.* Hoy no se siente ya con valor derivativo.

ecoencefalografía (*eco-* II + *encefalografía*) *f.* Estudio de las estructuras del interior del cráneo por medio de ultrasonidos.

ecofobia (*eco-* I + *-fobia*) *f.* Temor morboso a permanecer en casa.

SIN. **Oicofobia.**

ecofonía (*eco-* II + *-fonía*) *f.* MED. En la auscultación torácica, percepción de un eco después de la pronunciación de un sonido vocal.

ecogoniómetro (*eco-* II + *goniómetro*) *m.* Instrumento para localizar obstáculos sumergidos, que revela además su tamaño y distancia hasta el observador.

ecografía (*eco-* II + *-grafía*) *f.* Método de exploración de los órganos internos basado en el uso de los ultrasonidos.

ecoico, -ca *adj.* Relativo al eco. 2 Relativo a la poesía castellana llamada eco. 3 Onomatopéyico.

ecolalia (*eco-* II + gr. *laleo,* hablar) *f.* MED. Perturbación del lenguaje que consiste en repetir el enfermo involuntariamente una palabra o frase que acaba de oír o pronunciar él mismo. 2 RET. Repetición de la última palabra de una frase al principio de la siguiente, como recurso retórico.

REL. *2* **Palilalia.**

ecolocación (*eco-* II + l. *locus,* lugar) *f.* Sistema que permite calcular la distancia a la que se encuentran los objetos mediante la emisión de sonidos que son reflejados por aquéllos.

ecología (*eco-* I + *-logía*) *f.* HIST. N. Estudio del medio en que viven los animales y vegetales. 2 Parte de la sociología, que estudia la relación entre los grupos humanos y su ambiente, tanto físico como social. 3 Defensa de la naturaleza y del medio ambiente.

ecológico, -ca *adj.* Relativo a la ecología.

ecologismo *m.* Oposición a la utilización de la naturaleza como fuente inagotable de recursos.

ecologista *adj.-s.* Perteneciente o relativo a la ecología. -2 *com.* Persona interesada por la ecología, o partidario de ella. 3 Especialista en ecología.

ecólogo, -ga *m. f.* Persona que cultiva la ecología.

ecometría (*eco-* II + *-metría*) *f.* Arte de calcular y combinar los ecos. 2 CONSTR. Arte de construir arcos o bóvedas que transmiten el sonido según direcciones y resultados previstos.

ecómetro *m.* Ecosonda.

econdrosis (gr. *chondros,* cartílago.) *f.* MED. Proliferación anormal del tejido cartilaginoso; es la causa directa de las deformaciones articulares que se observan a veces en las artritis crónicas. ◇ Pl.: *econdrosis.*

economato *m.* Cargo de ecónomo. 2 Almacén o tienda, de carácter cooperativo o sostenido por algunas empresas, donde determinadas personas pueden adquirir los géneros con más economía que en el comercio.

econometría (de *economía* + *-metría*) *f.* Aplicación de los métodos estadísticos al estudio de la economía.

econométrico, -ca *adj.* Perteneciente o relativo a la econometría.

economía (gr. *oikonomía* < *eco-* I + *-nomía*) *f.* Recta administración de los bienes: *la ~ familiar se resintió de sus desórdenes.* 2 Riqueza pública. 3 Ciencia que investiga las leyes que regulan la producción, circulación, distribución y consumo de las riquezas. 4 Sistema de reglas y principios que regulan la organización, funcionamiento y desarrollo de una cosa; ordenación natural del proceso de asimilación y desasimilación de los cuerpos organizados: ~ *animal;* ~ *vegetal.* 5 Buena distribución del tiempo y de otras cosas inmateriales. 6 Ahorro de dinero y, p. ext., de trabajo, tiempo, etc. 7 Escasez o miseria. 8 PINT. Buena disposición y colocación de las figuras y demás objetos que entran en una composición. -9 *m. pl.* Ahorros: *gastó todas sus economías.*

SIN. *3* **Crematística,** especialmente en lo que se refiere al dinero.

económicamente *adv. m.* Con economía. 2 Con baratura. 3 Con relación a la economía.

economicidad *f.* Rendimiento económico.

economicista *adj.-s.* Que defiende la hegemonía de los hechos económicos en el análisis de los fenómenos sociales e industriales.

económico, -ca *adj.* Relativo a la economía: *cuestiones económicas.* 2 eufem. Miserable (avariento). 3 Poco costoso, que gasta poco.

economismo *m.* Interpretación economicista de la historia.

economista *adj.-com.* Persona que está versada en economía. 2 Adepto a una doctrina del siglo XIX, propagada pralte. por publicistas ingleses.

economizador, ra *adj.-s.* Que economiza. -2 *m.* Dispositivo que, colocado en ciertos motores o sistemas, sirve para ahorrar consumo de energía.

economizar (de *ecónomo*) *tr.* Cercenar y reservar [alguna parte] del gasto ordinario. 2 Ahorrar. ◇ ** CONJUG. [4] como ***realizar.***

ecónomo (l. ecl. *œconomu* < gr. *oikonomos* < *eco-* I + *-nomo*) *adj.-s.* Sacerdote que regenta una parroquia vacante hasta el nombramiento del párroco. -2 *m.* El que sirve interinamente un oficio eclesiástico. 3 El que administraba los bienes del demente o pródigo. 4 El que administra los bienes de una casa.

SIN. *3* **Curador, tutor.**

ecosistema (*eco-* I + *sistema*) ***m.*** Conjunto estable de un medio natural y los organismos animales y vegetales que viven en él. SIN. **Holocenosis.**
ecosonda (*eco-* II + *sonda*) ***m.*** Aparato para medir las profundidades del mar y detectar bancos de peces.
ecospecie (*eco-* I + *especie*) ***f.*** Conjunto de organismos adaptados a un medio determinado.
ecotado, -da (f. *écoté*) ***adj.*** BLAS. [tronco o rama de árbol] Que se figura con los nudos correspondientes a los ramos menores.
ecotoxicología (*eco-* I + *toxicología*) ***f.*** Ciencia que estudia los efectos tóxicos provocados por los contaminantes sobre conjuntos de seres vivos de los ecosistemas.
ectasia (l. *ectasis* < gr. *éktasis*) ***f.*** MED. Dilatación de un vaso u órgano hueco.
-ectasia (v. *ectasia*) Elemento sufijal que entra en la formación de palabras con el significado de extensión, dilatación: *cardiectasia, arteriectasia.*
éctasis ***f.*** Licencia poética que consiste en alargar la sílaba breve para la justa medida del verso. ◇ Pl.: *éctasis.*
ectima ***f.*** MED. Enfermedad cutánea que consiste en la formación de costras duras sobre la dermis inflamada.
ectiposcopio (gr. *ek,* fuera de + *tipo* + *-scopio*) ***m.*** Instrumento óptico que usan los grabadores de cuños para monedas y medallas, moldes de fundición y otros objetos que deben construirse al revés de como ha de resultar la obra producida, o sea con los huecos y relieves invertidos.
ecto- (gr. *ektós,* que está fuera, externo) Elemento prefijal que entra en la formación de palabras con el significado de externo, que está fuera.
ectodérmico, -ca ***adj.*** ZOOL. Relativo al ectodermo.
ectodermo (*ecto-* + *-dermo*) ***m.*** Hoja externa del blastodermo.
-ectomía (gr. *ektomé,* corte, extirpación) Elemento sufijal que entra en la formación de palabras con el significado de ablación: *apendicectomía.*
ectópago (*ecto-* + gr. *pagos,* fijo) ***adj.-s.*** MED. Monstruo compuesto de dos individuos que tienen un ombligo común y están unidos lateralmente en toda la extensión del pecho.
ectoparásito (*ecto-* + *parásito*) ***m.*** Parásito que vive en la superficie de otro organismo.
ectopia (gr. *ek,* fuera + *topos,* lugar) ***f.*** Anomalía congénita en la situación o posición de un órgano.
ectoplasma (*ecto-* + *plasma*) ***m.*** Parte externa de la célula. 2 Fenómeno físico realizado por algunos espiritistas.
ectoplasmia ***f.*** Emisión de ectoplasmas.
ectoprocto ***adj.-m.*** Animal del tipo de los ectoproctos. -2 ***m. pl.*** Tipo de animales microscópicos acuáticos y coloniales, que poseen tentáculos alrededor de la boca para capturar las algas que les sirven de alimento.
ectropión (gr. *ektropion*) ***m.*** Inversión permanente y anormal del párpado hacia fuera.
ecu (sigla de *E*uropean *C*hange *U*nit, unidad de cambio europeo) ***m.*** Moneda europea de carácter contable formada por una combinación de las distintas monedas nacionales de los países que constituyen el Mercado Común Europeo.
ecuable (l. *æquabile*) ***adj.*** Uniforme; díc. especialmente del movimiento.
ecuación (l. *æquatione,* der. de *æquare*) ***f.*** MAT. Igualdad entre dos expresiones que contienen una o más incógnitas. 2 Cantidad positiva o negativa que, para obtener la posición de un astro, hay que añadir a la posición del mismo calculada en la hipótesis de que se mueve uniformemente. 3 ~ ***personal,*** promedio de error en las observaciones o mediciones de precisión, que difiere de unos observadores a otros y se considera peculiar de cada uno. 4 ~ ***química,*** representación simbólica de las transformaciones que tienen lugar en una reacción química.
ecuador (l. *æquatore*) ***m.*** ASTRON. Círculo imaginario máximo que se considera en la esfera celeste, perpendicular al eje de la tierra. 2 GEOGR. Círculo imaginario máximo que equidista de los polos de la Tierra. 3 GEOM. Paralelo de mayor radio en una superficie de revolución. 4 fig. Entre universitarios, mitad de la carrera.
ecualizador ***m.*** FÍS. Aparato que sirve para amplificar las bajas frecuencias y atenuar las altas para lograr una mejor relación entre señal y ruido.
ecuánime ***m.*** Que tiene ecuanimidad.
ecuanimidad (l. *æquanimitas,* de *æquus* + *animus*) ***f.*** Igualdad y constancia de ánimo. 2 Imparcialidad serena del juicio.
ecuatoguineano, -na ***adj.-s.*** Guineoecuatorial.
ecuatorial ***adj.*** Relativo al ecuador. -2 ***f.*** ASTRON. Instrumento que sirve para medir las ascensiones rectas y las declinaciones de los astros. -3 ***m.*** ASTRON. Telescopio, refractor o reflector, dotado de montura ecuatorial.
ecuatorianismo ***m.*** Vocablo, giro o modo de expresión propio de los ecuatorianos. 2 Amor o apego a las cosas características del Ecuador.
ecuatoriano, -na ***adj.-s.*** Del Ecuador, estado de América del Sur.
ecuestre (l. *equestre*) ***adj.*** Relativo al caballero, o a la orden y ejercicio de la caballería. 2 Relativo al caballo. 3 Relativo a la representación plástica de una figura a caballo: *estatua* ~.
SIN. *2* v. **Caballar.**
ecúmene ***f.*** Ecúmeno.
ecumenicidad ***f.*** Calidad de ecuménico.
ecuménico, -ca (gr. *oikoumenikós* < *oikoumene,* la tierra habitada) ***adj.*** Universal, que se extiende a todo el orbe. 2 esp. ***Concilio*** ~, el general al que son llamados todos los obispos del mundo. 3 Título que toman los patriarcas griegos cismáticos.
SIN. v. **Universal.**
ecumenismo ***m.*** Movimiento para la unión de las iglesias.
ecumenista ***adj.-s.*** Partidario del ecumenismo o relativo a él.
ecúmeno (del gr. *oikumene,* habitada) ***m.*** Parte de la Tierra en que hay seres vivientes.
ecuóreo, -a (l. *æquor,* llanura del mar) ***adj.*** poét. Relativo al mar.
eczema ***m.*** Eccema.
eczematoso, -sa ***adj.*** Eccematoso.
-eda, v. -edo.
edad (l. *ætate*) ***f.*** Tiempo que una persona ha vivido, a contar desde que nació: *de veinte años de* ~; ***persona de*** ~ o ***de cierta*** ~, la edad madura; ***mayor*** ~ (o *mayoría*), la que, según la ley, debe tener una persona para poder disponer de sí y de su hacienda; ***mayor de*** ~, persona que ha llegado a la mayor edad; ***menor*** ~ (también *minoría* o *minoridad),* la de una persona que no ha llegado a la mayor edad; ***menor de*** ~, que está en la menor edad. 2 Tratándose de cosas materiales, tiempo transcurrido desde que empezaron a existir: *la* ~ *de un terreno geológico; la* ~ *del mundo.* 3 Período en que se considera dividida la vida humana: ~ ***tierna,*** niñez; ~ ***temprana,*** juventud; ~ ***viril,*** aquella en que el hombre ha adquirido ya todo el vigor de que es susceptible (se extiende gralte. de los 30 a los 50 años); ~ ***madura*** o ***provecta,*** la viril cuando se acerca a la ancianidad; ~ ***avanzada,*** ancianidad; ~ ***de menester,*** época en que los jóvenes buscan mujer o marido; ~ ***escolar,*** período durante el cual los niños asisten a la escuela. 4 p. ext. Período en que se considera dividida la historia: *la* ~ *antigua, media y moderna; la* ~ *de la piedra, del bronce, del hierro;* ***alta*** ~ ***media,*** período que comprende los primeros siglos de la edad media; ***baja*** ~ ***media,*** período que abarca los últimos siglos de esta edad. 5 Tiempo, época: *la* ~ *de nuestros mayores; la* ~ *de oro de nuestras letras.*
SIN. *5* **Siglo.** REL. La edad de las personas y animales se cuenta por **años;** tratándose de personas jóvenes, especialmente mujeres, se dice por galantería **abriles** o **primaveras;** en el ganado vacuno, **hierbas; choto, novillo, recental, lechón,** etc., son empleados para designar a diversas especies de animales según su edad, que encontrará el lector en los correspondientes artículos (oveja, vaca, cerdo, caballo, etc.); **cuadragenario, quinquagenario, sexagenario, septuagenario, octogenario, nonagenario, centenario,** son adjs. empleados para expresar las decenas de años que ha cumplido una persona, a partir de cuarenta; **cuarentón, cincuentón, sesentón, setentón, ochentón, noventón,** en sentido fam. En sentido gral., algunas voces cultas, en número restringido, se han formado del *l. ævu,* como *medievo, medieval, longevo, longevidad.*
-edad, v. -dad.
edáfico, -ca ***adj.*** Relativo al suelo, especialmente en lo que respecta a la vida de las plantas.
edafología (gr. *édaphos,* suelo + *-logía*) ***f.*** Estudio del suelo desde los puntos de vista físico, químico y biológico.
edafológico, -ca ***adj.*** Relativo a la edafología.
edafólogo, -ga ***m. f.*** Especialista en edafología.
-edal (de *-edo* + *-al*) Sufijo que entra en la formación de palabras denotando lugar y abundancia: *bojedal.*
edda ***f.*** Nombre de dos obras que contienen las notables colecciones de la vieja literatura escandinava. Una (ant. Edda) está escrita en verso y compuesta en 33 cantos dedicados a la mitología; la otra (nueva Edda) escrita en prosa, se atribuye a Snorry Sturleson (1178-1241), autor del s. XII, y trata, en sus diversas par-

tes, de la historia del mundo, según la tradición cristiana, de varias leyendas mitológicas y de las reglas del arte de los ant. poetas nórdicos.

edecán (fr. ant. *aide de camp*) ***m.*** MIL. Ayudante de campo. 2 fig. Auxiliar, acompañante, correveidile.

edelweiss ***m.*** Planta compuesta, de hasta 20 cms. de altura, con las hojas en número de seis o nueve abiertas en forma de estrella, y cubierta de una abundante pilosidad blanca; se encuentra en las altas montañas *(Leontopodium alpinum).*
SIN. **Leontopodio.**

edema (gr. *óidema*) ***m.*** MED. Hinchazón blanda de una parte del cuerpo por infiltración de una serosidad en los tejidos. -2 ***f.*** Masa de parénquima morboso.

edematoso, -sa ***adj.*** Relativo al edema.

edén (hebr., huerto delicioso) ***m.*** Paraíso terrenal. 2 fig. Lugar muy ameno y delicioso.

edénico, -ca ***adj.*** Relativo al edén.

edentado ***adj.-m.*** Mamífero del orden de los edentados. -2 ***m. pl.*** Orden de mamíferos placentarios de aspecto muy variado y tamaño medio; se caracterizan por carecer de incisivos y caninos y, a veces, de molares, aunque si aparecen, son todos iguales y desprovistos de esmalte; como el armadillo, el perezoso y el oso hormiguero.
SIN. **Desdentado, maldentado.**

-edero, v. -dero.

edetano, -na (l. *-nu*) ***adj.-s.*** De Edetania, ant. reg. de la España Tarraconense.

edible ***adj.*** Comestible.

edición (l. *-itione*) ***f.*** Impresión y publicación de una obra o escrito. 2 Conjunto de ejemplares de una obra impresa de una sola vez sobre el mismo molde: ~ *del s.* XIX; ~ *princeps* o *príncipe,* la primera de las que se han hecho de una obra. 3 Texto de una obra preparado con criterios filológicos: ~ ***crítica,*** la establecida a base de diversas fuentes manuscritas o impresas y que consigna las variantes existentes entre ellas; ~ ***anotada,*** la que va acompañada de notas aclaratorias de muy diverso tipo, gralte. situadas a pie de página; ~ ***facsímil,*** reproducción fotográfica de un texto manuscrito o impreso, gralte. hecha de ediciones valiosas; ~ ***paleográfica,*** la que trata de reproducir un texto sin introducir modificaciones; ~ ***pirata,*** la realizada por quien no tiene derecho a hacerla. 4 Impresión o grabación de un disco. 5 Celebración de determinado certamen, exposición, etc., repetido con periodicidad o sin ella.

edicto (l. *-tu*) ***m.*** Mandato, decreto publicado por la autoridad competente. 2 Orden que se fija en los parajes públicos para conocimiento de todos. 3 DER. Escrito que se hace ostensible en los estrados del tribunal o juzgado, o se publica en los periódicos oficiales, para conocimiento de las personas interesadas que carecen de representación en los autos o cuyo domicilio se ignora. 4 ~ ***pretorio,*** el que publicaba cada pretor al tomar posesión del cargo.

edículo (l. *œdiculu*) ***m.*** Edificio pequeño. 2 Templete que sirve de tabernáculo, relicario, etc.

edificable ***adj.*** [terreno] Que se puede edificar.

edificación ***f.*** Acción de edificar. 2 Efecto de edificar. 3 Conjunto de edificios.

edificador, -ra ***adj.-s.*** Que edifica (construye). 2 Edificativo.

edificante ***adj.*** Que edifica (infunde).

edificar (l. *œdificare*) ***tr.*** Fabricar, construir o mandar construir [un edificio]. 2 fig. Establecer, fundar: ~ *una asociación;* ~ *una alianza internacional.* 3 fig. Infundir [en otros] con el buen ejemplo, sentimientos de piedad y virtud. ◇ ** CONJUG. [1] como ***sacar.***
SIN. ***1*** **Labrar,** ant.

edificativo ***adj.*** fig. Que edifica (infunde).

edificatorio, -ria ***adj.*** Relativo a edificar (construir).

edificio (l. *œdificiu*) ***m.*** Obra o fábrica construida para habitación o usos análogos: *vivimos en el segundo piso del ~; el ~ del teatro.*

edil (l. *œdile*) ***m.*** Magistrado romano encargado de las obras públicas. 2 Concejal.

edila ***f.*** fam. Concejala (mujer concejal).

edilicio, -cia ***adj.*** Relativo al empleo de edil. 2 *Argent.* Perteneciente o relativo a las obras o actividades de carácter municipal.

edilidad ***f.*** Dignidad y empleo de edil. 2 Tiempo de su duración.

Edipo ***n. pr.*** MIT. Hijo de los reyes de Tebas Layo y Yocasta. Cuando nació, un oráculo predijo que mataría a su padre y se casaría con su madre. Fue abandonado para que muriese y no pudiera cumplirse tan siniestra predicción; pero sobrevivió, y Edipo, sin saberlo, dio cumplimiento al oráculo. El ciclo legendario de Edipo y su familia inspiró numerosas tragedias a los poetas griegos, especialmente a Sófocles.

editar (del l. *editu* < *edere,* sacar a luz) ***tr.*** Publicar [una obra, periódico, folleto, mapa, etc.]. 2 En radio y televisión, montar electrónicamente. 3 Preparar definitivamente un programa para cuando llegue el turno de su emisión.

editor, -ra ***adj.-s.*** Que edita; esp., [pers.] que por profesión se dedica a editar obras ajenas. -2 ***m. f.*** Persona que se cuida de preparar un texto ajeno que ha de publicarse, siguiendo criterios filológicos. 3 Persona o entidad que saca a luz pública una obra, periódico, disco, etc., valiéndose de la imprenta o de otro arte gráfico para multiplicar los ejemplares. -4 ***m.*** INFORM. Programa para la obtención de información en un formato preestablecido. 5 ~ ***responsable,*** el que figura como director de un periódico y responde ante la ley de su contenido, aunque no intervenga en su redacción.

editorial ***adj.*** Relativo al editor o a la edición. -2 ***m.*** Artículo de periódico no firmado por asumir los editores su contenido. -3 ***f.*** Empresa editorial.

editorialista ***com.*** Escritor encargado de redactar en un periódico los artículos de fondo.

editorializar ***intr.*** Escribir editoriales en un periódico o revista. ◇ ** CONJUG. [4] como ***realizar.***

-edizo, v. -izo.

-edo, -eda (de la terminación neutra l. *-etu*) Sufijo que entra en la formación de substantivos que indican colección o conjunto: *robledo, arboleda;* algunas veces se combina con *-ar* o *-al*: *polvareda, robledal, bojedal.*

edogoniales ***f. pl.*** Orden de algas, dentro de la clase clorofíceas, con un cuerpo hinchado con función reproductora.

edometría ***f.*** CONSTR. Técnica que tiene por objeto medir la compresión del terreno bajo los cimientos de los edificios y otras construcciones.

edómetro ***m.*** Instrumento que permite la compresión del suelo por efecto de una carga.

edomita ***adj.*** Idumeo.

-edor, v. -dor.

edrar (l. *iterare,* repetir) ***tr.*** Binar (hacer la segunda cava).

edredón (del sueco *Eiderdun;* a través del fr. *édredon*) ***m.*** Plumón del éider. 2 Almohadón, gralte. relleno de este plumón, o de un material similar, empleado como cobertor.

-edro, -edra (gr. *edra,* cara, plano, asiento) Elemento sufijal que entra en la formación de palabras con el significado de cara, plano, asiento: *tetraedro.*

educable ***adj.*** Capaz de educación.

educación (l. *-atione*) ***f.*** Acción de educar. 2 Efecto de educar. 3 Crianza, doctrina dada a los niños y jóvenes. 4 Cortesía, urbanidad. 5 ~ ***física,*** gimnasia y deportes escolares. 6 ~ ***nacional,*** enseñanza pública.

educacional ***adj.*** Educativo.

educacionista ***adj.*** Relativo o perteneciente a la educación, pedagógico. -2 ***com.*** Persona que se dedica a la educación de niños o jóvenes.

educado, -da ***adj.*** Que tiene buena educación o urbanidad.

educador, -ra ***adj.-s.*** Que educa.

educando, -da ***adj.-s.*** Que está recibiendo educación; esp., el que se educa en un colegio.

educar (l. *-are*) ***tr.*** Desarrollar o perfeccionar las facultades y aptitudes [del niño o adolescente] para su perfecta formación adulta; en gral., dirigir, enseñar [a una pers.]. 2 Desarrollar y perfeccionar [una función o aptitud, especialmente la sensibilidad o el movimiento]: ~ *la vista, la mano, el gusto.* 3 Enseñar [a uno] los buenos usos de urbanidad y cortesía: ~ *en los buenos principios.* ◇ ** CONJUG. [1] como ***sacar.***
SIN. y REL. v. **Enseñar.**

educativo, -va ***adj.*** Que educa o sirve para educar. 2 Perteneciente o relativo a la educación.

educción ***f.*** Acción de educir. 2 Efecto de educir.

educir (l. *-ere*) ***tr.*** p. us. Sacar [una cosa] de otra, deducir. ◇ ** CONJUG. [46] como ***conducir.***

edulcoración ***f.*** Acción de edulcorar. 2 Efecto de edulcorar.

edulcorante ***m.*** Substancia que edulcora los alimentos o medicamentos.

edulcorar (l. *-are*) ***tr.*** FARM. Endulzar [una substancia de sabor desagradable o insípida].

-edura, v. -dura.

efabilidad *f.* Calidad de efable. 2 Arte o facultad de expresar debidamente lo que se quiere.
efable (l. *effabilis*) *adj.* Que puede decirse o manifestarse con palabras.
efe *f.* Nombre de la letra *f.*
efébico, -ca *adj.* Relativo a los efebos o adolescentes.
efebo (gr. *éphebos*) *m.* Mancebo, adolescente.
efectismo *m.* En una obra literaria o artística, abuso de detalles y situaciones capaces de impresionar fácilmente el ánimo.
efectista *adj.-com.* Aficionado al efectismo o que adolece de él. 2 [actuación] Que se queda en la forma sin tocar el fondo de la cuestión.
efectivamente *adv. m.* Con efecto; real y verdaderamente.
efectividad *f.* Calidad de efectivo. 2 MIL. Posesión de un empleo cuyo grado se tenía.
efectivo, -va (l. *effectivu*) *adj.* Real, verdadero. 2 [empleo o cargo] De planta, en contraposición al interino o al honorífico. -3 *m.* Número de personas que integran la plantilla de un taller, de una oficina, de una empresa o institución. 4 COM. Dinero o valor disponible. -5 *m. pl.* MIL. Tropas que componen una unidad del ejército.
CONTR. *1* **Quimérico, dudoso, nominal.** SIN. *4* **Numerario.**
efecto (l. *effectu*) *m.* Resultado de la acción de una causa: ***hacer ~***, dar el resultado deseado; fig., deslumbrar con su aspecto o presentación; ***surtir ~***, en términos administrativos. 2 Impresión causada en el ánimo. 3 Fin para que se hace una cosa: *lo que al ~ se ha dispuesto.* 4 Movimiento giratorio que se hace tomar a una bola, pelota, etc., picándola lateralmente: *un tiro con ~ en el juego del billar.* 5 Documento o valor mercantil, sea nominativo, endosable o al portador: ***efectos públicos,*** valores emitidos por el Estado u otra corporación pública. 6 Artículo de comercio. -7 *m. pl.* Bienes muebles, enseres. 8 ***Efectos especiales,*** o simplemente ***efectos,*** en teatro y cine, conjunto de trucos visuales o sonoros para provocar determinadas impresiones. 9 ***loc. A ~ de***, con la finalidad de conseguir o aclarar alguna cosa.
efector, -ra (del l. *effector,* que hace, que produce efecto) *adj.* ANAT. y FISIOL. [impulso] Que determina la producción de alguna acción fisiológica en la parte del organismo a que llega. 2 [órgano o parte orgánica] En que esa acción se manifiesta.
efectuación *f.* Acción de efectuar.
efectuar *tr.* Poner por obra, ejecutar: *~ una detención.* -2 *prnl.* Cumplirse, realizarse una cosa. ◇ ** CONJUG. [11] como ***actuar.***
efedra *f.* Arbusto efedráceo trepador, de hasta 5 m. de altura, con las ramas flexibles, las hojas muy reducidas y fruto esférico *(Ephedra fragilis).* 2 ***~ mayor,*** arbusto, de hasta 2 m. de altura, de fruto de color rojo o amarillo *(Ephedra major).*
efedráceo, -a *adj.-f.* BOT. Planta de la familia de las efedráceas. -2 *f. pl.* Familia de plantas gimnospermas, leñosas, con tallos muy ramificados y nudosos, hojas pequeñas, flores unisexuales en amento, y fruto en baya.
efedrales *f. pl.* Orden de plantas dentro de la división gnetófitos.
efedrina *f.* Alcaloide medicinal que se extrae del belcho o uva de mar (*Ephedra vulgaris*) y de otras plantas del mismo género.
efeleoflo *m. Hond.* Negocio, asunto íntimo. -2 *m. pl. Guat.* y *Hond.* Adornos vistosos en vestidos de mujer. 3 *Guat.* y *Hond.* Accesorios.
efélide (gr. *éphelís*) *f.* Peca producida por el sol y el aire.
efémera (gr. *ephemera* < *hemera,* día) *adj.-s.* Fiebre que dura por lo común un día natural. ◇ También *efímera.*
efeméride (de *efemérides*) *f.* Acontecimiento notable que se recuerda en cualquier aniversario del mismo. 2 Conmemoración de dicho aniversario.
efemérides (v. *efémera*) *f. pl.* Libro o comentario en que se refieren los hechos de cada día. 2 Sucesos notables ocurridos en diferentes épocas, pero un número exacto de años antes de un día determinado.
SIN. *1* **Diales,** p. us.
efémero (v. *efémera*) *m.* Lirio hediondo.
efemeróptero (gr. *ephemeros,* efímero + *-ptero*) *adj.-m.* Insecto del orden de los efemerópteros. -2 *m. pl.* Orden de insectos pterigotas de metamorfosis sencilla, con las alas anteriores más largas que las posteriores, que viven habitualmente próximos al agua.
efendi (turco) *m.* Título honorífico usado entre los turcos. ◇ También *fendi.*
eferencia *f.* FISIOL. Transmisión de sangre, linfa, una secreción o un impulso energético desde una parte del organismo a otras que con respecto a ella son consideradas periféricas.
eferente (l. *efferente*) *adj.* ANAT. y FISIOL. [formación anatómica] Que transmite sangre o linfa, una secreción o un impulso energético desde una parte del organismo a otras que respecto a ella son consideradas periféricas. 2 [estímulo, substancia] Así transmitido.
efervescencia *f.* Desprendimiento de burbujas gaseosas a través de un líquido. 2 Hervor de la sangre. 3 fig. Agitación, ardor de los ánimos.
efervescente (l. *effervescente*) *adj.* Que está o puede estar en efervescencia. 2 [bebida] Que tiene cierto contenido de gas carbónico.
efesino, -na, efesio, -sia *adj.-s.* De Éfeso, ant. c. del Asia Menor.
éfeta (gr. *ephetes*) *m.* Juez que hubo antig. en Atenas.
efetá (hebr. *hephethaj,* ábrete) Voz con que se califica la obstinación o renuencia de alguno.
efialtes *f.* Pesadilla.
eficacia *f.* Virtud para obrar.
eficaz (l. *efficace*) *adj.* Activo, fervoroso, poderoso para obrar. 2 Que tiene la virtud de producir el efecto deseado.
SIN. *2* **Eficiente.**
eficazmente *adv. m.* Con eficacia.
eficiencia (l. *efficientia*) *f.* Virtud y facultad para obtener un efecto determinado. 2 Acción con que se logra este efecto. 3 Aptitud, competencia, eficacia en el cargo que se ocupa o trabajo que se desempeña. 4 Capacidad de un altavoz para convertir una señal eléctrica en energía acústica.
eficiente *adj.* Que tiene eficiencia.
eficientemente *adv. m.* Con eficiencia.
efigen *m.* Pie recto del molino de aceite que sujeta la viga prensora.
efigiado, -da (l. *effigiatu*) *adj.* p. us. Hecho de bulto.
efigie (l. *effigie*) *f.* Imagen de una persona real y verdadera. 2 fig. Representación viva de una cosa ideal: *la ~ del dolor.*
efímera (v. *efémera*) *f.* Cachipolla.
efímero, -ra (v. *efémera*) *adj.* Que dura un solo día. 2 Pasajero, de corta duración. -3 *adj.-s.* Efémera.
SIN. *1* y *2* **Huidizo, fugaz.**
¡efla! *Chile.* Interjección con que se denota dolor, y se profiere cuando uno se quema o se hace daño.
efloraciones *f. pl.* Formación superficial de cristales de cal en ladrillos u hormigón.
eflorecerse (l. *efflorescere*) *prnl.* Ponerse en eflorescencia un cuerpo. ◇ ** CONJUG. [43] como ***agradecer.***
eflorescencia *f.* Erupción aguda o crónica, de color rojo subido, que se presenta en varias regiones del cuerpo y esp. en el rostro. 2 QUÍM. Proceso de conversión total o superficial de un cuerpo en polvo por la pérdida del agua de cristalización o a consecuencia de una reacción con algún componente del aire. 3 Polvo resultante de este proceso.
SIN. *3* **Florescencia.**
eflorescente *adj.* QUÍM. [cuerpo] Capaz de eflorecerse.
efluente *m.* Río de una región húmeda que recibe aportes suplementarios de agua de las capas freáticas.
efluir (del l. *effluere*) *intr.* Fluir o escaparse un líquido o un gas hacia el exterior. ◇ ** CONJUG. [62] como ***huir.***
efluvio (l. *effluviu*) *m.* Emisión de partículas sutilísimas. 2 Irradiación en lo inmaterial: *efluvios de simpatía.* 3 ELECTR. Descarga luminiscente de un conductor.
SIN. **Emanación.**
efod (hebr. *ephod*) *m.* Vestidura de lino fino, corta y sin mangas, que se ponían los sacerdotes israelitas sobre todas las otras. ◇ Pl.: *efodes.*
SIN. **Superhumeral.**
éforo (gr. *éphoros,* inspector) *m.* Magistrado espartano de los cinco elegidos anualmente para contrapesar el poder del senado y de los reyes.
efracción *f.* GALIC. Fractura.
efractor, -ra *m. f.* Persona que roba con efracción.
efraimita *com.* Israelita de la tribu de Efraín.
efrateo, -a *adj.-s.* De Efrata, ant. c. de Judea llamada luego Belén.
efugio (l. *effugiu*) *m.* Salida, recurso para sortear una dificultad.
SIN. **Evasiva, escapatoria, salida, rodeo, subterfugio,** dan igualmente la idea de recurso para huir de una dificultad o compromiso; **efugio** es lit. y menos us.; **evasiva** sugiere pralte. frase, pregunta o cualquier medio usado en

la conversación para desviar o eludir algo que en ella nos es desagradable; **subterfugio** está con frecuencia muy cerca de **pretexto**; es un pretexto, gralte. desestimable, para salir del paso; v. **excusa.**

efundir (l. *effundere*) ***tr.*** p. us. Derramar, verter [un líquido]. 2 fig. Comunicar, decir [una cosa].

efusión (l. *effusione*) ***f.*** Derramamiento de un líquido: ~ *de sangre.* 2 Salida de los gases de combustión que constituyen el medio propulsor de un motor de reacción o de un cohete. 3 FÍS. Paso de un gas a través de una pequeña abetura, debido a la presión del mismo. 4 fig. Expansión e intensidad en los afectos generosos o alegres del ánimo.

efusividad ***f.*** Calidad de efusivo.

efusivo, -va ***adj.*** fig. Que siente o manifiesta efusión: *recibimiento* ~. 2 GEOL. [roca] Que se ha formado en el suelo, o en el fondo del mar, al aflorar a la superficie.

efuso, -sa, pp. irreg. de *efundir.*

egabrense ***adj.-s.*** De Cabra, c. de Córdoba.

egagrópila ***f.*** ZOOL. Regurgitación en forma de bola que hacen algunos animales, esp. las rapaces nocturnas, con los restos de la digestión de los alimentos que han ingerido.

egarense ***adj.-s.*** De Egara, hoy Tarrasa, ant. c. de Barcelona. 2 Tarrasense.

Egeria ***n. pr.*** Ninfa que habitaba en una fuente cercana a Roma. Numa Pompilio fingía recibir consejos de ella. De aquí proviene la frase *tener su ninfa* ~, para significar que una persona recibe inspiración de otra.

égida, egida (l. *ægide* < gr. *aigis* < *aix,* cabra) ***f.*** Piel de la cabra Amaltea, adornada con la cabeza de Medusa, que servía de coraza o escudo a Júpiter y a Minerva. 2 p. ext. Escudo (o arma defensiva). 3 fig. Protección, defensa.

egílope (gr. *aigilops*) ***f.*** Avena borde o caballuna. 2 Rompesacos.

egipán (gr. *aigipan*) ***m.*** Ser fabuloso, mitad cabra y mitad hombre.

egipciaco, -ca, -ano, -na (l. *ægyptiacu*) ***adj.-s.*** Egipcio.

egipcio, -cia (l. *ægyptiu*) ***adj.-s.*** De Egipto, nación del nordeste de África. -2 ***adj.-m.*** Lengua camitosemítica, hablada antiguamente en el nordeste de África, cuyo desarrollo histórico da origen al copto. 3 Dialecto del árabe moderno hablado en Egipto y Sudán. -4 ***adj.-f.*** V. cruz egipcia. 5 V. letra egipcia o negrita.

egiptano, -na ***adj.-s.*** Egipcio.

egiptología (*Egipto* + *-logía*) ***f.*** Estudio de las antigüedades de Egipto.

egiptológico, -ca ***adj.*** Relativo a la egiptología.

egiptólogo, -ga ***m. f.*** Persona versada en egiptología.

égira ***f.*** Hégira.

Egisto ***n. pr.*** MIT. Amante de Clitemnestra; v. Clitemnestra.

eglantina ***f.*** Arbusto rosáceo erecto, provisto de espinas fuertes y curvas, de hojas divididas y flores de color rosa intenso y olor muy agradable *(Rosa rubiginosa).*

eglefino ***m.*** Pez marino teleósteo gadiforme, parecido al bacalao, de cuerpo algo rechoncho, de color pardo verdusco, con una mancha negra en los costados, y un pequeño barbillón en el mentón, que puede alcanzar 1 m. de tamaño. Su carne es prieta, blanca y delicada *(Gadus aeglefinus).*

égloga (l. *ecloga* < gr. *eklogé,* pieza escogida) ***f.*** Género de poesía bucólica, en la cual se introducen, generalmente, pastores que dialogan acerca de sus afectos y de la vida campestre.

REL. La **égloga** por antonomasia es la **pastoril**; se han escrito también églogas **piscatorias** y **venatorias.**

eglógico, -ca ***adj.*** Relativo a la égloga. ◇ También *eclógico.*

ego (l.) ***m.*** FIL. Ente individual. 2 FIL. En la persona humana, parte consciente.

-ego, -ega, sufijo que entra en la formación de escasos adjetivos denotando orígen o pertenencia: *manchego, frailego.* V. -iego, -iega.

egocéntrico, -ca ***adj.*** Relativo al egocentrismo. 2 [pers.] Que lo practica o siente.

egocentrismo (l. *ego,* yo + *centro*) ***m.*** Extremada exaltación de la propia personalidad hasta considerarla como centro de la atención y actividad generales.

egofonía (gr. *aigós,* cabra + *-fonía*) ***f.*** MED. Resonancia de la voz que se percibe al auscultar el tórax de los enfermos con derrame de la pleura y que recuerda el balido de la cabra.

egoísmo (l. *ego,* yo) ***m.*** Inmoderado y excesivo amor de sí mismo; carácter del que subordina el interés ajeno al suyo propio y juzga todas las cosas desde este punto de vista. 2 Acto egoísta. 3 FIL. Individualismo ético, opuesto al altruismo, que afirma como objeto de la acción moral el mismo sujeto que obra.

REL. **Solipsismo,** egoísmo metafísico. CONTR. **Altruismo.**

egoísta ***adj.-com.*** Que tiene egoísmo.

egoístamente ***adv. m.*** De una manera egoísta.

egoistón, -na ***adj.*** [pers.] Muy egoísta.

ególatra ***adj.*** Que profesa la egolatría.

egolatría (l. *ego,* yo + *-latría*) ***f.*** Culto, adoración, amor excesivo de sí mismo.

egolátrico, -ca ***adj.*** Relativo a la egolatría.

egotismo ***m.*** Afán de hablar uno de sí mismo o de afirmar su personalidad.

egotista ***adj.-com.*** Relativo al egotismo, o que tiene egotismo.

egregiamente ***adv. m.*** De manera egregia.

egregio, -gia (l. *-iu* < *grege,* grey) ***adj.*** Ilustre, que excede a lo corriente.

egresado, -da ***m. f.*** *Amér.* Persona que sale de un establecimiento docente después de haber terminado sus estudios.

egresar ***intr.*** *Amér.* Salir de un establecimiento de educación después de haber terminado los estudios.

egreso (l. *-ssu*) ***m.*** Salida, partida de descargo. 2 *Amér.* Acción de egresar.

CONTR. **Ingreso.**

¡eh! Interjección que se emplea para preguntar, llamar, despreciar, reprender o advertir. ◇ HOMÓF.: *e* (conj.), *he* (v.), *e* (f.).

eíder (voz sueca) ***m.*** Ave anseriforme, especie de pato, que tiene un plumón finísimo utilizado para rellenar almohadones (gén. *Somateria*). ◇ Pl.: *eíderes.*

eidético, -ca ***adj.*** Perteneciente o relativo al eidetismo. 2 FIL. Que se refiere a la esencia.

eidetismo ***m.*** Tendencia normal en muchos niños, y exagerada en algunos estados nerviosos, a proyectar visualmente las imágenes de impresiones recientes.

eidóforo (gr. *eidos,* imagen + *-foro*) ***m.*** Aparato para obtener sobre una pantalla de grandes dimensiones las emisiones de televisión.

einstenio ***m.*** QUÍM. Elemento químico, radiactivo artificial, cuyo símbolo es *E,* su número atómico 99, y su peso atómico 253.

eirá ***m.*** *Argent.* y *Parag.* Especie de aguará.

eisoptropofobia (gr. *eisoptron,* espejo + *-fobia*) ***f.*** Catoptrofobia.

-eja, v. -ejo.

-ejar, sufijo verbal del orden de *-ear*: *bosquejar, cortejar.*

ejarbe (de la raíz ár. *š-r-b,* beber, ser regado un terreno) ***m.*** *Nav.* Unidad de medida que sirve para apreciar el agua que llevan las acequias. 2 *Nav.* Aumento de agua que reciben los ríos a causa de las grandes lluvias.

eje (l. *axe*) ***m.*** Pieza cilíndrica, espiga, etc., alrededor de la cual gira un cuerpo o que gira con él. 2 Barra horizontal que, dispuesta perpendicularmente a la línea de tracción, une dos ruedas opuestas de un carruaje. 3 Recta alrededor de la cual se supone que gira una línea para engendrar una superficie, o una superficie para engendrar un sólido. 4 Línea alrededor de la cual gira, o se supone que gira, un cuerpo dotado de un movimiento, real o aparente, de rotación: ~ *de la Tierra;* ~ *del mundo.* 5 Línea que pasa por el centro geométrico de un cuerpo y lo atraviesa en el sentido de su máxima dimensión. 6 fig. Parte esencial de un razonamiento o de un discurso; sostén principal de una empresa; designio final de una conducta. 7 fig. Persona, cosa o circunstancia a cuyo alrededor parece girar un asunto, reunión, conversación, etc. 8 BOT. Órgano, o parte de él, de figura alargada, alrededor del cual se insertan simétricamente otros. 9 GEOM. Diámetro principal de una curva: ~ ***de abscisas,*** el de coordenadas paralelamente al cual se trazan las abscisas; ~ ***de coordenadas,*** línea que se corta con otra en un punto de un plano y se traza en él para determinar la posición de los demás puntos del plano por medio de las líneas coordenadas paralelas a ella; ~ ***de ordenadas,*** el de coordenadas paralelamente al cual se trazan las ordenadas; ~ ***de simetría,*** línea que divide una figura en dos partes simétricas. En cristalografía, línea que, tomada como eje de rotación, hace que el cristal coincida consigo mismo dos o más veces en una vuelta. 10 MAR. Recta, en número de tres, imaginaria trazada por el centro de gravedad de un buque y que tiene la dirección de la eslora, de la manga o del puntal.

FR. *Partir a uno por el* ~ , chasquearlo o impedirle una acción determinada. REL. Relativo al eje **axil,** sólo us. como término científico; **uniáxico,** que tiene un solo eje; **biáxico,** que tiene dos.

ejecución *f.* Acción de ejecutar. 2 Efecto de ejecutar. 3 Manera de ejecutar (poner por obra). 4 DER. Procedimiento judicial con embargo y venta de bienes para pago de deudas.
ejecutable *adj.* Que se puede ejecutar. 2 DER. [deudor] Que puede ser demandado por vía ejecutiva.
ejecutante *adj.-s.* Que ejecuta. 2 DER. Que ejecuta judicialmente a otro por la paga de un débito. -3 *com.* Persona que ejecuta una obra musical.
ejecutar (del l. *exsecutu;* pp. de *exsequi,* consumar) *tr.* Poner por obra [una cosa]. 2 Ajusticiar: ~ *al reo.* 3 Desempeñar con arte [una cosa]: ~ *al piano una sonata.* 4 DER. Reclamar [una deuda] por vía o procedimiento ejecutivo. 5 p. us. Ir a los alcances a uno con prisa y muy de cerca. 6 INFORM. Realizar [una instrucción] o pasar [un programa] en un ordenador.
ejecutivamente *adv. m.* Con mucha prontitud y eficacia.
ejecutivo, -va *adj.* Que no da espera ni permite que se difiera la ejecución. 2 Encargado de llevar a efecto leyes, órdenes, acuerdos, gestiones: *comisión ejecutiva.* 3 ***Poder*** **~,** el gobierno de un país, estado o nación. -4 *m. f.* Persona que forma parte de una comisión ejecutiva o que desempeña cargo directivo o de responsabilidad en una empresa. -5 *f.* Junta directiva de una corporación o sociedad.
ejecutor, -ra *adj.* Que ejecuta (pone por obra). 2 ~ ***de la justicia,*** verdugo.
ejecutoria *f.* Título o diploma en que consta legalmente la nobleza de una persona o familia. 2 fig. Timbre (acción gloriosa). 3 DER. Sentencia que alcanzó la firmeza de cosa juzgada, y el despacho que es trasunto o comprobante de ella.
ejecutoría *f.* Oficio de ejecutor.
ejecutorial *adj.* DER. [despacho o letra] Que comprende la ejecutoria de una sentencia de tribunal eclesiástico.
ejecutoriar *tr.* Dar firmeza de cosa juzgada [a un fallo judicial]. 2 fig. Comprobar hasta hacerla indudable [la certeza de una cosa]. ◇ ** CONJUG. [12] como ***cambiar.***
ejecutorio, -ria *adj.* DER. Firme, invariable.
¡ejem! Interjección con que se denota ironía o duda.
I) ejemplar (l. *exemplare*) *adj.* Que da buen ejemplo y merece ser puesto por dechado: *conducta* ~. 2 [castigo] Grave y extraordinario, para que sirva de escarmiento. -3 *m.* Original, prototipo, norma representativa. 4 Caso que sirve o debe servir de escarmiento. 5 Lo ya hecho en caso análogo: ***sin*** **~,** sin precedente, nunca visto; para una sola vez, como gracia especial. 6 Escrito, impreso, grabado, etc., sacado de un mismo original: *edición de dos mil ejemplares.* 7 Individuo de una especie o género. 8 Objeto que forma una colección científica.
II) ejemplar *tr.* p. us. Ejemplarizar o dar ejemplo en lo moral.
ejemplaridad *f.* Calidad de ejemplar.
ejemplarizar *tr.* Edificar o dar buen ejemplo [a los demás]. 2 Dar muestra o ejemplo de una cosa, presentar un ejemplar de ella. ◇ ** CONJUG. [4] como ***realizar.***
ejemplarmente *adv. m.* De un modo ejemplar.
ejemplificación *f.* Acción de ejemplificar. 2 Efecto de ejemplificar.
ejemplificar *tr.* Demostrar o autorizar con ejemplos [lo que se dice]. ◇ ** CONJUG. [1] como ***sacar.***
ejemplo (l. *exemplu*) *m.* Caso o hecho que se cita para que se imite y siga, siendo bueno, o para que se evite siendo malo: *los ejemplos de la historia;* ***sin*** **~,** sin precedente, como caso raro. 2 Hecho o texto que se cita para comprobar, ilustrar o autorizar un aserto: ***por*** **~,** para citar un ejemplo, verbigracia. 3 Acción o conducta de uno que puede mover o inclinar a otros a que la imiten: *seguir el ~ de sus padres;* ***dar*** **~,** excitar con las propias obras la imitación de los demás: *dar ~ de probidad; dar buen o mal ~.*
ejercer (l. *exercere*) *tr.* Practicar, poner en ejercicio [una profesión, facultad, virtud, etc.]: ~ *la caridad;* ***abs.,*** *mi padre no ejerce.* ◇ ** CONJUG. [2] como ***mecer.***
ejercicio (l. *exercitiu*) *m.* Acción de ejercitarse u ocuparse en una cosa. 2 Acción de ejercer: ~ *de una carrera;* ~ *del poder.* 3 Efecto de ejercer. 4 p. ext. Tiempo durante el cual rige una ley de presupuestos. 5 Trabajo que tiene por objeto la adquisición, desarrollo o conservación de una facultad, de una aptitud o de una habilidad: ~ *para conservar la agilidad; hacer ~; ejercicios gimnásticos; ejercicios gramaticales, de matemáticas,* etc.; ***ejercicios militares,*** los que hace la tropa para adiestrarse en el manejo de las armas, en las evoluciones, etc.; ***ejercicios espirituales,*** los que se practican durante algunos días, retirándose de las ocupaciones del mundo y dedicándose a la oración y penitencia, y también los que en días señalados hacen los individuos de algunas congregaciones. 6 Prueba a que se somete el opositor a cátedras, beneficios, etc. -7 ***loc. adv. adj. En*** **~,** [pers.] que ejerce o hace uso de su profesión o cargo.
ejercitación *f.* Acción de ejercitarse o de emplearse en hacer alguna cosa.
ejercitante *adj.* Que ejercita. -2 *com.* Persona que hace alguno de los ejercicios de oposición, o ejercicios espirituales.
SIN. *2* En las oposiciones se usa gralte. **actuante.**
ejercitar (l. *exercitare*) *tr.* Dedicarse al ejercicio [de un arte, profesión, etc.]. 2 Hacer que [uno] aprenda una cosa mediante la práctica de ella: ~ *al niño en la lectura.* -3 *prnl.* Adiestrarse en la ejecución de una cosa repitiéndola mucho: *ejercitarse en las armas.*
ejército (l. *exercitu*) *m.* Cuerpo formado por numerosos soldados, o abundante gente armada, con los pertrechos correspondientes, bajo las órdenes de un jefe o caudillo. 2 Conjunto de las fuerzas militares de un estado: ~ ***de Tierra,*** o simplte., ~, las terrestres; ~ ***del Aire,*** la aviación. 3 Gran unidad integrada por varios cuerpos de ejército y sus servicios complementarios destinada a combatir en una guerra. 4 fig. Colectividad numerosa. 5 ~ ***de salvación,*** secta de organización militar, fundada en 1878 por el inglés William Boot (1829-1912) para luchar contra los vicios.
ejero *m. And.* Timón del arado.
ejido (l. *exitu,* salida) *m.* Campo común de un pueblo, lindante con él, donde suelen reunirse los ganados y establecerse las eras.
SIN. **Campillo, salida.**
ejión (gr. *exion,* saliente) *m.* ARQ. Zoquete de madera que sirve de apoyo a las piezas horizontales del armazón.
-ejo, -eja (l. *-iculu*) Sufijo que entra en la formación de substantivos y algunos adjetivos con significación diminutiva y cierto matiz despectivo: *caballejo, medianejo.*
ejote (mej. *exotl*) *m. Amér. Central* y *Méj.* Vaina del fríjol cuando está tierna y es comestible. 2 *Guat.* fig. Puntada grande hecha en una costura.
ejú *m.* Fibra textil obtenida de una palmera, negra y bastante buena, muy resistente a la humedad, que se emplea para hacer cordeles.
ekanita *f.* Silicato del grupo de los ciclosilicatos que cristaliza en el sistema tetragonal.
el (l. *-ille*) Artículo en género masculino y número singular. ◇ V. artículo.
él, ella, ello (l. *ille*) ***pron. pers.*** Forma de 3ª persona para el sujeto en género masculino, femenino y neutro. Precedido de preposición, se usa en todos los complementos: *iré con ~.* 2 En el objeto directo e indirecto con la preposición *a, él* y *ella* tienen uso pleonástico: *le quiero a ella; le escribo a él.* 3 Precedidos del verbo *ser* y los adverbios *aquí, allí,* etc., u otras expresiones de tiempo, *ella, ello* aluden ponderativamente al lance ocurrido en el tiempo indicado: *aquí fue ella; ahora es ello;* **ANFIBOLOGÍA; **PRONOMBRE.
-el, sufijo proc. de *-ero, -er* por influencia fr. o prov. y disimilación de *-r* final: *lebrel, vergel, cuartel, laurel.* 2 En algunos casos se trata del sufijo l. *-ellu* con apóc. de origen fr. prov. cat: *cordel, bajel, novel.*
-ela, v. -elo.
elaborable *adj.* Que se puede elaborar.
elaboración *f.* Acción de elaborar. 2 Efecto de elaborar. 3 INFORM. ~ ***de datos,*** o simplte., ~, procedimiento aritmético y lógico al cual van sometidos los datos numéricos o no, introducidos en un sistema de aparatos con el fin de obtener los resultados en la forma requerida; INFORM., ~ ***automática de datos,*** mecanización integral del trabajo mediante el uso de máquinas electrónicas o tradicionales altamente automatizadas; INFORM., ~ ***electrónica de datos,*** sistema mediante máquina electrónica con posibilidad de funcionar a altísima velocidad sin la intervención del hombre en los pasos intermedios.
elaborado, -da *adj.* Que ha sido preparado o dispuesto para una finalidad.
elaborador, -ra *adj.-s.* Que elabora. -2 *m. f.* En ciertos trabajos, operario especializado. -3 *m.* INFORM. ~ ***electrónico,*** o simplte., ~, máquina capaz de ejecutar elaboraciones sobre datos constituidos en una serie de elementos discretos codificados en caracteres, es decir, cifras, letras alfabéticas y signos especiales.
elaborar (l. *-are*) *tr.* Preparar [un producto] por medio de un trabajo adecuado; transformar [una cosa] mediante sucesivas operaciones: ~ *un específico;* ~ *el hígado la bilis;* ~ *una teoría;* ~ *un proyecto de ley.*

elación (l. *-atione*) *f.* Altivez, presunción, soberbia. 2 Elevación, grandeza, esp. del espíritu. 3 Hinchazón del estilo.
elaiometría *f.* Eleometría.
elaiómetro *m.* Eleómetro.
elaiotecnia *f.* Eleotecnia.
elasmobranquio (gr. *elasmós,* lámina + *-branquio*) *adj.-m.* Pez de la subclase de los elasmobranquios. -2 *m. pl.* Subclase de peces caracterizados por tener el esqueleto cartilaginoso, las hendiduras branquiales al descubierto, la piel con dentículos dérmicos, la cola heterocerca, y carecer de línea lateral y vejiga natatoria; con sus especies actuales se forma la infraclase de los seláceos.
elástica *f.* Prenda interior de punto, gralte. con mangas, usada como abrigo. -2 *f. pl. Venez.* Tirante del pantalón.
elasticidad *f.* Calidad de elástico. 2 Propiedad que todos los cuerpos poseen, en mayor o menor grado, de recobrar su extensión y forma primitiva luego que cesa la fuerza exterior que los había deformado. 3 ECON. Sensibilidad de la demanda respecto a las variaciones de otras magnitudes económicas, como los precios o la venta.
elasticímetro (de *elástico* + *-metro*) *m.* Aparato o dispositivo para medir las deformaciones elásticas de los cuerpos.
elástico, -ca (gr. *elastós,* que empuja) *adj.* [cuerpo] Que posee la propiedad de la elasticidad, pero más gralte. que la posee en un grado notable. 2 fig. Acomodaticio, que puede ajustarse a muy distintas circunstancias. 3 fig. Que se presta a muchas interpretaciones. -4 *m.* Tejido que tiene elasticidad. 5 Elástica. 6 Parte del calcetín acomodada a la pierna. -7 *m. pl.* Tirante (del pantalón).
elastina (de *elástico*) *f.* Substancia albuminoidea existente en los tejidos conjuntivos, óseo y cartilaginoso.
elastómero (gr. *elastós,* que empuja + *-mero*) *adj.* [materia] Que tiene propiedades elásticas semejantes a las del caucho.
elastorrexis (gr. *elastós,* que empuja + *rhexis,* desgarradura) *f.* MED. Alteración congénita, hereditaria, en la que se aprecia una pérdida de elasticidad de la piel, causada por una degeneración y ruptura de las fibras elásticas del tejido celular subcutáneo. ◇ Pl.: *elastorrexis.*
elaterio (l. *-iu*) *m.* Cohombrillo amargo.
elaterómetro (gr. *elater,* impulsor + *-metro*) *m.* Instrumento para medir la presión de los vapores o mezclas gaseosas empleadas en los motores.
elativo, -va *adj.* GRAM. Superlativo absoluto: *sapientísimo* o *muy sabio.*
elato, -ta (l. *elatu*) *adj.* p. us. Altivo, presuntuoso, soberbio.
elayometría *f.* Eleometría.
elayómetro (gr. *élaion,* aceite + *-metro*) *m.* Eleómetro.
elayotecnia *f.* Eleotecnia.
elbaíta *f.* Mineral de la serie isomorfa de la turmalina, de color rosado, verde o incoloro.
elche (ár. *ilch,* renegado) *m.* Renegado de la religión cristiana.
Eldorado *n. pr.* País imaginario en América del Sur, en el cual se suponía que abundaba el oro.
ele *f.* Nombre de la letra *l.*
¡elé! *Madrid* y *Ecuad.* vulg. Interjección. Hele, he aquí.
¡ele! Interjección con que se denota asentimiento, aprobación, voluntad de subrayar algo o de dar ánimo.
eleagnáceo, -a (gr. *elaíagnos,* arbusto de Beocia + *-áceo*) *adj.-f.* Planta de la familia de las eleagnáceas. -2 *f. pl.* Familia de plantas dicotiledóneas que incluye árboles o arbustos de hojas cubiertas de escamas, flores apétalas, dioicas o polígamas, y fruto drupáceo; como el árbol del Paraíso.
eleático, -ca (l. *-cu*) *adj.-s.* De Elea, c. de la ant. Italia. -2 *adj.* Relativo a la escuela filosófica fundada por Zenón de Elea (s. V a. C.).
eleatismo *m.* FIL. Doctrina de los filósofos de la escuela de Elea que sostenían que la multiplicidad y el cambio propios del mundo sensible no afectan al Ser único, cuya realidad se hace patente exclusivamente al entendimiento.
eleborastro *m.* Especie de eléboro.
eléboro *m.* Planta ranunculácea, propia de los parajes montañosos, de raíz purgante y diurética, que en otro tiempo se empleó contra la locura; llámase también eléboro negro *(Helleborus niger).* 2 ~ ***blanco,*** vedegambre. 3 ~ ***fétido,*** hierba ranunculácea perenne, de hojas divididas y flores dispuestas en inflorescencias colgantes *(Helleborus foetidus).* 4 ~ ***verde,*** hierba parecida a la anterior y cuyo tallo se marchita durante el invierno, alcanza menor altura y florece más tarde *(Helleborus viridis).*

SIN. **Hierba ballestera** o **de ballestero.**

elección *f.* Acción de elegir. 2 Efecto de elegir. 3 Nombramiento, gralte. hecho por votos, para algún cargo, comisión, etc. 4 Deliberación, libertad para obrar. -5 *f. pl.* Votación para elegir cargos políticos. Se llaman *municipales, provinciales* y *generales,* según se elija en ellas concejales, diputados provinciales y diputados a Cortes, respectivamente.
eleccionario, -ria *adj. Amér.* Electoral.
electivo, -va *adj.* Que se hace o se da por elección.
electo, -ta, pp. irreg. de *elegir.* 2 *adj.-s.* [pers.] Elegido para una dignidad, empleo, etc., mientras no toma posesión.
elector, -ra *adj.-s.* Que elige o tiene derecho o potestad para elegir. -2 *m.* Príncipe de Alemania a quien correspondía la elección y nombramiento de emperador.
electorado *m.* Conjunto de los electores, cuerpo electoral. 2 Estado soberano de Alemania gobernado por un elector.
electoral *adj.* Relativo a la dignidad o a la calidad de elector. 2 Relativo a electores o elecciones: *distrito* ~.
electoralismo *m.* Actitudes, declaraciones, promesas, etc., inspiradas en una táctica electoral, y no en la fidelidad a una doctrina.
electoralista *adj.* Propio o relativo al electoralismo.
electorero, -ra *adj.* Perteneciente o relativo a las intrigas o maniobras en elecciones. -2 *m. f.* Muñidor de elecciones.
Electra *n. pr.* MIT. Hermana de Orestes. V. Orestes.
eléctricamente *adv. m.* Por fenómenos eléctricos.
electricidad (de *eléctrico*) *f.* Forma de la energía debida a la separación o movimiento de los electrones que forman los átomos, cuya manifestación más característica es la propiedad que por fricción, comprensión, etc., adquieren ciertas substancias de atraer cuerpos ligeros y producir chispas. Antiguamente se la consideró como un fluido, pero la última hipótesis científica trata de explicarla como manifestación de una forma de la energía debida a la separación o movimiento de los electrones que forman los átomos. La electricidad no se manifiesta igualmente en todos los cuerpos: la que se produce frotando un pedazo de resina tiene efectos contrarios a los de la que se produce frotando una barra de vidrio. Se distinguen, pues, dos electricidades: ~ ***negativa*** o ***resinosa,*** la que se manifiesta en los cuerpos que se electrizan como la resina; ~ ***vítrea*** o ***positiva,*** la que se manifiesta en los cuerpos que se electrizan como el vidrio; ~ ***estática,*** FÍS., la que aparece en un cuerpo cuando existen en él cargas eléctricas en reposo. 2 Parte de la física que estudia la electricidad.
electricista *adj.-com.* Perito en las aplicaciones de la electricidad. -2 *com.* Obrero especializado en las instalaciones eléctricas.
eléctrico, -ca (de *electro*) *adj.* Que tiene o comunica electricidad. 2 Que funciona por medio de la electricidad. 3 Relativo a ella. 4 fig. Que se propaga con rapidez.
electrificación *f.* Acción de electrificar. 2 Efecto de electrificar.
electrificar *tr.* Transformar [un ferrocarril, una fábrica, etc.] haciendo que su sistema de tracción o su funcionamiento sea por medio de la electricidad. 2 Proveer de electricidad [a un país, a una zona, etc.]. ◇ ** CONJUG. [1] como ***sacar.***
electriz *f.* Mujer de un príncipe elector.
electrizable *adj.* Susceptible de adquirir las propiedades eléctricas.
electrización *f.* Acción de electrizar o electrizarse. 2 Efecto de electrizar o electrizarse.
electrizador, -ra *adj.-s.* [pers.] Que electriza.
electrizante *adj.* Que electriza o sirve para electrizar.
electrizar *tr.* Comunicar o producir la electricidad [en un cuerpo]. 2 fig. Exaltar, avivar, inflamar los ánimos [de uno]. ◇ ** CONJUG. [4] como ***realizar.***
electro (l. *-tru* < gr. *élektron*) *m.* Ámbar. 2 Aleación de cuatro partes de oro y una de plata, cuyo color es parecido al del ámbar. 3 METAL. Conjunto de aleaciones a base de magnesio, que contienen aluminio, magnesio y algunas veces cinc; resistentes y muy ligeras.

SIN. *2* **Oro verde.**

electro- (gr. *élektron*) Elemento prefijal que entra en la formación de palabras con el significado de eléctrico: *electroimán.*
electroacústica (*electro-* + *acústica*) *f.* FÍS. Rama de la electrotecnia que trata de las corrientes eléctricas alternas cuya frecuencia está comprendida dentro de la escala de las vibraciones

audibles. 2 Formación y emisión de sonidos mediante un sistema eléctrico.
electroafinidad (*electro-* + *afinidad*) *f.* Energía necesaria para transformar un elemento químico en su ion.
electroanálisis (*electro-* + *análisis*) *m.* Separación de metales por electrólisis. ◇ Pl.: *electroanálisis.*
electrobalística (*electro-* + *balística*) *f.* Medida de la velocidad de los proyectiles por medios electrónicos.
electrobasógrafo (*electro-* + *basógrafo*) *m.* Aparato eléctrico para el registro de la marcha.
electrobiología *f.* BIOL. Estudio de los fenómenos eléctricos en el cuerpo vivo.
electrobiológico, -ca *adj.* Perteneciente o relativo a la electrobiología.
electrobioscopia (*electro-* + *bioscopia*) *f.* Conjunto de técnicas eléctricas usadas en medicina forense.
electrobomba (*electro-* + *bomba*) *f.* Bomba hidráulica impulsada por un motor eléctrico.
electrocapilaridad (*electro-* + *capilaridad*) *f.* Alteración de la tensión artificial de los líquidos, si en ellos hay cargas o corrientes eléctricas.
electrocardiografía (*electro-* + *cardiografía*) *f.* Parte de la medicina que estudia la obtención e interpretación de los electrocardiogramas.
electrocardiógrafo (*electro-* + *cardiógrafo*) *m.* Aparato que registra las corrientes emanadas del músculo cardíaco.
electrocardiograma (*electro-* + *cardiograma*) *m.* Gráfico obtenido por el electrocardiógrafo.
electrocauterio (*electro-* + *cauterio*) *m.* Instrumento utilizado para coagular tejidos orgánicos mediante el calor que se genera por el paso a través de un alambre de una corriente galvánica.
electrochoque (*electro-* + *choque*) *m.* MED. Procedimiento curativo por medio de corrientes eléctricas.
electrocinética (*electro-* + *cinética*) *f.* FÍS. Electrodinámica.
electrocirugía (*electro-* + *cirugía*) *f.* Empleo quirúrgico de la corriente eléctrica, en especial la de alta frecuencia, gralte. para conseguir la incisión de tejidos blandos y la coagulación de los pequeños vasos seccionados.
electrocoagulación (*electro-* + *coagulación*) *f.* MED. Sistema de aniquilación de tejidos mediante corrientes de alta frecuencia.
electrocución *f.* Acción de electrocutar. 2 Efecto de electrocutar.
electrocutar (de *electro-* + *ejecutar*) *tr.* Matar [a uno], y esp. ejecutar [a un condenado a muerte] por medio de la electricidad.
electrodeposición (*electro-* + *deposición*) *f.* Capa fina de metal que se deposita sobre otro por electrólisis.
electrodesintegración (*electro-* + *desintegración*) *f.* FÍS. Reacción nuclear que resulta de la interacción de electrones con un núcleo.
electrodiálisis (*electro-* + *diálisis*) *f.* Método de separación de los electrolitos de los coloides mediante corriente eléctrica a través de una membrana que separa los electrodos.
electrodinámica (*electro-* + *dinámica*) *f.* Parte de la física que estudia la energía eléctrica en movimiento.
SIN. **Electrocinética.** REL. La **electrostática,** estudia la electricidad en reposo.
electrodinámico, -ca *adj.* Relativo a la electrodinámica.
electrodinamismo (*electro-* + *dinamismo*) *m.* Serie de fenómenos que ocasionan las corrientes eléctricas.
electrodinamómetro (*electro-* + *dinamómetro*) *m.* Galvanómetro en el que el campo magnético se crea por la misma corriente de la que se quiere determinar la intensidad, tensión o potencia.
electrodisolución (*electro-* + *disolución*) *f.* QUÍM. Disolución de un electrodo en el electrólito.
electrodo (*electro-* + gr. *odós,* camino) *m.* Conductor que pone en comunicación los polos de un electrólito con el circuito. 2 p. ext. Elemento terminal de un circuito, esp. el encerrado en un tubo o ampolla de vidrio con aire o gas enrarecidos, como los de las válvulas radioeléctricas.
REL. **Ánodo** y **cátodo,** se llaman los electrodos positivo y negativo respectivamente.
electrodoméstico (*electro-* + *doméstico*) *m.* Aparato automático que funciona por electricidad o gas, destinado al uso doméstico.
electroencefalografía (*electro-* + *encefalografía*) *f.* Parte de la medicina que trata de la obtención e interpretación de los electroencefalogramas.
electroencefalográfico, -ca *adj.* Perteneciente o relativo a la electroencefalografía.
electroencefalografista *com.* Persona especializada en electroencefalografía.
electroencefalógrafo *m.* Aparato que registra las corrientes eléctricas producidas por la actividad del encéfalo.
electroencefalograma (*electro-* + *encefalograma*) *m.* Gráfico obtenido por el electroencefalógrafo.
electroerosión (*electro-* + *erosión*) *f.* Procedimiento de acabado que utiliza el efecto abrasivo de chispas eléctricas de alta frecuencia sobre una superficie metálica.
electroestático, -ca *adj.* Electrostático.
electroestricción *f.* Electrostricción.
electrofilia (*electro-* + *-filia*) *f.* Capacidad de un reactivo para actuar como electrófilo.
electrófilo (*electro-* + *-filo* I) *m.* Reactivo que actúa como aceptor de un par de electrones de un átomo de carbono de una molécula orgánica, formando un nuevo enlace.
electrofisiología (*electro-* + *fisiología*) *f.* Disciplina que estudia la influencia de la electricidad en los seres vivientes.
electrofisiológico, -ca *adj.* Perteneciente o relativo a la electrofisiología.
electrofónico, -ca *adj.* [procedimiento, aparato, etc.] Que registra, estudia o reproduce el sonido por medio de la electricidad.
electrófono (*electro-* + *-fono*) *m.* Aparato que consta de un tocadiscos y un amplificador con altavoz, y reproduce, mediante un sistema electromecánico, los sonidos grabados en un disco.
electroforesis (*electro-* + *foresis*) *f.* Emigración de partículas en suspensión bajo la influencia de un campo eléctrico. ◇ Pl.: *electroforesis.*
electroformación (*electro-* + *formación*) *f.* METAL. Procedimiento para obtener piezas de forma complicada.
electróforo (*electro-* + *-foro*) *m.* Instrumento para la producción de cargas eléctricas por inducción, consistente en un disco de resina, ebonita, etc., que se electriza por frotamiento, y una plancha metálica con mango de cristal, que puesta sobre aquél, se electriza por inducción.
electrogalvanismo (*electro-* + *galvanismo*) *m.* FÍS. Conjunto de los fenómenos y efectos que produce la electricidad en las pilas.
electrógeno, -na (*electro-* + *-geno*) *adj.* Que engendra electricidad. -2 *m.* Generador eléctrico.
electrógrafo (*electro-* + *-grafo*) *m.* Electrómetro que registra las variaciones del potencial eléctrico de la atmósfera. 2 Aparato que transmite fotografías telegráficamente.
electroimán (*electro-* + *imán*) *m.* Barra de hierro dulce que se imanta artificialmente por la acción de una corriente eléctrica que pasa por un hilo conductor arrollado a la barra.
SIN. **Electromagneto.**
electrólisis (*electro-* + *-lisis*) *f.* Descomposición química de un cuerpo, disuelto o fundido, producida por la electricidad. ◇ Pl.: *electrólisis.*
electrolítico, -ca *adj.* Relativo a la electrólisis.
electrolito, electrólito (*electro-* + gr. *lytos,* cosa disuelta) *m.* Cuerpo que se descompone en la electrólisis.
electrolización *f.* Acción de electrolizar. 2 Efecto de electrolizar.
electrolizador, -ra *adj.* Que electroliza. -2 *m.* FÍS. Aparato en que se lleva a cabo la electrolización.
electrolizar *tr.* Someter [un cuerpo] a la electrólisis. ◇ ** CONJUG. [4] como ***realizar.***
electrología (*electro-* + *-logía*) *f.* Ciencia de los fenómenos y leyes de la electricidad y sus aplicaciones.
electroluminiscencia (*electro-* + *luminiscencia*) *f.* FÍS. Propiedad de los cuerpos que se vuelven luminosos bajo la influencia de una corriente, una descarga o simplemente un campo eléctrico.
electromagnético, -ca (*electro-* + *magnético*) *adj.* Relativo a los electroimanes: *máquina electromagnética.*
electromagnetismo (*electro-* + *magnetismo*) *m.* Magnetismo producido por una corriente eléctrica. 2 Parte de la física que trata de las relaciones entre el magnetismo y la electricidad.
electromagneto (*electro-* + *-magneto*) *m.* Electroimán.
electromecánico, -ca (*electro-* + *mecánico*) *adj.* [dispositivo mecánico] Dirigido mediante electricidad. -2 *f.* Técnica que trata de las aplicaciones de la electricidad a la mecánica.
electrometalurgia (*electro-* + *metalurgia*) *f.* Sistema metalúrgico basado en la aplicación de electricidad.
electrometalúrgico, -ca *adj.* Perteneciente o relativo a la electrometalurgia.

electrometría (*electro-* + *-metría*) *f.* Parte de la física que trata de la medición de magnitudes eléctricas.
electrométrico, -ca *adj.* Relativo a la electrometría.
electrómetro (*electro-* + *-metro*) *m.* Aparato para medir el potencial eléctrico de un cuerpo.
electromicrómetro (*electro-* + *micrómetro*) *m.* Electrómetro muy sensible.
electromiografía (*electro-* + *miografía*) *f.* Estudio de los fenómenos eléctricos originados durante la contracción muscular, y de la respuesta del músculo al estimularlo mediante la electricidad.
electromotor, -ra (*electro-* + *motor*) *adj.-s.* Máquina o aparato que transforma la energía eléctrica en trabajo mecánico.
electromotriz (*electro-* + *motriz*) *adj.* [fuerza] Que origina la diferencia de potencial, y mediante ésta la corriente eléctrica, en un generador.
electrón *m.* Componente del átomo que lleva carga eléctrica negativa neutralizada por la carga eléctrica positiva del núcleo o protón.
REL. ~ positivo, **positrón**; ~ negativo, **negatón** o **negatrón**.
electronarcosis (*electro* + *narcosis*) *f.* Sueño inducido por el uso de corriente eléctrica, de intensidad menor a la que desencadena el electrochoque. ◇ Pl.: *electronarcosis.*
electronegatividad *f.* Capacidad de un átomo de una molécula convalente para atraer los electrones del enlace.
electronegativo, -va (*electro-* + *negativo*) *adj.* [cuerpo] Que, en la electrólisis, se dirige al polo positivo.
electrónica *f.* Ciencia que trata del comportamiento de los electrones libres; del paso de los electrones a través de espacios vacíos o de gases más o menos enrarecidos. 2 Técnica que aplica estos conocimientos a la industria.
electrónico, -ca *adj.* Relativo a los electrones o a la electrónica: ***tubo*** ~, tubo en que se ha hecho el vacío para someter en su interior los átomos al bombardeo eléctrico, a fin de descomponerlos y estudiar los electrones.
electrono *m.* Alteración de un nervio motor por acción de la corriente eléctrica, que varía su acción electromotriz, su conductibilidad y su excitabilidad.
electronuclear (*electro-* + *nuclear*) *adj.* Propio o relativo a la energía eléctrica de origen nuclear.
electronvoltio *m.* FÍS. Unidad de energía equivalente a la que adquiere un electrón acelerado con la diferencia de potencial de un voltio.
electroóptico, -ca (*electro-* + *óptico*) *adj.* ÓPT. [fenómeno] En el cual las propiedades ópticas de un medio son modificadas por la presencia de un campo eléctrico.
electroósmosis (*electro-* + *ósmosis*) *f.* Precipitación de las substancias coloidales en suspensión en un líquido en un tabique poroso, en presencia de un campo eléctrico.
electropositivo, -va (*electro-* + *positivo*) *adj.* [cuerpo] Que, en la electrólisis, se dirige al polo negativo.
electropuntura (*electro-* + l. *punctura,* punzada) *f.* MED. Procedimiento terapéutico consistente en introducir en los tejidos una corriente eléctrica por medio de agujas.
electroquímica (*electro-* + *química*) *f.* Parte de la química que estudia los fenómenos químicos que provocan electricidad y los fenómenos eléctricos que dan lugar a transformaciones químicas.
electroquímico, -ca *adj.* Relativo a la electroquímica.
electroscopio (*electro-* + *-scopio*) *m.* Aparato para conocer si un cuerpo está electrizado.
electroshock (voz inglesa) *m.* Electrochoque.
electrosiderurgia (*electro-* + *siderurgia*) *f.* Técnica siderúrgica basada en el empleo de la electricidad como fuente de calor.
electrosincrotrón (*electro-* + *sincrotrón*) *m.* Artificio que acelera los electrones y protones a grandes energías.
electrosoldadura (*electro-* + *soldadura*) *f.* Soldadura de metales donde interviene la electricidad.
electrostático, -ca (*electro-* + *-stático*) *adj.* Relativo a la electricidad estática. -2 *f.* Parte de la física que estudia las leyes y fenómenos de la electricidad en reposo.
REL. La **electrodinámica**, estudia la energía eléctrica en movimiento.
electrostricción (*electro-* + l. *strictio, -onis,* constricción, presión) *f.* FÍS. Deformación de un cuerpo cuando está sometido a un campo eléctrico.
electrete *m.* ELECTR. Elemento hecho con una mezcla de cera carnauba, resina y cera de abeja que, si se deja solidificar en presencia de un campo eléctrico, permanece electrizado indefinidamente, con una de sus caras positiva y la otra negativa.
electrotecnia (*electro-* + *-tecnia*) *f.* Estudio de las aplicaciones técnicas de la electricidad.
electrotécnico, -ca *adj.* Relativo a la electrotecnia: *laboratorio, taller* ~. -2 *m. f.* Persona que tiene por oficio la electrotecnia.
electroterapia (*electro-* + *terapia*) *f.* Empleo de la electricidad en el tratamiento de las enfermedades.
SIN. **Galvanismo, galvanoterapia.**
electroterápico, -ca *adj.* Relativo a la electroterapia.
electrotermia (de *electro-* + *-termia*) *f.* Ciencia que trata de los fenómenos en que intervienen la electricidad y el calor. 2 FÍS. Producción de calor mediante la electricidad. 3 METAL. Procedimiento de electrometalurgia en el cual la corriente eléctrica solamente sirve para calentar las materias.
electrotérmico, -ca *adj.* Perteneciente o relativo a la electrotermia.
electrotipia (*electro-* + *-tipia*) *f.* Arte de hacer, por procedimientos electroquímicos, planchas para imprimir, que reproducen la composición tipográfica, grabados, etc. 2 Máquina empleada en esta reproducción.
electrotípico, -ca *adj.* Relativo a la electrotipia.
electrotipo (*electro-* + *tipo*) *m.* Reproducción por electrotipia de un grabado o composición tipográfica.
electrovalencia (*electro-* + *valencia*) *f.* QUÍM. Número de cargas positivas o negativas que presenta un ion en una solución.
electroválvula (*electro-* + *válvula*) *f.* Válvula que actúa por acción de un electroimán, para regulación de líquidos.
electuario (l. *-iu*) *m.* Preparación farmacéutica de consistencia de miel.
elefancía (l. *elephantia*) *f.* Engrosamiento hipertrófico de las extremidades inferiores ocasionado por inflamación y obstrucción de los capilares linfáticos de la piel y del tejido conjuntivo subcutáneo. 2 Especie de lepra que pone la piel denegrida y rugosa como la del elefante.
SIN. **Mal de San Lázaro, elefantiasis.**
elefancíaco, -ca *adj.* Relativo a la elefancía. -2 *adj.-s.* Que padece elefancía.
elefanta *f.* Hembra del elefante.
elefante (l. *elephante,* der. del gr. *elephas*) *m.* Mamífero proboscídeo, el mayor de los animales terrestres, de cabeza pequeña, orejas grandes y colgantes, patas gruesas, mamas en posición pectoral y nariz muy prolongada en forma de trompa prensil; está armado de dos incisivos enormemente desarrollados, largos y de punta cónica *(gén. Elephas; Loxodonta).* 2 fig. ~ ***blanco,*** cosa que cuesta mucho mantener y no produce utilidad alguna. 3 ~ ***marino,*** pinnípedo de la familia de los fócidos, de gran tamaño, cuerpo fusiforme, cuello macizo y una trompa en cuyo extremo se abren dos orificios nasales *(Mirounga angustirostris; M. leonina).*
elefantiásico, -ca *adj.* Relativo a la elefantiasis. 2 Que la padece.
elefantiasis *f.* Elefancía. ◇ Pl.: *elefantiasis.*
elefántidos *m. pl.* Familia de mamíferos del orden proboscídeos, que incluye sólo dos especies vivientes de elefantes.
elefantino, -na *adj.* Relativo al elefante.
elefantón *m. Hond.* Elefancía.
elegancia *f.* Calidad de elegante. 2 Forma bella de expresar los sentimientos.
SIN. *2* RET. **Figura.**
elegante (l.) *adj.* Dotado de gracia, nobleza y sencillez; airoso, bien proporcionado, de buen gusto. -2 *adj.-com.* [pers.] Que se ajusta a la moda. -3 *adj.* [traje, cosa] Conforme a ella.
elegantemente *adv. m.* Con elegancia. 2 fig. Con esmero y cuidado.
elegantizar *tr.* Dotar de elegancia [a una pers. o cosa]. ◇ **CONJUG. [4] como ***realizar.***
elegía (l. < gr. *elegeía*) *f.* Composición poética del género lírico. En Grecia se distinguía por ser combinación de un hexámetro y un pentámetro, pero los asuntos podían ser muy variados. En las literaturas modernas expresa sentimientos de tristeza, y no tiene forma métrica particular.
elegiaco, -ca, elegíaco, -ca *adj.* Perteneciente o relativo a la elegía. 2 p. ext. Lastimero, triste.
elegibilidad *f.* Calidad de elegible.
elegible (l. *-ibile*) *adj.* Que se puede elegir, o tiene capacidad legal para ser elegido.

elegido *m.* p. ant. Predestinado (elegido por Dios).
elegir (l. *eligere*) *tr.* Escoger, preferir [a una pers. o cosa] para un fin. 2 Nombrar por elección [a uno] para un cargo o dignidad. ◇ ** CONJUG. [55].
SIN. *1* v. **Escoger.**
élego, -ga *adj.* inus. Elegíaco.
elementado, -da *adj. Colomb.* y *Chile.* Alelado, distraído.
elemental *adj.* Relativo al elemento. 2 Referente a los elementos: *física ~.* 3 fig. Fundamental, primordial. 4 Obvio, evidente.
elementalmente *adv. m.* De manera elemental.
elementarse *prnl. Chile.* Embobarse, pasmarse.
elemento (l. *-tu*) *m.* Nombre dado por los ant. a la tierra, al aire, al agua y al fuego, considerados como las substancias simples o principios de que está formado el universo físico. 2 El agua y el aire considerados como el medio en que vive un ser: *el agua es el ~ de los peces; **estar uno en su ~***, estar en la situación más cómoda o apropiada. 3 Cuerpo simple. 4 Principio físico o químico que entra en la composición de los cuerpos: *el feldespato es un ~ del granito.* 5 Parte más simple de que consta una cosa o en que una cosa puede ser analizada; parte integrante de algo: *las palabras son los elementos de un discurso; la agricultura es un ~ de riqueza.* 6 En la construcción, pieza o parte de una estructura. 7 Par voltaico. 8 Componente de una agrupación humana: *el ~ conservador.* 9 Individuo valorado positiva o negativamente para una acción conjunta. 10 FÍS. Electrodo de una pila o acumulador. 11 FÍS. *~ **combustible***, unidad individual más pequeña que contiene combustible para un reactor nuclear. 12 GRAM. Parte de un todo lingüístico, como la oración, la palabra, el sonido, etc., que puede separarse o concebirse como separada de él mediante análisis: *~ **compositivo prefijal*** o ***sufijal***, primer y segundo elemento que, al entrar en la formación de numerosas palabras compuestas, generalmente cultas, funciona de modo semejante al prefijo o al sufijo, respectivamente, o como base léxica al unirse a otro igual. 13 MAT. Número que forma un determinante. -14 *m. pl.* Las fuerzas naturales: *se desataron los elementos.* 15 Fundamentos y primeros principios de las ciencias y artes: *los elementos de la física.* 16 Medios, recursos: *tiene pocos elementos de vida.* -17 *m. And.* Persona alocada. 18 *Amér.* Persona de pocos alcances.
SIN. *15* v. **Compendio.** REL. *12* La diferencia fundamental con el prefijo termina siendo sólo el origen generalmente substantivo o verbal del elemento, frente al prepositivo o adverbial habitual del prefijo.
elemí (voz oriental directamente del fr. *élémi*) *m.* Gomorresina sólida, amarillenta, de olor a hinojo, que se emplea en farmacia y en la confección de barnices. ◇ Pl.: *elemíes.*
elenco (l. *elenchu,* der. del gr. *élenchos,* argumento) *m.* Catálogo, índice. 2 Conjunto de actores que integran una compañía teatral, o aparecen en el reparto de una obra. 3 Personal de un local, empresa, etc.
eleo, -a *adj.-m.* Dialecto perteneciente al grupo occidental del griego común, hablado antiguamente en el noroeste de Grecia.
eleo- (de la voz gr. *elaion,* aceite) Elemento prefijal que entra en la formación de palabras con el significado de aceite: *eleómetro.*
eleometría (*eleo-* + *-metría*) *f.* Medición de la cantidad de aceite que contiene una materia oleaginosa. ◇ También *elaiometría* y *elayometría.*
eleómetro (*eleo-* + *-metro*) *m.* Instrumento para medir la cantidad de aceite que contiene una substancia oleaginosa. ◇ También *elaiómetro* y *elayómetro.*
eleotecnia (*eleo-* + *-tecnia*) *f.* Técnica de la fabricación, conservación y análisis de aceites. ◇ También *elaiotecnia* y *elayotecnia.*
elepé (de las iniales del ing. *long play,* larga duración) *m.* MÚS. Disco de larga duración.
eléquema *m. Amér. Central.* Coral (serpiente).
elequeme *m. Amér. Central.* Búcare, árbol.
eleusino, -na *adj.* Relativo a Eleusis.
eleuterozoo *adj.-m.* Equinodermo del subtipo de los eleuterozoos. -2 *m. pl.* Subtipo de equinodermos libres, representados por cuatro clases: holoturioideos, equinoideos, asteroideos y ofiuroideos.
elevación *f.* Acción de elevar o elevarse. 2 Efecto de elevar o elevarse. 3 Lugar o porción de terreno que está más alto. 4 Encumbramiento en lo material o moral. 5 Nobleza. 6 En la santa misa, acción de alzar. 7 fig. Suspensión, enajenamiento de los sentidos. 8 fig. Exaltación a un puesto, empleo o dignidad de consideración. 9 fig. *y* p. us. Altivez, presunción, desvanecimiento. 10 ARTILL. Especie de tiro en que la bala describe una curva muy elevada.
elevadamente *adv. m.* Con elevación.
elevado, -da *adj.* fig. Sublime. 2 fig. Alto: *cumbres elevadas.*
elevador, -ra *adj.* Que eleva: *bomba elevadora de aguas subterráneas.* 2 Músculo del cuerpo humano cuya acción es levantar las regiones en que se inserta. -3 *m. ~ **eléctrico***, aparato para aumentar el voltaje de la corriente. 4 *Amér.* Ascensor o montacargas.
elevalunas (*elevar* + *luna*) *m.* Mecanismo para elevar los cristales de las ventanillas de un automóvil. ◇ Pl.: *elevalunas.*
elevamiento *m.* Elevación.
elevar (l. *-are*) *tr.* Alzar o levantar [una cosa]: *~ una piedra; elevarse al,* o *hasta el, cielo; ~ de la tierra, por los aires.* 2 Llegar al importe, a la altura, a los grados de temperatura, etc., que se expresa. 3 Colocar [a uno] en un puesto honorífico, enaltecerle: *~ al puesto de gerente; elevarse sobre el vulgo.* -4 *prnl.* Transportarse, enajenarse: *elevarse en el éxtasis.* 5 fig. Envanecerse, engreírse.
SIN. v. **Levantar.**
elfina *f.* Mujer de un elfo.
elfo (ing. *elf*) *m.* En la mitología escandinava, espíritu que vive en las cuevas, bosques, etc.
Elí *n. pr.* Gran sacerdote de Israel.
Elías *n. pr.* Profeta mayor del Antiguo Testamento (*Reyes 1 y 2).*
elidir (l. *-ere,* expulsar) *tr.* Frustrar, desvanecer [una cosa]. 2 GRAM. Suprimir [la vocal] con que acaba una palabra cuando la que sigue empieza con otra vocal: *del* por *de el.*
elijable *adj.* Que se puede elijar.
elijación *f.* Acción de elijar. 2 Efecto de elijar.
elijan (imperat. del v. *elegir*) *m.* Lance de los juegos del monte y de la banca. ◇ Pl.: *elijan.*
elijar (l. *elixare*) *tr.* FARM. p. us. Cocer [los simples] en algún líquido para extraer su substancia o para otros fines.
eliminación *f.* Acción de eliminar. 2 Efecto de eliminar.
eliminador, -ra *adj.-s.* Que elimina.
eliminar (l. *-are; e,* fuera de, y *limen,* umbral) *tr.* Quitar, separar [una cosa]; prescindir de ella: *~ dificultades;* excluir [a una pers.]: *~ a un opositor.* 2 Matar. 3 MAT. Hacer que desaparezca [una incógnita] de una ecuación. 4 MED. Expeler el organismo [una substancia].
eliminatorio, -ria *adj.* Que elimina, que sirve para eliminar. -2 *f.* En campeonatos o concursos, competición selectiva anterior a los cuartos de final.
elipse (v. *elipsis*) *f.* Curva cerrada simétrica respecto a dos ejes perpendiculares entre sí, con dos focos, que resulta de cortar la superficie de un cono de revolución por un plano, el cual, siendo oblicuo respecto al eje del cono, encuentra a todas sus generatrices.
elipsis (l. *ellipsis,* der. del gr. *élleipsis,* falta; doble etim. *elipse*) *f.* GRAM. Figura de construcción que consiste en omitir en la oración palabras que no son indispensables para la claridad del sentido: *lo bueno, si breve, dos veces bueno.* ◇ Pl.: *elipsis.*
SIN. **Eclipsis,** p. us.
elipsógrafo (*elipse* + *-grafo*) *m.* Instrumento para trazar elipses.
elipsoidal *adj.* De figura de elipsoide o parecido a él.
elipsoide (de *elipse* + *-oide*) *m.* Superficie cerrada engendrada por una elipse que gira alrededor de uno de sus ejes. 2 Sólido limitado por esta superficie.
elípticamente *adv. m.* Con elipsis o de manera elíptica.
elíptico, -ca *adj.* Relativo a la elipse. 2 De figura de elipse o parecido a ella. V. arco elíptico. 3 GRAM. Relativo a la elipsis: *proposición elíptica.*
elíseo, -a, elisio, -a (gr. *elýsion*) *adj.* Relativo al Elíseo. -2 *m.* MIT. Lugar adonde van los justos después de su muerte; p. ext. lugar delicioso.
elisión *f.* Acción de elidir. 2 Efecto de elidir.
elite (fr. *élite*) *f.* Grupo selecto, minoría selecta, flor y nata. ◇ Es erróneo pronunciar esta palabra como esdrújula tomando el acento fr. como acento de intensidad a la española. El acento con que se escribe en fr. indica sólo el timbre cerrado de la primera vocal.
elitismo (de *elite*) *m.* Sistema que favorece a las elites, o la aparición de ellas.
elitista (de *elite*) *adj.* Perteneciente o relativo a la elite. -2 *adj.-s.* Que se comporta como miembro de una elite, que manifiesta gustos y preferencias frente a los del común. 3 Partidario de una elite o del predominio de las elites.

élitro (gr. *élytron,* estuche) *m.* Ala anterior de los insectos coleópteros, la cual se halla endurecida de una capa de quitina tan espesa, que oculta la nervadura.

elitroide (*élitro* + *-oide*) *m.* Ala anterior de los insectos ortópteros, la cual se halla endurecida por una capa de quitina que no llega a ocultar la nervadura.

elixir, elíxir (ár. *al-ikstr*) *m.* Piedra filosofal. 2 Licor compuesto de diferentes substancias medicinales, disueltas gralte. en alcohol. 3 En alquimia, substancia esencial de un cuerpo. 4 fig. Medicamento o remedio maravilloso.

ella (l. *illa*) *pron. pers.* V. él. ◇ ** ANFIBOLOGÍAS, PRONOMBRE.

elle *f.* Nombre del dígrafo *ll.*

ello (l. *illud*) *pron. pers.* V. él.

-elminto (gr. *elmins, élminthos,* gusano) Elemento sufijal que entra en la formación de palabras con el significado de gusano: *nematelminto.*

-elo, -ela (l. *-ellu*) Sufijo que entra en la formación de voces cultas, gralte. latinas o italianas: *libelo, campanela.* ◇ Aunque en las lenguas de origen tiene significado diminutivo, ha perdido totalmente este valor en español: *novela, pastorela.*

elocución (l. *-tione*) *f.* Manera de hacer uso de la palabra para expresar los conceptos. 2 Modo de elegir y distribuir las palabras y los pensamientos en un discurso. 3 Conjunto de oraciones que constituyen un pensamiento completo.

elocuencia (l. *eloquentia*) *f.* Facultad de hablar o escribir de modo eficaz para deleitar, conmover o persuadir. 2 Eficacia para persuadir: *la ~ de sus gestos; la ~ de las cifras.* 3 Oratoria.

elocuente *adj.* Que habla o escribe con elocuencia o que la tiene: *un orador ~; una mirada ~.*

elocuentemente *adv. m.* Con elocuencia.

elocutivo, -va *adj.* Referente o relativo a la elocución.

elodea *f.* Planta hidrocaritácea, perenne y aromática, sumergida, con las hojas translúcidas e imbricadas y flores de color púrpura unidas al vegetal por un pedúnculo largo y delgado *(Elodea canadensis).*

elogiable *adj.* Digno de elogio.

elogiador, -ra *adj.-s.* Que elogia.

elogiar *tr.* Hacer elogios [de una pers. o cosa]. ◇ ** CONJUG. [12] como *cambiar.*

elogio (l. *-iu*) *m.* Alabanza de las buenas prendas y mérito de una persona o cosa.
SIN. **Alabanza, enaltecimiento, encomio** (intens.), **loor, loa** (lit.), **ditirambo** (intens.); **apología** y **panegírico,** son discursos o escritos de alabanza; el primero de personas o cosas, el segundo sólo de personas; **bombo,** es elogio exagerado y con gran publicidad.

elogioso, -sa *adj.* Laudatorio, encomiástico.

elongación (l. *-tione*) *f.* ASTRON. Diferencia de longitud entre un planeta y el Sol. 2 MED. Alargamiento accidental o terapéutico de un miembro o de un nervio.

elote (náhu. *élotl*) *m. Amér.* Mazorca tierna de maíz.

elucidación *f.* Declaración, explicación.

elucidar (l. *-are*) *tr.* Poner [una cosa] en claro, dilucidar.

elucidario (l. *-iu*) *m.* Libro que esclarece o explica cosas difíciles de entender.

elución *f.* QUÍM. Separación, por medio de un lavado progresivo con un líquido apropiado, de substancias absorbidas por un cuerpo.

eluctable (l. *-abile*) *adj.* Que se puede vencer luchando.

elucubración *f.* Lucubración.

elucubrador, -ra *adj.* Lucubrador.

elucubrar (l. *elucubrare*) *tr.* Lucubrar.

eludible *adj.* Que se puede eludir.

eludir (l. *-ere*) *tr.* Evitar [una dificultad, obligación, etc.] con algún artificio o estratagema: *~ una pregunta.* 2 Hacer vana o ineficaz [una cosa] por medio de algún artificio: *~ una ley.*
SIN. v. **Evitar.**

elusión *f.* Acción de eludir. 2 Efecto de eludir.

elusivo, -va (de *eludir*) *adj.* Que incluye una elusión o la favorece: *fórmula elusiva.*

eluvial *adj.* Que tiene la naturaleza de un eluvión o se relaciona con él: *arenas eluviales.*

eluvión *m.* Conjunto de fragmentos de roca erosionada en cuya formación no existe el transporte.

elzevir *m.* Elzevirio.

elzeviriano, -na *adj.* Perteneciente o relativo a los elzevirios. 2 [edición] De estos célebres impresores holandeses de los siglos XVI y XVII. 3 [impresión moderna] Que emplea tipos semejantes a los usados en aquellas obras.

elzevirio (de los *Elzevier,* impresores holandeses) *m.* Libro elzeviriano de los siglos XVI y XVII.

em-, v. en- I.

emaciación (l. *emaciare,* debilitar) *f.* MED. Adelgazamiento morboso.

emaciado, -da *adj.* MED. Demacrado, flaco.

emajagua *adj. P. Rico.* Gallo papelón.

emanación *f.* Acción de emanar. 2 Efecto de emanar. 3 Efluvio. 4 FIL. Concepto gral. en que se incluyen aquellas doctrinas que sostienen que el universo deriva necesariamente de una primera causa, primera substancia o primer principio, al que se identifica con Dios. Se opone a creación.

emanantismo *m.* Doctrina panteísta según la cual todas las cosas proceden de Dios por emanación.

emanantista *adj.* Relativo al emanantismo. -2 *adj.-s.* Partidario del emanantismo.

emanar (l. *-are*) *intr.* Desprenderse de los cuerpos las substancias volátiles, proceder: *el olor que emana de las flores.* 2 Derivar, traer origen de una causa de cuya substancia se participa: *todo bien emana de Dios.* -3 *tr.* Desprender de sí [algo].
SIN. 2 **Dimanar.**

emancipación *f.* Acción de emancipar o emanciparse. 2 Efecto de emancipar o emanciparse.

emancipador, -ra *adj.-s.* Que emancipa.

emancipar (l. *-are*) *tr.* Libertar [a uno] de la patria potestad, de la tutela o de la servidumbre. 2 fig. Librar de algún impedimento: *el estudio emancipa el espíritu.* -3 *prnl.* fig. Salir de la sujeción en que se estaba.
SIN. **Manumitir,** DER., ~ a un esclavo.

emarginado, -da *adj.* ZOOL. Escotado, con una muesca o entalladura en el ápice.

emasculación *f.* Capadura.

emascular (l. *emasculare,* castrar) *tr.* Capar.

embabiamiento (de *Babia*) *m.* fam. Embobamiento, distracción.

embabucar *tr.* Embaucar. ◇ ** CONJUG. [1] como *sacar.*

embachar (paras.) *tr.* Meter [el ganado lanar] en el bache para esquilarlo.

embadurnador, -ra *adj.-s.* Que embadurna.

embadurnar (por el dial. *embardunar,* de *barduno,* barroso; en relac. con *barro*) *tr.* Untar, embarrar, pintarrajear.

embaición *f.* desus. Embaimiento.

embaidor, -ra *adj.-s.* Embaucador, engañador.

embaimiento *m.* desus. Acción de embaír. 2 desus. Efecto de embaír.

embaír (de *ba,* interj. de asombro) *tr.* desus. Embaucar, hacer creer lo que no es: *~ a un amigo.* -2 *prnl. Extr.* y *Sal.* Entretenerse en alguna ocupación o diversión. ◇ Verbo defectivo; se usa sólo en los tiempos y personas cuya desinencia contiene la vocal *i,* que delante de *o* y *e* se convierte en *y: embaía, embairé, embayendo.*

embajada (b. l. *ambactia,* < l. *ambactu,* ministro) *f.* Mensaje para tratar algún asunto importante, esp. los que se envían recíprocamente los jefes de estado por medio de sus embajadores. 2 Cargo de embajador (diplomático). 3 Conjunto de diplomáticos, empleados y otras personas que el embajador tiene a su cargo. 4 Casa en que reside el embajador. 5 fam. Proposición o exigencia impertinente.

embajador, -ra *m. f.* Agente diplomático de primera clase, con misión permanente cerca de otro gobierno, representante del estado que le envía y, además, de la persona de su jefe de estado. 2 fig. Emisario. -3 *f.* Mujer del embajador.

embalador, -ra *m. f.* Persona que tiene por oficio embalar.

embaladura *f. Chile* y *Perú.* Embalaje.

embalaje *m.* Acción de embalar. 2 Efecto de embalar. 3 Cubierta con que se resguardan los objetos que han de transportarse. 4 Coste de este embalaje.

I) embalar (paras. de *bala,* fardo) *tr.* Hacer balas, colocar dentro de cubiertas o cajas [las mercancías y otros objetos que se han de transportar]. 2 *Méj.* Introducir la bala [en un cañón] sin poner carga de pólvora. -3 *intr.* Golpear con remos o piedras la superficie del mar para asustar la pesca y hacerla entrar en las redes.

II) embalar (fr. *emballer*) *tr.-prnl.* Hacer que adquiera gran velocidad [un motor] desprovisto de regulación automática al suprimírsele la carga. -2 *intr.-prnl.* Hablando de un corredor o de un vehículo que va a gran velocidad, aumentarla. -3 *prnl.* fig. Dejarse llevar por un afán, sentimiento, etc. -4 *intr.* fig. Huir, escapar.

embaldosado *m.* Pavimento solado con baldosas. 2 Operación de embaldosar.
embaldosadura *f.* Embaldosado.
embaldosar (paras.) *tr.* Solar con baldosas.
SIN. **Baldosar.**
emballenado *m.* Armazón compuesto de ballenas. -2 *adj.* Que tiene ballenas.
emballenador, -ra *m. f.* Persona que tiene por oficio emballenar.
emballenar (paras.) *tr.* Armar [un corsé u otra cosa] con ballenas.
emballestado, -da (paras. de *ballesta*) *adj.* [caballería] Que tiene encorvado hacia delante el menudillo de las manos. -2 *m.* Esta deformidad.
emballestadura *f. Méj.* Emballestado, enfermedad de las caballerías.
emballestarse *prnl.* Ponerse uno a punto de disparar la ballesta. 2 *Méj.* Contraer una caballería la enfermedad del emballestado.
embalo *m.* En la pesca, acción de embalar. 2 En la pesca, efecto de embalar. 3 Objeto empleado en este modo de pesca.
embalsadero *m.* Lugar donde se rebalsan las aguas.
embalsado *m. Argent.* Red de plantas acuáticas que cubre aguas encharcadas.
embalsamador, -ra *adj.-s.* Que embalsama.
embalsamamiento *m.* Acción de embalsamar. 2 Efecto de embalsamar.
embalsamar (paras.) *tr.* Preparar con substancias balsámicas o antisépticas [un cadáver] para evitar su putrefacción. 2 Perfumar, aromatizar: *las flores embalsamaban el aire.*
I) embalsar (paras.) *tr.* Meter [una cosa] en balsas: ~ *el cáñamo.* 2 Rebalsar: *embalsarse el agua de lluvia.* 3 MAR. Colocar en un balso a una persona o cosa para izarla a un sitio alto donde deba prestar servicio.
II) embalsar (de *balsear*) *intr. Colomb.* Atravesar un río, laguna, etc., en cualquier clase de embarcación.
embalse *m.* Acción de embalsar (meter en balsas). 2 Efecto de embalsar (meter en balsas). 3 Balsa artificial, donde se acopian las aguas de un río o arroyo. 4 Cantidad de aguas así acopiadas.
SIN. *3* **Pantano,** esp. si es de gran extensión y capacidad; **rebalsa** y **rebalse,** suelen aplicarse al embalse pequeño, y pueden ser naturales o artificiales.
embalumar (paras. de *baluma*) *tr.* Cargar u ocupar [algo] con cosas de mucho bulto y embarazosas. -2 *prnl.* fig. Cargarse excesivamente de negocios graves y embarazosos.
embanastar (paras.) *tr.* Meter [una cosa] en la banasta. 2 Meter [demasiada gente] en un espacio cerrado.
embancarse *prnl.* Formarse bancos o fondos de arena. 2 MAR. Varar la embarcación en un banco. 3 *Chile* y *Ecuad.* Cegarse un río, lago, etc., por los terrenos de aluvión. 4 *Méj.* Entre fundidores de metales, pegarse a las paredes del horno los materiales escoriados. 5 *Perú.* En minería, atravesarse materia extraña al criadero de una veta. ◇ ** CONJUG. [1] como ***sacar.***
embanderar (paras.) *tr.* Adornar con banderas.
embanquetar *tr. Méj.* Poner banquetas o aceras [a las calles].
embarazadamente *adv. m.* Con embarazo.
embarazado, -da *adj.* Turbado, molesto. -2 *adj.-f.* Mujer preñada.
embarazador, -ra *adj.* Que embaraza.
embarazar (del port. *embaraçar,* estorbar, der. del port. *baraça,* lazo, de origen prerrom.) *tr.* Estorbar, retardar [una cosa]. 2 Poner encinta [a una mujer]. 3 Poner en situación difícil, turbar. -4 *prnl.* Hallarse impedido con cualquier obstáculo: *embarazarse con la ropa.* ◇ ** CONJUG. [4] como ***realizar.***
SIN. *1* **Defender,** p. us.
embarazo *m.* Impedimento, dificultad, obstáculo. 2 Encogimiento, falta de soltura en los modales o en la acción. 3 Preñado de la mujer. 4 Tiempo que éste dura. 5 ~ ***gástrico,*** indigestión.
SIN. *1* v. **Estorbo.**
embarazosamente *adv. m.* Con embarazo, con dificultad.
embarazoso, -sa *adj.* Que embaraza e incomoda.
embarbar *tr.* TAUROM. Sujetar [al toro] por las astas.
embarbascarse (paras. de *barbas*) *prnl.-tr.* Enredarse el arado en las raíces fuertes, o cualquier otra herramienta entre las fibras de los materiales o entre cuerdas. 2 fig. Enredarse, embarazarse, confundirse. ◇ ** CONJUG. [1] como ***sacar.***
embarbecer *intr.* Nacer la barba. ◇ ** CONJUG. [43] como ***agradecer.***
embarbillado *m.* Acción de embarbillar. 2 Efecto de embarbillar.
embarbillar (paras.) *tr.-intr.* Ensamblar [un madero con otro] a muesca y barbilla.
embarcación (de *embarcar*) *f.* Barco (construcción): ~ ***menor,*** la de pequeño porte en los puertos, o bote del servicio de a bordo. 2 Embarco. 3 Tiempo que dura la navegación de una parte a otra.
embarcadero *m.* Lugar o artefacto fijo, destinado para embarcar gente, mercancías, etc.
embarcador, -ra *m. f.* Persona que embarca alguna cosa.
embarcar (paras. de *barco*) *tr.* Dar ingreso [a personas, mercancías, etc.] en una embarcación: ~ *para Cuba, en un vapor.* 2 p. ext. Despachar por ferrocarril [una mercancía]. 3 Entrar en un tren o avión [una pers.] para viajar. 4 fig. Incluir [a uno] en una empresa arriesgada. 5 *Cuba.* Injuriar [a una persona] en la memoria de sus progenitores. 6 *Perú.* Inducir sin malicia. ◇ ** CONJUG. [1] como ***sacar.***
SIN. *4* **Secuestrar.**
embarcinado *m. Cuba.* Labor de aguja, especie de randa.
embarcinar *tr. Cuba.* Hacer labor de deshilados [en las telas].
embarco *m.* Acción de embarcar o embarcarse personas. 2 Efecto de embarcar o embarcarse personas. 3 Embarque de provisiones y mercancías.
embardar *tr.* Bardar. -2 *prnl.* Meterse los conejos en el bardo.
embargable *adj.* Que puede ser embargado.
embargador, -ra *adj.-s.* Que embarga o secuestra.
embargar (l. v. **imbarricare,* estorbar) *tr.* Embarazar (estorbar), esp. en la significación de detener. 2 fig. Suspender, paralizar: *el dolor embargó mis sentidos.* 3 fig. Privar del conocimiento. 4 DER. Retener [una cosa] en virtud de mandato judicial. ◇ ** CONJUG. [7] como ***llegar.***
embargo *m.* Indigestión. 2 Estado del embargado. 3 Prohibición de transporte de efectos útiles para la guerra, decretada por un gobierno. 4 DER. Retención de bienes ordenada por un juez o autoridad competente. 5 MAR. Prohibición de salida de un buque. -6 ***conj. advers. Sin*** ~, no obstante, sin que sirva de impedimento. -7 ***loc. prep. Sin*** ~ ***de,*** a pesar de.
embargue *m. P. Rico.* Embargo.
embarnecer (l. *farcinare,* rellenar) *intr.* desus. Engrosar (tomar carnes). ◇ ** CONJUG. [43] como ***agradecer.***
embarnecimiento *m.* desus. Acción de embarnecer. 2 desus. Efecto de embarnecer.
embarnizadura *f.* Acción de embarnizar. 2 Efecto de embarnizar.
embarnizar *tr.* Barnizar. ◇ ** CONJUG. [4] como ***realizar.***
embarque *m.* Acción de embarcar géneros, provisiones, etc. 2 Embarco de personas (acción y efecto).
embarrada *f. Amér.* Desbarro, error grande.
embarradilla *f. Méj.* Especie de empanadilla de dulce.
embarrado *m.* Revoque de barro o tierra en paredes, muros o tapiales.
embarrador, -ra *adj.* Que embarra I. -2 *adj.-s.* fig. Enredador, embustero.
embarradura *f.* Acción de embarrar o embarrarse I. 2 Efecto de embarrar o embarrarse I.
embarrancar(se) (paras.) *prnl.-intr.* Atascarse en un barranco o atolladero. -2 *intr.-tr.* Encallarse [el buque] en el fondo. 3 fig. Atascarse en una dificultad. ◇ ** CONJUG. [1] como ***sacar.***
I) embarrar (paras.) *tr.-prnl.* Untar, cubrir o manchar con barro [una cosa]. 2 Embadurnar con cualquier materia viscosa. 3 *Áv., Extr., Sal.* y *Zam.* Enjalbegar [las paredes]. 4 fig. Cometer un error. 5 *Amér.* Fastidiar, causar daño [a uno]. 6 *Amér. Central* y *Méj.* Complicar [a uno] en un asunto sucio.
SIN. *1* **Barrar** (p. us.); **enlodar.**
II) embarrar (paras.) *tr.* Introducir el extremo de una barra para mover [un objeto]. -2 *prnl.* Acogerse [las perdices] a los árboles cuando se ven muy perseguidas.
embarriado *m.* Acción de embarriar. 2 Efecto de embarriar.
embarrialarse *prnl. Amér. Central* y *Venez.* Embarrarse, enlodarse. 2 *Amér. Central.* Atascarse.
embarriar *tr.* Separar y clasificar la correspondencia para distribuirla por calles, caminos o aglomeraciones. ◇ ** CONJUG. [12] como ***cambiar.***
embarrilado *m.* Acción de embarrilar una mercancía. 2 Efecto de embarrilar una mercancía.
embarrilador *m.* El que está encargado de embarrilar.

embarrilar (paras.) *tr.* Meter [algo] en barriles. 2 *Cuba.* fig. Matar, asesinar.
embarrizarse *prnl.* Embarrarse, enlodarse. ◇ ** CONJUG. [4] como *realizar.*
embarrotar (paras.) *tr.* Abarrotar (apretar).
embarullador, -ra *adj.-s.* Que embarulla.
embarullar (paras. de *barullo*) *tr.* Mezclar desordenadamente [unas cosas con otras]. 2 Hacer [las cosas] atropellada y desordenadamente. -3 *tr.-prnl.* fam. Hacer que uno se haga un lío, confundirle.
SIN. Se distingue de **embrollar** en que éste implica a menudo idea de fraude o mala intención. REL. adj. **barullón, -llona,** persona que embarulla o se embarulla fácilmente.
I) embastar (paras.) *tr.* Hilvanar (preparar el cosido); esp., poner bastas [a los colchones]; asegurar al bastidor [la tela que se ha de bordar]. 2 *Extr.* Dar la primera mano de cal [a una pared] para tapar los huecos.
II) embastar (paras.) *tr.* Poner bastos [a las caballerías].
embaste *m.* Acción de embastar. 2 Efecto de embastar. 3 Hilván.
embastecer (paras.) *intr.* Engrosar (tomar carnes). -2 *prnl.* Ponerse basto o tosco. ◇ ** CONJUG. [43] como *agradecer.*
embatada *f.* Embate, golpe de mar o de viento que hace cambiar el rumbo de la nave.
embate (del ant. *embatirse*) *m.* Golpe impetuoso del mar. 2 Acometida impetuosa. 3 MAR. Viento fresco y suave que reina en verano a la orilla del mar. -4 *m. pl.* MAR. Vientos periódicos del Mediterráneo después de la canícula.
embaucador, -ra *adj.-s.* Que embauca.
embaucamiento *m.* Engaño, alucinamiento.
embaucar *tr.* Engañar, embelecar, alucinar [a uno] prevaliéndose de su inexperiencia o candor. ◇ ** CONJUG. [1] como *sacar.*
SIN. **Embabucar.**
embaulado, -da *adj.* fig. Apretado.
embaular (paras.) *tr.* Meter dentro de un baúl. 2 fig. Comer mucho, engullir. 3 fig. Poner [muchas personas o cosas] en un lugar pequeño. ◇ ** CONJUG. [16] como *aunar.*
SIN. *2* v. **Tragar.**
embausamiento (paras. de *bausán*) *m.* p. us. Abstracción, suspensión.
embayarse *prnl. Ecuad.* Enojarse.
embayón, -yona *adj. Ecuad.* Que se embaya o enoja.
embazador *m.* El que embaza (tiñe).
I) embazadura *f.* Tintura y colorido pardo o bazo.
II) embazadura *f.* Asombro, pasmo, admiración.
I) embazar (paras.) *tr.* Teñir de color pardo o bazo. ◇ ** CONJUG. [4] como *realizar.*
II) embazar *tr.* Detener, embarazar. 2 fig. Suspender, pasmar, dejar admirado. -3 *intr.* fig. Quedar suspenso, sin acción. -4 *prnl.* Fastidiarse, cansarse de una cosa. 5 Empacharse. ◇ ** CONJUG. [4] como *realizar.*
embazarse (paras.) *prnl.* En el tresillo, procurar hacer bazas el jugador que no robó primero. ◇ ** CONJUG. [4] como *realizar.*
embebecer (de *embeber*) *tr.* Entretener, embelesar. -2 *prnl.* Quedarse embelesado: *embebecerse en mirar una cosa.* ◇ ** CONJUG. [43] como *agradecer.*
embebecidamente *adv. m.* Con embeleso, sin advertencia.
embebecimiento *m.* Enajenación, embeleso.
embebedor, -ra *adj.-s.* Que embebe.
embeber (l. *imbibere*) *tr.* Absorber un cuerpo sólido [otro en estado líquido]: *la esponja embebe el agua.* 2 Empapar (humedecer): ~ *la esponja de vinagre.* 3 Contener dentro de sí [una cosa]; esp., recoger [parte de una cosa] en ella misma: ~ *el vuelo de una falda;* encajar, meter [una cosa] dentro de otra: ~ *una persiana en el hueco del muro.* 4 fig. Incorporar, agregar [una cosa] a otra: ~ *un nuevo capítulo en la obra.* -5 *intr.* Encogerse, tupirse: *la lana embebe al lavarse.* -6 *prnl.* Embebecerse. 7 fig. Instruirse bien en una materia, enterarse bien de ella: *embeberse del espíritu de Platón, en una doctrina científica.* 8 fig. Entregarse con vivo interés a una tarea, sumergirse en ella. 9 TAUROM. Quedarse el toro parado y con la cabeza alta cuando recibe la estocada.
REL. Acción y efecto de ~, **imbibición.**
embebido, -da *adj.* V. columna embebida.
embecadura (l. celt. *beccu,* pico) *f.* ARQ. Enjuta.
embejucar *tr. Ant.* y *Venez.* Envolver [una cosa] con bejucos. 2 *Colomb.* Desorientar. 3 *Cuba.* Tener bejucos. -4 *prnl. Colomb.* Enflaquecerse. 5 *P. Rico* y *Venez.* Enmarañarse una planta trepadora. ◇ ** CONJUG. [1] como *sacar.*
embelecador, -ra *adj.-s.* Que embeleca.
embelecamiento *m.* Acción de embelecar. 2 Efecto de embelecar.
embelecar (probl. del ár. *inbélag,* quedar atónito) *tr.* Engañar con artificios y falsas apariencias. ◇ ** CONJUG. [1] como *sacar.*
embeleco *m.* Embuste, engaño. 2 fig. Persona o cosa fútil, molesta o enfadosa.
SIN. *1* v. **Mentira.**
embeleñar (paras.) *tr.* Adormecer con beleño. 2 Embelesar.
embelequería *f. Amér.* Embeleco, engañifa.
embelequero, -ra *adj. Amér. Central, Chile* y *P. Rico.* Frívolo, aficionado a embelecos o cosas fútiles.
embelesamiento *m.* Embeleso.
embelesar (der. de *belesa*) *tr.-prnl.* Suspender, arrebatar, cautivar los sentidos: ~ *a los oyentes; embelesarse con un niño; embelesarse en oír.*
embeleso *m.* Efecto de embelesar o embelesarse. 2 Cosa que embelesa. 3 Postre o entremés dulce, de masa de forma esférica y frita. 4 *Cuba.* Belesa, planta plumbagímea.
embelga (et. dudosa) *f. Ast.* y *León.* Bancal o era de siembra que se riega de una vez. 2 *Can.* Pequeño trozo de terreno.
embellaquecerse (paras.) *tr.* Hacerse bellaco. ◇ ** CONJUG. [43] como *agradecer.*
embellecedor, -ra *adj.* Que embellece. -2 *m. f.* Estetista. -3 *m.* Tapacubos.
embellecer (paras.) *tr.* Hacer o poner bella [a una pers. o cosa]. ◇ ** CONJUG. [43] como *agradecer.*
embellecimiento *m.* Acción de embellecer. 2 Efecto de embellecer.
embeodar *tr.-prnl.* desus. Emborrachar.
embermejecer (paras.) *tr.* Embermejer. ◇ ** CONJUG. [43] como *agradecer.*
embermejer (paras.) *tr.* Teñir o dar color bermejo [a una cosa]. 2 Poner colorado, avergonzar [a uno]. -3 *intr.* Ponerse una cosa de color bermejo.
embero (pamue *nvé*) *m.* Árbol de Guinea que da una madera fina de color claro *(Pterocarpus soyansii).*
SIN. **Envero** y **palo rojo.**
emberrenchinarse, -rrincharse (paras. de *berrenchín;* o *berrinche*) *prnl.* fam. Enfadarse con demasía, encolerizarse, esp. los niños.
embestida *f.* Acción de embestir. 2 Efecto de embestir. 3 fig. Detención intempestiva que se hace a uno para hablarle de un asunto.
embestidor, -ra *adj.* Que embiste. -2 *m.* fig. El que pide dinero fingiendo grandes ahogos y empeños.
embestidura *f.* desus. Embestida (acción y efecto).
embestir (l. *investire*) *tr.* Venir con ímpetu sobre [una pers. o cosa]: ~ *con,* o *contra, la fiera.* 2 fig. Acometer [a uno] para pedirle algo con impertinencia. 3 fig. Arremeter (arrojarse; chocar). ◇ ** CONJUG. [34] como *servir.* ◇ HOMÓF.: *envestir.*
SIN. v. **Arremeter.**
embetunar (paras.) *tr.* Cubrir [una cosa] con betún. 2 *Cuba* y *P. Rico.* Aplicar al tabaco alguna tintura para darle color.
SIN. *1* **Abetunar.**
embicadura *f.* MAR. Acción de embicar. 2 Efecto de embicar.
embicar (port. *embicar,* der. del port. *bico,* pico) *tr.* MAR. Poner [una verga] en dirección oblicua como señal de luto. 2 Orzar. 3 *Can.* y *Méj.* Empinar el codo, beber. 4 *Cuba.* Embocar, acertar a introducir [una cosa] en un hoyo o cavidad. 5 *Méj.* Embrocar una vasija. -6 *intr. Amér.* Dirigir la nave sobre la costa. ◇ ** CONJUG. [1] como *sacar.*
embicharse *prnl. Argent.* Llenarse de larvas de moscas las heridas de los animales; agusanarse.
embijado, -da, pp. de *embijar.* 2 *Méj.* Dispar, formado de piezas desiguales: *baraja embijada.*
embijar (paras.) *tr.* Pintar o teñir con bija o con bermellón. 2 *Amér.* Manchar, embadurnar.
embije *m.* Acción de embijar. 2 Efecto de embijar.
embióptero (gr. *embios,* vivaz + *-ptero*) *adj.-m.* Insecto del orden de los embiópteros. -2 *m. pl.* Orden de insectos pterigotas de tamaño pequeño o mediano, cuerpo blando, cabeza pequeña y color pardusco; poseen glándulas sericígenas con las que fabrican sus nidos; como el tejedor.
embique *m. Cuba.* Acción de embicar o meter. 2 Juego del hoyuelo.

embizcar *intr.-prnl.* Quedar uno bizco. ◇ ** CONJUG. [1] como *sacar.*
embizmar *tr.* Poner bizmas [en alguna parte del cuerpo].
emblandecer (paras.) *tr.* Ablandar. -2 *prnl.* Moverse a condescendencia o enternecerse. ◇ ** CONJUG. [43] como *agradecer.*
emblanquecer *tr.* Blanquear. -2 *prnl.* Ponerse blanca una cosa. ◇ ** CONJUG. [43] como *agradecer.*
emblanquecimiento *m.* Acción de emblanquecer. 2 Efecto de emblanquecer.
emblema (l., del gr. *émblema* < *emballo,* colocar sobre) *amb.* Pintura o dibujo que esconde una intención moralizante, a la que un letrero alude escuetamente. -2 *m.* Cosa que es representación simbólica de otra.
SIN. *1* **Jeroglífico.** *2* **Símbolo, alegoría.** REL. **Emblema** y **jeroglífico** son representaciones simbólicas de comprensión general que permiten la figura humana; **empresa** y **divisa,** de comprensión selectiva, la prohíben; **atributo,** la acompaña.
emblemáticamente *adv. m.* De manera emblemática.
emblemático, -ca *adj.* Relativo al emblema, o que lo incluye.
emboar *tr. Cuba.* Hechizar, embaucar.
embobamiento *m.* Suspensión, embeleso.
embobar (paras. de *bobo*) *tr.* Embelesar, tener absorto y suspenso [a uno]. -2 *prnl.* Quedarse suspenso, absorto y admirado: *embobarse con, de,* o *en, algo.*
SIN. **Abobar(se).**
embobecer (paras.) *tr.* Volver bobo, entontecer [a uno]. ◇ ** CONJUG. [43] como *agradecer.*
embobecimiento *m.* Acción de embobecer. 2 Efecto de embobecer.
embobinar *tr. Colomb.* Bobinar.
embocadero *m.* Portillo a manera de canal angosto.
embocado, -da *adj.* Abocado: *vino ~.*
embocadura *f.* Acción de embocar. 2 Efecto de embocar. 3 Boquilla (pieza hueca). 4 Bocado (parte del freno). 5 Hablando de vinos, gusto (sabor). 6 Paraje por donde los buques pueden penetrar en los ríos que desaguan en el mar. 7 Boca del escenario de un teatro. 8 *Colomb.* y *Nicar.* Disposición para un arte.
FR. *Tomar la ~* [a un negocio, problema, estudio], plantearlo bien, iniciarlo debidamente, entenderlo. SIN. *5* **Emboque.**
embocar (paras.) *tr.* Meter por la boca [una cosa]: *~ un tubo.* 2 en gral. Entrar por una parte estrecha: *emboqué,* o *me emboqué, por la calleja; ~ el carro por la calleja.* 3 Comer mucho y de prisa, engullir. 4 Echar a uno [algo] que causa molestia: *~ a uno un jarro de agua.* 5 Comenzar [un empeño o negocio]. 6 fig. *y* desus. Hacer creer a uno [lo que no es cierto]: *~ una noticia.* 7 DEP. En el juego del golf, meter la pelota en el hoyo. 8 MÚS. Aplicar los labios a la boquilla de [un instrumento de viento]. ◇ ** CONJUG. [1] como *sacar.*
SIN. *4* **Emborrar, embutir;** V. **Tragar.**
embochicar *tr. Chile.* Hacer orilla [a las mantas] a fin de que no se deshaga el tejido. ◇ ** CONJUG. [1] como *sacar.*
embochinchar *tr. Amér.* Promover un bochinche, alborotar.
embocinada *f. Colomb.* En el juego del tejo, acierto máximo. 2 *Colomb.* fig. Objetivo plenamente alcanzado.
embocinado, -da *adj.* Abocinado (semejante a la bocina).
emboco *m. Chile.* Emboque, boliche (juguete).
embodegar (paras.) *tr.* Meter [vino, aceite, etc.] en la bodega. ◇ ** CONJUG. [7] como *llegar.*
embojar (paras. de *boja*) *tr.* Poner embojos [alrededor de los zarzos donde se crían los gusanos de seda].
embojo *m.* Acción de embojar. 2 Enramada que se pone a los gusanos de seda para que suban a ella e hilen.
embojotar *tr. Venez.* Formar bojote, bulto. 2 *Venez.* fig. Engañar.
embolada *f.* Movimiento de vaivén que hace el émbolo cuando está funcionando dentro del cilindro.
embolado *m.* En el teatro, papel corto y desairado, y, p. ext., cualquier caso de deslucimiento. 2 Toro embolado. 3 fig. Artificio engañoso. 4 fig. Problema, situación difícil. 5 fig. Condena, sentencia.
I) embolar (paras.) *tr.* Poner bolas de madera a las puntas [de los cuernos del toro]. 2 Dar bola o betún [al calzado].
II) embolar (paras.) *tr.* Dar la postrera mano de bol [a la pieza que se ha de dorar].
III) embolar *tr.-prnl. Amér. Central.* Emborrachar.
embolatar (de *bolate,* enredo) *tr. Colomb.* Enredar. 2 *Colomb.* Engañar con mentiras. -3 *prnl. Colomb.* Entretenerse. 4 *Colomb.* Perderse, extraviarse. 5 *Colomb.* Alborotarse. 6 *Pan.* Entregarse al jolgorio.
embolectomía *f.* Intervención quirúrgica consistente en extraer un émbolo o coágulo que obstruye un vaso, generalmente de una extremidad inferior.
embolia (del gr. *embolé,* acción de echar dentro) *f.* Obstrucción de un vaso sanguíneo por un coágulo, un nódulo graso, etc.
embolicar *tr. Ar., La Mancha* y *Murc.* Embrollar, enredar. ◇ ** CONJUG. [1] como *sacar.*
embolinarse *prnl. Chile.* Confundirse.
embolismador, -ra *adj.-s.* Que embolisma.
embolismal (l. *-ale*) *adj.* [año lunar] Al que se agrega una lunación para igualarlo con el solar. 2 Agregado, intercalado.
embolismar *tr.* fig. Meter chismes y enredos. 2 *Chile.* Incitar, alborotar.
embolismático, -ca *adj.* Confuso, ininteligible: *lenguaje ~.*
embolismo (l. *-mu* < gr. *-ós*) *m.* Añadidura de días, meses, lunaciones, etc., a un período de tiempo para que se acuerde con otro. 2 PAT. Tendencia a producir embolias. 3 fig. Confusión y dificultad en un negocio. 4 fig. Mezcla y confusión de muchas cosas. 5 fig. Embuste, chisme.
embolita *f.* Variedad de querargirita que contiene bromo, a veces en cantidades importantes, de color amarillo verdoso y muy sensible a la luz.
embollar *tr. P. Rico* y *S. Dom.* Enrollar, hacer un rollo; formar madeja u ovillo. 2 *P. Rico* y *S. Dom.* Engañar, confundir.
émbolo (l. *-lu* < gr. *émbolon,* lo que se hecha dentro) *m.* Disco o pieza cilíndrica de metal que se ajusta y mueve alternativamente en lo interior de un cuerpo de bomba o del cilindro de una máquina de vapor o de combustión, para enrarecer o comprimir un fluido o para recibir movimiento de él. 2 Cuerpo que, alojado en un vaso sanguíneo, produce una embolia.
SIN. *1* **Pistón.**
embolsar (paras.) *tr.* Guardar [una cosa] en la bolsa. 2 Cobrar: *embolsó mucho dinero de la cosecha.* 3 desus. Reembolsar. -4 *prnl.* Ganar dinero. 5 *Colomb.* Zurrarse.
SIN. *1* **Entrujar,** hipérbole humorística.
embolsicar *tr. Amér.* Meter en la bolsa o bolsillo. 2 *Bol.* y *P. Rico.* fig. Meterse [a uno] en el bolsillo o en el puño. ◇ ** CONJUG. [1] como *sacar.*
embolso *m.* Acción de embolsar. 2 Efecto de embolsar.
embonada *f.* Acción de embonar un navío. 2 Efecto de embonar un navío.
embonar (paras.) *tr.* Mejorar o hacer buena [una cosa]. 2 Forrar exteriormente con tablones [el casco de un buque] para ensanchar su manga. 3 *And.* y *Amér.* Empalmar, ensamblar [dos cosas]. 4 *Amér.* Acomodar, ajustar, venir bien: *este sombrero no me embona.* 5 *Amér.* Abonar [la tierra].
embono *m.* Forro con que se embona un buque.
emboñigar (paras.) *tr.* Untar con boñiga. ◇ ** CONJUG. [7] como *llegar.*
emboque (de *embocar*) *m.* Paso de la bola por el aro, o de otra cosa por una parte estrecha. 2 Boca del escenario. 3 fig. Engaño. 4 Embocadura (vino). 5 *Chile.* Boliche, juguete. 6 *Sant.* En el juego de bolos, bolo menor que los otros nueve y que tiene un valor convencional.
emboquillado *m.* Acción de emboquillar. 2 Efecto de emboquillar. -3 *adj.-s.* Cigarrillo con filtro.
emboquillar (paras.) *tr.* Poner boquillas [a los cigarrillos]. 2 Labrar la boca [de un barreno], o preparar la entrada [de una galería o de un túnel]. 3 *Chile.* Rellenar con mezcla [las junturas] que quedan entre los ladrillos de una fábrica.
emboriado, -da *adj.* Neblinoso.
embornal *m.* Imbornal (agujero de la embarcación).
emborrachacabras *f.* BOT. Arbusto coriáceo, de hojas opuestas, flores verdosas en racimos y frutos de cinco gajos, al principio rojizos y más tarde negros; los frutos y las hojas son venenosos *(Coriaria myrtifolia).* ◇ Pl.: *emborrachacabras.*
emborrachador, -ra *adj.* Que emborracha.
emborrachamiento *m.* Embriaguez.
emborrachar (paras. de *borracho*) *tr.* Causar embriaguez [a uno]: *abs., el vino emborracha.* 2 p. ext. Atontar, adormecer: *algunos olores emborrachan.* 3 Empapar [un alimento] en vino, licor o almíbar. 4 Cebar con exceso de combustible líquido [una mecha o mechero]. -5 *prnl.* Beber vino, licor, etc., hasta perder el uso de razón: *emborracharse con,* o *de, aguardiente;* p. ext., aturdirse un animal con un olor fuerte. 6 Mezclarse, confundirse los colores de una tela.

emborrar (paras.) *tr.* Henchir o llenar de borra [una cosa]. 2 Dar la segunda carda [a la lana]. 3 fig. Embocar (hacer creer).
SIN. *1* **Atiborrar.**

emborrascar (paras.) *tr.* Irritar, alterar [a uno]. -2 *prnl.* Hacerse el tiempo borrascoso. 3 fig. Echarse a perder un negocio. 4 *Amér.* En las minas, empobrecerse o perderse la veta. ◇ ** CONJUG. [1] como ***sacar.***

emborrazamiento *m.* Acción de emborrazar. 2 Efecto de emborrazar.

emborrazar *tr.* Poner albardilla [al ave que se ha de asar]. ◇ ** CONJUG. [4] como ***realizar.***
SIN. **Enalbardar.**

emborregado *adj.* [cielo] Cubierto de nubes.

emborricarse (paras. de *borrico*) *prnl.* fam. Quedarse como aturdido, sin saber ir ni atrás ni adelante. 2 Enamorarse perdidamente. ◇ ** CONJUG. [1] como ***sacar.***

emborrizar (paras. de *borra*) *tr.* Dar la primera carda [a la lana]. 2 Rebozar [lo que ha de freírse]. 3 *And.* Dar [a los dulces] un baño de almíbar o azúcar. ◇ ** CONJUG. [4] como ***realizar.***

emborronador, -ra *adj.* Que emborrona.

emborronar (paras.) *tr.* Echar borrones o hacer garrapatos [en un papel]. 2 fig. Escribir de prisa y desaliñadamente: ~ *unas líneas.* -3 *prnl.* Correrse la tinta de un papel cuando aún está húmeda quedando borroso lo escrito.

emborrullarse *prnl.* fam. Disputar, reñir con alboroto.

emborucar *tr.-prnl. Méj.* Confundir, embarullar. ◇ ** CONJUG. [1] como ***sacar.***

emboscada *f.* Ocultación de una o varias personas para atacar por sorpresa a otra u otras. 2 fig. Asechanza.
SIN. *2* **Zalagarda, celada; encerrona.**

emboscadura *f.* Acción de emboscar o emboscarse. 2 Lugar para la emboscada (ocultación).

emboscarse (paras. de *bosque*) *prnl.* Entrarse u ocultarse entre el ramaje: ~ *en la espesura;* esp., *tr.-prnl.,* ocultar [tropas] para una emboscada. 2 fig. Escudarse en una ocupación cómoda para no hacer frente a una obligación. ◇ ** CONJUG. [1] como ***sacar.***

embosquecer (paras.) *intr.* Hacerse bosque, convertirse en bosque un terreno. ◇ ** CONJUG. [43] como ***agradecer.***

embostar (paras.) *tr.* Abonar [una tierra] con bosta. 2 *R. de la Plata.* Revocar [las paredes] con una mezcla de tierra y estiércol de caballo.

embosugado, -da *adj. Venez.* [pers.] Amarillento, ictérico.

embotado, -da, pp. de *embotar.* 2 *adj. Chile.* Botinero, dicho de la res vacuna.

embotador, -ra *adj.-s.* Que embota.

embotadura *f.* Efecto de embotar (un instrumento cortante).

embotamiento *m.* Acción de embotar. 2 Efecto de embotar.

I) embotar (paras. de *boto* I) *tr.-prnl.* Engrosar el filo o la punta [de un arma o de otro instrumento cortante]: *embotarse la espada.* 2 fig. Aturdirse y ofuscarse, no poder discurrir. -3 *tr.* fig. Enervar, debilitar, hacer menos activa y eficaz [una cosa].
SIN. *1* **Desafilar, mellar; despuntar,** si es en la punta.

II) embotar (paras. de *boto* II) *tr.* Poner [algo, esp. el tabaco] en un bote. 2 *Venez., P. Rico* y *S. Dom.* Cubrir con una bota [los espolones de los gallos].

embotarse (paras.) *prnl.* Ponerse botas.

embotellado, -da *adj.* [discurso, poesía, proposición] Que en vez de improvisarse se lleva preparado en previsión del caso. 2 Que está dentro de una botella. -3 *m.* Acción de embotellar los vinos u otros líquidos.

embotellador, -ra *m. f.* Persona que tiene por oficio embotellar. -2 *f.* Máquina para embotellar.

embotellamiento *m.* Acción de embotellar. 2 Efecto de embotellar. 3 fig. Aglomeración debida a un excesivo aflujo de personas. 4 fig. Reunión de automóviles que dificulta la circulación o la imposibilita por completo. 5 DEP. Aglomeración de los jugadores ante la portería.

embotellar (paras.) *tr.* Echar [algo] en botellas: ~ *el vino.* 2 fig. Acorralar, cercar [a una pers.]; inmovilizar [un negocio]. 3 esp. Impedir que [naves enemigas] salgan al mar. 4 Aprender de memoria [un discurso, lección, etc.]. 5 Entorpecer el tráfico de [la vía pública].

emboticar *tr.* Medicinar con exceso [a un enfermo]. ◇ ** CONJUG. [1] como ***sacar.***

embotijar (paras.) *tr.* Echar o guardar [algo] en botijos o botijas. 2 ALBAÑ. Colocar en [el suelo de una habitación] una tongada de botijas para poner encima de ellas el embaldosado. -3 *prnl.* Hincharse, inflarse. 4 Enojarse, indignarse.

embotonar *intr. S. Dom.* Empezar a salir los espolones del gallo.

embovedado *m.* Construcción en forma de bóveda.

embovedar (paras.) *tr.* Abovedar (cubrir con bóveda). 2 Poner o encerrar [una cosa] en una bóveda.

embozadamente *adv. m.* Con embozo (recato artificioso).

embozado *m. Cuba.* Plato dulce a base de plátano frito y fruta, envuelto en una pasta de harina y huevo.

embozalar *tr.* Embozar [a los animales].

embozar (paras. de *bozo*) *tr.-prnl.* Cubrir [el rostro por la parte inferior] con una prenda de vestir: *embozarse en,* o *con, la capa hasta los ojos.* -2 *tr.* Poner el bozal [a los animales]. 3 Disfrazar u ocultar [lo que uno piensa o proyecta]. ◇ ** CONJUG. [4] como ***realizar.***
SIN. *1* y *3* En el uso prnl., **tapujarse.**

embozo *m.* Parte de una prenda con que uno se emboza (cubre el rostro). 2 Doblez de la sábana por la parte que toca al rostro. 3 fig. Recato artificioso con que se dice o hace algo. -4 *m. pl.* Tiras de tela con que se guarnecen interiormente los lados de la capa.

embracilado, -da (paras.) *adj.* [niño] A quien traen mucho en brazos.

embragar (paras.) *tr.* Abrazar [un fardo, piedra] con bragas o briagas. 2 Hacer que dos árboles o ejes en rotación puedan acoplarse o desacoplarse, lo mismo estando en reposo que en movimiento relativo entre sí. ◇ ** CONJUG. [7] como ***llegar.***

embrague *m.* Acción de embragar. 2 Efecto de embragar. 3 Mecanismo para embragar. 4 Pedal que pone en funcionamiento dicho mecanismo.

embramar *tr. Argent.* y *Chile.* Atar al bramadero [un animal] para reducirlo.

embravecer (paras. de *bravo*) *tr.-prnl.* Irritar, enfurecer [a uno]: *embravecerse con, o contra, el débil; prnl., alterarse fuertemente los elementos; el mar se embravece.* -2 *intr.* Rehacerse o robustecerse las plantas. ◇ ** CONJUG. [43] como ***agradecer.***

embravecimiento *m.* Irritación, furor.

embrazado *adj.* BLAS. V. escudo ~.

embrazadura *f.* Acción de embrazar. 2 Efecto de embrazar. 3 Asa por donde se embraza un escudo.
SIN. *3* **Brazal.**

embrazar (paras.) *tr.* Meter el brazo por la embrazadura [del escudo, rodela, adarga, etc.]. 2 *Logr.* Disponer las vides en dos, tres y cuatro brazos, de manera que formen una cruz. ◇ ** CONJUG. [4] como ***realizar.***

embreadura *f.* Acción de embrear. 2 Efecto de embrear.

embrear (paras.) *tr.* Untar con brea [los costados de los buques, y los cables, sogas, maromas, etc.]. ◇ HOMÓF.: *hembrear.*

embregarse *prnl.* Meterse en bregas y cuestiones. ◇ ** CONJUG. [7] como ***llegar.***

embreñarse (paras.) *prnl.* Meterse entre breñas.

embretar *tr. Amér. Merid.* Encerrar los animales en el brete (corral). -2 *prnl. Venez.* Afanarse.

embriagador, -ra *adj.* Que embriaga.

embriagante *adj.* Embriagador.

embriagar (l. *ebriacu,* borracho) *tr.-prnl.* Emborrachar (causar embriaguez; atontar): *embriagarse con cerveza.* 2 fig. Enajenar, transportar: *embriagarse de júbilo.* ◇ ** CONJUG. [7] como ***llegar.***

embriaguez (de *embriagar*) *f.* Turbación pasajera de las falcultades psíquicas y somáticas por haber bebido alcohol con exceso. 2 Enajenación del ánimo.
SIN. v. **Borrachera.**

embridar (del ant. *bridar*) *tr.* Poner la brida [a las caballerías]. 2 Obligar [al caballo] a llevar y mover bien la cabeza. 3 fig. Sujetar, someter, refrenar.

embrio- (v. *embrión*) Elemento prefijal que entra en la formación de palabras con el significado de embrión animal o vegetal: *embriología.*

embriogénesis *f.* Embriogenia. ◇ Pl.: *embriogénesis.*

embriogenia (*embrio-* + *-genia*) *f.* H. NAT. Formación y desarrollo del embrión.

embriogénico, -ca *adj.* Relativo a la embriogenia.

embriología (*embrio-* + *-logía*) *f.* Parte de la biología que trata de la formación y desarrollo del embrión en los animales y en las plantas.

embriológico, -ca *adj.* Relativo a la embriología.
embrión (gr. *émbryon*) *m.* En los seres orgánicos de reproducción sexual, óvulo fecundado mientras experimenta la serie sucesiva de modificaciones que lo convierten en un nuevo ser. En las plantas, el embrión, una vez formado, queda en estado de vida latente dentro de la semilla hasta el momento de la germinación. En los animales su desarrollo continúa sin interrupción hasta el momento del nacimiento. En los mamíferos el embrión recibe el nombre de feto a partir del momento en que ha adquirido la conformación característica de la especie a que pertenece. En la especie humana, esto ocurre a fines del tercer mes del embarazo. 2 fig. Principio, informe todavía, de alguna cosa.
embrionario, -ria *adj.* Relativo al embrión: *estado ~*. 2 fig. Que no está decidido o acabado.
embriopatía (*embrio-* + *-patía*) *f.* MED. Enfermedad o lesión que sobreviene durante los tres primeros meses de vida en el útero materno.
embriotomía (*embrio-* + *-tomía*) *f.* CIR. Intervención quirúrgica, mediante maniobras sobre el feto, que permite su extracción por vía natural, si hay algún impedimento mecánico.
embrisar *tr. La Mancha.* Mezclar el vino brisa u orujo de cierta clase para darle cierto sabor.
embriscamiento *m. P. Rico.* Huida, escapada.
embriscar *intr.-prnl. P. Rico* y *S. Dom.* Huir. ◇ ** CONJUG. [1] como ***sacar.***
embrisque *m. P. Rico.* Embriscamiento.
embroca (l. *embrocha* < gr. *embroché,* loción) *f.* Cataplasma, punchada.
embrocación (l. med. *embrocha,* der. del gr. *embroché,* loción) *f.* FARM. Embroca. 2 MED. Acción de derramar lentamente, y como si se regara, un líquido sobre una parte enferma. 3 MED. Este mismo líquido que se derrama.
embrocado, -da *adj.* fam. Borracho.
I) embrocar (paras. de *brocal*) *tr.* Vaciar [una vasija] en otra volviéndola boca abajo; p. ext., volver boca abajo cualquier otra cosa. ◇ ** CONJUG. [1] como ***sacar.***
II) embrocar (paras. de *broca*) *tr.* Devanar los bordadores en la broca [los hilos y torzales]. 2 Asegurar con brocas [las suelas] para hacer zapatos. 3 TAUROM. Coger el toro [al lidiador] entre las astas. 4 *Guat.* Salir mal parado en algún asunto. 5 *Méj.* Ponerse [una prenda de vestir] por la cabeza. ◇ ** CONJUG. [1] como ***sacar.***
embrochalado *m.* Armadura de vigas que forma el agujero de una chimenea.
embrochalar (paras.) *tr.* Sostener con un brochal atravesado o una barra de hierro [las vigas que no pueden cargar en la pared].
embrolla *f.* fam. Embrollo.
embrolladamente *adv. m.* Con embrollo.
embrollador, -ra *adj.-s.* Que embrolla.
SIN. **Embrollón, embrollador** y **lioso** pueden incluir idea de fraude o mala intención; en **barullón** no ocurre gralte. esto.
embrollar (del fr. *embrouiller,* mezclar, que padece ser der. del germ. *brod,* caldo) *tr.-prnl.* Enredar, confundir [las cosas]. 2 *Chile.* Apropiarse de algo mediante engaño.
SIN. v. **Embarullar.**
embrollista *adj.* Embrollador.
embrollo *m.* Enredo, confusión, maraña. 2 Embuste, mentira. 3 fig. Situación embarazosa de la que no se sabe cómo salir.
SIN. **Lío.**
embrollón, -llona *adj.-s.* Embrollador.
embrolloso, -sa *adj.* Que implica o causa embrollo.
embromador, -ra *adj.-s.* Que embroma.
embromar (paras.) *tr.* Meter broma, gastar chanzas [a uno]. 2 Engañar [a uno] con trapacerías. 3 *Amér.* Fastidiar, molestar, perjudicar [a uno]; hacerle perder el tiempo.
embromista *adj. Chile.* Bromista.
embromón, -na *adj. Cuba* y *S. Dom.* Fastidioso.
embroncarse *prnl. Argent.* Enojarse, enfadarse, airarse. ◇ ** CONJUG. [1] como ***sacar.***
embroquelarse *prnl.* Abroquelarse.
embroquetar (paras.) *tr.* Sujetar con broquetas [las piernas de las aves] para asarlas.
embrujador, -ra *adj.* Que embruja.
embrujamiento *m.* Acción de embrujar. 2 Efecto de embrujar.
embrujar (paras. de *bruja*) *tr.* Hechizar.
embrujo *m.* Hechizo (cualquier cosa que hechiza). 2 Fascinación, atracción misteriosa y oculta.
embrutecedor, -ra *adj.* Que embrutece.
embrutecer (l. *brutescere*) *tr.* Entorpecer [las facultades del espíritu]; privar [a uno] del uso de la razón casi por completo. ◇ ** CONJUG. [43] como ***agradecer.***
embrutecimiento *m.* Acción de embrutecer o embrutecerse. 2 Efecto de embrutecer o embrutecerse.
embuchacarse (de *buchaca*) *prnl. Amér. Central.* Meterse algo en el bolsillo; apropiarse alguna cosa ajena. ◇ ** CONJUG. [1] como ***sacar.***
embuchada *f. Murc.* Canto muy tenue de la perdiz.
embuchado *m.* Tripa rellena con carne de puerco picada y aderezada: *son embuchados la morcilla, longaniza, salchicha,* etc. 2 Tripa con otra clase de relleno, esp. de lomo de cerdo. 3 fig. Negocio revestido de una apariencia engañosa para ocultar algo de más importancia que se quiere hacer pasar inadvertido. 4 fig. Introducción fraudulenta de votos en una urna electoral. 5 Morcilla (comida envenenada). 6 fig. *y* fam. Enojo disimulado. 7 fig. *y* fam. Monedas que se ocultan entre otras de menos valor cuando se hacen posturas al juego. 8 *Ant.* y *Colomb.* Indigestión en personas y aves.
SIN. *1* **Embutido.**
embuchador, -ra *m. f.* Persona que, en las imprentas, tiene como oficio embuchar hojas o cuadernillos.
embuchar (paras.) *tr.* Embutir [carne picada] en un buche o tripa de animal. 2 p. anal. Introducir [comida] en el buche de un ave. 3 Comer con exceso. 4 fig. *y* fam. Embocar (hacer creer). 5 IMPR. Colocar hojas o cuadernillos impresos unos dentro de otros. -6 *prnl. Amér.* Enojarse sin motivo, viéndose precisado a disimular.
embudado, -da *adj.* Que tiene forma de embudo.
embudador, -ra *m. f.* Persona que sostiene el embudo para llenar las vasijas.
embudar (paras.) *tr.* Poner el embudo en [la boca de una vasija] para echar dentro líquido. 2 fig. Hacer engaños o embudos (trampas). 3 MONT. Hacer entrar [la caza] en un paraje cerrado que se estrecha gradualmente.
embudista *adj.* Que hace embudos (trampas).
embudo (l. **imbutu* < *imbuere,* embeber, imbutir) *m.* Instrumento hueco de forma cónica y rematado en un canuto, para transvasar líquidos. 2 Oquedad grande producida en la tierra por una fuerte explosión. 3 fig. Trampa, enredo.
REL. *1* BOT. **Infundibuliforme,** la corola o el cáliz en forma de embudo.
embullador, -ra *adj.-s.* Que embulla.
embullar (paras. de *bulla*) *tr.* Animar [a uno] para que tome parte en una diversión bulliciosa. -2 *intr. Amér.* Meter bulla, alborotar.
embullo *m. Amér.* Bulla, broma, jarana. 2 *S. Dom.* Enredo amoroso.
embullonar *tr. Chile.* En las labores de minas, arrojar [las sacas inútiles] a un depósito adecuado.
emburrado, -da *adj. Méj.* Aburrado.
emburrar *tr. Colomb.* y *Venez.* Amontonar [cosas] en hileras, apilar. 2 *P. Rico* y *Venez.* Introducir caña [en las mazas] del trapiche para su molienda. 3 *P. Rico.* Llenar [carros] de caña.
emburriar *tr.* Empujar (para mover).
emburujar (paras. de *burujo*) *tr.* Aborujar (hacer que forme borujos): *emburujarse el engrudo.* 2 fig. Amontonar confusamente [unas cosas con otras]. 3 *Can., Cuba* y *P. Rico.* Confundir, embarullar [a una pers.]. -4 *prnl. Amér.* Arrebujarse, cubrirse bien.
REL. **Burujo,** líos, envoltorio, y fig., barullo, engaño.
emburujo *m. P. Rico* y *S. Dom.* vulg. Engaño; ardid. 2 *P. Rico.* Lío, envoltorio confuso de varias cosas.
emburujón *m. Colomb.* Emburujo; envoltorio.
embusar *tr. La Mancha.* Embutir.
embuste *m.* Mentira disfrazada con artificio. -2 *m. pl.* Bujerías, dijes, alhajitas de poco valor. -3 *m. Guat.* Orgullo, petulancia.
SIN. *1* v. **Mentira.**
embustear *intr.* Usar frecuentemente de embustes.
embustería *f.* Artificio para engañar. 2 Engaño.
embustero, -ra (probl. del fr. ant. *empousteur;* hoy *imposteur*) *adj.-s.* Que dice embustes. 2 *Chile.* Que comete erratas al escribir. 3 *Guat.* Orgulloso, petulante. 4 *Guat.* Melindroso, remilgado.
embutar *tr.* dial. Empujar.
embutición *f.* METAL. Fabricación mecánica de piezas de diferentes formas embutiendo chapas metálicas.
embutidera *f.* Tejo de hierro con un hueco en una de sus ca-

ras, donde entran las cabezas de los clavos cuando los remachan los caldereros.

embutido ***m.*** Acción de embutir. 2 Efecto de embutir. 3 Obra de taracea. 4 Embuchado. 5 MEC. Embutición. 6 *Amér.* Entredós de bordado o de encaje.

embutidor, -ra ***m. f.*** Persona encargada de la preparación de los embutidos de carne. 2 Persona o industria dedicada a la embutición de chapa metálica. -3 ***f.*** Máquina o aparato para hacer embutidos. 4 Máquina o aparato para la embutición de chapa metálica.

embutir (del l. *buttis,* cuba) ***tr.*** Llenar, meter [una cosa] dentro de otra y apretarla: ~ *de lana un colchón;* ~ *una cosa en otra;* esp., embuchar (carne). 2 Incluir, encajar con arte [materias diferentes o de diferentes colores en un objeto]: ~ *un mueble con marfil y nácar;* ~ *nácar en la madera.* 3 Dar a [una chapa metálica] la forma de un molde prensándola sobre él. 4 fig. Reducir, condensar [un contenido cualquiera]: ~ *una asignatura en un resumen.* 5 fig. Embocar (hacer creer). -6 ***tr.-prnl.*** fig. *y* fam. Atracarse de comida. 7 IMPR. Intercalar grabados, letras iniciales, en una composición.
SIN. *1* y *5* **Rellenar, rebutir.**

eme ***f.*** Nombre de la letra *m.* ◇ HOMÓF.: *heme* (v. *haber* y pron. *me*).

emelga ***f.*** Amelga.

emenagogo (gr. *emmena,* mes + *-agogo)* ***adj.-s.*** MED. Remedio que provoca la evacuación menstrual de las mujeres.

emergencia ***f.*** Acción de emerger. 2 Efecto de emerger. 3 Ocurrencia, accidente súbito. 4 Asunto que requiere una especial atención por ser imprevisto, urgente, apremiante, peligroso, etc.

emergente ***adj.*** Que nace, sale y tiene principio de otra cosa: *daño* ~. 2 FÍS. [rayo luminoso] Que después de atravesar un medio sale de él.

emerger (l. *-ere)* ***intr.*** Brotar, salir del agua u otro líquido. 2 fig. Salir de un medio, de un ambiente. ◇ ** CONJUG. [5] como ***proteger.***
CONTR. **Sumergirse.**

emeritense ***adj.-s.*** De Mérida, c. de Badajoz.
SIN. **Merideño.**

emérito, -ta (l. *-tu)* ***adj.*** [pers.] Que se ha retirado de un empleo o cargo y disfruta algún premio por sus buenos servicios. 2 [soldado retirado de la Roma ant.] Que disfrutaba de una recompensa.

emersión (l. *emersione)* ***f.*** Reaparición de un astro después de un eclipse u ocultación. 2 FÍS. Aparición de un cuerpo en la superficie de un líquido en que se hallaba sumergido. 3 Aumento relativo de la altura de un continente respecto al nivel del mar.

-emesia, -emesis (gr. *émesis,* vómito, de *emeo,* vomitar) Elemento sufijal que entra en la formación de palabras con el significado de vómito: *hematemesis, hiperémesis.*

emético, -ca (l. *-cu* < gr. *emeo,* vomitar) ***adj.-m.*** Vomitivo. 2 Tartrato de potasa y de antimonio, llamado también *tártaro* ~.

emétrope ***adj.*** [ojo] Emetrópico. -2 ***adj.-s.*** [pers.] Que tiene emetrópicos los ojos.

emetropía (l. *emetiri,* medir con los ojos + *-opía)* ***f.*** Estado normal del ojo respecto a la refracción, en el cual, estando relajada la acomodación, los rayos paralelos procedentes del infinito se reúnen exactamente en la superficie sensible de la retina.

emetrópico, -ca ***adj.*** Relativo a la emetropía. 2 Que tiene emetropía.

-emia (gr. *haima,* sangre) Elemento sufijal que entra en la formación de palabras con el significado de sangre: *anemia.*

emídido ***adj.-m.*** ZOOL. Reptil de la familia de los emídidos. -2 ***m. pl.*** ZOOL. Familia de reptiles quelonios que viven en las aguas dulces, buenos nadadores, con el espaldar deprimido, cabeza y extremidades retráctiles, dedos terminados en uña y unidos entre sí por una membrana.

emigración ***f.*** Acción de emigrar. 2 Conjunto de emigrantes.
REL. *1* v. **Migración.** SIN. **Éxodo,** emigración de un pueblo.

emigrado, -da ***m. f.*** Persona que reside fuera de su patria.

emigrante ***adj.*** Que emigra. -2 ***com.*** Persona que por emigración se ha trasladado al país donde reside.

emigrar (l. *-are)* ***intr.*** Dejar una persona su propio país para establecerse en otro o trabajar temporalmente en él. 2 Cambiar periódicamente de clima o localidad algunas especies animales.
SIN. **Transmigrar.**

emigratorio, -ria ***adj.*** Relativo a la emigración.

eminencia (l. *-ntia)* ***f.*** Elevación del terreno. 2 fig. *y* p. ext. Cosa que sobresale. 3 fig. Excelencia, sublimidad de una dote del alma. 4 Título de honor dado a los cardenales. 5 Persona eminente. 6 ANAT. Elevación o prominencia que presenta la supeficie de un órgano o de una región anatómica cualquiera. -7 ***loc. adv.*** FIL. ***Con*** ~, virtual o potencialmente.

eminencial ***adj.*** FIL. [virtud o poder] Que puede producir un efecto, no por conexión formal con él, sino por una virtud superior que le abraza con excelencia.

eminencialmente ***adv. m.*** Con superioridad, con eminencia.

eminente ***adj.*** Elevado. 2 fig. Que sobresale entre los de su clase: *actriz* ~.

eminentemente ***adv. m.*** Con excelencia, con mucha perfección. 2 FIL. Con eminencia.

eminentísimo, -ma ***adj.*** Superl. de *eminente.* Se aplica, como dictado o título, a los cardenales.

emir (ár. *amir,* jefe) ***m.*** Príncipe o caudillo árabe.

emirato ***m.*** Dignidad de emir y funciones propias de su cargo. 2 Tiempo que dura el gobierno de un emir. 3 Territorio gobernado por un emir.

emisario, -ria (l. *emissariu)* ***m. f.*** Mensajero encargado gralte. de una misión secreta. -2 ***m.*** Canalización que sirve para evacuar las aguas residuales de una población hacia una depuradora o hacia el mar.
SIN. *1* **Embajador.**

emisión (l. *emissione)* ***f.*** Acción de emitir. 2 Efecto de emitir. 3 Tiempo durante el cual emite sin interrupción una estación radiodifusora o de televisión: ~ *de la tarde, de las diez.* 4 Conjunto de títulos o efectos que de una vez se crean para ponerlos en circulación. 5 En radio y televisión, programa o conjunto de programas con unidad temporal que se difunde con continuidad. 6 FÍS. Paso de electrones desde una superficie conductora por efecto del calor, incidencia de luz o bombardeo iónico o electrónico.

emisor, -ra ***adj.-s.*** Que emite. -2 ***m.*** Aparato productor de ondas electromagnéticas en una estación radiotelegráfica o radiotelefónica de origen. -3 ***f.*** Esta estación: ***emisora pirata,*** la que emite al margen de los acuerdos o normas vigentes. -4 ***m. f.*** Persona que enuncia el mensaje en un acto de comunicación. -5 ***m.*** ELECTR. Electrodo de un transistor de unión. 6 FÍS. Radioelemento que se desintegra con emisión de radiaciones.

emitir (l. *emittere)* ***tr.*** Arrojar, exhalar hacia fuera [una cosa]: ~ *rayos luminosos.* 2 Poner en circulación [papel moneda, títulos, etc.]: *el banco emite billetes.* 3 Dar, manifestar, hacer público: ~ *una opinión, un voto.* 4 Lanzar ondas hertzianas para transmitir [señales, noticias, etc.].

emitrón ***m.*** Aparato precursor de las cámaras de televisión.

emmenthal ***m.*** Queso suizo hecho con leche de vaca de pasta dura y compacta, con grandes ojos y sabor característico.

emoción (l. *-otione;* a través del fr. *émotion)* ***f.*** Agitación del ánimo producida por ideas, recuerdos, sentimientos o pasiones, esp. la que se manifiesta por una conmoción orgánica más o menos visible.

emocionable ***adj.*** Emotivo, muy sensible a las emociones.

emocional ***adj.*** Relativo a la emoción.

emocionante ***adj.*** Que causa emoción.

emocionar ***tr.-prnl.*** Conmover el ánimo, causar emoción: *emocionarse ante una desgracia.*
SIN. **Emocionar(se)** se refiere a toda clase de sentimientos: entusiasmo, alegría, pena; **conmover(se)** puede tener los mismos sentidos, pero gralte. se aplica a sentimientos penosos, compasivos o tiernos; **afectar(se)** y **enternecer(se)** se aplican igualmente a los mismos sentimientos.

emoliente (cultismo obtenido del l. *mollire)* ***adj.-m.*** Medicamento que sirve para relajar o ablandar las partes inflamadas.
SIN. **Demulcente.**

emolir (l. *emollire)* ***tr.*** desus. Ablandar.

emolumento (l. *-tu)* ***m.*** Gaje o utilidad que corresponde a un cargo o empleo: *los emolumentos del notario.*
SIN. v. **Sueldo.**

emotividad ***f.*** Calidad de emotivo.

emotivo, -va ***adj.*** Relativo a la emoción o que la produce. 2 Sensible a las emociones.

empacador, -ra ***adj.*** Que empaca. -2 ***f.*** Máquina de empacar.

empacamiento ***m.*** *Amér.* Acción de empacarse. 2 *Amér.* Efecto de empacarse.

empacar (paras.) ***tr.*** Hacer pacas [de una cosa], empaquetar, encajonar. 2 *Amér.* Enfadar. ◇ ** CONJUG. [1] como ***sacar.***

empacarse (paras. de *paco I)* ***prnl.*** Emperrarse. 2 Obstinarse. 3 fig. Turbarse e inhibirse. 4 *Amér.* Plantarse una bestia. ◇ ** CONJUG. [1] como ***sacar.***

empachadamente ***adv. m.*** Con embarazo.

empachado, -da *adj.* Desmañado y corto de genio.
empachar (l. *impedicare,* trabar) *tr.-prnl.* Estorbar, impedir. 2 Ahitar, causar indigestión: *le ha empachado la cena; empacharse de comer.* -3 *tr.* desus. Disfrazar, encubrir. -4 *prnl.* desus. Avergonzarse, cortarse: *empacharse por nada.* 5 *Méj.* Llenarse el cañón de un candelero con los restos o escurrimientos de la vela.
SIN. *2* v. **Hartar, estomagar.** *4* **Embazarse, embarazarse.**
empachera *f. And.* Empacho, saciedad, hartazgo.
empacho *m.* Cortedad, vergüenza, turbación. 2 Embarazo, estorbo. 3 Indigestión.
SIN. v. **Vergüenza.**
empachoso, -sa *adj.* Que causa empacho. 2 Vergonzoso.
empacón, -cona *adj. Argent.* y *Perú.* [caballo o yegua] Que se empaca.
empadrar (paras.) *tr.-prnl.* Encariñarse demasiado el niño con su padre o sus padres. -2 *tr. Méj.* Unir o aparear [animales] para su reproducción.
empadre *m. Méj.* Apareamiento de animales.
empadronador *m.* El que forma los padronos o libros de asientos.
empadronamiento *m.* Acción de empadronar o empadronarse. 2 Efecto de empadronar o empadronarse. 3 Padrón (nómina).
empadronar (paras.) *tr.* Asentar o inscribir [a uno] en el padrón. 2 *Ant.* Aparear [animales].
empajada *f.* Pajada para las caballerías. 2 *Can.* Apovechamiento al máximo de una buena y propicia situación. 3 *Can.* Hartazgo de comida o bebida.
empajar *tr.* Cubrir o rellenar con paja [alguna cosa]. 2 *Amér. Merid.* Mezclar con paja [el barro para hacer adobes]. -3 *prnl. Amér.* Hartarse, llenarse de cosas sin substancia. 4 *Amér. Merid.* Echar los cereales mucha paja y poco grano. 5 *Méj.* Conseguir una buena ganancia.
empaje *m. Colomb.* Cubierta hecha con paja, de una casa.
empajolar (paras.) *tr.* Sahumar con una pajuela [las tinajas, cubas, etc., de vino], después de lavadas. ◇ ** CONJUG. [31] como *contar.*
empalagamiento *m.* Empalago.
empalagar *intr.-prnl.* Causar hastío un manjar, esp. si es dulce: *estos bombones empalagan.* 2 fig. Cansar, fastidiar: *empalagarse de todo.* ◇ ** CONJUG. [7] como *llegar.*
empalago *m.* Acción de empalagar. 2 Efecto de empalagar.
empalagoso, -sa *adj.* [manjar] Que empalaga. -2 *adj.-s.* [pers.] Que causa fastidio por su zalamería y mimo.
empalamiento *m.* Acción de empalar. 2 Efecto de empalar.
I) empalar (paras.) *tr.* Espetar [a uno] en un palo: *los turcos y los árabes empalaban a los condenados a muerte.* -2 *prnl.* Obstinarse, encapricharse. 3 *Chile.* Envararse, entumecerse, arrecirse. 4 *Chile* y *Perú.* Quedar el pan seco y duro como un palo, por fermentación insuficiente o excesiva de la masa.
II) empalar *tr.* En el juego de pelota, dar [a ésta] con la pala, y p. ext., golpear [una bola] en otros deportes.
empaliar (l. *palliu,* colgadura) *tr.* Colgar [la iglesia, las calles, etc.] por donde ha de pasar una procesión. ◇ ** CONJUG. [12] como *cambiar.*
empalicar *tr. Chile* y *Nav.* Engatusar, enlabiar [a alguien]. ◇ ** CONJUG. [1] como *sacar.*
empalizada *f.* Estacada (obra hecha de estacas).
empalizar (paras. de *palo*) *tr.* Rodear de empalizadas. ◇ ** CONJUG. [4] como *realizar.*
empalletado (l. *paleatu,* lleno de paja) *m.* Defensa que se formaba en el costado del buque con la ropa de los marineros metida en unas redes.
empalmadura *f.* Empalme.
empalmar (paras. de *palma,* de la mano) *tr.* Unir [dos maderos, tubos, cables, etc.], para que conserven la continuidad: ~ *un teléfono con la línea general.* 2 fig. Ligar o combinar [planes, ideas, etc.]. 3 DEP. En el juego del fútbol, rematar rápidamente y sin interrupción, un pase o jugada efectuada por un compañero de equipo. -4 *intr.* Enlazar o combinarse un coche o ferrocarril con otro. 5 Seguir o suceder una cosa a continuación de otra sin interrupción: *un discurso empalma con otro.* -6 *prnl.* desus. Llevar la navaja oculta entre la manga y la palma de la mano.
empalme *m.* Acción de empalmar. 2 Efecto de empalmar. 3 Punto en que se empalma. 4 Cosa que empalma con otra. 5 Forma de hacer el empalme.
empalomado *m.* Murallón de piedra para represar el agua de un río.
empalomadura *f.* MAR. Ligada fuerte con que se une la relinga a su vela.
empalomar (de *palomar* II) *tr.* MAR. Coser [la relinga a la vela] por medio de empalomaduras.
empampanarse *prnl. Argent.* Empamparse. 2 *Bol.* Desorientarse.
empamparse *prnl. Amér. Merid.* Extraviarse en la pampa. 2 *Amér. Merid.* Embobarse, distraerse.
empampirolado, -da *adj.* fam. Presuntuoso, jactancioso.
empanación *f.* Impanación.
empanada *f.* Manjar encerrado en pan o masa, y cocido después al horno. 2 fig. Acción de ocultar o enredar fraudulentamente un negocio. 3 fig. Efecto de ocultar o enredar fraudulentamente un negocio. 4 ~ *mental,* confusión en la mente.
empanadilla *f.* Dim. de *empanada.* 2 Pastel pequeño, aplastado, que se hace doblando la masa sobre sí misma para cubrir el relleno.
empanado, -da *adj.-m.* Aposento que no tiene ventilación directa.
empanar (paras.) *tr.* Encerrar [una cosa] en masa o pan para cocerla. 2 Rebozar con pan rallado [un manjar] para freírlo. 3 Sembrar de trigo [las tierras]. -4 *intr. Murc.* y *Sal.* Granar las mieses. 5 *Logr.* Granar las legumbres. -6 *prnl.* Sofocarse los sembrados por exceso de simiente.
empancinarse *prnl. P. Rico.* Ahitarse, empacharse.
empandar (paras.) *tr.* Torcer o doblar [una cosa] dejándola panda.
empandillar (paras. de *pandilla*) *tr.* Juntar [dos o más naipes] para hacer trampas. 2 Ofuscar [la vista o el entendimiento] para hacer pasar algún engaño.
empanizado *m. Bol.* Chancaca.
empanjarse *prnl. Cuba* y *P. Rico.* Empacharse, empajarse.
empantalonarse *prnl. P. Rico.* Envalentonarse.
empantanar (paras.) *tr.-prnl.* Inundar [un terreno] dejándolo hecho un pantano. 2 Meter [a uno] en un pantano. 3 fig. Detener, embarazar el curso [de un negocio].
empantasmado, -da (der. de *pantasma*) *adj. Logr.* Estupefacto, pasmado; indeciso.
empanturrarse *prnl. Colomb.* Quedarse paturro. 2 *Ecuad.* Azucararse un dulce, convertirse en azúcar. 3 *Méj.* Atracarse, hartarse. 4 *Perú.* Arrellanarse, apoltronarse.
empanzarse *prnl. Hond.* y *Chile.* Hartarse, ahitarse. ◇ ** CONJUG. [4] como *realizar.*
empañado, -da *adj.* [tipo de voz] Que no es bastante sonoro y claro. -2 *adj.-s.* [cristal o superficie pulimentada] Que tiene adherido el vapor de agua.
empañadura *f.* Envoltura de un niño de cría.
empañamiento *m.* Acción de empañar. 2 Efecto de empañar.
empañar (paras.) *tr.* Envolver [a las criaturas] en pañales. -2 *tr.-prnl.* Quitar la tersura, el brillo o la transparencia [de una cosa]: *el agua empaña el vaso.* 3 fig. Manchar u obscurecer [la fama, el mérito, etc.].
SIN. *2* y *3* **Deslustrar.**
empañetado *m. Amér.* Encalado, enlucido de la pared.
empañetar *tr. Amér.* Enlucir, encalar [las paredes].
empañete *m. Colomb.* y *S. Dom.* Enlucido, empañetado.
empañicar (paras.) *tr.* MAR. Recoger en plieques pequeños el paño [de las velas] para aferrarlas. ◇ ** CONJUG. [1] como *sacar.*
empapamiento *m.* Acción de empapar o empaparse. 2 Efecto de empapar o empaparse.
empapar *tr.-prnl.* Humedecer [una cosa] hasta el punto que quede penetrada del líquido: ~ *una sopa de,* o *en, vino.* 2 Penetrar un líquido los poros o huecos [de un cuerpo]: *la lluvia empapa los vestidos,* o *se empapa en los vestidos.* 3 Absorber (chupar): *la tierra empapa el agua,* o *se empapa de agua.* -4 *prnl.* Poseerse o imbuirse de un afecto, idea, etc.: *empaparse en la moral cristiana.* 5 fig. Enterarse bien de una cosa. 6 Empachar (ahitar).
SIN. *1, 2* y *3* **Impregnar.**
empapelado *m.* Acción de empapelar (forrar de papel). 2 Efecto de empapelar (forrar de papel). 3 Papel empleado para ello.
empapelador, -ra *m. f.* Persona que empapela.
empapelar (paras.) *tr.* Forrar de papel [una superficie]: ~ *una habitación.* 2 fig. Formar causa criminal o expediente administrativo [a uno].
empapirotar (paras. de *papirote*) *tr.-prnl.* Emperejilar.
empapuciar, -pujar, -puzar (de *en* y *papo,* buche) *tr.* fam.

Hacer comer demasiado [a uno]. ◇ ** CONJUG. [12] como *cambiar,* [4] como *realizar.*
SIN. V. **Hartar.**

I) empaque *m.* Acción de empacar. 2 Efecto de empacar. 3 Materiales que forman la envoltura y armazón de los paquetes. 4 *Colomb.* y *C. Rica.* Zapatilla, pieza para mantener herméticamente cerradas dos piezas distintas.

II) empaque *m.* Catadura, aire de una persona. 2 Seriedad con algo de afectación o de tiesura. 3 *And.* y *Amér.* Descaro, desfachatez. 4 *Amér.* Acción de empacarse un animal. 5 *Amér.* Efecto de empacarse un animal.

empaquetado *m.* Acción de empaquetar. 2 Efecto de empaquetar.

empaquetador, -ra *m. f.* Persona que tiene por oficio empaquetar.

empaquetadura *f.* Empaquetado. 2 Guarnición que se coloca en determinados órganos de algunas máquinas para impedir el escape de un fluido. 3 *Amér.* Estopa, hilacha para rellenar paquetes o cajones.

empaquetamiento *m.* Acción de empaquetar. 2 Efecto de empaquetar.

empaquetar (paras.) *tr.* Formar paquetes [de cosas dispersas] o disponer [paquetes] dentro de bultos mayores. 2 fig. Acomodar en un recinto [un número excesivo de personas]: *nos empaquetaron a los diez en un compartimento.* 3 Emperejilar. 4 MIL. fig. Sancionar, imponer un castigo. 5 *Chile.* Atascar, rellenar con tascos o estopas [una cavidad].

emparamarse *prnl. Amér. Merid.* Perderse en un páramo. 2 *Amér.* Entumecerse o morirse de frío en los páramos. -3 *tr.- prnl. Colomb.* y *Venez.* Mojar la lluvia, la humedad o el relente.

emparamentar *tr.* Adornar con paramentos: ~ *los caballos;* ~ *las paredes.*

emparar *tr. Perú.* Aparar, recibir con las manos.

emparchar (paras.) *tr.* Poner parches, llenar de ellos [una cosa].

empardar *tr. Ar.* y *Argent.* Empatar, igualar [una cosa a otra]. 2 *Argent.* En el juego del truco, echar una carta del mismo valor que la que ha jugado el contrario.

emparedado, -da *adj.-s.* Recluso por castigo, penitencia o propia voluntad. -2 *m.* Trocito de vianda, entre dos trozos de pan.
SIN. *2* **Sandwich.**

emparedamiento *m.* Acción de emparedar. 2 Efecto de emparedar. 3 Casa donde vivían recogidos los emparedados.

emparedar (paras.) *tr.-prnl.* Encerrar [a una pers.] entre paredes, incomunicándola. -2 *tr.* Ocultar [una cosa] entre paredes. 3 Sujetar o aprisionar entre dos cosas.

emparejador *m.* El que empareja.

emparejadura *f.* Igualación o acomodación de dos cosas entre sí.

emparejamiento *m.* Acción de emparejar. 2 Efecto de emparejar.

emparejar (paras.) *tr.* Formar una pareja. 2 Poner [una cosa] a nivel con otra: ~ *el poste con la puerta;* p. anal., igualar [la tierra] nivelándola. 3 Juntar [las puertas, ventanas, etc.] con el cerco sin cerrarlas. -4 *intr.* Alcanzar o llegar en un camino junto a otra persona o cosa: ~ *con el árbol.* 5 Ser pareja una cosa con otra: *el árbol empareja con la casa.* 6 Ponerse al nivel de otro en un estudio o tarea. -7 *prnl. Méj.* Procurarse lo que hace falta para un fin.

emparentar (paras.) *intr.* Contraer parentesco por vía de casamiento: ~ *con buena gente.* ◇ ** CONJUG. [27] como *acertar.*

emparrado *m.* Conjunto de los vástagos de una o más parras que, sostenidos por una armazón, forman cubierto. 2 Esta armazón. 3 fig. *y* fam. Peinado de los hombres, hecho para encubrir, con el pelo de los lados de la cabeza, la calvicie de la parte superior.
SIN. *1* y *2* **Pérgola.**

emparrandarse *prnl. Amér.* Parrandear.

emparrar (paras. de *parra*) *tr.* Hacer o formar emparrado: ~ *un patio.*

emparrillado *m.* Conjunto de barras trabadas para afirmar los cimientos en terrenos flojos. 2 Suelo de un hogar preparado y apto para quemar combustibles sólidos.
SIN. *1* **Enrejado; zampeado.**

emparrillar (paras.) *tr.* Asar en parrillas.

emparvar (paras.) *tr.* Poner en parva [las mieses].
SIN. **Aparvar.**

empascuar *intr. Chile.* Divertirse en Pascuas.

empastada *f. Chile.* Herbaje, pasto.

empastador, -ra *adj.* Que empasta. -2 *adj.-s.* Pintor que da buena pasta de color a sus obras. -3 *m.* Pincel para empastar. 4 *Amér.* Encuadernador de libros.

empastadura *f.* Acción de empastar (cubrir de pasta). 2 Efecto de empastar (cubrir de pasta).

I) empastar (paras. de *pasta*) *tr.* Cubrir de pasta [una cosa]. 2 Encuadernar en pasta [los libros]. 3 Rellenar con pasta [el hueco producido por la caries en los dientes]. 4 PINT. Poner el color en bastante cantidad [sobre la tela] para que cubra la imprimación. 5 MÚS. Fundir un director de coro u orquesta [las distintas voces o instrumentos] de modo que no se noten disonancias.

II) empastar (paras. de *pasto*) *tr. Amér.* Empradizar [un terreno]. -2 *prnl. Amér. Merid.* Padecer meteorismo un animal por haber comido el pasto en malas condiciones. 3 *Chile.* Llenarse de maleza un terreno.

I) empaste *m.* Acción de empastar. 2 Efecto de empastar. 3 Pasta con que se llena un diente cariado. 4 IMPR. Engrosamieno de los remates superior e inferior de los palos a modo de adorno, en un carácter de imprenta. 5 PINT. Unión perfecta y jugosa de los colores.
SIN. *5* **Pasta.**

II) empaste *m. Argent.* Meteorismo, timpanitis del ganado.

empastelamiento *m.* IMPR. Acción de empastelar o empastelarse. 2 Efecto de empastelar o empastelarse.

empastelar (paras. de *pastel*) *tr.* fig. Transigir [un negocio] sin arreglo o justicia para salir del paso. 2 IMPR. Barajar [las letras de un molde] de modo que no formen sentido; mezclar [suertes o funciones distintas].

empatadera *f.* fam. Acción de empatar (suspender). 2 Efecto de empatar (suspender).

empatado, -da *adj. Pan.* Untado, sucio.

empatar (paras. de *pata*) *tr.* Tratándose [de una elección o votación], resultar tantos los votos en pro como los votos en contra; también se aplica a los tantos que se ganan en los juegos: *abs., los dos equipos han empatado.* 2 Suspender o embarazar [el curso de una resolución, esp. las pruebas de nobleza de sangre]. 3 *Amér.* Empalmar, juntar [una cosa con otra]: ~ *dos cuerdas;* ~ *embustes.* 4 *C. Rica.* Sujetar, amarrar. 5 *Salv.* Meter. 6 *Venez.* Importunar.

empate *m.* Acción de empatar. 2 Efecto de empatar. 3 *Colomb.* Mango de la pluma. 4 *Venez.* Lo que nos hace perder el tiempo.

empatía (del gr. *ampatheia,* pasión) *f.* Participación afectiva, y por lo común emotiva, de un sujeto en una realidad ajena.

empavar *tr. Ecuad.* Irritar, enojar [a alguien]. 2 *Perú.* Confundir, avergonzar [a una persona], burlarse de ella. -3 *prnl. Perú* y *Venez.* Turbarse, ruborizarse.

empavesada *f.* Reparo que se hacía con los paveses para cubrirse la tropa. 2 Faja de lona o paño azul o encarnado, con franjas blancas, para adornar las bordas y cofas de los buques y cubrir los asientos de popa de falúas y botes. 3 MAR. Encerado clavado por la parte exterior de la borda y que sive para defender de la interperie los coyes de la marinería, que van colocados en la batayola.
SIN. **Pavesada.**

empavesado, -da *adj.* Armado de pavés. -2 *m.* Soldado que llevaba arma defensiva. 3 Conjunto de banderas y gallardetes con que se empavesan los buques.

empavesar (paras.) *tr.* Cubrir con empavesadas [un barco, una tropa, etc.]; p. anal., tapar con telas [un monumento] antes de ser inaugurado. 2 Engalanar [una embarcación] con empavesadas y con banderas y gallardetes. 3 Preparar el pabilo de las velas para que se encienda fácilmente.

empavonar *tr.* Pavonar. 2 *Amér.* Untar, pringar [la superficie de alguna cosa]. 3 *Chile.* Dar color empañado [a los vidrios]. -4 *prnl. Amér. Central.* Emperifollarse.

empecatado, -da (l. *peccatu,* pecado) *adj.* De extrema travesura, incorregible, desdichado, dejado de la mano de Dios.

empecedero, -ra *adj.* desus. Que puede empecer.

empecer (l. **impedescere* < l. *impedire*) *tr.* ant. Dañar, causar perjuicio [a uno]. -2 *intr.* lit. Impedir, obstar. ◇ ** CONJUG. [43] como *agradecer.*

empecible *adj.* Empecedero.

empecimiento *m.* Acción de empecer. 2 Efecto de empecer.

I) empecinado (de *pecina*) *m.* Peguero.

II) empecinado, -da *adj.* Obstinado, terco.

empecinamiento *m.* Acción de empecinarse. 2 Efecto de empecinarse.

empecinar (paras.) *tr.* Untar de pecina o de pez [alguna cosa].

empecinarse (por alusión a la tenacidad del guerrillero Juan Martín Díez, 1775-1825, *el Empecinado*) *prnl.* Obstinarse, aferrarse.
empedernido, -da *adj.* Incorregible, [pers.] que tiene un vicio o costumbre muy arraigada. 2 fig. Insensible, duro de corazón.
empedernir (l. *petrinu,* pétreo) *tr.-prnl.* Endurecer mucho [una cosa]. -2 *prnl.* Hacerse insensible y duro de corazón. ◇ Verbo defectivo; se usa sólo en los tiempos y personas cuya desinencia contiene la vocal *i*, especialmente en el participio.
empedrado, -da *adj.* Rodado (que tiene manchas). 2 fig. [cielo] Cubierto de nubes pequeñas: *cielo ~, suelo mojado.* -3 *m.* Acción de empedrar. 4 Pavimento formado artificialmente de piedras. 5 fig. Plato de arroz con lentejas y alubias o judías.
empedrador *m.* El que tiene por oficio empedrar.
empedramiento *m.* Acción de empedrar. 2 Efecto de empedrar.
empedrar (paras.) *tr.* Cubrir o pavimentar [el piso] con piedras clavadas en la tierra o ajustadas unas con otras: *~ con,* o *de, adoquines.* 2 fig. Cubrir [una superficie] con objetos extraños a ella misma: *~ de almendras un pastel;* p. ext., poner cosas en abundancia: *~ de citas, de errores.* ◇ ** CONJUG. [27] como ***acertar.***
SIN. *1* Se usan vbs. derivados esp., como **adoquinar, engravar, enguijarrar, enlosar,** según la clase de piedra empleada.
empega *f.* Pega o materia dispuesta para empegar. 2 Marca hecha con pez al ganado lanar.
SIN. *2* **Pegunta.**
empegado *m.* Tela o piel untada de pez.
empegadura *f.* Baño de pez que se da interiormente a ciertas vasijas.
empegar (l. *impicare*) *tr.* Bañar o cubrir con pez derretida u otra substancia análoga [pellejos, barriles, etc.]. 2 Marcar con pez [el ganado lanar]. ◇ ** CONJUG. [7] como ***llegar.***
SIN. *2* **Peguntar.**
empego *m.* Acción de empegar (marcar con pez). 2 Efecto de empegar (marcar con pez).
empeguntar *tr.* Empegar (marcar con pez).
I) empeine (l. *pectine,* pubis) *m.* Parte inferior del vientre entre las ingles. 2 Parte superior del pie entre la caña de la pierna y el principio de los dedos. 3 Parte de la bota desde la caña a la pala.
SIN. *2* **Peine.**
II) empeine (l. *impetigine*) *m.* Enfermedad del cutis que lo pone áspero y encarnado, causando picazón. 2 Hepática (planta).
empeinoso, -sa *adj.* Que tiene empeines (enfermedad).
empelar (paras.) *intr.* Echar o criar pelo. 2 Igualar o asemejarse mucho en el pelo dos o más caballerías. -3 *tr. Méj.* Formar una pareja con [bestias de pelo del mismo color]; esp. para el tiro.
empelazgarse (paras.) *prnl.* fam. Meterse en pelazga o pendencia. ◇ ** CONJUG. [7] como ***llegar.***
SIN. **Andar a la greña.**
empelechar (it. *impiallacciare*) *tr.* Juntar o aplicar [chapas de mármol]. 2 Chapear de mármol [una superficie].
empella *f.* Pala (parte del calzado). 2 *Amér.* Pella de manteca.
empellar (l. *impellere*) *tr.* Empujar, dar empellones.
empellejar (paras.) *tr.* Cubrir o forrar con pellejos [una cosa].
empeller *tr.* Empellar. ◇ ** CONJUG. [39].
empellita *f. Cuba.* Chicharrón de la manteca de cerdo.
empellón (der. del ant. *empellir,* del l. *impellere,* impulsar) *m.* Empujón recio que se da con el cuerpo. -2 *loc. adv.* fig. *A empellones,* con violencia, bruscamente.
empelotarse *prnl.* fam. Enredarse, confundirse, esp. a causa de una riña o quimera. 2 *Amér.* Desnudarse, quedarse en cueros. 3 *Cuba* y *Méj.* Enamorarse apasionadamente; tener antojo de algo.
empeltar *tr. Murc.* Injertar los árboles para que puedan producir varios brazos, y éstos frutos distintos.
empeltre (cat. *empelt,* injerto) *m.* Injerto de escudete. 2 *Ar.* Olivo injerto, muy fructífero, de aceituna negra, buena para adobar y para el molino.
empenachado, -da (paras.) *adj.* Que tiene penacho.
empenachar *tr.* Adornar con penachos.
empenta (b. l. **impincta* < l. *impignere,* empujar) *f.* Puntal o apoyo para sostener una cosa.
empentar (de *empenta*) *tr.* Empujar, empellar. 2 MIN. Unir [las excavaciones o las obras de fortificación] de modo que queden bien seguidas.
empeñadamente *adv. m.* Con empeño.
empeñado, -da *adj.* Acalorado, reñido: *una discusión empeñada.*
empeñar (der. del ant. *peños,* prenda, del l. *pignus*) *tr.* Dar o dejar [una cosa] en prenda para seguridad de la satisfacción o pago. 2 Poner [a uno] de medianero para conseguir alguna cosa: *~ a Juan en el asunto.* -3 *tr.-prnl.* Compeler, obligar. 4 Aventurarse [un buque] a riesgos y averías sobre la costa. -5 *prnl.* Endeudarse: *empeñarse en mil duros.* 6 Insistir con tesón en una cosa: *no te empeñes en eso, que es inútil.* 7 Hacer uno el oficio de mediador a favor de otro: *empeñarse con,* o *por, alguno.* 8 Empezar, trabar una lucha: *se empeñaron grandes combates; tr., la infantería empeñó la batalla.*
SIN. **Pignorar** se usa pref. en DER., o tratándose de valores públicos; **hipotecar,** si se trata de inmuebles que se empeñan por escritura notarial.
empeñero, -ra *m. f. Méj.* Prestamista.
empeño (l. *in pignus*) *m.* Acción de empeñar o empeñarse: ***en ~,*** en fianza. 2 Efecto de empeñar o empeñarse. 3 Obligación de pagar alguna deuda, o de hacer algo por punto de honra, cargo de conciencia u otro motivo. 4 Vivo deseo de hacer o conseguir algo; objeto a que se dirige. 5 Tesón y constancia: ***con ~,*** con gran ahínco. 6 Persona que se ha empeñado. 7 Padrino, valedor. 8 *Méj.* Casa de empeños.
SIN. *1* y 2 El nombre pop. **casa de empeños,** se dice eufem. **casa de préstamos.**
GRAM. En la lengua medieval y clásica se usa **empeños,** con s que no es plural, sino procedente del nominativo l. *pignus: tener empeños en una cosa.*
empeñolarse *prnl. Méj.* Subirse a los peñoles o cerros ásperos.
empeñoso, -sa *adj.* Tesonero, constante.
empeoramiento *m.* Acción de empeorar o empeorarse. 2 Efecto de empeorar o empeorarse.
SIN. **Peoría.**
empeorar (paras.) *tr.* Volver o poner peor [a una pers. o cosa]. -2 *intr.-prnl.* Irse haciendo o poniendo peor.
empequeñecer (paras. de *pequeño*) *tr.* Minorar [una cosa] o amenguar su importancia. ◇ ** CONJUG. [43] como ***agradecer.***
empequeñecimiento *m.* Acción de empequeñecer. 2 Efecto de empequeñecer.
emperador (l. *imperatore*) *m.* Título de dignidad dado al jefe supremo del antiguo imperio romano. 2 Título de mayor dignidad dado a ciertos soberanos que tenían por vasallos a otros reyes o grandes príncipes: *el ~ Alfonso VII; el ~ de Alemania.* 3 Soberano de un imperio. 4 Pez marino teleósteo perciforme, de cuerpo alto, ovalado y comprimido; el dorso es azulado, los flancos y el vientre plateados con reflejos rosados, y los ojos en posición muy baja *(Luvarus imperialis).* 5 Pez espada.
SIN. *1* **César.**
emperatriz (l. *imperatrice*) *f.* Mujer del emperador. 2 Soberana de un imperio.
emperchado *m.* Cerca formada por enrejados de maderas verdes, para impedir la entrada en alguna parte.
emperchar (paras.) *tr.* Colgar en la percha. 2 Arremeter [contra alguna persona o cosa]. -3 *prnl.* Prenderse la caza en la percha. 4 *S. Dom.* Ataviarse.
empercudir *tr. Cuba, Guat.* y *P. Rico.* Percudir, dicho esp. del mal lavado de la ropa.
emperdigar *tr.* Perdigar. ◇ ** CONJUG. [7] como ***llegar.***
emperejilar (paras. de *perejil*) *tr.-prnl.* Adornar [a una persona] con profusión y esmero: *una muchacha que se emperejila demasiado.*
SIN. **Empapirotar, empaquetar, emperifollar.**
emperezar (paras.) *intr.-prnl.* Dejarse dominar de la pereza: *Juan se ha emperezado lamentablemente.* -2 *tr.* fig. Diferir, entorpecer la expedición o curso [de una cosa]. ◇ ** CONJUG. [4] como ***realizar.***
empergaminar (paras.) *tr.* Cubrir o forrar con pergamino [esp. los libros].
empericarse *prnl. Colomb.* Emborracharse. 2 *Méj.* Encaramarse. ◇ ** CONJUG. [1] como ***sacar.***
emperifollamiento *m.* Acción de emperifollar o emperifollarse. 2 Efecto de emperifollar o emperifollarse.
emperifollar (paras. de *perifollo*) *tr.-prnl.* Emperejilar.
empernar (paras.) *tr.* Clavar o asegurar [una cosa] con pernos.
empero *conj. advers.* lit. Pero II. 2 Sin embargo.
GRAM. A diferencia de *pero, mas, sino* y otras conj. adversativas, puede ir al final del período: *las condiciones habían mejorado; no fueron aceptadas empero.* Esta construcción es enfática y acentúa el carácter exclusivamente lit. que la conj. tiene de por sí.
emperrada *f.* Tresillo (juego).
emperramiento *m.* fam. Acción de emperrarse. 2 fam. Efecto de emperrarse.

emperrarse (paras. de *perro*) *prnl.* fam. Obstinarse, empeñarse en no ceder; p. ext., enfadarse, encolerizarse.
emperrechinarse *prnl. Perú.* Obstinarse.
empertigar *tr. Chile.* Uncir [los bueyes] al pértigo. ◇ ** CONJUG. [7] como *llegar.*
empesador (l. *impensa*) *m.* Manojo de raíces de juncos para atusar la urdimbre.
empesgar *tr.* Prensar, oprimir con un peso. ◇ ** CONJUG. [7] como *llegar.*
empesgue *m.* Acción de empesgar. 2 Efecto de empesgar. 3 Barra o palanca que hace presión en la molienda de la aceituna. 4 Prensa de la aceituna.
empetacar *tr. Colomb.* Meter [algo] en una petaca. ◇ ** CONJUG. [1] como *sacar.*
empetatar *tr. Amér.* Cubrir con petate [el suelo u otra cosa].
empetráceo, -a *adj.-f.* Planta de la familia de las empetráceas. -2 *f. pl.* Familia de plantas alpinas ericales que incluye arbustos parecidos al brezo, cuyas flores son unisexuales y carecen de pétalos coloreados; su fruto es una baya seca y carnosa.
empetrencarse *prnl. Chile.* Petrencarse. ◇ ** CONJUG. [1] como *sacar.*
empetro (l. *-os*) *m.* Hinojo marino.
empezar (paras. de *pieza*) *tr.* Comenzar, dar principio [a una cosa]: ~ *una cosa por lo difícil.* 2 Iniciar el uso o consumo [de una cosa]: ~ *una hogaza.* -3 *intr.* Tener principio una cosa: ~ *a brotar;* ~ *con bien;* ~ *en lunes;* ~ *en malos términos.* ◇ ** CONJUG. [47].
SIN. **Comenzar, principiar. Iniciar,** en particular, se refiere a un acto o serie de actos: *iniciar una conversación*; pero no se diría *iniciar un melón,* sino empezarlo.
empicarse *prnl.* Aficionarse demasiado. ◇ ** CONJUG. [1] como *sacar.*
empicharse *prnl. Venez.* Volverse piche, pudrirse.
empicotadura *f.* Acción de empicotar.
empicotar (paras.) *tr.* Poner [a uno] en la picota.
empiece *m.* fam. Comienzo.
empiedro *m. La Mancha.* Bancada en el molino de viento, a la que sirven de soporte dos marranos o vigas de madera.
empiema (gr. *empyema*) *m.* MED. Derrame purulento en la pleura. 2 p. ext. Operación destinada a evacuar este derrame.
empiezo *m. Argent., Colomb., Ecuad.* y *Guat.* Comienzo.
empigüelar *tr.* Atar con pihuelas.
empilar (paras.) *tr.* Apilar.
empilchar (de *pilcha*) *tr. Urug.* Ensillar [el caballo]. -2 *prnl. Argent.* y *Urug.* Vestirse.
empilonar *tr. Cuba.* Hacer montones de tabaco seco. 2 *Colomb., Cuba* y *P. Rico.* Amontonar, apilar.
empiltrarse *prnl.* fam. Echarse o meterse en la piltra o cama.
empiluchar *tr. Chile.* Quedarse pilucho, desnudarse.
empinada, *Irse a la* ~, encabritarse una bestia.
empinado, -da *adj.* Muy alto. 2 fig. Estirado, orgulloso. 3 fig. [terreno, camino, etc.] Que tiene una pendiente muy pronunciada.
empinadura *f.* Empinamiento.
empinamiento *m.* Acción de empinar o empinarse. 2 Efecto de empinar o empinarse.
empinar (paras. de *pino,* derecho) *tr.* Enderezar y levantar [una cosa] en alto; esp., levantar inclinando mucho [una vasija] para beber: ~ *el codo; intr., siempre empina.* -2 *prnl.* Ponerse una persona sobre las puntas de los pies, o un animal sobre los dos pies levantando las manos. 3 fig. Alcanzar gran altura los árboles, torres, montañas, etc.
SIN. *2* **Enarmonarse,** empinarse un cuadrúpedo; **encabritarse** se dice esp. del caballo.
empingorotado, -da *adj.* [pers.] Elevado a posición social ventajosa. 2 Encopetado, ensoberbecido.
empingorotar (paras. de *pingorote*) *tr.-prnl.* Levantar [una cosa] poniéndola sobre otra. -2 *prnl.* Envanecerse, engreírse.
empino (de *empinar*) *m.* ARQ. Parte más alta de la bóveda por arista.
empiñonado *m.* Piñonate (pasta dulce).
empipada *f. Amér.* Atracón, hartazgo.
empiparse *prnl. Amér.* Ahitarse, hartarse.
empipotarse *prnl. La Mancha.* Emborracharse.
empíreo, -a (gr. *empyrios* < *pyr,* fuego) *adj.-s.* Cielo (esfera concéntrica); en la teología cristiana, cielo (patria celestial). -2 *adj.* fig. Celestial, supremo, divino.
empireuma (gr. *empyreuma* < *pyreuo,* dar fuego) *m.* Olor y sabor particulares que adquieren ciertas substancias orgánicas sometidas a fuego violento.
empireumático, -ca *adj.* Que tiene empireuma.
empíricamente *adv. m.* De un modo empírico.
empírico, -ca (l. *empiricu,* del gr. *empirikós* < *peira,* experiencia) *adj.* Que es un resultado inmediato de la experiencia, que sólo se funda en la observación de los hechos, en la mera práctica: *método, procedimiento* ~. 2 Relativo al empirismo. -3 *adj.-s.* Persona cuyos conocimientos y reglas de acción son empíricas. 4 Partidario del empirismo: *filósofo* ~.
SIN. *1* v. **Experimental.**
empirismo (gr. *empeiría,* experiencia) *m.* Doctrina psicológica y epistemológica que no reconoce en el conocimiento ningún elemento que no proceda de la experiencia interna (reflexión) o externa (sensación); v. sensualismo. Es decir, frente al racionalismo y al innatismo, afirma que todos los contenidos del conocimiento, todos los conceptos, incluso los más generales y abstractos, proceden únicamente de la experiencia y que ésta es su única base de valor. 2 Método o procedimiento fundado en la mera práctica o experiencia.
empitar *tr. Perú.* Trincar con pita (cordel). 2 *Perú.* Acercarse un esbirro [a un hombre], trincarlo con un cordel y apresarlo.
empitonar (paras.) *tr.* Alcanzar la res [al lidiador] cogiéndole con los pitones.
empizarrado *m.* Cubierta de un edificio formada con pizarras.
empizarrar (paras.) *tr.* Cubrir [un techo] con pizarras.
emplantillado *m. Chile.* Relleno que se hace con barro y ripio.
emplantillar *tr. And.* Atrancar, atascar. 2 *Amér.* Echar plantillas [al calzado]. 3 *Chile.* Macizar, rellenar con cascote [los cimientos de una pared].
emplastadura *f.* Acción de emplastar. 2 Efecto de emplastar.
emplastamiento *m.* Emplastadura.
emplastar *tr.* Poner emplastos: *lo hemos emplastado.* 2 fig. Componer con afeites o adornos postizos: *se está emplastando.* 3 Embarazar [el curso de un negocio]. -4 *prnl.* Embadurnarse con cualquier compuesto pegajoso. 5 *Hond.* Sentarse.
emplaste *m.* Pasta a base de yeso que se endurece rápidamente.
emplastecer *tr.* PINT. Igualar con el aparejo [una superficie] para poder pintar sobre ella. ◇ ** CONJUG. [43] como ***agradecer.***
emplástico, -ca *adj.* Pegajoso, como el emplasto. 2 MED. Supurativo, disolutivo.
emplasto (l. *-stru,* del gr. *émplastron,* der. del gr. *emplasso,* modelar) *m.* Medicamento externo glutinoso, gralte. extendido sobre un pedazo de tela, que se adhiere a la parte a la cual se aplica. 2 fig. Componenda o arreglo desmañado y poco satisfactorio. 3 Persona delicada de salud. 4 fig. Cosa pegajosa.
SIN. *1* **Parche,** esp. cuando es delgado; **bizma, pegado.**
emplástrico, -ca *adj.* Emplástico.
emplazador, -ra *m. f.* Persona que emplaza.
emplazamiento *m.* Acción de emplazar. 2 Efecto de emplazar. 3 Posición, colocación, ubicación.
I) emplazar (paras. de *en* y *plazo*) *tr.* Citar [a una pers.] en determinado tiempo y lugar. 2 DER. Citar [al demandado] con un límite de plazo. 3 MONT. Concertar. ◇ ** CONJUG. [4] como ***realizar.***
II) emplazar (paras. de *en* y *plaza*) *tr.* Poner [una cosa] en determinado lugar. ◇ ** CONJUG. [4] como ***realizar.***
emplea *f. Colomb.* Empleita, pleita.
empleado, -da *m. f.* Persona que desempeña un destino o empleo, especialmente de oficina. 2 ~ ***de hogar,*** persona que por un salario o sueldo desempeña los trabajos domésticos o ayuda en ellos.
REL. Suele distinguirse del obrero manual, del técnico o facultativo y del dependiente de comercio; ~ público, **funcionario.**
empleador, -ra *adj.* Que emplea. -2 *m. f. Amér.* Patrono (que emplea obreros).
emplear (del fr. ant. *empleiier,* hoy *employer* < l. *implicare*) *tr.* Ocupar [a uno] encargándole un trabajo, negocio o comisión: ~ *a su hijo en la descarga; emplearse en herborizar;* esp., destinar [a uno] al servicio público: ~ *al hijo en un ministerio.* 2 Gastar, consumir, aplicar [alguna cosa material o moral]: ~ *las rentas, el tiempo, el talento.* 3 esp. Destinar [el dinero] a compras: ~ *diez mil pesetas en libros;* ~ *el capital en fincas.* 4 Usar: ~ *la máquina.*
SIN. *3* **Invertir.** FR. *Emplearsele bien a uno alguna cosa,* tener merecido el mal que le sobrevino.
emplebeyecer *tr.-prnl.* Aplebeyar. ◇ ** CONJUG. [43] como ***agradecer.***

empleita *f.* Pleita. 2 *P. Rico.* Molde rústico, cilíndrico, us. para encerrar el queso del país. -3 *m. P. Rico.* Sombrero jíbaro tejido con hojas de palmera.
empleitero, -ra *m. f.* Persona que tiene por oficio hacer o vender empleita.
emplenta (gr. *émplekton*) *f.* ARQ. Pedazo de tapia que se hace de una vez.
empleo *m.* Acción de emplear. 2 Efecto de emplear. 3 Destino, ocupación. 4 MIL. Jerarquía o categoría personal.
empleomanía *f.* Afán con que se codicia un empleo público retribuido.
emplomado *m.* Conjunto de planchas de plomo que recubre una techumbre o sujeta los cristales de una vidriera.
emplomador, -ra *m. f.* Persona que tiene por oficio emplomar.
emplomadura *f.* Acción de emplomar. 2 Efecto de emplomar. 3 Porción de plomo con que está emplomado algo. 4 *Argent.* y *Urug.* Empaste de un diente o muela.
emplomar (paras.) *tr.* Cubrir, asegurar o soldar con plomo: ~ *los techos;* ~ *las vidrieras;* ~ *una batería de cocina.* 2 Poner sellos de plomo [a las cosas que se precintan]. 3 *Amér.* Empastar [un diente]. 4 *Colomb.* y *Guat.* Enredar, engañar.
emplumamiento *m.* Acción de emplumar (poner plumas). 2 Efecto de emplumar (poner plumas).
emplumar *tr.* Poner plumas [a una cosa] para adorno o para que vuele; antiguamente, [a una pers.] por justicia para afrentarla: ~ *un sombrero;* ~ *una saeta;* ~ *a una alcahueta.* 2 fam. Sancionar, arrestar, detener, procesar, castigar, condenar. -3 *intr.* Emplumecer. 4 *Cuba* y *Guat.* Engañar [a uno]. 5 *Cuba.* Despedir, refiriéndose [a un subalterno]. 6 *Ecuad.* y *Venez.* Enviar [a uno] a algún sitio de castigo. 7 *Hond.* y *Guat.* Zurrar, golpear. -8 *intr. Amér. Merid.* Huir, fugarse.
emplumecer (paras.) *intr.* Echar plumas las aves. ◇ ** CONJUG. [43] como ***agradecer.***
empobrecedor, -ra *adj.* Que empobrece a uno.
empobrecer (l. *pauperescere*) *tr.* Hacer [que uno] quede pobre: ~ *un pueblo;* ***abs.,*** *la desidia empobrece.* -2 ***intr.-prnl.*** Llegar a pobre: *el país empobrece* o *se empobrece.* -3 ***tr.-prnl.*** Decaer, venir a menos [una cosa]: *la edad empobrece la memoria; empobrecerse los sembrados.* ◇ ** CONJUG. [43] como ***agradecer***
SIN. **Depauperar,** se aplica especialmente al empobrecimiento fisiológico de los seres vivos: *una raza depauperada por la mala alimentación, las epidemias.* Sólo en estilo culto, y aun pedante, puede usarse la sinonimia etim. en otras aceps.: *la quiebra del banco ha depauperado el país.*
empobrecimiento *m.* Acción de empobrecer o empobrecerse. 2 Efecto de empobrecer o empobrecerse.
empodrecer (l. *imputrescere*) ***intr.-prnl.*** Pudrir (corromper una cosa). ◇ ** CONJUG. [43] como ***agradecer.***
empojarse *prnl. Colomb.* Henchirse, inflarse.
empolinar *tr. S. Dom.* Afirmar [un camino].
empolladura *f.* Cría o pollo de las abejas. 2 Entre estudiantes, acción de empollar. 3 Entre estudiantes, efecto de empollar.
empollar (paras.) *tr.* Calentar el ave [los huevos] para sacar pollos. 2 Entre estudiantes, estudiar con mucha detención cualquier asunto: ~ *física;* ***estar empollado,*** estar enterado de una materia por haberla estudiado bien. -3 ***intr.*** Producir las abejas pollo o cría. 4 *Sal.* y *Amér.* Ampollar, levantar ampollas.
empollerarse *prnl. Pan.* Vestir la pollera.
empolleta *f. Cuba* y *P. Rico.* Ampolleta. 2 *Cuba* y *P. Rico.* Solicitud impertinente.
empollón, -llona *adj.-s.* desp. Estudiante, más aplicado que de talento, que prepara mucho sus lecciones.
SIN. **Amarrón.**
empoltronecerse (paras.) *prnl.* inus. Apoltronarse. ◇ ** CONJUG. [43] como ***agradecer.***
empolvar (paras.) *tr.* Echar polvo: ~ *a uno.* -2 ***tr.-prnl.*** Echar polvos [en los cabellos o en el rostro]. -3 *prnl. Méj.* fig. Estar desusado, perder la práctica: *médico empolvado.* 4 *S. Dom.* Huir, escaparse.
empolvoramiento *m.* Acción de empolvorar. 2 Efecto de empolvorar.
empolvorar (paras.) *tr.* Empolvar.
empolvorizar *tr.* Empolvar. ◇ ** CONJUG. [4] como ***realizar.***
emponchado, -da *adj. Amér.* Que está cubierto con el poncho. 2 *Amér.* Astuto, hipócrita. 3 *Amér.* fig. Sospechoso.
emponcharse *prnl. Amér.* Embozarse con el poncho.
emponzoñador, -ra *adj.-s.* Que da o compone ponzoña. -2 *adj.* fig. Que daña, inficiona o produce grave perjuicio.
emponzoñamiento *m.* Acción de emponzoñar o emponzoñarse. 2 Efecto de emponzoñar o emponzoñarse.
emponzoñar (paras.) *tr.* Dar ponzoña [a uno], o inficionar [una cosa] con ponzoña. 2 fig. Inficionar, corromper, dañar: *la avaricia emponzoñó su corazón.*
empopada *f.* MAR. Navegación hecha con viento duro por la popa.
empopar (paras.) *intr.* Calar mucho de popa un buque. -2 *tr.-prnl.* Volver la popa al viento, o a otra cosa.
emporcar (paras.) *tr.-prnl.* Ensuciar, llenar de porquería: ~ *la pared; emporcarse las manos.* ◇ ** CONJUG. [49] como ***trocar.***
emporio (l. *-iu* < gr. *emporion*) *m.* Ciudad donde existe mucho y extenso comercio. 2 Centro comercial de un país. 3 Lugar que se ha hecho famoso por las ciencias, artes, etc. 4 *Amér.* Almacén grande y elegante.
emporrado, -da *adj.* [pers.] Que está bajo los efectos del porro.
emporrar *tr.-prnl.* Ponerse bajo los efectos del porro.
empotramiento *m.* Acción de empotrar. 2 Efecto de empotrar.
empotrar (paras.) *tr.* Hincar [algo] en la pared o en el suelo, asegurándolo con fábrica. 2 Poner en el potro [las colmenas].
empotrerar *tr. Amér.* Herbajar, meter [el ganado] en el potrero. 2 *Amér.* Convertir [un terreno abierto] en potrero cercado.
empozado, -da *adj. Argent.* [terreno] Hondo o que forma concavidad.
empozar (paras.) *tr.* Meter o echar en un pozo: ~ *un cubo.* 2 Poner [el cáñamo o lino] en pozas para su maceración. -3 *prnl.* fig. Quedar sin curso un expediente. -4 *intr. Amér.* Quedar el agua detenida en el terreno formando pozas o charcos. -5 *tr. Amér.* Confiar [una cantidad] a una persona, administración o empresa. ◇ ** CONJUG. [4] como ***realizar.***
empradizar (paras.) *tr.* Convertir en prado [un terreno]. ◇ ** CONJUG. [4] como ***realizar.***
emprendedor, -ra *adj.* Que emprende con resolución acciones dificultosas.
emprender (l. *prehendere*) *tr.* Acometer y empezar [una obra o empresa, especialmente cuando es de cierta importancia]: ~ *una cosa por sí solo.* 2 fam. Con el complemento directo, gralte. implícito, acometer a uno para importunarle o reñir: *emprenderla* [la cuestión] *a palos con uno; emprenderla conmigo.*
FR. *Emprenderla para un sitio,* tomar el camino con resolución de llegar a un punto.
empreñar *tr.* Fecundar el macho [a la hembra]. 2 fig. *y* fam. Causar molestias a una persona. -3 *prnl.* Quedar preñada la hembra.
SIN. **Preñar.**
empresa *f.* Acción de emprender y cosa que se emprende: *una* ~ *valerosa.* 2 Obra o designio llevado a efecto, especialmente cuando en él intervienen varias personas. 3 Sociedad mercantil o industrial: *una* ~ *de construcciones;* ~ ***pública,*** la creada y sostenida por el poder público. 4 Conjunto de dichas sociedades: *el mundo de la* ~. 5 Emblema que oculta un mensaje secreto que alude a lo que se intenta conseguir o denota alguna prenda de que se hace alarde.
SIN. 5 **Divisa.**
empresariado *m.* Conjunto de las empresas y empresarios de una industria, región, país, etc.
empresarial *adj.* Relativo a las empresas y empresarios de cualquier ramo de la producción.
empresario, -ria *m. f.* Persona que toma a su cargo una empresa: *el* ~ *de las obras públicas; un* ~ *de teatro.* 2 Patrono, persona que contrata y dirige obreros. 3 Titular propietario o directivo de una industria, negocio o empresa.
emprestar *tr.* vulg. Prestar. 2 p. us. Pedir prestado.
empréstito *m.* Préstamo que toma el estado o una corporación. 2 Cantidad así prestada.
empretecer (de *prieto,* negro) *intr. Ant.* y *Ecuad.* Ennegrecer. ◇ ** CONJUG. [43] como ***agradecer.***
emprima *f.* p. us. Primicia.
emprimado *m.* Acción de emprimar (repasar la lana). 2 Efecto de emprimar (repasar la lana).
emprimar (paras. de *primo*) *tr.* Dar segunda carda [a la lana] o repasarla para hacer paño más fino. 2 fig. Abusar de la inexperiencia [de uno] para hacerle pagar algo, o para divertirse a costa suya. 3 PINT. Imprimar.
empringar *tr.* vulg. Pringar. ◇ ** CONJUG. [7] como ***llegar.***
empuchar (paras. de *puches*) *tr.* Poner [las madejas] en lejía antes de curarlas al sol.

empuesta (de ~) (l. *in,* en + *post,* después) *loc. adv.* CETR. Por detrás o después de haber pasado el ave.

empujada *f. Argent., Guat., Urug.* y *Venez.* Empujón.

empujador, -ra *adj.-s.* Que empuja.

empujar (l. *impulsare*) *tr.* Hacer fuerza contra [una cosa] para moverla: ~ *a,* o *hacia,* o *hasta, un abismo;* ~ *contra la pared.* 2 fig. Hacer que [uno] salga del puesto u oficio en que se halla. 3 fig. Hacer presión, intrigar para conseguir [alguna cosa].
SIN. **Rempujar** y **arrempujar,** son vulg.; **impeler, impulsar, propulsar,** pertenecen a la lengua culta; **emburriar,** en algunas provincias del N.

empuje *m.* Acción de empujar. 2 Efecto de empujar. 3 Esfuerzo producido por el peso de la bóveda. 4 FÍS. Fuerza hacia arriba que experimenta un cuerpo sumergido en un fluido. 5 FÍS. Fuerza propulsora desarrollada por un motor de reacción. 6 fig. Brío, arranque, resolución con que se acomete una empresa: *es persona de* ~.

empujón (l. *impulsione*) *m.* Impulso dado con fuerza para mover a una persona o cosa. 2 ***A empujones,*** a empellones; con intermitencias en los impulsos o avances: *por falta de dinero lo construyeron a empujones.* 3 Avance rápido dado a una obra trabajando con ahínco en ella.
SIN. *1* **Envión, envite. Impulso, impulsión** y **propulsión,** son términos cultos (a menudo fig.) o tecnicismos us. en mecánica; además denotan fuerza continuada, mientras que **empujón, envite** y **envión** son momentáneos; **rempujón** (vulg.).

empulgadura *f.* Acción de empulgar. 2 Efecto de empulgar.

I) empulgar (paras. de *pulgar*) *tr.* Armar [la ballesta]. ◇ ** CONJUG. [7] como ***llegar.***

II) empulgar *tr.-prnl.* Llenar [una cosa] de pulgas. ◇ ** CONJUG. [7] como ***llegar.***

empulguera (de *empulgar*) *f.* Extremidad de la ballesta. -2 *f. pl.* Instrumento para dar tormento apretando los dedos pulgares.
SIN. **Pulguera.**

empuntar *tr. Sal.* Despedir, echar a uno por molesto. 2 *Sal., Colomb.* y *Ecuad.* Encarrilar, encaminar, dirigir. 3 Poner a sacar punta [a algo]. 4 TAUROM. Empitonar. -5 *prnl. Venez.* Obstinarse. -6 *intr.* fam. *Colomb.* ***Empuntarlas,*** tomar las de Villadiego. 7 *Colomb.* y *Ecuad.* Irse, marcharse, huir.

empuñador, -ra *adj.* Que empuña.

empuñadura *f.* Guarnición o punto de la espada. 2 fig. Principio de un discurso o cuento, compuesto de fórmulas consagradas por el uso: *érase que se era.* 3 *Amér.* Puño de bastón o de paraguas.

empuñar (paras.) *tr.* Asir por el puño [una cosa]; en gral., asir [una cosa] abarcándola con la mano: ~ *una pelota;* ~ *un arma.* 2 fig. Lograr, alcanzar [un empleo o puesto]. 3 *Bol.* Apuñear. 4 *Chile.* Cerrar la mano para formar o presentar el puño.

empuñidura *f.* MAR. Cabo firme para sujetar los puños a la verga.

empurar *tr.* MIL. Imponer una sanción o castigo.

empurpurado, -da *adj.* Vestido de púrpura.

empurrarse *prnl. Amér. Central.* Enfurruñarse.

emputecer (paras.) *tr.-prnl.* Prostituir [a una mujer]. ◇ ** CONJUG. [43] como ***agradecer.***

emú *m.* Ave casuariforme de Australia, de 1 m. de longitud y 50 kgs. de peso; el plumaje es de color gris obscuro y su voz recuerda un tamborileo lejano *(Dromaius novaehollandiæ).* ◇ Pl.: *emúes.*

emulación *f.* Pasión del alma que incita a imitar y aun a superar las acciones ajenas.

emulador, -ra *adj.-s.* Que emula.

emular (l. *æmulare*) *tr.* Imitar las acciones [de otro] procurando igualarle y aun excederle: ~ *a uno* o ~ *con uno.*
SIN. v. **Competir.**

emulgente (l.) *adj.* [arteria y vena] Renal.

émulo, -la *adj.-s.* Competidor de una persona o cosa que procura aventajarla: ~ *de Lope en inspiración.*

emulsificador *m.* Aparato empleado para hacer emulsiones.

emulsión (l. *emulsu* < *emulgere,* ordeñar) *f.* Suspensión coloidal de un líquido en otro. 2 ~ ***fotográfica,*** preparación alterable por la luz que recubre las películas fotográficas. 3 FARM. Líquido de aspecto lácteo que contiene en suspensión pequeñísimas partículas de substancias insolubles en el agua.
SIN. *3* **Lechada.**

emulsionante *adj.* QUÍM. [agente] Que permite conseguir una emulsión o estabilizarla. -2 *m.* QUÍM. Substancia utilizada con dicho fin.

emulsionar *tr.* Convertir [una substancia, gralte. grasa] en emulsión.

emulsivo, -va *adj.* [substancia] Propio para hacer o conservar emulsiones: *substancia emulsiva.*

emulsor *m.* Aparato para hacer emulsiones.

emunción *f.* MED. Evacuación de los humores y materias superfluas o nocivas.

emuntorio, -ria (l. *emunctoriu* < *emungere,* limpiar) *adj.-s.* [órgano, conducto y glándula] Que excreta las substancias o humores superfluos o nocivos.

en (l. *in*) *prep.* Expresa en general idea de reposo, a diferencia de la prep *a,* usada gralte. para las relaciones de movimiento. Denota el lugar o el tiempo en que se determina una acción: *está en Madrid; sucedió en Pascua.* 2 Modo o manera de realizarla: *lo dijo en broma; contestó en inglés.* 3 Forma o formato: *el cuchillo termina en punta; la camiseta tiene el escote en pico.* 4 Aquello en que se ocupa o sobresale una persona: *él piensa en vosotros; se complace en el juego; es docto en medicina; nadie le excede en bondad.* 5 Medio o instrumento: *viajo en avión; haced el dibujo en tinta china.* 6 Precio: *te lo dejo en tres mil pesetas; las pérdidas se evalúan en varios millones de pesetas.* 7 Sirve de enlace en la construcción de ciertos verbos con otros en infinitivo: *le conocí en el andar; no hay inconveniente en concederlo.* 8 Precediendo a un gerundio significa sucesión inmediata, equivalente a luego que, después que: *en llegando yo, todos se callan.* 9 Precediendo a ciertos substantivos y adjetivos, da origen a locuciones adverbiales modales: *en general; en secreto.*
GRAM. *7* Esta construcción es necesaria siempre que en casos análogos de complemento nominal se use esta preposición: *piensa en venir, se complace en jugar.*

I) en- (proc. del l. *in*) Prefijo que entra en la formación de palabras y que expresa las relaciones de la prep. *en*: *encubrir, ensalmo.* 2 Sirve para formar verbos parasintéticos de significación muy varia: *enladrillar, encerrar;* antes de *b* o *p* se convierte en *em-*: *embridar, empezar;* en voces que en latín tenían *in-* privativo no se siente ya la composición: *enemigo, enfermo.* ◇ V. in-.

II) en- (del gr. *en,* en, entre, dentro de) Prefijo que entra en la formación de palabras científicas con el significado de en, entre, dentro de: *encéfalo, endemia, enfisema.*

-ena, v. -eno.

enaceitar *tr.* Untar con aceite. -2 *prnl.* Ponerse aceitosa o rancia [una cosa].

enacerar *tr.* Hacer [alguna cosa] como de acero. 2 fig. Endurecer, vigorizar.

enagostar *tr.-prnl.* Angostar.

enagua (voz americana) *f.* Falda interior, gralte. de tela blanca, usada debajo de la falda exterior: *usar enaguas planchadas.* ◇ Se usa más en plural; también *nagua,* p. us.

enaguachar (*en-* I + *aguachar*) *tr.* Llenar de agua [una cosa] en que no conviene que haya tanta. -2 *tr.-prnl.* Causar empacho de estómago el beber mucho o comer mucha fruta.
SIN. **Aguachar.**

enaguar *tr.* Enaguachar (llenar de agua). ◇ ** CONJUG. [22] como ***averiguar.***

enaguazar (*en-* I + *aguazar*) *tr.-prnl.* Encharcar [las tierras], llenarlas excesivamente de agua. ◇ ** CONJUG. [4] como ***realizar.***
SIN. **Aguacharnar.**

enagüillas *f. pl.* Dim. de *enaguas.* 2 Especie de falda corta que ponen a algunas imágenes de Cristo Crucificado, o que se usa en algunos trajes de hombre, como el escocés y el griego.

enainíticas *loc. C. Rica.* fam. Por poco; en nada.

enajenable *adj.* Que se puede enajenar.

enajenación *f.* Acción de enajenar o enajenarse. 2 Efecto de enajenar o enajenarse. 3 fig. Distracción, falta de atención, embeleso. 4 eufem. ~ ***mental,*** locura. 5 DER. Alteración de las facultades mentales de un individuo que le incapacita total o parcialmente para actuar jurídicamente y para ser considerado como autor de un delito.

enajenado, -da *adj.* eufem. Loco.

enajenador, -ra *adj.-s.* Que enajena.

enajenamiento *m.* Enajenación.

enajenante *adj.* Enajenador.

enajenar (l. *alienare*) *tr.* Pasar o transmitir a otro [la propiedad o el dominio de una cosa]. -2 *tr.-prnl.* fig. Sacar [a uno] fuera de sí; turbarle el uso de razón: *el miedo la enajenó; se enajenó de sí.* 3 fig. Extasiar, embelesar, producir asombro o admiración. -4 *prnl.* Desposeerse, privarse de algo: *enajenarse de sus libros.* 5 Apartarse del trato con alguna persona: *enajenarse de un amigo.*
SIN. *2* **Transportar(se).**

enálage (gr. *enallagé,* interversión) *f.* Figura de construcción que consiste en mudar las partes de la oración o sus accidentes, p. ej., usar un adjetivo como adverbio, o un tiempo de verbo fuera de su significación habitual.
SIN. **Traslación.**
enalbar (l. *inalbare,* blanquear) *tr.* Caldear y encender [el hierro] en la fragua hasta que parezca blanco.
enalbardar *tr.* Poner la albarda. 2 fig. Rebozar con harina, huevos, etc. [alguna cosa que se va a freír]. 3 Envolver en una lámina de tocino un alimento para evitar que se seque al cocerlo. 4 fig. Emborrazar.
SIN. **Albardar.**
enalmagrado, -da *adj.* fig. Señalado o tenido por ruin.
enalmagrar *tr.* Almagrar (teñir de almagre).
enaltecedor, -ra *adj.* Que enaltece.
enaltecer (paras. de *alto*) *tr.* Ensalzar. ◇ ** CONJUG. [43] como *agradecer.*
enaltecimiento *m.* Acción de enaltecer. 2 Efecto de enaltecer.
SIN. v. **Elogio.**
enamarillecer *intr.-prnl.* Amarillecer. ◇ ** CONJUG. [43] como *agradecer.*
enamoradamente *adv. m.* Con enamoramiento.
enamoradizo, -za *adj.* Propenso a enamorarse.
enamorado, -da *adj.-s.* Que tiene amor. 2 [pers.] Que se entusiasma por algo. -3 *adj.* Enamoradizo.
enamorador, -ra *adj.-s.* Que enamora o dice amores.
enamoramiento *m.* Acción de enamorar o enamorarse. 2 Efecto de enamorar o enamorarse.
enamorar (paras.) *tr.* Excitar [en uno] la pasión del amor. 2 Decir [a uno] amores o requiebros. -3 *prnl.* Prendarse de amor de una persona. 4 Aficionarse a una cosa: *enamorarse de una teoría.*
enamoricarse *prnl.* irón. Enamorarse levemente de alguien. ◇ ** CONJUG. [1] como *sacar.*
SIN. **Engolondrinarse.**
enamoriscarse *prnl.* Enamoricarse. ◇ ** CONJUG. [1] como *sacar.*
enancar *tr.-prnl. Amér.* Montar a las ancas. 2 *Amér.* fig. Meterse uno donde no le llaman. -3 *tr. Amér.* fig. Conseguir algo a costa ajena. 4 *Argent.* Sobrevenir una cosa detrás de otra y como su consecuencia. ◇ ** CONJUG. [1] como *sacar.*
enanchar *tr.* fam. Ensanchar.
enanismo *m.* Trastorno del crecimiento caracterizado por una talla inferior a la propia de los individuos de la misma edad, especie y raza.
SIN. **Hiposomía.**
enano, -na (l. *nanu*) *adj.* fig. Que es diminuto en su especie. -2 *m. f.* Persona de extraordinaria pequeñez: *el ~ de la venta,* tradición de un enano que restablecía el orden gritando y sin mostrar más que la cabeza; de aquí la comparación *como el ~ de la venta,* que se aplica a lo que nos asusta con sólo la apariencia, aunque sus fuerzas sean en realidad ridículas.
SIN. *2* **Liliputiense.**
enante *f.* Hierba umbelífera, venenosa, propia de los terrenos húmedos *(Œnanthe phelandrium).*
enantema *m.* MED. Lesión pequeña, de color rojo y gralte. no dolorosa, de las mucosas de la boca y faringe, en el curso de una enfermedad eruptiva.
enantio- (gr. *enantios,* opuesto) Elemento prefijal que entra en la formación de palabras con el significado de opuesto: *enantiopatía, enantiomorfo.*
enantioblastales (*enantio-* + gr. *blastos,* germen) *f. pl.* Orden de plantas dentro de la clase monocotiledóneas, con endospermo farinoso en las semillas y flores hermafroditas.
enantiomerismo (*enantio-* + gr. *meros,* parte) *m.* Isomerismo óptico.
enantiomorfo, -fa (*enantio-* + *-morfo*) *adj.* Que está formado por partes iguales dispuestas en orden inverso, de modo que son idénticas sin ser superponibles: *la mano izquierda y la derecha son enantiomorfas.*
enantiopatía (*enantio-* + *-patía*) *f.* Sistema terapéutico cuyo fin es el de determinar síntomas opuestos a los de la enfermedad.
enantiotropía (*enantio-* + gr. *tropos,* giro, vuelta) *f.* QUÍM. Propiedad de una substancia de existir en dos formas cristalinas, estables respectivamente por debajo y por encima de la temperatura de transición.
enarbolado *m.* Conjunto de piezas de madera ensambladas que forman la armadura de una torre o bóveda.
enarbolar (paras.) *tr.* Levantar en alto [estandarte, bandera, etc.]. -2 *prnl.* Encabritarse. 3 Enfadarse, enfurecerse.
SIN. **Arbolar.**
enarcar (paras.) *tr.-prnl.* Arquear (dar figura de arco). -2 *tr.* Echar cercos o arcos a las [cubas, toneles, etc.]. -3 *prnl.* Encogerse, achicarse: *se enarcó al caer.* 4 *Ar.* fig. Cortarse, perder la serenidad. 5 *Méj.* Encabritarse el caballo. ◇ ** CONJUG. [1] como *sacar.*
enardecedor, -ra *adj.* Que enardece.
enardecer (l. *inardescere*) *tr.-prnl.* fig. Excitar o avivar: *~ los ánimos.* -2 *prnl.* Encenderse una parte del cuerpo por congestión, inflamación, etc. ◇ ** CONJUG. [43] como *agradecer.*
SIN. **Inflamar.**
enardecimiento *m.* Acción de enardecer o enardecerse. 2 Efecto de enardecer o enardecerse.
enarenación *f.* Mezcla de cal y arena con que se preparan las paredes que se han de pintar.
enarenar *tr.-prnl.* Echar arena para cubrir [una superficie]: *~ una calle.* 2 MIN. Mezclar arena fina con [las lamas argentíferas] para que el azogue trabaje más fácilmente. -3 *prnl.* Encallar o varar las embarcaciones.
SIN. *1* **Arenar.**
enargita *f.* Mineral de la clase de los sulfuros que cristaliza en el sistema rómbico, de color gris o negro.
enarmonar (de *armu,* omóplato) *tr.* Levantar o poner en pie [una cosa]. -2 *prnl.* Empinarse un cuadrúpedo.
enarmónico, -ca (gr. *-ikós*) *adj.* MÚS. [nota] Que, consecutiva a otra con representación distinta, tiene sonido equivalente bajo la influencia de los sostenidos y bemoles: *el do bemol es ~ del si natural.*
enartar (paras.) *tr.* Encantar, hechizar por arte mágico.
enartrosis (gr. *enárthrosis*) *f.* Articulación movible entre la cabeza esférica de un hueso y la cavidad correspondiente de otro. ◇ Pl.: *enartrosis.*
enastado, -da *adj.* Que tiene astas o cuernos.
enastar (paras.) *tr.* Poner el mango o asta [a un arma, herramienta, etc.].
enastilar (paras.) *tr.* Poner astil [a una herramienta].
encabalgamiento *m.* Cureña, carro u otra cosa en que se montaba o aseguraba la artillería. 2 Armazón de maderos cruzados donde se apoya alguna cosa. 3 Acción de encabalgar. 4 Efecto de encabalgar.
encabalgante *adj.* Que encabalga.
encabalgar *tr.* Proveer de caballos. -2 *intr.-prnl.* Descansar, apoyarse una cosa sobre otra. -3 *tr.-prnl.* Dejar pendiente, en fin de verso o hemistiquio, una palabra o una frase que forma normalmente unidad fonética y sintáctica: *«Y mientras miserable / mente se están los otros abrasando» (Fr. L. de León, 1527-1591); «¿Quién me dijera, cuando en las pasadas / horas en tanto bien por vos me vía» (Garcilaso, ¿1501?-1536).* ◇ ** CONJUG. [7] como *llegar.*
REL. Los versos que así se encabalgan se llaman **encabalgados,** y **encabalgamiento** la acción y efecto de encabalgarlos.
encaballado *m.* IMPR. Descomposición de un molde por mezclarse las líneas, letras y espacios.
encaballar (paras. de *caballo*) *tr.* Colocar una pieza de modo que se sostenga sobre la extremidad de otra: *~ las pizarras en un tejado.* -2 *intr.* Encabalgar (montar a caballo). -3 *tr.-prnl.* IMPR. Desarreglar un molde de modo que las letras de unas líneas pasen a otras, apareciendo el conjunto torcido.
encabar *tr.* Poner cabo o mango [a una herramienta].
encabellecerse (paras.) *prnl.* Criar cabello. ◇ ** CONJUG. [43] como *agradecer.*
encabestradura *f.* Herida producida a una caballería en la parte posterior de la cuartilla por el frote del cabestro.
encabestrar (paras.) *tr.* Poner el cabestro [a los animales]. 2 Hacer que [las reses bravas] sigan a los cabestros. 3 fig. Atraer, seducir [a uno]. -4 *prnl.* Enredar la bestia una mano en el cabestro.
encabezado *m. P. Rico.* Capataz.
encabezamiento *m.* Acción de encabezar o empadronar. 2 Padrón vecinal para la imposición de tributos. 3 Fórmula con que comienzan algunos escritos: *~ del testamento.*
encabezar (paras.) *tr.* Registrar, poner en matrícula [a uno]. 2 Iniciar [una suscripción o lista]. 3 Presidir, estar al frente de algo. 4 Poner el encabezamiento [de un libro o escrito]. 5 Aumentar la parte espiritosa [de un vino] con otro más fuerte o con alcohol. 6 Acaudillar, dirigir [a otros]: *~ a los amotinados.* 7

CARP. Unir [dos tablones o vigas] por sus extremos. -8 ***prnl.*** Convenirse y ajustarse en cierta cantidad para un pago. 9 Tolerar un daño para evitar otro mayor. ◇ ** CONJUG. [4] como ***realizar.***

encabrahigar *tr.* Cabrahigar. ◇ ** CONJUG. [25] como ***cabrahigar.***

encabriar (paras.) ***tr.*** Colocar los cabrios para formar [la cubierta de un edificio]. ◇ ** CONJUG. [13] como ***desviar.***

encabrillado, -da ***adj.*** *Venez.* [ganado] Que, para hacerlo más resistente, se le ha puesto cabrilla encerotada.

encabrillar ***tr.*** Hacer cabrillas en el agua del mar.

encabritarse (paras. de *cabrito*) ***prnl.*** Empinarse el caballo. 2 fig. Levantarse la parte anterior [de embarcaciones, aeroplanos, automóviles, etc.] súbitamente hacia arriba. 3 fig. Enojarse, cabrearse.

encabronar ***tr.-prnl.*** fam. Enfurecer, enojar.

encabullar ***tr.*** *Ant.* y *Venez.* Encabuyar.

encabuyado ***m.*** *Venez.* Garrote forrado con cabuya.

encabuyar ***tr.*** *Ant.* y *Venez.* Liar o envolver [alguna cosa] con cabuya.

encachado, -da ***m.*** Revestimiento de piedra u hormigón con que se fortalece el cauce de una corriente de agua. 2 Empedrado de la entrevía por donde circulaban tranvías de tracción animal, para que las caballerías marchasen más fácilmente. 3 Empedrado de entrevía de los trenes. 4 Enlosado irregular de piedra con juntas de tierra donde nace musgo, o hierba. 5 *Sant.* Empedrado de morrillos. -6 ***adj.*** *Chile.* Bien presentado.

encachar ***tr.*** Hacer un encachado. 2 Poner las cachas [a un cuchillo, navaja, etc.]. 3 *Chile.* Agachar [la cabeza] el animal vacuno para acometer. -4 ***prnl.*** *Chile* y *Venez.* Amorrarse, emperrarse.

encacharrar ***tr.*** *P. Rico.* Encarcelar.

encachicharse ***prnl.*** *Hond.* Enchicharse.

encachilarse ***prnl.*** *Argent.* Enojarse mucho.

encachorrarse ***prnl.*** *Colomb.* Enfadarse. 2 *Cuba, P. Rico* y *Venez.* Emperrarse.

encadarse ***prnl.*** *Ar.* y *Nav.* Meterse en el cado, agazaparse. 2 fig. Acoquinarse, acobardarse.

encadenación ***f.*** Encadenamiento.

encadenado, -da ***adj.*** [estrofa] Cuyo primer verso repite en todo o en parte el último de la precedente; [verso] que comienza con la última palabra del anterior. V. terceto encadenado. -2 ***m.*** Efecto cinematográfico que consiste en la desaparición gradual de una imagen y en progresiva y simultánea substitución por otra. 3 ARQ. Cadena. 4 MIN. Serie de estemples y tornapuntas ligados entre sí en una entibación.

encadenadura ***f.*** Encadenamiento.

encadenamiento ***m.*** Acción de encadenar. 2 Efecto de encadenar. 3 Conexión, trabazón de unas cosas con otras. 4 LING. En semántica, serie de cambios en el significado de una palabra, los cuales se apoyan en el anterior y explican el siguiente.
SIN. *3* **Concatenación, concadenación.**

encadenar (paras.) ***tr.*** Ligar y atar con cadena: ~ *al monstruo.* 2 fig. Trabar y enlazar [unas cosas] con otras: *se encadenaron los sucesos.* 3 fig. Dejar [a uno] sin movimiento y sin acción: *le encadenaron en casa.* 4 MAR. Echar las cadenas [de un cuerpo].

encajadas ***adj. pl.*** BLAS. [pieza] Que forma encajes.

encajado, -da ***adj.*** BLAS. [escudo] Cuyas particiones encajan las unas en las otras.

encajador, -ra ***m. f.*** Persona que encaja. -2 ***m.*** Instrumento para encajar una cosa en otra.

encajadura ***f.*** Acción de encajar. 2 Encaje (sitio).

encajamiento ***m.*** MED. En obstetricia, grado de introducción de la cabeza o la parte fetal que se presenta en la pelvis, como primer tiempo del parto.

encajar (paras. de *caja*) ***tr.*** Meter [una cosa] dentro de otra ajustadamente: ~ *el anillo al dedo, el eje a la rueda.* 2 Unir ajustadamente una cosa con otra: ~ *la tapa del baúl;* ***intr.,*** *no encaja en,* o *con, el cerco.* 3 Ajustar sincrónicamente las palabras del actor de un doblaje con el ritmo y movimiento de labios del intérprete. 4 fig. Introducir inoportunamente [una especie] en la conversación: ~ *un cuento, un chiste;* hacer oír [una cosa] a disgusto: ~ *una arenga;* ~ *un comedión;* ***abs.,*** *tal frase no encaja.* 5 fig. Hacer tomar [una cosa] que causa molestia o perjuicio: *me encajó una moneda falsa.* 6 fig. *y* fam. Coincidir, estar de acuerdo. 7 fig. *y* fam. Recuperarse después de un disgusto o contratiempo. 8 GALIC. DEP. Resistir o recibir [tantos adversos, golpes, etc.]. -9 ***prnl.*** Meterse uno en parte estrecha o de mucha gente: *encajarse en el tranvía.* 10 fig. Vestirse una prenda: *se encajó un gabán.* 11 *Argent.* Atascarse un coche.
SIN. *2* **Ajustar.**

encaje ***m.*** Acción de encajar una cosa en otra. 2 Ajuste de dos piezas que cierran o se adaptan entre sí: *ensambladura de* ~. 3 Sitio o hueco en que se encaja una cosa. 4 Tejido de mallas, lazadas o calados con labores, hecho con bolillos, aguja de coser, ganchillo, o mecánicamente. 5 Labor de taracea. 6 Dinero que los bancos tienen en caja. 7 Entrada, ingreso, haber en caja. 8 ZOOL. Colonia calcificada de lofofóridos briozoos que mide hasta 10 cms. de altura, con la forma de un fino encaje muy delicado, de color asalmonado *(Retepora cellulosa).* -9 ***m. pl.*** BLAS. Particiones del escudo, en formas triangulares alternas, de color y metal, y encajadas unas en otras.

encajerarse (paras.) ***prnl.*** MAR. Detenerse un cabo de labor entre la cajera y la roldana de un motón.

encajero, -ra ***m. f.*** Persona que tiene por oficio hacer o vender encajes.

encajetillar (paras.) ***tr.*** Formar las cajetillas [de tabaco].

encajonado ***m.*** Ataguía. 2 ARQ. Obra de tapia de tierra, que se hace encajonando la tierra y apisonándola dentro de tapiales.

encajonamiento ***m.*** Acción de encajonar. 2 Efecto de encajonar.

encajonar (paras.) ***tr.*** Meter y guardar [una cosa] dentro de un cajón. 2 Meter en un sitio angosto: ~ *un batallón;* ***prnl.,*** *encajonarse el río.* 3 fig. Poner [a uno] en situación estrecha o difícil. 4 ALBAÑ. Construir [cimientos] en cajones o zanjas abiertas. 5 ALBAÑ. Reforzar [un muro] a trechos con machones formando encajonados. 6 TAUROM. Encerrar a los toros en cajones para su traslado, en especial a las plazas donde han de ser lidiados.

encajuelado, -da ***adj.*** *Guat.* [tela o género] Rayado o pintado a cuadros.

encalabernarse (de *encalabrinar*) ***prnl.*** *Cuba.* fam. Obstinarse, emperrarse.

encalabozar (paras.) ***tr.*** Meter [a uno] en calabozo. ◇ ** CONJUG. [4] como ***realizar.***

encalabrinamiento ***m.*** Acción de encalabrinar o encalabrinarse. 2 Efecto de encalabrinar o encalabrirnarse.

encalabrinar ***tr.*** Turbar [a uno] llenándole la cabeza de un vapor o hálito: *el olor me encalabrinó.* 2 Excitar, irritar: ~ *los nervios a su compañero.* 3 Hacer concebir a alguien ilusiones, deseos, etc., imposibles o infundados. -4 ***prnl.*** Tomar una manía; obstinarse en una cosa. 5 fam. Enamorarse perdidamente.

I) encalada (de *encalar* I) ***f.*** Mezcla de cal y agua, usada para blanquear las paredes.

II) encalada (de *encalar* II) ***f.*** Pieza de metal en el jaez del caballo.

encalado ***m.*** Enlucido, blanqueo con cal.

encalador, -ra ***adj.-s.*** Que encala o blanquea. -2 ***m.*** En las tenerías, cuba donde meten las pieles con cal, para pelarlas.

encaladura ***f.*** Acción de encalar (blanquear). 2 Efecto de encalar (blanquear).
SIN. *1* y *2* **Encostradura.**

encalambrarse ***prnl.*** *Amér.* Entumirse, aterirse. 2 *Amér.* Tener calambre.

encalamocar, encalamucar ***tr.-prnl.*** *Colomb., Méj.* y *Venez.* Alelar, confundir, poner [a uno] calamocano. ◇ ** CONJUG. [1] como ***sacar.***

I) encalar (paras.) ***tr.*** Dar de cal o blanquear [una cosa]. 2 Meter en cal o espolvorear con ella [alguna cosa].

II) encalar (paras.) ***tr.*** Meter [algo] en una cala o cañón, como se hace con el carbón en los hornillos de atanor.

encalatarse (de *calato,* desnudo) ***prnl.*** *Perú.* Desnudarse. 2 *Perú.* fig. Arruinarse.

encalcar (*en-* + *calcar*) ***tr.*** Recalcar, apretar [una cosa]. ◇ ** CONJUG. [1] como ***sacar.***

encaletar ***tr.*** *Chile.* Meter en caleta.

encalillarse ***prnl.*** *Chile.* Endeudarse.

encalladero ***m.*** Paraje donde pueden encallar las naves. 2 fig. Atascadero, mal negocio.

encalladura ***f.*** Acción de encallar. 2 Efecto de encallar.

encallar (paras., formado sobre *calle*) ***intr.*** Dar la embarcación en arena o piedras, quedando en ellas sin movimiento. 2 fig. No poder salir adelante en un negocio o empresa.
SIN. **Varar.**

encallarse (paras. de *callo*) ***prnl.*** Endurecerse los alimentos por mala cocción. 2 *And.* Encallecer.

encallecer (paras.) ***intr.-prnl.*** Criar callos o endurecerse la carne a manera de callo. -2 ***prnl.*** fig. Endurecerse con la costumbre en los trabajos o en los vicios. ◇ ** CONJUG. [43] como ***agradecer.***
encallejonar (paras.) ***tr.-prnl.*** Hacer entrar o meter [una cosa] por un callejón, o por cualquier parte estrecha y larga: ~ *los toros.*
encalmadura ***f.*** Enfermedad que por el mucho trabajo y el calor suelen padecer las caballerías.
encalmarse ***prnl.*** Sofocarse las bestias por el mucho trabajo y el excesivo calor, o por estar muy gordas. 2 Quedar en calma el tiempo o el viento. 3 Hablando de negocios o transacciones, tener poca actividad. 4 Sofocarse o enfermar por exceso de calor o trabajo.
encalo ***m.*** *And.* Blanqueo con cal.
encalostrarse (paras.) ***prnl.*** Enfermar el niño por haber mamado los calostros.
encalvecer (paras.) ***intr.*** Perder el pelo, quedar calvo. ◇ ** CONJUG. [43] como ***agradecer.***
encamación ***f.*** MIN. Entibación hecha con ademes delgados.
encamado ***m.*** Acción de encamarse las mieses. 2 Efecto de encamarse las mieses.
encamar (paras.) ***tr.*** Tender o echar [una cosa] en el suelo. 2 MIN. Cubrir [los ademes del piso] o rellenar [huecos] con ramaje. -3 ***prnl.*** Echarse o meterse en la cama por enfermedad. 4 Agazaparse las piezas de caza o echarse en los sitios que buscan para su descanso. 5 Echarse o abatirse las mieses.
encamarar (paras.) ***tr.*** Poner en la cámara [los granos y frutas].
encambijar (paras.) ***tr.*** Acopiar [agua] y distribuirla por medio de cambijas.
encambrar ***tr.*** Encamarar.
encambronar (paras.) ***tr.*** Cercar con cambrones [una finca]. 2 Fortificar y guarnecer con hierros [una cosa].
encame ***m.*** Acción de ser ingresado en un hospital. 2 *And.* MONT. Sitio donde se acuestan durante el día las reses montaraces.
encaminadura ***f.*** Encaminamiento.
encaminamiento ***m.*** Acción de encaminar o encaminarse. 2 Efecto de encaminar o encaminarse.
encaminar ***tr.*** Poner [a uno] en camino; enseñarle el camino. 2 Dirigir [a uno] hacia un punto determinado: ~ *el criado a la hacienda; prnl., encaminarse al norte.* 3 Enderezar [la intención] a un fin determinado: ~ *los esfuerzos a alcanzar un puesto.*
encamisada ***f.*** ant. Sorpresa nocturna en la que los soldados atacaban al enemigo cubiertos con una camisa para no confundirse con él.
SIN. **Ensabanada.**
encamisado ***m.*** MEC. Acción de encamisar. 2 Efecto de encamisar.
encamisar (paras.) ***tr.*** Poner la camisa [a uno]. 2 Enfundar (poner dentro de funda): ~ *las butacas.* 3 fig. Encubrir, disfrazar [una cosa]. 4 MEC. Poner camisas nuevas [a un artefacto mecánico]. -5 ***prnl.*** MIL. Hacer la encamisada.
encamonado, -da (paras.) ***adj.*** ARQ. Hecho con camones (armazón): ***bóveda encamonada,*** bóveda fingida.
encamotarse (de *camote,* enamoramiento) ***prnl.*** *Amér.* Enamorarse.
encampanado, -da ***adj.*** Acampanado. 2 [pieza de artillería] Cuya ánima se va estrechando hacia el fondo de la recámara. 3 fig. Encumbrado, ensoberbecido.
FR. *Dejar a uno* ~, dejarle en la estacada, abandonarle en un apuro.
encampanar (paras. de *campana*) ***tr.*** Dar forma de campana [a algo]. -2 ***prnl.*** Ponerse hueco, envanecerse. 3 TAUROM. Levantar el toro parado la cabeza, como desafiando. -4 ***tr.*** *Méj.* Dejar [a uno] colgado, en aprieto. 5 *P. Rico* y *Venez.* Elevar, encumbrar [a alguien]. 6 *P. Rico* y *Venez.* Despachar [a uno] a alguna parte. -7 ***intr.*** *Colomb.* Ir de mala gana a un sitio distante. 8 *Colomb.* Salir a diligencia en busca de algo. -9 ***prnl.*** *Colomb.* Enamorarse. 10 *Méj.* Meterse en una empresa y quedar dentro de ella en situación difícil. 11 *Perú.* Complicarse un asunto. 12 *Venez.* Internarse en algún lugar retirado.
encanalar (paras.) ***tr.*** Conducir o hacer entrar [el agua u otro líquido] por canales.
encanalizar (paras.) ***tr.*** Encanalar. ◇ ** CONJUG. [4] como ***realizar.***
encanallamiento ***m.*** Acción de encanallar o encanallarse. 2 Efecto de encanallar o encanallarse.
encanallar (paras.) ***tr.-prnl.*** Envilecer [a uno] haciéndole tomar costumbres propias de la canalla.
encanarse (del l. *canna,* caña) ***prnl.*** Quedarse entumecido por la fuerza del llanto o de la risa. 2 *And.* y *Ar.* Entretenerse demasiado hablando. 3 *Cuen.* Encolarse, quedarse detenida alguna cosa en un sitio donde no puede alcanzarse fácilmente. 4 *Colomb.* En el lenguaje del hampa, ingresar en la cárcel.
encanastar (paras.) ***tr.*** Poner [algo] en una canasta.
encancerado, -da ***adj.*** *Venez.* [sufrimiento moral] De gran intensidad.
encancerarse ***prnl.*** Cancerarse.
encanchinarse ***prnl.*** *Guat.* Enamoricarse. 2 *Guat.* Encolerizarse.
encanchonar ***tr.*** *Bol.* Meter en la cancha [el ganado].
encandecer (l. *incandescere*) ***tr.*** Hacer ascua [una cosa] hasta que quede blanca. ◇ ** CONJUG. [43] como ***agradecer.***
encandelar (paras. de *candela*) ***intr.*** Echar un árbol flores en amento. -2 ***tr.-prnl.*** *Cuba.* Molestar.
encandelillar ***tr.*** *Amér.* Sobrehilar [una tela]. 2 *Amér.* Encandilar, deslumbrar.
encandellar ***tr.*** *Colomb.* y *Perú.* Encender [la lumbre]. 2 *Perú.* Coser de cierta manera [la ropa].
encandiladera ***f.*** fam. Encandiladora.
encandilado, -da ***adj.*** fam. Erguido, levantado.
encandilador, -ra ***adj.*** desus. Deslumbrador. -2 ***f.*** fam. Alcahueta.
encandilar (ant. *encandelar,* der. de *candela* × *candil*) ***tr.*** Deslumbrar [a uno] acercando mucho a los ojos una luz. 2 fig. Deslumbrar con apariencias. 3 fig. Avivar [la lumbre]. 4 fig. Despertar o excitar el sentimiento o deseo amoroso. 5 fig. Encenderse los ojos del que ha bebido demasiado o está poseído de una pasión. 6 *Cuba.* Entre pescadores, pescar de noche con luces. -7 ***tr.-prnl.*** *Perú* y *P. Rico.* Hacer perder el sueño. -8 ***prnl.*** *Amér.* Alarmarse, asustarse. 9 *P. Rico.* Enfadarse.
encanecer (l. *canescere*) ***intr.-prnl.*** Ponerse cano. 2 fig. Ponerse mohoso: ~, o *encanecerse, el pan.* 3 fig. Envejecer una persona: ~ *en los trabajos.* ◇ ** CONJUG. [43] como ***agradacer.***
encanecimiento ***m.*** Efecto de encanecer alguien.
encanijado, -da ***adj.*** Flaco, delgado. 2 *Ecuad.* y *Perú.* Aterido, arrecido.
encanijamiento ***m.*** Acción de encanijar o encanijarse. 2 Efecto de encanijar o encanijarse.
encanijar (paras. de *canijo*) ***tr.-prnl.*** Poner flaco y enfermizo: *el niño se encanija.* 2 *Ecuad.* y *Perú.* Aterirse.
encanillar (paras.) ***tr.*** Poner [el hilo] en las canillas.
SIN. **Encañar, encañonar.** REL. **Encañador, -ra,** persona que encanilla.
encantación ***f.*** desus. Encantamiento.
encantado, -da ***adj.*** fig. Distraído, embobado constantemente. 2 fig. Satisfecho, contento. 3 fig. [edificio] Grande y deshabitado.
encantador, -ra ***adj.-s.*** Que encanta o hace encantamientos. -2 ***adj.*** fig. Que hace muy viva y grata impresión en el alma o en los sentidos.
SIN. v. **Hechicero.**
encantamento, encantamiento ***m.*** Acción de encantar. 2 Efecto de encantar.
encantar (l. *incantare*) ***tr.*** Según creencia vulgar, obrar maravillas ejerciendo un poder mágico [sobre pers. y cosas]. 2 fig. Cautivar la atención [de uno]. -3 ***prnl.*** Quedarse inmóvil mirando o haciendo alguna cosa, o estar distraído; no prestar atención a lo que se dice o hace.
SIN. *1* **Hadar, hechizar.**
encantarar (paras.) ***tr.*** Meter [algo] en un cántaro, esp. meter en cántaro, urna, bombo, etc. [las bolas, papeletas, etc.] de un sorteo o elección. 2 Cazar [liebres] atrayéndolas mediante una candela colocada dentro de un cántaro.
encante (l. med. *inquantu,* en cuanto) ***m.*** Venta en pública subasta. 2 Lugar en que se hacen estas ventas.
encanto ***m.*** Encantamiento. 2 fig. Cosa que suspende o embelesa. -3 ***m. pl.*** Atractivos físicos, gracias femeniles.
encantorio ***f.*** fam. *y* desus. Encantamiento.
encantusar ***tr.*** fam. Engatusar.
encanutar (paras.) ***tr.*** Poner [una cosa] en figura de canuto. 2 Meter [algo] en un canuto. 3 Emboquillar [los cigarrillos].
encañada ***f.*** Cañada, garganta o paso entre dos montes.
I) encañado ***m.*** Conducto hecho de caños, o de otro modo, para conducir el agua. 2 *Chile.* Grieta en un cerro.
II) encañado ***m.*** Enrejado de cañas para sostener las plantas.
encañador, -ra ***m. f.*** Persona que tiene por oficio encanillar.
encañadura ***f.*** Caña de centeno entera, para jergones y albardas.

encañamar *tr.* PINT. Pegar fibras de cáñamo sobre las juntas de una tabla, para que no se abran antes de aparejarla y pintar encima.
I) encañar (paras.) *tr.* Hacer pasar [el agua] por encañados o conductos. 2 Sanear de humedad [las tierras] por medio de encañados.
II) encañar *tr.* Poner cañas [a las plantas] para sostenerlas: ~ *los claveles.* 2 Encanillar. 3 Formar la fila con [las rajas de leña] para el carboneo. -4 *intr.-prnl.* Empezar a formar caña los tallos de los cereales: *el lino encaña,* o *se encaña.*
encañarse *prnl. Urug.* Tomar caña (trago); embriagarse.
encañizada *f.* Atajadizo de cañas en las aguas para que no escapen los peces. 2 Encañado para plantas.
encañizar (paras.) *tr.* Poner cañizos [a los gusanos de seda]. 2 Cubrir con cañizos [una cosa]. ◇ ** CONJUG. [4] como *realizar.*
encañonado, -da *adj.-s.* [humo, viento] Que corre con alguna fuerza por sitios estrechos. 2 Doblado en forma de pliegues por la plancha.
encañonar (paras.) *tr.* Encaminar [una cosa] para que entre por un cañón; esp., encauzar [las aguas de un río] por un cauce cerrado o por una tubería. 2 Encanillar. 3 Apuntar con arma de fuego [a una pers., pieza de caza]. 4 Componer o planchar [una cosa] formando cañones. 5 Entre encuadernadores, encajar [un pliego dentro de otro]. -6 *intr.* Echar cañones las aves.
encapacetado, -da *adj.* Que lleva capacete o yelmo.
encapachadura *f.* Conjunto de capachos que llenos de aceituna se apilan para prensarlos.
encapachar (paras.) *tr.* Meter en un capacho: ~ *la aceituna para exprimirla.* 2 *And.* Formar una especie de copa o cubierta con los sarmientos de una cepa, para resguardar del sol los racimos. 3 *Venez.* Llenar la maraca (instrumento) de semillas de capacho (planta).
encapado, -da *adj.* MIN. Apl. a la mina cuando el criadero no asoma a la superficie.
encapar (paras.) *tr.-prnl.* Poner la capa. -2 *prnl. Ar.* No poder nacer alguna planta, por haberse formado una costra dura en la tierra a causa de la lluvia.
encaparazonar *tr.-prnl.* Poner un caparazón [a algo].
encapazar (paras.) *tr.* Encapachar. ◇ ** CONJUG. [4] como *realizar.*
encaperuzar (paras.) *tr.* Poner la caperuza. ◇ ** CONJUG. [4] como *realizar.*
encapilladura *f.* Acción de encapillar o encapillarse. 2 Efecto de encapillar o encapillarse.
I) encapillar (paras. de *capillo*) *tr.* MAR. Enganchar [un cabo] por medio de una gaza. 2 MAR. fig. Alcanzar un golpe de mar [una embarcación] e inundar su cubierta. 3 MIN. Formar [en una labor un ensanche] para arrancar de él obra nueva. 4 MONT. Encapirotar. -5 *prnl.* inus. Ponerse alguna ropa por la cabeza.
II) encapillar *tr. Guat., Méj.* y *P. Rico.* Poner en capilla [a un reo de muerte].
encapirotar (paras.) *tr.* Poner el capirote.
encapotado, -da *adj. Ant.* y *Méj.* Alicaído, triste.
encapotadura *f.* Encapotamiento.
encapotamiento *m.* Ceño (fruncimiento).
encapotar (paras.) *tr.-prnl.* Cubrir con el capote. -2 *prnl.* fig. Poner el rostro ceñudo. 3 Arrimar demasiado el caballo al pecho la boca. -4 *unipers.* Cubrirse el cielo de nubes oscuras. -5 *prnl. Can., Cuba, Méj.* y *P. Rico.* Enmantarse el ave. En Méj. se aplica p. ext. a otros animales.
encaprichamiento *m.* Acción de encapricharse.
encapricharse *prnl.* Empeñarse en conseguir un capricho: ~ *con,* o *en, un tema.* 2 Cobrar o tener capricho por una persona.
encapsulación *f.* PAT. Proceso de constitución de una cápsula.
encapsular *tr.* Meter [algo] en cápsula o cápsulas.
encapuchado, -da *adj.-s.* [pers.] Cubierto con capucha, especialmente en las procesiones de Semana Santa.
encapuchar (paras.) *tr.* Cubrir o tapar con capucha.
encapullado, -da (paras.) *adj.* Encerrado como la flor en el capullo.
encapuzar (paras.) *tr.* Cubrir con capuz. ◇ ** CONJUG. [4] como *realizar.*
encaracolar *tr. And.* Hablando especialmente del cabello, formar caracoles. -2 *prnl. And.* Levantarse el caballo sobre los cuartos traseros.
encarado, -da (paras.) *adj.* [con los adv. *bien* o *mal*] De buena o mala cara, de bellas o feas facciones.
encaramar (probl. der. de *incamerare,* del l. *camerare,* construir en forma de bóveda) *tr.-prnl.* Levantar o subir [a una pers. o cosa] haciéndola pasar por encima de otras: ~ *a uno al tejado, en un árbol; encaramarse uno.* 2 Alabar, encarecer con extremo. 3 fig. Elevar, colocar en puestos altos y honoríficos. 4 *Colomb.* y *C. Rica.* Abochornar. 5 *Guat.* Castigar, golpear.
SIN. *1* y *3* **Trepar,** en su uso prnl.
encaramiento *m.* Acción de encarar o encararse. 2 Efecto de encarar o encararse.
encarapitarse *prnl. Colomb.* y *Ecuad.* Encaramarse a un lugar elevado.
encarar (paras.) *intr.-prnl.* Colocarse cara a cara, enfrente y cerca de otro: *encararse a,* o *con, alguno.* -2 *tr.* Dirigir a alguna parte la puntería [de un arma de fuego]. 3 Afrontar [una cuestión, asunto].
encaratularse (paras.) *prnl.* Cubrirse la cara con mascarilla o carátula.
encarcavinar (paras.) *tr.* Meter [a uno] en la carcavina. 2 Atafagar [a uno] con algún mal olor. 3 Sofocar, asfixiar.
encarcelación *f.* Acción de encarcelar. 2 Efecto de encarcelar.
encarcelador, -ra *adj.* Que encarcela.
encarcelamiento *m.* Acción de encarcelar. 2 Efecto de encarcelar.
encarcelar (paras.) *tr.* Poner [a uno] preso en la cárcel. 2 ALBAÑ. fig. Asegurar con yeso o cal [una pieza]: ~ *un marco, una reja.* 3 CARP. Sujetar [las piezas de madera recién encoladas] en la cárcel.
SIN. *1* Fam. o vulg. **enchiquerar, enchironar, enjaular.** CONTR. *1* **Excarcelar.**
encardarse *prnl. Chile.* Llenarse de cardos un terreno.
encarecedor, -ra *adj.-s.* Que encarece o que exagera.
encarecer (de *caro*) *tr.* Aumentar el precio [de una cosa]: ~ *el pan; el pan encarece,* o *se encarece.* 2 fig. Ponderar, alabar mucho [una cosa]: ~ *la conducta de uno.* 3 fig. Recomendar con empeño: *te encarezco que no olvides mi encargo.* ◇ ** CONJUG. [43] como *agradecer.*
SIN. *2* v. **Exagerar.**
encarecidamente *adv. m.* Con encarecimiento.
encarecimiento *m.* Acción de encarecer. 2 Efecto de encarecer. 3 *Con* ~**,** con instancia y empeño.
SIN. v. **Carestía,** cuando se trata de aumento de precio.
encargado, -da *adj.* Que ha recibido un encargo. -2 *m. f.* Persona que tiene a su cargo un establecimiento, negocio, etc., en representación del dueño o interesado. 3 ~ ***de negocios,*** agente diplomático inferior en categoría al ministro residente.
encargar *tr.* Encomendar, poner [una cosa] al cuidado de uno: ~ *la administración de la hacienda, encargarse de un asunto.* 2 Recomendar, prevenir: *te encargo que no vengas tarde.* 3 Pedir que se traiga o envíe de otro lugar [una cosa]: ~ *naranjas a Valencia, a un amigo.* -4 *prnl.* Tomar algo bajo su cuidado. ◇ ** CONJUG. [7] como *llegar.*
SIN. *1* **Confiar,** supone cierta actitud amable o afectiva hacia el que recibe el encargo; **encomendar** y **encargar,** aluden al hecho objetivo: el primero es voz más selecta; **cometer** lo es más aún; éste y **someter,** se aplican con preferencia tratándose de un asunto pericial, dictamen, etc. Comp. los matices de: *confiar, encomendar, encargar, cometer y someter la dirección de una sucursal.*
encargo *m.* Acción de encargar o encargarse. 2 Efecto de encargar o encargarse. 3 Cosa encargada. 4 Cargo o empleo.
SIN. **Encomienda, encomendamiento, recado.**
encargue *m. Argent.* Encargo.
encariñar (paras.) *tr.-prnl.* Aficionar, despertar cariño.
encarna *f.* Acción de cebar los perros en las tripas del venado muerto.
encarnaceno, -na *adj.-s.* De Encarnación, cap. del dep. del Paraguay.
encarnación (l. *incarnatione*) *f.* Unión de la naturaleza divina con la humana en la persona del Verbo, misterio del Hijo de Dios encarnado, es decir, hecho hombre. 2 fig. Personificación, representación o símbolo de una idea, doctrina, etc.: *Lutero es la* ~ *de la Reforma.* 3 ESC. y PINT. Color de la carne.
encarnadino, -na *adj.* Encarnado bajo.
encarnado, -da *adj.-m.* De color carne. -2 *adj.* Colorado (de color rojo). -3 *m.* Color de carne que se da a las estatuas.
encarnadura *f.* Calidad de la carne viva con respecto a la curación de heridas: *tener buena* o *mala* ~. 2 Efecto de encarnar (introducirse un arma). 3 Acción de encarnarse el perro en la caza.
SIN. *1* **Carnadura.**

encarnamiento *m.* Efecto de encarnar (criar carne una herida).
encarnar (l. *incarnare*) *intr.* Tomar una substancia espiritual, una idea, etc., forma carnal; esp., acto de hacerse hombre el Verbo Divino. 2 Criar carne cuando va sanando una herida. 3 Introducirse por la carne un arma. 4 fig. Hacer fuerte impresión en el ánimo una cosa o especie. 5 IMPR. Estampar bien una tinta sobre un papel, o una tinta sobre otra. -6 *intr.-prnl.* Cebarse el perro en la caza que coge hasta que la mata. -7 *tr.* fig. Personificar, representar [alguna idea o doctrina]: ~ *el platonismo.* 8 fig. Representar un personaje de una obra dramática. 9 Colocar la carnada en [el anzuelo]. 10 MONT. Encarnizar (cebar un perro). 11 Dar color de carne [a las esculturas]: ~ *un metal.* -12 *prnl.* Introducirse una uña, al crecer, en las partes blandas que la rodean, produciendo alguna molestia. 13 fig. Mezclarse, incorporarse [una cosa] con otra: ~ *un metal.*
encarnativo, -va *adj.-s.* CIR. Medicamento que facilita el encarnamiento de las heridas.
encarne *m.* MONT. Primer cebo que se da a los perros, de la res muerta en montería.
encarnecer (paras.) *intr.* Tomar carnes, hacerse más grueso. ◇ ** CONJUG. [43] como *agradecer.*
encarnizadamente *adv. m.* Con encarnizamiento.
encarnizado, -da *adj.* Encendido, ensangrentado: *ojos encarnizados.* 2 Muy porfiado y sangriento: *combate* ~.
encarnizamiento *m.* Acción de encarnizarse. 2 fig. Crueldad con que uno se ceba en el daño de otro.
encarnizar (paras. de *carniza*) *tr.* Cebar [un perro] en la res muerta para que se haga fiero. -2 *tr.-prnl.* fig. Encruelecer, enfurecer [a uno]: ~ *a los jueces; los jueces se encarnizaron al oírlo.* -3 *prnl.* en gral. Cebarse con ansia en la carne los animales hambrientos. 4 fig. Mostrarse cruel: *el enemigo se encarnizó con,* o *en, los vencidos.* 5 Batirse con furor dos cuerpos de tropas enemigas. ◇ ** CONJUG [4] como *realizar.*
encaro *m.* Acción de mirar a uno con cuidado y atención. 2 Acción de encarar un arma. 3 Puntería. 4 Escopeta corta, especie de trabuco. 5 Parte de la culata de la escopeta donde se apoya la mejilla al hacer la puntería.
encarpetar (paras.) *tr.* Guardar [algo, esp. papeles] en carpetas. 2 Dar carpetazo, dejar detenido [un expediente].
encarriladera *f.* Aparato us. en los ferrocarriles para encarrilar la locomotora y los vagones.
encarrilar (paras.) *tr.* Encaminar, enderezar [una cosa]: ~ *un negocio.* 2 Colocar sobre los carriles [un vehículo]. 3 fig. Dirigir [una pretensión] por el rumbo que conduce al acierto. -4 *prnl.* Encarrillarse.
encarrillar (paras.) *tr.* Encarrilar. -2 *prnl.* Salirse la soga del carrillo o polea, imposibilitando el movimiento.
encarroñar (paras. de *carroña*) *tr.* Inficionar [una cosa], hacer que se pudra.
encarrujado, -da *adj.* Rizado, ensortijado o plegado en arrugas menudas. 2 *Méj.* [terreno] Quebrado.
SIN. *1* **Carrujado.**
encarrujar(se) *prnl.* Retorcerse, ensortijarse: ~ *el hilo por estar muy torcido;* ~ *el cabello crespo.* -2 *tr. Amér.* Rizar, hacer pliegues menudos [en las telas].
encartación *f.* Empadronamiento en virtud de la carta de privilegio. 2 Reconocimiento del vasallaje que hacían al señor los pueblos, pagándole tributo. 3 Pueblo que reconocía este vasallaje. 4 Territorio al cual se hacen extensivos fueros y exenciones de una comarca limítrofe.
encartado, -da *adj.-s.* DER. Sujeto a un proceso.
encartamiento *m.* Acción de encartar. 2 Efecto de encartar. 3 Despacho judicial en que se contenía la sentencia condenatoria del reo ausente. 4 Encartación.
encartar (paras. de *carta*) *tr.* Proscribir [a un reo] constituido en rebeldía. 2 Procesar [a uno]. 3 Incluir [a uno] en una dependencia, compañía o negociado. 4 Incluir [a uno] en los padrones para el reparto de impuestos. 5 En los juegos de naipes, jugar al contrario o al compañero carta a la cual pueda servir [del palo]; *prnl.,* tomar uno cartas, o quedarse con ellas, del mismo palo que otro. -6 *intr.* fig. Venir a cuento, ser ocasión propicia, deparse buena coyuntura.
encarte *m.* Acción de encartar (en el juego). 2 Efecto de encartar (en el juego). 3 En varios juegos de naipes, orden casual en que éstos quedan al fin de cada mano y que sirve de guía a los jugadores para la siguiente. 4 Hoja o folleto de propaganda, de pedido, etc., que se pone entre las hojas de un libro, revista o periódico para repartirlo con él.
encartonado *m.* Tipo de encuadernación formado por un cartón poco grueso, cubierto de tela o de papel.
encartonador, -ra *m. f.* Persona que tiene por oficio encartonar los libros para encuadernarlos.
encartonar (paras.) *tr.* Poner cartones o resguardar con cartones [una cosa]. 2 Encuadernar sólo con cartones empapelados. -3 *prnl. Cuba.* Acartonarse.
encartuchar *tr.-prnl. Amér.* Enrollar [una cosa] en forma de cucurucho. 2 *Chile.* Guardarse [el dinero] en los bolsillos.
encasamento, -miento *m.* ARQ. Adorno de fajas y molduras en una pared o bóveda.
encasar (*en-* + l. *capsa,* caja) *tr.* Volver a encajar [un hueso dislocado].
encascabelar (paras.) *tr.* Poner cascabeles.
encascar *tr.* Teñir o dar casca a [los artes y aparejos de pesca]. ◇ ** CONJUG. [1] como *sacar.*
encascotar (paras.) *tr.* Rellenar con cascote una cavidad. 2 ALBAÑ. Rellenar con cascote la mezcla después de tendida.
encasillable *adj.* Que se puede encasillar.
encasillado, -da *m.* Conjunto de casillas. 2 Lista de candidatos, apoyados por el gobierno en las elecciones. -3 *adj. Chile* y *Perú.* Ajedrezado.
encasillar (paras.) *tr.* Poner en casillas. 2 Clasificar [pers. o cosas] distribuyéndolas en sus sitios correspondientes. 3 Considerar o declarar [a alguien] como adicto a un partido, ideología, tendencia, etc. 4 Señalar el gobierno [a un candidato adepto] el distrito en el cual le presentaba para las elecciones de diputados.
encasimbrar *tr. Cuba.* Matar ocultamente [a alguien].
encasquetar (paras. de *casquete*) *tr.-prnl.* Encajar bien en la cabeza [el sombrero, gorra, etc.]. 2 fig. *y* irón. Meterle a uno [algo] en la cabeza. 3 Encajar (introducir inoportunamente): ~ *una perorata.* -4 *prnl.* Metérsele a uno alguna especie en la cabeza arraigadamente: *se le encasquetó la idea de viajar.* 5 *And.* Encajarse, meterse de rondón.
encasquillador *m. Amér.* Herrador.
encasquillar (paras.) *tr.* Poner casquillos. -2 *prnl.* Atascarse un arma de fuego con el casquillo de la bala al disparar. -3 *tr. Amér.* Herrar [una caballería]. -4 *prnl. Cuba.* Acobardarse. 5 *Ecuad.* Interrumpir el discurso, trabarse la lengua.
encastado, -da *adj.* TAUROM. [toro] Que es considerado como típico de su casta.
encastar (paras.) *tr.* Mejorar una casta de animales por cruzamiento. -2 *intr.* Procrear, hacer casta.
encastillado, -da *adj.* fig. Altivo, soberbio.
encastillador, -ra *adj.* Que encastilla.
encastillamiento *m.* Acción de encastillar o encastillarse. 2 Efecto de encastillar o encastillarse.
encastillar (paras.) *tr.* Fortificar con castillos [un paraje]. 2 Apilar: ~ *los maderos.* 3 Armar un andamio para la construcción [de una obra]. 4 Hacer las abejas [en la colmena] los castillos o maestrillos para sus reinas: *abs., las abejas encastillan.* -5 *prnl.* Encerrarse en un castillo para defenderse; en gral., acogerse a parajes altos y ásperos para guarecerse: *encastillarse en un risco.* 6 fig. Perseverar uno con tesón u obstinación en su parecer.
encastrar *tr.* Encajar, empotrar. 2 Endentar [dos piezas].
encasullar *tr. Murc.* Abonar las plantas. -2 *prnl. Murc.* fam. Casarse.
encatiarse *prnl.* Acostarse los animales en el lugar que buscan para su descanso. 2 Permanecer agazapada una pieza de caza.
encatrado *m. Chile.* Catre, tarima con cuatro patas y un tablado.
encatrinarse *prnl. Méj.* Ponerse catrín, elegante.
encatusar *tr.* Engatusar.
encauchado *m.* Ruana con dos telas y una capa de caucho en medio.
encauchar (paras.) *tr.* Cubrir con caucho.
encausar *tr.* Formar causa [a uno]; proceder [contra él] judicialmente.
encauste (l. *-tu* < gr. *énkauston*) *m.* Tinta roja con que escribían sólo los emperadores. 2 PINT. Adustión: *pintar al* ~, pintar aplicando por medio del fuego las materias colorantes.
encáustico, -ca (l. *-cu*) *adj.* PINT. [pintura] Hecho al encauste. -2 *m.* Preparado de cera y aguarrás para dar brillo a los muebles y al pavimento.
encausto *m.* Encauste.
encauzamiento *m.* Acción de encauzar. 2 Efecto de encauzar. 3 Conjunto de diques y otras obras que permiten estrechar el cauce de un río y aumentar su profundidad.

encauzar (paras.) *tr.* Abrir cauce; encerrar o dirigir por un cauce [una corriente]. 2 fig. Encaminar, dirigir por buen camino [un asunto, una discusión, etc.]. ◇ ** CONJUG. [4] como ***realizar.***

encavarse (paras. de *cava,* cueva) ***prnl.*** Ocultarse el ave, conejo, etc., en una cueva o agujero. 2 fig. Meterse uno en casa.

encayaparse ***prnl.*** *Venez.* Cayapear.

encebadamiento ***m.*** Enfermedad que contraen las caballerías por beber demasiada agua después de haber comido.
SIN. **Enfosado.**

encebadar *tr.* Dar [a las bestias] tanta cebada que les haga daño. -2 ***prnl.*** Contraer una bestia el encebadamiento.

encebollado ***m.*** Guisado de carne con cebolla abundante.

encebollar (paras.) *tr.* Echar abundante cebolla [a un manjar].

encefalalgia (de *encéfalo* + *-algia*) *f.* MED. Dolor en el interior de la cabeza.

encefálico, -ca ***adj.*** Relativo al encéfalo: *masa encefálica.*

encefalina *f.* MED. Substancia narcótica de acción semejante a la de la morfina, que el encéfalo segrega como reacción a dolores muy intensos.

encefalitis (*encéfalo* + *-itis*) *f.* Inflamación del encéfalo. ◇ Pl.: *encefalitis.*
SIN. **Cefalitis.**

encéfalo (gr. *enképhalon* < *en-* II + *-céfalo*) ***m.*** Parte central del sistema nervioso, encerrada en la cavidad craneal.
SIN. Es científico, lo mismo **masa encefálica; meollo, seso** o **sesos, sesera,** en el habla corriente; **sesada,** tratándose de un animal. REL. Se compone de tres órganos: **cerebro, cerebelo** y **bulbo raquídeo.**

encefalocele (*encéfalo* + *-cele*) *f.* MED. Hernia del cerebro o del cerebelo a través de los huesos craneanos.

encefalografía (*encéfalo* + *-grafía*) *f.* Radiografía del cráneo después de haber substituido por aire el líquido cefalorraquídeo.

encefalograma ***m.*** Electroencefalograma.

encefalomielitis (*encéfalo* + *mielitis*) *f.* Inflamación difusa del cerebro y de la medula espinal.

encefalopatía (*encéfalo* + *-patía*) *f.* Trastornos cerebrales que no responden a lesiones anatómicas precisas y que se observan en ciertas infecciones o intoxicaciones.

enceguecer *tr.* Cegar, privar de la visión. 2 fig. Cegar, ofuscar el entendimiento. -3 ***intr.-prnl.*** Sufrir ceguera, perder la vista. ◇ ** CONJUG. [43] como ***agradecer.***

encelado, -da ***adj.*** fam. [pers.] Que está muy enamorado.

encelajarse (paras.) ***unipers.*** Cubrirse de celajes.

encelamiento ***m.*** Acción de encelar o encelarse. 2 Efecto de encelar o encelarse.

encelar *tr.* Dar celos [a una pers.]. -2 ***prnl.*** Concebir celos de alguien. 3 Estar en celo (apetito de generación).

enceldamiento ***m.*** Acción de enceldar. 2 Efecto de enceldar.

enceldar (paras.) *tr.* Encerrar en una celda.

encella (l. *fiscella*) *f.* Molde para hacer quesos y requesones.
SIN. **Formaje.**

encellar *tr.* Dar forma en la encella: ~ *el queso.*

encenagado, -da ***adj.*** Revuelto, mezclado con cieno. 2 fig. Vicioso, dado al vicio.

encenagamiento ***m.*** Acción de encenagarse. 2 Efecto de encenagarse.

encenagarse (paras.) ***prnl.*** Meterse en el cieno o ensuciarse con él. 2 fig. Entregarse a los vicios. ◇ ** CONJUG. [7] como ***llegar.***

encencerrado, -da (paras.) ***adj.*** Que trae cencerro.

encendaja *f.* Ramas secas, broza para encender el fuego: *hoguera de encendajas.*

encendedor, -ra ***adj.-s.*** Que enciende. -2 ***m.*** Aparato para encender: ~ *de bolsillo;* ~ *de cocina;* ~ *de sobremesa;* ~ ***de yesca,*** el de mecha inflamable y piedra de pedernal.
SIN. *2* **Mechero,** encendedor mecánico.

encender (l. *incendere*) ***tr.-prnl.*** Hacer que [una cosa] arda: ~ *una cerilla;* pegar fuego: ~ *un cigarro;* incendiar: ~ *un pajar.* 2 Conectar un circuito eléctrico: ~ *el televisor.* 3 Causar ardor o encendimiento: *la pimienta enciende la lengua;* ***prnl.,*** sentir encendimiento: *mi boca se enciende con la pimienta.* 4 fig. Suscitar, ocasionar [contiendas]: ~ *uno la guerra contra un país* o *encenderse la guerra.* 5 fig. Excitar, enardecer: ~ *la cólera a uno; encenderse en ira.* -6 ***prnl.*** Ponerse colorado, ruborizarse. -7 *tr. Cuba.* Castigar, pegar: *le encendió las espaldas.* 8 *Cuba.* Obtener en el juego gran ventaja [sobre el contrario]. ◇ ** CONJUG. [28] como ***entender.***

encendidamente ***adv. m.*** fig. Con ardor, viveza.

encendido, -da ***adj.*** De color muy subido. -2 ***m.*** Acto de encender: *el* ~ *de una caldera.* 3 En los motores de explosión, conjunto de la instalación eléctrica y aparatos destinados a producir la chispa. -4 *f. Cuba.* Paliza.

encendimiento ***m.*** Acto de estar ardiendo y abrasándose una cosa. 2 fig. Ardor, alteración vehemente: *el* ~ *de la sangre; el* ~ *de las pasiones.*

encenizar (paras.) *tr.* Echar ceniza [sobre una cosa]. ◇ ** CONJUG. [4] como ***realizar.***

encentador, -ra ***adj.*** p. us. Que empieza una cosa.

encentadura *f.* p. us. Acción de encentar. 2 p. us. Efecto de encentar.

encentamiento ***m.*** p. us. Efecto de encentar o encentarse.

encentar (v. *encetar*) *tr.* Decentar (empezar a contar). -2 ***prnl.*** Decentarse. -3 ***tr.-prnl.*** Ulcerar, llagar, herir, enconar. 4 Comenzar, empezar el uso y consumo de una cosa. 5 Disminuir, mordisquear, cortar. ◇ ** CONJUG. [27] como ***acertar.***

encentrar *tr.* p. us. Centrar.

encepador ***m.*** El que tiene por oficio encepar.

encepadura *f.* Acción de encepar (asegurar piezas). 2 Efecto de encepar (asegurar piezas).

encepar (paras.) *tr.* Meter [a uno] en el cepo. 2 Echar [la caja] al cañón de un arma de fuego. 3 CARP. Asegurar [piezas] por medio de cepos. 4 MAR. Poner los cepos [a las anclas]. -5 ***intr.-prnl.*** Echar las plantas raíces profundas. -6 ***prnl.*** Enredarse [el cable] en el cepo del ancla.

encepe ***m.*** Acción de encepar las plantas. 2 Efecto de encepar las plantas.

encerado, -da ***adj.*** De color de cera. -2 ***m.*** Lienzo impermeabilizado con cera u otra materia. 3 Lienzo o papel que se ponía en las ventanas para resguardarse del aire. 4 Emplasto a base de cera. 5 Capa tenue de cera con que se cubren los entarimados y muebles. 6 Cuadro de hule, lienzo barnizado, madera u otra substancia, usado para escribir en él con clarión.
SIN. *6* **Pizarra.**

encerador, -ra ***m. f.*** Persona que tiene por oficio encerar pavimentos. -2 *f.* Máquina eléctrica que hace girar uno o varios cepillos para que den lustre a los pavimentos.

enceramiento ***m.*** Acción de encerar. 2 Efecto de encerar.

encerar (l. *incerare*) *tr.* Aderezar con cera [alguna cosa]: ~ ***un piso.*** 2 Manchar con cera. 3 ALBAÑ. Espesar [la cal]. -4 ***intr.-prnl.*** Tomar color de cera las mieses al madurar. -5 *tr. Méj.* Poner velas de cera en los candiles y candeleros [de una iglesia].

encercar *tr.* Circundar, poner cerco. ◇ ** CONJUG. [1] como ***sacar.***

encernadar (paras.) *tr.* Cubrir [una cosa] con cernada.

encerotar (paras.) *tr.* Dar con cerote [al hilo].

encerrada *f. Amér.* Encerrona.

encerradero ***m.*** Sitio donde se recogen los rebaños. 2 Toril.

encerrador, -ra ***adj.-s.*** Que encierra. -2 ***m.*** El que por oficio encierra el ganado mayor en los mataderos.

encerradura *f.* Encierro (acción y efecto; prisión y clausura).

encerramiento ***m.*** Encerradura.

encerrar *tr.* Meter [a una pers. o cosa] en parte de donde no pueda salir. 2 fig. Incluir, contener: *la pregunta encierra un misterio.* 3 Poner [frases, párrafos, palabras, etc.] dentro de ciertos signos para separarlos del resto del escrito. 4 En el juego del revesino, dejar [a uno] con las cartas mayores. 5 En los juegos de tablero, poner [al contrario] de modo que no pueda mover las piezas. -6 ***prnl.*** Recogerse en clausura o religión. 7 Ocupar de una manera continuada las dependencias de un edificio público, privado o religioso, como acto de protesta o reivindicación. -8 *tr. Méj.* Reservar [al Santísimo Sacramento]. ◇ ** CONJUG. [27] como ***acertar.***

encerrizar *tr. And.* y *Ast.* Azuzar, irritar, estimular, encorajar. -2 ***prnl.*** Empeñarse tenaz y ciegamente en algo. ◇ ** CONJUG. [4] como ***realizar.***

encerrona *f.* Retiro voluntario: *hacer la* ~. 2 Celada (asechanza). 3 En el juego del dominó, el cierre cuando los tantos que quedan en la mano son muchos. 4 En determinadas oposiciones, exámenes, etc., aislamiento obligatorio para la preparación del ejercicio. 5 TAUROM. Lidia de toros en privado.

encespedar (paras.) *tr.* Cubrir con césped.

encestador, -ra ***adj.-s.*** DEP. En baloncesto, [jugador] que encesta con facilidad.

encestar (paras.) *tr.* Meter [algo] en una cesta. 2 fam. *y* desus. Dejar pegado a la pared [al contrincante] en una disputa. 3 Antig., meter [a uno] en un cesto; pena afrentosa. 4 DEP. En el juego del baloncesto, obtener un tanto.

enceste *m.* DEP. Acción de encestar en el juego del baloncesto. 2 DEP. Tanto en el juego del baloncesto.
encetadura *f.* Empiece de una cosa.
encetar (l. *inceptare* < *incipere*, comenzar) *tr.* Encentar.
enchalecar *tr. Amér.* Encuerar [a un loco furioso]. ◇ ** CONJUG. [1] como ***sacar.***
enchamarrar *tr. Colomb.* Embrollar.
enchambranar *tr. Venez.* Meter en chambrana. 2 *Venez.* Desordenar.
enchambrar *tr. Ecuad.* Colocar chambras [en un lugar]. -2 *prnl. Ecuad.* Enredarse los hilos.
enchamicar *tr. Amér.* Idiotizar. ◇ ** CONJUG. [1] como ***sacar.***
enchancharse *prnl. Argent.* Emborracharse.
enchancletar (paras.) *tr.* Poner las chancletas [a uno]; traer los zapatos a modo de chancletas sin acabarlos de calzar.
enchapado *m.* Trabajo hecho con chapas, chapería. 2 Chapa fina de madera obtenida con máquinas especiales.
enchapar (paras.) *tr.* Chapear.
enchaparrarse *prnl. Ecuad.* Enmalecerse.
enchapinado, -da (paras.) *adj.* [calzado] Parecido al chapín. 2 ALBAÑ. Levantado, fundado sobre bóveda.
enchaquetarse *prnl. Amér.* Ponerse el gabán o chaqueta. 2 *Colomb.* Acicalarse.
encharcada *f.* Charco o charca.
encharcamiento *m.* Acción de encharcar(se). 2 Efecto de encharcar(se).
encharcar (paras.) *tr.-prnl.* Cubrir de agua [un terreno] hasta convertirlo en un charco. 2 fig. Enaguachar [el estómago]. -3 *prnl.* fig. Encenagarse (entregarse a los vicios): *encharcarse en vicios.* ◇ ** CONJUG. [1] como ***sacar.***
SIN. *1* **Aguazar, enaguazar.**
encharralarse *prnl. Amér. Central.* Emboscarse.
enchavetar *tr.* MAR. Asegurar [un perno u otra cosa] con chaveta.
enchepicar *tr. Chile.* Cubrir de chépica [un suelo]. ◇ ** CONJUG. [1] como ***sacar.***
enchicharse *prnl. Amér.* Embriagarse con chicha. 2 *Amér. Central.* Enfurruñarse.
enchilada *f.* En el tresillo, puesta común que recoge quien gana un lance determinado. 2 *Guat., Méj.* y *Nicar.* Torta de maíz aderezada con chile y rellena de diversos manjares.
enchilado, -da *adj. Méj.* Bermejo, de color de chile. 2 *Méj.* fig. Irritado, colérico. -3 *m. Cuba* y *Méj.* Guisado de mariscos con salsa de chile.
enchilar *tr. C. Rica, Hond.* y *Méj.* Untar, aderezar con chile [algún manjar]. 2 *C. Rica.* Dar un chasco o recibirlo. 3 *C. Rica.* Restregar la boca con chile. 4 *Cuba.* Preparar el enchilado (guisado). 5 *C. Rica, Méj.* y *Nicar.* fig. Picar, molestar, irritar [a alguien]. -6 *intr. C. Rica, Méj.* y *Nicar.* Picar el chile (pimiento).
enchiloso, -sa *adj. Amér. Central* y *Méj.* Picante.
enchilotarse *prnl. Argent.* Enojarse.
enchinar (paras.) *tr.* Empedrar con chinas o guijarros. 2 *Méj.* Formar rizos en el cabello.
enchinarrar (paras.) *tr.* Empedrar con chinarros.
enchinchar *tr. Guat.* Incomodar, chinchar. 2 *Méj.* Hacer perder el tiempo. -3 *prnl. Amér.* Llenarse una cosa de chinches.
enchipar *tr. Colomb.* Poner en la chispa o red [algo]. 2 *Colomb.* Envolver; enredar. 3 *Colomb.* Hacer chipas (rollos) de hojas de tabaco. 4 *Perú.* Forrar con paja [el pan de azúcar].
enchiqueramiento *m.* Acción de enchiquerar. 2 Efecto de enchiquerar. 3 fam. Encarcelamiento.
enchiquerar (paras.) *tr.* Encerrar [al toro] en un chiquero. 2 fig. *y* vulg. Encarcelar.
enchironar (paras.) *tr.* vulg. Meter [a uno] en chirona; encarcelar.
enchismar *tr. P. Rico* y *S. Dom.* Chismar o chismear. -2 *prnl. P. Rico.* Enojarse.
enchispar *tr.-prnl. Amér.* Achispar, emborrachar.
enchivarse *prnl. Amér.* Encolerizarse. 2 *S. Dom.* Atascarse un carruaje.
-encho, v. -oncho.
enchocorarse (de *chócoro*, vasija) *prnl. Colomb.* Encuevarse.
enchonclarse *prnl. S. Dom.* Estar habitualmente en una casa.
enchorchado, -da *adj. Méj.* Metido en chorcha (fiesta).
enchorrilar *tr. La Mancha.* Enfilar, enhilar.
enchuchar *tr. Cuba* y *S. Dom.* Maniobrar con el chucho (aguja de ferrocarril). 2 *Cuba.* Encaminar [a una persona] en determinada dirección. -3 *prnl. Cuba.* Marcharse de un lugar. 4 *Cuba.* Contraer matrimonio.
enchuecar *tr. Chile* y *Méj.* Torcer, encorvar. ◇ ** CONJUG. [1] como ***sacar.***
enchufado, -da *adj.-s.* Persona que goza de un enchufe (influencia).
enchufar (de la onomat. *chuf*) *tr.-intr.* Ajustar la boca [de un caño] en la de otro: *la manga de riego no enchufa.* 2 Combinar, enlazar [un negocio] con otro; fig., dar o conseguir sin esfuerzo [prnl.] un empleo, cargo, etc., lucrativo y cómodo. 3 Encajar [las dos piezas de un enchufe] para establecer una conexión eléctrica. 4 fig. *y* fam. Recomendar, buscar un enchufe (influencia) [para alguien]. 5 ALBAÑ. Acoplar [las partes salientes de una pieza] en otra. -6 *prnl. P. Rico.* Enojarse, ponerse serio.
enchufe *m.* Acción de enchufar. 2 Efecto de enchufar. 3 Parte de un caño o tubo que penetra en otro. 4 Clavija para la toma de corriente eléctrica. 5 fig. *y* fam. Cargo, destino o beneficio de cualquier tipo que se obtiene por influencia. 6 fig. *y* fam. Dicha influencia.
enchufismo *m.* fig. *y* fam. Práctica de conceder cargos, destinos o beneficios de cualquier tipo a personas que aspiran a ellos a través de influencias.
enchufista *com.* fam. *y* desp. Persona que disfruta de varios enchufes (cargo o destino).
enchularse *prnl.* Hacer vida de chulo o rufián. 2 Encapricharse una mujer pública de un chulo.
enchuletar (paras.) *tr.* CARP. Rellenar un hueco con chuletas.
enchullecar (de *chulleco*, torcido) *tr. Chile.* Enchuecar. ◇ ** CONJUG. [1] como ***sacar.***
enchumbar *tr. Can.* y *Amér.* Ensopar, mojar, empapar.
enchutar *tr. Amér. Central.* Embutir, introducir.
enchute *m. Hond.* Juego del boliche.
-encia, sufijo que entra en la formación de palabras de origen latino o derivadas de verbos de la 2.ª y 3.ª conjugación denotando acción o actitud: *benevolencia, abstinencia;* cualidad: *prudencia;* cargo o dignidad: *regencia, presidencia.*
encía (l. *gingiva*) *f.* Porción de la membrana mucosa bucal que cubre la parte alveolar de las mandíbulas y se adhiere al cuello de los dientes.
REL. **Gingival,** relativo a la encía.
encíclica (l. *encyclica* < gr. *enkyklios,* circular < *kyklos,* círculo) *f.* Carta que el papa dirige a todos los obispos.
enciclopedia (adaptación erudita del gr. de Plutarco, ¿50-125?, *enkyklios paideía*, instrucción circular) *f.* Conjunto de todas las ciencias o de todas las partes de una ciencia: ~ *jurídica.* 2 Obra en que se expone el conjunto de los conocimientos humanos o de los referentes a una ciencia, por artículos separados, gralte. dispuestos alfabéticamente. 3 Enciclopedismo.
REL. *2* v. **Diccionario.**
enciclopédico, -ca *adj.* Relativo a la enciclopedia. 2 [pers.] De conocimientos universales.
enciclopedismo *m.* Conjunto de doctrinas profesadas por los autores de la Enciclopedia publicada en Francia a mediados del siglo XVIII bajo la dirección de Diderot (1713-1784) y d'Alembert (1717-1783). Encarnación del espíritu racionalista, liberal y antirreligioso imperante en el mundo intelectual de la época, el enciclopedismo proclama la independencia y superioridad de la razón frente a la autoridad, la tradición y la fe, manifiesta ilimitada confianza en el progreso fundado en ella, y sienta los principios de libertad, igualdad y fraternidad que había de adoptar la Revolución francesa.
enciclopedista *adj.-com.* [pers.] Adepto al enciclopedismo. -2 *com.* Autor o colaborador de una enciclopedia.
encielado *m. Chile.* Plafón de una casa.
encielar *tr. Chile.* Poner [a una cosa] cielo o cubierta.
encierra *f. Chile.* Acto de encerrar las reses en el matadero. 2 *Chile.* Cantidad de reses encerradas en el matadero para matarlas. 3 *Chile.* Invernadero, lugar reservado para que pasten las reses en invierno.
encierro *m.* Acción de encerrar. 2 Efecto de encerrar. 3 Acto de traer los toros a encerrar al toril. 4 Toril. 5 Lugar donde se encierra. 6 Prisión muy estrecha. 7 Clausura, recogimiento.
enciguatarse *intr. Cuba.* Aciguatarse.
encima (*en* + *cima*) *adv. l.* Indica el lugar o puesto superior respecto de otro inferior: *pasó por* ~ *de la casa;* fig., *quedar uno* ~. 2 Descansando o apoyándose en la parte superior de una cosa: ~ *de la mesa;* fig., *echarse* ~ *una responsabilidad.* -3 *adv. c.* Además, sobre otra cosa: *dio seis pesetas y otras dos* ~*; le insultaron y* ~ *le apalearon.* -4 ***loc. adv. Por*** **~,** superficialmente, de pasada, a bulto. -5 ***fr. adv. Por*** ~ ***de una persona*** o ***cosa,*** a

pesar de ella, contra su voluntad. -6 *loc. adv. Por ~ de todo*, a pesar de cualquier impedimento; principalmente, especialmente. 7 *Chile. De ~*, de añadidura.
SIN. *1* y *2* **Sobre.** *3* v. **Además.**
encimar *tr.-intr.* Poner en alto [una cosa]; ponerla sobre otra. -2 *tr.* En el juego del tresillo, añadir [una puesta] a la que había en el plato. -3 *prnl.* Elevarse, levantarse una cosa a mayor altura que otra. 4 Echarse contra algo o alguien, acosarlo. -5 *tr. Amér.* Dar encima, añadir a lo estipulado. -6 *tr.-intr. Chile.* Ganar la cumbre, llegar a la cima.
encimero, -ra *adj.* Que está o se pone encima. -2 *f.* Capa de pasta resistente especial con que se suelen cubrir las partes superiores. 3 *Argent.* Pieza de la montura con dos correones, uno asegurado a la cincha y otro suelto para cinchar. 4 Parte superior del pegual, con una argolla en sus extremos.
encina (l. v. *ilicina*) *f.* Árbol cupulífero de hojas persistentes, dentadas y punzantes, y florecillas de color verde amarillento, que dan por fruto bellotas dulces o amargas; su madera se emplea en carpintería y ebanistería *(Quercus ilex)*. 2 Madera de este árbol. 3 *Logr.* Bellota.
encinal, -nar *m.* Terreno poblado de encinas.
encinilla *f.* Camedrio.
encino *m.* Encina.
encinta (l. *incincta*, desceñida) *adj.* Embarazada. ◇ INCOR.: *en cinta.*
encintado *m.* Acción de encintar. 2 Efecto de encintar. 3 Faja o cinta de piedra que forma el borde de una acera, de un andén, etc.
SIN. *3* **Bordillo,** muy us.
encintar (paras.) *tr.* Adornar [una cosa] con cintas. 2 Poner el cintero [a los novillos]. 3 Poner las cintas [de un solado o de una acera]. 4 MAR. Poner las cintas [a un buque].
enciñar *tr. Logr.* Manchar, ensuciar.
enciscar *tr. Logr.* Emporcar, ensuciar. ◇ ** CONJUG. [1] como *sacar.*
encismar (paras.) *tr.* Poner cisma, o discordia: *~ a un pueblo, a una familia.*
enciso (l. *incisu*, cortado) *m.* Terreno adonde salen a pacer las ovejas luego que paren.
encizañador, -ra *adj.-s.* Cizañador.
encizañar *tr.* Cizañar.
enclancharse *prnl. Hond.* Ponerse una prenda.
enclaustrar (paras.) *tr.* Encerrar en un claustro. 2 fig. Meter, esconder, en un paraje oculto.
CONTR. *1* **Exclaustrar.**
enclavación *f.* Acción de enclavar (clavar).
enclavado, -da *adj.-s.* Sitio encerrado dentro del área de otro. 2 Objeto encajado en otro. V. escudo enclavado.
enclavadura *f.* Clavadura. 2 Muesca por donde se unen dos maderos.
enclavamiento *m.* Acción de enclavar. 2 Efecto de enclavar. 3 MED. Penetración de un fragmento de fractura en otro. 4 Técnica quirúrgica empleada en traumatología, que consiste en colocar un clavo metálico, para mantener inmovilizada una fractura ósea. 5 Dispositivo de seguridad que impide la apertura o cierre de un armario, de un circuito, etc., sin que previamente se haya procedido a desactivar o desconectar dicho dispositivo. 6 MEC. Mecanismo destinado a mantener fijo, en determinada posición, un órgano móvil hasta que éste ejerza una presión suficiente para liberarse y proseguir su movimiento.
enclavar *tr.* Clavar [a las caballerías]. 2 Traspasar, atravesar de parte a parte. 3 Colocar, ubicar, situar. 4 fig. Engañar [a uno].
enclave *m.* Territorio de un estado situado en otro extranjero; p. ext., territorio administrativo enclavado o situado dentro de otra provincia, distrito, etc. 2 Grupo étnico, político o ideológico que convive o se encuentra inserto dentro de otro, más extenso y de características diferentes. 3 LING. Área geográfica en que se habla una lengua o dialecto distinto del de la zona que la rodea. 4 MIN. Inclusión de un material de cualquier tipo en el seno de una roca magmática.
enclavijar (paras.) *tr.* Trabar [una cosa con otra] enlazándolas. 2 Poner las clavijas [a un instrumento].
enclenco, -ca *adj. Colomb.* y *P. Rico.* Enclenque.
enclenque *adj.-s.* Enfermizo (de poca salud). -2 *adj.* Muy flaco.
enclisis *f.* GRAM. Unión de una palabra enclítica a la que la precede. ◇ Pl.: *enclisis.*
enclítico, -ca (l. *-icu* < gr. *enklitikós*, inclinado) *adj.* [palabra] Que, por no tener acento propio, se apoya en la palabra anterior y forma con ella un todo prosódico; como los pronombres en *aconséjame, llevóoslos.* V. proclítico.
enclocar (paras.) *intr.-prnl.* Ponerse clueca una ave. ◇ ** CONJUG. [49] como *trocar.*
SIN. **Enllocar.**
encloquecer (paras.) *intr.* Enclocar. ◇ ** CONJUG. [43] como *agradecer.*
-enco (germ. *-ing*) Sufijo que entra en la formación de palabras denotando relación o pertenencia: *ibicenco;* toma también la forma *-engo*: *abolengo.*
encobar (l. *incubare*) *tr.* Echarse los animales ovíparos [sobre los huevos] para empollarlos. ◇ HOMÓF.: *encovar.*
SIN. **Incubar** (científ. o culto); **empollar,** muy usado.
encobertado, -da (paras.) *adj.* Tapado con un cobertor.
encobijar *tr.* Cobijar.
encobrado, -da *adj.* [metal] Que tiene mezcla de cobre. 2 De color de cobre. -3 *m.* Acción de encobrar con una capa de cobre.
I) encobrar *tr.* desus. Poner en cobro, salvar [una cosa]. 2 *Chile.* Sujetar un extremo [del lazo] en un tronco, piedra, etc., para sujetar mejor al animal enlazado.
II) encobrar (paras.) *tr.* Cubrir con una capa de cobre.
encochado, -da (paras.) *adj.* Que está o anda mucho en coche.
encoche *m.* Acción de subir a un coche.
encoclar (paras.) *intr.-prnl.* Enclocar. ◇ ** CONJUG. [31] como *contar.*
encocorar (paras. de *cócora*) *tr.* fam. Fastidiar, molestar mucho.
encodillarse (paras. de *codillo*) *prnl.* Detenerse el hurón o el conejo en un recodo de la madriguera.
encofrado *m.* ARQ. Conjunto de planchas de madera convenientemente dispuestas para recibir el hormigón que, al endurecerse, forma las paredes de los edificios construidos con este material. 2 FORT. Revestimiento de madera para sostener las tierras en las galerías de las minas. 3 MIN. Galería encofrada.
encofrador *m.* Carpintero que se dedica al encofrado de obras en edificios, minas, etc.
encofrar (paras. de *cofre*) *tr.* ALBAÑ. Preparar el revestimiento de madera para hacer el vaciado de una cornisa. 2 FORT. Colocar bastidores para mantener las tierras [en las galerías de las minas]. 3 En encuadernación, adornar [la piel] con hierros calientes sin dorar.
encoger (*en-* I + *coger*) *tr.-prnl.* Retirar contrayendo [generalmente el cuerpo y sus miembros]: *~ los hombros.* 2 fig. Apocar el ánimo [de alguno]: *la falta de noticias encoge a la familia del secuestrado.* -3 *intr.* Apretarse el tejido, disminuir algunas telas cuando se mojan: *la franela encoge mucho;* disminuir algunas cosas al secarse: *la madera encoge con el calor.* -4 *prnl.* Tener cortedad, ser corto de genio. ◇ ** CONJUG. [5] como ***proteger.***
encogidamente *adv. m.* fig. Apocadamente, tímidamente.
encogido, -da *adj.* fig. Apocado (tímido).
encogimiento *m.* Acción de encoger [o encogerse]. 2 Efecto de encoger [o encogerse]. 3 fig. Cortedad de ánimo.
SIN. *1* **Constricción** (culto o técnico); v. **Vergüenza.**
encogollado, -da *adj. Chile.* Estirado, orgulloso.
encogollarse (paras.) *prnl.* Subirse la caza a los cogollos más altos de los árboles.
encohetar (paras.) *tr.* Hostigar con cohetes [a un animal, esp. al toro]. -2 *prnl. C. Rica.* Enfurecerse, encolerizarse.
encolado, -da, pp. de *encolar.* 2 *m.* Clarificación de los vinos turbios con clara de huevo o una solución de gelatina. 3 Preparación del hilo de urdimbre mediante la aplicación de una solución de cola o apresto. 4 *Chile* y *Méj.* fig. Gomoso, pisaverde.
encolador, -ra *adj.-s.* Que encola.
encoladura *f.* Encolamiento. 2 Aplicación de una o más capas de cola caliente a una superficie que ha de pintarse al temple.
encolamiento *m.* Acción de encolar. 2 Efecto de encolar.
encolar (paras.) *tr.* Pegar con cola [una cosa]. 2 Dar una capa de cola [a las superficies] que han de pintarse al temple. 3 Clarificar [los vinos] con cola. 4 Arrojar [una cosa] a un sitio donde no se puede alcanzar fácilmente: *se ha encolado la pelota.*
encolcar *tr. Perú.* Depositar granos, etc., en la colca o granero. ◇ ** CONJUG. [1] como ***sacar.***
encolerizar (paras.) *tr.-prnl.* Hacer que [uno] se ponga colérico. ◇ ** CONJUG. [4] como ***realizar.***
SIN. *1* v. **Enojar.**
encoliguado *m. Chile.* Enmaderado de coligües us. para cubrir interiormente los edificios.

encoliguar *tr. Chile.* Cubrir con encoliguado. -2 *intr. Chile.* Echar ramas las plantas con escaso follaje. ◇ ** CONJUG. [22] como *averiguar.*
encomencipiar (*encomenzar* × con *principiar*) *tr.* fest. Comenzar. empezar, principiar. ◇ ** CONJUG. [12] como *cambiar.*
encomencipio *m.* fest. Principio.
encomendable *adj.* Que se puede encomendar.
encomendado *m.* En las órdenes militares, dependiente del comendador.
encomendamiento *m.* Encargo.
encomendar (l. *incommendare*) *tr.* Encargar [a uno] que haga [alguna comisión] o que cuide [de una pers. o cosa]: *le encomendé mi hijo.* 2 Dar encomienda, hacer comendador [a uno]. 3 Dar [indios] en encomienda. -4 *intr.* p. us. Llegar a tener encomienda de orden. -5 *prnl.* Entregarse, confiarse al amparo de uno: *encomendarse a Dios; encomendarse en manos de alguno.* 6 p. us. Enviar recados o memorias. ◇ ** CONJUG. [27] como *acertar.*
SIN. *1* v. **Encargar.**
encomendería *f. Perú.* Abacería.
encomendero *m.* El que lleva encargos de otro. 2 El que por concesión real tenía indios encomendados. 3 *Cuba.* Individuo que suministra la carne a una ciudad. 4 *Perú.* Tendero de comestibles.
encomenzar (l. v. **in cum initiare*) *tr.* vulg. *y* rúst. Comenzar. ◇ ** CONJUG. [47] como *empezar.*
encomiador, -ra *adj.-s.* Que hace encomios.
encomiar (de *encomio*) *tr.* Alabar encarecidamente [a una pers. o cosa]. ◇ ** CONJUG. [12] como *cambiar.*
encomiasta *com.* Panegirista.
encomiástico, -ca *adj.* Que alaba o contiene alabanza.
encomienda *f.* Encargo. 2 Dignidad dotada de renta que se otorgaba a algunos caballeros de las órdenes militares. 3 Lugar, territorio y rentas de esta dignidad. 4 Dignidad de comendador en las órdenes civiles. 5 Merced o renta vitalicia que se daba sobre un lugar o territorio. 6 Cruz que llevan los caballeros de las órdenes militares en la capa o vestido. 7 Recomendación, elogio. 8 Amparo, patrocinio, custodia. 9 Poblado indio que estaba a cargo de un encomendero. -10 *f. pl.* p. us. Recuerdos, memorias. -11 *f. Amér.* Paquete postal.
encomio (gr. *enkomion*) *m.* Alabanza encarecida.
SIN. v. **Elogio.**
encomioso, -sa *adj. Chile.* Encomiástico.
encompadrar *intr.* Compadrar.
enconado, -da, pp. de *enconar.* 2 *adj.* [pelea, discusión] Muy reñido.
enconadura *f.* Enconamiento (inflamación).
enconamiento *m.* Inflamación de una herida o llaga. 2 fig. Encono.
enconar (l. *inquinare*) *tr.-prnl.* Inflamar [una herida o llaga]. 2 fig. Irritar, exasperar, encolerizar, desquiciar el ánimo: *enconarse con alguno; enconarse en acusarle.* 3 Cargar [la conciencia] con alguna mala acción. 4 *And., Cuba* y *Méj.* Sisar.
enconchado *m. Perú.* Mueble taraceado o embutido con nácar.
enconcharse *prnl. Colomb.* y *P. Rico.* Meterse en su concha, retraerse.
enconfitar *tr.* Confitar.
encongarse *prnl. Méj.* Irritarse, encolerizarse. ◇ ** CONJUG. [7] como *llegar.*
enconía (falso análisis de *malenconía;* por *melancolía*) *f.* ant. Encono.
encono *m.* Animadversión, rencor. 2 *Colomb.* y *Chile.* Llaga.
SIN. v. **Antipatía.**
enconoso, -sa *adj.* fig. Que puede ocasionar enconamiento. 2 Propenso a tener mala voluntad a los demás.
encontradamente *adv. m.* Opuestamente.
encontradizo, -za *adj.* Que se encuentra con otra persona o cosa: *hacerse el ~,* buscar a otro para encontrarle sin que parezca que se hace de intento.
SIN. **Topadizo.**
encontrado, -da *adj.* Puesto enfrente. 2 Opuesto, antitético: *pareceres encontrados.*
encontrar (l. v. **incontrare* < *incontra,* frente a frente) *tr.-prnl.* Topar una persona [con otra o con alguna cosa que busca]: *~ al niño perdido; encontrarse con un amigo.* 2 Dar con una persona o cosa sin buscarla: *~ un obstáculo,* o *con un obstáculo.* 3 Tropezar uno con otro: *los dos coches [se] encontraron.* -4 *prnl.* Oponerse, enemistarse uno con otro: *en esta cuestión se encontrará con su hermano.* 5 p. anal. Ser discordantes, no convenir las opiniones y tendencias: *los dictámenes de ambos se encuentran.* 6 Hallarse o concurrir juntos en un mismo lugar dos o más personas: *se encontraron en el teatro.* 7 p. anal. Conformar, convenir los afectos, voluntades, opiniones: *se encontraron acordes en todos los puntos.* 8 Estar, hallarse en cierta manera: *encontrarse enfermo, solo,* etc. ◇ ** CONJUG. [31] como *contar.*
SIN. *1* **Hallar.**
encontrón, -tronazo *m.* Golpe accidental que se da una cosa con otra. 2 Encuentro inesperado o sorprendente entre personas o personas y cosas. 3 Riña, disputa. 4 DEP. Encuentro, choque violento entre dos o más deportistas o jugadores.
encopado, -da *adj. Chile.* Ebrio.
encopar (der. de *copa*) *intr. Sant.* Salir la espiga del maíz.
encopetado, -da *adj.* fig. Que presume demasiado de sí. 2 fig. De alto copete. -3 *m.* ARQ. Cateto vertical de cualquiera de los cartabones de las armaduras de un tejado.
encopetar (paras.) *tr.* Elevar en alto o formar copete. -2 *prnl.* fig. Engreírse, presumir demasiado.
encorachar (paras.) *tr.* Meter en la coracha [lo que ha de conducirse en ella].
encorajar (paras.) *tr.* Dar coraje (decisión). -2 *prnl.* Encenderse en coraje (ira), encolerizarse.
encorajinar (paras. de *corajina*) *tr.-prnl.* fam. Encolerizar [a alguien], hacer que tome una corajina. -2 *prnl. Chile.* Echarse a perder un negocio.
encorar (paras.) *tr.* Cubrir con cuero [una cosa]. 2 Meter y encerrar [una cosa] dentro de un cuero. 3 Hacer que [las llagas] críen cuero; *intr.,* criar cuero las llagas. ◇ ** CONJUG. [31] como *contar.*
SIN. *2* y *3* **Encorecer.**
encorazado, -da *adj.* Cubierto y vestido de coraza. 2 Cubierto de cuero.
encorazar *tr.-prnl.* Cubrir o vestir con coraza. ◇ ** CONJUG. [4] como *realizar.*
encorchador, -ra *adj.* Que encorcha. -2 *f.* Máquina para poner tapones a las botellas.
encorchadura *f.* Conjunto de corchos que sirven para sostener flotantes las redes de pesca.
encorchar (paras.) *tr.* Coger [los enjambres de las abejas] y cebarlas para que entren en las colmenas. 2 Poner tapones de corcho [a las botellas]. 3 Colocar la encorchadura en las artes de pesca.
encorchetar (paras.) *tr.* Poner corchetes. 2 Sujetar [algo] con ellos. 3 ARQ. Engrapar piedras.
encorcovar *tr. Colomb.* y *P. Rico.* Encorvar.
encordado *m. Argent.* y *Guat.* Encordadura.
encordadura *f.* MÚS. Conjunto de las cuerdas de un instrumento.
encordar (paras.) *tr.* Poner cuerdas [a los instrumentos de música]. 2 Rodear, ceñir [un cuerpo] con una cuerda. -3 *tr.-intr. León* y *Sal.* Doblar, tocar las campanas a muerto. -4 *prnl.* DEP. Atarse el montañero a la cuerda de seguridad. ◇ ** CONJUG. [31] como *contar.*
encordelar *tr.* Poner cordeles [a una cosa]. 2 Atar [algo] con ellos. 3 Forrar con cordel en espiral [una pieza de madera, metal, etc.].
encordonado, -da *adj.* Adornado con cordones.
encordonar (paras.) *tr.* Poner cordones [a una cosa] o sujetarla con ellos.
encorecer (paras.) *tr.-intr.* Encorar. ◇ ** CONJUG. [43] como *agradecer.*
encoriación *f.* Acción de encorar [o encorarse] una llaga. 2 Efecto de encorar [o encorarse] una llaga.
CONTR. **Excoriación.**
encornado, -da (paras.) *adj.* [con los adv. *bien* o *mal*] Que tiene buena o mala encornadura.
encornadura (paras.) *f.* Forma de los cuernos de un animal. 2 Cornamenta.
encornar *intr. Guat.* Encornudar. ◇ ** CONJUG. [31] como *contar.*
encornudar (paras.) *tr.* fig. Hacer cornudo [a uno]. -2 *intr.* Criar cuernos.
encorozar (paras.) *tr.* ant. Poner la coroza [a uno] por afrenta. 2 *Chile.* Emparejar [una pared]. ** CONJUG. [4] como *realizar.*
encorquetarse *prnl. Méj.* Trepar, subir.
encorralar (paras.) *tr.* Meter en el corral: *~ los ganados.*
encorrear *tr.* Ceñir y sujetar [algo] con correas.
encorrer *tr. Ar.* Perseguir.

encorselar *tr.* Encorsetar.
encorsetado, -da, p.p. de encorsetar. 2 *adj.* fig. [pers.] Demasiado tieso o rígido.
encorsetamiento *m.* Acción de encorsetar. 2 Efecto de encorsetar.
encorsetar (paras.) *tr.* Poner corsé, esp. cuando se ciñe mucho: *ya pasó la moda de encorsetarse las mujeres.* 2 fig. Estrechar o limitar las ideas, el pensamiento, etc.
encortinar (paras.) *tr.* Poner cortinas, adornar con ellas: ~ *la ventana;* ~ *la habitación.*
encorujarse *prnl.* Encogerse, hacerse un ovillo.
encorvada *f.* Acción de encorvar el cuerpo. 2 ant. Antiguo baile descompuesto que se hacía torciendo el cuerpo y los miembros. 3 Planta leguminosa de flores amarillas y legumbres terminadas en una especie de cuernecillo *(Securigera coronilla).*
encorvadura *f.* Acción de encorvar o encorvarse. 2 Efecto de encorvar o encorvarse.
SIN. v. **Curvatura.**
encorvamiento *m.* Encorvadura.
encorvar (l. *incurvare*) *tr.* Doblar [una cosa] poniéndola corva: *encorvarse por el peso.* -2 *prnl.* fig. Inclinarse, mostrar parcialidad. 3 EQUIT. Bajar el caballo la cabeza arqueando el lomo para despedir al jinete.
SIN. *1* **Corvar, recorvar.**
encosadura (paras. de *coser*) *f.* Cierta costura propia de algunas camisas de mujer.
encostalar (paras.) *tr.* Meter [algo] en costales.
encostarse (paras.) *prnl.* Acercarse un buque en su derrota a la costa. ** CONJUG. [31] como ***contar.***
encostillado (paras.) *m.* MIN. Conjunto de costillas colocadas en los pozos y galerías para dar más solidez a la entibación.
encostradura *f.* Costra (cubierta). 2 ARQ. Revestimiento de tablas delgadas de piedra, mármol, etc. 3 ARQ. Encaladura.
encostrar (paras.) *tr.* Cubrir con costra [una cosa; como un pastel]. 2 Echar una costra o capa [a una cosa] para su resguardo. -3 *intr.-prnl.* Formar costra una cosa.
encovado, -da *adj.* Hundido, oculto.
encovadura *f.* Acción de encovar o encovarse. 2 Efecto de encovar o encovarse.
encovar (paras.) *tr.* Meter [una cosa] en una cueva o hueco. 2 Guardar, contener [una cosa]. 3 fig. Encerrar, obligar [a uno] a ocultarse. ◇ ** CONJUG. [31] como ***contar.*** ◇ HOMÓF.: *encobar.*
SIN. **Encuevar.**
encrasar (l. *incrassare*) *tr.* Poner craso o espeso [un líquido]. 2 Fertilizar [las tierras] con abonos.
SIN. *2* **Engrasar, abonar.**
encrespador, -ra *adj.* Que encrespa. -2 *m.* Instrumento para encrespar y rizar el cabello.
encrespadura *f.* Acción de encrespar o rizar el cabello. 2 Efecto de encrespar o rizar el cabello.
encrespamiento *m.* Acción de encrespar o encresparse. 2 Efecto de encrespar o encresparse.
encrespar (b. l. *incrispare*) *tr.-prnl.* Ensortijar, rizar: ~ *el cabello.* 2 fact. Erizarse [el pelo, plumaje, etc.] por alguna emoción fuerte. 3 fact. Enfurecer, irritar [a una persona o animal]: *el gallo se encrespa;* fig., *el viento encrespa las olas; las olas se encrespan.* -4 *prnl.* Dificultarse, enredarse un asunto. 5 fig. Agitarse las pasiones.
SIN. *1* y *2* **Engrifar.**
encrestado, -da *adj.* fig. Ensoberbecido, levantado, altivo.
encrestarse (paras.) *prnl.* Poner las aves tiesa la cresta. 2 fig. Ensoberbecerse.
encrinitas *f. pl.* Calcarenitas formadas por fragmentos de crinoideos.
encristalar *tr.* Colocar cristales o vidrios en [una ventana, puerta, galería, etc.].
encrucijada (paras.) *f.* Paraje donde se cruzan dos o más calles o caminos. 2 fig. Emboscada, asechanza. 3 fig. Dilema.
SIN. *1* **Crucero, cruzada,** menos usados que ~; **cruce.**
encrudecer (paras.) *tr.-prnl.* Hacer que [una cosa] tenga apariencia o alguna condición de cruda. 2 fig. Exasperar, irritar. -3 *intr.* Volverse crudo. ◇ ** CONJUG. [43] como ***agradecer.***
encruelecer (paras.) *tr.* Instigar [a uno] a la crueldad. -2 *prnl.* Hacerse cruel. ◇ ** CONJUG. [43] como ***agradecer.***
encuadernable *adj.* Que puede encuadernarse.
encuadernación *f.* Acción de encuadernar. 2 Efecto de encuadernar. 3 Manera de estar encuadernado un libro: ~ *en rústica, de lujo, en piel.* 4 Taller del encuadernador.
REL. *1, 2* y *3* v. **Pasta** y los artículos **holandesa, inglesa, tela** y **rústica.**
encuadernador, -ra *m. f.* Persona que tiene por oficio encuadernar. -2 *m.* Sujetador de metal para unir varios pliegos en forma de cuaderno.
encuadernar (paras.) *tr.* Juntar y coser [varios pliegos o cuadernos] y ponerles cubiertas: ~ *en rústica, de fino, en pasta.*
encuadramiento *m.* Acción de encuadrar personas para formar grupos: ~ *de soldados por compañías;* ~ *de jugadores en un equipo.* 2 Efecto de encuadrar personas para formar grupos. 3 En fotografía, disposición de la imagen.
encuadrar *tr.* Encerrar [una cosa] en un marco o cuadro. 2 fig. Encajar, ajustar [una cosa] dentro de otra. 3 fig. Incluir dentro de sí [una cosa]; servirle de límite: *las patillas encuadran el rostro; los soldados se encuadran en compañías.* 4 DEP. Pasar a formar parte de un equipo.
encuadre *m.* En fotografía, encuadramiento.
encuartar *tr.* Calcular el encuarte o aumento de valor [de las piezas de madera], cuando exceden de las dimensiones convenidas. 2 Enganchar el encuarte [a un vehículo]. 3 *Méj.* Ayudar con la cuarta (garrocha). -4 *prnl. Méj.* Encabestrarse una bestia. 5 *Méj.* Atravesarse en la conversación. 6 *Méj.* fig. Enredarse en un negocio, no saber encontrar salida.
encuarte (de *en* y *cuarto*) *m.* Caballería de refuerzo que, para subir cuestas o salir de malos pasos, se añade al tiro de un carruaje. 2 Sobreprecio que en algunas partes se da a la unidad de medida de la madera y la piedra, cuando las piezas exceden de ciertas dimensiones.
encuartelar *tr.* Acuartelar.
encuartero *m.* Mozo que va al cuidado de las bestias de encuarte.
encuatar *tr. Méj.* Unir, aparejar [dos cosas semejantes].
encubado, -da, p.p. de *encubar.* 2 *m.* Operación que consiste en dejar que las uvas estrujadas fermenten dentro de las cubas.
encubar (paras.) *tr.* Echar [un líquido] en las cubas. 2 Antig. meter [a los reos de ciertos delitos] en una cuba para arrojarlos al agua. 3 MIN. Entibar en redondo [el interior de un pozo].
encubertar (paras.) *tr.* Cubrir con paños [una cosa], esp. los caballos que se cubren de bayeta negra en demostración de luto. -2 *prnl.* Vestirse con alguna defensa para protegerse de los golpes del enemigo. ◇ ** CONJUG. [27] como ***acertar.***
encubierta *f.* Ocultación dolosa.
encubiertamente *adv. m.* A escondidas, con secreto. 2 Con dolo. 3 Con recato.
encubierto, -ta, p.p. irreg. de *encubrir.*
encubridizo, -za *adj.* Que se puede encubrir fácilmente.
encubridor, -ra *adj.* Que encubre. -2 *m. f.* Tapadera, alcahuete o alcahueta.
SIN. **Capa.**
encubrimiento *m.* Acción de encubrir. 2 Efecto de encubrir. 3 DER. Participación en las responsabilidades de un delito, con intervención posterior al mismo, por aprovechar los efectos de él, impedir que se descubra, etc.
encubrir (*en-* I + *cubrir*) *tr.* Ocultar [una cosa] o no manifestarla. 2 Impedir que llegue a saberse [una cosa]. 3 DER. Hacerse responsable de encubrimiento [en un delito]. ◇ CONJUG. pp. irreg. ***encubierto.***
SIN. *1* y *2* v. **Ocultar.**
encucurucharse *prnl. Amér. Central* y *Colomb.* Encaramarse, subirse a lo alto.
encuellar *tr. Colomb.* Apercollar, acogotar.
encuentro *m.* Acto de coincidir en un punto dos o más cosas, por lo común chocando. 2 Acción de topetar ciertos animales. 3 Efecto de topetar ciertos animales. 4 Acto de encontrarse dos o más personas: ***salirle a uno al*** ~, salir a recibirle; fig., hacerle frente; oponérsele; prevenir, adelantarse a uno en su propósito. 5 Oposición, contradicción. 6 Axila (sobaco). 7 Ajuste de estampaciones de colores distintos. 8 Madero con que los tejedores de lienzos aseguran el telar. 9 Partido (competición deportiva). 10 Lance del juego del billar en que la carambola se produce por retruque. 11 En el juego de los dados o naipes, concurrencia de dos cartas o puntos iguales. 12 ARQ. Ángulo que forman dos carreras o soleras. 13 ARQ. Macizo comprendido entre un ángulo de un edificio y el vano más inmediato. 14 MIL. Choque, esp. el inesperado, de las tropas combatientes. -15 *m. pl.* En las aves, parte del ala pegada a los pechos; en los cuadrúpedos mayores, puntas delanteras de las espaldillas.

encuerar *tr.* Desnudar, dejar en cueros [a una persona]. 2 *Argent.* Poner [a los locos furiosos] la camisa de fuerza. -3 *prnl. Venez.* Amancebarse.
encuesta (fr. *enquête,* der. del partic., del vb. l. *in-quarere*) *f.* Averiguación o pesquisa. 2 Conjunto de preguntas recogidas en un cuestionario para conocer la opinión del público sobre un asunto determinado.
encuestador, -ra *m. f.* Persona que lleva a cabo consultas o interrogatorios para una encuesta.
encuestar *tr.* Someter a encuesta un asunto. 2 Interrogar [a alguien] para una encuesta. -3 *intr.* Hacer encuestas.
encuevar (paras.) *tr.* Encovar.
encuitarse (de *cuita*) *prnl.* Afligirse, apesadumbrarse.
SIN. **Acuitarse.**
encujado *m. Ant.* y *Venez.* Obra de cujes.
encujar *tr. Cuba* y *P. Rico.* Trabajar con cujes.
enculatar (paras. de *culata*) *tr.* Cubrir con sobrepuesto [la colmena]. 2 Dotar de culata [un arma de fuego].
enculillarse *prnl. S. Dom.* Sentir culillo, miedo.
enculturación *f.* Proceso por el cual la persona adquiere los usos, creencias, tradiciones, etc., de la sociedad en que vive.
encumbradamente *adv. m.* Con superioridad, altaneramente.
encumbrado, -da *adj.* Elevado, alto.
encumbramiento *m.* Acción de encumbrar o encumbrarse. 2 Efecto de encumbrar o encumbrarse. 3 Altura, elevación. 4 fig. Ensalzamiento, exaltación.
encumbrar (paras. de *cumbre*) *tr.-prnl.* Levantar en alto [a una persona o cosa]: *encumbrarse a, hasta el cielo.* 2 fig. Ensalzar, engrandecer [a uno]: *encumbrarse sobre sus conciudadanos.* 3 Subir la cumbre [de los montes], pasarla. -4 *prnl.* fig. Envanecerse, ensoberbecerse. 5 Ser las cosas inanimadas muy altas: *las peñas se encumbran al cielo.*
encunar (paras.) *tr.* Poner [al niño] en la cuna. 2 Coger el toro [al lidiador] entre las astas.
encurdelarse *prnl.* Emborracharse.
encureñar (paras.) *tr.* desus. Poner en la cureña.
encurrucarse *prnl. Amér. Merid.* y *P. Rico.* Acurrucarse. ◇ ** CONJUG. [1] como ***sacar.***
encurtido *m.* Frutos o legumbres que se han encurtido.
encurtir *tr.* Conservar en vinagre [ciertos frutos o legumbres]. 2 *Ecuad.* Curtir.
-enda, v. -endo.
endamarse *prnl. Guat.* y *Salv.* Amancebarse.
ende (l. *inde*) *conj.* ***Por*** *~*, lit., por tanto.
endeble (l. v. *indebile,* por el l. *debile*) *adj.* Débil. 2 fig. De escaso valor: *versos endebles.*
endeblez *f.* Calidad de endeble.
endeblucho, -cha *adj.* fam. Endeble. Que tiene quebrantada la salud.
endeca- (gr. *éndeka,* once) Elemento prefijal que entra en la formación de palabras con el significado de once.
endécada (gr. *endekás*) *f.* Período de once años.
endecágono, -na (*endeca-* + *-gono*) *adj.-m.* Polígono de once ángulos. ◇ También *undecágono.*
endecasílabo, -ba (*endeca-* + *sílaba*) *adj.-s.* De once sílabas: *verso ~.*
~ ***anapésico*** o ***de gaita gallega,*** el que lleva los acentos principales en las sílabas cuarta y séptima: *Viéronla tropas de faunos saltantes.* *~* ***común,*** el acentuado en la sílaba sexta: *Cantemos al Señor que en la llanura.* *~* ***sáfico,*** el que lleva los acentos en las sílabas cuarta y octava: *Huésped eterno del abril florido.*
endecha (l. *indicta* < *indicere,* anunciar) *f.* Combinación métrica que consta de cuatro versos de seis o siete sílabas, gralte. asonantes: ***endecha real*** o ***endecasílaba,*** la que consta de tres versos, gralte. heptasílabos, y un endecasílabo que forma asonancia con el segundo; ** POESÍA 2 Canción triste y lamentable.
endechadera *f.* Plañidera.
endechar *tr.* Cantar endechas, esp. en loor [de los difuntos]. -2 *prnl.* Afligirse, lamentarse.
endehesar *tr.* Meter [el ganado] en la dehesa.
endejas *f. pl.* ALBAÑ. Adarajas.
endemia (gr. *endemia* < *en-* II + *demos,* pueblo) *f.* Enfermedad que reina habitualmente en un país o región determinados.
endémico, -ca *adj.* Con caracteres de endemia: *padecimiento ~.* 2 fig. [acto o suceso] Que se repite frecuentemente en un país: *revueltas endémicas.* 3 [planta, árbol] Nativo de una región limitada, gralte. una comarca o área menor.
endemoniado, -da *adj.-s.* Poseído del demonio. -2 *adj.* fig. Sumamente perverso, nocivo. 3 fig. *y* fam. [cosa] Que molesta, fastidia o da muchas preocupaciones o trabajo.
SIN. *1* **Demoníaco, energúmeno, poseso.** *2* Lo mismo que **endiablado,** ús. con carácter intensivo gral., de aplicación muy extensa: *un peso ~, velocidad endiablada, lección endiablada.*
endemoniar (paras.) *tr.* Introducir los demonios en el cuerpo [de una pers.]. -2 *tr.-prnl.* fig. Irritar, encolerizar [a uno]. ◇ ** CONJUG. [12] como ***cambiar.***
SIN. *1* **Espiritar.**
endenantes *adv. t. Amér.* Hace poco.
endentado, -da *adj.* BLAS. [pieza] Que tiene dientes muy menudos y triangulares.
endentar (paras.) *tr.* Encajar [una cosa con otra] como los dientes de las ruedas. 2 Poner dientes [a una rueda]. ◇ ** CONJUG. [27] como ***acertar.***
SIN. *1* **Encastrar, engargantar; engranar,** es el más us.
endentecer (paras.) *intr.* Empezar los niños a echar dientes. ◇ ** CONJUG. [43] como ***agradecer.***
SIN. **Dentar.** REL. Acción y efecto de endentecer, **dentición.**
endeñarse (l. *indignari,* irritarse) *prnl.* Infectarse, enconarse una herida.
enderechar *tr.* Enderezar.
enderezadamente *adv. m.* Con rectitud.
enderezado, -da *adj.-s.* Favorable; a propósito.
enderezador, -ra *adj.-s.* Que gobierna bien o endereza lo que no va bien hecho.
enderezamiento *m.* Acción de enderezar.
enderezar (*en-* I + ant. *derezar,* del l. *directiare*) *tr.* Poner derecho [lo que está torcido]: *~ un clavo.* 2 Poner derecho o vertical [lo que está inclinado o tendido]: *~ un poste.* 3 Remitir, dedicar: *~ un soneto.* 4 fig. Enmendar, castigar: *ya te enderezaré cuando te coja.* -5 *tr.-prnl.* esp. Gobernar bien, poner en buen estado [una cosa]. -6 *intr.-prnl.* Encaminarse en derechura a un paraje o a una persona: *enderezó,* o *se enderezó, a donde salía el humo.* -7 *prnl.* Disponerse a lograr un intento: *se enderezó a conseguir el indulto.* ◇ ** CONJUG. [4] como ***realizar.***
endespués *adv. t.* vulg. Después.
endetrás *adv. l. Perú* y *P. Rico.* vulg. Detrás.
endeudarse (paras.) *prnl.* Llenarse de deudas. 2 Reconocerse obligado.
SIN. *1* **Empeñarse.**
endeveras *adv. Amér.* vulg. De veras.
endevotado, -da (paras.) *adj.* Muy devoto. 2 Muy prendado de una persona.
endiablada *f.* Festejo en que se disfrazaban de diablos.
endiabladamente *adv. m.* Fea, horrible o abominablemente.
endiablado, -da *adj.* fig. Muy feo, desproporcionado. 2 fig. Endemoniado, perverso. 3 Ús. con carácter intensivo (v. *endemoniado*): *problema ~.*
endiablar (paras.) *tr.* Endemoniar. 2 fig. Dañar, pervertir. -3 *prnl.* Irritarse, enfurecerse.
endíadis (gr. *diá, duoín,* uno por medio de dos) *f.* RET. Figura por la cual se expresa un solo concepto con dos nombres coordinados. ◇ Pl.: *endíadis.*
endibia (gr. mod. *éndiba*) *f.* Escarola (achicoria). 2 Planta compuesta anual, variedad de la escarola, con las hojas enteras, fusiformes y muy apreciadas.
endicharse (paras.) *prnl. Colomb.* Contraer esponsales.
endientar *intr. Chile.* Endentecer.
endilgador, -ra *adj.-s.* fam. Que endilga.
endilgar (l. *delegare,* encomendar) *tr.* fam. Encaminar, dirigir, acomodar, facilitar [a uno]. 2 Encajar, endosar [algo desagradable o impertinente]: *le endilgó un discurso.* ◇ ** CONJUG. [7] como ***llegar.***
Endimión *n. pr.* MIT. Pastor amado por Selene. La diosa consiguió de Zeus que Endimión conservase su belleza en un sueño eterno.
endino, -na *adj.* vulg. *y* rúst. Indigno, perverso.
endiñar *tr.* Propinar: *~ una paliza.*
endiosamiento *m.* fig. Erguimiento, envanecimiento, altivez extremada. 2 fig. Suspensión, abstracción de los sentidos.
endiosar (paras.) *tr.* Elevar [a uno] a la divinidad. -2 *prnl.* fig. Erguirse, ensoberbecerse. 3 fig. Suspenderse, embebecerse.
enditarse (de *dita,* deuda) *prnl. Amér.* Endeudarse, entramparse.
endivia *f.* Endibia.
endo- (del gr. *endon,* dentro) Elemento prefijal que entra en

la formación de palabras con el significado de dentro, en el interior: *endocarpio, endósmosis.*
CONTR. **Exo-.**
-endo, -enda, sufijo que entra en la formación de substantivos y adjetivos, en su mayoría latinos: *estupendo, leyenda, minuendo.*
endoblado, -da *adj.* [cordero] Que mama de dos ovejas.
endoblar *tr.* Hacer que dos ovejas críen a la vez [al mismo cordero].
SIN. **Doblar.**
endoblasto (*endo-* + *-blasto*) *m.* Territorio interno del embrión en estado de gástrula y que deriva hacia la formación del endodermo.
endoble *m.* Entrada o jornada de doble tiempo que hacen los mineros y fundidores.
endocardio (*endo-* + *-cardio*) *m.* Membrana que tapiza las cavidades del corazón.
endocarditis (de *endocardio* + *-itis*) *f.* Inflamación del endocardio. ◇ Pl.: *endocarditis.*
endocarpio, endocarpo (*endo-* + *-carpo*) *m.* BOT. Capa interior del pericarpio cuando éste consiste en dos o más capas de diferente textura.
endocervicitis (*endo-* + *cervicitis*) *f.* MED. Inflamación de la mucosa que tapiza el cuello uterino. ◇ Pl.: *endocervicitis.*
endocinematografía (*endo-* + *cinematografía*) *f.* Cinematografía aplicada a la investigación médica en la que las tomas se hacen en el interior del cuerpo.
endocrino, -na (*endo-* + gr. *krino,* separar) *adj.* Relativo a las secreciones internas. 2 [glándula] De secreción interna.
endocrinología (del gr. *endokrinein,* segregar por dentro + *-logía*) *f.* Estudio de la anatomía, de las funciones y de las alteraciones de las glándulas endocrinas.
endocrinológico, -ca *adj.* Relativo a la endocrinología.
endocrinólogo, -ga *m. f.* Especialista en endocrinología.
endocrinopatía (*endocrino* + *-patía*) *f.* Enfermedad producida por un desorden de las glándulas endocrinas.
endodérmico, -ca *adj.* Relativo al endodermo.
endodermis *f.* Endodermo. ◇ Pl.: *endodermis.*
endodermo (*endo-* + *-dermo*) *m.* BIOL. Capa interna del blastodermo. 2 BOT. Capa más profunda de la corteza de los órganos vegetales.
endodoncia (*endo-* + gr. *odons, odontos,* diente) *f.* Parte de la odontología que estudia la patología y terapéutica de las afecciones de la pulpa dentaria. 2 Técnica terapéutica de dichas afecciones.
endoenergético, -ca (*endo-* + *energético*) *adj.* [reacción o proceso] Que absorbe energía.
endoesqueleto (*endo-* + *esqueleto*) *m.* ZOOL. Neuroesqueleto.
endófito, -ta (*endo-* + *-fito*) *adj.-m.* Organismo parásito que vive en el interior de los tejidos de una planta.
endogamia (*endo-* + *gamia*) *f.* Ley que reduce el matrimonio a los componentes de una misma casta, aldea u otro grupo social.
endogámico, -ca *adj.* Relativo a la endogamia.
endogénesis (*endo-* + *-génesis*) *f.* H. NAT. Reproducción por escisión del elemento primitivo en el interior del órgano que lo engendra. ◇ Pl.: *endogénesis.*
endógeno, -na (*endo-* + *-geno*) *adj.* Que origina o nace en el interior, como la célula que se forma dentro de otra. 2 Que se origina en virtud de causas internas. 3 GEOL. [fenómeno geológico] Que tiene lugar en el interior del globo terrestre o en el de otros astros: ***roca endógena,*** aquella cuya materia proviene del interior de un astro.
endolado (de *duela*) *m. Chile.* Superficie superior del vano en las puertas y ventanas.
endolinfa (*endo-* + *linfa*) *f.* Líquido albuminoso que llena el laberinto membranoso del oído.
endolinfático, -ca *adj.* Relativo a la endolinfa.
endometrial *adj.* Perteneciente o relativo al endometrio.
endometrio (*endo-* + gr. *metra,* matriz) *m.* Mucosa del útero.
endometriosis (*endometrio* + *-osis*) *f.* Proceso patológico debido a la presencia de tejido endometrial en lugares diferentes de la cavidad uterina. ◇ Pl.: *endometriosis.*
endometritis (*endometrio* + *-itis*) *f.* Inflamación del endometrio. ◇ Pl.: *endometritis.*
endomicetales (*endo-* + gr. *myke, mykelos,* hongo) *m. pl.* Orden de hongos, dentro de la subclase hemiascomicétidas, filamentosos y unicelulares.
endomingado *adj.* Dominguero.
endomingarse (paras.) *prnl.* Vestirse con la ropa de fiesta. ◇ ** CONJUG. [7] como ***llegar.***
endomorfismo (*endo-* + *-morfismo*) *m.* Cambio en la composición química de una roca por influencia de otra endógena respecto a ella. 2 Homomorfismo de un conjunto en sí mismo.
endonar *tr.* desus. Donar.
endoparásito (*endo-* + *parásito*) *m.* Parásito que vive en el interior de los órganos de sus huéspedes.
SIN. **Entozoario,** si es animal.
endopatía (de *endo-* + sim*patía*) *f.* Simpatía y participación en lo que se percibe como ajeno a uno.
endoplasma (*endo-* + *-plasma*) *m.* Parte interior del citoplasma.
endoprocto (*endo-* + gr. *proktós,* ano) *adj.-m.* Animal del tipo de los endoproctos. -2 *m. pl.* Tipo de animales invertebrados con forma de copa, de unos 5 mms., pedunculados, con una corona de tentáculos que rodea el polo superior; se reproducen asexualmente por gemación y son marinos.
endopterigoto (*endo-* + *pterigoto*) *adj.-m.* Insecto de la subclase de los endopterigotos. -2 *m. pl.* Subclase de insectos pterigotas cuyas alas se desarrollan dentro del cuerpo del insecto joven; experimentan una metamorfosis completa, con un estadio pupal antes de llegar al estadio de adulto o imago.
endorfina *f.* Encefalina.
endorreico, -ca *adj.* Que desagua en una cuenca cerrada sin comunicación con el mar.
endorreísmo (*endo-* + gr. *reo,* fluir) *m.* Afluencia de las aguas de un territorio hacia el interior de éste, sin desagüe al mar.
endorsar (l. v. *indorsare*) *tr.* Endosar.
endosable *adj.* Que puede endosarse.
I) endosar (v. *endorsar*) *tr.* Ceder a favor de otro [un documento de crédito expedido a la orden], haciéndolo constar así al dorso: ~ *una letra de cambio.* 2 fig. Trasladar a uno [una carga, trabajo o cosa poco grata].
SIN. *1* **Contestar,** p. us.
II) endosar (paras. de *dos*) *tr.-prnl.* En el juego del tresillo, lograr el hombre que siente segunda baza el que no hace la contra.
endosatario, -ria *m. f.* Persona a cuyo favor se endosa un documento de crédito.
endoscopia (*endo-* + *-scopia*) *f.* Exploración visual de los conductos o cavidades internas del cuerpo humano mediante un endoscopio.
endoscopio (*endo-* + *-scopio*) *m.* Aparato que sirve para la exploración visual de los conductos o cavidades internas del cuerpo humano.
endose *m.* Acción de endosar o endosarse II. 2 Efecto de endosar o endosarse II.
endoselar (paras.) *tr.* Formar dosel [sobre una cosa].
endosfera *f.* Parte central de la Tierra, formada probablemente por níquel y hierro.
endosmómetro (*endo-* + *osmómetro*) *m.* Instrumento para medir la endósmosis.
endósmosis (*endo-* + *ósmosis*) *f.* En la ósmosis, corriente que va del líquido menos denso al más denso. ◇ Pl.: *endósmosis.*
CONTR. **Exósmosis.**
endosmótico, -ca *adj.* Relativo a la endósmosis.
endoso *m.* Acción de endosar (ceder). 2 Efecto de endosar (ceder). 3 Escrito, en el respaldo de un documento, para endosar a la orden.
endospermo (*endo-* + gr. *sperma,* semilla) *m.* BOT. Tejido del embrión de las plantas fanerógamas, que le sirve de alimento.
endostio *m.* Periostio.
endotelio (*endo-* + gr. *thelé,* pezón del pecho) *m.* ANAT. Epitelio formado por una sola capa de células, que tapiza una cavidad interna.
endotelioma (*endotelio* + *-oma*) *m.* MED. Tumor gralte. maligno originado en el revestimiento celular de los vasos o de las cavidades serosas.
endotérmico, -ca (*endo-* + gr. *thermós,* caliente) *adj.* QUÍM. [reacción] Que se produce con absorción de calor.
CONTR. **Exotérmico.**
endotoxina (*endo-* + *toxina*) *f.* Toxina bacteriana que queda retenida en el soma o cuerpo de la bacteria y solo se libera por la destrucción del mismo.
endovenoso, -sa (*endo-* + *venoso*) *adj.* Que está o se coloca en el interior de una vena.
endriago (cruce de *hidria,* hidra y *draco,* dragón) *m.* Mons-

truo fabuloso, conjunto de facciones humanas y de varias fieras.
endrina (del l. *atru,* negro) *f.* Fruto del endrino.
SIN. **Amargaleja, andrina.**
endrinal *m.* Terreno poblado de endrinos.
endrino, -na *adj.* De color negro azulado, parecido al de la endrina. -2 *m.* Especie de ciruelo silvestre de ramas espinosas, madera dura y fruto negro azulado, de sabor áspero y agrio *(Prunus spinosa).*
SIN. *2* **Andrino** (p. us.), **asarero.**
endrogarse *prnl. Amér.* Entramparse, contraer deudas o drogas. 2 *Can.* y *Amér.* Drogarse, usar estupefacientes. ◇ ** CONJUG. [7] como ***llegar.***
endulce *m.* Acción de endulzar aceitunas. 2 Efecto de endulzar aceitunas.
endulzadura *f.* Acción de endulzar o endulzarse. 2 Efecto de endulzar o endulzarse.
endulzar (paras.) *tr.* Poner dulce [una cosa]. 2 Quitar a las aceitunas el amargo, haciéndolas comestibles. 3 fig. Suavizar, hacer llevadero [un trabajo]: ~ *las penas.* 4 PINT. inus. Suavizar [las tintas y contornos]. ◇ ** CONJUG. [4] como ***realizar.***
SIN. *1* **Dulcificar.** FARM. **Edulcorar.**
endurador, -ra (de *endurar*) *adj.-s.* Poco inclinado a gastar y menos a dar.
I) endurar (l. *indurare*) *tr.* Endurecer. 2 desus. Sufrir, tolerar.
II) endurar *tr.* desus. Diferir o dilatar [una cosa]. 2 desus. Economizar, gastar poco [el dinero u otra cosa].
endurecedor, -ra *adj.-s.* Que endurece.
endurecer (l. *indurescere*) *tr.-prnl.* Poner dura [una cosa]. 2 fig. Robustecer [los cuerpos]; acostumbrar a la fatiga: *endurecerse al trabajo con, en,* o *por, el ejercicio.* 3 fig. Hacer [a uno] áspero y exigente. -4 *intr.* inus. Ponerse duro. -5 *prnl.* Encruelecerse, negarse a la piedad. ◇ ** CONJUG. [43] como ***agradecer.***
SIN. *1* MED. **Indurar.**
endurecidamente *adv. m.* Con dureza o pertinacia.
endurecimiento *m.* Dureza (parte endurecida, callosidad). 2 fig. Tenacidad.
ene *f.* Nombre de la letra *n.* -2 *adj.* Denota cantidad indeterminada: *costará ~ pesetas.* 3 burl. ~ ***de palo,*** horca (aparato).
enea *f.* Anea. 2 *Cuba.* Corteza correosa de algunos vegetales.
enea- (gr. *ennea,* nueve) Elemento prefijal que entra en la formación de palabras con el significado de nueve.
eneágono, -na (*enea-* + *-gono*) *adj.-m.* Polígono de nueve ángulos.
SIN. **Nonágono.**
eneal *m.* Terreno donde abunda la enea.
Eneas *n. pr.* MIT. Guerrero troyano, hijo de Anquises y Afrodita, protagonista de la *Eneida* de Virgilio (70-19 a. C.).
eneasílabo, -ba (*enea-* + *sílaba*) *adj.-s.* De nueve sílabas: *verso ~.*
enebral *m.* Terreno poblado de enebros.
SIN. **Nebreda.**
enebrina *f.* Fruto del enebro.
enebro (l. v. **jeniperu,* l. *juniperu*) *m.* Arbusto cupresáceo, de ramas muy abiertas, hojas lineares y punzantes en verticilos de tres, y gálbulas negras, carnosas, del tamaño de un guisante *(Juniperus communis):* ~ ***enano,*** variedad de porte achaparrado *(Juniperus communis nana).* 2 Madera de este arbusto. ◇ HOMÓF.: *enhebro* (v.).
SIN. **Cada, junípero.** REL. **Nebrina,** fruto del enebro.
enechado, -da (paras. de *echar*) *adj.-s.* Expósito.
enejar (paras.) *tr.* Echar eje o ejes [a un carro, coche, etc.]. 2 Poner [una cosa] en el eje.
eneldo (l. **anethulu*) *m.* Hierba umbelífera, con las hojas divididas en lacinios y flores amarillas en círculo *(Anethum graveolens).* 2 Hinojo.
SIN. *1* **Aneldo, abesón, aneto, hinojo, neldo.**
enema (l. *enema,* del gr. *énema*) *m.* ant. Medicamento que se aplicaba sobre las heridas sangrientas. 2 Líquido inyectado en el recto para provocar la evacuación de los intestinos, para la nutrición del cuerpo y para tratamiento y diagnóstico de ciertas enfermedades.
enemiga *f.* Enemistad, odio, oposición, mala voluntad.
enemigamente *adv. m.* Con enemistad.
enemigo, -ga (l. *inimicu*) *adj.* Contrario (opuesto). -2 *m. f.* Persona que tiene mala voluntad a otro y le desea o hace mal: ~ *declarado; los enemigos de la religión.* -3 *m.* Persona contraria en la guerra: *el ~ ataca; rechazar al ~.* 4 Diablo (ángel rebelde). ◇ Superl.: *inimicísimo.*
enemistad (b. l. *inimicitate*) *f.* Aversión, odio entre dos o más personas.
enemistar *tr.-prnl.* Hacer a uno enemigo de otro; hacer perder la amistad existente entre dos o más personas: ~ *a uno con otro; enemistarse con su familia.*
éneo, -a (l. *æneu,* de bronce) *adj.* poét. De cobre o bronce.
eneolítico, -ca *adj.-s.* Período de transición entre la edad de piedra y la edad de los metales.
energético, -ca *adj.* Relativo a la energía. -2 *f.* FÍS. Ciencia que trata de los cambios de energía en las transformaciones físicas y químicas.
energetismo *m.* Energismo.
energía (l. < gr. *enérgeia*) *f.* Potencia activa de un organismo; virtud para obrar o producir un efecto. 2 Vigor. 3 Fuerza de voluntad, tesón en la actividad. 4 FÍS. y QUÍM. Capacidad que tiene la materia de producir trabajo en forma de movimiento, luz, calor, etc.: ~ ***atómica*** o ***nuclear,*** la liberada por la desintegración de los núcleos de los átomos; ~ ***cinética,*** la que posee un cuerpo en virtud de su movimiento; ~ ***radiante,*** la que a partir del punto de origen se manifiesta en todas direcciones; ~ ***solar,*** la producida por el sol y captada por un dispositivo receptor que concentra los rayos solares, convirtiéndolos en flujo constante de electricidad.
enérgicamente *adv. m.* Con energía.
enérgico, -ca *adj.* Que tiene energía, o relativo a ella.
energismo *m.* Doctrina metafísica que reduce toda la realidad a la energía, considerada como verdadera y propia substancia. El energismo se opone al mecanicismo en cuanto niega realidad a la materia, y al dinamismo en cuanto sustituye el concepto antropomórfico de fuerza por el científico de energía. Su principal representante es Ostwald (1853-1932). 2 Doctrina ética que considera como fin de la voluntad moral la actividad de la vida. Su principal representante es Paulsen (1846-1908).
energizar *tr.* FÍS. Poner en actividad [un electroimán], mandarle la corriente excitatriz. 2 FÍS. Mandar la corriente para que imane [el núcleo de una bobina]. 3 FÍS. Suministrar corriente eléctrica. 4 *Colomb.* Estimular, dar energía. -5 *intr. Colomb.* Obrar con energía, actuar con vigor o vehemencia ◇ ** CONJUG. [4] como ***realizar.***
energúmeno, -na (l. *-nu*) *m. f.* Persona poseída del demonio. 2 fig. Furioso, alborotado.
SIN. *1* v. **Endemoniado.**
enero (del l. *ienuariu* por *ianuariu*) *m.* Primer mes del año.
enervación *f.* Acción de enervar o enervarse. 2 Efecto de enervar o enervarse. 3 Afeminación. 4 MED. Agotamiento de la energía nerviosa.
enervador, -ra *adj.* Que enerva.
enervamiento *m.* Enervación (acción). 2 Enervación (efecto).
enervante *adj.* Enervador.
enervar (l. *-are*) *tr.* Debilitar, quitar las fuerzas. 2 fig. Restar fuerza [a las razones o argumentos]. -3 *tr.-prnl.* GALIC. Poner nervioso.
SIN. *2* **Desnervar,** p. us.
enerve *adj.* desus. Débil, afeminado, sin fuerza.
enésimo, -ma *adj.* [cosa] Que se repite un número indeterminado de veces. 2 MAT. Que ocupa un lugar indeterminado en una serie.
enfadadizo, -za *adj.* Fácil de enfadarse.
enfadar (der. de *fado,* hado, del l. *fatum*) *tr.-prnl.* Causar enfado: *enfadarse con, contra alguno; enfadarse de la réplica; enfadarse por poco.*
SIN. v. **Enojar.**
enfado *m.* Impresión desagradable y molesta. 2 Enojo (movimiento del ánimo). 3 p. us. Afán, trabajo.
SIN. *2* v. **Ira.**
enfadosamente *adv. m.* Con enfado.
enfadoso, -sa *adj.* Que de suyo causa enfado.
enfaenado, -da *adj.* Metido en faena, entregado al trabajo con afán.
enfaginar *tr. Bol.* Reclutar, ganar [prosélitos] para algo.
enfajar *tr.* Ceñir con una faja.
enfajillar *tr. C. Rica* y *Méj.* Envolver con fajilla o faja [los impresos] para ponerlos en el correo.
enfalcado *m. Colomb.* Aparato de madera colocado sobre los fondos de las hornillas de los trapiches.
enfaldado *adj.* [varón, especialmente niño] Que vive demasiado apegado a las mujeres de la casa.

enfaldador *m.* Alfiler grueso para sujetar el enfaldo.

enfaldar (paras.) *tr.* Recoger las faldas. 2 Cortar [las ramas bajas de los árboles] para favorecer las de la copa. 3 *Chile.* Faldear [una montaña].

SIN. *2* Enfaldar los árboles, como se hace a los olivos, vb. **olivar.**

enfaldo *m.* Falda o cualquier ropa talar recogida. 2 Cavidad que hacen las ropas enfaldadas.

enfaltricarse *prnl. Colomb.* Embolsicarse algo. ◇ ** CONJUG. [1] como *sacar.*

enfandangarse *prnl. Cuba.* fest. Encolerizarse. ◇ ** CONJUG. [7] como *llegar.*

enfangar (paras.) *tr.* Meter en el fango: *enfangarse hasta el cuello.* -2 *prnl.* fig. Mezclarse en negocios sucios o vergonzosos. 3 Entregarse a los placeres sensuales. ◇ ** CONJUG. [7] como *llegar.*

enfardador, -ra *adj.-s.* Que enfarda.

enfardar (paras.) *tr.* Hacer o arreglar fardos [de alguna cosa]. 2 Empaquetar [mercancías].

enfardelador, -ra *m. f.* Persona que enfardela o enfarda.

enfardeladura *f.* Acción de enfardelar.

enfardelar (paras.) *tr.* Hacer fardeles [de alguna cosa]. 2 Enfardar.

enfaruscar *tr. Hond.* Engorgonar. ◇ ** CONJUG. [1] como *sacar.*

énfasis (gr. *émphasis*) *amb.* Fuerza de expresión o de entonación con que se quiere realzar la importancia de lo que se dice o se lee. -2 *m.* Afectación en la expresión. 3 RET. Figura que consiste en dar a entender más de lo que realmente se expresa. ◇ Pl.: *énfasis.*

enfáticamente *adv. m.* Con énfasis.

enfático, -ca *adj.* [dicho] Con énfasis y [persona] que habla o escribe enfáticamente.

enfatizar (ing. *to emphasize*) *intr.* Expresarse con énfasis. -2 *tr.* Recalcar, hacer hincapié, dar importancia. ◇ ** CONJUG. [4] como *realizar.*

enfermar (l. *infirmare*) *intr.* Contraer una enfermedad: ~ *del pecho.* -2 *tr.* Causar enfermedad: *el alcohol enferma al que abusa de él.* 3 fig. Debilitar, enervar las fuerzas: *la fatiga enfermaba a los exploradores.* -4 *prnl. Guat.* Estar encinta una mujer.

enfermedad (l. *infirmitate*) *f.* Alteración más o menos grave de la salud: ~ ***profesional,*** la que es consecuencia específica de un determinado trabajo. 2 Alteración en lo moral o espiritual.

SIN. *1* **Mal,** es el nombre más pop.; **dolencia,** es voz docta, de significación atenuativa; **morbo,** es técnico o culto; **padecimiento,** sugiere el dolor físico; **achaque,** tiene carácter habitual o crónico; **indisposición** y **destemple,** son alteraciones ligeras de la salud; **afección,** se emplea siempre con un determinativo que la localiza: ~ *laríngea, cardíaca.* REL. **Patología,** parte de la medicina que estudia las enfermedades; adjs. **patógeno, morboso,** que produce enfermedad.

enfermería *f.* Casa o sala destinada para los enfermos: *la ~ del cuartel; la ~ de la plaza de toros.* 2 Conjunto de enfermos.

enfermero, -ra *m. f.* Persona que tiene por oficio asistir a los enfermos.

enfermizo, -za *adj.* Que tiene poca salud; que enferma con frecuencia. 2 Capaz de ocasionar enfermedades: *clima ~.* 3 Propio de un enfermo: *pasión enfermiza.*

SIN. *1* **Enclenque, valetudinario.**

enfermo, -ma (l. *infirmu*) *adj.-s.* Que padece enfermedad: *está ~ del estómago; ~ de amor; ~ con calentura.* 2 Enfermizo.

SIN. **Malo,** en esta acep. sólo se usa con el vb. *estar* y no puede substantivarse: *estoy malo.* Los matices diferenciales entre **doliente, paciente, achacoso, indispuesto** y **destemplado,** son iguales a los explicados en el art. **enfermedad.**

enfermoso, -sa *adj. Amér.* Enfermizo.

enfermucho, -cha *adj.* Que tiene poca salud, propenso a enfermar.

enfervorizador, -ra *adj.-s.* Que enfervoriza.

enfervorizar *tr.* Infundir fervor, celo ardiente. ◇ ** CONJUG. [4] como *realizar.*

SIN. **Fervorizar.**

enfeudación *f.* Acción de enfeudar. 2 Título en que se contiene este acto.

enfeudar (paras.) *tr.* Dar en feudo [un reino, territorio, ciudad, etc.].

enfielar (paras.) *tr.* Poner en fiel [la balanza, romana, etc.].

enfierecerse *prnl.* Enfadarse mucho, ponerse hecho una fiera. ◇ ** CONJUG. [43] como *agradecer.*

enfiestarse *prnl. Amér.* Estar de fiesta, divertirse.

enfilación *f.* Acción de enfilar. 2 Efecto de enfilar. 3 Línea que pasa por dos puntos enfilados.

enfilado, -da *adj.* BLAS. [pieza anular] Que parece ensartada en las bandas, lanzas, etc.

enfilamiento *m.* Condición de las cosas enfiladas.

enfilar (paras.) *tr.* Poner en fila [varias cosas]. 2 Dirigir [una visual]. 3 Tomar una pers. o cosa [la dirección de otra]: ~ *la calle.* 4 Ensartar (por el hilo). -5 *intr.-prnl.* Poner la proa a un punto determinado. 6 fig. Dirigir un asunto en determinado sentido. 7 MIL. Batir la artillería [un puesto] por el flanco.

enfisema (gr. *emphysema*) *m.* MED. Tumefacción producida por infiltración de gases en un tejido.

enfisematoso, -sa *adj.* Perteneciente o relativo al enfisema o que lo padece.

enfistolarse (del ant. *fistolar*) *prnl.-tr.* Pasar una llaga al estado de fístula.

enfiteusis (gr.-l. *emphyteusis* < *emphyteuo,* implantar) *f.* Cesión perpetua o por largo tiempo del dominio útil de una finca mediante el pago anual de un canon al que hace la cesión, el cual conserva el dominio directo. ◇ Pl.: *enfiteusis*

SIN. **Censo enfitéutico.**

enfiteuta *com.* Persona que tiene el dominio útil de la enfiteusis.

enfitéutico, -ca *adj.* Dado en enfiteusis o relativo a ella.

enflacar (paras.) *intr.* Enflaquecer (ponerse flaco). ◇ ** CONJUG. [1] como *sacar.*

enflaquecer (paras.) *tr.* Poner flaco [a uno]: *no le enflaquecen las penas;* en gral., debilitar, enervar. -2 *intr.-prnl.* Ponerse flaco: *mi hijo enflaquece,* o *se enflaquece.* -3 *intr.* Desmayar, perder ánimo: *su voluntad enflaquece.* ◇ ** CONJUG. [43] como *agradecer*

SIN. *1* **Adelgazar, desengrosar, enmagrecer.**

enflaquecimiento *m.* Acción de enflaquecer o enflaquecerse. 2 Efecto de enflaquecer o enflaquecerse.

enflatarse *prnl. Amér.* Apenarse, afligirse. 2 *Méj.* Ponerse de mal humor.

enflautado, -da *adj.* fam. Hinchado, retumbante. -2 *f. Amér.* Patochada, disparate.

enflautador, -ra *adj.-s.* fam. Que enflauta. -2 *m. f.* Alcahuete.

enflautar (paras.) *tr.* Hinchar, soplar. 2 fam. Alcahuetear. 3 Alucinar, engañar. 4 *Amér.* Encajar, encasquetar [algo inoportuno o molesto].

enflechado, -da (paras.) *adj.* [arco] En que se ha puesto la flecha para arrojarla.

enflorar *tr.* Adornar [algo] con flores.

enfocar (paras.) *tr.* Hacer que la imagen [de un objeto] obtenida en un aparato óptico se produzca exactamente en un plano u objeto determinado; como una placa fotográfica, etc. 2 Proyectar un haz de luz o de partículas sobre un determinado punto. 3 fig. Descubrir y comprender los puntos esenciales [de un problema], para tratarlo acertadamente. ◇ ** CONJUG. [1] como *sacar.*

enfogonar *tr.-prnl. P. Rico.* Encolerizar.

enfollinarse *prnl. P. Rico.* Enfogonarse, encolerizarse.

enfollonar *tr. P. Rico.* Enfogonar. -2 *prnl.* Emborracharse.

enfondar *tr.* Forrar [un molde de cocina] con una pasta.

enfoque *m.* Acción de enfocar. 2 Efecto de enfocar.

enfosado *m.* Encebadamiento.

enfoscado *m.* ALBAÑ. Operación de enfoscar un muro. 2 Capa de mortero con que está guarnecido un muro.

enfoscar (l. *fuscu,* obscuro) *tr.* ALBAÑ. Tapar los agujeros que quedan en [una pared] después de labrada; en gral., guarnecer con mortero [un muro]. -2 *prnl.* Ponerse hosco y ceñudo. 3 Enfrascarse, engolfarse en un negocio. -4 *unipers.* Encapotarse, cubrirse el cielo de nubes. ◇ ** CONJUG. [1] como *sacar.*

enfotarse *prnl. Ast.* Confiar con exceso. 2 *And.* Enfadarse, enfurruñarse.

enfrailar (paras.) *tr.* Hacer fraile [a uno]. -2 *intr.-prnl.* Meterse fraile.

enfranje *m. Chile.* Enfranque.

enfranque *m.* Parte más estrecha de la suela del zapato, entre la planta y el tacón.

enfranquecer (paras.) *tr.* Hacer franco o libre [a uno]. ◇ ** CONJUG. [43] como *agradecer.*

enfrascado, -da, p.p. de *enfrascar.* 2 *adj.* Embebido en cualquier trabajo o quehacer, entregado totalmente a él.

enfrascamiento *m.* Acción de enfrascarse. 2 Efecto de enfrascarse.

enfrascar (paras. de *frasco*) *tr.* Echar [algo] en frascos. ◇ ** CONJUG. [1] como *sacar.*
enfrascarse (paras. de *frasca*) *prnl.* Meterse en una espesura, enzarzarse. 2 fig. Aplicarse a una cosa dedicándose a ella por entero: ~ *en la política, en una disputa.* 3 fig. Mancharse, ensuciarse con barro, excremento, tinta, pintura, etc. ◇ ** CONJUG. [1] como *sacar.*
SIN. *1* **Enfroscarse.** *2* **Enguillotarse.**
enfrenador, -ra *m. f.* Persona que enfrena bestias.
enfrenamiento *m.* Acción de enfrenar. 2 Efecto de enfrenar.
enfrenar (l. *infrenare*) *tr.* Poner el freno [al caballo]; en gral., contenerle, guiarle con el freno. 2 fig. Refrenar, reprimir: ~ *las pasiones.* 3 *Méj.* Frenar.
enfrenillar *tr. Guat.* Poner frenillos [al papelote].
enfrentar (paras.) *tr.-prnl.* Afrontar, poner frente a frente. 2 Arrostrar, hacer frente, oponerse: *enfrentarse con los enemigos.* -3 *intr.* Estar delante.
enfrente *adv. l.* A la parte opuesta, en punto que mira a otro o que está delante de otro: *la escuela está* ~ *del ayuntamiento.* -2 *adv. m.* En contra, en pugna: *todo el pueblo se puso* ~ *del proyecto,* o *se puso frente al proyecto.* ◇ Cuando no es abs. lleva siempre la prep. *de.*
SIN. *1* **Delante, frente a, frontero.**
enfriadera *f.* Vasija en que se enfría una bebida.
enfriadero *m.* Paraje o sitio para enfriar.
enfriador, -ra *adj.-s.* Que enfría. -2 *m.* Enfriadero.
enfriamiento *m.* Acción de enfriar o enfriarse. 2 Efecto de enfriar o enfriarse. 3 Catarro ligero.
SIN. **Resfriamiento.**
enfriar (l. *infrigidare*) *tr.-intr.-prnl.* Poner fría o hacer que se ponga fría una cosa: ~ *el agua; ha enfriado,* o *se ha enfriado, el tiempo.* 2 fig. Entibiar, amortiguar: *la ingratitud enfría la caridad; la caridad se enfría con la ingratitud.* 3 vulg. Matar. -4 *prnl.* Quedarse fría una persona. 5 Contraer un catarro ligero. ◇ ** CONJUG. [13] como *desviar.*
SIN. **Resfriar.**
enfrijolarse *prnl. Méj.* Embrollarse un negocio.
enfrontar *tr.-intr.* Llegar al frente de alguna cosa. 2 Arrostrar, hacer frente: ~ *con los invasores.*
enfrontilado, -da, p.p. de *enfrontilar.* 2 *adj.* [res] A la que se ha puesto el frontil.
enfrontilar *tr.-prnl. And.* Poner el frontil a los bueyes. 2 *And.* Ponerse el toro de frente a uno para acometerle.
enfroscarse *prnl.* Enfrascarse. ◇ ** CONJUG. [1] como *sacar.*
enfuertarse *prnl. Colomb.* Fortalecerse.
enfuetarse (de *fuete,* látigo) *prnl. Venez.* Destorcerse, hablando de una cuerda.
enfullar *tr.* Hacer fullerías [en el juego].
enfullinarse *prnl. Chile.* Amoscarse, amostazarse.
enfunchar *tr.-prnl. Cuba* y *P. Rico.* Enojar, enfadar.
enfundadura *f.* Acción de enfundar. 2 Efecto de enfundar.
enfundar (paras.) *tr.* Poner [una cosa] dentro de su funda. 2 Llenar, henchir. -3 *prnl.* fest. Abrigarse.
SIN. *1* **Encamisar.**
enfuñarse *prnl. Cuba* y *P. Rico.* Enfurruñarse.
enfurción *f.* Infurción.
enfurecer (paras.) *tr.-prnl.* Irritar [a uno] o ponerle furioso: ~ *al toro; el toro se enfurece con,* o *contra, alguno; enfurecerse por todo.* -2 *tr.* inus. Ensoberbecer (causar soberbia). -3 *prnl.* fig. Alborotarse, alterarse: *enfurecerse el mar.* ◇ ** CONJUG. [43] como *agradecer.*
SIN. *1* v. **Enojar.**
enfurecimiento *m.* Acción de enfurecer o enfurecerse. 2 Efecto de enfurecer o enfurecerse.
enfurgonar *tr. P. Rico.* Poner [carga] en un furgón.
enfurruñamiento *m.* Acción de enfurruñarse. 2 Efecto de enfurruñarse.
enfurruñarse (del fr. ant. *enfrogner,* poner mala cara, del galo *frogna,* ventanas de la nariz) *prnl.* fam. Ponerse enfadado. 2 Encapotarse el cielo.
enfurruscarse *prnl. Ál., Ar.* y *Chile.* fam. Enfurruñarse. ◇ ** CONJUG. [1] como *sacar.*
enfurtido *m.* Acción de enfurtir. 2 Efecto de enfurtir.
enfurtir (der. de l. *fortis,* fuerte) *tr.* Dar [a los tejidos de lana] el cuerpo correspondiente abatanándolos. 2 Apelmazar [el pelo].
SIN. **Infurtir.**
enfuscar *tr.-prnl. Cuba* y *P. Rico.* vulg. Ofuscar. ◇ ** CONJUG. [1] como *sacar.*
enfusque *m. P. Rico.* vulg. Ofuscamiento. 2 *P. Rico.* Embrollo.
engabanado, -da (paras.) *adj.* Cubierto con gabán.
engace *m.* desus. Engarce. 2 fig. *y* desus. Dependencia y conexión de unas cosas con otras.
engafar (paras.) *tr.* Armar [la ballesta] con la gafa. 2 Enganchar con gafas. 3 Poner la escopeta en el seguro. -4 *prnl. Extr.* Llenarse de pulgas, piojos u otros insectos.
engaitador, -ra *adj.* fam. Que engaita.
engaitar (paras. de *gaita*) *tr.* fam. Engañar con halagos.
SIN. **Engatusar.**
engajado, -da (de gajo *rizo*) *adj. Colomb.* Rizado.
engalabernar (cat. *galaverna*) *tr. Ant.* y *Colomb.* Embarbillar, acoplar.
engalanado *m.* MAR. Empavesado.
engalanador, -ra *m. f.* Que engalana.
engalanar (paras.) *tr.* Poner galana [una cosa], ataviar.
SIN. v. **Adornar.**
engalgado, -da *adj.* p. us. [pieza de caza] Que se ve perseguido por los galgos.
engalgadura *f.* Acción de engalgar una rueda.
I) engalgar (paras.) *tr.* Hacer que el galgo persiga [la pieza de caza]. ◇ ** CONJUG. [7] como *llegar.*
II) engalgar (paras.) *tr.* Apretar la galga [contra el cubo de la rueda] para impedir que gire; p. ext., calzar [las ruedas de los carruajes] con la plancha para frenarlos. 2 Afirmar [a la cruz de una áncora] el cable de un anclote para que no garre el buque.
engalibar *tr. Colomb.* Acicalar, emperejilar.
engallado, -da *adj.* fig. Erguido, derecho. 2 Altanero, soberbio.
engallador *m.* Correa que obliga al caballo a levantar la cabeza.
engalladura *f.* Galladura.
engallarse (paras. de *gallo*) *prnl.* EQUIT. Levantar la cabeza, el caballo, recogiendo el cuello. 2 EQUIT. fig. Ponerse erguido y arrogante.
engalle *m.* Engallador.
engallolar (port. *gaiola*) *tr. Urug.* Encarcelar.
enganchabobos (*enganchar* + *bobo*) *m. pl. Ecuad.* Rizo, bucle.
enganchador, -ra *adj.* Que engancha.
enganchamiento *m.* Enganche.
enganchar (paras.) *tr.-intr.-prnl.* Agarrar [una cosa] con gancho o colgarla de él: ~ *un cable; el pelo engancha,* o *se engancha, en un corchete.* 2 Poner las caballerías en los carruajes: ~ *el caballo; ya he enganchado.* -3 *tr.* fig. Atraer [a uno] con arte: *le engancharon para que ayudase;* esp., atraer [a uno] a que siente plaza de soldado por dinero. 4 Coger el toro [al bulto] y levantarlo con los pitones. 5 fam. Conquistar, enamorar a una persona del sexo contrario. -6 *prnl.* Sentar plaza de soldado. -7 *intr.-prnl. P. Rico.* Subir, ascender. -8 *tr.* CONSTR. Dar dirección inclinada [a los cañones de las chimeneas, conductos de agua, etc.].
enganche *m.* Acción de enganchar. 2 Efecto de enganchar. 3 Pieza o aparato dispuesto para enganchar. 4 MIL. Reclutamiento. 5 *And.* Pelea, disgusto entre dos personas.
enganchón *m.* Acción de enganchar o prenderse la ropa o cabellera en un objeto punzante. 2 Efecto de dicha acción.
engandujar *tr. Colomb.* Acicalar, emperejilar.
engandujo *m.* Hilo retorcido que cuelga de cierta franja que tiene el mismo nombre.
engangrenarse *prnl. Ecuad.* Gangrenarse.
engañabobos *com.* fam. Persona engaitadora y embelecadora. -2 *m.* Cosa engañosa. 3 *And.* y *Extr.* Chotacabras. ◇ Pl.: *engañabobos.*
engañadizo, -za *adj.* Fácil de ser engañado.
engañador, -ra *adj.* [persona o cosa] Que engaña. 2 fig. Que atrae dulcemente el cariño.
SIN. *1* **Impostor,** el que engaña con apariencia de verdad; díc. sólo de personas.
engañaladrillos *m.* fam. Cojo que caminando va a apoyar el pie lesionado en un ladrillo y lo sienta en el siguiente. ◇ Pl.: *engañaladrillos.*
engañamundo, -dos *m.* Engañador (que engaña). ◇ Pl.: *engañamundos.*
engañanecios *m.* Engañabobos (pers.). ◇ Pl.: *engañanecios.*
engañapastores *m.* Chotacabras. ◇ Pl.: *engañapastores.*
engañapichanga *f. Amér.* Engañifa. -2 *m. Bol.* Mercachifle, hablador.
engañar (l. **ingannare*) *tr.* Inducir [a otro] con artificio o mal-

dad a creer y tener por cierto o bueno lo que no lo es: ~ *al comprador en el peso;* p. anal., inducir a error una falsa apariencia: *nos ha engañado el color, la vista,* etc. 2 Entretener, distraer [algún estado o afección]: ~ *el hambre, el sueño.* 3 Hacer más apetitoso [un manjar] con un ingrediente o acompañándolo de otro manjar: ~ *la carne con el tomate.* 4 Engatusar. 5 Hacer traición: ~ *al marido.* -6 ***prnl.*** Cerrar voluntariamente los ojos a la verdad. 7 Equivocarse: *engañarse con,* o *por, las apariencias; engañarse en la cuenta.*

engañifa ***f.*** fam. Engaño artificioso con apariencia de utilidad.

engañifla ***f.*** vulg. Engañifa.

engañijos ***m. pl.*** *Colomb.* Engañifas.

engañito ***m.*** *Chile.* Regalo interesado.

engaño ***m.*** Acción de engañar o engañarse: ***llamarse a*** **~**, retraerse de lo pactado por haber reconocido engaño en el contrato. 2 Efecto de engañar o engañarse. 3 Falsedad. 4 Muleta o capa de que se sirve el torero para engañar al toro. 5 Arte o armadijo para pescar. 6 Adulterio.

SIN. *1, 2* y *3* v. **Mentira.**

engañosamente ***adv. m.*** Con engaño.

engañoso, -sa ***adj.*** Que engaña o da ocasión a engañarse.

engañotar ***tr.*** *Colomb.* Apercollar.

engarabatar (paras.) ***tr.*** Agarrar [una cosa] con garabato. 2 Poner [una cosa] en forma de garabato.

engarabitar (paras. de *garabito*) ***intr.-prnl.*** Trepar, subir a lo alto. 2 Engarabatarse, esp. los dedos a causa del frío.

engaratusar ***tr.*** *Amér.* Engatusar.

engarbado, -da ***adj.*** [árbol] Que al ser derribado queda sostenido por la copa de otro.

engarbarse ***prnl.*** Encaramarse las aves a lo más alto de un árbol u otra cosa.

engarbullar (paras. de *garbullo*) ***tr.*** Confundir, enredar [una cosa] con otras.

engarce ***m.*** Acción de engarzar. 2 Efecto de engarzar. 3 Metal en que se engarza una cosa. 4 Conexión, unión. 5 *Colomb.* Pendencia, riña.

SIN. **Engace.**

engarfar ***tr.*** *P. Rico.* vulg. Ensartar, enganchar.

engargantadura ***f.*** Engargante.

engargantar (paras.) ***tr.*** Meter [una cosa] por la garganta o tragadero. -2 ***intr.*** Engranar. 3 Meter el pie en el estribo hasta la garganta. -4 ***tr.*** *And.* Atrancar la garganta del arado en la raíz de un árbol o en una piedra.

engargante ***m.*** Encaje de los dientes de una rueda o barra dentada en los intersticios de otra.

engargolado ***m.*** Ranura por la cual se desliza una puerta de corredera. 2 CARP. Trabazón de lengüeta y ranura que une dos piezas de madera.

engargoladura ***f.*** Gárgol.

engargolar (paras.) ***tr.*** Ajustar [las piezas que tienen gárgoles]. 2 *Colomb.* Enredar.

engaripolarse ***prnl.*** *Venez.* Acicalarse, ataviarse.

engaritar (paras.) ***tr.*** Fortificar con garitas [un castillo, fortaleza, etc.]. 2 Engañar con astucia.

engarnio ***m.*** fam. Plepa.

engarrafador, -ra ***adj.*** Que engarrafa.

engarrafar (paras. de *garfa*) ***tr.*** fam. Agarrar fuertemente [una cosa].

engarrar (paras. de *garra*) ***tr.*** desus. Agarrar.

engarriar ***intr.-prnl.*** Trepar, encaramar. ◇ ** CONJUG. [12] como ***cambiar.***

engarro ***m.*** Acción de agarrar. 2 Efecto de agarrar.

engarrotar ***tr.*** Agarrotar. 2 *Sal.* y *Argent.* Entumecer [los miembros] de frío.

engarruñarse ***prnl.*** *Amér.* Engurruñarse.

engarzador, -ra ***adj.-s.*** Que engarza.

engarzadura ***f.*** Engarce.

engarzar (probl. del moz. *engaçrar,* del l. v. *incastrare,* insertar) ***tr.*** Trabar [una cosa con otra u otras] formando cadena. 2 Rizar (el pelo). 3 Engastar: ~ *una amatista en plata, una diadema con brillantes.* -4 ***prnl.*** *And.* y *Colomb.* Enzarzarse, enredarse. 5 fig. Enlazar, relacionándolas, unas ideas, frases, palabras, etc., con otras. ◇ ** CONJUG. [4] como ***realizar.***

SIN. **Engazar,** menos us. que engarzar.

engasar (paras.) ***tr.*** Tapar [algo] con gasa. 2 *Guat.* Engatusar. -3 ***prnl.*** Caer bajo la acción del delirium tremens.

engasgarse (de la onomat. *gasg*) ***prnl.*** Atragantarse. ◇ ** CONJUG. [7] como ***llegar.***

engastador, -ra ***adj.-s.*** Que engasta.

SIN. **Enjoyelador.**

engastadura ***f.*** Engaste.

engastar (l. *incastrare*) ***tr.*** Encajar y embutir [una cosa en otra]: ~ *un rubí en oro, una diadema con brillantes.*

engaste ***m.*** Acción de engastar. 2 Efecto de engastar. 3 Guarnición de metal que asegura lo que se engasta. 4 Perla llana o chata por un lado.

SIN. *3* **Montadura.**

engatado, -da ***adj.*** Habituado a hurtar, como el gato.

engatar (paras. de *gato*) ***tr.*** fam. Engañar halagando.

engatillado, -da ***adj.*** [animal] Que tiene el pescuezo grueso y levantado. -2 ***m.*** Procedimiento que consiste en doblar, enlazar y machacar los bordes de dos chapas de metal para unirlos. 3 ARQ. Obra en que las piezas están trabadas por medio de gatillos de hierro.

engatillar (paras.) ***tr.*** Unir o sujetar con gatillo [chapas metálicas, tablas, etc.]. 2 ARQ. Encajar los extremos [de los maderos de piso] en las muescas de una viga. 3 DEP. Trabar [un jugador a otro] con las piernas. 4 PINT. Reforzar la tabla de una pintura con gatillo. -5 ***prnl.*** *Colomb.* y *Ecuad.* Engrillarse (el caballo). 6 *Ecuad.* Engalanarse.

engatusador, -ra ***adj.-s.*** fam. Que engatusa.

engatusamiento ***m.*** fam. Acción de engatusar. 2 fam. Efecto de engatusar.

engatusar (cruce de *engaratusar,* der. de *gratar,* rascar y *engatar,* der. de *gato*) ***tr.*** Ganar la voluntad [de uno] con halagos.

SIN. **Encantusar, encatusar, engaitar,** los tres menos us. que **engatusar.**

engavetar ***tr.*** *Guat.* Guardar [algo] en una gaveta por tiempo indefinido.

engaviar (paras. de *gavia*) ***tr.-prnl.*** Subir a lo alto. ◇ ** CONJUG. [12] como ***cambiar.***

engavillar ***tr.*** Agavillar.

I) engazar ***tr.*** desus. Engarzar. ◇ ** CONJUG. [4] como ***realizar.***

II) engazar ***tr.*** En el obraje [de paños] teñirlos después de tejidos. ◇ ** CONJUG. [4] como ***realizar.***

III) engazar (paras.) ***tr.*** MAR. Poner gazas de firme [a los motones, cuadernales y vigotas]. ◇ ** CONJUG. [4] como ***realizar.***

engazuzar ***tr.*** *Amér. Central.* Alborotar, armar gazuza. 2 *C. Rica.* Engatusar. ◇ ** CONJUG. [4] como ***realizar.***

engendrable ***adj.*** p. us. Que se puede engendrar.

engendrador, -ra ***adj.*** Que engendra.

engendramiento ***m.*** Acción de engendrar. 2 Efecto de engendrar.

engendrar (l. *ingenerare*) ***tr.*** Dar origen los padres [a un nuevo ser]. 2 fig. Causar, ocasionar, formar. 3 GEOM. Formar por medio del movimiento.

SIN. **Generar.** *1* **Procrear.**

engendro ***m.*** Feto. 2 Criatura informe. 3 fig. Plan, designio u obra intelectual mal concebidos.

SIN. *2* **Aborto.**

engentarse ***prnl.*** *Guat.* Agentarse. 2 *Méj.* Aturdirse por exceso de gente.

engeridor ***m.*** El que ingiere. 2 Abridor (cuchilla).

engerirse ***prnl.*** *Colomb.* Engarruñarse, enmantarse. ◇ ** CONJUG. [35] como ***hervir.***

engestado, -da ***adj.*** Agestado, encavado.

engibar ***tr.-prnl.*** Hacer corcovado [a uno].

englandado, -da (paras. de *glande,* bellota) ***adj.*** BLAS. [roble o encina] Cargado de bellotas.

englantado, -da ***adj.*** BLAS. Englandado.

englobar (paras. de *globo*) ***tr.*** Incluir [una cosa] en un conjunto; reunir [varias cosas] en una sola.

-engo, v. -enco.

engoar ***tr.*** *Cuba.* Echar carnada [a los peces]. 2 *S. Dom.* Fingir una persona que otra la engaña.

engobe ***m.*** Capa de arcilla fina de color uniforme hecho a base de óxidos metálicos, con la que se suelen bañar los objetos de barro antes de la cocción, obteniendo así una superficie lisa y vidriada.

engocetar ***tr.*** Poner el gocete de la lanza en el ristre.

engodo ***m.*** *Cuba.* Carnada, cebo para pescar.

engoe ***m.*** *S. Dom.* Acción de engoar (fingir). 2 *S. Dom.* Pedazos menudos de carne que sirven de carnada.

I) engolado, -da (paras.) ***adj.*** Que tiene gola.

II) engolado, -da (fr. *engoulé* < *engouler,* tragar) ***adj.*** BLAS. [pieza] Cuyo extremo entra en bocas de leones, serpientes, etc.

III) engolado, -da *adj.* [voz, articulación o acento] Que tiene resonancia en el fondo de la boca o en la garganta. 2 fig. [modo de hablar] Afectadamente grave o enfático. 3 fig. Fatuo, engreído, altanero.
engolamiento *m.* Acción de engolar. 2 Efecto de engolar. 3 Afectación, énfasis en el habla o en la actitud.
engolfar (paras. de *golfo*) *intr.-prnl.* Entrar una embarcación muy adentro del mar. -2 *tr.* Meter [una embarcación] en el golfo. -3 *prnl.* fig. Ocuparse intensamente en algún asunto, arrebatarse de un pensamiento o afecto.
engolillado, -da (paras.) *adj.* ant. Que lleva la golilla puesta. 2 fig. *y* fam. [pers.] Que se precia de observar con rigor los estilos antiguos.
engolillarse *prnl. Cuba.* Contraer golillas (deudas). 2 *Perú.* Encolerizarse.
engollamiento *m.* fig. Presunción, envanecimiento.
engolletado, -da *adj.* fam. Erguido, presumido, vano.
engolletarse (paras. de *gollete*) *prnl.* fam. Envanecerse.
engolliparse *prnl.* Atragantarse.
engolondrinar (paras. de *golondrino*) *tr.-prnl.* fam. Envanecer. -2 *prnl.* Enamoriscarse.
engolosinador, -ra *adj.* Que engolosina.
engolosinamiento *m.* Acción de engolosinar o engolosinarse. 2 Efecto de engolosinar o engolosinarse.
engolosinar (paras. de *golosina*) *tr.* Excitar el deseo [de uno] con algún atractivo. -2 *prnl.* Aficionarse, tomar gusto a una cosa: *engolosinarse con la lectura.* 3 Habituarse a algo.
SIN. *2* **Arregostarse, regostarse.**
engomado, -da *adj.* Gomoso. -2 *m.* Engomadura. 3 *Pan.* Malestar que deja una borrachera. -4 *adj. Chile.* Peripuesto, acicalado.
engomadura *f.* Acción de engomar. 2 Efecto de engomar. 3 Primer baño que las abejas dan a las colmenas.
engomar (del ant. *gomar*) *tr.* Untar de goma desleída: ~ *un papel, una tela.* -2 *prnl. Guat.* Tener goma (malestar) por haber bebido.
engominarse *prnl.* Darse gomina.
engonzar *tr.* Unir con gonces. ◇ ** CONJUG. [4] como ***realizar.***
engorar *tr.* Enhuerar. ◇ ** CONJUG. [31] como ***contar.***
engorda *f. Chile* y *Méj.* Engorde, ceba. 2 *Chile* y *Méj.* Conjunto de animales que se ceban para la matanza.
engordaderas *f. pl.* Lactumen.
engordadero *m.* Lugar y tiempo en que se engordan los cerdos. 2 Alimento con que se engordan.
engordador, -ra *adj.-s.* Que hace engordar.
engordar (paras.) *tr.* Cebar, dar mucho de comer para poner gordo: ~ *un cerdo.* -2 *intr.* Ponerse gordo. 3 fig. Hacerse rico.
engorde *m.* Acción de engordar o cebar el ganado. 2 Efecto de engordar o cebar el ganado.
SIN. **Recría.**
engordero *m. Chile.* El que compra animales para engordarlos.
engorgonar *tr. Hond.* Derrochar [dinero]. 2 *Guat.* Demorar [un asunto].
engorra *f.* desus. Asimiento, detención. -2 *f. pl. Extr.* Especie de polainas que usan los pastores, consistentes en trozos de paño o cuero, con los que se ciñen la pierna.
engorrar *tr. Ar.* y *Sal.* Retrasar, detener. 2 *Extr.* Perder el tiempo, entreteneerse, holgar. 3 *Méj., P. Rico* y *Venez.* Fastidiar, molestar [a uno]. -4 *prnl.* Quedarse prendido en un gancho. 5 Entrar una espina en la carne sin que se pueda sacar fácilmente.
engorro (ant. *engorar,* estar inmovilizado; por influjo de *engorra,* gancho, de orig. germ.) *m.* Embarazo, impedimento, molestia.
SIN. v. **Estorbo.**
engorroso, -sa *adj.* Embarazoso, molesto.
engoznar (paras.) *tr.* Poner goznes [a una puerta, ventana, etc.]. 2 Encajar [una puerta, ventana, etc.] en un gozne.
engramar *tr. Guat.* y *P. Rico.* Cubrir de grama.
engrampar *tr. Amér. Central.* Engrapar.
engranaje *m.* MEC. Efecto de engranar. 2 Conjunto de las piezas que engranan. 3 Conjunto de los dientes de una máquina. 4 fig. Enlace o trabazón de ideas, circunstancias o hechos.
engranar (confusión entre der. de *granu,* grano y de *crene,* muesca; a través del fr. *engrener*) *intr.* Endentar (encajar): ~ *una rueda con otra.* 2 fig. Enlazar, trabar.
engrandar (paras. de *grande*) *tr.* Agrandar.
engrandecer (l. *ingrandescere*) *tr.* Aumentar, hacer grande [una cosa, esp. moral]: ~ *el mérito, la fama;* p. anal., alabar, exagerar: *todo era ~ su ventura.* 2 Exaltar, elevar [a uno] a una dignidad superior: ~ *a un joven; engrandecerse por el propio mérito.* 3 fig. Ennoblecer, enaltecer una cosa [a alguien]. ◇ ** CONJUG. [43] como ***agradecer.***
SIN. v. **Ampliar** y **Agrandar.**
engrandecimiento *m.* Acción de engrandecer o engrandecerse. 2 Efecto de engrandecer o engrandecerse.
engranerar (paras.) *tr.* Poner [el grano] en el granero: ~ *la cebada.*
engranujarse (paras.) *prnl.* Llenarse de granos. 2 Hacerse granuja, apicararse.
engrapado *m.* Acción de engrapar. 2 Efecto de engrapar. 3 CONSTR. Modo de unir los sillares cuando se han labrado en ellos salientes y entrantes que permiten encajarlos unos con otros.
engrapadora *f.* Máquina que sirve para engrapar papeles.
engrapar (paras.) *tr.* Asegurar o unir con grapas [las piedras, maderos, etc.].
engrasación *f.* Acción de engrasar o engrasarse. 2 Efecto de engrasar o engrasarse.
engrasado *m.* Engrase.
engrasador, -ra *adj.-s.* Que engrasa.
engrasar (paras.) *tr.* Dar substancia y crasitud [a una cosa]. 2 Encrasar (fertilizar). 3 Adobar con algún aderezo [los tejidos]. 4 Untar [una cosa] con grasa: ~ *el eje de una rueda.* 5 fig. Sobornar. -6 *prnl. Méj.* Contraer la enfermedad del saturnismo.
SIN. *1* y *4* MED. **Incrasar.** *4* **Lubricar, lubrificar.**
engrase *m.* Engrasación. 2 Materia lubricante. 3 fig. Soborno.
engrasillar *tr. Chile.* Cubrir lo raspado en [el papel] con grasilla.
engravado *m.* Capa de grava sobre la que se coloca un pavimento de hormigón.
engravar *tr.* Cubrir con grava el piso [de un camino, jardín, etc.].
engravecer (del ant. *gravescer*) *tr.* Hacer grave o pesada [una cosa]. ◇ ** CONJUG. [43] como ***agradecer.***
SIN. **Agravar.**
engredar (paras.) *tr.* Dar con greda: ~ *los paños.*
engreído, -da, p.p. de *engreír.* 2 *adj.* [pers.] Creído o convencido de su propio valer.
engreimiento *m.* Acción de engreír o engreírse. 2 Efecto de engreír o engreírse.
SIN. v. **Soberbia.**
engreír (ant. *encreerse,* infatuarse, de *creer,* der. del l. *credere*) *tr.-prnl.* Envanecer: *engreírse con,* o *de, su fortuna.* 2 *And.* y *Amér.* Mimar, aficionar. -3 *prnl. And.* y *Amér.* Encariñarse, apegarse a una persona o a una cosa. ◇ ** CONJUG. [37] como ***reír.***
SIN. *1* **Ahuecarse, hincharse, soplarse;** v. **jactarse.**
engreñado, -da (paras.) *adj.* Desgreñado.
engrescar (paras. de *gresca*) *tr.* Incitar [a uno] a hacer alguna cosa, esp. a riña. 2 Excitar [en uno] deseo, entusiasmo, alegría, etc. ◇ ** CONJUG. [1] como ***sacar.***
engrifar (paras. de *grifo*) *tr.* Encrespar, erizar. -2 *prnl.* Empinarse una caballería. 3 En el lenguaje de la droga, ponerse bajo los efectos de la grifa. 4 *Colomb.* Cobrar altivez o petulancia.
engrillar (paras.) *tr.* Meter en grillos. 2 fig. Sujetar, aprisionar. -3 *prnl. Amér.* Encapotarse el caballo. 4 *Colomb.* y *Pan.* Adeudarse, endeudarse. 5 *P. Rico* y *Venez.* Engreírse.
engrillarse *prnl.* Echar grillos las patatas.
engrilletar (paras.) *tr.* MAR. Unir con un grillete [dos trozos de cadena, una cadena y una argolla, etc.].
engringarse (paras.) *prnl.* Seguir uno las costumbres de los gringos. ◇ ** CONJUG. [7] como ***llegar.***
engringolarse *prnl. Colomb.* Alborotarse. 2 *Colomb.* Insolentarse. 3 *Ecuad.* y *Nicar.* Enfadarse. 4 *Venez.* Emperifollarse.
engrosamiento *m.* Acción de engrosar. 2 Efecto de engrosar.
engrosar (l. *grossu,* grueso) *tr.* Hacer gruesa [una cosa]. 2 fig. Aumentar el número [de una colectividad]: ~ *las filas del ejército.* -3 *intr.* Tomar carnes, hacerse más grueso. 4 fig. Crecer. ◇ ** CONJUG. [31] como ***contar.***
SIN. **Engruesar.** *3* **Embarnecer, embastecer,** p. us.
engrudador, -ra *m. f.* Persona que engruda. -2 *m.* Utensilio para engrudar.
engrudamiento *m.* Acción de engrudar. 2 Efecto de engrudar.
engrudar *tr.* Untar con engrudo [una cosa]. -2 *prnl.* Tomar consistencia de engrudo.
engrudo (l. *glute*) *m.* Masa de harina o almidón cocidos en agua: *el ~ sirve para pegar.* 2 Cola de pegar.

engruesar (paras.) *intr.* Engrosar.
engrumecerse (paras.) *prnl.* Hacerse grumos: ~ *la sangre.* ◇ ** CONJUG. [43] como ***agradecer.***
engrupir *tr. Argent.* vulg. Grupear, mentir.
enguacharse *prnl. Colomb.* Rebajarse, vulgarizarse.
enguachinar *tr.-prnl.* Enaguachar, enaguazar.
enguadar *tr. Cuba.* Engatusar, engatar [a alguien].
engualdrapar (paras.) *tr.* Poner la gualdrapa [a una caballería].
engualichar *tr. Argent.* Endemoniar.
enguandos *m. pl. Colomb.* Cosas superfluas.
enguandujarse *prnl. Colomb.* Emperifollarse.
enguangarar (de *guángara,* algazara) *tr. S. Dom.* Escandalizar.
enguantado, -da *adj. Chile.* [cuadrúpedo] De color claro con patas negras.
enguantar (paras.) *tr.* Cubrir [la mano] con un guante.
enguapearse *prnl. Méj.* Emborracharse.
enguaracarse *prnl. Amér. Central.* Esconderse, encovarse. ◇ ** CONJUG. [1] como ***sacar.***
enguaralar *tr. Venez.* Enlazar con guaral. -2 ***prnl.*** *Colomb.* Confundirse; emborracharse.
enguaraparse *prnl. Amér. Central.* Volverse guarapo, fermentarse. 2 *P. Rico.* Aguaraparse.
enguarapetarse *prnl. P. Rico.* vulg. Emborracharse.
enguaretarse *prnl. P. Rico.* vulg. Quedar guaretas dos cosas.
enguasimar *tr. Cuba.* Ahorcar.
enguatar (paras.) *tr.* Entretelar con guata.
enguayabado, -da *adj. Colomb.* y *Venez.* Que padece guayabo (malestar).
enguayabarse *prnl. Colomb.* Sentirse mal.
engubiar *tr. Urug.* Vencer, dominar.
enguedejado, -da (paras.) *adj.* [pelo] Que está hecho guedejas. 2 [pers.] Que trae así la cabellera. 3 Que cuida demasiado de sus guedejas.
enguedejar *tr.* Peinar [el cabello] en guedejas.
engüerar *tr.* Enhuerar. 2 *Extr.* Empollar.
enguerrillar *tr. Venez.* Dividir [el ejército] en guerrillas. 2 *Venez.* Alzarse en guerrillas.
enguichado, -da (fr. *enguiché*) *adj.* BLAS. [corneta, trompeta, etc.] Que va pendiente o liada con cordones.
enguijarrado *m.* Empedrado de guijarros.
enguijarrar (paras.) *tr.* Empedrar con guijarros.
enguillotarse *prnl.* fam. Enfrascarse [en algo].
enguinchar (de *huincha,* tira de tela) *tr. Chile.* Ribetear.
enguiñarse *prnl. Venez.* Tener guiña.
enguirnaldar (paras.) *tr.* Adornar con guirnalda.
enguitarrarse *prnl. Venez.* Vestirse de levita u otro traje de ceremonia.
enguizgar (de una raíz expresiva *guizg,* para azuzar al perro) *tr.* Incitar, estimular. ◇ ** CONJUG. [7] como ***llegar.***
engullidor, -ra *adj.-s.* Que engulle.
engullir (der. del l. *gula,* garganta; con influjo de *degollar*) *tr.* Tragar [la comida] atropelladamente. ◇ ** CONJUG. [41] como ***mullir.***
SIN. **Chascar;** MED., **ingurgitar.**
engurra *f.* Arruga, encogimiento.
engurrar (de *enrugar*) *tr.* Arrugar, encoger.
engurrio *m.* Tristeza, melancolía.
engurrirse *prnl. Extr.* Arrecirse, aterirse de frío. 2 *Extr.* Engurruñirse, arrugarse.
engurruminar (de *engurrumir*) *tr.* Arrugar, encoger.
engurrumir (de *engurrar*) *tr.-prnl.* Arrugar, encoger.
engurruñar (de *engurrar*) *tr.-prnl.* Encoger, arrugar. -2 ***prnl.*** Enmantarse. 3 fam. Entristecerse, encogerse uno.
engurruñido, -da *adj. And.* Arrugado, encogido.
engurruñir *intr.* fam. Engurruñar.
engusgarse *prnl.* Arrecirse, aterirse de frío. ◇ ** CONJUG. [7] como ***llegar.***
enhacinar *tr.* Hacinar.
enharinar (paras.) *tr.-prnl.* Cubrir o manchar de harina [una cosa].
enhastiar *tr.* desus. Causar hastío, enfado [a uno]. ◇ ** CONJUG. [13] como ***desviar.***
enhastillar (paras.) *tr.* Poner las saetas [en el carcaj].
enhastioso, -sa *adj.* desus. Enfadoso.
enhatijar (paras. de *hatijo*) *tr.* Cubrir la boca [de una colmena] con un harnero de esparto para llevarla de un lugar a otro.
enhebillar *tr.* Sujetar [una correa] a una hebilla.
enhebrar (paras.) *tr.* Pasar una hebra por el ojo de [una aguja]. 2 Ensartar (pasar por un hilo; decir): ~ *cuentas, perlas;* fig., ~ *mentiras.* ◇ HOMÓF.: *enebro* (m.).
SIN. *2* **Enhilar.**
enhenar (paras.) *tr.* Cubrir con heno.
enherbolar (l. *herbula,* yerbecilla) *tr.* Poner veneno [en una cosa]: ~ *una lanza, las saetas.*
enhestador *m.* El que enhiesta.
enhestadura *f.* Acción de enhestar o enhestarse. 2 Efecto de enhestar o enhestarse.
enhestamiento *m.* Enhestadura.
enhestar (v. *infestar*) *tr.-prnl.* Levantar en alto, poner derecha [una cosa]. ◇ ** CONJUG. [27] como ***acertar;*** pero su uso es muy raro en la lengua moderna, fuera del pp. ***enhiesto.***
SIN. **Inhestar.**
enhielar (paras.) *tr.* Mezclar [una cosa] con hiel.
enhiestamiento *m.* Enhestadura.
enhiesto, -ta, pp. irreg. de *enhestar.* 2 *adj.* Levantado, derecho.
SIN. *2* **Inhiesto,** p. us.
enhilar (paras.) *tr.* Enhebrar: ~ *la aguja.* 2 fig. Ordenar [las ideas de un escrito o discurso]: ~ *bien los términos, la frase.* 3 fig. Dirigir, encaminar [una cosa]. 4 Enfilar. -5 ***intr.*** Encaminarse, dirigirse a un fin. -6 ***prnl.*** TAUROM. Colocarse delante del toro en línea recta.
enhorabuena *f.* Felicitación. -2 *adv. m.* Con bien, con felicidad. 3 Denota aprobación, conformidad: ~ *que salgas.*
SIN. **Norabuena.**
enhoramala *adv. m.* Que se emplea para denotar disgusto, enfado o desaprobación: ~ *entré en tu casa.*
SIN. **Noramala, nora tal.**
enhorcar (l. *infurcare*) *tr.* Formar horcos [de ajos o cebollas]. 2 *León.* Coger con la horca [el heno o la gavilla]. ◇ ** CONJUG. [1] como ***sacar.***
enhornar (paras.) *tr.* Hornear.
enhorquetar *tr. Amér.* Poner a horcajadas [a uno].
enhuecar (paras.) *tr.* Ahuecar. ◇ ** CONJUG. [1] como ***sacar.***
enhuerar (paras.) *tr.* Volver huera [una cosa]. -2 ***intr.-prnl.*** Volverse huero.
enigma (gr. *ainigma* < *ainissesthai,* hablar obscuro; en l. *aenigma*) *m.* Dicho o conjunto de palabras de sentido encubierto para que sea difícil entenderlo. 2 p. ext. Cosa que difícilmente puede entenderse o interpretarse.
SIN. **Adivinanza, adivinaja** (rúst.) y **quisicosa,** tienen carácter popular y pertenecen a la tradición oral. Son enunciados que hay que descifrar; el **acertijo** puede ser oral, gráfico o consistir en un objeto cuyas manipulaciones hay que atinar; **enigma,** por su parte, es culto: las palabras que lo componen tienen significado obscuro, anfibológico, simbólico.
enigmáticamente *adv. m.* De manera enigmática.
enigmático, -ca *adj.* Que en sí encierra o incluye enigma; de significación obscura y misteriosa.
enigmatista *com.* Persona que habla con enigmas.
enigmística *f.* Conjunto de adivinanazas, enigmas, etc., de un país o época, bien de carácter folclórico, bien de determinados autores: ~ *del siglo* XVI; *caracteres de la* ~ *española.*
enjabegarse *prnl.* MAR. Quedar un cable enredado en el fondo del mar. ◇ ** CONJUG. [7] como ***llegar.***
enjabonado, -da *m.* Jabonadura de la ropa. -2 *adj. Cuba* y *Perú.* [caballería] Que tiene el pelo obscuro sobre fondo blanco.
enjabonadura *f.* Jabonadura (acción y efecto).
enjabonar *tr.* Jabonar. 2 fig. Dar jabón [a uno], adularlo. 3 fig. Reprender [a uno].
enjaezar *tr.* Poner los jaeces [a una caballería]. 2 *Amér.* Ensillar [el caballo]. ◇ ** CONJUG. [4] como ***realizar.***
SIN. *1* **Jaezar.**
enjaguadura *f.* p. us. Enjuagadura.
enjaguar *tr.* p. us. Enjuagar. 2 *Hond.* Embaucar [a uno]. ◇ ** CONJUG. [22] como ***averiguar.***
enjagüe *m.* Adjudicación que se hacía a los interesados en una nave, en satisfacción de los créditos respectivos. 2 Enjuague.
enjalbegado *m.* Enjalbegadura.
enjalbegador, -ra *adj.-s.* Que enjalbega.
enjalbegadura *f.* Acción de enjalbegar o enjalbegarse. 2 Efecto de enjalbegar o enjalbegarse.
enjalbegar (l. *ex albicare,* blanquear) *tr.* Blanquear [una pared]. 2 Componer [el rostro] con albayalde u otros afeites. ◇ También *jalbegar.* ◇ ** CONJUG. [7] como ***llegar.***
enjalbiego *m.* Enjalbegadura.

enjalma (del ant. *salma,* der. del l. *sagma,* albarda, de orig. gr.) *f.* Especie de albardilla ligera de bestia de carga.
SIN. **Jalma.**
enjalmar *tr.* Poner la enjalma [a una bestia de carga]. -2 *intr.* Hacer enjalmas. -3 *tr. Cuba.* Colocar [algo] con poca gracia.
REL. *2* **Salmera,** se llama la aguja de enjalmar.
enjalmero, -ra *m. f.* Persona que hace o vende enjalmas.
SIN. **Jalmero.**
enjambradera *f.* Casquilla. 2 Abeja que, por el zumbido, denota que está para salir a enjambrar a otra parte.
enjambradero *m.* Sitio en que se enjambra.
enjambrar (v. *examinar*) *tr.* Encerrar en las colmenas [las abejas que andan esparcidas o los enjambres que están fuera de ellas]. 2 Sacar un enjambre [de una colmena]. -3 *intr.* Criar la colmena un enjambre. 4 Multiplicar o producir en abundancia.
SIN. *3* **Abarbar, barbar.**
enjambrazón *f.* Acción de enjambrar. 2 Efecto de enjambrar.
enjambre (l. v. **examine*) *m.* Muchedumbre de abejas con su reina que salen juntas de una colmena. 2 fig. Muchedumbre de personas o cosas juntas. 3 ASTRON. Grupo de estrellas fugaces de una misma familia. 4 *Cuba.* Pez semejante a la cabrilla, de carne sabrosa *(Serranus apiarus).*
enjaminado, -da *adj. Cuba* y *Venez.* Ataviado.
enjaminar *tr. Cuba.* Enjalmar. -2 *prnl. Venez.* Ataviarse.
enjaquimar (paras.) *tr.* Poner la jáquima [a una bestia]. 2 *Sal.* fam. Arreglar, componer.
enjaranado, -da *adj. C. Rica* y *Guat.* Entrampado, lleno de deudas.
enjaranarse *prnl. Amér. Central.* Contraer jaranas (deudas).
enjarciar *tr.* Poner la jarcia [a una embarcación]. ◇ ** CONJUG. [12] como *cambiar.*
enjardar *tr. And.* Llenar de grano la jarda.
enjardinar (paras.) *tr.* Poner y arreglar [los árboles] como en un jardín. 2 Convertir [un terreno] en jardín. 3 CETR. Poner [el ave de rapiña] en un prado o paraje verde.
enjaretado *m.* Tablero formado de tabloncitos que forman enrejado.
enjaretar (paras.) *tr.* Hacer pasar [una cinta o cordón] por una jareta. 2 irón. Hacer o decir [algo] sin intermisión y atropelladamente: ~ *un discurso.* 3 fig. *y* fam. Endilgar, encajar [algo molesto o inoportuno]. 4 Encajar, incluir.
enjarje *m.* ARQ. Adaraja. 2 Enlace de varios nervios de una bóveda en el punto de arranque.
enjarrarse *prnl. C. Rica.* Ponerse en jarras.
enjaulada *f.* Hierba escrofulariácea anual, de hojas enteras, alargadas y terminadas en punta. Las flores se reúnen en inflorescencias espiciformes, formadas por flores amarillas y brácteas purpúreas *(Melampyrum cristalum).*
enjaular (paras.) *tr.* Poner dentro de una jaula: ~ *un león.* 2 fig. Meter en la cárcel [a uno]. 3 *Colomb.* y *Pan.* Colocar varas o latas horizontalmente sobre los barrotes [de la casa] que se va a embarrar.
enjaule *m. Colomb.* Acción de enjaular (la casa). 2 *Colomb.* Efecto de enjaular (la casa).
enjebar (paras.) *tr.* Meter [los paños] en alumbre antes de teñirlos. 2 Blanquear [un muro] con lechada de yeso.
enjebe *m.* Alumbre. 2 Acción de enjebar. 3 Efecto de enjebar. 4 Lejía en cuya composición entra el alumbre.
enjergar (paras.) *tr.* fam. *y* p. us. Principiar y dirigir [un negocio o asunto]. ◇ ** CONJUG. [7] como *llegar.*
enjeridor *m.* Abridor para hacer injertos.
enjerir (l. *inserere*) *tr.* Injertar. 2 Meter [una cosa] en otra. 3 Introducir [en un escrito] una palabra, nota, texto, etc.
enjero (de *enjerir*) *m. And.* Palo largo de arado que se ata al yugo.
enjertación *f.* Acción de enjertar. 2 Efecto de enjertar.
enjertal *m.* Terreno plantado de árboles frutales injertos.
enjertar *tr.* Injertar.
enjerto, -ta, pp. irreg. de *enjertar.* 2 *m.* Injerto (planta). 3 fig. Mezcla de cosas diversas.
enjicadura *f. Cuba.* Acción de enjicar. 2 *Cuba.* Efecto de enjicar. 3 *Cuba.* Conjunto de los jicos de una hamaca.
enjicar *tr. Cuba* y *P. Rico.* Poner los jicos a la hamaca. ◇ ** CONJUG. [1] como *sacar.*
enjilladura *f. P. Rico.* Enjillamiento.
enjillamiento *m. P. Rico.* Raquitismo.
enjillarse *prnl. P. Rico.* vulg. Enjillirse. 2 *S. Dom.* Encogerse de hombros por enfermedad o accidente.
enjillirse *intr. P. Rico.* vulg. No alcanzar una persona, animal o fruto el desarrollo normal.
enjiquerar *tr. Colomb.* Meter [algo] en una jiquera.
enjolonarse (de *jolón,* curvatura en una vela) *prnl. Colomb.* Quedar ensenado.
enjordanar *tr.* p. us. Remozar, rejuvenecer.
enjorguinarse (paras.) *prnl.* Hacerse jorguín.
enjorjetar *tr. Méj.* vulg. Enflautar.
enjorquetar *tr. Ant.* y *Méj.* vulg. Enhorquetar.
enjotarse *prnl.* fam. Insistir con tesón, animarse.
enjoyado, -da *adj.* Que lleva o posee muchas joyas.
enjoyar (paras.) *tr.* Adornar con joyas [a una pers. o cosa]. 2 fig. Adornar, hermosear, enriquecer. 3 Engastar piedras preciosas [en una joya].
enjoyelado, -da (paras.) *adj.* [oro o plata] Convertido en joyas o joyeles. 2 Adornado con joyeles.
enjoyelador (paras.) *m.* Engastador.
enjoyelar (paras.) *tr.* Adornar con joyeles.
enjuagadientes *m.* Porción de licor que se toma en la boca para enjuagar la dentadura. ◇ Pl.: *enjuagadientes.*
enjuagadura *f.* Acción de enjuagar. 2 Licor con que se ha enjuagado una cosa.
enjuagar (l. v. **exaquare,* < l. *exaquescere*) *tr.* Aclarar con agua limpia [lo que se ha jabonado, esp. una vasija]. -2 *tr.-prnl.* Limpiar [la boca y dentadura] con agua u otro licor. -3 *tr. S. Dom.* Clavar, hundir, hablando de cosas punzantes. ◇ ** CONJUG. [7] como *llegar.*
enjuagatorio, enjuague *m.* Acción de enjuagar. 2 Líquido para enjuagar o enjuagarse. 3 Vaso con su platillo, destinado a enjuagarse. 4 fig. Negociación oculta, intriga irregular o fraudulenta.
enjugadero *m.* Enjugador.
enjugador, -ra *adj.* Que enjuga. -2 *m.* Utensilio para escurrir o enjugar. 3 Especie de camilla redonda para enjugar y calentar la ropa.
SIN. *3* **Sahumador.**
enjugamanos *m. Amér.* Toalla. ◇ Pl.: *enjugamanos.*
enjugar (l. *exsucare,* extraer el jugo) *tr.* Quitar la humedad [a una cosa]; secarla: ~ *la ropa a la lumbre.* -2 *tr.-prnl.* Limpiar la humedad que echa de sí el cuerpo: ~ *el sudor; el sudor se enjuga.* 3 Lavar ligeramente. 4 fig. Cancelar, extinguir una deuda o déficit. -5 *prnl.* Adelgazar, perder gordura. ◇ ** CONJUG. [7] como *llegar.*
enjuiciable *adj.* Que merece ser enjuiciado.
enjuiciamiento *m.* Acción de enjuiciar. 2 Efecto de enjuiciar. 3 DER. Forma legal de proceder en la tramitación y terminación de los negocios judiciales.
SIN. *3* **Instrucción.**
enjuiciar (paras.) *tr.* Someter [una cuestión] a examen o juicio. 2 DER. Instruir [una causa]; sujetar [a uno] a juicio. ◇ ** CONJUG. [12] como *cambiar.*
enjulio, -jullo (l. *insubulu*) *m.* Madero colocado horizontalmente en los telares de paños, en el cual se va arrollando la urdimbre.
SIN. **Ensullo.**
enjuncar (paras.) *tr.* Cubrir de juncos. 2 Atar con juncos [una vela]. 3 MAR. Zafar [los tomadores], sustituyéndolos por filásticas. ◇ ** CONJUG. [1] como *sacar.*
enjunciar *tr. Ar.* Cubrir de juncia [la calles] para alguna fiesta. ◇ ** CONJUG. [12] como *cambiar.*
enjundia (l. *axungia;* doble etim. *ajonje*) *f.* Gordura que tienen las aves en la overa. 2 Unto y gordura de cualquier animal. 3 fig. Lo más substancioso e importante de algo inmaterial: *un libro de* ~. 4 fig. Fuerza, vigor. 5 fig. Constitución o cualidad connatural de una persona.
SIN. **Injundia,** vulg.
enjundioso, -sa *adj.* Que tiene mucha enjundia. 2 fig. Substancioso, importante, sólido.
enjunque *m.* MAR. Lastre muy pesado en el fondo de la bodega. 2 MAR. Colocación de este lastre.
enjuta *f.* ARQ. Triángulo que deja en un cuadrado el círculo inscrito en él. 2 ARQ. Pechina. 3 ARQ. Albanega de un arco de forma triangular.
SIN. *1* **Sobaco, embecadura.**
I) enjutar (de *enjuto*) *tr.* ARQ. Enjugar, secar [una cosa, esp. la cal].
II) enjutar *tr.* ARQ. Rellenar las enjutas [de una bóveda].
enjutez *f.* Sequedad o falta de humedad.

enjuto, -ta (l. *exsuctu* < *exsugere,* chupar) pp. irreg. de *enjugar.* 2 *adj.* Delgado (flaco). -3 *m. pl.* Tascos y palos secos para encender lumbre. 4 Bocados ligeros que excitan la sed.

enlabiador, -ra *adj.-s.* Que enlabia II.

I) enlabiar (paras.) *tr.* Acercar, aplicar los labios [a una cosa]. ◇ ** CONJUG. [12] como ***cambiar.***

II) enlabiar (paras. de *labia*) *tr.* Seducir, engañar [a uno] con palabras dulces y promesas. ◇ ** CONJUG. [12] como ***cambiar.***

enlabio *m.* Engaño ocasionado con palabras dulces y promesas.

enlace *m.* Acción de enlazar o enlazarse. 2 Unión, conexión, trabazón. 3 fig. Parentesco, casamiento. 4 Dicho de los trenes, empalme. 5 Mediador, intermediario. 6 Persona que establece o mantiene relación entre otras, esp. dentro de alguna organización. 7 ~ ***sindical,*** delegado de los trabajadores ante la empresa. 8 QUÍM. Fuerza que une dos átomos de una misma molécula.
SIN. *3* v. **Matrimonio.**

enlaciar *tr.* Poner lacia [una cosa]. ◇ ** CONJUG. [12] como ***cambiar.***
SIN. **Alaciarse.**

enladrillado *m.* Pavimento hecho de ladrillos. 2 Construcción o revestimiento de ladrillos.

enladrillador *m.* Solador.

enladrilladura *f.* Enladrillado.

enladrillar *tr.* Solar [una habitación, aposento, etc.] con ladrillos.
SIN. **Ladrillar.**

enlagunar (paras.) *tr.-prnl.* Convertir [un terreno] en laguna.

enlajado *m. Venez.* Suelo cubierto de lajas.

enlajar *tr. Venez.* Cubrir [el suelo] con lajas.

enlamar (paras.) *tr.* Cubrir de lama [un terreno].

enlaminarse *prnl. Ar.* Engolosinarse. Aficionarse a un manjar.

enlanado, -da (paras.) *adj.* Cubierto o lleno de lana.

enlapado, -da *adj. P. Rico.* Que tiene poca barriga.

enlardar (paras.) *tr.* Lardear.

enlatado *m. Colomb.* Especie de cañizo hecho con latas de guadua para cubrir interiormente los edificios.

enlatar (paras.) *tr.* Meter [una cosa] en latas (envase). 2 *And.* y *Amér.* Cubrir con latas [un techo].

enlazable *adj.* Que puede enlazarse.

enlazador, -ra *adj.-s.* Que enlaza.

enlazadura *f.* Enlazamiento.

enlazamiento *m.* Enlace.

enlazar (paras.) *tr.* Coger o juntar [una cosa] con lazos; atar [unas cosas] con otras. 2 Aprisionar [un animal] arrojándole el lazo. 3 Dar enlace o trabazón [a unas cosas con otras]: ~ *un camino con la carretera; enlazarse las ideas.* -4 *intr.* esp. Empalmar o combinarse, en lugar y hora determinados, unos vehículos con otros. 5 Estar combinado el horario de trenes, aviones, autobuses, barcos, de manera que el viajero de uno puede proseguir su viaje en otro sin gran intervalo de tiempo. -6 *prnl.* Casar, contraer matrimonio; p. ext., unirse las familias por medio de casamientos. ◇ ** CONJUG. [4] como ***realizar.***
SIN. *1* v. **Juntar.**

enlechar *tr.* Cubrir [algo] con una lechada.

enlegajar (paras.) *tr.* Reunir [papeles] formando legajo; meterlos en el que les corresponde.

enlegamar (paras. de *légamo*) *tr.* Entarquinar.

enlejiar (paras.) *tr.* Meter [una cosa] en lejía. 2 QUÍM. Disolver en agua [una substancia alcalina]. ◇ ** CONJUG. [13] como ***desviar.***

enlenzar (paras.) *tr.* Reforzar [una cosa, esp. una escultura de madera] con tiras de lienzo. ◇ ** CONJUG. [47] como ***empezar.***

enlerdar (paras. de *lerdo*) *tr.* Entorpecer, retardar.

enlevitado *adj.* Vestido de levita.

enligar (paras. de *liga*) *tr.-prnl.* Enviscar. 2 Enredarse, prenderse [el pájaro] en la liga. ◇ ** CONJUG. [7] como ***llegar.***

enlistonado *m.* CARP. Conjunto de listones, y obra hecha con listones.

enlistonar *tr.* Listonar.

enlitrarse *prnl. Chile.* Padecer la enfermedad que se dice produce la sombra del litre.

enlizar (paras.) *tr.* Añadir lizos [al telar]. ◇ ** CONJUG. [4] como ***realizar.***

enllantar (paras.) *tr.* Guarnecer con llantas [una rueda].

enllentecer (l. *lentescere,* ablandar) *tr.* Reblandecer o ablandar [una cosa]. ◇ ** CONJUG. [43] como ***agradecer.***

enllocar *intr.-prnl.* Enclocar. ◇ ** CONJUG. [49] como ***trocar.***

enlobreguecer (paras.) *tr.-prnl.* Obscurecer, poner lóbrego. ◇ ** CONJUG. [43] como ***agradecer.***

enlodadura *f.* Enlodamiento.

enlodamiento *m.* Acción de enlodar o enlodarse. 2 Efecto de enlodar o enlodarse.

enlodar (paras.) *tr.-prnl.* Manchar [una cosa] con lodo. 2 fig. Manchar, infamar. -3 *tr.* Dar de lodo [a una tapia], embarrar. 4 MIN. Tapar con arcilla [las grietas de un barreno].

enlodazar (paras.) *tr.* Enlodar. ◇ ** CONJUG. [4] como ***realizar.***

enlomar *tr.* Poner el lomo [a un libro].

enlomarse *prnl.* Arquear el lomo el caballo, preparándose para dar un bote.

enloquecedor, -ra *adj.* Que hace enloquecer.

enloquecer (paras.) *tr.* Hacer perder el juicio [a uno]; trastornar profundamente: *la música me enloquece.* 2 fig. *y* fam. Gustar exageradamente una persona o cosa [a alguien], chiflar. -3 *intr.* Volverse loco; ser profundamente trastornado: ~ *de dolor.* 4 Dejar los árboles de dar fruto o darlo con irregularidad. ◇ ** CONJUG. [43] como ***agradecer.***

enloquecimiento *m.* Acción de enloquecer. 2 Efecto de enloquecer.

enlosado *m.* Suelo cubierto de baldosas.

enlosador *m.* El que enlosa.

enlosar (paras.) *tr.* Solar [un patio, escalera, etc.] con losas.
SIN. **Losar.**

enlozanarse (paras.) *prnl.* Lozanear (ostentar lozanía).

enlozar *tr. Amér.* Cubrir [algo] con un baño de loza o de esmalte vítreo. ◇ ** CONJUG. [4] como ***realizar.***

enlucido, -da *adj.* Blanqueado. -2 *m.* Capa de yeso, estuco, etc., que se da a las paredes.

enlucidor, -ra *m. f.* El que enluce.

enlucimiento *m.* Acción de enlucir. 2 Efecto de enlucir.

enlucir *tr.* Poner una capa de yeso o argamasa [a las paredes, techos o fachadas de un edificio]. 2 Limpiar, poner brillante [la plata, las armas, etc.]. ◇ ** CONJUG. [45] como ***lucir.***
SIN. **Lucir.** *1* **Revocar,** tratándose de las paredes exteriores del edificio; **guarnecer.**

enlustrado *m. C. Rica.* Bizcocho cubierto de azúcar.

enlustrecer (paras.) *tr.* Poner limpia y lustrosa [una cosa]. ◇ ** CONJUG. [43] como ***agradecer.***

enlutar (paras.) *tr.* Cubrir de luto [a una pers. o cosa]. 2 fig. Obscurecer (privar de luz). 3 fig. Entristecer, afligir.

enmabitar *tr. Venez.* Producir mabita (mal de ojo).

enmadejar *tr. Chile.* Aspar, hacer madeja.

enmaderación *f.* Enmaderamiento. 2 Entibación.

enmaderado *m.* Enmaderamiento. 2 Maderaje.

enmaderamiento *m.* Obra hecha de madera o cubierta con ella.

enmaderar (ant. *maderar*) *tr.* Cubrir con madera: ~ *un techo, una pared.* 2 Construir el maderamen de un edificio.

enmadrarse (paras.) *prnl.* Encariñarse excesivamente el hijo con la madre.

enmagrecer (*en-* + *magrecer*) *tr.* Enflaquecer (poner flaco): ~ *a uno; el niño enmagrece,* o *se enmagrece.* ◇ ** CONJUG. [43] como ***agradecer.***

enmalecer (paras.) *tr.* Malear (dañar). ◇ ** CONJUG. [43] como ***agradecer.***

enmalecerse (paras.) *prnl.* Cubrirse de maleza. ◇ ** CONJUG. [43] como ***agradecer.***

enmalezarse *prnl.* Enmalecerse. ◇ ** CONJUG. [4] como ***realizar.***

enmallarse *prnl.* Quedarse un pez sujeto entre las mallas de la red.
SIN. **Mallar,** intr.

enmalle *m.* Arte de pesca que consiste en redes que se colocan en posición vertical de tal modo que al pasar los peces, quedan enmallados.

enmangar (paras.) *tr.* Poner mango [a un instrumento]. ◇ ** CONJUG. [7] como ***llegar.***

enmaniguarse *prnl. Ant.* y *Cuba.* Convertirse un terreno en manigua. 2 *Ant.* y *Cuba.* Acostumbrarse a la vida del campo. ◇ ** CONJUG. [22] como ***averiguar.***

enmanillar *tr. P. Rico* y *S. Dom.* Hacer manillas [de tabaco].

enmantar (paras.) *tr.* Cubrir con manta [a una pers., animal o cosa]. -2 *prnl.* fig. Estar [esp. un ave] triste y melancólica.

enmarañador, -ra *adj.-s.* Que enmaraña.

enmarañamiento *m.* Acción de enmarañar o enmarañarse. 2 Efecto de enmarañar o enmarañarse.
enmarañar (*en- I + maraña*) *tr.* Enredar, revolver [una cosa]. 2 fig. Enredar [un asunto]. -3 *prnl.* Cubrirse el cielo de celajes.
enmararse (paras.) *prnl.* Entrar una nave en alta mar.
enmarcar *tr.* Encuadrar, encerrar en un marco, señalar límites. ◇ ** CONJUG. [1] como *sacar.*
enmarchitar *tr.* desus. Marchitar.
enmaridar *intr.-prnl.* Casarse la mujer.
enmarillecerse (paras.) *prnl.* Ponerse descolorido y amarillo. ◇ ** CONJUG. [43] como *agradecer.*
enmaromar (paras.) *tr.* Atar [esp. un animal bravo, como el toro] con maroma.
enmascarado *adj.-s.* Máscara, persona disfrazada de máscara.
enmascaramiento *m.* Acción de enmascarar o encubrir, hablando de armas y artefactos de guerra. 2 Efecto de enmascarar o encubrir, hablando de armas y artefactos de guerra.
enmascarar (ant. *mascarar*) *tr.-prnl.* Cubrir con máscara [el rostro de una pers.]. -2 *tr.* fig. Encubrir, disfrazar: ~ *la verdad.*
enmasillar (paras.) *tr.* Sujetar con masilla [los cristales de las vidrieras]. 2 Cubrir con masilla [los repelos o grietas de la madera].
enmatarse (paras.) *prnl.* Ocultarse la caza entre las matas. 2 *Ál.* y *Sal.* Enzarzarse, quedar aprisionado entre las matas.
enmatular *tr. Cuba.* Formar matulos de [tabaco].
enmayenarse *prnl. Venez.* Caer en desgracia.
enmelado *m.* Cierta fruta de sartén, untada de miel.
enmelar *tr.* Untar con miel [una cosa]. 2 Hacer miel las abejas. 3 fig. Endulzar, hacer agradable [una cosa]. 4 *And.* fig. *y* fam. Robar la voluntad, encantar. ◇ ** CONJUG. [27] como *acertar.*
enmelotar *tr. Colomb.* Enmelar.
enmendable *adj.* Que puede enmendarse.
enmendación *f.* Acción de enmendar (corregir). 2 Efecto de enmendar (corregir).
enmendador, -ra *adj.* Que enmienda (corrige).
enmendadura *f.* Enmienda (corrección).
enmendar (l. *emendare*) *tr.-prnl.* Corregir, quitar defectos [a una pers. o cosa]: *enmendarse con,* o *por, el aviso de una falta.* -2 *tr.* Resarcir, subsanar los daños. 3 DER. Reformar un tribunal superior [la sentencia dada por él mismo]. 4 MAR. Variar el rumbo. ◇ ** CONJUG. [27] como *acertar.*
SIN. *1* y *2* v. **Reparar.**
enmendatura *f. Amér.* Enmendadura, enmienda.
enmienda *f.* Eliminación o corrección de un error o falta. 2 Satisfacción y pago del daño hecho. 3 desus. Recompensa o premio. 4 Propuesta de variante de un proyecto, informe, etc. 5 DER. En los escritos, rectificación perceptible de errores materiales, la cual debe salvarse al final. -6 *f. pl.* Substancias que se mezclan con las tierras para hacerlas más productivas.
FRS. *Poner* ~, enmendar. *Va sin* ~, fórmula de los documentos oficiales, como garantía de autenticidad y validez de todo lo escrito en ellos. *No tener* ~, ser incorregible.
enmogotarse *prnl. Venez.* Esconderse en el monte.
enmohecer *tr.-prnl.* Cubrir de moho [una cosa]: *enmohecerse la fruta.* 2 fig. Inutilizar, dejar en desuso: *el tiempo enmohece la memoria; enmohecerse una costumbre.* ◇ ** CONJUG. [43] como *agradecer.*
SIN. *1* **Florecer(se), mohecer.**
enmohecimiento *m.* Acción de enmohecer. 2 Efecto de enmohecer.
enmollecer (l. *emollescere*) *tr.* Ablandar. ◇ ** CONJUG. [43] como *agradecer.*
enmonarse *prnl. Amér.* Pillar una mona, emborracharse.
enmondar (l. *emundare,* limpiar) *tr.* Desliñar.
enmontañarse *prnl. Chile.* Emboscarse.
enmontarse *prnl.* Huir un animal hacia el monte, esconderse en él. 2 *Amér. Central* y *Colomb.* Volverse monte un campo, cubrirse de maleza.
enmontunarse *prnl. Venez.* Volverse montuno.
enmoquetar (paras.) *tr.* Cubrir con moqueta.
enmordazar (paras.) *tr.* desus. Amordazar. ◇ ** CONJUG. [4] como *realizar.*
enmostar (paras.) *tr.* Manchar con mosto.
enmudecer (b. l. *mutescere*) *tr.* Hacer callar: *mi culpa me enmudece.* -2 *intr.* Quedar mudo: ~ *de espanto;* en gral., guardar silencio ◇ ** CONJUG. [43] como *agradecer.*
enmudecimiento *m.* Acción de enmudecer. 2 Efecto de enmudecer.
enmugrar *tr. Amér.* Enmugrecer.
enmugrecer (paras.) *tr.-prnl.* Cubrir de mugre [una cosa]. ◇ ** CONJUG. [43] como *agradecer.*
enmustiar *tr.-prnl.* Poner mustia [una flor, una hoja, etc.]. ◇ ** CONJUG. [12] como *cambiar.*
enneciarse (paras.) *prnl.* Volverse necio. ◇ ** CONJUG. [12] como *cambiar.*
ennegrecer (*en-* I + *negrecer*) *tr.* Teñir de negro [una cosa]. -2 *prnl.* fig. Ponerse muy obscuro, nublarse: *ennegrecerse el porvenir.* ◇ ** CONJUG. [43] como *agradecer.*
SIN. **Denegrecer, denegrir, negrecer.**
ennegrecimiento *m.* Acción de ennegrecer o ennegrecerse. 2 Efecto de ennegrecer o ennegrecerse.
ennoblecedor, -ra *adj.* Que ennoblece.
ennoblecer *tr.-prnl.* Hacer noble [a uno]: *ennoblecerse por sus méritos.* 2 fig. Dignificar y dar esplendor: ~ *a los pueblos.* ◇ ** CONJUG. [43] como *agradecer.*
ennoblecimiento *m.* Acción de ennoblecer. 2 Efecto de ennoblecer.
ennudecer (paras. de *nudo*) *intr.* Anudarse (dejar de crecer), detenerse el crecimiento: ~ *un árbol.* ◇ ** CONJUG. [43] como *agradecer.*
eno- (gr. *oinos,* vino) Elemento prefijal que entra en la formación de palabras con el significado de vino: *enotecnia.*
-eno, -ena (l. *-enu*) Sufijo que entra en la formación de números ordinales: *onceno, noveno;* de substantivos colectivos: *docena, cuarentena;* y de adjetivos que expresan parecido o propensión: *acebucheno, moreno.* 2 QUÍM. La forma masculina es la terminación convencional, en química, de los hidrocarburos no saturados etilénicos de la serie acíclica: *etileno;* y de algunos cíclicos: *benceno.*
GRAM. Como ordinal fue empleado en la lengua ant. con todos los números esp. desde 7 en adelante: *catorceno, veinteno,* etc. Hoy no se usa con este valor más que en los dos ejemplos citados arriba.
enodio (l. *enodis,* sin nudos) *m.* Ciervo de tres a cinco años de edad.
enodrido, -da *adj.* Apocado.
enófilo, -la (*eno-* + *-filo* I) *adj.* Aficionado a la degustación del vino.
enofobia (*eno-* + *-fobia*) *f.* Temor morboso al vino y otras bebidas alcohólicas.
enoftalmia (*en-* II + gr. *opthalmos,* ojo) *f.* MED. Hundimiento anormal del globo ocular dentro de su órbita, gralte. por un accidente que provoca la pérdida del tejido celular graso que protege el globo ocular.
SIN. **Enoftalmos.** CONTR. **Exoftalmia.**
enoftálmico,-ca *adj.* Perteneciente o relativo a la enoftalmia.
enoftalmos *m.* PAT. Enoftalmia.
enografía (*eno-* + *-grafía*) *f.* Disciplina que trata de los vinos.
enojada *f. Amér.* Acción de enojarse. 2 *Amér.* Efecto de enojarse.
enojadizo, -za *adj.* Que con facilidad se enoja.
enojar *tr.* Causar enojo. 2 Molestar, desazonar. -3 *prnl.* Comenzar a tener enfado: *enojarse con,* o *contra, el malo; enojarse de lo que se dice.* 4 fig. Alborotarse, enfurecerse. [esp. los vientos, mares, etc.].
SIN. *1* Serie intensiva: **desazonar, molestar, fastidiar, enojar, enfadar, irritar, encolerizar; exacerbar, enfurecer, exasperar, sacar de quicio.**
enojo (l. *in odio,* en odio) *m.* Movimiento del ánimo que, como resultado de algo que contraría o perjudica, dispone contra una persona o cosa. 2 Molestia, pena, trabajo: *¡cuántos enojos me has causado!*
SIN. *1* v. **Ira.**
enojón, -jona *adj. Amér.* Enojadizo.
enojosamente *adv. m.* Con enojo.
enojoso, -sa *adj.* Que causa enojo, molestia o enfado: ~ *a su familia;* ~ *en el hablar;* ~ *por lo terco.*
enojotarse *prnl. Cuba.* Ojotarse.
enología (*eno-* + *-logía*) *f.* Conjunto de conocimientos relativos a los vinos y a su elaboración.
enológico, -ca *adj.* Relativo a la enología.
enólogo, -ga (*eno-* + *-logo*) *adj.-s.* Perito en fabricación, conservación y análisis de vinos.
SIN. La técnica del ~ es científica; la del **catador, mojón** o **catavinos,** es empírica y basada pralte. en el aroma y sabor de los vinos y sus mezclas.
enometría (*eno-* + *-metría*) *f.* Determinación de la riqueza alcohólica de los vinos.
enómetro (*eno-* + *-metro*) *m.* Areómetro para el vino.

enorgullecedor, -ra *adj.* Que enorgullece.
enorgullecer (paras.) *tr.-prnl.* Llenar de orgullo. ◇ ** CONJUG. [43] como ***agradecer.***
enorgullecimiento *m.* Acción de enorgullecer o enorgullecerse. 2 Efecto de enorgullecer o enorgullecerse.
enorme (l.) *adj.* Desmedido, excesivo. 2 Perverso, torpe.
SIN. Para su empleo en la lengua hablada con carácter intensivo general, v. **brutal.**
enormemente *adv. m.* Con enormidad.
enormidad *f.* Exceso, tamaño desmedido. 2 fig. Exceso de maldad. 3 Despropósito, desatino. 4 Gran cantidad: *una ~ de gente, de dinero.*
enotecnia (*eno-* + *-tecnia*) *f.* Arte de elaborar los vinos.
enotécnico, -ca adj. Relativo a la enotecnia.
enoteráceo, -a *adj.-s.* Onográceo.
enquiciar (paras.) *tr.* Poner [una puerta, ventana, etc.] en su quicio. 2 fig. Poner en orden [una cosa], afirmarla. ◇ ** CONJUG. [12] como ***cambiar.***
enquillotrar *tr.-prnl.* ant. *y* rúst. Engreír, desvanecer. -2 *prnl.* Enamorarse.
enquinchar *tr. Ecuad.* Quinchar [un recinto].
enquiñar *tr. P. Rico.* Trabar las patas [a un animal].
enquiridión (gr. *encheiridión* < *cheir,* mano) *m.* Libro manual.
enquistado *adj.* De forma de quiste o parecido a él. 2 fig. Embutido, encajado. 3 BIOL. [ser vivo] Que se encuentra en la fase de enquistamiento de su ciclo vital.
enquistamiento *m.* Constitución de una capa de tejido conjuntivo alrededor de un cuerpo extraño o de una infección.
enquistarse (paras.) *prnl.* Encerrarse dentro de un quiste: *~ un tumor.*
enrabar *tr.* Arrimar [un carro] por la rabera para la carga o descarga. 2 Sujetar con cuerdas [la carga] que va en la trasera de un carro. 3 *Urug.* Rabiatar, atar por el rabo.
enrabiar *tr.-prnl.* Encolerizar. ◇ ** CONJUG. [12] como ***cambiar.***
enrabietar *tr. Extr.* y *La Mancha.* Causar rabieta.
enracimarse *prnl.* Arracimarse.
enrafar *tr. Murc.* Hacer una presa en un cauce.
enraigonar *tr. Murc.* Embojar con raigón o atocha.
enraizar (paras.) *intr.* Arraigar (echar raíces). ◇ ** CONJUG. [24].
enrajonar *tr. Cuba.* Enripiar [una obra de albañilería].
enralecer *intr.* Ponerse ralo. ◇ ** CONJUG. [43] como ***agradecer.***
enramada *f.* Conjunto de ramas espesas entrelazadas. 2 Adorno de ramas de árboles. 3 Cobertizo de ramas.
SIN. **Ramada.**
enramado *m.* Conjunto de las cuadernas de un buque.
enramar (paras.) *tr.* Cubrir con ramos entrelazados. 2 Arbolar y afirmar [las cuadernas de un buque en construcción]. -3 *intr.* Echar ramas un árbol. -4 *prnl.* Ocultarse entre ramas.
enramblar (paras.) *tr.* Poner [los paños] en la rambla.
enrame *m.* Acción de enramar. 2 Efecto de enramar.
enranciar (paras.) *tr.-prnl.* Hacer rancia [una cosa]. ◇ ** CONJUG. [12] como ***cambiar.***
SIN. **Arranciar(se), ranciar(se).**
enrarecer (l. *rarescere*) *tr.-prnl.* Dilatar [un cuerpo gaseoso] haciéndolo menos denso: *~ el aire.* -2 *tr.-intr.-prnl.* Hacer que escasee o sea rara [una cosa]: *~ el pan; el pan enrarece,* o *se enrarece; los acaparadores enrarecen el pan.* ◇ ** CONJUG. [43] como ***agradecer.***
SIN. *1* **Rarefacer,** us. sólo como tecn.; **rarificar.** FR. *Enrarecerse una relación,* fig., enfriarse las buenas relaciones de amistad, cordialidad, etc., que existían entre quienes componen un grupo social o tenían un acuerdo.
enrarecimiento *m.* Acción de enrarecer o enrarecerse. 2 Efecto de enrarecer o enrarecerse.
SIN. **Rarefacción.**
enrasado *m.* Fábrica con que se macizan las embecaduras de una bóveda.
enrasamiento *m.* Enrase.
enrasar *tr.* ALBAÑ. Hacer que [dos obras] tengan la misma altura o hacer que quede lisa [la superficie de una obra]. -2 *intr.* FÍS. Alcanzar [dos elementos de un aparato] el mismo nivel.
enrase *m.* Acción de enrasar. 2 Efecto de enrasar.
enrasillar (paras.) *tr.* Colocar la rasilla a tope entre [las barras de hierro] que forman la armazón de los pisos.
enratonarse *prnl.* Ratonarse. 2 *Venez.* Experimentar el malestar consiguiente a una borrachera.
enrayado *m.* ARQ. Maderaje horizontal para asegurar los cuchillos de una armadura.
enrayar (paras.) *tr.* Fijar los rayos [en una rueda]. 2 Engalgar [una rueda] por uno de sus rayos.
enrazado, -da *adj. Colomb.* Mestizo.
enrazar *tr. Colomb.* Cruzar, hablando de [animales]; mezclarse, refiriéndose a personas. ◇ ** CONJUG. [4] como ***realizar.***
enreciar *intr.* Engordar, ponerse fuerte. ◇ ** CONJUG. [12] como ***cambiar.***
enredadera *adj.-f.* [planta] Que tiene el tallo voluble o trepador. -2 *f.* Planta convolvulácea, de tallos trepadores y flores en campanillas róseas con cinco radios más obscuros *(Ipomœa sagittata).* 3 *~* ***de Virginia,*** liana vitácea con las hojas palmeadas y divididas en tres o cinco folíolos elípticos, con los bordes aserrados y el envés tomentoso *(Parthenocissus quinquefolia).*
SIN. *2* **Convólvulo.**
enredador, -ra *adj.-s.* Que enreda. 2 Chismoso, embustero.
enredamiento *m.* desus. Enredo.
enredar *tr.-prnl.* Prender [una cosa] con red. 2 Tender redes para cazar: *~ la trampa.* 3 Meter [a uno] en empeño o negocios peligrosos. 4 Meter discordia o cizaña. 5 Entretener. 6 Entretejer, enmarañar [una cosa]: *~ la cinta; enredarse a, con,* o *en, las zarzas, entre zarzas; ~ de palabras a uno; enredarse de palabras con uno.* -7 *intr.* Travesear: *estos niños enredan.* -8 *prnl.* Hacerse un lío, aturdirse al ir a decir o hacer algo. 9 Sobrevenir complicaciones en un negocio. 10 Amancebarse. 11 Empezar una riña, discusión o pelea.
SIN. 3, 6 y *10* **Liar(se).**
enredijo *m.* fam. Enredo (maraña). -2 *m. pl. C. Rica.* Primeros gorjeos de un pájaro.
enredista *adj. Amér.* Enredador, chismoso.
enredo *m.* Maraña que resulta de trabarse entre sí cosas flexibles. 2 fig. Travesura o inquietud. 3 Engaño, mentira. 4 Complicación difícil de salvar. 5 En los poemas épico y dramático, y en la novela, nudo o conjunto de sucesos que preceden al desenlace. 6 V. comedia de enredo. 7 fig. Confusión de ideas, falta de claridad en ellas. -8 *m. pl.* fam. Trebejos, trastos. 9 *Argent.* y *Urug.* Amorío.
SIN. *5* **Trama, intriga.**
enredoso, -sa *adj.* Lleno de enredos y dificultades. 2 *Chile* y *Méj.* Enredista.
enrehojar (paras.) *tr.* Revolver en hojas [la cera] para que se blanquee.
enrejado *m.* Conjunto de rejas. 2 Especie de celosía de cañas o varas entretejidas. 3 Emparrillado. 4 Labor de mano hecha entretejiendo y anudando hilos.
SIN. *1* **Enverjado.**
enrejadura *f.* Herida producida por la reja del arado en los pies de los bueyes o de las caballerías.
enrejalar *tr.* Enrejar (apilar).
I) enrejar (paras.) *tr.* Fijar la reja [en el arado]. 2 Herir con la reja del arado [los pies de los bueyes o caballerías].
II) enrejar (paras.) *tr.* Poner rejas o cercar con rejas: *~ una ventana, un jardín.* 2 Apilar [ladrillos, tablas, etc.], cruzándolos ordenadamente para que queden varios espacios vacíos. 3 *Méj.* Zurcir [la ropa].
III) enrejar (paras.) *tr. Amér.* Poner el rejo o soga [a un animal]. 2 *Colomb., Cuba* y *Hond.* Atar [el ternero] a una de las patas de la vaca para ordeñarla.
enresmar *tr.* Colocar en resmas los pliegos de papel.
enrevesado, -da *adj.* Confuso, intrincado.
enriado *m.* Enriamiento.
enriador, -ra *m. f.* Persona que enría.
enriamiento *m.* Acción de enriar. 2 Efecto de enriar.
enriar (paras.) *tr.* Meter en el agua [el lino, cáñamo o esparto] para su maceración. ◇ ** CONJUG. [13] como ***desviar.***
SIN. **Cocer.**
enrieladura *f. Ecuad.* Conjunto de rieles.
enrielar (paras.) *tr.* Hacer rieles [de metal]. 2 Echar [un metal] en la rielera. 3 *Amér.* Poner rieles. 4 *Chile* y *Méj.* Meter en el riel, encarrilar [un vagón, vagoneta, etc.]. 5 *Chile.* fig. Encarrilar, encauzar [un asunto, etc.].
enriendar *tr. Argent.* Poner las riendas [al caballo].
enrigidecer *tr.-prnl.* Poner rígida [alguna cosa]. ◇ ** CONJUG. [43] como ***agradecer.***
enriostrar *tr.* Riostrar.
enripiado *m.* Acción de enripiar.
enripiar *tr.* ALBAÑ. Poner ripio [en un hueco de pared o piso]. ◇ ** CONJUG. [12] como ***cambiar.***
SIN. **Ripiar.**

enrique *m.* Moneda castellana de oro del siglo XV (una dobla).
enriquecedor, -ra *adj.* Que enriquece.
enriquecer (paras.) *tr.* Hacer rica [a una persona, comarca, etc.]. 2 fig. Adornar, engrandecer [a una persona o cosa]: ~ *un cuadro;* ~ *a su hijo de honores.* 3 Aumentar [en un cuerpo] la proporción de alguno de sus constituyentes. -4 *intr.-prnl.* Hacerse uno rico o engrandecerse: ~, o *enriquecerse, con dádivas, de ciencia,* etc. 5 Prosperar un país, una empresa: *la nación enriquece,* o *se enriquece.* ◇ ** CONJUG. [43] como ***agradecer.***
enriquecimiento *m.* Acción de enriquecer. 2 Efecto de enriquecer. 3 Proceso secundario por el que aumenta la riqueza de un yacimiento mineral debido a la alteración de la parte más superficial. 4 DER. ~ ***torticero,*** el que, obtenido con injusto origen en daño de otro, se considera ilícito e ineficaz en derecho.
enriqueño, -ña *adj.* Relativo al rey don Enrique II (1333-1379) de Castilla.
enriscado, -da *adj.* Lleno de riscos (peñascos). 2 Metido entre riscos.
enriscamiento *m.* Acción de enriscarse.
enriscar (paras.) *tr.* fig. Levantar, elevar. -2 ***prnl.*** Guarecerse, meterse entre riscos y peñascos. 3 *P. Rico.* Desriscarse. ◇ ** CONJUG. [1] como ***sacar.***
I) enristrar (paras.) *tr.* Poner [la lanza] en el ristre; esp., poner [la lanza] horizontal bajo el brazo para acometer. 2 fig. Ir derecho hacia [una parte]. 3 Acertar [una cosa] en que había dificultad.
II) enristrar (paras.) *tr.* Hacer ristras [con ajos, cebollas, etc.].
enristre *m.* Acción de enristrar. 2 Efecto de enristrar.
enrizamiento *m.* Acción de enrizar. 2 Efecto de enrizar.
enrizar *tr.* Rizar el pelo. ◇ ** CONJUG. [4] como ***realizar.***
enrobinarse (paras.) *prnl.* *Ar., La Mancha* y *Murc.* Cubrirse de robín, enmohecerse.
I) enrocar (paras.) *intr.-tr.* En el juego de ajedrez, mover en una misma jugada el rey y un roque, bajo condiciones prescritas. ◇ ** CONJUG. [1] como ***sacar.***
II) enrocar (paras.) *tr.* Revolver en la rueca [el copo]. ◇ ** CONJUG. [49] como ***trocar.***
enrocarse *prnl.* Trabarse [algo] en las rocas del fondo del mar. ◇ ** CONJUG. [1] como ***sacar.***
enrodar (paras.) *tr.* Imponer [a uno] el suplicio de la rueda. ◇ ** CONJUG. [31] como ***contar.***
enrodelado, -da (paras.) *adj.* Armado con rodela.
enrodrigar, -gonar *tr.* Rodrigar. ◇ ** CONJUG. [7] como ***llegar.***
enrojar *tr.* Enrojecer. 2 Calentar [el horno].
enrojecer (paras.) *tr.-prnl.* Poner roja [una cosa] con el fuego. 2 Encenderse el rostro. 3 Dar color rojo [a una cosa]. -4 ***intr.*** Ruborizarse. ◇ ** CONJUG. [43] como ***agradecer.***
enrojecimiento *m.* Acción de enrojecer. 2 Efecto de enrojecer.
enrolamiento *m.* Acción de enrolar o enrolarse. 2 Efecto de enrolar o enrolarse.
enrolar *tr.* Alistar.
enrollado, -da, pp. de *enrollar.* 2 ***adj.*** Ocupado, dedicado plenamente a algo. 3 fig. [pers.] Que se extiende exageradamente en la conversación. -4 ***m.*** Roleo, voluta.
enrollador, -ra *adj.* Que enrolla.
enrollamiento *m.* Acción de enrollar.
enrollante *adj.* vulg. Cautivador, placentero.
enrollar (paras.) *tr.* Arrollar (envolver). 2 Empedrar con rollos (cantos rodados). -3 ***prnl.*** fig. *y* fam. Liarse en un asunto, meterse en algo. 4 fig. *y* fam. Liarse a hablar, extenderse en una conversación. 5 Entablar conversación con una persona desconocida. 6 fig. Tener facilidad de expresión. 7 Participar del modo de ser de los grupos contraculturales modernos.
enromar (paras.) *tr.* Poner roma [una cosa].
enrona *f.* Enruna.
enronar *tr.* Enrunar.
enronquecer (paras.) *tr.* Poner ronco [a uno]. ◇ ** CONJUG. [43] como ***agradecer.***
SIN. **Desgañitarse,** cuando es a causa del esfuerzo en gritar.
enronquecimiento *m.* Ronquera.
enroñar *tr.* Llenar de roña, pegarla [a una pers.]. -2 ***tr.-prnl.*** Cubrir de orín [un objeto de hierro].
enroque *m.* En el juego de ajedrez, acción y efecto de enrocar: ~ ***corto,*** el efectuado con el roque de rey; ~ ***largo,*** el efectuado con el roque de reina.
enroscadamente *adv. m.* En forma de rosca.
enroscadura *f.* Acción de enroscar o enroscarse. 2 Efecto de enroscar o enroscarse.
enroscamiento *m.* Enroscadura.
enroscar (paras.) *tr.* Poner en forma de rosca [una cosa]. 2 Introducir [una cosa] a vuelta de rosca. ◇ ** CONJUG. [1] como ***sacar.***
enrostrar *tr.* *Amér.* Dar en rostro, echar en cara, reprochar.
enrubiador, -ra *adj.* Que tiene virtud de enrubiar.
enrubiar (paras.) *tr.-prnl.* Poner rubia [una cosa]. ◇ ** CONJUG. [12] como ***cambiar.***
enrubio *m.* Acción de enrubiar o enrubiarse. 2 Efecto de enrubiar o enrubiarse. 3 Ingrediente con que se enrubia. 4 *P. Rico.* Árbol de madera muy dura, colorado el corazón, con la altura blanca *(Zanthoxylon lanceolatum).*
enrudecer (paras.) *tr.* Hacer rudo [a uno]; entorpecerle el entendimiento. ◇ ** CONJUG. [43] como ***agradecer.***
enruga *f.* Arruga.
enrugar *tr.* Arrugar, encoger.
enruinecer (paras.) *intr.* Hacerse ruin. ◇ ** CONJUG. [43] como ***agradecer.***
enrular *tr.* *Amér.* Rizar [el cabello].
enrumbar *intr.* *Colomb.* Tomar un rumbo.
enruna *f.* *Ar.* y *Nav.* Cascote, escombros y desperdicios que sirven para solar. 2 *Albac., Murc.* y *Val.* Cieno, tierras o malezas que se depositan en el fondo de las acequias.
enrunar *tr.* *Ar.* Enronar. 2 *Murc.* Cegar o llenar de enruna [una acequia]. 3 *Albac.* y *Soria.* Ensuciar con lodo u otra cosa análoga.
ensabanada *f.* Encamisada.
ensabanado, -da *adj.* [toro] Que tiene negras u obscuras la cabeza y las extremidades y blanco el resto del cuerpo. -2 ***m.*** ALBAÑ. Capa primera de yeso blanco con que se cubren las paredes antes de blanquearlas.
ensabanar (paras.) *tr.* Cubrir con sábanas. 2 ALBAÑ. Dar [a una pared] una mano de yeso blanco. -3 ***prnl.*** *Venez.* Sublevarse.
ensacador, -ra *adj.-s.* [pers.] Que ensaca. -2 ***f.*** Máquina que sirve para ensacar.
ensacar (paras.) *tr.* Meter [una cosa] en un saco. ◇ ** CONJUG. [1] como ***sacar.***
ensaimada (voz mallorquina, de *saïm,* saín) *f.* Bollo formado por una tira de pasta hojaldrada revuelta en espiral.
ensalada (paras. de *sal*) *f.* Hortaliza aderezada con sal, aceite, vinagre, etc.: ~ ***rusa,*** la compuesta de patata, zanahoria, guisantes, jamón, etc., con salsa mahonesa. 2 ~ ***de frutas,*** mezcla de trozos de distintas frutas, gralte. con su propio zumo o en almíbar. 3 fig. Mezcla confusa de cosas sin conexión. 4 Composición lírica en que se emplean a voluntad metros diferentes. 5 Composición poética en la cual se incluyen versos de otras poesías. 6 *Cuba.* Refresco preparado con agua de limón, hierbabuena y piña.
ensaladera *f.* Fuente honda en que se sirve la ensalada.
ensaladilla *f.* Dim. de *ensalada.* 2 Manjar frío semejante a la ensalada rusa. 3 Conjunto de bocados de dulce de diferentes géneros. 4 Conjunto de diversas cosas menudas. 5 fig. Conjunto de piedras preciosas de diferentes colores engastadas en una joya.
ensalivar *tr.* Llenar o empapar de saliva.
ensalmador, -ra *m. f.* Persona que tenía por oficio ensalmar.
ensalmar (paras. de *salmo*) *tr.* Componer [un hueso dislocado o roto]. 2 Curar con ensalmos.
ensalmo *m.* Modo supersticioso de curar con oraciones y aplicación empírica de medicinas: ***por*** ~, con gran rapidez y de modo desconocido.
REL. **Saludador,** embaucador que cura por medio de ensalmos.
ensalobrarse (paras.) *prnl.* Hacerse el agua salobre.
ensalzador, -ra *adj.* Que ensalza.
ensalzamiento *m.* Acción de ensalzar. 2 Efecto de ensalzar.
ensalzar (l. v. **exaltiare*) *tr.* Exaltar (elevar). 2 Alabar, elogiar, enaltecer. ◇ ** CONJUG. [4] como ***realizar.***
ensambenitar *tr.* Poner [a uno] el sambenito.
SIN. **Sambenitar.**
ensamblado *m.* Obra de ensamblaje.
I) ensamblador *m.* El que ensambla.
II) ensamblador (ing. *assembler*) *m.* INFORM. Programa que traduce otros programas o código de máquina.
ensambladura *f.* Acción de ensamblar. 2 Efecto de ensamblar.
ensamblaje *m.* Ensambladura.
SIN. **Samblaje.**
ensamblar (del ant. *ensemble* < l. *insimul*) *tr.* Unir, juntar [esp. piezas de madera].

ensamble *m.* Ensambladura.
ensancha *f.* Ensanche (extensión). 2 fig. ***Dar ensanchas,*** dar treguas un negocio. 3 *And.* Levadura.
ensanchador, -ra *adj.* Que ensancha. -2 *m.* Instrumento para ensanchar los guantes.
ensanchamiento *m.* Acción de ensanchar. 2 Efecto de ensanchar.
ensanchar (l. *exampliare*) *tr.* Extender, dilatar, hacer más ancha [una cosa]. -2 *prnl.-intr.* Envanecerse.
SIN. *1* **Enanchar;** V. **ampliar.**
ensanche *m.* Dilatación, extensión. 2 Tela que se remete en las costuras del vestido para poderlo ensanchar. 3 Terreno dedicado a nuevas edificaciones en las afueras de una población.
ensandecer (paras.) *intr.* Volverse sandio, enloquecer. ◇ ** CONJUG. [43] como ***agradecer.***
ensangostar (l. *ex* y *angustare*) *tr.* desus. Angostar.
ensangrentamiento *m.* Acción de ensangrentar o ensangrentarse. 2 Efecto de ensangrentar o ensangrentarse.
ensangrentar (ant. *sangrentar*) *tr.-prnl.* Manchar o teñir con sangre [una cosa]: *ensangrentarse las manos.* 2 fig. Producir derramamiento de sangre. -3 *prnl.* Irritarse mucho en una disputa. ◇ ** CONJUG. [27] como ***acertar.***
FR. *Ensangrentarse con,* o *contra, uno,* encruelecerse con él.
ensañamiento *m.* Acción de ensañarse. 2 Efecto de ensañarse. 3 DER. Circunstancia agravante que consiste en aumentar deliberadamente el mal del delito.
SIN. *1* y *2* **Refinamiento.**
ensañar (l. *insania,* furor) *tr.* Enfurecer (irritar). -2 *prnl.* Deleitarse en causar el mayor daño posible a quien ya no puede defenderse: *ensañarse en el vencido.*
ensardinado *m. Chile.* Sardinel.
ensarmentar *tr.* Acodar [la vid]. ◇ ** CONJUG. [27] como ***acertar.***
ensarnecer *intr.* Llenarse de sarna. ◇ ** CONJUG. [43] como ***agradecer.***
ensarta *f. Amér.* Sarta.
ensartar (paras. de *sarta*) *tr.* Pasar por un hilo, alambre, etc. [varias cosas]: ~ *las cuentas.* 2 Enhebrar (pasar una hebra). 3 Espetar, atravesar: *el toro le ensartó el cuerno.* 4 fig. Decir [muchas cosas] sin conexión: ~ *mentiras.* 5 *Chile, Méj.* y *Nicar.* fig. Hacer caer en un engaño o trampa. -6 *prnl. Colomb.* y *P. Rico.* Meterse en un lío.
SIN. *1* **Enfilar.**
ensarto *m. Cuba.* Sarta.
ensay (fr. *essai*) *m.* Ensaye. ◇ Pl.: *ensayes.*
ensayador, -ra *m. f.* Persona que ensaya. -2 *m.* El que tiene por oficio ensayar los metales preciosos.
ensayalarse (paras.) *prnl.* Vestirse de sayal.
ensayar (de *ensayo*) *tr.* Probar, reconocer [una cosa] antes de usar de ella: ~ *un nuevo método;* ***prnl.,*** ejercitarse a hacer una cosa: *ensayarse a cantar, en la declamación, para hablar en público.* 2 Amaestrar, adiestrar: ~ *al niño a andar.* 3 Hacer la prueba [de un espectáculo] antes de ejecutarlo en público. 4 Probar la calidad [de los minerales o la ley de los metales preciosos]; en gral., probar [toda clase de materiales]. 5 Intentar, tratar de.
ensaye *m.* Examen de la calidad de los metales. 2 Análisis de la moneda para descubrir su ley.
ensayismo *m.* Género literario constituido por el ensayo.
ensayista *com.* Escritor de ensayos.
ensayístico, -ca *adj.* Perteneciente o relativo al ensayismo.
ensayo (l. *exagiu,* peso) *m.* Acción de ensayar. 2 Efecto de ensayar. 3 Operación para averiguar el metal que contiene la mena. 4 Análisis de la moneda para descubrir su ley. 5 Género literario, en prosa, de carácter didáctico, que trata con brevedad de temas filosóficos, artísticos, históricos, etc. 6 DEP. En el juego del rugby, acción del jugador que apoya el balón contra el suelo tras la línea de marca contraria, con las manos, los brazos o el tronco.
-ense, elemento sufijal que entra en la formación de adjetivos y substantivos gentilicios: *alavense, almeriense.*
ensebar (paras.) *tr.* Untar con sebo.
enseguida *adv.* En seguida.
enselvado, -da *adj.* Lleno de selvas o árboles.
enselvar (paras. de *selva*) *tr.-prnl.* Emboscar.
ensenada (de *ensenar*) *f.* Entrada de mar en la tierra formando seno. 2 *Argent.* Potrero pequeño y cercado. 3 *Argent.* Corral, lugar destinado a encerrar animales.
SIN. **Rada.**
ensenado, -da *adj.* Dispuesto a manera o en forma de seno.
ensenar (v. *insinuar*) *tr.* Esconder [una cosa] en el seno. 2 Meter [una embarcación] en una ensenada.
enseña (l. *insignia*) *f.* Insignia, estandarte.
enseñable *adj.* Que se puede fácilmente enseñar.
enseñado, -da *adj.* Educado, acostumbrado: *un niño bien* ~; ~ *en buenas doctrinas.*
enseñador, -ra *adj.-s.* Que enseña.
enseñamiento *m.* Enseñanza.
enseñante *adj.* Que enseña. -2 *com.* Persona que ejerce la docencia en cualquiera de los niveles de instrucción en que se halla dividida la educación de un país o estado.
enseñanza *f.* Acción de enseñar: *la* ~ *de las escuelas;* ~ ***primaria*** o ***primera*** ~, la de primeras letras; ***segunda*** ~, o ~ ***media,*** comprende los estudios de cultura general; ~ ***superior,*** comprende los estudios especiales de cada profesión o carrera; ~ ***estatal,*** la que depende directamente del estado, sufragada totalmente por él; ~ ***privada,*** la que se da en centros no estatales. 2 Efecto de enseñar. 3 Sistema y método de dar instrucción: ~ *socrática.* 4 Ejemplo o suceso que nos sirve de experiencia o escarmiento. -5 *f. pl.* Conjunto de principios, ideas, conocimientos, etc., que una persona transmite o enseña a otra.
enseñar (l. **insignare,* grabar, señalar) *tr.* Instruir, adoctrinar, amaestrar [a uno]: ~ *al que no sabe por un buen libro;* instruir, amaestrar [en alguna materia]: ~ *matemáticas.* 2 Dar [a uno] advertencia, ejemplo o escarmiento: *la desgracia te enseñará.* 3 Indicar, dar señas [de una cosa]: ~ *el camino.* 4 Mostrar, exponer [una cosa] para que sea apreciada: ~ *el género al parroquiano.* 5 Dejar ver [una cosa] involuntariamente: ~ *los dedos por los guantes.* -6 *prnl. And.* ant. Acostumbrarse, habituarse a una cosa: *enseñarse a andar vagando.*
SIN. *1* y *2* **Doctrinar,** es hoy anticuado; **adoctrinar,** se usa en el sentido de advertir o dar instrucciones a uno sobre lo que debe hacer o decir en ocasión determinada; **adiestrar,** es ejercitar en un trabajo manual o en un deporte, movimiento del cuerpo, etc.; **amaestrar,** puede coincidir con adiestrar, pero en su empleo moderno significa pralte. domar animales o ejercitarlos para que hagan determinados movimientos a voluntad del domador. Todos estos vbs. se usaron en la lengua clásica con el significado de transmitir conocimiento, ciencias, etc., pero en la lengua moderna es rara esta acep.; **instruir,** se refiere a lo intelectual; significa también dar advertencias, informes o indicaciones para un acto determinado o como norma gral. de conducta; **educar,** es el de uso más extenso, y en su significación abarca la de todos estos sinónimos. V. **educar.**
enseñoramiento *m.* Acción de enseñorearse. 2 Efecto de enseñorearse.
enseñorearse *prnl.-tr.* Hacerse señor y dueño de una cosa: ~ *de un reino.*
enserar (paras.) *tr.* Cubrir o forrar [una cosa] con sera de esparto.
enserenar (de *en-* I y *sereno* I) *tr. Ecuad.* Dejar alimentos o ropas al aire fresco de la noche, con el objeto de conservar los fríos o blanquearlas. -2 *prnl. Ecuad.* Quedarse al sereno una persona.
enseres (de *en* y *ser*) *m. pl.* Muebles, utensilios, instrumentos: ~ *domésticos;* ~ *de un pintor.*
enseriarse *prnl. And.* y *Amér.* Ponerse serio ◇ ** CONJUG. [12] como ***cambiar.***
ensiforme (l.) *adj.* En forma de espada.
ensilado *m.* Acción de ensilar. 2 Efecto de ensilar.
ensiladora *f.* Máquina para ensilar forraje.
ensilaje *m.* Ensilado. 2 Forraje ensilado.
ensilar (paras.) *tr.* Encerrar [granos, forraje, etc.] en un silo.
ensillada (alusión a la ensilladura del caballo) *f.* Collado o depresión suave en el lomo de una montaña.
ensillado, -da *adj.* [caballo o yegua] Que tiene el lomo hundido.
ensilladura *f.* Acción de ensillar. 2 Efecto de ensillar. 3 Parte en que se pone la silla a la caballería. 4 Encorvadura entrante de la columna vertebral en la región lumbar.
ensillar (paras.) *tr.* Poner la silla [a una caballería].
ensillos *m. pl. P. Rico.* Arreos de montar.
ensilvecerse (paras.) ***unipers.*** poét. Convertirse un paraje en selva. ◇ ** CONJUG. [43] como ***agradecer.***
ensimismamiento *m.* Acción de ensimismarse. 2 Efecto de ensimismarse. 3 FIL. Recogimiento en la intimidad de uno mismo, desentendido del mundo exterior.
CONTR. *3* **Alteración.**
ensimismarse (paras. de *en* y *sí mismo*) *prnl.* Abstraerse, reconcentrarse. 2 *Colomb., Chile* y *Perú.* Gozarse en sí mismo, envanecerse, engreírse.

ensobear *tr.* Atar con el sobeo [el yugo] al pértigo del carro.
ensoberbecer (paras.) *tr.-prnl.* Causar, excitar soberbia [en alguno]. -2 *prnl.* fig. Agitarse, levantarse las olas. ◇ ** CONJUG. [43] como ***agradecer.***
ensoberbecimiento *m.* Acción de ensoberbecer. 2 Efecto de ensoberbecer.
ensobinarse *prnl. Ar.* Quedarse en posición supina un animal sin poderse levantar. 2 *Murc.* Acurrucarse.
ensobrado *m.* Acción de ensobrar. 2 Efecto de ensobrar.
ensobrar *tr.* En las habilitaciones y pagadurías de centros oficiales, distribuir en sobres [los haberes mensuales] correspondientes a funcionarios. 2 Meter en un sobre [cartas, impresos, etc.].
ensogar (paras.) *tr.* Atar con soga. 2 Forrar con soga: ~ *una redoma, un frasco.* ◇ ** CONJUG. [7] como ***llegar.***
ensoguillar *tr. Bol.* Ensogar. 2 *Bol.* Aprisionar. 3 *Perú.* Envolver con soguilla.
ensolerar (paras.) *tr.* Echar soleras [a las colmenas].
ensolver (l. *solvere,* desatar) *tr.* Incluir [una cosa] en otra. 2 Contraer, sincopar. 3 MED. Resolver, disipar. ◇ ** CONJUG. [32] como ***mover.***
ensombrecer (paras.) *tr.* Obscurecer, cubrir de sombras [una cosa]: ~ *un paisaje.* -2 *prnl.* fig. Entristecerse. ◇ ** CONJUG. [43] como ***agradecer.***
SIN. *1* y *2* **Asombrar.**
ensombrerado, -da *adj.* fam. Que lleva puesto el sombrero.
ensoñación *f.* Acción de ensoñar, ensueño. 2 Efecto de ensoñar, ensueño.
ensoñador, -ra *adj.-s.* Que tiene ensueños (ilusiones).
ensoñar *tr.* Tener ensueños (ilusiones). ◇ ** CONJUG. [31] como *contar.*
SIN. **Soñar** o **soñar despierto, trasoñar.**
ensopada *f. P. Rico* y *S. Dom.* Acción de mojarse. 2 *P. Rico* y *S. Dom.* Efecto de mojarse.
ensopar (paras.) *tr.* Empapar [el pan] en un licor, a manera de sopas: ~ *el pan en jerez.* 2 *Amér. Central, Argent., Cuba, P. Rico* y *Venez.* Empapar, poner hecho una sopa.
SIN. *1* **Sopear; sopetear,** frecuent.
ensordecedor, -ra *adj.* Que ensordece. 2 [ruido o sonido] Muy intenso.
ensordecer *tr.* Causar sordera [a uno]. 2 Hacer menos perceptible [un ruido]. 3 Perturbar grandemente a uno la intensidad de un sonido o ruido. 4 FON. Convertir [una consonante sonora] en sorda. -5 *intr.* Contraer sordera. 6 Callar, no responder. ◇ ** CONJUG. [43] como ***agradecer.***
ensordecimiento *m.* Acción de ensordecer. 2 Efecto de ensordecer.
ensoropado *m. Colomb.* Muro de hojas de palma.
ensortijamiento *m.* Acción de ensortijar. 2 Sortijas formadas en el cabello.
ensortijar (paras.) *tr.* Torcer en redondo, rizar [el cabello, hilo, etc.]. 2 Poner un aro de hierro atravesando [la nariz de un animal]. -3 *prnl.* Ponerse sortijas, enjoyarse.
SIN. *1* **Retortijar** es intens.
ensotarse (paras.) *prnl.* Meterse en un soto.
enstatita *f.* Silicato de magnesio que cristaliza en el sistema rómbico, de color blanco grisáceo, pardo o verde, y de brillo vítreo o nacarado.
ensuciador, -ra *adj.* Que ensucia.
ensuciamiento *m.* Acción de ensuciar. 2 Efecto de ensuciar.
ensuciar (paras.) *tr.* Manchar, poner sucia [una cosa]. 2 fig. Manchar, deslustrar: ~ *la fama con la conducta.* -3 *intr.-prnl.* eufem. Evacuar el vientre en la cama, los vestidos, etc.: *este niño ensucia,* o *se ensucia, en los calzones.* -4 *prnl.* Dejarse sobornar con dádivas. ◇ ** CONJUG. [12] como ***cambiar.***
SIN. *3* **Ciscarse** (voz grosera).
ensueño (l. *insomniu*) *m.* Sueño (representación). 2 Ilusión, fantasía.
REL. **Oniromancia,** arte de interpretar los sueños.
ensugar (l. *exsucare*) *tr.* Enjugar. ◇ ** CONJUG. [7] como ***llegar.***
ensullo (l. *insubulum*) *m.* Enjulio.
ensurucarse *prnl. P. Rico.* vulg. Emborracharse. ◇ ** CONJUG. [1] como ***sacar.***
ensutarse *prnl. Venez.* Enflaquecerse.
ent-, v. ento-.
-enta, v. -ento.
entabacado *m. And.* Desván.
entabacar *prnl.* Abusar del tabaco. -2 *tr. Chile.* Dar a beber [a una persona] licor preparado con tabaco picado en polvo. -3 *prnl. Chile.* Emborracharse con el uso y abuso del tabaco. 4 *Chile.* Confundirse uno por la multitud y variedad de los objetos que se le ofrecen para elegir. ◇ ** CONJUG. [1] como ***sacar.***
entabicar *tr. Amér.* Tabicar. ◇ ** CONJUG. [1] como ***sacar.***
entablación *f.* Acción de entablar. 2 Efecto de entablar. 3 Anotación, gralte. en tablas expuestas al público, de las fundaciones, capellanías y memorias, así como de las obligaciones de los ministros del templo.
entablada *f.* Acción de entablarse el viento. 2 Efecto de entablarse el viento.
entablado *m.* Conjunto de tablas dispuestas y arregladas en una armadura. 2 Entarimado.
SIN. *1* **Tablado, tillado.**
entabladura *f.* Efecto de entablar (cubrir o cercar).
entablamento *m.* Conjunto de molduras que coronan un edificio o un orden de arquitectura, compuesto gralte. de arquitrabe, friso y cornisa
SIN. **Cornisamento.**
entablar (paras.) *tr.* Cubrir, cercar o asegurar con tablas [una cosa]. 2 Entablillar. 3 En los juegos de tablero, colocar [las piezas] en sus respectivos lugares para empezar el juego. 4 p. anal. Disponer, preparar [una pretensión, un negocio]; p. ext., trabar (dar principio). 5 Notar en las tablas de las iglesias [una memoria o fundación] para que conste. -6 *prnl.* Resistirse el caballo a volverse a una u otra mano. 7 Fijarse el viento de una manera continuada en cierta dirección. -8 *tr. Amér.* Presentar una acción judicial. 9 *Argent.* Acostumbrar [al ganado mayor] a que ande en manadas. 10 *Ecuad.* Trabajar por primera vez [un fundo] dotándolo de lo que es menester. -11 *intr. And.* y *Amér.* Empatar en un juego. 12 *Perú.* Fanfarronear. -13 *prnl. Guat.* y *Méj.* Establecerse, fijarse una cosa.
entable *m.* Entabladura. 2 Varia disposición en los juegos de damas, ajedrez, etc. 3 *And.* y *Amér.* Empate. 4 *Amér. Merid.* El orden con que está entablada o dispuesta una cosa. 5 *Colomb.* Empresa, negocio. 6 *Ecuad.* Fundo que se comienza a formar en terrenos vírgenes.
entablerarse (paras.) *prnl.* Aquerenciarse un toro a los tableros del redondel, aconchándose sobre ellos.
entablilladura *f.* CIR. Acción de entablillar.
entablillamiento *m.* CIR. Entablilladura.
entablillar (paras.) *tr.* Sujetar con tablillas y vendaje [un miembro] para mantener en su sitio las partes de un hueso roto.
entablón, -blona *adj. Perú.* Fanfarrón. 2 *Perú.* Bribón.
entablonada *f. Ecuad.* y *Perú.* Fanfarronada.
entado (fr. *enté*) *adj.* BLAS. [pieza o parte del escudo] Que está enclavijada a otra.
entalamadura (paras. de *tálamo*) *f.* Zarzo de cañas forrado con que se entoldan los carros.
SIN. **Toldo.**
entalamar *tr.* Poner toldo [a un carro].
entalegado *m. Ar.* El que metido en un saco hasta la cintura compite con otros a correr o saltar.
entalegar (paras.) *tr.* Meter [una cosa] en talegos. 2 Atesorar dinero: ~ *ducados.* 3 fig. *y* vulg. Encarcelar. ◇ ** CONJUG. [7] como ***llegar.***
entalingar (fr. *étalinguer*) *tr.* MAR. Asegurar el chicote del cable al arganeo [del ancla]. ◇ ** CONJUG. [7] como ***llegar.***
entalla *f.* Entalladura.
entallable *adj.* Capaz de entallarse.
entallado, -da *adj. P. Rico.* [caballo] Ensillado.
entallador, -ra *m. f.* Persona que entalla (talla, esculpe).
entalladura *f.* Acción de entallar (tallar). 2 Efecto de entallar (tallar). 3 Corte que se hace en los pinos para resinarlos, o en las maderas para ensamblarlas.
SIN. **Talladura.**
entallamiento *m.* Entalladura.
I) entallar *tr.* Tallar, esculpir o grabar [figuras con madera, bronce, etc.]: ~ *una estatua, el mármol.* 2 Grabar o abrir en lámina, piedra u otra materia. 3 Hacer una incisión en la corteza [de algunos árboles] para extraer la resina. 4 CARP. Hacer cortes [en una pieza de madera] para ensamblarla con otra. 5 *Chile.* Cortar trozos de masa para formar el pan.
II) entallar (paras.) *tr.-intr.-prnl.* Formar el talle: ~ *un traje; el muchacho entalla,* o *se entalla.* -2 *intr.* Venir bien o mal el vestido al talle: *este traje no entalla.* -3 *tr. P. Rico.* Enseñar [al caballo] para que lleve la cabeza bien puesta. 4 *Chile.* Adornar.
entalle (de *entallar* I) *m.* Piedra dura grabada en hueco, esp.

la que se usa como sello. 2 Técnica de grabar en hueco las piedras. 3 *Extr.* Garganta, paso estrecho entre dos cercas.
entallecer (paras.) ***intr.-prnl.*** Echar tallos las plantas y árboles. ◇ ** CONJUG. [43] como ***agradecer.***
SIN. **Tallecer, guiar.**
entallo ***m.*** Obra de entalladura.
entalonar ***intr.*** Echar renuevos los árboles de hoja perenne.
entalpía ***f.*** FÍS. Magnitud termodinámica de un cuerpo físico material. Es igual a la suma de su energía interna más el producto de su volumen por la presión exterior. 2 QUÍM. Función termodinámica que expresa el contenido calorífico de una substancia o sistema, tanto en forma de energía interna como en forma de trabajo.
entamangarse ***prnl.*** *Chile.* Envolverse los pies con tamangos. ◇ ** CONJUG. [7] como ***llegar.***
entamar (paras.) ***tr.*** Cubrir con tamo.
entandar ***tr.*** *Murc.* Distribuir las horas de riego entre una comunidad de regantes.
entangarse ***prnl.*** *Venez.* Arrollarse, envolverse. ◇ ** CONJUG. [7] como ***llegar.***
entapar ***tr.*** *Extr.* Taponar algún conducto. 2 *Chile.* Encuadernar, empastar o forrar [un libro].
entaparado ***m.*** *Venez.* Asunto oculto.
entaparar ***tr.*** *Venez.* Ocultar.
entapetado, -da (paras.) ***adj.*** Cubierto con tapete.
entapizada ***f.*** Alfombra (cosas).
entapizado ***m.*** Acción de entapizar. 2 Efecto de entapizar. 3 Materia con que se entapiza.
entapizar ***tr.*** Tapizar: ~ *con,* o *de, ricas telas.* 2 fig. Cubrir o revestir [una superficie] con alguna cosa. ◇ ** CONJUG. [4] como ***realizar.***
entapujar (paras.) ***tr.-prnl.*** Tapar, cubrir con premura o de cualquier modo [algo]. -2 ***tr.*** fig. Andar con tapujos, ocultar [la verdad].
entarascar (paras.) ***tr.*** desp. Adornar excesivamente [a uno]. ◇ ** CONJUG. [1] como ***sacar.***
entarimado ***m.*** Suelo formado por pequeñas tablas de madera pulida: ~ ***a la inglesa,*** tabletas unidas y ensambladas a ranura y lengüeta, clavadas directamente sobre durmientes o ristreles; ~ ***en corte de pluma*** o ***en espina de pescado,*** el construido con tabletas estrechas terminadas en corte de inglete a 45 grados y cuyos extremos forman una junta continua que encuentra apoyo en un ristrel; ~ ***en espinapez, quebrado,*** o ***a la francesa,*** v. espinapez.
entarimador ***m.*** El que tiene por oficio entarimar.
entarimar (paras.) ***tr.*** Cubrir [el suelo] con tablas o tarimas.
entarquinamiento ***m.*** Operación de entarquinar.
entarquinar (paras.) ***tr.*** Abonar [las tierras] con tarquín. 2 Manchar [una cosa] con tarquín. 3 Rellenar o sanear [un terreno pantanoso] por la sedimentación del tarquín.
SIN. **Enlegamar.**
entarugado ***m.*** Pavimento formado con tarugos de madera.
entarugar ***tr.*** Pavimentar con tarugos de madera. -2 ***prnl.*** *Venez.* Encasquetarse el sombrero. ◇ ** CONJUG. [7] como ***llegar.***
éntasis (l. y gr.) ***f.*** Parte más abultada del fuste de algunas columnas. ◇ Pl.: *éntasis.*
ente (l.) ***m.*** Lo que es, existe o puede existir: ~ ***de razón,*** el que sólo existe en el pensamiento. 2 fig. Sujeto ridículo. 3 Sociedad comercial, organismo.
SIN. *1* **Ser.**
enteado, -da ***adj.*** *Can.* Duro como tea.
entecado, -da ***adj.*** Enteco.
entecarse (var. de *heticarse,* der. de *hético,* tísico) ***prnl.*** fam. Ponerse enteco. 2 *León* y *Chile.* Obstinarse, emperrarse. ◇ ** CONJUG. [1] como ***sacar.***
entechar ***tr.*** *Amér.* Techar.
enteco, -ca (rel. con *hético*) ***adj.*** Enfermizo, débil, flaco.
entejar ***tr.*** Tejar, cubrir con tejas.
entelar ***tr.-prnl.*** *León.* Meteorizar, causar meteorismo.
entelarañado, -da ***adj.*** Con muchas telarañas.
entelequia (gr. *entélecheia*) ***f.*** En la filosofía aristotélica, estado de perfección hacia el cual tiende cada especie de ser; por eso se identifica muchas veces con forma. Leibnitz (1646-1716) llamó entelequia a sus mónadas por cuanto se bastan a sí mismas y contienen en sí la fuente de sus acciones internas. 2 Cosa, persona o situación imaginaria e ideal y perfecta, que no puede existir en la realidad.
entelerido, -da ***adj.*** Sobrecogido de frío o de vapor. 2 *And.* y *Amér.* Enteco, flaco.
entena (v. *antena*) ***f.*** Palo encorvado y muy largo al cual va asegurada la vela latina. 2 Madero redondo o en rollo, de grandes dimensiones.
entenado, -da (v. *antenado*) ***m. f.*** Hijastro.
SIN. **Antenado, alnado.**
entendederas ***f. pl.*** fam. Entendimiento: *tiene malas* ~.
entendedor, -ra ***adj.-s.*** Que entiende.
entender (l. *intendere,* tender hacia) ***tr.*** Formarse idea clara [de una cosa]: ~ *una explicación;* p. ext., comprender: ~ *el inglés;* interpretar: *lo entiende mal;* conocer, penetrar: ~ *a un sujeto;* averiguar [el ánimo o intenciones de uno]: *ya entiendo lo que quiere.* 2 Discurrir, inferir, deducir: *el alma entiende los problemas;* creer, juzgar: *yo entiendo que sería mejor decirlo.* 3 Tener intención o voluntad de obrar o de que se obre de cierta manera: *entiendo que me llames en seguida.* -4 ***intr.*** Con las prep. *de* o *en,* tener conocimiento o aptitud para el ejercicio de un arte, ciencia, etc.: ~ *de zapatero;* ~ *en matemáticas;* ocuparse en una cosa. 5 Tener autoridad o jurisdicción para conocer de ella: ~ *el juez en,* o *de, una causa.* -6 ***prnl.*** Conocerse, comprenderse a sí mismo. 7 Tener motivo oculto para obrar de cierto modo: *cada uno se entiende.* -8 ***rec.*** Ir dos o más de conformidad en un negocio: *entenderse con alguien, por señas.* 9 Haber relación amorosa entre el hombre y la mujer ◇ ** CONJUG. [28].
FR. *A mí, a su* ~, según el juicio o modo de pensar de uno. *¡Cómo se entiende!* expr. con que se manifiesta el enojo que causa lo que se oye o se ve. *Entenderse una cosa con uno o muchos,* tocarles, estar comprendidos en ella: *esta ley no se entiende conmigo.*
entendidamente ***adv. m.*** Con inteligencia.
entendido, -da ***adj.*** Sabio, docto, perito, diestro. 2 ***No darse por*** ~, hacerse el sordo, fingirse distraído o ignorante. 3 ***Valor*** ~, connivencia o acuerdo consabido entre dos o más personas. 4 ***¡Entendido!*** expr. que se usa para denotar que se ha captado o comprendido algo.
entendimiento (de *entender*) ***m.*** Facultad de comprender en general; esp., facultad discursiva del alma que obra, concibe, juzga o razona sobre lo que nos es dado empíricamente, en oposición a la razón considerada como el conocimiento de lo eterno y absoluto. 2 Sentido común, cordura, seso. 3 ***loc. De*** ~, muy inteligente.
SIN. **Intelecto, inteligencia.**
entenebrecer (l. *tenebrescere*) ***tr.-prnl.*** Obscurecer, llenar de tinieblas: ~ *una nube el paisaje.* ◇ ** CONJUG. [43] como ***agradecer.***
entente (voz francesa) ***f.*** Inteligencia, trato secreto, convenio, pacto, concierto.
enteolina ***f.*** Materia colorante que se extrae de la gualda.
enteque ***m.*** *Argent.* Diarrea de los terneros. 2 *Argent.* Enflaquecimiento excesivo producido por esa enfermedad.
enter-, v. entero-.
enteradillo, -lla ***adj.-s.*** fam. Sabihondo, persona que se pasa de lista.
I) enterado ***m.*** Palabra *enterado* y firma debajo, con que se hace constar haber recibido y leído una citación o documento oficial: *firmar el* ~.
II) enterado, -da, pp. de *enterar.* 2 ***adj.*** Conocedor, entendido. -3 ***adj.-s.*** Sabihondo, persona que se pasa de lista. -4 ***adj.*** *Chile.* Orgulloso, engreído.
enteralgia (*enter-* + *-algia*) ***f.*** Dolor intestinal agudo.
enteramente ***adv. m.*** Cabalmente, del todo, por entero, íntegramente.
enterar (v. *integrar*) ***tr.*** Informar, instruir [a uno] de un negocio: *enterarse de la carta, enterarse en el pleito.* 2 *Amér.* Pagar, entregar [dinero]. 3 *Argent.* y *Chile.* Completar, integrar [una cantidad]. -4 ***intr.*** *Chile.* Dejar pasar los días. -5 ***prnl.*** Darse cuenta, adquirir una persona conocimiento de lo que pasa.
entercarse (paras.) ***prnl.*** Ponerse terco (pertinaz). ◇ ** CONJUG. [1] como ***sacar.***
enterciar ***tr.*** *Amér.* Empacar, formar tercios con una mercancía. ◇ ** CONJUG. [12] como ***cambiar.***
enterectomía ***f.*** Extracción quirúrgica de parte de un intestino.
entereza ***f.*** Integridad, perfección. 2 fig. Fortaleza, firmeza de ánimo. 3 Severa observancia de la disciplina.
SIN. *2* **Inflexibilidad.**
entérico, -ca (v. *entero-*) ***adj.*** Relativo a los intestinos.
enterísimo, -ma ***adj.*** Superl. de *entero.*
enteritis (*enter-* + *-itis*) ***f.*** Inflamación del intestino. ◇ Pl.: *enteritis.*
enterito, -ta ***adj.*** *Amér.* *Central* y *Venez.* Idéntico.

enterizo, -za *adj.* Entero. 2 De una sola pieza: *columna enteriza.*
enternecedor, -ra *adj.* Que enternece.
enternecer (l. *tenerescere*) *tr.* Ablandar, poner tierna [una cosa]. 2 Mover a ternura: *con sus quejas enternecía a las fieras.* ◇ ** CONJUG. [43] como ***agradecer.***
SIN. *2* v. **Emocionar.**
enternecidamente *adv. m.* Con ternura.
enternecimiento *m.* Acción de enternecer o enternecerse. 2 Efecto de enternecer o enternecerse.
entero, -ra (v. *íntegro*) *adj.* Íntegro, sin falta alguna. 2 fig. [pers.] Que tiene entereza, firmeza de ánimo. 3 Robusto, sano. 4 [animal] No castrado. 5 V. hoja entera. 6 fam. [tela] Tupido, fuerte, recio. -7 ***adj.-m.*** V. número entero. -8 ***m.*** Variación unitaria en la cotización de los valores bursátiles, expresada como porcentaje de su valor nominal. -9 ***adj.*** *Amér.* Idéntico, muy parecido. -10 ***m.*** *Amér.* Entrega de dinero. 11 *Chile.* Complemento, saldo de alguna suma. ◇ Superl.: *enterísimo.*
SIN. *1* **Completo, cabal.**
entero-, enter- (gr. *énteron,* intestino) Elemento prefijal que entra en la formación de palabras con el significado de intestino.
enteroanastomosis (*entero-* + *anastomosis*) *f.* CIR. Intervención quirúrgica consistente en crear una comunicación entre dos asas intestinales, por lo general no contiguas. ◇ Pl.: *enteroanastomosis.*
enterocolitis (*entero-* + *colitis*) *f.* PAT. Inflamación del intestino delgado, del ciego y del colon. ◇ Pl.: *enterocolitis.*
enteropatía (*entero-* + *-patía*) *f.* MED. Enfermedad del intestino delgado, en gral.
enteroptosis (*entero-* + *-ptosis*) *f.* MED. Caída o descenso, en la cavidad abdominal, de un tramo del tubo digestivo, especialmente del colon transverso, debido al relajamiento de las estructuras de sostén. ◇ Pl.: *enteroptosis.*
enteroquinasa (*entero-* + *quinasa*) *f.* Fermento digestivo que transforma el tripsinógeno en tripsina.
enteroso, -sa *adj. Hond.* Entero, enterizo.
enterostomía (*entero-* + *-stomía*) *f.* MED. Intervención quirúrgica cuyo objeto es conseguir el abocamiento del intestino al exterior mediante una abertura artificial practicada en la pared abdominal, que se denomina ano contra natura.
enterotomía (*entero-* + *-tomía*) *f.* Sección quirúrgica del intestino.
enterótomo (*entero-* + *-tomo*) *m.* Instrumento usado en la enterotomía.
enterrador *m.* Sepulturero. 2 TAUROM. Torero que ayuda al espada a rematar el toro.
enterramiento *m.* Entierro (acción y efecto). 2 Sepulcro (obra). 3 Sepultura (hoyo y monumento).
enterrar (paras.) *tr.* Poner debajo de tierra: *~ un tesoro;* esp., dar sepultura [a un cadáver]. 2 Sobrevivir [a alguno]: *su mujer le enterrará.* 3 fig. Hacer desaparecer [una cosa] debajo de otras: *~ la carta entre los papeles.* 4 fig. Arrinconar, relegar al olvido: *~ las ilusiones, los amores.* 5 Clavar, meter [un instrumento punzante]. 6 *Chile.* Aplicar misas para un difunto. -7 ***prnl.*** Retirarse del trato de los demás: *se enterró en una aldea.* ◇ ** CONJUG. [27] como ***acertar.***
SIN. *1* **Inhumar,** si se trata de un cadáver; **sepultar, soterrar,** pueden aplicarse a las cosas y a las restantes acepciones. CONTR. **Desenterrar, exhumar.**
enterratorio *m. Argent., Chile* y *Urug.* Cementerio, esp. si es de indígenas.
enterregar *tr. Méj.* Llenar de polvo. ◇ ** CONJUG. [7] como ***llegar.***
entesamiento *m.* Acción de entesar. 2 Efecto de entesar.
entesar (*en-* I + *tesar*) *tr.* Dar mayor fuerza o tensión [a una cosa]; esp., poner tirante y tensa [una cuerda, maroma, etc.]. ◇ ** CONJUG. [27] como ***acertar.***
entestado, -da *adj.* Testarudo.
entestar *tr.* Unir dos piezas o maderos por sus cabezas. 2 Adosar, encajar, empotrar. -3 ***intr.*** Estar [una cosa] en contacto con otra; lindar con ella.
entestecer (paras. del l. *testa,* concha) ***tr.-prnl.*** p. us. Apretar o endurecer. ◇ ** CONJUG. [43] como ***agradecer.***
entibación *f.* MIN. Acción de entibar. 2 MIN. Efecto de entibar.
SIN. **Enmaderación.**
entibador *m.* Minero que entiba.
entibar (l. *instipare,* amontonar) ***intr.*** Estribar. -2 ***tr.*** MIN. Apuntalar con maderas [las excavaciones de las minas]. 3 *Ar.* Represar [las aguas en un río o canal] para aumentar su nivel.
entibiadero *m.* Sitio destinado para entibiar una cosa.
entibiar *tr.* Poner tibio [un líquido]. 2 fig. Templar, moderar [una pasión, afecto, fervor, etc.]. ◇ ** CONJUG. [12] como ***cambiar.***
entibo *m.* fig. Fundamento, apoyo. 2 ARQ. Estribo. 3 ARQ. Madero para apuntalar. 4 *Ar.* Caudal de aguas represadas en un río o canal.
entichelar *tr. Bol.* Recoger [la goma líquida] de las plantas en una tichela.
entidad (de *ente*) *f.* FIL. Lo que constituye la esencia y la unidad de un género. 2 fig. Valor o importancia de una cosa: ***de ~***, de substancia, de consideración. 3 FIL. Un objeto concreto pero que carece de identidad o unidad materiales: *una ola, una corriente de aire, son entidades.* 4 Colectividad considerada como unidad: *todas las entidades locales enviaron su representación.*
entiemparse ***prnl.*** *Venez.* Estar los animales en el período de celo.
entierro *m.* Acción de enterrar un cadáver. 2 Efecto de enterrar un cadáver. 3 p. us. Sitio en que se entierran los difuntos. 4 Cadáver que se lleva a enterrar y su acompañamiento. 5 *Amér.* Tesoro enterrado. 6 Estafa que se comete a pretexto de desenterrar un tesoro.
SIN. *1* y *2* **Inhumación** (lit.), **enterramiento, sepelio** (solemne, lit.). *4* **Sepelio, conducción del cadáver** (ambos lit.).
entiesar (paras.) *tr.* Atiesar.
entigrecerse (paras. de *tigre*) ***prnl.*** fig. Enojarse, enfurecerse. ◇ ** CONJUG. [43] como ***agradecer.***
entilar (del mej. *tlilli,* hollín) *tr. Hond.* Tiznar, ennegrecer [una cosa].
entimema (gr. *enthymema*) *m.* LÓG. Silogismo abreviado en que se sobreentiende una de las premisas: *Pienso, luego existo;* donde falta la premisa mayor, que sería: *Todo el que piensa existe.*
entimemático, -ca *adj.* Relativo al entimema o que tiene forma de tal: *razonamiento ~; frase entimemática.*
entina *f. La Mancha.* Ontina.
entinar (paras.) *tr.* Poner en tina.
entintado *m.* Acción de entintar. 2 Efecto de entintar.
entintador, -ra *adj.* Que entinta: *rodillo ~ de una imprenta.*
entintar *tr.* Manchar o teñir con tinta. 2 fig. Teñir (dar color).
entirsar *tr. Cuba.* Entisar.
entirse *m. Cuba.* Cinta us. por las mujeres para ajustar las botas, etc.
entisar (del fr. *tisser,* tejer) *tr. Cuba.* Forrar [una vasija] con una red.
entise *m. Cuba.* Entirse.
entitativo, -va *adj.* Exclusivamente propio de la entidad.
entizar *tr. Amér.* Enyesar, dar de tiza [al taco del billar]. ◇ ** CONJUG. [4] como ***realizar.***
entiznar *tr.* Tiznar.
-ento, -enta, sufijo que entra en la formación de adjetivos, generalmente de origen latino, denotando manera o condición de, y toma las formas *-ulento, -olento* y *-iento*: *amarillento, corpulento, vinolento, mugriento.*
ento-, ent- (gr. *entós,* en lo interior) Elemento prefijal que entra en la formación de palabras con el significado de en lo interior.
entoladora *f.* La que tiene por oficio entolar.
entolar (de *tul*) *tr.* Pasar de un tul a otro las flores o dibujos de un encaje.
entoldado *m.* Acción de entoldar. 2 Conjunto de toldos para dar sombra, o proteger de la intemperie. 3 Lugar cubierto con toldos.
entoldamiento *m.* Acción de entoldar o entoldarse. 2 Efecto de entoldar o entoldarse.
entoldar (paras.) *tr.* Cubrir con toldos: *~ el patio.* 2 p. ext. Cubrir con sedas, paños, etc. [las paredes]. -3 ***prnl.*** fig. Nublarse: *se entoldó el cielo de repente.* 4 fig. Engreírse, envanecerse.
SIN. *1* y *2* **Toldar.**
entomizar (paras.) *tr.* ALBAÑ. Liar con tomizas [las tablas] de paredes y techo para que pegue el yeso. ◇ ** CONJUG. [4] como ***realizar.***
entomo- (gr. *éntomon,* insecto) Elemento prefijal que entra en la formación de palabras con el significado de insecto.
entomófago, -ga *adj.* Insectívoro.
entomofilia (*entomo-* + *-filia*) *f.* Polinización efectuada por insectos.
entomófilo, -la (*entomo-* + *-filo* I) *adj.* Aficionado a los insectos. 2 BOT. [planta] En la que la polinización se verifica por intermedio de los insectos.

entomofobia (*entomo-* + *fobia*) *f.* Temor morboso a los insectos.
entomología (*entomo-* + *-logía*) *f.* Parte de la Zoología que trata de los insectos: ~ ***cadavérica,*** MED., especialidad de la medicina legal que estudia las larvas e insectos en los cadáveres.
entomológico, -ca ***adj.*** Relativo a la entomología.
entomólogo, -ga (*entomo-* + *-logo*) ***m. f.*** Persona que por profesión o estudio se dedica a la entomología.
entomostráceo (de *entomo-* y *crustáceo*) ***adj.-m.*** Crustáceo de la subclase de los entomostráceos. -2 ***m. pl.*** Subclase de crustáceos de organización simple y generalmente de pequeñas dimensiones; a esta subclase pertenecen los siguientes órdenes: cladóceros, concostráceos, ostrácodos, anostráceos, notostráceos, copépodos y cirrípedos.
entompeatada ***f.*** *Méj.* Engaño, embuste.
entompeatar ***tr.*** *Méj.* Embaucar engañar.
entonación ***f.*** Acción de entonar. 2 Efecto de entonar. 3 fig. Entono (arrogancia). 4 Sucesión de tonos con que se modula el lenguaje hablado: ~ *interrogativa, exclamativa.*
entonadamente ***adv. m.*** Con entonación. 2 fig. Con arrogancia.
entonadera ***f.*** Palanca con que se mueven los fuelles del órgano.
entonado, -da, p.p. de *entonar.* 2 ***adj.*** Orgulloso, creído.
entonador, -ra ***adj.*** Que entona. -2 ***m. f.*** Persona que mueve los fuelles de un órgano.
entonamiento ***m.*** Entonación.
entonar (paras.) ***tr.*** Cantar ajustado al tono; afinar la voz: ~ *una canción;* ***abs.,*** *la soprano no entona.* 2 Dar determinado tono a la voz: ~ *una canción con voz fuerte.* 3 Empezar uno a cantar [unas notas] para dar el tono a los demás. 4 Dar viento [a los órganos] levantando los fuelles. 5 Armonizar [los colores de una cosa] formando un conjunto agradable. 6 MED. Dar tensión y vigor [al organismo]. 7 PINT. Armonizar las tintas. -8 ***prnl.*** Envanecerse, engreírse.
SIN. *6* **Tonificar.** REL. Tratamiento o medicina que entona, **tónico, tonificante.**
entonatorio ***adj.-s.*** Libro que sirve para entonar en el coro.
entonces (l. *in* + *tunc* o *tuncce*) ***adv. t.*** En aquel momento u ocasión: ~ *llegué yo.* -2 ***adv. m.*** En tal caso, siendo así: ~ *vete.* -3 ***loc. adv. t. En aquel*** **~,** en aquel tiempo, entonces.
SIN. *1* **A la sazón.** GRAM. Puede construirse en correlación con *cuando: la mentira satisface cuando parece verdad;* ~ *fue cuando lo dije.*
entonelar (paras.) ***tr.*** Meter [un líquido] en toneles.
entongar (paras.) ***tr.*** Apilar, formar tongadas [de una cosa]. 2 *Colomb.* Atontar, enloquecer. ◇ ** CONJUG. [7] como ***llegar.***
entono ***m.*** Entonación (acción y efecto). 2 fig. Arrogancia, envanecimiento.
entontar ***tr.*** *Amér.* Atontar, entontecer.
entontecer (paras.) ***tr.*** Poner [a uno] tonto. -2 ***intr.-prnl.*** Volverse tonto. ◇ ** CONJUG. [43] como ***agradecer.***
entontecimiento ***m.*** Acción de entontecer o entontecerse. 2 Efecto de entontecer o entontecerse.
entopetar ***tr.*** *Pan.* Topar, encontrar.
entorchado ***m.*** Cuerda o hilo de seda, cubierto con otro de seda o de metal, enroscado alrededor. 2 Bordado en oro o plata que como distintivo llevan en el uniforme ciertos militares y altos funcionarios. ◇ V. columna entorchada.
entorchar (formado sobre l. *intortu;* pp. de *intorquere,* torcer) ***tr.*** Retorcer [varias velas] formando una antorcha. 2 Cubrir [una cuerda o hilo] enroscándole otro de seda o de metal. También *antorchar.* -3 ***prnl.*** *Perú* y *P. Rico.* Dar vueltas una cosa sobre sí misma de modo que tome forma helicoidal.
entorilar (paras.) ***tr.*** Meter [al toro] en el toril.
entornar (*en-* I + *tornar*) ***tr.*** Volver [la puerta o la ventana] hacia el cerco sin cerrarla del todo. 2 Cerrar un poco o a medias [los ojos]. -3 ***tr.-prnl.*** Inclinar, ladear, volcar, trastornar: *se entornó la olla y se vertió el caldo.*
entornillar (paras.) ***tr.*** Hacer o disponer [una cosa] en forma de tornillo.
entorno ***m.*** Delineación de las cosas que aparecen fuera del contorno de una figura. 2 FIL. Conjunto de las cosas que se relacionan con un ser sin formar parte de él. 3 MAT. Entorno de un número finito l en cualquier intervalo (a, b) al cual es l interior; es decir, $a < l < b$.
entorpecedor, -ra ***adj.*** Que entorpece.
entorpecer (paras.) ***tr.*** Poner torpe: *la humedad entorpece la cerradura,* o *la cerradura se entorpece.* 2 fig. Turbar, obscurecer [el entendimiento]. 3 Retardar, dificultar: ~ *la marcha de un asunto.* ◇ ** CONJUG. [43] como ***agradecer.***
entorpecimiento ***m.*** Acción de entorpecer o entorpecerse. 2 Efecto de entorpecer o entorpecerse.
entortadura ***f.*** Acción de entortar. 2 Efecto de entortar.
entortar (paras.) ***tr.*** Poner tuerto [lo que estaba derecho]. 2 Dejar [a uno] tuerto, sacándole un ojo. ◇ ** CONJUG. [31] como ***contar.***
entortijarse ***prnl.*** Retorcerse uno a causa de un dolor físico.
entosigar (v. *intoxicar*) ***tr.*** Atosigar (envenenar). ◇ ** CONJUG. [7] como ***llegar.***
entotumado, -da ***adj.*** *Colomb.* Turulato.
entozoario (*ento-* + gr. *zoarion,* animalillo) ***m.*** Parásito animal que vive en el interior del cuerpo de su huésped.
entrabar ***tr.*** *And., Colomb.* y *Chile.* Trabar, estorbar. 2 *Perú.* Atar con traba.
entrada ***f.*** Acción de entrar en un lugar: ***de primera*** **~,** al primer ímpetu. 2 Prerrogativa de entrar en los aposentos de palacio. 3 Amistad con una persona o familiaridad en una casa. 4 Acto por el que se pasa a formar parte de un conjunto: *dar* ~ *a uno en una sociedad, en un colegio.* 5 Conjunto de personas que asisten a un espectáculo o función. 6 Billete que da derecho a entrar en ellos. 7 Producto de cada función. 8 Caudal que entra en una caja o en poder de uno. 9 Cantidad de dinero que debe depositarse al comprar o alquilar algo, hacerse socio de alguna institución, etc. 10 Unidad lingüística que encabeza cada uno de los artículos de un diccionario. 11 Punta de un madero o sillar que entra en un muro o solera. 12 Espacio por donde se entra a un sitio. 13 Vestíbulo, antesala: ~ *de un teatro.* 14 Principio de una obra, como oración, libro, etc. 15 Primeros días del año, del mes, etc. 16 Ángulo entrante que forma el pelo a ambos lados de la parte superior de la frente. 17 Manjar que se sirve después de la sopa y antes del plato principal; primer plato de las comidas. 18 En algunos juegos de naipes, acción de jugar una persona contra los demás. 19 Conjunto de los naipes que guarda. 20 INFORM. Mecanismo que transfiere las señales externas a un circuito electrónico, gralte. un ordenador; p. ext., dichas señales. 21 MÚS. Momento en que cada voz o instrumento ha de entrar a tomar parte en la ejecución de una pieza musical. 22 *Cuba* y *Méj.* Arremetida, zurra.
SIN. *1, 5, 11* y *13* **Ingreso.** *13* **Acceso, paso.**
entradilla ***f.*** Frases iniciales de una información que da en resumen lo más importante de la misma.
entrado, -da ***adj.*** *Chile.* [pers.] Que se introduce en algún lugar sin ser invitado.
entrador, -ra ***adj.*** *Amér.* Animoso, brioso, que acomete fácilmente empresas arriesgadas. 2 *Amér.* Enamoradizo. 3 *Chile.* Entrometido. 4 *Guat.* y *Nicar.* Compañero, amigo. -5 ***f.*** *Guat., Méj.* y *Venez.* Mujer fácil de conquistar.
entramado ***m.*** ARQ. Armazón de madera que se rellena con fábrica o tablazón.
entramar (paras. de *trama*) ***tr.*** Hacer un entramado: ~ *un techo.* 2 *Ál., Logr.* y *Nav.* Armar pendencia, cuestión, pleito. 3 *Logr.* Echar renuevos los árboles, especialmente el olivo.
entrambos, -bas (*entre ambos*) ***adj. pl.*** lit. Ambos.
entramojar ***tr.*** *Amér. Central* y *Venez.* Atramojar.
entrampar (paras.) ***tr.*** Hacer [a un animal] caer en la trampa. 2 fig. Engañar artificiosamente. 3 fig. Enredar [un negocio]: *con tantos pareceres se entrampó el asunto.* 4 fig. Gravar con deudas [la hacienda]: *ha entrampado su fortuna.* -5 ***prnl.*** Meterse en un trampal o atolladero.
entrampillar ***tr.*** TAUROM. Coger el toro [al torero] al interceptarle la salida.
entrante ***adj.-s.*** Que entra. -2 ***m.*** Entrada (manjar).
CONTR. *1* **Saliente.**
entraña (l. *interanea*) ***f.*** Órgano situado en el interior de las grandes cavidades del organismo; como el corazón, los pulmones, etc. 2 Lo más íntimo o esencial de una cosa. -3 ***f. pl.*** fig. Lo más oculto y escondido: *las entrañas de la tierra.* 4 Centro, lo que está en medio. 5 Genio de una persona: *hombre de buenas entrañas.* 6 Voluntad, afecto del ánimo.
SIN. *1* **Víscera.** *3, 4, 5* y *6* **Interiores.**
entrañable ***adj.*** Íntimo, muy afectuoso.
entrañablemente ***adv. m.*** Con sumo cariño.
entrañar (de *entraña*) ***tr.*** Introducir [una cosa] en lo más hondo: *entrañó el tesoro en la cueva; se entrañó en el bosque.* 2 Contener, llevar dentro de sí [una cosa material o moral]: *el negocio entraña dificultades.* -3 ***prnl.*** Estrecharse de todo corazón con alguno.

entrapada (paras. de *trapo*) *f.* Especie de paño carmesí para tapicería.
entrapado, -da *adj.* [vino] Mal purificado.
entrapajar (paras. de *trapajo*) *tr.* Envolver con trapos [una parte del cuerpo]. -2 *prnl.* Entraparse, llenarse de suciedad.
entrapar *tr.* desus. Echar polvos [en el cabello] para desengrasarlo, o llenarlo de manteca y polvos para que abulte. 2 desus. Empañar, enturbiar. 3 AGR. Enterrar [en la raíz de cada cepa] cierta cantidad de trapo viejo. -4 *prnl.* Llenarse de polvo y mugre una tela o el pelo. 5 Embotarse con polvo u otros materiales menudos el filo de una herramienta.
entrapazar *intr.* Trapacear. ◇ ** CONJUG. [4] como *realizar.*
entrar (l. *intrare*) *intr.* Ir o pasar de fuera adentro: ~ *en casa;* pasar para ir de fuera adentro: ~ *por la puerta.* 2 Tener entrada habitual, ser admitido: ~ *en palacio.* 3 Encajar, meterse una cosa en otra o dentro de otra: *el sombrero no entra en la cabeza;* desaguar, desembocar: *el Esla entra en el Duero;* penetrar, introducir: *el clavo entra en la pared.* 4 Pasar a formar parte de un conjunto: ~ *en una sociedad comercial, en una academia, en una conspiración;* dedicarse, abrazar: ~ *en la milicia, en religión;* ser contado: ~ *en la clase de los caballeros;* formar parte de ella: ~ *un cuerpo en una mezcla;* caber, ser necesario: ~ *tanto paño, tantos ladrillos;* seguirlos, adoptarlos: ~ *en los usos, las modas.* 5 Empezar, tener principio: *el verano entra el 21 de junio; el libro entra con una descripción;* empezar a estar: ~ *en la pubertad, en los treinta años;* empezar a sentirse: ~ *el mal humor, la pereza, la calentura;* seguido de la prep. *a* y un verbo en infinitivo, dar principio a una acción: ~ *a remar, a luchar;* en música, empezar a cantar o tocar en el momento preciso. 6 *abs.* Acometer, arremeter: *el toro no entra.* 7 En los juegos de naipes, disputar la puesta. -8 *tr.* Meter, introducir [una cosa]: ~ *las sillas.* 9 Invadir: ~ *la tierra, la ciudad.* 10 Acometer o influir en el ánimo [de uno]: *no hay por donde entrarle.* 11 DEP. Atacar [un jugador a otro] para quitarle el balón, la pelota, la bola, etc. 12 DEP. Intentar [un disparo, remate, etc.]. 13 MAR. Ir alcanzando una embarcación [a otra en cuyo seguimiento va]. -14 *prnl.* Meterse o introducirse en alguna parte.
FR. ~ *bien una cosa,* venir al caso u oportunamente. ~ *uno dentro de sí o en sí mismo,* reflexionar sobre su conducta. *No* ~ *ni salir en una cosa,* no intervenir o no tomar parte en ella. *No entrarle a uno una cosa,* no ser de su aprobación, repugnarle; no poder aprenderla o comprenderla: *las matemáticas no me entran. No entrarle a uno una persona o cosa,* desagradarle o serle antipática. SIN. *1* **Irrumpir,** es entrar de modo súbito o violento; **ingresar,** es pedante su empleo en esta acep.; en cambio se dice **cuenta de ingreso** o **ingresar** dinero en la cuenta; **ingresar,** tiene pleno uso en la acep. 4, tratándose de corporaciones (sociedad, academia, cuerpo) pero no si se habla de cosas: *ingresar en la Universidad*, pero *una sabiduría entra en una mezcla*.
entrazado, -da *adj. Argent.* y *Chile.* Trazado; con los adv. *bien* o *mal* se aplica a la persona de buena o mala traza.
entre (l. *inter*) *prep.* Elemento de relación que introduce tanto complementos del verbo como del nombre. Denota situación o estado en medio de dos o más personas o cosas: ~ *Madrid y Barcelona;* ~ *dos fuegos;* ~ *dos guardias.* 2 Intervalo entre dos momentos: ~ *las diez y las once.* 3 Grado o categoría no más alto ni más bajo que otros dos: ~ *capitán y sargento.* 4 Calidad intermedia: ~ *agradecido y quejoso.* 5 Relación o comparación: ~ *el padre y la hija todo son lamentos;* ~ *éste y aquél no hay diferencia; hubo acuerdo* ~ *los contrarios.* 6 Dentro de, en lo interior: *puso espliego* ~ *la ropa del armario;* seguida de los pronombres personales *mi, ti, sí* y algunos verbos, denota que la acción de estos es interior, secreta, y no se comunica a otro: *tal pensaba yo* ~ *mí (*también *para mí).* 7 Participación o cooperación en un grupo o conjunto: *te cuento* ~ *mis amigos;* ~ *todos le mataron; le vi* ~ *los que gritaban; es costumbre* ~ *labradores.* 8 Seguida de la conjuncion *y* u *o* pierde el carácter de preposición y forma una locución conjuntiva copulativa o disyuntiva: ~ *tú y yo llevaremos este tonel; vacilaba* ~ *salir y quedarse.* Es redundante la expr. *de* ~: *la mejor de* ~ *todas; aquellos de* ~ *vosotros*. Basta con una sola prep.: *la mejor de todas* o *la mejor* ~ *todas*.
entre- (de la prep. *entre*) Prefijo que entra en la formación de palabras expresando situación o calidad intermedia: *entrecejo, entrepaño, entrefino;* o que se realiza por medio de dos o más cosas o en relación con ellas: *entrecoger, entretejer;* tratándose de cualidades o acciones limita o atenúa su significación: *entrever, entrecano.*
entreabierto, -ta, pp. irreg. de *entreabrir*.
entreabrir *tr.* Abrir un poco o a medias [una puerta, ventana, los ojos, etc.]. ◇ CONJUG. pp. irreg.: *entreabierto.*
entreacto (*entre-* + *acto*) *m.* Intermedio entre dos actos. 2 Cigarro puro cilíndrico y pequeño.
entreancho, -cha *adj.* Que no es ancho ni angosto: *tela entreancha.*
entrearco *m.* Espacio comprendido entre un dintel y el arco de descarga que se ha hecho para aliviarlo.
entreayudarse *rec.* Prestarse ayuda mutua.
entrebarrera (*entre-* + *barrera*) *f.* Espacio que media en las plazas de toros entre la barrera y la contrabarrera.
entrecalle (*entre-* + *calle*) *f.* Separación entre dos molduras: *la* ~ *del marco de un cuadro.* 2 Espacio que hay entre las calles de un retablo.
entrecanal *f.* ARQ. Espacio entre las estrías de una columna.
entrecano, -na (*entre-* + *cano*) *adj.* [cabello o barba] A medio encanecer. 2 [persona] Que tiene así el cabello.
entrecasco (*entre-* + *casco*) *m.* Entrecorteza.
entrecava *f.* Cava ligera y no muy honda.
entrecavar (*entre-* + *cavar*) *tr.* Cavar ligeramente.
entrecejo (l. *interciliu*) *m.* Espacio entre las dos cejas. 2 fig. Ceño (sobrecejo).
entrecerca *f.* Espacio que media entre una cerca y otra.
entrecerrar *tr.* Entornar [una puerta o ventana]. ◇ ** CONJUG. [27] como *acertar.*
entrechocar *tr.-prnl.* Hacer chocar [dos o más cosas] entre sí. ◇ ** CONJUG. [1] como *sacar.*
entrecinta (*entre-* + *cinta*) *f.* ARQ. Nudillo de una armadura.
entreclaro, -ra (*entre-* + *claro*) *adj.* Que tiene alguna claridad.
entrecogedura *f.* Acción de entrecoger. 2 Efecto de entrecoger.
entrecoger *tr.* Coger [a una pers. o cosa] de manera que no se pueda escapar sin dificultad. 2 fig. Estrechar, apremiar [a uno] con argumentos o amenazas. ◇ ** CONJUG. [5] como *proteger.*
entrecomar, entrecomillar *tr.* Poner entre comas, o entre comillas, [una o varias palabras]. 2 Citar textualmente.
entrecomillado *m.* Palabra o palabras citadas entre comillas.
entrecoro *m.* Espacio entre el coro y la capilla mayor en las catedrales.
entrecortado, -da *adj.* [voz o sonido] Que se emite con intermitencias.
entrecortadura *f.* Acción de entrecortar. 2 Efecto de entrecortar.
entrecortar *tr.* Cortar [una cosa] con intermitencias, sin acabar de dividirla. -2 *prnl.* Interrumpirse a trechos al hablar, a causa de turbación o timidez.
entrecorte *m.* Entrecortadura.
entrecorteza *f.* Defecto de las maderas que consiste en tener en su interior un trozo de corteza, por haberse adherido dos ramas.
SIN. **Entrecasco.**
entrecot, entrecó (fr. *entrecôte*) *m.* Entrecuesto, solomillo, chuleta. 2 p. ext. Filete asado o frito, grueso, de cualquier res.
entrecriarse *prnl.* Criarse una planta entre otras. ◇ ** CONJUG. [13] como *desviar.*
entrecruzado, -da *adj.* Que se cruzan entre sí: *hilo* ~*; líneas entrecruzadas.*
entrecruzar *tr.-prnl.* Cruzar [dos o más cosas] entre sí. ◇ ** CONJUG. [4] como *realizar.*
entrecubiertas *f.* Espacio que hay entre las cubiertas de una embarcación. ◇ Pl.: *entrecubiertas.*
entrecuesto (*entre-* + l. *costa,* costilla) *m.* Espinazo de un animal. 2 Solomillo. 3 *Sal.* Estorbo.
entredecir (l. *interdicere*) *tr.* Prohibir la comunicación y comercio con una pers. o cosa. ◇ ** CONJUG. [79] como *predecir;* pp. irreg.: *entredicho.*
entredía *m. Ecuad.* Piscolabis entre comidas.
entredicho, -cha, pp. irreg. de *entredecir*. 2 *m.* Prohibición de hacer o decir alguna cosa. 3 Censura o pena eclesiástica que prohíbe a ciertas personas o en determinados lugares el uso de los divinos oficios, de algunos sacramentos y de la sepultura eclesiástica. 4 Duda que pesa sobre el honor, virtud, etc., de una persona. 5 *Bol.* Toque de campanas en caso de alarma.
FR. *Poner algo en* ~, dudar de su veracidad, reservar el juicio sobre ello.
SIN. **Interdicto.**
entredije, pret. indef. de *entredecir*.
entredoble *adj.* [tejido] Que es entre doble y sencillo.
entredós (imitación del fr. *entre-deux*) *m.* Tira bordada o de

encaje que se cose entre dos telas. 2 Armario de madera fina y de poca altura, generalmente colocado entre dos balcones de una sala. 3 IMPR. Grado de letra entre el breviario y el de lectura. ◇ Pl.: *entredoses.*

entrefilete *m.* GALIC. Suelto de un periódico. 2 Frase o fragmento breve intercalado en el texto y destacado tipográficamente de él.

entrefino, -na *adj.* De una calidad media entre fino y basto. 2 [vino de Jerez] Que tiene algunas de las cualidades del llamado fino.

entreforro *m.* Entretela (lienzo).

entrefuerte *adj. Amér.* [tabaco] Que es de clase entre fuerte y suave.

entrega *f.* Acción de entregar. 2 Lo que se entrega de una vez. 3 Cuaderno impreso, en número variable, en que se suele dividir y expender un libro que se publica por partes. 4 Atención, interés, esfuerzo, etc., en apoyo a personas o cosas. 5 ARQ. Parte de un sillar o madero introducido en la pared.
SIN. *3* **Fascículo.** *5* **Cola.**

entregado, -da *adj.* ARQ. V. columna entregada.

entregador, -ra *adj.-s.* Que entrega.

entregamiento *m.* y desus. Entrega (acción).

entregar (v. *integrar*) *tr.* Poner [a una pers. o cosa] en poder de otro: *le entregué la carta.* -2 ***prnl.*** Ponerse en manos de uno; someterse a su arbitrio: *entregarse al enemigo;* ***abs.,*** declararse vencido: *entregarse; entregarse en manos de la suerte.* 3 Dedicarse enteramente a una cosa: *entregarse al estudio.* 4 Abandonarse a una pasión: *entregarse al dolor.* 5 desus. Tomar, recibir uno realmente una cosa o encargarse de ella: *entregarse de un establecimiento, de una cantidad.* 6 fam. ***Entregarla,*** morirse. ◇ ** CONJUG. [7] como ***llegar.***

entregerir (l. *intergerere*) *tr.* desus. Ingerir, mezclar [una cosa con otra]. ◇ ** CONJUG. [35] como ***hervir.***

entreguerras (de ~) ***loc. prepos.*** Señala el período de paz entre dos guerras consecutivas; esp., marca el período que transcurre, en la historia europea, entre la primera y la segunda guerra mundiales.

entrehierro *m.* FÍS. Interrupción de pequeña longitud de la parte ferromagnética de un circuito magnético.

entrejuntar *tr.* CARP. Enlazar los entrepaños de las puertas, ventanas, etc., con los paños o travesaños.

entrelargo, -ga *adj.* [objeto] Que es algo más largo que ancho.

entrelazamiento *m.* Acción de entrelazar. 2 Efecto de entrelazar.

entrelazar (*entre-* + *lazar*) *tr.* Enlazar, entretejer [una cosa] con otra. ◇ ** CONJUG. [4] como ***realizar.***

entrelazo *m.* Motivo ornamental formado a base de elementos entrelazados.

entrelínea *f.* Lo escrito entre dos líneas.
SIN. **Entrerrenglonadura.**

entrelinear *tr.* Escribir [algo] entre dos líneas.
SIN. **Entrerrenglonar.**

entreliño *m.* Espacio de tierra que en las viñas y olivares se deja entre liño y liño.
SIN. **Almanta.**

entrelistado, -da *adj.* Trabajado a listas de diferente color.

entrelubricán (*entre-* + *lubricán*) *m.* p. us. Crepúsculo vespertino.

entrelucir (l. *interlucere*) ***intr.*** Dejarse ver una cosa entremedias de otras o al través de ellas. ◇ ** CONJUG. [45] como ***lucir.***

entrematar ***intr.-prnl.*** Quedar escondida una pieza de caza entre las matas.

entremediar ***intr.*** Poner [una cosa] entremedias de otras. ◇ ** CONJUG. [12] como ***cambiar.***

entremedias (*entre-* + *medio*) ***adv. t.-l.*** Entre uno y otro tiempo, espacio, lugar o cosa.

entremedio *adj.* Intermedio. -2 ***adv. m.*** En medio.

entremés (fr. *entremets,* del part. del l. *intermittere,* intercalar) *m.* Manjar ligero que se sirve en las mesas, gralte. antes de la sopa o del primer plato. 2 Pieza dramática jocosa de un solo acto, que solía representarse entre una y otra jornada de la comedia.

entremesear *tr.* Hacer papel en un entremés. 2 fig. Amenizar [una conversación o discurso] mezclándole cosas graciosas.

entremesil *adj.* Relativo al entremés.

entremesista ***com.*** Persona que compone o representa entremeses.

entremeter *tr.* Meter [una cosa] entre otras; esp., doblar [los pañales] para que el niño no se ensucie ni se moje. -2 ***prnl.*** Ponerse en medio o entre otros. 3 Meterse uno donde no le llaman: *entremeterse en asuntos de otro.*
SIN. *3* **Entrometer(se), injerirse, inmiscuirse.**

entremetido, -da *adj.-s.* Persona que acostumbra meterse donde no la llaman.
SIN. **Entrometido.**

entremetimiento *m.* Acción de entremeter o entremeterse. 2 Efecto de entremeter o entremeterse.
SIN. **Entrometimiento, intromisión, mogollón.**

entremezcladura *f.* Acción de entremezclar. 2 Efecto de entremezclar.

entremezclar *tr.* Mezclar [una cosa con otra] sin confundirlas.

entremiche (cat. *entremig*) *m.* MAR. Hueco entre el borde alto del durmiente y el bajo del trancanil. 2 MAR. Pieza de madera que rellena este hueco.

entremiso *m.* Expremijo.

entrenador, -ra *adj.-s.* En las agrupaciones o equipos deportivos,[pers.] encargado de ejercitar a los jugadores. 2 ~ ***de pilotaje,*** artificio en forma de cabina que, sin cambiar de lugar, sirve para que se entrene en tierra pilotos aeronáuticos. ◇ Esta palabra se usa exclusivamente en los deportes.

entrenamiento *m.* Ejercicio, ensayo, preparación.

entrenar (fr. *entraîner*) ***tr.-prnl.*** Ensayar, ejercitar, adiestrar, habituar.

entrenas *f. pl. Extr.* Regalos que se hacen entre sí los novios.

entrencar *tr.* Poner las trencas [en una colmena]. ◇ ** CONJUG. [1] como ***sacar.***

entrene, -no *m.* En los deportes, entrenamiento que a la vez sirve de prueba o ensayo.

entrenudo *m.* BOT. Parte del tallo comprendida entre dos nudos.
SIN. **Cañuto.**

entrenzar *tr.* Trenzar (el cabello). ◇ ** CONJUG. [4] como ***realizar.***

entreoír *tr.* Oír [una cosa] sin entenderla bien. ◇ ** CONJUG. [75] como ***oír.***

entreordinario, -ria *adj.* Que no es del todo ordinario y basto.

entreoscuro, -ra *adj.* Que tiene alguna obscuridad.

entrepalmadura (paras. de *palma*) *f.* Enfermedad que padecen las caballerías en la cara palmar del casco.

entrepanes (*entre-* + *pan*) ***m. pl.*** Tierras no sembradas entre otras que lo están.

entrepañado, -da *adj.* Hecho o labrado a entrepaños.

entrepaño (*entre-* + *paño*) *m.* Tabla pequeña o cuarterón que se mete entre los peinazos de puertas y ventanas. 2 ARQ. Espacio de pared entre dos columnas, pilastras o huecos. 3 CARP. Anaquel del estante o alacena.

entreparecerse (*entre-* + *parecer*) ***prnl.*** p. us. Traslucirse, divisarse una cosa, esp. por transparencia. ◇ ** CONJUG. [43] como ***agradecer.***

entrepaso (*entre-* + *paso*) *m.* Modo de marchar el caballo, parecido al portante o de andadura.

entrepechado, -da *adj. León.* Encanijado, desmirriado.

entrepecho *m. And.* y *Extr.* Mandil (delantal).

entrepechuga *f.* Carne de un ave entre la pechuga y el caballete.

entrepeines ***m. pl.*** Lana que queda entre los peines, después de haber sacado el estambre.

entrepelado, -da *adj.* [ganado caballar] Cuya carpa tiene, sobre tono obscuro, pelos blancos. 2 *Argent.* [ganado caballar] Que tiene el pelo mezclado de tres colores: negro, blanco y bermejo.

entrepelar (*entre-* + *pelo*) ***intr.-prnl.*** Tener mezclado, esp. el caballo, el pelo de un color con el de otro distinto.

entrepernar (paras.) ***intr.*** Meter uno sus piernas entre las de otro. ◇ ** CONJUG. [27] como ***acertar.***

entrepierna *f.* Entrepiernas.

entrepiernas (*entre-* + *pierna*) ***f. pl.*** Parte interior de los muslos: *me duelen las ~.* 2 Piezas cosidas entre las hojas de los calzones y pantalones por la parte de la entrepierna: *lleva las ~ descosidas.* 3 *Chile.* Taparrabos, traje de baño.

entrepiso *m.* Piso que se construye quitando parte de la altura de uno y queda entre éste y el superior. 2 MIN. Espacio entre los pisos de una mina.

entreplanta *f.* Entrepiso de tiendas, oficinas, etc.

entreponer (l. *interponere*) *tr.* desus. Interponer. ◇ ** CONJUG. [78] como ***poner.***

entrepretado, -da (de **pectore,* pecho) ***adj.*** [caballería] Lastimado de los pechos o brazuelos.
entrepuente ***m.*** Entrepuentes.
entrepuentes ***m. pl.*** MAR. Entrecubiertas: *los ~ de un trasatlántico.*
entrepunzadura ***f.*** Latido y dolor que causa un tumor.
entrepunzar (*entre-* + *punzar*) ***intr.*** Doler con punzadas intermitentes o con poca intensidad. ◇ ** CONJUG. [4] como ***realizar.***
entrera ***f.*** *Colomb.* Dentrera.
entrerraído, -da ***adj.*** Raído por partes.
entrerrenglonadura ***f.*** Escrito entre renglones.
SIN. **Entrelínea.**
entrerrenglonar ***tr.*** Escribir entre los renglones.
SIN. **Entrelinear, interlinear.**
entrerriano, -na ***adj.-s.*** De Entre Ríos, prov. de la Argentina.
entrés (*en-* I + *tres*) ***m.*** En los naipes, lance del juego del monte. ◇ Pl.: *entrés.*
entresaca ***f.*** Acción de entresacar. 2 Efecto de entresacar.
entresacado ***m.*** Operación de elegir racimos de uva en perfectas condiciones, necesario para la elaboración de vinos de gran calidad.
entresacadura ***f.*** Entresaca.
entresacar ***f.*** Sacar [unas cosas] de otras; esp., cortar [algunos árboles de un monte] para aclararlo o [una parte del cabello] cuando éste es demasiado espeso. 2 Escoger, elegir: *~ todo lo bueno de una obra.* ◇ ** CONJUG. [1] como ***sacar.***
SIN. *2* V. **Escoger.**
entresijo (de *trasijar,* der. del l. *trans,* a través + l. *ilia,* ijadas, vientre) ***m.*** ZOOL. Redaño. 2 fig. ***Tener muchos entresijos,*** tener una cosa muchas dificultades; tener una persona mucha cautela.
entresoma ***f.*** *Extr.* Especie de salvado que se da a las aves de corral.
entresuelo (*entre-* + *suelo*) ***m.*** Habitación entre el cuarto bajo y el principal. 2 Cuarto bajo levantado más de un metro sobre el nivel de la calle, y que debajo tiene sótanos o piezas abovedadas.
entresueño ***m.*** Estado anímico, intermedio entre la vigilia y el sueño, que se caracteriza por la disminución de lucidez de la conciencia. 2 Duermevela.
entresurco ***m.*** Espacio entre dos surcos.
entretalla, entretalladura ***f.*** Media talla, o bajo relieve.
entretallar (*entre-* + *tallar*) ***tr.*** Labrar [una cosa], a media talla o bajo relieve. 2 Grabar, esculpir. 3 Hacer [en una tela] calados o recortados. 4 fig. Estrechar [a una pers.] estorbándole el paso, o detener el curso [de una cosa]. 5 *Sal.* Meterse en un sitio estrecho de donde no se puede salir. -6 ***prnl.*** Encajarse unas cosas con otras.
entretanto ***adv. t.*** Entre tanto. -2 ***m.*** Tiempo en que se espera algo o que media entre dos sucesos: *en el ~ leeremos un poco.*
SIN. *1* **Mientras, mientras tanto.**
entretecho ***m.*** *Amér.* Desván, sobrado.
entretejedor, -ra ***adj.*** Que entreteje.
entretejedura ***f.*** Labor hecha entretejiendo una cosa con otra.
entretejer ***tr.*** Mezclar [hilos de calidad diferente] en la tela que se teje. 2 p. anal. Trabar y enlazar [una cosa con otra]: *~ ramas.* 3 fig. Incluir [palabras, períodos o versos ajenos] en un libro o escrito: *~ citas con el texto.*
entretejimiento ***m.*** Acción de entretejer. 2 Efecto de entretejer.
entretela ***f.*** Lienzo que, como refuerzo, se pone entre la tela y el forro de una prenda de vestir. 2 IMPR. Acción de entretelar. -3 ***f. pl.*** fig. *y* fam. Lo íntimo del corazón: *amor de mis entretelas.*
entretelar ***tr.*** Poner entretela [en una prenda de vestir]. 2 IMPR. Satinar, hacer que desaparezca la huella en [los pliegos impresos].
entretención ***f.*** *Amér.* Entretenimiento, diversión.
entretenedor, -ra ***adj.-s.*** Que entretiene.
entretener ***tr.-prnl.*** Tener [a uno] detenido y en espera: *no te entretengas.* 2 Divertir, recrear el ánimo [de uno]: *~ al niño; el tresillo me entretiene; me entretengo en leer, con ver el desfile.* -3 ***tr.*** Dar largas con pretextos al despacho [de un negocio]. 4 Hacer menos molesta una cosa: *~ el hambre.* 5 Mantener, conservar. ◇ ** CONJUG. [87] como ***tener.***
entretenida (dar a uno la ~, o con la ~) ***fr.*** Entretenerle con palabras o excusas para no hacer lo que solicita que se ejecute.
entretenido, -da ***adj.*** Chistoso, divertido. 2 BLAS. Que se tienen, entre dos cosas, una a otra, como dos llaves enlazadas por sus anillos. -3 ***m.*** desus. Aspirante a oficio o cargo, que mientras lo alcanzaba tenía algunos gajes. -4 ***f.*** Amante.
entretenimiento ***m.*** Acción de entretener o entretenerse. 2 Efecto de entretener o entretenerse. 3 Cosa para entretener (divertir). 4 Manutención de una persona o conservación de alguna cosa: *gastos de ~ de una fábrica.* ◇ Esta última acep. es moderna y de orig. fr. cuando se aplica a cosas. En los clásicos se usó en el sentido de ayuda de costa, pensión que se daba a una persona para su manutención.
entretiempo ***m.*** Tiempo de primavera y otoño: *un abrigo de ~.*
entreuntar ***tr.*** Untar ligeramente.
entrevenarse ***prnl.*** Introducirse un humor por las venas.
entrevenir (l. *intervenire*) ***intr.*** desus. Intervenir. ◇ ** CONJUG. [90] como ***venir.***
entreventana ***f.*** Espacio macizo de pared entre dos ventanas.
entrever ***tr.*** Ver confusamente [una cosa]. 2 Conjeturarla, adivinarla: *entreveo su intención.* ◇ ** CONJUG. [91] como ***ver;*** pp. irreg.: ***entrevisto.***
SIN. *1* **Divisar.**
entreverado, -da ***adj.*** Que tiene interpoladas cosas varias. -2 ***m.*** *Venez.* Asadura de cordero aderezada con sal y vinagre y asada al fuego.
entreverar (*entre-* + l. *variare,* variar) ***tr.*** Intercalar, introducir [una cosa] entre otras: *~ lechugas con alcachofas; ~ las censuras con las lisonjas.* -2 ***prnl.*** *Argent.* Mezclarse desordenadamente personas, animales o cosas. 3 *Argent.* Chocar dos masas de caballería y luchar cuerpo a cuerpo.
entrevero ***m.*** *Extr., Argent.* y *Chile.* Confusión, desorden. 2 *Amér.* Acción de entreverarse. 3 *Amér.* Efecto de entreverarse.
entrevía (*entre-* + *vía*) ***f.*** Espacio que queda entre dos rieles de un camino de hierro.
entrevigar ***tr.*** Rellenar los espacios entre las vigas de un piso. ◇ ** CONJUG. [7] como ***llegar.***
entrevista ***f.*** Concurrencia y conferencia de dos o más personas en lugar determinado. 2 En el periodismo, la que se celebra con alguna persona para publicar sus opiniones o impresiones.
SIN. *1* V. **Conversación.** *2* **Interviú.**
entrevistador, -ra ***m. f.*** Persona que entrevista.
entrevistar ***tr.-prnl.*** Tener una entrevista con [una o varias personas].
SIN. **Intervistarse,** p. us.
entrevuelta (*entre-* + *vuelta*) ***f.*** Surco corto que se da por un lado de la besana para enderezarla.
entripado, -da (paras.) ***adj.-m.*** Que está, toca o molesta en las tripas: *dolor ~.* -2 ***adj.*** [animal muerto] A quien no se han sacado las tripas. -3 ***m.*** fig. Enojo o sentimiento disimulado. -4 ***f.*** *Méj., P. Rico* y *S. Dom.* Ensopada, mojada.
entripar ***tr.*** *Argent.* y *Colomb.* Disgustar, incomodar [a uno]. -2 ***tr.-prnl.*** *Ant.* y *Méj.* Ensopar, mojar.
entristecedor, -ra ***adj.*** Que entristece.
entristecer (paras.) ***tr.*** Causar tristeza [a uno]; poner aspecto de triste [una cosa]: *la nube entristece el paisaje.* -2 ***prnl.*** Ponerse triste y melancólico: *entristecerse con la soledad, del bien ajeno, por poca cosa.* ◇ ** CONJUG. [43] como ***agradecer.***
entristecimiento ***m.*** Acción de entristecer o entristecerse. 2 Efecto de entristecer o entristecerse.
entrizar ***tr.*** Acorralar [a una pieza de caza] metiéndola en un sitio estrecho. ◇ ** CONJUG. [4] como ***realizar.***
entrojar (paras.) ***tr.*** Guardar en la troje [frutos, esp. cereales].
SIN. **Atrojar, entrujar.**
entrometer ***tr.-prnl.*** Entremeter.
entrometido, -da ***adj.-s.*** Entremetido.
entrometimiento ***m.*** Entremetimiento.
entromparse ***prnl.*** fig. *y* fam. Emborracharse. 2 *Amér.* Enfadarse.
entrón, -trona ***adj.*** *Colomb.* Entremetido. 2 *Méj.* Animoso, brioso.
entrona ***adj.*** *Méj.* Coqueta.
entronar (paras.) ***tr.*** Entronizar.
entroncamiento ***m.*** Acción de entroncar. 2 Efecto de entroncar.
entroncar (paras.) ***tr.*** Demostrar, probar el parentesco [de una pers.] con el tronco o linaje de otra: *la historia entronca las dinastías.* -2 ***intr.*** Tener o contraer parentesco con un linaje o persona: *entroncaremos con los Lanuza.* 3 Empalmar (enlazar dos ferrocarriles). -4 ***tr.*** *And.* y *Méj.* Aparear dos bestias del mismo pelo. ◇ ** CONJUG. [1] como ***sacar.***

entronerar (paras.) *tr.-prnl.* Meter [una bola] en una de las troneras de la mesa de billar.

entronización *f.* Acción de entronizar. 2 Efecto de entronizar.

entronizamiento *m.* Entronización.

entronizar (paras.) *tr.* Colocar [a uno] en el trono. 2 fig. Ensalzar a uno; colocarle en alto estado. -3 *prnl.* fig. Engreírse, envanecerse. ◇ ** CONJUG. [4] como ***realizar.***

entronque *m.* Relación de parentesco entre personas que tienen un tronco común. 2 Empalme de caminos, ferrocarriles, etc.

entropía (gr., retorno, giro) *f.* FÍS. Magnitud física que multiplicada por la temperatura absoluta de un cuerpo da la energía degradada, o sea la que no puede convertirse en trabajo si no entra en contacto con un cuerpo más frío. 2 INFORM. Medida de la incertidumbre existente ante un conjunto de mensajes, del cual va a recibirse uno sólo. 3 Medida del desorden de un sistema.

entropillado *m. Argent.* Padrillo que anda con las yeguas.

entropillar *tr. Argent.* Acostumbrar [a los caballos] a vivir en tropilla.

entropión *m.* MED. Inversión del borde del párpado inferior hacia el globo ocular.

entruchada *f.* fam. Cosa hecha por confabulación de algunos con engaño. 2 *Chile.* Entrevista más o menos violenta. 3 *Chile.* Conversación familiar.

entruchado *m.* fam. Entruchada.

entruchar (paras. de *trucha*) *tr.* fam. Atraer [a uno] con disimulo y engaño, para meterlo en un negocio. -2 *prnl. Méj.* Entremeterse en negocios ajenos.

entruchón, -chona *adj.-s.* fam. Que hace entruchadas.

entruejo *m.* Antruejo.

entrujar (paras. de *truja*) *tr.* Entrojar [esp. la aceituna]. 2 fig. Hipérbole hum. Embolsar (guardar).

entubación *f.* Acción de entubar. 2 Efecto de entubar.

SIN. **Intubación** (MED.).

entubamiento *m.* Entubación.

entubar (paras.) *tr.* Poner tubos [a una persona o en una cosa]. 2 MIL. Sancionar, imponer un castigo.

SIN. **Intubar** (MED.).

entuerto *m.* Tuerto o agravio. -2 *m. pl.* Dolores de vientre puerperales.

SIN. *1* v. **Agravio.**

entufarse *prnl. Colomb.* Atufarse.

entullecer (*en-* I + *tullecer*) *tr.* fig. Suspender, detener el movimiento [de una cosa]. -2 *intr.-prnl.* Tullirse. ◇ ** CONJUG. [43] como ***agradecer.***

entumecer (l. *intumescere*) *tr.-prnl.* Impedir, entorpecer el movimiento [de un miembro]: *el frío entumece los dedos.* -2 *prnl.* fig. Alterarse, hincharse: *entumecerse el río, el mar.* ◇ ** CONJUG. [43] como ***agradecer.***

SIN. *1* **Envarar, entumirse.** Cuando el impedimento es completo, **paralizar.**

entumecimiento *m.* Acción de entumecer o entumecerse. 2 Efecto de entumecer o entumecerse.

entumición *f. Pan.* Entumecimiento.

entumido, -da *adj.* [miembro, músculo] Entorpecido, agarrotado. -2 *adj.-s. Colomb.* y *Méj.* [pers.] Tímido y sin desenvoltura.

entumirse (l. *intumere*) *prnl.* Entorpecerse un miembro o músculo.

entunar *tr. Colomb.* Aclarar [el agua] batiéndola con pulpa de la tuna soasada. -2 *prnl. Colomb., Hond.* y *Guat.* Espinarse, punzarse.

entunicar (paras. de *túnica*) *tr.* Dar dos capas de cal y arena gruesa [a la pared que se ha de pintar al fresco]. 2 Cubrir o vestir con una túnica. ◇ ** CONJUG. [1] como ***sacar.***

entupir *tr.* Obstruir [un conducto]. 2 Tupir (apretar).

enturbiamiento *m.* Acción de enturbiar. 2 Efecto de enturbiar.

enturbiar (ant. *turbiar*) *tr.-prnl.* Poner turbia [una cosa]: *~ un líquido.* 2 fig. Alterar el orden [de una cosa]; obscurecer [lo que estaba claro y bien dispuesto]: *~ las ideas.* ◇ ** CONJUG. [12] como ***cambiar.***

entusarse *prnl. Ecuad.* Acongojarse.

entusiasmar *tr.-prnl.* Causar o infundir entusiasmo [a uno]. 2 Gustar mucho una persona o una cosa.

entusiasmo (gr. *enthousiasmós* < *enthousiazo,* estar inspirado por los dioses) *m.* Exaltación del ánimo bajo la inspiración divina: *el ~ de los profetas.* 2 Inspiración del escritor o del artista. 3 p. ext. Exaltación del ánimo producida por la admiración apasionada de una persona o cosa. 4 Adhesión fervorosa a una causa o empeño.

entusiasta *adj.-s.* Que siente entusiasmo. 2 Propenso a entusiasmarse. -3 *adj.* Entusiástico.

entusiástico, -ca *adj.* Relativo al entusiasmo; que lo denota o expresa.

entutumarse *prnl. Colomb.* Confundirse.

enucleación *f.* MED. Extirpación de un órgano, glándula, quiste, etc., a la manera como se saca el hueso de una fruta.

énula campana (l. *inula*) *f.* Helenio.

enumeración *f.* Expresión sucesiva y ordenada de las partes de un todo. 2 Cómputo o cuenta numeral de las cosas. 3 RET. Figura que consiste en recapitular brevemente las razones expuestas de un discurso. 4 RET. Figura que consiste en enumerar rápidamente las distintas partes de un concepto general.

enumerar (l. *-are*) *tr.* Hacer enumeración [de cosas o de las partes de un todo].

enumerativo, -va *adj.* Que enumera o que contiene una enumeración. 2 GRAM. Apl. esp. a oraciones copulativas y distributivas que constan de más de dos miembros.

enunciación *f.* Acción de enunciar. 2 Efecto de enunciar.

enunciado *m.* Enunciación; esp. términos con que se expone un problema. 2 GRAM. En ciertas escuelas, secuencia finita de palabras delimitada por silencios muy marcados. Puede estar constituida por una o varias oraciones.

enunciar (l. *-tiare*) *tr.* Expresar concisamente y en los términos precisos [una cosa]. 2 Exponer el conjunto de datos que componen un problema. ◇ ** CONJUG. [12] como ***cambiar.***

enunciativo, -va *adj.* Que enuncia. 2 ***Oración enunciativa,*** GRAM., la afirmativa o negativa sin matices psicológicos especiales, a diferencia de las interrogativas, exhortativas, exclamativas, etc.

SIN. *2* **Aseverativa.**

enuresis *f.* MED. Micción involuntaria. ◇ Pl.: *enuresis.*

envagonar *tr. Perú* y *P. Rico.* Poner [la mercancía] en el vagón.

envaguecer *tr.* Hacer que [algo] se difumine o pierda sus contornos. ◇ ** CONJUG. [43] como ***agradecer.***

envainador, -ra *adj.* Que envaina. V. hoja envainadora.

envainar (l. *invaginare*) *tr.* Meter [un arma blanca] en la vaina. 2 Envolver una cosa a otra, ciñéndola a modo de vaina. -3 *intr. Colomb.* Sucumbir. -4 *prnl. Colomb.* Meterse en vainas (contrariedades).

envalentar *tr. Chile* y *Colomb.* Envalentonar.

envalentonamiento *m.* Acción de envalentonar o envalentonarse. 2 Efecto de envalentonar o envalentonarse.

envalentonar (paras. de *valentón*) *tr.* Infundir valentía o más bien arrogancia [a uno]. -2 *prnl.* Cobrar valentía o echárselas de valiente.

envalijar *tr.* Meter en la valija [una cosa].

envallicar *tr. Chile.* Cizañar. -2 *prnl. Chile.* Cubrirse de vallico un trigal. ◇ ** CONJUG. [1] como ***sacar.***

envanecedor, -ra *adj.* Que envanece.

envanecer (*en-* I + l. *vanescere*) *tr.-prnl.* Infundir soberbia o vanagloria [a uno]: *el éxito le envaneció; envanecerse con, de, en,* o *por, el éxito.* -2 *prnl. Chile.* Quedarse vano el fruto de una planta por haberse secado o podrido su meollo. ◇ ** CONJUG. [43] como ***agradecer.***

envanecimiento *m.* Acción de envanecer o envanecerse. 2 Efecto de envanecer o envanecerse.

SIN. v. **Soberbia. Entoldamiento, toldo, entono, ahuecamiento, esponjamiento, presunción, humos,** sugieren pralte. el porte, ademanes, voz, con que la vanidad se manifiesta; **fatuidad** y **petulancia,** connotan ridiculez; **desvanecimiento,** es ant.

I) envarado, -da, p.p. de *envarar.* 2 *adj.-s.* [pers.] Estirado, orgulloso.

II) envarado *m. Perú.* Autoridad de las comunidades indígenas cuya misión es ejercer funciones municipales y componer amigablemente las diferencias.

envaramiento *m.* Acción de envarar o envararse. 2 Efecto de envarar o envararse.

envarar (de *varar*) *tr.-prnl.* Entumecer (impedir). -2 *prnl.* fig. y fam. Ensoberbecerse.

envarbascar (paras. de *verbasco*) *tr.* Inficionar [el agua] con verbasco para atontar a los peces. ◇ ** CONJUG. [1] como ***sacar.***

envaronar (paras. de *varón*) *intr.* p. us. Crecer con robustez.

envasado *m.* Acción de envasar. 2 Efecto de envasar.

envasador, -ra *adj.-s.* Que envasa. -2 *m.* Embudo grande.

envasar (paras.) *tr.* Echar [un líquido] en vasijas; en gral., introducir en recipientes adecuados [líquidos, granos, etc.] para su transporte o conservación. 2 fig. Beber con exceso: *~ mucho* *vino.* 3 fig. Introducir en el cuerpo de uno [la espada u otra arma punzante].

envase *m.* Acción de envasar. 2 Efecto de envasar. 3 Recipiente en que se conservan y transportan ciertos géneros. 4 Todo lo que envuelve o contiene artículos de comercio para conservarlos o transportarlos.

envasijar *tr. Bol., Chile* y *P. Rico.* Envasar.

envedijarse (paras.) *prnl.* Hacerse vedijas el pelo, la lana, etc. 2 fig. Enzarzarse unos con otros riñendo.

envegarse *prnl. Chile.* Empantanarse, tener exceso de humedad un terreno. ◇ ** CONJUG. [7] como *llegar.*

envejecer (paras.) *tr.* Hacer vieja [a una persona o cosa]: *los disgustos envejecen a uno.* -2 *intr.-prnl.* Hacerse vieja o antigua una persona o cosa: *el vestido envejece,* o *se envejece, con, de,* o *por, el uso.* -3 *intr.* Durar, permanecer por mucho tiempo: ~ *en el cargo.* ◇ ** CONJUG. [43] como *agradecer.*

SIN. *1* y *2* **Aviejar(se), avejentar(se), revejecer(se),** signif. envejecer antes de tiempo. *3* **Inveterarse,** tratándose de una costumbre, tradición, fórmula.

envejecido, -da *adj.* p. us. Acostumbrado, experimentado.

envejecimiento *m.* Acción de envejecer. 2 Efecto de envejecer. 3 ELECTR. Cambio de las características de un elemento electrónico debido al efecto paulatino del tiempo. 4 Cambio que experimentan ciertas aleaciones de aluminio al pasar a la temperatura ambiente después de un temple a 500° ó 600°, y que se traduce por un aumento de su resistencia a la ruptura y de ser límite de elasticidad.

envelar *intr.-prnl. Chile.* Huir.

envenado *m. Argent.* y *Bol.* Cuchillo, puñal.

envenenador, -ra *adj.-s.* Que envenena.

envenenamiento *m.* Acción de envenenar o envenenarse. 2 Efecto de envenenar o envenenarse. 3 PAT. Estado morboso provocado por la introducción en el organismo de substancias venenosas.

envenenar (paras.) *tr.* Emponzoñar, inficionar [a uno] con veneno: *se envenenó con arsénico.* 2 fig. Acriminar, interpretar en mal sentido [las palabras o acciones]. 3 fig. Emponzoñar (corromper): *el odio envenenó su alma.*

SIN. *1* **Atosigar, tosigar, entosigar, intoxicar,** los tres primeros se usan hoy muy poco en esta acep. estricta; **intoxicar** como término médico equivale a **envenenar;** pero en el habla ordinaria se atribuye a aquél menos intensidad que a éste: se intoxica uno con el alcohol, tabaco, etc., pero se envenena con arsénico; como tecn., **intoxicar** en ambos casos.

enverar (*en-* I + l. *variare,* cambiar de color) *intr.* Empezar las frutas, esp. la uva, a tomar color de maduras.

enverdecer (*en-* I + l. *veridescere*) *intr.* Reverdecer el campo, las plantas, etc. ◇ ** CONJUG. [43] como *agradecer.*

enverdinar *intr. Sal.* Enverdecer, reverdecer, verdear.

envergadura *f.* Distancia entre las puntas de las alas de las aves cuando están completamente abiertas. 2 fig. Distancia entre los extremos de las alas de un avión o los brazos humanos. 3 fig. Importancia. 4 MAR. Ancho de una vela contado el grátil.

envergar (paras.) *tr.* Sujetar [las velas] a las vergas. ◇ ** CONJUG. [7] como *llegar.*

envergue *m.* MAR. Cabo delgado que pasa por los ollaos de la vela.

enverjado (paras.) *m.* Enrejado, verja.

I) envero *m.* Color dorado o rojizo de los frutos cuando empiezan a madurar. 2 Uva o grano de fruta que tiene ese color.

II) envero *m.* Embero.

enverronar *intr.* Coger el tocino mucho sabor; especialmente el tocino de un verraco.

envés (l. *inversu*) *m.* Revés (parte opuesta). 2 Espalda (dorso). 3 Cara inferior de la hoja.

envesado, -da *adj.* Que manifiesta el envés.

envestir *tr.* Investir. ◇ ** CONJUG. [34] como *servir.*

envetarse *prnl. Perú.* Comenzar a asfixiarse una persona por efecto de las emanaciones de las vetas de una mina.

enviada *f.* Acción de enviar. 2 Efecto de enviar. 3 Embarcación que lleva a puerto la pesca que va capturando otra mayor.

enviadizo, -za *adj.* Que se envía o se acostumbra enviar.

enviado, -da *m. f.* Persona que va por mandato de otro con un mensaje o comisión: ~ ***especial,*** reportero desplazado circunstancialmente al lugar de la noticia; ~ ***extraordinario,*** diplomático con poderes equivalentes a los de ministro plenipotenciario.

enviajado, -da *adj.* ARQ. Oblicuo, sesgo. V. arco enviajado.

enviajarse *prnl. Colomb.* y *Venez.* Prepararse para un viaje.

enviar (b. l. *inviare*) *tr.* Hacer que [una pers.] vaya a alguna parte: ~ *al mozo por agua;* ~ *a uno de apoderado.* 2 Hacer que [una cosa] se dirija o sea llevada a alguna parte: ~ *una carta al correo.* ◇ ** CONJUG. [13] como *desviar.*

FR. ~ *a uno noramala,* despedirle con enfado o disgusto. SIN. **Mandar.** *2* **Remitir,** en gral.; **expedir,** si se trata de transporte de mercancías o correspondencia; **remesar,** enviar remesa de dinero o mercancías.

enviciamiento *m.* Acción de enviciar. 2 Efecto de enviciar.

enviciar *tr.* Mal acostumbrar, pervertir [a uno] con un vicio: ~ *a su hijo con las golosinas.* -2 *intr.* fig. Deformarse una cosa por haber permanecido mucho tiempo en mala posición. 3 Echar las plantas muchas hojas y poco fruto. -4 *prnl.* Aficionarse demasiadamente a una cosa: *enviciarse en,* o *con, la lectura.* ◇ ** CONJUG. [12] como *cambiar.*

SIN. *1* v. **Consentir** o **pervertir.** *3* **Viciarse.**

envidada *f.* Acción de envidar. 2 Efecto de envidar.

envidador, -ra *adj.-s.* Que envida.

envidar (v. *invitar*) *tr.* Hacer envite [a uno] en el juego. 2 fig. Convidar [a uno] con una cosa, deseando que no la acepte.

envidia (l. *invidia*) *f.* Tristeza o pesar del bien ajeno; sentimiento de animadversión contra el que posee una cosa que nosotros no poseemos. 2 Emulación, deseo honesto.

SIN. *1* **Dentera,** esp. deseo de comer lo que otro come; **pelusa,** envidia propia de los niños.

envidiable *adj.* Digno de ser deseado.

envidiar *tr.* Tener envidia [de una cosa], sentir envidia [de una pers.]: ~ *las riquezas ajenas;* ~ *a un amigo.* 2 fig. Desear, apetecer [lo lícito]. ◇ ** CONJUG. [12] como *cambiar.*

envidioso, -sa *adj.-s.* Que tiene o siente envidia.

envido *m.* Envite de dos tantos en el juego del mus.

enviejar *tr. Sal.* Envejecer.

envigado *m.* Viguería.

envigar (paras.) *tr.* Asentar las vigas [de un edificio]. ◇ ** CONJUG. [7] como *llegar.*

envigorizar *tr.* Vigorizar. ◇ ** CONJUG. [4] como *realizar.*

envilecedor, -ra *adj.* Que envilece.

envilecer (paras.) *tr.-prnl.* Hacer vil y despreciable [a una pers. o cosa]: *la envidia envilece al hombre; el hombre se envilece en la embriaguez.* 2 Hacer que descienda el valor de [una moneda, un producto, una acción de bolsa, etc.]. -3 *prnl.* Abatirse, perder uno la estimación que tenía. ◇ ** CONJUG. [43] como *agradecer.*

envilecimiento *m.* Acción de envilecer o envilecerse. 2 Efecto de envilecer o envilecerse.

envinado, -da *adj. Méj.* De color de vino.

envinagrar (paras.) *tr.* Echar vinagre [en una cosa].

envinar (paras.) *tr.* Echar vino [en el agua].

envío *m.* Acción de enviar. 2 Efecto de enviar. 3 Remesa. 4 LIT. Dedicatoria.

envión *m.* Empujón.

envirar (paras. de *vira II*) *tr.* Clavar con estaquillas de madera [los corchos de que se forman las colmenas].

envirotado, -da *adj.* fig. [pers.] Entonado y tieso en demasía.

enviscamiento *m.* Acción de enviscar o enviscarse. 2 Efecto de enviscar o enviscarse.

I) enviscar (l. *inviscare* < *viscu,* liga) *tr.* Untar con liga [las ramas de las plantas], para cazar pájaros. -2 *prnl.* Pegarse los pájaros y los insectos con la liga. ◇ **CONJUG. [1] como *sacar.*

SIN. **Enligar(se).**

II) enviscar *tr.* Azuzar. 2 fig. Enconar los ánimos: *el hecho los ha enviscado.* ◇ ** CONJUG. [1] como *sacar.*

envite (der. de *envidar;* a través del cat. *envit*) *m.* Apuesta que se hace en algunos juegos, parando, además de los tantos ordinarios, cierta cantidad a un lance o suerte. 2 fig. Ofrecimiento de una cosa. 3 Envión, empujón. 4 ***Al primer*** ~, de buenas a primeras.

enviudar *intr.* Quedar viudo o viuda.

envolatado, -da *adj. Colomb.* Atrafagado, afanado.

envolatarse *prnl. Colomb.* Alborotarse.

envoltijo *m. Ecuad.* Envoltorio, lío.

envoltorio *m.* Lío (cosas atadas). 2 Papel, tela, cartón, arpillera, etc., que sirve para envolver. 3 Defecto en el paño, por haber mezclado alguna especie de lana diferente.

envoltura *f.* Conjunto de pañales o mantillas con que se envuelve a los niños: *las envolturas de un recién nacido.* 2 Capa exterior que envuelve una cosa.

SIN. *2* **Integumento** (científ.).

envolvedero *m.* desus. Envolvedor.

envolvedor, -ra *m. f.* Persona que se dedica a envolver mercancías. -2 *m.* Cosa para envolver. 3 Mesa o camilla en donde se envuelve a los niños.

envolvente *adj.* Que envuelve o rodea. 2 MAT. En una familia de curvas planas o de superficies, aquella curva o superficie, respectivamente, que en cada uno de sus puntos es tangente a una de las curvas o superficies de la familia.
envolver (l. *involvere*) *tr.-prnl.* Cubrir [una cosa] rodeándola o ciñéndola con algo: ~ *los géneros;* aplicado a personas: ~ *uno al enfermo con,* o *en,* o *entre, mantas; envolverse el enfermo;* esp., vestir al niño con los pañales y mantillas. 2 Arrollar [un hilo, cinta, etc.]: ~ *el hilo en el bolillo; el hilo se envuelve (es envuelto) en el bolillo.* 3 fig. Mezclar o complicar [a uno] en un asunto: ~ *a uno en la contienda; se envolvieron en la contienda.* -4 *tr.* fig. Rodear [a uno] en la disputa de argumentos, dejándolo cortado. 5 MIL. Rebasar por uno de sus extremos [la línea de combate del enemigo] y acometerlo por todos lados. 6 *Logr.* Hacer [la masa del pan] envolviendo la levadura. -7 *prnl.* fig. Amancebarse. 8 fig. Mezclarse y meterse entre otros, como sucede en las acciones de guerra: *se envolvió con los moros y salió victorioso.* ◇ ** CONJUG. [32] como ***mover***; pp. irreg.: ***envuelto.***
envolvimiento *m.* Acción de envolver o envolverse. 2 Efecto de envolver o envolverse. 3 fig. Revolcadero.
envuelto, -ta, pp. irreg. de *envolver.* 2 *f.* Cámara de gas en los globos y dirigibles no rígidos o semirrígidos. -3 *f. pl.* Envoltura del niño de pecho. -4 *m. Colomb.* Bollo de maíz, de plátano maduro o de choclo. 5 *Ecuad.* Pelele. 6 *Méj.* Tortilla de maíz en forma de rollo y guisada.
enyerbar(se) *prnl. Amér.* Cubrirse de yerba un terreno. 2 *Cuba.* Presentarse un negocio con mal cariz o fracasar en él. 3 *Guat.* y *Méj.* Envenenarse. 4 *Méj.* Enamorarse perdidamente. -5 *tr. Colomb., Chile* y *Méj.* Hechizar, idiotizar.
enyerbo *m. Colomb.* Hechizo, brujería.
enyesado *m.* Operación de enyesar; esp., echar yeso a los vinos.
enyesadura *f.* Acción de enyesar. 2 Efecto de enyesar.
enyesar (paras.) *tr.* ALBAÑ. Tapar o allanar con yeso [una cosa, especialmente las paredes]. 2 Agregar yeso [a alguna cosa]. 3 CIR. Endurecer por medio del yeso o la escayola [los apósitos y vendajes].
enyetar *tr. Argent.* y *Parag.* Transmitir la yeta.
enyugadero *m. Cuba* y *P. Rico.* Lugar donde se acostumbra enyugar bueyes.
enyugar (paras.) *tr.* Uncir. 2 Poner el yugo [a una campana]. ◇ ** CONJUG. [7] como ***llegar.***
enyuntar *tr.* Uncir.
enyuyarse *prnl. Chile.* Cubrirse de yuyos (hierbas) un campo.
enza *f. Murc.* Señuelo, cimbel. 2 *Murc.* fig. Atractivo, incentivo. 3 *Murc.* fig. Inclinación, afición.
enzacatarse *prnl. Amér. Central* y *Méj.* Llenarse un terreno de la gramínea llamada zacate. 2 *Hond.* Embrutecerse una persona por su prolongada residencia en el campo.
enzainarse *prnl.* Ponerse a mirar a lo zaino. 2 Hacerse traidor, falso. ◇ ** CONJUG. [15] como ***aislar.***
enzalamar *tr.* fam. Azuzar, cizañar. 2 *And.* Mimar mucho, educar mal.
enzamarrado, -da (paras.) *adj.* Que lleva zamarra.
enzanjonarse *prnl. Venez.* Complicarse en un mal negocio.
enzapatar *tr.-prnl. Amér.* Calzar, poner zapatos.
I) enzarzar (paras.) *tr.* Poner zarzas [en una cosa o cubrirla de ellas]. -2 *tr.-prnl.* fig. Malquistar [a algunos entre sí] sembrando discordias. -3 *prnl.* Enredarse en las zarzas. 4 fig. Meterse en negocios arduos. 5 Reñir, pelearse: *enzarzarse en una disputa.* ◇ ** CONJUG. [4] como ***realizar.***
SIN. *4* y *5* **Liarse, enredarse.**
II) enzarzar (paras.) *tr.* Poner zarzos para los gusanos de seda. ◇ ** CONJUG. [4] como ***realizar.***
enzima (gr. *zymé,* fermento) *amb.* Fermento soluble, de naturaleza compleja, que se forma y actúa en el organismo animal.
enzimático, -ca *adj.* Perteneciente o relativo a las enzimas.
enzimología (de *enzima* + *-logía*) *f.* Parte de la bioquímica que tiene por estudio los sistemas enzimáticos del organismo humano y su repercusión clínica.
enzimoterapia (de *enzima* + *-terapia*) *f.* Tratamiento mediante fermentos en procesos inflamatorios y en hemorragias.
enzocar *tr. Chile.* Encajar, meter. ◇ ** CONJUG. [1] como ***sacar.***
enzolvar *tr. Méj.* Azolvar, cegar [un conducto].
enzootia (*en-* II + gr. *zoon,* animal) *f.* Enfermedad habitual de una o más especies de animales en un país o región determinados.
REL. **Epizootia,** si la enfermedad es transitoria.
enzoquetar *tr.* Poner tacos de madera en [un entramado] para evitar que se muevan los maderos.
enzorrar *tr. Colomb.* y *P. Rico.* Molestar, fastidiar. -2 *prnl. P. Rico.* Aburrirse.
enzunchar (paras.) *tr.* Asegurar y reforzar [un cajón, fardo, etc.] con zunchos o flejes.
enzurdecer (paras.) *intr.* Hacerse o volverse zurdo. ◇ ** CONJUG. [43] como ***agradecer.***
enzurizar (paras. de *zuriza*) *tr.* Azuzar, sembrar discordia [entre varias pers.]. ◇ ** CONJUG. [4] como ***realizar.***
enzurronar (paras.) *tr.* Meter [una cosa] en un zurrón. 2 fig. Incluir o encerrar [una cosa] en otra.
enzurronarse *prnl. Ar., Pal.* y *Sal.* No llegar a granar los cereales por exceso de calor y falta de humedad. 2 fig. *y* fam. Enfoscarse, enfurruñarse.
eñe *f.* Nombre de la letra *ñ.*
-eño, -eña, sufijo que entra en la formación de palabras denotando propiedad o cualidad. Forma adjetivos, esp. gentilicios: *almiadeño, albaceteño;* y algunos nombres femeninos: *esparteña, madreña.* V. -ineo.
eo- (gr. *eós,* aurora) Elemento prefijal que entra en la formación de palabras con el significado de aurora. Se usa esp. en geología para denotar el primer o primeros períodos de una división.
-eo, -ea (l. *-eu -ea*) Sufijo que entra en la formación de palabras cultas denotando condición o cualidad: *arbóreo, espélteo, acotiledóneo.* ◇ No debe confundirse con la terminación tónica *-eo* de los derivados de verbos en *-ear: bailoteo, toreo.*
eocénico, -ca *adj.* GEOL. Eoceno.
eoceno (*eo-* + gr. *kainós,* reciente) *adj.-m.* Período geológico con que empieza la era terciaria y terreno a él correspondiente. -2 *adj.* Relativo al eoceno.
I) eólico, -ca (l. *oelicu*) *adj.-s.* Eolio. -2 *adj.-m.* Conjunto de dialectos del griego común, hablados antiguamente en Eolia; como el beocio y el tesalio.
II) eólico, -ca (del l. *aeolicus* < *Aeolus,* Eolo, rey de los vientos en la mitología homérica) *adj.* Perteneciente o relativo a Eolo. 2 Perteneciente o relativo al viento. 3 Producido o accionado por el viento.
eolio, -lia (l. *œliu*) *adj.-s.* De Eolia, antigua región del noroeste de Asia Menor. -2 *adj.* Eólico II
SIN. *1* **Eólico** I.
eolito (*eo-* + -lito) *m.* Piedra de cuarzo us. en su forma natural como instrumento por el hombre primitivo.
Eolo *n. pr.* MIT. Dios de los vientos.
eón (gr. *aión,* el tiempo) *m.* En el gnosticismo, cada uno de los seres eternos, emanados de la unidad divina, que colmaban el intervalo entre la materia y el espíritu, poniéndolos en relación. 2 Período de tiempo indefinido e incomputable.
Eos *n. pr.* MIT. Diosa del amanecer; entre los romanos, Aurora.
eosina *f.* QUÍM. Colorante rojo, que se obtiene del alquitrán, usado para teñir seda, algodón, fabricar tinta roja y preparar las placas fotográficas.
¡epa! *Amér.* Interjección. ¡Hola! 2 *Argent.* ¡Alto! ¡Cuidado! 3 *Chile.* Se usa para animar. ¡Ea! ¡Upa!
epacigüil *m. Méj.* Planta euforbiácea de olor a ajo, cuyas semillas se usan como purgante *(Petiveria alliacea).*
epacridáceo, -a *adj.-f.* Planta de la familia de las epacridáceas. -2 *f. pl.* Familia de plantas arbustivas con las hojas enteras y sentadas, flores con cinco estambres y los pétalos soldados.
epacta (gr. *epaktai,* añadidos [días]) *f.* Número de días en que el año solar excede al lunar. 2 Número de días en que el mes del calendario excede al lunar. 3 Añalejo.
epactilla *f.* Añalejo.
epagómenos *m. pl.* Días intercalados en el calendario griego para restablecer la concordancia entre el año solar y el lunar.
epanadiplosis (gr. *epanadiplosis*) *f.* RET. Figura que consiste en repetir al fin de una cláusula el mismo vocablo con que empieza. ◇ Pl.: *epanadiplosis.*
epanáfora (gr. *epanaphorá*) *f.* Repetición (figura).
epanalepsis (gr. *epanálepsis*) *f.* RET. Figura que consiste en ir repitiendo una o más palabras para dar mayor fuerza a la expresión. ◇ Pl.: *epanalepsis.*
epanástrofe (gr. *epanastrophé*) *f.* RET. Concatenación (figura). 2 RET. Conduplicación.
epanortosis (gr. *epanórthosis*) *f.* RET. Corrección (figura). ◇ Pl.: *epanortosis.*
epatar *tr.* GALIC. Excitar la admiración, maravillar, asombrar, deslumbrar.

-epático, v. hepato-.
epazote (náhu. *epazotl*) ***m.*** *Guat., Méj.* y *Salv.* Pazote (planta).
epeiroforesis ***f.*** GEOL. Movimiento horizontal de los continentes. ◇ Pl.: *epeiroforesis.*
epéndimo (gr. *ependyma,* vestido interior) ***m.*** Membrana que tapiza los ventrículos cerebrales y el canal de la medula espinal.
epéntesis (gr. *epénthesis* < *epentithemi,* intercalar) ***f.*** Metaplasmo que consiste en añadir una letra en medio de un vocablo: *corónica* por *crónica.* ◇ Pl.: *epéntesis.*
epentético, -ca ***adj.*** Que se añade por epéntesis.
eperlano (fr. *éperlan* < l. *spierling*) ***m.*** Pez teleósteo, parecido a la trucha, propio de los grandes ríos del norte de Europa *(Osmerus eperlanus).*
epi- (prep. gr. *epí,* sobre) Elemento prefijal que entra en la formación de palabras con el significado de sobre.
epibranquial (*epi-* + *branquial*) ***m.*** ZOOL. Segmento cartilaginoso de un arco branquial situado entre el faringobranquial y el ceratobranquial.
épica (v. *épico*) ***f.*** Poesía épica.
epicáliz (*epi-* + *cáliz*) ***m.*** Grupo de brácteas situado muy cerca y debajo del cáliz de una flor.
épicamente ***adv. m.*** De manera épica.
epicardio (*epi-* + *-cardio*) ***m.*** En los vertebrados, membrana serosa que rodea el corazón.
epicarpio, epicarpo (*epi-* + *-carpo*) ***m.*** BOT. Parte exterior del pericarpio cuando éste consiste en dos o más capas de diferente textura.
epicedio (gr. *apikédeton* < *epi-* + *kedos,* exequias) ***m.*** Composición poética que se recitaba antig. delante de un cadáver. 2 En gral., poesía, discurso, homenaje a alguna persona muerta.
epiceno (l. *epicœnus* < gr. *epíkoinos* < *epi-* + *koinós,* común) ***adj.*** GRAM. [género de los nombres de animales] Que con una misma terminación y artículo designan al macho y a la hembra: *el jilguero, la codorniz.*
epicentro (*epi-* + *centro*) ***m.*** Punto en la superficie de la tierra bajo el cual tiene origen un terremoto o fenómeno sísmico.
epiceyo ***m.*** Epicedio.
epicíclico, -ca ***adj.*** ASTRON. Relativo al epiciclo: *movimiento epicíclico.*
epiciclo (gr. *epikyklos* < *epi-* + *-ciclo*) ***m.*** Círculo con el centro fijo en la circunferencia de otro círculo de radio mayor, llamado *deferente.* 2 En el sistema de Tolomeo (s. II), circunferencia que se suponía descrita por un planeta alrededor de un centro que a su vez se movía en el deferente.
epicicloide (*epi-* + *cicloide*) ***f.*** Línea curva descrita por un punto de una circunferencia que rueda sobre otra fija, manteniéndose ambas tangentes externamente.
épico, -ca (gr. *epikós*) ***adj.*** Perteneciente o relativo a la epopeya. -2 ***adj.-f.*** [género de poesía] Que narra sucesos heroicos, a veces próximos al tiempo de los oyentes, con fidelidad a sus creencias y formas de vida: *estilo ~;* ***épica culta,*** subgénero de la poesía épica, fruto de la creación de un solo autor, que pretende ennoblecer con valores literarios una materia heroica tradicional. -3 ***adj.-s.*** Poeta que cultiva este género de poesía. -4 ***f.*** Composición poética de dicho género
SIN. *3* **Aedo.**
epicotíleo ***m.*** En el embrión vegetal, parte de la plúmula situada encima del nacimiento de los cotiledones.
epicureísmo ***m.*** Sistema filosófico de Epicuro (341-270 a. C.). 2 fig. Refinado egoísmo que busca el placer exento de todo dolor.
epicúreo, -a ***adj.*** Relativo a Epicuro (341-270 a. C.). -2 ***adj.-s.*** Partidario del epicureísmo. 3 fig. Persona que ama los placeres sensuales.
epidemia (gr. *epidemia* < *epi-* + *demos,* pueblo) ***f.*** Enfermedad que reina transitoriamente en una región o localidad, atacando simultáneamente a gran número de personas.
SIN. **Peste,** esp. si causa gran mortandad; **epizootia,** entre animales. REL. **Endemia** (en el hombre), **enzootia** (entre animales), enfermedad habitual en alguna región o localidad; **pandemia,** epidemia que se extiende mucho o que afecta a casi todos los individuos.
epidemiado, -da ***adj.*** *Amér.* Atacado de epidemia, apestado, infestado.
epidemial ***adj.*** desus. Epidémico.
epidemicidad ***f.*** Calidad de epidémico.
epidémico, -ca ***adj.*** Relativo a la epidemia.
epidemiología (de *epidemia* + *-logía*) ***f.*** Ciencia que estudia las epidemias.
epidemiológico, -ca ***adj.*** Propio o relativo a las epidemias: *estudio ~.*
epidemiólogo, -ga ***m. f.*** Persona que se dedica a la epidemiología.
epidérmico, -ca ***adj.*** Relativo a la epidermis.
epidermis (gr. *epidermis* < *epi-* + *derma,* piel) ***f.*** Capa más superficial de la piel. 2 Cutícula (tejido). ◇ Pl.: *epidermis.*
epidermización ***f.*** MED. Regeneración del epitelio a partir de las células de la capa interior o basal.
epidermólisis (de *epidermis* + *-lisis*) ***f.*** MED. Enfermedad hereditaria, caracterizada por la aparición de ampollas de gran tamaño en las zonas cutáneas expuestas a traumatismos, y que luego desaparecen sin dejar huella. ◇ Pl.: *epidermólisis.*
epidiagénesis (*epi-* + *diagénesis*) ***f.*** GEOL. Etapa final de la diagénesis por la que los materiales sedimentarios vuelven a la superficie. ◇ Pl. *epidiagénesis.*
epidiascopio (*epi-* + *dia-* + *-scopio*) ***m.*** ÓPT. Instrumento mixto que permite proyectar en una pantalla tanto imágenes opacas como diapositivas.
epidiáscopo ***m.*** Epidiascopio.
epididimitis (de *epidídimo* + *-itis*) ***f.*** MED. Inflamación aguda o crónica del epidídimo, que se acompaña de inflamación del testículo. ◇ Pl.: *epididimitis.*
epidídimo (*epi-* + *dídimo*) ***m.*** MED. Órgano situado en el borde posterior del testículo, en el que se elabora la parte líquida del semen, y donde se almacenan los espermatozoides.
epidota ***f.*** Sorosilicato que cristaliza en el sistema monoclínico, de color verde o amarilloverdoso y con brillo vítreo. -2 ***f. pl.*** Minerales de la clase de los silicatos que constituyen un grupo isomorfo.
epidotita ***f.*** MIN. Calcosquisto formado principalmente por epidota.
epifanía (gr. *epipháneia,* manifestación) ***f.*** Festividad que celebra la Iglesia el 6 de enero, en conmemoración de la aparición y manifestación de Jesucristo al mundo.
SIN. **Adoración de los Reyes.**
epifilia ***f.*** Enfermedad de las plantas, de carácter epidémico.
epífisis (gr. *epiphysis,* excrecencia) ***f.*** Extremo de los huesos largos, más voluminosos que la diáfasis. 2 Órgano nervioso pequeño y rudimentario situado en el encéfalo, entre los hemisferios cerebrales y el cerebelo. ◇ Pl.: *epífisis.*
epifito, -ta (*epi-* + *-fito*) ***adj.*** [vegetal] Que vive sobre otro, aunque sin ser parásito.
epifonema (gr. *epiphónema* < *epi-* + *fonema*) ***f.*** RET. Exclamación o reflexión con la cual se concluye el concepto general de un relato.
epifora (gr. *epífora,* flujo) ***f.*** Lagrimeo que se produce bajo la acción de una causa irritativa mecánica o fisiológica.
epigástrico, -ca ***adj.*** Relativo al epigastrio.
epigastrio (gr. *epigastrion* < *epi-* + *gaster,* estómago) ***m.*** Región superior del abdomen, desde la punta del esternón hasta cerca del ombligo.
epigeo, -a (gr. *epigaios,* que está sobre la tierra) ***adj.*** BOT. Que se desarrolla sobre el suelo.
epiglosis (l. < *epi-* + *glossa,* lengua) ***f.*** ZOOL. Parte de la boca de los insectos himenópteros. ◇ Pl.: *epiglosis.*
epiglotis (gr. *epiglottis* < *epi-* + *glottis,* lengua) ***f.*** Órgano en forma de lámina fibrocartilaginosa, inserto por su base en el ángulo entrante del cartílago tiroides, que en el momento de la deglución cierra la abertura superior de la laringe. ◇ Pl.: *epiglotis.*
SIN. **Lengüeta, lígula.**
epígono (gr. *epígonos,* nacido después) ***m.*** El que sigue las huellas de otro, esp. en materia artística, filosófica o científica.
epígrafe (gr. *epigraphé*) ***m.*** Resumen o cita que suele encabezar una obra científica o literaria, o cada uno de sus capítulos o divisiones para indicar su contenido. 2 Inscripción (escrito). 3 Título, rótulo.
SIN. *3* **Rúbrica,** en los libros antiguos.
epigrafía ***f.*** Ciencia que tiene por objeto el estudio de las inscripciones.
epigráfico, -ca ***adj.*** Relativo a la epigrafía: *estilo ~.*
epigrafista ***com.*** Persona versada en epigrafía.
epigrama (gr. *epigramma*) ***m.*** Inscripción (escrito). 2 Composición poética breve, precisa y aguda, que expresa un solo pensamiento principal, gralte. festivo o satírico. 3 fig. Pensamiento de cualquier género, expresado con brevedad y agudeza. 4 fig. Filete fino de la carne más delicada del cordero o de ciertas aves.

epigramatario, -ria *adj.* Epigramático. -2 *m.* Colección de epigramas. 3 p. us. El que hace epigramas.

epigramático, -ca *adj.* Perteneciente o relativo al epigrama: *conversación epigramática; estilo ~.* -2 *m.* Persona que compone o emplea epigramas.

SIN. *1* **Epigramatario.**

epigramatista, epigramista *com.* Epigramático.

epilepsia (gr. *epilepsia,* intercepción) *f.* Enfermedad nerviosa crónica, caracterizada por accesos de pérdida del conocimiento seguida de convulsiones.

SIN. Nombre vulg. **mal caduco** o **de corazón, gota coral.** MED. **Morbo comicial.**

epiléptico, -ca *adj.-s.* Que padece de epilepsia. 2 Relativo a esta enfermedad.

epileptiforme *adj.* Semejante a la epilepsia o a sus manifestaciones.

epilogación *f.* Epílogo.

epilogal *adj.* Resumido, compendiado.

epilogar *tr.* Compendiar [una obra o escrito]. ◇ ** CONJUG. [7] como *llegar.*

epilogismo *m.* ASTRON. Cómputo. 2 LÓG. Razonamiento que induce de un hecho sensible un hecho oculto.

epílogo (gr. *epílogos*) *m.* Recapitulación, conclusión de un discurso, de una obra dramática, de una novela, etc. 2 fig. *y* p. us. Conjunto o compendio. 3 Suceso o hecho que ocurre después de otro y que da a este su significación definitiva. 4 RET. Peroración.

epímone (gr. *epimoné*) *f.* RET. Figura que consiste en repetir sin intervalo una misma palabra para dar énfasis a lo que se dice, o en intercalar varias veces en una composición poética un mismo verso o una misma expresión.

epinicio (gr. *epinikion* < *epi-* + *nike,* victoria) *m.* Canto de victoria; himno triunfal.

epiparásito *adj.* BIOL. Ectoparásito.

epiplón (gr. *epíploon*) *m.* Omento, esp. el mayor.

epiquerema (gr. *epicheirema*) *m.* LÓG. Silogismo en que una o las dos premisas van acompañadas de una prueba. P. ej.: *la ciencia es útil* porque enseña la verdad; *la Geometría es ciencia,* porque es un conjunto de verdades: *luego la Geometría es útil.*

epiqueya (gr. *epieikeia,* equidad) *f.* Interpretación de una ley según las circunstancias de tiempo, lugar y persona.

epirogénesis *f.* GEOL. Movimiento lento de ascenso y descenso de ciertas zonas de la superficie terrestre. ◇ Pl.: *epirogénesis.*

epirota (l.) *adj.-s.* De Epiro, región del noroeste de Grecia. -2 *adj.-m.* Dialecto perteneciente al grupo occidental del griego común, hablado antiguamente en esta región.

epirótico, -ca *adj.* Relativo al Epiro.

episcopado (l. *-atu*) *m.* La última y más elevada de las sagradas órdenes, por la que se recibe la plenitud del sacerdocio. 2 Dignidad del obispo. 3 Época y duración del gobierno de un obispo. 4 Conjunto de obispos: *el ~ español.*

episcopal (l. *-ale*) *adj.* Relativo al episcopado: *jurisdicción ~.* -2 *m.* Libro en que se contienen las ceremonias y oficios propios de los obispos.

SIN. *1* **Obispal.**

episcopalismo *m.* Doctrina de los canonistas favorables a la potestad episcopal y adversarios de la supremacía pontificia.

episcopio (*epi-* + *-scopio*) *m.* FÍS. Linterna que se emplea para proyectar sobre una pantalla la imagen amplificada de un objeto opaco fuertemente iluminado.

episcopologio (gr. *epískopos,* obispo + *logos,* tratado) *m.* Catálogo y serie de los obispos de una iglesia.

episiotomía (gr. *episión,* pubis, vulva + *-tomía*) *f.* CIR. Intervención quirúrgica en obstetricia consistente en efectuar un corte mediante un bisturí, partiendo de la comisura posterior de la vulva, con el fin de evitar su desgarro durante el parto y facilitar la expulsión del feto.

episódicamente *adv. m.* A manera de episodio, incidentalmente.

episódico, -ca *adj.* Relativo al episodio.

episodio (gr. *epeisodion* < *epeísodos,* entrada) *m.* Acción secundaria en un poema épico o dramático, novela, etc. 2 Digresión en obras de otro género o en el discurso. 3 Suceso enlazado con otros que forman un todo o conjunto: *un ~ de las guerras de Flandes.*

epispástico, -ca (gr. *epispao,* atraer) *adj.-m.* Medicamento que, aplicado sobre la piel, la irrita produciendo rubefacción.

SIN. V. **Rubefaciente.**

epispermo *m.* BOT. Conjunto de las cubiertas de la semilla.

epistaxis (gr.) *f.* MED. Hemorragia nasal. ◇ Pl.: *epistaxis.*

epistemología (gr. *epistéme,* saber científico + *-logía*) *f.* Disciplina filosófica que estudia los principios materiales del conocimiento humano. Es decir, mientras la lógica investiga la corrección formal del pensamiento, su concordancia consigo mismo, la epistemología pregunta por la verdad del pensamiento, por su concordancia con el objeto; la primera es la teoría del pensamiento correcto, la segunda la teoría del pensamiento verdadero. Por consiguiente, los principales problemas epistemológicos son: la posibilidad del conocimiento, su origen o fundamento, su esencia o trascendencia, y el criterio de verdad.

SIN. **Gnoseología.**

epistemológico, -ca *adj.* Relativo a la epistemología.

SIN. **Gnoseológico.**

epístola (l. *epistula,* carta, del gr. *epistolé* < *epistello,* enviar) *f.* Carta misiva que se escribe a los ausentes. 2 Parte de la misa, inmediatamente anterior al gradual, llamada así por leerse gralte. en ella un fragmento de las epístolas de los apóstoles. 3 Subdiaconado. 4 Composición poética en forma de carta, cuyo fin es moralizar, instruir o satirizar. En castellano se ha escrito gralte. en tercetos o en verso libre: *la ~ moral a Fabio.*

epistolar *adj.* Relativo a la epístola o carta.

epistolario *m.* Libro o cuaderno en que se hallan escritas varias cartas o epístolas de un autor. 2 Libro en que se contienen las epístolas de la misa.

epistolero *m.* Clérigo que canta la epístola en las misas solemnes.

epistolio *m.* Epistolario.

epistolografía (de *epístola* + *-grafía*) *f.* Género literario constituido por las epístolas en verso o en prosa.

epistológrafo, -fa *m. f.* Persona que se ha distinguido en escribir epístolas.

epístrofe (gr. *epísthrophé*) *f.* RET. Conversión (figura).

epitafio (gr. *epitaphios* < *epi-* + *taphos,* sepultura) *m.* Inscripción sepulcral.

epitalámico, -ca *adj.* Perteneciente o relativo al epitalamio: *canto, himno ~.*

epitalamio (gr. *epithalamios* < *epi-* + *thálamos,* tálamo) *m.* Composición lírica en celebración de una boda.

epítasis (gr.) *f.* Parte del poema dramático, que sigue a la prótasis y precede a la catástrofe. ◇ Pl.: *epítasis.*

epitaxia *f.* GEOL. Proceso por el que una impureza cristalina se distribuye de manera uniforme y ordenada en el seno de otro cristal.

epitelial *adj.* Relativo al epitelio. V. tejido epitelial.

epitelio (*epi-* + gr. *thelé,* pezón del pecho) *m.* Capa superficial de la piel y de las membranas mucosas.

epitelioma (*epitelio* + *-oma*) *m.* Tumor canceroso caracterizado por la proliferación de células epiteliales.

epitelitis (de *epitelio* + *-itis*) *f.* PAT. Inflamación del epitelio de la piel ocasionada por la exposición prolongada frente a una fuente de radiaciones, la solar o en el curso de un tratamiento de radioterapia. ◇ Pl.: *epitelitis.*

epítema (gr. *epithema;* doble etim. *bizma*) *f.* Medicamento tópico que se aplica en forma de fomento o de cataplasma.

epítesis *f.* Paragoge. 2 Prótesis o reparación quirúrgica que se aplica en la superficie externa del cuerpo, para corrección de un defecto. ◇ Pl.: *epítesis.*

epíteto (l. < gr. *epitheton* < *epi-* + *thithemi,* colocar) *m.* Adjetivo, o expresión equivalente, que se agrega a un substantivo, no para determinarlo o especificarlo, sino para acentuar su carácter y producir un efecto de estilo. A menudo va antes del nombre: *la blanca nieve.* 2 p. ext. Calificación insultante, injuriosa o elogiosa.

epítima *f.* MED. Epítema. 2 fig. Consuelo, alivio.

epitimar *tr.* Poner epítima [en una parte del cuerpo].

epítimo (l. < gr. *epithimon* < *epi-* + *thimos,* tomillo) *m.* Planta borraginácea, parásita, semejante a la cuscuta *(Cuscuta epithymum).*

epitomadamente *adv. m.* Con la precisión y brevedad propias del epítome.

epitomador, -ra *adj.-s.* Que hace o compone epítomes.

epitomar *tr.* Reducir a epítome [una obra extensa].

epítome (gr. *epitomé* < *epitemno,* cortar) *m.* Compendio de una obra extensa. 2 RET. Figura que consiste, después de dichas muchas palabras, en repetir las primeras para mayor claridad.

SIN. *1* v. **Compendio.**

epítrito (l. *-tu* < *epi-* + *tritos,* tercero) ***m.*** Pie de la poesía griega y latina que se compone de cuatro sílabas, cualquiera de ellas breve y las demás largas.
epítrope (gr. *epitropé*) ***f.*** RET. Concesión (figura). 2 RET. Permisión (figura).
epizoario (*epi-* + gr. *zoon,* animal) ***adj.-m.*** Animal que vive parásito sobre el cuerpo de otro.
epizona ***f.*** GEOL. En un proceso de metamorfismo regional, zona superficial sometida a presión y temperaturas bajas.
epizootia (*epi-* + gr. *zoon,* animal) ***f.*** Enfermedad de una o más especies de animales, que reina transitoriamente en una región o localidad, atacando simultáneamente a gran número de individuos. 2 *Chile.* Glosopeda o fiebre aftosa.
REL. **Enzootia,** cuando la enfermedad no es transitoria, sino habitual en un lugar.
epizoótico, -ca ***adj.*** Relativo a la epizootia.
epizootiología (de *epizootía* + *-logía*) ***f.*** Estudio científico de las epizootias.
época (l. *epocha* < gr. *epoché*) ***f.*** Era (fecha determinada). 2 Espacio de tiempo y esp. el memorable por los hechos históricos durante él acaecidos: *en aquella ~ me hallaba yo enfermo; la ~ del Terror de la Revolución Francesa;* ***formar,*** o ***hacer,*** ***~ una cosa,*** díc. de lo que dejará larga memoria.
epoda ***f.*** Epodo.
epodo (l. *epodos* < gr. *odé,* canto) ***m.*** Último verso de la estrofa. 2 En la lírica coral griega, tercera parte del canto. 3 Combinación métrica de la poesía clásica, compuesta de un verso largo y otro corto.
REL. *2* v. **Estrofa.**
epónimo, -ma (gr. *éponymos* < *epi-* + *-ónimo*) ***adj.*** Que da nombre a un pueblo, a una ciudad, a una época, etc.; como Alejandro Magno y la ciudad de Alejandría: *héroes epónimos.*
epopeya (gr. *epopoiía* < *epos,* verso + *poieo,* hacer) ***f.*** Poema narrativo extenso, de acción bélica, empresas nobles y personajes heroicos. 2 Conjunto de poemas que forman la tradición épica de un pueblo: *~ castellana, francesa.* 3 Conjunto de hechos memorables.
epoxi ***m.*** QUÍM. Resina sintética de alta resistencia y baja contracción, que se utiliza extensamente para encapsular componentes electrónicos.
epóxido ***m.*** QUÍM. Substancia química que polimerizada se usa como plástico para estructuras, revestimientos y adhesivos.
épsilon (gr. *psilón,* breve) ***f.*** Quinta letra del **alfabeto griego, equivalente a la *e* breve.
epsomita (de *Epsom,* población inglesa) ***f.*** Sal de la Higuera.
épulis ***m.*** PAT. Tumor, de carácter benigno, de la encía, que origina en su crecimiento movilidad de los dientes y erosión ósea de los maxilares. ◇ Pl.: *épulis.*
epulón (l. *epulone*) ***m.*** El que come y se regala mucho.
equi- (l. *æquus,* igual) Elemento prefijal que entra en la formación de palabras con el significado de igual.
equiángulo, -la (*equi-* + *ángulo*) ***adj.*** GEOM. [figura o sólido] De ángulos iguales: *triángulo ~.*
equidad (l. *æquitate*) ***f.*** Igualdad de ánimo. 2 Bondadosa templanza habitual; propensión a dejarse guiar por el sentimiento del deber o de la conciencia más bien que por el texto terminante de la ley. 3 Justicia natural, por oposición a la justicia legal. 4 Moderación en el precio de las cosas, o en las condiciones de los contratos. 5 Cualidad que consiste en dar a cada uno lo que se merece por sus méritos o condiciones. 6 Cualidad que consiste en no favorecer en el trato a uno perjudicando a otro.
equidiferencia (*equi-* + *diferencia*) ***f.*** MAT. Igualdad de dos razones por diferencia.
equidistancia (*equi-* + *distancia*) ***f.*** Igualdad de distancia entre varios puntos o cosas.
equidistante ***adj.*** Que equidista.
equidistar (*equi-* + *distar*) ***intr.*** Hallarse uno o más puntos o cosas a igual distancia de otro determinado, o entre sí.
equidna (confusión entre el gr. *ekinos,* erizo y gr. *ékidna,* víbora) ***m.*** Mamífero monotrema, de Australia y Nueva Guinea, parecido al erizo *(Tachyglossus aculeatus).*
équido (der. del l. *equus,* caballo) ***adj.-m.*** Mamífero de la familia de los équidos. -2 ***m. pl.*** Familia de mamíferos perisodáctilos cuya característica principal es la terminación de las extremidades en un solo dedo; como el caballo, el asno y la cebra.
SIN. **Solípedo.**
equilátero, -ra (l. *aequilateru*) ***adj.*** GEOM. [figura] De lados iguales.
equilibrado, -da ***adj.*** fig. Ecuánime, prudente.
equilibrador ***m.*** ELECTR. Conjunto de transformadores que equilibra las tensiones entre conductores en los sistemas polifásicos de corriente alterna. 2 MEC. Contrapeso.
equilibrar (l. *æquilibrare*) ***tr.-prnl.*** Poner en equilibrio: *~ dos fuerzas, los platillos de una balanza.* 2 fig. Hacer que una cosa no exceda ni supere a otra, manteniéndolas proporcionalmente iguales: *~ los ingresos y los gastos.*
equilibre (l. *aequilibre*) ***adj.*** p. us. Que está equilibrado.
equilibrio ***m.*** Estado mecánico de un cuerpo atraído por dos o más fuerzas que se contrarrestan y cuya resultante es nula; esp., estado de un cuerpo que, no sometido a otra acción que la de la gravedad, se mantiene en reposo sobre su base o punto de sustentación: *~ estable, inestable; ~ indiferente; perder el ~.* 2 Estabilidad del cuerpo gobernado desde el cerebelo. 3 fig. Contrapeso, armonía entre cosas diversas: *el ~ europeo.* 4 fig. Ecuanimidad, mesura, sensatez en los actos y juicios: *el ~ de su alma.* -5 ***m. pl.*** fig. Actos de contemporización encaminados a sostener una situación dificultosa.
equilibrismo ***m.*** Conjunto de ejercicios y juegos que practica el equilibrista.
equilibrista ***adj.-com.*** Diestro en hacer ejercicios de equilibrio. 2 *Amér.* fig. *y* fam. Político que procura congraciarse con todos los partidos políticos y en especial con el que ostenta el poder.
SIN. **Funánbulo,** cuando trabaja sobre una cuerda o alambre.
equimosis (gr. *ekchymosis*) ***f.*** Mancha lívida de la piel, que resulta de la sufusión de la sangre, a consecuencia de un golpe, de una fuerte ligadura, etc. ◇ Pl.: *equimosis.*
SIN. **Cardenal, roncha,** términos corrientes; **moretón.** REL. causar o salir cardenales, vb. **acardenalar(se).**
equin-, v. equino-.
equinado, -da ***adj.*** BOT. Que tiene espinas.
I) equino (gr. *echinos*) ***m.*** Erizo marino. 2 ARQ. Elemento arquitectónico de sección parabólica del capitel dórico, que descansa sobre el collarino.
II) equino, -na (l. *-nu*) ***adj.*** Relativo al caballo. -2 ***m.*** *Argent.* Caballo o yegua.
SIN. v. **Caballar.**
equino-, equin- (gr. *echinos,* erizo) Elemento prefijal que entra en la formación de palabras con el significado de erizo.
equinoccial ***adj.*** Relativo al equinoccio. V. línea equinoccial.
equinoccio (l. *œquinoctiu*) ***m.*** ASTRON. Momento del año en que el Sol, en su movimiento aparente, pasa por el ecuador y en que el día es igual a la noche en toda la Tierra: *~* ***de primavera,*** del 20 al 21 de marzo; *~* ***de otoño,*** del 22 al 23 de septiembre.
equinococia ***f.*** Equinococosis.
equinococo (*equino-* + *coco* III) ***m.*** Pequeño gusano platelminto, parásito del perro, cuyas larvas se encuentran también en el hombre y en otros animales *(Taenia echinococcus).*
equinococosis (*equinococo* + *-osis*) ***f.*** Enfermedad producida por el cisticerco de la tenia equinococo. ◇ Pl.: *equinococosis.*
equinodermo (*equino-* + *-dermo*) ***adj.-m.*** Animal del tipo de los equinodermos. -2 ***m. pl.*** Tipo de animales marinos, celomados, de simetría radiada y piel gruesa provista de placas y espinas calcáreas, que tienen en el interior del cuerpo un sistema de canales por donde circula el agua del mar; incluye dos subtipos: pelmatozoos y eleuterozoos; como la estrellamar y la holoturia.
equinoideo (*equino-* + *-oideo*) ***adj.-m.*** Equinodermo de la clase de los equinoideos. -2 ***m. pl.*** Clase de equinodermos eleuterozoos de cuerpo globoso erizado de espinas y protegido por un caparazón rígido formado por placas pentagonales.
equipaje (de *equipar*) ***m.*** Conjunto de cosas que se llevan de viaje. 2 MAR. p. us. Tripulación.
equipal (mej. *icpalli*) ***m.*** *Méj.* Silla de varas entretejidas, con el asiento y el respaldo de cuero o de palma tejida.
equipamiento ***m.*** Acción de equipar. 2 Efecto de equipar.
equipar (del fr. *équiper;* der del escand. *skipa,* equipar un barco y de *skip,* barco) ***tr.*** Proveer [a una nave] de todo lo necesario para su avío y defensa. 2 Proveer [a uno] de las cosas necesarias para su uso particular, esp. de ropa: *~* ***a uno con,*** o ***de,*** ***vestidos.***
equiparable ***adj.*** Que se puede equiparar.
equiparación ***f.*** Acción de equiparar. 2 Efecto de equiparar.
equiparar (l. *æquiparare*) ***tr.*** Comparar [una pers. o cosa] con otra, considerándolas o haciéndolas iguales o equivalentes: *~ un libro a,* o *con, otro; ~ el sueldo de dos categorías de funcionarios.*

equipo *m.* Acción de equipar. 2 Efecto de equipar. 3 Conjunto de ropas y otras cosas para uso particular de una persona: ~ *de soldado;* ~ *de novia.* 4 Grupo de personas y colección de utensilios, instrumentos y aparatos especiales organizados para un servicio determinado: ~ *de salvamento.* 5 Conjunto de aparatos técnicos que intervienen en la producción de un programa de radio o televisión. 6 Conjunto formado por los instrumentos y el material necesario para ejecutar una tarea. 7 Maquinaria, utillaje e instalaciones de una industria, laboratorio, etc. 8 Sistema de registro y reproducción del sonido de alta fidelidad constituido al menos por una fuente de sonido, un amplificador y dos pantallas acústicas. 9 Grupo que disputa a otro el triunfo en ciertos deportes: ~ *de fútbol.*

equipolado (fr. *equipolié*) *adj.* BLAS. V. escudo ~.
SIN. **Escaqueado.**

equipolencia *f.* LÓG. Equivalencia (igualdad).

equipolente (l. *æquipollente*) *adj.* LÓG. Equivalente (que equivale).

equiponderancia *f.* Igualdad en el peso.

equiponderar (*equi-* + *ponderar*) *intr.* Ser una cosa de igual peso que otra.

equipotencial (*equi-* + *potencial*) *adj.* FÍS. Que tiene la misma potencia o potencial.

equis *f.* Nombre de la letra *x*, y del signo de la incógnita en los cálculos. 2 Número desconocido o indiferente: *necesito* ~ *días para terminarlo.* 3 *Colomb.* y *Perú* Serpiente venenosa de hasta dos metros de largo y diez centímetros de diámetro; es de color amarillo con manchas pardas *(Bothrops lanceolatus).* ◇ Pl.: *equis.*
SIN. *3* **Tara, taya** (Colomb.).

equisetáceo, -a (l. *equisœtu,* cola de caballo) *adj.-f.* Planta de la familia de las equisetáceas. -2 *f. pl.* Familia de plantas pteridofitas, de rizoma feculento, tallos muy delgados, en cuyos nudos hay verticilos de hojas escamosas soldadas en corona, y esporangios formados en hojas especiales agrupadas en estróbilo en el extremo de los brotes fértiles; como la cola de caballo.

equisetal *adj.-f.* Planta del orden de las equisetales. -2 *f. pl.* Orden de plantas pteridofitas formado únicamente por la familia de las equisetáceas.

equisetíneo, -a *adj.* Perteneciente al grupo de plantas equisetáceas.

equiseto (l. *equisaetu*) *m.* BOT. Nombre genérico de las plantas pertenecientes a la familia de las equisetáceas *(Equisetum).*

equisonancia (*equi-* + *sonancia*) *f.* Equivalencia de sonido.

equitación (l. *-atione*) *f.* Arte de montar a caballo. 2 Acción o ejercicio de montar a caballo.

equitador *m. Amér.* Caballista, el que entiende de caballos.

equitativamente *adv. m.* De manera equitativa.

equitativo, -va *adj.* Que tiene equidad.

équite (l.) *m.* Ciudadano romano perteneciente a una clase intermedia entre los patricios y los plebeyos.

equiúrido *adj.-m.* Animal del tipo de los equiúridos. -2 *m. pl.* Tipo de gusanos marinos de cuerpo cilíndrico u ovoide y aspecto rugoso que viven en el interior de tubos en forma de u o en las hendiduras de las rocas.

equivalencia *f.* Igualdad en el valor, potencia o eficacia. 2 GEOM. Igualdad de áreas y volúmenes en figuras y sólidos diferentes.

equivalente *adj.* Que equivale a otra cosa. 2 [figura, sólido] Que tiene igual área o volumen y forma diferente. -3 *m.* QUÍM. Cantidad de los distintos elementos que tienen el mismo valor químico, tomándose por unidad el equivalente de uno de ellos, gralte. el hidrógeno.

equivaler (l. *æquivalere*) *intr.* Ser igual una cosa a otra en el valor, potencia o eficacia. 2 GEOM Ser de igual valor las áreas de dos figuras planas distintas o las áreas o volúmenes de dos sólidos también diversos. ◇ ** CONJUG. [89] como *valer.*
SIN. **Escaqueado.**

equivocación *f.* Acción de equivocar o equivocarse. 2 Efecto de equivocar o equivocarse. 3 Cosa hecha equivocadamente.
SIN. V. **Error.**

equivocadamente *adv. m.* Con equivocación.

equívocamente *adv. m.* Con equívoco; con dos sentidos.

equivocar (de *equívoco*) *tr.-prnl.* Tener o tomar [una cosa] por otra juzgando u obrando desacertadamente: ~ *un galgo con un podenco;* ~ *la vocación; equivocarse en el precio.* ◇ ** CONJUG. [1] como ***sacar.*** ◇ Impropio por *engañar.*
FR. *Equivocarse una cosa con otra,* semejarse mucho y parecer una misma.

equivocidad *f.* Calidad o condición de equívoco.

equívoco, -ca (l. *aequivocu*) *adj.* Que puede entenderse en varios sentidos. 2 Que inspira sospecha: *conducta equívoca.* -3 *m.* Palabra cuya significación conviene a diferentes cosas. 4 RET. Figura que consiste en emplear adrede palabras equívocas: *¿Cómo es eso de prima?, preguntó Critilo. Ese nombre de prima no me suena bien... Sí, hará, porque es muy cuerda (*Gracián*).* 5 *Amér.* Equivocación.
SIN. *1* V. **Anfibología.**

equivoquista *com.* Persona que con frecuencia usa de equívocos.

-er, v. -ero.

Er, símbolo químico del *erbio.*

I) era (l. *œra*) *f.* Fecha determinada desde la cual, en la cronología, se empiezan a contar los años: ~ ***común, vulgar, de Cristo*** o ***cristiana,*** la que empieza a contarse a partir del nacimiento de Cristo; ~ ***española*** o ***de César,*** la que empieza a contarse treinta y ocho años antes de la cristiana. 2 Época notable en que empieza un nuevo orden de cosas: *vino una* ~ *de paz.* 3 Temporada larga. 4 Gran período en que, junto a otros, se divide para su estudio la historia de la corteza del globo terrestre, desde el punto de vista geológico.

II) era (l. *area*) *f.* Espacio descubierto, llano y a veces empedrado, donde se trillan las mieses. 2 Espacio análogo al anterior donde se machacan y limpian minerales, hacen las mezclas los albañiles, etc. 3 Cuadro pequeño de tierra destinado al cultivo de flores y hortalizas. 4 *Bol.* Vasija donde fermenta la chicha.

-era, v. -ero.

eraje *m. Ar.* Miel virgen.

eral *m.* Novillo que no pasa de dos años.

erar *tr.* Formar eras (para plantas) [en un terreno].

erario (l. *œrariu*) *m.* Tesoro público. 2 Lugar donde se guarda.
SIN. *1* **Fisco.**

erasmiano, -na *adj.* Que sigue la pronunciación griega, atribuida erróneamente a Erasmo (¿1469?-1536), fundada en la traslación fonética literal.

erasmismo *m.* Ideología suscitada en el s. XVI por el humanista Erasmo de Rotterdam (¿1469?-1536).

erasmista *adj.-com.* Partidario del erasmismo o influido por él.

Erato *n. pr.* MIT. Musa de la poesía lírica, esp. amatoria.

erbedo *m. Ast.* Madroño, árbol.

erbio *m.* Elemento metálico (símbolo *Er*) del grupo de las tierras raras, de número atómico 68 y peso atómico 167,7. Se encuentra unido al itrio y al terbio en algunas minas de Grecia.

ercer *tr. Sant.* Levantar.

ere *f.* Nombre de la letra *r* en su sonido simple; como en *ara, arena.*

erebo (gr. *érebos*) *m.* Infierno, averno.

erección (l. *erectione*) *f.* Acción de levantar, levantarse, enderezarse o ponerse rígida una cosa. 2 Efecto de levantar, levantarse, enderezarse o ponerse rígida una cosa. 3 Fundación o institución. 4 Tensión (tirantez).

eréctil *adj.* Que tiene la facultad de levantarse, enderezarse o ponerse rígido.

erectilidad *f.* Calidad de eréctil.

erecto, -ta (l. *-u*) *adj.* Enderezado, rígido. 2 BOT. Dispuesto en ángulo recto respecto a la parte que crece.

erector, -ra (l. *-ore*) *adj.-s.* Que erige.

eremita (gr. *eremites* < *éremos,* desierto) *m.* Ermitaño.

eremítico, -ca *adj.* Relativo al ermitaño.

eremitorio *m.* Paraje donde hay una o más ermitas.

erepsina *f.* Fermento que se encuentra en el jugo intestinal.

erete *m. Hond.* Colmena de abejas negras.

eretismo (gr. *erethismós*) *m.* MED. Exaltación de las propiedades vitales de un órgano.

erétrico, -ca *adj.* Relativo a Eretria, c. de la isla de Eubea.

erg *m.* Nombre del ergio en la nomenclatura internacional. 2 Desierto arenoso formado por dunas de morfología y dimensiones variables.

ergasiofobia (gr. *ergasía,* trabajo + *-fobia*) *f.* Aversión morbosa al trabajo.
SIN. **Ergofobia.**

ergástula *f.* Ergástulo.

ergástulo (l. *-lu*) *m.* Cárcel de la ant. Roma destinada a esclavos.

ergímetro *m.* ELECTR. Aparato para medir el trabajo eléctrico. 2 FÍS. Aparato destinado a medir la fuerza de contracción muscular.

ergio (gr. *ergon,* trabajo) ***m.*** FÍS. Unidad de trabajo en el sistema cegesimal, equivalente a la fuerza de una dina cuando se desplaza 1 cm. en la dirección de dicha fuerza.
ergo- (gr. *ergon,* trabajo) Elemento prefijal que entra en la formación de palabras con el significado de trabajo muscular, actividad: *ergoterapia.*
ergofobia (*ergo-* + *-fobia*) ***f.*** Ergasiofobia.
ergógrafo (*ergo-* + *-grafo*) ***m.*** Aparato para la medición y el estudio del trabajo muscular.
ergología (*ergo-* + *-logía*) ***f.*** Parte de la fisiología que estudia la actividad muscular.
ergometría (*ergo-* + *-metría*) ***f.*** Medida del trabajo realizado por algún músculo, por un grupo de ellos, o por el organismo en general.
ergonomía (*ergo-* + *-nomía*) ***f.*** Estudio de las condiciones de adaptación recíproca del hombre y su trabajo, o del hombre y una máquina o vehículo.
ergonómico, -ca ***adj.*** Perteneciente o relativo a la ergonomía.
ergonomista ***com.*** Especialista en ergonomía.
ergónomo, -ma ***m. f.*** Ergonomista.
ergoterapia (*ergo-* + *-terapia*) ***f.*** Reeducación de los enfermos o impedidos por el trabajo manual, para su reinserción en la vida social.
ergotina (fr. *ergotine,* der. de *ergot,* cornezuelo) ***f.*** Substancia tóxica que se extrae del cornezuelo del centeno; se emplea en medicina.
I) ergotismo (v. *ergotina*) ***m.*** Enfermedad producida en el centeno por el cornezuelo. 2 Intoxicación producida por haber comido pan de centeno atacado de ergotismo.
II) ergotismo (l. *ergo,* pues) ***m.*** Argumentación silogística. 2 Costumbre o manía de ergotizar.
ergotista ***adj.-com.*** Persona que ergotiza.
ergotizante ***adj.*** Ergotista.
ergotizar (l. *ergo,* pues) ***intr.*** Abusar de la argumentación silogística. ◇ ** CONJUG. [4] como ***realizar.***
erguén ***m.*** Árbol sapotáceo, espinoso, de madera dura y semillas oleaginosas, propio de Andalucía y el norte de África *(Argania spinosa).*
SIN. **Argán.**
erguimiento ***m.*** Acción de erguir o erguirse. 2 Efecto de erguir o erguirse.
erguir (v. *erigir*) ***tr.-prnl.*** Levantar y poner derecha [una cosa]: *~ la cabeza.* -2 ***prnl.*** fig. Engreírse, ensoberbecerse. ◇ ** CONJUG. [70].
-ería, v. -ía.
ería ***f.*** *And.* Erial. 2 *Ast.* Terreno de grande extensión, todo o la mayor parte labrantío, cercado y dividido en muchas hazas correspondientes a varios dueños o llevadores.
erial ***adj.-m.*** Tierra o campo sin cultivar ni labrar. -2 ***m.*** *Sal.* Ternero.
SIN. **Baldío, dehesa, ería, eriazo, erío, lleco, posío, sarda, tomillar, valuto.**
eriazo, -za ***adj.-m.*** Erial.
ericáceo, -a (l. *erice,* jara, del gr. *erike*) ***adj.-f.*** Planta de la familia de las ericáceas. -2 ***f. pl.*** Familia de plantas dicotiledóneas que incluye matas o arbustos de hojas casi siempre alternas, coriáceas y persistentes, flores solitarias o en inflorescencias, de cáliz persistente, y fruto en cápsula, baya o drupa; como la azalea.
ericales ***f. pl.*** Orden de plantas dentro de la clase dicotiledóneas, con las hojas sencillas y las flores hermafroditas, actinomorfas y completas.
ericillo ***m.*** Equinoideo de forma de disco, con un caparazón de hasta 1,5 cm. de longitud, provisto de púas cortas de color verde *(Echinocymus pusillus).*
érico ***m.*** Consuelda menor.
Erídano (l. *eridanus*) ***n. pr.*** Constelación austral situada entre la Ballena y la Liebre.
erigidecer ***tr.-prnl.*** Poner rígida alguna cosa. ◇ ** CONJUG. [43] como ***agradecer.***
erigir (l. *erigere;* doble etim. *erguir*) ***tr.*** Fundar, instituir o levantar: *~ un templo.* -2 ***tr.-prnl.*** Elevar [a una pers. o cosa] a cierta condición. ◇ ** CONJUG. [6] como ***dirigir.***
Erín ***n. pr.*** Nombre poético de Irlanda.
erina (fr. *érine*) ***f.*** CIR. Instrumento de uno o dos ganchos que usan los cirujanos para sujetar y mantener separadas las partes sobre que operan.
eringe (gr. *éryngos*) ***f.*** Cardo corredor.
eringio ***m.*** Eringe, cardo corredor.
erinia ***f.*** MIT. V. Furia.
-erio (l. *-eriu*) Sufijo que entra en la formación de substantivos cultos de origen latino: *improperio;* a imitación suya se formaron algunos der. romances, como *sahumerio, gatuperio.* ◇ No hay que confundirlo con el sufijo gr. *-terio,* que significa lugar: *cementerio, monasterio.*
erío, -a ***adj.-m.*** Erial.
eriotecnia (gr. *érion,* lana + *-tecnia*) ***f.*** Estudio de la lana, esp. en lo relativo a sus aplicaciones industriales.
eriómetro (gr. *érion,* lana + *-metro*) ***m.*** y FÍS. Instrumento para medir diámetros muy pequeños mediante métodos de difracción.
erisifales ***m. pl.*** Orden de hongos, dentro de la subclase euascomicétidas, parásitos de vegetales superiores, a los que producen una enfermedad conocida como oidio o ceniza.
erísimo ***m.*** Planta crucífera, cerdosa, con flores amarillas en racimos, hojas basales pinnado-lobuladas y frutos en silicuas *(Sisymbrium officinale).*
erisipela (gr. *erysípelas* < *ereutho,* enrojecer + *pela,* cerca) ***f.*** Enfermedad aguda, febril y contagiosa, caracterizada por una inflamación difusa de la piel y las membranas mucosas.
erisipelar ***tr.-prnl.*** Causar erisipela.
erisipelatoso, -sa ***adj.*** Relativo a la erisipela o de su naturaleza.
erístico, -ca (gr. *eristikós* < *eristós,* disputable) ***adj.*** Apl. a la escuela socrática de Megara. 2 Que abusa del procedimiento dialéctico.
eritema (gr. *erythema,* rubicundez) ***m.*** Enrojecimiento de la piel debido a la congestión de los capilares.
eritreo, -a (gr. *erythraiós*) ***adj.-s.*** Relativo al Mar Rojo.
eritrina ***f.*** Mineral de la clase de los arseniatos que cristaliza en el sistema monoclínico, clase prismática, que se presenta en cristales aciculares de color rojo, con brillo nacarado o vítreo.
eritro- (gr. *erythrós,* rojo) Elemento prefijal que entra en la formación de palabras con el significado de rojo.
eritrocito (*eritro-* + *-cito* I) ***m.*** Hematíe.
eritrosina ***f.*** Substancia colorante obtenida por la acción del yodo sobre la fluoresceína. Se usa como colorante de alimentos.
eritroxiláceo, -a (*eritro-* + gr. *xylon,* madera) ***adj.-f.*** Planta dicotiledónea, arbolillo o arbusto tropical, de hojas con estípulas escamosas, flores blanquecinas o de color amarillo verdoso, apareadas en panojas pequeñas, y fruto en drupa; las partes leñosas de algunas especies contienen una substancia tintórea roja; como el arabo. -2 ***f. pl.*** Familia de estas plantas.
eritroxíleo, -a ***adj.*** Eritroxiláceo.
erizado, -da ***adj.*** Cubierto de púas o espinas; como el espín. 2 Tieso.
SIN. **Hirsuto, híspido.**
erizamiento ***m.*** Acción de erizar o erizarse. 2 Efecto de erizar o erizarse.
erizar ***tr.-prnl.*** Levantar, poner rígida y tiesa [una cosa] como las púas del erizo: *el gato erizó el pelo; el pelo se le erizó [al gato].* 2 fig. Llenar o estar llena [una cosa] de obstáculos, asperezas: *~ el negocio de dificultades; la vida está erizada de problemas.* -3 ***prnl.*** inus. Inquietarse, azorarse. ◇ ** CONJUG. [4] como ***realizar.***
erizo (l. *ericiu*) ***m.*** Mamífero insectívoro de unos 30 cms. de largo, con el dorso y los costados cubiertos de púas, y capaz de arrollarse en forma de bola *(Erinaceus europaeus).* 2 *~* ***de mar*** o ***marino,*** equinodermo equinoideo, de figura de esfera aplanada, con la concha llena de púas *(gén. Echinus).* 3 Mata leguminosa, de ramas entrecruzadas, muy espinosas, y flores azules o violadas *(Calycotome spinosa).* 4 Cúpula espinosa de la castaña y otros frutos. 5 Conjunto de púas de hierro que corona y defiende lo alto de un parapeto o muralla. 6 fig. Persona de carácter áspero.
SIN. *2* **Equino.**
erizón ***m.*** Asiento de pastor. 2 PINT. fig. Cierto peinado mujeril del s. XVIII, con aspecto de erizo.
ermita (de *eremita*) ***f.*** Capilla o santuario situado gralte. en despoblado. 2 vulg. Taberna, ventorrillo.
ermitaño, -ña ***m. f.*** Persona que vive en la ermita y cuida de ella. -2 ***m.*** Asceta que vive en soledad. 3 Crustáceo decápodo anomuro que, para proteger su abdomen, se aloja en la concha vacía de algún molusco *(gén. Pagurus; Coenobita)*
SIN. *1* y *2* **Eremita,** esp. en la acep. 2 y refiriéndose a los primitivos ascetas cristianos que se retiraban al yermo. *3* **Paguro, solitario.**
ermitorio ***m.*** ant. Eremitorio.

ermunio (b. l. *ermuniu* < l. *immunis*) *m.* Antig., todo el que estaba libre de servicio o tributo ordinario.

-ero, -er, -era, sufijo que entra en la formación de palabras con el sentido de oficio: *aduanero;* árbol: *membrillero;* lugar: *abejera;* pertenencia o relación: *dominguero, rinconera, boquera;* la forma apocopada *-er (mercader)* está influida por fr. prov. cat., lo mismo que la forma *-el* derivada de esta: *lebrel* (ant. *lebrero, lebrer).* ◇ V. *-el.*

erogación *f.* Acción de erogar. 2 Efecto de erogar. 3 *Perú* y *Venez.* Donativo, aportación.

erogante *adj.-s. Amér.* Persona que eroga.

erogar (l. *-are*) *tr.* Distribuir [bienes o caudales]. 2 *Perú* y *Venez.* Aportar una cantidad, contribuir. 3 *Argent., Méj.* y *Parag.* Pagar las deudas. ◇ ** CONJUG. [7] como ***llegar.***

erogatorio (l. *-u*) *m.* desus. Cañón por donde se distribuye el licor que está en algún vaso o depósito.

erógeno, -na (gr. *eros,* amor + *-geno*) *adj.* Que produce o es sensible a la excitación sexual.

-erón, v. -ón.

Eros *n. pr.* MIT. Dios del amor, hijo de Venus. Entre los romanos, Cupido. 2 ASTRON. Nombre dado al asteroide 433, muy notable por acercarse más que Marte a la Tierra.

erosión (l. *-ione*) *f.* Depresión producida en la superficie de un cuerpo por el roce de otro. 2 GEOL. Desmoronamiento producido en la corteza terrestre por la acción de los agentes externos, esp. el agua y el aire. 3 Lesión superficial de la epidermis producida por un agente externo mecánico; excoriación. 4 Degradación del ánima de una boca de fuego, originada por falta de homogeneidad de su metal, por deficientes condiciones del proyectil o de la carga, o por excesiva velocidad o prolongación del fuego. 5 fig. Desgaste de prestigio o influencia que pueden sufrir una persona, una institución, etc.

erosionable *adj.* Susceptible de erosión.

erosionar *tr.* Producir erosión. -2 *prnl.* fig. Desgastar el prestigio o influencia de una persona, una institución, etc.

erosivo, -va *adj.* Relativo a la erosión.

erostratismo (del nombre de *Eróstrato,* que incendió el templo de Artemisa en Éfeso) *m.* Manía que lleva a cometer actos delictivos para conseguir renombre.

erot-, v. eroto-.

erotema (gr. *erótema*) *f.* RET. Interrogación (figura).

erótico, -ca (gr. *erotikós; eros,* amor) *adj.* Amatorio. 2 Perteneciente o relativo al amor sensual. 3 [género de poesía] Que trata de asuntos amorosos o sexuales. -4 *adj.-s.* Poeta que cultiva este género de poesía. -5 *f.* Composición poética de dicho género.

erotismo *m.* Pasión de amor. 2 Amor sensual exacerbado. 3 Condición de erótico.

erotización *f.* Acción de erotizar. 2 Efecto de erotizar.

erotizar *tr.* Dar contenido o significación erótica [a algo]. ◇ ** CONJUG. [4] como ***realizar.***

eroto-, erot- (gr. *eros, érotos,* amor) Elemento prefijal que entra en la formación de palabras con el significado de erotismo.

erotógeno, -na *adj.* Erógeno.

erotólogo, -ga (*eroto-* + *-logo*) *m. f.* Especialista en problemas del erotismo.

erotomanía (*eroto-* + *manía*) *f.* Enajenación mental caracterizada por un delirio erótico.

erotómano, -na *adj.* Que padece erotomanía.

errabundo, -da (l. *-us*) *adj.* Errante.

erradamente *adv. m.* Con error o engaño.

erradicación *f.* Acción de erradicar. 2 Supresión, mediante medidas terapéuticas y profilácticas, de una enfermedad generalmente contagiosa.

erradicar (l. *eradicare*) *tr.* Arrancar de raíz. ◇ ** CONJUG. [1] como ***sacar.***

erradizo, -za *adj.* Que anda errante y vagando.

errado, -da *adj.* Que yerra. -2 *f.* En el juego de billar, lance de no tocar el jugador a la bola que debe herir. ◇ HOMÓF.: *herrada* (f.).

erraj (probl. vasco) *m.* Cisco de huesos de aceituna machacados.
SIN. **Herraj, herraje, piñuelo.**

errante *adj.* Que anda vagando de una parte a otra.
SIN. **Radio, -a, erradío** (ant.), **erradizo; nómada.**

errar (l. *errare*) *tr.-intr.-prnl.* No acertar: *~ el blanco; ~,* o *errarse, en la respuesta;* equivocar: *~ la vocación; errarse en la vocación, en el precio.* -2 *tr.* Faltar, no cumplir con lo que se debe: *los vasallos erraron a su señor.* -3 *intr.* Andar vagando de una parte a otra. 4 p. anal. Divagar el pensamiento, la imaginación, etc. ◇ ** CONJUG. [57]. ◇ HOMÓF.: *herrar* (v.).

errata *f.* Equivocación material en lo impreso o lo manuscrito.
SIN. v. **Error.**

errático, -ca *adj.* Vagabundo, sin domicilio cierto. 2 GEOL. [piedra] Que es arrastrada y abandonada por los heleros; es de gran tamaño y de constitución diferente a las del suelo circundante. 3 MED. Errante: *dolor ~.* 4 ANGL. Excéntrico, extravagante.

errátil *adj.* Errante, incierto, variable.

erre *f.* Nombre de la letra *r* en su sonido múltiple: *ramo, enredo, parra.*

-érrimo, -érrima (l. *errimus*) Sufijo que entra en la formación de algunos superlativos cultos heredados del latín: *aspérrimo* (áspero), *acérrimo* (acre), *celebérrimo* (célebre), *libérrimo* (libre), *pulquérrimo* (pulcro), etc.

erro *m. Amér.* Error, yerro.

-erro, v. -rro -rra.

errona *f. Chile.* ant. Suerte en que no acierta el jugador.

erróneamente *adv. m.* Con error.

erróneo, -a (l. *-eu*) *adj.* Que contiene error: *juicio ~; explicación errónea.*

error (l.) *m.* Acción del que juzga verdadero lo que es falso: *cometer un ~.* 2 Concepto, doctrina, opinión, no verdaderos, falsos: *vivir en el ~.* 3 Acción desacertada o equivocada. 4 DER. Vicio del consentimiento causado por equivocación de buena fe, que anula el acto jurídico. 5 FÍS. Término que designa las pequeñas diferencias del valor exacto con el observado.
SIN. *1* y *2* **Inadvertencia** y **confusión,** acentúan en gral. el carácter involuntario del error, y por ello tienen con frecuencia matiz eufemístico; **equivocación,** es igualmente más suave que *error*; **yerro, falta, desatino** (intens.), pueden referirse a un error intelectual o a un error en la conducta; **desacierto,** es su expr. atenuada; **coladura** y **piña,** su expr. burlesca; **gazapo,** es descuido involuntario en lo que se habla o escribe; **errata** o **yerro,** error material en lo escrito.

erubescencia (l. *-ntia*) *f.* Rubor, vergüenza.

erubescente *adj.* Que se pone rojo, que se sonroja.

eruciforme (l. *eruca,* oruga + *-forme*) *adj.* ZOOL. [larva] Que posee un cuerpo carnoso cilíndrico, integumento débilmente quitinizado, antenas reducidas y patas torácicas. 2 Que se parece a una oruga.

eructación *f.* Eructo.

eructar (l. *-are*) *intr.* Expeler con ruido por la boca los gases estomacales.
SIN. **Erutar, regoldar** (vulg.); **rotar,** Ar. y Ast.

eructo *m.* Acción de eructar. 2 Efecto de eructar.
SIN. **Regüeldo,** vulg.

erudición (l. *-itione*) *f.* Conocimiento amplio de un tema o materia, esp. de literatura e historia. 2 Vasto conocimiento de los documentos relativos a una ciencia.

eruditamente *adv. m.* Con erudición.

erudito, -ta (l. *-tu*) *adj.-s.* Que tiene erudición: *~ en historia.*
SIN. **Noticioso,** adj.

eruginoso, -sa (l. *œruginosu*) *adj.* Ruginoso.

erupción (l. *-tione*) *f.* Aparición y desarrollo en la piel o las mucosas de granos, manchas o vesículas. 2 Estos mismos granos, o manchas. 3 Emisión de materias sólidas, líquidas o gaseosas por aberturas o grietas de la corteza terrestre: *la ~ de un volcán.*

eruptivo, -va *adj.* Relativo a la erupción o procedente de ella: *enfermedad ~; rocas eruptivas.*

erutación *f.* desus. Eructo.

erutar *intr.* desus. Eructar.

ervato *m.* Servato.

ervilla (l. *ervilia,* yero) *f.* Yeros.

es-, prefijo que entra en la formación de palabras con el significado de fuera, más allá: *estirar, escoger, estremecer.* ◇ Como su significado está muy cerca del de privación o separación que corresponde a *des-* (l. *dis-*), y la *d* desaparece con facilidad, se ha producido entre ambos prefijos una confusión que ha creado numerosas formas dobles, aun en la lengua literaria: *escabullirse* y *descabullirse, espabilar* y *despabilar, escampado* y *descampado.* En el habla vulgar, estas confusiones son más comunes: *(d)esnucar (d)espachar*, o la inversa, *desagerar, desaminar* por exagerar, examinar. V. ex-.

-és, -esa, sufijo, forma vulgar del sufijo *-ense* (l. *-ensis*), que entra en la formación de adjetivos y nombres gentilicios: *francés, aragonés;* en su origen la forma *-és* servía para los dos géneros, pero pronto se formó un femenino analógico *-esa*, con excepción de *cortés*. 2 En algunas palabras, la terminación femenina en *-esa* no guarda relación con este sufijo, sino que procede del l. *-issa*, tales como *abadesa, condesa* (l. *abbatissa, comitissa*); a su imitación se han formado *alcaldesa, baronesa* y algunas más.

Esaú *n. pr.* Hijo mayor de Isaac y Rebeca. Vendió su primogenitura a su hermano Jacob (*Gén. XXVII*).

esbarar *intr.* desus. Resbalar.

esbardo *m. Ast.* Osezno.

esbarizar *intr. Ast.* Resbalar. ◇ ** CONJUG. [4] como ***realizar.***

esbatimentar *tr.* PINT. Hacer o delinear un esbatimento [en un cuadro, dibujo, figura, etc.]. -2 *intr.* Causar sombra un cuerpo en otro.

esbatimento (it. *sbattimento*) *m.* PINT. Sombra que hace un cuerpo sobre otro.

SIN. **Batimento.**

esbeltez *f.* Calidad de esbelto. 2 Elegancia, delicadeza de una cosa.

esbelteza *f.* ant. Esbeltez.

esbelto, -ta (it. *svelto;* part. de *svèllere,* der. del l. *evellere*) *adj.* Gallardo, de gentil y descollada altura.

esbinzar *tr. Cuen.* Desbriznar [la flor del azafrán]. ◇ ** CONJUG. [4] como ***realizar.***

esbirro (it. *sbirro*) *m.* desp. Alguacil (oficial). 2 El que tiene por oficio prender a las personas o ejecutar personalmente órdenes de las autoridades; como policías, guardias, verdugos, consumeros, etc. 3 Persona que sirve a quien le paga para ejercer violencias o desafueros.

esblencar *tr.* Desbriznar [la flor del azafrán]. ◇ ** CONJUG. [1] como ***sacar.***

esborregar *intr. León* y *Sant.* Caer de un resbalón, rodar. -2 *prnl.* Desmoronarse un terreno. ◇ ** CONJUG. [7] como ***llegar.***

esbozar *tr.* Bosquejar. 2 Insinuar un gesto, normalmente del rostro. ◇ ** CONJUG. [4] como ***realizar.***

esbozo (it. *sbozzo*) *m.* Bosquejo (acción y efecto). 2 p. ext. Aquello que puede alcanzar mayor desarrollo y perfección. 3 BIOL. Tejido, órgano o aparato embrionario que todavía no ha adquirido su forma y su estructura definitivas.

esbrencar *tr.* Desbriznar [la flor del azafrán]. ◇ ** CONJUG. [1] como ***sacar.***

-esca, v. -sco, -sca.

escaba *f. Ar.* Desperdicio del lino.

escabechado, -da *adj.* p. us. Que se escabecha (tiñe) o se pinta el rostro.

escabechar *tr.* Echar [un manjar] en escabeche. 2 fig. *y* p. us. Teñir [las canas]: ~ *las canas a uno; escabecharse uno las canas.* 3 fig. *y* fam. Matar a mano airada. 4 fig. *y* fam. Suspender o reprobar [a uno] en un examen.

escabeche (ár. *çicbech*) *m.* Adobo de vinagre, laurel y otros ingredientes, para la conservación de pescados y otros manjares. 2 Pescado puesto en escabeche. 3 fig. *y* p. us. Líquido para teñir el pelo.

escabechina *f.* fam. Destrozo, estrago. 2 Abundancia de suspensos en un examen.

escabel (l. *scabellu*) *m.* Tarima pequeña colocada delante de la silla para descansar los pies el que está sentado. 2 Asiento pequeño hecho de tablas, sin respaldo. 3 fig. *y* p. us. Persona o circunstancia de que uno se aprovecha para medrar. 4 ARQ. Base de los sitiales góticos, que afecta la forma de escalón bastante elevado del nivel del suelo.

SIN. *1* **Escañuelo.**

escabicida (l. *scabies,* sarna + *-cida*) *m.* Substancia usada en el tratamiento de la sarna, dirigido especialmente a la eliminación del arador, agente productor de esta enfermedad.

escabiosa (del l. *scabies,* sarna, que dio el adj. *scabiosu,* rugoso) *f.* Planta herbácea dipsacácea, de tallo velloso, hojas ovaladas las inferiores y lobuladas las superiores, flores azuladas y fruto con abundantes semillas; se ha usado en medicina (gén. *Scabiosa).* 2 *Cuba.* Planta escrofulariácea de florecillas blancas *(Dalea sericea).*

SIN. *1* **Mordisco del diablo.**

escabioso, -sa (l. *-osu*) *adj.* Relativo a la sarna.

escábrido, -da *adj.* Cubierto de pelos cortos y tiesos. 2 Áspero al tacto.

escabro (l. *scabru,* aspereza) *m.* Roña de las ovejas que echa a perder la lana. 2 Enfermedad que padecen en la corteza los árboles y las vides.

escabrosamente *adv. m.* Con escabrosidad.

escabrosearse *prnl.* Hacerse escabroso.

escabrosidad *f.* Calidad de escabroso.

escabroso, -sa (l. m. *scabrosu,* del l. *scaber,* áspero, tosco; en relac. con *scabere,* rascar) *adj.* Desigual, lleno de embarazos: *terreno* ~. 2 fig. Áspero, duro: *carácter* ~. 3 fig. Que está al borde de lo inconveniente o de lo inmoral: *los pasajes escabrosos de un libro.*

SIN. *1* **Abrupto, fragoso.**

I) escabuchar *tr. Sal.* Pisar los erizos de las castañas para que suelten el fruto.

II) escabuchar *tr. Logr.* y *Pal.* Escardar, escavanar.

escabuche *m.* Azada pequeña para escardar.

escabullar *tr. Sal.* Quitar el cascabillo a la bellota. -2 *prnl. Amér.* Escabullirse.

escabullimiento *m.* Acción de escabullirse.

escabullir (probl. del l. v. *excapulare,* escaparse de un lazo, de *capere,* coger) *intr.* EQUIT. inus. Escapar. -2 *prnl.* Irse o escaparse de entre las manos: *escabullirse una anguila.* 3 fig. Salirse uno sin que le echen de ver: *escabullirse entre, de entre,* o *por entre, los grupos.* ◇ ** CONJUG. [41] como ***mullir.***

SIN. **Descabullirse.**

escacado, -da *adj.-s.* BLAS. Escaqueado.

escachalandrado, -da *adj. Amér. Central* y *Colomb.* Descuidado, desaseado.

escachar *tr.* Cascar, aplastar, despachurrar. 2 Cachar, hacer cachos, romper.

escacharrar *tr.-prnl.* Romper [un cacharro]. 2 fig. Malograr, estropear [una cosa].

escachifollar *tr.* Cachifollar. 2 vulg. Hacer trozos o añicos algo.

escaderado, -da *adj.* Descaderado.

escaderar *tr.-prnl.* Descaderar.

escaecer *intr. Albac., And., Sal.* y *Segov.* Descaecer, desfallecer, enflaquecer. ◇ ** CONJUG. [43] como ***agradecer.***

escafandra *f.* Escafandro.

escafandrista *com.* Buzo que trabaja protegido por una escafandra

SIN. *v.* **Submarinista.**

escafandro (gr. *skaphe,* barco + *áner, andrós,* hombre; a través del fr. *scaphandre*) *m.* Vestidura impermeable completada con un casco de bronce perfectamente cerrado, con orificios y tubos para renovar el aire; sirve para permanecer y trabajar debajo del agua.

escafilar *tr.* Descafilar.

escafoides (gr. *skaphe,* barco + *-oides*) *adj.-m.* Hueso más externo y grueso de la primera fila del carpo. 2 Hueso del pie situado delante del astrágalo.

SIN. **Hueso navicular.**

escagarruzarse *prnl.* vulg. Hacer de vientre involuntariamente. ◇ ** CONJUG. [4] como ***realizar.***

escajo (b. j. **squaleu* < *squalu,* descuidado) *m.* Escalio. 2 *Sant.* Tojo (arbusto).

escajocote (mej. *ichcaxocotl*) *m.* Árbol corpulento de Amér. Central, que produce un fruto ácido algo menor que una ciruela y que tiene el aspecto de una bola de algodón cuando se le quita la cáscara.

escala (l. *scala*) *f.* Escalera de mano. 2 Línea graduada, dividida en partes iguales, para medir algo, esp. las variaciones en ciertos instrumentos: ~ *termométrica;* ~ *barométrica.* 3 Proporción entre las dimensiones de un dibujo, mapa, plano, etc., y las del objeto que representa; su representación gráfica: ***en grande*** ~, ***a gran*** ~, por mayor, en montón, en grueso. 4 Serie graduada de cosas distintas, pero de la misma especie: ~ *de colores.* 5 Paraje o puerto adonde toca un navío durante su viaje: *hacer* ~ *en La Habana.* 6 MIL. Escalafón: ~ *cerrada;* ~ *de reserva.* 7 MÚS. Sucesión ordenada de sonidos por grados conjuntos: ~ ***diatónica,*** la formada por cinco tonos y dos semitonos; ~ ***cromática,*** la que procede por semitonos

SIN. *2* **Pitipié.** *4* y *7* **Gama.** *5* **Estala.**

escalable *adj.* Que puede ser escalado.

escalaborne *m.* Trozo de madera tallada del que se obtiene, al desbastarlo, la culata de un arma de fuego.

escalabrar *tr.-prnl.* Descalabrar.

escalada *f.* Acción de escalar. 2 Efecto de escalar. 3 Aumento o intensificación rápido y por lo gral. alarmante [de alguna cosa, como precios, actos delictivos, gastos, armamentos, etc.]. 4 DEP. En ciclismo, subida muy pronunciada o muy larga.

escalado, -da *adj.* [animal] Abierto en canal para salar o curar su carne.

escalador, -ra *adj.-s.* Que escala. -2 *m.* Obrero portuario que realiza la desestiba de los buques de pesca, incluso en la nevera; limpia y clasifica el pescado, lo transborda y descarga en el muelle. 3 DEP. En ciclismo, corredor especialista en subir por pendientes largas
SIN. *3* **Subidor.**

escalafón *m.* Lista de individuos de una corporación, clasificados según su grado, antigüedad, etc.

escalamiento *m.* Acción de escalar. 2 Efecto de escalar.

escálamo (v. *escalmo*) *m.* Tolete.

I) escalar *tr.* Entrar [en una plaza u otro lugar] valiéndose de escalas. 2 en gral. Subir, trepar a una gran altura. 3 Entrar subrepticia o violentamente [en un lugar cercado, saltar una tapia, etc.]. 4 Levantar la compuerta [de la acequia] para dar salida al agua. 5 fig. Subir, no siempre por buenas artes, a elevadas dignidades.

II) escalar *adj.-s.* FÍS. Magnitud en que, para expresar una cantidad de ellas, basta hacerlo mediante un número que indique la intensidad en aquel fenómeno. Este número varía al cambiar la unidad elegida; por el contrario, es insensible a los cambios de coordenadas que no impliquen cambios de unidades.
CONTR. **Vectorial.**

escalaria *f.* Molusco gasterópodo marino, provisto de una concha arrollada en helicoidal que varía de color, desde incoloro a pardo rojizo *(Clathrus clathrus).*

escalda *m.* Escaldo.

escaldado, -da *adj.* fig. Escarmentado, receloso. 2 [mujer] Muy ajada y deshonesta en su trato. -3 *f. Zam.* Guisado de patatas y berzos.

escaldadura *f.* Acción de escaldar. 2 Efecto de escaldar.

escaldar (b. l. *excaldare*) *tr.* Bañar con agua hirviendo [una cosa]. 2 Abrasar con fuego [una cosa], poniéndola al rojo. -3 *prnl.* Escocerse (sahornarse).
SIN. **Rescaldar.**

escaldillas *f. pl.* Postre dulce típico de Cáceres en bodas y bautizos.

escaldo (escand. *scald,* cantor) *m.* Ant. poeta escandinavo, autor de cantos heroicos y de sagas.

escaldón *m.* Plato típico de Canarias, confeccionado con gofio, tocino, ajo, azafrán, pimiento verde y hojas de hierbabuena.

escaldrante *m.* MAR. Palo asegurado en la cubierta o costado de una embarcación, para amarrar en él la escota de una vela.

escaldufar *tr. Murc.* Sacar porción de caldo de la olla.

escaleno (gr. *skalenós,* oblicuo; a través del l. *scalenu*) *adj.* V. triángulo escaleno. 2 [cono o pirámide] Cuyo eje es oblicuo a la base. -3 *adj.-m.* Músculo que hay a cada lado del cuello.

escalenoedro (*escaleno* + *-edro*) *m.* CRIST. Forma del sistema hexagonal que tiene doce caras triángulos escalenos.

escalentamiento *m.* Enfermedad que sufren los animales en los pies y en las manos. 2 *Ecuad.* Irritación de la piel.

escalera (l. *scalaria,* peldaños) *f.* Serie de escalones para subir y bajar: ~ ***de caracol,*** la de forma espiral, seguida y sin ningún descanso; ~ ***de mano,*** la portátil, gralte. de madera o metal, formada de dos largueros paralelos unidos a intervalos iguales por travesaños; ~ ***mecánica*** o ***automática,*** la de peldaños ascendentes o descendentes movidos por un mecanismo eléctrico; ~ ***de tijera*** o ***doble,*** la compuesta de dos de mano unidas con bisagras por la parte superior. 2 fig. Trasquilón recto o línea desigual que la tijera o la máquina dejan en el pelo mal cortado. 3 Pieza del carro que componen los listones, las teleras y el pértigo. 4 Armazón de dos largueros y varios travesaños con que se prolonga por detrás el carro o carreta. 5 En los juegos de naipes, escalerilla.

escalerilla *f.* Escalera de corto número de escalones. 2 En los juegos de naipes, tres o cinco cartas en una mano, de números consecutivos. 3 VETER. Instrumento de hierro para abrir y explorar la boca de las caballerías. 4 *Ar.* Especie de parihuelas que, atadas sobre una albarda, sirven para sujetar a ellas los haces de mies o leña que forman la carga.

escalerón *m.* Aum. de *escalera.* 2 Espárrago (madero). 3 *Ar.* y *Sant.* Escalón, peldaño.

escaleta (de *escalar*) *f.* Aparato para suspender el eje de un vehículo y poder componer las ruedas.

escalfado, -da *adj.* [pared] Mal encalado y que hace ampollas.

escalfador *m.* Jarro con tapa agujereada con el que antig. calentaban los barberos el agua para afeitar. 2 Braserillo con tres pies usado para mantener caliente la comida en la mesa. 3 Aparato que emplean los obreros pintores para quemar la pintura al óleo de puertas y ventanas que han de pintar de nuevo.

escalfar (l. v. **excalefare* < l. *calefacere*) *tr.* Cocer en agua hirviendo [un huevo sin la cáscara]. 2 Cocer [el pan] con demasiado fuego. 3 *Méj.* fig. Descontar, quitar [algo] de lo justo.

escalfarote (de *escalfar*) *m.* Bota con pala y caña dobles para rellenarla con borra y conservar calientes los pies.

escalfeta *f.* Chofeta.

escalibar *tr.* Escarbar [el rescoldo] para avivar el fuego. 2 *Ar.* fig. Echar leña al fuego, avivar una discusión.

escalinata *f.* Escalera exterior de un solo tramo y hecha de fábrica.

escalio (l. *squalidu,* inculto) *m.* Tierra yerma que se pone en cultivo.
SIN. **Escajo.**

escalla *f.* Escanda menor.

escalmo (l. v. *scalamu;* alterac. del gr. *skalmós,* tolete) *m.* Escálamo. 2 Cuña gruesa de madera para cazar o apretar algunas piezas de una máquina.

escalo *m.* Acción de escalar. 2 Trabajo de zapa para salir de un lugar cerrado o penetrar en él.

escalofriado, -da *adj.* Que padece escalofríos.

escalofriante *adj.* Que produce escalofríos; especialmente fiebre, miedo y ansiedad: *una escena* ~.

escalofriar *tr.-intr.-prnl.* Causar escalofrío. ◇ ** CONJUG. [13] como ***desviar.***

escalofrío (de las raíces de *calor* y *frío*) *m.* Indisposición del cuerpo caracterizada por una sensación de calor y frío al mismo tiempo: *la fiebre produce escalofríos.*
SIN. **Repeluzno, calofrío** y **calosfrío,** menos us. REL. vb. **calofriarse** y **calosfriarse,** p. us.

escalón *m.* Peldaño. 2 fig. Grado a que se asciende en dignidad. 3 fig. Paso o medio con que uno adelanta sus pretensiones o conveniencias. 4 *Colomb.* Dentellón (resalto de un muro). 5 MIL. Fracción en que se dividen las tropas de un frente de combate.

escalona *f.* Chalote.

escalonado, -da *adj.* Que tiene forma de escalón; cortado en esta forma.

escalonamiento *m.* Acción de escalonar. 2 Efecto de escalonar.

escalonar (de *escalón*) *tr.* Situar ordenadamente [personas o cosas] de trecho en trecho. 2 Distribuir en tiempos sucesivos [las partes de una serie].

escalonia (v. *ascalonia*) *adj.-s.* Chalote.

escaloña *f.* Chalote. ◇ También *escaluña.*

escalopar *tr.* Cortar [un producto alimenticio] en lonchas delgadas y sesgadas.

escalope (fr.) *m.* Loncha delgada de ternera o de vaca que se come empanada o frita.

escalpelo (l. *scalpellu*) *m.* CIR. Bisturí de mango fijo, usado pralte. en las disecciones.

escalplo (l. *scalpru*) *m.* Cuchilla de curtidores.

escaluña *f.* Escaloña.

escama (l. *squama*) *f.* Placa pequeña, rígida, imbricada o yuxtapuesta, que cubre la piel de algunos animales; como la de los peces y reptiles. 2 Hoja modificada en forma de lámina seca y coriácea que se encuentra en la superficie de algunas partes de los vegetales. 3 fig. Lámina de hierro o acero en figura de escama que forma la loriga. 4 fig. Lo que tiene figura de escama. 5 fig. Recelo, sospecha.
SIN. *5* v. **Desconfianza.**

escamado, -da *adj.* Receloso. 2 BLAS. [figura] Cubierto de escamas. -3 *m.* Obra labrada en escamas. 4 Conjunto de ellas. -5 *f.* Bordado en figura de escamas.

escamadura *f.* desus. Acción de escamar.

escamar *tr.* Quitar las escamas [a los peces]. 2 Labrar [una cosa] en figura de escamas. -3 *tr.-prnl.* fig. *y* fam. Hacer que [uno] entre en recelo o desconfianza: *tanta solicitud me escama; me escamo de tanta solicitud.*

escambroso, -sa *adj. Cuba.* Espantadizo.

escamel (l. *scamellu,* banquillo) *m.* Instrumento en el cual se tiende y sienta la espada para labrarla.

escamiforme (de *escama* + *-forme*) *adj.* Que tiene forma de escama, parecido a una escama.

escamocha *f. Méj.* Escamocho, sobras de comida.

escamochar (v. *escamujar*) *tr.* Quitar las hojas no comestibles a los palmitos, lechugas, alcachofas, etc. 2 fig. Desperdiciar, malbaratar.

escamoche *m. Sal.* Desmoche, corte de leña.

escamochear *intr. Ar.* Pavordear o jabardear.
escamocho (ant. *esquimocho,* der. de *esquimar,* por *esquilmar) m.* Sobras de la comida o bebida. 2 En algunas partes, jabardo o enjambrillo. 3 *Ál., And.* y *Ar.* fig. Persona enteca, desmirriada. 4 *Ar.* Excusa o pretexto injustificado. -5 *m. pl. And.* Grama o desperdicio del grano después del cribado.
escamón, -mona *adj.* Receloso. -2 *m.* fam. Bronca, sermón, regañina.
SIN. *1* v. **Desconfiado.**
escamonda *f.* Escamondo.
escamondadura *f.* Ramas inútiles que se quitan a los árboles.
escamondar (l. *esca mundare*) *tr.* Limpiar [un árbol] quitándole las ramas inútiles. 2 Lavar. 3 fig. Quitar [a una cosa] lo superfluo o dañoso.
SIN. **Podar, mondar.**
escamondo *m.* Acción de escamondar. 2 Efecto de escamondar.
escamonea *f.* Planta convolvulácea del Asia Menor y Siria, de la que se obtiene una gomorresina muy purgante *(Convolvulus scammonia).* 2 Esta misma gomorresina. 3 ~ ***falsa,*** matacán (planta).
escamoneado, -da *adj.* Que participa de las propiedades de la escamonea.
escamonearse *prnl.* fam. Escamar (hacer entrar en recelo).
escamonia *f.* Escamonea.
escamoso, -sa *adj.* Que tiene escamas. -2 *m. pl.* Superorden de reptiles caracterizados por tener el cuerpo cubierto de escamas córneas y la cloaca transversal; incluye dos órdenes: saurios y ofidios
SIN. *2* **Plagiotremas.**
escamotar *tr.* Escamotear.
escamoteable *adj.* Que puede escamotearse.
escamoteador, -ra *adj.-s.* Que escamotea.
escamotear (fr. *escamoter*) *tr.* Hacer el jugador de manos que desaparezcan a ojos vistas [las cosas que maneja]. 2 fig. Robar [una cosa] con agilidad y astucia. 3 fig. Hacer desaparecer de un modo arbitrario [algún asunto o dificultad]. 4 fig. Eludir. 5 TECN. fig. Meter u ocultar una pieza o mecanismo sobresaliente de un aparato, máquina, etc.
escamoteo *m.* Acción de escamotear. 2 Efecto de escamotear.
escampada *f.* fam. Clara, espacio corto de tiempo en que deja de llover un día lluvioso.
escampado, -da *adj.* Descampado.
escampar (paras. de *campo*) *tr.* Despejar, desembarazar [un sitio]. -2 ***impers.*** Dejar de llover. -3 *intr.* fig. Cesar o aflojar en algún empeño. 4 *Colomb.* y *P. Rico.* Guarecerse de la lluvia.
escampavía (*escampar* + *vía*) *f.* Barco pequeño y velero que acompaña como explorador a una embarcación más grande. 2 Barco ligero y de poco calado, para perseguir el contrabando.
escampo *m.* Acción de escampar.
escamudo, -da *adj.* Escamoso.
escamujar (l. *esca,* cebo del fuego + *mutilare,* cortar; doble etim. *escamochar*) *tr.* Podar someramente [un árbol, esp. un olivo], entresacando algunas de sus ramas para que el fruto tenga mejor sazón.
escamujo *m.* Rama de olivo podada. 2 Tiempo en que se escamuja.
escancia *f.* Acción de escanciar. 2 Efecto de escanciar.
escanciador, -ra *adj.-s.* Que escancia (sirve el vino).
escanciano *m.* desus. Escanciador.
escanciar (germ. *shanjan;* al. *schenken,* regalar) *tr.* Echar [el vino]; servirlo en las mesas y convites. -2 *intr.* Beber vino. ◇ ** CONJUG. [12] como ***cambiar.***
escanda (regresión del l. *scandula*) *f.* Trigo de paja dura y corta, cuyo grano se separa difícilmente del cascabillo *(Triticum aestivum spelta).* 2 ~ ***menor,*** especie de trigo de poca altura, con espigas dísticas comprimidas y grano también comprimido *(Triticum monococcum monococcum).*
SIN. *1* **Escaña mayor, espelta.** *2* **Escaña menor, carraón, escalla.**
escandalada *f. Amér. Central.* Escandalera.
escandalar *m.* Cámara donde estaba la brújula de la galera.
escandalera *f.* fam. Escándalo (desvergüenza).
escandalizador, -ra *adj.-s.* Que escandaliza.
escandalizar (l. *scandalizare*) *tr.-prnl.* Causar escándalo [a uno]. -2 *intr.* Armar alboroto o ruido. -3 *prnl.* Excandecerse, enojarse. ◇ ** CONJUG. [4] como ***realizar.***
escandalizativo, -va *adj.* Que puede ocasionar escándalo.
escandallar *tr.* Sondar (echar el escandallo). 2 Apreciar el valor del conjunto de una mercancía por el valor de una muestra solamente. 3 COM. Aplicar a una mercancía el procedimiento del escandallo.
escandallo (cat. *escandall* < l. **scandaculu*) *m.* Parte de la sonda para reconocer la calidad del fondo del agua. 2 fig. Ensayo que se hace tomando al azar muestras de algunos, entre muchos, envases de una misma materia para apreciar la calidad, valor, etc., del contenido. 3 En el régimen de tasas, determinación del precio de coste o de venta de una mercancía con relación a los factores que lo integran. 4 *Extr.* Venta de ganado cuyo precio se fija por la última oveja que queda después de escoger el vendedor las mejores y el comprador las peores.
escándalo (l. *scandalu* < gr. *skándalon*) *m.* Acción o palabra que es causa de que uno obre mal o piense mal de otro. 2 Desenfreno, desvergüenza, mal ejemplo. 3 Alboroto, tumulto. 4 fig. Asombro, admiración.
escandalosa *f.* MAR. Vela pequeña que se orienta sobre la cangreja. 2 fig. *y* fam. ***Echar la ~,*** emplear frases duras en una disputa.
escandalosamente *adv. m.* Con escándalo.
escandaloso, -sa *adj.-s.* Que causa escándalo. 2 Ruidoso, revoltoso.
escandelar (l. *scandere,* medir) *m.* Escandalar.
escandia (v. *escanda*) *f.* Trigo muy parecido a la escanda, con dobles carreras de granos en la espiga *(Triticum turgidum dicoccum).*
escandinavo, -va *adj.-s.* De Escandinavia, región del norte de Europa.
escandio *m.* Elemento metálico del grupo de las tierras raras, cuyo símbolo es *Sc;* número atómico, 21; peso atómico, 45,10.
escandir (l. *scandere*) *tr.* Medir [un verso].
escáner (ing. *scanner,* que explora) *m.* Aparato que sirve para explorar sistemáticamente un objeto a través de la emisión de electrones. 2 IMPR. Aparato que hace la selección de colores para la impresión en cuatricromía. 3 MED. Aparato que sirve para hacer radiografías de capas seleccionadas.
escanograma *m.* Radiografía obtenida mediante el escáner.
escansión *f.* Medida de los versos. 2 PAT. Trastorno neurológico que consiste en hablar descomponiendo las palabras en sus sílabas y pronunciando éstas separadamente.
escantillar (paras. de *cantillo*) *tr.* ARQ. Tomar [una medida] o marcar [una dimensión] a contar desde una línea fija. 2 *And., Ar.* y *Nav.* Descantillar, quebrar las aristas.
escantillón *m.* Regla o patrón para trazar las líneas según las cuales se han de labrar las piezas. 2 En las maderas de construcción, lo mismo que escuadría.
SIN. **Chantillón;** ARQ., **ságoma.**
escaña *f.* ~ ***mayor,*** escanda. 2 ~ ***menor,*** escanda menor.
escañero *m.* Criado que cuida de los asientos y escaños en los concejos o ayuntamientos.
escaño (l. *scamnu*) *m.* Banco con respaldo y capaz para sentarse en él tres o más personas. 2 Puesto, asiento de los parlamentarios en las cámaras. 3 *Amér.* Banco o banca de un paseo. 4 *Guat.* fig. Rocín.
escañuelo (dim. de *escaño*) *m.* Escabel (tarima).
escapada *f.* Acción de escapar (salir ocultamente). 2 Efecto de escapar (salir ocultamente). 3 fam. Abandono temporal de las ocupaciones o actividades con objeto de divertirse o distraerse.
escapamiento *m.* Escapada.
escapar (l. v. **excappare,* salirse de la capa) *intr.-prnl.* Salir de un encierro o peligro, en general: ~, o *escaparse, de la cárcel; ~ de la muerte; ~ con vida; ~ en una tabla; ~ al campo.* 2 Salir uno de prisa y ocultamente: ~, o *escaparse, a la calle por un postigo.* 3 Quedar fuera del dominio o influencia de alguna persona o cosa: *hay cosas que se escapan,* o *que escapan, al poder de la voluntad.* 4 No ser advertida o percibida [una cosa]: *no se escapa nada a su penetración; la realidad política escapa a los informadores.* 5 fig. Perder [un vehículo] por llegar tarde. -6 *tr.* Librar [a uno] de un peligro: *si Dios me escapa seré más prudente.* 7 EQUIT. Hacer correr [el caballo] con extraordinaria violencia. -8 *prnl.* Salirse un líquido o un gas por algún resquicio. 9 Soltarse algo que estaba sujeto. 10 No mantenerse [algo] bajo el dominio de la voluntad: *al verlo con esa facha, se me escapó la risa.*
SIN. *1* y *2* **Evadirse, fugarse,** esp. si se trata de personas; v. **huir.**
escaparate (neerl. *schaprade*) *m.* Especie de estante con vidrieras. 2 Hueco cerrado con cristales en la fachada de algunas tiendas, para colocar en él muestras de los géneros. 3 fig. *y* fam.

Apariencia ostentosa de una persona o cosa con el fin de que la contemplen. 4 *Amér.* Armario.
SIN. *2* **Aparador.**
escaparatismo ***m.*** Arte del escaparatista.
escaparatista ***com.*** Persona especializada en el arreglo de escaparates.
escapatoria ***f.*** Acción de evadirse y escaparse. 2 Efecto de evadirse y escaparse. 3 Lugar por donde se escapa. 4 Excusa, efugio. 5 fam. Abandono momentáneo del trabajo o de las ocupaciones habituales para hacer un viaje, ir a una diversión, etc.
SIN. *1* y *2* **Escurribanda,** fam. *4* v. **Efugio.**
escape ***m.*** Acción de escapar. 2 Fuga apresurada para librarse de un daño que amenaza: ***a ~,*** a todo correr, a toda prisa. 3 Fuga de un gas o de un líquido. 4 Válvula que abre o cierra la salida de los gases de un motor de explosión. 5 Tubo de escape. 6 En algunas máquinas, pieza que, separándose, deja obrar a un muelle, rueda, etc., que sujetaba: *el ~ de un reloj* o *disparador.* 7 V. puerta de escape.
escapear ***tr.-intr.*** *P. Rico* y *S. Dom.* Echar a correr un caballo a escape.
escapo (l. *scapu*) ***m.*** ARQ. Fuste (caña). 2 ARQ. Alma de la escalera de caracol. 3 Bohordo (tallo herbáceo).
escapolitas ***f. pl.*** MIN. Grupo de tectosilicatos que constituyen una serie isomorfa cuyos extremos son dos minerales hipotéticos; todos cristalizan en el sistema tetragonal.
escápula (l. *scapula*) ***f.*** Omóplato.
I) escapular ***tr.*** MAR. Doblar [un bajío, cabo, punta de costa, etc.]. -2 ***intr.*** MAR. Zafarse una amarra por deshacerse su nudo o la vuelta que la afirma.
II) escapular ***adj.*** Perteneciente o relativo a la escápula: *plumas escapulares;*
escapulario (l. *scapulariu < scapulæ,* las espaldas) ***m.*** Distintivo de algunas órdenes religiosas que consiste en una tira de tela que cuelga sobre el pecho y la espalda. 2 Conjunto de dos pedazos pequeños de tela que se llevan por devoción colgados del cuello con dos cintas largas. 3 Práctica devota en honor de la Virgen del Carmen.
escaque (persa *axah,* rey; a través del ár. *xah,* rey en el juego de ajedrez) ***m.*** Casilla del tablero de ajedrez o damas. 2 BLAS. Casilla que resulta de las divisiones del escudo, cortado y partido a lo menos dos veces. -3 ***m. pl.*** p. us. Juego de ajedrez.
SIN. **Casa, casilla.** *2* **Jaquel.**
escaqueado, -da ***adj.*** [obra o labor] Repartido en escaques.
SIN. **Equipolado, escacado,** ambos referentes a BLAS.
escaquearse ***prnl.*** fam. Escabullirse [de un trabajo u obligación]. 2 Escurrir el bulto; zafarse [de una situación comprometida].
escaqueo ***m.*** MIL. Acción de escaquearse.
escara (l. y gr. *eskhara,* costra) ***f.*** Costra que resulta de la mortificación de una parte viva afectada de gangrena o profundamente quemada.
escarabajas ***f. pl.*** *Sal.* Leña menuda que se emplea para encender la lumbre.
escarabajear (paras.) ***intr.*** Andar y bullir desordenadamente. 2 fig. Escribir mal haciendo escarabajos. 3 fig. Punzar y molestar un cuidado o disgusto. 4 Producir cosquilleo o picazón [en alguna parte del cuerpo]. 5 Bailar [el trompo] con irregularidad, dejando de estar dormido.
escarabajeo ***m.*** fig. Acción de escarabajear (punzar). 2 Efecto de escarabajear (punzar).
escarabajo (l. v. *scarafaju,* der. del l. *scarabeus*) ***m.*** Insecto coleóptero en general: ***~ pelotero,*** el de cuerpo elíptico, negro por encima y rojizo por debajo, y élitros lisos, que se alimenta de excrementos, con los cuales hace unas bolas donde deposita sus huevos *(Scaraboeus sacer);* ***~ enterrador*** o ***sepulturero,*** el de color negro con dos bandas longitudinales amarillas en los élitros, que tiene la costumbre de enterrar los cadáveres de pequeños animales *(Necrophorus vespillus);* ***~ de la patata,*** el de color amarillo con diez manchas negras longitudinales en los élitros *(Leptinotarsa decemlineata).* 2 fig. Persona pequeña de cuerpo y de mala figura. 3 En los tejidos, cierta imperfección consistente en no estar derechos los hilos de la trama. 4 ARTILL. Huequecillo que, por defecto, a veces queda en los cañones por la parte interior. -5 ***m. pl.*** fig. Letras y rasgos mal formados y confusos.
SIN. *5* **Garrapato.**
escarabajuelo ***m.*** Dim. de *escarabajo.* 2 Insecto coleóptero de color verde azulado, que roe las hojas y otras partes tiernas de la vid *(Haltica ampelophaga).*
escarabeiforme ***adj.*** ZOOL. [larva] Que tiene cuerpo grueso y blando, y cabeza y patas torácicas bien desarrolladas, pero sin patas en la región posterior; como las larvas de los escarabajos lamelicornios.
escaramón ***m.*** Peonía.
escaramucear ***intr.*** Escaramuzar.
escaramujo (probl. del l. v. *scarambuculu,* del l. v. *scrabrunculu;* en relación con el l. *crabro* o *scrabro*) ***m.*** Especie de rosal silvestre que tiene por fruto una baya aovada, carnosa y roja, usada en medicina *(Rosa canina).* 2 Fruto de esta planta. 3 Percebe. 4 *Cuba.* Mal de ojo, brujería.
SIN. *1* y *2* **Agavanzo, galabardera, gavanzo, mosqueta silvestre, zarzaperruna.** *1* **Caramujo.** *2* **Tapaculo.** REL. **Gavanza, zarzarrosa,** flor del ~.
escaramuza (etim. dud., quizá germ.) ***f.*** Género de pelea entre los soldados de a caballo. 2 Riña, refriega de poca importancia, esp. la sostenida por las avanzadas de los ejércitos. 3 *Argent.* Rodeo, vuelta.
SIN. *1* **Zalagarda.**
escaramuzador, -ra ***m. f.*** Pers. que escaramuza.
escaramuzar ***intr.*** Sostener una escaramuza. 2 Revolver el caballo a un lado y otro como en la escaramuza. ◇ ** CONJUG. [4] como ***realizar.***
escarapela ***f.*** Divisa en forma de disco, compuesta de cintas, gralte. de varios colores, que se coloca en el sombrero o morrión del soldado. 2 Riña o quimera, esp. entre mujercillas. 3 En el tresillo, tres cartas falsas de palo distinto de aquel a que se juega. 4 Especie de pasta frita, aromatizada con ron o aguardiente y espolvoreada con azúcar glas. 5 *Argent.* Malva real.
SIN. *1* **Cucarda.**
escarapelar (port. *escarpelar,* der. del l. *carpere,* arrancar) ***intr.-prnl.*** Reñir, trabar disputa unos con otros, esp. las mujeres. 2 *Méj.* y *Perú.* Atemorizarse, ponérsele a uno carne de gallina. -3 ***tr.*** *Amér.* Descascarar, desconchar. 4 *Colomb.* Ajar, manosear.
escarbadero ***m.*** Sitio donde tienen costumbre de escarbar los animales.
escarbadientes ***m.*** Mondadientes. 2 Biznaga (planta) ◇ Pl.: *escarbadientes.*
escarbador, -ra ***adj.*** Que escarba. -2 ***m.*** Instrumento para escarbar.
escarbadura ***f.*** Acción de escarbar. 2 Efecto de escarbar.
escarbaorejas (de *escarbar + oreja*) ***m.*** Instrumento en forma de cucharilla para limpiar los oídos. ◇ Pl.: *escarbaorejas.*
SIN. **Mondaorejas, mondaoídos.**
escarbar (probl. del l. med. *scarifare,* rascar, der. del gr. *skariphánomai,* rascar, escarbar) ***tr.*** Arañar, rascar [el suelo], como suelen hacer el toro, la gallina, etc. 2 fig. Hurgar, tocar insistentemente algo con los dedos u otra cosa. 3 Limpiar [los dientes o los oídos] con un instrumento. 4 Avivar [la lumbre moviéndola con el badil]. 5 fig. Inquirir curiosamente [lo que está algo oculto].
escarbillos ***m. pl.*** Trozos pequeños de carbón que salen de un hogar mezclados con la ceniza por combustión incompleta.
escarbo ***m.*** Acción de escarbar. 2 Efecto de escarbar.
escarceador, -ra ***adj.*** *Amér.* [caballo] Que escarcea.
escarcear ***tr.*** *Sal.* Entresacar en un sembrado de patatas las más gordas. -2 ***intr.*** *Argent., Urug.* y *Venez.* Hace escarceos el caballo.
escarcela (it. *scarsella < scarso,* avaro) ***f.*** Especie de bolsa que pendía de la cintura. 2 Parte de la armadura que cubre y defiende la cadera. 3 Mochila de cazador. 4 Especie de cofia de mujer. ◇ HOMÓF.: *excarcela (v. excarcelar).*
escarceo ***m.*** Movimiento en la superficie del mar, con pequeñas olas ampolladas. 2 Prueba o tentativa antes de iniciar una determinada acción. -3 ***m. pl.*** Tornos y vueltas que dan los caballos. 4 fig. Rodeo, divagación. 5 fig. Tanteo, incursión en algún quehacer que no es el acostumbrado. 6 ***~ amoroso,*** comienzo o iniciación de una relación amorosa. En pl.: aventura amorosa superficial. -7 ***m.*** *Argent.* Movimiento de inquietud del caballo, mordiendo el freno.
escarcha ***f.*** Rocío de la noche congelado.
SIN. **Helada blanca** o simpl. **helada; rosada.**
escarchada (de *escarchar*) ***f.*** Hierba ficoidea crasa, de hojas anchas cubiertas de vesículas transparentes, llenas de agua *(Mesembrianthemum cristallynum).*
escarchado, -da ***adj.*** Cubierto de escarcha. 2 [aguardiente] Cuyo azúcar se ha cristalizado sobre un ramo de anís. -3 ***m.*** Labor de oro o plata.
escarchar ***impers.*** Formarse escarcha en las noches frías. -2

tr. Preparar [confituras] de modo que el azúcar cristalice en lo exterior. 3 Hacer que [en el aguardiente] cristalice el azúcar sobre un ramo de anís. 4 En la alfarería del barro blanco, desleír [la tierra] en el agua. 5 Salpicar [una superficie] de partículas de talco o de otra substancia brillante. -6 *prnl. Colomb.* Desconcharse una pared.

escarche *m.* Escarcha.

escarchilla *f. Amér. Merid.* Hielo menudo que cae a manera de nieve.

escarchillar *impers. Chile.* Caer escarchilla.

escarcho *m.* Rubio (pez).

escarcina *f.* Espada corta y corva.

escarcinazo *m.* Golpe dado con la escarcina.

escarda *f.* Acción de escardar. 2 Efecto de escardar. 3 Época en que se escarda. 4 Azada pequeña para escardar (arrancar). 5 *Logr.* Poda.

SIN. *1* y *2* **Deshierba, desyerba.**

escardadera *f.* Escardadora. 2 Almocafre.

escardador, -ra *m. f.* Persona que escarda los sembrados.

escardadura *f.* Escarda.

escardar (paras. de *cardo*) *tr.* Arrancar [los cardos y otras hierbas nocivas] de un sembrado. 2 fig. Separar [en una cosa] lo malo de lo bueno. 3 *And.* Podar.

SIN. *1* **Desherbar, desyerbar, sachar, sallar.**

escardilla *f.* Almocafre. 2 *Ál.* Rastro de madera para separar la paja del grano.

escardillar *tr.* Escardar.

escardillo *m.* Almocafre. 2 Luz que un cuerpo brillante, al moverse, refleja en la sombra. 3 En algunos lugares flor del cardo.

escarearse *prnl. Sal.* Resquebrajarse la piel y llagarse por el frío.

escariado *m.* METAL. Operación que tiene por objeto rectificar y alisar interiormente los agujeros ya taladrados en una pieza.

escariador *m.* Herramienta de acero para escariar.

escariar *tr.* Agrandar o redondear [un agujero abierto en metal o el diámetro de un tubo]. ◇ ** CONJUG. [12] como ***cambiar.***

escarificación *f.* Producción de una escara. 2 CIR. Acción de escarificar. 3 CIR. Efecto de escarificar.

escarificador, -ra *m.* Instrumento armado de cuchillos de acero, para cortar verticalmente la tierra y las raíces. 2 CIR. Instrumento con varias puntas aceradas para escarificar. -3 *f.* Máquina agrícola para escarificar la tierra.

SIN. *2* **Sajador.**

escarificar (l. *scarificare*) *tr.* Labrar [la tierra] con el escarificador. 2 CIR. Hacer [en alguna parte del cuerpo] cortaduras o incisiones superficiales para facilitar la salida de los humores. 3 CIR. Escarizar. ◇ ** CONJUG. [1] como ***sacar.***

escarioso, -sa *adj.* [órgano vegetal] Que tiene color de hoja seca.

escaristor *m.* Explorador óptico capaz de leer números y letras escritos a mano.

escarizar *tr.* CIR. Quitar la escara [de una llaga]. ◇ ** CONJUG. [4] como ***realizar.***

escarlador *m.* Navaja con que los peineros pulen las guardillas de los peines.

escarlata (ár. *ískirlata* y *sigirlat,* tejido con oro, der. del gr. med. *sigillatos,* tejido con marcas, der. a su vez del l. *textum sigillatus,* paño marcado) ***adj.-m.*** Color carmesí fino, menos subido que el de la grana. -2 ***adj.*** De color escarlata. -3 *f.* Tela de escarlata. 4 Grana fina. 5 Escarlatina (enfermedad).

escarlatina *f.* Tela de lana de color carmesí. 2 Enfermedad aguda contagiosa caracterizada por una inflamación de la garganta y una erupción cutánea de color escarlata.

escarmenador *m.* Carmenador.

escarmenar *tr.* Carmenar. 2 fig. Castigar a uno quitándole [el dinero u otras cosas] de que puede usar mal. 3 Estafar poco a poco. 4 MIN. Escoger [el mineral] de entre los escombros.

escarmentado, -da *adj.-s.* Que escarmienta.

escarmentar *tr.* Corregir con rigor [al que ha errado] para que no reincida: ~ *a un niño, a un animal; escarmentado de viajar.* -2 *intr.-prnl.* Tomar enseñanza de la experiencia propia o ajena para evitar nuevos daños: ~ *con la desgracia, en sus compañeros.* ◇ ** CONJUG. [27] como ***acertar.***

escarmiento (abreviación de *escarnimiento,* der. del ant. *escarnir*) *m.* Desengaño y aviso que hace que uno escarmiente. 2 Castigo, multa, pena.

escarnamusa *f. Murc.* Gancho de madera donde se sujeta la cuerda en la borda de la embarcación.

escarnecedor, -ra *adj.-s.* Que escarnece.

escarnecer (del ant. *escarnir* < germ. *skernian,* mofarse) *tr.* Hacer mofa [de uno] zahiriéndole. ◇ ** CONJUG. [43] como ***agradecer.***

escarnecidamente *adv. m.* Con escarnio.

escarnecimiento, escarnio *m.* Befa tenaz que afrenta.

SIN. v. **Burla.**

I) escaro *m.* Pez de color rojo, propio de las costas de Grecia *(Scarus cretensis).*

II) escaro, -ra (l. *scauru*) *adj.-s.* Que tiene los pies y tobillos torcidos.

escarola (l. *escariola;* abreviación de *lactuna escariola*) *f.* Especie hortense de achicoria, de hojas radicales muy numerosas, dispuestas en roseta, lisas y recortadas, que se comen en ensalada *(Chicorium endivia crispum).* 2 Planta compuesta bienal, de hojas divididas y onduladas *(Lactuca serriola).* 3 ant. Cuello alechugado. 4 *Méj.* Fruncido de una prenda de vestir.

SIN. *1* **Endibia.**

escarolado, -da *adj.* Rizado como la escarola.

escarolar (de *escarola*) *tr.* Alechugar. 2 *Sal.* Dejar bien limpio [algo].

escarótico, -ca (l. *eschariticu*) *adj.* Caterético.

escarpa (it. *scarpa*) *f.* Declive áspero de cualquier terreno. 2 FORT. Plano inclinado que forma la muralla del cuerpo principal de una plaza, desde el cordón hasta el foso y contraescarpa. 3 *Méj.* Acera.

escarpado, -da *adj.* Que tiene escarpa (declive). 2 [altura] Que tiene subida peligrosa o intransitable.

SIN. **Abrupto.**

escarpadura *f.* Escarpa (declive).

I) escarpar *tr.* Limpiar y raspar con el escarpelo o la escofina [materias y labores de escultura o talla].

II) escarpar *tr.* Cortar [una montaña o terreno] poniéndolo en plano inclinado.

escarpe *m.* Escarpa (declive). 2 Pieza de la armadura que cubre y defiende el pie. 3 ARQ. Corte oblicuo que se da a un madero para empalmarlo con otro. 4 ARQ. Empalme de dos maderos que se unen de este modo. 5 *Chile.* Acto de descubrir o limpiar la veta de una mina.

escarpelo *m.* Escalpelo. 2 Instrumento de hierro, con dientecillos, usado por los carpinteros, escultores y entalladores para escarpar.

escarpia (probl. del l. *scalprum,* instrumento cortante) *f.* Clavo con cabeza acodillada.

SIN. **Alcayata,** p. us.

escarpiador *m.* Horquilla de hierro para afianzar a una pared las cañerías.

escarpidor (del ant. *carpir,* der. del l. *carpere,* arrancar) *m.* Peine de púas largas, gruesas y ralas.

SIN. **Batidor,** p. us.

escarpín (de *scarpa* < b. l. *scarpu*) *m.* Zapato de una suela y una costura. 2 Calzado interior que, para abrigo del pie, se coloca encima de la media o calcetín. 3 *La Mancha.* Calcetín de estambre. 4 *Argent.* y *Urug.* Calzado, hecho con lana o con hilo tejidos, sin suela, que cubre el pie y el tobillo. Úsanlo los niños que aún no andan y muchos adultos para dormir.

escarpión (en ~) *loc. adv.* En figura de escarpia.

escarpiza *f. P. Rico.* Tunda, zurra, paliza.

escarramán *m.* Baile del siglo XVI de carácter muy vivo y desenfadado. 2 Música y canto de este baile, en forma de romance de germanía alusivo al rufián Escarramán.

escarramanado, -da *adj.* Que tiene tipo o hechos propios de rufián bravucón, por alusión al Escarramán.

escarramar *tr.-prnl. And.* y *León.* Dispersar, derramar.

escarrancharse *prnl.* Esparrancarse, despatarrarse.

escartivana *f.* Cartivana.

escarza *f.* Herida en las patas de las caballerías, causada por habérseles entrado una china o cosa semejante.

escarzano *adj.* ARQ. V. arco escarzano.

I) escarzar (l. **exquartiare*) *tr.* Doblar [un palo] por medio de cuerdas para que forme un arco. ◇ ** CONJUG. [4] como ***realizar.***

II) escarzar (l. **excarptiare*) *tr.* Quitar [de una colmena] los escarzos (panales). ◇ ** CONJUG. [4] como ***realizar.***

escarzo *m.* Panal con borra o suciedad. 2 Operación o tiempo de escarzar. 3 Borra o desperdicio de la seda. 4 Hongo yesquero.

escás (vasc. *escás*) *m.* Línea que en el saque tiene que rebasar la pelota antes de botar. 2 En el juego de pelota vasca, línea que, bien en el frontis bien en la cancha, marca la validez de las jugadas.

escasamente *adv. m.* Con escasez. 2 Con dificultad, apenas.

escasear (de *escaso) tr.* Dar poco y de mala gana: ~ *el pan.* 2 Ahorrar, excusar: ~ *las visitas.* 3 Cortar [un sillar o un madero] por un plano oblicuo a sus caras. -4 *intr.* Faltar, ir a menos una cosa: *este año escasean las patatas.*

escasero, -ra *adj.-s.* Que escasea una cosa.

escasez *f.* Cortedad, mezquindad: *compra con* ~. 2 Falta de lo necesario para subsistir: *vivir con* ~. 3 Poquedad, falta de una cosa: ~ *de trigo.*

SIN. **Parvedad, exigüidad.**

escasitud *f. P. Rico.* Escasez.

escaso, -sa (b. l. **excarpsu,* escogido, raro) *adj.* Corto, poco, limitado: *comida escasa;* ~ *de dinero;* ~ *para lo más necesario.* 2 Falto, no cabal: *media hora escasa.* 3 Mezquino, nada liberal: ~ *en pagar.* -4 *adj.-s.* Demasiado económico.

escatimar (quizá der. del got. *skattjan,* evaluar) *tr.* Cercenar, escasear [lo que se ha de dar]: ~ *los alimentos.*

escatimosamente *adv. m.* Maliciosa, astutamente.

escatimoso, -sa *adj.* p. us. Malicioso, astuto, mezquino.

I) escato- (gr. *skor, skatós,* excremento) Elemento prefijal que entra en la formación de palabras con el significado de excremento.

II) escato- (gr. *éschatos,* último) Elemento prefijal que entra en la formación de palabras con el significado de último.

escatofagia (*escato-* I + *-fagia) f.* Costumbre de alimentarse de excrementos.

escatófago, -ga (*escato-* I + *-fago) adj.* [animal] Que se alimenta de excrementos.

escatófilo, -la (*escato-* I + *-filo* I) *adj.* [insecto] Cuyas larvas se desarrollan entre excrementos.

I) escatología (*escato-* II + *-logía) f.* Parte de la teología que estudia las últimas cosas, es decir, el destino final del hombre y del universo. 2 Conjunto de creencias y doctrinas referentes a la vida de ultratumba.

II) escatología (*escato-* I + *-logía) f.* Estudio de los excrementos. 2 Superstición relativa a los excrementos.

I) escatológico, -ca *adj.* Relativo a la escatología (parte de la teología).

II) escatológico, -ca *adj.* Relativo a la escatología (estudio y superstición acerca de los excrementos). 2 Grosero, indecente.

escaupil (náhu. *ichcatl,* algodón + *wipilli,* camisa) *m.* Sayo acolchado con algodón, que usaban los indios para defenderse de las flechas. 2 *C. Rica.* Mochila, morral.

escaut *adj.-s. Amér.* Scout.

escavanar *tr.* Entrecavar [un sembrado] para ahuecar la tierra y quitar las hierbas nocivas.

escavar *tr.* Escavanar. ◇ HOMÓF.: *excavar* y *excava* (f.).

escavillar *tr. And.* y *La Mancha.* Escavar.

escavillo (der. de *escavar,* por cruce con *escardillo) m. And., La Mancha* y *Murc.* Escardillo.

escayola (it. *scagliuola) f.* Espejuelo (yeso) calcinado. 2 Estuco.

escayolamiento *m.* Acción de escayolar. 2 Efecto de escayolar.

escayolar *tr.* Empapar las vendas con escayola para mantener [los huesos rotos o dislocados] en posición fija.

escayolista *com.* Persona especializada en decorar con molduras, flores, etc., las habitaciones.

escena (l. *scena* < gr. *skené) f.* Parte del teatro donde se representa la obra o el espectáculo teatral: *estar un actor en* ~; *poner en* ~ *una obra,* representarla. 2 fig. Arte de la declamación. 3 Teatro (literatura dramática). 4 Lugar donde se supone que ocurre la acción dramática: *cambio de* ~. 5 Parte en que se divide un acto, determinada por la entrada o salida de uno o más personajes: *la segunda* ~ *del primer acto;* fig., *la despedida fue una* ~ *entristecedora.* 6 Parte de la acción de un filme que se desarrolla en un mismo lugar. 7 fig. Acto algo teatral o fingido para impresionar el ánimo. 8 fig. Suceso llamativo y teatral: *la policía llegó a la* ~ *del crimen.*

escenario *m.* Parte del teatro construida convenientemente para que en ella se puedan colocar las decoraciones y representar las obras dramáticas. 2 fig. Conjunto de las circunstancias que se consideran en torno de una persona o suceso. 3 fig. Lugar en que ocurre un suceso.

SIN. *1* **Tablas.**

escénico, -ca *adj.* Relativo a la escena.

escenificable *adj.* Que se puede escenificar.

escenificación *f.* Acción de escenificar. 2 Efecto de escenificar.

escenificar *tr.* Dar forma dramática a [una obra literaria] para ponerla en escena. 2 Representar, poner en escena [cualquier obra, suceso, chiste, etc.]. ◇ ** CONJUG. [1] como *sacar.*

escenografía (gr. *skenographia) f.* Total y perfecta delineación en perspectiva de un objeto. 2 Arte de pintar decoraciones escénicas. 3 Conjunto de decorados que se montan en el escenario para ser utilizados en una representación teatral.

escenográficamente *adv. m.* Según las reglas de la escenografía.

escenográfico, -ca *adj.* Relativo a la escenografía.

escenógrafo, -fa *adj.-s.* Que se dedica a la escenografía.

escenopegia (b. l. *scenopegia) f.* Fiesta de las Cabañuelas o de los Tabernáculos.

SIN. **Cenopegias.**

escepticismo (gr. *sképtomai,* considerar) *m.* Doctrina epistemológica, opuesta al dogmatismo, que niega la posibilidad del conocimiento humano, es decir, considera como imposible la aprehensión real del objeto por el sujeto cognoscente. 2 ~ ***metódico,*** actitud filosófica que consiste en empezar poniendo en duda todo lo que se presenta a la conciencia natural como verdadero y cierto, para eliminar de este modo todo lo falso y llegar a un saber absolutamente seguro. 3 Incredulidad y tendencia a recelar de la verdad o eficacia de una cosa.

SIN. *1* **Pirronismo,** en la Filosofía griega.

escéptico, -ca *adj.-s.* Partidario del escepticismo (doctrina filosófica). 2 fig. Dado al escepticismo.

eschangar *tr. Áv.* y *Extr.* Desbaratar, hacer pedazos. ◇ ** CONJUG. [7] como *llegar.*

escharchar *tr. Amér. Central.* Destrozar. 2 *Amér. Central.* Descharchar.

escia- (gr. *skiá,* sombra) Elemento prefijal que entra en la formación de palabras con el significado de sombra: *esciagrafía, esciamancia.*

esciagrafía *f.* Arte de pintar sombras y claroscuros.

esciamancia, -mancía (*escia-* + *-mancia) f.* Arte de adivinar por medio de las sombras.

esciena *f.* Pez marino teleósteo perciforme de cuerpo comprimido y alto y coloración oscura *(Sciaena cirrosa).*

esciente (l. *sciente) adj.* Que sabe.

escifozoo *adj.-m.* Animal de la clase de los escifozoos. -2 *m. pl.* Clase de cnidarios que tienen la cavidad gastrovascular dividida por tabiques y en comunicación con el exterior por intermedio de una faringe; pueden presentar forma de pólipo o de medusa; como las medusas propiamente dichas.

Escila *n. pr.* Roca del mar de Sicilia opuesta a Caribdis. Homero (IX a. C.) y los poetas latinos las personificaron en dos monstruos que acechaban a los navegantes.

FR. *Entre* ~ *y Caribdis,* entre dos peligros, de manera que es difícil evitar uno sin caer en el otro.

escila (l. *scilla) f.* Cebolla albarrana.

escíncido *adj.-m.* Reptil de la familia de los escíncidos. -2 *m. pl.* Familia de reptiles saurios que tienen la lengua corta y escotada y las patas poco desarrolladas; como el escinco.

escinco *m.* Reptil saurio acuático, de más de un metro de longitud, cuyo cuerpo, cubierto de fuertes escamas, no tiene separación marcada entre la cabeza, el tronco y la cola *(gén. Scincus).* 2 Reptil congénere del anterior, pero más pequeño, de color amarillento plateado, con siete bandas negras transversales *(Scincus officinalis).*

SIN. *2* **Estinco.**

escindible *adj.* Que puede escindirse.

escindir (l. *scindere) tr.-prnl.* Cortar, dividir, separar. 2 FÍS. Romper un núcleo atómico en dos porciones aproximadamente iguales, con la consiguiente liberación de energía. Suele realizarse mediante el bombardeo con neutrones.

escintígrafo *m.* MED. Aparato de destellos emitidos por radioisótopos administrados a un paciente con el fin de determinar tamaño y forma de determinados órganos, así como su funcionamiento.

escintilador *m.* Aparato utilizado como detector de la presencia de radioactividad.

escintilar *intr.* Centellear.

escintilómetro (l. *scintilla* + *-metro) m.* FÍS. Instrumento que detecta y mide la radiación ionizante contando los destellos de luz producidos por la radiación al incidir en ciertos materiales.

esciorlita *f.* Mineral de la serie isomorfa de las turmalinas, de color negro.

esciotera *f.* ASTRON. Aguja cuya sombra sirve para indicar la hora o señalar el meridiano.
escirro (l. *scirrhos* < gr. *skirros;* doble etim. *cirro*) *m.* Epitelioma de consistencia dura y evolución gralte. lenta.
escirroso, -sa *adj.* Relativo al escirro.
escisión (l. *scissione*) *f.* Cortadura, rompimiento, desavenencia. 2 FÍS. Rotura o fisión del átomo. ◇ HOMÓF.: *excisión.*
escita (l. *scytha*) *adj.-s.* De Escitia, antigua región del sudeste de Europa y del sudoeste de Asia. -2 *adj.-m.* Lengua perteneciente al grupo iranio antiguo, hablada antiguamente en esta región ◇ HOMÓF.: *excita* (v. *excitar*).
escitamineales *f. pl.* Orden de plantas dentro de la clase monocotiledóneas, herbáceas, y de flores cigomorfas.
escítico, -ca *adj.* Relativo a la Escitia, región de la ant. Asia.
esciúrido *adj.-m.* Roedor de la familia de los esciúridos. -2 *m. pl.* Familia de mamíferos roedores, de cola peluda, generalmente arborícolas, con molares provistos de raíces; como la ardilla.
esclafar *tr. Ar., Cuen.* y *Murc.* Quebrantar, estrellar.
esclarea *f.* Amaro.
esclarecedor, -ra *adj.-s.* Que esclarece.
esclarecer (l. *clarescere*) *tr.* Iluminar, poner clara [una cosa]. 2 fig. Poner en claro, dilucidar [una cuestión o doctrina]. 3 Iluminar, ilustrar [el entendimiento]. 4 Ennoblecer, hacer famoso [a uno]. -5 *intr.* Empezar a amanecer. ◇ ** CONJUG. [43] como ***agradecer.***
esclarecidamente *adv. m.* Con gran lustre, honra y nobleza.
esclarecido, -da *adj.* Noble, insigne, preclaro.
esclarecimiento *m.* Acción de esclarecer. 2 Efecto de esclarecer. 3 Cosa que esclarece o sirve para esclarecer.
esclavatura *f. Amér. Merid.* desus. Conjunto de esclavos que tenía cada hacienda.
esclavina (de *esclavo*) *f.* Especie de capa corta que se pone al cuello y cubre los hombros.
esclavista *adj.-com.* Partidario de la esclavitud.
esclavitar *tr. Colomb.* y *Cuba.* Esclavizar.
esclavitud *f.* Estado de esclavo. 2 fig. Sujeción excesiva: *la ~ del trabajo.* 3 Hermandad o congregación de personas que se ejercitan en ciertos actos de devoción.
SIN. *1* y *2* **Servidumbre.**
esclavizar *tr.* Reducir [a uno] a la esclavitud. 2 fig. Tener [a uno] sometido rigurosa o fuertemente. ◇ ** CONJUG. [4] como ***realizar.***
esclavo, -va (l. med. *sclavu* < *slavu,* eslavo, a través del gr. bizantino) *adj.-s.* Que carece de libertad por estar bajo el dominio de otro: *los esclavos de la antigua Roma.* 2 fig. Sometido rigurosa o fuertemente: *~ de sus pasiones.* -3 *m. f.* Persona alistada en alguna hermandad de esclavitud.
SIN. **Siervo.** *1* **Idota,** en Lacedemonia. REL. **Manumitir, libertar** o **ahorra,** dar libertad a un esclavo; **liberto, horro** o **ahorrado, manumiso,** esclavo que ha sido libertado.
esclavón, -vona *adj.-s.* Eslavo. 2 De Esclavonia o Eslavonia, reg. de la Europa meridional.
esclavonio, -nia *adj.-s.* Esclavón.
esclerénquima (*escler-* + la terminación de *parénquima*) *m.* Tejido vegetal formado por células muertas de membranas engrosadas y lignificadas.
esclero-, escler- (gr. *skleros,* duro, seco) Elemento prefijal que entra en la formación de palabras con el significado de duro.
esclerocio *m.* Órgano constituido por hifas estériles, cubiertas por una corteza rígida, que actúa como una forma de resistencia, propio de algunos hongos.
escleroderma *f.* ~ ***amarilla,*** hongo, basidiomicete, esférico, con el cuerpo amarillento y macizo *(Scleroderma vulgare).* 2 ~ ***parda,*** hongo de cuerpo grisáceo, globoso, con una serie de cordones ramificados en la base *(Scleroderma verrucosum).*
esclerodermia (*esclero-* + *-dermia*) *f.* Enfermedad caracterizada por un engrosamiento escleroso de la piel.
esclerófilo, -la (*esclero-* + *-filo* III) *adj.* BOT. [planta] De hojas pequeñas y coriáceas como adaptación a climas secos.
esclerómetro (*esclero-* + *-metro*) *m.* Aparato que sirve para medir la dureza de los minerales.
esclerosar *tr.* Producir esclerosis. -2 *prnl.* Producirse esclerosis en un órgano o tejido.
escleroscopio (*esclero-* + *-scopio*) *m.* FÍS. Instrumento que se usa para medir la dureza de una superficie.
esclerosis (gr. *esklérosis*) *f.* Induración de un tejido o de un órgano debida al aumento anormal de su tejido conjuntivo intersticial. 2 p. ext. *y* fig. Imposibilidad de evolucionar o adaptarse. ◇ Pl.: *esclerosis.*
escleroso, -sa *adj.* Duro, afectado de esclerosis. 2 Alterado por esclerosis.
esclerosponja *adj.-f.* Porífero de la clase de las esclerosponjas. -2 *f. pl.* Clase de poríferos con el esqueleto orgánico de espongina, reforzado con espículas calcáreas o silíceas.
esclerótica (*esclero-*) *f.* Membrana blanca, gruesa, resistente y fibrosa que constituye la capa exterior del globo del ojo; por detrás se continúa con la vaina del nervio óptico, y por delante se modifica convirtiéndose en la córnea.
esclerótico, -ca *adj.* Relativo a la esclerosis. 2 Que no puede evolucionar o adaptarse.
esclerotis *f.* MED. Inflamación generalmente aguda que afecta a la esclerótica en todo su espesor. ◇ Pl.: *esclerotis.*
esclusa (b. l. *exclusa,* cerrada) *f.* Recinto con puertas que se construye en un canal para que los barcos puedan pasar de un tramo a otro de distinto nivel, llenando de agua o vaciando el espacio comprendido entre dichas puertas. ◇ HOMÓF.: *exclusa* (part.).
esclusada *f.* Cantidad de agua que se necesita para llenar una esclusa. 2 Volumen de agua que pasa del tramo superior de un canal al tramo inferior en cada tránsito de barcos por una esclusa. 3 Volumen de agua que se vierte de una vez de un embalse a un río para limpiar su cauce, aumentar momentáneamente su nivel, etc.
-esco, -esca, v. -sco, -sca.
escoa (cat. *escoa,* der. de *escosa;* part. del l. *abscondere,* esconder) *f.* MAR. Punto de mayor curvatura de cada cuaderna de un buque.
escoba (l. *scopa*) *f.* Manojo de palmitos o de otras ramas flexibles, juntas y atadas a menudo en el extremo de un palo, que sirve para barrer; cepillo (instrumento formado de cerdas). 2 Escobón (arbusto). 3 Aparato mecánico usado para barrer. 4 Juego de naipes que se puede jugar individualmente, por parejas, o en grupos de tres, consistente en sumar quince puntos con una carta propia y otra u otras que hay sobre la mesa. 5 *Amér. Central.* Artemisilla. 6 *Amér. Central* Canchalagua. 7 *Amér. Central* Carapicho.
escobada *f.* Movimiento que se hace con la escoba para barrer. 2 Barredura ligera.
escobadera *f.* desus. Mujer que barre con escoba.
escobajar *tr.* Quitar el escobajo [a la uvas].
escobajear *tr. La Mancha.* Escobar a la ligera.
escobajo *m.* Escoba vieja. 2 Raspa de racimo después de quitadas las uvas.
SIN. *2* **Raspajo.**
I) escobar *m.* Terreno donde abunda la escoba (mata).
II) escobar *tr.* Barrer con escoba. 2 AGR. Abalear [el trigo].
escobazar *tr.* Rociar con escoba o ramas mojadas. ◇ ** CONJUG. [4] como ***realizar.***
escobazo *m.* Golpe dado con una escoba. 2 Barredura ligera.
escobén (port. *escovem*) *f.* Agujero existente a uno y otro lado de la roda de un buque, por donde pasan los cables o cadenas para amarrarlo.
escobero, -ra *m. f.* Persona que tiene por oficio hacer escobas o venderlas. -2 *f.* Retama común.
escobeta *f.* Escobilla(cepillo). 2 *Méj.* Escobilla de raíz de zacatón, corta y recia. 3 *Méj.* Mechón de cerda que sale en el papo de los pavos viejos.
escobetear *tr. Méj.* Barrer [el suelo] con la escoba. 2 *Rioja.* Cepillar con la escobilla.
escobilla (dim. de *escoba*) *f.* Cepillo para el polvo. 2 Escobita para limpiar, formada de cerdas o alambres. 3 Hoja de caucho del limpiaparabrisas del automóvil. 4 Mezcla de tierra y polvo de plata y oro que se barre en las oficinas donde se trabajan estos materiales. 5 Especie de brezo para hacer escobas. 6 Mazorca del cardo silvestre, para cardar la seda. 7 Cardencha (planta). 8 Pieza de forma varia que tienen algunas máquinas eléctricas, que sirve para mantener el contacto entre los conductores y el rotor, para la entrada y salida de la corriente; como la dinamo. 9 MÚS. Palillo rematado por un pequeño haz de filamentos plásticos para amortiguar el sonido del tambor. 10 ~ ***de ambar,*** hierba compuesta, con flores en cabezuelas terminales, de corola purpúrea con olor parecido al del ambar. 11 *And.* Flor del maíz. 12 *Cuba.* Escobeta del pavo. 13 *C. Rica.* Mastuerzo, planta. -14 *m. Ecuad.* fig. Adulador.
escobillado, -da, pp. de *escobillar.* 2 *m. Amér.* Acción de escobillar en los bailes. 3 *Amér.* Efecto de escobillar en los bailes.

escobillar *tr.* Limpiar con la escobilla, cepillar. 2 *Amér.* En algunos bailes, batir el suelo con los pies con movimientos rápidos. 3 *Ecuad.* y *S. Dom.* fig. Adular.
escobilleo *m. Amér.* Escobillado en el baile. 2 *Venez.* Pareja de baile.
escobillón (adaptación del fr. *écouvillon,* del mismo grupo de *escoba*) *m.* Palo largo, con un cilindro de madera y cerdas en uno de sus extremos, para limpiar los cañones de artillería. 2 Cepillo grande unido al extremo de un astil, que se usa para barrer el suelo. 3 MED. Utensilio plástico con una pequeña bola de algodón estéril en su punta, que se utiliza para efectuar una toma de un líquido orgánico, presuntamente infectado, con vistas a obtener un cultivo de los gérmenes en él presentes.
escobina *f.* Serrín que hace la barrena cuando taladra. 2 Limadura de un metal cualquiera.
escobo (de *escoba,* mata) *m.* Matorral espeso.
escobón *m.* Aum. de *escoba*. 2 Escoba con mango largo para barrer y deshollinar. 3 Escoba de mango corto. 4 Escoba sin mango, hecha de finas ramas de ontina, juntas y atadas por un extremo. 5 Aglomeración de ramas y hojas que crecen muy juntas y apretadas, debido a la acción de hongos parásitos y virus. 6 Arbusto leguminoso sin espinas, con tallos largos, rectos y lampiños, flores de color amarillo dorado y vainas negras peludas *(Sarothamnus scoparius).*
SIN. *6* **Alama, escoba, retama negra** o **de escobas.**
escocar *tr. Ál.* Desterronar con el zarcillo. 2 *Logr.* Despojar de todo el dinero [a un jugador]. ◇ ** CONJUG. [1] como ***sacar.***
escocedura *f.* Acción de escocer o escocerse. 2 Efecto de escocer o escocerse.
escocer (l. *excoquere*) *intr.* Causar una cosa, esp. una herida o lesión, una sensación parecida a la quemadura: *la guindilla escuece en la lengua.* 2 fig. Producirse en el ánimo una impresión desagradable y amarga. -3 *prnl.* Sentirse, dolerse. 4 fig. Ponerse rubicundas algunas partes del cuerpo por efecto de la gordura, el sudor, etc. ◇ ** CONJUG. [54] como ***cocer.***
SIN. *1* y *2* **Picar.** *2* **Resquemar.** *3* v. **sentirse.** *4* **Escaldarse, sahornarse.**
escocés, -cesa *adj.-s.* De Escocia, país del norte de la Gran Bretaña. -2 *adj.-m.* Lengua perteneciente al grupo celta insular, procedente del gaélico, hablada en este país. -3 *adj.* [tela] Que forma cuadros de varios colores. -4 *m.* Güisqui. 5 ARQ. V. arco escocés.
escocherar *tr.-prnl.* y *Amér. Central.* Romper, estropear [un mueble].
escochiflarse *prnl. C. Rica.* Escocherarse.
I) escocia *f.* Bacalao de Escocia.
II) escocia (l. *scotia* < gr. *skotos,* sombra; doble etim. *esgucio*) *f.* Moldura de perfil cóncavo constituido por el acorde de dos arcos de círculo de diferente diámetro.
SIN. **Nacela, sima.**
escocimiento *m.* Escozor.
escoda *f.* Especie de martillo con punta o corte en ambos lados, para labrar piedras y picar paredes.
SIN. **Trinchante.**
escodadero *m.* Sitio donde los venados y gamos suelen escodar (sacudir).
I) escodar (der. del l. *ex* + *cubitu,* codo) *tr.* Labrar [una piedra] con la escoda.
II) escodar (l. *excutere*) *tr.* MONT. Sacudir [la cuerna], los animales que la tienen, para descorrearla.
escofia *f.* desus. Cofia.
escofiar *tr.-prnl.* desus. Poner la cofia en la cabeza. ◇ ** CONJUG. [12] como ***cambiar.***
escofieta *f.* Tocado de gasa de que usaron las mujeres. 2 desus. Cofia, redecilla. 3 *Cuba* y *P. Rico.* Gorro de niños pequeños.
escofina (l. *scobina*) *f.* Especie de lima de dientes gruesos y triangulares, para desbastar. 2 Pieza de hierro o acero que usan los carpinteros para trabajar e igualar las piezas. 3 *Colomb.* Desbarbador.
escofinar *tr.* Limar con la escofina.
escofión *m.* Aumen. de *escofia.*
escogedor, -ra *adj.-s.* Que escoge.
escoger (l. *ex* + *coligere,* coger) *tr.* Tomar o elegir [una o más cosas] entre otras: ~ *del,* o *en el, montón;* ~ *entre varios libros;* ~ *para,* o *por, compañero.* ◇ ** CONJUG. [5] como ***proteger.***
SIN. **Seleccionar, elegir, optar por, florear. Escoger,** es el término genérico, y equivale pralte. a separar unas cosas de otras, lo bueno de lo malo, agradable, útil, etc. Como el substantivo **escogimiento** ha desaparecido prácticamente del uso, substituido por **selección**, éste ha generalizado el vb. **seleccionar**, que no se diferencia de **escoger** más que en el uso limitado a separar entre personas o cosas la más adecuada para un fin, acto u operación que se trata de realizar: ~ *animales para mejorar la raza;* ~ *jugadores para formar un equipo;* **elegir,** dentro del significado gral. de escoger, sugiere pralte. la preferencia por una o pocas personas o cosas entre otras: *tres cartas de la baraja; elegir tres cartas de la baraja;* ~ *tela para un vestido;* ~ *platos en la minuta de un restaurante;* **optar por** o **entre,** preferir o decidirse entre varias posibilidades: *optamos por quedarnos en casa;* **florear** y **entresacar,** son frecuent. y significan ir escogiendo las cosas mejores entre muchas: *floreamos en la banasta de las ciruelas;* su equivalente **triar** es p. us.
escogida *f. Can., Cuba* y *P. Rico.* Tarea de separar las distintas clases de tabaco. 2 *Can.* y *Cuba.* Local donde se hace esta tarea y reunión de operarios a ella dedicados.
escogidamente *adv. m.* Con acierto. 2 Cabalmente.
escogido, -da *adj.* Selecto. -2 *m.* Acción de escoger.
escogimiento *m.* inus. Acción de escoger. 2 inus. Efecto de escoger.
SIN. Se usa preferentemente **elección** o **selección.**
escolán *m.* Escolano. 2 Coro de niños que cantan en las iglesias.
escolanía *f.* Conjunto de escolanos: ~ *de Montserrat.*
escolano (de *escuela*) *m.* Niño que en algunos monasterios de Cataluña se educa para el servicio del culto y gralte. para el canto. 2 Arbitán (pez). 3 *Ar.* Sacristán. 4 *Nav.* Escolar, estudiante.
escolapio, -pia *adj.* Relativo a la Orden de las Escuelas Pías. -2 *m.* Clérigo regular de la Orden de las Escuelas Pías, fundada en 1597 por San José de Calasanz (1556-1648) y dedicada a la enseñanza de la juventud. -3 *f.* Religiosa del instituto fundado en 1848, que sigue la regla de las Escuelas Pías. -4 *m. f.* Estudiante que recibe enseñanza en las Escuelas Pías.
I) escolar (l. *scholaris*) *adj.* Relativo al estudiante o a la escuela. -2 *com.* Estudiante que cursa o sigue en una escuela. -3 *m.* Pez marino teleósteo perciforme, de cuerpo fusiforme, de color pardo obscuro, cuya carne es oleosa, purgante, y que puede alcanzar 2 metros de longitud *(Ruvettus pretiosus).* 4 *Cuba.* Pez grande de tres orificios nasales *(Verilus sordidus).*
SIN. v. **Estudiante.**
II) escolar (b. l. *excolare*) *intr.-prnl.* Colar, pasar por un lugar estrecho: ~, o *escolarse, por la angostura.* ◇ ** CONJUG. [5] como ***contar.***
escolarear *intr. Cuba.* Pescar escolares (peces).
escolaridad *f.* Conjunto de cursos que un estudiante sigue en un establecimiento docente.
escolariego, -ga *adj.* Propio de escolares o estudiantes.
escolarización *f.* Acción de escolarizar. 2 Efecto de escolarizar.
escolarizar *tr.* Proporcionar la enseñanza obligatoria [a una persona]. ◇ ** CONJUG. [4] como ***realizar.***
escolástica (v. *escolástico*) *f.* Escolasticismo.
escolásticamente *adv. m.* En términos escolásticos. 2 A la manera y uso de las escuelas.
escolasticismo (de *escolástica*) *m.* Filosofía enseñada en las universidades y escuelas eclesiásticas medievales, caracterizada por buscar un acuerdo entre la revelación divina y las especulaciones de la razón humana, tratando, pues, de fundamentar y desarrollar la doctrina de la Iglesia como sistema científico; usa como método principal la argumentación silogística y la lectura de los autores antiguos, esp. Aristóteles (384-322 a. C.). Sus principales representantes fueron Alberto el Magno (¿1200?-1280) y santo Tomás de Aquino (1225-1274). 2 Espíritu exclusivo de escuela en las doctrinas, en los métodos o en el tecnicismo científico.
escolástico, -ca (gr. *scholastikós*) *adj.* Relativo a las escuelas medievales o al escolasticismo (espíritu exclusivo). -2 *adj.-s.* Teólogo y filósofo que profesaba el escolasticismo. -3 *f.* Escolasticismo (filosofía).
escolero, -ra *m. f. Perú.* Escolar, estudiante.
escoleta *f. Méj.* ant. Banda de músicos aficionados. 2 *Méj.* Ensayo de música.
escólex (gr. *skólex*) *m.* Extremo anterior de la tenia y otros gusanos cestodos, constituido por la cabeza y los órganos de fijación. ◇ Pl.: *escólex.*
escoliador *m. f.* Persona que escolia.
escoliar *tr.* Poner escolios [a un texto]. ◇ ** CONJUG. [12] como ***cambiar.***
escoliasta (gr. *eskholiastés*) *com.* Escoliador.
escolimado, -da *adj.* fam. *y* p. us. Muy delicado y enclenque.
escolimoso, -sa (gr. *skolymós*) *adj.* fam. *y* p. us. Descontentadizo, poco sufrido.

escolino, -na *m. f. Bol.* Escolar.
escolio (l. *scholiu* < gr. *skholion*) *m.* Nota que se pone a un texto para explicarlo. 2 Proposición aclaratoria.
escoliosis (gr. *skolíos,* tortuoso) *f.* Desviación lateral de la columna vertebral. 2 Escolio ◇ Pl.: *escoliosis.*
escolítido *adj.-m.* Insecto de la familia de los escolítidos. -2 *m. pl.* Familia de insectos coleópteros de cuerpo cilíndrico y coloración obscura, cuyos élitros están transformados en una especie de palas para sacar el serrín; como el barrenillo.
I) escollar *tr.* Tropezar en un escollo [la embarcación]. -2 *intr. Argent.* y *Chile.* fig. Malograrse un propósito por haber tropezado con alguna dificultad.
II) escollar *intr.-prnl.* Sobresalir.
escollera (de *escollo*) *f.* Obra hecha de piedras arrojadas al fondo del agua, para formar un dique o para resguardar el pie de otra obra de la acción de las olas o las corrientes.
escollo (l. *scopulu*) *m.* Peñasco a flor de agua o que no se descubre bien. 2 fig. Peligro, riesgo. 3 fig. Dificultad, obstáculo. ◇ HOMÓF.: *escoyo.*
escolopendra (l. *scolopendra*) *f.* Miriápodo quilópodo de unos 10 cms. de largo, con las patas del primer par en forma de uñas venenosas, con las cuales mata las presas de que se alimenta *(Scolopendra cingulata).* 2 Anélido marino de cuerpo vermiforme. 3 BOT. Planta polipodiácea de frondas enteras, escotadas en la base *(Scolopendrium officinale).*
SIN. *1* **Ciempiés, cientopiés.** *3* **Lengua de ciervo.**
escolta (it. *scorta,* der. de *scorgere,* del l. v. *excorrigere,* enderezar) *f.* Partida de soldados o embarcación para escoltar. 2 Acompañamiento en señal de reverencia, o para protección. 3 p. ext. Acompañamiento de una persona, esp. la detenida, para vigilarla. 4 DEP. Jugador de baloncesto que participa de las características del pivot y del alero.
SIN. *1, 2* y *3* v. **Acompañamiento.**
escoltar (it. *scortare;* como *escolta*) *tr.* Acompañar [a una pers. o cosa] para protegerla, evitar que huya, o en señal de honra: *~ a un general; ~ a una columna de prisioneros; escoltaban al soberano cuatro húsares a caballo.*
escomar *tr. Logr.* Desgranar a golpes la paja de centeno, el cáñamo, lino, etc.
escomberomórido, -da *adj.-s.* ZOOL. Pez teleósteo marino, con un corselete de escamas bien marcado en la parte anterior del cuerpo, habitualmente sin vejiga gaseosa, como el bonito. -2 *m. pl.* Familia de estos peces.
escombra *f.* Acción efecto de escombrar. 2 Efecto de escombrar.
escombrar (l. v. *excomborare,* sacar estorbos, de raíz celta) *tr.* Desembarazar [un espacio o recinto] de desechos o estorbos: *~ el paso de cascotes;* en gral. *y* fig., desembarazar, limpiar: *~ el barrio de gente maleante.* 2 Quitar [de los racimos de pasas] las más pequeñas y desmedradas. 3 *Murc.* Quitar el escombro de pimiento para moler la cáscara.
SIN. *1* **Desescombrar, descombrar.**
escombrera *f.* Conjunto de escombros y lugar donde se echan.
escómbrido *adj.-m.* ZOOL. Pez de la familia de los escómbridos. 2 ZOOL. *m. pl.* Familia de peces marinos teleósteos perciformes, que forman grandes bancos, de boca hendida, armada por pequeños dientes.
I) escombro (de *escombrar*) *m.* Desecho y cascote de un edificio arruinado o derribado. 2 Desechos de la explotación de una mina, o ripio de la saca y labra de las piedras de una cantera. 3 Pasa menuda que se separa de la buena. 4 En el pimiento seco, parte que está junto al pedúnculo.
SIN. *2* **Zafra.**
II) escombro (l. *scombru,* del gr. *skómbros*) *m.* Caballa.
escomencipio (de *escomenzar* + *principio*) *m.* y rúst. Comienzo, principio.
escomendrijo *m.* Criatura ruin y desmedrada.
escomenzar (l. v. **ex cum initiare*) *tr.* vulg. *y* rúst. Comenzar. ◇ **CONJUG. [47] como ***empezar.***
escomerse (l. *excomedere*) *prnl.* Irse desgastando una cosa sólida.
esconce (fr. ant. *escoinz,* der. de *cuneu,* cuña) *m.* Ángulo que interrumpe la dirección que lleva una superficie cualquiera.
escondecorrea *m. La Mancha.* Juego de muchachos, en que por lo común se esconde el cinturón de uno de ellos.
escondecucas *m. Ar.* Juego del escondite. ◇ Pl.: *escondecucas.*
escondedero *m.* Lugar oportuno para esconder algo.
I) esconder (de *esconder* II) *m.* Escondite (juego).
II) esconder (l. *abscondere*) *tr.-prnl.* Poner [a una pers. o cosa] en un lugar o sitio retirado o secreto para que no sea vista o encontrada fácilmente: *esconderse de la persecución; esconderse de su padre; esconderse en un rincón; se esconde entre los árboles.* 2 fig. Encerrar en sí [una cosa] que no es manifiesta a todos. 3 Estar una cosa colocada de forma que oculte otra.
SIN. v. **Ocultar.**
escondidamente *adv. m.* A escondidas.
escondidas *f. pl. Amér.* Juego del escondite.
escondidas (a ~) *loc. adv.* A escondidillas.
escondidillas (a ~) *loc. adv.* En escondido.
escondidizo, -za *adj.* Que tiende a esconderse, generalmente por temor, timidez, etc.
escondido, -da, pp. de esconder. 2 *m. Argent.* Baile gauchesco. 3 *C. Rica* y *Salv.* Juego del escondite. -4 *m. pl. Perú.* Juego del escondite. -5 *f. pl. Amér.* Juego del escondite.
escondido (en ~) *loc. adv.* Ocultamente.
escondijo *m.* desus. Escondrijo.
escondimiento *m.* Ocultación de algo.
escondite *m.* Escondrijo. 2 Juego de muchachos en el que unos se esconden y otros los buscan.
SIN. *2* **Dormirlas; ori,** en Madrid y otras partes; **moma, momita** (Méj.).
escondrijo *m.* Lugar propio para esconder algo.
esconzado, -da *adj.* Que tiene esconces.
esconzar *tr.* Hacer a esconce [una cosa]. ◇ ** CONJUG. [4] como ***realizar.***
escoñado, -da *adj.* vulg. Estropeado, roto. 2 vulg. Lesionado, en mal estado físico o psicológico.
escoñar *tr.-prnl.* vulg. Estropear, romper. 2 vulg. Accidentarse, lesionarse. 3 vulg. Fracasar [un asunto].
escopa *f.* ZOOL. Aparato recolector de polen de las abejas.
escopeta (it. *scoppietto,* der. del l. v. *stloppu,* estallido, onomat.) *f.* Arma de fuego portátil, con uno o dos cañones montados en una caja de madera: *~ de caza; ~* ***de pistón,*** la cebada con pólvora fulminante encerrada en una cápsula o pistón; 2 *~* ***negra,*** cazador de oficio.
escopetar *tr.* MIN. Cavar y sacar la tierra de [las minas de oro].
escopetazo *m.* Tiro de escopeta. 2 Herida hecha con él. 3 fig. Noticia o hecho desagradable, súbito e inesperado. ◇ INCOR.: *escopetada.*
escopeteado, -da *adj.* fam. [pers.] Que actúa a toda prisa, velozmente; muy apurado de tiempo.
escopetear (frecuent.) *tr.* Hacer repetidos disparos de escopeta: *~ una liebre.* -2 *rec.* fig. Dirigirse dos o más pers. a porfía cumplimientos o insultos.
escopeteo *m.* Acción de escopetear o escopetearse.
escopetería *f.* Gente armada de escopetas. 2 Multitud de escopetazos.
escopetero *m.* El que va armado de escopeta. 2 El que tiene por oficio fabricar o vender escopetas. 3 Escopeta negra. 4 Coleóptero zoófago que vive debajo de piedras *(gén. Brachinus).*
escopetilla *f.* Dim. de *escopeta.* 2 Cañón muy pequeño cargado de pólvora y bala, con que se rellenaba una especie de bomba. 3 fig. *y* fam. Carabina, persona.
escopladura, escopleadura *f.* Corte o agujero hecho en la madera a fuerza de escoplo.
escoplear *tr.* Hacer escopladuras [en la madera].
escoplo (l. *scalpru*) *m.* CARP. Herramienta de hierro acerado, con mango de madera y boca formada por un bisel. 2 *~* ***de cantería,*** el de mango de hierro usado para labrar la piedra. 3 CIR. Instrumento empleado para cortar huesos.
escora (fr. ant. *escore,* madero para apuntalar una embarcación; voz de orig. germ.) *f.* MAR. Línea del fuerte. 2 MAR. Puntal que, con otros similares, sostiene los costados del buque en construcción o en varadero. 3 MAR. Inclinación de un buque por la fuerza del viento.
escoraje *m.* Acción de escorar un buque, escora.
escorar *tr.* MAR. Apuntalar [los costados del buque] con escoras. 2 MAR. Hacer que [un buque] se incline de costado. 3 *León* y *Cuba.* Apuntalar en gral. -4 *intr.-prnl.* MAR. Inclinarse un buque por la fuerza del viento. 5 MAR. Llegar la marea a su nivel más bajo. -6 *prnl. Cuba* y *Hond.* Arrimarse a un paraje que resguarde bien el cuerpo para esconderse. 7 *Ecuad.* Desahogarse, desquitarse.
escorbútico, -ca *adj.* Relativo al escorbuto.
escorbuto (fr. *scorbut,* de orig. germ.) *m.* Enfermedad general caracterizada por empobrecimiento de la sangre, manchas lí-

vidas, ulceraciones en las encías y hemorragias; se debe ordinariamente a la falta de la vitamina C en los alimentos que se consumen habitualmente.
escorchapín (it. *scorciapino*) ***m.*** Ant. embarcación de vela.
SIN. **Corchapín.**
escorchar (cat. *escorxar* < l. *excorticare*) ***tr.*** Desollar.
escordio ***m.*** Hierba labiada medicinal, de tallos ramosos, hojas blandas y vellosas y flores azules o purpúreas en verticilos *(Teucrium scordium).*
SIN. **Ajote.**
escoria (l. *scoria,* der. del gr. *skoria,* de *skor,* excremento) ***f.*** Substancia vítrea que sobrenada en el crisol de los hornos de fundir metales. 2 Materia que al ser golpeada suelta el hierro candente. 3 Lava esponjosa de los volcanes. 4 Residuo esponjoso que queda tras la combustión del carbón. 5 fig. Cosa vil, desechada. ◇ HOMÓF.: *excoria* (v. *excoriar*).
SIN. *2* **Cagafierro.** *5* **Horrura.**
escoriación ***f.*** Excoriación.
escorial ***m.*** Sitio donde se echan las escorias de las fábricas metalúrgicas. 2 Montón de escorias. 3 Terreno cultivado en que se han explotado yacimientos mineros. 4 *Bol.* Montaña cortada en forma de abismo.
SIN. **Grasero.**
escoriar ***tr.*** Excoriar. ◇ ** CONJUG. [12] como ***cambiar.***
escorificación ***f.*** Acción de escorificar.
escorificar ***tr.*** Convertir en escoria [un material]. 2 Separar la escoria [de los minerales]. ◇ ** CONJUG. [1] como ***sacar.***
escornarse ***prnl.*** fig. *y* fam. Realizar un trabajo duro y difícil, o simplemente duradero.
escorodonia ***f.*** Hierba labiada perenne con las hojas acorazonadas y las flores geminadas de color amarillo verdoso *(Teucrium scorodonia).*
escorpena, -pina ***f.*** Rascacio.
escorpio ***m.*** Escorpión (signo del Zodíaco).
escorpioide (gr. *skorpioeidés*) ***f.*** Alacranera.
escorpioideo, -a (*escorpión* + *-oideo*) ***adj.*** V. cima escorpioidea.
escorpión (l. *scorpione,* del gr. *skorpíos*) ***m.*** Alacrán (arácnido). 2 Pez marino teleósteo perciforme, con los ojos situados en la parte superior del cuerpo y coloración parda *(Trachinus draco).* 3 Máquina de guerra, de figura de ballesta, que usaron los antiguos para arrojar piedras. 4 Instrumento de tortura, especie de azote formado por cadenas que llevaban un garfio en los extremos. 5 Octavo signo o parte del Zodíaco que el Sol recorre aparentemente al mediar el otoño. 6 Constelación zodiacal situada entre la Libra y Sagitario. -7 ***m. pl.*** Orden de arácnidos con el abdomen dividido en dos partes: la anterior ancha y deprimida y la posterior, cilíndrica y alargada, a modo de cola, y terminada en una uña venenosa; como el alacrán o escorpión.
escorredero ***m.*** *Ar.* Canal de avenamiento.
escorredor ***m.*** *Murc.* Escorredero. 2 *Murc.* Compuerta para detener o soltar las aguas de un canal o acequia.
escorrentía ***f.*** Corriente de agua que se vierte al rebasar su depósito o cauce naturales o artificiales. 2 Circulación libre del agua de lluvia sobre la superficie de un terreno.
escorrocho, -cha ***m. f.*** *C. Rica.* Esperpento.
escorrofio ***m.*** *Colomb.* Esperpento.
escorrogio ***m.*** *Venez.* Esperpento.
escorrotarse ***prnl.*** *P. Rico.* vulg. Tener diarrea. 2 *P. Rico.* fig. Hablar sin reflexión.
escorrozo ***m.*** fam. Regodeo. 2 Destrozo, estropicio.
escorzado ***m.*** PINT. Escorzo.
escorzar (l. *ex* + *curtiare* < *curtare,* acortar; a través del it. *scorciare,* acortar) ***tr.*** Representar, acortándolas, según las reglas de la perspectiva [las cosas] que se extienden en sentido muy oblicuo al plano de papel o lienzo sobre que se dibuja o pinta. ◇ ** CONJUG. [4] como ***realizar.***
escorzo ***m.*** Acción de escorzar. 2 Efecto de escorzar. 3 Figura o parte de figura escorzada.
escorzón ***m.*** Escuerzo.
escorzonera ***f.*** Hierba compuesta, de flores amarillas y raíz gruesa, carnosa, de corteza negra, cuyo cocimiento se usa como diurético *(Scorzonera hispanica).*
SIN. **Barbaja, salsifí de España,** o **negro, teta.**
escosar ***intr.-prnl.*** *Ast.* Cesar de dar leche la hembra de un animal doméstico.
escoscar ***tr.*** Descaspar. 2 Descortezar. 3 *Ar.* Cascar nueces, almendras, etc. -4 ***prnl.*** Concomerse. ◇ ** CONJUG. [1] como ***sacar.***
escota (fr. ant. *escote,* der. del fráncico *skota*) ***f.*** Cabo que sirve para cazar las velas.
escotado ***m.*** Escotadura.
escotadura ***f.*** Corte hecho en una prenda de vestir por la parte del cuello. 2 Cortadura, cercenadura que altera la forma de una cosa: *la ~ de una bacía.* 3 En los teatros, abertura grande hecha en el tablado para el paso de las tramoyas.
I) escotar (probl. der. de *cota I*) ***tr.*** Cortar [una cosa] para acomodarla a la medida necesaria. 2 Extraer agua [de un río, arroyo o laguna] sangrándolo o haciendo acequias.
II) escotar (paras. de *cota II*) ***tr.*** Pagar el escote (parte de un gasto).
SIN. **Poner.**
I) escote (der. de *escotar I*) ***m.*** Escotadura. 2 Parte del busto que queda al descubierto por estar escotado el vestido. 3 Adorno de encajes en el cuello de un vestido.
SIN. **Descote** y el vb. **descotar,** son vulg., aunque se van generalizando mucho.
II) escote (de *escotar II*) ***m.*** Parte que corresponde pagar a cada una de dos o más personas que han hecho un gasto en común.
escotera ***f.*** MAR. Abertura en el costado de una embarcación por la cual pasa la escota mayor.
escotero, -ra ***adj.-s.*** Que camina sin llevar nada que le embarace. -2 ***adj.*** [barco] Que navega solo. 3 *Colomb.* Que no tiene cría o hijos.
escotilla (etim. dud., quizás del fr. *écoutillon;* probl. der. de *écouter;* l. *auscultare,* escuchar) ***f.*** Abertura que hay en las diferentes cubiertas para el servicio del buque.
escotillón (de *escotilla*) ***m.*** Trampa cerradiza en el suelo, esp. la que hay en los escenarios. 2 MAR. Abertura practicada en una de las cubiertas interiores de un barco, de pequeñas dimensiones, que sirve para comunicar las distintas dependencias.
escotín ***m.*** Escota de vela de cruz de un buque.
escotismo ***m.*** Doctrina filosófica de Escoto (¿830-880?) y sus discípulos.
escotista ***adj.-com.*** Partidario del escotismo.
escoto, -ta (del lat. tardío *Scottus, Scotus*) ***adj.-s.*** Pueblo gaélico de Irlanda que en el siglo VI se estableció en el Noroeste de la Gran Bretaña y en el IX se adueñó de la actual Escocia, a la que dio nombre. -2 ***adj.*** Perteneciente o relativo a dicho pueblo.
escotofobia (gr. *skotos,* obscuridad + *-fobia*) ***f.*** Temor morboso a la obscuridad.
escotoma (gr. *scotoma,* obscuridad) ***m.*** MED. Síntoma de varias lesiones oculares, caracterizado por una mancha obscura y centelleante que cubre parte del campo visual.
escoyo ***m.*** *Sal.* Escobajo del racimo de uvas. ◇ HOMÓF.: *escollo.*
escozor ***m.*** Sensación dolorosa como la de una quemadura. 2 fig. Sentimiento penoso.
SIN. **Escocimiento, resquemor.**
escrachar (ing. *to scratch*) ***tr.*** Retirar [un caballo] de una carrera. 2 Rayar [candidatos] en una lista o boleta de votación. 3 *P. Rico.* Escachar.
escriba (l. *scriba*) ***m.*** Doctor e intérprete de la ley de los hebreos. 2 fam. Escribano, secretario.
escribanía ***f.*** Oficio del escribano. 2 Oficina del mismo. 3 Escritorio (mueble). 4 Recado de escribir. 5 Caja portátil para plumas y tintero que traían pendiente de una cinta los escribanos y los escolares. 6 *Argent., C. Rica, Ecuad.* y *Parag.* Notaría.
escribanil ***adj.*** Relativo al oficio o condición del escribano.
escribano, -na (b. l. *scribanu*) ***m. f.*** Persona que por oficio público estaba autorizado para dar fe de las escrituras y demás actos que pasaban ante él. Más tarde quedó reservada la fe pública a los escribanos en las actuaciones judiciales; últimamente se les denomina secretarios. -2 ***f.*** Mujer del escribano. -3 ***m.*** Secretario. 4 Pendolista. 5 desus. Maestro de escuela. 6 Ave paseriforme granívora con pico corto de base ancha; el macho se distingue de la hembra por su coloración más brillante *(Emberiza cia).* 7 ~ ***del agua,*** insecto coleóptero de color bronceado brillante con las patas adaptadas a la natación, que suele andar en continuo movimiento sobre las aguas estancadas *(Gyrinus natator).* 8 *Cuba.* Ave zancuda con manchas blancas en su plumaje obscuro *(gén. Linnopardalus).*
SIN. *7* **Esquila, tejedera.**
escribido, -da, pp. reg. de *escribir,* que sólo se usa, y con significación activa, en la locución familiar humorística *leído y escribido.*

escribidor *m.* Mal escritor.
escribiente *com.* Persona que tiene por oficio copiar o escribir al dictado.
escribir (l. *scribere*) *tr.* Representar [ideas, palabras, números o notas musicales] por medio de letras u otros signos convencionales: ~ *un nombre, un intervalo; abs.,* trazar sobre papel, pergamino, etc., con lápiz, pluma, máquina, etc., los signos que representan las palabras, ideas, etc.: *los asirios escribían sobre arcilla;* ~ *con lápiz, a máquina.* 2 Comunicar a uno por escrito [alguna cosa]: ~ *una carta al padre; abs., le escribo desde París, por el correo, en español.* 3 Componer libros, discursos, etc.: ~ *una moneda;* ~ *de,* o *sobre, literatura.* 4 Ortografiar: *vaca se escribe con v.* 5 fig. Marcar, señalar: *tiene la bondad escrita en los ojos.* -6 *prnl.* Inscribirse (apuntar el nombre). 7 esp. Alistarse en la milicia, en una comunidad, etc. ◇ CONJUG: pp. irreg.: *escrito.*
REL. *1* **Caligrafía,** arte de escribir bellamente. FR. *No escribirse una cosa,* fr. de gran encarecimiento: *no se escribe lo rico que es.*
escriño (l. *scriniu*) *m.* Cesta de paja y mimbres o cáñamo para recoger el salvado y las granzas. 2 Cofrecito o caja para guardar objetos preciosos. 3 *Sal.* y *Zam.* Cascabillo de la bellota.
escripia (l. *scirpea,* cesta de junco; *scriniu,* cesto) *f.* Cesta de pescador de caña.
escrita (de *escrito*) *f.* Especie de raya de hocico puntiagudo, vientre blanco y lomo gris rojizo, sembrado de manchas blancas, pardas y negras *(gén. Raia).*
SIN. **Escuadro.**
escritilla *f.* Criadilla del carnero.
escrito, -ta (l. *scriptu*) pp. irreg. de *escribir.* 2 *m.* Carta, documento, papel manuscrito: ***por*** ~, por medio de la escritura: *declarar por* ~. 3 Obra científica o literaria. 4 DER. Pedimento o alegato en pleito o causa.
escritor, -ra (l. *scriptore*) *m. f.* Persona que escribe. 2 Autor de obras escritas o impresas.
SIN. desp. **Escribidor.**
escritorio (l. *scriptoriu*) *m.* Mueble cerrado, con divisiones en su interior para guardar papeles. 2 Mueble con cajoncitos para guardar joyas. 3 desus. Aposento donde tienen su despacho los hombres de negocios.
SIN. *1* **Escribanía.** *3* **Despacho.**
escritura (l. *scriptura*) *f.* Acción de escribir. 2 Efecto de escribir. 3 Arte de escribir. 4 Sistema de signos usado en la escritura: ~ ***fonética,*** la más generalmente usada, en que cada signo representa un elemento fonético de la palabra; ~ ***iconográfica,*** aquella que emplea como signo la imagen del objeto designado por la palabra; ~ ***ideográfica,*** aquella en que los signos no representan a simple vista la realidad de las cosas y únicamente sugieren su nombre, como la numeración romana y la notación matemática; ~ ***simbólica,*** la que se sirve de las imágenes empleadas como símbolos, por ejenmplo, la del león para expresar la fortaleza, la del perro para la fidelidad. 5 Documento público, firmado en presencia de testigos por el que lo otorga, de todo lo cual da fe un notario. 6 Obra escrita. 7 p. ant. La Sagrada Escritura o la Biblia. 8 INFORM. Almacenamiento de información en memoria.
REL. *1, 2, 3* y *4* Con la forma prefija *grafo-,* o la sufija *-grafía,* se forman muchos compuestos referentes a la escritura, tales como: *caligrafía* (escritura bella), *cacografía* (mala ~), *taquigrafía* (~ veloz), *mecanografía* (~ mecánica), *telegrafía* (~ a distancia), *ortografía* (~ correcta), *paleografía* (~ antigua); *grafología* (arte de conocer el carácter de una persona por su escritura), *grafomanía* (manía de escribir), etc. Los subst. y adj. relacionados con estas voces se componen con *-grafo: calígrafo, taquígrafo, paleógrafo, autógrafo, sismógrafo, telégrafo;* los que denotan lo escrito se forman con *-grama: cacograma, telegrama, radiograma, crucigrama, pentagrama,* etc.
escrituración *f. Argent., Parag.* y *P. Rico.* Acción de escriturar. 2 *Argent., Parag.* y *P. Rico.* Efecto de escriturar.
escriturar *tr.* DER. Hacer constar con escritura pública [un otorgamiento, un hecho, etc.]. 2 Contratar [un artista], esp. de teatro.
escriturario, -ria *adj.* DER. Que consta por escritura pública o que a ésta pertenece. -2 *m.* El que está versado en la Sagrada Escritura.
escrófula (l. *scrofula*) *f.* Estado morboso constitucional caracterizado por una predisposición a ciertas afecciones de los sistemas tegumentario, linfático y óseo. 2 Tuberculosis crónica de los ganglios linfáticos, huesos y articulaciones.
SIN. **Puerca.** REL. **Lamparón, paperas,** la ~ en el cuello.
escrofularia *f.* Planta escrofulariácea, de tallo nudoso, hojas acorazonadas, flores parduscas en larga panoja y semillas menudas *(Scrophularia nodosa).*
escrofulariáceo, -a *adj.-f.* Planta de la familia de las escrofulariáceas. -2 *f. pl.* Familia de plantas cotiledóneas, generalmente herbáceas, de hojas alternas y opuestas, flores en racimo o espiga, y fruto en cápsula dehiscente; como la escrofularia y el gordolobo.
escrofulismo *m.* Escrófula (estado morboso).
escrofulosis *f.* Adenopatía tuberculosa que se localiza con preferencia en el cuello. ◇ Pl.: *escrofulosis.*
escrofuloso, -sa *adj.* Relativo a la escrófula o de su naturaleza. -2 *adj.-s.* [pers.] Que padece escrófula o escrofulosis.
escrotal *adj.* Perteneciente o relativo al escroto.
escroto (l. *scrotu*) *m.* Bolsa formada por la piel que cubre los testículos y las membranas que los envuelven.
escrupulear *intr.* Escrupulizar.
escrupulillo (dim. de *escrúpulo*) *m.* Bolita que se pone dentro del cascabel para que suene.
escrupulizar *intr.* Formar escrúpulo o duda: ~ *en pequeñeces.* ◇ ** CONJUG. [4] como ***realizar.***
escrúpulo (l. *scrupulu* < *scrupu,* piedra) *m.* Duda o recelo que trae inquieto y desasosegado al ánimo: ~ *de conciencia; un hombre sin escrúpulos.* 2 Aprensión, asco hacia alguna cosa, especialmente alimentos. 3 China que se mete en el zapato. 4 ASTRON. Minuto. 5 FARM. Antiguo peso (1,198 miligramos; veinticuatro granos).
escrupulosamente *adv. m.* Con escrupulosidad.
escrupulosidad *f.* Exactitud en el examen de las cosas y en el cumplimiento de los deberes.
escrupuloso, -sa (l. *scrupulosu*) *adj.-s.* Que tiene escrúpulos. -2 *adj.* Que causa escrúpulos. 3 fig. Exacto.
escrutador, -ra *adj.* Escudriñador, examinador cuidadoso. -2 *adj.-s.* [pers.] Que escruta (en una elección).
escrutar (l. *scrutare*) *tr.* Indagar, explorar, examinar cuidadosamente [una cosa]. 2 Reconocer y computar [los votos] que para una elección se han dado secretamente.
escrutinio (l. *scrutiniu*) *m.* Examen y averiguación exacta de una cosa. 2 Acción de escrutar (en una elección). 3 Efecto de escrutar (en una elección).
escrutinizar *tr.* Escrutar. ◇ ** CONJUG. [4] como ***realizar.***
escrutiñador, -ra *m. f.* Examinador de una cosa haciendo escrutinio de ella.
escuadra *f.* Instrumento de figura de triángulo isósceles, o compuesto solamente de dos reglas en ángulo recto: ***a*** ~, en ángulo recto; ~ ***falsa*** o ***falsa*** ~, instrumento formado por dos reglas movibles alrededor de un eje, con el cual se trazan ángulos de diferentes aberturas. También *falsarregla* y *saltarregla.* 2 Pieza de metal con dos ramas en ángulo recto para asegurar las ensambladuras de las maderas. 3 Grupo de soldados a las órdenes de un cabo. 4 Conjunto de buques de guerra mayores, de la misma clase táctica, que forman una unidad administrativa o táctica. 5 Cuadrilla que se forma de algún concurso de gente. 6 Constelación austral situada entre el Ara y el Centauro. 7 ~ ***de agrimensor,*** instrumento de topografía, origen del cartabón, que constaba de cuatro alidadas, con que se podían señalar en el terreno alineaciones en ángulos rectos y semirrectos. 8 ~ ***de reflexión,*** la de agrimensor, en la que la realización del ángulo recto se consigue por métodos ópticos (prismas o espejos). 9 *Colomb.* Pistola automática.
SIN. *4* **Armada.**
escuadrar (l. v. **exquadrare*) *tr.* Labrar o disponer [un objeto] de modo que sus caras planas formen entre sí ángulos rectos.
escuadreo *m.* Acción de medir una superficie en unidades cuadradas. 2 Efecto de medir una superficie en unidades cuadradas.
escuadría *f.* Dimensiones, ancho y alto, del corte de un madero labrado a escuadra.
escuadrilla *f.* Escuadra de buques de pequeño porte. 2 Grupo de aviones que realizan un mismo vuelo al mando de un jefe.
escuadro *m.* Escrita.
escuadrón (aum. de *escuadra*) *m.* MIL. Unidad de un regimiento de caballería. 2 MIL. Unidad áerea equiparable en importancia o jerarquía al batallón o grupo terrestre. 3 *Ast.* Especie de arado.
escuadronar *tr.* Formar [la gente de guerra] en escuadrón o escuadrones.
escuadronista *m.* desus. Oficial práctico en las maniobras de la caballería.
escualidez *f.* Calidad de escuálido.

I) escuálido, -da (l. *squalidu*) *adj.* Sucio, asqueroso. 2 Flaco, macilento.

II) escuálido *adj.-m.* Pez del suborden de los escuálidos. -2 *m. pl.* Suborden de peces escualiformes de cuerpo prolongado y fusiforme, hendiduras branquiales laterales y cola robusta, heterocerca; como el tiburón y el pez sierra.

escualiforme *adj.-m.* Pez del orden de los escualiformes. -2 *m. pl.* Orden de peces elasmobranquios seláceos de cuerpo fusiforme y vida pelágica; como el tiburón.

escualo (l. *squalu*) *adj.-m.* Escuálido. -2 *m. pl.* Escuálidos.

escualor (l. *squalore*) *m.* p. us. Escualidez.

escuamaria *f.* Planta orobancácea, parásita de las raíces del avellano, olmo, chopo, etc., de hojas rojizas y flores también rojas, dispuestas en racimo unilateral *(Latracea squamaria).*

escuamiforme *adj.* En forma de escama.

escucha *f.* Acción de escuchar. 2 Efecto de escuchar. 3 En los conventos, religiosa que acompaña en el locutorio a las que reciben visitas. 4 Centinela que se adelanta de noche para observar de cerca los movimientos del enemigo. 5 Criada que duerme cerca de la alcoba de su ama para poder oír si la llama. 6 Ventana pequeña que estaba dispuesta en las salas de palacio para que pudiese escuchar el rey lo que en los consejos se votaba. 7 Oreja del animal de caza. -8 *com.* En radio y televisión, persona encargada de escuchar las emisiones para tomar nota de los defectos o de la información que se emite. -9 *f. pl.* FORT. Galerías radiales que se hacen al frente del glacis de las fortificaciones de una plaza para detener a los minadores enemigos en sus trabajos.
FRS. *Estar a la* ~, o *en* ~, estar atento para escuchar, esp. en radiodifusión. *Servicio de* ~, organización encargada de interceptar radiogramas y señales del enemigo.

escuchadera *f.* desus. Escucha (religiosa).

escuchador, -ra *adj.* Que escucha.

escuchar (b. l. *ascultare* < l. *auscultare;* doble etim. *auscultar*) *tr.* Aplicar el oído para oír: *el que escucha su mal oye;* ~ *con,* o *en, silencio.* 2 Prestar atención [a lo que se oye]: ~ *un concierto.* 3 Dar oídos, atender [a un aviso, consejo, etc.]: ~ *los dictados de la conciencia.* -4 *prnl.* Hablar o recitar con pausas afectadas.

escuchimizado, -da *adj.* Muy flaco y débil.

escuchimizarse *prnl.* fam. Ponerse flaco, enflaquecer. ◇ ** CONJUG. [4] como ***realizar.***

escuchón, -chona *adj.-s.* Que escucha con curiosidad indiscreta lo que otros hablan; que escucha lo que no debe.

escudar *tr.* Amparar y resguardar [a alguno] con el escudo. 2 fig. Resguardar y defender [a una pers.] de algún peligro. -3 *prnl.* fig. Valerse uno de algún medio o amparo para librarse de un peligro: *escudarse con,* o *de, la buena fe; escudarse contra el peligro.*
SIN. *2* y *3* v. **Proteger.**

escuderaje *m.* Servicio del escudero como criado de una casa.

escuderar *tr.* Escuderear.

escuderear *tr.* Servir [a una pers. principal] como escudero.

escudería *f.* Servicio y ministerio del escudero. 2 DEP. Equipo de competición formado por una marca automovilística o de motocicletas.

escuderil *adj.* Relativo al escudero.

escuderilmente *adv. m.* Con estilo y manera de escudero.

escudero, -ra (l. *scutariu*) *adj.* Escuderil. -2 *m.* Paje que acompañaba a un caballero para llevarle el escudo y servirle. 3 Hidalgo. 4 El que antig. llevaba acostamiento de una persona de distinción y tenía la obligación de asistirle. 5 Criado que servía a una señora, acompañándola cuando salía de casa y asistiendo en su antecámara. 6 El emparentado con una familia o casa ilustre, y reconocido y tratado como tal. 7 El que hacía escudos. 8 MONT. Jabalí nuevo que acompañaba al jabalí viejo.

escuderón *m.* desp. El que intenta aparentar más de lo que le corresponde.

escudete *m.* Obra semejante a un escudo pequeño. 2 Escudo (planchuela). 3 Pedazo de lienzo que sirve de fuerza en los cortes de la ropa blanca. 4 Nenúfar. 5 V. injerto de escudete. 6 Mancha redonda que las gotas de lluvia suelen producir en las aceitunas verdes, por donde éstas se dañan y acorchan.

escudilla (l. *scutella*) *f.* Vasija ancha y de forma de media esfera, en que se suele servir la sopa y el caldo. 2 *Cuba.* Taza semiesférica para té o café.

escudillador, -ra *adj.-s.* Que escudilla.

escudillar *tr.* Distribuir en escudillas o platos [caldo o manjares]. 2 Echar [caldo hirviendo] sobre el pan con que se hace la sopa. 3 fig. Disponer uno [de las cosas] como si fuera único dueño de ellas. 4 *Ar.* y *Nav.* fig. Contar lo que se sabe, no guardar secreto.
SIN. En varias regiones **escullar,** vulg.

escudillero *m. Ál.* y *Logr.* Vasar, estante para colocar la vajilla.

escudillo *m.* Dim. de *escudo.* 2 Doblilla.

escudo (l. *scutu*) *m.* Arma defensiva, formada por una lámina de cuero, madera o metal, que se lleva en el brazo contrario al que maneja la ofensiva. 2 fig. Amparo, defensa, patrocinio. 3 ~ ***de armas,*** o simplemente, ~, campo en forma de escudo, en que se pintan los blasones de un reino, ciudad o familia: ~ ***acuartelado,*** el que está dividido en cuarteles; ~ ***burelado,*** el que tiene diez fajas, cinco de metal y cinco de color; ~ ***cortado,*** el que está partido horizontalmente en dos partes iguales; ~ ***cortinado,*** el partido por dos líneas que arrancando del punto medio de la parte superior o inferior del jefe, terminan en los cantones de la punta; ~ ***cotizado,*** el lleno de cotizas estrechas de colores alternados; ~ ***embrazado,*** el partido por dos líneas que, saliendo de los ángulos diestros, convergen en el centro del flanco siniestro; ~ ***enclavado,*** el partido o cortado en que una de las partes monta sobre la otra; ~ ***en sotuer,*** el compuesto a modo de banda y barra cruzadas; ~ ***equipolado,*** el que tiene nueve cuadrillos, cuatro de un esmalte y cinco de otro, dispuestos en forma de tablero de ajedrez; ~ ***fajado,*** el cubierto de seis fajas, tres de metal y tres de color; ~ ***jironado,*** el dividido en ocho jirones; ~ ***partido en,*** o ***por, banda,*** el dividido por una banda; ~ ***raso,*** el que no tiene adornos o timbres; ~ ***tajado,*** el que se divide con una línea del ángulo siniestro del jefe del escudo al diestro de la punta; ~ ***terciado,*** el dividido en tres partes iguales, de esmaltes diferentes, por dos líneas paralelas verticales (*en palo*), u horizontales (*en faja*), que van del cantón diestro del jefe al siniestro de la punta (*en banda*), o que van del cantón siniestro del jefe al diestro de la punta (*en barra*); ~ ***tronchado,*** el que se divide con una línea del ángulo diestro del jefe del escudo al siniestro de la punta; ~ ***varado,*** el que está cubierto de varas de metal y de color en forma alternativa, en número par y superior a ocho; ~ ***vergeteado,*** el que se compone de diez o más palos. 4 Planchuela de metal que, para guiar la llave, se pone delante de la cerradura. 5 Plancha de acero colocada en las piezas de artillería que sirve de defensa a los que la manejan. 6 Tabla que forma el respaldo del asiento de popa de los botes. 7 Unidad monetaria de Portugal. 8 Moneda chilena (cinco pesos). 9 Ant. moneda de varios países, gralte. de oro (en España medio doblón). 10 Ant. moneda española de plata, unidad monetaria hasta el s. XIX (diez reales de vellón o medio duro). 11 Moneda imaginaria de Costa Rica de 2 pesos y diez centavos. 12 Peso duro. 13 Constelación austral situada entre la Serpiente y el Águila. 14 Espaldilla del jabalí. 15 MAR. Espejo de popa. 16 ZOOL. Escama, placa. 17 ZOOL. En los insectos, división central de las tres principales de la superficie dorsal de un segmento torácico.
SIN. *1* **Broquel; égida,** evocando la antigüedad clásica.

escudón *m.* TAUROM. Adorno ricamente bordado con flores o imágenes piadosas, puesto alrededor de la abertura del capote de paseo.

escudriñable *adj.* Que puede escudriñarse.

escudriñador, -ra *adj.-s.* Que tiene curiosidad por escudriñar.

escudriñamiento *m.* Acción de escudriñar. 2 Efecto de escudriñar.

escudriñar (b. l. *scrutiniare*) *tr.* Examinar, inquirir y averiguar cuidadosamente [una cosa y sus circunstancias].
SIN. **Escrutar.**

escuela (l. *schola* < gr. *skholé*) *f.* Establecimiento público donde se da cualquier género de instrucción y esp. la primaria: ~ *municipal;* ~ *de niños;* ~ *de Arquitectura, de Artes y Oficios;* ~ ***normal*** o ***del magisterio,*** aquella en la que se cursaban los estudios para obtener el título de maestro de primera enseñanza; ***Escuelas Pías,*** orden religiosa de clérigos regulares fundada a fines del s. XVI por San José de Calasanz, para dedicarse a la educación y a la enseñanza de niños pobres. 2 fig. Lo que en algún modo alecciona o da ejemplo y experiencia: *la* ~ *de la vida, de la desgracia.* 3 Conjunto de los que siguen una misma doctrina filosófica, artística, literaria, etc., gralte. discípulos de un mismo maestro: *la* ~ *aristotélica, platónica; la* ~ *holandesa de pintura;* ~ *clásica, romántica.* 4 Doctrina extendida por una escuela.

escuelante *m. Amér.* Escolar, colegial.

escuelero, -ra *adj.-s. Amér.* Escolar. 2 *Amér.* vulg. Maestro de escuela.

escuelista *com. Urug.* Escolar, colegial.

escuerzo (probl. del l. v. *excurtione,* der. de *curtu,* corto) ***m.*** Sapo (anfibio). 2 fig. Persona flaca y desmedrada.
escuetamente ***adv.*** De un modo escueto.
escueto, -ta ***adj.*** Descubierto, libre, desembarazado. 2 Sin adornos, sin ambages, estricto.
escuezno ***m.*** *Ar.* Pulpa de la nuez cuando está tierna.
escuimpacle (náhu. *itzcuintli,* perro, y *patli,* medicina o veneno) ***m.*** Planta mejicana, venenosa, usada para curar úlceras y enfermedades de la piel *(Senecio canicida).*
escuincle (mej. *itzcuintli,* perro) ***m.*** *Méj.* Perro callejero. 2 *Méj.* desp. Muchacho.
escuintleco, -ca ***adj.-s.*** De Escuintla, c. y dep. de Guatemala.
Esculapio (l. *Æsculapiu* < gr. *Asklepios*) ***n. pr.*** MIT. Dios de la Medicina.
esculapio (de *Esculapio*) ***m.*** fam. Médico.
esculca ***f.*** desus. Espía o explorador.
esculcar (germ. *skulkan,* espiar) ***tr.*** desus. Espiar, averiguar [una cosa] con diligencia y cuidado. 2 *And.* y *Amér.* Registrar [a una persona, local, etc.] para buscar algo oculto. 3 *Extr.* Quitar las pulgas, piojos, etc. ◇ ** CONJUG. [1] como ***sacar.***
esculco ***m.*** *Colomb.* Acción de esculcar.
esculina ***f.*** ÓPT. Y QUÍM. Substancia que se extrae de la castaña de Indias y que, disuelta en agua con gelatina, se aplica sobre los cristales destinados a proteger la vista contra la luz muy intensa, pues filtra los rayos ultravioletas.
escullador (de *escullar*) ***m.*** Vaso de lata con que en los molinos de aceite se saca éste del pozuelo.
escullar ***tr.*** En varias regiones, vulg. por escudillar. -2 ***intr.*** *Burg., Pal.* y *Sant.* Gotear o escurrir un líquido de una vasija u otra cosa.
escullir ***tr.*** Escurrir. 2 *Murc.* Resbalar, caer. -3 ***prnl.*** Escabullirse.
escullón ***m.*** *Murc.* Resbalón.
esculpidor, -ra ***m. f.*** Persona que se dedica a esculpir.
esculpir (l. *sculpere*) ***tr.*** Labrar a mano en piedra, madera o metal [una estatua, figura, adorno, etc.]: *~ a cincel; ~ de relieve; ~ en mármol.* 2 Grabar.
escultismo ***m.*** Movimiento de los scouts.
escultor, -ra ***m. f.*** Persona que profesa el arte de la escultura.
escultórico, -ca ***adj.*** Escultural.
escultura (l. *sculptura*) ***f.*** Arte de modelar, tallar o esculpir. 2 Obra del escultor. 3 Fundición o vaciado que se forma en los moldes de las esculturas hechas a mano.
escultural ***adj.*** Relativo a la escultura. 2 Que participa de alguno de los caracteres bellos de la estatua.
escuna (hol. *schooner*) ***f.*** Goleta.
escupejumos ***adj.-s.*** fam. Fanfarrón, matasiete. ◇ Pl.: *escupejumos.*
escupetina ***f.*** Escupitina.
escupida ***f.*** *Argent.* Salivazo.
escupidera ***f.*** Pequeño recipiente que sirve para escupir en él. 2 *And., Extr.* y *Amér.* Orinal, bacín. 3 *Amér.* fr. fig. ***Pedir la ~,*** acobardarse, tener miedo; sentirse derrotado, considerarse vencido.
escupidero ***m.*** Lugar donde se escupe. 2 fig. Situación en que está uno expuesto a ser ajado o despreciado.
I) escupido ***m.*** Esputo.
II) escupido, -da ***adj.*** Que tiene gran parecido con alguno de sus ascendientes directos.
escupidor, -ra ***adj.-s.*** Que escupe con mucha frecuencia. -2 ***m.*** *And., Extr.* y *Amér.* Orinal. 3 *Amér. Central* y *Méj.* Cohete fijo que hace flama y a intervalos arroja luces de colores. 4 *Colomb.* Ruedo, baleo.
escupidura ***f.*** Saliva, sangre o flema escupida. 2 Excoriación en los labios a causa de una calentura.
escupilona ***adj.*** *Perú.* [chicha] Que deja mal sabor.
escupiña ***f.*** Molusco bivalvo con la concha de hasta 7 cms. de longitud, gruesa y redondeada; la superficie externa de la concha está recubierta de crestas y tubérculos *(Venus verrucosa).* 2 *Can.* Almeja.
escupir (l. *exconspuere*) ***intr.*** Arrojar saliva o flema por la boca: *~ en el suelo; ~ al,* o *en el, rostro.* -2 ***tr.*** Arrojar con la boca [algo] como escupiendo: *~ sangre.* 3 fig. Echar de sí con desprecio [una cosa]. 4 fig. Salir o brotar en el cutis [postillas u otras señales] después de una calentura. 5 fig. Despedir un cuerpo a la superficie o detener en ella [una substancia]: *el granito escupe la humedad.* 6 fig. Despedir o arrojar con violencia [una cosa]: *los cañones escupían metralla.* 7 fig. *y* vulg. Contar lo que se sabe, confesar, contar.
SIN. *1* **Esputar** y **expectorar,** son voces cultas de significación atenuativa; **gargajear** (frecuent.), es palabra baja. *5* **Revenirse,** tratándose de la humedad: *la pared se reviene.* FR. *~ a uno,* hacer escarnio de él.
escupitajo ***m.*** Escupidura.
SIN. V. **Esputo.**
escupite ***m.*** *Amér. Central.* Escupidura.
escupitina ***f.*** Escupitinajo.
SIN. V. **Esputo.**
escupitinajo ***m.*** Escupidura.
SIN. V. **Esputo.**
escupo ***m.*** Escupido, esputo.
escurana (ant. *escuro,* oscuro) ***f.*** *Amér.* Oscuridad, cerrazón.
escurar (l. *ex-* + *curare,* limpiar) ***tr.*** Limpiar [los paños] antes de abatanarlos.
escureta ***f.*** Especie de peine de púas largas y dobladas con que se limpia en los telares el pelo que queda en los palmares al cardar las mantas.
escurialense ***adj.*** Relativo al pueblo y al monasterio de El Escorial.
escurra (l. *scurra*) ***m.*** Truhán.
escurre ***m.*** *Cuba.* Especie de pimiento picante *(gén. Capsicum).*
escurreplatos (*escurrir* + *plato*) ***m.*** Mueble de cocina donde se ponen a escurrir las vasijas fregadas. ◇ Pl.: *escurreplatos.*
SIN. **Escurridor.**
escurribanda (de *escurrirse*) ***f.*** fam. Escapatoria (evasión). 2 Desconcierto (flujo de vientre). 3 Corrimiento o fluxión de un humor. 4 Zurribanda (zurra).
escurridera ***f.*** Cucharetero de cocina.
escurrideras ***f. pl.*** *Méj.* y *Guat.* Escurriduras, aguas sobrantes que escurren de un riego.
escurridero ***m.*** Lugar a propósito para poner a escurrir alguna cosa.
escurridizo, -za ***adj.*** Que se escurre o desliza fácilmente. 2 Propio para hacer deslizar o escurrirse: *suelo ~.*
escurrido, -da ***adj.*** Estrecho de caderas. 2 [mujer] Que trae las sayas muy ajustadas. 3 *Cuba, Méj.* y *P. Rico* Corrido, avergonzado. -4 ***m.*** Acción de escurrir o escurrirse. 5 Efecto de escurrir o escurrirse.
escurridor ***m.*** Colador de agujeros grandes para escurrir el líquido de las viandas empapadas. 2 Escurreplatos. 3 Dispositivo que tienen algunas lavadoras para escurrir o exprimir la ropa una vez lavada.
escurriduras ***f. pl.*** Últimas gotas de licor que quedan en la vasija.
escurril ***adj.*** Truhanesco, chocarrero.
escurrilidad (l. *scurrilitate*) ***f.*** Propio del escurra, truhanería.
escurrimbres ***f. pl.*** fam. Escurriduras.
escurrimiento ***m.*** Acción de escurrir o escurrirse. 2 Efecto de escurrir o escurrirse. 3 MEC. Desplazamiento realizado a velocidades muy pequeñas.
escurrir (l. *excurrere*) ***tr.*** Apurar las últimas gotas [del contenido de una vasija]: *~ el vino, el aceite; ~ una vasija.* -2 ***tr.-prnl.*** Hacer [que una cosa empapada] despida el líquido que contenía: *~ uno la ropa; escurrirse la ropa.* -3 ***intr.-prnl.*** Destilar y caer gota a gota: *el vino escurre,* o *se escurre, al suelo.* 4 Deslizar, resbalar, correr una cosa por encima de otra: *los pies escurren,* o *se escurren, en el hielo.* -5 ***prnl.*** Escapar, salir huyendo: *escurrirse de,* o *de entre,* o *entre, las manos.* 6 fam. Correrse a ofrecer o dar por una cosa más de lo debido; decir más de lo que se debe o se quiere decir. ◇ También *escullir.*
escurrufio ***m.*** *Amér. Central.* Esperpento.
escusa (l. *absconsa,* escondida) ***f.*** Escusabaraja. 2 Provecho o ventaja que por especial condición y pacto disfrutan algunas personas según los estilos de los lugares. 3 Derecho que el dueño de una finca o de una ganadería concede a sus guardas, pastores, etc. para que puedan apacentar un corto número de cabezas de ganado de su propiedad. 4 Conjunto de cabezas de ganado a que se aplica este derecho. 5 DER. [illegible]cepción o descargo ◇ HOMÓF.: *excusa (v. excusar).*
escusabaraja (de *excusar,* esconder + *baraja,* cosa revuelta) ***f.*** Cesta de mimbres con su tapa.
escusado, -da ***adj.*** Excusado.
escusalí ***m.*** Excusalí. ◇ Pl.: *escusalíes.*
escusón ***m.*** Reverso de una moneda que tiene representado un escudo. 2 BLAS. Escudo pequeño que carga a otro mayor. 3 *And.* Broche de plata o de trenza de algodón o seda para el cuello de capas, pellizas, etc.
escutelaria ***f.*** Planta labiada de China *(Scutellaria).*
escutelo ***m.*** ZOOL. Placa, escama de gran tamaño, a menudo

muy osificada. 2 ZOOL. En los insectos, tercera de las tres divisiones principales de la superficie dorsal de un segmento torácico.
escúter *f.* Scooter.
escuti-, escut- (l. *scutum,* escudo) Elemento prefijal que entra en la formación de palabras con el significado de escudo: *escutiforme.*
escutiforme (*escuti-* + *-forme*) *adj.* De forma de escudo.
escutismo (ing. *scout*) *m.* Organización fundada en Inglaterra en 1909 por Baden-Powell (1857-1941) cuyo objeto es el desarrollo de las cualidades físicas y morales de la juventud.
Esdras *m.* Libro del Antiguo Testamento. Se abrevia *Esdr.*
esdrujulizar *tr.* irón. Dar acentuación esdrújula a una voz. Apl. esp. a la persona aficionada a emplear palabras esdrújulas para dar apariencia erudita a su estilo. ◇ ** CONJUG. [4] como ***realizar.***
esdrújulo, -la (it. *sdrucciolo*) *adj.-s.* Vocablo que lleva el **acento en la antepenúltima sílaba; como *máxima, súbito, mecánica.*
SIN. **Proparoxítono.**
I) ese *f.* Nombre de la letra *s.* 2 Eslabón de cadena en figura de ese. 3 Abertura que los instrumentos de arco tienen a ambos lados del puente.
FR. *Andar haciendo eses,* andar hacia uno y otro lado por estar bebido.
II) ese, esa, esos, esas (l. *ipse*) Formas m. y f., sing. y pl: del demostrativo con que se designa lo que está más cerca de la persona con quien se habla. Se usan cuando hacen el oficio de adjetivo, esto es, cuando acompañan al nombre: ~ *libro de tu derecha;* cuando van pospuestas, la expresión toma matiz despectivo: *el hombre ~; la señora esa.*
ése, ésa, eso, ésos, ésas (v. *ese*) Formas m., f. y n., sing. y pl. del demostrativo *ese* cuando hace el oficio de pronombre: ~ *quiero; vendrán ésas.* 2 ***Ésa,*** designa la ciudad en que está la persona a quien nos dirigimos: *mañana llegaré a ésa.* 3 ***Eso,*** equivale a veces a «lo mismo», en la lengua ant.: *eso se me da que me den ocho reales sencillos que una pieza de a ocho.* 4 ***Ni por ésas*** o ***ni por ésas ni por esotras,*** de ninguna manera, de ningún modo; ***eso mismo,*** asimismo, también o igualmente. 5 ***A eso de,*** loc. que acompaña a indicaciones de hora para dar idea de tiempo aproximado: *a eso de las once; a eso del atardecer.* ◇ Según la Ortografía académica, pueden escribirse sin acento cuando no resulte anfibología.
esecilla (de *ese I*) *f.* Alacrán (asilla).
esencia (l. *essentia*) *f.* Aquello por lo que un ser es lo que es, lo permanente e invariable de un ser: *la ~ y los accidentes del alma humana.* 2 Substancia volátil, olorosa, extraída de algunos vegetales o resultado de la transformación de sus principios. 3 ***Quinta*** ~, quinto elemento, muy sutil, que la filosofía antigua consideraba en la constitución del universo; entre los alquimistas, principio fundamental de la composición de la materia; fig., lo más puro y acendrado de una cosa: *la quinta ~ de lo español.*
esencial *adj.* Relativo a la esencia: *los caracteres esenciales de una especie; ~ al, en,* o *para, el negocio.* 2 p. ext. Principal, notable: *los órganos esenciales.* 3 ***Aceite*** ~, esencia (substancia volátil).
esencialidad *f.* Calidad de esencial.
esencialismo *m.* FIL. Doctrina que sostiene la primacía de la esencia sobre la existencia, por oposición al existencialismo.
esencialmente *adv. m.* Por esencia, de un modo esencial.
esenciarse *prnl.* desus. Unirse íntimamente con otro ser, como formando parte de su esencia. ◇ ** CONJUG. [12] como ***cambiar.***
esenciero *m.* Frasco para esencia.
esenio, -nia (l. *esseni*) *adj.-s.* Individuo de una de las sectas en que se dividía el judaísmo en tiempos de Jesucristo, que hacía profesión de una vida muy austera y practicaba la comunidad de bienes.
esenismo *m.* Doctrina religiosa de los esenios.
eseoese, sos.
esfacelarse *prnl.* MED. Mortificarse o gangrenarse un tejido.
esfacelo (gr. *sphákelos*) *m.* Gangrena, masa gangrenosa.
esfagnales *f. pl.* Orden de vegetales dentro de la clase musgos; poseen las hojitas de colores apagados, y el tallo, en general, de rizoides.
esfalerita *f.* Blenda.
esfena *f.* Titanita.
esfenisciforme *adj.-m.* Ave del orden de los esfenisciformes. -2 *m. pl.* Orden de aves que incluye muchas especies fósiles y algunas vivientes como los actuales pájaros bobos. No son capaces de volar y están adaptados a la vida acuática; tienen las alas modificadas y convertidas en aletas sin plumas; las patas poseen membrana interdigital.
esfeno- (del gr. *sphén, sphenós,* cuña) Elemento prefijal que entra en la formación de palabras con el significado de cuña.
esfenofilales *f. pl.* Orden de plantas dentro de la división artrófitos, ya extinguidos, que aparecieron en el devónico superior y desaparecieron en el triásico.
esfenoidal *adj.* Relativo al hueso esfenoides.
esfenoide *m.* MINERAL. Forma constituida por dos caras no paralelas, simétricas con respecto a un eje binario.
esfenoides (gr. *sphenoidés*) *adj.-m.* ANAT. Hueso de la cabeza, corto, de forma parecida a la de un murciélago con las alas extendidas, situado en la parte media e inferior del cráneo, entre el frontal y el etmoides por delante y el occipital por detrás. ◇ Pl.: *esfenoides.*
esfenoiditis (de *esfenoides* + *-itis*) *f.* PAT. Inflamación de la mucosa que cubre los senos esfenoidales.
esfera (l. *sphaera* < gr. *sphaíra*) *f.* GEOM. Sólido o espacio limitado por una superficie curva cuyos puntos equidistan todos de otro interior llamado centro: ~ ***celeste,*** ASTRON., esfera ideal, concéntrica con el globo terráqueo, en la cual se mueven aparentemente los astros; representación de esta esfera; ~ ***terrestre,*** globo terráqueo. 2 ~ ***armilar,*** aparato compuesto de varios círculos que representan los de la esfera celeste, con un pequeño globo en el centro, que representa la Tierra. 3 Espacio a que se extiende la acción, el influjo, etc., de una persona o cosa: ~ *de actividad.* 4 Rango, condición social de una persona: *salirse de su ~; las altas esferas de la sociedad.* 5 Círculo en que giran las manecillas del reloj.
esferal *adj.* Esférico.
esfericidad *f.* Calidad de esférico.
esférico, -ca *adj.* GEOM. Relativo a la esfera o que tiene su figura: *triángulo ~.* 2 ARQ. V. bóveda esférica. -3 *m.* DEP. Balón.
esferográfico, -ca *m. f. Amér. Merid.* Bolígrafo
SIN. **Esfera.**
esferoidal *adj.* GEOM. Relativo al esferoide o que tiene su figura.
esferoide (gr. *sphairoeidés*) *m.* GEOM. Cuerpo de forma parecida a la esfera.
esferometría (de *esfera* + *-metría*) *f.* FÍS. Medida de la curvatura de superficies esféricas.
esferómetro (de *esfera* + *-metro*) *m.* Instrumento de precisión para medir la curvatura de las superficies esféricas.
esferulito *m.* GEOL. Agregado cristalino cuyos cristales crecen hacia afuera a partir de un punto común. Es frecuente en las lavas amorfas.
esfigmo- (gr. *sphygmós,* pulso) Elemento prefijal que entra en la formación de palabras con el significado de pulso.
esfigmocardiografía (*esfigmo-* + *cardiografía*) *f.* MED. Registro simultáneo mediante aparatos especiales del pulso periférico arterial y de los latidos cardíacos.
esfigmografía (*esfigmo-* + *-grafía*) *f.* MED. Registro gráfico de la fuerza y frecuencia del pulso obtenido mediante el empleo del esfigmógrafo.
esfigmógrafo (*esfigmo-* + *-grafo*) *m.* Instrumento para registrar los movimientos, fuerza y forma del pulso arterial.
esfigmograma (*esfigmo-* + *-grama*) *m.* Trazado gráfico de la fuerza y frecuencia del pulso, obtenido mediante el empleo del esfigmógrafo.
esfigmomanometría (*esfigmo-* + *manometría*) *f.* Medición de la fuerza y frecuencia del pulso mediante el empleo del esfigmomanómetro.
esfigmomanómetro *m.* Esfigmómetro.
esfigmómetro (*esfigmo-* + *-metro*) *m.* Instrumento para medir la fuerza y frecuencia del pulso.
SIN. **Pulsímetro.**
esfinge (l. *sphinge,* der. del gr. *sphinx*) *f.* Animal fabuloso, con cabeza, cuello y pecho de mujer, y cuerpo y pies de león: *las esfinges de Egipto;* ***ser,*** o ***parecer, una*** ~, fig., adoptar una actitud enigmática y reservada. 2 Mariposa nocturna de colores abigarrados y alas largas pero estrechas, en forma de triángulo escaleno, y de cuerpo muy voluminoso *(Sphinx sphinx* y otros*).* ◇ En el uso gral. moderno es femenina; la Academia la registra como voz ambigua.
esfíngido *adj.-m.* ZOOL. Insecto de la familia de los esfíngidos. -2 *m. pl.* ZOOL. Familia de insectos lepidópteros crepusculares, con antenas prismáticas y alas horizontales en el reposo; sus orugas llevan un apéndice caudal.

esfínter (l. *sphincter* < gr. *sphingo,* cerrar) ***m.*** Músculo en forma de anillo que cierra un orificio natural. ◇ Pl.: *esfínteres.*
esfogar ***tr.*** Apagar [la cal]. ◇ ** CONJUG. [7] como ***llegar.***
esforrocinar ***tr.*** Quitar los esforrocinos [de una vid o parra].
esforrocino ***m.*** Sarmiento bastardo que sale del tronco de las vides o parras.
esforzadamente ***adv. m.*** Con esfuerzo.
esforzado, -da ***adj.*** Alentado, animoso, valiente.
esforzador, -ra ***adj.-s.*** Que se esfuerza.
esforzar (b. l. *exfortiare*) ***tr.*** Dar [a uno] fuerza y vigor; p. anal., infundir ánimo y valor. -2 ***prnl.*** Hacer esfuerzos física o moralmente con algún fin: *esforzarse a, en,* o *por, trabajar.* ◇ ** CONJUG. [50] como ***forzar.***
esfoyar ***tr.*** *Ast.* Deshojar, esp. las mazorcas de maíz.
esfoyaza ***f.*** *Ast.* Reunión de varias personas para deshojar y enristrar las panojas del maíz cosechado.
esfuerzo ***m.*** Empleo enérgico de la fuerza física. 2 Empleo enérgico del vigor o actividad del ánimo. 3 Vigor, valor. 4 Empleo de elementos costosos en la consecución de algún fin. 5 FISIOL. Incremento de la actividad de un órgano o sistema.
esfumación ***f.*** Acción de esfumar o esfumarse. 2 Efecto de esfumar o esfumarse.
esfumado ***m.*** PINT. Transición suave de una zona a otra, obtenida por medio de tonos vagos y juegos de sombra, respondiendo a un efecto de atmósfera.
esfumar (it. *sfumare*) ***tr.*** Esfuminar. 2 PINT. Rebajar los tonos [de una composición o parte de ella]. -3 ***prnl.*** Disiparse, desvanecerse: *las nubes se esfuman en el cielo.* 4 fig. *y* fam. Marcharse, irse de un lugar con rapidez y disimulo.
SIN. **Disfumar.** *1* **Difuminar.** *2* **Aballar.**
esfuminar ***tr.*** Extender el lápiz con el esfumino para dar empaste [a las sombras de un dibujo].
esfumino (it. *sfumino*) ***m.*** Rollito de papel estoposo o de piel suave, terminado en punta, que sirve para esfumar.
SIN. **Disfumino, difumino.**
esgarrar ***tr.-intr.*** Hacer esfuerzo para arrancar la flema.
SIN. **Desgarrar.**
esgarre ***m.*** *Venez.* Esgarro.
esgarro ***m.*** Esputo.
esgolizarse ***prnl.*** *Cuba* y *P. Rico.* vulg. Deslizarse, escurrirse. ◇ ** CONJUG. [4] como ***realizar.***
esgonzar ***tr.*** Desgonzar. ◇ ** CONJUG. [4] como ***realizar.***
esgrafiado ***m.*** Acción de esgrafiar. 2 Efecto de esgrafiar. 3 Obra hecha con el grafio.
esgrafiar (it. *sgraffiare*) ***tr.*** Trazar dibujos [en un muro o superficie estofada] haciendo saltar en ciertos puntos la capa superficial para dejar al descubierto la capa siguiente de distinto color. ◇ ** CONJUG. [13] como ***desviar.***
REL. **Grafio,** instrumento para ~.
esgrima ***f.*** Arte de esgrimir.
esgrimidor, -ra ***m. f.*** Persona que sabe esgrimir.
esgrimidura ***f.*** Acción de esgrimir.
esgrimir (ant. alto al. *skirmyan,* proteger) ***tr.*** Jugar y manejar [un arma blanca] reparando y deteniendo los golpes del contrario, o acometiéndole. 2 fig. Usar [de una cosa] como arma para atacar o defenderse: ~ *nuevos argumentos.*
esgrimista ***com.*** *Amér.* Esgrimidor.
esguardamillar ***tr.*** fam. Desbaratar, descomponer, descuadernar.
esguazable ***adj.*** Que se puede esguazar.
esguazar (del l. *vadu,* vado × *aqua*) ***tr.*** Vadear [un río o brazo de mar bajo]. ◇ ** CONJUG. [4] como ***realizar.***
esguazo ***m.*** Acción de esguazar. 2 Vado (de un río).
esgucio (v. *escocia*) ***m.*** ARQ. Moldura cóncava cuyo perfil es la cuarta parte de un círculo.
SIN. **Antequino.**
esgueva ***f.*** *Sal.* Alcantarilla, cloaca.
esguila ***f.*** *Ast.* Quisquilla (camarón). 2 *Ast.* Ardilla.
esguilar ***intr.*** *Ast.* Trepar a un árbol o a otro sitio alto.
esguilero ***m.*** *Ast.* Red pequeña de forma cónica y sujeta a un aro con mango, que se usa para pescar esguilas, o quisquillas.
esguín (vasco *izokín,* salmón, de orig. célt.) ***m.*** Cría del salmón cuando aún no ha salido al mar.
SIN. **Murgón.**
esguince (l. v. *exquintiare,* rasgar, der. de *quintu,* quinta parte) ***m.*** Ademán hecho con el cuerpo, torciéndolo para evitar un golpe. 2 Movimiento, gesto de disgusto o desdén. 3 Distensión violenta de una articulación que puede provocar la rotura de un ligamento o de un tendón muscular
SIN. **Desguince.** *1* **Cuarteo, regate.**
esguízaro, -ra (al. *schweizer*) ***adj.-s.*** Suizo.
esker ***m.*** GEOL. Masa de sedimentos depositados a partir del frente glaciar, por las corrientes de agua subglaciares, al depositar las partículas que arrastra.
eslabón (ant. *esclavón,* der., como *esclavo* de la raíz *eslavo*) ***m.*** Hierro u otro metal en figura de ese o de anillo que, enlazado con otros, forma cadena. 2 Hierro acerado con que se saca fuego de un pedernal. 3 Chaira (cilindro). 4 Alacrán negro, de unos 12 cms. de largo *(Scorpio africanus; Eucorpius funzagoi).* 5 VETER. Tumor duro, particularmente huesoso, que sale a las caballerías debajo del corvejón y de la rodilla y que se extiende a estas articulaciones.
eslabonador, -ra ***adj.*** Que eslabona.
eslabonamiento ***m.*** Acción de eslabonar o eslabonarse. 2 Efecto de eslabonar o eslabonarse.
eslabonar ***tr.*** Unir [unos eslabones con otros] formando cadena. -2 ***tr.-prnl.*** Enlazar [unas cosas con otras].
eslalom ***m.*** Slalom.
eslavismo ***m.*** Paneslavismo. 2 Estudio de las letras eslavas; afición a lo eslavo.
eslavista ***com.*** Persona que se dedica al estudio de la lengua y literaturas eslavas.
eslavo, -va ***adj.-s.*** De un grupo étnico antiguo que habitó el norte de Europa. -2 ***adj.-m.*** Familia de lenguas del tronco indoeuropeo habladas en el norte de Europa, que se divide en tres grupos: oriental, meridional y occidental; como el ruso, el búlgaro y el polaco, respectivamente
SIN. **Esclavón, esclavonio.**
eslavófilo, -la (*eslavo* + *-filo* I) ***adj.-s.*** Que simpatiza con los eslavos.
eslay ***m.*** *S. Dom.* Plato de encurtidos o entremeses que estimulan la sed.
eslembarse ***prnl.*** *P. Rico.* vulg. Quedarse uno como bobo y con la boca abierta mirando alguna cosa.
eslinga (ingl. *sling,* a través del fr. *élingue,* antes *eslingue*) ***f.*** Maroma provista de ganchos para levantar grandes pesos.
eslip ***m.*** Pieza interior masculina, a manera de calzoncillos, ajustada y sin pernera. 2 Bañador de iguales características.
eslizón ***m.*** Reptil saurio de cuerpo largo y pies cortos, con cuatro rayas pardas en el lomo *(Seps chalcides).*
SIN. **Sepedón, sipedón.**
eslogan (ing. *slogan*) ***m.*** Frase publicitaria, lo más breve y expresiva posible. 2 Consigna, lema.
eslora (neerl. *sloerie,* der. de *sloeren,* medir un barco) ***f.*** MAR. Longitud de la nave desde el codaste a la roda por la parte de adentro. -2 ***f. pl.*** Maderos endentados con los baos para reforzar el asiento de las cubiertas.
eslovaco, -ca ***adj.-s.*** De un pueblo eslavo que habitaba al este de Moravia y al norte de Hungría. 2 De Eslovaquia, república que, junto a la región checa, constituye Checoslovaquia. -3 ***adj.-f.*** Lengua perteneciente al grupo eslavo occidental, hablada oficialmente en esta república.
esloveno, -na ***adj.-s.*** De Eslovenia, república de Yugoslavia. -2 ***adj.-m.*** Lengua perteneciente al grupo eslavo meridional, hablada principalmente en esta república yugoslava.
esmaltado, -da ***adj.-s.*** Revestido de esmalte. -2 ***m.*** Acción de esmaltar. 3 Efecto de esmaltar. 4 Trabajo hecho con esmalte.
esmaltador, -ra ***m. f.*** Persona que tiene por oficio esmaltar.
esmaltar ***tr.*** Cubrir con esmalte [los metales]. 2 fig. Adornar de varios colores o matices [una cosa]: *las flores esmaltan el prado;* ~ *con,* o *de, flores;* en gral., adornar, hermosear: *la gracia con que esmalta sus acciones.*
esmalte (fráncico *smalt;* al. *Schmelz,* der. del germ. *smaltjan,* fundir) ***m.*** Barniz vítreo, que por medio de la fusión se adhiere a la porcelana, loza, metal, etc. 2 Objeto cubierto o adornado de esmalte. 3 Labor hecha con el esmalte sobre un metal. 4 Materia dura y blanca que cubre la parte de los dientes que está fuera de las encías. 5 Color azul que se hace fundiendo vidrio con óxido de cobalto. 6 fig. Lustre, esplendor o adorno. 7 BLAS. Metal o color conocido en el arte heráldico.
esmaltín ***m.*** Esmalte (color azul).
esmaltina ***f.*** Arseniuro de cobalto, usado en la fabricación de esmaltes.
esmechudar ***tr.*** *C. Rica.* Desgreñar, despeinar.

esméctico, -ca (l. *smecticu* < l. *smektikós*) *adj.* MINERAL. Detersorio.
esmeradamente *adv. m.* Con esmero.
esmerado, -da *adj.* Ejecutado con esmero. 2 Que se esmera.
esmerador *m.* Operario que pule piedras o metales.
esmeralda (l. *smaragdu,* der. del gr. *smáragdos*) *f.* Piedra fina, silicato doble de aluminio y glucinio, teñido de verde por el óxido de cromo. 2 ~ ***oriental,*** corindón. -3 *adj.-f.* Color de esta piedra. 4 De color esmeralda. -5 *f. Cuba.* Pez parecido a la anguila *(Gobioides barreto).* 6 *Colomb.* Especie de colibrí o pájaro mosca.
esmeraldeño, -ña *adj.-s.* De Esmeraldas, c. y prov. del Ecuador.
esmeraldino, -na *adj.* Semejante a la esmeralda, apl. pralte. al color.
esmerar (l. *ex* + *meru,* puro) *tr.* Pulir, limpiar [una cosa]. -2 *prnl.* Poner sumo cuidado en el cumplimiento de las obligaciones: *esmerarse en su trabajo.* 3 Obrar con acierto y lucimiento.
SIN. *2* **Remirarse,** intens.
esmerejón (probl. del fr. ant. *esmereillon,* der. del fráncico *smiril*) *m.* Ave rapaz falconiforme; el macho tiene el dorso gris azulado, a diferencia de la hembra cuyo plumaje es de color castaño *(Falco columbarius).* 2 Pieza de artillería de pequeño calibre.
I) esmeril (l.-gr. *smyride*) *m.* Mezcla pulverulenta de corindón, cuarzo, magnetita y oligisto, resultante de la descomposición de las rocas eruptivas; se usa para pulimentar.
II) esmeril (fr. ant. *esmereillon,* como *esmerejón*) *m.* ant. Pieza de artillería algo mayor que el falconete.
SIN. **Pijote.**
esméril (cruce de *estéril* con *esmeril* I) *adj.* hum. Estéril.
esmerilado, pp. de *esmerilar.* 2 *m.* Acción de esmerilar. 3 Efecto de esmerilar.
esmerilador, -ra *m. f.* Persona que esmerila.
esmerilar *tr.* Pulir con esmeril.
esmerilazo *m.* Tiro de esmeril.
esmero *m.* Sumo cuidado en hacer algo.
esmiláceo, -a (l. *-eu* < *smilax,* la zarzaparrilla) *adj.-f.* Esmilacoideo.
esmilacoideo, -a *adj.-f.* Planta de la subfamilia de las esmilacoideas. -2 *f. pl.* Subfamilia de plantas liliáceas, que incluye matas o arbustos trepadores, de hojas pequeñas, a veces filiformes y fruto en baya; como el brusco y el espárrago.
esmirnio (l. *smyrniu*) *m.* Apio caballar.
esmirriado, -da *adj.* Desmirriado.
esmogar *tr. La Mancha.* Entregar dinero, en pago o por cualquier otro motivo, esp. cuando se hace de mala gana. ◇ ** CONJUG. [7] como ***llegar.***
esmola *f. Sal.* Trozo de pan que es costumbre dar de merienda a los obreros del campo.
esmoladera *f.* Instrumento preparado para amolar.
esmoquin (ing. *smoking*) *m.* Chaqueta de hombre que se usa con traje de etiqueta y muchas veces en substitución del frac.
esmorecer *intr.-prnl.* Desfallecer, perder el aliento. ◇ ** CONJUG. [43] como ***agradecer.***
esmorusarse *prnl. P. Rico.* vulg. Desgreñarse.
esmuir (l. *emulgere,* ordeñar) *tr. And.* y *Ar.* Esmuñir, ordeñar las ramas del olivo para recoger la aceituna. 2 *And.* y *Murc.* Varear el olivo para que suelte la aceituna. ◇ ** CONJUG. [62] como ***huir.***
esmuñir (l. *emulgere,* ordeñar) *tr. Murc.* Ordeñar las ramas del olivo para recoger la aceituna. 2 *Murc.* Entresacar la hoja de la mazorca. ◇ ** CONJUG. [40] como ***muñir.***
esnifada *f.* En el lenguaje de la droga, aspiración por la nariz de cocaína u otra substancia análoga. 2 Dosis de droga tomada por este procedimiento.
esnifar *tr.* Aspirar cocaína u otra droga en polvo por la nariz.
esnob (ing. *snob*) *com.* Persona que acoge toda clase de novedades por admiración necia o para darse tono. ◇ Pl.: *esnobs.*
SIN. **Novelero.**
esnobismo *m.* Calidad de esnob. 2 Actitud del esnob.
SIN. **Novelería.**
esnobista *adj.-com.* Que sigue el esnobismo.
eso- (gr. *eso,* dentro) Elemento prefijal que entra en la formación de palabras con el significado de dentro.
esofagectomía (de *esófago* + *-ectomía*) *f.* CIR. Intervención quirúrgica, consistente en extirpar total o parcialmente el esófago.
esofágico, -ca *adj.* Relativo al esófago.
esofagitis (de *esófago* + *-itis*) *f.* MED. Inflamación aguda o crónica de la mucosa y en general de todo el esófago. ◇ Pl.: *esofagitis.*
esófago (gr. *oisophagos*) *m.* Conducto muscular membranoso que pone en comunicación la faringe con el estómago.
esofagoscopia (de *esófago* + *-scopia*) *f.* MED. Examen visual y dirigido del esófago mediante la introducción de un tubo de endoscopia llamado esofagoscopio, que va provisto en su punta de un sistema de iluminación.
esópico, -ca *adj.* Relativo al fabulista Esopo (s. VII-VI a. C.).
esotérico, -ca (gr. *esoterikós;* v. *eso-*) *adj.* Oculto, reservado, inaccesible al vulgo: *doctrina esotérica;* en esp. la que los filósofos de la antigüedad no comunicaban sino a un corto número de sus discípulos. 2 p. ext. Que es impenetrable o de difícil acceso por la mente.
CONTR. *1* **Exotérico.**
esoterismo *m.* Calidad de esotérico.
esotro, -tra *adj. -pron. demos.* Contracción de *esa* o *eso,* y *otro* u *otra* usada como adj.: ~ *niño* y como pronombre: *quiero* ~.
espabiladeras *f. pl.* Despabiladeras.
espabilar *tr.* Despabilar.
espachurrar *tr.* Despachurrar.
espaciado *m.* Acción de espaciar. 2 Efecto de espaciar. 3 IMPR. Conjunto de espacios que se dejan en la composición.
espaciador *m.* En las máquinas de escribir, tecla que se pulsa para dejar espacios en blanco.
espacial *adj.* Relativo al espacio.
espaciar (l. *spatiari*) *tr.* Poner distancia [entre las cosas] en el tiempo o en el espacio: ~ *las comidas.* 2 Esparcir, dilatar: ~ *los granos.* 3 ant. Divulgar, difundir: *la fama espacia su valor.* 4 IMPR. Separar [las dicciones, las letras o los renglones] con espacios o regletas. -5 *prnl.* fig. Extenderse en el discurso o en lo que se escribe. 6 fig. Esparcirse: *salir a espaciarse al sol.* ◇ ** CONJUG. [12] como ***cambiar.***
espacio (l. *spatiu*) *m.* Medio homogéneo, isótropo, continuo e ilimitado en que situamos todos los cuerpos y todos los movimientos. 2 Parte de este medio que ocupa cada cuerpo; intervalo entre dos o más objetos. 3 Porción de tiempo. 4 Programa (en radio y televisión). 5 Tardanza, lentitud. 6 ~ ***vital,*** ámbito territorial necesario para desarrollarse los pueblos. 7 ~ ***aéreo,*** zona de la atmósfera de la jurisdicción de un país para la circulación de aviones. 8 IMPR. Pieza de metal para espaciar. 9 MAT. Conjunto de entes entre los que se establecen postulados. 10 MÚS. Separación entre las rayas del pentagrama.
espaciosamente *adv. m.* Lentamente.
espaciosidad *f.* Anchura, capacidad.
espacioso, -sa *adj.* Ancho, dilatado, vasto. 2 Lento, flemático.
SIN. *2* **Despacioso.**
espada (l. *spatha* < gr. *spathe*) *f.* Arma blanca, larga, recta, aguda y cortante, con guarnición y empuñadura: ~ ***blanca,*** la ordinaria; ~ ***negra,*** la de hierro, sin corte, con un botón en la punta, usada en el juego de la esgrima; ***ceñir*** ~, traerla en el cinto, o ser militar; ***desnudar la*** ~, o ***tirar de ella,*** desenvainarla; fig. ***Espada de Damocles,*** amenaza persistente de un peligro; ~ ***de dos filos,*** que puede producir a la vez dos efectos contrarios; ***entre la*** ~ ***y la pared,*** amenazado de peligro sin poder huir, en trance apurado. 2 Carta del palo de espadas, y esp. el as. 3 Espadachín. 4 Pez espada. 5 fam. Llave falsa; p. ext., ganzúa. -6 *m.* Torero que mata al toro con la espada: *primer* ~. -7 *f. pl.* Palo de la baraja española.
SIN. *1* **Garrancha** (burl.), **hoja** (fig.), **tizona, colada, acero.** *6* **Matador.**
espadachín (it. *spadaccino*) *m.* El que maneja bien la espada. 2 El que se precia de valiente y es amigo de pendencias.
espadador, -ra *m. f.* Persona que tiene por oficio espadar.
espadaña (de *espada*) *f.* Anea. 2 Campanario formado por una sola pared, en la que están abiertos los huecos para colocar las campanas. 3 En un pozo, pieza de hierro de la que están colgados los cubos.
SIN. *1* **Gladio, gladiolo, gradiolo, maza sorda.**
espadañada *f.* Golpe de sangre u otro humor que sube bruscamente por la boca. 2 fig. Copia, abundancia, bocanada.
espadañal *m.* Terreno húmedo donde abundan las espadañas.
espadañar *tr.* Abrir el ave [las plumas de la cola].
espadar *tr.* Macerar y quebrantar con la espadilla [el lino o el cáñamo] para sacarles el tamo.
SIN. **Espadillar, tascar.**
espadarte *m.* Pez espada.
espadería *f.* Establecimiento del espadero.

espadero *m.* El que tiene por oficio fabricar, guarnecer, componer o vender espadas.

espádice (l. *spadice,* ramo de palmas, der. del gr. *spádix, -ikos*) *m.* Inflorescencia propia de ciertas plantas monocotiledóneas, consistente en un eje carnoso y en forma de maza, total o parcialmente cubierto por las flores y envuelto en una espata.

espadici- (de *espádice*) Elemento prefijal que entra en la formación de palabras con el valor de espádice: *espadiciforme.*

espadicifloras (*espadici-* + *-flora*) *f. pl.* Orden de plantas monocotiledóneas con flores en espádice, según algunas clasificaciones.

espadiciforme (*espadici-* + *-forme*) *adj.* BOT. En forma de espádice, parecido a un espádice.

espadilla *f.* Dim. de *espada.* 2 Insignia, en figura de espada, de los caballeros de Santiago. 3 As de espadas. 4 Especie de machete de madera para espadar. 5 Aguja grande con que se sujetaban el pelo las mujeres. 6 Remo grande que sirve de timón en algunas embarcaciones menores. 7 MAR. Timón provisional que se arma con las piezas de que se puede disponer a bordo, cuando se ha perdido el propio.
SIN. *4* **Tascador.**

espadillado *m.* Acción de espadillar. 2 Efecto de espadillar.

espadillar *tr.* Espadar.

espadillazo *m.* En algunos juegos, lance en que se ve obligado el jugador a poner la espadilla.

espadín *m.* Espada de hoja muy estrecha usada como prenda de ciertos uniformes. 2 Pez marino teleósteo clupeiforme, de pequeño tamaño, cuerpo alargado cubierto de grandes escamas y cola hendida; es similar a la sardina, pero de menor tamaño *(Sprattus sprattus; Clupea s.).*

espadista (de *espada*) *m.* Delincuente que para penetrar en una casa con el objeto de robar utiliza una ganzúa.

espaditas *f. pl. Chile.* Pizpirigaña (juego).

I) espadón *m.* Aum. de *espada.* 2 fig., desp. *e* irón. Personaje de elevada jerarquía en la milicia y otras clases sociales.

II) espadón (gr. *spádon,* eunuco) *m.* Hombre castrado que ha conservado el pene.

espadrapo *m.* desus. Esparadrapo.

espagírica (gr. *spao,* extraer + *ageiro,* reunir; convertido en la voz l. *spagiricus,* inventada) *f.* Arte de depurar los metales.

espagírico, -ca *adj.* Relativo a la espagírica. 2 ant. [medicamento] Preparado con substancias minerales. 3 ant. [pers.] Que defiende el uso y conoce la preparación de los medicamentos espagíricos.

espagueti (it. *spaghetti*) *m.* Fideo largo y grueso.

espahí (fr. *spahi*) *m.* Soldado de caballería del ejército francés en Argelia. 2 Soldado de caballería turca. ◇ Pl.: *espahíes.*
SIN. **Espay.**

espalar *tr.* Apartar con la pala [la nieve] que cubre el suelo.

espalda (v. *espátula*) *f.* Parte posterior del cuerpo humano desde los hombros hasta la cintura: ***cargado de espaldas,*** que las tiene más elevadas de lo regular; ***dar uno de espaldas,*** caer boca arriba; fig., ***echarse uno a las espaldas una cosa,*** no preocuparse de ella; ***echarse uno sobre las espaldas una cosa,*** hacerse responsable de ella; ***tener uno buenas espaldas,*** tener resistencia y aguante; ***tener uno guardadas las espaldas,*** tener protección superior a la fuerza de los enemigos; ***caer*** o ***caerse de espaldas,*** asombrarse mucho; ***por la ~,*** a traición; *Méj.,* ***~ mojada,*** persona que pretende traspasar la frontera l.acia Estados Unidos de modo ilegal. 2 En los animales, lomo. 3 Parte del vestido que corresponde a la espalda. 4 DEP. Modalidad de natación en que el nadador, situado boca arriba, realiza un movimiento circular con los brazos e imprime a las piernas una acción pendular de arriba abajo. -5 *f. pl.* Parte posterior de una cosa: *la calle corría a espaldas de la catedral.* 6 Tropa que guardaba la retaguardia de una expedición. -7 *f. Ecuad.* Suerte, sino. ◇ En la acepción *1* úsase generalmente en plural.
SIN. *1* **Costillas,** *llevar un cajón sobre las costillas*; **dorso,** es voz culta y lit. *5* **Envés.** REL. **Dorsal,** relativo a la espalda.

espaldar *m.* Espalda. 2 Pieza de la coraza que cubre y defiende la espalda. 3 Parte dorsal de la coraza de las tortugas. 4 Respaldo (de silla). 5 Enrejado sobrepuesto a una pared para que por él se extiendan ciertas plantas. -6 *m. pl.* Colgadura de tapices que se colocaba en las paredes a manera de frisos.
SIN. *5* **Espaldera, espalera.**

espaldarazo *m.* Golpe dado de plano, con la espada o con la mano, en la espalda de uno, como ceremonia en el acto de armarse caballero.
FR. *Dar el ~ a uno,* fig., admitir, aprobar, aceptar como igual, refrendar.

espaldarcete (dim. de *espaldar*) *m.* Pieza de la armadura que cubre y defiende la parte superior de la espalda.

espaldarón *m.* Pieza de la armadura que cubre y defiende las espaldas.

espaldear (frecuent.) *tr.* MAR. Romper las olas violentamente contra la popa [de una embarcación]. 2 *Chile.* Hacer espaldas, proteger, defender [a una persona].

espalder (de *espalda*) *m.* Remero que iba de espaldas a la popa de una galera para gobernar a los demás.

espaldera *f.* Espaldar (enrejado). 2 Pared con que se resguardan y protegen las plantas arrimadas a ella. -3 *f. pl.* Aparato de gimnasia consistente en varias barras de madera horizontales y dispuestas para hacer ejercicios.
SIN. *1* y *2* **Respaldo.**

espaldero, -ra *m. Venez.* Guardián de una corona. -2 *m. f. Venez.* Persona que acompaña y guarda las espaldas a otra.

espaldilla *f.* Dim. de *espalda.* 2 Omóplato. 3 Cuartos traseros del jubón o almilla que cubren la espalda. 4 Cuarto delantero de algunas reses y otros animales. 5 Lacón de cerdo.

espaldista *com.* DEP. Nadador especializado en la modalidad de espalda.

espalditendido, -da *adj.* fam. Tendido o echado de espaldas.

espaldón (de *espalda*) *m.* Parte maciza y saliente que queda de un madero después de abierta una entalladura: *ensambladura de ~.* 2 Barrera para resistir el empuje de la tierra o de las aguas. 3 FORT. Valla artificial para resistir y detener el impulso de un tiro o rechazo. -4 *adj. Colomb.* Espaldudo.

espaldonarse (de *espaldón*) *prnl.* MIL. Ponerse a cubierto de los fuegos del enemigo, al abrigo de un obstáculo natural.

espaldudo, -da *adj.* Que tiene grandes espaldas.

espalera (it. *spalliera*) *f.* Espaldar (enrejado).

espalmador *m.* Despalmador.

espalmadura *f.* Desperdicios de los cascos de los animales.
SIN. **Despalmadura.**

espalmar *tr.* Despalmar. 2 Disminuir el grosor [de una vianda] mediante golpes.

espalto (it. *spalto*) *m.* PINT. Color obscuro, transparente y dulce, para veladuras. 2 PINT. Piedra us. como fundente.
SIN. **Aspalto.**

espantable *adj.* Espantoso.

espantablemente *adv. m.* Con espanto.

espantada *f.* Fuga de un animal o de un grupo de animales: *en la feria hubo una ~.* 2 Desistimiento súbito, ocasionado por el miedo: *dar una ~.*

espantadera *f. Logr.* Camisita sin mangas, abierta por delante, que sirve para las criaturas recién nacidas.

espantadizo, -za *adj.* Que fácilmente se espanta.
SIN. **Asombradizo, asustadizo.**

espantado, -da *adj. Guat.* y *Perú.* [niño] Retrasado en su desarrollo. 2 *S. Dom.* Desconfiado.

espantador, -ra *adj.* Que espanta. 2 *Amér.* [caballo] Espantadizo.

espantagustos (de *espantar* + *gusto*) *m.* desus. Persona de mal carácter que turba la alegría de los demás. ◇ Pl.: *espantagustos.*

espantajo (desp. de *espanto*) *m.* Figura o muñeco que se pone en un paraje para espantar a los pájaros. 2 fig. Cosa que infunde vano temor. 3 fig. Persona de aspecto estrafalario y despreciable.
SIN. *3* **Estantigua.**

espantalobos (de *espantar* + *lobo*) *m.* Arbusto leguminoso de hojas imparipinnadas, flores amarillas en grupos axilares y legumbres de vainas infladas que producen ruido al chocar unas con otras *(Còlutea arborescens).* -2 *f.* Mariposa diurna de pequeño tamaño, con las alas de color azul metálico en el anverso y grisáceas en el reverso *(Iolana iolas).* ◇ Pl.: *espantalobos.*

espantamoscas *m.* Mosquero. ◇ Pl.: *espantamoscas.*

espantanublados (de *espantar* + *nublado*) *m.* fam. Tunante que andaba con hábitos largos por los lugares, pidiendo de puerta en puerta y haciendo creer a la gente rústica que tenía poder sobre los nublados. 2 Persona inoportuna que interrumpe una conversación o descompone un proyecto. ◇ Pl.: *espantanublados.*

espantanublos *com. La Mancha.* fam. Persona contrahecha o de gran fealdad. ◇ Pl.: *espantanublos.*

espantapájaros (de *espantar* + *pájaro*) *m.* Espantajo puesto en árboles y sembrados para ahuyentar los pájaros. -2 *com.* fig. Persona muy fea o ridícula. ◇ Pl.: *espantapájaros.*
espantapastores *m.* Cólquico (planta). ◇ Pl.: *espantapastores.*
espantar (fact., l. v. *expaventare*) *tr.* Causar espanto, infundir miedo [a uno]. 2 Ahuyentar, echar de un lugar [a una pers. o animal]. -3 *prnl.* Sentir espanto: *espantarse al,* o *con, el estruendo; espantarse de,* o *por, algo.* 4 Admirar, maravillarse: *me espantó de verle tan delgado.*
SIN. **Asustar.**
espantavilanos *m. Sant.* Espantapájaros. ◇ Pl.: *espantavilanos.*
espantavillanos (de *espantar* + *villano*) *m.* fam. Cosa de poco valor y mucho brillo, que parece de mucho precio a los rústicos. ◇ Pl.: *espantavillanos.*
espante *m.* Confusión que se produce en el real de una feria cuando el ganado se desmanda.
espanto *m.* Miedo súbito y fuerte. 2 Asombro, consternación. 3 Amenaza con que se infunde miedo. 4 Enfermedad causada por el espanto. 5 *Amér.* Fantasma, aparecido.
SIN. *1* v. **Susto.**
espantosamente *adv. m.* Con espanto.
espantosidad *f. Amér. Central* y *Colomb.* Horror.
espantoso, -sa *adj.* Que causa espanto. 2 desus. Maravilloso, pasmoso. 3 Desmesurado, enorme, grandísimo.
español, -la *adj.-s.* De España, nación del sudoeste de Europa. -2 *adj.-m.* Lengua romance, continuación histórica del dialecto del reino de Castilla, hablada oficialmente en España, en los países hispanoamericanos y en Guinea Ecuatorial. 3 *Méj.* y *Perú.* desus. Descendiente de español y quinterona de mestizo. 4 *Méj.* desus. Descendiente de tentenelaire con español. 5 *Méj.* desus. Descendiente de castizo y española. 6 *Méj.* deus. Descendiente de quinterón de mestizo y requinterona de mestizo. 7 *Perú.* desus. Descendiente de blanco y quinterona. -8 *m. pl.* Bizcocho que se cuece en papel de estraza. -9 *f. pl. Bol.* Patillas.
SIN. *2* **Castellano.**
españolada *f.* Dicho o hecho propio de españoles. 2 desp. Espectáculo que imita o representa con poca propiedad las costumbres, cantos, bailes, etc., característicos de España.
españolado, -da *adj.* desus. [extranjero] Que tiene aspecto español.
SIN. **Españolizado, hispanizado.**
españolar *tr.-prnl.* Españolizar.
españolear *intr.* Hacer una propaganda extremada de España en artículos, conferencias, etc.
españolería *f.* Españolada (dicho o hecho). 2 Cualidad o actitud propia de españoles. 3 Apego a las cosas españolas.
españoleta *f.* Ant. baile español muy popular en Italia en el siglo XVI. 2 Falleba.
españolidad *f.* Calidad de español. 2 Españolismo o carácter genuinamente español.
españolismo *m.* Vocablo, giro o modo de expresión propio de los españoles. 2 Amor o apego a las cosas características de España. 3 Hispanismo. 4 Carácter genuinamente español.
españolista *adj.* Dado o afecto al españolismo. 2 Centralista, desde una postura independentista de ciertas regiones españolas. 3 Partidario del Español, club de fútbol. 4 Propio o relativo a dicho club.
españolización *f.* Acción de españolizar. 2 Efecto de españolizar.
españolizar *tr.* Castellanizar [el lenguaje]. -2 *prnl.* Tomar las costumbres españolas. ◇ ** CONJUG. [4] como ***realizar.***
españolo, -la *adj.-s. Méj.* desus. Descendiente de tentenelaire y española.
esparadrapo (probl. del it. ant. *sparadrappo;* comp. de *sparare,* partir + *drappo,* tela) *m.* Tira de tela o papel cubierta de una capa adhesiva, usada para sujetar los vendajes, y excepcionalmente como apósito directo o como revulsivo.
esparaván (got. *sparwa*) *m.* Gavilán (ave). 2 Tumor en la parte interna e inferior del corvejón de las caballerías.
esparavel (got. **sparwareis,* gavilán) *m.* Red redonda para pescar en parajes de poco fondo. 2 ALBAÑ. Tabla de madera con un mango en el centro, para tener la mezcla que se ha de aplicar con la llana.
SIN. *1* **Atarraya, tarraya.** *1* y *2* **Manga.**
esparceta (del prov. *esparseto,* de etim. dud.) *f.* Pipirigallo.
esparciata (l. *spartiates*) *adj.-s.* Espartano.
esparcidamente *adv. m.* Distintamente, separadamente.
esparcido, -da *adj.* Desparramado. 2 Festivo, franco en el trato, divertido. 3 BOT. Que se dispone helicoidalmente sobre un eje.
esparcidor, -ra *adj.-s.* Que esparce.
esparcilla (de *esparceta*) *f.* Hierba cariofilácea, anual, erecta, provista de pelos pegajosos, hojas en verticilos y flores blancas en cimas ahorquilladas *(Spergula arvensis).*
esparcimiento *m.* Acción de esparcir o esparcirse. 2 Efecto de esparcir o esparcirse. 3 desus. Despejo, franqueza en el trato, alegría. 4 Diversión, recreo, desahogo. 5 Actividades con que se llena el tiempo que las ocupaciones dejan libre.
esparcir (l. *spargere*) *tr.* Separar, extender [lo que está junto o amontonado]; desparramar, derramar extendiendo: ~ *uno la arena de un montón; esparcirse la arena.* 2 fig. Divulgar, extender [una noticia]: *rápidamente se esparció el rumor.* -3 *tr.-prnl.* Divertir, desahogar: ~ *el ánimo; uno se esparce.* ◇ ** CONJUG. [3] como ***zurcir.***
SIN. *2* v. **Divulgar.** *3* **Espaciar(se).**
esparganiáceo, -a *adj.-f.* Planta de la familia de las esparganiáceas. -2 *f. pl.* Familia de plantas pandanales, perennes, acuáticas, provistas de rizoma reptante y con las hojas estrechas y erectas o flotantes, y de flores unisexuales en cabezuelas globulares.
esparganio *m.* Platanaria.
esparragado *m.* Guisado hecho con espárragos.
esparragador, -ra *m. f.* Persona que cuida y coge espárragos.
esparragal *m.* Esparraguera o plantación de espárragos.
esparragamiento *m.* Acción de esparragar. 2 Efecto de esparragar.
esparragar *intr.* Cuidar o coger espárragos. ◇ ** CONJUG. [7] como ***llegar.***
espárrago (l. *asparagu*) *m.* Planta liliácea de tallos aéreos provistos de cladodios, y rizoma muy ramificado, cuyos turiones, cuando tiernos, son comestibles *(Asparagus officinalis).* 2 Turión comestible del espárrago. 3 Palo largo y derecho que sirve para asegurar con otros un entoldado. 4 Madero atravesado por estacas pequeñas a distancias iguales, que sirve de escalera. 5 Barrita de hierro que sirve de tirador a las campanillas y va embebida en la pared. 6 Vástago metálico roscado que, pasando al través de una pieza, sirve para sujetar ésta por medio de una tuerca.
REL. *1* Variedades de espárrago: **amarguero, perico** y **triguero** o **silvestre.**
SIN. *4* **Escalerón.**
esparragón *m.* Tejido de seda que forma un cordoncillo más grueso y fuerte que el de la tercianela.
esparraguera *f.* Espárrago (planta). 2 Era o haza de tierra que no tiene otras plantas que espárragos. 3 Plato de forma adecuada en que se sirven los espárragos.
esparraguero, -ra *m. f.* Esparragador. 2 Persona que tiene por oficio vender espárragos.
esparraguina *f.* Fosfato de cal cristalizado de color verdoso.
esparramar *tr.* vulg. Desparramar.
esparrancado, -da *adj.* Muy abierto de piernas. 2 [cosa] Que, debiendo estar junta a otra, está muy separada de ella.
esparrancarse *prnl.* fam. Abrirse de piernas. ◇ ** CONJUG. [1] como ***sacar.***
espartal *m.* Espartizal.
espartano, -na (l. *spartanus*) *adj.-s.* De Esparta, antigua ciudad de Grecia. 2 fig. Austero, severo.
espartar *tr.* Poner cubierta de esparto a [una vasija].
esparteína *f.* MED. Alcaloide de la retama, us. como tónico del corazón.
esparteña *f.* Alborga.
espartería *f.* Oficio de espartero. 2 Establecimiento donde se hacen o venden obras de esparto.
espartero, -ra *m. f.* Persona que tiene por oficio fabricar o vender obras de esparto.
espartilla *f.* Rollito manual de estera o esparto para limpiar las caballerías.
espartillo *m.* Esparto impregnado de liga. 2 Conjunto de las hojas de la planta del azafrán. 3 *Cuba.* Planta gramínea de hojas filiformes. Sirve de pasto *(Spirobolus indicus).*
espartizal *m.* Terreno donde abunda el esparto.
SIN. **Atochal, atochar, espartal.**
esparto (l. *spartu* < gr. *sparton*) *m.* Planta graminácea de hojas largas, filiformes y duras, con las cuales se hacen cuerdas, esteras, pasta de papel, etc *(Stipa tenacissima).* 2 Hojas de esta planta.
SIN. *1* **Atocha, atochón.**
esparvar *tr.* Emparvar.

esparver (neerl. *sperwer*) *m.* Gavilán (ave). ◇ Pl.: *esparveres.*
espasmo (l. *spasmu* < gr. *spasmós;* doble etim. *pasmo*) *m.* Pasmo. 2 Contracción involuntaria de uno o más músculos o fibras musculares.
espasmódico, -ca *adj.* Relativo al espasmo. 2 Acompañado de espasmos.
espasmofilia (*espasmo* + *-filia*) *f.* MED. Hipersensibilidad del sistema nervioso en un paciente propenso al espasmo.
espasmolítico *m.* Fármaco o substancia con acción medicamentosa que consigue la relajación de la musculatura de las vísceras.
espástico, -ca *adj.* MED. Rígido a causa de un espasmo permanente.
espata (l. *spatha,* rama de palma con sus dátiles) *f.* Bráctea grande, gralte. petaloide, que envuelve el espádice.
SIN. **Garrancha.**
espatanarse *prnl. P. Rico.* vulg. Despatarrarse.
espatarrada *f.* fam. Despatarrada.
espatarrarse *prnl.* fam. Despatarrarse.
espático, -ca *adj.* [mineral] Que se divide fácilmente en láminas. 2 Que contiene espato.
espato (al. *spat*) *m.* Mineral de estructura laminar: ~ ***calizo,*** caliza cristalizada en romboedros; ~ ***de Islandia,*** espato calizo muy transparente, con propiedades ópticas especiales; ~ ***flúor,*** fluorina; ~ ***pesado,*** baritina.
espátula (l. *spathula;* doble etim. *espalda*) *f.* Paleta, gralte. pequeña, con bordes afilados y mango largo, que usan los farmacéuticos, pintores, etc. 2 Ave ciconiforme, de plumaje muy blanco, de pico largo, deprimido, ensanchado en la punta, y de color negro, como sus patas *(Platalea leucorodia).*
espatulado, -da *adj.* De forma de espátula: *hoja espatulada.*
espatulomancia, -mancía (l. *spathula,* omóplato + *-mancia*) *f.* Arte supersticioso con que se intentaba adivinar por los huesos de los animales.
espaviento *m.* Aspaviento.
espavorido, -da *adj.* Despavorido.
espavorizarse *prnl.* Despejarse, esparcirse. ◇ ** CONJUG. [4] como ***realizar.***
espay *m.* Espahí. ◇ Pl.: *espayes.*
especería *f.* desus. Especiería.
especia (v. *especie*) *f.* Substancia o extracto vegetal usado como condimento; como pimienta, clavo, comino, etc. -2 *f. pl.* Postre de la comida que se servía para beber vino.
especiación *f.* BIOL. Proceso de formación de las especies.
especial (l. *speciale*) *adj.* Singular o particular. 2 Muy adecuado o propio para algún efecto. 3 ***En*** ~, especialmente.
especialidad *f.* Calidad de especial (singular). 2 Confección o producto en cuya preparación sobresalen una persona, un establecimiento, una región, etc. 3 Rama de una ciencia o arte a que se consagra una persona. 4 ~ ***farmacéutica,*** específico (medicamento).
especialista *adj.-com.* Que con especialidad cultiva un ramo de determinado arte o ciencia y sobresale en él, especialmente en medicina. 2 Cascador.
especialización *f.* Acción de especializar o especializarse. 2 Efecto de especializar o especializarse.
especializado, -da *adj.* Que posee conocimientos especiales en una materia determinada.
especializar *intr.-prnl.* Cultivar una especialidad. -2 *tr.* Limitar [una cosa] a uso o fin determinado. ◇ ** CONJUG. [4] como ***realizar.***
especialmente *adv. m.* Con especialidad.
especiar *tr.* Sazonar, poner especias [en un alimento]. ◇ ** CONJUG. [12] como ***cambiar.***
especie (l. *specie;* doble etim. *especia*) *f.* Conjunto de cosas semejantes entre sí por tener uno o varios caracteres comunes. 2 Naturaleza común a cierto número de individuos que permite reunirlos en una misma categoría: *me desagrada esa ~ de gente.* 3 Persona o cosa de determinada categoría. 4 Imagen mental, apariencia sensible de las cosas. 5 ***Especies sacramentales,*** accidentes de olor, color y sabor que quedan en la Eucaristía después de la transubstanciación. 6 Pretexto, apariencia, color, sombra. 7 Caso, suceso, asunto negocio: *se hablaba de aquella ~.* 8 Tema, noticia, proposición: *corría entre el vulgo una ~ extraña.* 9 H. NAT. Grupo de animales o plantas que forman una categoría de clasificación entre la familia o subfamilia y la variedad. 10 QUÍM. Conjunto de cuerpos de igual composición química. -11 *f. pl.* Especias (uso impropio).
FRS. *En ~*, en géneros y no en dinero. *Soltar una ~*, decir algo para explorar el ánimo de los demás. *Escapársele a uno una ~*, decir algo inoportuno o que se debía callar. SIN. *1* **Clase.**
especiería *f.* Tienda en que se venden especias. 2 Conjunto de especias. 3 Trato y comercio de especias.
especiero, -ra *m. f.* Persona que comercia en especias. -2 *m.* Armarito con varios cajones o estantes para guardar las especias.
especificación *f.* Acción de especificar. 2 Efecto de especificar. 3 DER. Modo de adquirir uno la materia ajena empleada de buena fe en una obra nueva, mediante indemnización a su dueño.
especificadamente *adv. m.* Con especificación.
específicamente *adv. m.* De manera específica.
especificar *tr.* Explicar, declarar con individualidad [una cosa]. ◇ ** CONJUG. [1] como ***sacar.***
especificativo, -va *adj.* Que tiene virtud o eficacia para especificar. 2 GRAM. Determinativo: ***oración especificativa,*** la que limita o determina a algún elemento de la oración principal.
especificidad *f.* Calidad de específico.
específico, -ca (l. *specificu*) *adj.* Que caracteriza y distingue una especie de otra. -2 *m.* Medicamento indicado especialmente para una enfermedad determinada. 3 Medicamento fabricado al por mayor, puesto en envase especial y gralte. con nombre patentado.
SIN. *3* **Especialidad farmacéutica.**
espécimen (l. *specimen*) *m.* Muestra, modelo, señal. ◇ Pl.: *especímenes.*
especiosamente *adv. m.* De manera especiosa.
especioso, -sa *adj.* Hermoso, precioso, perfecto. 2 fig. Aparente, engañoso: *un razonamiento ~.*
especiota *f.* fam. Proposición extravagante; noticia falsa o exagerada.
espectacular *adj.* Que tiene caracteres propios de espectáculo público. 2 Digno de admiración.
SIN. *2* **Aparatoso.**
espectacularidad *f.* Condición de espectacular.
espectáculo (l. *spectaculu*) *m.* Función o diversión pública: *es un ~ moderno; una sala de espectáculos.* 2 Aquello esp. notable que se ofrece a la vista o a la contemplación intelectual: *el ~ de la naturaleza.* 3 Acción escandalosa o extraña: *dio un ~ en la calle.*
espectador, -ra (l. *spectatore*) *adj.* Que mira algo con atención. -2 *adj.-s.* Que asiste a un espectáculo público.
espectral *adj.* Relativo al espectro.
espectro (l. *spectru*) *m.* Imagen o fantasma, por lo común horrible, que se representa a los ojos o en la fantasía. 2 Resultado de la dispersión de un conjunto de radiaciones: ~ ***solar,*** o simplte., ~, resultado de la dispersión de las radiaciones de la luz blanca del sol al pasar a través de un prisma; ~ ***de emisión,*** radiaciones emitidas por cuerpos incandescentes; ~ ***de absorción,*** el obtenido cuando un haz de rayos atraviesa un cuerpo; ~ ***luminoso*** o ***visible,*** el obtenido en la región visible del espectro, en donde se percibe una gama de colores que va del rojo al violado; ~ ***infrarrojo,*** el obtenido en la región anterior al rojo formado por radiaciones térmicas; ~ ***ultravioleta,*** el obtenido más allá del violado, es invisible y está formado por radiaciones químicas. 3 fig. Persona que se halla en grado extremo de decadencia física o de delgadez. 4 ~ ***de masas,*** resultado de la separación de los átomos isotópicos. 5 FÍS. Margen completo de las ondas electromagnéticas, ordenadas según su frecuencia; p. ext., parte de esta escala. 6 LING. Imagen gráfica del sonido, que se logra con el espectrógrafo. También ~ *acústico.* 7 MED. Amplitud de la serie de las diversas especies microbianas sobre que es terapéuticamente activo un medicamento; apl. esp. a los antibióticos.
SIN. *1* **Aparición, sombra, visión.**
espectro- (l. *spectru*) Elemento prefijal que entra en la formación de palabras con el significado de imagen.
espectrofobia (*espectro-* + *-fobia*) *f.* Temor morboso a ver la propia imagen reflejada en un espejo.
espectrofotometría (*espectro-* + *fotometría*) *f.* Técnica que usa espectrofotómetro en el análisis.
espectrofotómetro (*espectro-* + *fotómetro*) *m.* Aparato para observar los espectros provisto de fotómetro que determina en cada punto la intensidad relativa de las radiaciones de dos espectros luminosos.
espectrografía (*espectro-* + *-grafía*) *f.* Obtención y estudio de los espectrogramas. 2 FÍS. Espectroscopia.
espectrógrafo (*espectro-* + *-grafo*) *m.* FÍS. Espectroscopio dispuesto para obtener espectrogramas. 2 FÍS. Aparato que, mediante un sistema de filtros, deja pasar las ondas sonoras de intensidad

determinada, las descompone en sus armónicos componentes y las graba en bandas separadas para su estudio.

espectrograma (*espectro-* + *-grama*) *m.* FÍS. Fotografía, inscripción o diagrama de un espectro luminoso o acústico.

espectroheliógrafo (*espectro-* + *heliógrafo*) *m.* FÍS. Especie de espectroscopio que sirve para fotografiar las protuberancias solares o el disco del Sol a una luz monocromática.

espectrohelioscopio (*espectro-* + *helioscopio*) *m.* FÍS. Aparato que consiste en un espectroheliógrafo modificado para la visión directa.

espectrolita *f.* Variedad de labradorita que contiene magnetita, y que se utiliza como piedra preciosa.

espectrometría (*espectro-* + *-metría*) *f.* FÍS. Técnica del empleo de los espectrómetros.

espectrómetro (*espectro* + *-metro*) *m.* FÍS. Espectrofotómetro. 2 FÍS. ~ ***de masas,*** aparato empleado esp. para medir la abundancia de los isótopos en una mezcla.

espectroscopia (*espectro* + *-scopia*) *f.* Empleo del espectroscopio. 2 Conjunto de métodos empleados para estudiar por medio del espectro las radiaciones de los cuerpos incandescentes.

espectroscópico, -ca *adj.* Relativo al espectroscopio.

espectroscopio (*espectro-* + *-scopio*) *m.* Instrumento óptico para obtener y observar los espectros.

especulación *f.* Acción de especular. 2 Efecto de especular. 3 Operación comercial practicada con ánimo de obtener lucro. 4 Estudio o conocimiento especulativo, en oposición al conocimiento práctico.

especulador, -ra *adj.-s.* Que especula (examina, comercia).

I) especular (l. *speculari*) *tr.* Examinar, mirar con atención [una cosa] para reconocerla. 2 fig. Meditar, contemplar, reflexionar. -3 *intr.* Comerciar, traficar: ~ *en papel;* en gral., procurar provecho o ganancia [con cualquier cosa]: ~ *con su cargo;* ~ *en carbones.* 4 Conjeturar, hacer cábalas.

II) especular *adj.* Que semeja un espejo.

especularita *f.* Variedad de oligisto de aspecto hojoso.

especulativa *f.* Facultad del alma para especular alguna cosa.

especulativamente *adv. m.* De manera especulativa.

especulativo, -va *adj.* Relativo a la especulación. 2 Dado a la especulación, que procede de la mera especulación.

CONTR. *2* **Práctico, pragmático.**

espéculo (l. *speculu;* doble etim. *espejo*) *m.* MED. y CIR. Instrumento destinado a dilatar la entrada de ciertas cavidades del cuerpo para facilitar su exploración.

espejado, -da *adj.* Claro, terso como un espejo. 2 Que refleja la luz como un espejo.

espejar (de *espejo*) *tr.* vulg. Despejar. -2 *prnl.* Reflejarse, reproducirse como la imagen en un espejo.

espejear *intr.* Relucir, resplandecer.

SIN. V. **Resplandecer.**

espejeo *m.* Espejismo.

espejeras *f. pl. Cuba.* Rozadura que se forma en las asentaderas a los jinetes. 2 *Cuba.* Llaga que hace al caballo la cincha o las espuelas.

espejería *f.* Tienda en que se venden espejos.

espejero, -ra *m. f.* Persona que tiene por oficio hacer o vender espejos.

espejismo (de *espejo*) *m.* Ilusión óptica, frecuente en los desiertos, debida a la reflexión total de la luz cuando atraviesa capas de aire de diferente densidad, con lo cual los objetos lejanos dan imágenes engañosas en cuanto a su posición y situación. 2 fig. Ilusión en general.

espejo (v. *espéculo*) *m.* Lámina de vidrio, recubierta por la parte posterior de una capa metálica, la cual forma imagen de los objetos por la reflexión de los rayos luminosos: ~ *plano, cóncavo, convexo;* ~ ***ustorio,*** el cóncavo que, por reflexión de los rayos solares, puede producir la combustión de los cuerpos colocados en su foco; ~ ***retrovisor,*** el colocado en la parte delantera de un vehículo que permite ver la zona que está detrás. 2 p. ext. Superficie donde se reflejan los objetos. 3 fig. Lo que da imagen de una cosa: *la cara es el* ~ *del alma.* 4 fig. Modelo o dechado digno de imitación. 5 ~ ***de Venus,*** hierba campanulácea anual erecta y ramificada, de hojas oblongas, ásperas y sentadas, y flores de color violáceo con los pétalos soldados *(Legousia speculumveneris);* orquídea de cinco a ocho hojas y de dos a seis flores por planta. Tiene el labelo grande y redondeado, con una mancha central de color azul metálico bordeado de amarillo y con una banda de pelos negros en el borde *(Ophrys speculum).* 6 ~ ***de falla,*** plano de falla pulido por la fricción de los labios de falla al separarse. 7 ~ ***de los Incas,*** obsidiana. 8 ARQ. Adorno aovado que se entalla en las molduras huecas. -9 *m. pl.* Remolino de pelos en el pecho de un caballo.

REL. *1* **Luna,** cristal de un ~.

espejuela *f.* EQUIT. Arco que tienen algunos bocados y que une los extremos de los dos cañones.

espejuelo *m.* Yeso cristalizado en láminas brillantes. 2 Ventana, rosetón o claraboya, gralte. con calados de cantería y cerrado con placas de yeso transparente. 3 Hoja de talco. 4 Trozo curvo de madera con pedacitos de espejo que se hace girar para que, a los reflejos de la luz, acudan las alondras y poderlas cazar fácilmente; fig., atractivo engañoso: *el* ~ *de la ganancia, del placer, de la gloria.* 5 Reflejo producido en ciertas maderas cortadas a lo largo de los radios medulares. 6 Callosidad que contrae el feto del animal en el vientre de la madre. 7 Excrecencia córnea en la parte interna de las patas de las caballerías. 8 Conserva de tajadas de cidra o calabaza, que con el almíbar se hacen relucientes. -9 *m. pl.* Cristal de los anteojos. 10 Anteojo.

SIN. *1* **Selenita.**

espeleología (gr. *spelaion,* caverna + *-logía*) *f.* Exploración y estudio de las cuevas y cavidades subterráneas.

espeleológico, -ca *adj.* Perteneciente o relativo a la espeleología.

espeleólogo, -ga *m. f.* Persona que se dedica a la espeleología.

espelotarse *prnl.* vulg. Despelotarse.

espelta (l. *spelta*) *f.* Escanda.

espélteo, -a *adj.* Relativo a la espelta.

espelucar *tr.-prnl.* Despeluzar. ◇ ** CONJUG. [1] como ***sacar.***

espelunca (l. *spelunca*) *f.* Cueva, gruta, concavidad tenebrosa.

espeluscarse *prnl. Colomb.* y *P. Rico.* vulg. Despeluzarse. ◇ ** CONJUG. [1] como ***sacar.***

espeluzar *tr.-prnl.* Despeluzar. ◇ ** CONJUG. [4] como ***realizar.***

espeluznamiento *m.* Despeluzamiento.

espeluznante *adj.* Que hace erizarse el cabello. 2 Pavoroso, terrorífico.

espeluznar *tr.-prnl.* Despeluzar. ◇ ** CONJUG. [4] como ***realizar.***

espeluzno *m.* fam. Escalofrío, estremecimiento.

espeque (neerl. *speck,* palanca) *m.* Puntal para sostener una pared. 2 Palanca recta de madera resistente. 3 Palanca de madera de que se sirven los artilleros.

SIN. *2* **Leva.**

espera *f.* Acción de esperar: *sala de* ~. 2 Efecto de esperar. 3 Calma, facultad de saberse contener, de no proceder de ligero. 4 Puesto donde el cazador espera que acuda espontáneamente la caza. 5 Plazo o término señalado por el juez para ejecutar una cosa. 6 Aplazamiento que los acreedores acuerdan conceder al deudor en quiebra. 7 Especie de cañón de artillería. 8 CARP. Escopleadura que empieza desde una de las aristas de la cara del madero y no llega a la opuesta.

esperadero (de *esperar*) *m.* Puesto para cazar a la espera.

esperador, -ra *adj.-s.* Que espera.

esperantista *com.* Persona que usa y propaga el esperanto. -2 *adj.* Relativo al mismo.

esperanto *m.* Idioma creado en 1887 por el médico ruso Zamenhof (1859-1917), con idea de que pudiese servir como lengua universal. Sus voces están tomadas de las lenguas románicas y de la inglesa.

esperanza (l. v. *sperantia*) *f.* Confianza de lograr una cosa, de que la cosa deseada se realice: ***dar*** ~ ***a uno,*** darle a entender que puede lograr lo que solicita o desea. Se usa a menudo en pl.: *dar, tener, concebir esperanzas.* 2 Lo que es objeto de dicha confianza. 3 Virtud teologal por la cual se aguarda de Dios su gracia en este mundo y la gloria eterna en el otro. 4 MAT. Valor medio de una variable aleatoria o de una distribución de probabilidad.

SIN. *1* **Ilusión,** la ~ sin fundamento real.

esperanzado, -da *adj.* Que tiene esperanza de lograr una cosa.

esperanzano, -na *adj.-s.* De La Esperanza, cap. del departamento de Intíbuca (Honduras).

esperanzar *tr.* Dar esperanza [a uno]. -2 *intr.-prnl.* Tener esperanza. ◇ ** CONJUG. [4] como ***realizar.***

esperar (l. *sperare*) *tr.* Tener esperanza de conseguir [lo que se desea]: ~ *la victoria;* ~ *de,* o *en, Dios;* creer que ha de suceder [alguna cosa], esp. si es favorable: *espero que volverás; **abs.,** quien* *espera desespera.* 2 Permanecer en un sitio [hasta que llegue uno, o suceda algo]: ~ *a un amigo en la estación;* en gral., detenerse en el obrar [hasta que suceda algo]: ~ *a que suene la hora de hablar.* 3 Ser inevitable o inminente que suceda [a uno] alguna cosa: *mala noche nos espera.*

FR. ~ *en uno,* poner en él la confianza; ~ *sentado,* expresa que lo que se espera ha de cumplirse muy tarde o nunca. SIN. Es más general que **aguardar** y puede sustituirle siempre; **aguardar,** alude pralte. al acto físico o a la actitud moral de hallarse en espera de algo próximo: *le aguardaré en la esquina*; *aguardo un telegrama*. En la lengua moderna es poco frecuente usarlo para indicar una esperanza de realización lejana. Por esto cuando los predicadores, quizá por arcaísmo, hablan de la *bienaventuranza que aguardamos*, expresan una espera más acuciosa que la que nos darían con *esperamos*.

esperezarse *prnl.* Desperezarse. ◇ ** CONJUG. [4] como *realizar.*

esperezo *m.* Desperezo.

esperiego, -ga *adj.-s.* Asperiego.

esperma (l. *sperma* < gr., simiente) *amb.* Semen animal. 2 ~ *de ballena,* substancia procedente de la materia oleosa contenida en la cabeza del cachalote, que se emplea en medicina y para hacer velas.

SIN. *2* **Cetina.**

esperma-, espermati-, espermato- (gr. *sperma,* simiente) Elemento prefijal que entra en la formación de palabras con el significado de esperma o semilla.

espermafito, -ta *adj.* BOT. Espermatofito.

espermaticida (*espermati-* + *-cida*) *adj.-s.* Producto anticonceptivo de uso local que destruye los espermatozoides.

espermático, -ca *adj.* Relativo al esperma.

espermatofito, -ta (*espermato-* + *-fito*) *adj.-s.* Planta fanerógama.

espermatorrea (*espermato-* + *-rrea*) *f.* Derrame involuntario de la esperma fuera del acto sexual.

espermatozoario *m.* Espermatozoide.

espermatozoide (*espermatozoo* + *-oide*) *m.* ZOOL. Gameto masculino de los animales, destinado a la fecundación del óvulo. 2 BOT. Gameto masculino de las plantas criptógamas. 3 BOT. Gameto que junto a otro resulta de la división de una de las células componentes del grano de polen.

espermatozoo (*espermato-* + *-zoo*) *m.* Microgameto.

SIN. **Espermatozoario, espermatozoide, zoospermo.**

espermicida *adj.-m.* Espermaticida.

espernada (paras. de *pierna*) *f.* Remate de la cadena que suele tener el eslabón abierto.

espernancarse *prnl.* *León* y *Amér.* Esparrancarse. ◇ ** CONJUG. [1] como *sacar.*

I) esperón (it. *sperone*) *m.* Espolón para embestir a los buques.

II) esperón *m.* *Cuba.* Acción de esperar. 2 *Cuba.* Efecto de esperar.

esperonte (de *esperón*) *m.* FORT. desus. Obra en ángulo saliente que se hacía en las cortinas de las murallas.

esperpéntico, -ca *adj.* Relativo al esperpento literario. 2 [lenguaje, estilo, carácter] Propio del esperpento, que se emplea en escritos de esta condición.

esperpento *m.* fam. Persona o cosa fea y ridícula. 2 Desatino, absurdo. 3 Género literario creado por Ramón del Valle-Inclán (1869-1936), en el que se deforma sistemáticamente la realidad, recargando sus rasgos grotescos y absurdos, a la vez que se degradan los valores literarios consagrados; para ello se dignifica artísticamente un lenguaje coloquial y desgarrado en el que abundan expresiones cínicas y jergales.

esperriaca *f.* *And.* Último mosto que se saca de la uva.

espesado *m.* *Bol.* Especie de gachas: agua hirviendo en la que se echa harina de trigo, ají, papas y carne.

espesamiento *m.* Acción de espesar.

espesante *m.* Materia que se añade a una solución para darle viscosidad.

I) espesar *m.* Parte del monte más espesa que las demás.

II) espesar (l. *spissare*) *tr.* Hacer espeso o más espeso [un líquido]. 2 Unir, apretar [una cosa] haciéndola más tupida: ~ *un tejido.* -3 *prnl.* Unirse, apretarse las cosas, unas con otras: *espesarse un bosque.*

espesartita *f.* MINERAL. Lamprófido que tiene como componente secundario esencial la hornblenda.

espesativo, -va *adj.* Que tiene virtud de espesar.

espeso, -sa (l. *spissu*) *adj.* [substancia fluida] Que tiene mucha densidad o condensación: *un jarabe* ~. 2 [conjunto o agregado de cosas, partículas, etc.] Poco separado, muy numeroso en poco espacio: *un bosque muy* ~; *un humo* ~. 3 Grueso, recio: *los espesos muros del castillo.* 4 p. us. Continuado, repetido, frecuente. 5 fig. Sucio, desaseado y grasiento. 6 *Ar.* y *Venez.* fig. Pesado, impertinente.

SIN. **Tupido,** tratándose de cosas sólidas que se entrecruzan.

espesor *m.* Grueso de un sólido. 2 Densidad o condensación de un fluido.

SIN. *1* **Grosor.**

espesura *f.* Calidad de espeso. 2 fig. Cabellera muy espesa. 3 Paraje muy poblado de árboles y matorrales. 4 Desaseo, suciedad.

espetaperro (a ~) *loc. adv.* A escape.

espetar (del ant. *espeto,* asador < got. *spiuts*) *tr.* Atravesar con el asador: ~ *un pollo para asarlo;* en gral.; clavar un instrumento puntiagudo, atravesar: *le espetó el cuchillo por una mano.* 2 fig. Decir a uno [algo que causa sorpresa o molestia]: *me espetó una arenga, una carta.* -3 *prnl.* Ponerse tenso, afectando gravedad. 4 *Ast., And.* y *Gal.* Meterse uno donde no le llaman, o donde no es esperado. 5 *Guat.* y *Hond.* fig. *y* fam. Encajarse, afianzarse: *se espetó en el coche.*

espetera *f.* Tabla con garfios en que se cuelgan carnes, aves y utensilios de cocina. 2 Conjunto de utensilios metálicos de cocina que se cuelgan en la espetera. 3 fig. *y* fam. Pecho de la mujer cuando es muy abultado. 4 *Guat.* y *Hond.* Pretexto, disculpa.

espeto *m.* *Ast.* y *Gal.* Hierro largo y delgado; como asador y estoque. 2 *And.* Espetón.

espetón (aum. del ant. *espeto,* asador) *m.* Hierro largo y delgado, como asador o estoque. 2 Hurgonero de horno. 3 Alfiler grande. 4 Golpe dado con el espetón. 5 Pez marino teleósteo perciforme, de gran tamaño, con el cuerpo muy alargado y cubierto de pequeñas escamas *(Sphyraena sphyraena).* 6 *And.* Varilla de madera, caña, etc. que se usa para ensartar pescados, y ponerlos a asar en rescoldo. 7 *And.* Conjunto de pescados así asados. 8 *Sal.* y *Zam.* Pendón grande que se saca en las procesiones.

SIN. *1* **Picudo.**

I) espía (gót. *spaiha*) *com.* Persona mandada para espiar (acechar). 2 Agente secreto, persona que recoge información de una potencia extranjera. ◇ HOMÓF.: *expía* (v.).

SIN. **Confidente** (eufem.); **soplón** (desp.); **fuelle** (burl.); **espión**; v. **delator.**

II) espía (port.) *f.* Cuerda o tiro con que se manifiesta fijo y vertical un madero. 2 MAR. Acción de espiar. 3 MAR. Calabrote para espiar (halar). ◇ HOMÓF.: *expía* (v.).

espiado *adj.* [madero] Afirmado al terreno por medio de espías.

I) espiar (gót. *spaihon,* atisbar) *tr.* Acechar disimuladamente lo que [otros dicen o hacen]. ◇ ** CONJUG. [13] como *desviar.* ◇ HOMÓF.: *expiar* (v.).

II) espiar (port.) *intr.* MAR. Halar de un cabo firme en un objeto fijo para hacer mover una nave en dirección al mismo. ◇ ** CONJUG. [13] como *desviar.* ◇ HOMÓF.: *expiar* (v.).

espibia *f.* VETER. Torcedura del cuello de una caballería en sentido lateral.

SIN. **Estibia.**

espibio, -bión (l. *stiva,* esteva) *m.* Espibia.

espicanardi (l. *spica nardi*) *f.* Hierba valerianácea de la India, de raíz perenne y aromática *(Nardostachys grandiflora).* 2 Planta de raicillas fibrosas, de olor agradable, con cuyo extracto hacían un perfume los antiguos *(Nardostachys jatamausi).* 3 Raíz de estas plantas.

SIN. **Azúmbar, nardo.**

espicanardo *m.* Espicanardi. 2 Aralia.

I) espichar (de *espiche*) *tr.* Pinchar (herir). 2 *Chile* y *Perú.* Espitar. 3 *Chile.* Soltar uno [dinero u otra cosa], a pesar suyo. -4 *intr.* vulg. Morir. 5 *Argent.* Agotarse el líquido de una vasija. 6 *Cuba, Méj.* y *Venez.* Enflaquecer, adelgazar. -7 *prnl.* *Colomb.* Desinflarse. 8 *Venez.* Cansarse una caballería y hundirse el vientre en la parte de los cuadriles.

II) espichar (der. de *espicho*) *tr.* *Can.* Sembrar [hortalizas], plantar [maíz].

I) espiche (l. *spiculu,* dardo, punta) *m.* Arma o instrumento puntiagudo. 2 Estaquilla para cerrar un agujero. 3 Asador, varilla que se utiliza para ensartar pescados y asarlos. 4 *Extr.* Botijo.

II) espiche (ing. *speech*) *m.* ANGLIC. Discurso, arenga.

espicho (port.) *m.* *Can.* Instrumento para plantar semillas o granos.

espichón *m.* Herida causada con cualquier arma puntiaguda.

espiciforme (l. *spica,* espiga + *-forme*) *adj.* Que tiene forma de espiga.

espícula (l. dim. de *espica,* espiga) *f.* Cuerpo u órgano pequeño de forma de aguja. 2 Corpúsculo calcáreo o silíceo que sostienen los tejidos de algunos animales inferiores; como los de las esponjas.

espiga (l. *spica*) *f.* Inflorescencia formada por un conjunto de flores sentadas, dispuestas a lo largo de un eje. 2 Conjunto de granos agrupados a lo largo de un eje que resulta de la fructificación de la espiga de una planta graminácea. 3 Parte adelgazada de una herramienta, espada, madero, etc., que se introduce en el mango, en la empuñadura, en el hueco de otro madero, etc.: *la ~ de un escalón de caracol.* 4 Badajo (de campana). 5 Espoleta (aparato). 6 Clavo de madera para asegurar tablas y maderos. 7 Clavo de hierro pequeño y sin cabeza. 8 Estrella de primera magnitud en la constelación de Virgo. 9 ~ ***de agua,*** hierba potamogetonácea, acuática y perenne, con las hojas flotantes, coriáceas y ovales, y las sumergidas, lineares y sin limbo; las flores se disponen en espigas *(Potamogeton natans).* 10 MAR. Cabeza de los palos y masteleros. 11 MAR. Una de las velas de la galera. 12 *Extr.* y *Sal.* Regalo de boda que se hace a los recién casados y que suele consistir en dinero o cualquier otra clase de donativo. 13 *Chile.* Pezón a que se ata el yugo.
SIN. *3* **Espigo.**

espigadera *f.* Espigadora.

espigadilla *f.* Cebadilla (especie de cebada).

espigado, -da *adj.* [planta anual] Que se la deja crecer hasta la completa madurez de la semilla. 2 [árbol o tronco] Nuevo y muy elevado. 3 En forma de espiga. 4 fig. Alto, crecido de cuerpo.

espigador, -ra *m. f.* Persona que espiga (recoge). -2 *f.* Máquina o herramienta utilizada en capintería mecánica para labrar las espigas de ensamblaje.

espigajo *m. Ar.* Conjunto de espigas recogidas en los rastrojos.

espigar (l. *spicare*) *tr.* Recoger [las espigas que han quedado en el rastrojo]. 2 fig. Tomar [datos] de uno o más libros, rebuscando acá y allá: *~ noticias; ~ en los libros.* 3 CARP. Hacer la espiga [en las maderas] que se han de ensamblar. -4 *intr.* Empezar los cereales a echar espiga. -5 *prnl.* Crecer el cogollo de las hortalizas cuando van a echar espiga. 6 p. anal. Crecer notablemente una persona. -7 *tr. Extr.* Regalar dinero en metálico a los novios que se van a casar. ◇ ** CONJUG. [7] como *llegar.*
SIN. *1* **Respigar.**

espigazo *m. La Mancha.* Lesión producida en el globo ocular por el golpe de una espiga.

espigo *m.* Espiga (parte de herramienta).

espigón *m.* Espiga áspera y espinosa. 2 Mazorca (espiga). 3 Punta de un instrumento puntiagudo o del clavo con que se asegura una cosa. 4 Cerro alto, pelado y puntiagudo. 5 Macizo saliente construido a la orilla de un río o del mar. 6 ~ ***de ajo,*** diente de ajo. 7 Aguijón. 8 Saliente que se deja en piedra bruta, para ser tallado posteriormente. 9 Núcleo sustentante de una escalera de caracol. 10 Abrojo, planta. 11 ARQ. Alma de la escalera de caracol.

espiguear *intr. Méj.* Mover el caballo la cola, sacudiéndola de arriba abajo.

espigüela *f. Logr.* Indirecta, pulla.

espigueo *m.* Acción de espigar (recoger). 2 Tiempo o sazón de espigar (recoger).

espiguilla *f.* Cinta angosta o fleco con picos. 2 Espiga pequeña, con brácteas en la base, que forma la principal en las plantas gramináceas. 3 Planta graminácea de tallo comprimido, hojas lampiñas y flores en panoja, sin aristas *(Poa annua).* 4 Flor del álamo. 5 Dibujo semejante a una espiga.
SIN. *3* **Hierba de punta.**

espilita *f.* GEOL. Roca efusiva parecida al basalto, con poco sílice, gran cantidad de minerales melanocratos y albita.

I) espín (l. *spina,* espina) *m.* Puerco espín. 2 ant. Orden en que formaba un escuadrón presentado por todos lados al enemigo lanzas o picas.

II) espín (del inglés *spin*) *m.* FÍS. Momento cinético intrínseco de una partícula o de un sistema de partículas.

espina (l. *spina*) *f.* Apéndice delgado y puntiagudo que se forma en algunas plantas, gralte. por modificación de una hoja o un brote. 2 Astilla pequeña y puntiaguda. 3 Hueso de pez, especialmente largo y agudo. 4 Aro de madera de la rueda del carro. 5 Muro bajo y aislado en medio del circo romano, alrededor del cual corrían los carros y caballos. 6 fig. Pesar íntimo y duradero: *tener una ~ en el corazón.* 7 fig. Escrúpulo, recelo: ***darle a uno mala ~ una cosa,*** hacerle entrar en recelo o cuidado; ***estar uno en espinas,*** estar con cuidado y zozobra. 8 fig. Dificultad, desventaja, penalidad. 9 ~ ***blanca,*** cardo borriquero. 10 ~ ***santa,*** arbusto rámmeo, de ramos tortuosos, armados de grandes espinas pareadas *(Paliurus aculeatus).* 11 ~ ***de canguro,*** arbolito del género acacia cultivado en Australia y en el Mediterráneo para fijación de terrenos *(Acacia armata).* 12 ***Espinas de Cristo,*** arbusto rammáceo espinoso y profusamente ramificado en zig-zag. Las hojas son ovales y dentadas y las flores pequeñas y amarillas *(Paliurus spina-christi).* 13 ANAT. Apófisis ósea larga y delgada: ~ ***dorsal,*** o simplemente ~, columna vertebral; ~ *nasal.* 14 BOT. Terminación puntiaguda de algunos granos de polen.
SIN. *1* **Aguijón, pincho.** *10* **Cambrones.** *11* **espino de canguro.**

espinaca (persa *aspanaj;* a través del ár. *ispinaj*) *f.* Planta quenopodiácea, hortense, dioica, de hojas radicales en roseta, que se comen cocidas o en ensalada *(Spinacia oleracea).*

espinadura *f.* Acción de espinar. 2 Efecto de espinar.

espinal (l. *spinale*) *adj.* Relativo a la espina o espinazo: *medula ~.* -2 *m. Colomb.* y *Cuba.* Espinar (terreno).

espinapez (it. *spina pesce*) *m.* Labor hecha en los solados y entarimados con rectángulos colocados oblicuamente a las cintas. 2 Espinar (dificultad).

I) espinar *m.* Terreno poblado de espinos. 2 fig. Dificultad, enredo.
SIN. **Senticar.**

II) espinar *tr.-prnl.* Punzar, herir con espina: *el rosal me ha espinado; el rosal espina; espinarse el dedo.* 2 Proteger con espinas [los árboles recién plantados]. -3 *tr.* MIL. Dar [a un escuadrón] la formación llamada espín: *el escuadrón ha espinado.* 4 fig. Herir, lastimar y ofender con palabras picantes.

espinazo (ant. *espinaz* < l. v. **spinace*) *m.* Columna vertebral. 2 Clave de una bóveda o de un arco.

espinel *m.* Palangre de ramales cortos y cordel grueso.

espinela (del poeta Vicente *Espinel, 1550-1624*) *f.* Décima (estrofa). 2 Piedra fina parecida por su color al rubí.

espíneo, -a *adj.* Hecho de espinas, o relativo a ellas.

espinera *f.* Espino (arbolillo).

espinescente (l. *spinescente*) *adj.* BOT. Que se vuelve espinoso, que tiene pequeñas espinas.

espineta (de *espina*) *f.* Clavicordio pequeño, de una sola cuerda en cada orden.

espingarda (ant. alto al. *springan,* saltar) *f.* Cañón de artillería mayor que el falconete. 2 Escopeta muy larga que usaban los moros. 3 fig. Mujer alta, delgada, desvaída.

espingardada *f.* Herida hecha con el disparo de la espingarda.

espingardería *f.* Conjunto de espingardas o de la gente que las usa.

espingardero *m.* Soldado armado de espingarda.

espinilla *f.* Dim. de *espina.* 2 Parte anterior de la canilla de la pierna. 3 Comedón.

espinillera *f.* Pieza de la armadura que cubre y defiende la espinilla. 2 Pieza que preserva la espinilla de operarios o deportistas.
SIN. **Canillera.** *1* **Esquinela.**

espinillo *m. Argent.* Andubay. 2 *Argent.* y *Parag.* Aromo (árbol leguminoso). 3 *Cuba* y *P. Rico.* Arbusto leguminoso de flores amarillas *(gén. Parkinsonia).*

espino (l. *spinu*) *m.* V. puerco espino. 2 Arbolillo rosáceo, de ramas espinosas, flores blancas, olorosas, en corimbo, fruto pequeño encarnado, de pulpa dulce, y madera muy dura. Llámase también ~ *albar* o *blanco (Cratœgus oxyacantha).* 3 ~ ***africano,*** solanácea *(Lycium afrum).* 4 ~ ***amarillo*** o ***falso,*** planta timelácea, arbusto o arbolillo, caducifolia y espinosa, de flores verdosas y fruto pequeño, de color naranja y muy venenoso *(Hippphaë buscifolia).* 5 ~ ***cerval*** o ***hediondo,*** aladierna. 6 ~ ***de canguro,*** espina de canguro. 7 ~ ***de escobas,*** euforliácea *(Securinega biscifolia).* 8 ~ ***de fuego,*** arbusto rosáceo, perennifolio y espinoso, de flores blancas y fruto rojo o anaranjado *(Pyracantha coccinea).* 9 ~ ***de los chilenos,*** árbol mimosáceo, espinoso, chileno, de madera muy dura y cuyos frutos y corteza se emplean para curtir pieles *(Acacia cavenina).* 10 ~ ***de tintes,*** arbusto ramnáceo muy rico en espinas, parecido al espino cerval pero con las hojas menores y con un pecíolo muy corto *(Rhamnus saxatilis).* 11 ~ ***negro,*** mata rámnea de flores pequeñas sin corola y fruto en drupa amarillenta *(Rhamnus infectorius).* 12 ~ ***artificial,*** alambre con pinchos que se usa para cercas. 13 *Hond.* Aromo (árbol leguminoso)
SIN. *2* **Níspero espinoso** O **silvestre, exiacanta.** *5* **Cambrón.** *11* **Artos.**

espinochar *tr.* Quitar las hojas que cubren [la panoja del maíz].

espinosismo *m.* Doctrina filosófica de Spinoza (1632-1677).

espinosista *adj.-com.* Partidario del espinosismo.

espinoso, -sa *adj.* Que tiene espinas. V. hoja espinosa. 2 fig. Arduo, difícil, intrincado. -3 *m.* Pez teleósteo de hasta 10 cms. de longitud, con placas óseas en el vientre y espinas dorsales y anales *(Gasterosteus aculeatus).*
espintariscopio (gr. *spinther, -ros,* chispa + *-scopio) m.* Aparato utilizado como detector de radiactividad que se usa con muestras de pequeño tamaño.
espinterómetro (gr. *spintheros,* chispa + *-metro) m.* ELECTR. Aparato consistente en dos bolas metálicas que constituyen los polos de un manantial de electricidad y que son separadas gradualmente para determinar la distancia máxima que puede franquear una chispa eléctrica.
espinudo, -da *adj. Amér.* Espinoso.
espínula *f.* Pequeña espina.
espinzar *tr. Cuen.* Despinzar [la flor del azafrán] ◇ ** CONJUG. [4] como ***realizar.***
espiocha (fr. *pioche*) *f.* Especie de zapapico.
espión *m.* Espía (persona).
espionaje (fr. *espionnage*) *m.* Acción de espiar (acechar). 2 Organización dedicada a este fin.
espira (l. *spira,* der. del gr. *speira,* espiral) *f.* Parte de la basa de la columna, que está encima del plinto. 2 ELECTR. Vuelta de una bobina o solenoide. 3 GEOM. Espiral. 4 GEOM. Vuelta de una hélice o de una espiral. 5 H. NAT. Hélice que forma aledeedor de su eje la concha de los moluscos gasterópodos.
SIN. **Armilla.**
espiración *f.* Acción de espirar. 2 Efecto de espirar. 3 FON. Segundo tiempo de la respiración, en el que el aire llega al aparato fonador y produce el sonido articulado. ◇ HOMÓF.: *expiración.*
espiráculo *m.* En algunos peces, cada uno de los orificios situados detrás de los ojos, por donde entra el agua para la respiración.
espirador, -ra *adj.* Que espira. 2 ZOOL. [músculo] Que sirve para la respiración.
espiral *adj.* Relativo a la espira: *escalera ~.* -2 *f.* Línea curva que da indefinidamente vueltas alrededor de un punto, alejándose continuamente de él según una ley determinada. 3 Muelle con esta forma del volante de un reloj.
SIN. *2* **Hélice, espira.**
espirante *adj.* Que espira. 2 GRAM. [sonido] Que se pronuncia con aspiración.
SIN. *2* **Aspirado.**
espirar (l. *spirare*) *tr.* Exhalar [algún olor]: *~ un aliento nocivo.* 2 TEOL. Infundir espíritu, animar; esp. inspirar el Espíritu Santo. 3 TEOL. Producir el Padre y el Hijo por medio de su amor recíproco [al Espíritu Santo]. -4 *tr.-intr.* FISIOL. Expulsar el aire de las vías respiratorias. -5 *intr.* Respirar, tomar aliento; esp., expeler el aire aspirado. 6 poét. Soplar el viento blandamente. ◇ HOMÓF.: *expirar.*
espirativo, -va *adj.* TEOL. Que puede espirar o que tiene esta propiedad.
espiratorio, -ria *adj.* Relativo a la espiración.
espirilo *m.* Bacteria alargada y encorvada en forma de hélice o espiral.
espiritado, -da *adj.* fam. [pers.] Excesivamente flaca.
espiritar *tr.-prnl.* Endemoniar. 2 fig. Agitar, conmover, irritar.
espiritero, -ra *m. f. P. Rico.* desp. Espiritista.
espiritismo *m.* Doctrina según la cual los espíritus de los muertos conservan un cuerpo material extremadamente tenue, y aunque ordinariamente invisibles, pueden entrar en comunicación con los vivos en ciertas circunstancias y esp. gracias a la acción de los médiums.
espiritista *adj.* Relativo al espiritismo. -2 *adj.-com.* Partidario del espiritismo.
espiritosamente *adv. m.* Con espíritu.
espiritoso, -sa *adj.* Vivo, animoso. 2 Que contiene mucho espíritu y es fácil de exhalarse: *licor ~.*
SIN. **Espirituoso.**
espiritrompa *f.* Tubo chupador de los insectos lepidópteros, formado por la prolongación de las dos maxilas; durante el reposo queda arrollado en espiral.
espíritu (l. *spiritu*) *m.* Substancia sutil, considerada como principio de la vida: *espíritus animales, vitales; **dar, despedir o exhalar el ~**,* expirar, morir. 2 fig. Hálito, don sobrenatural: *~ de profecía.* 3 Substancia que se extrae de ciertos cuerpos sometidos a la destilación: *~ **de sal,*** ácido clorhídrico; *~ **de vino,*** alcohol etílico. 4 Ser inmaterial y dotado de razón: *espíritus celestiales; ~ **maligno,*** o simplemente ~, el demonio; ***Espíritu Santo,*** 3.ª persona de la Santísima Trinidad. 5 Alma individual, esp. la de un muerto: *evocar los espíritus.* 6 fig. Ánimo, valor, brío: ***levantar el ~***, cobrar ánimo; ***pobre de ~***, apocado, tímido. 7 Realidad pensante en general, substancia inmaterial y racional: *el ~ y la materia; el ~ y la carne; el ~ humano.* 8 fig. Idea central, principio generador, esencia de una cosa: *el ~ y la letra de una ley; el ~ de una sociedad, de una época histórica; el ~ que animaba a los vencedores.* 9 GRAM. En la lengua griega, signo que se escribe sobre las vocales iniciales y la consonante *ro*, para indicar la aspiración con que se pronuncian: puede ser *fuerte, áspero* o *rudo* y *débil, suave* o *lene,* según el grado de aquella aspiración.
espiritual *adj.* Relativo al espíritu. 2 [pers.] De carácter sensible y con poco interés por las cosas materiales. -3 *m.* Canto religioso originario de la población negra del Sur de los Estados Unidos de América. ◇ GALIC. por ingenioso, agudo, gracioso.
espiritualidad *f.* Naturaleza y condición de espiritual. 2 Calidad de las cosas espiritualizadas o declaradas eclesiásticas. 3 Obra o cosa espiritual. 4 Conjunto de doctrinas referentes a la vida religiosa o espiritual, esp. cuando son propias de una orden religiosa o de una asociación o grupo.
espiritualismo *m.* Doctrina metafísica, opuesta al materialismo, según la cual la materia y el espíritu, lo físico y lo psíquico, no constituyen una dualidad irreductible, sino que en último análisis el espíritu es la única realidad, es decir, la esencia de la materia es espiritual. Sus principales representantes son Leibnitz (1646-1716), Maine de Biran (1766-1824) y Herbart (1776-1841). El espiritualismo suele combinarse con el idealismo epistemológico, como sucede en Berkeley (1685-1753). 2 Sistema filosófico que defiende la esencia espiritual y la inmortalidad del alma. 3 Inclinación a la vida espiritual.
espiritualista *adj.* Relativo al espiritualismo. -2 *adj.-com.* Partidario del espiritualismo.
espiritualización *f.* Acción de espiritualizar. 2 Efecto de espiritualizar. 3 Explicación o interpretación en el sentido espiritual.
espiritualizar *tr.* Hacer espiritual [a una persona] por medio de la gracia y espíritu de piedad. 2 Considerar como espiritual [lo que de suyo es corpóreo]. 3 Reducir [algunos bienes] a la condición de eclesiásticos. 4 fig. Sutilizar, adelgazar, reducir a lo que en medicina se llaman espíritus. ◇ ** CONJUG. [4] como ***realizar.***
SIN. *3* **Eclesiastizar.**
espiritualmente *adv. m.* Con el espíritu.
espirituano, -na *adj.-s.* De Sancti Spíritus, en la isla de Cuba.
espirituoso, -sa *adj.* Espiritoso.
espiritusanto *m. Amér. Central, Colomb.* y *Méj.* Especie de orquídea muy hermosa y perfumada, con una mancha en forma de paloma blanca *(Peristeria alata; Anguloa virginalis).* 2 *C. Rica* y *Nicar.* Flor de una especie de cacto, blanca y de gran tamaño *(Echinocactus cornigerus).*
espirógrafo *m.* Gusano poliqueto marino que vive semienterrado en la arena en el interior de un tubo mucoso; las branquias se encuentran alrededor de la boca dispuestas en espiral *(Spirographis spallanzanii).*
espiroidal *adj.* Que tiene forma de espiral.
espirómetro (l. *spirare,* espirar + *-metro*) *m.* MED. Aparato para medir la capacidad respiratoria del pulmón.
espiroquetas (gr. *speira,* espiral + *cháite,* cabellera) *f. pl.* ZOOL. Microorganismos del orden de los espiroquetales que carecen de membrana, flexible y con movimiento activo, lo que ha hecho que fueran colocadas a menudo junto a los protozoos *(Spirochaete).*
espiroquetales *m. pl.* Orden de bacterias dentro de la clase esquizomicetes, finas, alargadas y arrolladas en espiral.
espita (gót. *spitu,* asador, por comparación) *f.* Medida lineal de un palmo. 2 Tubo corto que se abre o cierra por giro de una llave o palanca, y que se pone en el agujero por donde se vacía un tonel o un recipiente cualquiera, o con el que, abriéndolo o cerrándolo, se permite o impide el paso de un fluido. 3 Grifo pequeño. 4 fig. Persona que bebe mucho vino.
espitar *tr.* Poner espita [a una vasija, esp. a una cuba]. 2 fam. Estar bajo el efecto de la euforia de la droga.
espito *m.* Instrumento en forma de T para colgar y descolgar el papel puesto a secar en las fábricas.
espitoso, -sa *adj.* Con mucha euforia, al estar bajo el efecto de la droga.
esplacno- (gr. *splagchnon,* víscera) Elemento prefijal que entra en la formación de palabras con el significado de víscera.
esplacnología (*esplacno-* + *-logía*) *f.* Parte de la anatomía que trata de las vísceras.

esplen-, v. espleno-.
esplendente *adj.* Que esplende.
esplender (l. *splendere*) *intr.* lit. Resplandecer.
espléndidamente *adv. m.* Con esplendidez.
esplendidez *f.* Abundancia, largueza. 2 Magnificencia, ostentación.
espléndido, -da (l. *splendidu*) *adj.* Liberal, ostentoso. 2 Resplandeciente.
SIN. *1* v. **Generoso.**
esplendor (l. *splendore*) *m.* Resplandor. 2 fig. Lustre, nobleza, magnificencia. 3 Auge.
esplendorosamente *adv. m.* Con esplendor.
esplendoroso, -sa *adj.* Que resplandece. 2 Que impresiona por su belleza o grandeza.
esplenectomía (*esplen-* + *-ectomía*) *f.* CIR. Intervención quirúrgica consistente en extirpar el bazo.
esplénico, -ca (l. *splenicu* < gr. *splenikós*, der. de *splén, splenós*, bazo) *adj.* Relativo al bazo: *arteria, vena esplénica.* -2 *m.* ANAT. Esplenio.
esplenio (l. *spleniu* < gr. *splenion*, venda) *m.* Músculo plano que une las vértebras cervicales con la cabeza y contribuye a los movimientos de ésta.
esplenitis (*esplen-* + *-itis*) *f.* Inflamación del bazo. ◇ Pl.: *esplenitis.*
espleno-, esplen- (gr. *splen*, bazo) Elemento prefijal que entra en la formación de palabras con el significado de bazo.
esplenografía (*espleno-* + *-grafía*) *f.* MED. Examen radiológico del bazo, obtenido tras la inyección intravenosa de un contraste opaco a las radiaciones que tiene propiedad de acumularse en él.
esplenomegalia (*espleno-* + *-megalia*) *f.* Engrosamiento del bazo.
espliego (l. *spiculu* < *spica*, espiga) *m.* Mata labiada, aromática, de tallos largos y delgados, hojas lineares, tomentosas, brácteas anchas y flores azules en espiga *(Lavandula officinalis).* 2 Semilla de esta planta, usada como sahumerio.
SIN. **Lavanda, lavándula, alhucema** (ant.). Los dos primeros son técnicos, usados entre botánicos y perfumistas.
esplín (ing. *spleen* < gr. *splen*, hipocondría) *m.* Melancolía que produce tedio de todo. ◇ Pl.: *esplines.*
esplique (ant. alto al. *springa*, pihuela) *m.* Armadijo para cazar pájaros con liga.
espolada *f.* Aguijonazo dado con la espuela a la cabalgadura. 2 fig. ~ ***de vino***, trago de vino.
espolazo *m.* Espolada.
espoleadura *f.* Herida que la espuela hace a la cabalgadura.
espolear *tr.* Aguijar con la espuela [a la cabalgadura]. 2 fig. Incitar, estimular [a uno]. 3 *P. Rico.* Hablando de gallos, dar con los espolones.
SIN. **Picar.**
espoleo *m.* Acción de espolear.
I) espoleta (it. *spoletta*) *f.* Aparato colocado en la boquilla de las bombas, granadas, etc., para dar fuego a su carga.
SIN. **Espiga, pipa.**
II) espoleta (de *espuela*) *f.* Horquilla que forman las clavículas del ave.
I) espolín *m.* Espuela fija en el tacón de la bota. 2 Planta gramínácea, de flores en panoja con largas aristas, llenas de pelo largo y blanco *(Stipa pennata).*
II) espolín (germ. *spola*) *m.* Lanzadera pequeña con que se tejen aparte las flores que se entretejen en las telas de seda, oro o plata. 2 Tela de seda con flores esparcidas.
espolinado *m.* Tejido con una trama de fondo y otras tramas de colores llamativos y de fibra de seda o similar, formando dibujos de flores. 2 Procedimiento para obtener estos dibujos.
espolinar *tr.* Tejer en forma de espolín (tela). 2 Tejer sólo con espolín, y no con lanzadera grande.
espolio (l. *spoliu*, despojo) *m.* Conjunto de bienes que, por haber sido adquiridos con rentas eclesiásticas, quedan de propiedad de la Iglesia al morir sin testar el clérigo que los poseía.
espolique (de *espuela*) *m.* Mozo que camina a pie delante de la caballería en que va su amo. 2 Talonazo que en el juego del fil derecho da el que salta al que está encorvado. 3 *And.* Ayudante en una faena, o acompañante de algún superior.
SIN. *1* **Caminante, lacayo, mozo de espuela** o **de espuelas.**
I) espolista *m.* El que arrienda los espolios en sede vacante.
II) espolista *m.* desus. Espolique.
espolón (de *espuela*) *m.* Apófisis ósea en forma de cornezuelo que tienen algunas aves gallináceas en el tarso. 2 Prominencia córnea que tienen las caballerías en la parte posterior de los menudillos. 3 Remate de la proa de una nave, y esp. la punta de hierro, afilada y saliente, que servía para embestir a los buques enemigos. 4 Tajamar (arquitectura). 5 Malecón a orillas de un río o del mar. 6 Ramal corto y escarpado que parte de una sierra, en dirección próximamente perpendicular a ella. 7 Malecón al borde de los barrancos y precipicios. 8 fig. Sabañón que sale en el calcañar. 9 ARQ. Contrafuerte (machón). 10 BOT. Prolongación tubulosa situada en la base de algunas flores. 11 MIL. Reja del armazón sobre el que se monta el cañón. 12 PAT. Eminencia en el interior de las arterias, formada por la túnica interna de las mismas en cada una de las divisiones.
SIN. *3* **Rostro.**
espolonada *f.* Arremetida impetuosa de gente a caballo.
espolonazo *m.* Golpe dado con el espolón.
espolsar *tr. Ar.* y *Murc.* Limpiar [el polvo].
espolvorear *tr.* Despolvorear. 2 Esparcir [sobre una cosa] otra hecha polvo. 3 *And.* fig. *y* fam. Divulgar, pregonar un secreto.
SIN. *2* **Despolvorear,** en algunos países de Amér. (*Colomb.* y *Chile*) y en el uso vulg. de España; **polvorear, polvorizar.**
espolvorizar *tr.* Espolvorear (esparcir). ◇ ** CONJUG. [4] como ***realizar.***
espondaico, -ca (l. *spondaicu*) *adj.* Propio del espondeo.
espondeo (l. *spondeu* < gr. *spondeios*) *m.* Pie de la versificación clásica formado por dos sílabas largas: — —.
espóndil, -dilo (gr. *spondylos*) *m.* Vértebra.
espondilitis (*espondil-* + *-itis*) *f.* PAT. Inflamación, aguda o crónica, de los discos que separan dos vértebras entre sí. ◇ Pl.: *espondilitis.*
espondilo-, espondil- (de *espóndilo*) Elemento prefijal que entra en la formación de palabras con el valor de espóndilo, vértebra.
espondilólisis (*espondilo-* + *-lisis*) *f.* MED. Malformación congénita, aunque se manifiesta en el adulto, consistente en una falta de osificación entre las apófisis articulares superiores e inferiores de una vértebra, gralte. la quinta lumbar. ◇ Pl.: *espondilólisis.*
espondilolistesis (*espondil-* + gr. *olisthesis*, deslizamiento) *f.* MED. Deslizamiento hacia delante de una o varias vértebras, de manera que pierde su alineación con las restantes, comprimiendo los nervios, lo que ocasiona dolor del tipo ciática. ◇ Pl.: *espondilolistesis.*
espondilosis (*espondil-* + *-osis*) *f.* PAT. Grupo de enfermedades caracterizadas por la inflamación y fusión de las vértebras, con rigidez consecutiva de la columna vertebral. ◇ Pl.: *espondilosis.*
espongina *f.* Substancia orgánica, filamentosa y muy elástica, que en algunas esponjas sirve para unir entre sí las espículas y en otras constituye la totalidad del esqueleto.
espongiolita *f.* Roca silícea de origen orgánico constituida por partículas de esponjas y cementadas por sílice (ópalo o calcedonia).
esponja (l. *spongia* < gr. *spongiá*) *f.* Animal del tipo de los poríferos. 2 Masa porosa y elástica formada por el esqueleto de los poríferos, empleada en varios usos domésticos. 3 Substancia esponjosa. 4 fig. Persona que con maña chupa la substancia o bienes de otro. 5 fig. Persona que ingiere una gran cantidad de bebida. 6 TEXT. Tejido muy absorbente que se usa para toallas, albornoces, etc. 7 ~ ***vegetal,*** planta cucurbitácea formada por las fibras rígidas que recorren el interior de los frutos maduros de una especie de calabaza *(Luffa* sp.).
esponjado *m.* Azucarillo.
esponjadura *f.* Acción de esponjar. 2 Efecto de esponjar. 3 Defecto de fundición en el alma de los cañones.
esponjamiento *m.* Envanecimiento.
esponjar (de *esponja*) *tr.* Ahuecar, hacer más porosa [una cosa]. -2 *prnl.* fig. Envanecerse. 3 Adquirir una persona cierta lozanía, que indica salud y bienestar.
SIN. *1* **Mullir.**
esponjera *f.* Receptáculo para colocar la esponja que se usa.
esponjosidad *f.* Calidad de esponjoso.
esponjoso, -sa *adj.* Muy poroso, hueco y ligero.
esponsales (l. *sponsales* < *sponsus*, esposo) *m. pl.* Mutua promesa de casamiento entre el varón y la mujer.
esponsalicio, -cia *adj.* Relativo a los esponsales.
esponsor *m.* DEP. Sponsor.
espontáneamente *adv. m.* De modo espontáneo.

espontanearse *prnl.* Descubrir uno a otro voluntariamente un hecho propio ignorado o lo íntimo de sus pensamientos o afectos.
SIN. **Expansionarse, desahogarse.**
espontaneidad *f.* Calidad de espontáneo. 2 Expresión natural y fácil del pensamiento.
espontáneo, -a (l. *spontaneu*) *adj.* En el hombre, lo que procede de un impulso interior. 2 En las cosas, lo que se produce sin cultivo, sin cuidados o sin intervención. Se opone a cultivado, provocado: *plantas espontáneas; combustión, explosión espontánea.* -3 *m. f.* Persona que asiste a un espectáculo público como espectador, y en un momento dado interviene en él por propia iniciativa, esp. en las corridas de toros.
SIN. *1* En ocasiones puede coincidir con **automático, indeliberado** y **voluntario,** pero éstos no implican necesariamente idea de espontaneidad; **automático** o **maquinal,** dan idea de energía puramente mecánica: *movimientos espontáneos* o *automáticos*; **indeliberado,** significa sin intervención del entendimiento: *su contestación fue espontánea* o *indeliberada*; **voluntario,** en sentido de espontáneo, denota que se produce sin coacción: *su voto fue voluntario* o *espontáneo.*
espontón (l. *spontone*) *m.* Especie de lanza que usaban los oficiales de infantería.
espontonada *f.* Saludo hecho con el espontón. 2 Golpe dado con él.
espor-, v. esporo-.
espora (gr. *sporá,* semilla) *f.* Célula que se aísla y separa del organismo materno y sirve para su multiplicación. Es propia de la reproducción asexual de las plantas criptógamas y de algunos protozoos.
esporádico, -ca (gr. *sporadikós,* disperso) *adj.* [enfermedad] Que no tiene carácter epidémico ni endémico. 2 fig. Que es ocasional, sin ostensible enlace con antecedentes ni consiguientes.
esporangio (*espor-* + gr. *angos,* vaso) *m.* Órgano productor de las esporas.
esporicida (de *espora* + *-cida*) *adj.-m.* Agente físico o químico cuya misión es destruir las esporas de ciertos microorganismos, y que se emplea en desinfección.
esporidio *m.* Espora de segunda generación.
esporífero, -ra (de *espora* + *-fero*) *adj.* [vegetal] Portador de esporas.
esporinita *f.* Componente microscópico de los carbones que se utiliza para reconocerlos; son restos de esporas y polen.
esporo (gr. *sporos,* semilla) *m.* Espora.
esporo-, espor- (gr. *sporos,* espora) Elemento prefijal que entra en la formación de palabras con el significado de espora.
esporocarpio, esporocarpo (*esporo-* + *-carpo*) *m.* BOT. Receptáculo situado en la base de las frondas de ciertas plantas pteridofitas, en el cual se forman los esporangios.
esporofila (*esporo-* + *-fila*) *f.* Hoja especial donde se forman los esporangios de las plantas equisetáceas.
esporofilo *m.* Hoja portadora de esporangios.
esporofito, -ta (*esporo-* + *-fito*) *adj.-f.* Planta que se reproduce por esporas. -2 *m.* En las plantas de generación alternante sexual y asexual visible, fase que produce las esporas. 3 *m. pl.* Criptógamas.
esporogonia (*esporo-* + gr. *gennao,* producir) *adj.-f.* Fructificación de los musgos, resultado de la fecundación de la oosfera, que origina las esporas.
esporozoario *m.* ZOOL. Esporozoo.
esporozoo (*esporo-* + gr. *-zoo*) *adj.-m.* Protozoo del tipo de los esporozoos. -2 *m. pl.* Tipo de protozoos, exclusivamente parásitos intracelulares, que se multiplican sexualmente y por esporulación; a este grupo pertenece el productor del paludismo (gén. *Plasmodium).*
esporrondingarse *prnl. Amér. Central* y *Colomb.* Tirar la casa por la ventana. 2 *Amér. Central.* Desriscarse. 3 *Amér. Central.* Desvencijarse. ◇ ** CONJUG. [7] como ***llegar.***
esportada *f.* Lo que cabe en una espuerta. ◇ HOMÓF.: *exportada* (partic.).
esportear *tr.* Echar, llevar, mudar con espuertas [una cosa] de un paraje a otro.
esportilla *f.* Esportillo.
esportillero *m.* Mozo para servicios públicos que llevaba en su espuerta lo que se le mandaba. 2 Operario que acarrea con espuerta los materiales.
SIN. *1* **Trascantón.**
esportillo *m.* Capacho de esparto o de palma.
SIN. **Esportilla.**
esportón *m.* Espuerta grande. -2 *loc. adv.* ***A esportones,*** a montones, en gran cantidad.
esportonada *f.* Cantidad que cabe en un esportón. 2 Abundancia, gran cantidad de una cosa.
esporulación (de *espora*) *f.* Formación en el interior de una célula de varias células hijas que quedan en libertad por ruptura de la membrana de la célula primitiva.
esposado, -da *adj.-s.* Desposado.
esposar *tr.* Sujetar [a uno] con esposas.
esposas *f. pl.* Manillas de hierro para sujetar a los reos.
esposo, -sa (l. *sponsu*) *m. f.* Persona que ha contraído esponsales. 2 Persona casada, en relación con su cónyuge. -3 *f. Amér.* Anillo episcopal.
SIN. *2* **Marido** y **mujer.** Fam. esposa, **cara mitad, media naranja.**
espretear *tr. P. Rico.* vulg. Escoger granos.
esprint (ing. *sprint*) *m.* ANGLIC. DEP. Sprint.
esprintar *tr.* ANGLIC. DEP. Sprintar.
esprínter *com.* ANGLIC. DEP. Sprinter.
espuela (germ. *spora*) *f.* Espiga de metal terminada en una ruedecita con puntas, que se ajusta al calcañar, para picar a la cabalgadura: ***calzar ~,*** fig., ser caballero; ***calzar,*** o ***calzarse, la ~,*** fig., ser armado caballero. 2 fig. Aviso, estímulo, incitativo. 3 ~ ***de caballero,*** hierba ranunculácea, de flores en espiga, azules, róseas o blancas, con el cáliz prolongado en una punta, a modo de espuela. Flor de esta planta *(Delphinium ajacis, Consolida ambigua).* 4 *And., Can.* y *Amér.* Espolón de las aves gallináceas. 5 *Argent.* y *Chile.* Espoleta de las aves.
SIN. *3* **Consólida real.**
espuelear *tr. Amér.* Espolear. 2 *Colomb.* y *P. Rico.* Experimentar, probar.
espuelero, -ra *adj. Cuba* y *P. Rico.* [ave] Que sabe usar sus espuelas en la pelea.
espueligurvio *adj. Colomb.* De espolones corvos.
espuelón, -na *adj. Colomb.* y *P. Rico.* De espolones grandes.
espuerta (l. *sporta*) *f.* Receptáculo cóncavo de esparto, palma u otra materia, con dos asas pequeñas, para transportar escombros, tierras, etc.: ***a espuertas,*** a montones, en abundancia.
SIN. **Sera,** ~ grande, gralte. sin asas; el **serón** es una especie de sera más larga que ancha.
espulgadero *m.* Lugar donde se espulgan los mendigos.
espulgador, -ra *adj.-s.* Que espulga.
espulgar *tr.* Limpiar [la cabeza, el cuerpo o el vestido] de pulgas o piojos. 2 fig. Examinar, reconocer [algo] minuciosamente. ◇ ** CONJUG. [7] como ***llegar.***
espulgo *m.* Acción de espulgar o espulgarse. 2 Efecto de espulgar o espulgarse.
espuma (l. *spuma*) *f.* Agregado de burbujas que se forman en la superficie de los líquidos. 2 Parte del jugo y de las impurezas que ciertas sustancias arrojan de sí al cocer en el agua: *la ~ del caldo.* 3 Espumilla, tejido. 4 ~ ***de mar,*** silicato de magnesia hidratado, ligero, suave, de color blanco amarillento, del que se hacen pipas, tubos, etc. 5 ~ ***de nitro,*** costra que se forma de esta sal en la superficie de la tierra de donde se extrae. 6 QUÍM. Suspensión coloidal de un gas en un líquido.
SIN. *4* **Magnesita.** *5* **Alatrón** o **afronitro.**
espumadera *f.* Cucharón o paleta con agujeros, que sirve para espumar (quitar la espuma).
espumador, -ra *m. f.* Persona que espuma. -2 *f.* Insecto hemíptero cuyas ninfas están rodeadas por una masa de espuma o baba que las protege de la desecación y de los depredadores (gén. *Philaenus).*
espumaje *m.* Abundancia de espuma.
espumajear *intr.* Arrojar o echar espumajos.
espumajo *m.* Espumarajo.
espumajoso, -sa *adj.* Lleno de espuma.
espumante (l. *spumante*) *adj.* Que favorece la formación de espuma.
espumar (l. *spumare*) *tr.* Quitar la espuma [del caldo, del almíbar, etc.]. -2 *intr.* Hacer espuma: *la olla espumaba.* 3 fig. *y* p. us. Crecer, aumentar rápidamente.
SIN. *1* **Despumar.** *2* **Espumear.**
espumarajo *m.* Saliva arrojada en gran abundancia por la boca. ◇ ** CONJUG. [13] como ***desviar.***
espumear *intr.* Producir espuma: *las olas espumeaban en la playa.* -2 *tr.* Espumar (quitar la espuma).
espúmeo, -a *adj.* desus. Espumoso.
espumero *m.* Lugar donde se junta agua salada para que cristalice o cuaje la sal.

espumilla *f.* Dim. de *espuma*. 2 Tejido muy ligero y delicado, semejante al crespón. 3 *Amér.* Merengue. 4 *Ecuad.* Bienmesabe, dulce.
espumillón (de *espumilla*) *m.* Tela de seda, muy gruesa, a manera de tercianela.
espumosidad *f.* Calidad de espumoso.
espumoso, -sa *adj.* Que tiene o hace mucha espuma. 2 Que se convierte en ella.
espumuy *f. Guat.* Paloma silvestre *(Columba fasciata).*
espundia (probl. del l. *spongia* < gr. *spongiá*) *f.* Úlcera maligna en las caballerías. 2 *Amér.* Elefancía. 3 *P. Rico.* Púa, astilla.
espúreo, -a *adj.* incor. Por espurio.
espurio, -ria (l. *spuriu*) *adj.* Bastardo. 2 fig. Falso, adulterado. ◇ INCOR.: *espúreo.*
espurrear, -rriar *tr.* Rociar [algo] con un líquido expelido por la boca. ◇ ** CONJUG. [13] como *desviar.*
esputación *f.* Acción de esputar.
esputar (l. *sputare*) *tr.* Expectorar.
SIN. V. **Escupir.**
esputo (l. *sputu,* der. de *spuere,* escupir) *m.* Lo que se arroja de una vez en cada expectoración.
SIN. ~ y **espectoración** son voces cultas que atenúan lo repugnante de **escupido, escupidura, flema; escupitajo, gargajo,** resultan más repugnantes aún.
esquebrajar *tr.* Resquebrajar.
esquejar *tr.* Plantar esquejes.
esqueje (l. *schidiœ* < gr. *schidai*) *m.* Tallo o cogollo que se introduce en tierra para multiplicar la planta. 2 Estaca verde, pequeña, procedente de un tallo sin lignificar.
esquela (probl. pronunciación vulg. del l. *scheda,* hoja de papel) *f.* Carta breve. 2 Papel impreso en que se dan citas o se comunica alguna noticia a varias personas: ~ *mortuoria.*
esqueletado, -da *adj.* Muy flaco, exhausto.
esquelético, -ca *adj.* Muy flaco, exhausto. 2 Relativo al esqueleto.
esqueleto (gr. *skeletós* < *skello,* secar) *m.* Armazón ósea del cuerpo del hombre o de cualquier animal vertebrado. 2 Conjunto de partes duras y rígidas que protege el cuerpo o sostiene los tejidos de algunos invertebrados; como el de los artrópodos y los espongiarios. 3 fig. Sujeto muy flaco. 4 fig. Armadura (armazón). 5 *Amér.* Modelo o patrón impreso en que se dejan blancos que se rellenan a mano. 6 *Chile* y *Méj.* fig. Bosquejo, plan de una obra literaria.
SIN. *1* **Osamenta, osambre.**
esquema (l. y gr. *schema*) *m.* Representación gráfica y simbólica de cosas inmateriales. 2 Representación de una cosa atendiendo sólo a sus líneas o caracteres más salientes.
esquemáticamente *adv. m.* Por medio de esquemas.
esquemático, -ca *adj.* Relativo al esquema. 2 Explicado o hecho de una manera simple, a rasgos generales.
esquematismo *m.* Procedimiento esquemático para la exposición de doctrinas.
esquematizar *tr.* Representar [una cosa] en forma esquemática. ◇ ** CONJUG. [4] como *realizar.*
esquena (ant. alto al. *skena* y *skina;* doble etim. *esquina*) *f.* Columna vertebral. 2 Espina principal de los pescados.
SIN. *2* **Raspa.**
esquenanto (l. *schœnanthus* < gr. *schóinanthon* < *shoinos,* junco + *-anto*) *m.* Planta gramínácea de raíz blanca aromática y medicinal *(gén. Schœnanthus).*
SIN. **Esquinante, esquinanto; paja de camello, de esquinanto** o **de Meca.**
esquero (de *yesca*) *m.* Bolsa de cuero que solía traerse asida al cinto.
SIN. **Yesquero; chisquero.**
esquí (del noruego *ski,* leño, tronco cortado; a través del fr.) *m.* Tabla larga de madera dura, usada para patinar sobre la nieve. 2 Deporte practicado al deslizarse con dichas tablas: ~ ***alpino,*** el que se practica en recorridos cortos y con gran desnivel; v. descenso y slalom; ~ ***nórdico*** o ***de fondo,*** el que se practica en recorridos muy largos y con pocos desniveles; v. biatlón. 3 ~ ***acuático,*** modalidad de esquí sobre el agua. ◇ Pl.: *esquís.*
esquiador, -ra *m. f.* Persona que esquía.
esquiar *intr.* Deslizarse sobre la nieve o hielo con esquís. ◇ ** CONJUG. [13] como *desviar.*
esquibob (de *esquí,* y *bobsleigh*) *m.* Vehículo para practicar deportes de invierno, consistente en un cuadro metálico montado sobre un esquí, con un sillín y un manillar y que se dirige y frena mediante unos esquíes pequeños que lleva en los pies su conductor.
esquiciar *tr.* PINT. p. us. Empezar a dibujar o delinear. ◇ ** CONJUG. [12] como *cambiar.*
esquicio (it. *schizzo*) *m.* Apunte (dibujo).
esquifada *f.* Carga que suele llevar un esquife. -2 *adj.* V. bóveda esquifada.
esquifar *tr.* Proveer de pertrechos y marineros [una embarcación].
esquifazón *m.* Conjunto de remos y remeros con que se armaban las embarcaciones.
esquife (ant. alto al. *skif*) *m.* Bote que se lleva en el navío para saltar a tierra. 2 Especie de piragua para un solo tripulante, us. en competiciones deportivas. 3 ARQ. Cañón de bóveda en figura cilíndrica.
esquijuche (náhu. *izquitl,* maíz tostado y *xochitl,* flor) *m. Amér. Central.* Género de árboles de Méjico y América Central *(Bourreia formosa; B. huanita; B. littoralis).* 2 *Amér. Central.* Flor de esta planta, muy aromática.
I) esquila (gót. *skilla*) *f.* Cencerro en forma de campana. 2 Campana pequeña que sirve en los conventos para convocar a los actos de comunidad.
SIN. *1* **Campano.**
II) esquila (de *esquilar*) *f.* Esquileo (acción y efecto).
III) esquila (l. *squilla*) *f.* Camarón. 2 Escribano del agua. 3 Cebolla albarrana.
esquiladero *m.* Lugar donde se esquila el ganado.
esquilador, -ra *adj.-s.* Que esquila. -2 *f.* Máquina esquiladora.
FR. *Ponerse como el chico del esquilador,* darse un hartazgo.
esquilahuevos *com. La Mancha.* Persona que por roñosería trata de lucrarse en cualquier asunto por mezquino que éste sea y mínimo el beneficio. ◇ Pl.: *esquilahuevos.*
esquilar (del ant. y aragonés *squirar* < gót. **kairan*) *tr.* Cortar el pelo, vellón o lana [de un animal].
SIN. **Trasquilar; marcerar,** ~ después del invierno.
esquileo *m.* Acción de esquilar. 2 Efecto de esquilar. 3 Casa destinada para esquilar al ganado lanar. 4 Tiempo en que se esquila.
esquilero *m.* Red en forma de saco con un aro de madera, que se emplea para pescar.
esquilimoso, -sa (l. *scolymos* < gr. *skólymos*) *adj.* fam. Nimiamente delicado.
esquillón *adj. Méj.* fest. Que usa muletas.
esquilmar (ant. *esquimar,* der. de *quima* < l. v. < gr. *kyma,* brote) *tr.* Coger los frutos y provechos [de haciendas y ganados]. 2 Chupar con exceso las plantas el jugo [de la tierra]. 3 fig. Agotar o menoscabar [una fuente de riqueza] sacando de ella mayor provecho que el debido. 4 fig. Conseguir abusivamente dinero, bienes, etc. [de alguien].
esquilmo *m.* Fruto y provecho que se saca de las haciendas y ganados. 2 *Chile.* Escobajo de la uva. 3 *Méj.* Provechos accesorios de menor cuantía que se obtienen del cultivo o de la ganadería.
esquilo (der. del l. **scuriolu*) *m. Sant.* Ardilla.
esquilón *m.* Esquila grande. 2 *Extr.* Racimo muy pequeño de uva.
esquimal *adj.-s.* Pueblo de raza mogol que, en pequeños grupos diversos, habita la margen ártica de América del Norte, de Groenlandia y de Asia. -2 *adj.-m.* Conjunto de lenguas, emparentadas con el altaico, habladas en estos territorios.
esquina (v. *esquena*) *f.* Arista, esp. la que resulta del encuentro de las paredes de un edificio. 2 DEP. Córner. 3 *Amér.* Tienda de comestibles situada gralte. en la esquina de una manzana [de casas].
SIN. *1* y *3* **Cantón, cantonada.**
esquinado, -da *adj.* [pers.] De trato difícil. 2 Que hace esquina.
esquinadura *f.* Calidad de esquinado.
esquinal *m.* Ángulo de un edificio, esp. el formado por sillares.
esquinante, -to *m.* Esquenanto.
esquinar *tr.-intr.* Hacer o formar esquina: *la tienda esquina la calle de Alcalá,* o *esquina con.* -2 *tr.* Poner en esquina [alguna cosa]: ~ *un armario.* 3 Escuadrar [un madero]. 4 Cortar en dos [una res], siguiendo la espina dorsal. -5 *tr.-prnl.* Poner a mal, indisponer: *ha esquinado a su hijo; se ha esquinado con su hijo.*
esquinazo *m.* fam. Esquina. 2 fig. *Dar* ~, dejar a uno plantado. 3 *Chile.* Serenata.
SIN. *2* **Cantonada.**
esquinco (l. *scincu* < gr. *skinkós*) *m.* Estinco.
esquinela (de *esquina*) *f.* Espinillera (pieza de armadura).

esquinencia (gr. *kynanche*) *f.* Angina.
esquinero, -ra *adj.-s.* Persona que pasa el tiempo en las esquinas de las calles sin hacer nada. -2 *f.* Cantonera, ramera que suele apostarse en las esquinas de las calles. -3 *m. Can., Ant.* y *Méj.* Rinconera, mueble. -4 *f. Amér.* Rinconera, mueble.
esquinzador *m.* Cuarto donde se esquinza el trapo.
esquinzar (b. l. **exquintiare,* descortizar) *tr.* Desguinzar. ◇ ** CONJUG. [4] como ***realizar.***
esquiraza (it. *schirazzo*) *f.* Ant. nave de transporte con velas cuadradas.
esquirla (b. l. *schidia,* viruta; probl. a través del fr.) *f.* Astilla desprendida de un hueso y p. ext. de un vidrio, piedra, etc.
esquirlado, -da *adj.* CIR. Que tiene esquirlas.
esquirol (cat.) *m.* desp. Obrero que substituye a un huelguista.
esquisto (l. *schistos [lapis]* < gr.) *m.* Pizarra (roca).
esquistosidad *f.* Propiedad que presenta una roca cuando aparece constituida en capas u hojas paralelas.
esquistoso, -sa *adj.* De estructura laminar.
esquisúchil *m. Méj.* Esquijuche.
esquitar *tr.* desus. Remitir, perdonar [una deuda].
esquite (náhu. *izquitl*) *m. Amér. Central* y *Méj.* Rosetas de maíz.
esquitero *m. Méj.* Estallido.
esquivada *f. Amér.* Acto de esquivar o rehuir un encuentro.
esquivar (germ. *skiuhan,* tener miedo) *tr.* Evitar, eludir, rehusar: ~ *el golpe.* -2 *prnl.* Retraerse, retirarse, excusarse.
esquivez *f.* Desapego, aspereza, desagrado.
esquiveza *f.* desus. Esquivez.
esquivo, -va *adj.* Que tiene esquivez.
esquizado, -da (it. *schizzato*) *adj.* [mármol] Salpicado de pintas.
esquizo- (gr. *schizo,* hender, dividir en dos, disociar) Elemento prefijal que entra en la formación de palabras con el significado hender, dividir en dos, disociar.
esquizocarpio, esquizocarpo (*esquizo-* + *-carpo*) *m.* BOT. Fruto polispermo que a la madurez se fragmenta en trozos monospermos que parecen aquenios.
REL. Cada uno de estos trozos se llama **mericarpo.**
esquizofita (*esquizo-* + *-fita*) *adj.-f.* Protofita.
esquizofrenia (*esquizo-* + gr. *phren,* inteligencia) *f.* Psicosis en la cual el enfermo presenta la pérdida del contacto con el medio que le rodea.
esquizofrénico, -ca *adj.* Que padece esquizofrenia. 2 Relativo a la esquizofrenia.
esquizogénesis (*esquizo-* + *-génesis*) *f.* Proceso asexual de reproducción característico de las bacterias. ◇ Pl.: *esquizogénesis.*
esquizoide *adj.* Semejante a la esquizofrenia. -2 *adj.-com.* Persona que manifiesta una tendencia exagerada a la soledad, en un repliegue sobre sí mismo, con gran dificultad de efectuar contactos con el exterior.
esquizomanía (*esquizo-* + *-manía*) *f.* Esquizofrenia atenuada.
esquizomicete *adj.-m.* Microorganismo de la clase de los esquizomicetes. -2 *m. pl.* Clase de microorganismos dentro de la división esquizomicófitos, que incluye varios órdenes cuyos representantes reciben el nombre genérico de bacterias.
esquizomicófitos *m. pl.* División que incluye a todos los organismos formados por células procariotas, microscópicos y unicelulares.
estabilidad *f.* Permanencia, duración, firmeza. 2 Fijeza en la posición o en el rumbo. 3 FÍS. Propiedad de un sistema de volver al estado de equilibrio después de sufrir una perturbación. 4 MEC. Resistencia a cambiar de posición que presenta un cuerpo en equilibrio estable. 5 METEOR. Situación atmosférica caracterizada por gran resistencia a que en ella se desarrollen movimientos verticales.
estabilísimo, -ma *adj.* Superl. de *estable.*
estabilización *f.* Acción de estabilizar. 2 Efecto de estabilizar. 3 Política económica encaminada a evitar la inflación.
estabilizador, -ra *adj.-s.* Que estabiliza. -2 *m.* Mecanismo que se añade a un aeroplano, avión, nave, etc., para aumentar su estabilidad. 3 QUÍM. Catalizador negativo.
estabilizar *tr.* Dar [a alguna cosa] estabilidad: ~ *un artefacto;* ~ *la situación de un empleado.* -2 *tr.-prnl.* Fijar y garantizar oficialmente [el valor de una moneda] a fin de evitar las oscilaciones del cambio. ◇ ** CONJUG. [4] como ***realizar.***
estable (l. *stabile*) *adj.* Permanente, durable, firme. 2 QUÍM. [substancia] De difícil descomposición por la temperatura, o difícilmente atacable por agentes químicos.
establear *tr.-prnl.* Acostumbrar [una res] al establo.
establecedor, -ra *adj.-s.* Que establece.
establecer (l. *stabilire*) *tr.* Fundar, instituir, hacer estable: ~ *una monarquía, un campamento, su reputación.* 2 Ordenar, decretar: *establece el reglamento que se entre a las diez.* -3 *prnl.* Avecindarse. 4 Abrir, crear uno por su cuenta un establecimiento mercantil. ◇ ** CONJUG. [43] como ***agradecer.***
SIN. *1* **Implantar, instaurar, instituir,** acentúan el matiz de que es algo nuevo lo que se establece, y se aplican gralte. a cosas inmateriales [ley, costumbre, premio, fundación, etc.]; **fundar** y **establecer,** en cambio, se aplican también a lo material [ciudad, campamento]. *3* y *4* **Instalarse.**
establecimiento *m.* Ley, ordenanza, estatuto. 2 Fundación, institución. 3 Cosa fundada o establecida. 4 Colocación o suerte estable de una persona. 5 Lugar donde habitualmente se ejerce una industria o profesión.
establemente *adv. m.* Con estabilidad.
establero *m.* El que cuida del establo.
establo (l. *stabulu*) *m.* Lugar cubierto en que se cierra el ganado. 2 fig. Lugar muy sucio. 3 *Cuba.* Cochera o establecimiento de coches de alquiler.
SIN. *1* **Corte** (p. us.); **presepío,** es latinismo docto de raro uso; **cuadra, caballeriza; bostar** (el de bueyes), ant., **boyera, boyeriza; pocilga** (el de cerdos).
estabón (l. *stipa,* tronco, caña) *m.* Mata de habas después de quitarle el fruto. 2 *Albac.* Tallo o caña de algunas plantas, despojadas de la hoja o del fruto.
estabulación *f.* Cría y mantenimiento de los ganados en establos.
estabular (l. *stabulare*) *tr.* Someter [los ganados] a la estabulación.
estaca (gót. *stakka*) *f.* Palo con punta en un extremo para clavarlo. 2 Garrote (palo grueso). 3 Rama o palo verde sin raíces, plantado para que se haga árbol. 4 Clavo largo para clavar vigas y maderos. 5 Cuerna que aparece en los ciervos al cumplir el animal un año de edad. 6 *Amér.* Pertenencia minera. 7 *Colomb., Chile, Ecuad.* y *Perú.* Espolón, garrón. 8 *Venez.* Pulla, indirecta.
SIN. *4* **Estaquilla.**
estacada *f.* Obra hecha de estacas clavadas en la tierra: *la* ~ *de una fortificación.* 2 Palenque o campo de batalla en los torneos. 3 Lugar señalado para un desafío: ***dejar a uno en la*** ~, fig., abandonarlo en un peligro o en un mal negocio. 4 Olivar nuevo. 5 MAR. Conjunto de obstáculos flotantes o construcción hecha de madera, metal u hormigón en el fondo de las entradas de los puertos para impedir el desembarco enemigo. 6 *Amér. Central.* Punzada, herida.
SIN. *1* **Empalizada, palizada.** FR. fig. *Dejar a uno en la* ~, abandonarlo en un peligro o en un mal negocio.
estacado *m.* Estacada, palenque.
estacadura *f.* Conjunto de estacas que sujetan la caja de los varales de un carro.
estacar *tr.* Atar [una bestia] a una estaca hincada en la tierra. 2 Señalar en el terreno [una línea] con estacas. -3 *prnl.* Quedarse inmóvil y tieso como una estaca. -4 *tr. Amér.* Extender [alguna cosa] sujetándola o clavándola con estacas. 5 *Argent.* Estirar por castigo [a una persona] atándola a una estaca. -6 *tr.-prnl. Colomb.* y *Venez.* Engañar. 7 *Venez.* Herir con arma blanca. -8 *prnl. Amér.* Clavarse uno una astilla. 9 *Amér.* Herirse, pincharse. 10 *Ecuad.* Plantarse, repropiarse una caballería. ◇ ** CONJUG. [1] como ***sacar.***
estacazo *m.* Golpe dado con un garrote (palo grueso). 2 fig. Varapalo (daño recibido).
estacha (del fr. ant. *estache,* relac. con *estaca*) *f.* Cuerda atada al arpón que se clava a las ballenas. 2 MAR. Cabo que desde un buque se da a cualquier objeto fijo para practicar varias faenas.
estaciógrafo (l. *statione,* estación + *-grafo*) *m.* MAR. Instrumento de navegación costera que señala la posición de la nave por convergencia de tres puntos conocidos de la costa.
estación (l. *statione*) *f.* desus. Estado actual de una cosa. 2 Estancia (morada). 3 Visita que se hace por devoción a las iglesias o altares, deteniéndose allí a orar delante del Santísimo Sacramento; número de padrenuestros y avemarías que en ella se rezan. 4 Detención aparente de los planetas en sus órbitas para el cambio de sus movimientos directos en retrógrados o viceversa. 5 División del año comprendida entre un equinoccio y un solsticio. 6 Tiempo, temporada: *la* ~ *actual; la* ~ *de las lluvias.* 7 Lugar en que se hace alto durante un viaje, paseo, etc. 8 Edificio situado en la red de transporte público, destinado al servicio de pasajeros y mercancías: *el tren llegó a la* ~ *con una hora de retraso; ya han inaugurado la nueva* ~ *de autobuses; muchas es-*

taciones de metro están en obras; ~ ***terminal,*** v. terminal. 9 Conjunto de instalaciones donde se realiza una actividad o se imparte un servicio: ~ ***climática*** o ***termal,*** balneario situado en una zona de clima adecuado para tratar ciertas enfermedades; ~ ***de esquí,*** la destinada a la práctica del esquí deportivo; ~ ***de servicio,*** la destinada al servicio de los automovilistas (gasolinera, reparaciones, restaurante, etc.) en una carretera o autopista; ~ ***espacial,*** vehículo espacial en órbita alrededor de la tierra que sirve de avituallamiento a otras naves; ~ ***meteorológica,*** centro destinado al estudio y recogida de datos sobre el tiempo; ~ ***transformadora,*** la que convierte la tensión de la corriente alterna y la distribuye a industrias, ciudades, etc. 10 Punto y oficina donde se expiden y reciben despachos de telecomunicación: ~ *telegráfica.* 11 Sitio o localidad de condiciones apropiadas para que viva una especie animal o vegetal. 12 fig. Partida de gente apostada. 13 Punto en que se observan o miden ángulos de una red trigonométrica: ~ *geodésica;* ~ *topográfica.*
SIN. *5* **Tiempo.**

estacional *adj.* Propio de cualquiera de las estaciones del año: *calenturas estacionales.* 2 ASTRON. Estacionario (díc. del planeta).

estacionalidad *f.* Carácter de estacional.

estacionamiento *m.* Acción de estacionarse: ~ ***de coches,*** v. estacionar. 2 Efecto de estacionarse. 3 Lugar de la vía pública donde los vehículos pueden permanecer estacionados. V. aparcamiento. 4 MIL. Lugar donde se establece una tropa, sea cuartel, alojamiento, campamento o vivaque.
SIN. **Parada,** es el lugar fijo de la vía pública donde se hallan los automóviles de alquiler a disposición del público.

estacionar *tr.-prnl.* Situar en un lugar, colocar, asentar. -2 *prnl.* Quedarse estacionario, estancarse. 3 Detenerse y permanecer en la vía pública un vehículo. V. aparcar. 4 *Argent.* Hablando de [majadas de ovejas], echarles los carneros en determinados meses del año.

estacionario, -ria *adj.* fig. Que permanece en el mismo estado o situación, sin adelanto ni retroceso. 2 [planeta] Que está como detenido en su órbita aparente durante cierto tiempo. -3 *m.* ant. Librero que tenía puesto o tienda de libros. 4 El que daba los libros en la biblioteca de la universidad de Salamanca.

estacionero, -ra *adj.-s.* Persona que anda con frecuencia las estaciones.

estacón *m.* Puntal, estaca. 2 *Amér.* Pinchazo.

estaconazo *m. Cuba.* Pinchazo.

estacte (l.; gr. *stazo,* caer gota a gota) *f.* Aceite esencial, obtenido de la mirra fresca.

estada (de *estar*) *f.* p. us. Mansión (detención).

estadal (de *estado*) *m.* Medida de longitud (3,334 m.; cuatro varas). 2 ~ ***cuadrado,*** medida agraria (11,1756 m^2, cuadrado de un estadal de lado). 3 Cinta bendita en algún santuario, que se suele poner al cuello. 4 Cerilla (vela) que suele tener de largo un estado.

estadero *f.* Sujeto nombrado por el rey para demarcar las tierras de repartimiento.

estadía (l. *stativa*) *f.* Detención, estancia. 2 Día que transcurre después del plazo estipulado para la carga o descarga de un buque mercante. 3 p. ext. Indemnización que por ello se paga. 4 Tiempo que permanece el modelo ante el artista. 5 Período de relativa mejora climática de una época glacial.

estadidad *f. P. Rico.* Condición de Estado federal. Ús. esp. con referencia a los Estados Unidos de América del Norte.

estadificar (de *estadio,* y *facere,* hacer) *tr.* Clasificar la extensión y gravedad de una enfermedad tumoral maligna ◇ ** CONJUG. [1] como ***sacar.***

estadígrafo, -fa *m. f.* Estadístico, -ca.

estadio (l. *stadiu* < gr. *stadion*) *m.* Lugar público en que se celebran carreras, luchas y diversos deportes: *los griegos celebraban sus olimpíadas en un* ~. También se dice y escribe *estádium.* 2 Ant. medida itineraria (octava parte de una milla). 3 Fase, período relativamente corto. 4 MED. Período de los tres que se observan en cada acceso de fiebre intermitente. 5 ZOOL. Intervalo de tiempo entre mudas sucesivas en la vida de un insecto.

estadiómetro (gr. *stadion,* estación + *-metro*) *m.* TOPOGR. Instrumento para medir ópticamente la distancia existente entre dos estaciones.

estadista *com.* Perito en estadística. 2 Persona versada en asuntos de Estado.
SIN. *2* **Repúblico.**

estadística *f.* Ciencia que tiene por objeto reunir, clasificar y contar todos los hechos de un mismo orden, como nacimientos, defunciones, riquezas de una provincia, etc. 2 Conjunto de estos hechos. 3 MAT. Disciplina que utiliza conjuntos de datos numéricos para obtener, a partir de ellos, inferencias basadas en el cálculo de probabilidades.

estadístico, -ca *adj.* Relativo a la estadística.

estádium *m.* Estadio (lugar público).

estadizo, -za *adj.* Que está mucho tiempo sin moverse, orearse o removerse: *aguas estadizas.* 2 [manjar] Rancio o manido.

estado (l. *statu*) *m.* Situación en que está una persona o cosa, esp. cada uno de los sucesivos modos de ser de una persona o cosa sujeta a cambios que influyen en su condición: ~ *de salud;* ~ *de gracia, de pecado; los estados físicos: sólido, líquido, gaseoso;* ~ ***de guerra*** o ***de sitio,*** el de una población o territorio en tiempo de guerra cuando la autoridad civil resigna sus funciones en la autoridad militar; el que según la ley se equipara al anterior por motivos de orden público, aun sin guerra; ~ ***de excepción,*** el de una población o territorio cuando, por una situación de especial gravedad, suspende algunas libertades constitucionales. 2 Resumen por partidas generales que resulta de las relaciones hechas por menor; generalmente, figura en una hoja de papel. 3 Modo de ser de una persona en el orden social: ~ *de matrimonio;* ~ *de religión;* ~ *de prosperidad;* ~ ***civil,*** condición de cada persona en relación con los derechos y obligaciones civiles. 4 Orden, clase, jerarquía y calidad de las personas que componen un reino, una república o un pueblo: ~ *eclesiástico;* ~ *noble;* ~ *militar;* ~ ***general*** o ***llano*** (también *plebe*), el común de los vecinos de que se compone un pueblo, a excepción de los nobles, los eclesiásticos y los militares. 5 Cuerpo político de una nación: *presupuestos del* ~. 6 En el régimen federativo, porción de territorio cuyos habitantes se rigen por leyes propias, aunque sometidos en ciertos asuntos al gobierno general. 7 País o dominio de un príncipe o señor de vasallos. 8 ***Papel del*** ~, títulos que representan cantidades aportadas a un empréstito realizado por el Estado. 9 ***Patrimonio del*** ~, bienes del Estado. 10 Medida longitudinal tomada de la estatura regular del hombre, usada para apreciar alturas o profundidades (unos 7 pies). 11 Medida de superficie, equivalente a 49 pies cuadrados. 12 ESGR. Disposición y figura en que queda el cuerpo después de haber herido, reparado o desviado la espada del contrario. 13 FÍS. Grado o modo de agregación de moléculas de un cuerpo: ~ *sólido, líquido,* etc. 14 MIL. ~ ***mayor,*** cuerpo de oficiales encargados en los ejércitos de informar técnicamente a los jefes superiores del ejército, distribuir las órdenes y procurar y vigilar su cumplimiento; generales y jefes de todos los ramos que componen una división y punto central donde debe determinarse y vigilarse todas las operaciones de la misma; general o gobernador que manda una plaza y demás individuos agregados a él. 15 ~ ***mayor central,*** organismo superior en el ejército y en la marina. 16 ~ ***mayor general,*** conjunto de los jefes y oficiales del estado mayor y de los demás cuerpos y servicios auxiliares que acompañan al general que ejerce el mando superior sobre las tropas en operaciones. 17 ~ ***alotrópico,*** el de diferente aspecto o propiedades que adopta un elemento químico con capacidad de alotropía. -18 *m. pl. Colomb.* Marro (juego).

estadounidense *adj.-s.* De los Estados Unidos de América, nación de América del norte.
SIN. **Norteamericano, yanqui.**

I) estafa *f.* Acción de estafar. 2 Efecto de estafar.

II) estafa (it. *staffa* < lombardo **staffia,* pedal) *f.* Estribo (pieza).

estafador, -ra *m. f.* Persona que estafa.

estafar *tr.* Robar [a uno] valiéndose de artificios o engaños; no satisfacer [lo que uno ha prometido pagar]. 2 DER. Cometer alguno de los delitos que se caracterizan por el lucro como fin y el engaño o abuso de confianza como medio.

estafermo (it. *sta fermo,* está firme) *m.* Muñeco giratorio al que los corredores, hiriéndole con una lanza, hacían dar vuelta. 2 fig. Persona parada, como embobada y sin acción. 3 fig. Persona de aspecto fachoso.
SIN. *2* **Pasmarote.**

estafeta (it. *staffetta*) *f.* Correo ordinario que iba de un lugar a otro. 2 Casa u oficina del correo. 3 Correo especial para el servicio diplomático.

estafetero *m.* El que cuida la estafeta y recoge y distribuye las cartas del correo.

estafetil *adj.* Relativo a la estafeta.

estafil, v. estafilo-.

estafilínido *adj.-m.* Insecto de la familia de los estafilínidos.

-2 *m. pl.* Familia de insectos coleópteros de cuerpo alargado, élitros reducidos y abdomen flexible.
estafilino, -na *adj.* Relativo a la úvula. -2 *m.* Asnillo, insecto.
estafilitis (*estafil-* + *-itis*) *f.* PAT. Inflamación, aguda o crónica, de la úvula, gralte. de causa infecciosa o alérgica. ◇ Pl.: *estafilitis.*
estafilo-, estafil- (gr. *staphilé,* racimo) Elemento prefijal que entra en la formación de palabras con el significado de racimo.
estafilococia *f.* MED. Infección producida por estafilococos.
estafilococo (*estafilo-* + *coco* II) *m.* Variedad de coco (bacteria) cuyos individuos se presentan asociados en racimos.
estafiloma (*estafil-* + *-oma*) *m.* MED. Prominencia anormal en una parte del globo del ojo.
estafisagria (gr. *staphís,* uva + *agría,* silvestre) *f.* Planta ranunculácea, venenosa, de flores en espiga terminal, azules y parecidas por su aspecto a las de la espuela de caballero *(Delphinium staphisagria).*
SIN. **Albarraz; hierba piojenta** o **piojera; uva tamínea** o **taminia.**
estagirita *adj.-s.* De Estagira, ant. c. de Macedonia.
estagnícola (l. *stagnu,* agua estancada + *-cola*) *adj.* [animal, planta] Que vive en aguas estancadas.
estajar *tr.* vulg. Destajar.
estaje *m. Amér. Central.* Destajo.
estajear *tr. Amér. Central.* Destajar, ajustar [una obra].
estajero *m.* Destajero.
estajista *m.* Destajista.
estajo *m.* vulg. Destajo.
estala (l. *stabula*) *f.* Establo, caballeriza. 2 Escala (puerto).
estalación *f.* Categoría en que se dividen los individuos de una comunidad o cuerpo.
estalactita (gr. *stalaktís, -idos*) *f.* Concreción pendiente del techo de una caverna formada por infiltraciones que contienen sales calcáreas, silíceas, etc.
estalagmita (gr. *stalagma, -atos*) *f.* Concreción formada sobre el suelo de una caverna por gotas procedentes de las mismas infiltraciones que forman las estalactitas.
estalaje *m.* Estancia. 2 Casa o lugar donde se hace mansión. 3 Mobiliario, ajuar de la casa.
estallante *adj.* Que estalla.
estallar (en port. *estalar*) *intr.* Henderse o reventar de golpe una cosa, con chasquido: ~ *una bomba, una caldera.* 2 Chasquear, restallar el látigo. 3 fig. Sobrevenir, ocurrir violentamente alguna cosa: ~ *un incendio.* 4 fig. Sentir y manifestar violentamente una pasión del ánimo: *su ira al fin estalló.*
SIN. *1* **Explotar; detonar,** alude al ruido que produce. *1* y *4* **Reventar.**
estallido *m.* Acción de estallar. 2 Efecto de estallar. 3 Quiebra, ruina completa.
estallo *m.* Estallido.
estambay (ing. *stand-by*) *m. Amér.* Entre marineros, aparato con que el piloto transmite órdenes a los mecánicos que manejan las máquinas.
estambrar *tr.* Convertir [la lana] en estambre torciéndola.
estambre (l. *stamine*) *amb.-m.* Parte del vellón de lana compuesta de hebras largas. 2 Hilo formado de estas hebras. 3 Órgano sexual masculino de las plantas fanerógamas, que consta gralte. de filamentos y antera. 4 Urdimbre.
estamental *adj.* Relativo al estamento.
estamento (b. l. *stamentu*) *m.* Estado que, en número de cuatro (eclesiástico, de la nobleza, de los caballeros y de las universidades) concurría a las Cortes en la corona de Aragón. 2 Cuerpo de los dos colegisladores (de los próceres y de los procuradores del reino) establecido por el Estatuto Real. 3 Estrato o sector de un cuerpo social, definido por un común estilo de vida, una función social o actividad determinada.
estameña (l. *[texta] staminea*) *f.* Tejido basto de estambre, usado pralte. para hábitos religiosos.
estameñete *m.* Especie de estameña.
estaminal *adj.* BOT. Perteneciente o relativo a los estambres.
estamíneo, -a (l. *stamineu*) *adj.* Que es de estambre. 2 Relativo al estambre.
estaminífero, -ra *adj.* [flor] Que lleva únicamente estambres; [planta] que tiene estas flores.
estaminodio *m.* Estambre estéril.
estampa *f.* Efigie o figura impresa. 2 fig. Figura total de una persona o animal: *un caballo de buena* ~. 3 Espectáculo o escena pública, esp. si es pintoresca: *una* ~ *típica.* 4 Imprenta o impresión. 5 Huella (señal). 6 fig. Parecido, semejanza. 7 MAR. Parte exterior de la popa de un bote.
SIN. *1* **Grado.** *1* y *2* **Lámina.**
estampación *f.* Acción de estampar. 2 Efecto de estampar.
estampado, -da *adj.-s.* Tejido en que se estampan diferentes labores o dibujos. 2 Objeto que por presión o percusión se fabrica con matriz o molde apropiado. -3 *m.* Estampación. 4 MEC. Fabricación de piezas metálicas, por deformación de chapas, previamente recortadas, que se hace con prensas provistas de matrices.
estampador *m.* El que estampa.
estampar (probl. fr. *stamper* < fráncico **stampon*) *tr.* Imprimir, sacar en estampas [las figuras, dibujos o letras] contenidos en un molde, ejerciendo presión [sobre un papel, tela, etc., o sobre un objeto de metal, cuero, etc.]: ~ *un tejido, una cubierta, un paisaje, a mano, sobre tela, en papel.* 2 Prensar [una chapa metálica] sobre un molde de acero grabado en hueco por medio del cual se marca [un relieve]: ~ *una medalla.* 3 Señalar o dejar huella [una cosa] en otra: ~ *el pie en la arena.* 4 fam. Arrojar [a una pers. o cosa] haciéndola chocar contra algo: ~ *una botella contra la pared.* 5 fig. Imprimir [algo] en el ánimo.
estampería *f.* Oficina en que se estampan láminas. 2 Tienda donde se venden estampas. 3 Venta y comercio de estampas.
estampero, -ra *m. f.* Persona que hace o vende estampas.
estampía (de ~) *loc. adv.* De repente: *embestir, partir,* o *salir de* ~.
estampida (prov. < germ. *stampjan*) *f.* Estampido. 2 Carrera rápida e impetuosa: ~ *del ganado.*
estampido *m.* Ruido fuerte y seco como el producido por el disparo de un cañón.
SIN. **Detonación; tiro** o **disparo,** el producido por un arma de fuego.
estampilla (dim. de *estampa*) *f.* Sello que contiene en facsímil la firma y rúbrica de una persona. 2 Sello con letrero para estampar en ciertos documentos. 3 *Amér.* Sello de correos o fiscal.
estampillado *m.* Acción de estampillar. 2 Efecto de estampillar.
estampillar *tr.* Sellar, marcar con estampilla [ciertos títulos de Deuda pública], para distinguirlos entre congéneres y aplicarles trato especial.
estampita *f.* Engaño en que dos timadores se valen de la codicia de su víctima, haciéndole pagar una cantidad a cambio de repartirse un fajo de supuestos billetes de banco, de lotería, etc.
estancación *f.* Acción de estancar o estancarse. 2 Efecto de estancar o estancarse.
estancamiento *m.* Estancación. 2 Fase de detención del crecimiento económico.
estancar (etim. dud; probl. prerrom. **tanko,* sujetar) *tr.-prnl.* Detener el curso de una cosa, esp. de un líquido: ~ *un río; las aguas se estancan.* 2 fig. Suspender la marcha [de un negocio]. 3 Prohibir la venta libre [de una cosa]: ~ *los sellos, el papel timbrado.* ◇ ** CONJUG. [1] como ***sacar.***
I) estancia (de *estar*) *f.* Mansión, habitación y asiento en un lugar. 2 Aposento donde se habita ordinariamente. 3 Día que está el enfermo en el hospital, y cantidad diaria que devenga por cada uno de ellos. 4 Permanencia durante cierto tiempo en un lugar determinado. 5 *Amér.* Hacienda de campo destinada al cultivo y a la ganadería. 6 *Cuba* y *Venez.* Casa de campo con huerta y próxima a la ciudad, quinta.
SIN. *1* **Estación, estada, estadía, morada, permanencia.**
II) estancia (it. *stanza*) *f.* Estrofa (de composición poética). 2 Estrofa formada por versos heptasílabos y endecasílabos en número variable, pero uniforme en toda la composición de que forma parte.
estanciero *m. Amér.* Dueño de una estancia o el que cuida de ella.
estanco, -ca (de *estancar*) *adj.* MAR. Que no hace aguas por sus costuras: *compartimiento* ~. 2 [espacio] Incomunicado, aislado. -3 *m.* Prohibición de la venta libre de algunas cosas. 4 Sitio donde se venden géneros estancados, esp. sellos, tabaco y papel timbrado. 5 fig. Depósito, archivo. 6 *Ecuad.* Aguardentería.
REL. *3* **Monopolio,** privilegio concedido a determinada persona o entidad para vender tales productos.
estándar (ing. *standard*) *adj.* COM. [calidad de un producto] Normal y corriente. -2 *m.* Tipo, patrón uniforme o muy generalizado de una cosa: ~ *de vida;* ~ *de fabricación.*
estandardización *f.* Estandarización.
estandardizar *tr.* Estandarizar. ◇ ** CONJUG. [4] como ***realizar.***

estandarización *f.* Acción de estandarizar. 2 Efecto de estandarizar. 3 Fabricación en serie siguiendo un modelo determinado.
estandarizar *tr.* Fabricar [un producto] en serie con arreglo a un modelo determinado. -2 *tr.-prnl.* Fabricar o comprobar [algo] con arreglo a un tipo uniforme. ◇ ** CONJUG. [4] como ***realizar.***
estandarte (fr. ant. *estandart*) ***m.*** Insignia o bandera que usan los cuerpos montados y algunas corporaciones civiles o religiosas. 2 BOT. El pétalo superior, y casi siempre más grande, de las corolas amariposadas.
estandorio (l. *statoriu,* que está derecho) ***m.*** Estaca fija a los lados del carro, para sostener los adrales o la carga.
estanflación (ing. *stagflation*) ***f.*** ECON. Combinación del estancamiento económico con una fuerte inflación.
estangurria (v. *estranguria*) ***f.*** Estranguria. 2 Cañoncito o vejiga que suele ponerse para recoger las gotas de la orina el que padece esta enfermedad.
estanni-, estann- (l. *stannum,* estaño) Elemento prefijal que entra en la formación de palabras con el significado de estaño.
estannífero, -ra (*estanni-* + *-fero*) ***adj.-m.*** Que contiene estaño.
estannita ***f.*** MINER. Mineral de estaño que cristaliza en el sistema tetragonal.
estanque (de *estancar*) ***m.*** Receptáculo de agua construido para proveer al riego, criar peces, etc., o con fines meramente ornamentales.
SIN. **Alberca.**
estanqueidad ***f.*** Estanquidad.
I) estanquero ***m.*** El que tiene por oficio cuidar de los estanques.
II) estanquero, -ra ***m. f.*** Persona encargada de la venta pública de géneros estancados. 2 *Ecuad.* Tabernero.
estanquidad ***f.*** Calidad de estanco (que no hace agua).
estanquillero, -ra ***m. f.*** Estanquero II.
estanquillo ***m.*** Dim. de *estanco*. 2 Estanco (sitio donde se vende). 3 *Ecuad.* Taberna. 4 *Méj.* Tenducho.
estantal (de *estante*) ***m.*** Estribo de pared.
estantalar ***tr.*** Apuntalar con estantales.
estante (l. *stante,* que está fijo) ***adj.*** Fijo o permanente en un lugar. 2 [ganado] Que pasta en su término jurisdiccional. 3 [pers.] Dueño del ganado. -4 ***m.*** Armario con anaqueles y sin puertas para colocar libros, papeles, etc. 5 Anaquel. 6 Pie derecho que en número de cuatro sostiene la armadura de algunas máquinas. 7 *Amér.* Estaca que sirve de sostén o apoyo verticalmente, esp. en los lienzos de los cereales y en las construcciones campesinas.
estantería ***f.*** Juego de estantes (armario).
estantigua (de *hueste antigua*) ***f.*** Procesión de fantasmas, fantasma o visión que causa pavor. 2 Persona alta y desgarbada, mal vestida.
SIN. *2* **Espantajo.**
estantillar ***tr.*** *Colomb.* Poner estantillos.
estantillo ***m.*** *Colomb.* y *Venez.* Estacón que se clava en tierra para sostener algo.
estantío, -a ***adj.*** Que no tiene curso; parado, estancado. 2 fig. Pausado, flojo y sin espíritu.
estañado ***m.*** Acción de estañar. 2 Efecto de estañar.
estañador ***m.*** El que tiene por oficio estañar.
estañadura ***f.*** Acción de estañar. 2 Efecto de estañar.
estañar (l. *stagnare* < *stagnu,* estaño) ***tr.*** Cubrir o bañar con estaño [una pieza o vasija de otro metal]. 2 Soldar [una cosa] con estaño. 3 *Venez.* Destituir [a un empleado]. 4 *Venez.* Herir.
estañero ***m.*** El que tiene por oficio trabajar en obras de estaño. 2 El que las vende.
estaño (l. *stannu* o *stagnu*) ***m.*** Metal, blanco, brillante, de estructura cristalina, que por frotamiento despide un olor particular. Su símbolo es *Sn* y su peso atómico 118,7.
REL. **Bronce,** aleación de cobre y estaño; **peltre,** aleación de cinc, plomo y estaño.
estaqueada ***f.*** *Argent.* y *Bol.* Acción de estaquear. 2 *Argent.* y *Bol.* Efecto de estaquear. 3 *Amér.* fam. Paliza, tunda.
estaqueadero ***m.*** *Argent.* y *Bol.* Sitio destinado al estaqueo de los cueros.
estaquear ***tr.*** Golpear con una estaca. 2 Clavar estacas para hacer una cerca. 3 *Amér.* Extender [cueros] sujetándolos con estacas. 4 *Amér.* Estirar a un hombre entre cuatro estacas por medio de maneadores amarrados a las muñecas y a la garganta de los pies.
estaqueo ***m.*** *R. de la Plata.* Estaqueada.
estaquero ***m.*** Agujero hecho en la escalera y varales de los carros y galeras, para meter las estacas. 2 Gamo o ciervo de un año.
estaquilla ***f.*** Espiga de madera o caña para asegurar los tacones del calzado. 2 Clavo pequeño de hierro, de figura piramidal y sin cabeza. 3 Estaca (clavo largo). 4 *Chile.* Estaca de los adrales del carro.
estaquillador ***m.*** Lezna gruesa y corta con que se taladran los tacones para poner las estaquillas.
estaquillar ***tr.*** Asegurar con estaquillas [una cosa].
estar (l. *stare*) ***intr.*** Existir, hallarse, permanecer [una persona o cosa] en un lugar, posición, situación, condición, etc.: *Dios está en todas partes; el lápiz estaba sobre la mesa; aquí no está; Madrid está en el centro de España; estamos en casa; el termómetro está a 10 grados; los precios están bajos; estoy sentado, arrodillado, inclinado.* 2 Seguido de los adverbios *bien, mal, mejor* y *peor*, denota aprobación o descontento: *bien está* o *está bien;* convenir, ser acomodada, o sus contrarios, una cosa a uno: *estaría bien que dejaras de fumar;* ser amigo o enemigo: *su padre está muy bien con el ministro;* tener buena o mala salud, situación, comodidades, etc.: *cuando esté bien volveré al trabajo; estoy mejor en la cama;* sentar o caer bien o mal una prenda de vestir: *esa falda te está muy bien.* 3 Seguido de la prep. *a*, obligarse, estar dispuesto a ejecutar lo que significa el nombre que sigue: *~ a cuentas, a examen, a la orden* o *bajo la orden de otro;* correr el día del mes indicado por el número, o bien sobrentendiéndose al preguntar: *estamos a uno* o *a primero de marzo, ¿cuántos estamos?;* tener las cosas un determinado precio: *las patatas están a cuarenta pesetas.* 4 Seguido de la prep. *de*, estar ejecutando una cosa o entender de ella: *~ de matanza; ~ de obra;* hallarse en disposición próxima de hacer algo o hallarse en determinadas condiciones: *~ de viaje; ~ de prisa;* desempeñar el empleo o cargo que se expresa: *estoy de cajera en un banco.* 5 Seguido de la prep. *en* y usado en tercera persona, consistir, ser causa: *el motivo está en el dinero;* haber costado tanto una cosa: *el vestido está en cinco mil pesetas.* 6 Seguido de la prep. *para* y algunos infinitivos o substantivos, denota la disposición próxima o determinada de hacer lo que significan estas palabras: *~ para testar; no ~ para bromas;* estar en disposición de ejecutar una cosa que se acostumbra hacer: *~ uno para ello.* 7 Seguido de la prep. *por* y el infinitivo de algunos verbos, no haberse ejecutado o haberse dejado de efectuar lo que los verbos significan: *~ por escribir; ~ por limpiar;* hallarse uno casi determinado a hacer alguna cosa: *estoy por irme a pasear;* sentirse uno a favor de una persona o cosa: *estoy por Antonio; los obreros estaban por la huelga;* ser inminente: *~ algo por suceder.* 8 Seguido de la prep. *con*, avistarse: *estaré con fulano esta mañana;* vivir en compañía de una persona: *estoy con mis padres;* tener relaciones: *Pedro está con Paqui;* hallarse de acuerdo: *~ con uno.* -9 ***v. copul.*** Unido a adjetivos, sirve para atribuir al sujeto la cualidad expresada por el atributo; designa el estado transitorio en que se halla dicho sujeto: *la mañana estaba hermosa; mi café está frío.* -10 ***v. auxiliar*** Seguido de gerundio, forma frases verbales de sentido durativo, que expresan acción prolongada: *~ escribiendo; ~ comiendo;* con verbos que designan acciones momentáneas, denota repetición del acto: *estaba saltando; estuvo besando a su madre.* 11 Con participios forma frases verbales de sentido copulativo y perfectivo: *~ convencido, satisfecho, arruinado.* 12 Junto con la conj. *que* y un verbo en forma personal, hallarse en la situación o actitud expresada por este verbo: *está que se duerme; estoy que no puedo más.* -13 ***prnl.*** Detenerse o tardarse en alguna cosa: *estarse de charla.* ◇ ** CONJUG. [71].
GRAM. ***1*** Es un verbo de estado, cuyo atributo puede sentirse como adjetivo o como adverbio: *estaba tranquilo* o *tranquilamente* o *con tranquilidad.* Por esto puede construirse con adjetivos, con adverbios, o con substantivos precedidos de preposición; v. acepciones siguientes.
GRAM. ***9*** Concurre en este uso copulativo con el verbo *ser*, del cual se diferencia en su carácter perfectivo, que lo hace apto para expresar cualidades consideradas como transitorias (*este papel está arrugado*), en tanto que ***ser*** es imperfectivo y atribuye cualidades permanentes (*este papel es delgado*). Las gramáticas explican los matices y circunstancias de esta diferencia.
GRAM. ***10*** Precediendo a verbos reflexivos en gerundio, puede atraer al pronombre reflejo: *estar muriéndose* o *estarse muriendo; estaba afeitándome* o *me estaba afeitando.*
FRS. *¿Estamos? ¿estáis? ¿está usted?* interrogación que se dirige al interlocutor para ver si está atento o enterado; *~ a la que salta*, estar siempre dispuesto a aprovechar las ocasiones; *~ al caer*, tratándose de horas, estar a punto de sonar una de ellas; tratándose de sucesos, estar a punto de so-

brevenir o suceder; ~ *a dos velas,* pobre, sin recursos; ~ *a matar,* estar muy enemistadas dos o más personas; ~ *a oscuras,* completamente ignorante; ~ *a la mira,* tener atención a una cosa; ~ *de más,* estar de sobra, ser inútil; ~ *mano sobre mano,* ocioso; ~ *uno en una cosa,* entenderla o estar enterado de ella; ~ *uno en grande,* vivir uno con holgura; salirle a uno las cosas a su gusto; ~ *en mí, en tí, en sí,* estar uno con plena advertencia en lo que dice o hace; ~ *uno en todo,* atender a un tiempo a muchas cosas; ~ *en lo cierto,* hablar u obrar con seguridad; ~ *en ánimo,* o con *ánimo, de hacer una cosa,* sentirse dispuesto; ~ *en ascuas,* en vilo, impaciente; ~ *uno sobre sí,* estar con serenidad y con precaución; tener orgullo y soberbia; *está que bota,* presa de gran indignación; ~ *sin sosiego,* sentirse intraquilo, no tener descanso.

estarcido *m.* Dibujo que resulta en el papel, tela, etc., del picado y pasado por medio del cisquero.

estarcir (l. *extergere,* limpiar frotando) *tr.* Estampar [dibujos] pasando una brocha por una chapa en que están previamente recortados. ◇ ** CONJUG. [3] como *zurcir.*

estarna (it. *starna*) *f.* Perdiz pardilla.

estárter *m.* Starter.

estasis *f.* MED. Detención de la progresión en un órgano del contenido del mismo: ~ *sanguínea;* ~ *intestinal.* ◇ Pl.: *estasis.* ◇ Es impropio el empleo de *éxtasis* con este significado.

estat- v. estato-.

estatal *adj.* Relativo al Estado: *instituciones estatales.*

estatalizar *tr.* Estatificar. ◇ ** CONJUG. [4] como *realizar.*

estatamperio (*estat-* + *amperio*) *m.* FÍS. Unidad de corriente eléctrica en el sistema cegesimal electrostático.

estatculombio (*estat-* + *culombio*) *m.* FÍS. Unidad de carga eléctrica en el sistema cegesimal electrostático.

estatfaradio (*estat-* + *faradio*) *m.* FÍS. Unidad de capacidad en el sistema cegesimal electrostático.

estathenrio (*estat-* + *henrio*) *m.* FÍS. Unidad de inductancia en el sistema cegesimal electrostático.

estática (v. *estático*) *f.* Parte de la mecánica que trata del equilibrio de las fuerzas. ◇ HOMOF.: *extática* (adj.).

REL. **Dinámica,** la que estudia el movimiento.

estático, -ca (gr. *statikós* < *istemi,* estar fijo) *adj.* Relativo a la estática. 2 Que permanece en un mismo estado, sin mudanza en él. 3 fig. Que se queda parado de asombro o de emoción. ◇ HOMÓF.: *extático* (adj.).

estatificación *f.* Acción de estatificar. 2 Efecto de estatificar.

estatificar *tr.* Pasar a explotar y administrar el Estado [servicios, instituciones, empresas, etc.] que eran de propiedad privada: ~ *los ferrocarriles, las minas de carbón.* 2 Favorecer la intervención del Estado [en la economía y en la vida social]. ◇ ** CONJUG. [1] como *sacar.*

SIN. **Nacionalizar.**

estatismo *m.* Inmovilidad de lo estático (que permanece). 2 Tendencia que exalta la plenitud del poder del estado en todos los órdenes. ◇ HOMÓF.: *extatismo.*

estato-, estat- (de *estático*) Elemento prefijal que entra en la formación de palabras denotando estabilidad o relación con electrostático.

estatocisto (*estato-* + *-cisto*) *m.* ZOOL. Órgano del sentido del equilibrio, gralte. asociado al del oído cuando este existe. En los vertebrados está representado por el utrículo y el sáculo del oído interno.

estatoconía (*estato-* + gr. *honía,* polvo) *f.* Polvillo calizo existente sobre la capa gelatinosa que cubre la células sensoriales del utrículo y el sáculo y que desempeña la misma función que el estatolito de los invertebrados.

estatohmio (*estat-* + *ohmio*) *m.* FÍS. Unidad de resistencia eléctrica en el sistema cegesimal electrostático.

estatolito (*estato-* + *-lito*) *m.* Pequeña concreción calcárea que, en número de una o más, flotan en el interior del otocisto de los invertebrados y con su movimiento impresionan las células sensoriales produciendo las sensaciones del equilibrio.

estator *m.* En las dinamos y motores eléctricos, el circuito fijo dentro del cual gira el móvil o *rotor.*

estatorreactor (*estato-* + *reactor*) *adj.-s.* AERON. Modelo de motor de reacción desprovisto de órganos móviles y prácticamente constituido por una tobera termopropulsiva.

estatoscopio (*estato-* + *-scopio*) *m.* Aparato que sirve para medir los cambios de altura sobre el nivel del mar.

estatua (l. *statua*) *f.* Figura de bulto labrada a imitación del natural. 2 fig. *y* fam. Persona fría y sin iniciativa.

estatuar *tr.* Adornar con estatuas. ◇ ** CONJUG. [11] como *actuar.*

estatuaria *f.* Arte de hacer estatuas.

estatuario, -ria *adj.* Relativo a la estatuaria. 2 Adecuado para una estatua. -3 *m.* El que tiene por oficio hacer estatuas.

estatúder (neerl. *stadhouder*) *m.* Magistrado supremo de la ant. república de los Países Bajos. ◇ Pl.: *estatúderes.*

estatuderato *m.* Cargo y dignidad de estatúder.

estatuir (l. *statuere*) *tr.* Establecer, determinar [esp. lo que debe regir a pers. o cosas]. 2 Demostrar, asentar como verdad [una doctrina o un hecho]. ◇ ** CONJUG. [62] como *huir.*

estatura (l. *statura*) *f.* Altura de una persona desde los pies a la cabeza.

SIN. **Talla.**

estatutario, -ria *adj.* Estipulado en los estatutos, referente a ellos.

estatuto (l. *statutu*) *m.* Norma legal básica para el gobierno de un organismo público o privado: *los estatutos de una sociedad, de una academia; el ~ municipal; el ~ de una concesión internacional.* 2 p. ext. Ordenamiento eficaz para obligar; como contrato, disposición testamentaria, etc. 3 En derecho internacional, régimen jurídico al cual están sometidas las personas *(~ **personal**)* o las cosas *(~ **real**)*, en relación con la nacionalidad o el territorio.

estauro- (gr. *staurós,* estaca, cruz) Elemento prefijal que entra en la formación de palabras con el significado de cruz: *estaurolita.*

estaurolita (*estauro-* + *-lito*) *f.* Silicato hidratado de hierro y alúmina, inatacable por los ácidos, que se presenta en maclas de figura de cruz.

estauroscopio (*estauro-* + *-scopio*) *m.* FÍS. Instrumento que se emplea para determinar si los minerales translúcidos tienen refracción sencilla o doble.

estay (germ. *stag,* tendido) *m.* MAR. Cabo que sujeta la cabeza de un mástil al pie del más inmediato. ◇ Pl.: *estayes*

SIN. **Traversa.**

I) este (ing. *cast*) *m.* Oriente (punto cardinal). 2 Viento que viene del Oriente.

SIN. *2* **Leste,** us. en MAR.

II) este, esta, estos, estas (l. *iste*) Formas m. y f., sing. y pl. del demostrativo con que se designa lo que está más próximo a la persona que habla. Se usan cuando hacen el oficio de adjetivo, esto es, cuando van antes del nombre. Si van pospuestas expresan menosprecio de la persona o cosa designada: *el señor este, la casa esta.*

GRAM. Algunas personas, guiándose por la regla de anteponer el artículo el a los substantivos femeninos que empiezan por *a* acentuada (*el agua, el arpa, el hacha*), cometen el error de decir, y aun de escribir, *este agua, este arpa,* etc. No hay razón histórica (como en el caso del artículo) ni buen uso literario que lo justifique.

éste, ésta, esto, éstos, éstas (v. *este*) Formas del demostrativo *este,* cuando hace el oficio de pronombre: *éste quiero, vendrá ésta.* 2 *Ésta* designa la población en que está la persona que se dirige a otra por escrito: *permaneceré en ésta dos semanas.* 3 ***En esto,*** estando en esto, en este tiempo. ◇ Según la Ortografía académica, pueden escribirse sin acento, a no ser que de ello resulte anfibología.

estear-, esteato- (gr. *stéar, steatos,* sebo) Elemento prefijal que entra en la formación de palabras con el significado de sebo, grasa.

estearato *m.* Sal o éster del ácido esteárico.

esteárico, -ca *adj.* De estearina: *bujía esteárica.* 2 ***Ácido ~,*** substancia blanca, fácilmente fusible, que se encuentra libre en muchas grasas.

estearina (v. *stear-*) *f.* Substancia blanca, insípida, fusible a 72°, compuesta de ácido esteárico y glicerina; es el componente que da consistencia a los cuerpos grasos. 2 Ácido esteárico impuro usado para hacer bujías.

esteatita (l. *steatitis;* v. *estear-*) *f.* Variedad de talco blanco o verdoso, blando y suave, que usan los sastres para hacer señales en las telas. 2 ELECTR. Materia cerámica que se utiliza en la fabricación de aislantes eléctricos.

SIN. *1* **Jabón de sastre, jaboncillo.**

esteato-, v. estear-.

esteatoma (*esteato-* + *-oma*) *m.* MED. Tumor sebáceo.

esteatopigia (*esteato-* + gr. *pyge,* nalga) *f.* MED. Desarrollo anormal del tejido adiposo de las caderas: *propenden a la ~ **algunas razas africanas.***

esteatorrea (*esteato-* + *-rrea*) *f.* Presencia de una cantidad excesiva de grasas en las heces, debida a una falta de absorción de las grasas aportadas en la alimentación, por un trastorno del hígado o del páncreas.

I) esteba (l. *stæbe*) *f.* Hierba graminácea, de hojas ásperas por los bordes y flores verdosas en espigas; es pasto muy apetecido por las caballerías *(Glyceria fluitans).* ◇ HOMÓF.: *esteva* (f.).
SIN. **Hierba del maná.**

II) esteba (l. *stipe*) *f.* Pértiga gruesa con que en las embarcaciones se aprietan las sacas de lana unas sobre otras. ◇ HOMÓF.: *esteva* (f.).

I) estebar *m.* Terreno donde abunda la esteba. ◇ HOMÓF.: *estevado* (adj.).

II) estebar (de *estibar*) *tr.* Acomodar y apretar [el paño] en la caldera para teñirlo. ◇ HOMÓF.: *estevado* (adj.).

estefano-, estefan- (gr. *stephane,* corona) Elemento prefijal que entra en la formación de palabras con el significado de corona.

estefanote *m. Colomb., P. Rico, Salv.* y *Venez.* Planta apocinácea de jardín, con hermosas flores de color blanco mate *(Stephanote floribundium).*

estegomía (gr. *stégo,* cubrir, y *muia,* mosca) *f.* Mosquito culícido, transmisor del espiroqueto que produce en el hombre la fiebre amarilla *(AEdes aegypti).*

I) estela (l. *aestuaria,* agitaciones del mar, probl. a través del port.) *f.* Rastro que deja tras sí en la superficie del agua la embarcación u otro cuerpo en movimiento, o el que deja en el aire un cuerpo luminoso en movimiento. 2 p. ext. Rastro o huella que deja cualquier cosa que ocurre o pasa. 3 Pie de león.

II) estela (l. *stela* < gr. *stele*) *f.* Monumento conmemorativo erigido sobre el suelo en forma de lápida, pedestal o cipo.

estelar (l. *stellare*) *adj.* Sidéreo. 2 fig. De mayor importancia: *la figura ~.*

estelaria (l. *stellaria*) *f.* Pie de león.

estelífero, -ra *adj.* poét. Estrellado o lleno de estrellas.

esteliforme *adj.* De forma de estela.

estelión (l. *stellione*) *m.* Salamanquesa (reptil). 2 Piedra que decían se hallaba en la cabeza de los sapos viejos, y que tenía virtud contra el veneno.

estelionato (l. *stellionatu*) *m.* Fraude que comete el que en un contrato encubre la obligación o carga que pesa sobre la finca, alhaja, etc.

estelo (l. *stilu*) *m.* desus. Columna, poste.

estelón *m.* Estelión (piedra).

estema (l. *stemma* < gr. *stemma,* corona, árbol genealógico) *m.* Ojo simple de los insectos. 2 En la crítica textual, esquema de la filiación y transmisión de manuscritos o versiones procedentes del original de una obra.
SIN. *1* **Ocelo.**

estemple (al. *estempel*) *m.* Ademe.

estenio (gr. *sthenos,* fuerza) *m.* En el sistema M.T.S., unidad de fuerza equivalente a 10^3 newtons.

esteno-, esten- (gr. *stenós,* estrecho, apretado) Elemento prefijal que entra en la formación de palabras con el significado de estrecho, apretado.

estenocardia (*esteno-* + *-cardia*) *f.* Angustia con sensación de estrechamiento del corazón. 2 PAT. Angina de pecho.

estenografía (*esteno-* + *-grafía*) *f.* Taquigrafía.

estenografiar *tr.* Escribir en estenografía [alguna cosa]. ◇ ** CONJUG. [13] como *desviar.*

estenográficamente *adv. m.* Por medio de la estenografía.

estenográfico, -ca *adj.* p. us. Relativo a la estenografía.

estenógrafo, -fa *m. f.* p. us. Persona que por profesión o estudio se dedica a la estenografía.
SIN. **Taquígrafo.**

estenograma (*esteno-* + *-grama*) *m.* Texto escrito en estenografía.

estenohalino, -na (*esteno-* + gr. *halós,* sal) *adj.* [organismo acuático] Que requiere un hábitat de salinidad constante.

estenope *m.* FÍS. Disco de metal que tiene un orificio muy pequeño en el centro, con el cual a veces, en las máquinas fotográficas se substituye el objetivo.

estenordeste *m.* Punto del horizonte entre el este y el nordeste, a igual distancia de ambos. 2 Viento que sopla de esta parte.

estenosis (v. *esteno-*) *f.* MED. Estrechez, estrechamiento. ◇ Pl.: *estenosis.*

estenotermo, -ma (*esteno-* + *-termo*) *adj.* [organismo acuático] Que requiere un hábitat de temperatura constante.

estenotipia (*esteno-* + *-tipia*) *f.* Taquigrafía mecánica.

esténtor *m.* fam. Hombre que tiene la voz muy fuerte.

estentóreo, -a (de *Estentor,* personaje de la *Ilíada* de Homero, s. IX a. C.) *adj.* Muy fuerte, ruidoso o retumbante: *voz estentórea.*

I) estepa (ruso *step*) *f.* Erial llano y muy extenso.

II) estepa (l. hispánico *stippa,* de orig. incierto) *f.* Arbustos cistáceos, de hojas opuestas, corolas de cinco pétalos y cápsulas de cinco o diez carpelos *(gén. Cistus): ~* ***blanca,*** estepilla; ~ ***negra,*** jaguarzo; ~ ***Juana,*** mata gutífera, de hojas pequeñas, glandulosas, y flores amarillas *(Hypericum balearicum).*

estepal (náhu. *eztli,* sangre, y *tepetl,* pedernal) *m. Méj.* Especie de jaspe rojo o ágata manchado de verde.

estepar *m.* Terreno poblado de estepas.

estepario, -ria *adj.* Propio de la estepa (erial): *vegetación esteparia.*

estepero, -ra *adj.* Que produce estepas. -2 *m.* Lugar donde se amontonan las estepas en las casas, para usarlas como leña. -3 *m. f.* Persona que se dedica a vender estepas.

estepilla *f.* Variedad de estepa, de hojas tomentosas, blanquecinas, y flores róseas *(Cistus albidus).*
SIN. **Jara blanca.**

estequiometría (gr. *stoicheion,* elemento + *-metría*) *f.* QUÍM. Estudio de las relaciones numéricas con que reaccionan químicamente las substancias.

Ester, Libro del Ant. Testamento. Se abrevia *Est.* o *Esth.*

éster *m.* Compuesto formado por la sustitución del hidrógeno de un ácido orgánico o inorgánico por un radical alcohólico.

estera (l. v. **staria* < l. *storea*) *f.* Tejido grueso de esparto, junco, etc., para cubrir el suelo de las habitaciones.

esteral *m. Argent.* Estero pantanoso.

esterar *tr.* Cubrir con esteras [el suelo de las habitaciones]. -2 *intr.* fig., fam. *y* p. us. Vestirse de invierno, esp. antes de tiempo. -3 *tr. Bol.* Cubrir [una cosa] en cierta extensión.

esterautógrafo *m.* TOPOGR. Instrumento formado por la combinación de un estereocomparador y un dispositivo pantográfico, para trazar automáticamente en el papel las curvas de nivel correspondientes al relieve del terreno dado por un par de fotografías estereoscópicas y recorrido por un índice manejado por el operador.

estercoladura *f.* Estercolamiento.

estercolamiento *m.* Acción de estercolar. 2 Efecto de estercolar.

I) estercolar *m.* Estercolero (lugar).

II) estercolar (l. *stercorare*) *tr.* Beneficiar [las tierras] con estiércol. -2 *intr.* Expeler las bestias el excremento.

estercolero *m.* El que recoge el estiércol. 2 Lugar donde se recoge y fermenta el estiércol. 3 fig. Lugar muy sucio.

estercolizo, -za *adj.* Semejante al estiércol o que participa de sus cualidades.

estercóreo, -a (l. *stercoreu*) *adj.* Relativo a los excrementos.

estercuelo *m.* Operación de estercolar las tierras.

esterculiáceo, -a *adj.-f.* Planta dicotiledónea, leñosa o herbácea, de hojas gralte. sencillas con estípulas caedizas, flores en inflorescencias complicadas y fruto en cápsula o baya; como el cacao. -2 *f. pl.* Familia de estas plantas.

estereo- (gr. *stereós,* sólido) Elemento prefijal que entra en la formación de palabras con el significado de sólido, rígido, cúbico o, referido al espacio, en relieve.

estéreo (l. *stereon* < gr. *stereós*) *m.* Unidad de medida para leñas; equivale a la que puede colocarse, apilada, en el espacio de un metro cúbico. 2 Estereofonía, estereofónico. 3 ~ ***purpúreo,*** seta poliporal, coriácea en forma de media luna, muy frecuente sobre las ramas de los árboles de hoja caduca *(Stereum purpureum).*

estereóbato (*estereo-* + gr. *batós,* accesible) *m.* ARQ. Basamento, generalmente sin molduras, sobre el que se asienta una edificación. 2 ARQ. Apoyo de un muro en el que descansa una columna con su base.

estereocomparador (*estereo-* + *comparador*) *m.* Aparato us. para determinar el desplazamiento relativo de los cuerpos, valiéndose de la sensación estereoscópica.

estereodinámica (*estereo-* + *dinámica*) *f.* FÍS. Dinámica de los sólidos.

estereofonía (*estereo-* + *-fonía*) *f.* Técnica de grabación del sonido por medio de dos canales que se reparten los tonos agudos y graves para dar una sensación de relieve acústico.
REL. **Cuadrafonía.**

estereofónico, -ca *adj.* Relativo a la estereofonía.

estereofotografía (*estereo-* + *fotografía*) *f.* Fotografía estereoscópica.

estereofotogrametría (*estereo-* + *fotogrametría*) *f.* Método de relevamiento topográfico para amplias zonas de terreno mediante fotogramas aéreos.
estereognosia (*estereo-* + gr. *gnosis,* conocimiento) *f.* Capacidad para reconocer los objetos por su forma y solidez.
estereografía (*estereo-* + *-grafía*) *f.* Arte de representar los sólidos sobre un plano.
estereográfico, -ca *adj.* Relativo a la estereografía. 2 GEOM. [proyección de la superficie esférica] Que se efectúa desde un punto de ella sobre un plano perpendicular al diámetro que pasa por dicho punto.
estereógrafo, -fa *m. f.* Persona que por profesión se dedica a la estereografía.
estereograma (*estereo-* + *-grama*) *m.* Representación en relieve de un cuerpo sólido, proyectado sobre un plano.
estereoisometría (*estereo-* + *isometría*) *f.* Propiedad que presentan ciertos compuestos cuyas moléculas tienen estructura idéntica, pero distinta posición de los átomos en el espacio.
estereología (*estereo-* + *-logía*) *f.* Interpretación tridimensional de imágenes bidimensionales.
estereometría (*estereo-* + *-metría*) *f.* Parte de la geometría que trata de la medida de los sólidos.
estereométrico, -ca *adj.* Relativo a la estereometría.
estereoquímica (*estereo-* + *química*) *f.* Distribución geométrica de los compuestos químicos en el espacio.
estereorradián (*estereo-* + l. *radius,* radio) *m.* Unidad de ángulo sólido. Su valor es el de un ángulo sólido que, teniendo su vértice en el centro de una esfera, determina en la superficie de esta esfera un área equivalente a la de un cuadrado de lado igual al radio de la esfera.
estereoscopia (*estereo-* + *-scopia*) *f.* FÍS. Conjunto de principios que rigen la observación binocular y sus medios de obtención. 2 FÍS. Visión en relieve conseguida mirando simultáneamente con ambos ojos dos imágenes de un mismo objeto, mediante el estereoscopio u otros procedimientos análogos.
estereoscópico, -ca *adj.* Relativo al estereoscopio.
estereoscopio (*estereo-* + *-scopio*) *m.* Instrumento óptico que por medio de dos imágenes planas de un mismo objeto, tomadas desde dos puntos de vista poco separados entre sí, puestas una al lado de otra y miradas cada una con un ojo, da la sensación del relieve.
estereostática (*estereo-* + *-stática*) *f.* FÍS. Parte de la estática que trata del equilibrio de los cuerpos sólidos.
estereotipa *f.* desus. Estereotipia.
estereotipado, -da, p.p. de *estereotipar.* 2 *adj.* fig. [gesto, fórmula, expresión, etc.] Que se repite sin variación o se emplea de manera formularia.
estereotipador, -ra *m. f.* Persona que estereotipa.
estereotipar (de *estereotipia*) *tr.* Fundir en planchas por medio del vaciado [una composición tipográfica de caracteres movibles]. 2 Imprimir con estas planchas. 3 fig. Fijar y repetir indefinidamente [un gesto, una frase, una fórmula de estilo, un procedimiento artístico, etc.].
estereotipia (*estereo-* + *-tipia*) *f.* Arte de estereotipar. 2 Oficina donde se estereotipa. 3 Máquina de estereotipar. 4 fig. Repetición involuntaria e intempestiva de un gesto, como ocurre esp. en los dementes.
estereotípico, -ca *adj.* Relativo a la estereotipia.
estereotipo *m.* Modelo fijo de cualidades o conducta. 2 IMPR. Plancha utilizada en estereotipia.
estereotomía (*estereo-* + *-tomía*) *f.* Arte de cortar la madera, la piedra, los metales, para su aplicación en las construcciones.
SIN. **Montea.**
estereotómico, -ca *adj.* Relativo a la estereotomía.
estereovisión (*estereo-* + *visión*) *f.* Procedimiento de televisión en relieve.
esterería *f.* Establecimiento del esterero (el que hace o vende).
esterero, -ra *m. f.* Persona que tiene por oficio hacer o vender esteras. 2 Persona que tiene por oficio coserlas y acomodarlas en las habitaciones.
estérico, -ca *adj.* QUÍM. Perteneciente o relativo a los ésteres. 2 QUÍM. Relativo al espacio, forma o geometría de átomos, iones o moléculas.
esterificación *f.* QUÍM. Acción de un ácido orgánico sobre un alcohol para obtener un éster.
estéril (l. *sterile*) *adj.* Que no da fruto, o no produce nada: *mujer, terreno, trabajo* ~. 2 fig. [año] De cosecha escasa: ~ *de,* o *en, frutos.* 3 Aséptico, libre de gérmenes patógenos. -4 *m.* MIN. Parte inútil del subsuelo que se halla interpuesto en el criadero.
SIN. *1* **Machorra, mañera,** tratándose de la hembra que no tiene hijos; **horra,** aplíc. al ganado; **nulípara,** refiriéndose a la mujer; **improductivo, infecundo, infructífero,** en los demás casos.
esterilidad *f.* Calidad de estéril. 2 Falta de cosecha. 3 MED. Enfermedad que impide fecundar o concebir. 4 MED. Ausencia de gérmenes.
esterilización *f.* Acción de esterilizar. 2 Efecto de esterilizar.
esterilizador, -ra *adj.* Que esteriliza. -2 *m.* Aparato que esteriliza utensilios, instrumentos, substancias, etc., destruyendo los gérmenes patógenos que haya en ellos.
esterilizar *tr.-prnl.* Hacer estéril. 2 Destruir los gérmenes patógenos que hay [en alguna cosa]: ~ *la leche;* ~ *el bisturí.* ◇ ** CONJUG. [4] como *realizar.*
esterilla *f.* Dim. de *estera.* 2 ~ ***eléctrica,*** especie de almohadilla que produce calor por medio de la electricidad. 3 Trencilla de hilo de oro o plata. 4 Pleita estrecha de paja. 5 Especie de cañamazo. 6 Felpudo de estera o metálico. 7 *Argent.* Rejilla para construir asientos. 8 *Colomb.* Especie de carona, sudadero.
SIN. *4* **Alfardilla.**
estérilmente *adv. m.* De manera estéril.
esterlín *m.* Bocací.
esterlina (ing. *sterling*) *adj.* V. libra esterlina.
esternal *adj.* Relativo al esternón.
esterno- (de *esternón*) Elemento prefijal que entra en la formación de palabras con el significado de esternón.
esternocleidomastoideo (*esterno-* + *cleido-* + *mastoideo*) *adj.-m.* ANAT. Músculo flexor, inclinador y rotatorio de la cabeza que se inserta por abajo en el esternón y en la clavícula, y por arriba en la apófisis mastoidea del temporal.
esternón (fr. ant. *sternon* < b. l. *sternum* < gr. *sternon*) *m.* Hueso plano, impar y simétrico, formado por varias piezas soldadas, situadas en la parte media y anterior del tórax, con el cual se sueldan las siete primeras costillas de cada lado. 2 ZOOL. Pieza del dermatoesqueleto de los insectos, correspondiente a la región ventral de cada uno de los segmentos del tórax.
I) estero *m.* Acción de esterar. 2 Temporada en que se estera.
II) estero (l. *æstuariu*) *m.* Terreno inmediato a la orilla de una ría, por el cual se extienden las aguas de las mareas. 2 *Amér.* Aguazal, terreno cenagoso. 3 *Chile* y *Ecuad.* Arroyo, riachuelo. 4 *Ecuad.* Cauce seco de un río.
SIN. *1* **Estuario, restañadero.**
esteroide (del gr. *estereós,* sólido, con la terminación *oide*) *m.* QUÍM. Substancia orgánica de estructura compleja, base de muchas hormonas y ácidos biliares, de acción biológica variada.
esteroideo, -a *adj.* QUÍM. Propio o relativo al esteroide.
esterol (del gr. *stereós,* sólido, con la terminación *-ol,* alcohol) *m.* QUÍM. Alcohol no saturado, muy complejo, presente en todas las células animales y vegetales, y liposoluble.
esterquero, esterquilino (l. *sterquiliniu*) *m.* Muladar; estercolero.
estertor (der. del l. *stertere,* roncar) *m.* Respiración anhelosa, con ronquido sibilante, propio de la agonía y el coma. 2 Ruido a que da origen el paso del aire por las vías respiratorias obstruidas por mucosidades.
SIN. *1* **Sarrillo,** estertor del moribundo.
estertoroso, -sa *adj.* Que tiene estertor.
estesio-, estesi-, -estesia (gr. *aisthesis,* sensación, sensibilidad) Elemento prefijal y sufijal que entra en la formación de palabras con el significado de sensibilidad: *anestesia.*
estesiómetro (*estesio-* + *-metro*) *m.* Instrumento para medir la sensibilidad táctil.
estesudeste *m.* Punto del horizonte entre el este y el sudeste, a igual distancia de ambos. 2 Viento que sopla de esta parte.
estet-, v. esteto-.
esteta *com.* Persona que adopta una actitud esteticista o que cuida en grado sumo la belleza formal. 2 Persona versada en Estética. 3 fam. Hombre afeminado.
estética (v. *estético*) *f.* Disciplina filosófica que estudia las condiciones de lo bello en el arte y en la naturaleza. Los principales problemas estéticos son: la determinación y caracteres de la idea de belleza, y la naturaleza y fines del arte en general y de cada arte en particular. 2 ~ ***transcendental,*** en Kant (1724-1804), doctrina de nuestra facultad de conocer, o sea, doctrina de las formas puras de la intuición: espacio y tiempo. 3 Apariencia que tiene una persona o cosa según un punto de vista estético o artístico.
SIN. *1* **Calología,** menos us.

estéticamente *adv. m.* De manera estética.

esteticismo *m.* Planteamiento ideológico que sitúa la estética y la búsqueda de la belleza absoluta como objetivo fundamental del hecho artístico. 2 Actitud de quienes adoptan ante la vida dicho planteamiento.

esteticista *adj.* Perteneciente o relativo al esteticismo. -2 *com.* Persona que en los institutos de belleza practica el arte cosmética y cuantos tratamientos conciernen al embellecimiento corporal. 3 Tratadista de estética.

estético, -ca (gr. *aisthetikós* < *aisthesis,* sensación) *adj.* Relativo a la estética. 2 Relativo a la percepción o apreciación de la belleza: *emoción estética; juicio ~.* -3 *m.* Persona que se dedica al estudio de la estética. 4 MED. V. cirugía estética.

estetismo *m.* Escuela cultural anglosajona de orientaciones estéticas arcaicas.

estetista *com.* Esteticista de instituto de belleza.
SIN. **Embellecedor; -ra,** debe evitarse la palabra francesa *esthéticien, -ne.*

esteto-, estet- (gr. *stéthos,* pecho) Elemento prefijal que entra en la formación de palabras con el significado de pecho.

estetoscopia *f.* Auscultación por medio del estetoscopio. 2 Conjunto de signos suministrados por la auscultación.

estetoscopio (*esteto-* + *-scopio*) *m.* Instrumento a modo de trompetilla acústica, que sirve para auscultar.

esteva (l. *stiva*) *f.* Pieza corva y trasera del arado, sobre la cual lleva la mano el que ara. ◇ HOMÓF.: *esteba* (f.).
SIN. **Mancera, mangorrillo.**

estevado, -da *adj.-s.* Que tiene las piernas torcidas en arco. ◇ HOMÓF.: *estebado* (v.).
SIN. **Patiestevado.**

estevón *m.* Esteva.

estezado *m.* Correal.

estezar *tr.* Curtir [las pieles] en seco. ◇ ** CONJUG. [4] como ***realizar.***

estiaje (fr. *étiage*) *m.* Nivel más bajo o caudal mínimo de un río u otra corriente en épocas de sequía. 2 Período que dura este nivel.

estiba (de *estibar*) *f.* Atacador (instrumento). 2 Lugar en donde se aprieta la lana en los sacos. 3 MAR. Colocación conveniente de los pesos de un buque. 4 MAR. Lastre o carga en la bodega de un barco. 5 *Murc.* Serón. 6 *Amér.* Rimero. ◇ HOMÓF.: *estiva* (adj.).

estibación *f.* Acción de estibar. 2 Efecto de estibar.

estibador *m.* El que estiba.

estibar (l. *stipare*) *tr.* Apretar [materiales o cosas sueltas] para que ocupen el menor espacio posible: *~ la lana al ensacarla.* 2 Distribuir convenientemente [todos los pesos] del buque. 3 p. ext. Cargar y descargar mercancías de los buques en cada puerto. 4 *Amér.* Distribuir y colocar [mercancías] en un local.

estibia *f.* Espibia.

estibiarsénico (de *estibio* + *arsénico*) *m.* Mineral de la clase de los elementos que contiene arsénico y antimonio.

estibina (de *estibio*) *f.* Sulfuro de antimonio, de color gris de plomo y brillo metálico; es mena del antimonio.

estibio (l. *stibiu* < gr. *stibi*) *m.* Antimonio.

estierco *m.* Estiércol.

estiércol (l. v. **stercore*) *m.* Excremento de cualquier animal. 2 Materias orgánicas, podridas, con que se abonan las tierras. 3 *~ del diablo,* asafétida.
SIN. *1* y *2* **Fimo; fiemo,** en algunas regiones; **hienda.**

estigarribeño, -ña *adj.-s.* De Mariscal Estigarribia, cap. del departamento de Boquerón (Paraguay).

estigio, -gia (l. *stygiu*) *adj.* Relativo a la laguna Estigia. 2 poét. Infernal.

estigma (l. *stigma* < gr., picadura) *m.* Marca o señal en el cuerpo. 2 Huella impresa sobrenaturalmente en el cuerpo de algunos santos como símbolo de su participación espiritual en la pasión de Cristo: *los estigmas de San Francisco.* 3 Marca impuesta con hierro candente como pena infamante o como signo de esclavitud. 4 fig. Señal de infamia, de deshonra, de bajeza moral: *los estigmas del vicio.* 5 BOT. Parte del carpelo diferenciado, situada en su extremo libre y destinada a recibir el polen. 6 PAT. Lesión orgánica o trastorno funcional que indica enfermedad constitucional y hereditaria. 7 ZOOL. Orificio que tienen, en número variable, los miriápodos, insectos y arácnidos y por los cuales comunica con el exterior su sistema respiratorio.

estigmático, -ca *adj.* Relativo al estigma.

estigmatismo *m.* Normalidad de los medios refringentes del ojo, por contraposición a astigmatismo.

estigmatizador, -ra *adj.-s.* Que estigmatiza.

estigmatizar (gr. *stigmatizo*) *tr.* Marcar [a uno] con hierro candente. 2 fig. Afrentar, infamar. 3 TEOL. Imprimir milagrosamente [a una persona] las llagas de Cristo. ◇ ** CONJUG. [4] como ***realizar.***

I) estilar (de *estilo*) *intr.-prnl.* Usar, acostumbrar, estar de moda: *ya no se estilan los miriñaques.* -2 *tr.* p. us. Extender [una escritura, despacho, etc.], conforme al estilo y formulario que corresponde.

II) estilar *tr.-intr. And., Sal.* y *Amér.* Destilar, gotear.

estilete (fr. *stylet*) *m.* Estilo (punzón y gnomon o indicador) pequeño. 2 Púa o punzón. 3 Puñal de hoja muy estrecha y aguda. 4 CIR. Tienta formada por una varilla rígida o flexible, terminada en una dilatación esferoidal.

estiliano, -na *adj.-s.* De Estelí, co. y dep. de Nicaragua.

estilicidio (l. *stillicidiu*) *m.* desus. Acto de estar destilando gota a gota un licor. 2 desus. Destilación que así mana.

estilismo *m.* Tendencia a cuidar exageradamente del estilo, atendiendo más a la forma que al fondo de la obra literaria.

estilista *com.* Escritor u orador de estilo esmerado y elegante. -2 *adj.-com.* Persona que cuida el estilo de las colecciones de moda o de sus accesorios.

estilística *f.* Ciencia del estilo o de la expresión lingüística, en general.

estilístico, -ca *adj.* Relativo al estilo (de escribir o hablar y estilo peculiar).

estilita (gr. *stylites*) *adj.-s.* Anacoreta que por mayor austeridad vivía sobre una columna: *San Simeón Estilita.*

estilización *f.* Acción de estilizar. 2 Efecto de estilizar.

estilizar *tr.* Conformar a reglas convencionales la representación [de un objeto], la interpretación [de un baile, etc.], de manera que sólo resalten sus características esenciales. ◇ ** CONJUG. [4] como ***realizar.***

estilla *f. Cuba.* fig. Persona lista o pícara.

estilo (l. *stylu*) *m.* Punzón con el cual escribían los antiguos en tablas enceradas. 2 Gnomon (indicador). 3 Manera de escribir o de hablar en cuanto a lo accidental y característico del modo de formar y enlazar los giros o períodos para expresar los conceptos. 4 Manera de escribir o de hablar peculiar y privativa de un escritor o de un orador, que es como sello de su personalidad artística. 5 Carácter propio de las obras de un artista, de una escuela, de una nación, etc.: *~ gótico, dórico.* 6 Manera de practicar un deporte. 7 Modo, manera, forma. 8 Uso, costumbre, moda. 9 Clase, categoría, condición. 10 En el carpelo diferenciado, prolongamiento filiforme del ovario que termina en el estigma. 11 Aguja del reloj de sol. 12 MAR. Púa sobre la cual está montada la aguja magnética. 13 *Colomb.* Aparato para destilar ceniza disuelta en agua a fin de obtener la lejía con que se prepara el jabón. 14 *Urug.* Música y danza típica.
REL. 3 Se llama *~ directo* el que emplea un autor para referir palabras ajenas reproduciéndolas literalmente; p. ej: *me han dicho: no vuelvas por aquí.* En el *~ indirecto* no se reproducen textualmente. Así en el ej. anterior se diría: *me han dicho que no volviese por allí.*

estilo- (gr. *stylos,* punzón) Elemento prefijal que entra en la formación de palabras con el valor de punzón o columna.

estilóbato (gr. *estilobates*) *m.* ARQ. Basamento corrido sobre el cual se apoya una columnata. 2 ARQ. Peldaño superior de las gradas de un templo griego, sobre el que descansan las columnas.

estilográfico, -ca (*estilo-* + *gráfico*) *adj.* V. pluma estilográfica. 2 Que está escrito con esta pluma. -3 *f.* Pluma estilográfica.

estilógrafo *m. Colomb.* y *Nicar.* Pluma estilográfica con su portaplumas.

estiloides (*estilo-* + *-oides*) *adj.* Semejante a un estilo (punzón). -2 *adj.-f.* ANAT. Apófisis larga y delgada, esp. la de la cara inferior del hueso temporal.

estiloso, -sa *adj. Guat.* Vanidoso.

estima *f.* Consideración y aprecio que se hace de una persona o cosa por su calidad y circunstancias. 2 MAR. Concepto que se forma de la situación del buque por los rumbos y las distancias recorridas.

estimabilidad *f.* Calidad de estimable.

estimable *adj.* Que admite estimación. 2 Digno de estima.

estimación *f.* Aprecio y valor que se da y en que se tasa o considera una cosa. 2 Aprecio, consideración, afecto.

estimador, -ra *adj.* Que estima.

estimar (l. *æstimare*) *tr.* Apreciar, evaluar [las cosas]: *estima en poco su vida;* p. ext., hacer aprecio [de una pers. o cosa]; te-

nerla en buen concepto: *le estimamos por sus cualidades.* 2 Juzgar, creer: ~ *que volverá.* 3 Calcular.
SIN. *1* v. **Valorar.**
estimativa *f.* Facultad del alma racional con que hace juicio del aprecio que merecen las cosas. 2 Instinto (complejo de reacciones). 3 Teoría de los valores.
estimativo, -va *adj.* Referente a la estimación o valoración.
estimatorio, -ria *adj.* Relativo a la estimación. 2 DER. Que pone o fija el precio de una cosa.
estimulador, -ra *adj.* Estimulante.
estimulante *adj.-s.* Que estimula. -2 *m.* Agente o medicamento que excita la actividad funcional de los órganos.
estimular (l. *stimulare*) *tr.* Aguijonear, picar, punzar. 2 fig. Excitar vivamente [a uno] a la ejecución de una cosa, avivar [una actividad, función, etc.]: ~ *al estudio;* ~ *con apremios;* ~ *el apetito.* -3 *prnl.* Administrarse una droga o substancia estimulante para aumentar la propia capacidad de acción.
estimulina *f.* Hormona que actúa estimulando la actividad de algún órgano.
estímulo (l. *stimulu*) *m.* Incitamiento para obrar o funcionar.
SIN. v. **Incentivo.**
estinco (gr. *eskinkos*) *m.* Escinco.
estío (l. *œstivu*) *m.* lit. Estación del año que principia en el solsticio de verano y termina en el equinoccio de otoño.
SIN. **Verano,** gral. en la lengua hablada y escrita.
estiomenar *tr.* MED. Corroer [una parte carnosa del cuerpo] los humores que fluyen a ella.
estiómeno (gr. *esthiomenos,* comido) *m.* MED. Corrosión de una parte carnosa del cuerpo por los humores que fluyen a ella.
estipe (l. *stipes*) *m.* BOT. Pie o sustentáculo de un órgano. 2 Tallo sin ramas terminado en un penacho de hojas; como el de la palmera.
estipendial *adj.* Relativo al estipendio.
estipendiar (l. *stipendiar*) *tr.* Dar estipendio. ◇ ** CONJUG. [12] como *cambiar.*
estipendiario *m.* El que lleva estipendio o sueldo de otro. 2 El que cobra o recibe estipendio.
estipendio (l. *stipendiu*) *m.* Remuneración dada a una persona por su trabajo y servicio. 2 Tasa pecuniaria fijada por la autoridad eclesiástica, que dan los fieles al sacerdote, para que aplique la misa por una determinada intención.
estípite (l. *stipite*) *m.* ARQ. Pilastra en forma de pirámide truncada, con la base menor hacia abajo. 2 Estipe (tallo).
estipticar *tr.* MED. Astringir. ◇ ** CONJUG. [1] como *sacar.*
estipticidad *f.* Calidad de estíptico.
estíptico, -ca (gr. *styptikós,* de *stypho,* apretar) *adj.* De sabor metálico astringente. 2 MED. Que tiene virtud de estipticar. 3 MED. Que padece estreñimiento de vientre. 4 fig. Estreñido (avaro).
SIN. **Estítico.**
estiptiquez *f. Amér.* Estipticidad, estreñimiento.
estípula (l. *stipula*) *f.* BOT. Apéndice foliáceo, filiforme, espinoso y escamoso que tienen algunas hojas a uno y otro lado de la base del pecíolo.
estipulación *f.* Convenio verbal. 2 Cláusula (disposición de un contrato).
estipulado, -da *adj.* BOT. Que posee estípulas: *hoja estipulada.*
estipulante *adj.* Que estipula.
estipular (l. *stipulare*) *tr.* DER. Hacer contrato verbal; contratar [una cosa] por medio de estipulaciones. 2 Convenir, concertar, acordar: ~ *lo que se debe traer.*
estique (ing. *stick*) *m.* Palillo de escultor con boca dentellada.
estiquirín *m. Hond.* Búho, ave.
estira (de *estirar*) *f.* Especie de cuchilla de cobre con que los zurradores raen el cuero.
estiracáceo, -a (del gr. *styrax, -akos*) *adj.-f.* Planta de la familia de las estiracáceas. -2 *f. pl.* Familia de plantas dicotiledóneas que incluye árboles o arbustos tropicales, de hojas alternas, flores solitarias o en racimo, axilares y con brácteas, y fruto casi siempre en baya; como el estoraque.
estirachaquetas *com. La Mancha.* fam. Tiralevitas. ◇ Pl.: *estirachaquetas.*
estirada *f.* DEP. Acción de alargar o extender con fuerza los brazos, o todo el cuerpo, incluso tirándose al suelo, para obtener o desviar un balón lanzado hacia el marco o la meta.
estiradamente *adv. m.* Escasamente, apenas. 2 fig. Con violencia, forzadamente.
estirado, -da *adj.* fig. Que afecta gravedad o esmero en su traje. 2 Entonado, orgulloso. 3 Nimiamente económico. -4 *m.* Acción de estirar. 5 Efecto de estirar. 6 METAL. Operación consistente en pasar una barra o un tubo de metal por una hilera con objeto de disminuir su sección y aumentar su longitud. 7 TEXT. Operación que tiene por objeto reducir el grosor de las mechas que se han de hilar: ~ *del algodón.*
estirador *adj.-s.* Que estira o sirve para estirar.
estiragarrote *m. La Mancha.* Juego rural que consiste en colocarse dos hombres sentados en el suelo, enfrentándose y apoyando cada uno la planta de los pies en la del otro, sujetando ambos un garrote con las manos, gana el que estirando consigue levantar al contrario, y suelen cruzarse apuestas.
estirajar *tr.* fam. Estirar.
estirajón *m.* fam. Estirón.
estiralevitas *com. La Mancha.* Tiralevitas. ◇ Pl.: *estiralevitas.*
estiramiento *m.* Acción de estirar o estirarse. 2 Efecto de estirar o estirarse. 3 fig. Orgullo, ensoberbecimiento.
estirar (*es-* + *tirar*) *tr.* Alargar una cosa extendiéndola con fuerza para que dé de sí: ~ *las medias; la ropa se ha estirado.* 2 fig. Alargar, ensanchar un escrito o discurso, una opinión, una jurisdicción: *estiraba el gobernador su cargo sin equidad.* 3 Planchar ligeramente [la ropa]. 4 fig. Gastar [el dinero] con parsimonia. 5 ~ *la pata,* morir. -6 *intr.-prnl.* Crecer una persona o cosa. -7 *prnl.* Desperezarse. -8 *tr. Amér.* Matar [a uno]. 9 *Bol.* Azotar [a un delincuente]. 10 *Perú.* Estafar.
estirazar *tr.-prnl.* fam. Estirar. ◇ ** CONJUG. [4] como *realizar.*
estirón *m.* Acción con que uno estira o arranca con fuerza una cosa. 2 Crecimiento rápido en altura.
SIN. **Tirón.**
estirpe (l. *stirpe*) *f.* Raíz y tronco de una familia o linaje. 2 DER. En una sucesión hereditaria, conjunto formado por la descendencia de un sujeto a quien ella representa y cuyo lugar toma. ◇ HOMÓF.: *extirpe* (v.).
SIN. v. **Casta.**
estítico, -ca *adj.* Estíptico.
estitiquez *f. Amér.* Estiptiquez.
estivación *f.* ZOOL. Período de inestabilidad que presentan los animales en épocas de sequía y calor.
estivada *f.* Terreno inculto cuya broza se cava y quema para cultivarlo.
estival (l. *œstivale*) *adj.* Relativo al estío: *solsticio* ~.
SIN. **Veraniego.**
estivo, -va (l. *œstivu*) *adj.* poét. Estival. ◇ HOMÓF.: *estiba.*
estocada *f.* Golpe que se tira de punta con el estoque. 2 Herida que resulta de él.
SIN. **Hurgón** o **hurgonazo,** burl.
estocafís (ing. *stockfish*) *m.* Pejepalo.
estocar *tr. Colomb.* Estoquear. ◇ ** CONJUG. [1] como *sacar.*
estocástico, -ca (del gr. *stochasticós,* conjetural) *adj.* Probabilístico, casual. 2 Propio o relativo al cálculo de probabilidades.
estofa (fr. ant. *estofe* < probl. al. ant. *stopfon*) *f.* p. us. Tela de labores, generalmente de seda. 2 fig. Calidad, clase: *gente de baja* ~.
I) estofado *m.* Guiso en el que se condimenta un manjar con aceite, vino o vinagre, esp. cebolla y especias, puesto todo en crudo y bien tapado.
II) estofado, -da *adj.* Aliñado, engalanado, bien dispuesto. -2 *m.* Acción de estofar (labrar). 3 Adorno que resulta de estofar un dorado.
estofador, -ra *m. f.* Persona que tiene por oficio estofar.
I) estofar (de *estofa*) *tr.* Labrar a manera de bordado [una tela forrada y acolchada] de manera que haga relieve. 2 Raer con la punta del grafio el color dado sobre el dorado [de la madera] para que el oro haga visos. 3 Pintar [sobre el oro bruñido] algunos relieves al temple. 4 Dar de blanco [a las esculturas en madera] que se han de dorar.
II) estofar (v. *estovar*) *tr.* Hacer el guiso llamado estofado: ~ *carne;* ~ *legumbres.*
estofo *m.* Acción de estofar (labrar). 2 Efecto de estofar (labrar).
estoicamente *adv. m.* Con estoicismo.
estoicismo *m.* Escuela y doctrina de Zenón (s. IV a. C.) y de sus seguidores. 2 fig. Calidad de estoico.
estoico, -ca (l. *stoicu* < gr. *stoikós* < *stoá,* pórtico) *adj.* Re-

lativo al estoicismo. -2 *adj.-s.* Partidario del estoicismo (escuela y doctrina). 3 fig. Que manifiesta indiferencia por el placer y el dolor; que tiene gran entereza ante la desgracia.

estola (l. *stola* < gr. *stolé*) *f.* Vestidura de los griegos y romanos a modo de túnica adornada con una franja que ceñía la cintura y pendía por detrás. 2 Ornamento sagrado que consiste en una faja larga de paño adornada de tres cruces, una en medio, indispensable, y dos en los extremos. 3 Banda de piel us. por las mujeres.

REL. *2* v. **Orario.**

estolidez *f.* Falta total de razón y discurso.

estólido, -da (l. *stolidu*) *adj.-s.* p. us. Falto de razón y discurso.

I) estolón *m.* Aum. de *estola.* 2 Estola muy grande que usa el diácono en las misas de todos los días feriados de cuaresma.

II) estolón (l. *stolone*) *m.* Vástago rastrero, largo y delgado, que a trechos echa raíces que dan origen a nuevas plantas; como en la fresa.

SIN. **Latiguillo.**

estoma (gr. *stoma,* boca) *f.* Abertura microscópica del tejido epidérmico de los vegetales superiores, esp. el de las hojas y partes verdes, por donde se verifica el cambio de gases entre la atmósfera y los espacios intercelulares del parénquima.

estomacal *adj.* Relativo al estómago. -2 *adj.-s.* Medicamento o licor que tonifica el estómago y favorece la digestión.

SIN. *2* **Digestivo, eupéptico** (MED.).

estomagante *adj.* Antipático, fastidioso.

estomagar *tr.* Empachar (ahitar). 2 fig. *y* fam. Causar fastidio o enfado. -3 *intr.* fig. *y* fam. Caer antipático. ◇ ** CONJUG. [7] como ***llegar.***

estómago (l. *stomachu* < gr. *stómachos*) *m.* En el hombre y en los animales superiores, dilatación del tubo digestivo situado a continuación del esófago, donde tiene lugar la quimificación de los alimentos.

REL. Relativo al estómago, **estomacal** o **gástrico,** este último preferido como tecnicismo médico; del gr. *gaster, -trós* se han formado igualmente numerosas palabras como *gastronomía, gastralgia, epigastria, gasterópodo,* etc. Del gr. *pepto* (cocer) proceden varios tecnicismos referentes a las funciones del estómago: *pepsina, eupéptico, dispepsia.*

estomaguero *m.* Bayeta que se pone a los niños sobre el vientre, para abrigo y reparo.

estomat-, v. estomato-.

estomatical *adj.* p. us. Estomacal.

estomático, -ca (v. *estomato-*) *adj.* Relativo a la boca (abertura).

SIN. **Bucal.**

estomaticón *m.* Emplasto colocado encima del estómago.

estomatífero, -ra *adj.* Que tiene estomas.

estomatitis (*estomato-* + *-itis*) *f.* Inflamación de la mucosa bucal. ◇ Pl.: *estomatitis.*

estomato-, estomat- (gr. *stoma, -atos,* boca) Elemento prefijal que entra en la formación de palabras con el significado de boca.

estomatología (*estomato-* + *-logía*) *f.* Parte de la medicina que estudia las enfermedades de la boca.

REL. En ella está comprendida la **odontología.**

estomatológico, -ca *adj.* Relativo a la estomatología.

estomatólogo, -ga *m. f.* Especialista en estomatología.

estomatópodo (*estomato-* + *-podo*) *adj.-m.* Crustáceo de la subclase de los estomatópodos. -2 *m. pl.* Subclase de crustáceos cuyo caparazón no cubre todo el tórax, pues deja libres cuatro segmentos.

estonio, -nia *adj.-s.* De Estonia, república del oeste de la Unión Soviética. -2 *adj.-m.* Lengua baltofinesa hablada en esta república.

estopa (l. *stuppa*) *f.* Parte del lino o del cáñamo que queda en el rastrillo cuando se peina. 2 Tela gruesa tejida con la hilaza de la estopa. 3 Jarcia vieja deshilada que sirve para calafatear. 4 CARP. Rebaba fibrosa que queda en la superficie de la madera acepillada cuando ésta no puede ser labrada en el buen sentido.

estopada *f.* Porción de estopa.

estopeño, -ña *adj.* Relativo a la estopa. 2 Hecho de estopa.

I) estoperol (it. *stoparuolo*) *m.* MAR. Clavo corto de cabeza grande y redonda. 2 *Amér.* Tachuela grande, dorada o plateada. 3 *Colomb.* Perol.

II) estoperol (de *estopa*) *m.* MAR. Especie de mecha de filástica vieja.

estoperón *m. La Mancha.* Mujer basta, ordinaria, de mal carácter.

estopilla *f.* Parte del lino o cáñamo más fina que la estopa. 2 Hilado y tela hechos con ella. 3 Lienzo o tela semejante a gasa. 4 Tela ordinaria de algodón.

estopillero, -ra *adj.-s.* desp. De Calatayud, provincia de Zaragoza.

estopín *m.* ant. Canuto relleno de substancias inflamables que se introducía en el oído del cañón para darle fuego. 2 Cápsula de latón, rellena con una substancia detonante, que, por la acción del percutor o el paso de una corriente eléctrica, inicia la combustión de la carga de proyección del proyectil.

estopón *m.* Lo más grueso y áspero de la estopa. 2 Tejido que se fabrica con estopón.

estopor (ing. *stopper,* que detiene) *m.* MAR. Aparato de hierro para detener la cadena del ancla.

estoposo, -sa *adj.* Relativo a la estopa. 2 fig. Parecido a ella.

estoque (fr. ant. *estoc,* der. del neerl. ant. *stoken,* o del fráncico **stokan*) *m.* Espada angosta, con la cual sólo se puede herir de punta. 2 Espada angosta, de forma prismática rectangular, que suele llevarse metida en un bastón. 3 Planta iridácea de hojas radicales en figura de estoque y flores rojas en espiga terminal *(Gladiolus communis).* 4 *Ál.* Rejón que se fija en la punta de la aguijada. 5 *And.* fig. *y* fam. Persona muy delgada.

estoqueador *m.* El que estoquea.

estoquear *tr.* Herir de punta con espada o estoque.

estoqueo *m.* Acto de tirar estocadas.

estoquillo *m. Chile.* Planta ciperácea con el tallo en forma triangular y cortante *(Malacochaete riparia).*

estor (fr. *store*) *m.* Cortinón o transparente que cubre el hueco de una ventana, puerta o balcón.

estora (l. *storea*) *f.* Álabe (estera).

estoraca *f. Cuba.* vulg. Mentecato, tonto.

estoraque (b. l. *storace* < gr. *styrax, -akos*) *m.* Árbol estiracáceo de cuyo tronco se obtiene un bálsamo muy oloroso *(Styrax officinale).* 2 Este bálsamo. 3 ~ ***líquido,*** bálsamo americano parecido al liquidámbar, del cual suele extraerse el ácido cinámico. 4 *Venez.* Escrito de poco mérito.

SIN. *1* y *2* **Benjuí, menjuí.** *2* **almea, azúmbar.**

estorbador, -ra *adj.* Que estorba.

estorbar (l. *exturbare*) *tr.* Poner obstáculo a la ejecución [de una cosa]. -2 *tr.-intr.* fig. Molestar, incomodar: ***estorbarle a uno lo negro,*** no saber leer o ser poco aficionado a la lectura.

estorbo *m.* Persona o cosa que estorba.

SIN. Serie intensiva: **dificultad** (vb. dificultar, adj. dificultoso); **inconveniente** (adj. inconveniente); **entorpecimiento** (vb. entorpecer); **embarazo** (vb. embarazar, adj. embarazoso); **engorro** (adj. engorroso); **obstáculo** (vb. obstaculizar); **óbice, estorbo** (vb. estorbar); **rémora, traba** (vb. trabar); **tropiezo** (vb. tropezar); **impedimento** (vb. impedir).

estorboso, -sa *adj.* Que estorba.

estornija (paras. de *torno*) *f.* Anillo de hierro que se pone en el pezón del eje de los carruajes.

estornino (dim. del l. *sturnu*) *m.* Ave paseriforme cantora, de cabeza pequeña, con plumaje negro con reflejos metálicos y pintas blancas. Se domestica y aprende fácilmente a reproducir los sonidos que se le enseñan *(Sturnus vulgaris).* 2 Pez marino teleósteo perciforme muy similar a la caballa, de cuerpo alargado, con una característica banda dorada a lo largo *(Scomber japonicus; S. colias).* 3 *And.* Jornalero que recoge las aceitunas.

SIN. *2* **Verdel.**

estornudadera *f.* Árnica.

estornudar (l. *sternutare*) *intr.* Despedir estrepitosa y violentamente el aire de los pulmones, por una espiración involuntaria y repentina.

estornudo *m.* Acción de estornudar. 2 Efecto de estornudar.

estornutatorio, -ria *adj.-m.* Que provoca a estornudar.

estotita *f.* Mineral de la clase de los óxidos e hidróxidos que cristaliza en el sistema tetragonal, y es de color pardo.

estotro, -tra, ant. pron. demostrativo, contracción de *este, esta* o *esto* y *otro* u *otra.* Ús. como adjetivo: ~ *niño,* y como substantivo: *quiero* ~.

estovaína *f.* Alcaloide sintético usado como anestésico local.

estovar (der. del b. l. *stupha* < relac. con l. *typhu* < gr. *typhós,* vapor) *tr.* Rehogar.

estozolar *tr.-prnl. Ar.* y *Logr.* Desnucarse.

estrabismo (gr. *strabismós*) *m.* MED. Desviación de la dirección normal de la mirada en uno o, a veces, en ambos ojos.

estrabotomía (gr. *strabós,* bizco + *-tomía*) *f.* CIR. Operación de los músculos del ojo hecha para corregir el estrabismo.

estracilla (dim. de *estraza*) *f.* Pedazo pequeño y tosco de algún tejido. 2 Papel algo más fino que el de estraza.
estrada (l. *strata*) *f.* p. us. Camino (vía). 2 *Bol.* Fundo gomero en explotación. En general es un trecho o avenida de 150 árboles gomeros que se confían a un picador o seringuero. ◇ HOMÓF.: *extradir* (v.).
estradiota *f.* Lanza de unos tres metros de longitud, con hierro en ambos extremos, que usaban los estradiotes.
estradiote (gr. *stradiotes*) *m.* Soldado mercenario de a caballo, procedente de Albania.
estrado (l. *stratu*) *m.* Conjunto de muebles que adornaban la sala en que las señoras recibían las visitas. 2 Esta misma sala. 3 Tarima cubierta o no con alfombra sobre la cual se pone el trono real o la mesa presidencial en actos solemnes. 4 Entablado en que se ponen los panes amasados antes de cocerlos. -5 *m. pl.* Salas de tribunales, donde los jueces oyen y sentencian los pleitos. 6 Lugar del edificio en que se administra justicia, donde se fijan ciertos edictos. ◇ HOMÓF.: *extrado* (v.).
estradógrafo (l. *stratu* + *-grafo*) *m.* Instrumento que sirve para medir el frotamiento de los neumáticos de un automóvil sobre la calzada y que permite determinar en qué grado es resbaladizo.
estrafalariamente *adv. m.* fam. De manera estrafalaria.
estrafalario, -ria (it. dial. *strafalario*) *adj.-s.* fam. Desaliñado en el vestido o en el porte. 2 fig. *y* fam. Extravagante en el modo de pensar o en las acciones.
estragadamente *adv. m.* Con desarreglo.
estragador, -ra *adj.* Que estraga.
estragamiento *m.* Desarreglo, corrupción.
estragar (l. v. **stragare*, der. de *strages*, ruinas) *tr.-prnl.* Viciar, corromper. 2 Causar estrago: *estragarse con la prosperidad; estragarse por las malas compañías.* ◇ ** CONJUG. [7] como *llegar.*
estrago (l. *strages*) *m.* Daño, ruina, asolamiento.
estragón (fr. *estragon* < ár. *tarhun*) *m.* Mata compuesta, de hojas estrechas y cabezuelas pequeñas y amarillentas, que se usa como condimento *(Artemisia dracunculus).*
SIN. **Dragoncillo.**
estrambote (ant. *estribote*, de orig. incierto) *m.* Versos que a veces se añaden al fin de una composición poética, esp. del soneto.
estrambóticamente *adv. m.* fam. De manera estrambótica.
estrambótico, -ca *adj.* fam. Extravagante, irregular y sin orden.
estramónica *f.* Estramonio.
estramonio (l. *stramoniu*) *m.* Hierba solanácea de hojas grandes y anchas, flores blancas de cáliz largo y tubuloso y fruto en cápsula erizada de púas *(Datura stramonium).*
REL. **Daturina,** alcaloide que contiene. SIN. **Estramónica, gigantón, hedionda, higuera loca.**
estrangol (de *estrangular*) *m.* VETER. Compresión en la lengua de una caballería causada por el bocado o ramal.
estrangul *m.* Lengüeta que se pone en algunos instrumentos de viento.
estrangulación *f.* Acción de estrangular o estrangularse. 2 Efecto de estrangular o estrangularse. 3 PAT. Tipo de obstrucción intestinal caracterizada por la oclusión simultánea de la luz intestinal y de los vasos que irrigan la zona afectada.
estrangulador, -ra *adj.-s.* Que estrangula. 2 MEC. Dispositivo que abre o cierra el paso del aire a un carburador.
estrangulamiento *m.* Acción de estrangular. 2 Efecto de estrangular. 3 Estrechamiento natural o artificial de un conducto o lugar de paso.
estrangular (l. *strangulare*) *tr.* Ahogar [a una pers. o a un animal] oprimiéndole el cuello hasta impedir la respiración. 2 fig. Dificultar o impedir el paso por una vía o conducto. 3 fig. Impedir con fuerza la realización de un proyecto, la consumación de un intento, etc. 4 CIR. Interceptar la comunicación [de una parte del cuerpo] por medio de presión o ligadura.
estranguria (l. *stranguria*) *f.* MED. Micción dolorosa gota a gota con pujo en la vejiga.
SIN. **Estangurria.**
estrapalucio *m.* fam. Estropicio.
estraperlear *tr.-intr.* Negociar con productos de estraperlo.
estraperlista *adj.-com.* [pers.] Que se dedica al comercio de estraperlo.
estraperlo (de *Strauss, Pérez* y *López*, empresarios de juego que inventaron la ruleta a la cual llamaron *straperlo*) *m.* Comercio ilegal de artículos intervenidos por el Estado. 2 *loc. prepos. De ~*, complementa al nombre de un producto, para indicar que éste se adquiere en el comercio ilegal así llamado.
SIN. *1* Internacionalmente, **mercado negro.**
estrapontín *m.* Transportín, asiento supletorio en los vehículos.
estrás (de *Strass*, s. XVIII, n. del inventor) *m.* Cristal de mucha densidad, que imita el diamante.
estrasijado, -da *adj. Amér.* Trasijado, debilitado.
estrasijarse *prnl. Perú* y *P. Rico.* vulg. Adelgazarse.
estratagema (l. *strategema* < gr. *strategeo,* mandar un ejército) *f.* Ardid de guerra. 2 Astucia.
estratega *com.* Persona versada en estrategia.
estrategia (gr. *strategia* < *strategós,* general) *f.* Arte de proyectar y dirigir las operaciones militares. 2 fig. Arte, traza para dirigir un asunto. 3 Serie de acciones encaminadas hacia un fin político o económico. 4 MAT. En un proceso regulable, conjunto de las reglas que aseguran una decisión óptima en cada momento. 5 *Colomb.* Estratagema, astucia.
REL. *1* En MIL. se distingue la **estrategia** de la **táctica**, en que ésta se refiere al acto del combate, y aquélla a las operaciones y movimientos de la campaña en gral.
estratégicamente *adv. m.* Con estrategia.
estratégico, -ca *adj.* Relativo a la estrategia. -2 *adj.-s.* Que posee el arte de la estrategia.
estratego (gr. *strategós*) *m.* p. us. Estratega.
estratificación *f.* Acción de estratificar o estratificarse. 2 Efecto de estratificar o estratificarse. 3 Disposición de los estratos de un terreno. 4 *~ social,* disposición de los miembros y grupos de una sociedad en estratos, capas o clases superpuestas.
estratificar *tr.-prnl.* GEOL. Formar estratos. 2 Disponer en estratos. ◇ ** CONJUG. [1] como *sacar.*
estratiforme *adj.* Que tiene forma de estratos.
estratigrafía (de *estrato* + *-grafía*) *f.* Parte de la geología que trata de la disposición y caracteres de los estratos. 2 Estudio de los estratos arqueológicos, históricos, lingüísticos, sociales, etc. 3 Disposición seriada de las rocas sedimentarias de un territorio o formación. 4 MED. Tomografía.
estratigráfico, -ca *adj.* Relativo a la estratigrafía.
estrato (l. *stratu,* manta) *m.* Nube baja que afecta la forma de una banda larga y estrecha, paralela al horizonte. 2 Capa o serie de capas superpuestas en yacimientos de fósiles, restos arqueológicos, etc. 3 Conjunto de elementos integrado en otros conjuntos previos o posteriores en la formación de una entidad, una lengua, etc. 4 Capa o nivel de una sociedad. 5 ANAT. Capa o serie de capas, en una parte u órgano; como las que forman la retina, la piel, etc. 6 GEOL. Masa de rocas sedimentarias extendida en sentido horizontal y separada de otras por superficies paralelas.
SIN. *6* **Capa, lecho.**
estratocúmulo (*estrato* + *cúmulo*) *m.* Nube de agua con formas delimitadas y, a veces, con sombras en su parte inferior. Se trata de nubes bajas que son formas intermedias entre estratos y cúmulos.
estratoexprés (*estrato* + *exprés*) *m.* inus. Avión comercial de gran velocidad que se remonta hasta la estratosfera para hacer su travesía.
estratopausa (*estrato* + *pausa*) *f.* Zona de separación entre la estratosfera y la mesosfera.
estratosfera (de *estrato* + *esfera*) *f.* Región de la atmósfera, superior a la troposfera, en la cual reina un perfecto equilibrio dinámico y una temperatura casi constante.
estratosférico, -ca *adj.* Relativo a la estratosfera. 2 Que puede mantenerse en la estratosfera.
estratovisión (*estrato* + *visión*) *f.* Sistema de emisión televisiva mediante una emisora instalada en un avión.
estratovolcán (*estrato* + *volcán*) *m.* Volcán formado por la superposición de capas de materiales sólidos, cenizas y coladas de lavas.
estrave (fr. *étrave*) *m.* Remate de la quilla del navío, que va en línea curva hacia la proa.
estraza (l. **distractiare,* despedazar) *f.* Desecho de ropa basta. 2 V. papel de estraza.
-estre (l. *-estris*) Sufijo que entra en la formación de palabras con el significado de relativo o perteneciente: *campestre, rupestre.*
estrebedilla *f.* Arado especial para el olivar.
estrechamente *adv. m.* Con estrechez. 2 fig. Con exactitud y puntualidad. 3 Con todo rigor y eficacia. 4 Con cercano parentesco o íntima relación.
estrechamiento *m.* Acción de estrechar o estrecharse. 2 Efecto de estrechar o estrecharse.

estrechar (de *estrecho*) ***tr.*** Reducir a menor ancho o espacio [una cosa]. 2 fig. Apretar, reducir a estrechez: ~ *al enemigo.* 3 Precisar [a uno], contra su voluntad, a que haga o diga una cosa. -4 ***prnl.*** Ceñirse, apretarse: *estrecharse en un banco con alguien.* 5 Cercenar uno el gasto, la familia, la habitación: *estrecharse en los gastos.* 6 Unirse una persona a otra en amistad o parentesco.

estrechez ***f.*** Calidad de estrecho (poca anchura): *la ~ de una calle, de una cinta.* 2 fig. Escasez notable; falta de lo necesario para subsistir. 3 fig. Escasez de tiempo. 4 fig. Enlace estrecho de una cosa con otra. 5 fig. Amistad íntima. 6 fig. Aprieto, apuro: *hallarse en gran ~.* 7 fig. Recogimiento y austeridad de vida. 8 fig. Pobreza, limitación intelectual o moral. 9 MED. Disminución anormal del calibre de un conducto natural o de una abertura.

estrecho, -cha (v. *estricto*) ***adj.*** Que tiene relativamente poca anchura: *cinta, calle estrecha.* 2 Que ajusta o aprieta: *jubón, zapato ~.* 3 fig. Miserable, tacaño, limitado, mezquino. 4 fig. [parentesco] Cercano; [amistad] íntimo. 5 fig. Rígido, austero: *vigilancia estrecha;* ***conciencia estrecha,*** la muy rígida. -6 ***m.*** Paso angosto en el mar comprendido entre dos tierras: *el ~ de Magallanes.* 7 fig. *y* p. us. Estrechez (aprieto).
SIN. **Angosto,** tratándose de un lugar de paso; **ahogado, reducido,** de un recinto. *5* **Ajustado, apretado, ceñido.** *6* **Riguroso, estricto; paso, pasaje.**

estrechón ***m.*** MAR. Socollada.

estrechura ***f.*** Estrechez de un terreno o paso. 2 Estrechez (amistad, aprieto y austeridad).

estregadera ***f.*** Cepillo de cerdas cortas y espesas. 2 Utensilio gralte. empotrado en el suelo que sirve para estregar los pies a la entrada de las casas.

estregadero ***m.*** Sitio donde los animales se suelen estregar. 2 Paraje donde estriegan y lavan la ropa.

estregador, -ra ***adj.-s.*** Que estriega o sirve para estregar.

estregadura ***f.*** Acción de estregar o estregarse. 2 Efecto de estregar o estregarse.
SIN. **Fricción, confricción,** términos técnicos.

estregamiento ***m.*** Estregadura.

estregar (l. *strigilis + fricare*) ***tr.*** Frotar, pasar con fuerza una cosa [sobre otra] para dar a ésta calor, limpieza, etc. ◇ ** CONJUG. [48] como ***regar.***
SIN. **Confricar** (tecn.); **frotar, friccionar** (culto, tecn.); **refregar** y **restregar** son intensivos.

estregón ***m.*** Roce fuerte, refregón, restregón.

estrella (l. *stella*) ***f.*** Astro dotado de luz propia que brilla en la bóveda celeste: ~ *polar,* la de la constelación de la Osa Menor; ~ *de rabo,* cometa; ~ *errante,* planeta; ~ *fija,* o simple. ~, la que ocupa un lugar aparentemente estático en la bóveda celeste; ~ ***fugaz,*** cuerpo luminoso que aparece repentinamente moviéndose con gran velocidad y apagándose pronto. 2 Figura con que se representa convencionalmente una estrella, formada por rayos que parten de un centro común o por un círculo rodeado de puntas; p. ext., cualquier cosa que tenga esta figura: ***ver las estrellas,*** sentir vivo dolor físico, esp. a causa de un golpe en la cabeza. 3 Asterisco. 4 Lunar de pelos blancos que tienen algunas caballerías en medio de la frente. 5 Especie de lienzo. 6 Signo de figura de estrella que indica la graduación de jefes y oficiales de las fuerzas armadas. 7 Signo de figura de estrella que sirve para indicar la categoría de los establecimientos hoteleros: *hotel de tres estrellas.* 8 fig. Persona que sobresale en su profesión de un modo excepcional. Aplícase esp. a los artistas. 9 fig. Hado o destino: *tener buena* o *mala ~.* 10 ~ ***de mar,*** estrellamar (equinodermo). 11 ~ ***de tierra,*** hongo licoperdal en forma de estrella con seis u ocho brazos, normalmente enrollados *(Geastrum rufescens).* 12 BLAS. Figura heráldica que representa una estrella de cinco puntas. -13 ***f. pl.*** Especie de pasta, en figura de estrellas, que sirve para sopa. -14 ***f.*** *And., Colomb.* y *Chile.* Cometa (armazón). 15 *Cuba.* Moneda de plata.
SIN. *1* **Exhalación.**

estrellada ***f.*** Amelo.

estrelladera ***f.*** Utensilio de cocina en forma de espumadera plana.

estrelladero ***m.*** Especie de sartén llana, con varias divisiones capaces para dos yemas.

estrellado, -da ***adj.*** De forma de estrella. 2 Lleno de estrellas. 3 [animal] Que tiene una estrella en la frente. 4 GEOM. [figura] Que, al menos, uno de sus ángulos tiene más de 180 y uno de sus lados cruza otro: *polígono ~.*

estrellamar (de *estrella de mar*) ***f.*** Equinodermo asteroideo de figura de estrella de cinco puntas *(Echinaster sentus).* 2 Hierba parecida al llantén *(Plantago coronopus).*
SIN. **Hierba estrella.**

I) estrellar (l. *stellare*) ***adj.*** Relativo a las estrellas.
SIN. **Estelar.**

II) estrellar (de *estrella*) ***tr.-prnl.*** Sembrar o llenar de estrellas: *estrellarse el cielo.* 2 fam. Hacer pedazos [una cosa] arrojándola con violencia contra otra. 3 Dicho [de los huevos], freírlos. -4 ***prnl.*** Quedar malparado o matarse por efecto de un choque violento: *estrellarse contra,* o *en, alguna cosa.* 5 fig. Fracasar en una pretensión, por tropezar contra obstáculos insuperables.
FR. *Estrellarse uno con otro,* contradecirlo abiertamente y con descomedimiento.

estrellato ***m.*** Conjunto de actores cinematográficos. 2 Calidad de estrella cinematográfica.

estrellera ***f.*** MAR. Aparejo real.

estrellería ***f.*** ant. Astrología.

estrellero, -ra ***adj.*** [caballo o yegua] Que levanta mucho la cabeza.

estrello ***m.*** *Extr.* Gotera.

estrellón ***m.*** Aum. de *estrella.* 2 Fuego artificial en figura de una estrella grande. 3 Figura de estrella muy grande que se coloca en lo alto de un altar o perspectiva. 4 *Amér.* Choque, encontrón.

estrelluela ***f.*** Dim. de *estrella.* 2 Rodajita con puntas en que rematan las espuelas y espolines.

estremecedor, -ra ***adj.*** Que estremece.

estremecer (fact., l. *tremiscere,* comenzar a temblar) ***tr.*** Conmover, hacer temblar: *el cañoneo estremece las casas.* 2 fig. Ocasionar alteración o sobresalto [en el ánimo] una causa extraordinaria: *la noticia le estremeció.* -3 ***prnl.*** Temblar con movimiento agitado y súbito: *estremecerse de frío;* en gral., sentir un repentino sobresalto o una convulsión en el ánimo. ◇ ** CONJUG. [43] como ***agradecer.***
SIN. *3* v. **Temblar.**

estremecimiento ***m.*** Acción de estremecer o estremecerse. 2 Efecto de estremecer o estremecerse.

estremezo ***m.*** *Ar.* Estremecimiento.

estremezón ***m.*** *Colomb.* y *Venez.* Estremecimiento. 2 *Extr.* Escalofrío.

estrena (l. *strena*) ***f.*** Dádiva, regalo hecho en señal de alegría o beneficio recibido. 2 Principio o acto con que se comienza a usar o hacer una cosa: *la ~ del vestido.*

estrenar (de *estrena*) ***tr.*** Hacer uso por primera vez [de una cosa]. 2 Representar o ejecutar por primera vez [una comedia, película u otro espectáculo]. -3 ***prnl.*** Empezar uno a desempeñar un empleo u oficio; esp., hacer un vendedor la primera transacción de cada día: *estréneme usted, señorita.*

estrenista ***adj.*** [pers.] Que asiste habitualmente a los estrenos teatrales.

estreno ***m.*** Acción de estrenar o estrenarse. 2 Efecto de estrenar o estrenarse. 3 ***loc. adj. De ~,*** [local] dedicado habitualmente a estrenar películas. 4 *Venez.* Dádiva por beneficio recibido.
SIN. Ús. esp. hablando de espectáculos; **estrena** o **estreno,** pueden usarse en las demás aceps.

estrenque (ing. *string,* cuerda) ***m.*** Maroma gruesa de esparto. 2 *Ast.* Cadena de hierro para desatascar el carro. ◇ También *estrinque.*

estrenuidad ***f.*** p. us. Calidad de estrenuo.

estrenuo, -nua (l. *strenuu*) ***adj.*** p. us. Fuerte, ágil, esforzado.

estreñido, -da ***adj.*** Que padece estreñimiento. 2 fig. Avaro, mezquino.

estreñimiento ***m.*** Acción de estreñir o estreñirse. 2 Efecto de estreñir o estreñirse.
SIN. **Restreñimiento.**

estreñir (l. *stringere,* apretar) ***tr.-prnl.*** Poner [el vientre] en mala disposición para evacuarse. ◇ ** CONJUG. [36] como ***ceñir.***

estrepada (prov. *estrepar,* de la raíz germ. *strap,* tirar) ***f.*** Esfuerzo hecho al tirar de un cabo, cadena, etc., esp. el esfuerzo reunido de diversos operarios. 2 MAR. Esfuerzo que para bogar hace cada remero, y todos a la vez. 3 MAR. Arrancada (acometida).

estrepitarse ***prnl.*** *Cuba.* Alborozarse.

estrépito (l. *strepitu*) ***m.*** Ruido considerable, estruendo. 2 fig. *y* p. us. Ostentación en la realización de algo.

estrepitosamente ***adv. m.*** Con estrépito.

estrepitoso, -sa ***adj.*** Que causa estrépito.

estreptococia ***f.*** Infección producida por los estreptococos.

estreptocócico, -ca *adj.* MED. Relativo a la estreptococia.
estreptococo (gr. *streptós,* trenzado + *coco II*) *m.* Variedad de coco (bacteria) cuyos individuos se presentan asociados en cadena.
estreptomicina (gr. *streptós,* trenzado + *myke,* hongo) *f.* Antibiótico elaborado a partir de cultivos de la bacteria actinimicetácea *Streptomyces griseus,* que es muy activo contra ciertos bacilos.
estreptoquinasa (gr. *streptós,* trenzado + *quinasa) f.* Enzima producido por un estreptococo capaz de degradar la fibrina y que se emplea como antiinflamantorio y como disolvente de coágulos.
estrés (del ing. *stress*) *m.* MED. Situación de un individuo vivo, o de alguno de sus órganos o aparatos, que por exigir de ellos un rendimiento muy superior al normal, los pone en riesgo próximo de enfermar. ◇ Pl.: *estreses.*
estresante *adj.* MED. Que produce estrés.
estresar *tr.-intr.* Causar estrés.
estría (l. *stria*) *f.* ARQ. Canaladura. 2 p. ext. Raya en hueco de algunos cuerpos.
SIN. *1* **Canal.**
estriación *f.* ZOOL. Estrías transversales que tienen las fibras musculares de los artrópodos, y las que forman parte del miocardio y de los músculos de contracción voluntaria de los vertebrados.
estriado, -da *adj.* Que tiene estrías. V. fibra estriada.
estriar (l. *striare*) *tr.* ARQ. Formar estrías [en una cosa]. -2 *prnl.* Salir acanalada una cosa o formar en sí estrías, surcos o canales. -3 *tr. Colomb.* Degollar (rehundir). ◇ ** CONJUG. [13] como *desviar.*
SIN. *2* **Istriar** (p. us.).
estribación *f.* Estribo (de montañas).
estribadero *m.* Parte donde se estriba o asegura algo.
estribar (de *estribo*) *intr.* Descansar el peso de una cosa en otra sólida y firme: ~ *en el plinto.* 2 fig. Fundarse, apoyarse: *mi prosperidad estriba en ello.* -3 *prnl.* Quedar el jinete colgado de un estribo al caer del caballo.
SIN. *1* **Entibar, refirmar; restribar,** es intens.
estribera *f.* Estribo (pieza). 2 *Ar.* y *Sal.* Trabilla del pedal que se sujeta al pie. 3 *Ast.* Pedales del telar. 4 *And.* Manta que lleva el jinete en el borrén delantero de la silla. 5 *Argent.* Ación.
estribería *f.* Taller donde se hacen estribos. 2 Paraje donde se guardan.
estribero *m. Ecuad.* Sirviente que sigue a pie junto a su jinete.
estriberón *m.* Aum. de *estribera.* 2 Resalto colocado a trechos sobre el suelo en un paso difícil. 3 MIL. Paso firme hecho con piedras, zarzas o armazón de madera.
estribillo (dim. de *estribo*) *m.* Cláusula en verso con que se empiezan algunas composiciones líricas, o que se repite después de cada estrofa. 2 Muletilla (voz).
SIN. *1* **Contera.**
estribitos *m. pl. Bol.* Remilgos, carantoñas. 2 *Bol.* Pucheros.
estribo (orig. incierto; quizá germ. de un gót. **striups*) *m.* Pieza pendiente de la ación en que el jinete apoya el pie: ***perder los estribos,*** fig., desbarrar, disparatar. 2 Especie de escalón que sirve para subir o bajar de los carruajes. 3 Pieza horizontal, gralte. forrada de caucho, que tienen las motocicletas a ambos lados para poner los pies. 4 En las plazas de toros, especie de escalón en todo el círculo de la barrera para facilitar el salto de los toreros. 5 Chapa de hierro doblada en ángulo recto por sus dos extremos, que sirve a modo de grapa o abrazadera. 6 Huesecillo del oído medio. 7 Ramal corto de montañas que se desprende a uno y otro lado de una cordillera. 8 fig. Apoyo, fundamento. 9 ARQ. Macizo de fábrica que sirve para sostener una bóveda y contrarrestar su empuje. 10 ARQ. Contrafuerte. 11 CARP. Madero colocado sobre los tirantes en que se apoyan los pares de una armadura.
SIN. *1* **Estribera, codillo, estafa.** *7* **Estribación,** más usado. *8* y *9* **Entibo.**
estribor (danés *styrbord*) *m.* MAR. Costado derecho del navío mirando de popa a proa.
estribote *m.* Composición poética antigua en estrofas con estribillo. Cada estrofa consta de tres versos monorrimos seguidos de otro verso en que se repite el consonante del estribillo.
estricción *f.* Constricción, encogimiento.
estricnina (gr. *strychnos,* nombre de plantas venenosas) *f.* Alcaloide cristalino, muy venenoso, que se extrae de la nuez vómica y de otras plantas.
estricote (al ~) *loc. adv.* Al retortero. -2 *m. Venez.* Vida desordenada o licenciosa.
estrictamente *adv. m.* Precisamente; en todo rigor de derecho.
estrictez *f. Amér.* Calidad de estricto; rigor, severidad.
estricto, -ta (l. *strictu;* doble etim. *estrecho*) *adj.* Estrecho, ajustado enteramente a la necesidad o a la ley. 2 [pers.] Rígido, severo.
CONTR. **Lato,** esp. si se trata del sentido de las palabras, textos, leyes: *significado lato* o *estricto de una frase; interpretación lata* o *estricta de un artículo del Código.*
estridencia *f.* Estridor. 2 fig. Exceso, desmesura en las ideas o palabras: *las estridencias de un discurso, de un periódico.*
estridente (l. *stridente*) *adj.* [ruido] Agudo, desapacible y chirriante. 2 [color, gusto, etc.] En que hay exageración, contraste violento, impresión fuerte, etc. 3 Que está por encima de lo normal. 4 lit. Que causa ruido.
SIN. *1* y *4* **Instridente,** p. us.
estridor (l. *stridore*) *m.* p. us. Sonido agudo, desapacible y chirriante.
estridular *intr.* Producir estridor, rechinar, chirriar.
estrige (l. *strige*) *f.* Lechuza (ave).
estrígido (v. *estrige*) *adj.-m.* Ave de la familia de los estrígidos. -2 *m. pl.* Familia de aves estrigiformes de cabeza gruesa, ojos grandes, dirigidos hacia adelante y rodeados de un cerco de plumas, pico corto y plumaje suave, propio para volar sin ruido; como el mochuelo.
estrigiforme *adj.-m.* Ave del orden de los estrigiformes. -2 *m. pl.* Orden de aves con la cabeza grande y ancha y los ojos, muy desarrollados, en posición frontal; el pico es ganchudo y las garras fuertes. De hábitos nocturnos (rapaces nocturnas), se alimentan sobre todo de roedores; como el búho y la lechuza.
estrilar *intr. Argent.* Rabiar, enojarse.
estrilo *m. Argent.* Enojo, enfado.
estrinque *m.* MAR. Estrenque.
estripazón *f. Amér. Central.* Apretura; destrozo.
estro (l. *œstru* < gr. *oistros,* tábano, aguijón) *m.* Entusiasmo, inspiración poética o artística. 2 Mosca grande y vellosa que deposita sus huevos en el pelo de los rumiantes y equinos *(gén. Oestrus).* 3 VETER. Período de celo de los mamíferos. 4 *Chile.* Estrobo.
SIN. *2* **Moscardón.**
estróbilo (l. *strobilu*) *m.* BOT. Piña (fructificación).
estrobo (l. **strophu;* var. de *struppu* < gr. *stróphos*) *m.* MAR. Pedazo de cabo unido por sus chicotes.
estroboscopia (gr. *stróbos,* torsión, torbellino + *-scopia) f.* Método de observación óptica por el que es posible examinar lentamente las fases de ciertos fenómenos.
estroboscopio (gr. *stróbos,* torsión + *-scopio) m.* Dispositivo óptico que da la impresión de movimiento al girar.
estrofa (l. *stropha* < gr. *strophé,* vuelta, conversión) *f.* Parte de una composición **poética que consta del mismo número de versos y está ordenada de modo igual a otras de la composición. 2 Esta misma parte aunque no se ajuste a exacta simetría. 3 En la lírica coral griega, primera parte del canto.
REL. *3* **Antistrofa,** segunda parte del canto; **epodo,** la tercera parte.
estrofanto (gr. *strophé,* vuelta + *-anto) m.* Planta apocinácea tropical cuyas semillas tienen propiedades medicinales *(Strophanthus gratus).*
estrófico, -ca *adj.* Relativo a la estrofa. 2 Que está dividido en estrofas.
estrógeno (*estro* + *-geno) m.* Substancia que provoca el estro o celo de los mamíferos.
estroma (gr. *stroma,* tapiz) *m.* ANAT. Trama conjuntiva de un órgano o tejido.
estromatolito (gr. *stroma, -atos,* capa + *-lito) m.* Formación calcárea debida a la actividad de organismos fotosintéticos primitivos, de forma más o menos cilíndrica y formados por capas.
estronciana (de *Strontian,* localidad de Escocia) *f.* Óxido de estroncio.
estroncianita *f.* Carbonato de estroncio nativo.
estroncio (de *estronciana*) *m.* Metal amarillento, brillante, que descompone el agua a la temperatura ordinaria. Su símbolo es *Sr* y su peso atómico 87,62.
estropajear *tr.* ALBAÑ. Limpiar en seco [las paredes enlucidas].
estropajeo *m.* Acción de estropajear. 2 Efecto de estropajear.
estropajero *m.* Recipiente donde se coloca el estropajo.
estropajo (l. **stuppaculu* < *stuppa,* estopa) *m.* Porción de esparto machacado que sirve para fregar. 2 p. ext. Trapo, paño,

etc., que sirve para estropajear. 3 Planta cucurbitácea, cuyo fruto desecado se usa como cepillo de aseo o para fricciones *(Luffa fricatoria)*. 4 fig. Desecho o cosa inútil o despreciable.
SIN. *1* **Fregador.**

estropajosamente *adv. m.* fig. *y* fam. Con lengua estropajosa.

estropajoso, -sa (de *estropajo*) *adj.* fig. [lengua o pers.] Que pronuncia las palabras de manera confusa. 2 [pers.] Muy desaseado y andrajoso. 3 Fibroso y áspero; esp., difícil de masticar: *carne estropajosa*
SIN. *1* **Trapajoso.**

estropear (it. *stroppiare*) *tr.-prnl.* Maltratar [a uno] dejándole lisiado: *le estropearon de manos y pies; estropearse los pies.* 2 En gral., maltratar o deteriorar [una cosa]. 3 Echar a perder, malograr cualquier [asunto o proyecto]: *~ a uno la combinación.* -4 *tr.* ALBAÑ. Volver a batir [el mortero o argamasa].

estropeo *m.* p. us. Acción de estropear o estropearse. 2 p. us. Efecto de estropear o estropearse.

estropicio *m.* fam. Destrozo, rotura estrepitosa, gralte. impremeditada. 2 p. ext. Trastorno ruidoso de escasas consecuencias.

estroquear *intr.-tr.* En béisbol, intentar por tres veces pegar a la pelota sin conseguirlo.

estrucar *intr.-tr.* Estroquear. ◇ ** CONJUG. [1] como ***sacar.***

estruciforme *adj.-m.* Ave del orden de los estruciformes. -2 *m. pl.* Orden de aves primitivas incapaces de volar pero sí de correr a gran velocidad; como el avestruz.

estructura (l. *structura*) *f.* Distribución, orden y enlace de las partes de un todo: *~ del cuerpo humano; ~ de un poema; ~ económica; ~ gramatical, molecular, de fluorita cristal, metálica, atómica,* etc. 2 *~* ***social,*** distribución y ordenamiento de la sociedad por capas. 3 ARQ. Armadura generalmente de acero u hormigón armado y que, fija al suelo, sirve de sustentación a un edificio. 4 INFORM. *~* ***de datos,*** agrupamiento de un conjunto de datos que tienen unas propiedades características.

estructuración *f.* Acción de estructurar. 2 Efecto de estructurar.

estructurado *adj.* Jerarquizado, organizado.

estructural *adj.* Relativo a la estructura.

estructuralismo *m.* Método o teoría que se propone buscar y determinar estructuras en cada uno de sus campos de actuación. 2 FILOL. Teoría que considera a la lengua como un conjunto de estructuras.

estructuralista *adj.-s.* Perteneciente o relativo al estructuralismo. 2 Adepto a esta corriente.

estructurar *tr.-prnl.* Dar a las partes [de un todo] una estructura determinada.

estruendo (der. del ant. *atruendo* < *atuendo* [l. *attonitu*] × trueno) *m.* Ruido grande. 2 fig. Confusión, bullicio. 3 fig. Aparato, pompa.

estruendoroso, -sa *adj. Colomb.* Estruendoso.

estruendosamente *adv. m.* Con estruendo.

estruendoso, -sa *adj.* Ruidoso, estrepitoso.

estrujador, -ra *adj.-s.* Que estruja. -2 *f.* Exprimidera.

estrujadura *f.* Acción de estrujar. 2 Efecto de estrujar.

estrujamiento *m.* Estrujadura.

estrujar (b. l. **extroculare* < *torculare*, prensar) *tr.* Apretar [una cosa] para sacarle el zumo. 2 Apretar y magullar [a uno]: *~ el pie de un pisotón.* 3 fig. Agotar, sacar todo el partido posible: *~ al pueblo con los impuestos.* 4 Apretar [una cosa] deformándola, arrugándola o estropeándola.
SIN. *1* y *3* **Exprimir.**

estrujón *m.* Estrujadura. 2 Vuelta dada al pie de la uva ya exprimida, echándole agua y apretándolo bien para sacar el aguapié. 3 *And.* Acto de prensar por primera vez la aceituna.

estruma (gr. *stryma,* bocio) *m.* PAT. Lamparón, escrófula en el cuello.

estrumitis (gr. *stryma,* papera + *-itis*) *f.* PAT. Inflamación aguda o crónica de la glándula tiroides. ◇ Pl.: *estrumitis.*

estuación (l. *œstuatione,* agitación) *f.* p. us. Flujo de mar.

estuante *adj.* p. us. Caliente y encendido en demasía.

estuario *m.* Desembocadura de un río, generalmente en forma de embudo, por donde el mar penetra tierra adentro.

estucado *m.* Acción de estucar. 2 Efecto de estucar.

estucador, -ra *m. f.* Estuquista.

estucar *tr.* Dar [a una cosa] con estuco o blanquearla con él. 2 Colocar [sobre un muro, columna, etc.] las piezas de estuco previamente moldeadas. ◇ ** CONJUG. [1] como ***sacar.***

estuchador, -ra *m. f.* Persona que estucha.

estuchar *tr.* Recubrir con estuche de papel u otra materia [los terrones de azúcar u otro producto industrial].

estuche (prov. *estug*) *m.* Caja o envoltura para guardar ordenadamente un objeto o varios: *el ~ de una joya; ~ de compases.* 2 p. ext. Envoltura que reviste o protege una cosa. 3 Conjunto de utensilios que se guardan en el estuche: *un ~ de aseo.* 4 En algunos juegos de naipes, espadilla, malilla y basto, cuando están reunidos en una mano.

estuchería *f.* Manufactura y comercio de estuches.

estuchista *com.* Fabricante de estuches.

estuco (it. *stucco;* longobardo *stuhhi,* costra) *m.* Masa de yeso blanco y agua de cola. 2 Pasta de cal y mármol pulverizado, con que se da de llana a las habitaciones.
SIN. **Estuque, escayola, marmoración.**

estucurú (del cachiquel *tucur,* búho) *m. C. Rica.* Búho.

estudiado, -da *adj.* Fingido, afectado, amanerado.

estudiador, -ra *adj.* Que estudia mucho.

estudiantado *m.* Conjunto de estudiantes de un establecimiento docente, alumnado. 2 *Chile.* Colegio, academia.

estudiante *com.* Persona que está cursando estudios.
SIN. **Escolar, alumno, discípulo; escolar** ofrece sinonimia total con **estudiante,** pero los niños que asisten a la escuelas primarias son *escolares,* y no *estudiantes*; **alumno,** hace relación con el establecimiento donde cursa sus estudios o con los profesores: *~ de la Escuela de Náutica, ~ del profesor N.*; **discípulo,** señala relación con el maestro: *mis discípulos,* dice un profesor, de modo más afectivo que *mis alumnos*; *soy discípulo de usted* expresa adhesión personal mayor que *alumno.* El *alumno* deja de serlo al terminar sus estudios; en cambio, puede uno llamarse siempre *discípulo* de un maestro.

estudiantil *adj.* Relativo a los estudiantes.

estudiantina *f.* Cuadrilla de estudiantes que salen por las calles tocando varios instrumentos para divertirse o para recaudar dinero. 2 Comparsa de carnaval que imita con sus trajes el de los ant. estudiantes.
SIN. **Tuna.**

estudiantino, -na *adj.* Estudiantil.

estudiantón, -tona *m. f.* desp. Estudiante aplicado, pero poco inteligente, o estudiante que pasa largos años en una Facultad sin terminar la carrera.

estudiantuelo, -la *m. f.* desp. Estudiante.

estudiar (de *estudio*) *tr.* Ejercitar el entendimiento para adquirir el conocimiento [de una cosa]: *~ latín en un Nebrija, sin maestro;* para poseer [un arte o profesión]: *~ música; intr., ~ en un buen autor; ~ para médico;* para aprender de memoria: *~ una poesía;* para penetrar, interpretar [alguna cosa]: *~ un texto;* para preparar [una obra o realización]: *~ un proyecto, un papel de comedia.* 2 esp. Cursar en los centros de enseñanza: *~ ciencias en la Universidad.* 3 Leer a otra persona [lo que ha de aprender] ayudándola a estudiarlo: *mi hermano me estudia las lecciones.* 4 Observar, examinar atentamente. 5 PINT. Dibujar [de modelo o del natural]: *~ un brazo, un torso.* 6 *Perú.* fest. Empeñar [una prenda]. ◇ Es galicista e impropio por *afectar, fingir: maneras estudiadas*; y por *amanerado, forzado* en *estilo estudiado.* ◇ ** CONJUG. [12] como ***cambiar.***

estudio (l. *studiu*) *m.* Acción de estudiar (ejercitar el entendimiento). 2 Obra en que un autor estudia y dilucida una cuestión. 3 Dibujo o pintura que se hace como preparación o tanteo para otra obra principal. 4 Apartamento, gralte. no muy grande, utilizado como lugar de estudio y trabajo para profesionales, y también como vivienda: *~ de un pintor; ~ de un teatro.* 5 fig. Aplicación, maña, habilidad. 6 MÚS. Composición destinada a que el ejecutante se ejercite en determinada dificultad. -7 *m. pl.* Conocimientos que se adquieren con el estudio. 8 Conjunto de cursos seguidos en un centro de enseñanza. 9 Conjunto de edificios o dependencias destinado a la impresión de películas cinematográficas o a emisiones de radio o televisión.

estudiosamente *adv. m.* Con estudio.

estudiosidad *f.* Inclinación y aplicación al estudio.

estudioso, -sa *adj.* Dado al estudio.

estufa (b. l. *stupha*) *f.* Hogar encerrado en una caja de metal o porcelana, que se coloca en las habitaciones para dar calor. 2 Calientapiés. 3 Aparato para secar o desinfectar las cosas por medio del calor, someterlas a la acción de un gas, cultivar microorganismos, etc. 4 Aposento destinado en los baños termales a producir en los enfermos un sudor copioso. 5 Invernáculo. 6 desus. Carroza grande, cerrada y con cristales. 7 *~* ***de cultivo,*** la que proporciona la temperatura adecuada a los cultivos microbianos para su desarrollo y estudio.

estufador *m.* Olla en la que se estofa la carne.

estufar *tr.* Secar con una estufa [ciertos materiales, tales como maderas, moldes, etc.].
estufero, -ra *m. f.* Estufista.
estufilla *f.* desus. Manguito (rollo de piel). 2 Calientapiés. 3 Chofeta.
estufista *com.* Persona que tiene por oficio hacer, reparar o vender estufas y otros aparatos de calefacción.
estultamente *adv. m.* Con estulticia.
estulticia (l. *stultitia*) *f.* Necedad, tontería.
estulto, -ta (l. *stultu*) *adj.* Necio, tonto.
estuosidad *f.* poét. *y* p. us. Demasiado calor y enardecimiento.
estuoso, -sa (l. *æstuosu*) *adj.* poét. Caluroso, ardiente.
estupefacción (l. *stupefactione*) *f.* Estupor.
estupefaciente *adj.-m.* Medicamento que mitiga o suprime el dolor produciendo adormecimiento general o local, y que puede crear hábito; como el opio, la cocaína, etc.
SIN. v. **Narcótico; droga.**
estupefactivo, -va *adj.* Que causa estupor.
estupefacto, -ta (l. *stupefactu*) *adj.* Atónito.
estupendamente *adv. m.* De modo estupendo.
estupendo, -da (l. *stupendu*) *adj.* Admirable, asombroso.
SIN. **Brutal,** intensivo.
estúpidamente *adv. m.* Con estupidez.
estupidez *f.* Torpeza notable en comprender las cosas. 2 Dicho o hecho propio de un estúpido.
estúpido, -da (l. *stupidu*) *adj.-s.* Notablemente torpe para comprender las cosas. 2 [dicho o hecho] Propio de un estúpido.
estupor (l. *stupore*) *m.* MED. Disminución notable de la actividad de las funciones intelectuales, acompañada de la apariencia de aniquilación total de las mismas. 2 fig. Asombro, pasmo.
estuporoso, -sa *adj.* [enfermo] Que se encuentra en estado de estupor.
estuprador *m.* El que estupra.
estuprar *tr.* Cometer estupro.
estupro (l. *stupru*) *m.* Acceso carnal del hombre con una doncella logrado con abuso de confianza o engaño.
estuque *m.* Estuco.
estuquería *f.* Arte de hacer labores de estuco. 2 Obra hecha de estuco.
estuquista *com.* Persona que hace obras de estuco.
SIN. **Estucador.**
esturar (l. *extorrere*) *tr.* Asurar, socarrar.
esturdir *tr.* Aturdir, atontar.
esturgar *tr.* Perfeccionar [las piezas de alfarería] con la alaria. ◇ ** CONJUG. [7] como ***llegar.***
esturión (b. l. *sturione* < al. ant. *sturio*) *m.* Pez marino acipenseriforme, comestible, de cuerpo alargado, que llega a tener 5 m. de longitud; freza en los ríos *(Acipenser sturio).*
SIN. **Marón, marión, sollo.**
esturrear *tr.* Dispersar, espantar [a los animales]. 2 Desparramar, derramar, espurrear.
estusar *tr. P. Rico.* vulg. Pelar, azotar.
estuve, pret. indef. de *estar.*
ésula (l. med. *esula* < *esus*, comida) *f.* Lechetrezna.
esvarar *intr.-prnl.* Desvarar, resbalar.
esvarón *m.* Acción de esvararse; resbalón. 2 Efecto de esvararse; resbalón.
esvástica (del sánscr. *svastikam*) *f.* Signo solar que representa variadas formas, a menudo con aspecto circular y con numerosos radios, gralte. sinuosos o en forma de z. ◇ También *svástica* y *suástica.*
REL. Una de sus variedades es la cruz gamada. Aparece en casi todas las culturas primitivas y antiguas del mundo.
esviaje (cat. *biaix*) *m.* ARQ. Oblicuidad de un muro o del eje de una bóveda.
SIN. **Viaje.**
eta *f.* Séptima letra del **alfabeto griego equivalente a la *e* larga.
-eta, sufijo que entra en la formación de substantivos derivados de otros substantivos designando tamaño inferior: *trompeta, veleta.* ◇ V. *-ete.*
etalaje (fr. *étalage*) *m.* Parte de la cavidad de la cuba en los altos hornos, inferior al vientre.
etamina (fr. *étamine*) *f.* Tela rala y flexible, que sirve para trajes de señora.
etano (de *éter*) *m.* QUÍM. Hidrocarburo formado por dos átomos de carbono y seis de hidrógeno (C_2H_6). Es un gas incoloro e inodoro.
etanol *m.* Alcohol etílico.
etapa (neerl. *stapel,* emporio) *f.* Ración de comida que se da a la tropa en campaña o marcha. 2 Lugar en que hace noche la tropa cuando marcha. 3 Lugar de llegada de un grupo en marcha; como corredores, ciclistas, etc. 4 Distancia de uno de estos lugares de llegada a otro. 5 fig. Época o avance parcial en el desarrollo de una acción u obra. 6 Parte propulsora de un cohete. 7 ***Por etapas,*** gradualmente, por partes. 8 ELECTR. Conjunto de elementos y dispositivos que cumplen una función específica.
etarra *adj.-com.* Perteneciente a la banda terrorista vasca E.T.A.
etcétera (l. *et* y *cetera; ceterum,* lo demás) *f.* Voz empleada para interrumpir el discurso indicando que en él se omite lo que quedaba por decir.
-ete, sufijo que entra en la formación de algunos adjetivos designando calidad menos notable: *clarete, agrete;* en algunos substantivos es diminutivo, y más gralte. despectivo: *arete, vejete, galancete, mozalbete, pobrete.* ◇ V. *-eta.*
éter (l. *ætherre* < gr. *aithér*) *m.* poét. Espacio celeste. 2 Fluido hipotético invisible, imponderable y elástico, que se supone llena todo el espacio y constituye el medio transmisor de todas las manifestaciones de la energía. 3 QUÍM. Compuesto químico, gaseoso, líquido o sólido que resulta de la substitución del átomo de hidrógeno de un hidróxilo por un radical alcohólico, o de la unión de dos moléculas de un alcohol con pérdida de una molécula de agua. 4 ~ ***etílico,*** óxido de un radical alcohólico, esp. el óxido de etilo, líquido inflamable y volátil, de olor fuerte, usado como anestésico y para disolver las grasas y resinas. ◇ Pl.: *éteres.*
etéreo, -a *adj.* Relativo al éter. 2 poét. Relativo al cielo. 3 poét. Sutil, vago, sublime.
eterificación *f.* QUÍM. Transformación de un ácido o de un alcohol en éter.
eterio *m.* Agregado de frutos sobre un receptáculo seco o carnoso, procedente de un gineceo dialicarpelar. Hay eterios de aquenios, como en la fresa; de drupas, como en la zarzamora, y de folículos, como en la peonía.
eterismo *m.* Pérdida de toda sensibilidad por la acción del éter. 2 Intoxicación causada por un exceso de éter.
eterización *f.* Acción de eterizar. 2 Efecto de eterizar.
eterizar *tr.* MED. Anestesiar con éter. 2 Combinar con éter o impregnar de él [una substancia]. ◇ ** CONJUG. [4] como ***realizar.***
eternal (l. *æternale*) *adj.* p. us. Eterno.
eternalmente, eternamente *adv. m.* Por toda la eternidad. 2 fig. Por mucho y dilatado tiempo.
eternidad (l. *æternitate*) *f.* Duración infinita. 2 Espacio de tiempo muy largo. 3 Vida del alma humana, después de la muerte. 4 FIL. Calidad de eterno: *la ~ de Dios.*
eternizable *adj.* Digno de eternizarse.
eternizar *tr.-prnl.* Hacer durar [una cosa] demasiado. -2 *tr.* Perpetuar la duración [de una cosa]. ◇ ** CONJUG. [4] como ***realizar.***
eterno, -na (l. *æternu*) *adj.* De duración infinita, sin fin: *un amor ~; la vida eterna.* 2 Válido o existente en todos los tiempos: *verdades eternas.* 3 fig. Cosa que se repite con frecuencia e insistentemente. 4 FIL. Que se halla fuera de la acción del tiempo, que no tiene ni principio ni fin: *Dios es ~.* -5 *m.* ***El Eterno,*** Dios.
SIN. **Eternal** y **sempiterno**, pertenecen al estilo solemne; **eviterno** y **perdurable,** es lo que tiene principio pero no fin, lo mismo que los términos corrientes, **perpetuo, inmortal** e **imperecedero**; los cuatro últimos se aplican por hipérbole a lo que dura mucho o tiene duración indefinida: *su recuerdo será inmortal, imperecedero, perdurable.*
eteromanía (de *éter* + *-manía*) *f.* MED. Hábito morboso de aspirar vapores de éter.
eterómano, -na *adj.-s.* Que sufre eteromanía.
etesio (l. *-iu* < gr. *etésios*) *adj.-s.* V. vientos etesios.
ética (l. *ethica* < gr. *ethiká;* pl. neutro de *ethikós*) *f.* Disciplina filosófica que tiene por objeto los juicios de valor cuando se aplican a la distinción entre el bien y el mal. 2 ~ ***emocional,*** sentimentalismo.
SIN. **Moral.**
I) ético, -ca *adj.* Relativo a la ética. 2 Conforme a los principios de la ética. -3 *m.* Moralista (profesor o autor). ◇ HOMÓF.: *hético.*
II) ético, -ca *adj.-s.* Hético. ◇ HOMÓF.: *hético.*
etilamina *f.* Líquido básico derivado del amoníaco y del etilo.
etilenglicol *m.* QUÍM. Líquido incoloro espeso e higroscópico mezclable con agua y alcohol. Se emplea en la industria textil, en tintas de imprenta, alimentos y mezclas anticongelantes.

etileno *m.* Gas incoloro que se utiliza en síntesis químicas y para madurar los frutos guardados en conserva.

etílico, -ca *adj.* V. alcohol etílico. 2 [intoxicación o borrachera] Producido por el alcohol etílico o vínico. 3 [pers.] Alcohólico.

etilismo *m.* Borrachera etílica. 2 Alcoholismo.

etilo *m.* QUÍM. Radical formado de carbono e hidrógeno, CH_3-CH_2, que se encuentra en muchos compuestos orgánicos.

étimo (gr. *étymon,* sentido verdadero) *m.* Raíz o vocablo de que procede otro u otros.

etimología (gr. *etymología* < *éthymos,* verdadero + *-logía*) *f.* Origen de las palabras, de su significación y de su forma. 2 Disciplina lingüística que estudia dicho aspecto de las palabras. 3 GRAM. ~ ***popular,*** interpretación espontánea que en el lenguaje corriente o vulgar se da a una palabra relacionándola con otra de distinto origen. La relación así establecida puede originar cambios semánticos o provocar deformaciones fonéticas.

etimológicamente *adv. m.* Según la etimología.

etimológico, -ca *adj.* Relativo a la etimología.

etimologista *com.* Persona que se dedica a investigar la etimología de las palabras.

etimologizante *adj.* Referente a la etimología. -2 *com.* Etimologista.

etimologizar *tr.* Sacar o averiguar etimologías: ~ *una palabra.* ◇ ** CONJUG. [4] como ***realizar.***

etimólogo, -ga *m. f.* Etimologista.

-etín, v. -in.

etino *m.* QUÍM. Acetileno.

etiolación *f.* Ahilamiento de las plantas.

etiología (l. *ætiologia* < gr. *aitiología* < *aitía,* causa + *-logía*) *f.* Estudio de las causas de un orden determinado de efectos; esp. en biología, estudio de la génesis de los órganos, funciones, facultades; y en patología, estudio de las causas de una enfermedad, de una anomalía, etc. 2 Narración que intenta explicar el origen de una costumbre, rito, fenómeno natural, etc., cuyo significado original se había perdido.

REL. *1* **Etiológico, -ca,** adj. deriv.

etiológico, -ca *adj.* Perteneciente o relativo a la etiología.

etiopatogenia (gr. *aitia,* causa + *patogenia*) *f.* Estudio de las causas de las enfermedades y del mecanismo con que actúan.

etíope, etiope (l. *æthiope*) *adj.-s.* De Etiopía, nación del nordeste de África. 2 desus. De color negro. -3 *m.* Combinación artificial de azufre y azogue para fabricar bermellón.

etiópico, -ca *adj.* Etíope. -2 *adj.-m.* Conjunto de lenguas pertenecientes al grupo semítico occidental meridional, habladas en Etiopía, con exclusión del árabe; como el amárico.

SIN. *2* **Abisinio.**

etiopio, -pia *adj.-s.* Etíope.

etiquencia *f. Cuba* y *P. Rico.* vulg. Hectiquez, tisis.

etiqueta (fr. *étiquette*) *f.* Ceremonial que se debe observar en las casas reales y en actos públicos solemnes. 2 p. ext. Ceremonia en el trato. 3 Marbete, rótulo. 4 p. ext. Calificación identificadora de una dedicación, profesión, significación, ideología, etc. 5 fig. Mote, gralte. de descrédito, que se da a una persona. 6 INFORM. En un programa, conjunto de caracteres que sirven para identificar o referenciar instrucciones o datos.

etiquetado *m.* Acción de etiquetar. 2 Efecto de etiquetar.

etiquetador, -ra *adj.-s.* Que pone etiquetas o marbetes.

etiquetar (de *etiqueta*) *tr.* Colocar etiquetas o marbetes.

etiquetero, -ra *adj.* Que gasta muchos cumplimientos.

etiquez *f.* Hetiquez.

etites (l. *ætites*) *f.* Concreción de óxido de hierro en pequeñas masas redondeadas y huecas con un nódulo suelto en su interior. ◇ Pl.: *etites.*

SIN. **Piedra del águila.**

etmoidal *adj.* Relativo al hueso etmoides.

etmoides (gr. *ethmoeides* < *ethmós,* criba) *adj.-m.* ANAT. Hueso de la cabeza, impar y simétrico, que encaja en la escotadura del frontal, delante del esfenoides, y contribuye a formar la base del cráneo y las fosas nasales. ◇ Pl.: *etmoides.*

étneo, -a *adj.* Relativo al Etna.

etnia *f.* Agrupación natural de individuos que tienen el mismo idioma y cultura.

étnico, -ca (gr. *ethnikós* < *ethnos,* pueblo) *adj.* Gentil (pagano). 2 Relativo a una nación o raza: *carácter* ~. 3 GRAM. Gentilicio.

SIN. *2* **Racial.**

etno- (gr. *éthnos,* pueblo) Elemento prefijal que entra en la formación de palabras con el significado de pueblo, raza humana.

etnobotánica (*etno-* + *botánica*) *f.* Disciplina que estudia las relaciones entre el hombre y las plantas.

etnocentrismo (*etno-* + *centrismo*) *m.* Tendencia a presuponer la superioridad del propio grupo y de la propia cultura sobre otras.

etnocidio (*etno-* + *-cidio*) *m.* Destrucción de un grupo étnico o de su cultura.

etnografía (*etno-* + *-grafía*) *f.* Parte de la antropología que tiene por objeto la descripción, clasificación y filiación de las razas o pueblos. V. etnología.

etnográfico, -ca *adj.* Relativo a la etnografía.

etnógrafo, -fa (*etno-* + *-grafo*) *m. f.* Persona que por profesión o estudio se dedica a la etnografía.

etnolingüística (*etno-* + *lingüística*) *f.* Rama de la lingüística que estudia las lenguas de los pueblos poco desarrollados o sin escritura desde la perspectiva de su marco sociocultural.

etnología (*etno-* + *-logía*) *f.* Parte de la antropología que, comparando y profundizando los materiales que le proporciona la etnografía, estudia las razas o pueblos, los compara, e investiga sus diferencias físicas y psíquicas y las leyes de su desarrollo orgánico dependiente de aquéllas.

etnológico, -ca *adj.* Relativo a la etnología.

etnólogo, -ga *m. f.* Persona que por profesión o estudio se dedica a la etnología.

etnomusicología (*etno-* + *musicología*) *f.* Disciplina que estudia todos los tipos de música distintos a la música clásica occidental.

etnónimo *m.* LING. Nombre étnico.

etnos (gr. *éthnos*) *m.* Agrupación de personas unidas por la raza o la nacionalidad. ◇ Pl.: *etnos.*

-eto, sufijo de significación diminutiva que entra en la formación de algunos substantivos derivados de otros substantivos: *buleto, paleto.*

etolio, -lia, -lo, -la *adj.-s.* De Etolia, antiguo estado y actual región del oeste de Grecia. -2 *adj.-m.* Dialecto perteneciente al grupo occidental del griego común, hablado antiguamente en este estado.

etología (gr. *ethos,* costumbre + *-logía*) *f.* Estudio científico del carácter y modos de comportamiento del hombre. 2 Estudio del comportamiento de los animales.

etológico, -ca *adj.* Peteneciente o relativo a la etología.

etologista *com.* Etólogo.

etólogo, -ga *m. f.* Persona versada en etología.

-etón, v. -ón.

etopeya (gr. *ethopoiía*) *f.* RET. Descripción del carácter, acciones y costumbres de una persona.

etrusco, -ca (l. *-cu*) *adj.-s.* De Etruria, región de la antigua Italia. -2 *m.* Lengua de los etruscos.

SIN. *1* **Tirreno, tusco.**

etusa (gr. *aithousa*) *f.* Cicuta menor.

eu- (gr. *eu,* bien) Elemento prefijal que entra en la formación de palabras con el significado de bien, bueno o cabal, justamente.

Eu, símbolo del *europio.*

euascomicetes (*eu-* + *ascomicetes*) *m. pl.* Clase de hongos caracterizados por presentar las ascas protegidas en un cuerpo fructífero.

eubacteriales (*eu-* + *bacteria*) *f. pl.* Orden de bacterias dentro de la clase esquizomicetes.

eubeo, -a *adj.-s.* De Eubea, isla del mar Egeo.

euboico, -ca *adj.* Eubeo.

eubolia (gr. *eubolia* < *eu-* + *boulé,* consejo) *f.* Virtud que ayuda a hablar con prudencia.

eucalipto (*eu-* + gr. *kalyptós,* cubierto) *m.* Árbol mirtáceo de gran talla, con las hojas inferiores opuestas y anchas, y las superiores alternas, estrechas y falciformes, de las cuales se extrae una tintura y una esencia medicinal *(Eucalyptus globulus).*

eucarionte (*eu-* + gr. *karyon,* núcleo) *m.* Organismo cuyas células poseen un núcleo bien diferenciado, separado del citoplasma por una membrana.

eucariota (*eu-* + gr. *karyon,* núcleo) *adj.-s.* BIOL. Célula con un elevado grado de organización, que incluye núcleo siempre con más de un cromosoma y citoplasma con diferentes orgánulos citoplasmáticos.

eucaristía (gr. *eucharistia* < *eu-* + *charizesthai,* dar gracias) *f.* Sacramento instituido por Jesucristo en la noche de la última cena, que contiene real y substancialmente el cuerpo, la sangre, el alma y la divinidad de Nuestro Señor Jesucristo bajo las especies del pan y vino.

SIN. **Sacramento del altar; Santísimo Sacramento** o simplte. **El Santísimo;**

El Señor, Nuestro Amo; la comunión; viático, el que se administra a los enfermos en peligro de muerte; **pan de los ángeles.**

eucarístico, -ca *adj.* Relativo a la eucaristía: *sacramento ~*. 2 [obra en prosa o verso] Cuyo fin es dar gracias.

euclidiano, -na *adj.* Relativo a Euclides (s. III a. C.) o a su método matemático.

eucologio (gr. *euché,* súplica + *lego,* escoger) *m.* Devocionario que contiene los oficios del domingo y principales fiestas del año.

eucrasia *f.* MED. Buena complexión.

eucrático, -ca (gr. *eukratós,* bien mezclado) *adj.* MED. [pers.] Que tiene buen carácter y complexión física.

eucriptita *f.* Mineral silicato que cristaliza en el sistema trigonal en masas fibrosas e incoloras o de color blanquecino.

eudemonismo (gr. *eudaimonía,* felicidad) *m.* Doctrina moral que identifica la virtud con la dicha o la alegría que acompaña a la realización del bien; es decir, el eudemonismo sustituye un sistema de fines morales por un sistema de sentimientos de agrado, en el que se prefiere el placer duradero al pasajero, el espiritual al corporal, el de mayor número de hombres al de una reducida cantidad de ellos; V. hedonismo. El principal representante de un eudemonismo individualista es Epicuro (341-270 a. C.), y de un eudemonismo general Aristóteles (384-322 a. C.)

REL. V. **Hedonismo.**

eudiometría *f.* Método de análisis de mezclas gaseosas por medio del eudiómetro.

eudiómetro (gr. *eudía,* tiempo sereno + *-metro*) *m.* Instrumento para analizar los gases utilizando los efectos químicos de la chispa eléctrica.

eufemismo (gr. *euphemismós*) *m.* RET. Modo de expresar con suavidad o decoro ideas cuya franca expresión sería malsonante; como decir de una persona que *no es joven,* en vez de *es vieja.*

eufemístico, -ca *adj.* Relativo al eufemismo o que lo contiene: *expresión, frase ~*.

eufénica *f.* Conjunto de normas o manipulaciones conducentes a la consecución de un fenotipo óptimo.

éufito *m.* Planta verdadera.

eufonía (gr. *euphonía* < *eu-* + *-fonía*) *f.* Calidad de sonar bien o agradablemente la palabra.

CONTR. **Cacofonía.**

eufónico, -ca *adj.* Que tiene eufonía.

CONTR. **Cacofónico.**

euforbiáceo, -a (de *euforbio*) *adj.-f.* Planta de la familia de las euforbiáceas. -2 *f. pl.* Familia de plantas dicotiledóneas, herbáceas o leñosas, dioicas o monoicas, de jugos acres o venenosos y generalmente lechosos; como la lechetrezna.

euforbiales *f. pl.* Orden de plantas dentro de la clase dicotiledóneas, con flores unisexuales y fruto normalmente en cápsula.

euforbio (l. *euphorbiu* < gr. *euphorbion*) *m.* Planta euforbiácea africana, de tallo carnoso, con espinas muy duras, de la cual se extrae una gomorresina usada en medicina *(Euphorbia resinifera).* 2 Gomorresina extraída de esta planta y de otras del mismo género.

SIN. *2* **Gorbión, gurbión.**

euforia (gr. *euphoría* < *eu-* + gr. *phero,* llevar) *f.* p. us. Capacidad para soportar el dolor y las adversidades. 2 Sensación de bienestar, resultado de una perfecta salud o de la administración de medicamentos o drogas. 3 Estado del ánimo propenso al optimismo.

eufórico, -ca *adj.* Relativo a la euforia.

eufótida (*eu-* + gr. *fos, fotós,* luz) *f.* Roca compuesta de diálaga y feldespato.

eufótido *m.* Roca plutónica del grupo de los gabros, formada por fenocristales de plagioclasa blanca y dialaga verde.

eufrasia (gr. *euphrasia,* alegría) *f.* Hierba escrofulariácea de hojas elípticas, sentadas y dentadas; flores pequeñas, axilares, blancas con rayas purpúreas y una mancha amarilla *(gén. Euphrasia).*

Eufrosine *n. pr.* Una de las tres Gracias.

eufuismo *m.* Especie de culteranismo puesto de moda en Inglaterra por Lyly (1555-1606) en su novela titulada *Euphues,* que en gr. significa que tiene buena disposición.

eugenesia (*eu-* + gr. *génesis,* engendramiento) *f.* Aplicación de las leyes biológicas de la herencia al perfeccionamiento de la especie humana.

eugenésico, -ca *adj.* Relativo a la eugenesia.

eugénica *f.* Conjunto de normas o manipulaciones conducentes a la consecución de un genotipo óptimo.

eugeosinclinal (*eu-* + *geosinclinal*) *m.* Cuenca sedimentaria más profunda y alejada del continente.

euglenófitos *m. pl.* Tipo de algas unicelulares, móviles mediante uno o dos undupilpodios desiguales que salen del mismo extremo de la célula.

eukairita *f.* Mineral de la clase de los seleniuros que cristaliza en el sistema tetragonal, es de color blanco amarillento, pero en contacto con el aire se vuelve pardo.

eulitina *f.* Silicato que cristaliza en el sistema cúbico, de color pardo rojizo, grisáceo o amarillo y brillo adamantino.

Euménides *n. pr.* MIT. V. Furia.

eumicetes *m. pl.* División de hongos que se alimentan de substancias en descomposición o de parasitar a animales y vegetales, y que son incapaces de fagocitar.

eunuco (l. *eunuchu* < gr. *eunucho*) *m.* Hombre castrado que se destina en los serrallos a la custodia de las mujeres. 2 fig. Hombre con poca energía, afeminado.

eunucoidismo *m.* Anomalía del desarrollo de la función de las gónadas masculinas, antes de la pubertad, de lo que deriva una insuficiente producción de hormonas sexuales masculinas.

eupatorio (gr. *-tórion*) *m.* Agrimonia.

eupepsia (gr. *eupepsía*) *f.* Digestión normal.

CONTR. **Dispepsia.**

eupéptico, -ca *adj.* MED. [substancia] Que favorece la digestión.

SIN. **Digestivo, estomacal.**

euploidía *f.* Condición cromosómica de cada célula, tejido, órgano o individuo, que corresponde a la constitución numérica normal de la especie.

eurasiático, -ca *adj.* Euroasiático. 2 Mestizo de europeo y asiático, especialmente en la India, Ceilán, Indochina, etc.

eurásico, -ca *adj.* Euroasiático.

¡eureka! (gr., he hallado) Exclamación atribuida a Arquímedes (287-212 a. C.) al dar con la ley del empuje de los cuerpos sumergidos en un fluido, y con la cual se expresa satisfacción de haber hallado o descubierto algo que se busca con afán.

euri- (gr. *eyrýs,* amplio) Elemento prefijal que entra en la formación de palabras con el significado de amplio, extendido, variable.

eurífago, -ga (*euri-* + *-fago*) *adj.* [animal] Que tiene un régimen de alimentación muy variado.

eurihalino, -na (*euri-* + gr. *halos,* sal) *adj.-m.* [organismo acuático] Capaz de soportar variaciones importantes de la salinidad.

euritermo, -ma *adj-m.* [organismo acuático] Capaz de soportar variaciones importantes de la temperatura.

euritmia (gr. *eurythmía*) *f.* Buena disposición y correspondencia de las diversas partes de una obra de arte. 2 Regularidad del pulso. 3 Combinación acertada de los sonidos. 4 fig. Equilibrio de las facultades.

CONTR. *2* **Arritmia.**

eurítmico, -ca *adj.* Relativo a la euritmia.

euro (l. *euru* < gr. *eurós*) *m.* poét. Viento que sopla del oriente.

euro-, elemento prefijal que entra en la formación de palabras con el valor de europeo.

euroafricano, -na (*euro-* + *africano*) *adj.* Relativo a Europa y África.

euroasiático, -ca (*euro-* + *asiático*) *adj.-s.* Perteneciente o relativo al continente llamado Eurasia, formado por Europa y Asia.

eurobono (*euro-* + *bono*) *m.* Préstamo a largo plazo en eurodólares u otra divisa, que se otorga a un gobierno o a una empresa internacional importante, en el que participan varios bancos, a fin de reducir el riesgo de impago.

eurocentrismo (*euro-* + *centrismo*) *m.* Tendencia a considerar a Europa como protagonista de la historia y de la civilización humanas.

eurocheque (*euro-* + *cheque*) *m.* Talón de circulación internacional que permite adquirir bienes y servicios y ser cambiado por dinero fuera del país de origen.

eurocomunismo (*euro-* + *comunismo*) *m.* Comunismo propuesto por algunos teóricos y partidos comunistas de Europa occidental.

eurocomunista *com.* Partidario o seguidor del eurocomunismo.

eurócrata (*euro-* + *-crata*) *com.* Funcionario de las instituciones comunitarias europeas.

euroderecha (*euro-* + *derecha*) *f.* Conjunto de personas que profesa ideas de derechas en Europa occidental.
eurodiputado, -da (*euro-* + *diputado*) *m. f.* Diputado del parlamento de las comunidades europeas.
eurodivisa (*euro-* + *divisa*) *f.* Divisa negociada o invertida en un país europeo que no es el de origen.
eurodólar (*euro-* + *dólar*) *m.* Dólar norteamericano destinado exclusivamente a hacer adquisiciones en Europa.
euroelecciones *f. pl.* Elecciones al parlamento europeo.
euroizquierda (*euro-* + *izquierda*) *f.* Conjunto de personas que profesa ideas de izquierdas en Europa occidental.
euromercado (*euro-* + *mercado*) *m.* Mercado financiero de las eurodivisas.
euromisil (*euro-* + *misil*) *m.* Misil nuclear de alcance medio, de alta precisión, instalado en Europa.
europeidad *f.* Calidad o condición de europeo. 2 Carácter genérico de los pueblos que componen Europa.
europeísmo *m.* Ideología de los europeístas.
europeísta *adj.-s.* Relativo a la unión europea o a la hegemonía de Europa en el mundo. 2 Partidario de ella. 3 Partidario de europeizar o europeizarse. 4 Especialista en estudios sobre Europa.
europeización *f.* Acción de europeizar. 2 Efecto de europeizar.
europeizante *adj.-s.* Persona que europeíza o se europeíza.
europeizar *tr.* Introducir [en un pueblo], comunicar [a una pers.], el carácter, las costumbres y la cultura europeos. ◇ ** CONJUG. [17] como ***descafeinar.***
europeo, -a (l. *europœu*) *adj.-s.* De Europa, uno de los continentes del mundo.
europio *m.* Cuerpo simple que se encuentra en las tierras raras. Su símbolo es *Eu*, su número atómico 63, y su peso atómico 151,96.
eurosiberiano, -na (*euro-* + *siberiano*) *adj.* [región] Que tiene una vegetación en su mayoría de tipo forestal, como el norte de Europa y de Asia.
euroterrorismo (*euro-* + *terrorismo*) *m.* Terrorismo que desarrolla su actividad en cualquiera de los países de Europa occidental.
eurotiales *m. pl.* Orden de hongos, dentro de la subclase euascomicétidas, que producen ascocarpos cerrados; las ascas son globosas y se disuelven cuando el ascocarpo está maduro.
eurovisión (*euro-* + *visión*) *f.* Acuerdo de los organismos europeos de televisión para el intercambio de programas emitidos simultáneamente en varios países.
euscalduna *adj.-s.* Lenguaje vasco. -2 ***com.*** Persona que habla vascuence.
éuscaro, -ra *adj.* Eusquero.
euskera *m.* Eusquera.
eusquera *m.* Vascuence, lengua vasca. -2 *adj.* Perteneciente o relativo a la lengua vasca.
eusquero, -ra *adj.* Relativo al lenguaje vascuence. -2 *m.* Vascuence (lengua).
Eustaquio (médico italiano del s. XVI) *n. pr.* V. trompa de Eustaquio.
éustilo (gr. *eústylos*) *adj.-s.* ARQ. Edificio con columnatas cuyas columnas centrales tienen seis módulos de intercolumnio y las demás cuatro módulos y medio.
eutanasia (*eu-* + gr. *thánatos*, muerte) *f.* Muerte suave, sin sufrimientos físicos; esp. la provocada.
eutanásico, -ca *adj.* Perteneciente o relativo a la eutanasia.
eutéctico, -ca *adj.* Propio o relativo a la eutexia.
euterio, -ria *adj.-s.* Placentario.
Euterpe *n. pr.* MIT. Musa de la Música.
eutexia *f.* Fenómeno que aparece en las mezclas sólidas cuando se fusionan a temperatura constante.
eutiquianismo *m.* Monofisismo.
eutiquiano, -na *adj.-s.* Partidario del eutiquianismo. -2 *adj.* Relativo a él.
eutiquismo *m.* Eutiquianismo.
eutócico, -ca *adj.* [parto] Sin complicaciones. 2 [fármaco, medicamento] Que ayuda al parto.
eutrapelia (gr. *eutrapelía*) *f.* p. us. Virtud de la moderación en las diversiones o recreos. 2 p. us. Donaire o jocosidad inofensiva. 3 p. us. Recreo inocente y moderado.
eutrapélico, -ca *adj.* Relativo a la eutrapelia.
eutrofia (gr. *eutrofía*) *f.* Buen estado de nutrición. 2 Ecología.
eutrófico, -ca *adj.* [órgano, organismo] En estado de eutrofia. 2 [medio nutritivo] Que permite conseguir tal estado.
eutrofización *f.* Acumulación de residuos orgánicos en el agua de lagos y mares, que causa la proliferación de ciertas algas.
eutrofizar *tr.-prnl.* Sufrir el proceso de eutrofización. ◇ ** CONJUG. [4] como ***realizar.***
eutropelia *f.* Eutrapelia.
eV, símbolo del *electrón-voltio.*
Eva *n. pr.* La primera mujer: ***las hijas de Eva,*** las mujeres; ***traje de Eva,*** desnudez.
evacuación *f.* Acción de evacuar. 2 Efecto de evacuar.
evacuado, -da *adj.-s.* [pers.] A la que se ha obligado a abandonar un territorio por razones militares, políticas, sanitarias, etc.
evacuador *m.* Sistema de llaves o de compuertas que sirve para dar salida al agua contenida en un sitio, especialmente en las presas.
evacuante *adj.-s.* Evacuativo.
evacuar (l. *-are*) *tr.* Desocupar [una cosa]. 2 Expeler un ser orgánico o extraer el médico [de una parte del cuerpo, humores, excrementos, etc.]: *~ el vientre;* ***prnl.,*** *evacuarse el vientre; ~ el médico un tumor, los humores de un tumor;* ***abs.,*** exonerar el vientre: *el enfermo no evacua.* 3 Desalojar la autoridad competente [a los habitantes de un lugar] por amenaza de ruina, catástrofe, etc. 4 DER. Cumplir [un trámite]: *~ una diligencia.* 5 p. ext. Desempeñar [un encargo, informe, etc.]: *~ una visita.* 6 MIL. Dejar [una plaza o un lugar] las tropas o la población civil que allí había. ◇ ** CONJUG. [10] como ***adecuar.***
evacuativo, -va *adj.-m.* Que tiene propiedad de evacuar.
evacuatorio, -ria *adj.* Evacuativo. -2 *m.* Retrete.
evadir (l. *evadere*) *tr.* Evitar [un daño o peligro inminente]; eludir con arte y astucia [una dificultad prevista]. -2 *prnl.* Fugarse, escaparse.
evagación (l. *-atione*) *f.* Distracción de la imaginación.
evaginación *m.* MED. Salida de un órgano hacia afuera. 2 ZOOL. Excrecencia.
evaluación *f.* Valuación. 2 Valoración de los conocimientos, aptitudes, capacidad, y rendimiento de los alumnos.
evaluador, -ra *adj.* Que evalúa.
evaluar *tr.* Valorar. 2 Estimar el valor [de las cosas no materiales]. ◇ ** CONJUG. [11] como ***actuar.***
evanescencia *f.* Calidad de evanescente.
evanescente (l. *evanescere,* desvanecer) *adj.* Que se desvanece como el humo o el vapor. 2 fig. Que no dura, que desaparece pronto: *una imagen ~.* 3 fig. Sutil, delicado, tenue.
evanescer *tr.-prnl.* Desvanecer o esfumar.
evangeliario *m.* Libro que contiene los evangelios de cada día del año.
evangélicamente *adv. m.* Conforme a la doctrina del Evangelio.
evangélico, -ca *adj.* Relativo al Evangelio. 2 Relativo al protestantismo: *capilla evangélica.* 3 [secta] Formado por la fusión del culto luterano y del calvinista.
evangelio (l. *evangeliu* < gr. *euangelion,* buena nueva < *eu-* + *ángelos,* mensajero) *m.* Doctrina y ley de Jesucristo, religión cristiana: *Jesucristo empezó a predicar su ~.* 2 Libro que, junto con otros tres, constituye los cuatro primeros libros canónicos del Nuevo Testamento, en que se refiere la vida, doctrina y milagros de Jesucristo y, p. ext., conjunto de estos libros: *el ~ de San Mateo; los cuatro autores del ~.* 3 Capítulo del Evangelio que se dice después de la epístola y gradual: *~ según San Lucas.* 4 Verdad que no admite discusión. -5 *m. pl.* Librito en que se contiene el principio del Evangelio de San Juan y otros tres capítulos de los otros evangelistas, que se solía colgar de la cintura de los niños.
evangelismo *m.* Condición, espíritu evangélico.
evangelista *m.* Autor que, junto con otros tres, constituye los autores sagrados del Evangelio: San Mateo, San Marcos, San Lucas y San Juan. 2 Persona que canta el Evangelio en las iglesias. 3 *Méj.* Memorialista.
evangelistero *m.* Clérigo que en algunas iglesias tiene la obligación de cantar el Evangelio en las misas solemnes.
evangelización *f.* Acción de evangelizar. 2 Efecto de evangelizar.
evangelizador, -ra *adj.-s.* Que evangeliza.
evangelizar (l. *-are*) *tr.* Instruir [a alguien] en la doctrina del Evangelio, predicar la fe o las virtudes cristianas. ◇ ** CONJUG. [4] como ***realizar.***
evaporable *adj.* Que se puede evaporar.
evaporación *f.* Acción de evaporar o evaporarse. 2 Efecto de evaporar o evaporarse.
SIN. **Vaporación.**

evaporador, ra *adj.* Que evapora. -2 *m.* En ingeniería química, unidad de equipo para la concentración de disoluciones por evaporación de uno o varios componentes más volátiles, que puede realizarse por aportación de calor o por disminución de la presión.

evaporar (l. *-are*) *tr.-prnl.* Convertir [un cuerpo líquido o sólido] en vapor: *el sol evapora el agua; evaporarse el agua.* -2 *tr.-prnl.* fig. Disipar, desvanecer: *se evaporó el entusiasmo.* -3 *prnl.* fig. Fugarse, desaparecer sin ser notado. 4 *Colomb.* Alejarse.

SIN. **Vaporar, vaporear; volatilizar,** sugiere, en gral., un estado gaseoso más tenue e imperceptible que el que se obtiene evaporando, o bien menor intervención aparente de agentes exteriores.

evaporatorio, -ria *adj.-m.* MED. Medicamento que provoca la evaporación.

evaporimetría *f.* Medida de evaporización.

evaporímetro (de *evaporización* + *-metro*) *m.* Aparato que sirve para medir la evaporización que se poduce en una masa de agua.

evaporita *f.* Roca sedimentaria de orden químico formada por precipitación de sales disueltas en el agua, a consecuencia de la evaporación de la misma.

evaporización *f.* Acción de evaporizar o evaporizarse. 2 Efecto de evaporizar o evaporizarse.

evaporizar *tr.-prnl.* Vaporizar. ◇ ** CONJUG. [4] como ***realizar.***

evapotranspiración (de *evaporización* + *transpiración*) *f.* METEOR. Cantidad total del agua evaporada por el suelo y las superficies líquidas transpiradas por la vegetación.

evasión (l. *-ione*) *f.* Evasiva. 2 Fuga (huida). 3 ~ ***fiscal,*** ~ ***de capitales,*** operación para evitar ciertos impuestos, control, consecuencias de devaluación, etc., ocultando el dinero o invirtiéndolo en el extranjero.

evasiva *f.* Efugio para eludir una dificultad.

SIN. V. **Efugio.**

evasivo, -va *adj.* Que incluye una evasiva o la favorece: *respuesta evasiva.*

evasor, -ra *adj.* Que se evade.

evección (l. *-ctione*) *f.* Desigualdad periódica de los movimientos de la Luna, debida a la atracción del Sol.

evento (l. *-tu*) *m.* Suceso imprevisto. 2 Acontecimiento o suceso pasado o no contingente.

SIN. **Acontecimiento,** se usa esp. en las frases *a todo, a cualquier* ~, a todo riesgo, sea como sea.

eventración *f.* MED. Hernia de vientre.

eventual *adj.* Sujeto a cualquier evento. 2 Relativo a los emolumentos anejos a un empleo fuera de su dotación fija. 3 [fondo] Destinado en algunas oficinas a gastos accidentales. -4 ***adj.-com.*** [trabajador] Que no está inscrito en la plantilla de una empresa y presta temporalmente sus servicios en ella.

eventualidad *f.* Calidad de eventual. 2 Hecho o circunstancia de realización incierta.

SIN. V. **Casualidad.**

eventualmente *adv. m.* Incierta o casualmente.

eversión (l. *-ione*) *f.* Destrucción, ruina, desolación. 2 Versión hacia fuera, sobre todo de una mucosa que rodea un orificio natural.

evicción (l. *-ctione*) *f.* DER. Pérdida de un derecho por sentencia firme y en virtud de derecho anterior ajeno.

evidencia (l. *-ntia*) *f.* Calidad de evidente: *la* ~ *de una verdad, de un principio.* -2 ***loc. adj. En*** ~, con los verbos *poner, estar, quedar,* etc., en ridículo, en situación desairada. -3 *f. Amér. Merid.* Prueba que se presenta en favor o en contra de una cuestión. ◇ ANGLIC. por *prueba judicial.*

evidenciar *tr.* Patentizar la evidencia [de una cosa]; probar que no sólo es cierta, sino evidente. ◇ ** CONJUG. [12] como ***cambiar.***

evidente *adj.* [proposición, demostración, etc.] Que, al plantearse expresamente la cuestión de saber si es verdadero o falso, nadie puede dudar racionalmente de su verdad. 2 Expresión de asentimiento.

SIN. V. **Patente.**

evidentemente *adv. m.* Con evidencia.

evisceración *f.* Acción de eviscerar. 2 Efecto de eviscerar. 3 CIR. Extirpación quirúrgica de una o más vísceras del organismo.

eviscerar *tr.-prnl.* Extraer las vísceras o entrañas.

evitable *adj.* Que puede o debe evitarse.

evitación *f.* Acción de evitar. 2 Efecto de evitar.

evitar (l. *-are*) *tr.* Apartar, impedir [algún daño o molestia]: ~ *el contagio.* 2 Excusar, huir de incurrir [en algo]: ~ *la polémica.* 3 Huir [las ocasiones de tratar a uno]: ~ *el encuentro de un amigo;* ~ *a un amigo.* -4 *prnl.* Ahorrarse, librarse [de una cosa desagadable o muy costosa].

SIN. **Prevenir, precaver. Eludir, sortear, rehuir** y **soslayar,** sugieren un peligro, dificultad, estorbo en que uno se encuentra de modo efectivo, o que amenaza como inmediato. P. ej.: se pone una señal en la calle para *evitar* accidentes, no para *eludirlos, sortearlos* o *soslayarlos,* los cuales supondrían un accidente real o inmediato. Los tres denotan, además, cierta maña o rodeo, cosa que no es indispensable en *evitar.*

eviterno, -na (l. *æviternus*) *adj.* Que tiene principio pero no fin: *los ángeles son eviternos.*

REL. v. **Eterno.**

evo (l. *ævu*) *m.* TEOL. Duración de las cosas externas. 2 poét. Duración de tiempo sin término. 3 Unidad de tiempo astronómico, equivalente a mil millones de años.

evocable *adj.* Que se puede evocar.

evocación (l. *-atione*) *f.* Acción de evocar. 2 Efecto de evocar.

evocador, -ra *adj.* Que evoca.

evocar (l. *-are*) *tr.* fig. Traer [algo] a la memoria o a la imaginación. 2 fig. Recordar una cosa [a otra] por alguna semejanza o punto de contacto. 3 fig. Llamar [a las almas de los muertos y a los demonios] suponiéndoles capaces de acudir a los conjuros e invocaciones. 4 fig. Apostrofar [a los muertos]. ◇ ** CONJUG. [1] como ***sacar.***

evocativo, -va *adj.* Evocador.

evocatorio, -ria *adj.* Relativo a la evocación.

¡evohé! (l. *evœ* < gr. *euoi*) ***interj.*** Grito de las bacantes para aclamar o invocar a Baco.

evolución (l. *-tione*) *f.* Acción de desarrollarse o de transformarse las cosas pasando gradualmente de un estado a otro: *la* ~ *de las especies; la* ~ *de una teoría, de una política.* 2 Efecto de desarrollarse o de transformarse las cosas pasando gradualmente de un estado a otro. 3 p. ext. Movimiento, cambio o transformación, en general: *las evoluciones de una danza.* 4 Movimiento, cambio de formación de tropas o buques, con fines defensivos u ofensivos. 5 fig. Mudanza de conducta, de propósito o de actitud. 6 BIOL. Derivación de las especies de organismos vivientes, de otras ya existentes, a través de un proceso de cambio más o menos gradual y continuo. 7 FIL. Hipótesis que pretende explicar todos los fenómenos por transformaciones sucesivas de una sola realidad primera.

REL. *1* y *2* **Involución,** evolución regresiva.

evolucionar *intr.* Sufrir una evolución. 2 Hacer evoluciones.

evolucionismo *m.* Doctrina según la cual todos los animales y plantas descienden de unos cuantos organismos simples, o tal vez de uno solo.

SIN. **Transformismo.**

evolucionista *adj.* Relativo a la evolución. -2 ***adj.-com.*** Partidario del evolucionismo.

evolutivo, -va *adj.* Que se produce por evolución o pertenece a ella.

evolvente *adj.* GEOM. Relativo a la curva trazada por el extremo de un hilo al desenrollarse de una curva a la que está fijo por el otro extremo.

evónimo (l. *evonymu*) *m.* Bonetero (arbusto).

ex- (procedente del l.) Prefijo que entra en la formación de palabras denotando gralte. fuera o más allá: *extender, excéntrico;* y también negación o privación: *exheredar;* encarecimiento: *exclamar.* 2 Antepuesto a nombres de dignidades o cargos y a nombres o adjetivos de persona, indica que ésta ha dejado de ser lo que aquéllos significan: *exministro, exmonárquico, exalumno.*

ex abrupto (l.) *loc. adv.* Con viveza y calor; arrebatada e impensadamente.

ex libris (l., de entre los libros) *m.* Cédula o marca que el poseedor de un libro pone en éste para indicar que es de su pertenencia. ◇ Pl.: *ex libris.*

ex profeso *adv. loc.* De propósito, con intención.

exa-, elemento prefijal que entra en la formación de palabras con el significado de un trillón de veces de las respectivas unidades. Su símbolo es *E.*

exabrupto *m.* Salida de tono; dicho o ademán inconveniente e inesperado.

exacción (l. *-ctione*) *f.* Acción de exigir impuestos, multas, etc. 2 Efecto de exigir impuestos, multas, etc. 3 Cobro injusto y violento.

SIN. *3* **Concusión,** cuando la hace un funcionario público en provecho propio.

exacerbación *f.* Acción de exacerbar o exacerbarse. 2 Efecto de exacerbar o exacerbarse.

exacerbamiento *m.* Exacerbación.

exacerbar (l. *-are*) *tr.-prnl.* Irritar, causar grave enfado. 2 Agravar [una enfermedad, una pasión, una molestia, etc.].
SIN. *1* v. **Enojar.**

exactamente *adv. m.* Con exactitud.

exactitud *f.* Puntualidad, fidelidad en la ejecución de una cosa. 2 Precisión en la medida, peso o cantidad determinada de una cosa.

exacto, -ta (l. *-tu*) *adj.* Puntual, fiel y cabal: ~ *en sus promesas.* 2 ***Ciencias exactas,*** p. ant., matemáticas.

¡exacto! Interjección con que se denota asentimiento.

exactor (l. *-ore*) *m.* Cobrador de los tributos, impuestos o emolumentos.

exageración *f.* Acción de exagerar. 2 Efecto de exagerar. 3 Cosa que traspasa los límites de lo justo, verdadero o razonable.
SIN. *1* **Hipérbole,** si es en las palabras.

exageradamente *adv. m.* Con exageración.

exagerado, -da *adj.* Exagerador. 2 Que incluye en sí exageración.

exagerador, -ra *adj.-s.* p. us. Que exagera.

exagerar (l. *exaggerare*) *tr.* Dar proporciones excesivas [a una cosa], llevarla más allá de los límites de lo verdadero, natural, ordinario, justo o conveniente.
SIN. **Abultar, encarecer, ponderar.**

exageradamente *adv. m.* Con exageración.

exagerativo, -va *adj.* Que exagera.

exaltación *f.* Acción de exaltar. 2 Efecto de exaltar. 3 Gloria que resulta de una acción muy notable. 4 Aumento de las actividades sensitivas. 5 Excitación del ánimo. 6 Estado de una persona exaltada.

exaltado, -da *adj.* Que se exalta. 2 fig. Exagerado: *es de un fanatismo* ~.

exaltador, -ra *adj.* Que exalta.

exaltamiento *m.* p. us. Exaltación.

exaltar (l. *-are*) *tr.* Elevar [a una pers. o cosa] a mayor auge y dignidad. 2 fig. Realzar [el mérito o circunstancias] de uno con mucho encarecimiento: ~ *la memoria de un héroe.* -3 *prnl.* Dejarse arrebatar de una pasión perdiendo la moderación: *exaltarse con la discusión.*
SIN. *1* y *2* **Ensalzar.**

examen (l.) *m.* Indagación exacta y cuidadosa de las cualidades y circunstancias de una cosa o de un hecho. 2 Prueba de la idoneidad de un sujeto. 3 ~ ***de conciencia,*** meditación sobre las faltas o pecados cometidos.

examinador, -ra *m. f.* Persona que examina.

examinando, -da *m. f.* Persona que se presenta a examen.

examinante *adj.* Que examina.

examinar (l. *-are;* doble etim. *enjambrar*) *tr.* Investigar, escudriñar con diligencia [una cosa]: ~ *su conciencia.* 2 Reconocer la calidad [de una cosa]: *la censura examina un libro.* -3 *tr.-prnl.* Probar o tantear la idoneidad o suficiencia [de los que quieren profesar una facultad, ganar cursos, etc.]: *examinarse de gramática, de ingreso.*

exangüe (l. *exsanguis*) *adj.* Desangrado, falto de sangre. 2 fig. Sin fuerzas, aniquilado. 3 fig. Muerto.

exanimación (l. *-atione*) *f.* Privación de las funciones vitales.

exánime (l.) *adj.* Sin señales de vida. 2 fig. Sumamente debilitado, desmayado.
SIN. **Inánime.**

exantema (l. *exanthema* < gr. *exantheo,* florecer) *m.* Erupción cutánea.

exantemático, -ca *adj.* Relativo al exantema o acompañado de él.

exaración *f.* Acción erosiva de un glaciar.

exarca (l. *exarchu* < gr. *éxarchos*) *m.* Gobernador bizantino en las prov. de Italia. 2 En la iglesia griega, dignidad inmediatamente inferior a la de patriarca.
SIN. *2* **Exarco.**

exarcado *m.* Dignidad de exarca. 2 Tiempo que duraba el gobierno de un exarca y territorio de su jurisdicción. 3 Período histórico en que hubo exarcas.

exarco *m.* Exarca.

exasperación *f.* Acción de exasperar o exasperarse. 2 Efecto de exasperar o exasperarse.

exasperante *adj.* Que exaspera.

exasperar (l. *-are*) *tr.-prnl.* desus. Irritar [una parte dolorida o delicada], exacerbar el dolor. 2 fig. Irritar, dar motivo de enojo grande a uno: *tu flema me exaspera.*
SIN. v. **Enojar.**

excandecencia *f.* Irritación vehemente.

excandecer (l. *-escere*) *tr.-prnl.* Encender en cólera [a uno], irritarle. ◇ ** CONJUG. [43] como ***agradecer.***

excarcelable *adj.* Que puede ser excarcelado.

excarcelación *f.* Acción de excarcelar. 2 Efecto de excarcelar.

excarcelar (paras. de *cárcel*) *tr.* Poner en libertad [al preso] por mandamiento judicial. ◇ HOMÓF.: *escarcelar* (f.).
SIN. **Desencadenar.**

excautivo, -va *adj.-s.* Que ha padecido cautiverio.

excava *f.* AGR. Acción de excavar. 2 Efecto de excavar.

excavación *f.* Acción de excavar. 2 Efecto de excavar.
SIN. ARQ. **Vaciado; dragado,** en el fondo de las aguas.

excavador, -ra *adj.* Que excava. -2 *f.* Máquina para excavar.

excavar (l. *-are*) *tr.* Hacer hoyo o cavidad [en una cosa] quitándole parte de su masa. 2 Hacer en el terreno [hoyos, pozos, galerías subterráneas, etc.]. 3 Quitar la tierra de alrededor [de las plantas] y descubrir el pie de éstas para beneficiarlas. ◇ HOMÓF.: *escavar.*

excedencia *f.* Condición de excedente (funcionario). 2 Haber que percibe el oficial público que está excedente.

excedentario, -ria *adj.* Que excede a lo necesario.

excedente *adj.* Excesivo. 2 [funcionario público] Que temporalmente deja de ejercer cargo. -3 *adj.-m.* Sobrante (que sobra). 4 COM. Cantidad de mercancías o dinero que en un régimen económico de competencia, sobrepasa al nivel normal de la demanda y da origen a una modificación del nivel de precios.

exceder (l. *-ere*) *tr.* Ser una persona o cosa más grande o aventajada [que otra] en tal o cual línea: ~ *una cuenta a otra;* ~ *de la talla;* ~ *en mil reales.* -2 *intr.-prnl.* Propasarse de lo lícito o razonable: *excederse uno a sí mismo; excederse en sus facultades.*
SIN. v. **Sobresalir.**

excelencia (l. *excellentia*) *f.* Superior calidad o bondad. 2 Tratamiento de respeto y cortesía. -3 *loc. adv.* ***Por*** ~, excelentemente; por antonomasia.

excelente (l. *excellente*) *adj.* Que sobresale en bondad, mérito o estimación. -2 *m.* Moneda española de oro del s. XV (una dobla).

excelentemente *adv. m.* Con excelencia.

excelentísimo, -ma *adj.* Tratamiento con que se habla a la persona a quien corresponde el de excelencia.

excelsamente *adv. m.* De un modo excelso.

excelsitud (l. *-udo*) *f.* Suma alteza.

excelso, -sa (l. *-su*) *adj.* Muy elevado, alto, eminente. 2 fig. De singular excelencia: *pensamiento* ~; *excelsa majestad.* 3 ***El Excelso,*** el Altísimo.

excentración *f.* MEC. Cambio de posición del centro de un sistema o de una máquina.

excéntricamente *adv. m.* Con excentricidad.

excentricidad *f.* Calidad de excéntrico (extravagante). 2 Dicho o hecho excéntrico (de pers). 3 Calidad de lo que está fuera de su centro. 4 Distancia que media entre el centro de la elipse y de la hipérbola, y uno de sus focos.

excentricismo *m.* Condición de excéntrico.

excéntrico, -ca *adj.* De carácter raro, extravagante. 2 Propio de una persona excéntrica. 3 Que está fuera del centro o que tiene un centro diferente: *dos elipses excéntricas; barrio* ~. -4 *m. f.* Artista, gralte. cómico, que interviene en el espectáculo de circo. -5 *f.* MEC. Pieza circular de hierro o acero, cuyo eje de rotación no ocupa el centro geométrico, destinada a transformar un movimiento de rotación en uno de otra clase, esp. rectilíneo alternativo.

excepción (l. *-tione*) *f.* Acción de exceptuar. 2 Efecto de exceptuar. 3 Cosa exceptuada. 4 ***De*** ~, extraordinario, fuera de lo normal, privilegiado.

excepcional *adj.* Que forma excepción de la regla común. 2 Extraordinario, que ocurre rara vez.

excepcionalmente *adv. m.* De manera excepcional.

excepcionar *tr.* p. us. Exceptuar. 2 DER. Alegar excepción en el juicio: ~ *una incapacidad.*

exceptivo, -va *adj.* Que exceptúa: *ley exceptiva.*

excepto (l. *-tu*) *adv. m.* A excepción de, fuera de, menos.

exceptuación *f.* desus. Excepción.

exceptuar (l. *exceptu* < *excipere,* sacar) *tr.-prnl.* Excluir [a una pers. o cosa] de la generalidad de lo que se trata o de la regla común: ~ *a alguno de la regla.* ◇ ** CONJUG. [11] como ***actuar.***

excerpta, -erta (l. *-pta*) *f.* Colección, recopilación, extracto.
excesivamente *adv. m.* Con exceso.
excesivo, -va *adj.* Que excede y sale de regla.
exceso (l. *-essu*) *m.* Parte que excede y pasa más allá de la medida o regla. 2 Aquello en que una cosa excede a otra. 3 Lo que sale de los límites de lo ordinario o de lo lícito. 4 Abuso, delito, crimen: *los excesos de la revolución.*
SIN. *1, 2* y *3* **Sobra, sobrante, excedente, demasía; superfluidad,** más allá de lo necesario en adornos, lujo, gastos, palabras; **redundancia, pleonasmo,** GRAM., exceso de palabras; **derroche, despilfarro,** de gastos. *4* **Demasía, desmán, desafuero, abuso, desorden, delito; extralimitación, desafuero, alcaldada, polacada, tropelía, atropello, arbitrariedad,** si el exceso lo comete persona constituida en autoridad.
excipiente (l.) *m.* FARM. Substancia que sirve para incorporar o disolver ciertos medicamentos.
excisión *f.* Técnica de biopsia que consiste en la eliminación, gracias a un instrumento cortante, de una parte poco voluminosa de un tejido u órgano, con fines de efectuar un examen de las células. ◇ HOMÓF.: *escisión.*
excitabilidad *f.* Calidad de excitable.
excitable *adj.* Capaz de ser excitado. 2 Que se excita fácilmente.
excitación *f.* Acción de excitar o excitarse. 2 Efecto de excitar o excitarse. 3 Adición de energía a un sistema; si esta corriente es producida por la misma dinamo, gracias al pequeño magnetismo remanente, la excitación se llama autoexcitación; si es produida por otro generador, la excitación se llama independiente. 4 BIOL. Efecto que produce un excitante al actuar sobre una célula, un órgano o un organismo.
excitado, -da *adj.* QUÍM. [átomo] Que, por absorción de fotones o por colisión, tiene un nivel de energía superior al fundamental.
excitador, -ra *adj.* Que excita. -2 *m.* Aparato para descargar un cuerpo de electricidad sin peligro para el operador. 3 Aparato para producir corrientes oscilatorias.
excitante *adj.-m.* Que excita. 2 BIOL. Excitación que puede producir un cambio de equilibrio material y dinámico en las células u órganos, acompañado de cierta cantidad de energía.
excitar (l. *-are*) *tr.* Estimular, provocar, hacer más vivo [un sentimiento, una resolución, una actividad vital, etc., de una pers. o animal]: ~ *las pasiones;* ~ *la multitud a la rebelión.* -2 *prnl.* Animarse por el enojo, el entusiasmo, la alegría, etc. ◇ HOMÓF.: *escita* (f.).
SIN. *1* v. **Incitar.**
excitativo, -va *adj.-m.* Que tiene virtud o intención de excitar.
excitatriz *adj.-f.* Que excita, excitadora.
exclamación *f.* Voz, grito o frase en que se refleja una emoción del ánimo. 2 Signo ortográfico de admiración [¡ !].
exclamar (l. *-are*) *tr.-intr.* Proferir exclamaciones y expresarse con vehemencia y viveza desusadas, esp. tratándose de afectos del ánimo: *el desgraciado exclamaba sin conseguir su empeño.*
exclamativo, -va, -torio, -ria *adj.* Propio de la exclamación: *tono* ~.
exclaustración *f.* Acción de exclaustrar. 2 Efecto de exclaustrar.
exclaustrado, -da *m. f.* Religioso exclaustrado.
exclaustrar (paras.) *tr.-prnl.* Permitir u ordenar [a un religioso] que abandone el claustro.
excluible *adj.* Que puede ser excluido.
excluidor, -ra *adj.* Que excluye.
excluir (l. *excludere*) *tr.* Echar [a una pers. o cosa] fuera del lugar que ocupaba; no admitir su entrada, su participación: ~ *a uno de una asamblea, lista,* etc. 2 Descartar o negar la posibilidad [de una cosa]: ~ *una solución atea.* 3 fig. No ser compatible con [algo o alguien]. ◇ ** CONJUG. [62] como ***huir***; pp. reg.: ***excluido***; irreg.: ***excluso.***
SIN. **Separar, eliminar; echar, expulsar** (personas o cosas), **expeler** (cosas), cuando se hace con violencia (cosas).
exclusión (l. *-ione*) *f.* Acción de excluir. 2 Efecto de excluir. 3 CIR. Operación quirúrgica consistente en separar una porción de un órgano, sin extirparle del cuerpo.
exclusiva *f.* desus. Repulsa para no admitir a uno en un empleo, comunidad, etc. 2 Privilegio de hacer algo prohibido a los demás. 3 Noticia conseguida y publicada o emitida por un solo medio informativo, por lo que éste se reserva los derechos de su difusión.
exclusivamente *adv. m.* Con exclusión. 2 Sola, únicamente.
exclusive *adv. m.* Exclusivamente. 2 Sin tomar en cuenta el último número o elemento mencionado: *hasta el tres de abril* ~. ◇ INCOR. us. como adj.: *los hijos exclusives.*
CONTR. *2* **Inclusive.**
exclusividad *f.* Calidad de exclusivo.
exclusivismo *m.* Adhesión obstinada a una cosa, persona o idea, con exclusión de toda otra. 2 Prurito de excluir a otros de la participación en algo.
exclusivista *adj.* Relativo al exclusivismo. -2 *adj.-s.* Persona que practica el exclusivismo.
exclusivo, -va *adj.* Que excluye o puede excluir. 2 Único, solo, excluyendo a cualquier otro.
CONTR. **Inclusivo.**
excluso, -sa (l. *-su*) pp. irreg. de *excluir.* ◇ HOMÓF.: *esclusa* (f.).
excluyente *adj.* Que excluye, deja fuera o rechaza.
excogitable *adj.* Que se puede excogitar.
excogitar (l. *-are*) *tr.* lit. Hallar o descubrir [una cosa] con el discurso, la meditación. ◇ INCOR. por *escoger.*
excombatiente *adj.-s.* Que peleó bajo alguna bandera militar o por alguna causa política. -2 *m.* El que, después de actuar en alguna de las últimas guerras, integró con sus compañeros de armas agrupaciones sociales o políticas en varios países.
excomulgado, -da *m. f.* Persona excomulgada. 2 fig. *y* fam. Indigno, endiablado.
excomulgador *m.* El que excomulga.
excomulgar (l. ecl. *excommunicare*) *tr.* Apartar [a uno] de la comunidad de los fieles y del uso de los sacramentos. ◇ ** CONJUG. [7] como ***llegar.***
SIN. **Descomulgar,** en la lengua clásica (hoy rúst. o vulg.).
excomunión *f.* Acción de excomulgar. 2 Efecto de excomulgar. 3 Carta, edicto con que se intima y publica la censura. 4 Paulina (carta de excomunión).
excoriación *f.* Acción de excoriar o excoriarse. 2 Efecto de excoriar o excoriarse. ◇ También *escoriación.*
excoriar (l. *-are*) *tr.-prnl.* Gastar o arrancar la piel [de una parte del cuerpo]: *se le excorió el brazo.* ◇ ** CONJUG. [12] como ***cambiar.*** ◇ HOMÓF.: *escoria* (f.).
excrecencia (l. *excrescentia*) *f.* Prominencia anormal o superfluidad que aparece en la superficie de un cuerpo animal o vegetal.
excreción (l. *-tione*) *f.* Acción de excretar. 2 Efecto de excretar.
excremental *adj.* Excrementicio.
excrementar *intr.* Deponer los excrementos.
excrementicio, -cia *adj.* Relativo al excremento y a la excreción.
SIN. **Fecal,** tratándose del excremento del intestino. CONTR. **Recrementicio,** tratándose de secreciones.
excremento (l. *-tu*) *m.* Materia que despiden de sí los cuerpos por las vías naturales, esp. las materias fecales.
SIN. **Heces.**
excrementoso, -sa *adj.* [alimento] Que se convierte más que otros en excremento. 2 Excrementicio.
excrescencia *f.* Excrecencia.
excretar (de *excreto*) *intr.* Expeler el excremento. -2 *tr.* Separar y eliminar de la sangre o de los tejidos del cuerpo [substancias superfluas, como la orina, el sudor]; eliminar por desasimilación.
excreto, -ta (l. *-tu*) *adj.* Que se excreta.
excretor, -ra, excretorio, -ria *adj.* [vaso o conducto] Que sirve para la excreción.
exculpación *f.* Acción de exculpar. 2 Efecto de exculpar. 3 Circunstancia que exculpa.
exculpar (l. *ex culpa,* sin culpa) *tr.* Descargar [a uno] de culpa.
SIN. v. **Perdonar.**
excursión (l. *-ione*) *f.* Correría. 2 Ida a algún paraje para estudio, recreo o ejercicio físico. 3 ASTRON. Distancia angular de un planeta a la eclíptica.
excursionismo *m.* Ejercicio y práctica de las excursiones como deporte o con fin científico o artístico.
excursionista *com.* Persona que hace excursiones.
excusa *f.* Acción de excusar o excusarse. 2 Efecto de excusar o excusarse. 3 Motivo o pretexto que se invoca para excusar o excusarse. 4 *Colomb.* Escusa, cesta. ◇ HOMÓF.: *escusa.*
SIN. *3* **Disculpa, exculpación; pretexto, rebozo, socapa, socolor,** si el motivo es más o menos simulado; **retrechería,** (fam.) es maña o artificio para eludir un deber; v. **Efugio.**
excusabaraja *f.* Escusabaraja.
excusable *adj.* Que admite excusa o es digno de ella. 2 Que se puede omitir.

excusación (l. *-atione*) *f.* Excusa.
excusadamente *adv. m.* Sin necesidad.
excusado, -da *adj.* Libre, por privilegio, de pagar tributos. 2 Reservado o separado del uso común. 3 Superfluo e inútil. -4 *m.* Retrete.
excusador, -ra *adj.* Que excusa. -2 *m.* El que exime y excusa a otro de una carga o ministerio, sirviéndolo por él.
excusalí *m.* Delantal pequeño. ◇ Tambíen *escusalí.* ◇ Pl.: *excusalíes.*
excusar (l. *-are*) *tr.-prnl.* Alegar razones para sacar libre [a uno de la culpa que se le imputa]: ~ *las faltas de los jóvenes; excúsale de sus faltas.* 2 Rehusar hacer [una cosa]: *excusarse de votar, con alguno;* ~ *un juramento.* -3 *tr.* Evitar que suceda [una cosa] perjudicial: ~ *pleitos, lances.* 4 Eximir [del pago de tributos o de un servicio personal]. 5 Junto con infinitivo indica que no es necesaria [la acción que éste significa]: *excusas venir, que ya no haces falta.* ◇ HOMÓF.: *escusa.*
SIN. v. **Perdonar.**
excusión (l. *-ussione*) *f.* DER. Procedimiento judicial para obtener el pago a expensas de un deudor principal.
excuso *m.* Acción de excusar. 2 Efecto de excusar.
exea (l. *exire,* salir) *m.* MIL. desus. Explorador (que explora).
execrable *adj.* Digno de execración.
execración *f.* Acción de execrar. 2 Efecto de execrar. 3 Pérdida del carácter sagrado de un lugar por profanación o accidente. 4 RET. Figura en que se toma esta palabra vulgar, en su misma acepción.
execrador, -ra *adj.-s.* Que execra.
execrando, -da *adj.* Execrable, o que debe ser execrado.
execrar (l. *exsecrari*) *tr.* Condenar y maldecir [una pers. o cosa] con autoridad sacerdotal o en nombre de cosas sagradas. 2 Abominar.
execrativo, -va *adj.* Que execra.
execratorio, -ria *adj.* Que sirve para execrar.
exedra (l. < gr. *ex,* fuera + *edra,* silla) *f.* ARQ. Construcción descubierta, de planta semicircular, con asientos y respaldos fijos en la parte interior de la curva.
exégesis, exegesis (gr., de *exegéomai,* guiar) *f.* Explicación, interpretación, esp. de los libros de la Sagrada Escritura. ◇ Pl.: *exégesis.*
exegeta *m.* Intérprete o expositor de un texto, esp. de la Sagrada Escritura.
exegético, -ca *adj.* Relativo a la exégesis.
exención (l. *exemptione*) *f.* Efecto de eximir o eximirse. 2 Libertad que uno goza para eximirse de alguna obligación.
exencionar *tr.* Eximir, exentar.
exentamente *adv. m.* Libremente, con exención. 2 Con franqueza, sencillamente.
exentar *tr.-prnl.* p. us. Eximir.
exento, -ta (l. *exemptu*) pp. irreg. de *eximir*. 2 *adj.* Libre, desembarazado de una cosa: ~ *de cargas.* 3 [pers. o cosa] No sometido a la jurisdicción ordinaria. 4 [sitio o edificio] Descubierto por todas partes. 5 V. columna exenta.
exequátur (l. *exsequatur,* que ejecuta) *m.* Pase que da la autoridad civil de un estado a las bulas y rescriptos pontificios. 2 Autorización que otorga el jefe de un estado a los agentes extranjeros para que puedan ejercer las funciones propias de sus cargos. ◇ Pl.: *exequátur.*
SIN. **Pase, paso.**
exequias (l. *exsequias*) *f. pl.* Honras funerales.
SIN. **Funeral** o **funerales; honras** u **honras fúnebres,** se dice, lo mismo que *exequias,* en estilo elevado.
exequible *adj.* Que se puede conseguir.
exergo (gr. *ex,* fuera + *ergon,* trabajo) *m.* Parte de una medalla o moneda donde se pone una leyenda debajo del emblema o figura. ◇ Pl.: *exergos.*
exfoliación *f.* Acción de exfoliar o exfoliarse. 2 Efecto de exfoliar o exfoliarse. 3 Propiedad que tienen algunos minerales de exfoliarse con facilidad, en una dirección determinada. 4 Pérdida de la corteza de un árbol. 5 MED. Pérdida o caída de la epidermis en escamas.
exfoliador, -ra *adj. Amér.* [cuaderno] Que tiene las hojas ligeramente pegadas, para desprenderlas con facilidad. -2 *m.* Calendario al que se arranca una hoja cada día.
exfoliar (l. *-are*) *tr.-prnl.* Dividir [una cosa] en láminas o escamas. ◇ ** CONJUG. [12] como ***cambiar.***
exhalación *f.* Acción de exhalar o exhalarse. 2 Efecto de exhalar o exhalarse. 3 Estrella fugaz. 4 Rayo, centella. 5 Vaho.
exhalador, -ra *adj.* Que exhala.
exhalante *adj.* ZOOL. Que respira hacia fuera, como las corrientes respiratorias de agua en los organismos, y las estructuras anátomicas que las permiten.
exhalar (l. *-are*) *tr.* Despedir [gases, vapores u olores]. 2 fig. Lanzar [quejas, suspiros, etc.]. -3 *prnl.* fig. Desalarse (correr o anhelar).
exhaustivo, -va *adj.* Que agota: *bibliografía exhaustiva de una ciencia; impuestos exhaustivos.*
exhausto, -ta (l. *-tu*) *adj.* Apurado y agotado: *erario* ~.
exheredación *f.* Acción de desheredar. 2 Efecto de desheredar.
exheredar (l. *-are*) *tr.* p. us. Desheredar.
exhibición *f.* Acción de exhibir. 2 Efecto de exhibir. 3 Exposición (manifestación pública). 4 Operación de proyectar una película cinematográfica.
exhibicionismo *m.* Prurito de exhibirse. 2 MED. Tendencia patológica a mostrar los propios órganos genitales.
exhibicionista *com.* Persona aficionada al exhibicionismo.
exhibir (l. *-ere*) *tr.-prnl.* Manifestar, mostrar en público. -2 *tr.* DER. Presentar [un documento, una prueba, etc.], ante quien corresponda. 3 *Méj.* DER. Pagar [una cantidad]: *exhibió mil pesos al contado.*
exhortación *f.* Acción de exhortar. 2 Palabras con que se exhorta a uno. 3 Plática, sermón familiar y breve.
SIN. **Paréntesis,** lit., p. us.
exhortador, -ra *adj.-s.* Que exhorta.
exhortar (l. *-are*) *tr.* Inducir [a uno] con palabras a que haga alguna cosa: ~ *a penitencia.*
exhortativo, -va *adj.* Exhortatorio. 2 GRAM. ***Oración exhortativa,*** la que expresa ruego o mandato.
exhortatorio, -ria *adj.* Relativo a la exhortación.
exhorto *m.* DER. Despacho que libra un juez a otro su igual para que mande dar cumplimiento a lo que se le pide.
exhumación *f.* Acción de exhumar.
exhumador, -ra *adj.-s.* Que exhuma.
exhumar (*ex-* + l. *humus,* tierra) *tr.* Desenterrar [un cadáver o restos humanos]. 2 fig. Traer a la memoria [lo olvidado]: ~ *un recuerdo.*
CONTR. **Inhumar.**
exigencia *f.* Acción de exigir. 2 Efecto de exigir. 3 Pretensión caprichosa o desmedida.
exigente *adj.-s.* Que exige, esp. caprichosa o despóticamente.
exigibilidad *f.* Calidad de exigible.
exigible *adj.* Que puede o debe exigirse.
exigidero, -ra *adj.* desus. Exigible.
exigir (l. *-ere*) *tr.* Cobrar, sacar de uno por autoridad pública [dinero u otra cosa]: ~ *los tributos;* ~ *las rentas;* en gral., demandar imperiosamente: ~ *que se cumplan sus órdenes.* 2 fig. Pedir una cosa [algún requisito necesario] para que se haga: *el cuidado de esta planta exige mucho esmero.* ◇ ** CONJUG. [6] como ***dirigir.***
exigüidad *f.* Calidad de exiguo.
exiguo, -gua (l. *-uu*) *adj.* Insuficiente, escaso.
exilado, -da *adj.-s.* GALIC. Exiliado.
exilar *tr.* GALIC. Exiliar.
exiliado, -da *adj.-s.* [pers.] Que por motivos políticos se refugia en otro país o en la embajada correspondiente
REL. v. **Expatriado.**
exiliar *tr.-prnl.* Desterrar. ◇ ** CONJUG. [12] como ***cambiar.***
exilio (l. *exiliu*) *m.* Destierro.
eximente *adj.-s.* V. circunstancia eximente.
eximio, -mia (l. *-iu*) *adj.* Muy excelente.
eximir (l. *-ere*) *tr.-prnl.* Libertar [a uno] de una obligación, carga, cuidado, etc.: ~ *a uno de una ocupación; se eximió del encargo.* ◇ CONJUG.: pp. reg.: ***eximido***; irreg.: ***exento.***
SIN. v. **Perdonar.**
exina *f.* Membrana exterior de un grano de polen o de una espora.
REL. **Intina,** envoltura interior.
exinanición (l. *-itione*) *f.* Notable falta de vigor y fuerzas.
exinanido, -da (l. *-itu*) *adj.* Notablemente falto de fuerzas y vigor.
exinita *f.* Componente microscópico de los carbones que sirve para clasificarlos, formado a partir de las membranas de los granos de polen.
existencia (l. *-ntia*) *f.* El hecho de existir. 2 Vida del hombre. 3 FIL. Por oposición a esencia, realidad concreta de un ente cualquiera. -4 *f. pl.* Cosas, esp. mercancías, que no han tenido aún

la salida o empleo a que están destinadas: *las existencias abarrotaban el almacén.*
existencial *adj.* Relativo al acto de existir.
existencialismo *m.* Nombre de varias doctrinas filosóficas contemporáneas, que coinciden en estimar la existencia del hombre como principio de todo pensar, a diferencia del cartesianismo. Tiene dos direcciones principales: una cristiana y otra atea, representadas respectivamente por Kierkegaard y Heidegger.
existencialista *adj.* Relativo al existencialismo. -2 *com.* Partidario del existencialismo.
existente *adj.* Que existe.
existimación *f.* Acción de existimar. 2 Efecto de existimar.
existimar (l. *-are*) *tr.* p. us. Formar juicio [de una cosa]; tenerla por cierta aunque no lo sea.
existimativo, -va *adj.* Putativo.
existir (l. *-ere*) *intr.* Tener una cosa ser real y verdadero. 2 Tener vida. 3 Estar o hallarse una cosa en algún lugar.
exitazo *m.* Gran éxito.
éxito (l. *-tu*) *m.* p. us. Fin de un negocio o dependencia. 2 Resultado feliz. 3 Buena aceptación que tiene una persona o cosa.
exitoso, -sa *adj.* Que tiene éxito.
exo- (gr. *exo,* fuera) Elemento prefijal que entra en la formación de palabras con el significado de fuera: *exósmosis, exotérmico.*
CONTR. **Endo-.**
exobiología (*exo-* + *biología*) *f.* Rama de la biología que estudia la posibilidad de existencia de organismos vivos fuera del espacio terrestre.
exocardia (*exo-* + *-cardia*) *f.* MED. Situación o desplazamiento anormal del corazón.
exocéntrico, -ca (*exo-* + *céntrico*) *adj.* Que está o cae fuera del centro.
exocrino, -na (*exo-* + gr. *krino,* segregar) *adj.* ZOOL. [glándula] Que tiene conducto excretor, por el cual salen los productos que aquélla ha elaborado. 2 [secreción] Que se vierte fuera del organismo.
CONTR. **Endocrino.**
exodermis *f.* Exodermo. ◇ Pl.: *exodermis.*
exodermo (*exo-* + *-dermo*) *m.* BOT. Capa más externa de la corteza de los órganos vegetales;
éxodo (l. *-du* < gr. *éxodos* < *ex-* + *odós,* camino) *m.* Libro de la Biblia. 2 fig. Emigración de un pueblo.
exoenergético, -ca (*exo-* + *energético*) *adj.* FÍS. [fenómeno] Acompañado de desprendimiento de energía.
exoesqueleto *m.* ZOOL. Dermatoesqueleto.
exoftalmia (*exo-* + gr. *ophtalmos,* ojo) *f.* MED. Síntoma de varias enfermedades que consiste en la situación saliente del globo ocular.
SIN. **Exoftalmos.**
exoftálmico, -ca *adj.* Relativo a la exoftalmia.
exoftalmos *m.* PAT. Exoftalmia.
exogamia (*exo-* + *-gamia*) *f.* Regla o práctica de contraer matrimonio con cónyuge de distinta tribu o ascendencia, o procedente de otra localidad o comarca. 2 Cruzamiento entre individuos de distinta raza, que conduce a una descendencia cada vez más heterogénea. 3 Cubrimiento de un animal hembra por un macho de distinta especie.
exogámico, -ca *adj.* Relativo a la exogamia.
exógamo, -ma (*exo-* + *-gamo*) *adj.* [pers.] Que practica la exogamia. 2 [pers.] Que ha nacido de un matrimonio en que los cónyuges pertenecen a distinto grupo, clan, tribu, etc.
exogástrula (*exo-* + *gástrula*) *f.* Formación anormal en el proceso de gastrulación, debido a que la invaginación de las hojas blastodérmicas no tiene lugar y éstas se presentan invertidas.
exógeno, -na (*exo-* + *-geno*) *adj.* [órgano] Que se forma en el exterior de otro, como las esporas de ciertos hongos. 2 Que es debido a causas externas al propio organismo: ***intoxicación exógena,*** la debida a una substancia externa al organismo, como son fármacos, venenos, etc. 3 [fuerza] Que externamente actúa sobre algo. 4 GEOL. [fuerza o fenómeno] Que se produce en la superficie terrestre.
exoneración *f.* Acción de exonerar o exonerarse. 2 Efecto de exonerar o exonerarse.
exonerar (l. *-are*) *tr.* Aliviar, descargar de peso, carga u obligación: *~ el vientre.* 2 Destituir [a uno] de un empleo.
exónfalo (*ex-* + *-ónfalo*) *m.* Hernia umbilical.
exopodito (*exo-* + gr. *podos,* pie) *m.* Pieza exterior de cada uno de los apéndices bífidos de los crustáceos.
exopterigoto (*exo-* + *pterigoto*) *adj.-s.* ZOOL. Insecto al que las alas se le desarrollan gradualmente en la parte posterior del cuerpo; no existe estadio pupal y la forma joven es gralte. una ninfa. -2 *m. pl.* Subclase de estos insectos.
exorable *adj.* Que se deja vencer fácilmente de los ruegos.
exorar (l. *-are*) *tr.* lit. Pedir con empeño.
exorbitancia *f.* Exceso notable, exagerado.
exorbitante (l.) *adj.* Excesivo.
exorbitantemente *adv. m.* Con exorbitancia.
exorbitar *tr.* Exagerar.
exorcismo *m.* Conjuro contra el espíritu maligno.
exorcista *com.* Persona que exorciza. -2 *m.* Clérigo que ha recibido la orden del exorcistado.
exorcistado *m.* Tercera de las órdenes menores, que da facultad para practicar exorcismos con permiso del obispo.
exorcizar (b. l. *-are* < gr. *exorkizo,* de *hórkos,* juramento) *tr.* Usar de exorcismos [contra el espíritu maligno]. 2 fig. Conjurar, alejar una circunstancia o suceso adverso: *las últimas conversaciones han exorcizado los rumores de guerra* ◇ ** CONJUG. [4] como ***realizar.***
exordio (l. *-iu*) *m.* Introducción, preámbulo de una obra y esp. de un discurso.
SIN. **Isagoge.**
exornación *f.* Acción de exornar o exornarse. 2 Efecto de exornar o exornarse.
exornar (l. *-are*) *tr.* Adornar, hermosear [esp. el lenguaje escrito o hablado] con galas retóricas.
SIN. V. **Adornar.**
exorreico, -ca *adj.* [región] Que desagua en el mar.
exorreísmo (*exo-* + gr. *rheo,* fluir) *m.* Característica de una región cuya red hidrográfica vierte sus aguas en un mar u océano.
exosfera (*exo-* + *esfera*) *f.* Capa atmosférica más externa de la Tierra, situada entre los 400 ó 500 kms. y aproximadamente los 2.500 kms. de altura.
exósmosis, exosmosis (*exo-* + *ósmosis*) *f.* En la ósmosis, corriente que va del líquido más denso al menos denso.
CONTR. **Endósmosis.** ◇ Pl.: *exósmosis, exosmosis.*
exospora (*exo-* + *-spora*) *f.* BOT. Capa exterior de la pared de una espora.
exosqueleto *m.* Exoesqueleto.
exóstosis, exostosis (*exo-* + gr. *osteon,* hueso + *-osis*) *f.* Excrecencia ósea anormal. ◇ Pl.: *exóstosis, exostosis.*
exotérico, -ca (gr. *-kós*) *adj.* Común, accesible para el vulgo. 2 Que es de fácil acceso por la mente.
CONTR. **Esotérico.**
exotérmico, -ca (*exo-* + gr. *thermos,* caliente) *adj.* QUÍM. [reacción] Que se produce con desprendimiento de calor.
CONTR. **Endotérmico.**
exoticidad *f.* Exotismo.
exótico, -ca (l. *-cu* < gr. *-kós*) *adj.* Extranjero, peregrino, esp. si procede de país muy lejano: *ornamentación exótica; productos exóticos.* 2 Raro, extraño.
exotiquez *f.* Exotismo.
exotismo *m.* Calidad de exótico. 2 Tendencia a asimilar formas y estilos artísticos de un país o cultura distintos de los propios.
exotista *adj.* Que siente afición por lo exótico.
exotoxina (*exo-* + *toxina*) *f.* Toxina que segrega la bacteria al exterior sin desintegrar el soma bacteriano.
expandir (l. *-dere*) *tr.-prnl.* Extender, dilatar, difundir [doctrinas, ideas, imperios, etc.]. ◇ INCOR.: *expander.*
expansibilidad *f.* Calidad de expansible, esp. tendencia que tienen los gases a aumentar de volumen a causa de la fuerza de repulsión que obra entre sus moléculas.
expansible *adj.* Susceptible de expansión.
expansión (l. *-ione*) *f.* Dilatación, esp. de un gas. 2 Desarrollo o difusión de una opinión o doctrina. 3 fig. Manifestación efusiva de un afecto o pensamiento. 4 fig. Recreo, solaz. 5 ECON. Aumento del volumen de la producción y de la demanda. 6 H. NAT. Prolongación o extensión de un órgano.
expansionarse *prnl.* Espontanearse, desahogarse. 2 Divertirse, recrearse. 3 Dilatarse.
expansionismo *m.* Tendencia a la expansión de una teoría, de una política, etc.
expansionista *adj.* Relativo al expansionismo. -2 *adj.-s.* Que tiende al expansionismo o es partidario de él.
expansivo, -va *adj.* Que tiende a dilatarse. 2 fig. Franco, comunicativo: *carácter ~.*

expatriación *f.* Acción de expatriarse o ser expatriado. 2 Efecto de expatriarse o ser expatriado.

expatriado, -da *adj.-s.* [pers.] Que se expatría

REL. **Asilado** y **exiliado** implican motivos políticos; **desterrado**, pena u obligación legal; **refugiado**, causa social o humanitaria.

expatriar (paras.) *tr.-prnl.* Abandonar por la fuerza o por propia voluntad el país de uno. ◇ ** CONJUG. [14] como ***auxiliar.***

expectable *adj.* ant. Digno de alta consideración.

expectación (l. *-atione*) *f.* Intensidad con que se espera una cosa, esp. cuando son muchos los que la esperan: *reina ~ en la ciudad.* 2 Contemplación de lo que se expone o muestra al público. 3 En términos administrativos, expectativa: *hallarse en ~ de destino.* 4 Fiesta que se celebra el 18 de diciembre en honor de la Virgen Nuestra Señora. 5 Método de tratamiento en que se observa y vigila el curso de una enfermedad curable naturalmente, con el solo auxilio de los medios dietéticos.

expectante (l.) *adj.* Que espera observando o está a la mira de una cosa. 2 DER. Relativo a aquello de que se tiene conocimiento como venidero con certeza o sin ella. 3 MED. [método de tratamiento] Por expectación.

expectativa *f.* Esperanza de conseguir una cosa, si se depara la oportunidad que se desea: *estar a la ~ de los precios.* 2 Posibilidad de conseguir un derecho, herencia, empleo, etc., al ocurrir un suceso que se prevé. 3 ~ ***de vida,*** función que representa el promedio de vida que le queda a una persona a partir de una edad determinada, según las estadísticas.

expectativas *adj. pl.* V. cartas, letras expectativas.

expectativo, -va *adj.* Expectante.

expectoración *f.* Acción de expectorar. 2 Efecto de expectorar. 3 Lo que se expectora.

SIN. *3* v. **Esputo.**

expectorante *adj.-m.* Que hace expectorar.

expectorar (l. *-are*) *tr.* Arrancar y arrojar por la boca [las flemas y secreciones que se depositan en las vías respiratorias].

SIN. v. **Escupir.**

expedición (l. *-itione*) *f.* Acción de expedir; conjunto de cosas que se expiden, remesa: *~ de mercancías a gran velocidad.* 2 Efecto de expedir; conjunto de cosas que se expiden, remesa. 3 p. us. Desembarazo, prontitud. 4 Despacho, bula, etc., de la curia romana. 5 Excursión para realizar una empresa: *~ científica, militar.* 6 Conjunto de personas que la realizan. 7 ECON. Acción destinada a embarcar las mercancías en los medios de transporte.

expedicionario, -ria *adj.-s.* Que lleva a cabo una expedición (excursión).

expedicionero *m.* El que cuida del despacho de las expediciones (bulas).

expedidor, -ra *m. f.* Persona que expide.

expedientar *tr.* Formar o instruir expediente [a un funcionario].

expediente (l. *expedire,* dar curso) *m.* Negocio que se sigue sin juicio contradictorio en los tribunales. 2 Conjunto de todos los papeles correspondientes a un asunto o negocio. 3 Arbitrio o pretexto para dar salida y prontitud en el manejo de los negocios. 4 desus. Título, razón, motivo o pretexto. 5 Facilidad, desenfado. 6 Procedimiento administrativo en que se enjuicia la actuación de un funcionario, empleado, estudiante, etc.

FRS. *Formar o instruir ~ a uno*, someter a un funcionario a enjuiciamiento de su conducta.

expedienteo *m.* desp. Tendencia exagerada a formar expedientes o complicar la instrucción de ellos. 2 Tramitación de los expedientes.

expedir (l. *-ire*) *tr.* Dar curso y despacho [a las causas y negocios]; esp., despachar, extender por escrito [privilegios, bulas, decretos, etc.]. 2 Pronunciar un auto o decreto. 3 Remitir, enviar: *~ una carta, un pedido.* -4 *prnl. Argent., Chile* y *Urug.* Manejarse, desenvolverse en asuntos o actividades. ◇ ** CONJUG. [34] como ***servir.***

SIN. *3* v. **Enviar.**

expeditamente *adv. m.* Fácilmente, desembarazadamente.

expeditar *tr. Amér.* Dejar expedito o concluido [un asunto].

expeditivo, -va *adj.* Que sirve para despachar prontamente un asunto: *medio, recurso ~.* 2 Que obra con eficacia y rapidez.

expedito, -ta *adj.* Desembarazado, pronto a obrar.

SIN. **Liberal.**

expelente *adj.* Que expele.

expeler (l. *-ellere*) *tr.* Arrojar, echar de alguna parte [a una pers., y esp. una cosa]: *~ a uno del reino; ~ por la boca.* ◇ CONJUG.: pp. reg.: ***expelido***; irreg.: ***expulso.***

SIN. Tratándose de personas se usa gralte. **expulsar**; v. **excluir.**

expendedor, -ra *adj.-s.* Que expende (gasta). -2 *m. f.* Persona que vende efectos de otro: *~ de tabaco.* 3 DER. Persona que expende [moneda falsa].

expendeduría *f.* Tienda en que se expende (vende).

expender (l. *-ere,* pesar dinero) *tr.* Gastar, hacer expensas: *~ su fortuna.* 2 Vender [efectos de propiedad ajena] por encargo de su dueño; despachar [billetes de ferrocarril, espectáculos, etc.]. 3 Vender al menudeo: *~ tabaco.* 4 DER. Poner en circulación [moneda falsa].

expendición *f.* Acción de expender. 2 Efecto de expender.

expendio *m.* p. us. Gasto, dispendio, consumo. 2 *Amér.* Expendición, venta al menudeo. 3 *Amér.* Expendeduría.

expensar *tr. Chile* y *Méj.* Costear los gastos [de alguna gestión o negocio]. ◇ Ús. pralte. en lenguaje forense.

expensas (l. *expensa*) *f. pl.* Gastos, costas.

A ~, a costa, por cuenta, a cargo.

experiencia (l. *-ntia*) *f.* Enseñanza que se adquiere con la práctica. 2 Experimento.

experimentación *f.* Acción de experimentar. 2 Efecto de experimentar. 3 Método científico de investigación, fundado en la determinación voluntaria de los fenómenos.

experimentado, -da *adj.* Que tiene experiencia.

experimentador, -ra *adj.-s.* Que experimenta o hace experiencias.

experimental *adj.* Fundado en la experiencia o que se sabe por ella: *método ~.* 2 Que sirve de experimento, con vistas a posibles perfeccionamientos, aplicaciones y difusión.

SIN. Aunque muchas veces confunden su significación, **empírico** se dice de lo que es resultado inmediato de la experiencia, la observación o la práctica, en tanto que *experimental* sugiere pralte. el experimento provocado a voluntad.

experimentalismo *m.* Preferencia por el método experimental como fuente del conocimiento científico.

experimentalmente *adv. m.* Por experiencia.

experimentar (de *experimento*) *tr.* Probar y examinar [las condiciones o propiedades de una cosa] por la práctica o la experimentación. 2 Notar, sentir en sí [un cambio o modificación orgánica o afectiva]: *~ el enfermo una mejoría;* en gral., sentir los efectos [de un cambio cualquiera]: *~ grandes pérdidas.*

experimento *m.* Acción de experimentar. 2 Efecto de experimentar. 3 Determinación voluntaria de un fenómeno u observación del mismo en determinadas condiciones, como medio de investigación científica.

SIN. **Experiencia.**

expertamente *adv. m.* Diestramente, con práctica y conocimiento.

experto, -ta (l. *-tu*) *adj.* Práctico, diestro, experimentado. -2 *m.* Perito.

expiable *adj.* Que se puede expiar.

expiación (l. *expiatione*) *f.* Acción de expiar. 2 Efecto de expiar.

expiar (l. *-are*) *tr.* Borrar [las culpas] por medio de algún sacrificio. 2 Purificar [una cosa profanada]. 3 Reparar el delincuente [sus delitos] sufriendo la pena impuesta por los tribunales; en gral., padecer las consecuencias [de desaciertos o malos proceders]: *~ una imprudencia.* ◇ ** CONJUG. [13] como ***desviar.*** ◇ HOMÓF.: *espía* (f.), *espiar* (v.).

SIN. *3* **Purgar, pagar.**

expiativo, -va *adj.* Que sirve para la expiación.

expiatorio, -ria *adj.* Que se hace por expiación, o que la produce.

expilar (l. *-are*) *tr.* Robar, despojar.

expillo *m.* Matricaria.

expiración *f.* Acción de expirar. 2 Efecto de expirar. ◇ HOMÓF.: *espiración.*

expirar (l. *-are*) *intr.* Morir (dejar de vivir). 2 Llegar una cosa al término de su duración: *~ el plazo.* ◇ HOMÓF.: *espirar.*

explanación *f.* Acción de explanar: *la ~ de un terreno; la ~ de un texto.* 2 Efecto de explanar.

explanada *f.* Espacio de terreno allanado. 2 FORT. Declive que se continúa desde el camino cubierto hacia la campaña. 3 FORT. Parte más elevada de la muralla sobre la cual se levantan las almenas. 4 MIL. Pavimento o armazón. ◇ INCOR.: *esplanada.*

SIN. *2* y *3* **Glacis.**

explanar (l. *-are*) *tr.* Allanar (poner llana). 2 Construir terraplenes, hacer desmontes, etc., hasta dar [al terreno] la nivelación

o el declive que se desea. 3 fig. Declarar, explicar: ~ *un texto.*
SIN. *3* v. **Explicar.**
explayada *adj.* BLAS. [águila] Que se representa con las alas extendidas.
explayar (paras. de *playa*) *tr.* Ensanchar, extender: ~ *la vista; explayarse el horizonte.* -2 *prnl.* Dilatarse, extenderse: *explayarse en un discurso.* 3 Confiarse de una persona comunicándole algún secreto o intimidad. 4 fig. Esparcirse, irse a divertir al campo.
expletivo, -va (l. *-vu*) *adj.* GRAM. Relativo a las voces usadas para hacer más llena, intensa o armoniosa la locución.
SIN. v. **Completivo.**
explicable *adj.* Que se puede explicar.
explicación *f.* Acción de explicar (exponer). 2 Efecto de explicar (exponer). 3 Satisfacción dada a una persona o colectividad sobre actos o palabras que exigen ser justificados. 4 Manifestación o revelación de la causa o motivo de alguna cosa.
explicaderas *f. pl.* fam. Manera de explicarse: *tener buenas* ~.
explicador, -ra *adj.-s.* Que explica o comenta algo.
explicar (l. *-are*) *tr.-prnl.* Declarar, expresar [lo que uno piensa o siente]: *explica lo que te propones; explícate.* -2 *tr.* Exponer en forma adecuada para hacerlo comprensivo [un incidente o una materia, como un texto, un problema, etc.]: ~ *una aventura, un teorema,* etc.; esp., enseñar en la cátedra: ~ *su clase de Geología.* 3 Exculpar [palabras o acciones] declarando que no hubo en ellas intención de agravio. 4 p. anal. Dar a conocer [la causa o motivo de alguna cosa]: ~ *su actuación.* -5 *prnl.* Llegar a comprender la razón de alguna cosa: *ahora me lo explico.* ◇ ** CONJUG. [1] como ***sacar***. ◇ HOMÓF.: *esplique* (m.).
SIN. *2* **Exponer; explanar,** cuando se hace con alguna extensión.
explicativo, -va *adj.* Que explica o sirve para explicar una cosa: *nota explicativa.* 2 GRAM. ***Oración explicativa***, oración incidental.
éxplicit (l. *explicit*) *m.* En las descripciones bibliográficas, últimas palabras de un escrito o de un impreso antiguo.
explícitamente *adv. m.* Expresa y claramente.
explicitar *tr.* Hacer explícito.
explícito, -ta (l. *-tu*) *adj.* Que expresa clara y determinadamente una cosa.
CONTR. **Implícito, callado, tácito.** SIN. **Expreso.**
explicitud *f.* Calidad de explícito.
explicotear *tr.-prnl.* fam. Explicar someramente o con imperfección [alguna cosa]: *me explicoteó lo ocurrido; el niño se explicotea.*
explicoteo *m.* Acción de explicotear. 2 Efecto de explicotear. 3 Explicaciones atropelladas.
explorable *adj.* Que puede ser explorado.
exploración *f.* Acción de explorar. 2 Efecto de explorar. 3 MED. Investigación sobre un órgano interno, para adquirir datos de su estado. 4 MIL. Actividad bélica que tiene por objeto informarse sobre el enemigo.
explorador, -ra *adj.-s.* Que explora. -2 *m.* Muchacho afiliado a cierta asociación educativa, patriota y deportiva. 3 MIL. Soldado que forma parte de una patrulla de exploración.
explorar (l. *-are*) *tr.* Tratar de descubrir lo que hay [en una cosa o lugar, y esp. en un país recorriéndolo]; reconocer minuciosamente el estado [de una parte interna del cuerpo] para formar diagnóstico: ~ *una cueva, el fondo del mar, el Congo;* ~ *el pecho.* 2 fig. Intentar averiguar [las circunstancias, situación, etc.], que rodean una cosa antes de emprenderla.
exploratorio, -ria *adj.-m.* Que sirve para explorar. 2 MED. Instrumento o medio que se emplea para explorar cavidades o heridas en el cuerpo.
explosión (l. *-ione*) *f.* Acción de reventar un cuerpo violenta y ruidosamente. 2 Dilatación repentina del gas contenido o producido por un dispositivo mecánico con el fin de obtener el movimiento de una de las partes de aquel; como en el motor de un automóvil o en el disparo del arma de fuego. 3 Manifestación súbita y violenta de ciertos afectos del ánimo. 4 Desarrollo repentino y considerable: *la* ~ *demográfica.* 5 GRAM. Final de la articulación de las consonantes explosivas. 6 QUÍM. Combustión rapidísima de un cuerpo con gran producción de gases: *motores de* ~.
SIN. *1* y *3* **Estallido.**
explosionar *intr.* Hacer explosión. -2 *tr.* Causar o provocar una explosión; se emplea esp. en el lenguaje militar y en la minería.
explosivo, -va *adj.-m.* Que hace o puede hacer explosión. -2 *adj.-s.* GRAM. [consonante] Que se articula produciendo un cierre momentáneo en la salida del aire, que se resuelve en una explosión; como *p, t, k.* V. oclusivo, mudo. 3 QUÍM. Que se incendia con explosión; como los fulminantes o la pólvora.
explosor *m.* Aparato que acciona de lejos las cargas explosivas mediante corrientes eléctricas.
explotable *adj.* Que se puede explotar.
explotación *f.* Acción de explotar. 2 Efecto de explotar. 3 Conjunto de elementos dedicados a una industria o granjería. 4 Conjunto de operaciones que constituyen la actividad típica de una empresa.
explotador, -ra *adj.-s.* Que explota.
explotar (fr. *exploiter,* der. del l. *explicitum,* cosa desarrollada) *tr.* Extraer [de las minas] las riquezas que contienen. 2 Sacar utilidad [de un negocio o industria]. 3 Aprovechar abusivamente las cualidades o circunstancias ajenas, o un suceso o incidente cualquiera: ~ *a los trabajadores.* -4 *intr.* Explosionar, estallar, hacer explosión.
expoliación *f.* Acción de expoliar. 2 Efecto de expoliar.
expoliador, -ra *adj.-s.* Que expolia o favorece la expoliación.
expoliar (l. *exspoliare*) *tr.* Despojar con violencia o con iniquidad. ◇ ** CONJUG. [12] como ***cambiar.***
expolición (l. *-itione*) *f.* RET. Figura que consiste en repetir un mismo pensamiento con distintas formas.
SIN. **Conmoración.**
expolio (l. *exspolin*) *m.* Acción de expoliar. 2 Efecto de expoliar. 3 Botín del vencedor. 4 Espolio. 5 Acción de arrebatar algo violentamente a otra persona. 6 vulg. Alboroto, escándalo, bronca. ◇ HOMÓF.: *espolio.*
expolionato *m. Argent.* y *Ant.* Expoliación.
exponencial *adj.* MAT. Relativo a los exponentes. 2 Que incluye exponentes variables o que está afectado por ellos.
exponente *adj.-s.* Que expone. -2 *m.* Prototipo, persona o cosa representativa de lo más característico en un género. 3 Número o expresión algebraica colocado en la parte superior y a la derecha de otro número o expresión, para denotar la potencia a que se ha de elevar. 4 Diferencia de una progresión aritmética o razón de una geométrica.
exponer (l. *-ere*) *tr.* Poner de manifiesto o poner a la vista [una cosa material o moral]: ~ ***sus propósitos; intr.,*** manifestar el Santísimo Sacramento. 2 Colocar [una cosa] para que reciba la acción de un agente: ~ *una fotografía a la luz solar.* 3 p. ext. Dejar abandonado [a un niño recién nacido] en un paraje público. 4 Declarar o interpretar el sentido [de una palabra, doctrina o texto]. -5 *tr.-prnl.* Arriesgar, poner [una cosa] en peligro de perderse o dañarse: ~ *la vida.* 6 Mostrar un artista [sus obras]. ◇ ** CONJUG. [78] como ***poner;*** pp. irreg.: ***expuesto.***
CONTR. *4* v. **Explicar.**
exportable *adj.* Que se puede exportar.
exportación *f.* Acción de exportar. 2 Efecto de exportar. 3 Conjunto de mercaderías que se exportan.
exportador, -ra *adj.-s.* Que exporta.
exportar (l. *-are*) *tr.* Enviar o vender a un país extranjero [los productos de la tierra o de la industria nacionales]. ◇ HOMÓF.: *esportada* (f.).
CONTR. **Importar.**
exposición (l. *-itione*) *f.* Acción de exponer: ~ ***de propósitos, de pinturas; diez minutos de*** ~ ***al Sol; la*** ~ ***del Santísimo; hizo una*** ~ ***sumaria de su doctrina;*** ~ ***previa de un drama.*** 2 Efecto de exponer. 3 Riesgo. 4 Petición hecha por escrito, gralte. a una autoridad. 5 Manifestación pública de productos de la tierra o de la industria, o de artes y ciencias, para estimular la producción, el comercio o la cultura: *la* ~ *internacional de Barcelona;* ~ *del libro español.* 6 Espacio de tiempo durante el cual se expone una placa fotográfica. 7 Situación de un objeto con relación a los puntos cardinales. 8 MÚS. En ciertas formas musicales, parte inicial de una composición que sirve para presentar el tema.
SIN. **Prótasis,** en el arte dramático.
exposímetro *m.* FOT. Aparato que sirve para medir la intensidad de la luz que ilumina el objeto fotografiado y que permite determinar el tiempo necesario de exposición para cada clase de película.
expositivo, -va *adj.* Que expone o interpreta.
expósito, -ta (l. *-tu*) *adj.-s.* El que, recién nacido, fue puesto en un paraje público o dejado en la inclusa.
SIN. **Echadillo, echadizo, inclusero, enechado; peño,** en algunas partes.

expositor, -ra *adj.-s.* Que interpreta, expone y declara una teoría, doctrina, etc. -2 *m. f.* Persona que concurre a una exposición pública con objetos de su propiedad o industria. -3 *m.* Objeto que sirve para exponer algo a la vista del público.
expremijo *m.* Mesa con ranuras, algo inclinada, para que al hacer queso escurra el suero.
SIN. **Entremiso.**
exprés *adj.-s.* Rápido: *olla ~; tren, café ~,* o simplte. ~.
expresado, -da *adj.* Mencionado.
expresamente *adv. m.* Con palabras o demostraciones claras. 2 De propósito, de intento, adrede.
expresar (de *expreso*) *tr.* Manifestar con palabras o por medio de otros signos exteriores [lo que uno piensa o siente]: *su agitación expresaba el temor.* 2 Manifestar el artista con viveza y exactitud [los efectos propios del caso]. -3 *prnl.* Darse a entender por medio de la palabra. ◇ CONJUG.: pp. reg.: ***expresado***; irreg.: ***expreso.***
SIN. *2* **Interpretar.**
expresión (l. *-ssione*) *f.* Acción de expresar; palabra, locución o signos exteriores con que se expresa una cosa: *esta palabra es una ~ inculta; ~ incorrecta; la ~ de temor de su rostro.* 2 Cosa que se regala en demostración de afecto. 3 Viveza y exactitud con que se manifiestan los efectos en un arte imitativa: *baila sin ~; los cuadros de este pintor tienen una ~ de tristeza.* 4 Acción de exprimir y zumo exprimido. 5 LING. Lo que, en un signo o enunciado lingüístico, corresponde sólo al significante oral o escrito. 6 LING. Cuanto en un enunciado lingüístico manifiesta los sentimientos del hablante. 7 MAT. Conjunto de términos que representan una cantidad. -8 *f. pl.* Memoria (saludo).
FR. *Reducir una cosa a la mínima ~*, mermarla, disminuirla todo lo posible.
expresionismo *m.* Escuela y tendencia estética que, reaccionando contra el impresionismo, propugna la intensidad de la expresión sincera aun a costa del equilibrio formal.
expresionista *adj.-s.* Propio o relativo al expresionismo. -2 *com.* Partidario del expresionismo.
expresivamente *adv. m.* De manera expresiva.
expresivo, -va *adj.* Que manifiesta con gran viveza de expresión. 2 [manifestación mímica, oral, escrita, musical o plástica] Que muestra con viveza los sentimientos de la persona que se manifiesta por aquellos medios. 3 Característico, típico. 4 Que constituye un indicio de algo. 5 Afectuoso.
expreso, -sa (l. *-ssu*) pp. irreg. de *expresar.* 2 *adj.* Claro, especificado. -3 *m.* Tren exprés. 4 Correo extraordinario.
CONTR. **Tácito, callado, implícito.** SIN. **Explícito.**
exprimidera *f.* Instrumento usado para sacar el zumo.
SIN. **Estrujadera, exprimidor.**
exprimidero *m.* Exprimidera.
exprimidor *m.* Exprimidera: *~ eléctrico.*
exprimión *m. P. Rico* y *S. Dom.* vulg. Estrujón.
exprimir (l. *-ere*) *tr.* Extraer el zumo o líquido [de una cosa] apretándola o retorciéndola: *~ una naranja.* 2 Estrujar (agotar). 3 fig. *y* desus. Expresar, manifestar.
expropiación *f.* Acción de expropiar. 2 Efecto de expropiar. 3 Cosa expropiada.
expropiador, -ra *adj.* Que expropia.
expropiar (paras. de *propio*) *tr.* Desposeer legalmente [de una cosa] a su propietario por razón de interés público. ◇ ** CONJUG. [12] como ***cambiar.***
expuesto, -ta, pp. irreg. de *exponer.* 2 *adj.* Peligroso.
expugnable *adj.* Que se puede expugnar.
expugnación *f.* Acción de expugnar. 2 Efecto de expugnar.
expugnador, -ra *adj.-s.* Que expugna.
expugnar (l. *-are*) *tr.* Tomar por fuerza de armas [una fortaleza, una ciudad, etc.].
expulsar (l. *-are*) *tr.* Expeler, echar [esp. a una pers.]. ◇ CONJUG.: pp. reg.: ***expulsado***; irreg.: ***expulso.***
SIN. V. **Excluir.**
expulsión *f.* Acción de expulsar o expeler. 2 Efecto de expulsar o expeler. 3 ESGR. Golpe del diestro a la espada del contrario para desarmarlo.
expulsivo, -va *adj.-s.* Que tiene virtud de expeler: *medicamento ~.*
expulso, -sa (l. *-su*) pp. irreg. de *expeler* y *expulsar.*
expulsor, -ra *adj.* Que expulsa. -2 *m.* En algunas armas de fuego, mecanismo dispuesto para expulsar los cartuchos vacíos.
expurgación *f.* Acción de expurgar. 2 Efecto de expurgar.
expurgador, -ra *adj.-s.* Que expurga.
expurgar (l. *-are*) *tr.* Limpiar, purificar [una cosa]. 2 fig. Quitar lo nocivo, erróneo, ofensivo, etc., que contiene [un libro, un impreso, etc.]. ◇ ** CONJUG. [7] como ***llegar.***
expurgativo, -va *adj.* Que expurga.
expurgatorio, -ria *adj.* Que expurga (limpiar). -2 *adj.-m.* V. índice expurgatorio.
expurgo *m.* Expurgación.
exquisitamente *adv. m.* De manera exquisita.
exquisitez *f.* Calidad de exquisito.
exquisito, -ta (l. *-tu*) *adj.* De singular y extraordinaria invención, primor o gusto.
extasiarse *prnl.* Arrobarse. ◇ ** CONJUG. [13] como ***desviar.***
éxtasis (gr. *éktasis*) *m.* Estado del alma caracterizado interiormente por cierta unión mística con Dios y por un sentimiento de felicidad, de gozo inefable, y exteriormente por una inmovilidad casi completa y por una disminución de todas las funciones de relación, de la circulación y de la respiración. 2 Estado del alma enteramente embargada por un intenso sentimiento de admiración, alegría, etc. 3 Droga alucinógena afrodisíaca sintética que puede causar la locura y hasta la muerte de la persona que la ingiere. 4 MED. Se emplea impropiamente por *estasis* (v. esta palabra). ◇ Pl.: *éxtasis.*
SIN. *1* y *2* **Rapto, transporte; éxtasis,** frente a ellos, supone un estado más bien pasivo. En la acep. 2, los sentimientos que producen **éxtasis** son placenteros, en tanto que el **rapto** y el **transporte** son de gran tensión activa, agradables o desagradables: abnegación, valor, ira, celos, amor, odio, etc. A ambos equivalen **arrebatamiento** y **arrebato.**
extático, -ca *adj.* Que está en éxtasis. ◇ HOMÓF.: *estático* (adj.), *estática* (f.).
extatismo *m.* Estado del que se halla en éxtasis o propende a él. ◇ HOMÓF.: *estatismo.*
extemporal (l. *-ale*) *adj.* Extemporáneo.
extemporáneamente *adv. m.* De modo extemporáneo.
extemporaneidad *f.* Calidad de extemporáneo.
extemporáneo, -a (l. *-eu*) *adj.* Impropio del tiempo. 2 Inoportuno, inconveniente.
SIN. v. **Intempestivo.**
extender (l. *-ere*) *tr.* Hacer que [una cosa], aumentando su superficie, ocupe más espacio que antes: *~ un papel;* esp., desenvolver lo que está arrollado: *~ una alfombra.* 2 Esparcir, derramar [lo que está amontonado o espeso]: *~ la hierba segada, la pintura.* 3 Despachar, poner por escrito [un documento]: *~ un giro.* 4 fig. Dar mayor amplitud [a una cosa moral]: *~ una creencia; extenderse un cisma.* -5 *prnl.* Ocupar cierta extensión de terreno: *la ciudad se extiende a ambos lados.* 6 Ocupar cierta cantidad de tiempo, durar. 7 Dilatarse, detenerse mucho en una explicación o narración: *extenderse en digresiones.* 8 Propagarse, irse difundiendo una cosa que no depende de la voluntad: *la epidemia se extendió rápidamente.* 9 fig. Alcanzar, llegar la fuerza de una cosa a influir en otras: *su venganza se extiende hasta privarle de los hijos; extenderse a,* o *hasta, mil reales.* 10 fig. *y* fam. Ponerse muy hinchado o entonado. ◇ ** CONJUG. [28] como ***entender***; pp. reg.: ***extendido***; irreg.: ***extenso.***
extendidamente *adv. m.* Por extenso.
extensamente *adv. m.* Extendidamente.
extensibilidad *f.* Calidad de extensible.
extensible *adj.* Que se puede extender.
extensión (l. *-ione*) *f.* Acción de extender. 2 Efecto de extender. 3 Duración en el tiempo. 4 Línea telefónica conectada con una centralita de abonado. 5 Movimiento por el que los segmentos de un miembro se desdoblan y se disponen en línea recta; movimiento opuesto a flexión. 6 GEOM. Propiedad de los cuerpos de ocupar una parte mayor o menor de espacio. 7 GEOM. Medida del espacio ocupado por un cuerpo. 8 GRAM. Tratando del significado de las palabras, ampliación del mismo a otro concepto relacionado con el originario. 9 LÓG. Conjunto de objetos a los que se aplica un elemento de conocimiento (concepto, juicio o relación). 10 LÓG. Conjunto de individuos comprendidos en una idea.
REL. *9* **Comprensión.**
extensivamente *adv. m.* De un modo extensivo.
extensivo, -va *adj.* Que es susceptible de extenderse. 2 Tomado por extensión.
extenso, -sa (l. *-su*) pp. irreg. de *extender.* 2 *adj.* Que tiene extensión o que tiene mucha extensión. -3 *loc. adv. Por ~,* con extensión, circunstanciadamente.
SIN. **Vasto, dilatado; lato, prolongado,** en sentido fig.
extensómetro (de *extensión + -metro*) *m.* Instrumento de precisión con el cual se miden las deformaciones de las piezas

sometidas a esfuerzos de tracción o de compresión, diferencias de dilatación de los ensayos de metales, etc.

extensor, -ra *adj.* Que extiende o hace que se extienda una cosa: *músculo ~*. -2 *m.* Aparato formado de cintas de caucho usado para ejercitar los músculos.

CONTR. **Flexor,** tratándose de músculos.

extenuación *f.* Enflaquecimiento, debilitación grande. 2 RET. Atenuación.

extenuar (l. *-are*) *tr.-prnl.* Enflaquecer, debilitar. ◇ ** CONJUG. [11] como ***actuar.***

extenuativo, -va *adj.* Que extenúa.

exterior (l.) *adj.* Que está por la parte de afuera. 2 Que da a la parte de afuera: *habitación ~*. 3 Relativo a otros países: *negocios exteriores; **ministerio de asuntos exteriores,*** el que se ocupa de las relaciones internacionales de una nación. -4 *m.* Superficie externa de los cuepos. 5 Traza, porte de una persona. -6 *m. pl.* Escenas rodadas fuera de un estudio cinematográfico.

exterioridad *f.* Cosa exterior o externa. 2 Apariencia de las cosas, exterior (traza). 3 Demostración con que se aparenta un afecto del ánimo. 4 Honor o pompa de pura ceremonia: *las exterioridades de un banquete.*

exteriorización *f.* Acción de exteriorizar. 2 Efecto de exteriorizar.

exteriorizar *tr.* Hacer patente, revelar, mostrar [una cosa] al exterior. ◇ ** CONJUG. [4] como ***realizar.***

exteriormente *adv. m.* Por la parte exterior, aparentemente.

exterminable *adj.* Que se puede exterminar.

exterminación *f.* Acción de exterminar. 2 Efecto de exterminar.

exterminador, -ra *adj.-s.* Que extermina.

exterminar (l. *-are*) *tr.* fig. Acabar del todo [con una cosa]. 2 fig. Desolar, devastar por fuerza de armas. 3 desus. Echar fuera de los términos [a alguien]; desterrar.

exterminio (l. *-iu*) *m.* Acción de exterminar. 2 Efecto de exterminar.

externado *m.* Establecimiento de enseñanza de alumnos externos. 2 Estado y régimen de vida del alumno externo. 3 Conjunto de alumnos externos.

externamente *adv. m.* Por la parte externa.

externo, -na (l. *-nu*) *adj.* Que obra o se manifiesta al exterior. -2 *adj.-s.* [alumno] Que sólo permanece en la escuela durante las horas de clase.

extinción (l. *exstinctione*) *f.* Acción de extinguir o extinguirse. 2 Efecto de extinguir o extinguirse. 3 Absorción o debilitamiento de una radiación al atravesar un medio.

extinguible *adj.* Que se puede extinguir.

extinguir (l. *-ere*) *tr.-prnl.* Hacer que cese o acabe del todo [el fuego, la luz, la vida, etc.]. 2 Acabar, prescribir [un plazo, derecho u obligación]. ◇ ** CONJUG. [8] como ***distinguir;*** pp. reg.: ***extinguido***; irreg.: ***extinto.***

SIN. **Apagar.**

extintivo, -va *adj.* Que causa extinción. 2 DER. Que hace caducar, perderse o cancelarse una acción o un derecho.

extinto, -ta (l. *extinctu*) pp. irreg. de *extinguir*. 2 *adj.* Apagado. -3 *m. f.* Muerto, difunto.

extintor *adj.* Que extingue. -2 *m.* Aparato que desprende ácido carbónico u otros compuestos, para extinguir un incendio.

SIN. *2* **Matafuego.**

extirpable *adj.* Que se puede extirpar.

extirpación *f.* Acción de extirpar. 2 Efecto de extirpar.

extirpador, -ra *adj.-s.* Que extirpa. -2 *m.* AGR. Instrumento con cuchillas a modo de rejas, que cortan horizontalmente la tierra y las raíces.

extirpar (l. *-are*) *tr.* Arrancar de cuajo [una planta]. 2 Seccionar quirúrgicamente [órganos o formaciones orgánicas]. 3 fig. Destruir radicalmente [una cosa establecida por el hombre]: *~ los abusos.* ◇ HOMÓF.: *estirpe* (f.).

extornar *tr.* COM. Pasar [una partida] del debe al haber o viceversa.

extorno *m.* Acción de extornar. 2 Efecto de extornar. 3 Parte de prima que el asegurador devuelve al asegurado a consecuencia de alguna modificación en las condiciones de la póliza.

extorsión (l. *-ione*) *f.* Acción de usurpar por fuerza una cosa. 2 Efecto de usurpar por fuerza una cosa. 3 fig. Cualquier molestia, daño o perjuicio.

extorsionar *tr.* Usurpar, arrebatar [algo]. 2 Causar extorsión o daño [a alguien].

extorsionista *com.* Persona que causa extorsión.

extra (l.) *adj.* Extraordinario, óptimo. -2 *adv.* fam. Además: *~ del sueldo, tiene muchas ventajas.* -3 *com.* En el cine, persona que interviene como comparsa. 4 Persona que presta un servicio accidental. -5 *m.* fam. Adehala, gaje, plus. 6 fam. Gasto extraordinario. 7 fam. Bebida o plato extraordinario.

extra-, elemento prefijal que entra en la formación de palabras con el significado de fuera de: *extramuros, extraordinario;* añadido, suplementario: *extrasístole.*

extracción (l. *-ctione*) *f.* Acción de extraer. 2 Efecto de extraer. 3 Origen, linaje: *ser de humilde ~*.

extracelular (*extra-* + *celular*) *adj.* Situado o que ocurre fuera de una célula o de varias.

extracorpóreo, -a (*extra-* + *corpóreo*) *adj.* Exterior al cuerpo.

extracorriente (*extra-* + *corriente*) *f.* FÍS. Corriente creada en un circuito inducido que se manifiesta, por efecto de la autoinducción, al abrir o cerrar un circuito.

extractador, -ra *adj.-s.* Que extracta.

extractar *tr.* Reducir a extracto [un escrito, libro, etc.].

extractivo, -va *adj.* Relativo a la extracción.

extracto (l. *-tu*) *m.* Resumen de un escrito. 2 Número que, junto con otros cuatro, salía a favor de los jugadores en la lotería primitiva. 3 Substancia que se extrae de otra por varios procedimientos y que, en forma concentrada, posee su virtud característica. 4 DER. Resumen de un expediente o pleito contencioso administrativo.

extractor, -ra *m. f.* Persona que extrae. 2 Aparato o pieza para extraer.

extracurricular (*extra-* + *curricular*) *adj.* Que no pertenece a un currículo, o no está incluido en él: *estudios extracurriculares.*

extradición *f.* Acción de extradir. 2 Efecto de extradir.

extradir *tr.* Entregar [el reo] refugiado en un país a las autoridades de otro que lo reclama. ◇ HOMÓF.: *estrada* (f.), *estrado* (m.).

extraditar *tr.* Extradir.

extradós (it. *extradosso*) *m.* Superficie convexa o exterior de un arco o de una bóveda. 2 Cara de una dovela que corresponde a esta superficie. 3 Superficie exterior de un ala de avión. ◇ Pl.: *extradoses.*

REL. *1* **Intradós,** superficie cóncava o interior.

extraeconómico, -ca (*extra-* + *económico*) *adj.* Sin relación con la economía.

extraembrionario, -ria (*extra-* + *embrionario*) *adj.* Que está o se produce fuera del embrión.

extraente *adj.-s.* Que extrae.

extraer (l. *-here*) *tr.* Sacar: *~ una muela.* 2 MAT. Averiguar [las raíces] de una cantidad dada. 3 QUÍM. Separar de un cuerpo o substancia [alguno de sus componentes]: *~ la esencia de una hierba.* 4 *Ar.* DER. Sacar traslado de un instrumento público o de una parte de él. ◇ ** CONJUG. [88] como ***traer.***

extrahumano, -na (*extra-* + *humano*) *adj.* Sin relación con la humanidad.

extrajudicial (*extra-* + *judicial*) *adj.* Que se hace o trata fuera de la vía judicial.

extrajudicialmente *adv. m.* De manera extrajudicial.

extralegal *adj.* Opuesto a la legalidad.

extralimitación *f.* Acción de extralimitarse. 2 Efecto de extralimitarse.

SIN. v. **Exceso.**

extralimitarse *prnl.-tr.* fig. Excederse en el uso de sus facultades o atribuciones.

extralitúrgico (*extra-* + *litúrgico*) *adj.* Relativo al acto de culto no comprendido en la liturgia (culto público); como las peregrinaciones.

extramuros (l.) *adv. l.* Fuera del recinto de una población.

SIN. **Fuera de puertas.**

extranatural (*extra-* + *natural*) *adj.* Perteneciente o relativo al conjunto de condiciones físicas o químicas que impiden casi por completo la vida.

extranjería *f.* Calidad y condición del extranjero residente en un país. 2 Conjunto de normas reguladoras de la condición y los intereses de los extranjeros en un país. 3 Cosa extranjera.

extranjerismo *m.* Voz, giro o modo de expresión de un idioma extranjero empleado en español. 2 Amor o apego a las costumbres extranjeras.

SIN. *2* **Barbarismo.**

extranjerizante *adj.* Que extranjeriza.

extranjerizar *tr.* Introducir las costumbres extranjeras mezclándolas [con las propias del país]. ◇ ** CONJUG. [4] como ***realizar.***
extranjero (l. *extraneu,* extraño + *-ero*) ***adj.*** Que es o viene de país de otra soberanía. -2 ***adj.-s.*** Natural de una nación con respecto a los naturales de cualquier otra. -3 ***m.*** Nación o naciones que no son la propia.
SIN. *1* **Exótico.** REL. *1* y *2* **Xenofobia,** odio, aversión a lo extranjero; **xenófobo,** adj.
extranjía *f.* fam. Extranjería.
LOC. *De ~,* fam., extranjero; fig., extraño o inesperado.
extranjis (de ~) *loc.* fam. De extranjía. 2 De contrabando, fraudulentamente.
extraña *f.* Planta compuesta de adorno, de flores grandes terminales *(Callistephus chinensis).*
extrañación *f.* Extrañamiento.
extrañamente *adv. m.* De manera extraña.
extrañamiento *m.* Acción de extrañar o extrañarse. 2 Efecto de extrañar o extrañarse.
SIN. v. **Destierro.**
extrañar (b. l. *-neare*) ***tr.-prnl.*** Desterrar [a uno] a país extranjero: *~ de la patria.* 2 Ver u oír con extrañeza [una cosa]: *me extraña que digas eso.* 3 inus. Apartar, privar [a uno] del trato y comunicación que se tenía con él: *extrañé a Juan; me extrañé de Juan.* -4 ***tr.*** Sentir la novedad [de una cosa que usamos] echando de menos la que nos es habitual: *no he dormido porque extrañaba la cama.* -5 ***prnl.*** Negarse a hacer una cosa. 6 Asombrarse de algo. -7 ***tr.*** *And.* y *Amér.* Echar de menos [a alguna persona o cosa]: *mugía la vaca extrañando a su cría.*
extrañez *f.* Extrañeza.
extrañeza *f.* Lo que hace extraño (extraordinario o extravagante) a una pers. o cosa: *la ~ de aquel crimen radicaba en la ausencia de móviles; sus extrañezas de carácter.* 2 Cosa rara, extraordinaria. 3 Desavenencia entre los que eran amigos. 4 Admiración, novedad.
extraño, -ña (l. *-neu,* der. de *extra,* fuera) ***adj.-s.*** De nación, familia o profesión distinta: *los propios y los extraños;* fig., *ser un ~ en su propia familia.* -2 ***adj.*** Que es ajeno a una cosa, que no tiene parte en ella: *mi amigo era ~ a la conjuración.* 3 Que tiene algo de extraordinario, inexplicable o singular que excita la curiosidad, sorpresa, admiración: *un ruido, un crimen ~; ~ de ver.* 4 Extravagante: *~ carácter.* -5 ***m.*** Movimiento súbito anormal o inesperado: *el balón hizo un ~.*
extrañón ***adj.*** *Cuba.* [gallo] Que frecuentemente coge miedo al contrario.
extraoficial (*extra-* + *oficial*) ***adj.*** Oficioso, no oficial.
extraoficialmente *adv. m.* De modo extraoficial.
extraordinariamente *adv. m.* De manera extraordinaria.
extraordinario, -ria (l. *-iu*) ***adj.*** Fuera del orden o regla general o común. 2 Mejor o mayor que lo ordinario. -3 ***m.*** Correo especial que se despacha con urgencia. 4 Manjar que se añade a la comida diaria. 5 Número de un periódico que se publica por algún motivo especial. -6 *f.* Paga o remuneración que se añade al sueldo.
extraparlamentario, -ria ***adj.*** Que no tiene representación en el parlamento.
extraplano, -na ***adj.*** [cosa] Que es extraordinariamente plano o delgado en relación con otras cosas de su especie: *calculadora extraplana.*
extrapolación *f.* Acción de extrapolar. 2 Efecto de extrapolar.
extrapolar *tr.* Calcular el valor de una variable en un punto, en función de otros valores de la misma. 2 Aplicar una cosa conocida [a otro dominio] para extraer consecuencias e hipótesis.
extrarradio (*extra-* + *radio*) ***m.*** Parte o zona, la más exterior del término municipal, que rodea el casco y radio de la población.
extrasensorial (*extra-* + *sensorial*) ***adj.*** Que se percibe o acontece sin la intervención de los órganos sensoriales, o que queda fuera de la esfera de estos.
extrasístole (*extra-* + *sístole*) *f.* MED. Latido anormal e irregular del corazón.
extratémpora (*extra-* + l. *tempora,* los tiempos) *f.* Dispensa para que un clérigo reciba las órdenes mayores fuera de los tiempos señalados por la Iglesia.
extraterrenal ***adj.*** Extraterreno.
extraterreno, -na ***adj.*** Ultraterreno, que está más allá de la vida del hombre en la Tierra.
extraterrestre (*extra-* + *terrestre*) ***adj.*** Que está fuera del globo terráqueo: *espacio ~.* 2 Extraterreno. -3 ***com.*** Habitante de otros mundos.
extraterritorial (*extra-* + *territorial*) ***adj.*** Fuera de los límites territoriales de una jurisdicción.
extraterritorialidad *f.* Privilegio por el cual el domicilio de los agentes diplomáticos, los buques de guerra, etc., se consideran como si estuviesen fuera del territorio donde se encuentran, para seguir sometidos a las leyes de su país de origen.
extratipo ***m.*** Cantidad, camuflada bajo distintos conceptos, que se paga por encima del tipo de interés legalmente autorizado.
extrauterino, -na (*extra-* + *uterino*) ***adj.*** Que está situado u ocurre fuera del útero.
extravagancia *f.* Calidad de extravagante. 2 Dicho o hecho propio de una persona extravagante.
extravagante (*extra-* + l. *vagante,* errante) ***adj.*** Que se hace o dice fuera del orden o común modo de obrar. 2 Raro, extraño, desacostumbrado, excesivamente peculiar u original. -3 ***adj.-s.*** [pers.] Que habla, viste o procede así. 4 En las oficinas de Correos, correspondencia que se halla de paso para otras poblaciones. -5 *f.* Constitución pontificia puesta al fin del cuerpo del derecho canónico.
SIN. *1* y *3* **Extraño, raro.**
extravasación *f.* Acción de extravasarse. 2 Efecto de extravasarse.
extravasarse (paras. de *vaso*) ***prnl.*** Salirse un líquido de su vaso o conducto normal.
extravascular ***adj.*** Situado fuera del sistema vascular.
extravenar (paras. de *vena*) ***tr.*** Hacer salir [la sangre] de las venas. 2 fig. Desviar, sacar de su lugar.
SIN. **Trasvenarse,** en su uso ref.
extraversión *f.* Movimiento del ánimo que, cesando en su propia contemplación, sale fuera de sí por medio de los sentidos.
extravertido, -da ***adj.-s.*** [pers.] Cuyos intereses y preocupaciones se encuentran en el mundo que la rodea.
extraviado, -da ***adj.*** De costumbres desordenadas. 2 [lugar] Poco transitado, apartado. 3 Perdido.
extraviar (paras. de *vía*) ***tr.-prnl.*** Hacer perder el camino [a uno]: *nos hemos extraviado de la carretera.* 2 fig. Pasar en la conversación [de una cosa] a otra: *se extravió a otra cuestión.* 3 Poner [una cosa] en otro lugar que el que debía ocupar. 4 No fijar [la vista] en objeto determinado. -5 ***prnl.*** No encontrarse una cosa en su sitio e ignorarse su paradero. 6 fig. Dejar la forma de vida habitual y tomar otra distinta, por lo general mala. 7 fig. Errar, no acertar: *extraviarse en sus opiniones.* ◇ ** CONJUG. [13] como ***desviar.***
SIN. *1, 6* y *7* **Descaminar(se), descarriar(se).** *5* **Perderse.**
extravío ***m.*** Acción de extraviar o extraviarse. 2 Efecto de extraviar o extraviarse. 3 fig. Desorden en las costumbres. 4 fam. Molestia, perjuicio.
extrema *f.* fam. Extremaunción.
extremadamente *adv. m.* Con extremo, por extremo.
extremadas *f. pl.* Entre ganaderos, tiempo en que están ocupados en hacer el queso.
extremado, -da ***adj.*** Sumamente bueno o malo en su género. 2 Exagerado, que se sale de lo normal, o llama la atención.
extremamente *adv. m.* En extremo.
extremar *tr.* Llevar una cosa al extremo: *~ la severidad del castigo.* 2 Entre ganaderos, apartar las crías de sus madres. -3 ***intr.*** Entre ganaderos, se dice de los ganados que van a pasar el invierno a Extremadura. -4 ***prnl.*** Emplear uno todo esmero en la ejecución de una cosa: *extremarse en la limpieza.*
extremaunción *f.* Sacramento de la Iglesia, que consiste en la unción con óleo sagrado a los fieles que se hallan en peligro inminente de morir.
SIN. **Santos óleos, unción.**
extremeño, -ña ***adj.-s.*** De Extremadura, reg. de España. 2 Que habita en los extremos de una región. -3 ***m.*** Dialecto hablado en Extemadura.
SIN. *1* **Choricero,** burl.
extremidad (l. *-itate*) *f.* Parte extrema o última de una cosa. 2 fig. El grado último a que una cosa puede llegar. -3 *f. pl.* Cabeza, pies, manos y cola de los animales, o pies y manos del hombre. 4 Brazos y piernas o patas, en oposición al tronco.
extremismo ***m.*** Tendencia política extremista.
extremista ***adj.-com.*** Partidario de ideas extremas o exageradas, esp. en política.
extremo, -ma (l. *-mu*) ***adj.*** Último (superior y precio). 2 Muy distante: *~ Oriente.* 3 fig. [cosa] Muy intenso, elevado o activo: *extrema vejez; las extremas derechas; frío ~.* -4 ***m.*** El punto o momento extremo de una cosa: *hallarse en el ~ de la calle; el*

~ *de los dedos; con, en* o *por* ~, muchísimo, excesivamente; *amarse con* ~. 5 Punto, grado, momento, primero o último de una cosa: *los extremos se tocan; pasar de un* ~ *a otro; de* ~ *a* ~, desde el principio al fin. 6 Invernadero de los ganados trashumantes, y pastos en que se apacientan en el invierno. 7 Esmero sumo en una operación. 8 Asunto, punto o materia que se discute o estudia. 9 DEP. Jugador que cubre uno de los flancos del terreno de juego. -10 *m. pl.* Manifestaciones exageradas y vehementes: *hacer extremos.* 11 *En último* ~, en último caso, si no hay otra solución.
SIN. *9* **Alero.**
extremosidad *f.* Calidad de extremoso.
extremoso, -sa *adj.* Que no se comide o no guarda medio en efectos o acciones. 2 Muy expresivo en demostraciones cariñosas.
extrínsecamente *adv. m.* De manera extrínseca.
extrínseco, -ca (l. *-cu*) *adj.* Externo, no esencial.
extrofia *f.* PAT. Malformación congénita de un órgano hueco, cuya capa interior aparece en el exterior.
extroversión *f.* Extraversión. 2 ANAT. Defecto de un órgano que se vuelve hacia el exterior.
extrovertido, -da *adj.-s.* Extravertido.
extrudir (l. *extrudĕre*) *tr.* Impeler con una bomba [un metal fundido], para producir, a través de una matriz adecuada, barras, tubos, varillas y distintas secciones perfiladas. ◇ Son incorrectas las formas *extrusionar* y *extruar*, que a veces se usan en la técnica metalúrgica para traducir el ing. *to extrude.*
extrusión *f.* METAL. Acción de extrudir. 2 METAL. Efecto de extrudir. 3 GEOL. Acción de aflorar el magma a la superficie terestre. 4 GEOL. Efecto de aflorar el magma a la superficie terrestre.
extrusor, -ra *adj.* Que extrude. -2 *f.* Máquina para extrudir.
exuberancia (l. *-ntia*) *f.* Abundancia suma; plenitud y copia excesiva.
exuberante *adj.* Abundante y copioso en exceso.
exudación *f.* Acción de exudar. 2 Efecto de exudar. 3 METAL. Concentración anormal en la superficie de una pieza metálica de uno de los constituyentes del metal.
exudado *m.* MED. Producto de la exudación.
exudar (l. *-are*) *intr.-tr.* Salir un líquido fuera de sus vasos o continentes propios: *el árbol exuda goma.*
SIN. v. **Sudar.**
exulceración *f.* Acción de exulcerar o exulcerarse. 2 Efecto de exulcerar o exulcerarse.
exulcerar (l. *-are*) *tr.-prnl.* MED. Ulcerar ligeramente.
exultación *f.* Demostración de gran alegría.
exultar (l. *-are*) *intr.* Mostrar gran alegría.
exutorio (l. *exuere,* separar) *m.* Úlcera abierta y sostenida artificialmente con fines curativos.
SIN. **Fontículo, fuente.**
exvoto (l., por voto) *m.* Ofrenda a Dios, a la Virgen o a los santos en recuerdo de un beneficio recibido.
SIN. **Milagro, presentalla, voto.**
eyaculación *f.* Acción de eyacular. 2 Efecto de eyacular.
eyacular (l. *ejaculare,* der. de *jaculari*) *tr.* Lanzar con rapidez y fuerza [el contenido de un órgano, cavidad o depósito].
eyaculatorio, -ria *adj.* Relativo a la eyaculación.
eyección *f.* Extracción. 2 Expulsión del asiento del piloto, con su ocupante, en los aviones militares y los prototipos de aviones muy rápidos. 3 En astronáutica, expulsión por la tobera de un cohete de los gases producidos por la combustión del propergol; separación en el espacio, ya agotado su propergol, de una etapa del cohete.
eyectable *adj.* Que puede eyectar o sirve para ello.
eyectar *tr.-prnl.* Catapultar al exterior, esp. los asientos de los ocupantes de aviones militares o de los prototipos de aviones muy rápidos.
eyectivo, -a *adj.-s.* Consonante articulada por el aire situado encima de la glotis cerrada
CONTR. **Infraglotal.**
eyector *m.* Bomba para evacuar un fluido mediante la corriente de otro fluido a gran velocidad. 2 Pieza extractora de algunas armas. 3 MEC. Dispositivo en el cual un chorro fluido sirve para arrastrar otro fluido. 4 Grupo motopropulsor de un cohete, constituido por la cámara de combustión, su cabezal inyector de propengol y su tobera.
eyrá (voz guaraní) *m. Amér.* Gato montés de cuerpo esbelto y prolongado *(Herpailurus yaguaroudi).*
I) -ez (pobl. de origen ibérico) Sufijo que entra en la formación de los patronímicos: *Sánchez, Pérez, González.*
II) -ez (l. *-itie*) Sufijo que entra en la formación de substantivos abstractos derivados de adjetivos: *vejez, niñez, avidez;* con frecuencia es difícil distinguirlo de la apócope de *-eza* e históricamente se han confundido ambos sufijos.
-eza, -ez (l. *-itia*) Sufijo que entra en la formación de nombres abstractos derivados de adjetivos: *alteza, aspereza;* se apocopa en *-ez* con frecuencia en nombres que sin la apócope serían de tres o más sílabas: *dejadez, doncellez,* con muchas excepciones, como *delicadeza, sutileza;* hay formas dobles: *rustiqueza* y *rustiquez;* la terminación *-eza* se halla también en algunas palabras latinas en *-itia: tristeza, maleza.*
Ezequiel *n. pr.* Uno de los profetas mayores del Antiguo Testamento. Libro de sus profecías; se abrevia *Ez.*
-ezno (l. *-icinu*) Sufijo que entra en la formación de los substantivos diminutivos, especialmente referidos a crías de animal: *lobezno.*
ezpatadanza *f.* Danza vasca.
ezquerdear *intr.* Torcerse a la izquierda de la visual una hilada de sillares, un muro, etc.
-ezuelo, v. -ecico.

F, f *f.* Efe, sexta letra del **alfabeto español que representa gráficamente a la consonante fricativa, labiodental y sorda. 2 Símbolo químico del *flúor*. 3 MÚS. Representa al *fa* en la notación alfabética.
fa (v. *ut*) ***m.*** MÚS. Nota musical; cuarto grado de la escala fundamental. 2 *Perú.* Diversión, baile. ◇ Pl.: *fa.*
faba (l.) *f. Ar., Ast.* y *Gal.* Haba. 2 *Ast.* Judía. -3 ***adj.-s.*** *La Mancha.* vulg. Necio, vanidoso.
fabáceo, -a ***m. f.*** Papilionáceo.
fabada (asturiano *faba,* judía) *f.* Potaje de judías con tocino y morcilla, originario de Asturias.
fabianismo ***m.*** Movimiento británico, que dio origen a la Sociedad Fabiana (1883), de carácter socialista e igualitario dedicado al estudio de temas políticos y socioeconómicos.
Fabio ***n. pr.*** Amigo imaginario a quien se dirigen muchas obras literarias en verso y en prosa, esp. en el diálogo y en el género epistolar.
fabiola *f.* Mariposa diurna de pequeño tamaño, con las alas de color azul violeta el macho, y pardas la hembra *(Agrodiaetus escheris).*
fabismo ***m.*** Envenenamiento por las habas.
fabla (l. *fabula*) *f.* Imitación convencional y literaria del español antiguo.
fabordón (fr. *faux-bourdon*) ***m.*** MÚS. Contrapunto propio del canto gregoriano.
fábrica (l.) *f.* Fabricación. 2 Establecimiento donde se fabrica una cosa: ~ *de paños.* 3 Edificio. 4 Construcción o parte de ella hecha con piedra o ladrillo y argamasa: *pared de* ~. 5 Renta y fondo de las iglesias para repararlas y costear el culto. 6 fig. Invención, artificio de algo no material: ~ *de embustes.* 7 *Colomb.* Alambique.
SIN. *2* **Manufactura.**
fabricación (l. *-atione*) *f.* Acción de fabricar. 2 Efecto de fabricar.
fabricado ***m.*** Producto final obtenido en un proceso de fabricación.
fabricador, -ra ***adj.-s.*** fig. Que fabrica (inventa).
fabricante ***adj.-s.*** Que fabrica. -2 ***m.*** Dueño de una fábrica (establecimiento).
fabricar (l. *-are*) ***tr.*** Hacer [una cosa] por medios mecánicos. 2 p. ext. Elaborar: ~ *la plata.* 3 fig. Hacer, disponer o inventar [una cosa no material]: ~ *uno su desgracia, su fortuna.* ◇ ** CONJUG. [1] como ***sacar.***
fábrico ***m.*** *Colomb.* Alambique.
fabril (l. *-ile* < *faber,* operario) ***adj.*** Relativo a las fábricas o a sus operarios: *industria* ~.
fabriquero ***m.*** Fabricante. 2 Persona que cuida de la fábrica (renta). 3 Operario que trabaja en el carboneo.
fabuco ***m.*** Hayuco.
fábula (l.) *f.* Rumor, hablilla. 2 Objeto de murmuración: *López es la* ~ *de Madrid.* 3 Relato falso, ficción en que se encubre una verdad. 4 Composición literaria, gralte. en verso, en que por medio de una ficción alegórica y de la personalidad de seres irracionales, inanimados o abstractos se da una enseñanza: *las fábulas de Samaniego e Iriarte.* 5 Mito o leyenda mitológica: *la* ~ *de Orfeo.* 6 p. ant. ***La Fábula,*** la Mitología. 7 Narración o representación de algo para deleitar. 8 Asunto del poema épico o dramático, y desarrollo del mismo. 9 ~ ***milesia,*** cuento o novela inmoral.
SIN. *4* **Apólogo.**
fabulación *f.* Acción de fabular.
fabulador (l. *-atore*) ***m.*** Fabulista.
fabular ***tr.*** Contar fábulas. 2 Imaginar [la realidad].
fabulario ***m.*** Repertorio de fábulas literarias.
fabulesco, -ca ***adj.*** Propio o característico de la fábula como género literario.
fabulismo ***m.*** *Amér. Merid.* Hábito de imaginar y contar fábulas y cuentos.
fabulista ***com.*** Autor de fábulas literarias. 2 Autor de estudios sobre mitología.
fabulística *f.* Ciencia de las fábulas o mitos.
fabulosamente ***adv. m.*** Fingidamente o con falsedad. 2 fig. Excesivamente, increíblemente. 3 Muy bien.
fabulosidad *f.* Calidad de fabuloso.
fabuloso, -sa (l. *-osu*) ***adj.*** Falso, de pura invención. 2 p. ext. Excesivo, increíble: *precio* ~. 3 Remoto, antiquísimo: *tiempos fabulosos.*
faca (probl. del port. *faca,* de orig. incierto) *f.* Cuchillo corvo. 2 Cuchillo de grandes dimensiones y con punta, que suele llevarse envainado.
facción (l. *factione*) *f.* Parcialidad de gente en rebelión, bando, partida, pandilla. 2 Acción de guerra. 3 Acto del servicio militar; como guardia, patrulla, etc: *estar de* ~. 4 Parte del rostro humano: *bellas facciones.* ◇ En la acepción *4* se usa generalmente en plural.
SIN. *1* **Valía.**
faccionario, -ria ***adj.*** Que se declara a favor de una parcialidad.
faccioso, -sa (l. *-tiosu*) ***adj.-s.*** Relativo a una facción. 2 Rebelde armado. 3 Perturbador de la quietud pública.
facecia *f.* desus. Chiste, donaire o cuento gracioso.
facera (de *faz*) *f.* p. us. Acera (de casas).
faceta (fr. *facette*) *f.* Cara de un poliedro, cuando es de pequeño tamaño: *las facetas de una esmeralda.* 2 fig. Aspecto que puede ser considerado en un asunto. 3 ZOOL. Elemento de la córnea del ojo compuesto de los artrópodos.

facetada *f. Méj.* Tratándose de niños, gracia, monería. Tratándose de adultos, gracia afectada.
facetear *intr. Méj.* Hacer facetadas.
faceto, -ta *adj. Méj.* Chistoso sin gracia, patoso. 2 *Méj.* Amanerado, pretencioso. 3 *Méj.* Melindroso, delicado.
I) facha (it. *faccia,* cara) *f.* Traza, figura, aspecto. 2 Mamarracho, adefesio. 3 ~ ***a*** ~, cara a cara. 4 ***Ponerse en*** ~, parar la marcha de la nave haciendo obrar las velas en sentidos contrarios; fig., ponerse en disposición conveniente para una cosa. 5 *Chile.* Presunción.
II) facha *adj.-s.* desp. Fascista.
fachada (it. *facciata*) *f.* Aspecto exterior de un edificio, un buque, etc., por cada uno de los lados que puede ser mirado. 2 ARQ. Parte anterior y gralte. principal de un edificio: ***hacer*** ~ ***con,*** dar frente un edificio a otra cosa o lugar. 3 Portada en los libros. 4 fig. Presencia: *fulano tiene gran* ~. 5 fig. Límite externo: *la* ~ *de la ciudad; la* ~ *marítima del país.*
SIN. *2* y *3* **Frontis, frontispicio.**
fachado, -da *adj.* fam. Con los adv. *bien* o *mal*, que tiene buena o mala facha.
fachear *tr.* Arreglar la fachada [de una casa]. -2 *intr.* Ponerse o estar en facha una embarcación.
fachenda (it. *faccenda*) *f.* fam. Jactancia, vanidad. -2 *m.* fam. Fachendoso.
fachendear *intr.* fam. Hacer ostentación vanidosa.
fachendista *adj.-s.* fam. Jactancioso, vanidoso.
fachina *f. Sal.* Huerta, cercado.
fachinal *m. Argent.* Estero o lugar anegadizo, cubierto de juncos y hierbas. 2 *Argent.* Pajonal alto.
fachón *m. Extr.* Gran llamarada y resplandor.
REL. **Hacha** I.
fachosear *intr. Méj.* Fachendear.
fachoso, -sa *adj.* Fachudo. 2 *Chile* y *Méj.* Fachendoso. 3 *Perú.* [pers.] De andar elegante.
fachudo, -da *adj.* De mala facha.
facial (l. *-ale* < *facie,* cara) *adj.* Relativo al rostro: *arteria* ~; *ángulo* ~. 2 Intuitivo.
facialmente *adv. m.* desus. Intuitivamente.
facies (l., cara) *f.* Aspecto, caracteres externos de algo. 2 BOT. Forma y aspecto general de una planta. 3 GEOL. Conjunto de características que indican las condiciones ambientales en las que se formó una roca. 4 MED. Aspecto del semblante en cuanto revela alguna enfermedad: ~ ***hipocrática,*** aspecto característico que presentan gralte. las facciones del enfermo próximo a la muerte. ◇ Pl.: *facies.*
fácil (l. *-ile* < *facere,* hacer) *adj.* Que se puede hacer sin gran trabajo: ~ *de resolver;* ~ *a cualquiera.* 2 Muy probable: *es* ~ *que venga hoy.* 3 Dócil, tratable: ~ *con, para,* o *para con, los inferiores; de genio* ~. 4 Ligero, que se deja llevar del parecer de otro, demasiado condescendiente: *gobernante* ~ *a los manejos de los traidores.* 5 [mujer] Frágil y liviana.
facilidad (l. *-itate*) *f.* Calidad de fácil: *la* ~ *de la operación.* 2 Disposición para hacer una cosa sin gran trabajo: *tener* ~ *para las matemáticas.* 3 Oportunidad, ocasión propicia. 4 Ligereza, demasiada condescendencia.
FR. *Dar facilidades a uno para una cosa,* facilitarle su ejecución.
facilillo, -lla *adj.* Dim. de *fácil.* 2 irón. Indica lo que es difícil.
facilitación *f.* Acción de facilitar una cosa.
facilitar *tr.* Hacer fácil o posible [una cosa, una empresa]. 2 Proporcionar o entregar: ~ *datos.*
facilitón, -tona *adj.-s.* desp. Que todo lo cree fácil. 2 Que presume de facilitar la ejecución de las cosas.
fácilmente *adv. m.* Con facilidad.
facineroso, -sa (l. *-norosu* < *facinu,* acción vergonzosa) *adj.-s.* Delincuente habitual. -2 *m.* Hombre malvado.
facioplastia (l. *facie,* cara + *-plastia*) *f.* MED. Cirugía plástica de la cara.
facistol (germ. *faldastol,* sillón) *m.* Atril grande de las iglesias donde se ponen libros para cantar; el del coro suele tener cuatro caras. -2 *adj. Ant., Colomb., Méj.* y *Venez.* Petulante, vanidoso, jactancioso. 3 *Cuba* y *P. Rico.* Bromista.
facistolería *f. Ant.* y *Venez.* Petulancia.
facistolero, -ra *adj. Cuba* y *P. Rico.* Bromista.
facistor, -ra *adj. Ant.* Facistol.
faco- (gr. *phakós,* lenteja, lentilla) *f.* Elemento prefijal que entra en la formación de palabras con el significado de forma lenticular; lentilla; cristalino: *facómetro.*
facolito (*faco-* + *-lito*) *m.* GEOL. Masa intrusiva magmática de forma muy curvada que se dispone a lo largo de las charnelas de los pliegues, que son lugares de baja presión.
facomalacia (*faco-* + *-malacia*) *f.* MED. Reblandecimiento del cristalino.
facomatosis (*faco-* + *-oma* + *-osis*) *f.* MED. Grupo de enfermedades de origen hereditario que tienen en común la presencia de tumores benignos en la piel, mucosas, ojos y en especial en el sistema nervioso central. ◇ Pl.: *facomatosis.*
facómetro (*faco-* + *-metro*) *m.* ÓPT. Instrumento que se emplea en óptica para conocer el poder refringente de las lentes y en oftalmología el del cristalino.
facón *m. Argent.* y *Urug.* Cuchillo grande de gaucho.
facóquero (*faco-* + gr. *kros,* cuerno) *m.* Mamífero artiodáctilo de aspecto porcino, aunque monstruoso, de cara aplanada con dos pares de grandes verrugas, con los caninos muy desarrollados el macho, y la piel de color grisáceo *(Phacochoerus aethiopicus).*
SIN. **Jabalí verrugoso.**
facosclerosis (*faco-* + *sclerosis*) *f.* MED. Catarata dura o induración del cristalino.
facoscopio (*faco-* + *-scopio*) *m.* MED. Instrumento para el examen de los cambios de acomodación del cristalino.
facsímil, -mile (l. *fac,* imperat. de *facere,* hacer + *simile,* semejante) *m.* Perfecta imitación o reproducción de una firma, escrito, dibujo, etc.
facsimilar *adj.* [reproducción, edición, etc.] En facsímil.
factibilidad *f.* Calidad o condición de factible.
factible (l. *-ibile*) *adj.* Que se puede hacer.
SIN. **Hacedero.**
facticio, -cia (l. *-itiu*) *adj.* Que no es natural; que se hace por arte.
fáctico, -ca (l. *factum*) *adj.* Relativo a hechos. 2 Basado en hechos o limitado a ellos, en oposición a teórico o imaginario.
factitivo, -va *adj.* GRAM. [verbo o perífrasis verbal] Cuyo sujeto no realiza la acción por sí mismo, sino que la hace realizar a otro u otros.
facto (de ~**)** *adv. m.* Defacto.
factor, -ra (l.) *m. f.* El que hace una cosa. 2 COM. Apoderado para traficar en nombre y por cuenta del poderdante. 3 Empleado que en las estaciones de ferrocarril cuida de la recepción, expedición y entrega de los equipajes, mercancías, etc. -4 *m.* Dependiente del comisario de guerra o del asentista para la distribución de víveres a la tropa. 5 fig. Elemento, circunstancia, influencia, que contribuye a producir un resultado; concausa. 6 MAT. Cantidad que se multiplica con otra para formar un producto. 7 MAT. Submúltiplo. 8 ~ ***Rhesus,*** aglutinante sanguíneo contenido en la sangre del mono (*Macacus Rhesus*), y de algunos hombres, debido al cual se producen accidentes en las transfusiones y enfermedades raras del feto.
factoraje *m.* Factoría (empleo y oficina).
factoría *f.* Oficina del factor. 2 Establecimiento de comercio, esp. en país colonial. 3 Fábrica o complejo industrial. 4 COM. Empleo y encargo del factor. 5 *Ecuad.* y *Perú.* Fundición de hierro.
factorial *f.* Producto de todos los términos de una progresión aritmética.
factótum (l. *fac,* imperat. de *facere,* hacer + *totum,* todo) *m.* fam. Sujeto que desempeña en una casa todos los ministerios. 2 fam. Persona entremetida, que oficiosamente se presta a todo género de servicios. 3 fam. Persona de plena confianza de otra y que en nombre de ésta despacha sus principales negocios.
factual *adj.* Relativo a los hechos.
factura (l.) *f.* Hechura, ejecución: *estatua de bella* ~. 2 COM. Cuenta que los factores dan del coste y costas de las mercancías que compran y remiten a sus corresponsales. 3 COM. Cuenta detallada de los objetos comprendidos en una venta, remesa u otra operación de comercio, con expresión de cantidad, medida, calidad y valor. 4 *Argent.* y *Urug.* Bizcochos y otros preparados de las panaderías. 5 *Ecuad.* Comisión que se da en las ventas.
facturación *f.* Acción de facturar. 2 Efecto de facturar. 3 Elaboración y tramitación de una factura.
facturador, -ra *adj.* Que factura, o sirve para facturar. -2 *m. f.* Empleado que se encarga de extender las facturas.
facturar *tr.* Poner [algo] en factura. 2 Registrar en las estaciones de tren o autobuses y en lo aeropuertos [mercancías o equipajes] para que sean remitidos a su destino.
facturería *f. Argent.* Casa dedicada a elaborar facturas (bizcochos).

facul (abrev. de *facultad*) *f.* fam. Facultad universitaria.
fácula (l. *facula,* antorcha pequeña) *f.* Parte más brillante que las demás en la fotosfera solar, gralte. cerca de las manchas.
faculta *f. Venez.* Comadrona.
facultad (l. *facultate*) *f.* Aptitud natural, potencia física o moral de ejercer una función: *la ~ de pensar.* 2 Poder, derecho para hacer una cosa: *tener plena ~ para elegir.* 3 Licencia, permiso. 4 Ciencia o arte: *la ~ de un artífice.* 5 Sección de una universidad que engloba los estudios de una rama de la enseñanza, organiza la docencia y expide los títulos: *~ de filosofía y letras; ~ de filología; ~ de medicina; ~ de derecho.* 6 Local o conjunto de locales en que funciona dicha división de una universidad. 7 MED. Fuerza, resistencia: *su estómago no tiene ~ para digerir.*
SIN. *3* **Potestad.** REL. *6* Las facultades universitarias tradicionales eran en España siete. Poseen diferentes colores que se emplean como distintivo: **Ciencias** (azul marino); **Derecho** (rojo); **Medicina** (amarillo); **Filosofía y Letras** (azul celeste); **Farmacia** (morado); **Veterinaria** (verde); **Economía** (anaranjado). El jefe de una facultad es el **decano.**
facultar *tr.* Conceder facultades [a uno] para hacer algo.
facultativamente *adv. m.* Según los principios y reglas de una facultad. 2 De modo potestativo.
facultativo, -va *adj.* Relativo a la facultad (poder). 2 Potestativo: *aplicación facultativa de una regla.* 3 Relativo a una facultad (ciencia) o que la profesa: *informe ~.* -4 *m.* Médico.
facultoso, -sa *adj. Cuba.* Que se toma facultades indebidas.
facundia (l., der. de *fari,* hablar) *f.* Abundancia, facilidad de palabra.
SIN. **Verbosidad, labia.**
facundo, -da *adj.* Que tiene facundia.
fada (l. v. *Fata,* diosa de los destinos < *fatum,* destino) *f.* ant. Hada, maga, hechicera. 2 Variedad de camuesa pequeña.
fading (ing.) *m.* Desvanecimiento de la emisión lanzada por una emisora y captada por un receptor. Está producido por el ascenso y descenso de la capa receptora, que dependen pralte. de la influencia solar, hora del día, época del año, etc.
fado *m.* Canción popular portuguesa.
faena (cat. ant. *faena* < l. *facienda*) *f.* Trabajo corporal. 2 Labor del torero, principalmente en el último tercio de la corrida. 3 Operación que se realiza en el campo con el toro. 4 Quehacer: *dedicarse a las faenas domésticas.* 5 fig. Trabajo mental. 6 fig. Mala pasada. 7 TAUROM. ~ ***de aliño,*** la que realiza el espada, sin adornos ni intención artística, con el fin de preparar el toro para la suerte de matar. 8 *Cuba, Guat.* y *Méj.* Trabajo que se hace a horas extraordinarias en una hacienda. 9 *Chile.* Cuadrilla de obreros agrícolas. 10 *Ecuad.* Trabajo del campo que se hace por la mañana.
SIN. **Fajina.**
faenar (de *faena*) *tr.* Matar [reses] y descuartizarlas o prepararlas para el consumo. 2 Pescar. Hacer los trabajos de la pesca marina. 3 Laborar. Trabajar.
faenero *m.* Obrero agrícola.
Faetón (también *Faetone*) ***n. pr.*** MIT. Hijo del Sol y de Climene. Habiéndole dado su padre permiso para conducir el carro del sol, estuvo a punto, por su inexperiencia, de abrasar el universo. Como castigo, Júpiter lo arrojó al Erídano.
faetón *m.* Coche descubierto, de cuatro ruedas, alto y ligero, con dos asientos paralelos para cuatro personas. 2 Carruaje de caja rectangular con un asiento a lo largo de cada costado.
fafarachar *intr. Colomb.* Fanfarronear.
fafarachero, -ra *adj. Colomb.* Fanfarrón.
fagáceo, -a (de *fagus,* haya) *adj.* Cupulífero.
fagales *f. pl.* Orden de plantas dentro de la clase dicotiledóneas; son árboles y arbustos monoicos con las hojas simples y las flores dispuestas en amentos o espigas.
fagedenismo *m.* PAT. Tendencia que poseen ciertas úlceras de los genitales a extenderse por los tejidos próximos, dando lugar a gangrenas.
-fagia (gr. *phágomai,* comer) Elemento sufijal que entra en la formación de palabras con el significado de comer o relacionado con el hecho: *antropofagia, disfagia.*
fago-, -fago, -faga (v. *-fagia*) Elemento prefijal y sufijal que entra en la formación de palabras con el significado de comedor, devorador; que destruye: *fagocitosis, antropófago.*
fagocitar *tr.* BIOL. Englobar partículas mediante pseudópodos para su destrucción. 2 fig. Absorber como por fagocitosis, neutralizar.
fagocitario, -ria *adj.* BIOL. Relativo a los fagocitos.
fagocito (*fago-* + *-cito* I) ***m.*** Célula emigrante amiboidea que tiene la propiedad de englobar y digerir elementos extraños, esp. microbios, así como ciertos productos de la desasimilación. En todos los seres pluricelulares se encuentran fagocitos. Los más importantes son los leucocitos o glóbulos blancos de la sangre.
fagocitosis (*fagocito* + *-osis*) *f.* Proceso por el cual las amebas y los fagocitos engloban y digieren otros cuerpos. La fagocitosis tiene gran importancia en la defensa contra las enfermedades infecciosas. ◇ Pl.: *fagocitosis.*
fagot (fr.) ***m.*** MÚS. Instrumento músico de viento, formado por un tubo de madera, que se toca con una boquilla de caña puesta en un tudel encorvado. Su sonoridad característica se combina con excelente efecto al de otros instrumentos. 2 ***com.*** Músico que toca este instrumento. ◇ Pl.: *fagotes.*
fagotista *adj.-com.* Músico que toca el fagot.
Fahrenheit *m.* V. termómetro.
faifa *f. Hond.* Cachimba, pipa de fumar.
fainá *m. Argent.* y *Urug.* Tortilla de garbanzos.
fainada *f. Cuba.* Dicho torpe, descortesía.
faino, -na *adj. Cuba.* Rústico, incivil.
faique *m. Ecuad.* Árbol de la familia de las mimosáceas. 2 *Perú.* Árbol leguminoso *(Acacia tortuosa).*
faisán (prov. *faisan* < l. *phasianu* < gr. *phasianós,* del Phasis, río de la Cólquide) ***m.*** Ave galliforme del tamaño del gallo, sin cresta, con un penacho de plumas, y la cola muy larga y tendida: ~ ***común,*** especie cuyos machos presentan un plumaje muy vistoso, rojo, negro, verde y pardo, con reflejos metálicos, a diferencia de la hembra que es de un color más discreto, ocre y negro *(Phasianus colchicus);* ~ ***diamantino,*** especie que vive en el sur de China, cerca del Tíbet, y se caracteriza por el penacho de plumas de color rojo con las puntas blancas *(Chrysolophus amberstiae);* ~ ***dorado,*** especie cuyos machos presentan una vistosa carúncula entre los ojos y la oreja y un penacho de plumas de color amarillo dorado *(Chrysolophus pictus);* ~ ***plateado,*** nictémero (ave).
faisana *f.* Hembra del faisán.
faisanería *f.* Corral para faisanes.
faisanero, -ra *m. f.* Persona que se dedica a criar o vender faisanes. -2 *f.* Lugar donde se crían artificialmente los faisanes.
faja (arag. < l. *fascia*) *f.* Tira de tela o de tejido de punto, con que se rodea el cuerpo por la cintura, dándole varias vueltas. 2 Prenda interior elástica que cubre desde la cintura hasta las nalgas o parte superior de las piernas, usada especialmente por las mujeres. 3 Lista mucho más larga que ancha. 4 p. anal. Superficie [de algo] más larga que ancha: *~ de terreno, de vegetación.* 5 Tira de papel que en vez de sobre se pone a los impresos que se han de enviar por correo. 6 Tira de papel que o bien mantiene cerrado un libro, o bien se dobla debajo de las solapas, y que contiene una información publicitaria del mismo. 7 Insignia propia de algunos cargos militares, civiles o eclesiásticos. 8 ARQ. Moldura ancha y de poco vuelo. 9 ARQ. Fajón. 10 BLAS. Pieza de honor horizontal que corta el escudo por el centro, ocupando un tercio de su altura. 11 *Ar.* Campo estrecho y largo. 12 *Hond.* Pretina. 13 *Méj.* Tejuelo pegadizo al lomo de un libro.
fajado, -da *adj.* [pers.] Azotado. -2 ***m.*** Madero para la entibación de minas y pozos. -3 ***adj.*** *And.* [animal] Que tiene una zona de color distinto al que domina en su capa. -4 ***f.*** *Can.* y *Amér.* Acción de fajar, golpear, o de fajarse, golpearse. 5 *Can.* y *Amér.* Efecto de fajar, golpear, o de fajarse, golpearse. 6 *Venez.* Chasco, desengaño.
fajador *m.* DEP. En boxeo, púgil de gran resistencia a los golpes del contrario.
fajadura *f.* Fajamiento. 2 MAR. Tira de lona alquitranada con que se forra un cabo.
fajamiento *m.* Acción de fajar o fajarse. 2 Efecto de fajar o fajarse.
fajar *tr.-prnl.* Rodear o envolver [a una persona o cosa] con faja. -2 *tr.* Poner el fajero [a los niños]. -3 *tr.-prnl. Can.* y *Amér.* Acometer [a uno], golpearle, pegarle. -4 *tr. Cuba.* Hacer la corte [a una mujer], enamorarla con propósitos deshonestos. 5 *P. Rico.* Pedir dinero prestado. -6 *prnl. C. Rica* y *P. Rico.* Trabajar, dedicarse intensamente a un trabajo. 7 *Cuba.* Irse a las manos dos personas.
fajardo *m.* Cubilete de hojaldre relleno de carne.
fajatina *f. Cuba.* Fajazo.
fajazo *m. Ant.* Embestida, acometida. 2 *Ant.* fig. Acto de quitar dinero a uno.
fajeado, -da *adj.* Que tiene fajas o listas.

fajero *m.* Faja de punto que se pone a los niños recién nacidos. 2 Vendedor de fajas.
fajilla *f. Amér.* Faja o tira de papel que se pone a los impresos para enviarlos por correo.
fajín *m.* Dim. de *faja*. 2 Ceñidor de seda de determinados colores y distintivos, que pueden usar los generales y ciertos funcionarios.
I) fajina (de *fajo*) *f.* Conjunto de haces de mies que se pone en las eras. 2 Leña ligera para encender. 3 FORT. Haz de ramas delgadas muy apretadas para revestimiento, etc. 4 MIL. ant. Toque que ordena la retirada de las tropas a sus alojamientos o el término de una facción, etc. En la actualidad, toque de formación para la comida. 5 *And.* Laxitud, pereza. 6 *Sal.* Huerta, tierra cercada dedicada al cultivo.
II) fajina *f.* Faena. 2 *Cuba.* Trabajo que se hace a horas extraordinarias.
fajinada *f.* FORT. Conjunto de fajinas. 2 Obra hecha con ellas.
fajo (l. *fasciu*) *m.* Haz o atado. -2 *m. pl.* Conjunto de ropas con que se viste a los niños recién nacidos. -3 *m. Amér.* Trago de licor. 4 *Méj.* Cintarazo, golpe. 5 *Méj.* Cinturón de cuero para hombre.
fajol (l. *faseolu*) *m.* Alforfón.
fajón, -jona *m.* Aum. de *faja*. -2 *m. f.* ARQ. Recuadro ancho de yeso alrededor de las puertas y ventanas. V. arco fajón. 3 *Cuba.* Intento de seducir a una mujer por medios deshonestos. -4 *adj. Cuba* y *P. Rico.* Que faja o embiste.
SIN. *2* **Faja.**
fakir *m.* Faquir.
fala *f. Murc.* Cuerda de esparto para atar las gavillas.
falacia (l. *fallacia*) *f.* Engaño o mentira con que se intenta dañar a otro. 2 Hábito de emplear falsedades en daño ajeno. 3 ANGLIC. Error, argumento falso.
falales *f. pl.* Orden de hongos, dentro de la subclase homobasidiomicétidas, en principio globosos y después de cuerpo cilíndrico con el extremo superior engrosado y reticulado.
falange (gr. *phálanx;* doble etim. *palanca*) *f.* Cuerpo de infantería de los griegos, pesadamente armada y formada en líneas compactas. 2 Cuerpo de tropas numeroso. 3 fig. Conjunto numeroso de personas unidas en cierto orden para un mismo fin. 4 ANAT. Hueso largo y pequeño de los dedos de la mano o del pie; esp., el que se articula con el metacarpiano o metatarsiano: ***primera, segunda*** y ***tercera ~***, falange, falangina y falangeta.
falangero *m.* Mamífero marsupial frugívoro, propio de Oceanía *(Petaurus sciurus).*
falangeta *f.* ANAT. Falange tercera, terminal o ungueal.
falangia *f.* ZOOL. Segador.
falangiano, -na *adj.* ANAT. Relativo a la falange (hueso): *articulación falangiana.*
falángico, -ca *adj.* Relativo a las falanges.
falángido (de *falangio*) *adj.-m.* Arácnido del orden de los falángidos. -2 *m. pl.* Orden de arácnidos cuyas principales especies son propias de América del Sur; tienen el cuerpo corto y globoso, con patas finas y muy largas.
falangina *f.* ANAT. Falange segunda o media.
falangio *m.* BOT. Planta liliácea de flores blancas. 2 ZOOL. Segador.
falangismo *m.* Ideología y tendencia propias de Falange Española, agrupación política fundada por José Antonio Primo de Rivera (1903-1936). Después se llamó Falange Española Tradicionalista y de las Juventudes de Ofensiva Nacionalsindicalista.
falangista *com.* Afiliado al partido denominado Falange Española. -2 *adj.* Relativo a esta agrupación política.
falansterio (fr. *phalantère*) *m.* En el furierismo, alojamiento de una falange. 2 p. ext. Alojamiento colectivo para numerosa gente.
falárica (l.) *f.* Arma arrojadiza ant., que usaron esp. los romanos.
falaris (gr. *phalaris*) *f.* Focha.
falaz (l. *fallace*) *adj.* Que tiene el vicio de la falacia. 2 Que halaga y atrae con falsas apariencias: *~ mansedumbre.*
falazmente *adv. m.* Con falacia; de modo falaz.
falbalá (fr. < lionés *farbéla,* franja, voz descriptiva) *m.* Pieza casi cuadrada que se ponía en la faldilla del cuarto trasero de la casaca. 2 Faralá.
falca (ár. *falca,* tocón, astilla) *f.* Defecto de una tabla o madero que les impide ser perfectamente lisos o rectos. 2 MAR. Tabla delgada que se coloca de canto sobre la borda para que no entre el agua. 3 *Ar.* y *Murc.* Cuña. 4 *Bol.* Alambique pequeño. 5 *Colomb.* Cerca que se pone como suplemento a las pailas o fondos en los trapiches. 6 *Colomb.* Canoa provista de techo. 7 *Venez.* Borde de una caja.
falcado, -da (v. *falce*) *adj.* De curvatura semejante a la de la hoz. 2 ***Carro ~***, carro de guerra romano que tenía las ruedas armadas con cuchillas. 3 BLAS. [pieza, gralte. la cruz] Cuyos extremos están rematados con medias lunas. -4 *f. Ar.* Manojo de mies que el segador corta de un solo golpe de hoz.
I) falcar (v. *falce*) *tr.* ant. Cortar con la hoz. ◇ ** CONJUG. [1] como ***sacar.***
II) falcar (de *falca*) *tr. Ar.* y *Murc.* Asegurar con cuñas. ◇ ** CONJUG. [1] como ***sacar.***
falcario (l. *-iu*) *m.* Soldado romano armado con una hoz.
falce (l.) *f.* Hoz o cuchillo corvo. ◇ Ús. tratando de la antigüedad o como tecnicismo científico.
falci- (l. *falx, falcis,* hoz) Elemento prefijal que entra en la formación de palabras con el significado de hoz: *falciforme.*
falcidia (l. *falcidia* [*lex*], del tributo *Faldicius*) *adj.-s.* DER. V. cuarta falcidia.
falciforme (*falci-* + *-forme*) *adj.* Que tiene forma de hoz.
falcinelo *m.* Ave ciconiforme, poco mayor que una paloma, de pico largo, corvo, comprimido y grueso en la punta, patas largas y dedos y uñas muy delgadas *(Plegadis falcinellus).*
SIN. **Morito.**
falcirrostro, -tra (*falci-* + *rostro*) *adj.* y ZOOL. Que tiene el pico en forma de hoz.
falcón (l. *falcone*) *m.* Especie de cañón de la artillería antigua. 2 ant. Halcón.
falconense *adj.-s.* De Falcón, estado de Venezuela.
falconete *m.* Pequeña pieza de artillería, reducción del falcón, muy difundida en España en el s. XV.
SIN. **Octava de culebrina.**
falconiano, -na *adj.-s.* [pers.] De Falcón, estado de Venezuela. -2 *adj.* Relativo a dicho estado.
falcónido, -da *adj.-m.* Ave de la familia de los falcónidos. -2 *m. pl.* Familia de aves falconiformes con las alas muy largas, puntiagudas, y las patas cortas pero dotadas de fuertes garras; como el halcón.
falconiforme *adj.-m.* Ave del orden de los falconiformes. -2 *m. pl.* Orden de aves con el pico fuerte y curvado, garras afiladas y vuelo poderoso, en adaptación a sus hábitos depredadores (rapaces); son monógamas y su vista es muy aguda; como el águila, el halcón y el buitre.
falda (germ. *falda,* pliegue) *f.* Parte que cae suelta de una prenda de vestir. 2 Vestidura o parte del vestido de mujer que con más o menos vuelo cae desde la cintura abajo. 3 fig. Regazo: *tener en la ~ al niño.* 4 Cobertura con que se reviste una mesa camilla, y que suele llegar hasta el suelo. 5 Parte de la armadura que colgaba desde la cintura abajo. 6 En la armadura, hierro del guardabrazo que protegía el omóplato y parte del pecho. 7 Parte inferior de las vertientes montañosas. 8 Carne de la res que cuelga de las agujas sin asirse a hueso ni costilla. 9 Parte de toda ropa talar desde la cintura abajo: *las faldas de la sotana.* 10 Ala del sombrero. -11 *f. pl.* fig. Mujeres. 12 Ramas del olivo que producen más fruto. -13 *f.* IMPR. Parte de papel que queda sobrante después de doblado el pliego.
SIN. **Halda,** hoy p. us. En las aceps. 2 y 9 se usa mucho en pl. *2* **Saya, sayas.**
faldamenta *f.* Faldamento.
faldamento *m.* p. us. Falda (de ropa talar). 2 fam. Falda larga y desgarbada.
faldar *m.* Parte de la armadura que cae desde el extremo inferior del peto.
faldear *tr.* Caminar por la falda [de una montaña].
faldellín *m.* Falda corta. 2 Refajo. 3 *Ant.* y *Venez.* Vestido largo de niño.
faldeo *m.* TOPOGR. En el trazado de una vía de comunicación, especialmente un ferrocarril, sistema de evitar las grandes pendientes siguiendo con este intento las inflexiones de las faldas de una montaña. 2 *Argent., Cuba* y *Chile.* Ladera de un monte en que hay algunas llanuras.
faldero, -ra *adj.* Relativo a la falda. 2 V. perro faldero. 3 fig. [hombre] Que gusta de frecuentar la compañía femenina.
faldeta *f.* Dim. de *falda*. 2 Lienzo con que en el teatro se cubre lo que ha de aparecer a su tiempo. 3 Parte inferior de la camisa masculina. 4 *P. Rico.* vulg. Camisa de hombre.
faldicorto, -ta (de *falda* + *corto*) *adj.* Corto de faldas.
faldillas *f. pl.* En ciertos trajes, partes que cuelgan de la cintura abajo. 2 Faldas de mesa camilla.

faldinegro, -gra (de *falda* + *negro*) ***adj.*** [ganado vacuno] Bermejo por encima y negro por debajo.
faldiquera *f. Extr., La Mancha, Colomb., P. Rico* y *S. Dom.* vulg. Faltriquera.
faldistorio (b. l. *-iu*) ***m.*** Asiento pontifical bajo y sin respaldo, usado en ciertas solemnidades.
faldón ***m.*** Aum. de *falda*. 2 Falda suelta al aire, que pende de algún vestido, como de la levita: *asirse*, o *agarrarse, a los faldones de alguno;* fig., acogerse a su valimiento o patrocinio. 3 Parte inferior de alguna ropa, colgadura, etc. 4 Pieza grande de cuero que va unida a las armaduras de la silla para evitar el roce de la pierna del jinete con el vientre del caballo. 5 desus. Piedra de molino que se pone encima de otra para aumentar su peso. 6 Vertiente triangular de un tejado. 7 Conjunto de los dos lienzos y del dintel que forma la boca de la chimenea. 8 *Argent.* Faldellín.
faldriquera *f.* Faltriquera.
faldudo, -da ***adj.*** Que tiene mucha falda. 2 *Colomb.* Empinado. 3 *Argent.* Indeciso, tonto.
faldulario (de *falda*) ***m.*** Ropa que desproporcionadamente cuelga sobre el suelo.
SIN. **Andulario, fandulario.**
falena *f.* Mariposa nocturna de la familia de los geométridos, que sólo aparece en los meses invernales *(Operophtera brumata).*
falencia (der. del l. *fallente,* engañador) *f.* desus. Error que se padece en asegurar una cosa. 2 *Amér.* Quiebra de un comerciante.
falerno ***m.*** Vino de Falerno, famoso en la ant. Roma.
faleuco (l. *phalaecus,* del gr. *Phálaikos,* nombre del inventor de este verso) ***adj.-s.*** Verso de la versificación clásica.
falibilidad *f.* Calidad de falible. 2 fig. Aplícase a algunas cosas abstractas.
falible (l. *fallibile* < *fallere*, engañar) ***adj.*** Que puede engañarse o engañar. 2 Que puede faltar o fallar.
fálico, -ca ***adj.*** Relativo o parecido al falo.
falimiento ***m.*** p. us. Engaño, falsedad, mentira.
falisco (l. *phaliscu*) ***m.*** Verso de la poesía latina formado por tres dáctilos y un espondeo.
I) falla (l. *falla,* de *fallere,* engañar, faltar) *f.* Defecto material de una cosa que merma su resistencia. 2 Incumplimiento de una obligación. 3 *Ant.* y *Amér.* Falta. 4 *Amér.* Acción de faltar uno a su palabra. 5 *Amér.* Fallo. 6 *Colomb.* En algunos juegos de naipes, fallo o falta de un palo.
II) falla (valón *faille*) *f.* Fractura, debida a movimientos geológicos, que interrumpe una formación. 2 MIN. Interrupción de un filón.
III) falla (hol. *falie;* fr. *faille*) *f.* Cobertura de la cabeza que usaban de noche las mujeres para adorno y abrigo. 2 *Méj.* Gorro o cofia de niño.
IV) falla (l. *facula* < *fax*, tea) *f.* En Valencia, hoguera que se enciende en las calles la noche de la víspera de San José.
fallada *f.* Acción de fallar (poner en juego).
fallador, -ra ***m. f.*** En los juegos de naipes, persona que falla.
fallanca *f.* Vierteaguas de una puerta o ventana.
I) fallar (v. *hallar*) ***tr.-intr.*** Decidir, determinar [un litigio, proceso o concurso]: *~ en,* o *con, tono magistral; ~ a favor,* o *en contra, de uno.*
II) fallar (de *falla* I) ***tr.*** Poner en el juego de cartas un triunfo por no tener [el palo que se juega]. -2 ***intr.*** Frustrarse o salir fallida una cosa: *~ la puntería.* 3 Perder una cosa su resistencia: *este sostén falla.*
falleba (ár. *jaleba,* tarabilla) *f.* Varilla de hierro acodillada en sus extremos, que, pudiendo girar sujeta en varios anillos, sirve para cerrar las puertas o ventanas.
fallecedero, -ra ***adj.*** Que puede faltar o fallecer.
fallecer (l. *fallere,* engañar, faltar) ***intr.*** Morir. 2 desus. Faltar o concluirse una cosa. ◇ ** CONJUG. [43] como ***agradecer.***
fallecimiento ***m.*** Acción de fallecer. 2 Efecto de fallecer.
fallenque ***adj.*** *Colomb.* Falto de dinero.
I) fallero, -ra (de *falla* I) ***adj.-s.*** *Chile.* Faltón.
II) fallero, -ra ***adj.*** De las fallas (hoguera). -2 ***m. f.*** Persona que toma parte en las fallas (hoguera).
fallido, -da ***adj.*** Frustrado, sin efecto. -2 ***adj.-s.*** COM. Quebrado o sin crédito. 3 COM. Cantidad, crédito, etc., que se considera incobrable.
fallir (l. *fallere,* faltar, engañar) ***intr.*** Faltar o acabarse. 2 Engañar. 3 Errar. 4 *Venez.* Quebrar un comerciante. ◇ Verbo defectivo; se usa sólo en los tiempos y personas cuya desinencia contiene la vocal *i*, especialmente en el participio.
I) fallo (de *fallar* I) ***m.*** Sentencia del juez. 2 p. ext. Decisión tomada por una persona competente sobre un asunto disputado. 3 fig. Desahucio por parte del médico del enfermo.
REL. **Laudo,** el fallo de los árbitros o amigables componedores.
II) fallo (de *fallar* II) ***m.*** Frustración, fracaso o deficiencia, con incumplimiento de lo que se esperaba.
III) fallo, -lla (de *fallar* II) ***adj.*** En el juego de naipes, falto de un palo: *estoy ~ a oros.* -2 ***m.*** Falta de un palo: *tengo ~ de espadas.* -3 ***adj.*** *Ál.* y *Nav.* Defallecido, falto de fuerzas. 4 *Murc.* Vano, huero. 5 *Chile.* [espiga de cereal] Que no ha alcanzado completa granazón.
SIN. *1* **Baldo,** p. us.
fallón, -na ***adj.*** *Ecuad.* Informal.
falluto, -ta ***adj.*** *Murc.* Vano, huero. 2 *Argent.* Falso, de pura apariencia. 3 *P. Rico.* Cobarde.
falo (l. *phallu* < gr. *phallós*) ***m.*** Pene. 2 ~ ***hediondo,*** hongo falal, al principio esférico y de color blanco *(Phallus impudicus).* 3 ~ ***imperial,*** hongo parecido al anterior pero con la forma esférica de color morado *(Phallus hadrianus).*
falocracia (*falo-* + *-cracia*) *f.* Machismo. 2 burl. Dominio del hombre en la vida pública.
falócrata ***adj.-com.*** Machista.
falondres (de ~) ***loc. adv.*** *Cuba* y *Venez.* MAR. De golpe, de repente.
Falopio ***m.*** V. trompa de Falopio.
faloria *f. Ar.* y *Murc.* vulg. Mentira, patarata, cumplimiento fingido. -2 *f. pl. La Mancha.* Falacias, engañifas.
falsa *f. Ar.* y *Murc.* Desván. 2 *Ar., La Mancha* y *Méj.* Falsilla. 3 MÚS. Consonancia que por desajuste de un semitono, sale redundante o diminuta.
falsaarmadura *f.* ARQ. Contraarmadura.
falsabraga (*falsa* + *braga*) *f.* FORT. Muro bajo levantado delante del muro principal.
SIN. **Contramuralla, contramuro.**
falsada *f.* Calada (vuelo).
falsamente ***adv. m.*** Con falsedad.
falsario, -ria (l. *-iu*) ***adj.-s.*** Que falsea o falsifica una cosa. 2 Que acostumbra decir o hacer falsedades.
falsarregla (*falsa* + *regla*) *f.* Falsa escuadra. 2 Falsilla.
falseador, -ra ***adj.*** Que falsea o contrahace alguna cosa.
falseamiento ***m.*** Acción de falsear. 2 Efecto de falsear.
falsear (de *falso*) ***tr.*** Contrahacer o corromper [una cosa] haciéndola disconforme con la verdad, la exactitud, etc.: *~ el pensamiento de alguien; ~ una ley; ~ la moneda.* 2 Romper o penetrar [la armadura]. 3 Dar el caballo algún paso en falso. 4 ARQ. Desviar [un corte] ligeramente de la perpendicular. -5 ***intr.*** Flaquear o perder alguna cosa su resistencia: *la columna falsea.* 6 Disonar una cuerda de un instrumento. 7 Tener las sillas de montar hueco o anchura suficiente para que los asientos no maltraten a la cabalgadura.
falsedad (l. *-itate*) *f.* Falta de verdad o autenticidad. 2 DER. Mutación u ocultación de la verdad. 3 FIL. Negación de una verdad.
SIN. *1* v. **Mentira.**
falseo ***m.*** ARQ. Acción de falsear. 2 ARQ. Efecto de falsear. 3 Corte o cara de una piedra o madero falseados.
falseta *f.* MÚS. En la guitarra, floreo que se intercala en los acordes que sirven de acompañamiento a una copla.
falsete (de *falso*) ***m.*** Corcho para tapar una cuba cuando se quita la canilla. 2 Puerta pequeña y de una hoja, para pasar de una a otra pieza. 3 MÚS. Voz más aguda que la natural. 4 MÚS. Falseta.
falsía *f.* Falsedad, deslealtad, doblez. 2 *Murc.* Culantrillo, helecho.
falsificación *f.* Acción de falsificar. 2 Efecto de falsificar. 3 DER. Delito de falsedad cometido en documento, moneda, etc.
falsificador, -ra ***adj.-s.*** Que falsifica.
falsificar (l. *-are*) ***tr.*** Falsear o contrahacer. 2 Fabricar una cosa falsa: *~ un cuadro.* ◇ ** CONJUG. [1] como ***sacar.***
SIN. **Sofisticar, adulterar,** esp. tratándose de alimentos o productos químicos.
falsilla (de *falso*) *f.* Hoja de papel con líneas muy señaladas, que se pone debajo de otro para que aquéllas sirvan de guía al escribir.
falsín ***m.*** *Venez.* Especie de pífano hecho con un tallo cóncavo de calabazo, de sonido agudo y penetrante.
falsío ***m.*** *Murc.* Relleno hecho de carne, pan, ajos y especias.
falso, -sa (l. *falsu*) ***adj.*** Contrario a la verdad por error o malicia: *argumentos falsos; noticias falsas.* 2 Que no es real, que

tiene sólo la apariencia de las cosas: *diamante ~; una falsa alarma;* en la arquitectura y otras artes, que suple la falta de dimensiones o de fuerza: *~ pilote; ~ forro de un barco;* [moneda] que se hace con engaño imitando la legítima. 3 Engañoso, desprovisto de rectitud: *carácter ~;* hipócrita, disimulado: *amigo ~;* equívoco: *situación falsa.* 4 [caballería] Que tiene resabios. 5 Falsario. 6 Entre colmeneros, [peón o colmena] cuyo trabajo se empezó por el centro de la caja. -7 ***m.*** Pieza de la misma tela que se pone interiormente en la parte del vestido donde la costura hace más fuerza. 8 Ruedo de un vestido. -9 ***adj. Falsa oronja,*** seta del género *Amanita* caracterizada por presentar la parte superior del sombrero de color escarlata con pequeñas escamas blancas *(Amanita muscaria).* 10 *En ~,* falsamente o con intención contraria a la que se quiere dar a entender: *envidar en ~;* sin la debida seguridad y resistencia: *este edificio está hecho en ~.* 11 *Ar.* y *Nav.* Flojo, haragán. 12 *Logr.* y *Chile.* Apocado, cobarde, pusilánime. -13 ***m.*** *Méj.* Falso testimonio, calumnia. ◇ GALIC.: postizo: *dientes falsos*; inadecuado: *falsa maniobra.*

Falstaff ***n. pr.*** Personaje de Shakespeare (1564-1616) (*Enrique IV, Las alegres comadres de Windsor*), jactancioso, jovial, falto de escrúpulos, y de agudo ingenio.

I) falta (l. **fallita* < l. *fallere,* engañar) ***f.*** Defecto o privación de una cosa necesaria o útil: *~ de medios; ~ de trabajo;* ***hacer ~ una persona*** o ***cosa,*** ser precisa para algún fin. 2 Defecto en el peso legal de la moneda. 3 Acto contrario al deber u obligación; esp., ausencia de una persona del sitio en que hubiera debido estar: ***caer uno en ~,*** no cumplir con lo que debe; ***sin ~,*** puntualmente, con seguridad. 4 Ausencia de una persona por fallecimiento u otras causas. 5 Error de cualquier naturaleza que se halla en una manifestación oral o escrita. 6 Defecto que posee alguien o que se le achaca. 7 Supresión de la regla o menstruo en la mujer, principalmente durante el embarazo. 8 DEP. Caída o golpe de la pelota fuera de los límites señalados. 9 DEP. Infracción de las normas de un juego o deporte: ***~ máxima,*** penalti. 10 DEP. Sanción correspondiente a dicha infracción. 11 DER. Infracción voluntaria de lo mandado por la autoridad, que se castiga con pena leve.

SIN. *5* v. **Error.**

II) falta ***m.*** *Chile.* Buhonero.

faltar (l. **fallitare* < *fallere*) ***intr.*** No estar una persona o cosa que debiera haber en lugar determinado: *~ un libro del estante; ~ un compañero;* no existir una cualidad o circunstancia en lo que debiera tenerla: *le falta un brazo, talento,* etc. 2 Quedar un remanente de tiempo o alguna acción sin realizar: *faltan tres días para la fiesta; sólo nos faltaba convencer al abuelo;* ***faltar poco para algo,*** estar a punto de suceder una cosa o de acabar una acción; ***faltar el rabo por desollar,*** quedar por resolver lo más arduo de una cuestión. 3 No acudir a una cita u obligación. 4 p. us. Consumirse, acabarse: *~ el aliento; ~ el pan;* fallecer, morir: *en esta casa falta el padre.* 5 No corresponder uno a lo que es: *~ a su lealtad;* no cumplir: *~ de su puesto*; p. ext., no corresponder una cosa a lo que se esperaba de ella: *faltó la escopeta, la amarra.* 6 Dejar de asistir a otro o no tratarle con la consideración debida: *~ en los modales, en el auxilio de un compañero;* ***tr.,*** ofender, injuriar, incurrir en falta: *fulano me faltó;* ***¡no faltaba más!,*** expr. que se usa para rechazar o aceptar una proposición

SIN. *2* **Quedar, restar:** *en todo lo que falta, queda,* o *resta del año.*

faltativo, -va ***adj.*** *Cuba.* Irrespetuoso.

falte ***m.*** *Chile.* Buhonero, mercachifle.

faltedad ***f.*** *Colomb.* Presunción, petulancia.

faltista ***adj.*** *Amér.* Faltón.

falto, -ta ***adj.*** Defectuoso o necesitado de alguna cosa: *~ de juicio; ~ de recursos.* 2 Mezquino, apocado. 3 *La Mancha.* Tonto o medio tonto. 4 *Colomb.* Fatuo, vanidoso.

SIN. *1* **Carente de.**

faltón, -tona ***adj.*** fam. Que falta con frecuencia a sus obligaciones, a sus citas, al respeto, etc. 2 *Argent.* Inocente, simple.

faltoso, -sa ***adj.*** fam. *y* p. us. Que no tiene cabales sus facultades; falto de juicio. 2 *Amér.* Informal; irrespetuoso. 3 *Colomb.* Pendenciero. 4 *Perú.* [chicha] Sin dulce.

faltrero, -ra ***m. f.*** p. us. Ladrón, ratero.

faltriquera (de *faldriquera* < *falda*) ***f.*** Bolsillo de las prendas de vestir. 2 ant. Cubillo (del teatro).

SIN. **Faldriquera,** lo mismo que faltriquera, designaban pralte. el bolsillo que llevaban las mujeres en las sayas o una bolsa que se ataban debajo de ellas o del delantal. Hoy va quedando en desuso fuera de las aldeas. Su aplicación p. ext. a cualquier bolsillo es ahora poco usada.

falúa (ár. *faluwa*) ***f.*** Embarcación menor con carroza, propia de los jefes de marina.

falucho (**faluúcho* < *falúa*) ***m.*** Embarcación costanera con una vela latina. 2 *Argent.* Sombrero de dos picos y ala abarquillada. 3 *Argent.* Pendiente o arracada en forma de trébol. 4 *Argent.* Cometa pequeña.

fama (l.) ***f.*** Noticia o voz pública de una cosa: ***es ~,*** se dice, se sabe. 2 Opinión pública sobre una persona: *cobra buena ~ y échate a dormir.* 3 Celebridad, gloria, renombre: *predicador de ~.*

SIN. *2* y *3* **Nombre, nombradía, notoriedad, reputación.**

famélico, -ca (l.) ***adj.*** Hambriento.

familia (l.) ***f.*** Gente que vive en una casa bajo la autoridad del señor de ella. 2 Conjunto de personas de la misma sangre; estirpe. 3 Parentela inmediata, esp. el padre, la madre y los hijos: ***en ~,*** sin gente extraña, en la intimidad. 4 Prole: *estar cargado de ~.* 5 Conjunto de personas o cosas que tienen alguna condición común: *una ~ de palabras;* ***la ~ salesiana,*** conjunto de religiosos salesianos. 6 DER. ***~ numerosa,*** la que tiene cuatro o más hijos menores de dieciocho años de edad o mayores incapacitados para el trabajo. 7 H. NAT. Grupo de animales o plantas que forman una categoría o clasificación entre el orden o suborden y el género. 8 *Chile.* Enjambre de abejas. 9 *Cuba.* Tratamiento popular de confianza entre los amigos.

familiar (l. *-are*) ***adj.*** Relativo a la familia. 2 [trato] Llano y sin ceremonia. 3 [vocablo, lenguaje, estilo, etc.] Sencillo y corriente. 4 Que se sabe muy bien o que se hace fácilmente: *esta labor le es ~.* -5 ***m.*** Persona que vive bajo la potestad del padre de familia. 6 Persona de la familia. 7 p. us. El que tiene trato de confianza con uno. 8 Demonio que se supone tener trato con una persona. 9 Eclesiástico o paje dependiente y comensal de un obispo. 10 Ministro de la Inquisición. 11 p. us. Fámulo (sirviente). 12 *Colomb.* Amuleto us. por los supersticiosos.

familiaridad (l. *-itate*) ***f.*** Llaneza y confianza en el trato. 2 Familiatura.

familiarizar ***tr.*** Hacer familiar o común [una cosa]. -2 ***prnl.*** Introducirse y acomodarse al trato familiar de uno. 3 p. ext. Adaptarse, acostumbrarse: *familiarizarse con el peligro.* ◇ ** CONJUG. [4] como ***realizar.***

familiarmente ***adv. m.*** Con familiaridad.

familiatura ***f.*** ant. Empleo de familiar (ministro).

familión ***m.*** Familia muy numerosa.

familisterio ***m.*** En el furierismo, alojamiento de varias familias.

familleo ***m.*** *Bol.* y *Perú.* Limpieza de musgo y hierbas que se hace al arbusto de coca.

famosamente ***adv. m.*** Excelentemente, muy bien. 2 De manera famosa.

famoso, -sa (l. *-osu*) ***adj.*** Que tiene fama, buena o mala. 2 fam. Bueno, excelente en su especie. 3 fam. Que llama la atención, notable: *~ tarambana.*

SIN. **Renombrado, célebre, insigne, señalado, sonado.**

fámula (l.) ***f.*** Criada.

famular ***adj.*** Relativo a los fámulos.

famulato (l. *-tu*) ***m.*** p. us. Ocupación y ejercicio del criado o sirviente.

famulicio ***m.*** Famulato.

fámulo (l. *-lu*) ***m.*** Criado. 2 Sirviente de la comunidad de un convento.

SIN. *2* **Familiar.**

fan (ing. *fan;* abreviación de *fanatic*) ***com.*** ANGLIC. Admirador, partidario, entusiasta, fanático; en los deportes, hincha.

fanal (it. *fanale* < b. l. *phanári;* dim. del gr. *phaños,* antorcha) ***m.*** Farol grande que sirve de señal nocturna en los puertos, naves, etc. 2 Campana de cristal para resguardar algún objeto, luz, etc. 3 Lámpara que llevan ciertas embarcaciones de pesca, para atraer a los peces, mientras desde otras se lanzan las redes.

SIN. *1* **Farola.**

fanáticamente ***adv. m.*** Con fanatismo.

fanático, -ca (l. *-cu*) ***adj.-s.*** Que defiende con apasionamiento y celo desmedidos creencias u opiniones religiosas. 2 Entusiasmado ciegamente por una cosa.

fanatismo (fr. *fanatisme*) ***m.*** Tenaz preocupación, apasionamiento del fanático.

fanatizador, -ra ***adj.-s.*** Que fanatiza.

fanatizar (fr. *fanatiser*) ***tr.*** Volver fanático [a alguno]. ◇ ** CONJUG. [4] como ***realizar.***

fandanga ***f.*** *Venez.* Bolsillo grande que llevan las mujeres en la falda.

fandango (etim. dud; probl. de **fadango,* der. de *fado,* canción y baile popular de Portugal) *m.* Baile en compás de tres tiempos, de movimiento vivo con acompañamiento de castañuelas. Sus características individuales dependen de su lugar de origen: Andalucía, Levante, Asturias. 2 Música y canto de este baile. 3 fig. *y* fam. Bullicio, trapatiesta.
fandangueo *m. And.* Acción de andar en fiestas de bullicio.
fandanguero, -ra *adj.-s.* Aficionado a bailar el fandango o a asistir a bailes y festejos.
fandanguillo *m.* Variedad de fandango, originario de Andalucía. 2 *P. Rico.* Baile parecido al fandango español.
fanduca *adj. P. Rico.* Gordinflona.
fandulario *m.* Faldulario.
fané (voz francesa) *adj.* fam. Lacio, ajado, estropeado, sobado.
faneca *f.* Pez marino teleósteo gadiforme, parecido al bacalao, de color pardo grisáceo o rojizo con reflejos cobrizos con bandas verticales anchas y obscuras, y que puede llegar a pesar 2 kgs. *(Gadus luscus; Trisopterus l.).* 2 ~ **plateada,** pez marino teleósteo, especie de bacalao, aunque más pequeño, con la boca hendida casi verticalmente, de color ocre rosado claro y vientre plateado, y los ojos muy desarrollados *(Gadiculus argenteus).* 3 *Sant.* Móllera.
fanega (ár. *fanica,* saco, medida) *f.* Medida para áridos, que equivale en Castilla a unos 55,5 litros, y en Aragón a 22,4 litros. 2 Porción de áridos que cabe en ella. 3 ~ **de tierra,** medida agraria, equivalente en Castilla a unas 64 áreas.
fanegada *f.* Fanega de tierra. -2 *loc. adv.* fig. *y* fam. ***A fanegadas,*** con mucha abundancia.
faneguero *m. Ast.* El que cobra en renta gran cantidad de fanegas en grano.
fanero- (gr. *phanerós,* manifiesto, visible) Elemento prefijal que entra en la formación de palabras con el significado de manifiesto, visible: *fanerógamo.*
fanerocristalino, -na (*fanero-* + *cristalino*) *adj.* [roca ígnea] Cuyos cristales de los minerales esenciales pueden apreciarse a simple vista.
fanerógamo, -ma (*fanero-* + *-gamo*) *adj.* BOT. Que tiene manifiestos los órganos sexuales. -2 *adj.-f.* Planta del tipo de las fanerógamas. -3 *f. pl.* Tipo de plantas rizofitas que se reproducen por medio de semillas formadas en flores.
SIN. **Espermatofita, sifonógamo.** CONTR. **Criptógamo.**
fanerozoico (*fanero-* + gr. *zoon,* animal) *m.* GEOL. Último de los tres eones en que se ha dividido la historia de la tierra.
fanesca *f. Ecuad.* Juanesca.
fanfarrear *intr.* Fanfarronear.
fanfarria *f.* fam. Bravata, jactancia. 2 Conjunto musical ruidoso principalmente a base de instrumentos de metal. 3 Música interpretada por estos instrumentos. -4 *m. Ar.* y *Murc.* Fanfarrón.
fanfarrón, -rrona (voz descriptiva) *adj.-s.* fam. Que se jacta de lo que no es, especialmente de valiente. -2 *adj.* fam. [cosa] Que tiene mucha apariencia y hojarasca. -3 *f.* Fruta de sartén, típica de Lorca (Murcia), a base de masa picada y miel.
SIN. *1* **Matasiete, perdonavidas,** ambos burl.
fanfarronada *f.* Dicho o hecho propio de fanfarrón.
fanfarronear *intr.* Hablar con arrogancia echando fanfarronadas.
fanfarronería *f.* Modo de hablar y de portarse el fanfarrón.
fanfarronesca *f.* p. us. Porte, conducta y ejercicio de los fanfarrones.
fanfurriña *f.* fam. *y* p. us. Enojo leve y pasajero.
fanga *f. Extr.* Medida para las aceitunas.
fangal *m.* Terreno lleno de fango.
I) fangar *m.* Fangal.
II) fangar *tr. Extr.* Poner en una cosa gran afán y seriedad. 2 *Extr.* Estar enfadado. ◇ ** CONJUG. [7] como ***llegar.***
fanglomerado *m.* Depósito en abanico, formado por materiales heterogéneos; propio de las regiones secas y originado a partir de coladas de barro.
fango (cat. *fang,* de orig. germ.) *m.* Lodo glutinoso y espeso. 2 fig. Vilipendio, degradación: *llenarle a uno de ~.*
SIN. v. **Barro.**
fangosidad *f.* Calidad de fangoso.
fangoso, -sa *adj.* Lleno de fango. 2 fig. Blando y viscoso como el fango.
fanguero *m. Ant.* y *Méj.* Fango, fangal.
fanguito *m. Cuba.* Pez, variedad del guajacón *(Limia vittata).*
fano (l. *fanu*) *m.* Lugar destinado por los paganos al culto de una deidad.
-fano (gr. *phanós,* claro, visible) Elemento sufijal que entra en la formación de palabras con el significado de claro, manifiesto, visible: *diáfano, quirófano.*
fanón *m.* Ornamento en forma de doble esclavina cerrada, con la inferior más larga que la superior, que lleva el Papa sobre el alba en la misa pontifical.
fantaseador, -ra *adj.* Que fantasea.
fantasear *intr.* Dejar correr la fantasía o imaginación. 2 Preciarse, vanagloriarse: *~ de rico.* -3 *tr.* Imaginar [algo fantástico]: *~ grandezas.*
fantasía (l. < gr. *phantasía*) *f.* Facultad de formar imágenes o representaciones mentales multiplicando o combinando las que ofrece la realidad o dando forma sensible a los productos ideales; aspecto creador de la imaginación en sí misma o en cuanto crea: *tiene una ~ desbordada.* 2 Producto mental de la imaginación creadora; imagen ilusoria, creación ficticia: *no ve más que fantasías.* 3 Obra literaria o artística como producto de la imaginación creadora: *las fantasías de los poetas;* aspecto imaginativo de estas obras: *un poema pobre de ~.* 4 fam. Presunción, entono. 5 MÚS. Composición hecha de fragmentos de otra obra: *~ de «Rienzi»;* pieza, gralte. pequeña, sin forma determinada. -6 *loc.* ***De ~,*** en términos de modas, se aplica a las prendas de vestir muy vistosas o extravagantes, y a las joyas falsas, de bisutería. -7 *f. pl.* Granos de perlas que están pegados unos con otros. ◇ GALIC. por antojo, capricho, arbitrio.
fantasioso, -sa *adj.* fam. Vano, presuntuoso. 2 Que se deja llevar de la imaginación. 3 *Amér.* Jactancioso, valentón.
fantasma (gr. *phántasma,* aparición) *m.* Visión quimérica. 2 Imagen de un objeto impresa en la fantasía. 3 fig. Persona entonada y presuntuosa. -4 *f.* Espantajo o persona que simula una aparición o un espectro. -5 *adj.* Inexistente, dudoso, poco preciso: *una noticia ~; una venta ~.* 6 Abandonado, deshabitado: *ciudad ~; pueblo ~; buque ~.*
SIN. *1* **Aparición, espectro, sombra.** GRAM. En la lengua clásica y en el uso vulg. de hoy se emplea con frecuencia como femenino en todas sus aceps.
fantasmada *f.* Bravuconada, fanfarronada.
fantasmagoría (fr. *fantasmagorie*) *f.* Arte de representar figuras por medio de una ilusión óptica. 2 fig. Ilusión de los sentidos o figuración vana de la inteligencia. 3 En arte o literatura, abuso de los efectos conseguidos mediante recursos sobrenaturales o extraordinarios.
fantasmagórico, -ca *adj.* Relativo a la fantasmagoría.
fantasmal *adj.* Relativo al fantasma (visión).
fantasmear *intr.* Alardear, exagerar, presumir con jactancia.
fantasmón, -mona *adj.-s.* desp. Presuntuoso y vano. -2 *m.* Aum. de *fantasma* (presuntuoso; espantajo).
fantásticamente *adv. m.* De modo fantástico.
fantástico, -ca (gr. *phantastikós*) *adj.* Quimérico, sin realidad. 2 Relativo a la fantasía. 3 fig. Presuntuoso y entonado. 4 fig. *y* fam. Magnífico, estupendo, maravilloso.
fantochada *f.* fam. Dicho o hecho propio de fantoche.
fantoche (fr.) *m.* Títere. 2 Farolón, figurón.
fantochería *f. Amér.* Calidad de fantoche.
fañado, -da, pp. de *fañar.* 2 *adj.* [animal] Que tiene un año.
fañar *tr.* Marcar o señalar las orejas de los animales por medio de un corte.
fañoso, -sa *adj. Can.* y *Amér.* Gangoso.
faquí *m.* Alfaquí. ◇ Pl.: *faquíes.*
faquín (probl. del it. *facchino* < fr. *faquín*) *m.* Ganapán, esportillero, mozo de cuerda.
faquir (ár. *faquir,* pobre) *m.* Santón mahometano que vive de limosna y practica actos de singular austeridad. 2 Artista de circo que hace espectáculo de mortificaciones semejantes a las practicadas por estos santones. ◇ También *fakir.*
faquirismo *m.* Género de vida de los faquires.
fara *f.* Culebra africana de 1 m. de longitud, que presenta coloración gris con manchas negras y una raya también negra *(*gén. *Coronella).* 2 *Colomb.* Chucha (zarigüeya).
farad *m.* Faradio, en la nomenclatura internacional. ◇ Pl.: *farads.*
faraday *m.* QUÍM. Cantidad de electricidad que se gasta para separar de una solución electrolítica un equivalente químico; vale 96.540 culombios.
farádico, -ca *adj.* [fluido eléctrico] Que es alterno e intermitente, de alta tensión y poca intensidad, producido en un carrete de inducción; se emplea en terapéutica.
faradio (de *Faraday,* 1791-1867, físico inglés) *m.* FÍS. Unidad de capacidad eléctrica de un conductor que con la carga de un cu-

lombio adquiere el potencial de un voltio. Como es demasiado grande, en la práctica se emplea como unidad el *microfaradio*, que equivale a una millonésima de faradio.

faradizar *tr.* Aplicar la corriente farádica [a un enfermo]. ◇ ** CONJUG. [4] como ***realizar.***

faralá *m.* Volante suelto por la parte inferior, que adorna los vestidos femeninos. 2 fam. Adorno excesivo y de mal gusto. ◇ Pl.: *faralaes.*

SIN. **Falbalá, farfalá.**

farallo *m.* Migaja de pan.

farallón (cat. *faralló*) ***m.*** Roca alta y tajada que sobresale en el mar. 2 Crestón (parte de un filón).

SIN. **Farellón, farillón.**

faramalla (ant. *farmalio,* metátesis del b. l. hispánico *malfarium*, crimen) *f.* fam. Charla encaminada a engañar. 2 Farfolla (cosa de apariencia). -3 ***f. pl.*** Pastelitos fritos y espolvoreados de azúcar glas. -4 ***com.-adj.*** Faramallón.

faramallear *intr. Amér.* Fachendear.

faramallero, -ra, faramallón, -llona ***adj.-s.*** fam. Hablador, trapacista, farolero.

farándula (probl. del prov. *farandoulo,* danza rítmica) *f.* Profesión del farsante. 2 ant. Compañía de cómicos ambulante. 3 fig. Faramalla (charla).

farandulear *intr.* Farolear.

farandulero, -ra *m. f.* Persona que se dedicaba a recitar comedias. -2 ***adj.-s.*** fig. Hablador, trapacero.

farandúlico, -ca ***adj.*** Relativo a la farándula.

faranguear *tr. Bol.* Esquivar el cuerpo.

faraón *m.* Soberano del antiguo Egipto. 2 Juego de naipes parecido al monte.

faraónico, -ca ***adj.*** Relativo a los faraones.

faraute (ant. alto al. *heriwalto,* heraldo) ***m.*** Mensajero, heraldo. 2 Rey de armas de segunda clase. 3 El que recitaba o representaba el prólogo de una comedia. 4 fig. Persona bulliciosa y entremetida.

I) farda (ár. *fard*) *f.* Alfarda I. 2 En un madero, muesca para embarbillar otro.

II) farda *f.* Bulto o lío de ropa.

III) farda *f.* CARP. Corte o muesca que se hace en un madero para encajar en él la barandilla del otro.

fardacha *f. Murc.* fam. Mujer harapienta. 2 *Murc.* fam. Mujer mala.

fardacho (ár. *ferdej*) ***m.*** Lagarto (reptil).

fardada *f.* vulg. Acción con la que uno pretende impresionar o darse importancia.

fardaje *m.* Fardería.

fardar (de *fardo*) ***tr.*** Proveer [a uno], esp. de ropa. 2 vulg. Lucir una prenda de vestir. -3 ***intr.*** fam. Presumir.

fardel *m.* Talega o saco de los pastores y caminantes. 2 Fardo. 3 fig. Persona desaliñada.

fardelejo *m. Logr.* Hojaldre doblado y frito que lleva un relleno de pasta de almendra o de mermelada.

fardería *f.* Conjunto de fardos.

fardo (orig. incierto) *m.* Lío grande y apretado. 2 *La Mancha.* Canastilla.

fardón, -dona ***adj.*** fam. [pers.] Que alardea de algo. 2 [cosa] Bonita o agradable.

farellón *m.* Farallón.

farero, -ra *m. f.* Empleado o vigilante de un faro.

farfalá *m.* Faralá. ◇ Pl.: *farfalaes.*

farfallear *intr.* Tartamudear.

farfallón, -llona ***adj.-s.*** fam. Farfullador, chapucero.

farfalloso, -sa ***adj.*** Tartamudo, tartajoso.

farfallota *f. P. Rico.* Parótida, tumor.

farfante ***adj.-s.*** Farfantón.

farfantón, -tona (prov. *forfant,* con influjo de *fanfarrón*) ***adj.-s.*** fam. Fanfarrón, pendenciero.

farfantonada *f.* fam. Hecho o dicho propios del farfantón.

farfantonería *f.* Hecho o dicho propios del farfantón.

I) fárfara (l. *-aru*) *f.* Planta herbácea de la familia de las compuestas, con bohordos de escamas coloridas, hojas radicales, tomentosas por el envés, y flores amarillas. Se emplea como pectoral *(Tussilago farfara).*

SIN. **Sombrerera, tusilago, uña de caballo.**

II) fárfara (ár. *hálhal,* tela sutil) *f.* Membrana cortical del huevo de las aves, la cual rodea por completo la clara del huevo y está adherida a la superficie interior de la cáscara. Está formada por dos láminas que en el extremo más ancho del huevo se separan formando una cámara de aire. -2 ***loc. adv. En ~***, aplicada al huevo, que se halla en la overa aún sin cascarón; fig., a medio hacer.

farfolla *f.* Envoltura de las panojas del maíz, mijo y panizo. 2 fig. Cosa de mucha apariencia y poca entidad. 3 Embuste. -4 ***com.*** fig. *y* fam. Persona sin substancia, despreciable.

SIN. *2* **Faramalla.**

fárfula ***m.*** *Logr.* Fárfara II.

farfulla *f.* Defecto del que farfulla (masculla). -2 ***adj.-com.*** Persona que tiene este defecto. -3 *f. Amér.* Farfolla. 4 *Chile, Ecuad., Perú* y *P. Rico.* Fanfarronería.

farfulladamente ***adv. m.*** Con prisa, atropelladamente.

farfullador, -ra ***adj.-s.*** Que farfulla.

farfullar (l. v. **fodiculare,* hozar) ***tr.*** Decir [una cosa] muy de prisa y atropelladamente: ~ *la lección.* 2 p. ext. Hacer [una cosa] con atropello y confusión.

SIN. *1* v. **Mascullar.**

farfullero, -ra ***adj.-s.*** Que farfulla. 2 *Can.* Tramposo, enredador, que juega con malas artes. 3 *Perú, P. Rico* y *S. Dom.* Fanfarrón.

fargallón, -llona ***adj.-s.*** Que hace las cosas atropelladamente. 2 Desaliñado, desaseado.

farillón *m.* Farallón.

farináceo, -a (l. *-aceu*) ***adj.*** Propio de la harina o parecido a ella.

SIN. **Harinoso,** semejante a la harina por su consistencia, color, etc.; **farináceo,** puede tener el mismo sentido en el habla culta o técnica: *aspecto farináceo*; **harinera,** si califica lo referente a la harina: *industria farinácea* (no *harinosa*).

farinato *m. Extr.* y *Sal.* Morcilla hecha con pan o harina.

farinetas *f. pl. Ar.* Gachas.

faring-, v. faringo-.

faringe (gr. *phárynx -yngos*) *f.* Conducto múscular-membranoso que se extiende desde el velo del paladar hasta el esófago, con el que se continúa. Forma parte del tubo digestivo y, además, contribuye a la respiración y a la fonación, pues comunica con las fosas nasales, las trompas de Eustaquio y la laringe.

SIN. Es científico. El nombre vulgar es **tragadero, tragaderas.**

faríngeo, -ea ***adj.*** ZOOL. Relativo a la faringe.

faringitis (*faring-* + *-itis*) *f.* Inflamación de la faringe. ◇ Pl.: *faringitis.*

faringo-, faring- (gr. *phárynx, -yngos,* faringe) Elemento prefijal que entra en la formación de palabras con el significado de faringe: *faringoplástia, faringectomía.*

faringectomía (*faring-* + *-ectomía*) *f.* MED. Escisión quirúrgica de una porción de faringe.

faringobranquial (*faringo-* + *branquial*) *m.* ZOOL. Segmento cartilaginoso superior de un arco branquial.

faringología (*faringo-* + *-logía*) *f.* MED. Tratado anatómico de la faringe.

faringoplastia (*faringo-* + *-plastia*) *f.* CIR. Intervención quirúrgica consistente en obtener un estrechamiento del espacio situado entre el velo del paladar y la faringe.

faringotomía (*faringo-* + *-tomía*) *f.* MED. Incisión quirúrgica de la faringe; esp., operación para extraer un cuerpo extraño enclavado en ella.

farinoso, -sa ***adj.*** Harinoso.

fariña (gall. port. *farinha*) *f.* Harina gruesa de yuca. -2 ***f. pl.*** *Ast.* Harina de maíz cocida con agua.

fariñera *f. Argent.* y *Urug.* Cuchillo de gran tamaño.

fariñón *m. Ast.* Embutido hecho con magro picado, harina de maíz, grasa de cerdo y sangre.

farisaicamente ***adv. m.*** Hipócritamente.

farisaico, -ca (l. *pharisaicus*) ***adj.*** Propio de los fariseos. 2 fig. Hipócrita.

farisaísmo *m.* Secta de los fariseos. 2 Sus costumbres y espíritu.

fariseísmo *m.* Farisaísmo. 2 fig. Hipocresía.

fariseo (l. *pharisœu* < gr. *pharisaios* < arameo *parshi*) ***m.*** Miembro de la principal secta política y religiosa judía del tiempo de Jesucristo, que, rígidamente formalista, afectaba rigor y austeridad, aunque en realidad eludía los preceptos y el espíritu de la ley. 2 fig. Hombre hipócrita; esp., el que afecta una piedad que no tiene. 3 fig. Hombre alto, seco y de mala condición o catadura.

farmaceuta ***com.*** *Amér.* Farmacéutico.

farmacéutico, -ca (gr. *pharmakeutikós,* de *pharmakeuo,* preparar drogas) ***adj.*** Relativo a la farmacia. -2 ***m. f.*** Persona que ejerce la farmacia.

SIN. *1* **Oficinal,** adj. [droga o substancia] que se usa en farmacia o preparada en ella. *2* **Boticario,** pop.; **farmacopola,** p. us.

farmacia (gr. *pharmakeia*) *f.* Conjunto de conocimientos concernientes a la preparación de los medicamentos y a las substancias que los integran. 2 Arte de preparar los medicamentos. 3 Botica (tienda; asistencia). 4 Conjunto de medicinas que se colocan en un aparato portátil.
fármaco (gr. *phármakon,* medicamento, veneno) ***m.*** Medicamento.
farmaco-, -fármaco (gr. *phármakon*, medicamento, veneno) Elemento prefijal y sufijal que entra en la formación de palabras con el significado de medicamento, droga, veneno: *farmacología, farmacoterapia, alexifármaco.*
farmacocinética (*farmaco-* + *cinética*) *f.* Rama de la farmacología que estudia el destino de los fármacos desde su absorción en el organismo hasta su eliminación.
farmacodiagnosis (*farmaco-* + *diagnosis*) *f.* MED. Diagnóstico de una enfermedad gracias al empleo de fármacos. ◇ Pl.: *farmacodiagnosis.*
farmacodinamia (*farmaco-* + *-dinamica*) *f.* Acción de los medicamentos en el organismo.
farmacofobia (*farmaco-* + *-fobia*) *f.* Temor morboso a los medicamentos.
farmacognosia (*farmaco-* + *-gnosia*) *f.* Reconocimiento de las substancias medicinales.
farmacología (*farmaco-* + *-logía*) *f.* Ciencia que estudia la acción terapéutica de los medicamentos.
farmacológicamente ***adv. m.*** De manera farmacológica.
farmacológico, -ca ***adj.*** Relativo a la farmacología.
farmacólogo, -ga ***m. f.*** Especialista en farmacología.
farmacomanía (*farmaco-* + *-manía*) *f.* MED. Tendencia neurótica a consumir medicamentos desordenadamente sin ninguna finalidad terapéutica.
farmacopea (gr. *pharmakopoiía*) *f.* Libro oficial que trata de las substancias medicinales más corrientes y el modo de prepararlas y combinarlas. 2 Arte de preparar los fármacos.
SIN. **Recetario.**
farmacopola ***m.*** p. us. Farmacéutico.
farmacopólico, -ca ***adj.*** desus. Relativo a la farmacia o a los medicamentos.
farmacopsicología (*farmaco-* + *psicología*) *f.* Estudio de las modificaciones del psiquismo normal por los psicofármacos.
farmacopsiquiatría (*farmaco-* + *psiquiatría*) *f.* Estudio de los efectos terapéuticos de los fármacos aplicables en psiquiatría.
farmacoterapia (*farmaco-* + *-terapia*) *f.* Tratamiento de las enfermedades mediante drogas.
farmacovigilancia (*farmaco-* + *vigilancia*) *f.* Vela sobre la posible acción adversa a medicamentos mediante su notificación voluntaria por los médicos a centros destinados para este fin.
farnesiana *f.* Aromo, árbol leguminoso.
I) faro (l. *pharu* < gr. *Pharos,* isla en la desembocadura del Nilo, que tenía un faro célebre) ***m.*** Torre alta en las costas y puertos, con luz en su parte superior, para guiar de noche a los navegantes. 2 Farol con potente reverbero: ~ *de barca.* 3 fig. Lo que da luz en un asunto, y lo que sirve de guía. 4 Aparato eléctrico que llevan en la parte delantera los vehículos automóviles, para iluminar el camino que han de recorrer. 5 AERON. Luz potente que sirve a los aviadores para reconocer su ruta nocturna y orientarse respecto a los aeródromos y aeropuertos.
SIN. *1* **Linterna,** ant. REL. **Torrero,** el que cuida de un faro.
II) faro, -ra ***m. f.*** *Colomb.* y *Venez.* Zarigüeya, mamífero.
farol (de *faro*) ***m.*** Caja con una o más caras de vidrio o de otra materia transparente, dentro de la cual va una luz: ~ ***de situación,*** el que se enciende de noche en diferentes sitios del buque para evitar los abordajes; ~ ***de cola,*** luz roja colocada en el furgón de cola de los trenes. 2 Funda o cubierta de papel para paquetes de picadura de tabaco. 3 Lance del toreo ejecutado con las dos manos, levantando el capote por encima de la cabeza del toro y dando al mismo tiempo una media vuelta sobre sí mismo para hacer pasar al animal por la espalda. 4 Jugada o envite falso hecho para deslumbrar o desorientar. 5 fig. Hecho o dicho jactancioso que carece de fundamento. 6 fig. Fachenda. 7 *Argent.* Mirador o balcón saliente. 8 *Cuba* y *P. Rico.* Faro del automóvil.
farola *f.* Farol alto y grande para el alumbrado público. 2 Fanal (farol).
farolazo ***m.*** Golpe dado con un farol. 2 *Amér. Central* y *Méj.* Trago de licor.
farolear ***intr.*** Fachendear, presumir.
faroleo ***m.*** Acción de farolear. 2 Efecto de farolear.
farolería *f.* Dicho o hecho propio de persona farolera. 2 Establecimiento donde se hacen o venden faroles.
farolero, -ra (de *farol*) ***adj.-s.*** fig. Ostentoso, fachendoso. -2 ***m.*** El que tiene por oficio hacer o vender faroles. 3 El que tiene por oficio cuidar de los faroles del alumbrado.
SIN. *1* **Farolón,** aumenta el sentido desp.; **papelero** y **papelón**, aluden pralte. al rango social que ostenta.
farolillo (de *farol*) ***m.*** Farol hecho con papeles, celofán o plásticos de colores, que sirve de adorno en las fiestas y verbenas. 2 Planta sapindácea trepadora, con flores axilares de color blanco amarillento y frutos globosos *(Campanula medium).* -3 ***m. pl.*** Aguileña (planta). 4 fig. ~ ***rojo,*** el que ocupa el último lugar en una clasificación.
SIN. *2* **Besico de monja, campánula.**
farolito ***m.*** *Cuba.* Planta solanácea parecida al alquequenje *(Physalis angulata).*
farolón, -lona ***adj.-s.*** fam. Farolero (ostentoso). -2 ***m.*** Aum. de *farol.*
SIN. *1* **Fantoche, figurón.**
farota (ár. *jaruta*) *f.* fam. Mujer descarada y sin juicio.
farotear ***intr.*** *Colomb.* Retozar, hacer ruido.
faroto, -ta ***adj.*** *Extr.* Desganado, desnutrido. 2 *Colomb.* [pers.] Vocinglero, vanidoso, ostentoso.
farotón, -tona (de *farota*) ***adj.-s.*** fam. [pers.] Descarado y sin juicio.
farpa (l. *faluppa*) *f.* Punta cortada al canto de una cosa, como las de banderas, estandartes, etc.
farpado, -da ***adj.*** Que remata en farpas.
I) farra (l. *fario*) *f.* Lavareto.
II) farra *f.* Juerga, jarana. 2 *Argent.* y *Urug.* Burla.
farraca *f.* *Logr.* Zurrón o mochila.
fárrago (l.) ***m.*** Mezcla de cosas desordenadas o inconexas.
farragoso, -sa ***adj.*** Desordenado, confuso: *texto* ~.
farraguas ***com.*** *Extr.* Persona descuidada en el vestir.
farraguista ***com.*** Persona que tiene la cabeza llena de ideas confusas.
farrear ***intr.*** *Amér.* Andar de farra o parranda. 2 *Argent.* y *Urug.* Burlarse de alguien. 3 *Argent.* Malbaratar.
farrero, -ra ***adj.-s.*** Jaranero.
farria *f.* *Extr.* Juerga.
farrista ***adj.*** Farrero. 2 *Argent.* y *Chile.* Elegante, tronado, bien vestido. 3 *Can., Argent., Parag.* y *Urug.* Que se dedica a la juerga o a la disposición. 4 *Urug.* Que origina bullicio y alboroto por donde va.
farro (l. *far*) ***m.*** Cebada a medio moler, remojada y mondada. 2 Semilla parecida a la escanda.
farruco, -ca (dim. popular de *Francisco*) ***adj.-s.*** fam. Gallego o asturiano recién salido de su tierra. -2 ***adj.*** fam. Valiente, impávido. -3 *f.* Uno de los cantes flamencos.
farruto, -ta ***adj.*** *Chile.* Enteco, canijo.
farsa (fr. *farce* < l. *farcire,* rellenar) *f.* ant. Comedia. 2 Pieza cómica breve. 3 desp. Obra dramática chabacana y grotesca. 4 fig. Enredo, tramoya. 5 desus. Compañía de farsantes (cómicos). 6 Actividad, profesión y ambiente en que se mueven las personas que se dedican al teatro. 7 Relleno compuesto de una o varias materias.
SIN. *4* V. **Mentira.**
farsálico, -ca ***adj.-s.*** De Farsalia (c. de Tesalia donde César venció a Pompeyo).
farsante, -ta ***adj.-s.*** Tramposo, embaucador. -2 ***m.*** Cómico que representaba farsas.
farsantear ***intr.*** *Chile.* Fachendear.
farsantería *f.* Calidad de farsante.
farsear ***tr.*** Rellenar un alimento con picadillo de carne. 2 *Chile.* Bromear, chancear.
farseto (it. *farsetto*) ***m.*** Jubón acolchado que se ponía debajo de la armadura.
farsista ***com.*** Escritor de farsas.
faruca *f.* *S. Dom.* Fiesta, juerga.
fas (por ~ o por nefas) (l. *fas,* justo, lícito; *nefas,* ilícito) ***loc. adv.*** Justa o injustamente; por una cosa u otra; a todo trance.
fasaíta *f.* Clinopiroxeno.
fasces ***f. pl.*** Insignia del cónsul romano, formada por una segur en un hacecillo de varas.
fascia lata *f.* ANAT. Aponeurosis del muslo.
fasciculado, -da ***adj.*** H. NAT. Agrupado en hacecillos: *estambres fasciculados; raíces fasciculadas.*

fascículo *m.* Entrega (cuaderno impreso). 2 ANAT. Haz de fibras musculares.
fascinación (l. *-atione*) *f.* Acción de fascinar (aojar). 2 Efecto de fascinar (aojar). 3 Atracción irresistible que ejerce o que sufre una persona o cosa. 4 fig. Engaño o alucinación.
fascinador, -ra *adj.* Que fascina.
fascinante *adj.* Asombroso, deslumbrante.
fascinar (l. *-are*) *tr.* Aojar. 2 Engañar, alucinar, deslumbrar, hechizar.
fascismo (it. *fascio* < l. *fascis,* haz) *m.* Movimiento político y social italiano de carácter totalitario, nacionalista, antiliberal y antimarxista. 2 Partido político italiano y de otros países partidario de esta ideología.
fascista *adj.-com.* Partidario del fascismo. -2 *adj.* Relativo al fascismo. 3 p. ext. Reaccionario.
REL. v. **Totalitario.**
fase (gr. *phasis* < *phaino,* brillar) *f.* Aspecto sucesivo con que se nos presentan, en su revolución, la Luna y los planetas. 2 fig. Aspecto, estado o período que presenta un fenómeno natural o una cosa, doctrina, negocio, etc. 3 FÍS. y QUÍM. Con respecto a un sistema de varias substancias en equilibrio, cualquiera de estas substancias. Con respecto a una substancia determinada, cualquier estado físico bien definido de ella. Así, en un sistema de agua y vapor, habrá una fase líquida y una fase seriforme. 4 ELECTR. Valor de la fuerza electromotriz o la intensidad de una corriente eléctrica alterna en un momento dado. 5 Corriente alterna, monofásica, de la misma frecuencia e intensidad a otra, pero retrasada en su fase una respecto de otra, que, producidas en un mismo generador y acopladas, origina las corrientes polifásicas (bifásicas y trifásicas). 6 FÍS. Estado, forma de agregación de la materia. 7 INFORM. Parte de un programa a efectos de su carga en memoria principal. 8 METAL. Parte homogénea de una aleación, físicamente diferenciable de las demás.
fasmidóptero *adj.-m.* Insecto del orden de los fasmidópteros. -2 *m. pl.* Orden de insectos pterigotas y vegetarianos de movimientos lentos; su aspecto es variado, pues imitan hojas, tallos o flores para pasar inadvertidos; como el insecto palo.
fasoles (cat. *fesols* < l. *faseolu*) *m. pl.* Judías.
fastén *adj. P. Rico.* Fanfarrón, presuntuoso.
fastial *m.* ARQ. Piedra o sillar más alto de un edificio. 2 ARQ. Hastial.
fastidiar *tr.-prnl.* Causar fastidio o hastío [a alguno]: *fastidiarle al andar; fastidiarse con la charla de uno; fastidiarse de todo.* 2 fig. Enojar o molestar. 3 fam. Ocasionar daño material o moral. -4 *prnl.* Aguantarse, sufrir con paciencia algún contratiempo inevitable: *si te ha salido mal, te fastidias.* ◇ ** CONJUG. [12] como ***cambiar.***
SIN. *1* **Hastiar, aburrir, dar la lata.** *2* v. **Enojar.**
fastidio (l. *-iu*) *m.* Hastío, asco, repugnancia. 2 Enfado, cansancio. 3 fam. Disgusto que causa un contratiempo, molestia de poca importancia.
fastidiosamente *adv. m.* Con fastidio.
fastidioso, -sa *adj.* Enfadoso, importuno; que causa desazón y hastío. 2 Fastidiado, disgustado.
SIN. **Hastioso, tedioso, latoso, aburrido, pesado, cargante.**
fastigiado, -da *adj.* BOT. [árbol o arbusto] De copa muy alta.
fastigio (l. *-iu*) *m.* lit. Cúspide, vértice. 2 ARQ. Frontón (remate triangular). 3 fig. Cumbre (gran elevación).
fasto, -ta (l. *fastu*) *adj.* [día] En que era lícito en la antigua Roma tratar los negocios públicos y administrar justicia. 2 Memorable, venturoso. -3 *m.* Fausto (suntuosidad).
CONTR. *2* **Nefasto.**
fastos (l. *fasti*) *m. pl.* Entre los romanos, especie de calendario o tabla cronológica en que se registraban por fechas las fiestas, juegos y acontecimientos de público interés. 2 fig. Anales o serie de sucesos por el orden de los tiempos: *los ~ de la Iglesia.*
fastosamente *adv. m.* desus. Fastuosamente.
fastoso, -sa *adj.* desus. Fastuoso.
fastrén *adj. P. Rico.* Fastén.
fastuosamente *adv. m.* Con fausto, de manera fastuosa.
fastuosidad *f.* Calidad de fastuoso.
fastuoso, -sa (l. *-osu*) *adj.* Ostentoso, amigo de fausto.
fatal (l. *-ale*) *adj.* Relativo al hado, inevitable. 2 Desgraciado, infeliz. 3 Malo. 4 [accidente, enfermedad, etc.] Que causa la muerte. 5 Insoportable, insufrible. 6 DER. [plazo] Improrrogable.
fatalidad (l. *-itate*) *f.* Calidad de fatal. 2 Desgracia, infelicidad.
SIN. *1* v. **Hado.**
fatalismo *m.* Doctrina filosófica o religiosa que considera todos los acontecimientos como inevitables por hallarse sujetos a una necesidad absoluta y superior a ellos. V. determinismo.
fatalista *adj.-com.* Que profesa el fatalismo. 2 Relativo a él. 3 Que acepta pasivamente los sucesos sin reaccionar.
fatalizarse *prnl. Chile.* Experimentar grave daño corporal. 2 *Colomb.* Cometer un delito grave. 3 *Perú.* Recibir una serie de daños después de haber ejecutado una mala acción, a causa de un sino fatal. ◇ ** CONJUG. [4] como ***realizar.***
fatalmente *adv. m.* Inevitable, forzosamente. 2 Desgraciadamente, desdichadamente. 3 Muy mal.
fatamorgana *f.* Fenómeno de espejismo que se observa en el estrecho de Mesina. 2 p. ext. Espejismo.
fatesioso, -sa *adj.* vulg. Fantasioso.
fatídicamente *adv. m.* De manera fatídica.
fatídico, -ca (l. *-cu*) *adj.* Que vaticina el porvenir, anunciando gralte. desgracias: *sueño ~.* 2 Desgraciado, siniestro, nefasto.
fatiga *f.* Agitación, cansancio. 2 Molestia ocasionada por la respiración frecuente o difícil. 3 Náusea. 4 MAR. Esfuerzo anormal que impone al casco de un barco el estado del mar o una distribución defectuosa de la carga. 5 MEC. Perdida de las propiedades mecánicas en un metal al someterlo a repetidos esfuerzos. -6 *f. pl.* fig. Molestia, penalidad: *las fatigas del viaje.* ◇ En la acepción *3* úsase mucho en plural.
SIN. v. **Cansancio.**
fatigadamente *adv. m.* Con fatiga.
fatigado, -da *adj.* En mal estado de conservación: *un libro ~; una encuadernación fatigada.*
fatigador, -ra, fatigante *adj.* Que fatiga.
fatigar (l. *-are*) *tr.-prnl.* Causar fatiga: *el trabajo me fatiga; me fatigo al subir una cuesta, de andar; me fatigo por sobresalir.* -2 *tr.* p. us. Vejar, molestar: *le fatigó en sus pretensiones; fatigó la tierra con sus correrías.* ◇ ** CONJUG. [7] como ***llegar.***
SIN. **Cansar.**
fatigosamente *adv. m.* Con fatiga.
fatigoso, -sa *adj.* Fatigado, agitado: *respiración fatigosa.* 2 Que causa fatiga: *camino ~.*
fatimí, fatimita *adj.-s.* Perteneciente a una dinastía musulmana, fundada por Ubaidallah (882-936), pretendido descendiente de Fátima (605-633), hija de Mahoma (570-632), y que reinó en Egipto desde el s. X al XII.
I) fato *m.* Olfato. 2 Olor, especialmente el desagradable.
II) fato, -ta *adj.-s.* desp. [pers.] De Huesca.
fatuidad (l. *-itate*) *f.* Falta de entendimiento. 2 Dicho o hecho necio. 3 Presunción, vanidad ridícula.
SIN. *3* v. **Soberbia.**
fatula *f. P. Rico.* Cucaracha de gran tamaño.
fatulo, -la *adj.-s. P. Rico* y *S. Dom.* Gallo o gallina de gran tamaño, que no sirve para la pelea. 2 *P. Rico.* fig. Cobarde. 3 *P. Rico* y *S. Dom.* Falso.
fatuo, -tua (l. *fatuu*) *adj.-s.* Falto de entendimiento. 2 Presuntuoso, vano.
fatuto, -ta *adj. Colomb.* Puro, neto.
faucal *adj.* Relativo a las fauces.
fauces (l.) *f. pl.* Parte posterior de la boca.
fauna (l. *Fauna,* la diosa Bona, esposa o hija de *Fauno*) *f.* Conjunto de los animales de una región, de un país o de un período geológico determinado. 2 Obra que los enumera y describe.
faunesco, -ca *adj.* Relativo al fauno.
fáunico, -ca *adj.* Relativo a la fauna de un determinado lugar.
fauno (l. *-nu*) *m.* Divinidad romana de los campos y selvas. 2 fig. y fam. Hombre sensual y lascivo.
faurestina *f. Cuba.* Árbol leguminoso muy copudo, que se planta en los caminos para dar sombra *(Albizzia lebbeck).*
faustiano, -na *adj.* Fáustico.
fáustico, -ca *adj.* Relativo a Fausto, personaje creado por el poeta Goethe (1749-1832).
Fausto *n. pr.* Protagonista y título de un poema dramático de Goethe (1749-1832). Es un viejo doctor, atormentado por su ansia insatisfecha de saber, el cual vende su alma al diablo (Mefistófeles) a cambio de que le devuelva la juventud y satisfaga todos sus deseos. Gounod (1818-1893) compuso una ópera sobre este poema.
I) fausto (l. *fastu*) *m.* Suntuosidad, pompa; lujo extraordinario.
SIN. **Fasto** y **fastuosidad.**
II) fausto, -ta (l. *-tu*) *adj.* Feliz, afortunado.
CONTR. **Aciago, infausto.**
faustuoso, -sa *adj.* Fastuoso.

fautor, -ra (l.) *m. f.* Persona que favorece y excita a otra, esp. en mal sentido: ~ *de desorden.* ◇ INCOR.: *autor, culpable.*
fautoría *f.* Favor, ayuda.
fauvismo (voz francesa) *m.* Movimiento pictórico que surgió como reacción contra el análisis impresionista.
favela (voz portuguesa) *f. Amér.* Chabola, choza, barraca.
favila (l. *favilla*) *f.* poét. Pavesa o ceniza del fuego.
favo *m.* Especie de tiña (afección de la piel). 2 *Sal.* Panal de miel.
favonio (l. *-iu*) *m.* poét. Céfiro (viento).
favor (l.) *m.* Ayuda o protección que se concede a uno. 2 Honra, beneficio, gracia. 3 Privanza. 4 Expresión de agrado que suelen hacer las damas. 5 *Colomb.* Lazo de cinta. 6 *S. Dom.* Obsequio.
SIN. *1* v. **Auxilio.** FRS. *A ~ de*, en beneficio o utilidad de. *A mi* o *a su ~*, saldo deudor o acreedor en las cuentas corrientes. Se abrevia *a. m. f.* y *a. s. f.*, respectivamente.
favorable *adj.* Que favorece. 2 Propicio, apacible, benévolo: ~ *a,* o *para, algunos;* ~ *en todos sentidos.*
favorablemente *adv. m.* Con favor, benévolamente. 2 De conformidad con lo que se desea: *la instancia fue ~ informada.*
favorecedor, -ra *adj.-s.* Que favorece.
favorecer *tr.* Ayudar, socorrer [a uno]. 2 Dar o hacer un favor [a uno]: *le favoreció con un premio.* 3 Apoyar, secundar [un intento, empresa u opinión]. 4 Mejorar el aspecto o apariencia de alguien o de algo. ◇ ** CONJUG. [43] como ***agradecer.***
SIN. *3* v. **Proteger.**
favorido, -da *adj.* desus. Favorecido.
favoritismo *m.* Preferencia del favor sobre el mérito.
favorito, -ta (it.) *adj.* Que es con preferencia estimado: *libro ~.* 2 [pers., animal o entidad] Que se presume ganador en una competición. -3 *m.* Palo de favor. -4 *m. f.* Persona que priva con un rey o personaje; valido, privado.
favoso, -sa *adj.* MED. Perteneciente o relativo al favo (especie de tiña).
fax *m.* Abreviación usual de telefax.
faya (fr. *faille;* neerl. *falie*) *f.* Tejido grueso de seda, que forma canutillo. 2 *Can.* Aiton.
fayanca *f.* Postura del cuerpo en la cual hay poca firmeza para mantenerse. 2 desus. Vaya, burla.
fayauco *m.* Cesto de mimbres.
fayuca *f. Colomb.* Charla insubstancial.
faz (l. *facie*) *f.* Rostro o cara: ***Sacra*** o ***Santa Faz,*** imagen del rostro de Jesús. 2 Anverso (lado). 3 Vista o lado de una cosa.
SIN. *1* v. **Cara.**
fe (l. *fide*) *f.* Dogma, conjunto de creencias sin necesidad de estar confirmadas por la experiencia o la razón, que constituyen el fondo de una religión: *la ~ católica; la ~* ***del carbonero,*** la ingenua, sin examen ni discusión. 2 Primera de las tres virtudes teologales que propone la Iglesia Católica, por la cual se cree firmemente, por la autoridad de la palabra de Dios, en todas las edades reveladas por Él y que enseña la Iglesia. 3 Creencia (crédito, confianza): ***prestar ~ a lo que otro dice,*** creerlo; *noticia digna de ~.* 4 Confianza: *tener ~ en un médico, en una medicina.* 5 Palabra que se da o promesa que se hace a uno con cierta solemnidad: ***a ~ mía*** o ***por mi ~***, por mi palabra. 6 Seguridad, aseveración de que una cosa es cierta. 7 ***~ pública,*** autoridad legítima atribuida a notarios, escribanos, agentes de cambio y bolsa, cónsules y secretarios de juzgados, de tribunales y de otros institutos oficiales, para que lo contenido en los documentos que expiden en debida forma se tenga por verdadero, salvo prueba en contrario: ***dar ~***, asegurar, haciendo uso de la fe pública, que es cierta una cosa, asegurar una cosa que se ha visto; ***hacer ~***, ser suficiente o tener los requisitos necesarios una declaración o un escrito para que en su virtud se crea lo que sostienen. 8 Documento que acredita o certifica una cosa: ~ *de soltería;* ~ *de bautismo;* ***~ de vida,*** certificación negativa de defunción y afirmativa de existencia, dada por la autoridad competente; ***~ de erratas,*** lista de las erratas de un libro, inserta en el mismo, con la enmienda que de cada una debe hacerse. 9 Fidelidad: *guardar la ~ conyugal;* ***buena ~***, rectitud, honradez, sinceridad; DER., convicción en que se halla una persona de que hace o posee alguna cosa con derecho legítimo; ***de buena ~***, con verdad o sinceridad; ***a buena ~***, de seguro, sin duda; ***mala ~***, doblez, alevosía, malicia; DER., malicia o temeridad con que se hace una cosa o se detenga algún bien; ***de mala ~***, con malicia o engaño. ◇ Pl.: en caso de usarse se dice *fes.*
Fe, símbolo químico del *hierro.*
fealdad *f.* Calidad de feo. 2 fig. Torpeza, acción indigna.
feamente *adv. m.* Con fealdad.
Febe *n. pr.* MIT. Sobrenombre de Artemis y de la Luna.
febeo, -a (l. *phœbeu*) *adj.* poét. Relativo a Febo o al Sol.
SIN. **Solar.**
feble (fr. *faible* < l. *flebilis* < *flere,* llorar) *adj.* Débil, flaco. 2 [moneda, aleación de metales, etc.] Falto de peso o de ley.
Febo (l. *Phœbu,* n. de Apolo, dios de la luz) *n. pr.* poét. El Sol.
febrera *f.* Cacera (zanja).
febrero (l. *februariu*) *m.* Segundo mes del año. 2 *Extr.* Muñeco hecho de paja y trapo, típico de carnaval.
febricitante (l. < *febricitare,* tener calentura) *adj.* MED. Calenturiento.
febrícula *f.* Hipertermia prolongada, moderada, casi siempre vespertina, de origen infeccioso o nervioso.
febrífugo, -ga (l. *febris,* fiebre + *-fugo*) *adj.-m.* [medicamento] Que quita la temperatura febril.
SIN. MED. **Antitérmico, antipirético, apirético; antifebril.**
febril *adj.* Relativo a la fiebre. 2 fig. Ardoroso, desasosegado: *actividad ~.*
febrilidad *f.* Agitación, nerviosidad.
febrilmente *adv. m.* fig. Con afán, con vehemencia.
febronianismo *m.* Doctrina enseñada por Febronio (1701-1790), que rebajaba los derechos de la potestad pontificia y exaltaba sistemáticamente la autoridad de los obispos.
febroniano *adj.* Relativo al febronianismo.
fecal (der. del l. *fœce,* hez) *adj.* Excrementicio: *aguas, materias fecales.*
fecha (l. *facta;* f. de *factu,* hecho) *f.* Indicación del tiempo y a menudo del lugar en que se hace u ocurre algo, esp. la puesta al principio o al fin de un escrito. 2 Día transcurrido desde uno determinado: *esta carta ha tardado tres fechas.* 3 Tiempo o momento actual: *hasta la ~ no ha habido noticias.*
SIN. *1* **Data,** ant.
fechador *m.* Estampilla con que se imprime la fecha en documentos, cartas, etc.
fechadura *f. Can.* Cerradura.
fechar *tr.* Poner fecha [a un escrito]. 2 Determinar la fecha [de un escrito, monumento, suceso histórico, etc.]. 3 *Can.* Cerrar [una puerta] bien ajustadamente. 4 *Can.* Aferrarse a [algo o a alguien].
SIN. **Datar,** menos us.; **calendar,** muy p. us. REL. *2* **Cronología,** ciencia que tiene por objeto determinar las fechas de los sucesos históricos.
fechillo *m. Can.* Pestillo.
fecho, -cha, pp. irreg. del ant. *facer* [se usa sólo en algunos documentos públicos por *cumplimentado*]. 2 *m.* Nota que suele ponerse en ellos, como testimonio de su cumplimiento. -3 *adj.-s.* En las oficinas, expediente cuya resolución ha sido cumplimentada por las mismas.
fechoría (del ant. *fechor,* factor I) *f.* Acción esp. mala.
fecial *m.* En la antigua Roma, miembro de un colegio de sacerdotes encargados de declarar las guerras, presidir la redacción de tratados, etc.
fécula (l. *fœcula*) *f.* Substancia blanca o blanquecina, pulverulenta, suave al tacto, insoluble en el agua fría, en el alcohol, en el éter y en los aceites grasos, y que en el agua caliente forma el engrudo. Es un hidrato de carbono que, en forma de gránulos, existe en toda célula vegetal; pero se le extrae pralte. de las semillas, tubérculos y raíces de ciertas plantas.
feculento, -ta *adj.* Que contiene fécula. 2 Que tiene heces.
feculoso, -sa *adj.* Que contiene féculas.
fecundable *adj.* Susceptible de fecundación.
fecundación *f.* Acción de fecundar: ~ ***artificial,*** inseminación artificial; ~ ***in vitro,*** la de un óvulo por un espermatozoide, lograda en condiciones de laboratorio; el huevo, así obtenido, es implantado en el útero de la madre.
fecundador, -ra *adj.* Que fecunda.
fecundamente *adv. m.* Con fecundidad.
fecundante *adj.* Que fecunda.
fecundar (l. *-are*) *tr.* Hacer fecunda o productiva [una cosa]. 2 Unirse el elemento reproductor masculino [al femenino] para dar origen a un nuevo ser.
fecundativo, -va *adj.* Que tiene virtud de fecundar.
fecundidad *f.* Calidad de fecundo.
fecundización *f.* Acción de fecundizar. 2 Efecto de fecundizar.
fecundizador, -ra *adj.* Que fecundiza.
fecundizar *tr.* Hacer [a una cosa] susceptible de producir o de admitir fecundación; fertilizar: ~ *un terreno con los abonos.* ◇ ** CONJUG. [4] como ***realizar.***

fecundo, -da (l. *-du*) *adj.* Que produce o se reproduce por los medios naturales. 2 Fértil, abundante.
fedatario (*fe* + *datario*) *m.* Denominación genérica aplicable al notario y otros funcionarios que gozan de fe pública.
federación (l. *fœderatione*) *f.* Acción de federar. 2 Confederación. 3 Estado federal. 4 Poder central del mismo. 5 Asociación de personas que se dedican a un deporte. 6 Agrupación gremial.
federal *adj.* Federativo. -2 *adj.-s.* [pers.] Federalista.
federalismo *m.* Sistema de confederación entre corporaciones o estados. 2 Doctrina política que propugna la organización federativa de los estados.
federalista *adj.-com.* [pers.] Partidario del federalismo. -2 *adj.* Federativo.
federalización *f.* Introducción del federalismo o de un sistema inspirado en él.
federar *tr.* Confederar. -2 *prnl.* Inscribirse en una federación.
federativo, -va *adj.* Relativo a la federación. 2 [sistema de gobierno de una confederación de estados autónomos] Que en los asuntos de interés general está sujeto a las decisiones de una autoridad central: *el sistema ~ helvético.*
SIN. **Confederativo.**
Fedra *n. pr.* MIT. V. Hipólito.
feérico, -ca *adj.* GALIC. Hechicero, maravilloso, mágico.
féferes *m. pl. Amér.* Bártulos, trastos.
fehaciente *adj.* Que hace fe en juicio: *documento ~.*
feijoa *f.* Arbusto mirtáceo de África y América que se cultiva por sus frutos comestibles *(Acca sellowiana).*
SIN. **Falso guayabo** (Argent.), **guayaba chilena** (Méj.), **guayabo** (Argent.), **pitanga** (Guat.).
feísmo *m.* Tendencia artística o literaria que valora estéticamente lo feo.
felación *f.* Felatio.
felandrio *m.* Planta umbelífera venenosa, acuática, de hojas pinnadas y flores blancas dispuestas en umbela *(Oenanthe aquatica).*
SIN. **Hinojo acuático.**
felatio *f.* Excitación de los órganos sexuales masculinos con los orales de la pareja.
feldespático, -ca *adj.* Relativo al feldespato. 2 Que contiene feldespato.
feldespato *m.* Aluminosilicato de potasio, calcio, sodio o, raramente, bario, cuyas numerosas variedades son los constituyentes esenciales de las rocas endógenas y metamórficas. -2 *m. pl.* Grupo de estos minerales.
feldespatoides *m. pl.* Grupo de minerales que forman roca, relacionados con los feldespatos o parecidos a éstos.
feldmariscal (al.) *m.* En algunos ejércitos extranjeros, mariscal de campo.
felfa *f. Ecuad.* y *P. Rico.* Felpa, zurra.
felibre (prov., de orig. desconocido) *m.* Poeta provenzal moderno.
felibrismo *m.* Movimiento literario moderno, encaminado a restaurar la lengua provenzal, esp. en su uso poético.
felice (l.) *adj.* poét. Feliz.
felicidad (l. *-itate*) *f.* Estado del ánimo que se complace en la posesión de un bien. 2 Satisfacción, contento: *las felicidades del mundo.* 3 Suerte feliz, acontecimiento feliz: *viajar con ~.*
SIN. **Dicha, ventura, venturanza.**
felicitación *f.* Acción de felicitar. 2 Palabras, tarjeta postal, etc., con que se felicita.
SIN. **Enhorabuena, parabién, pláceme, congratulación,** si se trata de felicitar 1; tratándose de felicitar 2, se emplea **felicitación**: *~ de Año Nuevo, del cumpleaños.*
felicitar (l. *-are*) *tr.* Dar el parabién, manifestar [a una pers.] satisfacción con motivo de algún suceso fausto para ella. 2 Expresar el deseo de que [una pers.] sea feliz. -3 *prnl.* Congratularse.
félido *adj.-m.* Mamífero de la familia de los félidos. -2 *m. pl.* Familia de mamíferos carnívoros, digitígrados, de cabeza redondeada, hocico corto con largos pelos táctiles y uñas curvadas y retráctiles; como el gato y el león.
feligrés, -gresa (l. *filiu ecclesiæ,* hijo de la Iglesia) *m. f.* Persona que pertenece a determinada parroquia. 2 fam. *y* p. ext. Parroquiano, cliente.
feligresía *f.* Conjunto de feligreses de una parroquia. 2 Parroquia rural.
felino, -na (l. *-nu*) *adj.* Relativo al gato. 2 Que parece de gato. -3 *adj.-m.* Animal perteneciente a la familia de los félidos.
feliz (de *felice*) *adj.* Que tiene o goza felicidad. 2 Que ocasiona felicidad: *campaña ~.* 3 Oportuno, acertado, eficaz: *memoria ~.*
SIN. *1* y *2* **Dichoso, venturoso, afortunado.**
felizmente *adv. m.* Con felicidad. 2 Por dicha, por fortuna.
felógeno (gr. *phellós,* corcho + *-geno*) *m.* Meristemo secundario del cilindro cortical, que engendra hacia fuera el tejido suberoso que protege a la planta.
felón, -lona (fr.) *adj.-s.* Que comete felonía.
felonía *f.* Deslealtad, traición, acción fea.
felpa (etim. dud., probl. de orig. germ.) *f.* Tejido que tiene pelo por la haz. 2 p. ext. Cinta elástica de tejido, de forma circular, que utilizan las mujeres por adorno y para sujetarse el cabello. 3 p. ext. Diadema (adorno). 4 fig. *y* fam. Zurra de golpes. 5 fig. *y* fam. Rapapolvo.
felpado, -da *adj.* Afelpado.
felpar *tr.* Cubrir con felpa [alguna cosa]. 2 fig. Cubrir con vello u otra cosa que imite la felpa: *la tierra se felpó de hierbas.*
felpeada *f. Argent.* y *Urug.* Felpa, reprensión áspera.
felpear *tr. Argent.* y *Urug.* Dar una felpa [a alguien], castigar.
felpilla *f.* Cordón de seda con pelo como la felpa.
felpo *m.* Felpudo, ruedo.
felposo, -sa *adj.* Cubierto de pelos blandos entrelazados.
felpudo, -da *adj.* Afelpado. -2 *m.* Estera gruesa y afelpada, de tamaño pequeño, que se usa principalmente en la entrada de las casas a modo de limpiabarros, o para pasillos de mucho tránsito. 3 Ruedo (esterilla). -4 *f. Can.* Mujer pública.
SIN. *2* **Alfombrilla, esterilla.**
félsico, -ca *adj.* [mineral] De color claro.
f.e.m. *f.* FÍS. Fuerza electromotriz.
femenil *adj.* Relativo a la mujer.
femenilmente *adv. m.* Afeminadamente; con modo propio de la mujer.
femenino, -na (l. *-nu*) *adj.* Propio de la mujer. 2 [ser] Dotado de órganos receptivos de fecundación. 3 Relativo a este ser. 4 fig. Débil, endeble. 5 GRAM. V. género femenino. 6 Relativo al género femenino.
SIN. *1* **Femenil** y **femíneo** (p. us.) son voces escogidas que se aplican pralte. a cualidades estimables: *gracia, ternura femenil* o *femínea.* **Mujeril,** sugiere a menudo defectos o debilidades de la mujer: *habladurías mujeriles, miedo mujeril*; por esto tiene a veces matiz despectivo: comp. *adornos mujeriles, femeninos* o *femeniles.* **Afeminado,** se dice de la persona que parece mujer, o de las cosas, actos, etc., que parecen de mujer sin serlo: *hombre afeminado, modales afeminados.*
fementidamente *adv. m.* Con falsedad y deslealtad.
fementido, -da (*fe* + *mentido*) *adj.* Falto de fe y palabra. 2 Engañoso, falso. ◇ En las dos aceps. es hoy algo ant.; ús. en estilo lit.
fémico, -ca *adj.* [mineral] De color obscuro debido a su contenido en hierro y magnesio.
fémina (l. *femina*) *f.* Mujer, persona del sexo femenino.
femineidad *f.* Calidad de femíneo o de femenino. 2 DER. Calidad de ciertos bienes de ser pertenecientes a la mujer.
feminela *f.* ARTILL. Pedazo de zalea que cubre el zoquete de la lanada.
femíneo (l. *-eu*) *adj.* Femenino, femenil.
feminidad *f.* Calidad de femíneo. 2 MED. Estado anormal del varón en que aparecen caracteres sexuales femeninos.
feminismo (der. de *femina,* mujer) *m.* Doctrina social que concede a la mujer capacidad y derechos reservados hasta ahora a los hombres. 2 Existencia en el hombre de caracteres femeninos, tanto corporales como psíquicos, propio de estados de hermafroditismo.
feminista *adj.* Relativo al feminismo. -2 *com.* Partidario del feminismo.
feminización *f.* Adquisición de rasgos femeninos. 2 Desarrollo de los caracteres sexuales femeninos.
feminoide *adj.* [varón] Que tiene rasgos femeninos.
femoral *adj.* Relativo al fémur: *arteria ~; vena ~.*
femto-, elemento prefijal que entra en la formación de palabras con el significado de la milbillonésima parte (10^{15}) de las respectivas unidades.
fémur (l.) *m.* Hueso del muslo, el más largo del cuerpo humano. 2 En las patas de los insectos, artejo situado entre el trocánter y la tibia. ◇ Pl.: *fémures.*
fenaquistiscopio (gr. *phenakizo,* engañar + *-scopio*) *m.* FÍS. Instrumento de física recreativa en el cual, merced a la persistencia de las imágenes en la retina, una sucesión de figuras crea la sensación de movimiento.

fenarda *f.* Planta papilionácea, de hojas trifoliadas y flores amarillas en capítulos *(Trifolium campestre).*
fenás *m. Murc.* Heno silvestre.
fenda (del ant. *fender,* hender) *f.* Hendedura al hilo en la madera.
fendi *m.* Efendi.
fendiente *m.* Hendiente.
fenecer (incoat. del l. *finire*) *tr.* p. us. Poner fin [a una cosa], concluirla: ~ *las cuentas.* -2 *intr.* Morir, fallecer. 3 Acabarse o terminarse una cosa. ◇ ** CONJUG. [43] como ***agradecer.***
SIN. *2* v. **Morir.**
fenecimiento *m.* Acción de fenecer. 2 Efecto de fenecer.
fengofobia (gr. *fengos,* luz, + *-fobia*) *f.* Fotofobia.
fenianismo *m.* Partido político adverso a la dominación inglesa en Irlanda. 2 Conjunto de doctrinas y principios que defiende.
feniano (ing. *fenian*) *m.* Miembro del fenianismo.
fenicado, -da *adj.* Que contiene ácido fénico.
fenicar *tr.* Echar ácido fénico [a una cosa]. ◇ ** CONJUG. [1] como ***sacar.***
fenice *adj.-s.* poét. Fenicio.
fenicio, -cia (l. *phœniciu*) *adj.-s.* De Fenicia, antiguo estado del oeste de Asia, en la costa mediterránea. -2 *adj.-m.* Lengua cananea, hablada antiguamente en este estado. -3 *m. f.* Persona que tiene mucha disposición o suerte para los negocios.
SIN. *1* **Sidonio.**
fénico (gr. *phaino,* brillar) *adj. Ácido* ~, nombre que se da al fenol ordinario; es un cuerpo sólido, cristalizable, fusible a 43°, de olor fuerte y sabor acre; se obtiene de la destilación del alquitrán de la hulla y se emplea como desinfectante.
SIN. **Ácido carbónico, fenol.**
fenicoptérido (gr. *phoinix,* rojo + *-ptero*) *adj.-m.* Ave de la familia de los fenicoptéridos. -2 *m. pl.* Familia de aves fenicopteriformes, de pico encorvado, más largo que la cabeza, patas largas y delgadas y piernas desnudas en la parte inferior; como el flamenco.
fenicopteriforme *adj.-m.* Ave del orden de los fenicopteriformes. -2 *m. pl.* Orden de aves palmípedas con las patas y el cuello muy largos y el pico curvado y adaptado a la filtración; como el flamenco.
fenilamina *f.* Anilina.
fenilo *m.* QUÍM. Radical que proviene del benceno.
fénix (l. *phœnix* < gr. *phoinix*) *m.* Ave fabulosa, que según los antiguos, era única en su especie y renacía de sus cenizas. 2 fig. Persona o cosa exquisita, o única en su especie: *el* ~ *de los ingenios.* 3 ASTRON. Ave fénix. 4 BLAS. Figura heráldica que representa un ave fénix de perfil con las alas extendidas, y siempre sobre una hoguera ardiendo. ◇ Pl.: *fénix* y *fénices.*
feno-, -feno (gr. *phaino,* mostrar, brillar) Elemento prefijal y sufijal que entra en la formación de palabras con el significado de apariencias, fenómenos, muestra. 2 En química entra en la formación de compuestos denotando relación con el fenol o el ácido fénico.
fenocopia (*feno-* + *copia*) *f.* PAT. Modificación corporal causada por influencias ambientales y que no se transmite a la descendencia.
fenocristal (*feno-* + *cristal*) *m.* GEOL. Cristal de gran tamaño que se ha producido como consecuencia de un enfriamiento lento del magma.
fenogreco (l. *fenu grœcu,* heno griego) *m.* Alholva.
fenol (de *fénico*) *m.* Alcohol de la serie cíclica o aromática de la química orgánica. El más importante es el ~ *ordinario* o ácido fénico.
SIN. **Carbol.**
fenolftaleína *f.* QUÍM. Compuesto químico usado como indicador en análisis volumétrico. Es rojo en medio básico e incoloro en medio ácido o neutro.
fenología (*feno-* + *-logía*) *f.* Estudio de los fenómenos biológicos de las plantas acomodados a cierto ritmo periódico, como brotación, florescencia, maduración de fruto, etc. 2 Estudio del ritmo de las estaciones y el clima en relación con el funcionamiento de los vegetales.
REL. 1 v. **Fitofenología.**
fenomenal *adj.* Relativo al fenómeno o que participa de su naturaleza. 2 fam. Tremendo, muy grande: *le dio un golpe* ~. 3 fig. *y* fam. Muy bueno, estupendo, maravilloso: *un libro* ~.
SIN. *2* Se usa con carácter intensivo general; comp. **brutal.**
fenomenalismo (gr. *phainómenon,* fenómeno, apariencia) *m.* Doctrina epistemológica fundada por Kant (1724-1804), que, mediando entre el idealismo y el realismo, afirma la existencia de cosas reales independientes de la conciencia, pero incognoscibles en su esencia por limitarse nuestro conocimiento al mundo del fenómeno (apariencia), simple indicio de la cosa en sí. V. apriorismo y criticismo.
fenoménico, -ca *adj.* FIL. Relativo a los fenómenos o apariencias.
fenómeno (gr. *phainómenon,* de *phaino,* aparecer) *m.* Apariencia, lo que de las cosas puede percibirse por los sentidos. 2 Manifestación de actividad que se produce en la naturaleza. 3 Suceso. 4 fam. Persona o animal monstruoso. 5 fig. Cosa extraordinaria o sorprendente, portento. -6 *adj.-adv.* fam. Muy bueno, magnífico, sensacional: *lo hicieron* ~.
fenomenología (*fenómeno* + *-logía*) *f.* Ciencia de los fenómenos físicos o psíquicos, en su génesis y en sus manifestaciones en el tiempo y en el espacio. 2 En Hegel (1770-1831), descripción de los seis estadios por los que pasa un espíritu, y por consiguiente toda la realidad, desde la forma más obscura de la conciencia hasta la conciencia completa del sí o «saber absoluto». 3 En Husserl (1859-1938), ciencia filosófica fundamental que aspira al conocimiento de las esencias puras de las cosas partiendo del examen de los contenidos de la conciencia en los que se prescinde de todas las condiciones de tiempo y espacio.
fenomenológico, -ca *adj.* Relativo a la fenomenología.
fenomenólogo, -ga *m. f.* Persona que cultiva la fenomenología.
fenoplástico (*feno-* + *plástico*) *m.* QUÍM. Masa plástica prensada, de resina artificial, hecha con fenol y formaldehído.
fenotípico, -ca *adj.* Relativo al fenotipo.
fenotipo (*feno-* + *tipo*) *m.* BIOL. Conjunto de caracteres hereditarios que posee cada individuo perteneciente a una determinada especie vegetal o animal. 2 Realización visible del genotipo en un determinado ambiente.
feo, -a (l. *fœdu*) *adj.* Que carece de belleza y hermosura. 2 fig. Que causa horror o aversión: *acción fea.* 3 De aspecto malo o desfavorable: *el asunto se pone* ~. 4 fig. ***Dejar*** ~ ***a uno,*** desairarle, hacerle un feo. -5 *m.* Desaire manifiesto, grosero: *le hizo muchos feos.* -6 *adv.* De mal olor o sabor: *huele o sabe* ~.
SIN. Los dim. **feúco, feúcho,** pueden tener carácter atenuativo, más o menos cariñoso según los casos; lo mismo ocurre con al aumentativo **feote,** que oscila entre la atenuación y el menosprecio; **mal parecido** y **mal encarado,** se aplican sólo a personas; **antiestético,** a cosas. *2* y *3* Con carácter intensivo pueden usarse muchos adjs. como **atroz, horrible, monstruoso,** etc.
feo-, -feo (gr. *phaiós,* obscuro, negruzco) Elemento prefijal y sufijal que entra en la formación de palabras con el significado de obscuro, negruzco.
feofíceo, -a (*feo-* + gr. *phycos,* alga) *adj.-f.* Alga de la clase de las feofíceas. -2 *f. pl.* Clase de algas marinas del tipo de los feófitos, con la clorofila enmascarada por un pigmento accesorio pardo; como el sargazo.
feófitos (*feo-* + *-fito*) *m. pl.* BOT. Tipo de algas pardas, la mayoría formas marinas coloniales e inmóviles; son los protoctistas de mayor tamaño, pues pueden alcanzar hasta 10 m. de longitud.
feracidad *f.* Fertilidad de los campos.
feral (l. *-ale*) *adj.* desus. Cruel, sangriento. -2 *f. pl.* Fiesta que se celebraban en febrero, en honor de los muertos.
feraz (l. *ferace* < *ferre,* llevar) *adj.* Fértil, fecundo, esp. tratando de tierras, cultivos, etc.
ferecracio (l. *pherecratiu* < *Pherecrates,* s. v a. C., poeta griego inventor de este metro) *adj.-s.* Verso de la versificación clásica.
féretro (l. *-tru,* de *ferre,* llevar) *m.* Caja o andas en que se llevan a enterrar los difuntos. ◇ Ús. en estilo culto o lit.
feria (l.) *f.* desus. Día de la semana, excepto el sábado y el domingo: ***segunda, tercera, cuarta, quinta*** o ***sexta*** ~, lunes, martes, miércoles, jueves o viernes; ***ferias mayores,*** las de Semana Santa. 2 Mercado de mayor importancia que el ordinario, en paraje público y días señalados: ~ ***de muestras,*** conjunto de instalaciones para mercancías diversas, con carácter de exposición o venta, a veces, internacional, organizadas en algunas ciudades, con el fin de favorecer el intercambio comercial. 3 Fiesta que se celebra con tal ocasión. 4 Descanso y suspensión del trabajo. -5 *f. pl.* p. us. Dádivas o agasajos que se hacen durante las ferias: *dar ferias.* -6 *f. C. Rica* y *Salv.* Añadidura, propina. 7 *Méj.* Dinero menudo, cambio.
feriado, -da *adj.* [día] Festivo.
ferial (l. *-ale*) *adj.* Relativo a las ferias (de lunes a viernes). -2 *m.* Feria (mercado).

feriante *adj.-com.* Concurrente a la feria para comprar o vender.
feriar (l. *-ari*) *tr.* Comprar en la feria [alguna cosa]. 2 p. us. Dar ferias, regalar [alguna cosa de la feria]. 3 Vender, comprar o permutar. -4 *intr.* Suspender el trabajo por uno o varios días. -5 *tr. Colomb., Guat.* y *P. Rico.* Malbaratar. ◇ ** CONJUG. [12] como ***cambiar.***
ferino, -na (l. *-nu*) *adj.* Relativo a la fiera o que tiene sus cualidades: *tos ferina.*
fermata (it.) *f.* MÚS. Sucesión de notas de adorno, por lo general en forma de cadencia, que se ejecuta suspendiendo momentáneamente el compás. 2 MÚS. p. us. Calderón.
fermentable *adj.* Susceptible de fermentación.
fermentación *f.* Acción de fermentar. 2 Efecto de fermentar.
fermentador, -ra *adj.* Que fermenta. -2 *m.* Aparato que sirve para hacer una fermentación.
fermentante *adj.* Que fermenta o hace fermentar.
fermentar (l. *-are*) *intr.* Transformarse un cuerpo orgánico muy complejo en otros más simples por la acción catalítica de cuerpos llamados fermentos. 2 fig. Agitarse o alterarse los ánimos. -3 *tr.* Hacer fermentar [una substancia].
SIN. *1* Es tecn. En el habla corriente **rehervir** o **agriarse** las conservas; **agriarse** la leche, el vino y otros líquidos; **laudar, aleudar,** la masa del pan; **hervir, rehervir,** el mosto.
fermentativo, -va *adj.* Que hace fermentar.
fermento (l. *-tu*) *m.* Cuerpo orgánico que, puesto en contacto con otro, lo hace fermentar. 2 fig. Causa o motivo de agitación o alteración de los ánimos.
fermi *m.* Unidad de longitud empleada en física nuclear que equivale a 10^{-15} metros.
fermio *m.* QUÍM. Elemento transuránido obtenido en 1952 por explosión termonuclear. Tiene el número atómico 100 y un peso atómico de 250. 2 Unidad de longitud empleada en Física nuclear, equivalente a 10^{-12} milímetros.
fermosía *f. La Mancha.* vulg. Hermosura.
fernandina *f.* Tela de hilo.
fernandino, -na *adj.-s.* De San Fernando, cap. del estado de Apure (Venezuela). 2 Relativo a Fernando VII (1784-1833).
-fero, -fera (l. *ferre,* llevar, producir) Elemento sufijal que entra en la formación de palabras con el significado de llevar, producir.
feroce *adj.* poét. Feroz, cruel.
ferocidad (l. *-itate*) *f.* Fiereza, crueldad.
ferodo (nombre registrado) *m.* Material formado con fibras de amianto e hilos metálicos, que se emplea pralte. para forrar las zapatas de los frenos.
feróstico, -ca (de *fiero*) *adj.* p. us. *y* fam. Irritable y díscolo. 2 fam. *y* p. us. Muy feo.
feroz (l. *feroce*) *adj.* Que obra con ferocidad. 2 Que denota ferocidad: *mirada ~.*
ferozmente *adv. m.* Con ferocidad.
ferrada (l. *-ata*) *f.* Maza armada de hierro, como la de Hércules. 2 *Ast.* Herrada.
ferrado, -da *adj.* Férreo, de hierro. -2 *m.* Medida agraria gallega (de 4 a 6 á.). 3 Medida gallega para áridos (de 13 a 16 l.).
ferralítico *adj.-m.* Tipo de suelo muy rico en óxidos e hidróxidos de hierro, propio de los climas tropicales.
ferrallista *m.* Operario encargado de doblar y colocar convenientemente la varilla o el redondo de hierro para formar el esqueleto de una obra de hormigón armado.
ferrar (l. v. *-are*) *tr.* Guarnecer con hierro [alguna cosa]. ◇ ** CONJUG. [27] como ***acertar.***
ferrarés, -resa *adj.-s.* De Ferrara (c. de Italia).
ferrato *m.* QUÍM. Compuesto formado por el hierro con metales alcalinos.
ferreña *adj.* [nuez] De cáscara dura.
férreo, -a (l. *-eu*) *adj.* De hierro. 2 Que tiene sus propiedades. 3 fig. Duro, tenaz: *voluntad férrea.* 4 fig. Relativo a la edad de hierro.
ferrería (del ant. *ferrero,* herrero) *f.* Establecimiento industrial donde se beneficia el mineral de hierro.
SIN. **Forja.**
ferreruelo (ant. *ferrehuelo* < ár. vulg. *feriyul,* especie de capa o blusa) *m.* Antigua capa corta sin capilla. También *herreruelo.*
ferrete (moz. *ferrèt*) *m.* Sulfato de cobre empleado en tintorería. 2 Instrumento de hierro que sirve para marcar las cosas.
ferretear *tr.* Ferrar. 2 Labrar [alguna cosa] con hierro.
ferretería (de *ferrete*) *f.* Ferrería. 2 Establecimiento del ferretero. 3 Conjunto de objetos de hierro que se venden en las ferreterías. 4 *Amér.* Quincallería.
ferretero, -ra (cat. *ferreter*) *m. f.* El que tiene por oficio vender objetos de hierro, como clavos, cerraduras, herramientas, etc.
ferretreque *m. Cuba.* Barullo, lío, desorden. -2 *m. pl. Colomb.* Bártulos.
ferri-, ferro- (l. *ferrum,* hierro) Elemento prefijal que entra en la formación de palabras indicando la presencia del hierro: *ferrífero.*
férrico, -ca *adj.* [compuesto de hierro] En que este elemento tiene una valencia superior a dos.
ferrífero, -ra (*ferri-* + *-fero*) *adj.* [roca sedimentaria] En la que domina una sal de hierro o un óxido de hierro.
ferrificarse (*ferri-* + *-ficar*) *prnl.* MINERAL. Reunirse las partes ferruginosas de una substancia, formando hierro o tomando la consistencia de éste. ◇ ** CONJUG. [1] como ***sacar.***
ferrija *m. Murc.* Limadura de hierro, limalla.
ferrita *f.* Mineral pardo, rojizo, mezcla de óxido férrico con un metal divalente.
ferritina *f.* Proteína que contiene hierro y actúa como depósito de este metal; se encuentra en la mucosa intestinal, bazo e hígado.
ferrizo, -za *adj.* De hierro.
ferro (l. *-rru,* hierro) *m.* Ancla.
ferro-, v. ferri-.
ferroactinolita (*ferro-* + *actinolita*) *f.* Clinoanfíbol que cristaliza en el sistema monoclínico, de color verde obscuro o negro.
ferrobús (de *ferrocarril* + *autobús*) *m.* Tren ligero con un coche motor de tipo Diesel con tracción en ambos extremos, para evitar la maniobra de dar la vuelta a la máquina, y que puede tener varios vehículos para viajeros.
ferrocarril (*ferro-* + *carril*) *m.* Camino con dos rieles paralelos, sobre los cuales ruedan los trenes. 2 Conjunto de ferrocarriles que, con sus estaciones, talleres, etc., constituyen una sola propiedad. 3 Tren, serie de vagones arrastrados por una locomotora.
SIN. *1* **Vía** o **línea férrea, camino de hierro.**
ferrocarrilero, -ra *adj. Amér.* Ferroviario.
ferrocerio (*ferro-* + *cerio*) *m.* METAL. Aleación de hierro y cerio que produce chispas al ser frotada y con la cual se fabrican piedras para encendedores.
ferrocianhídrico, -ca (*ferro-* + *cianhídrico*) *adj.* [ácido] Que se obtiene por combinación de una molécula de cianuro ferroso con cuatro de ácido cianhídrico. 2 Perteneciente o relativo a este ácido.
ferrocianuro (*ferro-* + *cianuro*) *m.* Sal compleja formada por hierro y el ión cianuro con metales alcalinos.
ferrocinética (*ferro-* + *cinética*) *f.* Conjunto de las transformaciones que sufre el hierro en el interior del organismo humano.
ferrocino (l. *fornicinu,* bastardo) *m.* Sarmiento bastardo.
ferrocromo (*ferro-* + *cromo*) *m.* METAL. Aleación de hierro y cromo, usada para la fabricación de aceros inoxidables especiales.
ferrodinámico, -ca *adj.* ELECTR. [aparato] Cuya acción es reforzada por medio de piezas ferromagnéticas.
ferrolano, -na *adj.-s.* Del Ferrol, c. de La Coruña.
ferromagnético, -ca *adj.* FÍS [material] Que tiene muy alta permeabilidad magnética, se satura y se imanta.
ferromagnetismo (*ferro-* + *magnetismo*) *m.* Propiedad en virtud de la cual ciertos materiales presentan una gran permeabilidad magnética; como el hierro y el acero.
ferromanganeso (*ferro-* + *manganeso*) *m.* METAL. Aleación de hierro y manganeso.
ferrometal (*ferro-* + *metal*) *m.* METAL. Aleación de metal noble con hierro.
ferrón *m.* Operario de una ferrería.
ferroníquel (*ferro-* + *níquel*) *m.* METAL. Aleación de hierro y níquel.
ferropenia (*ferro-* + gr. *penía,* indígena) *f.* PAT. Falta de hierro en el organismo, gralte. debido a un defecto de la absorción intestinal.
ferroprusiato (*ferro-* + *prusiato*) *m.* Ferrocianuro. 2 Copia fotográfica obtenida en papel sensibilizado con ferroprusiato de potasa.
ferroso, -sa *adj.* Que es de hierro o lo contiene. 2 [compuesto de hierro] En que éste es divalente.
ferroterapia (*ferro-* + *-terapia*) *f.* Tratamiento de ciertas enfermedades, en especial algún tipo de anemia, mediante hierro.

ferrotipia (*ferro-* + *-tipia*) *f.* FOT. Procedimiento fotográfico rápido que permite obtener directamente en la cámara obscura pruebas positivas. 2 Procedimiento de impresión fotográfica sobre papel o cartón que utiliza el ferrocianuro.
ferrovía (voz italiana) *f.* Ferrocarril.
ferrovial, ferroviario, -ria (del it.) *adj.* Relativo a las vías férreas: *tráfico ~*. -2 *m.* Empleado de ferrocarriles.
ferruco, -ca *adj. Méj.* Mal vestido.
ferrugiento, -ta *adj.* De hierro o con algunas de sus cualidades.
ferruginoso, -sa (der. del l. *-gine* < *ferrugo,* orín del hierro) *adj.* [mineral, agua, medicamento] Que contiene hierro o compuestos de hierro. 2 De color pardo rojizo.
ferry (ing. *ferry-boat*) *m.* ANGLIC. Transbordador.
fértil (l. *-ile* < *ferre*, llevar, producir) *adj.* [tierra] Que produce mucho. 2 p. ext. [período de tiempo] En que la tierra produce abundantes frutos: *año ~*. 3 p. ext. *y* fig. [ingenio] Muy prolijo y productivo. 4 [ser vivo] Capaz de reproducirse: *hembra ~; semilla ~*. ◇ CONSTR.: *Fértil de,* o *en, gracias.*
SIN. **Fecundo; feraz,** se dice de tierras y cultivos, y tiene menor uso fig. que sus sinónimos; **ubérrimo,** muy fértil. CONTR. **Estéril.**
fertilidad *f.* Calidad de fértil.
fertilizable *adj.* Que puede ser fertilizado.
fertilización *f.* Acción de fertilizar. 2 Efecto de fertilizar.
fertilizador, -ra *adj.* Que fertiliza.
fertilizante *adj.-s.* Que fertiliza. 2 Abono.
fertilizar (de *fértil*) *tr.* Fecundizar [la tierra]. ◇ ** CONJUG. [4] como ***realizar.***
SIN. y REL. ~ con abonos, **abonar** (muy us.), **encrasar** y **engrasar** (p. us.).
SIN. **Entarquinar, estercolar, nitratar, meteorizar,** vbs. esp. que se usan según el abono o medio empleado.
férula (l.) *f.* Cañaheja. 2 Palmeta (tabla pequeña): ***estar uno bajo la ~ de otro,*** fig., estar bajo su rígida dirección o dominación. 3 MED. Tablilla flexible empleada en el tratamiento de las fracturas.
feruláceo, -a *adj.* Semejante a la férula (cañaheja).
fervellón *m. Venez.* Tumulto, desorden.
férvido, -da (l. *-du*) *adj.* Ardiente.
ferviente *adj.* Fervoroso.
fervientemente *adv. m.* Con fervor.
fervor (l.) *m.* Calor intenso. 2 fig. Celo ardiente y afectuoso, esp. en cosas de piedad. 3 fig. Eficacia suma con que se hace algo: *trabajar con ~*.
fervorar *tr.* Enfervorizar.
fervorín *m.* Breve jaculatoria que se suele decir en las iglesias: *durante la comunión general se rezaron fervorines.*
fervorizar *tr.* Enfervorizar. ◇ ** CONJUG. [4] como ***realizar.***
fervorosamente *adv. m.* Con fervor.
fervoroso, -sa *adj.* Que tiene fervor.
fescenino, -na *adj.-s.* De Fescenio, c. de Etruria.
feseta *f. Murc.* Azada pequeña.
festejada *f. Méj.* fam. Zurra, tunda.
festejador, -ra *adj.-s.* Que festeja.
festejar (cat.) *tr.* Hacer festejos en obsequio [de uno]. 2 Conmemorar, celebrar [algo] con fiestas. 3 Galantear [a una mujer]. -4 *prnl.* Divertirse, recrearse. -5 *tr. Méj.* Golpear [a alguien], azotarlo.
SIN. v. **Halagar.**
festejo *m.* Acción de festejar. 2 Efecto de festejar. 3 Galanteo. -4 *m. pl.* Regocijos públicos. -5 *m. Perú.* Fiesta, jarana.
festero, -ra *m. f.* Fiestero. -2 *m.* El que en las capillas de música cuida de ajustar las fiestas.
festín *m.* Festejo particular, con banquete, baile, música, etc. 2 Banquete.
festinación (l. *-atione*) *f.* lit. Celeridad, prisa.
I) festinar (l. *-are*) *tr. Amér.* Apresurar, precipitar [alguna cosa]: *festinaron la revolución.*
II) festinar (de *fiesta*) *tr. Amér. Central.* Agasajar [a alguien], festejarlo.
festival (ingl.) *m.* Gran fiesta, esp. musical. 2 Conjunto de representaciones dedicadas a un artista o a un arte.
festivalero, -ra *adj.* Propio o relativo a un festival. -2 *adj.-s.* [pers.] Que participa en un festival.
festivamente *adv. m.* Alegremente.
festividad (l. *-itate*) *f.* Día festivo: *~ de San Juan.* 2 Fiesta o solemnidad. 3 p. us. Agudeza, donaire.
festivo, -va (l. *-vu*) *adj.* Solemne, de fiesta: *día ~*. 2 Chistoso, agudo. 3 Alegre, regocijado.
festón (it. *festone*) *m.* Guirnalda que entre los romanos y otros pueblos gentiles se ponía en las puertas de los templos donde se celebraba una fiesta, en las cabezas de las víctimas de los sacrificios, etc. 2 Bordado, dibujo o recorte en forma de ondas o puntas, que adorna el borde de una cosa. 3 ~ ***blanco,*** mariposa diurna de tamaño mediano y coloración parda con ocelos y llamativas líneas obscuras en zigzag *(Pseudotergumia fidia).* 4 ARQ. Adorno a manera de festón.
SIN. *4* **Colgante.**
festonar *tr.* Festonear.
festoneado, -da *adj.* Con el borde en forma de festones u ondas: *arco ~; hoja festoneada.*
festonear *tr.* Adornar con festón [alguna cosa].
fetación *f.* Desarrollo del feto, gestación.
fetal *adj.* Relativo al feto.
fetalismo *m.* Presencia de ciertos caracteres propios del feto después del nacimiento.
fetén *adj.* Estupendo: *una chica ~*. -2 *f.* vulg. *La ~*, la verdad.
fetiche (port. *feitiço,* hechizo) *m.* Objeto adorado como ídolo por las religiones animistas. 2 p. ext. Mascota, objeto que se cree trae suerte.
fetichismo *m.* Culto de los fetiches. 2 p. ext. Veneración exagerada. 3 Desviación sexual en la que la aparición y la satisfacción de la libido está condicionada por el contacto o la sola visión de ciertos objetos de diversa índole.
fetichista *adj.* Relativo al fetichismo. -2 *com.* Persona que profesa el fetichismo.
feticida (*feto* + *-cida*) *adj.-com.* [pers.] Que comete un feticidio.
feticidio (*feto* + *-cidio*) *m.* Crimen del que mata voluntariamente a un feto humano.
fetidez *f.* Hediondez.
fétido, -da (l. *fœtidu*) *adj.* Hediondo.
feto (l. *fetu*) *m.* Producto de la concepción en los animales vivíparos, desde que ha adquirido la conformación característica de la especie a que pertenece hasta su nacimiento. 2 Este mismo producto después de abortado. 3 fig. *y* fam. Persona deforme o muy fea.
SIN. **Engendro.**
fetopatía (*feto* + *-patía*) *f.* Malformación o enfermedad que se manifiesta desde el momento del parto, por lesión o enfermedad de las estructuras del feto.
fetor *m.* Hedor.
fetua (ár. *fatwá,* dictamen) *f.* Decisión que da el muftí a una cuestión jurídica.
feúco, -ca, feúcho, -cha *adj.* desp. Muy feo.
feudal *adj.* Relativo al feudo o al feudalismo.
feudalidad *f.* Calidad del feudo. 2 Feudalismo.
feudalismo *m.* Sistema feudal de gobierno y de organización de la propiedad que reguló la vida de la sociedad medieval, esp. desde el s. IX al XII.
feudar *tr.* Tributar.
feudatario, -ria *adj.-s.* El que estaba investido de un feudo.
feudista *com.* Autor que escribe sobre la materia de feudos.
feudo (b. l. *feudu* o *feodu* < germ. *fehu,* rebaño, propiedad) *m.* Contrato por el cual a un individuo le eran concedidos ciertos derechos de posesión por el que tenía la soberanía, obligándose por sí y sus descendientes a guardarle fidelidad de vasallo, prestarle servicio militar, etc.: ~ ***ligio,*** aquel en que al feudatario le era prohibido rendir vasallaje a otro señor. 2 Cosa que se concede en feudo. 3 Reconocimiento o tributo con cuya condición se concede el feudo. 4 Posesión, atributo o bien exclusivo. 5 fig. *y* desus. Respeto, vasallaje.
fez (de *Fez,* c. de Marruecos) *m.* Gorro de fieltro rojo, propio de turcos y moros.
fg, símbolo de la *frigoría.*
I) fi *m.* desus. Hijo.
II) fi *f.* Vigésima primera letra del **alfabeto griego, equivalente a la *f.*
fiabilidad *f.* Calidad de fiable. 2 Probabilidad de que una máquina, un aparato, un dispositivo, etc., cumpla una determinada función bajo ciertas condiciones durante un determinado tiempo.
fiable *adj.* [pers. o cosa] Digno de confianza.
fiado (al ~) *loc. adv.* Sin dar o tomar en el acto lo que se ha de pagar o recibir.
SIN. **A crédito,** en el comercio al por mayor o en la banca.
fiador, -ra *m. f.* Persona que fía a otra o responde por ella: *salir ~ por otro.* -2 *m.* Pasador de hierro para afianzar las puertas por el lado de adentro. 3 Presilla para abrochar la capa. 4

Pieza con que se afirma una cosa para que no se mueva: ~ *de la escopeta.* 5 Hilo metálico que va dentro de las agujas de inyectar y otros instrumentos quirúrgicos. 6 fig. *y* desus. Nalgas de los muchachos. -7 *f.* Mujer que va vendiendo por las casas ropas y alhajas al fiado y que cobra gralte. a plazos. -8 *m.* CETR. Cuerda larga con la cual sueltan al halcón cuando empieza a volar, y le hacen que venga al señuelo. 9 *Chile* y *Ecuad.* Barboquejo.
SIN. *1* **Fianza, segurador.**

fiala (gr. *phialé,* ampolla) *f.* Jarro de dos asas que usaban los antiguos griegos en las fiestas dedicadas a Baco.

fiambrar *tr.* Preparar [los alimentos] para comerlos fiambres.

fiambre (por *friambre* < *frío*) *adj.-m.* Que después de asado o cocido se come frío. 2 irón. Noticia, discurso, etc., cuya oportunidad ha pasado. 3 vulg. *y* burl. Cadáver. 4 *Argent.* Reunión desanimada y fría. 5 *Guat.* y *Méj.* Plato compuesto de varias carnes, que se come la víspera del día de difuntos. 6 *Guat.* y *Méj.* Plato compuesto de ensalada de lechuga, cerdo, aguacate y chiles. -7 *adv. Guat.* Al contado.

fiambrera *f.* Cestón o caja para llevar fiambres. 2 Cacerola con tapa muy ajustada, para llevar comidas. 3 Aparato formado por varias cacerolas sobrepuestas, con un braserillo debajo, para transportar comidas calientes. 4 *Argent.* Fresquera.
SIN. *2* **Tarta, tartera.** *3* **Portaviandas.**

fiambrería *f. Argent., Parag.* y *Urug.* Lugar donde se hacen o venden fiambres.

fiambrero, -ra *m. f.* Persona que fabrica o vende fiambres.

fianza (de *fiar*) *f.* Obligación que uno contrae de hacer aquello a que otro se ha obligado, en el caso de que éste no lo cumpla. 2 Fiador (persona). 3 Prenda que uno da en seguridad del buen cumplimiento de su obligación o compromiso.
SIN. V. **Garantía.** *1* DER. **Satisdación.**

fiar (l. v. **fidare* < l. *fidere*) *tr.* Asegurar uno que otro cumplirá [lo que promete], obligándose, en caso de que no lo haga, a satisfacer por él. 2 Confiar a alguien [alguna cosa]: *le he fiado mis bienes;* ~ *un secreto.* 3 Vender [alguna cosa] sin tomar el precio de contado. -4 *intr.* Confiar: *fío en Dios que me socorrerá;* ~ *en sí.* -5 *prnl.* Poner la confianza en alguno: *me fío de mi amigo; me fío a mi amigo.* -6 *tr. Colomb.* Pedir fiado. ◇ ** CONJUG. [13] como ***desviar.***

fiasco (it.) *m.* Mal éxito, chasco.

fíat (l. *fiat,* hágase) *m.* p. us. Consentimiento o mandato para que una cosa tenga efecto.

fibra (l.) *f.* Filamento que entra en la composición de los tejidos orgánicos o presentan en su textura ciertos minerales: ~ *de algodón.* 2 Filamento obtenido por procedimiento químico y de principal uso en la industria textil: ~ ***sintética,*** aquella cuya fuente u origen es exclusivamente químico; ~ ***de vidrio,*** vidrio en forma de filamentos que se emplea como aislante térmico y para otros usos. 3 fig. Vigor, energía. 4 Raíz filiforme.
SIN. *1* **Hebra,** ~ de la carne o de la madera.

fibrana *f.* Colectivo con que se designa a las fibras artificiales.

fibrilación *f.* PAT. Contracción espontánea y desordenada de las fibras de un músculo, esp. las del miocardio.

fibrilado, -da *adj.* Compuesto de fibras.

fibrilar *adj.* Fibrilado.

fibrina (de *fibra*) *f.* Substancia albuminoidea, insoluble en el agua, que resulta de la descomposición del fibrinógeno cuando la sangre se extravasa, y contribuye a la formación del coágulo sanguíneo. 2 Substancia albuminoidea que tiene la propiedad de coagularse en contacto con el aire.

fibrinógeno (*fibrina* + *-geno*) *m.* Substancia albuminoidea soluble, existente en la sangre y otros fluidos animales, que, por la acción de un fermento, se descomponen, dando origen a la fibrina.

fibrinoide (*fibrina* + *-oide*) *adj.* Semejante a la fibrina. -2 *m.* Substancia que se presenta en el tejido conjuntivo por caseificación del mismo.

fibrinólisis (*fibrina* + *-lisis*) *f.* Destrucción del coágulo sanguíneo por acción de un fermento que disgrega la fibrina. ◇ Pl.: *fibrinólisis.*

fibrinoso, -sa *adj.* Que tiene aspecto de fibra. 2 Que contiene fibrina.

fibro- (de *fibra*) Elemento prefijal que entra en la formación de palabras con el significado de fibra.

fibroblasto (*fibro-* + *-blasto*) *m.* Elemento celular del tejido conjuntivo que se halla abundantemente en los tejidos fibrosos.

fibrocartilaginoso, -sa *adj.* Relativo al fibrocartílago.

fibrocartílago (*fibro-* + *cartílago*) *m.* Tejido fibroso, muy resistente, que entre sus fibras contiene materia cartilaginosa que le da color blanco y elasticidad particular.

fibrocemento (*fibro-* + *cemento*) *m.* Compuesto de cemento y polvo de amianto.

fibrocito *m.* Fibroblasto.

fibroma (*fibro-* + *-oma*) *m.* MED. Tumor formado exclusivamente por tejido fibroso.

fibromatosis *f.* PAT. Aumento circunscrito de tejido conjuntivo rico en fibras, que tiene tendencia a infiltrar e invadir estructutas vecinas; tumor de naturaleza benigna. ◇ Pl.: *fibromatosis.*

fibroplasia (*fibro-* + gr. *plasso,* formar) *f.* Formación de tejido fibroso, esp. en la cicatrización.

fibrosis *f.* PAT. Formación del tejido fibroso con carácter patológico en algún órgano. ◇ Pl.: *fibrosis.*

fibroso, -sa *adj.* Que tiene fibras. 2 [proceso patológico] Que cursa con fibrosis.
SIN. *1* **Hebroso,** en las aceps. no técnicas: *carne, madera hebrosa.*

fíbula (l.) *f.* Hebilla a manera de imperdible, usada por los romanos y otros pueblos antiguos.

ficción (l. *fictione*) *f.* Acción de fingir. 2 Efecto de fingir. 3 ~ ***de derecho*** o ***legal,*** la que introduce o autoriza la ley en favor de uno. 4 Invención poética. 5 ANGLIC. Literatura de imaginación.
SIN. *1* **Fingimiento,** se aplica con preferencia a gestos, palabras, actos concretos: *sus lágrimas eran puro fingimiento*; su expr. fam. es **pamema;** si el fingimiento es para darse importancia **paripé. Ficción** y **simulación,** pertenecen a la lengua culta, y pueden referirse a actos no materiales y largo tiempo continuados: *el gobierno practicaba una ficción*, o *simulación, de democracia*; **apariencia,** equivale a ambos, con la diferencia de que no implica necesariamente la intención de fingir: *aquel gobierno tenía tan sólo apariencia de autoridad.*

ficcioso, -sa *adj. Chile.* Fingido.

fice (gr. *phykis*) *m.* Brótola.

ficha (fr. *fiche* < l. v. *figicare,* fijar) *f.* Pieza pequeña de marfil, madera, hueso, etc., para señalar los tantos en el juego. 2 Pieza pequeña de cartón, plástico, metal, etc., que, a modo de contraseña, se usa en guardarropas, aparcamientos y sitios análogos. 3 Pieza del dominó. 4 Pieza pequeña de valor convenido, usada en substitución de moneda. 5 Cédula de cartulina o papel fuerte en la que se consignan ciertos datos o señas de libros, documentos, personas, etc., y que se guarda clasificada con otras en cajas, cajones, etc.: ~ ***antropométrica,*** la que contiene los datos precisos para identificar una persona; ~ ***perforada,*** INFORM., tarjeta perforada. 6 DEP. Fichaje. 7 *Amér.* Pillo, bribón, truhán. 8 *P. Rico* y *Hond.* Moneda de plata de cinco centavos.

fichaje *m.* Acción de fichar. 2 Efecto de fichar. 3 p. ext. Acción de obtener los servicios o ayuda de una persona. 4 p. ext. Efecto de obtener los servicios o ayuda de una persona. 5 Cantidad pagada por la contratación de una persona.

fichar *tr.* Hacer la ficha antropométrica, policial, médica, etc., [de un individuo]. 2 Anotar en fichas o cartulinas [los datos que interesan de una cosa] para ordenarlos y clasificarlos en un fichero. 3 En el juego del dominó, poner la ficha. 4 Ir contando con fichas [los géneros] que el camarero de café, etc., recibe para servirlos. 5 fig. *y* fam. Poner [a una persona] en el número de aquellas que se miran con prevención y desconfianza. -6 *intr.* DEP. Entrar un jugador a formar parte de un equipo deportivo. -7 *tr. Cuba.* Engañar a alguien. -8 *intr. Colomb.* Morir.

fichero *m.* Mueble para fichas (cédulas). 2 INFORM. Colección organizada de registros. 3 INFORM. Colocación de informaciones de una misma estructura cualitativa.

fichingo *m. Bol.* Cuchillo pequeño.

I) fico- (gr. *phykos,* alga) Elemento prefijal que entra en la formación de palabras con el significado de alga: *ficostema, ficología.*

II) fico- (l. *ficus,* higo) Elemento prefijal que entra en la formación de palabras con el significado de higo: *ficoideo.*

-fico, -fica (l. *facere,* hacer) Elemento sufijal que entra en la formación de palabras con el significado de hacer: *benéfico, maléfico.*

ficocianina (*fico-* I + gr. *kyanos,* azul + *-ina*) *f.* Materia colorante azul, que existe en las algas cianofíceas.

ficoeritrina (*fico-* I + *eritrina*) *f.* Pigmento rojo que, con la clorofila, da color a las algas rodofíceas.

ficófago, -ga (*fico-* I + *-fago*) *adj.* Que se alimenta de algas.

ficofeína (*fico-* I + *gr. phaiós,* pardo + *-ina*) *f.* Pigmento pardo que con la clorofila, da color a las algas rodofíceas.

ficoideo, -a (*fico-* II + *-oideo*) *adj.-f.* Planta de la familia de las ficoideas. -2 *f. pl.* Familia de plantas dicotiledóneas, herbáceas o algo leñosas, con hojas gruesas terminales y fruto capsular dehiscente, de figura parecida a la del higo.

ficología (*fico-* I + *-logía*) *f.* Parte de la botánica que trata de las algas.

ficólogo, -ga *adj.-s.* [pers.] Especialista en ficología.

ficomicetes (*fico-* I + gr. *-myketos,* hongo) *m. pl.* Clase de hongos, de micelio unicelular o continuo, de reproducción asexual por conidios o sexual por huevos. Muchos ficomicetes actúan como fermentos y otros son parásitos y originan graves enfermedades en los vegetales cultivados; como el mildiu de la vid.

ficostema (*fico-* I + gr. *stémma,* corona) *m.* BOT. Conjunto de apéndices, generalmente petaloides, que rodean el ovario de ciertas plantas.

fictelita *f.* Hidrocarburo sólido cristalino, que aparece en algunos carbones procedente de la reducción de excrescencias vegetales.

ficticio, -cia (l. *-itiu*) *adj.* Fingido o fabuloso. 2 Aparente, convencional.

ficto, -ta, desus. pp. irreg. de *fingir.*

fidecomiso *m.* Fideicomiso.

fidedigno, -na (l. *fide,* fe + *dignu,* digno) *adj.* Digno de fe y crédito.

fideero, -ra *m. f.* Persona que tiene por oficio hacer o vender fideos y pastas para sopa.

fideicomisario, -ria *adj.-s.* DER. [pers.] A quien se destina un fideicomiso. 2 Relativo al fideicomiso.

fideicomiso (l. *fideicommissu*) *m.* Disposición por la cual el testador deja su herencia o parte de ella encomendada a la buena fe de uno para que, en caso y término determinado, la transmita a otro o la invierta del modo que se le señala.

fideicomitente *com.* DER. Persona que ordena el fideicomiso.

fideísmo *m.* Doctrina filosófica según la cual el conocimiento de las primeras verdades se fundamenta en la fe.

fidelería *f. Argent.* y *Perú.* Fábrica de fideos.

fidelidad *f.* Cualidad de fiel. 2 Exactitud en la ejecución de alguna cosa. 3 *Alta* ~, en electrónica, reproducción de sonidos con toda su magnitud y poca distorsión.

fidelísimo, -ma *adj.* Superl. de *fiel.* 2 Título de los reyes de Portugal.

fidelismo *m.* Castrismo.

fidelista *adj.* Relativo al gobierno de Fidel Castro (n. 1927) en Cuba. -2 *adj.-s.* Partidario de las ideas de este político.

fideo (voz moz.) *m.* Pasta para sopa en forma de hilo o cordel. 2 fig. Persona muy delgada. 3 *Argent.* fig. Burla.

fiduciario, -ria (l. *-iu*) *adj.* Que depende del crédito o confianza: *valores fiduciarios.* -2 *adj.-s.* Legatario a quien el testador manda transmitir los bienes a otra u otras personas o aplicarlos a determinado objeto.

fiebre (l. *febre* < *fervere,* hervir) *f.* Elevación de la temperatura del cuerpo acompañada de una aceleración del pulso. 2 Nombre de diferentes enfermedades en que esta elevación es el síntoma principal: ~ ***aftosa,*** glosopeda; ~ ***amarilla (o tifo de América, vómito negro),*** enfermedad endémica de los países cálidos de África y América, desde donde solía transmitirse a otros puntos; ~ ***de Malta*** o ***mediterránea,*** la endémica en todo el litoral del Mediterráneo, con temperatura irregular y de larga duración; ~ ***palúdica,*** la producida por la picadura de un mosquito que abunda en terrenos pantanosos; ~ ***recurrente,*** la que reaparece después de intermisiones; ~ ***térmica,*** la producida por la exposición del cuerpo a una temperatura exterior demasiado intensa; ~ ***tifoidea,*** infección intestinal específica producida por un microbio que ataca el intestino delgado. 3 fig. Viva excitación producida por una causa moral. 4 Rápido incremento en el ritmo de una actividad: *la bolsa registra una ~ inversionista.* -5 *m. Chile.* Pícaro, habilidoso.

SIN. *1* **Calentura**; si es alta y dura poco, **calenturón, causón** (p. us.). REL. Relativo a la fiebre, adj. **febril; febrífugo, antitérmico, antipirético,** medicamento para combatirla; **atérmico, apirético,** que no la tiene.

fiel (l. *fidele*) *adj.* Que no falta a la palabra dada, que cumple sus compromisos; firme y constante en su afección: *testigo ~; amigos fieles.* 2 Exacto, conforme a la verdad: ~ *relato.* 3 Que tiene todas las circunstancias requeridas: *reloj ~.* -4 *adj.-s.* p. ant. Católico que vive fiel a la iglesia. 5 Creyente de otras religiones. -6 *m.* El encargado de la vigilancia de ciertos servicios públicos. 7 Aguja que en las balanzas y romanas marca el equilibrio. 8 Pieza de acero de la ballesta. 9 Hierrecillo que sujetaba algunas piezas de la llave del arcabuz. 10 Clavillo de las tijeras. ◇

CONSTR.: ~ *a, con, para,* o *para con, sus amigos;* ~ *en su creencia.* Superl. *fidelísimo.*

SIN. *1* **Leal.** *7* **Lengüeta, romanador, romanero.**

fielato *m.* Oficio y oficina del fiel. 2 Oficina a la entrada de las poblaciones, donde se pagaban los derechos de consumo.

fielazgo *m.* desus. Fielato.

fieldad *f.* Fielato (oficio y oficina). 2 Seguridad, custodia, guarda.

fielmente *adv. m.* Con fidelidad.

fieltrar *tr.* Dar a [la lana] la consistencia del fieltro. 2 Guarnecer [algo] con fieltro.

fieltro (germ. *filt,* con *r* epentética) *m.* Tela hecha de lana o pelo conglomerado, sin trama ni urdimbre. 2 Sombrero, alfombra, etc., de fieltro. 3 desus. Capote que se ponía encima de los vestidos para defenderse del agua.

fiemo (b. l. **femu* < l. *fimu*) *m.* Estiércol.

fiera (l. *fera*) *f.* Animal salvaje e indómito; esp., mamífero carnívoro, no domesticado. 2 fig. Persona cruel o de carácter violento. 3 ~ ***corrupia,*** designación de ciertas figuras animales que se presentan en fiestas populares, y son famosas por su deformidad o aspecto espantable. -4 *loc.* fig. *y* fam. ***Hecho una ~,*** muy irritado. Ús. pralte. con los verbos *estar* o *ponerse.*

fierabrás (nombre de un gigante de los libros de caballerías) *m.* fam. Persona mala, perversa; pralte. los niños traviesos. ◇ Pl.: *fierabrases.*

fieramente *adv. m.* Con fiereza.

fiereza *f.* Crueldad de ánimo. 2 Saña y braveza natural de las fieras. 3 fig. Deformidad que causa desagrado a la vista.

fiero, -ra (l. *feru*) *adj.* Relativo a las fieras. 2 fig. Horroroso, terrible. 3 Cruel, agreste, intratable. 4 Feo. 5 Grande, excesivo. -6 *m.* Bravata y amenaza con que uno intenta aterrar a otro: *echar* o *hacer fieros.*

fierra *f. Amér.* Acción de herrar un caballo. 2 *Amér.* Efecto de herrar un caballo.

fierro (l. *ferru*) *m.* ant. Hierro. 2 *Amér.* Marca que se pone al ganado. 3 *Méj.* Moneda de un centavo. -4 *m. pl. Méj.* Dinero.

fiesta (l. v. *festa,* por *festa dies,* día de fiesta) *f.* Día del año eclesiástico de mayor solemnidad que otros, y en que los fieles tienen obligación de oír misa, de realizar obras santas y de abstenerse de trabajos serviles: ~ ***movible,*** la que, dependiendo de la luna pascual, no la celebra la iglesia todos los años en el mismo día, como el Corpus; ~ ***de guardar*** o ***de precepto,*** día en que hay obligación de oír misa; ***celebrar, guardar*** o ***santificar las fiestas,*** ocuparlas como manda la Iglesia; ***hacer ~,*** no trabajar, no ir al trabajo, como si fuera fiesta. 2 Día en que la Iglesia celebra la memoria de un santo: ~ *de San Juan.* 3 Día en que se celebra alguna solemnidad nacional o civil. 4 ~ ***de las Cabañuelas*** o ***de los Tabernáculos,*** solemnidad que celebran los hebreos en memoria de haber habitado sus mayores en el desierto, debajo de tiendas, antes de entrar en tierra de Canaán. 5 Alegría, regocijo dispuesto para que el pueblo se recree: ~ ***de armas,*** antiguo combate público entre caballeros para mostrar su valor y destreza; ***aguar*** o ***aguarse la ~,*** fig., turbar o turbarse cualquier regocijo; ***se acabó la ~,*** fig., expr. con que se interrumpe y corta una discusión o asunto cualquiera; ***coronar la ~,*** fig. *e* irón., completarla con un hecho notable. 6 Chanza, broma: ***no estar uno para fiestas,*** fig., estar desazonado y enfadado, o no gustar de lo que se le propone. 7 Agasajo; esp., caricia que se hace para ganar la voluntad de uno, o como expresión de cariño: *el perrillo hace fiestas a su amo.* 8 Reunión de gente para celebrar algún suceso, o simplemente para distraerse o divertirse. -9 *f. pl.* Vacaciones que se guardan por Navidad, Pascuas, etc.: *en pasando estas fiestas se despachará tal negocio.*

SIN. *7* En estilo fam. **carantoña, cucamona, garatusa, arrumaco** y **zorrocloco,** suponen cierto melindre y afán de lisonjear; **zalema,** sugiere pralte. cortesía fingida para conseguir algún fin; **lagotería** y **zanguanga,** envuelven la idea de adulación servil.

fiestear *intr. Amér.* Estar de fiesta.

fiestero, -ra *adj.* Amigo de fiestas.

fifí *adj.-s.* vulg. Afeminado. -2 *com. Méj.* Petimetre, vago, ocioso. -3 *m. S. Dom.* Bolita de vidrio.

fifia *f. Méj.* Burla, pifia.

fifiriche *adj. Amér. Central* y *Méj.* Enclenque, de poca salud. 2 *C. Rica* y *Méj.* Petimetre.

figana *f.* Ave gallinácea de unos 25 cms. de largo; su color es pralte. pardo rayado de negro; patas amarillas y cuello largo. Se domestica con facilidad *(gén. Crax).*

figar *tr. S. Dom.* Intentar picar un gallo [a otro]. ◇ ** CONJUG. [7] como ***llegar.***
fígaro (de *Fígaro,* personaje de comedia) ***m.*** Barbero. 2 Torera. -3 ***adj.*** *Venez.* De color azul, entre celeste y turquí.
figle (del fr. *bugle,* con la *f* del fr. *ophicléide* < gr. *ophis,* serpiente + *kleis,* llave) ***m.*** MÚS. Instrumento de viento, de sonoridad grave, formado por un tubo cónico de metal provisto de orificios y llaves. -2 ***com.*** Músico que toca este instrumento.
figón (der. de *figo,* var. de *higo*) ***m.*** Fonda o taberna de baja categoría.
figonero, -ra ***m. f.*** Persona encargada de un figón.
figueral ***m.*** Higueral.
figuerense ***adj.-s.*** De Figueras, c. de Gerona.
figulino, -na (l. *-nu*) ***adj.*** De barro cocido: *estatua figulina.* -2 ***f.*** Estatuilla de cerámica.
figura (l.) ***f.*** Forma exterior de un cuerpo. 2 Estatua, pintura, dibujo que representa el cuerpo de un hombre o animal. 3 Cara (parte de la cabeza). 4 Personaje (personalidad): *las grandes figuras de la historia.* 5 Personaje de la obra dramática y actor que lo representa: ***figura del donaire,*** v. gracioso (teatro). 6 Cosa que representa o figura otra. 7 Nota musical. 8 Naipe de cada palo que en número de tres representa personas. 9 Forma de un silogismo según la posición del término medio en las premisas. 10 Mudanza en el baile. 11 GEOM. Espacio cerrado por líneas o superficies. 12 GEOM. Representación gráfica para la demostración de un teorema o un problema. 13 GRAM. ~ ***de construcción,*** construcción gramatical que se aparta de la sintaxis habitual; ~ ***de dicción,*** metaplasmo. 14 RET. Lenguaje figurado. En general, manera de hablar que se aparta del lenguaje corriente y llano para aumentar o matizar la expresividad. -15 ***com.*** Persona ridícula, fea y de mala traza.
SIN. *9* v. **Silogismo.** NOMENCLATURA *14* Las figuras se clasifican en: **de pensamiento,** *exclamación, ironía, apóstrofe,* etc.; **de lenguaje,** *asíndeton, paronomasia, retruécano,* etc.; y **tropos,** *sinécdoque, metonimia, metáfora,* etc.
figurable ***adj.*** Que se puede figurar.
figuración ***f.*** Acción de figurar o figurarse una cosa. 2 Efecto de figurar o figurarse una cosa. 3 *Argent.* Lugar que corresponde a alguien dentro de una sociedad.
figuradamente ***adv. m.*** Con sentido figurado.
figurado, -da ***adj.*** [voz, lenguaje, estilo] Que se aparta de su sentido recto y literal para denotar otro diferente. 2 De sentido figurado. 3 MÚS. [canto o música] Cuyas notas tienen diferente valor según su diversa figura.
figurante, -ta ***m. f.*** Comparsa de teatro o de cine. 2 fig. Que desempeña una función meramente decorativa, en un asunto o ambiente.
figurar (l. *-are*) ***tr.*** Representar, delinear la figura real [de una pers. o cosa]. 2 Aparentar, disponer, fingir: *figuró una retirada.* -3 ***intr.*** Formar parte de un número de personas o cosas, o estar presente en un acto o negocio: *figuraba entre los candidatos; figuraba en la comisión como asesor.* 4 Tener autoridad o representación: *Juana figura mucho.* 5 Destacar, brillar en alguna actividad. -6 ***prnl.*** Imaginarse, fantasear: *se figuraba ser un rey.*
figurativamente ***adv. m.*** De un modo figurativo.
figurativo, -va (l. *-vu*) ***adj.*** Que es o sirve de representación o figura de otra cosa. 2 Que representa figuras de realidades concretas, en oposición a abstracto.
figurear ***intr.*** *S. Dom.* Tratar de representar el papel de protagonista o el de una de las personas más importantes.
figurería ***f.*** Mueca o ademán ridículo. 2 Condición del que hace muecas.
figurero, -ra ***adj.-s.*** Que tiene costumbre de hacer figurerías. -2 ***m. f.*** Persona que tiene el oficio de hacer o vender figuras de barro o yeso.
figurilla ***f.*** Dim. de *figura.* -2 ***com.*** fam. Persona pequeña y ridícula.
figurín ***m.*** Dibujo o modelo para trajes y adornos de moda. 2 Revista de modas. 3 fig. Lechuguino, gomoso.
figurón ***m.*** Aum. de *figura.* 2 fig. Hombre entonado y vanidoso: ***comedia de ~,*** antig., la de protagonista extravagante o ridículo.
fija ***f.*** desus. Bisagra grande. 2 ALBAÑ. Paleta larga y estrecha. 3 *Argent.* Arpón o fisga.
fijación ***f.*** Acción de fijar. 2 Efecto de fijar. 3 Estado de reposo de las substancias después de agitadas por una operación química. 4 MED. Técnica en el tratamiento de las fracturas, por la que gracias a una férula se mantiene la zona fracturada en una posición fija y estable para que se empiece a formar el cuello óseo, que reparará la fractura.
fijado, -da ***adj.*** BLAS. [parte del blasón] Que acaba en punta hacia abajo. -2 ***m.*** Acción de fijar una fotografía. 3 Efecto de fijar una fotografía.
fijador, -ra ***adj.*** Que fija. -2 ***m.*** Líquido para fijar el cabello, una fotografía, dibujo, pintura, etc. 3 CARP. y ALBAÑ. Operario que fija.
fijamente ***adv. m.*** Con fijeza. 2 Atenta, cuidadosamente.
fijante ***adj.*** ARTILL. [tiro] Que se hace por elevación.
fijapelo (de *fijar* + *pelo*) ***m.*** Fijador del cabello.
fijar (de *fijo*) ***tr.*** Clavar, hincar, asegurar [un cuerpo] en otro; pegar con engrudo: ~ *un madero;* ~ *el carpintero las puertas y ventanas;* ~ ***el albañil los sillares,*** introducir el mortero en las juntas; ~ *un anuncio.* 2 p. ext. Dirigir o aplicar intensamente: ~ *la atención,* ~ *la mirada.* 3 Hacer fija [una cosa] en un estado determinado; dar un estado o forma permanente: ~ *una lengua;* ~ *una imagen fotográfica;* QUÍM., ~ *un cuerpo volátil.* 4 Determinar, precisar [el valor de una cosa, una hora, etc.]: ~ *los precios, la hora de salir.* 5 Hacer fija o estable [una cosa]: ~ *la residencia en Madrid; fijarse un dolor en el brazo.* -6 ***prnl.*** Atender, reparar notar: *fíjate en lo que digo.* ◇ CONJUG.: pp. reg.: *fijado;* irreg.: *fijo.*
fijativo ***m.*** Fijador (líquido).
fijeza ***f.*** Firmeza, seguridad de opinión. 2 Persistencia, continuidad.
fijo, -ja (l. *fixu*) pp. irreg. de *fijar.* 2 ***adj.*** Firme, asegurado: *la mesa está fija.* 3 Permanente, no expuesto a cambio ni alteración: *sueldo, día* ~. 4 ***De*** ~, seguramente, sin duda.
fil (l. *filu,* hilo) ***m.*** ant. Fiel de romana.
I) fil-, v. filo- I: *filantrópico.*
II) fil-, v. filo- III: *filánteo.*
fila (fr. *file*) ***f.*** Conjunto de personas o cosas colocadas en línea: ~ ***india,*** la que forman varias personas una tras otra. 2 Línea que los soldados forman de frente, hombro con hombro. 3 vulg. Antipatía, odio. 4 vulg. Aspecto. 5 ***En filas,*** en servicio militar activo. -6 ***f. pl.*** p. ext. Agrupación política: *pertenece a las filas de la oposición.*
SIN. *1* **Hilera; cola,** si la forman personas que esperan vez; **ringla, ringle, ringlera,** la formada por cosas puestas en orden una tras otra.
filacteria (gr. *phylakterion,* amuleto) ***f.*** Talismán antiguo. 2 Pedazo de pergamino con pasajes de la Escritura, que los judíos llevaban atado al brazo izquierdo o a la frente. 3 Cinta o banda que se representa como si fuera de tela, pergamino, etc., con las extremidades enrolladas y que lleva inscripciones o leyendas, en pinturas y esculturas.
filadelfo, -fa (de *Filadelfia,* c. de Norteamérica) ***adj.-f.*** Planta de la familia de las filadelfas. -2 ***f. pl.*** Familia de plantas dicotiledóneas de tallos fistulosos, hojas opuestas y flores actinomorfas, generalmente blancas y olorosas; como la jeringuilla.
filadio ***m.*** GEOL. Roca metamórfica de baja intensidad, procedente de rocas arcillosas.
filadiz ***m.*** Seda que se saca del capullo roto.
filaila ***f.*** *Cuba.* Tela de estambre labrada, o de lana, us. gralte. para hacer coladuras y banderas.
filamento (l. *-u*) ***m.*** Cuerpo filiforme: ~ *de una bombilla.* 2 Porción basilar alargada de un estambre.
filamentoso, -sa ***adj.*** Que tiene filamentos. 2 Parecido a un filamento.
filandria (fr. *filandre* < *filer,* hilar) ***f.*** Gusano de las aves.
filandro ***m.*** Marsupial didélfido de pelo gris con una mancha blanca en la frente (gén. *Philander).*
filanteo (*fil-* II + gr. *anthos,* flor) ***adj.-m.*** BOT. Vegetal cuyas flores brotan sobre las hojas.
filantropía (*fil-* I + gr. *anthropos,* hombre) ***f.*** Amor al género humano.
filantrópico, -ca ***adj.*** Relativo a la filantropía. 2 Caracterizado por la filantropía o inspirado en ella.
filántropo (*fil-* I + *-ántropo*) ***com.*** Persona que ama al género humano, esp. el que emplea actividad, capital, etc., en beneficio de los demás.
CONTR. **Misántropo.**
filar ***tr.*** MAR. Arriar progresivamente [un cable].
filaria ***f.*** Gusano nematodo parásito de la sangre, de la cavidad celomática o del conjuntivo de los vertebrados; es transmitido por insectos hematófagos (gén. *Wuchereria).*
filariosis ***f.*** Enfermedad producida por la filaria. ◇ Pl.: *filariosis.*

filarmonía (*fil-* I + *armonía*) *f.* Amor a la música.
filarmónico, -ca *adj.-s.* Que ama la música.
filástica (probl. del moz. *filacha* × *almástiga*) *f.* MAR. Hilos de cabos destorcidos.
filatelia (*fil-* I + gr. *atéleia,* sin impuesto) *f.* Conjunto de conocimientos sobre los sellos de correos como objeto de colección.
filatélico, -ca *adj.* Relativo a la filatelia. -2 *adj.-s.* Coleccionista de sellos de correos.
filatelista *com.* Persona que estudia o colecciona los sellos de correos.
filatería (gr. *phylaktérion,* amuleto) *f.* Verbosidad para embaucar. 2 Demasía de palabras para explicar o dar a entender un concepto.
filatero, -ra *adj.-s.* Verboso, embaucador.
filático, -ca *adj.-s. Colomb.* y *Ecuad.* Respondón, irrespetuoso, atrevido. 2 Caprichoso, resabiado [esp. las caballerías].
filatura *f.* GALIC. Hilandería.
filazo *m. Amér. Central.* Herida, corte, pinchazo.
filderretor (l. *filu,* hilo + *de* + *retor*) *m.* desus. Tejido de lana, semejante a la lanilla.
filelí (ár.) *m.* ant. Tela árabe muy ligera, de lana y seda. ◇ Pl.: *filelíes.*
SIN. **Lilaila.**
Filemón *n. pr.* MIT. Personaje que habitaba, con su esposa Baucis, un pueblo de Frigia. Habiendo visitado Júpiter y Mercurio aquella comarca, fueron rechazados por todos sus habitantes y sólo hallaron hospitalidad en la choza de los dos esposos, la cual, en recompensa, fue convertida en templo. Filemón y Baucis fueron sus sacerdotes y obtuvieron el privilegio de no morir uno sin el otro. Cuando llegaron a avanzada edad, Baucis quedó convertida en tilo y Filemón en encina. El nombre de ambos se ha conservado como símbolo de la fidelidad conyugal.
fileno, -na (de *Fileno,* con influjo de *Filis,* nombre de mujer en poesía) *adj.* lit. Delicado, afeminado.
fileño, -ña *adj. Colomb.* Afilado. 2 Ahilado, recto y delgado a la vez.
filera *f.* Arte de pesca, que se cala a la entrada de las albuferas, y consiste en varias filas de redes que tienen al extremo unas nasas pequeñas.
fileta *f. Murc.* Viga, madero.
filete (it. *filetto*) *m.* Miembro de moldura a modo de lista larga y angosta. 2 En dibujo, línea fina de adorno. 3 Raya sencilla o doble usada en los impresos y encuadernaciones de lujo. 4 Pieza de metal que sirve para imprimir dicha raya. 5 Pequeña lonja de carne magra o de pescado limpio de raspas. 6 Solomillo. 7 Asador pequeño y delgado. 8 Espiral saliente del tornillo. 9 Freno pequeño para los potros. 10 Remate de hilo enlazado puesto en el canto de alguna ropa para que no se maltrate. 11 ANAT. Última ramificación de los nervios.
SIN. *1* **Cimbria, cinta, listel, tenia** (ARQ.).
filetear *tr.* Adornar con filetes [una cosa]. 2 Cortar [una vianda] en lonchas delgadas. 3 TECN. Dar [a algo] la forma de rosca.
filetón *m.* Entorchado grueso para bordados.
filfa *f.* fam. Mentira, noticia falsa, engañifa. 2 *Méj.* Pifia.
fili- (l. *filum,* hilo) Elemento prefijal que entra en la formación de palabras con el significado de hilo: *filiforme, filopluma.*
I) -filia (v. *filo-* I) Elemento sufijal que entra en la formación de palabras denotando simpatía, afición: *bibliofilia.*
CONTR. **-fobia.**
II) -filia (v. *filo-* III) Elemento sufijal que entra en la formación de palabras con el significado de hoja: *heterofilia.*
filiación *f.* Procedencia, lazo de parentesco de los hijos con sus padres. 2 Dependencia, enlace: *la ~ de doctrinas.* 3 Señas personales. 4 Hecho de estar afiliado a cierta doctrina o partido. 5 MIL. Anotación del que sienta plaza de soldado en un regimiento.
filial *adj.* Relativo al hijo: *amor ~.* -2 *adj.-s.* [iglesia, establecimiento, organismo] Que depende de otro.
filialmente *adv. m.* Con amor de hijo.
filiar (der. de l. *filiu,* hijo) *tr.* Tomar la filiación [a uno]. -2 *prnl.* Inscribirse en el asiento militar. 3 Afiliarse ◇ ** CONJUG [12] como ***cambiar.***
filibote (ing. *flyboat,* barco mosca) *m.* Embarcación semejante a la urca.
filibusterismo *m.* Partido que trabajaba por la emancipación de las provincias Españolas de Ultramar.
filibustero (fr. *flibustier* < probl. neerl. *vrijbuiter,* merodeador) *m.* Pirata que en el s. XVII infestó el mar de las Antillas. 2 Miembro del filibusterismo. 3 El que trabajaba por la emancipación de las ant. colonias españolas.
SIN. *1* **Bucanero.**
filical (der. de *filice,* helecho) *adj.-f.* Planta del orden de las filicales. -2 *f. pl.* Orden de plantas pteridofitas, con tallo subterráneo o arborescente y frondas grandes, muy divididas, que llevan en su envés los esporangios agrupados en soros.
REL. Se llaman en gral. **helechos,** esp. las de la familia de las polipodiáceas.
filicida (l. *filius,* hijo + *-cida*) *adj.-s.* Que mata a su hijo.
filicidio (l. *filius,* hijo + *-cidio*) *m.* Muerte violenta que un padre da a su hijo.
filicíneo, -a *adj.* Filical.
filiera (fr. *filière,* de *fil,* hilo) *f.* BLAS. Bordura disminuida en la tercera parte de su anchura y puesta en la misma situación.
filiforme (*fili-* + *-forme*) *adj.* Que tiene forma o apariencia de hilo.
filigrana (it.) *f.* Obra muy primorosa hecha de hilos de oro o plata. 2 fig. Cosa delicada y pulida. 3 Marca transparente hecha en el papel al fabricarlo. 4 *Cuba.* Arbusto silvestre de hojas aromáticas *(Lantana odorata).*
filigranoscopio (de *filigrana* + *-scopio*) *m.* Cubeta o bandejita que sirve para examinar y hacer visibles las filigranas del papel.
SIN. **Buscafiligrana.**
filili (ant. *filelí,* tela de Tafilete < ár.) *m.* fam. Delicadeza, primor.
filimisco, -ca *adj. Colomb.* y *Venez.* Melindroso.
filingo *m. Urug.* Fillingo.
filipéndula (*fili-* + der. del l. *pendulus,* colgante) *f.* Hierba rosácea, de hojas estipuladas divididas en muchos segmentos, flores gralte. blancas y raíces tuberculosas pendientes de filamentos *(Filipendula hexapetala).* 2 Reina de los prados.
I) filipense *adj.-s.* De Filipos, c. de Macedonia. 2 De San Felipe, cap. del estado de Yaracuy (Venezuela).
II) filipense *adj.-com.* Religioso o religiosa de la congregación de San Felipe Neri.
filípica (de las arengas de Demóstenes contra *Filipo*) *f.* Invectiva, censura acre.
filipichín *m.* Tejido de lana estampado. 2 *Colomb.* Lechuguino, afeminado.
SIN. *1* **Arretín.**
filipina *f. Cuba.* Chaqueta sin solapas.
filipinismo *m.* Vocablo, giro o modo de expresión propio de los filipinos que hablan la lengua española. 2 Amor o apego a las cosas características de Filipinas.
filipinista *com.* Persona que cultiva y estudia las lenguas, costumbres e historia de Filipinas.
filipino, -na *adj.-s.* De Filipinas, nación insular del sudeste de Asia. -2 *adj.-m.* Lengua indonesia, hablada en esta nación.
filirrostra *f.* Perdiz de pico muy largo.
filis (de *Filis,* nombre de mujer) *f.* poét. Habilidad, gracia y delicadeza. ◇ Pl.: *filis.*
filisteo, -a (l. *philistœu*) *adj.-s.* Individuo de una pequeña nación enemiga de los israelitas, con los que estuvo durante mucho tiempo en guerra hasta ser sometida por el rey David. -2 *adj.* Relativo a los filisteos. -3 *m.* fig. Hombre alto y corpulento. 4 fig. Persona de espíritu vulgar, de escasos conocimientos y poca sensibilidad artística o literaria.
filistrín *m. S. Dom.* Persona pequeña, débil y flaca. 2 *Venez.* Currutaco, pisaverde.
fillingo (brasileño *filinho,* hijito) *m. Argent.* y *Urug.* Cuchillito.
filloga (del gall. *filloa* < del l. *filiola,* hojuela) *f. Zam.* Morcilla de sangre de cerdo, arroz y azúcar.
fillós (gall. port. *filló,* hojaldre) *m. pl.* Especie de fruta de sartén.
filmación *f.* Acción de filmar.
filmador, -ra *adj.-s.* Que filma o cinematografía. -2 *f.* Cámara para filmar o cinematografiar.
filmar *tr.* Cinematografiar, tomar o impresionar [una película, un acto público, etc.].
filme (ing. *film*) *m.* Película cinematográfica.
fílmico, -ca *adj.* Relativo al filme.
filmina *f.* Diapositiva.
filmlet *m.* Proyección cinematográfica breve, gralte. empleada en publicidad.
filmografía (de *filme* + *-grafía*) *f.* Descripción o conocimiento de filmes o microfilmes. 2 Conjunto de filmes (de una época, de un tema, de un director, de un actor, etc.).
filmográfico, -ca *adj.* Propio o relativo a la filmografía.

filmógrafo, -fa (de *filme* + *-grafo*) ***m. f.*** Persona que escribe sobre la historia del cine.
filmología (de *filme* + *-logía*) ***f.*** Disciplina que estudia la cinematografía y su proyección social.
filmoteca (de *filme* + *-teca*) ***f.*** Lugar donde se guardan, ordenados para su conservación, exhibición y estudio, filmes que ya no suelen proyectarse comercialmente. 2 Conjunto de estas cintas.
SIN. **Cinemateca.**
I) filo (l. *filu*) ***m.*** Arista aguda de un instrumento cortante: ***dar ~*** o ***dar un ~***, afilar; fig., avivar, incitar. 2 Punto o línea que divide una cosa en dos partes iguales. 3 ***Por ~***, justa, cabalmente, en punto. 4 ***~ del viento***, dirección que éste lleva. 5 *Guat., Hond.* y *Méj.* Hambre. 6 *Guat.* Aspecto, apariencia. 7 *Guat.* Ánimos, brío. -8 ***com.*** *Argent.* Novio o novia.
SIN. *1* **Corte, tajo.** CONTR. *1* **Canto.**
II) filo (gr. *phylon,* raza) ***m.*** En los sistemas filogenéticos, serie de organismos que se consideran originados unos de otros a partir de una misma forma fundamental.
I) filo-, fil-, -filo, -fila (gr. *philos,* amante) Elemento prefijal y sufijal que entra en la formación de palabras con el significado de amante, aficionado: *filosofía, bibliófilo.*
II) filo- (gr. *phylé, phylon,* tribu, raza) Elemento prefijal que entra en la formación de palabras con el significado de raza: *filogenia.*
III) filo-, fil-, -filo, -fila (gr. *phylon,* hoja, lámina) Elemento prefijal y sufijal que entra en la formación de palabras con el significado de hoja, lámina: *filófago.*
IV) filo-, v. fili-.
filoamericano, na (*filo* I + *americano*) ***adj.*** Inclinado en el afecto a lo americano.
filocladio (*filo-* III + *klados,* rama) ***m.*** Cladodio.
filocomunista (*filo* I + *comunista*) ***adj.*** Inclinado en el afecto al comunismo.
filodio (*filo-* III + gr. *eidos,* forma) ***m.*** Pecíolo ensanchado en forma de lámina que substituye el limbo de una hoja.
filófago, -ga (*filo-* III + *-fago*) ***adj.-s.*** Que se alimenta de hojas.
filofascista (*filo* I + *fascista*) ***adj.*** Inclinado en el afecto al fascismo.
filogenético, -ca ***adj.*** Filogénico.
filogenia (*filo-* II + *-genia*) ***f.*** H. NAT. Desarrollo y evolución general de una especie, a diferencia de la ontogenia, desarrollo particular de los individuos.
filogénico, -ca ***adj.*** Relativo a la filogenia.
filogenista ***adj.-com.*** Persona que estudia la historia evolutiva y la ascendencia de los organismos.
filología (*filo-* I + *-logía*) ***f.*** Ciencia que estudia la estructura y la evolución de una lengua y su desarrollo histórico y literario; p. ext., estudio de la literatura en su aspecto lingüístico, estilístico y formal. 2 Técnica que se aplica a los textos para reconstruirlos, fijarlos o interpretarlos. 3 ***~ comparada,*** lingüística, general o especial, de un grupo de idiomas.
REL. V. **Lingüística.**
filológicamente ***adv. m.*** Según los principios de la filología.
filológico, -ca ***adj.*** Relativo a la filología.
filólogo, -ga (*filo-* I + *-logo*) ***m. f.*** Persona que por profesión o estudio se dedica a la filología.
filomanía (*filo-* III + *-manía*) ***f.*** Superabundancia de hojas en un vegetal.
filomaoísta (*filo-* I + *maoísta*) ***adj.*** Inclinado en el afecto al maoísmo.
filomela, -mena (gr. *philomela*) ***f.*** poét. Ruiseñor.
Filomela ***n. pr.*** MIT. Hija de Pandion, rey de Atenas y hermana de Progne. Los dioses transformaron a Filomela en ruiseñor y a Progne en golondrina.
filón (del ant. *filo,* hilo) ***m.*** Masa de mineral relativamente estrecha, que rellena una antigua quiebra de una roca o de un terreno. 2 fig. Negocio o recurso del que se espera sacar gran provecho.
SIN. *1* **Hebra, vena, veta.**
filonio (l. *philoniu,* de *Philon,* nombre de un médico) ***m.*** FARM. ant. Electuario compuesto de miel, opio y otros ingredientes calmantes y aromáticos.
filonita ***f.*** Roca metamórfica de apariencia similar a los filadios, pero de composición diferente.
filopluma (*filo-* IV + *pluma*) ***f.*** ZOOL. Pluma filiforme, con unas pocas barbas libres en el ápice.
filopos ***m. pl.*** MONT. Vallas de lienzo y cuerda que se forman para encaminar las reses al paraje en que se deben montear.
filosa ***f.*** Planta raflesiácea que recuerda un pequeño espárrago; vive parásita sobre cistáceas *(Cytinus hypocystus).* 2 *Extr.* Cara, rostro.
SIN. *1* **Granadilla.**
filoseda (*filo-* IV + *seda*) ***f.*** Tela de lana y seda o de seda y algodón.
filosilicato (*filo-* III + *silicato*) ***m.*** Variedad de silicato fácilmente exfoliable; como el talco.
filoso, -sa ***f.*** Planta cistínea. -2 ***adj.*** *Amér.* Afilado, que tiene filo. 3 *Hond.* Hambriento.
filosofador, -ra ***adj.-s.*** desp. Que filosofa.
filosofal ***adj.*** V. piedra filosofal.
filosofar ***intr.*** Discurrir acerca de una cosa con razones filosóficas. 2 fam. Meditar.
filosofastro ***m.*** desp. Falso o pretenso filosófo.
filosofía (*filo-* I + *-sofía*) ***f.*** Intento del espíritu humano de establecer una concepción racional del universo mediante la autorreflexión sobre sus propias funciones valorativas, teóricas y prácticas. 2 Sistema filosófico: *la ~ de Platón.* 3 Cuerpo sistemático de los primeros principios y de los conceptos generales de una determinada ciencia: *~ del derecho; ~ de la historia.* 4 Facultad destinada en las universidades a la ampliación de estos conocimientos. 5 Fortaleza de ánimo para soportar las vicisitudes de la vida. 6 Idea directriz de algo.
filosóficamente ***adv. m.*** Con filosofía.
filosófico, -ca ***adj.*** Relativo a la filosofía.
filosofismo ***m.*** desp. Falsa filosofía. 2 Abuso de esta ciencia.
filósofo, -fa ***adj.*** Filosófico. 2 Afilosofado. -3 ***m. f.*** Persona que por profesión o estudio se dedica a la filosofía; esp., creador de un sistema filosófico. 4 Persona virtuosa y austera que hace vida retirada.
SIN. *3* P. ant., **pensador.**
filosoviético, -ca (*filo-* I + *soviético*) ***adj.*** Inclinado en el afecto a lo soviético.
filote ***m.*** *Colomb.* Elote. 2 *Colomb.* Barba del maíz.
filotear ***intr.*** *Colomb.* Echar barbas el maíz. 2 Echar cabello una persona.
filotecnia (*filo-* I + *-tecnia*) ***f.*** Afecto, simpatía hacia las artes.
filotráquea (*filo-* III + *tráquea*) ***f.*** Órgano respiratorio de los arácnidos, especie de saco cuya pared interior forma repliegues laminosos.
filoxera (*filo-* III + der. del gr. *xerós,* seco) ***f.*** Insecto hemíptero, parecido al pulgón, que ataca las raíces de la vid *(Phylloxera vastatrix).* 2 Enfermedad de la vid causada por este insecto. 3 fig. *y* fam. Borrachera.
filoxérico, -ca ***adj.*** Relativo a la filoxera.
filtrable ***adj.*** [líquido] Que puede filtrarse. 2 [virus] Que pasa por un filtro ultramicroscópico.
filtración ***f.*** Acción de filtrar o filtrarse. 2 Efecto de filtrar (penetrar). 3 fig. Noticia referente a algún asunto confidencial que sale a la luz pública o se pone en conocimiento de algún rival.
filtrador ***adj.-s.*** Que filtra. -2 ***m.*** Filtro (materia porosa).
filtrar ***tr.*** Hacer pasar [un líquido] por un filtro. 2 fig. Comunicar [secretos o asuntos confidenciales] bien a la luz pública, bien a algún rival. -3 ***intr.-prnl.*** Penetrar un líquido a través de un cuerpo sólido. 4 fig. Penetrar una idea, pensamiento, noticia, etc., paulatinamente y sin notarse en un medio. -5 ***intr.*** Dejar un cuerpo sólido pasar un líquido a través de sus poros o resquicios. -6 ***prnl.*** Desaparecer inadvertidamente los bienes o el dinero.
SIN. *1* **Destilar, pasar, colar.**
I) filtro (de *fieltro*) ***m.*** Materia porosa, a través de la cual se hace pasar un fluido para clarificarlo o depurarlo: ***~ de aceite,*** el de cartucho, situado en un punto de circuito que procura dejar exento de impurezas el aceite de engrase; ***~ de aire,*** el que elimina los polvos abrasivos contenidos en el aire necesario para la combustión; ***~ de gasóleo,*** el que realiza un doble tamizado del carburante; en la bomba de carburante y a la entrada del tanque del carburador. 2 Aparato que se emplea para separar los líquidos de los sólidos. 3 Manantial de agua dulce en la costa del mar. 4 ELECTR. Aparato para eliminar determinadas frecuencias en la corriente que lo atraviesa. 5 FON. ***~ acústico,*** aparato que se usa en fonética acústica, que aumenta o debilita las frecuencias de un sonido. 6 ÓPT. Pantalla que se interpone al paso de la luz para excluir ciertos rayos, dejando pasar otros.
SIN. *3* **Destilador.**

II) filtro (gr. *philtron,* de *phileo,* amar) ***m.*** Brebaje al que se atribuía la virtud de conciliar el amor de una persona. 2 Bebida venenosa y mortal. 3 ANAT. Surco en la línea media vertical del labio superior.
SIN. *1* **Bebedizo.**
filudo, -da ***adj.*** *Amér.* Afilado.
filustre ***m.*** fam. Finura, elegancia.
filván ***m.*** Rebaba sutil que queda en el corte de una herramienta recién afilada.
fimbria (l.; doble etim. *cimbria*) ***f.*** Borde inferior de la vestidura talar. 2 Orla, franja de adorno.
fimbriar ***tr.*** Adornar [algo] con orla. ◇ ** CONJUG. [12] como ***cambiar.***
fimia ***f.*** Tuberculosis.
fimo (l. *-mu*) ***m.*** Estiércol.
fimosis (gr. *phimosis*) ***f.*** MED. Estrechez del orificio del prepucio. ◇ Pl.: *fimosis.*
fin (l. *fine*) ***amb.*** Término, remate o consumación de una cosa: *el ~ del mundo; **dar** o **poner** ~,* acabar. -2 ***m.*** Término al cual tiende una acción, motivo con que se efectúa una cosa: *equiparar los medios a los fines; ~ último.* 3 ***~ de fiesta,*** espectáculo extraordinario después de una función. 4 ***~ de semana,*** período de descanso semanal, de duración variable según los países y trabajos, y que normalmente comprende el sábado y el domingo; p. ext., maletín en el que caben todos los objetos imprescindibles para un desplazamiento de breve duración. -5 ***loc. conj. A ~ de,*** con objeto de; para: *a ~ de aumentar las rentas.* 6 ***A ~ de que,*** con objeto de que; para que: *a ~ de que no se sepa.* -7 ***loc. adv. A fines de,*** unido a *mes, siglo, año,* etc., en los últimos días de cualquiera de estos períodos. 8 ***Al ~,*** por último; después de vencidos todos los obstáculos. 9 ***En,*** o ***por, ~,*** finalmente, en suma, en resumidas cuentas. -10 ***loc. adj. Sin ~,*** fig., sin número, innumerable; [correa, cadena, cinta, etc.] que forma figura cerrada y puede girar continuamente accionada por un mecanismo.
GRAM. *1* La Academia define la primera acepción como ambigua, pero el uso culto moderno lo hace siempre masculino; únicamente en los medios rurales se emplea como femenino: *la fin del mundo.* SIN. *2* **Intención, intento, propósito, designio, mira,** hacen pensar pralte. en los motivos o en la actitud subjetiva del que hace la acción; **meta, objeto, objetivo, finalidad,** sugieren más bien su término real.
finado, -da ***m. f.*** Persona muerta.
final (l. *-ale*) ***adj.*** Que remata o perfecciona una cosa: *palabra ~; punto ~.* -2 ***adj.-f.*** GRAM. ***Oración ~,*** la compuesta enlazada por una conjunción final. 3 GRAM. ***Conjunción ~,*** la que denota en la subordinada el fin o el objeto de lo manifestado en la principal: *para que.* -4 ***m.*** Fin (consumación). -5 ***f.*** DEP. Última de las pruebas eliminatorias, en una competición.
finalidad ***f.*** fig. Fin (motivo).
finalísima ***f.*** DEP. Última fase de una competición eliminatoria.
finalismo ***m.*** Teleología (doctrina metafísica).
finalista ***com.*** Partidario de la teleología. 2 DEP. Participante en la final de una competición. 3 p. ext. En los concursos para premiar trabajos artísticos o científicos, cada una de las obras que llegan a la votación final del jurado, después de las votaciones eliminatorias anteriores.
finalización ***f.*** Acción de finalizar. 2 Efecto de finalizar.
finalizar ***tr.*** Concluir [una obra]. -2 ***intr.*** Extinguirse o acabarse una cosa. ◇ ** CONJUG. [4] como ***realizar.***
SIN. v. **Terminar.**
finalmente ***adv. m.*** Por último.
finamente ***adv. m.*** Con finura.
finamiento ***m.*** Fallecimiento.
financiación ***f.*** Acción de financiar. 2 Efecto de financiar.
financiamiento ***m.*** Financiación.
financiar (fr. *financer*) ***tr.*** Crear o fomentar [una empresa] aportando el dinero necesario. 2 Sufragar los gastos de una actividad, obra, etc. ◇ ** CONJUG. [12] como ***cambiar.***
financiero, -ra (fr. *financier* < ant. *finer,* pagar) ***adj.*** Relativo a la hacienda pública, a la banca o a los grandes negocios mercantiles: *un sistema ~.* 2 Que financia. -3 ***m. f.*** Persona versada en estas materias. -4 ***m.*** Pastelito de almendras o coco y glaseado de chocolate. 5 ***A la financiera,*** preparación culinaria utilizada como guarnición o relleno hecha con setas, trufas, carne de ternera, crestas de ave, riñones, aceitunas, etc.
financista ***com.*** *Amér.* Financiero.
finanzas ***f. pl.*** Hacienda; caudal; negocio. 2 Ciencia y actividades relacionadas con el dinero que se invierte.
finar ***intr.*** Fallecer, morir. -2 ***prnl.*** p. us. Consumirse por una cosa.
SIN. *1* v. **Morir.**
finca ***f.*** Propiedad inmueble. 2 *Amér.* p. ant. Finca rústica. 3 *Colomb.* Joya, alhaja.
fincabilidad ***f.*** Caudal inmueble.
fincado ***m.*** *Argent.* Finca rústica.
fincalidad ***f.*** *Extr.* Patrimonio rústico, propiedad, hacienda.
fincar (l. *figicare* < *fijar*) ***intr.-prnl.*** Adquirir fincas. -2 ***tr.*** ant. Hincar. 3 *P. Rico.* Cultivar [un terreno]. -4 ***intr.*** *Colomb.* Estribar, consistir. ◇ ** CONJUG. [1] como ***sacar.***
SIN. *1* **Afincar(se).**
finchado, -da ***adj.*** fam. Vano, engreído. ◇ También *hinchado.*
finchar ***tr.*** ant. Hinchar. -2 ***prnl.*** Engreírse, envanecerse.
finés, -nesa ***adj.-s.*** De un pueblo ugrofinés, que habita en el nordeste de Europa. 2 De Finlandia, nación del norte de Europa. -3 ***adj.-m.*** Lengua baltofinesa, hablada oficialmente en esta nación. 4 Conjunto de lenguas ugrofinesas, habladas en el nordeste de Europa; como el baltofinés, el lapón y el permio.
SIN. *2* y *3* **Finlandés.** *3* **Suomi.**
fineta ***f.*** Tela de algodón de tejido diagonal compacto y fino.
fineza ***f.*** Calidad de fino. 2 Acción o palabra de cariño y amistad. 3 Obsequio delicado.
SIN. *3* v. **Regalo.**
finfano ***m.*** *Extr.* Mosquito.
fingidamente ***adv. m.*** Con fingimiento.
fingido, -da, fingidor, -ra ***adj.-s.*** Que finge. 2 Que es aparente o simulado, pero no real. 3 ARQ. V. bóveda fingida.
fingimiento ***m.*** Simulación, engaño malicioso.
SIN. v. **Ficción.**
fingir (l. *-ere*) ***tr.*** ***-prnl.*** Presentar como cierto o real [lo que es imaginado o irreal]: *~ un casamiento; ~ un gran dolor; fingirse amigo.* ◇ ** CONJUG. [6] como ***dirigir.***
SIN. **Simular.**
finible ***adj.*** lit. Acabable.
finiglacial ***f.*** GEOL. Período final de la última glaciación que ocasionó la retirada de los hielos del Norte de Europa.
finiquitar ***tr.*** Saldar [una cuenta]. 2 fig. Acabar, concluir. 3 fig. Matar.
SIN. v. **Terminar.**
finiquito (de *fin* y *quito*) ***m.*** Remate de una cuenta o certificación de su ajuste.
finir ***intr.*** ant. Finalizar, acabar.
finisecular ***adj.*** Relativo al fin de un siglo determinado.
finitimo, -ma (l. *-mu*) ***adj.*** Colindante, cercano.
finito, -ta ***adj.*** Que tiene fin o límite.
finitud ***f.*** Cualidad de finito.
finlandés, -desa ***adj.-s.*** Finés (de Finlandia; lengua baltofinesa).
finlandización ***f.*** Proceso de neutralización política semejante a la situación de Finlandia con respecto de la Unión Soviética.
fino, -na (de *fin,* lo sumo, lo perfecto) ***adj.*** Delicado y de buena cualidad. 2 Delgado, sutil. 3 Puro, precioso: *oro ~.* 4 Esbelto, de facciones delicadas. 5 Cortés, urbano. 6 Astuto, sagaz. 7 [sentido] Agudo: *es de olfato ~.* 8 [buque] Que por su traza corta el agua con facilidad. -9 ***m.*** Tipo de vino pálido, muy seco, de color pajizo, de 15 a 17 grados y aroma delicado y penetrante. -10 ***m. pl.*** Polvo de carbón mineral arrastrado por las aguas durante el lavado. -11 ***m.*** *S. Dom.* Pedazo de loza.
fínodo, -da ***adj.-s.*** burl. Finolis.
finolis ***adj.-s.*** fam. [pers. o cosa] De finura amanerada. ◇ Pl.: *finolis.*
finoúgrio, -gria ***adj.-m.*** Ugrofinés.
finoúgro, -gra ***adj.-m.*** Ugrofinés.
finquero ***m.*** Dueño de fincas rústicas en los territorios españoles del golfo de Guinea.
I) finta ***f.*** Tributo que se pagaba al príncipe, de los frutos de la hacienda de cada súbdito, en caso de grave necesidad.
II) finta (it.) ***f.*** Ademán o amago que se hace con intención de engañar a uno.
SIN. En esgrima, **pase.**
fintada ***f.*** DEP. Engaño. V. fintar.
fintar ***tr.*** Hacer fintas [a alguien]. -2 ***intr.*** DEP. Engañar, p. ej. con la pelota, para desorientar al adversario.
finura ***f.*** Primor, delicadeza. 2 Urbanidad, cortesía. 3 METAL. Proporción de metal noble que contiene una aleación.
finústico, -ca ***adj.*** fam. Desp. de *fino*; esp. [pers.] que exagera su cortesía en el trato social.

finustiquería *f.* fam. Calidad de finústico.
fiñana *m.* Variedad de trigo fanfarrón.
fiñe *adj. Cuba.* Raquítico.
fiofío (onomat.) *m. Chile.* Pajarillo insectívoro *(Elainea albiceps).* ◇ Algunos diccionarios registran la forma *fío* sin duplicación.
fiord, fiordo (escand. *fiord*) *m.* Depresión del continente invadida por el mar, gralte. larga, estrecha y limitada por laderas abruptas, propia de Escandinavia. ◇ Pl.: *fiordos.*
fioritura (it.) *f.* Flor, adorno, arrequive.
fique *m. Colomb., Ecuad., Méj.* y *Venez.* Planta textil de la familia de las amarilidáceas, con hojas o pencas radicales, carnosas en forma de pirámide triangular un poco acanalada, de color verde obscuro, de un metro de largo y 15 cms. de ancho, aproximadamente *(Agave polyacantha Jacobi).* 2 *Colomb., Ecuad., Méj.* y *Venez.* Fibra de la pita.
firma (b. l. *firma,* convención) *f.* Nombre y apellido que una persona pone al pie de un escrito: ~ ***en blanco,*** la puesta en un papel blanco como conformidad anticipada a lo que otro escriba en él; ***media*** ~, en los documentos oficiales, aquella en que se omite el nombre de pila. 2 Conjunto de documentos que se presentan a un superior para que los firme. 3 Acto de firmarlos. 4 fig. Empresa comercial: ~ *solvente;* ~ *importante.*
firmal (port.) *m.* Especie de broche antiguo.
firmamento (l. *-tu,* apoyo) *m.* Bóveda celeste.
firmán (persa *ferman,* orden) *m.* Decreto soberano en Turquía.
firmante *adj.-com.* Que firma.
SIN. **Signatario.**
firmar *tr.* Poner uno su firma [en un escrito]: ~ *con estampilla;* ~ *de su propia mano;* ~ *en blanco;* ~ *por otro.* -2 *prnl.* Usar de tal o cual nombre o título en la firma: *se firmaba Duque de Rivas.*
SIN. **Signar,** encierra cierta solemnidad, y sólo se aplica tratándose de documentos de gran importancia pública o internacional; **subscribir,** se usa en lenguaje administrativo; fuera de él es voz selecta.
firme (l. *-mu*) *adj.* Estable, sólido, que no cede. 2 fig. Constante, que no se deja dominar ni abatir: ~ *en sus propósitos.* 3 ***¡Firmes!*** voz de mando militar para que se cuadren los soldados. -4 *adv. m.* Con firmeza, firmemente: ***de*** ~, con constancia y ardor: *trabaja de* ~ ; ***llueve de*** ~, recia y violentamente; ***en*** ~, con carácter definitivo: *comprar en* ~. -5 *m.* Capa sólida de terreno, natural o artificial, sobre la que se puede cimentar: *el* ~ *de una carretera.* 6 MAR. Punto más alto en que puede escorar un buque, sin peligro de zozobre. 7 *S. Dom.* Cumbre de una cuesta.
SIN. *1* **Seguro.**
firmemente *adv. m.* Con firmeza.
firmeza *f.* Estabilidad, fortaleza, solidez. 2 fig. Tesón, voluntad. 3 fig. Joya u objeto que sirve de prueba de lealtad amorosa. 4 *Argent.* Baile popular, de compás de seis por ocho. Es baile de galanteo, de pareja suelta, cuyos pasos y movimientos van ejecutándose según las órdenes expresadas en el estribillo, que es siempre cantado.
firmón, -mona *adj.* Que por bajo precio firma escritos ajenos: *abogado* ~.
firmware (voz inglesa) *m.* INFORM. Elemento de programa fijado en una memoria inalterable.
firulete (gall.-port. **ferolete,* por *florete,* der. de *flor*) *m. Amér.* Adorno prolijo, florituras. ◇ Úsase más en plural.
firulístico, -ca *adj. Ant.* Pedante. 2 *Ant.* Cursi.
fis-, v. fisio-.
-fisa, v. fiso-.
fisca *f. Can.* y *Venez.* Pizca, miaja.
fiscal (l. *-ale*) *adj.* Relativo al fisco o al oficio de fiscal. -2 *com.* Ministro encargado de promover los intereses del fisco. 3 Persona que representa y ejerce el ministerio público en los tribunales. 4 fig. Persona que fiscaliza acciones ajenas. 5 *Bol.* y *Chile.* ant. Seglar que cuida de una capilla rural, dirige las funciones del culto y auxilia al párroco.
fiscalía *f.* Oficio y empleo de fiscal. 2 Oficina del fiscal.
fiscalidad *f.* Conjunto de leyes, reglamentos y procedimientos relativos a las tasas, impuestos y contribuciones. 2 INCOR. Impuesto, carga fiscal.
fiscalizable *adj.* Que se puede o se debe fiscalizar.
fiscalización *f.* Acción de fiscalizar. 2 Eecto de fiscalizar.
fiscalizador, -ra *adj.* Que fiscaliza.
fiscalizar *tr.* Sujetar a la inspección fiscal. 2 fig. Averiguar o criticar los actos de una persona. ◇ ** CONJUG. [4] como ***realizar.***
fisco (l. *-cu*) *m.* Erario (tesoro público). 2 *Venez.* Moneda imaginaria de ínfimo valor.
fiscorno *m.* Instrumento músico de metal parecido al bugle y que es uno de los que componen la cobla.
fisga *f.* Arpón tridente para pescar. 2 Burla que con arte se hace de una persona. 3 *Guat.* y *Méj.* Banderilla para torear.
fisgador, -ra *adj.-s.* Que fisga.
fisgar (l. **fixicare,* unir, sujetar) *tr.* Pescar con fisga. 2 Husmear (olfatear). 3 Atisbar para ver lo que pasa en la casa del vecino. -4 *intr.-prnl.* Burlarse de uno diestramente. ◇ ** CONJUG. [7] como ***llegar.***
fisgón, -na *adj.* desp. Que suele hacer fisga. 2 Husmeador, curioso.
fisgonear (de *fisgón*) *tr.* desp. Fisgar, curiosear por costumbre.
SIN. **Huronear, husmear.**
fisgoneo *m.* Acción de fisgonear. 2 Efecto de fisgonear.
fisi- (l. *fissu,* hendido) Elemento prefijal que entra en la formación de palabras con el significado de dividido, partido: *fisípedo, fisirrostro.*
-fisia (v. *fisio-*) Elemento sufijal que entra en la formación de palabras con el significado de naturaleza: *organofisia.*
fisiatra *(fis-* + *-iatra) com.* Naturista, especialista en fisiatría.
fisiatría *(fis-* + *-iatría) f.* Naturismo.
fisiátrico, -ca *adj.* Relativo a la fisiatría.
fisible *adj.* Que se puede partir o escindir. 2 FÍS. [elemento químico] Cuyos núcleos pueden sufrir la fisión, como el uranio.
física (gr. *physiké,* f. de *-kós,* físico) *f.* Ciencia que estudia la materia en relación con los fenómenos que no modifican la estructura molecular de los cuerpos.
físicamente *adv. m.* Corporalmente. 2 Real y verdaderamente.
físico, -ca (l. *physicu* < gr. *physikós*) *adj.* Que concierne a la física: *estado* ~ *de un cuerpo.* 2 Que concierne a la naturaleza y constitución corpórea, esp. en oposición a lo mental, moral y espiritual: *el mundo* ~; *un defecto* ~. -3 *m. f.* Persona que por profesión o estudio se dedica a la física. -4 *m.* Exterior de una persona: *tener un* ~ *muy feo.* 5 *Cuba* y *Méj.* fam. Pedante, melindroso.
fisicomatemático, -ca (de *física* + *matemática*) *adj.* Relativo a la física y a las matemáticas. -2 *m. f.* Persona que por profesión o estudio se dedica a la física y a las matemáticas.
fisicoquímica (de *física* + *química*) *f.* Ciencia que estudia las relaciones recíprocas entre los fenómenos físicos y químicos.
fisicoquímico, -ca *adj.* Relativo a la fisicoquímica. -2 *m. f.* Especialista en fisicoquímica.
fisil *adj.-s.* Compuesto que en un reactor puede mantener una reacción en cadena.
fisilidad *f.* GEOL. Propiedad que presentan algunas rocas de romperse en planos paralelos.
fisio-, fis- (gr. *physis,* naturaleza) Elemento prefijal que entra en la formación de palabras con el significado de naturaleza: *fisiocracia.*
fisiocracia *(fisio-* + *-cracia) f.* Doctrina económica, fundada por Quesnay (1694-1774), que sostenía que la riqueza provenía exclusivamente de la explotación de los recursos naturales propios de cada país y del libre cambio de los productos de los diversos países entre sí, afirmando, además, la existencia de un orden natural de las sociedades humanas, y por consiguiente el deber de no inmiscuirse el estado en la vida económica del país.
fisiócrata *(fisio-* + *-crata) com.* Partidario de la fisiocracia.
fisiognomía, fisiognómica *(fisio-* + gr. *gnomonikos,* que indica) *f.* Ciencia auxiliar de la psicología, que estudia las facciones del rostro a fin de determinar las características de una persona.
fisiografía *(fisio-* + *-grafía) f.* Ciencia cuyo objeto es la descripción de la Tierra y de los fenómenos localizados en ella.
fisiográfico, -ca *adj.* Perteneciente o relativo a la fisiografía.
fisiología (gr. *physiología* < *fisio-* + *-logía*) *f.* Parte de la biología que estudia los órganos y sus funciones.
fisiológicamente *adv. m.* Según las leyes fisiológicas.
fisiológico, -ca *adj.* Relativo a la fisiología.
fisiologismo *m.* Doctrina que considera la enfermedad como resultado de un trastorno de las funciones vitales, producido por causas accidentales, externas o internas.
fisiólogo, -ga *m. f.* Persona que por profesión o estudio se dedica a la fisiología.
fisión *f.* FÍS. Rotura de un núcleo pesado en dos o más fragmentos de tamaño aproximadamente igual, acompañados de algunos neutrones y de gran cantidad de energía.

fisionable *adj.* FÍS. [núcleo] Que tiene la propiedad de producir el fenómeno de fisión, mediante cualquier medio.
fisionar *tr.-prnl.* Producir una fisión.
fisionomía (gr. *physionomia* < *fisio-* + *-nomía*) *f.* Fisonomía.
fisiopatología (*fisio-* + *patología*) *f.* Rama de la patología que estudia las alteraciones funcionales del organismo entero o de alguna de sus partes.
fisioterapeuta (*fisio-* + *terapeuta*) *com.* Persona especializada en aplicar la fisioterapia.
fisioterapéutico, -ca *adj.* Fisioterápico.
fisioterapia (*fisio-* + *-terapia*) *f.* Método curativo por medio de los agentes naturales.
fisioterápico, -ca *adj.* Perteneciente o relativo a la fisioterapia.
fisioterapista *com. Colomb.* Fisioterapeuta.
fisípedo (*fisi-* + *-pedo*) *adj.-s.* Bisulco.
fisiquear *intr. S. Dom.* Realizar ultracorrecciones en el lenguaje hablado.
fisiqueo *m. S. Dom.* Acción de fisiquear y, esp. el hábito de pronunciar indebidamente la *s.*
fisirrostro (*fisi-* + *rostro*) *adj.-s.* [ave] Que tiene el pico corto y deprimido y la boca rasgada hasta muy atrás; como la golondrina.
fiso-, -fisa (gr. *physa,* fuelle, soplo; vejiga) Elemento prefijal y sufijal que entra en la formación de palabras con el significado de soplo; vejiga: *fisóstomo.*
fisoclisto, -ta (*fiso-* + gr. *kleistós,* cerrado) *adj.-s.* BIOL. Pez teleósteo cuya vejiga natatoria no se comunica con el tubo digestivo.
fisonomía (de *fisionomía*) *f.* Aspecto particular del rostro de una persona. 2 fig. Aspecto exterior de las cosas.
SIN. **Fisionomía,** es voz culta o técnica; v. **cara.**
fisonómico, -ca *adj.* Relativo a la fisonomía.
fisonomista *adj.-s.* Que se dedica al estudio de la fisonomía o que tiene facilidad natural para recordar y distinguir a las personas por ésta.
fisónomo, -ma *m. f.* Fisonomista.
fisostigmina (*fiso-* + gr. *stigma,* señal) *f.* QUÍM. Alcaloide muy venenoso que se extrae de algunas plantas papilionáceas. Se emplea en medicina.
fisóstomo (*fiso-* + *-stomo*) *adj.-s.* Pez teleósteo con aletas de radios blandos y flexibles y de las cuales las abdominales están situadas detrás de las pectorales, o no existen. -2 *m. pl.* Suborden de estos animales.
fisotórax (*fiso-* + *tórax*) *m.* MED. Neumotórax.
fisto *m. Colomb.* vulg. Fogón, oído del arma de fuego.
fistol (it. *fistolo,* diablo) *m.* Hombre ladino y sagaz, esp. en el juego. 2 *Méj.* Alfiler de corbata.
fistra (l. *fistula,* cañafístula) *f.* Biznaga.
fístula (l.) *f.* Arcaduz por donde cuela un líquido. 2 Conducto anormal, ulcerado y estrecho, que se abre en la piel o en las mucosas. 3 Instrumento músico a modo de flauta.
I) fistular *adj.* Relativo a la fístula.
II) fistular *tr.* Afistular.
fistulización *f.* PAT. Formación patológica o quirúrgica de fístulas.
fistulografía (de *fístula* + *-grafía*) *f.* Examen radiográfico, mediante la inyección de una substancia radiopaca, en el trayecto de una fístula.
fistuloso, -sa *adj.* De forma de fístula o parecido a ella. 2 [llaga y úlcera] En que se forman fístulas. 3 BOT. [tallo] Hueco, como las cañas.
fisura (l. *fissura*) *f.* Fractura o hendidura longitudinal de un hueso. 2 Grieta en el ano. 3 Hendidura en una masa mineral. 4 Hendidura o grieta que se produce en un objeto.
fito-, -fito, -fita (gr. *phytón,* vegetal, planta) Elemento prefijal y sufijal que entra en la formación de palabras con el significado de vegetal, planta: *fitogeografía, briofito.*
fitobiología (*fito-* + *biología*) *f.* Biología de las plantas.
fitocromo (*fito-* + *-cromo*) *m.* Pigmento proteico vegetal que dirige el curso del desarrollo de las plantas como variada respuesta a diferentes condicionantes.
fitófago, -ga (*fito-* + *-fago*) *adj.-s.* Que se alimenta de materias vegetales.
fitofarmacia (*fito-* + *farmacia*) *f.* Estudio y empleo de los fitofármacos.
fitofármaco (*fito-* + *-fármaco*) *m.* Producto eficaz para combatir las enfermedades de las plantas.
fitofenología (*fito-* + *fenología*) *f.* BOT. Fenología vegetal.
fitoflagelado (*fito-* + *flagelado*) *m.* Alga portadora de flagelos.
fitoftirio (*fito-* + gr. *fthora,* corrupción) *adj.-s.* ZOOL. Insecto hemíptero de pequeño tamaño, áptero o con cuatro alas membranosas, que vive parásito de los vegetales. -2 *m. pl.* Suborden de estos animales.
fitogénico, -ca (*fito-* + *génico*) *adj.* GEOL. Formado a partir de restos vegetales.
fitogeografía (*fito-* + *geografía*) *f.* Disciplina que estudia la forma en que están distribuidas las especies vegetales sobre la tierra y busca las causas de esta distribución.
fitogeología (*fito-* + *geología*) *f.* Disciplina que estudia la distribución de las especies vegetales en las eras geológicas.
fitografía (*fito-* + *-grafía*) *f.* Parte de la botánica que tiene por objeto la descripción de las plantas.
fitográfico, -ca *adj.* Relativo a la fitografía.
fitógrafo, -fa *m. f.* Persona que por profesión o estudio se dedica a la fitografía.
fitohormona (*fito-* + *hormona*) *f.* Substancia química orgánica que actúa específicamente sobre el crecimiento de las plantas.
fitoiatría (*fito-* + *-iatría*) *f.* Fitoterapia.
fitolacáceo, -a (*fito-* + *laca*) *adj.-f.* Planta de la familia de las fitolacáceas. -2 *f. pl.* Familia de plantas dicotiledóneas, herbáceas o leñosas, de hojas alternas, flores en racimo, frutos en baya y semillas con albumen harinoso.
fitología (*fito-* + *-logía*) *f.* Botánica.
fitómetro (*fito-* + *-metro*) *m.* Instrumento que sirve para medir la transpiración de las plantas.
fitonimia (*fito-* + *-onimia*) *f.* LING. Estudio de los nombres de plantas.
fitónimo (*fito-* + *-ónimo*) *m.* LING. Nombre de planta.
fitonisa *f.* Pitonisa.
fitopaleontología (*fito-* + *paleontología*) *f.* Estudio de los fósiles vegetales.
fitopatología (*fito-* + *patología*) *f.* Estudio de las enfermedades de las plantas.
SIN. **Patología vegetal.**
fitopatólogo, -ga (*fito-* + *patólogo*) *m. f.* Especialista en fitopatología.
fitoplancton (*fito-* + *plancton*) *m.* Plancton formado por algas y otros vegetales.
fitoquímica (*fito-* + *química*) *f.* Rama de la bioquímica que se ocupa de los procesos químicos de las plantas.
fitosanitario *adj.* Perteneciente o relativo a la prevención y curación de las enfermedades de las plantas.
fitosociología (*fito-* + *sociología*) *f.* Rama de la botánica que estudia las agrupaciones de plantas, sus interrelaciones y su dependencia del medio ambiente.
fitotecnia (*fito-* + *-tecnia*) *f.* Rama de la botánica que se ocupa de la mejora en el cultivo y producción de las plantas de interés económico.
fitoterapeuta *com.* Especialista en fitoterapia.
fitoterapia (*fito-* + *-terapia*) *f.* MED. Curación de las enfermedades con remedios de origen vegetal. 2 Estudio de los remedios que sirven para combatir las enfermedades de las plantas
SIN. **Fitoiatría.**
fitotomía (*fito-* + *-tomía*) *f.* Anatomía de las plantas.
fitotoxina (*fito-* + *toxina*) *f.* Toxina de origen vegetal.
flabelado, -da *adj.* Flabeliforme.
flabeli- (del l. *flabellum,* abanico) Elemento prefijal que entra en la formación de palabras con el significado de abanico.
flabelicornio (*flabeli-* + l. *cornu,* cuerno) *adj.* ZOOL. Que tiene las antenas flabeliformes.
flabelífero, -ra (*flabeli-* + *-fero*) *adj.* Que tiene por oficio agitar un abanico grande en ciertas ceremonias religiosas o cortesanas.
flabeliforme (*flabeli-* + *-forme*) *adj.* En forma de abanico.
SIN. **Flabelado.**
flabelo (l. *-llu*) *m.* Abanico de plumas de avestruz y pavo real, ornamento exclusivo del Sumo Pontífice.
flacamente *adv. m.* Débil, flojamente.
flaccidez *f.* Calidad de fláccido. 2 Laxitud, debilidad muscular. 3 ZOOL. Enfermedad epidémica mortal del gusano de seda.
fláccido, -da (l. *-du;* doble etim. *lacio*) *adj.* Flaco, sin consistencia.
flacidez *f.* Flaccidez.
flácido, -da *adj.* Fláccido.

flaco, -ca (l. *flaccu*) ***adj.*** [persona o animal] De pocas carnes: ~ *de piernas.* 2 fig. Flojo, endeble, sin fuerza: *argumento* ~; *espíritu* ~. -3 ***m.*** Defecto moral o pasión predominante de uno.
flacón, -na ***adj.*** *Amér.* Muy flaco.
flacourtiáceo, -a ***adj.-f.*** Planta dicotiledónea, leñosa, con hojas coriáceas y provistas de estípulas, flores actinomorfas y hermafroditas, y fruto en cápsula o baya. -2 ***f. pl.*** Familia de estas plantas.
flacuchento, -ta ***adj.*** *Amér.* Flacucho, delgado.
flacucho, -cha ***adj.*** Dim. desp. de *flaco* (delgado).
flacura ***f.*** Calidad de flaco.
flagear ***tr.*** *Amér. Central.* Síncopa de flagelar.
flagelación (l. *-llatione*) ***f.*** Acción de flagelar.
flagelado, -da ***adj.*** [célula] Que tiene flagelos. -2 ***adj.-m.*** Protozoo del subtipo de los flagelados. -3 ***m. pl.*** Subtipo de protozoos con uno o más flagelos, al cual pertenecen organismos que pueden actuar como vegetales o animales.
flagelador, -ra ***adj.-s.*** Que flagela.
flagelante ***adj.*** Que flagela. -2 ***m.*** Penitente que se azotaba públicamente en los días de Semana Santa. 3 Hereje de la secta nacida en Perugia, en el s. XIII, que creía más eficaz para el perdón de los pecados la penitencia de los azotes que la confesión sacramental.
flagelar (l. *-llare*) ***tr.*** Azotar. 2 fig. Fustigar, vituperar.
flageliforme (de *flagelo* + *-forme*) ***adj.*** HIST. NAT. En forma de látigo.
flagelo (l. *-llu*) ***m.*** Azote o instrumento para azotar. 2 Azote (calamidad). 3 Prolongación filiforme y contráctil que sirve de órgano de locomoción a las células procariotas. 4 ZOOL. Conjunto de artejos que componen las antenas de los artrópodos, exceptuando el primero.
SIN. *3* **Undulipodio.**
flagrancia (l. *-ntia*) ***f.*** Calidad de flagrante.
flagrante (l.) ***adj.*** lit. Que flagra. 2 Que se está ejecutando actualmente: *en* ~ *delito.*
SIN. *2* **Fragante, in fraganti.**
flagrar (l. *-are*) ***intr.*** lit. Arder o resplandecer como fuego o llama.
SIN. En química y pirotecnia, **deflagrar.**
flama (l. *flamma*) ***f.*** Llama I. 2 Reflejo o reverberación de la llama. 3 Oleada de calor ardiente que hay en los días de solana.
flamante (it. *fiammante*) ***adj.*** Lúcido, resplandeciente. 2 Nuevo, reciente: *sombrero* ~; *navío* ~.
flamboyán ***m.*** *Amér.* Framboyán, árbol.
flamear (cat. *flamejar*) ***intr.*** Despedir llamas. 2 MAR. fig. Ondear las velas o las banderas y flámulas. -3 ***tr.*** Pasar [una pieza] por la llama. 4 Rociar [un preparado culinario] con un licor espirituoso y encenderlo. 5 MED. Quemar un líquido inflamable [en superficies o vasijas] que se quieren esterilizar, o pasar por la llama [algún instrumento] con el mismo fin.
SIN. *1* y *5* **Llamear.**
flamen (l.) ***m.*** Sacerdote romano de una deidad particular que cuidaba de los sacrificios: ~ ***augustal,*** el de Augusto; ~ ***dial,*** el de Júpiter; ~ ***marcial,*** el de Marte; ~ ***quirinal,*** el de Rómulo. ◇ Pl.: *flámines.*
flamenco, -ca (neerl. *flaming,* de Flandes) ***adj.-s.*** De Flandes, región de Bélgica. -2 ***adj.*** Achulado. 3 [andaluz] Que tiende a hacerse agitanado: *tipo* ~. -4 ***m.*** Conjunto de bailes y cantes formados por la fusión de elementos andaluces, gitanos y orientales. -5 ***adj.*** Perteneciente o relativo a este conjunto de bailes y cantes. -6 ***adj.-m.*** Variante lingüística del neerlandés, idioma oficial de Bélgica. -7 ***m.*** Ave fenicopteriforme, de cerca de un metro de altura, patas, cuello y pico encarnado *(Phœnicopterus ruber).* 8 ***A la flamenca,*** guarnición de un plato de comida hecho de patatas y coles de Bruselas mezcladas; variedad de puchero, o de huevos al plato hechos con jamón, guisantes, pimiento morrón y espárragos. 9 *Hond.* y *P. Rico.* Delgado, flaco. 10 *And.* y *Argent.* Cuchillo.
SIN. *7* **Picaza marina.**
flamencología (*flamenco* + *-logía*) ***f.*** Conjunto de conocimientos, técnicas, etc., sobre el cante y baile flamencos.
flamencólogo, -ga ***adj.-s.*** Persona experta en las variantes del cante y baile flamencos.
flamenquería ***f.*** Flamenquismo.
flamenquilla ***f.*** Plato mediano, mayor que el trinchero y menor que la fuente. 2 Maravilla (planta).
flamenquín ***m.*** Loncha de jamón cocido enrollado, rellena de queso, rebozada y frita.
flamenquismo ***m.*** Afición a las costumbres flamencas o achuladas.
flámeo (l. *flammeu*) ***adj.*** lit. De la naturaleza de la llama. -2 ***m.*** Velo de color de fuego que en la Roma antigua se ponía a las desposadas.
flameo ***m.*** Acción de flamear. 2 Efecto de flamear. 3 Longitud de una bandera.
flamero (de *flamma*) ***m.*** Candelabro que arroja una gran llama.
flamígero, -ra (de *flama* + *-gero*) ***adj.*** Que arroja o despide llamas o imita su figura: *rayo* ~; *estilo gótico* ~.
flamín ***m.*** *Chile.* Penacho del quepis.
flámula (l. *flammula,* llamita) ***f.*** Especie de grímpola. 2 Planta ranunculácea, con hojas lanceoladas las caulinares, y oblongas las basales, y flores amarillas *(Ranunculus flammula).*
flan (fr. < fr. ant. *flaon* < fráncico *flado, -ons,* torta) ***m.*** Dulce de yemas de huevo, leche y azúcar batidos y cuajados en un molde puesto al baño de María. 2 Guiso hecho de ese modo, o alimento presentado en forma de flan: *un* ~ *de arroz.* 3 Cospel.
flanco (fr. *flanc* < fráncico **hlanka*) ***m.*** Costado, parte lateral de un cuerpo: *atacar por el* ~ *derecho del batallón;* ~ *de la nave.* 2 BLAS. Rectángulo que ocupa el centro de cada costado, diestro y siniestro, del escudo dividido hipotéticamente en nueve partes iguales por dos líneas verticales y dos horizontales. 3 DEP. Línea lateral de un terreno de juego. 4 FORT. Parte del baluarte que hace ángulo entrante con la cortina. 5 GEOL. Parte recta del perfil de una roca.
SIN. **Fuego,** se usa sólo como término militar, marítimo y heráldico.
flanear ***intr.*** GALIC. Vagar, callejear, zangolotear.
flanero, -ra ***m. f.*** Molde en que se cuaja el flan.
flanqueado, -da ***adj.*** [objeto] Que tiene a sus flancos otras cosas que le acompañan o completan. 2 Defendido por los flancos: ~ *de torres.*
flanqueador, -ra ***adj.*** Que flanquea.
flanqueante ***adj.*** Que flanquea: *torre* ~.
flanquear ***tr.*** Estar colocado o colocarse al flanco [de una cosa, esp. de una fuerza] para protegerla o atacarla, y también protegerla o atacarla por el flanco. 2 FORT. Dominar una posición [a otra] por el flanco.
flanqueo ***m.*** Acción de flanquear. 2 Efecto de flanquear. 3 MIL. Elemento de la seguridad de una tropa cuya misión es evitar las acciones por sorpresa sobre los flancos de las columnas en marcha.
flanquís (fr. *flanchis*) ***m.*** BLAS. Sotuer que sólo tiene el tercio de su anchura normal. ◇ Pl.: *flanquís.*
flaquear ***intr.*** Debilitarse, ir perdiendo la fuerza: ~ *la cabeza.* 2 Amenazar ruina o caída: ~ *una viga;* ~ *por los cimientos.* 3 fig. Decaer de ánimo, aflojar, ceder: ~ *en la honradez.*
SIN. **Flojear.**
flaquencia ***f.*** *Ant., Colomb.* y *Guat.* Flaqueza.
flaquenco, -ca ***adj.*** *Amér. Central.* Flacucho.
flaquera ***f.*** fam. Debilidad, flaqueza, flojera. 2 *Sal.* Enfermedad de las abejas, producida por falta de pasto.
flaquerón, -na ***adj.*** *Urug.* Flacucho.
flaqueza ***f.*** Calidad de flaco, esp. en sentido moral. 2 Acción defectuosa cometida por debilidad, esp. de la carne.
flash (voz inglesa) ***m.*** Fuente luminosa con destello breve o intenso, usada en fotografía cuando la luz es insuficiente o para atenuar las sombras. 2 fig. Breve noticia periodística. 3 fig. Noticia de última hora. 4 Euforia súbita producida por la ingestión de estimulantes. 5 Alucinación, sorpresa. 6 CINEM. Plano de una duración mínima.
flato (l. *-tu,* viento) ***m.*** Acumulación molesta de gases en el tubo digestivo. 2 *And.* y *Can.* Vahído, síncope. 3 *Amér.* Melancolía, murria. 4 *Amér. Central.* Pánico, aprensión.
flatoso, -sa ***adj.*** Que padece flatos. 2 *Amér. Central* y *Venez.* Miedoso. 3 *Cuba.* Triste, malhumorado.
flatulencia ***f.*** Indisposición del que padece flatos.
flatulento, -ta ***adj.*** Que causa flatos. -2 ***adj.-s.*** Que los padece.
SIN. *1* **Ventoso.**
flatuoso, -sa ***adj.*** desus. Flatoso.
flauta (probl. prov. ant., de origen incierto) ***f.*** MÚS. Instrumento de viento en forma de tubo cilíndrico, con orificios y llaves: ~ ***dulce,*** la que tiene la embocadura en forma de boquilla; ~ ***travesera,*** la que se coloca de través, de izquierda a derecha, tiene cerrado el extremo superior y lleva una embocadura en forma de agujero ovalado, mayor que los demás. 2 ~ ***de Pan,*** siringa. 3 Flautista.
SIN. **Tibia.**

flautado, -da *adj.* Parecido a la flauta. -2 *m.* Registro del órgano cuyo sonido imita al de las flautas.

flauteado, -da *adj.* De sonido semejante al de la flauta.
SIN. **Aflautado.**

flautero, -ra *m. f.* Persona que tiene por oficio hacer flautas.

flautillo *m.* Caramillo (flautilla).

flautín *m.* Flauta pequeña, de sonido agudo y penetrante. 2 Músico que toca este instrumento.
SIN. **Octavín.**

flautista *com.* Músico que toca la flauta.

flavina *f.* Pigmento amarillo de origen animal o vegetal.

flavo, -va (l. *-vu*) *adj.* lit. Melado, de color entre amarillo y rojo.

flay (ing. *fly*) *m.* En el juego del béisbol, golpe dado a la pelota de manera que ésta se eleve alto por el aire.

fleb-, v. flebo-.

flebectasia (*fleb-* + *-ectasia*) *f.* Dilatación venosa; variz.

flebectomía (*fleb-* + *-ectomía*) *f.* CIR. Intervención quirúrgica en la que se efectúa la extirpación total o parcial de una vena.

flébil (l. *-ile* < *flere,* llorar) *adj.* poét. Digno de ser llorado. 2 Triste, lamentable, lacrimoso.

flebitis (*fleb-* + *-itis*) *f.* Inflamación de las venas. ◇ Pl.: *flebitis.*

flebo-, fleb- (gr. *phlebs, phlebós,* vena) Elemento prefijal que entra en la formación de palabras con el significado de vena.

flebografía (*flebo-* + *-grafía*) *f.* Radiografía de una vena o de un grupo de venas, tras la inyección de una substancia radiopaca, a través de la misma vena.

flebolito (*flebo-* + *-lito*) *m.* MED. Concreción calcárea que se forma en el interior de una vena, por depósito de sales de calcio en un coágulo que ha permanecido estacionado en un vaso durante largo tiempo.

flebopatía (*flebo-* + *-patía*) *f.* MED. Enfermedad de las venas, en gral.

flebotomía (*flebo-* + *-tomía*) *f.* MED. Arte de sangrar (a un enfermo). 2 MED. Sangría.

flebotomiano *m.* Profesor de flebotomía; sangrador.

flebotomista *m.* Flebotomiano.

flebótomo (*flebo-* + *-tomo*) *m.* Bisturí o lanceta, que sirve para sangrar. 2 *Amér.* Flebotomiano.

flebotrombosis (*flebo-* + *trombosis*) *f.* MED. Obstrucción venosa, originada por el encallamiento de un trombo. ◇ Pl.: *flebotrombosis.*

flecar *tr. P. Rico.* Desflecar. ◇ ** CONJUG. [1] como ***sacar.***

flecha (fr. *flèche*) *f.* Saeta. 2 Sagita. 3 Indicador de dirección. 4 Constelación boreal situada entre Hércules y el Delfín. 5 AERON. Inclinación que se da al ala de los aviones para facilitar su penetración en el aire. 6 ARQ. Remate o aguja afilada que corona la torre, campanario o cúpulas de las iglesias. 7 ARQ. Altura de un arco o bóveda desde la línea de arranque a la clave. 8 GEOL. Línea de sedimentos paralelos a la costa, depositados en el mar o por la acción conjunta del mar y un río. 9 MAR. Parte frontal del tajamar, que sobresale de la línea de flotación de un barco. 10 *Méj.* y *P. Rico.* Lanza del carro, eje.
SIN. *4* **Saeta.** *7* **Montea.**

flechador, -ra *m. f.* Persona que dispara flechas.

flechadura *f.* Conjunto de flechastes.

flechar *tr.* Estirar [el arco colocando en él la flecha]. 2 Herir o matar [a uno] con flechas. 3 fig. Inspirar amor, cautivar los sentidos repentinamente. -4 ***intr.*** Tener el arco en disposición para arrojar la saeta. -5 ***tr.*** *Méj.* Apostar sin miedo en el juego.

flechaste (probl. der. del cat. *fletxats*) *m.* Cordel horizontal que, ligado a los obenques, sirve de escalones a la marinería para subir a lo alto de los palos.
SIN. **Nigola.**

flechazo *m.* Acción de disparar la flecha. 2 Golpe o herida que ésta causa. 3 fig. Amor que rápidamente se concibe o se inspira.

flechera *f. Venez.* Embarcación ligera de guerra.

flechería *f.* Conjunto de flechas. 2 Provisión de flechas.

flechero, -ra *m. f.* Persona que tiene por oficio hacer flechas. 2 Persona que utiliza el arco y las flechas para pelear y otros usos.

flechilla *f. Argent.* Pasto fuerte para el ganado *(Stipa manicata).*

fleco (l. *floccu*) *m.* Adorno compuesto por una serie de hilos o cordoncillos colgantes. 2 Flequillo (porción de cabello). 3 fig. Borde de una tela deshilachado por el uso. -4 ***m. pl.*** Hilo delgado, obra de ciertas arañas, que flota en la atmósfera.

flector, -ra (ingl.) *adj* Relativo a la flexión o torsión: *esfuerzo ~ momento ~.*

flegma *f.* Flema.

flegmasía (gr. *phlegmasía* < *phlego,* arder, inflamarse) *f.* desus. Enfermedad que presenta todos los fenómenos característicos de la inflamación.
SIN. **Flogosis.**

flegmón *m.* MED. Flemón.

flegmonoso (del ant. *flegma*) *adj.* Flemonoso.

fleje (l. *flexu,* doblado, arqueado) *m.* Tira de chapa de hierro con que se hacen aros para asegurar las duelas de cubas y toneles y las balas de ciertas mercancías. 2 Pieza de acero que sirve para muelles o resortes. 3 *And.* Horquilla para sujetar el moño. 4 *Can.* Conjunto de cosas, en esp. de billetes; fajo, manojo. 5 *Colomb.* Refuerzo de los elementos de hormigón armado sometidos a comprensión.
SIN. **Zuncho, suncho.**

flema (l. *flegma* < gr.) *f.* Humor del cuerpo, según la fisiología antigua. 2 Mucosidad pegajosa que se arroja por la boca procedente de las vías respiratorias. 3 fig. Temperamento apático; lentitud, pachorra: *gastar ~.* 4 QUÍM. Producto acuoso obtenido por destilación de las substancias orgánicas.
SIN. *2* v. **Apatía.** *3* v. **Esputo.**

flemático, -ca *adj.* Relativo a la flema o que participa de ella. 2 Sereno, tranquilo, impasible, lento.

fleme (prov. ant. *flecme*) *m.* Instrumento puntiagudo y cortante para sangrar las bestias.
SIN. **Ballestilla.**

flemón (gr. *phlegmoné* < *phlego,* inflamarse) *m.* Tumor en las encías. 2 Inflamación purulenta del tejido conjuntivo.
SIN. *1* **Párulis.**

flemonoso, -sa *adj.* Relativo al flemón.

flemoso, -sa *adj.* Que tiene flema o la causa.

flemudo, -da *adj.-s.* Flemático (lento).

fleo *m.* Planta gramínea parecida a la cola de zorra *(Phleum pratense).*
SIN. **Cola de rata.**

flequetero, -ra *adj. Colomb.* Trapacero.

flequillo *m.* Dim. de *fleco.* 2 Porción de cabello recortado que cae sobre la frente.

fleta *f. Amér.* Friega, frotación. 2 *Colomb., Cuba, Chile, P. Rico* y *Venez.* Zurra, azotaina.

fletada *f. Guat.* y *Hond.* Regaño, reprensión.

fletador *adj.* Que fleta. -2 *m.* En el contrato de fletamento, el que entrega la carga que ha de transportarse.

fletamento *m.* Acción de fletar. 2 COM. Contrato del flete.

fletante *adj.* Que fleta. -2 *m.* En el contrato de fletamento, el naviero o el que le representa. 3 *Amér.* El que da en alquiler una nave, una bestia o vehículo para transportar personas o mercaderías.

fletar (de *flete*) *tr.* Alquilar [la nave, vehículo terrestre o aéreo, o parte de ellos] para transporte de mercancías o personas. -2 ***tr.-prnl.*** Embarcar mercancías o personas en una nave para su transporte: *fletáronse muchas reses.* 3 *Amér.* Alquilar [una bestia de carga, carro o carruaje]. 4 *Argent.* Mandar [a alguno] a cierta parte, gralte. contra su voluntad. 5 *Argent.* y *Chile.* Despedir a alguien de un trabajo o empleo. 6 *Chile* y *Perú.* Soltar, espetar [acciones o palabras inconvenientes o agresivas]: *le fletó un insulto, una bofetada.* 7 *Guat.* Frotar, dar friegas, friccionar. -8 ***prnl.*** *Amér. Central.* Fastidiarse. 9 *Argent.* Colarse en una reunión sin ser invitado. 10 *Cuba* y *Méj.* Largarse, marcharse de pronto.

flete (fr. *fret;* neerl. ant. *vraecht,* precio de transporte) *m.* Precio de alquiler de una embarcación o de una parte de ella: ***falso ~,*** cantidad que se paga cuando no se usa la nave o la parte de ella que se ha alquilado. 2 Carga de un buque. 3 *Amér.* Precio del alquiler de cualquier medio de transporte. 4 *Amér.* Carga que se transporta por mar o por tierra. 5 *Argent.* Caballo ligero. 6 *Cuba.* Conquista callejera y nocturna de meretriz. 7 *Perú.* Compañía amorosa o galante, tanto en hombres como en mujeres.

fletear *intr. Cuba.* Buscar flete, las meretrices.

fletero, -ra *adj. Amér.* [embarcación, carro u otro vehículo] Que se alquila para transporte. -2 *m. Amér.* El que cobra el precio del transporte. 3 *Argent.* Propietario de carros. 4 *Ecuad.* y *Guat.* Mozo de cordel. 5 *Chile* y *Perú.* Dueño de una embarcación pequeña que lleva y trae pasajeros de los navíos. -6 *f. Cuba.* Meretriz.

flexibilidad *f.* Calidad de flexible.

flexibilización *f.* Acción de flexibilizar.

flexibilizar *tr.* Hacer flexible o más flexible (que pueda doblarse o ceder) [algo]: ~ *un tejido;* ~ *el carácter de una persona.* ◇ ** CONJUG. [4] como *realizar.*

flexible (l. *-ibile*) *adj.* Que puede doblarse fácilmente: ~ *de talle;* v. sombrero ~. 2 Que cede o se acomoda fácilmente al dictamen de otro, o a los deseos individuales de las personas: ~ *de carácter; horario* ~. 3 GRAM. [palabra o idioma] Que tiene flexión. -4 *m.* Cordón de hilos finos de cobre recubierto de una capa aisladora, que se utiliza para transmitir la energía eléctrica.
SIN. *2* **Dúctil.**

flexión (l. *flexione*) *f.* Acción de doblar o doblarse. 2 Efecto de doblar o doblarse. 3 FÍS. Deformación de un sólido por efecto de fuerzas que actúan sobre su plano de simetría. 4 GRAM. Cambio de forma que sufren las palabras para expresar sus accidentes gramaticales.
CONTR. *1* y *2* **Extensión.**

flexional *adj.* GRAM. Relativo a la flexión: *terminación* ~, o *desinencia.*

flexionar *tr.* Doblar [el cuerpo o un miembro].

flexivo, -va *adj.* [palabra o idioma] Que tiene flexión.

flexo *m.* Lámpara de mesa con brazo flexible.

flexor, -ra *adj.* Que produce la flexión de una cosa: *músculo* ~.
CONTR. **Extensor,** tratándose de músculos.

flexuosidad *f.* Calidad de flexuoso.

flexuoso, -sa *adj.* Que forma ondas. 2 fig. Blando.

flexura *f.* Pliegue, curva, doblez.

flictena (gr. *phlyktaina* < *phlyxo,* brotar, fluir) *f.* MED. Ampolla cutánea que sólo contiene serosidad.

flinfle *adj. Can.* Endeble, débil, cobarde.

flip *m.* Bebida hecha con vino de Jerez u Oporto y huevo.

flipar *tr.* vulg. Cautivar, gustar mucho, entusiasmar. -2 *prnl.* Drogarse. -3 *intr.-prnl.* fam. Perder el contacto con la realidad por efecto de una droga, sentirse abatido después de pasar dicho efecto. 4 fam. Exaltarse, entusiasmarse.

flirt (ing.) *m.* Coqueteo consciente. 2 Conquista amorosa de trascendencia efímera. -3 *com.* Persona con la que se flirtea.

flirtear (ing. *to flirt*) *intr.* Coquetear, galantear.

flirteo *m.* Coqueteo.

flocadura *f.* Guarnición hecha de flecos.

flocho *m. P. Rico.* Caballo malo, ordinario.

flochón, -na *adj. S. Dom.* Majadero, cargante.

floculación *f.* QUÍM. Coagulación de un precipitado finamente dividido, para formar partículas de mayor tamaño.

flocular (l. *floccus,* fleco) *intr.* Producirse una floculación.

floema *m.* Conjunto de vasos liberianos de un vegetal.

flogístico, -ca *adj.* Relativo al flogisto. 2 Relativo a inflamaciones o fiebres.

flogisto (gr. *phlogistós,* inflamable) *m.* Substancia que se suponía existente en todo combustible y que se desprendía durante la combustión de éste.

flogopita *f.* Mica que cristaliza en el sistema monoclínico, de color castaño o amarillento, verde o blanco, y de brillo vítreo o perlado.

flogosis (gr. *phlógosis* < *phlogoo,* inflamar) *f.* Flegmasía. ◇ Pl.: *flogosis.*

flojamente *adv. m.* Con flojedad (pereza).

flojear *intr.* Obrar con flojedad (pereza). 2 Flaquear.

flojedad *f.* Debilidad y flaqueza en alguna cosa. 2 fig. Pereza, negligencia, descuido.

flojel (cat. *fluixell;* dim. de *fluix,* flojo) *m.* Tamo o pelillo del paño. 2 Pelillo o plumón muy fino de las aves.

flojera *f.* fam. Flojedad. 2 *Colomb.* Silla extensible.

flojo, -ja (l. *fluxu*) *adj.* Mal atado, poco apretado o poco tirante. 2 Que no tiene mucha actividad o vigor: *vino* ~. -3 *adj.-s.* fig. Perezoso, negligente: *los flojos no se salvarán.* 4 *La Mancha* y *Amér.* Medroso, cobarde.

flojura *f.* Flojedad.

floqueado, -da *adj.* Guarnecido con fleco.

flor (l. *flore*) *f.* Órgano complejo de la reproducción sexual en las plantas fanerógamas, procedente de la evolución de las hojas de un brote, y formado por órganos generadores de uno o de dos sexos, llamados estambres y pistilos, rodeados o no por las piezas de una envoltura o periantio simple, llamadas tépalos, o doble, llamadas sépalos y pétalos: ~ ***aclamídea*** o ***desnuda,*** la desprovista de periantio; ~ ***completa,*** la que tiene sépalos, pétalos, estambres y pistilos; ~ ***compuesta,*** inflorescencia formada por una multitud de florecillas sentadas en un receptáculo común; ~ ***diploclamídea,*** la de periantio doble; ~ ***doble,*** aquella en que, mediante cultivo, los órganos generadores se han transformado en pétalos; ~ ***haploclamídea*** o ***monoclamídea,*** la de periantio simple; ~ ***homoclamídea,*** la diploclamídea de periantio no diferenciado; ~ ***heteroclamídea,*** la diploclamídea de periantio diferenciado en cáliz y corola; ~ ***unisexual,*** aquella en que faltan los pistilos, *masculina,* o los estambres, *femenina;* ***flores solitarias,*** las que nacen aisladas unas de otras en una planta; ~ ***hermafrodita,*** la que tiene androceo y gineceo; ~ ***cigomorfa,*** la de un solo plano de simetría que la divide en dos partes simétricas; ~ ***actinomorfa,*** la que puede dividirse en unidades simétricas por dos o más planos distintos; ***en*** ~, fig., en el estado anterior al de la madurez, complemento o perfección. 2 ~ ***de abeja,*** hierba orquidácea que consta de cuatro a siete hojas y de dos a siete flores de color rosado con el labelo globular y aterciopelado *(Ophrys apifera).* 3 ~ ***de amor,*** amaranto. 4 ~ ***de cuclillo,*** planta cariofilácea perenne con las hojas basales pecioladas y las superiores sentadas, las flores son de color rosado y tienen los pétalos divididos en cuatro lóbulos estrechos *(Lychnis flos-cuculi).* 5 ~ ***de cuchillo,*** planta aizoácea rastrera y perenne, con las hojas lineares y carnosas y las flores de color rojo *(Carpobrotus acinaciformes).* 6 ~ ***de Júpiter,*** planta cariofilácea perenne con las hojas lanceoladas y provistas de pelos rígidos y ásperos, y las flores de color púrpura o blanco *(Lychnis flos-jovis).* 7 ~ ***de la maravilla,*** planta iridácea de adorno, de flores grandes que se marchitan rápidamente *(Tigridia pavonia).* 8 ~ ***de la Pasión,*** planta pasiflorácea trepadora con flores grandes y vistosas provistas de cinco sépalos, cinco pétalos y cinco estambres *(Passiflora coerulea).* 9 ~ ***de la Trinidad,*** trinitaria. 10 ~ ***del hombre ahorcado,*** orquídea cuyas flores tienen aspecto humano *(Aceras anthropophorum).* 11 ~ ***de lis,*** planta amarilidácea de flores solitarias, grandes y aterciopeladas, de color rojo purpúreo; BLAS., forma heráldica de la flor del lirio *(Amaryllis formosissima; Lilium pyrenaicum).* 12 ~ ***de nieve,*** edelweiss. 13 ~ ***de otoño,*** cólquico. 14 ~ ***de Pascua,*** planta euforbiácea ornamental de gran belleza por las brácteas que acompañan a la inflorescencia *(Euphorbia pulcherrima).* 15 ~ ***de san Pallari,*** planta ranunculácea, erecta y perenne, con las hojas basales pecioladas y las superiores sentadas; las flores son de color amarillo y tienen los pétalos curvos *(Tollius europaeus).* 16 ~ ***de un día,*** liliácea, perenne, con las hojas lineares, de flores color naranja en forma de embudo *(Hemerocallis fulva).* 17 ~ ***de viuda,*** planta campanulácea, perenne, de hojas pecioladas y lanceoladas, y flores de color azul dispuestas en umbelas *(Trachelium caeruleum).* 18 ***Flores cordiales,*** mezcla de ciertas flores cuya infusión se usa como sudorífero. 19 Piropo, requiebro: *echar,* o *decir, flores.* 20 Lo más escogido de una cosa: *la* ~ *de la harina; la* ~ *y nata de la sociedad;* ~ ***de la edad*** o ***de la vida,*** juventud (mocedad); ***de mi*** ~, ***loc. adj.,*** excelente, magnífico. 21 En las pieles adobadas, parte exterior que, a distinción de la carnaza, admite pulimento. 22 Polvillo que cubre ciertas frutas; p. ej., las ciruelas, las uvas. 23 Conjunto de microorganismos que contiene el vino durante su crianza y que dos veces al año suben a la superficie, descendiendo al fondo de la vasija cuando se secan. 24 Irisaciones que se producen en las láminas delgadas de metales, cuando candentes se pasan por el agua. 25 Parte más sutil y ligera de los minerales, que se pega en lo más alto del alambique: ***a*** ~ ***de,*** a la superficie, sobre o cerca de la superficie: *a* ~ *de agua; a* ~ *de tierra.* 26 Virginidad. 27 ~ ***de cinc,*** copo de óxido de cinc. 28 ~ ***de la sal,*** salumbre. 29 Juego de envite que se juega con tres naipes; lance del mismo y de algunos otros juegos. 30 Trampa en el juego, picardía, astucia. 31 Dulce castellano, pralte. manchego, típico de carnaval, hecho con huevos, leche, harina, frito en aceite y rociado con miel. 32 *Chile.* Mentira de las uñas.
REL. *11* En BLAS. se usa el paras. **Flordelisado,** *el escudo* ~ *de los Borbones.*

flora (l. *Flora,* diosa de las flores) *f.* Conjunto de las plantas que crecen espontáneamente en una región o que pertenecen a un período geológico. 2 Obra que las enumera y describe. 3 ~ ***bacteriana,*** conjunto de microorganismos que suelen residir de modo saprófito en un órgano o parte de él, como la boca, intestino, etc. Su presencia y función es indispensable para la digestión y otras funciones vitales.

-flora, v. -floro.

floración *f.* Florescencia. 2 Tiempo que duran abiertas las flores de las plantas de una misma especie.

floral *adj.* Relativo a la flor: *verticilo* ~.

florales *adj. pl.* V. juegos florales.

florar *intr.* p. us. Dar flor una planta, florecer.

flordelisar *tr.* BLAS. Adornar con flores de lis [una cosa].

floreal *m.* Octavo mes del año, según el calendario republicano francés.
florear *tr.* Adornar con flores [alguna cosa]. 2 Sacar [la harina primera y más sutil]. En gral., escoger lo mejor (frecuent.). -3 *intr.* Vibrar, mover la punta de la espada. 4 Tocar dos o tres cuerdas de la guitarra con tres dedos sucesivamente sin parar, formando así un solo sonido continuo. 5 Requebrar, echar flores. 6 *Amér.* Florecer, brotar las flores. 7 *Argent.* y *Urug.* Hacer ostentación de habilidad o talento.
SIN. *2* v. **Escoger.**
florecedor, -ra *adj.* Que florece.
florecer (l. *-rescere*) *intr.* Echar flor. 2 fig. Prosperar, crecer en riqueza o reputación: *en su reinado florecieron las ciencias.* 3 fig. Existir una persona o cosa insigne en un tiempo o lugar determinado: *Garcilaso floreció en el s. XVI.* -4 *prnl.* Ponerse mohoso: *florecerse el pan.* ◇ ** CONJUG. [43] como ***agradecer.***
florecido, -da *adj.* Mohoso. 2 *Ant.* y *Perú.* Que tiene flores.
floreciente *adj.* Que florece. 2 fig. Próspero.
florecimiento *m.* Acción de florecer o florecerse. 2 Efecto de florecer o florecerse.
florencia *f.* Tela de seda, tafetán.
florense *adj.-s.* De Flores, dep. del Uruguay. 2 Floreño.
florentino, -na *adj.-s.* De Florencia, c. de Italia y de Colombia.
florentísimo, -ma *adj.* Superl. de *floreciente.*
floreño, -ña *adj.-s.* De Flores, cap. del dep. de El Petén (Guatemala).
floreo *m.* fig. Conversación vana y de pasatiempo. 2 fig. Dicho vano y superfluo. 3 En la danza española, movimiento de un pie en el aire. 4 Vibración o movimiento de la punta de la espada. 5 Acción de florear (dos o tres cuerdas de guitarra).
florería *f.* Floristería; tienda o puesto donde se venden flores.
florero, -ra *adj.-s.* Que usa de palabras chistosas o lisonjeras. -2 *m. f.* Florista. -3 *m.* Vaso para poner flores. 4 Maceta con flores. 5 Lugar para guardar flores. 6 Cuadro en que sólo se representan flores.
SIN. *3* y *4* **Ramilletero.**
florescencia *f.* Eflorescencia. 2 BOT. Acción de florecer (echar flor). 3 BOT. Época en que las plantas florecen.
SIN. **Floración.**
floresta (fr. ant. *forest,* de orig. incierto) *f.* Terreno frondoso y ameno. 2 fig. Reunión de cosas agradables y de buen gusto.
SIN. v. **Bosque.**
florestero *m.* Guarda de una floresta.
floreta (de *flor*) *f.* Bordadura sobrepuesta que sirve de fuerza y adorno en los extremos de las cinchas. 2 En la danza, movimiento realizado con los dos pies.
floretazo *m.* Golpe dado con el florete. 2 *Méj.* fam. Sablazo, banderilla, en el sentido de préstamo.
florete (it. *fioretto*) *m.* Esgrima con espadín. 2 Espadín de cuatro aristas destinado al ejercicio de este juego. 3 Tela entrefina de algodón. -4 *adj.* Azúcar o papel de primera calidad.
floretear *tr.* Florear (adornar). 2 *Argent.* Enamorar por pasatiempo y coquetería. 3 *P. Rico* y *S. Dom.* vulg. Requebrar, echar flores.
floreteo *m.* Acción de floretear. 2 Efecto de floretear.
floretero, -ra *adj. P. Rico.* Halagador.
floretista *com.* Persona diestra en el juego del florete.
flori- (l. *flos, floris,* flor) Elemento prefijal que entra en la formación de palabras con el significado de flor.
floricol *f. Murc.* vulg. Coliflor.
floricola (*flori-* + *-cola*) *adj.* Que desarrolla su vida en las flores.
floricultor, -ra (*flori-* + *-cultor*) *m. f.* Persona que tiene por oficio cultivar las flores.
floricultura *f.* Oficio del floricultor y arte que lo enseña.
floricundio *m. Méj.* Floripondio, flor grande en los tejidos.
floridamente *adv. m.* fig. Con elegancia y gracia.
floridano, -na *adj.-s.* De la Florida, Estado de Norteamérica.
floridense *adj.-s.* De Florida, c. y dep. del Uruguay.
florídeo, -a *adj.-f.* BOT. Planta a cuya familia pertenecen las algas. -2 *f. pl.* Orden de estas plantas.
floridez *f.* Abundancia de flores: *la ~ de la primavera.* 2 fig. Calidad de florido en el estilo.
florido, -da *adj.* Que tiene flores. 2 fig. Escogido, selecto. 3 fig. [lenguaje o estilo] Muy exornado de galas retóricas. 4 [animal] Que tiene manchas de color en su pelo, esp. la vaca. 5 *And.* Enmohecido. -6 *adj.-f.* V. letra florida. -7 *f. And.* Hembra de diversos animales en celo.
floridofíceo, -a *adj.-f.* Alga de la clase de las floridofíceas. -2 *f. pl.* Clase de algas rodófitas que forman talos generalmente macroscópicos y ramificados.
florífero, -ra (l. < *flori-* + *-fero*) *adj.* Que produce flores.
florígero, -ra (l. < *flori-* + *-gero*) *adj.* poét. Florífero.
florilegio (*flori-* + l. *legere,* escoger) *m.* fig. Colección de trozos literarios selectos.
SIN. **Antología;** v. **Crestomatía.**
florimbó (ing. *floaring board*) *m. Cuba.* Madera para entablar.
florín (it. *fiorino,* moneda de Florencia) *m.* Unidad monetaria de los Países Bajos. 2 Moneda inglesa de plata. 3 Antigua moneda de otros países.
floripón *m. Colomb.* vulg. Excrecencia de llagas.
floripondio (de *flor* + otro elemento de origen incierto, quizá quechua) *m.* Arbusto solanáceo del Perú, de flores grandes en forma de embudo y muy olorosas *(Datura arborea).* 2 Adorno llamativo y de mal gusto, a veces en forma de flor grande.
florista *com.* Persona que tiene por oficio hacer o vender flores.
floristería *f.* Florería.
floritura *f.* Adorno en el canto o en otros ejercicios.
florlisar *tr.* BLAS. Flordelisar.
-floro, -flora (v. *flori-*) Elemento sufijal que entra en la formación de palabras con el significado de flor: *multifloro.*
florón (it. *fiorone*) *m.* Aum. de *flor.* 2 Adorno, a manera de flor muy grande, en el centro de los techos de las habitaciones. 3 BLAS. Adorno, a manera de flor, en el círculo de algunas coronas. 4 fig. Hecho que da lustre, que honra.
floronado, -da *adj.* Que está adornado con florones.
flósculo (l. *-lu,* florecita) *m.* Flor de una cabezuela en que la corola es tubulosa y actinomorfa.
flosculoso, -sa *adj.* Que está compuesto por flósculos.
flota (fr. *flotte;* escand. ant. *floti*) *f.* Marina (conjunto de barcos): *~ de guerra; ~ mercante.* 2 Conjunto de varias escuadras y buques sueltos, reunidos para llevar a cabo una misión de guerra. 3 p. ext. Conjunto de vehículos de una categoría determinada que posee una colectividad: *la ~ de aviones de una compañía; la ~ de camiones de una empresa; la ~ de turismos de un país.* 4 *Colomb.* y *Pan.* fig. Fanfarronada. 5 *Chile.* Multitud, caterva. 6 *Venez.* Embuste.
flotabilidad *f.* Calidad de flotable o capaz de flotar.
flotable *adj.* Capaz de flotar. 2 [río] Por donde pueden conducirse a flote maderas u otras cosas, aunque no sea navegable.
REL. *1* **Flotabilidad,** calidad de flotable.
flotación *f.* Acción de flotar. V. línea de ~. 2 Efecto de flotar. 3 Proceso de separación de minerales recubriéndolos de una capa de aceite o por emulsión.
flotador, -ra *adj.* Que flota en un líquido. -2 *m.* Cuerpo destinado a flotar en un líquido, esp. corcho u otro cuerpo ligero que se echa en un río o arroyo para observar la velocidad de la corriente. 3 Corcho u otro cuerpo ligero utilizado por el pescador de caña para mantener el cebo a una determinada profundidad, advertir la picada del pez y lanzar la cuerda en la pesca con mosca ahogada. 4 Útil que sirve para mantener a flote a las personas que no saben nadar. 5 Dispositivo del hidroavión para que pueda flotar en el agua. 6 Dispositivo que sirve para indicar la altura alcanzada por un líquido en un depósito. 7 MEC. En los carburadores de los motores de bencina, cuerpo hueco que, flotando en el depósito de nivel constante adjunto, está destinado a regular la salida de gasolina para el carburador, mediante un punzón obturador solidario con él. 8 FÍS. Varilla hueca de hierro colocada en la rama abierta de un manómetro, y que se emplea para indicar sobre una escala graduada el nivel del mercurio. 9 *Filip.* Batanga de algunas embarcaciones.
flotadura *f.* Flotamiento.
flotamiento *m.* Flotación.
flotante *adj.* Que flota. 2 V. población ~. 3 [circuito o dispositivo] Sin carga. 4 *Colomb.* y *Chile.* fig. Fanfarrón.
flotar (tr. *flotter,* der. de flot, ola < fráncico **flot*) *intr.* Sostenerse un cuerpo en equilibrio en la superficie de un líquido o en suspensión en un gas. 2 Ondear en el aire. 3 fig. Propagarse en el ambiente, en el aire, etc., algo inmaterial que impresiona el ánimo. 4 fig. Variar libremente la cotización de una moneda de acuerdo con la ley de la oferta y la demanda.
SIN. v. **Nadar.**
flote *m.* Flotación: ***a ~,*** manteniéndose sobre el agua; ***poner un barco a ~,*** a salvo de algún peligro; ***sacar a ~ un negocio,*** sanearlo.
flotear *tr. Colomb.* Despilfarrar.

flotilla *f.* Dim. de *flota*. 2 Flota de buques pequeños. 3 Flota compuesta de pocos aviones.
fluctuación (l. *-atione*) *f.* Acción de fluctuar. 2 Efecto de fluctuar. 3 fig. Irresolución o duda. 4 FÍS. Variación de corta duración que experimenta una magnitud física respecto a su valor normal.
fluctuante (l. *fluctuante*) *adj.* Que fluctúa.
fluctuar (l. *-are*) *intr.* Vacilar un cuerpo sobre las aguas por el movimiento de ellas, ser llevado por las olas, ondear. 2 fig. Estar a riesgo de perderse o arruinarse una cosa. 3 Vacilar, dudar. 4 fig. Oscilar los cambios y precios: ~ *los valores en Bolsa.* 5 Cambiar de velocidad un aparato de sonido. ◇ ** CONJUG. [11] como ***actuar.***
SIN. V. **Vacilar.**
fluctuoso, -sa (l. *-osu*) *adj.* Que fluctúa.
fluencia *f.* Lugar donde mana un líquido. 2 Acción de fluir, manar. 3 Efecto de fluir, manar. 4 FÍS. En circuitos de película magnética, cambio lento en la orientación de las partículas magnéticas de la película. 5 MEC. Deformación lenta que experimenta con el tiempo un sólido sometido a una carga aplicada constante.
fluente *adj.* Que fluye.
fluidez *f.* Calidad de fluido. 2 Facilidad de movimiento y operación de los factores económicos de la mano de obra, del mercado, del transporte, etc. 3 FÍS. Movilidad casi completa de las partículas de un líquido.
fluidificación *f.* Acción de fluidificar. 2 Efecto de fluidificar.
fluidificar *tr.* Dar fluidez o mayor fluidez a una substancia. ◇ ** CONJUG. [1] como ***sacar.***
fluidización *f.* En ingeniería química, proceso por el que sólidos, generalmente con granulometría fina, se comportan como fluidos al mantenerlos en movimiento turbulento en una corriente gaseosa, o líquida en algunos casos.
I) fluido, -da, pp. de *fluir*. 2 *adj.* Que fluye. 3 fig. Que brota o mana como un líquido: *son consecuencias fluidas de tu error.*
II) fluido, -da (l. *-du*) *adj.-s.* Cuerpo cuyas moléculas cambian con facilidad su posición relativa; como los líquidos y los gases: *el agua es fluida; el aire es un* ~. -2 *adj.* fig. [lenguaje o estilo] Corriente y fácil. 3 fig. Hablando de una situación o momento político, social, diplomático, etc., inseguro, inconsistente, incierto, dudoso. -4 *m.* Agente de determinados fenómenos: ~ *magnético;* ~ *nervioso.*
fluir (l. *fluere*) *intr.* Correr un líquido. 2 fig. Brotar o manar en abundancia: *las palabras fluyen de su boca.* ◇ ** CONJUG. [62] como ***huir.***
flujo (l. *fluxu*) *m.* Movimiento de las cosas líquidas o fluidas. 2 Movimiento de ascenso de la marea. 3 Derrame al exterior de un líquido o secreción, normal o patológica, esp. cuando es abundante. 4 fig. Abundancia excesiva: ~ *de palabras, de risa.* 5 ~ ***de vientre,*** frecuente evacuación del vientre. 6 FÍS. Cantidad de una substancia real o hipótetica que en la unidad de tiempo pasa por una superficie o sección dada. 7 FÍS. ~ ***magnético,*** número de líneas de fuerza que atraviesan la superficie de un cuerpo sometido a la acción de un campo magnético. 8 QUÍM. Fundente. 9 *Ecuad.* Gusto, costumbre, inclinación.
SIN. *2* **Influjo, montante.** REL. **Reflujo,** movimiento de descenso de la marea.
fluminense *adj.-s.* De Río de Janeiro, c. de Brasil. 2 De Los Ríos, prov. del Ecuador.
fluo-, v. fluoro-.
flúor (l. *fluor* < *fluere,* fluir) *m.* Metaloide gaseoso, corrosivo, de olor sofocante y color amarillo verdoso. Su símbolo es *F*, su número atómico 9, y su peso atómico 19. 2 QUÍM. Fundente.
fluoresceína *f.* QUÍM. Polvo anaranjado soluble en agua, con fluorescencia en medio básico. Se usa en análisis.
fluorescencia (de *fluorita*) *f.* Propiedad que tienen algunos cuerpos de emitir luz cuando están expuestos a ciertos rayos del espectro, a los catódicos, a los de Roentgen (1845-1923), etc. 2 Luz así producida.
fluorescente *adj.* Perteneciente o relativo a la fluorescencia. 2 Producido por la fluorescencia: *luz* ~.
fluorhídrico (*fluori-* + *-hídrico*) *adj.* ***Ácido*** ~, cuerpo gaseoso a más de 20° de temperatura, muy deletéreo y corrosivo, compuesto de flúor e hidrógeno, FH. Se usa para grabar vidrio.
fluori-, v. fluoro-.
fluorimetría (*fluori-* + *-metría*) *f.* QUÍM. Método para la determinación cuantitativa de un elemento, basado en la medida de la fluorescencia provocada por una radiación en uno de sus compuestos. ◇ También *fluorometría.*
fluorímetro (*fluori-* + *-metro*) *m.* Dispositivo usado para medir la intensidad de una radiación fluorescente.
fluorina *f.* Fluorita.
fluorita (de *flúor*) *f.* Fluoruro de calcio nativo, compacto, de varios colores, que cristaliza en el sistema regular.
SIN. **Espato flúor.**
fluorización *f.* Empleo de flúor, bajo forma de fluoruros, como prevención de la caries dental.
fluoro, fluori-, fluo- (de *flúor*) Elemento prefijal que entra en la formación de palabras con el significado de flúor o de fluorescente: *fluoroscopio, fluorhídrico, fluosilicato.*
fluorografía (*fluoro-* + *-grafía*) *f.* FOT. Reproducción fotográfica de las imágenes visibles en las pantallas fluorescentes. 2 Procedimiento de impresión sobre cristal o piedra mediante la acción corrosiva del ácido fluorhídrico.
fluorometría (*fluoro-* + *-metría*) *f.* Fluorimetría.
fluoroscopia (*fluoro-* + *-scopia*) *f.* Examen de un objeto mediante el fluorocopio.
fluoroscopio (*fluoro-* + *-scopio*) *m.* Pantalla fluorescente, convenientemente montada respecto a un tubo de rayos X, y usada para la visión indirecta de los órganos internos del cuerpo o de las estructuras internas en aparatos o masas metálicas.
fluoruro *m.* Sal del ácido fluorhídrico.
fluosilicato (*fluo-* + *silicato*) *m.* Sal del ácido fluosilícico.
fluosilícico (*fluo-* + *silíco*) *adj.* ***Ácido*** ~, combinación de fluoro de silicio y de ácido fluorhídrico que se presenta, cuando está frío, en cristales incoloros que funden a 15° de temperatura.
flus *m.* Flux.
fluvial (l. *-ale* < *fluviu,* río) *adj.* Relativo a los ríos.
fluvio- (l. *fluviu,* río) Elemento prefijal que entra en la formación de palabras con el significado de río: *fluviógrafo.*
fluvioglaciar (*fluvio-* + *glaciar*) *adj.* [fenómeno geológico] Producido por cursos de agua procedentes de la fusión del hielo de un glaciar.
fluviógrafo (*fluvio-* + *-grafo*) *m.* FÍS. Aparato que sirve para registrar automáticamente las variaciones del nivel de un río, canal, embalse, etc.
fluviomarino, -na (*fluvio-* + *marino*) *adj.* ZOOL. Que puede vivir en los ríos y en el mar; como el salmón.
fluviómetro (*fluvio-* + *-metro*) *m.* Aparato que sirve para medir el nivel del agua fluvial.
fluvioterrestre (*fluvio-* + *terrestre*) *adj.* ZOOL. Que se encuentra en los ríos y en sus orillas; como la nutria.
flux (fr. < l. *fluxus,* flujo de líquido) *m.* En ciertos juegos, circunstancia de ser de un mismo palo todas las cartas de un jugador. 2 *And., Can.* y *Amér.* Terno, traje de hombre. ◇ También *flus.*
fluxión (l. *fluxione*) *f.* Acumulación morbosa de humores en cualquier órgano. 2 Resfriado, constipado nasal.
fluxógrafo (l. *fluxu,* flujo + *-grafo*) *m.* FÍS. Instrumento que sirve para trazar automáticamente el flujo alrededor de una bobina.
fluxómetro (l. *fluxu,* flujo + *-metro*) *m.* FÍS. Galvanómetro de cuadro móvil que sirve para medir variaciones del flujo magnético.
fluyente *adj.* Fluente.
flysch *m.* GEOL. Depósito sedimentario caracterizado por la alternancia de estratos de materiales duros y blandos y partículas de grosor diferente.
Fm, símbolo químico del *fermio.*
¡fo! Interjección con que se denota asco.
-foba, v. -fobo.
fobia (del gr. *phobeomai,* temer) *f.* Aversión apasionada, temor morboso.
-fobia (v. *-fobo*) elemento sufijal que entra en la formación de palabras con el significado de adversión, temor morboso: *hidrofobia.*
CONTR. **-filia I.**
-fobo, -foba (gr. *phobos,* horror, aversión) Elemento sufijal que entra en la formación de palabras con el significado de que siente aversión, horror o espanto: *hidrófobo.*
CONTR. **-filo, -fila I.**
foca (l. *phoca* < gr. *phóke*) *f.* Mamífero pinnípedo, que habita generalmente las costas del mar glacial, de cabeza y cuello parecidos a los de un perro, sin orejas, con las patas adaptadas a la natación, pero que le permiten también la locomoción terrestre (gén. *Phoca).* 2 fig. Persona gorda.
SIN. *1* **Becerro marino, carnero marino, lobo marino, vítulo marino.**
focal (de *foco*) *adj.* FÍS. y GEOM. Relativo al foco: *distancia* ~.

focalización *f.* FÍS. Guiado de partículas, en trayectorias preestablecidas, mediante la acción combinada de campos magnéticos y eléctricos.
focalizar *tr.* FÍS. Hacer converger en un punto o zona una radiación luminosa. 2 fig. Centrar [la discusión de un problema, un debate, etc.]. ◇ ** CONJUG. [4] como ***realizar.***
foceifiza (ár. *focéifiça*) *f.* Género de mosaico musulmán.
focense *adj.-s.* De Focea o de Fócida, antigua ciudad jónica de Asia Menor y antigua región del centro de Grecia.
SIN. **Focidio.**
focha *f.* Ave gruiforme zancuda, nadadora, de plumaje negro, pico grueso, con una placa córnea en la frente *(Fulica atra).*
SIN. **Falaris, foja, gallareta, gallina de río, gallineta, polla de agua.**
focidio, -dia *adj.-s.* Focense. -2 *adj.-m.* Dialecto perteneciente al grupo occidental del griego común, hablado antiguamente en Fócida.
focino (de *foz,* hoz) *m.* Aguijada de punta corva con que se gobierna al elefante.
foco (l. *focu,* hogar, fogón) *m.* Punto donde vienen a reunirse los rayos de luz, calor, etc., reflejados por un espejo curvo o refractados por una lente convergente: ~ *real*; o de donde parece provenir un haz de rayos divergentes: ~ *virtual.* 2 Lámpara que tiene una luz muy potente. 3 Centro donde está localizado y desde donde se propaga un proceso morboso, una infección o una epidemia. 4 Punto cuya distancia a cualquiera de los de una curva se puede expresar en función racional y entera de las coordenadas de estos puntos. 5 fig. Punto donde está concentrada una cosa y desde donde se propaga e influye: ~ *de ilustración.* 6 MAR. Vela mayor de las balandras. 7 *Amér.* Bombilla de alumbrado eléctrico. 8 *Chile* y *Pan.* Faro del automóvil.
focomelia (gr. *phoke,* foca + *mélos,* miembro) *f.* MED. Defecto físico que consiste en la desaparición parcial de las extremidades, o sea, en el nacimiento de manos y pies directamente del tronco.
fóculo *m.* Hogar pequeño. 2 Cavidad del ara gentílica, donde se encendía el fuego.
fodongo, -ga *adj. Méj.* Sucio, desaseado.
foetazo *m. Amér.* Latigazo.
foete *m. Amér.* Látigo.
foetiza *f. P. Rico.* Zurra, tunda.
fofadal *m. Argent.* Tremedal.
fofo, -fa (radical onomat. *fof*) ***adj.*** Esponjoso, blando y de poca consistencia.
fofoque *m.* MAR. Vela triangular que largan algunos buques junto al foque.
fogaje (de *fuego* V) *m.* Tributo que pagaban los hogares o familias. 2 Bochorno, calor. 3 *Can., Argent.* y *Méj.* Fuego, erupción de la piel. 4 *Ecuad.* Fogata, llamarada. 5 *P. Rico.* Bochorno, sonrojo, sofoco.
fogal *m. Can.* Hogar.
fogalera *f. Can.* Hoguera, esp. las de las noches vísperas de San Juan y de San Pedro.
fogarada *f.* Llamarada.
fogarata *f.* Fogata.
fogaril *m.* Jaula de aros de hierro, dentro de la cual se enciende lumbre para que ilumine o sirva de señal. 2 *And.* y *Ar.* Hogar de la cocina.
fogarizar *tr.* Hacer fuego con hogueras. ◇ ** CONJUG. [4] como ***realizar.***
fogata *f.* Fuego que levanta llama. 2 Hornillo o mina pequeña que se carga con escasa proporción de pólvora y sirve para vencer obstáculos de poca resistencia.
fogatada *f. Pan.* Fogata.
fogón (cat. *fogó*) *m.* Sitio adecuado en las cocinas para hacer fuego y guisar. 2 En las calderas de las máquinas de vapor, lugar destinado a contener el combustible. 3 Oído en las armas de fuego. 4 *Murc.* Mecha de polvorista. 5 *Amér.* Fuego, fogata. 6 *Argent.* Reunión que se efectúa alrededor del fuego.
fogonadura (de *fogón*) *f.* Agujero de las cubiertas de una embarcación por donde pasan los palos. 2 Abertura en un piso de madera para dar paso a un pie derecho que sirva de sostén. 3 *Colomb.* Hoguera, hogar.
fogonazo *m.* Llama que levanta la pólvora, el magnesio, etc., cuando se inflaman. 2 *Méj.* Café con aguardiente, y p. ext., bebida con algún licor fuerte.
fogonero *m.* El que tiene por oficio cuidar del fogón, esp. en las máquinas de vapor.
fogosidad *f.* Ardimiento y viveza demasiada.
fogoso, -sa (probl. del fr. *fougueux,* der. de *fougue* < it. *fóga* < l. *fuga*) *adj.* fig. Ardiente, demasiado vivo.
fogueación *f.* ant. Numeración de hogares o fuegos.
foguear *tr.* Limpiar con fuego [una escopeta]. 2 Acostumbrar [a las pers. o caballos] al fuego de la pólvora. 3 fig. Acostumbrar [a alguien] a las penalidades o trabajos. 4 TAUROM. Colocar banderillas de fuego [al toro]. 5 VETER. Cauterizar (curar con el cauterio).
fogueo *m.* Acción de foguear. 2 Efecto de foguear. 3 ***Municiones de*** ~, las que no tienen bala y se emplean para salvas, ejercicios, etc.
foguerear *tr. Cuba.* Hacer hogueras.
foguero *m. Venez.* Pirotécnico.
foguezuelo *m.* Dim. de *fuego.*
foguista *m. Argent.* Fogonero.
foie-gras (voz francesa) *m.* Pasta alimenticia preparada a base de hígado animal. ◇ Se pronuncia *fuagrás.*
I) foja (l. *folia,* hojas) *f.* ant. Hoja de papel en un proceso. 2 *Amér.* Hoja de papel en un proceso de cualquier clase.
II) foja (l. *fulica,* probl. por conducto del moz.) *f.* Focha.
folclor, folclore (ing. *folk,* pueblo + *lore,* saber) *m.* Conjunto de tradiciones, leyendas, creencias, costumbres y proverbios populares. 2 Su estudio. 3 fig. Aspecto o rasgo pintoresco y superficial [de algo]. ◇ También *folklore.*
folclórico, -ca *adj.* Relativo al folclor. 2 [canción, baile, costumbre, etc.] Que posee carácter tradicional. 3 [cantante o bailarín] Que ejerce un arte tradicional. -4 *m. f.* Persona que se dedica al cante flamenco o aflamencado. ◇ También *folklórico.*
folclorista *com.* Persona versada en el folclor. ◇ También *folklorista.*
folgo *m.* Bolsa forrada de pieles, para abrigarse los pies el que está sentado.
folía (fr. *folie* < l. *follis,* saco) *f.* Baile popular, de origen portugués, de carácter movido y alegre. 2 Baile popular de las islas Canarias, de tiempo lento y acompañamiento de castañuelas. 3 Música y canto meláncolico de este baile. 4 fig. Música ligera, de gusto popular. -5 *f. Murc.* Cosa insignificante, nadería.
foliáceo, -a (l. *-eu* < *foliu,* hoja) *adj.* Relativo o parecido a las hojas de las plantas. 2 De estructura laminar.
foliación *f.* Acción de foliar. 2 Efecto de foliar. 3 Serie numerada de los folios de un escrito o impreso. 4 Acción de echar hojas las plantas. 5 Modo de estar colocadas. 6 Textura propia de las rocas metamórficas sometidas a un metamorfismo avanzado, viene determinada por la distribución orientada de los minerales en planos.
foliado, -da *adj.* BOT. Que tiene hojas.
foliador, -ra *adj.-s.* Que sirve para foliar. Esp. aparatos que numeran correlativamente los folios.
I) foliar *tr.* Numerar los folios del libro o cuaderno. ◇ ** CONJUG. [12] como ***cambiar.***
II) foliar *adj.* BOT. Relativo a la hoja o que participa de su naturaleza.
foliatura *f.* Foliación.
folícola *adj.* Que vive en las hojas.
folicular *adj.* En forma de folículo.
foliculario (fr. *folliculaire*) *m.* desp. Folletista, periodista.
folículo (l. *folliculu*) *m.* Fruto seco, monocarpelar, dehiscente por la sutura ventral. 2 ANAT. Saco membranoso situado en el espesor de un tegumento: ~ ***piloso,*** estructura dérmica de la que se forma el pelo y rodea a su raíz.
folidoto *adj.-m.* Mamífero del orden de los folidotos. -2 *m. pl.* Orden de mamíferos placentarios, cuyo cuerpo, de tamaño medio, se encuentra cubierto de placas córneas; carecen de dientes y sus extremidades anteriores constan de tres dedos, mientras que las posteriores presentan cinco; como el pangolín.
folio (l. *-iu,* hoja) *m.* Hoja de un libro o cuaderno: ***en*** ~, libro, folleto, etc., cuyo tamaño iguala a la mitad de un pliego de papel sellado. También *infolio;* ***de a*** ~, fig., muy grande: *disparate de a* ~. 2 Hierba euforbiácea, de hojas aovadas y cubiertas de un tomento blanco. 3 ~ ***índico,*** hoja del árbol de la canela. 4 *Colomb.* Dádiva, propina, adehala. 5 *Colomb.* Especie de alfeñique (pasta de azúcar).
foliolar *adj.* BOT. Relativo al folíolo.
folíolo *m.* División de una hoja compuesta.
folión *m.* Folía (música ligera).
folioso, -sa *adj.* BOT. Que posee muchas hojas. 2 [tallo] Aplanado y parecido a una hoja.
folk *m.* Canción o música popular.

folklore *m.* Folclor.
folklórico, -ca *adj.* Folclórico.
folklorista *com.* Folclorista.
folla (de *follar* III) *f.* ant. Gentes que se agitan en confuso desorden: *mezcla de cosas diversas sin orden.* 2 Lance del torneo en que batallaban dos cuadrillas desordenadamente. 3 Diversión teatral compuesta de varios pasos de comedia y música mezclados.
follada (de *follar* II) *f.* Empanadilla hueca y hojaldrada.
follador, -ra (de *follar* I) *m.* El que afuella en una fragua. -2 *adj.* vulg. Que practica el coito con frecuencia.
follados *m. pl.* ant. Calzas muy huecas y arrugadas.
follaje (l. *foliaticu < *foliu,* hoja) *m.* Conjunto de hojas de los árboles y otras plantas. 2 Adorno de cogollos y hojas. 3 fig. Adorno complicado y de mal gusto. 4 fig. Palabrería, superfluidad en el discurso.
SIN. *1* **Verde.**
I) follar (l. *folle,* fuelle) *tr.* Afollar (soplar con fuelle). -2 *prnl.* Soltar una ventosidad sin ruido. ◇ ** CONJUG. [31] como *contar.*
II) follar (l. *foliu,* hoja) *tr.* Formar o componer en hojas [alguna cosa].
III) follar (v. *hollar*) *tr.-intr.* ant. Hollar. 2 Talar o destruir. 3 vulg. Practicar el coito. -4 *tr.* Entre estudiantes, suspender. 5 MIL. Imponer una sanción, arrestar.
fóllega *f. Murc.* Pisada, rastro.
folleo *m. Cuba.* Riña, pendencia. 2 *Cuba.* Borrachera.
folleque *m. Perú.* Fotingo (automóvil pequeño).
follero, -tero *m.* El que tiene por oficio hacer o vender fuelles.
folletín *m.* Dim. de *folleto.* 2 Artículo literario, novela u otra obra cualquiera que se publica en la parte inferior de las planas de los periódicos. 3 Tipo de relato caracterizado por una intriga emocionante y a veces poco verosímil, pero de gran efecto para lectores ingenuos, en que se enfrentan personajes perversos y bondadosos, sin apenas elaboración psicológica y artística. 4 Pieza teatral o cinematográfica de características similares a las descritas. 5 Obra mala o lacrimosa. 6 p. ext. Situación insólita que parece propia de una obra folletinesca.
folletinesco, -ca *adj.* Relativo al folletín. 2 Propio de los relatos y de los dramas de folletín o de las situaciones reales comparables a las de un folletín. 3 fig. Complicado y avivador del interés: *suceso ~.*
folletinista *com.* Escritor de folletines.
folletista *com.* Escritor de folletos.
folleto (it. *foglietto*) *m.* Obra impresa, no periódica y de corta extensión. 2 p. ext. Impreso propagandístico. ◇ Es BARB. innecesario el empleo de la voz *panfleto* por *folleto.*
folletón *m.* GALIC. Folletín.
fólliga *f.* Freza, excremento de animal de caza.
follisca *f. Amér.* Fullona, riña, pendencia.
I) follón (v. *hollar*) *m.* Gresca, tumulto, desbarajuste: *se armó un ~ terrible.* 2 Asunto complicado.
II) follón, -llona (ant. *fellón* < cat. *felló,* de orig. germ.) *adj.-s.* Flojo, perezoso. 2 Jactancioso, cobarde y ruin. -3 *m. Cuba* y *P. Rico.* vulg. Borrachera.
III) follón, -llona (l. *folle,* saco, fuelle) *m.* Cohete que se dispara sin trueno. 2 Ventosidad sin ruido. 3 Vástago que echa un árbol desde la raíz. -4 *m. pl. Ecuad.* Vestiduras mujeriles que caen de la cintura abajo, como faldas, enaguas, refajos, etc. -5 *adj. Guat.* Holgado, apl. a vestidos. 6 *Venez.* Corto, refiriéndose a vestidos.
SIN. *2* **Zullón, zullona.**
foluz (ár. *foluç,* moneda) *f.* Cornado o tercia parte de una blanca.
Fomalhaut *n. pr.* Estrella de primera magnitud en la constelación del Pez austral.
fomentación *f.* Acción de fomentar. 2 Efecto de fomentar. 3 MED. Fomento.
fomentador, -ra *adj.-s.* Que fomenta.
fomentar (b. l. *-are*) *tr.* Dar calor que vivifique: *~ la gallina los huevos.* 2 fig. Excitar, promover o proteger [una cosa]. 3 MED. Aplicar fomentos. 4 *Cuba* y *P. Rico.* Fundar, organizar [un negocio].
fomento (l. *fomentu,* cataplasma) *m.* Calor y abrigo que se da a una cosa. 2 Pábulo o materia con que se ceba una cosa. 3 fig. Auxilio, protección. 4 MED. Medicamento líquido que se aplica en paños exteriormente.
fomes (l.) *m.* Causa que excita y promueve una cosa. ◇ Pl.: *fomes.*
fon *m.* FÍS. Nombre del fonio en la nomenclatura internacional.
fon-, v. fono-.
-fona, v. fono-.
fonación (gr. *phoné,* voz) *f.* Emisión de la voz o de la palabra.
fonador, -ra *adj.* FISIOL. [órgano] Que interviene en la fonación.
fonda (etim. dud.; probl. fr. de Oriente *fonde* < ár. *fúndae*) *f.* Establecimiento de hostelería de similar categoría que la pensión, que dispone como mínimo de servicios de aseo y comedor. 2 Servicio y conjunto de cámara, comedor y cocina de un buque mercante. 3 *Chile, Guat.* y *Salv.* Taberna. 4 *R. de la Plata.* Restaurante de ínfima clase.
SIN. v. **Hotel.**
fondable (de *fondo*) *adj.* [paraje de la mar] Donde pueden fondear los barcos.
fondac (ár. *fúndag*) *m.* En Marruecos, hospedería y almacén donde se negocia con las mercancías que llevan allí los traficantes.
fondado, -da *adj.* [barril, pipa] De fondo reforzado con cuerdas o flejes. 2 *Colomb.* fam. Rico, acaudalado.
fondazo *m. Venez.* Puñetazo.
fondeadero (de *fondo*) *m.* Paraje de profundidad suficiente para que pueda fondear la embarcación.
SIN. **Anclaje.**
fondeado, -da *adj. Amér.* Acaudalado, adinerado, que está en fondos.
fondear *tr.* Reconocer el fondo del agua. 2 Registrar [una embarcación] para ver si trae contrabando. 3 Desarrumar la carga de una embarcación para reconocer el fondo. 4 fig. Examinar [alguna cosa o cuestión] hasta llegar al fondo de la misma. 5 Rellenar el fondo [de una cacerola] con tocino, legumbres, etc., para rehogar en él una vianda. -6 *intr.* Asegurar una embarcación o cuerpo flotante por medio de anclas o pesos. -7 *prnl.* Agarrarse ligeramente [la comida]. 8 *Amér.* Enriquecerse.
SIN. *6* **Dar fondo; anclar** cuando se hace por medio de anclas.
fondeo *m.* Acción de fondear.
fondero, -ra *m. f. Amér.* desp. Fondista.
fondillón *m.* Asiento y madre de la cuba cuando se vuelve a llenar. 2 Vino rancio de Alicante. -3 *adj. Amér. Central* y *Colomb.* Fondilludo.
fondillos *m. pl.* Parte trasera de los calzones o pantalones.
fondilludo, -da *adj. Amér. Central* y *Perú.* De anchos fondillos o de asentaderas abultadas. 2 *Argent.* Calzonazos.
fondista *com.* Persona que tiene por oficio cuidar de una fonda. 2 DEP. Deportista que practica las modalidades de resistencia física.
fondo (l. *fundu;* doble etim. *hondo*) *m.* Parte inferior de una cosa hueca. 2 Superficie sólida sobre la cual descansa el agua del mar, de un río, de un estanque, etc.: ***a ~,*** entera y perfectamente; *trató la cuestión a ~;* ***dar ~,*** fondear (asegurar); fig., terminar, agotarse. 3 Lo principal y esencial de una cosa: *la forma y el ~.* 4 Extensión interior de un edificio: *casa de mucho ~ y poca fachada.* 5 Espacio en que se forman las hileras de soldados. 6 Campo de una tela, pintura, etc., sobre el cual resaltan los adornos o manchas: *un papel con flores sobre ~ azul; un mármol de ~ rojo.* 7 Caudal, esp. aquel de que se dispone o que debe destinarse a un determinado fin: ***~ vitalicio,*** capital que se impone a rédito por una o más vidas, quedando al extinguirse éstas a beneficio del que lo recibió y pagó el rédito; fig., *~ de sabiduría, de virtud, de malicia,* etc.; ***tener buen*** o ***mal ~,*** ser de buena o mala índole. 8 Conjunto de documentos o libros de un archivo, biblioteca, casa editorial, etc. 9 Caldo que resulta de cocer una vianda y que es aprovechado para mejorar las salsas. -10 *m. pl.* Caudales, dinero, papel moneda, etc., perteneciente al tesoro público o al haber de un negociante: ***fondos de amortización,*** los destinados a extinguir una deuda o a compensar una depreciación. 11 En repostería, masa o pastas en forma de timbal, tartaleta o cubitos, y en gral. pasta modelada que sirve de sostén a un postre, helado, etc. -12 *m* DEP. Resistencia física, reserva de energía corporal para aguantar prolongados esfuerzos. 13 MAR. Parte sumergida del casco de un buque: *limpiar los fondos.* 14 ***Estar en fondos,*** tener dinero disponible. -15 *m. Amér.* Paila o caldera. 16 *C. Rica.* Prisión de animales realengos. 17 *Méj.* Falda interior blanca, con encaje en la parte inferior.
SIN. *1* **Hondo, hondón.** *2* **Lecho.** *13* **Obra viva.**
I) fondón, -dona *m.* Fondillón. 2 Fondo de los brocados de altos. -3 *adj.* Fondilludo, de asentaderas abultadas.
II) fondón, -dona *adj.* desp. *y* fam. [pers.] Que ha perdido la agilidad de la juventud por haber engordado.

EVOLUCIÓN HISTÓRICA

Leyes históricas. En la evolución del latín hasta el español actual, los sonidos se han transformado según leyes fijas en las palabras transmitidas por tradición oral. P. ej.: la *ĕ* cambia en *ie* cuando es tónica: *tĕrra*>tierra, *sĕpte*>siete; la *p* latina entre vocales se transforma en *b: lupu*>lobo, *riparia*>ribera.

Evolución del acento. El acento de las palabras latinas ha permanecido generalmente en el mismo lugar a lo largo de la evolución de la palabra, de tal modo que hoy seguimos acentuando la misma sílaba que en latín llevaba el acento. Por muy grandes que hayan sido los cambios fonéticos de una palabra, el acento no se ha desplazado. Ejemplos: *computáre*>contár, *débita*>déuda, *solitáriu*>soltéro.

Palabras cultas y semicultas. Los vocablos que no proceden de la tradición oral, sino que se han incorporado al idioma por vía erudita, no han sufrido las transformaciones históricas de las voces verdaderamente populares; por esto conservan su fisonomía latina con muy poca alteración. Ejemplos: *espíritu, devoción,* que entregadas a la evolución popular hubieran dado posiblemente *esprido* y *deuzón.*

Otras palabras proceden de la lengua escrita, son de origen culto, pero han sufrido parte de los cambios fonéticos populares. Se las llama **semicultas.** Ejemplo: *cupiditia*>codicia, conserva la terminación culta *-cia,* que en los derivados populares cambia en *-eza;* pero los demás sonidos se han transformado según las voces vulgares.

Doble etimología. Con frecuencia una palabra latina ha formado dos derivados, uno culto y otro popular. Ejemplos: *operariu*>operario y obrero; *digitale*>digital y dedal; *sexta*>sexta y siesta.

Para las transformaciones históricas de cada sonido, véanse **vocales** y **consonantes**.

fondonga *f. Venez.* Vaca o yegua de mucho vientre.
fondongo *m. Cuba.* Trasero.
fondoque *m. Cuba.* Trasero abultado.
fondue (voz francesa) *f.* Preparación culinaria que puede ser a base de queso, uno graso y otro magro, o de carne, cocidos en un hornillo con alcohol.
fonébol (cat. *fonêvol*) *m.* Fundíbulo.
foneidoscopio (*fon-* + gr. *eidós,* imagen + *-scopio*) *m.* FÍS. Aparato que sirve para representar en forma visible las vibraciones sonoras.
fonema (gr. *phonema,* sonido de la voz) *m.* Sonido abstracto diferenciable de otros en una lengua. V. vocal y consonante.
fonemático, -ca *adj.* Relativo al fonema o al sistema fonológico. -2 *f.* FON. Fonología.
fonendoscopio (*fon-* + *endo-* + *-scopio*) *m.* Aparato semejante al estetoscopio, más perfeccionado y para audición biauricular.
****fonético, -ca** (gr. *phonetikós*) *adj.* Relativo a los sonidos del lenguaje. 2 [alfabeto, escritura] Cuyos signos transcriben exactamente los sonidos. Por ext. [ortografía] que se basa en la pronunciación y no en la etimología. -3 *f.* Rama de la lingüística que estudia los sonidos del lenguaje en su realización física. 4 Conjunto de los sonidos de un idioma o dialecto.
SIN. *3* **Ortología,** si se trata esp. de dar normas para la pronunciación correcta; **prosodia,** en las lenguas clásicas, y a imitación suya en las modernas hasta época muy reciente. Hoy tiende a ser substituida por *fonética.*
fonetismo *m.* Conjunto de caracteres y particularidades fonéticas de un idioma o dialecto. 2 Adaptación de la escritura a la pronunciación.
fonetista *com.* Persona versada en fonética.
-fonía (v. *fono-*) Elemento sufijal que entra en la formación de palabras con el significado de sonido: *cacofonía.*
foníatra, foniatra (*fon-* + *-iatría*) *com.* Especialista en foniatría.
foniatría *f.* Estudio y tratamiento de las perturbaciones y defectos de la fonación.
fónico, -ca *adj.* Relativo a la voz o al sonido.
fonil (gascón *fonilh* < *fundibulum,* embudo) *m.* Embudo para envasar líquidos en las pipas.
fonio *m.* FÍS. Unidad acústica para medir la diferencia entre las sensaciones sonoras producidas por dos intensidades distintas.
SIN. **Decibelio.**
fonje *adj.* Que es sumamente blando.
fono *m.* FÍS. Fon. 2 *Chile.* Auricular del teléfono.
fono-, -fono, -fona (gr. *phoné,* voz, sonido) Elemento prefijal y sufijal que entra en la formación de palabras con el significado de sonido; fonación: *fonología, audífono.*
fonoautógrafo (*fono-* + *autógrafo*) *m.* Aparato registrador de las vibraciones sonoras.
fonoalternador (*fono-* + *alternador*) *m.* FÍS. Generador de frecuencias acústicas constituido por un micrófono y un altavoz.
fonocanalizador (*fono-* + *canalizador*) *m.* Instrumento para medir la dirección de las ondas sonoras.
fonocaptor (*fono-* + l. *captore*) *m.* ELECTR. Aparato que permite reproducir eléctricamente las vibraciones inscritas en el disco.
fonocardiografía (*fono-* + *cardiografía*) *f.* MED. Registro gráfico de los latidos cardíacos.
fonocinematógrafo (*fono-* + *cinematógrafo*) *m.* CINEM. Combinación de un proyector cinematográfico y un fonógrafo acoplados para que el sonido y las imágenes se correspondan.
fonofaro (*fono-* + *faro*) *m.* Estación marítima que emite señales submarinas.
fonogenia (*fono-* + *-genia*) *f.* Cualidad de la voz del locutor de radio o televisión.
fonografía (*fono-* + *-grafía*) *f.* Arte de inscribir sonidos para reproducirlos por medio del fonógrafo. 2 Ciencia de la voz humana y de los sonidos articulados referidos esp. a su representación fonética.
fonográfico, -ca *adj.* Relativo al fonógrafo.
fonógrafo (*fono-* + *-grafo*) *m.* Instrumento que inscribe las vibraciones de los sonidos mediante incisiones producidas en un cilindro por una aguja conectada a una lámina vibrante; al girar el cilindro de modo que la aguja se deslice por encima de las incisiones, pone en vibración la lámina y reproduce los sonidos. V. gramófono.
fonograma (*fono-* + *-grama*) *m.* Símbolo gráfico que representa un sonido o un grupo de sonidos; esp., cada una de las letras del alfabeto. 2 Inscripción de las ondas sonoras en los aparatos registradores.
fonoincisor (*fono-* + *incisor*) *m.* Dispositivo electromagnético empleado para la grabación de discos.
fonolita (*fono-* + *-lito*) *f.* Roca volcánica, de color gris verdoso y textura compacta, formada por feldespato y un silicato de aluminio.
SIN. **Perlita.**

fonología (*fono-* + *-logía*) ***f.*** Rama de la lingüística que, a diferencia de la fonética, estudia los fonemas no en su realización física, sino en sus valores funcionales, esto es, diferenciadores dentro del sistema propio de cada lengua.

fonológico, -ca ***adj.*** Relativo a la fonología.

fonólogo, -ga ***m. f.*** Persona versada en fonología.

fonometría (*fono-* + *-metría*) ***f.*** Medida de la intensidad de la voz, o de los sonidos.

fonómetro (*fono-* + gr. *-metro*) ***m.*** Aparato para medir el sonido.

fonóptico, -ca (*fono-* + *óptico*) ***adj.*** [cinta magnetofónica] Que registra el sonido y las imágenes ópticas.

fonorrevelador (*fono-* + *revelador*) ***m.*** Dispositivo empleado para la reproducción de los sonidos grabados en disco.

fonoteca (*fono-* + *-teca*) ***f.*** Lugar donde se guardan archivados documentos sonoros. 2 Conjunto de estos documentos.
SIN. **Sonoteca.**

fonotecnia (*fono-* + *-tecnia*) ***f.*** Estudio de las maneras de obtener, transmitir, registrar y reproducir el sonido.

fonovisión (*fono-* + *visión*) ***f.*** Transmisión a distancia del sonido y de la imagen.

fonsadera (b. l. *fonsadera,* del l. *fossatum,* de *fossare,* cavar) ***f.*** Servicio personal que se prestaba en la guerra. 2 Antiguo tributo para atender a los gastos de guerra.

fonsado ***m.*** Fonsadera. 2 Labor del foso.

fontal ***adj.*** Fontanal.

fontana (it. < l.) ***f.*** poét. Fuente.

fontanal ***adj.*** Relativo a la fuente. -2 ***m.*** Manantial. 3 Sitio que abunda en manantiales.

fontanar ***m.*** Manantial.

fontanela (fr. *fontanelle,* exutorio) ***f.*** Espacio membranoso que hay en el cráneo humano y de muchos animales antes de su completa osificación.

fontanería ***f.*** Arte de encañar y conducir las aguas y conjunto de conductos por donde se las dirige. 2 Conjunto de instalaciones que canalizan y distribuyen el agua.

fontanero, -ra ***adj.*** Relativo a las fuentes. -2 ***m. f.*** Persona que tiene por oficio encañar, distribuir y conducir las aguas. 3 Persona que tiene por oficio instalar, cuidar, reparar, etc., las conducciones de agua e instalaciones sanitarias en los edificios.

fontegí ***m.*** Variedad de trigo fanfarrón.

fontículo ***m.*** Exutorio.

footing (del ing. *foot,* pie) ***m.*** ANGLIC. Joggin. ◇ Se pronuncia *futin.*

foque (neerl. *fok*) ***m.*** Vela en general, que se orienta y amura sobre el bauprés. 2 fig. *y* fam. Cuello de camisa almidonado; de puntas muy tiesas.

foquito (de *foco*) ***m.*** *Méj.* Piloto del automóvil.

-fora, v. -foro.

forado ***m.*** *Amér. Merid.* Horado hecho en una pared.

forajido, -da (l. *foras,* fuera + *exitu,* salido) ***adj.-s.*** Facineroso que anda fuera de poblado, huyendo de la justicia.

foral ***adj.*** Relativo al fuero: *derecho ~; guardia ~.*

foralmente ***adv. m.*** De acuerdo con el fuero.

foramen (l.) ***m.*** Agujero o taladro. 2 Taladro de la piedra baja de la tahona, por donde entra el palahierro.

foraminado, -da ***adj.*** Horadado.

foraminífero (l. *foramen,* agujero + *-fero*) ***adj.-m.*** Protozoo del tipo de los foraminíferos. -2 ***m. pl.*** Tipo de protozoos marinos, provistos de una envoltura calcárea con uno o varios orificios, por donde emiten sus seudópodos.

foráneo, -a (b. l. *-eu*) ***adj.*** Forastero, extraño.

forango, -ga ***adj.*** *Perú.* burl. Forastero.

forano, -na ***adj.*** *Logr.* y *Perú.* Forastero.

forasta ***adj.-s.*** fam. Forastero.

forastero, -ra (b. l. **forestariu* < *foras,* de fuera, por conducto del prov. y del cat.) ***adj.-s.*** Que es o viene de fuera del lugar. -2 ***adj.*** fig. Extraño, ajeno.

forcaz (del ant. *forca* < l. *furca,* horca) ***adj.*** [carromato] De dos varas.

forcejar (cat.) ***intr.*** Forcejear.

forcejear ***intr.*** Hacer fuerza para vencer una resistencia. 2 fig. Resistir, hacer oposición.

forcejeo, forcejo ***m.*** Acción de forcejar.

forcejón ***m.*** Esfuerzo violento.

forcejudo, -da ***adj.*** Que tiene y hace mucha fuerza.

fórceps (l. *forceps,* tenaza) ***m.*** Instrumento para la extracción de las criaturas en los partos difíciles. 2 Instrumento en forma de tenaza usado para la extracción de dientes. 3 ZOOL. Órgano copulatorio en forma de gancho del final del abdomen de algunos insectos machos. 4 ZOOL. Propodio modificado en forma de gancho, que en número par se hallan en el extremo del abdomen de las larvas y pupas de los lepidópteros. ◇ Pl.: *fórceps.*

forchina (de *forca,* horquilla) ***f.*** Arma de hierro a modo de horquilla.

forcípula ***f.*** Instrumento utilizado para medir el diámetro del tronco de los árboles. Consta de una regla, graduada en centímetros, con dos brazos perpendiculares a ella, uno fijo y otro móvil.

forcito ***m.*** *Perú.* Fotingo (automóvil).

I) forense (l. < *foru,* plaza pública) ***adj.*** Relativo al foro. 2 *Médico ~*, o simplemente *~*, especialista designado por la ley para asistir en las actuaciones judiciales y ante los tribunales de justicia como perito en lo criminal y en lo civil.

II) forense (l. *foras,* de fuera) ***adj.*** desus. Forastero.

forero, -ra ***adj.*** Relativo o que se hace conforme a fuero. -2 ***m.*** Dueño de finca dada a foro. 3 El que paga foro.

foresis ***f.*** QUÍM. Paso eléctrico de iones a través de una membrana. ◇ Pl.: *foresis.*

forestación ***f.*** Acción de poblar terreno con plantas forestales. 2 Efecto de poblar terreno con plantas forestales.

forestal (b. l. **-ale* < *foresta,* bosque) ***adj.*** Relativo a los bosques y a sus aprovechamientos: *repoblación ~.*

forestar ***tr.*** Poblar [un terreno] con plantas forestales.

forfait (voz francesa) ***m.*** Ajuste de antemano en una cantidad invariable del precio de algo. 2 Viaje organizado por una agencia con un precio fijo.

forfícula (l. *forfícula,* tijerita) ***f.*** Género de insectos dermápteros, de forma terminada en un par de pinzas duras y agudas; como el cortapicos o tijereta (gén. *Forficula).*

forillo ***m.*** En el teatro, telón pequeño que se pone detrás del telón de foro en que hay alguna abertura.

forito (corrupción del apellido *Ford*) ***m.*** *Amér.* Fotingo.

forja (fr. *forge*) ***f.*** Fragua de platero. 2 Ferrería. 3 ant. *~ **a la catalana,*** aparato usado para la fabricación del hierro, compuesto de un hogar bajo y abierto, una trompa y un martinete. 4 Acción de forjar. 5 Efecto de forjar. 6 Argamasa. 7 *Colomb.* Anafe, hornillo portátil.

forjable ***adj.*** Que se puede forjar.

forjado ***m.*** Acción de forjar. 2 Efecto de forjar. 3 ARQ. Entramado.

forjador, -ra ***adj.-s.*** Que forja.

forjadura ***f.*** Acción de forjar. 2 Efecto de forjar.

forjamiento ***m.*** Forjadura.

forjar (fr. *forger*) ***tr.*** Trabajar [el metal] y darle forma con el martillo: *~ el hierro en barras.* 2 fig. Inventar, fingir, imaginar [algo]: *~ mil embustes.* 3 Fabricar y formar, esp. tratándose de obras de albañilería. -4 ***prnl.*** *Amér. Central.* Hacer uno su agosto.
SIN. *1* y *2* **Fraguar.**

forlón ***m.*** Especie de coche antiguo de cuatro asientos.

forma (l. *forma;* doble etim. *horma*) ***f.*** Apariencia externa de una cosa, en contraposición a la materia de que está compuesta; conjunto de líneas y superficies que determinan su contorno. 2 Tamaño, dimensiones de un libro: como folio, cuarto y octavo. 3 Modo de existencia, acción o manifestación, de una misma cosa o substancia: *el diamante, el grafito y el carbón son formas alotrópicas del carbono; las formas gramaticales de una palabra.* 4 Modo exterior de proceder según ciertas reglas: *observar, o guardar, la ~; no hay ~ de cobrar;* ***loc. conj., de ~ que,*** indica consecuencia y resultado; *lo expuso muy ordenadamente, de ~ que convenció;* ***en ~***, con formalidad, como es debido; ***estar*** o ***hallarse en ~***, entre deportistas, tener plena aptitud, preparación y energía para determinado acto deportivo; p. ext., encontrarse en plena posesión de otras facultades; ***en debida ~***, DER., según las reglas y prácticas establecidas; con todos los requisitos necesarios. 5 Modo de expresar el pensamiento, cualidades de estilo: *el fondo de esta obra desmerece de su ~.* 6 Palabras rituales que, aplicadas por el ministro competente a la materia de cada sacramento, integran la esencia de éste. 7 Molde (objeto hueco). 8 Molde de barro cocido, de figura cónica y con un agujero en el vértice, empleado para elaborar los panes de azúcar. 9 Molde que se pone en la prensa, en la máquina tipográfica, para imprimir una hoja o la cara de una hoja. 10 Hostia pequeña para la comunión de los legos: *recibir la sagrada ~.* -11 ***f. pl.*** Modales, convenientes sociales.
SIN. *2* **Formato.**

formable *adj.* Que se puede formar.
formación *f.* Acción de formar. 2 Efecto de formar. 3 Reunión ordenada de un cuerpo de tropas para ciertos actos del servicio. 4 Forma (apariencia externa): *el caballo es de buena* ~. 5 Conjunto de rocas o masas minerales que presentan caracteres geológicos y paleontológicos comunes.
REL. *3* Sobre las diferentes formaciones militares, v. **orden.**
formador, -ra (l. *-atore*) *adj.-s.* Que forma o pone en orden.
formaje (fr. *fromage*) *m.* desus. Encella.
formal (l. *-ale*) *adj.* Relativo a la forma: *lógica* ~. 2 Que tiene formalidad: *es un hombre muy* ~. 3 Expreso, preciso, determinado: *con orden* ~ *de comparecer.*
formaldehído *m.* QUÍM. Gas incoloro, inflamable y venenoso, soluble en agua, alcohol y éter, que se utiliza para fabricar colorantes, productos textiles, insecticidas, etc.
formalete (cat. *formaret*) *m.* ARQ. Medio punto.
formalidad (de *formal*) *f.* Norma de comportamiento en la ejecución de ciertos actos públicos. 2 Requisito indispensable para alguna cosa: *llenar las formalidades previas.* 3 Seriedad, compostura. 4 Exactitud, puntualidad, consecuencia en las acciones.
formalina *f.* Solución acuosa comercial de formaldehído al 40 %.
formalismo *m.* Aplicación y observancia rigurosa del método y fórmulas de una escuela, en la enseñanza o en la investigación científica.
formalista *adj.-com.* Que observa escrupulosamente las formas y tradiciones en cualquier asunto.
formalización *f.* Acción de formalizar. 2 Efecto de formalizar.
formalizar *tr.* Dar la última forma [a una cosa]. 2 Revestir [una cosa] de los requisitos legales: ~ *un expediente.* 3 Concretar, precisar: ~ *un cargo.* -4 *prnl.* Ponerse serio, ofenderse y también ganar seriedad: *el niño va formalizándose.* ◇ ** CONJUG. [4] como *realizar.*
formalmente *adv. m.* Según la forma debida. 2 Con formalidad, expresamente.
formalote, -ta *adj.* fam. Aum. de *formal*. 2 [pers.] Que tiene formalidad, serio, amigo de la verdad. 3 [pers. joven] Que muestra más formalidad de la que sería de esperar de su edad.
formante *adj.* Que forma. -2 *m.* En el análisis espectrográfico, banda que, con otras similares, caracteriza el timbre de un sonido.
formar (l. *-are*) *tr.* Hacer [algo] dándole la forma que le es propia: *Dios formó a la mujer de una costilla del hombre.* 2 Juntar, congregar [diferentes pers. o cosas]. 3 Constituir varias personas o cosas [un todo]: *el alcohol y el agua forman una mezcla; padre e hijo forman una sociedad.* 4 Criar, educar, adiestrar: ~ *a los niños con el buen ejemplo;* ~ *un autor su estilo.* 5 MIL. Poner en orden: ~ *el escuadrón en columna, por compañías.* -6 *intr.* Perfilar los bordadores las labores dibujadas en la tela con el torzal. 7 Colocarse una persona en una formación, cortejo, etc. -8 *prnl.* Desarrollarse una persona en lo físico o en lo moral. -9 *intr. Méj.* Ajustar los moldes de imprenta.
formatear *tr.* INFORM. Preparar un disco o disquete virgen para darle una estructura utilizable por el ordenador.
formativo, -va *adj.* Que forma o da la forma.
formato (it.) *m.* Forma de un libro. 2 p. ext. Dimensiones de las fotografías, cuadros, etc. 3 INFORM. Forma o disposición en que se presentan los datos.
formatriz (l. *-atrice*) *adj.* Formadora.
-forme (de *forma*) Elemento sufijal que entra en la formación de palabras con el significado de forma: *multiforme.*
SIN. **-morfo.**
formero *adj.* ARQ. V. arco ~.
formiato *m.* Sal o éster del ácido fórmico.
formica (marca registrada) *f.* Tipo de laminado plástico con que se forran o protegen algunas maderas.
formicante *adj.* Propio de hormiga. 2 Lento, tardo. 3 MED. V. pulso ~.
formícido *adj.-m.* Insecto de la familia de los formícidos. -2 *m. pl.* Familia de insectos himenópteros de librea obscura, que forman sociedades con castas para la división del trabajo; como las hormigas.
fórmico (l. *formica*, hormiga) *adj. Ácido* ~, $CH_{2}O_{2}$, líquido incoloro, de sabor picante, procedente de la oxidación de ciertas substancias orgánicas. Se llama así porque las hormigas lo producen como secreción. 2 *Aldehído* ~ o *formaldehído*, aldehído procedente de la deshidrogenación del alcohol metílico.
formidable (l. *-abile*) *adj.* Muy temible y que infunde asombro. 2 Excesivamente grande. 3 fam. Estupendo, magnífico.
SIN. v. **brutal**, para su empleo en la lengua hablada con carácter intensivo general.
formidoloso, -sa (l. *-osu*) *adj.* p. us. Que tiene mucho miedo. 2 p. us. Que impone miedo.
formol *m.* Solución acuosa de aldehído fórmico, la cual se usa como desinfectante.
formolización *f.* Técnica de desinfección mediante el uso de formol.
formón *m.* Herramienta de carpintería parecida al escoplo, de filo muy cortante. 2 Sacabocados de boca circular. 3 *Extr.* y *Logr.* Pieza del arado que se añade a la reja para hacer más honda la labor.
formoseño, -ña *adj.-s.* De Formosa, c. y territorio de Argentina.
fórmula (l.) *f.* Forma establecida para expresar alguna cosa, modo convenido para ejecutarla o resolverla: *pronunciar la* ~ *ritual; fabricar un dentífrico según tal o cual* ~. 2 Receta (prescripción y fig.). 3 Expresión concreta de una avenencia o transacción entre diversos pareceres. 4 En los automóviles, características de peso, motor, cilindrada, etc., a que se han de ajustar para las carreras de velocidad. 5 BOT. ~ *floral*, representaciónm por medio de signos convencionales de la composición de una flor. 6 MAT. Resultado de un cálculo cuya expresión, simplificada, sirve de regla para resolución de todos los casos análogos. 7 QUÍM. Expresión simbólica de la composición de un cuerpo.
FRS. *1 Por* ~ o *por pura* ~, sólo por cumplir con la costumbre, etiqueta, apariencias, etc. *De* ~, formulario 2 y 3.
I) formular *tr.* Reducir a una fórmula, expresar en una fórmula: ~ *una reacción química.* 2 Recetar. 3 Expresar [algo] con términos claros y precisos: ~ *cargos;* ~ *conclusiones;* p. ext., ~ *un deseo;* ~ *una queja.*
II) formular *adj.* Relativo a la fórmula; que tiene cualidades de ella.
formulario, -ria *adj.* Relativo a las fórmulas o al formulismo. 2 Que se hace por pura fórmula. -3 *m.* Libro que contiene fórmulas: ~ *terapéutico;* ~ *epistolar.* 4 Modelo o patrón impreso con espacios blancos para rellenar en la realización de trámites.
formulismo *m.* Excesivo apego a las fórmulas. 2 Tendencia a preferir la apariencia de las cosas a su esencia.
formulista *adj.-com.* Partidario del formulismo o habituado a él.
fornáceo, -a (l. *furnaceu* < *furnu*, horno) *adj.* poét. Relativo al horno.
fornalla *f. Cuba.* Cenicero, parte inferior de un horno por donde se extrae la ceniza.
fornecer *tr.* desus. Proveer de todo lo necesario para algún fin. ◇ ** CONJUG. [43] como *agradecer.*
fornelo (it. *fornello*) *m.* Chofeta de hierro.
fornicación (l. *-atione*) *f.* Acción de fornicar.
fornicador, -ra (l. *-atore*) *adj.-s.* Que fornica.
fornicar (l. *-are*) *intr.* Realizar fuera del matrimonio el acto de la generación. ◇ ** CONJUG. [1] como *sacar.*
fornicario, -ria (l. *-iu*) *adj.* Relativo a la fornicación. -2 *adj.-s.* Que tiene el vicio de fornicar.
fornicio *m.* Fornicación.
fornido, -da (partic. del ant. *fornir*, abastecer, probl. del fr. **frumjan*) *adj.* Robusto y de mucho hueso.
fornitura (fr. *fourniture*) *f.* IMPR. Porción de tipos o caracteres que se funden para completar una fundición. 2 Correaje y cartuchera del soldado. 3 Conjunto de accesorios que entran en la confección de vestidos, como botones, forros, cintas, etc. 4 Piezas de repuesto de un reloj.
foro (l. *-ru*) *m.* Plaza en las ciudades romanas y esp. en Roma, donde se celebraban las reuniones políticas y donde el pretor celebraba los juicios. 2 p. ext. Sitio en que los tribunales oyen y determinan las causas. 3 Reunión para discutir asuntos de interés actual ante un auditorio que puede intervenir en la discusión. 4 Curia, y cuanto concierne a la abogacía y a los tribunales. 5 Parte del escenario opuesta a la embocadura. 6 Contrato consensual por el cual una persona cede a otra el dominio útil de una cosa mediante un canon. 7 Canon o pensión que se paga en virtud de este contrato.
REL. *4* Cuanto se refiere a los tribunales, adj. **forense.** *6* **Aforar**, dar o tomar una heredad a foro.
-foro, -fora (gr. *phorós*, que lleva) Elemento sufijal que entra en la formación de palabras con el significado de que lleva: *electróforo.*

forofo, -fa *m. f.* DEP. Hincha, fanático, incondicional. 2 p. ext. Seguidor entusiasta y obcecado de algo o alguien.
forondo, -da *adj. Chile.* Orondo, presumido.
forónido *adj.-m.* Animal del tipo de los forónidos. -2 *m. pl.* Tipo de animales invertebrados lofofóridos, que tienen una corona de tentáculos alrededor de la boca, sin aparato respiratorio, y que viven dentro de un tubo quitinoso segregado por ellos mismos.
fororo *m. Venez.* Harina de maíz tostado con fondo de papelón.
forración *f.* Procedimiento para reforzar y hacer flexibles las pinturas sobre el lienzo.
forrado *m. Argent.* y *Bol.* Estafermo (muñeco).
forraje (fr. *fourrage* < ant. *feurre,* paje) *m.* Pasto herbáceo, verde o seco, que se da al ganado. 2 Acción de forrajear. 3 fig. Fárrago. 4 *Amér.* Pasto seco conservado o cereales, para alimentación del ganado.
SIN. *1* **Herrén.**
forrajeador *m.* Soldado que va a forrajear.
forrajear *tr.* Segar y coger el forraje. 2 MIL. Salir los soldados a coger el pasto para los caballos.
forrajera *f.* Cordón que el militar de caballería lleva pendiente del morrión y enlazado al cuello.
forrajero, -ra *adj.* Que sirve para forraje: *planta forrajera.*
forrar (gót. *fodr,* vaina, por conducto del cat. o del fr.) *tr.* Cubrir [una cosa] por la parte interior o exterior, con un forro: *~ un vestido; ~ un libro; ~ de, en,* o *con, pieles.* -2 *prnl.* fam. Enriquecerse. 3 *Guat.* y *Méj.* Atiborrarse, hartarse.
forrear *intr. Venez.* Resoplar con fuerza una caballería. -2 *tr. Cuba.* Engañar, entrampar.
forro *m.* Abrigo, defensa, resguardo o cubierta que se pone a una cosa interior o exteriormente: ***el ~ de un libro,*** la cubierta. 2 Tela interior para reforzar el tejido en un vestido o para darle cuerpo. 3 Revestimiento interior o exterior del buque. 4 *Ant.* Funda de catre. 5 *Cuba.* Trampa, engaño. 6 *Chile.* Disposición, aptitud.
fortacho, -cha *adj. Amér.* Fortachón.
fortachón, -chona *adj.* fam. Recio y fornido.
fortalecedor, -ra *adj.* Que fortalece.
fortalecer *tr.-prnl.* Fortificar (dar vigor). ◇ ** CONJUG. [43] como ***agradecer.***
fortalecimiento *m.* Acción de fortalecer o fortalecerse. 2 Efecto de fortalecer o fortalecerse.
fortaleza (b. l. *-litia*) *f.* Fuerza y vigor. 2 Virtud cardinal que confiere valor para soportar la adversidad, para resistir los peligros que rodean la práctica de la virtud. 3 Natural defensa que a un lugar le presta su propia situación. 4 Recinto fortificado. 5 ~ ***volante,*** avión de guerra de gran tamaño, fuertemente blindado. -6 *f. pl.* Defecto de las armas blancas, que consiste en unas grietecillas menudas. 7 *Chile.* Hedor, hediondez. 8 *Chile.* Juego del hoyuelo.
SIN. *4* **Fuerte.**
forte (it.) *adv. m.* MÚS. Indica el fragmento en que se debe aumentar el sonido.
¡forte! MAR. Voz de mando con que se ordena hacer alto en las faenas.
fortepiano (it.) *m.* Piano.
fortificación *f.* Acción de fortificar. 2 Obra o conjunto de obras con que se fortifica un lugar.
SIN. **Arquitectura** o **ingeniería militar.**
fortificador, -ra *adj.* Fortificante.
fortificante *adj.* Que fortifica.
fortificar (l. *-are* < *fortis,* fuerte + *-ficar*) *tr.* Dar vigor y fuerza. -2 *tr.-prnl.* Hacer fuerte [un lugar] con obras de defensa: *~ con fajinas; fortificarse contra el enemigo; fortificarse en un punto.* ◇ ** CONJUG. [1] como ***sacar.***
SIN. *1* **Fortalecer.**
fortín *m.* Fuerte pequeño. 2 Obra que se levanta en los atrincheramientos de un ejército.
fortísimo, -ma *adj.* Superl. de *fuerte.*
fortran (del ing. *For*mular *Tran*slator, traductor de fórmulas) *m.* INFORM. Lenguaje de programación de ordenadores de carácter general basado en estructuras del lenguaje humano y de las matemáticas.
fortuitamente *adv. m.* Casualmente, impensadamente.
fortuito, -ta (l. *-tu*) *adj.* Que sucede inopinada y casualmente: *caso ~.*
SIN. v. **Casualidad.**
fortuna (l.) *f.* Suerte (suceso o circunstancia favorable): ***probar ~,*** intentar una empresa de resultado difícil o incierto; ***por ~,*** afortunadamente, por casualidad. 2 Hacienda, capital. 3 Éxito, aceptación de una cosa entre la gente. 4 Borrasca, tempestad: ***correr ~,*** padecer tormenta la embarcación y estar a punto de perderse.
fortunón *m.* fam. Fortuna considerable. 2 Cantidad importante de dinero.
fortunoso, -sa *adj. Amér.* Afortunado.
forúnculo *m.* Divieso. ◇ También *furúnculo.*
forunculosis (*forúnculo* + *-osis*) *f.* MED. Enfermedad de la piel caracterizada por la aparición de diversos forúnculos en toda la superficie corporal, en especial cara, cuello y espalda. ◇ Pl.: *forunculosis.*
forunculoso, -sa *adj.* Con caracteres de forúnculo.
forzadamente *adv. m.* Por fuerza.
forzado, -da *adj.* Ocupado o retenido por fuerza. 2 No espontáneo: *risa forzada.* 3 p. us. Forzoso: *trabajos forzados.* -4 *m.* Galeote, penado, presidiario.
forzador *m.* El que hace fuerza o violencia a otro.
forzal *m.* Banda maciza de donde arrancan las púas de un peine.
forzamiento *m.* Acción de forzar (obligar).
forzante *adj.* Que fuerza.
forzar (b. l. **fortiare*) *tr.* Obligar a ceder con fuerza o violencia: *~ una puerta.* 2 Gozar [a una mujer] contra su voluntad. 3 Tomar u ocupar por fuerza: *~ una plaza.* 4 Obligar a que se ejecute una cosa: *les forzaron a andar.* 5 MAR. Navegar con mucho aparejo. ◇ ** CONJUG. [50].
forzosamente *adv. m.* Por fuerza. 2 Necesaria, ineludiblemente.
forzoso, -sa *adj.* Que no se puede excusar. -2 *f.* Lance en el juego de damas a la española.
FR. *Hacer la forzosa,* obligar a hacer algo contra la voluntad, por fuerza.
forzudamente *adv. m.* Con mucha fuerza y empuje.
forzudo, -da *adj.* Que tiene grandes fuerzas.
fosa (l. *fossa,* hoyo) *f.* Sepultura: ~ ***común,*** lugar donde se entierran los restos humanos exhumados de sepulturas temporales o aquellos que, por cualquier razón, han muerto sin poder pagar sepultura. 2 Cavidad en el cuerpo humano: *las fosas nasales.* 3 Depresión de la superficie de algunos huesos. 4 ~ ***abisal,*** depresión estrecha, rectilínea o arqueada, de más de 5.000 m. de profundidad, que de manera discontinua se extiende por los diversos océanos, especialmente por el Pacífico. 5 ~ ***marina,*** fosa abisal. 6 ~ ***séptica,*** pozo negro. 7 GEOL. ~ ***tectónica,*** estructura geológica constituida por una zona alargada de la corteza terrestre, que se ha hundido respecto a los bloques laterales, por la acción de fallas marginales.
fosal *m.* Cementerio.
fosar (l. *fossare*) *tr.* Abrir un foso en torno de [una cosa].
fosca *f.* Calina. 2 *Murc.* Bosque o selva enmarañados.
SIN. *1* v. **Niebla.**
foscarral *m. Murc.* Espesura, maleza.
fosco, -ca *adj.* Hosco. 2 Fusco, obscuro. 3 [pelo] Alborotado, ahuecado.
fosf-, v. fosfo-.
fosfamina *f.* QUÍM. Fosfina.
fosfatado, -da *adj.* Que contiene algún fosfato: *alimento ~.* -2 *m.* Acción de fosfatar.
fosfatar *tr.* Combinar el fosfato con [otra substancia]. 2 Mejorar [las tierras empobrecidas] mediante fosfatos.
fosfatasa *f.* QUÍM. Enzima que hidroliza ésteres fosfóricos. Se encuentra en los riñones, intestinos y huesos.
fosfático, -ca *adj.* Relativo al fosfato.
fosfato (de *fósforo*) *m.* Sal o éster del ácido fosfórico. 2 Abono inorgánico constituido por diversas clases de fosfatos solubles.
fosfaturia (*fosfato* + *-uria*) *f.* Eliminación excesiva de fosfatos por la orina.
fosfeno (gr. *phos,* luz + *-feno*) *m.* Sensación visual producida en la retina por una causa distinta de la luz, p. ej., una presión sobre el globo ocular.
fosfina *f.* QUÍM. Gas incoloro, PH_3, de olor nauseabundo. 2 Derivado de la fosfina obtenido por la substitución del hidrógeno por radicales alcalinos. ◇ Ús. gralte. en pl.
fosfito *m.* QUÍM. Sal del ácido fosforoso.
fosfo-, fosf- (de *fósforo*) Elemento prefijal que entra en la formación de palabras con el valor de fósforo o fosfórico: *fosfoproteína.*
fosfofluorescencia (*fosfo-* + *fluorescencia*) *f.* FÍS. Propiedad de convertir en luminosas las radiaciones invisibles ultravioletas.

fosfoproteína (de *fosfo-* + *proteína*) *f.* QUÍM. Proteína que contiene fósforo.
fosforado, -da *adj.* Que contiene fósforo (metaloide).
fosforar *tr.* Añadir o mezclar [una substancia] con fósforo.
fosforecer *intr.* Manifestar fosforescencia. ◇ ** CONJUG. [43] como *agradecer.*
fosforero, -ra *m. f.* Persona que tiene por oficio vender fósforos. -2 *f.* Estuche para los fósforos.
SIN. **Cerillero, -ra.**
fosforescencia *f.* Luminiscencia producida por una causa excitante y que persiste más o menos cuando desaparece dicha causa. 2 Luminiscencia persistente de origen químico; como la de las luciérnagas.
fosforescente *adj.* Que fosforece.
fosforescer *intr.* Fosforecer. ◇ ** CONJUG. [43] como *agradecer.*
fosfórico, -ca *adj.* Perteneciente o relativo al fósforo. 2 Que contiene fósforo. 3 esp. [compuesto oxigenado] Que contiene fósforo en los grados superiores de oxidación.
fosforita *f.* Mineral compacto, terroso, blanco, amarillento, variedad impurificada de la apatita.
fosforito *m. Can.* Persona irascible.
fósforo (gr. *phosphorós,* el lucero de la mañana < *phos,* luz + *-foro*) *m.* Metaloide sólido, amarillento, de aspecto como de cera, de olor desagradable y muy venenoso. Su símbolo es *P* y su peso atómico 30,98. 2 ~ ***rojo*** o ***amorfo,*** estado alotrópico del fósforo, más difícilmente inflamable, que no es venenoso ni fosforescente. 3 Trozo de cerilla, madera o cartón con cabeza de fósforo o de sesquisulfuro de fósforo que sirve para encender. 4 El lucero del alba. 5 fig. Meollo, entendimiento, agudeza, ingenio. 6 *Colomb.* Fulminante, pistón de un arma. 7 *Méj.* fam. Café con aguardiente que toma cierta clase de gente.
SIN. *3* **Cerilla, mixto.**
¡fósforo! *Can.* Exclamación con que se denota sorpresa, preocupación, susto.
fosforografía (*fósforo* + *-grafía*) *f.* ÓPT. Método para reproducir fotográficamente espectros infrarrojos por medio de pantallas fosforescentes.
fosforoscopio (*fósforo* + *-scopio*) *m.* Aparato para observar la fosforescencia producida en un cuerpo por la acción de la luz.
fosforoso, -sa *adj.* [ácido] Que se forma por la combustión lenta del fósforo.
fosfuro *m.* Combinación del fósforo con otro elemento o radical.
fosgenita *f.* Mineral de la clase de los carbonatos que cristaliza en el sistema tetragonal, y forma cristales prismáticos, planos o piramidales, de color blanco, gris o amarillento, con brillo adamantino.
fosgeno *m.* QUÍM. Gas muy tóxico, persistente e irritante altamente letal.
fósil (l. *fossile,* sacado de la tierra) *adj.-m.* Ser orgánico que se encuentra petrificado en los antiguos depósitos sedimentarios de la corteza terrestre; p. ext., impresión o vestigio que denota la existencia de organismos de una época geológica distinta de la actual. 2 fig. Viejo, anticuado.
REL. *1* **Paleontología,** rama de las Ciencias Naturales que estudia los fósiles; **paleontólogo,** el que cultiva esta ciencia.
fosilífero, -ra (*fósil* + *-fero*) *adj.* [terreno] Que contiene fósiles.
fosilización *f.* Acción de fosilizarse. 2 Efecto de fosilizarse.
fosilizarse *prnl.* Convertirse en fósil. 2 fig. *y* fam. Quedarse una persona encasillada en un oficio, trabajo, ideas, etc., sin evolucionar o mejorar. ◇ ** CONJUG. [4] como *realizar.*
SIN. *1* **Petrificarse.**
foso (it. *fosso*) *m.* Hoyo. 2 Piso inferior del escenario. 3 Excavación profunda que circuye un castillo o fortaleza. 4 Lugar con arena en el que va a parar el atleta cuando ya ha saltado. 5 Hoyo que, en los garajes, permite inspeccionar los coches, desde abajo. 6 Canal para que se escurran las aguas de lluvia. 7 DEP. ~ o ~ ***olímpico,*** modalidad olímpica de tiro al plato.
SIN. *3* **Cava.**
fosquera *f.* Suciedad de las colmenas.
fotingo (de *Ford,* convertido en *fot* + el sufijo desp. *-ingo*) *m. Amér.* Automóvil pequeño de alquiler, feo y de mal aspecto.
fotiniano, -na *adj.-s.* Partidiario de Fotino, hereje del siglo IV.
fotio *m.* FOT. Unidad fotométrica de iluminación, que corresponde a 1 cm^2 que recibe el flujo en 1 lumen uniformemente repartido.
foto *f.* fam. Abreviación de fotografía (estampa).
foto- (gr. *phos, photós,* luz) Elemento prefijal que entra en la formación de palabras con el significado de luz; fotografía.
fotoactivo, -va *adj.* FÍS. Fotosensible.
fotobiología (*foto-* + *biología*) *f.* Rama de la biología que estudia los efectos de las radiaciones luminosas y ultravioletas sobre los seres vivos.
fotocalco (*foto-* + *calco*) *m.* Calco que se obtiene por medio de la fotografía.
fotocatálisis (*foto-* + *catálisis*) *f.* QUÍM. Reacción o proceso químico en el cual la luz actúa como agente catalizador. ◇ Pl.: *fotocatálisis.*
fotocátodo (*foto-* + *cátodo*) *m.* Superficie fotosensible revestida de substancia fotoeléctrica, sobre la cual se proyecta la imagen óptica que se ha de transmitir por una telecámara.
fotocélula (*foto-* + *célula*) *f.* Célula fotoeléctrica.
fotocincografía (*foto-* + *cincografía*) *f.* IMPR. Grabado o clisé en relieve para reproducir imágenes de trazo (dibujos a la pluma, letras, etc.).
fotocinesis (*foto-* + *-cinesis*) *f.* Reacción móvil de los organismos frente a estímulos luminosos. ◇ Pl.: *fotocinesis.*
fotocoagulación (*foto-* + *coagulación*) *f.* MED. Coagulación de un tejido mediante el uso de rayos láser.
fotocolorímetro (*foto-* + *colorímetro*) *m. Amér.* Filtro cromático utilizado en fotografía.
fotocomponedora *f.* Máquina utilizada para realizar la fotocomposición.
fotocomponer *tr.* IMPR. Componer [textos] directamente sobre películas listas para el montaje. ◇ ** CONJUG. [78] como *poner.*
fotocomposición (*foto-* + *composición*) *f.* IMPR. Acción de fotocomponer. 2 IMPR. Efecto de fotocomponer. 3 IMPR. Técnica de fotocomponer.
fotoconductividad (*foto-* + *conductividad*) *f.* ELECTR. Conductividad variable, propia de los cuerpos fotoconductores, que depende de la intensidad de la luz.
fotoconductor, -ra, -triz *adj.-s.* ELECTR. Cuerpo cuya conductividad eléctrica varía según la intensidad de la luz que los ilumina.
fotocopia (*foto-* + *copia*) *f.* Copia de un documento obtenida mediante un procedimiento fotoeléctrico.
fotocopiador, -ra *adj.* Que fotocopia. -2 *f.* Máquina para fotocopiar.
fotocopiar *tr.* Hacer fotocopias [de un plano, documento, etc.]. ◇ ** CONJUG. [12] como *cambiar.*
fotocorriente (*foto-* + *corriente*) *f.* ELECTR. Corriente obtenida por efecto fotoeléctrico.
fotocrisia *f.* Sensibilidad positiva que presentan ciertos organismos frente a los estímulos luminosos.
fotocromía (*foto-* + *-cromía*) *f.* Sistema de impresión en color. 2 Lámina que así se obtiene.
fotodegradable (*foto-* + *degradable*) *adj.* [substancia] Que por efecto de la luz pierde sus propiedades, o quedan atenuadas.
fotodermatosis (*foto-* + *dermatosis*) *f.* MED. Alteración de la piel debida directa o indirectamente a la exposición solar. ◇Pl.: *fotodermatosis.*
fotodesintegración (*foto-* + *desintegración*) *f.* FÍS. Reacción nuclear resultante de la interacción de fotones con un núcleo.
fotodinámico, -ca (*foto-* + *dinámica*) *adj.* [fenómeno biológico] Desencadenado por la luz.
fotodiodo (*foto-* + *diodo*) *m.* ELECTR. Diodo semiconductor en el cual los rayos luminosos incidentes provocan variaciones de la corriente eléctrica.
fotoelasticidad (*foto-* + *elasticidad*) *f.* Propiedad de algunas substancias isótropas de convertirse en birrefringentes, bajo la acción de un deformación elástica.
fotoelasticimetría (*foto-* + *elasticímetro*) *f.* Método óptico que estudia el estado de tensión de un cuerpo y las deformaciones interiores de las piezas mecánicas, obras de arte, etc.
fotoelectricidad (*foto-* + *electricidad*) *f.* Electricidad producida por acción de la luz.
fotoeléctrico, -ca *adj.* FÍS. Relativo a la acción de la luz sobre ciertos fenómenos eléctricos. 2 [aparato] En que se utiliza dicha acción.
fotoelectrón (*foto-* + *electrón*) *m.* FÍS. Electrón emitido por efecto fotoeléctrico.
fotoemisión (*foto-* + *emisión*) *f.* FÍS. Expulsión de electrones

de la superficie de un sólido por la energía de radiación electromagnética incidente.
fotofet ***m.*** Transistor de efecto de campo sensible a la luz, provisto de un sistema de lentes y realizado de forma similar a una fotocélula.
fotófilo, -la (*foto-* + *-filo* I) ***adj.*** [planta] Que requiere abundante luz para su desarrollo normal.
fotofiltro (*foto-* + *filtro*) ***f.*** FOT. Filtro para la luz, de vidrio teñido en la masa, o formado por capas gelatinosas, entre placas cristalinas, coloreadas con colorantes escogidos.
foto-finish ***f.*** Toma fotográfica que se realiza con una cámara especial situada en la línea de meta y cuyas imágenes determinan la clasificación en una prueba deportiva.
fotofisión (*foto-* + *fisión*) ***f.*** FÍS. Fisión nuclear provocada por un fotón.
fotofluorografía (*foto-* + *fluorografía*) ***f.*** FOT. Fotografía, en formato reducido, de la imagen producida sobre una pantalla fluorescente, de un objeto expuesto a la radiación.
fotofobia (*foto-* + *-fobia*) ***f.*** MED. Intolerancia anormal a la luz, originada principalmente por enfermedades oculares
SIN. **Fengofobia.**
fotofobo, -ba ***adj.-s.*** Que padece de fotofobia.
fotófono (*foto-* + *-fono*) ***m.*** Instrumento para transmitir el sonido por medio de ondas luminosas.
fotoforesis (*foto-* + *foresis*) ***f.*** Movimiento de pequeñas partículas de diversas substancias en libre suspensión, bajo la acción de una radiación luminosa. ◇ Pl.: *fotoforesis.*
fotóforo (*foto-* + *-foro*) ***m.*** Órgano luminoso, de estructura compleja y origen dérmico, presente en algunas especies de peces, generalmente abisales.
fotogénesis (*foto-* + *-génesis*) ***f.*** BIOL. Producción de luz por parte de ciertas estructuras orgánicas, presentes principalmente en los animales que constituyen la fauna marina abisal. ◇ Pl.: *fotogénesis.*
fotogenia (*foto-* + *-genia*) ***f.*** Capacidad de favorecer los efectos químicos de la luz sobre ciertos cuerpos. 2 Dote natural de algunas personas gracias a la cual resultan muy favorecidas al ser fotografiadas o filmadas.
fotogénico, -ca ***adj.*** Que promueve o favorece la acción química de la luz. 2 Que es esp. adecuado para la reproducción fotográfica: *facciones fotogénicas.*
fotógeno, -na (*foto-* + *-geno*) ***adj.*** Que produce luz. 2 BIOL. Que produce fosforescencia: *bacterias fotógenas.*
fotogeología (*foto-* + *geología*) ***f.*** Técnica que consiste en elaborar mapas geológicos mediante fotografías aéreas.
fotogoniómetro (*foto-* + *goniómetro*) ***m.*** FOT. Aparato usado en fotografía para medir los ángulos de los rayos luminosos provenientes de una fotografía.
fotograbado (*foto-* + *grabado*) ***m.*** Arte de grabar planchas preparadas por métodos fotográficos. 2 Grabado hecho por este procedimiento.
fotograbador, -ra ***m. f.*** Persona que se dedica al fotograbado.
fotograbar ***tr.*** Ejercer el arte del fotograbado.
fotografía (*foto-* + *-grafía*) ***f.*** Arte de producir imágenes por la acción química de la luz sobre superficies convenientemente preparadas: ~ ***submarina,*** la que se realiza bajo la superficie del mar. 2 Estampa obtenida por medio de este arte. 3 Oficina en que se ejerce este arte. 4 fig. Representación o descripción que se asemeja a una fotografía.
SIN. *2* **Retrato.**
fotografiar ***tr.*** Reproducir la imagen [de una cosa] por medio de la fotografía. 2 fig. Describir con viveza de detalles [cosas, pers. o sucesos]. ◇ ** CONJUG. [13] como ***desviar.***
fotográficamente ***adv. m.*** Por medio de la fotografía.
fotográfico, -ca ***adj.*** Relativo a la fotografía.
fotógrafo, -fa ***m. f.*** Persona que por afición u oficio hace fotografía.
SIN. **Retratista,** vulg.
fotograma (*foto-* + *-grama*) ***m.*** Imagen cinematográfica considerada aisladamente. 2 Prueba fotográfica positiva. 3 Imagen fotográfica obtenida exponiendo directamente sobre la emulsión sensible a la luz, cuerpos transparentes u opacos, sin utilizar cámara.
fotogrametría (de *fotograma* + *-metría*) ***f.*** Procedimiento para obtener planos de grandes extensiones de terreno por medio de fotografías.
fotointerpretación (*foto-* + *interpretación*) ***f.*** Utilización de fotografías aéreas para establecer los elementos de base de un mapa (tipográfico, climatológico, etc.). 2 Técnica de dicha utilización.
fotoionización (*foto-* + *ionización*) ***f.*** FÍS. Ionización producida por radiación visible o ultravioleta.
fotólisis (*foto-* + *-lisis*) ***f.*** Descomposición provocada por la luz y en especial por los rayos ultravioletas. 2 BOT. Relación entre los cloroplastos y la luz que incide sobre una planta. ◇ Pl.: *fotólisis.*
fotolito (*foto-* + *-lito*) ***m.*** Cliché fotográfico de un original sobre soporte transparente usado como matriz en huecograbado y offset. 2 Copia obtenida por medio de la fotolitografía.
fotolitografía (*foto-* + *litografía*) ***f.*** Arte de reproducir y fijar dibujos en piedra litográfica mediante la acción química de la luz. 2 Estampa obtenida por medio de este arte.
SIN. **Litofotografía.**
fotolitografiar ***tr.*** Reproducir la imagen [de una cosa] por medio de la fotolitografía. ◇ ** CONJUG. [13] como ***desviar.***
SIN. **Litofotografiar.**
fotolitográfico, -ca ***adj.*** Relativo a la fotolitografía.
fotolitógrafo, -fa ***adj.-s.*** Que ejerce la fotolitografía.
fotoluminiscencia (*foto-* + *luminiscencia*) ***f.*** Emisión de luz como consecuencia de la absorción previa de una radiación.
fotomagnético, -ca (*foto-* + *magnético*) ***adj.*** FÍS. [fenómeno] De carácter magnético provocado por la luz.
fotomatón (*foto-* + *matón*) ***m.*** Mecanismo que obtiene el retrato, revela y fija el negativo, tira los positivos que se deseen y entrega las copias secas, todo ello en pocos minutos. 2 Cabina donde se obtienen fotografías realizadas con dicho mecanismo.
fotomecánica (*foto-* + *mecánica*) ***f.*** Copia de documentos y de libros obtenida por medio de máquinas con dispositivo fotográfico.
fotomecánico, -ca ***adj.*** [sistema de impresión tipográfica] Con clisés que se obtienen mediante la fotografía.
fotometría (*foto-* + *-metría*) ***f.*** Parte de la óptica que trata de las leyes relativas a la intensidad de la luz y de los métodos para medirla.
fotométrico, -ca ***adj.*** Relativo a la fotometría.
fotómetro (*foto-* + *-metro*) ***m.*** FÍS. Instrumento que sirve para medir la intensidad de una luz. 2 FOT. Exposímetro.
fotomicrografía (*foto-* + *micrografía*) ***f.*** FOT. Aplicación de la fotografía a la reproducción de preparaciones microscópicas.
fotomodelo (*foto-* + *modelo*) ***com.*** Modelo utilizado para fotografías, esp. las destinadas a las revistas ilustradas.
fotomontaje (*foto-* + *montaje*) ***m.*** Fotografía resultante de componer otras diversas con intención artística, publicitaria, etc.
fotomultiplicador (*foto-* + *multiplicador*) ***m.*** ELECTR. Tubo fotoeléctrico en el que la ampliación de la señal eléctrica se consigue mediante emisión secundaria de unos electrodos auxiliares.
fotón ***m.*** FÍS. Cuanto de energía luminosa.
fotoneutrón (*foto-* + *neutrón*) ***m.*** Neutrón que bajo la acción de una radiación gamma se libera de un núcleo atómico.
fotonovela (*foto-* + *novela*) ***f.*** Relato, gralte. de tipo sentimental, hecho mediante una secuencia de fotografías acompañadas de textos muy breves.
fotonuclear (*foto-* + *nuclear*) ***adj.*** FÍS. [reacción nuclear] Resultante de la interacción de fotones con un núcleo.
fotoperiodo (*foto-* + *periodo*) ***m.*** Respuesta de los organismos a la duración relativa del día y de la noche.
fotoplano (*foto-* + *plano*) ***f.*** TOPOGR. Plano fotográfico obtenido uniendo varias fotografías aéreas del terreno después de haber corregido las deformaciones que las mismas presentan por efecto de la perspectiva.
fotopositivo, -va (*foto-* + *positivo*) ***adj.*** FÍS. [material fotoeléctrico] Cuya conductividad aumenta con la energía luminosa que recibe.
fotoquímica (*foto-* + *química*) ***f.*** Estudio de los efectos químicos de la luz.
fotorradio (*foto-* + *radio*) ***f.*** Fotografía transmitida mediante radiofrecuencias.
fotorreacción (*foto-* + *reacción*) ***f.*** QUÍM. Reacción química provocada por la luz o en la cual los rayos luminosos ejercen alguna influencia.
fotorresistencia (*foto-* + *resistencia*) ***f.*** Resistencia variable según la iluminación incidente.
fotorrobot (*foto-* + *robot*) ***f.*** Sistema de identificación consistente en la obtención de un retrato por medio de los detalles fisonómicos descritos por testigos.

fotosensibilización (*foto-* + *sensibilización*) *f.* Hiperreactividad cutánea a las radiaciones luminosas que se observa en ciertas personas expuestas a la acción de factores sensibilizantes exteriores o endógenos.

fotosensible *adj.* Que es sensible a la acción de la luz.

fotosfera (*foto-* + gr. *sphaira,* esfera) *f.* Atmósfera luminosa del sol, en la cual tiene lugar probablemente el fenómeno de las manchas solares.

fotosíntesis (*foto-* + *síntesis*) *f.* Formación de un compuesto químico mediante la acción de la luz; esp., la función realizada por la clorofila de las plantas. ◇ Pl.: *fotosíntesis.*

fotosintético, -ca *adj.* Relativo a la fotosíntesis.

fotostato (ing. *photostat*) *m.* Máquina para hacer fotocopias.

fototaqueómetro *m.* TOPOGR. Fototeodolito.

fototaxismo (*foto-* + gr. *taxis,* ordenación) *m.* Reacción de los organismos celulares libres a la acción de los rayos luminosos, que se manifiesta por movimientos de orientación.

fototeca (*foto-* + *-teca*) *f.* Archivo donde se guardan fotografías. 2 Conjunto de estas fotografías.

fototegia *f.* FOT. Obtención de un cliché o prueba fotográfica de claros y obscuros invertidos.

fototelegrafía (*foto-* + *telegrafía*) *f.* Transmisión telegráfica de fotografías.
SIN. **Telefotografía.**

fototelégrafo (*foto-* + *telégrafo*) *m.* Aparato que sirve para transmitir a distancia fotografías estáticas mediante el telégrafo.

fototeodolito (*foto-* + *teodolito*) *m.* TOPOGR. Instrumento utilizado en fototopografía, consistente en un teodolito provisto de una cámara fotográfica acoplada con el anteojo para que siga exactamente sus movimientos.

fototerapia (*foto-* + *-terapia*) *f.* MED. Método de curación de las enfermedades por la acción de la luz.

fototermómetro (*foto-* + *termómetro*) *m.* FÍS. Aparato para registrar las temperaturas del mar a grandes profundidades valiéndose de la impresión fotográfica.

fototintura (*foto-* + *tintura*) *f.* TEXT. Impresión, en los tejidos, de imágenes fotográficas inalterables.

fototipia *f.* Fototipografía. 2 Lámina obtenida por procedimiento fototipográfico.

fototípico, -ca *adj.* Relativo a la fototipia.

fototipografía (*foto-* + *tipografía*) *f.* Arte de obtener y estampar clisés fotográficos por medio de la fotografía.

fototipográfico, -ca *adj.* Relativo a la fototipografía.

fototopografía (*foto-* + *topografía*) *f.* TOPOGR. Aplicación de la fotogrametría al levantamiento de planos fotográficos.

fototransistor (*foto-* + *transitivo*) *m.* ELECTR. Transistor que amplifica la corriente producida en él por efecto fotoeléctrico; es de pequeño tamaño y alta sensibilidad.

fototropismo (*foto-* + *tropismo*) *m.* Tropismo que obedece a la influencia de la luz.

fototubo (*foto-* + *tubo*) *m.* ELECTR. Tubo electrónico que contiene un fotocátodo y la señal de salida depende, en cada instante, de la emisión fotoeléctrica total del área del fotocátodo sometida a radiación.

fotovoltaico, -ca (*foto-* + *voltaico*) *adj.* [substancia] Que, bajo la acción de una radiación luminosa o análoga, genera una fuerza electromotriz.

fotutazo *m. Ant.* Sonido dado con el fotuto.

fotutear *intr. Cuba* y *P. Rico.* Soplar el fotuto.

I) fotuto (voz americana de orig. incierto) *m. Cuba.* Caracola, trompa usada por los indios. 2 *Colomb.* y *Venez.* Especie de flauta india. 3 *Colomb.* Tubo mediano y angosto con que se produce sonido destemplado. 4 *Colomb.* Tallo de la hoja del papayo. 5 *Cuba.* vulg. Bocina de los automóviles. 6 *P. Rico* y *S. Dom.* Pito cónico de cartón con embocadura de madera. 7 *S. Dom.* Cuerno de ganado vacuno.

II) fotuto, -ta *adj. Cuba.* Desagradable, en mal estado. 2 *P. Rico.* Arruinado; enfermo; fastidiado. 3 *Venez.* [fruto] Verde.

fourcroia *f.* Planta agavácea parecida a la pita y que como ella presenta las hojas verdes y carnosas, dispuestas en una roseta basal. La floración ocurre al cabo de varios años y para ello forma un tallo de varios metros de altura, donde se disponen las flores que son de color blanco verdoso (*Fourcroia* sp.).

fourmarierita *f.* Mineral de la clase de los óxidos que cristaliza en el sistema rómbico y se presenta en cristales tabulares o en masas compactas o terrosas, de color rojo con brillo adamantino.

fóvea *f.* ZOOL. Depresión pequeña.

foxterrier (ing.) *adj.-m.* V. perro ~.

fox-trot (ing.) *m.* Baile en compás de cuatro por cuatro, de ritmo sincopado procedente del ragtime, que consta de pasos rápidos y lentos. 2 Música de este baile.

foyaíta *f.* Roca magmática intrusiva del grupo de las sienitas con un porcentaje elevado de feldespato potásico y minerales melanocratos.

foyeque *m. Amér.* Fotingo.

foyer (voz francesa) *m.* Sala de descanso o vestíbulo amplio en los teatros.

Fr, símbolo químico del *francio.*

frac (fr., probl. del ing. *frock,* de orig. fráncico) *m.* Vestidura de hombre, que por delante llega hasta la cintura y por detrás tiene dos faldones. ◇ También *fraque.* ◇ Pl.: vacilante *fracs* y *fraques.*

fracasado, -da *adj.-s.* [pers.] Desconceptuado a causa de los fracasos padecidos.

fracasar (it. *fracassare*) *tr.* desus. Destrozar, hacer trizas [una cosa]. -2 *intr.* fig. Frustrarse: ~ *un proyecto.* 3 Tener un resultado adverso en un negocio. 4 Romperse, hacerse pedazos una cosa: *la embarcación fracasó en un arrecife.* ◇ Las aceps. 1 y 4 no son recomendables.

fracaso *m.* desus. Caída o ruina estrepitosa. 2 Malogro de una empresa. 3 fig. Suceso lastimoso e inopinado.

fracatán *m. P. Rico* y *S. Dom.* Montón de personas, cosas, ideas, etc., sin número.

fracción (l. *fractione* < *frangere,* romper) *f.* División de un todo en partes. 2 Grupo de un partido u organización, que difiere del resto, y que puede llegar a independizarse. 3 Cociente indicado de dos expresiones algebraicas. 4 Número quebrado: ~ ***impropia,*** aquella cuyo numerador es mayor que el denominador; ~ ***decimal,*** aquella cuyo denominador es una potencia de diez; ~ ***continua,*** la que tiene por numerador la unidad y por denominador un número mixto, cuya fracción tiene por numerador la unidad y por denominador otro número mixto de igual clase, y así sucesivamente. 5 FÍS. y QUÍM. En procesos como la destilación, la depuración, etc., parte que se separa de una substancia: ~ ***ligera,*** la primera que se produce en una destilación.

fraccionable *adj.* Que puede fraccionarse.

fraccionamiento *m.* Acción de fraccionar. 2 Efecto de fraccionar.

fraccionar *tr.* Dividir [una cosa] en partes o fracciones. 2 Separar cada uno de los compuestos [de una mezcla] basándose en alguna propiedad física o química.

fraccionario, -ria *adj.* Perteneciente o relativo a las fracciones o a una fracción. -2 *adj.-f.* MAT. V. número quebrado o ~
SIN. **Quebrado,** si se trata de un número.

fractocúmulo (l. *fractus* + *cúmulo*) *m.* Nube baja de contornos bien delimitados que forma masas aisladas del tipo de los cúmulos.

fractostrato (l. *fractus* + *estrato*) *m.* Nube baja de forma perfectamente delimitada y que se dispone en masas aisladas del tipo de los estratos.

fractura (l.) *f.* Acción de fracturar o fracturarse. 2 Efecto de fracturar o fracturarse. 3 Lugar por donde se rompe un cuerpo, y señal que deja. 4 En los minerales, forma que tienen de romperse: ~ *laminar;* ~ *concoidea.* 5 GEOL. Falla. 6 MINERAL. Ruptura en un mineral, producida en una superficie plana, irregular, astillosa, etc.
SIN. *1, 2* y *3* **Rotura.**

fracturar *tr.-prnl.* Romper o quebrantar con esfuerzo [una cosa]: *fracturarse un brazo.*
SIN. v. **Romper.**

I) fraga (l. *fraga,* fresas) *f.* Frambueso.

II) fraga (del mismo orden que *fragoso*) *f.* Breñal. 2 Madera que se corta de las piezas en la primera labra.

fragancia (l. *-ntia*) *f.* Olor suave y delicioso. 2 fig. Fama de las virtudes de una persona.
SIN. v. **Olor.**

fragante *adj.* Que tiene o despide fragancia. 2 Flagrante.

fragaria *f.* BOT. Fresa.

fragata (it. *fregata*) *f.* MAR. Velero de tres palos, con cofas y vergas en todos ellos. 2 ~ ***ligera,*** corbeta. 3 Buque de guerra, menor que el destructor, destinado especialmente a dar escolta, y provisto de armas antisubmarinas y antiaéreas. 4 ZOOL. Rabihorcado (ave).

frágil (l. *-ile*) *adj.* Quebradizo, que se rompe fácilmente. 2 Que cae fácilmente en pecado. 3 fig. Caduco, perecedero. 4 fig. Débil, poco resistente, susceptible de estropearse con facilidad: *tiene una voluntad ~.*

SIN. **Quebradizo,** en todas las aceps.

fragilidad *f.* Calidad de frágil.

frágilmente *adv. m.* Con fragilidad.

fragmentación *f.* Acción de fragmentar. 2 Efecto de fragmentar.

fragmentar (de *fragmento*) *tr.* Reducir a fragmentos.

fragmentario, -ria *adj.* Compuesto de fragmentos. 2 Incompleto, no acabado.

fragmento (l. *-tu*) *m.* Pedazo de una cosa partida o quebrada. 2 fig. Parte que ha quedado, que se publica o que se cita de una obra.

SIN. v. **Pedazo.**

fragor (l. *fragore*) *m.* Ruido prolongado, estruendo.

fragoroso, -sa *adj.* Ruidoso, estruendoso.

fragosidad *f.* Aspereza y espesura de un monte. 2 Terreno lleno de asperezas y breñas.

fragoso, -sa (l. *-osu*) *adj.* Áspero, intrincado. 2 Fragoroso.

SIN. *1* **Abrupto, escabroso.**

fragua (l. *fabrica,* taller) *f.* Fogón, provisto de fuelle u otro aparato análogo, en que se calientan los metales para forjarlos. 2 Taller donde está instalado dicho fogón y donde se forjan los metales.

fraguado *m.* ALBAÑ. Acción de fraguar. 2 ALBAÑ. Efecto de fraguar.

fraguador, -ra *adj.-s.* fig. Que fragua, traza o discurre algo: *~ de enredos.*

fraguar *tr.* Forjar (el metal). 2 fig. Idear, imaginar la realización [de alguna cosa]: *~ un plan.* -3 *intr.* ALBAÑ. Llegar a trabajar y a endurecerse la cal, yeso, cemento, etc. ◇ ** CONJUG. [22] como ***averiguar.***

fragüero *m. And.* Herrero.

fragura *f.* Fragosidad.

frailada *f.* fam. Acción descompuesta cometida por un fraile.

fraile (ant. *fraire* < l. *fratre*) *m.* Religioso en gral., y esp. el de ciertas órdenes. 2 Doblez hacia afuera que se hace accidentalmente en el borde de un vestido talar. 3 IMPR. Parte del papel que por cualquier causa queda en blanco al hacer la impresión. 4 Rebajo triangular que se hace en la pared de las chimeneas de campana para que el humo suba más fácilmente. 5 Pez fluvial de pequeño tamaño, sin escamas, con una cresta sobre la nuca y un pequeño apéndice sobre cada ojo *(Blennius fluviatilis).* 6 En el molino de viento, madero al que se fijan los palos que sostienen la cubierta y el extremo superior del gobierno o timón. 7 Mogote de piedra con figura más o menos semejante a la de un fraile. 8 *And.* Montón de mies trillada, que se hace en las eras para aventarla. 9 *Murc.* Parte alta del ramo donde hilan los gusanos.

SIN. **Fray** (abreviatura **Fr.**), forma apocopada usada como tratamiento antepuesto al nombre: *Fr. Luis de León*; **religioso** es sinónimo de **fraile** en el habla corriente, y no se circunscribe a determinadas órdenes.

frailecillo *m.* Dim. de *fraile.* 2 Ave caradriforme buceadora marina, de plumaje blanco y negro, y pico triangular, aplastado lateralmente *(Fratercula arctica).* 3 Ave fría. 4 Zoquetillo donde, con otro similar, se asegura el husillo de hierro. 5 *And.* Vara con que se sujeta el puente delantero de las correderas en las carretas. 6 *And.* Palito que está por debajo de las orejeras para que estas no se peguen con la cabeza del arado. 7 *Cuba* y *Chile.* Frailecito, ave. 8 *Cuba.* Nombre vulgar de las plantas *Ximenia americana* y *Croton labatus.*

frailecito *m.* Dim. de *fraile.* 2 Juguete que hacen los niños con una haba. 3 *Cuba* y *P. Rico.* Nombre de varias especies de avecillas zancudas, que gritan como los *Charadrius* de Europa (*Oxyechus vociferus; Agelaens semipralmatus*).

frailejón *m. Amér.* Planta de hojas lanudas y resinosas; crece hasta siete pies de altura; nace en las cumbres y faldas de los páramos, y da una flor amarilla semejante al girasol *(Speletia grandiflora).*

frailengo, -ga *adj.* fam. Fraileño.

fraileño, -ña *adj.* fam. Frailesco.

frailería *f.* fam. Los frailes en común.

frailero, -ra *adj.* Propio de los frailes: *sillón ~.* 2 Amigo de los frailes, devoto, beato. 3 CARP. Ventana cuyo postigo va colgado de la misma hoja y no del cerco.

frailesco, -ca *adj.* Relativo a frailes.

frailía *f.* Estado de clérigo regular.

frailillos *m. pl.* Arísaro.

frailuco *m.* desp. Fraile insignificante y de poco respeto.

frailuno, -na *adj.* desp. Propio de fraile.

framboyán (fr. *flamboyant*) *m.* Árbol de las Antillas de hermosas flores rojas *(Poinciana regia).*

frambuesa (germ. *brambasia,* mora) *f.* Fruto del frambueso.

SIN. **Sangüesa.**

frambueso *m.* Planta rosácea, especie de zarza, cuyo fruto es un eterio de drupas, comestible, de color carmín y sabor agridulce *(Rubus idœus).*

SIN. **Churdón, chordón,** que se aplican también a la frambuesa; **fraga,** tecn.; **sangüeso.**

frámea (l.) *f.* Arma, a modo de lanza, usada por los antiguos germanos.

francachela (probl. der. de *franco* III) *f.* fam. Comida alegre y regocijada en extremo.

SIN. **Cuchipanda,** fam. o desp.

francalete (cat. *francalet*) *m.* Correa con hebilla en un extremo para oprimir o asegurar algo.

SIN. **Zambarco.**

francamente *adv. m.* Con franqueza. 2 Con franquicia.

francés, -cesa *adj.-s.* De Francia, nación del oeste de Europa. -2 *adj.-m.* Lengua romance, hablada oficialmente en Francia, Bélgica, Suiza, Luxemburgo, Mónaco, Canadá y otras naciones. 3 ***A la francesa,*** al uso de Francia; bruscamente, sin decir una palabra: *despedirse, marcharse, irse a la francesa.*

SIN. **Galo,** refiriéndose a la Francia romana, o en estilo lit.; **franco,** refiriéndose a la Francia de la alta Edad Media; desp.: **franchute, gabacho.**

francesada *f.* Dicho o hecho propio de franceses. 2 Invasión francesa de 1808.

francesilla (por haber venido de Francia) *f.* Planta ranunculácea de jardín, con flores terminales, grandes, de color variado *(Ranunculus asiaticus).* 2 Ciruela parecida a la damascena. 3 Panecillo de masa esponjosa y de figura alargada.

SIN. *1* **Marimoña.**

franchipán *m.* Preparado a base de almendras molidas, mantequilla, huevos y azúcar, aromatizado al gusto, que se utiliza para rellenar pasteles de hojaldre, torteles, etc.

franchote, -ta *m. f.* Franchute.

franchute, -ta *m. f.* desp. Francés.

francio *m.* Elemento químico radiactivo, cuyo símbolo es *Fr,* número atómico 87, y peso atómico 223.

franciscano, -na *adj.-s.* [pers.] Que pertenece a cualquiera de las fundaciones religiosas que observan la regla de la Orden de San Francisco de Asís (1182-1226), y esp. del tronco de la Orden, la congregación de los Frailes Menores observantes, fundada en 1209. -2 *adj.* Relativo a dicha Orden. 3 *Amér.* De color pardo.

REL. 1 En abreviatura: O. F. M. (*ordo,* u *ordinis, fratrum minorum*).

francisco, -ca *adj.-s.* [pers.] Franciscano.

francmasón, -sona (fr. *franc-maçon* < ing. *free mason,* albañil libre) *m. f.* Persona que pertenece a la francmasonería.

SIN. **Masón.**

francmasonería *f.* Asociación secreta que declara aspirar a la fraternidad universal, basada en la tolerancia religiosa y en los principios del humanitarismo. Usa varios símbolos tomados de la albañilería.

SIN. **Masonería.** REL. **Logia,** agrupación de la francmasonería; **triángulo,** cuando tiene corto número de afiliados; **Venerable Maestro,** presidente de una logia; **Gran Oriente,** presidente de las logias de un país; **tenida,** sesión de una logia.

francmasónico, -ca *adj.* Relativo a la francmasonería.

I) franco (fr. *franc*) *m.* Moneda que, con distintos valores, se emplea como unidad monetaria en Francia, Bélgica y Suiza.

II) franco, -ca (ant. alto al. *frank,* libre; l. *francu*) *adj.-s.* Pueblo germánico que conquistó la Galia y fundó la monarquía francesa; francés. -2 *m.* Lengua que hablaron los francos. -3 *adj.* [lengua] Que es una mezcla de otras y en la cual se comunican pueblos diferentes.

III) franco, -ca (ant. fr. *franc,* libre < l. *francu*) *adj.* Liberal, dadivoso: *~ a, con, para,* o *para con, todos.* 2 Sencillo, ingenuo y leal en su trato: *~ de carácter; ~ en decir.* 3 Desembarazado, sin impedimento alguno: *el camino está ~.* 4 Libre, exento, que no paga: *~ de porte.* -5 *m.* Tiempo que dura la feria en que se vende libre de derechos.

SIN. *2* v. **Sincero.**

franco- (de *franco* II) Elemento prefijal que entra en la formación de palabras con el significado de francés: *francófilo.*

SIN. **Galo-.**

francocuartel *m.* Franco cuartel.

francófilo, -la (*franco-* + *-filo* I) ***adj.*** Que simpatiza con Francia o con los franceses.

francófono, -na (*franco-* + *-fono*) ***adj.-s.*** [pers.] Que tiene como lengua materna el francés. -2 ***adj.*** [país, región] De habla francesa.

francolín (orig. incierto; quizá de un compuesto del ant. del fr. *franc,* domesticado, y *courlis,* chorlito) ***m.*** Ave galliforme, parecida a la perdiz, de plumaje negro en la cabeza, el pecho y el vientre, y gris en la espalda *(Francolinus francolinus).* 2 *Ecuad.* Rabón, reculo.

francolino, -na ***adj.*** *Chile* y *Ecuad.* [gallina o pollo] Sin cola.

francote, -ta ***adj.*** Aum. de *franco.* 2 Que procede con sinceridad y llaneza.

francotirador (fr. *franc-tireur*) ***m.*** Combatiente que no pertenece al ejército regular. 2 Tirador que actúa de forma aislada sin ser visto y que dispara desde lejos con una gran puntería sobre sus víctimas. 3 p. ext. Persona que actúa por su cuenta y cuyos dichos o hechos van en contra de la mayoría.

francucu ***adj.*** *Bol.* Gallo reculo y cobarde.

franela (gr. *flanelle* < ingl. *flannel;* der. del galés *gwalan,* lana) ***f.*** Tejido fino de lana, y a veces de algodón, ligeramente cardado por una de sus caras. 2 TAUROM. Muleta. 3 *Amér.* Camiseta de hombre.

frange (fr.) ***m.*** BLAS. División del escudo de armas, hecha con dos diagonales que se cortan en el centro.

frangente ***m.*** p. us. Acontecimiento fortuito y desgraciado.

frangible ***adj.*** Capaz de quebrarse o partirse.

frangir (l. *-ere*) ***tr.*** Partir o dividir [una cosa]. ◇ ** CONJUG. [6] como ***dirigir.***

frangle ***m.*** BLAS. Faja estrecha.

frangollado, -da ***adj.*** *Argent.* A medio domar.

frangollar (der. del l. *frangere*) ***tr.*** Quebrantar el grano de trigo. 2 fig. Hacer una cosa de prisa y mal. -3 ***intr.*** *Bol.* Disimular.
SIN. *2* v. **Chapucear.**

frangollero, -ra ***adj.*** *Argent.* y *Bol.* Frangollón.

frangollo ***m.*** Trigo machacado y cocido. 2 Pienso de legumbres o granos triturados que se da al ganado. 3 fig. Cosa hecha de prisa y mal, chapuza. 4 *Can.* Maíz cocido con leche. 5 *Cuba* y *P. Rico.* Dulce hecho de plátano verde triturado. 6 *Méj.* fig. Comida hecha sin esmero. 7 *Perú.* Mezcolanza, revoltijo. 8 *Chile.* Trigo, cebada o maíz triturados para cocerlos. 9 *Argent.* Acción de frangollar. 10 *Argent.* Efecto de fragollar.

frangollón, -llona ***adj.*** *And., Can.* y *Amér.* [pers.] Que hace de prisa y mal una cosa.

franja (fr. *frange* < fr. ant. *frenge* < l. *fimbria,* borde de un vestido) ***f.*** Guarnición tejida para adornar, esp. los vestidos. 2 Faja, lista o tira en general. 3 fig. Parte [de algo].

franjalete ***m.*** Francalete.

franjar, -jear ***tr.*** p. us. Guarnecer con franjas.

franjolín, -lina ***adj.*** *Amér.* Rabón, reculo.

franjolino, -na ***adj.*** *Guat.* y *Méj.* Reculo, rabón.

frankental ***f.*** Variedad de uva originaria de Alemania, de granos muy grandes y jugosos, de color negro.

franklin ***m.*** FÍS. Unidad de carga eléctrica en el sistema cegesimal electrostático, equivale a $3,3356.10^{10}$. 2 FÍS. Tiras o bandas, alternativamente brillantes y obscuras, y a veces irisadas, que se producen en la difracción e interferencia de rayos luminosos.

franqueable (de *franco* III) ***adj.*** Que se puede franquear.

franqueamiento ***m.*** Franqueo.

franquear (de *franco* III) ***tr.*** Libertar, exceptuar [a uno] de una contribución. 2 Conceder [una cosa] liberalmente. 3 Dar libertad [al esclavo]. 4 Desembarazar, quitar los impedimentos: *~ la puerta; ~ el paso.* 5 Pagar en sellos el porte por el correo. 6 Pasar de un lado a otro con esfuerzo o venciendo una dificultad. -7 ***prnl.*** Prestarse uno fácilmente a los deseos de otro. 8 Descubrir uno su interior a otro: *franquearse a,* o *con, alguno.*

franqueniáceo, -a (de *Frankenio,* n. de un médico sueco) ***adj.-f.*** Planta de la familia de las franqueniáceas. -2 ***f. pl.*** Familia de plantas dicotiledóneas que incluye matas o arbustos de hojas opuestas o verticiladas, flores sentadas y frutos capsulares con muchas semillas diminutas.

franqueo ***m.*** Acción de franquear dejando paso o camino. 2 Efecto de franquear dejando paso o camino. 3 Acción de dar libertad al esclavo. 4 Efecto de dar libertad al esclavo. 5 Acción de poner sellos en cartas, documentos, etc. 6 Cantidad que se paga en sellos.

franqueza ***f.*** Libertad, exención. 2 Liberalidad, generosidad. 3 fig. Sinceridad, lisura. 4 fig. Familiaridad, confianza.

franquía ***f.*** Situación del buque que tiene paso franco para zarpar o tomar determinado rumbo: *ganar ~; ponerse en ~.* 2 ***En ~***, en disposición de poder hacer lo que se quiera.

franquicia ***f.*** Exención del pago de ciertos derechos o de ciertos servicios públicos: *~ postal.*

franquismo ***m.*** Régimen político implantado en España por el general Franco (1892-1975).

franquista ***adj.*** Relativo al gobierno de Franco (1892-1975). -2 ***com.*** Partidario de este gobierno.

fraque ***m.*** Frac.

frasca (it.) ***f.*** Hojarasca y ramas menudas. 2 Vasija de vidrio que se emplea para el vino. 3 *Méj.* Fiesta, bulla, algazara.

frasco (probl. del gót. **flasko,* botella) ***m.*** Vaso angosto de cuello recogido. 2 ant. Vaso, gralte. de cuerno, para llevar la pólvora, en la caza. 3 Contenido de un frasco. 4 *Cuba, Méj.* y *R. de la Plata.* Medida de capacidad para líquidos, equivalente a 2,37 litros.

frase (l. gr. *phrasis*) ***f.*** Conjunto de palabras que basta para formar sentido, aunque no constituya una oración formal: ***~ hecha,*** expresión de uso corriente en la lengua: *¡Aquí fue Troya!* ***~ proverbial,*** la frase hecha que expresa una sentencia a modo de proverbio: *cada cual puede hacer de su capa un sayo.* 2 GRAM. Modo. 3 Locución acentuadamente expresiva; dicho agudo. 4 Modo particular con que un escritor u orador ordena las palabras en la oración y las oraciones entre sí: *la ~ de Cicerón.* 5 ***~ musical,*** período melódico que expresa una idea y determina el ritmo. 6 Palabras sin valor, dichas convencional o insinceramente.

frasear ***tr.*** Formar frases.

fraseo ***m.*** Arte de puntuar y graduar la frase musical.

fraseología (ingl. *phraseology*) ***f.*** Modo de ordenar las frases peculiar de cada escritor o de cada idioma. 2 Conjunto de modismos o locuciones. 3 Demasía de palabras; verbosidad.

fraseológico, -ca ***adj.*** Relativo a la frase.

frasquera ***f.*** Caja con diferentes divisiones, para guardar y transportar frascos.

frasqueta (fr. *frisquette*) ***f.*** IMPR. Cuadro con que en las prensas de mano se sujeta al tímpano el papel que se va a imprimir.

frasquitero, -ra ***adj.*** *Venez.* Embelequero.

frástico, -ca ***adj.*** LING. Relativo a la frase.

fratás ***m.*** ALBAÑ. Instrumento que sirve para alisar el enlucido o jaharrar, humedeciéndolo primero.

fratasar ***tr.*** Igualar con el fratás [la superficie de un muro enfoscado o jaharrado].

fraterna ***f.*** irón. Corrección o reprensión áspera. 2 *P. Rico.* Trabajo excesivo. 3 *P. Rico* y *Venez.* Cencerro, cantaleta.

fraternal ***adj.*** Propio de hermano: *amor ~.*

fraternalmente ***adv. m.*** Con fraternidad.

fraternidad ***f.*** Unión y amor entre hermanos o entre los que se tratan como tales. 2 ANGLIC. Asociación de estudiantes.
SIN. **Hermandad.**

fraternizar ***intr.*** Unirse y tratarse como hermanos. 2 fig. Alternar, tratarse amistosamente: *las tropas fraternizan con el pueblo.* ◇ ** CONJUG. [4] como ***realizar.***
SIN. **Confraternizar.**

fraterno, -na (l. *-nu*) ***adj.*** Relativo a los hermanos.

fratría (gr. *phratria*) ***f.*** Sociedad íntima, heredad, cofradía. 2 BIOL. Conjunto de hijos e hijas de una misma pareja.

fratricida (l. < *frater,* hermano + *-cida*) ***adj.-s.*** [pers.] Que comete un fratricidio.
SIN. **Caín, cainita.**

fratricidio (l. < *frater,* hermano + *-cidio*) ***m.*** Crimen del que mata a su hermano.

fraude (l.) ***m.*** Engaño que se hace a uno para procurarse una ventaja en detrimento de él: ***en ~ de acreedores,*** acto del deudor que deja al acreedor sin medios de cobrar lo que se le debe. 2 DER. Acción encaminada a eludir cualquier disposición legal, ya sea esta fiscal, penal o civil, siempre que con ello se produzca perjuicio contra el Estado o contra terceros: ***~ fiscal,*** DER., el cometido con el fin de impedir la normal aplicación de las leyes tributarias.
SIN. *1* v. **Mentira.**

fraudulencia (l. *-tia*) ***f.*** Fraude.

fraudulentamente ***adv. m.*** Con fraude.

fraudulento, -ta (l. *-tu*) ***adj.*** Que se sirve del fraude; hecho con él.

fray ***m.*** Apócope de fraile usado delante del nombre propio. 2 Frey.

fraybentino, -na *adj.-s.* De Fray Bentos, cap. del dep. de Río Negro (Uruguay).
frazada (cat. *flassada,* de orig. desconocido) *f.* Manta peluda que se echa sobre la cama.
SIN. **Frezada.**
frazadero *m.* El que fabrica frazadas.
freático, -ca (gr. *freato,* pozo) *adj.* [conjunto de aguas] Acumulado en el subsuelo sobre una capa impermeable y que puede aprovecharse por medio de pozos. 2 [capa del subsuelo] Que contiene este agua.
frechizo (der. l. *fracta*) *m. Logr.* Barbecho pobre.
frecuencia (l. *frequentia*) *f.* Cualidad de frecuente. 2 Número de veces que ocurre una cosa en cierto espacio de tiempo. 3 FÍS. Número de vibraciones, ondas o ciclos por segundo de cualquier fenómeno periódico. 4 FON. Número de periodos por unidad de tiempo. 5 LING. En el análisis estadístico del vocabulario, índice de aparición de una palabra en un texto o en un conjunto de ellos.
frecuencímetro *m.* Aparato que sirve para medir la frecuencia de las ondas eléctricas.
frecuentación *f.* Acción de frecuentar.
frecuentador, -ra *adj.-s.* Que frecuenta.
frecuentar (l. *frequentare*) *tr.* Repetir [un acto] a menudo: ~ *los sacramentos.* 2 Concurrir con frecuencia a un lugar: ~ *una casa.* 3 Tratar frecuentemente a una o varias personas.
frecuentativo, -va *adj.-s.* Verbo, expresión, etc., que denota acción reiterada; como *golpear, hojear.*
SIN. **Reiterativo.**
frecuente *adj.* Que tiene lugar a menudo, a cortos intervalos. 2 Usual, común.
frecuentemente *adv. m.* Con frecuencia.
SIN. **A menudo.**
fredí *m.* Pez verde.
fregadera *f.* Fregadero. 2 *Amér. Central* y *Méj.* Pejiguera.
fregadero *m.* Recipiente en que se friegan las vasijas, platos, etc.
I) fregado *m.* Acción de fregar. 2 Efecto de fregar. 3 fig. Enredo, negocio poco decente. 4 desp. Pelea, batalla.
II) fregado, -da *adj. Amér.* Majadero, fastidioso. 2 *Colomb.* Tenaz, terco. 3 *Méj.* Bellaco, perverso. 4 *Ecuad.* y *Pan.* Exigente, severo.
fregador *m.* Fregadero. 2 Estropajo.
fregadura *f.* Fregado I.
fregajo *m.* Estropajo.
fregamiento *m.* Fricación.
fregancia *m. Colomb.* Molestia.
fregandera *f. Méj.* Fregona.
fregantina *f. Colomb.* Fregancia.
fregar (l. *fricare,* frotar) *tr.* Restregar con fuerza [una cosa] con otra. 2 Limpiar y lavar [el pavimento, los platos, etc.], restregándolos con el estropajo. 3 *Amér.* fig. Fastidiar, molestar [a uno]. ◇ ** CONJUG. [48] como ***regar.***
SIN. V. **Frotar.**
fregatina *f. Chile.* Molestia, pejiguera.
fregatriz *f.* desp. Fregona.
fregaza *f. Murc.* Loza, vajilla, conjunto de piezas que se friegan.
fregazón *f. C. Rica, Chile* y *P. Rico.* Pejiguera.
frégoli *m.* Sombrero flexible.
fregón, -gona *adj.-s.* desp. [pers.] Que friega. -2 *adj. Amér.* Majadero. 3 *Ecuad.* y *P. Rico.* Descarado, muy fresco. -4 *m. And.* Aljofifa.
fregona *f.* desp. Criada que sirve en la cocina y friega. 2 Utensilio doméstico provisto de un largo mango y, en el extremo inferior, tiras de material absorbente, para fregar los suelos sin necesidad de arrodillarse. 3 Persona de poca cultura.
fregonil *adj.* fam. Propio de fregonas.
fregosa *f. Venez.* Té del país.
fregotear *tr.* fam. Fregar de prisa y mal.
fregoteo *m.* fam. Acción de fregotear. 2 Efecto de fregotear.
fregués (port., cliente o feligrés) *m. Bol.* Aparcero que explota un gomal por contrata y por su cuenta.
freidera *f. La Mancha.* Espumadera. 2 *Cuba.* Sartén.
freidor, -ra *f.* Electrodoméstico que sirve para freír alimentos. 2 *m. f. And.* Persona que se dedica a vender pescado frito.
freidura *f.* Acción de freír. 2 Efecto de freír.
freiduría *f.* Tienda donde se fríe pescado para la venta.
freila *f.* Religiosa de una orden militar.
freile *m.* Caballero profeso de una orden militar o sacerdote de alguna de ellas.
SIN. **Frey,** como tratamiento antepuesto al nombre propio.
freimiento *m.* Freidura.
freír (l. *frigere*) *tr.* Cocer [un manjar] en aceite o grasa hirviendo: ~ *con,* o *en, aceite.* 2 Mortificar, encocorar: *me tiene frito.* 3 pop. Matar [a alguien] a balazos. -4 *prnl.* fig. *y* fam. Pasar mucho calor. ◇ ** CONJUG. [37] como ***reír***; pp. reg.: ***freído***; irreg.: ***frito.***
SIN. *1* **Sofreír,** freír ligeramente. FR. fig. fam., *mandar, ir,* etc., *a* ~ *monas, espárragos,* etc., despedir a alguien a quien no se desea ver más.
freira *f.* Freila.
fréjol (l. *faseolu* < gr. *pháselos*) *m.* Judía.
frémito (l. *-tu*) *m.* lit. Bramido.
fren-, V. freno-.
frenado *m.* Acción de frenar. 2 Efecto de frenar.
frenador, -ra *adj.* [nervio] Que posee acción inhibidora.
frenar (l. *-are*) *tr.* Enfrenar. 2 Moderar o parar con el freno el movimiento: ~ *el tren.* 3 fig. Reducir, moderar [la actividad].
SIN. **Refrenar, reprimir, sofrenar,** se aplican al caballo o en sentido fig., lo mismo que **frenar**; tratándose de máquinas, **frenar,** pero no los demás.
frenazo *m.* Acto de frenar bruscamente.
frenear *tr. Perú.* Frenar.
frenectomía (*fren-* + *-ectomía*) *f.* CIR. Extirpación quirúrgica de una zona del nervio frénico, que se deja seccionado para conseguir una parálisis del la mitad del diafragma.
frenería *f.* Establecimiento del frenero.
frenero *m.* El que tiene por oficio hacer o vender frenos. 2 Guardafrenos del tren.
frenesí (l. *phrenesis* < b. gr. *phrénesis*) *m.* Delirio furioso. 2 fig. Violenta exaltación del ánimo. ◇ Pl.: *frenesíes.*
frenéticamente *adv. m.* Con frenesí.
frenético, -ca (l. *phreneticu*) *adj.* Poseído de frenesí. 2 Furioso, rabioso: *entusiasmo* ~.
frenetismo *m.* Comportamiento frenético.
frenetizar *tr.-prnl.* Encolerizar, poner frenético. ◇ ** CONJUG.[4] como ***realizar.***
-frenia (V. *freno-*) Elemento sufijal que entra en la formación de palabras con el significado de estado mental: *esquizofrenia.*
frénico *adj. Nervio* ~, grueso tronco nervioso que nace en el plexo cervical y que inerva la mitad del diafragma.
frenillar *tr.* MAR. Afrenillar.
frenillo (dim. de *freno*) *m.* Membrana que sujeta la lengua por la línea media de la parte inferior. 2 Ligamento que sujeta el prepucio al bálano. 3 Cerco de correa o de cuerda que se ajusta al hocico de algunos animales para que no muerdan. 4 MAR. Cabo o rebenque. 5 *Amér. Central.* Tirante que lleva la cometa, y que converge junto con otros en la cuerda que la sujeta.
freno (l. *-nu*) *m.* Instumento de hierro que, colocado en la boca de las caballerías, sirve para sujetarlas y gobernarlas: ***morder o tascar el*** ~, morder el caballo el bocado o moverlo entre sus dientes; fig., resistir una sujeción, pero sufriéndola. 2 Mecanismo que sirve para disminuir la velocidad de una pieza o llevarla a un estado de reposo: ~ ***de disco,*** sistema de frenado en el que el esfuerzo se aplica a unas mordazas que presionan uno o varios discos montados sobre el eje de la rueda; ~ ***de tambor,*** sistema de frenado consistente en un tambor unido a la rueda contra el que rozan unas mordazas provistas de ferodo en su superficie exterior. 3 Pedal o palanca que acciona dicho mecanismo. 4 Órgano destinado a limitar el retroceso de los cañones. 5 fig. Sujeción que modera los actos de una persona. 6 *Argent.* fig. Hambre.
freno-, fren- (gr. *phren, phrenós,* diafragma, espíritu) Elemento prefijal que entra en la formación de palabras con el significado de inteligencia, alma, espíritu: *frenología, frenopatía;* diafragma: *frenogástrico, frenógrafo.*
frenogástrico, -ca (*freno-* + *gástrico*) *adj.* MED. Perteneciente o relativo al diafragma y al estómago.
frenógrafo (*freno-* + *-grafo*) *m.* MED. Aparato registrador de los movimientos de la membrana del diafragma.
frenología (*freno-* + *-logía*) *f.* Hipótesis fisiológica de Gall (1758-1828), que considera el cerebro como un agregado de órganos, a cada uno de los cuales corresponde una facultad intelectual, un instinto o un afecto.
frenológico, -ca *adj.* Relativo a la frenología.
frenólogo, -ga *m. f.* Persona que se dedica a la frenología.
frenópata *m.* desus. El que por profesión o estudio se dedica a la frenopatía.
SIN. **Alienista, psiquiatra.**

frenopatía (*freno-* + *-patía*) *f.* Estudio de las enfermedades mentales. 2 Enfermedad mental del orden de las psicosis.
frental *adj.* Frontal.
frente (l. *fronte*) *f.* Parte superior de la cara, entre las cejas y el borde anterior del cuero cabelludo. 2 fig. Semblante, cara: *~ serena; ~ a ~,* hacer cara; ***con la ~ levantada,*** con serenidad o con descaro; ***arrugar uno la ~,*** mostrar en el semblante ira o miedo. 3 En los escritos, blanco que se deja en el principio. -4 ***amb.*** Parte delantera de una cosa a diferencia de los lados; en los edificios, la fachada. 5 METEOR. Superficie de contacto que separa dos masas de aire de características meteorológicas distintas, y que presentan variaciones bruscas de temperatura y humedad. -6 ***m.*** Lienzo de muralla que se junta con otro para cerrar el baluarte y formar su ángulo. 7 Primera fila de la tropa formada: *diez hombres de ~;* ***de ~,*** con gran resolución e ímpetu: *llevar de ~ un asunto; ¡de ~!* voz militar de mando que ordena marchar adelante. 8 Extensión o línea que ocupan los ejércitos combatientes. 9 Anverso. 10 *~* ***político,*** forma de coalición entre partidos políticos, organizaciones, etc. -11 ***adv. l.*** Enfrente.
frentero *m.* Almohadilla de protección que se pone en la frente de los niños. 2 *Amér.* Obrero que trabaja en el frente de un filón.
frentón, -tona *adj.* Frontudo.
freo (cat. *freu* < l. *fretu*) *m.* Canal estrecho entre dos islas, o entre una isla y tierra firme.
freón *m.* Nombre comercial de un grupo de derivados halogenados del metano y el etano utilizados en aparatos industriales de refrigeración y como líquido de dispersión para insecticidas.
fres (v. *friso*) *m.* Franja: *guarnecerse con freses.*
I) fresa (fr. *fraise;* alterac. del l. *fraga*) *f.* Planta rosácea, de tallos rastreros con estolones, hojas dentadas divididas en tres segmentos, flores blancas y fruto comestible formado por un eterio de aquenios, de receptáculo carnoso *(Fragaria vesca).* 2 Fruto de esta planta. 3 ***adj.*** Que tiene color rojo, semejante al de este fruto.
SIN. **Fresera.** *1* **Fragaria, fresal.** *2* **Madroncillo.**
II) fresa *f.* Especie de avellanador constituido por una serie de buriles o cuchillas.
fresada *f.* Vianda compuesta de harina, leche y manteca.
fresador *m.* Operario encargado de manejar las diferentes clases de máquinas para fresar.
fresadora *f.* Máquina provista de fresas para labrar metales.
fresal *m.* Fresa (planta). 2 Terreno plantado de fresas.
fresar (l. v. **fresare;* frecuent. del l. *frendere;* por conducto del fr. *fraiser*) *tr.* Guarnecer con freses o frisos. 2 Abrir agujeros y, en gral., labrar [metales] por medio de la herramienta llamada fresa. 3 *La Mancha.* Mezclar [la harina con el agua] antes de amasar.
fresca *f.* Fresco (frío moderado): *tomar la ~.* 2 Dicho desagradable que, con claridad resuelta o descarada, se lanza a una persona: *soltar, o decir, una ~.*
frescachón, -chona *adj.* Fresco (rollizo).
frescal *adj.* [pescado] Conservado con poca sal: *sardinas frescales.* 2 [aceite] Recién elaborado.
frescales *com.* fam. Fresco (desvergonzado): *es un ~.* ◇ Pl.: *frescales.*
frescamente *adv. m.* Recientemente. 2 fig. Con frescura (chanza).
fresco, -ca (germ. *frisk*) *adj.* Moderadamente frío; que produce una sensación de frío: *un viento ~; una tela fresca.* 2 Reciente, acabado de hacer, de coger, de suceder, etc.: *queso ~; huevo ~; noticia fresca.* 3 Descansado, que no da muestras de fatiga. 4 fig. Rollizo y de color sano. 5 fig. Sereno, que no se inmuta; irón., ***estar*** o ***quedar, uno ~,*** estar o quedar mal en un negocio o pretensión. 6 fig. Desvergonzado, sin empacho. -7 ***m.*** Frío moderado: *tomar el ~;* ***al ~,*** al sereno. 8 Frescura. 9 Pescado fresco, o tocino fresco. 10 Pintura al fresco. V. pintura. 11 Tejido ligero de estambre, usado para trajes de verano; traje que se hace con él. -12 *Amér.* Refresco, bebida fría.
frescor *m.* Frescura o fresco. 2 PINT. Color rosado en las carnes.
frescote, -ta *adj.* Aum. desp. de *fresco.* 2 Fresco (rollizo).
frescura *f.* Calidad de fresco: *la ~ del aire;* fig., *con brava ~ me pedía dinero; el mozo toma las cosas con ~.* 2 p. us. Amenidad y fertilidad de un sitio lleno de verdor. 3 Chanza, dicho picante, respuesta impertinente: *contestóme una ~.* 4 fig. Desembarazo, desenfado. 5 fig. Descuido, negligencia.
fresera *f.* Fresa (planta).
fresero, -ra *m. f.* Persona que vende fresas.
fresnal *adj.* Relativo al fresno.
fresneda *f.* Terreno poblado de fresnos.
fresnedo (l. *fraxinetu*) *m.* Lugar poblado de fresnos.
fresnillo *m.* Díctamo blanco.
fresno (l. *fraxinu*) *m.* Árbol oleáceo de tronco grueso, hojas opuestas imparipinnadas, flores pequeñas blanquecinas y frutos en sámara *(Fraxinus excelsior).* 2 Madera de este árbol, muy apreciada por su elasticidad. 3 *~* ***de hoja pequeña,*** árbol pequeño con la corteza amarillenta y con las hojas divididas y de borde dentado *(Frraxinus oxycarpa).* 4 *~* ***del maná*** o ***florido,*** árbol pequeño con hojas divididas, las flores olorosas, de color blanco; produce un exudado comestible llamado maná *(Fraxinus ornus).* 5 Orno.
fresón *m.* Variedad de fresa, de tamaño mayor que el de la ordinaria *(Fragaria ananassa).* 2 Fruto de esta planta.
fresquedal *m.* Terreno húmedo que mantiene su verdor en la época de agostamiento.
SIN. **Verdinal.**
fresquera *f.* Jaula o armario especial para conservar frescos y ventilados algunos comestibles. 2 *Argent.* Fiambrera.
fresquería *f. Amér.* Botillería, despacho de refrescos.
fresquero, -ra *m. f.* Persona que tiene por oficio conducir o vender pescado fresco. 2 *Perú.* El que vende refrescos.
fresquilla *f.* Especie de melocotón.
fresquista *m.* Artista que pinta al fresco.
frete *m.* BLAS. Enrejado compuesto de bandas y barras muy estrechas.
freudiano, -na *adj.* Partidario de la doctrina del psiquiatra austríaco Freud (1856-1939). 2 Relativo a los impulsos subconscientes estudiados por Freud.
freudismo (de *Freud,* 1856-1939, nombre propio) *m.* Interpretación de ciertas predisposiciones y actividades psíquicas como influencia de la vida subconsciente.
frey *m.* Apóc. de *freile,* usado delante del nombre propio de los religiosos de las órdenes militares.
I) freza (ár. *frez,* excremento) *f.* Estiércol o excremento de algunos animales.
II) freza (de *frezar* II) *f.* Desove y tiempo en que se verifica. 2 Huevos de los peces y pescado recién salido de ellos. 3 Surco que dejan ciertos peces cuando se restriegan contra la tierra del fondo para desovar. 4 Tiempo en que, durante cada una de las mudas, come el gusano de seda. 5 MONT. Hoyo que hace un animal escarbando u hozando.
frezada *f.* desus. Frazada.
I) frezar (de *freza* I) *intr.* Despedir el excremento los animales. 2 Arrojar o echar de sí la colmena la inmundicia de los gusanos. ◇ ** CONJUG. [4] como ***realizar.***
II) frezar (l. **frictiare* < *frictus;* pp. de *fricare,* refregarse) ***intr.*** Desovar. 2 Tronchar y comer las hojas los gusanos de seda. 3 MONT. Hacer frezas [un animal]. ◇ ** CONJUG. [4] como ***realizar.***
friabilidad *f.* Calidad de friable.
friable (l. *friabile*) *adj.* Que se desmenuza fácilmente.
frialdad *f.* Frío (sensación). 2 fig. Indiferencia, desafecto. 3 fig. *y* p. us. Dicho insulso e inoportuno. 4 Necedad. 5 fig. *y* p. us. Flojedad y descuido en el obrar.
SIN. **Frigidez,** culto o lit.
fríamente *adv. m.* Con frialdad. 2 fig. Sin gracia.
friático, -ca *adj.* Friolero. 2 Frío, necio, sin gracia.
frica (de *fricar*) *f. Chile.* Tunda, zurra.
fricación (l. *-atione*) *f.* Acción de fricar. 2 Efecto de fricar.
SIN. Ús. como tecn. en GRAM.: *~ de una consonante*; **fregamiento,** tratándose de restregar cosas materiales.
fricandó (fr. *fricandeau*) *m.* Guisado francés hecho de carne y acompañado de setas. 2 Guiso popular catalán hecho con carne de ternera cortada en pequeños trozos, manteca, ajos, cebolla y tomate.
fricar (l. *-are*) *tr.* Restregar. ◇ ** CONJUG. [1] como ***sacar.***
fricasé (fr. *fricassé*) *m.* Guisado de la cocina francesa cuya salsa se bate con huevo.
fricativo, -va *adj.* [sonido consonante] Producido por la fricción del aire al pasar entre dos órganos bucales que se acercan hasta formar una abertura muy estrecha; p. ej., las consonantes españolas *f, j, z, s.*
fricción (l. *frictione*) *f.* Acción de friccionar o rozar. 2 Efecto de friccionar o rozar. 3 fig. Desacuerdo, desavenencia. 4 FÍS. Rozamiento. 5 MEC. Rozamiento como medio de enlace entre las piezas u órganos de una máquina.

friccionar (de *fregar*) ***tr.*** Dar friegas.
friedelita ***f.*** Silicato que cristaliza en el sistema trigonal, y se presenta en masas compactas de color rosado o en cristales tabulares aislados.
friega (de *fregar*) ***f.*** Acción de restregar alguna parte del cuerpo con un paño o cepillo o con las manos, para remedio, higiene, etc. 2 *Amér.* Molestia, majadería. 3 *Amér.* Tunda, zurra. 4 *Amér.* Regaño, reprensión.
friegaplatos (de *fregar* + *plato*) ***m.*** Lavaplatos (máquina). ◇ Pl.: *friegaplatos.*
friera (de *frío*) ***f.*** Sabañón.
frigidez ***f.*** Frialdad. 2 En la mujer, carencia del placer sexual.
frigidísimo, -ma ***adj.*** Superl. de *frío.*
frígido, -da (l. *-du*) ***adj.*** lit. Frío. -2 ***adj.-s.*** Mujer que no siente placer sexual.
frigio, -gia ***adj.-s.*** De Frigia, antigua región del oeste de Asia Menor. V. gorro ~ -2 ***adj.-m.*** Lengua traciofrigia hablada antiguamente en esta región.
frigoría ***f.*** Unidad de medida para el frío opuesta a la kilocaloría. Su símbolo es fg.
frigorífico, -ca (l. < *frigus, -oris,* frío + *-fico*) ***adj.*** Que produce enfriamiento: *mezcla frigorífica.* -2 ***adj.-s.*** Cámara o espacio enfriado artificialmente para la conservación de los alimentos. 3 ***m.*** Local industrial en donde se conservan los productos mediante el frío. 4 *R. de la Plata.* Establecimiento industrial para la elaboración de carne u otros productos hasta su exportación.
SIN. *2* **Nevera.**
frigorista ***com.*** Persona que se dedica al estudio y técnica de las aplicaciones industriales del frío. 2 Persona que cuida de las instalaciones de producción de frío y cámaras de congelación.
frigoterapia (l. *frigus,* frío + *terapia*) ***f.*** Método curativo por medio del frío.
fríjol, frijol (l. *faseolu*) ***m.*** Judía. 2 *Cuba.* fig. Algo oculto o reservado. 3 *Méj.* Cuchufleta. -4 ***m. pl.*** *Méj.* Bravatas. 5 *Méj.* fam. El alimento, la comida.
frijolar ***m.*** Terreno sembrado de fríjoles. 2 *Guat.* Planta que produce el fríjol.
frijolear ***tr.*** *Guat.* Molestar, fastidiar.
frijolillo ***m.*** *Cuba* y *P. Rico.* Árbol leguminoso de madera muy dura, cuyo fruto comen los animales *(Lonchocarpus latifolius).* 2 *C. Rica.* Eczema o costra que sale en la cabeza a los recién nacidos.
frijolizar ***tr.*** *Perú.* Embrujar, hechizar. ◇ ** CONJUG. [4] como ***realizar.***
frimario (fr. *frimaire*) ***m.*** Tercer mes del año, según el calendario republicano francés.
fringa ***f.*** *Hond.* Manta, capote de monte. 2 *Hond.* Persona raquítica.
fringilago ***m.*** Paro carbonero (pájaro).
fringílido, -da (l. *fringilla,* fringilago) ***adj.-m.*** Ave de la familia de los fringílidos. -2 ***m. pl.*** Familia de aves paseriformes cantoras, pequeñas o medianas, con el pico corto y robusto, muy ancho en la base; el plumaje suele ser muy vistoso; como el gorrión y el jilguero.
fringolear ***tr.*** *Chile.* Zurrar, pegar.
frío, -a (l. v. *fridu* < *frigidu*) ***adj.*** Que tiene una temperatura sensiblemente inferior a la del cuerpo humano. 2 p. ext. [color] Que produce efectos sedantes como el azul, el verde, etc. 3 fig. Indiferente o desafecto para con una persona o cosa. 4 fig. Sin gracia ni agudeza. 5 fig. Ineficaz, poco recomendable. 6 [pers.] Calculador, sereno, tranquilo, que no se inmuta. -7 ***m.*** Disminución notable de calor en los cuerpos, ausencia relativa de calor. 8 Sensación producida por la pérdida de calor: *sentir ~.* 9 p. us. Bebida muy fría, pero líquida. -10 ***m. pl.*** *Amér.* Tercianas, cuartanas; paludismo. ◇ En las aceps. adj., superl.: *frigísimo* y *friísimo.*
REL. *1* **Fresco,** moderadamente frío; **helado, glacial,** extremadamente frío. *7* **Crioscopia** o **criología,** parte de la Física que estudia los fenómenos del frío.
friofrío ***m.*** Árbol de Cuba. 2 *Cuba.* Juego de niños que consiste en esconder un objeto al que buscan todos. 3 *S. Dom.* Hielo raspado y mezclado con un jarabe.
friolento, -ta ***adj.*** Friolero.
friolera ***f.*** Cosa de poca monta. 2 vulg. Gran cantidad de alguna cosa, especialmente de dinero.
SIN. *1* v. **Fruslería.**
friolero, -ra ***adj.*** Muy sensible al frío.
friquitín ***m.*** *P. Rico* y *S. Dom.* vulg. Figón.
I) frisa (de *Frisia,* país de origen) ***f.*** Tela ordinaria de lana. 2 *Argent.* y *Chile.* Pelo de algunas telas, como el de la felpa. 3 *P. Rico* y *S. Dom.* Manta us. sólo para abrigarse en la cama.
II) frisa (probabl. del neerl. *friese reiter,* caballero de Frisia) ***f.*** Estacada o palizada oblicua que se pone en la berma de una obra de campaña.
III) frisa (de *frisar* II) ***f.*** MAR. Tira de cuero, paño, goma, etc., con que se hace perfecto el ajuste de dos piezas.
frisado ***m.*** Tejido de seda cuyo pelo se frisaba formando borlillas.
frisador, -ra ***m. f.*** Persona que se dedica a frisar el paño u otra tela.
frisadura ***f.*** Acción de frisar. 2 Efecto de frisar.
I) frisar (de *frisa* I) ***tr.*** Levantar y retorcer [los pelillos de algún tejido].
II) frisar (relac. con *frezar* II) ***tr.*** Refregar. 2 MAR. Colocar tiras de cuero, paño, goma, etc., para hacer perfecto el ajuste de dos piezas. -3 ***intr.*** Congeniar, confrontar. 4 fig. Acercarse: *frisaba en los cincuenta años.*
frisca ***f.*** *Chile.* Zurra.
friseta ***f.*** Tejido de lana y algodón.
frisio, -sia ***adj.-s.*** Frisón.
friso (relac. con el it. *frégio;* fr. *fise;* cat. y prov. *fres;* quizá de orig. ár.) ***m.*** Faja de azulejos, tela, papel pintado, etc., con que suele adornarse la parte superior o inferior de las paredes. 2 ARQ. Parte del cornisamento que media entre el arquitrabe y la cornisa. 3 MAR. Distancia que media entre los galones de popa de un buque.
SIN. *2* **Rodapié, zócalo.**
frisol (l. *faseolu*) ***m.*** Judía.
frisolera ***f.*** *Colomb.* Mata de frisol.
frisón, -sona ***adj.-s.*** De Frisia, provincia de Holanda. 2 [caballo] De casta frisona, que se distingue por los pies muy fuertes y anchos. 3 fig. [cosa] Grande y corpulenta dentro de otras de su género. -4 ***m.*** Lengua frisona.
I) frisuelo (l. *faseolu*) ***m.*** Judía.
II) frisuelo (b. l. **frixeolu* < l. *frigere,* freír) ***m.*** Especie de fruta de sartén.
frita ***f.*** Masa fundida de escorias o de materias vitrificadas, para fabricar esmalte o porcelana vitrificada.
fritada ***f.*** Conjunto de cosas fritas: *~ de pajarillos.* 2 Guiso parecido al pisto.
fritanga ***f.*** Conjunto de cosas fritas. 2 Fritada cargada de grasa.
fritanguera ***f.*** *Chile.* Friturera que también vende frutas de sartén.
fritar ***tr.*** *Extr., Sal., Argent., Colomb.* y *Salv.* Freír.
fritera ***f.*** *Guat.* Sartén.
fritería ***f.*** *Colomb.* Puesto de frituras.
fritilla ***f.*** Torrezno.
frito, -ta, pp. irreg. de *freír.* 2 ***m.*** Fritada. 3 Manjar frito. 4 *Venez.* El pan de cada día; el comer imprescindible. ◇ Como pp. se usa simultaneado con *freído: la carne está frita.* Como la mayoría de los pp. también funciona como adj.
FR. *Estar uno ~,* fig., estar en ascuas, impaciente; estar profundamente dormido; tener muchas obligaciones o quebradores de cabeza.
fritura ***f.*** Fritada. -2 ***f. pl.*** Ruido producido en los discos fonográficos debido a su mala conservación.
friturero, -ra ***m. f.*** Que vende frituras.
friulano, -na ***adj.-s.*** De Friul, región del norte de Italia. -2 ***adj.-m.*** Dialecto perteneciente al grupo retorrománico oriental, hablado en esta región.
friura ***f.*** *León, Sant.* y *Venez.* Frialdad.
frívolamente ***adv. m.*** Con frivolidad.
frivolidad ***f.*** Calidad de frívolo.
frivolité (fr.) ***f.*** Encaje que se teje a mano con lanzadera, a diferencia del de ganchillo.
frívolo, -la (l. *-lu*) ***adj.*** Ligero, veleidoso, insubstancial. 2 Fútil, de poca substancia. 3 Voluble, tornadizo, irresponsable. 4 [espectáculo] Ligero y sensual. 5 p. ext. Propio o relativo a dicho espectáculo: *texto, baile, actor ~; canción frívola.* 6 [publicación] Que trata temas ligeros, con predominio de lo sensual.
friz ***f.*** Flor del haya.
frómita ***f.*** *Venez.* Juerga, parranda.
I) fronda (l. *fronde,* follaje) ***f.*** Hoja de una planta. 2 Parte foliácea de los helechos. 3 Arboleda. -4 ***f. pl.*** Conjunto de hojas o ramas espesas.
II) fronda (fr. *fronde,* honda) ***f.*** Vendaje de lienzo, de cuatro cabos y forma de honda.
fronde ***m.*** Fronda (parte foliácea).

frondio, -dia *adj. And.* Malhumorado, displicente. 2 *Colomb.* y *Méj.* Sucio, desaseado.
frondosidad *f.* Abundancia de hojas y ramas.
frondoso, -sa *adj.* Que abunda en frondas (hojas espesas) o en árboles: *árbol ~; bosque ~.*
frontal (l. *-ale*) *adj.* Relativo a la frente. 2 Relativo a la parte delantera de algo. -3 *adj.-m.* ANAT. Hueso que contribuye a formar la cavidad craneal, albergando en su cara anterior e interior el etmoides y la espina nasal. 4 ANAT. Músculo de la parte anterior del cráneo cuya función es tirar de las cejas y arrugar la frente transversalmente. 5 Paramento con que se adorna la parte delantera de la mesa del altar. 6 *Amér.* Frontalera de la cabezada.
SIN. *1* y *3* ZOOL. **Frental.**
frontalera *f.* Correa de la cabezada del caballo que le ciñe la frente. 2 Frontil. 3 Fajas y adornos que guarnecen el frontal (paramento) por lo alto y por los lados. 4 Sitio donde se guardan los frontales (paramentos).
frontera (b. l. **frontaria* < *fronte,* frente) *f.* Confín de un estado. 2 Fachada. 3 Límite, barrera. 4 Refuerzo que se pone en el serón por la parte de abajo para su mayor firmeza.
SIN. *1* **Raya.**
fronterizo, -za *adj.* Que está o sirve en la frontera: *ciudad fronteriza; soldado ~.* 2 Que está enfrente de otra cosa.
frontero, -ra *adj.* Situado enfrente. -2 *m.* Jefe militar que mandaba la frontera. -3 *adv. l.* Enfrente. ◇ ANGLIC. por *delantero.*
frontil *m.* Pieza acolchada que se pone a los bueyes entre su frente y la coyunda. 2 *Cuba* y *P. Rico.* Parte de la cabezada que cubre la frente de una caballería.
frontino, -na *adj.* [bestia] Con alguna señal en la frente. 2 *Argent.* [animal] Que tiene manchas blancas en la cara.
frontis *m.* Fachada o frontispicio. ◇ Pl.: *frontis.*
frontispicio (l. *frontis,* frente + *spicere,* ver, examinar) *m.* Fachada o delantera de un edificio, libro, etc. 2 fig. Cara (parte de la cabeza). 3 ARQ. Frontón (remate triangular).
fronto- (l. *fronte,* frente) Elemento prefijal que entra en la formación de palabras con el significado de frente en meteorología y frontal en medicina y física: *frontofocómetro, frontología.*
frontofocómetro (*fronto-* + *foco* + *-metro*) *m.* ÓPT. Instrumento para medir las distancias frontales de las lentes.
frontogénesis (*fronto-* + *génesis*) *f.* METEOR. Conjunto de procesos que conducen a la formación de un frente. ◇ Pl.: *frontogénesis.*
frontogenético, -ca *adj.* METEOR. Perteneciente o relativo a la frontogénesis: *zona frontogenética.*
frontolisis (*fronto-* + *-lisis*) *f.* METEOR. Conjunto de procesos que conducen a la destrucción de un frente. ◇ Pl.: *frontolisis.*
frontología (*fronto-* + *-logía*) *f.* Parte de la meteorología que estudia los frentes.
frontón (de *frente*) *m.* Pared contra la cual se lanza la pelota en algunos juegos. 2 Edificio o sitio dispuesto para estos juegos. 3 Remate triangular de una fachada o de un pórtico, que a veces se coloca también encima de puertas o ventanas. 4 Parte del muro de una veta donde trabajan los mineros para adelantar horizontalmete la excavación. 5 Parte escarpada de una costa.
SIN. *3* **Fastigio.**
frontonasal (*fronto-* + *nasal*) *adj.* ANAT. Perteneciente o relativo al hueso frontal y al nasal.
frontoparietal (*fronto-* + *parietal*) *adj.* ANAT. Perteneciente o relativo a la región frontal y a la parietal del cráneo a la vez.
frontudo, -da *adj.* Que tiene mucha frente.
SIN. **Frentón.**
frotación *f.* Acción de frotar o frotarse.
frotador, -ra *adj.-s.* Que frota o que sirve para frotar.
frotadura *m.* Frotación.
frotamiento *m.* Acción de frotar. 2 Efecto de frotar.
frotante *adj.* Que frota.
frotar (fr. *frotter*) *tr.-prnl.* Pasar repetidamente una cosa sobre otra con fuerza: *frotarse las manos.*
SIN. **Estregar; fregar, refregar** y **restregar,** son intens.; **ludir** (lit.); **friccionar,** tiene el significado preciso de dar friegas; **rozar,** es tocar ligeramente la superficie de un cuerpo, y no tiene necesariamente el carácter reiterativo de los demás: *el automóvil pasó rozando el árbol* (una sola vez).
frote *m.* Frotamiento.
frucanga *f. Cuba.* vulg. Sambumbia (bebida) con ají.
fructidor *m.* Duodécimo mes del año, según el calendario republicano francés.
fructíferamente *adv. m.* Con fruto.
fructífero, -ra (l. *fructifer* < *fructus,* fruto + *-fero*) *adj.* Que produce fruto.
fructificable *adj.* Que puede fructificar.
fructificación (l. *-tione*) *f.* Acción de fructificar. 2 Efecto de fructificar.
fructificador, -ra *adj.* Que fructifica.
fructificar (l. *-are* < *fructus,* fruto + *-ficar*) *intr.* Dar fruto. 2 fig. Dar rendimiento. ◇ ** CONJUG. [1] como *sacar.*
SIN. **Frutar** se aplica sólo a los árboles y plantas, en tanto que **fructificar,** tiene empleos fig.: *las buenas obras fructifican siempre* (no *frutan*); **frutecer,** es comenzar a fructificar.
fructosa *f.* QUÍM. Azúcar que se encuentra en zumos de frutas dulces.
fructuario, -ria *adj.* Usufructuario. 2 Que consiste en frutos: *pensión fructuaria.*
fructuosamente *adv. m.* Con fruto.
fructuoso, -sa *adj.* Que da fruto o utilidad.
frufrú *m.* Onomat. del ruido que produce la seda al rozarse.
frugal (l. *-ale* < *frux,* fruto de la tierra) *adj.* Parco en comer y beber. 2 Que consiste en alimentos simples y no muy abundantes: *almuerzo ~.*
frugalidad (l. *-itate*) *f.* Calidad de frugal.
SIN. v. **Templanza.**
frugalmente *adv. m.* Con frugalidad.
frugi- (l. *frux, frugis,* fruto de la tierra) Elemento prefijal que entra en la formación de palabras con el significado de fruto de la tierra.
frugífero, -ra (l. < *frugi-* + *-fero*) *adj.* lit. Que lleva fruto.
frugívoro, -ra (*frugi-* + *-voro*) *adj.* Que se alimenta de frutos.
frui (l. *frux, frugis,* fruto) *f.* Fruto del haya.
fruición (l. *fruitione*) *f.* Acción de fruir, y, en gral., complacencia, goce.
fruir (l. *frui,* gozar) *intr.* Sentir placer por la posesión del bien que se ha deseado. ◇ ** CONJUG. [62] como *huir.*
fruitivo, -va *adj.* Propio para causar placer con su posesión.
frumentario, -ria (l. *-iu* < *frumentu,* trigo) *adj.* Relativo al trigo y otros cereales. -2 *m.* Abastecedor de trigo del ejército romano.
SIN. Es voz culta rebuscada. En el habla gral., **triguero, cerealista.**
frumenticio, -cia *adj.* Frumentario.
frunce (de *fruncir*) *m.* Pliegue o conjunto de pliegues menudos en una tela.
fruncido, -da *adj.* fig. Afectado, picajoso, receloso, disgustado o colérico. -2 *m.* Frunce.
fruncidor, -ra *adj.-s.* Que frunce.
fruncimiento *m.* Acción de fruncir. 2 fig. Embuste, fingimiento.
fruncir (probl. fr. ant. *froncir* < franco **hrunkja,* arruga) *tr.* Arrugar [la frente o las cejas] en señal de desabrimiento o de ira. 2 Recoger una tela haciendo en ella unas arrugas pequeñas. 3 fig. Estrechar y recoger una cosa. 4 fig. *y* p. us. Tergiversar la verdad. -5 *prnl.* fig. Afectar compostura y modestia. ◇ ** CONJUG. [3] como *zurcir.*
fruñirse *prnl. Colomb.* Fastidiarse. ◇ ** CONJUG. [40] como *muñir.*
fruslera (l. *fusilaria,* der. de *fusilis,* fusible) *f.* Raeduras de azófar o de cobre.
fruslería (de *fruslera*) *f.* Cosa de poco valor. 2 fig. *y* fam. Dicho o hecho de poca substancia.
SIN. *1* **Pequeñez, nimiedad, bagatela, futilidad, friolera, futesa, nadería.**
I) fruslero (por *fuslero* < l. **fustilariu,* de *fustis,* bastón) *m.* Cilindro de madera us. en las cocinas para trabajar y extender la masa.
II) fruslero, -ra *adj.* Frívolo, fútil.
frustración *f.* Acción de frustrar o frustrarse. 2 Efecto de frustrar o frustrarse.
frustráneo, -a *adj.* Que no produce el efecto apetecido.
frustrante *adj.* Que causa frustración.
frustrar (l. *-are*) *tr.* Privar a uno de lo que esperaba: *frustró las esperanzas de Juan.* -2 *tr.-prnl.* Dejar sin efecto, malograr un intento: *frustrarse las esperanzas.* 3 DER. Dejar sin efecto [un propósito]: *~,* o *frustrarse, un delito.*
frustratorio, -ria *adj.* Que hace frustrar o frustrarse una cosa.
fruta (l. v. **fructa* < l. *fructu*) *f.* Fruto comestible de las plantas: *~ del tiempo,* la que se come en la misma estación en que madura; fig., cosa propia de tiempo determinado; *~ del país,* la producida en él, no importada. 2 fig. Producto o consecuencia

de una cosa. 3 ~ ***de sartén,*** masa frita, de varios nombres y figuras. 4 *Colomb.* Enfermedad de los cerdos.
SIN. *3* **Lasaña, oreja de abad.**
frutaje ***m.*** Pintura de frutas o flores.
frutal ***adj.-s.*** [árbol] Que da fruta.
frutar ***intr.*** Dar fruto.
SIN. v. **Fructificar.**
frutear ***intr.*** *Colomb.* Frutar.
frutecer ***intr.*** lit. Empezar a echar fruto las plantas. ◇ **CONJUG. [43] como ***agradecer.***
frutería ***f.*** Establecimiento donde se vende fruta.
fruterío ***m.*** *Guat., P. Rico* y *S. Dom.* Conjunto de frutos.
frutero, -ra ***adj.*** Que sirve para llevar o contener fruta: *buque ~; canastillo ~.* -2 ***m. f.*** Persona que tiene por oficio vender fruta. -3 ***m.*** Plato a propósito para servir fruta. 4 Lienzo con que se cubre la fruta en la mesa. 5 Pintura que representa diversos frutos.
frutescente ***adj.*** Fruticoso.
frútice (l. *frutice,* arbusto) ***m.*** Planta perenne que produce muchos vástagos y no llega a la altura de un árbol.
frutícola (de *fruto + -cola*) ***adj.*** Perteneciente o relativo a la fruticultura.
fruticoso, -sa ***adj.*** Planta semileñosa.
fruticultura (de *fruto + -cultura*) ***f.*** Cultivo de las plantas que producen fruto. 2 Arte que enseña este cultivo.
frutilla ***f.*** Cuentecilla de los rosarios. 2 *Amér.* Fresa grande de origen chileno, cultivada en Europa y diferente de la fresa común *(Fragaria chilensis).* 3 *C. Rica.* Triquinosis.
frutillar ***m.*** *Amér. Merid.* Sitio donde se crían las frutillas.
frutillero, -ra ***m. f.*** *Amér. Merid.* Vendedor ambulante de frutillas.
fruto (l. *fructu*) ***m.*** En las plantas fanerógamas, producto de la fecundación del ovario, constituido por la semilla o semillas y una envoltura más o menos compleja, a la formación de la cual han contribuido en algunos casos, además de los carpelos, otros órganos florales, como el cáliz y el receptáculo: ~ ***carnoso,*** el de pericarpio carnoso; ~ ***seco,*** el de pericarpio seco; ~ ***dehiscente,*** el seco que al llegar a la madurez se abre para liberar las semillas que encierra; ~ ***indehiscente,*** el que no es dehiscente; ~ ***monospermo,*** el que contiene una sola semilla; ~ ***polispermo,*** el que contiene varias semillas; ~ ***múltiple,*** agregado de frutos procedentes de una sola flor de gineceo dialicarpelar formando un conjunto coherente. 2 p. ext. El hijo que está formado en el seno de la mujer. 3 Producción de la tierra que rinde alguna utilidad. 4 La del ingenio o del trabajo humano. 5 fig. Utilidad, provecho. -6 ***m. pl.*** Producción de la tierra de que se hace cosecha.
REL. Los cultismos se forman del l. *fructu (fructificar, usufructo)*; algunos del l. *frux, frugis (frugífero, frugívoro).* Del gr. *karpós* proceden numerosos tecn. botánicos *(carpelo, endocarpio).*
ftaleínas ***f. pl.*** Colorantes orgánicos obtenidos por condensación de los fenoles sobre anhídrido ftálico.
ftálico ***adj.*** [ácido orgánico] Base para la obtención de muchos colorantes y resinas.
ftanita ***f.*** Roca sedimentaria de origen bioquímico sometida a un ligero metamorfismo.
ftiriasis (gr. *phteir,* piojo) ***f.*** Enfermedad cutánea originada por los piojos. ◇ Pl.: *ftiriasis.*
I) fu (onomat.) Bufido del gato.
II) ¡fu! Interjección con que se denota desprecio.
FR. *Ni ~ ni fa,* para indicar que algo es indiferente, ni bueno ni malo.
¡fuácata! *Cuba.* Interjección con que se denota caída violenta. 2 *Cuba.* Onomat. del chasquido que produce el látigo.
fuacatazo ***m.*** *Cuba* y *P. Rico.* Batacazo.
fuacatina ***f.*** *Cuba.* Miseria, pobreza.
fucáceas ***f. pl.*** BOT. Familia de algas cuyo tipo es el fuco.
fucales ***f. pl.*** Orden de algas feofíceas con el talo muy evolucionado y complejo, que recuerda por su aspecto a las plantas superiores.
fúcar (de los *Fugger,* ricos banqueros alemanes desde el s. XIII) ***m.*** fig. Hombre muy rico y hacendado: *parece un ~.* ◇ Pl.: *fúcares.*
fucilar (it. *fucile,* eslabón II) ***impers.*** Producir fucilazos. -2 ***intr.*** Fulgurar, rielar.
fucilazo ***m.*** Relámpago sin ruido que elimina la atmósfera en el horizonte por la noche.
SIN. **Fusilazo.**
fucívoro, -ra (l. *fucus,* algas + *-voro*) ***adj.*** [animal] Que se alimenta de algas.
fuco ***m.*** Alga de color pardo obscuro, muy común y que crece en la orilla del mar *(gén. Fucus).*
fucsia (de *Fuchs,* 1501-1566, botánico alemán) ***f.*** Arbusto onagrariáceo de jardín, de flores colgantes, encarnadas, violadas o blancas, con el cáliz y el receptáculo coloreado *(Fuchsia corymbiflora).* -2 ***adj.-m.*** Color de las flores del arbusto del mismo nombre. -3 ***adj.*** De color fucsia.
fucsina ***f.*** Colorante sólido resultante de la oxidación de una mezcla de anilina y de toluidinas, usado para teñir de rojo obscuro.
fucú ***m.*** *Colomb.* y *S. Dom.* vulg. Mala suerte.
fudre (del fr. *foudre*) ***m.*** Pellejo, cuba; recipiente para el vino, gralte. de gran tamaño.
fuego (l. *focu*) ***m.*** Desprendimiento de calor y luz producidos por la combustión de un cuerpo. 2 Cuerpo en estado de combustión: *echar algo al ~;* ~ ***fatuo,*** llama errática que se produce en el suelo, especialmente en los cementerios, por la inflamación del fosfuro de hidrógeno desprendido de las materias orgánicas en descomposición; ~ ***griego,*** mixto incendiario inventado en Grecia, con que los bizantinos abrasaban las naves enemigas; ***fuegos artificiales,*** invenciones de fuego, como granadas y bombas, usadas en la milicia, cohetes y otros artificios de pólvora, que se hacen para diversión. 3 Ahumada. 4 Incendio: ***pegar ~,*** incendiar. 5 Hogar, vecino que tiene casa y hogar: *este lugar tiene cien fuegos.* 6 Efecto de disparar las armas de fuego: ~ ***a discreción,*** v. descarga; ~ ***graneado,*** el que se hace sin intermisión por los soldados individualmente, y a cual más deprisa puede; ~ ***nutrido,*** el que se hace sin interrupción y persistentemente; ***hacer ~,*** disparar una o varias armas de fuego; ***dar ~,*** comunicar el fuego al barreno o al arma que se quiere disparar; ***apagar los fuegos del enemigo,*** hacer cesar con la artillería los fuegos de la suya; ***romper el ~,*** comenzar a disparar; fig., iniciar una pelea o disputa; ***¡Fuego!*** voz con que se manda hacer fuego; interj. para ponderar lo extraordinario de una cosa. 7 fig. Ardor del ánimo, de las pasiones, de una disputa, etc. 8 Ardor de la sangre inflamada, con picazón y erupción cutánea. 9 ~ ***pérsico,*** zona (afección). 10 ~ ***de san Telmo,*** meteoro ígneo, que, al hallarse muy cargada de electricidad la atmósfera, suele manifestarse en las noches de tempestad en los mástiles y vergas de las embarcaciones. 11 FORT. Flanco.
REL. *1* y *2* Las voces relacionadas tienen las siguientes procedencias: del l. *focu (foguear, fogón)* o de su forma romance *(hoguera, hogar)*; cultismos a base del l. *ignis (ignición, ígneo)*; cultismos formados del gr. *pyr, pyrós (pira, pirotecnia).* MIT. **Vulcano,** dios del fuego.
fueguero ***m.*** *Venez.* Foguero. 2 *Argent.* Churrinche.
fueguino, -na ***adj.-s.*** De la Tierra del Fuego, región sudamericana.
fuel oil (ing.) ***m.*** Residuo combustible de la destilación del petróleo bruto.
I) fuellar (orig. aragonés < l. **foliare*) ***m.*** Talco de colores con que se adornan las velas rizadas.
II) fuellar ***tr.*** *Ecuad.* Mover el fuelle [de órganos o fraguas].
fuelle (l. *folle*) ***m.*** Instrumento para soplar recogiendo aire y lanzándolo con dirección determinada. 2 fig. Persona soplona. 3 Pieza plegable en los lados de bolsos, carteras, etc., para regular su capacidad; o en los lados de la cámara fotográfica, para regular su profundidad. 4 En los carruajes, cubierta o capota impermeable y plegable. 5 Arruga del vestido. 6 fig. Conjunto de nubes que se dejan ver sobre las montañas. 7 *Ast.* Odre usado en los molinos para envasar harina. 8 *Ar.* Pila de cantería en que se recogen los caldos de los molinos de aceite.
fuentada ***f.*** fam. Fuente (cantidad de vianda).
fuente (l. *fonte*) ***f.*** Manantial de agua que brota de la tierra. 2 Construcción de piedra, hierro, ladrillos, etc., con uno o varios caños o espitas, por donde sale el agua. 3 Pila bautismal. 4 Exutorio. 5 Plato grande circular u oblongo, para servir las viandas. 6 Cantidad de vianda que cabe en este plato. 7 fig. Aquello de que fluye un líquido. 8 fig. Principio, fundamento, origen: *noticia de buena ~;* ~ ***histórica,*** monumento, documento, libro, etc., de donde el historiador toma los datos. 9 FÍS. Cuerpo, sistema o dispositivo que emite algún tipo de radiación o vibración: ~ ***de alimentación,*** unidad que suministra energía eléctrica a otra unidad. 10 ***f. pl.*** Vacío que tienen las caballerías junto al corvejón. -11 ***f.*** INFORM. Origen o primera versión de una información. 12 *Murc.* En los depósitos de aceite, depósito por debajo de la prensa, donde se consigue la separación del aceite y el agua.
Fuenteovejuna, ***Todos a una, como Fuenteovejuna,*** fr. proverbial con la que se significa la unión para un fin común; se

funda en un hecho histórico, acaecido en el pueblo de este nombre, sobre el cual compuso Lope de Vega (1562-1635) una de sus comedias más conocidas.

fuer ***m.*** Apóc. de *fuero*. Hoy se usa sólo en la fr. *A fuer de*, a ley de, a título de, en razón de, a modo de.

fuera (l. *foras*) ***adv. l. t.*** A, o en, la parte exterior de cualquier espacio o término real o imaginario: *~ de casa; ~ de tiempo; ~ de propósito; salir hacia ~; caer por ~*. 2 ***De ~***, defuera. -3 ***loc. adv. conj.*** ***~ de***, precediendo a substantivos, excepto, salvo: *~ de eso, pídeme lo que quieras*. -4 ***loc. conj.*** ***~ de que***, además de que, aparte de que: *~ de que sobrevengan nuevos incidentes*. -5 ***m.*** DEP. Falta que se comete cuando la pelota, el balón, la bola, etc., sale fuera de los límites del campo de juego: ***~ de banda***, en el juego del fútbol, la que se comete cuando el balón sale por uno de los lados del campo. 6 DEP. Sanción de dicha falta. 7 DEP. ***~ de juego***, en el juego del fútbol, falta que comete un jugador al estar situado por delante del balón en campo contrario, y sin ningún adversario, o sólo con uno, entre él y la línea de meta contraria: ***estar ~ de juego***, fig., estar distraído o fuera de situación o lugar. 8 DEP. ***~ de juego***, sanción de dicha falta.
SIN. v. **Afuera.**
FR. fig. *Estar uno ~ de sí*, estar uno enajenado y turbado.

¡fuera! Interjección con que se denota desaprobación; ¡afuera! Seguida de un nombre de prenda de vestir, intima a su dueño para que se despoje de ella. ◇ Úsase como substantivo: *se oyó un ¡fuera!*

fueraborda ***m.*** Motor montado fuera del casco de una embarcación. 2 p. ext. Embarcación propulsada por dicho motor.

fuerano, -na ***adj.*** *Amér.* Foráneo.

fuereño, -ña ***adj.*** *Méj.* Habitante de fuera de la capital de Méjico que reside temporalmente en dicha ciudad. 2 *Méj.* Tonto, babieca.

fuerero, -ra ***adj.*** *C. Rica.* Foráneo.

fuerino, -na ***adj.*** *Chile.* Foráneo.

fuerismo ***m.*** Doctrina política que aspira a restaurar los antiguos fueros locales.

fuerista ***com.*** Persona muy instruida en los fueros de las provincias privilegiadas. 2 Partidario de estos fueros. -3 ***adj.*** Relativo al fuero.

fuero (l. *foru*, tribunal) ***m.*** Jurisdicción, poder: *~ eclesiástico; ~ secular; ~ mixto; ~ interior, interno* o *de la conciencia*. 2 Nombre de algunas compilaciones de leyes: *~ Juzgo; ~ Real*. 3 Ley dada para un municipio durante la Edad Media. 4 Privilegio y exención que se concede a una provincia, ciudad o persona: *los fueros de Navarra*. 5 fig. Arrogancia, presunción: *no tengas tantos fueros*.
REL. Otorgar fuero, vb. **aforar.**

fuerte (l. *forte*) ***adj.*** Que tiene fuerza (vigor): *brazos fuertes para el trabajo; viento tan ~ que derriba árboles; pared ~; cordel ~;* ***plaza ~***, la fortificada; *tabaco, vino, veneno ~; hombre ~ contra las adversidades; razón ~; argumento ~; rigor ~; lance ~*. 2 Dotado de medios poderosos: *estado ~; adversario ~*. 3 De mala índole y de genio duro. 4 Versado en una ciencia o arte: *estar ~ en matemáticas*. 5 Terreno áspero y fragoso. 6 [palabra o frase] Malsonante. 7 [moneda, piedra preciosa, etc.] Que excede en el peso o ley. 8 [moneda] De plata, para distinguirla de la de vellón del mismo nombre. 9 GRAM. [forma gramatical] Que tiene el acento en la radical: *tuve, dije, son pretéritos fuertes*. -10 ***m.*** Fortaleza (recinto fortificado). 11 fig. Aquello a que uno es aficionado o en que más sobresale: *el canto es su ~*. 12 MÚS. Aumento de intensidad de la voz o instrumento en el pasaje o nota señalados con una *f*. -13 ***adv.*** En abundancia, con intensidad: *comer ~; beber ~; trabajar ~*. -14 ***m.*** *Colomb.* Peso fuerte. ◇ Superl.: *fortísimo*.

fuertemente ***adv. m.*** Con fuerza. 2 fig. Con vehemencia.

fuerza (l. **fortia*) ***f.*** FÍS. Acción entre dos cuerpos que cambia o tiende a cambiar cualquier relación física entre ambos: ***~ de gravedad***, la resultante de dos fuerzas; ***~ aceleratriz***, la que aumenta la velocidad de un movimiento; ***~ retardatriz***, la que la disminuye; ***~ centrífuga***, la que en el movimiento curvilíneo tiende a desviar el móvil de la curva que describe impulsándole a seguir por la tangente; ***~ centrípeta***, la que en el movimiento tiende a desviar el móvil hacia el centro de la curvatura; ***~ de inercia***, resistencia que oponen los cuerpos a obedecer a la acción de las fuerzas; ***~ electromotriz***, causa que origina el movimiento de la electricidad producida por un generador; ***~ magnetomotriz***, causa productora de los campos magnéticos creados por las corrientes eléctricas; ***~ viva***, valor de la energía acumulada en un móvil, o sea, la mitad del producto de su masa por el cuadrado de su velocidad. 2 Vigor, potencia, capacidad de acción o de resistencia física o moral, actividad, energía, intensidad: *la ~ muscular; la ~ del viento; la ~ de un veneno, de un ácido; ~ para levantar una piedra, para aguantar un peso; ~ para resistir las adversidades; la ~ de un argumento, de un ejemplo;* ***por ~***, violentamente; contra la propia voluntad; ***a la ~***, por fuerza; ***a ~ de***, empleando con insistencia un medio o reiterando una acción: *a ~ de estudio, de dinero, de correr*. 3 Autoridad, poder: *la ~ del estado, de la ley*. 4 Violencia, esp. la que se hace a una mujer: *ceder el derecho a la ~*. 5 ***Fuerza mayor***, DER., la que por no poderse prever o resistir imposibilita absolutamente para el cumplimiento de una obligación. 6 Plaza guarnecida y también sus fortificaciones. 7 Gente de guerra, potencia militar. -8 ***f. pl.*** ***~ de choque***, unidades militares que por sus cualidades suelen emplearse con preferencia en la ofensiva. 9 Personas o clases representativas de una ciudad, región, país, etc., por sus autoridad o por su influencia social.
REL. **Mecánica,** parte de la física que trata de las fuerzas que producen equilibrio o movimiento; **dina, kilográmetro, caballo de vapor,** unidades de fuerza.

fuetazo ***m.*** *Amér.* Latigazo.

fuete (fr. *fouet*) ***m.*** *Amér.* Látigo.

fuetear ***tr.*** *Amér.* Azotar.

fuetera ***f.*** *Colomb.* Zurra, tunda.

fuetiza ***f.*** *P. Rico* y *S. Dom.* Zurra, tunda, felpa.

fufar ***intr.*** Dar bufidos el gato.

fufú ***m.*** Guiso americano que se hace con plátano, ñame o calabaza. 2 *Cuba* y *P. Rico.* vulg. Talento, ingenio. 3 *P. Rico.* Brujería. 4 *S. Dom.* Gofio.

fuga (l.) ***f.*** Huida apresurada: ***~ de cerebros***, emigración al extranjero de numerosas personas destacadas en asuntos científicos, culturales o técnicos, para ejercer allí su profesión, en detrimento de las necesidades culturales de su país; ***~ de capital***, ECON., evasión de capital. 2 Salida, escape accidental de un fluido. 3 La mayor fuerza o intensión de una acción, ejercicio, etc. 4 ELECTR. Pérdida eléctrica debida a imperfección de aislamiento. 5 MÚS. Composición de forma contrapuntística, en la que el tema pasa alternativamente por las diversas partes de la obra con sujeción a determinadas reglas. 6 *Colomb.* Migración de peces en grandes cardúmenes. 7 *P. Rico.* Manía.
SIN. *1* **Evasión.**

-fuga, v. -fugo.

fugacidad ***f.*** Calidad de fugaz.

fugada ***f.*** Ráfaga (de aire).

fugarata ***f.*** fam. Fogata.

fugarse ***prnl.*** Escaparse, huir. ◇ ** CONJUG. [7] como ***llegar.***

fugaz (l. *fugace*) ***adj.*** Que con velocidad huye y desaparece. 2 fig. De muy corta duración. 3 V. estrella ~.
SIN. **Huidizo.** *2* **Pasajero, efímero.**

fugazmente ***adv. m.*** De manera fugaz.

fúgido, -da ***adj.*** poét. Fugaz.

fugitivo, -va (l. *-vu*) ***adj.-s.*** Que huye. -2 ***adj.*** Que pasa muy aprisa. 3 fig. Caduco, perecedero, de corta duración.
SIN. *1* **Prófugo,** se dice esp. del que huye de la autoridad legítima.

-fugo, -fuga (l. *fugere*, huir) Elemento sufijal que entra en la formación de palabras con el significado de huir: *centrífugo, vermífugo*.

fuguillas ***m.*** fam. Hombre de genio vivo, rápido en obrar e impaciente.

fuina (fr. *fouine*) ***f.*** Garduña.

ful (voz git.) ***adj.*** vulg. *y* fam. Vano, vacío, falso.

fula ***f.*** *P. Rico.* Excremento de las aves. 2 *Colomb.* Tela delgada de algodón, teñida de añil.

fulano, -na (ár. *fulán*, cualquiera) ***m. f.*** Voz con que se suple el nombre de una persona, cuando se ignora o no se quiere expresar. 2 Persona indeterminada o imaginaria. 3 Amante. -4 ***f.*** Ramera.
SIN. **No sé cuántos;** v. **Mengano.**

fular (fr. *foulard*) ***m.*** Tela fina de seda. 2 Pañuelo para el cuello o bufanda de este tejido.

fulastre ***adj.*** Fulero.

fulcro (l. *-cru*) ***m.*** Punto de apoyo de la palanca.

fulenco, -ca ***adj.*** *Pan.* desp. Casi rubio.

fulero, -ra (de *ful*) ***adj.*** fam. Chapucero, poco útil, fingido. 2 *Ar.* y *Logr.* Embustero, falso.

fulgente (l.) ***adj.*** Brillante, resplandeciente.

fúlgido, -da (l. *-du*) ***adj.*** Fulgente.

fulgir (del l. *fulgere,* brillar) ***intr.*** Resplandecer. ◇ ** CONJUG. [6] como ***dirigir.***

fulgor (l.) ***m.*** Resplandor, brillo propio.

fulguración ***f.*** Acción de fulgurar. 2 Efecto de fulgurar. 3 Accidente causado por el rayo.

fulgurante ***adj.*** Que fulgura. 2 MED. Dolor muy vivo. 3 fig. Rápido, oportuno.

fulgurar (l. *-are*) ***intr.*** Brillar, resplandecer (intensivo).

fulgurecer ***intr.*** Fulgurar, resplandecer. ◇ ** CONJUG. [43] como ***agradecer.***

fulgúreo, -a (l. *fulgureus*) ***adj.*** Resplandeciente, fulgurante.

fulgurita ***f.*** Vitrificación producida por el rayo al atravesar una capa de sílice. 2 Especie de dinamita en que el absorbente es cloruro de magnesia.

fulguroso, -sa ***adj.*** Que fulgura.

fúlica (l.) ***f.*** Género de aves gruiformes, de pico comprimido y algo curvo y dedos con protuberancias carnosas cubiertos de pequeñas escamas; como la focha.

fuliginosidad ***f.*** Calidad de fuliginoso.

fuliginoso, -sa (l. *-osu < fuligine,* hollín) ***adj.*** Semejante al hollín o que participa de su naturaleza. 2 Denegrido, obscurecido, tiznado.

fuligo (l. *fuligo*) ***m.*** Hollín, humo. 2 Sarro, suciedad de la lengua. 3 Hongo mixomiceto.

fullear ***intr.*** Hacer fullerías.

fullerear ***intr.*** *Argent.* y *Colomb.* Fachendear.

fullerento, -ta ***adj.*** *Can.* [pers.] Fullero, tramposo.

fulleresco, -ca ***adj.*** Propio de fulleros.

fullería ***f.*** Trampa en el juego. 2 fig. Astucia con que se pretende engañar. 3 *Colomb.* Ostentación.

fullero, -ra (orig. incierto) ***adj.-s.*** Que hace fullerías. 2 fam. Precipitado, chapucero, farfulla. 3 *Argent.* Farfullador. 4 *Colomb.* Gracioso, travieso. 5 *Chile.* Fanfarrón. 6 *Ecuad.* Atolondrado.
SIN. **Tahúr.**

fullingue ***adj.*** *Chile.* Fuñingue.

fullona (de *folla*) ***f.*** fam. Pendencia, riña con muchas voces.

fulmar ***m.*** Ave procelariforme parecida a la gaviota pero de cuello más grueso y sin manchas negras en las alas, que vive en la región ártica *(Fulmarus glacialis).*

fulmicotón ***m.*** QUÍM. Algodón pólvora.

fulminación (l. *-atione*) ***f.*** Acción de fulminar.

fulminador, -ra (l. *-atore*) ***adj.-s.*** Que fulmina.

fulminante ***adj.*** Que fulmina. 2 [mal] Repentino y, generalmente, mortal: *apoplejía ~.* 3 Súbito, muy rápido y de efecto inmediato. -4 ***adj.-m.*** Que estalla con explosión. 5 Materia para hacer estallar cargas explosivas. -6 ***m.*** En los cartuchos de las armas de fuego, substancia de combustión rápida que, al encenderse, propaga la explosión al resto de la carga. 7 *Cuba.* Planta cuya vaina estalla cuando madura *(Ruellia germiniflora).*

fulminar (l. *-are < fulmen,* rayo) ***tr.*** Arrojar rayos. 2 Dar muerte los rayos eléctricos. 3 Herir o dañar el rayo terrenos o edificios, montes, etc. 4 Causar la muerte o herir con proyectiles o armas; fig., arrojar [bombas o balas]. 5 Fundir a fuego o por electricidad. 6 Causar muerte repentina una enfermedad. 7 Dictar, imponer [sentencias, excomuniones, censuras]. 8 Herir o dañar [a personas o cosas] la luz excesiva. 9 fig. Amenazar con ira. 10 fig. Dejar rendida o muy impresionada a una persona con una mirada de ira o amor, con una voz airada, etc. -11 ***intr.*** Explotar.

fulminato ***m.*** Sal del ácido fulmínico. 2 p. ext. Materia explosiva.

fulminatriz ***adj.*** Fulminadora.

fulmíneo, -a ***adj.*** Que participa de las propiedades del rayo.

fulmínico, -ca ***adj.*** ***Ácido ~,*** cuerpo isómero del ácido ciánico, que no se conoce en estado libre, sino en sus sales, que son muy explosivas.

fulminoso, -sa ***adj.*** Fulmíneo.

fulo, -la ***adj.*** *Pan.* Rubio. 2 *Amér.* Loco de rabia.

fultógrafo (de Rober *Fulton,* 1765-1815 + *-grafo*) ***m.*** Aparato que sirve para transmitir y recibir fotografías por radio.

fuma ***f.*** *Ant.* Cigarro que se acostumbra a regalar diariamente en las fábricas de tabacos a los cigarreros. 2 *Cuba.* El tabaco rústico torcido por el campesino para su propio consumo. 3 *P. Rico.* Fumada.

fumable ***adj.*** Que se puede fumar.

fumada ***f.*** Porción de humo, bocanada que se fuma de una vez. 2 *Argent.* Burla, mofa.

fumadero ***m.*** Local destinado a los fumadores.

fumador, -ra ***adj.-s.*** Que tiene costumbre de fumar: ***~ pasivo,*** persona no fumadora que, por estar en contacto con otras que sí acotumbran a hacerlo, está sujeta a los mismos efectos perniciosos del tabaco.

fumante ***adj.*** Que fuma o humea.

fumar (fr. *fumer <* l. *-are,* humear) ***intr.*** Humear. -2 ***intr.-tr.*** Aspirar y despedir el humo del tabaco, opio, etc.: *~ un puro; ~ en pipa.* -3 ***prnl.*** fig. Gastar, consumir indebidamente: *se fumó la paga del mes.* 4 fig. Dejar de acudir a una obligación: *fumarse la clase.* -5 ***intr.-tr.*** *Amér.* Dominar [a uno], chafarle, sobrepujarle.

fumarada ***f.*** Porción de humo que sale de una vez. 2 Porción de tabaco que cabe en la pipa.

fumarel ***m.*** Ave caradriforme marina, de plumaje totalmente negro en verano, y con cuello, frente y partes inferiores blancas en invierno *(Chlidonias niger).*

fumaria ***f.*** Hierba papaverácea, de hojas tenues, muy divididas y flores azuladas en racimo *(Fumaria officinalis).* 2 ***~ amarilla,*** planta papaverácea perenne con las hojas muy atípicas, parecidas a las frondes de un helecho; las flores son de color amarillo con la punta obscura *(Corydalis lutea).*
SIN. *1* **Conejillos, palomilla, palomina, sangre de Cristo.**

fumarola (it. *fumaruola*) ***f.*** Grieta o lugar de una región volcánica, por donde salen gases o vapores.

fumazo ***m.*** *P. Rico.* vulg. Jumazo. 2 *P. Rico.* Fumada.

fumetear ***intr.-tr.*** Fumar constantemente.

fumífero, -ra (l. *< fumus,* humo + *-fero*) ***adj.*** poét. Que despide humo.

fumífugo, -ga (l. *fumus,* humo + *-fugo*) ***adj.*** Que extingue el humo.

fumigación (l. *-atione*) ***f.*** Acción de fumigar.

fumigador, -ra ***m. f.*** Persona que fumiga. -2 ***m.*** Aparato para fumigar.

fumigante ***m.*** Substancia que sirve para fumigar y que actúa como desinfectante.

fumigar (l. *-are*) ***tr.*** Desinfectar por medio de humo o vapores adecuados [alguna cosa]: *~ una habitación.* ◇ ** CONJUG. [7] como ***llegar.***

fumigatorio, -ria ***adj.*** Relativo a la fumigación. -2 ***m.*** Perfumador (aparato).

fumígeno, -na (l. *fumus,* humo + *-geno*) ***adj.*** Que produce humo.

fumista (fr. *-iste*) ***com.*** Persona que tiene por oficio hacer, arreglar o vender cocinas, chimeneas o estufas. -2 ***adj.*** *Argent.* Burlón.

fumistería ***f.*** Establecimiento del fumista. 2 *Argent.* Burla, broma.

fumívoro, -ra (l. *fumus,* humo + *-voro*) ***adj.*** Que absorbe el humo o evita que se forme o se desprenda: *horno ~.*

fumorola ***f.*** Fumarola.

fumosidad ***f.*** Materia del humo.
SIN. **Humosidad.**

fumoso, -sa ***adj.*** Que abunda en humo.
SIN. **Humoso.**

funambulesco, -ca ***adj.*** [andar, paso, movimiento] Semejante al del funámbulo. 2 fig. Grotesco, extravagante.

funámbulo, -la (l. *-lu < funis,* cuerda + *ambulare,* andar) ***m. f.*** Volatinero que hace ejercicios en la cuerda o el alambre.
SIN. **Equilibrista.**

funche (voz. probabl. africana) ***m.*** *Amér.* Especie de gachas de harina de maíz.

funcia ***f.*** *Venez.* Espectáculo, función pública. 2 *Guat.* Función o fiesta con comilona.

función (l. *functione*) ***f.*** Acción propia de un órgano o aparato de los seres vivos, o de una máquina: *la ~ del hígado;* ***~ clorofílica,*** la de la clorofila contenida en los cloroplastos, mediante la cual y bajo la acción de la luz solar, las plantas convierten en materia orgánica propia la inorgánica del aire. 2 Ejercicio de un empleo, oficio, etc.: *las funciones del juez.* 3 Destino que se da a algo. 4 Acto público, diversión o espectáculo, esp. el teatral. 5 LING. Relación que los elementos de una estructura gramatical mantienen entre sí. 6 MAT. Magnitud cuyos valores dependen de los de otra u otras variables. 7 MIL. Acción de guerra. 8 QUÍM. Carácter químico de un cuerpo, determinado por la clase de reacciones de que es capaz, y por el cual se le puede clasificar.
SIN. *1* y *2* **Oficio.**

funcional ***adj.*** Relativo a las funciones orgánicas, matemáticas, químicas, etc. 2 [cosa] Cuya función práctica predomina sobre las demás. 3 Práctico, eficaz, utilitario.

funcionalidad ***f.*** Propiedad de lo que es funcional.

funcionalismo *m.* ARQ. Movimiento arquitectónico fundado en el principio de que la forma debe reflejar una función. 2 LING. Actitud teórica y metodológica de los lingüistas funcionalistas.
funcionalista *adj.-com.* LING. [pers.] Entendido en métodos y estudios que se basan en una interpretación funcional del lenguaje.
funcionamiento *m.* Acción de funcionar. 2 Efecto de funcionar.
funcionar *intr.* Ejecutar una persona o cosa las funciones que le son propias.
funcionariado *m.* Conjunto de funcionarios.
funcionario, -ria (imitado del fr. *fonctionnaire*) *m. f.* Empleado público. 2 *Argent.* Empleado de cierta categoría o importancia.
funcionarismo *m.* Burocracia.
funda (l. *funda,* bolsa) *f.* Cubierta con que se envuelve una cosa para resguardarla. 2 *Colomb.* Falda, saya. 3 *Pan.* Calzón corto, muy ancho, sin bragueta y con dos bolsillos al frente. -4 *f. pl. Venez.* Enaguas.
SIN. *1* **Manguita.**
fundación *f.* Acción de fundar. 2 Efecto de fundar. 3 Principio, erección, establecimiento y origen de una cosa. 4 Documento en que constan las cláusulas de una institución. 5 CONSTR. Parte de una estructura que transmite al terreno substentante su peso y el de las cargas que soporta. 6 DER. Persona jurídica dedicada a fines benéficos, culturales o religiosos, que continúa y cumple la voluntad del fundador.
fundacional *adj.* Relativo a la fundación.
fundadamente *adv. m.* Con fundamento.
fundador, -ra *adj.-s.* Que funda.
fundamental *adj.* Que sirve de fundamento o de base.
fundamentalismo *m.* Movimiento religioso, social y político, basado en la interpretación literal de los textos sagrados y en la negación de conocimiento científico.
fundamentalista *adj.-s.* Partidario del fundamentalismo. 2 Relativo a este movimiento. -3 *com.* Especialista en la investigación fundamental.
fundamentalmente *adv. m.* De modo fundamental.
fundamentar *tr.* Echar los fundamentos o cimientos [a un edificio]. 2 fig. Establecer, asegurar y hacer firme [una cosa].
I) fundamento (l. *-tu*) *m.* Principio o base de una cosa, esp. cimientos de un edificio. 2 fig. Razón, motivo de un juicio, apreciación, etc. 3, fig. Seriedad, formalidad de una persona: *este niño no tiene* ~. 4 fig. Fondo o trama de los tejidos. 5 fig. Principio y origen en que estriba una cosa no material. -6 *m. pl.* fig. Elemento básico de cualquier arte o ciencia.
II) fundamento (corrupción de *faldamento*) *m. Colomb.* Bolsicón.
fundar (l. *-are*) *tr.* Empezar a edificar [una ciudad, establecimiento, etc.]. 2 Establecer, crear, esp. instituir [mayorazgos, obras pías y otras fundaciones]: ~ *una asociación;* ~ *un imperio;* ~ *un premio.* 3 Estribar, armar [alguna cosa material] sobre otra: *el arco se funda en el pilar.* 4 fig. Apoyar con motivos o razones [una cosa]: ~ *en razón una sentencia.*
SIN. *1* y *2* **Establecer.** *3* y *4* **Fundamentar, basar.**
fundente *adj.-s.* QUÍM. y METAL. Que facilita la fusión. -2 *m.* Medicamento que resuelve los tumores.
SIN. *1* **Flujo, flúor.**
fundería *f.* desus. Fundición (fábrica).
fundible *adj.* Capaz de fundirse.
fundibulario *m.* Soldado romano que peleaba con honda.
SIN. **Hondero.**
fundíbulo (l. *-lu* < *funda,* honda + gr. *ballo,* lanzar) *m.* Máquina de madera que servía antig. para disparar piedras de gran peso.
SIN. **Fonébol.**
fundición *f.* Acción de fundir o fundirse. 2 Efecto de fundir o fundirse. 3 Fábrica en que se funden metales. 4 Hierro colado. 5 IMPR. Surtido o conjunto de todos los moldes o letras de una clase. 6 METAL. Fabricación de objetos por vaciado de metal en moldes de forma apropiada.
SIN. *1* y *2* **Conflación,** desus.; **fusión.**
fundido, -da *adj.* Licuado, derretido. -2 *m.* En cine y televisión, transición gradual de un plano a otro durante su proyección en la pantalla, o de un sonido a otro en el altavoz. 3 Técnica escultórica de trabajar los metales, derritiéndolos; la principal quizá sea a la cera perdida. 4 ~ ***encadenado,*** aparición lenta de una imagen en la pantalla al mismo tiempo que desaparece la anterior.
fundidor *m.* El que tiene por oficio fundir.
fundidora *f.* TECNOL. Máquina para fabricar moldes o para vaciar materias fundidas. 2 IMPR. Máquina que vacía metal tipográfico en las matrices de las letras y signos para fabricar los tipos.
fundillo *m. Amér.* Fondillo. 2 *Méj.* Trasero.
fundir (l. *-ere*) *tr.* Derretir y liquidar [los metales u otros cuerpos sólidos]. 2 Dar forma en moldes al metal en fusión: ~ *cañones;* ~ *estatuas.* 3 fig. Gastar, derrochar, dilapidar. -4 *tr.-prnl.* Reducir a una sola cosa dos o más cosas diferentes. -5 *prnl.* Dejar de funcionar un artefacto eléctrico por haberse soltado o quemado el hilo de resistencia: *se fundieron los plomos; se fundió la bombilla.* 6 fig. Unirse intereses, ideas o partidos. -7 *tr.* En cine y televisión, mezclar [los últimos momentos de persistencia de la imagen en la pantalla o del sonido en el altavoz con los primeros momentos de aparición de otra imagen o de otro sonido]. -8 *tr.-prnl. Amér.* Arruinarse, hundirse: *el negocio se fundió.*
SIN. *1* V. **Liquidar.** *6* **Fusionar.**
fundo (l. *fundu*) *m.* DER. Finca rústica.
fundón *m. Colomb.* y *Venez.* Traje de montar de mujer. 2 Funda larga.
fúnebre (l.) *adj.* Relativo a los difuntos: *honras fúnebres.* 2 fig. Muy triste, luctuoso, funesto.
fúnebremente *adv. m.* De modo fúnebre.
funeral (l. *-ale*) *adj.* Funerario. -2 *m.* Solemnidad de un entierro. 3 Exequias: *el* ~, o *los funerales, de mi padre.*
funerala (a la ~) *loc. adv.* Denota la manera de llevar las armas los militares en señal de duelo; boca abajo.
funeraria *f.* Empresa encargada de la conducción y entierro de difuntos.
funerario, -ria (l. *-riu*) *adj.* Relativo al entierro y exequias.
SIN. **Funeral.**
funéreo, -a *adj.* poét. Fúnebre.
funestamente *adv. m.* De un modo funesto.
funestar (l. *-are*) *tr.* Mancillar, deslustrar, profanar.
funesto, -ta (l. *-tu*) *adj.* Aciago; que es origen de pesares. 2 Triste y desgraciado.
fungi- (l. fungus, hongo) Elemento prefijal que entra en la formación de palabras con el significado de hongo.
fungible (l. *fungere,* acabar) *adj.* Que se consume con el uso.
fungicida (*fungi-* + *-cida*) *m.* Substancia que puede destruir los hongos parásitos, dañinos o inútiles.
fungiforme (*fungi-* + *-forme*) *adj.* Que tiene forma de hongo.
fungir *intr. Amér. Central* y *Méj.* Desempeñar un cargo. 2 *Cuba.* Suplir provisionalmente a otra persona en un cometido, sin reunir las cualidades que el puesto reclama. 3 *Cuba, Méj.* y *P. Rico.* Dárselas, echárselas de algo. ◇ ** CONJUG. [6] como ***dirigir.***
fungistático, -ca (l. *fungus,* hongo y gr. *statikos,* que posee la virtud de detener) *adj.-s.* Substancia que impide o inhibe la actividad vital de los hongos.
fungo *m.* MED. Tumor fungoso.
fungosidad (l. *-itate* < *fungu,* hongo) *f.* MED. Carnosidad fofa que dificulta la cicatrización.
fungoso, -sa (l. *-osu* < *fungu,* hongo) *adj.* Esponjoso, fofo.
funguicida (v. *fungicida*) *m.* Fungicida.
funí *m. Colomb.* Portañuela de los pantalones.
funicular (del l. *funiculu,* cuerda) *adj.* Que funciona por medio de una cuerda o que depende de la tensión de una cuerda o cable: ***ferrocarril*** ~, o simplemente ~, ferrocarril que se vale de este sistema de tracción para ascender por rampas muy pronunciadas; ~ ***aéreo,*** teleférico.
funiculitis *f.* PAT. Inflamación aguda o crónica del conducto espermático, gralte. de causa infecciosa venérea. ◇ Pl.: *funiculitis.*
funículo (l. *funiculu,* cuerda) *m.* BOT. Órgano filiforme que une el óvulo al carpelo. 2 ZOOL. Cordón celular que mantiene el intestino de los briozoos suspendido en la cavidad del cuerpo. 3 Adorno propio de la arquitectura románica consistente en un toro o baquetón retorcido a manera de cable o maroma.
fuñenda *f. S. Dom.* vulg. Calamidad. 2 *S. Dom.* Disgusto.
fúñera *f. Venez.* Gangosidad.
fuñicar *intr.* Hacer una labor con torpeza o ñoñería. ◇ **CONJUG. [1] como ***sacar.***
fuñido, -da *adj. Venez.* Pendenciero; huraño. 2 *Cuba.* Raquítico, endeble.
fuñingue *adj. Chile.* [tabaco o cigarro] De calidad ordinaria. 2 *Cuba* y *Chile.* fig. Individuo raquítico.
fuñinque *adj. Cuba* y *Chile.* Fuñingue (raquítico).
fuñique *adj.-s.* Persona inhábil y embarazada en sus acciones. -2 *adj.* Meticuloso, chinchoso.

fuñir *tr. P. Rico, S. Dom.* y *Venez.* Molestar, perjudicar. -2 *tr.-prnl. Cuba.* Encoger, reducir. -3 *prnl. Amér.* Fastidiarse. ◇ **CONJUG. [40] como *muñir.*
fuño, -ña *adj. Nav.* Huraño. -2 *m. And.* Mal gesto, ceño. -3 *adj. Venez.* Gangoso.
fuñón, -ñona *adj. S. Dom.* Molesto, cargante.
furare *m. Chile.* Tordo, pájaro.
furcia *f.* Ramera.
furente (l.) *adj.* poét. Arrebatado, furioso.
furfuráceo, -a (l. *furfur,* salvado) *adj.* Parecido al salvado.
furgón (fr. *fourgon*) *m.* ant. Carruaje cerrado de cuatro ruedas, con pescante cubierto, que se usaba para transporte en las poblaciones. 2 Vagón de ferrocarril en que se transportan los equipajes.
furgoneta *f.* Vehículo con una puerta en la parte posterior, que transporta artículos comerciales.
furia (l.) *f.* MIT. Divinidad infernal que tenía por misión atormentar a los malos. 2 fig. Persona muy irritada. 3 Ira exaltada; violencia, impetuosidad: *hablar, atacar con ~; la ~ del mar.* 4 fig. Prisa, velocidad, diligencia: *a toda ~.* 5 fig. Momento de mayor intensidad de una moda o costumbre.
SIN. *1* **Erinias** y **euménides,** las llamaban los griegos. *3* v. **Ira.**
furibundo, -da (l. *-du*) *adj.* Lleno de furia: *batalla, mirada furibunda.* 2 Extremado, entusiasta o partidario.
furiente *adj.* Furente.
furierismo *m.* Utopía social de Fourier (1772-1837) que, basándose en la atracción ejercida entre los hombres por las pasiones, aspira a una organización armónica de la sociedad, resultante de la combinación de las mismas libremente satisfechas. El núcleo social de este sistema es la falange, conjunto de individuos que, reunidos de acuerdo con sus inclinaciones, habitan un falansterio.
furierista *adj.-com.* Partidario del furierismo. -2 *adj.* Relativo a este sistema.
furiosamente *adv. m.* Con furia.
furioso, -sa (l. *-osu*) *adj.* Poseído de furia: *~ contra Juan; ~ con la noticia; ~ de ira; ~ por el contratiempo.* 2 Loco, que ha de ser sujetado. 3 fig. Violento, terrible. 4 Muy grande y excesivo: *~ gasto; ~ caudal.*
SIN. *1* lit. **Furente, furiente.**
furlón *m.* Forlón.
furnia *f. And.* Bodega bajo tierra. 2 *Ast.* y *Ant.* Sumidero. 3 *Cuba* y *P. Rico.* Sima, por lo común en terreno peñascoso.
I) furo (l. *forare,* horadar) *m.* Orificio que tienen en el fondo las hormas cónicas en que se vacían los panes de azúcar.
II) furo, -ra (l. *furo,* hurón) *adj.* [pers.] Huraño. 2 *Ar., Logr.* y *Nav.* Fiero, salvaje, sin domar.
furor (l.) *m.* Furia (violencia y prisa). 2 fig. Arrebatamiento, entusiasmo del poeta cuando compone. 3 Momento de mayor intensidad de una moda o costumbre. 4 Frenesí, locura, afición desordenada.
furriel, furrier (fr. *fourrier,* en su origen, el que administra el forraje) *m.* desus. El que tiene a su cargo en cada compañía de soldados la distribución del pre, pan y cebada, y designa personal para el servicio. 2 p. ext. Encargado de la administración de una compañía militar. 3 Oficial encargado de la administración de las caballerizas reales.
furriera (fr. *fourrière* < *fourrier,* v. furriel) *f.* Oficio de llavero y guardamuebles de la casa real.
furrina *f. Méj.* Coraje, enojo.
furrio, -rria *adj. Venez.* Furris, purriela.
furris *adj.* fam. Malo, despreciable, mal hecho.
furruco *m. Venez.* Especie de zambomba.
furrumalla *f. Cuba.* Gentualla. 2 Purriela.
furrusca *f. Colomb.* Gresca, pelotera.
furtivamente *adv. m.* Ocultamente.
SIN. **A hurtadillas.**
furtivismo *m.* Ejercicio de caza, pesca o hacer leña por una persona en finca ajena, a hurto de su dueño.
furtivo, -va (l. *-vu*) *adj.* Que se hace a escondidas y como a hurto.
furuminga (arauc.) *f. Chile.* Embrollo, confusión.
furúnculo (l. *-lu*) *m.* Divieso. ◇ También *forúnculo.*
furundanga *f. Colomb.* Morondanga; porquería.
fusa (it.) *f.* MÚS. Figura cuya duración equivale a la mitad de la semicorchea.
fusado, -da *adj.* BLAS. [escudo o pieza] Cargado de husos.
fusar *tr. Bol.* Recortar [el cabello].
fusca *f.* Pato negro.
fusci- (l. *fuscus,* obscuro, negruzco) Elemento prefijal que entra en la formación de palabras con el significado de obscuro, negruzco.
fusco, -ca (l. *fuscu*) *adj.* Obscuro. -2 *m. Sal.* Tripa gorda que se rellena de manteca o lomo.
fuselado, -da (fr. *fuselé*) *adj.* BLAS. Fusado.
fuselaje (fr. *fuselage*) *m.* Cuerpo del avión, de figura fusiforme, donde van la tripulación, los pasajeros y las mercancías.
fusi- (l. *fusus,* huso) Elemento prefijal que entra en la formación de palabras con el significado de huso.
fusibilidad *f.* Calidad de fusible. 2 FÍS. Propiedad que tienen muchos cuerpos de pasar del estado sólido al líquido por la acción del calor.
fusible (l. *-ibile*) *adj.* Que puede fundirse. -2 *m.* Hilo o chapa metálica, fácil de fundirse, que se coloca en algunas partes de las instalaciones eléctricas, para que, cuando la corriente sea excesiva, la interrumpa fundiéndose.
fusiforme (*fusi-* + *-forme*) *adj.* De figura de huso: *músculo ~; raíz ~.*
SIN. **Ahusado,** en el habla corriente. Se emplea como tecn. científ.
fúsil *adj.* Fusible.
fusil (fr. < l. v. **focile,* pedernal, der. de *focus*) *m.* Arma de fuego portátil que consiste en un cañón de hierro o acero montado en una culata de madera y dotado de un mecanismo con que se dispara: *un ~ máuser; ~* ***submarino,*** el que sirve para lanzar bajo la superficie del mar arpones a gran velocidad, unidos al arma mediante un hilo.
SIN. **Chopo,** entre soldados; **fusil,** se omite frecuentemente designándolo con el nombre de su sistema o marca: *un máuser, un rémington,* etc.
fusilamiento *m.* Acción de fusilar. 2 Efecto de fusilar.
fusilar *tr.* Ejecutar [a una pers.] con descarga de fusilería. 2 burl. Intercalar en una obra propia trozos o ideas de [otro autor] sin mencionarlo; plagiar.
fusilazo *m.* Tiro de fusil. 2 Herida y daño producidos por el disparo del fusil. 3 Fucilazo.
fusilería *f.* Conjunto de fusiles o de soldados fusileros. 2 Fuego de fusiles.
fusilero, -ra *adj.* Relativo al fusil. -2 *m.* Soldado de infantería armado de fusil.
fusinita *f.* Componente microscópico de los carbones que sirve para identificarlos. Proviene del tejido leñoso fosilizado.
fusiómetro (de *fusión* + *-metro*) *m.* FÍS. Instrumento para medir la temperatura de fusión de los cuerpos.
fusión (l. *fusione*) *f.* Paso de un cuerpo del estado sólido al líquido por la acción del calor: *temperatura de ~.* 2 fig. Unión de partido, intereses, ideas, etc., antes en pugna. 3 FÍS. *~* ***nuclear,*** reacción nuclear, producida por la unión de dos núcleos ligeros, sometidos a elevadas temperaturas, que da lugar a un núcleo más pesado, con gran desprendimiento de energía; *~* ***en frío,*** la nuclear que se desarrolla a temperatura ambiente.
fusionar *tr.* Producir una fusión; unir partidos, intereses, etc.
SIN. **Fundir;** v. **Liquidar.**
fusionista *adj.-com.* Partidario de la fusión (unión).
fusita *f.* Componente macroscópico de los carbones que sirve para diferenciarlos; es frágil y tizna los dedos.
fuslina *f.* Sitio destinado a la fundición de minerales.
fuso *m.* BLAS. Losange.
fusor (l. *fusor,* fundidor) *m.* Vaso o instrumento para fundir.
fusta (b. l. *fusta* < l. *fustis,* bastón) *f.* Varas, ramas y leña delgada. 2 Látigo largo y delgado que usan los tronquistas de caballos. 3 Tejido de lana antiguo. 4 Buque ligero de remos, con uno o dos palos.
fustado, -da *adj.* BLAS. [árbol] Cuyo tronco es de diferente color que las hojas, o [lanza] cuya asta es de diferente color que el hierro].
fustal, -tán, -taño (orig. incierto, quizá alterac. del ár. *fustat,* tienda de campaña de algodón) *m.* Tela gruesa de algodón con pelo por una de sus caras. 2 *Amér.* Enaguas o refajo de algodón.
SIN. *1* **Bombasí, bombací.**
fustanear *tr. Venez.* Dominar la mujer [al hombre].
fustanero *m.* El que fabrica fustanes.
fuste (l., *palo*) *m.* Madera (substancia dura). 2 Vara (palo), esp. la que sirve de asta a la lanza. 3 Pieza de madera que forma la silla del caballo y, en poesía, la silla misma. 4 Parte de la columna que media entre el capitel y la basa. 5 fig. Nervio, entidad, importancia, fundamento: *hombre de ~; negocio, discurso, es-*

crito de poco ~. 6 fig. Fundamento de una cosa no material. 7 BOT. Vástago, conjunto del tallo y las hojas. 8 *Ecuad.* y *Venez.* Enaguas.
SIN. *4* **Caña, escapo.**
fustero, -ra ***adj.*** Relativo al fuste. 2 p. us. Tornero.
fustete (probl. cat. *fustet* < ár. *fústaq,* alfóncigo) ***m.*** Arbusto anacardiáceo de hojas aromáticas, cuya corteza y madera sirven para teñir de amarillo las pieles *(Rhus cotinus).*
fustigación ***f.*** Acción de fustigar. 2 Efecto de fustigar.
fustigador, -ra ***adj.-s.*** Que fustiga.
fustigante ***adj.*** Fustigador.
fustigar (l. *fustigare* < *fustis,* palo; doble etim. *hostigar*) ***tr.*** Azotar (dar azotes). 2 fig. Censurar con dureza [a alguno]. ◇ ** CONJUG [7] como ***llegar.***
fusuco ***m.*** *Venez.* Cohete.
fután ***m.*** *S. Dom.* vulg. Nalgatorio.
futarra ***f.*** Pez marino teleósteo perciforme, de pequeño tamaño, cuerpo alargado, comprimido lateralmente y cabeza fuerte con hocico corto *(Blennius trigloides).*
futbito ***m.*** Fútbol sala.
fútbol, futbol (ing. *foot-ball*) ***m.*** Juego entre dos equipos que impulsan un balón, gralte. con los pies y nunca con los brazos, y tratan de hacerlo pasar por la portería contraria, de cuya defensa cuida un jugador, único que en cada equipo puede tocar la pelota con las manos: ~ ***sala,*** variante de este juego que se practica en un terreno de dimensiones mucho más reducidas, con dos equipos formados por cinco jugadores cada uno; ~ ***americano,*** variante del juego de rugby que practican dos equipos de once jugadores cada uno, caracterizada principalmente por su gran violencia física.
SIN. **Balompié.**
futbolero, -ra ***adj.*** Aficionado al fútbol.
futbolín ***m.*** Juego en que figurillas accionadas mecánicamente remedan un partido de fútbol.
futbolista ***com.*** Deportista jugador de fútbol.
futbolístico, -ca ***adj.*** Relativo al fútbol.
futbolomanía (de *fútbol* + *-manía*) ***f.*** Pasión excesiva por el fútbol.
futearse (voz chibcha) ***prnl.*** *Colomb.* Podrirse los frutos.
futesa (fr. jergal, *foutaise*) ***f.*** Fruslería, nadería.
fútil (l. *-ile*) ***adj.*** De poco aprecio o importancia.
futileza ***f.*** *Colomb.* y *Chile.* Futilidad.
futilidad (l. *-itate*) ***f.*** Poca o ninguna importancia de una cosa.
SIN. v. **Fruslería.**
fúting ***m.*** Footing.
futirse ***prnl.*** *Ant.* Fastidiarse.
futraque ***m.*** fam. y p. us. Levita, casaca. 2 desp. Lechuguino, petimetre.
futrarse ***prnl.*** *Argent.* Fastidiarse.
futre (fr. *foutre* < l. *futuere*) ***m.*** *Amér.* Futraque, lechuguino.
futrearse ***prnl.*** *Bol.* Vestirse con rebuscamiento.
futriaco, -ca ***m. f.*** *Colomb., P. Rico* y *S. Dom.* desp. Fulano.
futrir ***tr.-prnl.*** *S. Dom.* Fastidiar.
futura (l. *futura;* f. de *-us,* futuro) ***f.*** Derecho a la sucesión de un empleo o beneficio antes de estar vacante. 2 Novia que tiene con su novio compromiso formal.
SIN. *2* **Prometida.**
futurario, -ria ***adj.*** Que pertenece a futura sucesión.
futurible (l. *futuribile*) ***adj.*** Que es futuro condicionado, que no será con seguridad, sino que sería si se diese una condición determinada.
futurición ***f.*** Condición de estar orientado o proyectado hacia el futuro, como la vida humana.
futuridad ***f.*** Condición o calidad de futuro.
futurismo ***m.*** Actitud espiritual, cultural, política, etc., orientada hacia el futuro. 2 Movimiento ideológico y artístico cuyas orientaciones fueron formuladas por el italiano Marinetti (1876-1944) en 1909; pretendía revolucionar las ideas, costumbres, el arte, la literatura y el lenguaje.
futurista ***adj.*** Relativo al futurismo. -2 ***adj.-com.*** Partidario del futurismo. 3 Evocador de las etapas venideras en el desarrollo de la ciencia o la técnica.
futuro, -ra ***adj.*** Que está por venir o suceder. -2 ***m.*** Novio que tiene con su novia compromiso formal. 3 GRAM. ~ ***imperfecto,*** ~ ***perfecto,*** tiempos de verbo.
SIN. **Venidero; porvenir,** cuando está por venir. *2* **Promedio.**
futurología (*futuro* + *-logía*) ***f.*** Conjunto de estudios que tienden a prever la evolución social, económica, científica, técnica, etc.
futurólogo, -ga ***m. f.*** Especialista en futurología. 2 Adivino, persona capaz de predecir lo que va a ocurrir en el futuro.
fututear ***tr.*** *Pan.* Preparar [el arroz nuevo], después de cocinado, para tostarlo después. -2 ***prnl.*** *Amér. Central.* Fastidiarse.
I) fututo ***m.*** *Amér.* Fotuto.
II) fututo, -ta ***adj.*** *Amér. Central.* Fastidiado. 2 *Colomb.* Puro, neto.

G, g *f.* Ge, séptima letra del **alfabeto español que con la *u* constituye el dígrafo *gu*, utilizado delante de *e,i* para representar gráficamente a la consonante oclusiva, velar y sonora, valor que también tiene delante de *a,o,u*. La *g* delante de *e,i* representa gráficamente a la consonante fricativa, velar y sorda. 2 Símbolo del *gauss*. ◇ V. ** ORTOGRAFÍA.

Ga, símbolo del *galio*.

gabachada *f.* Acción propia de gabacho.

gabacho, -cha (prov. *gavach,* montañés grosero, de orig. prerrom.) *adj.* Relativo a ciertos pueblos pirenaicos. 2 [paloma] Grande y calzada. -3 *adj.-s.* Natural de ciertos pueblos pirenaicos. 4 desp. Francés. 5 desp. Desgarbado, tosco. -6 *m.* Lenguaje español plagado de galicismos.

gabán (ár. *caba,* capa) *m.* Abrigo (prenda). 2 *Méj.* Prenda de abrigo, especie de sarape angosto, con bocamanga, y que sólo llega hasta un poco más abajo de la cintura. 3 *P. Rico.* Saco, americana.

gabanear *tr. Amér. Central.* Robar.

gabaonita *adj.-s.* De Gabaón, c. de la ant. Palestina.

gabarda *f.* Escaramujo (especie de rosal y su fruto).

gabardina (cruce de *gabán* × *tabardina;* dim. de *tabardo*) *f.* desus. Tabardo rústico con mangas ajustadas. 2 Sobretodo de tela impermeable. 3 Tela de tejido diagonal, de que se hacen estos sobretodos y otras prendas de vestir. 4 fig. Envoltura de harina o pan rallado con que se rebozan algunos pescados: *gambas con ~*.

gabarra (l. *carabu,* o gr. *kárabos,* bote de mimbres; a través del vasco *gabarra* o *kabarra*) *f.* Barcaza grande, generalmente sin medios de propulsión, aunque las hay a remo, vela y motor, que se usa en los puertos en operaciones de carga y descarga de los buques, así como en la navegación fluvial y de cabotaje.

gabarrero *m.* Conductor, cargador o descargador de una gabarra.

gabarro (probl. der. del l. *clavu*) *m.* Nódulo de composición extraña en la masa de una piedra. 2 Pasta con que se rellenan las faltas de los sillares. 3 desus. Pepita (enfermedad). 4 Enfermedad del casco de las caballerías. 5 Defecto que tienen las telas o tejidos. 6 Gualda, hierba rosedácea. 7 fig. Obligación, molestia, incomodidad. 8 fig. Error en las cuentas.
SIN. *1* **Haba.**

gabata *f.* Escudilla o plato en que se echaba la comida a cada soldado o galeote. 2 *Can.* Escudilla grande de madera.

gabato *m.* Cría del ciervo y del corzo.

gabazo *m.* Bagazo.

gabear *intr. S. Dom.* Gatear; trepar.

gabejo (célt. **gabiculum*) *m.* Haz pequeño de paja o leña.

gabela (it. *gabella* < ár. *al-cabala,* tributo) *f.* Tributo, impuesto. 2 DER. fig. Carga. 3 *Colomb., Ecuad., P. Rico, S. Dom.* y *Venez.* Ventaja, partido.

gabeloso, -sa *adj. Colomb.* Ventajista, aprovechado.

gabia *f. Méj.* Aromo, árbol leguminoso.

gabinete (del fr. ant. *gabinet;* dim. del fr. *cabine,* de et. dud.) *m.* Aposento, menor que la sala, destinado al estudio, a la investigación o a recibir personas de confianza: *~ de un médico, de un abogado.* 2 Mobiliario de este aposento. 3 Colección de objetos curiosos o artísticos. 4 Sala o conjunto de ellas donde se guardan aparatos, objetos, etc., para estudio o enseñanza de una ciencia o arte: *~ de física.* 5 Gobierno, conjunto de ministros. 6 Ministerio (consejo de ministros) (V. *cuestión de gabinete*). 7 *Colomb.* Mirador, balcón cubierto.

gabita *f.* Palo, cadena, etc., que une las dos yuntas.

gablete (fr. *gablet* < ing. *gable,* remate) *m.* En la arquitectura gótica, remate a modo de frontón con ápice agudo.

Gabriel *n. pr.* BIB. Arcángel enviado por Dios, primero a Zacarías sobre el nacimiento de San Juan, y después a la Virgen María anunciando la venida del Redentor. Entre los musulmanes fue el espíritu inspirador de Mahoma.

gabrieles *m. pl.* fam. Garbanzos del cocido.

gabro *m.* Roca plutónica básica de colores obscuros.

gacel *m.* Macho de la gacela.

gacela (ár. *gazela*) *f.* Rumiante bóvido antilopino, pequeño, gracioso y con las astas encorvadas a modo de lira *(gén. Gazella).*

I) gaceta (it. *gazetta,* pequeña moneda, ant. precio de las hojas periódicas) *f.* Periódico en el que se dan noticias de algún ramo especial de literatura, administración, etc.: *~ de teatros; ~ de los tribunales.* 2 fam. Correveidile.

II) gaceta (fr. *casette*) *f.* Caja refractaria para cocer baldosines dentro del horno.

III) gaceta *f. P. Rico.* Hilo que parte del centro y de los vértices del volantín, para unirse los de arriba y el del centro con el cordel con que se empina, y los dos de abajo con el rabo.

gacetable *adj.* desus. [proyecto] Que puede convertirse en ley o disposición gubernativa y publicarse como tales en la gaceta oficial.

gacetero, -ra *m. f.* desus. Persona que vende gacetas. 2 desus. Persona que escribe para las gacetas.

gacetilla *f.* Parte de un periódico en que se insertan noticias cortas. 2 Esta noticia. 3 fig. Persona que lleva y trae noticias.

gacetillero *m.* Redactor de gacetillas.

gacetista *com.* Persona aficionada a leer gacetas o a hablar de novedades.

gacha (et. dud.; quizás de *cacho,* pedazo) *f.* Masa muy blanda. -2 *f. pl.* Comida compuesta de harina, agua, sal, leche, miel, etc. 3 fig. *y* fam. Lodo, barro. 4 *And.* Halagos, caricias, mimos. -5 *f. Colomb.* y *Venez.* Cuenco, escudilla de loza.
SIN. *1* **Papas.** *2* **Poleadas, puches; polenta,** las de harina de maíz.

gachapanda (a la ~) *loc. adv. Amér.* A la sordina, a hurtadillas, a la chitacallando.
gachapazo *m.* Costalada, caída violenta.
gachasmigas *f. pl. Murc.* Migas que se hacen con harina de maíz, pimentón, cebolla, aceite y agua.
gaché (caló) *m.* Entre los gitanos, andaluz. 2 *And.* Gachó.
I) gacheta *f.* Dim. de *gacha*. 2 Engrudo.
II) gacheta (fr. *gachette;* dim. de *gâche, cache,* der. del l. *coacticare,* apretar) *f.* Palanquita que sujeta el pestillo de algunas cerraduras.
SIN. **Cacheta.**
gachí (caló) *f.* vulg. Mujer, muchacha. ◇ Pl.: *gachíes.*
gacho, -cha (v. *cacho*) *adj.* Inclinado hacia tierra: *orejas gachas;* v. sombrero ~. 2 [buey] De cuernos gachos. -3 *loc. adv. A gachas,* a gatas. -4 *adj.* [caballería] Que está muy enfrenado, que tiene el hocico muy metido al pecho. 5 *Extr.* Zurdo. 6 *P. Rico* y *S. Dom.* [pers. o animal] Que carece de una oreja. -7 *m. Méj.* Entre chóferes, el que trabaja a bajo precio. 8 *Urug.* Sombrero.
gachó (caló) *m.* vulg. Gaché. 2 pop. Hombre en general, y en especial el amante de una mujer. ◇ Pl.: *gachós.*
gachón, -chona *adj.* fam. Gracioso. 2 Cariñoso. 3 *And.* fam. [niño] Que se cría con mucho mimo.
gachonada *f.* fam. Gachonería (gracia, donaire). 2 fam. Acto de gachonería.
gachonería *f.* fam. Gracia, donaire, atractivo. 2 *And.* fam. Mimo, halago.
gachuela *f.* Dim. de *gacha.*
gachumbo *m. Amér. Merid.* Cubierta leñosa y dura de varios frutos, de los cuales se hacen vasijas y otros instrumentos.
gachupín *m.* Cachupín.
gachupo *m.* Cachupín.
gacilla *f. C. Rica.* Broche, imperdible (alfiler).
gádido, -da *adj.-m.* Pez de la familia de los gádidos. -2 *m. pl.* Familia de peces gadiformes, caracterizados por tener aletas o radios blandos, escamas cicloideas y aletas ventrales yugulares.
gadiforme *adj.-m.* Pez del orden de los gadiformes. -2 *m. pl.* Orden de peces teleósteos con las aletas provistas de radios blandos; viven en mares fríos y tienen gran importancia económica; como el bacalao y la merluza.
gaditano, -na *adj.-s.* De Cádiz.
gado *m.* Género de gádidos caracterizados por tener tres aletas dorsales y dos anales, caso excepcional entre los peces. Con frecuencia tienen una barbilla debajo del extremo de la mandíbula inferior *(gén. Gadus).*
gadolinio *m.* QUÍM. Elemento metálico del grupo de las tierras raras, cuyo símbolo es *Gd,* su número atómico el 64, y su peso atómico el 157,26.
gaélico, -ca *adj.-s.* De un pueblo que se instaló en el primer milenio a. C. en la actual Irlanda y en el norte de Gran Bretaña. -2 *adj.-m.* Lengua perteneciente al grupo celta insular, hablada principalmente en Irlanda y Escocia, de la que procede el irlandés.
gafa (et. dud.; quizá de ár. *gafa,* contraída) *f.* Instrumento para armar la ballesta. 2 Grapa (pieza de hierro). 3 MAR. Tenaza para suspender pesos. -4 *f. pl.* Anteojos con patillas para afianzarlos en las orejas: ***gafas submarinas,*** las que sirven para poder ver bajo la superficie del mar, con un solo cristal, grande, y que se afianzan a la cabeza con un elástico. 5 Ganchos que sirven para subir y bajar los materiales en las construcciones.
SIN. *4* v. **Anteojos.**
gafar *tr.* Arrebatar [una cosa] con las uñas o con un instrumento corvo. 2 Componer con grapas [los objetos rotos], pralte. los de cerámica. 3 fam. Traer mala suerte. -4 *prnl. Colomb.* Despearse un animal por haber caminado mucho, especialmente las caballerías desprovistas de herraduras.
gafe *adj.-com.* fam. Cenizo, persona que trae a otras mala suerte.
gafearse *prnl. Guat.* Despearse.
gafedad *f.* PAT. Contracción de los dedos. 2 Lepra que encorva los dedos de las manos.
gafete *m.* Corchete (broche metálico).
gafetí (ár. *gafiti*) *m.* Agrimonia.
gafo, -fa *adj.-s.* Que tiene encorvados y sin movimiento los dedos de manos y pies. 2 Que padece la lepra llamada gafedad. -3 *adj. Extr.* Lleno de piojos o de otros insectos. 4 *Colomb., C. Rica, Guat.* y *P. Rico.* Despeado.
gag (ing.) *m.* Situación ridícula y cómica. ◇ Pl.: Se emplea *gags.*
gago, -ga *adj. Can., Extr.* y *Amér.* Tartamudo.
gagoso, -sa *adj. Colomb.* Tartamudo, gangoso.
gaguear *intr. Can., Extr.* y *Amér.* Tartamudear.
gagueo (de *gaguear*) *m. Amér.* Tartamudeo.
gaguera *f. Can., Extr.* y *Amér.* Tartamudez.
gaguillo *m. Pan.* Gaznate, garganta.
gaibola *f. Murc.* Huronera.
gaicano *m.* Rémora (pez).
Gaiferos *n. pr.* Personaje del Romancero. Se usa en la fr. proverbial: ***dársele a uno lo mismo que las coplas de Don ~,*** no importarle nada.
gaita (probl. del gót. *gaits,* cabra, por la materia de que se hace) *f.* MÚS. Tocata de carácter popular. 2 Instrumento músico de viento formado por una especie de odre, llamado fuelle, al cual van unidos tres tubos de boj; uno delgado, llamado soplete, por el cual se sopla para henchir de aire el fuelle, otro corto, llamado puntero, provisto de agujeros, donde pulsan los dedos del tañedor, y el tercero más grueso y largo, llamado bordón o roncón, cuyo número es variable y forma el bajo continuo del instrumento. 3 MÚS. ~ ***zamorana,*** instrumento rústico de viento a modo de dulzaina u oboe pastoril. 4 MÚS. Instrumento de cuerda compuesto de una caja con varias cuerdas, que tocan dando vueltas a un manubrio y pulsando unas teclas. 5 fig. *y* fam. Pescuezo (parte del cuerpo). 6 fig. *y* fam. Cosa fastidiosa. 7 ant. Lavativa (instrumento). 8 *Argent.* fest. *y* desp. Gallego. 9 *Méj.* fig. *y* fam. Maula (persona).
gaitería *f.* Vestido o adorno de colores chillones.
gaitero, -ra *adj.* De colores chillones, charro, extravagante. -2 *adj.-s.* Ridículamente alegre: *es un viejo ~.* -3 *m. f.* Músico que toca la gaita.
gajarro *m.* Fruta de sartén, hecha de harina, huevos y miel.
gaje (germ. *wadi*) *m.* [esp. en pl.] Emolumento, salario. 2 irón. ***Gajes del oficio,*** perjuicios inherentes a un empleo u ocupación.
gajo (l. **galleu* < *galla,* agalla) *m.* Rama de árbol, esp. cuando está desprendida del tronco. 2 Grupo de uvas en que se divide el racimo. 3 Racimo apiñado de cualquier fruta: *~ de ciruelas.* 4 División interior de varias frutas: *~ de naranja, de granada.* 5 División o punta de las cuernas de los cérvidos y también de las horcas, bieldos y otros instrumentos de labranza. 6 Ramal de montes que deriva de una cordillera principal. 7 BOT. Lóbulo. 8 *Murc.* Burbuja grande, borbollón. 9 *Amér.* Barbilla. 10 *Amér. Central* y *Colomb.* Bucle, rizo. 11 *Argent.* Esqueje. 12 *Hond.* Mechón de pelo.
gajoso, -sa *adj.* Que tiene gajos.
gal *m.* Unidad de aceleración en el sistema cegesimal.
gala (fr. *ant. gale,* diversión; probl. de un verbo germ. *wallan,* bullir) *f.* Vestido o adorno suntuoso y lucido: ***de ~,*** del mayor lujo: *vestido de ~;* ***de media ~,*** uniforme o traje que por ciertas prendas o adornos se diferencia del de gala y del de diario. 2 Lo más selecto: *ser uno la ~ del pueblo;* ***hacer ~ de una cosa,*** fig., gloriarse de ella. 3 Gracia y bizarría. 4 Actuación artística a la que se da carácter excepcional. -5 *f. pl.* Artículos de lujo que se poseen y ostentan. 6 *Ant.* y *Méj.* desus. Recompensa, obsequio, propina.
galaadita *adj.-s.* De Galaad, ant. reg. de Palestina.
galabardera *f.* Escaramujo (rosal silvestre y fruto).
galacha *f. S. Dom.* Gorra de satén y punto de arandelas.
galacina (gr. *gala,* leche + *zyme,* levadura) *f.* Bebida hecha de leche fermentada con semillas y azúcar de caña.
galact-, v. galacto-.
galactagogo, -ga (*galact-* + *-agogo*) *adj.* Que provoca o favorece la secreción láctea. -2 *m.* Substancia o medio empleado para este fin. ◇ También *galactogogo.*
galáctico, -ca *adj.* ASTRON. Relativo a la Vía Láctea.
galactita, -tes *f.* Variedad de arcilla detersoria que se deshace en el agua, dándole la apariencia de leche.
SIN. **Galaxia.**
galacto-, galact- (gr. *gala, -actos,* leche) Elemento prefijal que entra en la formación de palabras con el significado de leche: *galactocele, galactopogo.*
galactocele (*galacto-* + *-cele*) *m.* MED. Quiste por retención de secreción láctea, originado por obstrucción de un conducto excretor de leche.
galactofagia (*galacto-* + *-fagia*) *f.* Hábito de alimentarse a base de leche.
galactófago, -ga (*galacto-* + *-fago*) *adj.-s.* Que se mantiene de leche.
galactoforitis (de *galactóforo* + *-itis*) *f.* MED. Inflamación

gralte. infecciosa y de curso agudo de un conducto galactóforo de la glándula mamaria. ◇ Pl.: *galactoforitis*.

galactóforo, -ra (*galacto-* + *-foro*) ***adj.*** Que sirve para conducir la leche: ***conductos galactóforos***, los que llevan la leche desde las glándulas mamarias al pezón.

galactogogo ***m.*** Galactagogo.

galactómetro (*galacto-* + *-metro*) ***m.*** Instrumento para reconocer la densidad de la leche.

SIN. **Lactómetro.**

galactopoyesis (*galacto-* + gr. *poiesis*, creación) ***f.*** Proceso de elaboración de leche en las glándulas mamarias. ◇ Pl.: *galactopoyesis*.

galactorrea (*galacto-* + *-rrea*) ***f.*** Secreción de leche más abundante de lo normal en el período puerperal, que suele fluir espontáneamente por el pezón.

galactosa ***f.*** Especie de azúcar de leche, sacárido de la glucosa ordinaria, que se obtiene tratando la lactosa con ácido sulfúrico diluido.

galactosemia (de *galactosa* + *-emia*) ***f.*** MED. Presencia excesiva de galactosa en la sangre, debida a un déficit enzimático, de carácter hereditario.

galactosuria (de *galactosa* + *-uria*) ***f.*** MED. Existencia de galactosa en la orina.

galactoterapia (*galacto-* + *-terapia*) ***f.*** MED. Tratamiento de las enfermedades de los niños de pecho por la administración de remedios a la madre o nodriza. 2 Uso exclusivo de la leche como medio de tratamiento.

galafate ***m.*** Ladrón sagaz. -2 ***com.*** *And.* Chiquillo. -3 ***m.*** *Cuba.* Pez negro azulado de unos 30 cms. de largo *(Melichthys picens)*.

galaico, -ca ***adj.*** De Galicia.

SIN. V. **Gallego.**

galaicoportugués, -guesa (*galaico* + *portugués*) ***adj.-m.*** Gallegoportugués. -2 ***adj.*** Relativo esp. a los monumentos literarios medievales de ambos territorios, cuando aún no habían surgido desemejanzas entre ellos: *cancioneros galaicoportugueses*.

galalita ***f.*** Caseína endurecida que forma una substancia plástica no termoestable, usada en la industria.

galamero, -ra ***adj.*** p. us. Goloso.

galán ***adj.*** Apóc. de *galano*. -2 ***m.*** Mueble en forma de percha con pie, donde se deja la ropa de caballero por la noche. 3 Hombre de buen semblante y airoso. 4 El que galantea a una mujer. 5 Actor que desempeña papeles principales, como arquetipo de personaje atractivo. 6 *Cuba* y *P. Rico.* ~ ***de día***, arbusto de flores blancas *(Cestrum diurnum)*. 7 *Cuba* y *P. Rico.* ~ ***de noche***, arbusto parecido al anterior, cuyas flores huelen mucho de noche *(Cestrum nocturnum)*. 8 *C. Rica.* Pitajaya (planta).

galanamente ***adv. m.*** Con gala. 2 Con gracia y elegancia.

galancete ***m.*** Dim. de *galán*. 2 Galán joven (en el teatro).

galanga (ár. *halány;* a través del l. m. *galanga*) ***f.*** Planta arácea de Cuba *(Arum colocasia)*. 2 Planta cingiberácea de rizoma aromático y amargo *(Alpinia officinarum)*. 3 Este rizoma.

galanía ***f.*** Galanura.

galano, -na (de *gala*) ***adj.*** p. us. Adornado, dispuesto o vestido con gusto y primor: *¿a dónde vas tan ~?* 2 fig. Elegante, gallardo: *estilo, discurso ~*. 3 *Cuba* y *C. Rica.* [res] Que está manchado de diversos colores, esp. de blanco y bermejo.

galante ***adj.*** Atento, obsequioso, esp. con las damas. 2 [mujer] Que gusta de que la galanteen. 3 Que trata con picardía un asunto o tema amoroso: *una novela ~*.

galanteador ***adj.-s.*** Que galantea.

galantear ***tr.*** Ser galante [con una dama]; lisonjearla. 2 fig. Solicitar asiduamente alguna cosa o la voluntad [de una persona].

SIN. **Cortejar, hacer la corte, festejar, obsequiar; servir,** fue muy us. en los clásicos, hoy es literario.

galantemente ***adv. m.*** Con galantería.

galanteo ***m.*** Acción de galantear.

galantería ***f.*** Acción o expresión obsequiosa. 2 Bizarría, generosidad. 3 Gracia y elegancia en las cosas.

galantina (fr. *-ine*) ***f.*** Carne rellena que se come fiambre.

galanura ***f.*** Gracia, gentileza, elegancia, gallardía: *vestir con ~; la ~ de su estilo*.

galapagar ***m.*** Sitio abundante en galápagos.

galápago (probl. de una voz prerrom. *calappacu*) ***m.*** Reptil quelonio (tortuga) de vida lacustre, esp. el de los géneros *Emys* y *Chlemys*. 2 Dental del arado. 3 Polea o motón de caja chata por un lado. 4 Molde para hacer tejas. 5 Lingote corto de plomo, estaño o cobre. 6 Cimbra (armazón) pequeña. 7 Tortada de yeso en los ángulos salientes de un tejado. 8 CARP. Aparato para sujetar la pieza que se está trabajando. 9 CIR. Tira de lienzo, cuadrilonga, hendida por los dos extremos, formando por lo común cuatro ramales. 10 CONSTR. Revestimiento macizo con que se refuerzan los muros de los sótanos para contener el empuje del terreno contiguo. 11 EQUIT. Silla de montar ligera. 12 MIL. ant. Testudo. 13 VETER. Enfermedad propia del asno y del caballo. 14 *Sal.* Trozo de vaqueta que se cose a las botas de los ganaderos para evitar que entre el agua. 15 *Extr.* Pieza de madera en el extremo de la vara del carro. 16 *Hond.* y *Venez.* Silla de montar para señora.

galapaguera ***f.*** Estanque pequeño en que se conservan vivos los galápagos.

galapaguero ***m.*** *Extr.* Peral silvestre.

galapaguino, -na ***adj.-s.*** De Colón (Islas Galápagos), prov. del Ecuador.

galapero ***m.*** *Extr.* Peral silvestre.

galapo ***m.*** Pieza de madera esférica y estriada, usada en cordelería para torcer en uno varios cordeles.

galardón (germ. **widarlon*) ***m.*** Premio, recompensa, esp. si es honorífica.

galardonador, -ra ***adj.*** Que galardona.

galardonar ***tr.*** Premiar los servicios o méritos [de uno].

gálata ***adj.-s.*** De Galacia, reg. del Asia antigua.

Galatea ***n. pr.*** MIT. Estatua de marfil de una doncella, hecha por Pigmalión, rey de Chipre. Se enamoró de ella y, a su ruego, Venus la dotó de vida. 2 En el género pastoril es nombre femenino frecuente; p. ej., la pastora que da título a la novela de Cervantes *Galatea*.

galatita ***f.*** QUÍM. Materia plástica que se obtiene tratando la caseína con formol, que se emplea para reemplazar marfil, ámbar, concha, coral, etc.

galato ***m.*** QUÍM. Sal del ácido gálico.

galaxia (del gr. *galaxias*, relativo a la leche; v. *galacto-*) ***f.*** Galactita. 2 Nebulosa que constituye algún gran sistema estelar; esp., la Vía Láctea. 3 Conjunto amplio de cosas, hechos, conceptos, etc.

galayo (ár. *colaa*, roca aislada) ***m.*** Prominencia de roca pelada en medio de un monte.

galbana ***f.*** fam. Pereza, holgazanería.

galbanado, -da ***adj.*** De color de gálbano.

galbanear ***tr.*** Holgazanear.

galbanero, -ra ***adj.*** fam. Holgazán.

gálbano (l. *-nu*) ***m.*** Gomorresina de color gris amarillento y olor aromático que se saca de ciertas plantas umbelíferas de Asia.

galbanoso, -sa ***adj.*** fam. Perezoso, holgazán.

gálbula (l. *-lu*) ***f.*** Fruto compuesto, gralte. globoso y seco, propio del ciprés y de otras cupresáceas.

galdido, -da ***adj.*** Gandido.

galdón ***m.*** Alcaudón.

galdosiano, -na ***adj.*** Relativo al escritor Pérez Galdós (1843-1920), y a su estilo literario.

gálea (l.) ***f.*** Casco de la armadura romana.

galeato (l. *-atu*, cubierto con la gálea) ***adj.-m.*** [prólogo de un obra] Que la defiende de posibles objeciones y reparos.

galeaza (it. *galeazza;* aum. de *galea*, embarcación) ***f.*** Embarcación ant., de remos y velas.

galega ***f.*** Planta papilionácea de tallo fistuloso, hojas imparipinnadas, flores blancas o azules en racimo y legumbres sentadas, a la cual se han atribuido propiedades galactagogas *(Galea officinalis)*.

SIN. **Ruda cabruna.**

galeiforme (*gálea* + *-forme*) ***adj.*** En forma de casco o caperuza.

galembo ***m.*** *Colomb.* y *Venez.* Aura, gallinazo, zopilote.

galena (gr. *galene*) ***f.*** Sulfuro de plomo nativo de color gris, que cristaliza en el sistema regular; es la mena más rica del plomo.

galénico, -ca ***adj.*** Relativo a Galeno (¿131-201?), célebre médico griego, y a su doctrina.

galenismo ***m.*** Doctrina médica de Galeno (¿131-201?).

galenista ***adj.-com.*** Partidario del galenismo.

I) galeno (de *Galeno*, ¿131-201?, médico gr.) ***m.*** fam. Médico.

II) galeno, -na (gr. *galenós*, apacible) ***adj.*** MAR. [viento] Que sopla suavemente.

gáleo (l. gr. *galeos*) ***m.*** Cazón. 2 Pez espada.

galeón (de *galera*) ***m.*** Nave grande, parecida a la galera.

galeopiteco (gr. *galee*, gato + *piteco*) ***m.*** Género de mamíferos del Archipiélago Malayo y la Península de Malaca, parecidos a los insectívoros.

galeota *f.* Galera menor, de dos palos, armada de algunos cañones.

galeote *m.* Forzado, condenado a galeras.

REL. **Chusma,** conjunto de galeotes.

galeoto (it. *Galeotto,* del fr. ant. *Galehaut,* nombre de un caballero de la Tabla Redonda) *m.* Alcahuete, medianero en amores lascivos.

galera (gr. mod. *galaia*) *f.* Nave antigua de vela latina y remo. 2 Carro grande de cuatro ruedas, gralte. cubierto. 3 desus. Cárcel de mujeres. 4 Crujía (sala de hospital). 5 Crustáceo malacostráceo marino comestible *(Squilla mantis).* 6 Camarón. 7 Garlopa grande. 8 IMPR. Tabla rectangular en que se ponen las líneas de letras a medida que se componen. 9 MAT. Separación que se hace al escribir los factores de una división, mediante dos líneas en ángulo recto. 10 MIN. Fila de hornos de reverbero. -11 *f. pl.* Pena de remar en las galeras reales. -12 *f. Argent., Chile, Parag.* y *Urug.* Sombrero de copa. 13 *C. Rica.* Matadero. 14 *Amér. Central* y *Méj.* Cobertizo.

galerada *f.* Carga que cabe en una galera (carro). 2 IMPR. Trozo de composición que cabe en una galera. 3 IMPR. Prueba que de ella se saca.

galerero *m.* Dueño o conductor de una galera (carro).

galería (del b. l. *galilaea,* der. del n. *Galilea,* que pasó a significar pórtico) *f.* Habitación larga y cubierta. 2 Corredor descubierto o con vidrieras. 3 p. ext. Colección de obras artísticas: *Galería Nacional de Londres.* 4 Estudio de un fotógrafo profesional. 5 Paraíso del teatro. 6 Conjunto de personas que lo ocupan. 7 Balcón de popa, en un barco. 8 Bastidor que sostiene la cortina. 9 fig. Vulgo. -10 *f. pl.* Pasaje donde hay establecimientos comerciales. 11 Tienda o almacén de importancia. -12 *f.* MAR. Crujía. 13 MIN. Camino subterráneo.

galerín *m.* Galera pequeña. 2 IMPR. Tabla estrecha donde el cajista pone las líneas de composición.

galerista *com.* Persona que se halla al frente de una galería de arte.

galerita *f.* Cogujada.

galerna (fr. *-ne*) *f.* Viento fuerte del noroeste en el Cantábrico.

galerno *m.* Galerna.

galerón *m. Amér. Merid.* Romance vulgar que se canta en una especie de recitado. 2 *S. Dom.* Canción campesina. 3 *Colomb.* y *Venez.* Aire popular que se rasguea en el cuatro, y al son del cual se cantan coplas y se baila en los joropos. 4 *Méj.* Habitación de grandes dimensiones. 5 *C. Rica* y *Salv.* Cobertizo, tinglado.

galés, -lesa *adj.-s.* De Gales, país del oeste de Gran Bretaña. -2 *adj.-m.* Lengua perteneciente al grupo celta insular, procedente del británico, hablada principalmente en este territorio británico.

galfaro *m. Venez.* Pillete.

I) galfarro, -rra *adj.-s. Amér. Merid.* desus. Descendiente de negro y mulata.

II) galfarro, -rra *m.* fig. Hombre ocioso, perdido.

I) galga *f.* Piedra grande desprendida de una cuesta. 2 Piedra voladora. 3 MEC. Instrumento para medir ángulos y longitudes. 4 *Colomb.* Derribo simultáneo de varios árboles cortando sólo el primero de ellos. 5 *Hond.* Hormiga amarilla que anda muy velozmente.

II) galga (fr. *gale,* sarna) *f.* Especie de sarna.

III) galga (l. *caliga,* zapato) *f.* Cinta que sujeta algunos zapatos a la pierna.

IV) galga (flam. *galg,* viga) *f.* Palo atado por los extremos a la caja del carro, que sirve de freno. 2 Andas o ferétro. 3 MAR. Orinque con que se refuerza en malos tiempos el ancla fondeada. -4 *f. pl.* MIN. Dos maderos inclinados que por la parte superior se apoyan en el hastial de una excavación y sirven para sostener el huso de un torno de mano.

galgana *f.* Garbanzo pequeño.

galgo, -ga (l. *gallicus canis*) *adj.-s.* V. perro galgo. -2 *adj. Colomb.* y *Salv.* Goloso.

galgón, -na *adj. Ecuad.* Goloso, glotón.

galguear *intr. Amér.* Sentir vivo apetito o deseo de una cosa; gulusmear.

galgueño, -ña *adj.* Relativo al galgo.

galguería *f.* Golosina, manjar delicado.

I) galguero *m.* Cuerda con que se templa la galga del carro y que se ata a una anilla.

II) galguero, -ra *adj.* Galgueño. -2 *adj.-s.* [pers.] Que cuida de los galgos. 3 Cazador de liebres con galgos adiestrados. -4 *f. La Mancha.* Lugar o sitio donde se guardan o encierran los galgos. 5 *Extr.* y *La Mancha.* Lecho, cama, en esp. cuando está deshecho.

III) galguero *m. Can.* Garguero.

galguita *f.* Perro pequeño parecido al galgo y que tiene el pelo corto.

gálgulo (l. *-lu*) *m.* Rabilargo (pájaro).

gali-, galo- (de *galo*) Elemento prefijal que entra en la formación de palabras con el significado de galo o francés: *galiparla.*

Galiana *n. pr.* Princesa mora que tuvo un palacio famoso en Toledo. Su tradición inspiró numerosos romances y otras obras literarias. Fr. proverbial: ***Querer los palacios de ~***, no contentarse con la vivienda que se tiene, ambicionar mucho.

galiana *f.* Cañada de ganados.

galianos *m. pl.* Torta cocida a las brasas.

galibar *tr.* Labrar [una pieza del buque] conforme al gálibo.

gálibo (ár. *cálib,* moldeo; v. *calibre*) *m.* En los ferrocarriles, arco de hierro en forma de U invertida, para comprobar si los vagones con su carga máxima pueden circular por los túneles y bajo los pasos superiores. 2 Plantilla para labrar ciertas piezas del buque. 3 Dimensión. 4 fig. Elegancia. 5 ARQ. fig. Buen aspecto de una columna por la acertada proporción de sus dimensiones. 6 CONSTR. Modelo en madera o en hierro, del tamaño apropiado para construir una bóveda, perfilar una moldura, etc.

galicado, -da *adj.* p. us. Que adolece de galicismos: *estilo ~.*

galicanismo *m.* Doctrina nacida en el s. XVII, mantenida por algunos miembros de la Iglesia de las Galias; afirmaba que el Papa no tenía en Francia ninguna jurisdicción en el orden temporal, y que, en cuanto al espiritual, estaba limitada por los concilios, esp. de Francia, y los cánones y usos de este reino.

galicano, -na *adj.* Relativo a las Galias, esp. hablando de la Iglesia de Francia y de su liturgia y disciplina. 2 Partidario del galicanismo. 3 Galicado.

galiciano, -na *adj.* ant. De Galicia.

galicismo (l. *gallicu,* francés) *m.* Giro propio de la lengua francesa. 2 Vocablo, giro o modo de expresión de esta lengua empleado en otra.

galicista *com.* El que suele incurrir en galicismos. -2 *adj.* Relativo al galicismo.

SIN. **Afrancesado.**

I) gálico, -ca *adj.* Relativo a las Galias. -2 *m.* Sífilis.

SIN. *1* Apl. sólo a cosas, en tanto que **galo** se dice de personas y cosas.

II) gálico, -ca *adj.* [ácido] Que se extrae de la nuez de agalla.

galicoso, -sa *adj.* Sifilítico.

galicursi *adj.* fam. *y* desus. [lenguaje] Galicado y [pers.] galicista.

I) galilea (l. *Galilea,* prov. de Palestina) *f.* Pórtico o atrio de las iglesias, esp. la parte ocupada con tumbas de próceres o reyes.

II) galilea *f.* En la iglesia griega, tiempo que media desde la Pascua de Resurrección hasta la Ascensión.

galileo, -a *adj.-s.* De Galilea, ant. región de Palestina. 2 p. ext. Cristiano: *el Galileo,* Cristo.

galillo (l. *galla,* agalla) *m.* Úvula. 2 fam. Gaznate, gañote.

galimatías (fr.) *m.* fam. Lenguaje obscuro. 2 Confusión, desorden. ◇ Pl.: *galimatías.*

galináceo, -a *adj.-f.* Gallináceo.

galindro *m. Colomb.* Travesaño que tiene la canoa a uno y otro extremo de su cavidad.

I) galio (gr. *galion*) *m.* Hierba rubiácea de hojas casi filiformes, flores amarillas y fruto en drupa, que se emplea como forraje y para cuajar la leche *(Galium mollugo).*

II) galio (de *Galias,* n. ant. de Francia) *m.* Metal blanco, duro y maleable, parecido al aluminio; es muy raro. Su símbolo es *Ga,* su número atómico el 31, y su peso atómico 69,72.

galiparla (*gali-* + *parla*) *f.* Lenguaje plagado de galicismos.

galiparlante (*gali-* + *parlante*) *adj.* Galiparlista.

galiparlista *com.* Galicista.

galipierno *m.* Seta agarical con el sombrero primero muy convexo y luego aplanado, de color pardo por la parte superior y el resto blanco. Es muy venenosa *(Amanita pantherina).*

galipo *m.* vulg. Gargajo.

I) galipote (fr. *galipot*) *m.* MAR. Especie de brea us. para calafatear.

II) galipote (haitianismo) *m. S. Dom.* Persona que, según la creencia popular, tiene la virtud de metamorfosearse en animal o planta.

galizabra *f.* Embarcación ant. de vela latina.

galla (l., excrecencia) *f.* Remolino que a veces forma el pelo del caballo en los lados del pecho, detrás del codo y junto a la cinchera. 2 Agalla del roble. 3 Agalla del pez. 4 vulg. Moneda de cinco pesetas. 5 *La Mancha.* Galladura.

gallada *f. Colomb.* y *Chile.* Rasgo de valor.

galladura *f.* Pinta como de sangre que se halla en la yema del huevo de gallina fecundado.

SIN. **Engalladura, prendedura.**

gallano *m.* Pez marino teleósteo, de cuerpo alargado y ligeramente comprimido y de vistosos colores, que varían según el sexo y edad del ejemplar *(Labrus bimaculatus; L. mixtus).*

SIN. **Gallito.**

gallar *tr.* Gallear el gallo.

gállara (l. **gallula* < l. *galla*) *f.* Agalla (excrecencia). 2 *Logr.* Agalla de los peces.

gallarda *f.* Antiguo baile de origen francés y de movimiento vivo, muy difundido en el s. XVI. 2 Música de esta baile. 3 IMPR. Carácter de letra menor que el breviario y mayor que la glosilla. 4 *And.* fig. *y* fam. Bastón de mando, y p. ext., vara para zurrar.

gallardamente *adv. m.* Con gallardía.

gallardear *intr.* Ostentar mucha gallardía.

gallardete (prov. ant. *galhardet,* banderola de adorno) *m.* Bandera pequeña, larga y rematada en punta, que sirve como insignia, adorno o señal en buques o edificios. 2 *Can.* Pluma larga, curvada, de la cola del gallo de pelea. 3 *Can.* Gallardo, vara verde.

REL. *1* **Grimpola,** gallardete muy corto.

gallardetón *m.* Gallardete rematado en dos puntas.

gallardía *f.* Desenfado y buen aire. 2 Bizarría, ánimo, valor.

gallardo, -da (fr. *gaillard,* vigoroso) *adj.* Bien parecido, elegante y educado. 2 Bizarro, valiente. 3 fig. Grande, excelente: ~ *poeta; gallarda narración.* -4 *m. Murc.* Compuerta. 5 *Can.* Vara verde.

gallareta *f.* Foja (ave).

gallarín *m.* ant. Cuenta que se hace doblando siempre el número en proporción geométrica. 2 *Extr.* Ciclón.

gallarito *m.* Planta escrofulariácea, con varios tallos que se despliegan a partir de la base y flores bilabiadas de color rosa, en espigas *(Pedicularis sylvatica).*

gállaro *m.* Agalla de roble.

gallarón *m.* Sisón (ave).

gallaruza (probl. der. de *gallus,* galo, francés, alusión a la indumentaria de los peregrinos a Compostela) *f.* Vestido con capucha, propio de montañeses.

gallear *intr.* fig. Fanfarronear, pavonear. 2 fig. Alzar la voz con amenazas. 3 fig. Sobresalir, descollar. 4 fig. Producirse el galleo en un metal. 5 TAUROM. Hacer galleos. 6 *Extr.* Abrir el pez la boca para tomar aire. -7 *tr.* Cubrir el gallo [a las gallinas].

gallegada *f.* Multitud de gallegos. 2 Dicho o hecho propio de los gallegos. 3 Baile gallego. 4 Tañido correspondiente a este baile.

gallego, -ga *adj.-s.* De Galicia, región autónoma del noroeste de España. -2 *adj.-m.* Lengua romance hablada principalmente en Galicia, que se divide en dos dialectos básicos: oriental y occidental. 3 Viento noroeste. 4 *Ast.* Viento oeste. -5 *m. Amér.* desp. Español. 6 *C. Rica.* Lagarto que nada con mucha rapidez *(Lacerta horrida).* 7 *Cuba* y *P. Rico.* Ave acuática parecida a la gaviota *(Larus atricilla).*

SIN. *1* **Galaico,** es de uso lit., o se aplica a tiempos antiguos: *galaicos y astures*; **galiciano,** es hoy ant.

gallegoportugués, -sa *ad.-m.* Lengua romance hablada antiguamente en el noroeste de la Península Ibérica, cuyo desarrollo histórico dio lugar al gallego y al portugués. ◇ También *galaicoportugués.*

galleguismo *m.* Vocablo giro o modo de expresión propio de los gallegos. 2 Amor o apego a la cosas propias de Galicia.

galleo *m.* Excrecencia en la superficie de algunos metales fundidos cuando se enfrían rápidamente. 2 Jactancia, presunción. 3 TAUROM. Quiebro.

gallera *f.* Reñidero de gallos. 2 Gallinero donde se crían gallos de pelea, y jaula en que se transportan. 3 *Can.* Lugar donde hay mucha algarabía.

SIN. *1* y *2* **Gallería,** Cuba.

gallerbo *m.* Pez marino teleósteo perciforme, de pequeño tamaño, cuerpo alargado cubierto de una substancia viscosa, cabeza fuerte con hocico corto; es de color pardo verdusco con bandas más obscuras *(Blennius pavo).*

gallería *f. Cuba.* Lugar donde se tienen y cuidan los gallos de pelea. 2 *Cuba.* Gallera (reñidero). 3 *Cuba.* fig. Egoísmo. 4 *Guat.* Pelea de gallos.

gallero *m.* Individuo que se dedica a la cría de gallos de pelea. 2 Aficionado a las peleas de gallos. 3 Gallera.

I) galleta (fr. *galette* < *galet,* guijarro) *f.* Bizcocho (pan sin levadura). 2 Pasta de harina, azúcar y otras substancias, cocida al horno. 3 Bofetada. 4 Carbón, variedad de antracita. 5 MAR. Disco de bordes redondeados en que rematan los palos y las astas de banderas. 6 fig. Escudo de la gorra del marino. 7 p. ext. Placa o etiqueta de identificación, normalmente en los uniformes. 8 ELECTR. Bobina plana arrollada en espiral. 9 *Argent.* y *Chile.* Pan bazo que se amasa para los trabajadores. 10 *Venez.* fig. *y* fest. Chasco, burla.

II) galleta (port. *galheta*) *f.* Vasija pequeña de caño torcido. 2 *Amér.* Escudilla oblonga para tomar el mate amargo.

gallete *m.* Úvula, garganta.

galletear *tr. Argent.* y *Urug.* Despedir [a uno] de su empleo.

galletería *f.* Establecimiento donde se fabrican o venden galletas.

galletero, -ra *m. f.* Persona que hace galletas. -2 *m.* Vasija para galletas. -3 *adj. Chile.* Adulador.

galliano *m.* Licor de hierbas, aromatizado con vainilla.

galliforme *adj.-m.* Ave del orden de los galliformes. -2 *m. pl.* Orden de aves granívoras y terrestres con el cuerpo rechoncho y poco aerodinámico; son polígamas y su carne es muy apreciada; como el gallo, el faisán y la perdiz.

galligato *m. Venez.* Persona preeminente. -2 *adj. Venez.* Listo, hábil.

gallillo *m.* Úvula.

gallina (l.) *f.* Hembra del gallo, que se distingue del macho por ser de menor tamaño, tener la cresta más corta y carecer de espolones: ~ ***castellana,*** la negra muy ponedora. 2 ~ ***de Guinea,*** pintada. 3 ~ ***de río,*** fúlica. 4 ~ ***sorda,*** chocha. 5 ~ ***ciega,*** juego en que uno de los jugadores, con los ojos vendados, tiene que atrapar a otro y adivinar quién es. -6 *com.* fig. Persona cobarde. 7 fig. Persona que se acuesta temprano. -8 *f.* ~ ***armada,*** guisado que se hace asando una gallina y aderezándola con tocino y yemas de huevo. 9 ~ ***de mar,*** rata. 10 ***Cantar la*** ~, *fr.* fig., confesar uno su equivocación o su falta cuando se ve obligado a ello. 11 *Argent.* y *Chile.* ~ ***ciega,*** avecilla solitaria y nocturna *(Caprimulgus bifasciatus).*

REL. *1* **Cacareo** (vb. **cacarear**), voz de la gallina; **clueca,** gallina que incuba; **pollo,** hijo de la gallina. SIN. *1* **Pita.** *2* **Pintada.** *6* v. **Medroso.**

gallináceo, -a *adj.* Relativo a la gallina, y en general a las aves del orden galliformes.

gallinacera *f. Ecuad.* y *Perú.* Conjunto de gallinazos (aves). 2 *Ecuad.* y *Perú.* burl. Agrupación de negros.

gallinaciento, -ta *adj. Perú.* [ropa interior] Con manchas de suciedad.

gallinaza *f.* Aura (ave). 2 Excremento de las gallinas. 3 *Colomb.* Aire popular con coplas especiales, que se baila estando los danzantes separados. 4 *Ecuad.* Caucara.

gallinazo *m.* Aura (ave).

gallinería *f.* Lugar donde se venden gallinas. 2 Conjunto de gallinas. 3 fig. Cobardía, pusilanimidad.

gallinero, -ra *m. f.* Persona que trata en gallinas. -2 *m.* Lugar donde se crían y recogen las aves de corral. 3 fig. Sitio donde abundan las perdices. 4 fig. Sitio donde hay mucha gritería. 5 Paraíso del teatro.

gallineta *f.* Fúlica. 2 Chocha. 3 Pez marino teleósteo, de cuerpo oblongo, rechoncho y boca grande, protráctil, armada con numerosos dientes, de color rojo amarillento *(Helicolenus dactylopterus).* 4 *Murc.* Juego de la gallina ciega. 5 *Amér.* Gallina de Guinea. -6 *m. Ecuad.* Gallo de plumaje parecido al de la gallina.

gallineto, -ta *adj. Colomb.* Valiente, hablando de personas; fuerte, resistente, tratándose de herramientas o maderas.

gallinita *f.* Mariquita, insecto coleóptero.

gallino *m.* Gallo que carece de plumas en la cola. 2 *Pan.* Baile de movimiento ternario; gralte. es una mejorana (baile) en tono menor. -3 *adj. Colomb.* Cierto color de gallo.

gallinuela *f. Cuba.* Nombre genérico que se aplica a diversas aves, gallinetas, pollas de agua y fúlicas.

gallipato (de *gallo* + *pato*) *m.* Anfibio propio de los estanques cenagosos, de unos 30 cms. de largo, color gris verdoso, dos filas de dientes en el paladar y cola comprimida *(Pleurodeles waltlii).*

gallipava (de *gallipavo*) *f.* Variedad de gallina de mayor tamaño que las comunes *(gén. Gallus).*

gallipavo (de *gallo* + *pavo*) *m.* Pavo. 2 fig. Gallo (nota falsa).

gallipuente (de *gallón I* + *puente*) ***m.*** Puente sin barandas, en las acequias.
gallístico, -ca ***adj.*** Relativo a los gallos, y esp. a las peleas de los mismos: *circo ~*.
gallito ***m.*** fig. El que sobresale y hace papel en alguna parte. 2 fig. Matón. 3 Gallano, pez. 4 Ave caradriforme de América meridional, de unos 25 cms. de longitud; la parte inferior del cuerpo es de color negro y la superior, castaña *(Jacana spinosa)*. 5 ***~ de roca,*** ave paseriforme de Sudamérica, que se caracteriza por presentar una cresta en forma de peine sobre la cabeza *(Rupicola rupicola)*. 6 *And.* ***~ de campo, de marzo*** o ***inglés,*** abubilla. 7 *Argent.* ***~ del rey,*** budión. 8 *Bol.* Flor del ceibo, de color lacre. 9 *Colomb.* Rehilete, flechita con una púa. 10 *C. Rica.* Caballito del diablo. 11 *S. Dom.* Trago de ron con una aceituna dentro.
SIN. *4* **Jacana.**
gallo (l. *gallu*) ***m.*** Ave galliforme doméstica, que tiene la cabeza adornada de una cresta roja, carnosa y, ordinariamente, erguida, carúnculas rojas y pendientes a cada lado de la cara, de pico corto y arqueado, plumaje abundante y lustroso y tarsos armados de espolones *(Gallus sp.)*. 2 Pez marino teleósteo pleuronectiforme, de cuerpo comprimido, de unos 20 cms. de largo, cuya aleta dorsal recuerda la cresta del gallo *(Zeus faber)*. 3 fig. El que todo lo manda o lo quiere mandar. 4 fig. *y* fam. Hombre entrado en años. 5 En el juego del monte, las dos segundas cartas que se echan por el banquero y se colocan por debajo del albur. 6 fig. Nota aguda o falsa, dada por el que canta o habla: *soltar un ~*. 7 Esputo, gargajo. -8 ***adj.-m.*** DEP. Peso (categoría) del boxeo, superior al mosca, que comprende a los deportistas que pesan hasta 53'524 Kgs. (los profesionales) o 54 Kgs. (los aficionados). -9 ***m.*** *And., Ar., Gal., Nav.* y *Sant.* Abubilla. 10 *Sant.* ***~ de monte,*** abubilla. 11 *Extr.* ***~ del campo, del monte,*** o ***real,*** arrendajo. 12 *Pirineos.* ***~ de San Martín,*** abubilla. 13 fig. ***Alzar uno el ~,*** manifestar soberbia o arrogancia. 14 ***~ silvestre,*** urogallo. 15 *Amér.* Hombre fuerte y valiente. 16 *Colomb.* Gallito (rehilete). 17 *C. Rica.* Pequeña cantidad de comida. 18 *Chile* y *Perú.* Vehículo que acompaña siempre a las bombas de incendio y que sirve para transportar algunos utensilios. 19 *Méj.* Lo que se obtiene de segunda mano. 20 *Méj.* Serenata callejera. 21 *Pan.* Lazo de cinta que cuelga por delante y por detrás en el vestido de pollera. 22 *Perú.* Botella de forma especial, que se usa para recoger la orina del varón encamado.
REL. *8* v. **Peso.** SIN. *2* **Ceo, pez de San Pedro.**
gallocresta (*gallo* + *cresta*) ***f.*** Planta labiada medicinal de hojas parecidas a la cresta de un gallo *(Salvia verbenaca)*. 2 Planta escrofulariácea erecta y anual, de hojas alargadas y dentadas, y flores de color rosado o amarillo con el cáliz acampanado *(Bellardia trixago)*.
SIN. *1* **Cresta de gallo, hormino, ormino, orvalle, rinanto, verbenaca.**
gallofa (probl. del l. med. *galli offa,* bocado del peregrino, der. de *gallus,* francés, peregrino a Compostela) ***f.*** Comida que se daba de limosna a los peregrinos que venían a Santiago. 2 Verdura para la ensalada y otros usos. 3 Cuento, chisme. 4 Añalejo.
FR. *Andar* o *darse a la ~*, gallofear.
gallofar, gallofear ***intr.*** Holgazanear viviendo de limosna.
gallofero, -ra, gallofo, -fa (de *gallofa*) ***adj.-s.*** Holgazán, vagabundo.
I) gallón ***m.*** Tepe, césped.
II) gallón, -llona (de *agallón*) ***m. f.*** Labor que en algunos órdenes, como el renacimiento, adorna los boceles. 2 Adorno que se acostumbra a poner en los cabos de los cubiertos de plata. 3 MAR. Última cuaderna de proa.
gallonada (de *gallón,* césped) ***f.*** Tapia fabricada de gallones o tepes.
gallote, -ta ***adj.*** *Cád., C. Rica* y *Méj.* Desenvuelto, de rompe y rasga. -2 ***m.*** *Pan.* fig. Policía urbana.
gallotera ***f.*** *Pan.* Rebatiña.
galludo ***m.*** ZOOL. Pez marino seláceo parecido a la mielga, aunque de cuerpo menos esbelto, de color gris parduzco, provisto de dos aguijones dorsales venenosos más largos que los de la mielga *(Squalus blainvillei)*.
galluza ***f.*** *Pan.* Parte del peinado.
galo, -la ***adj.-s.*** De la Galia, antigua Francia. -2 ***adj.-m.*** Lengua perteneciente al grupo celta continental, hablada antiguamente en este territorio.
SIN. v. **Francés.**
galo-, v. gali-.
galocha (fr. *galoche;* probl. del l. v. *calopea,* por *calopeda,* der. del gr. *kalopus, -ópodos,* pie de madera) ***f.*** Zueco para andar por la nieve, el agua y el lodo.
galochero ***m.*** El que hace o vende galochas.
galocho, -cha ***adj.*** [pers.] Que es de mala vida. 2 fam. Dejado, desmalazado.
galófilo, -la (*galo-* + *-filo* I) ***adj.-s.*** Extranjero aficionado a lo francés.
galofobia (*galo-* + *-fobia*) ***f.*** Desafección a lo francés.
galófobo, -ba (*galo-* + *-fobo*) ***adj.-s.*** Desafecto a Francia y a los franceses.
I) galón (fr. *galon,* del fr. ant. *galonner,* adornar la cabeza con cintas) ***m.*** Tejido fuerte y estrecho a manera de cinta. 2 El que llevan como distintivo diferentes clases del ejército o de cualquier otro cuerpo uniformado. 3 MAR. Listón de madera que guarnece exteriormente el costado de la embarcación por la parte superior, y a la lumbre del agua.
II) galón (ing. *gallon*) ***m.*** Medida de capacidad inglesa, equivalente a 4,546 l., y también de los Estados Unidos de América, equivalente a 3,785 l.
galoneador, -ra ***m. f.*** Persona que galonea.
galoneadura ***f.*** Adorno hecho con galones.
galonear ***tr.*** Adornar con galones.
galonista (de *galón,* distintivo) ***m.*** fam. Alumno distinguido de un colegio militar, a quien se concede el uso de las insignias de cabo o sargento, representativas de cierta autoridad sobre sus compañeros.
galop (fr.) ***m.*** Galopa. ◇ Pl.: *galops.*
galopa ***f.*** Baile de origen húngaro y de movimiento muy vivo. 2 Música de este baile.
galopada ***f.*** Carrera a galope. 2 DEP. Carrera larga y veloz de un futbolista por uno de los lados del terreno de juego.
galopante ***adj.*** Que galopa. 2 fig. De crecimiento o desarrollo muy rápido. 3 p. ext. De crecimiento o difusión rápidos.
galopar ***intr.*** Ir a galope.
galope (fr. *galop,* de *galoper,* der. del fráncico *wela hlaupan,* saltar bien; contraído en *walaupare*) ***m.*** Marcha más levantada y veloz del caballo: *~* ***tendido,*** a todo correr del caballo; fig., a toda velocidad. 2 fig. ***A ~*** o ***de ~,*** con prisas y aceleración.
galopeado, -da ***adj.*** fam. Hecho de prisa y mal. -2 ***m.*** fam. Zurra. 3 *And.* Plato compuesto de harina, pimentón, ajo frito, aceite y vinagre.
galopear ***intr.*** Galopar.
galopillo ***m.*** Pinche de cocina.
SIN. **Marmitón.**
galopín (fr. *galopin*) ***m.*** Muchacho sucio y desharrapado. 2 Pícaro, bribón. 3 fig. Hombre taimado. 4 Grumete. 5 Galopillo. 6 *Extr.* Muchacho de los recados.
galopinada ***f.*** Acción de galopín (pícaro).
galopo ***m.*** Galopín (pícaro). 2 *Extr.* Muchacho de los recados.
galorrománico, -ca ***adj.*** Relativo a los galorromanos. -2 ***m.*** Modalidad del latín vulgar hablado en las Galias.
galorromano, -na (*galo-* + *romano*) ***adj.*** Relativo a la vez a los galos y a los romanos.
galpito ***m.*** Pollo débil, enfermizo y de pocas medras.
galpón (ant. *galpol,* der. del náhu. *kalpulli,* sala grande) ***m.*** *Amér. Merid.* Cobertizo grande, tinglado. 2 *Amér.* Departamento o galerón, destinado en las haciendas a los esclavos. 3 *Colomb.* Tejar, adobería.
galúa ***f.*** Pez marino teleósteo perciforme de cuerpo fusiforme y cabeza plana, de color gris plomizo con líneas longitudinales y con manchas doradas sobre el opérculo *(Mugil saliens; Liza s.)*. 2 *Cuba.* Bofetada.
galucha ***f.*** *Amér.* Galope.
galuchar ***intr.*** *Amér.* Galopar.
galupe ***m.*** Pez marino teleósteo perciforme muy parecido a la galúa aunque algo mayor *(Mugil auratus; Liza aurata)*.
galvánico, -ca ***adj.*** Relativo al galvanismo.
galvanismo (de *Galvani,* 1737-1798, físico it.) ***m.*** Electricidad dinámica, esp. la producida por una acción química. 2 Denominación anticuada de la ciencia que estudia las corrientes eléctricas. 3 Propiedad de la corriente eléctrica de provocar contracciones en los nervios y músculos de animales vivos y muertos. 4 Uso de la corriente eléctrica para fines terapéuticos.
SIN. *4* **Galvanoterapia; electroterapia,** más gralte.
galvanización ***f.*** Acción de galvanizar. 2 Efecto de galvanizar.
galvanizado ***m.*** Galvanización.
galvanizador, -ra ***adj.*** Que galvaniza. -2 ***m.*** Obrero encargado de regular las distintas etapas de un proceso de galvanizado.

galvanizar (de *galvanismo*) ***tr.*** Recubrir [un metal] con una ligera capa de otro, ya por medio de la corriente eléctrica, ya por otro procedimiento; esp. recubrir [el hierro] con zinc. 2 Someter [un animal vivo o muerto] a la acción de la corriente eléctrica. 3 fig. Infundir nuevos ánimos [a una persona]; dar vida pasajera [a algo que está en decadencia]. ◇ ** CONJUG. [4] como ***realizar.***
galvano ***m.*** Reproducción, gralte. artística, hecha por galvanoplastia.
galvano- (de *galvanismo*) Elemento prefijal que entra en la formación de palabras con el significado de galvanismo: *galvanometría.*
galvanocauterio (*galvano-* + *cauterio*) ***m.*** CIR. Aparato destinado a cauterizar los tejidos por medio de un alambre calentado por una corriente eléctrica.
galvanografía (*galvano-* + *-grafía*) ***f.*** Procedimiento electrográfico para la reproducción de dibujos.
galvanometría (*galvano-* + *-metría*) ***f.*** Conjunto de procedimientos empleados para medir las intensidades de las corrientes galvánicas.
galvanométrico, -ca ***adj.*** Perteneciente o relativo a la galvanometría o al galvanómetro.
galvanómetro (*galvano-* + *-metro*) ***m.*** Instrumento para comprobar la existencia, medir la intensidad y determinar el sentido de una corriente eléctrica mediante la desviación que ésta produce en una aguja magnética.
SIN. **Reómetro** se llamó el primer instrumento destinado a estos fines; **galvanómetro,** es un reómetro perfeccionado.
galvanoplasta ***com.*** Persona especializada en trabajos de galvanoplastia.
galvanoplastia (*galvano-* + *-plastia*) ***f.*** Arte de sobreponer a los cuerpos sólidos capas metálicas consistentes, mediante la electrólisis; esp. cuando se aplica a la preparación de moldes y a la reproducción de objetos en relieve.
galvanoplástica ***f.*** Galvanoplastia.
galvanoplástico, -ca ***adj.*** Relativo a la galvanoplastia.
galvanoscopio (*galvano-* + *-scopio*nia) ***m.*** Instrumento que señala el paso de una corriente sin efectuar medida de su intensidad.
galvanostega ***com.*** Persona especializada en trabajos de galvanostegia.
galvanostegia (*galvano-* + gr. *stego,* abrigar, cubrir) ***f.*** Galvanoplastia que se aplica simplemente a recubrir los objetos.
galvanotecnia (*galvano-* + *-tecnia*) ***f.*** Conjunto de técnicas y aplicaciones de las corrientes galvánicas.
galvanotermia (*galvano-* + *-termia*) ***f.*** Calentamiento por la corriente eléctrica.
galvanotipia (*galvano-* + *-tipia*) ***f.*** Procedimiento galvanoplástico para la obtención de placas impresas, clichés tipográficos y tipos de imprenta.
galvanotropismo (*galvano-* + *tropismo*) ***m.*** Respuesta de un organismo a un estímulo eléctrico.
I) gama (de *gamma,* letra griega) ***f.*** MÚS. Escala. 2 fig. Escala, gradación de colores. 3 fig. En gral., escala, serie continua. 4 Serie de cosas comparables pertenencientes a una misma categoría, dentro de la cual están clasificadas de acuerdo con su talla, valor, duración, etc.: *la ~ de automóviles de una marca.*
II) gama ***f.*** Hembra del gamo, del cual se distingue por la falta de cuernos.
-gama, v. -gamo.
gamada ***adj.-f.*** Variedad de esvástica en forma de cruz con cuatro brazos acodados. Se llama así porque puede constituirse juntando cuatro letras gamma.
gamarilla ***f.*** *Ecuad.* Serreta para las caballerías.
gamarra (del l. *camu,* bozal, quizás cruzado con *amarra*) ***f.*** Correa que partiendo de la cincha se afianza en la muserola. 2 *Media ~,* amarra (correa).
gamarrón ***m.*** *Amér. Central.* Jáquima del caballo.
gamarza ***f.*** Alharma.
I) gamba (it. *gamba* < l. v. *camba,* de orig. incierto) ***f.*** fam. Pierna. 2 *Colomb.* Bamba o parte saliente de la raíz de un árbol. 3 *S. Dom.* Paréntesis que forman las piernas del individuo patizambo. -4 ***f. pl.*** *Colomb.* Harapos, jirones.
II) gamba (del l. v. *gambaru;* variante del l. *cammaru,* der. del gr. *kammaros*) ***f.*** Crustáceo decápodo marino, de caparazón débil, abdomen bien desarrollado y con dos series de patas palmeadas y bifurcadas: *~* ***blanca,*** la de color rosa pálido y hasta 13 cms. de longitud, que se caracteriza por poseer dos aguijones detrás de cada ojo *(Parapenaeus longirostris);* *~* ***rosada,*** la de color rojo claro y con tres dientes en el borde superior del rostro *(Aristeus antennatus).*
gambado, -da (de *gamba,* pierna) ***adj.*** *Cuba* y *P. Rico.* Patizambo.
gambalúa ***m.*** fam. Hombre alto, desgarbado y dejado; inútil para el trabajo.
gámbaro ***m.*** Camarón.
gambarse ***prnl.*** *Ant.* Encorvarse las piernas.
gambax (b. l. *bambax,* algodón < l. *bombyx,* gusano de seda) ***m.*** Jubón acolchado que se ponía debajo de la coraza. ◇ Pl.: *gambax.*
gamberrada ***f.*** fam. Hecho propio del gamberro.
gamberrear ***intr.*** Hacer el gamberro.
gamberrismo ***m.*** Condición de gamberro. 2 Gamberrada. 3 Conjunto de gamberros.
gamberro, -rra ***adj.-s.*** Libertino, disoluto. 2 Persona que comete actos inciviles para molestar a los demás, sobre todo en la vía pública. -3 ***f.*** *And.* Mujer pública.
gambesina ***f.*** Gambesón.
gambesón ***m.*** Saco acolchado que se ponía debajo de la armadura.
gambeta (it. *gambetto,* zancadilla) ***f.*** Movimiento especial de las piernas al danzar. 2 Corveta. 3 *Amér.* En el juego del fútbol, regate, movimiento del jugador para evitar que le arrebate el balón el contrario. 4 *Argent., Bol.* y *Urug.* Esguince (ademán). 5 *Argent.* y *Urug.* fig. Evasiva. -6 ***adj.*** *S. Dom.* Patizambo.
gambetear ***intr.*** Hacer gambetas o corvetas. 2 *Colomb.* Correr haciendo curvas o zigzag. 3 *Méj.* Flamear la falda de un vestido. -4 ***tr.*** *Bol.* Hurtar.
gambeteo ***m.*** Acción de gambetear. 2 Efecto de gambetear.
gambeto ***m.*** Capote que llegaba hasta media pierna.
gambeta ***adj.*** *Amér. Central.* [res] De cuernos gachos.
gambia ***f.*** *Colomb.* Garabato para atajar leña en los ríos. 2 *Colomb.* Bichero.
gambiar ***tr.*** *Colomb.* Atajar [leña] con la gambia. ◇ ** CONJUG. [12] como ***cambiar.***
gambito (it. *gambetto,* zancadilla) ***m.*** En el juego del ajedrez, sacrificio de una pieza, generalmente de un peón al principio de la partida, para lograr una posición favorable.
gamboa ***f.*** Variedad de membrillo injerto.
gambota ***f.*** Madero que sostiene el espejo de popa del buque.
gambox ***m.*** Cambuj.
gambrona ***f.*** *Urug.* Tela gruesa y ordinaria para ropa de trabajadores.
gambuj ***m.*** Cambuj.
gamburrino ***m.*** *Murc.* Gambusino, animal imaginario.
gambusina ***f.*** *C. Rica.* Correría, diversión.
¡gambusina! *Cuba* y *S. Dom.* Interjección con que se indica que se ha chasqueado uno.
gambusino ***m.*** Pez teleósteo fluvial de cuerpo rechoncho, muy pequeño, de color gris azulado, capaz de sobrevivir en las peores condiciones *(Gambusia affinis; G. holbrocki).*
gambux ***m.*** Cambuj.
I) gamella ***f.*** Arco que se forma en cada extremo del yugo. 2 Caballón.
SIN. **Camella.**
II) gamella (it. *gamella* < l. *camella,* copa) ***f.*** Artesa para dar de comer a los animales.
SIN. **Camella.**
III) gamella ***f.*** Camelote (tejido).
gamellada ***f.*** Lo que cabe en una gamella (artesa).
gamellón ***m.*** Aum. de *gamella* (artesa). 2 Pila donde se pisa la uva.
gameto ***m.*** H. NAT. Célula que, en la reproducción sexual, se une a otra para dar origen a un nuevo ser.
REL. **Macrogameto,** gameto femenino; **microgameto,** gameto masculino.
gametocida (*gameto* + *-cida*) ***adj.-s.*** Substancia con poder destructor frente a los gametos; espermaticida.
gametocito (*gameto* + *-cito* I) ***m.*** Célula madre de la que deriva un gameto. 2 Gameto.
gametofilo (*gameto* + *-filo*) ***m.*** Hoja más o menos modificada portadora de órganos sexuales.
gametofito (*gameto* + *-fito*) ***m.*** En las plantas de generación alternante, sexual y asexuada, visible, fase que produce los gametos.
gametogénesis (*gameto* + *-génesis*) ***f.*** Proceso de formación de los gametos masculinos o femeninos, a partir de las células germinativas primordiales. ◇ Pl.: *gametogénesis.*

gamezno *m.* Gamo pequeño.
-gamia (v. *gamo-*) Elemento sufijal que entra en la formación de palabras con el significado de unión: *poligamia.*
gamín *m. Colomb.* GALIC. Golfillo.
gamitadera *f.* Balitadera.
gamitar *intr.* Dar gamitidos.
gamitido *m.* Balido del gamo o voz que lo imita.
gamma (gr. *gamma*) *f.* Tercera letra del **alfabeto griego, equivalente al sonido suave de la *g* española. 2 Unidad de peso, equivalente a la millonésima parte de un gramo. 3 ***Rayos*** ~, los que emiten ciertas substancias radiactivas, como el radio. Son parecidos a los rayos X, pero de menor longitud de onda. Comp. rayos *alfa* y *beta.*
gammaglobulina (*gamma* + *globulina*) *f.* FISIOL. y QUÍM. Globulina del suero sanguíneo, agente principal de la propiedad de oponerse a la acción biológica de los antígenos.
gammagrafía (*gamma* + *-grafía*) *f.* FÍS. Radiografía que utiliza la radiación gamma emitida por una fuente radiactiva.
gammaterapia (*gamma* + *-terapia*) *f.* Aplicación de radiaciones gamma con fines curativos, en especial para la irradiación de zonas profundas del organismo.
gamo (l. v. *gammu;* probl. por cruce del l. *damma,* gamo, con el l. dial. *camox,* gamuza) *m.* Mamífero rumiante cérvido, de pelaje rojizo, salpicado de manchas pequeñas y blancas, cabeza erguida y cuernos en forma de pala *(Dama dama).*
SIN. **Dama, paleto.** REL. **Gamezno,** gamo pequeño, en gral.; **estaquero,** gamo de un año; **paletero,** de dos años.
gamo-, -gamo, -gama (gr. *gamos,* unión) Elemento prefijal y sufijal que entra en la formación de palabras con el significado de unión: *gamopétalo, fanerógamo.*
gamoadelfo, -fa (*gamo-* + *-adelfo*) *adj.* BOT. Monoadelfo.
gamocarpelar (*gamo-* + *carpelar*) *adj.* BOT. [flor] Que tiene ovarios soldados formando un ovario único.
gamofilo, -la (*gamo-* + *-filo* III) *adj.* BOT. Que tiene unidas las hojas del periantio.
gamogénesis (*gamo-* + *-genésis*) *f.* Reproducción sexual.
gamón *m.* Planta liliácea perenne, con las hojas junciformes y con los tallos fistulosos, las flores de pétalos color rosa y el fruto globular *(Asphodelus fistulosus).*
SIN. **Abozo, agozo, asfódelo, gamonita.**
gamonal *m.* Terreno poblado de gamones. 2 *Amér.* Cacique de pueblo. -3 *adj.-s. Guat.* y *Salv.* Dadivoso, gastador.
gamonalismo *m. Amér.* Caciquismo.
gamonedo *m.* Queso asturiano, de Cangas de Onís, elaborado con leche de vaca mezclada con oveja y cabra, de pasta firme, semidura y sabor picante.
gamonita *f.* Gamón.
gamonito *m.* Retoño de algunos árboles.
gamonoso, -sa *adj.* Abundante en gamones.
gamopétalo, -la *adj.* BOT. [corola] Que tiene los pétalos soldados lateralmente, en mayor o menor extensión.
SIN. **Monopétalo.** CONTR. **Diapétalo.**
gamosépalo, -la *adj.* BOT. [cáliz] Que tiene los sépalos soldados lateralmente, en mayor o menor extensión.
SIN. **Monosépalo.**
gamostilo, -la (*gamo-* + *estilo*) *adj.* BOT. [planta, flor] De estilos soldados, concrescentes en un solo cuerpo.
gamsodactilia (gr. *gampsós,* curvado + *-dactilia*) *f.* MED. Deformidad de los dedos del pie caracterizada por la hiperextensión de la primera falange y flexión de las otras dos.
gamuno, -na *adj.* Aplíc. a la piel de gamo.
gamusino *m.* Animal imaginario cuyo nombre se usa para embromar a los cazadores novatos.
gamuza (l. *camoce*) *f.* Rumiante bóvido antilopino del tamaño de una cabra grande, con cuernos negros, lisos y derechos, terminados a manera de anzuelo *(Rupicapra pyrenaica).* 2 Piel de este animal que, adobada, es muy flexible y sirve para varios usos. 3 Tejido de lana que imita la piel de gamuza. 4 Hongo comestible, aunque algo amargo, de sombrero amarillo pálido mate *(Hydnum repandum).* 5 *Colomb.* Mezcla de cacao, harina de maíz e hígado de res.
SIN. *1* **Rebeco, robezo, rupicabra, rupicapra.** *4* **Lengua de gato.**
gamuzado, -da *adj.* De color de gamuza.
gana (probl. del gót. *gano,* avidez) *f.* Deseo, apetito, voluntad de una cosa: ~, o *ganas, de comer, de dormir;* ***de buena*** ~, con gusto; ***de mala*** ~, con repugnancia; ***dar la*** ~ ***de*** [hacer algo], vulg., expr. equivalente a querer. Se intensifica diciendo *la real* ~. -2 *f. pl.* Deseo de causar un mal a alguien.
ganable *adj.* Que puede ganarse.
ganada *f. Amér.* Ganancia.
ganadear *intr. And.* Andar cuidando y guardando el ganado. 2 *Guat.* Negociar en ganado.
ganadería *f.* Conjunto de los ganados de un país o región. 2 Raza especial de ganado. 3 Granjería, crianza y tráfico de ganados.
SIN. *3* **Zootecnia,** en su aspecto científico, crianza de ganado.
ganadero, -ra *adj.* Relativo al ganado: *región ganadera.* -2 *m. f.* Dueño de ganados. 3 Que cuida del ganado o trafica en él.
SIN. *1* **Pecuario.**
ganado, -da *adj.* p. us. Ganador. 2 Que se gana. -3 *m.* Conjunto de animales domésticos, esp. si son de la misma especie: ~ *vacuno;* ~ *de cerda;* ~ ***mayor,*** bueyes, mulas, yeguas, etc.; ~ ***menor,*** ovejas, cabras, etc. 4 Conjunto de abejas de una colmena. 5 fig. *y* fam. Conjunto de personas. 6 *Amér.* p. ant. El vacuno.
ganador, -ra *adj.-s.* Que gana.
ganancia *f.* Acción de ganar, esp. en el comercio: *una* ~ *de pocas pesetas.* 2 Efecto de ganar, esp. en el comercio. 3 ***Ganancias y pérdidas,*** una de las partidas de la contabilidad. 4 ELECTR. Relación entre una magnitud de salida y otra de entrada, que indica el poder amplificador de un circuito. 5 *Chile, Guat.* y *Méj.* Adehala, propina.
SIN. *1* **Negocio, utilidad, beneficio, rendimiento,** se sienten como términos selectos, preferidos en las leyes; **granjería, lucro, logro,** sugieren avidez en la ganancia y se toman a menudo a mala parte o como sin. de *usura;* **provecho, producto, fruto,** son de significado muy gral. y pueden aplicarse al concepto de ganancia.
ganancial *adj.* Relativo a la ganancia. -2 *m. pl.* Bienes gananciales.
ganancioso, -sa *adj.* Que ocasiona ganancia. -2 *adj.-s.* Que sale con ganancia de un trato, de un juego, etc.
ganapán (*ganar* + *pan*) *m.* desp. Hombre que se gana la vida haciendo mandados. 2 fig. Hombre rudo y tosco.
ganapanería *f.* desp. Lo que se hace sólo por comer, aunque sea de mala gana.
ganapierde (*ganar* + *perder*) *amb.* Juego de damas en que gana el que pierde antes todas las piezas. ◇ Pl.: *ganapierde.*
ganar (del gót. *gannan,* codiciar, con influjo de *waidanjan,* cosechar) *tr.* Lograr, adquirir o aumentar [un beneficio moral o material, esp. dinero]: ~ *honra;* ~ *el favor del rey; con esto gano diez pesetas;* ***intr.,*** ~ *para sólo vivir;* ***ganarse la vida,*** adquirir lo necesario para el sustento. 2 Obtener la victoria: ~ *una batalla;* ~ *a uno al ajedrez.* 3 Conquistar o tomar: ~ *una plaza, una ciudad.* 4 Alcanzar, llegar [al lugar que se pretende]: ~ *la orilla;* ~ *la frontera;* ~ ***tierra,*** MAR., avanzar, acercarse a ella. -5 ***tr.-prnl.*** Captar la voluntad [de uno]: *le gané a mi partido con dádivas.* 6 Aventajar o exceder [a uno]: *en geografía le gano; le gana en bondad; le gané por la mano.* 7 Merecer. -8 *intr.* Prosperar, mejorar: *este operario gana cada día en habilidad.* 9 Refugiarse, entrar. Ús. frecuentemente con la prep. *en.*
SIN. *2* y *6* **Vencer; triunfar** (intr.).
ganchero, -ra *m.* El que guía las maderas por el río, sirviéndose de un bichero. -2 *m. f. Argent.* El que hace gancho (auxilio). 3 *Chile.* El que se ocupa en trabajos aislados. 4 *Ecuad.* Caballería de montar, propia para mujeres.
ganchete (a medio ~) *loc. adv.* fam. A medias, a medio hacer. 2 [modo de sentarse] Inseguramente, sin ocupar todo el asiento. 3 *Amér.* ***De medio*** ~, inclinado, a punto de caer. 4 *Venez.* ***Al*** ~, de reojo.
ganchillo *m.* Aguja de gancho. 2 Labor hecha con aguja de gancho. 3 Horquilla para el cabello.
gancho (probl. del célt. *ganskio,* rama) *m.* Instrumento corvo y puntiagudo en uno o ambos extremos, para sostener, colgar o arrastrar algo: ~ *giratorio.* 2 fig. Persona que con maña solicita a otro para algún fin. 3 Pedazo que queda en el árbol cuando se rompe una rama. 4 Cayado (palo). 5 Sacadilla. 6 Ganchillo (labor). 7 fig. *y* fam. Atractivo, esp. hablando de mujeres. 8 fig. *y* fam. Garrapato (garabato). 9 fig. *y* fam. Rufián. 10 fig. *y* fam. Persona que tiene facilidad para atraer clientes. 11 DEP. Puñetazo dado de abajo arriba. 12 DEP. Tiro a canasta que se hace arqueando el brazo sobre la cabeza, en el juego del baloncesto. 13 *Amér.* Horquilla para sujetar el pelo. 14 *Argent.* y *Guat.* Auxilio, protección. 15 *Colomb.* y *Ecuad.* Silla de montar para señora. 16 *S. Dom.* Negocio fraudulento en una pelea de gallos.
SIN. *3* **Garrancho, garrón.**

ganchoso, -sa *adj.* Que tiene gancho o se asemeja a él. -2 *adj.-f. Ecuad.* Que tiene gracia.
ganchudo, -da *adj.* Que tiene forma de gancho.
gándara (probl. orig. prerrom.) *f.* Tierra baja, inculta.
I) gandaya (del germ. *wandjan,* dar vueltas; a través del prov. ant. *gandir,* refugiarse, de donde: exiliado, forajido) *f.* Tuna (vida holgazana).
II) gandaya (como el anterior, pero tomado del cat., porque los bandoleros catalanes llevaban *gandalla*) *f.* Redecilla (tejido de mallas).
gandición *f. Colomb.* y *Cuba.* Glotonería.
gandido, -da *adj. Amér.* Comilón, glotón.
gandinga *f.* Mineral menudo y lavado. 2 *Can., Cuba* y *P. Rico.* Guisado hecho con hígado de cerdo u otro animal. 3 *And.* Despojos de reses. 4 *Cuba.* Indolencia, apatía. 5 *Méj.* Antiguo adorno del vestido.
gandujado *m.* Guarnición de fuelles o arrugas.
gandujar *tr.* Encoger, fruncir, plegar.
gandul, -la (ár. *gandur,* majo, valentón) *adj.-s.* Vagabundo, holgazán. -2 *m.* Individuo de cierta milicia antigua de los moros. 3 Arbusto solanáceo, erecto y ramificado, de hojas enteras y elípticas, de color azul verdoso, y flores amarillas y embudiformes *(Nicotiana glauca).*
gandulear *intr.* Holgazanear.
gandulería *f.* Calidad de gandul.
gandulitis *f.* burl. Gandulería.
gandumbas (port. ant. *gandum,* gandul) *adj.-com.* fam. Haragán, dejado, apático. -2 *f. pl. Extr.* y *Venez.* Testículos.
ganeta *f.* Jineta (mamífero).
ganforro, -rra *adj.-s.* fam. Bribón, picarón o persona de mal vivir.
I) ganga (onomat.) *f.* Ave columbiforme de unos 30 cms. de longitud; se parece a la perdiz, pero tiene la parte inferior del cuerpo blanca *(Pterocles alchata).* 2 fig. Cosa apreciable que se adquiere a poca costa: *andar a caza de gangas.* 3 *Cuba.* Ave zancuda de la familia de los zarapitos *(Totanus longicuda).*
SIN. 2 **Momio.**
II) ganga (al. *Gang,* camino, filón; a través del fr. *gangue*) *f.* Materia inútil que se separa de los minerales.
III) ganga (v. *canga* I) *Alm.* y *Extr.* Arado para una sola caballería.
gangético, -ca *adj.* Relativo al Ganges, río de la India.
gagliastenia (de *ganglio* + *-astenia*) *f.* MED. Astenia debida a una enfermedad ganglionar.
gangliectomía (de *ganglio* + *-ectomía*) *f.* CIR. Intervención quirúrgica consistente en la extirpación de un ganglio.
gangliforme (de *ganglio* + *-forme*) *adj.* Que tiene forma de ganglio.
ganglio (l.-gr. *-ion*) *m.* Masa, gralte. redondeada, de células nerviosas. 2 Cuerpo rojizo y esponjoso que se encuentra en el trayecto de los vasos linfáticos y en el cual se forman los linfocitos. 3 Tumor pequeño y duro que se forma en los tendones y en las aponeurosis.
gangliocito (*ganglio* + *-cito* I) *m.* Célula ganglionar.
ganglioide (de *ganglio* + *-oide*) *adj.* MED. En forma de ganglio.
ganglioma (de *ganglio* + *-oma*) *m.* PAT. Tumor originado por el crecimiento canceroso de los componentes de un ganglio linfático.
ganglionar *adj.* Relativo a los ganglios. 2 Compuesto de ganglios.
ganglionitis (de *ganglio* + *-itis*) *f.* Inflamación de uno o varios ganglios. ◇ Pl.: *ganglionitis.*
gangocha *f. Ecuad.* Guangoche.
gangocho *m. Amér.* Guangoche.
gangola, gangolina *f. Argent.* Reunión desordenada y bulliciosa.
gangorra *f. S. Dom.* Bramante (cordel).
gangosear *intr.* Ganguear.
gangoseo *m.* Gangueo.
gangosidad *f.* Calidad de gangoso.
gangoso, -sa (onomat.) *adj.-s.* Que ganguea. -2 *adj.* Relativo a este modo de hablar.
gangrena (l. *gangrœna* < gr. *grao,* comer) *f.* Desorganización y privación de vida en un tejido u órgano de un ser viviente. 2 BOT. Enfermedad de los árboles que corroe la madera. 3 fig. Corrupción.
SIN. **Cangrena.**
gangrenarse *prnl.* Padecer gangrena un ser viviente o una parte de él.
SIN. **Cangrenarse.**
gangrenoso, -sa *adj.* Que participa de la gangrena: *llaga gangrenosa.*
gángster (voz inglesa) *m.* Bandido, malhechor que actúa asociado con otros. 2 Persona que utiliza malas artes para su propio beneficio.
gangsterismo *m.* Existencia continuada de gángsters en un país. 2 Modo de ser propio del gángster. 3 Acción propia del gángster.
ganguear (onomat.) *intr.* Hablar con resonancia nasal.
gangueo *m.* Acción de ganguear.
SIN. v. **Nasalización.**
ganguero, -ra *adj.* Amigo de procurarse gangas (cosas apreciables).
SIN. **Ventajista.**
gánguil (ár. *canja,* barca) *m.* Barco de pesca con dos proas y una vela latina. 2 Barco que vierte en alta mar lo que extrae la draga.
ganguillo *m. Extr.* Tonillo, entonación.
ganguista *adj.* Ganguero.
Ganimedes *n. pr.* MIT. Joven copero de Júpiter. De aquí proviene llamar Ganimedes al que sirve la bebida.
ganoblasto (gr. *gános,* brillo + *-blasto*) *m.* Célula que da origen al esmalte dentario.
ganosamente *adv. m.* p. us. Con gana.
ganoso, -sa *adj.* Deseoso: *estar ~ de obtener la victoria.*
gansada *f.* fig. Hecho o dicho propio de ganso; sandez.
gansarón *m.* Ganso (ave). 2 fig. Hombre alto y flaco.
gansear *intr.* fam. Hacer o decir gansadas.
gansería *f.* Gansada.
ganso, -sa (gót. *Gans*) *m. f.* Ave palmípeda anseriforme doméstica, de plumaje gris rayado de pardo, pico anaranjado y pies rojizos *(Anser anser).* -2 *adj.-s.* fig. [pers.] Tardo, perezoso, descuidado; que dice o hace gansadas, sandeces. 3 Persona rústica.
ganta *f.* Medida de capacidad us. en Filipinas.
gante (de *Gante,* c. de Bélgica) *m.* Especie de lienzo crudo.
gantés, -sa *adj.-s.* De Gante, c. de Bélgica.
ganzúa (del cast. dial. *ganzo,* por *gancho*; a través del vasco *gantzua*) *f.* Garfio para abrir sin llaves las cerraduras. 2 fig. Ladrón mañoso. 3 fig. Persona hábil para sonsacar a otra sus secretos.
ganzuar *tr.* p. us. Abrir con ganzúa. 2 fig. Sonsacar, sacar con maña. ◇ ** CONJUG. [11] como ***actuar.***
gaña *f. Murc.* Agalla de pescado.
gañafada *f. Murc.* Zarpada, arañazo.
gañafote *m. Extr.* Saltamontes.
gañán (germ. *waidanjan,* cazar, probl. a través del fr. ant. *gaaignant,* labrador) *m.* Mozo de labranza. 2 fig. Hombre fuerte y rudo.
gañanía *f.* Conjunto de gañanes. 2 Casa en que se recogen.
gañido (l. *gannitu*) *m.* Grito que dan el perro y otros animales cuando gañen.
SIN. v. **Ladrido.**
gañil *m.* Ganguero, gaznate. -2 *m. pl.* Agallas de los peces. -3 *m. pl.* Región del cuerpo del animal que comprende los órganos de la voz.
gañir (l. *gannire*) *intr.* Dar el perro y otros animales gritos agudos y repetidos cuando los maltratan. 2 Graznar las aves. 3 fig. Resollar o respirar con ruido las personas. 4 fig. *y* fam. Estar ronco. ◇ ** CONJUG. [40] como ***muñir.***
gañola *f. Extr.* Cuello de la gallina.
gañón, gañote (del ant. *cañón,* y *caña,* tráquea, alterado por influjo de *gaznate*) *m.* fam. Garguero. 2 Fruta de sartén enrollada en forma cilíndrica. 3 ***De ~,*** de gorra, sin pagar.
gañotear *tr.* fam. Ir de gañote o de gorra.
gaón *m.* MAR. Remo parecido al canalete, us. en algunas embarcaciones pequeñas de los mares de la India.
gapalear *intr. Cuba.* Hacer movimientos precipitados con brazos y piernas para salvarse. 2 *Cuba.* Hacer toda clase de esfuerzos mentales para resolver un asunto.
garabasta *f. Sant.* Argaya del trigo.
garabatada *f.* Acción de echar el garabato para asir una cosa.
garabatear *intr.* Echar los garabatos para asir una cosa. 2 fig. Andar por rodeos. -3 *intr.-tr.* Garrapatear.
garabateo *m.* Acción de garabatear.
garabato (orig. prerrom.) *m.* Gancho de hierro para agarrar

o tener colgadas algunas cosas: ~ *de carnicero.* 2 Garfio de hierro que sirve para sacar objetos caídos en un pozo. 3 fig. Gracia femenina: *tener* ~. 4 Almocafre. 5 Rasgo caprichoso e irregular hecho con la pluma o el lápiz; esp. los que hacen los niños cuando aprenden a escribir: *llenar el cartapacio de garabatos.* 6 fig. Palabrota. -7 ***m. pl.*** fig. Acciones descompasadas con dedos y manos. -8 ***m.*** *La Mancha.* Arado de una sola caballería. 9 *Can.* Lance de lucha canaria. 10 *Amér.* Horca, instrumento de labranza. 11 *Méj.* Arbusto espinoso cuyas hojas tienen propiedades medicinales *(gén. Pisonia).* 12 *Chile.* Dicho grosero, inculto.

garabatoso, -sa ***adj.*** Lleno de garabatos (rasgo).

garabero ***m.*** GERM. Ladrón que hurta con garabato.

garabina ***f.*** *Bol.* Frutesa, garambaina. 2 *Cuba.* Crisálida de mariposa.

garabito (forma dial. de *garabato*) ***m.*** Asiento en alto y casilla de madera que usan las vendedoras en la plaza. 2 Gancho, garabato. 3 *Bol.* Atorrante.

garabo ***m.*** fam. Engaño, truco, estafa, complicación grave.

garabucha ***f.*** *Extr.* Cabra con un cuerno torcido hacia adelante.

garafatear ***tr.*** *Colomb.* Abofetear.

garaje (fr.) ***m.*** Cochera para automóviles.

garajista ***com.*** Persona que tiene a su cargo un garaje o trabaja en él.

garambaina (metátesis de *gambaraina,* der. del it. *gamba,* pierna) ***f.*** Adorno de mal gusto. 2 fam. Cosa o dicho inútil; tontería, pamplina. -3 ***f. pl.*** Visajes o ademanes afectados o ridículos. 4 Garrapatos.

garambetas ***f. pl.*** *P. Rico.* Garambainas (adornos y ademanes).

garambullo ***m.*** *Méj.* Planta ericácea, especie de cacto que tiene por fruto una tuna pequeña roja *(Arctostaphylos discolor).*

garandumba ***f.*** *Amér. Merid.* Embarcación grande a manera de balsa, para conducir carga siguiendo la corriente de los ríos. 2 *Amér. Merid.* Mujer alta y gruesa.

garante (ant. al. *wërento;* a través del fr. *garant)* ***adj.-com.*** Que da garantía. -2 ***com.*** DER. Persona que se constituye fiadora, mediante caución, de observar lo prometido en los tratados de paz o de comercio.

garantía (del fr. *garantie,* comp. *garante)* ***f.*** Acción de afianzar lo estipulado. 2 Efecto de afianzar lo estipulado. 3 Fianza, prenda. 4 Cosa que asegura y protege contra algún riesgo o necesidad. 5 Compromiso que se adquiere, durante un tiempo, del buen funcionamiento de algo que se vende, y de repararlo gratuitamente en caso de avería. 6 Papel en que se garantiza este derecho. 7 ***Garantías constitucionales,*** derechos que la Constitución de un estado reconoce a todos los ciudadanos.

SIN. *1* y *2* **Seguridad.** *3* **Garantía** es el término más gral., que puede reemplazar a todos sus sinónimos; **señal,** parte del precio que se adelanta al hacer un encargo o para obligarse a comprar algo; **prenda,** objeto mueble con que se garantiza el cumplimiento de una obligación, esp. un préstamo; **hipoteca,** si la garantía es inmobiliaria; **fianza,** cantidad que se deposita para asegurar el cumplimiento de una obligación, esp. un préstamo; **fianza** o **fiador,** persona que empeña su palabra o firma por otro cuando la fianza es personal; **caución,** se usa sólo como término bancario o jurídico.

garantir (del fr. *garantir)* ***tr.*** Garantizar. ◇ Verbo defectivo; se usa sólo en los tiempos y personas cuya desinencia contiene la vocal *i: garantía, garantiré, garantiendo,* las otras formas se suplen con las del verbo *garantizar.* ◇ GALIC. por *preservar* o *proteger de* o *contra.*

garantizador, -ra ***adj.*** Que garantiza.

garantizar ***tr.*** Dar garantía, responder [de una cosa]. ◇ ** CONJUG. [4] como ***realizar.***

garañón (franco *wrainjo)* ***m.*** Asno destinado a la procreación. 2 Camello padre. 3 *Can.* Macho cabrío destinado a padre. 4 *La Mancha.* Agalla del quejigo. 5 *Amér.* Caballo semental.

garañuela ***f.*** *Extr.* Vencejo hecho con la misma mies que se ata.

garapacho ***m.*** Carapacho (caparazón). 2 Especie de hortera de forma semejante a la concha superior de la tortuga.

garapada ***f.*** *Murc.* Almorzada, ambuesta.

garapiña ***f.*** Estado del líquido que se solidifica en grumos. 2 Galón adornado en uno de sus bordes con ondas de realce. 3 *Amér.* Bebida muy refrigerante hecha de la corteza de la piña.

garapiñar (l. v. *carpiniare,* arrancar, der. del l. *carpere)* ***tr.*** Poner [un líquido] en estado de garapiña. 2 Bañar [golosinas] en almíbar que forma grumos.

garapiñera ***f.*** Vasija para garapiñar o congelar líquidos.

garapita ***f.*** Red espesa y pequeña.

garapitero (de *garapito)* ***m.*** *Nav.* Medidor oficial del vino y el aceite. 2 *Nav.* Encargado de servir el vino en las comidas o meriendas que tienen los ayuntamientos. 3 *Nav.* Persona que por un tanto alzado cobra el garapito.

I) garapito ***m.*** Insecto hemíptero de 1,5 cms. de longitud y coloración negra o castaña obscura, que vive en las aguas estancadas *(Notonecta glauca).*

II) garapito (de *carapito,* medida antigua para vinos) ***m.*** *Nav.* Impuesto sobre la exportación que grava las operaciones de medición y carga de vinos, vinagres y aguardientes producidos en un pueblo y exportados a otras localidades.

garapullo ***m.*** Rehilete (flechilla). 2 Banderilla.

garata ***f.*** Escándalo, alboroto. 2 *P. Rico* y *S. Dom.* Pelea.

garatear ***intr.*** *P. Rico* y *S. Dom.* Armar garata.

garatero, -ra ***adj.*** *P. Rico.* Peleador, valentón.

garatura (it. *grattatura,* de *grattare,* raspar) ***f.*** Instrumento para raer las pieles el curtidor.

garatusa (probl. del prov. ant. *gratuza,* almohaza, der. de *gratar,* rascar) ***f.*** Lance del juego del chilindrón. 2 Halago, caricia. 3 Treta de esgrima.

SIN. *2* v. **Fiesta.**

garauna ***f.*** Árbol gigantesco del Brasil de madera muy estimada *(Melanoxylon brauna).*

garba ***f.*** *La Mancha* y *Murc.* Gavilla de sarmientos, alfalfa, mies, etc.

garbanceo ***m.*** fam. Comida normal diaria.

garbancero, -ra ***adj.*** Relativo al garbanzo. -2 ***m. f.*** Persona que vende garbanzos. 3 Aficionado a la comida. 4 fig. Persona ordinaria y descortés. 5 *Méj.* desp. Sirviente.

garbancillo ***m.*** Planta papilionácea, herbácea, con las hojas divididas y las flores blancas o amarillas, dispuestas en racimos densos *(Astragalus lusitanicus).* 2 Arbusto leguminoso muy espinoso, de flores moradas y fruto parecido al garbanzo *(Lithospermum mediale).*

garbanza ***f.*** Garbanzo mayor, más blanco y de mejor calidad que el corriente.

garbanzal ***m.*** Terreno sembrado de garbanzos.

garbanzo (et. dudosa, aunque en relación con el gr. *erebinthos)* ***m.*** Planta leguminosa papilionácea, de hojas imparipinnadas, estípulas dentadas, flores axilares y pedunculadas, legumbres infladas y semillas globulosas alimenticias *(Cicer arietinum).* 2 Semilla de esta planta. 3 ~ ***mulato,*** garbanzo más pequeño y menos blanco que la garbanza de Castilla. 4 fig. ~ ***de pega,*** pequeña bola con carga explosiva que los muchachos arrojan al suelo contra las paredes para hacerla estallar y asustar a la gente con el ruido. 5 ~ ***silvestre,*** planta papilionácea, con el tallo y las hojas cubiertas de pelos, y flores amarillas en racimos densos *(Astragalus cicer).*

SIN. *1* **Chícharo,** And. FR. ~ *negro,* fig., [pers.] que entre las de su grupo no goza de consideración por sus condiciones morales o de carácter: *era el ~ negro de la familia.*

garbanzuelo ***m.*** VETER. Esparaván (tumor).

garbear ***intr.-tr.*** Robar o andar al pillaje. -2 ***intr.*** Afectar garbo. 3 fam. Trampear, buscarse la vida. -4 ***prnl.*** fam. Pasearse. -5 ***intr.*** *Bol.* Lloviznar.

garbeo ***m.*** fam. Paseo: *dar,* o *darse, un* ~.

garbera ***f.*** Tresnal.

garbías ***m. pl.*** Guisado compuesto de diversos manjares cocidos, hecho tortilla y frito.

garbillador, -ra ***adj.-s.*** Que garbilla.

garbillar ***tr.*** Ahechar [grano]. 2 Limpiar [minerales] con el garbillo.

garbillo (l. *cribellu* < *cribum,* criba) ***m.*** Especie de zaranda de esparto con que se garbilla el grano. 2 Ahechaduras que resultan en las fábricas de harina y que sirven de alimento al ganado. 3 MIN. Especie de criba con aro de esparto con que se apartan de los minerales la tierra y las gangas. 4 MIN. Mineral menudo y limpiado con el garbillo. 5 *And.* y *Murc.* Esparto largo y escogido.

garbino (ár. *garbí,* occidental) ***m.*** Viento del sudoeste.

garbo (it. *garbo,* modelo, de et. dud., probl. del ár. *galib,* molde) ***m.*** Gallardía, buen porte. 2 fig. Bizarría, desinterés. 3 fig. Gracia y perfección que se da a las cosas.

gárbola ***f.*** *Extr.* Gárgola II.

gárboli ***m.*** *Cuba.* desus. Juego del escondite.

garbón (fr.) ***m.*** Macho de la perdiz.

garbosamente ***adv. m.*** Con garbo.

garboso, -sa ***adj.*** Airoso, gallardo. 2 fig. Generoso.

gárbula ***f.*** Vaina seca de los garbanzos.

garbullo (it. *garbuglio)* ***m.*** Barullo, confusión.

garcear *intr. Colomb.* Estar ocioso.
garceta (de *garza*) *f.* Ave ciconiforme, de unos 40 cms. de alto, de penacho corto con dos plumas filiformes; vive en las orillas de los ríos y lagos *(Egretta garzetta)*. 2 Pelo de la sien que cae a la mejilla. 3 MONT. Candil de ojo.
garcilasiano, -na *adj.* Relativo al poeta español Garcilaso de la Vega (h. 1503-1536).
garcilasista *adj.-com.* Especialista en Garcilaso de la Vega (h. 1503-1536).
garcilla (de *garza*) *f.* Ave ciconiforme de la familia de la garza, de plumaje pardo terroso y moño muy largo colgante *(Ardeola ralloides)*.
gardacho *m. Logr.* Fardacho.
gardenia (de *Garden*, 1730-1791, médico inglés) *f.* Planta rubiácea ornamental, originaria de China, de flores blancas y muy olorosas *(Gardenia jasminoides)*. 2 Flor de esta planta.
SIN. **Jazmín de la India.**
garduña (voz prerrom., relac. con el bereber *agarda*, ratón campestre) *f.* Mamífero carnívoro de la familia de los mustélidos, algo mayor que la comadreja *(Martes foina)*.
SIN. **Fuina.**
garduño, -ña *m. f.* Ratero mañoso, ladrón astuto.
garepa *f. Can.* Viruta.
garetas *m. Colomb.* Patizambo.
garete (ir, o **irse, al ~)** *loc. adv.* MAR. Ir sin gobierno una embarcación, llevada del viento o de la corriente; fig., fracasar algo.
garetear *intr. Venez.* Navegar río abajo con la sola fuerza de la corriente.
garfa (ant. al. *Grifan*, coger) *f.* ZOOL. Uña corva, garra. 2 Pieza que agarra, para sostenerlo colgado, el cable conductor de la corriente para los vehículos de tracción eléctrica.
garfada *f.* Acción de agarrar con las uñas.
garfear *intr.* Echar los garfios para agarrar.
garfiada *f.* Garfada.
garfio (del l. *graphium*, der. del gr. *graphéion*, punzón para escribir) *m.* Gancho de hierro para asir algún objeto. 2 Instrumento para pescar o recoger almejas.
SIN. **Corvo.**
gargajeada *f.* Gargajeo.
gargajear *intr.* frecuent. Arrojar gargajos.
SIN. v. **Escupir.**
gargajeo *m.* Acción de gargajear.
gargajiento, -ta *adj.-s.* Gargajoso.
gargajillo *m.* Difteria de las perdices.
gargajo (onomat.) *m.* Flema (mucosidad).
SIN. v. **Esputo.**
gargajoso, -sa *adj.-s.* Que gargajea con frecuencia.
gargal (arauc. *calghal*) *m. Chile.* Agalla del roble.
gargamello *m.* Garguero, gañote.
garganchón *m.* Garguero.
garganta (onomat.) *f.* Parte anterior del cuello. 2 Espacio comprendido entre el velo del paladar y la entrada del esófago. 3 Voz del cantante. 4 Parte superior del pie por donde está unido con la pierna. 5 Estrechura en una montaña, en el curso de un río, etc. 6 En la polea, ranura cóncava por donde pasa la cuerda. 7 Ángulo que forma la cama del arado con el dental. 8 Estrechamiento de la parte inferior de la caja del fusil entre el guardamonte y la culata. 9 Parte más delgada de las columnas, balaustres, etc. 10 ELECTR. Cuello de un aislador. 11 MAR. Parte más estrecha de un canal, puerto, etc. 12 METAL. Rebajo de las herramientas de corte, para dar salida a la viruta.
SIN. *1* y *2* **Gola, gorja.** *2* **Pasapán**, humor. y fam.; **garguero, gañote**, fam. o vulg. *5* **Hoz.** REL. Los órganos principales que comprende son la **faringe** y la **laringe; gutural**, relativo a la garganta.
gargantada *f.* Porción de líquido que se arroja de una vez por la garganta.
gargantear *intr.* Cantar haciendo quiebros con la garganta. 2 MAR. Ligar la gaza de un motón.
garganteo *m.* Acción de gargantear.
gargantil *m.* Escotadura en la bacía del barbero.
gargantilla *f.* Collar corto que ciñe el cuello. 2 Cuenta que se puede ensartar para forma un collar.
gargantón *m. Colomb.* Actinomicosis. 2 *Méj.* Cabestro que se rodea al cuello del caballo. 3 *Méj.* Collar muy grueso us. por las mujeres.
gárgara (gr. *gargareón*, cuello, de base onomat.) *f.* [esp. en pl.] Acción de gargarizar. -2 *f. pl. Amér.* Gargarismo, líquido para hacer gárgaras.
gargarear *intr. Amér.* Gargarizar.
gargarismo (gr. *gargarismós*, voz onomat.) *m.* Acción de gargarizar. 2 Licor para hacer gárgaras.
gargarizar (l. *-are* y gr. *gargarizein*, ambas onomat.) *intr.* Mantener un líquido en la garganta con la boca hacia arriba, sin tragarlo y arrojando el aliento. ◇ ** CONJUG. [4] como ***realizar.***
gárgaro *m. Venez.* Juego del escondite.
gargavero *m.* MÚS. Ant. instrumento de viento, compuesto de dos flautas dulces con una sola embocadura.
gárgol (de *gárgola*) *m.* CARP. Ranura en un madero.
I) gárgola (postverbal de un verbo como el fr. *gargouiller*, onomat.) *f.* Caño o canal de tejado o fuente. 2 Escultura de remate de la canalización del tejado en la arquitectura gótica.
II) gárgola (l. *valvolu*, vaina de legumbre) *f.* Baga.
gargoleta *f. Murc.* Botijo.
gargolismo *m.* MED. Enfermedad en la que los individuos afectados tienen un aspecto grotesco de la cara que recuerda a las gárgolas.
garguero, -güero (ant. *gorgüero*, der. del l. *gurguriu*, de orig. onomat.) *m.* Parte superior de la tráquea o toda ella.
SIN. **Gañote, gaznate.**
garibaldino, -na *adj.-s.* Partidario de Garibaldi (1807-1882).
Garibay *n. pr.* ***Estar como el alma de ~, que ni la quiso Dios ni el diablo***, no sentir pena ni gloria.
garifo, -fa *adj.* Jarifo. 2 *Argent.* [pers.] Que se mantiene animada o de buen humor. 3 *C. Rica, Ecuad.* y *Perú.* Hambriento. 4 *Perú.* Mendigo.
garigola *f. Murc.* Jaula del hurón.
gariofilea (l. *garyóphyllon*) *f.* Especie de clavel silvestre.
garipaucho *m. Chile.* Casa de negocio de mala muerte.
garita (fr. *guéritte*, ant. *garite*, der. de *se garir*, refugiarse; voz de orig. germ.: *warjan*, apartar) *f.* Torrecilla de fábrica o casilla de madera para abrigo de centinelas y vigilantes, en castillos, fortificaciones, etc. 2 Portería (pieza de un edificio). 3 *Méj.* Puerta, entrada de la ciudad.
garitea *f. Bol.* y *Ecuad.* Embarcación de casco plano, del porte de una chalupa.
garitero *m.* Dueño de un garito. 2 El que suele jugar en él. 3 *Méj.* Empleado que recaudaba los derechos de introducción en las garitas de las poblaciones.
SIN. *2* **Tablajero.**
garito *m.* Lugar donde juegan los fulleros. 2 desus. Ganancia que sacan. 3 Establecimiento de mala reputación.
SIN. *1* **Mandracho, tablero, tablaje.** *2* **Tablajería.** *1* y *2* **Gazapón.**
garla *f.* fam. Charla.
garlador, -ra *adj.-s.* Que garla.
garlancha *f. Colomb.* Laya (pala).
garlar (l. *garrulare*) *intr.* fig. Charlar.
garlero, -ra *adj. Colomb.* Garlador.
garlito *m.* Especie de nasa a modo de buitrón. 2 fig. Celada, trampa. -3 *adj. Murc.* Ciclán.
garlocha *f.* Garrocha.
garlopa (neerl. *woorloop* × neerl. *weerlucht*, a través del fr. y del prov.) *f.* CARP. Cepillo largo y con puño.
REL. **Galera**, garlopa grande.
garlopín *m.* CARP. Garlopa pequeña.
I) garnacha (probl. del l. *gaunaca*, manto velloso; a través del prov. ant.) *f.* Vestidura talar de los togados, con mangas y un sobrecuello grande, que cae desde los hombros a las espaldas. 2 Persona que viste la garnacha. 3 *Hond.* Violencia material o fuerza hecha a uno. 4 *Méj.* ant. Tortilla grande con chile u otro manjar.
II) garnacha (it. *vernaccia*, probl. del pueblo de Vernazza) *f.* Especie de uva muy dulce y de racimos no grandes. 2 Vino de esta uva. 3 Especie de carraspada.
garnatada *f. Colomb., P. Rico* y *S. Dom.* Bofetada.
garnatón *m. Colomb., Cuba* y *P. Rico.* Gaznatón.
garneo *m.* Pez marino teleósteo con la cabeza armada, hocico hendido, de color rosa vivo *(Trigla lyra)*.
garnica *f. Bol.* Ají muy picante.
garniel *m.* Bolsa de cuero que traen los arrieros sujeta al cinto. 2 *Ecuad.* y *Méj.* Bolsa en que los galleros guardan las navajas del gallo.
SIN. *1* **Guarniel.**
garnucho *m. Méj.* Papirote.
garo (l. *-ru*, der. del gr. *gáron*) *m.* Condimento muy estimado que los romanos hacían poniendo en salmuera los desperdicios de ciertos pescados. 2 *Extr.* Veneno de los reptiles.

garosina *f. Colomb.* Glotonería.
garoso, -sa *adj. Colomb.* y *Venez.* Hambriento, comilón.
garra (ant. *garfa;* probl. der. del ár. *gárfa,* puñado, garra) *f.* Pata del animal armada de uñas corvas, fuertes y agudas. 2 fig. Mano del hombre. 3 fig. Gancho del arpeo. 4 fig. Entusiasmo, fuerza. 5 *Tener* ~, disponer de cualidades de convicción, persuasión o captación. 6 *Ar.* y *Nav.* Pierna de un animal. 7 *Extr.* Corcho de la parte baja del alcornoque. 8 *Amér.* Pedazo de cuero endurecido y arrugado. 9 *Argent.* y *Méj.* Extremidad del cuero por donde se afianza en las estacas al estirarlo. 10 *Colomb.* Coracha. 11 *Méj.* Fuerza muscular del individuo. Ús. también en pl. -12 *f. pl. Amér.* Desgarrones, harapos.
garrací *m. Venez.* Garrasí.
garrafa (et. dud.; probl. del ár. *garabâ,* utensilio para llevar agua, a través del it. *caraffa*) *f.* Vasija esférica, de cuello largo y angosto. 2 *Argent.* Bombona metálica y de cierre hermético para contener gases y líquidos muy volátiles.
garrafal *adj.-f.* Variedad de guinda y cereza sabrosa, mayor y menos tierna que la común. -2 *adj.* fig. Muy grande, exorbitante: *mentira* ~.
garrafina *f.* Juego de dominó, con limitación de pérdidas, en el que intervienen cuatro jugadores, uno de los cuales ha de quedar como único ganador.
garrafiñar (de *garfiñar,* hurtar) *tr.* fam. Quitar [una cosa] agarrándola.
garrafón *m.* Aum. de *garrafa.* 2 Damajuana. 3 *Cuba.* fig. Botella (prebenda).
garrama (ár. *garama,* impuesto) *f.* fam. Robo, hurto o estafa.
garramar *tr.* fam. Hurtar y agarrar con astucia y engaño [cuanto se encuentra].
garramincho *m. Ál.* Retel grande cuadrado para la pesca de cangrejos de río.
garrampa *f. Ar.* y *Murc.* Calambre.
garrampón *m. Murc.* fam. Coco.
garrancha *f.* burl. Espada (arma). 2 Espata. 3 *Colomb.* Gancho.
garranchazo *m.* Herida o rasgón que se hace con un garrancho o con un gancho.
garrancho (cruce de *garra,* pantorrilla, con *gancho,* rama) *m.* Parte dura, aguda y saliente del tronco o rama de un árbol. 2 Gancho (de árbol).
garranchuelo *m.* Planta gramínácea anual *(Digitaria sanguinalis).*
garrañar *tr.* Arrebatar.
garrapata (metátesis de *gaparrata,* der. de *caparra,* de orig. prerrom., afín al vasco) *f.* Arácnido ácaro que vive parásito sobre ciertos animales, chupándoles la sangre *(gén. Ixodes).* 2 fam. En los regimientos de caballería, caballo inútil. 3 *Méj.* Mujer de baja ralea.
SIN. *1* **Arañuelo, caparra.**
garrapatea *f.* MÚS. Figura musical cuyo valor es la mitad de la semifusa.
garrapatear *intr.* Hacer garabatos (rasgos irregulares). 2 desp. Escribir. 3 fig. Mover rápidamente los dedos, especialmente al tocar la guitarra. 4 *Can.* Avanzar a rastras e inciertamente.
SIN. *1* y *2* **Garabatear.**
garrapatero *m.* Ave de pico corvo, pecho blanco y alas negras, que se alimenta de garrapatas *(Crotophaga major).*
garrapato *m.* Garabato. -2 *m. pl.* Escarabajo (rasgo). -3 *m. Extr.* Judía verde y basta.
SIN. *1* **Garambainas.**
garrapatoso, -sa *adj.* [escritura] Lleno de garrapatos.
garrapiñar *tr.* Garrafiñar. 2 Confitar [almendras, maní, etc.].
garrapitero *m. Nav.* Garapitero.
garrapito *m.* Garapito.
garrar *intr.* Cejar un buque arrastrando el ancla por no haber ésta hecho presa.
garrasí *m. Venez.* Calzón que usan los llaneros, abierto a los costados y abotonado hasta la corva.
garraspera *f.* Carraspera.
garrear *intr.* MAR. Garrar un buque. 2 *Argent.* Vivir a expensas de otro. -3 *tr. Argent.* Desollar las patas [de una res]. 4 *Argent.* Robar.
garrelsita *f.* Silicato que cristaliza en el sistema monoclínico.
garrete *m. Amér.* Jarrete.
garrido, -da (probl. partic. del verbo *garrir,* der. del l. *garrire,* gorjear) *adj.* Galano.
garriga *f.* Comunidad vegetal degradada formada por arbustos perennifolios.
garrir (l. *-ire*) *intr.* Gritar el loro.
garro *m. Salv.* Moho que cubre las plantas.
garroba *f.* p. us. Algarroba (fruto).
garrobal *m.* Terreno poblado de algarrobos.
garrobilla *f.* Astillas de algarrobo usadas para cubrir y colorar los cueros. 2 *Venez.* Dividivi.
garrobo *m. Amér. Central.* Saurio de fuerte piel escamosa *(Lacerta horrida).*
garrocha (de *garra*) *f.* Vara larga rematada en un hierro pequeño. 2 Vara larga para picar toros. 3 *Chile.* Rehilete. 4 *Méj.* Aguijada, vara de los boyeros para picar a la yunta.
SIN. *1* **Sacaliña.** *2* **Pica.**
garrochador *m.* El que agarrocha.
garrochar *tr.* Agarrochar.
garrochazo *m.* Herida y golpe dado con la garrocha.
garrochear *tr.* Agarrochar.
garrochista *m.* Agarrochador.
garrochón *m.* Rejón del torero.
garrofa *f.* Algarroba (fruto).
garrofal *m.* Garrobal.
garrofero *m.* Algarrobo.
garrón (de *garra*) *m.* Espolón de ave. 2 Extremo de la pata de algunos animales por donde se cuelgan después de muertos. 3 Gancho (del árbol). 4 *Argent.* Corvejón I.
garronear *tr. Argent.* Dar con el garrón o calcañar. 2 *Argent.* fig. Burlarse [de alguien] en su ausencia.
garroneo *m. P. Rico.* Golpes dados con el garrón.
garronuda *f. Bol.* Especie de palmera notable por la forma de sus raíces *(Iriartea orbigniana).*
garrota *f.* Garrote (palo).
garrotal *m.* Plantío de garrotes de olivo.
garrotazo *m.* Golpe dado con garrote.
SIN. **Leñazo.**
garrote (etim. dud.; probl. der. del fr. ant. *waroquier,* de orig. germ.) *m.* Palo grueso. 2 Estaca (rama), esp. la del olivo. 3 Ligadura fuerte, esp. la que se retuerce con un palo. 4 Aro de hierro sujeto a un palo fijo con que se estrangulan los condenados a muerte: *dar* ~. 5 Pandeo de una pared o curvatura de una superficie o línea que debería ser recta. 6 Defecto de un dibujo, por falta de continuidad en la línea. 7 CIR. Variedad de torniquete. 8 MAR. Palanca con que se da vuelta a la trinca de un cabo. 9 *And.* Olivo joven. 10 *Ast.* Mayal para desgranar las espigas. 11 *Méj.* Galga para frenar ruedas.
garrotear *tr. Amér.* Apalear, dar de palos.
garrotera *f. La Mancha.* Palo torneado que se coloca verticalmente en los costados del carro.
garrotero, -ra *adj. Cuba* y *Chile.* Tacaño. -2 *m. Chile* y *Ecuad.* Guapetón, valentón. 3 *Ecuad.* ant. Empleado del gobierno que, garrote en mano, intimidaba y apaleaba a los enemigos del régimen. 4 *Méj.* Guardafrenos. -5 *f. Colomb.* Tunda de garrotazos.
garrotillo (de *garrote*) *m.* Difteria en algunos puntos del aparato respiratorio, que suele ocasionar la muerte por sofocación.
SIN. **Crup.**
garrotín *m.* Antiguo baile del s. XIX, conservado hoy como cante y baile popular andaluz. 2 *Venez.* Sombrero de fieltro, sin adornos, para mujer.
garrotiza *f. Ecuad.* y *Méj.* Paliza.
garrovica *f. La Mancha.* Propina.
garrubia *f.* Algarroba, semilla.
garrucha (de *carrucha*) *f.* Polea. -2 En los telares de pasamanería, anillo que se pone en los lizos pequeños. 3 *Ar.* y *Vallad.* Pasador del cuello de la camisa.
garrudo, -da *adj.* Que tiene mucha garra. 2 *Colomb.* [res] Muy flaco. 3 *Méj.* Forzudo, vigoroso.
garrufio *m. Venez.* Juguete parecido a la bramadera.
garrulador, -ra *adj.* Gárrulo.
garrular *intr.* Charlar.
garrulería *f.* Charla de persona gárrula.
garrulidad *f.* Calidad de gárrulo.
garrulo, -la *adj.-s.* Garulo.
gárrulo, -la (l. *-lu*) *adj.* [ave] Que canta o chirría mucho. 2 Muy hablador; vulgar, pedestre. 3 fig. Que hace ruido continuado: *viento* ~.
garúa (del port. dial. *caruja,* niebla, der. del l. v. *calugo, -uginis,* del l. *caligo, -iginis*) *f.* Estampado de las telas por estarcido. 2 *Amér.* MAR. Llovizna. 3 *P. Rico.* Pelea. 4 *P. Rico.* Alboroto, tumulto.
garubar *impers. Urug.* Lloviznar.

garufa *f. R. de la Plata.* Juerga, diversión.
garufear *intr. R. de la Plata.* Estar de juerga.
garuga *f. Amér.* Llovizna.
garugar *impers. Argent.* y *Chile.* Lloviznar. ◇ ** CONJUG. [7] como *llegar.*
garuja *f. Can.* Llovizna.
garujo *m.* Hormigón (mezcla).
garulla (probl. del l. v. *carulia,* der. de un dim. del gr. *káryon,* nuez) *f.* Granuja (uva; bribón). 2 fig. Conjunto desordenado de gente. 3 *Ast.* Cascajo, conjunto de nueces, avellanas y castañas.
garullada *f.* Garulla (gente en desorden).
garullo *m. Sal.* Pavipollo. 2 *And., Áv.* y *Tol.* Pavo destinado a servir de padre. 3 *And., Extr.* y *Sant.* Especie de pera silvestre. 4 *Colomb.* Garbullo, barullo, jaleo grande.
garulo *adj.-s.* desp. Persona rústica, tosca, de modales zafios.
garum *m.* Garo.
garza (probl. de un prerrom. *karkia,* célt. o precélt.) *f.* Ave ciconiforme de cabeza pequeña con moño largo y gris *(Ardea purpurea).* 2 ~ ***real,*** la de moño negro y brillante *(Ardea cinerea).* 3 *Chile.* fig. Persona de cuello largo.
garzal *m. Colomb.* Lugar en que anidan las garzas.
garzo, -za *adj.* De color azulado: *ojos garzos.* -2 *m.* Agárico.
garzón (fr. *garçon*) *m.* Joven, mozo.
garzonía *f. Murc.* Vida disoluta, amancebamiento.
garzota (de *garza*) *f.* Pluma o penacho que se pone para adorno en los sombreros.
gas (voz inventada por J. B. van Helmont, 1577-1644, como paralelo del l. *chaos*) *m.* Fluido sin forma ni volumen propios, cuyas moléculas tienden a separarse unas de otras. 2 Mezcla de hidrocarburos que se obtiene de la destilación del carbón de piedra y se emplea para alumbrado y calefacción. 3 Petróleo. 4 ~ ***hilarante,*** óxido nitroso. 5 ~ ***lacrimógeno,*** bromuro de bencilo. 6 ~ ***mostaza,*** gas de guerra de gran persistencia. 7 ~ ***natural,*** gases que proceden de actividad volcánica o de aceites minerales. 8 ~ ***pobre,*** mezcla de gases de poder luminoso muy débil que se emplea para fuerza motriz. 9 ~ ***de los pantanos,*** metano. 10 *A todo* ~, a toda velocidad. -11 *m. pl.* Vapores del estómago o de los intestinos. 12 ~ ***noble, raro*** o ***inerte,*** el caracterizado por su inactividad química; como el helio, neón, argón, criptón, xenón, radón.
REL. *1* **Neumática** o **mecánica de gases,** parte de la física que trata de las propiedades mecánicas de los gases.
gasa (probl. del ár. *gazz,* seda, de orig. persa) *f.* Tela muy clara y sutil, que se emplea para adornos, mosquiteros, etc.: ~ ***hidrófila,*** la que se usa en cirugía. 2 Banda negra para luto. 3 Trozo de tejido de algodón absorbente que, doblado, se pone como empapador a los niños pequeños.
gascón, -cona *adj.-s.* De Gascuña, antigua región de Francia. -2 *m.* Conjunto de dialectos románicos más o menos coincidentes que se hablan en dicha región.
gasconés, -sa *adj.-s.* Gascón.
gasear *tr.* Hacer que [un líquido, gralte. agua] absorba cierta cantidad de gas. 2 Someter a la acción de gases asfixiantes, tóxicos, lacrimógenos, etc. 3 Quemar [la pelusa o borra de algodón hilado y torcido] para que quede más limpio el hilo, haciendo pasar a éste rápidamente por una llama de gas.
gaseiforme (de *gas* + *-forme*) *adj.* Que se halla en estado de gas.
gasendismo *m.* Doctrina atomística del P. Gasendi o Gasindo (1592-1655), afamado filósofo francés.
gasendista *adj.-com.* Partidario del gasendismo.
gaseoducto *m.* INCOR. Gasoducto.
gaseosa *f.* Bebida refrescante, efervescente y sin alcohol. 2 Bolita de cristal con que se tapaban a presión las antiguas botellas de gaseosa.
gaseoso, -sa *adj.* Gaseiforme. 2 Que contiene gases.
gasfíter *m.* ANGL. Gasista.
gasfitería *f. Perú.* Taller donde tabajan los gasfiteros, plomeros o gasistas. ◇ ANGLIC. por *plomería.*
gasfitero (ing. *gas-fitter*) *m. Perú.* ANGLIC. Gasista o plomero.
gasificación *f.* Acción de gasificar.
gasificar (de *gas* + *-ificar*) *tr.* Convertir en gas por medio del calor o una reacción química. 2 Disolver ácido carbónico (en un líquido). ◇ ** CONJUG. [1] como ***sacar.***
gasista *m.* El que coloca y arregla aparatos de alumbrado por gas.
gasné (fr. *cache-nez*) *m. Méj.* Mascada (pañuelo).
gaso- (de *gas*) Elemento prefijal que entra en la formación de palabras con el significado de gas: *gasógeno.*
gasoducto (*gaso-* + l. *ductu,* conducto) *m.* Tubería para la conducción de gases. ◇ INCOR.: *gaseoducto.*
gasógeno (*gaso-* + *-geno*) *m.* Aparato para obtener un gas, esp. el anhídrido carbónico. Se aplica modernamente a los automóviles para substituir el consumo de carburantes líquidos.
gasoil *m.* ANGLIC. Gasóleo.
gasoleno *m.* Gasolina.
gasóleo (*gas* + *óleo;* según el ingl. *gas oil*) *m.* Líquido de aspecto oleoso, constituido por una mezcla de hidrocarburos, que se obtiene por destilación fraccionada del petróleo bruto. Se emplea como combustible en los motores de combustión interna.
gasolina (de *gas* + l. *oleum,* aceite) *f.* Líquido volátil inflamable, mezcla de hidrocarburos, producto de la destilación del petróleo: *motor de* ~.
SIN. **Nafta** (Amér.).
gasolinera *f.* Embarcación o lancha automóvil con motor de gasolina. 2 Depósito de gasolina para la venta al público. 3 Establecimiento donde se vende.
gasometría (*gaso-* + *-metría*) *f.* Método del análisis químico basado en la medición de los gases desprendidos en las reacciones.
gasométrico, -ca *adj.* Perteneciente o relativo a la gasometría.
gasómetro (*gaso-* + *-metro*) *m.* Aparato para medir el volumen de un gas. 2 Depósito donde se almacena el fluido producido en una fábrica de gas para el alumbrado.
gasón (fr. *gazon*) *m.* Yesón.
gaspalear *intr. P. Rico.* Gapalear.
gasta *f. Méj.* Fragmento de jabón desgastado. 2 *Méj.* Raja de queso muy fina. 3 *Méj.* Cabo de vela ahuecado. 4 *Méj.* Lasca.
gastable *adj.* Que se puede gastar.
gastadero *m.* fam. Aquello en que se gasta una cosa: ~ *de energía, de paciencia.*
gastado, -da *adj.* Disminuido, borrado con el uso: *inscripción gastada.* 2 Debilitado, decaído: *hombre* ~.
gastador, -ra *adj.-s.* Que gasta mucho dinero. -2 *m.* En los presidios, el que va condenado a los trabajos públicos. 3 Zapador. 4 Soldado de la escuadra que abre la marcha en los desfiles.
SIN. *4* **Hachero,** hoy p. us.
gastadura *f.* Señal o mella producida en una cosa por el desgaste.
gastamiento *m.* Acción de gastarse o consumirse. 2 Efecto de gastarse o consumirse.
gastar (l. *vastare,* destruir) *tr.-prnl.* Consumir, echar a perder con el uso: ~ *el vestido;* ~ *las fuerzas; el vestido se gasta.* -2 *tr.* Expender o emplear [el dinero] en algo: ~ *en banquetes;* ~ *de su hacienda.* 3 Tener, usar o poseer habitualmente: ~ *mal humor;* ~ *barba;* ~ *coche.* 4 desus. Destruir, asolar [un territorio]. 5 ***Gastarlas,*** portarse: *ya sé cómo las gastas.*
gáster *m.* ZOOL. Abdomen de los himenópteros.
gastero-, gaster- (gr. *gaster, gasterós,* estómago) Elemento prefijal que entra en la formación de palabras con el significado de estómago: *gasterópodo.*
gasteromicetes (*gastero-* + gr. *myketos,* hongo) *m. pl.* Grupo de vegetales sin categoría taxonómica, caracterizados por producir cuerpos cerrados en cuyo interior se forman esporas.
gasterópodo (*gastero-* + *-podo*) *adj.-m.* Molusco de la clase de los gasterópodos. -2 *m. pl.* Clase de moluscos de cabeza provista de tentáculos sensoriales y cuerpo generalmente protegido por una concha univalva, con un pie ventral muy desarrollado mediante el cual se arrastra; como los caracoles.
gasto *m.* Acción de gastar: *hacer gastos excesivos; un* ~ *de 25.000 ptas.;* ***cubrir gastos,*** producir algo lo bastante para resarcir de su coste; ~ ***público,*** el realizado por la Administración para satisfacer las necesidades colectivas. 2 Efecto de gastar. 3 Volumen de fluido que sale por un orificio en un tiempo dado.
gastoso, -sa *adj.* Que gasta mucho.
gastr-, v. gastro-.
gastralgia (*gastr-* + *-algia*) *f.* Dolor de estómago.
gastrálgico, -ca *adj.* Relativo a la gastralgia.
gastrectasia (*gastr-* + *-ectasia*) *f.* Dilatación gástrica.
gastrectomía (*gastr-* + *-ectomía*) *f.* CIR. Escisión total o parcial del estómago.
gastricismo *m.* Estado morboso agudo del estómago.
gástrico, -ca *adj.* Relativo al estómago: *jugo* ~.
gastrina *f.* MED. Hormona de la mucosa que estimula la secreción del jugo gástrico.
gastritis (*gastr-* + *-itis*) *f.* Inflamación del estómago. ◇ Pl.: *gastritis.*

gastro-, gastr- (gr. *gaster, gastrós,* estómago) Elemento prefijal que entra en la formación de palabras con el signifiacdo de estómago: *gastralgia, gastrointestinal, gastronomía.*
gastrocele (*gastro-* + *-cele*) ***m.*** PAT. Hernia del estómago.
gastrocolitis (*gastro-* + *colitis*) ***f.*** PAT. Inflamación del estómago y el colon. ◇ También *gastrocolitis.*
gastroenteritis (*gastro-* + *enteritis*) ***f.*** PAT. Inflamación simultánea de la mucosa gástrica y la intestinal. ◇ Pl.: *gastroenteritis.*
gastroenterocolitis (*gastro-* + *enterocolitis*) ***f.*** PAT. Proceso inflamatorio que afecta a la mucosa gástrica y a la del intestino delgado e intestino grueso. ◇ Pl.: *gastroenterocolitis.*
gastroenterología (*gastro-* + gr. *enteron,* intestino + *-logía*) ***f.*** Rama de la medicina que se ocupa del estómago y de los intestinos y de sus enfermedades. 2 p. ext. Rama de la medicina que se ocupa de todo el aparato digestivo y de sus enfermedades.
gastroenterólogo, -ga ***m. f.*** MED. Especialista en enfermedades del estómago y de los intestinos.
gastroenterostomía (*gastro-* + *enterostomía*) ***f.*** CIR. Intervención quirúrgica consistente en unir el estómago o el muñón del mismo, si se ha efectuado una gastrectomía, con un asa intestinal.
gastrointestinal (*gastro-* + *intestinal*) ***adj.*** Relativo al estómago y a los intestinos.
gastrología (*gastro-* + *-logía*) ***f.*** Rama de la medicina especializada en la fisiología y patología gástrica. 2 Tratado sobre el arte de cocina.
gastronomía (*gastro-* + *-nomía*) ***f.*** Arte de preparar una buena comida. 2 Afición a comer opíparamente.
SIN. *1* **Arte culinaria, cocina.**
gastronómico, -ca ***adj.*** Relativo a la gastronomía.
gastrónomo, -ma (*gastro-* + *-nomo*) ***m. f.*** Persona aficionada a la gastronomía.
SIN. V. **Comilón.**
gastropatía (*gastro-* + *-patía*) ***f.*** PAT. Afección o enfermedad del estómago.
gastropexia (*gastro-* + *-pexia*) ***f.*** CIR. Intervención quirúrgica practicada para proceder a la fijación del estómago a su posición normal.
gastroptosis (*gastro-* + *-ptosis*) ***f.*** PAT. Caída del estómago por debilidad congénita de sus paredes, o por un proceso de adelgazamiento rápido. ◇ Pl.: *gastroptosis.*
SIN. **Batigastria.**
gastrorragia (*gastro-* + *-rragia*) ***f.*** MED. Hemorragia digestiva que tiene lugar en el estómago.
gastroscopia (*gastro-* + *-scopia*) ***f.*** MED. Examen visual directo de las estructuras internas del estómago mediante un gastroscopio.
gastroscopio (*gastro-* + *-scopio*) ***m.*** Instrumento para la inspección del estómago.
gastrostomía (*gastro-* + *-stomía*) ***f.*** CIR. Apertura de las paredes del estómago que puede practicarse con fines diagnósticos o terapéuticos.
gastrotrico ***ad.-m.*** Gusano del tipo de los gastrotricos. -2 ***m. pl.*** Tipo de gusanos de tamaño microscópico, simetría bilateral, de forma aplanada, con cilios en diversas partes del cuerpo, y tubos adhesivos.
gastrovascular (*gastro-* + *vascular*) ***adj.*** [cavidad] Que se halla en el interior del cuerpo de los celentéreos.
gastrozoide (*gastro* + gr. *zoon,* animal + *-oide*) ***m.*** Zooide especializado en funciones nutritivas; dispone de boca y órganos digestivos.
gástrula ***f.*** Saco de doble pared formado por la invaginación de un hemisferio de la blástula en el otro.
gastrulación ***f.*** Formación de la gástrula.
gata ***f.*** Hembra del gato. 2 Gatuña. 3 fig. Nubecilla que se pega a los montes. 4 fig. Madrileña. 5 *Cuba* y *P. Rico.* Pez de color rojo y figura de tiburón *(Ginglyntostoma cirratum).* 6 *Chile.* Cigüeña, manubrio. 7 *Méj.* Sirvienta.
SIN. *1* fam. **Micha, miza, minina, morronga, morroña.**
gatada ***f.*** Acción propia de gato, en que median astucia, engaño y simulación. 2 Regate o parada repentina que suele hacer la liebre en la carrera cuando la siguen los perros. 3 fig. *y* fam. Acción vituperable en que median engaño y simulación.
gatallón (despect. de *gato*) ***adj.-s.*** fam. Pillastrón, maulón.
gatas (a ~) ***loc. adv.*** Con pies y manos en el suelo: *andar a ~.* 2 *Argent.* Apenas.
gatatumba (*gata* + *tumbar*) ***f.*** fam. *y* p. us. Simulación de algún afecto. 2 *Colomb.* Catatumba (labor de aguja).
gatazo ***m.*** Aum. de *gato.* 2 Engaño, petardo, timo.
gateado, -da ***adj.*** Semejante en algún aspecto al del gato. -2 ***m.*** Gateamiento. 3 Madera americana muy veteada. -4 ***adj.-s.*** *Argent., Parag.* y *Urug.* [caballería] De pelo rubio con rayas negruzcas.
gateamiento ***m.*** Acción de gatear.
gatear ***intr.*** Trepar por un árbol o astil. 2 Andar a gatas. -3 ***tr.*** Arañar el gato [a alguno]. 4 Hurtar (robar). -5 ***intr.*** *Amér.* Andar en aventurillas amorosas.
I) gatera ***f.*** Agujero en pared, tejado o puerta, para que puedan pasar los gatos. 2 Agujero circular, practicado en las cubiertas de los buques, por el cual sale la cadena. 3 ARQ. Agujero que se deja en las vertientes de los tejados para la ventilación de los mismos. -4 ***m.*** Gatillo (ratero).
II) gatera (quechua *ccatu,* mercado) ***f.*** *Amér.* Revendedora y esp. verdulera.
gatería ***f.*** fam. Junta de gatos. 2 fig. Reunión de muchachos malcriados. 3 fig. Simulación hipócrita para lograr algo.
gatero, -ra ***adj.*** Habitado o frecuentado de gatos. -2 ***m. f.*** Persona que vende o cría gatos.
gatesco, -ca ***adj.*** fam. Gatuno.
gatillazo ***m.*** Golpe que da el gatillo en las escopetas, etc. 2 fig. Impotencia súbita y transitoria que afecta al hombre en el momento de la cópula.
gatillo (dim. de *gato*) ***m.*** Tenazas para la extracción de muelas y dientes. 2 Pieza de hierro o de madera con que se une y traba lo que se quiere asegurar. 3 Percutor de las armas de fuego portátiles, o palanca para dispararlo. 4 Parte superior del pescuezo de algunos animales cuadrúpedos. 5 fig. Muchacho ratero. 6 *And.* En los molinos harineros, conducto por donde pasa el agua a la muela. 7 *Logr.* Bocado de las caballerías. 8 *Pal.* Flor de la acacia. 9 *Chile.* Crines largas que se dejan a las caballerías en la cruz y de las cuales se asen los jinetes para montar.
SIN. *1* **Pulicán.** *3* **Can, perrillo,** ambos desus.
gatismo ***m.*** Estado de decrepitud mental propio de la edad senil en individuos arteriosclerosos o con lesiones vasculares del cerebro.
I) gato (l. *cattu*) ***m.*** Mamífero carnicero doméstico, de la familia de los félidos, de unos 5 dms. de largo, cabeza redonda, cola larga y pelo suave y espeso (*Felis cattus*): ***~ de Angora,*** el de pelo muy largo, originario de Angora; ***~ montés,*** el de pelaje pardo grisáceo con rayas negras que en la cola forman anillos; se alimenta de aves y pequeños mamíferos *(Felis sylvestris);* ***~ de algalia,*** mamífero carnicero de la familia de los vivérridos, del cual se obtiene la algalia *(Viverra civetta)* (también *algalia* y *civeta*); ***~ pampeano,*** gato salvaje de América; ***~ siamés,*** el procedente de Asia, de pelo muy corto y color ocre amarillento o gris, con la cara, las orejas y la cola más obscura. 2 Félido. 3 fig. Ratero. 4 fig. Hombre astuto. 5 fig. Madrileño. 6 ***Cuatro gatos,*** expr. fam., poca gente. -7 ***loc. adv. Como ~ panza*** o ***boca arriba,*** actitud de defensa desesperada. 8 ***Llevar el ~ al agua,*** triunfar en una competencia, conseguir lo que se desea. 9 Máquina compuesta de un engranaje de piñón y cremallera, para levantar grandes pesos: *~ de automóvil.* 10 Instrumento de hierro para asir y transportar la madera. 11 Bolsa para guardar dinero y, p. ext., dinero guardado en ella. 12 *Extr.* Morillo de la lumbre. 13 *Argent.* Baile popular criollo de dos personas, con zapateo y recitación de coplas. 14 *Hond.* Molledo del brazo. 15 *Méj.* Propina. -16 ***m. f.*** *Méj.* Sirviente. -17 ***adj.*** *C. Rica.* Ojizarco.
SIN. *1* **Micho, minino, mizo, morrongo, morroño.** *9* **Cric.** REL. *1* Voz del gato, **maído, miau** (onomat.)**, marramao, marramau, maullido, maulló;** vbs. **maullar, mayar, miar, marramizar.**
II) gato (quechua *ccatu,* mercado) ***m.*** *Perú.* Mercado al aire libre. 2 *Venez.* Sífilis.
gatopardo ***m.*** Onza, mamífero.
gatuna ***f.*** Gatuña.
gatunero, -ra ***m. f.*** Persona que vende carne de contrabando.
gatuno, -na ***adj.*** Relativo al gato.
gatuña ***f.*** Planta leguminal papilionácea, perenne, con la base del tallo leñosa, de hojas trifoliadas o simples, tallos tomentosos y provistos de espinas, y flores de color rosado *(Ononis spinosa).*
SIN. **Arnacho, asnacho, asnallo, aznallo, detienebuey, gata, uña gata, uñagata.**
gatuñada ***f.*** *Logr.* Arañazo.
gatuñar ***tr.*** *Ast.* y *Logr.* Arañar, rasguñar.
gatuperio (alterac. de *gutiperio,* der. de *vituperio*) ***m.*** Mezcla de substancias incoherentes. 2 Embrollo, enjuague, intriga.

gauchada *f. Amér.* Acción propia de un gaucho, y esp. acción ejecutada con astucia, audacia y habilidad. 2 *Amér.* Hombrada noble y desinteresada; servicio, favor. 3 *Amér.* Cuento, chiste. 4 *Amér.* Improvisación versificada.
gauchaje *m. Argent.* y *Chile.* Conjunto o reunión de gauchos. 2 *Argent.* y *Chile.* Plebe.
gauchear *intr. Argent.* Practicar el gaucho sus costumbres. 2 *Argent.* Andar sin paradero fijo, errante. 3 *R. de la Plata.* Realizar empresas amorosas más o menos arriesgadas.
gauchesco, -ca *adj.* Propio del gaucho.
gauchismo *m.* Corriente artística relacionada con las costumbres de los gauchos, que influyó pralte. en la literatura y la música.
gauchita *f. Argent.* Mujer bonita o que va bien arreglada. 2 *Argent.* Cantata de forma y estilo gauchesco, compuesta para ser acompañada de la guitarra.
gaucho, -cha (etim. dud.; quizá del quechua *uájcha,* pobre, huérfano) ***adj.-s.*** De las pampas argentinas y uruguayas. -2 ***adj.*** Propio del gaucho: *un apero* ~. 3 p. ext. Grosero, zafio. 4 *Amér.* Bonito, hermoso. 5 *Argent.* y *Chile.* Astuto. -6 ***m.*** *Amér.* Buen jinete. 7 *Chile.* Pájaro dentirrostro de la familia de los tiranídeos *(gén. Agnornis).* 8 *Ecuad.* Sombrero de paja con ala muy grande. -9 ***f.*** *Argent.* Mujer varonil. 10 *Argent.* Mujer de mala conducta.
gaudeamus (l. *gaudeamus,* alegrémonos) ***m.*** Fiesta, regocijo; festín. ◇ Pl.: *gaudeamus.*
gauderio (de *godería,* convite de gorra; por influjo de *gaudeamus)* ***m.*** *Urug.* Hombre suelto, de costumbres y moral propias; ducho en las tareas rurales; gaucho. 2 *Argent.* Hombre holgazán.
gaudiniano, -na ***adj.*** Relativo al arquitecto español Antonio Gaudí (1852-1926).
gaullismo ***m.*** Política practicada en Francia por Charles De Gaulle (1890-1970). 2 Conjunto de partidos que se inspiran en dicha política. ◇ Se pronuncia *golismo.*
gaullista ***adj.*** Relativo al gobierno de Charles De Gaulle (1890-1970). -2 ***adj.-com.*** Partidario de las ideas de este político. ◇ Se pronuncia *golista.*
gaur ***m.*** Mamífero rumiante bóvido de casi dos metros de altura, largos cuernos planos y arqueados sobre la cabeza, de color obscuro y sin papada. Vive en las regiones montañosas de la India e Indochina *(Bos gaurus).*
gauss ***m.*** Unidad de inducción magnética en el sistema cegesimal.
gavanza ***f.*** Flor del escaramujo.
gavanzo ***m.*** Escaramujo (especie de rosal y su fruto).
gavera ***f.*** Gradilla o galápago para fabricar tejas o ladrillos. 2 *Colomb.* Aparato de madera con varios compartimientos, donde se enfría y espesa la miel de cañas. 3 *Perú.* Tapial.
gaveta (l. *gabata,* vasija) ***f.*** Cajón corredizo de los escritorios. 2 Mueble que tiene uno o varios de estos cajones. 3 Artesa pequeña, para amasar y transportar el yeso. 4 MAR. Escudilla pequeña, ovalada, galte. de madera, provista de asa, donde se sirve la comida a los ranchos de a bordo. 5 *Can.* Pequeña cantidad de líquido, en esp. de leche. 6 *Can.* Escudilla de madera, de forma achatada y ancha boca, que utilizan los pastores para ordeñar, amasar el gofio, beber agua, etc. 7 *Murc.* Anillo de hierro o lazo de cuerda para asegurar los zarzos. 8 *Argent., Cuba, Ecuad., Pan.* y *P. Rico.* Guantera del automóvil.
SIN. *1* **Naveta.**
gavia (v. *cavea)* ***f.*** Zanja para desagüe o linde de propiedades. 2 En el aparejo, vela que se coloca en el mastelero mayor, y, p. ext., las velas correspondientes en los otros dos masteleros. 3 Cofa de las galeras. 4 Jaula de madera donde se encerraba a los locos. 5 Hoyo o zanja para plantar árboles o cepas. 6 Gaviota (ave). 7 MIN. Cuadrilla de operarios que se emplea en el trecheo.
SIN. *2* **Velacho,** la gavia del trinquete.
gavial (der. del hindustaní *ghariyal;* a través del fr.) ***m.*** Reptil del orden de los cocodrilos de unos 5 m. de longitud, con el hocico largo y muy estrecho *(Gavialis gangeticus).*
gaviar *intr. Cuba.* Echar la espiga o flor el maíz, el arroz y otras plantas semejantes.
gaviero ***m.*** Marinero que cuida de la gavia o hace de vigía en ella.
gavieta ***f.*** Gavia pequeña de la mesana o del bauprés.
gaviete ***m.*** MAR. Madero provisto de una roldana destinada a levar un ancla.
gaviforme ***adj.-m.*** Ave del orden de los gaviformes. -2 ***m. pl.*** Orden de aves acuáticas piscívoras, con las alas y la cola cortas y el pico puntiagudo; presentan membrana interdigital (palmípedas) y el plumaje tupido; como el colimbo.
gavilán (etim. dud.; quizá del gót. *gabila, -ans,* horca, significado aplicado a las garras del gavilán) ***m.*** Ave rapaz falconiforme, de unos 20 cms. de largo *(Accipiter nisus).* 2 Hierro de la punta de la aguijada. 3 Hierro que forma la cruz de la guarnición de la espada. 4 Punta de la pluma de escribir. 5 En la escritura, rasguillo hecho al final de una letra. 6 Vilano. 7 Uñero que se introduce en la carne. 8 *Argent.* Ramilla del caballo. 9 *Venez.* Aire popular de movimiento vivo.
SIN. *1* **Esparver, esparvarán.** *3* **Arrial, arriaz.**
gavilana ***f.*** *C. Rica.* Planta herbácea, tónica y febrífuga, de flores pequeñas y amarillas *(Neurolaena lobata).*
gavilancillo ***m.*** Pico o punta corva que tiene la hoja de la alcachofa.
gavilla (etim. dud.; probl. del l. *cavu,* hueco entre las manos) ***f.*** Haz pequeño de sarmientos, cañas, mieses, etc. 2 fig. Junta de muchas personas y comúnmente de baja suerte. 3 *Cuba.* La cuarta parte del manojo.
SIN. *1* **Mostela.** REL. Formar gavillas, vb. **agavillar;** adj. **agavillador,** el que en la siega agavilla las mieses.
I) gavillar ***m.*** Terreno que está cubierto de gavillas.
II) gavillar *tr.* Agavillar (formar gavillas). 2 *Colomb.* y *S. Dom.* Atacar en pandilla.
gavillero ***m.*** Lugar en que se amontonan las gavillas. 2 Línea de gavillas de mies que dejan los segadores tendidas en el terreno segado. 3 *Amér.* Matón, salteador. 4 *Chile.* Jornalero que con el bieldo echa las gavillas al carro. 5 *S. Dom.* p. ant. Insurrecto.
gavina ***f.*** Gaviota.
gavinote ***m.*** ZOOL. Pollo de la gavina.
gavión ***m.*** Cestón de mimbres o alambres, relleno de tierra o piedra, empleado en fortificaciones, construcciones hidráulicas, etc. 2 Fortificación hecha con gaviones. 3 fig. Sombrero grande de copa y ala.
SIN. *1* **Cestón.**
gaviota (l. *gavia)* ***f.*** Ave caradriforme, de plumaje blanco y ceniciento, con manchas negras en las alas, largas y agudas, que vive en las costas y se alimenta de peces *(Larus argentatus).*
SIN. **Paviota.**
gaviotín ***m.*** *Argent.* Hermosa palmípeda de las regiones antárticas, más pequeña que la gaviota *(Sterna hirundinacea).*
gavota (fr. *gavotte)* ***f.*** Antiguo baile de origen francés, de movimiento moderado a dos tiempos. 2 Música de este baile.
gay (voz inglesa) ***adj.-s.*** Homosexual.
gay saber ***m.*** Maestría en el arte de la poesía.
gaya (de *gayo)* ***f.*** Lista de diverso color que el fondo. 2 Antigua insignia de la victoria. 3 Urraca.
gayado, -da ***adj.*** *Cuba.* [caballo] Bayo.
gayadura ***f.*** Guarnición y adorno del vestido u otra cosa, hecho con listas de otro color.
gayar *tr.* Adornar con gayas.
gayera ***f.*** Variedad de cereza mayor que la común.
gayo, -ya (probl. del prov. *gai,* alegre; probl. der. del l. *gaudiu;* hecho *gauy* en prov.) ***adj.*** Alegre, vistoso. 2 ***Gaya ciencia,*** v. ciencia.
gayola (fr. antig. *jaiole* < l. *caveola)* ***f.*** Jaula. 2 fig. Cárcel (edificio).
gayomba ***f.*** Retama común.
gayuba ***f.*** Arbusto ericáceo, perennifolio y tendido, con las hojas ovales y coriáceas, fruto carnoso, de color rojo y comestible, y sobre cuyas raíces vive una cochinilla que da color rojo *(Arctostaphylos uva-ursi).*
SIN. **Aguavilla, uva de oso, uvaduz.**
gayumba ***f.*** *S. Dom.* Instrumento musical, probablemente de origen africano.
gaza (et. dud.; quizá como el fr. *ganse)* ***f.*** MAR. Lazo que se forma en el extremo de un cabo doblándolo.
gazafatón ***m.*** fam. Gazapatón.
gazapa ***f.*** fam. Mentira, embuste.
gazapatón (del grecolat. *cacemphaton,* dicho malsonante) ***m.*** fam. Disparate o yerro en el hablar.
gazapear (de *gazapo) intr.* Esconderse. 2 Agazaparse.
gazapera (de *gazapo)* ***f.*** Madriguera de los conejos. 2 fig. Junta de gentes de mal vivir. 3 Riña o pendencia.
gazapina (de *gazapo)* ***f.*** fam. Junta de truhanes y gente ordinaria. 2 fam. Pendencia, alboroto. 3 fig. Conjunto de gazapos o yerros.

gazapo (etim. dud.; probl. prerrom., como lo es el sufijo *-apo*) *m.* Conejo nuevo. 2 fig. Hombre disimulado y astuto. 3 fig. Gazapa. 4 fig. Yerro que se escapa al escribir o hablar.
SIN. *4* v. **Error.**
gazapón *m.* Garito.
gazmiar *tr.* Gulusmear. -2 *prnl.* Quejarse, resentirse. ◇ ** CONJUG. [12] como *cambiar.*
gazmol *m.* Pepita de las aves de rapiña.
gazmoñada, gazmoñería *f.* Afectación de modestia, devoción o escrúpulos.
gazmoñero, -ra, gazmoño, -ña *adj.-s.* Que tiene gazmoñería.
SIN. **Mojigato, timorato; misticón, santurrón,** que afecta devoción.
gaznápiro, -ra (etim. dud.; quizá cruce de neerl. *gesnap*, charla, y neerl. *snapper*, charlatán) *adj.-s.* Palurdo, torpe.
gaznar *intr.* Graznar.
gaznatada *f.* Gaznatazo.
gaznatazo *m.* Manotada en el gaznate. 2 Bofetada.
gaznate (voz de orig. onomat., con cruce de *caña*) *m.* Garguero. 2 Fruta de sartén en figura de gaznate. 3 *Méj.* Dulce hecho de piña o coco.
gaznatear *tr. Colomb.* Abofetear.
gaznatón, -na *m. f.* Gaznatazo. 2 Gaznate (fruta). -3 *adj. Méj.* Gritón.
gazofia *f.* Bazofia.
gazofilacio (gr. *gaza*, tesoro + *phylax*, guarda) *m.* Lugar donde se recogían las limosnas, rentas y riquezas del templo de Jerusalén.
gazpacho *m.* Sopa fría cuya composición varía mucho de unas localidades a otras. 2 *Murc.* Guiso de conejo o liebre con sopas de torta cenceña. 3 *Hond.* Heces, residuos, escamochos. 4 *P. Rico.* Corteza fibrosa que queda del coco después de pelarlo.
gazpachuelo *m.* Sopa caliente con huevo, batida la yema y cuajada la clara, y que se adereza con vinagre o limón.
gazul *m.* Planta aizoácea anual, toda ella cubierta de papilas *(Aizoon hispanicum).*
I) gazuza *f.* fam. Hambre.
II) gazuza *m. f. Hond.* Que no se deja engañar fácilmente. 2 *Salv.* Aficionado a arrebatar lo ajeno. -3 *f. Amér. Central.* Manchita (juego). 4 *C. Rica.* Algazara. 5 *Guat.* Plebe.
gazuzo, -za *adj.-s. Chile.* Hambriento.
Gd, símbolo químico del *gadolinio.*
ge *f.* Nombre de la letra *g.*
Ge, símbolo químico del *germanio.*
gea (gr. *gê*, tierra) *f.* Descripción del reino inorgánico de un país. 2 Obra que lo describe.
gecónidos (del malayo *gekog;* a través del ingl. *gecko*, especie de salamanquesa) *m. pl.* Familia de reptiles saurios pequeños, gruesos, de cabeza triangular y cuerpo deprimido, con expansiones laterales en algunos casos; como el dragón.
Gedeón *n. pr.* Personaje folclórico cuyas verdades provocan a risa de puro simples y por el tono doctoral con que las dice. De aquí se formó el f. *gedeonada* y el adj. *gedeónico -ca.*
gedeonada (de *Gedeón*) *f.* Perogrullada, necedad, simpleza.
gedeónico, -ca *adj.* [pers., cosa] Bobo, necio, simple.
gehena *f.* BIB. Infierno.
géiser (islandés *geysir*) *m.* Surtidor intermitente de agua y vapor, de origen volcánico. ◇ Pl.: *géiseres.*
geisha *f.* Joven japonesa que se dedica al cuidado y distracción de los hombres.
gejionense *adj.-s.* Gijonés.
gel *m.* Materia con apariencia de sólido y aspecto gelatinoso que se forma al dejar en reposo una disolución coloidal. 2 Jabón gelatinoso para el baño.
gelatina (l. *-tu*, helado, congelado; a través del it. *gelatina*) *f.* Substancia coloidal nitrogenada que se obtiene tratando con agua hirviendo los huesos, tendones, cuernos, etc. 2 Substancia preparada para acompañar y adornar comidas. 3 Jalea de frutas.
SIN. *1* **Jaletina.**
gelatinado, -da *adj.* De consistencia o aspecto parecido a la gelatina.
gelatinar *tr.* Cubrir con gelatina.
gelatinización *f.* Proceso en el cual se produce la transformación en gelatina.
gelatinizante *m.* Producto que causa la gelatinización.
gelatinizar *tr.* Convertir en gelatina. ◇ ** CONJUG. [4] como *realizar.*
gelatinobromuro (de *gelatina* + *bromuro*) *m.* Substancia formada por bromuro de plata en suspensión en gelatina, utilizada en fotografía.
gelatinoso, -sa *adj.* De gelatina. 2 Abundante en gelatina o parecido a ella.
geldre (de *Güeldres*, prov. de Holanda) *m.* Mundillo (arbusto).
gelfe (de *golof*, tribu negra) *m.* Negro de una tribu que habita en el Senegal.
gélido, -da (l. *-du*) *adj.* poét. Helado o muy frío.
gelificar *tr.* QUÍM. Transformar en gel. ◇ ** CONJUG. [1] como *sacar.*
gelifracción *f.* GEOL. Gelivación.
gelignita *f.* Explosivo formado por una mezcla de nitroglicerina, colodión, nitrato de potasio y serrín. Pertenece al grupo de las dinamitas de base activa.
gelinita *f.* Dinamita gelatinada.
gelivación *f.* GEOL. Tipo de meteorización física por la que el agua que rellena las grietas de una roca, al transformarse en hielo, aumenta de volumen y termina fracturando las rocas.
gelividad *f.* CONSTR. Defecto de los materiales de construcción que se agrietan o estropean por efecto de las heladas.
gelosa *f.* Substancia gelatinosa de origen vegetal usada en micrografía.
gema (l. *gemma*) *f.* Piedra preciosa. 2 Trabajo de una piedra preciosa o semipreciosa en negativo o bajorrelieve. 3 Yema (de los vegetales). 4 Parte de un madero escuadrado donde ha quedado parte de la corteza. 5 V. sal gema.
gemación *f.* Forma de multiplicación de una célula en que ésta se divide en dos partes desiguales, ambas nucleadas, que se separan. 2 Forma de multiplicación asexual, propia de algunos animales inferiores, en que el animal emite, en alguna parte de su cuerpo, una yema o protuberancia que se convierte en un nuevo individuo. 3 BOT. Primer desarrollo de la gema o botón.
gemebundo, -da *adj.* Que gime profundamente.
gemela (de *diamela*) *f.* Jazmín de Arabia.
gemelo, -la (l. *-llu*) *adj.-s.* [pers.] Nacido de un mismo parto con otro u otros; p. ext., [pieza, órgano, parte, etc.] igual o igualmente dispuesto con otro en una máquina, aparato, etc.: *dos hermanos gemelos.* -2 *adj.-m.* Músculo, interno y externo, de la pantorrilla cuya función es la elevación del talón y la extensión del pie durante la marcha. -3 *m. pl.* Lentes; anteojos (doble). 4 Juego de botones iguales que se ponen en los puños de la camisa. 5 Géminis (constelación). -6 *adj.* CARP. [madero] Que se empalma a otro para darle más resistencia.
SIN. *1* Tratándose de personas, **melgo, mielgo,** y más gralte. **mellizo.** *3* v. **Anteojos.**
gemi-, gemo- (l. *gemma*, yema) Elemento prefijal que entra en la formación de palabras con el significado de yema o de gema: *gemífero, gemoterapia.*
gemido (l. *gemitu*) *m.* Acción de gemir. 2 Efecto de gemir.
SIN. **Quejido, lamento.**
gemidor, -ra *adj.* Que gime.
gemífero, -ra (*gemi* + *-fero*) *adj.* BOT. Que trae yema o yemas. 2 MÍN. [terreno] Rico en yemas.
geminación (l. *-atione*) *f.* Acción de geminar. 2 RET. Figura que consiste en repetir inmediatamente una o más palabras.
geminado, -da *adj.* H. NAT. Partido, dividido. 2 Doble o dispuesto en par: *hueco ~; arcada geminada; columna geminada; órganos vegetales geminados.*
SIN. **Hermanado.**
geminar (l. *-are*) *tr.* Duplicar, repetir. -2 *prnl.* GRAM. Tender ciertos sonidos a dividirse en dos; como las vocales que se diptongan.
Gemínidas *n. pr.* ASTRON. Estrellas fugaces cuyo punto radiante está en la constelación de los Gemelos.
geminifloro, -ra (l. *gemini*, gemelo + *-floro*) *adj.* Que presenta flores dispuestas de dos en dos.
Géminis (l. *gemini*, hermanos gemelos) *n. pr.* Tercer signo o parte del Zodíaco que el sol recorre aparentemente durante el último tercio de la primavera. 2 Constelación zodiacal de la cual forman parte las estrellas Cástor y Pólux.
géminis *m.* BIOL. Cromosomas bivalentes. 2 FARM. ant. Emplasto de albayalde y cera, disuelto con aceite rosado y agua común.
gemiparidad *f.* BIOL. Reproducción de algunos animales o plantas por medio de yemas.
gemíparo, -ra (*gemi-* + *-paro*) *adj.* [animal o planta] Reproducido por medio de yemas.
gemiquear *intr. And.* y *Chile.* Gimotear.
gemiqueo *m. And.* y *Chile.* Acción de gemiquear.

gemir (l. *gemere*) ***intr.*** Expresar el dolor con voces quejumbrosas. 2 fig. Aullar los animales. 3 Sonar algo a semejanza del gemido humano: *el hierro gime bajo el martillo; **hacer ~ las prensas,*** por publicar muchas obras. ◇ ** CONJUG. [34] como ***servir.***

SIN. *1* **Quejarse, lamentarse.**

gemo-, v. gemi-.

gemología (*gemo- + -logía*) ***f.*** Ciencia que trata de las gemas o piedras preciosas.

gemológico, -ca ***adj.*** Perteneciente o relativo a la gemología.

gemólogo, -ga ***m. f.*** Especialista en gemología.

Gemonias (l.) ***f. pl.*** Derrumbadero del monte Aventino o del Capitolio en Roma por el que se arrojaban los cuerpos de los criminales. 2 Castigo muy infamante.

gemoso, -sa ***adj.*** [viga o madero] Que tiene gema (corteza).

gemoterapia (*gemo + -terapia*) ***f.*** MED. Tratamiento de las enfermedades mediante yemas o tejidos embrionarios vegetales.

gémula ***f.*** BOT. Embrión del tallo.

gen (gr. *gene,* descendencia) ***m.*** H. NAT. Factor hereditario de los gametos sexuales. ◇ Se usa grlte. en pl., porque están dispuestos de dos en dos.

gena ***f.*** Producto que se utiliza para adulterar el hachís. 2 p. ext. Hachís de mala calidad.

genciana ***f.*** Planta gencianácea vivaz, de cuya raíz se fabrica un licor tónico *(Gentiana officinalis).*

gencianáceo, -a ***adj.*** Relativo a la genciana. -2 ***adj.-f.*** Planta dicotiledónea, amarga, con hojas opuestas, envainadoras, flores terminales o axilares, frutos generalmente capsulares y semillas con albumen carnoso. -3 ***f. pl.*** Familia de estas plantas.

gencianales ***f. pl.*** Orden de plantas dentro de la clase dicotiledóneas.

gencianeo, -a ***adj.*** Gencianáceo.

gendarme (fr.) ***m.*** Agente de policía de algunos países, especialmente Francia.

gendarmería ***f.*** Cuerpo de gendarmes. 2 Cuartel o puesto de gendarmes.

gene ***m.*** Gen.

genealogía (gr. *geneá,* generación + *-logía*) ***f.*** Serie de los ascendientes de cada individuo. 2 Escrito que la contiene.

genealógico, -ca ***adj.*** Relativo a la genealogía: *árbol ~.*

genealogista ***com.*** El que por profesión y estudio se dedica a la genealogía.

geneantropía (gr. *geneá,* generación + *antrophos,* hombre) ***f.*** Ciencia que estudia el origen del hombre y la manera como se engendra cada una de las generaciones.

geneático, -ca ***adj.-s.*** Que pretende adivinar el destino de las personas por las circunstancias de su nacimiento.

generable ***adj.*** Que se puede engendrar.

generación (l. *-atione*) ***f.*** Acción de engendrar. 2 Efecto de engendrar. 3 ~ ***espontánea,*** la que hipotéticamente podría realizase sin la concurrencia del germen. 4 Sucesión de descendientes en línea recta. 5 Conjunto de todos los seres vivientes coetáneos. 6 Conjunto de escritores y artistas de una misma edad cuya obra presenta caracteres comunes. 7 Fase que marca un cambio decisivo o importante en una técnica en evolución. 8 Conjunto de aparatos, armas, máquinas, etc., que surge de cada una de esas fases de desarrollo: *la tercera ~ de ordenadores.* 9 GEOM. Formación de una extensión determinada por otra extensión que se supone en movimiento.

generacionismo ***m.*** Traducianismo.

generador, -ra ***adj.-s.*** Que engendra. 2 ELECTR. Circuito o dispositivo que engendra señales corrientes. 3 GEOM. [línea o plano] Que, moviéndose, engendra una superficie o un sólido. 4 INFORM. Programa o conjunto de ellos que reciben como entrada unas especificaciones de trabajo, y producen como salida otros programas que desarrollan las anteriores. -5 ***m.*** Máquina o aparato productor de energía. 6 Máquina que transforma la energía mecánica en eléctrica.

general (l. *-ale*) ***adj.*** Común a todos los seres individuales que constituyen un todo, o a muchos objetos o cosas, aunque sean de naturaleza diferente: *asamblea ~; administración ~; secretario ~; este error es ~.* 2 Vago, indeciso: *hablar de un modo ~.* 3 desus. Vasto: *tiene un saber ~.* 4 ***En ~*** o ***por lo ~,*** sin tener en cuenta los casos especiales, en común, generalmente. -5 ***m.*** MIL. Oficial que pertenece al escalón más alto de la jerarquía de los ejércitos de tierra y aire: *~ de brigada; ~ de división; teniente ~; capitán ~.* 6 Prelado superior de una orden religiosa. 7 ***Las generales de la ley,*** preguntas que ésta preceptúa para todos los testigos: *edad, sexo,* etc.

SIN. *1* **Común,** aquello de que muchos participan; **usual, frecuente, vulgar;** lo **general** pertenece a todos o casi todos; **universal,** se refiere a todos los individuos sin excepción. P. ej., comp. *ésta es la creencia común, general, universal.* *5* **Oficial general.**

generala ***f.*** Esposa del general. 2 Toque para que las fuerzas de una guarnición o campo se pongan sobre las armas.

generalato ***m.*** Ministerio del general de las órdenes religiosas. 2 Grado de general (militar). 3 Conjunto de los generales de un ejército.

generalidad ***f.*** Calidad de general. 2 Vaguedad, imprecisión. 3 Nombre ant. de las Cortes catalanas; posteriormente se aplicó al organismo que velaba por el cumplimiento de sus acuerdos. 4 Gobierno autónomo de Cataluña.

generalísimo ***m.*** General que ejerce el mando supremo de los ejércitos.

generalizable ***adj.*** Que puede generalizarse.

generalización ***f.*** Acción de generalizar.

generalizador, -ra ***adj.-s.*** Que generaliza.

generalizar ***tr.*** Hacer general o común una cosa: *~ una costumbre.* 2 Abstraer lo que es común a muchas cosas, formando un concepto que las comprenda todas: *generalicemos lo que caracteriza los mamíferos.* 3 Extender, ampliar: *~ el concepto de fuerzas.* ◇ ** CONJUG. [4] como ***realizar.***

generalmente ***adv. m.*** Con generalidad.

generar (l. *-are*) ***tr.*** Engendrar.

generativo, -va ***adj.*** Que tiene virtud de engendrar. 2 V. gramática generativa.

generatriz ***adj.-s.*** BOT. Capa de crecimiento en grosor de los vegetales. 2 GEOM. Generadora. -3 ***f.*** En las superficies cilíndricas o cónicas, línea recta determinada por un plano tangente a dichas superficies. -4 ***adj.-f.*** FÍS. Máquina que convierte la energía mecánica en eléctrica.

genéricamente ***adv. m.*** De un modo genérico.

genérico, -ca ***adj.*** Común a muchas especies. 2 GRAM. Relativo al género: *desinencia genérica; **nombre ~,*** v. nombre.

****género** (l. *genus, -eris*) ***m.*** Conjunto de cosas o seres que tienen caracteres esencialmente comunes; en lógica tiene más extensión que la especie. 2 Grupo de animales o plantas que forman una categoría de clasificación entre la familia o la subfamilia y la especie. 3 Clase: *tu ~ de vida.* 4 Modo o manera de hacer una cosa: *tal ~ de hablar no conviene.* 5 Mercancía: *estos géneros son malos.* 6 Accidente gramatical relativo al sexo. 7 Categoría en que se dividen los substantivos en función de las palabras atributivas sujetas al accidente de género: ~ ***ambiguo,*** el de los substantivos o cosas que pueden llevar indistintamente atributivos masculinos o femeninos: *el mar, la mar;* ~ ***común,*** el ambigo de los substantivos de personas: *el testigo, la testigo:* ~ ***epiceno,*** el de los nombres de animales que pueden llevar indistintamente los mismos atributivos para el macho y la hembra: *el milano macho, el milano hembra:* ~ ***femenino,*** el del nombre que lleva atributivos del género femenino y no es ni común ni epiceno; ~ ***masculino,*** el del nombre que lleva atributivos del género masculino y no es ni común ni epiceno; ~ ***neutro,*** en español, el del vocablo que puede llevar el atributivo neutro *lo*; en otras lenguas, el substantivo que no es maculino ni femenino y que tiene desinencias y atributivos neutros. 8 En las artes, categoría de obras artísticas que presentan características semejantes y un fin común. 9 Clase de tela. 10 ESC. y PINT. Obra que representa escenas de costumbres o de la vida común. 11 ~ ***chico,*** conjunto de obras cortas y festivas, en el teatro español del s. XIX. 12 ~ ***de punto,*** tejido hecho en forma de malla.

generosamente ***adv. m.*** Con generosidad.

generosidad ***f.*** Calidad de generoso. 2 Esfuerzo, valor.

generoso, -sa (l. *-osu*) ***adj.*** De ilustre prosapia. 2 Noble, magnánimo: *~ de espíritu, en acciones.* 3 Liberal y dadivoso: *~ con, para,* o *para con, los pobres; **tierra generosa,*** la muy fértil. 4 Excelente, de buena clase: *caballo ~; vino ~.* 5 p. ext. Abundante, muy desarrollado.

SIN. *3* **Desprendido, desinteresado, rumboso, dadivoso, liberal,** se intercambian fácilmente, pero sugieren diversos motivos en el que tiene alguna de estas cualidades; el **desprendido** y el **desinteresado** lo son pralte. por falta de apego al dinero, poder, etc.; el **generoso,** por magnanimidad; el **dadivoso,** por caridad o filantropía; el **rumboso,** por ostentación, lujo; **liberal,** fue muy us. en los clásicos y equivale a generoso y dadivoso; hoy se usa menos en esta acep; **espléndido,** es intensivo y se acerca a rumboso; **magnífico,**

GÉNERO

De los substantivos

CLASIFICACIÓN POR LA SIGNIFICACIÓN

Masculinos	*Femeninos*
a) Los substantivos propios y comunes de varones o animales machos y los que se refieren a oficios, empleos, etc., ejercidos por hombres (*Jaime, elefante, albañil*). *b)* Los nombres de ríos y montes (*Ebro, Everest*).	*a)* Los substantivos propios y comunes de mujeres o animales hembras y los que se refieren a oficios, empleos, etc., ejercidos por mujeres (*María, gallina, nodriza*). *b)* Los de las letras del alfabeto. *c)* Los de ciencias, artes y profesiones (*arquitectura*). *d)* Los de las figuras gramaticales y retóricas *(metáfora).*

CLASIFICACIÓN POR LAS TERMINACIONES

Excluidos todos los substantivos que por corresponder a personas o animales adaptan su género al sexo, suelen ser:

Masculinos	*Femeninos*
a) Los terminados en *e* (con muchas excepciones), en *i* o *í, o* (excepto *manos*), *ú* o *ú: talle, alcalí, rubí, cabello, espíritu, tisú.* *b)* Los terminados en *j* (excepto *troj*), *l, n* (con muchas excepciones de los terminados en *ón*), *r, s* (salvo los nombres de origen griego), *t, x: boj, abedul, almacén, collar, anís, acimut, fémur.*	*a)* Los terminados en *a: cabeza* (Se exceptúan *día* y esp. los nombres de origen griego, como *anagrama, problema*) *b)* Los terminados en *d: bondad* (con bastantes excepciones como *abad, adalid,* etc.), y *z: codorniz* (con excepciones como *arroz, barniz,* etc.).

De los adjetivos

Son de dos terminaciones:	*Son de una terminación:*
a) Los gentilicios que acaban en consonante o en *o.* *b)* Los otros adjetivos que terminan en *o: bueno; ote, ete: grandote, regordete; an, ón: haragán, comilón; or: roedor* (exceptuando las voces como *mejor, peor, exterior,* etc.)	*a)* Los que no estando comprendidos en las series de dos terminaciones acaban en *a, e, í: agrícola, alegre, marroquí;* en *n, l, r, s, z: común, fiel, familiar, cortés, capaz.* Los gentilicios terminados en *ú: hindú, zulú.* *b)* Los participios activos: *estudiante, creyente,* con algunas excepciones, como *sirviente.*

Para formar el femenino, los adjetivos de dos terminaciones cambian la vocal final en *a (bueno, buena; grandote, grandota)* o añaden una *a* si el adjetivo termina en consonante (*haragán, haragana; español, española*).

acentúa a la vez los matices de ostentación y generosidad; v. **pródigo,** cuando cuando estas cualidades se llevan a un extremo censurable para el que habla.

genes *m. pl.* H. NAT. V. gen.

genesíaco, -ca, genesiaco, -ca *adj.* Relativo a la génesis.

genésico, -ca *adj.* Relativo a la generación.

génesis (gr. *génesis,* engendramiento) *f.* Origen o principio de una cosa. 2 p. ext. Conjunto de fenómenos que dan por resultado un hecho. -3 *m.* Primer libro de la Biblia. ◇ Pl.: *génesis.*

-génesis (v. *génesis*) Elemento sufijal que entra en la formación de palabras con el significado de origen, principio o proceso de formación.

genético, -ca *adj.* Relativo a la génesis. 2 Relativo a la genética. -3 *f.* Ciencia biológica que estudia la herencia y los fenómenos referentes a la variación de las especies. -4 *m. f.* Genetista.

genetista *com.* Especialista en genética.

genetlíaco, -ca, genetliaco, -ca *adj.* [género poético] Que honra el nacimiento de un niño. -2 *adj.-s.* Poeta que cultiva dicho género poético. -3 *adj.-f.* [práctica supersticiosa] Que pronostica a uno su fortuna por el día en que nace. -4 *m. f.* Persona que practica dicha superstición. -5 *f.* Composición poética de género genetlíaco.

-genia (gr. *genna,* generación) Elemento sufijal que entra en la formación de palabras con valor de proceso natural de formación, buen productor.

genial (l. *-ale*) *adj.* Relativo al genio (aptitud). 2 Propio del genio o inclinación de uno. 3 Placentero, divertido. 4 Excelente, extraordinario.

genialidad *f.* Singularidad propia del carácter de una persona. 2 Acción propia de dicha generalidad. 3 Resultado propio de dicha singularidad.

genialmente *adv. m.* De manera genial.

geniazo *m.* fam. Genio fuerte, carácter violento o irritable.

génico, -ca *adj.* Perteneciente o relativo al gen.

geniecillo *m.* En los cuentos y fábulas, espíritu travieso dotado de poderes especiales, que puebla la naturaleza e interviene en los asuntos humanos.

genio (l. *-iu*) *m.* Índole, carácter de una persona: ~ *tranquilo, fuerte, apasionado; tener mal* ~. 2 Disposición para una cosa: *tener* ~ *de poeta, de matemático.* 3 Aptitud superior del que posee fuerza creadora, don altísimo de invención y organización:

el ~ de Goethe. 4 fig. Persona que lo posee: *Cervantes fue un ~*. 5 Deidad pagana particular a cada persona, estado, lugar, etc., que regía y compartía su destino: *el ~ de Sócrates; los genios del mar.* 6 fig. Carácter difícil.

genio- (gr. *géneion,* mentón) Elemento prefijal que entra en la formación de palabras con el significado de mentón, barba: *geniogloso.*

geniofaríngeo, -a (*genio-* + gr. *phárynx, -yugos,* faringe) ***adj.*** MED. Relativo al mentón y a la faringe.

geniogloso, -sa (*genio-* + gr. *gössa,* lengua) ***adj.*** MED. Relativo al mentón y a la lengua.

genioplastia (*genio-* + *-plastia*) ***f.*** CIR. Intervención quirúrgica consistente en efectuar una remodelación ósea del mentón.

genioso, -sa ***adj.*** *Can.* Enfadón, irritable.

genipa ***f.*** *Amér. Merid.* Jagua (árbol).

genipí ***m.*** Planta compuesta pubescente, cespitosa y perenne, con tallos florales, las hojas inferiores pecioladas y las superiores sentadas, de flores muy aromáticas y dispuestas en capítulos globulares *(Artemisa genipi).*

geniso, -sa ***adj.*** *Amér.* Malgenioso.

genista (l.) ***f.*** Retama.

genital (l. *-ale*) ***adj.*** Que sirve para la generación: ***órganos genitales,*** conjunto de órganos que intervienen en el proceso de reproducción, distintos según el sexo. -2 ***m.*** Testículo. ◇ En la acepción *2* es más usado en plural.

genitivo, -va (l. *-ivu*) ***adj.*** Que puede engendrar o producir una cosa. -2 ***m.*** GRAM. Caso de la declinación latina, y de otras lenguas, con el cual se expresa relación de propiedad, posesión, pertenencia o materia de que está hecha una cosa. Su equivalente español lleva siempre antepuesta la prep. *de* A imitación de la gramática latina se llama ~ ***subjetivo*** cuando el término de la prep. *de* es sujeto de una acción: *la llegada de la madre me conmovió* (la madre llegó); ~ ***objetivo*** cuando dicho término es objeto de una acción ajena: *la contemplación de la madre me conmovió* (la madre fue contemplada).

genito-, -génito (l. *genitu,* engendrado) Elemento prefijal y sufijal que entra en la formación de palabras con el significado de engendrado o denota relación con genital: *genitourinario, primogénito.*

genitor (l.) ***adj.*** El que engendra.

genitourinario, -ria (*genito-* + *urinario*) ***adj.*** MED. Relativo a las vías y órganos genitales y urinarios.

geniudo, -da ***adj.*** Enfadón, irritable.

genízaro ***adj.*** V. jenízaro.

geno-, -geno, -gena (gr. *gennao,* engendrar > *genos,* origen, raza) Elemento prefijal y sufijal que entra en la formación de palabras con el significado de étnico, hereditario, que nace, que produce, siguiendo el sentido general del engendrar: *genocidio, genotipo, endógeno, gasógeno.*

genocidio (*geno-* + *-cidio*) ***m.*** Aplicación sistemática de medidas encaminadas a la destrucción de un grupo étnico.

genol (l. *genu,* rodilla) ***m.*** En el buque, pieza que se amadrina a las varengas para formar las cuadernas.

genolí ***m.*** desus. Pasta de color amarillo que se usaba en pintura.

genoma (de *gen* y *cromosoma*) ***m.*** BIOL. Conjunto de los cromosomas de una célula.

genómico, -ca ***adj.*** Perteneciente o relativo a la genoma.

genopatía (*geno-* + *-patía*) ***f.*** PAT. Malformación o enfermedad cuya causa radica en una alteración de los cromosomas o en la transmisión hereditaria de un gen anormal.

genotípico, -ca ***adj.*** Relativo al genotipo.

genotipo (*geno-* + *tipo*) ***m.*** BIOL. Conjunto de factores hereditarios constitucionales de un individuo o de una especie.

Génova ***n. pr.*** V. ciruela de ~.

genovés, -vesa ***adj.-s.*** De Génova, ciudad del noroeste de Italia.

gens (l.) ***f.*** Conjunto de varias familias que en la antigua Roma llevaban el mismo nombre.

gente (l.) ***f.*** Pluralidad de personas. 2 fig. Clase que puede distinguirse en la sociedad: ~ ***baja,*** la soez; ~ ***bien,*** la de posición social elevada; ~ ***de la calle,*** la que no tiene especial significación; ~ ***de capa negra,*** desus., la ciudadana y decente; ~ ***de capa parda,*** la rústica, como labradores y aldeanos; ~ ***de ciudadano,*** la maleante; ~ ***gorda,*** la de buena posición; ~ ***de mal vivir*** o ***de la mala vida,*** la que vive cometiendo delitos, gralte. leves; ~ ***de mediopelo,*** la de clase media, poco acomodada; ~ ***de pelo,*** la rica; ~ ***del rey,*** galeotes o presidiarios; ~ ***del bronce,*** la alegre y resuelta; ~ ***de seguida,*** la que anda haciendo daños, como los bandoleros; ~ ***de toda broza,*** la que vive con libertad, sin tener oficio ni empleo conocido. 3 Conjunto de personas que están a las órdenes de otra. 4 Tropa de soldados. 5 Nación: *derecho de gentes.* 6 Familia o parentela. -7 ***f. pl.*** Gentiles: *el Apóstol de las gentes.* -8 ***f.*** *Amér.* Persona decente. 9 *Méj.* y *Perú.* desus. ~ ***blanca,*** descendiente de español y requinterona de mulato.

gentecilla ***f.*** Dim. de *gente.* 2 desp. Gente ruin y despreciable.

gentil (l. *-ile*) ***adj.-s.*** Idólatra o pagano: *los romanos eran gentiles.* 2 Gracioso, apuesto, galano: ~ *doncella;* ~ *donaire.* 3 Grande, notable: ~ *desvergüenza.* 4 Amable, cortés, agradable. 5 *Méj.* desus. Descendiente de coyote (español e india) e india.

gentilares ***m. pl.*** *Perú.* Cementerio de los antiguos peruanos.

gentileza ***f.*** Gracia, galanura, garbo. 2 Ostentación, gala. 3 Urbanidad, cortesía.

gentilhombre (calco del fr.) ***m.*** p. us. Buen mozo. 2 p. us. Noble que servía en casa de los reyes. ◇ GALIC. por *hidalgo.* ◇ Pl.: *gentileshombres.*

gentilicio, -cia (l. *-itiu*) ***adj.*** Relativo a las gentes o naciones: *nombre ~;* v. retracto ~. 2 Relativo al linaje o familia. -3 ***adj.-s.*** GRAM. Adjetivo que denota la patria o nación de las personas: *cordobés, argentino, asturiano.*

SIN. *3* **Étnico.**

gentílico, -ca ***adj.*** Relativo a los gentiles.

gentilidad (l. *-itate*) ***f.*** Conjunto de todos los gentiles. 2 Religión de los mismos.

SIN. **Paganismo.**

gentilismo ***m.*** Gentilidad.

gentilizar ***intr.*** Practicar el rito de los gentiles. -2 ***tr.*** Dar carácter gentilicio [a alguna cosa]. ◇ ** CONJUG. [4] como ***realizar.***

gentilmente ***adv. m.*** Con gentileza. 2 p. us. A manera de los gentiles.

gentío ***m.*** Afluencia de gente.

gentualla ***f.*** Gentuza.

gentuza ***f.*** Gente despreciable.

genuflexión (l. *-flexione*) ***f.*** Acción de doblar la rodilla en señal de reverencia, sumisión o adoración: ~ ***doble,*** la que se hace con ambas rodillas. 2 LITURG. Acto ritual que se hace esp. ante el Santísimo Sacramento y la Vera Cruz y al ser pronunciadas ciertas partes de la misa.

genuino (l. *-nu*) ***adj.*** Puro, propio, natural, legítimo.

geo- (gr. *gê,* tierra) Elemento prefijal que entra en la formación de palabras con el significado de tierra.

geoacústica (*geo-* + *acústica*) ***f.*** Rama de la geología que estudia los infrasonidos procedentes de la superficie terrestre.

geoanticlinal (*geo-* + *anticlinal*) ***m.*** Plegamiento en forma de arco de la superficie terrestre.

geobío (*geo-* + gr. *bios,* vida) ***m.*** Conjunto de los organismos vegetales y animales que viven en la superficie de la Tierra.

geobiología (*geo-* + *biología*) ***f.*** Disciplina que estudia las interacciones entre los procesos geológicos y los biológicos.

geobiótico, -ca ***adj.*** Terrestre, que vive en Tierra seca.

geobotánica (*geo-* + *botánica*) ***f.*** Rama de la botánica que estudia la relación de las plantas con el medio terrestre en que viven.

geocarpia (*geo-* + gr. *carpos,* fruto) ***f.*** BOT. Maduración de las frutas en el interior del suelo.

geocéntrico, -ca (*geo-* + *céntrico*) ***adj.*** Relativo al centro de la Tierra. 2 Que tiene la Tierra como centro.

geocentrismo (*geo-* + *centrismo*) ***m.*** Ant. teoría según la cual la Tierra era el centro del Universo, por lo que los planetas giraban alrededor de ella.

geocronita ***f.*** Mineral de la clase de los sulfuros, que cristaliza en el sistema monoclínico, y se suele presentar en masas informes de color gris plomo y brillo metálico.

geoda (gr. *geodes,* térreo) ***f.*** Cavidad de una roca revestida de una substancia cristalizada.

geodesia (*geo-* + gr. *daisia,* división) ***f.*** Ciencia matemática que tiene por objeto determinar la posición exacta de puntos en la superficie de la Tierra, y la figura y magnitud de esta superficie o de grandes extensiones de ella. 2 Línea más corta entre dos puntos, medida sobre una determinada superficie que incluye a dichos puntos.

geodésico, -ca ***adj.*** Relativo a la geodesia.

geodesta ***com.*** Profesor de geodesia. 2 El que se ejercita habitualmente en ella.

geodímetro (de *geodesia* + *-metro*) *m.* TOPOGR. Instrumento para la medición directa de las distancias geodésicas.
geodinámica (*geo-* + *dinámica*) *f.* Parte de la geología que estudia los procesos que alteran la estructura de la corteza terrestre.
geoestacionario, -ria (*geo-* + *estacionario*) *adj.* Que está en rotación sincrónica alrededor de la Tierra: *satélite* ~.
geofagia (*geo-* + *-fagia*) *f.* BIOL. Facultad que poseen ciertos animales de engullir tierra para aprovechar las substancias nutritivas que ésta lleva consigo. 2 MED. Hábito morboso de comer tierra o substancias similares que no poseen valor nutritivo.
geófago, -ga (*geo-* + *-fago*) *adj.-s.* Que come tierra.
geófilo, -la (*geo-* + *-filo* I) *adj.* BOT. [planta] De órganos caulinares subterráneos más desarrollados que los epigeos.
geofísico, -ca *adj.* Perteneciente o relativo a la geofísica. -2 *m. f.* Especialista en el estudio de las propiedades físicas de la Tierra.
geofísica (*geo-* + *física*) *f.* Ciencia que estudia la estructura y composición de la Tierra determinando las agentes que la modifican.
geófito (*geo-* + *-fito*) *m.* Planta terrestre.
geófono (*geo-* + *-fono*) *m.* Sismógrafo vertical destinado a la captación de las vibraciones sísmicas producidas de forma artificial.
geogenia (*geo-* + *-genia*) *f.* Parte de la geología que estudia el origen y formación de la Tierra.
SIN. **Geogonía.**
geogénico, -ca *adj.* Relativo a la geogenia.
geognosia (*geo-* + *-gnosia*) *f.* Parte de la geología que estudia la composición, estructura y disposición de los elementos que integran la Tierra.
geognosta *com.* Persona que por profesión o estudio se dedica a la geognosia.
geognóstico, -ca *adj.* Relativo a la geognosis.
geogonía *f.* Geogenia.
geogónico, -ca *adj.* Geogénico.
geografía (*geo-* + *-grafía*) *f.* Ciencia cuyo objeto es la descripción de la Tierra considerada como planeta: ~ *astronómica;* en su configuración, suelo y clima: ~ *física;* y como asiento de la vida humana en sus distintas manifestaciones: ~ *humana, política, económica,* etc. 2 Tratado de esta ciencia. 3 fig. Territorio, paisaje.
geográfico, -ca *adj.* Relativo a la geografía.
geógrafo, -fa *m. f.* Persona que por profesión o estudio se dedica a la geografía.
geoide (gr. *gê,* tierra + *-oide*) *m.* Forma teórica de la Tierra, determinada por la geodesia.
geoisoterma (*geo-* + *isoterma*) *f.* Línea imaginaria que une los puntos del interior de la Tierra que están a la misma temperatura.
geología (*geo-* + *-logía*). *f.* Ciencia que trata de la historia de la Tierra y de la constitución, origen y formación de los materiales que la componen.
geológico, -ca *adj.* Relativo a la geología.
geólogo, -ga *m. f.* Persona que por profesión o estudio se dedica a la geología.
geomagnético, -ca *adj.* Relativo al magnetismo de la Tierra.
geomagnetismo (*geo-* + *magnetismo*) *m.* Conjunto de fenómenos relativos a las propiedades magnéticas de la Tierra. 2 Disciplina que estudia dichas propiedades.
geomancia, -mancía (*geo-* + *-mancia*) *f.* Adivinación supersticiosa que se hace valiéndose de líneas, círculos o puntos trazados en la tierra.
geomántico, -ca *adj.* Relativo a la geomancia. -2 *m. f.* Persona que la profesa.
geomática (de *geo-* + infor*mática*) *f.* INFORM. Aplicación de los métodos y técnicas de la informática a la geografía.
geomedicina (*geo-* + *medicina*) *f.* Estudio de la relación entre la distribución geográfica de las enfermedades y las condiciones geológicas de la región.
geómetra *com.* Persona que por profesión o estudio se dedica a la geometría.
geometral *adj.* Geométrico.
geometría (*geo-* + *-metría*) *f.* Parte de las matemáticas que trata de las propiedades, relaciones y medida de la extensión. 2 Tratado de esta parte de las matemáticas. 3 ~ ***algorítmica,*** parte de las matemáticas que aplica el álgebra a la geometría. 4 ~ ***analítica,*** parte de las matemáticas que estudia las propiedades de las líneas y superficies representadas por medio de ecuaciones. 5 ~ ***del espacio,*** parte de la geometría que estudia las figuras cuyos puntos no están todos en un mismo plano. 6 ~ ***descriptiva,*** parte de las matemáticas que tiene por objeto resolver los problemas de la geometría del espacio por medio de operaciones efectuadas en un plano. 7 ~ ***plana,*** parte de la geometría que estudia las figuras cuyos puntos están todos en un plano. 8 ~ ***proyectiva,*** parte de la geometría que trata de las propiedades que conservan las figuras cuando se las proyecta sobre un plano.
geométricamente *adv. m.* Conforme a las reglas de la geometría.
geométrico, -ca *adj.* Relativo a la geometría: *codo, pie* ~; *progresión geométrica.* 2 fig. Muy exacto: *demostración geométrica.*
geométrido *adj.-m.* Insecto de la familia de los geométridos. -2 *m. pl.* Familia de insectos lepidópteros de cuerpo grácil con las alas muy desarrolladas y cuyas larvas se desplazan arqueándose.
geomorfía (*geo-* + gr. *morphé,* forma) *f.* Parte de la geodesia, que trata de la figura del globo terráqueo y de la formación de los mapas.
geomorfogénesis (*geo-* + *morfogénesis*) *f.* Rama de la geología que estudia el origen y transformación de las formas del relieve. ◇ Pl.: *geomorfogénesis.*
geomorfología *f.* Geomorfía.
geomorfológico, -ca *adj.* Perteneciente o relativo a la geomorfología.
geonomía (*geo-* + *-nomía*) *f.* Ciencia que estudia las propiedades de la tierra vegetal.
geonómico, -ca *adj.* Relativo a la geonomía.
geopolítica (*geo-* + *política*) *f.* Ciencia que estudia la vida e historia de los pueblos en relación con el territorio que ocupan.
geopolítico, -ca *adj.* Propio o relativo a la geopolítica.
geoponía (gr.) *f.* Agricultura.
geopónico, -ca *adj.* Relativo a la geoponía.
geópono, -na *m. f.* Persona que estudia geoponía.
geopotencial (*geo-* + *potencial*) *m.* FÍS. Trabajo necesario para elevar un peso de un gramo desde el nivel del mar hasta un punto determinado.
geoquímica (*geo-* + *química*) *f.* Estudio de la composición química del suelo.
geoquímico, -ca *adj.* Perteneciente o relativo a la geoquímica.
georama (*geo-* + *-orama*) *m.* Esfera grande y hueca sobre cuya superficie interna está representada la de la Tierra a fin de que se pueda examinar en su totalidad desde el interior del globo.
georgiano, -na *adj.-s.* De Georgia, estado del sudeste de Estados Unidos de Norteamérica y república del sudoeste de la Unión Soviética. -2 *adj.-m.* Lengua perteneciente al grupo caucásico meridional, hablada en dicha república soviética.
geórgica (l. *georgica,* del gr. *georgós,* agricultor, der. del gr. *érgon,* obra) *f.* [esp. en pl.] Obra relacionada con la agricultura, esp. la literaria: *las Geórgicas de Virgilio.*
geórgico, -ca *adj.* Relativo a la agricultura.
georgismo *m.* Doctrina económica inspirada en las ideas del norteamericano Henry George (1839-1897), quien proponía la implantación de un impuesto único sobre el suelo.
geosinclinal (*geo-* + *sinclinal*) *m.* Depresión de la corteza terrestre que se hunde paulatinamente y en la que se acumulan sedimentos.
geotaxis (*geo-* + *taxis*) *f.* BIOL. Taxis cuyo estímulo es la fuerza de la gravedad.
geotecnia (*geo-* + *-tecnia*) *f.* Parte de la geología aplicada que estudia la composición y propiedades de la zona más superficial de la corteza terrestre, para el asiento de todo tipo de construcciones y obras públicas.
geotécnico, -ca *adj.* Perteneciente o relativo a la geotecnia.
geotectónico, -ca *adj.* Relativo a la forma, disposición y estructura de las rocas y terrenos que constituyen la corteza terrestre. -2 *f.* Parte de la geología que estudia los movimientos de la corteza (tectónica).
geotermal *adj.* [agua] Que se calienta al pasar por capas profundas del suelo.
geotermia (*geo-* + *-termia*) *f.* Estudio de los fenómenos térmicos que tienen lugar en el interior de la Tierra. 2 FÍS. Calor que se encuentra en el interior de la Tierra.
geotérmico, -ca *adj.* Relativo a la geotermia.
geotermómetro (*geo-* + *termómetro*) *m.* FÍS. Aparato para medir la temperatura de la Tierra a diferentes profundidades.

geotropismo (*geo-* + *tropismo*) ***m.*** BOT. Tropismo que obedece a la influencia de la gravedad.

gépido, -da ***adj.-s.*** Individuo de un pueblo germánico que invadió el Imperio romano ocupando la región transilvana hasta que fue exterminado por los longobardos y ávaros.

geraniáceo, -a ***adj.-f.*** Planta de la familia de las geraniáceas. -2 ***f. pl.*** Familia de plantas dicotiledóneas, hierbas o matas, de hojas palmeadas alternas u opuestas y flores pentámeras.

geraniales ***f. pl.*** Orden de plantas, dentro de la clase dicotiledóneas, herbáceas, con las hojas simples y provistas de células mucilaginosas; las flores son pentámeras, hermafroditas y generalmente actinomorfas.

geranio (gr. *geranion,* pico de grulla) ***m.*** Planta geraniácea de jardín, de tallo carnoso y flores dispuestas en grupos globulares de color rojo, rosa o blanco *(gén. Geranium; Pelargonium).* ◇ INCOR.: *geraneo.*

gerbo ***m.*** Jerbo.

gerencia ***f.*** Cargo de gerente. 2 Oficina del gerente. 3 Gestión que incumbe al gerente. 4 Tiempo que una persona dura en este cargo.

gerente (partic. del verbo l. *gerere,* dirigir) ***m.*** Director de una empresa o sociedad mercantil.

geriatra (gr. *gras,* vejez + *-iatra*) ***com.*** Médico especialista en geriatría.

geriatría (gr. *gras,* vejez + *-iatría*) ***f.*** Parte de la medicina que estudia la vejez y sus enfermedades.
SIN. **Gerontología.**

gerifalte (del fr. ant. *girfalt;* en fr. mod. *gerfaut,* de orig. escand.) ***m.*** Ave rapaz falconiforme, especie de halcón grande, que se empleó en cetrería *(Falco rusticolus).* 2 fig. Persona que descuella en cualquier línea.

Gerineldo ***n. pr.*** Personaje del Romancero, enamorado y correspondido en amores: ***Más galán que*** ~, verso de un romance que ha quedado como comparación proverbial.

germán ***adj.*** Apóc. de *germano.*

germanesco, -ca ***adj.*** Relativo a la germanía.

germanía (der. del l. *-anu,* hermano) ***f.*** Jerga de ladrones y rufianes, que se llamaban entre sí *germanos* o *germanes.* 2 Hermandad formada por los gremios de Valencia a principios del s. XVI: *las germanías se sublevaron en tiempo de Carlos I.* 3 Amancebamiento. 4 *And., Cuen.* y *La Mancha.* fam. Tropel de muchachos.

germánico, -ca (l. *-icu*) ***adj.-s.*** De Germania, antigua región de Europa central. 2 Alemán. -3 ***adj.-m.*** Familia de lenguas del tronco indoeuropeo que se divide en tres grupos: occidental, nórdico y oriental; como el inglés o el alemán, el noruego y el gótico, respectivamente.
SIN. **Germano.**

germanio (der. culto de *Germania,* n. l. de Alemania, donde se descubrió el germanio) ***m.*** Metal blando grisáceo del grupo de las tierras raras; su símbolo es *Ge,* su número atómico 32, y su peso atómico 72,6. Se emplea para diodos y transistores.

germanismo ***m.*** Giro propio de la lengua alemana. 2 Vocablo, giro o modo de expresión de esta lengua empleado en otra.

germanista ***adj.-com.*** Persona versada en germanística.

germanística ***f.*** Estudio de las lenguas germánicas y sus correspondientes literaturas.

germanización ***f.*** Acción de germanizar.

germanizar ***tr.*** Hacer tomar el carácter alemán o la inclinación a las cosas alemanas. ◇ ** CONJUG. [4] como ***realizar.***

germano, -na ***adj.-s.*** Germánico. 2 De un pueblo de raza indoeuropea y origen nórdico que habitó Germania. 3 [pers.] Que pertenecía a la germanía.

germano- (l. *germanus*) Elemento prefijal que entra en la formación de palabras con el significado de germano: *germanófilo.*

germanofilia (*germano-* + *-filia*) ***f.*** Afección a Alemania y a lo alemán.

germanófilo, -la (*germano-* + *-filo* I) ***adj.-s.*** Afecto a Alemania y a lo alemán.

germanofobia (*germano-* + *-fobia*) ***f.*** Desafección a Alemania y a lo alemán.

germanófobo, -ba (*germano-* + *-fobo*) ***adj.-s.*** Desafecto a Alemania y a lo alemán.

germen (l.) ***m.*** Pequeña masa de materia viva capaz de originar, desarrollándose, un ser orgánico. 2 Parte de la semilla de que se forma la planta. 3 Primer tallo que brota de la semilla. 4 Principio u origen de alguna cosa material o moral. 5 MED. Microorganismo, especialmente el que es infectante para el hombre. 6 FÍS. Punto de un gas o de un líquido en el que se inician los procesos de solidificación o condensación.
SIN. *1* y *2* **Machuelo,** es el nombre popular.

germicida (de *germen* + *-cida*) ***adj.-s.*** Substancia destructora de bacterias.

germinable ***adj.*** Capaz de germinar.

germinación ***f.*** Acción de germinar.

germinador, -ra ***adj.*** Que hace germinar. -2 ***m.*** Local donde se efectúa la germinación de la cebada para obtener la malta de la cerveza. 3 Cámara provista de dispositivos de regulación de la temperatura, la humedad, etc., en la que se consigue la germinación de las semillas en condiciones óptimas.

germinal ***adj.*** Relativo al germen. -2 ***m.*** Séptimo mes del año, en el calendario republicano francés.

germinante ***adj.*** Que germina.

germinar (l. *-are*) ***intr.*** BOT. Principiar la evolución de una semilla o una espora. 2 fig. Empezar a desarrollarse: ~ *las virtudes;* ~ *las ideas.*

germinativo, -va ***adj.*** Que puede germinar o causar la germinación.

germiníparo, -ra (l. *germen, -inis* + *-paro*) ***adj.*** BIOL. Que produce gérmenes o que se reproduce mediante ellos.

-gero, -gera (l. *gerere,* llevar) Elemento sufijal que entra en la formación de palabras con el significado de llevar: *flamígero.*

gero-, v. geronto-.

gerodermia (*gero-* + *-dermia*) ***f.*** PAT. Alteración, por fenómenos regresivos de atrofia, de la piel de todo el organismo, propia de la vejez.

geromorfismo (*gero-* + *-morfismo*) ***m.*** MED. Decrepitud prematura.

gerόntico, -ca ***adj.*** MED. Relativo a la vejez.

geronto-, gero- (gr. *geron, -ontos,* anciano) Elemento prefijal que entra en la formación de palabras con el significado de viejo, anciano: *gerontología, gerodermia.*

gerontocracia (*geronto-* + *-cracia*) ***f.*** Gobierno de los más viejos.

gerontología (*geronto-* + *-logía*) ***f.*** MED. Estudio de la ancianidad y de los fenómenos que la producen.

gerontólogo, -ga ***m. f.*** Persona que por profesión o estudio se dedica a la gerontología.

geropsiquiatría (*gero-* + *psiquiatría*) ***f.*** MED. Psicogeriatría.

gerundense ***adj.-s.*** De Gerona.

gerundiada ***f.*** fam. Expresión gerundiana.

gerundiano, -na ***adj.*** fam. Estilo propio de un gerundio (mal predicador).

****gerundio** (l. *-undiu*) ***m.*** Forma no personal del verbo, que en español termina en *-ando,* si es de la 1ª conjug., y en *-iendo,* si es de la 2ª o 3ª: *amando, corriendo, saliendo;* el gerundio compuesto se forma con el verbo *haber* y un participio: *habiendo partido;* comunica a la acción verbal carácter durativo, y puede funcionar como adverbio o adjetivo de la oración en que figura.
El P. Isla (1703-1781) compuso uno novela titulada ***Fray Gerundio de Campazas,*** en la cual se satirizaba a los malos predicadores. De aquí procede la acep. desus. de mal predicador, predicador grotesco, que se daba a esta palabra.

gesneriáceo, -a ***adj.-f.*** Planta de la familia de las gesneriáceas. -2 ***f. pl.*** Familia de plantas angiospermas dicotiledóneas, herbáceas, rara vez leñosas, afines a las escrofulariáceas y orobancáceas.

gesta (l. *gesta;* pl. de *gestum,* hechos, hazañas) ***f.*** Conjunto de hazañas o hechos memorables de un hombre o de un pueblo. 2 ***Cantar,*** o ***canción, de*** ~, poema épico heroico tradicional, compuesto en los países de la Europa medieval; como el *Cantar de Mío Cid* y la *Canción de Roldán.*

gestación (l. *gestatione,* acción de llevar) ***f.*** BIOL. Desarrollo del óvulo fecundado, hasta el nacimiento del nuevo ser. 2 Tiempo que dura este desarrollo. 3 fig. Preparación o elaboración: ~ *de un proyecto, de una idea.*
SIN. *1* y *2* **Preñez,** en los animales vivíparos.

gestante ***adj.-f.*** Embarazada.

Gestapo (iniciales del n. al., *Ge*heime *Sta*at *po*lizei, policía secreta del Estado) ***f.*** Organización policíaca alemana establecida por el régimen nacionalsocialista, dedicada esp. a la represión política.

gestar ***tr.*** Llevar y sustentar la madre en sus entrañas el fruto vivo de la concepción hasta el momento del parto. -2 ***prnl.*** fig.

GERUNDIO

Funciones del gerundio en la oración

1. El *gerundio* tiene en español las funciones siguientes:
De adverbio: *no me hables gritando.*
De adjetivo: *vi a Juana paseando,* esto es, *que paseaba.*
Aspecto durativo del verbo: *la fortuna va guiando nuestros pasos. Ir guiando* es un aspecto durativo del verbo *guiar.* El gerundio puede ir acompañado de los verbos *ir, estar, quedar, venir, andar* y *seguir.*
Construcción absoluta: *arando un labrador, se encontró un tejuelo de oro.*

El gerundio como adverbio o adjetivo

2. En su oficio de adjetivo (esto es, referido al objeto), únicamente es correcto usarlo con los verbos de percepción (*sentir, oír, ver, observar, distinguir* y *hallar*) o de representación (*pintar, grabar, representar*) y siempre aplicado al complemento directo: *¿ves al jefe blasonando que tiene el cuerpo cosido de heridas?* || Son incorrectas por lo tanto las construcciones: *te envío una caja conteniendo libros,* una caja que contiene, o una caja con libros; *se dictó una ley prohibiendo el juego,* que prohíbe el juego o prohibitiva del juego.

3. No es aceptable el uso del gerundio en oraciones que expresan acciones perfectivas sucesivas y que por lo mismo pueden coordinarse: *cayó del caballo, rompiéndose una pierna;* es mejor decir: *cayó del caballo y se rompió una pierna.*

4. En la construcción «vi a Juana paseando», se producirá equívoco si el que pasea es el sujeto. En este caso se ha de decir: *paseando vi a Juana.* V. **anfibología.**

5. En su oficio de adverbio y de adjetivo, el gerundio admite la forma diminutiva: *se llega callandico y pasito a pasito por las espaldas de Melisendra.*

El gerundio absoluto

6. En sus funciones durativa y absoluta, el gerundio se comporta como un verbo. Puede ser simple o compuesto y tiene los mismos complementos que el verbo: *estaba cogiendo flores, dando limosna a unos pobres, paseando por el jardín; interponiéndose por otros se arruinó.*

7. El gerundio absoluto puede equivaler a oraciones adverbiales de diversas clases: Modal: *Allí manaba una fuente cuyas aguas se deslizaban formando manso arroyo.* || Temporal: *arando un labrador se encontró un tejuelo de oro.* || Causal: *siendo él tan buen estudiante, por sí mismo subirá a la cumbre.* || Concesivo: *poco más de tres días has tardado en ir y venir, habiendo de aquí allá más de treinta leguas.*

8. La oración adverbial de gerundio muchas veces se puede transformar en oración de verbo personal con una conjunción, o en oración de infinitivo con una preposición. — En los anteriores ejemplos se observan las equivalencias siguientes: *Mientras araba un labrador,* o *al arar un labrador...* || *Porque es él tan buen estudiante,* o *por ser él tan buen estudiante...* || *Si el cielo me favorece,* o *de favorecerme el cielo...* || *Poco más de tres días has tardado en ir y venir, aunque hay de aquí allá más de treinta leguas,* o *con haber de aquí allá más de treinta leguas.*

9. El gerundio con la preposición *en* denota anterioridad inmediata: *en rebuznando yo* (o *después de rebuznar yo*), *rebuznaron todos los asnos del pueblo.*

10. En la construcción absoluta el sujeto debe ir detrás del gerundio: *arando un labrador...* Si el gerundio es compuesto, y el sujeto es un pronombre personal, éste puede colocarse entre el auxiliar y el participio: *habiendo yo dado alguna ventaja a Crisóstomo...*

11. La oración de gerundio en la construcción absoluta puede colocarse antes o después de la oración principal y también intercalada a ella: *en pocos días me veré rey de algún reino, favoreciéndome el cielo; favoreciéndome el cielo, en pocos días me veré rey de algún reino; en pocos días, favoreciéndome el cielo, me veré rey de algún reino.*

Prepararse, desarrollarse o crecer sentimientos, ideas o tendencias individuales o colectivas.

gestatorio, -ria (l. *-oriu*) *adj.* Que se lleva a brazos: *silla gestatoria.*

gestear *intr.* Gesticular.

gestero, -ra *adj.* Que tiene el hábito de hacer gestos.
SIN. **Parajismero, visajero.**

gesticulación *f.* Acción de gesticular.
SIN. **Mímica,** puede usarse como sinónimo; pero gralte. indica un fin artístico o imitativo.

gesticulador, -ra *adj.* [pers.] Que gesticula mucho o con exageración.

gesticulante *adj.-s.* Que gesticula.

I) gesticular *adj.* Relativo al gesto.

II) gesticular (l. *-ari*) *intr.* Hacer gestos.

gesticuloso, -sa *adj.* p. us. Que gesticula.

gestión (l. *gestione*) *f.* Acción de gestionar. 2 Efecto de gestionar. 3 Acción de administrar. 4 Efecto de administrar. 5 ~ *de negocios,* cuasicontrato que se origina por el cuidado de intereses ajenos, sin mandato de su dueño. 6 INFORM. Disposición y organización de los recursos de un ordenador para obtener los resultados esperados: ~ *de ficheros.*

gestionar *tr.* Hacer diligencias para el logro [de un negocio o de un deseo cualquiera].

gesto (l. *gestu*) *m.* Expresión del rostro, ademán. 2 Movimiento exagerado del rostro por hábito o enfermedad. 3 Mueca. 4 Cara (parte de la cabeza). 5 Acto o hecho. 6 Rasgo notable de carácter o de conducta.

SIN. **Actitud, ademán,** en su sentido gral. de movimiento expresivo son intercambiables entre sí; en su signif. más concreto, **gesto,** es movimiento expresivo de la cara, o de brazos y manos; **ademán, manoteo,** se refiere pralte. a movimiento de manos y brazos; **actitud,** es postura, que sugiere inmovilidad o cierta fijeza: *actitud orante;* **mueca** y **visaje,** se refieren precisamente a la cara, e indican gesto desagradable, feo o grotesco; **mohín,** es gesto gracioso o simpático para el que habla.

gestor, -ra (l. *gestor,* procurador) ***adj.-s.*** Que gestiona. -2 ***m.*** Miembro de una empresa o sociedad mercantil que participa en su dirección o administración. 3 ~ ***administrativo,*** el que habitualmente se dedica a promover y activar toda clase de asuntos particulares, de sociedades o corporaciones en las oficinas públicas, mediante la percepción de honorarios.

gestoría ***f.*** Oficina del gestor.

gestosis ***f.*** Enfermedad relacionada con el embarazo y motivada por el mismo, en gral. ◇ Pl.: *gestosis.*

gestual (l. *gestus*) ***adj.*** Referente o relativo a los gestos. 2 Que se hace con gestos.

gestudo, -da ***adj.-s.*** Que pone mal gesto.

geta (l.) ***adj.-s.*** De un pueblo escita, al este de la Dacia. ◇ HOMÓF.: *jeta.*

getapú (voz guaraní) ***m.*** *Bol.* Cuña.

gético, -ca (l. *-u*) ***adj.*** Relativo a los getas.

Getsemaní (gr. < arameo *gath shemanim*) ***n. pr.*** Lugar de las afueras de Jerusalem donde se hallaba el Huerto de los Olivos; en él fue prendido Jesús.

getulo, -la (l. *-lu*) ***adj.-s.*** De Getulia, país de África ant., al sur de la Numidia.

ghetto (voz italiana) ***m.*** Gueto.

giba (l. *gibba;* doble etim. *chepa*) ***f.*** Corcova. 2 fig. Molestia, incomodidad.

gibado, -da ***adj.*** Corcovado.

gibar ***tr.*** Corcovar. 2 fig. Jorobar (molestar).

gibelino, -na (it. *ghibellino*) ***adj.-s.*** Partidario, en Italia, durante la Edad Media, del predominio del poder temporal, encarnado en los emperadores de Alemania, sobre el del papado, defendido por los güelfos. -2 ***adj.*** Relativo a los gibelinos.

gibón ***m.*** Primate póngido arborícola que vive en Java y Borneo *(gén. Hylobates).*

gibosidad ***f.*** Protuberancia en forma de giba.

giboso, -sa (de *giba*) ***adj.-s.*** Corcovado.

gibraltareño, -ña ***adj.-s.*** De Gibraltar, territorio británico del sur de la Península Ibérica. ◇ También *jibraltareño.*

giennense ***adj.*** Jaenés.

giga (ant. a. al. *giga*) ***f.*** MÚS. Ant. instrumento de cuerda, precursor del violín. 2 Antiguo baile de origen irlandés de ritmo binario o ternario y movimiento vivo, muy difundido en los s. XVII y XVIII. 3 Música de este baile. ◇ También *jiga.*

giga-, elemento prefijal que entra en la formación de palabras con el significado de mil millones.

giganta ***f.*** Gigantona, figura grotesca.

I) gigante (l. *gigante,* der. del gr. *gigas, -antos*) ***adj.*** Gigantesco.

II) gigante, -ta ***m. f.*** Persona que excede mucho en estatura a las demás. -2 ***m.*** Gigantón (de procesión). 3 fig. El que excede o sobresale en cualquier virtud o vicio. -4 ***f.*** Girasol.

gigantea ***f.*** Girasol.

giganteo, -a (l. *-u*) ***adj.*** p. us. Gigantesco.

gigantesco, -ca (del fr. *gigantesque*) ***adj.*** Relativo a los gigantes. 2 fig. Excesivo o muy sobresaliente en su línea: *árbol* ~.

gigantez ***f.*** Tamaño gigantesco.

gigantilla ***f.*** Dim. de *giganta.* 2 Figura artificial con cabeza y miembros desproporcionados a su cuerpo. 3 p. anal. Mujer muy gruesa y baja. -4 ***f. pl.*** Juego infantil en que un niño está a horcajadas sobre los hombros de otro.

gigantismo ***m.*** Enfermedad del desarrollo caracterizado por un crecimiento excesivo. 2 Tamaño excesivo de una célula o núcleo.

SIN. *1* **Hipersomía.**

gigantomaquia (gr. *gigas, -antos,* gigante + *maké,* batalla) ***f.*** Combate entre gigantes.

gigantón, -tona ***m. f.*** Aum. de *gigante.* 2 Figura gigantesca que se lleva en algunas procesiones. -3 ***m.*** Estramonio. 4 Planta compuesta, especie de dalia, de flores moradas *(Dahlia).* 5 *Méj.* Girasol.

gigantografía (gr. *gigas, -antos,* gigante + *topos,* lugar + *-grafía*) ***f.*** IMPR. Procedimiento en el que, mediante proyección de imágenes tramadas, se obtienen clichés de offset para carteles y otros impresos de grandes dimensiones.

gigoló (voz francesa) ***m.*** Hombre joven que es amante mantenido de una mujer rica y mayor.

gigote (fr. *gigot*) ***m.*** Guisado de carne picada rehogada en manteca. 2 p. ext. Comida picada en pedazos menudos. ◇ Tambíen *jigote.*

gijonense ***adj.*** De Gijón.

SIN. **Gejionense, gijonés.**

gijonés, -nesa ***adj.-s.*** De Gijón.

SIN. **Gejionense, gijonense.**

gilbert (del apellido del físico inglés William *Gilbert,* 1544-1603) ***m.*** FÍS. Unidad de fuerza electromotriz en el sistema cegesimal electromagnético, equivalente a 0,8 amperios vuelta.

gilbertio ***m.*** FÍS. Gilbert.

giley ***m.*** Juego de naipes en el que intervienen cuatro o cinco jugadores, consistente en sumar el mayor número de puntos con cartas de un mismo palo, con envites intercalados con el reparto de cartas.

gilí (del gitano esp. *jili,* cándido) ***adj.*** Chiflado, lelo, bobo, tonto, necio. ◇ También *jilí.*

gilipolla, gilipollas ***adj.-com.*** vulg. [pers.] Que hace o dice tonterías o que se comporta como un estúpido o un cobarde. ◇ También *jilipolla, jilipollas.*

gilipollada ***f.*** vulg. Tontería, estupidez, majadería.

gilipollear ***intr.*** vulg. Hacer tonterías, comportarse como un estúpido o necio.

gilipollez ***f.*** vulg. Tontería, estupidez, majadería.

gilipuertas ***adj.-com.*** vulg. *y* eufem. Gilipollas.

gilvo, -va (l. *-vu*) ***adj.*** De color melado.

gimnasia ***f.*** Conjunto de ejercicios para dotar de un desarrollo armónico, fortalecer y dar agilidad y flexibilidad al cuerpo: ~ ***correctiva, médica*** o ***terapéutica,*** la que corrige imperfecciones o sirve para hacer recuperar a una articulación u órgano su función normal; ~ ***sueca,*** la que se practica por entretenimiento con movimientos corporales en un terreno de dimensiones reducidas. 2 Deporte basado en la realización metódica de una serie de ejercicios con ayuda de aparatos: ~ ***deportiva,*** la que se practica sobre aparatos fijos. Estos son para el hombre: barras paralelas, barra fija, anillas, potro de saltos, potro con arcos y suelo; para las mujeres: barras asimétricas, barra de equilibrios, caballo de saltos y suelo; ~ ***rítmica,*** modalidad gimnástica femenina que desarrolla especialmente la expresividad corporal, y se practica con aparatos móviles: cuerda, mazas, cinta, aro y pelota. 3 fig. Ejercicio, práctica: *para escribir bien hace falta una cierta* ~.

gimnasio (l. *gymnasiu,* del gr. *gymnásion,* der. del gr. *gymnazo,* hacer ejercicios físicos) ***m.*** Lugar destinado a ejercicios gimnásticos. 2 desus. Centro de enseñanza intelectual; esp. en Alemania, centro oficial de enseñanza media.

gimnasta ***com.*** Persona ejercitada en gimnasia.

gimnástica ***f.*** Gimnasia.

gimnástico, -ca ***adj.*** Relativo a la gimnasia.

gímnico, -ca ***adj.*** Relativo a la lucha de los atletas.

gimno- (gr. *gymnós,* desnudo, descubierto) Elemento prefijal que entra en la formación de palabras con el significado de desnudo, descubierto: *gimnosofista.*

gimnobacteria (*gimno-* + *bacteria*) ***f.*** Bacteria sin flagelos.

gimnofobia (*gimno-* + *-fobia*), ***f*** MED. Termor o aversión morbosa a la vista de cuerpos desnudos.

gimnosofía (*gimno-* + *-sofía*) ***f.*** Culto al desnudo.

gimnosofista (*gimno-* + *sofista*) ***m.*** Nombre con que los griegos y romanos designaban a los brahmanes.

gimnospermo, -ma (*gimno-* + gr. *sperma,* simiente) ***f. pl.*** Grupo vegetal que en la actualidad carece de categoría taxonómica y que incluye a aquellos vegetales que tienen las semillas desnudas.

gimnospora (*gimno-* + *-spora*) ***f.*** Espora sin envoltura protectora.

gimnoto ***m.*** Pez teleósteo del Orinoco y del Amazonas, parecido a la anguila, que tiene la propiedad de producir descargas eléctricas *(Gymnotus electricus).*

gimoteador, -ra ***adj.*** Que gimotea.

gimotear ***intr.*** Gemir con frecuencia.

SIN. **Lloriquear.**

gimoteo ***m.*** Acción de gimotear.

SIN. **Lloriqueo.**

gin ***f.*** ANGLIC. Ginebra II.

gin-, v. gino-.

ginandria (*gin-* + *-andria*) *f.* Hermafroditismo.
ginandro, -dra (*gin-* + *-andro*) ***adj.*** BOT. [planta, flor] Que tiene reunidos en un solo cuerpo el androceo y el gineceo.
ginandromorfo, -fa (*gin-* + *-andro-* + *-morfo*) ***adj.*** H. NAT. [individuo] Que presenta caracteres de macho y hembra.
gincana *f.* Gymkhana.
gindama *f.* Jindama.
I) ginebra *f.* Ant. instrumento de percusión semejante al xilórgano. 2 fig. Ruido confuso de voces. 3 fig. *y* p. us. Confusión, desorden. 4 Juego de naipes.
II) ginebra (fr. *genièvre* < l. *iuniperu,* enebro) *f.* Alcohol de semillas aromatizado con bayas de enebro.
ginebrada *f.* Torta de hojaldre.
ginebrés, -bresa, ginebrino, -na ***adj.-s.*** De Ginebra, ciudad del oeste de Suiza.
gineceo (l. *gynaeceum,* del gr. *gynaikêion*) ***m.*** Entre los griegos antiguos, departamento de la casa destinado a las mujeres. 2 BOT. Verticilo floral formado por los pistilos.
gineco- (gr. *gyné, gynaicos,* mujer) Elemento prefijal que entra en la formación de palabras con el significado de mujer: *ginecología.*
ginecocracia (*gineco-* + *-cracia*) *f.* Gobierno de las mujeres.
ginecofobia (*gineco-* + *-fobia*) *f.* Temor o aversión morbosa a las mujeres.
SIN. **Ginefobia.**
ginecología (*gineco-* + *-logíaía*) *f.* Parte de la medicina que estudia las enfermedades especiales de las mujeres.
ginecológico, -ca ***adj.*** Relativo a la ginecología.
ginecólogo, -ga ***m. f.*** Especialista en ginecología.
ginecomastia (*gineco-* + gr. *mastós,* pezón, mama) *f.* MED. Volumen excesivo de las mamas de un hombre, producida por alteración hormonal.
ginecopatía (*gineco-* + *-patía*) *f.* MED. Alteración de los componentes del aparato genital femenino, en gral.
ginefobia (gr. *gyné,* mujer + *-fobia*) *f.* Ginecofobia.
ginesta *f.* Retama.
gineta *f.* Jineta (mamífero).
ginfizz ***m.*** Bebida hecha con ginebra, zumo de limón, azúcar y soda.
ginger-ale (voz inglesa) ***m.*** Refresco de jenjibre, agrio y picante.
gingival (l. *gingiva,* encía) ***adj.*** Relativo a las encías.
gingivitis (l. *gingiva,* encía + *-itis*) *f.* MED. Inflamación de las encías. ◇ Pl.: *gingivitis.*
gingivorragia (l. *gingiva,* encía + *-rragia*) *f.* Hemorragia de las encías.
ginkgo ***m.*** Árbol dioico, ornamental, con ramas cortas y largas, hojas pecioladas con el limbo en abanico *(Ginkgo biloba).*
ginkgoales ***f. pl.*** Orden de plantas gimnospermas con un solo representante, el ginkgo.
ginkgófitos (*ginkgo* + *-fito*) ***m. pl.*** División de plantas con un sólo representante, el ginkgo.
ginlet ***m.*** Cóctel de ginebra seca inglesa y zumo de lima.
gino-, gin-, -gino, -gina (gr. *gyné,* mujer) Elemento prefijal y sufijal que entra en la formación de palabras con el significado de mujer, hembra, femenino; esp., denota relación con el pistilo u órganos femeninos de la flor: *ginoplastia, giniatría, andrógino.*
giobertita *f.* Carbonato de magnesia, nativo, que cristaliza en el sistema triclínico.
gipsografía (l. *gypsu* < gr. *gypsos,* yeso + *-grafía*) *f.* TECNOL. Procedimiento de estampación en yeso. 2 Estampa obtenida por tal procedimiento.
gira *f.* Viaje por distintos lugares, con vuelta al punto de partida. 2 Serie de actuaciones sucesivas de una compañía teatral o de un artista en diferentes localidades. ◇ HOMÓF.: *jira* (f.).
girada *f.* Movimiento en la danza.
giradiscos (*girar* + *disco*) ***m.*** Elemento de un tocadiscos que hace que los discos fonográficos se muevan a una velocidad constante para que se reproduzca adecuadamente lo grabado en ellos. ◇ Pl.: *giradiscos.*
girado, -da ***m. f.*** Destinatario de una letra de cambio.
girador, -ra ***m. f.*** Persona que gira letras de cambio, libranzas u otras órdenes de pago.
giralda *f.* Veleta de torre, cuando tiene figura humana o de animal.
giraldete ***m.*** Roquete sin mangas.
giraldilla *f.* Dim. de *giralda*. 2 Baile popular del norte de España.
girándula *f.* Rueda que gira despidiendo cohetes. 2 Artificio que en las fuentes arroja agua con variedad de juegos.
girante ***adj.*** Que gira.
girar (b. l. *gyrare*) ***intr.*** Moverse alrededor o circularmente: *~ en torno; ~ por los cielos; ~ de una parte a otra.* 2 fig. Negociar (comerciar): *esta empresa gira mucho.* 3 Desviarse o torcer la dirección inicial. 4 fig. Desarrollarse una conversación o trato, en torno a un tema o interés dado. -5 ***intr.-tr.*** Expedir [letras u otras órdenes de pago]: *giramos a su cargo una letra a ocho días vista.* -6 ***tr.*** Enviar [dinero] por correo o telégrafo. ◇ HOMÓF.: *jira.*
girasol (*girar* + *sol*) ***m.*** Planta compuesta, de tallo herbáceo, hojas acorazonadas y grandes cabezuelas amarillas, que se doblan en la madurez y dan gran cantidad de semillas comestibles y oleaginosas *(Helianthus annuus).* 2 Ópalo que amarillea. 3 fig. Persona servil que procura granjearse el favor de una persona poderosa.
SIN. *1* **Giganta, gigantea, mirabel, mirasol, sol de las Indias, tornasol.**
giratorio, -ria ***adj.*** Que gira o se mueve alrededor. -2 *f.* Mueble de despacho que gira alrededor de un eje.
girifalte ***m.*** Gerifalte.
girino (l. *gyrinu*) ***m.*** Renacuajo. 2 ZOOL. Escribano del agua.
I) giro (l. *gyru,* der. del gr. *gyros,* círculo) ***m.*** Acción de girar. 2 Efecto de girar. 3 Frase, en cuanto a la manera de estar ordenadas sus palabras para expresar un concepto: *este ~ parece calderoniano.* 4 Dirección o aspecto que toman ciertas cosas: *no me gusta el ~ que toma este asunto.* 5 Conjunto de operaciones y negocios de una casa comercial, compañía, etc. 6 Traslación de caudales por medio de letras de cambio, libranzas, etc.: *~ **postal,*** el que sirven las oficinas de correos.
SIN. *1* y *2* **Vuelta.**
II) giro, -ra ***adj.*** *And., Can., Murc.* y *Amér.* [gallo] Que tiene el plumaje matizado de amarillo. 2 *Argent., Colomb.* y *Chile.* [gallo] Matizado de blanco y negro. 3 *Cuba.* Atolondrado; agobiado. 4 *Guat.* Ebrio. 5 *Méj.* [pers.] Que tiene aún cierta apariencia de resolución o valentía. -6 ***m.*** Amenaza, bravata o fanfarronada.
giro- (v. *giro* I) Elemento prefijal que entra en la formación de palabras con el significado de giro, círculo y, en general, denotando existencia de movimiento giratorio: *girocompás.*
girocompás (*giro-* + *compás*) ***m.*** AERON. y MAR. Instrumento fundado en el principio del giróstato, que señala el norte magnético en cualquier posición.
giroestabilizador (*giro-* + *estabilizador*) ***m.*** Estabilizador giroscópico.
girofaro (*giro-* + *faro*) ***m.*** Luz giratoria, intermitente, colocada en el techo de ambulancias, y coches de policía y de bomberos.
giroflé ***m.*** Clavero, árbol.
girohorizonte (*giro-* + *horizonte*) ***m.*** AERON. Horizonte artificial.
girola *f.* Deambulatorio.
girolí ***adj.*** *Cuba.* [gallo giro o pintado] Con el color amarillo algo verdoso.
girómetro (*giro-* + *-metro*) ***m.*** Aparato para medir la velocidad de rotación de un eje vertical. 2 AERON. Instrumento que indica los cambios de rumbo de un avión.
girón ***m.*** *Perú.* Serie de cuadras o manzanas.
girondino, -na (de *Gironde,* departamento francés) ***adj.-s.*** Miembro de un partido político de la Revolución francesa, que aspiraba a la República, quería conservar la propiedad y condenaba el terror. Sus miembros tuvieron gran importancia en la Asamblea y en la Convención; acusados de conspirar contra la República, fueron perseguidos por los jacobinos y muchos murieron en el cadalso.
giropiloto (*giro-* + *piloto*) ***m.*** AERON. Mecanismo que controla automáticamente la posición de los alerones o del timón para mantener el rumbo dado a un avión. 2 Piloto automático.
giroscópico, -ca ***adj.*** Relativo al giróscopo.
giroscopio (*giro* + *-scopio*) ***m.*** Giróscopo.
giróscopo (*giro* + *-scopo*) ***m.*** Pequeña rueda o trompo pesado que se hace girar a gran velocidad sobre un eje, para que cualquier alteración en la inclinación de éste provoque un movimiento de precisión que lo contrarreste. 2 Dispositivo para asegurar la estabilidad de un torpedo, submarino o avión. 3 Aparato que registra los movimientos circulares del viento. 4 Giróstato.
giróstato (*giro* + *-stato*) ***m.*** FÍS. Aparato constituido pralte. por un volante que gira rápidamente y tiende a conservar el plano de rotación reaccionando contra cualquier fuerza que lo aparte de dicho plano.

giróvago, -ga (b. l. *gyrovagu*) ***adj.-s.*** Monje que por no sujetarse a la vida regular de los anacoretas y cenobitas, vagaba de uno a otro monasterio. 2 Vagabundo.
girupí ***m.*** *Bol.* Nervio central de las hojas de la palmera y de la yuca. ◇ También *jirupí.*
gis (l. *gypsu,* yeso) ***m.*** desus. Clarión. 2 *Colomb.* Pizarrín. 3 *Méj.* Pulque; el licor blanco, el incoloro o de color muy débil. -4 ***adj.*** *Méj.* Borracho. ◇ Pl.: *gises.*
giste (al. *gischt,* espuma) ***m.*** p. us. Espuma de la cerveza.
gisumí ***m.*** *Bol.* Nidal (huevo).
gitanada ***f.*** Acción propia de gitanos. 2 fig. Adulación, zalamería, gitanería. 3 Grupo o conjunto de muchos gitanos.
gitanamente ***adv. m.*** fig. Con gitanería.
gitanear ***intr.*** Halagar con gitanería para obtener algo. 2 Proceder engañosamente en las compras y ventas.
gitanería ***f.*** Caricia, mimo interesado. 2 Reunión de gitanos. 3 Dicho o hecho gitanesco.
gitanesco, -ca ***adj.*** Propio de los gitanos.
gitanilla ***f.*** Pendiente de forma triangular. 2 *And.* y *Murc.* Geranio trepador.
gitanismo ***m.*** Costumbres y maneras de los gitanos. 2 Gitanería (reunión). 3 Vocablo, giro o modo de expresión propio de de la lengua gitana.
gitano, -na (de *egiptano,* por haberse creído a los gitanos descendientes de los egipcios) ***adj.-s.*** Pueblo nómada cuyas tribus, procedentes quizá de la India, invadieron Europa a fines del s. XIII, extendiéndose pralte. por Hungría, Rumanía, Rusia, España y África del Norte. 2 Egipcio. -3 ***adj.*** Propio de los gitanos o parecido a ellos. 4 fig. Que tiene gracia y atractivo para ganarse las voluntades. 5 fam. Vagabundo. -6 ***adj.-s.*** [pers.] Que estafa u obra suciamente. -7 ***m.*** Pez marino teleósteo, similar al mero, pero de menor tamaño y color pardo rojizo *(Mycteroperca rubra).*
SIN. *1* **Calé; cíngaro,** se aplica pralte. a los gitanos de Europa central. *3* **Cañí, agitanado.** REL. *1* **Caló,** habla de los gitanos.
Gl, símbolo químico del *glucinio* o *berilio.*
glabrescente ***adj.*** [órgano vegetal] Casi sin vello.
glabro, -bra (l. *-bru*) ***adj.*** desus. Calvo, lampiño.
glaciación ***f.*** Formación de glaciares en determinada región y época.
glacial (l. *-ale*) ***adj.*** Muy frío. 2 Que hace helar o helarse. 3 [tierra y mar] Que está en las zonas glaciales. 4 fig. Frío, desafecto, desabrido.
glacialmente ***adv. m.*** fig. Con frialdad.
glaciar (adaptación del fr. *glacier*) ***m.*** Helero. -2 ***adj.*** Perteneciente o relativo al glaciar o helero.
glaciarismo ***m.*** Estudio científico de los glaciares. 2 Época de glaciares; existencia de glaciares.
glácil ***m.*** *P. Rico.* Patio de ladrillos o cemento, para poner a secar granos al sol.
glacioeólico, -ca (l. *glacies,* hielo + *eólico*) ***adj.*** GEOL. [sedimento] Formado por la acción de los glaciares y del viento.
glaciología (l. *glacies,* hielo + *-logía*) ***f.*** Glaciarismo.
glaciológico, -ca ***adj.*** Perteneciente o relativo a la glaciología.
glaciólogo, -ga (l. *glacies,* hielo + *-logo*) ***m. f.*** Persona que se dedica a la glaciología.
glacis (fr.) ***m.*** FORT. Explanada. 2 GEOL. Llanura de erosión con una ligera pendiente que se extiende al pie de las zonas montañosas. ◇ Pl.: *glacis.*
gladiador (l. *-atore* < *gladius,* espada) ***m.*** Persona que en los juegos públicos romanos batallaba a muerte con otro o con una bestia feroz.
SIN. **Confector,** p. us.
gladiator ***m.*** Gladiador.
gladiatorio, -ria ***adj.*** Relativo a los gladiadores.
gladio, gladíolo, gladiolo (del l. *gladiolu,* espada pequeña; dim. de *gladius*) ***m.*** Planta liliácea, perenne, de hojas alargadas y flores de color rosado con una mancha rojiza en la base del perianto *(Gladiolus communis).*
glagolítico, -ca ***adj.*** Relativo al primer alfabeto eslavo inventado por San Cirilo (827-869).
glande (l. *glans, glandis,* bellota) ***m.*** Bálano. -2 ***f.*** *Logr.* Bellota.
glandífero, -ra (l. *glans, glandis,* bellota + *-fero*) ***adj.*** Que da bellotas.
SIN. **Balanífero, glandígero.**
glandígero, -ra (l. *glans, glandis,* bellota + *-gero*) ***adj.*** Glandífero.
glándula (l.) ***f.*** ZOOL. Órgano, constituido esencialmente por células diferenciadas del tejido epitelial, que elabora y segrega substancias indispensables al funcionamiento del organismo (*recrementicias* o *endocrinas*) o que deben ser eliminadas (*excrementicias*): ~ ***sebácea,*** v. sebáceo; ~ *sudorípara.* 2 BOT. Dilatación celular de la epidermis de algunas plantas, que segrega algún líquido.
REL. *1* **Crinología,** parte de la fisiología que las estudia; **endocrinología,** si estudia esp. las de secreción interna.
glandular ***adj.*** Propio de las glándulas.
glanduloso, -sa ***adj.*** Que tiene glándulas.
glaréola ***f.*** Golondrina de mar.
glas (fr. *glacé,* brillante) ***adj.*** V. azúcar glas.
glasé (fr. *glacé,* brillante) ***m.*** Tafetán de mucho brillo. 2 *Amér.* Charol.
glaseado, -da ***adj.*** Que imita o se parece al glasé.
glasear ***tr.*** Dar brillo [a algunas cosas, como el papel, la ropa, etc.]. 2 En pastelería, cubrir [un preparado] con azúcar, mermelada, chocolate, etc. 3 Dar brillantez [a un alimento, especialmente la carne] mediante el calor.
glaseo ***m.*** Acción de glasear. 2 Efecto de glasear.
glasilla ***f.*** Tejido de algodón de poca densidad. Se usa para forro de vestidos.
glasto (l. *-tu*) ***m.*** Planta crucífera, cuyas hojas dan un colorante parecido al añil *(Isatis tinctoria).*
SIN. **Hierba pastel,** o simplte. **pastel.**
glauberita ***f.*** Sal de Glauber, sulfato de sodio y calcio monoclínico. Se encuentra en los depósitos salinos.
glaucio ***m.*** Planta papaverácea erecta, bienal o perenne, de hojas ásperas y pinnatífidas y las flores de color amarillo *(Glaucium flavum).* 2 ~ ***rojo,*** planta que se diferencia de la anterior por el color de las flores que son anaranjadas o escarlatas y algo menores *(Glaucium corniculatum).*
glauco, -ca (l. *-cu,* der. del gr. *glaukós,* brillante) ***adj.*** Verde claro. -2 ***m.*** Molusco gasterópodo marino, sin concha, de color azul *(gén. Glaucus).*
glauco- (gr. *glaucós,* de color verdemar) Elemento prefijal que entra en la formación de palabras con el significado de color verdemar: *glaucoma.*
glaucofana (*glauco-* + gr. *phanos,* brillante) ***f.*** Anfíbol que cristaliza en el sistema monoclínico y es de color azul, gris azulado o negro y tiene brillo vítreo.
glaucoma (*glauco-* + *-oma*) ***m.*** MED. Enfermedad del ojo, caracterizada pralte. por una extrema tensión ocular y que produce una disminución de la visión y dolores de cabeza.
glaucomatoso, -sa ***adj.*** Relativo al glaucoma, o que lo padece.
glauconita ***f.*** Mica de la serie de la moscovita que cristaliza en el sistema monoclínico; forma gránulos de color verde muy frecuentes en la arena, areniscas y margas.
gleba (l. *glœba*) ***f.*** Terrón que se levanta con el arado. 2 p. ext. Tierra de labor.
glena (gr. *gléne,* cavidad) ***f.*** Cavidad poco profunda de un hueso, en la cual entra la extremidad articular de otro.
glenoideo, -a (gr. *gléne,* cavidad + *-oideo*) ***adj.*** Relativo a una glena: *cavidad glenoidea.*
glera ***f.*** Cascajar (paraje).
gley ***m.*** Suelo con una capa acuífera que interesa todo el perfil.
glía ***f.*** Neuroglia.
glicemia ***f.*** Glucemia.
glicerato ***m.*** Medicamento formado pralte. por glicerina.
glicérico, -ca ***adj.*** [ácido] Que se obtiene oxidando la glicerina con ácido nítrico.
glicéridos ***m. pl.*** Ésteres de la glicerina.
glicerina (gr. *glykerós,* dulce) ***f.*** Alcohol trivalente, incoloro, inodoro, dulce, de consistencia de jarabe, que se obtiene por la saponificación de las grasas y aceites *(Propanotriol),* ús. en farmacia, perfumería y fabricación de explosivos.
glicero- (de *glicerina*) Elemento prefijal que entra en la formación de palabras con el significado de glicerina: *glicerotanino.*
glicerocola (*glicero-* + *cola* II) ***f.*** Mezcla de dextrina, glicerina, sulfato de aluminio y agua que sirve para encolar los hilos de la urdimbre.
glicerofosfato (*glicero-* + *fosfato*) ***m.*** Sal derivada de la combinación del ácido fosfórico con la glicerina.
glicerotanino (*glicero-* + *tanino*) ***m.*** Compuesto que resulta al hacer obrar la glicerina sobre el tanino y que se emplea en tintorería como mordiente.
glicina, glicinia (fr. *glycine*) ***f.*** Planta papilionácea de jardín, con flores en grandes racimos *(Glicine sinensis).* 2 Aminoácido.

3 FOT. Ácido que se emplea como ingrediente de reveladores fotográficos.

glico-, v. gluco-: *glicogénesis.*

glicocola (*glico-* + *cola* II) *f.* Substancia nitrogenada cristalizable (ácido aminoacético) que se encuentra en gran cantidad en la gelatina.

glicogénesis *f.* Glucogénesis. ◇ Pl.: *glicogénesis.*

glicogenia *f.* Glucogenia.

glicógeno *m.* Glucógeno.

glicol *m.* Compuesto orgánico con dos grupos de alcohol.

gliconio (l. *glyconiu*) *adj.-s.* Verso de la versificación clásica.

glicosuria *f.* Glucosuria.

glifo *m.* ARQ. Ornamentación acanalada que se pone al frente de los triglifos. 2 ARQ. Ornamentación acanalada grabada en un objeto.

glioma (gr. *glía,* viscosidad + *-oma*) *m.* Tumor de consistencia blanda en un órgano nervioso.

glíptica (gr. *glyptikós,* adecuado para grabar, del gr. *glypho,* grabar) *f.* Arte de grabar las piedras finas. 2 Arte de grabar en acero los cuños para monedas, medallas, sellos, etc.

glipto- (gr. *glyptós,* grabado) Elemento prefijal que entra en la formación de palabras con el significado de grabado: *gliptoteca.*

gliptodonte (*glipto-* + *-donte*) *m.* Mamífero desdentado fósil que vivió a fines de la era terciaria y a principios de la cuaternaria.

gliptogénesis (*glipto-* + *-génesis*) *f.* Acción de modelar la superficie terrestre por acción de los agentes geológicos externos. 2 Resultado de dicha acción. ◇ Pl.: *gliptogénesis.*

gliptografía (*glipto-* + *-grafía*) *f.* Ciencia que estudia las piedras grabadas antiguas.

gliptoteca (*glipto-* + *-teca*) *f.* Museo en que se guardan piedras preciosas grabadas o esculpidas. 2 Colección de piedras grabadas.

gliserillo *m. Venez.* Briserillo.

global *adj.* Total; considerado en globo o en conjunto: *se presupone la cifra ~ de 80.000 ptas.*

globalidad *f.* Conjunto, totalidad.

globalización *f.* Acción de globalizar. 2 Efecto de globalizar. 3 Método didáctico que consiste en aprehender una totalidad para luego comprender los elementos que la integran.

globalizante *adj.* Que tiende a globalizar [algo].

globalizar *tr.* Integrar [una serie de datos, hechos, refrencias, etc.] en un planteamiento global. -2 *tr.-intr.* Considerar o juzgar [un problema] en su conjunto, sin diferenciar aspectos o detalles. ◇ ** CONJUG. [4] como ***realizar.***

globalmente *adv. m.* En conjunto, en totalidad y sin pormenores: *examinaron ~ la situación.*

globigerina *f.* Protozoo foraminífero planctónico que tiene un esqueleto formado por varias cámaras globulares de naturaleza orgánica reforzada con substancias minerales *(Globigerina* sp.*).*

globito *m.* DEP. Globo, trayectoria muy ascendente del balón. -2 *m. pl. Argent., Colomb.* y *Urug.* Enredadera *(Cadiospermum grandiflorum).*

globo (l. *-u*) *m.* Esfera (espacio limitado); fig., ***en ~,*** en conjunto (vb. *englobar*). 2 Cuerpo esférico o esferoidal, especialmente la Tierra: *~ terráqueo* o *terrestre; ~* ***celeste,*** aquel en cuya superficie se figuran las principales constelaciones. 3 Especie de fanal de cristal con que se cubre una luz para que no moleste a la vista o simplemente por adorno. 4 Bocadillo (trozo). 5 fam. Borrachera. 6 fam. Enfado grande. 7 vulg. Preservativo. 8 ~ ***aerostático,*** o simplemente ~, aparato aeronáutico compuesto de una bolsa de tela llena de un gas ligero, que puede elevarse en la atmósfera, siempre que la diferencia entre el peso del aire desalojado y el gas que contiene la bolsa sea mayor que el peso de la envoltura, barquilla y demás accesorios: ~ ***cautivo,*** el que está sujeto a tierra con un cable y sirve de observatorio; ~ ***dirigible,*** el de forma alargada, con barquilla cerrada dispuesta para transportar personas o carga, también *zepelín*; ~ ***sonda,*** el que se utiliza para estudios meteorológicos; fig., infundio que se lanza para comprobar la reacción de las personas afectadas. 9 ~ ***ocular,*** órgano de la vista situado en el interior de la cavidad orbitaria, de color blanquecino y forma esférica. 10 Bomba (pieza de lámpara). 11 ***Echar globos,*** cavilar. 12 DEP. Trayectoria muy ascendente que puede describir un balón, una pelota, una bola, etc., al ser lanzados con mucha fuerza.

globosidad *f.* Calidad de globoso.

globoso, -sa *adj.* De figura de globo.

globular *adj.* De figura de glóbulo. 2 Compuesto de glóbulos. 3 Relativo a los hematíes.

globularia *f.* Planta globulariácea, perenne, con las hojas ovales, enteras y dispuestas en roseta, las superiores lanceoladas y sentadas, y flores azules dispuestas en cabezuelas terminales redondeadas *(Globularia vulgaris).*

globulariáceo, -a *adj.-f.* Planta de la familia de las globulariáceas. -2 *f. pl.* Familia de plantas dicotiledóneas tubifloras, con las flores agrupadas en cabezuelas globosas, con corolas tubulares y bilabiadas.

globuliforme (de *glóbulo* + *-forme*) *adj.* Que tiene forma de glóbulo.

globulímetro (de *glóbulo* + *-metro*) *m.* MED. Instrumento para determinar el número de glóbulos en una cantidad dada de sangre.

globulina *m.* Substancia albuminoidea existente en la sangre, en el huevo y en la leche.

glóbulo (l. *globulu*) *m.* Corpúsculo de forma esférica o esferoidal. 2 Célula libre de figura redondeada que se encuentra en muchos líquidos del cuerpo de los animales: ~ ***rojo de la sangre,*** hematíe; ~ ***blanco de la sangre,*** leucocito. 3 MED. Preparado de pequeño volumen utilizado en la terapéutica homeopática.

globuloso, -sa *adj.* Compuesto de glóbulos.

glogló *m.* Ruido que produce un líquido al salir de una botella.

glomerulado, -da *adj.* Que contiene glomérulos.

glomérulo *m.* ANAT. Grupo de vasos o de glándulas que se encuentra en el riñón. 2 BOT. Especie de inflorescencia semejante a la cabezuela.

gloria (l.) *f.* Bienaventuranza (vida eterna), uno de los cuatro novísimos. 2 Cielo (paraíso). 3 Fama, honor otorgado por consenso general: *la ~ de Cervantes; la ~ de un ejército; alcanzar el pináculo de la ~.* 4 Lo que da gloria: *el descubrimiento de América es una de las glorias de España.* 5 Esplendor, magnificencia: *la ~ de Dios.* 6 Gusto, placer: *su ~ es el estudio.* 7 Especie de pastel a base de hojaldre. 8 Sistema de calefacción rural consistente en una galería bajo el suelo por donde circula el aire caliente. -9 *m.* Cántico de la misa, que comienza con las palabras *Gloria in excelsis Deo.* 10 En los teatros, vez que se alza el telón, al final de los actos, para que los actores y autores reciban el aplauso del público.

gloria patri (l., gloria al Padre) *m.* Versículo latino que se reza después del Padrenuestro y Avemaría y al fin de los salmos e himnos de la Iglesia. 2 *Méj.* Diez, cuenta más gruesa que se pone en el rosario para dividir las decenas. 3 *Méj.* ***De ~,*** de tres al cuarto; de poca estimación, aprecio y valor. ◇ También *gloriapatri.*

gloriado *m. Amér.* Especie de ponche hecho con aguardiente. 2 *Perú.* Infusión de té u otra hierba, con coñac o ron blanco.

gloriar(se) (l. *gloriar*) *prnl.* Preciarse, jactarse: *~ de sus hazañas.* 2 Complacerse, alegrarse mucho: *~ en el Señor.* -3 *tr.* Glorificar. 4 *Cuba* y *Perú.* Echar licor [en el café, refrescos, etc.]. ◇ ** CONJUG. [12] como ***cambiar.***

SIN. *1* **Hacer gala de.**

glorieta (fr. *gloriette*) *f.* Cenador (en un jardín). 2 Plazoleta, gralte. en un jardín, con un cenador. 3 Encrucijada de calles o alamedas.

glorificable *adj.* Digno de ser glorificado.

glorificación *f.* Acción de glorificar. 2 Efecto de glorificar. 3 Alabanza que se da a una cosa digna de honor, estimación o aprecio.

glorificador, -ra *adj.-s.* Que glorifica.

glorificar (l.) *tr.* Conferir la gloria [a alguno]: *el martirio le glorificó.* 2 Reconocer, ensalzar la gloria [de alguno]: *yo te glorifico, Padre.* -3 *prnl.* Gloriarse. ◇ ** CONJUG. [1] como ***sacar.***

gloriosamente *adv. m.* Con gloria.

glorioso, -sa *adj.* Digno de gloria: *héroe ~.* 2 Que procura gloria: *batalla gloriosa.* 3 Que goza de la gloria: *el ~ San José;* ***la Gloriosa,*** la Virgen María; ***la Gloriosa,*** nombre popular de la revolución de septiembre de 1868. 4 Jactancioso.

glos-, v. gloso-.

glosa (l.-gr. *glossa*) *f.* Explicación o comento de un texto. 2 Nota de un libro de cuentas o de una cuenta. 3 Composición poética, con una estrofa inicial, de la que se repiten uno o más versos al final de las siguientes. 4 MÚS. Variación sobre un tema, pero sin sujetarse rigurosamente al mismo. 5 *Colomb.* Reprimenda.

glosador, -ra *adj.-s.* Que glosa.

glosar (l. *glossare*) *tr.* Hacer o añadir glosas: *~ una disposición.* 2 fig. Interpretar o tomar en mala parte, censurar: *inclinado a ~.* 3 *Colomb.* Reprender.

glosario (l. *glossariu*) ***m.*** Repertorio alfabético de palabras obscuras o desusadas, con definición o explicación de cada una de ellas. 2 Catálogo no exhaustivo de palabras de un texto, autor, zona geográfica, etc., con definiciones o explicaciones. 3 Colección de glosas.
SIN. *1* y *2* v. **Diccionario.**
glose ***m.*** Acción de glosar.
glosectomía (*glos-* + *-ectomía*) ***f.*** CIR. Intervención quirúrgica consistente en practicar la extirpación total o parcial de la lengua.
glosilla ***f.*** IMPR. Carácter de letra menor que la de breviario.
glositis (*glos-* + *-itis*) ***f.*** Inflamación de la lengua. ◇ Pl.: *glositis.*
gloso-, glos- (gr. *glóssa* o *gôltta,* lengua) Elemento prefijal que entra en la formación de palabras con el significado de lengua: *glositis, glosoptosis.*
glosofaríngeo, -a (*gloso-* + *faríngeo*) ***adj.*** Relativo a la faringe y a la lengua.
glosofobia (*gloso-* + *-fobia*) ***f.*** Temor morboso a hablar.
SIN. **Lalofobia.**
glosopeda (*gloso-* + l. *pes, pedis,* pie) ***f.*** Enfermedad epizoótica de los ganados, caracterizada por flictenas pequeñas en la boca y entre las pezuñas.
SIN. **Fiebre aftosa.**
glosoptosis (*gloso-* + *-ptosis*) ***f.*** MED. Caída de la lengua hacia atrás. ◇ Pl.: *glosoptosis.*
gloto-, glot-, -gloto, -glota (v. *gloso-*) Elemento prefijal y sufijal que entra en la formación de palabras con el significado de lengua: *glotología.*
glótico, -ca ***adj.*** Relativo a la glotis.
glotis (gr. *glottis*) ***f.*** Abertura superior de la laringe. ◇ Pl.: *glotis*
REL. **Epiglotis,** órgano que la cierra.
-gloto, -glota (del prefijo *gloso-*) Elemento sufijal que, como *gloso-*, entra en la formación de palabras con el significado de lengua: *poliglota.*
glotocronología (*gloto-* + *cronología*) ***f.*** LING. Disciplina que se ocupa del estudio de los cambios lingüísticos y del grado de parentesco de las lenguas.
glotodidáctica (*gloto-* + *didáctica*) ***f.*** LING. Enseñanza de las lenguas según criterios lingüísticos.
glotogonía (*gloto-* + gr. *goneia,* origen) ***f.*** Rama de la lingüística que estudia el origen del lenguaje.
glotología (de *gloto-* + *-logía*) ***f.*** Lingüística.
glotón, -tona (l. *gluttone*) ***adj.-s.*** Que come con exceso y con ansia. -2 ***m.*** Mamífero carnívoro mustélido, del N. de Europa y de la Siberia, con el pelaje denso, de color pardo con listas amarillas en los costados *(Gulo gulo).*
glotonamente ***adv. m.*** Con glotonería.
glotonear ***intr.*** Comer glotonamente.
glotonería ***f.*** Acción de glotonear. 2 Calidad de glotón.
SIN. **Gula,** es intensivo, hasta convertirse en vicio o pecado; **golosina,** es afán de comer o beber cosas exquisitas; **tragazón,** es voracidad sin reparar en la calidad.
gloxínea ***f.*** Planta gesneriácea, de hojas opuestas, simples y pecioladas, flores axilares, violáceas o purpúreas, y fruto en cápsula; comprende a varias especies, dispersas de Méjico a Brasil *(gén. Gloxinia).*
gluc-, v. gluco-.
glucemia (*gluc-* + *-emia*) ***f.*** Presencia de azúcar en la sangre, esp. cuando excede de lo normal.
glúcido ***m.*** Compuesto de carbono, hidrógeno y oxígeno, presente en la materia viviente; hidrato de carbono, azúcar.
glucina (fr. *glucine*) ***f.*** Óxido de berilio.
glucinio ***m.*** Berilio.
gluco-, gluc-, glico- (gr. *glykys,* dulce) Elemento prefijal que entra en la formación de palabras con el significado de dulce: *glucógeno, glucemia.*
glucogénesis (*gluco-* + *-génesis*) ***f.*** Formación de glucosa o de glucógeno en el cuerpo de los animales. ◇ Pl.: *glucogénesis.*
glucogenia ***f.*** Glucogénesis.
glucogénico, -ca ***adj.*** Relativo al glucógeno y a la glucogénesis.
glucógeno, -na (*gluco-* + *-geno*) ***adj.*** Que produce azúcar. -2 ***m.*** Substancia blanca amorfa, parecida a la dextrina, que se encuentra en abundancia en el hígado. ◇ También *glicógeno.*
glucómetro (*gluco-* + *-metro*) ***m.*** Aparato para medir el azúcar de un líquido.
glucosa (fr. *glucose*) ***f.*** Especie de azúcar que se encuentra en la uva y otros frutos, cuando están maduros, y en la sangre.
NOMENCLATURA. Este nombre comprende dos isómeros: la **dextroglucosa** o **dextrosa,** caracterizada por desviar sus disoluciones el rayo de luz polarizada hacia la derecha; la **levoglucosa,** lo desvía hacia la izquierda.
glucósido ***m.*** Compuesto que por descomposición hidrolítica da glucosa y otra u otras substancias.
glucosuria (de *glucosa* + *-uria*) ***f.*** Excreción de orina cargada de glucosa.
glucosúrico, -ca ***adj.*** Relativo a la glucosuria o que la padece.
gluglú ***m.*** Onomatopeya del sonido del agua y de la voz del pavo.
gluglutear ***intr.*** Emitir el pavo la voz que le es propia.
gluma (l.) ***f.*** Bráctea que encierra las espiguillas de las gramináceas antes de abrirse las flores. 2 Escama única o bráctea, situada en la base de un flósculo individual de las ciperáceas.
glumífero, -ra (de *gluma* + *-fero*) ***adj.*** Que tiene flores rodeadas de glumas.
glumilla ***f.*** Bracteola interior delgada que encierra la flor de una graminácea.
glutámico (ácido ~) ***m.*** Aminoácido.
gluten (l. *gluten,* cola) ***m.*** Substancia adhesiva que sirve para unir una cosa a otra; esp., la albuminoide, insoluble en el agua, que junto con el almidón y otros compuestos se encuentra en la harina de los cereales.
glúteo, -a (gr. *gloutós,* nalga) ***adj.*** Relativo a la nalga. -2 ***adj.-m.*** ANAT. Músculo, mayor, mediano y menor, de la nalga cuya función principal es mantener la posición erecta.
gluteo ***m.*** Sonido que emite la perdiz.
glutinosidad ***f.*** Calidad de glutinoso.
glutinoso, -sa ***adj.*** Pegajoso.
gnato-, gnat- (gr. *gnáthos,* mandíbula) Elemento prefijal que entra en la formación de palabras con el significado de mandíbula: *gnatoplastia.*
gnatodinamómetro (*gnato-* + *dinamómetro*) ***m.*** Instrumento para medir la fuerza ejercida al apretar los dientes.
gnatología (*gnato-* + *-logía*) ***f.*** Parte de la medicina que estudia la formación, las dimensiones y las relaciones que guardan entre sí ambos maxilares y las proporciones que guardan respecto a los demás huesos del cráneo y la cara.
gnatoplastia (*gnato-* + *-plastia*) ***f.*** CIR. Intervención quirúrgica efectuada sobre los maxilares con fines estéticos o para mejorar su función.
gnatostomado ***adj.-m.*** Animal de la superclase de los gnatostomados. -2 ***m. pl.*** Superclase de vertebrados provistos de mandíbulas; incluye a todos los vertebrados actuales, excepto los ciclóstomos.
gnatostomúlido ***adj.-m.*** Gusano del tipo de los gnatostomúlidos. -2 ***m. pl.*** Tipo de gusanos microscópicos y acelomados que viven en los espacios intersticiales de los fondos marinos poco profundos.
gneis (al. *Gneiss*) ***m.*** Roca metamórfica de la misma composición que el granito y otras rocas feldespáticas, que se divide fácilmente en lajas. ◇ Pl.: *gneis.*
gnéisico, -ca ***adj.*** Relativo al gneis.
gnetáceo, -a (l. *gnetum*) ***adj.-f.*** Planta de la familia de las gnetáceas. -2 ***f. pl.*** Familia de plantas que incluye árboles y arbustos tropicales gimnospermos que tienen anchas hojas penninervias, flores con dos carpelos soldados y por fruto un aquenio.
gnetales ***f. pl.*** Orden de plantas trepadoras, árboles y arbustos, dentro de la división gnetófitos.
gnetófitos ***m. pl.*** División de vegetales.
gnocchi (voz italiana) ***m. pl.*** Ñoqui.
gnómico, -ca (gr. *gnomikós,* der. del gr. *gnomé,* sentencia) ***adj.-s.*** Que contiene o compone sentencias morales: *poesía gnómica; poetas gnómicos.*
gnomo (del l. mod. *gnomus,* der. del gr. *genómos,* de *gê,* tierra y *nemomai,* habitar) ***m.*** Ser fantástico, enano, dotado de poder sobrenatural.
gnomon ***m.*** Estilo vertical por medio de cuya sombra se determinaban el acimut y altura del Sol. 2 Indicador de las horas en el reloj solar. 3 Escuadra (instrumento).
SIN. **Índice.**
gnomónica ***f.*** Arte de construir relojes solares.
gnomónico, -ca ***adj.*** Relativo a la gnomónica.
gnoseología (gr. *gnosis,* conocimiento) ***f.*** Epistemología.
gnoseológico, -ca ***adj.*** Epistemológico.
-gnosia (gr. *gnósis,* conocimiento) Elemento sufijal que entra

en la formación de palabras con el significado de conocimiento: *geognosia.*
gnosis *f.* Doctrina del gnosticismo. 2 Ciencia por excelencia, sabiduría suprema. 3 Ciencia de los magos y hechiceros.
gnosticismo *m.* Escuela cristiana herética que pretendía conocer por la razón las cosas que sólo se pueden conocer por la fe.
SIN. **Docetismo.**
gnóstico, -ca (l. *gnosticu* < gr. *gignosco,* conocer) *adj.* Relativo al gnosticismo. -2 *adj.-s.* Que profesa el gnosticismo.
gnu *m.* Género de antílope de África del Sur *(gén. Connochaetes).*
goa *f.* METAL. Lingote de hierro bruto que se obtiene gralte. junto al alto horno, vaciando el metal por un canal en depresiones practicadas a modo de moldes en la capa de arena tendida sobre el suelo.
goajiro, -ra *adj. Cuba.* Guajiro.
gobanilla *f. La Mancha.* Muñeca, parte del cuerpo humano.
gobelete *m.* GALIC. Cubilete.
gobelino *m.* Tapicero de la fábrica que estableció Luis XIV en la de tejidos fundada por Juan Gobelin en el siglo XV. 2 Tapiz hecho por los gobelinos o a imitación suya.
gobén *m. Murc.* Palo que sujeta los adrales del carro.
gobernable *adj.* Que puede ser gobernado.
gobernación *f.* Acción de gobernar. 2 Efecto de gobernar. 3 Ejercicio de gobierno. 4 En algunos países, territorio dependiente del gobierno nacional.
gobernador, -ra *adj.-s.* Que gobierna. -2 *m.* Jefe superior de una provincia, territorio, etc.: ~ *civil, militar.* 3 Representante del gobierno en un establecimiento público: ~ *del Banco de España.* 4 *Argent.* Cardenal, pájaro.
gobernadora *f.* Mujer del gobernador o que gobierna por sí.
gobernadorcillo *m.* Juez pedáneo en las islas Filipinas, con jurisdicción correccional, de policía y civil en asuntos de menor cuantía.
gobernalle (l. *gubernaculu*) *m.* Timón (de buque o submarino).
gobernanta *f.* Mujer que se encarga de la administración de una casa o institución. 2 *Argent.* Institutriz, aya.
gobernante *adj.-m.* Que gobierna. -2 *m.* El que se mete a gobernar una cosa.
gobernar (l. *gubernare,* der. del gr. *kybernáo*) *tr.* Dirigir, conducir: ~ *la nave.* 2 Regir la cosa pública, mandar: ~ *con acierto;* ~ *el país con acierto.* 3 Manejar, dominar [a una persona]. 4 Controlar, regular [el funcionamiento de una máquina]. 5 vulg. Componer, arreglar. -6 *intr.* Obedecer al timón: *el buque no gobierna bien.* -7 *prnl.* Guiarse, regirse según una norma o regla. -8 *tr. Argent.* Castigar los padres [a los hijos]. ◇ ** CONJUG. [27] como ***acertar.***
SIN. *1* y *2* v. **Regir.**
gobernativo, -va *adj.* p. us. Gubernativo.
gobernoso, -sa *adj.* fam. *y* p. us. Aficionado a tener en buen orden las cosas. 2 fam. *y* p. us. Que tiene aptitud para ello.
góbido *adj.-m.* Pez de la familia de los góbidos. -2 *m. pl.* Familia de peces teleósteos perciformes de pequeño tamaño que viven en las aguas litorales, de cuerpo alargado, cabeza ancha, mejillas abultadas y ojos grandes en posición elevada; como el gobio.
gobierna *f.* Veleta (para los vientos).
gobiernista *adj. Amér.* Gubernamental.
gobierno *m.* Acción de gobernar o gobernarse. 2 Efecto de gobernar o gobernarse. 3 Forma política según la cual es gobernado un estado: ~ *monárquico;* ~ ***absoluto,*** aquel en que todos los poderes están en manos de un individuo o cuerpo; ~ ***parlamentario,*** aquel en que los ministros necesitan la confianza de las Cámaras; ~ ***presidencialista,*** aquel en que el poder legislativo no puede interferir el ejecutivo. 4 Conjunto de los ministros de un estado: *el* ~ *se ha reunido.* 5 Empleo de gobernador, distrito que rige, su residencia, y tiempo que dura el mando. 6 Timón (de buque o submarino): ***servir de*** ~, servir de norma o de advertencia. 7 Timón del molino de viento. 8 fam. Arreglo.
SIN. *1* y *2* **Gobernación.** *4* **Gabinete, ministerio.**
gobio (l. *gobiu,* der. del gr. *kobiós*) *m.* Pez teleósteo perciforme fluvial, de pequeño tamaño y cuerpo alargado, con cuatro barbillones, que habita en las aguas de curso rápido con fondo arenoso o de grava *(Gobio gobio).*
SIN. **Cadoce.**
goce *m.* Acción de gozar o disfrutar una cosa. 2 Efecto de gozar o disfrutar una cosa.
SIN. **Disfrute.** Tratándose de sensaciones agradables, **placer.**
gocete (fr. *gousset*) *m.* ant. Sobaquera de malla para proteger las axilas.
gocho, -cha *m. f.* Cerdo.
gociano, -na *adj.-s.* De Gocia, región de Suecia.
godeo (l. *gaudiu*) *m.* desus. Placer, gusto, contento.
godesco, -ca *adj.-s.* [pers.] Godible.
godible (l. *gaudiu,* gozo) *adj.* Alegre, placentero.
godo, -da (l. *gothu;* gót. *guthans*) *adj.-s.* Individuo de un pueblo germánico que, dividido en dos ramas, visigodos y ostrogodos, invadió en los primeros siglos del cristianismo gran parte del Imperio romano, fundando reinos en España e Italia. 2 Individuo rico y poderoso, originario de familias ibéricas que, confundido con los godos invasores, formó parte de la nobleza al constituirse la nación española. 3 *Can.* desp. [pers.] De la Península Ibérica. 4 *Amér. Merid.* desp. Español.
goethiano, -na *adj.* Relativo al escritor alemán Goethe (1749-1832).
goethita *f.* Mineral que cristaliza en el sistema rómbico, de color pardo, rojizo o negro, y brillo adamantino.
gofio (voz guanche) *m. Can.* y *Amér.* Harina de maíz tostado. 2 *C. Rica, Cuba, P. Rico* y *Venez.* Especie de alfajor hecho con harina de maíz o de cazabe y papelón.
gofo, -fa (it. *goffo*) *adj.* Necio, ignorante, grosero. 2 PINT. Figura enana.
gofrado, -da *adj.* GALIC. Rugoso. -2 *m.* Grabado permanente en un tejido.
gofrador, -ra *adj.-s.* [máquina o aparato] Que sirve para gofrar papel, cuero, tejidos, etc.
gofrar *tr.* Estampar en seco en el papel, o en las cubiertas de un libro [letras o dibujos] en hueco o en relieve. 2 En la fabricación de flores artificiales, dar forma [a los distintos elementos que las componen]. 3 Acanalar [el papel] para hacerlo ondulado. 4 Tratar un [tejido] para que presente motivos ornamentales en relieve.
gogo *m. Can.* y *Cuba.* Moquillo de las gallinas.
goguta *f. Extr.* Codorniz.
gol (ing. *goal*) *m.* En algunos juegos de pelota, acto de hacer entrar el balón en un espacio limitado: ~ ***cantado,*** disparo a portería que no llega a convertirse en gol pese a que parecía imposible fallarlo; ~ ***fantasma,*** jugada discutida en la que no se sabe bien si el balón ha entrado o no en la meta. 2 ~ ***average,*** ANGLIC., promedio de goles o de tantos. 3 ***Meter un*** ~, engañar solapadamente a alguien. ◇ Pl.: *goles.*
DER. vb. **golear;** n. **goleada** (goles en gran número).
gola (l. *gula,* garganta) *f.* Garganta. 2 Gorguera (adorno). 3 Pieza de la armadura que cubre y defiende la garganta. 4 Insignia que llevan pendiente del cuello los oficiales militares cuando están de facción. 5 Embocadura estrecha de un puerto o río. 6 ARQ. Moldura cuyo perfil tiene la figura de una S; v. arco en gola: ~ ***egipcia,*** moldura curvada y pronunciada que remata los muros exteriores del templo. 7 FORT. Entrada desde la plaza al baluarte, o distancia de los ángulos de los flancos. 8 FORT. Línea recta, imaginaria cuando no tiene parapeto, que une los extremos de dos flancos en una obra defensiva.
SIN. *7* **Cimacio.**
golazo *m.* DEP. Gol realizado con un potente disparo o mediante una jugada de gran calidad.
goldo *adj.-m.* Lengua perteneciente al grupo tungús septentrional, hablada en el sudeste de la Unión Soviética.
goldre (l. *corytus, gorytus* < gr. *gorytos*) *m.* Carcaj o aljaba en que se llevaban las saetas.
goleada *f.* DEP. Cantidad de goles, gran tanteo.
goleador, -ra *adj.-s.* Deportista o equipo que marca muchos goles.
golear *tr.* Marcar muchos goles [al equipo contrario].
goles *m. pl.* BLAS. Gules.
goleta (fr. *goélette* < bretón *gwelan,* golondrina de mar) *f.* MAR. Velero de dos o tres palos, ligero y de bordas poco elevadas.
SIN. **Escuna.**
golf (ing.) *m.* DEP. Juego de origen escocés que consiste en meter una pequeña pelota en un número determinado de hoyos, golpeándola con un palo a través de otras tantas calles de que consta el campo. ◇ Pl.: no se usa.
golfada *f.* Golfería.
golfán (port. *galfam*) *m.* Nenúfar.
golfante *adj.-s.* fam. Golfo, pilluelo.
golfear *intr.* Vivir a la manera de un golfo.
golfera *f. Hond.* Bestia práctica en los caminos.
golfería *f.* Conjunto de golfos (pilluelos). 2 Acción propia de un golfo.

I) golfín *m.* Delfín (mamífero).
II) golfín *m.* Ladrón que gralte. iba con otros en cuadrilla.
golfista *com.* Deportista jugador de golf.
I) golfo, -fa (probl. del ant. *golfín,* salteador; aplicación fig. de *golfín,* delfín, der. del l. *delphinu,* deformado por *golfo*) *m. f.* Pilluelo, vagabundo. -2 *f.* fam. Ramera.
II) golfo (l. **golphu* < gr. *kolpos,* seno) *m.* Gran porción de mar que se interna en la tierra: *el ~ de Vizcaya.* 2 Todo el mar, o gran extensión del mismo que dista mucho de tierra por todas partes: *el ~ de las Damas.* 3 Juego de naipes en el que se efectúa un envite tras cada uno de los dos repartos de cartas de cada mano.
SIN. *1* **Seno.**
III) golfo *m. Ar.* y *Murc.* Perno o gozne de puertas y ventanas.
golfón *m. Murc.* Pernio.
Gólgota (arameo *gulgultha* < hebr. *gulgoleht,* calavera) *n. pr.* Calvario (lugar).
goliardesco, -ca *adj.* Relativo al goliardo; esp. [poesía latina] compuesta por los goliardos.
goliardo, -da (fr. ant. *gouliard* < b. l. *gens Goliae,* gente del demonio) *adj.* Dado a la gula y a la vida desordenada. -2 *m.* En la Edad Media, clérigo o estudiante vagabundo que llevaba vida irregular.
Goliat *n. pr.* HIST. Gigante filisteo vencido por David. En los clásicos es frecuente la forma *Golías.*
golilla *f.* Dim. de *gola.* 2 Especie de cuello que han usado los togados. 3 Rodete del extremo de cada una de las piezas de un cuerpo de bomba. 4 ALBAÑ. Trozo de tubo corto para empalmar los caños de barro. -5 *m.* ant. Ministro togado. -6 *f. Ant.* y *Méj.* Cerco de plumas que rodea el cuello del gallo y que eriza éste cuando se irrita. 7 *Bol.* y *Urug.* Pañolón doblado alrededor del cuello, us. por los paisanos. 8 *Cuba.* Deuda. 9 *Cuba.* Parte superior de la cola de una cometa. 10 *Chile.* Estornija que se pone en los carruajes para que no se salga la rueda.
golillar *intr. Hond.* Ganar un empleado su sueldo sin hacer nada, aparentando trabajar.
golisca *f. La Mancha.* Olor, gralte. desagradable.
golisma *adj.-s. Murc.* Goloso.
golismear *intr. La Mancha.* Gulusmear.
gollería (de *gula*) *f.* Manjar exquisito y delicado. 2 fig. Delicadeza, superfluidad, demasía. ◇ También *gollería, gullería* y *gullería,* menos us.
golleta *f.* Pez marino teleósteo, muy similar al lenguado, pero de menor tamaño y color pardo rosáceo con bandas verticales obscuras *(Microchirus variegatus).*
golletazo *m.* Golpe dado en el gollete de una botella para abrirla. 2 fig. Término violento e irregular que se pone a un negocio difícil. 3 TAUROM. Estocada que atraviesa los pulmones del toro.
gollete (fr. *goulet,* der. del l. *gula;* tomó *ll* por analogía de *cuello, degollar*) *m.* Parte superior de la garganta. 2 Cuello estrecho de algunas vasijas. 3 *Urug.* fam. y fig. ***No tener ~,*** carecer de sensatez o de buen sentido.
golletear *tr. Colomb.* y *Venez.* Asir por el gollete.
golletero, -ra *adj. Méj.* Regateador.
gollizno, gollizo *m.* Garganta (de montaña, río, etc.).
gollería *f.* desus. Gollería. 2 *Ar.* Alondra. 3 *Extr.* Lavandera común.
golondrina (l. *hirundine*) *f.* Ave paseriforme de unos 15 cms. de largo, cuerpo negro azulado por encima y blanco por debajo, alas puntiagudas y cola larga y ahorquillada *(Hirundo rustica).* 2 En Barcelona y otros puertos, barca de motor para viajeros. 3 ***~ de mar,*** ave caradriforme de cola ahorquillada y aspecto parecido a la gaviota, pero de menor tamaño; como el charrán, charrancito y fumarel. 4 ***~ de mar,*** pez marino teleósteo de cola ahorquillada y aletas torácicas muy desarrolladas, de color gris pardusco o azulado y vientre plateado (*Danichthys rondeleti*). 5 *C. Rica, Hond.* y *Méj.* Hierba euforbiácea rastrera (*Euphorbia maculata*). 6 *Chile,* Carro de mudanzas.
SIN. *1* **Andorina, andolina, andarina.** Poét. **Progne,** hija del rey de Atenas convertida en golondrina.
golondrinera *f.* Celidonia.
golondrino *m.* Pollo de la golondrina. 2 fig. Vagabundo. 3 Soldado desertor. 4 Infarto glandular.
golondro (der. del l. *gula*) *m.* Deseo y antojo de algo. 2 fam. Vigilante nocturno, sereno.
golorito *m. Logr.* Jilguero.
golosa *f. Colomb.* Juego del infernáculo.
golosamente *adv. m.* Con golosina (deseo).
golosear *intr.* Golosinear.
golosina *f.* Manjar delicado, exquisito. 2 fig. Cosa más agradable que útil. 3 fig. Deseo o apetito de una cosa.
SIN. *3* v. **Glotonería.**
golosinar, -near *intr.* frecuent. Andar comiendo o buscando golosinas.
golosito *m.* Bizcocho diminuto, unido a otros con dulce de albaricoque y cubierto de merengue espolvoreado de almendra tostada.
golosmear *intr.* Gulusmear.
goloso, -sa (l. *gulosu*) *adj.-s.* Aficionado a comer golosinas. -2 *adj.* Deseoso o dominado por el apetito de alguna cosa. 3 Que incita al apetito.
SIN. **Lamerón,** fam.; **laminero.**
golpada *f.* Golpe fuerte y violento.
golpazo *m.* fam. Golpada.
golpe (b. l. *colaphu* < gr. *kólaphos,* bofetón) *m.* Encuentro repentino y violento, de dos cuerpos, y su efecto: ***~ de gracia,*** el que se da para rematar a uno; ***~ de mar,*** ola fuerte que quiebra en las embarcaciones, peñas, costa, etc.; ***~ de pechos,*** signo de contricción que se hace dando con la mano o puño en el pecho. 2 Suceso repentino: ***~ de fortuna,*** acontecimiento extraordinario, próspero o adverso. 3 Latido (del corazón). 4 Multitud, abundancia de algo: *~ de gente.* 5 Pestillo de golpe y puerta provista de este pestillo. 6 Número de pies que se plantan en un hoyo. 7 Hoyo en que se pone la semilla o la planta; v. sembrar de golpe. 8 Cartera (de bolsillo). 9 Adorno de pasamanería en una pieza de vestir. 10 fig. Admiración, sorpresa: *tu visita fue un ~ muy agradable.* 11 fig. En las obras de ingenio, parte más graciosa u oportuna. 12 fig. Ocurrencia graciosa y oportuna en el curso de la conversación. 13 Atraco, asalto, robo, hurto, estafa, timo: ***dar un ~,*** cometer un robo o atraco. 14 ***~ de estado,*** medida grave y violenta que toma uno de los poderes del Estado usurpando las atribuciones de otro. 15 ***~ de vista,*** aptitud especial para apreciar las cosas con rapidez: *lo comprendió al primer ~ de vista.* 16 ***~ en falso,*** acción que no da el resultado pretendido. 17 DEP. ***~ bajo,*** el antirreglamentario en boxeo dado por debajo del pecho; fig., mala pasada, acción indigna. 18 DEP. ***~ franco,*** sanción correspondiente a una falta grave cometida en el juego del fútbol cerca del área de penalti; el jugador que la ejecuta puede tirar directamente a gol. 19 *Colomb.* Vuelta de un vestido. 20 *Méj.* Martillo grande de hierro. 21 *Venez.* Aire popular cantado y rasgueado en el cuatro. 22 *Venez.* Trago de licor.
FRS. *De ~,* prontamente. *De ~ y porrazo,* precipitadamente. *No dar ~,* no trabajar. REL. *1* Con el sufijo **-azo,** unido al nombre del objeto con que se golpea se forman numerosísimos derivados que significan golpe, como *bastonazo, botellazo, codazo, mazazo, martillazo, escobazo,* etc.; en menor número con el sufijo **-ada,** como *aldabada, palmada, manotada, pedrada.*
golpeadero *m.* Parte donde se golpea mucho. 2 Ruido que resulta de golpear. 3 Sitio en que choca el agua cuando se despeña o cae desde alto.
golpeador, -ra *adj.-s.* Que golpea. -2 *m. Amér.* Aldabón.
golpeadura *f.* Acción de golpear.
golpear *tr. frecuent.* Dar repetidos golpes.
SIN. **Pegar,** es castigar a golpes; **percutir,** es tecn. médico, o voz lit. en otras aceps.: *percutir en el tórax; percutir los tambores* (lit.).
golpeo *m.* Golpeadura.
golpetazo *m.* Golpe fuerte.
golpete *m.* Palanca de metal para mantener abierta una hoja de puerta o ventana.
golpetear *tr.-intr.* Golpear viva y continuadamente.
golpeteo *m.* Acción de golpetear. 2 Efecto de golpetear. 3 Sucesión de ruidos engendrados en un cilindro del motor.
golpismo *m.* Actitud favorable al golpe de Estado. 2 Actitud de los golpistas.
golpista *adj.-com.* Perteneciente o relativo al golpe de Estado. 2 Que participa en un golpe de Estado o que lo apoya en cualquier modo.
golpiza *f. Ecuad.* y *Méj.* Paliza.
goma (l. *gummi*) *f.* Substancia amorfa exudada por ciertas plantas, que se endurece al contacto del aire y forma en el agua disoluciones o masas glutinosas: ***~ arábiga,*** árbol del género de las acacias que se cultiva por la goma de su tronco *(Acacia nilotica);* ***~ elástica,*** caucho; ***~ de mascar,*** chicle. 2 ***~ adragante,*** tragacanto. 3 ***~ laca,*** laca (substancia resinosa). 4 ***~ quino,*** quino (zumo). 5 ***~ de borrar,*** la elástica preparada esp. para borrar en el papel el lápiz o la tinta. 6 Tira o banda de caucho a modo de cinta. 7 Tumor esférico o globuloso que se desarrolla en los

huesos o en el espesor de ciertos órganos. 8 *Amér. Central.* Malestar que se experimenta después de una borrachera.

gomaespuma (*goma* + *espuma*) ***f.*** Caucho celular.

gomal ***m.*** *Amér.* Plantío de árboles que producen goma.

gomecillo ***m.*** fam. Lazarillo.

I) gomero, -ra ***adj.*** Relativo a la goma. -2 ***m.*** *And.* Tirador con gomas que usan los muchachos para disparar piedrecitas. 3 *Amér.* Árbol que produce goma. 4 *Amér.* Persona que se dedica a la explotación o a la venta de la goma. 5 *Amér.* Recolector de caucho. 6 *Chile* y *Méj.* Frasco que contiene goma de pegar.

II) gomero, -ra ***adj.-s.*** De Gomera, isla canaria.

gomia (l. *gumia*, comedor) ***f.*** Tarasca (figura de sierpe). 2 fig. Persona muy voraz. 3 Lo que consume y aniquila. 4 *And.* Cargazón de frutos en un árbol. 5 *Extr.* Muchedumbre, gentío.

gomífero, -ra (de *goma* + *-fero*) ***adj.*** Que produce goma.

gomina (de *goma*) ***f.*** Fijador del cabello.

gomioso, -sa ***adj.-s.*** *Murc.* Voraz, ambicioso.

gomo ***m.*** *Extr.* Gajo de la naranja.

Gomorra ***n. pr.*** BIB. V. Sodoma.

gomorresina (de *goma* + *resina*) ***f.*** Substancia exudada por ciertas plantas, formada pralte. de goma y resina.

gomosería ***f.*** Calidad de gomoso o pisaverde.

gomosidad ***f.*** Calidad de gomoso.

gomoso, -sa (l. *gummosu*) ***adj.*** Que tiene goma o se parece a ella. -2 ***adj.-s.*** Que padece gomas. -3 ***m.*** Pisaverde.

gon-, gonato- (gr. *góng, gónatos*, rodilla) Elemento prefijal que entra en la formación de palabras con el significado de rodilla: *gonalgia, gonatocele.*

-gona, v. -gono.

gónada ***f.*** Glándula genital que elabora las células reproductoras.

gonadal ***adj.*** Perteneciente o relativo a las gónadas.

gonádico, -ca ***adj.*** Gonadal.

gonalgia (*gon-* + *-algia*) ***f.*** MED. Dolor en la rodilla.

gonato-, v. gon-.

gonatocele (*gonato-* + *-cele*) ***m.*** MED. Tumor de la rodilla.

gonce ***m.*** Gozne.

goncear (de *gonce*) ***tr.*** Mover [una articulación].

góndola (it. *gondola*) ***f.*** Embarcación característica de Venecia, con el fondo plano, estilizada y elegante, generalmente de color negro, movida por un solo remo armado a popa. 2 Carruaje o coche grande, capaz para muchas personas, que se usaba antiguamente para viajar. 3 Hueco donde va el reactor de un avión. 4 Expositor de mercancías que se venden en un mercado. 5 *Colomb.* y *Chile.* Ómnibus.

gondolero ***m.*** El que tiene por oficio dirigir la góndola o remar en ella.

gonela (it. *gonnella* < b. l. *gunna*, túnica) ***f.*** Túnica antigua de piel o de seda. 2 Pez marino teleósteo, de cuerpo alargado y comprimido lateralmente, con una aleta dorsal muy larga recorrida por once manchas obscuras *(Pholis gunnellus).*

gonete ***m.*** Antiguo vestido de mujer, a modo de zagalejo.

gonfalón ***m.*** Confalón.

gonfidio ***m.*** Seta mediana con el sombrero morado grisáceo, mucilaginoso y alto y con una cavidad en el centro *(Gomphidius glutinosus).*

gong, gongo (malayo) ***m.*** Batintín. ◇ Pl.: *gongs* o *gongos.*

gongorino, -na ***adj.-s.*** Que sigue o imita la manera literaria de Góngora (1561-1627). 2 Culterano.

gongorismo ***m.*** Culteranismo. Imitación de Góngora (1561-1627).

gongorista ***adj.*** Relativo a Góngora (1561-1627).

gongorizar ***intr.*** Hablar o escribir al estilo de Góngora (1561-1627). ◇ ** CONJUG. [4] como ***realizar.***

-gonia, -gonía, v. -gonio.

gonio- (gr. *gonia*, ángulo) Elemento prefijal que entra en la formación de palabras con el significado de ángulo: *goniógrafo.*

-gonio, -gonia, -gonía (v. *gono-*) Elemento sufijal que entra en la formación de palabras con el significado de generación, vástago: *arquegonio, teogonía.*

gonio ***m.*** Radiogoniómetro.

goniógrafo (*gonio-* + *-grafo*) ***m.*** TOPOGR. Dispositivo para determinar los ángulos gráficamente, sobre el papel, aunque sin indicar su abertura en grados.

goniometría (*gonio-* + *-metría*) ***f.*** Medición de ángulos. 2 Sistema para detectar los receptores clandestinos de radio y televisión.

goniómetro (*gonio-* + *-metro*) ***m.*** Instrumento de topografía para medir ángulos. Se usa también en cristalografía, radiodifusión y en otros trabajos.

gono- (gr. *gonos, goné*, simiente, germen) Elemento prefijal que entra en la formación de palabras con el significado de simiente o esperma; esp., en medicina, toma el valor de gonococo: *gonorrea, gonotoxemia.*

-gono, -gona, elemento sufijal que, como *gonio-*, entra en la formación de palabras con el significado de ángulo: *polígono.*

gonoblasto (*gono-* + *-blasto*) ***m.*** BIOL. Célula germen; óvulo o espermatozoide.

gonococia ***f.*** Enfermedad producida por la infección de gonococos, localizada generalmente en la uretra.

gonocócico, -ca ***adj.*** Relativo a la gonococia.

gonococo (*gono-* + *coco II*) ***m.*** Bacteria en forma de elementos ovoides, que se reúnen en parejas y más raramente en grupos de cuatro o más unidades.

gonopodio ***m.*** ZOOL. En los peces, órgano copulador masculino.

gonorrea (l. *gonorrhea* < gr. *gonorrhoia* < *gono-* + *-rrea*) ***f.*** Blenorragia crónica.

gonotoxemia (*gono-* + *toxemia*) ***f.*** MED. Toxemia producida por el gonococo.

gonzalito ***m.*** *Colomb.* y *Venez.* Cacique, pájaro de bello plumaje.

gorbea ***m.*** Queso vasco, elaborado con leche de oveja, de sabor fuerte y picante.

gorbetear ***intr.*** *Méj.* Despapar, picotear el caballo.

gorbión ***m.*** Gurbión.

gordal ***adj.*** Que excede en gordura a las cosas de su especie: *dedo* ~. -2 ***adj.-s.*** Aceituna carnosa y gruesa.

gordana ***f.*** Unto de res.

gordetillo ***m.*** Babilla del caballo.

gordiano ***adj.*** fig. V. nudo gordiano.

gordiflón, -na, gordinflón, -na (*gordo* + *inflar*) ***adj.*** Demasiado grueso; que tiene muchas carnes, pero flojas.

gordo, -da (l. hisp. *gurdu*) ***adj.*** De muchas carnes. 2 Muy abultado y corpulento. 3 Craso y mantecoso: *tocino* ~. 4 Más grueso que lo ordinario: *lienzo* ~. 5 Muy grande, fuera de lo normal: *le dio una paliza gorda.* 6 ***Caer*** ~, fig., ser antipática, molesta o desagradable [una pers. o cosa]. -7 ***m.*** Sebo o manteca del animal. 8 ***Algo*** ~, algo muy importante. 9 Premio mayor de la lotería. -10 ***f.*** desus. *y* fam. Moneda de diez céntimos. Perra gorda. -11 ***m.*** *Méj.* Tortilla de maíz. 12 *Perú.* Moneda de cobre de dos centavos.

SIN. *1* y *3* **Craso.** *2* **Grueso.**

gordolobo (l. *cauda lupi*, cola de lobo) ***m.*** Planta escrofulariácea, bienal, de hojas amarillas dispuestas en inflorescencias espiciformes, largas y muy apretadas *(Verbascum thapsus).*

SIN. **Candelaria, candelera, varbasco, verbasco.**

gordura ***f.*** Tejido adiposo que existe entre los órganos. 2 Abundancia de carnes y grasas. 3 *Argent.* y *P. Rico.* Crema de la leche.

SIN. **Crasitud.** *1* **Craso, unto.**

gorga (l. *gurges*, remolino, tragón) ***f.*** Comida para las aves de cetrería.

gorgojarse ***prnl.*** Agorgojarse.

gorgojearse ***prnl.*** Gorgojarse.

gorgojera ***f.*** *Colomb.* Plaga de gorgojos.

gorgojo (l. *curculio*, a través del l. v. *gurgulio*) ***m.*** Insecto coleóptero que ataca a ciertos frutos y semillas, esp. a los cereales *(Calandria granariae; C. oryzae; Anthonomus pomorum; A. grandis; Balanicus nucum; Byctiscus betulae).* 2 fig. Persona muy chica.

SIN. 1 **Mordihuí.** REL. *1* **Agorgojarse, gorgojarse**, criar gorgojo los frutos y semilla.

gorgojoso, -sa ***adj.*** Corroído de gorgojo.

gorgón ***m.*** *Colomb.* Hormigón, mezcla usada en albañilería.

gorgóneo, -a ***adj.*** Relativo a las Gorgonas, monstruos mitológicos en figura de mujer, que tenían el poder de petrificar a cuantos las miraban.

gorgonia ***f.*** Antozoo colonial con esqueleto córneo de color amarillo o naranja y numerosos pólipos rosas *(Eunicella cavolinii).*

gorgonzola ***m.*** Queso italiano, elaborado con leche de vaca, de pasta blanda, untuosa, veteada de color azul, y de sabor picante.

gorgor ***m.*** Gorgoteo.

gorgorán (ing. *grogoram* y éste del fr. *grosgrain*, prop. grano grueso) ***m.*** Tela de seda con cordoncillo.

gorgorear *intr. And.* y *Chile.* Gorgoritear.
gorgoreta *f. Filip.* Alcarraza.
gorgorita *f.* Burbuja pequeña. 2 Gorgorito.
gorgoritear *intr.* fam. Hacer gorgoritos.
gorgorito (onomat.) *m.* [esp. en pl.] Quiebro que se hace con la voz en la garganta. 2 *Sal.* Gorgorita, burbuja. 3 *Murc.* Voz y canto del pavo.
górgoro *m. Sal.* Trago o sorbo. 2 *Méj.* Burbuja, gorgorita.
gorgorotada *f.* Porción de un líquido que se bebe de un golpe.
gorgotear *intr.* Producir gorgoteo. 2 Burbujear.
gorgoteo *m.* Ruido producido por el movimiento de un líquido o de un gas en el interior de alguna cavidad.
gorgotero *m.* Buhonero.
gorgotija *f. La Mancha.* Burbuja pequeña.
gorgozada *f.* desus. Gargantada, espadaña.
gorgue *m. Méj.* Gorguz (puya).
gorguera (de *gorja*) *f.* Cuello, generalmente de lino, doblado formando pliegues y ondulaciones, que se usó en los siglos XVI y XVII. 2 Gorjal (de la armadura). 3 Involucro. 4 Parte superior de la columna encima de la cual se perfila el equipo del capitel dórico. 5 Moldura de perfil cóncavo y especie de cimacio usado en el estilo gótico. 6 *Pal.* Redaño del cerdo.
SIN. *1* **Alzacuello, gola.**
gorguz (berb. *guerguit,* lanza) *m.* Especie de lanza corta. 2 Vara para recoger las piñas de los pinos. 3 *Méj.* Puya de la garrocha.
gorigori *m.* fam. Canto fúnebre de los entierros: *cantar el ~.*
gorila (tomado mod. del gr. *gorilla,* miembro de una tribu africana) *m.* Primate catarrino póngido de mayor tamaño y peso que el hombre, de tórax ancho y pelaje negro, que habita las selvas del África ecuatorial *(Gorilla gorilla).* 2 fig. *y* fam. Hombre grande y fuerte; guardaespaldas.
gorja (del fr. *gorge,* der. del l. v. *gurga;* por el l. *gurges*) *f.* Garganta. 2 Moldura de curva compuesta, cuya sección es por arriba cóncava y luego convexa.
gorjal *m.* Parte de la vestidura del sacerdote, que rodea el cuello. 2 Pieza de la armadura, que cubre y defiende el cuello.
SIN. *2* **Colla, gorguera.**
gorjeador, -ra *adj.* Que gorjea.
gorjeante *adj.* Gorjeador.
gorjear (de *gorja*) *intr.* Hacer gorjeos. 2 Cantar el pájaro. -3 *prnl.* Empezar a hablar el niño. 4 *Amér.* Burlarse.
gorjeo *m.* Quiebro que se hace con la voz en la garganta. Apl. esp. al canto de los pájaros. 2 Articulaciones imperfectas del niño.
SIN. *1* **Trinado.**
gormar (l. *vomere*) *tr.* ant. Vomitar.
gorobeto, -ta *adj. Colomb.* Torcido, combado.
gorra (etim. dud.; probl. de base onomat.) *f.* Prenda para abrigar la cabeza, sin copa ni alas. 2 *~ de plato,* la de visera que tiene una parte cilíndrica de poca altura y sobre ella otra más ancha y plana. 3 *com.* fig. Gorrón. -4 *f. Nicar.* El sedimento que deja el tiste (bebida).
FR. *De ~,* a costa ajena, de mogollón: *comer de ~.*
gorrada *f.* Gorretada.
gorrear *intr.* Vivir de gorra. 2 *Ecuad.* Chicolear. 3 *Ecuad.* Ociar. -4 *tr. Chile.* Encornudar [a uno].
gorrería *f.* Comercio donde se hacen o venden gorras.
gorrero, -ra *m. f.* Persona que se dedica a hacer o vender gorras o gorros. -2 *m.* Gorrón (mogrollo).
gorretada *f.* Cortesía hecha con la gorra.
gorriato *m. And., Áv., Extr.* y *Sal.* Gorrión.
gorrín *m.* Gorrino.
gorrinada *f.* Gorrinería.
gorrinear *tr.* Hacer cualquier cosa de manera sucia, con desaseo.
gorrinera *f.* Pocilga, cochiquera.
gorrinería *f.* Porquería (suciedad; acción sucia).
gorrino, -na (voz onomat.) *m. f.* Cerdo pequeño. 2 Cerdo. -3 *adj.-s.* fig. Persona desaseada o de mal comportamiento en su trato social.
gorrión, -rriona *m. f.* Ave paseriforme de 12 a 15 cms., con plumaje gris obscuro, muy común en nuestros climas *(Passer domesticus).* -2 *m. Amér. Central.* Pájaro mosca o colibrí.
SIN. *1* **Aburrión, alburrión, gorriato, gurrión, gurriato, lugarero, pardal, torrodá, triguero.**
gorrionera (de *gorrión*) *f.* fig. *y* fam. Lugar donde se recoge gente de mal vivir.
gorrista *adj.-com.* Gorrón (mogrollo).
gorro *m.* Prenda de tela o punto para abrigar la cabeza: *~ catalán,* barretina; *~ frigio,* el que, semejante al usado por los frigios, tomaron los revolucionarios franceses de 1793 como emblema de la libertad; *~ cuartelero,* el formado por dos pedazos cuadrangulares de paños cosidos por tres de sus lados que, doblado especialmente, lo utilizaba la tropa con el traje de faena. 2 p. ext. Objeto que cubre la punta o extremos de algo. 3 *~ frigio,* caperuza (molusco). 4 *~ verde,* seta de cura. 5 *Estar hasta el ~,* vulg., estar harto. 6 DEP. Tapón, en el juego del baloncesto. 7 *Perú.* Líneas que preceden a la publicación de un artículo.
I) gorrón *m.* Guijarro pelado y redondo. 2 Gusano de seda que deja el capullo a medio hacer. 3 Chicharrón (adulador). 4 MEC. Espiga en que termina el extremo inferior de un árbol vertical.
SIN. *4* **Guijo.**
II) gorrón, -rrona (de *gorra*) *adj.-s.* Que vive o se divierte a costa ajena. 2 *Amér. Central.* Egoísta.
SIN. **Gorrista, gorrero, mogrollo, pegadizo.**
gorronal *m.* Guijarral.
gorronear *intr.* Vivir de gorra.
gorronería *f.* Cualidad o acción de gorrón (gorrero). 2 Egoísmo, avaricia.
gorullo *m.* Burujo (pella).
gorupa *f. La Mancha.* Halo de la Luna.
gos *m. La Mancha.* Perro, pralte. el pequeño.
goshenita *f.* Variedad de berilo, incolora o con tonos rosados o blancos, que se utiliza como piedra preciosa.
gosipino (l. *gossypinu,* algodonero) *adj.* De algodón o parecido a él.
goslarita *f.* Mineral de la clase de los sulfatos, que cristaliza en el sistema rómbico, se presenta en formas aciculares, estalactíticas o arriñonadas de color blanco, amarillento o gris claro.
gota (l. *gutta*) *f.* Glóbulo de cualquier líquido. 2 Pequeña cantidad de una cosa. 3 Adorno en forma de pequeños troncos de cono o pirámide que se coloca debajo de los triglifos. 4 Enfermedad que causa hinchazón muy dolorosa en ciertas articulaciones. 5 *~ fría,* acumulación de aire frío en las capas de la atmósfera que puede dar lugar a fuertes precipitaciones. 6 *~ serena,* amaurosis. 7 *~ a ~,* poco a poco; MED., método para administrar lentamente, por vía endovenosa, medicamentos, sueros o plasma sanguíneo; MED., aparato con el cual se aplica este método. 8 *~ coral,* epilepsia. 9 *Cuatro gotas,* pequeña cantidad de agua. -10 *loc. adv. Ni ~,* nada. -11 *f. pl.* Pequeña cantidad de ron o coñac que se mezcla con el café, una vez servido éste en la taza. 12 *La Mancha.* Borrachera.
SIN. *4* **Podagra,** la que se padece en los pies; **quiragra,** la de las manos.
gotario *m. Chile.* Cuentagotas.
goteadero *m. S. Dom.* Goteo.
goteado, -da *adj.* Manchado con gotas.
goteante *adj.* Que gotea.
gotear *intr.* Caer gota a gota. 2 fig. Ser dada o recibida una cosa poco a poco. -3 *impers.* Llover a gotas espaciadas. -4 *intr. P. Rico* y *S. Dom.* Caer de lo alto.
SIN. *1* **Destilar.**
goteo *m.* Acción de gotear. 2 Efecto de gotear.
gotera *f.* Continuación de gotas de agua que caen en lo interior de un espacio techado. 2 Hendedura o parte del techo por donde caen. 3 Sitio en que cae el agua de los tejados, y señal que deja. 4 Cenefa que cuelga alrededor del dosel. 5 Griseta (enfermedad de árbol). 6 fig. Achaque: *estar lleno de goteras.* -7 *f. pl. Amér.* Contornos o afueras de una población.
goteral *m. Guat.* y *P. Rico.* Abundancia de goteras.
goterear *intr. Amér.* vulg. Caer goteras.
goterense *adj.-s.* De San Francisco Gotera, cabecera del dep. de Morazán (El Salvador).
gotero *m.* fam. Gota a gota, aparato. 2 *Amér.* Cuentagotas.
goterón *m.* Gota muy grande de agua llovediza. 2 ARQ. Canal en la cara inferior de la corona de la cornisa.
gótico, -ca (b. l. *-thicu*) *adj.* Relativo a los godos o a su lengua: *la Biblia gótica.* 2 fig. Noble, ilustre. -3 *adj.-s.* Estilo arquitectónico de origen francés que, como resultado de la evolución del románico, floreció en Europa desde el s. XII al XVI. Tiene como característica esencial la bóveda por aristas, que descargando su peso sobre unos cuantos puntos disminuye el empuje, permite multiplicar los vanos y, con la ayuda de soportes exteriores (contrafuertes y arbotantes), aumentar considerablemente la altura de las naves: *arquitectura gótica; estilo ~ flamígero.* 4 Escrito o impreso en letra gótica. 5 *Niño ~,* joven petulante, petimetre. -6 *adj.-m.* Lengua perteneciente al grupo germánico oriental, hablada por los godos.
SIN. *3* **Ojival.**

gotón, -na *adj.-s.* Godo.
gotoso, -sa *adj.-s.* Que padece gota.
gouda *m.* Queso holandés, de leche de vaca, con forma de rueda y de pasta compacta.
goyesco, -ca *adj.* Propio y característico de Goya (1746-1828) o semejante a sus pinturas.
goyorí *m. Cuba.* Rositas de maíz.
gozada *f.* Gran satisfacción.
gozador, -ra *adj.-s.* Que goza.
gozar (de *gozo*) *tr.-intr.* Tener o poseer [alguna cosa, de la cual se saca alguna ventaja]: *~ una gran fortuna* o *~ de una gran fortuna.* -2 *tr.* Conocer (tener trato carnal). -3 *intr.-prnl.* Sentir placer, experimentar gratas sensaciones: *~ con su presencia; gozarse en el bien común.* ◇ ** CONJUG. [4] como ***realizar.***
SIN. **Disfrutar.**
gozne (l. *gomphu,* clavija, de origen gr.; a través del fr. ant. *gonz,* pl. de *gont*) *m.* Herraje articulado con que se fijan las hojas de las puertas y ventanas al quicial para que giren. 2 Bisagra (charnela).
SIN. **Charnela, gonce.**
gozo (l. *gaudiu*) *m.* Emoción causada por la contemplación de algo que nos gusta o por la esperanza de obtener cosas halagüeñas y apetecibles. 2 Alegría (contento). 3 Llamarada de la lumbre. -4 *m. pl.* Composición poética en loor de la Virgen o de los santos, en la que se repite un mismo estribillo al final de cada copla.
gozón, -na *adj. Cuba* y *S. Dom.* Que se da buena vida.
gozosamente *adv. m.* Con gozo.
gozoso, -sa *adj.* Que tiene gozo: *~ del triunfo; ~ con la noticia.*
gozque (onomat., sobre *kusk* o *gusk,* para llamar al perro) *adj.-s.* Perro pequeño muy ladrador.
gozquejo *m.* Gozque.
G.P.U. (iniciales del nombre ruso) *f.* Organización del servicio soviético de información secreta.
grabación *f.* Acción de grabar. 2 Efecto de grabar.
grabado *m.* Acción, arte y procedimiento de grabar: *~ al agua fuerte, al agua tinta, al boj, en cobre.* 2 Estampa: *los grabados de un libro.*
REL. **Calcografía, cincografía, fotograbado, huecograbado, oleografía, xilografía,** etc., nombres especiales según el procedimiento y los materiales empleados.
grabador, -ra *adj.* Que graba: *instrumento ~.* 2 Perteneciente o relativo al arte del grabado. -3 *m. f.* Persona que profesa este arte. 4 Magnetófono.
grabadura *f.* Acción de grabar.
grabar (germ. *graban,* a través del fr. *graver*) *tr.* Labrar con el buril o el cincel sobre una plancha de metal o una tabla de madera [figuras, letras, etc.], para ser o no reproducidas después. 2 Registrar imágenes y sonidos [en cintas magnéticas, discos, etc.] para reproducirlo. 3 fig. Fijar profundamente: *~ en su espíritu.* 4 INFORM. Registrar [información] sobre un soporte magnético como un disco o una cinta para su almacenamiento y posterior tratamiento en el ordenador. ◇ HOMÓF.: *gravar, grave* (adj.).
SIN. *1* **Cortar, esculpir.**
grabazón *f.* Conjunto de cosas grabadas.
gracejada *f. Amér. Central* y *Méj.* Payasada, bufonada, gralte. de mal gusto.
gracejar *intr.* Hablar o escribir con gracejo. 2 Decir chistes.
gracejo, -ja (de *gracia*) *m.* Gracia y donaire festivo en el hablar o escribir. -2 *m. f. Guat.* y *Méj.* Payaso, bufón, tonto.
gracia (l. *-atia*) *f.* Ayuda sobrenatural otorgada por Dios al hombre para el ejercicio del bien y el logro de la bienaventuranza: *implorar la ~ divina; ~* ***actual,*** aquella que no tiene carácter permanente, sino ocasional, como un sermón; *~* ***habitual*** o ***santificante,*** aquella de carácter permanente, intrínseca, inherente al alma, por la cual se nos hace partícipes de la naturaleza divina; *~* ***sacramental,*** aquella que es propia y especial de cada sacramento, y es concedida para cumplir el fin propio del mismo. 2 Beneficio o favor que se hace sin merecimiento particular: *obtener una ~; de ~*, gratuitamente. 3 Perdón, indulto: *el rey tiene derecho de ~.* 4 Benevolencia, amistad, buen trato: ***estar en ~ cerca del rey,*** estar en valimiento con él; ***caer en ~ a uno,*** agradarle; ***en ~,*** en consideración a una persona o cosa. 5 Por cortesía, nombre de uno: *dígame usted su ~.* 6 Lo que en personas o cosas satisface estéticamente por su naturalidad, espontaneidad, fluidez, etc., y no por su fuerza o sublimidad: *la ~ de los cuadros de Watteau; la ~ de su rostro.* 7 Garbo y donaire en la ejecución de una cosa. 8 Chiste, agudeza: *decir gracias.* 9 irón. Cosa que molesta e irrita. 10 Arte de divertir, hacer reír o sorprender por lo disparatado o ilógico. 11 ***Golpe de ~,*** golpe o herida con el que se acaba de matar a alguien que ya estaba malherido. -12 *f. pl.* Testimonio de agradecimiento: *dar las gracias; ¡gracias!,* expr. elíptica con que se manifiesta gratitud. 13 MIT. Divinidades hijas de Venus, que, en número de tres, personificaban la belleza seductora.
SIN. *7* y *8* **Sal, salero, sandunga, sombra.**
graciable *adj.* Inclinado a hacer gracias. 2 Afable. 3 Que se puede otorgar graciosamente.
graciano, -na *adj.-s.* De Gracias, cap. del dep. de Lempira (Honduras).
grácil (l. *-ile*) *adj.* Sutil, delicado.
gracilidad *f.* Calidad de grácil.
graciola *f.* Hierba vivaz escrofulariácea, de olor nauseabundo, de hojas sentadas y flores tubulares de color blanco rosado *(Gratiola officinalis).*
graciosamente *adv. m.* Con gracia. 2 Sin premio ni recompensa alguna. 3 Por dádiva o merced; sin mérito por parte de quien recibe una cosa.
SIN. *2* **Gratis, de balde, gratuitamente,** se usan más en sentido material.
graciosidad *f.* Gracia, hermosura, perfección. 2 Chiste, ocurrencia.
gracioso, -sa *adj.* Que tiene gracia, donaire o atractivo. 2 Chistoso, agudo. 3 Dado o que da de balde o de gracia: *un don ~ del Señor; su graciosa Majestad británica.* -4 *m. f.* Actor que representa papeles de carácter festivo. Este mismo personaje, que en el teatro clásico se llamaba también *figura del donaire.*
I) grada (de *grado*) *f.* Peldaño. 2 Asiento colectivo a manera de escalón corrido, en teatros, estadios, etc. 3 Tarima al pie del altar. 4 Plano inclinado hecho de cantería, sobre el cual se construyen o carenan los barcos. -5 *f. pl.* Escalinata de un edificio. 6 MIN. Banco en forma de escalón para la extracción de piedras o mineral en las minas o canteras. 7 *Amér.* Atrio, espacio ante un edificio. -8 *f. Ecuad.* Escalera.
II) grada (l. *crate,* enrejado, verja) *f.* Reja o locutorio de los monasterios de monjas. 2 Instrumento para allanar la tierra después de arada. 3 *~* ***de discos,*** la que en vez de púas, dientes o flejes, desmenuza la tierra con dientes de acero giratorios.
SIN. *2* **Rastra.**
gradación *f.* Serie de cosas ordenadas gradualmente. 2 GRAM. *~* ***del adjetivo,*** v. grado. 3 MÚS. Progresión ascendente o descendente de períodos armónicos, relacionados entre sí. 4 RET. Figura que consiste en disponer varias palabras o frases en progresión ascendente o descendente: *acude, corre, vuela.*
SIN. *4* **Clímax.**
gradado, -da *adj.* Que tiene gradas.
gradar (de *grada II*) *tr.* Allanar con la grada [la tierra] después de arada.
gradeo *m.* Acción de gradar.
gradería *f.* Conjunto o serie de gradas. 2 Público que ocupa estos lugares.
graderío *m.* Gradería.
gradiente (l., el que anda) *m.* FÍS. En las magnitudes cuyo valor es distinto en los diversos puntos de una región del espacio, proporción en la que varía la magnitud en función de la distancia, a lo largo de la línea en que esta variación es máxima. 2 Variación de un elemento meteorológico según una dirección determinada. -3 *f. Amér.* Pendiente, declive, repecho.
I) gradilla (de *grada I*) *f.* Escalerilla portátil. 2 Soporte para tubos de ensayo en los laboratorios. 3 *P. Rico.* Zanja o carril que el paso frecuente del ganado hace en los caminos.
II) gradilla (de *grada II*) *f.* Marco para fabricar ladrillos.
gradíolo *m.* Espadaña (hierba).
I) grado (l. *gradu*) *m.* Peldaño. 2 Generación que va marcando el parentesco entre las personas: *parientes en primer, segundo, tercer,* etc., *~.* 3 Estado, valor o calidad que, en relación de mayor a menor, puede tener una cosa. 4 DER. Instancia que puede tener un pleito. 5 En ciertas escuelas, sección en que los alumnos se agrupan, según su edad y el estado de sus conocimientos. 6 En las universidades, título y honor que se da al que termina con éxito sus estudios en una facultad. 7 Derecho que se concedía a los militares para que se les contara la antigüedad de un empleo superior antes de obtenerlo. 8 FÍS. División de una escala (línea graduada) que sirve como unidad de medida para apreciar ciertas variaciones. 9 GEOM. Parte en que, junto a otras trescientas cincuenta y nueve iguales, se considera dividida una

circunferencia. 10 ÁLG. Número de orden que expresa el de factores de la misma especie que entran en un término o parte de él. 11 MAT. En una ecuación o polinomio reducidos a forma racional y entera, el del término en que la variable tiene el exponente mayor. 12 GRAM. Intensidad relativa de las cualidades expresadas por adjetivos y adverbios; manera de expresarla. V. positivo, comparativo, superlativo.

REL. *9* Cada grado se divide en 60 **minutos** y cada minuto en 60 **segundos**. Esta división se aplica también a los meridianos y paralelos terrestres; por ella se determina la **latitud** y la **longitud** de un lugar.

II) grado (l. *gratu*, grato) ***m.*** Voluntad, gusto: *de buen ~*.

-grado (l. *gradus* < *gradi*, marchar) Elemento sufijal que entra en la formación de palabras con el significado de marchar, caminar: *plantígrado.*

graduable *adj.* Que puede graduarse.

graduación *f.* Acción de graduar. 2 Efecto de graduar. 3 Categoría de un militar en su carrera. 4 Proporción de alcohol que contienen las bebidas espirituosas.

graduado, -da *adj.* En las carreras militares se aplica al que tiene grado superior a su empleo. 2 En las universidades, [pers.] que ha alcanzado algún grado. 3 Dividido en grados: *semicírculo ~; escuela graduada.*

graduador ***m.*** Instrumento para graduar la calidad o cantidad de una cosa.

gradual *adj.* Que está por grados o que va de grado en grado. -2 ***m.*** Parte de la misa que se reza entre la epístola y el evangelio.

gradualmente *adv.* Sucesivamente, de grado en grado.

graduando, -da ***m.*** *f.* Persona que está próxima a graduarse en la universidad.

SIN. **Laureando,** hoy desus.; según el grado que se va a recibir, ús. **licenciando** y **doctorando.**

graduar *tr.* Dar [a una cosa] el grado o calidad que le corresponde, o apreciar el que tiene: *~ la salida del agua; ~ la densidad de la leche; ~ una cosa de,* o *por, buena.* 2 Dividir u ordenar [una cosa] en grados: *~ un termómetro; ~ una escuela.* 3 MIL. Conceder grado: *~ de comandante.* -4 ***tr.-prnl.*** Conceder o recibir grados: *graduarse de bachiller; ~ en letras.* ◇ ** CONJUG. [11] como ***actuar.***

-grafa, V. -grafo.

grafema ***m.*** LING. Unidad mínima e indivisible de un sistema de representación gráfica de la lengua. 2 Letra.

grafía (gr. *graphé,* acción de escribir) *f.* Signo o conjunto de signos con que se representa un sonido o la palabra hablada.

-grafía (v. *grafo-*) Elemento sufijal que entra en la formación de palabras con el significado de escritura, descripción o tratado: *telegrafía; cosmografía.*

grafiar *tr.* ANGLIC. Representar mediante un gráfico.

gráficamente *adv. m.* De un modo gráfico.

gráfico, -ca (l. *-phicu,* y gr. *graphikós,* der. del gr. *grapho,* escribir) *adj.* Relativo a la escritura. 2 Que representa algo por medio del dibujo: *diccionario ~*. 3 fig. Que expresa clara y vivamente las cosas: *un autor ~; una expresión gráfica.* -4 ***m.*** Representación por medio del dibujo. -5 *f.* Representación de actos numéricos por medio de un dibujo esquemático que hace visible la relación o gradación que guardan entre sí: *la gráfica de la natalidad.* 6 ***Artes gráficas,*** imprenta, grabado, encuadernación.

gráfila, grafila (de *grafía*) *f.* Orlita que suelen tener las monedas.

gráfilo, grafilo ***m.*** Gráfila.

grafio (l. *graphiu*) ***m.*** Instrumento para esgrafiar.

grafioles ***m. pl.*** Especie de melindres en figura de S.

grafismo ***m.*** Grafía. 2 Aspecto estético de lo escrito.

grafista *com.* Persona que diseña los modelos de decoración, caracteres de imprenta, monogramas, símbolos, etc.

grafítico, -ca *adj.* Relativo al grafito. 2 Que está hecho de ese material.

grafitización *f.* Conversión del carbono de una fundición en grafito por descomposición del carburo de hierro en la reacción. 2 METAL. Tratamiento térmico consistente en recocidos prolongados y graduales de la fundición.

I) grafito (gr. *graphis,* lápiz) ***m.*** Mineral de carbono de textura compacta, color negro y lustre metálico, untuoso al tacto, que se emplea para hacer lápices, crisoles refractarios, ánodos electrolíticos, etc.

SIN. **Lápiz plomo, plombagina, plumbagina.** REL. **Lapizar,** mina de grafito.

II) grafito (it. *graffitto*) ***m.*** Dibujo esgrafiado.

grafo-, -grafo, -grafa (gr. *graphéin,* escribir) Elemento prefijal y sufijal que entra en la formación de palabras con el significado de escribir, describir, registrar o grabar: *grafología, fotógrafo.*

grafo ***m.*** Representación simbólica de los elementos constituidos de un sistema, mediante esquemas gráficos.

grafofobia (*grafo-* + *-fobia*) *f.* Temor morboso a la escritura.

grafología (*grafo-* + *-logía*) *f.* Arte de conocer el carácter de una persona por su escritura.

grafológico, -ca *adj.* Perteneciente o relativo a la grafología.

grafólogo, -ga ***m.*** *f.* Persona que practica la grafología.

grafomanía (*grafo-* + *-manía*) *f.* Manía de escribir libros, artículos, etc.

grafómano, -na *adj.* Que tiene grafomanía.

grafómetro (*grafo-* + *-metro*) ***m.*** Semicírculo graduado para medir ángulos en las operaciones topográficas.

graforrea (*grafo-* + *-rrea*) *f.* Grafomanía en su estado patológico.

grafoscopio (*grafo-* + *-scopio*) ***m.*** ÓPT. Lupa de gran dimensión para examinar escritos.

grafostática (*grafo-* + *-stática*) *f.* Método para resolver problemas de estática.

gragea (fr. *dragée*) *f.* Confite muy menudo. 2 Píldora o tableta recubierta de azúcar y goma arábiga.

graja *f.* Hembra del grajo.

SIN. **Cuerva.**

grajea *f. Colomb.* Mostacilla.

grajear *intr.* Cantar o chillar los grajos o los cuervos. 2 Formar sonidos guturales el niño que no sabe aún hablar.

grajero, -ra *adj.* [lugar] Donde se recogen y anidan los grajos. -2 *f.* Nido de grajos.

grajiento, -ta *adj. Amér.* Que huele a grajo.

grajilla (de *grajo*) *f.* Ave paseriforme de plumaje negro con auriculares y cogote de color gris *(Corvus monedula).*

grajo (l. *graculu*) ***m.*** Ave paseriforme de plumaje de color violáceo negruzco, el pico y los pies rojos y las uñas negras *(Corvus frugileus).* 2 fig. *y* p. us. Charlatán, cascante. 3 *Amér.* Olor desagradable que se desprende del sudor. 4 *Cuba.* Planta mirtácea de olor fétido *(Eugenia tuberculata).* 5 *Colomb.* Escarabajo negro, hediondo y nauseabundo, que se cría en las habitaciones.

SIN. *1* **Cuervo merendero.**

grajuno, -na *adj.* Relativo al grajo, o que se le asemeja.

grama (l. *gramen,* en pl. *gramina*) *f.* Planta graminácea medicinal, muy común, de flores en espigas filiformes que salen en número de tres o cinco en el extremo de los tallos *(Cynodon dactylon).* 2 *~* ***del norte*** o ***de las boticas,*** planta gramínea medicinal, de flores en espiga alargada, floja y muy comprimida *(Agropyrum repens).* 3 *~* ***de olor,*** hierba gramínea cespitosa, perenne; contiene cumarina, por lo que despide un fuerte olor a heno recién cortado *(Anthoxanthum odoratum).* 4 *~* ***en jopillos,*** hierba gramínea, perenne y cespitosa, de inflorescencia erecta y asimétrica *(Dactylis glomerata).*

SIN. *2* **Cerrillo.** *3* **Alestaz.**

-grama (gr. *grammé,* línea, escritura) Elemento sufijal que entra en la formación de palabras con el significado de línea, escritura: *pentagrama, telegrama.*

gramaje ***m.*** Peso en gramos por metro cuadrado de un papel, que sirve de criterio para apreciar el cuerpo del mismo.

gramal ***m.*** Terreno poblado de grama.

gramalla *f.* Vestidura ant. a manera de bata. 2 Cota de malla.

gramalote ***m.*** *Amér.* Hierba forrajera graminácea *(Paspalum virgatum).*

gramarí ***m.*** Planta graminácea, de hojas planas, pilosas en el haz, y flores en panícula; es una excelente planta forrajera *(Arrenatherum elatius).*

SIN. **Avena alta, porrillas, mazorca, tortero.**

gramática (gr. *gramma,* letra) *f.* Parte de la lingüística que estudia los elementos de una lengua y sus combinaciones. 2 Arte de hablar y escribir correctamente una lengua; texto en que se enseña. 3 ant. Estudio de la lengua latina. 4 *~* ***comparada,*** la que estudia las relaciones genéticas que pueden establecerse entre dos o más lenguas. 5 *~* ***descriptiva,*** estudio sincrónico de una lengua. 6 *~* ***especulativa,*** la que desarrolló la filosofía escolástica que trataba de explicar los fenómenos lingüísticos por principios constantes y universales. 7 *~* ***estructural,*** estudio sincrónico o diacrónico de una lengua, regido por el principio de que todos sus elementos mantienen entre sí relaciones sistemáticas. 8 *~* ***general,*** la que trata de establecer los principios comunes a todas las lenguas. 9 *~* ***generativa,*** la que trata de formular una serie de reglas, capaces de generar o producir todas las oraciones posibles y aceptables de un idioma. 10 ~ ***histórica,*** la que estudia las evoluciones que una lengua ha experimentado a lo largo del tiempo. 11 ~ ***normativa,*** la que define los usos correctos de una lengua, mediante preceptos. 12 ~ ***parda,*** fam., habilidad para conducirse en la vida y para salir a salvo o con ventaja de situaciones comprometidas. 13 ~ ***tradicional,*** cuerpo de doctrina gramatical constituido por las ideas que, sobre el lenguaje y su estudio, se formó en la antigüedad, y que se desarrolló en siglos posteriores, prácticamente hasta la aparición de la *gramática estructural* en la primera mitad del s. XX. 14 ~ ***transformacional,*** la que, siendo generativa, establece que, de un esquema oracional se pasa a otro u otros, por la aplicación de determinadas reglas.

REL. *1* Comprende cuatro partes: **Analogía** o **Morfología** (estudio de las palabras aisladas); **Sintaxis** (íd. de la oración); **Prosodia** o **Fonética** (íd. de los sonidos), y **Ortografía** (íd. de la escritura correcta).

gramatical (b. l. *grammaticale*) ***adj.*** Relativo a la gramática. 2 Que se ajusta a las reglas de la gramática.

gramaticalidad ***f.*** LING. Adecuación de una oración a las reglas sintácticas.

gramaticalmente ***adv. m.*** Conforme a las reglas de la gramática.

gramático, -ca (gr. *grammatikós,* a través del l. *grammatikus*) ***adj.*** Gramatical. -2 ***m.*** El entendido en gramática.

gramatiquear ***intr.*** desp. Tratar de cuestiones gramaticales. 2 Corregir enfadosamente el lenguaje ajeno.

gramatiquería ***f.*** desp. Cosa de gramática, triquiñuela gramatical.

gramil (gr. *grammé,* línea) ***m.*** CARP. Instrumento para trazar paralelas en la madera.

I) gramilla ***f.*** Tabla donde se colocan los manojos de lino o cáñamo para agramarlos.

II) gramilla ***f.*** Dim. de *grama*. 2 *Argent.* Planta gramínea que se utiliza para pasto *(Paspalum distichum).* 3 *R. de la Plata.* Césped, hierba menuda y tupida que cubre el suelo.

gramináceo, -a ***adj.-f.*** Planta de la familia de las gramináceas. -2 ***f. pl.*** Familia de plantas monocotiledóneas de tallo cilíndrico, nudoso y generalmente hueco, hojas rectinervias, linguladas, largas y estrechas, flores dispuestas en espiguillas reunidas en espigas, racimos o panículas. Su fruto es una cariópside y su semilla es rica en albumen.

graminales ***f. pl.*** Orden de plantas dentro de la clase monocotiledóneas; herbáceas hermafroditas carentes de cáliz y corola, pero envueltas en brácteas especiales denominadas glumas y glumillas; el fruto es en cariópside.

gramíneo, -a (l. *-ineu*) ***adj.-s.*** Gramináceo.

gramínícola (l. *gramina* + *-cola*) ***adj.*** Que vive entre los cereales.

graminívoro, -ra (l. *gramina* + *-voro*) ***adj.*** Que se alimenta de semillas de plantas gramíneas.

gramo (gr. *gramma,* escrúpulo) ***m.*** Unidad de masa, en el sistema métrico decimal, equivalente a la de un centímetro cúbico de agua destilado a cuatro grados centígrados.

gramófono (gr. *gramme,* escritura + *-fono*) ***m.*** Fonógrafo en el que las vibraciones del sonido están inscritas sobre un disco.

gramola ***f.*** Gramófono eléctrico acondicionado en un mueble cerrado en forma de armario, que oculta el mecanismo y sirve de caja acústica. 2 Gramófono portátil, una parte de cuyo estuche sirve de caja acústica.

gramómetro (gr. *gramme,* escritura + *-metro*) ***m.*** IMPR. Instrumento que sirve para distribuir y arreglar los caracteres en las líneas durante la composición.

gramoso, -sa ***adj.*** Relativo a la grama. 2 Que cría esta hierba.

grampa ***f.*** Grapa.

grampín ***m.*** *Cuba.* Avío de pesca: varios anzuelos atados.

gran ***adj.*** Apócope de *grande* ante substantivo singular: ~ *empeño;* ~ *sermón.* 2 Principal, primero: ~ *maestre.* 3 Con *el* y seguido de un calificativo, gralte. insultante, denota enfado o ira.

I) grana (de *granar*) ***f.*** Acción de granar las plantas. 2 Tiempo en que ocurre. 3 Semilla menuda de varios vegetales. 4 Fruto de los árboles de monte, como bellotas, hayucos, etc. 5 Hierba carmín.

II) grana (l. *granu,* en pl. *grana,* grano, cochinilla) ***f.*** Cochinilla (materia colorante). 2 Quermes (insecto). 3 Excrecencia que el quermes forma en la coscoja y que exprimida produce color rojo. 4 Color obtenido de este modo. 5 Paño fino usado para trajes de fiesta. 6 ~ ***del Paraíso,*** cardamomo.

granada (l. *granata mala,* manzana granada) ***f.*** Fruto del granado. 2 Globo lleno de pólvora con un mixto inflamable, que los granaderos arrojaban encendido a sus enemigos: ~ ***de mano,*** la que se arroja con la mano y que, provista de una espoleta especial, explota en el momento del impacto. 3 Proyectil análogo al anterior, que se dispara con piezas de artillería de pequeño calibre. 4 *And.* Manzana de casas. 5 *Amér. Central.* Artificio de fuego.

granadal ***m.*** Terreno plantado de granados.

granadera ***f.*** Bolsa que llevaban los granaderos con las granadas.

granadero ***m.*** Soldado que arrojaba granadas de mano. 2 Soldado de elevada estatura cuya compañía formaba a la cabeza del regimiento. 3 fig. Persona muy alta.

granadilla ***f.*** Fruto de la pasionaria. 2 *Amér. Merid.* y *Ant.* Pasionaria.

granadillo ***m.*** Árbol leguminoso de América de madera dura, de grano fino y color rojo y amarillo, muy apreciada en ebanistería *(Caesalpinia granadillo).* 2 *Colomb.* Granadilla, planta pasiflorácea.

I) granadina ***f.*** Tejido calado, que se hace con seda retorcida. 2 Variedad del cante andaluz.

II) granadina ***f.*** Refresco hecho con zumo de granada.

I) granadino, -na ***adj.*** Relativo al granado o a la granada. -2 ***m.*** Flor del granado.

II) granadino, -na ***adj.-s.*** De Granada, prov. española. 2 De Granada, c. y dep. de Nicaragua.

I) granado, -da (de *granar*) ***adj.*** fig. *y* p. us. Notable, principal. 2 fig. Maduro, experto. 3 fig. *y* fam. Espigado, alto.

II) granado ***m.*** Arbusto o arbolito frutal de la familia de las punicáceas, de tronco tortuoso y ramos delgados, hojas coriáceas y lustrosas, flores de color grana con los pétalos plegados, y fruto en balausta *(Punica granatum).*

SIN. **Balaustia, balaustra, magrano, manglano, milgranero, milgrano, mingrano.**

granalla ***f.*** Metal reducido a granos menudos.

granallar ***tr.*** Reducir [un metal] a granalla.

granangular ***adj.-m.*** Objetivo que abarca campos muy extensos.

granar ***intr.*** Formarse y crecer el grano de ciertos frutos: ~ *las mieses;* ~ *los racimos.* -2 ***tr.*** Convertir en grano [la masa de la pólvora].

granate (l. *-atu,* probl. a través del prov. o del cat.) ***m.*** Silicato doble de un metal bivalente y otro trivalente, esp. el de alúmina y hierro, que es una piedra fina de un color rojo obscuro. 2 ~ ***almandino,*** variedad de color rojo brillante o violeta, muy usado en joyería. 3 ~ ***de Bohemia,*** variedad de color vinoso. -4 ***adj.-m.*** Color rojo obscuro.

SIN. *2* **Almandina.**

granatín ***m.*** Cierto género de tejido antiguo.

granatita ***f.*** Roca metamórfica muy pobre en calcita y con altos porcentajes de granates.

granazón ***f.*** Acción de granar.

grancé (fr. *garance*) ***adj.-m.*** Color rojo del tinte de rubia o grana. -2 ***adj.*** De color grancé.

grancero ***m.*** Sitio en donde se recogen y guardan las granzas de trigo, cebada u otros granos y semillas.

grancilla ***f.*** Carbón mineral lavado y clasificado, cuyos trozos han de tener un tamaño reglamentario.

grancolombiano, -na ***adj.*** Relativo a la Gran Colombia, estado constituido por Bolívar en el congreso de Angostura, con los territorios que hoy pertenecen a Colombia, Venezuela y el Ecuador.

grande (l.) ***adj.*** Que excede a lo común y regular: *una sala* ~; *grandes dificultades;* ~ *de talla;* ~ *en,* o *por, sus acciones;* ***hueso*** ~, hueso tercero de la segunda fila del carpo. 2 ***m.*** Prócer, magnate: ~ ***de España,*** el que tiene la preeminencia de estar cubierto delante del rey, si es caballero, y de sentarse delante de la reina, si es dama. -3 ***adj.*** *Méj.* De cierta edad. 4 *Argent.* fam. ***La*** ~, el gordo de la lotería.

FR. *En* ~, en conjunto: *considerar las cosas en* ~; fig., con fausto, con lujo: *vivir en* ~. SIN. *1* **Alto, vasto, espacioso, largo, profundo,** etc., adjs. que indican tamaño a que puede equivaler *grande* en sentido material; **magno,** se refiere a la grandeza moral: *Alejandro Magno.* Cuando se aplica a cosas materiales, supone siempre cierta dignidad o nobleza: *aula magna de la Universidad.*

grandemente ***adv. m.*** Mucho o muy bien. 2 En extremo.

grandevo, -va (l. *grandis* y *ævum,* edad) ***adj.*** poét. De mucha edad, anciano.

grandeza *f.* Tamaño mayor de una cosa respecto de otra de su mismo género. 2 Extensión, tamaño, magnitud. 3 Majestad y poder. 4 Dignidad de grande de España. 5 fig. Bondad, excelencia moral.
grandifoliado, -da *adj.* [planta] Con las hojas más visibles que los tallos.
grandillón, -na *adj.* Aum. desp. de *grande*. 2 Demasiado grande.
grandilocuencia (de *grandilocuente*) *f.* Elocuencia muy abundante y elevada. 2 Estilo sublime.
SIN. **Altilocuencia.**
grandilocuente (l. *grandis,* grande + *loquens, -entis,* que habla) *adj.* Grandílocuo.
grandílocuo, -cua (l. *grandiloquens*) *adj.* Que habla o escribe con grandilocuencia.
SIN. **Altílocuo, grandilocuente.**
grandiosamente *adv. m.* Con grandiosidad.
grandiosidad *f.* Admirable grandeza, magnificencia.
grandioso, -sa *adj.* Sobresaliente, magnífico.
grandisonar *intr.* poét. Resonar o tronar con fuerza. ◇ **CONJUG. [31] como *contar.*
grandísono, -na *adj.* poét. Altísono.
grandor *m.* Tamaño de las cosas.
grandullón, -llona *adj.* aum. desp. Grandillón.
grandulón, -na *adj.* *Amér.* Grandullón.
graneado, -da *adj.* Reducido a grano. 2 Salpicado de pintas. 3 V. fuego ~. -4 *m.* Operación de granear, hacer rugosa la superficie lisa de un objeto.
I) graneador *m.* Criba para granear la pólvora. 2 Instrumento de acero que usan los grabadores para granear las planchas.
II) graneador, -ra *m. f.* Persona que granea o esparce las semillas. 2 IMPR. Persona encargada de granear. -3 *m.* *And.* Operario que granea los olivos.
granear *tr.* Esparcir el grano o semilla en un terreno. 2 Convertir en grano [la masa de pólvora]. 3 Preparar [la plancha] con el graneador para grabar al humo. 4 Sacar grano [a una piedra litográfica para poder dibujar en ella]. 5 Hacer ligeramente rugosa [una superficie lisa]. 6 *And.* Varear [las aceitunas] que quedan aisladas en el olivo para hacerlas caer. 7 *Extr.* Poner una cuña de acero [a la reja del arado, del hacha, etc.]. 8 *Argent.* Sobar ligeramente [un cuero] de modo que quede granujiento y algo esponjado.
granel (a ~) *loc. adv.* Sin orden, número ni medida; COM., sin envase, sin empaquetar.
granelar *tr.* Sacar grano [a una piel].
granelero *adj.-m.* Petrolero (buque).
granero, -ra *m.* Sitio en donde se guarda el grano. 2 fig. Territorio muy abundante en grano: *Castilla es el ~ de España.* -3 *adj.* *Argent.* [caballería] Que come maíz.
SIN. *1* **Hórreo, troj,** preferidos en determinadas regiones y diferenciados más o menos por su forma y disposición; **granero,** es término gral. aplicable siempre.
granévano *m.* Tragacanto.
granguardia *f.* Tropa de caballería, apostada a distancia de un campamento, para guardar las avenidas.
granífugo, -ga (de *granizo* + *-fugo*) *adj.* [medio o dispositivo] Que se emplea en el campo para esparcir las nubes tormentosas y evitar las granizadas: *cañón ~; cohete ~.*
granilla *f.* Granillo del paño.
granillero, -ra *adj.-s.* Cerdo que se alimenta en el monte de la bellota que se encuentra en el suelo.
granillo *m.* Dim. de *grano.* 2 Tumorcillo que nace encima de la rabadilla a los canarios y jilgueros. 3 fig. *y* p. us. Utilidad y provecho de una cosa.
SIN. *2* **Culero, helera.**
granilloso, -sa *adj.* Que tiene granillos.
SIN. **Granuloso.**
granitado, -da *adj.* Semejante al granito.
granítico, -ca *adj.* Relativo o semejante al granito.
granito (it. *granito*) *m.* Dim. de *grano.* 2 Roca granular, cristalina, compuesta esencialmente de feldespato, cuarzo y mica. 3 *Murc.* Huevecito del gusano de seda.
SIN. *2* **Piedra berroqueña.**
granívoro, -ra (de *grano-* + *-voro*) *adj.* [animal] Que se alimenta de granos.
granizada *f.* Copia de granizo que cae de una vez. 2 Granizado, refresco hecho con hielo. 3 fig. Multitud de cosas que caen o se manifiestan continuada y abundantemente.
granizado *m.* Granizada (bebida): *~ de café, de limón.*
granizal *m.* *Colomb.* y *Chile.* Granizada, abundancia de granizo.
granizar *impers.* Caer granizo. -2 *tr.-intr.* Arrojar [una cosa] con ímpetu y frecuencia: *granizaron cuartos sobre la cantora.* 3 Preparar un granizado, bebida helada. ◇ ** CONJUG. [4] como *realizar.*
granizo *m.* Agua congelada que cae de las nubes con violencia en forma de granos. 2 Nefelio de materia gruesa que se forma en los ojos. 3 fig. Granizada.
SIN. *1* **Pedrisco; piedra,** si es grueso.
granja (fr. *grange* < l. **granica,* granero) *f.* Hacienda rústica, con casería, huerta y establo. 2 Establecimiento donde se venden o sirven productos lácteos. 3 Quinta de recreo. 4 Lugar dedicado a la cría de aves y otros animales domésticos.
granjeable *adj.* Que se puede granjear.
granjear *tr.* Adquirir [caudal] traficando. 2 Conseguir, captar: *granjearse amistades; ~ la voluntad a,* o *de, alguno.* -3 *intr.* MAR. Avanzar. -4 *tr.* *Chile.* Estafar, hurtar. 5 *Méj.* Ganar la voluntad [de alguien].
granjeo *m.* Acción de granjear.
granjería *f.* Beneficio de las haciendas de campo. 2 Ganancia. 3 *Ecuad.* Industria poco digna.
granjero, -ra *m. f.* Persona que cuida una granja. -2 *adj.* *Ecuad.* Estafador.
grano (l. *granu*) *m.* Fruto de los cereales; semillas pequeñas de varias plantas. 2 Baya de la uva o de los frutos separables de un agregado. 3 Trozo pequeño, redondeado de cualquier substancia. 4 Partecilla como de arena que se percibe en la masa o en la superficie de algunos cuerpos. 5 Especie de tumorcillo que nace en la piel. 6 Peso (48 mgs.; dozava parte del tomín). 7 Peso para las perlas y piedras preciosas, equivalente a la cuarta parte de un quilate. 8 Flor de las pieles adobadas. 9 Conjunto de partículas de sales de plata que forman la imagen fotográfica. -10 *m. pl.* Cereales. 11 FARM. ant. Peso [unos 5 cgs.; vigesimocuarta parte del escrúpulo]. 12 ***Granos del Paraíso,*** *Amér.,* malagueta, planta cingiberácea. 13 ***Ir al ~,*** atender a lo esencial, omitiendo superfluidades. 14 *Extr.* Calce de acero.
granoblástico, -ca *adj.* [textura] Que es propia de las rocas metamórficas caracterizadas por presentar los cristales equidimensionales.
granodiorita *f.* Roca magmática intrusiva con los mismos componentes que el granito, pero con la salvedad de que el feldespato es plagioclasa.
granollerense *adj.-s.* De Granollers, c. de Barcelona.
granoso, -sa *adj.* De superficie cubierta de granos.
granuja *f.* Uva desgranada. 2 Granillo interior de algunas frutas. 3 Granujería (conjunto de pilluelos). -4 *m.* Muchacho vagabundo, pilluelo. 5 Bribón, pícaro. -6 *f.* *Murc.* Salpullido.
SIN. *1* y *5* **Garulla.**
granujada *f.* Acción propia de un granuja.
granujado, -da *adj.* p. us. Agranujado.
granujal *m.* *And.* Tierra con muchas chinas o guijarros.
granujería *f.* Conjunto de granujas (pilluelos y bribones).
granujiento, -ta *adj.* Que tiene muchos granos. 2 De superficie áspera al tacto.
granujo *m.* Grano o tumor.
granujoso, -sa *adj.* Que tiene granos.
granulación *f.* Acción de granular. 2 Granillo. 3 BIOL. Gránulo, ordinariamente susceptible de tinción por diversas materias colorantes, que se encuentra, con otros semejantes, en el seno del protoplasma celular. 4 MED. Formación de pequeñas masas carnosas, de ordinario redondeadas, en la superficie de las heridas y úlceras. 5 PAT. Formación de pequeñas masas de materias patológicas de diversa índole (purulentas, caseosas, neoplásicas, etc.) bien en las superficies cutáneas o mucosas del organismo, bien en la masa de alguno de sus órganos.
granulado, -da *adj.* Granular, en forma de granos. -2 *m.* Técnica ornamental propia de la orfebrería, similar a la filigrana, consistente en soldar granos, o bolas, de oro o plata sobre metales nobles. 3 FARM. Preparación en forma de gránulos o porciones menudas.
granulador, -ra *m. f.* Aparato o máquina que sirve para triturar el material grueso y reducirlo a granos finos. -2 *m.* Tambor que sirve para secar el azúcar cristalizado.
I) granular *adj.* Que presenta granos o granulaciones: *estructura ~ de un mineral.*
II) granular *tr.* QUÍM. Reducir a gránulos [una masa]. 2 Dar

una textura granulosa [a una superficie]. -3 ***prnl.*** Cubrirse de granos alguna parte del cuerpo.
granulia ***f.*** PAT. Forma aguda de tuberculosis pulmonar conocida con el nombre de *tuberculosis miliar*.
granulita ***f.*** Roca metamórfica de grano fino, resultado del grado máximo de metamorfismo regional.
gránulo (l. *granulum*) ***m.*** Dim. de *grano*. 2 Bolita de azúcar y goma arábiga con muy corta dosis de algún medicamento. 3 BIOL. Pequeño cuerpo o masa que existe en determinadas células o tejidos tanto en circunstancias normales como en determinados procesos patológicos.
granuloma (*granulo* + *-oma*) ***m.*** MED. Tumor formado por tejido de granulación.
granulometría (*granulo* + *-metría*) ***f.*** GEOL. Parte de la petrografía que trata de la medida del tamaño de las partículas, granos y rocas de los suelos. 2 Tamaño de las piedras, granos, arena, etc., que constituyen un árido o polvo.
granulométrico, -ca ***adj.*** Perteneciente o relativo a la granulometría.
granulosidad ***f.*** Calidad de granuloso.
granulosis (*granulo* + *-osis*) ***f.*** BIOL. Formación patológica de gránulos o microcristales en el protoplasma celular en degeneración. 2 MED. Tracoma. ◇ Pl.: *granulosis.*
granuloso, -sa ***adj. m.*** Granilloso.
granza (fr. *garance,* que a través del germ. *wrantja,* der. del l. tardío *brattea*) ***f.*** Rubia (planta).
granzas (l. v. *grandia,* harina gruesa; por *farra grandia,* comp. de *far*, trigo, y *grandis,* grueso) ***f. pl.*** Residuos que quedan de las semillas cuando se avientan y acriban. 2 Desechos que salen del yeso al cernirlo. 3 Superfluidades de cualquier metal. 4 Carbón mineral cuyos trozos son de un tamaño comprendido entre 15 y 25 milímetros.
SIN. *1* **Ahechaduras.**
granzón ***m.*** Pedazo de mineral que no pasa por la criba. -2 ***m. pl.*** Nudos de paja que quedan al cribar. -3 ***m.*** *Venez.* Arena gruesa.
granzoso, -sa ***adj.*** Que tiene muchas granzas.
grañón (l. hispánico *granione*) ***m.*** Sémola de trigo cocido en grano. 2 El mismo grano de trigo cocido.
grañuela ***f.*** Brazado de mies que el segador mantiene o deposita en tierra.
grao (cat. *grau*) ***m.*** Playa que sirve de desembarcadero.
grapa (germ. *krappa*) ***f.*** Pieza de hierro u otro metal que, doblada por los extremos, se clava para unir y sujetar algunas cosas. 2 Escobajo o racimo de uva. 3 VETER. Llaga, úlcera o excrecencia de las caballerías. 4 *Argent.* Especie de anisado o ginebra.
REL. *1* Asegurar piedras u otras cosas, vb. **engrapar.** SIN. *1* **Gafa, laña.**
grapadora ***f.*** Utensilio que sirve para grapar.
grapar ***tr.*** Sujetar con una grapa de hierro u otro metal.
grapón ***m.*** CARP. Grapa o escarpia que se clava en el marco de una puerta o ventana para enganchar en ella la falleba.
graptolites ***m. pl.*** Fósiles marinos de la era paleozoica.
grasa (l. v. **crassia* < l. *crassu*) ***f.*** Manteca, unto o sebo de un animal. 2 Substancia untuosa (mezcla de ésteres glicéricos de los ácidos esteárico, palmítico y oleico) que se encuentra en el tejido adiposo y en otras partes del cuerpo de los animales, así como en los vegetales, esp. en las semillas de ciertas plantas. 3 Goma del enebro. 4 Mugre. 5 Grasilla. -6 ***f. pl.*** Escorias, desechos de metal.
SIN. *2* Grasa se aplica como nombre gral., pero hay nombres especiales según sus clases; la líquida se llama **aceite**; la sólida **manteca**, preferentemente la del cerdo y la de algunos frutos, como el cacao; **lardo**, la del cerdo; **sebo**, en los rumiantes; **unto**, la sólida o líquida que se emplea para untar, y en algunas regiones el tocino o el tejido adiposo de cualquier animal; **mantequilla**, la que se extrae de la leche; en el organismo animal, como tecn., **adiposidad.**
grasar ***intr.*** *Perú.* Propagarse una epidemia.
grasera ***f.*** Vasija donde se echa la grasa. 2 Utensilio para recibir la grasa de la carne que se asa.
grasería ***f.*** Establecimiento donde se fabrican velas de sebo.
grasero ***m.*** Escombrera, escorial.
graseza ***f.*** p. us. Calidad de graso.
grasiento, -ta ***adj.*** Untado y lleno de grasa.
grasilla ***f.*** Polvo de sandáraca. 2 Planta lentibulariácea, perenne, con todas las hojas basales y dispuestas en roseta; las hojas son de color verde amarillo provistas de pelos glandulosos y viscosos que atraen y retienen a los insectos, ya que son plantas carnívoras; las flores son de color violeta con una mancha blanca en la garganta de la corola *(Pinguicula vulgaris).* 3 *Chile.* Enfermedad parasitaria de algunas plantas cultivadas, producida por un insecto diminuto que las cubre de una capa pegajosa.
graso, -sa (l. *crassu*) ***adj.*** Pingüe, mantecoso. 2 BOT. Craso, suculento. 3 MIN. Que presenta aspecto untuoso. -4 ***m.*** Graseza.
grasones ***m. pl.*** Potaje de harina al que se agregan aditamentos.
grasoso, -sa ***adj.*** Que está impregnado de grasa.
graspo ***m.*** Especie de brezo.
grasura ***f.*** Grosura.
grata ***f.*** Escobilla de metal para gratar.
gratamente ***adv. m.*** De manera grata, con agrado.
gratar (germ. *kratton,* rascar) ***tr.*** Limpiar o bruñir [un metal] con la grata.
gratel ***m.*** MAR. Trenza de cáñamo hecha a mano.
gratén (voz francesa) ***m.*** Salsa espesa hecha con besamela y queso.
gratificación (l. *-atione*) ***f.*** Recompensa pecuniaria o remuneración fija de un servicio. 2 Entre funcionarios, remuneración fija o eventual distinta del sueldo.
SIN. V. **Paga.**
gratificador, -ra ***adj.-s.*** Que gratifica.
gratificante ***adj.*** Que proporciona alguna satisfacción.
gratificar (l. *-ari*) ***tr.*** Recompensar [a uno algún servicio con una gratificación]. 2 Dar gusto, complacer. ◇ ** CONJUG. [1] como *sacar.*
grátil (etim. dud.) ***m.*** Extremidad de la vela por donde se une al palo o a la verga. 2 Parte central de la verga, donde se ata la vela. ◇ También *gratil.*
gratinar (fr. *gratiner*) ***tr.*** Hacer tostar a fuego fuerte [la capa superior de un preparado culinario].
gratis (l.) ***adv. m.*** De balde.
SIN. **Gratuitamente.**
gratisdato, -ta ***adj.*** p. us. Que se da gratis.
gratitud ***f.*** Sentimiento que nos obliga a agradecer el favor recibido y corresponder a él.
SIN. **Agradecimiento, reconocimiento.**
grato, -ta (l. *gratu*) ***adj.*** Gustoso, agradable: *~ al,* o *para, el oído; ~ de recordar.* 2 desus. Gratuito, gracioso. 3 *Bol.* y *Chile.* Agradecido, obligado: ***le estoy ~***, es fórmula corriente para dar las gracias.
gratonada ***f.*** Especie de guisado de pollos.
gratonita ***f.*** Mineral de la clase de los sulfuros, que cristaliza en el sistema monoclínico, de color gris plomo.
gratuidad ***f.*** Calidad de gratuito.
gratuitamente ***adv. m.*** De gracia, sin interés, de balde. 2 Sin fundamento: *afirmar ~ que soy un demente.*
gratuito, -ta (l. *-tu*) ***adj.*** De balde. 2 Arbitrario, infundado: *suposición gratuita.*
gratulación ***f.*** p. us. Acción de gratular. 2 p. us. Efecto de gratular.
gratular (l. *-are*) ***tr.*** lit. Dar el parabién [a uno]. -2 ***prnl.*** Alegrarse, complacerse.
SIN. *2* **Congratularse.**
gratulatorio, -ria ***adj.*** lit. Que sirve para gratular: *carta gratulatoria.*
grauvaca ***f.*** Roca sedimentaria constituida por areniscas, de color gris obscuro.
grava (voz prerrom.) ***f.*** Conjunto de guijas. 2 Piedra machacada con que se cubre y allana el piso de los caminos. 3 Mezcla de guijas, arena y a veces arcilla que se encuentra en yacimientos.
REL. Cubrir con grava, vb. **engravar.**
gravamen (l.) ***m.*** Impuesto. 2 Carga que recae sobre un inmueble, propiedad o caudal: *los gravámenes de una finca.*
gravante ***adj.*** Que grava.
gravar (l. *-are*) ***tr.*** DER. Cargar: *~ una finca; ~ con impuestos; ~ en mucho.* -2 ***prnl.*** *Amér.* Agravarse. ◇ HOMÓF.: *grabar.*
gravativo, -va ***adj.*** Que grava.
grave (l.) ***adj.*** Que pesa: *los cuerpos graves* [o simplte *los graves*]. 2 Difícil, arduo, peligroso: *enfermedad ~*. 3 Serio, circunspecto: *un hombre ~*. 4 Noble, severo: *estilo ~*. 5 Bajo, hueco: *sonido ~*. 6 fig. Importante: *un ~ negocio.* 7 fig. Molesto, enfadoso. 8 GRAM. [palabra] Cuyo acento carga en la penúltima sílaba. 9 V. acento, paso, pecado. ◇ HOMÓF.: *grabe* (v.).
SIN. *8* **Llano, paroxítono.**
gravear ***intr.*** desus. Gravitar (caer).

gravedad (l. *gravitate*) *f.* Fuerza (manifestación de la atracción universal) en virtud de la cual los cuerpos tienden a dirigirse al centro de la Tierra. 2 Pesadez de un cuerpo. 3 fig. Cualidad de grave. 4 Carácter de los sonidos musicales bajos.
SIN. *1* y *2* **Pesantez, peso, pesadez, pesadumbre** (si es grande), son los términos más generales; **gravedad** es tecn. de significado más abstracto.
gravedoso, -sa *adj.* Serio con afectación.
gravemente *adv. m.* Con gravedad. 2 De manera grave.
gravera *f.* Yacimiento de grava (mezcla de guijas).
gravidez *f.* Preñez.
gravídico, -ca *adj.* Relacionado con la gravidez o embarazo.
grávido, -da (l. *gravidu*) *adj.* Cargado, lleno, abundante; esp., [mujer] embarazada.
gravimetría (l. *gravis,* pesado + *-metría*) *f.* FÍS. Parte de la física que trata del estudio y la medición de la gravedad. 2 QUÍM. Análisis cuantitativo de una substancia por medio de pesadas. 3 MIN. Operación de selección para separar por medios mecánicos de los minerales la ganga.
gravimétrico, -ca *adj.* FÍS. Relativo a la gravimetría o al gravímetro.
gravímetro (l. *gravis,* pesado + *-metro*) *m.* Aerómetro de volumen constante y peso variable. 2 Aparato destinado a la medición del valor de la gravedad.
gravitación *f.* Acción de gravitar. 2 Efecto de gravitar. 3 Atracción universal, esp. la que ejercen entre sí los cuerpos celestes.
gravitacional *adj.* Perteneciente o relativo a la gravitación.
gravitante *adj.* Que gravita.
gravitar (l. mod. *gravitare*) *intr.* Obedecer un cuerpo celeste a la gravitación: *la Tierra gravita alrededor del Sol.* 2 Tener un cuerpo propensión a caer sobre otro por razón de su peso. 3 fig. Pesar o servir de gravamen: *todo gravita sobre mí.*
SIN. *2* **Gravear.**
gravitatorio, -ria *adj.* Relativo a la gravitación.
gravitón *m.* FÍS. Partícula elemental hipotética, cuya existencia es admitida por ciertas teorías para explicar la interacción gravitatoria.
gravoso, -sa *adj.* Molesto, pesado: *un libro* ~. 2 Oneroso, costoso: *una obligación gravosa.*
gray *m.* FÍS. Dosis de radiación que la materia absorbe cuando la radiación ionizante produce energía de un julio por kilo de materia. 2 INFORM. Código binario en el que cada número binario difiere del anterior sólo en un bit.
grazalema *m.* Queso gaditano, elaborado con leche de oveja en la comarca del mismo nombre, de pasta dura y prensada, y sabor similar al manchego.
graznador, -ra *adj.* Que grazna.
graznar (l. hispánico *gracinare,* de orig. onomat.) *intr.* Dar gritos algunas aves; como el cuervo, el grajo, etc.
SIN. **Gaznar, voznar.**
graznido *m.* Acción de graznar. 2 Efecto de graznar. 3 fig. Canto que disuena mucho al oído.
greba (del fr. ant. *greve,* y *graver,* trazar un surco, der. del germ. *graban,* cavar) *f.* Pieza de la armadura que cubre y defiende la pierna.
greca (de *greco*) *f.* Adorno geométrico compuesto por líneas que se intersecciona formando ángulo recto, o en que se repite la misma combinación decorativa. 2 *Amér.* Cafetera de filtro.
grecismo *m.* Helenismo.
grecizante *adj.* Que greciza.
grecizar *tr.* Helenizar. 2 Dar forma griega [a voces de otro idioma]. -3 *intr.* Usar afectadamente en otro idioma voces o locuciones griegas. ◇ ** CONJUG. [4] como ***realizar.*** ◇ También *greguizar.*
greco, -ca (l. *grœcu*) *adj.-s.* Griego. Ús. esp. para la formación de compuestos: *grecolatino.*
greco- (v. *greco*) Elemento prefijal que entra en la formación de palabras compuestas con el significado de griego: *grecorromano.*
grecolatino, -na (*greco-* + *latino*) *adj.* Relativo a los griegos y latinos y esp. a sus respectivos idiomas.
grecorromano, -na (*greco-* + *romano*) *adj.* Común a griegos y romanos: *arquitectura grecorromana.* 2 [género de lucha entre dos personas] En la cual vence el que consigue hacer que el adversario toque en tierra con los dos hombros.
greda (l. *creta*) *f.* Arcilla arenosa usada esp. para quitar manchas.
SIN. **Tierra de batán,** la empleada para desengrasar los paños.
gredal *adj.-m.* Terreno que tiene o abunda en greda.
SIN. **Blanquizal, blanquizar, calvero.**
gredoso, -sa *adj.* Relativo a la greda o que tiene sus cualidades.
green (voz inglesa) *m.* DEP. En el juego del golf, zona del campo con cesped bajo y muy cuidado en la que está situado el hoyo.
I) gregal (b. l. **groœgale* < l. *grœco,* griego) *m.* Nordeste (viento).
II) gregal (l. *-ale* < *grex,* rebaño) *adj.* Que anda junto y acompañado con otros de su especie.
gregario, -ria (l. *-iu*) *adj.* Que está en compañía de otros sin distinción. 2 fig. Que sigue servilmente las ideas o iniciativas ajenas. -3 *m.* DEP. Ciclista que tiene la misión de ayudar al mejor de su equipo.
gregarismo *m.* Calidad de gregario. 2 Tendencia de algunos animales a vivir en sociedad.
gregoriano, -na *adj.* Relativo o debido a algún papa de nombre Gregorio. V. calendario, canto gregoriano.
gregorito *m. Cuba* y *Méj.* Burla, chasco.
greguería *f.* Algarabía (gritería). 2 Género lit. en prosa al cual ha dado nombre R. Gómez de la Serna (1888-1963). Consiste en breves interpretaciones humorísticas de aspectos varios de la vida corriente.
greguescos, gregüescos (der. de *grœcu,* griego) *m. pl.* Calzones muy anchos usados antiguamente.
greguizar *intr.* Grecizar. ◇ ** CONJUG. [4] como ***realizar.***
greisen *m.* Roca magmática formada fundamentalmente por cuarzo y moscovita.
grelo *m.* Nabizas y sumidades tiernas y comestibles de los tallos del nabo, que se emplean como verdura.
gremial *adj.* Relativo a gremio, oficio o profesión. -2 *m.* Individuo de un gremio. 3 Paño cuadrado, del color de los ornamentos, que se pone sobre las rodillas del obispo cuando, al celebrar de pontifical, está sentado. 4 Paño rectangular parecido al frontal del altar, que en ciertas iglesias sostienen el preste y sus ministros en la procesión claustral y en otros actos culturales.
gremialismo *m.* Tendencia a formar gremios, o al predominio de los gremios. 2 Doctrina que propugna esta tendencia.
gremialista *adj.* Relativo al gremialismo. -2 *adj.-com. Argent., Chile* y *Venez.* Persona perteneciente a un gremio.
gremio (l. *gremiu*) *m.* Corporación nacida en la Edad Media formada por todos los maestros, oficiales y aprendices del mismo oficio, e inspirada en principios de mutualidad y de religiosidad. Los gremios tuvieron gran preponderancia hasta que fue proclamada la libertad del trabajo. 2 Conjunto de personas que tienen alguna circunstancia común.
grenchudo, -da *adj.* Que tiene greñas.
grengué (voz africana) *m. Cuba.* Yute.
greña (galo **grennos,* cabello) *f.* Cabellera revuelta y mal compuesta: ***andar a la*** ~, reñir dos o más personas tirándose de los cabellos. 2 fig. Lo que está enredado sin poderse desenlazar fácilmente. 3 *And.* Mies. 4 *And.* Primer follaje que produce el sarmiento después de plantado. 5 *And.* y *Méj.* Porción de mies que se pone en la era para formar la parva. 6 *Can.* Grama. 7 *Méj. En* ~, en rama, sin purificar. ◇ En la acepción *1* se usa especialmente en plural.
greñudo, -da *adj.* Que tiene greñas. -2 *m.* Caballo recelador en las paradas.
gres (fr. *grès* < germ. *griot,* casquijo) *m.* Pasta de arcilla figulina y arena cuarzosa para fabricar objetos de alfarería. 2 ***Greses flameados,*** vasijas de gres que han sido vitrificadas y coloreadas al fuego. ◇ Pl.: *greses.*
gresca (probl. del cat., der. de *grœcisa,* formado sobre el l. *grœcu,* griego) *f.* Bulla, algazara. 2 Riña.
greteado, -da *adj. Méj.* Vidriado.
grey (l. *grege*) *f.* Rebaño. 2 Conjunto de individuos que tienen algún carácter común. 3 fig. Congregación de los fieles en la Iglesia cristiana.
grial (l. *gradale,* vaso) *m.* Copa mística que se suponía haber servido para la institución de la Eucaristía.
griego, -ga (l. *grœcu*) *adj.-s.* De Grecia, nación del sudeste de Europa. -2 *adj.-m.* Lengua perteneciente al tronco indoeuropeo, procedente de la coiné, hablada oficialmente en esta nación europea: ~ ***común,*** fase prehistórica de esta lengua, reconstruida teóricamente por los lingüistas, de la que proceden cuatro grupos dialectales anteriores a la coiné: el occidental, el eólico, el formado por el ático y el jónico y el constituido por el arcadio y el chipriota, respectivamente. -3 *m.* fig. Lenguaje ininteligible: *hablar en* ~. 4 Jugador, fullero. -5 *f. Cuba.* Especie de cofia de mujer.
SIN. *1* **Heleno; helénico.** *3* **Gringo.**

grieta (l. v. *crepta,* por *crepita,* partic. del l. *crepare,* crepitar) *f.* Quiebra o abertura; efecto de grietarse un cuerpo. 2 Pequeña hendedura de la piel o de las membranas mucosas.
grietado, -da *adj.* Que tiene grietas. ◇ También *agrietado.*
grietarse (l. *crepitare,* crepitar) *prnl.* Abrirse un cuerpo sólido, esp. la tierra, formando quiebras o hendeduras longitudinales. ◇ También *agrietarse.*
grietoso, -sa *adj.* Lleno de grietas.
grifa *f.* Marihuana, cáñamo índico.
grifado, -da *adj.* [letra] Del tipo grifa.
grifalto (de *gerifalte*) *m.* Especie de culebrina de muy pequeño calibre.
grifarse *prnl.* Engrifarse.
grifería *f.* Conjunto de grifos o llaves. 2 Tienda donde los venden. 3 *Ant.* Calidad de grifo, negro o mulato.
I) grifo, -fa (gr. *grypós,* corbo, ganchudo) *adj.* Crespo, enmarañado: *cabello ~.* -2 *adj.-s. Méj.* desus. Descendiente de negro y mulata. 3 *Méj.* desus. Descendiente de cuarterón y cuarterona. 4 *Amér. Merid.* desus. Descendiente de indio y loba, tentenelaire. -5 *m.* Llave para dar salida a un líquido. 6 MAR. Llave que algunos buques llevan debajo de la línea de flotación para dar entrada al agua del mar cuando se considera conveniente. 7 *Perú.* Puesto destinado a la venta de gasolina y aceite lubricante. 8 *Perú.* Chichería de ínfima clase. -9 *adj. Colomb.* Entonado, presuntuoso. 10 *Méj.* [marihuano] En estado de intoxicación aguda. 11 *Méj.* Borracho. 12 *Méj.* Enojado. -13 *m. f. Ant.* Persona cuyo pelo ensortijado indica mezcla de raza blanca con negra.
SIN. *5* **Llave;** si es grande, **grifón;** si es pequeño, **espita.**
II) grifo (gr. *gryps,* hecho en l. tardío *gryphus*) *m.* Animal fabuloso, medio águila, medio león. 2 BLAS. Figura heráldica que representa un grifo rampante.
III) grifo, -fa (de *Sebastián Grifo,* impresor) *adj.-s.* V. letra grifa.
grifón *m.* Grifo o llave grande de fuente. 2 Mechero de velón. 3 Perro que tiene el pelo grifo.
grifota *com.* En el lenguaje de la droga, fumador asiduo de grifa.
grigallo *m.* Ave galliforme algo mayor que la perdiz *(Tetrao urogallus).*
grill (voz inglesa) *m.* Parrilla. 2 En los hornos de gas, fuego situado en la parte superior que sirve para gratinar o dorar los alimentos.
I) grilla *f.* Hembra del grillo. 2 Cosa que no es lo que parece, y p. ext. mentira. 3 *Amér.* Molestia, contrariedad. 4 *Colomb.* Chamusquiña, riña. 5 *Cuba.* Clase de tabaco inferior preparado para ser masticado. -6 *m. Pan.* Mal pagador.
II) grilla (fr. *grille*) *f. Amér.* GALIC. Entre aviadores, rejilla.
grillado, -da *adj.* fam. *y* fig. Alelado, falto de juicio.
grillaje (fr. *grillage*) *m. Amér.* GALIC. Enrejado.
grillarse *prnl.* Echar grillos las semillas, bulbos o tubérculos. 2 fig. *y* fam. Alelarse. 3 Guillarse, huirse.
SIN. **Agrillarse.**
grillera *f.* Cuevecita en que se recogen los grillos. 2 Jaula en que se los encierra. 3 Furgón policial para la conducción de detenidos.
grillero *m.* El que pone y quita los grillos a los presos.
grilleta *f.* Rejilla de la celada.
grillete *m.* Arco de hierro, semicircular, con sus extremos sujetados por un perno, para asegurar una cadena al pie de un presidiario, a un punto de una embarcación, etc. 2 Trozo de cadena que engrilletado a otros forma la del ancla de un buque.
SIN. **Calceta.**
I) grillo (l. *grillu*) *m.* Insecto ortóptero de color negro rojizo, notable por el sonido agudo y monótono que el macho produce frotando uno con otro sus elitroides *(Gryllus domesticus).* 2 ~ ***cebollero, topo*** o ***real,*** insecto ortóptero mayor que el grillo, con las dos patas delanteras parecidas a las manos de un topo; es muy dañino a las plantas porque corta sus raíces al hacer las galerías en que habita *(Gryllotalpa gryllotalpa).* 3 *Ecuad.* Moneda de níquel de cinco centavos. 4 *Venez.* fig. Obsesión, manía, preocupación.
SIN. *2* **Alacrán cebollero, cortón, grillo talpa.**
II) grillo *m.* Tallo o brote tierno que nace de las semillas, los bulbos o los tubérculos.
III) grillo *m.* Conjunto de dos grilletes con un perno común, que se coloca en los pies de algunos presos. 2 fig. Cosa que embaraza o detiene el movimiento.
grillotalpa *m.* Grillo cebollero.
grima (germ. **grim,* colérico, irritado) *f.* Desazón, horror que causa una cosa. 2 *Colomb. En ~,* solo. 3 *Chile.* Grisma.
grimillón *m. Chile.* Multitud, montón.
grimoso, -sa *adj.* p. us. Que da grima.
grímpola (fráncico *wimpil;* a través del fr. ant. *guimple,* velo de mujer) *f.* Gallardete muy corto.
grinalde *f.* Ant. proyectil a modo de granada.
gringada *f. Amér.* Acción propia de gringo. 2 Conjunto o reunión de gringos.
gringaje *m. Argent.* y *Urug.* desp. Conjunto o grupo de gringos.
gringo, -ga (deformación de *griego,* lenguaje incomprensible) *adj.-s.* Extranjero, esp. inglés; en Hispanoamérica, norteamericano. 2 Lengua extranjera. -3 *m.* Griego (lenguaje). -4 *m. f. Amér.* Persona rubia.
REL. **Engringarse,** seguir las costumbres de los gringos.
gríngola *f. Murc.* Caballería endeble.
gringuele *m. Cuba.* Yute (planta).
griñolera *f.* Arbusto rosáceo de flores en corimbo y fruto globoso *(Cotoneaster vulgaris).*
I) griñón (l. tardío *grennione,* de la raíz celt. *grenn-,* pelo en la cara) *m.* Toca usada por las monjas y beatas, que, además de cubrirles la cabeza, les rodea el rostro.
II) griñón (de *bruño* < l. *prunus*) *m.* Variedad de melocotón, pequeño, piel lisa y muy colorada.
SIN. **Briñón, nectarina.**
III) griñón *f.* Coliflor selecta producida en Griñón (Madrid).
gripa *f. Colomb., Urug.* y *Venez.* Gripe o catarro.
gripal *adj.* Relativo a la gripe.
gripar *tr.-prnl.* GALIC. Agarrotar un motor o un mecanismo.
gripe (fr. *grippe* < del suizo-al. *grüpi,* der. de *grûpen,* encontrarse mal) *f.* Enfermedad infecciosa, gralte. epidémica, con manifestaciones variadas, esp. catarrales.
SIN. El nombre tradicional español es **trancazo;** tiende a disminuir el uso del italianismo **influenza,** muy frecuente en el s. XIX.
griposo, -sa *adj.-s.* Que tiene gripe.
gris (germ. *gris,* probl. a través del prov. *gris*) *adj.-s.* Color que resulta de la mezcla del blanco y negro: ~ ***marengo,*** el obscuro casi negro; ~ ***perla,*** el que recuerda en su tonalidad al color de la perla. -2 *adj.* De color gris. 3 fig. Triste, lánguido, apagado. -4 *m.* Variedad de ardilla que se cría en Siberia. 5 Viento frío: *hacer ~.* 6 vulg. *y* desus. Policía.
grisáceo, -a *adj.* Que tira a gris.
grisalla *f.* PINT. Género de pintura de tono gris, con que se imita el relieve de la escultura.
grisear *intr.* Ir tomando color gris [una cosa].
gríseo, -a *adj.* Grisáceo.
griseta (de *gris*) *f.* Tela de seda con dibujo menudo. 2 Enfermedad de los árboles, ocasionada por filtración de agua en lo interior del tronco.
SIN. *2* **Gotera.**
grisgrís *m.* Especie de amuleto de los moriscos.
grisma *f. Chile, Guat.* y *Hond.* Brizna, pizca.
grisón, -na *adj.-s.* De Los Grisones, cantón del este de Suiza. -2 *adj.-m.* Conjunto de dialectos retorrománicos occidentales; como el romanche.
grisú (valón *grisou*) *m.* Gas mefítico, mezcla de metano con anhídrido carbónico y nitrógeno, que se desprende en las minas de carbón y forma con el aire una mezcla detonante. ◇ Pl.: *grisúes.*
grisumetría (de *grisú* + *-metría*) *f.* MIN. Proceso para determinar el contenido de grisú del aire de las minas, a fin de regular la ventilación de las mismas.
grisúmetro (*grisú* + *-metro*) *m.* Aparato que mide la cantidad de grisú de un lugar.
grita *f.* Gritería. 2 Vocería en demostración de desagrado. 3 CETR. Voz que el cazador da al azor cuando sale la perdiz. 4 *Dar ~,* mofarse o burlarse de uno a gritos.
gritadera *f. Amér.* Gritería, grita.
gritadero *m. S. Dom.* Griterío.
gritador, -ra *adj.-s.* Que grita.
gritar (l. *quiritare*) *intr.* Levantar mucho la voz dando sonidos penetrantes. -2 *tr.-intr.* ant. Manifestar el público desagrado en forma ruidosa: *~ a un actor; ~ una comedia.*
SIN. *1* **Desgañitarse, chillar, vociferar,** los tres intensivos; **vocear.**
gritería *f.* Griterío.
griterío *m.* Confusión de voces altas y desentonadas.
SIN. **Grita, vocerío, vocería, vocinglería.**

grito *m.* Efecto de gritar. 2 Manifestación vehemente de un sentimiento general. 3 Expresión pronunciada en voz muy alta: *poner el ~ en el cielo.* 4 Chirrido de los hielos de los mares glaciares al ir a quebrarse por estar sometidos a presiones. 5 ***Estar en un ~***, quejarse por un dolor. 6 ***Pedir una cosa a gritos,*** necesitarla mucho. 7 *Argent. Al ~*, al punto.
SIN. **Voz.**

gritón, -tona *adj.* fam. Que grita mucho.

gritonear *intr. Perú.* Gritar mucho.

griva *f.* Pez teleósteo perciforme marino, carnívoro, de cuerpo alargado y coloración verde o pardo anaranjada con ocelos blancos en el vientre *(Labrus viridis).*

grizzli *m.* Oso negro de América del Norte *(Ursus americanus).*

gro (fr. *gros*) *m.* Tela de seda sin brillo.

groar *intr.* Croar.

groelandés, -desa, groenlandés, -desa *adj.-s.* De Groenlandia, isla danesa del océano Glacial Ártico.

groera (probl. del célt. *broga,* límite) *f.* MAR. Agujero para dar paso a un cabo, pinzote, etc.

grog (voz inglesa) *m.* Bebida caliente compuesta de agua, azúcar, ron u otro licor.

grogui (ing. *groggy*) *adj.* [boxeador] Que queda momentáneamente sin conocimiento sin estar fuera de combate. 2 p. ext. Atontado, aturdido por el cansancio o por otras causas. 3 Casi dormido.

groja *f. Colomb.* Gorja, chanza.

grojear *intr. Colomb.* fest. Estar de gorja o broma.

gromo (l. *grumu*) *m.* Yema (brote).

gropos *m. pl.* Hebras gruesas, raeduras de asta, etc., puestas en el fondo del tintero, para que la pluma no coja demasiada tinta.
SIN. **Cendales.**

gros *m.* ant. Moneda de cobre, de varios estados alemanes (diez pfenigs).

grosamente (de *grueso*) *adv. m.* En grueso, toscamente.

grosella (fr. *groseille,* de et. dud.) *f.* Fruto del grosellero, de cuyo zumo se hace jarabe. -2 *adj.-f.* Color rojo de este fruto.

grosellero *m.* Arbusto saxifragal, de flores amarillas verdosas en racimo, cuyo fruto es una baya pequeña, roja y de sabor agridulce *(Ribes rubrum).* 2 ~ ***negro,*** arbusto aromático, de hojas grandes y flores acampanadas de color blanco; el fruto es negro, dulce y comestible *(Ribes nigrum).* 3 ~ ***silvestre,*** arbusto saxifragal espinoso de hasta 1,5 m. de altura, flores blancas teñidas de rosa, y fruto globular de color verde o rojizo *(Ribes uva-crispa).*
SIN. *2* **Casis.** *3* **Uva espina.**

groseramente *adv. m.* Con grosería.

grosería *f.* Descortesía, falta grave de atención o respeto. 2 Tosquedad en el trabajo manual. 3 Rusticidad, ignorancia, ordinariez.
SIN. *1* **Impolítica, desatención, incorrección, inconveniencia, descomedimiento** y **descortesía,** son expr. atenuadas; **patanería, zafiedad, patochada** y **tochedad,** son expr. intensivas, sugieren pralte. grosería cometida por ignorancia o rusticidad.

grosero, -ra (de *grueso*) *adj.* Basto, ordinario: *paño ~.* -2 *adj.-s.* Descortés: *insulto ~; hombre ~.*

grosez *f.* desus. Grosura (substancia).

grosísimo, -ma *adj.* Superl. de *grueso.*

groso *adj.* [tabaco] En granos.

grosor (de *grueso*) *m.* Espesor de un cuerpo.
SIN. **Grueso.**

grosularia (l. mod. *grossularia,* de *grosella*) *f.* Variedad de granate, de color verdoso amarillento.

grosulariáceo, -a *adj.-f.* Planta de la familia de las grosulariáceas. -2 *f. pl.* Familia de plantas dicotiledóneas que incluye arbustos pequeños, con hojas alternas, palmeadas y lobuladas, flores en racimos, cada una con cinco pétalos, cuyo fruto es una baya; como el grosellero.

grosura (de *grueso*) *f.* Substancia crasa. 2 Extremidades y asadura de los animales.
SIN. *1* **Grasura.**

grotescamente *adv. m.* De manera grotesca.

grotesco, -ca (it. *grottesco* < *grotta,* gruta) *adj.* Ridículo y extravagante. 2 Grutesco. 3 Irregular, grosero y de mal gusto.

grúa (l. *grue,* grulla) *f.* Máquina para levantar pesos, compuesta de un brazo giratorio, con una o varias poleas: ~ ***flotante,*** la de gran potencia montada sobre un pontón y que se emplea para la carga en los puertos. 2 Vehículo automóvil provisto de dicha máquina para remolcar otro. 3 Antigua máquina de guerra, consistente en una torre móvil de madera, con un puente voladizo que podía abatirse sobre las murallas de una plaza sitiada. 4 En televisión, soporte sobre el que se instala una plataforma en la que se coloca el asiento del operador y la cámara.
SIN. *1* **Titán,** grúa gigantesca.

gruesa *f.* Doce docenas.

gruesamente *adv. m.* En grueso, a bulto. 2 De un modo grueso.

grueso, -sa (l. *grossu*) *adj.* Corpulento, abultado: *una cabeza gruesa; muy ~ de cuello.* 2 Grande. 3 Poco agudo: *entendimiento ~.* -4 *m.* Una de las tres dimensiones de los cuerpos. 5 Espesor o cuerpo de una cosa: *el ~ de la pared; un libro de poco ~.* 6 Parte principal y más fuerte de un todo: *el ~ del ejército.* 7 Trazo ancho y entintado de una letra. 8 Intestino grueso. 9 *loc. adv. En ~*, por junto, por mayor. -10 *f. C. Rica.* Eufemismo para designar a la mujer encinta. ◇ Superl: *grosísimo.*
SIN. *5* **Grosor.**

gruiforme *adj.-m.* Ave del orden de los gruiformes. -2 *m. pl.* Orden de aves con las patas y el cuello largos, y costumbres terrícolas; como la grulla.

gruir (l. *gruere*) *intr.* Gritar las grullas. ◇ ** CONJUG. [62] como ***huir.***

gruja *f.* Hormigón de piedras desmenuzadas, arena y cemento.

grujidor (fr. *grugeoir*) *m.* Barreta de hierro cuadrada, con una muesca en cada extremidad para grujir.
SIN. **Brujidor.**

grujir (fr. *gruger* < neerl. *gruizen,* aplastar) *tr.* Igualar con el grujidor los bordes [de los vidrios].
SIN. **Brujir.**

grulla (alterac. del ant. *gruya, grua,* der. del l. *grus, gruis*) *f.* Ave gruiforme de unos 12 dms. de altura, con el pico recto y cónico, el cuello largo, alas grandes, cola corta y plumaje gris ceniciento *(Grus grus).* 2 Constelación austral situada entre el Ave Fénix y el Judío. 3 *Méj.* Persona lista, viva, astuta.

grullada *f.* Gurullada. 2 Perogrullada.

grullero *adj.* [halcón] Habituado a la caza de grullas.

grullo, -lla *m. And.* fam. Paleto, cateto, palurdo. -2 *adj. Méj.* Pegote, gorrón. 3 *Méj.* [caballo o mula] De color ceniciento. -4 *m. Amér.* Peso, moneda. 5 *Argent.* Potro o caballo entero, grande y gordo. 6 *Bol.* Dinero.

grumete (voz afín al fr. ant. *gromet,* ing. *groom,* criado joven, de etim. dud.) *m.* Marinero de clase inferior.

grumo (l. *-mu*) *m.* Parte coagulada de un líquido: *~ de sangre, de leche.* 2 Conjunto de cosas apiñadas: *~ de uvas.* 3 Yema (brote). 4 Extremidad del alón del ave.
SIN. *1* v. **Coágulo.** REL. vb. **Engrumecerse,** hacerse grumos una cosa.

grumoso, -sa *adj.* Lleno de grumos.

gruñido (l. *grunnitu*) *m.* Voz del cerdo. 2 Voz amenazadora de algunos animales. 3 fig. *y* desp. Sonidos inarticulados, roncos, que emite una persona.

gruñidor, -ra *adj.* Que gruñe.

gruñimiento *m.* Acción de gruñir. 2 Efecto de gruñir.

gruñir (l. *grunnire*) *intr.* Dar gruñidos. 2 fig. Mostrar disgusto murmurando entre dientes. 3 Chirriar, rechinar una cosa: *la puerta gruñe.* ◇ ** CONJUG. [40] como ***muñir.***
SIN. *2* **Rezongar, refunfuñar.**

gruñón, -na *adj.* fam. Que gruñe con frecuencia.

grupa (germ. *krûppa*) *f.* Anca (de caballería).

grupada (cat. *gropada*) *f.* Golpe de aire o agua violento.

grupear *intr. Argent.* Decir grupos (mentiras).

grupera (fr. *croupière*) *f.* Almohadilla que se pone detrás del borrén trasero. 2 Baticola.

grupeto (it. *grupetto*) *m.* MÚS. Grupo de 3 ó 4 notas que por grados conjuntos rodean una nota principal. En la notación puede indicarse con un signo de abreviatura.

grupo (it. *gruppo,* nudo, de orig. germánico) *m.* Pluralidad de seres o cosas que forman un conjunto. 2 Conjunto de figuras pintadas o esculpidas. 3 FÍS. ~ ***electrógeno,*** unidad formada por un motor de explosión o de combustión y un generador eléctrico. 4 FISIOL. ~ ***sanguíneo,*** tipo en que se clasifica la sangre de los distintos individuos, en relación con las propiedades de aglutinación que se producen al mezclar estas sangres. 5 MAT. Conjunto de elementos que se relacionan entre sí conforme a determinadas características. 6 MIL. Unidad táctica de artillería o caballería que está gralte. a las órdenes de un comandante. 7 QUÍM. Columna del sistema periódico, que contiene elementos de propiedades semejantes. 8 ~ ***de presión,*** conjunto de personas o corporaciones que, con su influencia económica, social, política, etc., procuran obtener resoluciones del poder público favorables a sus intereses. 9 *Argent.* fest. *y* fam. Mentira, bola.

grupúsculo *m.* Dim. de *grupo*. 2 Pequeño grupo político, poco representativo, frecuentemente extremista.

gruta (l. *crypta* < gr. *kryté,* lugar escondido; doble etim. *cripta*) *f.* Cavidad natural o artificial abierta en riscos o peñas.

grutesco, -ca *adj.* Relativo a la gruta. -2 *m.* Sistema o composición decorativa mural, pictórica o escultórica, a base de elementos animales, vegetales y humanos entrelazados, originando conjuntos de figuras fantásticas.

SIN. **Brutesco, grotesco.**

gruyere (de *Gruyère,* n. de la localidad suiza donde se fabrica) *m.* Queso amarillo pálido con grandes ojos.

gu (dígrafo) V. *g.*

gua *m.* Hoyito que hacen los muchachos en el suelo para jugar tirando en él bolitas o canicas. 2 Dicho juego.

¡gua! *Amér.* Interjección con que se expresa temor o admiración.

guaba *f. Amér. Central* y *Ecuad.* Guama. 2 *Ecuad.* fest. Pie de una persona.

guabá (voz indígena) *m. Ant.* Araña peluda, especie de tarántula *(Phrynus palmatus).*

guabairo (voz indígena) *m. Cuba.* Ave nocturna de plumaje rojo obscuro, veteado de negro *(Caprimulgus carolinensis).*

guabán (voz indígena) *m. Cuba.* Árbol silvestre, de semilla venenosa; su madera se usa para mangos de herramienta *(Trichilia pallida).*

guabazo *m. C. Rica.* Bofetada.

guabico (voz indígena) *m. Cuba.* Árbol anonáceo de madera dura y fina *(Xylopia obtusifolia).*

guabina *f. Amér.* Pez de agua dulce, de carne suave y gustosa *(Philypnus dormitator).* 2 *Colomb.* Canción popular.

SIN. *1* **Morón.**

guabinear *intr. Cuba.* Procurar congraciarse con todo el mundo.

guabino, -na *adj. Colomb.* y *Venez.* Zopenco. 2 *Colomb.* y *Venez.* [pers.] Que nada entre dos aguas. 3 *Colomb.* [pez] Que se desecha por ser nocivo. 4 *P. Rico.* [hombre] Que rehúye el matrimonio. -5 *m. Cuba.* Última bolita que queda en un juego.

guabirá (guaraní) *m. Argent.* Árbol grande de madera fina y fruto amarillo *(Campomanesia crenata).*

guabiyú (guaraní) *m. Argent.* Árbol mirtáceo medicinal, de fruto comestible *(Eugenia guabiyu).*

guabo *m.* Guano, árbol.

guabucho *m. P. Rico.* Chichón.

guabul *m. Hond.* Bebida que se hace de plátano maduro, cocido y deshecho en agua.

guaca (voz quechua) *f. Amér. Central* y *Amér. Merid.* Sepulcro de los antiguos indios americanos. 2 *Pan.* Vasija, generalmente de barro cocido, donde aparecen depositados las joyas y objetos artísticos, en las sepulturas indígenas. 3 *Amér.* Tesoro escondido o enterrado. 4 *Amér.* Hucha o alcancía. 5 *C. Rica, Cuba* y *Venez.* Hoyo donde se depositan frutas verdes para que maduren. 6 *Cuba.* Reprimenda. 7 *Perú.* Huatia. 8 *Venez.* Úlcera grande.

guacabina *f. Cuba.* Provisión que se lleva de camino para comer. 2 *Cuba.* Res extraña que se introduce en una piara de ganado.

guacal (náhu. *huacalli*) *m. Amér. Central.* Árbol que produce un fruto redondo del cual se hacen vasijas *(Crescentia cujete).* 2 *Amér. Central.* Vasija que se hace de este fruto. 3 *Can.* y *Amér.* Especie de cesta formada de varillas de madera, que se usa para el transporte de loza, cristal, frutas, etc.

guacalada *f. Amér.* Lo que cabe en un guacal.

guacalear *tr. Guat.* Regar con el guacal (vasija).

guacalearse *prnl. C. Rica.* Maltratarse los animales.

guacalón, -na *adj. Méj.* Huacalón.

guacalona *f. C. Rica* y *Hond.* Espada de taza grande.

guacalote *m. Cuba.* Planta trepadora, de tallos gruesos con fuertes espinas *(Canavalia).* 2 *Cuba.* Semilla de algunos árboles.

guacamaya *f. Amér.* Guacamayo. 2 *Cuba* y *Hond.* Espantalobos, arbusto.

guacamayo, -ya (voz haitiana) *m. f.* Ave psitaciforme de América, con plumaje rojo, azul y amarillo y la cola muy larga *(gén. Ara).* -2 *adj. Cuba.* [res vacuna] De color amarillo parecido al ave de su nombre. 3 *Cuba.* [cosa] Que tiene reunidos los colores rojo y amarillo. 4 *P. Rico.* [pers.] Vestido de diversos colores.

guacamol, guacamole (méj. *ahuacamolli*) *m. Amér.* Ensalada de aguacate.

guacamote *m. Méj.* Mandioca (arbusto).

guacamotero, -ra *adj.* Perteneciente o relativo a la yuca. -2 *m. f.* Vendedor de yuca.

guacán *m. Parag.* Árbol de la cera.

guacanco (quechua *huallcanga*) *m. Argent.* Garrote.

guácano *m. Colomb.* Garrote.

guacanqui *m. Bol.* Subidas y bajadas en las cuestas de una loma. 2 *Bol.* Moneda que sirve de amuleto.

guácara *f. Colomb.* burl. Gabán o levita.

guacarito *m. Venez.* Pez voraz del río Orinoco, llamado también caribe *(Serrasalmus).*

guacarnaco, -ca (quechua *huacar-nal,* pescuezo de garza) *adj. Cuba, Chile* y *Ecuad.* Sandio, tonto. 2 *Cuba.* Zanquilargo.

guácaro, -ra *m. f. P. Rico.* burl. *y* p. us. Campesino.

guacay *m. Ecuad.* Canal hecho de caña brava para conducir el agua desde los tejados hasta una vasija.

guacha (ing. *washer*) *f.* ANGLIC. Arandela, entre fontaneros y mecánicos. 2 *Pan.* Rodaja.

guachacay (quechua *huajcha,* pobre, y *cay,* ser) *m. Chile.* Aguardiente ordinario.

guachachear (quechua *huachachi*) *tr. Bol.* Empujar.

guachada *f. Colomb.* Vulgaridad.

guachafita *f. Amér.* Desorden, algazara. 2 *P. Rico.* Burla. 3 *Venez.* Casa de juego.

guachaje *m. Amér. Merid.* Conjunto de guachos. 2 *Chile.* Hato de terneros separados de sus madres.

guachalomo *m. Chile.* Solomo, lonja de carne.

guachamarón *m. Venez.* Valiente, pendenciero.

guachapa *f. Venez.* Bullicio, desorden, confusión.

guachapazo *m.* Costalada, caída violenta.

guachapeado, -da *adj. Hond.* Viejo achacoso.

I) guachapear (onomat.) *tr.* Golpear y agitar con los pies [el agua]. 2 fig. Hacer [una cosa] de prisa y chapuceramente. -3 *intr.* Sonar una chapa de hierro por estar mal clavada: ~ *una herradura.*

SIN. *1* **Chapotear.**

II) guachapear (arauc. *huychapén*) *tr. Chile.* Hurtar, robar, arrebatar. 2 *Colomb.* Socolar.

guachapelí *m. C. Rica, Ecuad.* y *Venez.* Árbol leguminoso parecido a la acacia *(Acacia guachapale).*

guachapita *f. Colomb.* Guachafita (barullo).

guachaquear *tr. Colomb.* Tocar el guache (instrumento).

guachar *tr. Ecuad.* Amelgar, hacer surcos para sembrar [un campo].

guáchara *f. C. Rica.* Instrumento músico de los indígenas. 2 *Cuba* y *P. Rico.* desus. Mentira, embuste. 3 *Salv.* Sapo.

guacharaca *f. Colomb.* y *Venez.* Chachalaca (ave). 2 *Colomb.* Barba poblada. 3 *Colomb.* Aire popular antioqueño. 4 *Colomb.* Instrumento músico popular. 5 *Venez.* Canción que se canta en las serenatas de enamorados.

guacharaco, -ca *adj. Venez.* [caballo o yegua] Cuyo pelaje es una variedad del zaíno.

guacharaje *m. Amér.* Conjunto de terneros desmadrados.

guácharo, -ra *adj.* [pers.] Enfermizo. -2 *m.* Guacho, pollo. 3 *Amér.* Ave caprimulgiforme nocturna de América tropical, de plumaje rojizo, con manchas verdosas y blanquecinas *(Steatornis caripensis).* 4 *Ecuad.* Huérfano.

guacharrada *f.* p. us. Caída de golpe de alguna cosa en el agua o en el lodo.

guacharrazo *m.* Caída violenta de una persona.

guacharro *m.* Guacho, cría de un animal.

I) guache (quechua *huachi,* flecha) *m. Colomb.* Alfandoque (instrumento musical). 2 *Colomb.* y *Venez.* Bohordo, especie de caña.

II) guache (quechua *huacha,* pobre; huérfano) *m. Colomb.* y *Venez.* Hombre de la hez, villano, bajo, canalla. 2 *Méj.* Niño. 3 *Méj.* Persona del interior del país.

III) guache (fr. *gouache*) *m.* Técnica pictórica sobre papel o cartón, consistente en aplicar el color diluido en goma y mezclado con un medio de tipo resinoso.

guachear *intr. Colomb.* Portarse como un guache.

guáchere *m. Cuba.* Golpe dado en la oreja con el dedo.

guacherna *f. Colomb.* Gentualla. 2 *Colomb.* Zambra, pelotera. 3 *Colomb.* Baile popular, ambulante, al son de gaita indiana o de cumbiamba; p. ext., comparsa de gente maleante.

guacherpo, -pa *adj. Bol.* [animal] Barrigón.

guachi (arauc. *guachin,* armar lazos) *m. Chile.* Trampa para cazar pájaros. 2 *Chile.* Entre pescadores, especie de saco en forma de bolsón, para coger cangrejos de río. 3 *Chile.* Trampa, ardid.

guachicola *f. Ecuad.* Aguardiente de caña.
guachiconga *f. Venez.* Baile de candil.
guachilón (corrupción de *barchilón*) *m. Chile.* Ayudante de farmacéutico en los buques.
guachimán *m. Amér.* Guardián. 2 *Nicar.* Sirviente.
guachinanga *f. Cuba.* Tranca de puerta o ventana.
guachinango, -ga *adj. Ant.* y *Méj.* Zalamero, bromista. 2 *Cuba.* burl. Mejicano. -3 *m. Cuba* y *Méj.* Pagro, pez.
guachinanguito *m. Méj.* Cierto canto popular.
guachinear *intr. Cuba.* fig. Nadar entre dos aguas.
guachipilín *m. Hond.* Yema de huevo.
guachito, -ta *m. f. Chile.* Voz cariñosa us. para llamar a los corderillos y cabritos que se crían en las casas, y gralte. a las aves de corral, para darles alimento. -2 *m. Ecuad.* Servicio de aguardiente en una sola copa a toda la concurrencia.
I) guacho *m.* Cría de un animal, y especialmente pollo de cualquier pájaro. 2 *Ecuad.* Surco.
II) guacho, -cha (del quechua *uájcha,* huérfano) *adj. And.* Empapado, calado. -2 *adj.-s. Amér.* Huérfano, desmadrado. 3 *Amér.* Expósito. 4 *Argent.* y *Chile.* Borde, dicho de las plantas y de las personas. 5 *C. Rica* y *Pan.* Arroz aguado, especie de sopa espesa. 6 *Chile.* Planta que ha nacido sin ser sembrada. 7 *Chile.* Descabalado, desparejado. 8 *Perú.* Trozo de billete de lotería.
guachucho *m. Chile.* Guachacay.
guacia *f.* Acacia. 2 Goma de este árbol.
guácima *f. Ant.* Árbol silvestre de corteza jabonosa y madera estoposa, que se emplea para hormas, yugos, duelas, etc. *(gén. Guazuma).*
guácimo *m. Amér.* Guácima.
guaco, -ca *m.* Ave galliforme América del sur, de carne muy estimada *(Crax globicera).* 2 *Amér.* Planta usada para curar llagas, picaduras venenosas, etc. (gén. *Mikania; Aristoloquia; Eupatorium; Spilanthes).* 3 *Amér.* Objeto de cerámica que se encuentra en las guacas. 4 *Colomb., C. Rica* y *Ecuad.* Ave falcónida, especie de búho de pequeña talla *(Accipiter bicolor).* -5 *adj.-s. Ecuad.* [pers.] Que tiene labio leporino. 6 *Méj.* Mellizo, gemelo.
guacú *m. Argent.* Tembladera (enfermedad).
guadafiones (etim. dud.) *m. pl.* Maniotas o trabas. ◇ No se usa en singular.
guadal *m. Argent.* Extensión de tierra arenosa que cuando llueve, si no hay declive, se convierte en un barrizal.
guadalajareño, -ña *adj.-s.* De Guadalajara.
guadaloso, -sa *adj. Amér. Merid.* [terreno] Donde hay muchos guadales.
guadamací, -cil *m.* Guadamecí. ◇ Pl.: *guadamacíes.*
guadamacilería *f.* Establecimiento en que se fabrican o venden guadameciles. 2 Oficio del guadamacilero.
guadamacilero *m.* El que tiene por oficio fabricar guadameciles.
guadamecí, -cil (ár. *gadamecí,* de *Gadamés,* oasis de Trípoli) *m.* Cuero adobado y adornado con dibujos. ◇ Pl.: *guadamecíes* y *guadameciles.*
guadaña (l. v. *watania,* del gót. *waithaneis,* relativo al prado, de una raíz germ. *waith-,* cultivar la tierra) *f.* Instrumento para segar a ras de tierra. 2 fig. La Muerte: *la ~ de la Muerte.*
SIN. *1* **Dalle, dalla,** según las comarcas.
guadañador, -ra *adj.* Que guadaña. -2 *f.* Máquina agrícola para la recolección de plantas forrajeras.
guadañar *tr.* Segar [la hierba] con la guadaña.
SIN. **Dallar.**
guadañero, -añil *m.* El que guadaña.
SIN. **Dallador.**
guadaño *m. Can., Cuba* y *Méj.* Bote pequeño con carroza usado en los puertos.
I) guadapero (probl. del gót. *walthapairs,* comp. de *walthus,* bosque, y *pairs,* peral) *m.* Peral silvestre.
II) guadapero (de *guarda + apero*) *m.* Mozo que lleva la comida a los segadores.
guadarnés (de *guarda + arnés*) *m.* Lugar donde se guardan los arneses. 2 Sujeto que cuida de ellos. 3 Armería.
SIN. *2* **Guarnés.**
guadianés, -sa *adj.* Relativo al río Guadiana.
guadijeño, -ña *adj.-s.* De Guadix, c. de Granada. -2 *m.* Cuchillo de un jeme de largo y cuatro dedos de ancho, con punta y corte por un lado.
guadramaña *f.* desus. Embuste o ficción, treta.
guadrapear *tr.* Colocar [varios objetos] de manera que alternativamente vaya el uno en posición contraria a la del otro.
guadua *f. Amér.* Especie de bambú americano, gigantesca gramínácea de tallo arbóreo de hasta 20 cms. de grueso y 20 m. de alto *(Guadua angustifolia).*
guadual *m. Amér.* Terreno poblado de guaduas.
guáduba *f. Amér.* Guadua.
guafa *f. Venez.* Cerca hecha de bambúes.
I) guagua (voz antillana) *f.* Cosa baladí. 2 *Can., Cuba* y *P. Rico.* Ómnibus o autobús de servicio público, que hace viajes con itinerario fijo. 3 *Colomb.* Paca (roedor). 4 *Cuba.* Enfermedad de la piel que se caracteriza por su semejanza con la bulba seca. 5 *Cuba.* Insecto muy pequeño, que forma unas costras en el tronco de los naranjos, limoneros, anonas, etc., y los destruye (gén. Coccus). 6 *Cuba.* Especie de ají.
FR. *De ~,* de balde.
II) guagua (quechua *huahua,* niño) *f. Amér.* Nene, niñito, rorro.
guaguá *m. Guat.* Fantasma, coco.
guagual *adj. Chile.* Guagualón.
guagualón, -na *adj. Chile.* Grandote, bobón.
guagualote *adj. Chile.* Guagualón.
guaguanche *m. Cuba.* Pez de las Antillas *(Sphyraena guaguanche).*
guaguarear *intr. Guat.* y *Méj.* vulg. Charlar.
guaguasí (voz indígena) *m. Cuba.* Árbol silvestre de cuyo tronco fluye, por incisión, una resina aromática que se emplea como purgante *(Loetia apelata).*
guaguatear *tr. Chile* y *Guat.* Criar, amamantar; llevar [una criatura] en brazos.
guaguatero, -ra *adj.-f. Chile.* Mujer que cuida la guagua (nene). -2 *adj.-m. Chile.* desp. Aficionado a hacer niñerías.
guagüero, -ra *adj. Ant.* y *Murc.* Gorrón, que quiere vivir de guagua.
guagüón *m. Perú.* Muñecón, juguete de niños.
guaiboso, -sa *adj. Cuba.* Propenso a quejarse.
guaica (quechua *huállcar,* collar) *f. Argent.* Abalorio. 2 *Bol.* Cuenta del rosario. 3 *Colomb.* y *Venez.* Planta combretácea que produce goma usada como pegamento *(Combretum alternifolius).*
guaicán (voz indígena) *m. Ant.* Rémora, pez.
guaico (quechua) *m. Amér.* Hondonada. 2 *Bol.* Muladar, basurero. 3 *Colomb.* Hoyo, agujero. 4 *Colomb.* Lugar recóndito y despoblado. 5 *Perú.* Torrentera de las montañas, que arrastra grandes peñas y masas de tierra. ◇ También *huaico.*
guaicurú (guaraní) *m. Argent., Chile* y *Urug.* Planta medicinal de los géneros *Galianthe, Statice y Plegorrhiza.*
guaijacón *m. Cuba.* Guajacón.
guáimara *f. Venez.* Mujer varonil e insolente.
guáimaro *m. Venez.* Perdigón o plomo grueso.
guaimense *adj.-s.* p. us. De Guaymas, c. del estado de Sonora (Méjico).
guaimeño, -ña *adj.-s.* p. us. Guaimense.
guaimí *adj.-s.* Tribu de indígenas que habitan en las provincias de Chiriquí, Veraguas y Bocas del Toro, en Panamá. -2 *adj.* Perteneciente o relativo a estos indios. -3 *m.* Lengua que hablan estos indígenas.
guaina (quechua *huaina*) *f. Argent.* Mujer joven. 2 *Bol.* y *Chile.* Mozo, jovencito.
guaiño (quechua *huañín,* muerto) *m. Bol.* Danza indígena, alegre y de ritmo binario. 2 *Bol.* Confusión, algarabía.
guaipe (ing. *wipe,* limpiar) *m. Chile.* Filástica, estopa.
guaipín *m. Amér. Merid.* Especie de capotillo para abrigarse el cuello y los hombros.
guaiquear *tr. Bol.* Apalear. 2 *Bol.* Asaltar.
guaira (mutilación del quechua *uairachina,* sitio o aparato para aventar, der. de *uáira,* viento) *f.* Hornillo de barro en que los indios del Perú funden los minerales de plata. 2 Vela triangular. 3 *Amér. Central.* Especie de flauta de varios tubos que usan los indios.
guairabo *m. Chile.* Ave zancuda nocturna *(Nycticorax obscurus).*
guaira-china *f. Bol.* Guaira (hornillo).
guairana *f. Perú.* Guaira (hornillo).
guairavo, -va *adj. Argent.* Relativo al color del plumaje de las aves gallináceas que resulta de una combinación del blanco con el negro o pardo; pinto.
guaireño, -ña *adj.-s.* De Guairá, dep. del Paraguay. 2 De La Guaira, puerto de Venezuela en el Distrito Federal.
guairo *m. Amér.* Embarcación pequeña y con dos guairas.
guairona *f. Perú.* En algunas regiones, cuarto principal de una

casa que, a falta de otras piezas, sirve de dormitorio y de despensa.
guairuro (quechua *huiruru*) *m. Perú.* Bucare (planta).
guaita (germ. *wahta,* guardia) *f.* Soldado que estaba en acecho durante la noche.
guaja *m.* fam. Pillo, tunante, granuja.
guajá *f. Amér. Merid.* Especie de garza *(Ardea alba).*
guajaba *f. Cuba.* Acapulco (arbusto).
guajabo *m. Ant.* Acapulco (arbusto).
guajabón *m. Cuba.* Especie de bejuco, usado para cuerdas.
guajaca (voz indígena) *f. Cuba* y *S. Dom.* Planta silvestre que se enreda y cuelga de ciertos árboles, semejando crines *(Tillandsia usneoides).*
guajacón (voz indígena) *m. Cuba.* Pececillo de agua dulce *(Gambusia punctata).*
guajada *f. Méj.* Tontería, bobería.
guajal *m. Méj.* Plantío de guajes.
guajalón *m.* Guajabón.
guajalote *m. Méj.* y *P. Rico.* Guajolote.
guajamón, -mona *adj. Cuba.* [caballería] De color bayo amarillo con crin y cola blancas.
guajana (voz indígena) *f. P. Rico.* Inflorescencia de la caña de azúcar.
guájar *amb.* Fragosidad, lo más áspero de una sierra.
guájaras *f. pl.* Guájar.
guaje (mej. *huaxin*) *m.* Niño, muchacho, jovenzuelo. 2 fam. Granuja, sinvergüenza. 3 *Méj.* Especie de acacia *(Acacia esculenta).* 4 *Hond.* y *Méj.* Calabaza vinatera. 5 *Hond.* y *Méj.* fig. Bobo, tonto. 6 *Amér. Central.* fig. Trasto, persona o cosa inútil.
guajear *intr. Méj.* Hacerse uno el guaje (bobo).
guájete por guájete (ár. *uáhed,* uno) *expr. adv.* fam. Tanto por tanto; una cosa por otra.
guajilote *m. Méj.* Planta bombácea del noroeste del país (gén. *Crescenti).*
guajino, -na *m. f. P. Rico.* Lechoncillo, guarrín.
guajira *f. Cuba* y *S. Dom.* Canto popular, inspirado generalmente en las cosas del campo, cuya letra suele ajustarse a la combinación métrica de la décima o espinela. 2 *Cuba.* Camisa de falda corta.
I) guajiro, -ra (voz indígena) *m. f.* Campesino blanco de Cuba. 2 *S. Dom.* Campesino sin atender al color. -3 *adj. Cuba.* Rústico, campestre.
II) guajiro, -ra *adj.-s.* De Guajira, dep. de Colombia.
guájiro, -ra *m. f. Guat.* Centroamericano que no ha nacido en la ciudad de Guatemala.
guajojó *m. Bol.* Urutaú.
guajolote (mej. *huexolotl*) *m. Méj.* Pavo (doméstico o montés). -2 *adj.-s. Méj.* Tonto, necio, bobalicón.
guajurú *m. Amér. Merid.* Baile indio. 2 Hicaco, arbusto.
guala (arauc.) *f. Colomb.* y *Chile.* Ave palmípeda de color rojo obscuro y blanco *(Fulica chilensis).* 2 *Venez.* Aura, gallinazo.
¡gualá! (ár.) desus. Interjección ¡Por Dios! ¡por cierto!
gualacate *m. Argent.* Especie de quirquincho, o tatú grande, o tatú canasta (gén. *Priodontes).*
gualambeao *adj. Colomb.* vulg. Calamocano.
gualambear *tr. Colomb.* Arruinar [a uno].
gualanday *m. Colomb.* Árbol corpulento de flores purpurinas *(Jacaranda mimosaefolia).*
gualatina *f.* Guiso compuesto de manzanas, leche de almendras, etc.
gualato *m. Chile.* Especie de pico o azadón.
gualda (gót. **walda*) *f.* Hierba resedácea de tallos ramosos, hojas enteras, amarillas y frutos capsulares. Da la materia colorante llamada enteolina *(Reseda luteola).*
SIN. **Reseda.**
gualdado, -da *adj.* Teñido con el color de gualda.
gualdaperra *f.* Digital (planta).
gualdera (etim. dud.; probl. de *guardera,* der. de *guarda,* dicho de las partes laterales de algo) *f.* Tablón lateral que forma una escalera, cureña, etc.
gualdo, -da *adj.* De color de gualda o amarillo.
gualdrapa (l. *vastrape;* en la var. *vasdrappa*) *f.* Cobertura larga que cubre las ancas de las cabalgaduras. 2 fig. Calandrajo (andrajo).
gualdrapazo *m.* Golpe dado por las velas de un buque contra los árboles y jarcias.
I) gualdrapear *tr.* Poner de vuelta encontrada [una cosa sobre otra]: ~ *los alfileres.*
II) gualdrapear *intr.* Dar gualdrapazos. 2 *Cuba.* Andar el caballo con un movimiento suave, pero corto e igual, aparentemente sin levantar el cuerpo.
gualdrapeo *m.* Acción de gualdrapear. 2 Efecto de gualdrapear.
gualdrapero *m.* Hombre andrajoso.
guale *m.* fig. Tristeza, murria. 2 *Colomb.* Zopilote o aura común.
gualeta *f. Chile.* Aleta, orejera.
gualetazo *m. Chile.* vulg. Golpe.
gualetudo, -da *adj. C. Rica.* De pies grandes.
gualicho (voz tehuelche o pampa) *m. Amér.* Diablo o genio del mal. 2 *Amér.* Daño, maleficio. 3 *Argent.* Mascota o talismán de grandes virtudes.
gualichú *m.* Gualicho.
gualina *f. Colomb.* fest. Remedio para calmar el guale.
gualiqueme *m. Hond.* Árbol leguminoso que tiene propiedades narcóticas *(Erythrina corallodrendon).*
gualle (arauc. *hualle*) *m. Chile.* Árbol de cincuenta metros de altura, de madera pesada y dura, empleada en la construcción *(Nothofagus oblicua).*
guallipén *adj. Chile.* Patituerto, estevado. -2 *m. Chile.* Animal fabuloso. 3 *Chile.* Simplote.
gualputa (arauc.) *f. Chile.* Planta parecida al trébol *(Medicago maculata).*
gualtrapear *intr. Cuba.* Gualdrapear (el caballo).
guama *f. Amér.* fig. Mentira. 2 *Colomb.* y *Venez.* Fruto del guamo, que contiene unas semillas ovales cubiertas de una substancia comestible muy dulce, blanca, que parecen copos de algodón. 3 *Colomb.* Guamá. 4 *Colomb.* Entre galleros, acumulación de sangre en el pescuezo de un gallo. 5 *Colomb.* Calamidad. 6 *Venez.* Chasco pesado.
guamá (voz indígena) *m. Cuba.* Árbol que se emplea para dar sombra al café *(Inga laurina).* 2 *Cuba.* Árbol leguminoso maderable *(Lonchocarpus sericeus).*
SIN. *1* **Guama** o **guamo,** *Colomb.*; **guaba** o **guabo,** *Amér. Central* y *Ecuad.*; **pacay,** *Argent., Bol., Colomb.* y *Perú.*
guamanga *f. Perú.* Piedra huamanga.
guamango *m. Argent.* Halcón.
guamazo *m. Amér.* Guantada, manotazo.
guambas *m. C. Rica.* Necio.
guambía *f. Colomb.* y *Venez.* Mochila de cabuyas.
guambiar *tr. Salv.* Castigar, zurrar.
guambra (quechua) *m. Ecuad.* Muchacho indio o mestizo.
guamear *intr. S. Dom.* Trabajar o luchar en demasía.
guamica (voz caribe) *f. Cuba.* Paloma silvestre parecida a la tórtola, con la cola extendida en forma de cuña *(Columba carolinensis).*
guamil (mej. *huac,* seco + *milli,* sementera) *m. Hond.* Terreno montañoso donde se repite una siembra. 2 *Guat.* Planta que brota espontánea en las tierras roturadas. 3 *Méj.* Rastrojo, sementera donde se ha cosechado, y quedan tallos secos.
guamo *m. Colomb.* y *C. Rica.* Guamá (café). 2 *Cuba.* Fotuto (caracola).
guampa (quechua) *f. Argent.* y *Chile.* Aliara, cuerna.
guámpara *f. Cuba.* Mocha (especie de machete).
guámparo *m.* Guampa.
guampo *m. Chile.* Embarcación pequeña hecha de un tronco de árbol.
guampudo, -da *adj. Amér. Merid.* Cornudo.
guana (voz indígena) *f. Cuba.* Árbol magnoliáceo de grandes flores amarillas. Su líber es un tejido fibroso muy útil *(Liriodendron lagetta).*
guanaba *m. Amér.* Guanábana. 2 *Amér. Central.* Papanatas.
guanabá (voz indígena) *m. Cuba.* Ave zancuda que se alimenta pralte. de mariscos *(Nycticorax violacea).*
guanabacoense *adj.-s.* De Guanabacoa, c. de la prov. de La Habana (Cuba).
guanábana (taíno de Sto. Domingo) *f. Amér.* Fruta del guanábano.
guanabanada *f. Amér.* Champola, bebida refrescante.
guanabanismo *m. Colomb.* Majadería.
guanábano, -na, *m. f.* Árbol anonáceo, con fruto acorazonado de corteza verdosa, pulpa blanca de sabor agradable, dulce y refrigerante *(Amona muricata).*
guanabima *f. Cuba.* Fruto del corojo.
guanacaste (náhu. *quauitl,* árbol + *nacaztli,* oreja) *m. Amér. Central.* Árbol leguminoso gigantesco, con vainas aplastadas y enroscadas en figura de oreja *(Enterolobium cyclocarpum).*

guanacasteco, -ca *adj.-s.* De Guanacaste, c. y prov. de Costa Rica.

guanacia *f. Amér. Central.* fest. Región centroamericana con excepción de Guatemala.

guanaco, -ca (quechua *huanacu*) *m. f.* Mamífero rumiante de la familia de los camélidos, parecido a la llama, que habita en los Andes meridionales *(Anchenia huanacus).* 2 *Amér.* fig. Payo, rústico, y p. ext., tonto, simple. 3 *Guat.* Apodo que dan los guatemaltecos a los demás centroamericanos.

guanajada *f. Ant.* Simpleza, necedad.

guanajería *f. Cuba.* Simpleza, necedad.

guanajo *m. Can.* y *Ant.* Bobo. 2 *Can.* Persona holgazana.

guanajuatense *adj.-s.* De Guanajuato, c. y estado de Méjico.

guanal *m. Amér.* Plantío de palmeras de guano. 2 *Perú.* Ave marítima que produce guano *(Phalacrocorax bouganvillea).*

guanana (voz indígena) *f. Cuba.* Especie de ganso pequeño (gén. *Anser).*

guanaquear *intr. Chile.* Cazar guanacos. 2 *Guat.* Hacer guanaquerías.

guanaquería *f.* Acción propia de un guanaco (persona nacida fuera de Guatemala).

guanarense *adj.-s.* De Guanare, cap. del estado de Portuguesa (Venezuela).

guanareño, -ña *adj.-s.* Guanarense.

guanaro (voz caribe) *m. Cuba.* Paloma silvestre *(Columba zenaida).*

guanay *m. Chile.* Bogador, remero. 2 *Chile.* Jornalero que trabaja en los puertos. 3 *Chile.* Hombre corpulento y de mucha fuerza.

guanca *f. Venez.* Huanca.

guancaco *m. Bol.* Palo que se ata a la cabeza del animal para mejor aguante del domador.

guanchaco *m. Perú.* Huanchaco. 2 *Perú.* El que logra entrar en una sala de espectáculos, sin derecho a ello, para gozar de la función.

guanchaquear *intr. Perú.* Burlar la vigilancia y entrar en una sala de espectáculos.

guanchaquero, -ra *adj. Perú.* [pers.] Guanchaco.

guanche *adj.-s.* De un antiguo pueblo que habitaba las islas Canarias al tiempo de su conquista. -2 *adj.-m.* Lengua camitosemítica, emparentada con el beréber, hablada antiguamente en las islas Canarias.

guanco *m. Hond.* Miembro de una agrupación que celebra anualmente fiestas en honor del patrono del lugar. 2 *Guat.* Campesino inculto.

guandajo, -ja *adj. Méj.* Mal vestido.

guandajona *adj. Méj.* [mujer] Mal vestida.

guandero *m. Amér.* Camillero.

guando (quechua *huantu*) *m. Amér.* Andas, camilla, parihuela.

guandoca *f. Colomb.* Cárcel, prisión.

guandú *m. Ant., C. Rica* y *Hond.* Arbusto leguminoso, de semillas comestibles *(Cajanus indicus).*

guanear *intr. Amér.* Defecar, refiriéndose a animales. -2 *tr. Perú.* Abonar con guano [el terreno].

guanera *f. Chile* y *Perú.* Paraje donde se encuentra el guano.

guanero, -ra *adj.* Relativo al guano. -2 *m.* Buque que transporta guano.

guangada *f. Colomb.* Conjunto de personas o animales.

guangana *f. Perú.* Pécari.

guángara *f. Cuba* y *S. Dom.* Algazara. 2 *Colomb.* Vasija ancha y honda.

guango, -ga (probl. quechua) *adj. Guat.* y *Méj.* Ancho, flojo. 2 *Méj.* Entre charros, cargante, pesado. -3 *m. Colomb.* y *Ecuad.* Fajo, haz. 4 *Colomb.* Racimo de plátanos. 5 *Chile.* Cuadrúpedo roedor, especie de ratón de campo. 6 *Ecuad.* Trenza de pelo que llevan los aborígenes. ◇ También *huango.*

guangoche *m. Guat.* Costal. 2 *Méj.* Tela basta, rala, hecha de ixtle.

guangocho *m. Hond.* Guangoche. 2 Saco hecho de esta tela. -3 *adj. Méj.* Ancho, holgado.

guangochudo, -da *adj. Méj.* [vestido o cosa semejante] Muy holgado y ancho.

guangudo, -da *adj. Ecuad.* Que lleva guango o trenza en el pelo.

guanguear *tr. Colomb.* Unir guangos [de plátanos].

guanguero, -ra *adj.-s. Colomb.* Bullanguero.

guaní *m. Cuba.* Pajarito, especie de colibrí *(Orthorhynchus colubris).*

guanidina *f.* QUÍM. Base derivada de la urea, sólido incoloro, soluble en agua, que se obtiene por tratamiento de la urea con amoníaco a presión.

guanime (voz indígena *guanimí,* bollitos de maíz) *m. P. Rico.* Panecillo de harina de maíz salcochado, envuelto en hojas de plátano.

guanimo *m. S. Dom.* Guanime.

guanín (taíno de las Ant.) *adj. Colomb.* y *Cuba.* [oro] Bajo de ley. 2 *Colomb.* [objeto precioso] Fabricado por los indios con ese metal.

guanina (voz indígena) *f. Cuba.* Hierba leguminosa que produce unas semillas empleadas como café *(Cassia tora).*

guaniquí (voz indígena) *m. Cuba.* Bejuco que llega a tener dos pulgadas de grueso y se usa para hacer cestos *(Trichostigma rivinoides).*

guanjuro, -ra *m. f. Hond.* Benjamín de una familia.

I) guano (quechua *huanu,* estiércol) *m.* Abono formado por el excremento de las aves marinas; se encuentra acumulado en gran cantidad en varias islas del Perú y del N. de Chile. 2 Abono mineral fabricado a imitación del guano. 3 *Logr.* Excremento. 4 *Argent., Chile, Méj.* y *Perú.* Estiércol de cualquier animal, utilizable como abono.

II) guano *m. Cuba* y *S. Dom.* Nombre genérico de varias palmeras como el yarey, la manaca, la jata, etc. 2 *Cuba.* Penca de la palma. 3 *Cuba* y *P. Rico.* fig. Dinero, plata. 4 *P. Rico.* Materia algodonosa de la baya del árbol o palma de guano, usada para hacer colchones y almohadas.

guanoche *m. Méj.* Guangoche (tela).

guanque, guanqui (arauc.) *m. Chile.* Planta dioscórea, especie de ñame (gén. *Dioscorea).*

guanquero *m. Argent.* Abejorro *(Xylocopa augusti).*

I) guanta *f.* germ. Burdel. 2 *Méj.* fig. Fingimiento, disimulo.

II) guanta *f. Ecuad.* Guatusa o paca, roedor.

III) guanta *f. Chile.* Planta solanácea forrajera *(Trechonaetes laciniata).*

guantada *f.* Golpe dado con la mano abierta. Bofetada.
SIN. **Manotada, manotazo, tabalada.**

guantanamero, -ra *adj.-s.* De Guantánamo, c. de la prov. de Oriente (Cuba).

guantazo *m.* Guantada.

guante (germ. *want*) *m.* Prenda de piel, punto, etc., que se adapta a la mano para abrigarla: fig., ***arrojar*** o ***recoger el*** **~**, desafiar o aceptar un desafío; ***echa un*** **~**, recoger dinero para un fin; ***echar el*** **~** ***a uno,*** prenderlo. 2 *Chile.* Disciplinas para azotar. -3 *m. pl.* Gratificación, esp. la que se daba por el precio de una venta o traspaso.
SIN. *1* **Quiroteca,** p. us.; **zurrado,** fam.; **lúa,** ant. REL. Expr. verbal, **calzarse** y **descalzarse** los guantes.

guantear *tr. And.* y *Amér.* Dar de guantadas [a uno].

guantelete (fr. *gantelet* < *gant,* guante) *m.* Manopla (pieza de la armadura). 2 MED. Tipo de vendaje que engloba todos los dedos de la mano.

guantería *f.* Establecimiento donde se hacen o venden guantes. 2 Oficio del guantero.

guantero, -ra *m. f.* Persona que tiene por oficio hacer o vender guantes. 2 Caja de los automóviles para guardar guantes y otros objetos.

guanto *m. Ecuad.* Especie de estramonio *(Datura sanguinea).*

guantón *m. Amér.* Guantada, guantazo.

guaña *f. Cuba.* fest. Peseta.

guañanga *f. Chile.* Pena, nostalgia.

guañil *m. Chile.* Arbusto medicinal que crece en los cerros áridos *(Proustia bacharoides).*

guañín *adj.* Guanín.

guañusco, -ca *adj. Argent.* Marchito; avejentado. 2 *Argent.* Achicharrado, quemado.

guao *m. Ant., Ecuad.* y *Méj.* Árbol cuya corteza despide un jugo lechoso y cáustico. Se reputa venenosa hasta su misma sombra (gén. *Comocladia).* 2 *Cuba.* Árbol de 25 a 40 m. de altura cuya madera es de color obscuro *(Rhus metopium).*

guapa *f. P. Rico* y *Venez.* Yaro o changuango (planta). 2 *Venez.* Cestillo de caña, como escudilla, adornado con dibujos negros.

guapaco *m. Colomb.* Guácharo, pájaro.

guapamente *adv. m.* Con guapeza. 2 Muy bien. 3 Sin excusas, sin empacho.

guapango *m. Méj.* Fandango, baile popular.

guaparrandón, -dona *adj. Venez.* Guapetón, pendenciero.

guape *adj. C. Rica.* Cuate (mellizo).
guapear *intr.* fam. Ostentar guapeza. 2 Alardear de algo. 3 *Chile.* Bravear.
guaperas *adj.-s.* fam. Guapo, presumido.
guapería *f.* Guapeza. 2 Acción propia de guapo (pendenciero o galán).
guapetón, -tona *adj.* Aum. apreciativo de *guapo*. -2 *m.* Guapo, perdonavidas.
guapeza *f.* fam. *y* desus. Bizarría y ánimo. 2 fam. Ostentación en los vestidos. 3 Valentonería. 4 Cualidad de guapo, bien parecido.
guápil *adj. C. Rica.* Cuate (mellizo).
guapinol *m. Amér.* Árbol de gran corpulencia propio de las regiones cálidas intertropicales *(Hymenaea curbaril).*
guapo, -pa (l. *vappa,* granuja, probl. a través del fr. ant. *wape,* bribón) *adj.* Bien parecido: *un chico muy ~.* 2 Ostentoso en el modo de vestir. -3 *m.* Hombre pendenciero. 4 Galán. -5 *adj.-s. Amér.* Animoso, bizarro y resuelto.
guaporú *m. Amér.* Arbusto mirtáceo cuyo fruto negro es comestible y sirve para hacer la bebida llamada chacolí *(Eugenia cauliflora).*
guaposo, -sa *adj. Cuba.* Bravoso, guapetón.
guapote, -ta *adj.* Bonachón, de buen genio. 2 Lindo, agraciado.
guapucha *f. Colomb.* Fullería (en el juego). 2 *Colomb.* Pececillo de los ríos y lagos de las sabanas de Bogotá *(Grundulus bogotensis).*
guapura *f.* fam. Cualidad de guapo (bien parecido).
guapurrear *tr. Colomb.* Azuzar, huchear. 2 *Colomb.* Ahuyentar [el ganado].
guapurreo *m. Colomb.* Ojeo.
guaquear *tr. Amér. Central, Colomb.* y *Perú.* Hacer excavaciones en busca de objetos arqueológicos precolombinos.
guaquería *f. Colomb.* Costumbre de registrar las guacas (tumbas indias) en busca de objetos de valor.
guaquero, -ra *m. f. Amér. Central, Colomb.* y *Perú.* Persona que se ocupa en guaquear. -2 *m. Perú.* Cantarillo peculiar, producto de la alfarería indígena.
guaqui (voz quechua) *m. Argent.* Comadreja o zarigüeya.
guara (voz indígena) *f. Cuba* y *P. Rico.* Árbol muy parecido al castaño *(Cupania americana).* 2 *Chile.* Perifollo, garambaina. 3 *Hond.* Guacamayo. -4 *f. pl. Chile.* Movimientos del cuerpo, o del pañuelo en la zamacueca, que exceden de lo acostumbrado. 5 *Chile.* Enredos, ardides.
guará *m. Amér. Merid.* Especie de lobo de las pampas *(Canis campestris).*
I) guaraca (quechua *huaraca*) *f. Amér.* Honda, zurriago; cuerda del trompo o peonza. 2 *Chile.* Coa, arma en gral. de que se valen los guaraqueros.
II) guaraca (auca *huará,* pava) *f. Amér.* Chachalaca común de Méjico o chacha de la América Central. -2 *adj. Bol.* Color de las caballerías análogo al de la gallinácea así llamada.
guaracaro *m. Venez.* Planta leguminosa de tallos retorcidos *(Dolichos lablab).* 2 Semilla de esta planta.
guaracazo *m. Amér.* Golpe dado con la guaraca (honda). 2 *Colomb.* Golpe imprevisto, repentino.
guaracha *f.* Baile de ritmo binario y movimiento rápido, semejante al zapateado. 2 *Ant.* Canción festiva. 3 *Bol.* Asiento lateral en el callapo. 4 *Bol.* Barbacoa (zarzo). 5 *Cuba* y *P. Rico.* Diversión, parranda. 6 *Cuba* y *P. Rico.* Bulla, gresca. 7 *Cuba.* Orquesta pobre, compuesta de acordeón o guitarra y güiro, maracas, etc. 8 *P. Rico.* Chanza. -9 *f. pl. Guat.* Zapatos viejos.
guarache *m. Méj.* Sandalia tosca de cuero. 2 *Méj.* Pieza de hule us. para proteger las llantas de un carro.
guarachear *intr. Cuba* y *P. Rico.* Estar de juerga.
guarachero, -ra *adj. Cuba.* [gallo] Diestro y mañoso en jugar la cabeza, de modo que su contrario no pueda afirmar la picada. 2 *P. Rico.* Bromista; jaranero.
guaracho *m. Hond.* Sombrero estropeado.
guaracú *m. Colomb.* Especie de basalto.
guaragua *f. Amér.* Contoneo, movimiento del cuerpo. 2 *Amér.* Rodeo para contar o decir algo. 3 *Guat.* y *Hond.* Mentira.
guaraguao *m. Cuba* y *P. Rico.* Ave rapaz, falcónida, parecida al gavilán *(Buteo borealis).* 2 *P. Rico.* fig. Persona egoísta. 3 *P. Rico.* Nombre de varias plantas.
guaragüero, -ra *adj. Chile.* Que hace guaraguas, sandunguero, que hace contoneos al bailar o al andar.
guaral *m. Colomb.* y *Venez.* Cordel.
guaraleva *m. Bol.* Pobre de levita.
guáramo *m. Venez.* Valor, pujanza o bajeza.
guarán *m.* Garañón.
guaraná *f. Amér. Central, Bol.* y *Parag.* Paulinia, planta. 2 *Amér. Central* y *Bol.* Bebida que se prepara con hojas de esta planta. 3 *Amér. Central.* Pasta medicinal preparada con semillas de paulinia, cacao y tapioca.
guarandeño, -ña *adj.-s.* De Guaranda, cap. de prov. del Ecuador.
guarandinga *f. Venez.* Cosa de poco valor.
guarandol (ing. *warandol*) *m. Amér.* Tela de hilo muy fino.
guarangada *f.* Hecho o dicho propio de guarangos.
guarango, -ga (quechua *huaranac,* desastrado) *adj. Amér. Merid.* Sucio, zarrapastroso. 2 *Argent.* y *Chile.* Incivil, mal educado. -3 *m. Cuba.* Bohío. 4 *Ecuad.* y *Perú.* Especie de aromo silvestre *(Acacia tortuosa).* 5 *Venez.* Dividivi (árbol). -6 *f. Colomb.* Fruto tintóreo del dividivi (árbol).
guaranguear *intr. Argent.* Hacer el guarango.
guaranguería *f. Urug.* Incivilidad, incultura.
guaraní (guaraní *abá guarini,* hombre de guerra) *adj.-s.* De una raza indígena de América del Sur. -2 *adj.-m.* Familia de lenguas precolombinas habladas principalmente en Paraguay. -3 *m.* Unidad monetaria del Paraguay. ◇ Pl.: *guaraníes.*
guaranismo *m.* Vocablo, giro o modo de expresión de origen guaraní que ha pasado al castellano o a otras lenguas. 2 Afición a lo guaraní.
guaraña *f. Venez.* Baile popular. 2 *Venez.* Especie de ruleta.
guarao *m. Cuba.* Ave grande de caza que abunda en los lugares pantanosos.
guarapalo *m. Chile.* Varapalo.
guarapazo *m. Colomb.* vulg. Trago de licor.
guarapeado, -da *adj. Perú.* Ebrio.
guarapear *intr. Perú.* Beber guarapo con exceso. -2 *prnl. S. Dom.* Beber licor.
guarapera *f. Venez.* Tenducho.
guarapeta *f. Cuba, Méj.* y *P. Rico.* Borrachera. -2 *com. Cuba.* Persona aficionada a los licores fuertes.
guarapillo *m. Cuba.* Botón de palo o hueso con que juegan los chicos. 2 *Hond.* Confección fermentada de zarzaparrilla usada contra la sífilis. 3 *P. Rico.* Infusión de hojas medicinales en agua hirviendo.
guarapo (etim. dud.; quizás de *garapa,* bebida alcohólica, voz africana) *m. Amér.* Jugo de la caña de azúcar. 2 *Amér.* Bebida fermentada hecha con este jugo. 3 *P. Rico* y *S. Dom.* Bebida muy aguada. 4 *Venez.* Jugo de piña fermentado. 5 *Venez.* Agua de papelón hervida. -6 *adj. Guat.* [caña de azúcar vieja] Que comienza a fermentar.
guarapón *m. Amér.* Sombrero de alas anchas.
guarapona *f. Bol.* y *Chile.* Guarapón de mujer.
guaraquear *tr. Amér.* Golpear con la guaraca u otra cosa. 2 *Chile.* En coa, robar, saltear. -3 *intr. Colomb.* Producir chasquidos con la guaraca.
guaraquero *m. Amér.* Ladrón.
guararey *m. Cuba.* Mal de amores. 2 *S. Dom.* vulg. Celos, envidia.
guarataro (tamanaca *uarataru,* pedernal) *m. Venez.* Cuarzo o piedra dura de sílice; fragmento de granito; p. ext., piedra china, pedrusco.
guaratazo *m. Venez.* Pedrada.
guarda (probl. del germ. *warda,* acto de buscar con la vista) *com.* Persona que guarda una cosa: *~ jurado,* el que nombra la autoridad a propuesta de particulares, las declaraciones del cual hacen fe. -2 *f.* Acción de guardar. 3 Guarnición (defensa). 4 En algunos juegos, carta baja para reservar la de mejor clase. 5 Varilla exterior del abanico. 6 Hoja de papel que ponen los encuadernadores al principio y al fin de los libros. 7 Entalladura que lleva el paletón de una llave, para adaptarse con exactitud al mecanismo de la cerradura correspondiente. 8 Laminilla de acero que, en el dispositivo de una cerradura, particulariza su sistema de cierre. 9 *And.* Vaina de la podadera. 10 *Perú.* Faja que ostentan ciertos trajes regionales. -11 *m. Argent.* Cobrador de tranvía.
◇ GRAM. *1* En la lengua moderna se emplea ordinariamente como masculino; el femenino es *guardesa.* En la acepción *5* se usa especialmente en plural.
SIN. *1* **Montanero, montaraz,** guarda de montes o dehesas; **presero,** guarda de una acequia. *5* **Guía.**
guardaamigo (de *guardar + amigo*) *m.* Hierro que hacía levantar la cabeza de los reos en la picota.

guardabanderas (de *guardar* + *bandera*) ***m.*** Marinero que cuida de la bitácora. ◇ Pl.: *guardabanderas.*
guardabarranca (de *guardar* + *barranca*) ***m.*** *Guat.* Pájaro de color gris oscuro y bello canto *(Myadectes unicolor).*
guardabarrera (de *guardar* + *barrera*) ***com.*** Persona que en las líneas de los ferrocarriles cuida de un paso a nivel.
guardabarros (de *guardar* + *barro*) ***m.*** Pieza acanalada y curvada que llevan por su parte superior las ruedas de automóviles, bicicletas, etc., para proteger a las restantes partes de las salpicaduras del barro. ◇ Pl.: *guardabarros.*
guardabosque (de *guardar* + *bosque*) ***m.*** Guarda de un bosque. ◇ Se emplea mucho bajo la forma *guardabosques.*
guardabrazo (de *guardar* + *brazo*) ***m.*** Brazal (pieza).
guardabrisa (de *guardar* + *brisa*) ***m.*** Fanal de cristal dentro del cual se colocan las velas. 2 Parabrisas. -3 ***f.*** *Méj.* Mampara.
guardacaballo ***m.*** *Bol.* y *Perú.* Especie de aní.
guardacabo (de *guardar* + *cabo*) ***m.*** Anillo metálico que protege el cabo.
guardacabras ***com.*** Cabrero. ◇ Pl.: *guardacabras.*
guardacadena ***m.*** Cubrecadena.
guardacamisa ***f.*** *Venez.* Camiseta.
guardacantón (de *guardar* + *cantón*) ***m.*** Poste de piedra para resguardar de los vehículos las esquinas de las calles. 2 Poste de piedra colocado al lado del camino para que no salgan de ellos los vehículos.
SIN. **Guardarruedas, marmolillo, recantón.** *1* **Trascantón, trascantonada.**
guardacartuchos (de *guardar* + *cartucho*) ***m.*** MAR. Caja para conducir los cartuchos desde el pañol a la pieza. ◇ Pl.: *guardacartuchos.*
guardachoque ***m.*** *Ecuad.* Botavaca.
guardacoches (de *guardar* + *coche*) ***m.*** Guarda de un aparcamiento. ◇ Pl.: *guardacoches.*
guardacostas (de *guardar* + *costa*) ***m.*** Buque de poco porte, destinado a la persecución de contrabando o a la defensa del litoral. ◇ Pl.: *guardacostas.*
guardacuños (de *guardar* + *cuño*) ***m.*** Empleado de la casa de moneda encargado de guardar los cuños. ◇ Pl.: *guardacuños.*
guardador, -ra ***adj.-s.*** Que guarda. 2 Miserable, apocado. -3 ***m.*** p. us. Tutor.
guardaespaldas (de *guardar* + *espalda*) ***m.*** Persona que protege a otra más importante contra los atentados de que pudiera ser objeto. 2 Pistolero profesional encargado de proteger al jefe de una banda. ◇ Pl.: *guardaespaldas.*
guardafango ***m.*** *Ecuad., Guat.* y *Perú.* Guardabarros.
guardafrenos (de *guardar* + *freno*) ***m.*** Empleado que maneja los frenos en los trenes de ferrocarriles. ◇ Pl.: *guardafrenos.*
guardafuego (de *guardar* + *fuego*) ***m.*** MAR. Andamio de tablas que se cuelga por el exterior del costado de un buque para impedir que las llamas suban más arriba de donde conviene cuando se da fuego a los fondos.
guardaganado (de *guardar* + *ganado*) ***m.*** *R. de la Plata.* Foso cubierto de travesaños que impide el paso del ganado en ciertas estancias.
guardagola ***f.*** Alpartaz.
guardaguas (de *guardar* + *agua*) ***m.*** MAR. Listón que se clava en los costados del buque sobre cada porta para impedir que entre el agua. ◇ Pl.: *guardaguas.*
guardagujas (de *guardar* + *aguja*) ***m.*** Empleado en los ferrocarriles encargado del manejo de las agujas. ◇ Pl.: *guardagujas.*
guardahúmo (de *guardar* + *humo*) ***m.*** MAR. Vela que se coloca por la cava de proa en la chimenea del fogón para que el humo no vaya a proa cuando el buque está aproado al viento.
guardainfante (de *guardar* + *infante*) ***m.*** Especie de tontillo muy hueco, que se ponían las mujeres debajo de la basquiña. 2 Conjunto de los trozos de madera que se colocan sobre el cilindro de un cabestrante para aumentar su diámetro.
guardajoyas (de *guardar* + *joya*) ***com.*** Persona que está encargada de la custodia de las joyas reales. -2 ***m.*** Lugar donde se guardan las joyas. ◇ Pl.: *guardajoyas.*
SIN. *1* **Joyelero.**
guardalado ***m.*** Pretil o antepecho.
guardaladrón ***m.*** *Extr.* Cerrojo de seguridad para las puertas.
guardallamas (de *guardar* + *llama*) ***m.*** Plancha metálica dispuesta sobre la puerta del hogar en las locomotoras de vapor para preservar de las llamas al fogonero. ◇ Pl.: *guardallamas.*
guardalmacén (de *guardar* + *almacén*) ***com.*** Persona encargada de la custodia de un almacén.
guardalobo (de *guardar* + *lobo*) ***m.*** Mata perenne santalácea de flores pequeñas, verdosas o amarillentas y fruto en drupa roja. Tanto éste como la raíz tienen propiedades astringentes *(Osyris alba).*
guardalodos ***m.*** Guardabarros. ◇ Pl.: *guardalodos.*
guardamalleta (de *guardar* + *malleta, der. de malla*) ***f.*** Pieza de adorno que pende sobre la cortina por la parte superior.
guardamano (de *guardar* + *mano*) ***m.*** Guarnición (defensa). 2 Pieza de acero que va adosada a los cañones de las escopetas y sirve para preservar la mano.
guardamateriales (de *guardar* + *material*) ***m.*** En las casas de moneda, sujeto a cuyo cargo está la compra de materiales para fundiciones. ◇ Pl.: *guardamateriales.*
guardameta (de *guardar* + *meta*) ***m.*** En el juego de fútbol, jugador que se coloca ante el recinto que sirve de meta para evitar la entrada del balón.
SIN. **Arquero, cancerbero, guardapalos** (Colomb.), **guardavalla** (Amér.), **portero.**
guardamonte (de *guardar* + *monte*) ***m.*** En las armas de fuego, pieza de metal sobre el disparador, para protegerlo. 2 Capote de monte. 3 *Argent.* y *Bol.* Pieza de cuero que cuelga de la parte delantera de la montura y sirve para defender las piernas del jinete de la maleza del monte. 4 *Méj.* Pedazo de piel que se pone sobre las ancas del caballo para evitar la mancha del sudor.
guardamuebles (de *guardar* + *mueble*) ***m.*** Local destinado a guardar muebles. 2 Empleado de palacio encargado de los muebles. ◇ Pl.: *guardamuebles.*
guardamujer (de *guardar* + *mujer*) ***f.*** Criada de la reina, que acompañaba en el coche a las damas.
guardapalos ***m.*** *Colomb.* Guardameta. ◇ Pl.: *guardapalos.*
guardapapo (de *guardar* + *papo* I) ***m.*** Pieza de la armadura que cubre y defiende el cuello y la barba.
guardapelo ***m.*** Medallón (joya).
guardapesca (de *guardar* + *pesca*) ***m.*** Buque de pequeño porte destinado a vigilar el cumplimiento de los reglamentos de pesca marítima.
guardapiés ***m.*** Brial (vestido). ◇ Pl.: *guardapiés.*
guardapolvo ***m.*** Resguardo que se pone encima de una cosa para protegerla del polvo. 2 Sobretodo de tela ligera para preservar el traje del polvo. 3 Pieza de cuero unida al botín de montar y que cae sobre el empeine del pie. 4 Tapa interior que suele haber en los relojes de bolsillo. 5 Tejadillo voladizo para desviar las aguas llovedizas. 6 Marco que encuadra el retablo, polvera. -7 ***m. pl.*** En los coches, hierros que van desde la guardia hasta el eje.
guardapuerta ***f.*** Antepuerta (cortina).
guardapuntas (de *guardar* + *punta*) ***m.*** Pieza que sirve para preservar la punta del lápiz. ◇ Pl.: *guardapuntas.*
guardar (germ. *wardon,* estar en guardia) ***tr.*** Cuidar, custodiar, vigilar o preservar de daño [a personas o cosas]: *~ a los niños; ~ bajo llave; ~ entre algodones; ~ para simiente.* 2 Observar y cumplir [lo que es debido]: *~ los mandamientos; ~ silencio; ~ la palabra.* 3 Conservar, retener [algo]: *~ en la memoria; ~ copia de un acta; quien guarda, halla;* fig., ***guardársela a uno,*** diferir para tiempo oportuno una venganza o desahogo. 4 No gastar; ser tacaño o miserable. 5 Poner [una cosa] en el sitio que le corresponde. -6 ***prnl.*** Recelarse y precaverse: *guárdate del agua mansa.* 7 Evitar: *ya me guardaré de ir.*
guardarraya ***f.*** *Cuba* y *P. Rico.* Linde de una heredad. 2 *Colomb.* Espacio que se hace a ambos lados de setos o vallados de potreros y plantíos para guardar la divisoria entre dos predios. -3 ***m.*** *Guat.* Hito o poste lineal que se fija entre los extremos de un lindero recto.
guardarrayante ***adj.*** *P. Rico.* Colindante.
guardarrayar ***intr.*** *Colomb.* Colindar.
guardarriel (de *guardar* + *riel*) ***m.*** Borde interior de los rieles que tienen una ranura para las pestañas de las ruedas.
guardarrío ***m.*** Martín pescador.
guardarropa (de *guardar* + *ropa*) ***m.*** Local destinado a la custodia de ropa, tanto en establecimientos públicos como en casas particulares. 2 Armario donde se guarda la ropa. 3 Conjunto de vestidos de una persona. 4 Abrótano. -5 ***com.*** En los teatros, persona encargada de guardar y suministrar los efectos de guardarropía. 6 Persona que cuida el local de guardarropa.
guardarropía ***f.*** En el teatro, conjunto de muebles y accesorios para las representaciones escénicas. 2 Lugar donde se custodian estos muebles y accesorios.
FR. *De ~,* se aplica a las cosas que aparentan ostentosamente lo que no son en realidad.

guardarruedas (de *guardar + rueda*) ***m.*** Guardacantón. 2 Pieza de hierro que se pone a los lados del umbral de las puertas cocheras para que los quicios no sean rozados por las ruedas de los vehículos. ◇ Pl.: *guardarruedas.*
guardasellos (de *guardar + sello*) ***m.*** Funcionario encargado de custodiar un sello oficial. 2 Canciller, en algunos países. 3 Libro o carpeta cuyas hojas llevan unas tiras o bandas transparentes donde se colocan los sellos para guardarlos, ordenarlos, conservarlos o trasladarlos. ◇ Pl.: *guardasellos.*
guardasilla (de *guardar + silla*) ***f.*** Moldura de madera que se clava en la pared para evitar que ésta sea rozada con los respaldos de las sillas.
guardasol ***m.*** *Perú.* Quitasol del automóvil.
guardatierra ***m.*** *Méj.* Cuidador que vigila los lindes de una propiedad rural.
guardatinaja ***f.*** Carpincho.
guardatrén ***m.*** *Argent.* Empleado que vigila el servicio de un tren.
guardavacas ***m.*** *Chile.* Zanja con estacas a lo largo de una vía férrea para proteger a los animales. ◇ Pl.: *guardavacas.*
guardavalla ***m.*** *Amér.* Portero, guardameta, arquero.
guardavecinos (de *guardar + vecino*) ***m.*** Protección generalmente metálica, que separa dos fincas colindantes. ◇ Pl.: *guardavecinos.*
guardavela ***m.*** MAR. Cabo que trinca las velas de gavia a los palos.
guardavía (de *guardar + vía*) ***m.*** Empleado encargado de la vigilancia constante de un trozo de línea férrea.
guardavientos (de *guardar + viento*) ***m.*** Montera o cilindro que se coloca en lo alto de las chimeneas para desviar las corrientes de aire que podrían dificultar el tiro del interior. ◇ Pl.: *guardavientos.*
guardaviñas ***m.*** *Amér.* Guardián de una viña. ◇ Pl.: *guardaviñas.*
guardería ***f.*** Ocupación y trabajo del guarda. 2 Coste de los guardas de una finca rústica. 3 Institución destinada al cuidado de los niños durante las horas que sus padres, por exigencias de trabajo, no pueden atenderlos.
guardés, -desa ***m. f.*** Persona encargada de custodiar una cosa. 2 Guardabarrera. -3 ***f.*** Mujer del guarda.
guardia (gót. *wardja,* centinela, quizás a través del it.) ***f.*** Defensa, custodia: *confiar a uno la ~ de una casa.* 2 Manera de defenderse en la esgrima: *estar, ponerse en ~.* 3 Cuerpo de tropa o conjunto de gente armada, destinado a perseguir malhechores, reprimir movimientos subversivos, escoltar personas, etc.: *~ civil; ~ municipal; ~ de honor; ~ de Corps.* -4 ***com.*** Individuo de alguno de estos cuerpos. 5 ***~ de seguridad,*** individuo del cuerpo de seguridad o policía gubernativa, destinada a mantener el orden en las ciudades. 6 ***~ de tráfico,*** el urbano destinado a regular el tráfico en las ciudades. 7 ***~ marina,*** militar que se educa para ser oficial en la armada. 8 ***~ urbano,*** guardia municipal. -9 ***f.*** irón. ***~ pretoriana,*** conjunto de fuerza armada y especializada que protege a un político, gobernante, personaje destacado, etc.
FRS. MIL. V. *Cuerpo de ~. De ~* con los vbs. *entrar, estar, salir* y otros, se refiere al cumplimiento de este servicio. *~ de prevención,* la permanente en los cuarteles, fortalezas, etc.
guardiamarina ***m.*** Guardia marina.
guardián, -diana (gót. *wardjan,* centinela, en su forma de acusativo) ***m. f.*** Persona que guarda una cosa. -2 ***m.*** En la orden franciscana, prelado ordinario de uno de sus conventos. 3 Cable de mejor calidad que los ordinarios, con el cual se aseguran los buques pequeños cuando se recela temporal.
guardianía ***f.*** Dignidad de guardián en la orden franciscana. 2 Tiempo que dura. 3 Territorio señalado a cada convento de franciscanos para pedir limosna.
guardiera ***f.*** *Extr.* Mujer de guardia civil.
guardiero ***m.*** *Cuba.* Guardián de una finca.
I) guardilla ***f.*** Buhardilla. 2 Habitación contigua al tejado.
II) guardilla ***f.*** Púa gruesa del peine. 2 Entre costureras, labor para adornar y asegurar la costura.
guardillón ***m.*** Desván corrido y sin divisiones que queda entre el techo del último piso y la armadura del tejado. 2 Guardilla pequeña y no habitable.
guardín ***m.*** MAR. Cabo con que se suspenden las portas de la artillería. 2 Cabo o cadena que va sujeto a la caña del timón y por medio del cual se maneja.
guardón, -dona ***adj.-s.*** Miserable, tacaño. -2 ***m. f.*** *Méj.* Persona ahorradora.
guardoso, -sa ***adj.*** Que tiene cuidado de no malbaratar sus cosas: *muchacho ~.* 2 Ahorrador, mezquino, escaso. 3 Rencoroso.
guare ***m.*** *Ecuad.* Especie de timón o palo muy largo usado para conducir balsas por el río.
guarear ***tr.*** *Venez.* Atalayar; pajarear; espiar. -2 ***prnl.*** *Amér. Central.* Embriagarse.
guarecer (germ. *warjan,* proteger) ***tr.-prnl.*** Acoger [a uno], darle refugio o asilo; p. ext., guardar y asegurar [una cosa]: *guarecerse bajo el pórtico; guarecerse de la intemperie; guarecerse en alguna choza.* -2 ***intr.*** *Sal.* Pastar el ganado. ◇ ** CONJUG. [43] como ***agradecer.***
guarén ***m.*** *Chile.* Rata de gran tamaño que tiene los dedos palmeados (gén. *Ichthyomys).*
guarero, -ra ***adj.*** *Guat.* Aficionado a tomar guaro (aguardiente). -2 ***m.*** *Venez.* Oteador en una sementera.
guares ***m. pl.*** *P. Rico.* Semejante, igual. 2 *P. Rico.* Gemelos (mellizos). 3 *Amér. Merid.* Jangada o balsa.
guareto, -ta ***adj.*** *P. Rico.* [fruto] Semejante, igual.
guarguar ***m.*** *Ecuad.* Bebida preparada con la planta de su nombre *(Datura sanguinea).*
guargüero ***m.*** *Amér.* vulg. Garguero. 2 *Colomb.* Fruta de sartén parecida al gaznate.
guari ***m.*** *Chile.* Garganta, garguero.
guaria ***f.*** *C. Rica.* Orquídea que adorna los tejados y tapias *(Cattleya skinneri).*
guariado, -da ***adj.*** *Cuba.* Que tiene colores chillones intercalados o simétricos como el guariao (ave).
guariao ***m.*** *Cuba* y *P. Rico.* Ave grande, de tres palmos, de cuya voz sonora, que se percibe a gran distancia, se ha formado su nombre por onomatopeya *(Aramus guarauna).*
guariare ***m.*** *Venez.* Planta caparidácea *(Capparis viridiflora).*
guariba ***m.*** *Amér.* Especie de mono aullador *(Stentor seniculus; St. flavimanus; St. fuscus).*
guaricamo ***m.*** *Venez.* Planta del alto Orinoco de la cual hay tres variedades conocidas, una de las cuales tiene raíz muy venenosa *(Guachamaca toxicaria; Patrisia dentata).*
guaricandilla ***com.*** *Cuba.* Mequetrefe.
guaricha (quechua *huarucha*) ***f.*** *Amér.* desp. Hembra, mujer. 2 *Amér.* Mujerzuela. 3 *Pan.* Vieja taimada y mala. 4 *Pan.* Lamparilla de latón. 5 *Venez.* India soltera.
guaricho, -cha ***adj.*** *Ecuad.* Aguarico.
guarico, -ca ***adj.*** *Ecuad.* Aguarico.
guariconga ***f.*** *Colomb.* Aire popular anticuado. 2 *Colomb.* Evacuación de vientre.
guaricongo ***m.*** *Venez.* Lazo disimulado que se tiende al ganado montaraz para cogerlo. 2 *Venez.* ant. Federalista.
guarida (del ant. *guarir,* resguardar) ***f.*** Cueva o espesura donde se guarecen los animales. 2 desp. Amparo o refugio para ponerse en seguridad. 3 fig. *y* desp. Paraje o parajes donde se concurre con frecuencia.
SIN. / **Manida; cubil,** se refiere pralte. a las fieras; **madriguera,** es cueva estrecha y profunda, donde se guarecen animales pequeños, como el conejo; **cado,** equivale a madriguera; **osera, lobera, raposera, topera,** etc., son nombres deriv. de distintos animales.
guariflé ***m.*** *Bol.* Licor compuesto de huevo batido con azúcar, canela y brandy.
guarigua ***f.*** *Venez.* Embrollo, embuste.
guarimán ***m.*** *Venez.* Árbol lauráceo cuya corteza es de olor y sabor parecido a la canela *(Aniba canelilla).* 2 Fruto de este árbol.
guarín (voz onomat., sobre *guarr-*) ***m.*** Lechoncillo últimamente nacido de una cría. 2 *La Mancha.* Hijo menor.
guariqueña ***f.*** *S. Dom.* Labor de manos que se hace en una tela a la cual se le han quitado hilos verticales y horizontales.
guariqueño, -ña ***adj.-s.*** De Guárico, estado de Venezuela.
guariquitén (voz indígena) ***m.*** *P. Rico* y *S. Dom.* Camastro del pobre. 2 *P. Rico* y *S. Dom.* Bohío muy pequeño.
guarisapo ***m.*** *Chile.* Renacuajo, girino.
guarismo (ant. *alguarismo,* der. de *Alhuwarizmi*) ***m.*** Cifra de la numeración arábiga que expresa una cantidad. 2 Cantidad expresada por medio de dos o más cifras.
guaritoto ***m.*** *Venez.* Arbusto euforbiáceo *(Jatropha vitifolia).*
guarmiel ***m.*** *Ecuad.* Guarniel, bolsa.
guarmilla ***m.*** *Ecuad.* Hombre afeminado.
guarne ***m.*** MAR. Vuelta de un cabo alrededor de una pieza.
guarnecedor, -ra ***adj.-s.*** Que guarnece.

guarnecer (de *guarnir*) ***tr.*** Poner guarnición [a alguna cosa]; colgar, adornar, vestir: ~ *una joya;* ~ *un maniquí;* ~ *una sala con,* o *de, pinturas;* ~ *una plaza fuerte con,* o *de, soldados.* 2 Dotar, proveer, equipar: ~ *la fábrica de utensilios.* 3 ALBAÑ. Revocar: ~ *una pared.* ◇ ** CONJUG. [43] como ***agradecer.***
SIN. *1* **Presidiar** (hoy ant.), tratándose de guarnición militar.
guarnecido ***m.*** Revoque con que se revisten las paredes.
guarnés ***m.*** Guadarnés.
guarnición ***f.*** Adorno en los vestidos, colgaduras y cosas semejantes. 2 Engaste de metal en que se sientan las piedras preciosas. 3 Verdura que se sirve juntamente con la carne. 4 Defensa que se pone en las espadas y armas blancas para preservar la mano. 5 Tropa que guarnece un lugar. 6 ~ ***de émbolo,*** corona metálica que se interpone entre el pistón y el cilindro de un motor de explosión para obtener una junta hermética. -7 ***f. pl.*** Conjunto de correas que se ponen a las caballerías.
SIN. *4* **Guarda, guardamano.** *7* **Jaeces, arreos.**
guarnicionar ***tr.*** Poner guarnición en una plaza fuerte.
guarnicionería ***f.*** Establecimiento donde se hacen o venden guarniciones para las caballerías.
guarnicionero, -ra ***m. f.*** El que se dedica a hacer o vender guarniciones para caballerías. 2 p. ext. Operario que trabaja o hace objetos de cuero, como maletas, bolsos, correas, etc.
SIN. **Bastero.**
guarniel ***m.*** Garniel.
guarnigón ***m.*** Pollo de codorniz.
guarnimiento ***m.*** desus. Adorno, aderezo, vestidura. 2 MAR. Conjunto de varias piezas con que se guarnece o sujeta un aparejo, una vela o un cabo.
guarnir (germ. **warnjan*) ***tr.*** Guarnecer. 2 MAR. Colocar convenientemente los cuadernales de un aparejo. ◇ Verbo defectivo; se usa sólo en los tiempos y personas cuya desinencia contiene la vocal *i: guarnía, guarniré, guarniendo.*
I) guaro ***m.*** Especie de loro pequeño (gén. *Psittacus).*
II) guaro ***m.*** *Amér. Central.* Aguardiente de caña. 2 *Ecuad.* y *Perú.* Huaro (andarivel).
guarolo, -la ***adj.*** *Venez.* Zopenco, imbécil.
guaroso, -sa (de *guara,* adorno) ***adj.*** *Chile.* Gracioso en el andar o bailar. 2 *Chile.* Lujoso, adornado, hablando de vestidos.
guarpear ***tr.-prnl.*** ANGLIC. Alabearse.
guarrada ***f.*** Guarrería; acción vil o indecorosa.
guarrasqueño, -ña ***adj.*** *Hond.* Rumboso.
guarrazo ***m.*** fam. Caída fuerte.
guarrear (de *guarro*) ***intr.*** Gruñir el jabalí o aullar el lobo; p. ext., gritar otros animales. 2 Berrear, llorar estruendosamente un niño. -3 ***prnl.*** Ensuciarse.
guarrería ***f.*** Porquería, suciedad. 2 fig. Acción sucia.
guarrero, -ra ***m. f.*** Porquerizo.
guarrido (de *guarro*) ***m.*** Gruñido del jabalí, aullido del zorro, y p. ext., grito de otros animales. 2 Llanto estruendoso de un niño.
guarrito ***m.*** *And.* Máquina de taladrar.
guarro, -rra (l. *verres,* verraco) ***adj.-s.*** Cochino.
guarrús ***m.*** *Venez.* Chicha de arroz.
guarrusca ***f.*** *Colomb.* Machete.
¡guarte! Interjección. ¡Guárdate! ¡Guarda!
guarumo ***m.*** *Amér.* Árbol (gén. *Cecrofria).*
guarura ***f.*** *Venez.* Nombre de diversos caracoles (gén. *Strombus* y *Bulimus).*
guasa ***f.*** Falta de gracia, sosería. 2 Chanza, burla. 3 ***Estar de*** ~, tener ganas de bromear. 4 *Ant.* Árbol silvestre de madera blanca y floja, pero resistente *(Guassa grossurdyli).* 5 *Cuba.* Pez grande, de boca rasgada; su carne es muy apreciada *(Serranus guasa).* 6 *Venez.* Baile vivo, de música de dos tiempos.
SIN. *2* v. **Burla.**
guasábara ***f.*** *Colomb.* y *P. Rico.* desus. Motín, algarada. 2 *Venez.* Pelusa áspera de las tunas y otros vegetales.
guasacaca ***f.*** *Venez.* Salsa a base de ajíes.
guasada ***f.*** *R. de la Plata.* Grosería.
guasamaco, -ca ***m. f.*** *Chile.* Guaso (tosco).
guasamalleta ***m.*** *Colomb.* Sujeto poco listo.
guasango, -ga (de la voz antillana *guazábara,* alboroto guerrero; con cruce de *bullanga*) ***m. f.*** *Amér.* Bulla, algazara. 2 *Guat.* Pelotera.
guasasa (voz indígena) ***f.*** *Cuba.* Mosquito que vive en enjambres en lugares húmedos y sombríos.
guasaya ***f.*** *Hond.* Dos mazorcas de maíz unidas por un nudo que se forma con sus hojas.
guasca (quechua *huasca*) ***f.*** *Amér. Merid.* y *Ant.* Ramal de cuero o cuerda que sirve de rienda o de látigo, y para otros usos. 2 *Colomb.* Planta compuesta herbácea comestible *(Galinsoga parviflora).*
SIN. *1* **Huasca.**
guascama ***f.*** *Colomb.* Víbora negra, de collar blanco.
guascazo ***m.*** *Amér. Merid.* Latigazo dado con la guasca.
guascoso, -sa ***adj.*** *Ecuad.* Flexible, ágil en sus movimientos. 2 *Ecuad.* Individuo largo y seco.
guascudo, -da ***adj.*** *Colomb.* [madera] Fibrosa.
guasearse ***prnl.*** Chancearse.
guasería ***f.*** *Amér.* Torpeza, sosería; acción propia de un guaso.
guasicama (quechua *huasicamayok,* el que guarda la casa) ***com.*** *Colomb.* y *Ecuad.* Criado indígena.
guasilla ***f.*** *Ecuad.* Valeriana menor.
guasimocho, -cha ***adj.*** *Hond.* Guaso (tosco).
guasipongo ***m.*** *Ecuad.* Terreno que, además del salario, reciben los jornaleros.
guaso, -sa (quechua *huaso*) ***adj.*** *Amér. Merid.* Rústico, campesino. -2 ***adj.-s.*** *Amér. Merid.* Torpe, grosero, inculto.
guasón, -sona ***adj.-s.*** fam. Que tiene guasa. 2 Burlón, chancero.
guasque ***m.*** *Colomb.* Lazada corrediza que se hace con la guasca.
guasqueado, -da ***adj.*** *Urug.* Que tiene experiencia en la lucha por la vida; que está curtido.
guasquear ***tr.*** *Amér.* Pegar con guasca. -2 ***prnl.*** *Urug.* fig. Recibir malos tratos de la vida. 3 *Urug.* Incomodarse sin motivo justificado. 4 *Urug.* Ir de un lado para otro con diligencia.
guastatoyano, -na ***adj.-s.*** De El Progreso, c. y dep. de Guatemala.
guásuma ***f.*** *Cuba.* Guácima.
guasusa ***f.*** *Cuba.* Hambre.
I) guata (fr. *ouate*) ***f.*** Lámina gruesa de algodón cardado, engomada y a veces teñida por ambas caras. Sirve como material de relleno para ciertas confecciones.
II) guata (arauc. *guatha,* panza) ***f.*** *Amér.* Barriga, panza. 2 *Bol.* Cordel. 3 *Cuba.* Mentira. 4 *Chile.* Tratándose de paredes, maderas, etc., alabeo, pandeo. 5 *Ecuad.* Amigo inseparable. 6 *Guat.* Escopeta de doble cañón.
guataca ***f.*** *Cuba.* Azada corta. 2 *Cuba* y *S. Dom.* fig. Oreja, esp. si es grande y tosca. 3 *S. Dom.* Golpe pequeño. -4 ***com.*** *Cuba.* Adulador servil.
guatacare ***m.*** *Venez.* Árbol grande, de buena madera, resistente y flexible *(Lecytis idatimon).*
guatacazo ***m.*** *Chile* y *P. Rico.* Batacazo.
guataco, -ca ***adj.*** *Cuba.* Inculto. 2 *Hond.* Rechoncho.
guatacón, -na ***m. f.*** *Cuba.* Adulador.
guatacudo, -da ***adj.*** *Cuba* y *Méj.* fam. Orejón, orejudo.
guatán ***m.*** *Argent.* Bocado del caballo.
guatana ***adj.*** *Argent.* Aturdido, distraído.
guatapaná (voz caribe) ***m.*** *Ant.* Dividivi.
guatapanazo ***m.*** *P. Rico.* Batacazo.
guatapique ***m.*** *Chile.* Cohete que estalla con sólo arrojarlo al suelo con fuerza. 2 *Chile.* Niño panzón.
guataplasma ***m.*** *Ecuad.* Cataplasma.
guataquear ***tr.*** *Cuba.* Limpiar [el terreno] con guataca (azada). 2 *Cuba.* fig. Adular.
guataqueo ***m.*** *Cuba.* Acción de guataquear. 2 *Cuba.* Efecto de guataquear.
guataquería ***f.*** *Cuba.* Adulación.
guataraco, -ca ***adj.*** *Ecuad.* Ajado, descolorido, apl. a telas o cosas.
guate (mej. *ohuatl*) ***m.*** *Amér. Central.* Malojo, maíz tierno que se emplea como forraje. 2 *Colomb.* Hombre del interior del país. 3 *Colomb.* Boato, lujo. 4 *Ecuad.* Guata (amigo). 5 *Hond.* Ahuate. 6 *Salv.* Mellizo, gemelo. 7 *S. Dom.* fest. Uso constante y excesivo de alguna cosa. 8 *Venez.* Planta lorantácea *(Loranthus phillyreoides).* 9 *Venez.* Habitante de la Cordillera.
guateado, -da ***adj.*** Acolchado con guata. 2 fig. Moderado, templado.
guatearse ***prnl.*** *Chile.* Formar guata (barriga).
guatemalense ***adj.-s.*** Guatemalteco.
guatemalteco, -ca ***adj.-s.*** De Guatemala
SIN. **Chapín** (*Amér. Central).*
guatepín ***m.*** *Méj.* Papirote, pescozón.
guateque ***m.*** Fiesta, convite. 2 Baile bullanguero.
guatequear ***intr.*** Andar en guateques.
guatera ***f.*** *Guat.* Guate (maíz tierno).

guatero (de *guata* II) ***m.*** *Chile.* Bolsa de caucho que, llena de agua fría o caliente y con fines terapéuticos, se pone sobre la frente, el vientre o los pies.
guatíbere (voz indígena) ***adj.*** *Cuba.* Rústico, incivil.
guatín ***m.*** *Colomb.* Roedor *(Dasyprocta acuti* o *cristata).*
guatiní (voz indígena) ***m.*** *Cuba.* Tocorro (ave).
guatitas (de *guata,* panza) ***f. pl.*** *Chile.* Redaños.
guatoco, -ca ***adj.*** *Bol.* Regordete, rechoncho.
guatón, -na ***adj.-s.*** *Chile.* Barrigudo, de vientre abultado.
guatrapear ***intr.*** *Cuba.* Gualdrapear.
guatusa ***f.*** *C. Rica, Ecuad.* y *Hond.* Acure (roedor).
guatuso, -sa ***adj.*** *Amér. Central.* Pelirrubio.
guau ***m.*** Onomatopeya de la voz del perro. 2 Ladrido.
guaucho ***m.*** *Chile.* Arbusto resinoso de hoja menuda y gruesa *(Baccharis concava).*
guaxmole (mej. *huaxim,* guaje y *molli,* guisado) ***m.*** *Méj.* Guiso de cerdo con guaje (calabaza).
¡guay! (gót. *wai*) poét. Interjección ¡Ay!
guay ***adj.*** fam. Estupendo, magnífico. 2 fam. Agradable, atractivo.
guaya (de *guayar*) ***f.*** Lloro o lamento. 2 *Venez.* Remolino de pelo en la frente del caballo.
guayaba (voz caribe) ***f.*** Fruto del guayabo y jalea hecha con este fruto. 2 *Amér.* fig. Mentira, embuste. 3 *Amér.* fam. Muchacha joven. 4 *Colomb.* Grano de café de mala calidad. 5 *Ecuad.* Tobillo del pie. 6 *Guat.* y *Salv.* Presidencia de la República. 7 *Guat.* Beso. 8 *Pan.* Cosa sin valor. 9 *Méj.* ~ ***chilena,*** feijoa. -10 ***f. pl.*** *C. Rica.* Ojos, esp. si son grandes y saltones.
guayabal ***m.*** Terreno poblado de guayabos.
guayabate ***m.*** *Méj.* y *Salv.* Dulce en pasta de guayaba.
guayabear ***intr.*** fam. Tener trato con muchachas jóvenes. 2 *Argent., P. Rico* y *Urug.* Mentir. -3 ***tr.*** *Guat.* Besar.
guayabeo ***m.*** fam. Grupo de muchachas jóvenes.
guayabero, -ra ***f.*** Chaquetilla corta de tela ligera. -2 ***adj.-s.*** *Amér.* Mentiroso.
guayabita ***f.*** *Amér.* Malagueta, planta cingiberácea.
guayabito ***m.*** *Cuba.* Rufián, chulo. 2 *Cuba* y *P. Rico.* Ratoncito, laucha.
guayabo ***m.*** Arbusto mirtáceo de América tropical, cuyo fruto es una baya aovada *(Psidium guayaba).* 2 fam. Muchacha joven y atractiva. 3 *Colomb.* Tristeza, pesadumbre. 4 *Colomb.* Malestar que se padece después de una embriaguez u otro exceso. 5 *Amér.* ~ o ***falso*** ~, feijoa.
guayabría ***adj.*** *Cuba.* vulg. Blanconaza.
guayaca (quechua) ***f.*** *Amér. Merid.* Bolsa, talega. 2 *Amér. Merid.* fig. Amuleto. -3 ***adj.*** *Chile.* Soso, torpe.
guayacán (del taíno antillano) ***m.*** Árbol cigofiláceo de la América tropical, del cual se extrae una resina aromática y cuya madera, negruzca y dura, se emplea en ebanistería *(Guaiacum officinale).*
REL. Su madera se llama **palo de las Indias** o **santo.**
guayacana ***f.*** *C. Rica.* Garrote de guayacán.
guayaco ***m.*** Guayacán.
guayacol ***m.*** Principio medicinal del guayaco. 2 Fenol derivado de la bencina.
guayadura ***f.*** *P. Rico.* Ralladura.
guayameño, -ña ***adj.-s.*** De Guayama, c. y prov. de Puerto Rico.
guayanés, -sa ***adj.-s.*** De Delta Amacuro, territorio de Venezuela. 2 De Guayana, territorio de América Meridional.
guayapul ***m.*** *Méj.* El racimo de flores de la palma corozo.
guayaquil ***adj.*** De Guayaquil. -2 ***m.*** Cacao de Guayaquil.
guayaquileño, -ña ***adj.-s.*** De Guayaquil, cap. de la prov. de Guayas (Ecuador).
guayar ***tr.*** *Argent.* Rallar, desmenuzar [una cosa] estregándola contra el guayo (rallo). 2 *Ant.* Raer, raspar. -3 ***intr.*** *Ant.* Trabajar o luchar mucho. -4 ***prnl.*** *P. Rico.* Emborracharse. 5 *P. Rico.* Fatigarse por el excesivo trabajo.
guayare ***m.*** *Venez.* Especie de cesto.
guayasense ***adj.-s.*** De Guayas, prov. del Ecuador.
guayate ***m.*** *Can.* Rorro, niño pequeño.
guayazo ***m.*** *P. Rico.* Ralladura; raedura.
guaycurú ***adj.*** Perteneciente o relativo a los indios guaycurúes o a su lengua. -2 ***com.*** Indio americano, que en la época de la conquista española habitaba a orillas de los ríos Paraguay, Paraná y sus afluentes, y en el Chaco, y que actualmente subsiste en la zona del río Pilcomayo. -3 ***m.*** Lengua de este grupo de indios.
guayeras ***f. pl.*** *Colomb.* Achaques.
guayín ***m.*** *Méj.* Carruaje ligero de cuatro ruedas.
guayo (arauc. *huayu*) ***m.*** *Chile.* Árbol rosáceo de madera dura y colorada *(Kagenekia oblonga).* 2 *Ant.* Rallo. 3 *Cuba* y *P. Rico.* Borrachera. 4 *Cuba* y *P. Rico.* Música ratonera. 5 *Cuba* y *P. Rico.* Güiro (instrumento). 6 *Cuba.* fest. Peso, duro. -7 ***m. pl.*** *Colomb.* Calzado ordinario.
guayoso, -sa ***adj.*** *Colomb.* Achacoso.
guayuco (voz cumanagota) ***m.*** *Colomb.* y *Venez.* Taparrabo, pampanilla. 2 *P. Rico.* Traje viejo y usado que tienen los jornaleros para el trabajo.
guayule ***m.*** Arbusto compuesto mejicano de cuyas ramas, al cocerlas en agua, se extrae caucho *(Parthenium argentatum).*
guayunga (quechua *huayunca*) ***f.*** *Colomb.* Juego de dos cosas. 2 *Ecuad.* Conjunto de personas o cosas.
guayuquear ***tr.*** *Venez.* Sujetar [una bestia derribada], tirando de la cola, previamente pasada entre las piernas.
guayusa ***f.*** *Ecuad.* Planta cuyas hojas tienen las propiedades del té y de la yerba mate.
guazapa ***f.*** *Guat.* y *Hond.* Trompo pequeño, perinola.
guazú ***m.*** Ciervo de poco más de 1 m. de longitud que habita en las zonas abiertas de Sudamérica *(Mazama gonazoubira).*
guazubirá ***m.*** *Argent.* y *Parag.* Venado del monte, de color de canela obscuro *(Mazama simplicornis).*
gubán ***m.*** Bote grande usado en Filipinas.
gubernamental (fr. *gouvernemental,* der. de *gouvernement,* gobierno) ***adj.-s.*** Relativo o favorable al gobierno: *partido* ~. -2 ***adj.*** Favorecedor del principio de autoridad. -3 ***com.*** Partidario del gobierno en caso de discordia o guerra civil.
SIN. *1* **Ministerial.**
gubernativamente ***adv. m.*** Por procedimiento gubernativo.
gubernativo, -va ***adj.*** Relativo al gobierno. ◇ Se usa a menudo para calificar lo que procede del poder ejecutivo, en oposición a lo que pertenece a otros poderes del Estado: *prisión* ~ (no judicial); *disposición* ~ (no legislativa).
SIN. **Gobernativo.**
gubernista ***adj.-com.*** *Amér.* Adicto a la política gubernamental.
gubia (l. *gubia,* var. de l. *gulbia,* de orig. célt.) ***f.*** Herramienta de carpintería y otras artes parecida al formón, pero más pequeña, con el corte curvado en forma de media caña, usado especialmente sobre superficies curvas. 2 CIR. Instrumento empleado para la ablación de partes óseas.
SIN. *1* **Gurbia,** ant. en España y us. en América.
Gudrun ***n. pr.*** En la mitología germánica, esposa de Atila después de la muerte de Sigurd. Protagonista y título de un poema épico alemán.
güecho ***m.*** *Amér. Central.* Güegüecho (bocio).
guedeja (de *vedeja*) ***f.*** Cabellera larga. 2 Melena de león.
SIN. **Vedeja.**
guedejón, -jona, guedejoso, -sa, guedejudo, -da ***adj.*** Que tiene muchas guedejas.
güega (base prerrom.) ***f.*** *Ar.* Señal para fijar límites de terreno.
guego, -ga ***adj.-m.*** Dialecto del albanés, hablado principalmente en el norte de Albania.
güegüecho, -cha ***adj.*** *Amér. Central* y *Méj.* Que padece bocio. 2 *Amér. Central* y *Colomb.* Tonto, estúpido. -3 ***m.*** *Amér. Central.* Bocio, papera.
güegüenches (náhu. *huehuetzin,* viejecito) ***m. pl.*** *Méj.* Nombre dado a los indios viejos que dirigen las danzas en los templos católicos, en las fiestas y romerías de pueblos y ranchos.
güelde ***m.*** Mundillo (arbusto).
güeldo ***m.*** Cebo que emplean los pescadores, hecho con camarones y otros crustáceos pequeños.
güeldrés, -sa ***adj.-s.*** De Güeldres, prov. de Holanda.
güelfo, -fa (al. *Welf,* nombre propio) ***adj.-s.*** Partidario de los papas, en la Edad Media, contra los gibelinos. -2 ***adj.*** Relativo a los güelfos.
güembé (voz guaraní) ***m.*** Abacá (planta). 2 *R. de la Plata.* Planta parásita de hermosas flores *(gén. Philodendron).*
güemul ***m.*** *Argent.* y *Chile.* Huemul.
guepardo (del fr. *guépard*) ***m.*** Onza (animal carnívoro).
guepinia ***f.*** Seta tremedal, gelatinosa, con el sombrero abierto, en forma de oreja, y de color rojo anaranjado *(Guepinia helvelloides).*
guereguere ***m.*** *Colomb.* Carriquí (pájaro).
güerequeque ***m.*** *Perú.* Ave semejante al ave fría *(gén. Vanellus).*
güérmeces ***m. pl.*** Enfermedad que padecen las aves de rapiña.

güero, -ra *adj. Méj.* Rubio. -2 *adj.-s. Méj.* fig. Ús. como expresión de cariño y como requiebro para la mujer.

guerra (germ. *werra*) *f.* Lucha armada entre dos o más naciones o partidos: ~ *extranjera;* ~ *civil;* ~ ***biológica,*** la que usa cualquier tipo de gérmenes nocivos; ~ ***de ondas,*** utilización de la radio como instrumento de lucha psicológica y propagandística; ~ ***preventiva,*** la que emprende una nación contra otra, presuponiendo que ésta va a atacarla; ~ ***química,*** la que emplea productos químicos, como gases, herbicidas, etc.; ~ ***fría,*** hostilidad en las relaciones internacionales, sin llegar a la guerra armada; ~ ***sucia,*** conjunto de acciones coactivas o violentas que mantiene un grupo social, político o militar contra la población civil sin respetar el derecho establecido. 2 Pugna, oposición entre dos o más personas o cosas. 3 Lucha o combate, aunque sea en sentido moral. 4 ~ ***galana,*** caza al salto. 5 *Dar* ~, fig., molestar. 6 Juego de billar: ~ *de bolas;* ~ *de palos.*
REL. Los derivados y compuestos cultos se forman a partir del l. *bellum: belicista, belicoso, beligerante*; menos frecuentes son a partir del gr. *pólemos: polemarca, polémica.*

guerreador, -ra *adj.-s.* Que guerrea.

guerrear *intr.* Hacer guerra. 2 fig. Resistir, rebatir o contradecir.

guerrera *f.* Chaqueta de uniforme ajustada y abrochada hasta el cuello.

guerreramente *adv. m.* A modo o en forma de guerra.

guerrerense *adj.-s.* De Guerrero, estado de Méjico.

guerrero, -ra *adj.-s.* [pers.] Que guerrea. -2 *adj.* Relativo a la guerra. 3 Marcial e inclinado a la guerra. 4 Molesto, revoltoso. 5 fig. *y* fam. Travieso, que incomoda y molesta a los demás. -6 *m.* Soldado. 7 *Murc.* Herrerillo, pájaro.
SIN. *1* **Bélico.** *3* **Belicoso,** ambos se usan pralte. en lenguaje culto y literario.

guerrilla *f.* Formación militar en orden abierto. 2 Partida de tropa ligera, formada por grupos poco numerosos que hostilizan al enemigo por medio de sorpresas, acechos, etc., o hacen los ataques al descubierto. 3 Grupo de personas armadas, organizadas con el fin de atacar y desestabilizar el orden establecido en un lugar o país. 4 Juego de naipes.

guerrillear *intr.* Pelear en guerrilla.

guerrillera *f. S. Dom.* Especie de guayabera.

guerrillero *m. f.* Miembro de una guerrilla. ◇ Debe evitarse el GALIC. *partisano.*
SIN. **Partidario.**

güesilla *f. C. Rica.* Rosquilla de afrecho con dulce.

gueto (it. *ghetto,* abreviatura de *borghetto*) *m.* Barrio en que vivían o eran obligados a vivir los judíos en algunas ciudades de Italia y de otros países. 2 p. ext. Aislamiento social, político, ideológico, etc., en que se encuentra una minoría de personas. 3 Lugar que habita o frecuenta dicha minoría.

güevil *m.* Arbusto solanáceo de cuyo tallo y hojas se extrae un tinte amarillo usado para teñir la ropa; su infusión se emplea contra la disentería *(Vestia lycioides).*

guía (de *guiar*) *com.* Persona que conduce y enseña el camino a otra. 2 fig. Persona que enseña y dirige a otra. -3 *m.* Sargento o cabo que sirve para alinear la tropa. -4 *f.* Poste grande de cantería que se coloca de trecho en trecho a los dos lados de un camino de montaña para señalar su dirección. 5 Lo que en sentido figurado dirige o encamina. 6 Tratado en que se dan preceptos o noticias para encaminar las cosas, ya espirituales, ya puramente mecánicas: ~ *de pecadores;* ~ *turística.* 7 Lista ordenada de datos o indicaciones útiles para el manejo de un aparato o el uso de un determinado servicio: ~ *de ferrocarriles;* ~ ***telefónica,*** la que contiene el nombre, dirección y número de los abonados al servicio telefónico, de acuerdo con el orden alfabético de sus apellidos. 8 Despacho que lleva consigo el que transporta algunos géneros, para que no se los detengan. 9 Mecha delgada, con pólvora y cubierta con papel, para dar fuego a los barrenos. 10 Sarmiento o vara que se deja en las cepas y en los árboles para dirigirlos. 11 Tallo principal de las coníferas y otros árboles. 12 Palanca que sale de lo alto del eje de una noria para enganchar en ella la caballería, o del de un molino de viento para orientarlo. 13 Pieza o cuerda que en una máquina o aparato sirve para obligar a otra pieza a que siga en su movimiento camino determinado. 14 Caballería que va delante de todas en un tiro fuera del tronco. 15 Extremo del bigote cuando está retorcido. 16 Guarda del abanico. 17 MAR. Cabo o aparejo que sirve para mantener un objeto en la situación que debe ocupar. 18 MIN. Vetilla a que algunas veces se reducen los filones y que sirve para buscar la prolongación del criadero. 19 MÚS. Voz que va delante en la fuga y a la cual siguen las demás. -20 *m. pl.* Riendas para gobernar los caballos de guías. -21 *f. Colomb.* Gamarra del caballo. 22 *P. Rico* y *S. Dom.* Volante del automóvil.

guiabara *f. Cuba.* Uvero, planta.

guiadera *f.* Guía de las norias y otros artificios semejantes. 2 Madero o barrote paralelo para dirigir el movimiento rectilíneo de un objeto.

guiado, -da *adj.* Que es objeto de guía o se guía: ~ *de,* o *por, alguno.* 2 Que se lleva con guía o póliza. -3 *m.* Método o procedimiento empleado para controlar o dirigir el movimiento de un cuerpo u objeto volador.

guiador, -ra *adj.-s.* Que guía.

guiahílos *m.* Pieza de las máquinas de coser por donde se pasa el hilo. ◇ Pl.: *guiahílos.*

guiar (probl. del gót. *widan,* acompañar) *tr.* Acompañar mostrando el camino. 2 fig. Dirigir [a alguno] en algún negocio. 3 Conducir o hacer que una pieza de una máquina o un objeto siga en su movimiento determinada dirección: ~ *un automóvil.* 4 Dejar guías a las plantas. -5 *intr.* Principiar a echar tallo una planta, tallecer. -6 *prnl.* Dejarse uno dirigir por otro o por indicios: *me guiaré por tu consejo; guiarse por un práctico.* ◇ **CONJUG. [13] como ***desviar.***

güiclacoche *m. Méj.* Cuitlacoche.

güícharo *m. P. Rico.* Güiro, instrumento musical.

guiche (quechua *huichi,* cazuela) *m. Colomb.* Planta parásita de flores rojas y hojas encarrujadas.

güichera *f. Venez.* Arbolito de América tropical, de frutos comestibles y cuya corteza es tánica y tintórea *(Pithecellobium dulce).*

güichichi (náhu. *huitzli*) *m.* Colibrí.

güichol (de *huichol,* nombre de una tribu india) *m. Méj.* Sombrero de palma muy mal conformado, propio del Estado de Jalisco.

güicoy *m. Guat.* y *Hond.* Cuitlacoche.

guigue *m. Argent.* y *Chile.* Embarcación larga y liviana, a modo de bote flotador. 2 *Ecuad.* Tronco de balsa (árbol) en el cual se ponen a horcajadas los bañistas.

guiguí *m.* Roedor nocturno de Filipinas, parecido a la ardilla *(Pteromys irlans).*
SIN. **Taguán.**

¡güigüí! *Cuba.* Interjección usada para mofarse de algo.

guija (etim. dud.; quizás del l. *petra aquilea,* piedra aguda, der. del l. *aquileu,* aguijón) *f.* Piedra pelada y chica que se encuentra en las orillas de ríos y arroyos. 2 Almorta.
SIN. *1* **Callao, peladilla de río.** REL. **Grava,** conjunto de guijas.

guijarral *m.* Terreno guijarroso.

guijarrazo *m.* Golpe dado con guijarro.

guijarreño, -ña *adj.* Abundante en guijarros o relativo a ellos. 2 fig. [pers.] De complexión dura y fuerte.

guijarro (der. de *guija*) *m.* Canto rodado.

guijarroso, -sa *adj.* Terreno abundante en guijarros.

güije *m. Cuba.* Jigüe (fantasma).

guijeño, -ña *adj.* Relativo a la guija o que tiene su naturaleza. 2 fig. Duro, empedernido.

guijo *m.* Conjunto de guijas para consolidar o rellenar caminos. 2 MEC. Gorrón.

I) guijón *Ar.* Guija, almorta.

II) guijón *m.* Neguijón.

guijoso, -sa *adj.* Terreno abundante en guijo. 2 Guijeño (de guija).

güila *f. Méj.* Papalote pequeño. 2 *Méj.* Mujer pública. 3 *C. Rica.* Trompo pequeño. 4 *Chile.* Andrajo.

guilalo *m.* Embarcación filipina de cabotaje.

guileña *f.* Aguileña (planta).

güili *m.* Árbol mirtáceo cuya madera se utiliza para la construcción de muebles *(Eugenia guili).*

güiliche *m. C. Rica.* Hijo menor.

güiligiste *m. Amér. Central.* fam. Peso duro, sonante y contante.

guilindrajo *m. Venez.* Colgajo.

guilindujes *m. pl. Ar.* Perendengues, perifollos. 2 *Hond.* Arreos con adornos colgantes.

guilla (ár. *galla,* cosecha) *f.* Cosecha copiosa y abundante. 2 ***De*** ~, de buena granazón; a satisfacción, en abundancia.

guillado, -da *adj.* Maniático, chiflado.
SIN. V. **Loco.**

guilladura *f.* Chifladura.

guillame (fr. *guillaume*) *m.* Cepillo estrecho de carpintero.

guillarse (cruce de la voz jergal *guiñarse,* huir, y el grupo léxico cat. *esquitllar-se,* escabullirse) ***prnl.*** Irse, huirse. 2 Chiflarse (mentalmente).

guillati (volver ~ a uno) fam. Atolondrarle, confundirle. ◇ Ús. también como prnl.

guillatún (arauc.) ***m.*** *Chile.* Ceremonia de los indios araucanos para hacer rogativas por lluvias o bonanza.

guillave (arauc. *guyun,* estrujar como ordeñando) ***m.*** *Chile.* Fruto comestible del quisco.

güillegüille ***m.*** *Ecuad.* Renacuajo.

guillén ***m.*** *Cuba.* Entre chicos, y esp. en el juego de hoyitos, acción de lanzar arrastrando el bolo contrario.

güilli (arauc.) ***m.*** *Chile.* Planta liliácea muy hermosa.

güilliche ***m.*** *Chile.* Indio del sur del país, esp. de la región del lago Llanquihue.

güillín ***m.*** Huillín.

guillo ***m.*** *Cuba.* Mentira, engaño.

guillomo ***m.*** BOT. Arbusto rosáceo *(Amelanchier rotundifolia).*

guillote (de *guilla*) ***m.*** Cosechero o usufructuario. -2 ***adj.*** Holgazán y desaplicado.

guillotina (fr. *guillotine,* der. de *Guillotin,* 1738-1814, su inventor) ***f.*** Máquina inventada y usada en Francia para decapitar a los reos de muerte. 2 Pena capital. 3 FOT. Obturador compuesto de dos sectores metálicos animados de movimientos contrarios, descendente el uno y ascendente el otro, para que se entrecrucen al funcionar. 4 IMPR. Instrumento que sirve para cortar por igual un montón de hojas de papel. 5 ***De ~,*** [vidriera, persiana] que se abre y cierra resbalando a lo largo de las ranuras del cerco.

guillotinar ***tr.*** Quitar la vida con la guillotina. 2 IMPR. Cortar [papel] con la guillotina.

guilno ***m.*** Género de plantas gramíneas chilenas.

güilón, -na ***adj.*** *Amér.* Huidizo, cobarde.

güilota ***f.*** *Méj.* Especie de paloma silvestre pequeña *(gén. Zenaiduria).*

güima ***f.*** *P. Rico.* Mujer fecunda; coneja.

güimba ***f.*** *Cuba.* Guabico, árbol.

guimbalete (fr. *brimbale* + cruce del fr. ant. *guimbalet,* taladro) ***m.*** Palanca con que se da juego al émbolo de la bomba aspirante.
SIN. MAR. **Pinzón.**

guimbarda ***f.*** Cepillo de carpintero, de cuchilla estrecha, para labrar el fondo de las cajas y ranuras.

güin (voz indígena) ***m.*** *Cuba.* Vástago fofo y muy ligero que echan algunas cañas.

güincha ***f.*** Huincha.

guinchar (de *guincho*) ***tr.*** Picar o herir con la punta de un palo.

guinche ***m.*** *Colomb.* Cuchillo viejo y gastado.

güinche (ing. *winch*) ***m.*** *Amér.* Cabrestante; montacargas.

güinchero ***m.*** Mecánico u obrero que maneja el güinche.

guinchiguaipen ***m.*** *Pan.* Limpiaparabrisas.

guinchil ***m.*** *Pan.* y *P. Rico.* Parabrisas.

guincho ***m.*** Pincho de palo. 2 *Cuba.* Ave rapaz falcónida *(Pandion haliaetus).*

guinchón ***m.*** Desgarrón.

I) guinda (orig. incierto, probl. germ.) ***f.*** Fruto del guindo.
SIN. **Cereza póntica.**

II) guinda (de *guindar*) ***f.*** Altura total de la arboladura de un buque. 2 *Colomb.* y *Cuba.* Corriente del techo. 3 *Chile.* Nonada. 4 *P. Rico.* vulg. Cuesta empinada.

guindado, -da ***adj.*** Compuesto de guindas.

guindajo ***m.*** *Amér. Central.* Colgajo.

guindal ***m.*** Guindo (árbol).

guindalejo ***m.*** *Colomb.* y *P. Rico.* Colgalejo (colgajo).

guindalera ***f.*** Terreno plantado de guindos.

guindaleta (de *guindar*) ***f.*** Cuerda de cáñamo o cuero del grueso de un dedo. 2 Pie derecho donde los plateros tienen colgado el peso.

guindaleza (fr. *guinderesse*) ***f.*** MAR. Cabo grueso y largo.

guindamaina (de *guindar* + *amainar*) ***f.*** Saludo que hacen los buques con su bandera.

guindar (fr. *guinder,* de orig. escand.) ***tr.*** Subir [una cosa que ha de quedar colgada en alto]. 2 fam. Ahorcar. 3 fam. Ganar [una cosa] a otros en concurrencia: *les guindó el empleo.* 4 vulg. Robar, hurtar. 5 *Can.* Colgar. 6 *Colomb.* Atar.

guindarejo ***m.*** *Colomb.* Colgajo.

guindaste (de *guindar*) ***m.*** MAR. Armazón de tres maderos en forma de horca. 2 MAR. Madero colocado verticalmente al pie de los palos para amarrar los escotines de las gavias.

guindilla ***f.*** Fruto del guindillo de Indias. 2 Pimiento pequeño y encarnado que pica mucho. 3 burl. Guardia municipal.
SIN. *2* **Cerecilla, pimiento de cerecilla** o **de las Indias.**

guindillo de Indias ***m.*** Planta solanácea de flores blancas y fruto redondo, parecido a una guinda y muy picante *(Capsicum baccatum).*

I) guindo (de *guinda* I) ***m.*** Árbol rosáceo parecido al cerezo, del cual se distingue por su fruto más redondo y comúnmente ácido *(Prunus cerasus).*
SIN. **Guindal.**

II) guindo ***m.*** *Guat.* Cuesta.

guindola (de *guindar*) ***f.*** MAR. Pequeño andamio volante de tres tablas. 2 MAR. Aparato salvavidas provisto de un largo cordel cuyo chicote está sujeto a bordo. 3 MAR. Barquilla de la corredera.

güinduri ***adj.*** *Méj.* [caballería] Que tiene una mancha blanca extendida por toda la grupa, salpicada de manchitas obscuras.

guinea (de *Guinea,* reg. de África) ***f.*** Ant. moneda inglesa de oro (veintiún chelines). 2 *Extr.* y *Murc.* fig. Zambra, alboroto.

guineano, -na ***adj.-s.*** Guineo.

guineo, -a ***adj.-s.*** De Guinea, región y nación del oeste de África. -2 ***adj.-m.*** Conjunto de lenguas sudanesas, habladas en la costa norte del golfo de Guinea; como el yoruba. -3 ***m.*** Baile de negros de movimientos violentos y grotescos. 4 Música de este baile. 5 Plátano o banana (fruto). 6 *Can.* Sonsonete molesto en que puede caer un ruido o una conversación. -7 ***adj.-s.*** *Perú.* Negro procedente de África.

guineoecuatorial ***adj.*** Perteneciente o relativo a la Guinea Ecuatorial. -2 ***adj.-com.*** Natural de dicha nación africana.

guinga (fr. *guingan*) ***f.*** Especie de tela de algodón.

guingán ***m.*** Guinga.

guinja ***f.*** Guinjo, guinjol.

guinjo, -jol ***m.*** Azufaifa.

guinjolero ***m.*** Azufaifo.

I) guiña (fr. *guigne*) ***f.*** *Colomb.* y *Venez.* Mala suerte.

II) guiña (arauc. *huyñan,* tenderse a lo largo) ***m.*** *Chile.* Variedad de gato *(Felis pajeros).*

guiñada ***f.*** Acción de guiñar. 2 Desvío de la proa del buque hacia un lado u otro del rumbo a que se navega.
SIN. *1* **Guiño.**

guiñador, -ra ***adj.*** Que guiña los ojos.

guiñadura ***f.*** Guiñada.

guiñapiento, -ta ***adj.*** Guiñaposo.

I) guiñapo (del neerl. ant. *crippe,* recorte de lana; a través del fr. *ganipe,* andrajo; con cruce de *harapo*) ***m.*** Andrajo o trapo roto, viejo o deslucido. 2 fig. Persona que anda con vestido andrajoso. 3 fig. Persona envilecida, degradada. 4 fig. Persona muy débil o enfermiza.

II) guiñapo (quechua) ***m.*** *Chile.* Maíz molido después de germinado, que sirve para hacer chicha.

guiñaposo, -sa ***adj.*** Lleno de guiñapos o andrajos.

guiñar (orig. desconocido) ***tr.*** Cerrar un ojo, momentáneamente, quedando el otro abierto. -2 ***intr.*** Dar guiñadas el buque. -3 ***rec.*** Darse de ojo; hacerse guiños o señas con los ojos. -4 ***tr.*** *Guat.* Halar, tirar con fuerza.
SIN. *1* **Cucar.**

guiño ***m.*** Guiñada (acción). 2 *Argent.* Luz corta del automóvil.

guiñol (fr. *guignol*) ***m.*** Teatro de títeres. 2 fig. Sujeto ridículo.

guiñolesco, -ca ***adj.*** Propio del guiñol o parecido a él.

guiñoso, -sa ***adj.*** *Venez.* Que comunica guiña o mala suerte.

guiñote ***m.*** Juego de naipes, variante del tute, muy difundido en Aragón, Navarra y parte de Castilla.

guío ***m.*** *Colomb.* Serpiente de agua *(Eunectes murinus).*

guión (fr. *guion,* el que guía, de la familia de *guiar*) ***m.*** Cruz que precede a un prelado o bandera de una comunidad, cofradía, etc., que va delante de una procesión. 2 Estandarte que, delante del rey, llevaba el paje más antiguo. 3 El que sirve de guía. 4 Escrito esquemático que sirve de guía para un determinado fin: *~ de un discurso, de una película.* 5 Argumento de una película o de un programa de radio o televisión, expuesto con todos los pormenores. 6 ~ ***de codornices,*** rey de codornices. 7 GRAM. Signo ortográfico [-] que, puesto al final de un renglón, indica que la parte de la última palabra continúa en el siguiente; además une o separa los componentes de una palabra compuesta (*aovado-lanceolada, franco-hispana*); algo más largo [—] indica, en los diálogos, cuándo habla cada interlocutor y suple, al principio de línea, el vocablo con que empieza otra anterior. También se usa como paréntesis. 8 MÚS. Signo usado antig. al final del pentagrama para indicar la primera nota de la línea siguiente. ◇ Reglas ortográficas en ** PUNTUACIÓN.

guionaje *m.* Oficio del guía o conductor.
guionista *com.* Persona que escribe un guión de cine, radio o televisión.
guipar *tr.* vulg. Ver, percibir, descubrir.
güipil *m. Méj.* Huipil.
guipur (fr. *guipure*) *m.* Especie de encaje de mallas gruesas.
guipuzcoano, -na *adj.-s.* De Guipúzcoa. -2 *m.* Dialecto guipuzcoano.
guiquilite *m.* Añil.
güira (ant. *hibuera* o *higüera,* de orig. antillano) *f.* Árbol tropical bignoniáceo, de fruto globoso de corteza dura y blanquecina, lleno de pulpa blanca. De este fruto hacen los campesinos de América vasijas de formas variadas *(Crescentia cujete).* 2 *Ant.* desp. Cholla, cabeza. 3 *Chile.* Tira de corteza flexible sacada a lo largo del tronco, que se usa como soga. 4 *S. Dom.* Güiro (instrumento). -5 *adj. Hond.* Cobarde.
SIN. *1* **Calabacero, higüero, hibuero jícaro** y **totumo.**
guiri (abreviación del vasc. *guiristino,* cristino) *m.* Nombre dado por los carlistas a los cristinos y p. ext., a todos los liberales. 2 vulg. Individuo de la guardia civil. -3 *com.* vulg. Extranjero, turista.
güiriche *m. Guat.* Ternerito, novillo flaco.
guiridanga *f. Colomb.* Cosa despreciable.
guirigay (voz imitativa) *m.* Lenguaje ininteligible. 2 Gritería y confusión. ◇ Pl.: *guirigayes, guirigáis.*
güirila *f. Hond.* y *Nicar.* Tortilla de maíz nuevo.
guirindola *f.* Chorrera de la camisola.
güirís *m. Bol.* y *Hond.* Persona que, sin haber hecho estudios, es práctica en minería; en gral., el vecino de un pueblo minero. -2 *m. pl. Nicar.* Rateros de oro en las minas.
guirisapa *f. Venez.* Pelotera, algazara.
guirlache (fr. *grillage,* de *griller,* tostar) *m.* Turrón de almendras tostadas y caramelo.
guirlanda *f.* desus. Guirnalda.
guirnalda (ant. *guirlanda,* parece alterac. de la raíz germ. de *garnir,* adornar) *f.* Corona abierta de flores y ramos, o tira entretejida de flores y ramos, aunque no tenga forma circular.
guirnaldeta *f.* Dim. de *guirnalda.*
I) güiro (voz india ant., *guirnalda*) *m. Cuba* y *P. Rico.* Planta rastrera que produce un calabacín largo, cilíndrico, cuya corteza en su madurez se pone dura y de color pajizo *(Lagenaria vulgaris).* 2 *Ant.* y *Venez.* Instrumento músico popular, llamado también güícharo o calabazo, hecho con este fruto. 3 *Bol.* y *Perú.* Tallo del maíz verde. 4 *Colomb.* y *S. Dom.* El mismo instrumento anterior, hecho de hoja de lata, cilíndrico, con agujeros en forma de rallador.
II) güiro (quechua *huiro,* palo) *m. Ant.* y *Colomb.* desp. Güira (cholla). 2 *Bol.* y *Perú.* Huiro (tallo). 3 *Cuba* y *P. Rico.* Mujerzuela. 4 *Cuba.* Enredijo amoroso. 5 *Ecuad.* Trampa.
guiropa *f.* Guisado de carne con patatas, u otro semejante. 2 *And.* Rancho, comida.
guisa (germ. *wisa*) *f.* Modo, manera. ◇ Hoy sólo tiene uso lit. en las expr. *a ~; de ~.*
guisache *m. Méj.* Aromo, árbol leguminoso.
guisado *m.* Guiso preparado con salsa. 2 Guiso de pedazos de carne, con salsa y, generalmente, con patatas.
guisador, -ra, guisandero, -ra *adj.-s.* [pers.] Que guisa la comida.
guisantal *m.* Terreno sembrado de guisantes.
guisante (probl. del l. *pisum sapidum,* guisante sabroso; a través del moz. *bissaut,* con *g-;* por influjo de *guija*) *m.* Planta papilionácea de hojas paripinnadas terminadas en zarcillos, flores blancas y legumbres con muchas semillas globosas *(Pisum sativum).* 2 Semilla del guisante. 3 *~ **de olor,*** variedad de almorta, de hojas con pecíolo alado y flores olorosas de colores variados *(Lathyrus odoratus).*
SIN. *1* y *2* **Pésol.** *1* **Arveja.** *3* **Haba de las Indias.**
guisar (de *guisa*) *tr.* Preparar los manjares sometiéndolos a la acción del fuego, esp. haciéndolos cocer en una salsa después de rehogados. 2 fig. Ordenar, componer una cosa.
SIN. **Cocinar.**
guisaso *m. Cuba.* Planta herbácea, de fruto aovado o redondo erizado de púas *(Triumpheta semitriloba; Cenchrus muricatus; Xanthium strumarium).*
güiscamo *m. Hond.* Latigazo.
güisclacuachi (náhu. *huitz-tlacuatzin*) *m. Méj.* Puerco espín.
güiscolote *m. Méj.* Arácnido venenoso.
güiscoyol (náhu. *huitztli,* espina, y *coyolli,* coyol) *m. Amér. Central.* Palmera espinosa cuyos tallos se usan en el campo para cercas y setos *(Bactris horrida).*
guiso *m.* Manjar guisado.
guisopillo *m.* Hisopillo.
guisopo *m. And.* Flor del maíz.
guisote *m.* desp. Guiso.
güisque *m. Méj.* vulg. Aguardiente. 2 *Chile.* Soga. 3 *Chile.* Látigo con mango.
güisquelite (náhu. *huitzli,* espina y *quilitl,* hierba) *m. Méj.* Especie de alcachofa.
güisqui (ing. *whisky*) *m.* Licor alcohólico obtenido por la destilación de cereales, especialmente avena y cebada, fermentados.
güisquil *m. Amér. Central* y *Méj.* Chayote.
güiste *m. Salv.* Piedra de rayo.
güistomate (náhu. *huitztli,* espina, y *tomatl,* tomate) *m. Méj.* Tomatillo espinoso de corteza medicinal para los ojos.
guita (probl. del l. *vitta,* cinta; a través del germ. *witta* y del fr. ant. *guite*) *f.* Cuerda delgada de cáñamo. 2 fam. Caudal, hacienda, bienes. 3 fig. *y* fam. Dinero.
guitar *tr.* Coser con guita: *~ un saco.*
guitarra (gr. arabizado *kizára*) *f.* Instrumento músico de cuerda que se compone de una caja de madera, a modo de óvalo estrechado por el medio, con un agujero circular en el centro de la tapa y un mástil con trastes; tiene seis cuerdas que se pulsan con los dedos de la mano derecha, mientras las pisan los de la izquierda: *~ **eléctrica,*** la que tiene un electroimán que capta sus vibraciones y las transmite a un amplificador para emitirlas por altavoces. 2 Instrumento para quebrantar y mover el yeso. 3 Pez marino seláceo con la cabeza deprimida, cuerpo fusiforme, hocico puntiagudo, de color gris pardusco, que puede alcanzar más de un metro de longitud *(Rhinobathus rinobathus).* 4 *Perú.* fig. Criatura de pechos. 5 *Venez.* Traje de fiesta.
guitarrazo *m.* Golpe dado con la guitarra.
guitarreo *m.* Toque de guitarra repetido o cansado.
guitarrería *f.* Taller donde se fabrican guitarras, bandurrias, etc. 2 Tienda donde se venden.
guitarrero, -ra *m. f.* Persona que se dedica a hacer o vender guitarras. 2 Guitarrista.
guitarresco, -ca *adj.* fam. Relativo a la guitarra.
guitarrillo *m.* Guitarra pequeña que tiene sólo cuatro cuerdas.
SIN. **Requinto.**
guitarrista *com.* Músico que toca la guitarra. -2 *adj. Ecuad.* Amigo de juergas.
guitarro *m.* Guitarrillo.
guitarrón *m.* Aum. de *guitarra.* 2 fig. Hombre sagaz y picarón. 3 Pez marino seláceo, muy parecido a la guitarra (pez), pero de color pardo claro, hocico más alargado, y de mayor tamaño *(Rinobathus cemiculus).* 4 *Chile.* Guitarra de unas 25 cuerdas. 5 *Hond.* Avispa venenosa *(Bombus lapidarius).*
guitero, -ra *m. f.* Persona que hace o vende guita.
güitlacoche *m. Méj.* Cuitlacoche.
I) güito *m.* fam. Sombrero. 2 *Cuba.* Mancha blanca en la piel.
II) güito *m.* Hueso de fruta, especialmente el de albaricoque, con que juegan los niños. -2 *m. pl.* Juego que se hace con estos huesos.
guitón, -tona (it. *guitto,* abyecto) *adj.-s.* Pícaro, vagabundo.
guitonear *intr.* Andarse a la briba.
guitonería *f.* Acción de guitonear. 2 Efecto de guitonear.
güizache *m. Méj.* y *Guat.* fam. Oficio del leguleyo o tinterillo.
guizacillo *m.* Planta gramínea propia de las regiones cálidas *(Cenchrus equinatus).*
güizarazo *m. C. Rica.* Capirotazo.
güízaro *m. C. Rica.* Capirotazo.
guizazo *m. Cuba.* Guisaso.
guizgar *tr.* Enguizcar, estimular. ◇ ** CONJUG. [7] como ***llegar.***
guiznar *intr.* desus. Hacer guiños.
guizque *m.* Palo con un gancho en una extremidad para alcanzar algo que está en alto. 2 *Sor.* Lengua de la víbora. 3 *La Mancha* y *Murc.* Aguijón de la avispa y de la abeja.
guja (célt. l. v. *vidubiu*) *f.* Archa enastada que se usaba como arma.
gula *f.* Exceso en la comida o bebida. 2 Apetito desordenado de comer y beber.
SIN. v. **Glotonería.**
gular (der. del l. *gula,* garganta) *adj.* ZOOL. Relativo a la garganta.
gulasch *m.* Estofado de carne de buey o de cerdo, o de ambos conjuntamente, originario de Hungría.

gulden *m.* Unidad monetaria holandesa.
gules (fr. *gueules*) *m. pl.* BLAS. Color rojo heráldico.
gullería *f.* Gollería.
gulloría *f.* Calandria (pájaro). 2 Gollería.
gulosidad *f.* Glotonería.
guloso, -sa *adj.-s.* Que tiene gula o se entrega a ella.
gulungo *m. Colomb.* Pájaro que hace su nido en las ramas de los árboles *(Rhamphocaelus jacapra).*
gulunguear *intr. Ecuad.* Columpiar; oscilar; colgar.
gulusmear *intr.* Golosinear, andar oliendo lo que se guisa. 2 Fisgonear, curiosear.
SIN. **Gazmiar.**
gulusmero, -ra *adj.* Que gulusmea.
gumacha *f. P. Rico.* Cumarracha.
gumamela *f. P. Rico, S. Dom.* y *Filip.* Rosa de China.
gumaracho *m. S. Dom.* Hombre sucio; ente ridículo.
gumarra *f. Colomb.* fest. Gallina. 2 *P. Rico.* Cumarracha.
gumarracha *f. P. Rico.* Cumarracha.
gúmena (etim. dud., quizás del gr. *(seirá) heguméne,* cuerda que conduce; a través del cat. *gúmena*) *f.* Maroma gruesa para atar las áncoras.
gumía (ár. *comía* < *comí*, valiente) *f.* Especie de daga encorvada que usan los moros.
gunneráceo, -a *adj.-s.* BOT. Hierba perenne angiosperma dicotiledónea. -2 *f. pl.* BOT. Familia de estas plantas.
Gunter *n. pr.* V. Sigfredo y Brunilda.
gura *f.* Ave columbiforme moñuda, de gran tamaño, propia de la isla de Jobi. Su plumaje es azul pizarra, con el pecho pardo rojo. Anida en los árboles, aunque gralte. vive en el suelo como si fuese una gallinácea *(Goura victoriae).*
gurbia *f. Amér.* ant. Gubia. 2 *Colomb.* Hambre. 3 *C. Rica.* Dinero. -4 *adj. Colomb.* Hábil, económico.
gurbio, -bia *adj.* [instrumento de metal] Que tiene alguna curvatura.
gurbión (gr. *euphorbion*) *m.* Goma del euforbio.
SIN. **Gorbión.**
I) gurdo, -da (l. v. *gurdu*) *adj.* Necio, simple.
II) gurdo, -da (fr. *gourde,* una moneda) *m. S. Dom.* Moneda nacional. -2 *f. Argent.* y *Bol.* En lunfardo, dinero.
gurguncha *f. Hond.* Hucha, ahorros.
gurguncho, -cha *m. f. Colomb.* El último, inferior o más pequeño de un conjunto de animales o frutas.
gurgunera *f. Colomb.* Madriguera.
guri *m.* pop. Guripa, soldado, policía.
gurí, -risa *m. f. Argent.* y *Urug.* Muchacho indio o mestizo. 2 *Argent.* y *Urug.* p. ext. Hijos de corta edad de una familia. -3 *f. Argent.* y *Urug.* Entre campesinos, calificativo afectuoso para dirigirse a la mujer querida.
guripa *m.* fam. Pilluelo, vagabundo. 2 fam. Soldado. 3 fam. Guardia, persona que mantiene el orden.
guropetín *m.* Gurupera pequeña.
gurrero *m. Colomb.* Terreno estéril.
gurrí *m. Colomb.* Pavo silvestre *(gén. Meleagris).*
gurriato (desp. de *gorrión*) *m.* Pollo del gorrión. 2 Gorrión. 3 fam. Niño, chiquillo. 4 *La Mancha.* fig. Hombre crédulo, incauto, a quien puede engañarse fácilmente.
gurrión *m.* Gorrión.
gurripato *m.* Gurriato. 2 fig. Persona pazguata.
gurrubucear *tr. Hond.* Gurguciar.
gurrufero *m.* fam. Rocín feo y de malas mañas.
gurrumina (etim. dud.) *f.* fam. Condescendencia y contemplación excesiva a la propia esposa. 2 fam. Pequeñez, fruslería. 3 *Bol.* Gente cursi. 4 *Colomb.* Tristeza. 5 *Ecuad., Guat.* y *Méj.* Cansera, molestia. 6 *Hond.* Persona lista, astuta. 7 *Perú* y *P. Rico.* Entre campesinos, exigencia. 8 *R. de la Plata.* Persona enclenque.
gurrumino, -na *adj.* [pers.] Ruin, desmedrado. -2 *m.* El que tiene gurrumina. -3 *m. f. Sal.* y *Méj.* Chiquillo, niño. 4 *Bol.* y *Perú.* Cobarde, pusilánime. 5 *Hond.* Persona lista, astuta.
gurrunera *f. Venez.* Huronera, madriguera.
gurruñar *tr.* Arrugar, encoger.
gurruño *m.* Cosa arrugada o encogida.
gurrupear *intr. Cuba.* Servir de gurrupié.
gurrupié (fr. *croupier*) *m. Amér.* Ayudante del banquero en las casas de juego. 2 *Cuba.* Auxiliar para menesteres bajos. 3 *Cuba* y *Ecuad.* Falso postor en los remates o negocios.
gurú (voz sánscrita) *m.* Dirigente espiritual de grupos religiosos de inspiración oriental.
gurullada (de garulla) *f.* fam. Cuadrilla de gente baladí.
gurullo (var. leon. o moz. de *orujo*) *m.* Burujo (pella). 2 Pasta de harina, agua y aceite que se desmenuza formando bolitas o granos.
gurupa *f.* Grupa.
gurupera *f.* Grupera.
gurupí *m. Argent.* y *Bol.* Falso postor en los remates.
gurupié *m. Perú, P. Rico* y *S. Dom.* Que ayuda al banquero en las casas de juego. 2 *P. Rico* y *Venez.* Sirviente de confianza. 3 *P. Rico* y *Venez.* Testaferro, pala, compinche.
gusana *f.* Conjunto de gusanos que se lanzan al mar o los ríos para cebar a los peces.
gusanear *intr.* Hormiguear.
gusanera *f.* Sitio donde se crían gusanos. 2 fig. Pasión que domina en el ánimo: *le dio en la ~.* 3 Zanja que se abre en los gallineros y se llena de materias que facilitan la producción de gusanos.
gusanería *f.* Abundancia o muchedumbre de gusanos.
gusaniento, -ta *adj.* Que tiene gusanos.
gusanillo *m.* Dim. de *gusano.* 2 Tejido de labor menuda que se hace en los tejidos de lienzo y otras telas. 3 Hilo, esp. de oro, plata y seda, ensortijado para formar con él ciertas labores. 4 *Matar el ~,* beber aguardiente en ayunas; satisfacer el hambre momentáneamente.
gusano (probl. voz prerrom.) *m.* Animal invertebrado caracterizado por tener el cuerpo blando, cilíndrico, alargado y contráctil; con esta denominación, sin valor taxonómico, se conocen sobre todo los anélidos, platelmintos, nemátodos, etc. 2 Lombriz. 3 *~ **de la seda,*** larva de un insecto lepidóptero que, antes de pasar al estado de crisálida, segrega una hebra de seda de 400 a 500 m. de largo, con la cual fabrica un ovillo o capullo en que se envuelve *(Bombyx mori).* 4 *~ **gordiano,*** nematomorfo. 5 *~ **revoltón,*** convólvulo (larva de la *Tortrix pilleriana*). 6 *~ **de la luz,*** luciérnaga. 7 *~ **de San Antón,*** cochinilla de la humedad. 8 fig. *~ **de la conciencia,*** remordimiento nacido del mal obrar. 9 fig. Persona despreciable, mala. 10 fig. Hombre humilde, abatido.
SIN. *1* y *2* **Helminto,** tecn. esp. us. para designar a los parásitos del intestino y del hígado. REL. *1* y *2* Parecido a los gusanos o que tiene sus cualidades, adj. **vermicular.**
gusanoso, -sa *adj.* Gusaniento.
gusarapiento, -ta *adj.* Que tiene gusarapos. 2 fig. Muy inmundo y corrompido.
gusarapo, -pa (probl. misma raíz que *gusano*) *m. f.* Animalejo de forma de gusano, que se cría en los líquenes.
gusgo, -ga *adj. Méj.* Goloso. ◇ Se escribe también *guzgo.*
gustable *adj.* Relativo al gusto.
gustación *f.* Acción de gustar; probadura. 2 Efecto de gustar; probadura.
gustador, -ra *adj. Colomb.* [pers.] De trato agradable. -2 *m. Argent.* y *Colomb.* Pangador.
gustadura *f.* Acción de gustar.
gustar (l. *-are*) *tr.* Sentir en el paladar el sabor [de una cosa]: *~ la manzanas.* 2 Experimentar, probar. 3 Agradar una cosa, parecer bien: *me gusta el pan.* 4 Desear, tener complacencia en una cosa: *~ de correr.* 5 *Ecuad.* y *Venez.* Juzgar [un espectáculo].
gustativo, -va *adj.* Relativo al gusto.
gustazo *m.* Aum. de *gusto.* 2 fam. Gusto grande de chasquear o hacer daño a otro.
gustillo *m.* Dejo o saborcillo.
gusto (l. *-tu*) *m.* Sentido corporal con el cual percibimos el sabor de las cosas. 2 Sabor que tienen las cosas. 3 Placer o deleite que se experimenta con algún motivo o que se recibe de cualquier cosa: ***dar** ~* [a alguien], ***fr.,*** complacerle; ***encontrar** ~* [a una cosa], ***fr.,*** fig., aficionarse a ella; ***estar*** o ***sentirse a** ~, **fr.,*** fig., estar cómodamente, con sensación de bienestar; ***relamerse de** ~, **fr.,*** encontrar mucho placer o satisfacción en algún manjar o cualquier otra cosa. 4 Facultad de sentir o apreciar lo bello: ***buen** ~,* gusto refinado y certero para distinguir o elegir lo bonito y elegante; ***mal** ~,* gusto desacertado por cosas feas o faltas de elegancia; ***de buen** ~, **loc. adj.,*** conforme a un gusto delicado y refinado; ***de mal** ~, **loc. adj.,*** revelador de mal gusto a quien lo hace, elige, etc. 5 Cualidad, forma o manera que hace bella o fea una cosa. 6 Manera de sentirse o ejecutarse la obra artística o literaria en país o tiempo determinado. 7 Manera de apreciar las cosas cada persona. 8 Capricho, antojo, diversión. 9 Propia voluntad o arbitrio. -10 ***loc. adv. A** ~,* con gusto. -11 ***loc. adv. Al** ~,* que se refiere gralte. a la condimentación de cier-

tos manjares que se hace a voluntad de cada consumidor. 12 ***Con mucho* ~**, expr. frecuentemente de asentimiento cortés o de complacencia.

FR. *Coger el ~ a algo, tomar ~ a una cosa*, fr. fig., aficionarse a ello. SIN. 2 **Embocadura**, esp., tratándose de vino; **paladar**, sabor de los manjares en gral.

gustosamente *adv. m.* Con gusto.

gustoso, -sa *adj.* Sabroso: *~ al paladar.* 2 Que hace con gusto una cosa. 3 Agradable que causa gusto: *~ en algún aspecto.*

gutagamba (malayo *gata,* goma + *Cambodja*) *f.* Árbol de la India, de la familia de las gutíferas, del que fluye una gomorresina sólida, amarilla, que se emplea en farmacia y en pintura *(Garcinia morella).* 2 Esta gomorresina.

gutapercha (malayo *gata,* goma + *percha,* nombre de árbol; a través del ingl. *gutta-percha*) *f.* Nombre de varias especies de árboles sapotáceos de Indonesia con cuyo látex se fabrica una clase de goma *(gén. Palaquium).* 2 Goma translúcida sólida, flexible e insoluble en el agua, que se obtiene de estos árboles. 3 Tela barnizada con esta substancia.

REL. **Vulcanizar,** combinar la gutapercha con azufre para darle mayor elasticidad y duración.

gutara *f. Amér. Central* y *Venez.* Cutara.

gutiámbar (malayo *gata,* goma + *ámbar*) *f.* Goma de color amarillo, que sirve para iluminaciones y miniaturas.

gutiferáceo, -a *adj.-f.* Planta de la familia de las gutiferáceas. -2 *f. pl.* Familia de plantas que incluye arbustos o hierbas perennes con las hojas simples, opuestas y sin estípulas; flores amarillas y fruto en cápsula o, a veces, en baya.

gutiferales *f. pl.* Orden de plantas dentro de la clase dicotiledóneas; leñosas, con flores vistosas, hermafroditas, actinomorfas y heteroclamídeas.

I) gutífero, -ra (malayo *gata,* goma + *-fero*) *adj.-f.* Planta de la familia de las gutíferas. -2 *f. pl.* Familia de plantas que incluye árboles o arbustos de flores actinomorfas, hojas opuestas y coriáceas y fruto capsular. Por escisión o espontáneamente segregan jugos resinosos; como la gutapercha y el bálsamo de calaba.

II) gutífero, -ra (l. *gutta* + *-fero*) *adj.* MIN. Que se presenta en forma de gotas o lágrimas.

guto *m. Extr.* Perro pequeño y ladrador. 2 *Extr.* Persona susceptible.

gutural (l. *gutturalis* < *guttur,* garganta) *adj.* Relativo a la garganta: *voz ~.* -2 *adj.-f.* FON. Consonante velar.

guturalmente *adv. m.* Con sonido o pronunciación gutural.

guyanés, -sa *adj.-s.* Guayanés, de Guayana.

guyot *m.* GEOL. Prominencias del fondo oceánico de forma cilíndrica o tronco-piramidal, con la parte superior plana.

guzgo, -ga *adj. Méj.* Gusgo, goloso.

guzguear *tr. Méj.* Andar buscando [algo] para comer y a escondidas.

guzguera *f. Méj.* Hambre, voracidad.

guzla (serviocroato *guslati,* tocar un instrumento de cuerda; a través del fr. *guzla*) *f.* Instrumento músico de una sola cuerda a modo de rabel.

guzmán (godo *godz,* bueno, y *manna,* hombre) *m.* Noble que servía en la armada y en el Ejército de España como soldado distinguido.

guzpatarra *f.* Ant. juego de muchachos.

gymkhana (voz inglesa) *f.* Competición en la que los concursantes, gralte. provistos de medios de locomoción, deben salvar una serie de obstáculos y de pruebas incorporadas al recorrido.

H, h *f.* Hache, octava letra del **alfabeto español que no representa a ningún sonido. Con la *c* constituye el dígrafo *ch.* 2 Sonido fricativo y velar, parecido a la *j.* 3 Símbolo del *hidrógeno.* ◇ ** ORTOGRAFÍA.
¡ha! Interjección ¡Ah!
haba (l. *faba*) *f.* Planta anual papilionácea, de hojas paripinnadas, flores blancas o rosáceas manchadas de negro, y legumbre larga y rolliza con cinco o seis semillas oblongas y aplastadas. Las semillas, y aun todo el fruto cuando está verde, son comestibles *(Vicia faba).* 2 Fruto y semilla de esta planta. 3 ~ ***panosa,*** planta y fruto de una variedad de haba común, que se emplea como alimento de las caballerías. 4 ~ ***de Egipto,*** colocasia. 5 ~ ***de las Indias,*** guisante de olor. 6 ~ ***del Calabar,*** liana, papilionácea, con las hojas divididas en tres foliolos y las flores violáceas dispuestas en racimos *(Physostigma venenosum).* 7 Semilla de ciertos frutos, como el café, cacao, etc. 8 Bolita blanca o negra con que se hacen ciertas votaciones secretas. 9 Trozo de mineral redondo envuelto por la ganga. 10 Roncha (bultillo). 11 Gabarro (nódulo). 12 Tumor que se forma a las caballerías en el paladar. 13 fig. Figurilla escondida en una rosca o bizcocho de Pascua, la cual se toma por buen agüero para la persona a quien toca el trozo que la contiene. 14 fig. ***Son habas contadas,*** cosa cierta, que no ofrece dudas, o cosas en número fijo y gralte. escaso.
habachiqui *f. Ál.* y *Nav.* Especie de haba pequeña.
Habacuc *n. pr.* BIBL. Profeta hebreo (650-627 a. C.), autor del libro de su nombre en el Ant. Testamento. Se abrevia *Hab.*
habado, -da *adj.* Que tiene la enfermedad del haba, o que tiene la piel manchada en figura de habas. 2 [ave, esp. la gallina] Cuyas plumas de varios colores se entremezclan formando pintas. -3 *f. Logr.* Comida hecha a base de habas; hartazgo de habas.
habalero *m. Extr.* Guarda de un habar.
habanera *f.* Baile de origen cubano en compás de dos por cuatro, y de movimiento lento. 2 Música y canto de este baile.
SIN. **Danza,** que se aplica también a algunos bailes semejantes a la habanera, p. ej. *la danza puertorriqueña,* o la ant. *contradanza criolla.*
habanero, -ra *adj.-s.* De La Habana, c. y prov. de Cuba. 2 Indiano (vuelto de América). -3 *m. Méj.* Bebida espiritosa de sabor fuerte originaria de Cuba.
habano, -na *adj.* De La Habana, y p. ext., de Cuba. 2 De color de tabaco claro. -3 *m.* Cigarro puro de Cuba. 4 *Colomb.* Banano. ◇ HOMÓF.: *abano.*
habar *m.* Terreno sembrado de habas.
habascón *m. Amér.* Raíz comestible semejante a la pastinaca.
habato, -ta *adj.-s. Cuba.* [pers.] Tosco y grosero.
hábeas corpus (n. de una ley ing. de 1679 que empezaba con esta fórmula) *m.* Ley que garantiza el derecho de seguridad personal y obliga a presentar al detenido ante el tribunal para que éste decida sobre la validez de su detención.
I) haber (inf. *haber*) *m.* Hacienda, caudal, bienes, dinero: *tiene haberes cuantiosos;* ~ ***monedado,*** ant., dinero en especie. 2 Retribución periódica de algún servicio. 3 Parte de la cuenta corriente en la que se anotan todas las sumas que se acreditan o descargan a la persona a quien se abre. 4 fig. Cualidades positivas o méritos que se consideran en una persona o cosa, en oposición a las malas cualidades o desventajas.
SIN. *3* **Data,** ant.
II) haber (l. *-ere*) *tr.* ant. Poseer, tener [una cosa]. 2 Coger, alcanzar: *los malhechores no fueron habidos; lee cuantos libros puede* ~. -3 ***aux.*** Forma los tiempos compuestos dando a la acción expresada por el verbo que va en participio un sentido perfectivo: *he leído; había desayunado.* 4 Con la prep. *de* seguida de infinitivo forma frases verbales de significación obligativa: *has de escucharme; hemos de comer.* -5 ***unipers.*** Acaecer, ocurrir: *hubo una hecatombe; hubo muchos muertos.* 6 Verificarse, efectuarse: *hoy habrá junta.* 7 Estar realmente en alguna parte: *hay veinte personas en la reunión; hay poco dinero en el bolsillo.* 8 Existir en general: *hay hombres sin corazón.* 9 lit. Hacer, haber transcurrido cierto tiempo: *cinco años ha murió mi madre* o *cinco años ha que murió mi madre.* 10 Con la conjunción *que* seguida del infinitivo de otro verbo forma frases verbales de significación obligativa e impersonal: *habrá que tener paciencia; hay que trabajar.* -11 ***reflex.*** Portarse, proceder bien o mal: *te has habido sin decoro.* ◇ En la construcción impersonal se usa sólo en la tercera persona del singular [la del indicativo presente es *ha* o *hay*], y en el infinitivo, siendo incorrecto el uso impersonal de las formas de 3ª persona plural: *hubieron fiestas,* por *hubo fiestas; habían muchos que lloraban,* por *había muchos que lloraban.* ◇ ** CONJUG. [72].
FR. *Habérselas con uno,* disputar o contender con él: *me las hube con todos; allá te las hayas,* o *se las haya,* modismo equivalente a *¡que te arregles! ¡que se arregle!*
háber (hebr. *habber*) *m.* Sabio o doctor entre los judíos. Título algo inferior al de rabí.
haberío *m.* Bestia de carga o de labor. 2 Ganado o conjunto de los animales domésticos.
habichuela (probl. del l. v. *fabicella;* dim. de *faba,* haba; a través del moz.) *f.* Judía.
habiente (de *haber*) *adj.* DER. Que tiene. En frases como: ~ o *habientes derecho; derecho* ~ o *habientes.*
hábil (l. *habile*) *adj.* Inteligente y dispuesto para hacer algo: ~ *en los negocios.* 2 DER. Legalmente capaz o apto para una acción: ~ *para contratar; tiempo* ~.
habilidad (l. *-itate*) *f.* Calidad de hábil. 2 Cosa ejecutada con habilidad. 3 Tramoya (enredo).
SIN. *1* En toda la amplitud de significado le corresponde **arte; maestría,**

pericia, cuando se estima en alto grado. Como es un concepto genérico susceptible de muchas aceps. particulares, clasificamos los sinónimos en los siguientes grupos, a los cuales remitimos al lector: habilidad corporal, manual, v. **destreza;** habilidad intelectual, v. **ingenio;** habilidad en el trato social, v. **tacto.**

habilidoso, -sa *adj.* Que tiene habilidad.

habilitación *f.* Acción de habilitar. 2 Efecto de habilitar. 3 Cargo o empleo de habilitado. 4 Oficina de habilitado. 5 GRAM. Procedimiento de formación nominal que consiste en usar palabras con función gramatical distinta de la que originariamente tuvieron: *cantar malagueñas; el sobre de una carta; un vale para aceite; un día perro.*

habilitado, -da *m. f.* Encargado de los intereses de un cuerpo o sociedad. 2 En algunos organismos, encargado de pagar los sueldos u honorarios: *el ~ de la universidad.* 3 *Amér.* Comerciante en comandita con otra persona.

habilitador, -ra *adj.* Que habilita.

habilitar *tr.* Hacer [a una persona o cosa] hábil o apta. 2 Dar [a uno] el capital necesario para que pueda negociar por sí; comanditar; procurar: *~ horas para trabajar; ~ con fondos.* 3 Facilitar [a uno] lo que necesita: *~ de ropa.* 4 DER. Dar [a las personas] capacidad civil o de representación y [a las cosas] aptitud o posibilidad legal: *~ a Pedro para comparecer.* 5 *Argent.* y *Parag.* Dar [al empleado de una empresa] título de socio. 6 *Cuba.* Fastidiar.

habilla *f. And.* Judía (legumbre). 2 Jabillo, árbol euforbiáceo.

hábilmente *adv. m.* Con habilidad.

habiloso, -sa *adj. Chile.* Habilidoso.

habitabilidad *f.* Cualidad de habitable. 2 Cualidad de habitable que, con arreglo a determinadas normas legales, tiene un local o una vivienda.

habitable *adj.* Que puede habitarse.

habitación (l. *-atione*) *f.* Edificio o parte de él que se destina a vivienda. 2 Pieza, esp. aquella en que se está o se duerme. 3 Acción de habitar. 4 Efecto de habitar. 5 DER. Facultad intransmisible de ocupar en casa ajena las piezas necesarias para sí y para su familia. 6 Región donde naturalmente se cría una especie vegetal o animal.

SIN. *1* **Vivienda, morada, mansión, domicilio, residencia, casa; morada** y **mansión,** son lit.: *el Olimpo, morada de los dioses;* en el uso corriente añaden idea de distinción, elegancia; **domicilio,** pertenece al lenguaje administrativo o legal; **residencia,** en términos administrativos es la población en que se vive: *tiene su residencia en Granada;* aplicado a vivienda, envuelve idea de colectividad: *residencia de jesuitas, de estudiantes,* o bien sugiere distinción, señorío: *aquel palacio es la residencia de los condes;* **casa,** lleva asociados los afectos familiares que denotan **hogar** y **lar,** cuando no se refiere sólo al edificio; **habitación** es el término más gral. y abstracto; **vivienda** tiene carácter gral. 2 **Cuarto, pieza, aposento, estancia. 6 Hábitat** (H. NAT.).

habitáculo *m.* Habitación (vivienda o región). 2 Sitio o localidad de condiciones apropiadas para que viva una especie animal o vegetal.

habitador, -ra *adj.-s.* Que habita en un lugar.

habitante *m.* Persona que habita en una ciudad, provincia, casa, etc. 2 p. ext. Animal que habita o vive en un lugar. 3 fam. Piojo.

habitar (l. *-are*) *tr.-intr.* Vivir, morar [en una casa, ciudad, etc.]: *habitamos un gran palacio; ~ bajo un mismo techo; ~ en Madrid; ~ con alguno; ~ entre fieras.* ◇ HOMÓF.: *abitar.*

hábitat (l.) *m.* H. NAT. Medio físico o geográfico en el que vive naturalmente un ser. 2 p. ext. Condiciones y lugar de vida del hombre.

SIN. *1* **Habitación** (región).

hábito (l. *habitu*) *m.* Vestido que denota un estado, ministerio, etc., esp. el que usan los religiosos y religiosas: *~ de San Francisco;* ***hábitos corales,*** los que llevan los sacerdotes en determinados actos del culto, compuestos de sotana, roquete y muceta. 2 El que se lleva en cumplimiento de un voto. 3 Costumbre (manera de obrar). 4 Facilidad adquirida por la constante práctica de un ejercicio. 5 Insignia con que se distinguen las órdenes militares. 6 fig. Una de estas órdenes. 7 Forma externa que presenta un cristal o un grupo de cristales. 8 *~* ***del diablo,*** acónito. 9 FARM. Tolerancia a los medicamentos con disminución de sus efectos, por la ingestión prolongada de los mismos. 10 PAT. Estado consecutivo a la ingestión de estupefacientes que da lugar a una situación de dependencia respecto de los mismos.

habituación *f.* Acción de habituar o habituarse. 2 Efecto de habituar o habituarse.

habitual *adj.* Que se hace o posee por costumbre. 2 Asiduo: *un cliente ~.*

habitualmente *adv. m.* De manera habitual.

habituar (b. l. *-uare*) *tr.-prnl.* Acostumbrar o hacer que [alguno] se acostumbre a una cosa: *habituarse al frío.* ◇ **CONJUG. [11] como *actuar.*

habitud (b. l. *-udo*) *f.* p. us. Relación o respecto que tiene una cosa con otra. ◇ GALIC. por *costumbre.*

habiz (ár. *ahbas*) *m.* Donación de inmuebles a las mezquitas o a otras instituciones religiosas musulmanas.

habla (l. *fabula*) *f.* Facultad de hablar: *perder el ~;* ***negar*** o ***quitar uno el ~ a otro,*** fig., no hablarle por haber reñido. 2 Acción de hablar: *el ~ es propia del hombre.* 3 Realización del sistema lingüístico llamado lengua. 4 Lenguaje, idioma, dialecto: *el ~ de este país;* ús. esp. refiriéndose al lenguaje oral de la conversación, en oposición a la lengua literaria.

FR. *Al ~,* MAR., a distancia propia para poder enfrentarse con la voz; en conversación: *ponerse, estar* o *quedarse al ~ con uno; ¡Al habla!,* contestación telefónica para indicar que la persona llamada está dispuesta a escuchar y hablar.

hablachento, -ta *adj. Venez.* Hablanchín.

habladas *f. pl. Amér.* Fanfarronadas.

habladera *f. Cuba, Guat.* y *S. Dom.* Habladuría.

habladero *m. Argent.* y *Chile.* Murmuración, crítica o censura, en que toman parte varias personas.

hablado, -da *adj.* ***Bien*** o ***mal ~,*** comedido o descomedido en el hablar. -2 *f. Chile.* Habla. 3 *Méj.* Chisme, habladuría.

hablador, -ra *adj.-s.* Que habla demasiado. 2 Que por imprudencia o malicia cuenta todo lo que ve y oye. 3 *Méj.* y *S. Dom.* Valentón. 4 *Méj.* Mentiroso.

SIN. **Cotorra, cotorrera, charlatán, parlanchín, hablanchín, parlador,** todos ellos desp.

habladuría *f.* Dicho inoportuno que desagrada. 2 Hablilla.

hablanchín, -china *adj.-s.* fam. Hablador.

hablante *adj.-s.* Que habla.

hablantín, -tina *adj.-s.* fam. Hablador. -2 *f. Colomb.* y *Venez.* Charla.

hablantinoso, -sa *adj.-s. Colomb.* y *Venez.* Hablanchín.

hablar (l. *fabulari*) *intr.* Darse a entender por medio de palabras: *~* ***bien*** o ***mal,*** expresarse con cortesía o benevolencia o al contrario; *~* ***alto,*** o ***claro,*** o ***fuerte,*** o ***recto,*** expresarse desnudamente y con libertad; *~* ***a tontas y a locas,*** o *~* ***por*** *~,* expresarse sin reflexión; *~* ***gordo,*** echar bravatas; *~* ***uno consigo,*** meditar, discurrir. 2 Articular palabras: *~ tartajeando; el loro habla bien.* 3 p. ext. Darse a entender por medio diferente de la palabra: *~ por señas.* 4 Perorar: *mañana hablará el ministro.* 5 Conversar: *ayer hablé con tu hermano.* 6 Tener relaciones amorosas: *Fernando habla a Gloria,* o *con Gloria.* 7 Interceder: *hablaré por ti al jefe.* 8 Murmurar, criticar: *~ entre dientes.* 9 Tratar de una cosa platicando y, p. ext., por escrito: *~ de la cuestión; los autores no hablan de este punto; ~ de,* o *sobre, negocios.* 10 fig. Manifestarse con elocuencia muda: *los cielos y la tierra hablan de Dios.* 11 fig. Sonar un instrumento con gran expresión: *toca la guitarra, que la hace ~.* 12 fig. Parecer real: *este retrato está hablando.* -13 *tr.* Conocer [un idioma]; emplearlo: *~ el francés.* 14 Decir: *~ disparates.* -15 *rec.* Comunicarse, tratarse de palabra: *se hablaron en el café;* ***Juan y Pedro no se hablan,*** no se tratan.

hablilla *f.* Rumor, mentira que corre en el vulgo.

SIN. **Habladuría, parlería.**

hablista *com.* Persona que se distingue por la propiedad y elegancia del lenguaje.

hablistán *adj.-s.* fam. Hablanchín.

habón *m.* Roncha (bultillo).

Habsburgo *n. pr.* Famosa dinastía germánica procedente de una familia fundada hacia el año 1100. Sus miembros reinaron en Austria de 1276 a 1918, y en España de 1516 a 1700.

habugo *m. Hierro.* Abubilla.

habús *m.* En Marruecos, habiz.

haca (ing. *hack,* caballo de alquiler) *f.* ant. Jaca.

hacamari *m. Perú.* Ucumari.

hacán (hebr. *hakam*) *m.* Sabio o doctor entre los judíos.

hacanea (de *Hackney,* lugar de Inglaterra) *f.* Jaca de gran robustez.

hacecillo *m.* BOT. Porción de flores unidas en cabezuela, cuyos pedúnculos están erguidos, casi paralelos y son de igual altura. 2 En general, conjunto de elementos conductores acompañados o no de otros elementos, formando un haz apretado: *hacecillos leberileñosos, leñosos, liberianos.*

hacedero, -ra *adj.* Que puede hacerse o es fácil de hacer.
SIN. **Factible.**

hacedor, -ra *adj.-s.* Que hace alguna cosa: *Dios es el Hacedor Supremo.* -2 *m.* Encargado de administrar una hacienda. -3 *f. Perú.* Mujer que hace y vende chicha.

hacendado, -da *adj.-s.* Que tiene hacienda en bienes raíces. 2 *Argent.* y *Chile.* [estanciero] Que se dedica a la cría de ganado.

hacendar *tr.* Dar o conferir [a alguno] el dominio de haciendas o bienes raíces: *hacendó a su hijo con las tierras adquiridas.* -2 *prnl.* Comprar hacienda una persona para arraigarse: *se hacendó en Talavera.* ◇ ** CONJUG. [27] como ***acertar.***

hacendera *f.* desus. Trabajo de utilidad común a que debe acudir todo el vecindario.

hacendero, -ra *adj.* Que cuida con esmero de su casa y hacienda. -2 *m.* En las minas de Almadén, jornalero que trabaja por cuenta del Estado.

hacendista *com.* Persona versada en la hacienda pública.

hacendístico, -ca *adj.* Relativo a la hacienda pública.

hacendoso, -sa *adj.* Solícito y diligente en las faenas domésticas.

hacer (l. *facere*) *tr.* Producir [una cosa material o un objeto de inteligencia], darle el primer ser; formar [una cosa] ajustando o transformando otros elementos: *~ un mueble; ~ una tela; ~ un juicio; ~ un poema.* 2 Disponer, aderezar, arreglar; componer, mejorar: *~ la cama, la comida, la barba a uno; esta cuba no hace buen vino.* 3 Causar, ocasionar: *~ sombra.* 4 Ejecutar, realizar: *~ prodigios; no sé qué ~; no saben qué hacerse;* con substantivos, realizar la acción por éstos significada: *~ burla,* o *burlarse; ~ pedazos,* o *despedazar;* en substitución de un verbo mencionado anteriormente, realizar la acción significada por él: *leo como solía ~ años atrás; ~* ***por*** *~,* realizar una cosa porque sí, sin necesidad; *~* ***uno de las suyas,*** obrar uno según su genio o costumbre, esp. tomado en mala parte; ~ [esp. en fut.] ***una que sea sonada,*** hacer algo como escarmiento o escándalo. 5 Representar un papel: *~ el rey* o *de rey.* 6 Creer o suponer algo [de uno]: *yo le hacía en París; le hacía profesor; le hacía contigo.* 7 Proveer [a uno] con algo: *hizo a Juan con dinero.* 8 Habituar, acostumbrar: *~ el cuerpo a la fatiga.* 9 Ejercitar los miembros, músculos, etc., para fomentar su desarrollo o agilidad: *~ dedos un pianista,* etc. 10 Obligar: *le hizo venir; nos hizo que fuésemos.* 11 Expeler del cuerpo [las aguas mayores o menores]: *~ aguas; ~ de vientre, del cuerpo.* 12 Contener, pesar, medir, etc.; equivaler a: *esta tinaja hace cien arrobas; nueve y cuatro hacen trece.* 13 Ocupar [cierto número] en una serie: *este despacho hace el cinco de los de Elvira.* 14 Asegurar en el juego lo que se para o juega: *hago tanto.* 15 *~* ***saber*** o *~* ***presente,*** poner en conocimiento, notificar, advertir. 16 *~* ***buena una cosa,*** aprobarla, justificarla. 17 Alcanzar [cierta velocidad] con un vehículo. 18 Obtener, conseguir. 19 MAR. Proveerse de efectos de consumo. -20 ***intr.*** Importar, convenir: *esto no hace al caso.* 21 Corresponder, adaptarse: *esta llave hace a ambas cerraduras.* 22 Procurar: *~ por,* o *para, llegar.* 23 Fingirse o aparentar: *~ de tonto; ~ el muerto; ~ uno como que no quiere.* -24 ***prnl.*** Crecer, aumentar: *estos árboles se hacen mucho.* 25 Volverse, transformarse: *hacerse vinagre el vino; hacerse cristiano el moro.* 26 Acostumbrarse: *no me hago a vivir solo.* 27 Figurarse: *se me hace que está lloviendo.* 28 Apropiarse: *hacerse con lo ajeno.* 29 Apartarse, retirarse: *hacerse a una parte; hazte atrás; hazte allá.* -30 ***impers.*** Presentarse el tiempo o estado atmosférico: *hace frío; mañaná hará bueno; hizo un buen día.* 31 Haber transcurrido cierto tiempo: *ayer hizo un mes que llegamos.* ◇ INCOR.: el uso del plural en la acepción 30: *hicieron grandes heladas.* ◇ ** CONJUG. [73]; pp. irreg.: ***hecho.***
GRAM. En gral. indica pobreza de lenguaje el empleo de ***hacer*** como verbo vacío cuyo significado depende de las palabras complementarias que lo acompañen. No son recomendables, p. ej., *~ dulce* [una cosa] por endulzarla; *~ oración* por orar; *~ alusión* por aludir. Con frecuencia tales perífrasis son GALIC., p. ej., *~ blanco* por dar en el blanco; *~ presión* por apretar, violentar; *hacerse un deber de algo* por considerarlo como un deber. Son cat. *~ bondad* por portarse bien; *no hacer nada* por no importar. Se usa castizamente *no le hace* por no importa. Sin embargo, el uso gral. admite hoy muchas frases de este tipo, que se han convetido en modismos, como *hacer furor* por llamar la atención, estar de moda; *hacer gracia* por agradar; *hacer el amor* por enamorar, galantear, realizar el acto sexual. Algunas de ellas son perfetamente clásicas, como *hacer tiempo,* entretener la espera; *hacer gracia de* por perdonar.

hacera *f.* ant. Acera.

I) hacha (l. *facula*) *f.* Vela de cera, grande y gruesa, con cuatro pabilos. 2 Mecha de esparto y alquitrán. 3 Haz de paja liado o atado como fajina. 4 ***Ser un*** *~,* ser una persona sobresaliente en algo. 5 *Chile.* Juego de muchachos que consiste en tirar a dar a una bolita con otra a que se da impulso con los dedos.
SIN. *1* y *2* **Antorcha.**

II) hacha (germ. *happja;* a través del fr. *hache*) *f.* Herramienta cortante, de pala acerada con filo algo curvo y ojo para enastarla. 2 Arma blanca de esta forma. 3 Baile antiguo español. 4 ~ ***de plata,*** pez teleósteo clupeiforme abisal, pequeño, de cuerpo comprimido en forma de hacha, con órganos luminiscentes en el vientre y ojos telescópicos; la boca es oblicua, grande y con dientes afilados *(Argyropelecus* sp.). 5 TAUROM. Cuerno del toro.
SIN. *1* **Segur,** hacha grande para cortar.

hachador *m. Amér.* Hachero.

hachar *tr.* Hachear.

hachazo *m.* Golpe dado con el hacha. 2 Golpe que el toro da lateralmente con un cuerno, produciendo contusión y no herida. 3 *Colomb.* Reparada del caballo.

hache (l. v. *hacca;* por *ach;* a través del fr. *hache*) *f.* Nombre de la letra *h.* 2 fig. ***Llámale,*** o ***llámele usted,*** *~,* lo mismo da una cosa que otra.

hachear *tr.* Desbastar y labrar [un madero] con el hacha. -2 *intr.* Dar golpes con el hacha.

I) hachero (de *hacha I*) *m.* Candelero para poner el hacha. 2 desus. Vigía que hacía señales desde un hacho.

II) hachero (de *hacha II*) *m.* El que hachea por oficio. 2 p. us. Soldado gastador.

hachís (ár. *haxix,* hierba seca) *m.* Composición de sumidades floridas y otras partes de cierta variedad de cáñamo, mezcladas con diversas substancias azucaradas o aromáticas, que produce una embriaguez especial y se fuma mezclado con tabaco; marihuana. 2 Cáñamo índico.
SIN. *1* **Costo, chicle, chocolate, mierda.**

hacho (de *hacha I*) *m.* Leño resinoso o manojo de paja o esparto, que se usaba para alumbrar. 2 Sitio elevado para hacer señales.

hachón *m.* Hacha (mecha). 2 Brasero alto, fijo sobre un pie en que se encienden materias que levantan llama.

hachote (aum. de *hacha I*) *m.* MAR. Vela corta y gruesa.

hachudo *m. Cuba.* Pez pequeño parecido a la sardina *(Engraulis productus).*

hacia (en cast. antiguo *faze a* o *faza,* de cara, der. del l. *facies,* cara) ***prep.*** Denota la dirección del movimiento con respecto al punto de su término: *~ la derecha.* 2 Proximidad a un lugar o tiempo determinados; cerca de, alrededor de: *~ las tres; la iglesia está ~ la parte del norte.* 3 Con verbos de sentimiento, acompaña al complemento de persona: *sentía un odio invencible ~ él.*

hacienda (l. *facienda*) *f.* Finca agrícola. 2 Bienes y riquezas que uno tiene: *~* ***pública,*** bienes o rentas del estado. 3 Ganado, conjunto de animales que se posee. -4 ***f. pl.*** Trabajos domésticos. -5 *f. Cuba.* Hato o corral destinado a la ganadería. 6 *P. Rico.* En los ingenios de caña, el edificio que contiene la maquinaria para obtener el azúcar.
SIN. *1* **Heredad, heredamiento.** *2* **Fortuna, capital,** excepto si se trata de la hacienda pública.

hacina (l. *fascina* < *fascis,* haz) *f.* Conjunto de haces colocados unos sobre otros. 2 fig. Montón.

hacinación *f.* Hacinamiento.

hacinador, -ra *m. f.* Persona que hacina.

hacinamiento *m.* Acción de hacinar. 2 Efecto de hacinar. 3 Aglomeración en un mismo lugar de un número de habitantes que se considera excesivo.
SIN. *1* y *2* **Aglomeración.**

hacinar *tr.* Poner los haces [de leña, de hierba, etc.] unos sobre otros formando hacina. -2 ***tr.-prnl.*** fig. Amontonar en gral.: *las mercancías se hacinan en los muelles.*
SIN. **Enhacinar.**

hacu *m. Bol.* y *Perú.* Acu.

hada (l. v. *Fata,* diosa popular de los destinos) *f.* Ser fantástico que se representaba bajo la forma de mujer dotada de poder sobrenatural.
SIN. v. **Hechicera.**

hadado, -da *adj.* Relativo al hado. 2 Prodigioso, mágico, encantado.

hadar *tr.* Determinar, pronosticar el hado [lo que ha de suceder]. 2 Encantar.

Hades *n. pr.* MIT. Mansiones infernales en las que reina Plutón.

hado (l. *fatu*) *m.* Divinidad o fuerza desconocida que, según

los gentiles, disponía lo que había de suceder. 2 Entre los filósofos paganos, serie de causas tan encadenadas unas con otras, que necesariamente producen su efecto. 3 Lo que, conforme a lo dispuesto por Dios, nos sucede en el decurso del tiempo.
SIN. *1* **Destino**; entre lo griegos **ananké**. *2* y *3* **Destino, fatalidad** y **hado** son filos. o lit.; los nombres más populares **estrella** y **sino (signo)** proceden de la Astrología. REL. **Fatal**, relativo al hado; **fatalismo, determinismo**, creencia en el hado; **fatalidad**, efecto del hado.

hafefobia (gr. *hafé*, tacto + *-fobia*) *f.* Aversión morbosa a tocar objetos sucios. 2 Temor morboso a ser tocado.
SIN. *2* **Haptefobia.**

hafiz (ár. *hafid*) *m.* Guarda, conservador.

hafnio *m.* Cuerpo simple descubierto en las tierras raras, cuyo símbolo es *Hf*, su número atómico 72, y su peso atómico 178,6.

hagaje *m. Venez.* Envoltura del papelón (pan de azúcar) con hojas de caña dulce.

hagio- (gr. *hagios*, santo) Elemento prefijal que entra en la formación de palabras con el significado de santo: *hagiografía.*

hagiografía (*hagio-* + *-grafía*) *f.* Historia de las vidas de los santos.
SIN. v. **Santoral.**

hagiográfico, -ca *adj.* Relativo a la hagiografía.

hagiógrafo, -fa (l.-gr. < *hagio-* + *-grafo*) *m. f.* Autor de cualquiera de los libros de la Sagrada Escritura. 2 Escritor de vidas de santos.

hagiolatría (*hagio-* + *-latría*) *f.* Culto que se profesa a los santos.

hagiología (*hagio-* + *-logía*) *f.* Hagiografía.

hagiólogo, -ga *m. f.* Hagiógrafo.

hagioterapia (*hagio-* + *-terapia*) *f.* Curación milagrosa atribuida a la intercesión de un santo.

haiga (forma vulg. del subj. *haya*, empleada para remedar el habla de los nuevos ricos) *m.* burl. Automóvil ostentoso de gran tamaño.

haitiano, -na *adj.-s.* De Haití, nación de la isla de Santo Domingo. -2 *adj. m.* Dialecto haitiano, variedad del francés.

¡hala! Interjección con que se da prisa, o se infunde aliento; también denota sorpresa o contrariedad. 2 *¡Hala! ¡hala!* Interjección con que se expresa la continuidad de una acción.

halacabuyas (*halar* + *cabuya*) *m.* Marinero principiante que no sirve para otra cosa que para halar de los cabos. ◇ Pl.: *halacabuyas.*

halación *f.* FOT. Velado de una emulsión fotográfica por el reflejo y la dispersión de la luz dentro de ella.

halaco *m. Amér. Central.* Alaco (trasto).

halacuerda (*halar* + *cuerda*) *m.* desp. Halacabuyas.

halagador, -ra *adj.* Que halaga.

halagar (ár. *halaca*) *tr.* Dar [a uno] muestras de afecto: *mi hijo me halaga.* 2 Dar [a uno] motivo de satisfacción o envanecimiento: *me halaga tu propuesta.* 3 Adular: *el ambicioso procura ~ al poderoso.* ◇ ** CONJUG. [7] como ***llegar.*** ◇ HOMÓF.: *alagar.*
SIN. **Acariciar** sugiere pralte. el sentido material de hacer caricias; **lisonjear, incensar,** es halagar con alabanzas; **agasajar, festejar,** aluden a demostraciones exteriores de afecto, estimación o respeto; **obsequiar, regalar,** hacen pensar en dádivas o comodidades que se procuran al halagado; **adular** se toma en mala parte, y envuelve la idea de halagar a una persona con fines interesados.

halago *m.* Acción de halagar. 2 Efecto de halagar. 3 fig. Cosa que halaga.

halagüeñamente *adv. m.* De manera halagüeña.

halagüeño, -ña *adj.* Que halaga: *una propuesta halagüeña.* 2 Que atrae con dulzura y suavidad.

halaguero, -ra *adj.* desus. Halagüeño.

halar (fr. *haler*, del germ. *halon*, tirar de algo) *tr.* Tirar [de un cabo, de una lona, de un remo]. 2 Tirar hacia sí [de una cosa cualquiera]. 3 fig. Infundir aliento.
SIN. *1* y *2* **Jalar.**

hálara *f.* Fárfara II.

halcón (l. tardío *falcone*, de origen incierto) *m.* Ave rapaz falconiforme diurna, de color ceniciento manchado de negro, con el pecho y vientre blanquecinos y rayados de gris. Fue ave de cetrería *(Falco peregrinus).* 2 ~ ***gentil,*** neblí. 3 fig. Partidario de actitudes intransigentes y del empleo de la fuerza en la solución de un conflicto.
REL. *1* y *2* **Niego,** halcón recién salido del nido; **prima,** halcón hembra; **terzuelo, torzuelo,** halcón macho.

halconado, -da *adj.* Que de alguna cosa se asemeja al halcón.

halconear *intr.* fig. Dar muestra la mujer desenvuelta de andar a la caza de hombres.

halconera *f.* Lugar para guardar los halcones.

halconería *f.* Caza con halcones.

halconero *m.* El que cuidaba de los halcones.

halda (de *falda*) *f.* p. us. Falda. 2 Harpillera para envolver. 3 *Ar., Sal., Viz.* y *La Mancha.* Regazo.

haldada *f.* Lo que cabe en el halda.

haldar *m. Murc.* Ramaje que cuelga hasta la tierra.

haldear (de *halda*) *intr.* p. us. Andar de prisa las personas que llevan faldas.

haldero, -ra *adj.* desus. Faldero.

haldeta (dim. de *halda*) *f.* desus. En el cuerpo de un traje, pieza que cuelga desde la cintura hasta un poco más abajo.

haldinegro, -gra *adj.* Faldinegro.

haldivoldero, -ra *adj.-s. La Mancha.* Voluble, inconstante, informal, faldero.

haldudo, -da *adj.* Faldudo.

¡hale! Interjección con que se estimula o da prisa; también denota sorpresa o contrariedad.

haleche (l. *halece*) *m.* Boquerón (pez).

halieto *m.* Ave rapaz falconiforme, que vive en las costas y se alimenta de peces *(Pandion haliœtus).*
SIN. **Aleto, pigargo, quebrantahuesos.**

halita *f.* Mineral de la clase de los halogenuros, que cristaliza en el sistema cúbico y es incoloro o bien de color blanco.
SIN. **Sal gema.**

hálito (l. *halitu*) *m.* Aliento del animal. 2 Vapor que una cosa arroja. 3 poét. Viento suave.

halitosis *f.* Aliento fétido. ◇ Pl.: *halitosis.*

hall (ing.) *m.* ANGLIC. Vestíbulo, recibimiento, entrada. ◇ Se pronuncia *jol.*

hallaca *f. Venez.* Hayaca.

hallado, -da *adj.* [con los adv. *tan, bien* o *mal*] Familiarizado o avenido.

hallador, -ra *adj.-s.* Que halla. 2 Que recoge en el mar y salva despojos de naves o de sus cargamentos.

hallar (l. *afflare*, husmear; doble etim. *fallar I*) *tr.* Dar [con una persona o cosa] sin buscarla. 2 Encontrar [lo que se busca]. 3 Inventar. 4 Averiguar. 5 Dar con una tierra o país de que antes no había noticia. 6 Ver, observar, notar: *~ faltas en un libro.* -7 *prnl.* Encontrarse en un sitio, o dar con algo: *me hallo en París; hallarse a,* o *en, la fiesta; hallarse a su gusto en un sitio; hallarse con un obstáculo.* 8 Estar: *hallarse enfermo; hallarse alegre.*

hallazgo *m.* Acción de hallar. 2 Efecto de hallar. 3 Cosa hallada. 4 Premio al que encuentra algo y lo devuelve a su dueño.
SIN. *1* y *2* **Intervención, encuentro, descubrimiento,** según los matices del vb. hallar.

halloysita *f.* Silicato del grupo de los filosilicatos, que cristaliza en el sistema monoclínico, muy extendido como componente de las arcillas.

hallulla *f.* Pan cocido en rescoldo o en piezas muy calientes. 2 *And.* Torta de aceite con sal. 3 *Chile.* Pan hecho de masa más fina y de forma más delgada que el común.

hallullo *m.* Hallulla.

halo (l. *halos*, der. del gr. *hálos*, era de trillar) *m.* Meteoro consistente en un círculo blanco o irisado que aparece a veces alrededor del Sol o de la Luna. 2 Aureola que rodea la imagen fotográfica de un objeto brillante. 3 Resplandor que en la imaginería religiosa rodea la cabeza de los santos o la figura entera. 4 fig. Brillo que da la fama o el prestigio.
SIN. *1* **Cerco, corona.**

halo- (gr. *hals*, sal) Elemento prefijal que entra en la formación de palabras con el significado de sal: *halógeno.*

halobiótico, -ca (*halo-* + gr. *bios*, vida) *adj.* Que vive en agua salada, esp. en el mar.

halocromía (*halo-* + *-cromía*) *f.* QUÍM. Propiedad de algunas substancias incoloras de dar sales coloreadas al combinarse con ácidos incoloros, sin que se forme ningún grupo colorante.

halófilo, -la (*halo-* + *-filo I*) *adj.* BOT. [planta] Que vive en terrenos impregnados de sales.

halófito (*halo-* + *-fito*) *m.* Planta que vive en suelos con alto contenido de sal.

halogenar *tr.* Introducir átomos de halógeno en [una molécula orgánica].

halógeno, -na (*halo-* + *-geno*) *adj.* Que forma sales. -2 *adj.-m.* QUÍM. Elemento [flúor, cloro, bromo y yodo] que forma sales combinándose directamente con un metal. -3 *adj.-f.* Bombilla del faro de un autómovil hecha con dichos elementos; y p. ext., la luz que proyecta. -4 ***adj.-s.*** p. ext. Dicho faro.

REL. *2* El nombre genérico de estas sales termina en **-uro**, p. ej.: *fluoruro, cloruro*, etc.

halogenuro ***m.*** Mineral formado por la combinación de metales con halógenos.

halografía (*halo-* + *-grafía*) ***f.*** Estudio y descripción de las sales.

haloideo (*halo-* + *-oideo*) ***adj.*** Que parece una sal. 2 [ácido binario y sal de este] Formado por el hidrógeno y los halógenos.

halón ***m.*** p. us. Halo.

haloque (ár. *faluca*) ***m.*** Embarcación pequeña antigua.

haloragáceo, -a ***adj.-f.*** Planta mirtal, acuática y sumergida, con las flores unisexuales y poco vistosas. -2 ***f. pl.*** Familia de estas plantas.

halotecnia (*halo-* + *-tecnia*) ***f.*** QUÍM. Técnica para la extracción de las sales industriales.

halotriquita (*halo-* + gr. *thrix, trichós,* pelo) ***f.*** QUÍM. Mineral de la clase de los sulfatos, que cristaliza en el sistema monoclínico, y forma masas capilares o fibrosas de color grisáceo, blanco o verde, con brillo sedoso.

haloza ***f.*** Galocha.

haltera ***f.*** Aparato usado en ejercicios gimnásticos, que consta de dos bolas o discos, a ambos extremos de una barra.

halterios ***m. pl.*** ZOOL. Par de hilos que reemplazan a las alas posteriores en los dípteros.

halterofilia (gr. *haltéres, haltera* + *-filia*) ***f.*** Deporte del levantamiento de pesos.

halterófilo, -la ***adj.*** Perteneciente o relativo a la halterofilia. -2 ***adj.-s.*** Persona que la practica.

haluros ***m. pl.*** QUÍM. Sales formadas por los halógenos con los metales.

hamaca (voz haitiana) ***f.*** Red que, colgada por las extremidades, sirve de cama o, conduciéndola dos hombres, de vehículo. 2 Armadura, gralte. en forma de tijera, que sostiene una lona o plástico que forma el respaldo y asiento. 3 *Argent.* Columpio. 4 *Argent.* y *Urug.* Mecedora. 5 *P. Rico.* Red gruesa que llevan algunos tranvías en su parte delantera para barrer estorbos de la vía.

hamacar ***tr.-prnl.*** *Amér. Merid.* Mecer en hamaca. ◇ **CONJUG. [1] como *sacar.*

hamada ***f.*** Zona desértica de suelo rocoso.

hamadría, -dríada, -dríade (l. *hamadryates*) ***f.*** MIT. Dríade.

hámago (probl. del l. v. *amidu,* almidón; hecho *ámeo* y *ámego*) ***m.*** Substancia correosa, de sabor amargo, que labran las abejas. 2 fig. Fastidio o náusea. ◇ También *ámago.*

hamamelidáceo, -a ***adj.-f.*** BOT. Planta de la familia de las hamamelidáceas. -2 ***f. pl.*** Familia de plantas que incluye árboles y arbustos de flores generalmente hermafroditas, alguna vez apétalas, y fruto en cápsula.

hamamelidales ***f. pl.*** Orden de plantas dentro de la clase dicotiledóneas, de características afines a las rosales.

hamaquear ***tr.*** *Amér.* Mecer, columpiar [a uno]. 2 *Amér.* fig. Entretener una persona [a otra], darle largas en un asunto. 3 *Cuba.* fig. Marear [a uno], traerle como un zarandillo.

hamaquero ***m.*** El que hace hamacas. 2 Conductor de la hamaca. 3 Gancho para sostener la hamaca.

hamartofobia (gr. *hamartía,* error, pecado + *-fobia*) ***f.*** Temor morboso a portarse incorrectamente. 2 Temor morboso al pecado.

hambre (l. *famine*) ***f.*** Gana y necesidad de comer. 2 Malestar producido por la escasez de alimentos: *los horrores del ~.* 3 fig. Deseo ardiente de una cosa: *~ y sed de justicia.* 4 *~* ***canina,*** polifagia; fig., gana de comer extraordinaria; deseo vehementísimo.

SIN. Serie intensiva: **Apetito, gana, necesidad** (eufem.), **hambre, voracidad;** pop. burl. **gazuza, carpanta.** *4* **Abulimia, cinorexia.**

hambrear ***tr.*** Hacer padecer hambre: *~ a la guarnición.* -2 ***intr.*** Padecer hambre u otra necesidad apremiante. 3 Mostrar alguna necesidad, excitando la compasión y mendigando remedio para ella.

hambriento, -ta ***adj.-s.*** Que tiene mucha hambre. 2 fig. Deseoso. 3 Muy necesitado, miserable.

SIN. *1* **Famélico.**

hambrina ***f.*** *And.* Hambre grande o extrema.

hambrío, -a ***adj.*** *Sal., P. Rico* y *Salv.* Hambriento.

hambrón, -brona ***adj.-s.*** desp. Habitualmente hambriento, necesitado o pobre.

hambruna ***f.*** *Amér.* vulg. Hambre.

hambrusia ***f.*** *Amér.* vulg. Hambre.

hamburgués, -guesa ***adj.-s.*** De Hamburgo, c. de Alemania. -2 ***f.*** Pedazo de carne de ternera picada con ajo, perejil, huevo, etc., de forma redonda u oval, gordo, que se sirve frito o asado, gralte. en un panecito redondo con salsa de tomate, mostaza, cebolla, lechuga, tomate y queso.

hamburguesería ***f.*** Establecimiento donde se venden hamburguesas, perritos calientes y bebidas refrescantes.

hamez ***f.*** Especie de cortadura que se hace en las plumas a las aves de rapiña por no estar bien alimentadas.

haming ***m.*** INFORM. Código que detecta y corrige errores de un bit mediante la inclusión de un número adicional de bits que lo localizan.

Hamlet ***n. pr.*** Título y protagonista de una tragedia de Shakespeare (1564-1616).

hammada ***f.*** Hamada.

hamo (l. *-mu*) ***m.*** desus. Anzuelo (arponcillo). 2 *Cuba.* Red en forma de manga o colador, rematada en punta y cuya boca es un aro grande, que se emplea para pescar. ◇ HOMÓF.: *amo.*

hampa (probl. del fr. *hampe,* fuste de lanza) ***f.*** Género de vida de los pícaros, rufianes y maleantes. 2 Conjunto de maleantes que se dedican a la vida delictiva.

hampesco, -ca ***adj.*** Relativo al hampa.

hampo, -pa ***adj.*** Hampesco. -2 ***m.*** Hampa.

hampón (de *hampa*) ***adj.-s.*** Valentón, bravo; bribón, haragán. 2 Delincuente, maleante, malhechor. ◇ HOMÓF.: *ampón.*

hámster ***m.*** Mamífero roedor de hasta 35 cms. de longitud, cuyo pelaje es de color castaño en la parte superior del cuerpo y negro en la inferior *(Cricetus cricetus).*

händeliano, -na ***adj.*** Relativo al compositor musical Händel (1685-1759).

handicap (voz inglesa) ***m.*** Modalidad de carrera, generalmente hípica, en la que se igualan teóricamente las posibilidades de los participantes mediante la concesión de unos metros de ventaja, la imposición de peso en la silla, etc. 2 DEP. Calificación dada a los participantes en algunos deportes, como la hípica, los bolos o el golf, según la cual se compensa con puntos o golpes de ventaja a los participantes peor clasificados. 3 fig. Condición o circunstancia desventajosa.

handicapar (de *hándicap*) ***tr.*** Perjudicar [a alguien], poner en desventaja o en situación de inferioridad [a alguien o algo].

hanega ***f.*** Fanega.

hanegada ***f.*** Fanegada.

hangar (fr.) ***m.*** Cobertizo, esp. destinado a guarecer los aviones. 2 Cobertizo destinado gralte. a almacén.

hannoveriano, -na ***adj.-s.*** De Hannóver, reg. de Alemania.

hansa (al. ant. *hansa*) ***f.*** Ansa.

hanseático, -ca ***adj.*** Anseático.

hapálido ***adj.-m.*** ZOOL. Mono perteneciente a la familia calitrícidos o haprálidos, con pulgar no oponible en los pies. La especie *Hapale jachus* es el *tití.* -2 ***m. pl.*** ZOOL. Familia de estos animales.

hápax (del adv. gr. *hápax,* una sola vez) ***m.*** LING. Voz de la que se posee un único testimonio en una lengua.

haplo- (gr. *haploos,* simple) Elemento prefijal que entra en la formación de palabras con el significado de simple: *haplología.*

haplocarpo (*haplo-* + *-carpo*) ***m.*** BOT. Fruto simple, procedente de una sola flor.

haploclamídeo, -a (*haplo-* + gr. *clamýs,* manto) ***adj.*** V. flor haploclamídea.

SIN. **Monoclamídea.**

haplofase (*haplo-* + *fase*) ***f.*** BIOL. Fase de desarrollo en la que los núcleos celulares son haploides.

haplofilo, -la (*haplo-* + *-filo III*) ***adj.*** BOT. De hojas simples.

haploide (*haplo-* + *-oide*) ***adj.-m.*** BIOL. Organismo o fase de su ciclo de desarrollo cuyas células tienen el número de cromosomas reducido a una serie.

haplología (*haplo-* + *-logía*) ***f.*** Síncopa de una de dos sílabas iguales o que tienen el mismo sonido inicial, en palabras gralte. compuestas, como *autobús*, por *auto ómnibus*.

haquitía ***f.*** Dialecto judeoespañol hablado en Marruecos.

haragán, -gana (ár. *faraga,* ociosidad) ***adj.-s.*** Holgazán.

haraganamente ***adv. m.*** Con haraganería.

haragandía ***f.*** *P. Rico.* Haraganería.

haraganear ***intr.*** Pasar la vida en el ocio.

haraganería ***f.*** Holgazanería.

haragania ***f.*** desus. Haraganería.

haraganoso, -sa *adj.* p. us. Haragán.
harakiri (japonés, corte de estómago) *m.* Suicidio cortándose el vientre, practicado en el Japón por los nobles en caso de desgracia. Es voz raramente usada por los japoneses; el nombre usual es *seppuku*.
harambel *m.* Arambel.
harapiento, -ta *adj.* Andrajoso.
harapo (de una base *farpar,* de etim. dud., probl. voz descriptiva) *m.* Andrajo. 2 Último aguardiente que sale de la destilación del vino.
haraposo, -sa *adj.* Andrajoso; pingajoso.
haraquiri *m.* Harakiri.
haravico *m. Perú.* Aravico.
harbar *intr.-tr.* desus. Hacer [alguna cosa] de prisa y atropelladamente.
harbullar *tr.* Farfullar.
harbullista *adj.-com.* p. us. Farfullador.
harca (ár.) *f.* Expedición militar de tropas indígenas de organización irregular, durante el protectorado español en Marruecos. 2 Partida de rebeldes marroquíes, durante el protectorado español en Marruecos. ◇ Se pronuncia con *h* aspirada.
hardware (voz inglesa) *m.* INFORM. Conjunto de elementos materiales de un ordenador electrónico. ◇ Se pronuncia *járduer*.
harén, harem (ár. *haram,* vedado) *m.* Departamento de la casa árabe en que viven las mujeres. 2 Conjunto de mujeres que viven en dicho departamento. 3 ZOOL. p. ext. Grupo de hembras que conviven con un único macho en la época de la procreación, como, p. ej., entre los ciervos.
SIN. *1* **Serrallo.**
harija (l. *far,* grano, trigo) *f.* Polvillo del grano cuando se muele o de la harina cuando se cierne.
harina (l. *farina*) *f.* Polvo que resulta de la molienda de algunas semillas: ~ ***en flor,*** harina tamizada; ~ ***integral,*** la no cernida que contiene todo el salvado. 2 ~ ***lacteada,*** polvo compuesto de leche concentrada, harina tostada y azúcar. 3 Polvo procedente de algunos tubérculos y legumbres. 4 Polvo a que se reducen algunas materias sólidas. 5 *Estar metido en* ~, díc. del pan cuando no está esponjoso; fig., estar uno gordo; estar uno muy empeñado en una empresa. 6 *Ant.* fig. Dinero, plata.
harinado *m.* Harina disuelta en agua.
harinear *impers. And.* y *Venez.* Lloviznar.
harineo *m. Venez.* Llovizna.
harinero, -ra *adj.* Relativo a la harina: *molino* ~. -2 *m.* Sitio donde se guarda la harina. -3 *m. f.* Fabricante de harina o que comercia con ella. -4 *f.* Fábrica de harinas.
harinilla *f. And.* Acemite. 2 *And.* Lluvia muy menuda. 3 *Chile.* Soma, cabezuela.
harinoso, -sa *adj.* Que tiene mucha harina. 2 Farináceo en su aspecto, propiedades, etc.
SIN. **Panoso.**
hariscarse *prnl.* Ariscarse. ◇ ** CONJUG. [1] como ***sacar.***
harma *f.* Alharma. ◇ HOMÓF.: *arma.*
harmatán *m.* Viento polvoriento seco del nordeste, que sopla sobre el oeste de África durante la estación seca.
harmonía *f.* Armonía.
harmónicamente *adv. m.* Armónicamente.
harmónico, -ca *adj.* Armónico.
harmonio *m.* Armonio.
harmoniosamente *adv. m.* Armoniosamente.
harmonioso, -sa *adj.* Armonioso.
harmonizable *adj.* Armonizable.
harmonización *f.* Armonización.
harmonizar *tr.* Armonizar. ◇ ** CONJUG. [4] como ***realizar.***
harnal *m.* Cajón de harina, especialmente el cajón grande del molino.
harneadura *f. Chile.* Acción de harnear. 2 *Chile.* Efecto de harnear.
harnear *tr. Colomb.* y *Chile.* Cribar, pasar por el harnero.
harnerero *m.* El que hace o vende harneros.
harnero *m.* Criba.
harneruelo *m.* Paño horizontal que forma el centro de la mayor parte de los techos de madera labrada o alfarjes.
harnizo, -za *adj.-s. Amér.* desus. Descendiente de europeo y coyota (cuarterón y mestiza).
harón, -rona (ár. *haron,* caballo que se planta) *adj.* ant. Lerdo, perezoso, holgazán.
haronear *intr.* Emperezarse, andar flojo o tardo.
haronía *f.* Pereza, flojedad, poltronería.
harpa *f.* Arpa.
I) harpado, -da *adj.* Arpado I.
II) harpado, -da *adj.* Arpado II.
harpagón, -na (l. *harpagone,* arpón) *adj. Colomb.* Muy flaco.
harpía *f.* Arpía.
harpillera *f.* Arpillera.
harqueño, -ña *adj.-s.* [pers.] Relativo a la harca. ◇ Se pronuncia con *h* aspirada.
harrado *m.* Rincón o ángulo entrante que forma la bóveda esquilfada. 2 Enjuta.
harre *m.* Arre.
¡harre! Interjección ¡Arre!
harrear *tr.* Arrear I.
harria *f.* Arria.
harriería *f.* Arriería.
harriero *m.* Arriero. 2 Ave trepadora de Cuba *(Saurothera merlini).*
harstigita *f.* Silicato que cristaliza en el sistema rómbico, y forma cristales prismáticos incoloros y con brillo vítreo.
hartada *f.* Hartazgo.
hartar *tr.-prnl.* Saciar el apetito de comer o beber: ***hartarse con*** *fruta.* 2 fig. Satisfacer el deseo de alguna cosa. 3 fig. Fastidiar, cansar: *hartarse de las lecciones.* 4 Con la preposición *de* y un substantivo, causar, dar en abundancia lo que el substantivo indica: ~ *de palos a uno.* 5 *Guat.* Calumniar. 6 *Venez.* Insultar.
SIN. *1* **Ahitar,** hartar con exceso; **empachar, empapuciar, -pujar, -puzar,** hasta padecer indigestión.
hartatunos *m.* Plato manchego hecho a base de patatas fritas, con pimientos, cocidas con pan y tostadas. ◇ Pl.: *hartatunos.*
hartazgo *m.* Repleción incómoda que resulta de hartarse con exceso.
SIN. **Panzada, tripada.**
hartazón *m.* Hartazgo.
hartera *f. Cuba.* Hartazgo.
harto, -ta (l. *farctu*) *adj.-s.* Repleto, que come mucho: *está* ~; *los hartos ya no han de comer.* -2 *adj.* Bastante o sobrado: *tengo hartas manzanas.* -3 *adv.* Bastante: ~ *ayunarás.*
hartón, -na *adj. Amér. Central.* Glotón. -2 *m.* Hartazgo. 3 fam. Acción de hartar o hartarse. 4 fam. Efecto de hartar o hartarse.
hartura *f.* Hartazgo. 2 Abundancia.
hasaní *adj.* Moneda marroquí.
hasta (ár. *hatta*) *prep.* Expresa el término del cual no se pasa con relación al espacio, al tiempo y a la cantidad: *iremos* ~ *Madrid; no llegaremos* ~ *las diez; gastó* ~ *50.000 pesetas.* -2 *conj.* Denota la misma significación copulativa de *también, aun:* ~ *podrán ahorrarse.* 3 ~ ***que*** ~ y ***tanto que, loc. conj.,*** sirve para expresar el término de la duración del verbo principal: *leeré* ~ *que me canse.* 4 ~ ***luego,*** ~ ***ahora*** y ~ ***después,*** frs. de salutación y despedida. ◇ HOMÓF.: *asta.*
hastial (der. del l. *fastigiu*) *m.* Parte superior en forma triangular que presenta la fachada de un edificio cubierto con un tejado a dos vertientes; p. ext., la totalidad de esta fachada. 2 Cara lateral de una excavación. 3 En las iglesias, fachada correspondiente a los pies o a los laterales del crucero. 4 fig. Hombrón rústico y grosero. 5 *Logr.* Cobertizo con paredes de adobe para guardar la mies, la hierba, etc. ◇ En la acepción 4 suele aspirarse la *h*.
SIN. **Piñón II.**
hastiar *tr.-prnl.* Fastidiar. ◇ ** CONJUG. [13] como ***desviar.***
hastío (l. *fastidiu;* doble etim. *fastidio*) *m.* Repugnancia a la comida. 2 fig. Disgusto, tedio.
SIN. *2* v. **Tedio.**
hastiosamente *adv. m.* Con hastío.
hastioso, -sa *adj.* Fastidioso.
hataca *f.* desus. Cuchara grande de palo. 2 desus. Palo cilíndrico que servía para extender la masa.
hatajador *m. Méj.* El que guía la recua.
hatajar *tr.* Dividir [el ganado] en hatajos: *se han hatajado las ovejas.* ◇ HOMÓF.: *atajar.*
hatajo *m.* Pequeño hato (porción de ganado). 2 fig. Hato (conjunto). ◇ HOMÓF.: *atajo.*
hatear *intr.* p. us. Recoger uno el hato cuando va de viaje. -2 *intr.-tr.* Dar la hatería [a los pastores]. -3 *tr. And.* Arreglar una res después de muerta sacándole el mondongo.
hatería *f.* Víveres con que se abastece a los pastores, jornaleros y mineros. 2 Ropa, ajuar y víveres que éstos llevan.

hatero, -ra *adj.* [caballo] Que lleva la hatería a los pastores. -2 *m.* El que está encargado de este fin. -3 *adj. And.* [perro, gralte. de pequeño tamaño] Que guarda el hato mientras trabaja su dueño. -4 *m. f. Cuba.* Persona que poseía un hato (hacienda campestre).

hathórico, -ca *adj.* V. capitel ~.

hatijo *m.* Cubierta de esparto o de materia semejante, para tapar la boca de las colmenas.

hato (gót. **fat,* lío, paquete) *m.* Pequeño ajuar para el uso preciso y ordinario. 2 Hatería (víveres). 3 Sitio donde paran los pastores con el ganado. 4 Porción de ganado. 5 fig. Junta de gente malvada o despreciable: *un ~ de pícaros.* 6 fig. Conjunto o copia. 7 fam. Junta o corrillo: *un ~ de disparates.* 8 fig. ***Menear el ~ a uno,*** zurrarle; ***revolver el ~,*** excitar discordias entre algunos. 9 *Colomb., Cuba* y *Venez.* Hacienda de campo destinada a la cría de toda clase de ganado y pralte. del mayor.
SIN. *4* **Manada, rebaño.**

hausa *adj.-m.* Lengua sudanesa perteneciente al grupo chadiano, hablada principalmente en Níger y Nigeria.

haustorio *m.* BOT. Órgano suctor, propio de las plantas parásitas, que penetra en los órganos del huésped para tomar el alimento.

haute *m.* BLAS. Escudo de armas adornado de cota, donde se pintan las armas de distintos linajes.

havar *adj.-s.* Individuo de la tribu berberisca de Havara, una de las más antiguas del África Septentrional.

hawaiano, -na *adj.-s.* De las islas Hawai, estado de los Estados Unidos de América.

haxix *m.* Hachís.

haya (l. *fagea*) *f.* Árbol fagáceo, de tronco grueso y liso, hojas ovales y coriáceas, flores masculinas en amento y femeninas en involucro; su madera es ligera y muy resistente *(Fagus sylvatica).* ◇ HOMÓF.: *haya* [de *haber*] y *aya* [f. de *ayo*].
REL. **Friz,** flor del haya; **hayuco,** fruto.

hayaca *f. Venez.* Pastel de harina de maíz, relleno con pescado o carne y otros ingredientes que, envuelto en hojas de plátano, se hace esp. como manjar o regalo de Navidad.

hayal, hayedo *m.* Terreno poblado de hayas.

hayense *adj.-s.* De Presidente Hayes, dep. del Paraguay. 2 De Villa Hayes, cap. del dep. de Presidente Hayes (Paraguay).

hayo *m.* Coca (arbusto). 2 Mezcla de hojas de coca y sales calizas o de sosa, que mascan los indios de Colombia.

hayornal *m. Ál.* y *Logr.* Sitio poblado de hayornos.

hayorno *m. Ál.* y *Logr.* Haya de uno a diez o doce metros de altura.

hayuco *m.* Fruto del haya.

I) haz (l. *fasce*) *m.* Porción atada de mieses, hierba, leña, etc. 2 Conjunto de rayos luminosos de un mismo origen. 3 Conjunto de cosas largas y estrechas, dispuestas longitudinalmente y atadas por el centro. 4 ANAT. Conjunto de varias fibras, musculares o nerviosas, agrupadas en un mismo trayecto. 5 BOT. Hacecillo (conjunto de elementos conductores). 6 FÍS. Corriente en una sola dirección de radiación electromagnética o de partículas: ***~ de electrones,*** en un tubo de rayos catódicos, chorro de electrones creado por el cátodo; ***~ polarizado,*** para una radiación electromagnética (p. ej. luz), haz estecho en el que se han suprimido total o parcialmente las vibraciones en ciertas direcciones. 7 MAT. ***~ de rectas,*** número de rectas que pasan por un punto fijo. ◇ Pl.: *haces* o *fasces.*
SIN. *1* **Fajo;** el **haz** suele ser más grande que el **fajo,** aunque su empleo varía según las regiones; por esto se dice preferentemente **fajo** tratándose de papeles, cartas, billetes de banco, etc.; **gavilla; mostela,** p. us. *4* **Fascículo.**

II) haz (l. *acie*) *m.* Tropa formada en divisiones o en filas.

III) haz (l. *facie*) *f.* desus. Cara o rostro: ***a dos haces,*** fig., con segunda intención; ***ser uno de dos haces,*** fig., decir una cosa y sentir otra. 2 fig. Cara anterior de las telas, las hojas de las plantas, etc., esp. la opuesta al envés. 3 fig. ***~ de la tierra,*** superficie de ella.
SIN. *1* v. **Cara.**

haza (l. *fascia,* faja, venda) *f.* Porción de tierra labrantía.

hazaleja (de *haz,* cara) *f.* Toalla.

hazana *f.* fam. *y* desus. Faena casera habitual y propia de la mujer.

hazaña (probl. del ár. *hasana,* buena obra) *f.* Hecho, esp. el ilustre y heroico.
SIN. **Proeza.**

hazañería *f.* Demostración afectada de temor, admiración o entusiasmo.

hazañero, -ra *adj.* Que hace hazañerías. 2 Relativo a la hazañería.

hazañosamente *adv. m.* Heroicamente.

hazañoso, -sa *adj.* Que ejecuta hazañas. 2 Heroico: *hecho ~.*

hazmerreír (de *hacer + me + reír*) *m.* Persona ridícula y extravagante. ◇ Pl.: *hazmerreír.*

he (demostrativo ár. *he*) Partícula que, junto con los adv. *aquí* y *allí* o unida a pron. pers. átonos, sirve para señalar o mostrar una persona o cosa: *~ aquí a tus hijos; helos junto a ti.*

¡he! Interjección con que se llama a uno.

He, símbolo del *helio.*

hebdómada (gr. *hebdomas*) *f.* lit. Semana. 2 Espacio de siete años.

hebdomadario, -ria *adj.* Semanal, semanario. -2 *m. f.* Sacerdote destinado semanalmente para oficiar en el coro o en el altar. -3 *m.* Semanario.

hebdómeda *f. Logr.* Turno semanal de riego de una acequia o río. 2 p. ext. Turno reglamentario de riego.

Hebe *n. pr.* MIT. Diosa de la juventud, hija de Zeus y Hera, y escanciadora de los dioses antes de Ganimedes.

hebefrenia (gr. *hebe,* adolescencia + *phren,* mente) *f.* PAT. Variedad de esquizofrenia, propia de individuos adolescentes, caracterizada por presentar un retraimiento en sí mismo, manías de tipo hipocondría, apatía e indiferencia hacia el mundo exterior.

hebeloma *f.* Hongo basidiomiceto, de sombrero blanco pardusco y viscoso y pie corto y robusto *(Hebeloma crustuliniforma).*

hebén (etim. dud.; quizá del ár. *habén,* hidropesía) *adj.* [variedad de uva] Que es de color blanco, gorda y vellosa; [vid] que produce dicha uva. 2 fig. [persona o cosa] Que es de poca substancia o fútil.

hebetear *tr.* p. us. Embotar.

hebetud *f.* MED. Estado de letargo y obscuridad mental que se produce en la conmoción cerebral, apoplejía, etc.

hebijón *m.* Clavo o púa de la hebilla.

hebilla (l. **fibella < fibula*) *f.* Pieza, gralte. de metal, con una patilla y uno o más clavillos en medio, asegurados por un pasador, para ajustar y unir las orejas del calzado, las correas, etc.

hebillaje *m.* Conjunto de hebillas de una cosa.

hebillero, -ra *m. f.* Persona que tiene por oficio hacer o vender hebillas.

hebra (l. *fibra*) *f.* Porción de hilo que se pone en una aguja. 2 Filamento de diversas materias que guardan semejanza con el hilo. 3 Pistilo de la flor del azafrán. 4 Fibra de la carne. 5 En la madera, dirección de la fibra. 6 Parte de la madera que tiene consistencia y flexibilidad para ser labrada o torcida sin saltar ni quebrarse. 7 Hilo que forman las materias viscosas que tienen cierto grado de concentración. 8 fig. Hilo del discurso: ***pegar la ~,*** trabar conversación. 9 poét. Cabello: ***hebras de plata,*** cabellos blancos. 10 MIN. Filón.

hebraico, -ca *adj.* Hebreo.

hebraísmo *m.* Sistema religioso de los judíos instituido por Moisés y esencialmente comprendido en el Decálogo. 2 Vocablo, giro o modo de expresión propio de la lengua hebrea empleado en otro idioma.
SIN. *1* v. **Judaísmo.**

hebraísta *com.* Persona que cultiva la lengua y literatura hebreas.

hebraizante *adj.* Que hebraíza. -2 *m.* Hebraísta. 3 Judaizante.

hebraizar *intr.* Usar hebraísmos. 2 Judaizar. ◇ ** CONJUG. [24] como *enraizar.*

hebreo, -a (l. *hebrœu < Heber,* uno de los patriarcas antepasados de Abrahán) *adj.-s.* De un antiguo pueblo semítico que conquistó y habitó la Palestina, llamado después *israelita* y *judío.* 2 [pers.] Que profesa la ley mosaica. -3 *adj.* Relativo a las personas que profesan la ley mosaica. -4 *adj.-m.* Lengua cananea, hablada oficialmente en Israel. -5 *m.* fig. Mercader. 6 Usurero.

hebrero *m.* Herbero, esófago de los rumiantes.

hebroso, -sa (de *hebra*) *adj.* Fibroso.

hebrudo, -da *adj.* Hebroso, fibroso.

Hécate *n. pr.* MIT. Diosa de las regiones infernales y de la magia.

hecatombe (gr. *hecatón,* cien + *bous,* buey) *f.* Sacrificio de cien víctimas que hacían los paganos a sus dioses. 2 Sacrificio solemne en que hay muchas víctimas. 3 fig. Matanza (mortandad). 4 fig. Desgracia, catástrofe.

hecha (de esta ~) *loc. adv.* Desde ahora, desde esta fecha.

hechiceresco, -ca *adj.* Relativo a la hechicería.

hechicería *f.* Arte de hechizar. 2 Acto de hechizar. 3 Hechizo (de los hechiceros).
hechicero, -ra *adj.-s.* Que practica la hechicería. 2 fig. Que por su hermosura o buenas prendas hechiza o cautiva. -3 *f.* Mariposa diurna de color leonado con dos hileras de puntos negros en el borde de las alas *(Brenthis hecate).*
SIN. *1* **Jorguín, -ina,** de uso esp. en las prov. del N. (vasc. *sorgina*); **brujo, -ja,** connota fealdad física e intervención diabólica; **mago, mágico** y **encantador,** van asociados a la idea de ciencia o sabiduría de lo culto; **nigromante, nigromántico,** se refieren a la evocación de los muertos o a la magia negra; **hada** no es persona humana, sino ser sobrenatural femenino; connota hermosura (aunque transitoriamente puede adoptar apariencias feas), y su influencia es siempre benéfica.
hechizar *tr.* Someter [a uno] a supuestas influencias maléficas con prácticas y confecciones supersticiosas. 2 fig. Cautivar el ánimo, embelesar: *tiene una belleza que hechiza.* ◇ ** CONJUG. [4] como ***realizar.***
hechizo, -za (l. *facticiu*) *adj.* Artificioso o fingido. 2 p. us. De quita y pon, postizo. 3 Hecho, fabricado. -4 *m.* Aquello de que se valen los hechiceros para el logro de sus fines. 5 fig. Persona o cosa que hechiza o embelesa. -6 *adj. Amér.* Fabricado en el país; indígena.
REL. *5* **Maleficio,** si es dañino.
I) hecho, -cha, pp. irreg. de *hacer*. 2 *adj.* Perfecto, acabado: *hombre ~; ~ y derecho,* ***loc. adj.,*** cabal, ejecutado cumplidamente: *un hombre ~ y derecho; la obra está hecha y derecha.* 3 Semejante a, convertido en: *está ~ un demonio.* 4 desus. Aplicado a nombres de cantidad con el adverbio *bien*, denota que la cantidad es algo más de lo que se expresa: *doce años bien hechos.* 5 Con los adverbios *bien* o *mal* y aplicado a animales, bien o mal proporcionado: *un cuerpo bien ~.* 6 Aceptado, resuelto: *¿Aceptas el plan? - Hecho.* ◇ En la acepción *6* sólo se emplea en masculino singular y como contestación.
II) hecho *m.* Acción u obra: *~* ***de armas,*** hazaña y acción militar; ***los Hechos de los Apóstoles,*** uno de los libros de la Biblia. 2 Suceso, cosa que sucede. 3 Asunto o materia de que se trata. 4 *~* ***jurídico,*** el que tiene consecuencias jurídicas.
FRS. *A hecho*, seguidamente, sin interrupción; por junto, sin distinción ni diferencia. *De hecho*, efectivamente, de veras, en la realidad. *De hecho y de derecho* (en l. *de facto* y *de iure*), en la realidad y también según la ley; *vías de hecho, agravios de hecho.*
hechor, -ra *m. f. And.* y *Chile.* Malhechor. 2 *Amér.* Garañón.
hechura *f.* Acción de hacer. 2 Efecto de hacer. 3 Cosa repecto del que la ha hecho: *somos ~ de Dios.* 4 Disposición y organización del cuerpo. 5 Figura que se da a las cosas. 6 Lo que se paga por hacer una cosa: *este traje cuesta 20.000 ptas. de hechuras.* 7 fig. Una persona respecto de otra a quien debe cuanto tiene o representa. 8 *Chile.* Acción de invitar a beber. 9 *Chile.* Efecto de invitar a beber. -10 *f. pl.* TAUROM. Aspecto exterior del toro y del torero.
SIN. *3* y *4* **Criatura.** *6* **Confección.**
hechusgo *m. Hond.* Hechura o forma exterior de una cosa.
hect-, v. hecto-.
hectárea (*hect-* + *área*) *f.* Medida agraria, equivalente a 100 a., o sea, un Hm^2.
héctico, -ca (l. *hecticu* < gr. *hectikós,* habitual) *adj.* Hético.
hectiquez *f.* Hetiquez. ◇ También *etiquez.*
hecto-, hect- (gr. *hecatón,* cien) Elemento prefijal que entra en la formación de palabras con el significado de cien.
hectografía *f.* Técnica de multicopia.
hectógrafo (*hecto-* + *-grafo*) *m.* Aparato para sacar copias de un escrito o dibujo.
hectogramo (*hecto-* + *gramo*) *m.* Unidad de masa, en el sistema métrico decimal, equivalente a cien gramos.
hectolitro (*hecto-* + *litro*) *m.* Unidad de capacidad, en el sistema métrico decimal, correspondiente a cien litros.
hectómetro (*hecto-* + *-metro*) *m.* Unidad de longitud, en el sistema métrico decimal, equivalente a cien metros: *~* ***cuadrado,*** unidad de superficie, en el sistema métrico decimal, correspondiente a un cuadrado de un hectómetro de lado; *~* ***cúbico,*** unidad de volumen, en el sistema métrico decimal, correspondiente a un cubo de un hectómetro de arista.
Héctor *n. pr.* En la *Ilíada*, el más valiente de los guerreros troyanos. Era hijo de Príamo y marido de Andrómaca; mató a Patroclo y murió a manos de Aquiles.
hectovatio (*hecto-* + *vatio*) *m.* FÍS. Unidad de trabajo que equivale a cien vatios.
Hécuba *n. pr.* Esposa de Príamo, rey de Troya.
hedentina *f.* Olor malo y penetrante. 2 Sitio donde lo hay.
heder (l. *fœtere*) *intr.* Arrojar de sí mal olor. 2 fig. Enfadar, cansar, ser insoportable. ◇ ** CONJUG. [28] como ***entender.***
hederáceo, -a *adj.* Relativo a la hiedra, o parecido a ella.
hediento, -ta *adj.* Hediondo.
hediondamente *adv. m.* Con hedor.
hediondez *f.* Cosa hedionda. 2 Hedor.
SIN. **Fetidez.**
hediondo, -da (l. **fœtibundu*) *adj.* Que arroja de sí hedor. 2 fig. Sucio, repugnante, obsceno. 3 fig. Molesto, enfadoso. -4 *m.* Arbusto leguminoso de olor desagradable, cuyas hojas se emplean como purgante *(gén. Anaggris).* -5 *f.* Estramonio. 6 Planta rubiácea, arbustiva y tendida, con las hojas coriáceas; las flores son de color rosado y se disponen en capítulos densos *(Putoria calabrica).*
SIN. *1, 2* y *3* **Fétido.** *4* **Leño hediondo.**
hedómeda *f. Logr.* Hebdómeda.
hedónico, -ca *adj.* Perteneciente o relativo al hedonismo o al hedonista. 2 Que procura el placer o se relaciona con él.
hedonismo (gr. *hedoné,* placer) *m.* Doctrina ética que identifica el bien con el placer, esp. con el placer sensorial e inmediato. Mientras que para el eudemonismo el placer acompaña al bien, pero no lo constituye, y para el utilitarismo el placer se idenfifica con el bien, pero su verdadero constitutivo es el interés, el hedonismo es la doctrina del placer por el placer. Su principal representante es Aristipo de Cirene (s. IV a. C.).
hedonista *adj.* Relativo al hedonismo. -2 *adj.-com.* Partidario de él.
hedonístico, -ca *adj.* Relativo al hedonismo.
hedonofobia (gr. *hedoné,* placer + *-fobia*) *f.* Temor morboso al placer.
hedor (l. *fœtore*) *m.* Olor muy desagradable.
SIN. **Fetor,** p. us.; **hediondez, fetidez.**
Hefestos *n. pr.* MIT. Nombre griego de Vulcano.
hegelianismo *m.* Sistema filosófico fundado por el alemán Hegel (1770-1831) en el s. XIX. ◇ OBSERV.: la *h* es aspirada y la *g* tiene sonido suave.
hegeliano, -na *adj.-s.* Que profesa el hegelianismo. -2 *adj.* Relativo a él. ◇ OBSERV.: como en el anterior.
hegemonía (gr. *hegemonía,* der. del gr. *hegemón,* guía) *f.* Supremacía que un estado o un pueblo ejerce sobre otros.
hegemónico, -ca *adj.* Relativo a la hegemonía.
hégira, héjira (ár. *hichcra,* huida) *f.* Era musulmana, que empieza el 15 de julio de 622 de la nuestra, día en que Mahoma huyó de la Meca a Medina. ◇ También se escribe *égira.*
hegiriano, -na *adj.* Relativo a la hégira.
heguemonía *f.* Hegemonía.
helable *adj.* Que se puede helar.
helada *f.* Congelación producida por la frialdad del tiempo. 2 *~* ***blanca,*** o simplte *~*, escarcha.
heladería *f.* Establecimiento donde se venden refrescos helados.
SIN. **Nevería,** hoy ant. y desus.
heladero, -ra *adj.-s.* Abundante en heladas. -2 *m. f.* Lugar donde hace mucho frío: *este sitio es un ~* o *heladera.* 3 Persona que fabrica o vende helados o tiene una heladería. -4 *f.* fig. Nevera.
SIN. *3* **Nevero,** hoy ant. y desus.
heladizo, -za *adj.* Que se hiela fácilmente.
helado, -da *adj.* Muy frío. 2 fig. Suspenso, atónito, pasmado por el miedo o la sorpresa. 3 fig. Esquivo, desdeñoso. -4 *m.* Bebida o manjar helado. 5 Sorbete. -6 *adj. Venez.* fig. Confitado, cubierto de azúcar.
SIN. *1* **Glacial, gélido,** lit.
helador, -ra *adj.* Que hiela. -2 *f.* Máquina para hacer helados.
heladura *f.* Atronadura producida por el frío. V. doble albura. 2 PAT. Congelación.
helamiento *m.* Acción de helar o helarse. 2 Efecto de helar o helarse.
helar (l. *gelare*) *tr.-prnl.* Congelar, esp. el agua: *hiela; helaremos el aceite; el aceite se ha helado.* -2 *tr.* fig. Dejar pasmado, sobrecoger. 3 fig. Desalentar, acobardar. -4 *prnl.* Ponerse una persona o cosa sumamente fría: *helarse de frío.* 5 Coagularse una cosa que se había liquidado: *la cera se ha helado.* 6 Secarse la savia de las plantas a consecuencia de la congelación. -7 *impers.* Hacer una temperatura inferior a cero grados, con lo que se hielan los líquidos. ◇ ** CONJUG. [27] como ***acertar.***
helear *tr.* Ahelear.
helechal *m.* Terreno poblado de helechos.
helecho (l. *filictu*) *m.* Planta de la clase de las filicales, esp.

las de la familia de las polipodiáceas: ~ **común**, el de rizoma ramoso y frondas coriáceas tripinnadas, de uno o dos metros de longitud, con los soros dispuestos en dos filas paralelas al nervio medio de cada segmento *(Pteris aquilina)*; ~ **hembra**, especie con las frondes divididas entre veinticinco y treinta pares de lóbulos principales, subdivididos en otras menores *(Athyrium filix-femina)*; ~ **macho**, forma que se caracteriza por presentar el raquis de las frondes, bipinnadas, revestido de escamas de color pardo *(Dryopteris filix-mas)*; ~ **real** o **florido**, el mayor que crece en la península Ibérica, de frondes divididas entre siete y nueve pares de ramificaciones, con unos doce pares de foliolos cada una *(Osmunda regalis)*.

Helena *n. pr.* MIT. Esposa de Menelao, rey de Esparta. Su rapto por Paris motivó la guerra de Troya.

helénico, -ca *adj.* De Grecia.
SIN. **Griego.**

helenio (l. *helenium*, del gr. *helénion*) *m.* Planta compuesta de raíz amarga, usada en medicina *(Inula helenium)*.
SIN. **Énula campana, hierba de ala, ínula, raíz del moro.**

helenismo *m.* Vocablo, giro o modo de expresión propio de la lengua griega empleado en otro idioma. 2 Influencia ejercida por la ant. cultura y civilización griegas. 3 Época que ésta duró.
SIN. **Grecismo, greguismo.**

helenista *com.* Judío que hablaba la lengua y observaba los usos de los griegos, o griego que abrazaba el judaísmo. 2 Persona que cultiva la lengua y literatura griegas.

helenístico, -ca *adj.* Relativo a los helenistas. 2 Relativo a la historia, cultura y arte griegos del período que se desarrolló entre la conquista de Alejandro Magno y la romana: ***lengua helenística***, la griega propia de este período.

helenización *f.* Acción de helenizar.

helenizante *adj.* Que heleniza.

helenizar *tr.* Introducir [en algún país] las costumbres o la cultura de los griegos. -2 *prnl.* Adoptar uno las costumbres o la cultura griegas. ◇ ** CONJUG. [4] como ***realizar***.
SIN. **Grecizar.**

heleno, -na (gr. *hellen*, heleno, griego) *adj.-s.* Griego. -2 *adj.* Perteneciente o relativo a Grecia.

helera *f.* Granillo (tumorcillo). 2 *Argent.* Nevera.
SIN. *1* **Lera.**

helero *m.* Masa de hielo en las altas montañas. 2 p. ext. Toda la mancha de nieve.
SIN. **Glaciar,** ciéntif.

helespóntico, -ca *adj.* Perteneciente o relativo al Helesponto, ant. n. del estrecho de los Dardanelos.

helgado, -da (l. *filicatu* < *filix*, helecho) *adj.* ant. De dientes ralos y desiguales.
SIN. **Ahelgado.**

helgadura *f.* Hueco entre diente y diente. 2 Desigualdad de éstos.

heli-, v. helio-.

helíaco, -ca (gr. *helios*, sol) *adj.* [orto u ocaso de un astro] Que no difiere en más de una hora del correspondiente al Sol.

heliantemo (*heli-* + *-antemo*) *m.* Planta medicinal cistácea de flores amarillas (gén. *Helianthemum)*.

heliantina *f.* Substancia colorante anaranjada que se extrae del alquitrán de la hulla.

helianto (*heli-* + *-anto*) *m.* Planta compuesta, de hojas ásperas y cabezuelas amarillas (gén. *Hilanthus)*.

hélice (l. *helice*, der. del gr. *hélix, -ikos*, espiral) *m.* Osa Mayor. -2 *f.* Curva de longitud indefinida que da vueltas en la superficie de un cilindro, formando ángulos iguales con todas las generatrices. 3 Espiral (línea). 4 Conjunto de aletas helicoidales que al girar alrededor de un eje producen una fuerza propulsora: *la ~ de un buque*. 5 Parte más externa y periférica del pabellón de la oreja. 6 ZOOL. Caracol, molusco.

helicicultura (l. *helice*, caracol + *-cultura*) *f.* Técnica de dirigir y fomentar la reproducción de caracoles para su propagación y venta.

helícido *adj.-m.* Molusco de la familia de los helícidos. -2 *m. pl.* Familia de moluscos gasterópodos pulmonados, generalmente con la concha helicoidal bien desarrollada, hermafrodita; como el caracol.

helico- (gr. *hélix, -icos*, espiral) Elemento prefijal que entra en la formación de palabras con el significado de espiral: *helicóptero*.

helicoidal *adj.* En figura de hélice: *estría ~; muelle ~*.

helicoide (*helico-* + *-oide*) *m.* Superficie cuya generatriz se mueve apoyándose en una hélice fija.

helicoideo, -a *adj.* V. cima helicoidea.

helicómetro (*helico-* + *-metro*) *m.* Instrumento que sirve para medir la fuerza de la hélice en los buques de vapor.

I) helicón (de *Helicón*, monte gr. dedicado a las Musas) *m.* fig. Lugar en que reside la inspiración poética.

II) helicón (de *hélice*.) MÚS. Instrumento músico de viento cuyo tubo, de forma circular, permite colocarlo alrededor del cuerpo y apoyarlo sobre el hombro de quien lo toca.

helicona *adj.* Heliconia. ◇ Sólo femenino.

helicónides *f. pl.* Las Musas, que moraban en el monte Helicón.

heliconio, -nia *adj.* Relativo al monte Helicón o a las Helicónides.

helicóptero (*helico-* + *-ptero*) *m.* Aparato aeronáutico sin alas que se eleva merced a la acción de una gran hélice o rotor de eje vertical y movimiento lento, que sirve tanto para la sustentación como para la propulsión.

helio (gr. *helios*, sol) *m.* Elemento gaseoso que se descubrió en la atmósfera solar. Es inerte y el más ligero de los gases nobles, incoloro e inodoro, y se emplea como refrigerante en reactores nucleares. Su símbolo es *He*, su número atómico 2 y su peso atómico 4.

helio-, heli- (gr. *helios*, sol) Elemento prefijal que entra en la formación de palabras con el significado de sol: *heliodinámica*.

heliocéntrico, -ca (*helio-* + *céntrico*) *adj.* Relativo al centro del Sol, o que tiene el Sol como centro.

heliodinámica (*helio-* + *dinámica*) *f.* FÍS. Rama de la física, cuyo objeto es el estudio y aplicaciones del calor solar.

heliodoro (*helio-* + gr. *doron*, don, regalo) *m.* MINER. Variedad hermosa de berilo, de color amarillo claro.

heliófilo, -la (*helio-* + *-filo I*) *adj.* [animal o planta] Que requiere exposición directa al sol para su desarrollo.

heliofísica (*helio-* + *física*) *f.* Tratado de la naturaleza física del Sol.

heliofísico, -ca *adj.* Relativo a la heliofísica.

heliofobia (*helio-* + *-fobia*) *f.* Temor morboso a la luz solar. 2 Temor morboso al sol y a las consecuencias de exponerse a sus rayos.

heliofotómetro (*helio-* + *fotómetro*) *m.* Instrumento para medir la intensidad de luz enviada por el sol.

heliogábalo (nombre de un emperador romano 204-222) *m.* fig. Hombre dominado por la gula.

heliograbado (*helio-* + *grabado*) *m.* Procedimiento para obtener, en planchas preparadas y mediante la acción de la luz solar, grabados en relieve. 2 Estampa obtenida por este procedimiento.

heliografía (*helio-* + *-grafía*) *f.* Descripción del Sol. 2 Fotografía de este astro. 3 Heliograbado. 4 Método de transmisión de señales mediante el heliógrafo.

heliográfico, -ca *adj.* Relativo al heliógrafo o a la heliografía.

heliógrafo (*helio-* + *-grafo*) *m.* Instrumento para hacer señales telegráficas por medio de la reflexión de un rayo de sol en un espejo plano. 2 Instrumento para tomar fotografías del Sol. 3 ASTRON. Instrumento para medir la intensidad de calor radiado por el Sol. 4 METEOR. Aparato que registra la duración de la insolación.

heliograma (*helio-* + *-grama*) *m.* Despacho telegráfico transmitido por medio del heliógrafo.

heliolatría (*helio-* + *-latría*) *f.* Culto o adoración del Sol.

heliometría (*helio-* + *-metría*) *f.* ASTRON. Técnica de medición de distancias angulares entre astros, así como de sus diámetros aparentes.

heliómetro (*helio-* + *-metro*) *m.* Instrumento para medir el diámetro aparente de un astro o las distancias angulares entre dos.

heliomotor (*helio-* + *motor*) *m.* Dispositivo que sirve para transformar la energía solar en energía mecánica.

helión *m.* Núcleo del helio, que constituye la partícula de la radiación alfa.

helioplastia (*helio-* + *-plastia*) *f.* Arte de producir moldes para imprimir, hechos de gelatina endurecida, en la cual se ha obtenido una prueba fotográfica.

Helios *n. pr.* MIT. Dios del sol, conducido a través de los cielos por un carro tirado por una cuadriga.

helioscopia (*helio-* + *-scopia*) *f.* ASTRON. Observación del Sol por medio de instrumentos ópticos.

helioscopio (*helio-* + *-scopio*) *m.* Telescopio para mirar al Sol.

heliosis (gr. *heliosis*) *f.* Insolación. ◇ Pl.: *heliosis*.

heliόstato (*helio-* + *-stato*) ***m.*** Instrumento geodésico para hacer señales a larga distancia reflejando en una dirección fija un haz de rayos solares, mediante un espejo movido por un mecanismo de relojería.
heliotecnia (*helio-* + *-tecnia*) ***f.*** ELECTR. Técnica que trata de la conversión de la luz solar en energía eléctrica.
heliotelegrafía (*helio-* + *telegrafía*) ***f.*** Telegrafía por medio del heliógrafo.
helioterapia (*helio-* + *-terapia*) ***f.*** Método curativo en que se utiliza la acción de los rayos solares.
heliotermia (*helio-* + *-termia*) ***f.*** ZOOL. Termorregulación que se da en reptiles y anfibios, que les permite captar una mayor energía solar.
heliotropina ***f.*** Alcaloide contenido en varias especies de heliotropo.
heliotropio ***m.*** Heliotropo.
heliotropismo (*helio-* + *tropismo*) ***m.*** Tropismo que obedece a la influencia de la luz solar.
heliotropo (*helio-* + gr. *trópos,* giro) ***m.*** Planta boraginácea de jardín, de flores pequeñas, azuladas y en cimas escorpioideas *(Heliotropium peruvianum).* 2 Heliόstato en que el espejo es movido a mano, mediante tornillos. 3 MIN. Calcedonia de color verde obscuro con manchas rojizas.
heliozoo (*helio-* + gr. *zoo,* animal) ***adj.-m.*** Protozoo del orden de los heliozoos. -2 ***m. pl.*** Orden de protozoos actinópodos de pequeño tamaño, de cuerpo más o menos circular, con simetría radial.
helipuerto (de *heli*cóptero + aero*puerto*) ***m.*** Lugar destinado para el aterrizaje y despegue de helicópteros.
helitransportado, -da ***adj.*** Transportado por medio de helicóptero.
hélix ***m.*** Repliegue semicircular, que contornea y forma el reborde de la oreja.
héller ***m.*** Moneda austro-húngara de cobre (décima parte de una corona). 2 Moneda checoslovaca de cobre o níquel, de igual valor. 3 Ant. moneda alemana de cobre. ◇ Pl.: *hélleres.*
helmintiasis ***f.*** Enfermedad producida por los helmintos.
helmíntico, -ca ***adj.*** Relativo a los helmintos. 2 [medicamento] Empleado contra los helmintos intestinales.
helminto- (de *helminto*) Elemento prefijal que entra en la formación de palabras con el significado de gusano: *helmintología.*
helminto (gr. *hélmis, helminthos,* gusano) ***m.*** Gusano; esp., el parásito del intestino y del hígado.
REL. **Antihelmíntico,** medicamento usado para expulsar los helmintos parásitos.
helmintofobia (*helminto-* + *-fobia*) ***f.*** Temor morboso a la infestación con gusanos.
SIN. **Vermifobia.**
helmintoide (*helminto-* + *-oide*) ***adj.*** De forma parecida a la de un gusano.
helmintología (*helminto-* + *-logía*) ***f.*** Parte de la zoología que trata de la descripción y estudio de los gusanos.
helmintológico, -ca ***adj.*** Relativo a la helmintología.
helobial (gr. *hélos,* pantano + *bios,* vida) ***adj.-m.*** Planta del orden de las helobiales. -2 ***f. pl.*** Orden de plantas dentro de la clase monocotiledóneas, primitivas, casi todas adaptadas a la vida acuática, de flores actinomorfas y heteroclamídeas.
helociales ***f. pl.*** Orden de hongos, dentro de la clase euascomicetes, la mayoría saprófitos.
helvecio, -cia (l. *-etiu*) ***adj.-s.*** Helvético.
helvela ***f.*** Seta pezizal con el sombrero formado por varios lóbulos de color pardo obscuro; el pie es liso y de color blanco *(Helvella monachella).*
helvético, -ca ***adj.-s.*** De Helvecia, antiguo nombre de Suiza.
SIN. **Suizo.**
hema-, hem-, hemat-, hemato-, hemo- (gr. *haíma, -atos,* sangre) Elemento prefijal que entra en la formación de palabras con el significado de sangre.
hemacrimo (*hema-* + gr. *crimós,* frío) ***adj.*** ZOOL. [animal] De temperatura aproximadamente igual a la de los objetos que le rodean, variando en relación con la temperatura del medio, como los reptiles y los insectos.
hemafibrita ***f.*** Mineral de la clase de los arseniatos que cristaliza en el sistema rómbico, de color rojo o pardo.
hemafobia (*hema-* + *-fobia*) ***f.*** Hematofobia.
hemaglutinación (*hem-* + *aglutinación*) ***f.*** Aglutinación de los hematíes por acción específica de aglutinina. ◇ También *hemoaglutinación.*
hemangioma (*hem-* + *angioma*) ***m.*** MED. Tumor benigno constituido por un acúmulo de vasos sanguíneos, gralte. de causa congénita.
hemartrosis (*hem-* + *artrosis*) ***f.*** PAT. Derrame hemorrágico en una cavidad articular. ◇ Pl.: *hemartrosis.*
hemat-, v. hema-.
hematemesis (*hemat-* + *-emesis*) ***f.*** Vómito de sangre. ◇ Pl.: *hematemesis.*
hematermo (*hema-* + *-termo*) ***adj.*** [animal] Cuya temperatura permanece constante e independiente de la del medio en que habita, como las aves y los mamíferos.
hematidrosis (*hemat-* + gr. *hydro,* agua) ***f.*** MED. Sudor de sangre, producido por hemorragia de las glándulas sudoríparas. ◇ Pl.: *hematidrosis.*
hematíe ***m.*** Glóbulo de la sangre, al cual debe ésta su color rojo, y que contiene la hemoglobina.
SIN. **Eritrocito, glóbulo rojo.**
hematimetría (*hemato-* + *-metría*) ***f.*** Recuento de los elementos celulares en la sangre.
hematina ***f.*** Pigmento rojo que se halla en la sangre.
hematites (l. *hœmatites*) ***f.*** Óxido de hierro nativo de color rojo o pardo y estructura fibrosa. ◇ Pl.: *hematites.*
SIN. **Oligisto rojo.** REL. **Sanguina,** lápiz fabricado con ella.
hemato-, v. hema-.
hematoblasto (*hemato-* + *-blasto*) ***m.*** BIOL. Célula sanguínea de la cual se desarrolla un eritrocito.
hematocele (*hemato-* + *-cele*) ***m.*** MED. Tumor sanguíneo.
hematocito (*hemato-* + *-cito I*) ***m.*** Célula sanguínea. ◇ También *hemocito.*
hematocolpos (*hemato-* + gr. *kólpos,* seno, hueco) ***m.*** MED. Acumulación de sangre en la vagina, y en ocasiones en el útero, en casos de obstrucción del himen.
hematófago, -ga (*hemato-* + *-fago*) ***adj.*** [animal] Que se alimenta de sangre.
hematofobia (*hemato-* + *-fobia*) ***f.*** MED. Temor morboso o emoción intensa a la vista de sangre. 2 Temor morboso a sufrir hemorragias. 3 Prejuicio contra la sangría. ◇ También *hematofobia* y *hemofobia.*
hematogénesis (*hemato-* + *-génesis*) ***f.*** MED. Hemopoyesis. ◇ Pl.: *hematogénesis.*
hematógeno, -na (*hemato-* + *-geno*) ***adj.*** Producido en la sangre o derivado de ella. 2 Que produce sangre.
hematología (*hemato-* + *-logía*) ***f.*** MED. Estudio histológico, funcional y patológico de la sangre.
hematológico, -ca ***adj.*** MED. Perteneciente o relativo a la hematología.
hematólogo, -ga (*hemato-* + *-logo*) ***m. f.*** MED. Especialista en hematología.
hematoma (*hemat-* + *-oma*) ***m.*** Tumor producido por acumulación de sangre extravasada.
hematómetra (*hemato-* + gr. *metra,* matriz) ***m.*** MED. Acumulación por obstrucción de sangre menstrual en el útero.
hematomielia (*hemato-* + gr. *myelós,* médula) ***f.*** MED. Foco hemorrágico en el espesor de la médula espinal por traumatismo o enfermedad.
hematopatía (*hemato-* + *-patía*) ***f.*** MED. Proceso patológico que afecta a la sangre, en gral.
hematopoyesis (*hemato-* + gr. *poiein,* hacer) ***f.*** MED. Formación de los elementos normales de la sangre, especialmente de sus elementos celulares, llevada a cabo principalmente por la médula ósea roja y el sistema linfático. 2 Hematosis. ◇ Pl.: *hematopoyesis.*
SIN. **Hematogénesis, hemopoyesis.**
hematosalpinx (*hemato-* + gr. *sálpix,* trompa) ***m.*** MED. Acumulación de sangre en la trompa del útero, como consecuencia de un embarazo en el que el huevo fecundado se ha implantado allí de modo anormal.
hematoscopia (*hemato-* + *-scopia*) ***f.*** MED. Examen de la sangre, especialmente con el espectroscopio. ◇ También *hemoscopia.*
hematoscopio (*hemato-* + *-scopio*) ***m.*** Instrumento para el examen óptico o espectroscópico de la sangre. ◇ También *hemoscopio.*
hematosis (*hemat-* + *-osis*) ***f.*** MED. Conversión de la sangre venosa en arterial. ◇ Pl.: *hematosis.*
SIN. **Hematopoyesis.**
hematoxilina (*hemato-* + gr. *xylon,* madera) ***f.*** Materia colorante del palo campeche muy utilizada en histología.

hematozoario (*hemato-* + gr. *zoon,* animal) ***adj.-s.*** ZOOL. Animal que vive parásito en la sangre de otros.
hematuria (*hemat-* + *-uria*) *f.* MED. Fenómeno morboso que consiste en orinar sangre.
hematúrico, -ca ***adj.*** Relativo a la hematuria, o que la padece.
hembra (l. *femina*) *f.* Animal del sexo femenino. 2 Mujer. 3 En las plantas dioicas, el pie que da flores femeninas. 4 fig. Pieza con un agujero en que otra se introduce y encaja: *la ~ de un corchete.* 5 fig. El mismo agujero. 6 fig. Molde (objeto hueco). 7 fig. Cola de caballo poco poblada. 8 *And.* Teja que con otras forma canal en un tejado.
hembraje ***m.*** *Amér.* Conjunto de las hembras de un rebaño, hacienda, etc. 2 *Argent.* y *Urug.* desp. Conjunto o grupo de mujeres.
hembrear ***intr.*** Mostrar el macho inclinación a las hembras. 2 Engendrar sólo hembras o más hembras que machos.
hembrerío, -ría ***m. f.*** *Ant.* Mujerío.
hembrilla *f.* Dim. de *hembra.* 2 Piececita en que otra se introduce o asegura. 3 Armella. 4 *Ar.* y *Logr.* Variedad de trigo candeal cuyo grano es pequeño. 5 *And.* Anilla o hendidura del yugo por donde pasa el sobeo. 6 *Ecuad.* Embrión o germen.
hembrita *f.* *Hond.* Plátano más pequeño y suave que el macho.
hemélitro (de *hemi-* + *élitro*) ***m.*** Ala anterior de un insecto cuya mitad basilar es coriácea.
hemera-, v. hemero-.
hemerálope ***adj.-com.*** Persona que de noche pierde total o parcialmente la facultad de ver.
hemeralopía (*hemera-* + *-opía*) *f.* Disminución más o menos marcada de la visión, desde el momento en que la luz diurna disminuye, o bien cuando la iluminación artificial es débil; ceguera nocturna.
hemero-, hemera- (gr. *hemera,* día) Elemento prefijal que entra en la formación de palabras con el significado de día, luz del día, diario: *hemeroteca.*
hemerología (*hemero-* + *-logía*) *f.* Arte de componer los calendarios.
hemeropatía (*hemero-* + *-patía*) *f.* Enfermedad de un día. 2 Enfermedad que aparece o es más grave durante el día.
hemeroteca (*hemero-* + *-teca*) *f.* Colección de periódicos, esp. al servicio del público. 2 Local donde se halla esta colección.
hemi- (gr. *hemi,* medio) Elemento prefijal que entra en la formación de palabras con el significado de medio: *hemiciclo.*
SIN. Equivale al prefijo latino **semi-.**
hemianopsia (*hemi-* + *an-* + *-opsia*) *f.* Disminución o pérdida completa de la visión en una mitad del campo visual de uno o ambos ojos.
hemiascomicétidas (*hemi-* + *ascomicentes*) ***f. pl.*** Subclase de hongos, dentro de la clase ascomicetes, con las ascas desnudas, sin ascocarpo.
hemiciclo (*hemi-* + *-ciclo*) ***m.*** Semicírculo. 2 Sala, gradería semicircular.
hemicordado ***adj.-m.*** Animal del tipo de los hemicordados. 2 ***m. pl.*** Tipo de animales vermiformes no segmentados y dotados de simetría bilateral, cuyo tamaño oscila entre unos pocos milímetros y 2,5 m.; son marinos y la mayoría sedentarios.
hemicránea (l. *-nia;* doble etim. *migraña*) *f.* MED. Jaqueca.
hemiedría *f.* Ley según la cual ciertos cristales no presentan modificaciones sino en la mitad de las caras de la forma holoédrica correspondiente.
hemiédrico, -ca ***adj.*** [cristal] Que está sujeto a la hemiedría.
hemiedro (*hemi-* + *-edro*) ***m.*** Cristal hemiédrico.
hemimetábolo, -la (*hemi-* + gr. *metabole,* cambio) ***adj.*** ZOOL. [insecto] Que experimenta una metamorfosis incompleta, sin estado pupal en su ciclo de vida; como libélulas y saltamontes.
hemimorfita *f.* MINERAL. Silicato de cinc hidratado, que cristaliza en ortorrombos de simetría polar.
hemina (l.) *f.* Ant. medida para líquidos (0,271 l.; medio sextario). 2 Medida de capacidad y agraria de la prov. de León.
hemiono, hemión ***m.*** Mamífero équido de unos 2,5 m. de longitud y pelaje de color castaño amarillento con una banda longitudinal negra en el dorso; es un asno salvaje, del Asia Occidental, del que seguramente se derivan las formas domésticas *(Equus hemionus).*
hemiplejia, hemiplejía (*hemi-* + *-plejia*) *f.* Parálisis de todo un lado del cuerpo.
hemipléjico, -ca ***adj.*** Relativo a la hemiplejía. -2 ***adj.-s.*** Que la padece.
hemíptero (*hemi-* + *-ptero*) ***adj.-m.*** Insecto del orden de los hemípteros. -2 ***m. pl.*** Orden de insectos pterigotas de metamorfosis sencilla, provistos de trompa chupadora y pico articulado; algunos con hemélitros y otros con las cuatro alas membranosas o sin alas; a este orden pertenecen dos subórdenes: homópteros y heterópteros.
hemisférico, -ca ***adj.*** Relativo al hemisferio.
SIN. **Semiesférico.**
hemisferio (*hemi-* + gr. *sphaera,* esfera) ***m.*** Mitad de una esfera dividida por un plano que pasa por su centro. 2 Mitad de la esfera celeste o terrestre limitada por el ecuador: *~ austral* y *boreal*; o por un meridiano: *~ occidental* y *oriental.* 3 *~* ***del cerebro*** o ***del cerebelo,*** mitad lateral en que parecen dividirse estos órganos.
SIN. *1* y *2* **Semiesfera.**
hemistiquio (l. *hemistichiu*) ***m.*** Mitad de un verso separada por una cesura.
hemo-, v. hema-.
hemoaglutinación (*hemo-* + *aglutinación*) *f.* Hemaglutinación.
hemocatéresis (*hemo-* + *catéresis*) *f.* MED. Proceso fisiológico de eliminación de las células sanguíneas envejecidas. ◇ Pl.: *hemocatéresis.*
hemocele (*hemo-* + *-cele*) ***m.*** ZOOL. Cavidad general de algunos artrópodos, formada por lagunas llenas de líquido hemático.
hemocianina (*hemo-* + gr. *kianos,* color azul) *f.* Pigmento del plasma sanguíneo de los crustáceos y los moluscos, de función análoga a la de la hemoglobina.
hemocito (*hemo-* + *-cito I*) ***m.*** Hematocito.
hemocitólisis (*hemocito* + *-lisis*) *f.* ZOOL. Destrucción o disolución de los corpúsculos sanguíneos. ◇ Pl.: *hemocitólisis.*
hemoconcentración (*hemo-* + *concentración*) *f.* MED. Aumento relativo de la masa de hematíes en la sangre debido a pérdida de la parte líquida plasmática.
hemocromatosis (*hemo-* + gr. *chroma, -atos,* color + *-osis*) *f.* PAT. Error congénito, gralte. hereditario, del metabolismo del hierro, en el que éste aumenta su concentración orgánica y se deposita en diversos tejidos y órganos, dando lugar a cirrosis hepática y diabetes. ◇ Pl.: *hemocromatosis.*
hemocultivo (*hemo-* + *cultivo*) ***m.*** MED. Siembra en medios apropiados de una pequeña cantidad de sangre de un enfermo, con objeto de establecer el diagnóstico bacteriológico.
hemoderivado, -da (*hemo-* + *derivado*) ***adj.*** Derivado de la sangre o de su plasma.
hemodiálisis (*hemo-* + *diálisis*) *f.* MED. Técnica terapéutica que consiste en realizar una diálisis exterior de la sangre en fracasos agudos del funcionamiento renal. ◇ Pl.: *hemodiálisis.*
hemodilución (*hemo-* + *dilución*) *f.* MED. Disminución del valor relativo de la masa de células sanguíneas respecto al volumen plasmático.
hemodinámica (*hemo-* + *dinámica*) *f.* FISIOL. Parte de la fisiología que estudia las leyes y mecanismos que rigen la circulación sanguínea en el individuo sano y en el curso de distintas enfermedades.
hemodonación (*hemo-* + *donación*) *f.* Donación de la sangre.
hemodonante (*hemo-* + *donante*) ***adj.-com.*** Donante de sangre.
hemofilia (*hemo-* + *-filia*) *f.* Estado morboso, gralte. hereditario, que se manifiesta por una tendencia a la hemorragia.
hemofílico, -ca ***adj.*** Perteneciente o relativo a la hemofilia. -2 ***adj.-s.*** Que padece hemofilia.
hemofobia (*hemo-* + *-fobia*) *f.* Hematofobia.
hemoglobina (*hemo-* + la raíz de *glóbulo*) *f.* Pigmento contenido en los hematíes de los vertebrados, cuya función consiste en tomar oxígeno del aire, en el aparato respiratorio, para cederlo a los tejidos.
hemoglobinopatía (de *hemoglobina* + *-patía*) *f.* MED. Anomalía hereditaria caracterizada por la presencia en los glóbulos rojos de una hemoglobina anormal, llamada así por presentar una estructura química distinta, gralte. ocasionada por una alteración genética.
hemoglobinuria (de *hemoglobina* + *-uria*) *f.* MED. Presencia anormal de hemoglobina en la orina, ocasionada por la presencia de un proceso agudo de hemólisis.
hemograma (*hemo-* + *-grama*) ***m.*** MED. Cuadro que muestra el número de hematíes y leucocitos por mm^3 de la sangre de una persona y la proporción por 100 que guardan entre sí las distintas clases de leucocitos.

hemolinfa (*hemo-* + *linfa*) *f.* Líquido interno de los invertebrados, gralte. incoloro, que contiene substancias nutrientes, aunque no oxígeno.
hemolisina (*hemo-* + *lisina*) *f.* MED. Substancia producida en el organismo, capaz de destruir las hematíes o glóbulos rojos de la sangre.
hemólisis (*hemo-* + *-lisis*) *f.* MED. Destrucción de los glóbulos rojos en la sangre o en el seno de un tejido, con liberación de la hemoglobina que se disuelve en el plasma. ◇ Pl.: *hemólisis.*
hemolítico, -ca *adj.* PAT. Relativo a la hemólisis.
hemopatía (*hemo-* + *-patía*) *f.* Enfermedad de la sangre.
hemoperitoneo (*hemo-* + *peritoneo*) *m.* Presencia anormal de sangre en el peritoneo, gralte. de causa traumática por ruptura de una víscera como el bazo, o de un gran vaso sanguíneo.
hemopoyesis *f.* MED. Hematopoyesis. ◇ Pl.: *hemopoyesis.*
hemoptísico, -ca *adj.* [enfermo] Atacado de hemoptisis.
hemoptisis (*hemo-* + gr. *ptysis,* acción de escupir) *f.* Expectoración de sangre debida a hemorragia de los pulmones. ◇ Pl.: *hemoptisis.*
hemoptoico, -ca *adj.* PAT. Hemoptísico.
hemorragia (l. *haemorrhagia* < gr. *haimorrhagía* < *hemo-* + *-rragia*) *f.* Flujo de sangre.
hemorrágico, -ca *adj.* Relativo a la hemorragia.
hemorrea (*hemo-* + *-rrea*) *f.* Hemorragia que no ha sido provocada directamente.
hemorroida *f.* Hemorroide.
hemorroidal *adj.* Relativo a las hemorroides.
hemorroide (l. *haemorrhois, -idis* < gr. *haimorrhois* < *hemo-* + *-rheo,* fluir) *f.* Almorrana.
hemorroisa *f.* Mujer que padece flujo de sangre.
hemorroo *m.* Cerasta.
hemoscopia (*hemo-* + *-scopia*) *f.* Hematoscopia.
hemoscopio (*hemo-* + *-scopio*) *m.* Hematoscopio.
hemosiderina (*hemo-* + gr. *soderos,* hierro) *f.* Pigmento hemático de color amarillo, que contiene hierro y se encuentra pralte. en el hígado y el bazo.
hemospermia (*hemo-* + gr. *spérma,* semilla) *f.* PAT. Presencia de sangre en el líquido seminal.
hemosporidio (*hemo-* + *esporidio*) *adj.-m.* Protozoo del orden de los hemosporidios. -2 *m. pl.* Orden de esporozoos parásitos de los hematíes de los vertebrados; a este grupo pertenece el *Plasmodium falciparum,* causante del paludismo o malaria.
hemostasia (*hemo-* + *-stasia*) *f.* MED. Estancamiento de la sangre. 2 MED. Contención de una hemorragia. 3 MED. Conjunto de los mecanismos fisiológicos o naturales de que dispone el organismo para hacer frente a una hemorragia.
hemostasis (*hemo-* + gr. *stasis,* fijación) *f.* MED. Hemostasia.
hemostático, -ca *adj.-m.* Destinado a contener la hemorragia.
hemoterapia (*hemo-* + *-terapia*) *f.* Tratamiento médico por medio de la sangre total o de su plasma.
henaje *m.* Desecación del heno al aire libre.
henal *m.* Henil.
henar *m.* Terreno poblado de heno. 2 Henal.
henchidor, -ra *adj.-s.* Que hinche.
henchidura *f.* Acción de henchir o henchirse. 2 Efecto de henchir o henchirse.
henchimiento *f.* Henchidura. 2 En los molinos de papel, suelo de las pilas. 3 MAR. Pieza de madera para rellenar huecos.
henchir (l. *implere*) *tr.* Llenar. -2 *prnl.* Llenar (hartarse). ◇ ** CONJUG. [34] como ***servir.***
hendeca- (gr. *héndeca,* once) Elemento prefijal que entra en la formación de palabras con el significado de once. ◇ Se escribe gralte. *endeca-.*
hendedor, -ra *adj.* Que hiende.
hendedura *f.* Hendidura.
hender (l. *fendere*) *tr.* Hacer o causar una hendedura [en algún objeto]. 2 fig. Atravesar [un fluido o líquido]: *el buque hiende las aguas.* 3 fig. Abrirse paso [por entre una muchedumbre]. ◇ ** CONJUG. [28] como ***entender.***
hendible *adj.* Que se puede hender.
hendido, -da *adj.* Rajado, abierto. 2 BOT. [hoja] Cuyo limbo se divide en lóbulos irregulares por medio de escotaduras que no lleguen hasta el nervio o nervios primarios.
hendidura *f.* Abertura prolongada, grieta, quiebra, resquebradura: *hendiduras branquiales, pulmonares;* ZOOL., en algunos animales marinos, abertura que pone en comunicación la faringe con el exterior.
hendiente *m.* ant. Tajo dado de alto a bajo con un arma cortante.
SIN. **Fendiente.**
hendija *f.* Hendidura, gralte. pequeña.
hendimiento *m.* Acción de hender o henderse. 2 Efecto de hender o henderse.
hendir *tr.* Hender. ◇ ** CONJUG. [35] como ***hervir.***
henequén (voz indígena americana) *m.* Pita (planta).
hénide *f.* poét. Ninfa de los prados.
henificación *f.* Acción de henificar. 2 Efecto de henificar.
henificar (l. *foenu,* heno + *-ficar*) *tr.* Secar al sol [plantas forrajeras] para convertirlas en heno. ◇ ** CONJUG. [1] como ***sacar.***
henil *m.* Sitio donde se guarda el heno.
SIN. **Henal.**
heno (l. *fœnu*) *m.* Conjunto de especies vegetales que forman los prados naturales. 2 Hierba anual gramínea forrajera *(Aira praecox).* 3 Hierba segada, seca, para alimento del ganado. 4 ~ ***blanco,*** planta gramínea, perenne, de hojas vellosas e inflorescencias erectas de color variado *(Holcus lanatus).*
SIN. *4* **Holco.**
henojil (de *hinojo,* rodilla) *m.* Liga (cinta).
henoteísmo *m.* Forma de las religiones en que hay una divinidad suprema a la vez que otras inferiores a ella.
henrio (n. del físico J. *Henry,* 1797-1878) *m.* Unidad práctica de inductancia eléctrica, cuyo valor es igual a 10^9 unidades electromagnéticas.
heñir (l. *fingere*) *tr.* Sobar [la masa del pan] con los puños. ◇ ** CONJUG. [36] como ***ceñir.***
REL. **Hintero,** mesa para heñir.
heparina *f.* Substancia anticoagulante que existe normalmente en todos los tejidos, esp. en el hígado, los pulmones y los músculos.
hepat-, v. hepato-.
hepatalgia (*hepat-* + *-algia*) *f.* PAT. Dolor localizado en el hígado.
hepática *adj.-s.* Planta de la clase de las hepáticas. -2 *f.* Planta hepática, de frondas pequeñas y coriáceas, que forma céspedes en los lugares húmedos *(Marchantia polimorpha).* 3 Hierba ranunculácea vivaz, de hojas radicales y flores azuladas, rojizas o blancas *(Anemone hepatica; Hepatica nobilis).* 4 ~ ***blanca,*** planta parnasiácea, perenne, que no tiene nada que ver con la anterior, de flores blancas, aisladas, con nectario, y de hojas todas basales y acorazonadas *(Parnassia palustris).* 5 ~ ***dorada,*** planta saxifragácea, perenne, de numerosos tallos erectos y flores pequeñas sin pétalos *(Chrysosplenium alternifolium).* -6 *f. pl.* Clase de plantas briofitas, unas taliformes y otras cormofitas, pero sin raíces y con las frondas sin nervios.
SIN. *2* **Empeine.** *3* **Trinitaria.**
hepático, -ca (l. *hepaticu;* gr. *hepatikos,* der. de *hépar, hépatos,* hígado) *adj.* Relativo al hígado: *arteria, vena hepática.* 2 Enfermo del hígado.
hepatismo *m.* MED. Enfermedad del hígado.
hepatita *f.* Baritina.
hepatitis (*hepat-* + *-itis*) *f.* Inflamación del hígado. ◇ Pl.: *hepatitis.*
hepatización *f.* Alteración patológica de un tejido que le comunica un aspecto semejante al del hígado.
hepato-, hepat- (gr. *hépar, hépatos,* hígado) Elemento prefijal que entra en la formación de palabras con el significado de hígado: *hepatología.*
hepatocele (*hepato-* + *-cele*) *f.* MED. Hernia localizada en el hígado.
hepatocito (*hepato-* + *-cito I*) *m.* Célula del hígado capaz de sintetizar y segregar bilis.
hepatología (*hepato-* + *-logía*) *f.* MED. Estudio de las funciones y enfermedades del hígado.
hepatólogo, -ga *m. f.* Persona especialista en hepatología.
hepatomegalia (*hepato-* + *-megalia*) *f.* Aumento anormal de volumen del hígado.
hepatopáncreas (*hepato-* + *páncreas*) *f.* Formación glandular que en los invertebrados sustituye al hígado y al páncreas.
hepatopatía (*hepato-* + *-patía*) *f.* Enfermedad del hígado, en gral.
hepatorragia (*hepato-* + *-rragia*) *f.* PAT. Hemorragia de hígado.

hepatorrea (*hepato-* + *-rrea*) *f.* PAT. Secreción excesiva de bilis.
hepatorrenal (*hepato-* + *renal*) *adj.* MED. Relativo al hígado y a los riñones.
hepta-, hept- (gr. *heptá,* siete) Elemento prefijal que entra en la formación de palabras con el significado de siete: *heptaedro.*
heptacordio, -do (*hepta-* + *-cordio*) *m.* MÚS. Escala usual compuesta de las siete notas: *do, re, mi, fa, sol, la, si.* 2 MÚS. Intervalo de séptima.
heptaedro (*hepta-* + *-edro*) *m.* Sólido de siete caras.
heptagonal *adj.* De figura de heptágono o semejante a él.
heptágono, -na (*hepta-* + *-gono*) *adj.-m.* Polígono de siete ángulos.
heptámetro (*hepta-* + *-metro*) *adj.-s.* Verso que consta de siete pies.
heptano *m.* QUÍM. Hidrocarburo parafínico, líquido incoloro. Es uno de los constituyentes de la gasolina.
heptarquía (*hept-* + *-arquía*) *f.* País dividido en siete reinos.
heptasilábico, -ca *adj.* Relativo al heptasílabo.
heptasílabo, -ba (*hepta-* + *sílaba*) *adj.-s.* De siete sílabas: *verso ~.*
SIN. **Septisílabo.**
Heptateuco *n. pr.* Parte de la Biblia formada por el Pentateuco y los dos libros siguientes (Josué y Jueces).
heptavalente (*hepta-* + *valente*) *adj.* QUÍM. Capaz de combinarse con siete átomos de hidrógeno o sus equivalentes.
heptodo (*hept-* + gr. *odós,* camino) *m.* Válvula electrónica que consta de siete electrodos.
Hera *n. pr.* MIT. Diosa del Olimpo, hermana y esposa de Zeus, protectora de las mujeres y del matrimonio. Entre los romanos fue identificada con Juno.
Heracles *n. pr.* MIT. Nombre griego de Hércules.
heraclida *adj.-s.* Descendiente de Heracles (nombre griego de Hércules), esp. Hilo. -2 *m. pl.* Los descendientes de Hilo, hijo de Hércules, que se lanzaron a la conquista del Peloponeso.
heráldico, -ca *adj.-s.* Perteneciente o relativo al blasón. -2 *f.* Blasón (arte).
heraldista *com.* Persona versada en heráldica.
heraldo (fráncico *heriald,* miembro del ejército; a través del fr. *héraut*) *m.* Oficial que en la Edad Media tenía a su cargo transmitir mensajes, ordenar las fiestas de caballería, llevar los registros de la nobleza, etc. 2 fig. Mensajero, adalid.
SIN. *1* **Faraute.**
herbáceo, -a (l. *herbaceu*) *adj.* Que tiene las características de la hierba: *tallo ~.*
herbada *f.* Jabonera (hierba).
herbajar *tr.* Apacentar [el ganado] en prado o dehesa. -2 *intr.* Pacer o pastar el ganado.
herbaje *m.* Hierba de los prados. 2 Derecho cobrado por el pasto de los ganados forasteros. 3 Tela de lana, áspera e impermeable, usada principalmente por la gente de mar.
herbajear *tr.-intr.* Herbajar.
herbajero *m.* Arrendatario o arrendador de herbajes.
herbar *tr.* Adobar con hierbas [las pieles o cueros]. ◇ **CONJUG. [27] como ***acertar.***
herbario, -ria (l. *-ariu*) *adj.* Relativo a las hierbas y plantas. -2 *m.* Colección de plantas secas colocadas entre papeles y ordenadas sistemáticamente. 3 Botánico. 4 ZOOL. Panza, cavidad del estómago de los rumiantes.
herbazal *m.* Terreno poblado de hierbas.
herbecer *intr.* Empezar a nacer la hierba. ◇ ** CONJUG. [43] como ***agradecer.***
herbederas *f. pl.* vulg. Acedía o indisposición de estómago.
herbero *m.* Esófago de los rumiantes.
herbicida (l. *herba,* hierba + *-cida*) *adj.-s.* Producto que se emplea para exterminar las hierbas nocivas en los sembrados u otros cultivos.
herbiforme (l. *herba,* hierba + *-forme*) *adj.* Que tiene forma de hierba.
herbívoro, -ra (l. *herba,* hierba + *-voro*) *adj.-m.* Que se alimenta de vegetales: *animales herbívoros.*
herbolán *m.* Agérato.
herbolar *tr.* Enherbolar.
herbolario, -ria (l. *herbula;* dim. de *herba,* hierba) *m. f.* Persona que se dedica a vender plantas medicinales. -2 *m.* Tienda donde se venden estas plantas. -3 *adj.-s.* fig. Botarate, sin seso.
herboricida *adj.-s.* Herbicida.
herborista *com.* Herbolario.
herboristería *f.* Tienda del herbolario.
herborización *f.* Acción de herborizar. 2 Efecto de herborizar.
herborizador, -ra *adj.-s.* Que herboriza.
herborizar (fr. *herboriser*) *intr.* Recoger plantas para estudiarlas o guardarlas. ◇ ** CONJUG. [4] como ***realizar.***
herboso, -sa *adj.* Poblado de hierba.
herciano, -na *adj.* Relativo a las ondas electromagnéticas.
herciniano, -na *adj.-m.* GEOL. Ciclo orogénico que afectó a toda Europa durante el paleozoico superior: *plegamiento ~.*
hercinita *f.* Mineral de la clase de los óxidos, que cristaliza en el sistema cúbico, y se presenta en masas pulverulentas de color negro.
hercio (de *Hertz,* 1857-1894, su inventor) *m.* Unidad de frecuencia de todo movimiento vibratorio, expresada en ciclos por segundo.
hercúleo, -a *adj.* Relativo a Hércules, o digno de él.
Hércules *n. pr.* MIT. Héroe, hijo de Zeus (Júpiter) y Alcmene, célebre por su fuerza y por haber llevado a cabo doce grandes *trabajos* que le fueron impuestos por Hera (Juno). 2 fig. Hombre de mucha fuerza: *es un ~.* 3 MIT. Constelación boreal situada entre el Bootes y la Lira.
heredable *adj.* Que puede heredarse.
heredad (l. *hereditate*) *f.* Terreno cultivado perteneciente a un mismo dueño. 2 Hacienda de bienes raíces.
heredado, -da *adj.-s.* Hacendado. 2 Que ha heredado.
heredamiento *m.* Hacienda (finca). 2 DER. Capitulación en que se promete la herencia o parte de ella, o se dispone, por acto entre vivos, la sucesión.
heredar (l. *hereditare*) *tr.* Suceder por disposición testamentaria o legal [en los bienes, derechos y obligaciones de una persona que no se extingan por su muerte]: *~ de un pariente; ~ el título; ~ en,* o *por, línea recta.* 2 Poseer ciertos caracteres o predisposiciones por herencia biológica. 3 desus. Dar a uno heredades, posesiones o bienes raíces. 4 fig. Instituir uno [a otro] por su heredero.
heredero, -ra (l. *hœreditariu*) *adj.-s.* Persona que por testamento o por ley sucede a título universal en todo o parte de una herencia: *instituir ~,* o *por ~, a uno; nombrar ~ a uno; ~ forzoso,* el que por ley tiene derecho a la herencia y que no puede ser quitado o cercenado por el testador sin causa legítima. 2 El que hereda algo: *~ de un nombre glorioso.* 3 Dueño de una heredad.
herediano, -na *adj.-s.* De Heredia, c. y prov. de Costa Rica.
heredípeta (l. *haeredipeta* < *haeres,* heredero + *petere,* rogar) *com.* Persona que con astucias procura proporcionarse herencias o legados.
hereditario, -ria *adj.* Relativo a la herencia o que se adquiere por ella: *bienes hereditarios; una enfermedad hereditaria.*
heredo- (l. *haeres, haeredis,* heredero) Elemento prefijal que entra en la formación de palabras con el significado de hereditario: *heredopatía.*
heredocontagio (*heredo-* + *contagio*) *m.* MED. Contagio del embrión o feto.
heredodegeneración (*heredo-* + *degeneración*) *f.* MED. Degeneración hereditaria.
heredofamiliar (*heredo-* + *familiar*) *adj.* MED. [enfermedad o característica de un individuo] Que, debido a que se transmite con los genes o cromosomas, aparece frecuentemente en individuos de una misma familia.
heredopatía (*heredo-* + *-patía*) *f.* MED. Enfermedad o malformación adquirida antes de la concepción, ya que está vinculada a la transferencia de un gen por parte de uno o de los dos progenitores.
heredosífilis (*heredo-* + *sífilis*) *f.* MED. Enfermedad congénita, por infección del embrión o del feto, a través del padre o de la madre afectados de sífilis. ◇ Pl.: *heredosífilis.*
hereje (l. tardío *haereticu,* der. del gr. *hairetikós,* partidista; a través del prov. ant. *heretge*) *com.* El que sostiene una herejía. 2 fig. Desvergonzado, descarado, procaz.
herejía (gr. *hairesis,* acción de escoger y también escuela filosófica o religiosa) *f.* Doctrina contraria a los dogmas de la Iglesia, sostenida con pertinacia por un hombre bautizado. 2 fig. Sentencia errónea contra los principios de una ciencia o arte. 3 fig. Palabra gravemente injuriosa. 4 fig. *y* fam. Disparate, error. 5 fig. Daño o tormento grande, infligido injustamente a una persona o animal.
SIN. *1* **Heterodoxia.** REL. **Cisma** o **secta,** es la disidencia o separación que una herejía produce en la Iglesia.
herén *f.* Yeros.

herencia (l. *haerentia,* pertenencias, der. del v. *haerere,* estar adherido) *f.* Derecho de heredar. 2 Patrimonio de un difunto: *adir la ~,* aceptarla. 3 Lo que se hereda, como bienes, carácter, etc. 4 fig. *y* fam. Cosa que antes ha pertenecido a otro. 5 DER. *~ yacente,* la diferida, pero no aceptada aún por el heredero. 6 H. NAT. Transmisión de caracteres biológicos.
herepo *m. Bol.* Totuma (vasija).
hereque *m. Venez.* Nombre dado a las enfermedades cutáneas. 2 *Venez.* Enfermedad del árbol del café. -3 *adj. Venez.* Varioloso.
heresiarca (gr. *hairesiárches* < *háiresis,* secta + *-arca*) *m.* Jefe de una secta herética.
heretical *adj.* desus. Herético.
herético, -ca (l. *haereticu;* doble etim. *hereje*) *adj.* Relativo a la herejía o al hereje.
herida *f.* Rotura hecha en las carnes con un instrumento o por efecto de fuerte choque con un cuerpo duro: *~ de arma de fuego, de arma blanca; ~ **contusa**,* la causada por contusión; *~ **abierta**,* aquella en que los labios se hallan separados. 2 fig. Ofensa, agravio. 3 fig. Sufrimiento moral: *soportar la ~ en lo más profundo de su corazón.* 4 Paraje donde se abate la caza de volatería, perseguida por una ave de rapiña.
REL. adj. **Vulnerable,** que puede recibir herida; **invulnerable,** que no puede recibirla; **ileso,** que no ha recibido herida en un combate, accidente, etc.; **vulnerario,** remedio para las heridas.
herido, -da, pp. de *herir.* 2 *adj.* Con el adv. *mal,* gravemente herido. -3 *m. Chile.* Zanja.
heridor, -ra *adj.* Que hiere.
heril (l. *-ile*) *adj.* Relativo al amo.
herimiento *m.* desus. Acción de herir. 2 desus. Efecto de herir. 3 desus. Concurso de vocales que forman sílaba o sinalefa.
herir (l. *ferire*) *tr.* Dar un golpe que dañe [el organismo]: *~ con arma blanca; ~ de muerte.* 2 Golpear, batir un cuerpo [contra otro]. 3 Pulsar o tocar [un instrumento de cuerda]. 4 Impresionar desagradablemente [la vista o el oído]: *este color hiere la vista.* 5 Mover, excitar [el corazón o el alma] con algún afecto. 6 Ofender [a alguno]: *~ en la estimación.* 7 Hacer fuerza un sonido [sobre otro] para formar sílaba o sinalefa. 8 fig. Acertar. ◇ ** CONJUG. [35] como ***hervir.***
herma (gr. *Hermés,* Mercurio) *m.* Busto sin brazos colocado sobre un estípite.
hermafrodismo (fr. *hermaphrodisme*) *m.* MED. Hermafroditismo.
hermafrodita (pers. mitológico hijo de Hermes y Afrodita) *adj.-s.* H. NAT. Que tiene órganos reproductores de los dos sexos. 2 Individuo anormal de la especie humana cuyas anomalías anatómicas dan la apariencia de reunir los dos sexos. 3 V. flor ~.
SIN. **Andrógino, bisexual.**
hermafroditismo *m.* Calidad de hermafrodita.
SIN. **Androginismo, ginandria.**
hermafrodito *adj.-m.* Hermafrodita.
hermanable *adj.* Que puede hermanarse.
hermanablemente *adv. m.* Fraternalmente. 2 Uniformemente.
hermanado, -da *adj.* fig. Igual o semejante a otra cosa. 2 Geminado.
hermanal *adj.* desus. Fraternal.
hermanamiento *m.* Acción de hermanar o hermanarse. 2 Efecto de hermanar o hermanarse.
hermanar *tr.-prnl.* Unir, uniformar [cosas parecidas]: *~ los pareceres.* 2 Hacer [a uno] hermano de otro en sentido espiritual: *hermanarse entre sí; hermanarse uno con otro; hermanarse dos a dos; hermanarse en Dios.* 3 *Chile.* Aparear o unir formando par.
hermanastro, -tra *m. f.* Hijo de uno de los cónyuges respecto de los hijos del otro.
hermanazgo *m.* Hermandad.
hermandad (l. *germanitate*) *f.* Parentesco entre hermanos. 2 fig. Amistad íntima. 3 fig. Correspondencia entre varias cosas. 4 fig. Cofradía (congregación). 5 ant. ***Santa*** *~,* organización a modo de milicia nacional para perseguir y castigar los delitos cometidos fuera de poblado. 6 fig. Privilegio que una comunidad religiosa concede a alguien para hacerlo participante de ciertas gracias y privilegios.
SIN. *1* y *2* **Confraternidad, fraternidad.**
hermanear *intr.* Dar el tratamiento de hermano; usar de este nombre hablando o tratando con uno.
hermano, -na (l. *germanu*) *m. f.* Nacido de los mismos padres, o sólo del mismo padre o de la misma madre: *~ **bastardo**,* el habido fuera de matrimonio, respecto del legítimo; *~ **carnal*** o ***germano**,* el que lo es de padre y madre; *~ **consanguíneo**,* el que lo es de padre; *~ **uterino**,* el que lo es de madre; ***medio*** *~,* el que sólo lo es de padre o sólo de madre; *~ **de leche*** (o *colactáneo*), hijo de una nodriza respecto del ajeno que ésta crió, y viceversa; *~ **político**,* cuñado; ***hermanos siameseses,*** los que nacen unidos por alguna parte de su cuerpo. 2 Persona considerada en cuanto a los vínculos espirituales que la unen a los demás miembros de una entidad como la familia humana, la sociedad cristiana, una orden religiosa, una cofradía, etc.: *todos somos hermanos ante Dios; ~ de la Doctrina Cristiana; ~ de armas.* 3 Lego o donado. 4 ***Hermana de la Caridad,*** religiosa de la congregación fundada en París por San Vicente de Paúl (1581-1660) en 1633, para la asistencia benéfica en hospitales, hospicios, asilos, etc. 5 fig. Una cosa respecto de otra a que es semejante. -6 *m. C. Rica.* fig. Aparecido, espectro.
REL. *1* **Fraternal,** propio del hermano.
hermanuco (de *hermano*) *m.* desp. Donado.
hermeneuta *com.* Que profesa la hermenéutica.
hermenéutica (gr. *hermeneuein,* interpretar) *f.* Arte de interpretar los textos: *la ~ de los libros sagrados.*
hermenéutico, -ca *adj.* Relativo a la hermenéutica.
hermes *m.* Atlante (estatua).
herméticamente *adv. m.* De manera hermética.
hermeticidad *f.* Calidad de hermético.
hermético, -ca (b. l. *hermeticus,* personal, der. de Hermes) *adj.* Perteneciente o relativo al filósofo egipcio Hermes (s. XX a. C.). 2 Que cierra una abertura de modo que no deja pasar el aire ni otra materia gaseosa. 3 Impenetrable, cerrado.
hermetismo *m.* Hermeticidad.
hermetizar *tr.-prnl.* fig. Hacer que [una cosa] sea hermética de manera que no pueda pasar el aire u otra materia. ◇ ** CONJUG. [4] como ***realizar.***
hermodátil *m.* Quitameriendas, hierba.
Hermógenes (Don ~) *n. pr.* Personaje creado por Moratín (1760-1828) en *La comedia nueva.* Su nombre ha quedado como representativo del pedantón ignorante.
hermosamente *adv. m.* Con hermosura. 2 A la perfección.
hermoseador, -ra *adj.-s.* Que hermosea.
hermoseamiento *m.* Acción de hermosear. 2 Efecto de hermosear.
hermosear *tr.* Hacer o poner hermosa [a una persona o cosa]. -2 *intr.* desus. Ostentar hermosura.
hermoseo *m.* p. us. Hermoseamiento.
hermosilla *f.* Planta campanulácea de jardín *(Trachelium cœruleum).*
hermosillense *adj.-s.* p. us. De Hermosillo, cap. del estado de Sonora (Méjico).
hermoso, -sa (l. *formosu*) *adj.* Dotado de hermosura. 2 Sereno, despejado: *¡~ día!* 3 [joven] Robusto, sano, vigoroso.
SIN. **Bello,** es voz culta que se aplica pralte. en sus aceps. abstractas: *Bellas Artes; el sentimiento de lo bello;* **hermoso,** se aplica preferentemente a lo concreto, y es de uso más gral. en la lengua hablada; **guapo,** se aplica pralte. a personas; **lindo, gracioso, precioso, magnífico,** encierran matices especiales; **venusto,** se aplica al cuerpo de la mujer.
hermosura *f.* Belleza, esp. de la forma. 2 Mujer hermosa.
hernandeño, -ña *adj.-s.* De Hernandarias, cap. del dep. de Alto Paraguay (Paraguay).
hernia (l.) *f.* Tumor blando producido por la salida total o parcial de una víscera fuera de la cavidad que la encerraba.
SIN. **Potra,** (vulg.), esp. la inguinal; **quebradura, relajación.**
herniación *f.* PAT. Formación o desarrollo de una hernia.
herniado, -da *adj.* Hernioso.
herniario, -ria *adj.* Relativo a la hernia. -2 *f.* Planta cariofilácea, tendida, con acúmulos de flores verdes diminutas en las axilas de las hojas ovaladas *(Herniaria glabra).*
SIN. *2* **Milengrana.**
herniarse *prnl.* PAT. Sufrir una hernia. 2 fig. *y* fam. Trabajar en exceso.
hernioso, -sa *adj.-s.* Que padece hernia.
SIN. **Herniado; potroso,** vulg.; **quebrado.**
herniotomía (de *hernia* + *-tomía*) *f.* CIR. Sección del saco herniario en la intervención de una hernia.
hernista *com.* Cirujano que se dedica a curar hernias.
SIN. **Potrero,** vulg.
Hero *n. pr.* MIT. Sacerdotisa de Afrodita en Sestos. Leandro, su amante, cruzaba a nado todas las noches el Helesponto para verla; una noche se ahogó y Hero, en su desesperación, se arrojó al mar.

herodiano, -na *adj.* Relativo a Herodes.
Herodías *n. pr.* BIBL. Mujer de Herodes Antipas. V. Salomé.
héroe (gr. *heros;* hecho en l. *heros, herois*) *m.* Varón ilustre por sus hazañas o virtudes. 2 Protagonista o personaje importante de un poema épico, de una leyenda, etc.: *Aquiles y Héctor son héroes de la Ilíada.* 3 Semidiós.
heroicamente *adv. m.* Con heroicidad.
heroicidad *f.* Calidad de heroico. 2 Acción heroica.
heroico, -ca *adj.* Perteneciente o relativo al héroe. 2 [género de poesía] Que narra o canta hechos grandes y memorables. 3 fig. [resolución o medida] Que se toma en un caso extremo. -4 *f.* Composición poética heroica.
heroida *f.* Composición poética en que figura algún héroe.
heroificar (de *héroe* + *-ficar*) *tr.* Conceder [a alguien] atributos heroicos. ◇ ** CONJUG. [1] como ***sacar.***
heroína *f.* Mujer ilustre por sus hazañas o virtudes. 2 Protagonista de una leyenda en un drama, etc.: *la ~ de una novela.* 3 Éter diacético de la morfina, de acción analgésica, narcótica y estupefaciente.
SIN. *3* **Burro, caballo, jaco.**
heroinómano, -na (de *heroína* + *-mano*) *adj.-s.* Consumidor de heroína (estupefaciente).
heroísmo *m.* Conjunto de cualidades propias del héroe. 2 Acción heroica. 3 Esfuerzo que lleva al hombre a realizar hechos extraordinarios.
herpangina *f.* Enfermedad de la piel similar al herpes, de curso más benigno, ocasionada por el virus *Coxsackie*, propia de la infancia.
herpe, herpes (l. y gr.) *m.* Erupción cutánea formada por pequeñas vesículas agrupadas y rodeadas de una zona inflamada rojiza. 2 Zona (enfermedad).
SIN. Es frecuente denominarlo con el nominativo l. **herpes**, sobre todo como tecn.
herpético, -ca *adj.* Relativo al herpe. -2 *adj.-s.* [pers.] Que lo padece.
herpetismo *m.* Predisposición constitucional para el padecimiento de erupciones cutáneas o herpes.
herpetología (gr. *herpeton,* reptil + *-logía*) *f.* Parte de la zoología que trata de los reptiles.
herpetólogo, -ga *adj.-s.* Especialista en herpetología.
herpil (der. de *harpillera*) *m.* Saco de red de tomiza.
herrada *f.* Cubo de madera con grandes aros de hierro, y más ancho por la base que por la boca. 2 p. ext. Cubo, en gral.
herradero *m.* Acción de señalar con el hierro los ganados. 2 Sitio o temporada en que se efectúa esta operación. 3 Corrida de toros desastrosa.
SIN. **Hierra, hierre,** el primero muy us. en América, el segundo en Andalucía.
herrado *m.* Operación de herrar.
herrador, -ra *m.* El que tiene por oficio herrar las caballerías. -2 *f.* fam. Mujer del herrador.
herradura (de *herrar*) *f.* Hierro que se clava a las caballerías en los cascos. 2 Resguardo de esparto o cáñamo que se pone a las caballerías cuando se deshierran. 3 Murciélago que tiene los orificios nasales rodeados por una membrana en forma de herradura. 4 ARQ. V. arco de *~: **arco de ~ apuntado,*** arco túmido. -5 *f. pl.* Planta papilionácea, de hojas ovaladas, largamente pecioladas, y flores amarillas en umbela *(Hippocrespis comosa).*
herraj *m.* Erraj.
I) herraje *m.* Erraj.
II) herraje *m.* Conjunto de piezas de hierro con que se guarnece algo. 2 Conjunto de herraduras y clavos con que se asegu-ran. 3 *Argent.* Herradura.
herramental *adj.-m.* [bolsa] En que se llevan las herramientas. -2 *m.* Conjunto de herramientas. 3 Ranura del banco del carpintero para colocar sus herramientas.
herramienta (l. *ferramenta,* pl.) *f.* Instrumento, gralte. de hierro, con que trabajan los artesanos. 2 Conjunto de estos instrumentos. 3 fig. Cornamenta. 4 fig. Dentadura. 5 fam. Pistola, navaja, arma.
GRAM. Se usa también en singular con carácter colectivo: *la ~ de un oficio,* por *las herramientas.*
herranza *f. Colomb.* Acción de herrar.
herrar (l. v. *ferrare*) *tr.* Ajustar y clavar las herraduras [a las caballerías] o los callos [a los bueyes]. 2 Marcar [a alguna persona, animal o cosa] con un hierro candente. 3 Guarnecer de hierro [un artefacto]: *~ a fuego; ~ en frío.* ◇ **CONJUG. [27] como ***acertar.***
herrén (l. *farragine*) *m.* Forraje que se da al ganado. -2 *f.* Herrenal.
herrenal, herreñal *m.* Terreno sembrado de herrén.
herreño, -ña *adj.-s.* De la isla de Hierro.
herrera *f.* fam. Mujer del herrero. 2 Pez marino teleósteo perciforme, de cuerpo alargado, comprimido, cabeza fuerte, alargada, boca muy protráctil, y con unas manchas obscuras verticales *(Lithognatus mormyrus; Pagellus m.).*
herrerano, -na *adj.-s.* De Herrera, prov. de Panamá.
herrería *f.* Fábrica en que se labra el hierro en grueso. 2 Taller o tienda del herrero. 3 Oficio del herrero. 4 fig. Confusión, alboroto.
herreriano, -na *adj.* Relativo al escritor español Fernando de Herrera (1534-1597), o al arquitecto español Juan de Herrera (1530-1597).
herrerillo (de *herrero,* por el chirrido de su canto) *m.* Ave paseriforme insectívora que presenta una coloración muy típica, con la parte superior de la cabeza, alas y cola de color azul cobalto; la parte inferior es amarilla y el dorso verdoso *(Parus cœruleus)*
SIN. **Trepatroncos.**
herrero (l. *ferrariu*) *m.* El que tiene por oficio labrar el hierro. 2 *Chile* y *P. Rico.* Herrador.
herrerón *m.* desp. Herrero que no sabe bien su oficio.
herreruelo *m.* Dim. de *herrero.* 2 Pájaro insectívoro *(Parus ater).* 3 Soldado de la ant. caballería alemana cuyas armas defensivas eran negras. 4 Ferreruelo.
SIN. *2* **Cerrojillo, cerrojito.**
herrete *m.* Dim. de *hierro.* 2 Cabo metálico que se pone a las agujetas, cordones, etc. 3 *And., Extr.* y *Amér.* Aparato que se emplea para herrar o marcar. 4 *Extr.* Aguijón.
SIN. *2* **Cabete.**
herretear *tr.* Poner herretes en los cabos [de las agujetas, cordones, etc.].
herrezuelo (dim. de *hierro*) *m.* Pieza pequeña de hierro.
herrial *adj.* [especie de uva] Gruesa y tinta, y vid que la produce.
herrín (l. *ferrugine*) *m.* Orín (óxido).
herriza *f.* Terreno pedregoso, gralte. en la cumbre de un cerro, que permanece inculto por su resistencia a la reja y escasa productividad.
herrón *m.* Tejo de hierro horadado con que se jugaba a meterlo en un clavo hincado en tierra. 2 Arandela. 3 Barra de hierro que suele usarse para plantar álamos, vides, etc. 4 *Extr.* Aguijón de las abejas y de las avispas. 5 *Colomb.* Hierro o púa del trompo o peón.
herronada *f.* Golpe dado con herrón (barra de hierro). 2 Golpe que dan algunas aves con el pico.
herrumbrar *tr.-prnl.* Aherrumbrar.
herrumbre (l. *ferrumine*) *f.* Orín (óxido). 2 Sabor que algunas cosas toman del hierro. 3 Roya (honguillo).
herrumbroso, -sa *adj.* Que cría herrumbre o está tomado de ella.
hertz *m.* Hercio.
hertziano, -na *adj.* Herciano.
hérulo, -la *adj.-s.* De un pueblo bárbaro, primitivamente establecido en el S. de Suecia, que en el s. III entró en contacto con el Imperio romano de Oriente. En el s. V, potentes grupos de hérulos encuadrados en el ejército del Imperio de Occidente, depuesto el último emperador, lograron proclamar tal a su general Odoacro, consiguiendo un efímero apogeo. -2 *adj.* Relativo a los hérulos.
herventar *tr.* Cocer en agua [alguna cosa] hasta que dé un hervor. ◇ **CONJUG. [27] como ***acertar.***
herver *intr.* Hervir. Se usa en algunas regiones de España y países hispanoamericanos.
hervidero *m.* Agitación de un líquido al hervir. 2 Manantial donde surge el agua burbujeando. 3 fig. Ruido que hacen los humores estancados en el pecho. 4 fig. Muchedumbre: *~ de gente.* 5 *Nicar.* Solfatara, fuente termal.
hervido *adj.-s. Ál.* Fermentado, picado, hablando de almíbares. -2 *m. Amér.* Cocido u olla.
hervidor *m.* Utensilio de cocina para hervir líquidos. 2 En los termosifones y otros aparatos análogos, caja de palastro cerrada, por cuyo interior pasa el agua, y que recibe directamente la acción del fuego.
hervir (l. *fervere*) *intr.* Moverse agitadamente un líquido por crearse en su interior abundancia de gases o vapores a consecuencia del calor o de una reacción química. 2 fig. Ponerse el mar sumamente agitado. 3 fig Excitarse fuertemente las pasiones: *~ el corazón de ira.* 4 Con la preposición *en* o *de*, abundar: *~ en pulgas; ~ en chismes; ~ de gente.* ◇ ** CONJUG. [35].

hervor (l. *fervore*) ***m.*** Acción de hervir: ***alzar el ~ un líquido,*** empezar a hervir. 2 Efecto de hervir. 3 fig. Fogosidad de la juventud.
SIN. *1* y *2* **Ebullición,** térm. culto, de uso pralte. científico.
hervoroso, -sa ***adj.*** Impetuoso, ardoroso. 2 Que hierve o lo parece.
hesitación (l. *hœsitatione*) ***f.*** Duda.
hesitar (l. *hœsitare*) ***intr.*** p. us. Dudar, vacilar.
SIN. v. **Vacilar.**
hespérico, -ca ***adj.*** ~ ***Occidental,*** [península] que está a occidente de la ant. Grecia, como España e Italia. 2 Perteneciente a dichas penínsulas.
hespérides (gr. *Hésperos*) ***f. pl.*** Ninfas que, con ayuda de un dragón, guardaban el jardín de las manzanas de oro que Gea dio a Hera como regalo de bodas. Este jardín se suponía situado en el extremo occidental del mundo antiguo. -2 ***adj.*** Relativo a las hespérides. -3 ***f. pl.*** Pléyades.
hesperidio ***m.*** Baya de epicarpio grueso y esponjoso, dividida interiormente en secciones envueltas en telillas membranosas; como la naranja.
hespérido, -da ***adj.*** poét. Hespéride (relativo a la ninfa). 2 lit. Occidental.
hesperio, -ria (l. *hesperiu*) Héspero.
héspero, -ra ***adj.-s.*** De una u otra Hesperia, antiguo nombre de España e Italia.
hessita ***f.*** Mineral que cristaliza en los sistemas rómbico y cúbico, de color gris plomo y de brillo metálico.
Hestia ***n. pr.*** Diosa griega del hogar, identificada con la romana Vesta.
hetaira ***f.*** Hetera.
hetairismo ***m.*** Prostitución.
heter-, v. hetero-.
hetera (gr. *hetaira*) ***f.*** Cortesana griega. 2 Mujer pública.
hetero-, heter- (gr. *héteros,* otro) Elemento prefijal que entra en la formación de palabras con el significado de diferente, disconforme o diferentes entre sí.
CONTR. **Homo-.**
heterobasidiomicétidas (*hetero-* + *basidiomicetes*) ***f. pl.*** Subclase de hongos, dentro de la clase basidiomicetes, muy primitivos, aunque con un ciclo biológico complejo.
heterocarpo, -pa (*hetero-* + *-carpo*) ***adj.*** BOT. [planta] Que da frutos de más de una clase.
CONTR. **Homocarpo.**
heterocerca (*hetero-* + *-cerca*) ***adj.*** [aleta caudal de los peces] De dos lóbulos de forma y estructura distinta, conteniendo uno de ellos el extremo de la columna vertebral.
CONTR. **Homocerca.**
heterocerco (*hetero-* + *-cerco*) ***adj.-m.*** Pez cuya aleta caudal es heterocerca.
CONTR. **Homocerco.**
heterocíclico, -ca (*hetero-* + *cíclico*) ***adj.*** QUÍM. [compuesto cíclico de la química orgánica] Cuyo anillo no está formado totalmente por átomos de carbono.
CONTR. **Homocíclico.**
heterociclo (*hetero-* + *ciclo*) ***m.*** QUÍM. Cadena cerrada de un compuesto cíclico en la cual no todos los átomos son de carbono.
CONTR. **Homociclo.**
heterocigoto, -ta (*hetero-* + *cigoto*) ***adj.-m.*** [organismo] Que procede de la unión de gametos de diferentes dotaciones genéticas.
CONTR. **Homocigoto.**
heterocinético, -ca (*hetero-* + *cinético*) ***adj.*** FÍS. [partícula] Ques se mueve a diferente velocidad que otra u otras.
CONTR. **Homocinético.**
heterociste (*hetero-* + gr. *kystis,* vejiga) ***m.*** Célula especializada para la fijación de nitrógeno molecular, dispuesta en la parte central o basal del tricoma de las cianofíceas.
heteroclamídeo, -a (*hetero-* + gr. *clámide*) ***adj.*** V. flor heteroclamídea.
heteróclito, -ta (*hetero-* + gr. *klino,* declinar) ***adj.*** GRAM. Que se aparta de las reglas ordinarias de la morfología: *declinación heteróclita.* 2 fig. Irregular, extraño.
heterocontas (*hetero-* + gr. *kontós,* remo, filamento) ***f. pl.*** Clase de crisófitos que incluye algas de aspecto muy diverso, unicelulares o filamentosas, con uno o varios núcleos, gralte. con membrana de pectina constituida por dos piezas.
heterocromatina (*hetero-* + *cromatina*) ***f.*** Material cromosómico que participa en la división celular.
heterocromía (*hetero-* + *cromía*) ***f.*** Coloración diferente, hablando de partes que son normalmente del mismo color: ~ *del iris.*
CONTR. **Homocromía.**
heterocromo, -ma (*hetero-* + *-cromo*) ***adj.*** De diferentes colores. 2 BOT. [capítulo de las compuestas] Que tiene las flores del centro de distinto color que las periféricas. 3 ÓPT. Que analiza o se sirve de varios colores a la vez.
CONTR. **Homocromo.**
heterocronía (*hetero-* + gr. *chronos,* tiempo) ***f.*** Variación en las relaciones de tiempo. 2 Diferencia en el tiempo en que se producen dos fenómenos o procesos.
heterodinación ***f.*** FÍS. Superposición de señales acústicas de distinta frecuencia en un mismo circuito.
heterodinar ***tr.*** ELECTR. En un receptor de radio, combinar [una onda] recibida con otra, generada en el propio receptor mediante un oscilador.
heterodino (*heter-* + gr. *odós,* camino) ***m.*** ELECTR. Receptor que produce ondas sostenidas de frecuencia ligeramente diferente de la de las ondas transmitidas, con objeto de obtener por batimiento una frecuencia inferior, que es la que se utiliza para recibir las señales.
heterodonto, -ta (*heter-* + *-odonto*) ***adj.*** [animal] Con especialización dentaria, provisto de diversos tipos de dientes adaptados a la función que desarrollan; como los mamíferos.
CONTR. **Homodonto.**
heterodoxia (*hetero-* + *-doxia*) ***f.*** Calidad de heterodoxo.
heterodoxo, -xa (*hetero-* + *-doxo*) ***adj.-s.*** Que se separa de la ortodoxia: *escritor ~; los heterodoxos; opinión heterodoxa.*
CONTR. **Ortodoxo.**
heterofilia (*hetero-* + *-filia II*) ***f.*** BOT. Presencia de más de una clase de follaje en un mismo tallo.
heterofilo, -la (*hetero-* + *-filo III*) ***adj.*** BOT. [planta] Que manifiesta el fenómeno de la heterofilia.
CONTR. **Homofilo.**
heterogamia (*hetero-* + *-gamia*) ***f.*** Fecundación por medio de gametos distintos.
CONTR. **Isogamia.**
heterógamo, -ma (*hetero-* + *-gamo*) ***adj.*** BOT. [espiga o cabezuela] Que contiene flores hermafroditas y unisexuales, o masculinas y femeninas.
CONTR. **Homógamo.**
heterogeneidad ***f.*** Calidad de heterogéneo.
heterogéneo, -a (l. *heterogeneu* < gr. *heterogenés* < *hetero-* + *génos,* género) ***adj.*** Compuesto de partes de diversa naturaleza. 2 Diferente.
CONTR. **Homogéneo.**
heterogénesis (*hetero-* + *-génesis*) ***f.*** Mutación. 2 Alternancia de generaciones. ◇ Pl.: ***heterogénesis.***
CONTR. **Homogénesis.**
heterogenia (*hetero-* + *-genia*) ***f.*** Teoría según la cual los seres vivos pueden proceder de otros distintos, anteriores a ellos.
heterogenita ***f.*** Mineral que cristaliza en el sistema trigonal, y se presenta en masas informes de color pardo o negro.
heterogonía (*hetero-* + *-gonía*) ***f.*** BIOL. Alternancia de generaciones a base de partenogénesis combinada con fecundación.
heterointrospección (*hetero-* + *introspección*) ***f.*** Método psicológico por el cual una persona analiza los fenómenos psíquicos de otra, a quien somete a experimentación u observación.
heterolecito (*hetero-* + gr. *lekithos,* vitelo) ***adj.-m.*** Cigoto con abundante vitelo y dispuesto en el polo opuesto al vegetativo.
heteromancia, -mancía (*hetero-* + *-mancia*) ***f.*** Adivinación supersticiosa por el vuelo de las aves.
heterómero (*hetero-* + *-mero*) ***adj.-s.*** ZOOL. Insecto coleóptero que tiene cuatro artejos en los tarsos de las patas del último par y cinco en los demás. -2 ***m. pl.*** ZOOL. Suborden de estos animales.
heterometábolo, -la (*hetero-* + gr. *metabole,* cambio) ***adj.*** ZOOL. [insecto] Con metamorfosis progresiva y gradual, poco aparente, de modo que al eclosionar se parece a los individuos adultos.
heterómido, -da (*hetero-* + gr. *myós,* ratón) ***adj.-m.*** Mamífero de la familia de los heterómidos. -2 ***m. pl.*** Familia de roedores de pequeño tamaño, con forma de rata, provistos de abazones, ojos grandes y patas posteriores para el salto.
heteromorfia ***f.*** Condición de heteromorfo.
heteromorfismo ***m.*** Heteromorfia.
heteromorfo, -fa (*hetero-* + *-morfo*) ***adj.*** Que dentro de una misma especie, presenta formas muy distintas.

heteronimia (*heter-* + *-onimia*) *f.* LING. Fenómeno por el cual vocablos de acusada proximidad semántica proceden de étimos diferentes; p. ej: *pollo - gallo.*

heterónimo (*heter-* + *-ónimo*) *m.* Vocablo que participa en una heteronimia.

heterónomo, -ma (*hetero-* + *-nomo*) *adj.* Sometido a un poder ajeno.
CONTR. **Autónomo.**

heteropétalo, -la (*hetero-* + *pétalo*) *adj.* BOT. [flor] Que presenta pétalos distintos
CONTR. **Homopétalo.**

heterópico, -ca (*heter-* + gr. *ops, opós,* mirada) *adj.* [depósito sedimentario sincrónico] Que muestra distintas facies.

heteroplastia (*hetero-* + *-plastia*) *f.* MED. Implantación de injertos tomados de un individuo de especie diferente.
CONTR. **Homoplastia.**

heterópodo, -da (*hetero-* + *-podo*) *adj.* De pies desiguales. *2* BIOL. [célula nerviosa] Que tiene prolongaciones de diferentes clases o formas.

heteropolar (*hetero-* + *polar*) *adj.* Que tiene polos diferentes. 2 ELECTR. [circuito magnético o eléctrico] En el cual alternan sucesivamente dos polos de signos contrarios.

heteropsia (*heter-* + *-opsia*) *f.* MED. Visión desigual de los ojos.

heterópsido, -da (*heter-* + gr. *ópsis,* apariencia) *adj.* [metal] Sin brillo.

heteróptero (*hetero-* + *-ptero*) *adj.-m.* Insecto del suborden de los heterópteros. -2 *m. pl.* Suborden de insectos hemípteros cuyas alas anteriores son hemélitros; como la chinche.

heteroscio, -cia (*hetero-* + gr. *skiá,* sombra) *adj.-s.* Habitante de la zona templada boreal en relación al de la austral, y viceversa, a causa de la sombra que proyectan, al mediodía, los unos en una dirección y los otros en la opuesta.

heterosexual (*hetero-* + *sexual*) *adj.* [relación erótica] Que se produce entre individuos de diferente sexo. -2 *adj.-s.* [pers.] Que mantiene dicho tipo de relación.

heterosexualidad *f.* Atracción sexual hacia el sexo opuesto.

heterosfera (*hetero-* + gr. *sphaíra,* esfera) *f.* Capa más externa de la atmósfera que tiene una composición química variable.
CONTR. **Homosfera.**

heterosita *f.* Mineral de la clase de los fosfatos que cristaliza en el sistema rómbico y se presenta en costras delgadas de color rojizo.

heterospórico, -ca (*hetero-* + gr. *spora,* semilla) *adj.* BOT. [vegetal] Con varios tipos de esporas asexuales.
CONTR. **Homospórico.**

heterosugestión (*hetero-* + *sugestión*) *f.* Sugestión en que el fenómeno inductor es exterior al sujeto sugestionado.
CONTR. **Autosugestión.**

heterotalia (*hetero-* + gr. *thallos,* talo) *f.* BOT. Fenómeno propio de algunas especies de hongos, con varios tipos de micelios, entre los que se realiza la cópula en una especie de sexualidad primitiva. 2 Especie de alga con talos morfológicamente distintos.
CONTR. **Homotalia.**

heterotalismo *m.* Heterotalia.

heteroterapia (*herero-* + *-terapia*) *f.* MED. Tratamiento de las enfermedades por medicaciones antagónicas a los principales síntomas de la enfermedad.

heterotermo, -ma (*hetero-* + *-termo*) *adj.* Poiquilotermo.

heterotrofia (*hetero-* + *-trofia*) *f.* Fenómeno por el cual un organismo que no es capaz de producir por sí mismo substancias orgánicas las toma de otros organismos.

heterotrófico, -ca *adj.* Propio o relativo a la heterotrofia.

heterótrofo, -fa (*hetero-* + *-trofo*) *adj.* [organismo, animal y vegetal sin clorofila] Que sólo se nutre de las substancias elaboradas por otros seres vivos. 2 [género de nutrición] Propio de estos organismos.

heterotropo, -pa (*hetero-* + *-tropo II*) *adj.* QUÍM. [átomo] Que tiene igual masa pero diferente número atómico.

heterovacuna (*hetero-* + *vacuna*) *f.* MED. Vacuna no específica, constituida por bacterias distintas de las que producen la enfermedad que se trata con ella.

heticarse *prnl. P. Rico* y *S. Dom.* Contraer tuberculosis. ◇ ** CONJUG. [1] como *sacar.*

hético, -ca (v. *héctico*) *adj.* Perteneciente o relativo a la tisis. -2 *adj.-s.* Tísico. 3 Flaco, débil, extenuado. 4 ***Fiebre hética,*** fiebre propia de las enfermedades consuntivas. ◇ HOMÓF.: *ético.*
SIN. *4* **Ético** y **héctico.**

hetiquencia *f. P. Rico.* vulg. Tuberculosis.

hetiquez *f.* Tisis. ◇ También *etiquez* y *hectiquez.*

hetita *adj.-s.* De un pueblo del Asia Menor, no bien definido étnicamente, que en el antiguo Oriente y aproximadamente desde el año 2.000 al 700 a. C., figuró como gran potencia al lado de Egipto y Asiria. -2 *adj.* Relativo a este pueblo.

heurística (gr. *heurisko,* hallar) *f.* Arte de inventar.

heurístico, -ca *adj.* Relativo a la heurística.

hevea *m.* Árbol productor del caucho *(Hevea brasilensis).*

hexa-, hex- (gr. *hex,* seis) Elemento prefijal que entra en la formación de palabras con el significado de seis.

hexaclorofeno (*hexa-* + *cloro* + *fenol*) *m.* Compuesto químico derivado del metano que se emplea como antiséptico en farmacia, dermatología, etc.

hexacoralario (*hexa-* + *coralario*) *adj.-m.* ZOOL. Animal de la subclase de los hexacoralarios. -2 *m. pl.* ZOOL. Subclase de cnidarios antozoos cuya boca está rodeada por tentáculos en número de seis o múltiplo de seis.

hexacordio, -do (*hexa-* + *-cordio*) *m.* MÚS. Sistema musical de la Edad Media basado en una escala diatónica de seis notas. 2 MÚS Intervalo de sexta. 3 Lira de seis notas.

hexactinélida *adj.-f.* Porífero de la clase de las hexactinélidas. -2 *f. pl.* Clase de poríferos con el esqueleto inorgánico y formado por espículas silíceas; las espículas presentan seis radios procedentes de tres ejes que forman ángulos de noventa grados entre sí.

hexadecimal (*hexa-* + *decimal*) *adj.-m.* INFORM. Sistema de numeración de base 16, que se utiliza a menudo para una representación condensada del número binario.

hexaédrico, -ca *adj.* Relativo al hexaedro.

hexaedro (*hexa-* + *-edro*) *m.* Sólido de seis caras. 2 ~ ***regular,*** GEOM., cubo.

hexagonal (*hexa-* + *-gono*) *adj.* De figura de hexágono o semejante a él. 2 CRIST. [sistema cristalino] De forma holoédrica con un eje principal senario y seis binarios equivalentes tres a tres. 3 Perteneciente a este sistema.
SIN. **Sexagonal.**

hexágono, -na *adj.-m.* Polígono de seis ángulos.
SIN. **Seisavo, sexángulo.**

hexagrama (*hexa-* + *-grama*) *m.* Figura plana formada por dos triángulos equiláteros iguales.

hexámero (*hexa-* + *-mero*) *adj.* BOT. Que tiene partes en número de seis.

hexámetro (*hexa-* + *-metro*) *adj.-m.* Verso de la versificación clásica formado por seis pies.

hexángulo, -la (*hex-* + *ángulo*) *adj.* Hexágono.

hexano *m.* QUÍM. Hidrocarburo saturado, constituyente del éter de petróleo o ligroína y de la gasolina.

hexápeda (gr. *hexápedos,* de seis pies) *f.* Toesa.

hexapétalo, -la (*hexa-* + *pétalo*) *adj.* De seis pétalos.

hexápodo, -da (*hexa-* + *-podo*) *adj.-m.* De seis patas. 2 Insecto.

hexasílabo, -ba (*hexa-* + *sílaba*) *adj.-s.* De seis sílabas: *verso ~.*

hexástilo (*hexa-* + *stylos,* columna) *m.* ARQ. Templo o pórtico que presenta seis columnas en su frente.

hexavalente (*hexa-* + *valente*) *adj.* QUÍM. Que tiene seis electrones valencia.

hexeno *m.* Hidrocarburo formado por una cadena de seis átomos de carbono con un doble enlace.

hexodo (*hex-* + gr. *odos,* camino) *m.* Lámpara de seis electrodos.

hexosa *f.* Monosacárido con seis átomos de carbono.

hez (l. *fœce*) *f.* Poso o sedimento de algunos líquidos: *las heces del vino.* 2 fig. Lo más vil y despreciable: *la ~ de la sociedad.* -3 *f. pl.* Excremento.
SIN. *1* **Lía,** gralte. en pl.: *las lías del vino*; **pie; turbios,** esp. del aceite; v. **sedimento.**

Hf, símbolo químico del *hafnio.*

Hg, símbolo químico del *mercurio.*

hi (apóc. de *hijo*) *com.* Se usa sólo en la voz compuesta *hidalgo* y sus derivados y en expresiones ant. como *hi de perro,* etc.

¡hi! ¡hi! ¡hi! Interjección ¡Ji! ¡ji! ¡ji!

Hiadas, Híades (gr. *hyades* < *hyo,* llover) *n. pr.* Grupo de estrellas de la constelación Tauro.

hial-, v. hialo-.

hialino, -na *adj.* MINERAL. Que tiene la transparencia del vidrio: *cuarzo ~.*
SIN. **Hialoideo.**

hialita *f.* Variedad de ópalo transparente e incoloro, de superficie globular.
hialo-, hial- (del gr. *hyalos,* cristal) Elemento prefijal que entra en la formación de palabras con el significado de cristal.
hialoclastita (*hialo-* + gr. *klastós,* roto) *f.* Colada de lava de emisión submarina que en contacto con el agua se enfría rápidamente y forma cuerpos amorfos.
hialofobia (gr. *hialo-* + *-fobia*) *f.* Temor morboso al vidrio. 2 Temor morboso a ingerir trozos de vidrio.
hialografía (*hialo-* + *-grafía*) *f.* Arte de dibujar en vidrio.
hialógrafo (*hialo-* + *-grafo*) *m.* Instrumento para copiar en perspectiva los objetos, utilizando la transparencia de un vidrio.
hialoide *adj.* ANAT. Que es parecido al vidrio: ***humor*** ~, humor vítreo; ***membrana*** ~, la que contiene el humor vítreo del ojo.
hialoideo, -a (*hialo-* + *-oideo*) *adj.* Hialino.
hialoplasma (*hialo-* + *plasma*) *m.* Substancia fundamental del citoplasma, en la cual se hallan en suspensión el núcleo y los orgánulos.
hialotecnia (*hialo-* + *-tecnia*) *f.* Arte de fabricar y trabajar el vidrio.
hialótero *m.* FÍS. Instrumento para perforar el vidrio mediante la chispa eléctrica.
hialurgia (*hial-* + gr. *ergon,* trabajo) *f.* Hialotecnia.
hialúrgico, -ca *adj.* Relativo a la hialurgia.
hiato (l. *-tu*) *m.* Encuentro de dos vocales en dos palabras o sílabas consecutivas sin formar diptongo; p. ej., *vía, baúl, crear;* y especialmente el sonido desagradable que puede resultar de la pronunciación de dos vocales en estas condiciones. 2 fig. Interrupción en el espacio o en el tiempo. 3 ZOOL. Gran boquete o abertura.
hibernación *f.* MED. Procedimiento que reduce o anula las reacciones orgánicas por medio del frío, a fin de combatir el choque, traumatismo, etc. 2 MED. Estado letárgico de ciertos animales, durante el invierno. 3 p. ext. Inactividad.
hibernal (l. *hibernale,* der. de *hibernu*) *adj.* Invernal.
hibernar *intr.* Pasar el invierno en estado de hibernación. -2 *tr.* Aplicar [a alguien] la hibernación (procedimiento).
hibernés, -sa *adj.-s.* De Hibernia, ant. nombre de Irlanda.
SIN. **Irlandés.**
hibérnico, -ca *adj.-s.* Hibernés.
hibernizo, -za *adj.* Hibernal.
hibisco *m.* Rosa de China.
hibridación *f.* Producción de híbridos.
hibridar *tr.* Producir híbridos de modo artificial por parte del hombre. -2 *prnl.* Engendrarse híbridos espontáneamente.
hibridez *f.* Hibridismo.
hibridismo *m.* Calidad de híbrido.
híbrido, -da (l. *hybrida,* resultado de cruzar dos animales diferentes; a través del fr. *hybride*) *adj.* [animal o vegetal] Que proviene de dos especies o variedades distintas. 2 fig. Formado por elementos de distinta naturaleza u origen.
SIN. *1* En rigor **híbrido,** es el que procede de dos especies distintas (como el mulo); **mestizo,** de dos variedades o razas de la misma especie.
hibuero (voz arauaca) *m. Ant.* Higüero o güira.
hicaco (voz haitiana) *m.* Arbusto rosáceo espontáneo en las Antillas, con fruto en drupa parecido a la ciruela *(Chrysobalanus icaco).*
SIN. **Icaco.**
hicadura *f. Cuba.* Conjunto de hicos que sostienen la hamaca.
hico *m. Amér.* Cordel que sostiene la hamaca en el aire.
hicotea *f.* Especie de tortuga de agua dulce que se cría en América; es comestible *(Emys rugosa).* 2 *S. Dom.* fig. Empleo público.
hidalgamente *adv. m.* Con hidalguía (generosidad).
hidalgo, -ga (*fidalgo;* contracción de *fijo de algo,* hijo de algo) *m. f.* Persona de noble e ilustre nacimiento. -2 *adj.* Relativo a un hidalgo. 3 fig. Generoso, noble. 4 *Méj.* Moneda de oro de diez duros.
SIN. *3* **Hijodalgo, hijadalgo,** esp. en textos ant.
hidalguense *adj.-s.* De Hidalgo, estado de Méjico.
hidalguez, hidalguía *f.* Calidad o condición de hidalgo. 2 fig. Generosidad, nobleza de ánimo.
hidátide (gr. *hydatís, -ídos,* especie de ampolla llena de agua) *f.* Larva de una especie de tenia *(T. echinococcus).* 2 Vesícula acuosa producida por dicha larva en algún órgano del hombre.
hidatídico, -ca *adj.* Relativo a la hidátide.
hidatidosis *f.* Equinococosis. ◇ Pl.: *hidatidosis.*
hidatógeno, -na (gr. *hydor, hydatos,* agua + *-geno*) *adj.* MINER. Que se ha formado por la acción del agua.
hidno (gr. *hydnon*) *m.* Hongo comestible con aspecto de cabellera, de color blanco y de hasta 20 cms. de diámetro *(Hericium erinaceus).*
hidr-, v. hidro-.
hidra (l.-gr. *hydra*) *f.* FÁB. Monstruo con siete cabezas que renacían a medida que se cortaban, muerto por Hércules, que se las cortó todas de un golpe. 2 Culebra acuática, venenosa, de las costas del mar Pacífico y del de las Indias *(Hydrus bicolor).* 3 Pólipo hidrozoo tubular de agua dulce, que tiene la propiedad de reproducirse por gemación *(Hydra viridis; Hydra fusca).* 4 Constelación austral situada al sur de Virgo. 5 fig. Peligro que se renueva constantemente.
hidrácida, hidracida (*hidr-* + *ácido*) *f.* QUÍM. Cuerpo resultante de la combinación de un ácido orgánico con una amina, empleado en el tratamiento de la tuberculosis.
hidrácido *m.* Ácido que no contiene oxígeno, formado por la combinación de un elemento o radical negativo con el hidrógeno.
NOMENCLATURA. El nombre específico termina en **-hídrico,** *ácido clorhídrico, sulfhídrico,* etc. Sus sales terminan en **-uro** o **-hidrato,** *cloruro, clorhidrato.*
hidracina *f.* QUÍM. Compuesto de hidrógeno y nitrógeno, de gran solubilidad en el agua. Ataca al cristal, al caucho y al corcho.
hidramida (*hidr-* + *amida*) *f.* QUÍM. Compuesto nitrogenado que resulta de la acción del amoníaco sobre un aldehído.
hidramnios (*hidr-* + *amnios*) *m.* PAT. Aumento de la cantidad de líquido amniótico.
hidrargírico, -ca *adj.* Mercurial.
hidrargirio *m.* Hidrargiro.
hidrargirismo *m.* Intoxicación por mercurio.
hidrargiro (*hidr-* + gr. *árgyros,* plata) *m.* Azogue.
hidrartrosis (*hidr-* + gr. *arthron,* articulación + *-osis*) *f.* MED. Hinchazón de una articulación por acumulación de líquido acuoso, no purulento. ◇ También *hidrartrosis.*
hidratable *adj.* Que puede hidratarse.
hidratación *f.* Acción de hidratar. 2 Efecto de hidratar.
hidratador, -ra *adj.-s.* Que hidrata.
hidratante *adj.* Que hidrata. -2 *adj.-m.* [producto cosmético] Que sirve para restablecer el grado de humedad normal en la piel.
hidratar (v. *hidro-*) *tr.* Restablecer el grado de humedad normal en la piel. 2 QUÍM. Combinar [una substancia] con el agua.
hidrato *m.* QUÍM. Combinación de un cuerpo con el agua: ~ ***de carbono,*** compuesto químico constituyente de los azúcares, el almidón y la celulosa.
SIN. **Carbohidrato.**
hidráulica *f.* Parte de la mecánica que estudia el equilibrio y el movimiento de los fluidos. 2 Arte de conducir, contener y elevar las aguas.
hidráulico, -ca (gr. *hydraulikós,* der. del gr. *hydraulis,* órgano musical movido por el agua) *adj.* Relativo a la hidráulica. 2 Que funciona por medio del agua: *freno* ~. 3 Que se endurece en contacto con el agua: *cal hidráulica.* -4 *m.* El que por profesión o estudio se dedica a la hidráulica.
hidria (l. *hydria*) *f.* Vasija grande para agua que usaban los antiguos.
-hídrico, QUÍM. Terminación del nombre específico de los hidrácidos, *ácido bromhídrico.* ◇ V. ácido.
hídrico, -ca (del gr. *hydor*) *adj.* Perteneciente o relativo al agua.
hidro-, hidr-, -hidro (gr. *hydor,* agua) Elementos prefijal y sufijal que entra en la formación de palabras con el significado de agua o relacionado con este cuerpo; líquido orgánico o seroso; hidratado; hidrógeno.
hidroala (*hidro-* + *ala*) *m.* Dispositivo a modo de aleta adherida a una embarcación que al avanzar velozmente por el agua desarrolla una fuerza de sustentación análoga a la que produce el ala de un avión.
hidroavión (*hidro-* + *avión*) *m.* Aeroplano provisto de flotadores para posarse sobre el agua.
SIN. **Hidroplano.**
hidrobia *f.* Molusco gasterópodo marino, diminuto, con concha univalva de forma cónica y coloración parda a amarilla *(Hydrobia ulvae).*
hidrobiología (*hidro-* + *biología*) *f.* Ciencia que estudia la vida de los animales y las plantas que pueblan las aguas corrientes y las remansadas en la superficie terrestre.
hidrobiotita (*hidro-* + *biotita*) *f.* Hidromica que deriva por alteración de la biotita.
hidrocálido, -da (*hidro-* + *cálido*) *adj.-s.* burl. De Aguascalientes, c. y estado de Méjico.

hidrocarbonado, -da (*hidro-* + *carbono*) ***adj.-m.*** QUÍM. Compuesto de agua y carbono.
hidrocarbonato ***m.*** Hidrocarbonado.
hidrocarburo (*hidro-* + *carburo*) ***m.*** QUÍM. Compuesto orgánico que contiene solamente carbono e hidrógeno en su molécula.
NOMENCLATURA. V. **-ano, -eno, -ino.**
hidrocaritáceo, -a (l. *hydrocharitaceae*) ***adj.-f.*** Planta de la familia de las hidrocaritáceas. -2 ***f. pl.*** Familia de plantas helobiales, acuáticas, sumergidas o flotantes, con las flores actinomorfas y unisexuales.
hidrocefalia, hidrocefalía (*hidro-* + *-cefalia*) ***f.*** MED. Dilatación anormal de las cavidades ventriculares cerebrales, a consecuencia de una alteración de la dinámica normal del líquido cefalorraquídeo.
hidrocéfalo, -la (*hidro-* + *-céfalo*) ***adj.*** MED. Que padece hidrocefalia.
hidrocele (*hidro-* + *-cele*) ***f.*** MED. Hidropesía de la túnica serosa del testículo.
hidrocincita (*hidro-* + *cinc*) ***f.*** Mineral de la clase de los carbonatos, que cristaliza en el sistema monoclínico, y forma masas compactas de color blanco o amarillo pálido.
hidrocinética (*hidro-* + *cinética*) ***f.*** Hidrodinámica.
hidroclorato (*hidro-* + *clorato*) ***m.*** QUÍM. Clorhidrato.
hidroclórico, -ca ***adj.*** QUÍM. Clorhídrico.
hidrocoro, -ra (*hidro-* + gr. *choreo,* extenderse) ***adj.*** [diseminación de semillas] Que utiliza al agua como vehículo.
hidrocortisona (*hidro-* + *cortisona*) ***f.*** Hormona cristalina aislada de la corteza adrenal, que se obtiene hoy sintéticamente.
hidrocótila (*hidro-* + gr. *kotyle,* la misma cavidad) ***f.*** Planta umbelífera reptante, de hojas circulares erectas a manera de parasoles, y flores verde rosadas en inflorescencias difíciles de distinguir y a menudo ausentes *(Hydrocotyle vulgaris).*
hidrocución ***f.*** Síncope, gralte., que se presenta por inmersión en agua fría.
hidrodinámica (*hidro-* + *dinámica*) ***f.*** Parte de la dinámica que estudia el movimiento de los líquidos.
SIN. **Hidrocinética.**
hidrodinámico, -ca ***adj.*** Relativo al movimiento de los líquidos.
hidroelectricidad (*hidro-* + *electricidad*) ***f.*** Energía eléctrica obtenida por la fuerza hidráulica.
hidroeléctrico, -ca ***adj.*** Relativo a la producción de la electricidad por la fuerza hidráulica. 2 [fenómeno electroquímico] Que se produce con el concurso del agua.
hidroextractor (*hidro-* + *extractor*) ***m.*** Aparato escurridor empleado en varias industrias.
SIN. **Centrifugador, centrifugadora.**
hidrófana (*hidro-* + gr. *-filia* I) ***f.*** Ópalo que adquiere transparencia dentro del agua.
hidrofilacio (*hidro-* + gr. *phylasso,* guardar) ***m.*** Concavidad subterránea y llena de agua, de que se alimentan muchas veces los manantiales.
hidrofilia ***f.*** Polinización por el agua.
hidrófilo, -la (*hidro-* + *-filo* I) ***adj.*** Que absorbe el agua con gran facilidad: *algodón ~; gasa hidrófila.* 2 [organismo] Que habita en ambientes húmedos. -3 ***m.*** Coleóptero acuático *(Hydrophilus piceus).*
hidrofito (*hidro-* + *-fito*) ***m.*** BOT. Planta acuática.
hidrofobia (*hidro-* + *-fobia*) ***f.*** Horror morboso al agua. 2 En la enfermedad de la rabia, dificultad de tragar debida a un espasmo faríngeo, que no permite beber. 3 Rabia (enfermedad).
hidrófobo, -ba ***adj.-s.*** Que padece hidrofobia.
SIN. **Rabioso.**
hidrófono (*hidro-* + *-fono*) ***m.*** Aparato que convierte las ondas sonoras transmitidas por agua en señales acústicas. 2 Aparato que detecta las fugas en las canalizaciones de agua.
hidroftalmía (*hidr-* + *oftalmía*) ***f.*** MED. Hidropesía ocular, gralte. congénita.
hidrófugo, -ga (*hidro-* + *-fugo*) ***adj.-m.*** Substancia que evita la humedad o las filtraciones.
hidrogel ***m.*** Hidrosol.
hidrogenación ***f.*** Acción de hidrogenar. 2 Efecto de hidrogenar.
hidrogenado, -da ***adj.*** Que contiene hidrógeno. 2 Que se combina con él.
hidrogenar ***tr.*** Combinar [una substancia] con hidrógeno.
hidrogénesis (*hidro-* + *-génesis*) ***f.*** Disciplina que trata del descubrimiento y la captación de manantiales y cursos de agua. ◇ Pl.: *hidrogénesis.*
hidrogenión ***m.*** Átomo de hidrógeno con una carga eléctrica positiva por pérdida de un electrón.
hidrógeno (*hidro-* + *-geno*) ***m.*** Elemento gaseoso, incoloro e insípido, catorce veces más ligero que el aire, que entra en la composición de muchas substancias orgánicas y, combinado con el oxígeno, forma el agua. Su símbolo es *H*, su número atómico 1 y su peso atómico 1,008, monovalente.
hidrogenoide ***m.*** FÍS. Átomo que tiene un núcleo positivo alrededor del cual sólo gira un electrón.
hidrogeología (*hidro-* + *geología*) ***f.*** Rama de la geología que se ocupa del estudio del ciclo de las aguas, esp. las subterráneas.
hidrogeológico, -ca ***adj.*** Perteneciente o relativo a la hidrogeología.
hidrogeólogo, -ga (*hidro-* + *geólogo*) ***m. f.*** Persona que ejerce o profesa la hidrogeología.
hidrognosia (*hidro-* + *-gonosia*) ***f.*** Historia y descripción de las aguas de la Tierra.
hidrogogía (*hidro-* + gr. *agogué,* conducto) ***f.*** Arte de canalizar aguas.
hidrografía (*hidro-* + *-grafía*) ***f.*** Parte de la geografía física que trata de la descripción de los mares y de las corrientes de agua. 2 Conjunto de mares y aguas corrientes, de un país o comarca.
hidrográfico, -ca ***adj.*** Relativo a la hidrografía.
hidrógrafo, -fa (*hidro-* + *-grafo*) ***m. f.*** Persona que por profesión o estudio se dedica a la hidrografía. -2 ***m.*** Hidrómetro registrador para medir el nivel de los cursos de agua.
hidrohemia (*hidro-* + gr. *haíma, -atos,* sangre) ***f.*** PAT. Enfermedad de la sangre por exceso de suero.
hidrolasa ***f.*** Enzima que produce la rotura por hidrólisis de algunas macromoléculas.
hidrólisis (*hidro-* + *-lisis*) ***f.*** QUÍM. Formación de un ácido y una base a partir de una sal por interacción con el agua. 2 QUÍM. Descomposición de substancias orgánicas por acción de agua. ◇ Pl.: *hidrólisis.*
hidrolizable ***adj.*** Que se puede hidrolizar.
hidrolizar ***tr.-prnl.*** Efectuar la hidrólisis. ◇ ** CONJUG. [4] como ***realizar.***
hidrología (*hidro-* + *-logía*) ***f.*** Parte de las ciencias naturales que trata de las aguas.
hidrológico, -ca ***adj.*** Relativo a la hidrología.
hidrólogo, -ga (*hidro-* + *-logo*) ***m. f.*** Persona que por profesión o estudio se dedica a la hidrología. 2 Técnico en aguas de riego.
hidroma ***m.*** MED. Higroma.
hidromagnesita (*hidro-* + *magnesita*) ***f.*** Mineral de la clase de los carbonatos que cristaliza en el sistema monoclínico, es de color blanco puro y brillo vítreo.
hidromancia, -mancía (*hidro-* + *-mancia*) ***f.*** Adivinación supersticiosa por medio del agua.
hidromanía (*hidro-* + *-manía*) ***f.*** Inclinación irresistible a beber agua.
hidromántico, -ca ***adj.*** Relativo a la hidromancia. -2 ***m. f.*** Persona que la profesa.
hidromecánica ***f.*** FÍS. Hidráulica.
hidromecánico, -ca (*hidro-* + *mecánico*) ***adj.-s.*** MEC. Aparato o máquina que utiliza un líquido para transmitir los esfuerzos o movimientos de unos órganos a otros.
hidromedusas (*hidro-* + *medusa*) ***f. pl.*** Medusas que en el borde de la umbrela presentan un repliegue ectodérmico llamado *velo (craspedon).* Por este motivo las hidromedusas se llaman también *medusas craspedotas.*
hidromel (*hidro-* + gr. *méli,* miel) ***m.*** Aguamiel.
hidrometalurgia (*hidro-* + *metalurgia*) ***f.*** Parte de la metalurgia que estudia los procedimientos que usan reacciones químicas en solución acuosa para la extracción de metales en los casos de menas pobres.
hidrometeoro (*hidro-* + *meteoro*) ***m.*** Meteoro acuoso.
hidrómetra ***com.*** Persona que por profesión o estudio se dedica a la hidrometría.
hidrometría (*hidro-* + *-metría*) ***f.*** Parte de la hidrodinámica que tiene por objeto medir el caudal, la velocidad, la fuerza, etc., de los líquidos.
hidrométrico, -ca ***adj.*** Relativo a la hidrometría.
hidrómetro (*hidro-* + *-metro*) ***m.*** Instrumento para medir el caudal, la velocidad, la fuerza, etc., de los líquidos.

hidrómico, -ca (de *hidro-* + *mica*) *adj.-s.* Mineral procedente de la hidratación de las micas. -2 *f.* Mica alterada como consecuencia de la acción de las aguas superficiales.
hidromiel (*hidro-* + *miel*) *m.* Aguamiel.
hidromineral (*hidro-* + *mineral*) *adj.* Relativo a las aguas minerales.
hidromodelismo (*hidro-* + *modelismo*) *m.* Técnica relativa a la construcción de modelos reducidos de barcos, canales, presas, etc.
hidromolysita (*hidro-* + *molysita*) *f.* MINER. Mineral de la clase de los halogenuros que cristaliza en el sistema trigonal, y forma costras delicuescentes de color pardo y procede de la alteración de la pirita.
hidromoscovita (*hidro-* + *moscovita*) *f.* Hidromica que deriva de la alteración de la moscovita; es un filosilicato que cristaliza en el sistema monoclínico y suele formar agregados laminares de colores blanquecinos.
hidronefrosis (*hidro-* + *nefrosis*) *f.* PAT. Dilatación de las vías urinarias por retención de orina debido a un obstáculo en el uréter. ◇ Pl.: *hidronefrosis.*
hidroneumático, -ca (*hidro-* + *neumático*) *adj.* Que funciona mediante el agua y el aire.
hidronimia (*hidr-* + *-onimia*) *f.* Parte de la toponimia que estudia el origen y significación de los nombres de ríos, arroyos, lagos, etc.
hidronímico, -ca *adj.* Relativo a la hidronimia.
hidrónimo (*hidr-* + *-ónimo*) *m.* Nombre de río, arroyo, lago, etc.
hidronio *m.* FÍS. Ion que se forma por hidratación del protón.
hidrópata *com.* Persona que profesa la hidropatía. 2 Persona que padece una afección hidropática.
hidropatía (*hidro-* + *-patía*) *f.* Hidroterapia. 2 Afección morbosa producida por el agua o el sudor.
hidropático, -ca *adj.* Relativo a la hidropatía.
hidroperóxido (*hidro-* + *peróxido*) *m.* Compuesto químico que deriva de las parafinas.
hidropesía (l. v. *hydropisis* < gr. *hydrops* < *hidr-* + *óps,* aspecto) *f.* Acumulación anómala de suero en cualquier parte del cuerpo.
SIN. **Opilación.** REL. **Hidrocefalia,** hidropesía de la cabeza; **hidrotórax,** del pecho.
hidrópico, -ca *adj.* Que padece hidropesía, esp. de vientre. 2 fig. Insaciable. 3 fig. Sediento con exceso.
hidroplano (*hidro-* + *plano*) *m.* Hidroavión. 2 Embarcación que alcanza gran velocidad y tiende a elevarse, por medio de unas aletas que ejercen reacción al tocar el agua.
hidroplastia (*hidro-* + *-plastia*) *f.* METAL. Técnica consistente en revestir la superficie de una pieza metálica con una capa de otro metal aplicada por simple contacto y no por medios electrolíticos.
hidroponía (de *hidro-* + gr. *ponos,* labor) *f.* Cultivo de plantas en soluciones acuosas, por lo general con algún soporte de arena, grava, etc.
hidropónico, -ca *adj.-f.* Perteneciente o relativo a la hidroponía.
hidropteríneo, -a (*hidro-* + gr. *pteron,* ala) *adj.-f.* BOT. Planta criptógama pteridofita, acuática. -2 *f. pl.* Clase de estas plantas.
hidroquinona (*hidro-* + *quinona*) *f.* Cuerpo que se obtiene por reducción de la quinona o por síntesis y que, por sus propiedades reductoras, se emplea como revelador fotográfico *(parafenodiol).*
hidrosadenitis (*hidro-* + *ademitis*) *f.* MED. Inflamación de las glándulas sudoríparas. ◇ Pl.: *hidrosadenitis.*
hidrosalpinge, hidrosalpinx (*hidro-* + gr. *sálpigx,* trompa) *m.* PAT. Distensión de la trompa de Falopio por exceso de líquido.
hidroscopia (*hidro-* + *-scopia*) *f.* Arte de descubrir la existencia de las aguas ocultas.
hidroscopio (*hidro-* + *-scopio*) *m.* FÍS. Aparato para descubrir la presencia de agua.
hidrosfera (*hidro-* + gr. *sfaira*) *f.* Conjunto de las partes líquidas del globo terráqueo.
hidrosilicato (*hidro-* + *silicato*) *m.* QUÍM. Silicato hidratado.
hidrosol *m.* Solución acuosa coloidal.
hidrosoluble (*hidro-* + *soluble*) *adj.* [substancia, esp. las vitaminas B, C y D] Soluble en el agua.
hidrostática (*hidro-* + *-stática*) *f.* Parte de la mecánica que estudia el equilibrio de los líquidos y de los gases.
hidrostáticamente *adv. m.* Con arreglo a la hidrostática.
hidrostático, -ca *adj.* Relativo al equilibrio de los líquidos: *nivel* ~, nivel al que sube el agua en los pozos. 2 Relativo a la hidrostática.
hidrostatímetro *m.* Hidrotaquímetro.
hidrotaquímetro (*hidro-* + *taquímetro*) *m.* Aparato que marca la velocidad de las aguas mediante los movimientos de una aguja.
hidrotaxis (*hidro-* + gr. *taxis,* disposición) *f.* Movimiento de los organismos o de las células relacionado con la humedad.
hidrotecnia (*hidro-* + *-tecnia*) *f.* Arte de construir máquinas y aparatos hidráulicos.
hidroterapia (*hidro-* + *-terapia*) *f.* Tratamiento de las enfermedades por la aplicación del agua.
hidroterápico, -ca *adj.* Relativo a la hidroterapia.
hidrotermal (*hidro-* + gr. *thermós,* caliente) *adj.* GEOL. [proceso] En que interviene el agua a temperatura superior a la normal. 2 [depósito o roca] Formado por minerales cristalizados a partir de una solución acuosa y caliente de origen magmático.
hidrotimetría (*hidro-* + gr. *timé,* estimación + *-metría*) *f.* Medida de la dureza de las aguas.
hidrotimétrico, -ca *adj.* Perteneciente o relativo a la hidrotimetría.
hidrotórax (*hidro-* + *tórax*) *m.* MED. Hidropesía en la cavidad pleural, sin inflamación previa de ésta, sintomático de enfermedad del corazón, obstrucción venosa, etc.
hidrotroilita (*hidro-* + *troilita*) *f.* MINERAL. Substancia amorfa que se produce por precipitación en mares interiores, albuferas o lagos salados; por recristalización se convierte más tarde en pirita o marcasita.
hidroxiácido (*hidro-* + *oxi-* + *ácido*) *m.* QUÍM. Compuesto químico que contiene en su molécula grupos carboxilo e hidroxilo.
hidróxido (*hidro-* + *óxido*) *m.* QUÍM. Compuesto que contiene en su molécula el grupo hidroxilo.
hidroxilo (*hidro-* + *oxi-* + *-ilo*) *m.* Radical univalente compuesto de un átomo de oxígeno y uno de hidrógeno: *OH.*
SIN. **Oxhidrilo.**
hidrozoario *adj.-m.* Celentéreo de la clase de los hidrozoarios. -2 *m. pl.* Clase de celentéreos cnidarios, de cavidad gastrovascular sencilla, sin faringe, que comunica con el exterior directamente por la boca.
hidrozoo (gr. *hydra,* serpiente acuática + *zon,* animal) *adj.-m.* Cnidario de la clase de los hidrozoos. -2 *m. pl.* Clase de cnidarios que incluye especies sólo con forma de pólipo, otras con forma de medusa y otras con ambas formas simultáneamente.
hidruro *m.* QUÍM. Compuesto formado por un metal e hidrógeno.
hiedra (l. *hedera*) *f.* Planta araliácea, trepadora, de hojas coriáceas y lustrosas y flores en umbela *(Hedera helix).* 2 ~ ***terrestre,*** planta labiada, rastrera, de hojas festoneadas y flores azules, agrupadas *(Glechoma hederacea).* 3 ~ ***japonesa,*** liana vitácea, robusta, con las hojas generalmente triangulares y dentadas o divididas en tres lóbulos; las flores son verdes y el fruto azulado *(Parthenocissus tricuspidata).*
SIN. **Yedra.** *1* **Cazuz.**
hiel (l. *felle*) *f.* Bilis: ***echar uno la*** ~, fig., trabajar con exceso; ***no tener uno*** ~, ser sencillo y de genio suave. 2 fig. Amargura, aspereza, cólera. -3 *f. pl.* Adversidades, disgustos.
hielo (l. *gelu*) *m.* Agua solidificada por el frío. 2 Acción de helar o helarse. 3 fig. Frialdad.
REL. *1* **Témpano,** bloque o pedazo grande de hielo; **iceberg,** gran masa que flota en los mares polares; **carámbano, calamoco, candelizo, canelón, carrión, pinganello, pinganillo,** trozo largo de hielo que cuelga en las plantas, canales, etc.; **helera, glaciar,** masa de hielo permanente en las cumbres.
hiemación (der. del l. *hiems,* invierno) *f.* Acción de pasar el invierno. 2 Propiedad que tienen algunas plantas de desarrollarse en invierno.
hiemal *adj.* lit. *y* tecn. Invernal.
hiena (l. *hyaena,* der. del gr. *hyaina,* hiena) *f.* Mamífero carnívoro hiénido, propio del Asia y el África, necrófago, nocturno, digitígrado (gén. *Hyœna).* 2 fig. Feroz y cobarde.
hienda (l. v. **femita* < l. *fimetu,* estiércol) *f.* Estiércol.
hieniales *f. pl.* Orden de plantas, dentro de la división artrófitos, exclusivamente fósiles.
hiénido *adj.-m.* Mamífero de la familia de los hiénidos. -2 *f. pl.* Familia de mamíferos carnívoros formada por las hienas.
hier-, v. hiero-.
hieráticamente *adv. m.* De manera hierática.

hierático, -ca (gr. *hierós,* sagrado) ***adj.*** Relativo a las cosas sagradas o a los sacerdotes. 2 [escultura, pintura religiosa] Que reproduce formas tradicionales. 3 ***Escritura hierática,*** la antigua egipcia que era una abreviación de la jeroglífica. 4 [estilo o ademán] Que tiene o afecta solemnidad extrema.

hieratismo ***m.*** Calidad de hierático (esp. en escultura y ademán).

hierba (l. *herba*) ***f.*** Planta cuyo tallo, a distinción del de los árboles y arbustos, no desarrolla tejido leñoso y sólo persiste hasta dar las flores y frutos: ~ ***amarga*** o ***de San Pedro,*** compuesta, con las hojas enteras y las flores sin lígulas *(Chrysanthemum balsamica);* ~ ***artética,*** pinillo (planta); ~ ***ballestera*** o ***de ballestero,*** eléboro; ~ ***belida,*** ranúnculo; ~ ***buena,*** hierbabuena; ~ ***callera*** (también *telefio),* crasulácea, cuyas hojas se emplean para ablandar callos *(Sedum telephium);* ~ ***cana*** (también *suzón, zuzón),* compuesta, de frutos coronados por vilanos blancos *(Senecium vulgaris);* ~ ***cañamera,*** malvavisco; ~ ***carmín,*** grana; ~ ***centella,*** ranunculácea, perenne, de hojas basales ciculares y flores amarillas de pétalos vellosos *(Caltha palustris);* ~ ***cinta,*** planta gramínea, robusta y perenne, de hojas ásperas y espigas cilíndricas, de color verdoso o púrpura *(Phalaris arundinacea);* ~ ***de Aquiles,*** milenrama; ~ ***de gato,*** pulicaria; ~ ***de Guinea,*** gramínácea que sirve para pasto *(Panicum maximum);* ~ ***de halcón,*** compuesta perenne, con tallos áfilos, hojas en roseta basal y flores de color amarillo *(Hypochoeris radicata);* ~ ***de la celada,*** tercianaria; ~ ***del ala,*** helenio; ~ ***de la excelencia,*** cáñamo índico; ~ ***del almizcle,*** planta adoxácea, reptante y perenne, de tallos erectos con dos hojas compuestas y un capítulo terminal de flores de color verdoso *(Adoxa moschatellina);* ~ ***de la moneda,*** planta primulácea, reptante y perenne, de hojas redondeadas y flores acampanadas y amarillas *(Lysimachia nummularia);* ~ ***de lamparones,*** escrofularia; ~ ***de la sangre,*** planta cariofilácea perenne de hojas lineares, pubescentes y con estípulas y flores de color rojo *(Paronychia kapela);* ~ ***de las coyunturas,*** belcho; ~ ***de las golondrinas,*** celidonia; ~ ***del asno,*** onagra; ~ ***del carbón,*** planta rubiácea perenne con la base leñosa, las hojas lineares y las flores de color rosado y dispuestas en racimos *(Asperula cynanchica);* ~ ***del carpintero,*** brunela; ~ ***del fuego,*** planta ranunculácea, perenne, de hojas doblemente divididas y flores blancas *(Isopyrum thalictroides);* ~ ***del maná,*** esteba (hierba); ~ ***del manantial,*** planta portulacácea, anual o perenne, con numerosas hojas pequeñas y flores blancas *(Montia fontana);* ~ ***de las siete sangrías,*** asperilla; ~ ***de los anteojos,*** crucífera, perenne, de flores amarillas con los pétalos terminados en una uña *(Biscutella laevigata);* ~ ***de los cantores,*** crucífera, erecta, anual o bienal, de hojas divididas y flores pequeñas de color amarillo pálido *(Sisymbrium officinali);* ~ ***de los cirujanos,*** sofía; ~ ***de los ermitaños,*** planta escrofulariácea utilizada en medicina popular como purgante *(Veronica tenuifolia);* ~ ***de los lazarosos*** o ***de los pordioseros,*** clemátide; ~ ***del salitre,*** planta franqueniácea xerófila de hojas escuamiformes *(Frankenia berteroana);* ~ ***del toro,*** planta litrácea, erecta y anual, las hojas son enteras y tienen el margen áspero, y las flores son de color rosado *(Lythrum hyssopifolia);* ~ ***de mar*** (también *porreto),* planta potamogetonácea, perenne, de hojas acintadas y flores unisexuales dispuestas en inflorescencias *(Zostera marina);* ~ ***de Pipi,*** planta fitolácea, rastrera con flores pequeñas con perianto único y que se caracteriza por oler a ajo *(Petiveria alliaceae);* ~ ***de punta,*** espiguilla (planta); ~ ***de San Antonio,*** onagrácea, erecta y perenne, de hojas lanceoladas provistas de pelos glandulosos y flores de color rosado *(Epilobium hirsutum);* ~ ***de San Cristóbal,*** planta ranunculácea, perenne, flores asépalas y fruto en baya globular *(Actaea spicata);* ~ ***de San Gerardo,*** planta umbelífera, perenne, con tallos reptantes y subterráneos, de flores blancas dispuestas en umbelas *(Aegopodium podagraria);* ~ ***de San Guillermo,*** agrimonia; ~ ***de San Juan,*** artemisa; corazoncillo; ~ ***de San Lorenzo,*** sanícula; ~ ***de San Roberto,*** planta geraniácea, anual o bienal, las hojas divididas, las flores de color rosa y con el cáliz piloso y glanduloso *(Geranium robertianum);* ~ ***de San Simón,*** planta onagrácea, perenne, las hojas son ovales y las flores pequeñas y de color blanco o rosado *(Circaea lutetiana);* ~ ***de Santa Bárbara*** o ***de los carpinteros,*** planta crucífera, anual o perenne, las hojas superiores son simples y sentadas, las inferiores son pecioladas; las flores de color amarillo *(Barbarea vulgaris);* ~ ***de Santa Catalina,*** nometoques; ~ ***de Santa María,*** ~ ***romana,*** ~ ***sarracena,*** matricaria; ~ ***de Santa María del Brasil*** u ***hormiguera,*** pazote; ~ ***de Santiago,*** planta compuesta, robusta y erecta, bienal o perenne, las hojas basales se disponen en rosetas y los capítulos son de color amarillo y dispuestos en grupos planos *(Senecio jacobaea);* ~ ***de Troya,*** planta escrofulariácea, perenne, con las hojas divididas y las flores de color negro purpúreo *(Scrophularia canina);* ~ ***de Túnez,*** servato; ~ ***doncella*** (también *brusela;* en Cuba, *vicaria),* apocinácea medicinal y de jardín *(Vinca maior);* ~ ***estornutatoria,*** planta compuesta, erecta y perenne con los tallos pubescentes y las hojas alargadas y sentadas *(Achillaea ptarmica);* ~ ***estrella,*** estrellamar; ~ ***fina,*** graminácea *(Agrostis capillaris);* ~ ***fuerte*** o ~ ***del Papa,*** maro (planta labiada); ~ ***giganta,*** acanto espinoso; ~ ***golondrinera,*** celidonia; ~ ***jabonera,*** jabonera (hierba); ~ ***julia,*** agérato; ~ ***lombriguera*** (también *tanaceto),* compuesta estomacal y vermífuga *(Tanacetum vulgare);* ~ ***guardarropa,*** ~ ***lombriguera,*** abrótano; ~ ***luisa,*** luisa; ~ ***mate*** o ***del Paraguay,*** mate; ~ ***melera,*** lengua de buey; ~ ***meona,*** milenrama; ~ ***mora*** (también *solano),* solanácea medicinal *(Solanum nigrum);* ~ ***mosquera,*** olivarda; ~ ***pastel*** (o simplte *pastel),* glasto; ~ ***pejiguera,*** duraznillo; ~ ***piojenta*** o ***piojera,*** estafisagria; ~ ***pulguera,*** zaragatona; ~ ***sagrada,*** verbena (planta); ~ ***puntera,*** siempreviva mayor; ~ ***rosario,*** *P. Rico,* tamarindillo; ~ ***sana,*** arbusto cistáceo totalmente cubierto por una pilosidad gris, de hojas lanceoladas con estípulas y flores amarillas *(Helianthemum lavandumolium);* ~ ***santa,*** hierbabuena (planta); ~ ***tora,*** orobanca; ~ ***tosera,*** oreja de oso; ~ ***vaquera,*** planta escrofulariácea, robusta y perenne, con las hojas superiores enteras y las inferiores divididas, y flores de color rojo o violáceo *(Scrophularia sambucifolia);* ~ ***velluda,*** planta ranunculácea, perenne y pubescente, de hojas divididas y flores amarillas *(Ranunculus bulbosus);* ~ ***zapatera,*** emborrachacabras. 2 Conjunto de muchas hierbas que nacen en un terreno. 3 En el lenguaje de la droga, marihuana. -4 ***f. pl.*** Veneno a base de hierbas: *diole a beber unas hierbas.* 5 Pastos que hay en las dehesas para los ganados. 6 Hablando de los ganados que se crían en los pastos, años: *potro de tres hierbas.* -7 ***f.*** *Amér. Merid.* p. ant. Hierba mate. 8 *Amér. Merid.* Bebida que se hace de las hojas mates. ◇ También *yerba.*

hierbabuena ***f.*** Planta labiada, herbácea, vivaz y aromática, que se emplea como condimento *(Mentha spicata).* 2 ~ ***de burro,*** mastranzo.

SIN. *1* **Hierba santa,** y más corrientemente, **menta.**

hierbal ***m.*** *Chile.* Herbazal.

hierbatero ***m.*** *Chile.* Yerbatero.

hierbazal ***m.*** Herbazal.

hierbero ***m.*** *Can.* Curandero que emplea hierbas.

hieros ***m. pl.*** Yeros.

hiero-, hier- (gr. *hierós,* sagrado) Elemento prefijal que entra en la formación de palabras con el significado de sagrado.

hieródula (*hiero-* + gr. *doulos,* esclavo) ***f.*** Esclava que en la antigua Grecia se dedicaba al servicio de un templo.

hierofanta, hierofante (*hiero-* + gr. *phaino,* parecer) ***m.*** Sacerdote, esp. el de Ceres, que en Eleusis tenía a su cargo la dirección de las ceremonias de iniciación en los misterios sagrados. 2 p. ext. Maestro de nociones recónditas.

hierofobia (*hiero-* + *-fobia*) ***f.*** Temor morboso a lo sagrado o la religión.

hieroglífico, -ca ***adj.-s.*** Jeroglífico.

hieromanía (*hiero-* + *-manía*) ***f.*** Manía religiosa.

hieroscopia (gr. *hierá,* víctima + *-scopia*) ***f.*** Aruspicina.

hierosolimitano, -na ***adj.*** Jerosomilitano.

hieroterapia (*hiero-* + *-terapia*) ***f.*** Tratamiento supersticioso de las enfermedades por ritos religiosos.

hierra, hierre ***f. m.*** Herradero.

hierro (l. *ferru*) ***m.*** Metal de color gris azulado, dúctil, maleable, muy tenaz, magnético y fácilmente oxidable, que formando diversos compuestos es abundantísimo en la naturaleza. Su símbolo es *Fe,* su número atómico 26 y su peso atómico 55,85: ~ ***albo,*** el candente; ~ ***cabilla,*** el forjado en barras redondas más gruesas que las del ~ *varilla;* ~ ***colado*** o ***fundido*** (también *fundición*), el que sale fundido de los altos hornos; ~ ***dulce,*** el libre de impurezas, que se trabaja con facilidad; ~ ***espático,*** siderosa; ~ ***forjado,*** el que contiene escoria en forma de partículas alargadas lo que da un grano característico; resiste a la oxidación y suelda con facilidad; ~ ***pirofórico,*** hierro pulverizado que se inflama espontáneamente en contacto con el aire. 2 Varilla de acero que es armadura de las obras de hormigón armado. 3 Punta de hierro de un arma o de un instrumento: *el ~ de la lanza.* 4 fig. Arma o instrumento de hierro; como la pica, la reja del arado, etc. 5 Marca que con el hierro candente se ponía a esclavos y delincuentes y hoy se pone a los ganados. 6 ***De ~, loc. adj.,*** que denota gran fortaleza o resistencia: *salud de hierro.* 7 DEP. Palo de golf cuya base es de hierro. -8 ***m. pl.*** Prisiones de hierro; como cadenas, grillos, etc. -9 ***m. Cuba.*** Surco que hace el arado en la tierra; reja o labor del arado. ◇ HOMÓF.: *yerro.*

REL. Entre los derivados relacionados con este metal, unos, como **herrero, herrumbre, herrar,** son de formación popular; otros, como **férreo, ferruginoso, aferrar,** son cultos o técnicos, formados sobre el l. *ferrum*; y algunos, como **siderurgia, siderosa, siderosis,** cultos también, sobre el gr. *síderos.*

hieto- (gr. *hyetós,* lluvia) Elemento prefijal y sufijal que entra en la formación de palabras con el significado de lluvia.

SIN. Tiene su equivalente en el latín **udo-.**

hietógrafo (*hieto-* + *-grafo*) ***m.*** FÍS. Instrumento que mide, recoge y registra la caída de la lluvia.

hietograma (*hieto-* + *-grama*) ***f.*** Curva trazada por el hietógrafo, que muestra la intensidad de una precipitación.

hietómetro (*hieto-* + *-metro*) ***m.*** Pluviómetro.

hietoscopia (*hieto-* + *-scopia*) ***f.*** Pluviometría.

hifa ***f.*** Elemento filiforme del micelio de los hongos.

hifoloma ***m.*** Seta agarical de pequeñas dimensiones y de color amarillo o naranja *(Hypholoma* sp.*).*

hifomicrobiales ***f. pl.*** Orden de bacterias, dentro de la clase esquizomicetes, que poseen un flagelo para desplazarse.

higa ***f.*** Dije en figura de puño, usado como amuleto. 2 Burla o desprecio.

higadencia ***f.*** *C. Rica.* Impertinencia.

higadilla, -llo ***f. m.*** Hígado de los animales pequeños, esp. de las aves. -2 ***m.*** *Cuba.* Enfermedad que padecen las aves domésticas, especialmente las gallinas, causada por aglomeración de la sangre en el hígado. -3 ***f.*** *And.* Molleja. 4 *Hond.* Riñonada o guisado de riñones e hígado de res.

hígado (b. l. *ficatu,* hígado de ganso cebado) ***m.*** Órgano glandular que segrega la bilis y realiza, además, importantes funciones metabólicas y antitóxicas; en el hombre se halla situado en la parte alta del hipocondrio derecho. 2 ~ ***de buey,*** seta polipogral de forma semicircular, de color pardo rojizo y, prácticamente, sin pie *(Fistulina hepática).* -3 ***m. pl.*** fig. Ánimo, valentía: *tiene muchos hígados.* 4 fig. Falta de escrúpulos.

REL. *1* adj. **Hepático,** relativo al hígado.

higadón ***f.*** *Colomb.* Enfermedad aguda de las aves, con crecimiento exagerado de la cresta.

higadoso, -sa ***adj.*** *Amér. Central.* Majadero.

Higia (gr. *Higeia*) ***n. pr.*** MIT. Diosa de la salud.

higiene (fr. *hygiène,* der. del gr. *hygieinón,* salud) ***f.*** Parte de la medicina que tiene por objeto la conservación de la salud. 2 Sistema de principios y reglas para conservar la salud. 3 Aplicación pública o privada de estos principios y reglas. 4 fig. Limpieza.

SIN. *1* **Profiláctica.**

higiénicamente ***adv. m.*** Conforme a las reglas de la higiene.

higiénico, -ca ***adj.*** Relativo a la higiene.

higienista ***adj.-com.*** [pers.] Que por profesión o estudio se dedica a la higiene.

higienización ***f.*** Acción de higienizar. 2 Efecto de higienizar.

higienizar ***tr.*** Disponer o preparar [una cosa] conforme a las prescripciones de la higiene. ◇ ** CONJUG. [4] como ***realizar.***

higo (l. *ficu*) ***m.*** Segundo fruto que da la higuera: ~ ***melar,*** variedad de higo pequeño, blanco y muy dulce: ~ ***boñigar*** o ***doñegal,*** variedad de higo, de buen tamaño y color. 2 ~ ***chumbo, de pala*** o ***de tuna,*** fruto del nopal o chumbera. 3 fig. *y* fam. Cosa que presenta mal aspecto por estar arrugada, etc.

FR. *De higos a brevas,* fig., de tarde en tarde. *No dársele a uno un ~ de una cosa,* fig., no importarle nada.

higro- (gr. *hygrós,* húmedo) Elemento prefijal que entra en la formación de palabras con el significado de húmedo.

higrófilo, -la (*higro-* + *-filo* I) ***adj.-m.*** BIOL. Que vive donde la humedad es abundante.

higrófito (*higro-* + *-fito*) ***m.*** BOT. Vegetal higrófilo.

higrofobia (*higro-* + *-fobia*) ***f.*** Temor morboso a la humedad.

higrófobo, -ba (*higro-* + *-fobo*) ***adj.-m.*** BIOL. Que vive mejor en lugares exentos de humedad.

higróforo (*higro-* + *-foro*) ***m.*** Seta agarical carnosa con láminas gruesas y poco numerosas *(Hygrophorus* sp.*).*

higrógrafo ***m.*** Higrómetro registrador.

higrología (*higro-* + *-logía*) ***f.*** FÍS. Tratado acerca del agua, y, p. ext., sobre los demás líquidos.

higroma ***m.*** MED. Tumor o quiste seroso.

higrometría (*higro-* + *-metría*) ***f.*** Parte de la física que tiene por objeto la determinación de la humedad, esp. la atmosférica.

higrométrico, -ca ***adj.*** Relativo a la higrometría, o al higrómetro. 2 [cuerpo] Muy sensible a los cambios de humedad de la atmósfera.

higrómetro (*higro-* + *-metro*) ***m.*** Instrumento para determinar el grado de humedad de la atmósfera.

higroscopia ***f.*** Higrometría.

higroscopicidad ***f.*** Propiedad de algunos cuerpos inorgánicos, y de todos los orgánicos, de absorber y de exhalar la humedad.

higroscópico, -ca ***adj.*** Que tiene higroscopicidad. 2 Relativo al higroscopio o a la higroscopicidad.

higroscopio (*higro-* + *-scopio*) ***m.*** Higrómetro. 2 Instrumento poco preciso que indica la variación de la humedad del aire, mediante el aumento de longitud de una cuerda de tripa o crin de caballo, pues absorben el vapor de agua en tiempo húmedo. 3 Juguete en que, mediante este instrumento, se mueve una figurilla o parte de ella para indicar lluvia o buen tiempo.

higrostato (*higro-* + *-stato*) ***m.*** Aparato que produce humedad constante.

higuana ***f.*** Iguana.

higüela, higuela ***f.*** Arma blanca que usa el podenquero para rematar la res apresada por los perros.

higuera ***f.*** Árbol moráceo frutal, de savia láctea, hojas grandes y lobuladas e infrutescencias en siconos piriformes, llamados higos *(Ficus carica).* 2 ~ ***de Egipto*** o ***loca,*** cabrahígo. 3 ~ ***del infierno*** o ***infernal,*** ricino. 4 ~ ***chumba, de Indias, de pala*** o ***de tuna,*** chumbera; nopal de la cochinilla. 5 ~ ***loca,*** estramonio.

higüera (voz india ant.) ***f.*** *Ant.* Vasija que se hace del fruto del higüero. 2 *P. Rico.* desp. Cholla, cabeza.

higueral ***m.*** Terreno poblado de higueras.

higuereta ***f.*** Ricino.

higuerilla ***f.*** Dim. de *higuera.* 2 Ricino.

higüero ***m.*** *Ant.* Güira.

higuerón ***m.*** Árbol moráceo de América, con tronco corpulento y madera fuerte, usada para construir embarcaciones. Da un 30 por ciento de caucho *(Ficus gigantea).*

higuerote ***m.*** Higuerón.

higueruela ***f.*** Planta herbácea papilionácea, de flores azuladas en cabezuelas axilares *(Psoralea bituminosa).*

SIN. **Angelota, angelote, trébol hediondo.**

higuí (al ~) ***loc.*** fam. Entretenimiento propio de carnaval que consiste en poner un higo seco suspendido de un palo y hacerlo saltar en el aire mientras los muchachos tratan de cogerlo con la boca.

higuillo ***m.*** *And.* Bola de carne con estricnina con que se da muerte a los perros. 2 *P. Rico* y *S. Dom.* Jiguillo.

hijadalgo ***f.*** Hidalga. ◇ Pl.: *hijasdalgo.*

hijastro, -tra (desp. de *hijo*) ***m. f.*** Respecto de uno de los cónyuges, hijo o hija que el otro ha tenido de un matrimonio anterior.

hijato ***m.*** Retoño.

hijear ***intr.*** *Amér.* Ahijar, retoñar.

hijillo ***m.*** *Hond.* Emanación de los cadáveres.

hijo, -ja (l. *filiu*) ***m. f.*** Persona o animal, respecto de sus padres: ~ ***legítimo,*** el nacido de legítimo matrimonio; ~ ***ilegítimo,*** el nacido fuera de legítimo matrimonio; ~ ***natural,*** el nacido de padres solteros que podían casarse al tiempo de tenerlo; ~ ***legitimado,*** el natural que en virtud de subsiguiente matrimonio de sus padres o de rescripto del príncipe obtiene la consideración de legítimo; ~ ***bastardo,*** hijo ilegítimo de padre conocido; ~ ***espurio,*** hijo ilegítimo de padre desconocido; ~ ***reconocido,*** el natural al que padre o madre, o ambos a la vez, reconocen en forma legal; ~ ***adulterino,*** el nacido de adulterio; ~ ***incestuoso,*** el habido por incesto; ~ ***sacrílego,*** el procreado con quebrantamiento del voto de castidad por parte de uno de los progenitores o de ambos; ~ ***de familia,*** el que está bajo la autoridad paterna o tutelar, o el mayor de edad que permanece soltero viviendo en casa de sus padres; p. ext., ~ ***adoptivo,*** el que lo es por adopción; ~ ***político,*** hijastro o yerno; ***hija política,*** hijastra o nuera; ~ ***de leche,*** el niño con relación al ama que lo crió; ~ ***de confesión*** o ***espiritual,*** persona con respecto a su director espiritual; ~ ***de algo,*** hidalgo. 2 fig. Persona respecto del país o población de que es natural: ~ *de Málaga.* 3 Religioso con relación al fundador de su orden y a la casa donde tomó hábito: ***los hijos de San Ignacio,*** los jesuitas. 4 fig. Obra o reproducción del ingenio. 5 Expresión afectuosa, esp. de protección: *sigue este consejo,* ~ *mío.* 6 ***El Hijo de Dios,*** el Verbo eterno, segunda persona de la Santísima Trinidad: ~ ***de Dios,*** el justo o que está en gracia. 7 ***El Hijo del Hombre,*** Jesucristo, que siendo verdadero Dios, se hizo hombre. 8 vulg. ~ ***de puta,*** expresión de insulto; persona de mala intención. -9 ***m.*** Lo que procede o sale de otra cosa por procreación. 10 Substancia ósea esponjosa y blanca que forma lo interior del asta de los animales. -11 ***m. pl.*** Descendientes.

REL. **Unigénito,** hijo único; **primogénito,** primer hijo; **segundogénito** o **segundón,** segundo hijo, aplicables ambos a todos los hijos nacidos después del primogénito; adj., **filial,** propio del hijo; **prole,** conjunto de hijos o descendencia.

hijodalgo ***m.*** Hidalgo. ◇ Pl.: *hijosdalgo.*

hijuela ***f.*** Dim. de *hija.* 2 Cosa aneja o subordinada a otra principal. 3 Documento donde se reseñan los bienes que tocan en una partición a cada heredero. 4 Conjunto de los mismos bienes. 5 Tira de tela que se pone en una pieza de vestir para ensancharla. 6 Pequeño colchón que, puesto en la cama debajo de los otros, levanta el hoyo producido por el peso del cuerpo. 7 Pedazo de lienzo que cubre el cáliz para que no caiga dentro de él alguna cosa durante la misa. 8 Canal que conduce el agua desde una acequia al campo que se ha de regar. 9 Camino o vereda que se separa de otro principal. 10 Expedición postal para los pueblos que están fuera de la carrera. 11 Simiente de las palmas y palmitos. 12 Puntas de clavos que se hincan en los maderos para que se agarre mejor el yeso. 13 *Chile* y *Ecuad.* Fundo rústico que se forma de la división de otro mayor.

SIN. *7* **Palia.**

hijuelación ***f.*** *Chile.* Acción de hijuelar.

hijuelar ***tr.*** *Chile.* Dividir [un fundo] en hijuelas. 2 *Chile.* Dar la legítima [a un legitimario] en vida del ascendiente.

hijuelero (de *hijuela,* expedición postal) ***m.*** Peatón (valijero).

hijuelo ***m.*** Dim. de *hijo.* 2 Retoño. 3 CARP. Tablilla que con una ensambladura suple lo que falta a la tabla principal de un tablero. 4 *Colomb.* Vereda, camino secundario.

¡hijuna! *Chile.* Interjección ¡Ahijuna!

hil-, v. hilo-.

I) hila ***f.*** Hilera, hilada. 2 ***A la*** ~, uno tras otro. 3 Tripa delgada. 4 ~ ***de agua,*** cantidad de agua que se toma de una acequia por un boquete de un palmo cuadrado. 5 ~ ***real de agua,*** cantidad doble de la anterior.

II) hila ***f.*** Acción de hilar. -2 ***f. pl.*** Hebras que se sacan de un lienzo usado y sirven para curar llagas y heridas.

hilacha ***f.*** Hilacho (pedazo de hilo). 2 Porción insignificante de alguna cosa. 3 Resto, vestigio, residuo. -4 ***f. pl.*** *Méj.* Guiñapos.

hilachento, -ta ***adj.*** Andrajoso. 2 Hilachoso.

hilacho ***m.*** Pedazo de hilo que se desprende de una tela. 2 *Méj.* Guiñapo, harapo.

SIN. *1* **Hilaracha.**

hilachoso, -sa ***adj.*** Que tiene muchas hilachas.

hilachudo, -da ***adj.*** *Amér.* Que tiene muchas hilachas.

hilada ***f.*** Hilera (formación en línea). 2 ARQ. Serie horizontal de ladrillos o piedras que se van poniendo en un edificio. 3 MAR. Serie horizontal de objetos puestos a tope, uno a continuación de otro.

SIN. *2* **Hila.**

hiladillo ***m.*** Hilo que sale de la maraña de la seda. 2 Cinta estrecha de hilo o seda.

SIN. *2* **Rehiladillo.**

hiladizo, -za ***adj.*** Que se puede hilar.

hilado ***m.*** Acción de hilar: *el ~ a máquina; hilados de algodón.* 2 Efecto de hilar. 3 Porción de lino, cáñamo, seda, etc., reducida a hilo.

SIN. *3* **Hilaza.**

hilador, -ra ***m. f.*** Persona que hila por oficio. -2 ***adj.-s.*** Máquina o herramienta utilizadas para hilar.

hilandería ***f.*** Arte de hilar. 2 Fábrica de hilados.

hilandero, -ra ***m. f.*** Hilador. -2 ***m.*** Taller donde se hila.

hilanza ***f.*** Acción de hilar. 2 Hilado (porción).

hilar (b. l. *filare*) ***tr.*** Reducir [una fibra textil] a hilo. 2 Sacar de sí sus hebras, los insectos, arañas, etc. 3 fig. Discurrir, trazar o inferir unas cosas de otras: ~ ***delgado,*** discurrir con sutileza o proceder con sumo cuidado.

hilaracha ***f.*** Hilacha.

hilarante ***adj.*** Que mueve a risa: *escena* ~. 2 V. gas hilarante.

hilaridad (l. *hilaritate,* a través del fr. *hilarité*) ***f.*** Risa y algazara que excita lo que se ve o se oye.

hilatura ***f.*** Arte de hilar. 2 Industria y comercialización del hilado.

hilaza ***f.*** Hilado (porción). 2 Hilo que sale gordo y desigual. 3 Hilo basto con que se teje cualquier tela.

hilera ***f.*** Formación en línea de un número de personas o cosas. 2 Hilo o hilaza fina. 3 Aparato para reducir a alambre las barras metálicas. 4 Viga superior, horizontal y longitudinal, de la armadura de parhilera, que forma el vértice de la cubierta a dos aguas, en donde apoyan las cabezas de los pares. 5 TECNOL. Pieza de metal duro o de diamante, provista de uno o varios orificios por los cuales se hace pasar una barra metálica o una materia plástica con objeto de obtener otra barra o hito de las dimensiones y formas correspondientes a las del orificio. 6 *Murc.* Atajo o abertura en las acequias por donde se toma el agua para el riego. -7 ***f. pl.*** Órganos situados en el abdomen de la araña, por donde ésta segrega su hilo.

SIN. *1* **Fila, hila** (p. us.); **cola,** si se trata de personas que esperan vez.

hilero ***m.*** Señal que forman en la superficie las corrientes del mar o de los ríos.

hilo (l. *filu*) ***m.*** Cuerpo de forma capilar, muy delgado, flexible y de longitud indefinida, que se forma estirando y retorciendo porciones de cualquier materia textil. 2 Filamento de cualquier materia flexible. 3 Alambre delgado. 4 Cable transmisor. 5 Hebra que producen ciertos insectos y arácnidos. 6 Tejido de lino o cáñamo. 7 fig. Chorro delgado: ~ *de sangre.* 8 fig. Continuidad de un discurso y de algunas otras cosas: ~ *de la narración;* ~ *de la risa;* ~ ***de la vida,*** su curso; ***a*** ~, sin interrupción. 9 ~ ***musical,*** sistema de transmisión del sonido, esp. el musical, a través del hilo telefónico, y que requiere un receptor adecuado. 10 ~ ***de perlas,*** perlas enhebradas. 11 ~ ***de uvas,*** colgajo de uvas. 12 p. us. Filo: ~ *de la navaja.* 13 fig. ~ ***de la muerte,*** término de la vida. 14 ~ ***de medianoche*** o ***de mediodía,*** las doce en punto. 15 ***Al*** ~, según la dirección de los hilos o fibras: *cortar la tela, la madera, al* ~.

REL. **Filiforme,** semejante al hilo; **filamento,** cuerpo filiforme; adj. **dúctil,** el metal que puede reducirse mecánicamente a hilos; **alambre,** hilo de metal; **filamento,** si es muy delgado.

hilo-, hil- (gr. *hyle,* materia) Elemento prefijal que entra en la formación de palabras con el significado de materia.

hilogénesis (*hilo-* + *-génesis*) ***f.*** Producción o formación de la materia.

hilomorfismo (*hilo-* + *morfismo*) ***m.*** Doctrina aristotélica según la cual los cuerpos se hallan constituidos por materia y forma; la materia es lo informe, la substancia rígida, mientras que la forma es la determinación de la materia; según Aristóteles (384-322 a. C.), no puede existir una materia sin forma, pero sí, al contrario, un principio formal independiente; el puro concepto o el ser permanente de las cosas.

hilóquero ***m.*** Jabalí gigante de África que puede llegar a pesar hasta 225 kgs. y que se alimenta de vegetales *(Hylochoerus meinertzhageni).*

hilotropía (*hilo-* + gr. *tropé,* vuelta) ***f.*** Cambio o renovación de la materia.

hilozoísmo (*hilo-* + gr. *zoé,* vida) ***m.*** Doctrina metafísica, propia de la escuela jónica y estoica, que considera a la materia, no sólo como activa, sino como viviente, es decir, dotada de espontaneidad y de sensibilidad. Se distingue del materialismo y del espiritualismo, porque no hace resultar la vida ni de una combinación, ni de un principio superior y separado, Dios, Espíritu, que forma y vivifica la materia.

hilván (*hilo* + *vano*) ***m.*** Costura a punto largo con que se prepara lo que se ha de coser. 2 Dicho punto largo. 3 Hilo empleado para hilvanar. 4 *Venez.* Dobladillo.

SIN. *1* **Basta** y **baste,** p. us.

hilvanado ***m.*** Acción de hilvanar. 2 Efecto de hilvanar.

hilvanar ***tr.*** Preparar el cosido [de las ropas] con hilvanes. 2 fig. Hacer [algo] con precipitación. 3 fig. Coordinar ideas o palabras, orientarlas.

himen (l. *hymen*) ***m.*** Repliegue membranoso que reduce el orificio externo de la vagina. -2 ***f.*** MIT. Diosa del casamiento.

himeneo (l. *hymenœu,* der. del gr. *hyménaios*, canto nupcial) ***m.*** lit. Casamiento. 2 Epitalamio.

himenio ***m.*** Capa de basidios que reviste las láminas radiales que forman la parte inferior del sombrerillo en ciertos hongos basidiomicetes.

himeno- (gr. *hymén,* membrana) Elemento prefijal que entra en la formación de palabras con el significado de membrana.

himenogastrales ***m. pl.*** Orden de hongos, dentro de la subclase homobasidiomicétidas, que permanecen cerrados y carecen de la típica forma de seta.

himenomicetes (*himeno-* + gr. *myketos,* hongo) ***m. pl.*** Grupo de hongos basidiomicetes.
himenóptero, -ra (*himeno-* + *-ptero*) ***adj.*** De alas membranosas. -2 ***adj.-m.*** Insecto del orden de los himenópteros. -3 ***m. pl.*** Orden de insectos pterigotas con la boca de tipo masticador, de metamorfosis complicada, con dos pares de alas membranosas de nerviación pobre, engarzados como si fueran un solo par.
himenopterismo (de *himenóptero*) ***m.*** MED. Estado morboso producido por las picaduras de insectos himenópteros.
himnario ***m.*** Colección de himnos.
hímnico, -ca ***adj.*** Relativo al himno o que tiene sus cualidades.
himno (l. *hymnu*) ***m.*** Entre los gentiles, composición poética en honor de sus dioses o héroes, o para celebrar un suceso memorable. 2 Composición poética en alabanza de Dios, de la Virgen o de los Santos. 3 Composición poética o musical de alabanza, entusiasmo o adoración: *~ a la Resurrección; ~ a la patria; ~ nacional.* 4 fig. Manifestación de entusiasmo: *los himnos de la fe.*
himnodia ***f.*** Canto litúrgico para los himnos.
himpar (onomat., *himp,* del sollozo) ***intr.*** Gemir con hipo.
himplar ***intr.*** Rugir la onza o la pantera. 2 Himpar.
hin, onomat. del relincho del caballo.
hincada ***f.*** *Colomb., Cuba, Perú, P. Rico* y *Venez.* Hincadura. 2 *Chile* y *Ecuad.* Genuflexión. 3 *Perú* y *P. Rico.* Dolor reumático semejante a una hincadura de alfiler.
hincadura ***f.*** Acción de hincar. 2 Efecto de hincar.
hincapié ***m.*** Acción de hincar el pie para hacer fuerza: ***hacer ~ en una cosa,*** fig., insistir con tesón en ella.
hincar (l. **figicare*) ***tr.*** Introducir o clavar [una cosa en otra]: *~ el diente en el brazo.* 2 Apoyar [una cosa en otra] con fuerza: *~ el pie en una rama.* -3 ***prnl. Hincarse de rodillas,*** doblarlas hasta el suelo. -4 ***tr.*** *And.* fig. *y* fam. Pinchar, molestar, zaherir. ◇ ** CONJUG. [1] como ***sacar.***
SIN. *1, 2, 3* **Fincar,** ant.
I) hincha (der. del l. *inflare*) ***f.*** fam. Odio, enemistad, animadversión, encono. 2 fam. Prevención, mala voluntad, ojeriza: *este tío me tiene ~.*
SIN. *1* **Antipatía.**
II) hincha (de *hinchar*) ***com.*** fam. Partidario entusiasta de un equipo deportivo. 2 p. ext. *y* fig. Partidario de alguna persona destacada en alguna actividad.
SIN. **Forofo, incondicional.**
hinchada ***f.*** Multitud de hinchas, partidarios de equipos deportivos o personalidades destacadas.
hinchadamente ***adv. m.*** Con hinchazón.
hinchado, -da ***adj.*** fig. Vano, presumido. 2 fig. Hiperbólico y afectado: *estilo ~.*
SIN. *1* **Finchado.** *1* y *2* **Opado.**
hinchador ***m.*** Árbol anacardiáceo, pequeño, que contiene substancias venenosas que atacan a la piel *(Rhus juglandifolia).*
hinchamiento ***m.*** Hinchazón.
hinchar (l. *inflare*) ***tr.*** Hacer que [un cuerpo] se dilate llenándolo de aire, agua, etc., y en gral., aumentar su volumen: *el viento hinchaba el globo; la lluvia hinchó los ríos.* 2 fig. Exagerar [una noticia o un suceso]. -3 ***prnl.*** Aumentar el volumen de una parte del cuerpo por una causa morbosa. 4 Comer con exceso. 5 fig. Envanecerse, ensoberbecerse: *hincharse con las alabanzas.* 6 fam. Conseguir dinero en abundancia. 7 *Argent.* y *Urug.* fig. *y* fam. Fastidiar, molestar.
SIN. **Finchar,** ant., excepto en la acep. 4; **inflar.** *1* **Soplar.**
hinchazón (l. *inflatione*) ***f.*** Efecto de hincharse. 2 fig. Vanidad, presunción. 3 fig. Vicio del estilo hinchado.
SIN. *1* y *2* v. **Inflación.**
hinchismo ***m.*** Hinchada. 2 Comportamiento de los hinchas.
hinco ***m.*** Palo o puntal que se clava en tierra.
hincón ***m.*** Poste hincado en las márgenes de los ríos para amarrar los barcos. 2 Mojón que se utiliza para señalar las lindes.
hindi ***adj.-m.*** Lengua perteneciente al grupo indoario, hablada oficialmente en la India, que se divide en dos grupos: oriental y occidental.
hindú (del persa *hindu*) ***adj.-s.*** Indio (de la India). -2 ***adj.*** Relativo a este estado de Asia. 3 [indio] Que profesa el brahmanismo o el budismo, por oposición a los indios musulmanes. ◇ Pl.: *hindúes.*
hinduismo ***m.*** Brahmanismo o budismo de los hindúes, por oposición a la religión musulmana.
hinduista ***adj.*** Perteneciente o relativo al hinduismo. -2 ***com.*** Miembro o seguidor de esta religión.
hiniesta (l. *genesta*) ***f.*** Retama común. 2 ~ ***blanca*** o ~ ***de escobas,*** retama negra o de escobas.
hinnible (l. *hinnibile* < *hinnire,* relinchar) ***adj.*** p. us. [caballo] Capaz de relinchar.
hinojal ***m.*** Terreno poblado de hinojos.
I) hinojo (l. v. *fenuculu,* por l. cl. *feniculum;* diminut. de *fenum,* heno) ***m.*** Planta umbelífera, aromática, de hojas muy divididas, que se emplea como condimento *(Fœniculum vulgare).* 2 ~ ***marino,*** hierba umbelífera, aromática, que vive entre las rocas de la costa *(Crithmum maritimum).* 3 ~ ***acuático,*** felandrio. 4 *Cuba.* Planta silvestre compuesta *(Baccharis scoparioides).*
SIN. 2 **Empetro, perejil de mar** o **marino.**
II) hinojo (l. *genuculu*) ***m.*** ant. Rodilla: ***de hinojos,*** de rodillas.
hinque (de *hincar*) ***m.*** Juego que consiste en clavar palos en la tierra húmeda.
hinterland (voz alemana) ***m.*** Entorno, zona de influencia.
hintero (der. del l. *finctu* < *fingere,* heñir) ***m.*** Mesa para heñir el pan.
hiogloso, -sa (de *hioides* + gr. *glóssa,* lengua) ***adj.*** Relativo al hioides y a la lengua.
hioideo, -a (gr. *hyoidés,* que tiene forma de U) ***adj.*** Relativo al hioides.
hioides (gr. *hyoeidés*) ***m.*** Hueso flotante situado debajo de la lengua y encima de la laringe. ◇ Pl.: *hioides.*
hiosciamina ***f.*** Principio activo del beleño.
hip-, v. hipo- I.
hipálage (l.-gr. *hypallage*) ***f.*** RET. Figura de construcción que consiste en trocar uno por otro dos casos dependientes de un verbo, como p. ej.: *el público llenaba las ruidosas gradas.*
hipar (onomat; coincidente con la del l. **hippare,* sollozar) ***intr.*** Dar hipos reiterados. 2 Resollar los perros cuando siguen la caza. 3 Fatigarse por el mucho esfuerzo. 4 Gimotear. 5 fig. Codiciar, ansiar: *~ por salir de paseo.* ◇ En la acep. 4 se aspira la *h.*
hiparión ***m.*** Género de mamíferos fósiles, entre los que se hallan los antepasados del caballo.
hiper- (gr. *hyper,* sobre) Elemento prefijal que entra en la formación de palabras con el sentido de exceso, superioridad.
SIN. Pref. **super-.** CONTR. **Hipo-.**
hiperacidez (*hiper-* + *acidez*) ***f.*** MED. Acidez excesiva en los jugos del estómago.
CONTR. **Hipoacidez.**
hiperacusia (*hiper-* + gr. *akousis,* acción de oír) ***f.*** MED. Aumento de la sensibilidad auditiva.
CONTR. **Hipoacusia.**
hiperalgesia (*hiper-* + gr. *algesis,* sufrimiento) ***f.*** MED. Aumento de sensibilidad dolorosa en determinadas áreas cutáneas.
CONTR. **Hipoalgesia.**
hiperbático, -ca ***adj.*** Que tiene hipérbaton.
hipérbaton (l.-gr. *hyperbaton,* transpuesto) ***m.*** Figura de construcción o sintáctica que consiste en alterar el orden habitual de las palabras en el discurso: *Divina me puedes llamar Providencia* (J. de Mena).
SIN. **Transposición; anástrofe,** cuando es extremadamente violento.
hipérbola (l.-gr. *hyperbola*) ***f.*** Curva simétrica respecto de dos ejes perpendiculares entre sí, compuesta de dos ramas abiertas, dirigidas en opuesto sentido, que se aproximan indefinidamente a dos asíntotas. 2 ***Hipérbolas conjugadas,*** las que tienen las mismas asíntotas y están colocadas dentro de cuatro ángulos que éstas forman.
hipérbole (l.-gr. *hyperbole*) ***f.*** RET. Figura que consiste en aumentar o disminuir exageradamente lo que se expresa.
SIN. **Exageración,** en el habla corriente.
hiperbólicamente ***adv. m.*** De una manera hiperbólica.
hiperbólico, -ca ***adj.*** Relativo a la hipérbola. 2 Relativo a la hipérbole.
hiperbolizar ***intr.*** Usar de hipérboles. ◇ ** CONJUG. [4] como ***realizar.***
hiperboloide (de *hipérbola* + *-oide*) ***m.*** Superficie cuyas secciones planas son elipses, círculos o hipérbolas, y se extienden indefinidamente en dos sentidos opuestos. 2 GEOM. Sólido comprendido en un trozo de esta superficie.
hiperboreal ***adj.*** Hiperbóreo.
hiperbóreo, -a (l. *hyperboreu* < gr. *hyperboreos* < *hiper-* + *boreas,* septentrional) ***adj.*** Muy septentrional. 2 Ártico. 3 Que vive en las regiones árticas o hiperbóreas.
hipercalcemia (*hiper-* + *calcemia*) ***f.*** MED. Aumento anormal de calcio en la sangre.
CONTR. **Hipocalcemia.**

hipercapnia (*hiper-* + gr. *kapnos,* humo) *f.* MED. Aumento de anhídrido carbónico en la sangre propio de la insuficiencia respiratoria.
CONTR. **Hipocapnia.**

hipercarga (*hiper-* + *carga*) *f.* Número cuántico, doble de la carga eléctrica media de un multiplete de carga.

hipercinesia (*hiper-* + *-cinesia*) *f.* PAT. Movimientos excesivos por actividad muscular no controlable, en forma de convulsiones, temblores, tics, etc., que se observan en algunas afecciones propias del sistema nervioso central.
CONTR. **Hipocinesia.**

hiperclorhidria (*hiper-* + *clorhídrico*) *f.* MED. Dispepsia gástrica caracterizada por un exceso de secreción clorhídrica.
SIN. **Acidez del estómago,** en gral. CONTR. **Hipoclorhidria.**

hiperclorhídrico, -ca *adj.* Relativo a la hiperclorhidria. 2 Que la padece.

hipercolesterinemia (*hiper-* + *colesterina* o *colesterol* + *-emia*) *f.* MED. Aumento anormal de la colesterina en la sangre.
CONTR. **Hipocolesterinemia.**

hipercolia (*hiper-* + gr. *cholé,* bilis) *f.* MED. Aumento de la secreción biliar.

hipercomplejo (*hiper-* + *complejo*) *adj.-s.* Número que desempeña, con relación a la geometría del espacio de más de dos dimensiones, un papel análogo al que tienen los números complejos respecto de la geometría plana.

hipercompresor (*hiper-* + *compresor*) *m.* Compresor capaz de someter a los gases a presiones muy elevadas.

hipercorrección *f.* Ultracorrección.

hipercrisis (*hiper-* + *crisis*) *f.* MED. Crisis violenta. ◇ Pl.: *hipercrisis.*

hipercrítico, -ca *adj.* Propio del hipercrítico o de la hipercrítica. -2 *m.* Censor inflexible; crítico que nada perdona. -3 *f.* Crítica exagerada.

hipercromía (*hiper-* + *-cromía*) *f.* Pigmentación excesiva de la piel.
CONTR. **Hipocromía.**

hiperdulía (*hiper-* + gr. *douleia,* servidumbre) *f.* V. culto de hiperdulía.

hiperémesis (*hiper-* + *-emesis*) *f.* PAT. Vómitos abundantes, prolongados y pertinaces, en especial los que aparecen en el curso del primer trimestre del embarazo. ◇ Pl.: *hiperémesis.*

hiperemia (*hiper* + *-emia*) *f.* Superabundancia de sangre.

hiperergia (*hiper-* + gr. *ergon,* trabajo) *f.* PAT. Forma de alergia, cuyas manifestaciones clínicas son de gran intensidad.

hiperespacio (*hiper-* + *espacio*) *m.* Espacio ficticio de más de tres dimensiones.

hiperestático, -ca (*hiper-* + *estático*) *adj.* [cuerpo o sistema] Sometido a fuerzas cuyo cálculo no se puede realizar por los medios clásicos de la estática racional.

hiperestenia (*hiper-* + *-stenia*) *f.* MED. Fuerza o tonicidad mayor de la normal. 2 MED. Aumento de la fuerza vital.
CONTR. **Hipostenia.**

hiperestesia (*hiper-* + *-estesia*) *f.* MED. Sensibilidad excesiva y patológica.
CONTR. **Hipostesia.**

hiperestesiar *tr.* Causar hiperestesia. -2 *prnl.* Padecerla. ◇ ** CONJUG. [12] como *cambiar.*

hiperestésico, -ca *adj.* Relativo a la hiperestesia.

hiperextensión (*hiper-* + *extensión*) *f.* Extensión extrema o excesiva.

hiperfocal (*hiper-* + *focal*) *adj.* [distancia mínima] A que debe ser colocado un objeto para obtener una fotografía precisa con una máquina regulada al infinito.

hiperfunción (*hiper-* + *función*) *f.* MED. Aumento de la función normal de un órgano.
CONTR. **Hipofunción.**

hipergénesis (*hiper-* + *-génesis*) *f.* ANAT. Crecimiento anormal de una parte del cuerpo. ◇ Pl.: *hipergénesis.*
CONTR. **Hipogénesis.**

hiperglobulia (*hiper-* + *glóbulo*) *f.* MED. Exceso de glóbulos rojos en la sangre.
CONTR. **Hipoglobulia.**

hiperglucemia (*hiper-* + *glucemia*) *f.* PAT. Aumento de la glucemia por encima de los valores normales.
CONTR. **Hipoglucemia.**

hipergol *m.* Compuesto que se emplea en la propulsión de cohetes.

hiperhidrosis (*hiper-* + gr. *hidrós,* sudor + *-osis*) *f.* MED. Sudación excesiva general o localizada. ◇ Pl.: *hiperhidrosis.*
CONTR. **Hipohidrosis.**

hipericáceo, -a *adj.-f.* Gutiferáceo.

hipericíneo, -a *adj.-f.* BOT. Planta de la familia de las hipericíneas. -2 *f. pl.* Familia de plantas gutíferas que suelen tener jugo resinoso, con flores generalmente amarillas y frutos capsulares o abayados; como el corazoncillo, el ásciro y la todabuena.

hipérico (l. *hypericon,* der. del gr. *hypereikon*) *m.* Corazoncillo (hierba).

hiperinflación (*hiper-* + *inflación*) *f.* Subida del nivel de precios muy rápida y continuada, que provoca que la gente no retenga el dinero, por su pérdida de valor constante.

hiperinmunidad (*hiper-* + *inmunidad*) *f.* MED. Grado de inmunidad muy grande obtenido por la introducción en el organismo de substancias de gran poder de inmunización.

hipermenorrea (*hiper-* + *menorrea*) *f.* MED. Menstruación muy abundante y de larga duración.
CONTR. **Hipomenorrea.**

hipermercado (*hiper-* + *mercado*) *m.* Tienda de enormes dimensiones en la que la venta al público se hace por autoservicio, y que está dotada con amplias áreas para el aparcamiento de los vehículos de los clientes.

hipermetamorfosis (*hiper-* + *metamorfosis*) *f.* Metamorfosis que consta de mayor número de fases que la ordinaria. ◇ Pl.: *hipermetamorfosis.*

hipermetría (gr. *hypermetría,* de *hypérmetros,* desmesurado, excesivo) *f.* Figura poética que consiste en dividir una palabra para acabar con su primera parte un verso y empezar otro con la segunda.
SIN. **Cabalgamiento.**

hipermétrope *adj.* [pers.] Que padece hipermetropía.

hipermetropía (gr. *hypermetros* + *opía*) *f.* Ametropía ocasionada por rigidez o escasa convexidad de los medios refringentes del ojo, que, al proyectarse la imagen detrás de la retina, hace percibir confusos los objetos próximos y con mayor claridad los lejanos.
SIN. **Presbicia; vista cansada** (pop.). REL. v. **Amteropía.**

hipermnesia (*hiper-* + *-mnesia*) *f.* MED. Sobreactividad morbosa de la memoria.
CONTR. **Amnesia.**

hipernefroma (*hiper-* + *nefroma*) *m.* PAT. Tumor derivado de las células de los túbulos renales, propio de la infancia.

hipernúcleo (de *hyperón-* + *núcleo*) *m.* FÍS. Núcleo atómico en el que un neutrón es substituido por un hyperón.

hipernutrición (*hiper-* + *nutrición*) *f.* PAT. Trastorno de la esfera digestiva y de todo el organismo, ocasionado por un régimen alimenticio desmesurado.

hiperón *m.* Hyperón.

hiperónimo (*hiper-* + *-ónimo*) *m.* LING. Voz cuyo significado engloba al de otra u otras, p. ej., el de *animal* a *caballo.*
CONTR. **Hipónimo.**

hiperosmia (*hiper-* + gr. *osmé,* olfato) *f.* MED. Sensibilidad anormalmente exagerada del sentido del olfato.
CONTR. **Hiposmia.**

hiperostosis (*hiper-* + gr. *ósteon,* hueso) *f.* Formación nueva de tejido óseo que causa el aumento del volumen de uno o varios huesos. ◇ Pl.: *hiperostosis.*

hiperoxia (*hiper-* + gr. *oxús,* ácido, oxígeno) *f.* MED. Estado que presenta un organismo sometido a un régimen respiratorio con exceso de oxígeno.
CONTR. **Hipoxia.**

hiperparásito (*hiper-* + *parásito*) *m.* ZOOL. Insecto parásito que ataca a otros parásitos.

hiperparatiroidismo (*hiper-* + *paratiroides*) *m.* PAT. Exageración de las funciones de las glándulas paratiroides.
CONTR. **Hipoparatiroidismo.**

hiperpepsia (*hiper-* + *-pepsia*) *f.* PAT. Secreción excesiva de pepsina y ácido clorhídrico en el estómago.
CONTR. **Hipopepsia.**

hiperpituitarismo (*hiper-* + *pituitaria*) *m.* PAT. Funcionamiento excesivo de la hipófisis.
CONTR. **Hipopituitarismo.**

hiperplasia (*hiper-* + gr. *plásis,* acción de modelar) *f.* PAT. Aumento de volumen de un órgano o un tejido debido al incremento del número de células.
CONTR. **Hipoplasia.**

hiperrealismo (*hiper-* + *realismo*) *m.* Corriente artística ba-

sada en la reproducción fiel, casi fotográfica, en una obra, de la realidad.
hipersalino, -na (*hiper-* + *salino*) ***adj.*** Que contiene una concentración de sal superior a la del agua del mar.
hipersecreción (*hiper-* + *secreción*) ***f.*** MED. Secreción excesiva.
CONTR. **Hiposecreción.**
hipersensibilidad ***f.*** Condición de hipersensible.
hipersensibilización ***f.*** Alergia. 2 FOT. Tratamiento a que se somete una emulsión sensible para aumentar su rapidez.
hipersensible (*hiper-* + *sensible*) ***adj.*** [pers. o cosa] Que tiene mayor sensibilidad que la normal.
hipersialosis (*hiper-* + gr. *sialon,* saliva + *-osis*) ***f.*** MED. Exceso de secreción en una glándula salivar. ◇ Pl.: *hipersialosis.*
hipersomía (*hiper-* + gr. *soma,* cuerpo) ***f.*** MED. Crecimiento del cuerpo superior a lo que es normal; gigantismo.
CONTR. **Hiposomía.**
hipersomnia (*hiper-* + l. *somnus,* sueño) ***f.*** MED. Tendencia exagerada al adormilamiento, con sueño profundo y prolongado, que aparece repentinamente durante el día y en el curso de cualquier acción, siempre con carácter involuntario y no controlable.
CONTR. **Hiposomnia.**
hipersónico, -ca (*hiper-* + *sonido*) ***adj.*** [aeronave] Que vuela a una velocidad superior a unos 6.000 km./h.
hipersonido (*hiper-* + *sonido*) ***m.*** Vibración mecánica de frecuencia superior a la supersónica.
hiperstena (*hiper-* + gr. *sthenos,* fuerza) ***f.*** Silicato de hierro y magnesio que cristaliza en el sistema rómbico, de color pardo, negro o verde, con brillo vítreo.
hipersustentación (*hiper-* + *sustentación*) ***f.*** AERON. Aumento momentáneo de la fuerza de sustentación de las alas de un avión, que se obtiene por medio de dispositivos hipersustentadores.
hipersustentador, -ra ***adj.-s.*** AERON. Dispositivo que permite aumentar la fuerza de sustentación de las alas de un avión durante el despegue y el aterrizaje.
hipertelorismo (*hiper-* + gr. *telouros,* alejado) ***m.*** PAT. Malformación del cráneo consistente en que las dos órbitas están más separadas de lo que es normal.
hipertensión (*hiper-* + *tensión*) ***f.*** MED. Tensión arterial superior a la normal.
SIN. **Hipertonía.** CONTR. **Hipotensión.**
hipertenso, -sa ***adj.*** Que tiene hipertensión.
hipertermal ***adj.*** De temperatura superior a la ordinaria: *aguas hipertermales.*
hipertermia (*hiper-* + *-termia*) ***f.*** MED. Estado de elevación anormal de la temperatura del cuerpo.
CONTR. **Hipotermia.**
hipertérmico, -ca ***adj.*** Perteneciente o relativo a la hipertermia.
hipertiroidismo (*hiper-* + *tiroides*) ***m.*** PAT. Aumento de las funciones secretoras de la glándula tiroides.
CONTR. **Hipotiroidismo.**
hipertonía (*hiper-* + gr. *tonós,* tensión) ***f.*** MED. Aumento anormal del tono muscular o del tono de un órgano. 2 Hipertensión. 3 Estado de las soluciones líquidas cuya presión osmótica es superior a la del plasma sanguíneo.
CONTR. **Hipotonía.**
hipertónico, -ca (*hiper-* + *tónico*) ***adj.*** QUÍM. [solución] Que, comparada con otra, tiene mayor presión osmótica que ella, siendo igual la temperatura de ambas.
CONTR. **Hipotónico.**
hipertono ***m.*** FÍS. Armónico.
hipertricosis (*hiper-* + gr. *thris, trichós,* pelo + *-osis*) ***f.*** PAT. Cantidad excesiva de vello corporal o presencia del mismo en zonas en las que normalmente no existe. ◇ Pl.: *hipertricosis.*
hipertrofia (*hiper-* + *-trofia*) ***f.*** Desarrollo excesivo de un órgano. 2 p. ext. Proliferación excesiva de alguna cosa.
CONTR. **Atrofia, hipotrofia.**
hipertrofiar ***tr.-prnl.*** Desarrollar excesivamente [un órgano]. ◇ ** CONJUG. [12] como ***cambiar.***
hipertrófico, -ca ***adj.*** Relativo a la hipertrofia.
hiperuricemia (*hiper-* + *uricemia*) ***f.*** MED. Aumento del contenido del ácido úrico en la sangre.
hiperventilación (*hiper-* + *ventilación*) ***f.*** MED. Incremento en número y profundidad de las respiraciones pulmonares.
CONTR. **Hipoventilación.**
hipervitaminosis (*hiper-* + *vitamina* + *-osis*) ***f.*** MED. Trastorno ocasionado por la toma desmesurada de preparados vitamínicos. ◇ Pl.: *hipervitaminosis.*
CONTR. **Avitaminosis, hipovitaminosis.**
hípetro, -tra ***adj.*** [edificio o parte de él] Que no tiene cubierta. -2 ***f.*** Sala del templo egipcio que se abre tras los pilonos, descubierta en su parte central.
hipiatra (*hip-* + *-iatra*) ***com.*** Veterinario.
hipiatría (*hip-* + *-iatría*) ***f.*** Medicina y cirugía veterinarias.
hipiátrica ***f.*** Veterinaria.
hipiátrico ***m.*** Veterinario.
hípico, -ca (gr. *hippos,* caballo) ***adj.*** Relativo al caballo, y esp. a la equitación.
SIN. v. **Caballar.**
hipido ***m.*** Acción de hipar (gimotear). 2 Efecto de hipar (gimotear). ◇Se pronuncia aspirando la h.
SIN. **Jipío,** lamentación que precede o sigue a la copla en ciertos estilos de canto andaluz.
hipil ***m.*** *Méj.* Huipil.
hipismo (gr. *hippos,* caballo) ***m.*** Conjunto de conocimientos relativos a la cría y educación del caballo.
hipito, -ta ***adj.*** *Venez.* Impaciente; maniático.
hipn-, v. hipno-.
hipnal (gr. *hypnelé,* soñoliento) ***m.*** Áspid que, según los antiguos, infundía un sueño mortal con su mordedura.
hípnico, -ca ***adj.*** Relativo al sueño.
hipno-, hipn- (gr. *hypnos,* sueño) Elemento prefijal que entra en la formación de palabras con el significado de sueño.
hipnoanálisis (*hipno-* + *análisis*) ***m.*** Psicoanálisis con el paciente en estado hipnótico. ◇ Pl.: *hipoanálisis.*
hipnofobia (*hipno-* + *-fobia*) ***f.*** Temor morboso al sueño.
hipnofrenosis (*hipno-* + gr. *phren, phrenos,* espíritu + *-osis*) ***f.*** MED. Conjunto de trastornos del sueño.
hipnogénico, -ca ***adj.*** Que causa el sueño o el hipnotismo.
hipnolepsia (*hipno-* + gr. *lepsis,* acción de coger) ***f.*** MED. Somnolencia anormal.
hipnología (*hipno-* + *-logía*) ***f.*** Disciplina que se ocupa del estudio del sueño y de los fenómenos con él relacionados.
hipnólogo, -ga (*hipno-* + *-logo*) ***m. f.*** Especialista en hipnología.
hipnopatía (*hipno-* + *-patía*) ***f.*** MED. Enfermedad del sueño, en general.
hipnopedia (*hipno-* + *-pedia*) ***f.*** Técnica de enseñanza consistente en impartir al individuo mientras duerme los contenidos o conocimientos deseados mediante aparatos fonográficos.
hipnosis ***f.*** Estado especial del sistema nervioso parecido al sueño o al sonambulismo, en que se producen una serie de fenómenos característicos, el principal de los cuales es la sugestión. ◇ Pl.: *hipnosis.*
hipnoterapia (*hipno-* + *-terapia*) ***f.*** Tratamiento y curación de las enfermedades por medio del hipnotismo.
hipnótico, -ca (l. *hypnoticus;* gr. *hypnotikós,* soñoliento, der. del gr. *hypnos,* sueño) ***adj.*** Relativo al sueño o a la hipnosis. -2 ***adj.-s.*** Medicamento que produce sueño; somnífero.
hipnotismo ***m.*** Conjunto de las teorías y fenómenos relacionados con la hipnosis; esp., procedimiento para producirla.
hipnotizable ***adj.*** Que puede hipnotizarse.
hipnotización ***f.*** Acción de hipnotizar.
hipnotizador, -ra ***adj.-s.*** Que hipnotiza.
hipnotizar ***tr.*** Producir la hipnosis [a algún hombre o animal]. 2 fig. Fascinar, asombrar [a alguien]. ◇ ** CONJUG. [4] como ***realizar.***
SIN. **Magnetizar.**
hipo (onomat.) ***m.*** Serie de movimientos inspiratorios espasmódicos, acompañados de un ruido característico y debidos a una contracción súbita del diafragma. 2 fig. Deseo vehemente: *tener ~ por algo.* 3 fig. Odio, encono: *tener ~ contra alguien.*
SIN. *1* MED. **Singulto.**
I) hipo-, hip- (gr. *hippos,* caballo) Elemento prefijal que entra en la formación de palabras con el significado de caballo.
II) hipo- (gr. *hypó,* debajo) Elemento prefijal que entra en la formación de palabras con el significado de inferioridad o subordinación. 2 QUÍM. En un grado menor de oxidación.
CONTR. **Hiper-** y **super-.**
hipoacidez (*hipo-* II + *acidez*) ***f.*** MED. Deficiencia de ácido en los jugos gástricos.
CONTR. **Hiperacidez.**

hipoacusia (*hipo-* II + gr. *akousis,* acción de oír) *f.* MED. Disminución de la sensibilidad auditiva.
CONTR. **Hiperacusia.**

hipoalgesia (*hipo-* II + gr. *algesis,* sufrimiento) *f.* MED. Disminución de la sensibilidad al dolor.
CONTR. **Hiperalgesia.**

hipoalimentación (*hipo-* II + *alimentación*) *f.* Alimentación insuficiente.

hipobaropatía (*hipo-* II + gr. *barós,* peso, gravedad + *-patía*) *f.* Estado patológico generado por la disminución de la presión atmosférica (mal de las montañas, mal de los aviadores, etc.).

hipobosco (gr. *hippoboskos* < *hipo-* I + *bosko,* alimentarse) *m.* Mosca parásita especialmente común en los solípedos *(Hippobosca equina).*

hipobranquial (*hipo-* II + *branquial*) *m.* ZOOL. Segmento cartilaginoso más inferior de un arco branquial.

hipocalcemia (*hipo-* II + *calcemia*) *f.* MED. Reducción de la tasa de calcio en la sangre.
CONTR. **Hipercalcemia.**

hipocalórico, -ca (*hipo-* II + *calórico*) *adj.* Que contiene o proporciona un bajo número de calorías: *alimento ~.*

hipocampo (l. *hippocampus* < gr. *hippokampos* < *hipo* I + *kampé,* curvatura) *m.* Pez teleósteo signatiforme, cuya cabeza recuerda la de un caballo *(gén. Hippocampus).* 2 Eminencia encefálica situada en la pared externa de los ventrículos laterales del cerebro.
SIN. *1* **Caballo de agua, de mar** o **marino.**

hipocapnia (*hipo-* II + gr. *kapnós,* humo) *f.* MED. Disminución del contenido de anhídrido carbónico en la sangre.
CONTR. **Hipercapnia.**

hipocastanáceo, -a *adj.-f.* Planta de la familia de las hipocastanáceas. -2 *f. pl.* Familia de plantas que incluye árboles o arbustos dicotiledóneos, con hojas compuestas palmeadas, flores en panojas cimosas y fruto capsular con semillas gruesas; como el castaño de Indias.

hipocausto (l. *hipocaustu* < gr. *hipokausto* < *hipo-* II + *káio,* quemar) *m.* En los baños romanos, habitación que se caldeaba por debajo del pavimento.

hipocentauro (l. *hyppocentauru*) *m.* Centauro (monstruo).

hipocentro (*hipo-* II + *-centro*) *m.* Punto en el interior de la tierra de donde parten las ondas sísmicas.

hipocicloidal *adj.* MEC. [engranaje] En el cual una de las ruedas, o el piñón, engrana con la otra por el interior de éste.

hipocicloide (*hipo-* II + *cicloide*) *f.* Curvatura descrita por un punto de una circunferencia que rueda dentro de otra fija, conservándose ambas tangentes.

hipocinesia (*hipo-* II + *-cinesia*) *f.* PAT. Pérdida de la velocidad de los movimientos voluntarios, así como limitación de la extensión de los mismos.
CONTR. **Hipercinesia.**

hipocinético, -ca *adj.* Relativo a la hipocinesia.

hipocístide *m.* Planta raflesiácea, parásita, sin hojas, que vive alimentándose de otros vegetales *(Cytinus hypocistis).*

hipoclorhidria (*hipo-* II + *clorhídrico*) *f.* MED. Escasez de ácido clorhídrico en el jugo gástrico.
CONTR. **Hiperclorhidria.**

hipoclorhídrico, -ca *adj.* MED. Relativo a la hipoclorhidria. 2 Que la padece.

hipoclorito *m.* QUÍM. Sal del ácido hipocloroso.

hipocloroso, -sa *adj.* [ácido] Formado por oxígeno, hidrógeno y cloro.

hipocolesterinemia, hipocolesterolemia (*hipo-* II + *colesterina* o *colesterol* + *-emia*) *f.* MED. Disminución de la tasa de colesterol en la sangre.
CONTR. **Hipercolesterinemia.**

hipocolia (*hipo-* II + gr. *cholé,* bilis) *f.* MED. Secreción biliar insuficiente.
CONTR. **Hipercolia.**

hipocondría (l. *hypokhondria*) *f.* Depresión morbosa del ánimo caracterizada por una preocupación obsesiva por la propia salud que lleva a la creencia errónea de padecer una enfermedad.

hipocondríaco, -ca *adj.* Relativo a la hipocondría. -2 *adj.-s.* Que padece esta enfermedad.

hipocóndrico, -ca *adj.* Relativo a los hipocondrios o a la hipocondría.

hipocondrio (gr. *hypochóndrion* < *hipo-* II + *chóndros,* cartílago) *m.* Parte a cada lado de la región epigástrica, situada debajo de las costillas falsas.

hipocorístico, -ca (gr. *hypokoristikós*) *adj.-s.* GRAM. Nombre usado en forma diminutiva, abreviada o infantil, como apelativo cariñoso, familiar o eufemístico.

hipocotíleo (*hipo-* II + gr. *kotyle,* concavidad) *m.* En el embrión vegetal, parte de la plúmula situada debajo de los cotiledones.

hipocrás (fr. *hypocras,* der. del nombre de Hipócrates) *m.* Bebida hecha con vino, azúcar, canela y otros ingredientes.

hipocraterimorfo, -fa (gr. *hypokrater,* soporte de un vaso + *-morfo*) *adj.* BOT. [corola gamopétala] De tubo largo y angosto, que remata en un limbo patente, como el jazmín.

hipocrático, -ca *adj.* Relativo a Hipócrates (¿460-377? a. C.) o a su doctrina.

hipocratismo *m.* Pensamiento filosófico y médico de Hipócrates (¿470-377? a. C.).

hipocreales (l.) *m. pl.* Orden de hongos, dentro de la subclase euascomicétidas, con ascas alargadas cubiertas por un capuchón.

Hipocrene (gr. *hippos,* caballo + *krene,* fuente) *n. pr.* MIT. Fuente del monte Helicón, que había brotado por la pisada de Pegaso. Sus aguas daban inspiración poética.

hipocrénides (l. *hippocrenides*) *f. pl.* Las musas. Dióseles este nombre por el de la fuente Hipocrene, consagrada a ellas.

hipocresía (gr. tardío *hypokrisia,* der. del gr. clásico *hypókrisis*) *f.* Fingimiento de cualidades o sentimientos y esp. de virtudes religiosas.
SIN. **Fariseísmo.**

hipocristalino, -na *adj.* [roca magmática] Que está formada por cristales y materia amorfa.

hipócrita (l. *hypocrita,* gr. *hypokrites,* actor teatral) *adj.-s.* Que tiene hipocresía.
SIN. **Engañoso, disimulado, tartufo, falso; farisaico** y **fariseo,** esp. si finge piedad o austeridad.

hipócritamente *adv. m.* Con hipocresía.

hipocromía (*hipo-* II + *-cromía*) *f.* MED. Pigmentación deficiente de la piel.
CONTR. **Hipercromía.**

hipodactilia (*hipo-* II + gr. *dáktylos,* dedo) *f.* MED. Malformación congénita consistente en la falta de uno o más dedos de las manos o de los pies.

hipodérmico, -ca *adj.* Que está o se pone debajo de la piel: *inyección hipodérmica.*
SIN. **Subcutáneo.**

hipodermis (*hipo-* II + *dermis*) *f.* Tejido celular subcutáneo. ◇ Pl.: *hipodermis.*

hipodermitis *f.* PAT. Inflamación aguda o crónica del tejido celular subcutáneo. ◇ Pl.: *hipodermitis.*

hipódromo (l.-gr. *hippodromos* < *hipo-* I + *-dromo*) *m.* Lugar destinado para carreras de caballos y carros.

hipofagia (*hipo-* I + *-fagia*) *f.* Costumbre de comer carne de caballo.

hipófago, -ga *adj.* Que come carne de caballo.

hipofalangia (*hipo-* II + gr. *phálanx,* falange) *f.* MED. Malformación congénita consistente en la falta de una o más falanges de las manos o de los pies.

hipofisectomía (de *hipófisis* + *-ectomía*) *f.* CIR. Intervención quirúrgica consistente en extirpar la glándula hipófisis.

hipófisis (gr.) *f.* Glándula endocrina muy pequeña, situada en la parte anteroinferior del encéfalo. ◇ Pl.: *hipófisis.*
SIN. **Cuerpo pituitario, glándula pituitaria.**

hipofosfato *m.* Sal del ácido hipofosfórico.

hipofosfito *m.* Sal del ácido hipofosforoso.

hipofosfórico (*hipo-* II + *fosfórico*) *adj.* [ácido] Que se obtiene por oxidación lenta del fósforo, en contacto con el aire húmedo.

hipofosforoso (*hipo-* II + *fosforoso*) *adj.* [ácido de fósforo] Que contiene menos oxígeno.

hipofunción (*hipo-* II + *función*) *f.* PAT. Disminución de la función normal de un órgano.
CONTR. **Hiperfunción.**

hipogástrico, -ca (l. *hypogastrium* < gr. *hypogastrion* < *hipo-* II + *gáster,* vientre) *adj.* Relativo al hipogastrio.

hipogastrio *m.* Parte inferior del vientre.

hipogénesis (*hipo-* II + *-génesis*) *f.* ANAT. Crecimiento o desarrollo deficiente de una parte del cuerpo. ◇ Pl.: *hipogénesis.*
CONTR. **Hipergénesis.**

hipogénico, -ca *adj.* Formado en lo interior de la Tierra: *roca hipogénica.*

hipogeo, -a (l. *hypogœu*) ***adj.*** BOT. [planta u órgano] Que se desarrolla bajo el suelo. -2 ***m.*** Sepulcro subterráneo de los antiguos. 3 Edificio subterráneo, en gral.
hipogeusia (*hipo-* + gr. *geusis,* gusto) ***f.*** Pérdida del sentido del gusto.
hipógino, -na (*hipo-* II + *-gino*) ***adj.*** BOT. [órgano de la flor] Que nace debajo del ovario.
hipoglobulia (*hipo-* II + *glóbulo*) ***f.*** MED. Disminución del número de glóbulos rojos en la sangre.
CONTR. **Hiperglobulia.**
hipogloso, -sa (*hipo-* II + *-gloso*) ***adj.*** Que está debajo de la lengua: *nervio ~.*
hipoglucemia (*hipo-* II + *glucemia*) ***f.*** PAT. Disminución de la cantidad normal de azúcar contenida en la sangre.
CONTR. **Hiperglucemia.**
hipognato, -ta (*hipo-* II + gr. *gnáthos,* mandíbula) ***adj.*** ZOOL. Que tiene la mandíbula inferior que sobresale de la superior. 2 Que tiene las partes de la boca inclinadas hacia abajo.
hipogrifo (comp. del gr. *hippós,* caballo, + el l. tardío *gryphus,* de orig. gr. venido a través del it.) ***m.*** Animal fabuloso, mitad grifo y mitad caballo. ◇ INCOR.: *hipógrifo.*
hipohidrosis (*hipo-* II + gr. *hidrós,* sudor + *-osis*) ***f.*** MED. Disminución de la secreción del sudor. ◇ Pl.: *hipohidrosis.*
CONTR. **Hiperhidrosis.**
hipolimnion (*hipo-* II + gr. *limné,* marisma, mar) ***n. pr.*** En las masas de agua estratificadas térmicamente, capa situada por debajo de la zona de máxima discontinuidad.
Hipólito ***n. pr.*** MIT. Hijo de Teseo. Su madrastra, Fedra, se enamoró de él y viéndose desdeñada se ahorcó, después de haber escrito una carta acusando a Hipólito, el cual fue desterrado. Teseo suplicó a Neptuno que le vengase, y el dios mandó un monstruo marino que volcó el carro de Hipólito, pereciendo éste en el vuelco. Sobre este asunto escribieron tragedias Eurípides (480-406 a. C.), Séneca (¿4?-65) y Racine (1639-1699).
hipología (*hipo-* I + *-logía*) ***f.*** Parte de la veterinaria que estudia los caballos.
hipológico, -ca ***adj.*** Relativo a la hipología.
hipólogo, -ga ***m.*** Veterinario de caballos.
hipomagma (*hipo-* II + *magma*) ***m.*** GEOL. Magma profundo sólido.
hipómanes ***m.*** VETER. Humor que se desprende de la vulva de la yegua cuando está en celo.
hipomanía ***f.*** Manía de tipo moderado.
Hipomenes ***n. pr.*** MIT. V. Atalanta.
hipomenorrea (*hipo-* II + *menorrea*) ***f.*** MED. Disminución de la frecuencia y cantidad de las menstruaciones.
CONTR. **Hipermenorrea.**
hipómetro (*hipo-* I + *-metro*) ***m.*** Instrumento para medir la alzada de los caballos.
hipomoclio (*hipo-* II + gr. *mochlón,* palanca) ***m.*** FÍS. p. us. Fulcro.
hipomorfo, -fa (*hipo-* I + *-morfo*) ***adj.*** [animal] Con aspecto de caballo.
hipomóvil (*hipo-* I + *móvil*) ***adj.*** Movido por caballerías: *batería ~; tracción ~.*
hipónimo (*hipo-* II + *-ónimo*) ***m.*** LING. Voz cuyo significado está englobado en el de otra, p. ej., el de *caballo* en *animal.*
CONTR. **Hiperónimo.**
hipoparatiroidismo (*hipo-* II + *paratiroides*) ***m.*** PAT. Disminución o falta de la función de las glándulas paratiroides.
CONTR. **Hiperparatiroidismo.**
hipopepsia (*hipo-* II + *-pepsia*) ***f.*** PAT. Falta de pepsina o ácido clorhídrico en el jugo gástrico.
CONTR. **Hiperpepsia.**
hipopituitarismo (*hipo-* II + *pituitaria*) ***m.*** PAT. Deficiencia en el funcionamiento de la hipófisis.
CONTR. **Hiperpituitarismo.**
hipoplasia (*hipo-* II + gr. *plasis,* acción de modelar) ***f.*** PAT. Disminución del volumen de un órgano o tejido ocasionado por la disminución de su número total de células.
CONTR. **Hiperplasia.**
hipopotámido ***adj.-m.*** Mamífero de la familia de los hipopotámidos. -2 ***m. pl.*** Familia de mamíferos artiodáctilos suiformes; como el hipopótamo.
hipopótamo (gr. *hippos,* caballo + *potamós,* río) ***m.*** Mamífero artiodáctilo, de piel casi desnuda, patas cortas y cabeza y boca enormes, que vive en los grandes ríos del África *(Hippopotamus amphibius).* 2 fig. Persona excesivamente alta y gruesa.
SIN. *1* **Caballo de agua.**
hipoproteico, -ca (*hipo-* II + *proteico*) ***adj.*** Que contiene o proporciona un bajo número de proteínas: *alimento ~.*
hiposcenio (gr. *hyposkenion*) ***m.*** En el teatro antiguo, muro que sostenía la escena, encima de la orquesta. 2 Parte de la orquesta que quedaba ante esta pared.
hiposecreción (*hipo-* II + *secreción*) ***f.*** MED. Secreción que no llega a la normal.
CONTR. **Hipersecreción.**
hiposmia (*hipo-* II + gr. *osmé,* olfato) ***f.*** MED. Debilidad o disminución del sentido del olfato.
CONTR. **Hiperosmia.**
hiposo, -sa ***adj.*** Que tiene hipo.
hiposódico, -ca (*hipo-* II + *sódico*) ***adj.*** Que contiene o proporciona sodio en pequeñas cantidades.
hiposomía (*hipo-* II + gr. *sóma,* cuerpo) ***f.*** MED. Crecimiento del cuerpo inferior a lo que es normal; enanismo.
CONTR. **Hipersomía.**
hiposomnia (*hipo-* II + l. *somnus,* sueño) ***f.*** MED. Sueño muy corto, ligero, inquieto y menos restaurador que en estado normal.
CONTR. **Hipersomnia.**
hipostasiar ***tr.*** FIL. Considerar [algo] como substrato real o verdadero distinguiéndolo de lo accidental. ◇ ** CONJUG. [12] como ***cambiar.***
hipóstasis (l. *hypostasis* < gr. *hypóstasis,* de *hyphisthemi,* soportar, subsistir) ***f.*** FIL. El ser o la substancia de la cual los fenómenos son una manifestación. 2 TEOL. Supuesto o persona con referencia pralte. a las tres Personas de la Santísima Trinidad.
hipostasis (*hipo-* II + gr. *stasis,* detención) ***f.*** PAT. Acumulación de sangre en las partes declives debida a una deficiente circulación. ◇ Pl.: *hipostasis.*
hipostáticamente ***adv. m.*** TEOL. De modo hipostático.
hipostático, -ca ***adj.*** FIL. y TEOL. Relativo a la hipóstasis. Díc. comúnmente de la unión de la naturaleza humana y la divina en la persona de Jesucristo.
hipostenia (*hipo-* II + *-stenia*) ***f.*** MED. Pérdida de fuerzas.
CONTR. **Hiperestenia.**
hipostesia (*hipo-* II + *-stesia*) ***f.*** MED. Disminución de la sensibilidad general, en especial la sensibilidad táctil.
CONTR. **Hiperestesia.**
hipóstilo, -la (gr. *hypostylos* < *hipo-* II + *stylos,* columna) ***adj.*** Sostenido por columnas. -2 ***f.*** Sala del templo egipcio, con cubierta plana sostenida por numerosas columnas.
hipostómato, -ta (*hipo-* II + gr. *stoma,* boca) ***adj.*** ZOOL. Que tiene la boca situada debajo de la cabeza; como los tiburones.
hiposulfato (*hipo-* II + *sulfato*) ***m.*** QUÍM. Sal resultante de la combinación del ácido hiposulfúrico con una base.
hiposulfito (*hipo-* II + *sulfito*) ***m.*** QUÍM. Sal resultante de la combinación del ácido sulfuroso con una base.
hiposulfúrico (*hipo-* II + *sulfúrico*) ***adj.*** [ácido inestable] Formado por azufre y oxígeno.
hiposulfuroso (*hipo-* II + *sulfuroso*) ***adj.*** QUÍM. [ácido] Que se obtiene por la combinación del azufre con el oxígeno, y que es el menos oxigenado de todos.
hipotálamo (*hipo-* II + *tálamo*) ***m.*** ANAT. Región del encéfalo situada en la base cerebral, unida a la hipófisis, y en la que residen centros importantes de la vida vegetativa.
hipotaxis (gr. *hypotaxis* < *hipo-* II + *taxis,* orden) ***f.*** GRAM. Subordinación de oraciones.
REL. **Parataxis,** es la coordinación de oraciones; adj. **hipotáctico** (=subordinado).
hipoteca (gr. *hypothéke,* prenda, propiam. fundamento) ***f.*** Finca con que se garantiza el pago de un crédito. 2 DER. Derecho real que recae sobre bienes inmuebles que permanecen en la posesión de su dueño, y que garantiza el cumplimiento de una obligación.
SIN. v. **Garantía.**
hipotecable ***adj.*** Que se puede hipotecar.
hipotecar ***tr.*** DER. Gravar [bienes inmuebles] con hipoteca. 2 fig. Arriesgar, poner en peligro. ◇ ** CONJUG. [1] como ***sacar.***
SIN. *1* v. **Empeñar.**
hipotecario, -ria ***adj.*** Relativo a la hipoteca: *ley hipotecaria.* 2 Que se asegura con hipoteca: *crédito ~.*
hipotecnia (*hipo-* I + *-tecnia*) ***f.*** Ciencia que trata de la crianza y educación del caballo.
hipotensión (*hipo-* II + *tensión*) ***f.*** MED. Tensión excesivamente baja de la sangre en el aparato circulatorio.
SIN. **Hipotonía.** CONTR. **Hipertensión.**

hipotenso, -sa *adj.-s.* Que tiene hipotensión.
hipotensor *m.* Medicamento que provoca una disminución de la tensión arterial.
hipotenusa (l. *hypotenusa,* gr. *hypotéinusa,* der. del gr. *hypotéino,* tender una cuerda) *f.* Lado opuesto al ángulo recto en un triángulo rectángulo.
hipotermia (*hipo-* II + *-termia*) *f.* MED. Estado habitual o episódico de descenso de la temperatura del cuerpo por debajo de los límites normales.
CONTR. **Hipertermia.**
hipotérmico, -ca *adj.-s.* Perteneciente o relativo a la hipotermia.
hipótesis (l.-gr. *hypothesis,* suposición, propiam. lo que se pone a la base de algo) *f.* Suposición imaginada, sin pruebas o con pruebas insuficientes, para deducir de ella ciertas conclusiones que están de acuerdo con los hechos reales. 2 ~ ***de trabajo,*** la que se formula, no con el fin de elaborar una teoría, sino para servir de guía en una investigación científica. 3 GRAM. Oración subordinada en las oraciones condicionales. ◇ Pl.: *hipótesis.*
SIN. *1* v. **Suposición.**
hipotéticamente *adv. m.* De manera hipotética.
hipotético, -ca *adj.* Relativo a la hipótesis o que se funda en ella.
hipotiposis (gr. *hypotiposis*) *f.* RET. Descripción viva y colorida de una persona o cosa. ◇ Pl.: *hipotiposis.*
hipotiroidismo (*hipo-* II + *tiroides*) *m.* PAT. Disminución de la secreción de la glándula tiroides.
CONTR. **Hipertiroidismo.**
hipotonía (*hipo-* II + gr. *tonos,* tensión) *f.* MED. Disminución del tono muscular, o de la tonicidad de un órgano. 2 MED. Hipotensión. 3 Estado de las soluciones líquidas cuya presión osmótica es inferior a la del plasma sanguíneo.
CONTR. **Hipertonía.**
hipotónico, -ca (*hipo-* II + *tónico*) *adj.* QUÍM. [solución] Que, comparada con otra, tiene menor presión osmótica e igual temperatura.
CONTR. **Hipertónico.**
hipotrofia (*hipo-* II + *-trofia*) *f.* MED. Atrofia.
CONTR. **Hipertrofia.**
hipoventilación (*hipo-* II + *ventilación*) *f.* MED. Disminución de la ventilación pulmonar que puede entrañar un aumento del gas carbónico y una disminución del oxígeno.
CONTR. **Hiperventilación.**
hipovitaminosis (*hipo-* II + *vitamina* + *-osis*) *f.* MED. Avitaminosis. ◇ Pl.: *hipovitaminosis.*
CONTR. **Hipervitaminosis.**
hipovolemia (*hipo-* II + *volemia*) *f.* MED. Disminución del volumen de la sangre circulante en el cuerpo.
CONTR. **Hipervolemia.**
hipoxia (*hipo-* + gr. *oxús,* ácido, oxígeno) *f.* MED. Estado que presenta un organismo viviente sometido a un régimen respiratorio con déficit de oxígeno.
CONTR. **Hiperoxia.**
hippie (voz tomada del inglés) *adj.-m.* Perteneciente o relativo al movimiento contracultural juvenil de carácter pacifista de los años sesenta, que propugnaba la vida en comunas, la vuelta a la naturaleza y el gusto por la música pop, entre otras muchas actitudes. -2 *com.* Miembro de dicho movimiento. ◇ Se pronuncia *jipi.* ◇ También *hippy.*
hippy *adj.-s.* Hippie.
hipso-, -hipso, -hipsa (gr. *hypsos,* altura) Elemento prefijal y sufijal que entra en la formación de palabras con el significado de altura.
hipsofilo *m.* BOT. Bráctea.
hipsofobia (*hipso-* + *-fobia*) *f.* Acrofobia.
hipsografía (*hipso-* + *-grafía*) *f.* Descripción del relieve.
hipsometría *f.* Altimetría.
hipsométrico, -ca *adj.* Relativo a la hipsometría.
hipsómetro (*hipso-* + *-metro*) *m.* Termómetro para medir la altura de un lugar, observando la temperatura a que allí empieza a hervir el agua.
hipural *adj.* ZOOL. Que está situado debajo de la cola.
hipúrico, -ca *adj.* [ácido nitrogenado] Que se encuentra en la orina de los animales herbívoros.
hipuridáceo, -a *adj.-f.* Planta mirtal, acuática, con las hojas lineares y las flores solitarias. -2 *f. pl.* Familia de estas plantas.
hiracoideo *adj.-m.* Mamífero del orden de los hiracoideos. -2 *m. pl.* Orden de mamíferos placentarios de pequeño tamaño y aspecto similar al de los roedores, que poseen cuatro dedos en las extremidades anteriores y tres en las posteriores, todos dotados de fuertes uñas; como el damán.
hircano, -na *adj.-s.* De Hircania, reg. del Asia antigua.
hirco (l. *hircu,* macho cabrío) *m.* Cabra montés.
hircocervo *m.* Animal fabuloso, compuesto de macho cabrío y ciervo. 2 fig. *y* lit. Quimera (creación imaginaria).
hiriente *adj.* Que hiere.
hirma (l. *fimbria,* orilla) *f.* Orillo.
hirmar (l. *firmare*) *tr.* Afirmar (poner firme).
hirsutismo *m.* MED. Brote anormal de vello recio en lugares de la piel gralte. lampiños. Es más frecuente en la mujer.
hirsuto, -ta (l. *-tu*) *adj.* [pelo] Áspero y duro; que está cubierto de pelo de esta clase o de púas o espinas. 2 fig. [pers.] De carácter áspero.
SIN. *1* **Erizado, híspido.**
hirudíneo *adj.-m.* Gusano de la clase de los hirudíneos. 2 *m. pl.* Clase de gusanos anélidos desprovistos de quetas pero dotados de ventosas, una en posición anterior y otra posterior; existen formas depredadoras y otras parásitas hematófagas; como la sanguijuela.
hirundinaria (l. *hirundo,* golondrina) *f.* Celidonia. 2 Vencetósigo.
hirvición *f. Ecuad.* Abundancia, hervidero.
hirviente *adj.* Que hierve.
hisca (l. *visca,* pl. de *viscum*) *f.* Liga (materia viscosa).
hiscal (l. *fiscus*) *m.* Cuerda de esparto de tres ramales. 2 *Sal.* Montón de haces que se forma en la era según los van descargando de los carros.
hiso (l. *fissu,* hendedura) *m. Sant.* Mojón.
hisopada *f.* Rociada echada con el hisopo.
hisopar *tr.* Hisopear.
hisopazo *m.* Hisopada. 2 Golpe dado con el hisopo.
hisopear *tr.* Rociar o echar agua [sobre alguna cosa con el hisopo].
SIN. **Asperjear.**
hisopillo *m.* Muñequilla de trapo que, empapada en un líquido, sirve para humedecer la garganta de los enfermos. 2 Ajedrea.
hisopo (l. *hyssopu,* gr. *hyssopos,* de origen semítico) *m.* Mata labiada muy olorosa, que se ha empleado en medicina, perfumería y en la elaboración de ciertos licores *(Hissopus officinalis).* 2 Aspersorio para el agua bendita. 3 *And.* y *Amér.* Brocha, brochón, escobón para diferentes usos.
SIN. *2* **Asperges.**
hispalense (l. *Hispalis,* Sevilla) *adj.-s.* Sevillano.
hispánico, -ca (l. *hispanicu*) *adj.* Español. 2 Relativo a los pueblos de origen español.
hispanidad *f.* Calidad de genuinamente español. 2 Conjunto de pueblos de lengua y cultura hispánica.
hispanismo *m.* Empleo, en otro idioma, de los giros propios de la lengua española. 2 Afición propia del hispanófilo. 3 Afición al estudio de lenguas, literaturas o cultura hispánicas.
hispanista *com.* Persona que se consagra a los estudios históricos y literarios hispánicos.
hispanizar *tr.* Españolizar. ◇ ** CONJUG. [4] como ***realizar.***
hispano, -na (l. *-nu*) *adj.-s.* Español. 2 Habitante de los Estados Unidos de América, de habla española.
hispano- (de *hispano*) Elemento prefijal que entra en la formación de palabras con el significado de español, hispano: *hispanófilo.*
hispanoamericanismo *m.* Doctrina que tiende a la unión espiritual de todos los pueblos hispanoamericanos.
hispanoamericano, -na (*hispano-* + *americano*) *adj.-s.* De la América española. -2 *adj.* Relativo a España y América: *las relaciones hispanoamericanas.*
hispanoárabe (*hispano-* + *árabe*) *adj.* Relativo al período de la dominación árabe en España.
hispanofilia (*hispano-* + *-filia I*) *f.* Simpatía por lo español.
hispanófilo, -la (*hispano-* + *-filo I*) *adj.-s.* Extranjero aficionado al estudio de la lengua, cultura e historia de España. 2 Amigo de España, en general.
hispanofobia (*hispano-* + *-fobia*) *f.* Desafecto hacia España y los españoles.
hispanófobo, -ba (*hispano-* + *-fobo*) *adj.-s.* Que siente desafecto por España y los españoles.
hispanófono, -na (*hispano-* + *-fono*) *adj.-s.* Hispanohablante.

hispanohablante (*hispano-* + *hablante*) *adj.-s.* Persona que tiene como lengua materna el español. 2 [país, región] De lengua española.

hispanojudío, -a *adj.-s.* Judeoespañol.

hispanomusulmán, -mana *adj.* Hispanoárabe.

híspido, -da (l. *hispidu*) *adj.* De pelo áspero; hirsuto, erizado.

hispir *tr.-intr.-prnl.* Esponjar, ahuecar [los colchones].

histamina *f.* Excitante de la fibra muscular lisa, que provoca descenso de la tensión arterial y activa la secreción.

histamínico, -ca *adj.* Perteneciente o relativo a la histamina.

hister-, v. histero-.

histeralgia (*hister-* + *-algia*) *f.* FAT. Dolor neurálgico en el útero.

SIN. **Metralgia.**

histerectomía (*hister-* + *-ectomía*) *f.* CIR. Operación de extirpar total o parcialmente el útero por vía abdominal o vaginal.

SIN. **Metrectomía.**

histéresis *f.* FÍS. Retraso del efecto debido a la inercia de la materia cuando varía la intensidad de la causa que actúa sobre ella. ◇ Pl.: *histéresis.*

histeria *f.* Histerismo.

histérico, -ca (l. *hystericus;* gr. *hysterikós* < *hystera,* matriz) *adj.* Relativo al útero. 2 Relativo al histerismo. 3 Que padece histerismo.

histerismo *m.* Estado patológico en que la estabilidad emocional y refleja es exagerada, y se caracteriza por convulsiones, parálisis, sofocaciones, etc.

SIN. **Mal de madre.**

histero-, hister- (gr. *hystera,* matriz, útero) Elemento prefijal que entra en la formación de palabras con el significado de útero, matriz: *histerotomía, histerectomía.*

histerografía (*histero-* + *-grafía*) *f.* Radiografía del útero.

histerología (l. gr. *hysterología*) *f.* RET. Figura que consiste en trastornar el orden lógico de las ideas.

histeroma (*hister-* + *-oma*) *f.* MED. Tumor en el útero.

histerómetro (*histero-* + *-metro*) *m.* MED. Instrumento que permite medir la longitud y dimensiones del útero.

histeropexia (*histero-* + gr. *pexis,* fijación) *f.* MED. Fijación quirúrgica del útero a los tejidos vecinos destinada a corregir una desviación anormal del órgano.

histerotomía (*histero-* + *-tomía*) *f.* CIR. Cesárea.

histiocito (gr. *histós,* tejido + *-cito* I) *m.* Célula propia del tejido conectivo dotada de movimientos ameboides y con gran capacidad fagocitaria.

histo- (gr. *histós,* tejido) Elemento prefijal que entra en la formación de palabras con el significado de tejido.

histocompatibilidad (*histo-* + *compatibilidad*) *f.* MED. Semejanza entre los caracteres antigénicos de los tejidos de un donante y los de un receptor de un injerto o trasplante, necesaria para el éxito del procedimiento.

histodiagnosis (*histo-* + *diagnosis*) *f.* MED. Diagnóstico por medio del examen microscópico de los tejidos.

histogénesis (*histo-* + *-génesis*) *f.* Proceso del período embrionario en que se generan los tejidos. 2 Parte de la embriología que estudia los procesos de desarrollo de las células germinales. ◇ Pl.: *histogénesis.*

histograma (*histo-* + *-grama*) *m.* Gráfico utilizado en la representación de distribuciones de frecuencias.

histólisis (*histo-* + *-lisis*) *f.* Aniquilación de los tejidos vivos. ◇ Pl.: *histólisis.*

histología (*histo-* + *-logía*) *f.* Ciencia que estudia la estructura de los tejidos animales y vegetales.

REL. v. **Célula** y **Tejido.**

histológico, -ca *adj.* Relativo a la histología.

histólogo, -ga (*histo-* + *-logo*) *m. f.* Persona que se dedica a la histología.

histona *f.* Albuminoide de carácter básico que contiene azufre y tirosina.

histopatología (*histo-* + *patología*) *f.* MED. Estudio histológico de los tejidos enfermos.

histoplasmosis (de *histoplasma,* género del hongo responsable + *-osis*) *f.* MED. Infección interna debida a unos hongos microscópicos del género *histoplasma* cuyas esporas inhaladas con el aire se desarrollan en el interior de las células, especiamente del tejido conjuntivo. ◇ Pl.: *histoplasmosis.*

histoquimia (*histo-* + *quimia*) *f.* Estudio de los reactivos y colorantes que se emplean en histología.

histoquímica *f.* Histoquimia.

historia (l.-gr. *historia*) *f.* Exposición sistemática de los acontecimientos dignos de memoria, ya sean los públicos y políticos relativos a los pueblos, ya los que afectan a sus instituciones, ciencias, artes o a cualquiera de sus actividades: *~ universal; ~ de España; ~ de la Iglesia, de la química, de la música, de la cultura.* 2 Obra histórica compuesta por un escritor: *la ~ de Tito Livio.* 3 Acontecimientos que constituyen la materia de la historia: *es muy entendido en la ~.* 4 Narración verídica de acontecimientos de carácter privado relativos a personas o cosas: *cuéntame tu ~; he aquí la ~ de este negocio.* 5 fig. Narración inventada: *~ de Aladino.* 6 Chisme, enredo: *no me vengas con historias.* 7 PINT. Representación de asunto histórico o fabuloso. 8 *~* ***natural,*** conjunto de las ciencias que estudian los seres de la naturaleza: animales, vegetales y minerales.

historiable *adj.* Que se puede historiar.

historiado, -da *adj.* fig. Recargado de adornos o colores mal combinados.

historiador, -ra *m. f.* Persona que escribe historia. ◇ También *historiógrafo.*

historial *adj.* Histórico (de la historia). -2 *m.* Reseña circunstanciada de los antecedentes de un negocio, o de los servicios o la carrera de un funcionario.

historiar *tr.* Contar o escribir la historia [de alguna persona o de algún hecho]. 2 Circunstanciar [un suceso o un paso de la vida de alguien]. 3 PINT. Representar [un suceso histórico o fabuloso]. 4 *Amér.* fam. Complicar, confundir, enmarañar. ◇ ** CONJUG. [13] como ***desviar.***

históricamente *adv. m.* De un modo histórico.

historicidad *f.* Veracidad histórica.

historicismo *m.* Tendencia intelectual a reducir la realidad humana a su historicidad o condición histórica.

historicista *adj.* Relativo al historicismo. -2 *adj.-com.* Partidario de él.

histórico, -ca (gr. *historikós*) *adj.* Relativo a la historia. 2 Averiguado, cierto. 3 Digno, por la trascendencia que se le atribuye, de figurar en la historia.

historieta (fr. *historiette*) *f.* Relación breve, cuento, anécdota. 2 Serie o secuencia de viñetas o representaciones gráficas de finalidad narrativa.

historiografía (de *historiógrafo*) *f.* Arte de escribir la historia. 2 Conjunto de libros que tratan de historia: *~ musulmana.*

historiográfico, -ca *adj.* Relativo a la historiografía.

historiógrafo, -fa (l.-gr. *historiagraphos* < *historia* + *-grafo*) *m. f.* Historiador. 2 Cronista.

historiología (de *historia* + *-logía*) *f.* Teoría de la historia, esp. la que estudia la estructura, leyes o condiciones de la realidad histórica.

historismo *m.* Historicismo.

histoterapia (*histo-* + *-terapia*) *f.* MED. Tratamiento de ciertas enfermedades bajo forma de inyecciones o injertos de tejidos, especialmente de placenta, destinadas a estimular la actividad celular del organismo.

histrión (l. *histrione*) *m.* El que representaba disfrazado en la comedia o tragedia antigua. 2 Actor teatral. 3 desp. El que tiende a conducirse de una manera teatral.

SIN. v. **Actor.**

histriónico, -ca *adj.* Relativo a los histriones o propio de ellos.

histrionisa *f.* Mujer que representaba o bailaba en el teatro.

histrionismo *m.* Oficio de histrión. 2 Conjunto de personas dedicadas a este oficio. 3 desp. Aparatosidad, teatralidad en los gestos, lenguaje, etc.

hita (l. *ficta* < *figere,* clavar) *f.* Clavo pequeño sin cabeza. 2 Hito (poste o señal). 3 *La Mancha.* Piedra de gran tamaño que al arar queda al descubierto. 4 *Extr.* Remiendo en la suela rota del calzado.

hitación *f.* Acción de hitar. 2 Efecto de hitar.

hitamente *adv. m.* Atentamente, fijamente.

hitar *tr.* Amojonar, poner hitos.

hitita (hebr. *hittim*) *adj.-s.* De un pueblo o grupo de pueblos de origen indeterminado, que en el segundo milenio a. C. conquistó Asia Menor y Siria. -2 *adj.-m.* Lengua del tronco indoeuropeo hablada antiguamente por los hititas.

hitleriano *adj.* Relativo al gobierno de Hitler (1889-1945). -2 *adj.-s.* Partidario de las ideas de este político.

hitlerismo *m.* Doctrina política basada en Adolph Hitler (1889-1945). 2 Conjunto de partidos que se inspiran en dicha doctrina.

I) hito, -ta (l. *fictu* < *figere,* clavar) *adj.* desus. Fijo, firme. 2 desus. Unido, inmediato. Sólo tiene uso en la locución *calle,*

o *casa hita*. -3 *m.* Poste de piedra u otra señal clavada en el suelo, que señala el límite de una propiedad, término, etc.; de una distancia itineraria, los kilómetros de una carretera, etc. 4 Juego que consiste en tirar herrones o tejos a un clavo fijado en tierra. 5 fig. Punto a que se dirige la puntería para acertar el tiro. 6 fig. Hecho que por su importancia marca pautas en la vida de alguien o en el desarrollo de algo. 7 fig. ***Dar en el ~***, acertar con la dificultad. 8 ***Mirar de ~ en ~***, fijar estrechamente la mirada. 9 ***Mudar de ~***, variar los medios para la consecución de una cosa.
SIN. *3* **Coto, mojón, muga, muñeca, pilón, señal, término.**
II) hito, -ta *adj.* [caballo] Negro sin mezcla de otro color.
hitón (l. *fictu*) *m.* Clavo grande, cuadrado y sin cabeza. 2 *Sant.* Lleta. 3 *La Mancha.* Clavija con que se sujeta a la mediana o barzón el timón del arado.
hitonear *intr. Sant.* Brotar la lleta.
Ho, símbolo químico del *holmio*.
hoatzín *m.* Ave galliforme de América tropical, cuyas crías al nacer tienen garras en los alones, de las que se valen para trepar por las ramas de los árboles *(Ophistocomus hoazin)*.
hobachón, -na *adj.* Grueso y perezoso.
hobachonería *f.* Pereza, desidia, holgazanería.
hobby (voz inglesa) *m.* Distracción predilecta, pasatiempo favorito. ◇ Se pronuncia *jobi*.
hobo (voz caribe) *m.* Jobo.
hocejo *m. Ál.* y *Sant.* Hocino, rozón.
hocicada *f.* Golpe dado en el hocico o de hocicos.
hocicar *tr.* Hozar. -2 *intr.* Dar con los hocicos en alguna parte: *~ con, contra* o *en, alguna cosa.* 3 fig. Tropezar con un obstáculo o dificultad insuperable. 4 desp. Besuquear. 5 Hundir o calar la proa (también *amorrar*). ◇ ** CONJUG. [1] como ***sacar.***
hocico (l. *fauce,* fauces) *m.* Parte de la cabeza de algunos animales, en que están la boca y las narices. 2 Boca de una persona de labios abultados. 3 desp. Cara (parte de la cabeza): ***dar de hocicos,*** dar con la cara en alguna parte. 4 Gesto de enojo o desagrado: *poner ~*.
hocicón, -cona *adj.* [pers.] Que tiene jeta (boca saliente). 2 [animal] De mucho hocico. 3 *Logr.* Goloso, laminero. 4 *Guat., Perú* y *P. Rico.* vulg. [pers.] Que muestra en el semblante mal humor o disgusto.
SIN. **Bezudo, morrudo, picudo.**
hocicudo, -da *adj.* Hocicón.
I) hocino (de *hoz* I) *m.* Especie de hoz para cortar leña o para transplantar.
SIN. **Honcejo.**
II) hocino (de *hoz* II) *m.* Terreno que dejan las quebradas de las montañas cerca de los ríos. 2 Angostura de un río entre dos montañas.
hociquear *tr.-intr.* Hocicar.
hociquera *f. Cuba* y *Perú.* Bozal de los animales.
hockey (ing.) *m.* Juego entre dos equipos que consiste en tratar de introducir la bola en la portería contraria, impulsándola con un stick: *~* ***sobre hierba,*** el que se practica sobre un campo de juego con hierba por equipos formados por once jugadores cada uno; *~* ***sobre patines,*** el que se practica sobre un campo de juego duro y en el que los jugadores, cinco por cada equipo, llevan patines; *~* ***sobre hielo,*** el que se practica sobre un campo de juego de hielo, y en el que los jugadores, seis por cada equipo, llevan patines de hielo e impulsan un puck. ◇ Se pronuncia *joquei*.
I) hoco *m. Bol.* Calabacín.
II) hoco *m.* Ave galliforme americana de 1 m. de longitud, con un característico penacho de plumas en la cabeza; los machos son negros, y las hembras castañas con la cabeza blanca *(Crax rubra)*.
hodierno, -na (l. *hodiernu*) *adj.* Relativo al día de hoy o al tiempo presente.
hodómetro *m.* Odómetro.
hogañazo *adv. t.* fam. Hogaño.
hogaño (l. *hoc anno,* este año) *adv. t.* En este año, y por extensión, en esta época, en oposición a *antaño*. ◇ También *ogaño*.
hogar (l. *focare*) *m.* Sitio donde se enciende lumbre: *~ de la cocina, de la chimenea, de la máquina de vapor.* 2 Hoguera. 3 fig. Casa o domicilio. 4 fig. Vida de familia.
SIN. *2* **Fuego, humo:** *en esta aldea hay ochenta fuegos* o *humos;* **lar,** lit.
hogareño, -ña *adj.* Amante del hogar y de la vida de familia.
hogaza (l. *focacia,* cocida al fuego) *f.* Pan grande. 2 Pan hecho con salvado o harina mal cernida.
hogo *m. Colomb.* vulg. Ahogo (salsa).
hoguera (l. **focaria < focu,* como *hogar*) *f.* Porción de materias combustibles que arden con llama.
SIN. **Candelada,** p. us.; en las máquinas **hogar,** tanto si arden con llama como sin ella.
hogueril *m. Áv.* Hogar, fogón.
hoguero *m. Sant.* Hormiguero (montoncito de hierbas).
hoja (l. *folia,* hojas) *f.* BOT. Órgano laminar, gralte. verde, que nace de la cubierta externa del tallo y las ramas de los vegetales; POR SU INSERCIÓN, la hoja puede ser: ***envainadora,*** la que tiene vaina; ***ligulada,*** la que tiene lígula; ***estipulada,*** la que tiene estípulas; ***peciolada,*** la que tiene pecíolo; ***perfoliada*** o ***abrazadora,*** según que la base de su limbo rodee todo o una parte del tallo; ***peltada,*** la que tiene el pecíolo inserto en su centro; ***sentada,*** la que carece de piececillo; POR SU BORDE, puede ser: ***entera,*** la de borde continuo; ***dentada,*** aquella cuyo borde forma ángulos salientes agudos y entrantes redondeados; ***aserrada,*** si todos estos ángulos son agudos; ***denticulada,*** la de dientes muy finos; ***festoneada,*** la de borde en forma de festón; ***espinosa,*** la de dientes terminados en espina; ***lobulada,*** la dividida en lóbulos; ***partida,*** la dividida por hendiduras que llegan hasta la mitad de la distancia entre el borde de la lámina y el nervio medio, pero sin alcanzar éste; POR SUS NERVIOS, puede ser: ***uninervia,*** la de un solo nervio; ***rectinervia,*** la de nervios rectos y sensiblemente paralelos; ***penninervia,*** aquella en que los nervios secundarios salen de los lados del principal; ***palminervia,*** aquella en que los nervios irradian al salir del pecíolo; POR SU FORMA, puede ser: *acuminada, acicular, alesnada, linear, lanceolada, sagitada, oblonga, oval, acorazonada, arriñonada,* y *pertusa,* la que presenta agujeros en el limbo; cuando consta de un solo limbo se llama *simple*. Cuando el pecíolo se ramifica antes de internarse en el limbo, la hoja se llama *compuesta*. Ésta puede ser: ***palmeada*** o ***palmadocompuesta,*** aquella en que los folíolos se insertan en el extremo de un pecíolo común; ***atrebolada,*** la que sólo tiene tres folíolos; ***pinnaticompuesta,*** aquella en que los folíolos se insertan a ambos lados del pecíolo; ***imparipinnada,*** la pinnaticompuesta en que el pecíolo termina en folíolo; ***paripinnada,*** aquella en que se da el caso contrario; ***bipinnada,*** aquella en que el pecíolo soporta peciolillos, a su vez ramificados; ***tripinnada,*** aquella en que los peciolillos soportan otros de tercer orden. 2 Pétalo. 3 Lámina delgada de cualquier material: *~* ***de papel,*** esp. la de un libro; *~* ***de metal,*** esp., la cuchilla de ciertas armas o herramientas; *~ de afeitar;* ***batir ~***, labrar un metal reduciéndolo a hojas; ***tener ~***, quedar resquebrajado el metal de una moneda, en perjuicio de la pureza de su sonido. 4 fig. Espada. 5 *~* ***de tocino,*** porción de tocino plana y larga. 6 Parte de una puerta, ventana, etc., que puede abrirse y cerrarse. 7 Porción de una tierra labrantía o dehesa que se siembra o pasta un año y se deja descansar otro. 8 *~* ***de ruta,*** documento en que constan las mercancías que contienen los bultos cargados en un tren, camión u otro medio de transporte, sus puntos de destino, etc. 9 *~* ***de servicios,*** documento en que constan los antecedentes personales y profesionales de un funcionario público. 10 *~* ***electrónica,*** programa informático que sirve para calcular y visualizar tablas con cifras. 11 *~* ***de parra,*** fig., aquello con que se procura encubrir o cohonestar alguna acción censurable o vergonzosa.
REL. *1* La mayor parte de los tecn. derivan del l. *foliu* (*foliáceo, folículo*); unos pocos proceden del gr. *phylon* (*fiocladio, filodio*). SIN. *3* **Folio,** de papel, en un libro o manuscrito.
hojalata (de *hoja de lata*) *f.* Lámina de acero o hierro, estañada por ambas caras.
SIN. **Lata** u **hoja de lata.** REL. **Lata,** envase de hojalata.
hojalatería *f.* Establecimiento donde se hacen o venden piezas de hojalata.
hojalatero *m.* El que tiene por oficio hacer o vender piezas de hojalata. ◇ HOMÓF.: *ojalatero.*
hojalda *f. Amér.* Hojaldre.
hojalde *m.* Hojaldre.
hojaldra *f.* Hojaldre.
hojaldrado, -da *adj.* Semejante al hojaldre. 2 Hecho de hojaldre.
hojaldrar *tr.* Dar [a la masa] forma de hojaldre.
hojaldre (l. *foliatile*) *amb.* Masa amasada con manteca que, cocida al horno, hace hojas delgadas superpuestas. ◇ En la actualidad predomina el uso masculino.
hojaldrero, -ra *m. f.* Persona que hace hojaldres.
hojaldrilla *f.* Pasta de hojaldre muy fina.
hojaldrista *com.* Hojaldrero.

hojaranzo ***m.*** Ojaranzo. 2 Adelfa.
hojarasca ***f.*** Conjunto de hojas caídas de los árboles. 2 Frondosidad excesiva e inútil de algunos árboles. 3 fig. Cosa inútil: *tus promesas son ~.*
hojear ***tr.*** Pasar ligeramente las hojas [de un libro] o leer por encima algunos pasajes [de él]. -2 ***intr.*** Tener hojas un metal. 3 Moverse las hojas de los árboles. 4 *Amér.* Echar hojas los árboles. ◇ HOMÓF.: *ojear.*
SIN. **Trashojar.**
hojilla ***f.*** *R. de la Plata.* p. ant. La hoja de papel con que se lía el tabaco del cigarrillo.
hojoso, -sa ***adj.*** Que tiene muchas hojas. 2 De estructura en forma de hojas o láminas. ◇ HOMÓF.: *ojoso* (adj.).
hojudo, -da ***adj.*** Hojoso.
hojuela (dim. de *hoja*) ***f.*** Fruta de sartén, extendida y delgada. 2 Hollejo o cascarilla que queda de la aceituna molida. 3 BOT. Hoja que forma parte de otra compuesta. 4 BOT. Hoja pequeña. 5 *Cuba* y *Guat.* Hojaldre.
¡hola! (voz descriptiva) Interjección con que se denota extrañeza o se saluda de modo familiar. 2 *Amér.* ¡Diga!, especialmente al responder por teléfono. ◇ HOMÓF.: *ola.* ◇ Ant. se usaba para llamar a un inferior y para reprender.
holán ***m.*** Holanda. 2 *Méj.* Faralá, volante del vestido.
holancina ***f.*** *Cuba.* Tela de algodón ligera y transparente, usada para vestidos de mujer.
holanda ***f.*** Lienzo muy fino. 2 Aguardiente obtenido por destilación directa de vinos puros y sanos.
holandés, -desa ***adj.-s.*** De Holanda, nación de Europa. -2 ***adj.-m.*** Neerlandés (lengua). -3 ***adj.-f.*** ***A la holandesa,*** encuadernación en que las tapas están forradas de papel, y de piel o tela el lomo y las puntas. -4 ***f.*** Hoja de papel de escritor, de tamaño menor que el folio. 5 Salsa a base de manteca y yema de huevo, sazonado con sal, limón y un poco de cayena.
SIN. *1* **Neerlandés.**
holandeta, holandilla ***f.*** Lienzo usado para forros.
SIN. **Mitán.**
holco ***m.*** Heno blanco.
holding (voz inglesa) ***m.*** Forma de organización de empresas, según la cual una compañía financiera se hace con la mayoría de las acciones de otras empresas, y éstas reciben a su vez acciones de la primera, siendo controladas por ella. ◇ Se pronuncia *joldin.*
holear ***intr.*** Usar repetidamente la interj. ¡hola!
holgachón, -chona (de *holgar*) ***adj.*** fam. Acostumbrado a pasarlo bien trabajando poco.
holgadamente ***adv. m.*** Con holgura.
holgadero ***m.*** Sitio donde regularmente se junta la gente para holgar.
holgado, -da ***adj.*** Desocupado, ocioso. 2 Ancho: *vestido ~.* 3 fig. Que, sin ser rico, vive con bienestar.
holganza ***f.*** Descanso, quietud. 2 Ociosidad. 3 Placer, regocijo.
holgar (l. *follicare* < *follis,* fuelle) ***intr.*** Descansar, tomar aliento después de una fatiga. 2 Estar ocioso, no trabajar; p. ext., se aplica a las cosas inanimadas. -3 ***intr.-prnl.*** Alegrarse de una cosa: *~ con,* o *de, las noticias.* -4 ***prnl.*** Divertirse, entretenerse. ◇ ** CONJUG. [52] como ***colgar.***
holgazán, -zana ***adj.-s.*** Persona vagabunda y ociosa.
SIN. **Perezoso, poltrón, gandul, maltrabaja, pamposado, galbanero, harón** (p. us.); **haragán, vago, tumbón**; exprs. atenuadas: **Indolente, negligente, remiso, remolón.**
holgazanear ***intr.*** Estar voluntariamente ocioso.
holgazanería ***f.*** Aversión al trabajo.
SIN. v. **Pereza.**
holgón, -gona ***adj.-s.*** Amigo de holgar y divertirse.
holgorio (de *holgar*) ***m.*** Regocijo, fiesta bulliciosa. ◇ Suele aspirarse la *h.* ◇ Se escribe también *jolgorio.*
holgueta ***f.*** fam. Holgura (regocijo).
holgura ***f.*** Regocijo, diversión. 2 Anchura. 3 Desahogo, bienestar. 4 Espacio vacío que queda entre dos piezas que han de encajar.
holladero, -ra ***adj.*** [parte de camino] Por donde ordinariamente se transita.
holladura ***f.*** Acción de hollar. 2 Huella.
hollar (l. v. *fullare,* abatanar) ***tr.*** Pisar [algo] con los pies: *~ el suelo con la planta.* 2 Comprimir [algo] con los pies. 3 fig. Abatir, humillar: *no se deja ~ de nadie.* ◇ ** CONJUG. [31] como ***contar.*** ◇ HOMÓF.: *ollar* (m.).
SIN. *1* **Conculcar,** lit., p. us. en sentido material.
hollejo (l. *folliculu*) ***m.*** Pellejo de algunas frutas y legumbres: *~ de la uva.* 2 *P. Rico.* p. ant. Cubierta fibrosa de la mata de plátano.
SIN. **Película,** científ.
hollejudo, -da ***adj.*** *Chile.* Que tiene mucho hollejo, o que lo tiene duro.
hollín (l. *fuligine*) ***m.*** Substancia crasa y negra depositada por el humo: *el ~ de la chimenea.* 2 Negro de humo.
hollinar ***tr.*** *Chile.* Cubrir de hollín [algo].
holliniento, -ta ***adj.*** Que tiene hollín.
holmio ***m.*** QUÍM. Cuerpo metálico simple, del grupo de las tierras raras, de símbolo *Ho,* peso atómico 164,94 y número atómico 67. No se ha obtenido en estado libre.
holo- (gr. *hólos,* todo, entero) Elemento prefijal que entra en la formación de palabras con el significado de todo, entero.
holoáxico (*holo-* + l. *axis,* eje) ***adj.*** Cristal que sólo tiene ejes de simetría.
holobionte (*holo-* + gr. *bios,* vida) ***adj.-s.*** Organismo cuyo ciclo vital se desenvuelve por completo en un mismo ambiente.
holocausto (l. *holocaustu* < gr. *holókaustos* < *holo-* + *kaustós,* quemado, de *káio,* quemar) ***m.*** Sacrificio, esp. entre los judíos, en que se quemaba completamente la víctima. 2 fig. Sacrificio, ofrenda generosa. 3 Genocidio.
holocéfalo (*holo-* + *-céfalo*) ***adj.-m.*** Pez del orden de los holocéfalos. -2 ***m. pl.*** Orden de peces elasmobranquios; como la quimera.
holoceno (*holo-* + gr. *kainos,* nuevo) ***adj.-m.*** Período geológico superior de la era cuaternaria, y terreno a él correspondiente. 2 ***adj.*** Perteneciente o relativo a dicho período.
holocenosis ***f.*** Ecosistema. ◇ Pl.: *holocenosis.*
holocristalino, -na (*holo-* + *cristalino*) ***adj.*** [textura de una roca] Que está cristalizada y que, además, tiene todos los cristales bien desarrollados y, aproximadamente, del mismo tamaño.
holodonto, -ta (*holo-* + *-donto*) ***adj.*** [animal] Que presenta completa la dentición característica del grupo taxonómico al que pertenece.
holoédrico, -ca ***adj.*** [cristal] Que tiene todos los elementos de simetría requeridos por su sistema.
REL. **Hemiédrico,** el que sólo tiene la mitad de estos elementos.
holoedro (*holo-* + *-edro*) ***m.*** MINERAL. Cristal que tiene el máximo número posible de caras de una notación dada.
hologamia (*holo-* + *-gamia*) ***f.*** Tipo de reproducción sexual entre individuos completos que actúan como gametos.
holografía (*holo-* + *-grafía*) ***f.*** Proceso fotográfico que, mediante el empleo de las posibilidades físicas del rayo láser, consigue la reproducción espacial, y aparentemente tridimensional, de objetos.
holografiar ***tr.*** Realizar hologramas. ◇ ** CONJUG. [13] como ***desviar.***
holográfico, -ca ***adj.*** Perteneciente o relativo a la holografía.
hológrafo, -fa (l. *holographus* < gr. *holographos* < *holo-* + *-grafo*) ***adj.-m.*** DER. Ológrafo.
holograma (*holo-* + *-grama*) ***m.*** Imagen reproducida por medio de la holografía.
holometábolo, -la (*holo-* + gr. *metabole,* cambio) ***adj.*** ZOOL. [insecto] Que tiene metamorfosis completa, con un estadio pupal; como las mariposas, las abejas y los escarabajos.
holómetro (*holo-* + *-metro*) ***m.*** Instrumento que sirve para tomar la altura angular de un punto sobre el horizonte.
holomorfosis (*holo-* + *-morfosis*) ***f.*** Capacidad para la regeneración de órganos o tejidos perdidos. ◇ Pl.: *holomorfosis.*
holoparásito, -ta (*holo-* + *parásito*) ***adj.-s.*** BOT. Parásito que no puede prescindir del patrón.
holostérico (*holo-* + gr. *stereos,* sólido) ***adj.*** Enteramente sólido. V. barómetro ~.
holotipo (*holo-* + *tipo*) ***m.*** ZOOL. Ejemplar tipo original, a partir del cual se determina la descripción de una nueva especie.
holoturia (l.-gr. *holothuria*) ***f.*** Equinodermo de la clase de los holoturoideos, de aspecto vermiforme, bentónico, y que se alimenta de restos orgánicos (gén. *Holothuria; Cumaria*).
SIN. **Cohombro de mar.**
holotúrido (de *holoturia* + *-oideo*) ***adj.*** ZOOL. Holoturioideo.
holoturioideo ***adj.-m.*** Equinodermo de la clase de los holoturioideos. -2 ***m. pl.*** Clase de equinodermos eleuterozoos desprovistos de caparazón y de forma alargada.
hombracho (aum. de *hombre*) ***m.*** Hombre grueso y fornido.
hombrada ***f.*** Acción propia de un hombre generoso o valiente.
hombradía ***f.*** Calidad de hombre. 2 Entereza, valor.
SIN. **Hombría.**

hombre (l. *homine*) ***m.*** Ser formado por un cuerpo material y un alma espiritual creada por Dios a imagen y semejanza suya. Desde el punto de vista zoológico es un animal mamífero del orden de los primates, suborden de los antropoides, que se distingue de los demás por tener pies y manos bien diferenciados, éstas con el pulgar oponible a los otros dedos, estación vertical y erguida, cara pequeña, cráneo voluminoso, gran desarrollo mental y facultad de hablar. Todos los hombres forman un solo género, *Homo*, y una sola especie, *Homo sapiens*. Individuo de la especie humana. 2 Varón (del sexo masculino): *~ y mujer.* 3 El que ha llegado a la edad viril: *cuando el niño llegue a ~*. 4 vulg. Marido. 5 El hombre considerado desde el punto de vista moral, es decir, en cuanto tiene tal o cual cualidad, condición, profesión, etc.: *~ de bien, de honor, de corazón; ~* ***de estado,*** estadista (hombre versado); *~* ***de letras,*** literato; *~* ***de mundo,*** el que tiene experiencia en el trato social; *~* ***de paja,*** el que actúa según los dictados de otro, al que no le interesa figurar en un primer plano; *~* ***de palabra,*** persona que cumple sus compromisos; *~* ***de pro*** o ***de provecho,*** el de bien o el que es sabio y útil al público. 6 *~* ***bueno,*** el que pertenecía al estado llano. 7 Juego de naipes, del que hay varias especies. 8 En ciertos juegos de naipes, el que entra o juega contra los demás. 9 DER. El mediador en los actos de conciliación. 10 *~* ***masa,*** el común de los mortales. 11 *~* ***orquesta,*** músico que toca simultáneamente varios instrumentos. 12 *~* ***rana,*** submarinista. 13 *~* ***máquina,*** el que obra como un autómata. 14 *~* ***del saco,*** personaje fabuloso con que se asusta a los niños.

REL. *1* Las voces relacionadas se forman: del adj. l. *humanus* (*humano, sobrehumano, humanidad*); del gr. *ánthropos* (*antropología, antropométrico, filántropo*). 2 En esta acep. se forman: sobre *hombre* (*hombruno, hombría, gentilhombre*); de *varón* (*varonil, varonía*) ; del l. *vir, viris* (*virilidad, triunviro*); del gr. *áner, andros* (*androide, androlatría*). SIN. *7* **Mediator.**

¡hombre! Interjección con que se denota asombro.

I) hombrear (de *hombre*) ***intr.*** Echárselas de hombre. -2 ***intr.-prnl.*** fig. Querer igualarse con otros en calidad o prendas: *hombrearse con los mayores.* 3 *Colomb.* y *Méj.* Proteger, ayudar. 4 *Méj.* Gustar de las ocupaciones u oficios de los hombres (díc. de la mujer).

II) hombrear (de *hombro*) ***intr.*** Hacer fuerza con los hombros para sostener o empujar alguna cosa.

hombrecillo ***m.*** Dim. de *hombre*. 2 Lúpulo.

hombrera ***f.*** Pieza de la armadura que cubre y defiende los hombros. 2 Adorno de los vestidos en la parte correspondiente a los hombros. 3 Protección de los hombros usada en algunos deportes.

hombría ***f.*** Hombradía. 2 *~* ***de bien,*** honradez. ◇ HOMÓF.: *ombría.*

hombrillo ***m.*** Tira de tela con que se refuerza la camisa por el hombro. 2 Pieza que por adorno se pone encima de los hombros.

hombro (l. *humeru*) ***m.*** Parte superior y lateral del tronco, de donde nace el brazo. 2 ***A hombros,*** a cuestas. 3 ***Arrimar el ~,*** trabajar con actividad; ayudar con eficacia. 4 fig. ***Encogerse uno de hombros,*** no saber uno, o no querer, responder a lo que se le pregunta; mostrarse o permanecer indiferente ante lo que oye o ve. 5 fig. ***Mirar a uno por encima del ~,*** o ***sobre el ~,*** o ***sobre ~,*** desdeñarle. 6 IMPR. Parte de la letra desde el remate del árbol hasta la base del ojo. 7 En el escenario del teatro, espacio lateral, no visible por el público, contiguo a la escena visible.

hombruno, -na ***adj.*** Que se parece al hombre o parece propio de hombre: *voz hombruna.*

homenaje (prov. ant. *homenatge,* der. de *home*, hombre, vasallo) ***m.*** Juramento solemne de fidelidad hecho a un rey o señor. 2 Sumisión, veneración, respeto hacia una persona. 3 Acto público en honor de una o varias personas. 4 Don, favor, merced, obsequio.

SIN. *1* **Pleito.**

homenajeado, -da ***m. f.*** Persona que recibe un homenaje: *el homenajeado dio las gracias con un elocuente discurso.*

homenajear ***tr.*** Tributar un homenaje [a alguien].

homeo- (gr. *hómoios,* semejante) Elemento prefijal que entra en la formación de palabras con el significado de semejante.

homeomorfismo (*homeo- + -morfismo*) ***m.*** MINERAL. Fenómeno que se produce entre cristales de substancias químicas muy diferentes pero que dan lugar a cristales muy parecidos.

homeópata ***adj.-com.*** [pers.] Que profesa la homeopatía.

homeopatía (*homeo- + -patía*) ***f.*** Sistema curativo que administra dosis mínimas de substancias que, en mayor cantidad, determinarían una afección análoga a la que se combate.

CONTR. **Alopatía.**

homeopáticamente ***adv. m.*** En dosis diminutas u homeopáticas.

homeopático, -ca ***adj.*** Relativo a la homeopatía. 2 fig. De tamaño o en cantidad muy diminutos.

homeostasia ***f.*** Homeóstasis.

homeóstasis, homeostasis (*homeo-* + gr. *stasis,* posición, estabilidad) ***f.*** Conjunto de fenómenos de autorregulación, conducentes al mantenimiento de una relativa constancia en la composición y las propiedades del medio interno de un organismo. 2 Autorregulación de la constancia de las propiedades de ciertos otros sistemas influidos por otros agentes exteriores.

homeostático, -ca ***adj.*** Perteneciente o relativo a la homeóstasis.

homeostato (*homeo- + -stato*) ***m.*** Dispositivo autorregulado que estudia la complejidad de un sistema.

homeotermia (*homeo- + -termia*) ***f.*** FISIOL. Estado de los seres vivos que mantienen constante la temperatura corporal, con independencia de las variaciones de la temperatura ambiental.

homeotermo, -ma (*homeo- + -termo*) ***adj.-s.*** FISIOL. [organismo] Que presenta homeotermia. ◇ También *homotermo.*

CONTR. **Heterotermo, poiquilotermo.**

homérico, -ca ***adj.*** Relativo a Homero (s. IX a. C.). 2 Parecido a cualquiera de las dotes o cualidades de este poeta.

homérida ***m.*** Rapsoda de las hazañas heroicas cantadas por Homero (s. IX a. C.).

homero ***m.*** Aliso (árbol).

homicida (l. *homicida* < *homo, hominis,* hombre + *-cida*) ***adj.-com.*** [pers.] Que ocasiona la muerte de una persona.

homicidio (l. *homicidiu* < *homo, hominis,* hombre + *-cidio*) ***m.*** Muerte causada a una persona por otra, esp. la ejecutada ilegítimamente y con violencia.

SIN. **Muerte.**

homicillo ***m.*** Multa que se imponía al que, habiendo herido gravemente o muerto a uno, se sentenciaba su causa en rebeldía.

homilía (gr. *homilía* < *hómilos,* reunión) ***f.*** Plática destinada a explicar al pueblo las materias de religión. -2 ***f. pl.*** Lecciones del tercer nocturno de los maitines.

homiliario ***m.*** Libro que contiene homilías.

hominal ***adj.*** H. NAT. Relativo al hombre.

hominicaco (desp. de *hombre*) ***m.*** fam. Hombre cobarde y de mala traza. ◇ También *monicaco.*

homínido ***adj.-m.*** Primate de la familia de los homínidos. -2 ***m. pl.*** Familia de primates catarrinos adaptados al bipedismo y con gran desarrollo cerebral que les ha permitido una gran inteligencia. A esta familia sólo pertenece una especie: el hombre.

homo- (gr. *homós,* el mismo) Elemento prefijal que entra en la formación de palabras con el significado de el mismo.

CONTR. **Hetero-.**

homo ***m.*** Género de primates, de la familia de los homínidos, que comprende especies con una capacidad craneana superior a 750 cc.

homobasidiomicétidas (*homo- + basidiomicetes*) ***f. pl.*** Subclase de hongos, dentro de la clase basidiomicetes, al que pertenecen la mayoría de los conocidos y cuyo cuerpo fructífero recibe el nombre vulgar de seta.

homocarpo, -pa (*homo- + -carpo*) ***adj.*** BOT. [planta] De frutos todos iguales.

CONTR. **Heterocarpo.**

homocéntrico, -ca ***adj.*** Concéntrico.

homocentro (*homo- + -centro*) ***m.*** Centro común a dos o más circunferencias.

homocerca (*homo- + -cerca*) ***adj.-f.*** [aleta caudal] De dos lóbulos iguales y sin prolongación alguna de la columna vertebral.

CONTR. **Heterocerca.**

homocerco (*homo- + -cerco*) ***adj.-m.*** Pez cuya aleta caudal es homocerca.

CONTR. **Heterocerco.**

homocíclico, -ca (*homo- + cíclico*) ***adj.*** QUÍM. [compuesto cíclico de la química orgánica] Cuyo anillo está todo exclusivamente formado por átomos de carbono.

CONTR. **Heterocíclico.**

homociclo (*homo- + -ciclo*) ***m.*** QUÍM. Cadena cerrada de un compuesto cíclico en la cual todos los átomos son de carbono.

CONTR. **Heterociclo.**

homocigoto, -ta (*homo-* + *cigoto*) ***adj.-m.*** [organismo] Que procede de la unión de gametos de iguales dotaciones genéticas.
CONTR. **Heterocigoto.**
homocinético, -ca (*homo-* + *cinético*) ***adj.*** FÍS. [partícula] Que se mueve con igual velocidad que otra u otras.
CONTR. **Heterocinético.**
homoclamídeo, -a (*homo-* + *clámide*) ***adj.*** V. flor homoclamídea.
homocromía (*homo-* + *-cromía*) ***f.*** Armonización de los colores externos de un animal con los del medio en que vive.
CONTR. **Heterocromía.**
homocromo, -ma (*homo-* + *-cromo*) ***adj.*** Del mismo color. 2 BOT. [capítulo de las compuestas] Que tiene todas las flores del mismo color. 3 ZOOL. [animal] Que tiene el mismo color que el medio en que vive.
homócrono, -na (*homo-* + *-crono*) ***adj.*** Que ocurre a la misma edad o período en generaciones sucesivas.
homodonto, -ta (*homo-* + *-donto*) ***adj.*** [animal] Sin especialización dentaria, con un solo tipo de dientes.
CONTR. **Heterodonto.**
homofilo, -la (*homo-* + *-filo* III) ***adj.*** BOT. [planta] De hojas iguales o muy parecidas.
CONTR. **Heterofilo.**
homofonía ***f.*** Calidad de homófono. 2 Conjunto de sonidos al unísono.
homófono, -na (*homo-* + *-fono*) ***adj.*** [palabra] Que con distinta significación se pronuncia al igual modo que otra: *atajo* y *hatajo; solar* nombre, *solar* adjetivo y *solar* verbo. V. homónimo y homógrafo. 2 [canto o música] En que todas las voces van al unísomo.
homógamo, -ma (*homo-* + *-gamo*) ***adj.*** BOT. [planta, flor] Cuyos estambres y carpelos llegan simultáneamente a la madurez. 2 BOT. [capítulo] Que tiene todas las flores hermafroditas.
CONTR. **Heterógamo.**
homogéneamente ***adv. m.*** De modo homogéneo.
homogeneidad ***f.*** Calidad de homogéneo.
homogeneización ***f.*** Acción de homogeneizar. 2 Efecto de homogeneizar.
homogeneizar ***tr.*** Transformar en homogéneo [un compuesto de elementos diversos]. ◇ ** CONJUG. [26].
homogéneo, -a (b. l. *homogeneus* < gr. *homogenés* < *homo-* + *génos,* género) ***adj.*** Relativo a un mismo género. 2 Formado por elementos de igual naturaleza. 3 fig. Muy junto o espeso. 4 QUÍM. [sistema] Que consta de una sola fase.
CONTR. **Heterogéneo.**
homogénesis (*homo-* + *-génesis*) ***f.*** Producción de los mismos caracteres durante generaciones sucesivas.
CONTR. **Heterogénesis.**
homogenia (*homo-* + *-genia*) ***f.*** Correspondencia de origen entre los órganos denominados homólogos.
homografía ***f.*** Calidad de homógrafo. 2 MAT. Dependencia particular de dos figuras geométricas.
homógrafo, -fa (*homo-* + *-grafo*) ***adj.-s.*** Voz homónima cuando se escribe de igual manera que otra: *haya* árbol y *haya* del verbo haber.
homologable ***adj.*** Que puede homologarse.
homologación ***f.*** DER. Acción de homologar. 2 DER. Efecto de homologar.
homologar ***tr.*** Registrar y confirmar un organismo autorizado el resultado de una prueba deportiva realizada con arreglo a ciertas normas. 2 Hacer pruebas respecto a la calidad de un producto para comprobar si se ajusta a determinadas normas. 3 Equiparar, poner en relación de igualdad o semejanza dos cosas. 4 DER. Dar firmeza las partes [al fallo de los árbitros] por haber dejado pasar el tiempo legal sin impugnarlo. 5 Confirmar el juez [los actos y convenios de las partes]. ◇ ** CONJUG. [7] como ***llegar.***
homología ***f.*** Relación entre figuras, cuerpos, etc., homólogos.
homólogo, -ga (l. *homologu* < gr. *homólogos,* acorde < *homo-* + *-logo*) ***adj.*** [elemento, órgano, término, etc.] Que en dos o más figuras, organismos, conjuntos, etc., se corresponde con otros por su posición relativa, función, estructura, etc.: *los lados* o *ángulos homólogos de dos polígonos semejantes.* -2 ***m. f.*** p. ext. Persona o conjunto de personas que tienen una función o actividad análogas a otras pertenecientes a un organismo, región o país diferentes.
homomorfismo (*homo-* + *-morfismo*) ***m.*** Identidad de estructura cristalina entre cuerpos de distinta composición química.
SIN. **Isomorfismo.**
homomorfo, -fa (*homo-* + *-morfo*) ***adj.*** De partes uniformes y semejantes.
homomorfosis ***f.*** ZOOL. Regeneración de una parte del organismo en la misma forma que la parte original. ◇ Pl.: *homomorfosis.*
homonimia ***f.*** Calidad de homónimo.
homónimo, -ma (*homo-* + *-ónimo*) ***adj.-s.*** Que llevan el mismo nombre, p. ej., la ciudad de *Tarifa* y la *tarifa* de precios. 2 Aplicado a persona, tocayo. ◇ V. homófono, homógrafo y parónimo.
homopausa ***f.*** Línea imaginaria que separa la homosfera de la heterosfera.
homopétalo, -la (*homo-* + *pétalo*) ***adj.*** BOT. [flor] Cuyos pétalos son todos iguales entre sí.
CONTR. **Heteropétalo.**
homoplastia (*homo-* + *-plastia*) ***f.*** MED. Implantación de injertos de órganos para restaurar partes enfermas lesionadas de un organismo, por otras procedentes de un individuo de la misma especie.
CONTR. **Heteroplastia.**
homopolar (*homo-* + *polar*) ***adj.*** QUÍM. [compuesto] Cuyos átomos que se unen mediante enlace covalente son iguales.
homóptero (*homo-* + *-ptero*) ***adj.-m.*** Insecto del suborden de los homópteros. -2 ***m. pl.*** Suborden de insectos hemípteros cuyas alas anteriores son de textura uniforme y casi siempre membranosa; como el pulgón y la cigarra.
homosexual (*homo-* + *sexual*) ***adj.-s.*** Sodomita. -2 ***adj.*** Perteneciente o relativo a la homosexualidad.
homosexualidad ***f.*** Inclinación manifiesta u oculta hacia la relación erótica con individuos del mismo sexo. 2 Práctica de dicha relación.
homosfera (*homo-* + gr. *sphaira,* esfera) ***f.*** Capa inferior de la atmósfera caracterizada por la constancia de su composición química.
CONTR. **Heterosfera.**
homosista (*homo-* + gr. *seismós,* sacudida) ***f.*** Línea que une los puntos en que un seísmo se ha percibido a la misma hora.
homospórico, -ca (*homo-* + gr. *spora,* semilla) ***adj.*** BOT. [vegetal] Que sólo tiene un tipo de esporas asexuales.
CONTR. **Heterospórico.**
homotalia (*homo-* + gr. *thallos,* talo) ***f.*** BOT. Indiferenciación sexual del micelio de algunos hongos.
CONTR. **Heterotalia.**
homotalismo ***m.*** Homotalia.
homotecia (*homo-* + gr. *thetós,* puesto, colocado) ***f.*** MAT. Formación de figuras semejantes en las que los puntos correspondientes están alineados dos a dos con respecto a otro punto fijo.
homotermia (*homo-* + *-termia*) ***f.*** Carácter de los cuerpos de gran conductividad térmica y cuya oscilación de temperatura es pequeña a través del tiempo.
homotérmico, -ca ***adj.*** Que presenta homotermia.
homotermo (*homo-* + *-termo*) ***adj.*** Homeotermo.
homotético, -ca ***adj.*** Que presenta homotecia.
homúnculo ***m.*** En la Edad Media, especie de duendecillo que los brujos simulaban fabricar.
honcejo ***m.*** Hocino (hoz).
honda (l. *funda*) ***f.*** Tira de una materia flexible, esp. cuero, para tirar piedras con violencia. 2 Braga (cuerda). ◇ HOMÓF.: *onda.*
hondamente ***adv. m.*** Con hondura. 2 fig. Profundamente, elevadamente.
hondazo ***m.*** Tiro de honda.
hondear ***tr.*** Reconocer el fondo [de un puerto, de un embalse, etc.] con la sonda. 2 Sacar carga [de una embarcación]. -3 ***intr.*** Disparar la honda. ◇ HOMÓF.: *ondear.*
hondero ***m.*** Soldado que usaba de honda en la guerra.
SIN. **Pedrero; fundibulario,** entre los romanos.
hondijo ***m.*** Honda.
hondillos ***m. pl.*** Entrepiernas de los calzones.
hondo, -da (l. *fundu;* doble etim. *fondo*) ***adj.*** Que tiene profundidad. 2 fig. Profundo, alto o recóndito. 3 fig. [sentimiento] Intenso, extremado; referido a un estilo del canto andaluz, se dice y escribe *cante jondo.* V. jondo. -4 ***m.*** Fondo (parte inferior). ◇ HOMÓF.: *onda.*
hondón ***m.*** Fondo (parte inferior). 2 Lugar rodeado de terrenos más altos. 3 Parte del estribo donde se apoya el pie. 4 Ojo de la aguja.
hondonada ***f.*** Espacio de terreno hondo.

hondura *f.* Profundidad de una cosa.
FR. *Meterse en honduras,* tratar de cosas profundas sin conocimiento de ellas.
hondureñismo *m.* Vocablo, giro o modo de expresión propio de los hondureños.
hondureño, -ña *adj.-s.* De Honduras, nación de América.
SIN. **Catracho** (*Amér. Central,* fest.).
honestamente *adv. m.* Con honestidad.
honestar *tr.* Honrar. 2 Cohonestar.
honestidad (l. *honestitate*) *f.* Decencia, decoro. 2 Recato, pudor. 3 Urbanidad, compostura, modestia.
honesto, -ta (l. *-tu*) *adj.* Decente o decoroso. 2 Recatado, pudoroso. 3 Honrado. 4 Razonable, justo: *un interés ~.*
hongo (l. *fungu*) *m.* Organismo del reino de los hongos: *~ yesquero,* o *escarzo,* especie que se cría al pie de los robles y encinas y con la cual se hace yesca *(Polyporus fomentarius).* 2 Aparato esporífero de los hongos superiores que sobresale del suelo en el momento de la reproducción y es comestible en algunas especies y venenoso en otras. 3 V. Sombrero *~.* 4 MAR. Extremo de un tubo de ventilación que remata sobre cubierta con tapa o sombrerete abombado, para evitar que penetren los rociones. 5 PAT. Excrecencia fungosa que crece en las úlceras o heridas e impide la cicatrización de las mismas. -6 *m. pl.* Grupo taxonómico con categoría de reino que comprende especies sin clorofila, que viven sobre materias orgánicas en descomposición o parásitas de vegetales o animales.
SIN. *2* **Seta.** REL. **Fungiforme,** que tiene forma de hongo; **fungoso,** esponjoso, fofo; **micología,** parte de la botánica que trata de los hongos.
honor (l. *honore*) *m.* Virtud, probidad: *hombre de ~.* 2 Cosa por la que alguien se siente enaltecido. 3 Gloria o buena reputación: *el ~ de un nombre; el ~ de una mujer.* 4 Celebridad de una cosa. 5 Dignidad, cargo, empleo: *pretende los más altos honores.* -6 *m. pl.* Derecho a llevar el título de un cargo sin desempeñarlo ni cobrar los gajes: *tener honores de capitán general.* 7 Ceremonial o agasajo que se tributa a una persona bien por cortesía, bien por deberse a su dignidad, cargo, etc.: *hacía los honores la dueña de la casa; le rindió honores una compañía de infantería.*
SIN. *2* y *3* **Honra.**
honorabilidad *f.* Cualidad de honorable; dignidad, honradez.
honorable (l. *-abile*) *adj.* Digno de ser honrado.
honorablemente *adv. m.* De modo honorable.
honorar (l. *-are;* doble etim. *honrar*) *tr.* Honrar, ensalzar.
honorario, -ria *adj.* Que sirve para honrar. 2 Que sólo tiene los honores de un empleo: *presidente ~.* -3 *m. pl.* Sueldo o gajes en las profesiones liberales: *los honorarios de un médico.*
SIN. *3* v. **Paga.**
honoríficamente *adv. m.* Con honor.
honorífico, -ca *adj.* Que da honor. 2 Honorario (honores de un empleo).
honoris causa *loc. lat.* Por razón o causa de honor: *doctor ~.*
honra *f.* Estima y respeto de la dignidad propia. 2 Honor (honestidad). 3 Buena reputación. 4 Demostración de aprecio. -5 *f. pl.* Exequias, funerales.
honradamente *adv. m.* Con honradez, con honra.
honradez *f.* Cualidad de honrado.
SIN. **Hombría de bien, probidad.**
honrado, -da *adj.* Que procede con rectitud e integridad: *un comerciante ~.* 2 Conforme con estas virtudes: *un negocio ~.*
honrador, -ra *adj.-s.* desus. Que honra.
honramiento *m.* Acción de honrar. 2 Efecto de honrar.
honrar (v. *honorar*) *tr.* Respetar [a una persona]. 2 Enaltecer o premiar [el mérito, la memoria, etc., de uno]. 3 Dar honor o celebridad: *hoy nos honra con su presencia.* -4 *prnl.* Tener a honra ser o hacer alguna cosa: *honrarse con la amistad de alguno; honrarse de complacer a un amigo.* ◇ La acepción *3* se usa especialmente en fórmulas de cortesía en que se enaltece como honor la asistencia, adhesión, etc., de otra u otras personas.
honrilla (dim. de *honra*) *f.* Vergüenza que nos impulsa a hacer o dejar de hacer alguna cosa por el qué dirán: *por la negra ~.*
honrosamente *adv. m.* Con honra.
honroso, -sa *adj.* Que da honra: *comportamiento ~.* 2 Decoroso, decente: *una posición honrosa.*
hontanal *adj.* Perteneciente o relativo a las fiestas que los gentiles dedicaban a las fuentes.
hontanar (de *fontana* < *hontana*) *m.* Sitio en que nacen fuentes o manantiales.
SIN. v. **Manantial.**
I) hopa (probl. del gr. *lope,* vestido de piel) *f.* Especie de túnica o sotana cerrada. 2 Loba de los ajusticiados. 3 *Méj.* Hopo.
II) ¡hopa! *Amér. Merid.* Interjección ¡Hola!
hopalanda (b. l. *hopelanda;* probl. cruce de *hopa* con otra palabra, tal vez *balandrán,* voz expresiva) *f.* Túnica larga con mangas o sin ellas que se llevaba sobre el vestido. 2 Falda grande y pomposa, esp. la que vestían los estudiantes.
SIN. **Sopalanda.**
hoparse *prnl.* Irse, huir, escapar.
hopear (de *hopo*) *intr.* Menear la cola, esp. la zorra cuando la siguen. 2 fig. Corretear de casa en casa. 3 *Venez.* Llamar a gritos. ◇ También *jopear.*
hopeo *m.* Acción de hopear.
hoplita *m.* Soldado griego que llevaba armas pesadas.
hoplomaquia (gr. *hoplomachia* < *hóplon,* arma + *machomai,* luchar) *f.* Combate entre gladiadores provistos de armadura completa.
hoploteca *f.* Oploteca.
hopo (fr. ant. *hope,* mechón o tupé; der de l. *upupa,* abubilla) *m.* Copete o mechón de pelo. 2 Cola que tiene mucho pelo; como la de la zorra, la oveja, etc. 3 *~ de zorro,* planta cinomoriácea, parásita, con aspecto de hongo, de flores rojizas *(Cynomorium coccineum).* 4 *Sudar el ~,* costar mucho trabajo la consecución de una cosa. ◇ Suele pronunciarse *jopo.*
¡hopo! Interjección ¡Largo de aquí! ¡Afuera!
hoque *m.* Alboroque.
hora (l.) *f.* Vigésima cuarta parte del día solar medio: *aguardar una ~.* 2 Momento determinado del día, esp. aquel en que se hace u ocurre algo: *¿qué ~ es?; llegarle a uno la ~* o *su última ~,* morir; *la ~ suprema,* la de la muerte; *~ punta,* aquella en que se produce mayor aglomeración en los transportes urbanos, por coincidir con la entrada o salida del trabajo, o la de mayor consumo diario en ciertas industrias, como la producción eléctrica y el abastecimiento de aguas. 3 En algunas partes, legua. 4 ASTRON. Parte que, junto a otras 23 iguales y equivalente a 15 grados, forma la línea equinoccial. -5 *f. pl.* Libro que contiene el oficio de Nuestra Señora y otras devociones. 6 Este mismo oficio. 7 *Horas canónicas,* las diferentes partes del oficio divino distribuidas según las horas del día: *vísperas, completas, maitines y laudes* y las de *prima, tercia, sexta* y *nona,* que forman las *horas menores.* -8 *adv. t.* ant. Ahora. -9 *f. And.* Turno de riego. 10 *Ant.* y *Colomb.* Enfermedad de aves de corral, especie de epilepsia. ◇ HOMÓF.: *ora* (v.) y *ora* (conj.).
REL. La hora se divide en sesenta **minutos** y el minuto en sesenta **segundos;** v. **reloj.**
horaciano, -na *adj.* Relativo al poeta Horacio (65-8 a. C.). 2 Parecido a cualquiera de las dotes o calidades de este poeta.
horada *adj. A la hora ~,* loc. adv., a la hora puntual, precisa, perentoria.
horadable *adj.* Que se puede horadar.
horadación *f.* Acción de horadar.
horadado *m.* Capullo de gusano de seda que está agujereado por ambas partes.
horadador, -ra *adj.-s.* Que horada.
horadante *adj.* Horadador.
horadar *tr.* Agujerear [una cosa] de parte a parte.
SIN. **Agujerear, horadar** y **taladrar,** si se trata de objetos, muebles, paredes; **perforar** se usa como voz culta, tecn. médico, o tratándose de cosas grandes: *la herida ha perforado el intestino; perforar una montaña para abrir un túnel.*
horado (l. tardío *foratu* < *forare,* horadar) *m.* Agujero que atraviesa de parte a parte una cosa. 2 p. ext. Caverna.
horambre (l. *foramine*) *m.* Agujero o taladro que tienen las guiaderas, en los molinos de aceite.
horario, -ria *adj.* Relativo a las horas. -2 *m.* Saetilla que en los relojes señala las horas. 3 Reloj. 4 Cuadro indicador de las horas en que deben ejecutarse determinados actos: *~ escolar; ~ de ferrocarriles.* 5 Distribución o reglamentación de las horas de trabajo o jornada laboral. ◇ HOMÓF.: *orario* (m.).
horca (l. *furca*) *f.* Aparato formado por una barra horizontal sostenida por otras verticales, de la que cuelga una cuerda para ahorcar a los condenados. 2 Palo rematado en dos o más púas para hacinar las mieses, levantar la paja y otros usos agrícolas. 3 Palo con dos puntas, y otro que atravesaba, entre los cuales metían antiguamente el pescuezo del condenado. Hoy se usa este instrumento para sujetar por el pescuezo a los cerdos y perros. 4 Ristra: *~ de ajos.* 5 *P. Rico* y *Venez.* Cuelga (regalo). ◇ HOMÓF.: *orca.*
SIN. *1* **Ene de palo,** burl. *2* **Horcón, horqueta, horquilla.** *3* **Torga.**
horcado, -da *adj.* En forma de horca.

horcadura *f.* Parte del tronco de los árboles, donde nacen las ramas. 2 Ángulo que formaban dos ramas que salen del mismo punto.
horcaja *f. Chile.* Horcajadura.
horcajadas (a ~) *loc. adv.* Echando cada pierna por su lado: *montar a ~ un caballo.*
REL. vb. **Ahorcajarse.**
horcajadillas (a ~) *loc. adv.* A horcajadas.
horcajadura *f.* Ángulo que forman los dos muslos o piernas en su nacimiento.
horcajo *m.* Horca de madera que se pone al pescuezo de las mulas para trabajar. 2 Confluencia de dos ríos o arroyos. 3 Punto de unión de dos montañas o cerros. 4 Horquilla que forma la viga del molino de aceite en el extremo en que se cuelga el peso.
horcar *tr. Méj.* Hacer aprecio; hacer caso. ◇ ** CONJUG. [1] como *sacar.*
horcate (de *horca*) *m.* Arreo en forma de herradura, que se pone al cuello de las caballerías.
horchata (l. *hordeata,* hecha con cebada, der. del l. *hordeu,* cebada) *f.* Bebida de almendras, chufas o pepitas de sandía, etc., machacadas con agua y azúcar.
horchatería *f.* Establecimiento donde se hace o vende horchata.
horchatero, -ra *m. f.* Persona que tiene por oficio hacer o vender horchata.
horco *m.* Horca (ristra).
I) horcón (aum. de *horca*) *m.* Horca (usos agrícolas). 2 MAR. Última cuaderna del casco en la proa de una embarcación. 3 *Amér.* Madero vertical que en las casas rústicas sirve a modo de columna, para sostener las vigas.
II) horcón, -na *adj. Méj.* Ventajoso en los tratos.
horconada *f.* Golpe dado con el horcón. 2 Lo que se recoge con él.
horconadura *f.* Conjunto de horcones.
horda (tártaro *urdu,* campamento; a través del fr. *horde*) *f.* SOCIOL. Comunidad nómada que se distingue de la tribu por el carácter rudimentario de los vínculos sociales y espirituales que unen a los grupos familiares que la integran. 2 fig. *y* desp. Grupo de gente armada que no pertenece a un ejército regular. 3 p. ext. *y* fig. Grupo de gente que vive y actúa sin disciplina ni moderación.
hordiate (der. del l. *hordeu,* cebada) *m.* Cebada mondada. 2 Bebida hecha de cebada.
horero *m. Amér.* vulg. Horario de reloj.
horizontal *adj.* Que está en el horizonte o paralelo a él. 2 V. línea ~.
REL. **Vertical,** perpendicular al plano del horizonte.
horizontalidad *f.* Calidad de horizontal.
horizontalmente *adv. m.* De un modo horizontal.
horizonte (gr. *horizein,* limitar; que dio el partic. gr. *horizon, -ontos;* hecho en l. *horizon, -ontis*) *m.* Línea que limita la parte de superficie terrestre visible desde un punto. 2 Parte de superficie terrestre limitada por esta línea. 3 fig. Límite, esfera, extensión de una cosa. 4 ~ ***sensible,*** horizonte (parte). 5 AERON. ***artificial,*** dispositivo que indica la orientación de un avión respecto al horizonte verdadero. 6 ASTRON. ***racional, natural*** o ***matemático,*** circulo máximo de la esfera celeste, paralelo al horizonte sensible. 7 ~ ***astronómico,*** prolongación del horizonte sensible hasta la bóveda aparente del cielo. -8 *m. pl.* fig. Conjunto de posibilidades y perspectivas que se ofrecen en un asunto o materia.
horma (l. *forma*) *f.* Molde con que se fabrica o forma una cosa: ~ *del calzado.* 2 fig. ***Hallar uno la ~ de su zapato,*** encontrar lo que le acomoda; esp. cuando uno recibe el escarmiento o castigo que merece. 3 Pared de piedra seca. 4 *Cuba* y *Perú.* Vasija de barro en la que se elabora el pan de azúcar.
REL. *1* vb. **Ahormar,** ajustar algo a la horma. SIN. *3* **Albarrada.**
hormadoras *f. pl. Colomb.* Enaguas.
hormaza *f.* Horma (pared).
I) hormazo *m.* Golpe dado con la horma.
II) hormazo (l. *formaceu*) *m.* Montón de piedras.
hormero *m.* El que tiene por oficio hacer o vender hormas.
hormiga (l. *formica*) *f.* Insecto himenóptero que abre, bajo tierra y en el tronco de los árboles, galerías donde vive formando colonias de machos, hembras y obreras; corresponde a diversas especies de la familia formícidos: ~ ***cortahojas,*** la de de color rojizo, temible por su costumbre de cortar hojas de los árboles, que transporta hasta el nido y utiliza como substrato para el cultivo de hongos, de los que se alimenta *(Atta sexdens);* ~ ***legionaria,*** la carnívora y muy combativa, y que ataca en grupos tanto a invertebrados como a vertebrados *(Eciton hamatum);* ~ ***roja,*** la que se alimenta de insectos perjudiciales a los que mata con el ácido fórmico segregado por el abdomen; la obrera es de color rojo, y el macho negro *(Formica rufa).* 2 ~ ***blanca,*** termes. 3 ~ ***león,*** insecto planipenne, superficialmente parecido a la libélula, diferenciable por sus robustas antenas claviformes, cuya larva se alimenta de hormigas *(Mymeleon formicarius).* 4 Enfermedad cutánea que causa comezón. 5 fig. Hormiguita: ***ser una ~,*** ser muy aprovechado.
hormigo (probl. der. de *hormiga*) *m.* Ceniza cernida que se mezclaba con el azogue para beneficiarlo. 2 Gachas, por lo común de harina de maíz. -3 *m. pl.* Postre de pan rallado, almendras machacadas y miel. 4 Granillos de sémola que quedan al cernerla.
SIN. *2* **Nuégado.**
I) hormigón (der. de *hormigos*) *m.* Material de construcción formado por una mezcla de piedras menudas y argamasa: ~ ***armado,*** el reforzado interiormente por una armadura de barras de hierro o acero para, una vez fraguado, absorber los esfuerzos de tracción a que pueda ser sometido; ~ ***hidráulico,*** el que se hace con cal hidráulica; ~ ***pretensado*** o ***tensado,*** el que, mediante la introducción de tensiones artificiales de compresión, con barras, cables o alambres introducidos durante la construcción, no sufre esfuerzos de tracción.
SIN. **Calcina,** p. us.; **concreto; mazacote; derretido; nuégado.** *1* **Garujo.**
II) hormigón *m.* Enfermedad del ganado vacuno. 2 Enfermedad de algunas plantas, causada por un insecto que roe raíces y tallos. 3 *Chile.* Insecto semejante a la hormiga común, pero de color más negro y andar más ligero. -4 *adj. Méj.* [toro] Que tiene las puntas de los cuernos comidas por una especie de hormiguillo.
hormigonera *f.* Aparato para confeccionar hormigón.
hormigoso, -sa *adj.* Relativo a las hormigas o dañado por ellas.
hormigueamiento *m.* Hormigueo.
hormiguear *intr.* Experimentar en alguna parte del cuerpo una sensación semejante a la que producirían las hormigas corriendo por ella. 2 fig. Bullir, ponerse en movimiento: *la multitud hormiguea en el mercado.* 3 fig. Abundar. 4 Hacer hormigueros en la tierra para abonarla.
SIN. *1* y *2* **Gusanear.**
hormigueo *m.* Acción de hormiguear. 2 Efecto de hormiguear. 3 fig. Desazón física o moral.
hormiguera *f.* Mariposa diurna diminuta, que se distingue de otras especies afines por el dibujo de puntos negros del reverso de sus alas *(Maculinea alcon).*
hormiguero *m.* Sitio donde se crían y recluyen las hormigas. 2 Conjunto de hormigas que habitan en un mismo nido. 3 fig. Sitio en que hay mucha gente puesta en movimiento. 4 Montoncito de hierbas inútiles cubierto de tierra que se quema y esparce sobre el terreno para que sirva de abono. 5 Torcecuello, ave. 6 *Amér.* Hormiguillo (enfermedad del caballo).
hormiguesco, -ca *adj.* Relativo a la hormiga.
hormiguilla *f.* Dim. de *hormiga.* 2 Cosquilleo, picazón o prurito. 3 fig. *y* fam. Remordimiento.
hormiguillar *tr. Amér.* Revolver [el mineral argentífero] hecho harina con el magistral y la sal común para preparar el beneficio.
hormiguillo *m.* Enfermedad que padecen las caballerías en el casco. 2 Línea de obreros que se pasan de mano en mano los materiales de una obra. 3 Cosquilleo, picazón. 4 *Amér.* Movimiento que producen las reacciones entre el mineral y los ingredientes incorporados para el beneficio por amalgamación. 5 *Méj.* Especie de bebida que se hace de bizcocho molido, azúcar y especias, hervido todo hasta que se espesa.
hormiguita *f.* fam. Persona trabajadora y que ahorra cuanto puede.
hormilla (dim. de *horma*) *f.* Disco de madera o hueso que forrado forma un botón.
hormino *m.* Gallocresta (planta labiada).
hormón (gr. *hormón* < *hormao,* excitar, mover) *m.* Hormona.
hormona *f.* Substancia segregada por las glándulas endocrinas, que estimula o regula la actividad de otros órganos.
hormonal *adj.* Relativo a la hormona o de su naturaleza.
hormonogénesis (de *hormona* + *-génesis*) *f.* MED. Producción de hormonas en una glándula endocrina.
hormonoterapia (de *hormona* + *-terapia*) *f.* MED. Empleo terapéutico de las hormonas.

horn (voz alemana) *m.* GEOL. Restos de una montaña rodeada de circos glaciares.

horna *f. Logr.* Hormiguero (montoncito de hierbas).

hornabeque (al. *Hornwerk*) *m.* Fortificación compuesta de dos medios baluartes trabados con una cortina.

hornablenda *f.* MIN. Hornblenda.

hornacero *m.* Oficial que asiste y tiene a su cuidado la hornaza.

hornacho (l. *furnaceu;* doble etim. *hornazo*) *m.* Excavación hecha en las montañas para extraer minerales o tierra.

hornachuela (v. *hornacho*) *f.* Especie de covacha o choza.

hornacina (l. v. *fornicina;* diminut. de *fornice,* roca agujereada) *f.* Hueco o nicho en forma de arco practicado en un muro para colocar en él una imagen, estatua, etc.

hornada *f.* Lo que se cuece de una vez en un horno. 2 fig. Conjunto de individuos que pertenecen a la misma promoción: ~ *de oficiales.*

hornaguear *tr.* Cavar [la tierra] para sacar hornaguera. -2 *prnl.* Moverse un cuerpo a un lado y otro.

hornagueo *m.* Acción de hornaguear.

hornaguera (b. l. *fornacaria*) *f.* Carbón de piedra.

hornaguero, -ra *adj.* Flojo, holgado, espacioso. 2 Que contiene hornaguera: *terreno* ~.

hornalla *f. Perú.* Horno grande. 2 *P. Rico.* Fornalla. 3 *Venez.* Hogar, hornilla, fogón.

hornaza (l. *fornace*) *f.* Horno pequeño de los plateros y fundidores de metales. 2 Color amarillo claro que usan los alfareros para vidriar.

hornazo (v. *hornacho*) *m.* Rosca con huevos cocida al horno. 2 Agasajo que en ciertos lugares se hace al predicador de la cuaresma, el día de Pascua.
SIN. *1* **Mona.**

hornblenda (al. *Hornblendo*) *f.* Mineral que cristaliza en el sistema monoclínico, de color verde obscuro. ◇ También *hornablenda.*

hornblendita *f.* Roca magmática del grupo de las dioritas, constituida principalmente por hornblenda.

hornear *intr.* Ejercer el oficio de hornero. -2 *tr.* Meter [una cosa] en el horno para asarla, cocerla o dorarla.
SIN. **Ahornar, enhornar.**

hornecino, -na *adj.* Fornecino, bastardo, adulterino. -2 *m. Logr.* Jerpa.

hornera *f.* Plaza o suelo del horno.

hornería *f.* Oficio de hornero.

hornero, -ra *m. f.* Persona que tiene por oficio cocer pan en el horno. -2 *m.* Ave paseriforme de Sudamérica, de unos 20 cms. de longitud, con la parte superior del cuerpo de color canela, el cuello blanco y las alas castañas *(Furnarius rufus).*

horniguero *m. Ar.* Hormiguero (montoncito de hierbas).

hornija *f.* Leña menuda: *quemar* ~.

hornijero *m.* El que acarrea la hornija.

hornilla *f.* Hueco hecho en los hogares con una rejuela horizontal para sostener la lumbre y un respiradero inferior para dar entrada al aire. 2 Hueco en la pared del palomar para que aniden las palomas.

hornillera *f.* Hueco donde va instalada la colmena.

hornillero *m. Perú.* Hornero, ave.

hornillo *m.* Horno manual de barro refractario o metal: ~ ***de atanor,*** el que usaban los alquimistas, con un tubo central cargado de combustible. 2 Concavidad de la mina donde se introduce el explosivo. 3 Cajón lleno de pólvora o bombas que se entierra debajo de algún trabajo para hacerlo volar en caso necesario.
SIN. *1* **Hornilla.** *2* **Recámara.**

hornito *m. Méj.* Pequeño cono humeante de la zona volcánica.

horno (l. *furnu*) *m.* Obra de fábrica o aparato que consiste esencialmente en un espacio cerrado en el que se consigue una temperatura elevada por medio de algún combustible: ~ ***eléctrico,*** el que funciona mediante energía eléctrica; *alto* ~, el de cuba muy prolongada que se emplea en la metalurgia del hierro; ~ ***castellano,*** el de cuba baja y prismática empleado en la metalurgia del plomo; ~ ***de copela,*** el de reverbero de bóveda o plaza movibles, en el cual se benefician los minerales de plata; ~ ***crematorio,*** el usado para incinerar gralte. los cadáveres; ~ ***de cubeta,*** el de cavidad de forma de cuba, para fundir mediante aire impelido, los minerales mezclados con el combustible; ~ ***de reverbero*** o de ***tostadillo,*** el cubierto por una bóveda en un hogar independiente. 2 p. ext. Tahona, establecimiento donde se cuece y vende el pan. 3 Montón de leña, piedras o ladrillos para la carbonización. 4 Aparato para trabajar y transformar con ayuda del calor las substancias minerales. 5 Boliche (horno). 6 Aparato electrodoméstico, incorporado o no a la cocina, para asar, calentar o dorar los alimentos: ~ ***de microondas,*** el que utiliza un magnetrón, que genera ondas electromagnéticas de alta frecuencia, las cuales calientan uniformemente un cuerpo en todo su volumen. 7 Sitio o concavidad en que crían las abejas, fuera de las colmenas. 8 Sitio donde hace mucho calor. ◇ HOMÓF.: *orno.*
FR. *No estar el horno para bollos,* no haber oportunidad para algo.

horo- (gr. *hora,* hora) Elemento prefijal que entra en la formación de palabras con el significado de hora, tiempo: *horometría.*

horodatador (de *horo-* + *datar*) *m.* Horofechador.

horofechador (*horo-* + *fechador*) *m.* Aparato que imprime automáticamente la fecha y la hora en los documentoss.

horokilométrico, -ca (*horo-* + *kilómetro*) *adj.* Relativo a la distancia y al tiempo invertido en recorrerla.

horología (*horo-* + *-logía*) *f.* Ciencia de la medición del tiempo y de los principios en que se funda la construcción de los cronómetros.

horometría (*horo-* + *-metría*) *f.* Arte de medir y dividir el tiempo.

horón (l. *aerone,* cesta, con cambio de *e-* en *o-* probl. por mozarabismo) *m.* Serón grande y redondo. 2 *Murc.* Sitio en que se guarda el trigo en las casas de la huerta. 3 *Murc.* Especie de tubo de grandes dimensiones, hecho de pleita, para contener grano.

horondo, -da *adj.* Orondo.

horópter (gr. *horos,* límite + *opter,* el que mira) *m.* ÓPT. Línea recta que pasa por la intersección de los dos ejes ópticos, paralelamente a la que une los centros de los dos ojos del observador.

horoptérico, -ca *adj.* ÓPT. Relativo al horópter. 2 ÓPT. [plano] Que, pasando por el horópter, es perpendicular al eje óptico.

horóptero *m.* Horópter.

horóscopo (gr. *horóskopos* < *horo-* + *-scopo*) *m.* Observación que los astrólogos hacían del estado del cielo al tiempo del nacimiento de una persona, por el cual pretendían adivinar los sucesos de su vida. 2 p. ext. Adivinación.

horqueta *f.* Horca (agricultura). 2 Parte donde forman ángulo agudo un tronco y una rama. 3 *Amér.* División de un camino en dos. 4 *Argent.* Parte donde el curso de un río forma ángulo agudo, y terreno que éste comprende. 5 *Chile.* Rastro, rastrillo.

horquetear *intr. Colomb.* Enramar, echar ramas un árbol. -2 *prnl. Colomb.* y *Urug.* Ahorcajarse.

horquilla *f.* Dim. de *horca.* 2 Horca (palo). 3 Enfermedad que hiende las puntas de los pelos, y poco a poco los va consumiendo. 4 Alfiler doblado por en medio, que se emplea para sujetar el pelo. 5 Pieza de un mecanismo que tiene forma de horca y sirve para sujetar a otra: ~ *de la bicicleta.* 6 Escotadura que existe en la parte superior del esternón. 7 fig. Distancia entre dos magnitudes dadas muy próximas.

horquillada *f.* Horconada.

horquillado *m.* Acción de horquillar.

horquillar *tr. Méj.* Horcar.

horrar *tr. Amér.* Ahorrar. -2 *prnl. Amér.* Quedarse horro. Díc. de la vaca, yegua, etc., cuando se les muere la cría. 3 *Colomb.* y *Chile.* Entre jugadores, devolverse el tanto apostado en la partida.

horrear *tr.* Reunir en un hato o piara [todas las hembras horras].

horrendamente *adv. m.* De modo horrendo.

horrendo, -da (l. *-endu*) *adj.* Que causa horror.

hórreo (l. *horreu*) *m.* Granero, troj. 2 Edificio de madera levantado sobre pilares, característico del noroeste de la península, donde se utiliza como granero.

horrero *m.* Trojero.

horribilidad *f.* Calidad de horrible.

horribilísimo, -ma *adj.* Superl. irreg. de *horrible.*

horrible (l. *-ibile*) *adj.* Horrendo.

horriblemente *adv. m.* De manera horrible.

horridez *f.* desus. Calidad de hórrido.

hórrido, -da (l. *-du*) *adj.* Horrendo.

horrificar *tr.* Producir horror [a alguien]. ◇ ** CONJUG. [1] como *sacar.*

horrífico, -ca *adj.* Horrendo.

horripilación (l. *horrere,* erizarse + *pilus,* pelo) *f.* Acción de erizarse los cabellos. 2 MED. Estremecimiento de frío en ciertas enfermedades.

horripilador, -ra *adj.* Que horripila. -2 *adj.-m.* Pequeño músculo situado en el espesor de la piel, al lado de cada pelo.

horripilante *adj.* Que horripila.
horripilar *tr.* Causar horripilación [a alguno]: *el aire frío nos horripilaba.* 2 fig. Causar horror: *es un suceso que horripila.*
horripilativo, -va *adj.* Que horripila.
horrisonante (l. *horrore,* horrorizar + *sonu,* sonido) *adj.* desus. Horrísono.
horrísono, -na *adj.* Que con su sonido causa horror.
horro, -rra (ár. *horr,* libre) *adj.* [esclavo] Que alcanza la libertad. 2 Libre, desembarazado. 3 [cabeza de ganado] Que se concede a los pastores, mantenida a costa de sus dueños. 4 [oveja, vaca, yegua, etc.] Que no queda preñada. 5 [tabaco malo] Que arde con dificultad. 6 fig. Carente de alguna cosa.
SIN. *1* **Manumiso.**
horror (l. *horrere*) *m.* Sentimiento de repulsión causado por algo terrible o repugnante: *daba ~ el verle tan desfigurado; ~ a la mentira.* 2 Temor, antipatía. 3 Cosa horrible. 4 Cosa que disgusta o enoja. 5 Dicho o hecho repulsivo o soez: *cometió toda clase de horrores.* 6 fig. *y* fam. Gran cantidad: *tiene un ~ de libros.*
horrorizar *tr.* Causar horror [a alguno]. -2 *prnl.* Experimentarlo uno mismo. ◇ ** CONJUG. [4] como ***realizar.***
horrorosamente *adv. m.* Con horror.
horroroso, -sa *adj.* Que causa horror. 2 fam. Muy feo. 3 fam. Muy malo, pésimo: *fue un viaje ~.* 4 fam. Muy grande.
horrura *f.* Basura, superfluidad. 2 Escoria (cosa vil). -3 *f. pl.* MIN. Escorias obtenidas en primera fundición que son susceptibles de beneficio.
horst (voz alemana) *m.* GEOL. Pilar tectónico; parte elevada en relación a sus proximidades como consecuencia de un sistema múltiple de fallas más o menos paralelas.
hortaliza *f.* Planta comestible que se cultiva en las huertas.
SIN. **Verdura,** esp. la que se come cocida.
hortelano, -na (l. tardío *hortulanu,* der. de *hortulu,* diminut. de *hortu,* huerto) *adj.* Relativo a huertas. -2 *m. f.* Persona que tiene por oficio cuidar y cultivar huertas. -3 *m.* Ave paseriforme de varios centímetros de longitud, con plumaje gris verdoso en la cabeza, pecho y espalda, y de color ceniciento en las partes inferiores *(Emberiza hortulana).* 4 ***A la hortelana,*** preparación de platos con hortalizas.
SIN. *2* **Huertano,** es preferido en algunas regiones (Murcia); como nombre técnico o culto, **horticultor.**
hortense (l.) *adj.* Relativo a las huertas.
hortensia (de *Hortensia,* n. de una dama) *f.* Arbusto saxifragáceo de jardín, de flores en inflorescencias globulosas blancas, rosadas o azuladas *(Hydraagea hortensia).* 2 Flor de esta planta.
hortera (ant. *fortera;* probl. der. del b. l. *offertoria,* especie de patena de metal) *f.* Escudilla o cazuela de palo. -2 *com.* Persona de clase modesta que pretende aparentar más de lo que realmente es, esp. con su forma de vestir. -3 *adj.* Chabacano, vulgar, de mal gusto. -4 *f. And.* Fiambrera.
SIN. *1* **Dornillo.**
horterada *f.* fam. Chabacanería, acción o cosa de mal gusto.
hortero (v. *hortera*) *m.* desp. *Madrid.* Dependiente de comercio.
hortícola (l. *hortus,* huerto + *-cola*) *adj.* Hortelano (de huertas): *productos hortícolas.*
horticultor, -ra *m. f.* Persona que se dedica a la horticultura.
horticultura (l. *hortus,* huerto + *-cultura*) *f.* Cultivo de los huertos. 2 Parte de la agricultura que trata de este cultivo.
hortofrutícola *adj.* Perteneciente o relativo a la horticultura y a la fruticultura.
hortofruticultura *f.* Cultivo de hortalizas y frutas.
Horus *n. pr.* En la religión egipcia, dios del día. Se le representaba con cabeza de halcón.
hosanna (hebreo *hosihanna,* sálvanos) Voz originariamente de súplica, que en la liturgia católica se usa como exclamación de júbilo. -2 *m.* Himno que se canta el domingo de Ramos.
hosco, -ca (l. *fuscu*) *adj.* [color] Moreno muy obscuro. 2 fig. Ceñudo, áspero e intratable. 3 [tiempo, lugar, ambiente] Poco acogedor, desagradable, amenazador, etc. ◇ HOMÓF.: *osco.* ◇ También *fosco.*
hoscoso, -sa *adj.* Erizado y áspero. 2 Dicho de las reses vacunas, de pelo bermejo.
hospedador, -ra (l. *hospitatore*) *adj.-s.* Vegetal o animal que aloja en su cuerpo un parásito.
hospedaje *m.* Alojamiento y asistencia que se da a una persona. 2 Cantidad que se cobra por ello.
SIN. **Posada;** para las diferentes clases de hospedaje, v. **fonda.**
hospedamiento *m.* Hospedaje.
hospedante *adj.* ZOOL. [individuo, especie] Que soporta o alberga al parásito.
hospedar (b. l. *hospitare*) *tr.-prnl.* Recibir uno huéspedes en su casa y darles alojamiento o alojarse uno: *hospedarse en la fonda.*
SIN. **Alojar(se), posar** (intr.), **aposentar(se).**
hospedería *f.* Habitación reservada para los huéspedes en las comunidades. 2 Casa destinada al alojamiento de visitantes o viandantes. 3 Hospedaje (alojamiento).
SIN. v. **Hotel.**
hospedero, -ra *m. f.* Persona que tiene a su cargo cuidar huéspedes.
hospiciano, -na *m. f.* Pobre que vive en un hospicio.
hospiciante *com. Amér.* Hospiciano.
hospicio (l. *hospitiu,* hospedería) *m.* Casa destinada para albergar peregrinos y pobres. 2 Asilo en que se da mantenimiento y educación a niños pobres o huérfanos. 3 ant. Hospedaje. 4 *Chile.* Asilo, establecimiento benéfico.
hospital (l. *hospitale,* albergue) *m.* Establecimiento en que se curan enfermos. 2 Casa para recoger pobres y peregrinos por tiempo ilimitado. 3 ***~ de primera sangre*** o ***de sangre,*** lugar en que, estando de campaña, se hace la primera cura a los heridos.
SIN. *1* **Nosocomio.**
hospitalariamente *adv. m.* Con hospitalidad.
hospitalario, -ria *adj.* Que socorre y alberga a los extranjeros y necesitados: *nación hospitalaria; casa hospitalaria; orden religiosa hospitalaria.*
hospitalero, -ra *m. f.* desus. Persona que cuida de un animal. 2 desus. Persona caritativa que hospeda en su casa.
hospitalicio, -cia *adj.* Relativo a la hospitalidad.
hospitalidad (l. *-alitate*) *f.* Liberalidad que consiste en acoger y prestar asistencia a los necesitados. 2 Buen recibimiento que se hace a los visitantes. 3 Estancia de los enfermos en el hospital.
SIN. *3* **Hospitalización.**
hospitalización *f.* Acción de hospitalizar u hospitalizarse. 2 Efecto de hospitalizar u hospitalizarse.
hospitalizar *tr.* Enviar a un hospital [a un enfermo] o recibirlo en él. ◇ ** CONJUG. [4] como ***realizar.***
hospodar *m.* Título de los antiguos príncipes soberanos de Valaquia y Moldavia.
hosquedad *f.* Calidad de hosco.
hostal (cat.) *m.* Establecimiento de hostelería de similar categoría que la pensión, que facilita alojamiento y comidas: ***~ residencia,*** aquel en el que no se presta servicio de comedor.
SIN. v. **Hotel.**
hostelería *f.* Conjunto de hosteleros. 2 Conjunto de servicios prestados por empresas y establecimientos dedicados de modo profesional y habitual al alojamiento y alimentación de personas mediante el pago de un precio establecido.
hostelero, -ra *m. f.* Persona que tiene a su cargo una hostería. -2 *adj.* Relativo a la hostelería.
hostería (it. *osteria*) *f.* Hostal.
hostia (l.) *f.* Lo que se ofrece a Dios en sacrificio. 2 Oblea blanca que el sacerdote consagra y ofrece en el sacrificio de la misa. 3 Oblea hecha esp. para comer. 4 vulg. Golpe, tortazo. 5 vulg. Choque. 6 vulg. ***¡Hostia!,*** exclam. de sorpresa, asombro, admiración, etc. 7 vulg. ***Ser la ~,*** ser el colmo, el no va más, lo insólito. 8 vulg. ***Estar de,*** o ***tener mala ~,*** estar de, o tener, mal humor, mal genio, mal talante.
SIN. *2* **Forma; sagrada forma, pan eucarístico,** después de la consagración.
hostiario *m.* Caja para guardar hostias no consagradas. 2 Molde en que se hacen. ◇ HOMÓF.: *ostiario.*
hostiero, -ra *m. f.* El que se dedica a hacer hostias. 2 Hostiario.
hostigador, -ra *adj.-s.* Que hostiga.
hostigamiento *m.* Acción de hostigar.
hostigar (v. *fustigar*) *tr.* Azotar, dar latigazos: *~ al caballo.* 2 fig. Perseguir, molestar. 3 MIL. Hostilizar, molestar [al enemigo] con ataques de poca importancia. 4 *Amér.* Empalagar. 5 *Colomb.* fam. Molestar, empalagarse un individuo. ◇ ** CONJUG. [7] como ***llegar.***
hostigo *m.* Latigazo, golpe. 2 Parte de la pared o muralla, expuesta al daño de los vientos recios y lluvias. 3 Golpe de viento o de agua, que hiere y maltrata la pared.
hostigoso, -sa *adj. Amér.* Empalagoso.
hostil (l. *-ile*) *adj.* Contrario o enemigo.
hostilidad *f.* Calidad de hostil. 2 Acción hostil. 3 Agresión armada de un pueblo, ejército o tropa: ***romper las hostilidades,*** dar principio a la guerra.

hostilizar *tr.* Molestar, acometer [a los enemigos]. 2 Atacar, agredir, molestar [a alguien], aun levemente, pero con insistencia. ◇ ** CONJUG. [4] como ***realizar.***

SIN. **Hostigar,** en el signif. de molestar o causar daño; pero no en la acep. de **acometer.**

hostilmente *adv. m.* Con hostilidad.

hot dog (voz inglesa) *m.* Perrito caliente.

hotel (fr. *hôtel*) *m.* Establecimiento de hostelería que ocupa total o parcialmente un edificio con uso exclusivo de sus servicios (entradas, ascensores, escaleras), que facilita alojamiento y comidas, y dispone al menos de un diez por ciento de habitaciones individuales: ~ ***residencia,*** aquel en el que no se presta servicio de comedor. 2 Casa aislada de las colindantes y habitada por una sola familia. 3 vulg. Cárcel.

SIN. Son términos antiguos **posada, mesón,** alojamientos de viajeros y labradores, **venta,** cuando se hallaba fuera de poblado, **pupilaje,** para estancias prolongadas; **albergue,** es término general que alude al lugar de hospedaje, generalmente el alejado de población o gratuito; en el grupo con categoría de **pensión, fonda** es el establecimiento que sólo posee los servicios fundamentales; **casa de huéspedes,** carece del de comidas; **hostal, hospedería** y **hostería** tienen un mayor número de habitaciones y ofrece una mejor calidad; **hotel** es el establecimiento de hostelería de superior categoría, a su grupo pertenecen el **motel,** si se dedica a albergar automovilistas, el **apartotel,** generalmente dedicado a turistas con largas estancias, y el **parador,** tutelado por un organismo oficial. Tanto los establecimientos que pertenecen al grupo de pensiones como al de hoteles, se ordenan a su vez según su categoría por *estrellas.*

hotelería *f.* Hostelería.

hotelero, -ra *adj.* Propio del hotel o relativo a él. -2 *m. f.* Persona que administra un hotel.

hotelito *m.* Dim. de *hotel.* 2 Hotel, casa aislada.

hotentote, -ta *adj.-s.* De un pueblo khoisánida que habita el sudoeste de África. -2 *adj.-m.* Lengua khoisánida, hablada en el sudoeste de África.

hoto *m.* Confianza, esperanza. ◇ HOMÓF.: *oto* (m.).

hovercraft (voz inglesa) *m.* Vehículo que se desplaza sobre la superficie del agua sustentado por una capa de aire a presión.

hoy (l. *hodie*) *adv. t.* En el día presente: ~ *cumplo veinte años;* ***de ~ a mañana,*** muy pronto. 2 En el tiempo presente: ~ *se gasta mucho más que antaño;* ~ ***por*** ~, actualmente; ~ ***día, loc. adv.,*** en esta época, en estos días que vivimos; ~ ***en día, loc. adv.,*** hoy día.

hoya (l. *fovea*) *f.* Hoyo grande en la tierra. 2 Sepultura (fosa común). 3 Llano extenso entre montañas. 4 Almáciga (lugar). 5 *Amér.* Cuenca de un río. 6 *Amér.* Concavidad en la garganta de ciertos animales.

hoyada *f.* Terreno bajo que no se descubre hasta estar cerca de él.

hoyador *m. Colomb., Cuba* y *Méj.* Instrumento que se usa para hoyar; ahoyador.

hoyanca (de *hoya*) *f.* Fosa común de los cementerios.

hoyanco *m. Extr.* Hoyo grande; sepultura. 2 *Colomb.* y *Cuba.* Hoyo formado accidentalmente.

hoyar *tr. And., Cuba, Chile, Guat.* y *Méj.* Abrir hoyos [en un terreno] para plantar árboles.

hoyita *f. Chile* y *Hond.* Hoyuela.

hoyito *m. Cuba, Chile* y *P. Rico.* Juego del hoyuelo.

hoyo (v. *hoya*) *m.* Concavidad en la tierra. 2 Concavidad de algunas superficies: *los hoyos de las viruelas.* 3 Sepultura (fosa común). 4 DEP. En el juego del golf, agujero pequeño y de poca profundidad hecho en el green, dentro del que el jugador ha de meter la pelota. 5 p. ext. DEP. En el juego del golf, recorrido comprendido entre el tee y el hoyo.

hoyoso, -sa *adj.* Que tiene hoyos.

hoyuela *f.* Hoyo en la parte inferior de la garganta donde comienza el pecho.

hoyuelo *m.* Hoyo en el centro de la barba y en las mejillas de algunas personas. 2 Hoyuela. 3 Juego de muchachos, en que, tiradas a distancia, se procura meter monedas o bolitas en un hoyo.

I) hoz (l. *falce*) *f.* Instumento para segar, de hoja corva y cortante, con dientes o con filo por la parte cóncava, enastada a un mango de madera. 2 ZOOL. Estructura anatómica en forma de hoz.

SIN. **Segadera, segur.**

II) hoz (l. *fauce,* garganta) *f.* Angostura de un valle, o de un río que corre entre dos sierras.

hozada *f.* Golpe dado con la hoz. 2 Lo que se siega o coge de una vez con ella.

hozadero *m.* Sitio donde hozan los jabalíes o puercos.

hozador, -ra *adj.* Que hoza.

hozadura *f.* Hoyo hecho por el animal al hozar.

hozar (l. v. *fodiare,* cavar, der. del l. *fodere*) *tr.* Levantar el puerco o el jabalí [la tierra] con el hocico. ◇ ** CONJUG. [4] como ***realizar.***

SIN. **Hocicar.**

HP, abreviatura de *Horse-power,* caballo fuerza.

hua-, elemento prefijal que entra en la formación de palabras americanas y que corresponde al castellano *gua-.*

huaca *f.* Guaca.

huacal *m.* Guacal.

huacalón, -lona *adj. Méj.* Grueso, obeso. 2 *Méj.* Gritón.

huacamole *m. Méj.* Guacamole.

huacanca *f. Argent.* Guacanco.

huacatay *m.* Especie de hierbabuena americana, usada como condimento *(Tagetes minuta).*

huachache *m. Perú.* Mosquito.

huachafear *intr. Perú.* Hacer el huachafo.

huachafería *f. Perú.* Las gentes del pueblo y de la clase media. 2 *Perú.* Cursilería.

huachafo, -fa *m. f. Perú.* Persona que pretende aparentar lo que no es, con detrimento de la propia personalidad e incurriendo en ridiculeces.

huachafoso, -sa *adj. Perú.* Cursi.

huachal *m. Méj.* Elote seco después de cocido.

huachano, -na *adj.-s.* De Huacho (Perú).

huachapear *tr. Perú.* Guachapear.

huachar *tr. Ecuad.* Guachar.

huacho *m. Perú.* Pedazo de billete de lotería. 2 *Ecuad.* Guacho.

huaco *m.* Guaco. 2 *Bol.* Surco o cavidad.

huacrahuacra (quechua *huacra,* cuerno o asta) *f. Perú.* Especie de corneta que se hace de un cuerno.

huahua *com. Ecuad.* y *Perú.* Nene.

huaica *f. Perú.* Venta hecha con rapidez.

huaico *m. Argent.* y *Perú.* Guaico (torrentera). 2 *Argent.* y *Perú.* Quebrada boscosa.

huaina *com. Perú.* Guaina.

huaino *m. Bol.* y *Perú.* Huaiño.

huaiño *m. Bol.* Guaiño (danza).

huairo *m.* Árbol indígena del Perú, de flores hermosas; su fruto es el huairuro *(gén. Erythrina).*

huairona *f. Perú.* Horno de cal.

huairuro *m.* Fruto del huairo, de forma de garbanzo, de color coralino, muy estimado por los indios para collares, aretes y otras prendas de adorno. 2 *Perú.* fig. Policía.

huájite *m. Perú.* En algunas regiones, sistema comunitario que consiste en prestar servicios en determinados trabajos.

hualle *m. Chile.* Retoño de los robles cortados.

huallenta *f. Chile.* Bosquecillo de hualles.

huallepén *m. Chile.* Guallipén.

hualqui *m. Perú.* Bolsa; morral.

huamanga *f. Perú.* Piedra huamanga.

huambra *m. Ecuad.* y *Perú.* Muchacho.

huamil *m. Méj.* Guamil.

huanaba *f. Guat.* Guanábana.

huananiense, -sa *adj.-s.* De Huanuni, c. de la prov. de Dalence, del dep. de Oruro (Bolivia).

huanca *f. Venez.* Instrumento músico indio, especie de bocina hecha de caña, en cuya extremidad superior está adherido un cuerpo envuelto en piel de vicuña por donde se transmite el aire.

huancaíno, -na *adj.-s.* De Huancayo, cap. del dep. de Junín (Perú).

huáncar *m. Méj.* Instrumento de percusión parecido al bombo o tambor.

huancara (aimara, tambor) *f. Bol.* Tamboril indio.

huancavelicano, -na *adj.-s.* De Huancavelica, c. y dep. del Perú.

huanchaco *m.* Pájaro del Perú, de canto muy agradable.

SIN. **Guanchaco, pichi.**

huando *m. Perú.* Guando.

huango *m. Ecuad.* Guango (trenza).

huano *m. Amér.* Guano (estiércol).

huanuqueño, -ña *adj.-s.* De Huánuco, c. y dep. del Perú.

huaño *m. Bol.* Baile popular.

huapango *m. Méj.* Guapango.

huaquear *tr. Perú.* Guaquear.

huaquero, -ra *m. f. Perú.* Guaquero.
huara *f. pl. Ecuad.* Música viva y melancólica.
huaraca *f. Argent., Bol., Colomb., Chile, Ecuad.* y *Perú.* Guaraca I.
huaracar *tr. Perú.* Huaraquear. ◇ ** CONJUG. [1] como *sacar.*
huarache *m. Méj.* Cacle. 2 *Méj.* Guarache.
huaracho *m. Méj.* Guarache.
huaracino, -na *adj.-s.* De Huaraz, cap. del dep. de Ancash (Perú).
huarahua *f. Guat.* Guaragua, mentira.
huarapón *m. Perú.* Guarapón.
huaraquear *tr. Perú.* Impulsar [un objeto] para lanzarlo, haciéndolo girar en el aire.
huaripa *f. Méj.* Sombrero blando de palma.
huaripampear (de *Huaripampa,* nombre de un puente) *tr. Perú.* Burlar o engañar [al enemigo].
huarmi (quechua) *f. Ecuad.* Mujer hacendosa.
huaro (quechua) *m. Guat.* Guaro (aguardiente). 2 *Ecuad.* y *Perú.* Andarivel para pasar ríos y hondonadas.
huasca *f. Amér. Merid.* Guasca.
huasicama *com. Colomb.* y *Ecuad.* Guasicama.
huasipungo *m. Ecuad.* Guasipongo.
huaso, -sa *adj. Chile* y *Perú.* Guaso.
huata *f.* Guata. 2 *Perú.* Panza, barriga.
huatear *tr. Perú.* Quemar la corteza [de un palo].
huatia, huatía *f. Perú.* Especie de pachamanca a base de papa, queso y rocote.
huayño *m. Bol.* Huaiño (baile popular).
hubara *f.* Ave gruiforme zancuda de 60 cms. de longitud, de color ocre con un moño de plumas blancas y negras que cuelgan a los lados del cuello *(Chlamydotis undulata).*
húcar *m. P. Rico.* Júcaro.
hucha (l. med. *hutica* < tal vez del al. *hutten,* guardar) *f.* p. us. Arca grande de labrador. 2 Alcancía (vasija). 3 Dinero que se ahorra y guarda: *José tiene buena* ~.
REL. *2* y *3* vb. **Ahuchar,** guardar dinero en la hucha.
huchear (onomat.) *intr.* Gritar, dar grita. 2 Lanzar los perros en la cacería dando voces.
hue-, elemento prefijal que entra en la formación de palabras americanas y que corresponde al castellano *güe-.*
huebra (l. *opera,* obra) *f.* Yugada. 2 Par de mulas y mozo que se alquila para un día. 3 Barbecho.
huebrero *m.* Mozo que trabaja en la huebra. 2 El que la da en alquiler.
hueca (de la voz prerrom. *osca,* muesca; con cruce de su sin. *cocca,* de origen obscuro) *f.* Muesca espiral que se hace al huso para que trabe en él la hebra que se va hilando. 2 *Venez.* Azucarillo esponjado, panal.
hueco, -ca (del ant. *ocar,* cavar, hozar, der. del l. *occare,* rastrillar la tierra, de *occa,* rastrillo) *adj.-s.* Cóncavo o vacío. -2 *adj.* Mullido y esponjoso: *tierra, lana hueca.* 3 fig. Presumido, vano. 4 fig. Afectado, que expresa conceptos vanos o triviales: *estilo, lenguaje* ~. 5 Retumbante y profundo: *voz hueca.* -6 *m.* Intervalo de tiempo o lugar. 7 fig. Empleo o puesto vacante. 8 ARQ. Abertura en un muro, para servir de puerta, ventana, chimenea, etc. 9 *Argent.* Terreno baldío en un pueblo.
REL. **Oquedad,** calidad de hueco.
huecograbado *m.* Procedimiento de fotograbado, en cilindros de cobre adaptables a las máquinas rotativas. 2 Grabado obtenido por este procedimiento.
huecorrelieve *m.* Tipo de relieve en el que el motivo escultórico está por debajo del nivel de la superficie de fondo.
huecú *m. Chile.* Sitio cenagoso y cubierto de hierba, en el que se hunden y sumergen los hombres y animales.
huehuenche (mej. *huehuetzin,* viejo venerable) *m. Méj.* Mojiganga; danzante que suele vestir trajes regionales.
huehuete *m. Guat.* Señoritingo, lechuguino.
huehueteco, -ca *adj.-s.* De Huehuetenango, c. y dep. de Guatemala.
huelán *adj. Chile.* Entre verde y seco (madera y plantas): *trigo, leña* ~.
hueleflor *m. P. Rico.* Tonto, necio.
hueleguisos *m. Perú.* El que intenta comer sin pagar. ◇ Pl.: *hueleguisos.*
huelehuele *m. P. Rico.* vulg. Tonto, necio. ◇ Pl.: *huelehuele.*
huélfago (voz de origen incierto) *m.* Enfermedad de los animales que se manifiesta con respiración fatigosa.
huelga (de *holgar*) *f.* Tiempo en que uno está sin trabajar. 2 Cesación en el trabajo de los obreros hecha de común acuerdo con el fin de imponer ciertas condiciones a los patronos: ~ ***de brazos caídos,*** la que practican en su puesto habitual de trabajo quienes se abstienen de reanudarlo a la hora reglamentaria; ~ ***de celo,*** forma de protesta laboral consistente en aplicar los trabajadores las disposiciones reglamentarias, interpretándolas literalmente y aplicándolas con suma lentitud, para que descienda el rendimiento y se retrasen los servicios; ~ ***general,*** la que se plantea simultáneamente en todos las oficios de una o varias localidades; ~ ***de hambre,*** abstinencia total de alimentos que se impone a sí misma una persona como protesta pública, mostrando de este modo su decisión de morirse si no consigue lo que pretende; ~ ***salvaje,*** la que se produce espontáneamente en el lugar y durante el tiempo de trabajo, sin haber sido previamente acordada. 3 Tiempo que media sin labrarse la tierra. 4 Holgura. 5 ant. Recreación, diversión. V. juerga. 6 Sitio que convida a la recreación. 7 *Murc.* Familia de veraneantes.
huelgo (de *holgar*) *m.* Aliento, resuello. 2 Holgura. 3 Hueco entre dos piezas que deben encajar.
huelguear *intr. Perú.* Hacer huelga.
huelguista *com.* Persona que toma parte en una huelga (cesación).
REL. **Huelguístico,** relativo a la huelga.
huella (de *hollar*) *f.* Señal que deja el pie en la tierra que pisa. 2 Acción de hollar. 3 Plano del escalón en que se sienta el pie. 4 Señal, vestigio en gral.: ~ *de fractura en un cerrojo;* ~ ***digital*** o ***dactilar,*** marca dejada por la yema de los dedos de las manos en los objetos. 5 Impresión profunda o duradera: *sus palabras dejaron* ~ *en nosotros.* 6 Alteración del contorno de las imágenes televisivas o cinematográficas. 7 *Argent., Chile* y *Urug.* Camino hecho por el paso, más o menos frecuente, de personas, animales o vehículos. 8 *Argent.* Danza criolla, que se baila al son de la guitarra y con acompañamiento de canto.
SIN. *1* **Estampa, vestigio.** *1* y *2* **Holladura, pisada, patada.** v. **Indicio.**
huellear *tr. Colomb.* Husmear, rastrear huellas.
huéllega *f. Extr.* Huella.
huélliga *f. And.* Huella.
huello (de *hollar*) *m.* Terreno que se pisa: *esta senda tiene buen* ~. 2 Hablando de los caballos, acción de pisar. 3 Superficie o parte inferior del casco del animal, con herradura o sin ella.
huelveño, -ña *adj.-s.* De Huelva.
SIN. **Onubense.**
huembé *m.* Güembé.
huemul (arauc. *huamul*) *m.* Ciervo de hasta 1 m. de altura que vive en los Andes; tiene el pelaje de color pardo rojizo en verano y gris en invierno *(Hippocamelus bisulcus).*
SIN. **Güemul.**
hueñi *m. Chile.* Niño hijo de araucanos. 2 *Chile.* Muchacho empleado en el servicio doméstico.
huequera *f. Colomb.* Catarro del ganado vacuno.
huérfano, -na (l. *orphanu* < gr. *orphanós*) *adj.-s.* Persona de menor edad que pierde a su padre y madre o a alguno de los dos. 2 poét. Persona a quien han faltado los hijos. -3 *adj.* fig. Falto de amparo.
REL. **Orfandad,** estado o situación de huérfano; **orfanato,** asilo de huérfanos. SIN. *1* **Pupilo, -la,** huérfano o huérfana respecto de su tutor.
huero, -ra (ant. *güero,* del port. y cast. dial. *gorar,* empollar, der. de un celt. *gorare,* incubar) *adj.* V. huevo ~. 2 fig. Vano, vacío y sin substancia. 3 *Amér.* [huevo] Podrido. 4 *Guat.* y *Méj.* Güero.
huerta (v. *huerto*) *f.* Terreno destinado al cultivo de árboles frutales, y esp. hortalizas. 2 En algunas partes, toda la tierra de regadío, en oposición a *secano.* 3 *Ecuad.* Plantación de cacao. 4 *Argent.* Lugar de la finca donde se cultivan melones, sandías, etc.
huertano, -na *adj.-s.* [pers.] De algunas comarcas de regadío, como la huerta de Murcia.
SIN. v. **Hortelano.**
huertero, -ra *adj. Amér.* Hortense. -2 *m. f.* Huertano.
huerto (l. *hortu*) *m.* Lugar de corta extensión en que se plantan verduras, legumbres y esp. árboles frutales.
REL. **Horticultura,** cultivo de los huertos.
huesa (l. *fossa,* excavación, der. de *fodere,* cavar) *f.* Sepultura (fosa común).
huesear *intr. Méj.* Entre tipógrafos, trabajar. -2 *tr. Amér. Central.* Mendigar.
huesecillo (dim. de *hueso*) *m.* ANAT. Hueso pequeño. -2 *m. pl.* Estructuras óseas del interior del oído medio.

huesera *f. León* y *Chile.* Osario.
hueserío *m. Perú.* En el comercio, la mercancía que no tiene demanda.
huesero, -ra *m. f. Guat.* Persona que solicita hueso (empleo). -2 *m. Méj.* Entre tipógrafos, cajista.
huesillo *m.* Dim. de *hueso.* 2 *Amér. Merid.* Durazno secado al sol. 3 *Cuba.* Árbol leguminoso, de madera amarilla pardusca, dura y de grano fino *(Miroxylon hoeriodes).*
huesista *com. Amér. Central.* Empleado del Estado.
huesito *m. Colomb.* Nombre que se da a varios arbustos *(Malpighia glabra; Prekia moriflora; Banara ibaquensis).*
hueso (l. *ossu*) *m.* Pieza dura y resistente, formada por substancia orgánica y sales minerales, y envuelta por una membrana fibrosa, que, con otras muchas, constituye el esqueleto de la mayoría de los vertebrados. Los huesos pueden ser *largos*, como los de los brazos y piernas; *planos*, como los de la cabeza, y *cortos*, como las vértebras. Pueden ser también *pares* o *impares*, según se hallen o no repetidos en el esqueleto: ~ ***palomo***, cóccix; ~ ***innominado***, hueso coxal o de la cadera; fr. fig., ***no dejar a uno un ~ sano*** o ***roerle los huesos***, murmurar de él; ***molerle a uno los huesos***, apalearlo; ***pinchar en ~***, no conseguir un propósito, fallar en un intento; ***tener uno molidos los huesos***, estar muy cansado físicamente. 2 Endocarpio leñoso de las drupas, con la semilla que contiene: ~ *de melocotón.* 3 Parte de la piedra de cal que no se ha cocido y que sale cerniéndola. 4 fig. Cosa difícil, trabajosa o desagradable: *esta lección es un ~.* 5 fig. Persona de carácter desagradable o de trato difícil. 6 fig. *y* fam. Lo inútil, de poco precio y mala calidad. 7 fig. Profesor que suspende mucho. 8 Árbol euforbiáceo de Cuba, de madera blanca y buena *(Linociera compacta).* 9 ~ ***de santo***, canutillo de mazapán relleno de dulce de yema, cabello de ángel o confitura. 10 *Amér. Central.* Destino, empleo oficial. 11 *Méj.* Entre impresores, trabajo. 12 *Méj.* p. ext.Empleo. 13 *Méj.* Entre cajistas, original.
REL. *1* **Osteología**, parte de la Anatomía que estudia los huesos; **óseo**, relativo al hueso. SIN. *2* **Cuesco, núcleo.**
huesoso, -sa *adj.* Relativo al hueso. 2 De muchos huesos, o con éstos grandes y muy visibles.
SIN. *1* **Óseo**, culto y técnico.
huésped, -da (l. *hospite*) *m. f.* Persona alojada en casa ajena: ~ *de su tío;* ~ *en su casa.* 2 Persona alojada en un hotel, fonda, etc. 3 ant. Mesonero o amo de posada. 4 Persona que hospeda a otra en su casa. -5 *m.* BOT. y ZOOL. Hospedador.
huesque, voz que se emplea para hacer que las caballerías tuerzan a la izquierda.
I) hueste (l. *hoste,* enemigo) *f.* Ejército en campaña: *las huestes de Napoleón.* 2 fig. Conjunto de secuaces. ◇ HOMÓF.: *ueste.*
II) hueste *adj. Hond.* Bien molido.
huestear *tr. Hond.* Moler bien.
huesudo, -da *adj.* Que tiene mucho hueso.
SIN. **Osudo.**
hueva (l. *ova,* huevos) *f.* Masa que forman los huevecillos de ciertos pescados en una bolsa oval.
SIN. **Ovas.**
huevada *f.* vulg. Disparate, bobada. 2 *Chile.* Punto de una veta en que aparece el metal en abundancia. 3 *Guat.* y *P. Rico.* Conjunto de huevos.
huevamen *m.* vulg. Testículos.
huevar *intr.* Principiar las aves a tener huevos.
huevazos *m.* fam. Calzonazos.
huevería *f.* Establecimiento donde se venden huevos.
huevero, -ra *m. f.* Persona que trata en huevos. -2 *m.* Utensilio para servir en la mesa los huevos pasados por agua. -3 *f.* Utensilio en forma de copa pequeña, en que se come el huevo pasado por agua. 4 Utensilio metálico, de cartón, de plástico, etc., para guardar o llevar huevos. 5 Oviducto de las aves donde se forma la clara y la cáscara de los huevos.
SIN. *5* **Madrecilla.**
hueviar *tr. Hond.* Hurtar. ◇ ** CONJUG. [12] como ***cambiar.***
huévil *m. Chile.* Planta solanácea medicinal, de unos 90 cms. de altura, lampiña y de olor fétido, de la cual se extrae un tinte amarillo *(Vestia lycioides).*
huevito *m. Guat.* Luz de posición del automóvil.
huevo (l. *ovu*) *m.* Célula germinal femenina madura de un animal metazoo. 2 Huevo de la gallina: ~ ***huero***, el que por no estar fecundado o por cualquier otra causa se pierde en la incubación; ~ ***duro***, el que se ha hecho hervir, con la cáscara, hasta endurecerlo; ~ ***en cáscara*** o ***pasado por agua***, el cocido ligeramente con la cáscara; ~ ***estrellado***, el que se ha frito sin batirlo antes; ***huevos revueltos***, los que se fríen en la sartén revolviéndolos para que no formen tortilla; ***huevos hilados***, composición de huevos y azúcar que forma hilos o hebras; ***huevos moles***, yemas de huevo batidas con azúcar; ~ ***tibio***, *Guat., Hond.* y *Méj.*, huevo pasado por agua; ~ ***de Colón*** o ***de Juanelo***, fig., cosa que parece difícil y resulta fácil cuando se sabe en qué consiste. 3 ~ ***de pulpo***, liebre de mar. 4 ~ ***de fraile***, *Méj.*, cabalonga (planta). 5 ~ ***de gallo***, *Cuba,* arbusto apocináceo, que contiene un jugo lechoso y cáustico, eficaz contra las hemorragias *(gén. Tabernaemontana).* 6 ~ ***de rana***, *Nicar.*, tamarindillo. 7 Pedazo de madera que usan los zapateros para amoldar en él la suela. 8 Trozo de madera, en forma de huevo, que sirve para zurcir sobre él calcetines o medias. 9 vulg. Testículo.
REL. *1* y *2* Muchos compuestos y deriv. se forman del l. *ovum*, p. ej., *ovíparo, ovoide.*
huevón, -vona *adj.* Tranquilo, cachazudo, indolente. 2 *Chile.* Cobarde. 3 *Chile.* Brutal, estúpido. 4 *Perú* y *P. Rico.* Majadero. 5 *Venez.* Tonto.
huevudo, -da *adj.* vulg. Muy bueno, magnífico, estupendo, excelente.
¡huf! Interjección ¡uf!
hugonote, -ta (fr. *huguenot* < al. *Eidgenossen,* confederado, nombre que adoptaron los reformados) *adj.-s.* Calvinista francés; esp., el miembro del movimiento organizado desde 1559.
hugro *m.* Árbol centroamericano, flacourtiáceo, de madera resistente *(Oncoba laurina).*
hui-, elemento prefijal que entra en la formación de palabras americanas y que corresponde al castellano *güi-.*
¡huich! ¡huichó! *Chile.* Interjección usada para burlarse de uno, o para provocarle, excitándole la envidia o picándole el amor propio.
huichín *m. Méj.* Planta compuesta silvestre *(Sclerocarpus universalis).*
huichol *m. Méj.* Güichol.
huida *f.* Acción de huir. 2 Ensanche que se deja en mechinales y otros agujeros. 3 Acción de apartarse el caballo, súbita y violentamente, de la dirección en que lo lleva el jinete. 4 fig. Subterfugio, pretexto.
SIN. **Fuga, evasión.**
huidero *adj.* Huidizo, fugaz. -2 *m.* Lugar adonde huyen las reses o piezas de caza. 3 El que tiene por oficio abrir huidas o agujeros en las minas de azogue.
huidizo, -za *adj.* Que huye fácilmente.
huidor, -ra *adj.-s.* desus. Que huye.
¡huifa! *Chile.* Interjección usada para expresar alegría.
huila (náhu.) *adj. Méj.* Tullido, inválido. -2 *f. Chile.* Andrajo o harapo.
huilense *adj.-s.* De Huila, dep. de Colombia.
huilhuil *m. Chile.* Persona andrajosa o harapienta. Ús. siempre con el artículo *un.*
huiliento, -ta *adj. Chile.* Andrajoso, harapiento.
huilla *f. Venez.* Tapón de corcho.
huille *m. Chile.* Planta liliácea de flores olorosas.
huillín (arauc.) *m.* Especie de nutria chilena de piel apreciada *(Lutra Huidobria).*
SIN. **Güillín.**
huillón, -llona *adj. Amér.* Que huye, huidizo.
huilota *f. Méj.* Güilota.
huilte *m. Chile.* Tallo comestible del cochayuyo.
SIN. **Hulte.**
huina *f. Chile.* Fuina.
huinca (arauc.) *f. Chile.* Nombre que los araucanos aplican gralte. a los forasteros.
huincha (quechua) *f. Chile.* Cinta de tela. 2 *Chile.* Cinta para medir distancias. 3 *Chile* y *Perú.* En los hipódromos, punto de partida para las carreras de caballos; en Perú ús. sólo en plural. -4 *f. pl. Chile* y *Perú.* Cinta colocada delante de los caballos que toman parte en una carrera. 5 *Perú.* Tira delgada de papel que rompe el ganador de una carrera, al llegar a la meta.
¡huincha! *Chile.* Interjección ¡Naranjas! ¡nones!
huinchada *f. Chile.* Medida de 10, 20 ó 25 m., según los que tenga la huincha con que se mide.
huinche (ingl. *winch*) *m. Chile.* ANGLIC. Grúa, pescante.
huinchero *m. Chile.* Peón o ayudante que maneja la huincha del agrimensor.
huingán *m. Chile.* Arbusto terebintáceo medicinal, de cuyos frutos se hace aguardiente *(Duvana dependens).*

huipil *m. Amér. Central* y *Méj.* Camisa de mujer.
huiquilite *m. Méj.* Añil.
huir (l. *fugere*) *intr.-prnl.* Alejarse rápidamente para evitar un daño o peligro: ~ *al desierto.* 2 Escaparse, fugarse. -3 *intr.* fig. Alejarse velozmente: *la nave huye del puerto; huyen los años; huye la vida.* -4 *intr.-tr.* fig. Apartarse de una cosa mala o perjudicial, evitarla: ~ *del pecado; huye el puerto fatal; huye el pecado.* ◇ ** CONJUG. [62].
SIN. *1* **Volver el rostro, escapar, largarse** (fam. o irón.), **tocárselas** (íd. íd.); **tomar soleta, tomar las de Villadiego,** (ambos irón.); **chaquetear** (burl.), entre soldados.
huira *f. Chile.* Corteza de algunos árboles que, sola o torcida en forma de soga, sirve para atar.
huirica *f. Chile.* Resentimiento, agravio.
huiriche *m. Guat.* Güiriche. 2 *Salv.* Chicuelo.
huiro *m. Chile.* Nombre común a varias algas marinas. 2 *Perú.* Tallo tierno de maíz.
huisachar *intr. Amér. Central.* Pleitear, litigar.
huisache *m. Guat.* Picapleitos, leguleyo. 2 *Méj.* Escribiente de profesión. 3 *Méj.* Aromo (árbol leguminoso).
huisachear *intr. Amér. Central.* Huisachar. 2 *Méj.* Escribir el huisache (escribiente).
huisachería *f. Amér. Central.* Gusto o manía de litigar.
huisquil (del nahua *huitztli,* espina, y *quilitl,* yerba) *m. Guat.* Fruto del huisquilar; se usa como verdura en el cocido y su cáscara está llena de espinas blandas y cortas.
huisquilar *m. Guat.* Planta trepadora espinosa, de la familia de las cucurbitáceas, cuyo fruto es el huisquil. 2 *Guat.* Terreno plantado de huisquiles.
huistora *f. Hond.* Tortuga.
huisu *m. Bol.* Especie de arado o azada.
huisute *m. Hond.* Palo puntiagudo, instrumento agrícola parecido a la coa.
huito (quechua) *adj. Perú.* Sin cola.
huitoró *m. Bol.* Juego de pelota entre los indios.
huitrín (arauc.) *m. Chile.* Plato que se condimenta con el maíz de los choclos que se guardan colgados para hacer pasteles en el invierno.
huizache *m. Méj.* Aromo (árbol leguminoso).
hujier *m.* Ujier.
hula, hula-hula *m.* Danza hawaiana de origen ritual, consistente en el movimiento rotatorio de caderas, brazos y cabeza, sin desplazamiento del cuerpo.
hulado *m. Chile.* Ahulado, hule, encerado.
hula-hoop (voz angloamericana, marca registrada; de *hula,* danza hawaiana + *hoop,* círculo) *m.* Juego consistente en hacer girar alrededor del propio cuerpo un aro mediante unos movimientos apropiados. 2 Aro utilizado en este juego.
hulano, -na *m. f.* desus. Fulano.
hule (náhu. *úlli,* caucho) *m.* Tela pintada al óleo y barnizada, para hacerla impermeable. 2 fam. Mesa de operaciones. 3 TAUROM. Cama de la enfermería de una plaza de toros. 4 *Amér. Central* y *Méj.* Caucho (árbol). 5 *Guat.* y *Méj.* Escobilla del limpiaparabrisas. -6 *m. pl. Amér. Central.* Ligas de goma elástica. 7 *Guat.* Bolillos con los que se toca la marimba.
hulear *intr. Amér. Central* y *Méj.* Extraer hule de las plantas.
hulería *f. Amér.* Establecimiento de explotación de hule en la industria rural.
hulero *m. Amér.* Trabajador que recoge el hule o goma elástica.
hulla (fr. *houille,* der. del fráncico *hukila,* terrón) *f.* Carbón fósil que tiene entre un 75 y un 90 por ciento de carbono, y se conglutina al arder.
hullero, -ra *adj.* Relativo a la hulla.
huloso, -sa *adj. Amér. Central.* Correoso.
hulte *m. Chile.* Huilte.
huma *f. Chile.* Humita.
humacaeño, -ña *adj.-s.* De Humacao, c. y prov. de Puerto Rico.
humacera *f. Ant.* y *Venez.* Humareda.
humada *f.* Ahumada.
humaina *f.* desus. Tela muy basta.
humaiteño, -ña *adj.-s.* De Humaitá (Neemburú), dep. de Paraguay.
humanal *adj.* lit. Humano.
humanamente *adv. m.* Con humanidad: *fue tratado* ~. 2 Según las fuerzas humanas: *ser algo* ~ *imposible.*
humanar *tr.* Hacer más humano: ~ *a los soldados.* -2 *prnl.* Hacerse hombre el Verbo divino. 3 *Amér.* Rebajarse, condescender.
humanidad (l. *humanitate*) *f.* Condición de ser humano: *la* ~ *y la divinidad de Jesucristo.* 2 Género humano: *un bienhechor de la* ~. 3 Benignidad, benevolencia, compasión: *tratar con* ~ *a los prisioneros.* 4 Fragilidad o flaqueza propia del hombre. 5 Propensión a los halagos de la carne, dejándose vencer fácilmente por ella. -6 *f. pl.* Las letras clásicas consideradas como instrumento de formación; estudio de las mismas. 7 p. ext. Las letras humanas.
SIN. *7* **Bellas letras, buenas letras, literatura.**
humanismo *m.* Cultivo de las humanidades. 2 Movimiento intelectual desarrollado en Europa durante los siglos XIV y XV que, rompiendo las tradiciones escolásticas medievales y exaltando en su totalidad las cualidades propias de la naturaleza humana, pretendía descubrir al hombre y dar un sentido racional a la vida tomando como maestros a los clásicos griegos y latinos, cuyas obras exhumó y estudió con entusiasmo. 3 Pragmatismo.
humanista (probl. del it. *umanista*) *adj.* Perteneciente o relativo al humanismo. -2 *com.* Persona instruida en humanidades. 3 Partidario del humanismo.
humanístico, -ca *adj.* Relativo al humanismo o a las humanidades.
humanitario, -ria (fr. *humanitaire,* der. del fr. *humanité*) *adj.* Que se interesa por el bien de la humanidad: *filósofo* ~; *doctrinas humanitarias.* 2 Benigno, caritativo.
humanitarismo *m.* Humanidad (benignidad).
humanización *f.* Acción de humanizar o humanizarse. 2 Efecto de humanizar o humanizarse.
humanizar *tr.* Humanar. 2 Hacer [algo] más acogedor. -3 *prnl.* Ablandarse, desenojarse, hacerse benigno. ◇ ** CONJUG. [4] como ***realizar.***
humano, -na (l.) *adj.* Relativo al hombre: *el linaje* ~; *la inteligencia humana.* 2 fig. Compasivo, generoso.
humanoide *m.* Ser con ciertos rasgos de hombre.
humar *tr.* p. us. Fumar. 2 *Amér.* vulg. Ahumar.
humarada *f.* Humareda.
humarasca *f. Amér. Central.* Humareda.
humarazo *m.* Humazo.
humare *m. Venez.* Cesta especial para la pesca.
humareda *f.* Abundancia de humo.
humazo *m.* Humo denso y copioso.
humeada *f. Amér.* Bocanada de humo al fumar.
humeante *adj.* Que humea.
humear (l. *fumigare*) *intr.-prnl.* Exhalar, echar de sí humo. 2 Arrojar una cosa vaho que se parece al humo: ~ *la sangre.* 3 fig. Quedar reliquias: *la enemistad aún humea.* 4 Altivecerse, presumir. -5 *tr. Amér.* Fumigar. 6 *Chile* y *Méj.* Zurrar, azotar.
SIN. *1* **Fumar.**
humectabilidad *f.* QUÍM. Proporción en que es mojado un sólido por un líquido.
humectación *f.* Acción de humedecer. 2 Efecto de humedecer.
humectador *m.* Aparato que se emplea para humedecer la atmósfera de un espacio cerrado.
humectante *adj.* Que humecta.
humectar (l.) *tr.* lit. y científ. Humedecer.
humectativo, -va *adj.* Que causa y engendra humedad.
humedad (l. *umiditate*) *f.* Calidad de húmedo. 2 Agua de que está impregnado un cuerpo. 3 Cantidad relativa de vapor de agua que contiene el aire atmosférico. 4 ~ ***absoluta,*** cantidad de vapor de agua que contiene el aire por unidad de volumen.
REL. *3* **Higrometría** o **higroscopia,** parte de la Física que tiene por objeto la determinación de la humedad atmosférica; **higrómetro,** instrumento para determinarla; adj. **higrométrico.**
humedal *m.* Terreno húmedo.
humedecer (de *húmedo*) *tr.-prnl.* Producir o causar humedad: ~ *el pan con,* o *en, agua.* ◇ ** CONJUG. [43] como ***agradecer.***
REL. Humedecer una cosa hasta dejarla enteramente penetrada del líquido: **mojar, empapar.**
húmedo, -da (l. *umidu*) *adj.* Ácueo o que participa de la naturaleza del agua. 2 Ligeramente impregnado de algún líquido. 3 [aire] Cargado de vapor de agua. 4 [región, clima, país] Que tiene un alto índice de pluviosidad y el aire cargado de humedad.
I) humeón *m.* Mata compuesta de ramas cubiertas de borra *(Helicryson serotium).*
I) humeón *m. Burg.* Ahumador usado en el colmenar. ◇ También *humión.*
humera *f.* Jumera, borrachera. 2 *P. Rico.* Humareda.

humeral *adj.* Relativo al húmero: *arteria ~; vena ~.* 2 *adj.-m.* (l. tardío *umerale*, capa) Paño blanco que se pone el sacerdote sobre los hombros para coger la custodia o el copón.
SIN. *2* **Banda, cendal, paño de hombros.**

humero-, elemento prefijal que entra en la formación de palabras con el significado de relación con el húmero.

húmero (l. *umeru*) *m.* Hueso del brazo entre el hombro y el codo.

I) humero *m.* Cañón de chimenea. 2 *Colomb.* Humareda.

II) humero *m.* Aliso.

humícola (de *humus* + *-cola*) *adj.* ZOOL. Que vive en terreno vegetal o humus.

humidificador, -ra *adj.* Que humidifica. -2 *m.* Aparato que contiene agua y hace que ésta se evapore para aumentar el grado de humedad relativa en algún lugar.

humidificar *tr.-prnl.* ANGLIC. Humedecer. ◇ ** CONJUG. [1] como *sacar.*

húmido, -da *adj.* poét. *y* p. us. Húmedo.

humificación *f.* Transformación de la materia orgánica en humus.

humildad (l. *humilitate*) *f.* Virtud derivada del sentimiento de nuestra bajeza. 2 Acto de humildad. 3 Condición inferior, esp. la social: *la ~ de su cuna, de su trabajo, de sus méritos.*

humilde *adj.* Que tiene humildad: *mostrarse ~; carácter, súplica, cuna ~.*

humildemente *adv. m.* Con humildad.

humillación *f.* Acción de humillar o humillarse. 2 Efecto de humillar o humillarse.

humilladero *m.* Lugar devoto que suele haber en las entradas de los pueblos, con una cruz o imagen.

humillador, -ra *adj.-s.* Que humilla.

humillante *adj.* Que humilla. 2 Degradante, depresivo.

humillar (l. ec. *humiliare*) *tr.* Bajar, inclinar [la cabeza, el cuerpo, etc.] en señal de acatamiento. 2 fig. Abatir el orgullo o altivez [de uno]. -3 *prnl.* Hacer actos de humildad: *humillarse a una persona; humillarse ante Dios.* 4 Bajar el toro la cabeza.

humillo (de *humo*) *m.* Enfermedad de los cochinos pequeños. -2 *m. pl.* Vanidad, presunción.

huminta *f. Perú.* Humita.

humión *m. Burg.* Humeón. 2 *Cuen.* Excremento de vaca cuando está seco.

I) humita *f.* Silicato que cristaliza en el sistema rómbico, y se presenta en cristales redondeados de color blanquecino, castaño o amarillo, con brillo vítreo.

II) humita (quechua *huminta*, pan de maíz) *f. Amér.* Manjar compuesto de maíz rallado y algunas especias, que, envuelto en las hojas de la mazorca, se cuece en agua o se asa en el rescoldo. Hay variedad tanto en los ingredientes que la componen como en la manera de preparala.

humitero, -ra *m. f. Amér.* El que tiene por oficio hacer o vender humitas.

humo (l. *fumu*) *m.* Producto gaseoso de la combustión de materias orgánicas que la presencia de pequeñas partículas de carbón hace visible. 2 Vapor que exhala algo que fermenta. 3 Substancia con apariencia de humo: ***a ~ de pajas,*** fig., ligeramente, sin reflexión ni consideración. 4 ***Tomar la del ~,*** largarse. 5 ***Hacerse ~,*** desaparecer. 6 ***Echar ~,*** estar muy enfadado, enojado. 7 ***Subirse los humos,*** tener mucha vanidad. -8 *m. pl.* Hogares o casas. 9 fig. Vanidad, altivez. 10 ***Irse*** o ***venirse al ~,*** dirigirse rápida y directamente a una persona, gralte. para atacarle o pedirle explicaciones.
SIN. *9* v. **Soberbia** y **envanecimiento.**

humor (l. *umore*) *m.* Líquido del cuerpo del animal o de la planta: *~ **ácueo*** o ***acuoso,*** líquido que se halla en el globo del ojo delante del cristalino; *~ **vítreo*** (también *~ hialoide*), masa gelatinosa que se halla en el globo del ojo entre el cristalino y la retina. 2 fig. Genio, índole, disposición del ánimo, esp. cuando se manifiesta exteriormente: *estar de buen,* o *mal, ~.* 3 Buen humor. 4 Facultad del humorista. 5 *~ **negro,*** humorismo que se ejerce a propósito de cosas que suscitarían, contempladas desde otra perspectiva, piedad, terror, lástima y emociones parecidas.

humorada *f.* Dicho o hecho festivo, extravagante. 2 Nombre que dio Campoamor (1817-1901) a numerosas composiciones suyas de carácter epigramático.

humorado, -da *adj.* Que tiene humores: ***bien*** o ***mal*** *~,* que tiene buen o mal humor.

humoral *adj.* Relativo a los humores.

humoralismo *m.* Doctrina médica según la cual la alteración orgánica fundamental de la enfermedad consiste en un desorden de los humores.

humoralista *adj.* Perteneciente o relativo al humoralismo. -2 *adj.-com.* [pers.] Que sigue la doctrina del humoralismo.

humorismo *m.* Manera de enjuiciar, afrontar y comentar las situaciones con cierto distanciamiento ingenioso, burlón y, aunque sea en apariencia, ligero. Linda a veces con la comicidad, la mordacidad y la ironía, sin que se confunda con ellas; y puede manifestarse en la conversación, en la literatura y en todas las formas de comunicación y de expresión. 2 Humoralismo.

humorista (ing. *humorist*, der. del ing. *humour,* humorismo) *adj.* [pers.] Que se expresa o manifiesta con humorismo. -2 *adj.-com.* Autor en cuyos escritos predomina el humorismo. -3 *adj.* Partidario del humoralismo (doctrina).

humorísticamente *adv. m.* De manera humorística.

humorístico, -ca *adj.* Relativo al humorismo (estilo).

humorosidad *f.* Abundancia de humores.

humoroso, -sa *adj.* Que tiene humor.

humosidad *f.* Fumosidad.

humoso, -sa *adj.* Que despide abundante humo.
SIN. **Fumoso.**

humus (l.) *m.* AGR. Mantillo (parte del suelo).

hunche (del muisca *unchil,* afrecho) *m. Colomb.* Hollejo del maíz y de otros cereales.

hunco *m. Bol.* Poncho (capote) de lana sin flecos.

hundible *adj.* Que puede hundirse.

hundimiento *m.* Acción de hundir o hundirse. 2 Efecto de hundir o hundirse. 3 Variedad de fractura en que el fragmento óseo fracturado queda completamente separado y a diferente nivel del resto del hueso.

hundir (l. *fundere,* derribar, echar por tierra) *tr.-prnl.* Sumir, meter en lo hondo [alguna cosa]: *~ en el cieno.* 2 fig. Abrumar, abatir. 3 Confundir [a uno], vencerle con razones. 4 Destruir, arruinar. -5 *prnl.* Arruinarse un edificio, sumergirse una cosa: *hundirse en el agua.* 6 fig. Desaparecer una cosa sin que se sepa cómo. 7 Trastornarse, desordenarse a causa de alborotos o disensiones: *la asamblea se hunde.*

húngaro, -ra *adj.-s.* De Hungría, nación del este Europa. -2 *adj.-m.* Lengua ugra, hablada oficialmente en esta nación.
SIN. *2* **Magiar.**

huno, -na (b. l. *hunnu*) *adj.-s.* Pueblo bárbaro asiático cuyas hordas, después de alcanzar en el s. IV las fronteras del imperio de Oriente, devastaron Europa con su avance. Con Atila (432-453), en el s. V, llegó a un apogeo tan brillante como efímero. ◇ HOMÓF.: *uno, una.*

¡hupa! *Chile.* Interjección ¡Ea!

hupe *f.* Descomposición de algunas maderas que se convierten en una substancia blanda y esponjosa, que una vez seca se emplea como yesca.

I) hura (fr. *hure*) *f.* Carbunco que sale en la cabeza. 2 Agujero pequeño; madriguera.

II) hura *f. Venez.* Jabillo, árbol muy ramoso de madera de textura fibrosa, resistente y de mucha duración. Su fruto se abre con ruido al madurar *(Hura crepitans).*

huracán (taíno antillano *hurakán*) *m.* Viento muy impetuoso que gira a modo de torbellino. 2 Viento muy fuerte. 3 fig. Persona muy impetuosa.
SIN. *1* **Ciclón; tifón,** en el mar de la China; **tornado,** en el golfo de Guinea. REL. **Vórtice,** centro del huracán.

huracanado, -da *adj.* Violento como un huracán.

huracanarse *prnl.* Arreciar el viento hasta convertirse en huracán.

huraco (v. *horadar*) *m.* desus. Agujero.

hurañamente *adv. m.* De modo huraño.

hurañía *f.* Repugnancia al trato de gentes.

huraño, -ña (l. **foraneu*) *adj.* Que huye de las gentes.
SIN. **Furo, arisco, misántropo.**

hurdano, -na *adj.-s.* Natural de Las Hurdes. 2 Perteneciente a este territorio situado al norte de Cáceres.

hure *m. Colomb.* Olla o tinaja grande.

hureaulita *f.* Mineral de la clase de los fosfatos, que cristaliza en el sistema monoclínico; forma cristales tabulares o agregados nodulosos de color amarillo, rojizo o pardo, con brillo vítreo.

hureque *m. Colomb.* Huraco.

hurera *f.* Agujero, huronera.

hurgador, -ra *adj.-s.* Que hurga. 2 Hurgón, instrumento para atizar la lumbre.

hurgamiento *m.* Acción de hurgar. 2 Efecto de hurgar.

hurgandero *m. Sal.* Hurgón, instrumento para atizar la lumbre.
hurgandilla *f. Hond.* Persona que menea o sacude algo.
hurgar (l. **furicare,* huronear) *tr.* Menear o remover [una cosa], especialmente con los dedos, con un palo, un punzón, etc. 2 fig. Incitar, conmover. 3 fig. Fisgar en asuntos de otros. 4 fig. ***Peor es hurgallo,*** peor es meneallo. ◇ ** CONJUG. [7] como ***llegar.***
hurgón *adj.* Que hurga. -2 *m.* Atizador. 3 burl. Estocada.
hurgonada *f.* Acción de hurgonear.
hurgonazo *m.* Golpe dado con el hurgón.
hurgonear *tr.* Menear o remover con el hurgón. 2 Tirar estocadas.
hurgonero, -ra *m. Chile.* Hurgón. 2 *La Mancha.* Palo con trapos en un extremo, que sirve para limpiar el suelo del horno.
hurguete *adj. Argent.* y *Chile.* Hurón, escudriñador, rebuscador.
hurguetear *tr. Argent.* y *Chile.* Huronear, hurgar.
hurguillas *com.* Persona bullidora y apremiante.
hurí (fr. *houri;* tomado del persa *huri,* der. del ár. *hûr,* huir; pl. de *haura,* huir) *f.* Mujer de gran belleza que, según el Corán, acompaña a los creyentes en el paraíso islámico.
hurina *m.* Variedad de ciervo boliviano.
hurón (l. *furone*) *m.* Mamífero carnívoro mustélido, pequeño, de cuerpo largo y flexible, que se emplea en la caza de los conejos *(Putorius furo).* 2 Mamífero americano parecido al europeo *(Galictis vittata).* 3 fig. Persona que se mete por todo, que todo lo averigua. 4 fig. Persona huraña.
hurona *f.* Hembra del hurón.
huronear *tr.* Cazar con hurón. 2 fig. Procurar saber y escudriñar cuanto pasa.
SIN. *2* **Fisgar, fisgonear, husmear.**
huroneo *m.* Acción de huronear, escudriñar.
huronera *f.* Madriguera del hurón. 2 fig. Guarida, asilo.
huronero *m.* Cazador que emplea el hurón para sacar los conejos de las madrigueras.
huroniano, -na *adj.* GEOL. En Canadá y Escandinavia, [terreno primitivo] que está en la parte superior.
¡hurra! (ing. *hurrah*) Interjección con que se denota alegría o entusiasmo.
hurra *f. Extr.* Guarida de alimañas.
hurta *f.* Pez marino teleósteo perciforme, con el cuerpo oval, de hasta 1 cm. de longitud, de color rosa vinoso punteado de azul *(Sparus caeruleostictus).*
hurtadillas (a ~) *loc. adv.* Furtivamente, sin que nadie lo note.
hurtadineros *m. Ar.* Alcancía de barro. ◇ Pl.: *hurtadineros.*
hurtador, -ra *adj.-s.* Que hurta.
hurtagua *f.* Regadera que tiene agujeros en el fondo.
hurtar *tr.* Robar a escondidas sin intimidación ni violencia. 2 No dar el peso o medida cabal. 3 fig. Entrarse el mar o los ríos en las tierras y llevárselas. 4 fig. Servirse de dichos o escritos ajenos como si fuesen propios. 5 fig. Desviar, apartar: *~ el cuerpo.* -6 *prnl.* Ocultarse, desviarse: *hurtarse a los ojos; hurtarse de otro.*
SIN. *1* **Gatear, soplar, limpiar.** *1, 2* y *3* **Quitar, sustraer.** *4* **Plagiar, soplar, limpiar.**
hurto (l. *furtu*) *m.* Acción de hurtar. 2 Cosa hurtada. 3 En las minas de Almadén, camino subterráneo que se hace a uno y otro lado del principal con el fin de facilitar la extracción de metales o de dar comunicación al aire, o para otros fines.
husada *f.* Porción de hilo que cabe en el huso. 2 *Extr.* Caminata larga que produce gran cansancio. ◇ HOMÓF.: *usada* (adj.).
SIN. *1* **Mazorca.**
húsar (húngaro *hússar*) *m.* Soldado de caballería ligera vestido a la húngara.
husero *m.* Cuerna recta que tiene el gamo de un año.
husillero *m.* desus. El que en los molinos de aceite trabaja en el husillo.
I) husillo (de *huso*) *m.* Tornillo de las prensas y máquinas análogas. 2 *Chile.* Canilla provista de hilo y sin lanzadera que se usa en el telar chileno para tramar.
II) husillo *m.* Canal de desagüe.
husita *adj.-com.* Partidario de la herejía de Juan Huss (1369-1415). Precursora del protestantismo, considera la Iglesia como la reunión de los predestinados, combate la jerarquía eclesiástica e insiste sobre el valor de la Escritura como única fuente de doctrina.
husma *f.* Husmeo: ***andar a la ~,*** andar inquiriendo cosas ocultas.
husmar *tr.* Husmear.
husmeador, -ra, Que husmea.
husmear (gr. *osmé,* olor) *tr.* Rastrear con el olfato. 2 fig. Andar indagando con disimulo. -3 ***intr.*** Empezar a oler mal.
SIN. *1* y *2* **Fisgar, fisgonear.** *2* **Curiosear, huronear.**
husmeo *m.* Acción de husmear. 2 Efecto de husmear.
husmo *m.* Olor que despiden de sí las carnes que ya empiezan a pasarse. 2 fig. ***Estar al ~,*** estar esperando la ocasión de hacer algo.
huso (l. *fusu*) *m.* Instrumento para torcer y arrollar, en el hilado a mano, el hilo que se va formando. 2 Pieza de hierro que sirve en ciertas máquinas de hilar para colocar en ella los carretes o bobinas en que se arrolla el hilo fabricado. 3 Instrumento para devanar la seda. 4 Cilindro de un torno. 5 Losange largo y estrecho. 6 Molusco gasterópodo marino, provisto de una concha de pequeño tamaño arrollada en forma de cono y de color rojo pardusco *(Fusus rostratu).* 7 ***~ esférico,*** porción de superficie comprendida entre dos semicírculos máximos. 8 ***~ horario,*** huso esférico formado por meridianos equidistantes en que, con otros 23, se supone dividida la superficie terrestre a fin de unificar el cómputo horario dentro de cada huso. 9 ***~ acromático,*** haz de filamentos que unen las dos partes en que se divide en la cariocinesis, el centrosoma de una célula. 10 *Logr.* Espigón roscado de la prensa del vino. ◇ HOMÓF.: *uso.*
REL. adj. **ahusado,** lo que tiene figura de huso; **fusiforme,** en terminología científica; subst. **ahusamiento;** vb. **ahusarse.**
I) huta (ant. al. *hütte*) *f.* Choza en donde se esconden los monteros para echar los perros a la caza.
II) huta *f. Perú.* Uta (enfermedad).
hutchinsonita *f.* Mineral de la clase de los sulfuros, que cristaliza en el sistema rómbico, transparente o translúcido y de brillo adamantino.
hutía *f. Ant.* Jutía, mamífero.
¡huturutas! *Colomb.* Interjección con que se denota desaprobación o impaciencia.
¡huy! (voz descriptiva) Interjección con que se denota dolor físico agudo, melindre, o asombro pueril. ◇ Suele usarse repetida.
huyón, -yona *adj. Amér. Central.* vulg. Que huye con facilidad.
huyuyo, -ya *adj. Amér.* fam. Huraño, arisco, montaraz.
¡huyuyuy! Interjección con que se denota admiración.
hyperón *m.* Partícula elemental del grupo de los bariones.
Hz, símbolo del *hertz* o *hercio.*

I

I, i *f.* Novena letra del **alfabeto español que representa gráficamente a la vocal alta o cerrada y anterior o palatal. 2 *I,* cifra romana equivalente a uno. 3 DIAL. Signo de la proposición particular afirmativa. 4 MAT. Número imaginario. 5 MÚS. Representa al *si* en la notación alfabética. 6 QUÍM. Símbolo químico del *yodo.*
i-, v. in-.
-í (de origen árabe) Sufijo que entra en la formación de algunos adjetivos derivados de nombres propios: *alfonsí, marroquí.*
-ia, sufijo átono que entra en la formación de algunos substantivos de origen latino, con los mismos valores que *-ía: falacia, Galicia.* ◇ Cuando el adjetivo del que derivan estos substantivos acaba en sílaba con *t,* ésta se transforma en *c: acrobacia, democracia.*
-ía, sufijo que entra en la formación de nombres abstractos derivados de substantivos y adjetivos de origen griego o castellano denotando dignidad o empleo y, por extensión, el territorio sobre el que se extiende o lugar donde se realiza: *alcaldía, abadía, astronomía, capitanía, notaría;* país o nación donde vive el pueblo designado por la raíz: *Normandía,* de normando, *Lombardía,* de lombardo; acción: *tropelía, habladuría, bellaquería;* cualidad o estado: *alevosía, cortesía, fantasía;* colectividad, reunión, multitud: *morería, algarabía, tropería;* los nombres en *dor* y en *tor* suelen cambiar la *o* en *u: senaduría, canturía, pagaduría;* puede combinarse con *-ero: alcahuetería, bellaquería.* ◇ V. *-ia.*
Iahveh, Iahvé *n. pr.* Jehovah. Forma usada por los críticos modernos de la Biblia.
-ial, v. -al.
-iano, -iana, v. -ano.
-iatra (gr. *iatrós,* médico) Elemento sufijal que entra en la formación de palabras designando al médico dedicado a determinadas especialidades: *pediatra, psiquiatra, geriatra.*
-iatría (gr. *iatreía,* curación) Elemento sufijal que entra en la formación de palabras designando ciertas especialidades médicas: *pediatría, psiquiatría, geriatría.*
iatro- (del gr. *iatrós,* médico) Elemento prefijal que entra en la formación de palabras con el significado de médico.
iatrogenia *f.* PAT. Producción de efectos nocivos debidos a la actuación médica.
iatrogénico, -ca *adj.* Perteneciente o relativo a toda alteración del estado del paciente, producida por el médico.
ib (maya) *m. Méj.* Fríjol pequeño.
ibaguereño, -ña *adj.-s.* De Ibagué, cap. del dep. de Tolima (Colombia).
ibaró (guaraní *fruta amarga*) *m. Argent.* Árbol sapindáceo cuyo fruto, macerado, se usa para lavar la ropa *(Sapindus saponaria).*
ibarra *adj.-s.* V. letra ibarra.
ibarreño, -ña *adj.-s.* De Ibarra, cap. de la prov. de Imbabura (Ecuador).
ibérico, -ca, -rio, -ria *adj.* Ibero.
iberismo *m.* Forma o fenómeno lingüístico con que las lenguas ibéricas contribuyeron a la formación del castellano.
ibero, -ra, íbero, -ra (l. *-ru*) *adj.-s.* De la Iberia europea, ant. nombre de España, o de la Iberia asiática, reg. caucásica a que corresponde la moderna Georgia. -2 *m.* Lengua hablada por los antiguos iberos.
iberoamericano, -na (*ibero* + *americano*) *adj.-s.* Relativo a los países de América colonizados por España y Portugal. 2 Perteneciente o relativo a estos países y a España y Portugal.
íbice (l.) *m.* Cabra montés.
ibicenco, -ca *adj.-s.* De Ibiza, una de las islas Baleares.
ibídem (l.) *adv.* De allí mismo, o en el mismo lugar. ◇ Se emplea especialmente en índices, citas, etc.
ibirá *m. Argent.* Bromeliácea textil.
ibis (l. y gr.) *f.* Ave ciconiforme de pico largo y encorvado en la punta, plumaje blanco, excepto en la cabeza, cola y extremidad de las dos alas, donde es negro, y que se alimenta de moluscos fluviales *(Threskiornis; Oetiopica).* ◇ Pl.: *ibis.*
-ible, v. -ble.
ibón *m. Ar.* Lago en las vertientes del Pirineo.
ibseniano, -na *adj.* Relativo al dramaturgo noruego Ibsen (1828-1906).
icaco *m.* Hicaco.
icáreo, -a *adj.* Relativo a Ícaro.
icario, -ria *adj.* Relativo a Ícaro. -2 *m. pl.* Saltador del circo.
Ícaro *n. pr.* MIT. Hijo de Dédalo. Para escapar del laberinto de Creta, se hizo unas alas de plumas pegadas con cera; voló tan cerca del Sol que la cera se derritió, e Ícaro cayó y se ahogó en el mar.
ícaro *f.* Mariposa diurna de pequeño tamaño, azul celeste el macho, y parda la hembra *(Polyommatus icarus).*
icástico (*eikastikós* < *eiko,* asemejarse) *adj.* p. us. Natural, sin disfraz ni adorno.
iceberg (danés o noruego *ice,* hielo + *berg,* montaña) *m.* Témpano o gran masa flotante de hielo en los mares polares. ◇ Pl.: *icebergs.*
icefield *m.* ANGLIC. Vasta extensión de hielo en las regiones polares.
iceria *f.* Insecto homóptero muy perjudicial debido a los estragos que hace en los cultivos de agrios *(Icerya purchasi).*
ichal *m.* Terreno poblado de ichos.
ichilense *adj.-s.* De Ichilo, prov. del dep. de Santa Cruz (Bolivia).
ichintal *m. Amér. Central.* Raíz de la chayotera.
icho (quechua *ichu*) *m.* Planta gramínea que abunda en los Andes *(Stipa ichu).*
-ichuelo, v. -uelo.

-icia (l. *-itia*) Sufijo, forma erudita del sufijo *-eza*, que entra en la formación de nombres abstractos, latinos casi todos, como *avaricia* y *justicia*, pero algunos de formación romance, como *caricia* y *franquicia*, denotando cualidad o acción.
-icio (l. *-itium*) Sufijo, forma erudita del sufijo *-izo*, que entra en la formación de nombres latinos, como *servicio*, y en algunos substantivos y adjetivos de formación romance, como *canticio, alimenticio*, denotando acción: *estropicio, juicio;* posibilidad o aptitud: *acomodaticio, propicio;* dignidad o situación: *novicio, patricio.* ◇ V. *-izo.*
-ición, v. -ción.
icipó (guaraní) ***m.*** *Argent.* Planta sarmentosa y trepadora, especie de bejuco de que hay gran variedad de familias. Se utilizan como sogas para atar el techado de los ranchos, hacer sogas, etc. *(Aristolochia; Bauhinia; Cissampelos; Cuscuta; Chiococca; Delbeigia; Davilla; Edrites; Philodeudron; Seguieria).*
icneumón (gr. *ichneumon*) ***m.*** Mangosta. 2 Insecto himenóptero cuyas larvas son parásitos de las larvas de otros insectos *(Ichneumon Panzeri).*
icno- (gr. *ichnos,* traza, planta) Elemento prefijal que entra en la formación de palabras con el significado de traza, planta.
icnografía (gr. *ichnographia* < *icno-* + *-grafía*) ***f.*** Delineación de la planta de un edificio. ◇ También *ignografía.*
icnográfico, -ca ***adj.*** Relativo a la icnografía o hecho según ella.
icnograma (*icno-* + *-grama*) ***m.*** MED. Trazado o registro de las huellas o impresiones de los pies, en ciertas enfermedades medulares, para fijar la manera de andar.
icnología (*icno-* + *-logía*) ***f.*** Ciencia que estudia las impresiones o huellas fósiles que se encuentran en las capas terrestres.
I) -ico, -ica, sufijo átono que entra en la formación de nombres y adjetivos de origen culto: *gráfico, humorístico, silúrico, gramática;* en química indica gralte. que uno de los componentes se halla en su valencia máxima: *sulfúrico, oxálico (v. ácido).*
II) -ico, -illo, -ito, -uelo, sufijos que entran en la formación de palabras con significación diminutiva y apreciativa para nombres y adjetivos en los géneros masculino y femenino, y ambos números singular y plural: *vainica, candilillo, pajarito, hidalgüelo;* ** DERIVACIÓN.
GRAM. *-ico* predomina en el habla de algunas regiones, como Aragón y Córdoba; ant. tuvo uso más extenso. En Castilla y en la lengua lit. moderna predominan, en gral., *-illo, -ito; -uelo* es de apl. más restringida. Son de orig. desconocido *-ico* e *-ito; -illo* < l. *-ellu; -uelo* < l. *-olu.*
iconicidad ***f.*** Grado de semejanza del signo con su referente.
icónico, -ca ***adj.*** Perteneciente o relativo al icono. 2 [signo] Que mantiene alguna relación con la cosa significada.
icono (gr. *eikón, -onos,* imagen) ***m.*** Imagen religiosa, venerada entre los orientales, pintada en tablilla de madera o plancha metálica, donde se representa a Jesucristo, la Virgen, un santo o varios santos. 2 Signo en que hay una relación de semejanza con lo representado.
icono- (v. *icono*) Elemento prefijal que entra en la formación de palabras con el significado de icono: *iconografía.*
iconoclasia ***f.*** Doctrina de los iconoclastas.
iconoclasta (gr. *eikonoklastes* < *icono-* + *klao,* romper) ***adj.-com.*** Hereje que niega el culto debido a las sagradas imágenes, esp. de una secta bizantina. -2 ***adj.*** Perteneciente o relativo a este movimiento o a su doctrina. 3 p. ext. Que no respeta los valores tradicionales en cualquier actividad humana: *poesía ~; filósofo ~.*
iconógeno (*icono-* + *-geno*) ***m.*** Substancia empleada en fotografía como revelador.
iconografía (gr. *eikonographía* < *icono-* + *-grafía*) ***f.*** Descripción de imágenes, retablos, estatuas o monumentos, esp. los antiguos. 2 Tratado descriptivo o colección de imágenes o retratos.
iconográfico, -ca ***adj.*** Relativo a la iconografía.
iconólatra ***adj.-com.*** Adorador de imágenes, nombre dado a los católicos por los iconoclastas.
iconolatría (*icono-* + *-latría*) ***f.*** Adoración de las imágenes.
iconología (gr. *eikonología* < *icono-* + *-logía*) ***f.*** Representación de las virtudes, vicios y otras cosas morales o naturales, con la figura o apariencia de personas. 2 Ciencia que estudia las imágenes, emblemas, alegorías y monumentos con que los artistas han representado a los personajes mitológicos, religiosos o históricos.
iconológico, -ca ***adj.*** Relativo a la iconología.
iconómaco, -ca ***adj.-s.*** Iconoclasta.
iconomanía (*icono-* + *-manía*) ***f.*** Pasión exagerada por las obras de escultura y de pintura.
iconomaníaco, -ca ***adj.*** Que padece iconomanía.
iconómetro (*icono-* + *-metro*) ***m.*** FOT. Visor especial de fotografía merced al cual se determina la distancia focal necesaria para que el objeto enfocado alcance su máxima dimensión en la superficie sensible.
iconoscopio (*icono-* + *-scopio*) ***m.*** Tubo electrónico para someter a barrido las imágenes en las cámaras de televisión.
iconostasio (*icono-* + gr. *stasis,* acción de poner) ***m.*** Biombo con puerta colocado delante del altar en las iglesias griegas, que se cierra para ocultar al sacerdote durante la consagración.
iconostasis ***m.*** Iconostasio.
icor (gr. *ichor*) ***m.*** La sangre de los dioses en los poemas homéricos. 2 Serosidad más o menos fétida que cubre las úlceras antiguas.
SIN. *2* **Sanie, sanies.**
icoroso, -sa ***adj.*** Relativo al icor, o de su naturaleza.
SIN. **Sanioso, -sa.**
icosa-, icosi- (gr. *eikosi,* veinte) Elemento prefijal que entra en la formación de palabras con el significado de veinte.
icosaedro (gr. *eikosáedros* < *icosa-* + *-edro*) ***m.*** GEOM. Sólido de veinte caras: ~ ***regular,*** aquel cuyas caras son triángulos equiláteros.
icosi-, v. icosa-.
icosígono, -na (*icosi-* + *-gono*) ***adj.-m.*** Polígono de veinte ángulos.
icter-, v. ictero-.
ictericia (v. *icter-*) ***f.*** Enfermedad caracterizada por la coloración amarilla de la piel y de los ojos, debida a un exceso de pigmento biliar en la sangre como resultado de ciertos trastornos hepáticos.
SIN. **Morbo regio.**
ictericiado, -da ***adj.-s.*** Ictérico (que padece ictericia).
ictérico, -ca (l. *ictericus,* der. del gr. *ikterikós*) ***adj.*** Relativo a la ictericia. -2 ***adj.-s.*** Que la padece.
ictérido ***adj.-s.*** ZOOL. Ave de la familia de los ictéridos. -2 ***m. pl.*** Familia de estas aves paseriformes americanas, de longitud variable, con plumaje negro, mezclado con frecuencia de amarillo, rojo y anaranjado, con pico cónico, aguzado y comprimido, alas con nueve rémiges primarias y patas robustas.
ictero-, icter- (gr. *ikteros,* amarillez) Elemento prefijal que entra en la formación de palabras con el significado de amarillez o ictericia.
icteroanemia (*ictero-* + *anemia*) ***f.*** Enfermedad caracterizada por ictericia y anemia asociadas.
icterodes ***adj.*** PAT. V. tifus ~.
icterógeno, -na (*ictero-* + *-geno*) ***adj.*** MED. Que produce ictericia.
icterohepatitis (*ictero-* + *hepatitis*) ***f.*** MED. Inflamación del hígado con ictericia manifiesta. ◇ Pl.: *icterohepatitis.*
icticion ***m.*** Mamífero cánido de Sudamérica, de unos 70 cms. de longitud, con el pelaje de color castaño, más claro en el vientre *(Speothos venaticus).*
ictíneo, -a (gr. *iktos*) ***adj.*** Semejante a un pez. -2 ***m.*** Buque submarino.
ictio- (gr. *ichthys,* pez) Elemento prefijal que entra en la formación de palabras con el significado de pez.
ictiofagia (*ictio-* + *-fagia*) ***f.*** Alimentación basada fundamentalmente en los peces.
ictiófago, -ga (gr. *ichthiophagos* < *ictio-* + *-fago*) ***adj.-s.*** Que se mantiene de peces.
SIN. **Piscívoro.**
ictiofauna (*ictio-* + *fauna*) ***f.*** Conjunto de los peces de un mar, un lago o un río.
ictiofobia (*ictio-* + *-fobia*) ***f.*** Temor morboso a los peces. 2 Aversión anormal al pescado.
ictiogénico, -ca (*ictio-* + gr. *gennao,* producir) ***adj.*** Que produce peces.
ictiografía (*ictio-* + *-grafía*) ***f.*** Parte de la zoología que trata de la descripción de los peces.
ictioideo, -a ***adj.*** Parecido a un pez. -2 ***m.*** Anfibio pisciforme.
ictiol (*ictio-*) ***m.*** Producto medicinal que se obtiene de la destilación seca de ciertas pizarras que contienen fósiles de peces y otros animales marinos.
ictiología (*ictio-* + *-logía*) ***f.*** Parte de la zoología que trata de los peces.
ictiológico, -ca ***adj.*** Relativo a la ictiología.
ictiólogo, -ga (*ictio-* + *-logo*) ***m. f.*** Persona que por profesión o estudio se dedica a la ictiología.

ictionimia (*ictio-* + *-nimia*) *f.* LING. Estudio del origen y significación de los nombres de los peces.

ictiónimo (*ictio-* + *-ónimo*) *m.* LING. Nombre de pez.

ictiosauro (*ictio-* + *-sauro*) *m.* Reptil fósil marino, gigantesco, de cráneo alargado, cuerpo pisciforme y miembros en forma de aleta, que vivió en la era secundaria.

ictiosis (*ictio-* + *-osis*) *f.* Enfermedad cutánea hereditaria, caracterizada por una descamación incesante de la epidermis. ◇ Pl.: *ictiosis.*

ictus (l. < *icere,* golpear) *m.* En la versificación, apoyo rítmico sobre una sílaba larga o acentuada. 2 MED. Fenómeno patológico que sobreviene bruscamente: ~ *apoplético.* ◇ Pl.: *ictus.*

ida *f.* Acción de ir de un lugar a otro: ~ *y vuelta;* ~ ***y venida,*** cierto convenio en el juego de los cientos. 2 fig. Ímpetu o acción inconsiderada e impensada. 3 ESGR. Acometimiento después de presentar la espada. 4 MONT. Rastro que con los pies hace la caza en el suelo.

CONTR. *1* **Regreso, vuelta, venida, retorno,** (lit.).

-idad, v. -dad.

idalio, -lia (l. *-iu*) *adj.* Relativo a Idalia, ant. c. de la isla de Chipre, consagrada a Venus. 2 Relativo a esta deidad.

-ide, -ideo, -ides, v. -oide, -oideo, -oides.

idea (l. y gr.) *f.* En la filosofía platónica, realidad independiente y anterior a las cosas sensibles, de las cuales constituye los ejemplares eternos, inmutables y universales. 2 En la filosofía moderna, todo objeto de pensamiento en tanto que pensado (en oposición a sentimiento y acción, o al modo de existencia que este objeto puede tener independientemente del espíritu que actualmente lo piensa). 3 Concepto, considerado no en sentido lógico, sino como fenómeno mental en un espíritu determinado; esp., representación mental de una cosa real o imaginaria: *ley de la asociación de las ideas;* ~ *innata; hombre de ideas claras.* 4 Noción elemental de una cosa, opinión formada de una pers. o cosa: *no tener* ~ *del asunto; tener buena* ~ *de uno.* 5 Concepción en el espíritu de una cosa por realizar; plan, proyecto; intención de hacer una cosa: *formar la* ~ *de un discurso; explicar su* ~*; llevar* ~ *de robar el cuadro.* 6 Parte principal, substancial de una doctrina, razonamiento, etc.: *ardiente defensor de las ideas revolucionarias.* 7 Ingenio para disponer, para inventar: *ser hombre de* ~. 8 ~ ***fija,*** obsesión, esp. de un demente (también *tema*). 9 ***Mala*** ~, mala intención. -10 *f. pl.* Convicciones, creencias, opiniones.

FR. *Hacerse a la* ~, aceptarla.

ideación *f.* Formación y enlace de las ideas en la mente.

ideal *adj.* Que constituye una idea, un prototipo perfecto que es excelente en su línea: *mujer de belleza* ~. 2 Que no tiene existencia física, sino sólo en la imaginación o en el pensamiento: *los sólidos geométricos son ideales.* 3 [cosa] A que se aspira por considerarlo el mayor bien. 4 FÍS. Que se ajusta a un concepto teórico, o a un conjunto de propiedades preestablecidas: *fluido* ~. -5 *m.* Prototipo, modelo o ejemplar de perfección.

idealidad *f.* Calidad de ideal. Se opone gralte. a *materialidad* y a *realidad.*

idealismo *m.* Doctrina epistemológica y ontológica que niega realidad al objeto del conocimiento, es decir, que niega la existencia de cosas independientes de la conciencia: ~ ***psicológico*** o ***subjetivo,*** el que afirma que las cosas no son nada más que contenidos de la conciencia, que todo su ser consiste en ser percibidas *(esse percipi)*; lo real, pues, es lo percibido y deja de existir en cuanto deja de ser percibido; su principal representante es Berkeley (1685-1753); ~ ***lógico*** u ***objetivo,*** el que considera como realidad no lo inmanente en las conciencias individuales, sino el contenido lógico de una «conciencia general» tal como se expresa en las obras científicas; este contenido no es un complejo de procesos psicológicos, sino una suma de pensamientos, de juicios; en oposición al realismo y al idealismo psicológico, el idealismo lógico no considera los objetos del conocimiento ni como independientes del pensamiento ni como meros contenidos de la conciencia, sino como engendrados por el pensamiento. Es decir, los datos de la percepción han de definirse lógicamente para constituirse en objeto del conocimiento. Sus principales representantes son Fichte (1762-1814), Schelling (1775-1854), Hegel (1770-1831) y los neokantianos de la escuela de Marburg, esp. Cohen (1842-1918). 2 ~ ***platónico,*** teoría de las ideas de Platón (428-347 ó 348 a. C.). 3 Tendencia a idealizar, a dejarse influir más por ideales que por consideraciones prácticas. 4 Doctrina estética opuesta al realismo, que afirma la preeminencia de la imaginación sobre la copia fiel de la realidad.

idealista *adj.* Relativo al idealismo: *doctrina, filosofía, escuela* ~. -2 *adj.-com.* Partidario del idealismo. 3 Que idealiza, que se deja guiar más por ideales que por consideraciones prácticas.

idealización *f.* Acción de idealizar. 2 Efecto de idealizar.

idealizador, -ra *adj.* Que idealiza.

idealizar *tr.* Elevar [las cosas] sobre la realidad sensible por medio de la inteligencia o fantasía. ◇ ** CONJUG. [4] como ***realizar.***

idealmente *adv. m.* En la idea o discurso. 2 De manera ideal, muy bien.

idear *tr.* Formar idea [de una cosa], esp. inventando: ~ *un mecanismo.* 2 Formar el propósito [de hacer algo].

ideario *m.* Repertorio o conjunto de las principales ideas de un autor, doctrina, partido político, etc.: *el* ~ *comunista.*

SIN. **Ideología.**

ideático, -ca *adj. Amér.* Venático, caprichoso, maniático. 2 *Hond.* Ingenioso.

ídem (l.) *pron.* Lo mismo. ◇ Se usa para repetir las citas de un autor, y, en las cuentas o listas, para denotar partidas de la misma especie.

idénticamente *adv. m.* De manera idéntica, con identidad.

idéntico, -ca (l. med. *-cu* < l. *idem*) *adj.-s.* Lo que en substancia y accidentes es lo mismo que otra cosa con que se compara. -2 *adj.* Muy parecido. -3 *adj.-s.* MAT. Miembro de una identidad, respecto del otro.

SIN. *2* v. **Semejante.**

identidad (b. l. *-itate*) *f.* Calidad de idéntico. 2 DER. Hecho de ser una persona o cosa la misma que se supone o se busca: *comprobar la* ~ *de una persona, de una firma.* 3 FIL. Igualdad de una cosa con ella misma. 4 LÓG. Proposición en la cual los contenidos representativos del sujeto y del predicado son idénticos. 5 MAT. Igualdad que se verifica siempre, sea cualquiera el valor de las variables que su expresión contiene.

identificable *adj.* Que puede ser identificado.

identificación *f.* Acción de identificar. 2 Efecto de identificar. 3 Proceso psicológico fundamental en el desarrollo de la personalidad, gracias al cual un individuo adopta las características de otro sujeto al que toma como modelo.

identificar (l. med. *-are* < l. *idem*) *tr.-prnl.* Demostrar o reconocer la identidad [de una cosa] con otra: ~ *la energía mecánica con la calorífica;* demostrarse una cosa igual a otra: *las diferentes energías se identifican;* esp., FIL., reducirse en la realidad a una sola cosa otras varias que la razón aprehende como diferentes: *el entendimiento, la memoria y la voluntad se identifican entre sí y con el alma.* -2 *tr.* Reconocer [que una pers. o cosa] es la misma que se busca o se supone. -3 *prnl.* Tener dos o más personas las mismas ideas, voluntad, etc. 4 Solidarizarse, hacer causa común con alguien. ◇ ** CONJUG. [1] como *sacar.*

ideo, -a (l. *idœu*) *adj.* Relativo al monte Ida. 2 p. ext. Relativo a Troya o Frigia.

ideo- (gr. *idea,* idea) Elemento prefijal que entra en la formación de palabras con el significado de idea.

ideografía (*ideo-* + *-grafía*) *f.* Representación de las ideas por medio de imágenes o símbolos.

ideográfico, -ca *adj.* Relativo a la ideografía o a un ideograma.

ideograma (*ideo-* + *-grama*) *m.* Imagen convencional o símbolo que significa un ser o una idea, pero no palabras o frases fijas que las representen. 2 Signo o elemento de la escritura ideográfica.

ideología (*ideo-* + *-logía*) *f.* Disciplina filosófica que estudia las ideas, sus caracteres, sus leyes y esp. su origen. 2 Conjunto de ideas que caracterizan a una escuela, persona, colectividad, autor, movimiento cultural, religioso, político, etc.

SIN. *2* **Ideario.**

ideológico, -ca *adj.* Relativo a la ideología. 2 [diccionario] Que, agrupando las palabras por conceptos, permite encontrar la que se requiere.

ideólogo, -ga (*ideo-* + *-logo*) *m. f.* Persona versada en ideología. 2 Persona ilusa, soñadora, que forja utopías.

ideoso, -sa *adj. Amér.* Ideático.

-idero, v. -dero.

idiazábal *m.* Queso de pasta dura y sabor fuerte procedente de Idiazábal (Guipúzcoa).

idílico, -ca *adj.* Perteneciente o relativo al idilio.

idilio (l. *idylliu* < gr. *eidyllion*) *m.* Composición poética que tiene por asuntos las cosas del campo y los afectos amorosos de los pastores. 2 fig. Coloquio amoroso; p. ext., relación entre enamorados.

idio- (gr. *idios,* peculiar, personal) Elemento prefijal que entra en la formación de palabras con el significado de peculiar, personal.
idioblástico, -ca (*idio-* + gr. *blastós,* germen) *adj.* [roca] Que presenta cristales bien formados, delimitados por caras planas.
idioblasto (*idio-* + *-blasto*) *m.* BIOL. Célula o germen de forma o carácter peculiares, diferentes de los que tienen las otras células circundantes.
idiocia (gr. *idioteia,* ignorancia) *f.* PAT. Trastorno mental caracterizado por una deficiencia muy profunda de las facultades mentales, congénita o adquirida en las primeras edades de la vida.
idioeléctrico, -ca (*idio-* + *eléctrico*) *adj.* [cuerpo] Capaz de electrizarse por frotamiento.
idiolecto (*idio-* + gr. *lógos,* palabra < *lego,* decir) *m.* LING. Variedad de habla individual.
idioma (l.-gr. *idioma* < *idios,* peculiar) *m.* Lengua de una nación o de un país, o común a varios. 2 Modo particular de hablar de algunos o en algunas ocasiones: ~ *de la corte.*
SIN. **Lenguaje.**
idiomático, -ca *adj.* Propio y peculiar de una lengua determinada.
idiomorfo, -fa (*idio-* + *-morfo*) *adj.* [cristal] Que impone su forma a los demás cristales que lo rodean.
CONTR. **Alotriomorfo.**
idiosincrasia (gr. *idiosynkrasia* < *idios,* peculiar + gr. *synkrasis,* temperamento) *f.* Índole del temperamento y carácter de cada individuo, pralte. en fisiología. 2 PAT. Susceptibilidad personal a un fármaco, droga, alimento, etc.
SIN. *1* v. **Carácter.**
idiosincrásico, -ca *adj.* Relativo a la idiosincrasia.
idiota (gr. *idiotes*) *adj.-s.* Que padece de idiotez. 2 fig. Persona engreída sin fundamento para ello. -3 *adj.* Ignorante.
SIN. *1* v. **Loco.**
idiotez *f.* Trastorno mental, caracterizado por la falta congénita de las facultades intelectuales. 2 Dicho o hecho propio de un idiota. 3 fig. Tontería, imbecilidad: *hacer, decir idioteces.*
idiotismo (l. *idiotismus,* locución, der. del gr. *idiotismos,* habla del vulgo) *m.* Ignorancia, falta de letras e instrucción. 2 GRAM. Modismo. 3 PAT. Grado extremo de insuficiencia de las facultades mentales.
idiotizar *tr.-prnl.* Embrutecer [a uno] hasta la idiotez. ◇ **CONJUG. [4] como *realizar.*
I) ido, -da, pp. de *ir.* 2 *adj.* Chiflado, que está mal de la cabeza, maniático. 3 TAUROM. [estocada] Que penetra un tanto trasera y ladeada. 4 *Amér.* Ebrio.
II) ido *m.* Lengua artificial que ha sido propuesta para el uso internacional.
I) -ido, sufijo átono que entra en la formación de algunos adjetivos cultos: *cálido, sórdido;* puede significar semejanza o forma: *cancérido.*
II) -ido, sufijo que entra en la formación de substantivos que denotan sonidos o voces de animales, derivados gralte. de verbos de la primera conjugación: *aullido, chirrido.* Puede formar también adjetivos; *dolorido, bellido.*
idocrasa (gr. *eidos,* forma + *krasis,* mezcla) *f.* Silicato del grupo de los sorosilicatos, que cristaliza en el sistema tetragonal; la raya es blanca y el brillo vítreo o resinoso.
idol-, v. idolo-.
idólatra (gr. *eidololatres* < *idolo-* + *-latreuo,* adorar) *adj.-com.* Que adora ídolos. -2 *adj.* fig. Que ama a una persona o cosa con idolatría.
idolatrar *tr.* Adorar [ídolos]. 2 fig. Amar [a una pers. o cosa] con idolatría.
idolatría (gr. *eidolatreia* < *idol-* + *-latría*) *f.* Adoración de los ídolos. 2 fig. Culto, amor excesivo a una persona o cosa.
idolátrico, -ca *adj.* Que implica idolatría.
idolejo *m.* Dim. desp. de *ídolo.*
ídolo (l. *idolum;* gr. *eidolon,* imagen) *m.* Figura de una falsa deidad a que se da adoración. 2 fig. Persona o cosa excesivamente amada, que es objeto de un culto.
idolo-, idol-, elemento prefijal que entra en la formación de palabras con el significado de ídolo.
idolología (*idolo-* + *-logía*) *f.* Ciencia que trata de los ídolos.
idolopeya (*idolo-* + gr. *poieo,* representar) *f.* RET. Figura que consiste en poner un dicho o discurso en boca de una persona muerta.
idoneidad *f.* Calidad de idóneo.
idóneo, -a (l. *-eu*) *adj.* Que tiene aptitud para alguna cosa. 2 Adecuado, conveniente.
SIN. v. **Conveniente.**
-idor, v. -dor.
idumeo, -a (l. *idumœu*) *adj.-s.* De Idumea, país de la ant. Asia.
SIN. **Edomita.**
-idura, v. -dura.
idus (l.) *m. pl.* En el antiguo calendario romano, el día 15 de marzo, mayo, julio y octubre, y el 13 de los demás meses. ◇ Pl.: *idus.*
-iego, -iega, sufijo de origen ibérico *(-aecu* o *-ecu),* apenas empleado hoy fuera de los derivados antiguos; denota en los adjetivos derivados pertenencia o relación: *mujeriego, solariego;* se combina con *-ar: pinariego.* ◇ V. *-ego.*
-iento, v. -ento.
-ificar (l. *facere)* Sufijo culto que entra en la formación de verbos causativos derivados de substantivos y adjetivos: *osificar, dulcificar;* en la derivación vulgar toma la forma *-iguar: santiguar, atestiguar.*
Ifigenia *n. pr.* MIT. Hija de Agamenón y Clitemnestra. Su padre la ofreció en sacrificio a Artemis, pero la diosa la salvó y la hizo su sacerdotisa.
iglesia (l. *ecclesia* < gr. *ekklesía,* asamblea) *f.* Congregación de fieles que siguen la religión de Jesucristo: ~ *primitiva; los padres de la* ~ ; ~ ***militante,*** los fieles que viven en este mundo; ~ ***purgante,*** los fieles que están en el purgatorio; ~ ***triunfante,*** los fieles que ya están en la gloria. 2 Congregación de fieles católicos: *la* ~ *católica* o simplte. *la Iglesia; los mártires de la* ~. 3 p. ext. Religión disidente del catolicismo, en gral.: ~ *anglicana, protestante, cismática, griega.* 4 Conjunto de todos los ministros y fieles de un territorio, etc.: *la* ~ *americana, española; la* ~ *tarraconense.* 5 Estado eclesiástico. V. jerarquía de orden. 6 Gobierno eclesiástico general. V. jerarquía de jurisdicción. 7 Templo cristiano: ~ *parroquial;* ~ *en cruz latina, en cruz griega;* ~ ***colegial*** o ***colegiata,*** la que, no siendo silla propia del arzobispo u obispo, se compone de abad y canónigos, y en ella se celebra el culto como en las catedrales.
iglú *m.* Cabaña o choza de hielo con una única abertura, cerrada con un témpano de hielo o con pieles de oso. La construyen los esquimales para ponerse a cubierto de las grandes tempestades o para pasar el invierno. ◇ Pl.: *iglúes.*
ignaciano, -na *adj.* Relativo a la doctrina de San Ignacio de Loyola (1491-1556) o a las instituciones por él fundadas.
ignaro, -ra (l. *-ru*) *adj.* lit. Ignorante.
ignavia (l.) *f.* p. us. Pereza.
ígneo, -a (l. *-eu*) *adj.* lit. *y* científ. De fuego o que tiene alguna de sus cualidades. 2 De color de fuego. 3 GEOL. [roca volcánica] Procedente de la masa en fusión existente en el interior de la Tierra.
igni- (L. *ignis,* fuego) Elemento prefijal que entra en la formación de palabras con el significado de fuego.
ignición (l. *igni-*) **f.** lit. y científ. Acción de estar un cuerpo ardiendo o incandescente. 2 lit. y científ. Efecto de estar un cuerpo ardiendo o incandescente. 3 *Amér.* MEC. Proceso por el que se origina la explosión que da el movimiento al émbolo.
SIN. **Combustión.**
ignícola (*igni-* + *-cola*) *adj.-com.* Que adora al fuego.
ignífero, -ra (*igni-* + *-fero*) *adj.* poét. Que arroja o contiene fuego.
ignífugo, -ga (*igni-* + *fugo*) *adj.* Que protege contra el incendio: *pintura, tapicería ignífuga.* **-2 m.** Substancia utilizada para hacer ininflamables las substancias combustibles.
ignipotente *adj.* poét. Poderoso en el fuego.
ignito, -ta (l. *-tu*) *adf.* Que tiene fuego o está encendido.
ignívomo, -ma (*igni-* + l. *vomere,* vomitar) *adj.* poét. Que vomita fuego.
ignografía *f.* Icnografía.
ignominia (l.) *f.* Afrenta pública que uno padece.
SIN **Oprobio, deshonra.**
ignominiosamente *adv. m.* Con ignominia.
ignominioso, -sa *adj.* Que es ocasión o causa de ignominia.
ignorancia (l. *-ntia*) *f.* Falta general de instrucción. **2.** Falta de conocimiento acerca de una materia dada: ~ ***del derecho,*** DER., desconocimiento de la ley que no excusa de su cumplimiento, porque rige la ficción de que la ley, después de promulgada, es conocida de todos; ~ ***de hecho,*** la que se tiene de un hecho; ~ ***supina,*** la que procede de ignorar lo que puede y debe saberse.
SIN. **Nesciencia,** lit.

ignorante *adj.-com.* Que ignora. 2 Que no tiene conocimiento de las cosas.
SIN. **Ignaro, nesciente,** lit.; **lego, iletrado** e **iliterato** se circunscriben a señalar al falto de cultura.
ignorantemente *adv. m.* Con ignorancia.
ignorantismo *m.* Creencia de los que rechazan la instrucción como nociva.
ignorantista *com.* Partidario del ignorantismo.
ignorantón, -tona *adj.-s.* fam. Muy ignorante.
ignorar (l. *-are*) *tr.* No saber [una cosa] o no tener noticia de ella. 2 No tener en cuenta, prescindir [de alguien o de algo]; no hacer caso.
ignoto, -ta (l. *-tu*) *adj.* No conocido ni descubierto.
SIN. **Desconocido, ignorado.**
igorrote *m.* Indígena de raza malaya que habita al norte de la isla de Luzón (Filipinas). 2 Lengua de estos indígenas. -3 *adj.* Relativo a los igorrotes.
igra *f. Colomb.* Mochila de cabuya.
igual (l. *æquale*) *adj.* Que no difiere en naturaleza, forma, cantidad o calidad de otra cosa: *dos cantidades iguales; no he visto cosa ~ ; **figuras iguales,*** las geométricas que, superpuestas, coinciden exactamente. 2 Proporcionado, en conveniente relación. 3 Indiferente. 4 Constante, no variable; que no es diverso en sus partes, liso, uniforme: *la ley es ~ para todos; hombre de carácter ~ ; llanura, terreno muy ~ ,* sin cuestas ni profundidades. -5 *adj.-s.* De la misma clase, rango, condición, etc.: *rey entre sus iguales.* -6 *adj.-m. pl.* DEP. En el juego del tenis, pelota vasca y tenis de mesa, igualdad de puntos. -7 *m.* MAT. Signo de la igualdad [=].
SIN. *1* **Uniforme,** tratándose de la forma; **equivalente,** de valor o cantidad; **idéntico,** de naturaleza o aspecto; **par,** de calidad, categoría o clase social. **Par, parejo, igual** e **idéntico,** pueden usarse intens. para denotar una gran semejanza (v. *semejante*); las formas prefijas gr. **homo-** e **iso-** se emplean en numerosas voces cultas, p. ej. *homogéneo, homónimo, isotermo, isomorfismo.* FR. *Al ~,* con igualdad.
iguala *f.* Acción de igualar o igualarse. 2 Efecto de igualar o igualarse. 3 Ajuste o pacto en los tratos. 4 Estipendio o cosa que se da en virtud de ajuste, esp. cantidad fija anual con que se pagan los servicios médicos, farmacéuticos, veterinarios, etc. 5 Listón de madera con que los albañiles reconocen la llanura de las tapias o de los suelos.
SIN. *4* **Conducta,** en algunas regiones (Ar.).
igualación *f.* Iguala (acción y efecto). 2 fig. Ajuste, convenio o concordia.
igualado, -da *adj.* [ave] Que ya ha arrojado el plumón y tiene igual la pluma. 2 [pers.] Que paga una iguala por algunos servicios. -3 *f.* DEP. Igualdad de tantos entre los dos equipos contrincantes. 4 TAUROM. Acción de igualar el toro. -5 *adj. Guat., Méj.* y *Salv.* [pers.] Que quiere igualarse con otras de clase social superior. 6 *Méj.* Grosero. 7 *Salv.* Sagaz, ladino.
igualador, -ra *adj.-s.* Que iguala.
igualamiento *m.* Iguala (acción y efecto).
igualar *tr.* Poner al igual con otra [a una pers. o cosa]: *~ dos sumas; las cantidades al final se igualan.* 2 Allanar (poner llana; superar). 3 Convenirse con pacto [sobre una cosa]: *~ una venta;* esp. incluir un médico, farmacéutico, veterinario, etc. [a personas, ganado] en la iguala. 4 fig. Juzgar a uno como igual a otro: *yo le igualo a su hermano; yo igualo sus méritos a los de su hermano.* -5 *tr.-intr.* TAUROM. Colocarse el toro con sus cuatro extremidades perpendiculares y paralelas entre sí. -6 *intr.-prnl.* Ser una cosa igual a otra: *iguala* o *se iguala a,* o *con, su hermano.* -7 *intr. Argent.* Conocer el músico los equísonos en las cuerdas.
igualatorio, -ria *adj.* Que tiende a establecer la igualdad. -2 *m.* Régimen de asistencia médica, veterinaria, farmacéutica, etc., por iguala. 3 Establecimiento donde se atiende a los igualados.
igualdad (l. *æqualitate*) *f.* Condición de ser una cosa igual que otra; calidad de igual: *la ~ de dos cantidades; ~ de ánimo; ~ **de oportunidades,*** situación en que los individuos tienen los mismos derechos y opciones, no teóricamente, sino de hecho, y en que no se atiende a las diferencias sociales. 2 Correspondencia y proporción que resulta de muchas partes que uniformemente componen un todo. 3 MAT. Expresión de la equivalencia de dos cantidades.
igualitario, -ria (formado según el fr. *égalitaire,* der. de *égalité*) *adj.* Que entraña igualdad o tiende a ella.
REL. **Igualitarismo.**
igualitarismo *m.* Tendencia a la igualdad política, social, etc., entre los hombres.
igualmente *adv. m.* Con igualdad. 2 También, asimismo.
igualón, -na *adj.* [pollo de la perdiz] Que ya se asemeja a sus padres.
iguana (caribe *ihuana*) *f.* Reptil saurio de América Central y Meridional, de hasta un metro de longitud, provisto de una gran papada y de una cresta espinosa a lo largo del dorso *(Iguana tuberculata),* también *higuana.* 2 *Méj.* Instrumento rústico parecido a la guitarra; consta de cinco cuerdas dobles.
iguánido *adj.-m.* ZOOL. Reptil de la familia de los iguánidos. -2 *m. pl.* Familia de reptiles saurios cuyo tipo es la iguana.
iguanodonte (*iguana* + *-odonte*) *m.* Reptil saurio, fósil, gigantesco, con las extremidades posteriores mucho más largas que las anteriores, que vivió en la era secundaria *(*gén. *Iguanodon).*
-iguar, v. -ificar.
iguaria (port.) *f.* desus. Manjar delicado y apetitoso.
iguaza *f. Colomb.* Género de aves acuáticas *(Chenalopex jubatus).*
igüedo *m.* Cabrón (macho).
IHS, monograma del gr. ΙΗΣ contracción de ΙΗ (ΣΟΓ), Jesús.
ijada (l. *ilia*) *f.* Cavidad que se halla colocada a uno y otro lado, simétricamente, entre las costillas falsas y los huesos de las caderas. 2 Dolor o mal que se padece en estas partes. 3 En los peces, parte anterior e inferior del cuerpo.
SIN. *1* **Vacío.**
ijadear *intr.* Mover aceleradamente las ijadas, por efecto del cansancio.
ijar *m.* Ijada.
ijillo *m. Guat.* Enfermedad que, según creencia popular, contraen las personas que respiran aire en contacto con un difunto. 2 *Hond.* Hedor fuerte.
-ijo, -ija, sufijo que entra en la formación de palabras con significación diminutiva cuando se une a substantivos: *lagartijo;* con verbos y participios denota acción o resultado: *amasijo, apartadijo, revoltijo.*
ijolita *f.* Roca intrusiva formada por casi un 50 por ciento de nefelina y el resto por piroxenos y a menudo zeolitas.
¡ijujú! Interjección con que se denota júbilo. Ús. como s. masc.
ikastola (voz vasca, escuela) *f.* Escuela de carácter popular en la cual las enseñanzas se imparten en vascuence.
ikebana (voz japonesa) *m.* Arte de disponer las flores, gralte. en grupos de tres clases distintas, según una ant. tradición japonesa, para transmitir una idea místico religiosa de perfección.
ikurriña (voz vasca) *f.* Bandera oficial del País Vasco.
-il, sufijo que entra en la formación de adjetivos denotando pertenencia, condición o aspecto: *femenil, cerril, concejil;* en los substantivos que forma no tiene hoy significado especial: *tamboril, ministril.*
ilación (l. *illatione*) *f.* Acción de inferir una cosa de otra. 2 Efecto de inferir una cosa de otra. 3 Trabazón o nexo con que se siguen las partes de un discurso, razonamiento, etc. 4 Relación gramatical que establecen las conjunciones ilativas.
SIN. *1* y *2* **Inferencia.**
ilapso (l. *illapsu* < *illabi,* caer sobre, insinuarse) *m.* Éxtasis contemplativo, durante el cual se suspenden las sensaciones exteriores, quedando el espíritu en estado de arrobamiento.
ilativo, -va (l. *illativu*) *adj.* Que se infiere o puede inferirse. -2 *adj.-f.* GRAM. ***Conjunción ilativa,*** la consecutiva que enuncia una ilación o consecuencia de lo anteriormente manifestado.
ilécebra *f.* Halago engañoso; cariñosa ficción que atrae y convence.
ilegal (*i-* + *legal*) *adj.* Que es contra la ley.
SIN. v. **Ilícito.**
ilegalidad *f.* Falta de legalidad. 2 Acción o cosa ilegal.
ilegalmente *adv. m.* Sin legalidad.
ilegibilidad *f.* Calidad de ilegible.
ilegible (*i-* + *legible*) *adj.* Que no puede o no debe leerse.
ilegislable *adj.* No legislable.
ilegítimamente *adv. m.* Sin legitimidad.
ilegitimar (de *ilegítimo*) *tr.* Privar [a uno] de la legitimidad.
ilegitimidad *f.* Falta de algún requisito para ser legítima una cosa.
ilegitimizar *tr.* Ilegitimar. ◇ ** CONJUG. [4] como ***realizar.***
ilegítimo, -ma (l. *illegitimu*) *adj.* No legítimo.
SIN. v. **Bastardo,** tratándose de personas; **falsificado,** si se trata de productos.
ileo- (v. *íleon* I) Elemento prefijal que entra en la formación de palabras con el valor de íleon I: *ileocecal.*
íleo (l. *-eu* < gr. *eileós,* cólico violento) *m.* Oclusión intestinal a nivel del intestino delgado.
SIN. **Volvo, vólvulo.**

ileocecal (*ileo-* + *cecal*) *adj.* Relativo a los intestinos íleon y ciego. *válvula* ~.
I) íleon (l. *ileu* < gr. *eileo,* retorcerse) *m.* Última sección del intestino delgado, que va desde el yeyuno al ciego;
II) íleon *m.* Ilion.
ileostomía (*ileo-* + gr. *stoma,* boca) *f.* CIR. Intervención quirúrgica consistente en hacer desembocar el íleon a nivel de la pared intestinal, con lo cual se crea un ano contra natura.
ilercaón, -na, ilercavón, -vona *adj.-s.* De una región de la España Tarraconense, que comprendía parte de las prov. de Tarragona y Castellón.
ilerdense (l.) *adj.-s.* De Ilerda, ant. c. de la España Tarraconense, hoy Lérida. 2 Leridano.
ilergete (l.) *adj.-s.* De una reg. de la España Tarraconense que comprendía parte de la prov. de Lérida, Zaragoza y Huesca.
ileso, -sa (l. *illæsu*) *adj.* Que no ha recibido lesión.
SIN. v. **Indemne.**
iletrado, -da (*in-* + *letrado*) *adj.* Falto de cultura.
I) ilíaco, -ca, iliaco, -ca *adj.* Relativo al íleon: *vena, arteria ilíaca.*
II) ilíaco, -ca, iliaco, -ca (l. *-cu*) *adj.* Relativo a Ilion o Troya.
Ilíada *f.* Poema épico atribuido a Homero (s. IX a. C.), en el cual se narra la guerra de Troya (Ilion).
iliberal *adj.* No liberal.
iliberitano, -na, -rritano, -na *adj.-s.* De Ilíberis o Iliberris, ant. c. de la Bética que se cree es Granada.
ilicíneo, -a (der. del l. *ilice,* encina) *adj.-f.* Aquifoliáceo.
ilícitamente *adv. m.* De manera ilícita.
ilicitano, -na (l. *illicitanu*) *adj.-s.* De Ilici, ant. c. de la España Tarraconense, hoy Elche.
ilícito, -ta (l. *illicitu*) *adj.* No permitido legal ni moralmente.
SIN. **Indebido; ilegal,** es sólo contrario a la ley. Puede haber acciones ilícitas o indebidas sin ser precisamente ilegales.
ilicitud *f.* Calidad de ilícito.
iliense (l.) *adj.-s.* Troyano.
ilimitable *adj.* Que no puede limitarse.
ilimitación *f.* Calidad de ilimitado.
ilimitadamente *adv. m.* Sin limitación, de manera ilimitada.
ilimitado, -da (l. *illimitatu*) *adj.* Que no tiene límites.
ilio- (v. *ilion*) Elemento prefijal que entra en la formación de palabras con el valor de ilion: *iliocostal.*
iliocostal (*ilio-* + *costal*) *adj.* Relativo al hueso iliaco y a las costillas.
ilion (l. *ilium;* a través del fr. *ilion*) *m.* Hueso del coxal que forma el saliente de la cadera. ◇ También *íleon.*
ilipulense (l.) *adj.-s.* De Ilípula, ant. c. de la Bética.
ilíquido, -da (*in-* + *líquido*) *adj.* Sin liquidar.
ilírico, -ca *adj.* Ilirio.
ilirio, -ria (l. *illyriu*) *adj.-s.* De la Iliria, antigua región de la costa nordeste del mar Adriático. -2 *adj.-m.* Familia de lenguas del tronco indoeuropeo, habladas antiguamente a los dos lados del mar Adriático; como el mesapio. 3 Lengua perteneciente a esta familia, hablada antiguamente en la región de Iliria.
iliterario, -ria *adj.* [lengua o dialecto] Que carece de literatura escrita.
iliterato, -ta (l. *illiteratu*) *adj.* Ignorante y no versado en ciencias ni letras humanas.
SIN. **Iletrado,** más us.
iliturgitano, -na (l. *illiturgitanu*) *adj.-s.* De Iliturgi, ant. c. de la Bética.
illa (voz aimara) *f. Bol.* Moneda fuera de curso legal. 2 *Argent.* Moneda que se conserva supersticiosamente. 3 *Perú.* Piedra con apariencia de fruto o animal, o ejemplar raro de estos, que se guarda supersticiosamente.
illanco *m. Perú.* Huaico no impetuoso.
-illo, v. -ico.
ilmenita *f.* MINERAL. Óxido de hierro y titanio que cristaliza en el sistema trigonal, muy extendido en las rocas ígneas.
-ilo (gr. *yle,* materia) Elemento sufijal que entra en la formación de palabras designando radical químico: *acetilo, acilo, etilo.*
ilógico, -ca *adj.* Que carece de lógica.
ilota (gr. *eilotes*) *com.* Esclavo de los lacedemonios, originario de la c. de Helos. 2 fig. El que se halla desposeído de los derechos de ciudadano.
ilotismo *m.* Condición de ilota.
iludir (l. *illudere*) *tr.* p. us. Burlar.
iluminación *f.* Acción de iluminar; esp., alumbrado (luces). 2 Efecto de iluminar; esp., alumbrado (luces). 3 Adorno de muchas luces. 4 Especie de pintura al temple. 5 Distribución de la luz en un cuadro. 6 Ilustración miniada de los manuscritos. 7 p. ext. Coloreado de grabados antiguos. 8 FIL. Conocimiento intuitivo de algo, gracias al concurso de Dios. 9 ÓPT. Cantidad de luz que incide sobre la unidad de superficie en la unidad de tiempo.
iluminado, -da *adj.-s.* Miembro de ciertas sectas heréticas, y esp. de la secta racionalista fundada en 1776 por Adán Weishaupt (1748-1830), contraria al catolicismo: *los iluminados se extendieron por Holanda.* 2 Alumbrado (hereje). 3 Persona que se cree inspirada por un poder sobrenatural para cometer una acción o predecir un acontecimiento.
iluminador, -ra *adj.-s.* Que ilumina. -2 *m. f.* Persona que adorna libros, estampas, etc., con colores.
iluminancia *f.* FÍS. Cantidad de luz que recibe por segundo una unidad de superficie.
iluminar (l. *illuminare*) *tr.* Alumbrar. 2 Adornar con luces [una fachada, un templo, etc.]. 3 Dar color [a las figuras o letras de una estampa, libro, etc.]; esp., poner detrás [de las estampas] tafetán o papel de color. 4 fig. Ilustrar (dar luz). 5 Alumbrar aguas subterráneas. 6 TEOL. Ilustrar anteriormente Dios [a la criatura] con luz sobrenatural.
iluminaria *f.* Luminaria en señal de fiesta o regocijo público.
iluminativo, -va *adj.* Capaz de iluminar.
iluminismo *m.* Sistema de los iluminados.
iluminista *adj.* Perteneciente o relativo al iluminismo.
ilusamente *adv. m.* Falsa, engañosamente.
ilusión (l. *illusione*) *f.* Falsa percepción de un objeto que aparece en la conciencia distinto de como es en realidad, a causa de una interpretación anormal de los datos de los sentidos. 2 Esperanza sin fundamento real. 3 Esperanza cuyo cumplimiento parece especialmente atractivo. 4 Gran complacencia en una persona, cosa, tarea, etc. 5 ~ ***óptica,*** error en la estimación de las dimensiones, forma o color de los objetos. 6 RET. Ironía viva y picante.
ilusionar *tr.* Hacer que [uno] se forje ilusiones. 2 Despertar esperanzas, gralte. atractivas. -3 *prnl.* Forjarse ilusiones (esperanzas).
ilusionismo *m.* Arte de producir fenómenos que parecen contradecir las leyes naturales. 2 Doctrina filosófica para la cual todo es simple apariencia.
ilusionista *adj.-com.* Prestidigitador, jugador de manos; transformista (actor).
ilusivo, -va *adj.* Falso, engañoso, aparente.
iluso, -sa (l. *illusu*) *adj.-s.* Engañado, seducido. -2 *adj.* Propenso a ilusionarse.
ilusoriamente *adv. m.* De manera ilusoria.
ilusorio, -ria *adj.* Capaz de engañar. 2 Nulo y sin efecto.
ilustración *f.* Acción de ilustrar o ilustrarse. 2 Efecto de ilustrar o ilustrarse. 3 Estampa, grabado o dibujo que adorna un libro. 4 Publicación, gralte. periódica, con textos, láminas y dibujos. 5 Espíritu característico de la cultura del siglo XVIII, y conjunto de los escritores y hombres de ciencia que lo cultivan y representan. 6 Conjunto de conocimientos adquiridos por alguien, instrucción.
ilustrado, -da *adj.-s.* [pers.] Docto o instruido. 2 [libro, folleto, revista, etc.] Que contiene grabados o ilustraciones.
ilustrador, -ra *adj.* Que ilustra.
ilustrar (l. *illustrare*) *tr.-prnl.* Dar luz, iluminar [al entendimiento] con ciencias y estudios. 2 p. anal. Instruir, civilizar. -3 *tr.* p. ext. Aclarar [un punto o materia]. 4 TEOL. esp. Iluminar. 5 fig. Hacer ilustre [a una persona o cosa]. 6 Adornar [un impreso] con láminas o grabados.
ilustrativo, -va *adj.* Que ilustra.
ilustre (l. *illustre*) *adj.* De distinguida prosapia, casa, origen, etc. 2 Insigne, célebre. 3 Título de dignidad: *al ~ señor.*
ilustremente *adv. m.* De un modo ilustre.
ilustrísimo, -ma *adj.* Superl. de *ilustre.* Se aplica como tratamiento a los obispos y otras personas constituidas en dignidad.
im-, v. in-.
imada *f.* MAR. Explanada de madera que conduce el buque al agua.
imagen (l. *imagine*) *f.* Apariencia visible de una persona o cosa imitada por el dibujo, la pintura, la escultura: *una ~ de Jesucristo y la Virgen; las imágenes de los Santos.* 2 Semejanza: *Dios hizo al hombre a su ~.* 3 Reproducción, concreta o mental, gralte. debilitada, de una sensación pasada, sin el estímulo directo del objeto sensible: *~ visual, auditiva, táctil, muscular; ~ consecu-*

tiva. 4 Idea hecha sensible al espíritu por alguna analogía material: *una ~ poética.* 5 Palabra o expresión que se emplea para sugerir algo con lo que tiene cierta analogía o relación. 6 FÍS. Reproducción de la figura de un objeto formada por la reflexión o refracción de los rayos de luz que de él dimanan, ya sea la formada realmente en el punto donde convergen los rayos reflejados o refractados (*~ real*), ya sea la que se ve detrás de un espejo, una lente, etc., en el punto donde se encuentran las prolongaciones de los rayos luminosos divergentes que llegan al ojo del observador (*~ virtual*). 7 RET. Representación viva y eficaz de una cosa por medio del lenguaje.

SIN. *1* **Efigie**, tratándose de personas. 3 **Representación**. REL. *1* **Imaginería**, talla de imágenes religiosas; **imaginero**, el que la practica; se forman numerosos deriv. y compuestos de *icono-* (gr. *eikon, -onos*) como *iconografía, iconología, iconoclasta.*

imaginable ***adj.*** Que se puede imaginar.

imaginación ***f.*** Facultad de formar imágenes mentales. 2 Facultad de combinar simultánea o sucesivamente imágenes en serie, que no representan nada real o existente: *~ creadora.* 3 Aprensión falsa de una cosa que no hay en realidad o no tiene fundamento.

SIN. **Fantasía**, esp. en la acep. 2; **imaginativa**; fam. **magín**.

imaginar (l. *-ari*) ***tr.*** Formar la imagen (reproducción) [de una cosa], representarla mentalmente; crear [algo] en la imaginación. 2 Presumir, sospechar.

imaginaria ***f.*** MIL. Guardia que no presta efectivamente el servicio de tal, pero está dispuesta para prestarlo en caso necesario. 2 MIL. Soldado que por turno vela en cada dormitorio de un cuartel. 3 *Venez.* MIL. Ración o paga fingida en un cuartel.

imaginariamente ***adv. m.*** Por aprensión, sin realidad.

imaginario, -ria ***adj.*** Que sólo existe en la imaginación. -2 ***adj.-s.*** Imaginero.

imaginativa ***f.*** Potencia o facultad de imaginar. 2 Sentido común, facultad interior.

imaginativo, -va ***adj.*** Que continuamente imagina o piensa.

imaginería ***f.*** Bordado que imita en lo posible la pintura. 2 Arte de bordar de imaginería. 3 Talla o pintura de efigies sagradas.

imaginero ***m.*** Estatuario o pintor de imágenes.

imago (l., imagen) ***m.*** Insecto que ha experimentado su última metamorfosis y ha alcanzado su desarrollo perfecto.

imam ***m.*** Imán (persona que dirige la oración).

I) imán (fr. *aimant* < l. *adamas -antis,* diamante, metal duro) ***m.*** Magnetita. 2 Substancia que atrae al hierro, por condición natural o adquirida: *~ **artificial,*** barra de hierro, acero, etc., magnetizada.

II) imán (ár. *iman*) ***m.*** Encargado de presidir y dirigir la oración del pueblo entre los mahometanos. 2 Guía, jefe de una sociedad, generalmente religiosa, de musulmanes.

imanación ***f.*** Acción de imanar o imanarse. 2 Efecto de imanar o imanarse.

imanado, -da ***adj.*** [hierro o acero] Que tiene las propiedades del imán (substancia que atrae al hierro).

imanador, -ra ***adj.-s.*** Que imana.

imanar (de *imán*) ***tr.*** Magnetizar [un cuerpo].

imantación ***f.*** Imanación.

imantar ***tr.*** Imanar.

imbabureño, -ña ***adj.-s.*** De Imbabura, prov. del Ecuador.

imbatibilidad ***f.*** Condición de imbatible.

imbatible ***adj.*** Invencible.

imbatido, -da ***adj.*** Invicto, que nunca ha sido vencido.

imbebible ***adj.*** Que no se puede beber.

imbécil (l. *-ille*) ***adj.*** Alelado, escaso de razón.

imbecilidad ***f.*** Alelamiento, escasez de razón, idiotez. 2 Tontería, acción o dicho imbécil. 3 Retraso mental que corresponde a una edad mental situada entre los 3 y 7 años.

imbécilmente ***adv. m.*** Con imbecilidad.

imbele (l. *-elle*) ***adj.*** lit. Incapaz de guerrear.

imberbe (l.) ***adj.*** [joven] Que no tiene barba.

imbibición ***f.*** Acción de embeber. 2 Efecto de embeber.

imbíbito ***adj.*** *Guat.* y *Méj.* Comprendido, incluido.

imbira (tupí *imbí*) ***f.*** *Argent.* Árbol anonáceo de cuya corteza se sacan tiras para atar o ligar *(Xylopia sericea).*

imbombera ***f.*** *Venez.* Chimbombera, anemia.

imbombo, -ba ***adj.*** *Venez.* Chimbombo, anémico.

imbornal (del cat. *embornal,* der. del gr. *ombrina trémata,* agujeros para la lluvia, del adj. *ombrinós* y del subst. *ómbros,* lluvia) ***m.*** Agujero por donde se vacía el agua de lluvia de los terrados; en las calles, el que se abre para conducir el agua a la alcantarilla. 2 Agujero en los trancaniles de la embarcación para dar salida a las aguas. ◇ También *embornal.*

FR. *P. Rico* y *Venez., por los imbornales,* fam., por los cerros de Úbeda.

imborrable (*in-* + *borrar*) ***adj.*** Indeleble.

-imbre, sufijo que entra en la formación de las palabras *urdimbre* y *escurrimbres* denotando resultado de la acción.

imbricación ***f.*** H. NAT. Disposición de hojas, escamas, etc., a la manera de las tejas en un tejado. 2 ARQ. Adorno arquitectónico que imita las escamas del pez.

imbricado, -da (l. *-tu,* figura de teja) ***adj.*** Dispuesto a la manera de las tejas en un tejado. 2 BOT. y ZOOL. [órgano animal o vegetal] Que está sobrepuesto a otro como las tejas de un tejado: *hojas imbricadas; semillas imbricadas.* 3 ZOOL. [concha] De superficie ondulada.

imbricar ***tr.-prnl.*** Disponer [una serie de cosas iguales] de manera que se superpongan parcialmente a manera de las escamas de los peces. ◇ ** CONJUG. [1] como ***sacar.***

imbuir (l. *-ere*) ***tr.*** Infundir, persuadir: *~ a uno de,* o *en, opiniones erróneas.* ◇ ** CONJUG. [62] como ***huir.***

imbunchar ***tr.*** *Chile.* Hechizar, embrujar [a uno]. 2 *Chile.* Estafar, robar [a alguien] con cierta habilidad y misterio.

imbunche (arauc. *ivumche*) ***m.*** *Chile.* Ser maléfico y deforme que roba a los niños de seis meses y los lleva a su cueva para convertirlos en monstruos. 2 *Chile.* Niño feo, rechoncho. 3 *Chile.* Maleficio, brujería; fig. enredo, lío, barullo.

imela ***f.*** Fenómeno fonético que existió en el árabe hablado de la España musulmana. Consiste en la conversión de la vocal *a* en *e* o *i*, en determinadas circunstancias.

-imiento, v. -miento.

imilla ***f.*** *Argent., Bol.* y *Perú.* Muchacha india al servicio de una casa. 2 *Méj.* Moza india al servicio de un sacerdote.

imitable ***adj.*** Que se puede imitar. 2 Digno de imitación.

imitación ***f.*** Acción de imitar. 2 Efecto de imitar. 3 Objeto o cosa imitada. 4 Producto fabricado para substituir a otro en ciertos usos y que se parece a este bastante.

imitado, -da ***adj.*** Hecho a imitación de otra cosa.

imitador, -ra ***adj.-s.*** Que imita.

imitamonas (*imitar* + *mona*) ***com.*** fam. Persona, en esp. los niños, que imita lo que hace o dice otro. ◇ Pl.: *imitamonas.*

imitar (l. *-are*) ***tr.*** Hacer [una cosa] a semejanza de otra; tomarla como modelo; hacer lo mismo que hace [una pers. o animal].

SIN. **Seguir**, *seguir* o *imitar a los clásicos*; **remedar** y **contrahacer** sugieren gralte. imitación imperfecta o falsificada.

imitativo, -va, imitatorio, -ria ***adj.*** Relativo a la imitación.

SIN. **Mimético**, es científ. culto.

-imo, -ima (l. *-imus*) Sufijo átono que entra en la formación de palabras, especialmente de números ordinales: *vigésimo.*

imoscapo (l. *imu,* inferior + *scapu,* tronco) ***m.*** Parte curva con que empieza el fuste de una columna.

impacción (l. *-ctione*) ***f.*** MED. Penetración y detención de un cuerpo extraño en el espesor de los tejidos. 2 MED. Especie de fractura en que unos trozos o astillas se empotran en otros.

impaciencia ***f.*** Falta de paciencia.

impacientar (de *impaciente*) ***tr.*** Hacer [que uno] pierda la paciencia. -2 ***prnl.*** Perder la paciencia.

SIN. **Quemar(se), desesperar(se), pudrir(se), repudrir(se),** todos intensivos.

impaciente (l.) ***adj.*** Que no tiene paciencia: *~ con, de,* o *por, la tardanza.*

SIN. **Malsufrido.**

impacientemente ***adv. m.*** Con impaciencia.

impactar ***tr.*** Causar un choque físico. 2 Impresionar, desconcertar a causa de un acontecimiento o noticia. 3 Influir [en alguien o algo].

impacto (l. *-tu*) ***m.*** Choque del proyectil en el blanco. 2 Señal que deja en él. 3 Choque violento de un objeto con otro. 4 Efecto de una fuerza aplicada bruscamente. 5 fig. Golpe emocional producido por una noticia desconcertante. 6 fig. Efecto producido en la opinión pública por un acontecimiento, disposiciones de la autoridad, noticias catástrofes, etc. 7 DEP. En el boxeo, puñetazo.

impagable ***adj.*** Que no se puede pagar.

impagado, -da (*im-* + *pagado*) ***adj.*** [documento de crédito] Que no ha sido pagado.

impago, -ga ***adj.*** Que se debe y no está pagado. 2 *Amér.* [pers.] A quien no se le ha pagado. -3 ***m.*** Hecho de no pagar lo que se debe.

impala *m.* Antílope de mediano tamaño, pelaje de color pardo amarillento con el vientre blanco, y cuernos, sólo presentes en el macho, en forma de lira *(Aepyceros malampus).*
impalpable (*im-* + *palpable*) *adj.* Que no produce sensación al tacto. 2 fig. Que apenas la produce.
impanación *f.* Doctrina de los luteranos que sostienen que la substancia del pan no se halla destruida en el sacramento de la eucaristía.
SIN. **Empanación.**
impar (l.) *adj.* Que no tiene par o igual. -2 *adj.-s.* Número non, o indivisible por dos.
SIN. *1* **Sin par, sin segundo.**
imparable *adj.* Que no se puede parar o detener.
imparcial (*im-* + *parcial*) *adj.-s.* Que juzga o procede con imparcialidad. 2 Que no se adhiere a ningún partido o no entra en ninguna parcialidad.
imparcialidad *f.* Falta de designio anticipado o de prevención en favor o en contra de personas o de cosas.
imparcialmente *adv. m.* Con imparcialidad.
imparidígito, -ta (*impar* + l. *digitu,* dedo) *adj.* ZOOL. [animal] Que tiene un número de dedos impar.
imparipennada, imparipinnada (*impar* + l. *penna,* pluma) *adj.* V. hoja imparipinnada.
imparisílabo, -ba (*impar* + *sílaba*) *adj.* [nombre griego o latino] Que en los casos oblicuos del singular tiene mayor número de sílabas que en el nominativo, p. ej., *ónoma, onómatos; cinis, cineris.* 2 [palabra, verso, etc.] Que tiene un número impar de sílabas.
impartible *adj.* Que no puede partirse.
impartición *f.* Acción de impartir. 2 Efecto de impartir. 3 Reparto, distribución.
impartir (l. *-ire*) *tr.* Repartir, comunicar a otros [lo que uno posee]: ~ *la gloria;* ~ *enseñanza.* ◇ También *impertir,* desus.
impasibilidad *f.* Calidad de impasible.
impasible (l. *-ssibile*) *adj.* Incapaz de padecer. 2 Indiferente a las emociones.
impasiblemente *adv. m.* Con impasibilidad.
impasse (voz francesa) *m.* Punto muerto o situación en la que no se encuentra salida.
impávidamente *adv. m.* Sin temor ni pavor.
impavidez *f.* Denuedo, valor, entereza. 2 *Amér. Merid.* Frescura, descaro.
impávido, -da (l. *-du*) *adj.* Libre de pavor; imperturbable. 2 *Amér.* Fresco, descarado.
impecabilidad *f.* Calidad de impecable.
impecable (l. *impeccabile*) *adj.* Incapaz de pecar. 2 fig. Perfecto.
impedancia *f.* FÍS. Resistencia aparente de un circuito dotado de capacidad y autoinducción al flujo de una corriente eléctrica alterna, equivalente a la resistencia efectiva cuando la corriente es continua.
impedido, -da *adj.-s.* Que no puede usar de sus miembros.
SIN. **Imposibilitado, tullido, paralítico.**
impedidor, -ra *adj.-s.* Que impide.
impedimenta (l.) *f.* Bagaje que suele llevar la tropa, e impide la celeridad de las marchas y operaciones.
impedimento (l. *-tu*) *m.* Obstáculo, estorbo para una cosa. 2 Circunstancia que hace ilícito o nulo el matrimonio: ~ ***dirimente,*** el que anula el matrimonio; ~ ***impediente,*** el que lo hace ilegítimo pero no nulo.
SIN. *1* v. **Estorbo.**
impedir (l. *-ire*) *tr.* Estorbar, imposibilitar la ejecución [de una cosa]. 2 poét. Suspender, embargar, empecer. ◇ ** CONJUG. [34] como ***servir.***
impeditivo, -va *adj.* [cosa] Que impide (estorba).
impelente *adj.* Que impele.
impeler (l. *-ellere*) *tr.* Dar empuje [a una cosa] para hacerla mover. 2 fig. Incitar: ~ *a uno a trabajar; impelido de la necesidad; impelido por el ejemplo.*
SIN. v. **Empujar.**
impender (l. *-ere*) *tr.* p. us. Gastar, invertir [dinero].
impenetrabilidad *f.* Propiedad de los cuerpos que impide que uno esté en el lugar que ocupa otro. 2 fig. Carácter de lo muy difícil de penetrar o adivinar.
impenetrable (l. *-abile*) *adj.* Que no se puede penetrar. 2 fig. Difícil de entender o de descifrar: ~ *a todos;* ~ *en el secreto.* 3 fig. [pers.] Que no deja traslucir lo que sabe, lo que cree o lo que siente.
impenitencia (l. *impœnitentia*) *f.* Obstinación en el pecado: ~ ***final,*** la que dura hasta la muerte.
SIN. **Contumacia.**
impenitente *adj.-com.* Que muestra impenitencia. 2 fam. Que persiste en su error.
SIN. **Contumaz.**
impensa (l.) *f.* DER. Gasto que se hace en la cosa poseída.
impensable *adj.* Que después de concebido se rechaza de plano mentalmente. 2 Increíble, inimaginable, imprevisible. 3 Que es de difícil o imposible realización.
impensadamente *adv. m.* Sin pensar en ello, inesperadamente.
impensado, -da *adj.* [cosa] Que sucede sin pensar en ella o sin esperarla.
SIN. **Inesperado.**
impepinable *adj.* fam. *y* burl. Seguro, irrebatible.
impepinablemente *adv. m.* Con toda seguridad.
imperador, -ra *adj.* p. us. Que impera.
imperante *adj.* Que impera. 2 ASTROL. [signo] Que se suponía dominar en el año, por estar en casa superior.
imperar (l. *-are*) *intr.* Ejercer la dignidad imperial. 2 Dominar, mandar con autoridad absoluta.
imperativamente *adv. m.* Con imperio.
imperativo, -va *adj.-m.* Que impera o manda. 2 GRAM. V. modo imperativo.
SIN. *1* **Imperioso,** sugiere arrogancia en la forma; **perentorio,** supone apremio o urgencia en el mandato.
imperator *m.* Título que daban los romanos a los generales victoriosos.
imperatoria *f.* Planta umbelífera, de tallo hueco y estriado, hojas divididas en tres hojuelas lobuladas, flores blancas en umbela casi plana y fruto seco con semillas menudas; su cocimiento se usó en medicina *(Peucedanum ostruthium).*
imperatorio, -ria *adj.* Relativo al emperador o a la potestad imperial.
imperceptibilidad *f.* Calidad de imperceptible.
imperceptible (*im-* + *perceptible*) *adj.* Que no se puede percibir.
SIN. **Insensible.**
imperceptiblemente *adv. m.* De un modo imperceptible.
impercuso, -sa *adj.* [medalla] Que tiene el grabado en hueco en lugar de tenerlo en relieve.
imperdible (*im-* + *perdible*) *adj.* Que no puede perderse. -2 *m.* Alfiler que se abrocha metiendo su punta dentro de una cavidad que hay en el otro extremo.
imperdonable (*im-* + *perdonable*) *adj.* Que no se debe o puede perdonar.
imperecedero, -ra *adj.* Que no perece. 2 fig. Inmortal, eterno.
imperfección *f.* Falta de perfección. 2 Defecto moral.
imperfectamente *adv. m.* Con imperfección.
imperfectivo, -va *adj.* GRAM. [acción verbal] De larga duración, que no necesita llegar a su término para que se realice: *querer, desear, conocer.* ◇ Algunos gramáticos los llaman *verbos permanentes.*
imperfecto, -ta (l. *-tu*) *adj.* No perfecto. 2 GRAM. [tiempo] Que presenta la acción en su continuidad o transcurso, sin que nos interese su comienzo ni su fin. En este sentido son imperfectos todos los tiempos simples de la conjug. española, con excepción del pretérito indefinido. En sentido restringido se aplica esta denominación a los pretéritos *cantaba, cantara* o *cantase,* y a los futuros *cantaré* y *cantare.* V. verbo (uso de los tiempos).
SIN. *1* **Incompleto, defectuoso,** tienen signif. intensiva en relación con **deficiente** e **imperfecto,** que se sienten como más o menos eufemísticos.
imperforación (*im-* + *perforación*) *f.* MED. Defecto orgánico consistente en tener ocluidos órganos o conductores que por su naturaleza y función deben estar abiertos.
imperial (l. *-ale*) *adj.* Relativo al emperador o al imperio. -2 *f.* Tejadillo o cobertura de las carrozas. 3 Sitio con asientos que algunos carruajes tienen encima de la cubierta. 4 Especie de juego de naipes. -5 *m. Cuba.* Cigarro puro de buen tamaño y escogida calidad.
imperialismo (de *imperio,* pero tomado del ing. *imperialism*) *m.* Sistema político y económico que pretende la extensión, dominación y preponderancia de un estado sobre otro u otros.
imperialista (de *imperio,* pero tomado del ing. *imperialist*) *adj.* Perteneciente o relativo al imperialismo. -2 *com.* Partidario del imperialismo. 3 Partidario del régimen imperial en el estado.

impericia (l. *-itia*) *f.* Falta de pericia.
imperio (l. *-iu*) *m.* Acción de imperar: *el ~ de la justicia y del orden.* 2 Dignidad de emperador y tiempo que dura su gobierno. 3 Conjunto de estados sujetos a un emperador, y, p. ext., todo estado que impone su autoridad moderadora y extiende su lengua y su cultura sobre otras naciones o países: *~ inglés; ~ colonial francés.* 4 Tiempo durante el cual hubo emperadores en determinado país. 5 Estilo que predominó en las artes durante el período de Napoleón Bonaparte (1769-1821). 6 fig. Altanería, orgullo. 7 ***Mero ~***, DER., potestad de ciertos magistrados para imponer penas a los delincuentes con conocimiento de causa. 8 ***Mixto ~***, DER., facultad que compete a los jueces para decidir las causas civiles y llevar a efecto sus sentencias.
imperiosamente *adv. m.* Con imperio.
imperiosidad *f.* Carácter imperioso, altanería, orgullo.
imperioso, -sa *adj.* Que manda con imperio. 2 Que es necesario o indispensable. 3 Autoritario: *orden imperiosa.* 4 Que conlleva fuerza o exigencia. 5 Dominante.
SIN. *1* v. **Imperativo.**
imperito, -ta (l. *-tu*) *adj.* Que carece de pericia.
impermeabilidad *f.* Calidad de impermeable.
impermeabilización *f.* Acción de impermeabilizar. 2 Efecto de impermeabilizar.
impermeabilizante *adj.-s.* Que impermeabiliza.
impermeabilizar *tr.* Hacer impermeable [una cosa]. ◇ **CONJUG. [4] como ***realizar.***
SIN. vbs. **Alquitranar, embrear, calafatear, recauchutar**, etc., según los materiales empleados y los objetos a que se aplican.
impermeable (l. *-abile*) *adj.* Impenetrable al agua o a otro fluido. 2 fig. Indiferente a una emoción, sentimiento, etc. -3 *m.* Sobretodo hecho con tela impermeable.
SIN. *3* **Chubasquero, gabardina, trinchera.**
impermutabilidad *f.* Calidad de impermutable.
impermutable (l. *-abile*) *adj.* Que no puede permutarse.
imperscrutable (l. *-abile*) *adj.* p. us. Inescrutable.
impersonal (del l. gramatical *-ale*) *adj.* Que no tiene o no manifiesta personalidad: *estilo ~.* 2 Que no se aplica a nadie personalmente. 3 [tratamiento] Que no emplea ninguna de las voces comunes, como *tú, usted, señoría*, etc.: *el amigo quiere volverse* por *usted quiere volverse.* 4 ***Verbo ~***, v. verbo. 5 ***Tiempo ~***, el del verbo que no acepta las personas gramaticales. 6 ***Oración ~***, la que no se atribuye a un sujeto determinado: *dicen que ha llegado; se afirma que han ocurrido sucesos graves.*
impersonalidad *f.* Carácter de lo impersonal; falta de personalidad.
impersonalismo *m. Venez.* Desinterés.
impersonalizar *tr.* Usar como impersonal algún verbo que por su índole es personal: *hace calor; hay manteca.* V. verbo impersonal. ◇ ** CONJUG. [4] como ***realizar.***
impersonalmente *adv. m.* Con tratamiento impersonal. 2 GRAM. Sin determinación de persona, esp. cuando se trata de verbos que suelen determinarla: *se dice; cuentan.* V. verbo impersonal.
impersuasible *adj.* No persuasible.
impertérrito, -ta (l.) *adj.* [pers.] A quien nada intimida.
impertinencia *f.* Dicho o hecho fuera de propósito. 2 Nimia susceptibilidad nacida de un humor desazonado y displicente. 3 Importunidad molesta y enfadosa. 4 Curiosidad, nimio cuidado de una cosa.
impertinente (l.) *adj.* Que no viene al caso. -2 *adj.-com.* Nimiamente susceptible; que se desagrada de todo y pide o hace impertinencias. -3 *m. pl.* Anteojos con manija que suelen usar las señoras.
SIN. *3* v. **Anteojos.**
impertinentemente *adv. m.* Con impertinencia.
impertir (l. *-ire*) *tr.* desus. Impartir. ◇ ** CONJUG. [29] como ***discernir.***
imperturbabilidad *f.* Calidad de imperturbable.
imperturbable (l. *-abile*) *adj.* Que no se perturba.
imperturbablemente *adv. m.* De manera imperturbable.
impétigo (l.) *m.* PAT. Dermatosis contagiosa, caracterizada por la aparición de series de flictenas cuyo contenido se seca formando costras amarillentas.
impetra *f.* Facultad, permiso. 2 Bula en que se concede un beneficio dudoso, con obligación de aclararlo de su cuenta y riesgo el que lo consigue.
impetración *f.* Acción de impetrar. 2 Efecto de impetrar.
impetrador, -ra *adj.-s.* Que impetra.
impetrar (l. *-are*) *tr.* Conseguir [una gracia] que se ha solicitado. 2 Solicitar [una gracia] con ahínco: *~ el perdón del superior.*
SIN. *2* v. **Rogar.**
impetratorio, -ria *adj.* Que sirve para impetrar.
ímpetu (l.) *m.* Movimiento acelerado y violento. 2 La misma fuerza o violencia. 3 MEC. Vector que resulta de multiplicar la masa de un móvil por su velocidad.
impetuosamente *adv. m.* Con ímpetu.
impetuosidad *f.* Ímpetu.
impetuoso, -sa *adj.* Violento, precipitado.
impíamente *adv. m.* Con impiedad, sin religión. 2 Sin compasión.
impiedad *f.* Falta de piedad o de religión.
impiedoso, -sa *adj.* Impío.
impío, -a (l. *-iu*) *adj.* Falto de piedad. 2 fig. Irreligioso.
impla (ing. *wimpel*, velo) *f.* Toca usada antiguamente. 2 Tela de que se hacía.
implacabilidad *f.* Calidad de implacable.
implacable (l. *-abile*) *adj.* Que no se puede aplacar: *~ en la ira.*
implacablemente *adv. m.* Con rigor o enojo implacable.
implantación *f.* Acción de implantar. 2 Efecto de implantar. 3 Anidamiento del huevo fecundado en la mucosa uterina. 4 CIR. Técnica quirúrgica consistente en colocar una prótesis dental, sostenida en una estructura metálica, directamente sobre un maxilar. 5 MED. Introducción de una substancia medicamentosa en el tejido celular subcutáneo para que se vaya absorbiendo lentamente. 6 MED. Colocación de agujas radiactivas en el tratamiento de un cáncer.
implantador, -ra *adj.* Que implanta.
implantar (*im-* + *plantar*) *tr.-prnl.* Establecer, instaurar [una reforma, una costumbre, una moda, etc.]. -2 *tr.* Plantar, injertar, poner, encajar. 3 MED. Colocar en el cuerpo [algún aparato o sustituto de órgano que ayuda a su funcionamiento].
SIN. *1* v. **Establecer.**
implar *tr.* Llenar, inflar.
implaticable *adj.* Que no admite plática.
implementar (ing. *implement) tr.* Activar.
implemento *m.* ANGL. Utensilio. 2 LING. Término utilizado por algunos lingüistas para designar el complemento directo.
implicación (l. *-atione*) *f.* Contradicción. 2 Estado de la persona envuelta en un delito. 3 Consecuencia, repercusión de algún dicho o hecho. 4 Cosa implicada en otra.
implicancia *f. Amér.* Incompatibilidad o impedimento legal. 2 *Amér.* Consecuencia, secuela.
implicar (l. *implicare*, colocar en) *tr.* Envolver, enredar: *implicarse con alguno; implicarse en algún enredo.* 2 Incluir en esencia, contener como consecuencia [una cosa]: *eso implica una guerra.* 3 Interesar, comprometer [a alguien en un asunto]. 4 Obstar, envolver contradicción. Ús. gralte. con adverbios de negación. ◇ ** CONJUG. [1] como ***sacar.***
SIN. *2* **Traer consigo, suponer, significar.**
implicatorio, -ria *adj.* Que implica.
implícitamente *adv. m.* De un modo implícito.
implícito, -ta (l. *-tu*) *adj.* Que se entiende incluido en otra cosa sin expresarlo.
CONTR. **Explícito.** SIN. **Callado, tácito,** en GRAM. y LÓG.
imploración *f.* Acción de implorar. 2 Efecto de implorar.
implorar (l. *-are*) *tr.* Pedir con ruegos o lágrimas [una cosa].
SIN. v. **Rogar.**
implosión *f.* Hundimiento hacia dentro de un recipiente en donde se ha hecho el vacío. 2 ASTRON. Fenómeno cósmico que consiste en la disminución brusca del tamaño de un astro. 3 FON. Modo de articulación de las consonantes implosivas, y más estrictamente, parte de la pronunciación de los sonidos oclusivos correspondiente al momento en que se forma la oclusión.
implosivo, -va *adj.* FON. [articulación, sonido] Que por ser final de sílaba, termina sin la abertura súbita de las consonantes explosivas; como la *p* de *apto* o la *c* de *néctar*.
implume (l.) *adj.* Que no tiene plumas.
impluvio (l. *-iu*) *m.* Espacio descubierto en medio del atrio de las casas romanas, por donde entraban las aguas de lluvia, recogidas en un pequeño depósito que tenía en el centro.
impolarizable *adj.* Que no puede polarizarse.
impolítica (*im-* + *política*) *f.* Descortesía.
impolíticamente *adv. m.* De manera impolítica.
impolítico, -ca *adj.* Falto de política o contrario a ella.
impoluto, -ta (l. *impollutu*) *adj.* Limpio, inmaculado.
imponderabilidad *adj.* Calidad de imponderable.

imponderable (*im-* + *ponderable*) *adj.* Que no puede pesarse. 2 fig. Que excede a toda ponderación. -3 *m.* Circunstancia difícil de prever; factor que no puede medirse, pero que influye en una situación dada: *los imponderables que actúan en las cotizaciones bursátiles.*
imponderablemente *adv. m.* De modo imponderable.
imponedor, -ra *adj.* Imponente, que impone.
imponencia *f. Chile* y *Guat.* Grandeza, majestad.
imponente *adj.-s.* Que impone. -2 *adv.* fam. Muy bien.
imponer (l. *-ere*) *tr.* Poner [carga, obligación u otra cosa]: ~ *una penitencia;* ~ *silencio.* 2 Instruir [a uno] en una cosa; enseñársela o informarle de ella: *le impuse en sus obligaciones; le impuse en gramática; se ha impuesto del contenido de la carta.* 3 Imputar falsamente a otro una cosa: ~ *un falso testimonio.* 4 Infundir [respeto, miedo o asombro]; dominar: *se impuso a la multitud; es un hombre que impone.* 5 Poner [dinero] a rédito o en depósito: ~ *una cantidad en el Banco.* 6 Poner [a alguien] el nombre que va a llevar. 7 IMPR. Disponer para la tirada [las planas de composición] con sus márgenes correspondientes. 8 LITURG. Consagrar o bendecir poniendo las manos encima. ◇ **CONJUG. [78] como *poner.*
imponible *adj.* Que se puede gravar con impuesto o tributo.
impopular (l. *-are*) *adj.* Que no es grato a la multitud.
impopularidad *f.* Desafecto, mal concepto en el público.
importación *f.* Acción de importar (introducir productos comerciales). 2 Conjunto de cosas importadas.
importador, -ra *adj.-s.* Que importa (de un país).
importancia *f.* Calidad de importante. 2 Representación de una persona por su dignidad o calidades: *hombre de* ~.
SIN. **Significación.**
importante *adj.* Que importa. 2 Que es muy conveniente o interesante, o de mucha entidad, consecuencia, dignidad o calidad. ◇ GALIC.: *una factura, un saldo importante 250.000 ptas.,* por *que importa, que suma, que asciende a.*
importantemente *adv. m.* Con importancia.
importantizarse *prnl. Venez.* Hacerse el importante. ◇ **CONJUG. [4] como ***realizar.***
I) importar (l. *-are*) *intr.* Convenir, hacer al caso; ser de mucha entidad o consecuencia: *importa mucho a tu padre.* -2 *tr.* Hablando de precios, cuentas, facturas, montar, sumar, valer [tal o cual cantidad]. 3 Llevar consigo: ~ *necesidad, violencia.*
II) importar (ing. *to import*) *tr.* Introducir en un país [productos comerciales, costumbres, juegos, etc., extranjeros]: ~ *géneros de Francia;* ~ *a,* o *en, España.*
importe (de *importar* I) *m.* Cuantía de un precio, crédito, cuenta, etc.
importunación *f.* Instancia porfiada y molesta.
importunadamente, importunamente *adv. m.* Con importunidad y porfía. 2 Intempestivamente.
importunar *tr.* Incomodar [a uno], esp. con una pretensión o solicitud: ~ *con sus pretensiones.*
importunidad *f.* Calidad de importuno. 2 Incomodidad causada por una solicitud.
importuno, -na (l. *-nu*) *adj.* Inoportuno. 2 Molesto, enfadoso.
SIN. *1* v. **Intempestivo.**
imposibilidad *f.* Falta de posibilidad: ~ ***física,*** la que hay para existir o verificarse una cosa en el orden natural; ~ ***metafísica,*** la que implica contradicción lógica; ~ ***moral,*** la que implica contradicción con una norma moral.
imposibilitado, -da *adj.* Impedido.
imposibilitar *tr.* Quitar la posibilidad de hacer o conseguir [una cosa]. -2 *prnl.* Quedar impedido o tullido.
imposible (l. *impossibile*) *adj.* No posible. 2 Inaguantable, intratable: *estar,* o *ponerse,* ~. 3 Muy desaseado y repugnante. -4 *adj.-m.* Sumamente difícil: *hacer los imposibles para lograr algo.* -5 *m.* RET. Figura que consiste en asegurar que primero que suceda una cosa ha de ocurrir otra de las que no están en lo posible.
imposiblemente *adv. m.* Con imposibilidad.
imposición (l. *-itione*) *f.* Acción de imponer o imponerse: ~ ***de manos,*** ceremonia que usa la Iglesia para transmitir la gracia del Espíritu Santo a los que van a recibir ciertos sacramentos. 2 Efecto de imponer o imponerse. 3 Carga, tributo u obligación que se impone. 4 Cantidad que se impone de una vez en cuenta, depósito, etc. 5 IMPR. Composición de cuadrados que separa las planas entre sí, para que, impresas, aparezcan con las márgenes correspondientes.
impositivo, -va *adj.* Que se impone. 2 Relativo al impuesto público.
impositor, -ra *m. f.* Tipógrafo que hace la imposición de las planas. -2 *adj.-s.* Que impone.
imposta (l. *imposita,* puesta sobre; probl. a través del it.) *f.* ARQ. Hilada de sillares, algo voladiza, sobre la cual va sentado arco. 2 ARQ. Faja que corre horizontalmente en la fachada de los edificios a la altura de los pisos. 3 ARQ. Tablero fijo o durmiente de una puerta o ventana sobre que se cierra la hoja.
impostar *intr.* Fijar la voz en las cuerdas vocales para emitir el sonido en su plenitud, sin vacilación ni temblor.
impostergable *adj.* Que no puede postergarse.
impostor, -ra (l.) *adj.-s.* Persona que calumnia. 2 Persona que engaña con apariencia de verdad. 3 Suplantador, persona que se hace pasar por quien no es.
impostura (l.) *f.* Imputación calumniosa. 2 Engaño con apariencia de verdad.
impotable *adj.* Que no es potable.
impotencia *f.* Calidad de impotente.
impotente *adj.* Que no tiene potencia: ~ *contra la mala fortuna;* ~ *para el bien.* -2 *adj.-s.* [pers.] Incapaz de realizar el coito.
impracticabilidad *f.* Calidad de impracticable.
impracticable (*im-* + *practicable*) *adj.* Que no se puede practicar. 2 [camino, paraje] Difícil de transitar. 3 [puerta, ventana, etc.] Que no se puede abrir ni cerrar.
imprecación *f.* Acción de imprecar. 2 RET. Figura que consiste en imprecar.
SIN. *1* **Maldición.**
imprecar (l. *-ari*) *tr.* Proferir palabras con que se pide o se manifiesta desear vivamente que alguien reciba [un mal, daño, desgracia, etc.]. ◇ ** CONJUG. [1] como ***sacar.***
SIN. **Maldecir.**
imprecatorio, -ria *adj.* Que implica o denota imprecación.
imprecisión *f.* Falta de precisión.
impreciso, -sa *adj.* No preciso, vago, indefinible. 2 [palabra, expresión] Confuso, que se presta a equívocos y falsas interpretaciones.
impredecible (*im-* + *predecible*) *adj.* Que no se puede predecir.
impregnable *adj.* Que se puede impregnar.
impregnación *f.* Acción de impregnar o impregnarse. 2 Efecto de impregnar o impregnarse. 3 Técnica empleada para proteger los materiales de la acción del medio ambiente. 4 BIOL. Impronta o troquelado.
impregnar (l. *imprœgnare*) *tr.-prnl.* Introducir entre las moléculas [de un cuerpo] las de otro sin que se combinen. 2 Empapar.
impremeditación *f.* Falta de premeditación.
impremeditado, -da (*im-* + *premeditado*) *adj.* No premeditado, irreflexivo.
imprenta (cat. *empremta;* part. fem. del cat. ant. *emprémer,* dejar una huella, der. del l. *imprimere*) *f.* Arte de imprimir (en papel). 2 Oficina o lugar donde se imprime. 3 Impresión (calidad o forma). 4 fig. Lo que se publica impreso. -5 *f. pl. Colomb.* Embustes; proyectos.
imprentar *tr. Chile.* Planchar [los cuellos y solapas o las perneras de los pantalones] para darles la debida forma. 2 *Chile.* Coser en la parte inferior de las perneras [de los pantalones] una tira circular.
imprentario *m. Chile.* vulg. Impresor o dueño de una imprenta.
imprescindible *adj.* Que no se puede prescindir.
imprescriptibilidad *f.* Calidad de lo que es imprescriptible.
imprescriptible *adj.* Que no se puede prescribir.
impresentable (*im-* + *presentable*) *adj.* Que no es digno de presentarse o de ser presentado.
impresión (l. *-essione*) *f.* Acción de imprimir: *la* ~ *de un folleto; primera* ~ *de un libro; obra de* ~ *esmerada.* 2 Efecto de imprimir. 3 Calidad o forma de letra con que está impresa una obra. 4 Obra impresa. 5 Marca que una cosa deja en otra apretándola: ~ ***dactilar*** o ***digital,*** la que suele dejar la yema del dedo en un objeto al tocarlo, o la que se obtiene impregnándola previamente en una materia colorante. 6 Efecto que causa en un cuerpo otro extraño. 7 fig. Efecto, esp. vivo, que las cosas causan en el ánimo. 8 fig. Opinión formada a partir de este efecto.
SIN. *5* **Huella.**
impresionabilidad *f.* Calidad de impresionable.
impresionable *adj.* Fácil de impresionarse.
impresionante *adj.* Que impresiona.
impresionar (de *impresión*) *tr.-prnl.* Persuadir por un movimiento afectivo: *mis palabras le han impresionado;* conmover:

las luchas le impresionan. 2 Actuar a la luz o hacer que la luz actúe [sobre la placa fotográfica]: *el sol ha impresionado la placa; hemos impresionado la placa.*

impresionismo *m.* Escuela pictórica que floreció en Francia hacia el año 1874, por obra de Monet (1840-1926) y otros artistas. Deriva este nombre del hecho de pretender sus seguidores trasladar sobre el lienzo su particular impresión del objeto considerado, haciendo, para ello, centro del cuadro la atmósfera luminosa que rodea este objeto. Obtenían el efecto esp. con la resolución de las luces en los colores que las componen según el análisis espectral, y contrastando masas y sombras, concebidas las últimas como luces menores. 2 p. ext. Manera artística o literaria de considerar y reproducir la naturaleza, atendiendo más que a su realidad objetiva a la impresión subjetiva o personal.

impresionista *adj.* Relativo al impresionismo. -2 *adj.-com.* Partidario del impresionismo.

impreso, -sa (l. *-essu*) pp. irreg. de *imprimir.* 2 *m.* Obra impresa. 3 Formulario impreso con espacios en blanco para llenar a mano o a máquina.

impresor, -ra *adj.* Que imprime. -2 *m. f.* Persona que imprime. 3 Persona que dirige o es dueña de una imprenta. -4 *f.* Mujer del impresor. 5 INFORM. Máquina periférica de los ordenadores electrónicos que sirve para escribir sobre papel los resultados de las operaciones.

SIN. *2* **Tipógrafo.**

imprestable (l. *imprœstabile*) *adj.* Que no se puede prestar.

imprevisible *adj.* Que no se puede prever.

imprevisión *f.* Falta de previsión.

imprevisor, -ra (*im-* + *previsor*) *adj.* Que no prevé.

imprevisto, -ta *adj.* No previsto. -2 *m. pl.* En lenguaje administrativo, gastos para los cuales no hay crédito habilitado y distinto.

imprimación *f.* Acción de imprimar. 2 Efecto de imprimar. 3 Conjunto de ingredientes con que se imprima. 4 METAL. Recubrimiento de un objeto metálico con una pintura anticorrosiva.

SIN. *3* **Aparejo.**

imprimadera *f.* Instrumento en forma de cuchilla o media luna, para imprimar.

imprimador, -ra *adj.-s.* Que imprima.

imprimar (*in-* + l. *primus,* primero; a través del fr. *imprimer*) *tr.* Preparar con los ingredientes necesarios [las cosas que han de ser pintadas o teñidas]. 2 *Colomb.* Cubrir [la superficie de una carretera] con material asfáltico.

SIN. *1* **Aparejar; emprimar,** entre pintores.

imprimátur (l.) *m.* fig. Licencia que da la autoridad eclesiástica para imprimir un escrito. ◇ Pl.: *imprimátur.*

imprimatura *f.* Capa de yeso encolado con la que se prepara la superficie de una tabla para ser pintada.

imprimible *adj.* Que puede ser impreso.

imprimir (l. *-ere*) *tr.* Dejar en el papel u otra materia análoga por medio de la presión mecánica, la huella [de un dibujo o texto grabados sobre una plancha metálica o compuestos de letras o caracteres movibles debidamente ordenados y apretados en una forma o molde]: ~ *con,* o *de, letra nueva.* 2 Estampar [un sello u otra cosa análoga] sobre papel, tela, etc., por medio de la presión: ~ *sobre cera.* 3 en gral. Dejar una huella sobre una cosa: ~ *los pasos en la arena.* 4 fig. Fijar en el ánimo [algún afecto o especie]. 5 En el lenguaje científico, impulsar, transmitir: ~ *un movimiento.* ◇ CONJUG.: pp.: ***impreso.***

SIN. *1* **Tirar.** GRAM. El partic. reg. **imprimido** tuvo algún uso entre los clásicos.

improbabilidad *f.* Falta de probabilidad.

improbable (l. *-abile*) *adj.* No probable.

improbablemente *adv. m.* Con improbabilidad.

improbar (l. *-are*) *tr.* p. us. Desaprobar, reprobar. ◇ ** CONJUG. [31] como ***contar.***

improbidad *f.* Falta de probidad.

ímprobo, -ba (l. *-bu*) *adj.* Falto de probidad. 2 [trabajo] Excesivo y continuado.

improcedencia *f.* Calidad de improcedente.

improcedente (*im-* + *procedente*) *adj.* No conforme a derecho. 2 Infundado, extemporáneo, inadecuado.

improductivamente *adv. m.* De modo improductivo.

improductividad *f.* Calidad de improductivo.

improductivo, -va (*im-* + *productivo*) *adj.* Que no produce.

improfanable *adj.* Que no se puede profanar.

impromptu *m.* MÚS. Pieza breve, gralte. para piano, de carácter improvisado.

impronta (it.) *f.* Reproducción de imágenes en hueco o de relieve, en cualquier materia blanda o dúctil. 2 Marca que dejan los matasellos. 3 fig. Señal o carácter peculiar: *su estilo tiene la ~ de una gran personalidad literaria.* 4 BIOL. Proceso de aprendizaje, que tiene lugar en los animales jóvenes durante un corto período de receptividad, del que resulta una forma estereotipada de reacción frente a un modelo, que puede ser otro ser vivo o un juguete mecánico.

impronunciable (*im-* + *pronunciable*) *adj.* Imposible de pronunciar o de muy difícil pronunciación. 2 Inefable, indecible. 3 fig. Que no debería ser dicho, para no ofender la moral, el buen gusto, etc.

SIN. *2* v. **Inefable.**

improperar (l. *-are*) *tr.* Decir [a uno] improperios.

improperio (l. *-iu*) *m.* Injuria grave de palabra y esp. la empleada para echar en cara una cosa. -2 *m. pl.* Versículos que se cantan en el oficio del Viernes Santo, durante la adoración de la cruz.

SIN. *1* v. **Insulto.**

impropiamente *adv. m.* Con impropiedad.

impropiedad *f.* Cualidad de impropio. 2 Falta de propiedad en el lenguaje.

impropio, -pia (l. *impropriu*) *adj.* Falto de las cualidades convenientes: ~ *a, de, en,* o *para, su edad.* 2 Ajeno, extraño.

improporción *f.* Desproporción.

improporcionado, -da *adj.* Que carece de proporción.

improrrogable *adj.* Que no se puede prorrogar.

impróspero, -ra *adj.* No próspero.

improsulto, -ta *adj. Chile.* fam. Atrevido, descarado, sinvergüenza. 2 *Hond.* fam. Malo, inútil.

impróvidamente *adv. m.* Sin previsión.

impróvido, -da (l. *-du*) *adj.* Desprevenido.

improvisación *f.* Acción de improvisar. 2 Efecto de improvisar. 3 Cosa improvisada. 4 p. us. Medro rápido, gralte. inmerecido, en la carrera o en la fortuna de una persona. 5 MÚS. Composición imaginada o desarrollada por un músico durante el transcurso de la ejecución, basándose en un tema dado o en su fantasía.

SIN. *1, 2* y *3* **Repente, repentización, in promptu.**

improvisadamente *adv. m.* Improvisamente.

improvisador, -ra *adj.-s.* Que improvisa.

SIN. **Repentista.**

improvisamente *adv. m.* De manera improvisada.

SIN. **In promptu,** tratándose de producciones de ingenio.

improvisar (fr. *improviser*) *tr.* Hacer [una cosa, esp. un discurso o poesía] de pronto, sin estudio ni preparación alguna.

SIN. **Repentizar.**

improviso, -sa (l. *-su*) *adj.* Que no se prevé o previene: ***al,*** o ***de, improviso,*** improvisadamente.

improvisto, -ta *adj.* Improviso: ***a la improvista,*** improvisadamente.

imprudencia (l. *-ntia*) *f.* Falta de prudencia. 2 Acción imprudente. 3 DER. ~ ***temeraria,*** punible e inexcusable negligencia, la cual conduce a ejecutar hechos que, a mediar malicia en el actor, serían delitos.

SIN. **Temeridad,** cuando se comete con grave riesgo.

imprudente *adj.-com.* Que no tiene prudencia.

imprudentemente *adv. m.* Con imprudencia.

impúber, impúbero, -ra (l. *impubere*) *adj.-s.* Que no ha llegado aún a la pubertad.

impublicable *adj.* Que no se puede, o no se debe, publicar.

impudencia *f.* Calidad de impudente.

impudente *adj.* Desvergonzado, sin pudor.

impúdicamente *adv. m.* De manera impúdica. 2 Con cinismo, descaradamente.

impudicia *f.* Síncopa de *impudicicia.*

impudicicia (l. *-itia*) *f.* Deshonestidad.

impúdico, -ca (l. *-cu*) *adj.* Deshonesto, falto de pudor.

impudor *m.* Falta de pudor y de honestidad. 2 Cinismo (desvergüenza).

impuesto, -ta (l. *impositu*) pp. irreg. de *imponer.* 2 *m.* Tributo, carga.

SIN. *2* v. **Tributo.**

impugnable *adj.* Que se puede impugnar. 2 Que no se puede tomar o conquistar.

impugnante *adj.* Impugnador.

impugnar (l. *-are*) *tr.* Combatir, refutar: *impugnado de,* o *por, todos.*

SIN. v. **Contradecir.**

impugnativo, -va *adj.* Que impugna o sirve para impugnar.
impulsar *tr.* Impeler. 2 fig. Estimular, promover [una acción o actividad].
SIN. *1* v. **Empujar.**
impulsión (l. *-sione*) *f.* Impulso.
impulsividad *f.* Condición de impulsivo.
impulsivo, -va *adj.* Que impele o puede impeler. 2 [pers.] Que, llevado de la impresión del momento, habla o procede sin reflexión ni cautela.
impulso (l. *-su*) *m.* Acción de impeler. 2 Efecto de impeler. 3 Instigación, incitación. 4 Fuerza que lleva aquello que se mueve, crece, se desarrolla, etc. 5 fig. Deseo o motivo afectivo que induce a hacer algo de manera súbita, sin reflexionar. 6 MEC. Producto de una fuerza por el tiempo durante el que actúa. 7 Grupo de oscilaciones de elevada frecuencia y corta duración, transmitidas periódicamente por una radioemisora.
SIN. *1* y *2* v. **Empujón.**
impulsor, -ra *adj.-s.* Que impele.
impune (l.) *adj.* Que queda sin castigo.
impunemente *adv. m.* Con impunidad.
impunidad *f.* Falta de castigo.
impuramente *adv. m.* Con impureza.
impureza (l. *-itia*) *f.* Mezcla de partículas extrañas a un cuerpo o materia. 2 Falta de pureza o castidad. 3 fig. Mancha o defecto moral. 4 fig. ~ ***de sangre,*** mancha de una familia por la mezcla de raza que se tiene por mala e impura. Apl. también a los animales de raza mezclada.
impuridad *f.* Impureza.
impurificación *f.* Acción de impurificar. 2 Efecto de impurificar.
impurificar *tr.* Hacer impura [a una persona o cosa]. 2 Causar impureza. ◇ ** CONJUG. [1] como ***sacar.***
impuro, -ra (l. *-ru*) *adj.* No puro.
imputabilidad *f.* Calidad de imputable.
imputable *adj.* Que se puede imputar.
imputación *f.* Acción de imputar. 2 Cosa imputada.
imputador, -ra *adj.-s.* Que imputa.
imputar (l. *-are*) *tr.* Atribuir a uno la culpa, la responsabilidad [de un delito, de una acción, etc.]. 2 Señalar la aplicación [de una cantidad], sea al entregarla, sea al tomar razón de ella en cuenta.
SIN. v. **Atribuir.**
imputrescible *adj.* Que no puede pudrirse.
imputrible (l. *-ibile*) *adj.* desus. Incorruptible.
in- (l. *in-*) Prefijo que entra en la formación de palabras con los valores de la preposición *en: inmutar, insaciar;* puede denotar privación o negación; con esta significación se aplica en español a adjetivos, verbos o substantivos abstractos: *inacabable, incomunicar, inacción;* se convierte en *im-* antes de *b* o *p: imbatido, imponer, imposible;* en *i-* por *il-* antes de *l: ilegal;* y en *ir-* antes de *r: irrumpir, irreflexivo.* 2 Tiene oficio por sí solo en loc. latinas: *in partibus; in promptu.*
-ín, sufijo que entra en la formación de palabras con significación diminutiva aplicado a substantivos y verbos: *botiquín, corbatín, tremolín;* en los derivados nominales se combina con *-ete, -ello, -ito* y *-orre, -ote: cafetín, chiquitín, chicorrotín;* en los verbales, con *-acho, -ancho* y *-ario: matachín, hablanchín, andarín.* 2 Es gentilicio en *mallorquín, menorquín.*
GRAM. Procede del l. *-ine*, pero en muchos casos es apócope de *-ino* (l. *-inu*); hoy el pl. es siempre *-ines,* cualquiera que sea su origen. Los adjs. tienen el fem. en *-ina: parlanchina, mallorquina.* Las voces como *rocín* o *rocino,* y otros subst., no se sienten actualmente como derivadas, aunque históricamente lo sean.
In, símbolo químico del *indio.*
-ina, terminación convencional de muchos productos químicos y farmacéuticos, como *aspirina, nicotina, morfina, cauchotina.*
inabarcable *adj.* Que no se puede abarcar.
inabordable *adj.* Que no se puede abordar.
inabrogable *adj.* Que no se puede abrogar.
inacabable *adj.* Que no se puede acabar.
inaccesibilidad *f.* Calidad de inaccesible.
inaccesible (l. *-ibile*) *adj.* No accesible.
inaccesiblemente *adv. m.* De un modo inaccesible.
inacceso, -sa (l. *-essu*) *adj.* Inaccesible.
inacción *f.* Falta de acción.
inacentuado, -da *adj.* Que no tiene acento; esp., las vocales de las sílabas o de las palabras.
SIN. **Átono,** si no lleva acento prosódico.
inaceptable *adj.* No aceptable.
inaceptación *f.* No aceptación.
inacostumbrado, -da *adj.* No acostumbrado, desacostumbrado.
inactínico, -ca *adj.* No actínico.
inactivación *f.* Acción de inactivar o inactivarse. 2 Efecto de inactivar o inactivarse. 3 Supresión del efecto tóxico de un germen o toxina conservando sus propiedades útiles en terapéutica.
inactivar *tr.-prnl.* Hacer perder la actividad.
inactividad *f.* Falta de actividad.
inactivo, -va *adj.* Sin acción.
inactual *adj.* No actual, falto de actualidad.
inadaptabilidad *f.* Calidad de inadaptable.
inadaptable *adj.* No adaptable.
inadaptación *f.* Acción de no adaptarse. 2 Efecto de no adaptarse.
inadaptado, -da *adj.-s.* Hombre o ser vivo que no se adapta o aviene a ciertas condiciones o circunstancias.
inadecuación *f.* Falta de adecuación. 2 Calidad de inadecuado.
inadecuado, -da *adj.* No adecuado.
inadmisible *adj.* No admisible.
inadoptable *adj.* No adoptable.
inadvertencia *f.* Falta de advertencia. -2 *f. pl.* Cosas inadvertidas, desconciertos, desatenciones.
SIN. **Desadvertimiento; descuido;** v. **error.**
inadvertidamente *adv. m.* Con inadvertencia.
inadvertido, -da *adj.* Que no advierte o repara en las cosas que debiera. 2 No advertido.
SIN. **Desavertido; desapercibido,** es galicismo en esta acep.
inafectado, -da (l. *inaffectatu*) *adj.* No afectado.
inagotable *adj.* Que no se puede agotar.
inaguantable *adj.* Que no se puede aguantar.
inajenable *adj.* Inalienable.
inalámbrico, -ca *adj.* [telegrafía, telefonía] Sin hilos; relativo a ellas: *comunicación inalámbrica; teléfono ~.*
inalcanzable *adj.* Que no se puede alcanzar.
inalienabilidad *f.* Calidad de inalienable.
inalienable (*in-* + *alienable*) *adj.* Que no se puede enajenar.
inalterabilidad *f.* Calidad de inalterable.
inalterable *adj.* Que no se puede alterar. 2 Impasible, que no se inmuta.
inalterablemente *adv. m.* Sin alteración.
inalterado, -da *adj.* Que no tiene alteración.
inameno, -na (l. *inamœnu*) *adj.* Falto de amenidad.
inamisible (l. *-issibile*) *adj.* Que no se puede perder.
inamistoso, -sa *adj.* No amistoso, o poco amistoso.
inamovible *adj.* Que no es movible.
inamovilidad *f.* Calidad de inamovible.
inanalizable *adj.* No analizable.
inane (l.) *adj.* Vano, fútil, inútil.
inanición (l. *-itione*) *f.* Extrema debilidad física, esp. por falta de alimento.
inanidad *f.* Calidad de inane. 2 PAT. Inanición.
inanimado, -da (l. *-atu*) *adj.* Que no tiene vida.
inánime (l.) *adj.* Exánime. 2 Inanimado.
inapagable *adj.* Que no puede apagarse.
inapeable *adj.* Que no se puede apear. 2 Intransitable. 3 fig. Incomprensible. 4 fig. Porfiado.
inapelable *adj.* [sentencia, fallo] Que no se puede apelar: *~ de su opinión.* 2 fig. Irremediable, inevitable.
inapercibido, -da *adj.* GALIC. Inadvertido.
inapetencia *f.* Falta de apetito.
SIN. MED **Anorexia, disorexia; desgana,** en el uso gral.
inapetente (*in-* + l. *appetens, -entis,* que apetece) *adj.* Que no tiene apetencia o apetito.
inaplazable *adj.* Que no se puede aplazar.
inaplicable *adj.* Que no se puede aplicar.
inaplicación *f.* Desaplicación.
inaplicado, -da *adj.* Desaplicado.
inapreciable *adj.* Que no se puede apreciar.
inaprensible (l. *inapprehensibile*) *adj.* Que no se puede coger. 2 Sutil en extremo, imposible de comprender.
inaprensivo, -va *adj.* Que no tiene aprensión, desaprensivo.
inaprovechado, -da *adj.* No aprovechado.
inarmónico, -ca *adj.* Falto de armonía.
inarrugable *adj.* Que no se arruga.
inarticulado, -da (l. *-atu*) *adj.* No articulado. 2 [sonido de la voz] Que no forma palabras.

inartificioso, -sa *adj.* No artificioso, sin artificio.
inasequible *adj.* No asequible.
inasible *adj.* Que no se puede asir.
inasistencia *f.* Falta de asistencia.
inastillable *adj.* [vidrio] Cuya rotura no produce fragmentos agudos y cortantes.
inatacable (*in-* + *atacable*) *adj.* Que no puede ser atacado.
inatención *f.* Falta de atención.
inatendible *adj.* Que no merece atención.
inatento, -ta *adj.* Desatento.
inaudito, -ta (l. *-tu*) *adj.* Nunca oído. 2 fig. Monstruoso.
inauguración *f.* Acto de inaugurar. 2 desus. Exaltación de un soberano al trono.
inaugurador, -ra *adj.* Que inaugura.
inaugural *adj.* Relativo a la inauguración: *ceremonia ~.*
inaugurar (l. *-are*) *tr.* Etimológicamente, consultar los augures el vuelo de las aves al empezar una acción. 2 p. ext. Dar principio a una cosa con cierta pompa; celebrar el estreno de una obra, edificio o monumento. 3 esp. Abrir solemnemente un establecimiento. 4 fig. Iniciar [algo nuevo], introducirlo: *~ una corriente artística.* ◇ INCOR.: *inagurar.*
inaveriguable *adj.* Que no se puede averiguar.
inaveriguado, -da *adj.* No averiguado.
inca *adj.-s.* Perteneciente o relativo al pueblo amerindio que habitaba la fachada del Océano Pacífico desde el actual Ecuador hasta Chile. -2 *m.* Rey, príncipe o varón de estirpe regia de dicho pueblo. -3 *com.* Individuo de dicho pueblo. -4 *m.* Moneda peruana de oro (20 soles).
SIN. *2* **Inga.**
incachable *adj. Amér. Central.* Inútil.
incaico, -ca *adj.* Relativo a los incas.
SIN. **Incásico.**
incalculable *adj.* Que no puede calcularse.
incalificable *adj.* Que no se puede calificar. 2 Muy vituperable.
incalmable *adj.* Que no se puede calmar.
incalumniable *adj.* Que no puede ser calumniado.
incanato *m. Perú.* Época correspondiente al Imperio de los Incas.
incandescencia *f.* Calidad de incandescente.
SIN. **Ignición.**
incandescente (l.) *adj.* Candente.
incansable *adj.* Incapaz o muy difícil de cansarse.
SIN. **Infatigable.**
incansablemente *adv. m.* De una manera incansable.
incantable *adj.* Que no se puede cantar.
incapacidad *f.* Falta de capacidad o cabida: *la ~ de los depósitos causa escasez de agua.* 2 Carencia de entendimiento, preparación, medios u otras circunstancias para un acto: *la ~ del director hizo fracasar la empresa; ~ de una industria para desarrollarse.* 3 DER. Falta de aptitud legal: *~ para testar.* 4 *~ laboral,* pérdida de la aptitud laboral como secuela de una enfermedad o un accidente.
SIN. *2* v. **Ineptitud.**
incapacitado, -da, pp. de *incapacitar.* 2 *adj.* [loco, pródigo, sordomudo, iletrado, reo, etc.] Que sufre pena de interdicción.
incapacitar *tr.* Hacer imposible [a uno] la ejecución de cualquier acto: *el ser forastero me incapacita para protestar.* 2 DER. Declarar la falta de aptitud legal: *~ para administrar sus bienes; ~ para un cargo.*
SIN. *2* **Inhabilitar.**
incapaz (l. *-ce*) *adj.* Falto de cabida: *el local es ~ para tanta gente.* 2 Carente de aptitud o de medios: *~ de entender, de producir.* 3 Necio, tonto: *hombre ~.* 4 DER. Que carece de aptitud legal para ciertos actos.
incardinación *f.* Acción de incardinar. 2 Efecto de incardinar.
incardinar (b. l. *-are* < l. *cardo,* el quicio) *tr.* Admitir un obispo como súbdito propio [a un eclesiástico de otra diócesis].
incario (de *inca*) *m.* Período de tiempo que duró el imperio de los incas. 2 Estructura política y social del imperio incaico.
incasable *adj.* Que no puede casarse. 2 Que tiene gran repugnancia al matrimonio.
incásico, -ca *adj.* Incaico.
incasto, -ta (l. *-tu*) *adj.* Que no tiene castidad, deshonesto.
incausto *m.* Encausto (adustión).
incautación *f.* Acción de incautarse. 2 Efecto de incautarse.
incautamente *adv. m.* Sin cautela.
incautarse (b. l. *incautare,* fijar una pena pecuniaria, der. del l. *cautum,* disposición preventiva en las leyes) *prnl.* Tomar posesión una autoridad competente, esp. un tribunal, de dinero o bienes de otra clase. 2 Apoderarse alguien de una cosa arbitrariamente.
incauto, -ta (l. *-tu*) *adj.* Que no tiene cautela. 2 Que no tiene malicia y es fácil de engañar.
incendaja *f.* Materia combustible a propósito para incendiar: *quemaron incendajas.*
incendiar (de *incendio*) *tr.* Causar el incendio [de una cosa no destinada a arder]: *~ una casa, las mieses.* ◇ ** CONJUG. [12] como *cambiar.*
incendiario, -ria (l. *-iu*) *adj.-s.* Que maliciosamente incendia. 2 Que causa incendio. 3 fig. Escandaloso, subversivo: *discurso ~.*
SIN. *1* **Quemador.**
incendio (l. *-iu*) *m.* Fuego grande que abrasa lo que no está destinado a arder. 2 fig. Afecto que acalora y agita violentamente el ánimo.
SIN. *1* **Conflagración,** p. us. en sentido material; **quema, fuego, siniestro** (lit.). FR. *Hablar* o *echar incendios, Amér.,* hablar o echar pestes.
incensación *f.* Acción de incensar. 2 Efecto de incensar.
incensada *f.* Vaivén del incensario en el acto de incensar. 2 fig. Adulación, lisonja.
incensar (b. l. *-are*) *tr.* Dirigir con el incensario el humo del incienso [hacia una pers. o cosa]. 2 fig. Adular. ◇ ** CONJUG. [27] como *acertar.*
SIN. *1* **Turibular, turificar.** *2* v. **Halagar.**
incensario *m.* Braserillo con cadenillas y tapa que sirve para incensar.
SIN. **Turíbulo.** REL. **Turiferario,** el que lo lleva.
incensurable *adj.* Que no se puede censurar.
incentivar *tr.* Estimular para que algo se acreciente o aumente.
incentivo, -va (l. *-ivu*) *adj.-m.* Que mueve o excita a una cosa. -2 *m.* ECON. Estímulo directo o indirecto que se ofrece a un elemento o a un sector de la economía para elevar su contribución a la actividad económica.
SIN. *1* **Incitativo, atractivo, estímulo, acicate.**
inceptor (l. *inceptore*) *m.* desus. Comenzador.
incertidumbre *f.* Falta de certidumbre, duda.
incertinidad *f.* Incertidumbre.
incertísimo, -ma *adj.* Superl. de *incierto.*
incesable *adj.* Que no cesa o no puede cesar.
incesablemente *adv. m.* De manera incesable.
incesante *adj.* Que no cesa.
incesantemente *adv. m.* Sin cesar.
incesto (l. *-tu*) *m.* Ayuntamiento carnal entre parientes, dentro de los grados en que está prohibido el matrimonio.
incestuosamente *adv. m.* De un modo incestuoso.
incestuoso, -sa *adj.-s.* Que comete incesto. -2 *adj.* Relativo al incesto.
inchis *m. Perú.* Cacahuete (planta).
inchúrbido, -da *adj. P. Rico* y *S. Dom.* fest. Soso, tonto.
incidencia (l. *-ntia*) *f.* Lo que sobreviene en el curso de un asunto o negocio y tiene con él alguna conexión. 2 Consecuencia, efecto, influencia, repercusión. 3 GEOM. Caída de una línea, de un plano o de un cuerpo, o la de un rayo de luz, sobre otro cuerpo, plano, línea o punto. 4 V. ángulo de incidencia.
LOC. *Por ~,* accidentalmente.
incidental *adj.* Incidente. 2 [hecho, cosa] Accesorio, de menor importancia. -3 *adj.-s. **Oración** ~,* la de relativo o adjetiva que se limita a expresar una circunstancia del antecedente sin especificarlo: *los excursionistas, que eran decididos, continuaron la marcha.*
incidentalmente *adv. m.* Accidentalmente.
incidente *adj.-s.* Que sobreviene en el discurso de un asunto o negocio; pequeño suceso que interrumpe más o menos el curso de otro: *los incidentes de una narración, de un debate.* -2 *m.* Disputa, riña, pelea entre dos o más personas. 3 DER. Cuestión relacionada con el principal asunto del juicio, que se ventila y decide por separado, sin suspender o suspendiendo el curso de aquél; en este último caso se denomina *de previo y especial pronunciamiento.*
incidentemente *adv. m.* Accidentalmente.
incidir (l. *-ere*) *intr.* Incurrir en una falta, error, etc. 2 Llegar un proyectil, un rayo de luz, etc., a una superficie. 3 Sobrevenir, ocurrir. 4 Caer sobre algo o alguien. 5 Causar efecto [una cosa en otra]. 6 MED. Hacer una incisión o cortadura.
incienso (l. *incensu*) *m.* Abrótano. 2 Gomorresina aromática obtenida de dicha planta, que se quema en las ceremonias de culto. 3 Mezcla de materias resinosas que al arder despiden buen

olor. 4 fig. Lisonja. 5 *Cuba.* Planta herbácea cultivada, de olor muy semejante al del incienso (gén. *Tournefortia).* 6 ~ **de playa,** borragínea de Cuba *(Tournefortia foetida).*
SIN. *2* y *3* **Olíbano; orobias,** incienso en granos menudos.
inciertamente ***adv. m.*** Con incertidumbre.
incierto, -ta (l. *incertu*) ***adj.*** No cierto, falso: *~ del triunfo; ~ en sus opiniones.* 2 Inconstante, no seguro. 3 Desconocido, ignorado. ◇ Superl.: *incertísimo.*
incinerable ***adj.*** Que ha de incinerarse. 2 [billete de banco] Que se retira de la circulación para ser quemado.
incineración ***f.*** Acción de incinerar. 2 Efecto de incinerar. 3 Cremación de un cadáver.
SIN. **Cineración.**
incinerador, -ra ***adj.-s.*** Instalación o aparato destinado a incinerar.
incinerar (l. *-are*) ***tr.*** Reducir [una cosa] a cenizas: *~ un cadáver.*
incipiente (l.) ***adj.*** Que empieza.
REL. v. **Incoativo.**
íncipit (l.) ***m.*** Primeras palabras de un escrito o de un impreso antiguo.
incircunciso, -sa (l. *incircumcisu*) ***adj.*** No circuncidado.
incircunscripto, -ta (l. *incircumscriptu*) ***adj.*** No comprendido dentro de determinados límites.
incisión (l. *-ione*) ***f.*** Hendedura hecha con instrumento cortante. 2 p. us. Cesura.
SIN. *1* Pertenece al lenguaje culto o técnico; el término gral. es **corte, cortadura.**
incisivo, -va ***adj.*** Apto para abrir, o cortar. -2 ***adj.-s.*** V. diente ~. 3 fig. Punzante, mordaz.
inciso, -sa (l. *-su*) ***adj.*** Cortado (estilo). -2 ***m.*** Relato o suceso que se intercala en un discurso, charla, etc., para explicar algo poco relacionado con el tema. 3 GRAM. Miembro que en un período tiene un sentido parcial; esp., frase, oración o elocución intercalada en el contexto, aunque relacionada con él. Suele separarse por medio de comas, paréntesis o guiones. 4 ORTOGR. Coma.
incisorio, -ria ***adj.*** Que corta o puede cortar.
incisura ***f.*** MED. Escotadura, fisura, hendidura.
incitación ***f.*** Acción de incitar. 2 Efecto de incitar.
incitador, -ra ***adj.-s.*** Que incita.
incitamento, -miento ***m.*** Lo que incita.
incitar (l. *-are*) ***tr.*** Mover vivamente, estimular [a uno] para que ejecute una cosa: *~ a alguno a rebelarse contra otro; ~ para pelear.*
SIN. En gral. expresa un matiz atenuado de **excitar. Instigar, inducir, provocar.**
incitativa ***f.*** Provisión que despachaba el tribunal superior para que los jueces ordinarios hiciesen justicia y no agraviasen a las partes.
incitativo, -va ***adj.-m.*** Que incita o tiene virtud de incitar. 2 DER. Aguijatorio.
SIN. *1* v. **Incentivo.**
incivil (l. *-le*) ***adj.*** Falto de civilidad, inculto. 2 Grosero, mal educado.
incivilidad ***f.*** Falta de civilidad, incultura.
incivilmente ***adv. m.*** De manera incivil.
inclasificable ***adj.*** Que no se puede clasificar.
inclaustración (*in-* + *claustro*) ***f.*** Ingreso en una orden monástica.
inclemencia ***f.*** Falta de clemencia. 2 fig. Rigor del tiempo atmosférico.
LOC. *A la ~,* al descubierto, sin abrigo.
inclemente (l.) ***adj.*** Falto de clemencia.
inclinación ***f.*** Acción de inclinar o inclinarse. 2 Efecto de inclinar o inclinarse. 3 Reverencia que se hace con la cabeza o el cuerpo. 4 fig. Disposición natural o adquirida del ánimo, propensión a una cosa. 5 GEOM. Dirección que una línea o superficie tiene con relación a otra línea o superficie, esp. horizontal o vertical: *~* ***magnética,*** o ***de la aguja magnética,*** ángulo variable según las localidades, que la aguja imanada forma con el plano horizontal.
SIN. *1* y *2* **Declive,** tratándose del terreno o de una superficie.
inclinador, -ra ***adj.-s.*** Que inclina.
inclinar (l. *-are*) ***tr.-prnl.*** Desviar [una cosa] de la posición vertical u horizontal o de cualquier otra que tenga algún carácter estable: *~ el cuerpo hasta el suelo; el camino se inclina a la derecha.* -2 ***tr.*** fig. Persuadir [a uno] a que haga o diga una cosa a la cual oponía resistencia. -3 ***intr.-prnl.*** Parecerse un tanto un objeto a otro: *el chico inclina,* o *se inclina, a su madre.* -4 ***prnl.*** Propender a una cosa: *se inclina a la virtud; me inclino a creerlo.*
SIN. *3* v. **Asemejar(se).** *4* v. **Tender.**
inclinativo, -va ***adj.*** Que inclina o puede inclinar.
ínclito, -ta (l. *-tu*) ***adj.*** Ilustre, esclarecido.
SIN. **Perínclito,** inclito en sumo grado.
incluir (l. *-udere*) ***tr.*** Poner [una cosa] dentro de otra o dentro de sus límites: *~ a uno en el número de,* o *entre, los buenos.* 2 Contener una cosa [a otra] o llevarla implícita. 3 esp. Comprender [un número menor] en otro mayor o [una parte] en su todo. ◇ ** CONJUG. [62] como ***huir***; pp. irreg. usado sólo como adj. o prep. ***incluso.***
inclusa (del nombre de la Virgen de la *Inclusa;* proc. de la isla de *l'cluse,* en Holanda) ***f.*** Casa en donde se recogen y crían los niños expósitos.
inclusero, -ra ***adj.-s.*** Que se cría o se ha criado en la inclusa.
SIN. v. **Expósito.**
inclusión (l. *-ione*) ***f.*** Acción de incluir. 2 Efecto de incluir. 3 Amistad o conexión de una persona con otra.
inclusivamente ***adv. m.*** Con inclusión.
inclusive (l. med.) ***adv. m.*** Inclusivamente. ◇ INCOR.: su empleo como adjetivo: *ambas páginas inclusives.*
CONTR. **Exclusive.**
inclusivo, -va ***adj.*** Que incluye o puede incluir una cosa.
CONTR. **Exclusive.**
incluso, -sa (*-su*) pp. irreg. de *incluir*, que se usa sólo como adjetivo. 2 ***adv. m.*** Con inclusión de, inclusivamente. -3 ***prep.*** Hasta.
incoación ***f.*** Acción de incoar.
incoagulable ***adj.*** Que no se puede coagular.
incoar (l. *inchoare*) ***tr.*** Comenzar [una cosa]: *~ un proceso, un pleito.* ◇ No suele usarse la 1ª persona singular del presente de indicativo.
incoativo, -va (l. *inchoativu*) ***adj.*** Que denota el principio de una cosa o de una acción; esp., los verbos que expresan acción incipiente: *florecer, amanecer.*
incobrable (*in-* + *cobrable*) ***adj.*** Que no se puede cobrar.
incoercible (*in-* + *coercible*) ***adj.*** Que no puede ser coercido.
incogitado, -da (l. *-atu*) ***adj.*** desus. Impensado.
incógnita (v. incógnito) ***f.*** MAT. Cantidad desconocida que es preciso determinar en una ecuación. Se la representa por la letra *x.* 2 fig. Causa o razón oculta de un hecho que se examina: *el móvil de su acción es una ~.*
incógnito, -ta (l. *-tu*) ***adj.-m.*** No conocido: *una persona incógnita; el rey guarda el ~;* ***de ~,*** sin darse a conocer, procurando no ser tratado con la etiqueta correspondiente: *el embajador viajaba de ~.*
incognoscible (l. *-ibile*) ***adj.*** Que no se puede conocer.
incoherencia ***f.*** Falta de coherencia. 2 Cosa que contradice a otra, o no guarda con ella una relación lógica.
incoherente (l. *incohœrente*) ***adj.*** No coherente. 2 GEOL. [roca] Cuyos componentes están poco cementados entre sí, por lo que se separan con facilidad.
SIN. *1* En sus aceps. fig. **inconexo, incongruente.**
incoherentemente ***adv. m.*** Con incoherencia.
íncola (l.) ***m.*** lit. Habitante de un pueblo o lugar.
incoloro, -ra ***adj.*** Que carece de color.
incólume (l.) ***adj.*** Sano, sin lesión ni menoscabo.
SIN. v. **Indemne.**
incolumidad ***f.*** Estado o calidad de incólume.
incombinable (*in-* + *combinable*) ***adj.*** Que no puede combinarse.
incombustibilidad ***f.*** Calidad de incombustible.
incombustible (*in-* + *combustible*) ***adj.*** Que no se puede quemar. 2 fig. [pers.] Desapasionado, incapaz de enamorarse. 3 fig. [pers.] Que consigue mantenerse en un cargo público pese a los cambios políticos.
SIN. *1* **Calorífugo** (p. us.).
incomerciable (*in-* + *comerciable*) ***adj.*** No comerciable.
incomestible ***adj.*** Que no es comestible.
incomible (*in-* + *comible*) ***adj.*** Que no se puede comer.
incomodado, -da ***adj.*** Molesto, disgustado.
incomodador, -ra ***adj.-s.*** Que incomoda.
incómodamente ***adv. m.*** Con incomodidad.
incomodar (l. *incommodare*) ***tr.*** Causar incomodidad [a uno]. -2 ***prnl.*** Enojarse, enfadarse, disgustarse.
incomodidad ***f.*** Falta de comodidad. 2 eufem. Molestia. 3 Disgusto, enojo.

incomodo *m.* Incomodidad.
incómodo, -da *adj.* Que incomoda. 2 Que carece de comodidad.
incomparable (l. *-abile*) *adj.* Que no tiene o no admite comparación.
incomparablemente *adv. m.* Sin comparación.
incomparado, -da *adj.* Incomparable.
incomparecencia *f.* Hecho de no comparecer o no presentarse una persona o grupo en el lugar y tiempo señalados. 2 Sanción impuesta por esta falta.
incompartible *adj.* Que no se puede compartir.
incompasible *adj.* Incompasivo.
incompasivo, -va *adj.* Que carece de compasión.
incompatibilidad *f.* Calidad de incompatible. 2 Imposibilidad legal para ejercer una función determinada o para ejercer dos o más cargos a la vez. 3 DER. ~ ***de caracteres,*** motivo legal para admitir la separación matrimonial en ciertos países. 4 FARM. Oposición entre algunos medicamentos cuando se administran juntos. 5 MAT. Imposibilidad de que un sistema de ecuaciones tenga solución.
incompatible *adj.* No compatible: *caracteres incompatibles; cargos incompatibles.* 2 MAT. [sistema de ecuaciones] Que no tiene solución.
incompensable *adj.* No compensable.
incompetencia *f.* Falta de competencia o jurisdicción. 2 Ineptitud.
incompetente *adj.* No competente. 2 GEOL. [roca] Que se deforma plásticamente con facilidad.
incomplejo, -ja *adj.* Incomplexo.
incompletamente *adv. m.* De un modo incompleto.
incompleto, -ta (l. *-tu*) *adj.* No completo.
SIN. **Fragmentario,** falto de algún trozo; **inacabado, no acabado,** sin terminar; **imperfecto, defectuoso,** que tiene faltas o defectos; v. **imperfecto.**
incomplexo, -xa (l. *-xu*) *adj.* Desunido y sin trabazón ni adherencia.
incomponible *adj.* No componible.
incomportable *adj.* No comportable.
incomposibilidad *f.* Imposibilidad o dificultad de componerse una persona o cosa con otra.
incomposible *adj.* Incomponible.
incomposición *f.* Falta de composición o de debida proporción en las partes que componen un todo.
incomprehensibilidad *f.* Incomprensibilidad.
incomprehensible (l. *-ibile*) *adj.* Incomprensible.
incomprendido, -da *adj.-s.* Que no ha sido debidamente comprendido. 2 [pers.] Cuyo mérito no ha sido gralte. apreciado.
incomprensible *adj.* Que no se puede comprender: ~ *a,* o *para, los hombres.* ◇ También *incomprehensible,* esp. en filosofía.
incomprensiblemente *adv. m.* De manera incomprensible.
incomprensión *f.* Falta de comprensión.
incomprensivo, -va (*in-* + *comprensivo*) *adj.* [pers.] Reacio a comprender el sentimiento o la conducta de los demás. 2 [pers.] Poco dúctil y razonable, intolerante.
incompresibilidad *f.* Calidad de incompresible.
incompresible *adj.* Que no se puede comprimir.
incompuesto, -ta *adj.* desus. No compuesto. 2 desus. Desaseado, desaliñado.
incomunicabilidad *f.* Calidad de incomunicable.
incomunicable *adj.* No comunicable.
incomunicación *f.* Acción de incomunicar o incomunicarse. 2 Efecto de incomunicar o incomunicarse. 3 Aislamiento temporal de procesados o testigos.
incomunicado, -da *adj.* Que no tiene comunicación: *estar ~ un preso.*
incomunicar (*in-* + *comunicar*) *tr.* Privar de comunicación [a una pers. o cosa]: ~ *a un preso; el terremoto incomunicó a toda la provincia.* -2 *prnl.* Aislarse, negarse al trato con otras personas. ◇ ** CONJUG. [1] como *sacar.*
SIN. **Bloquear,** con fines militares y tratándose de un litoral, territorio, etc.
inconcebible *adj.* Que no puede concebirse (en la mente). 2 fig. Extraordinario.
inconciliable (*in-* + *conciliable*) *adj.* Que no puede conciliarse.
inconcino, -na (l. *-innu*) *adj.* lit. Desordenado, descompuesto.
inconcluso, -sa *adj.* No terminado.
inconcurrencia *f. Chile.* Calidad de inconcurrente.
inconcurrente *adj. Chile.* [razón, motivo] Que no concurre a la demostración de un hecho; [circunstancia] atenuante o agravante de un delito que no concurre en el mismo sentido que otras.
inconcusamente *adv. m.* Seguramente, sin disputa.
inconcuso, -sa (l. *-ussu*) *adj.* Firme, sin duda ni contradicción.
incondicional (*in-* + *condicional*) *adj.* Absoluto, sin restricción. -2 *adj.-com.* Adepto a una persona o idea, sin limitación o condición ninguna.
SIN. **Forofo, hincha.**
incondicionalismo *m.* Calidad de incondicional. 2 *Amér.* Servilismo.
incondicionalmente *adv. m.* De manera incondicional.
inconducente *adj.* No conducente para un fin.
inconexión *f.* Falta de conexión.
inconexo, -xa (l. *inconnexu*) *adj.* Que no tiene conexión con una cosa.
SIN. En sus aceps. fig. **incoherente, incongruente.**
inconfesable *adj.* Que, por ser vergonzoso, no puede confesarse o manifestarse.
inconfeso, -sa (l. *-su*) *adj.* Que no confiesa el delito que se le imputa.
inconfidencia *f.* lit. Desconfianza.
inconfidente *adj.* No confidente (fiel).
inconforme (*in-* + *conforme*) *adj.* No conforme, disconforme.
inconformidad *f.* Calidad o condición de inconforme.
inconformismo *m.* Actitud o tendencia del inconformista.
inconformista *adj.-com.* Que no acepta los principios morales, políticos, etc., de la sociedad en la que se encuentra.
inconfortable *adj.* Que no es confortable.
inconfundible *adj.* No confundible.
incongruamente *adv. m.* Incongruentemente.
incongruencia *f.* Falta de congruencia.
incongruente (l.) *adj.* No congruente.
incongruentemente *adv. m.* Con incongruencia.
incongruidad (l. *-itate*) *f.* Incongruencia.
incongruo, -grua (l. *-uu*) *adj.* Incongruente. 2 [pieza eclesiástica] Que no llega a la congrua señalada por el sínodo. 3 [eclesiástico] Que no tiene congrua.
inconmensurabilidad *f.* Calidad de inconmensurable.
inconmensurable (l. *incommensurabile*) *adj.* No conmensurable. ◇También *inmensurable.*
inconmovible *adj.* Que no se puede conmover o alterar.
inconmutabilidad *f.* Calidad de inconmutable. 2 No conmutable.
inconmutable (l. *incommutabile*) *adj.* Inmutable.
inconquistable *adj.* Que no se puede conquistar. 2 fig. Que no se deja vencer.
inconsciencia (l. *-ntia*) *f.* Estado en que el individuo no tiene exacta conciencia del alcance de sus palabras o acciones.
inconsciente *adj.* No consciente. 2 p. ext. Irreflexivo.
inconscientemente *adv. m.* De manera inconsciente.
inconsecuencia *f.* Falta de consecuencia. 2 Cosa dicha o hecha sin reflexión.
inconsecuente (l. *-equente*) *adj.-com.* Inconsiguiente. 2 Que procede con inconsecuencia: ~ *con,* o *para,* o *para con, los amigos;* ~ *en sus doctrinas.*
inconsideración (l. *-atione*) *f.* Falta de consideración o reflexión.
inconsideradamente *adv. m.* Sin consideración ni reflexión.
inconsiderado, -da (l. *-atu*) *adj.-s.* Que no considera ni reflexiona.
inconsiguiente *adj.* No consiguiente.
inconsistencia *f.* Falta de consistencia.
inconsistente (*in-* + *consistente*) *adj.* Falto de consistencia.
inconsolable (l. *-abile*) *adj.* Que no puede consolarse. 2 fig. Difícil de consolarse.
inconsolablemente *adv. m.* Sin consuelo.
inconstancia *f.* Falta de constancia. 2 Inestabilidad.
inconstante *adj.* Que tiene inconstancia: ~ *en su proceder.*
SIN. v. **Inestable.**
inconstantemente *adv. m.* Con inconstancia.
inconstitucional (*in-* + *constitucional*) *adj.* No conforme con la constitución del estado.
inconstitucionalidad *f.* Oposición a los preceptos de la constitución.
inconstruible *adj.* Que no se puede construir.
inconsulto, -ta *adj. Amér.* Inconsiderado.
inconsútil (l. *-ile*) *adj.* Sin costura: *velo ~.*
incontable (*in-* + *contable*) *adj.* Que no puede contarse, innumerable; numerosísimo.

incontaminado, -da *adj.* No contaminado.
incontenible *adj.* Que no puede ser contenido o refrenado.
incontestabilidad *f.* Calidad de incontestable.
incontestable (*in-* + *contestable*) *adj.* Que no se puede dudar ni impugnar.
incontestablemente *adv. m.* De manera incontestable.
incontestado, -da *adj.* Que no se ha discutido.
incontinencia *f.* Vicio opuesto a la continencia; falto de continencia. 2 MED. ~ *de orina,* enfermedad que consiste en no poder retener la orina.
I) incontinente (l.) *adj.* Desenfrenado en las pasiones de la carne. 2 Que no se contiene. -3 *adj.-s.* MED. Enfermo afecto de incontinencia.
II) incontinente *adv. t.* Incontinenti.
incontinentemente *adv. m.* Con incontinencia.
incontinenti (l. *in continenti*) *adv. t.* Prontamente, al instante.
incontinuo, -nua *adj.* No interrumpido, continuo.
CONTR. **Discontinuo.**
incontrastable (*in* + *contrastable*) *adj.* Que no se puede contrastar, vencer o impugnar. 2 fig. Que no se deja reducir o convencer.
incontrastablemente *adv. m.* De modo incontrastable.
incontratable (*in-* + *contratable*) *adj.* Intratable.
incontrito, -ta *adj.* No contrito.
incontrolable *adj.* Que no se puede controlar.
incontrolado, -da *adj.-s.* Que actúa o funciona sin control, orden, disciplina ni sujeción.
incontrovertible *adj.* Que no admite discusión.
inconvencible *adj.* Que no se deja convencer con razones.
inconvenible *adj.* Inconveniente.
inconveniencia *f.* Incomodidad, desconveniencia. 2 p. us. Desconformidad; inverosimilitud. 3 Falta, grosería en el trato social.
SIN. *3* v. **Grosería.**
inconveniente (l.) *adj.* No conveniente. -2 *m.* Impedimento, dificultad. 3 Daño que resulta de ejecutar una cosa.
SIN. *2* v. **Estorbo.**
inconversable (*in-* + *conversable*) *adj.* Intratable.
inconvertible *adj.* No convertible.
incoordinación *f.* MED. Falta de coordinación de dos o más funciones o de los movimientos musculares.
incordia *f. Colomb.* Aversión, antipatía.
incordiar *tr.* vulg. Fastidiar, molestar [a alguien]. ◇ ** CONJUG. [12] como ***cambiar.***
incordio (l. v. *antecordium,* der. de *cor,* corazón, por designar un tumor en el pecho del caballo) *m.* Bubas. 2 fig. *y* vulg. Persona o cosa incómoda.
incorporable *adj.* Que puede incorporarse.
incorporación *f.* Acción de incorporar o incorporarse. 2 Efecto de incorporar o incorporarse.
incorporal *adj.* Incorpóreo. 2 [cosa] Que no puede tocarse.
incorporalmente *adv. m.* Sin cuerpo.
incorporar (l. *-are*) *tr.* Unir [una o más cosas] con otras para que hagan un todo: ~ *una materia a, con,* o *en, otra.* -2 *tr.-prnl.* Levantar la parte superior [del cuerpo] el que está echado. 3 Destinar [a un funcionario, en especial a un militar] al cuerpo o unidad en que debe prestar servicio. -4 *prnl.* Agregarse una o más personas a otras para formar un cuerpo, esp. ingresar los soldados en filas.
incorporeidad *f.* Calidad de incorpóreo.
incorpóreo, -a (l. *-eu*) *adj.* No corpóreo. 2 Inmaterial.
incorporo *m.* Incorporación.
incorrección *f.* Calidad de incorrecto. 2 Dicho o hecho incorrecto.
SIN. *2* v. **Grosería.**
incorrectamente *adv. m.* De modo incorrecto.
incorrecto, -ta (l. *-tu*) *adj.* No correcto.
incorregibilidad *f.* Calidad de incorregible.
incorregible (l. *incorrigibile*) *adj.* No corregible. 2 [pers.] Que no se quiere enmendar.
incorregiblemente *adv. m.* Sin enmienda ni corrección; de modo obstinado e incorregible.
incorrupción (l. *-ptione*) *f.* Estado de una cosa incorrupta. 2 fig. Pureza de vida y costumbres.
incorruptamente *adv. m.* Sin corrupción.
incorruptibilidad *f.* Calidad de incorruptible.
incorruptible *adj.* No corruptible. 2 fig. Que no se puede pervertir. 3 Insobornable.
incorrupto, -ta (l. *-tu*) *adj.* Que está sin corromperse. 2 fig. No dañado ni pervertido. 3 [mujer] Puro.
incrasar (l. *incrassare*) *tr.* MED. Engrasar.
increado, -da *adj.* No creado.
incredibilidad *f.* Calidad de lo increíble.
incrédulamente *adv. m.* Con incredulidad.
incredulidad *f.* Repugnancia en creer una cosa. 2 Falta de fe y de creencia religiosa.
SIN. *2* **Descreimiento.**
incrédulo, -la (l. *-lu*) *adj.-s.* Que no cree en los dogmas religiosos. 2 Que no cree con facilidad y de ligero.
SIN. *1* **Descreído.**
increíble (l. *incredibile*) *adj.* Que no puede creerse. 2 fig. Muy difícil de creer: ~ *a,* o *para, muchos.*
increíblemente *adv. m.* De modo increíble.
incrementar *tr.* científ. *y* lit. Aumentar, añadir.
incremento (l. *-tu*) *m.* Aumento, crecimiento. 2 GRAM. Aumento de sílabas que en la lengua latina tienen algunos casos de la declinación o algunos tiempos de verbo. 3 En español, aumento de sonidos que tienen los vocablos derivados con relación al primitivo.
SIN. *1* **Cremento,** p. us.
increpación (l. *-atione*) *f.* Reprensión severa.
increpador, -ra *adj.-s.* Que increpa.
increpante *adj.* Increpador.
increpar (l. *-are*) *tr.* Reprender [a uno] con dureza y severidad.
incriminación *f.* Acción de incriminar. 2 Efecto de incriminar.
incriminar (l. *-are*) *tr.* Acriminar [a uno] con fuerza o insistencia. 2 Acriminar (exagerar).
incristalizable *adj.* Que no se puede cristalizar.
incromado *m.* METAL. Cementación de los metales por medio del cromo.
incruentamente *adv. m.* Sin derramamiento de sangre.
incruento, -ta (l. *-tu*) *adj.* No sangriento; esp., el sacrificio de la misa.
incrustación *f.* Acción de incrustar. 2 Cosa incrustada. 3 Capa pedregosa que se forma alrededor de ciertos cuerpos que permanecen en un agua calcárea. 4 Depósito de carbonato de cal que se forma en las paredes de las calderas de vapor. 5 Punto que se utiliza para unir sólidamente un encaje o tela en otra tela. 6 PAT. Depósito de substancia sólida en el interior de tejidos blandos u órganos huecos.
SIN. *2* v. **Taracea.**
incrustante *adj.* Que incrusta o puede incrustar: *aguas incrustantes.*
incrustar (l. *-are*) *tr.* Cubrir la superficie [de una cosa] con una costra dura. 2 Embutir en la superficie lisa y dura [de una cosa] piedras, metales, maderas, etc., formando dibujos. 3 Adherirse fuertemente. 4 fig. Grabarse: *incrustarse una cosa en la memoria.* 5 Intercalar [un encaje o tela] en otra. -6 *prnl.* Penetrar [un cuerpo] en otro con violencia, o quedar adherido a él.
incubación *f.* Acción de incubar. 2 Efecto de incubar. 3 ~ ***artificial,*** modo de comunicar el calor necesario a los huevos para su desarrollo sin el concurso de las aves. 4 MED. Desarrollo de una enfermedad desde que empieza a obrar la causa morbosa hasta que se manifiestan sus efectos.
incubadora *f.* Aparato o local destinado a la incubación artificial. 2 Urna de cristal acondicionada, donde los niños nacidos antes de tiempo o en circunstancias anormales permanecen para facilitar el desarrollo de sus funciones orgánicas.
incubar (l. *-are*) *tr.* Encobar, empollar (calentar). 2 Iniciarse el desarrollo de [una tendencia o movimiento político, cultural, religioso, etc.] antes de su manifestación. 3 PAT. Desarrollar el organismo [una enfermedad] desde que empieza a obrar la causa morbosa hasta que se manifiestan sus efectos.
íncubo (l. *-bu*) *adj.-s.* Demonio que, según la opinión vulgar, tiene trato pecaminoso con una mujer, bajo la apariencia de hombre.
incuestionable *adj.* No cuestionable.
inculcación *f.* Acción de inculcar. 2 Efecto de inculcar.
inculcador *adj.-s.* Que inculca.
inculcar (l. *-are*) *tr.* inus. Apretar [una cosa] contra otra. 2 IMPR. esp. Juntar demasiado [unas letras] con otras. 3 fig. Infundir en el ánimo de uno [una idea, un concepto, etc.] a fuerza de repetirlo con ahínco: ~ *un deseo en el ánimo.* -4 *prnl.* fig. Obstinarse uno en lo que siente o prefiere. ◇ ** CONJUG. [1] como ***sacar.***
inculpabilidad *f.* Exención de culpa.

inculpable (l. *-abile*) *adj.* Que carece de culpa o no puede ser inculpado.
inculpablemente *adv. m.* Sin culpa; de modo que no se pueda culpar.
inculpación *f.* Acción de inculpar. 2 Efecto de inculpar.
inculpadamente *adv. m.* Sin culpa.
inculpado, -da *adj.* p. us. Inocente, sin culpa.
inculpar (l. *-are*) *tr.* Culpar, acusar [a uno] de algo.
SIN. v. **Atribuir.**
incultamente *adv. m.* De un modo inculto.
incultivable (*in-* + *cultivable*) *adj.* Que no puede cultivarse.
inculto, -ta (l. *-tu*) *adj.* Que no tiene cultivo ni labor: *terrenos incultos.* 2 fig. De modales rústicos o de corta instrucción. 3 fig. [estilo] Desaliñado y grosero.
SIN. *1* **Yermo.**
incultura *f.* Falta de cultivo o de cultura.
incumbencia *f.* Obligación que el cargo, empleo, etc., impone.
incumbir (l. *-ere*) *intr.* Estar a cargo de uno una cosa: *eso no me incumbe; ~ al notario.*
incumplido, -da *adj.* Que no se ha cumplido o llevado a efecto. 2 Que no cumple o que no paga. 3 Que no cumple con sus obligaciones o con lo que promete.
incumplimiento *m.* Falta de cumplimiento.
incumplir *tr.* No cumplir [un mandato, ley o precepto].
SIN. v. **Quebrantar.**
incunable (l. *incunabula,* cuna) *adj.-m.* Edición hecha desde la invención de la imprenta hasta principios del s. XVI.
incurabilidad *f.* Calidad de incurable.
incurable (l. *-abile*) *adj.* Que no se puede curar. 2 Muy difícil de curarse. 3 fig. Que no tiene enmienda.
SIN. **Insanable.**
incuria (l.) *f.* Falta de cuidado, negligencia.
SIN. v. **Apatía.**
incurioso, -sa *adj.-s.* Descuidado, negligente.
incurrimiento *m.* Acción de incurrir. 2 Efecto de incurrir.
incurrir (l. *-ere*) *intr.* Con la prep. *en*, caer en culpa, error, o merecer pena o castigo a consecuencia de una acción: *~ en error, en castigo,* etc. 2 Con la misma prep., causar o atraerse odio, ira, desprecio, etc.: *~ en el enojo de su jefe, en menosprecio.* ◇ CONJUG.: partic. reg.: *incurrido*; irreg.: *incurso.*
incursión *f.* Acción de incurrir. 2 Correría (hostilidad).
incursionar *intr. Amér.* Realizar una incursión de guerra. 2 fig. Hablando de un escritor o de un artista plástico, hacer una obra de género distinto del que cultiva habitualmente.
incurso, -sa (l. *-su*) pp. irreg. de *incurrir*. 2 *m.* p. us. Acometimiento (de acometer).
incusar (l. *-are*) *tr.* p. us. Acusar, imputar.
incuso, -sa (l. *-su*) *adj.* [moneda o medalla] Que tiene en hueco por una cara el mismo cuño que por la opuesta en relieve.
indagación *f.* Acción de indagar. 2 Efecto de indagar.
indagador, -ra *adj.-s.* Que indaga.
indagar (l. *-are*) *tr.* Tratar de llegar al conocimiento [de una cosa] discurriendo o por conjeturas y señales. ◇ ** CONJUG. [7] como ***llegar.***
SIN. **Inquirir, averiguar.**
indagatoria *f.* DER. Declaración acerca del delito que se está averiguando, tomada al presunto reo sin recibirle juramento.
indagatorio, -ria *adj.* DER. Que tiende o conduce a indagar.
indalo *m.* Representación prehistórica que se grababa en los hogares contra los maleficios.
indantreno *m.* Substancia química que se presenta en forma de polvo azul, usada para blanquear el algodón.
indayé (guaraní) *m. Argent.* Especie de gavilán *(Rupornis magnirrostris).*
indebidamente *adv. m.* Sin deberse hacer. 2 Ilícitamente.
indebido, -da *adj.* Que no es obligatorio ni exigible. 2 Ilícito.
indecencia (l. *-ntia*) *f.* Falta de decencia o de modestia. 2 Acto vituperable.
indecentada *f.* Acto indecente.
REL. Tiene más intensidad que **indecencia** (acto).
indecente *adj.* No decente, indecoroso.
indecentemente *adv. m.* De modo indecente.
indecible (l. *-ibile*) *adj.* Que no se puede decir o explicar.
SIN. v. **Inefable.**
indeciblemente *adv. m.* De modo indecible.
indecisión (*in-* + *decisión*) *f.* Falta de decisión.
indeciso, -sa (*in-* + l. *decissu,* decidido) *adj.* Pendiente de resolución: *fallo ~.* 2 Irresoluto, dudoso.
indecisorio *adj.* V. juramento indecisorio.
indeclarable *adj.* Que no se puede declarar.
indeclinable (l. *-bile*) *adj.* Que necesariamente tiene que hacerse o cumplirse: *obligación ~.* 2 DER. [jurisdicción] Que no se puede declinar. 3 GRAM. [palabra] Que no se declina.
indecoro (l. *-ru*) *m.* Falta de decoro.
indecorosamente *adv. m.* Sin decoro.
indecoroso, -sa *adj.* Que carece de decoro, o lo ofende.
indefectibilidad *f.* Calidad de indefectible.
indefectible (*in-* + *defectible*) *adj.* Que no puede faltar o dejar de ser.
indefectiblemente *adv. m.* De un modo indefectible.
indefendible *adj.* Que no puede ser defendido.
indefensable, -sible *adj.* Indefendible.
indefensión *f.* Falta de defensa. 2 fig. Abandono, desamparo. 3 DER. Situación en que se deja a la parte litigante a la que se niegan o limitan contra ley sus medios procesales de defensa.
indefenso, -sa (l. *-su*) *adj.* Que carece de defensa.
indeficiente (l.) *adj.* Que no puede faltar.
indefinible (*in* + *definible*) *adj.* Que no se puede definir.
indefinidamente *adv. m.* De modo indefinido o inacabable.
indefinido, -da (l. *-itu*) *adj.* No definido. 2 Que no tiene término señalado o conocido. 3 LÓG. [proposición] Que no tiene signos que la determinen. 4 GRAM. ***Artículo ~, pronombre ~,*** v. artículo y pronombre; ***pretérito ~,*** el que expresa acción pasada absoluta. V. verbo (uso de los tiempos).
indeformable *adj.* Que no se deforma.
indehiscente *adj.* BOT. No dehiscente.
indeleble (l. *-ibile*) *adj.* Que no se puede borrar o quitar.
SIN. **Imborrable.**
indeleblemente *adv. m.* De modo indeleble; sin poderse borrar.
indeliberación *f.* Falta de deliberación o reflexión.
indeliberadamente *adv. m.* Sin deliberación.
indeliberado, -da (l. *-atu*) *adj.* Hecho sin deliberación ni reflexión.
SIN. **Irreflexivo;** v. **espontáneo.**
indelicadeza *f.* Falta de delicadeza, de cortesía, etc. 2 Acto indelicado.
indelicado, -da *adj.* Falto de delicadeza.
indemne (l.) *adj.* Libre o exento de daño.
SIN. **Ileso** puede sustituirse, pero comúnmente se usa tratándose de lesión o daño corporal; **indemne,** en tanto, se refiere a daño de cualquier clase; **incólume.**
indemnidad *f.* Estado o situación del que está libre de padecer daño o perjuicio.
indemnización *f.* Acción de indemnizar o indemnizarse. 2 Efecto de indemnizar o indemnizarse. 3 Cosa con que se indemniza.
indemnizar (de *indemne*) *tr.* Resarcir [a uno] de un daño o perjuicio: *~ a uno del perjuicio.* ◇ ** CONJUG. [4] como ***realizar.***
SIN. **Reparar, compensar.**
indemorable *adj.* Que no puede demorarse.
indemostrable (l. *indemonstrabile*) *adj.* No demostrable.
independencia *f.* Falta de dependencia. 2 Libertad, autonomía, esp. la de un estado que no depende de otro. 3 Entereza, firmeza de carácter.
independentismo *m.* En un país que no tiene independencia política, movimiento que la propugna o reclama.
independentista *adj.-com.* Partidario del independentismo.
independerse *prnl. Amér.* Emanciparse.
independiente *adj.* Exento de dependencia. 2 Autónomo. 3 fig. Que sostiene sus derechos u opiniones sin que le doblen respetos, halagos ni amenazas: *~ en sus opiniones.* -4 *adv. m.* Independientemente.
independientemente *adv. m.* Con independencia.
independista *adj.-com.* [pers.] Que defiende la independencia. -2 *adj.* Perteneciente o relativo al independentismo.
independizar *tr.-prnl.* Hacer independiente [a una persona, corporación, territorio]: *la metrópoli quería ~ a sus colonias de un modo gradual; el artista se ha independizado de sus maestros.* ◇ ** CONJUG. [4] como ***realizar.***
inderogabilidad *f.* Cualidad de inderogable.
inderogable *adj.* Que no puede ser derogado.
indescifrable (*in-* + *descifrable*) *adj.* Que no se puede descifrar.
indescriptible (*in-* + *descriptible*) *adj.* Que no se puede describir.
SIN. v. **Inefable.**

indeseable *adj.* [pers. gralte. extranjera] Cuya permanencia en un país consideran peligrosa las autoridades. 2 p. ext. [pers.] Que, por su ruindad moral, se considera indigna de trato. 3 Indigno de ser deseado.

indeseado, -da *adj.* Que por su condición no es deseable.

indeseo *m.* Falta de deseo.

indesignable (*in-* + *designable*) *adj.* Imposible o muy difícil de señalar.

indesmallable *adj.* [tejido] Que por su trama no origina carreras.

indestructibilidad *f.* Calidad de indestructible.

indestructible (*in-* + *destructible*) *adj.* Que no se puede destruir.

indeterminable (l. *-bile*) *adj.* Que no se puede determinar. 2 Indeterminado (no resuelto).

indeterminación *f.* Falta de determinación en las cosas, o de resolución en las personas.

indeterminadamente *adv. m.* Sin determinación.

indeterminado, -da (l. *-atu*) *adj.* No determinado, o que no implica determinación alguna. 2 Que no se resuelve a una cosa. 3 GRAM. Relativo a los adjetivos determinativos y pronombres *uno, otro, cierto, cualquier -a, quienquier -a, tal, cual, quien, mismo, cada, ambos, entrambos, sendos, demás, alguno, ninguno, nada, nadie, todo, mucho, poco, demasiado, harto, tanto, cuanto.* 4 *Artículo ~*, v. artículo.

indeterminismo *m.* Doctrina que considera el acto volitivo como absolutamente espontáneo, es decir, sin que esté determinado de una manera necesaria e ineluctable. El acto volitivo es, pues, según el indeterminismo, un acto no causalmente condicionado, o sea, libre.

indeterminista *adj.* Perteneciente o relativo al indeterminismo. -2 *adj.-com.* Partidario del indeterminismo.

indevoción (l. *-otione*) *f.* Falta de devoción.

indevoto, -ta (l. *-tu*) *adj.* Falto de devoción. 2 No afecto a una persona o cosa.

índex *m.* desus. Índice (manecilla).

indexación *f.* Indización.

indexador, -ra *adj.* Indizador.

indexar *tr.* Indizar.

indezuelo, -la *m. f.* Dim. de *indio*.

india *f.* fig. Abundancia de riquezas: *tiene las indias.* -2 *loc. adv. Urug.* ***De mala ~***, de mala índole.

indiada *f.* Conjunto o muchedumbre de indios. 2 Dicho o acción propia de indios.

indialita *f.* Silicato que cristaliza en el sistema hexagonal.

indiana *f.* Tela de hilo o algodón, estampada por un solo lado.

indianés, -nesa *adj.* desus. Indio.

indianismo *m.* Modismo de las lenguas de la India. 2 Ciencia de la lengua y civilización indias.

indianista *com.* Persona que cultiva la literatura y las lenguas indostánicas.

indiano, -na *adj.-s.* De América. 2 [pers.] Que vuelve rico de América. -3 *adj.* Perteneciente o relativo a las Indias Orientales.

SIN. *2* **Habanero.** *3* **Índico.**

indicación *f.* Acción de indicar. 2 Efecto de indicar. 3 Dato, informe. 4 Corrección, observación hecha a alguien. 5 Prescripción médica. 6 *Chile.* Propuesta o consulta que se hace acerca de alguna cosa.

indicador, -ra *adj.-s.* Que indica o sirve para indicar: *poste ~*. -2 *m.* Dispositivo o señal que sirve para poner de manifiesto un fenómeno: ***~ de radar,*** tubo de rayos catódicos con su equipo asociado, que permite una visualización de la señal de eco captada por el radar. 3 Ave pisciforme de 10 a 25 cms. de longitud, con el pico corto y grueso, alas largas y afiladas y marcado dimorfismo sexual *(*gén. *Indicator).* 4 QUÍM. Susbstancia cuyo color varía al terminar una reacción. 5 *Cuba.* Intermitente del automóvil.

indicante *adj.-s.* Que indica.

indicar (l. *-are*) *tr.* Dar a entender [una cosa] con indicios y señales: *~ a uno el camino; la altura del mercurio en el termómetro indica la temperatura.* 2 Exponer o esbozar brevemente: *ahora sólo indicaremos los resultados generales de la operación.* 3 Advertir, aconsejar. ◇ ** CONJUG. [1] como ***sacar.***

SIN. *1* **Mostrar, denotar.**

indicativo, -va (l. *-ivu*) *adj.* Que indica o sirve para indicar. -2 *adj.-m.* GRAM. ***Modo ~***, v. modo gramatical y verbo (uso de los modos). -3 *m.* Elemento que permite individualizar, caracterizar, clasificar o dirigir una información, una llamada, etc.

indicción (l. *-ictione*) *f.* Convocación para una junta sinodal o conciliar. 2 Prescripción para un día determinado. 3 Año de cada uno de los períodos de quince que se contaron desde el 315 de Jesucristo, y empezaba el 24 de septiembre: *~* ***romana,*** año de igual período, usado en las bulas pontificias; empieza como el ordinario.

índice (l.) *adj.-m.* Dedo índice. 2 *m.* Aguja, señal, etc., de un instrumento graduado que indica alguna cosa: *el ~ de un barómetro, de un termómetro.* 3 Manecilla (saetilla). 4 Indicio, señal. 5 Gnomon de un cuadrante solar. 6 Cifra que indica la evolución de una cantidad: *~ de precios.* 7 Relación entre dos dimensiones: *~* ***cefálico,*** relación entre la anchura y la longitud del cráneo; *~* ***de refracción,*** relación entre los senos de los ángulos de incidencia y refracción. 8 Lista ordenada del contenido de un libro, de los objetos de una colección, etc.: *~* ***de autores de una biblioteca,*** su catálogo por orden alfabético de autores; *~* ***expurgatorio,*** catálogo de libros prohibidos por la Iglesia. 9 MAT. Número o letra que indica el grado de una raíz. 10 QUÍM. Número que indica la proporción de una substancia.

SIN. *10* **Tabla** en los libros.

indiciado, -da *adj.-s.* Que tiene contra sí la sospecha de haber cometido un delito.

indiciador, -ra *adj.-s.* Que indicia.

indiciar *tr.* Dar indicios [de una cosa]. 2 Sospechar [una cosa] o venir en conocimiento [de ella] por indicios. 3 Indicar. ◇ **CONJUG. [12] como ***cambiar.***

indiciario, -ria *adj.* DER. Relativo a indicios o derivado de ellos.

indicio (l. *-iu*) *m.* Acción o señal que da a conocer lo oculto o desconocido. 2 Signo en que hay una relación de contigüidad con lo representado: *el humo es ~ de fuego.* 3 Cantidad pequeñísima de algo, que no acaba de manifestarse como mensurable o significativa.

SIN. *1* Desde el **indicio** hasta la **prueba** hay varias gradaciones: **asomo** e **indicio** son las más alejadas de la **evidencia**; les siguen **señal** y **manifestación**. Síntoma es término MED., que p. ext. se aplica también en el habla corriente. Cuando el indicio es de algo ya pasado o terminado, se llama, por orden de intensidad, **vestigio, rastro, huella, reliquia**. REL. *2* v. **signo.**

indicioso, -sa *adj.* Sospechoso (persona).

índico, -ca (l. *-cu*) *adj.* Indiano (de las Indias Orientales).

indiferencia *f.* Estado del ánimo en que no se siente inclinación ni repugnancia a una cosa.

SIN. **Frialdad.**

indiferenciado, -da *adj.* Que no se diferencia, que no posee caracteres diferenciados. 2 BIOL. [célula, tejido] Que conserva aún los caracteres embrionarios y no manifiesta diferenciación.

indiferente (l. *indifferente*) *adj.* No determinado por sí a una cosa más que a otra. 2 Que no importa que sea o se haga de una o de otra forma. 3 Sin interés. 4 FÍS. Que no siente inclinación propia al movimiento o al descanso: *equilibrio ~*.

indiferentemente *adv. m.* Sin diferencia, indistintamente.

indiferentismo *m.* Indiferencia en materias de religión o de política.

indígena (l.) *adj.-com.* [pers.] Originario del país de que se trata. 2 Establecido en un país desde tiempo inmemorial.

SIN. v. **Aborigen.** CONTR. **Alienígena.**

indigencia (l. *-entia*) *f.* Falta de medios para alimentarse, vestirse, etc.

indigenismo *m.* Estudio, cultivo y exaltación de los caracteres y antigua cultura de ciertos pueblos autóctonos de América, que hoy forman parte de naciones de civilización europea. 2 Doctrina y partido que propugna reivindicaciones políticas, sociales y económicas para las clases trabajadoras de indios y mestizos en las repúblicas hispanoamericanas. 3 Vocablo, giro, rasgo fonético, gramatical o semántico, peculiar de una lengua hablada en un determinado territorio, que se incorpora a otra lengua que, importada, se extiende más tarde por ese mismo territorio.

indigenista *adj.* Relativo al indigenismo. -2 *com.* Persona estudiosa o partidaria del indigenismo.

indigente (l.) *adj.-com.* Falto de medios para pasar la vida.

indigestarse *prnl.* Sufrir indigestión. 2 No sentar bien a uno un manjar o comida. 3 fig. No agradarle a uno alguien.

indigestible (l. *-bile*) *adj.* Que no se puede digerir o es de difícil digestión.

indigestión (l. *-stione*) *f.* Falta de digestión; digestión difícil o defectuosa. 2 fig. Saciedad, hartura.

SIN. **Empacho.**

indigesto, -ta (l. *-tu*) *adj.* Que no se digiere o se digiere con dificultad. 2 Que está sin digerir. 3 fig. Confuso y desordenado. 4 fig. Áspero, difícil en el trato.

indigete *adj.-s.* De una reg. de la España Tarraconense, al norte de la actual prov. de Gerona. -2 *m. pl.* Nombre que daban los romanos a los dioses o patronos de una raza o ciudad.

indignación *f.* Enojo, enfado, ira contra una persona o contra sus actos.

SIN. v. **Ira.**

indignamente *adv.* Con indignidad.

indignante *adj.* Que indigna o se indigna.

indignar (l. *-ari*) *tr.-prnl.* Irritar, enfadar vehementemente [a uno]: *indignarse con,* o *contra, alguno; indignarse de,* o *por, una mala acción.*

indignidad *f.* Calidad de indigno. 2 Cosa indigna. 3 DER. Motivo de incapacidad sucesoria por mal comportamiento grave del heredero o legatario hacia el causante de la herencia o los parientes inmediatos de éste.

indigno, -na (l. *-gnu*) *f.* Que no tiene mérito ni disposición para una cosa. 2 Que no corresponde a las circunstancias de un sujeto o es inferior a la calidad y mérito de la persona con quien se trata. 3 Vil, ruin.

SIN. *3* v. **Malo.**

índigo (l. *indicu,* de la India) *m.* Añil (arbusto y substancia).

indigotina *f.* Principio colorante del añil.

indilgar *tr. Amér.* Endilgar. ◇ ** CONJUG. [7] como ***llegar.***

indiligencia (l. *-ntia*) *f.* Falta de diligencia.

indino, -na *adj.* vulg. Indigno. 2 [pers.] Travieso o descarado. 3 *Amér.* Pillo, bribón. 4 *Ecuad.* y *P. Rico.* fam. Tacaño, avaro.

I) indio *m.* Metal blanco cuyo símbolo es *In*, su número atómico 49, y su peso atómico 114,82. Funde a 155° C y se encuentra en la mayoría de las blendas. Se combina con los compuestos del carbono. En el espectroscopio presenta una raya azul.

II) indio, -dia *adj.* De color azul.

III) indio, -dia *adj.-s.* De la India, nación del sur de Asia. 2 Ant. poblador de América (Indias Occidentales), y descendiente de aquél sin mezcla de otra raza. -3 *adj.-m.* Indoario. -4 *adj. Cuba, P. Rico, Méj.* y *Nicar.* [gallo de pelea] De plumaje colorado y pechuga negra. 5 *S. Dom.* Mestizo. -6 *m.* Constelación austral situada cerca del polo.

FR. *Hacer el ~,* fam., hacer el ridículo o el tonto. *Caer de ~, S. Dom.,* fig., caer en un engaño por ingenuo. *Subírsele a uno el ~, Amér.,* airarse, montar en cólera. SIN. *1* **Indo, indostánico.**

indiófilo, -la *adj.-s.* Amigo de los indios.

indioiranio, -nia *adj.-m.* Indoiranio.

indirecta *f.* Medio indirecto de que uno se vale para no significar claramente una cosa y darla, sin embargo, a entender. 2 ~ ***del padre Cobos,*** manifestación clara de aquello que al parecer debía decirse indirectamente.

indirectamente *adv. m.* De modo indirecto.

indirecto, -ta (l. *-tu*) *adj.* Que no va rectamente a un fin, aunque se encamine a él. 2 GRAM. ***Complemento ~***, v. complemento. 3 GRAM. ***Estilo ~***, v. estilo.

indiscernible *adj.* Que no se puede discernir.

indisciplina (l.) *f.* Falta de disciplina.

indisciplinable (*in-* + *disciplinable*) *adj.* Incapaz de disciplina.

indisciplinado, -da *adj.* Falto de disciplina.

indisciplinar *tr.* Causar indisciplina: *sus palabras indisciplinaron a los estudiantes.* -2 *prnl.* Quebrantar la disciplina.

indiscreción *f.* Falta de discreción. 2 Dicho o hecho indiscreto.

indiscretamente *adv. m.* Sin discreción.

indiscreto, -ta (l. *-tu*) *adj.-s.* Que obra sin discreción. -2 *adj.* Que se hace sin discreción.

indiscriminadamente *adv. m.* Sin discriminación. 2 Sin la debida discriminación.

indiscriminado, -da *adj.* ANGLIC. Indistinto.

indisculpable (*in-* + *disculpable*) *adj.* Que no tiene disculpa.

indiscutible *adj.* No discutible.

indiscutiblemente *adv. m.* De un modo indiscutible.

indisociable *adj.* Que no se puede disociar o separar.

indisolubilidad *f.* Calidad de indisoluble.

indisoluble (l. *indissolubile*) *adj.* Que no se puede disolver o desatar.

CONTR. **Disoluble,** *matrimonio, atadura d.* o *indisoluble.* El cuerpo que no puede disolverse en un líquido es **insoluble** en él (contr. **soluble**). El problema, asunto, etc., que no puede resolverse es **insoluble = irresoluble** (contr. **soluble = resoluble**).

indisolublemente *adv. m.* De un modo indisoluble.

indispensabilidad *f.* Calidad de indispensable.

indispensable *adj.* Que no se puede dispensar. 2 Que es necesario.

indispensablemente *adv. m.* Forzosa y precisamente.

indisponer (*in-* + *disponer*) *tr.-prnl.* Privar [una cosa] de la disposición conveniente para algún fin: ~ *un proyecto de viaje.* 2 Malquistar: *indisponerse con,* o *contra, uno.* 3 Causar indisposición o falta de salud, experimentarla: *el calor me indispone; se ha indispuesto.* ◇ ** CONJUG. [78] como ***poner.***

indisponible *adj.* Que no puede disponerse.

indisposición *f.* Falta de disposición y preparación para una cosa. 2 Desazón o quebranto leve de salud.

SIN. *2* **Destemple;** v. **enfermedad.**

indispuesto, -ta, pp. irreg. de *indisponer*. -2 *adj.* Que siente indisposición en la salud. 3 Enfadado.

SIN. *2* **Maldispuesto.**

indisputable (l. *-abile*) *adj.* Que no admite disputa.

indisputablemente *adv. m.* Sin disputa.

indistinción *f.* Falta de distinción.

indistinguible (*in-* + *distinguible*) *adj.* Que no se puede distinguir. 2 fig. Muy difícil de distinguir.

indistintamente *adv. m.* Sin distinción.

indistinto, -ta (l. *indistinctu*) *adj.* Que no se distingue de otra cosa. 2 [cuenta corriente, depósito, etc.] Hecho por dos o más personas, del cual puede disponer cualquiera de ellas sin distinción.

indita *f. Méj.* Corrido, romance. 2 *Méj.* Danza.

individuación *f.* Acción de individuar. 2 Efecto de individuar.

individual *adj.* Relativo al individuo. 2 Propio y característico de una cosa.

individualidad *f.* Calidad particular de una persona o cosa por la cual se da a conocer o se señala singularmente.

individualismo *m.* Principio de gobierno diametralmente opuesto al socialismo, en cuanto favorece la libertad de acción del individuo, evitando la interferencia del estado. 2 Doctrina ética que afirma como objeto en el que ha de realizarse la acción moral los individuos humanos. El individualismo puede ser egoísmo o altruismo. 3 Egoísmo de cada cual, en los afectos, intereses, etc. 4 Propensión a obrar según el propio albedrío y no de concierto con la colectividad.

SIN. *3* **Particularismo.**

individualista *adj.-com.* [pers.] Que practica el individualismo. 2 Partidario del individualismo. -3 *adj.* Relativo al individualismo.

individualizar *tr.* Individuar. ◇ ** CONJUG. [4] como ***realizar.***

individualmente *adv. m.* Con individualidad. 2 Uno a uno; individuo por individuo.

individuamente *adv. m.* Con unión estrecha e inseparable.

individuar (de *individuo*) *tr.* Especificar, distinguir [una cosa] de otras por cualidades peculiares. 2 Distinguir [un individuo] de otros de la especie. ◇ ** CONJUG. [11] como ***actuar.***

individuo, -dua (l. *-uu*) *adj.* Individual. 2 Indivisible. -3 *m.* Ser organizado, animal o vegetal, respecto de la especie a que pertenece. 4 Persona perteneciente a una clase, corporación, etc. 5 La propia persona u otra, con abstracción de las demás. -6 *m. f.* desp. Persona cuyo nombre y condición se ignoran o no se quieren decir.

SIN. *6* v. **Sujeto.**

indivisamente *adv. m.* Sin división.

indivisibilidad *f.* Calidad de indivisible.

indivisible (l. *-ibile*) *adj.* Que no puede ser dividido. 2 DER. Que no admite división.

indivisiblemente *adv. m.* De manera que no puede dividirse.

indivisión (l. *-ione*) *f.* Carencia de división. 2 DER. Estado de condominio.

indiviso, -sa (l. *-su*) *adj.-s.* No dividido en partes.

indización *f.* Acción de indizar. 2 Efecto de indizar.

indizador, -ra *adj.* Que indiza o sirve para indizar.

indizar *tr.* Hacer índices. 2 Registrar ordenadamente [datos e informaciones] para elaborar un índice de ellos. ◇ ** CONJUG. [4] como ***realizar.***

indo, -da (l. *-du*) *adj.-s.* Indio.

indo-, elemento prefijal que entra en la formación de palabras con el significado de indo: *indoafricano.*

indoafgano, -na *adj.-s.* De la raza blanca extendida desde el sur de Irán hasta el norte de la India.

indoario, -ria *adj.-m.* Grupo de lenguas ondoiranias habladas principalmente en la India.

SIN. **Indio** III.

indoblegable *adj.* Que no desiste de su opinión, propósito, conducta, etc.
indochino, -na *adj.-s.* De Indochina, península situada al sudeste de Asia.
indócil (l. *-ile*) *adj.* Que no tiene docilidad.
SIN. v. **Desobediente.**
indocilidad *f.* Falta de docilidad.
indoctamente *adv. m.* De modo indocto.
indocto, -ta (l. *-tu*) *adj.* Falto de instrucción, inculto.
indoctrinado, -da *adj.* Inculto, ignorante.
indocumentado, -da *adj.* Que no lleva consigo o carece de documentos de identificación personal. 2 Que no tiene prueba fehaciente o testimonio válido. 3 fig. Sin arraigo, ni respetabilidad. 4 fig. Ignorante, inculto.
indoeuropeo, -a *adj.-s.* De un grupo étnico primitivo que desde finales del neolítico habitaba el sudeste europeo y el occidente de Asia; y que diversas teorías sitúan como originario de Asia Central o India. -2 *adj.-m.* Tronco lingüístico formado por una lengua común de flexión, de la que nacen varias familias menores; como la india, irania, armenia, griega, albanesa, neolatina, celta, germánica, báltica, eslava; con las respectivas lenguas muertas; como el sánscrito antiguo, el griego antiguo, el latín, las lenguas itálicas, etc.
SIN. **Ario.**
indogermánico, -ca *adj.-s.* Indoeuropeo.
indoiranio, -nia *adj.-m.* Familia de lenguas del tronco indoeuropeo habladas en Asia Menor, que se divide en dos grupos: iranio e indoario.
SIN. **Indioiranio, ario.**
índole (l.) *f.* Condición e inclinación natural propia de cada uno. 2 Naturaleza y condición de las cosas.
indolencia *f.* Calidad de indolente.
SIN. v. **Apatía.**
indolente (l.) *adj.* Que no duele. 2 Que no se conmueve. 3 Flojo, perezoso. 4 Insensible, que no siente el dolor.
indolentemente *adv. m.* Con indolencia.
indoloro, -ra *adj.* Que no causa dolor: *operación quirúrgica indolora.*
indomabilidad *f.* Calidad de indomable.
indomable (l. *-ibile*) *adj.* Que no se puede domar. 2 fig. [pers.] Que no se deja someter.
indomado, -da *adj.* Que está sin domar.
indomeñable *adj.* desus. Indomable.
indomesticable (*in-* + *domesticable*) *adj.* Que no se puede domesticar.
indomesticado, -da *adj.* No domesticado.
indoméstico, -ca *adj.* Que está sin domesticar.
indomia *f. Cuba.* vulg. Novedad, modernismo.
indómito, -ta (l. *-tu*) *adj.* No domado. 2 Que no se puede domar. 3 Difícil de sujetar o reprimir.
indonésico, -ca *adj.-s.* De Indonesia, nación insular del sudeste de Asia.
indonesio, -sia *adj.* Indonésico. -2 *adj.-m.* Familia de lenguas pertenecientes al tronco malayopolinesio, habladas principalmente en las islas del sudeste de Asia.
indormia (quizá de *andrómina*) *f. Colomb.* y *Venez.* Arbitrio o maña para hacer algo.
indostanés, -nesa *adj.-s.* Del Indostán, región de la India.
SIN. **Indostaní, indostano.**
indostaní *adj.-s.* Indostanés. -2 *adj.-m.* Dialecto del hindi occidental, hablado en la India y el Paquistán.
indostánico, -ca *adj.* Relativo al Indostán.
indostano, -na *adj.* Indostanés.
indotación *f.* Falta de dotación.
indotado, -da (l. *-atu*) *adj.* Que está sin dotar.
indrí *m.* Mono de unos 70 cms. de largo y cola muy corta, con el pelaje de color negro en la parte dorsal y blanco grisáceo en el resto del cuerpo *(Indri indri).*
indrómina *f. Méj.* Maleficio.
indubitable (l. *-abile*) *adj.* Indudable.
indubitablemente *adv. m.* Indudablemente.
indubitadamente *adv. m.* Ciertamente, sin duda.
indubitado, -da (l. *-atu*) *adj.* Cierto y que no admite duda.
inducción (l. *-ctione*) *f.* Acción de inducir. 2 Efecto de inducir. 3 Razonamiento que va de lo particular a lo general, de las partes al todo, de los hechos y fenómenos a las leyes, de los efectos a las causas, etc. 4 Acción que un campo eléctrico o magnético ejerce sobre un conductor u otro campo situado dentro de su esfera de influencia: ~ ***telúrica,*** FÍS., la producida por el campo magnético terrestre; puede ser: ~ ***electrostática*** o ***electrización por influencia,*** cuando el inductor es una carga eléctrica, como ocurre en los condensadores; ~ ***electrodinámica,*** cuando el inductor es un imán o bien un electroimán; ~ ***electromagnética,*** producción de una corriente en un circuito causada por las variaciones del flujo magnético que lo atraviesa. 5 ~ ***del parto,*** provocación, mediante estimulación medicamentosa, de un parto. 6 MED. Primer período de la anestesia.
inducia (l.) *f.* inus. Tregua o dilación.
inducido, -da *adj.* Producido por inducción. 2 FÍS. [fenómeno o magnitud eléctrica] Originado por inducción. -3 *m.* En una dínamo o motor eléctrico, circuito, ya sea rotor o estator, en el cual se desarrolla la corriente inducida.
inducidor, -ra *adj.-s.* Que induce.
inducimiento *m.* Inducción.
inducir (l. *-ere*) *tr.* Instigar, mover [a uno]: ~ *a uno a pecar;* ~ *en error.* 2 Inferir [algo] por inducción (razonamiento). 3 Producir por inducción una carga, una corriente eléctrica o un imán [fenómenos eléctricos o magnéticos]) en un cuerpo o en un campo. ◇ ** CONJUG. [46] como ***conducir.***
SIN. y REL. *2* v. **Deducir.**
inductancia *f.* Propiedad de los circuitos eléctricos por la cual se produce una fuerza electromotriz cuando existe una variación de la corriente que pasa, ya por el propio circuito (autoinducción), ya por otro circuito próximo a él (inducción mutua). Se mide en henrios. 2 Circuito o elemento de un circuito que posee inductancia.
inductividad *f.* FÍS. Propiedad que tienen las corrientes de intensidad variable de crear corrientes inducidas.
inductivo, -va *adj.* Que procede por inducción. 2 Relativo a ella.
inductor, -ra *adj.* Que induce. 2 DER. Calificación penal del que induce a otro a cometer un delito. -3 *m.* En una dinamo o motor eléctrico, circuito productor del campo magnético que origina la corriente en el inducido.
indudable (l. *indubitabile*) *adj.* Que no puede dudarse.
SIN. **Indubitable,** lit.
indudablemente *adv. m.* De modo indudable. 2 Evidente, claro.
indulgencia (l. *-ntia*) *f.* Facilidad en perdonar o disimular las culpas o en conceder gracias. 2 Remisión que la autoridad eclesiástica concede de la pena temporal debida por los pecados, borrados ya por lo que toca a la culpa, tomándola del tesoro de la Iglesia, para los vivos como absolución, y para los difuntos como sufragio: ~ ***plenaria,*** la que perdona toda la pena temporal; ~ ***parcial,*** la que perdona parte de ella; ~ ***perpetua,*** la concedida sin limitación de tiempo; ~ ***temporal,*** la concedida para un plazo determinado.
SIN. *2* **Perdón.**
indulgenciar *tr.* Conceder la Iglesia una indulgencia [a una oración, etc.]. ◇ ** CONJUG. [12] como ***cambiar.***
indulgente (l. *indulgente,* der. de *indulgeo,* ser complaciente) *adj.* Fácil en perdonar y disimular los yerros o en conceder gracias: ~ *con,* o *para con, sus amigos;* ~ *en sus juicios.*
indulgentemente *adv. m.* De manera indulgente.
indultar (de *indulto*) *tr.* Perdonar [a uno] el todo o parte de la pena que tiene impuesta: ~ *a uno de la pena de muerte.* 2 p. us. Eximir de una ley u obligación: *le indultaron de la asistencia al acto.* -3 *prnl. Bol.* Entrometerse. 4 *Cuba.* Salir de una situación comprometida.
SIN. *1* y *2* v. **Perdonar.**
indultario *m.* Sujeto que, en virtud de indulto o gracia pontificia, podía conceder beneficios eclesiásticos.
indulto (l. *-tu*) *m.* Privilegio concedido a uno para que pueda hacer lo que sin él no podría. 2 Gracia por la cual el superior remite el todo o parte de una pena o la conmuta, o exceptúa y exime a uno de la ley o de otra obligación cualquiera.
indumentaria (de indumento) *f.* Estudio histórico del traje. 2 Vestido.
indumentario, -ria *adj.* Relativo al vestido.
indumento (l. *-tu*) *m.* ant. Vestidura. 2 BOT. Cubierta pelosa de cualquier parte de la planta.
induplicado, -da *adj.* BOT. Plegado o arrollado hacia dentro o hacia arriba.
induración *f.* Dureza (parte endurecida, callosidad).
indurar (l. *-are*) *tr.* MED. Endurecer.
indusio *m.* Excrecencia membranosa o vellosa que protege los soros de algunos helechos.

industria (l.) *f.* Destreza o artificio para hacer una cosa: ***de ~***, de intento, adrede; ***caballero de ~***, desp., estafador, tramposo, pícaro. 2 Aplicación especial del trabajo humano a un fin económico en virtud del cual se transforman las primeras materias hasta hacerlas aptas para satisfacer las necesidades del hombre. 3 Conjunto de operaciones materiales ejecutadas para la obtención, transformación o transporte de uno o varios productos. 4 Conjunto de las industrias de un mismo o de varios géneros, de todo un país o de parte de él: *la ~ fabril, metalúrgica; la ~ catalana.*

industrial *adj.* Relativo a la industria. -2 *m.* El que vive del ejercicio de una industria. 3 Propietario de una industria, empresario.

industrialismo *m.* Tendencia al predominio de los intereses industriales. 2 Mercantilismo.

industrialista *adj.* Partidario del industrialismo.

industrialización *f.* Acción de industrializar. 2 Efecto de industrializar.

industrializar *tr.* Hacer que [una cosa] sea objeto de industria o elaboración. 2 Dar predominio a las industrias en la economía de un país. 3 Aplicar los métodos de la industria a [otra actividad económica]. ◇ ** CONJUG. [4] como ***realizar.***

industriar (l. *-are*) *tr.* Instruir, amaestrar [a uno]. -2 *prnl.* Ingeniarse, sabérselas componer. ◇ ** CONJUG. [12] como ***cambiar.***

industriosamente *adv. m.* Con industria y maña.

industrioso, -sa *adj.* Que obra con industria. 2 Que se hace con industria. 3 Que se dedica con ahínco al trabajo.

inebriar (l. *-are*) *tr.* Embriagar. ◇ ** CONJUG. [12] como ***cambiar.***

inecuación *f.* MAT. Desigualdad entre dos expresiones algebraicas de una o varias incógnitas, que sólo se verifica para ciertos valores de esas incógnitas.

inedia (l.) *f.* Estado de una persona que pasa sin tomar alimento más tiempo del ordinario.

inédito, -ta (l. *-tu*) *adj.* [lo escrito] No publicado; [autor] cuyas obras no se han publicado aún. 2 No conocido, nuevo.

ineducación *f.* Falta de educación.

ineducado, -da *adj.* Falto de educación.

inefabilidad *f.* Calidad de inefable.

inefable (l. *ineffabile*) *adj.* Que con palabras no se puede explicar.

SIN. Aplíc. a lo que tiene tan altas cualidades que es imposible explicarlas, es siempre estimativo: *la dicha ~ de los bienaventurados*; **infando,** por el contrario, es aquello de que no se puede hablar por vergonzoso o abominable; **impronunciable** e **indecible,** pueden referirse a lo bueno y a lo malo: *un gozo, un enojo, unas palabras*; cuando son desestimativos, sugieren pralte. dificultad material, o inconveniencia moral o social; **inenarrable,** tiene carácter intensivo y, a menudo, ponderativo: *ovación, entusiasmo, lucha inenarrable*; en este aspecto coincide con **indescriptible.**

inefablemente *adv. m.* De modo inefable.

inefectivo, -va *adj.* Irreal. 2 *Amér.* ANGLIC. Ineficaz.

ineficacia *f.* Falta de eficacia.

ineficaz (l. *inefficace*) *adj.* No eficaz.

ineficazmente *adv. m.* Sin eficacia.

ineficiencia *f.* Ineficacia.

ineficiente *adj.* Inefectivo, ineficaz, inoperante.

inejecución *f.* No ejecución, falta de ejecución.

inelegancia *f.* Falta de elegancia.

inelegante *adj.* No elegante.

inelegible *adj.* Que no se puede elegir.

ineluctable (l. *-abile*) *adj.* Aquello contra lo cual no puede lucharse; inevitable.

ineludible (*in-* + *eludible*) *adj.* Que no se puede eludir.

ineludiblemente *adv. m.* De modo ineludible.

inembargable *adj.* Que no puede ser objeto de embargo: *las herramientas de trabajo son inembargables.*

inenarrable (l. *-abile*) *adj.* Indecible. 2 Maravilloso, sorprendente, admirable.

SIN. V. **Inefable.**

-íneo, -ínea, sufijo que entra en la formación de adjetivos derivados de nombres expresando condición, carácter o forma. Se halla en voces procedentes del latín: *sanguíneo,* y en alguna española: *lacticíneo;* la forma vulgar es *-eño, -eña.*

inepcia (l. *-ptia*) *f.* Necedad. 2 Ineptitud.

ineptamente *adv. m.* Sin aptitud; neciamente.

ineptitud *f.* Falta de aptitud.

SIN. **Incapacidad; incompetencia,** tratándose de aptitud intelectual.

inepto, -ta (l. *-tu*) *adj.-s.* No apto para una cosa. 2 Necio o incapaz.

inequivocable *adj.* Inequívoco.

inequívocamente *adv. m.* De modo inequívoco.

inequívoco, -ca (*in-* + *equívoco*) *adj.* Que no admite duda.

inercia (l. *-tia*) *f.* Flojedad, inacción. 2 Falta de energía física o moral. 3 FÍS. Incapacidad que tienen los cuerpos de modificar por sí mismos el estado de reposo o movimiento en que se encuentran. 4 fig. Resistencia pasiva que consiste sobre todo en no obedecer.

inercial *adj.* FÍS. Relativo a la inercia. 2 V. Masa inercial.

inerme (l.) *adj.* Que está sin armas. 2 H. NAT. Desprovisto de púas, espinas, aguijones, etc.

inerrable (l. *-bile*) *adj.* Que no se puede errar.

inerrante (l.) *adj.* ASTRON. No errante.

inerte (l., inhábil, incapaz) *adj.* Que tiene inercia. 2 QUÍM. Que no cambia fácilmente por medios químicos. 3 FÍS. V. Masa inerte.

inervación (l. *in* + l. *enervatione,* der. de *enervare*) *f.* Conjunto de las acciones nerviosas. 2 Acción del sistema nervioso en las funciones de los demás órganos. 3 Distribución de los nervios en una parte, órgano o región.

inervador, -ra *adj.* Que produce la inervación.

Inés (doña) *n. pr.* Doña Inés de Ulloa, novicia seducida por don Juan Tenorio.

inescrupuloso, -sa *adj.* Que carece de escrúpulos. 2 Dicho o hecho sin escrúpulos.

inescrutable (l. *-abile*) *adj.* Que no se puede saber ni averiguar.

SIN. **Imperscrutable,** p. us.

inescudriñable *adj.* Inescrutable.

inesperable (*in-* + *esperable*) *adj.* Que no es de esperar.

inesperadamente *adv. m.* Sin esperarse.

SIN. **Impensadamente.**

inesperado, -da *adj.* Que sucede sin esperarse.

inestabilidad *f.* Falta de estabilidad. También *instabilidad.* 2 Situación del sistema económico en que las magnitudes tienden a no coincidir con la posición de equilibrio. 3 ELECTR. Condición de persistentes oscilaciones no deseables que se presenta en circuitos amplificadores. 4 METEOR. Situación que se da en la atmósfera cuando cualquier movimiento vertical que se produce en ella muestra una tendencia natural a amplificarse. 5 PSICO. Alteración de la personalidad global o de un aspecto de la misma, consecuente a la mala resolución del tránsito de una etapa evolutiva a otra superior.

inestable *adj.* No estable. 2 PSICO. [pers.] De carácter desprovisto de unidad y consistencia, y cuyo talante es caprichoso. 3 QUÍM. Que se descompone fácilmente.

SIN. **Instable,** lit.; **inconstante, mudable, vario, variable,** tratándose del tiempo atmosférico, o en sentido fig.; **ligero, veleidoso, versátil, voltario, voltizo, tornadizo, voluble,** se aplican a personas; **movedizo,** a personas y cosas.

inestancable *adj.* Que no se puede estancar.

inestimabilidad *f.* Calidad de inestimable.

inestimable (l. *inaestimabile*) *adj.* Que no puede ser estimado en su valor. 2 De gran valor.

inestimado, -da *adj.* Que está sin apreciar ni tasar. 2 Que no se estima.

inevitable (l. *-abile*) *adj.* Que no se puede evitar.

inevitablemente *adv. m.* Sin poderse evitar.

inexactamente *adv. m.* Con inexactitud.

inexactitud *f.* Falta de exactitud.

inexacto, -ta *adj.* Que carece de exactitud.

inexcogitable *adj.* Que no se puede excogitar.

inexcusable (l. *-abile*) *adj.* Que no se puede excusar.

inexcusablemente *adv. m.* Sin excusa.

inexequible *adj.* Que no es exequible, que no se puede hacer, conseguir o llevar a efecto.

inexhaustible *adj.* Que no puede agotarse.

inexhausto, -ta (l. *-tu*) *adj.* Que no se agota.

inexigibilidad *f.* Carácter de lo que no se puede exigir.

inexigible *adj.* Que no se puede exigir.

inexistencia *f.* Falta de existencia.

inexistente (l.) *adj.* Que carece de existencia. 2 fig. Que aunque existe se considera totalmente nulo.

inexorabilidad *f.* Calidad de inexorable.

inexorable (l. *-abile*) *adj.* Que no se deja vencer por ruegos. 2 Inevitable, ineluctable.

SIN. *1* **Inflexible.**

inexorablemente *adv. m.* De modo inexorable.
inexperiencia (l. *-ntia*) *f.* Falta de experiencia.
inexperto, -ta (l. *-tu*) *adj.-s.* Falto de experiencia.
inexpiable (l. *-abile*) *adj.* Que no se puede expiar.
inexplicable (l. *-abile*) *adj.* Que no se puede explicar.
inexplicablemente *adv. m.* De manera inexplicable.
inexplicado, -da *adj.* Falto de la debida explicación.
inexplorado, -da (l. *-atu*) *adj.* No explorado.
inexplosible (*in-* + *explosible*) *adj.* Que no puede estallar.
inexplotable *adj.* Que no puede explotarse.
inexpresable *adj.* Que no se puede expresar.
inexpresivo, -va *adj.* Que carece de expresión.
SIN. v. **Soso.**
inexpugnable (l. *-abile*) *adj.* Que no se puede expugnar. 2 fig. Que no se deja vencer ni persuadir.
inextensible *adj.* FÍS. Que no se puede extender.
inextenso, -sa *adj.* Que carece de extensión.
inextinguible (l. *-ibile*) *adj.* No extinguible. 2 fig. De larga o perpetua duración.
inextirpable *adj.* Que no puede ser extirpado.
inextricable (l. *-abile*) *adj.* Difícil de desenredar; muy intrincado y confuso.
infacundo, -da (l. *-du*) *adj.* No facundo.
infalibilidad *f.* Calidad de infalible. 2 TEOL. Don especial de Dios a su Iglesia, que asegura la conservación, sin pérdida ni falseamiento de la verdad revelada por Dios.
infalible (*in-* + *falible*) *adj.* Que no puede engañar ni engañarse. 2 Seguro, cierto.
infaliblemente *adv. m.* De modo infalible.
infalsificable *adj.* Que no se puede falsificar.
infamación (l. *-atione*) *f.* Acción de infamar. 2 Efecto de infamar.
infamadamente *adv. m.* De manera infamante.
infamador, -ra *adj.-s.* Que infama.
infamante *adj.* Infamador.
infamar (l. *-are*) *tr.* Quitar la honra y buen nombre, cubrir de ignominia [a una pers. o cosa personificada].
SIN. v. **Difamar.**
infamativo, -va *adj.* Que infama o puede infamar.
infamatorio, -ria *adj.* Que infama.
infame (l.) *adj.-com.* Que carece de honra, crédito y estimación. -2 *adj.* Muy malo y vil en su especie.
infamemente *adv. m.* Con infamia.
infamia (l.) *f.* Descrédito, deshonra. 2 Maldad, vileza en cualquier línea.
infancia (l. *-ntia*) *f.* Período de la vida del niño desde que nace hasta los comienzos de la pubertad. 2 fig. Conjunto de los niños de tal edad. 3 fig. Primer estado de una cosa después de su nacimiento o creación: *la ~ de una doctrina, del cinematógrafo.*
SIN. **Niñez.**
infancino *adj.-m.* Aceite de la aceituna verde.
infando, -da (l. *-du*) *adj.* Torpe e indigno de que se hable de ello.
SIN. v. **Inefable.**
infanta (v. *infante*) *f.* ant. Niña durante la infancia. 2 Hija legítima del rey, nacida después del príncipe o de la princesa. 3 Mujer de un infante. 4 Parienta del rey que por gracia real obtiene este título.
infantado *m.* Territorio de un infante o infanta, hijos de reyes.
infante (l.) *m.* Niño durante la infancia. 2 Hijo varón y legítimo del rey, nacido después del príncipe o de la princesa. 3 Pariente del rey que por gracia real obtiene este título. 4 Soldado de infantería. 5 *~ **de coro,*** en algunas catedrales, muchacho que sirve en el coro y en otros menesteres de la iglesia, con manto y roquete.
infantejo *m.* Dim. de *infante.* 2 Niño de coro, en algunas catedrales.
infantería *f.* Tropa que sirve a pie en la milicia: *~ **de línea,*** la que combate gralte. en masa como cuerpo principal de las batallas; *~ **ligera,*** la que sirve en guerrillas, avanzadas y descubiertas; *~ **de marina,*** la destinada a dar la guarnición a los buques de guerra, arsenales y departamentos marítimos.
infantesa *f.* desus. Infanta.
infanticida (l. < *infante* + *-cida*) *adj.-com.* [pers.] Que mata a un niño o infante.
infanticidio (l. < *infante* + *-cidio*) *m.* Muerte dada violentamente a un niño. 2 DER. Muerte dada al recién nacido por la madre o ascendientes maternos, para ocultar la deshonra de aquélla.
infantil (l. *-ile*) *adj.* Relativo a la infancia. 2 fig. Inocente, cándido.
SIN. **Aniñado,** es lo que parece de niño sin serlo: *cara, voz aniñada; entendimiento aniñado;* **pueril,** es lit. y se aplica gralte. a lo psíquico: *temor pueril, ideas pueriles.* P. ext. signif. poco importante; **infantil,** es de uso gral.: *juegos, ojos, ideas infantiles.*
infantilidad *f.* Carácter infantil.
infantilismo *m.* Calidad de infantil. 2 Anomalía de desarrollo caracterizada por la persistencia, en una persona adolescente o adulta, de los caracteres orgánicos y psíquicos propios de la niñez. 3 fig. Falta de madurez, excesiva puerilidad o ingenuidad.
infantilizar *tr.* Favorecer o mantener una mentalidad infantil [en el adulto]. ◇ ** CONJUG. [4] como ***realizar.***
infantillo *m. Murc.* Niño que canta en el coro de la Catedral, seise.
infantiloide *adj.* [pers. adulta] Que en su carácter o comportamiento tiene rasgos infantiles.
infantino, -na *adj.* Infantil.
infanzón, -zona (b. l. *-one* < l. *infans,* infante) *m. f.* Hijodalgo o hijadalgo que en sus heredamientos tenía potestad y señoría limitados. -2 *m. Cuba.* Baladronada.
infanzonado, -da *adj.* Propio del infanzón o relativo a él.
infanzonazgo *m.* Territorio o solar del infanzón.
infanzonía *f.* Calidad de infanzón.
infartar *tr.-prnl.* MED. Causar un infarto [a un órgano o parte del cuerpo].
infarto (l. *-tu,* relleno) *m.* MED. Hinchazón u obstrucción de un órgano o parte del cuerpo, en especial del corazón: *~ **de miocardio,*** MED., lesión isquémica que conduce a la necrosis de una porción del músculo cardíaco, y cuadro clínico que depara; *~ **mesentérico,*** MED., cuadro clínico caracterizado por la oclusión de una arteria del mesenterio; *~ **pulmonar,*** MED., cuadro clínico motivado por la oclusión de un tronco del árbol arteriado pulmonar.
infatigable (l. *-abile*) *adj.* Incansable: *~ en,* o *para, el estudio.*
infatigablemente *adv. m.* Sin fatigarse; con persistencia tenaz.
infatuación *f.* Acción de infatuar o infatuarse. 2 Efecto de infatuar o infatuarse.
infatuar (l. *-are*) *tr.* Volver [a uno] fatuo, engreírle: *infatuarle con los aplausos.* ◇ ** CONJUG. [11] como ***actuar.***
infaustamente *adv. m.* Con desgracia.
infausto, -ta (l. *-tu*) *adj.* Desgraciado.
infebril *adj.* Sin fiebre.
infección (l. *-ctione*) *f.* Acción de infectar: *~ intestinal.* 2 Efecto de infectar.
infeccionar *tr.* Inficionar.
infeccioso, -sa *adj.* Que es causa de infección o tiene carácter de tal: *germen ~; enfermedad infecciosa.*
infectado, -da *adj.* Inficionado, contagiado.
infectar (l. *-are*) *tr.* Inficionar. 2 Contaminar [un organismo o una cosa] con los gérmenes de una enfermedad: *~ una herida, unas tijeras.*
SIN. **Contagiar,** si se trata de un ser vivo.
infectivo, -va *adj.* Que inficiona o puede inficionar.
infecto, -ta (l. *infectu;* part. de *inficio,* infectar) *adj.* Inficionado, infectado: *~ de herejía.* 2 Sucio, repugnante.
infecundidad (l. *-itate*) *f.* Falta de fecundidad.
infecundo, -da (l. *-du*) *adj.* No fecundo.
infelice *adj.* poét. Infeliz.
infelicemente *adv. m.* Infelizmente.
infelicidad *f.* Desgracia (caso funesto).
infeliz (l. *infelice*) *adj.-s.* Desgraciado. 2 Bondadoso y apocado.
SIN. *2* **Pobre hombre.**
infelizmente *adv. m.* Con infelicidad.
infelizote *m.* Persona sencilla y bonachona.
inferencia (de *inferir*) *f.* Ilación.
inferior (l. *-re*) *adj.* Situado debajo de otra cosa o más bajo que ella: *el nivel medio del Sahara no es ~ al del Mediterráneo; la parte ~ de un monolito.* 2 [lugar o país] Situado en el nivel más bajo de la cuenca de los ríos: *el Egipto ~.* 3 fig. Que es menos que otra persona o cosa en calidad, cantidad, rango, importancia, etc.: *~ a otro; ~ en talento.* 4 fig. Muy malo: *paño de calidad ~.* -5 *com.* Persona sujeta o subordinada a otra: *mis inferiores.*
FR. *Darse la inferior, P. Rico,* entre gallegos, venir la contraria.
inferioridad *f.* Calidad de inferior.
inferiormente *adv. m.* De modo inferior.

inferir (l. *inferre*) *tr.* Sacar una consecuencia de una cosa: ~ *una cosa de,* o *por, otra;* esp. en lógica, razonar sacando de una o más proposiciones dadas una proposición nueva. 2 Llevar consigo, conducir a un resultado: *estos fríos han inferido las heladas.* 3 Tratándose de ofensas, heridas, etc., hacerlas o causarlas. ◇ ** CONJUG. [35] como *hervir.*
SIN. *1* v. **Deducir.**
infernáculo *m.* Juego de muchachos parecido a la rayuela.
SIN. **Reina mora.**
infernal (l. *-ale*) *adj.* Que es del infierno o relativo a él. 2 fig. Muy malo, perjudicial en su línea. 3 Hiperbólicamente, que causa sumo disgusto o enfado: *calor, ruido* ~.
SIN. *1* **Estigio,** lit. evocador de la antigüedad; **inferno,** lit.
infernar (l. *infernu,* infierno) *tr.-prnl.* desus. Ocasionar [a uno] la pena del infierno o su condenación. 2 fig. Inquietar, irritar. ◇ ** CONJUG. [27] como *acertar.*
infernillo *m.* Cocinilla (hornillo).
inferno, -na *adj.* poét. Infernal.
infero-, elemento prefijal que entra en la formación de palabras con el sentido de inferior: *inferolateral, inferoposterior.*
ínfero (l. *-ru*) *adj.* BOT. [ovario] Situado debajo de los demás verticilos de la flor y como encerrado por el receptáculo. 2 ZOOL. [abertura de los peces] Que no es terminal, sino ventral, situada debajo del hocico.
infestación *f.* Acción de infestar o infestarse. 2 Efecto de infestar o infestarse.
infestar (l. *-are;* doble etim. *inhestar,* enhestar) *tr.* Causar estragos con hostilidades o correrías. 2 Invadir [un lugar] los animales o plantas perjudiciales: *las ratas infestan el puerto.* -3 *tr.-prnl.* Apestar, propagarse una infección: *la gripe infesta la ciudad;* fig., ~ *un pueblo con,* o *de, malas doctrinas.* 4 fig. Llenar [un sitio], o haber en [un sitio], mucha cantidad de personas o cosas. 5 PAT. Invadir [el organismo] parásitos macroscópicos.
infesto, -ta *adj.* lit. Dañoso, perjudicial.
infeudación *f.* Enfeudación.
infeudar *tr.* Enfeudar.
infibulación *f.* Acción de infibular. 2 Efecto de infibular.
infibular *tr.* VETER. Ponerle [a un animal] un anillo u otro obstáculo cualquiera en los órganos genitales para impedir el coito.
inficionar (del ant. *infición*) *tr.* Corromper, contagiar: ~ *las aguas.* 2 Envenenar, empozoñar. 3 fig. Corromper con malas doctrinas o ejemplos.
SIN. **Infeccionar, infectar.**
infidelidad (l. *-itate*) *f.* Falta de fidelidad. 2 p. us. Falta de exactitud. 3 p. us. Carencia de la fe católica. 4 Conjunto de los infieles que no conocen la fe católica.
infidelísimo, -ma, superl. de *infiel.*
infidencia (l. *in-* + *fidentia,* confianza) *f.* Falta a la confianza y fe debida a otro.
infidente *adj.-s.* Que comete infidencia.
infiel (l. *-dele*) *adj.* Falto de fidelidad: ~ *a, con, para,* o *para con, sus amigos.* 2 Falto de exactitud: *relato, memoria* ~. -3 *adj.-com.* Que no profesa la fe verdadera; esp., no cristiano. ◇ Super. *infidelísimo.*
infielmente *adv. m.* Con infidelidad.
infiernillo *m.* Cocinilla (hornillo). 2 *Extr.* Depósito adonde va a parar lá masa de aceituna ya molida.
infiernito *m. C. Rica* y *Cuba.* Cono o pirámide de pólvora humedecida que los muchachos queman como si fuera una luz de bengala. 2 *Cuba.* Infierno, juego de naipes. 3 *Méj.* Juego de chicos.
infierno (l. *infernu* < *infer,* inferior, debajo de) *m.* Lugar adonde creían los paganos que iban las almas de los muertos. 2 Lugar destinado por la divina justicia para eterno castigo de los réprobos, según la religión católica. 3 Limbo. 4 Uno de los cuatro novísimos. 5 Lugar subterráneo en que sienta la rueda y artificio con que se mueve la máquina de la tahona. 6 Pilón adonde van las aguas empleadas en escaldar la pasta de la aceituna. 7 fig. Uno de los espacios o divisiones que se trazan en el suelo, en el juego del infernáculo. 8 fig. Lugar en que hay mucho alboroto y discordia. 9 fig. La misma discordia. 10 *Cuba.* Juego de naipes.
SIN. *1 y 2* **Averno, Báratro, Tártaro, Érebo, Orco (Huerco),** todos lit. y evocadores de la antigüedad; **el profundo; gehena,** bíblico; **calderas de Pero Botero** o **Botello,** pop.
infigurable (l. *-abile*) *adj.* Que no puede tener figura corporal; inimaginable.
infijo *adj.-m.* Afijo con función o significado propios que se introducen en el interior de una palabra.
infiltración *f.* Acción de infiltrar o infiltrarse. 2 Efecto de infiltrar o infiltrarse. 3 PAT. Acumulación o depósito en un tejido de una substancia ajena a él.
infiltrado, -da *m. f.* Persona que se introduce en una organización con ánimo de conocer sus actividades y denunciarlas o comunicarlas a aquellos para quien trabaja.
SIN. **Submarino, tiburón, topo.**
infiltrar (*in-* + *filtrar*) *tr.* Introducir gradualmente [un líquido] en los poros o intersticios de un cuerpo sólido. 2 fig. Infundir en el ánimo [una idea o doctrina]. -3 *prnl.* Penetrar subrepticiamente en alguna parte: *infiltrarse en las filas enemigas, en un sindicato.* 4 PAT. Originarse una infiltración.
ínfimo, -ma (l. *-mu*) *adj.* Superl. de *bajo.* Que en su situación está muy bajo. 2 En el orden y graduación de las cosas, que es última y menos que las demás. 3 Que es lo más vil y despreciable en cualquier línea.
infinible *adj.* Que no se acaba o no puede tener fin.
infinidad (l. *-itate*) *f.* Calidad de infinito. 2 fig. Gran muchedumbre.
SIN. *2* **Sinnúmero, sinfín.**
infinitamente *adv. m.* De un modo infinito.
infinitesimal *adj.* MAT. [cantidad] Infinitamente pequeño. 2 V. cálculo ~.
infinitésimo, -ma *adj.* Infinitamente pequeño.
****infinitivo** *adj.-m.* GRAM. *Modo* ~, v. modo. -2 *m.* GRAM. Presente de infinitivo.
infinito, -ta (l. *-tu*) *adj.* Que no tiene ni puede tener fin ni término. 2 Muy numeroso y grande. -3 *m.* Espacio sin límites. 4 FOT. Zona que comprende todos los objetos que dan una imagen clara en el plano focal. 5 MAT. Signo en forma de un ocho tendido [∞] que expresa un valor mayor que cualquiera cantidad asignable. -6 *adv. m.* Excesivamente, muchísimo.
infinitud *f.* Infinidad (infinito).
infirmar (l. *-are,* debilitar) *tr.* DER. Invalidar.
inflación (l. *-atione*) *f.* Acción de inflar. 2 Efecto de inflar. 3 fig. Engreimiento y vanidad. 4 Subida permanente de los precios a lo largo del tiempo, que puede ser debida a causas muy diversas. 5 p. ext. Amplitud, extensión o propagación excesiva de un fenómeno. ◇ INCOR.: *inflacción.*
SIN. *1* **Intumescencia, tumefacción** (ambos tecnicismos). *1* y *2* **Hinchazón** se refiere pralte. el efecto , y no a la acción, de inflar; **inflamiento.** CONTR. *4* **Deflación.**
inflacionario, -ria *adj.* [política o situación económica] Que produce inflación.
inflacionismo *m.* Política o situación económica que produce inflación.
inflacionista *adj.* Inflacionario. -2 *adj.-com.* Partidario de la inflación.
inflacionístico, -ca *adj.* Propio o relativo a la inflación económica.
inflador *m.* Aparato para inflar.
inflagaitas *com.* Tonto, estúpido, majadero. ◇ Pl.: *inflagaitas.*
inflamabilidad *f.* Calidad de inflamable.
inflamable *adj.* Fácil de inflamarse.
inflamación *f.* Acción de inflamar o inflamarse. 2 Efecto de inflamar o inflamarse. 3 Reacción de un tejido al contacto de agentes patógenos, caracterizada gralte. por enrojecimiento, calor, tumefacción y dolor.
SIN. En MED. se indica con la terminación **-itis,** p. ej: *otitis, amigdalitis.*
inflamado *m.* Ignición.
inflamador, -ra *adj.* Que inflama.
inflamar (l. *-are*) *tr.* Encender [una cosa] levantando llama. 2 fig. Enardecer las pasiones o afectos del ánimo: *inflamarse de,* o *en, ira.* -3 *prnl.* Producirse inflamación en una parte del organismo.
inflamatorio, -ria *adj.* Que causa inflamación. 2 Que procede del estado de inflamación.
inflamiento *m.* Inflación.
inflar (l. *-are*) *tr.* Hinchar. 2 fig. Exagerar, abultar [hechos, noticias]. -3 *prnl.* fig. Ensoberbecerse, engreírse. 4 fam. Hartarse: *se infló de trabajar.*
inflativo, -va *adj.* Que infla o tiene virtud de inflar.
inflexibilidad *f.* Calidad de inflexible. 2 fig. Entereza (fortaleza).
inflexible (l. *-ibile*) *adj.* Rígido, que no es posible doblarlo o torcerlo. 2 fig. Que no se conmueve ni se doblega ni desiste de su propósito: ~ *a los ruegos;* ~ *en su dictamen.*
SIN. *2* **Inexorable.**

INFINITIVO

El infinitivo es un substantivo verbal. Puede desempeñar en la oración todos los oficios que corresponden al substantivo; mas no por ello deja de tener cualidades y empleos propios del verbo, con la única restricción de no poder expresar por sí mismo tiempos y personas.

I. El infinitivo como nombre puede ser:

SUJETO	ATRIBUTO (1)	COMPLEMENTO DE SUSTANTIVO O ADJETIVO
El saber siempre es útil	*El reino de Dios no es comer y beber*	*Es hora de pasear* *Era digno de ver*

COMPLEMENTO DE VERBO:

directo	indirecto (2)	circunstancial
Deseo salir	*Venga a,* o *para, charlar*	*Se marchó sin pagar*

II. El infinitivo como verbo

a) Puede ser activo o pasivo: *No me gusta esperar; no me gusta ser esperado.*

b) Admite pronombres enclíticos: *He venido a verte; no quiero repertirlo.*

c) Puede llevar adverbios aunque vaya sustantivado: *El hablar claramente es señal de buen juicio.*

d) Tiene sujeto tácito o expreso:
1. Sujeto indeterminado: *Querer es poder.* 2. Sujeto expresado por la prep. *de* (genitivo subjetivo) o por un posesivo: *El dulce lamentar de dos pastores; su reír me agrada. 3.* El sujeto del infinitivo es el mismo del verbo principal: *Pelearemos hasta morir.* 4. El sujeto del infinitivo y del verbo principal son diferentes: *Por no saber yo nada me sorprendieron.*

e) Con ciertas preposiciones adquiere significados especiales que lo hacen equivalente a una oración subordinada. He aquí los casos más frecuentes:
1. Preposición *a* + *el* + infinitivo (significado temporal): *Volveremos al ponerse el sol.*
2. Prep. *a* o *de* + infinitivo (signicado condicional): *A no ser cierto, buen chasco llevaríamos; de seguir así, acabarás mal.*
3. Prep. *con* + infinitivo (significado concesivo): *Con ser tan pobre, favorece a muchos.*

f) Precedido de verbos auxiliares, forma frases verbales de significación progresiva, es decir, que indican la marcha de la acción hacia su realización. Los matices, que son muchos, se estudian en las gramáticas. Ejemplos:
ir a + infinitivo: *voy a escribir* (incoativo)
venir a + infinitivo: *viene a costar 100 ptas.* (aproximativo)
llegar a + infinitivo: *los tomates llegaron a costar 200 ptas.* (perfectivo)
acabar de + infinitivo: *Antonio acaba de comer* (perfectivo)
volver a + infinitivo: *vuelve a hacer calor* (reiterativo)
haber de + infinitivo: *he de darte una sorpresa* (obligativo)
haber que + infinitivo: *hay que tener vergüenza* (obligativo)
tener que + infinitivo: *tengo que salir* (obligativo)
deber de + infinitivo: *deben de ser las siete* (hipotético) (V. el artículo **deber**)

Notas:
(1) También se llama COMPLEMENTO PREDICATIVO.
(2) Algunos gramáticos consideran que con las preposiciones *a* o *para* los infinitivos equivalen a una subordinada final, y tienen el mismo sujeto del verbo de que dependen.

inflexiblemente *adv. m.* Con inflexibilidad.
inflexión (l. *-xione*) *f.* Torcimiento de una cosa que estaba recta o plana. 2 Elevación o atenuación hecha con la voz, quebrándola o pasando de un tono a otro. 3 FÍS. Desviación. 4 GEOM. Punto de la curva en que cambia de sentido su curvatura. 5 GRAM. Terminación que toma la palabra variable. 6 FON. Alteración del timbre vocálico en la evolución del idioma, por influjo de un sonido vocálico, semivocálico o semiconsonántico que se halle en su proximidad.
inflexivo, -va *adj.* Que contiene inflexión o flexión.
inflexo, -xa *adj.* H. NAT. Encorvado o doblado hacia adentro.
infligir (l. *-ere*) *tr.* Imponer [un castigo o pena corporal]. 2 Producir [un daño]. ◇ ** CONJUG. [6] como *dirigir.*
inflorescencia (*in-* + *florescencia*) *f.* Disposición que toman y orden en que aparecen y se desarrollan las flores en una planta cuyos brotes florales se ramifican.
influencia *f.* Acción de influir. 2 Efecto de influir. 3 fig. Poder, valimiento, autoridad de una persona para con otra u otras. 4 Gracia o inspiración que Dios envía a las almas. 5 FÍS. Efecto producido a distancia.
SIN. **Influjo.**
influenciar *intr.* Influir (producir, contribuir). ◇ ** CONJUG. [12] como *cambiar.*
influente (l.) *adj.* Influyente. -2 *m.* Río de las regiones secas que pierde agua por evaporación.
influenza *f.* ITALIAN. Trancazo, gripe.

influir (l. *-uere*) *intr.* Producir unas cosas sobre otras, de una manera indirecta o insensible, una acción o efecto: *el imán influye sobre el hierro; el calor influye en la vegetación.* 2 fig. Ejercer una persona o cosa predominio o fuerza moral en el ánimo: ~ *con el jefe;* ~ *para el indulto.* 3 Contribuir al éxito de un negocio. 4 FÍS. Electrizar por influencia. 5 TEOL. fig.Inspirar Dios algún efecto o don de su gracia. ◇ ** CONJUG.: [62] como *huir.*

influjo (l. *-uxu*) *m.* Influencia. 2 Flujo (de la marea).

influyente *adj.* Que influye. 2 Que goza de influencia y poder.

infografía (de *informática* + *-grafía*) *f.* Técnica de obtención de imágenes por medio de procedimientos informáticos.

infolio (l. *in folio*) *m.* Libro en folio.

inforciado (l. *-atu,* reforzado) *m.* Segunda parte del Digesto o Pandectas de Justiniano (482-565).

información *f.* Acción de informar o informarse. 2 Efecto de informar o informarse. 3 Averiguación jurídica o legal de un hecho o delito. 4 Noticia o noticias que uno trata de saber. En los periódicos, sección de noticias: ~ *mercantil, extranjera; agencia de* ~; ***a título de*** ~, sin responder de la veracidad de la noticia. 5 Pruebas de la calidad y circunstancias necesarias en un sujeto para un empleo u honor. 6 Comunicación o adquisición de conocimientos que permiten ampliar o precisar los que se poseen sobre una materia determinada. 7 INFORM. Señal transmitida entre la entrada y la salida de un sistema.

informador, -ra *adj.-s.* Que informa.

informal *adj.* Que carece de formalidad. 2 ANGLIC. No oficial, oficioso, extraoficial.

informalidad *f.* Calidad de informal. 2 fig. Cosa reprimible por informal.

informalmente *adv. m.* De manera informal.

informante *adj.* Que informa. -2 *m.* ant. El que tenía encargo y comisión de hacer las informaciones de limpieza de sangre y calidad de uno.

informar (l. *-are*) *tr.* Enterar, dar noticia [a alguno] de alguna cosa: ~ *al público de, en,* o *sobre, los incidentes de la lucha; prnl.,* procurarse noticias: *se ha informado mal.* 2 FIL. Dar forma substancial [a una cosa]. -3 *intr.* Dictaminar un cuerpo consultivo o una persona perita. 4 Hablar en estrados los fiscales y abogados.

informática (fr. *informatique;* compuesto de *information* y *automatique*) *f.* Conjunto de conocimientos científicos y técnicos que se ocupan del tratamiento de la información por medio de ordenadores electrónicos.

informático, -ca *adj.-s.* Perteneciente o relativo a la informática. -2 *m. f.* Persona que trabaja o investiga en el sector de la informática.

informativo, -va *adj.* Que informa (entera). 2 [corporación, junta, comisión, etc.] De carácter consultivo. -3 *m.* Espacio dedicado a difundir las noticias en radio y televisión.
SIN. *2* **Dictaminador, -ra.**

informatización *f.* Acción de informatizar. 2 Efecto de informatizar.

informatizar *tr.-prnl.* Introducir o aplicar los medios o métodos de la informática. ◇ ** CONJUG. [4] como *realizar.*

I) informe *m.* Noticia que se da de un negocio o suceso, o acerca de una persona. 2 Acción de informar (dictaminar). 3 Efecto de informar (dictaminar). 4 Exposición, en radio y televisión, de datos, causas y circunstancias documentales que rodean una información, con un estilo impersonal. 5 DER. Exposición oral que hace el letrado o el fiscal ante el tribunal que ha de fallar el proceso.
SIN. *1* **Información;** se dice gralte. en pl. **informes** o **referencias,** cuando se trata de la conducta, solvencia, etc., de una persona. *2* y *3* **Dictamen;** v. **opinión.**

II) informe (l.) *adj.* Que no tiene forma, figura y perfección que le corresponde. 2 De forma vaga e indeterminada.
SIN. *1* v. **Deforme.**

informidad *f.* Calidad de informe.

informulable *adj.* Que no puede formularse.

infortificable *adj.* Que no se puede fortificar.

infortuna *f.* ASTROL. Influjo adverso de los astros.

infortunadamente *adv. m.* Sin fortuna, con desgracia.

infortunado, -da *adj.-s.* Desafortunado.
SIN. v. **Desgraciado.**

infortunio (l. *-iu*) *m.* Suerte, hecho o acaecimiento desgraciado. 2 Estado desgraciado de una persona.

infosura *f.* Enfermedad de las caballerías que se presenta con dolores en dos o en los cuatro remos.

infra- (l. *infra,* debajo de) Elemento prefijal que entra en la formación de palabras con el significado de debajo de.
CONTR. **Supra-.**

infracción (l. *-ctione*) *f.* Quebrantamiento de una ley o tratado, o de una norma moral, lógica o doctrinal.
SIN. **Transgresión.**

infraclase *f.* Grupo de animales que forma una categoría taxonómica entre la subclase y el orden o el superorden.

infracto, -ta (*in-* + l. *fractu,* quebrado) *adj.* Constante y que no se conmueve fácilmente.

infractor, -ra *adj.-s.* Transgresor.

infraespinoso, -sa *adj.-m.* ANAT. Músculo de la zona inferior del omóplato cuya función es la rotación externa del húmero.

infraestructura (*infra-* + *estructura*) *f.* Parte de una construcción que está bajo el nivel del suelo. 2 Conjunto de medios necesarios para el desarrollo de una actividad. 3 p. ext. Lo fundamental, básico y necesario para algo.

in fraganti (l. *in,* en + *flagranti* < *flagrans,* ardiente) *loc. adv.* En flagrante.

infraglotal *adj.-s.* Consonante articulada por el aire procedente de los pulmones.
CONTR. **Eyectivo.**

infrahumano, -na (*infra-* + *humano*) *adj.* Inferior a lo humano: *conducta infrahumana; condiciones infrahumanas de vida.*

infrangible (l. *-ibile*) *adj.* Que no se puede quebrantar.
SIN. Se distingue de **inquebrantable,** pralte., en que sólo se usa lit. en sentido fig.: *un precepto* ~ o *inquebrantable;* pero *una roca es inquebrantable.*

infranqueable *adj.* Imposible o difícil de franquear (desembarazar).

infraoctava (*infra-* + *octava*) *f.* Tiempo que abraza los seis días comprendidos entre el primero y el último de la octava de una festividad de la Iglesia.

infraoctavo, -va *adj.* [día] De la infraoctava.

infraorbitario, -ria (*infra-* + *orbitario*) *adj.* MED. Que está situado en la parte inferior de la órbita del ojo, o inmediatamente debajo.

infraorden *m.* Grupo de animales que forma una categoría de clasificación entre el suborden y la familia.

infrarrojo, -ja (*infra-* + *rojo*) *adj.* [radiación del espectro luminoso] Que tiene mayor longitud de onda y se encuentra más allá del rojo visible; se caracteriza por sus efectos térmicos, pero no luminosos ni químicos.

infrascripto, -ta (*infra-* + l. *scriptu,* escrito) *adj.-s.* Infrascrito.

infrascrito, -ta *adj.-s.* Que firma al fin de un escrito. -2 *adj.* Dicho abajo o después de un escrito.

infrasonido (*infra-* + *sonido*) *m.* Vibración de frecuencia inferior a las audibles por el oído humano.

infrasonoro, -ra *adj.* FÍS. Perteneciente o relativo a los infrasonidos.

infrautilizado, -da *adj.* Subutilizado.

infrautilizar (*infra-* + *utilizar*) *tr.* Utilizar [algo] por debajo de las posibilidades que ofrece. ◇ ** CONJUG. [4] como *realizar.*
SIN. **Subutilizar.**

infravalorar (*infra-* + *valorar*) *tr.* No apreciar lo suficiente el valor de [una cosa].

infrecuencia *f.* Falta de frecuencia, rareza.

infrecuente *adj.* Que no es frecuente.

infrigidación (l. *infrigidatione*) *f.* desus. Enfriamiento.

infringir (l. *-ere*) *tr.* Quebrantar [la ley, un convenio, etc.]. ◇ ** CONJUG. [6] como *dirigir.*

infructífero, -ra (l. *-feru*) *adj.* Que no produce fruto. 2 fig. Inútil.

infructuosamente *adv. m.* Sin fruto, sin utilidad.

infructuosidad *f.* Calidad de infructuoso.

infructuoso, -sa (l. *-su*) *adj.* Ineficaz, inútil.

infrugífero, -ra *adj.* Infructífero.

infrutescencia *f.* Fructificación formada por la agrupación de varios frutillos procedentes de las flores de una inflorescencia, y con apariencia de unidad; como la del moral.

ínfula (l.) *f.* Venda de lana blanca, con dos tiras caídas a los lados, con que se ceñían la cabeza los sacerdotes de los gentiles y los suplicantes; se ponía sobre la de las víctimas y la usaban también algunos reyes. 2 Cinta ancha que pende por la parte posterior de la mitra episcopal. 3 *f. pl.* fig. Presunción o vanidad.
SIN. *3* v. **Soberbia.**

infumable *adj.* [tabaco] Muy malo. 2 p. ext. Inaceptable, de mala calidad, sin aprovechamiento posible.

infundadamente *adv. m.* Sin fundamento racional.

infundado, -da *adj.* Que carece de fundamento.
SIN. **Insubsistente.**
infundibuliforme (l. *infundibilu,* embudo + *-forme*) *adj.* BOT. [corola o cáliz] De figura de embudo.
infundíbulo *m.* Canal del tercer ventrículo cerebral.
infundio *m.* Mentira, patraña, esp. cuando se propaga como noticia o rumor público: *esta información es un ~.*
infundioso, -sa *adj.* Mentiroso, que acostumbra propalar infundios.
infundir (l. *-ere*) *tr.* FARM. Poner [un simple o medicamento] en un licor por cierto tiempo. 2 inus. Echar un líquido en una vasija. 3 fig. Comunicar Dios al alma [un don o gracia]. 4 Causar en el ánimo [un impulso moral o afectivo]: *~ valor a,* o *en, alguno.* ◇ CONJUG. pp. reg.: ***infundido***; irreg.: ***infuso.***
SIN. *3* y *4* **Imbuir.**
infurción *f.* Tributo que en dinero o especie se pagaba al señor de un lugar por razón del solar de las casas.
SIN. **Enfurción.**
infurcioniego, -ga *adj.* ant. Sujeto al tributo de infurción.
infurtir *tr.* Enfurtir.
infurto, -ta, pp. irreg. de *infurtir.*
infusibilidad *f.* Calidad de infusible.
infusible *adj.* Que no puede fundirse (derretirse).
infusión (l. *-one*) *f.* Acción de infundir. 2 Efecto de infundir. 3 En el sacramento del bautismo, acción de echar el agua sobre el que se bautiza. 4 Acción de tratar con agua caliente una substancia para extraer de ella las partes solubles, esp. hasta el momento de iniciarse la ebullición. 5 Producto líquido así obtenido. 6 Administración de líquidos por vía intravenosa.
infuso, -sa (l. *-su*) *adj.* [conocimiento, aptitud] Que Dios infunde en los hombres. 2 Conseguido sin trabajo, caído del cielo: *ciencia infusa.*
infusorio (l. med. *-iu*) *adj.-m. m.* Ciliado.
inga *adj.* Pirita. -2 *m.* Inca. -3 *f. Perú.* Baile ritual indio.
ingá *m. R. de la Plata* y *Perú.* Árbol parecido al timbó *(Inga specialis).*
ingenerable (l. *-abile*) *adj.* Que no puede ser engendrado.
ingeniar *tr.* Trazar o inventar ingeniosamente [una cosa]. -2 *prnl.* Discurrir trazas para conseguir o ejecutar una cosa: *ingeniarse a,* o *para, ir viviendo; ingeniarse con poco, en alguna cosa.* ◇ ** CONJUG. [12] como ***cambiar.***
ingeniatura *f.* fam. Industria y arte con que se ingenia uno.
ingeniería *f.* Arte de aplicar los conocimientos científicos a la invención, perfeccionamiento y utilización de la técnica industrial en todas sus determinaciones: *~* ***genética,*** la relativa al mejoramiento de los individuos de una especie. 2 Profesión y ejercicio del ingeniero.
ingeniero, -ra *m. f.* Persona que profesa o ejerce la ingeniería: *~* ***agrónomo,*** el que entiende en todo lo que se refiere a la práctica de la agricultura; *~* ***de montes,*** en la cría y aprovechamiento de los montes; *~* ***de caminos, canales y puertos,*** en la traza, ejecución y conservación de obras públicas; *~* ***de minas,*** en el laboreo de las minas; *~* ***industrial,*** en todo lo concerniente a la industria fabril; *~* ***naval*** o ***de marina,*** el que tiene por profesión proyectar, ejecutar y conservar toda clase de construcciones navales; *~* ***militar,*** el encargado de proyectar y construir obras militares; *~* ***mecánico,*** el que tiene por profesión diseñar y fabricar maquinaria industrial; *~* ***químico,*** el que se encarga de preparar los materiales usados en las industrias químicas y dirigir éstas; *~* ***civil,*** el que pertenece a cualquiera de los cuerpos facultativos no militares dedicados a trabajos y obras públicas; *~* ***técnico,*** perito.
ingenio (l. *-iu) m.* Espíritu de invención, facultad para discurrir o crear con prontitud y facilidad: ***afilar,*** o ***aguzar, uno el ~,*** fig., aplicar atentamente la inteligencia para salir de una dificultad. 2 Individuo dotado de esta facultad. 3 Habilidad, industria, maña para conseguir o ejecutar una cosa. 4 Máquina o artificio mecánico. 5 Instrumento de los encuadernadores para cortar los cantos de los libros. 6 *~* ***de azúcar,*** o simplte. *~,* conjunto de aparatos para moler la caña y obtener el azúcar; finca que contiene el cañamelar y las oficinas de beneficio. 7 Máquina o artificio de guerra ofensivo y defensivo.
SIN. *1* **Inventiva.** *3* (v. **habilidad**); **traza, industria, idea** (vulg.).
ingeniosamente *adv. m.* Con ingenio.
ingeniosidad *f.* Calidad de ingenioso. 2 fig. Idea artificiosa y sutil.
ingenioso, -sa *adj.* Que tiene ingenio. 2 Hecho o dicho con ingenio.
ingénito, -ta (l. *-tu*) *adj.* No engendrado. 2 Congénito (connatural).
SIN. *2* **Innato.**
ingente (l.) *adj.* Muy grande.
ingenuamente *adv. m.* Con ingenuidad.
ingenuidad *f.* Sinceridad, candor, buena fe. 2 ant. Condición personal de haber nacido libre, en contraposición a la del manumiso o liberto.
ingenuo, -nua (l. *-u*) *adj.-s.* Sincero, candoroso, sin doblez. 2 ant. Que nació libre y no ha perdido su libertad. -3 *f.* Actriz que hace papeles de persona inocente y candorosa.
ingérido, -da *adj. Venez.* Enfermo.
ingeridura *f.* Injeridura.
ingerir (l. *ingerĕre*) *tr.* Introducir por la boca la comida, bebida o medicamentos. ◇ ** CONJUG. [35] como ***hervir.*** ◇ HOMÓF.: *injerir.*
ingestión (l. *-stione*) *f.* Acción de ingerir.
ingle (l. **inguine*) *f.* Parte del cuerpo en que se juntan los muslos con el vientre.
inglés, -glesa *adj.-s.* De Inglaterra, territorio que ocupa la parte meridional de Gran Bretaña. 2 Británico. -3 *adj.-m.* Lengua perteneciente al grupo germánico occidental, hablada oficialmente en Gran Bretaña, Estados Unidos de Norteamérica y otras muchas naciones. 4 Cierta tela usada antig. 5 irón. Acreedor. -6 *adj.-f.* V. letra inglesa. -7 *adj.-s. Can.* Cobrador de facturas y recibos. -8 *adj. Perú.* [gallo o gallina] De raza enana.
SIN. *1* **Británico,** tiene cierta solemnidad lit.: *Museo Británico, Imperio británico*; pero no se diría *un señor británico,* sino *inglés;* más lit. y p. us. son **britano** y **anglo.**
inglesismo *m.* Anglicismo.
inglete (fr. *anglet*) *m.* Ángulo de 45 grados que con cada uno de los catetos forma la hipotenusa del cartabón. 2 Unión a escuadra de los trozos de una moldura.
ingletear *tr.* Formar con ingletes.
inglosable *adj.* Que no se puede glosar.
ingobernabilidad *f.* Calidad de ingobernable.
ingobernable *adj.* Que no se puede gobernar.
ingratamente *adv. m.* Con ingratitud.
ingratitud (l. *-udo*) *f.* Desagradecimiento.
SIN. **Ingratitud** es más intenso que **desagradecimiento;** igual ocurre con **ingrato** respecto a **desagradecido** u **olvidadizo.**
ingrato, -ta (l. *-tu*) *adj.* Desagradecido: *~ a los amigos.* 2 Desabrido, desagradable. 3 Que no corresponde al trabajo que cuesta.
ingravidez *f.* Calidad de ingrávido. 2 Efecto que produce, esp. en el cuerpo humano, el hallarse fuera del campo gravitatorio de la Tierra: *la ~ de los astronautas.*
ingrávido, -da (*in-* + *grave*) *adj.* Que no tiene peso: *los espíritus son ingrávidos.* 2 [cuerpo material] Que se halla fuera, total o parcialmente, del campo gravitatorio de la Tierra o de otro astro. 3 fig. Ligero, leve, tenue, como la gasa o la niebla.
ingrediente (l.) *m.* Cosa que entra con otras en un compuesto. 2 Elemento que puede contribuir a definir una situación, hecho, problema, etc. 3 *R. de la Plata.* Tapa (pedazo).
SIN. *1* **Material.** *3* **Batería, picadito, preparación, saladito.**
ingresar (de *ingreso*) *intr.-tr.* Entrar una cosa, y esp. dinero. -2 *intr.* Entrar (en un conjunto). 3 Entrar en un establecimiento sanitario para someterse a un tratamiento. 4 Aprobar el examen de ingreso de un centro o escuela especial. 5 Ganar regularmente por algún concepto cierta cantidad de dinero. -6 *prnl. Méj.* Alistarse.
GRAM. En la primera acepción, tratándose de dinero, se ha generalizado el uso transitivo: *ayer ingresé 6.000 pesetas en mi cuenta corriente.*
ingresivo, -va *adj.* GRAM. [aspecto verbal] Que designa el comienzo de la acción. En español está representado gralte. por perífrasis como *echó a llorar, se puso a escribir,* etc.
ingreso (l. *-essu*) *m.* Acción de ingresar. 2 Entrada. 3 Examen que se hace para ingresar en un colegio, facultad, etc. 4 Caudal que entra en poder de uno, y que le es de cargo en las cuentas. 5 Pie del altar. -6 *m. pl.* Sueldo, rentas.
íngrimo, -ma (port. *íngreme,* escarpado, de origen incierto, quizás del fr. ant. *engremi,* irritado, der. del germ. *gram.*) *adj. Amér.* Completamente solo, sin compañía.
inguandio, -dia *m. f. Colomb.* Invención, embuste.
inguinal (l. *-ale*) *adj.* Inguinario.
inguinario, -ria (l. *-iu*) *adj.* Perteneciente o relativo a las ingles.
ingurgitación *f.* MED. Acción de ingurgitar. 2 MED. Efecto de ingurgitar.

ingurgitar (l. *-are*) *tr.* MED. Engullir. -2 *prnl.* Llenarse de líquido un órgano del cuerpo, aumentando consiguientemente de volumen.
ingustable (l. *-abile*) *adj.* Que no se puede gustar a causa de su mal sabor.
inhábil (l. *inhabilis*) *adj.* Torpe, desmañado. 2 Inepto, incapaz, incompetente. 3 Inadecuado al fin que se pretende. 4 *Día ~*, en las oficinas públicas, el festivo; *hora ~*, la que está fuera de las horas destinadas a despachar al público.
inhabilidad *f.* Falta de habilidad o maña. 2 Ineptitud, falta de instrucción. 3 Impedimento para un empleo o trabajo.
inhabilitación *f.* Acción de inhabilitar. 2 Efecto de inhabilitar. 3 Pena aflictiva que priva de algún derecho o incapacita para ciertos empleos.
inhabilitar (*in-* + *habilitar*) *tr.* Imposibilitar para alguna acción. 2 Incapacitar para ejercer un derecho, empleo, etc.
inhabitable (l. *-abile*) *adj.* No habitable.
inhabitado, -da *adj.* No habitado.
SIN. **Yermo,** tratándose de un país, comarca, etc.; **deshabitado,** hablando de un edificio, o de cualquier lugar que estuvo habitado y ya no lo está; **despoblado** coincide con **yermo,** pero sugiere más o menos que el país de que se trata tuvo población en otro tiempo; en tanto que en **yermo,** predomina la idea de que no la ha tenido nunca.
inhacedero, -ra *adj.* No hacedero.
inhalación *f.* Acción de inhalar. 2 Efecto de inhalar.
inhalador *m.* Aparato para efectuar inhalaciones.
inhalante *adj.* ZOOL. Que respira hacia dentro; como las corrientes respiratorias de agua en los organismos, o las estructuras anatómicas que lo permiten.
inhalar (l. *-are*) *tr.* MED. Aspirar, con fin terapéutico [un gas, un vapor, un líquido pulverizado]. -2 *intr.* Soplar en forma de cruz sobre cada una de las ánforas de los santos óleos cuando se consagran.
inhallable *adj.* Imposible o difícil de hallar.
inherencia *f.* Calidad de inherente. 2 Unión de cosas inseparables por su naturaleza, o que sólo se pueden separar mentalmente y por abstracción.
inherente (l. *inhærente* < *inhærere,* estar unido) *adj.* FIL. [determinación de un sujeto] Que es afirmada de este sujeto y sólo por él tiene existencia. 2 [determinación, constante o inconstante, de un sujeto] Que constituye un modo de ser intrínseco a este sujeto y no una relación con otra cosa. 3 Esencial, permanente, que no se puede separar: *la debilidad ~ a la naturaleza humana.* 4 GRAM. [propiedad] Que pertenece a una unidad gramatical con independencia de las relaciones que ésta pueda establecer en la oración.
inhesión (l. *inhæsione*) *f.* p. us. Apego. 2 FIL. Inherencia.
inhestar *tr.* Enhestar. ◇ ** CONJUG. [27] como *acertar.*
inhibición *f.* Acción de inhibir o inhibirse. 2 Efecto de inhibir o inhibirse. 3 En psicología, poder de una representación de detener o debilitar el curso de otra y de impedir su acción. 4 En fisiología, disminución de la actividad de una neurona, de una fibra muscular o de una célula secretora, por la acción de un influjo nervioso o de una hormona.
inhibidor, -ra *adj.* Que inhibe o produce inhibición. -2 *m.* QUÍM. Substancia que detiene o evita una reacción química.
inhibir (l. *-ere*) *tr.* DER. Impedir que [un juez] intervenga o prosiga en el conocimiento de una causa. -2 *prnl.* Echarse fuera de un asunto, o abstenerse de intervenir en él: *inhibirse de,* o *en, el conocimiento de una cosa.* -3 *tr.-prnl.* MED. Suspender transitoriamente [una función o actividad del organismo] mediante la acción de un estímulo adecuado.
inhibitorio, -ria *adj.-f.* DER. [despacho, decreto, etc.] Que inhibe a un juez.
inhiesto, -ta *adj.* p. us. Enhiesto.
inhonestable *adj.* p. us. Deshonesto.
inhonestamente *adv. m.* Deshonestamente.
inhonestidad *f.* Deshonestidad.
inhonesto, -ta (l. *-tu*) *adj.* Deshonesto. 2 Indecente e indecoroso.
inhospedable, -pitable *adj.* Inhospitalario.
inhospital, -lario, -ria *adj.* Falto de hospitalidad. 2 Poco humano para con los extraños. 3 Que no ofrece seguridad ni abrigo.
inhospitalidad (l. *itate*) *f.* Calidad de inhospitalidad. 2 Poco humano para con los extraños. 3 Que no ofrece seguridad ni abrigo.
inhóspito, -ta (l. *inhospitu*) *adj.* Inhospital.
inhumación *f.* Acción de inhumar. 2 Efecto de inhumar.
inhumanamente *adv. m.* Con inhumanidad.
inhumanidad (l. *-itate*) *f.* Falta de humanidad, crueldad.
inhumanitario, -ria *adj.* No humanitario.
inhumano, -na *adj.* Falto de humanidad, cruel. 2 *Chile.* Muy sucio.
inhumar (l. *-are* < *humus,* tierra) *tr.* Enterrar [un cadáver]. CONTR. **Exhumar.**
inía *m.* Delfín del alto Amazonas y sus afluentes, de 2 a 3 m. de longitud, con el dorso de color gris y la parte central rosada; tiene el hocico picudo con pelos rígidos *(Inia geoffrensis).*
iniciación *m.* Acción de iniciar o iniciarse. 2 Efecto de iniciar o iniciarse.
iniciado, -da *adj.-s.* [pers.] Que participa en el conocimiento de algún secreto.
iniciador, -ra *adj.-s.* Que inicia.
inicial (l. *-tiale*) *adj.* Relativo al origen o al comienzo de las cosas. -2 *adj.-s.* V. letra inicial.
iniciar (l. *initiare*) *tr.* Admitir [a uno] a la participación de una cosa secreta; enterarle de ella: *~ a uno en los misterios.* 2 Instruir [a uno] en alguna enseñanza: *~ en los arcanos de la metafísica; prnl., iniciarse en teología.* 3 Comenzar o promover una acción o serie de acciones: *~ un debate.* -4 *prnl.* Recibir las órdenes menores. ◇ ** CONJUG. [12] como *cambiar.*
SIN. *3* v. **Empezar.**
iniciático, -ca *adj.* Que inicia a alguien en algo.
iniciativa *f.* Derecho de hacer una propuesta. 2 Acto de ejercerlo. 3 Acción de adelantarse a los demás en hablar u obrar. 4 Cualidad personal que inclina a esta acción. 5 Procedimiento establecido en algunas constituciones políticas mediante el cual el pueblo interviene directamente en la propuesta y adopción de medidas legislativas. 6 Idea que sirve para empezar a hacer una cosa. 7 PSICO. Capacidad del sujeto de hacer variar sus reacciones y de adaptarlas a las circunstancias.
iniciativo, -va *adj.* Que da principio a una cosa.
inicio (l. *initiu*) *m.* Comienzo, principio.
inicuamente *adv. m.* Con iniquidad.
inicuo, -cua (l. *-quu*) *adj.* Contrario a la equidad. 2 Injusto, malvado. ◇ Superlativo: *iniquísimo.*
inigualable *adj.* Que no se puede igualar por extraordinario, bueno, etc.
inigualado, -da *adj.* Que no tiene igual; impar.
inimaginable *adj.* No imaginable.
SIN. **Infigurable, irrepresentable.**
inimicísimo, -ma *adj.* desus. Superl. de *enemigo.*
inimitable (l. *-abile*) *adj.* No imitable.
inimputabilidad *f.* Calidad de inimputable.
inimputable *adj.* Que no puede ser imputado.
ininflamable *adj.* Que no puede inflamarse ni incendiarse.
ininteligibilidad *f.* Calidad de ininteligible.
ininteligible (l. *-ibile*) *adj.* No inteligible.
ininterrumpido, -da *adj.* Continuado, sin interrupción.
iniquidad (l. *-itate*) *f.* Injusticia grande, maldad.
iniquísimo, -ma *adj.* Superl. de *inicuo.*
injerencia *f.* Acción de injerirse. 2 Efecto de injerirse.
injeridor *m.* Instrumento que sirve para injertar.
injeridura *f.* Parte por donde se ha injertado el árbol.
injerir (v. *inserir*) *tr.* Introducir [una cosa] en otra: *~ cemento en una grieta; ~ a púa; ~ de escudete; ~ una rama en un árbol.* 2 fig. Incluir [una cosa en otra], haciendo mención de ella: *injería los refranes muy a cuento.* -3 *prnl.* Entremeterse en una dependencia o negocio: *injerirse en asuntos ajenos.* ◇ ** CONJUG. [35] como *hervir.* ◇ HOMÓF.: *ingerir.*
injerta *f.* Acción de injertar.
injertable *adj.* Que puede injertarse.
injertador, -ra *m. f.* Persona que injerta. -2 *adj.-s.* Que injerta o sirve para injertar.
injertar (v. *insertar*) *tr.* Aplicar [una parte de una planta provista de una o más yemas] a una rama o tronco de otra planta de modo que se establezca una unión permanente. 2 p. anal. Implantar [una porción de un tejido vivo: carne, piel, hueso] en una lesión, de modo que se establezca una unión orgánica. ◇ CONJUG.: pp. reg.: *injertado*; irreg. usado sólo como substantivo: *injerto.*
SIN. **Enjertar.**
injertera *f.* Plantación de árboles sacados de la almáciga.
injerto, -ta (v. *insertu*) pp. irreg. de *injertar.* 2 *m.* Acción de injertar: *~ de cabello,* operación quirúrgica que consiste en trasplantar pequeños cilindros de cuero cabelludo desde una zona

sana a otra afectada. 3 Modo de injertar: ~ ***de cañutillo,*** el que se hace adaptando un rodete de corteza con una o más yemas sobre el tronco del patrón; ~ ***de corona*** o ***de coronilla,*** el que se hace introduciendo una o más púas entre la corteza y la albura del tronco del patrón; ~ ***de escudete,*** el que se hace introduciendo entre el líber y la albura del patrón una yema con parte de la corteza a que está unida, cortada ésta en forma de escudo; ~ ***inglés*** o ***de lengüeta,*** el que se hace practicando una incisión en la sección obtenida de cortar el tallo del patrón horizontalmente, donde se introduce la punta afilada de una rama joven que contenga dos o tres yemas, y se ata para favorecer la unión; ~ ***por aproximación,*** el que se practica por yuxtaposición de dos ramas cortadas lateralmente a igual longitud y mantenidas en contacto por una ligadura; por debajo de la zona de unión se corta del pie madre la ramita que sirve de injerto quedando ésta unida a la planta patrón. 4 Parte de una planta que se injerta en otra. 5 p. anal. Porción de un tejido vivo que se injerta en otro. 6 Planta injertada.
SIN. *6* **Enjerto.**

injonear ***tr.*** *Perú.* vulg. Zaherir con indirectas.
injundia ***f.*** vulg. Enjundia.
injuria (l. *iniuria*) ***f.*** Ofensa que se hace al nombre o al honor de uno, con palabras o con hechos. 2 Dicho o hecho contra razón y justicia. 3 fig. Daño o molestia que causa una cosa.
SIN. *1* v. **Insulto.**
injuriado, -da ***adj.-s.*** *Cuba.* Tabaco de clase inferior.
injuriador, -ra ***adj.-s.*** Que injuria.
injuriante ***adj.*** Que injuria.
injuriar (l. *iniuriare*) ***tr.*** Inferir injuria o injurias [a alguno]. 2 Dañar, menoscabar. ◇ ** CONJUG. [12] como ***cambiar.***
SIN. *1* **Denigrar; denostar,** es injuriar de palabra a alguien en su presencia; **vilipendiar, ofender** y **ultrajar,** son intensivos.
injuriosamente ***adv. m.*** Con injuria.
injurioso, -sa ***adj.*** Que injuria.
injustamente ***adv. m.*** Con injusticia; sin razón.
injusticia (l. *iniustitia*) ***f.*** Acción contraria a la justicia. 2 Falta de justicia.
injustificable ***adj.*** Que no se puede justificar.
injustificadamente ***adv. m.*** De manera injustificada.
injustificado, -da ***adj.*** No justificado.
injusto, -ta (l. *iniustu*) ***adj.*** Contrario a la justicia.
SIN. **Torticero.**
inlandsis (voz escandinava) ***m.*** GEOL. Masa glaciar de enormes dimensiones que corresponde a los casquetes polares. ◇ Pl.: *inlandsis.*
inllevable (*in-* + *llevar*) ***adj.*** Que no se puede soportar, aguantar o tolerar.
inmaculada (v. *inmaculado*) ***f.*** Purísima.
inmaculadamente ***adv. m.*** Sin mancha.
inmaculado, -da (l. *immaculatu*) ***adj.*** Que no tiene mancha.
inmadurez ***f.*** Falta de madurez.
inmaduro, -ra ***adj.-s.*** Que todavía no ha alcanzado la madurez. 2 Inexperto.
inmancable ***adj.*** *Colomb., P. Rico* y *S. Dom.* GALIC. Infalible, seguro, que no puede faltar.
inmanejable ***adj.*** No manejable.
inmanencia ***f.*** Calidad de inmanente.
inmanente (l. < *immanere,* permanecer) ***adj.*** FIL. Que es inherente a un ser o a un conjunto de seres, y no es el resultado de una acción exterior a ellos.
inmanentismo ***m.*** Calidad de inmanente.
inmarcesible (l. *immarcesible*) ***adj.*** Que no se puede marchitar o atajar.
inmarchitable ***adj.*** Inmarcesible.
inmaterialidad ***f.*** Calidad de inmaterial.
inmaterialismo ***m.*** Sistema filosófico que niega la existencia de la materia.
inmaterializar ***tr.-prnl.*** Hacer inmaterial [algo]. ◇ ** CONJUG. [4] como ***realizar.***
inmaturo, -ra (l. *inmmaturu*) ***adj.*** No maduro.
inmediación ***f.*** Calidad de inmediato. 2 DER. Conjunto de derechos atribuidos al sucesor inmediato en una vinculación. -3 ***f. pl.*** Contorno (afueras).
inmediatamente ***adv. m.*** Sin interposición de cosa alguna. -2 ***adv. t.*** Luego, al instante.
inmediato, -ta (l. *immediatu,* < l. *in-,* priv. + *medium,* medio) ***adj.*** Contiguo o muy cercano: ~ *a la corte.* 2 Que sucede en seguida, sin tardanza. -3 ***loc. adv. De ~,*** inmediatamente.
inmedicable ***adj.*** fig. Que no se puede remediar o curar.
inmejorable ***adj.*** Que no se puede mejorar.
inmejorablemente ***adv. m.*** De manera inmejorable.
inmemorable ***adj.*** Inmemorial.
inmemorablemente ***adv. m.*** De un modo inmemorial.
inmemorial (l. *immemoriale*) ***adj.*** Tan antiguo, que no hay memoria de cuándo comenzó.
inmensamente ***adv. m.*** Con inmensidad.
inmensidad ***f.*** Calidad de inmenso: *la ~ del océano.*
inmenso, -sa (l. *immensu*) ***adj.*** Tan grande que no puede medirse: *el ~ océano; la inmensa cantidad de estrellas.* 2 fig. Muy grande: *una inmensa muchedumbre.*
inmensurable (l. *immensurabile*) ***adj.*** Que no puede medirse. 2 fig. De muy difícil medida.
SIN. *2* **Inconmensurable.**
inmerecidamente ***adv. m.*** Sin haberlo merecido.
inmerecido, -da ***adj.*** No merecido.
inméritamente ***adv. m.*** Sin mérito, sin razón.
inmérito, -ta (l. *immeritu*) ***adj.*** Inmerecido, injusto.
inmeritorio, -ria ***adj.*** No meritorio.
inmersión (l. *immersione*) ***f.*** Acción de introducir o introducirse una cosa en un líquido. 2 Entrada de un astro en el cono de sombra que proyecta otro.
SIN. *1* v. **Sumersión.**
inmerso, -sa ***adj.*** Sumergido, abismado.
inmigración ***f.*** Acción de inmigrar. 2 Efecto de inmigrar.
REL. v. **Migración.**
inmigrante ***adj.-com.*** Que inmigra.
inmigrar (l. *immigrare*) ***intr.*** Llegar a un país para establecerse en él el que es de otro país. 2 p. ext. Instalarse los animales en un territorio, trasladándose desde otro.
inmigratorio, -ria ***adj.*** Relativo a la inmigración.
inminencia ***f.*** Calidad de inminente.
inminente (l. *imminente* < *imminere,* amenazar) ***adj.*** Que amenaza o está para suceder prontamente.
inminentemente ***adv. m.*** De modo inminente.
inmisario, -ria ***adj.*** [curso de agua] Que desemboca en un curso de agua o en el mar.
inmiscible ***adj.*** Que no se puede mezclar.
inmiscuir (l. *immiscere,* mezclar) ***tr.*** Poner [una substancia] en otra para que resulte una mezcla. -2 ***prnl.*** fig. Entremeterse en un asunto o negocio. ◇ CONJUG. por excepción es regular, según la Academia. Así el presente de Indicativo hace: ***inmiscúo, inmiscúes,*** etc. Suelen, no obstante, usarse las formas ***inmiscuyo, inmiscuyes,*** etc., según el paradigma de ***huir.***
SIN. v. **Mezclar.**
inmisión (l. *immisione*) ***f.*** Infusión o inspiración.
inmobiliario, -ria ***adj.*** Relativo a cosas inmuebles. -2 ***f.*** Empresa o sociedad que se dedica a construir, arrendar, vender y administrar viviendas.
inmoble (l. *immobile;* doble etim. *inmueble*) ***adj.*** lit. Que no puede ser movido, inmóvil. 2 fig. Constante, firme e invariable en las resoluciones o afectos del ánimo.
SIN. *2* **Inconmovible.**
inmoderación (l. *immoderatione*) ***f.*** Falta de moderación.
inmoderadamente ***adv. m.*** Sin moderación.
inmoderado, -da ***adj.*** Que no tiene moderación.
inmodestamente ***adv. m.*** Con inmodestia.
inmodestia ***f.*** Falta de modestia.
inmodesto, -ta (l. *immodestu*) ***adj.*** No modesto.
inmódico, -ca (l. *immodicu*) ***adj.*** Excesivo, inmoderado.
inmodificable ***adj.*** Que no se puede modificar.
inmolación ***f.*** Acción de inmolar. 2 Efecto de inmolar.
inmolador, -ra ***adj.-s.*** Que inmola.
inmolar (l. *immolare*) ***tr.*** Sacrificar degollando [una víctima]; en gral., sacrificar (ofrecer, dar). -2 ***prnl.*** Dar la vida, la hacienda, etc., en provecho u honor de una persona, ideal, etc.
inmoral ***adj.*** Opuesto a la moral.
inmoralidad ***f.*** Falta de moralidad. 2 Acción inmoral.
inmoralismo ***m.*** Teoría fundada en la crítica de los valores morales gralte. admitidos.
inmortal (l. *immortale*) ***adj.*** No mortal. 2 fig. Destinado a perdurar indefinidamente en la memoria de los hombres. -3 ***m.*** *Ecuad.* y *P. Rico.* Siempreviva, planta.
SIN. *1* y *2* v. **Eterno.**
inmortalidad ***f.*** Calidad de inmortal: *la ~ de Dios.* 2 fig. Duración indefinida de una cosa en la memoria de los hombres: *la ~ de un poema.* 3 Tesis de que el alma del hombre sobrevive sin término a la muerte del cuerpo.

inmortalizar *tr.* Hacer perpetua [una cosa] en la memoria de los hombres. ◇ ** CONJUG. [4] como ***realizar.***
inmortalmente *adv. m.* De un modo inmortal.
inmortificación *f.* Falta de mortificación.
inmortificado, -da *adj.* No mortificado.
inmotivadamente *adv. m.* Sin motivo o razón; infundadamente.
inmotivado, -da *adj.* Sin motivo.
inmoto, -ta (l. *immotu*) *adj.* Que no se mueve.
inmovible, inmóvil *adj.* Que no se mueve. 2 fig. Firme, constante.
SIN. **Inmoble,** lit.
inmovilidad (l. *immobilitate*) *f.* Calidad de inmóvil.
inmovilismo *m.* Oposición sistemática a toda innovación.
inmovilista *adj.-com.* Partidario del inmovilismo.
inmovilización *f.* Acción de inmovilizar o inmovilizarse. 2 Efecto de inmovilizar o inmovilizarse.
inmovilizado *m.* Conjunto de bienes de cualquier naturaleza adquiridos o creados por una empresa para utilizarlos de forma duradera al ejercer su actividad.
inmovilizar *tr.* Hacer que una cosa quede inmóvil. 2 COM. Invertir [un caudal] en bienes de lenta o difícil realización. 3 DER. Coartar la libre enajenación [de bienes]. -4 *prnl.* Quedarse o permanecer inmóvil. ◇ ** CONJUG. [4] como ***realizar.***
inmudable *adj.* Inmutable.
inmueble (v. *inmoble*) *adj.-m.* V. bienes inmuebles. -2 *m.* Casa, edificio.
inmundicia (l. *immunditia*) *f.* Suciedad, basura. 2 fig. Impureza, deshonestidad.
inmundo, -da (l. *immundu*) *adj.* Sucio y asqueroso. 2 fig. Impuro. 3 fig. [aquello] Cuyo uso estaba prohibido a los judíos por su ley.
inmune (l. *immune*) *adj.* Exento de ciertos oficios, cargos, gravámenes o penas. 2 No atacable por ciertas enfermedades. -3 *m.* Suero que contiene anticuerpos específicos.
inmunidad *f.* Calidad de inmune. 2 Resistencia natural o adquirida de un organismo vivo a un agente infeccioso o tóxico. 3 Privilegio local concedido a los templos e iglesias, en virtud del cual los delincuentes que a ella se acogían no eran castigados con pena corporal en ciertos casos. 4 Privilegio de los representantes en el parlamento de no poder ser detenidos más que en circunstancias especiales, ni procesados sin autorización de dicha institución: ~ *parlamentaria,* o *inviolabilidad.*
inmunitario, -ria *adj.* MED. Perteneciente o relativo a la inmunidad.
inmunización *f.* Acción de inmunizar. 2 Efecto de inmunizar. 3 MED. Técnica consistente en conseguir inmunidad específica a un determinado agente infeccioso.
inmunizador, -ra *adj.* Que inmuniza.
inmunizante *adj.-s.* Agente que produce inmunización.
inmunizar *tr.* Hacer inmune. ◇ ** CONJUG. [4] como ***realizar.***
REL. **Inmunización.**
inmuno- (de *inmune*) Elemento prefijal que entra en la formación de palabras con el significado de inmunidad: *inmunodiagnosis.*
inmunodeficiencia (*inmuno- + deficiencia*) *f.* MED. Proceso en el que existe una deficiencia de la respuesta inmunitaria, ya sea de la inmunidad humoral o de la celular.
inmunodepresor (*inmuno- + depresor*) *m.* MED. Substancia que atenúa o anula las reacciones inmunológicas del organismo, utilizada para evitar el fenómeno del rechazo de los trasplantes y en ciertos tipos de cáncer.
inmunodiagnosis (*inmuno- + diagnosis*) *f.* MED. Diagnóstico mediante las reacciones de inmunidad. ◇ Pl.: *inmunodiagnosis.*
inmunogenética (*inmuno- + genética*) *f.* MED. Suma de conocimientos relativos a las interrelaciones entre las reacciones inmunes y la constitución genética.
inmunoglobulina (*inmuno- + globulina*) *f.* MED. Anticuerpo del grupo de la gammaglobulina.
inmunología (*inmuno- + -logía*) *f.* Parte de la medicina que estudia las reacciones inmunitarias del organismo, su génesis y los trastornos que resultan de estas reacciones.
inmunológico, -ca *adj.* Perteneciente o relativo a la inmunología.
inmunólogo, -ga *m. f.* Especialista en inmunología.
inmunoproteína (*inmuno- + proteína*) *f.* MED. Proteína que actúa como inmunizante o como anticuerpo.
inmunoterapia (*inmuno- + terapia*) *f.* MED. Inyección de anticuerpos específicos, gralte. contenidos en un suero, con fines curativos.
inmunotoxina (*inmuno- + toxina*) *f.* MED. Agente tóxico unido a un anticuerpo que tiene la capacidad de destruir células cancerosas sin afectar a las sanas.
inmutabilidad *f.* Calidad de inmutable: *la ~ de los eternos decretos de Dios.*
inmutable (l. *immutabile < in- + mutabile*) *adj.* No mudable.
SIN. **Inconmutable.**
inmutación *f.* Acción de inmutar o inmutarse. 2 Efecto de inmutar o inmutarse.
inmutar (l. *immutare < in,* en + *mutare,* mudar) *tr.* Alterar [una cosa]. -2 *prnl.* Sentir cierta conmoción repentina del ánimo, manifestándola por un ademán o por la alteración del semblante o de la voz.
inmutativo, -va *adj.* Que inmuta o tiene virtud de inmutar.
innatismo *m.* Calidad de innato. 2 Doctrina filosófica según la cual algunas ideas o nociones fundamentales del pensamiento son innatas, es decir, no adquiridas por la experiencia. Se opone al empirismo psicológico.
SIN. **Nativismo.**
innato (l. *-tu*) *adj.* Relativo a la naturaleza de un ser y que no es el resultado de lo que éste ha experimentado, hecho o percibido a partir de su nacimiento.
SIN. **Ingénito, congénito, nativo.**
innatural (l. *-ale*) *adj.* Que no es natural.
innavegable (l. *-abile*) *adj.* No navegable. 2 [embarcación] Cuyo estado imposibilita navegar con ella.
innecesariamente *adv. m.* Sin necesidad; de modo innecesario.
innecesario, -ria *adj.* No necesario.
innegable *adj.* Que no se puede negar.
innegociable *adj.* Que no puede negociarse.
innervación *f.* Inervación.
inning *m.* ANGLIC. Turno.
innoble (l. *ignobile*) *adj.* Que no es noble. 2 esp. Que es vil y abyecto.
innocuo, -cua (l. *-uu*) *adj.* Que no hace daño.
SIN. **Inocuo, inofensivo.**
innominable (l. *-abile*) *adj.* Que no se puede nombrar.
innominado, -da *adj.* Que no tiene nombre especial.
innovación *f.* Acción de innovar. 2 Efecto de innovar. 3 Novedad que se introduce en algo.
innovador, -ra *adj.-s.* Que innova.
innovamiento *m.* Innovación.
innovar (l. *-are*) *tr.* Introducir una novedad [en una cosa].
innumerabilidad *f.* Muchedumbre grande y excesiva.
innumerable *adj.* Que no se puede reducir a número, incontable. 2 Copioso, muy abundante. ◇ Se usa sólo con substantivos en pl.: *estrellas innumerables,* excepto cuando se trata de colectivos: *ejército ~; ejércitos innumerables.*
innumerablemente *adv. m.* Sin número.
innúmero, -ra (l. *-ru*) *adj.* Innumerable.
-ino, -ina (l. *-inu*) Sufijo que se une a substantivos para formar, solo o combinado con *es,* adjetivos que indican materia, origen o pertenencia: *ambarino, dañino, alicantino, campesino,* o para formar otros substantivos de significación diminutiva; *ansarino, palomino, neblina.* Los substantivos femeninos pueden derivarse de verbos, y, en este caso, denotan acción o efecto; *degollina, tremolina.* 2 Terminación convencional de los hidrocarburos no saturados acetilénicos de la serie acíclica: *etino.* ◇ V. *-in* e *-iño.*
inobediencia *f.* Falta de obediencia.
inobediente *adj.* No obediente.
inobjetable *adj.* Que no se puede objetar.
inobservable *adj.* Que no puede observarse.
inobservado, -da *adj.* Que no ha sido observado.
inobservancia *f.* Falta de observancia.
inobservante *adj.* No observante.
inocencia (l. *innocentia*) *f.* Condición de inocente: *la ~ del acusado; la ~ de un niño.* 2 Estado del alma que desconoce el mal: *la ~ de Adán y Eva.* 3 Simplicidad, tontería. 4 Inexperiencia sexual.
inocentada *f.* Acción o palabra candorosa o simple. 2 Engaño ridículo en que uno cae por descuido o por falta de malicia. 3 Broma del día de Inocentes.
inocente (l. *innocente*) *adj.-s.* Libre de culpa: *condenar a un ~; ~ del crimen; ~ en su conducta.* 2 Que no conoce el mal,

que no ha llegado a la edad de discreción: *la degollación de los santos Inocentes.* 3 fig. Sin malicia, fácil de engañar. -4 *adj.* [acción y cosa] De la persona inocente: *los inocentes juegos de los niños.* 5 Que no daña, que no es nocivo. -6 *m. Chile* y *Ecuad.* Aguacate (fruta).

inocentemente *adv. m.* Con inocencia.

inocentón, -tona *adj.-s.* fig. Aum. de *inocente* (fácil de engañar).

inocibe *m.* Seta agarical pequeña con el sombrero fibroso y de color claro *(Inocybe* sp.*).*

inocuidad *f.* Calidad de inocuo.

inoculable *adj.* Que puede inocularse.

inoculación *f.* Acción de inocular. 2 Efecto de inocular.

inoculador *m.* El que inocula.

inocular (l. *-are*) *tr.* Comunicar por medios artificiales [una enfermedad contagiosa]. 2 fig. Pervertir [a uno] con el mal ejemplo o la falsa doctrina.

inocultable *adj.* Que no puede ocultarse.

inocuo, -cua *adj.* Innocuo.

inodoro, -ra (l. *-ru*) *adj.-s.* Que no tiene olor. -2 *m.* Aparato que se coloca en los retretes para evitar el mal olor. 3 p. ext. Retrete provisto de sifón.

inofensivo, -va *adj.* Incapaz de ofender. 2 Innocuo.

inoficioso, -sa (l. *inofficiosu*) *adj.* DER. Que lesiona los derechos de herencia forzosa; actos de última voluntad, dotes y donaciones. 2 *Amér.* DER. Inútil, ocioso, ineficaz.

inolvidable *adj.* Que no puede o no debe olvidarse.

inope (l.) *adj.-s.* lit. Pobre, indigente.

inoperable *adj.* Que no puede ser operado.

inoperante *adj.* Ineficaz, inactivo.

inopia (l.) *f.* Pobreza, indigencia. 2 ***Estar en la ~***, estar distraído.

inopinable (l. *-abile*) *adj.* No opinable.

inopinadamente *adv. m.* De un modo inopinado.

inopinado, -da *adj.* Que sucede sin pensar o sin esperarse.

SIN. **Imprevisto.**

inoportunidad *f.* Falta de oportunidad.

inoportuno, -na (l. *inopportunu*) *adj.* Fuera de tiempo o de propósito.

SIN. v. **Intempestivo.**

inordenadamente *adv. m.* De un modo inordenado.

inordenado, -da, -dinado, -da (l. *-inatu*) *adj.* Desordenado, o no ordenado.

inorgánico, -ca (*in-* + *orgánico*) *adj.* No orgánico; esp., seres minerales, en contraposición a animales y vegetales. 2 V. química inorgánica. 3 Falto de organización. 4 LING. Extraño al sistema de la lengua.

inosilicatos (gr. *is, inós,* fibra + *silicato*) *m. pl.* Conjunto de silicatos cuya estructura cristalina se organiza en cadenas sencillas o dobles, formando cristales alargados o fibrosos.

inosita *f.* Alcohol presente en los cereales, frutas, etc., de sabor dulce, empleado en medicina.

inotrópico, -ca *adj.* Relativo a la fuerza contráctil muscular, esp. la del miocardio.

inoxidable *adj.* Que no se puede oxidar.

input (voz inglesa) *m.* Factor que se utiliza en un proceso productivo. 2 Conjunto de dispositivos y señales que permiten la introducción de información en un sistema. 3 Bornes de entrada de una red eléctrica.

inquebrantable (*in-* + *quebrantable*) *adj.* Sin quebranto o que no puede quebrantarse.

SIN. v. **Infrangible.**

inquietador, -ra *adj.-s.* Que inquieta.

inquietamente *adv. m.* Con inquietud.

inquietante *adj.* Que inquieta.

inquietar (l. *-are*) *tr.* Causar inquietud, turbar el sosiego [de uno]: *~ a los vecinos; inquietarse con, de,* o *por, las hablillas.* 2 DER. Intentar despojar [a uno] de la quieta y pacífica posesión de una cosa, o perturbar en ella.

inquieto, -ta (l. *-tu*) *adj.* Que no está quieto, o es de índole bulliciosa. 2 Desasosegado por una agitación del ánimo. 3 [cosa] En que no se ha tenido o gozado quietud: *tener un sueño ~.* 4 *Amér. Central.* Inclinado, propenso, aficionado.

inquietud (l. *-udo*) *f.* Falta de quietud, desasosiego, desazón. 2 Alboroto, conmoción. 3 Inclinación del ánimo hacia algo, especialmente en el campo de las artes.

SIN. *1* **Intranquilidad, congoja, zozobra** (intens.).

inquilinaje *m. Chile.* Inquilinato.

inquilinato (l. *-tu*) *m.* Arriendo de una casa o parte de ella. 2 Derecho que adquiere el inquilino en la casa arrendada. 3 Tributo de cuantía relacionada con la de los alquileres. 4 *Argent., Colomb.* y *Urug.* Casa de vecindad. 5 *Chile.* Sistema de explotación de fincas agrícolas por medio de inquilinos.

inquilinismo *m.* ZOOL. Estado de un animal que vive junto a otra especie o dentro de ella, utilizándola como refugio.

inquilino, -na (l. *-nu*) *m. f.* Persona que ha tomado una casa o parte de ella en alquiler para habitarla. 2 Arrendatario, comúnmente de finca urbana. 3 ZOOL. Animal que vive en el nido de otro o que hace uso del alimento de otro animal. 4 *Amér.* Habitante. 5 *Chile.* Persona que vive en una finca rústica en la cual se le da habitación y un trozo de terreno, con la obligación de trabajar en el mismo campo a beneficio del propietario.

inquina (v. *inquinar*) *f.* Aversión, mala voluntad.

SIN. v. **Antipatía.**

inquinamento (l. *-tu*) *m.* Infección.

inquinar (l. *-are*) *tr.* Manchar, contagiar.

inquirente *m.* Inquiridor.

inquiridor, -ra *adj.-s.* Que inquiere.

inquirir (l. *-irere*) *tr.* Indagar o examinar cuidadosamente [una cosa]. ◇ ** CONJUG. [30] como ***adquirir.***

inquisición (l. *-itione*) *f.* Acción de inquirir: ***hacer ~***, fig., examinar los papeles para quemar los inútiles. 2 Efecto de inquirir. 3 Tribunal eclesiástico, establecido para inquirir y castigar los delitos contra la fe, y casa donde se reunía. 4 Cárcel para los reos pertenecientes a este tribunal.

SIN. *3* y *4* **Santo Oficio.**

inquisidor, -ra *adj.-s.* Inquiridor. -2 *m.* Juez del tribunal de la Inquisición: *~ **general**,* el que tenía a su cargo el gobierno del Consejo de Inquisición y de sus tribunales; *~ **apostólico**,* el nombrado y delegado por el inquisidor general para una demarcación eclesiástica; *~ **ordinario**,* el obispo o el que en su nombre asistía a sentenciar las causas de los reos de fe. 3 Pesquisidor.

inquisitivo, -va *adj.* Relativo a la indagación.

inquisitorial *adj.* Relativo al inquisidor o a la Inquisición. 2 fig. [procedimiento] Parecido a los usados por la Inquisición.

inquisitorio, -ria *adj.* Inquisitivo.

inri *m.* Nombre que resulta de leer como una palabra las iniciales de *Iesus Nazarenus Rex Iudaeorum*, rótulo latino de la Santa Cruz. 2 fig. Nota de burla o de afrenta.

insabible *adj.* Que no se puede saber; inaveriguable.

insaciabilidad *f.* Cualidad de insaciable.

insaciable *adj.* Que no se puede saciar: *~ de dinero; ~ en sus apetitos.*

insaciablemente *adv. m.* Con insaciabilidad.

insaculación *f.* Acción de insacular. 2 Efecto de insacular.

insaculador *m.* El que insacula.

insacular (*in-* + l. *saculu,* saquito; hecho ya en b. l. *insaculare*) *tr.* Poner en un saco, urna, etc. [células con números o con nombres de personas o cosas] para sacar una o más por suerte.

insalivación *f.* Acción de insalivar. 2 Efecto de insalivar.

insalivar (*in-* + *saliva*) *tr.* Mezclar [los alimentos] con la saliva en la cavidad bucal.

insalubre (l.) *adj.* Malsano (dañoso).

insalubridad *f.* Falta de salubridad.

insalvable *adj.* Que no se puede salvar.

insanable (l. *-abile*) *adj.* Que no puede sanar; incurable.

insania (l.) *f.* Locura.

insano, -na (l. *-nu*) *adj.* Malsano. 2 Demente, furioso. 3 Que no reúne condiciones higiénicas y es perjudicial para la salud.

SIN. *2* v. **Loco.**

insatisfacción *f.* Falta de satisfacción. 2 eufem. Disgusto.

insatisfactorio, -ria *adj.* Que no es satisfactorio. 2 Que no produce satisfacción.

insatisfecho, -cha *adj.* No satisfecho.

insaturable *adj.* Que no puede ser saturado.

inscribible *adj.* Que puede inscribirse.

inscribir (l. *-ere*) *tr.* Grabar letreros en metal, piedra, etc. 2 Apuntar el nombre [de una pers.] entre los de otras para algún fin. 3 Impresionar. 4 DER. Tomar razón en un registro [de documentos, declaraciones, etc.]. 5 GEOM. Trazar [una figura] dentro de otra de manera que estén ambas en contacto sin cortarse en varios de los puntos de sus perímetros. ◇ CONJUG. pp. irreg.: ***inscrito*** o ***inscripto.***

inscripción *f.* Acción de inscribir o inscribirse. 2 Efecto de inscribir o inscribirse. 3 Escrito sucinto grabado en piedra, metal, etc. 4 Anotación o asiento del gran libro de la deuda pública,

en que el Estado reconoce la obligación de satisfacer una renta correspondiente a un capital recibido. 5 Documento o título que expide el Estado para acreditar esta obligación. 6 Letrero rectilíneo en las monedas y medallas.
SIN. *3* **Epígrafe; epigrama,** tratándose de la antigüedad; **epitafio,** inscripción sepulcral. REL. **Epigrafía,** ciencia que estudia las inscripciones; **epigrafista,** persona versada en ella.

inscripto, -ta (l. *-ptu*) pp. irreg. de *inscribir*. 2 GEOM. [figura] Que se inscribe en otra.

inscrito, -ta, pp. irreg. de *inscribir*.

insculpir (l. *insculpere*) *tr.* Escupir.

I) insecable *adj.* Que no se puede secar o es muy difícil de secarse.

II) insecable (l. *-abile*) *adj.* Que no se puede cortar o dividir.

insecticida (*insecto-* + *-cida*) *adj.-s.* Que sirve para matar insectos.

insectil *adj.* Relativo a la clase de los insectos.

insectívoro, -ra (*insecto* + *-voro*) *adj.* Que se alimenta de insectos. 2 [planta] Que aprisiona los insectos entre sus hojas y los digiere. -3 *adj.-m.* Animal del orden de los insectívoros. -4 *m. pl.* Orden de mamíferos placentarios, de pequeño tamaño, unguiculados y plantígrados, con la dentición a propósito para comer principalmente insectos y gusanos; como el topo y el erizo.

insecto (l. *-tu*) *m.* Animal de la clase de los insectos: ~ ***del fuego,*** tisanuro que frecuenta hornos y cocinas donde se alimenta de materias hidrocarbonadas *(Thermobia domestica);* ~ ***hoja,*** fasmidóptero de cuerpo largo y fino con patas largas, cuyo aspecto de ramita y color verde o pardo hace que se mimetice con los pequeños tallos y peciolos de las plantas donde se encuentra *(gén. Bacillus);* ~ ***palo,*** fasmidóptero de cuerpo largo y fino con patas largas, su aspecto de ramita y color verde o pardo hace que se mimetice con los pequeños tallos y peciolos de las plantas donde se encuentra *(Bacillus* sp.*);* ~ ***social,*** el que vive formando parte de una comunidad constituida por numerosos individuos de aspectos diferentes, que de manera jerarquizada cumplen cometidos específicos, según normas o pautas innatas y estereotipadas de comportamiento, tal como ocurre en las colmenas de las abejas o en los hormigueros. -2 *m. pl.* Clase de artrópodos mandibulados de respiración traqueal, con un par de antenas, tres pares de patas y el cuerpo diferenciado en cabeza, tórax y abdomen; como la abeja, la mosca y la pulga; incluye dos subclases: apterigotas y pterigotas.
SIN. **Hexápodo,** tecn. REL. **Entomología,** parte de la Zoología que estudia los insectos.

inseguramente *adv. m.* Sin seguridad.

inseguridad *f.* Falta de seguridad.

inseguro, -ra *adj.* Falto de seguridad.
SIN. **Incierto, movedizo, inestable.**

inselberg (voz alemana) *m.* GEOL. Prominencia rocosa que sobresale en terrenos llanos o escasamente ondulados, originada a partir de la erosión diferencial de los materiales.

inseminación *f.* Siembra. 2 Depósito del semen masculino en las vías genitales femeninas: ~ ***artificial,*** introducción del esperma en las vías genitales femeninas sin que haya cópula.

inseminar *tr.* Producir o producirse inseminación.

insenescencia (l. *in-* + *senescere,* envejecer) *f.* lit. Calidad de lo que no se envejece.

insensatez *f.* Falta de sensatez, necedad. 2 fig. Dicho o hecho insensato.

insensato, -ta (l. *-tu*) *adj.* Necio, fatuo, sin sentido.

insensibilidad (l. *-itate*) *f.* Falta de sensibilidad. 2 fig. Dureza de corazón.

insensibilización *f.* Acción de insensibilizar. 2 Efecto de insensibilizar. 3 MED. Pérdida pasajera de la sensibilización, frente a antígenos, debida a la administración repetida de éstos a dosis crecientes. 4 MED. Insensibilidad artificial y pasajera producida por medicamentos anestésicos.

insensibilizador, -ra *adj.* Que insensibiliza.

insensibilizar *tr.* Hacer insensible [a uno]. 2 Anestesiar. ◇ ** CONJUG. [4] como ***realizar.***

insensible (l. *-ibile*) *adj.* Que carece de sensibilidad. 2 fig. Duro de corazón. 3 Privado de sentido. 4 Imperceptible.

insensiblemente *adv. m.* De un modo insensible.

insensivo *m. P. Rico.* Bizma empleada como remedio para los dolores de cabeza. Más us. en plural.

inseparabilidad *f.* Calidad de inseparable.

inseparable (l. *-abile*) *adj.* Que no se puede separar. 2 fig. Difícil de separar. 3 GRAM. [partícula] Que entra en la formación de voces compuestas; como *in, hiper*. -4 *adj.-com.* fig. [pers.] Unido estrechamente a otra persona.

inseparablemente *adv. m.* Con inseparabilidad.

insepulto, -ta (l. *-tu*) *adj.* No sepultado.

inserción (l. *-rtione*) *f.* Acción de inserir o insertar. 2 Efecto de inserir o insertar. 3 Lugar por donde se inserta un órgano en otro. 4 Asimilación, integración.

inserir (l. *-ere;* doble etim. *inferir*) *tr.* Insertar. 2 Ingerir. 3 Injertar. ◇ ** CONJUG. [35] como ***hervir***; pp. reg.: ***inserido***; irreg.: ***inserto.***

insertar (l. *-are;* doble etim. *injertar*) *tr.* Incluir [una cosa, esp. un texto o escrito] en otra. -2 ***prnl.*** H. NAT. Estar un órgano introducido entre las partes de otro o adherido a su superficie. ◇ CONJUG. pp. reg.: ***insertado***; irreg.: ***inserto.***

inserto, -ta, pp. irreg. de *inserir* e *insertar*.

inservible *adj.* No servible.

insidia (l.) *f.* Asechanza.

insidiador, -ra *adj.-s.* Que insidia.

insidiar (l. *-are*) *tr.* Poner asechanzas [a uno]. ◇ **CONJUG. [12] como ***cambiar.***

insidiosamente *adv. m.* Con insidias.

insidioso, -sa *adj.-s.* Que arma asechanzas. -2 *adj.* Que se hace con asechanzas. 3 Malicioso o dañino, con apariencias inofensivas. 4 MED. [enfermedad] Que es grave a pesar de su apariencia benigna.

insigne (l.) *adj.* Célebre, famoso, señalado.

insignemente *adv. m.* De un modo insigne.

insignia (l.; doble etim. *enseña*) *f.* Señal, distintivo o divisa honorífica. 2 Bandera de una legión romana. 3 Pendón, imagen o medalla de una hermandad o cofradía. 4 Bandera que, puesta al tope de uno de los palos del buque, denota la graduación del jefe que lo manda o de otro que va con él. 5 p. us. Muestra.

insignificancia *f.* Calidad de insignificante. 2 Dicho, hecho o cosa de poco valor.

insignificante *adj.* Que nada significa. 2 Pequeño, baladí.

insinceridad *f.* Falta de sinceridad.

insincero, -ra *adj.* No sincero, simulado, doble.

insinuación (l. *-atione*) *f.* Acción de insinuar o insinuarse. 2 Efecto de insinuar o insinuarse. 3 Manera sutil de indicar una cosa. 4 Cosa que se da a comprender, sin decirla claramente. 5 DER. Manifestación o presentación de un instrumento público ante juez competente, para que éste interponga en él su autoridad y decreto judicial. 6 RET. Parte del exordio, en que el orador trata de captarse la benevolencia de los oyentes.

insinuador, -ra *adj.-s.* Que insinúa.

insinuante *adj.* Que insinúa o se insinúa.

insinuar (l. *-are;* doble etim. *enseñar*) *tr.* Dar a entender [una cosa] no haciendo más que indicarla ligeramente; sugerir. 2 DER. Hacer insinuación ante un juez competente. -3 ***prnl.*** Introducirse mañosamente en el ánimo de alguno captando su voluntad y afecto: *insinuarse con los poderosos; insinuarse en el ánimo del rey.* 4 fig. Introducirse suavemente en el ánimo un afecto, un vicio, etc. ◇ ** CONJUG. [11] como ***actuar.***

insinuativo, -va *adj.* Que tiene virtud para insinuar o insinuarse.

insípidamente *adv. m.* Con insipidez.

insipidez *f.* Calidad de insípido.

insípido, -da (l. *-du*) *adj.* Falto de sabor: ~ *al gusto.* 2 fig. Falto de gracia, soso: ~ *para la gente.*
SIN. *1* v. **Desabrido.** CONTR. **Sápido.**

insipiencia *f.* Falta de saber o de juicio.

insipiente (l.) *adj.-s.* Falto de saber o de juicio.

insistencia *f.* Acción de insistir (instar). 2 Porfía.

insistente *adj.* Que insiste.

insistentemente *adv. m.* Con insistencia.

insistir (l. *-ere*) *intr.* Descansar una cosa sobre otra. 2 Instar reiteradamente; mantenerse firme en una cosa: ~ *en,* o *sobre, alguna cosa.* 3 Repetir o hacer hincapié en algo.

ínsito, -ta (l. *-tu; inserere,* plantar) *adj.* Propio y connatural a una cosa.

insobornable *adj.* Que no puede ser sobornado. 2 Que no se deja llevar por ninguna influencia ajena; auténtico, arraigado.
SIN. *1* **Incorruptible.**

insociabilidad *f.* Falta de sociabilidad.

insociable (l. *-abile*) *adj.* Intratable y huraño.

insocial *adj.* Insociable.

insolación *f.* Exposición a los rayos del sol. 2 Exposición a la luz de una preparación sensible a ella. 3 Malestar o enferme-

dad interna producidos por una exposición excesiva a los rayos solares. 4 Tiempo que durante el día luce el sol sin nubes.
SIN. *2* **Tabardillo,** fam.
insolador, -ra *m. f.* IMP. Persona que insola (someter).
insolar (l. *-are*) *tr.* Poner al sol [una cosa] para facilitar su fermentación o secarla. 2 Someter a la acción de los fotones una placa sensible para la impresión de imágenes. -3 *prnl.* Sufrir una insolación (enfermedad).
insoldable *adj.* Que no se puede soldar.
insolencia (l. *-ntia*) *f.* Calidad de insolente: *la ~ de su criado.* 2 Dicho o hecho insolente: *cometió numerosas insolencias.* 3 Acción desusada y temeraria: *la ~ del enemigo.*
insolentar *tr.-prnl.* Hacer [a uno] insolente.
insolente (l.) *adj.-com.* Que usa palabras irrespetuosas con un superior suyo; que falta groseramente al respeto debido a la gente. 2 Arrogante. -3 *adj.* Que implica falta del debido respeto: *una palabra ~.*
insolentemente *adv. m.* Con insolencia.
insólito, -ta (l. *-tu*) *adj.* Desacostumbrado; no común ni ordinario.
insolubilidad *f.* Calidad de insoluble.
insolubilización *f.* Acción de insolubilizar. 2 Efecto de insolubilizar.
insolubilizar *tr.* Hacer insoluble [una cosa]. ◇ ** CONJUG. [4] como ***realizar.***
insoluble (l. *-ubile*) *adj.* Que no puede disolverse ni diluirse. 2 Que no se puede resolver.
SIN. v. **Indisoluble.**
insoluto, -ta (l. *-tu*) *adj.* No pagado.
insolvencia (*in-* + *solvencia*) *f.* Incapacidad de pagar una deuda.
insolvente *adj.-s.* Que no tiene con qué pagar.
insomne (l.) *adj.* Que no duerme, desvelado.
insomnio (l. *-ium*) *m.* Vigilia, desvelo.
insondable *adj.* Que no se puede sondear. 2 fig. Que no se puede averiguar.
insonoridad *f.* Calidad de insonoro.
insonorización *f.* Acción de insonorizar. 2 Efecto de insonorizar.
insonorizar *tr.* Acondicionar [un lugar, habitación, etc.] para aislarlo acústicamente. 2 Hacer que un motor, máquina, etc., funcione con el menor ruido posible. ◇ ** CONJUG. [4] como ***realizar.***
insonoro, -ra (l. *-ru*) *adj.* Que no produce o no transmite sonido.
insoportable *adj.* Insufrible, intolerable. 2 fig. Muy molesto y enfadoso.
insoria *f. Venez.* Pizca, pequeñez.
insoslayable *adj.* Que no puede soslayarse, ineludible.
insospechable *adj.* Que no puede sospecharse.
insospechado, -da *adj.* No sospechado.
insostenible *adj.* Que no se puede sostener. 2 fig. Que no se puede defender con razones.
inspección (l. *-ctione*) *f.* Acción de inspeccionar. 2 Efecto de inspeccionar. 3 Cargo de velar sobre una cosa. 4 Casa u oficina del inspector. 5 DER. Examen que hace un juez de un lugar o de una cosa.
inspeccionar *tr.* Examinar, reconocer atentamente [una cosa].
inspector, -ra (l.) *adj.-s.* Que inspecciona. -2 *m. f.* Empleado público o particular que tiene a su cargo la inspección y vigilancia en el ramo a que pertenece y del cual toma título especial el destino que desempeña: *~ de policía, de aduanas, de enseñanza.*
inspectoría *f. Chile.* Comisaría de policía. 2 Territorio a que se extiende la vigilancia de dicho cuerpo.
inspiración *f.* Acción de inspirar. 2 Efecto de inspirar. 3 fig. Ilustración o movimiento sobrenatural que Dios comunica a la criatura. 4 fig. Efecto de sentir el escritor, el orador o el artista aquel singular y eficaz estímulo que le hace producir como si fuese espontáneamente y sin esfuerzo. 5 fig. Cosa inspirada, en cualquiera de las acepciones figuradas de inspirar.
SIN. *4* **Numen, musa, vena, lira.**
inspiradamente *adv. m.* De manera inspirada; con inspiración.
inspirador, -ra *adj.-s.* Que inspira. -2 *adj.* ZOOL. [músculo] Que sirve para la inspiración. -3 *m.* Aparato para favorecer la inspiración.
inspirante *adj.* Que inspira.
inspirar (l. *-are*) *tr.* Aspirar (atraer el aire). 2 Soplar (correr el viento). 3 fig. Infundir en el ánimo [afectos, ideas, designios, etc.]; esp., sugerir [ideas] para la composición de obras literarias o artísticas: *~ una idea a,* o *en, alguno.* 4 fig. Iluminar Dios el entendimiento [de uno] o excitar su voluntad: *Dios le ha inspirado;* con el complemento de cosa: *Dios le ha inspirado este propósito.* -5 *prnl.* Sentir inspiración el literato, el orador, etc.; con la prep. *en,* tomar como materia de inspiración una cosa determinada: *inspirarse en una frase de Cervantes.*
inspirativo, -va *adj.* Que tiene virtud de inspirar.
inspiratorio, -ria *adj.* Propio o relativo a la inspiración respiratoria. 2 [músculo] Que participa en la inspiración respiratoria.
inspirómetro *m.* MED. Aparato que mide el volumen del aire inspirado.
instabilidad *f.* p. us. Inestabilidad.
instable (l. *-abile*) *adj.* p. us. Inestable.
instalación *f.* Acción de instalar o instalarse. 2 Efecto de instalar o instalarse. 3 Conjunto de cosas instaladas.
instalador, -ra *adj.-s.* Que instala.
instalar (l. med. *installare*) *tr.* Poner [a uno] en posesión de un empleo o beneficio. 2 Colocar; esp., acomodar [a una persona] en su domicilio: *~ a uno en su casa.* 3 Colocar en un edificio o en otro lugar [los aparatos o enseres para algún servicio como agua, luz, etc.]. -4 *prnl.* Establecerse.
instancia (l. *-ntia*) *f.* Acción de instar. 2 Efecto de instar. 3 Memorial, solicitud escrita. 4 ant. En las escuelas, impugnación de una respuesta dada a un argumento. 5 DER. Grado jurisdiccional de los que la ley tiene establecidos para ventilar y sentenciar los juicios y pleitos. 6 ANGLIC. Muestra, ejemplo. -7 *loc. adv. En última ~,* como último recurso; en definitiva.
instantánea *f.* Placa fotográfica que se impresiona en un instante; fotografía obtenida con ella.
instantáneamente *adv. t.* En un instante, al punto.
instantaneidad *f.* Calidad de instantáneo.
instantáneo, -a *adj.* Que sólo dura un instante. 2 Que se produce en un instante.
instante (l.) *m.* Segundo, en geometría. 2 Momento, espacio de tiempo brevísimo. 3 *Al ~,* al punto, sin dilación. 4 fig. *A cada ~,* o *cada ~,* frecuentemente. 5 FIL. Carencia de duración.
instantemente *adv. m.* Con instancia.
I) instar (l. *instare,* estar encima, der. de *stare,* estar de pie) *tr.* Insistir en una petición o súplica: *le insté a que se decidiera.* -2 *intr.* Urgir la pronta ejecución de una cosa: *~ para el logro de un empleo; ~ por una solicitud; ~ sobre un negocio.* 3 En las escuelas, impugnar la solución dada a un argumento.
SIN. *1* v. **Rogar.**
II) instar *m.* ZOOL. Forma que adopta un insecto, durante una fase determinada.
instauración *f.* Acción de instaurar. 2 Efecto de instaurar.
instaurador, -ra *adj.-s.* Que instaura.
instaurar (l. *-are*) *tr.* Renovar, restaurar. 2 p. ext. Establecer de nuevo.
SIN. *2* v. **Establecer.**
instaurativo, -va *adj.-m.* Cosa que tiene virtud de instaurar.
instigación *f.* Acción de instigar. 2 Efecto de instigar.
instigador, -ra *adj.-s.* Que instiga.
instigar (l. *-are*) *tr.* Incitar, inducir [a uno] a que haga una cosa. ◇ ** CONJUG. [7] como ***llegar.***
instilación *f.* Acción de instilar. 2 Efecto de instilar.
instilar (l. *instillare*) *tr.* FARM. Echar gota a gota [un licor] en una cosa. 2 fig. Infundir insensiblemente en el ánimo [una doctrina, afecto, etc.].
instimular (l. *-are*) *tr.* desus. Estimular.
instímulo *m.* desus. Estímulo.
instintivamente *adv. m.* Por instinto; de una manera instintiva.
instintivo, -va *adj.* Que es obra o resultado de un instinto; determinado por un instinto: *movimientos instintivos.*
instinto (l. *instinctu*) *m.* Complejo de reacciones exteriores, determinadas, hereditarias, comunes a todos los individuos de la misma especie y adaptadas a una finalidad, de la que el sujeto que obra gralte. no tiene conciencia: *~ de conservación, de reproducción; el ~ de nidificar en las aves.* 2 p. ext. Actividad, esp. mental, adaptada a una finalidad, que entra en juego espontáneamente sin que sea el resultado de la experiencia ni de la educación, y sin que exija reflexión: *poseer el ~ del ritmo.* 3 Impulso o movimiento del Espíritu Santo, hablando de inspiraciones sobrenaturales.
SIN. *1* **Estimativa.**

institor (l.) *m.* Factor (apoderado).
institución (l. *-utione*) *f.* DER. Acción de instituir: ~ ***de heredero,*** nombramiento hecho en el testamento de la persona que ha de heredar. 2 Cosa instituida: *la Universidad es una ~ pública.* 3 Ley u organización fundamental. 4 Casa de educación o instrucción. -5 *f. pl.* Órganos constitucionales del poder soberano en un estado. 6 desus. Colección metódica de los principios de una ciencia, arte, etc.: *instituciones de derecho civil.*
FR. *Ser (alguien) una ~*, ser persona de gran relieve e importancia en una agrupación humana.
institucional *adj.* Relativo a la institución.
institucionalidad *f.* Calidad de institucional.
institucionalismo *m.* Doctrina económica que destaca el papel desempeñado por las instituciones en el ámbito y orientación de las decisiones económicas, en sus efectos y en la actividad económica en general.
institucionalización *f.* Acción de institucionalizar. 2 Efecto de institucionalizar.
institucionalizar *tr.-prnl.* Convertir [algo] en institucional. 2 Conferir [a algo] el carácter de institución. 3 Reconocer la existencia legal [de algo]. 4 Estabilizar, fortalecer el funcionamiento [de algún organismo, asociación, entidad, etc.]. ◇ ** CONJUG. [4] como ***realizar.***
institucionalmente *adv. m.* Con referencia o en relación a una institución o instituciones.
instituidor, -ra *adj.-s.* Que instituye.
instituir (l. *-uere*) *tr.* Fundar (crear). 2 Enseñar o instruir. ◇ ** CONJUG. [62] como ***huir.***
SIN. *1* v. **Establecer.**
instituta (l., instituciones) *f.* Compendio del derecho civil de los romanos, compuesto por orden del emperador Justiniano (482-565).
instituto (l. *-tu*) *m.* Constitución o regla que prescribe cierta forma y método de vida o de enseñanza, esp. el de las órdenes religiosas. 2 Corporación científica, literaria, benéfica, etc., y edificio en que funciona. 3 ~ ***de Bachillerato,*** ~ ***de segunda enseñanza*** o ***de Enseñanza Media,*** establecimiento oficial donde se cursan los estudios de Bachillerato. 4 ~ ***armado,*** cuerpo militar de los destinados a la defensa del país o al mantenimiento del orden público: ***el benemérito*** ~, p. ant., la guardia civil española. 5 Nombre adoptado por diversos establecimientos comerciales: ~ *de belleza.*
institutor, -ra (l.) *adj.-s.* Instituidor. -2 *m. Colomb.* Maestro de escuela.
institutriz (fr. *institutrice* < l. *instituere,* educar) *f.* Maestra encargada de la educación o instrucción de uno o varios niños en el hogar doméstico.
instituyente *adj.-s.* Que instituye.
instridente (l.) *adj.* p. us. Estridente.
instrucción (l. *-ctione*) *f.* Acción de instruir o instruirse: ~ ***primaria,*** primera enseñanza; ~ ***pública,*** la que se da en establecimientos sostenidos por el estado. 2 Caudal de conocimientos adquiridos. 3 Conjunto de reglas para algún fin. 4 Iniciación y curso de un proceso. -5 *f. pl.* Órdenes que se dictan a los agentes diplomáticos o a los jefes de fuerzas navales o militares. 6 INFORM. Mandato elemental que se da a un ordenador a fin de que efectúe una determinada operación.
instructivamente *adv. m.* Para instrucción.
instructivo, -va *adj.* Que instruye o sirve para instruir.
instructor, -ra *adj.-s.* Que instruye. 2 Persona encargada de hacer la instrucción militar en un cuartel, o gimnástica en un colegio.
instruido, -da *adj.* Que tiene instrucción.
instruir (l. *-uere*) *tr.* Comunicar sistemáticamente [conocimientos o doctrinas]; enseñar, doctrinar. 2 Informar a uno acerca [de una cosa] o comunicarle [avisos o reglas de conducta]: ~ *a uno de, en,* o *sobre, las prácticas, los peligros,* etc.; ***prnl., instruirse de,*** o *en,* etc. 3 Formalizar un proceso o un expediente. ◇ **CONJUG. [62] como ***huir.***
SIN. *1* y *2* v. **Enseñar.** *3* **Enjuiciar.**
instrumentación *f.* Acción de instrumentar. 2 Efecto de instrumentar. 3 MÚS. Estudio de los diferentes instrumentos en función de sus características. 4 TECNOL. Conjunto de aparatos para la medición, regulación y análisis de procesos industriales.
instrumental *adj.* Perteneciente o relativo al instrumento. 2 Que sirve de instrumento o tiene función de tal. 3 Perteneciente o relativo a los instrumentos músicos. 4 DER. Perteneciente o relativo a los instrumentos públicos. -5 *m.* Conjunto de instrumentos de una orquesta o banda. 6 Conjunto de instrumentos profesionales del médico o del cirujano. 7 p. ext. Conjunto de instrumentos de cualquier clase. 8 GRAM. Caso de la declinación sánscrita y de otras lenguas indoeuropeas, que expresa la relación de medio o instrumento.
instrumentalizar *tr.* Considerar [a una persona o cosa] como un instrumento válido para conseguir algo.
instrumentalmente *adv. m.* Como instrumento.
instrumentar *tr.* Escribir las partes [de una pieza de música] que han de tocar los diferentes instrumentos de una orquesta, banda, etc. 2 CIR. Proporcionar los instrumentos necesarios al cirujano, durante una intervención quirúrgica. 3 TAUROM. Ejecutar las varias suertes de la lidia.
SIN. *1* **Orquestar,** instrumentar para una orquesta.
instrumentista *com.* Músico que toca un instrumento. 2 Fabricante de instrumentos músicos, quirúrgicos, etc. 3 CIR. Persona que cuida del instrumental y lo proporciona al cirujano durante la intervención. 4 TECNOL. Persona encargada de proporcionar, colocar y cuidar del buen funcionamiento de los instrumentos de una instalación.
instrumento (l. *-tu*) *m.* Objeto fabricado, formado de una o varias piezas combinadas, para el ejercicio de artes y oficios, efectuar una operación, etc.: *instrumentos quirúrgicos, topográficos, de labranza;* ~ ***músico,*** o simplte. ~, el que produce sonidos musicales por la vibración de las cuerdas de que está provisto: ~ *de cuerda;* golpeándolo con badajos o varillas: ~ *de percusión*; o impeliendo aire dentro de él: ~ *de viento.* 2 Aquello que se utiliza para hacer una cosa. 3 fig. Persona o cosa que sirve de medio para lograr un resultado. 4 DER. Escritura o documento jurídico con que se justifica o prueba una cosa.
SIN. *1* **Utensilio,** en gral.; **útil** (esp. en pl.); **apero,** tratándose de labranza; **aparato,** significa instrumento complicado o conjunto de instrumentos; **mecanismo** y **dispositivo,** aluden al complejo ordenado de las piezas de una máquina o de un conjunto de instrumentos, aparatos, etc., coordinados para un fin.
insuave (l. *-is*) *adj.* Desagradable a los sentidos.
insuavidad *f.* Calidad de insuave.
insubordinación *f.* Falta de subordinación.
insubordinado, -da *adj.-s.* Que falta a la subordinación.
insubordinar *tr.* Provocar la insubordinación [de uno]. -2 ***prnl.*** Faltar a la subordinación, sublevarse.
insubsanable *adj.* Que no puede subsanarse.
insubsistencia *f.* Falta de subsistencia.
insubsistente *adj.* No subsistente. 2 Infundado.
insubstancial (l. *-ntiale*) *adj.* De poca o ninguna substancia. 2 Desabrido, soso. ◇ También *insustancial.*
insubstancialidad *f.* Calidad de insubstancial. 2 Cosa insubstancial. ◇ También *insustancialidad.*
insubstancialmente *adv.m.* De manera insubstancial. ◇ También *insustancialmente.*
insubstituible *adj.* Insustituible.
insudar (l. *-are*) *tr.* Afanarse o poner mucho trabajo y diligencia [en una cosa].
insuficiencia *f.* Falta de suficiencia. 2 Escasez de una cosa. 3 MED. Disminución cualitativa o cuantitativa del funcionamiento de un órgano.
insuficiente (l. *insufficiente*) *adj.* No suficiente.
insuficientemente *adv. m.* De manera insuficiente.
insuflación *f.* Acción de insuflar. 2 Efecto de insuflar.
insuflador *m.* Aparato para insuflar.
insuflar (l. *insufflare,* soplar adentro) *tr.* MED. Introducir soplando [un gas, vapor, etc.] en una cavidad del cuerpo.
insufrible *adj.* Que no se puede sufrir. 2 fig. Muy difícil de sufrir.
insufriblemente *adv. m.* De un modo insufrible.
ínsula (l.; doble etim. *isla*) *f.* Isla (porción de tierra). 2 fig. Lugar pequeño o gobierno de poca entidad, a semejanza del que fingió Cervantes (1547-1616) en su *Don Quijote* haber sido dado a Sancho Panza.
insulano, -na, -lar *adj.-s.* Isleño.
insulina (l. *insula*) *f.* Hormona segregada por el páncreas, cuya función es regular la cantidad de glucosa de la sangre. Obtenida en extracto se emplea contra la diabetes.
insulinoterapia (*insulina* + *-terapia*) *f.* Tratamiento de ciertas enfermedades por la insulina.
insulsamente *adv. m.* Con insulsez.
insulsez *f.* Calidad de insulso. 2 Dicho insulso.
SIN. **Sosera, sosería.**

insulso, -sa (l. *su;* doble etim. *soso*) *adj.* Desabrido, insípido, soso. 2 fig. Falto de gracia y viveza.
insultada *f. Amér.* Insulto.
insultador, -ra *adj.-s.* Que insulta.
insultante *adj.* [palabra o acción] Con que se insulta.
insultar (l. *-are*) *tr.* Ofender [a uno] provocándole con palabras o acciones. -2 *prnl.* p. us. Accidentarse.
insulto (l. *-tu*) *m.* Acción de insultar. 2 Efecto de insultar. 3 Acometimiento repentino y violento. 4 Accidente (indisposición).
SIN. *1* y *2* El ~, *la* **ofensa**, el **ultraje** y la **injuria** pueden ser de palabra o de obra; **dicterio, improperio** y **denuesto** son de palabra.
insumable *adj.* Que no se puede sumar o es difícil de sumarse; exorbitante.
insume (l. *insumere,* gastar) *adj.* lit. Costoso.
insumergible *adj.* No sumergible.
insumir (l. *insumere,* gastar) *tr.* Entre economistas, invertir [dinero y otros bienes] en una producción industrial, agrícola, comercial, etc.
insumisión *f.* Falta de sumisión, desobediencia.
insumiso, -sa *adj.* No sometido, inobediente.
insumo (de *insumir*) *m.* Entre economistas, inversión o empleo de dinero y bienes de cualquier clase en la producción de otros bienes.
insuperable (l. *-abile*) *adj.* No superable.
insupurable *adj.* desus. Que no puede supurar.
insurgente (ant. *insurgir,* insurreccionarse) *adj.-s.* Insurrecto.
insurrección (l. *-ctione*) *f.* Acción de insurreccionarse un pueblo, una nación, etc.
insurreccional *adj.* Relativo a la insurrección.
insurreccionar *tr.* Provocar la insurrección [de un pueblo, nación, etc.]. -2 *prnl.* Levantarse contra la autoridad pública, contra el gobierno establecido.
insurrecto, -ta (l. *-tu*) *adj.-s.* Levantado contra la autoridad pública; rebelde.
insustancial *adj.* Insubstancial.
insustancialidad *f.* Insubstancialidad.
insustancialmente *adv. m.* Insubstancialmente.
insustituible *adj.* Que no puede sustituirse.
SIN. **Irreemplazable.**
intachable *adj.* Que no admite o merece tacha.
intacto, -ta (l. *-tu*) *adj.* No tocado o palpado. 2 fig. Que no ha padecido alteración, menoscabo o deterioro. 3 fig. Puro, sin mezcla. 4 fig. No ventilado o de que no se ha hablado.
intangibilidad *f.* Calidad de intangible.
intangible (*in-* + *tangible*) *adj.* Que no puede tocarse.
SIN. **Intocable; impalpable,** se dice de las cosas materiales que no producen sensación al tacto: *polvos impalpables*; **intocable** e **intangible,** pueden sustituirse entre sí, pero el primero se prefiere para lo material (*hierro candente*) y el segundo para lo fig. (*dogma, reglamento*).
integérrimo, -ma (l. *-mu*) *adj.* Superl. de *íntegro.*
integrable *adj.* Que se puede integrar.
integración *f.* Acción de integrar. 2 Efecto de integrar. 3 Proceso de unificación de varias entidades. 4 FISIOL. Coordinación de las actividades de varios órganos. 5 MAT. Cálculo integral.
integracionista *adj.-com.* Partidario de la integración de una comunidad en otra, y esp. de la integración racial.
integrador *m.* INFORM. Dispositivo de un ordenador electrónico que realiza el proceso matemático de integración. 2 Circuito que modifica los parámetros de las ondas alternas no sinusoidales.
integral (l. *-ale*) *adj.* Completo. 2 FIL. [parte] Que entra en la composición de un todo. 3 MAT. V. cálculo ~. -4 *f.* Resultado de integrar una expresión diferencial. 5 Signo (∫) con que se indica la integración.
integralmente *adv. m.* De modo integral.
íntegramente *adv. m.* Enteramente. 2 Con integridad.
integrante *adj.* Que integra. 2 FIL. Integral.
integrar (l. *-are;* doble etim. *enterar, entregar*) *tr.* Dar integridad [a una cosa]: ~ *un producto;* componer [un todo] sus partes integrantes: *los factores que integran este producto.* 2 Reintegrar. 3 Determinar por el cálculo [una cantidad] conociendo sólo la expresión diferencial. 4 Hacer entrar. -5 *prnl.* Incorporarse. -6 *tr. Colomb.* Pagar, depositar. 7 *Méj.* Completar una cantidad.
integridad *f.* Calidad de íntegro. 2 Virginidad.
integrismo *m.* Doctrina basada en el mantenimiento de la integridad de la tradición.
integrista *adj.* Relativo al integrismo. -2 *com.* Partidario del integrismo.
íntegro, -gra (l. *integru;* doble etim. *entero*) *adj.* [cosa] En que no falta ninguna de sus partes. 2 fig. De una perfecta probidad, incorruptible: *juez* ~. ◇ Superl.: *integérrimo.*
SIN. *1* **Entero; uno,** es lo que no está dividido interiormente.
integrómetro *m.* Aparato que sirve para hallar el área de superficies planas y el volumen de sus giros.
integumento (l. *-tu*) *m.* científ. Envoltura. 2 fig. Ficción, disfraz.
intelección (l. *intellectione*) *f.* Acción de entender o concebir. 2 Efecto de entender o concebir.
intelectiva *f.* Facultad de entender.
intelectivo, -va (l. *intellectivu*) *adj.* Que tiene virtud de entender.
intelecto (l. *intellectu*) *m.* Entendimiento (facultad). 2 FIL. En la escolástica, facultad cognoscitiva del alma, en cuanto esta opera en su nivel más elevado y abstracto.
intelectual *adj.* Relativo al entendimiento. 2 Espiritual o sin cuerpo. -3 *adj.-com.* [pers.] Dedicado preferentemente al trabajo intelectual.
intelectualidad *f.* Entendimiento (facultad). 2 fig. Conjunto de los intelectuales de un país, región, etc.
intelectualismo *m.* Doctrina epistemológica que media entre el racionalismo y el empirismo, afirmando que el valor del conocimiento depende tanto de su elemento sensible como del inteligible, pero que éste deriva de la experiencia. Sus principales representantes son Aristóteles (384-322 a. C.) y Santo Tomás (1225-1274). 2 Doctrina psicológica, opuesta al voluntarismo, que considera los procesos intelectuales de la percepción, de la representación y del pensar como el fundamento o la fuente de todos los demás procesos anímicos. 3 Doctrina ética opuesta al sentimentalismo, que exige de la voluntad moral que sólo se determine por motivos intelectuales, es decir, por la comprensión y deliberación razonable del fin moral.
intelectualista *adj.-com.* Relativo al intelectualismo, o partidario de él.
intelectualización *f.* Acción de intelectualizar o intelectualizarse. 2 Efecto de intelectualizar o intelectualizarse.
intelectualizar *tr.* Dar carácter o interpretación intelectual predominante [a facultades psíquicas, valores morales, etc.]. ◇ ** CONJUG. [4] como *realizar.*
intelectualmente *adv. m.* De un modo intelectual.
inteligencia (l. *intelligentia*) *f.* Acción de comprender una cosa: *la ~ de un texto, de las verdades de la fe;* **en,** o **en la,** ~, en el concepto, en el supuesto. 2 Facultad de comprender, capacidad mayor o menor de saber o aprender: *hombre de ~ privilegiada.* 3 Conjunto de todas las funciones que tienen por objeto el conocimiento, a saber, sensación, asociación, memoria, imaginación, entendimiento, razón y conciencia: ~ *sentimiento* y *voluntad;* ~ *artificial,* la de los ordenadores de la V generación, que podrán realizar las funciones básicas del entendimiento humano. 4 Habilidad, destreza. 5 Ser espiritual, en oposición a cuerpo. 6 Comunicación secreta de dos o más personas o naciones entre sí.
SIN. *6* **Servicio de inteligencia** por **espionaje** o **contraespionaje,** se ha extendido como expresión eufemística por influencia del ing.
inteligenciado, -da *adj.* Enterado, instruido de algo.
inteligente (l.) *adj.-s.* Sabio, instruido: ~ *en matemáticas.* -2 *adj.* Dotado de inteligencia.
inteligentemente *adv. m.* De manera inteligente.
inteligibilidad *f.* Calidad de inteligible.
inteligible (l. *intelligible*) *adj.* Que puede ser entendido. 2 Que es materia de puro conocimiento, sin intervención de los sentidos. 3 Que se oye clara y distintamente.
inteligiblemente *adv. m.* De un modo inteligible.
intemperado, -da (l. *-atu*) *adj.* p. us. Inmoderado, excesivo.
intemperancia *f.* Falta de templanza.
intemperante (l.) *adj.* Falto de templanza, descomedido.
intemperie (l.) *f.* Destemplanza o desigualdad del tiempo. 2 *A la* ~, a cielo descubierto.
intemperización *f.* GEOL. Desintegración y descomposición de minerales y rocas por la acción atmosférica.
intempesta *adj.* poét. [noche] Que está muy entrada.
intempestivamente *adv. m.* De modo intempestivo.
intempestivo, -va (l. *-ivu*) *adj.* Que es fuera de tiempo y sazón.
SIN. Tiene matiz de molestia o desagrado parecido a **importuno; inoportuno,** lo mismo que **extemporáneo,** puede significar simplte. fuera de tiempo, sin incluir aquel matiz.

intemporal *adj.* No temporal, independiente del curso del tiempo.
intemporalidad *f.* Condición de intemporal.
intención (l. *-ntione*) *f.* Determinación de la voluntad en orden a un fin: ***primera*** **~**, modo de proceder franco y sin detenerse a reflexionar mucho; ***segunda*** **~**, o simplte. *segunda*, modo de proceder doble y solapado. 2 fig. Instinto dañino de algunos animales: *toro de* **~**. 3 Cautelosa advertencia con que uno habla o procede. 4 fam. Misa encargada.
FR. *Curar de primera* **~**, curar por el pronto a un herido; CIR., curar uniendo directamente las partes antes de producirse la granulación de las superficies. SIN. *1* v. **Fin.**
intencionadamente *adv. m.* Con intención. 2 Adrede.
intencionado, -da *adj.* Que tiene alguna intención: *bien, mal, mejor, peor* **~**.
intencional *adj.* Relativo a los actos interiores del alma. 2 [acto] Referido a un objeto; [objeto] que es término de esa referencia. 3 Deliberado, hecho a sabiendas.
intencionalidad *f.* FIL. Referencia constante de un acto a un objeto distinto de él. ◇ Es INCOR. su empleo por *intención.*
intencionalmente *adv. m.* De un modo intencional.
intendencia *f.* Dirección y gobierno de una cosa. 2 Empleo del intendente. 3 Distrito a que se extiende su jurisdicción. 4 Casa u oficina del intendente. 5 Cuerpo de administración militar.
intendenta *f.* Mujer del intendente. 2 Mujer que ejerce funciones de intendente.
intendente (l. < *intendere*, dirigir; a través del fr. *intendant*) *m.* Jefe superior económico. 2 Jefe de fábricas u otras empresas explotadas por cuenta del erario. 3 En el ejército y en la marina, jefe supremo de los servicios de administración militar.
intensamente *adv. m.* Con intensidad.
intensar *tr.* Intensificar.
intensidad (de *intenso*) *f.* Magnitud de una fuerza, cualidad, efecto, etc., por unidad de espacio o de tiempo, o comparada con otra que sirve de unidad. 2 **~** ***del sonido*** o ***de la voz,*** cualidad por la cual se les oye a mayor o menor distancia y que depende de la mayor o menor amplitud de las vibraciones sonoras. 3 fig. Vehemencia de los afectos y operaciones del ánimo.
intensificación *f.* Aumento de la intensidad. 2 FOT. Proceso que consiste en reforzar una imagen demasiado débil, para que pueda así producir un positivo satisfactorio.
intensificador, -ra *adj.* Que intensifica.
intensificar *tr.* Hacer más intenso [el trabajo, fuerza, atención, color, sonido, etc.]. ◇ ** CONJUG. [1] como ***sacar.***
intensión *f.* Intensidad.
intensitómetro *m.* FÍS. Dispositivo para medir la intensidad de los rayos X.
intensivamente *adv. m.* Intensamente.
intensivista *adj.-com.* Médico especialista en cuidados intensivos.
intensivo, -va (l. *-ivu*) *adj.* Que intensa.
intenso, -sa (l. *-su*) *adj.* Que tiene intensidad. 2 fig. Muy vehemente y vivo.
intentar (l. *-are*) *tr.* Tener intención de hacer [una cosa]; procurar, pretender: **~** *salir del atajo;* **~** *una acusación a,* o *contra, alguno.* 2 Preparar o iniciar la ejecución [de un empeño]: *está intentando un artefacto.*
SIN. *1* **Tratar de:** *intentaré ir.*
intento (l. *-tu*) *m.* Propósito, designio. 2 Cosa intentada. 3 ***De*** **~**, de propósito. 4 *Chile.* ***Al*** **~** ***de*** o ***a*** **~** ***de,*** con el fin de, con el intento de.
SIN. v. **Fin.**
intentona *f.* desp. Intento temerario, esp. si se ha frustrado: **~** *de robo, de sublevación.*
ínter *adv. t.* Ínterin. Con el artículo *el* se substantiva: *en el* **~**.
inter- (de la prep. l. *inter,* entre, en medio) Elemento prefijal que entra en la formación de palabras con el significado de entre, en medio; forma adjetivos: *intercutáneo;* verbos: *interponer,* y substantivos: *intercambio*. Tiene uso por sí solo en las locuciones l. *inter nos, inter vivos.*
interacción (*inter-* + *acción*) *f.* Influencia recíproca.
interaccionar *intr.* Ejercer una acción recíproca.
interaliado, -da (*inter-* + *aliado*) *adj.* Relativo a los aliados.
interamericano, -na (*inter-* + *americano*) *adj.* Concerniente a las relaciones entre naciones de América.
interandino, -na (*inter-* + *andino* I) *adj.* Situado entre las sierras andinas.
interanual *adj.* [índice] Que se obtiene relacionando dimensiones o magnitudes de dos o más años.
interarticular (*inter-* + *articular*) *adj.* Que está situado en las articulaciones.
interastral (*inter-* + *astral*) *adj.* Que media entre los astros.
interatómico, -ca (*inter-* + *atómico*) *adj.* Situado entre los átomos o dentro de ellos.
intercadencia (*inter-* + *cadencia*) *f.* Desigualdad en la conducta o en los afectos. 2 Desigualdad defectuosa en el lenguaje, estilo, etc. 3 MED. Presencia de una pulsación anormal entre dos pulsaciones normales.
intercadente *adj.* Que tiene intercadencias.
intercadentemente *adv. m.* Con intercadencia.
intercalación *f.* Acción de intercalar. 2 Efecto de intercalar.
intercalado, -da *adj.* Interpuesto o situado entre dos o más elementos o partes de un conjunto.
intercalador, -ra *adj.* Que intercala. -2 *f.* INFORM. Dispositivo para tratamiento de fichas perforadas que ordena tarjetas mediante comparaciones entre ellas.
intercaladura *f.* Intercalación.
I) intercalar (l. *intercalare*) *adj.* Que está intercalado: *día* **~**. 2 PAT. [contracción cardíaca] Que es anormal e irregular entre dos latidos normales.
II) intercalar (l. *-are*) *tr.* Poner entre los elementos o términos de una serie [un elemento nuevo].
SIN. **Interponer, interpolar.**
intercambiable *adj.* [piezas similares] Que se pueden cambiar entre sí.
intercambiar *tr.-prnl.* Cambiar mutuamente dos o más personas o entidades [ideas, proyectos, informes, publicaciones, etc.]. ◇ ** CONJUG. [12] como ***cambiar.***
intercambio (*inter-* + *cambio*) *m.* Cambio mutuo entre dos cosas: *un* **~** *de ideas.* 2 Reciprocidad de consideraciones y servicios entre corporaciones análogas de diversos países. 3 Comercio o relación económica entre dos países.
interceder (l. *-ere*) *intr.* Rogar por otro para alcanzarle una gracia o librarle de un mal: **~** *con alguno;* **~** *por otro.*
SIN. **Mediar.**
intercelular (*inter-* + *celular*) *adj.* Situado entre células.
interceptación *f.* Acción de interceptar. 2 Efecto de interceptar.
interceptar (l. *intercipere,* quitar, interrumpir) *tr.* Apoderarse [de una cosa] antes que llegue al lugar o a la persona a que se destina. 2 en gral. Destruir [una comunicación]. 3 DEP. En algunos juegos, obstaculizar [una jugada o combinación], apoderarse un jugador [del balón]. 4 GEOM. Cortar una línea o superficie a [otra línea o superficie].
SIN. *2* v. **Obstruir.**
interceptor, -ra *adj.* Que intercepta. -2 *m. Chile* Interruptor de la corriente eléctrica.
intercesión *f.* Acción de interceder. 2 Efecto de interceder.
SIN. **Mediación.**
intercesor, -ra *adj.-s.* Que intercede.
SIN. **Medianero.**
intercesoriamente *adv. m.* Con o por intercesión.
interciso (l. *-su*) *adj.* desus. [día] Que sólo era de fiesta por la mañana.
interclasista *adj.* Perteneciente o relativo a varias clases sociales.
intercolumnio (l. *-iu*) *m.* ARQ. Espacio que hay entre dos columnas.
intercomunicación (*inter-* + *comunicación*) *f.* Comunicación recíproca. 2 Comunicación telefónica entre las distintas dependencias de un edificio o recinto.
intercomunicador *m.* Aparato destinado a la intercomunicación.
interconectar *tr.* Unir entre sí [centros de producción o redes de distribución de electricidad].
interconexión (*inter-* + *conexión*) *f.* Acción de interconectar. 2 Efecto de interconectar. 3 ELECTR. Conexión entre dos o más sistemas de producción y distribución de energía eléctrica para el intercambio de corriente.
intercontinental (*inter-* + *continental*) *adj.* Que está entre dos continentes: *cable* **~**.
intercostal (*inter-* + *costal*) *adj.* Que está entre las costillas: *músculo* **~**.
intercotidal *adj.* Intertidal.
intercultural (*inter-* + *cultural*) *adj.* Relativo a diferentes culturas.

intercurrente (l.) *adj.* [enfermedad] Que sobreviene durante el curso de otra.
intercutáneo, -a *adj.* Subcutáneo.
interdecir (l. *-icere*) *tr.* Vedar, prohibir [una cosa]. ◇ ** CONJUG. [79] como ***predecir.***
interdental (*inter-* + *dental*) *adj.-f.* Consonante que se articula poniendo la punta de la lengua entre los incisivos superiores y los inferiores, como la *c* y *z* españolas.
interdependencia (*inter-* + *dependencia*) *f.* Dependencia mutua entre personas, entidades, naciones, principios, etc.: *la ~ económica de los países europeos.*
interdicción *f.* Acción de interdecir. 2 Efecto de interdecir. 3 *~ civil,* privación de derechos civiles, definida por la ley.
interdicto (l. *-tu*) *m.* Entredicho. 2 DER. Juicio posesorio, sumario o sumarísimo.
interdigital (*inter-* + *digital*) *adj.* [membrana, músculo, etc.] Situado entre los dedos.
interdisciplinar *adj.* Interdisciplinario.
interdisciplinario, -ria *adj.* Propio o relativo a varias disciplinas científicas.
interés (l. *interesse,* importar) *m.* Lo que a uno le afecta por el provecho o utilidad que le reporta; sentimiento egoísta que incita a buscar el provecho: *obras de ~ público; guiarse por su ~.* 2 Valor que en sí tiene una cosa. 3 Ganancia producida por un capital prestado o que nos deben: *~* ***compuesto,*** el de un capital al que se van acumulando sus réditos para que produzcan otros; *~* ***legal,*** el máximo que permite la ley; *~* ***simple,*** el de un capital sin agregarle ningún rédito vencido. 4 Inclinación del ánimo hacia una persona o cosa que le atrae o conmueve: *sentir ~ por las carreras, por la ciencia, por su sobrino.* -5 ***m. pl.*** Bienes de fortuna. 6 Conveniencia o necesidad de carácter colectivo en el orden moral o material: *los intereses de una ciudad.* 7 *And.* Aversión, encono, ojeriza.
Intereses creados, ventajas, no siempre legítimas, de que gozan varios individuos, y por efecto de las cuales se establece entre ellos alguna solidaridad circunstancial. Tómase gralte. a mala parte.
SIN. *3* **Rédito, renta.**
interesable *adj.* Interesado, codicioso.
interesadamente *adv. m.* De manera interesada.
interesado, -da *adj.-s.* Que tiene interés en una cosa. 2 En lenguaje administrativo, el que firma una solicitud, promueve un expediente, pleito, etc., por cuenta propia. 3 Que se deja llevar del interés, o sólo se mueve por él.
SIN. *3* **Codicioso.**
interesal *adj.* Interesable.
interesante *adj.* Que interesa.
interesar *tr.* Dar parte [a uno] en un negocio o comercio: *le interesé en mi empresa.* 2 Hacer tomar parte o empeño [a uno] en los negocios ajenos: *la cuestión me interesa mucho.* 3 Cautivar [la atención y el ánimo] con lo que se dice o escribe; inspirar afecto o causar emoción [a una pers.]. 4 Afectar (producir alteración). -5 ***prnl.*** Tener interés en una cosa: *interesarse en alguna empresa.* 6 Preguntar por algo o por el estado de alguien: *interesarse por otro.*
interesencia (de *interesente*) *f.* desus. Asistencia personal a un acto o función.
interesente (l. *interesse,* asistir) *adj.* desus. Que concurre a un acto que pide asistencia personal. ◇ Ús. en las comunidades eclesiásticas.
interestatal (*inter-* + *estatal*) *adj.* Concerniente a las relaciones entre los Estados.
interestelar (*inter-* + *estelar*) *adj.* Situado entre las estrellas. 2 [espacio] Comprendido entre dos o más astros.
interface (voz inglesa) *f.* Interfaz.
interfascicular (*inter-* + *fascículo*) *adj.* [substancia petrificada] Que, junto con los haces conjuntivos, forma la substancia intercelular del tejido óseo.
interfase *f.* Intervalo entre dos fases sucesivas.
interfaz (del ing. *interface*) *f.* ELECTR. Zona de comunicación o acción de un sistema sobre otro. 2 ELECTR. Dispositivo que conecta dos aparatos o circuitos. 3 INFORM. Dispositivo capaz de transformar las señales generadas por un aparato en señales comprensibles por otro.
interfecto, -ta (l. *-tu*) *adj.-s.* DER. Persona muerta violentamente. -2 ***m. f.*** fam. *y* vulg. Persona de quien se habla.
interferencia (ingl. *interference,* der. del fr. ant. *s'entreférir,* del l. *ferire,* golpear) *f.* FÍS. Acción recíproca de las ondas, de que resulta aumento, disminución o neutralización del movimiento ondulatorio. 2 Acción de interferir. 3 Efecto de interferir. 4 Mezcla de las señales de dos emisoras próximas que produce ruido en los receptores. 5 fig. Acción de interponerse una persona o cosa.
interferencial *adj.* FÍS. Perteneciente a las interferencias.
interferente *adj.* FÍS. Que presenta o produce el fenómeno de la interferencia.
interferir *tr.* Interponerse o mezclarse una acción o movimiento en otro. 2 FÍS. Causar interferencia. ◇ ** CONJUG. [35] como ***hervir.***
interferómetro (de *interferencia* + *-metro*) *m.* Aparato de medida basado en las interferencias luminosas.
interfibrilar (*inter-* + *fibra*) *adj.* [substancia especial] Que, junto con las fibras conjuntivas, forma la substancia intercelular del tejido cartilaginoso.
interfijo *adj.-m.* Infijo.
interfluvio (*inter-* + l. *fluvio,* río) *m.* Extensión de terreno situado entre dos cauces fluviales.
interfoliación *f.* Acción de interfoliar. 2 Efecto de interfoliar.
interfoliar (*inter-* + l. *foliu,* hoja) *tr.* Intercalar entre las hojas [de un libro] otras en blanco. ◇ ** CONJUG. [12] como ***cambiar.***
SIN. **Interpaginar.**
interfono (*inter-* + *-fono*) *m.* Red telefónica interior, esp. en los edificios de viviendas. 2 Aparato para hablar en dicha red.
SIN. **Citófono** (*Colomb.*).
intergaláctico, -ca *adj.* Relativo a los espacios existentes entre las galaxias.
interglaciar (*inter-* + *glaciar*) *adj.* GEOL. [período] Comprendido entre dos glaciaciones.
intergubernamental *adj.* Relativo a dos o más gobiernos.
intergular *adj.* ZOOL. [placa] Situada entre las gulares, en los quelonios.
interhalógeno, -na (*inter-* + *halógeno*) *adj.-m.* Compuesto químico que resulta de la combinación de dos halógenos distintos.
interhumano, -na (*inter-* + *humano*) *adj.* Propio o relativo a las relaciones humanas de toda índole.
ínterin (l. *-im*) *m.* Interinidad (tiempo). -2 ***adv. t.*** Entretanto o mientras. ◇ Pl.: *intérines.* ◇ INCOR.: *interín.*
SIN. *2* **Inter.**
interinamente *adv. t.* Con interinidad o en el ínterin.
interinar (de *ínterin*) *tr.* Desempeñar interinamente [un cargo].
interinato *m. Amér.* Interinidad. 2 *Amér.* Cargo o empleo interino.
interindividual (*inter-* + *individual*) *adj.* Que concierne a la relación entre individuos humanos como tales, a diferencia de lo social o colectivo.
interinidad *f.* Calidad de interino. 2 Tiempo que dura el desempeño interino de un cargo.
interino, -na (de *ínterin*) *adj.-s.* [pers.] Que sirve por algún tiempo en substitución de otra persona o cosa.
SIN. Lo mismo que **provisional,** se usa pralte. apl. a personas que ocupan temporalmente un cargo o empleo; este último se aplica a cosas. P. ej.: *maestro ~* o *provisional,* pero es más raro decir: *escalera ~, entrada ~;* **accidental,** se dice de la persona que ocasionalmente, y por breve tiempo, ocupa un cargo que no es el suyo: *jefe, director, alcalde ~.*
interinsular (*inter-* + *insular*) *adj.* [tráfico y relaciones de cualquier índole] Entre dos o más islas.
interior (l.) *adj.* Que está en la parte de adentro. 2 Que está muy adentro. 3 [habitación] Que no tiene vistas a la calle. 4 fig. Que sólo se siente en el alma. 5 Relativo a la nación de que se habla, en contraposición al extranjero: *ministerio del ~; política ~.* -6 ***m.*** En los coches de tres compartimientos, el de en medio. 7 Ánimo (alma). 8 La parte interior de una cosa. 9 Parte central de un país, en oposición a las zonas costeras o fronterizas. 10 DEP. En el fútbol, jugador de la línea delantera situado entre el extremo y el delantero centro. -11 ***m. pl.*** Entrañas.
SIN. *1, 2* y *5* v. **Intestino.**
interiorano, -na *adj.-s. Pan.* Natural del interior del país, no capitalino. -2 ***adj.*** *Pan.* Relativo al interior del país.
interioridad *f.* Calidad de interior. -2 ***f. pl.*** Cosas privativas, gralte. secretas, de las personas, familias o corporaciones.
interiormente *adv. l.* En lo interior.
SIN. **Internamente.**
interjección (l. *interiectione*) *f.* GRAM. Voz que expresa por sí sola los estados afectivos súbitos, como sorpresa, júbilo, dolor, sin necesidad de conexión gramatical con el discurso. Equivale a una oración.

interjectivo, -va *adj.* [palabra, frase, entonación del lenguaje, etc.] Que tiene carácter de interjección.

interlínea *f.* IMPR. Espacio entre dos líneas. 2 IMPR. Escritura entre dos líneas. 3 IMPR. Regleta.

interlineación *f.* Acción de interlinear. 2 Efecto de interlinear.

interlineado *m.* Escritura hecha entre líneas. 2 IMPR. Conjunto de los espacios blancos que hay entre las líneas de un texto manuscrito o impreso.

interlineal *adj.* Escrito o impreso entre dos renglones: ***traducción ~***, la interpolada en el texto original, de modo que cada línea de aquélla está bajo la línea correspondiente de éste.

interlinear (*inter-* + *línea*) *tr.* Entrerrenglonar. 2 IMPR. Espaciar [la composición] poniendo regletas entre los renglones.

interlocución (l. *-utione*) *f.* p. us. Diálogo (conversación).

interlocutor, -ra *m. f.* Persona que toma parte en un diálogo. SIN. **Colocutor, internuncio,** ambos p. us.

interlocutoriamente *adv. m.* DER. De un modo interlocutorio.

interlocutorio, -ria *adj.-m.* DER. Auto o sentencia que se da antes de la definitiva.

intérlope (ing. *interloper*) *adj.* [comercio de una nación] Que es fraudulento en las colonias de otra; [buque] dedicado a este tráfico sin autorización.

interludio (*inter-* + l. *ludus,* recreo, entretenimiento) *m.* MÚS. Composición breve que sirve de introducción o intermedio.

interlunio (l. *-iu*) *m.* Tiempo de la conjunción en que no se ve la Luna.

intermareal *adj.* Situado entre los límites de la bajamar y la pleamar.

intermaxilar (*inter-* + *maxilar*) *adj.* Que se halla entre los huesos maxilares.

intermediar *intr.* Mediar (existir entre). ◇ ** CONJUG. [12] como ***cambiar.***

intermediario, -ria *adj.-s.* Que media entre dos o más personas para algún fin, esp. que comercia con artículos que no ha producido. 2 Mediador.

intermedio, -dia (l. *-iu*) *adj.* Que está en medio de los extremos de lugar o tiempo. -2 *m.* Espacio que hay de un tiempo a otro o de una acción a otra. 3 Espacio de tiempo entre dos actos de una obra dramática, entre dos partes de un concierto, etc. 4 Baile, música, etc., ejecutado entre los actos de una obra dramática. 5 En cine y televisión, tiempo durante el que se interrumpe una representación o retransmisión y que se aprovecha para la emisión de publicidad, comentarios, etc. SIN. *3* y *4* **Entreacto.**

intermezzo (it.) *m.* Breve composición poética, dramática, musical o coreográfica.

interminable (l. *-abile*) *adj.* Que no tiene término o fin. 2 fig. Que dura mucho tiempo.

interminación (l. *-atione*) *f.* p. us. Amenaza, conminación.

interministerial (*inter-* + *ministerial*) *adj.* Que se refiere a varios ministerios o los relaciona entre sí.

intermisión (l. *-issione*) *f.* lit. *y* científ. Interrupción.

intermiso, -sa *adj.* Interrumpido.

intermitencia *f.* Calidad de intermitente. 2 MED. Discontinuación de cualquier síntoma intermitente.

intermitente *adj.* Que se interrumpe o cesa y prosigue o se repite. -2 *m.* Señal de tráfico que se enciende y apaga regularmente. 3 Dispositivo del automóvil que enciende y apaga periódicamente una luz lateral para señalar un cambio de dirección en la marcha.

intermitir (l. *-ittere*) *tr.* científ. Interrumpir por algún tiempo la continuación [de una cosa].

intermodulación (*inter-* + *modulación*) *f.* Modulación de los componentes de una onda compleja entre sí.

intermolecular (*inter-* + *molecular*) *adj.* Que se encuentra entre las moléculas o dentro de ellas.

intermuscular (*inter-* + *muscular*) *adj.* Que está situado entre los músculos.

internación *f.* Acción de internar o internarse. 2 Efecto de internar o internarse.

internacional (*inter-* + *nacional*) *adj.* Relativo a dos o más naciones. 2 Relativo a todas ellas. -3 *f.* Organización socialista, de alcance internacional: ***Primera ~*** (1864-1876), fundada en Londres por Carlos Marx (1818-1883); ***Segunda ~***, fundada en París en 1889; ***Tercera ~***, llamada también *Comintern,* fundada en Moscú en 1919; ***Cuarta ~***, fundada por Trotsky (1879-1940) en 1938. 4 Himno revolucionario de los trabajadores. -5 *adj.-com.* Deportista que toma parte en pruebas internacionales. SIN. *2* v. **Universal.**

internacionalidad *f.* Carácter de internacional.

internacionalismo *m.* Sistema socialista que preconiza la asociación internacional de los obreros, sobre la base de un programa de lucha contra la sociedad capitalista y de toma del poder en nombre de los principios comunistas. 2 Cosmopolitismo. 3 Principios, intereses, cooperación internacionales. 4 Doctrina o creencia de que puede alcanzarse la paz del mundo mediante la asociación amistosa de todas las naciones, sin sacrificio del carácter nacional.

internacionalista *adj.-com.* Partidario del internacionalismo. 2 Jurista especializado en Derecho internacional.

internacionalización *f.* Acción de internacionalizar. 2 Efecto de internacionalizar.

internacionalizar *tr.* Convertir en internacional [un territorio, servicio, jurisdicción, etc.] que era de una sola nación: *~ un puerto.* ◇ ** CONJUG. [4] como ***realizar.*** REL. **Internacionalización.**

internado, -da *adj.-s.* Alumno interno de un colegio. 2 Persona encerrada en un manicomio, campo de concentración, etc. -3 *m.* Estado y régimen del alumno interno. 4 Conjunto de alumnos internos de un establecimiento de enseñanza y local en que habitan. -5 *f.* DEP. Acción individual del jugador de un equipo que se adentra en el campo contrario sorteando a sus rivales. SIN. *5* **Colada I.**

internamente *adv. l.* Interiormente.

internamiento *m.* Acción de internar.

internar (de *interno*) *tr.* Conducir [a una pers. o cosa] tierra adentro; esp., mandar trasladar [a uno] su residencia tierra adentro. 2 Conducir [a una persona] a cierto lugar, como un sanatorio, clínica, campo de concentración, etc. 3 Encerrar. -4 *intr.-prnl.* Avanzar hacia adentro, penetrar: *los árabes internaron,* o *se internaron, en España.* -5 *prnl.* Introducirse o insinuarse en los secretos y amistad de uno. 6 Profundizar en una materia.

internista *adj.-com.* Médico especialista en enfermedades internas.

interno, -na (l. *-nu*) *adj.* Interior. -2 *adj.-s.* Alumno que vive dentro de un establecimiento de enseñanza. SIN. *1* v. **Intestino.**

internodio (l. *-iu*) *m.* Espacio que hay entre dos nudos.

internunciatura *f.* Cargo de internuncio. 2 Casa u oficina del internuncio.

internuncio (l. *-iu*) *m.* El que habla por otro. 2 p. us. Interlocutor. 3 Ministro pontificio que hace las veces de nuncio.

interoceánico, -ca *adj.* Que pone en comunicación dos océanos.

interoceptivo, -va *adj.* MED. [receptor, estímulo nervioso] Originado en las vísceras internas.

interóseo, -a *adj.* Que está situado entre los huesos.

interpaginar *tr.* Interfoliar.

interparietal (*inter-* + *parietal*) *adj.* Que está situado entre los parietales.

interparlamentario, -ria (*inter-* + *parlamentario*) *adj.* [comunicación y organización] Que enlaza la actividad internacional entre las representaciones legislativas de diferentes países.

interpelación *f.* Acción de interpelar. 2 Efecto de interpelar.

interpelante *adj.-com.* Que interpela.

interpelar (l. *-ellare*) *tr.* Dirigir la palabra [a uno] pidiéndole auxilio o solicitando su protección. 2 Compeler [a uno] a que dé explicaciones sobre un hecho cualquiera. 3 esp. En el parlamento, plantear un diputado [al gobierno o a un ministro] una discusión ajena a los proyectos de ley o a las proposiciones.

interpenetración *f.* Penetración mutua.

interplanetario, -ria *adj.* [espacio] Existente entre dos o más planetas. 2 Propio o relativo a dicho espacio.

interpol *f.* Nombre abreviado de la *Organización Internacional de Policía Criminal*, que cuenta con numerosos países adheridos.

interpolación *f.* Acción de interpolar. 2 Efecto de interpolar. 3 MAT. Determinación de una función que se verifique para unos valores dados de antemano.

interpoladamente *adv. m.* Con interpolación.

interpolador, -ra *adj.-s.* Que interpola (introduce).

I) interpolar (l. *-are*) *tr.* Interponer (poner entre): *~ una cosa con,* o *entre, otras.* 2 Introducir en un texto antiguo o en escritos ajenos [palabras o frases que no se hallaban en el original]. 3

Interrumpir la continuación [de una cosa] volviendo luego a proseguirla. 4 FÍS. Averiguar el valor de una magnitud en un intervalo cuando se conocen algunos de los valores que se toma a uno y otro lado de dicho intervalo. 5 Asignar a una cantidad un valor intermedio entre dos valores directamente calculados u observados.
SIN. **Intercalar.**

II) interpolar *adj.* ELECTR. Que está situado entre los dos polos o bornes de un circuito eléctrico.

interponer (l. *-ere*) *tr.* Poner [una cosa] entre otras: *la Luna se interpone entre el Sol y la Tierra.* 2 Poner por intercesor [a uno]: *interponerse entre los contendientes.* 3 DER. Formalizar por medio de pedimento [alguno de los recursos legales]. ◇ ** CONJUG. [78] como ***poner.***

interposición *f.* Acción de interponer o interponerse. 2 Efecto de interponer o interponerse.

interprender (*inter-* + l. *prehendere,* coger) *tr.* Tomar u ocupar por sorpresa [una cosa].

interpresa (*inter-* + l. *prehensa*) *f.* p. us. Acción de interprender. 2 desus. Acción militar súbita e imprevista.

interpretable *adj.* Que se puede interpretar.

interpretación *f.* Acción de interpretar. 2 Efecto de interpretar.
SIN. **Exégesis,** tratándose de textos, sobre todo de la Sagrada Escritura; **hermenéutica,** como arte de interpretar los textos.

interpretador, -ra *adj.-s.* Que interpreta. -2 *m.* INFORM. Dispositivo para el tratamiento de fichas perforadas, que imprime sobre estas, gralte. sobre el borde superior, los caracteres que tienen perforados.

interpretar (l. *-are*) *tr.* Explicar el sentido [de una cosa] esp. el de los textos faltos de claridad. 2 desus. Traducir [de una lengua] a otra: ~ *del griego al latín;* ~ *en castellano.* 3 Atribuir [una acción] a determinado fin o causa: ~ *un sueño,* esp.; entender o tomar en buena o mala parte [una acción o palabra]. 4 Expresar bien o mal [el asunto o materia de que se trata]; esp., representar un actor su papel; ejecutar una composición musical. 5 Concebir, ordenar o expresar de un modo personal [la realidad].

interpretariado *m.* Función de intérprete.

interpretativamente *adv. m.* De modo interpretativo.

interpretativo, -va *adj.* Que sirve para interpretar una cosa.

intérprete (l.) *com.* Persona que interpreta. 2 Persona que se ocupa en explicar a otros, en idioma que entienden, lo dicho en lengua que les es desconocida. 3 fig. Cosa que sirve para dar a conocer los afectos y movimientos del alma.
SIN. *2* Ant. **dragomán, drogmán, truchimán, trujimán; trujamán; lengua; traductor,** tratándose de libros o escritos.

interpuesto, -ta, pp. irreg. de *interponer.*

interregno (l. *-gnu*) *m.* Espacio de tiempo en que un estado no tiene soberano. 2 p. ext. Espacio de tiempo en que están suspendidas las funciones gubernamentales.

interrelación *f.* Correspondencia mutua entre personas, cosas o fenómenos.

interrogación (l. *-atione*) *f.* Pregunta. 2 Signo ortográfico [¿ ?] que se pone a principio y fin de palabra o cláusula interrogativa. 3 RET. Figura que consiste en interrogar, no para pedir respuesta, sino para expresar indirectamente la afirmación, o dar más vigor a lo que se dice.
SIN. *2* **Punto interrogante.** *3* **Erotema.**

interrogador, -ra *adj.* Que interroga.

interrogante *adj.-s.* Que interroga. 2 Signo ortográfico de interrogación. -3 *amb.* GRAM. Pregunta. 4 Problema no aclarado, cuestión dudosa, incógnita.
GRAM. Cuando se usa como substantivo con el significado de «pregunta», existe vacilación entre los géneros *m.* y *f.*, si bien predomina hoy su empleo como *m.*

interrogar (l. *-are*) *tr.* Preguntar algo [a uno]. ◇ ** CONJUG. [7] como ***llegar.***

interrogativamente *adv. m.* Con interrogación.

interrogativo, -va (l. *-vu*) *adj.* Que implica o denota pregunta: *ademán ~; actitud interrogativa.* 2 ***Entonación interrogativa,*** inflexión que la voz toma en las preguntas, caracterizada en gral. por la elevación del tono en las últimas sílabas. 3 ***Oración interrogativa,*** la que formula un juicio incompleto y espera que el interlocutor lo complete con la respuesta. Puede ser *simple* o *directa* y *compuesta* o *indirecta*. En este último caso el v. subordinante es de los llamados «de entendimiento o lengua» (*decir, preguntar, averiguar, indagar*, etc.) y la curva de entonación no es interrogativa: *pregúntale cuánto le ha costado; no supe dónde se escondía;* por ello se llama interrogativa indirecta. -4 *adj.-m.* Pronombre *qué, cuál, quién, cúyo* y adverbio *cuándo, cuánto, dónde* y *cómo*, los cuales figuran, fuertemente acentuados, en diversos tipos de oraciones interrogativas.

interrogatorio *m.* Serie de preguntas, gralte. formuladas por escrito. 2 Papel o documento que las contiene. 3 Acto de dirigirlas a quien las ha de contestar.

interrumpidamente *adv. m.* Con interrupción.

interrumpir (l. *-ere*) *tr.* Impedir la continuación [de una cosa]. 2 Suspender (detener). 3 Atravesarse uno con su palabra mientras [otro está hablando].

interrupción *f.* Acción de interrumpir. 2 Efecto de interrumpir.
SIN. **Intermisión,** lit. científ.

interruptor, -ra *adj.-s.* Que interrumpe. -2 *m.* Aparato destinado a interrumpir el paso de una corriente eléctrica por un circuito.

intersecarse (l. *-are*) *rec.* GEOM. Cortarse dos líneas o superficies entre sí. ◇ ** CONJUG. [1] como ***sacar.***

intersección (l. *-ctione*) *f.* Punto común a dos líneas, dos superficies o dos sólidos que recíprocamente se cortan. 2 MAT. Dados varios conjuntos, el integrado por los elementos comunes a todos ellos.

intersexual (*inter-* + *sexual*) *adj.* [pers., estado, constitución biológica] En que notoriamente aparecen mezclados caracteres sexuales masculinos y femeninos.

intersexualidad *f.* BIOL. Fenómeno relativo a la existencia de estados intermedios entre el macho y el de hembra.

intersideral *adj.* Relativo al espacio situado entre dos astros.

intersticial *adj.* Que está en los intersticios de un tejido animal o vegetal.

intersticio (l. *-itiu*) *m.* Espacio pequeño que media entre dos cuerpos o entre dos partes de un mismo cuerpo. 2 Intervalo (espacio o distancia). 3 DER. Espacio de tiempo que, según las leyes eclesiásticas, debe mediar entre la recepción de dos órdenes sagradas.

intertanto *adv. t. Amér.* Entretanto.

intertidal *adj.* [franja de tierra costera] Situado entre los límites extremos alcanzados por las mareas más intensas: ***zona ~***, zona de oscilación de las mareas.

intertónica *adj.-f.* GRAM. Vocal protónica no final.

intertrigo (*inter-* + l. *terere,* manjar) *m.* Inflamación de la piel producida por el roce de dos partes, una contra otra.

intertropical *adj.* Relativo a los países situados entre los dos trópicos, y a sus habitantes.
SIN. **Tropical.**

interurbano, -na (*inter-* + *urbano*) *adj.* [relaciones y servicios de comunicación] Entre poblaciones distintas: ***teléfono ~***, a diferencia del urbano.

interusorio (l. *-iu*) *m.* DER. Interés que se debe por el retraso en la restitución de una cosa.

intervalo (l. *-llu*) *m.* Espacio o distancia que hay de un tiempo a otro, de un lugar a otro o entre dos fenómenos físicos, fisiológicos, etc. 2 Conjunto de valores que toma una magnitud entre dos límites dados. 3 MÚS. Distancia o diferencia de entonación que media de un sonido a otro. ◇ INCOR.: *intérvalo.*
NOMENCLATURA *3* Los intervalos se llaman *melódicos* o *armónicos*, según que las notas sean sucesivas o simultáneas. Estos últimos pueden ser *consonantes* o *disonantes*. Según su grado, se llaman de *segunda, tercera, cuarta*, etc. Reciben además los siguientes nombres: *mayor*, el que tiene un semitono más que el menor; *menor*, el que tiene un semitono menos que el mayor; *justo*, el que no puede aumentarse ni disminuirse sin que se produzca disonancia; *aumentado*, el que tiene un semitono más que el mayor; *disminuido*, el que tiene un semitono menos que el menor.

intervención *f.* Acción de intervenir. 2 Efecto de intervenir. 3 Oficina del interventor. 4 Operación quirúrgica.

intervencionismo *m.* Intervención de una nación en los conflictos surgidos entre otros países. 2 Sistema político que preconiza la intervención activa del Estado en la economía y situación social de los ciudadanos.

intervencionista *adj.-com.* Partidario del intervencionismo.

intervenir (l. *-ire*) *intr.* Tomar parte en un asunto: ~ *por alguno.* 2 Interponer uno su autoridad: ~ *en el reparto.* 3 En gral. mediar (interponer). 4 Sobrevenir, acaecer: *una lluvia intervino a tiempo.* -5 *tr.* Examinar [cuentas] con autoridad para ello; fiscalizar [la administración de aduanas]. 6 Ofrecer a un tercero aceptar o pagar [una letra de cambio]. 7 Dirigir, limitar o suspender una autoridad [el libre ejercicio de actividades o funciones]. 8 Vigilar una autoridad [la comunicación privada]. 9 En los países de régimen federal, ejercer el Gobierno central funciones propias de los estados o provincias. 10 Operar. ◇ ** CONJUG. [90] como *venir.*

interventor, -ra *adj.-s.* Que interviene. -2 *m. f.* Funcionario que autoriza y fiscaliza ciertas operaciones a fin de que se hagan con legalidad. 3 En las elecciones, elector designado oficialmente por un candidato para vigilar la regularidad de la votación y autorizar el resultado de la misma en unión del presidente y demás individuos de la mesa.

intervertebral *adj.* ANAT. Que está entre dos vértebras.

intervistarse *prnl.* p. us. Entrevistarse.

interviú, interview *m.* ANGLIC. Entrevista o conferencia. ◇ Pl.: *interviús* o *interviews.*

interviuador, -ra *adj.-s.* Que interviúa.

interviuar *tr.* ANGLIC. Entrevistar (periodismo).

intervocálico, -ca (*inter-* + *vocálico*) *adj.* [consonante] Que se halla entre vocales.

interyacente *adj.* Que está en medio o entre dos cosas.

intestado, -da (l. *-atu*) *adj.-s.* DER. Que muere sin hacer testamento válido.

intestinal *adj.* Relativo a los intestinos.

intestino, -na (l. *-nu*) *adj.* Interno, interior. 2 fig. Civil, doméstico. -3 *m.* Porción tubular del aparato digestivo que se extiende desde el estómago al ano, donde se completa la digestión de los alimentos y se verifica la absorción de los productos útiles resultantes, y que en los animales superiores se halla plegado en varias vueltas, dentro de la cavidad abdominal: ~ ***ciego,*** parte del intestino grueso entre el íleon y el colon; ~ ***delgado,*** parte del intestino de los mamíferos, a continuación del estómago, que tiene menor diámetro; ~ ***grueso,*** parte del intestino de los mamíferos, a continuación del delgado, que tiene mayor diámetro.

SIN. *1* y *2* En la actualidad es muy raro su empleo en la 1ª acep. En la 2ª, se asocia a la idea de oposición de unos sectores con otros: *guerras, querellas, dificultades, discordias intestinas.* Pero no se dice *política, problemas intestinos,* si no se les une la idea de lucha; cuando esta asociación no se produce, hay que emplear **interior** o **interno,** según los casos: *comercio interior, régimen interno*; estos últimos pueden substituir a **intestino,** en todos los casos. *3* **Tripa.**

intibucano, -na *adj.-s.* De Intibucá, c. y dep. de Honduras.

intima *f.* Intimación.

intimación *f.* Acción de intimar. 2 Efecto de intimar.

íntimamente *adv. m.* Con intimidad.

intimar (l. *-are*) *tr.* Notificar, hacer saber [una cosa]: ~ *una noticia,* esp.; hacer saber con autoridad o de modo conminatorio: ~ *una orden;* ~ *la rendición de una plaza.* -2 *prnl.* Introducirse una materia por las porosidades de otra. -3 *prnl.-intr.* fig. Introducirse en el afecto o ánimo de uno: *intimarse,* o *intimar, con él.*

SIN. *1* **Conminar, requerir.**

intimatorio, -ria *adj.* DER. [costa, despacho o letra] Con que se intima un decreto u orden.

intimidación *f.* Acción de intimidar. 2 Efecto de intimidar.

intimidad *f.* Amistad íntima. 2 Parte reservada o más particular de los pensamientos, afectos o asuntos interiores de una persona, familia o colectividad.

intimidar (l. *-are*) *tr.* Causar o infundir miedo [a uno]. 2 Amenazar.

SIN. *1* v. **Acobardar.**

intimismo *m.* Calidad de intimista. 2 Tendencia artística que muestra predilección por asuntos de la vida familiar o íntima. 3 Carácter de las obras artísticas de los intimistas.

intimista *adj.-com.* Artista que expresa en un tono confidencial los sentimientos más secretos del alma.

íntimo, -ma (l. *-mu*) *adj.* Más interior o interno. 2 fig. Que forma parte de la esencia de una cosa. 3 [amistad] Muy estrecho; [amigo] de confianza.

intina *f.* Envoltura interna, celulósica, de los granos de polen y las esporas.

REL. **Exina,** la membrana exterior.

intitular (l. *-are*) *tr.* Poner título [a un libro o escrito]. 2 Dar un título particular [a una pers. o cosa].

SIN. **Titular,** más us.

intocable *adj.* Intangible.

intolerabilidad *f.* Calidad de intolerable.

intolerable (l. *-abile*) *adj.* Que no se puede tolerar.

intolerancia (l. *-ntia*) *f.* Falta de tolerancia. 2 MED. Imposibilidad del organismo para asimilar ciertas substancias.

intolerante *adj.-com.* Que no tiene tolerancia: ~ *con,* o *para,* o *para con, todos;* ~ *en punto de honra.*

intonso, -sa (l. *-su*) *adj.* Que no tiene cortado el pelo. -2 *adj.-s.* fig. Ignorante, rústico. -3 *adj.* fig. [libro] Encuadernado sin cortar las barbas a los pliegos.

intoxicación *f.* Acción de intoxicar o intoxicarse. 2 Efecto de intoxicar o intoxicarse.

intoxicador, -ra *m.* Substancia que intoxica. -2 *m. f.* fig. Persona que intoxica la opinión pública.

intoxicar (l. *in* + *toxicum,* veneno; doble etim. *entosigar*) *tr.-prnl.* Envenenar (emponzoñar). -2 *tr.* fig. Proporcionar una información excesivamente abundante o errónea con el fin de despistar o confundir. ◇ ** CONJUG. [1] como *sacar.*

intra- (l. *intra)* Elemento prefijal que entra en la formación de palabras con el significado de dentro de: *intramuros, intramuscular.*

CONTR. **Extra-.**

intraatómico, -ca (*intra-* + *atómico*) *adj.* Contenido en el átomo.

intracardiaco, -ca (*intra-* + *cardiaco*) *adj.* Situado o que tiene lugar dentro del corazón.

intracelular (*intra-* + *celular*) *adj.* Que está situado u ocurre dentro de una célula o células.

intradérmico, -ca *adj.* En el interior de la piel.

intradermorreacción (*intra-* + *-dermo* + *reacción*) *f.* MED. Tipo de prueba que se emplea en el diagnóstico de la tuberculosis, lepra, etc.

intradós (fr. < *intra-* + l. *dorsum,* dorso) *m.* Superficie cóncava o interior de un arco o de una bóveda. 2 Cara de una dovela que corresponde a esta superficie. 3 Superficie interior de un ala de avión. ◇ Pl.: *intradoses.*

REL. **Extradós,** superficie convexa de una bóveda.

intraducibilidad *f.* Calidad de intraducible.

intraducible *adj.* Que no se puede traducir.

intrahistoria (*intra-* + *historia*) *f.* Vida tradicional que sirve de fondo permanente a la historia cambiante y visible. Es voz introducida por Unamuno (1864-1936).

intrahistórico, -ca *adj.* Relativo a la intrahistoria.

intramedular (*intra-* + *medular*) *adj.* Situado o que tiene lugar en el interior de la médula ósea.

intramuros (*intra-* + l. *muros,* muralla) *adv. l.* Dentro de una ciudad, villa o lugar.

intramuscular (*intra-* + *muscular*) *adj.* Que está o se pone en el interior de los músculos: *inyección* ~.

intranquilidad *f.* Falta de tranquilidad; inquietud.

intranquilizador, -ra *adj.* Que intranquiliza.

intranquilizar *tr.* Quitar la tranquilidad [a una pers., animal, etc.]. ◇ ** CONJUG. [4] como ***realizar.***

intranquilo, -la *adj.* Falto de tranquilidad.

intransferible *adj.* No transferible.

intransigencia *f.* Calidad de intransigente.

intransigente *adj.* Que no transige. 2 Que no se presta a transigir.

intransitable *adj.* [lugar o sitio] Por donde no se puede transitar.

intransitivo, -va (l. *-vu*) *adj.-s.* GRAM. Verbo o acción verbal que no tiene complemento directo. 2 ***Oración intransitiva,*** la formada por un verbo intransitivo o usado como tal.

SIN. *1* **Verbo neutro.** V. verbo.

intransmisible *adj.* Que no puede ser transmitido. ◇ También *intrasmisible.*

intransmutabilidad *f.* Calidad de intransmutable.

intransmutable *adj.* Que no se puede transmutar.

intransportable *adj.* Imposible o muy difícil de transportar.

intranuclear (*intra-* + *nuclear*) *adj.* FÍS. Que se encuentra en el interior del núcleo atómico.

intraocular (*intra-* + *ocular*) *adj.* Perteneciente o relativo al interior del ojo.

intrarraquídeo, -a (*intra-* + *raquídeo*) *adj.* Situado en el interior del conducto vertebral o raquídeo.

intrasmisible *adj.* Intransmisible.

intratabilidad *f.* Calidad de intratable.

intratable (l. *intractabile*) *adj.* No tratable ni manejable. 2 fig. Insociable o de genio desabrido.

SIN. **Incontratable,** esp. en la 1ª acep.; **inconversable,** esp. en la 2ª acep.

intrauterino, -na (*intra-* + *uterino*) *adj.* Que está situado u ocurre dentro del útero.

intravenoso, -sa (*intra-* + *venoso*) *adj.* Que está o se produce en el interior de las venas: *inyección intravenosa.*

intrépidamente *adv. m.* Con intrepidez.

intrepidez *f.* Arrojo, valor en los peligros. 2 Osadía e indeliberación.
intrépido, -da (l. *-du*) *adj.* Que no teme en los peligros. 2 fig. Que obra o habla irreflexivamente.
intricar (l. *-are;* doble etim. *intrigar* e *intrincar*) *tr.-prnl.* desus. Intrincar. ◇ ** CONJUG. [1] como ***sacar.***
intriga *f.* Manejo cauteloso para conseguir un fin. 2 Enredo, embrollo.
intrigante *adj.-com.* Que intriga o suele intrigar.
intrigar (v. *intricar*) *intr.* Emplear intrigas, usar de ellas. -2 *tr.* Excitar la curiosidad o el interés [de alguien]: *me intriga ese silencio.* ◇ ** CONJUG. [7] como ***llegar.***
intrincable *adj.* Que se puede intrincar.
intrincación *f.* Acción de intrincar. 2 Efecto de intrincar.
intrincadamente *adv. m.* Con intrincación.
intrincado, -da *adj.* Enredado, complicado, confuso.
SIN. **Revesado, enrevesado; inextricable** es intensivo.
intrincamiento *m.* Intrincación.
intrincar (v. *intricar*) *tr.* Enredar o enmarañar [una cosa]. 2 fig. Confundir [los pensamientos o conceptos]. ◇ ** CONJUG. [1] como ***sacar.***
intríngulis (l. *in-,* en + *trinculæ,* enredos) *m.* fam. Intención solapada o razón oculta. 2 p. ext. Dificultad o complicación que tiene una cosa. ◇ Pl.: *intríngulis.*
intrínsecamente *adv. m.* Interiormente, esencialmente.
intrínseco, -ca (l. *-cu*) *adj.* Íntimo, esencial.
intrinsiqueza *f.* inus. Intimidad.
intro- (l.) Elemento prefijal que entra en la formación de palabras con el significado de dentro: *introspección, intromisión, introducir.*
introducción *f.* Acción de introducir o introducirse: *~ de una sonda; ~ de un nuevo personaje.* 2 Efecto de introducir o introducirse. 3 Preparación, disposición para llegar al fin propuesto: *~ al estudio de la Filosofía.* 4 fig. Entrada y trato familiar e íntimo con una persona. 5 Prólogo, preámbulo de una obra o discurso. 6 MÚS. Parte inicial de una obra musical. 7 MÚS. Sinfonía (obertura).
introducir (l. *-ere*) *tr.* Dar entrada [a una pers.] en un lugar: *el criado me introdujo en, o por, la sala; los ladrones se introdujeron en casa; introducirse entre las filas; introducirse con los que mandan.* 2 Hacer entrar [una cosa] en otra: *~ la sonda en una herida.* 3 fig. Hacer [que uno] sea recibido en un lugar o granjearle el trato, la amistad de otra persona: *me introdujeron en la corte; introducirse entre las amistades.* 4 fig. Hacer figurar [un personaje] en una novela, un drama, etc. 5 fig. Hacer adoptar, poner en uso: *~ una industria en un país.* 6 fig. Atraer, ocasionar: *~ el desorden.* -7 *prnl.* Entrometerse uno en lo que no le toca. ◇ ** CONJUG. [46] como ***conducir.*** ◇ INCOR.: *introduciste* por *introdujiste.*
SIN. *4* **Meter.**
introductor, -ra *adj.-s.* Que introduce. 2 ***~ de embajadores,*** el que tiene a su cargo conducirlos ante el jefe del Estado.
introito (l. *-tu*) *m.* Principio de un escrito o de una oración. 2 Lo primero que dice el sacerdote en el altar al dar principio a la misa. 3 En el teatro antiguo, prólogo. 4 ANAT. Entrada de na cavidad orgánica.
ntromisión *f.* Acción de entrometer o entrometerse. 2 Efecto entrometer o entrometerse.
. **Entremetimiento, entrometimiento.**
rospección (l. *-ctione*) *f.* Observación que uno hace de su pia conciencia con fines especulativos.
ospectivo, -va *adj.* Que implica introspección o relativo a: *método ~.*
versión *f.* Acción de penetrar el alma dentro de sí misbstrayéndose de los sentidos. 2 Efecto de penetrar el alma de sí misma, abstrayéndose de los sentidos.
erso, -sa (l. *-su*) *adj.* [espíritu o alma] Que penetra dení, abstrayéndose de los sentidos.
rtido, -da *adj.* Persona habitualmente introversa, que o caso del mundo exterior.
nente *adv. m.* Por intrusión.
se *prnl.* Apropiarse, sin razón ni derecho, un cargo, icción, etc.
(l. *-ione*) *f.* Acción de introducirse sin derecho.
o *m.* Intrusión. 2 Ejercicio fraudulento de una protulos para ello.
-va *adj.* [roca] Que resulta de la solidificación de cendente entre las rocas sólidas de la corteza terreses.

intruso, -sa (l. *-su*) *adj.* Que se ha introducido sin derecho. -2 *adj.-s.* Detentador de alguna cosa alcanzada por intrusión. 3 Que alterna con personas de condición superior a la suya propia. 4 [pers.] Que ejerce una profesión sin título legal para ello.
intubación (*in-* + *tubo*) *f.* Acción de intubar. 2 Efecto de intubar.
intubador *m.* Instrumento empleado para llevar a cabo la intubación.
intubar *tr.* Introducir un tubo a través de la boca u orificios nasales hasta llegar a la tráquea, para asegurar la respiración.
intuición (l. *-itione*) *f.* Conocimiento inmediato de una cosa, idea o verdad, sin el concurso de razonamientos. 2 TEOL. Visión beatífica.
intuicionismo *m.* Doctrina epistemológica que admite un conocimiento intuitivo junto al discursivo-racional. 2 Doctrina ética que declara los principios morales como inmediatamente seguros y cognoscibles por la intuición, y sostiene que su fuerza obligatoria y la validez general de los juicios morales se funda sólo en su reducción a la razón práctica o a un conocimiento apriorístico similar de los valores éticos. Suele combinarse con el racionalismo epistemológico.
intuicionista *adj.-com.* Partidario del intuicionismo. 2 Que tiene intuición en un asunto o materia científica.
intuir (l. *-uere*) *tr.* Percibir clara e instantáneamente [una idea o verdad] sin el proceso del razonamiento. ◇ ** CONJUG. [62] como ***huir.***
intuitivamente *adv. m.* Con intuición.
intuitivo, -va *adj.* Relativo a la intuición. 2 [pers.] En que predomina la intuición sobre el razonamiento.
intuito (l. *-tu*) *m.* Vista, ojeada o mirada. -2 *loc. adv.* ***Por ~,*** en atención, en consideración.
intumescencia *f.* Hinchazón (efecto).
intumescente (l. *intumescere,* hincharse) *adj.* Que se va hinchando.
intususcepción (l. *intus,* interiormente + *susceptione,* acción de recibir) *f.* Modo de crecer los animales y vegetales por los elementos que asimilan interiormente, por oposición a *yuxtaposición*, que es el modo de crecer los minerales. 2 Operación de invaginar (CIR.).
ínula *f.* Helenio.
inulina *f.* Cuerpo parecido al almidón, que se encuentra en algunas plantas.
inulto, -ta (l. *-tu*) *adj.* poét. No vengado o castigado.
inundación *f.* Acción de inundar o inundarse. 2 Efecto de inundar o inundarse. 3 fig. Multitud excesiva de una cosa.
SIN. V. **Avenida.**
inundado *m.* MAR. Acción de inundar un tanque, compartimento o buque. 2 MAR. Efecto de inundar un tanque, compartimento o buque.
inundar (l. *-are*) *tr.-prnl.* Cubrir el agua [un terreno, una población, etc.]; fig., *~ de, o en, sangre el suelo.* 2 fig. Llenar [un país] de gentes extrañas o de otras cosas.
inurbanamente *adv. m.* Sin urbanidad.
inurbanidad *f.* Falta de urbanidad.
inurbano, -na (l. *-nu*) *adj.* Falto de urbanidad.
inusitadamente *adv.m.* De un modo inusitado.
inusitado, -da (l. *-atu*) *adj.* No usado. 2 Inhabitual, raro.
inusual *adj.* No usual, inusitado, insólito, raro.
inútil (l. *-ile*) *adj.* No útil. -2 *adj.-com.* [pers.] Que no puede trabajar o moverse por impedimento físico.
inutilidad *f.* Calidad de inútil.
inutilizar *tr.* Hacer inútil [una cosa]. ◇ ** CONJUG. [4] como ***realizar.***
inútilmente *adv. m.* Sin utilidad.
invadeable *adj.* Que no se puede vadear.
invadir (l. *-ere*) *tr.* Entrar por fuerza [en un territorio] para ocuparlo, saquearlo: *los hunos invadieron Europa;* p. ext., *la langosta ha invadido los campos marroquíes.* 2 fig. Entrar injustificadamente [en funciones ajenas]. 3 fig. Apoderarse de [alguien] un estado de ánimo dominándolo por completo.
SIN. **Irrumpir** sugiere mayor violencia o carácter súbito.
invaginación *f.* Acción de invaginar. 2 Efecto de invaginar. 3 Introducción anormal de una porción del intestino en la que le precede o sigue. 4 BIOL. Replegamiento interno de una membrana o de una capa celular.
invaginar (l. *in* + *vagina,* vaina) *tr.* Doblar los bordes de la

boca de un tubo, o de una vejiga, haciendo que se introduzcan en el interior del mismo. 2 CIR. Introducir uno en otro los dos extremos del intestino dividido, para restablecer la continuidad del tubo digestivo.

invalidación *f.* Acción de invalidar. 2 Efecto de invalidar. 3 Inutilidad.

inválidamente *adv. m.* Con invalidación.

invalidar *tr.* Hacer inválida [una cosa].

SIN. DER. **Infirmar.**

invalidez *f.* Calidad de inválido. 2 Incapacidad laboral de un trabajador, permanente o transitoria, debida a un accidente o enfermedad.

inválido, -da (l. *-du*) *adj.-s.* Que no tiene fuerza ni vigor. 2 [pers.] Que adolece de un defecto físico o mental, congénito o adquirido, el cual le impide o dificulta alguna de sus actividades: *viejo ~; ~ de guerra.* 3 fig. Falto de vigor y de solidez en el entendimiento o en la razón: *argumento ~*. 3 fig. Nulo por no tener las condiciones que exigen las leyes: *acuerdo ~*.

invalorable *adj.* Que no se puede valorar.

invaluable *adj.* Inestimable, inapreciable.

invar *m.* Aleación de acero y níquel de un coeficiente de dilatación muy pequeño. Se usa para fabricar instrumentos de precisión.

invariabilidad *f.* Calidad de invariable.

invariable *adj.* Que no padece variación. 2 GRAM. [palabra] Que no sufre ninguna modificación en su forma.

invariablemente *adv. m.* Sin variación.

invariación *f.* Permanencia de una cosa sin variación.

invariadamente *adv. m.* Invariablemente.

invariado, -da *adj.* No variado.

invariancia *f.* Cualidad de invariante. 2 Propiedad de una cantidad o ley física de no variar bajo ciertas transformaciones u operaciones.

invariante *adj.* Que no varía. -2 *f.* Magnitud, relación o propiedad que permanece invariable en una transformación de naturaleza física o matemática.

invasión (l. *-asione*) *f.* Acción de invadir. 2 Efecto de invadir. 3 DER. Estado de hecho derivado de la ocupación de guerra. 4 PAT. Penetración masiva de microorganismos patógenos. 5 PAT. Espacio de tiempo entre la aparición de los primeros síntomas y el período de estado.

invasor, -ra *adj.-s.* Que invade.

invectiva (l.) *f.* Discurso o escrito acre y violento contra personas o cosas.

REL. V. **Sátira.**

invencibilidad *f.* Calidad de invencible.

invencible *adj.* Que no puede ser vencido. -2 *m. P. Rico.* Cierta tela ordinaria.

invenciblemente *adv. m.* De modo invencible.

invención (l. *-ntione*) *f.* Acción de inventar. 2 Cosa inventada. Invento. 3 Hallazgo (acción y efecto): *~ **de la Santa Cruz,*** conmemoración con que anualmente celebra la Iglesia el día 3 de mayo el hallazgo de la Cruz de Nuestro Señor Jesucristo. 4 Engaño, ficción. 5 Breve composición musical para piano, a dos o tres voces. 6 RET. Elección y disposición de los argumentos y especies del discurso oratorio.

invencionero, -ra *adj.-s.* desus. Inventor. 2 desus. Embustero.

invendible (l. *-ibile*) *adj.* Que no puede venderse.

inventador, -ra *adj.-s.* p. us. Inventor.

inventar (de *invento*) *tr.* Hallar o descubrir con ingenio y estudio [una cosa nueva o no conocida]. 2 Crear [su obra] el poeta o el artista. 3 Imaginar [hechos falsos].

SIN. *1* **Descubrir** se extiende también a lo que era desconocido, pero real: *descubrir una isla o una estrella nueva*; **inventar** se ciñe a lo que antes no existía, p. ej., la imprenta, la locomotora. Todo invento es un descubrimiento, pero no viceversa.

inventariar *tr.* Hacer inventario: *~ los bienes de una persona.* ◇ ** CONJUG. [13] como ***desviar.***

inventario (l. *-iu*) *m.* Asiento de los bienes y demás cosas pertenecientes a una persona o comunidad, hecho con orden y distinción. 2 Instrumento en que están escritas dichas cosas.

SIN. DER. **Descripción.**

inventiva *f.* Facultad y disposición para inventar.

SIN. **Ingenio.**

inventivo, -va *adj.* Que tiene disposición para inventar. 2 desus. Inventado.

invento (l. *-tu*) *m.* Invención.

inventor, -ra *adj.-s.* Que inventa. 2 desus. Que finge o discurre sin más fundamento que su voluntariedad y capricho.

inverecundia (l.) *f.* Desvergüenza, desfachatez.

inverecundo, -da (l. *-du*) *adj.-s.* lit. Que no tiene vergüenza.

SIN. V. **Desvergonzado.**

inverisímil *adj.* desus. Inverosímil.

inverisimilitud *f.* desus. Inverosimilitud.

inverna *f. Perú.* Invernada del ganado.

invernación *f.* Hibernación.

invernáculo (l. *hibernaculu*) *m.* Lugar cubierto y abrigado artificialmente, para defender las plantas de la acción del frío.

SIN. **Estufa, invernadero.**

invernada *f.* Estación de invierno. 2 *Amér.* Invernadero o campo y tiempo destinado al engorde del ganado. 3 *Venez.* Aguacero.

invernadero *m.* Lugar a propósito para pasar el invierno. 2 Paraje para que pasten los ganados en dicha estación. 3 Invernáculo.

invernal *adj.* Relativo al invierno. -2 *m.* Establo en los invernaderos. 3 *Sal.* Temporal de invierno.

SIN. *1* **Hibernal,** lit.; **hiemal,** lit. y técnico.

invernante *adj.-s.* Que pasa los meses fríos en una estación invernal.

invernar (l. *hibernare*) *intr.* Pasar el invierno en una parte. 2 Ser tiempo de invierno. 3 *Amér.* Pastar el ganado en invernadas. ◇ ** CONJUG. [27] como ***acertar.***

invernazo *m. P. Rico* y *S. Dom.* Época de lluvias de julio a septiembre. 2 *P. Rico.* Período de inactividad de la industria del azúcar.

invernizo, -za *adj.* Relativo al invierno o que tiene sus propiedades.

inverosímil (*in-* + *verosímil*) *adj.* Que no tiene apariencia de verdad.

SIN. **Inverisímil.**

inverosimilitud *f.* Calidad de inverosímil.

SIN. **Inverisimilitud.**

inverosímilmente *adv. m.* De modo inverosímil.

inversamente *adv. m.* A la inversa.

inversión (l. *-ione*) *f.* Acción de invertir. 2 Efecto de invertir. 3 Acción de emplear capital en negocios productivos. 4 Homosexualidad. 5 Creación de bienes de capital mediante la colocación de disponibilidades líquidas. 6 ELECTR. Cambio de sentido de la corriente. 7 FOT. Procedimiento de revelado fotográfico que permite obtener directamente un positivo sobre la placa o película expuesta. 8 GRAM. Construcción que da a las palabras orden distinto del directo. 9 MED. Desviación de un órgano de su posición natural. 10 MÚS. Colocación de las notas de un acorde en posición distinta de la normal. 11 QUÍM. Formación de una solución levógira de fructosa y glucosa a partir de una dextrógira de sacarosa.

inversionista *com.* Persona que hace una inversión de capital.

inversivo, -va *adj.* Relativo a la inversión.

inverso, -sa (l. *-su*) *adj.* Alterado, trastornado. 2 ***A,*** o ***por, la ~,*** al contrario.

inversor, -ra *adj.-s.* Que invierte. 2 ELECTR. *~ **de fase,*** circuito empleado para cambiar la fase de una señal eléctrica en 180°. 3 *~ **de ruidos,*** dispositivo de los televisores para invertir la polaridad de los parásitos en la señal a que van superpuestos. 4 ASTRON. V. capa inversora. -5 *m.* ELECTR. Aparato que sirve para invertir el sentido de una corriente eléctrica. 6 MEC. Mecanismo que cambia el sentido de giro de un eje.

invertebrado, -da *adj.-m.* Animal metazoo que no tiene vértebras.

invertible *adj.* Que se puede invertir.

invertido, -da *adj.-s.* FORT. Aspillera más ancha por la parte exterior que por la interior de un muro. -2 *m.* Homosexual.

invertina *f.* Fermento contenido en ciertas levaduras que tienen la propiedad de descomponer la sacarosa.

invertir (l. *-ere*) *tr.* Trastornar, alterar [las cosas] colocándolas en dirección o en orden opuesto al que tenían. 2 Emplear [los caudales] en aplicaciones productivas: *~ el dinero en fincas.* 3 Ocupar [el tiempo] de una u otra manera. 4 MAT. Cambiar de lugar los dos términos de cada razón. ◇ ** CONJUG. [35] como ***hervir.***

SIN. *2* **Colocar.** *3* **Emplear.**

investidura *f.* Acción de investir. 2 Carácter que se adquiere con la toma de posesión de ciertos cargos o dignidades.

investigable (l. *-abile*) *adj.* Que se puede investigar.

investigación *f.* Acción de investigar: *~ policíaca, científica, fiscal.* 2 Efecto de investigar.

investigador, -ra *adj.-s.* Que investiga.
investigar (l. *-are*) *tr.* Hacer diligencias para descubrir [algo]. 2 Profundizar en el estudio de una disciplina. ◇ ** CONJUG. [7] como *llegar.*
investimento *m.* Inversión de dineros eclesiásticos en la adquisición de inmuebles.
investir (l. *-ire*) *tr.* Conferir una dignidad o cargo importante: *~ del,* o *con el, cargo de canciller.* ◇ ** CONJUG. [34] como *servir.*
SIN. **Envestir.**
inveteradamente *adv. m.* De un modo inveterado.
inveterado, -da (l. *-atu*) *adj.* Antiguo, arraigado.
inveterarse (l. *-are*) *prnl.* Envejecer (durar) una costumbre, tradición, fórmula.
inviable *adj.* Que no tiene posibilidades de ser llevado a cabo.
inviar *tr.* desus. Enviar. ◇ ** CONJUG. [13] como *desviar.*
invictamente *adv. m.* Victoriosamente.
invicto, -ta (l. *-tu*) *adj.* No vencido, siempre victorioso.
invidencia *f.* Falta de vista.
invidente *adj.-com.* Que no ve; ciego.
ínvido, -da (l. *-u*) *adj.* p. us. Envidioso.
invierno (l. *hibernu*) *m.* Estación del año que, astronómicamente, principia en el solsticio del mismo nombre y termina en el equinoccio de primavera. 2 En los países ecuatoriales, temporada de lluvias que dura aproximadamente unos seis meses. 3 Época más fría del año, que en el hemisferio septentrional corresponde a los meses de diciembre, enero y febrero, y, en el austral, a nuestro verano. 4 *Venez.* Aguacero.
REL. Relativo al invierno, **invernal, invernizo, hibernal, hiemal;** los dos últimos son lit. de uso poco frecuente.
invigilar (l. *-are*) *intr.* Cuidar solícitamente de una cosa.
inviolabilidad *f.* Calidad de inviolable. 2 Prerrogativa personal del monarca, declarada en la constitución del estado: *inviolabilidad parlamentaria;* v. inmunidad.
inviolable (l. *-abile*) *adj.* Que no se debe o no se puede violar o profanar. 2 Que goza la prerrogativa de inviolabilidad.
inviolablemente *adv. m.* Con inviolabilidad. 2 desus. Infaliblemente.
inviolado, -da (l. *-atu*) *adj.* Que se conserva con toda su integridad y pureza.
invisibilidad *f.* Calidad de invisible.
invisible (l. *-ibile*) *adj.* Que no puede ser visto. -2 *m. Argent.* Horquilla usada para mantener los peinados femeninos. 3 *Méj.* Albanega, cofia para el pelo.
invisiblemente *adv. m.* De modo que no se ve.
invitación *f.* Acción de invitar. 2 Efecto de invitar. 3 Célula o tarjeta con que se invita.
invitado, -da *m. f.* Persona que ha recibido invitación.
invitador, -ra, invitante *adj.-s.* Que invita o convida.
invitar (l. *-are;* doble etim. *envidiar*) *tr.* Convidar. 2 Incitar.
invitatorio (l. *-iu*) *m.* Antífona que se canta y repite en cada verso del salmo *Veinte* al principio de los maitines.
invocación (l. *-atione*) *f.* Acción de invocar. 2 Efecto de invocar. 3 Parte del poema en que el poeta invoca a un ser divino, verdadero o falso.
invocador, -ra *adj.-s.* Que invoca.
invocar (l. *-are*) *tr.* Pedir con ruegos [la ayuda, la protección de uno]: *~ la clemencia divina; ~ a Dios y a la Virgen.* 2 fig. Alegar [una ley, costumbre o razón] para acogerse a ella. ◇ **CONJUG. [1] como *sacar.*
SIN. *2* v. **Alegar.**
invocatorio, -ria *adj.* Que sirve para invocar.
involución (l. *involutio, -onis*) *f.* BIOL. Evolución regresiva de un órgano o función, esp. del útero después del parto. 2 FIL. Paso de lo heterogéneo a lo homogéneo, de lo múltiple a lo simple. 3 p. ext. Cambio retrógrado o proceso regresivo de otra índole; detención y retroceso de una evolución política, cultural, económica, etc., que se considera positiva.
involucionista *adj.* Perteneciente o relativo a la involución. -2 *adj.-com.* Partidario de una involución en política, cultura, etc.
involucración *f.* Acción de involucrar. 2 Efecto de involucrar.
involucrado, -da *adj.* Que está provisto de involucro.
involucrar (de *involucro*) *tr.* Injerir en un discurso o escrito [cuestiones o asuntos extraños a su objeto principal]. 2 Envolver, implicar.
involucro (l. *-cru*) *m.* Verticilo de brácteas que acompaña una flor o el arranque de una inflorescencia.
involuntariamente *adv. m.* Sin voluntad ni consentimiento.
involuntariedad *f.* Calidad de involuntario.
involuntario, -ria (l. *-iu*) *adj.* No voluntario: *ofensa involuntaria.* 2 Independiente de la voluntad: *movimiento ~; turbación involuntaria.*
involutivo, -va *adj.* Perteneciente o relativo a la involución.
involuto *adj.* ZOOL. Muy arrollado; como las conchas de los gasterópodos.
invulnerabilidad *f.* Calidad de invulnerable.
invulnerable (l. *-abile*) *adj.* Que no puede ser herido. 2 fig. Que no resulta afectado por lo que se hace o dice en su contra.
inyección *f.* Acción de inyectar. 2 Efecto de inyectar. 3 Fluido inyectado. 4 Introducción de un combustible fluido a presión en un motor de explosión. 5 p. ext. Aportación de energía o fuerzas nuevas o suplementarias. 6 Aportación masiva y repentina de dinero para relanzar una actividad. 7 Introducción de cemento a presión en un terreno a fin de consolidarlo. 8 Procedimiento de moldeo de las materias plásticas que consiste en la fusión previa del material, y su inyección posterior en un molde.
inyectable *adj.* [medicamento] Que se aplica en inyección: *solución ~.* -2 *m.* Ampolla (tubito).
inyectadora *f. Perú* y *P. Rico.* Inyector.
inyectar (l. *iniectare*) *tr.* Introducir [un líquido] en un cuerpo con un instrumento.
inyector, -ra *adj.* Que inyecta: *bomba inyectora.* -2 *m.* Aparato para introducir el agua en las calderas de vapor, aspirándola directamente del depósito. 3 Aparato que divide el combustible en gotas pequeñísimas y que lo distribuye en la carga de aire contenida en el conducto de admisión o en la cámara de combustión. 4 Aparato para poner inyecciones.
iñiguista *adj.-s.* p. us. Jesuita.
-iño, -iña, sufijo, variante de *-ino,* propio del portugués y el gallego, que entra en la formación de substantivos de aquella procedencia con significación diminutiva: *corpiño, cariño, morriña;* combínase con *-urro* y con *-al: fanfurriño, socaliña* por *sacaliña* de *sacer.*
-ío, -ía, sufijo que entra en la formación de adjetivos derivados de otros adjetivos o nombres y de substantivos derivados de nombres o verbos. En los adjetivos tiene significación intensiva: *bravío,* o denota relación o pertenencia; *cabrío.* En los substantivos denota gralte. grupo o colección; *gentío, caserío.*
Io *n. pr.* MIT. Joven amada por Zeus. Juno, por celos, la convirtió en ternera y la sometió a la vigilancia de Argos. Io anduvo errante largo tiempo, y fue restablecida a su forma originaria.
iodo *m.* Yodo.
iolita *f.* Cordierita.
ion (gr. *ion,* que va) *m.* En la electrólisis, substancia que aparece, cada una en un polo, como resultado de la descomposición del electrólito; la que aparece en el cátodo es electropositiva y se llama *catión,* y la que aparece en el ánodo es electronegativa y se llama *anión.* ◇ Pl.: *iones.*
REL. Derivados: adj., **iónico, -ca;** vb., **ionizar;** subst., **ionización.**
-iondo, sufijo que entra en la formación de poquísimos adjetivos: *toriondo, verriondo.*
iónico, -ca *adj.* QUÍM. Perteneciente o relativo a los iones.
ionización *f.* QUÍM. Acción de ionizar. 2 QUÍM. Efecto de ionizar. 3 *~ atmosférica,* estado de ciertas regiones de la atmósfera transformadas en conductores de la electricidad, debido a la presencia de gran cantidad de iones.
ionizar *tr.-prnl.* Cargar de iones. ◇ ** CONJUG. [4] como *realizar.*
ionona *f.* Substancia química de olor de violeta empleada en perfumería.
ionosfera (de *ion* + gr. *sfaira,* esfera) *f.* Capa elevada de la atmósfera situada entre los 80 y los 400 kms. de altura, y en la cual se reflejan las ondas hertzianas.
iontoforesis (gr. *ion, -ontós,* ion + *foresis*) *f.* MED. Introducción en el organismo de medicamentos en forma de solución, a través de la piel, por medio de la corriente galvánica. ◇ Pl.: *iontoforesis.*
iota (gr.) *f.* Novena letra del **alfabeto griego, equivalente a nuestra *i.*
iotacismo (de la letra gr. *iota*) *m.* Uso excesivo de la letra *i* en un idioma. Apl. esp. a la conversión de la *e* del gr. clásico en *i* del gr. moderno.
iotización *f.* LING. Conversión de una *e* inacentuada en *i* semiconsonante o semivocal, al agruparse en una misma sílaba con otra vocal de la que antes estaba separada por hiato.

ipecacuana (voz americana, del tupí *ipecacuanha,* a través del fr. o del l. científico) *f.* Planta rubiácea de la América meridional, cuya raíz es muy usada en medicina *(Cephaellis ipecacuanha).* 2 Raíz de esta planta.
SIN. *1* **Bejuquillo.**
iperita (de *Iprès,* por haberse usado por primera vez contra las fortificaciones de esta ciudad en la guerra de 1914-1918) *f.* Líquido oleaginoso utilizado como gas vesicante en la guerra química.
ipil *m.* BOT. Árbol leguminoso de Filipinas, con hojas opuestas y aladas; hojuelas aovaladas y lampiñas, flores en panoja, cáliz tubular y legumbre coriácea. Su madera es muy apreciada por su dureza e incorruptibilidad *(Eperna decandra).*
ípsilon (gr.) Vigésima letra del **alfabeto griego, equivalente a la *u* del francés. ◇También *ypsilon.*
ipsófono (l. *ipse,* el mismo + *-fono*) *m.* Dispositivo de algunos aparatos telefónicos, que recoge la comunicación en ausencia del abonado.
iqueño, -ña *adj.-s.* De Ica, c. y dep. del Perú.
iquiqueño, -ña *adj.-s.* De Iquique, cap. de la prov. de Tarapacá (Chile). -2 *adj.* Relativo a esta ciudad.
iquiteño, -ña *adj.-s.* De Iquitos, cap. del dep. de Loreto (Perú).
ir (l. *ire*) *intr. pseudorreflexivo* Moverse de un lugar hacia otro: ~, o *irse a,* o *hacia, Cádiz; ~ hasta Roma; ~ sobre Túnez;* úsase sobrentendiendo el lugar de destino: *voy (o me voy) con mi padre; voy en coche; voy por ferrocarril; voy bajo custodia.* -2 *intr.* p. ext. Úsase para denotar dónde se dirige un camino, un río, etc.: *este camino va a la aldea; va a parar,* o *a dar, en la mar.* 3 Con la prep. *por* y conservando el sentido de dirección o movimiento, seguir: *~ por la iglesia; ~ por lana;* declinarse o conjugarse un nombre o un verbo según ciertos modelos: *va por la 2ª conjugación.* 4 En varios juegos de naipes, entrar. 5 Caminar de acá para allá: *~ de un lado a otro.* 6 Extenderse una cosa de un punto a otro: *la costa va de Cádiz a Almería.* 7 p. anal. Diferenciarse una persona o cosa de otra: *¡lo que va del padre al hijo!* 8 Obrar, proceder: *el coche va, o anda, lentamente;* ***va con tiento, con miedo,*** obrar sintiendo estos afectos; ***va contra la corriente,*** obrar o sentir de manera opuesta a alguna cosa. 9 Añade al sentido dinámico el de intención: *va para usted; va de veras;* el de importar, interesar: *va la vida en eso;* el de transcurrir: *va de paso; va de mal en peor.* 10 Por el sentido de intención, acomodarse, conformarse una cosa con otra: *a Juan le va, o le viene, bien este vestido; tal cosa fue, o vino, de perilla.* -11 *v. auxiliar* Acompañando a los gerundios, intensifica la significación durativa: *vamos caminando; iba anocheciendo.* 12 Con los participios añade a la forma pasiva el sentido de pasar o durar: *~ vendido; ~ atenido;* cuando el participio es del verbo *apostar*, éste se calla y adquiere *ir* el sentido activo de *apostar: van cinco duros a que yo llego antes.* 13 Con la prep. *a* y un verbo en infinitivo expresa acción que comienza o que se ha de realizar inmediatamente: *voy a salir; iba a replicar.* -14 *prnl.* Deslizarse, perder el equilibrio: *irse los pies; irse la pared.* 15 Salirse un líquido insensiblemente del recipiente que lo contiene: *se va el agua del barreño;* se aplica también al recipiente: *el barreño, la cuba se va.* 16 Estarse muriendo o morir: *temo que esta noche se nos vaya el enfermo.* 17 Gastarse, consumirse una cosa; esp., desgarrarse o envejecer una tela. 18 Ventosear o hacer uno sus necesidades sin sentir o involuntariamente. 19 Con la prep. *de* y tratándose de las cartas de la baraja, descartarse de una o varias: *se fue de los ases.* 20 **~ del ala,** huir apeonando un ave fuera del alcance del cazador. ◇ HOMÓF.: *¡bah!* (interj.), *be* (f.), *ve* (f. y v. *ver*), *base* (f.), *baya* (f.). ◇ INCOR.: el empleo del imper. *ves* (tú) por *ve* (tú); y la forma *iros* (vosotros) por *idos* (vosotros). ◇ ** CONJUG. [74].
-ir (l. *-ire)* Sufijo procedente de la terminación infinitiva de los verbos de la 3ª conjugación que entra en la formación de nuevos verbos derivados de substantivos: *colorir, despavorir.*
ir-, v. in-.
Ir, símbolo químico del *Iridio.*
ira (l.) *f.* Pasión violenta que mueve a indignación y enojo. 2 Deseo de venganza, según orden de justicia. 3 Deseo de injusta venganza. 4 fig. Furia de los elementos. -5 *f. pl.* Repetición de actos de saña o venganza.
SIN. *1* Serie intensiva: **molestia, enfado, indignación, enojo, irritación, coraje;** ira exaltada: **cólera, rabia, furia, furor; ira** es más bien un concepto abstracto de la pasión que se manifiesta en todos sus sinónimos.
iraca *f. Amér.* Palma para tejer sombreros. 2 *Colomb.* fig. Sombrero.
iracundia (l.) *f.* Propensión a la ira. 2 Cólera o enojo.
iracundo, -da (l. *-du*) *adj.-s.* Propenso a la ira. -2 *adj.* fig. y poét. [elemento] Alterado.
iradé *m.* Decreto de un sultán.
iranés, -nesa *adj.-s.* Natural o habitante del Irán. -2 *adj.* Relativo a esta región del sudoeste de Asia o a sus pobladores. -3 *m. pl.* Nombre de los pueblos que hablaban una lengua indoeuropea y habitaban en la meseta del Irán, Afganistán y Beluchistán.
SIN. *1* **Iranio.**
iraní *adj.-s.* De Irán, nación del sudoeste de Asia.
SIN. **Persa.**
iranio, -nia *adj.-s.* Iranés. -2 *adj.-m.* Conjunto de lenguas indoiranias habladas principalmente en Irán y Afganistán, que se divide por su desarrollo histórico en tres grupos: antiguo, medio y moderno.
iraqués, -quesa, iraquí *adj.-s.* De Irak, nación del sudoeste de Asia. -2 *adj.-m.* Dialecto del árabe moderno, hablado en esta nación.
irascibilidad *f.* Calidad de irascible.
irascible (l. *-ibile*) *adj.* Propenso a irritarse.
irbis *m.* Mamífero carnívoro fisípedo del Tíbet, que mide hasta 1,5 m. de longitud y tiene el pelaje claro; posee hábitos nocturnos *(Panthera uncia).*
irenarca (gr. *eirenarches* < *eirene,* paz + *-arca*) *m.* En la antigua Roma, magistrado que cuidaba del orden público.
iribú (guaraní) *m.* Zopilote.
iridáceo, -a (v. *iride*) *adj.-f.* Planta de la familia de las iridáceas. -2 *f. pl.* Familia de plantas monocotiledóneas, herbáceas, de raíces generalmente tuberculosas o bulbosas, hojas enteras, flores de ovario ínfero y fruto en cápsula trilocular; como el azafrán.
íride (l.) *m.* Lirio hediondo.
iridectomía (*iris* + gr. *ectomé,* incisión) *f.* CIR. Incisión de una parte del iris.
irídeo, -a *adj.* Iridáceo.
iridiado, -da *adj.* Mezclado con iridio.
iridio *m.* Metal blanco, quebradizo, muy difícilmente fusible y casi tan pesado como el oro. Su símbolo es *Ir* y su peso atómico 193,1.
iridiscente (v. *iridio-*) *adj.* Que muestra o refleja los colores del iris. 2 Que brilla o destella.
irido-, irid-, elemento prefijal que entra en la formación de palabras con el sentido de iris.
iridodiagnosis *f.* MED. Diagnóstico de las enfermedades del organismo mediante el estudio de los signos que presenta el iris. ◇ Pl.: *iridodiagnosis.*
irire *m. Bol.* Vasija para tomar chicha.
irirear *intr. Bol.* Tomar chicha en irire.
iris (l. y gr.) *m.* Diafragma musculoso, opaco y contráctil, situado ante el cristalino del ojo y en cuyo centro está la pupila. 2 Ópalo noble. 3 Rizoma de ciertos lirios, usado en perfumería. 4 Mosca artificial, cebo para pescar. 5 METEOR. V. arco iris.
irisación *f.* Acción de irisar. 2 Efecto de irisar. -3 *f. pl.* Vislumbre producido en las láminas metálicas delgadas, cuando, candentes, se pasan por el agua.
irisado, -da *adj.* Que brilla o destella como los colores del iris.
irisar *intr.* Presentar un cuerpo fajas variadas o reflejos de luz. -2 *tr.* Comunicar [a algo] los colores del arco iris.
iritis *f.* Inflamación del iris (del ojo). ◇ Pl.: *iritis.*
irlanda (de *Irlanda*) *f.* Cierto tejido de lana y algodón. 2 Cierta tela fina de lino.
irlandés, -desa *adj.-s.* De Irlanda y de la República de Irlanda, isla y nación del oeste de Europa, respectivamente. -2 *adj.-m.* Lengua perteneciente al grupo celta insular, procedente del gaélico, idioma oficial de la República de Irlanda, nación insular del oeste de Europa. 3 Café con güisqui y crema de leche o nata.
SIN. *1* y *2* **Hibernés, hibérnico,** esp. tratándose de la ant. Irlanda.
ironía (l. < gr. *eironeia*) *f.* Burla fina y disimulada. 2 RET. Figura que consiste en dar a entender lo contrario de lo que se dice. 3 fig. Contraste fortuito que parece una burla.
SIN. *1* v. **Burla.**
irónicamente *adv. m.* Con ironía.
irónico, -ca *adj.* Que denota o implica ironía, o relativo a ella.
ironista *com.* Persona que habla o escribe con ironía.
ironizar *tr.* Hablar con ironía, ridiculizar. ◇ ** CONJUG. [4] como *realizar.*
iroqués, -quesa *adj.-s.* De una raza indígena de la América septentrional. -2 *m.* Lengua iroquesa.

irracionabilidad *f.* p. us. Irracionalidad.
irracional (l. *irrationale*) *adj.* Que carece de razón: *animales irracionales.* 2 Opuesto a la razón o que va fuera de ella. 3 MAT. [cantidad radical] Que no puede expresarse exactamente con números enteros ni fraccionarios.
irracionalidad *f.* Calidad de irracional.
irracionalismo *m.* Tendencia filosófica o artística que da preferencia a lo irracional sobre lo racional.
irracionalista *adj.* Relativo al irracionalismo. -2 *adj.-com.* Partidario del irracionalismo.
irracionalmente *adv. m.* Con irracionalidad; de modo irracional.
irradiación *f.* Acción de irradiar. 2 Efecto de irradiar. 3 ÓPT. Fenómeno en virtud del cual el ojo aprecia un diámetro aparente de los objetos iluminados, mayor que el real. 4 PAT. Propagación de una sensación dolorosa desde el punto en que se origina a regiones más o menos distantes del cuerpo.
irradiador, -ra *adj.* Que irradia.
irradiar (l. *-are*) *tr.* Despedir un cuerpo radiaciones luminosas, térmicas, magnéticas, etc. 2 Someter [un cuerpo] a la acción de ciertos rayos. 3 fig. Propagar una acción, efecto, influencia, etc. 4 *Amér.* fig. Expulsar [a alguien] de una corporación, sociedad, etc.: ~ *a un alumno de la universidad.* ◇ ** CONJUG. [12] como ***cambiar.***
SIN. *1* **Radiar,** esp. en su uso intr.
irrazonable *adj.* No razonable.
irreal *adj.* No real; falto de realidad.
irrealidad *f.* Calidad o condición de lo que no es real.
irrealizable (*i-* + *realizable*) *adj.* Que no se puede realizar.
irrebatible *adj.* Que no se puede rebatir.
irreconciliable (l. *-abile*) *adj.* [pers.] Que no quiere reconciliarse con otro. 2 Incompatible.
irreconocible *adj.* Que no se puede reconocer.
irrecordable (l. *-abile*) *adj.* Que no puede recordarse.
irrecuperable (l. *-abile*) *adj.* Que no se puede recuperar.
irrecusable (l. *-abile*) *adj.* Que no se puede recusar.
irredentismo *m.* Partido político italiano formado hacia 1878, que se proponía incorporar a Italia varias regiones de población italiana sometidas al dominio extranjero. 2 Doctrina de este partido. 3 p. ext. Movimiento análogo en otros países.
irredentista *adj.-com.* Partidario del irredentismo o relativo a él.
irredento, -ta *adj.* [territorio] Que una nación reclama como suyo por razones históricas o étnicas.
irredimible *adj.* Que no se puede redimir.
irreducible (*i-* + *reducible*) *adj.* Que no se puede reducir. 2 fig. Que no transige. 3 MAT. [fracción] Cuyo numerador y denominador son números primos entre sí.
irreductible (fr.) *adj.* Irreducible.
irreemplazable, irremplazable *adj.* No reemplazable.
SIN. **Insustituible.**
irreflexión *f.* Falta de reflexión.
irreflexivamente *adv. m.* Con irreflexión; de modo irreflexivo.
irreflexivo, -va (*i-* + *reflexivo*) *adj.* Que no reflexiona. 2 Dicho o hecho sin reflexionar.
SIN. *2* **Indeliberado.**
irreformable (l. *-abile*) *adj.* Que no se puede reformar.
irrefragable (l. *-abile*) *adj.* Que no se puede contrarrestar.
irrefragablemente *adv. m.* De un modo irrefragable.
irrefrenable *adj.* Que no se puede refrenar.
irrefutable (l. *-abile*) *adj.* Que no se puede refutar.
irreglamentable *adj.* Que no se puede reglamentar.
irregular *adj.* Que va fuera de regla; contrario a ella. 2 Que no sucede ordinariamente. 3 Que ha incurrido en una irregularidad canónica, o la tiene. 4 Que no es constante, puntual. 5 [polígono, poliedro] Que no es regular. 6 GRAM. [palabra] Cuya flexión o formación no se ajusta a la regla general: *verbo* ~, v. verbo; *participio* ~, v. participio.
SIN. *1, 2* y *6* **Anómalo.**
irregularidad *f.* Calidad de irregular. 2 Impedimento canónico para recibir o ejercer las órdenes por razón de ciertos defectos naturales o por delitos. 3 eufem. Inmoralidad en la gestión o administración pública, o en la privada.
SIN. *1* **Anomalía.**
irregularmente *adv. m.* Con irregularidad.
irreivindicable *adj.* No reivindicable.
irrelevancia *f.* Calidad o condición de irrelevante.
irrelevante (*i-* + *relevante*) *adj.* Que carece de importancia o significación.
irreligión *f.* Falta de religión.
irreligiosamente *adv. m.* Sin religión.
irreligiosidad *f.* Calidad de irreligioso.
irreligioso, -sa (l. *-su*) *adj.-s.* Falto de religión. -2 *adj.* Que se opone al espíritu de la religión.
SIN. **Impío.**
irremediable (l. *-abile*) *adj.* Que no se puede remediar. ◇ No se debe confundir con *irremisible.*
irremediablemente *adv. m.* Sin remedio.
irremisible (l. *irremissibile*) *adj.* Que no se puede remitir o perdonar. ◇ No se debe confundir con *irremediable.*
irremisiblemente *adv. m.* Sin remisión.
irremunerado, -da (l. *-atu*) *adj.* No remunerado.
irrenunciable *adj.* Que no se puede renunciar.
irreparable (l. *-abile*) *adj.* Que no se puede reparar.
irreparablemente *adv. m.* De modo irreparable.
irrepetible *adj.* Que no puede o no debe ser repetido.
irreprehensible *adj.* desus. Irreprensible.
irreprensible (l. *irreprehensibile*) *adj.* Que no merece reprensión.
irreprensiblemente *adv. m.* Sin motivo de reprensión.
irrepresentable *adj.* Que no se puede representar como espectáculo público: *comedia* ~. 2 Que no se puede representar en la imaginación; inimaginable, infigurable.
irreprimible *adj.* Que no se puede reprimir.
irreprochabilidad *f.* Calidad de irreprochable.
irreprochable (*i-* + *reprochable*) *adj.* Que no puede ser reprochado.
irrequieto, -ta (l. *-u*) *adj.* desus. Inquieto, incesante.
irrescindible *adj.* Que no puede rescindirse.
irresistible (l. *-ibile*) *adj.* Que no se puede resistir. -2 *adj.-com.* fig. [pers.] De mucho atractivo o simpatía.
irresistiblemente *adv. m.* Sin poderse resistir.
irresoluble (l. *-ibile*) *adj.* Que no se puede resolver o determinar.
REL. v. **Indisoluble.**
irresolución *f.* Falta de resolución.
irresoluto, -ta (l. *-tu*) *adj.-s.* Que carece de resolución. -2 *adj.* Que no ha sido resuelto.
SIN. *1* **Indeciso, perplejo.** *2* **Irresuelto.**
irrespetar *tr. Colomb.* No respetar, desacatar.
irrespeto *m. Colomb.* Falta de respeto, desacato.
irrespetuoso, -sa *adj.* No respetuoso.
irrespirable (l. *-abile*) *adj.* Que no puede respirarse. 2 Que difícilmente puede respirarse. 3 fig. [ambiente social] Que hace que uno se sienta molesto o disgustado.
irresponsabilidad *f.* Calidad de irresponsable. 2 Impunidad que resulta de no residenciar a los que son responsables.
irresponsable (*i-* + *responsable*) *adj.* [pers.] A quien no se puede exigir responsabilidad. -2 *adj.-com.* [pers.] Que adopta decisiones importantes sin la debida meditación. -3 *adj.* [acto] Resultante de una falta de previsión o meditación.
irrestañable *adj.* Que no se puede restañar.
irresuelto, -ta *adj.* Irresoluto.
irretractable (l. *-abile*) *adj.* p. us. No retractable.
irretroactividad (*i-* + *retroactividad*) *f.* Principio jurídico que rechaza el efecto retroactivo de las leyes, salvo declaración expresa de éstas, en lo penal, favorable al reo.
irrevelable *adj.* Que no puede revelarse.
irreverencia *f.* Falta de reverencia. 2 Dicho o hecho irreverente.
irreverenciar *tr.* Tratar con irreverencia, profanar: ~ *una imagen.* ◇ ** CONJUG. [12] como ***cambiar.***
irreverente *adj.-com.* Contrario a la reverencia (respeto).
irreverentemente *adv. m.* Sin reverencia.
irreversibilidad *f.* Calidad de irreversible.
irreversible *adj.* Que no es reversible.
irrevertible *adj. Amér.* Irreversible.
irrevocabilidad *f.* Calidad de irrevocable.
irrevocable (l. *-abile*) *adj.* Que no se puede revocar.
irrevocablemente *adv. m.* De un modo irrevocable.
irrigable *adj.* Que se puede irrigar.
irrigación (l. *-atione*) *f.* Acción de irrigar. 2 Efecto de irrigar. 3 Ayuda (medicamento). 4 FISIOL. Aporte de la sangre procedente del sistema vascular a los tejidos del organismo.
irrigador *m.* Instrumento para irrigar.

irrigar (l. *-are*) *tr.* MED. Rociar con un líquido [una parte del cuerpo]. 2 Llevar agua a las tierras mediante canales, acequias, etc. 3 Regar. 4 FISIOL. Aportar sangre [a los tejidos] mediante los vasos sanguíneos. ◇ ** CONJUG. [7] como *llegar.*
irrisible (l. *-ibile*) *adj.* Digno de risa y desprecio.
irrisión (l. *-ione*) *f.* Burla con que se provoca a risa. 2 Persona o cosa que la motiva.
irrisoriamente *adv. m.* Por irrisión.
irrisorio, -ria (l. *-iu*) *adj.* Que mueve o provoca a risa y burla. 2 Insignificante, de poca estimación: *un precio* ~.
SIN. **Ridículo.**
irritabilidad *f.* Propensión a irritarse. 2 BIOL. Propiedad que posee una célula u otro ser de reaccionar ante los estímulos externos.
I) irritable (l. *-abile*) *adj.* Capaz de irritarse (enojar): *fibra, genio* ~.
II) irritable *adj.* Que se puede irritar (anular). 2 Que reacciona.
I) irritación (l. *-atio*) *f.* Acción de irritar o irritarse (enojar). 2 Efecto de irritar o irritarse (enojar).
SIN. v. **Ira.**
II) irritación *f.* Acción de irritar (anular). 2 Efecto de irritar (anular).
irritador, -ra *adj.-s.* Que irrita I.
irritamente *adv. m.* Inválidamente.
irritamiento *m.* Irritación I.
irritante *adj.* Que causa irritación.
I) irritar (factitivo, l. *-are*) *tr.-prnl.* Hacer sentir ira: ~ *a sus servidores; irritarse con,* o *contra, todos.* 2 Excitar vivamente [los afectos o inclinaciones]: ~ *los celos, el odio,* etc.; Causar o producirse excitación morbosa en una parte del cuerpo.
SIN. *1* v. **Enojar.**
II) irritar (b. l. *-are* < l. *irritus,* vano) *tr.* DER. Anular, invalidar.
irritativo, -va *adj.* Que produce irritación.
írrito, -ta (l. *-tu*) *adj.* Nulo, sin fuerza ni obligación.
irrogación *f.* Acción de irrogar. 2 Efecto de irrogar.
irrogar (l. *-are*) *tr.* Causar [un perjuicio o daño]. ◇ ** CONJUG. [7] como *llegar.*
irrompible *adj.* Que no se puede romper.
irruir (l. *irruere*) *tr.* Acometer con ímpetu, invadir [un lugar]. ◇ ** CONJUG. [62] como *huir.*
irrumpir (l. *-ere*) *intr.* Entrar violentamente en un lugar. 2 Invadir súbitamente.
irrupción (l. *-ptione*) *f.* Acometimiento impetuoso e impensado. 2 Invasión.
irruptor, -ra *adj.* Que irrumpe.
irubú (guaraní) *m. Argent.* Aura, ave de rapiña.
irunés, -nesa *adj.-s.* De Irún, c. de Guipúzcoa.
irupé *m. Amér. Merid.* Planta ninfeácea gigantesca, célebre por sus hermosas flores blancas con el centro rojo de hasta 40 cms. de diámetro, cuyas hojas forman discos de hasta dos metros de diámetro *(Victoria regia).*
¡is! *C. Rica.* Interjección con que se denota desprecio, asco.
-isa (l. *-issa*) Sufijo que entra en la formación de nombres femeninos que indican oficio o dignidad: *sacerdotisa.* Corresponde al vulgar *-esa.*
isa *f.* Baile popular de las Islas Canarias en compás de tres por cuatro. 2 Música y canto de este baile.
Isaac *n.pr.* BIBL. Patriarca hebreo, hijo de Abraham y padre de Jacob y Esaú.
I) isabelino, -na *adj.* Perteneciente o relativo a cualquiera de las reinas que llevaron el nombre de Isabel en España o Inglaterra. 2 [moneda] Que lleva el busto de Isabel II (1830-1904). -3 *adj.-s.* Partidario de esta reina. Díjose esp. de los soldados que defendieron su causa contra los carlistas. -4 *adj.* [estilo artístico] Que se desarrolló en Inglaterra durante el reinado de Isabel I (1533-1603). 5 [estilo] Que imperaba en España durante el reinado de Isabel II, cuyas características más definidas deben buscarse en los muebles, en los cuales, a determinadas formas napoleónicas, se sobrepone el jugueteo de superficies curvadas. 6 [caballo] De color de perla o entre blanco y amarillo.
II) isabelino, -na *adj.-s.* De Isabela, prov. de Filipinas.
isabelita *f.* Pez del mar de las Antillas *(Holacanthus ciliaris, tricolor).*
isagoge (gr. *eisagogé* < *eisago,* introducir) *f.* Exordio.
isagógico, -ca *adj.* Relativo a la isagoge.
Isaías *n. pr.* BIBL. Profeta del Ant. Testamento y libro que contiene sus profecías. Se abrevia *Is.*
isangas *f. pl. Perú.* Especie de nasas para pescar camarones. 2 *Argent.* Espuertas.
isatide *f.* Planta crucífera, robusta y erecta, bienal o perenne, de flores pequeñas de color amarillo *(Isatis tinctoria).*
isatis *m.* Zorro ártico, mamífero carnívoro de talla más pequeña que el verdadero zorro; en invierno su pelaje cambia de color pasando del pardo de verano al blanco como la nieve *(Alopex lagopus).* ◇ Pl.: *isatis.*
isba (ruso *izbá,* casa rural; a través del fr. *isba*) *f.* Casa rústica de madera de abeto que construyen algunos pueblos del norte de Europa y de Asia.
isc-, v. isco-.
iscal (der. de l. *esca* + *-al*) *m. And.* Vencejo.
-iscar, sufijo que entra en la formación de verbos relacionado con *-isco: corniscar.*
Iscariote *n.pr.* Sobrenombre de Judas, el que vendió a Cristo.
iscatón *m. Méj.* Algodón, pelusa que tienen algunos vegetales.
iscle *m. Méj.* Estopa del maguey sin limpiar. 2 Miedo, entre léperos.
-isco, -isca, v. -sco, -sca.
isco-, isc-, isqui- (gr. *ischo,* detener) Elemento prefijal que entra en la formación de palabras denotando supresión o deficiencia: *iscogalactia, isquidrosis.*
iscocolia (*isco-* + gr. *cholé,* bilis) *f.* MED. Supresión o retención de la bilis.
iscogalactia (*isco-* + gr. *gála, gálaktos,* leche) *f.* MED. Falta de secreción láctea.
iscuria (*isc-* + *-uria*) *f.* MED. Supresión o retención de la orina.
Iseo *n. pr.* V. Tristán.
isíaco, -ca, isiaco, -ca *adj.* Relativo a Isis o a su culto: *capitel* ~.
isidoriano, -na *adj.* Relativo a San Isidoro (¿560?-636). -2 *adj.-m.* Monje jerónimo que, entre otras casas, tuvo la de San Isidoro del Campo, en Sevilla.
isidro, -dra *m. f.* En Madrid, aldeano forastero e incauto.
isiga *f. Bol.* Árbol que produce una resina amarillenta y aromática *(gén. Myrocarpus).*
isipó *m. Argent.* y *Bol.* Icipó.
isípula *f.* desus. Erisipela.
Isis *n.pr.* Diosa egipcia de la maternidad y la fertilidad.
isla (l. *insula*) *f.* Porción de tierra rodeada enteramente de agua. 2 p. ext. En aeropuertos, estaciones, vías públicas, etc., recinto o zona claramente delimitada del espacio circundante. 3 Manzana (bloque). 4 fig. Conjunto de árboles aislados que no esté junto a un río. 5 *Chile.* Terreno próximo a un río, y que haya sido bañado por las aguas de éste.
SIN. *1* **Insula,** lit.
islam (ár. *içlam,* salvación) *m.* Islamismo. 2 Conjunto de los pueblos que tienen esta religión. ◇ No se usa en plural.
islámico, -ca *adj.* Relativo al Islam.
islamismo *m.* Conjunto de dogmas y preceptos que constituyen la religión de Mahoma (h. 570-632).
SIN. **Mahometismo, islam.**
islamita *adj.-com.* [pers.] Que profesa el islamismo.
SIN. **Mahometano.**
islamización *f.* Acción de islamizar. 2 Efecto de islamizar.
islamizar *intr.-prnl.* Adoptar la religión, prácticas, usos y costumbres islámicos. ◇ ** CONJUG. [4] como *realizar.*
islán *m.* Velo guarnecido de encajes, con que antig. se cubrían la cabeza las mujeres.
islandés, -desa *adj.-s.* De Islandia, nación insular del norte de Europa. -2 *adj.-m.* Lengua perteneciente al grupo germánico nórdico, idioma oficial de esta nación europea.
islándico, -ca *adj.* Islandés.
islario *m.* Descripción de las islas de un mar, continente o nación. 2 Mapa en que están representadas.
isleño, -ña *adj.-s.* De una isla. 2 De las Islas Canarias. 3 De Islas de la Bahía, dep. de Honduras. 4 De San Andrés y Providencia, intendencias de Colombia. 5 *S. Dom.* Habitante del barrio de San Carlos, en la capital.
SIN. *1* **Insular, insulano.**
isleo (del fr. ant. *isleau,* isla pequeña; con el sufijo *-ellus*) *m.* Isla pequeña junto a otra mayor. 2 Porción de terreno circuida por todas partes de otros de distinta clase.
isleta *f.* Dim. de *isla.*
islilla (ant. *aslilla* < *axilla*) *f.* p. us. Sobaco (axila). 2 Clavícula.
islote *m.* Isla pequeña y despoblada. 2 Peñasco muy grande, rodeado de mar.

Ismael *n. pr.* BIBL. Hijo de Abraham y Agar, que fue llevado con su madre al desierto.
ismaelita *adj.-com.* Descendiente de Ismael. Díc. de los árabes. 2 [pers.] Agareno o sarraceno.
-ismo (l. *-ismu*) Sufijo que entra en la formación de palabras con el sentido de doctrina, sistema o partido: *animismo, platonismo, conservadurismo.* En la terminología científica forma muchos subst. abstractos: *isomorfismo, tropismo, sincronismo.* Algunos derivados son de origen grecolatino: *cristianismo.*
ismo *m.* Tendencia de orientación innovadora, principalmente en las artes, que se opone a lo ya existente.
iso- (gr. *isos,* igual) Elemento prefijal que entra en la formación de palabras con el significado de igual.
CONTR. **Aniso-.**
isobárico, -ca *adj.* [lugar] Que tiene igual presión atmosférica a otro u otros. 2 FÍS. [fenómeno] Que se efectúan a presión constante. -3 *adj.-f.* Isobara.
isobaro, -ra, isóbaro, -ra (*iso-* + gr. *baros,* pesadez) *adj.* Isobárico. 2 QUÍM. [elemento] Que tiene igual masa atómica que otro, pero distinto número atómico. -3 *f.* Línea imaginaria que pasa por todos los puntos de la superficie terrestre que tienen la misma altura barométrica media; y también la que pasa por los puntos que tienen la misma altura barométrica en un momento dado.
isobático, -ca *adj.* [lugar] De igual profundidad a otro u otros. -2 *f.* Isobata.
isobato, -ta (*iso-* + gr. *bathis,* profundo) *adj.* Isobático. -2 *f.* Línea imaginaria que une en un mapa batimétrico o carta hidrográfica los puntos de igual profundidad.
isoca *f. Argent.* y *Parag.* Larva de mariposa que invade y devora los cultivos.
isocalórico, -ca *adj.* [alimento] Que a igual peso que otro produce la misma cantidad de calorías. 2 [reacción química] En que se mantiene la temperatura constante.
isóclino, -na (*iso-* + gr. *klino,* inclinar) *adj.* Que tiene la misma inclinación magnética. -2 *f.* Línea imaginaria que pasa por los puntos de la superficie terrestre que tienen la misma inclinación magnética.
isocoro, -ra *adj.* De volumen constante. -2 *f.* FÍS. Curva que relaciona las magnitudes medidas a volumen constante.
isocoste (*iso-* + *coste*) *adj.* ***Línea*** ~, la recta que representa las combinaciones de factores productivos, que, dados sus precios, adquieren un determinado coste.
isocromático, -ca (*iso-* + *cromático*) *adj.* Que tiene el mismo color. 2 Que tiene un tinte o matiz uniforme.
isocronismo *m.* Igualdad de duración en los movimientos de un cuerpo: *el ~ del péndulo.*
isócrono, -na (*iso-* + *crono*) *adj.* Que se efectúa en tiempos iguales.
isodáctilo, -la (*iso-* + *dáctilo*) *adj.* Que tiene los dedos iguales.
isodinámico, -ca (*iso-* + *dinámico*) *adj.* Que tiene la misma fuerza o intensidad. 2 [alimento] De igual poder energético a otro, y que, por tanto, puede teóricamente substituirse en la dieta. -3 *f.* Línea imaginaria que une todos los puntos de la superficie terrestre en que la componente horizontal del campo magnético es la misma.
isodonte (*iso-* + *-donte*) *adj.* Con todas las piezas dentarias iguales.
isoédrico, -ca (*iso-* + *-edro*) *adj.* CRIST. Que tiene todas las caras iguales.
isoeléctrico, -ca (*iso-* + *eléctrico*) *adj.* [cuerpo] Neutro eléctricamente, que posee el mismo número de cargas positivas que negativas. 2 De igual potencial eléctrico.
isoentálpico, -ca (*iso-* + *entalpía*) *adj.* [transformación termodinámica] En que la entalpía permanece constante.
isoentrópico, -ca (*iso-* + *entropía*) *adj.* [transformación termodinámica] En que la entropía permanece constante.
isoetáceo, -a *adj.-f.* Planta de la familia de las isoetáceas. -2 *f. pl.* Familia de plantas pteridofitas de tallo grueso, con abundantes frondes y esporangios generalmente cubiertos por indusio.
isoetal *adj.-f.* Planta del orden de las isoetales. -2 *f. pl.* Orden de plantas acuáticas que viven total o parcialmente sumergidas, y producen dos tipos de esporas, macroscópicas y microscópicas.
isófago *m.* desus. Esófago.
isofilo, -la (*iso-* + *-filo* III) *adj.* [planta] Que presenta todas las hojas del vástago iguales.
isofonía *f.* Igualdad de sonoridad.
isofónico, -ca *adj.* [sonido] Que tiene igual sonoridad que otro.
isófono, -na (*iso-* + *-fono*) *adj.* Del mismo sonido.
isofoto, -ta (*iso-* + gr. *phos, photos,* luz) *adj.* De igual intensidad luminosa. -2 *f.* Línea imaginaria que une entre sí puntos de la misma intensidad luminosa.
isogameto (*iso-* + *gameto*) *m.* Gameto que, junto a otro, interviene en la isogamia.
isogamia (*iso-* + *-gamia*) *f.* Reproducción sexual en que los dos gametos son iguales.
CONTR. **Heterogamia.**
isoglosa (*iso-* + gr. *glossa,* lenguaje) *adj.-f.* Línea imaginaria que en un atlas lingüístico pasa por todos los puntos en que se manifiesta un mismo fenómeno.
isógono, -na (*iso-* + *-gono*) *adj.* [cuerpo cristalizado] De ángulos iguales. -2 *f.* Línea imaginaria que pasa por los puntos de la superficie terrestre que tienen la misma declinación magnética.
isohieto, -ta (*iso-* + *-hieto*) *adj.* De igual pluviosidad. -2 *f.* Línea imaginaria que une los puntos con la misma pluviosidad media anual.
isohipso, -sa (*iso-* + *-hipso*) *adj.* De igual altura. -2 *f.* Línea imaginaria que une los puntos de una superficie situada a la misma altura, y que por tanto, tienen la misma presión atmosférica.
SIN. *2* **Curva de nivel.**
Isolda *n. pr.* V. Tristán.
isoleucina *f.* Aminoácido contenido en algunas proteínas y en la caseína.
isomería *f.* Calidad de isómero.
isomerismo *m.* QUÍM. Existencia de más de una substancia con una composición molecular dada y un peso molecular determinado. 2 QUÍM. ~ *óptico,* existencia de compuestos isómeros que se diferencian sólo por tener distinta actividad óptica
SIN. *2* **Enantiomerismo.**
isomerización *f.* Reordenación interna de los átomos de una molécula a fin de obtener un isómero.
isómero, -ra (*iso-* + *-mero*) *adj.* [compuesto] Que tiene la misma fórmula que otro u otros, pero que difiere en algunas propiedades, a causa de una diferencia en la estructura molecular.
isometría (*iso-* + *-metría*) *f.* Aplicación geométrica que conserva las distancias existentes entre rectas, longitudes y ángulos.
isométrico, -ca *adj.* De dimensiones iguales.
isomiaria (*iso-* + gr. *mys, myós,* músculo) *adj.* [concha de moluscos] Con dos impresiones musculares de tamaño aproximadamente igual.
isomorfismo *m.* Calidad de isomorfo.
SIN. **Homomorfismo.**
isomorfo, -fa (*iso-* + *-morfo*) *adj.* [cuerpo] De diferente composición química que otro u otros, pero con la misma estructura molecular e igual forma cristalina.
isonefo, -fa (*iso-* + *-nefo*) *adj.* De igual nubosidad. -2 *f.* Línea imaginaria que une los puntos con la misma nubosidad.
isoperimétrico, -ca *adj.* [figura geométrica] De igual perímetro a otra.
isoperímetro, -tra (*iso-* + *perímetro*) *adj.* [figura geométrica] Que siendo diferente a otra u otras tiene igual perímetro.
isópodo, -da (*iso-* + *-podo*) *adj.* De patas o pies iguales. -2 *adj.-m.* Crustáceo del orden de los isópodos. -3 *m. pl.* Orden de crustáceos malacostráceos, con los ojos sentados, sin caparazón, el cuerpo ancho y deprimido y la cabeza soldada al primer segmento torácico; como la cochinilla.
isopolimorfismo (*iso-* + *polimorfismo*) *m.* Fenómeno que se produce cuando dos substancias isomorfas entre sí sufren polimorfismo, que da lugar a dos nuevas substancias también isomorfas entre sí.
isóptero (*iso-* + *-ptero*) *adj.-m.* Insecto del orden de los isópteros. -2 *m. pl.* Orden de insectos pterigotas con la boca de tipo masticador, dos pares de alas membranosas iguales y metamorfosis sencilla; como el termes.
isoquímeno, -na (*iso-* + gr. *cheimon,* invierno) *adj.* De igual temperatura invernal. -2 *f.* Línea imaginaria que une todos los puntos de la superficie terrestre que tienen la misma temperatura media en invierno.
isósceles (gr. *isoskeles* < *iso-* + *skelo,* pierna) *adj.* GEOM. V. triángulo ~. ◇ Pl.: *isósceles.*
isosilábico, -ca (*iso-* + *sílaba*) *adj.* [forma, sistema de versificación] Que asigna un número fijo de sílabas a cada verso.
isosilabismo *m.* Calidad de isosilábico. 2 Sistema isosilábico de versificación.

isosísmico, -ca (*iso-* + *sísmico*) ***adj.*** De igual intensidad sísmica. -2 ***f.*** Línea imaginaria que une los puntos donde un seísmo ha tenido la misma intensidad.
isosista ***f.*** Línea isosísmica.
isospín (*iso-* +*spin*) ***m.*** y FÍS. Número cuántico que indica el estado de carga de una partícula elemental.
isostasia (*iso-* + *-stasia*) ***f.*** Teoría del estado de equilibrio de las masas en el interior de la corteza terrestre.
isotérmico, -ca ***adj.*** Que conserva temperatura constante.
isotermo, -ma (*iso-* + gr. *thermós,* caliente) ***adj.*** De igual temperatura. 2 [transformación termodinámica] En que la temperatura del sistema permanece constante. -3 ***m.*** Camión, vagón, tanque, etc., aislado térmicamente, pero sin instalación productora de frío. -4 ***f.*** Línea imaginaria que pasa por todos los puntos de la superficie terrestre que tienen la misma temperatura media anual.
isótero, -ra (v. *iso-* + gr. *theros,* verano) ***adj.*** De igual temperatura estival. -2 ***f.*** Línea imaginaria que pasa por todos los puntos de la superficie terrestre que tienen la misma temperatura media en verano.
isotónico, -ca ***adj.*** QUÍM. [solución] Que a la misma temperatura que otra u otras tiene igual presión osmótica.
isótono, -na (*iso-* +gr. *tonós,* tensión) ***adj.*** [núcleo] Que posee el mismo número de neutrones que otro.
isotopía ***f.*** QUÍM. Calidad de isótopo.
isotópico, -ca ***adj.*** QUÍM. Relativo al isótopo.
isótopo (*iso-* + gr. *topos,* lugar) ***m.*** QUÍM. Especie del mismo elemento que, teniendo el mismo número atómico que otra u otras, se diferencia por las masas de sus átomos: ~ ***radiactivo,*** el empleado en medicina para el diagnóstico y tratamiento de ciertas enfermedades.
isotrón ***m.*** FÍS. Dispositivo para separar isótopos por métodos eléctricos.
isotropía ***f.*** FÍS. Calidad de isótropo.
isotrópico, -ca ***adj.*** FÍS. [cuerpo, substancia] Que posee las mismas propiedades en todas direcciones. 2 FÍS. [cristal] De propiedad física no dependiente de la dirección de observación.
isótropo, -pa (*iso-* + gr. *tropé,* vuelta, evolución) ***adj.*** [cuerpo] Que tiene la propiedad de transmitir igualmente en todos sentidos cualquier acción recibida en un punto de su masa.
isquemia (*isqui-* I + *-emia*) ***f.*** PAT. Detención o disminución de la circulación de sangre a través de las arterias de una determiada zona, que comporta un estado de sufrimiento celular, por falta de oxígeno y materia nutritivas en la parte afectada.
isquemiar ***tr.*** Producir isquemia. ◇ ** CONJUG. [12] como ***cambiar.***
isquémico, -ca ***adj.*** Perteneciente o relativo a la isquemia.
I) isqui-, v. isco-.
II) isqui-, v. isquio-.
isquialgia (*isqui-* II + *-algia*) ***f.*** MED. Neuralgia de la cadera.
isquiático, -ca (*isqui-*) ***adj.*** Relativo a la cadera o al isquion.
isquidrosis (*isqui-* I + gr. *hydrós,* sudor) ***f.*** MED. Supresión de la secreción del sudor. ◇ Pl.: *isquidrosis.*
isquio-, isqui- (gr. *ischión,* isquion) Elemento prefijal que entra en la formación de palabras con el significado de isquion: *isquialgia.*
isquion (gr. *ischion*) ***m.*** Hueso posterior e inferior de los tres que forman el coxal.
Israel ***n. pr.*** En la Biblia, Jacob. 2 Antiguo reino al norte de Palestina, y en la actualidad, república independiente que comprende una parte de aquel antiguo reino. 3 Designación colectiva de los descendientes de Jacob; los judíos.
israelí ***adj.-s.*** Del Estado de Israel. -2 ***adj.*** Perteneciente o relativo a dicho estado.
israelita ***adj.-s.*** Hebreo. 2 Del reino de Israel.
israelítico, -ca ***adj.*** Israelita.
-ista (l. *-sta* < gr. *istés*) Sufijo que entra en la formación de nombres derivados de otros nombres, adjetivos o verbos denotando oficio, profesión, escuela: *almacenista, absolutista, tallista;* algunos son de origen grecolatino: *helenista.*
istacayota ***f.*** *Méj.* Variedad de la calabaza *(Cucurbita maxima).*
istacuate ***m.*** Serpiente venenosa de Méjico *(gén. Bothrops).*
istapacle ***m.*** *Méj.* Planta apocinácea, usada como purgante.
iste ***m.*** *Méj.* Pita, hilo.
istia ***f.*** *Perú.* Masato o chicha de yuca.
istmeño, -ña ***adj.*** Natural de un istmo. 2 Perteneciente o relativo a un istmo. 3 [pers.] Del istmo de Tehuantepec en Oaxaca (Méjico). 4 Perteneciente o relativo a dicha región. 5 [pers.] Del istmo de Panamá. 6 Perteneciente o relativo a este istmo.
ístmico, -ca ***adj.*** Relativo a un istmo.
istmo (l. *isthmu* < gr. *isthmós*) ***m.*** Lengua de tierra que une dos continentes o una península con un continente. 2 Parte o paso estrecho entre dos órganos o cavidades: ~ ***de las fauces,*** abertura limitada por el velo del paladar entre la boca y la faringe; ~ ***del encéfalo,*** parte inferior y media del encéfalo, en que se unen el cerebro y el cerebelo.
-istrajo, v. -ajo.
istriar ***tr.*** p. us. Estriar. ◇ ** CONJUG. [13] como ***desviar.***
isuate ***m.*** *Méj.* Especie de palma de cuya corteza se hacen colchones.
ita ***adj.-s.*** Aeta.
-ita, sufijo que entra en la formación de gentilicios de origen latino: *israelita,* y en algunos castellanos*: moscovita.* Sirve para los dos géneros.
itabo ***m.*** *Cuba.* Laguna, terreno encharcado. 2 *Venez.* Canal natural angosto que establece comunicación entre dos vías fluviales.
itacate (mej. *itacatl*) ***m.*** *Méj.* Provisiones de boca que suelen llevarse cuando se va de viaje.
itacayo ***m.*** *Guat.* Enano fantástico de los ríos.
italianismo ***m.*** Vocablo, giro o modo de expresión propio de la lengua italiana empleado en otro idioma.
italianista ***com.*** Persona versada en la lengua y cultura italianas.
italianización ***f.*** Acción de italianizar. 2 Efecto de italianizar.
italianizar ***tr.*** Hacer tomar carácter italiano o inclinación a las cosas italianas. 2 Dar forma italiana a las voces de otra lengua; cometer italianismos. ◇ ** CONJUG. [4] como ***realizar.***
italiano, -na ***adj.-s.*** De Italia, nación del sur de Europa. -2 ***adj.-m.*** Lengua romance, hablada oficialmente en Italia.
SIN. *2* **Toscano.**
italianófilo, -la (*italiano* + *-filo* I) ***adj.-s.*** Que simpatiza con Italia o con los italianos.
italicense (l.) ***adj.-s.*** De Itálica, ant. c. de la Bética.
itálico, -ca (l. *-cu*) ***adj.*** Italiano, esp. en lo que pertenece a la ant. Italia. -2 ***adj.-f.*** V. letra cursiva. -3 ***adj.*** [pers.] Italicense. -4 ***adj.-m.*** Familia de lenguas del tronco indoeuropeo habladas antiguamente en la península italiana; como el latín, el osco y el umbro.
italiotas ***m. pl.*** Antiguos habitantes de origen griego, en la Magna Grecia (sur de Italia y Sicilia).
italita ***f.*** Roca efusiva básica, variedad de leucita, compuesta mayoritariamente por leucita y pasta amorfa.
ítalo, -la (l. *-lu*) ***adj.-s.*** lit. Italiano.
italohablante (*ítalo* + *hablante*) ***adj.*** [pers.] De lengua materna italiana.
itapuense ***adj.-s.*** De Itapúa, dep. del Paraguay.
-itar, sufijo que entra en la formación de verbos combinado con *-ito: gravitar.*
itea (gr., sauce) ***f.*** Género de plantas saxifragáceas de jardín, de flores pequeñas en glomérulos, gralte. alargados, y fruto en cápsula.
ítem (l., del mismo modo, también) ***adv.*** Asimismo, igualmente. -2 ***m.*** fig. Artículo o capítulo, según la distribución de una escritura. 3 fig. Aditamiento, añadidura. 4 INFORM. Conjunto secuencial de caracteres que pertenecen a un mismo dato. 5 LING. Elemento de un conjunto, gramatical, léxico, etc., considerado como término particular. ◇ La primera acepción se usa para hacer distribución de artículos o capítulos en una escritura u otro instrumento y también como señal de adición.
iterable ***adj.*** Capaz de repetirse.
iteración ***f.*** Acción de iterar. 2 Efecto de iterar.
iterar (l. *-are*) ***tr.*** Repetir.
iterativo, -va (der. del l. *iterare*) ***adj.*** Que tiene la condición de reiterarse.
iterbio ***m.*** Elemento químico del grupo de las tierras raras, cuyo símbolo es *Yb*, su número atómico 70, y su peso atómico 173,04. ◇ También *yterbio.*
-itín, v. -ín.
itinerante ***adj.*** Ambulante.
itinerario, -ria (l. *-iu* < *iter,* camino) ***adj.*** Relativo a caminos: *medida itineraria.* -2 ***m.*** Descripción de un camino o viaje, expresando los lugares por donde se ha de transitar. 3 p. us. Derrotero (línea). 4 MIL. Partida que se adelanta para preparar alojamiento a la tropa que va de marcha.
SIN. *2* **Ruta.**

-itis (gr. *-tis*) Elemento sufijal que entra en la formación de palabras con el significado de inflamación: *encefalitis, amigdalitis.*
-itivo, v. -ivo.
I) -ito, -ita, sufijo no latino de origen dudoso que entra en la formación de palabras con significación diminutiva y, con mucha frecuencia, matices especiales de cariño, estimación, menosprecio o ironía: *Pepito, morita, papelito;* se combina con *-ec, -ecec: piececito, geniecito, gentecita;* en los singulares terminados en *-s*, traslada esta terminación al final del sufijo: *Carlitos, lejitos,* de *Carlos* y *lejos.*
II) -ito, elemento sufijal que se usa en química para significar que el cuerpo proviene de un ácido en *-oso*: *sulfito, arsenito, hipofosfito,* de los ácidos sulfuroso, arsenioso, hipofosforoso, respectivamente.
-itorio, v. -torio.
itria (der. culto de *iterbita,* de *Itterby,* Suecia) ***f.*** Óxido de itrio.
itrio (de *Itterby,* pueblo de Suecia) ***m.*** Metal trivalente que forma un polvo brillante y negruzco, y se extrae de algunos minerales raros. Su símbolo es *Y* su peso atómico 88,90, y su número atómico 39. ◇ También *ytrio*.
-itud (l. *-itudo*) Sufijo que entra en la formación de nombres abstractos de cualidad, actitud o estado, la mayoría de origen latino: *amplitud, aptitud.* Son castellanos *esclavitud, exactitud,* etc.
iure (de ~) ***adv. m.*** Deiure.
-ivo (l. *-ivu*) Sufijo que entra en la formación de adjetivos de significación activa. Si derivan de verbos de la 1ª conjugación, terminan en *-ativo: alterativo;* si de la 3ª en *-itivo: nutritivo.* Algunos proceden de radicales latinos: *reflexivo, laxativo,* y muy pocos de substantivos o adjetivos: *instintivo, adustivo.*
ixoda, ixodes ***m.*** Especie de ácaro terrestre, parásito de los vertebrados *(gén. Ixodes).*
izabaleño, -ña ***adj.-s.*** Izabalino.
izabalino, -na ***adj.-s.*** De Izabal, dep. de Guatemala.
izada ***f.*** Acción de izar. 2 Efecto de izar.
izaga (vasc.) ***m.*** Terreno poblado de juncos.
-izal, v. -al.
izamiento ***m.*** Acción de izar. 2 Efecto de izar.
izar (fr. *hisser,* de origen onomat.) ***tr.*** MAR. Hacer subir [una cosa] tirando de la cuerda de que está colgada, la cual pasa por un punto más elevado. ◇ ** CONJUG. [4] como ***realizar.***
-izar (gr. *-izo*) Sufijo verbal erudito: *carbonizar, cristalizar.* Las formas vulgares son *-ear* y *-ejar.*
-izo, -iza, sufijo que entra en la formación de adjetivos derivados de otros adjetivos, de substantivos y de participios pasivos. Los derivados de adjetivos denotan propensión o semejanza: *enfermizo;* los que proceden de substantivos expresan posesión: *calizo;* cuando éstos se substantivan equivalen a los en *-ero*: *cabrero, cabrerizo,* y si son femeninos denotan lugar: *caballeriza;* los derivados de participios denotan propensión o aptitud: *alborotadizo, arrojadizo;* algunos terminan en *-edizo: acogedizo, advenedizo;* es la forma vulgar del sufijo *-icio.*
izote (mej. *izotl*) ***m.*** *Amér. Central.* Liliácea de unos cuatro metros de altura, especie de palma de flores blancas que se preparan en almíbar para hacer un dulce muy apreciado. La planta da una fibra fina y suave *(Yucca gloriosa, filamentosa).*
izquierdear (de *izquierdo*) ***intr.*** fig. Apartarse de lo que dictan la razón y el juicio.
izquierdista ***adj.*** Relativo a la izquierda política. -2 ***adj.-com.*** Partidario de ella.
izquierdo, -da (como el vasc. *ezquerra*) ***adj.*** [órgano del cuerpo] Que está situado del lado del corazón: *pulmón, brazo ~; mano izquierda.* 2 Que está situado, con respecto al hombre, del lado del corazón: *el ala izquierda de un ejército, de un edificio.* 3 [parte de un río] Que queda a la izquierda de quien se coloca mirando hacia donde corren las aguas. 4 Torcido, no recto. 5 Zurdo. 6 [caballería] Que por mala formación saca los pies o manos hacia afuera y mete las rodillas adentro. -7 ***f.*** Mano izquierda. 8 Posición que ocupa lo situado con respecto al hombre al lado del corazón. 9 p. ext. Conjunto de personas que postulan una modificación del sistema político y social en un sentido no conservador. -10 ***loc. adv. A izquierdas,*** se aplica a las formas y movimientos helicoidales que avanzan cuando giran en sentido contrario al de las manecillas de un reloj.
SIN. *2 y 4* **Siniestro,** lit., culto. *7* **Siniestra,** en estilo lit. o culto; **zurda.** *9* En los parlamentarios del siglo XIX, los representantes de la oposición tenían gralte. sus escaños a la izquierda del presidente de la asamblea. Y porque dichos representantes solían pertenecer a partidos liberales, democráticos, republicanos o socialistas, tales partidos o tendencias, sin delimitación bien determinada, se denominaron de izquierda, a diferencia de los de derecha, constituidos esencialmente por idearios de tendencia conservadora y tradicionalista.
izquierdoso, -sa ***adj.*** Izquierdista.

J, j *f.* Jota, décima letra del alfabeto ** español que representa gráficamente a la consonante fricativa, linguovelar y sorda.
¡ja, ja, ja! Interjección con que se denota risa.
jaba (voz indígena) *f. Amér.* Cesto de varillas gruesas, usado para el transporte de objetos frágiles. 2 *Cuba.* Especie de saco tejido de bejucos o cabuyas que usan los mendigos para recoger las limosnas. 3 *Venez.* Calabaza hueca. 4 *Venez.* fig. Miseria, inopia. 5 *Chile.* Armazón de estacas rellenada con piedras que se levanta junto a la barranca de un río para protegerla de la corriente.
jabado, -da *adj.* TAUROM. Que tiene la piel de varios colores, esp. el toro. 2 *Murc.* Que tiene dos o tres colores en figura de escamas, esp. las aves. 3 *Cuba, P. Rico* y *Venez.* De color blanco y pardo o negro, esp. el gallo y la gallina. 4 *Cuba.* fig. Que oscila entre dos bandos. 5 *Cuba.* Mestizo o mulato, sobre todo cuando quiere pasar por blanco.
jabalcón (ár. *chamalón* < *chamal,* camello) *m.* Madero ensamblado en uno vertical para apear otro horizontal o inclinado. 2 *Colomb.* Barranco, derrumbadero.
jabalconar *tr.* Sostener con jabalcones.
jabalí (ár. *chabalí,* montaraz) *m.* Mamífero artiodáctilo súido, de piel gruesa, especie de cerdo salvaje, de pelaje tupido y fuerte, jeta prolongada y colmillos grandes y salientes *(Sus serofa).* 2 *Amér.* Pécari. ◇ Pl.: *jabalíes.*
SIN. *1* **Puerco jabalí, montés** o **salvaje.** REL. **Jabato,** cachorro de jabalí; **cochastro,** jabato de leche; **rebudiar,** roncar el jabalí cuando siente gente; **remolón,** colmillo superior del jabalí.
jabalín *m.* vulg. Jabalí.
I) jabalina *f.* Hembra del jabalí.
II) jabalina (fr. *javeline,* de *javelot,* der. del cel. *gabalos,* horca) *f.* Arma, a manera de venablo, que se usaba en la caza mayor. 2 DEP. Barra de fibra o metal con que se efectúa la prueba atlética de lanzamiento de jabalina.
III) jabalina *f. Murc.* Variedad de piedra blanca, muy compacta, que se emplea en las edificaciones.
jabalío *m. P. Rico.* vulg. Aullido, grito.
jabalonar *tr.* Jabalconar.
jabaluna *f.* Especie de jaspe.
jabarda *f. Sal.* Saya de lana basta y sin teñir.
jabardear *intr.* Dar jabardos las colmenas.
SIN. **Pavordear.**
jabardillo *m.* Multitud susurradora e inquieta de insectos o avecillas. 2 fig. Remolino, multitud de gente.
jabardo (l. *exseperare,* separar, esp. el ganado) *m.* Enjambre pequeño producido por una colmena. 2 fig. Jabardillo (remolino).
jabato *m.* Cachorro de la jabalina. 2 fig. *y* fam. Joven valiente y atrevido. -3 *adj. Cuba.* Grosero, inculto.
jabear *tr. Guat.* Robar.
jábeca *f.* Jábega I.
I) jábega (ár. *xabaca,* red) *f.* Red muy larga, compuesta de un copo y dos bandas, de las cuales se tira desde tierra.
SIN. **Bol II.** REL. **Boliche,** jábega pequeña.
II) jábega (ár. *chabec*) *f.* Barca de 7 a 9 m. de eslora, parecida al jabeque y adaptada para 7 ó 9 remos.
jabegón *m. Murc.* Red de esparto para conducir carbón, paja, etc.
jabegote *m.* Pescador que tira de la jábega.
jabeguero, -ra *adj.* Relativo a la jábega I. -2 *m.* Pescador de jábega.
I) jabeque (ár. *chabec*) *m.* Velero de tres palos, con velas latinas.
II) jabeque (ár. *hibec*) *m.* fam. Herida de arma blanca en el rostro: *pintarle un ~ a uno.*
jabera *f.* Cante popular andaluz, en compás de 3 por 8. ◇ También *javera.*
I) jabí (ár. *xabí*) *adj.-m.* Especie de manzana silvestre. 2 Especie de uva pequeña de Granada. ◇ Pl.: *jabíes.*
II) jabí (voz indígena) *m. Cuba.* Árbol leguminoso de madera rojiza muy apreciada en la construcción naval *(Copaifera hymenaefolia).*
SIN. **Quiebrahacha.**
jabielgo *m. Sal.* Blanqueo.
jabilla *f. Ant.* Jabillo. 2 *Cuba.* Enredadera de fruto globoso, del cual se obtiene un aceite *(Fevillea cordifolia).*
jabillo *m.* Árbol euforbiáceo de la América tropical, cuya madera se emplea para hacer canoas *(Hura crepitans).*
SIN. **Árbol del diablo, jabilla.**
jabín *m. Méj.* Jabí II.
jabino (l. *sapinus*) *m.* Variedad enana del enebro.
jabirú *m. Amér. Merid.* Yabirú.
jabladera *f.* Argallera.
I) jable (fr.; probl. der. del l. *gabulu,* horca, patíbulo) *m.* Gárgol en que se encajan las tiestas de las tapas de toneles y botas.
II) jable (l. *sabŭlum,* arena gruesa) *m. Can.* Arena volcánica con la que se cubren ciertos cultivos para proteger la humedad de la tierra.
jabón (l. *sapone*) *m.* Producto sólido obtenido por la acción de un álcali sobre una grasa, que sirve, disolviéndolo en el agua, para lavar la piel, la ropa, etc.: *~* ***blando,*** aquel cuyo álcali es la potasa; *~* ***duro,*** aquel cuyo álcali es la sosa; ***dar ~,*** fig., adular; ***dar un ~,*** reprender ásperamente; *~* ***metálico,*** cera que se emplea en la fabricación de discos de gramófono para obtener el original. 2 p. ext. Sal de un ácido graso, en general. 3 *~* ***de sastre,*** esteatita. 4 *Argent.* y *P. Rico.* fam. Susto. 5 *Cuba.* Jaboncillo, árbol.
REL. *1* Los tecnicismos se forman sobre el l. *sapone: saponificar, saponáceo, saponificación,* etc.

jabonada *f. Amér.* Jabonado o jabonadura. 2 *Méj.* Reprimenda.

jabonado *m.* Jabonadura (acción y efecto). 2 Conjunto de ropa blanca que se jabona. 3 fam. Reprensión. -4 *adj. Argent.* y *Urug.* Palo jabonado, cucaña.

jabonador, -ra *adj.-s.* Que jabona.

jabonadura *f.* Acción de jabonar. 2 Efecto de jabonar. -3 *f. pl.* Agua que queda mezclada con el jabón y su espuma. 4 Espuma que se forma al jabonar.

SIN. *1* y *2* **Enjabonado, enjabonadura.**

jabonar *tr.* Fregar [la ropa u otra cosa] con jabón y agua. 2 Humedecer [la barba] con agua jabonosa para afeitarla. 3 fig. *y* fam. Reprender.

SIN. **Enjabonar.**

jaboncillo *m.* Pastilla de jabón aromatizado. 2 Árbol sapindáceo de América, la pulpa de cuyo fruto da una especie de jabón *(Sapindus saponaria).* 3 Jabón de sastre, esteatita. 4 MIN. Tierra blancuzca y pegajosa que es anuncio de riqueza en algunos filones. 5 *C. Rica.* Planta que produce unos racimos de frutitas del tamaño de un guisante *(Phytolacca dodecandra).* 6 *Cuba.* Barro ceniciento de algunos terrenos. 7 *Chile.* Jabón en polvo o desleído para afeitar.

jabonear *intr. Guat.* Hacer jabón.

jabonería *f.* Establecimiento donde se hace o vende jabón.

jabonero, -ra *adj.* De color blanco sucio: *toro ~*. -2 *m. f.* Persona que tiene por oficio hacer o vender jabón. -3 *f.* Caja que hay para el jabón en lavabos y tocadores. 4 Hierba cariofilácea cuyo zumo da espuma y sirve para lavar ropa *(Saponaria officinalis).* -5 *adj.-s. Ecuad.* [anim.] Que resbala al andar.

SIN. *4* **Lanaria, saponaria, hierba jabonera.**

jaboneta (der. de *jabón*) *f.* Jaboncillo (pastilla).

jabonete (der. de *jabón*) *m.* Jaboncillo (pastilla).

jabonoso, -sa *adj.* Que es de jabón, o de naturaleza de jabón.

SIN. **Saponáceo,** científico.

jaborandi (tupí *yaborandi;* a través del port. *javarandim* y el fr. o ingl. *jaborandi*) *m.* Arbusto poco ramificado, de hojas compuestas y alternas, utilizadas como sudorífico y diurético, y con numerosas flores pequeñas de color purpúreo *(Policarpus pinnafolius).*

jabotí *m. Amér.* Especie de tortuga frugívora, de concha negra, achatada *(Testudo tabulata).*

jabuco *m. Cuba.* Jaba de boca más estrecha que el fondo.

jabudo, -da *adj. Colomb.* Grande, esp. las cosas. 2 *Venez.* Hambriento.

jabuey *m.* Jagüey.

jaca (v. *haca*) *f.* Caballo cuya alzada no llega a siete cuartas. 2 Caballo castrado. 3 Cangrejo de caparazón redondo, muy duro y patas pequeñas. 4 *And., Can., Murc.* y *Amér.* Gallo inglés de pelea al que se dejan crecer los espolones. 5 *Argent.* Gallo viejo con espolones largos y duros. 6 *Méj.* y *Perú.* Yegua de poca alzada.

SIN. *1* **Cuartago.**

jacal (mej. *xacalli,* casa de adobes) *m. Amér.* Choza o casa humilde.

jacalear *intr. Méj.* Ir de jacal en jacal. 2 *Méj.* Comadrear, cotillear.

jacalón *m. Méj.* Cobertizo, tinglado.

jacalosúchil *m. Méj.* Planta apocinácea de ramas abiertas y acodadas y flor blanca, amarillenta o rosada *(Plumeria rubra).*

jacamar, jacamara *m.* Ave trepadora que vive en los bosques del Brasil *(Galbula).*

jacana *f.* Gallito (ave).

jácana *m. P. Rico.* Árbol sapotáceo de fruto comestible *(gén. Lucuma).* ◇ En Cuba se pronuncia *jacana.*

jacapa *f.* Pájaro que vive en los bosques de América Central y Meridional.

jacapucayo *m. Argent.* Árbol mirtáceo gigantesco que produce grandes frutos *(Lecythis ollaria).*

SIN. **Olla de mono,** en Colomb., C. Rica y Venez.

jácara (de *jácaro,* rufián, der. de *jaque,* amenaza; aplicación del *jaque,* del juego de ajedrez) *f.* Romance alegre, escrito en germanía, sobre la vida de malhechores y rufianes. 2 Música y baile que acompañaba el canto de este romance. 3 Breve pieza teatral, especie de entremés, en la que se representaba este romance, alternando música y diálogo. 4 Ronda nocturna de gente alegre. 5 fig. Molestia o enfado. 6 fig. Cuento, historia, razonamiento. 7 fig. Mentira, patraña.

jacarandá (tupí *yacarandá,* fuerte olor) *m.* Género de plantas bignoniáceas de América. ◇ El nombre se aplica a unas treinta especies distintas.

jacarandaina (de *jácara*) *f.* Jacarandina.

jacarandana (de *jácara*) *f.* Jacarandina.

jacarandina *f.* Junta de ladrones o rufianes. 2 Lenguaje de germanía. 3 Jácara (música).

SIN. *1* y *2* **Jacarandaina, jacarandana.**

jacarando, -da *adj.* Relativo a la jácara. -2 *m.* Jácaro (baladrón).

jacarandoso, -sa (der. del l. *iaculu,* dardo) *adj.* fam. Donairoso, alegre, desenvuelto.

jacaré *m. Amér.* Yacaré.

jacarear *intr.* Cantar jácaras. 2 fig. Andar por las calles metiendo bulla. -3 *tr.* fig. Molestar [a uno] con palabras impertinentes.

jacarero, -ra *m. f.* Persona que canta jácaras. 2 Alegre de genio, chancero.

jacarista *com.* Jacarero.

jácaro, -ra (de *jaque,* del ár. *sah*) *adj.* Relativo al jácaro. -2 *m.* Hombre guapo y baladrón. -3 *adj.* germ. Concerniente o relativo a los jaques o rufianes.

jácena (ár. *chezena,* vigas) *f.* Viga maestra.

jacerina (ár. *gazair*) *f.* Cota de malla.

SIN. **Jazarán.**

jacetano, -na (l. *Iacetāmnus*) *adj.-s.* De un pueblo indígena prerromano que habitaba en la región de Jaca. 2 Individuo de este pueblo. 3 De Jaca, c. de Huesca.

SIN. *3* **Jaqués.**

jachacaldo *m. Perú.* Caldo de diversas hierbas.

jachado, -da (de *hacha*) *adj. Hond.* [pers.] Que tiene alguna cicatriz producida por herida de arma cortante.

jachalí *m. Amér. Merid.* Árbol anonáceo de fruto aromático y sabroso, y de madera dura, muy apreciada en ebanistería *(Genipa americana).*

jache, jachi *m. Bol.* Salvado, afrecho.

jachudo, -da *adj. Ecuad.* Fuerte, terco.

jacilla *f.* Señal que deja una cosa en el suelo.

jacintino, -na *adj.* poét. Violado.

jacinto (l. *hyacinthus,* der. del gr. *hyákinthos,* nombre de flor) *m.* Planta liliácea, de flores acampanadas de diversos colores, agrupadas en racimos *(Hyacinthus orientalis).* 2 Flor de esta planta. 3 *P. Rico.* Capuchina *(gén. Tropaeolum).* 4 Circón. 5 *~ **de Ceilán,*** circón. 6 *~ **de Compostela,*** cuarzo cristalizado de color rojo obscuro. 7 *~ **occidental,*** topacio. 8 *~ **oriental,*** rubí.

SIN. *1* y *2* **Bretaña.**

jack (voz inglesa) *m.* Dispositivo de conexión o conmutación usado para enlazar el cableado de un circuito. ◇ Se pronuncia *yac.*

I) jaco (ár. *xacc*) *m.* Cota de malla de manga corta. 2 Jubón de pelo de cabra que usaban los soldados.

II) jaco (de *jaca*) *m.* Caballo pequeño y ruin. 2 En el lenguaje de la droga, heroína. 3 *And.* desp. Mujer delgada y aviejada. 4 *Cuba.* Hicotea pequeña.

Jacob *n. pr.* BIBL. Patriarca hebreo, hijo de Isaac y Rebeca, padre de los doce patriarcas.

jacobeo, -a *adj.* Relativo al apóstol Santiago: *fiestas jacobeas.*

jacobinismo *m.* Sistema político del partido más exaltado de la Revolución francesa, llamado así por haber celebrado sus reuniones en un convento de dominicos, a quienes vulgarmente se daba el nombre de jacobinos, por la calle de San Jacobo de París donde tuvieron su primera casa. 2 p. ext. Tendencia política de un radicalismo violento impuesto en nombre de la democracia.

jacobino, -na *adj.-s.* [pers.] Partidario del jacobinismo. 2 p. ext. Demagogo partidario de la revolución violenta y sanguinaria.

jacobita *adj.* Relativo al jacobitismo: *iglesia ~*. -2 *com.* Secuaz del mismo. 3 Partidario de Jacobo II de Inglaterra (1633-1701), y en general, de los Estuardos.

SIN. *1* **Monofisita.**

jacobitismo *m.* Herejía monofisita iniciada en Siria el s. VI por Jacobo Baradeo (490-578), que defiende en la Eucaristía la unión hipostática del pan y del vino con el Verbo. 2 Tendencia política que sostuvo la causa de Jacobo II (1633-1701) contra la casa de Hannover, en Inglaterra.

jacobo (de *Jacobo,* nombre de reyes ingleses) *m.* Antigua moneda de oro inglesa.

jacón *m. C. Rica.* Cuartago de paso.

jaconá *m.* Tejido de algodón fabricado con tafetán blanqueado.

jaconta *f. Bol.* Especie de puchero de carne, tubérculos y fruta que suele comerse por carnaval.

jacote *m. Amér.* Jobo (árbol y fruto).
jacra *f.* Especie de azúcar que se extrae del vino de la palmera o del coco.
jactación (l. *iactatio,* agitación) *f.* MED. Malestar general que se manifiesta por una fuerte agitación de los miembros.
jactancia *f.* Alabanza propia, desordenada y presuntuosa. 2 DER. Acción civil concedida a una persona para que obligue a quien se crea con derechos contra ella a que los ejercite judicialmente o bien guarde silencio.
jactanciosamente *adv. m.* Con jactancia.
jactancioso, -sa *adj.-s.* Que se jacta.
jactarse (l. *iactare*) *prnl.* Alabarse presuntuosamente: *~ de noble.*
SIN. **Gloriarse, vanagloriarse, preciarse, echárselas de, presumir de, ufanarse.** GRAM. También se ha usado como *tr.: jactar valor.*
jacú *m. Bol.* Vianda menuda (como el pan, la yuca, el plátano, etc.) que se pone en la mesa para acompañar la comida.
jaculatorio, -ria (b. l. *iaculatoriu* < l. *iaculare,* disparar) *adj.* Breve y fervoroso. -2 *f.* Oración breve y muy fervorosa.
jaculífero, -ra (l. *iaculum + -fero*) *adj.* Portador de púas o espinas.
jáculo (l. *iaculu*) *m.* Dardo (arma).
jada *f.* Azada.
jade (l. *iliāta,* ijada) *m.* Piedra muy dura, compacta, blanquecina o verdosa y susceptible de pulimento, formada esencialmente por silicato de calcio y magnesio.
SIN. **Piedra nefrítica,** porque con ella se hacían antiguamente amuletos para curar las enfermedades del riñón; **piedra de ijada,** ant.
jadeante *adj.* Que jadea o respira con trabajo.
jadear (de *ijadear*) *intr.* Respirar anhelosamente por efecto del cansancio.
SIN. **Carlear,** muy usado en los clásicos, hoy poco usado; **acezar.**
jadeíta (de *jade*) *f.* Variedad de jade con gran valor ornamental y con aspecto fibroso o granudo, usado para fabricar objetos de adorno.
jadeitita (de *jadeíta*) *f.* Roca metamórfica compacta formada mayoritariamente por jadeíta.
jadeo *m.* Acción de jadear.
SIN. **Acezo.**
jadeoso, -sa *adj.* Que respira fatigosamente.
jadón (aum. de *jada*) *m. Ar.* y *Nav.* Azada fuerte, larga y estrecha.
jaecero, -ra *m. f.* Persona que tiene por oficio hacer jaeces.
jaén *adj.-s.* Especie de uva blanca, de hollejo duro, procedente de Jaén.
jaenero, -ra *adj.* Jaenés.
jaenés, -nesa *adj.-s.* De Jaén.
SIN. **Aurgitano, giennense, jaenero, jiennense.**
jaez (ár. *chahez*) *m.* Adorno de las caballerías. 2 fig. Calidad, carácter: *persona de mal ~;* desp., *gente de ese ~.*
jaezar *tr.* Enjaezar. ◇ ** CONJUG. [4] como ***realizar.***
jafético, -ca *adj.-s.* [pers.] Descendiente de Jafet, tercer hijo de Noé.
jagua (del arauaco antillano *xawa*) *f.* Árbol rubiáceo de América tropical, de fruto como un huevo de ganso, drupáceo y de pulpa agridulce *(Genipa americana).* 2 Fruto de este árbol. 3 *Colomb.* Arenilla ferruginosa que queda en la batea donde se lava el oro. 4 *Cuba.* Arbusto afín a la jagua *(Genipa clusioefolia).*
jagual *m. Cuba.* Lugar poblado de jaguas.
jaguaní *m. Venez.* Sereta, cestilla.
I) jaguar (guaraní *yaguará, yaguá*) *m.* Mamífero carnívoro félido, especie de pantera de América *(Felis onca).* ◇ También *yaguar.*
II) jaguar (aféresis de *enjaguar*) *tr. Méj.* Enjuagar.
jaguareté *m. R. de la Plata* Yaguareté.
jaguarzo (ár. español *xacuaz,* quizá der. del l. *salicastru,* sauce agreste) *m.* Arbusto cistáceo de flores blancas en grupos terminales *(Cistus clusti).*
SIN. **Estepa negra.**
jaguay (voz indígena) *m. Cuba.* Árbol de madera amarilla empleada en ebanistería. 2 *Perú.* Jagüey o balsa. 3 *Perú.* Aguada.
jagüecillo *m. Cuba.* Árbol moráceo de madera dura y de color castaño *(Ficus pertusa).*
jagüel *m.* Jagüey (balsa). 2 *Argent.* Pozo sin brocal.
jagüey (del taíno dominicano) *m. Amér.* Balsa, pozo o zanja llena de agua, ya artificialmente, ya por filtraciones del terreno. 2 *Cuba.* Árbol que a veces se apoya en otro por el cual sube como un bejuco espiral hasta destruirle *(gén. Ficus).* 3 *Cuba.* fig. Persona desleal.
SIN. *1* **Matapalo,** en Colomb., C. Rica, Ecuad. y Hond. *2* **Jaguay,** en Perú; **jagüel, jahuel,** en Amér.
jagüilla *f. And.* Abubilla. 2 *Cuba* y *P. Rico.* Árbol rubiáceo de buena madera *(gén. Genipa).* 3 *Cuba* Arbusto de hojas espinosas *(Bourreria callophylla).* 4 *Hond.* Variedad de puerco silvestre.
jagüillo *m. And.* Abubilla.
jaharí (ár. *xaerí,* peludo, velloso) *adj. **Higo ~***, especie de higo que se cría en Andalucía.
jaharrar (probl. del ár. *yeyyar,* encalar, der. de *yir,* cal) *tr.* Revocar [una pared].
jaharro *m.* Acción de jaharrar. 2 Efecto de jaharrar.
jahuay *m. Ecuad.* Canturreo triste de indios.
jahuel *m. Amér.* Jagüey.
jai *f.* vulg. Mujer.
jai alai (vasc.) *m.* Juego de pelota.
jaiba (prob. de arauaco antillano *xaiba*) *f. Amér.* Cangrejo de río. 2 *Chile.* Cámbaro. -3 *adj. Ant.* y *Méj.* [pers.] Listo, astuto, disimulado. 4 *Cuba.* [pers.] Perezoso.
jaibería *f. P. Rico.* Habilidad, astucia.
jaibero *m. Chile.* Canasta para atrapar jaibas.
jaibo, -ba *adj. Méj.* Natural o habitante de Tampico.
jaibón (ingl. *high-born,* de noble cuna) *adj.-com. Amér.* [pers.] Altanero o que presume de hijodalgo sin serlo.
jaileife (del inglés *high life*) *adj. Argent.* fam. Elegante.
jaimiquí (voz indígena) *m. Cuba.* Árbol sapotáceo, cuyo fruto come el ganado vacuno y de cerda *(gén. Byrsonima).*
jaimismo *m.* Carlismo.
jaimista *adj.-com.* Carlista.
jainismo *m.* Una de las tres grandes religiones históricas de la India. ◇ También *yainismo.*
jaique (ár. *haic*) *m.* Capa árabe con capucha.
jaira *f. Can.* Cabra.
jairo *m. Can.* Macho cabrío. 2 *Can.* Marido burlado.
jajá *m. Argent.* Aruco. -2 *adj. S. Dom.* Tacaño.
¡jajay! Interjección con que se expresa burla o risa.
jal (mej. *xalli*) *m. Méj.* Pedazo de piedra pómez que tiene en su masa fragmentos de minerales o metales preciosos. ◇ Ús. pralte. en plural.
jalabay *m. Guat.* Jamba, red.
jalado, -da *adj. Amér.* Demacrado, ebrio, borracho. 2 *Méj.* [pers.] Obsequioso en demasía.
jalador *m. Guat.* Manija del automóvil.
jalamina *f.* vulg. Calamina.
jalapa (de *Xalapa,* ciudad de Méjico) *f.* Hierba convolvulácea trepadora y perenne, con el tallo rojizo y estriado, propia de Méjico, cuya raíz se utiliza como purgante *(Exogonium purga).* 2 Raíz de esta planta. 3 Planta asiática, de cuyas flores se extrae un colorante amarillo utilizado en repostería, y cuya semilla se emplea en cosmética *(Ipomea purga).* -4 *adj.-s.* Jalapeño; de Jalapa (Guatemala).
jalapato (de *halar + pato*) *m. Perú.* Diversión que consiste en descabezar un pato.
jalapeño, -ña *adj.-s.* De Jalapa Enríquez, cap. del estado de Veracruz (Méjico). 2 De Jalapa, c. y dep. de Guatemala.
jalapina *f.* Resina extraída de la jalapa.
jalar *tr.* Halar. 2 Tirar, atraer. 3 Comer con apetito. 4 *Amér. Central.* Hacer el amor. -5 *intr. Bol., P. Rico.* y *Venez.* Largarse, irse. 6 *S. Dom.* Enflaquecer. -7 *prnl. Amér.* Emborracharse. 8 *Colomb.* y *Venez.* Hacer o decir alguna cosa. 9 *Perú.* Suspender en un examen.
jalbegador, -ra *adj.-s.* Que jalbega.
jalbegar (l. *ex + albicare,* blanquear) *tr.* Enjalbegar. ◇ **CONJUG. [7] como ***llegar.***
jalbegue *m.* Blanqueo de las paredes. 2 Lechada de cal dispuesta para blanquear o enjalbegar. 3 fig. *y* desus. Afeite que suelen usar las mujeres para blanquear el rostro.
jalca *f. Perú.* Lugar elevado de la cordillera andina.
jalda *f. P. Rico.* Halda o falda de un monte.
jaldado, -da *adj.* Jalde.
jalde (l. *galbinu,* verde claro, amarillo) *adj.* Amarillo subido.
jaldo, -da *adj.* Jalde.
jaldre *m.* CETR. Jalde.
jalea (fr. *gelée*) *f.* Conserva transparente y gelatinosa hecha de zumo de algunas frutas: *~ **del agro,*** conserva de cidra. 2 FARM. Medicamento en general, muy azucarado, con base vegetal o ani-

mal, y que al enfriarse toma consistencia gelatinosa. 3 *P. Rico.* Carambolo (árbol).
jaleador, -ra ***adj.-s.*** Que jalea.
jalear (de la onomat. *hal*) ***tr.*** Llamar [a los perros] a voces. 2 Animar con palmadas y expresiones [a los que bailan y cantan]. 3 fam. Excitar, soliviantar, hacer ruido. 4 TAUROM. Animar [el público] al que torea, o celebrar con voces la perfecta ejecución de una suerte. 5 *And.* Ojear, espantar la caza. 6 *Chile.* Importunar, molestar; mofarse, burlarse.
jaleco (ár. *yelec*) ***m.*** desus. Jubón de paño cuyas mangas no llegaban más que a los codos. Era prenda del traje servil entre los turcos.
SIN. **Chaleco.**
jaleo ***m.*** Acción de jalear. 2 Efecto de jalear. 3 Baile popular andaluz, en compás ternario, ejecutado por un bailarín único, con acompañamiento de castañuelas. 3 Música y letra de este baile. 4 Jarana. 5 Alboroto, desorden. 6 *And.* Ojeo. 7 *Amér. Central.* Amorío, galanteo.
jaleoso, -sa ***adj.-s.*** Ruidoso.
jalera ***f.*** *Cuba.* Borrachera.
jaletina ***f.*** Gelatina. 2 Jalea fina y transparente.
jalifa (v. *califa*) ***m.*** Autoridad suprema de la zona del protectorado español en Marruecos, que ejercía sus poderes por delegación del sultán. 2 En Marruecos, lugarteniente, sustituto.
jalifato ***m.*** Dignidad del jalifa y territorio por él gobernado.
jalifiano, -na ***adj.*** Que corresponde a la autoridad del jalifa o de ella depende.
jalisciense ***adj.-s.*** De Jalisco, estado de Méjico.
jalisco, -ca ***adj.*** *Méj.* y *Guat.* Borracho. -2 ***m.*** *Méj.* Sombrero de paja hecho en el estado de Jalisco.
jallo, -lla ***adj.*** *Méj.* vulg. Presumido, quisquilloso.
jalma (l. gr. *sagma*) ***f.*** Enjalma. 2 *Sor.* ***Juego de la ~***, juego de la pídola.
jalmería ***f.*** Arte y obra de los enjalmeros.
jalmero (l. *sagma*, albarda) ***m.*** Enjalmero.
jalocote ***m.*** Especie de ocote, cuya madera se usa mucho para construir muebles comunes.
I) jalón (fr. *jalon*) ***m.*** Vara con regatón de hierro que se clava en tierra para determinar puntos fijos. 2 fig. Fin de una etapa y comienzo de otra en el desarrollo de una acción u obra. 3 fig. Hito, situación importante, o punto de referencia [en la vida de alguien o en el desarrollo de algo]. 4 *Amér.* Trecho, distancia.
II) jalón (de *halar*) ***m.*** Tirón. 2 *Amér. Central.* Novio, galán. 3 *Méj.* Trago de licor.
jalona ***adj.*** *Amér. Central.* [mujer] Coqueta, veleidosa.
jalonamiento ***m.*** Colocación de jalones.
jalonar ***tr.*** Señalar por medio de jalones: *~ un camino.* 2 fig. Determinar, marcar. -3 ***intr.*** Plantar jalones.
jalonear ***tr.*** *Méj.* Halar, jalar. -2 ***intr.*** *Méj.* Regatear.
jaloneo ***m.*** *Méj.* Jalones, tirones. 2 *Méj.* Regateo.
jalonero, -ra ***adj.-s.*** vulg. [pers.] Que roba por el procedimiento del tirón.
jaloque (cat. *xaloc*) ***m.*** Viento sudeste.
jalotear ***tr.*** *Amér.* Jalonear.
jaloteo ***m.*** Jaloneo.
jalpacar ***tr.*** *Méj.* Lavar en bateas [la lama mineral]. ◇ ** CONJUG. [1] como ***sacar.***
jaltomate ***m.*** *Méj.* Fruto semejante al capulín, pero de color negro.
jaluza ***f.*** *Murc.* Hambre, gazuza.
jama ***f.*** *Hond.* Iguana más pequeña que la común.
jamaca ***f.*** *Méj.* Hamaca.
jamacuco ***m.*** fam. *And.* Malestar o enfermedad de carácter súbito y fuerte.
jamagoso, -sa ***adj.*** *La Mancha.* Pegajoso. 2 *La Mancha.* [pers.] Meloso, zalamero.
jamaica ***f.*** Madera que se produce en Jamaica. 2 *Hond.* y *Méj.* Aleluya (planta malvácea). 3 *Méj.* Especie de feria que se celebra para allegar fondos con un fin benéfico.
jamaicano, -na ***adj.-s.*** De Jamaica, nación insular de las Antillas.
jamaiquino, -na ***adj.*** *Ant.* Jamaicano.
jamán ***m.*** *Méj.* Tela blanca, manta cruda, ruán.
jamancia ***f.*** fam. Comida. 2 fam. Hambre.
jamar (prob. de la raíz gitana *kha-*, comer) ***tr.*** vulg. Comer.
jamás (l. *iam, magis,* ya más) ***adv. t.*** Nunca. 2 ***Nunca ~***, o ***por ~***, o ***~ por ~***, nunca. 3 Detrás de *nunca* o de *siempre*, intensifica el sentido negativo del primero, y el afirmativo del segundo.
jamba (b. l. *gamba*, pierna) ***f.*** Elemento vertical, de diversos materiales, que a manera de pilar, sostiene el arco o dintel de un vano. 2 Superficie interna vertical de cada uno de estos elementos. 3 *Guat.* Red para pescar camarones.
jambado, -da ***adj.*** *Méj.* Comilón, tragón. 2 *Méj.* Que sufre los efectos de haber comido mucho.
jambaje (fr. *jambage*) ***m.*** Conjunto de las dos jambas y el dintel. 2 Todo lo relativo al ornato de las jambas y el dintel.
jambar ***tr.*** *Hond.* y *Méj.* Jamar.
jambazón ***f.*** *Méj.* Hartazgo.
jambe ***m.*** *Guat.* Baile popular.
jámbico, -ca ***adj.*** Yámbico.
jambo ***adj.*** *Murc.* Astuto. -2 ***m.*** caló. Amo de casa.
jambón, -bona ***adj.*** *Méj.* Fastidioso.
jamelgo (l. *famelicu*) ***m.*** fam. Caballo flaco y desgarbado.
SIN. **Penco.**
jameo ***m.*** Cavidad volcánica en una corrida de lava.
jamerdana ***f.*** Estercolero del matadero.
jamerdar (l. *ex + merda*, excrementos) ***tr.*** Limpiar los vientres [de las reses]. 2 Lavar mal y de prisa. ◇ ** CONJUG. [27] como ***acertar.***
jamete (gr. *hexámetos*) ***m.*** Tela de seda, que solía entretejerse de oro.
jamiche ***m.*** *Colomb.* Conjunto de materiales destrozados. 2 *Colomb.* Cascajo o piedras menudas.
jámila (ár. *yamila*) ***f.*** Alpechín.
jamo (de *hamo*, anzuelo) ***m.*** *Cuba.* Especie de red de manga, rematada en punta.
jamón (fr. *jambon* < b. l. *gamba*, pierna) ***m.*** Pernil del cerdo: *~* ***en dulce***, el que se cuece con vino blanco y se come fiambre. 2 Anca, pierna. 3 *P. Rico.* fest. Conflicto, dificultad.
jamona (de *jamón*) ***adj.-f.*** fam. [mujer] Que ha pasado de la juventud, especialmente cuando es gruesa. -2 ***f.*** Galardón, gratificación o regalo que consiste principalmente en perniles u otros comestibles.
jamoncillo ***m.*** *Méj.* Dulce de leche.
jampa ***f.*** *Ecuad.* Umbral.
jámparo ***m.*** *Colomb.* Chalupa, bote, canoa.
jampirunco ***m.*** *Perú.* Curandero ambulante.
jampón, -pona ***adj.*** *Murc.* Robusto, guapo. -2 ***adj.-s.*** *Sal.* Glotón. -3 ***adj.*** *Guat.* Orondo. 4 *Guat.* Obsequioso.
jamuga ***f.*** Jamugas.
jamugas (l. *sambuca*, n. de máquina de guerra, der. del gr. *sambyke*, de origen caldeo) ***f. pl.*** Silla de tijera que se coloca sobre el aparejo para montar a mujeriegas.
SIN. **Samuga.**
jamurar ***tr.*** MAR. Achicar. 2 *Colomb.* Dar una mano [a la ropa que se lava].
jan ***m.*** *Cuba.* Estaca empleada para cercas y otros usos.
janane ***adj.*** Janano.
janano, -na ***adj.-s.*** *Guat., Nicar.* y *Salv.* Labihendido, persona con labio leporino.
SIN. **Janane.**
jandalesco, -ca ***adj.*** Propio de los jándalos.
jándalo, -la (de *andaluz*) ***adj.-s.*** fam. Andaluz, por su pronunciación gutural. 2 *Ast., Sant.* y *Provs. del N.* [pers.] Que ha estado en Andalucía y vuelve con pronunciación y costumbres andaluzas.
jane ***adj.*** *Hond.* Janano.
janear ***tr.*** *Cuba.* Clavar janes. 2 *Cuba.* Montar de un salto sobre una bestia. -3 ***prnl.*** *Cuba.* Pararse de pronto. 4 *Cuba.* Estacionarse de pie.
janeiro ***m.*** *Ecuad.* Planta gramínea que sirve esp. para alimento del ganado *(Eriochloa subglabra).*
jangada ***f.*** Salida o idea necia y fuera de tiempo. 2 Trastada. 3 Balsa II. 4 *Amér.* Balsa o armadía de troncos limpios que se transportaban río abajo. 5 *Argent.* Balsa ligera de los pescadores del noroeste del Brasil.
jangua (chino *chun*, barco) ***f.*** Embarcación pequeña de Oriente.
janiche ***adj.*** *Amér. Central.* Janano.
janiforme (l. *Ianus*, Jano + *forme*, figura) ***adj.*** De dos caras.
janipaba, janipara ***f.*** *Perú.* Jagua (árbol).
Jano ***n. pr.*** Dios romano al que se representaba con dos caras opuestas. Dase este nombre a la persona que procede con doblez.
jansenismo ***m.*** Doctrina herética propagada por Cornelio Jansen (1585-1638), quien afirmaba que el hombre sólo podía alcan-

zar la salvación a través de la gracia divina. 2 p. ext. Piedad y virtud austeras.

jansenista *adj.* Relativo al jansenismo. -2 ***adj.-com.*** Partidario del jansenismo.

janto-, v. xanto-.

janucho, -cha ***m. f.*** *Bol.* Juan Lanas.

japón, -pona *adj.* Japonés.

japonés, -nesa ***adj.-s.*** De Japón, nación insular del este de Asia. -2 ***adj.-m.*** Lengua oficial de esta nación, y de difícil filiación.

SIN. **Nipón.**

japónica *adj.* V. tierra japónica.

japupa *f. And.* Abubilla.

japuta (ár. *xabbut,* n. de varios peces) *f.* Pez marino teleósteo perciforme, de cuerpo alto y comprimido, de color pardo grisáceo en el dorso, y plateado en los flancos y vientre *(Brama raii).*

SIN. **Castañeta, palometa negra.**

japutamo ***m.*** *Bol.* Filaria, parásito.

I) jaque (persa *xah,* rey) ***m.*** Lance del ajedrez, en que el rey de un bando está amenazado por alguna pieza del otro: ~ ***mate,*** mate. 2 Palabra con que se avisa. 3 Valentón, perdonavidas.

FR. fig. *Tener a uno en* ~, tenerle bajo el peso de una amenaza.

II) jaque (ár. *xac,* el lado de una carga) ***m.*** Especie de peinado antiguo.

jaqué ***m.*** *Méj.* p. us. Chaqué.

jaquear *tr.* Dar jaques [al rey] en el juego de ajedrez. 2 fig. Hostigar [al enemigo].

jaqueca (ár. *xaquica*) *f.* Dolor de cabeza intermitente que sólo ataca en una parte de ella. 2 *And.* [pers.] Pesado y necio en la conversación.

SIN. *1* **Migraña.** SIN. MED. *1* **Hemicránea.** FR. fig. *Dar a uno* ~, fastidiarle con la conversación.

jaquecoso, -sa *adj.* fig. Fastidioso.

I) jaquel (de *jaque,* en el ajedrez) ***m.*** BLAS. Escaque.

II) jaquel *adj. Méj.* Cajel de la naranja.

jaquelado, -da *adj.* BLAS. Dividido en escaques. 2 Labrado con facetas cuadradas, esp. las piedras preciosas.

jaquero (de *jaque* < ár. *xac*) ***m.*** Peine pequeño antiguo.

jaqués, -quesa ***adj.-s.*** De Jaca, c. de Huesca.

jaquetón ***m.*** Tiburón muy temido porque a la acometividad propia de los escualos de su grupo une una talla considerable que llega a los 10 metros *(Carcharodon carcharias).* 2 fam. Valentón.

jáquima (ár. *xaquima*) *f.* Cabezada de cordel. 2 *Amér. Central.* Borrachera. 3 *C. Rica.* Estafa.

jaquimazo ***m.*** Golpe dado con la jáquima. 2 fig. Disgusto o burla pesada.

jaquimero ***m.*** El que hace o vende jáquimas.

jaquimón ***m.*** *Cuba, Ecuad.* y *P. Rico.* Jáquima. 2 *Cuba.* Jáquima con una argolla a la que se ata el cabestro. 3 *Chile* y *Perú.* Jáquima grande, gralte. con adornos hechos de tiras de cuero colgantes.

jara (ár. *xara,* mata) *f.* Arbusto cistíneo de hasta 3 m. de altura con las hojas lanceoladas, pubescentes por el envés, y flores pentámeras de color blanco *(Cistus ladaniferus).* 2 ~ ***blanca,*** estepilla. 3 Palo de punta endurecida al fuego que se empleaba como arma arrojadiza. 4 *Bol.* Alto, descanso. 5 *Guat.* y *Méj.* Flecha. 6 *Méj.* Policía. Se emplea sólo entre charros.

SIN. *1* **Lada.** REL. *1* **Ládano,** substancia resinosa que se extrae de la jara.

jarabe (ár. *xarap,* bebida) ***m.*** Bebida compuesta de azúcar cocido en agua y zumos refrescantes o substancias medicinales. 2 fig. Bebida muy dulce, en general. 3 fig. ~ ***de palo,*** paliza, zurra. 4 fig. ~ ***de pico,*** promesas que no se han de cumplir. 5 *Méj.* Baile popular por el estilo del zapateado andaluz.

SIN. *1* y *2* **Jarope.**

jarabear *tr.* Mandar tomar el médico jarabes [al enfermo]. -2 ***prnl.*** Tomar jarabes.

SIN. **Jaropar, jaropear.**

jaracalla *f.* Alondra.

jaracatal (de *jaracate*) ***m.*** *Guat.* Gran cantidad [de algo], multitud, abundancia.

jaracolito ***m.*** *Perú.* Baile de los indios.

jaragua (voz indígena) *f. Cuba.* Árbol de madera dura y compacta (gén. *Phialanthius).*

jaraíz (ár. *çaharich*) ***m.*** Lagar.

jaral ***m.*** Terreno poblado de jaras. 2 fig. Lo que está muy enredado o intrincado.

jaramago (ár. *sarmac,* armuelles, de orig. persa) ***m.*** Planta crucífera, muy común entre los escombros, de 0,5 m. de altura, con las hojas dispuestas en roseta basal y flores de color amarillo *(Diplotaxis virgata).*

SIN. **Balsamita, raqueta, ruqueta, sisimbrio.**

jarameño, -ña *adj.* Del río Jarama: *toro* ~.

jaramugo (de *samarugo*) ***m.*** Pececillo nuevo de cualquier especie.

jarana (probl. del quechua ant. *harána,* medio para impedir) *f.* fam. Diversión bulliciosa de gente ordinaria. 2 fam. Pendencia, tumulto. 3 Trampa, engaño, fraude. 4 *Amér.* Baile popular. 5 *Amér.* Chanza, burla. 6 *Amér. Central.* Deuda. 7 *Colomb., Ecuad.* y *P. Rico.* Baile de confianza, que no es de etiqueta. 8 *Colomb.* Embuste. 9 *Méj.* Guitarra pequeña.

SIN. *1* y *2* **Jaleo.**

jaranear *intr.* Andar en jaranas. 2 *Colomb.* Importunar.

jaranero, -ra *adj.* Aficionado a jaranas.

jaranista *adj. Amér.* Jaranero.

jaranita *f. Méj.* Guitarra pequeña.

jarano ***adj.-s.*** Sombrero de fieltro blanco, falda ancha y bajo de copa.

jarapa *f. And.* y *Murc.* Tejido grueso hecho con tiras de tela de distintos colores y procedencias, destinado a fines diversos (mantas, colchas, cortinas, etc.).

jararacá ***m.*** Terciopelo (reptil).

jarasol ***adj.-m.*** *Murc.* Variedad de higo de piel negra.

jaratar *tr. Ecuad.* Cercar [un campo].

jarazo ***m.*** Golpe dado o herida hecha con la jara.

jarbaca *f. C. Rica.* Maíz quebrantado.

jarbe (de la raíz ár. *š-r-b,* beber, ser regado un terreno) ***m.*** Turno de riego.

jarca *f.* Harca, tropa mora. 2 *Bol.* Especie de acacia de madera colorada que se emplea en la construcción.

jarcha (ár. *jarŷa,* salida) *f.* Estrofa final, escrita en romance, de una composición poética árabe llamada *moaxaja*

LIT. Entre las jarchas se encuentran las muestras más antiguas de la poesía española.

jarcia (gr. *exartia*) *f.* Conjuntos de aparejos y cabos de un buque: *las jarcias de un velero;* ~ ***muerta,*** la que está fija y mantiene la arboladura. 2 Conjunto de instrumentos y redes para pescar. 3 fig. Conjunto de cosas diversas o de una misma especie pero sin orden ni concierto. 4 *Cuba* y *Méj.* Cabuya, cordel.

SIN. *1* **Cordaje, cordelería.**

jarciar *tr.* Enjarciar. ◇ ** CONJUG. [12] como ***cambiar.***

jarcio, -cia *adj. Méj.* Borracho.

jardear *tr. Colomb.* Arrear [al ganado]. 2 En cacería, acorralar [las piezas].

jardín (fr. *jardin* < germ. *gardo*) ***m.*** Terreno donde se cultivan plantas y flores ornamentales. 2 Retrete de los buques. 3 Mancha que deslustra y afea la esmeralda. 4 ~ ***de infancia,*** escuela de párvulos. -5 ***m. pl.*** *Amér.* En el béisbol, zona periférica del terreno de juego. ◇ Dim.: *jardincillo o jardinillo.*

SIN. *1* **Pensil, vergel,** son denominaciones estimativas de su hermosura; **carmen,** es voz granadina.

jardinera *f.* La que tiene por oficio cuidar un jardín. 2 Mujer del jardinero. 3 Mueble para colocar plantas de adorno. 4 Carruaje descubierto, de cuatro ruedas y cuatro asientos, cuya caja suele ser de mimbres. 5 Coche abierto usado en verano en los tranvías. 6 Autobús que transporta a los viajeros entre la terminal de un aeropuerto y el avión. 7 *Colomb.* Jubón o saco.

jardinería *f.* Arte y oficio del jardinero.

jardinero ***m.*** El que tiene por oficio cuidar un jardín. 2 *Amér.* En el juego del béisbol, jugador que atiende los jardines.

jarea *f. Méj.* Gazuza.

jarear *tr. Can.* Secar al sol pescado pequeño abierto. -2 ***intr.*** *Bol.* Hacer jaras. -3 ***prnl.*** *Méj.* Morirse de hambre. 4 *Méj.* Huir, evadirse. 5 *Méj.* Bambolearse.

jareta (ár. *xarita,* trenza) *f.* Dobladillo para meter en él una cinta o cordón. 2 MAR. Cabo para asegurar los palos cuando la obencadura se ha aflojado en un temporal. 3 *C. Rica* y *Parag.* Bragueta del pantalón. 4 *Venez.* fig. Contratiempo, molestia.

jaretazo (de *jareta*) *C. Rica.* fig. *y* fam. ***Dar*** o ***pegar un*** ~, dar un braguetazo.

jarete ***m.*** *Venez.* Canalete, remo.

jaretera *f.* Jarretera (liga).

jaretón ***m.*** Dobladillo muy ancho.

jargón ***m.*** Circón.

jarichí ***m.*** *Bol.* Lazo en la trenza de una mujer.

jarico (voz indígena) ***m.*** *Cuba.* Hicotea o jicotea pequeña.

jarife ***m.*** Jerife.

jarifiano, -na *adj.* Jerifiano.
jarifo, -fa (ár. *xarif,* noble) *adj.* Rozagante, adornado.
SIN. **Garifo.**
jarilla *f.* Arbusto de ramas vellosas, hojas largas y delgadas, y flores pequeñas *(Halimium umbellatum).* 2 *Amér.* Nombre común de diversas plantas de diferentes especies. 3 *Argent.* y *Chile.* Arbusto febrífugo muy resinoso *(Jarilla officinalis).*
jarillo *m.* Jaro I.
jaripeada *f. Méj.* Acción de jaripear. 2 *Méj.* Efecto de jaripear.
jaripear *intr. Méj.* Participar en un jaripeo.
jaripeo *m. Bol.* y *Méj.* Diversión que consiste en montar a pelo toros bravíos y hacer otros ejercicios de vaquería.
I) jaro *m.* Aro (planta).
II) jaro (de *jara*) *m.* Mancha espesa de los montes bajos.
III) jaro, -ra [anim.] De pelo rojizo, esp. el cerdo y el jabalí. 2 TAUROM. De pelo colorado muy claro. 3 *adj.-s. Sal.* Rubio.
jaroba *f.* Planta medicinal de Venezuela con cuyas frutas se prepara una decocción emoliente y pectoral *(Tanetio jaroba).*
jarochar *intr. Colomb.* Alborotar.
jarocho, -cha *adj.-s.* [pers.] De modales bruscos e insolentes. 2 *Colomb.* Brioso, arrogante. 3 *Méj.* desus. Descendiente de negro e india. 4 *Méj.* Nativo del cantón de Veracruz.
jaropar *tr.* Jarabear. 2 Dar en forma de jarabe algún otro licor.
jarope (ár. *xarob,* poción) *m.* Jarabe. 2 fig. Trago amargo o bebida desabrida.
jaropear *tr.* Jarabear.
jaropeo *m.* Uso excesivo y frecuente de jarabes.
jaropero, -ra *adj. And.* y *Murc.* Aficionado a los jaropes.
jaroso, -sa *adj.* Lleno o poblado de jaras.
jarra (ár. *charra*) *f.* Vasija de barro cocido, boca y cuello anchos, y con una o más asas. -2 *loc. adv.* ***De,*** o ***en, jarras,*** con los brazos arqueados y las manos en la cintura.
jarrar *tr.* fam. Jaharrar.
jarrazo *m.* Aum. de *jarro.* 2 Golpe dado con jarro o jarra.
I) jarrear *intr.* Sacar frecuentemente agua o vino con el jarro. 2 Sacar frecuentemente agua de un pozo, a fin de que no se cieguen los veneros. 3 Dar jarrazos. 4 fig. Llover copiosamente.
II) jarrear *tr.* Jaharrar.
jarrero *m.* El que tiene por oficio hacer o vender jarros. 2 El que cuida del agua o vino que se pone en ellos. -3 *adj. Logr.* Natural de Haro. -4 *m. Murc.* Lugar donde se colocan las jarras.
jarretar *tr.* fig. Enervar, quitar las fuerzas o el ánimo.
jarrete (fr. *jarret,* pierna) *m.* Corva (parte de la pierna). 2 Corvejón I. 3 Parte alta y carnuda de la pantorrilla hacia la corva. 4 *Colomb.* Talón.
jarretera (fr. *jarretière*) *f.* Liga con hebilla. 2 Orden militar inglesa cuya insignia es una liga. 3 *Colomb.* Ulceración que forman las niguas.
SIN. *1* **Charretera.**
jarrilla *f. Méj.* Arbusto tropical de frutos aromáticos utilizados como sustitutos del lúpulo, y cuya corteza tiene propiedades medicinales *(Dodonaea viscosa).*
jarro *m.* Vasija a manera de jarra y con sólo una asa. 2 Cantidad de líquido que cabe en ella. 3 *And.* Botijo. 4 *S. Dom.* Sirvienta. 5 *S. Dom.* Muchacha plebeya. 6 fig. *y* fam. ***A jarros,*** a cántaros. 7 fig. *y* fam. ***Echarle a uno un ~ de agua,*** o ***de agua fría,*** causarle una desilusión.
jarrón *m.* Aum. de *jarro.* 2 Pieza arquitectónica, ornamental, en forma de jarro. 3 Vaso labrado para adorno.
jarropa *adj.* De pelo castaño tostado, esp. la res cabría.
jasa *f.* Sajadura.
jasador *m.* Sangrador. 2 Sajador.
jasadura *f.* Sajadura.
jasar *tr.* Sajar.
jaserán (de *Aldjezair,* Argelia) *m.* Cadena de oro para suspender medallones.
Jasón *n. pr.* Héroe griego que dirigió la expedición de los argonautas en busca del vellocino de oro.
jaspe (l. *iaspis,* der. del gr. *íaspis, iáspidos,* piedra preciosa) *m.* Calcedonia opaca de colores variados, gralte. formando vetas. 2 ~ ***sanguíneo,*** heliotropo.
jaspeado, -da *adj.* Veteado como el jaspe. -2 *m.* Acción de jaspear. 3 Efecto de jaspear.
jaspear *tr.* Pintar [la pared, la madera] imitando el jaspe: *~ de negro.* -2 *prnl. Venez.* vulg. Amostazarse, irritarse.
jaspia *f. Guat.* Sustento diario.
jaspón *m.* Mármol de grano grueso.
jata *f. Cuba.* Miraguano (palma).
jataca *f. P. Rico.* vulg. Vasija, hecha del fruto del higüero, que se usa como cucharón.
jatata *f. Bol.* Especie de palmiche con el que se hace un trenzado muy fino.
jate *m. Hond.* Planta de cuyas hojas se hace una tintura de propiedades parecidas a la de árnica.
jatear *tr.-prnl. And.* Hatear, componer, aderezar. -2 *tr. Guat.* y *Salv.* Estibar la leña. -3 *prnl. C. Rica.* Empeñarse tercamente en algo. 4 *C. Rica.* Ponerse en un sitio para incordiar.
jateo, -a *adj.-m.* V. perro raposero.
jatía *f.* Árbol de América, de madera correosa que se emplea en ebanistería. El nombre se aplica a dos especies distintas *(Phyllostilon brasiliensis; Ampelocera cubensis).* 2 *Venez.* Curiaca, embarcación.
jatib (ár.) *m. Marruecos.* Predicador encargado de dirigir la oración del viernes y de pronunciar el sermón.
jatibés, -besa *adj.-s.* Setabense, setabitano.
jatibí *adj.-s. Murc.* Especie de uva de hollejo duro.
jatico *m. Guat.* Canastillo para un recién nacido.
jato, -ta *m. f.* Ternero. -2 *m. Méj.* y *Guat.* Hato.
jaudo, -da *adj. Murc.* Insípido.
Jauja (región del Perú) *n. pr.* Nombre con que se denota todo lo que quiere presentarse como tipo de prosperidad y abundancia.
jaujau *m. Venez.* Especie de cazabe.
jaula (fr. ant. *jaole;* hoy fr. *geole,* del l. *caveola*) *f.* Caja hecha con mimbres, alambre, etc., dispuesta para encerrar animales. 2 Encierro formado con enrejados de hierro o de madera como los que se hacen para asegurar a las fieras. 3 Embalaje formado con tablas o listones colocados a cierta distancia unos de otros. 4 Cuadrilátero, generalmente de madera, donde se pone a los niños de corta edad. 5 Compartimiento de un garaje. 6 Cabina del ascensor. 7 CONSTR. y MIN. Armazón empleada para subir y bajar de los edificios en obras y de los pozos de las minas. 8 TAUROM. Chiquero, cajón. 9 *And.* Joroba. 10 *P. Rico.* Coche de la policía.
SIN. *1* **Gayola; cávea,** tratándose de los romanos.
jaulilla (dim. de *jaula*) *f.* Adorno para la cabeza, usado antiguamente.
jaulón (der. de *jaula*) *m.* TAUROM. Compartimientode un encierro techado en cuya parte superior hay un balcón corrido desde el cual el vaquero maneja la pértiga.
jauría *f.* Conjunto de perros que cazan dirigidos por un mismo perrero. 2 fig. Conjunto de personas que van en contra de otra.
SIN. *1* **Muta.**
jauto *adj. Ar.* y *Logr.* Insípido. -2 *adj.-s. Ar.* Persona sin gracia.
java *m.* Baile procedente de la isla de Java. 2 ***Hombre de Java,*** pitecántropo.
javanés, -nesa *adj.-s.* De Java, isla de Indonesia. -2 *adj.-m.* Lengua indonesia hablada en esta isla.
javera *f.* Jabera.
jayabacaná (voz indígena) *f. Cuba.* Árbol espinoso, cuyas hojas y corteza tienen savia cáustica que se emplea en la curación de enfermedades cutáneas *(Pera oppositifolia).*
jayajabico (voz indígena) *m. Cuba.* Arbusto rubiáceo de hermosas y fragantes flores en forma de racimo *(Erythalis fruticosa).*
jayán, -yana (fr. ant. *joiant,* del l. **gagante*) *m. f.* Persona de gran estatura y de muchas fuerzas.
jayao (voz indígena) *m.* Pez comestible del mar de las Antillas.
jayapa *f. Ecuad.* Género de ericáceas andinas.
jáyaro, -ra *adj. Ecuad.* Rústico, mal educado.
jayo *m. Venez.* Malanga (planta).
jayón *m. Sant.* Niño expósito que ha sido recogido.
jayún *m. Cuba.* Especie de junco.
jazarán *m.* Jacerina.
jazmín (persa *yaçemin*) *m.* Arbusto oleáceo de jardín, de flores blancas muy olorosas *(Jasminum officinale).* 2 Flor de esta planta. 3 Perfume que se saca de él. 4 ~ ***de España*** o ***real,*** variedad de flores mayores y más olorosas que el común *(J. officinale grandiflorum).* 5 ~ ***amarillo,*** arbustillo oleáceo de flores amarillas *(J. fruticans).* 6 Flor de esta planta. 7 ~ ***de Arabia,*** arbusto trepador oleáceo de cuyas flores se extrae un aceite usado en perfumería *(Jasminum sambac).* 8 ~ ***de la India,*** gardenia. 9 *Cuba.* Arbusto de flores amarillas *(Allamanda cathartica).* 10 ~ ***de monte,*** clemátide de la región mediterránea *(Clematis flammula).* ◇ Dim.: *jazmincillo o jazminillo.*
SIN. *7* **Gemela, diamela.**
jazmíneo, -a *adj.-s.* Relativo al jazmín. 2 Planta oleácea del gén. *Iasminum.*
jazz *m.* Música de danza de origen negro-americano, caracteri-

zada por una melodía sincopada que contrasta con la permanencia rítmica de la batería. 2 Orquesta que ejecuta esta música. ◇ Se pronuncia *yas.* ◇ También *yaz.*

jazzman (voz inglesa) ***m.*** Músico especialista en jazz. ◇ Pl.: *jazzmen.* ◇ Se pronuncia *yasman, yasmen.*

¡je! Interjección con que se denota risa.

jean (voz inglesa) ***m.*** Pantalón vaquero. ◇ Se pronuncia *yin.*

jebe (ár. *xeb*) ***m.*** Alumbre. 2 *Amér.* Caucho. 3 *Venez.* Garrote. 4 *Perú.* Escobilla del limpiaparabrisas.

jebén ***m.*** *Ál.* Mostaza.

jebero ***m.*** *Perú.* Explotador de jebe (caucho).

jebuseo, -a ***adj.-s.*** De un pueblo bíblico que tenía por capital a Jebús, después Jerusalén.

jedival ***adj.*** Relativo al jedive.

jedive (persa *jediví,* regio) ***m.*** Título del virrey de Egipto. ◇ También *kedive* y *khedive.*

jedor ***m.*** *And.* Alboroto, trapisonda, jaleo.

jedrea ***f.*** Ajedrea.

jeep (ing., de las inic. de *general purpose*) ***m.*** Automóvil todo terreno. ◇ Se pronuncia *yip.*

SIN. **Campero** (*Colomb.*).

jefa ***f.*** Superiora o cabeza de un cuerpo u oficio.

jefatura ***f.*** Dignidad de jefe. 2 Puesto de guardia de seguridad bajo las órdenes de un jefe.

jefazo ***m.*** fam. Jefe autoritario e importante.

jefe (fr. *chef* < l. *caput,* cabeza) ***m.*** Superior, adalid, guía o cabeza de un cuerpo, oficio, partido, corporación o escuela: *~ del negociado.* 2 Cuerpo en la jeraquía militar que comprende desde el grado superior a capitán hasta el inferior a general. 3 Forma de tratamiento con mezcla de respeto y confianza: *¡oiga, ~!* 4 BLAS. Tercio superior de la superficie del campo del escudo. 5 DEP. *~* ***de fila,*** ciclista de gran clase y valía, a cuyo servicio se hallan los demás miembros de su equipo. 6 *En ~,* en calidad de cabeza principal: *comandante en ~.*

jegüite ***m.*** *Méj.* Hierba que nace espontáneamente en un terreno inculto, maleza.

jegüitera ***f.*** *Méj.* Sementera llena de jegüite.

Jehová, Jehovah (del hebreo, incomunicable nombre de Dios) ***n. pr.*** Dios, el Ser Supremo. ◇ Modernamente se transcribe con más propiedad *Iahveh o Iahvé.*

jehuite (mej. *xihuitl*) ***m.*** *Méj.* Jegüite.

jeito (gallego *cheito*) ***m.*** Red usada en el Cantábrico para la pesca de la anchoa y la sardina.

jeja (l. *saxea*) ***f.*** *Levante.* Trigo candeal.

jején (voz taína) ***m.*** *Amér.* Insecto díptero, más pequeño que el mosquito y de picada más irritante *(Oecacta furens; Simulia philippi).* 2 *Colomb.* Broma (molusco) que ataca los barcos. 3 *Hond.* Especie de cucaracha. 4 *Méj.* Abundancia.

jejo ***m.*** *Sal.* Canto, piedra.

jelengue ***m.*** *Cuba.* Riña, alboroto.

jema ***f.*** Parte de una viga donde una arista se interrumpe por falta de la madera.

jemal ***adj.*** Del largo del jeme: *clavo ~.*

jeme (l. *semi,* medio) ***m.*** Distancia que media desde la extremidad del dedo pulgar a la del dedo índice, separando el uno del otro todo lo posible. 2 fig. Palmito (cara de mujer).

jemeque ***m.*** fam. Gimoteo.

jémer ***adj.-s.*** Tribu de Camboya. ◇ También *khemer.*

jemiquear ***intr.*** *Chile.* Jeremiquear.

jemiqueo ***m.*** *Chile.* Jeremiqueo.

jenabe, jenable (gr. *sinapi*) ***m.*** Mostaza.

jengibre (l. *zingiber,* de orig. gr.) ***m.*** Planta cingiberácea, de rizoma aromático, que se usa en medicina y como especia *(Zingiber officinale).* 2 Rizoma de esta planta.

SIN. **Ajengibre.**

jeniquén ***m.*** *Amér.* Pita (planta).

jenízaro, -ra (turco *yeni,* nueva + *cheri,* milicia) ***adj.*** fig. Mezclado de dos especies. -2 ***m.*** Soldado de infantería de la antigua guardia del emperador turco. -3 ***adj.-s.*** *Amér.* desus. Descendiente de barcino (albarazado y blanca) y zambaiga (indio y loba). 4 *Amér.* desus. Descendiente de mulato e india. 5 *Méj.* desus. Descendiente de cambujo (zambaigo y china) y china.

jenneriano, -na ***adj.*** Relativo a Jenner (1749-1823), descubridor de la vacuna de la viruela: *vacuna jenneriana.*

jeque (ár. *xef,* viejo) ***m.*** Régulo que entre los musulmanes y otros pueblos orientales gobierna un territorio.

jera (l. *diaria*) ***f.*** *Sal.* Obrada, jornal. 2 *Zam.* Ocupación, quehacer. 3 *Extr.* Yugada.

jerapellina ***f.*** Vestido viejo hecho pedazos o andrajoso.

jerarca (gr. *hierarches*) ***m.*** Superior y principal en la jerarquía eclesiástica y p. ext. en otras jerarquías.

jerarquía (l.-gr. *hierarchia;* comp. de gr. *hierós,* sagrado + *árchomai,* mandar) ***f.*** Orden entre los diversos coros de espíritus angélicos. 2 Orden o grados de categoría y poder que existen en la Iglesia docente: *~* ***de orden,*** la que se origina en el sacramento del orden y comprende a los que han recibido algunos de sus siete grados; *~* ***de jurisdicción,*** la que confiere la Iglesia para regir a los fieles y que comprende a todas las personas que intervienen en su gobierno. 3 p. ext. Orden por el cual uno depende de su superior y dirige a su vez a un inferior: *~ militar.* 4 Persona o grupo de personas que toman las decisiones en una organización, empresa, institución, etc.: *la ~ religiosa.* 5 fig. Categoría: *persona de ~.*

jerárquicamente ***adv. m.*** De manera jerárquica.

jerárquico, -ca (l. *hierarchicus*) ***adj.*** Relativo a la jerarquía.

jerarquización ***f.*** Orden conforme a la jerarquía.

jerarquizar ***tr.*** Organizar jerárquicamente [una agrupación, sociedad, etc.]. ◇ ** CONJUG. [4] como ***realizar.***

jerbo (ár. *yerbo*) ***m.*** Mamífero roedor del norte de África, de unos 10 cms. de longitud, más la cola que mide 20 cms.; las patas posteriores son extraordinariamente largas *(Jaculus jaculus).* ◇ También *gerbo.*

jeremía ***m.*** Pepita del pimiento.

jeremíaco, -ca (de *Jeremías*) ***adj.-s.*** Que gime o se lamenta con exceso.

jeremiada ***f.*** hum. Lamentación exagerada de dolor.

Jeremías ***n. pr.*** BIBL. Profeta hebreo, autor del libro de su nombre y de las *Lamentaciones.*

jeremías ***m.*** Persona que se lamenta continuamente.

jeremiquear ***intr.*** *And.* y *Amér.* Lloriquear, gimotear. 2 *Amér.* Rogar con insistencia.

jeremiqueo ***m.*** *And.* y *Amér.* Lloriqueo, gimoteo. 2 *Amér.* Ruego insistente.

jerez ***m.*** Vino blanco de fina calidad elaborado en Jerez de la Frontera.

SIN. **Xerez, cherry,** esp. como nombre internacional.

jerezano, -na ***adj.-s.*** De Jerez de los Caballeros o de la Frontera, ciudades de España.

I) jerga (l. *serica,* de seda) ***f.*** Tela de lana, gruesa y tosca. 2 Jergón (colchón). 3 *Argent.* y *Chile* Pieza de lana o algodón que se pone en el recado de montar.

II) jerga (del prov. ant. *gergon* < del fr. ant. *jargon* < del fr. dial. *gargon,* gorjeo de los pájaros, de la raíz onomat. *garg-*) ***f.*** Lenguaje especial que usan los individuos de ciertas profesiones y oficios. 2 Lenguaje de mal gusto, difícil de entender.

SIN. *2* **Jerigonza.**

jergafasia ***f.*** Variedad de afasia en la que el lenguaje es incomprensible.

jergal ***adj.*** Propio de la jerga II.

I) jergón ***m.*** Colchón de paja, esparto o hierbas y sin bastas. 2 fig. Vestido mal hecho. 3 fig. Persona gruesa, tosca y perezosa.

II) jergón ***m.*** Circón de color verdoso.

jergueta ***f.*** Tela gruesa y tosca.

jerguilla ***f.*** Tela delgada parecida a la jerga. 2 *Chile.* Pez con una sola aleta dorsal y los radios inferiores de las pectorales libres *(Aplodactylus punctatus).* 3 *Chile.* Carne que tiene la res vacuna a ambos lados del cogote hasta frente a las manos.

SIN. *3* **Sobrecostillas.**

jeria ***f.*** *Méj.* vulg. Feria.

jeribeque ***m.*** Guiño, visaje, contorsión: *hacer jeribeques.* 2 *Logr.* Cosa complicada, adorno enrevesado, trazo o línea difícil, etc.

jericoplear ***tr.*** *Guat.* y *Hond.* Fastidiar, molestar.

jerife (ár. *xerif,* noble) ***m.*** Descendiente de Mahoma por su hija Fátima. 2 Individuo de la dinastía reinante en Marruecos. 3 Jefe de la ciudad de La Meca. ◇ También *jarife.*

jerifiano, -na ***adj.*** Relativo al jerife: ***majestad jerifiana,*** sultán de Marruecos.

jerigonza ***f.*** Jerga (lenguaje). 2 Acción extraña y ridícula.

jeringa (l. *syringa,* tubo, der. del gr. *syrinx, syringos,* caña, tubo) ***f.*** Instrumento para aspirar o impeler líquidos, compuesto de un tubo dentro del cual juega un émbolo; esp., el que sirve para poner ayudas o inyecciones. 2 Instrumento de igual clase dispuesto para introducir materias blandas; como en la confección de embutidos. 3 fig. *y* fam. Molestia, pejiguera, importunación.

jeringación ***f.*** fam. Acción de jeringar.

jeringador, -ra *adj.-s.* fam. Que jeringa.
jeringar *tr.* Arrojar o inyectar un líquido por medio de la jeringa. 2 fig. Molestar o enfadar [a alguno]. ◇ ** CONJUG. [7] como *llegar.*
jeringatorio *m.* fam. Jeringación.
jeringazo *m.* Acción de jeringar (un líquido). 2 Líquido así arrojado.
jeringón, -gona *adj. Amér.* Fastidioso.
jeringuear *tr. Amér.* Jeringar, fastidiar [a alguien].
I) jeringuilla *f.* Arbusto saxifragáceo de flores blancas, olorosas y de hojas grandes y ovaladas *(Philadelphus coronarius).* 2 Flor de esta planta.
SIN. **Celinda.**
II) jeringuilla *f.* Jeringa pequeña que sirve para inyectar substancias medicamentosas en el interior de tejidos u órganos.
jerjén *m. Chile.* Jején, mosquito.
jeroglífico, -ca (gr. *hierós,* sagrado + *glipho,* grabar) *adj.* Relativo a la escritura de algunos pueblos antiguos, esp. de los egipcios, que usaron primitivamente signos ideográficos y más tarde estos mismos caracteres combinados con otros fonéticos que representaban ya un sonido o una sílaba. -2 *m.* Carácter usado en esta escritura. 3 Escrito en que se ha substituido total o parcialmente las letras por signos ideográficos y cuyo descifre constituye gralte. un pasatiempo. 4 Emblema (símbolo).
SIN. **Hieroglífico.**
jeronimiano, -na *adj.* Relativo a los jerónimos.
jerónimo, -ma *adj.-s* De la congregación religiosa de San Jerónimo. 2 Jeronimiano. -3 *m. pl.* Congregaciones religiosas que se fundaron bajo la advocación de San Jerónimo (h. 347-420). La establecida en España a mediados del s. XIV gozó de gran prestigio, como lo revelan los monasterios de Yuste, Guadalupe, El Escorial y otros que pertenecen a ella.
jerosolimitano, -na *adj.-s.* De Jerusalén, c. de Palestina, hoy en Israel.
SIN. **Hierosolimitano** o, con aféresis, **solimitano.**
jerpa (l. *serpere,* arrastrarse) *f.* Sarmiento estéril de las vides. ◇ También *serpa.*
jerricote *m.* Guisado o potaje compuesto de almendras, azúcar, salvia y jengibre, cocido todo en caldo de gallina.
jerrón *m.* CARP. Instrumento a modo de grapa con dos patas que sirve para enlazar a las grandes vigas las cadenas con que han de ser arrastradas.
jerrycan (voz ingl.) *m.* Bidón para transportar gasolina.
jersey (de *Jersey,* isla) *m.* Especie de chaqueta hecha con tejido de punto. 2 *Amér.* Tejido de lana, seda, rayón o hilo, de punto de malla. ◇ Pl.: *jerseyes.* La Academia autoriza *jerséis.* ◇ También *yérsey* y *yersi.*
jerte *m.* Vino que se produce en Jerte (Cáceres).
jeruga (l. *siliqua*) *f.* Vaina (pericarpio tierno).
jeruza *f. Amér. Central.* Cárcel.
jesita *f.* Concha univalva del mar Mediterráneo.
jesnato, -ta (l. *Iesus,* Jesús + *natus,* nacido) *adj.-s.* [pers.] Que desde su nacimiento ha sido dedicada a Jesús.
Jesucristo *n. pr.* Hijo de María; segunda persona de la Santísima Trinidad; v. Dios.
jesuita *adj.-s.* Religioso de la Compañía de Jesús, fundada por San Ignacio de Loyola (1494-1556) en 1534 y aprobada por el papa Paulo III en 1540. Combatió con gran energía la Reforma protestante.
SIN. **Iñiguista** p. us.; **S. J.**, siglas que en abreviatura los religiosos de esta orden añaden a su nombre (*Societate Jesu*); **A.M.D.G.**, emblema de la orden (*Ad maioren Dei gloriam*).
jesuítico, -ca *adj.* Relativo a la Compañía de Jesús. 2 fig. Cauteloso.
jesuitina *adj.-f.* Religiosa de la congregación de Hijas de Jesús misioneras, fundada en Salamanca el año 1871, dedicada esp. a la educación de la juventud y a las misiones.
jesuitismo (de *jesuita*) *m.* Doctrina, sistema o principios religiosos y sociales de los jesuitas. 2 fig. Conducta cautelosa.
Jesús *n. pr.* Jesucristo. 2 ***En un decir ~***, en un instante, en un santiamén.
¡jesús! Interjección con que se denota asombro: *¡Jesús! ¡qué barbaridad!* ◇ También se usa cuando alguien estornuda.
jesusear *intr.* fam. Repetir muchas veces el nombre de Jesús. -2 *tr. Guat.* Calumniar [a alguien].
jet (ing.) *m.* ANGLIC. Reactor o avión a reacción. ◇ Se pronuncia *yet.*
jeta (variante de *seta* < probl. del gr. *septa,* cosas podridas, aplicado luego al hongo y al hocico) *f.* Boca saliente por su configuración o por tener los labios muy abultados. 2 Cara (parte de la cabeza). 3 Hocico del cerdo. 4 fam. *y* fig. Cara dura. 5 fam. *y* fig. Desfachatez, descaro. 6 *Ar.* fig. Nariz. -7 *f. Murc.* Grifo, espita. ◇ HOMÓF.: *geta* (adj.).
jetazo *m. Argent.* y *Venez.* Mojicón.
jetear (de *jeta*) *intr. Argent.* Comer a costa ajena.
jetera *f. Colomb.* Bozo o cabestro.
jet lag *m.* Desajuste temporal de las funciones físicas y psíquicas del cuerpo humano después de haber realizado un largo viaje en avión. ◇ Se pronuncia *yet lag.*
jetón, -tona (de *jeta*) *adj.* Que tiene jeta. 2 *Chile.* Tonto.
jet set (ing. *jet,* avión a reacción y *society,* sociedad) *f.* Grupo social económicamente fuerte, asiduo de los lugares que están de moda y que por ello es noticia. ◇ Se pronuncia *yet set.*
jetudo, -da (de *jeta*) *adj.* Jetón. 2 fig. *y* fam. Malhumorado, ceñudo. -3 *m.* Especie de dorada del río Cauca (Colombia).
Jezabel *n. pr.* BIBL. Esposa de Ahab, rey de Israel, conocida por su perversidad.
ji *f.* Vigésima segunda letra del **alfabeto griego, equivalente a la *j*.
¡ji, ji, ji! Interjección con que se denota risa, a veces con algo de ironía. 2 Interjección con que se expresa júbilo.
jía (voz indígena) *f. Cuba.* Nombre de varias plantas *(gén. Casearia, Samyda, Fagaria, Ximenia).*
jibá (voz indígena antillana) *f. Cuba, Méj.* y *S. Dom.* Arbusto silvestre de propiedades medicinales, de hojas ovaladas y frutos de color rojo *(Erythroxylon havanense).*
jibán *m. S. Dom.* vulg. Jilván.
jibarada *f. P. Rico.* Acción propia del jíbaro.
jibarero, -ra *adj. Cuba.* [perro] Que se utiliza para coger perros montaraces.
jibaresco, -ca *adj. P. Rico.* Propio del jíbaro.
jíbaro, -ra (prob. voz indíg. amer.) *adj. Amér.* Campesino, silvestre. 2 *Cuba.* [animal] Montaraz. -3 *adj.-s. Amér. Merid.* y *Méj.* Descendiente de lobo (saltatrás y mulata) y china (mulato y española). 4 *Ant.* y *Méj.* [pers.] Rústico, huraño. 5 *Ecuad.* y *Perú.* Indio salvaje. 6 *Méj.* desus. Descendiente de albarazado (chino y jenizara) y calpamula. 7 *Méj.* desus. Descendiente de calpamulato (mulato e india) e india. 8 *Méj.* desus. Descendiente de grifo (indio y loba) y zambo. 9 *Méj.* desus. Descendiente de lobo y mulata. 10 *S. Dom.* Cimarrón. -11 *m. f. Hond.* Persona alta y vigorosa. 12 *P. Rico.* Campesino blanco puertorriqueño. -13 *f. S. Dom.* Mujer liviana. 14 *Cuba.* Jibá.
jibe (voz indígena) *m. Cuba.* Cedazo o tamiz. 2 *Cuba.* Esponja ordinaria.
jibeonita *f. Hond.* Paca, roedor americano.
jibero *m. Chile.* Anzuelo para coger jibias.
jibia (l.-gr. *sepia;* a través del moz. *xibia*) *f.* Molusco cefalópodo de cuerpo oval, con diez tentáculos y una concha caliza, en el dorso, cubierta por la piel *(gén. Sepia).*
REL. La jibia pequeña se llama **choclo. Sepia**, se aplica a la jibia y a la materia colorante que se extrae de ella.
jibión *m.* Concha de la jibia. 2 *Sant.* Calamar.
jibraltareño, -ña *adj.-s.* Gibraltareño.
jicalcoate (méj.) *m.* Culebra acuática. 2 *Méj.* Cincuate.
jícama (méj. *xicamatl*) *f. Amér.* Nombre de varias plantas tuberculosas, medicinales o comestibles *(gén. Pachyrrhizus; Stenolobium; Calopogonium; Phaseolus).* 2 Tubérculo comestible de las mismas.
SIN. **Jiquima,** *Cuba* y *Ecuad.*
jicamo *m. S. Dom.* Soga o cuerda delgada.
jicaque *adj. Guat.* y *Perú.* Cerril o inculto.
jícara (náhu. *xicalli*) *f.* Vasija pequeña utilizada para tomar chocolate. 2 *Amér.* Vasija en forma de escudilla, hecha con materia de origen vegetal. 3 *Amér.* Fruto del jícaro. 4 *Amér. Central.* fest. Cabeza, en esp. de los animales. 5 *Méj.* Cabeza del calvo. 6 *Méj.* Arquilla en que se llevan frutas, panecillos, etc.
SIN. *1* **Pocillo.**
jicarada *f. Méj.* y *Nicar.* Capacidad de una jícara.
jicarazo *m.* Golpe dado con una jícara. 2 Propinación alevosa de veneno.
jicarear (de *jícara*) *tr. Méj.* Medir por jícaras.
jícaro *m. Amér. Central, Ant.* y *Méj.* Güira.
jicarón, -rona *adj. C. Rica.* Cabezudo.
jicarudo, -da *adj. Méj.* De cara ancha y frente abultada.
jichi *m. Bol.* Caracol. 2 *Bol.* Animal principal de una laguna.
jico *m. Cuba* y *P. Rico.* Hico.

jicote (mej. *xicotli*) ***m.*** *Amér.* Insecto himenóptero (gén. *Bombus).*
jicotea ***f.*** *Cuba.* Hicotea.
jicotera ***f.*** *Amér.* Nido de jicotes o avispas. 2 *Méj.* Ruido de las avispas.
jiddish ***m.*** Yiddish.
jiennense ***adj.-s.*** Jaenés.
jifa (ár. *chifa,* carne mortecina) ***f.*** Desperdicio que se tira en el matadero al descuartizar las reses.
jiferada ***f.*** Golpe dado con el jifero (cuchillo).
jifería ***f.*** Oficio de jifero.
jifero, -ra (der. de *jifa*) ***adj.*** Relativo al matadero. 2 fig. Sucio, soez. -3 ***m.*** Matarife. 4 Cuchillo del jifero (matarife).
jifia (l. gr. *xiphías*) ***f.*** Pez espada.
jiga ***f.*** Giga.
jigo ***m.*** *C. Rica.* Obsequio que hace uno el día de su cumpleaños o el onomástico a los que van a visitarlo.
jigote ***m.*** Gigote.
jigra ***f.*** *Colomb.* Saco de cabuya.
jigua ***f.*** *Amér.* Árbol de tronco muy grueso, cuya madera es sólida y pesada, por lo cual se usa en ebanistería *(Geoffrea superba).*
jiguagua (voz indígena) ***f.*** *Cuba.* Pez de más de una vara de largo, de carne poco estimada *(Caranx carangus).*
jiguatera ***f.*** *Colomb.* Ciguatera.
jiguato, -ta ***adj.*** *Colomb.* Ciguato.
jigüe (voz indígena) ***m.*** *Cuba.* Duende enano enamoradizo que vive en las aguas. 2 *Cuba.* Árbol leguminoso (gén. *Lisiloma).*
jigüera ***f.*** *Cuba* y *P. Rico.* Vasija de güira.
jiguilete ***m.*** Jiquilete.
jiguillo (de *higuillo*) ***m.*** *P. Rico.* Arbusto de la familia de las piperáceas, de corteza y hojas aromáticas.
jijallar ***m.*** Monte poblado de jijallos.
jijallo ***m.*** Caramillo (planta).
jijón ***m.*** Árbol de Cuba parecido a la caoba. -2 ***adj.*** TAUROM. Que tiene el pelo de color colorado encendido.
jijona ***f.*** Turrón fino original de Jijona, ciudad de Alicante. 2 Variedad de trigo álaga.
jilacata (voz aimara) ***m.*** *Perú.* Hilacata.
jilguera ***f.*** Hembra del jilguero.
jilguerito ***m.*** *Chile.* Landrecilla.
jilguero (l. **sericariu*) ***m. f.*** Ave paseriforme cantora, de plumaje pardo por el lomo, blanco con una mancha roja en la cara, y en las alas y cola, negro manchado de amarillo y blanco *(Carduelis carduelis).*
SIN. **Cardelina; carderola** (Huesca); **colorín; golorito** (Logr.); **pintacilgo, pintadillo, pinto** (Can.); **sietecolores** (Burg. y Pal.); **silguero, sirguero, soldadito.**
jilí ***m.*** fam. Gilí.
jilibioso, -sa ***adj.*** *Chile.* Dengoso, melindroso. 2 *Chile.* [caballo] Que, por molestia o desasosiego, está siempre moviendo alguna parte de su cuerpo.
jilipollada ***f.*** vulg. Gilipollada.
jilipolla, jilipollas ***com.*** vulg. Gilipollas.
jilipollear ***intr.*** vulg. Gilipollear.
jilipollez ***f.*** vulg. Gilipollez.
jilmaestre (al. *Schirrmeister,* maestro de arnés) ***m.*** ARTILL. Teniente de mayoral que suplía a éste en el gobierno de las caballerías que transportaban las piezas.
jilosúchil ***m.*** *Méj.* Planta de bellas flores de estambres sutiles y derechos, pero flexibles, de unos diez centímetros de largo *(Calliandria grandiflora; Caesalpinaia pulcherrima).*
jilote (mej. *xilotl,* cabello) ***m.*** *Amér.* Mazorca del maíz, cuando sus granos no han cuajado aún.
jilotear ***intr.*** *Amér.* Empezar a cuajar el maíz.
jilván ***m.*** *S. Dom.* vulg. Machetazo.
jimagua (voz indígena) ***adj.*** *Cuba* y *Méj.* Gemelo, mellizo.
jimba ***f.*** *Ecuad.* Trenza.
jimelga ***f.*** MAR. Chapuz, refuerzo de madera que se da algunas veces a los palos.
jimerito ***m.*** *Hond.* Especie de abeja pequeña *(Apis exigua).* 2 *Hond.* Panal fabricado por este insecto.
jimilile ***m.*** *Hond.* Carrizo de cañas muy delgadas y flexibles.
jimio ***m.*** Simio.
jimiquear ***intr.*** *P. Rico* y *S. Dom.* Jeremiquear.
jimplar ***intr.*** Himplar.
jinchera ***f.*** *P. Rico.* vulg. Hinchazón. 2 *P. Rico.* Palidez.
jincho, -cha ***adj.*** *P. Rico.* vulg. [pers.] Que está hinchado y muy pálido. 2 *P. Rico.* Pálido, descolorido.
jinda, jindama (del git. *jiñar, jiñdas,* u otra forma afín, evacuar el vientre) ***f.*** germ. Miedo. 2 TAUROM. Cobardía de los toreros.
jiné (del muisca *jine*) ***m.*** *Colomb.* Tulpa.
jinestada ***f.*** Salsa de leche, harina de arroz, especias y otros ingredientes.
I) jineta (ár. *charneit*) ***f.*** Mamífero carnívoro vivérrido, pequeño, de color gris obscuro, con la cola larga listada transversalmente de blanco y negro, cuya piel es apreciada *(Genetta genetta).* ◇ También *gineta.*
SIN. **Papialbillo, patialbillo.**
II) jineta ***f.*** Arte de montar a caballo con los estribos cortos. 2 Lanza corta que era insignia de los capitanes de infantería. 3 Charretera de seda que usaban los sargentos como divisa. 4 *Argent.* Galón, insignia militar.
jinetada (de *jinete*) ***f.*** Acto de vanidad o de jactancia, impropio del que lo ejecuta.
jinete (ár. vulg. *zeneti* < ár. clas. *zanaki,* individuo de Zeneta, tribu bereber) ***m.*** Soldado que peleaba con lanza y adarga montado a la jineta. 2 El que monta a caballo. 3 El que es diestro en la equitación. 4 *Cuba.* Sablista, petardista.
jinetear ***intr.*** Andar a caballo alardeando de gala y primor. -2 ***tr.*** *Amér.* Domar [caballos cerriles]. 3 *Hond.* y *Méj.* Montar [toros]. 4 *Méj.* Disponer temporalmente de dinero ajeno. -5 ***prnl.*** *Colomb.* Montarse, espetarse.
jinetearío ***m.*** *Méj.* Jinete poco hábil.
jinglar ***intr.*** Balancearse, mecerse.
jingoísmo (ing. *jingo,* patriota exaltado) ***m.*** Patriotería exaltada que propugna una política guerrera.
jingoísta ***com.*** Partidario del jingoísmo.
jíngol ***m.*** Azufaifa.
jinicuil ***m.*** Árbol frutal mejicano *(Inga jinicuil).*
jinjolero ***m.*** Azufaifo.
jinocal ***m.*** *Méj.* Asiento de bejuco.
¡jinojo! Interjección con que se denota extrañeza o enfado.
jinotegano, -na ***adj.-s.*** De Jinotega, c. y dep. de Nicaragua.
jinotepino, -na ***adj.-s.*** De Jinotepe, cap. del dep. de Carazo (Nicaragua).
jinquetazo ***m.*** *P. Rico.* Puñetazo.
jinquete ***m.*** *P. Rico.* Jinquetazo.
jinquetear ***intr.*** *P. Rico.* Pelear.
jiña ***f.*** *Chile.* Pizca, nonada. 2 *Cuba.* Excremento humano.
jiñar ***intr.*** vulg. Aliviar el vientre. -2 ***tr.*** *Logr.* Fastidiar.
jiñicuite ***m.*** Árbol, especie de terebinto, que se utiliza para setos vivos *(Terebinthus americana).*
jiote (mej. *xiotl*) ***m.*** *Amér.* Empeine, enfermedad cutánea.
jiotoso, -sa ***adj.-s.*** *Méj.* Que tiene jiote.
jipa ***f.*** *Amér.* Sombrero de jipijapa.
jipar ***intr.*** *Amér.* Hipar, jadear.
jipato, -ta ***adj.*** *Amér.* [pers.] De color amarillento, muy pálido. 2 *Cuba.* [fruta] Que ha perdido su peculiar substancia.
jipe ***m.*** *Méj.* Sombrero de jipijapa.
jipi ***m.*** Sombrero de jipijapa.
jipiar ***intr.*** Hipar, gemir, gimotear. 2 Cantar con voz semejante a un gemido. ◇ ** CONJUG. [13] como ***desviar.***
jipido ***m.*** Acción de jipiar. 2 Efecto de jipiar.
jipijapa (de *Jipijapa,* Ecuador) ***f.*** Bombonaje. 2 Tira que se saca de las hojas del bombonaje y sirve para tejer sombreros. -3 ***m.*** Sombrero que se hace de ella.
jipío ***m.*** Hipido. 2 Lamento en el cante andaluz.
jipucho, -cha ***adj.*** *Venez.* Jipato, muy pálido.
jíquera ***f.*** *Colomb.* Jigra, mochila.
jiquilete (méj. *xiuhquilitl*) ***m.*** Planta leguminosa, común en las Antillas, de cuyas hojas, por maceración y añadiendo al líquido una disolución de cal, se obtiene añil *(Indigofera cytisoides)*
SIN. **Jiguilete.**
jíquima ***f.*** *Cuba* y *Ecuad.* Jícama.
jiquipil ***m.*** *Méj.* ant. Medida de áridos equivalente a 80 hectáreas.
I) jira (extraído de *jirón*) ***f.*** Pedazo algo grande y largo que se corta o rasga de una tela. ◇ HOMÓF.: *gira (v.).*
II) jira (fr. ant. *chiere,* comida de calidad, del mismo orig. que *cara*) ***f.*** Banquete o merienda campestre. ◇ HOMÓF: *gira (v).*
jirafa (ár. *zarâfa*) ***f.*** Mamífero rumiante jiráfido, de unos 5 m. de altura, cuello alto y esbelto, cuernos cortos cubiertos por la piel, miembros posteriores más bajos que los anteriores, y pelaje entre rubio y amarillento con manchas leonadas *(Giraffa giraffa).* 2 Constelación boreal situada entre Casiopea y la Osa Mayor. 3 fig. Brazo articulado que sostiene un micrófono.

jiráfido *adj.-m.* Mamífero de la familia de los jiráfidos. -2 *m. pl.* Familia de rumiantes con breves prominencias frontales cubiertas de piel, mandíbula superior sin caninos ni incisivos, y extremidades inferiores más largas que las posteriores, a la que sólo pertenecen la jirafa y el okapi.
jirafista *com.* Persona encargada de manejar la jirafa (brazo articulado).
jirapliega (gr. *hierá pikrá,* amarga santa) *f.* FARM. ant. Electuario purgante compuesto de acíbar, miel clarificada y otros ingredientes.
jirasal (quizá del ár. *qarisiyá*) *f.* Fruto de la yaca.
jirel (ár. *chilel,* caparazón) *m.* Gualdrapa rica de caballo.
jiribilla *f. Cuba.* Entusiasmo por lo que otro hace o dice. 2 *Cuba.* Gracia, donaire [en las mujeres]. 3 *P. Rico.* fr. fest. ***Tener ~,*** estar inquieto, tener hormiguillo.
jiricaya *f. Méj.* Flan de crema de huevos con leche, azúcar y canela.
SIN. **Chiricaya.**
jiricua *f. Méj.* Sarna y otras dermatosis en las que el prurito es un síntoma importante.
jíride (l. *xyris, xyridis,* der. del gr. *xyrís*) *f.* Lirio hediondo.
jirimiquear *intr. Amér.* Jeremiquear.
jirimiquiento, -ta *adj. Guat.* Que jirimiquea.
jirocho, -cha *adj.* Campante, ufano, satisfecho. 2 TAUROM. [toro] De color uniforme que tiene una mancha blanca como ajironada que parte del ijar.
jirofina *f.* Salsa que se compone de bazo de carnero, pan tostado y otros ingredientes.
jirolí *m. Cuba.* Girolí.
jirón (fr. ant. *giron,* pedazo de vestido, der. del fráncico *gairo*) *m.* Faja que se echa en el ruedo del sayo o saya. 2 Pedazo desgarrado de una ropa. 3 fig. Parte pequeña de un todo. 4 Figura triangular del blasón. 5 *Perú.* Vía urbana compuesta de varias calles o tramos entre esquinas.
SIN. *2* **Desgarrón.**
jironado, -da *adj.* Roto, hecho jirones. 2 Guarnecido con jirones. 3 BLAS. V. escudo ~.
jirpear *tr.* AGR. Cavar las cepas de las vides alrededor dejando un hoyo donde se detenga el agua.
jirupí *m. Bol.* Girupí.
jisca (célt. *sesca*) *f.* Carrizo (planta).
jiste *m.* Espuma de la cerveza.
jitomate (del náhu. *xitli,* ombligo, y *tomatl,* tomate) *m. Méj.* Planta solanácea, especie de tomate muy rojo *(Lycopersicum esculentum).*
jiu-jitsu *m.* V. yiu-yitsu.
¡jo! Interjección ¡so! 2 Exclamación que denota sorpresa.
joajana *f. Venez.* Miedo, jindama.
joaquino *m. Chile.* Especie de pero grande y largo, de mejor sabor que el común.
job (de *Job,* patriarca bíblico) *m.* Hombre de mucha paciencia. ◇ Pl.: *jobs.*
jobada *f.* Yugada.
¡jobar! Interjección con que se denota molestia o enfado.
jobear *intr. P. Rico.* Comer jobos, hacer novillos.
jobeo *m. Perú.* Curación por frotación que practican los curanderos populares.
jobero, -ra *adj. P. Rico.* [caballo] De pelo blanco manchado de alazán y bayo. -2 *m. f. P. Rico.* Persona que hace novillos. -3 *m. Colomb.* Enfermedad que consiste en manchas de colores en la piel.
joberoso, -sa *adj. Colomb.* Que padece jobero.
jobillo *m. P. Rico.* ***Comer jobillos,*** comer jobos, hacer novillos.
jobo (del taíno *hobo*) *m. Amér. Central, Ant., Colomb.* y *Venez.* Árbol terebintáceo americano, de fruto amarillo parecido a la ciruela *(Spondias lutea).* 2 Fruto de dicho árbol. 3 *Colomb.* Cepo o madero con que se ata una res, un loco, etc. 4 *Colomb.* p. ext. Palo recio. 5 *Guat.* Especie de aguardiente. 6 *P. Rico.* ***Comer jobos,*** hacer novillos.
SIN. *1* **Hobo.**
jocha (voz quechua) *f. Ecuad.* Contribución voluntaria que se da a un indio que hace una fiesta.
jochar *tr. Colomb.* Estimular molestando.
jochatero *m. Bol.* Caudillo político.
joche *m. Bol.* Agutí (roedor).
jochear *tr. Bol.* Torear, azuzar.
jocinegro, -ra *adj.* TAUROM. Bocinegro.
jocinero, -ra *adj.* TAUROM. Bocinero.
jockey (ing.) *m.* V. yoquey.
joco, -ca (náhu. *xocotl,* fruta agria) *adj. Amér. Central.* Agrio, acre, fermentado. -2 *m. Bol.* Calabaza. 3 *Colomb.* vulg. Hueco.
jocó (voz del Congo) *m.* Orangután. ◇ Pl.: *jocoes.*
jocoatole (mej. *xococ,* agrio, y *atolli,* atole) *m. Méj.* Especie de atole.
jococuistle *m. Méj.* Género de bromeliáceas.
jocolote *m. Hond.* Jacal, choza.
jocomico *m. Hond.* Árbol de fruto dulce y agradable.
jocoque *m. Méj.* Leche cortada; nata agria. 2 *Méj.* Preparación hecha con esta leche.
jocosamente *adv. m.* Con jocosidad, chistosamente.
jocoserio, -ria *adj.* Que participa de lo serio y de lo jocoso: *drama ~.*
SIN. **Tragicómico.**
jocosidad *f.* Calidad de jocoso. 2 Chiste, donaire.
jocoso, -sa (l. *iocosu*) *adj.* Gracioso, chistoso, festivo.
jocosúchil *m. Méj.* Pimiento de Tabasco.
jocotal *m. Amér. Central* Especie de jobo o ciruelo *(Spondias purpurea).*
jocote (náhu. *xocotl,* fruta agria) *m. Amér. Central.* Jobo (árbol y fruto).
jocotear *tr. Guat.* Coger jocotes. 2 *Guat.* eufem. Molestar, fastidiar.
jocoyol *m. Méj.* Especie de acedera.
jocoyote (mej. *xocoyotl*) *m. Méj.* Benjamín, hijo menor.
SIN. **Socoyote.**
jocú *m. Cuba.* Pez parecido al pagro *(Mesoprion jocu).*
jocuma (voz indígena) *f. Cuba.* Árbol sapotáceo de madera dura y fuerte, empleada en ebanistería *(Sideroxylon foetidissimum).*
jocundidad (l. *iucunditate*) *f.* Alegría, jovialidad, apacibilidad.
jocundo, -da (l. *iucundu*) *adj.* Jovial, alegre, jocoso.
joder (l. *futuĕre*) *tr.* Practicar el coito. -2 *tr.-prnl.* fig. *y* fam. Molestar, fastidiar. 3 fig. *y* fam. Estropear, destrozar, arruinar, echar a perder. 4 fig. *y* fam. Lastimar, hacer daño.
¡joder! Interjección con que se denota sorpresa, contrariedad, molestia y enfado.
jodido, -da *adj.* pp. de joder. 2 fig. *y* fam. Maldito, despreciable. 3 fig. *y* fam. Fastididoso, desagradable, enojoso, molesto. 4 fig. *y* fam. Difícil, complicado. 5 fig. *y* fam. Roto, estropeado. 6 fig. *y* fam. Lastimado. -7 *m. f. Venez.* fig. Persona de modales finos y remilgados. 8 ***Estar ~,*** estar molesto, enfermo, desmoralizado.
jodienda *f.* vulg. Realización del coito. 2 Molestia, complicación.
¡jodo! Interjección ¡Joder!
Joel *n. pr.* BIBL. Uno de los profetas menores del Ant. Testamento. 2 BIBL. Libro que contiene sus profecías.
jofaina (ár. *chufaina*) *f.* Vasija ancha y poco profunda que sirve esp. para lavarse la cara y las manos.
SIN. **Palancana, palangana; aljofaina** es p. us. y ant.; **almofía** ant.
jofor (ár. *yufur*) *m.* Pronóstico, entre los moriscos.
joggin (del inglés *jog,* trotecito) *m.* Ejercicio físico consistente en correr durante cierto tiempo a poca velocidad, dentro o fuera de la ciudad, solo o en grupo, sin afán competitivo. ◇ Se pronuncia *yoguin.*
jojana *f. Venez.* Modo de decir las cosas como burlándose.
jojoba *f.* Arbusto dioico, cuyas semillas son comestibles y de las cuales se obtiene un aceite de uso industrial *(Simmondsia californica).*
jojoto, -ta *adj. Cuba* y *P. Rico.* Ojoto, zocato. 2 *S. Dom.* Fruto mal desarrollado. 3 *S. Dom.* Sujeto anémico. -4 *m. Venez.* Fruto del maíz en leche.
jóker (voz inglesa) *m.* Comodín de los juegos de cartas. ◇ Se pronuncia *yóquer.*
jola *f. Méj.* vulg. Dinero, moneda.
joles *m. pl. Amér. Central.* Dinero, reales.
jolgorio *m.* Holgorio.
¡jolín! ¡jolines! Interjección con que se denota molestia o enfado.
jolino, -na *adj. Méj.* Colino, corto, sin cola.
jolita *f.* Cordierita.
jolito (it. *giolito*) *m.* Calma, suspensión.
jollín (l. v. *fulligine* < l. *fuligo, -iginis;* con pronun. andaluza) *m.* fam. Gresca, holgorio.
jolón *m. Colomb.* Curvatura que se forma en una vela u otra cosa por el estilo que no esté tirante. 2 *Colomb.* Alforja. -3 *adj. Méj.* Chincolo. -4 *m. Méj.* Nido o panal de avispas silvestres.

jolongo *m. Cuba.* Morral, mochila.
jolote *m. Méj.* Guajolote.
joma *f. Méj.* Joroba.
jomado, -da *adj. Méj.* Jorobado.
jomar *tr. Méj.* Jorobar, encorvar.
jomeinista *adj.-s.* Partidario o seguidor de las ideas político-religiosas del dirigente iraní Ruhollah Jomeini (1900-1989).
jomete *m. Bol.* Harina de maíz hervida, sin condimento.
jometoto *m. Bol.* Palo para batir, en general.
Jonás *n. pr.* BIBL. Profeta hebreo. La historia de su desobediencia y castigo está en el libro de su nombre (abreviado *Jon.*). Habiendo naufragado en una tempestad, fue devorado por una ballena, en cuyo vientre permaneció tres días.
jondear *tr. Amér. Central.* Tirar, arrojar [un objeto]. -2 *prnl. Colomb.* y *P. Rico.* Lanzarse de lo alto abajo, caer al fondo. 3 *Méj.* Acobardarse, revelar un secreto.
jondo, -da (and.) *adj.* ***Cante*** **~**, cante flamenco.
jone *m. Bol.* Barro endurecido.
jónico, -ca (l. *ionicu*) *adj.-s.* De Jonia, antigua región del oeste de Turquía y del este de Grecia. -2 *adj.* V. orden jónico. 3 Relativo al orden jónico. -4 *adj.-m.* Dialecto del griego común, hablado antiguamente en esta región. 5 **~** ***mayor*** y ***menor,*** pies de la versificación clásica.
jonio, -nia (l. *ioniu*) *adj.-s.* Jónico.
jonja *f. Chile.* Burla, fisga, vaya.
jonjabar *tr.* fam. Engatusar, lisonjear [a alguien].
jonjabero, -ra *adj.* Zalamero.
jonjear *tr. Chile.* Hacer burla [de alguien o algo].
jonjera *f. Chile.* Majadería.
jonjero, -ra *adj. Chile.* Burlón, majadero.
jonjolear *tr. Colomb.* Cuidar, mimar [a alguien].
jonote *m. Méj.* Género de árboles tiliáceos mejicanos.
jonuco *m. Méj.* y *Salv.* Chiribitil, covacha.
joparse (de *¡jopo!*) *prnl. Ar., Logr.* y *Sor.* Irse, huir, escapar.
jopazo (de *jopo*) *m. And.* Vuelta violenta, chuzazo, guiñazo.
¡jopé! Interjección ¡Joder!
jopear *intr.* Hopear. 2 *Nav.* Huir, escapar, echar o salir de un sitio apresuradamente. -3 *tr. Guat.* Ojear, espantar [los animales]. 4 *Méj.* Guiar [el ganado] dando voces. 5 *Venez.* Apremiar, animar.
jopo *m.* Hopo. 2 *Murc.* Penacho de la caña verde. 3 Orobanca. 4 *Argent.* y *Bol.* Alfiler grande para prender el pelo.
¡jopo! Interjección ¡Largo de aquí! ¡fuera!
jopona (de *jopo*) *f. And.* Liebre.
joquena *f. C. Rica.* Porsiacaso, bolsa.
jora (quechua o aimara *sora*) *f. Amér.* Maíz preparado para hacer chicha.
jorco *m.* Árbol dioico de América que tiene flores pequeñas de color amarillo verdoso y frutos carnosos comestibles *(Rhedia edulis).*
Jordán (de *Jordán,* río de Palestina donde fue bautizado Jesús) *n. pr.* fig. *y* desus. Lo que remoza, hermosea y purifica: ***ir al*** **~**, remozarse o convalecer.
jordano, -na *adj.-s.* De Jordania, nación del Oriente Medio.
jorear (probl. de or. port.) *tr. Extr.* Cribar.
jorfe (ár. *chorf,* dique de piedra) *m.* Muro de sostenimiento de tierras. 2 Peñasco tajado que forma despeñadero.
jorga *f. Ecuad.* Grupo de gente de mal vivir.
jorge *m.* ZOOL. Abejorro (coleóptero).
Jorge *fr.* ***Tirar de la oreja a*** **~**, jugar a los prohibidos.
jorguín, -guina (vasc. *sorguina,* bruja) *m. f.* Hechicero.
jorguinería *f.* Hechicería.
jorja *f. Méj.* Sombrero de paja.
jornada (probl. del prov. *jornada,* der. de *jorn,* día, der. a su vez de *diurnu,* diurno) *f.* Camino que se anda en un día de viaje. 2 Todo el camino o viaje. 3 Expedición militar. 4 Tiempo de duración de un trabajo o una diversión: **~** *deportiva.* 5 Viaje que hacían los reyes a los sitios reales. 6 Tiempo que residían en alguno de esos sitios. 7 fig. Tiempo que dura la vida de un hombre. 8 fig. Tránsito del alma de esta vida a la eterna. 9 fig. Acto (parte escénica) del ant. poema dramático español. 10 Episodio de una película o novela. 11 fig. Lance, circunstancia. 12 *Amér.* Tiempo dedicado a una actividad especial.
jornal (prov. ant. *jornal,* der. de *diurnale,* diario) *m.* Estipendio que se gana por cada día de trabajo. 2 Este mismo trabajo. 3 Medida agraria; varía de extensión según el lugar.
jornalar *tr.* Ajornalar.
jornalear *intr.* Trabajar a jornal.
jornalero, -ra *m. f.* Persona que trabaja a jornal.
joroba (ár. *hadaba*) *f.* Corcova. 2 fig. Impertinencia y molestia enfadosa.
SIN. *1* **Joma,** en Méj.
¡joroba! Interjección con que se denota contrariedad, disgusto, enfado, enojo, fastidio, sorpresa.
jorobado, -da *adj.-s.* Corcovado. -2 *m. Cuba, Méj.* y *P. Rico.* Pez pequeño del Caribe, de color plateado *(Selene argentea).* 3 *Guat.* Cierto pájaro *(Hylomanes gularis).*
jorobadura *f.* Acción de jorobar. 2 Efecto de jorobar.
jorobar *tr.- prnl.* Molestar, fastidiar. 2 fam. Estropear. -3 *prnl.* fam. Aguantarse.
SIN. *1* **Gibar.**
jorobeta *m.* fam. Jorobado.
jorón (probl. de or. port.) *m. Extr.* Criba.
joronche *adj. Méj.* Jorobado, corcovado.
jorongo *m. Méj.* Poncho con que se cubre la gente del campo. 2 *Méj.* Colcha, frazada de lana.
joropear *intr. Venez.* Bailar el joropo.
joropo *m.* Baile popular venezolano de origen colonial. 2 Música y canto de este baile. 3 *Venez.* Fiesta hogareña.
jorrar *tr.* Arrastrar [una red].
jorro (ár. *char,* arrastre) *m.* ***Red de*** **~**, red barredera.
jorungar *intr. Venez.* Hurgonear. ◇ ** CONJUG. [7] como *llegar.*
jorungo *m. Venez.* Gringo, extranjero. -2 *adj. Cuba.* Fastidioso.
josa (ár. *hox,* jardín) *f.* Huerto sin cerca.
josco, -ca *adj. Amér.* Hosco, color obscuro del ganado. 2 *Méj.* Caballería espantadiza.
josé *m. Guat.* Indio.
José *n. pr.* BIBL. Patriarca hebreo, uno de los hijos de Jacob. 2 BIBL. ***San*** **~**, esposo de María y padre putativo de Jesús. 3 BIBL. **~ *de Arimatea,*** hombre rico que enterró el cuerpo de N. S. Jesucristo.
josefinismo (de *José II,* 1741-1790, emperador de Austria) *m.* Sistema político absolutista que propugna la sumisión de la Iglesia al Estado en todas las materias no estrictamente dogmáticas. Se aplicó esp. en los siglos XVII y XVIII.
josefino, -na *adj.-s.* De San José, c. y prov. de Costa Rica. 2 De San José, dep. del Uruguay. -3 *adj.* Relativo a todo individuo llamado José. 4 Relativo o perteneciente a las congregaciones fundadas bajo la advocación de San José. 5 Afrancesado, partidario de José Bonaparte (1768-1844). 6 *Chile.* Clerical.
jostrado, -da *adj.* ***Virote*** **~**, el que está guarnecido con un cerco de hierro.
jostrar *tr.* MAR. Unir, igualar la boga, mover a compás. 2 MAR. Animar a los bogadores con un canto ex profeso.
Josué *n. pr.* BIBL. Profeta hebreo. 2 Libro de su nombre en el Ant. Testamento.
I) jota *f.* Nombre de la letra *j.* 2 Con negación, cosa mínima: ***no entender,*** o ***saber, uno*** **~**, o ***una*** **~**, ser muy ignorante en una cosa; ***no ver uno ni*** **~**, no ver nada. 3 fig. ***No le falta una*** **~**, no le falta nada.
II) jota (ant. *sota,* baile, del cast. ant. *sotar,* bailar, der. del l. *saltare,* bailar) *f.* Baile popular de distintas regiones españolas. 2 Música y canto de este baile.
III) jota (ár. *fotta*) *f.* Potaje de verduras, rehogado en caldo de la olla.
IV) jota *f. Amér.* Ojota.
jote *m.* Zopilote. 2 *Chile.* Cometa cuadrangular.
jotero, -ra *adj.-s.* [pers.] Que canta, baila o compone jotas.
joto, -ta *adj. Méj.* Afeminado. -2 *m. Colomb.* Maleta, lío.
jotraba (de *trabajo;* por metátesis silábica) *m. Argent.* fam. Trabajo.
joturo *m. Cuba.* Pez de río, parecido a la lisa, pero de cabeza chata *(Joturus pichardi).* -2 *adj. Cuba.* [bestia] Que tiene prominente la parte frontal hacia el hocico.
joule (de *Joule,* 1818-1889, físico inglés) *m.* Julio (unidad de trabajo), en la nomenclatura internacional.
Jove *n. pr.* MIT. Júpiter.
joven (l. *iuvene*) *adj.-com.* De poca edad. -2 *com.* Persona que está en la juventud. ◇ Como adj. se aplica a cualquier ser vivo: *árbol, caballo, persona* **~**. Como subst. se usa sólo para personas.
SIN. **Mozo, -za; mancebo, -ba,** si tiene muy pocos años; **zagal, -la,** adolescente.
jovenado *m.* Tiempo que en algunas órdenes están bajo la dirección de un maestro los religiosos profesos.
jovenete *m.* Jovenzuelo osado o petulante.
jovial (l. *iovale*) *adj.* Relativo a Jove o Júpiter. 2 Alegre, festivo, apacible.

jovialidad *f.* Alegría y apacibilidad de genio.
jovialmente *adv. m.* Con jovialidad.
joya (l. *gaudia*) *f.* Objeto de metal precioso, a veces con perlas y piedras finas, para adorno de las personas. 2 Brocamantón. 3 fig. Cosa o persona ponderada, de mucha valía. 4 Agasajo hecho por reconocimiento de algún servicio. 5 ARQ. y ARTILL. Astrágalo. -6 *f. pl.* Conjunto de ropas y alhajas que lleva una mujer cuando se casa.
SIN. *1* **Alhaja.**
joyante *adj.* [seda] Fina y de mucho lustre.
joyel *m.* Joya pequeña.
joyelero *m.* Guardajoyas (persona).
joyera *f.* Joyero, caja para joyas. 2 Mujer que hacía y bordaba adornos mujeriles.
joyería *f.* Establecimiento donde se construyen o venden joyas. 2 Comercio de joyas.
joyero *m.* El que tiene por oficio hacer o vender joyas. 2 Estuche, caja o armario para guardar joyas. 3 Molusco lamelibranquio de valvas desiguales *(Chama gryphoides).* 4 *Amér.* Orífice.
joyo (l. *loliu*) *m.* Cizaña (planta).
joyolina *f. Guat.* fam. Cárcel.
joyuyo *m.* Ave anseriforme americana de plumaje muy vistoso y de carne muy apreciada *(Aix sponsa).*
¡ju ju! Interjección ¡Ijujú!
júa *m. And.* Judas (muñeco).
juácara *f. Colomb.* desp. Cuácara, levita II.
juagar (aféresis de *enjuagar*) *tr. Argent., Colomb.* y *Méj.* Enjuagar. ◇ ** CONJUG. [7] como ***llegar.***
juagaza *f. Colomb.* En los trapiches, meloja.
juaguilla *f. And.* Abubilla.
juan *m. Bol.* y *Méj.* Soldado. 2 *Perú.* Especie de budín de carne.
Juan *n. pr.* fam. ~ ***Lanas,*** hombre apocado que obedece con excesiva facilidad. 2 ~ ***Palomo,*** hombre que no se vale de nadie, ni sirve para nada. 3 ***Buen*** ~, hombre sencillo y fácil de engañar. 4 ~ ***Español,*** personificación de los españoles. 5 ***Don*** ~, Don Juan Tenorio. 6 ~ ***Soldado,*** personificación del soldado español. 7 ~ ***pirulero,*** cierto juego de prendas. 8 *Amér. Central.* ~ ***Vainas,*** Juan Lanas. 9 *Cuba.* ~ ***perillán,*** baile ant., cantado por muchas parejas. 10 *Méj.* ~ ***Cuerdas,*** prototipo hipotético de todas las excelencias. 11 *P. Rico.* ~ ***caliente,*** fuete hecho del bejuco así llamado. 12 *Venez.* ~ ***Bimbas,*** Juan Lanas, zoquete. 13 *Venez.* ~ ***Bimbe,*** ant. baile popular. 14 fr. *y* fig. ***Ser [algo]*** ~ ***y Manuela,*** no servir para nada.
juana *f. Colomb.* Mujerzuela. 2 *Guat.* Policía.
juanas *f. pl.* Palillos que usan los guanteros para ensanchar los guantes.
juancagado *m. Hond.* Variedad del búho cuyo canto parece imitar su propio nombre.
juanchi *m. Guat.* Especie de gato montés *(Felis tigrina).*
juanearse *prnl. La Mancha.* Andar uno con balanceo, cerniéndose. -2 *tr. Argent.* Chasquear [a alguien].
Juanelo *n. pr.* ***El huevo de*** ~, v. huevo.
juanés, -nesa *adj.-s.* De San Juan de los Morros, cap. del Estado de Guárico (Venezuela).
Juanes *n. pr.* Famoso espadero toledano: ***la de*** ~, la espada.
juanesca *f.* fig. Mezcla, confusión. 2 *Ecuad.* Manjar que se suele comer el Jueves Santo.
juanetazo *m. P. Rico* y *S. Dom.* vulg. Trago de licor.
juanete (dim. o desp. de *Juan,* refer. a gente rústica) *m.* Pómulo muy abultado. 2 Hueso del nacimiento del dedo grueso del pie, cuando sobresale demasiado. 3 VETER. Sobrehueso que se forma en la cara inferior del tejuelo de las caballerías. 4 MAR. Verga que se cruza sobre las gavias, y las velas que en aquéllas se envergan. 5 *Colomb.* y *Hond.* Cadera.
juanetero *m.* MAR. Marinero encargado de la maniobra de los juanetes.
juanetudo, -da *adj.* Que tiene juanetes.
juanillo *m. Chile.* Gratificación, propina. 2 *Perú.* Soborno. 3 *Perú.* Derecho que cobran ciertas instituciones antes del contrato de arrendamiento. 4 *Perú.* Cantidad que paga el nuevo inquilino al anterior.
juanita *f. Méj.* fam. Marihuana.
juanramoniano, -na *adj.* Relativo al escritor español Juan Ramón Jiménez (1881-1958).
juarda (l. *sorde,* suciedad) *f.* Suciedad del paño mal desengrasado.
SIN. **Suarda.**
juardoso, -sa *adj.* Que tiene juarda.
SIN. **Asuardado.**
juarismo *m. Méj.* Doctrina política de Juárez (1806-1872).
juarista *adj.-com. Méj.* Partidario del juarismo.
juay *m. Méj.* Cuchillo.
juba *f.* Aljuba.
jubada *f.* Yugada.
jubete (de *jubón*) *m.* Coleto cubierto de malla de hierro que usaron los soldados españoles.
jubetería *f.* Establecimiento donde se vendían jubetes o jubones. 2 Oficio de jubetero.
jubetero *m.* El que tenía por oficio hacer jubetes o jubones.
jubilación *f.* Acción de jubilar o jubilarse. 2 Efecto de jubilar o jubilarse. 3 Haber pasivo de la persona jubilada.
jubilado, -da *adj.-s.* [pers.] Que se ha retirado del ejercicio de sus funciones y forma parte de la clase pasiva. 2 *Colomb.* y *Cuba.* fam. Sagaz, práctico. 3 *Colomb.* fig. Loco. 4 *Colomb.* fig. Pobrete, infeliz.
I) jubilar *adj.* Relativo al jubileo.
II) jubilar (l. *iubilare,* dar gritos de júbilo) *tr.* Eximir del servicio [a un funcionario] por razón de ancianidad o enfermedad: ~ *a alguno del empleo.* 2 fig. Desechar por inútil [alguna cosa]. -3 *intr.-prnl.* Alegrarse, regocijarse: *jubilemos en el Señor; jubilarse en el Señor.* -4 *prnl.* Conseguir la jubilación: *mañana me jubilo.* 5 *Amér. Central* y *Venez.* Faltar, hacer novillos. 6 *Colomb.* Abandonarse, venir a menos. 7 *Colomb.* Dementarse, perder la chaveta. 8 *Cuba* y *Méj.* Instruirse en un asunto, adquirir práctica.
jubileo (l. ecl. *iubilœu* < hebr. *yobel,* júbilo) *m.* Fiesta pública que celebraban los hebreos cada cincuenta años, en la cual se devolvían las heredades a sus antiguos dueños y los esclavos recobraban la libertad. 2 Espacio de cincuenta años entre los judíos. 3 Indulgencia plenaria, solemne y universal concedida por el Papa: *ganar el* ~. 4 fig. Entrada y salida frecuente de muchas personas.
júbilo (l. *iubilu*) *m.* Viva alegría manifestada con signos exteriores.
SIN. **Alborozo.**
jubilosamente *adv. m.* Con júbilo.
jubiloso, -sa *adj.* Lleno de júbilo.
I) jubo *m. Ar.* y *Nav.* Yugo.
II) jubo (voz indígena) *m. Cuba.* Culebra delgada *(Coluber cantherigerus).*
jubón (ár. *chuppa,* aljuba, chupa) *m.* Vestidura que cubre desde los hombros hasta la cintura, ceñida y ajustada al cuerpo. 2 fig. Paliza.
jubonero *m.* El que tiene por oficio hacer jubones.
jubre *m. Bol.* Churre que cría el sudor en la lana de las ovejas.
júcaro (voz indígena) *m.* Árbol de las Antillas, de madera muy dura, pero que se agrieta fácilmente *(gén. Bucida).*
SIN. **Húcar,** en P. Rico.
juchicopal *m. Méj.* Árbol que produce un bálsamo muy apreciado.
juco, -ca *adj. Hond.* Joco. -2 *m. Colomb.* y *Nicar.* Instrumento musical rústico de los negros. 3 *Ecuad.* Caña de las gramíneas.
jucó *m. C. Rica.* Totuma (vasija). 2 *C. Rica.* Corteza en tiras que se usa para atar varias cosas.
Judá *n. pr.* BIBL. Uno de los hijos de Jacob; fundador de la tribu de Judá, la cual llegó a constituir un reino al sur de Palestina.
judaica *f.* Púa de equino fósil.
judaico, -ca *adj.* Relativo a los judíos.
judaísmo *m.* Hebraísmo (sistema religioso). 2 Religión monoteísta basada en las doctrinas del Antiguo Testamento, esp. en las del Pentateuco, y en el Talmud. ◇ Toda ella está informada de una fe inquebrantable en la venida del Mesías, del cual esperan la salvación y triunfo del pueblo hebreo. Su culto se manifiesta pralte. en oraciones, lectura de la Ley, descanso sabatino, votos y circuncisión.
REL. **Sinagoga,** nombre de su templo.
judaización *f.* Acción de judaizar. 2 Efecto de judaizar.
judaizante *adj.-s.* Que judaíza. 2 Cristiano o converso que practicaba ocultamente ritos judíos. 3 Judío converso que, en el siglo primero de la Iglesia, sostenía que para salvarse no bastaba practicar la doctrina de Jesucristo, sino que, además, debía mantenerse la observación de la ley mosaica, incluso por parte de los paganos convertidos.
SIN. **Hebraizante.**

judaizar (l. ecl. *iudaizare*) ***intr.*** Abrazar la religión de los judíos. 2 Practicar ritos y ceremonias de la ley judaica. -3 ***tr.*** Poblar de habitantes judíos. ◇ **CONJUG. [4] como ***realizar.***
SIN. **Hebraizar.**

judas (de *Judas Iscariote,* el discípulo que vendió a Jesús) ***m.*** fig. Hombre alevoso, traidor, delator. 2 fig. Muñeco de paja y trapos que se pone en la calle y se quema después. En unos lugares se hace durante la Semana Santa y en otros la víspera de San Juan, quemándose esa misma noche. 3 fig. Gusano de seda que se engancha al subir al embojo y muere colgado sin hacer su capullo. 4 fig. Mirilla de las celdas de la cárcel. 5 *Méj.* Día onomástico. ◇ Pl.: *judas.*

judeocristianismo (l. *iudoen,* judío + *cristianismo*) ***m.*** Doctrina de los primeros tiempos del cristianismo, según la cual era necesaria la iniciación al judaísmo para entrar en la Iglesia de Cristo.

judeocristiano, -na ***adj.-s.*** Relativo al judeocristianismo.

judeoespañol (l. *iudoen,* judío + *español*) ***adj.-s.*** Judío expulsado de España en el s. XV y que conserva la lengua y las tradiciones españolas. -2 ***m.*** Español hablado por los descendientes de los judíos expulsados de España.

judería ***f.*** Barrio de los judíos. 2 Impuesto que pagaban los judíos. 3 *Amér.* fig. Travesura de muchachos, diablura, barrabasada.

judía ***f.*** Planta papilionácea hortense de tallos volubles, hojas trifoliadas, flores blancas y legumbres largas y aplastadas con varias semillas *(Phaseolus vulgaris).* 2 Fruto y semilla de esta planta. 3 En el juego del monte, naipe de figura.
SIN. **Alubia, habichuela,** son los más extendidos; **faba,** en Ast.; **fasol, fréjol, fríjol, frisol, frisuelo.**

judiada ***f.*** Hecho propio de judíos. 2 Muchedumbre o conjunto de judíos. 3 fig. Acción inhumana. 4 fig. Lucro excesivo y escandaloso.

judiar ***m.*** Tierra sembrada de judías.

judicatura ***f.*** Ejercicio de juzgar. 2 Cuerpo constituido por los jueces de un país. 3 Empleo de juez y tiempo que dura.

judicial (l. *iudiciale*) ***adj.*** Relativo al juicio, a la administración de justicia o a la judicatura.

judicialmente ***adv. m.*** Por procedimiento judicial.

judiciario, -ria ***adj.*** Relativo a la astrología. -2 ***m. f.*** Persona que por profesión se dedica a esta ciencia.

judiego, -ga ***adj.*** Relativo o concerniente a los judíos. -2 ***adj.-f.*** Aceituna buena para hacer aceite aunque no para comer.

judiete ***adj.-s.*** desp. De Alcañiz, provincia de Teruel.

judío, -a (l. *iudœu* < hebr. *yehudi,* de la tribu de Judá) ***adj.-s.*** Hebreo: ~ ***de señal,*** aquel al que se permitía vivir entre cristianos haciéndole llevar una señal en el vestido o en el tocado de manera que pudiera ser reconocido como tal. 2 De Judea, región de Asia antigua. -3 ***adj.*** Avaro, usurero. -4 ***m.*** Judión. -5 ***adj.-m.*** TAUROM. [toro] Huido. -6 ***m.*** *Cuba* y *P. Rico.* Pájaro todo negro con reflejos azules *(Crotophaga ani).* 7 *Méj.* y *Perú.* Especie de chotacabras *(Nyctibius jamaicensis).*

judión ***m.*** Variedad de judía, de tamaño mayor que la normal *(Phaseolus lunatus).*

judo ***m.*** V. yudo.

judoka ***com.*** V. yudoka.

juego (l. *iocu,* diversión) ***m.*** Acción de jugar: ~ *de niños.* 2 Diversión, ejercicio recreativo sometido a ciertas reglas y en la cual se gana o se pierde: ~ *de azar, de ingenio;* ~ ***de naipes*** o simplemente ~, aquel en que se juega con ellos; ~ ***de por ver,*** *Chile,* aquel en que no media interés alguno; ***abrir el*** ~, empezarlo; ***crear*** ~, proporcionar oportunidades para el desarrollo de nuevas jugadas (en el fútbol, en el dominó, en los juegos de naipes, etc.); ***juegos florales,*** certamen literario en el que se otorgan premios, generalmente flores naturales, a las composiciones poéticas merecedoras de ellos. La institución, fundada a principios del s. XIV por los trovadores de la Academia de Tolosa, debe su existencia en Cataluña a Juan I de Aragón (1350-1396). 3 Lugar donde se ejecutan ciertos juegos: *el ~ de pelota.* 4 Conjunto de ciertas cosas que sirven y se destinan al mismo fin: *un ~ de botones, de café, de naipes.* 5 Conjunto de cartas de un jugador: *tener buen ~.* 6 Unión de dos cosas que permite que una se mueva en relación con la otra: *el ~ de la llave en la cerradura.* 7 Movimiento resultante de esta unión. 8 Visos o cambiantes que resultan de la disposición particular o mezcla de algunas cosas: ~ *de luces, de colores, de aguas.* 9 fig. Habilidad para lograr algo. 10 fig. Papel desempeñado [por alguien o algo]: *el ~ del ministro en la negociación ha sido decisivo.* 11 ~ ***de bolas,*** cojinete. 12 ~ ***de manos,*** agilidad de manos con que los prestidigitadores burlan la vista de los espectadores con varios géneros de entretenimientos. 13 DEP. División de un set de tenis. 14 ~ ***pasivo,*** infracción que comete un equipo de balonmano al consevar la posesión del balón sin que se pueda observar una acción de ataque o una tentativa de lanzamiento. -15 ***m. pl.*** Luchas corporales, ejercicios atléticos, regatas, etc., y espectáculos públicos a que daban lugar, entre los antiguos: *los juegos olímpicos.* 16 ***Juegos malabares,*** ejercicios de destreza que consisten en lanzar y recoger objetos diversos, como platos, pelotas, puñales, botellas, etc., con rapidez y sin que caigan al suelo, o sostenerlos en equilibrio.
SIN. *12* **Masicoral, masecoral, masejicomar, pasapasa,** son ant. FR. fig. *Conocerle a uno el ~,* penetrar su intención; *hacer ~, estar (a) ~,* armonizar: *la corbata hace juego con el traje.*

¡juepucha! *Urug.* Interjección ¡Caramba!

juera ***f.*** *Extr.* Criba.

juerga (v. *huelga*) ***f.*** Diversión, jarana, esp. con canto y baile.

juerguearse ***prnl.*** fam. Irse de juerga. 2 Divertirse. 3 Burlarse, reírse de alguien.

juergueo ***m.*** fam. Juerga.

juerguista ***adj.-com.*** Aficionado a divertirse.

juerguístico, -ca ***adj.*** Relativo a la juerga.

jueves (l. *Iovis dies,* día consagrado a Júpiter) ***m.*** Quinto día de la semana: ~ ***Santo,*** el de la Semana Santa, en que se celebra la institución de la Eucaristía. 2 ~ ***lardero,*** el de carnestolendas. 3 ***La Semana de los tres*** ~, para indicar un plazo que no se cumplirá nunca. ◇ Pl.: *jueves.*

juey ***m.*** *P. Rico.* Cangrejo de tierra. 2 *P. Rico.* fig. Codicioso, avaro.

juez (l. *iudice,* ac. de iudex) ***com.*** Persona que tiene a su cargo aplicar las leyes con autoridad para juzgar y sentenciar: ~ ***arbitrador*** o ***árbitro,*** aquel en quien las partes se comprometen a que juzgue y arregle sus diferencias; ~ ***avenidor,*** en los asuntos comerciales esp., amigable componedor; ~ ***de hecho,*** el que sólo falla sobre la certeza del hecho y su calificación, como los jueces en cuestiones de riego o distribución de aguas; jurado (cada individuo); ~ ***de primera instancia e instrucción,*** el ordinario de un partido o distrito que conoce en primera instancia de los asuntos civiles no sometidos por la ley a los jueces municipales, y en lo criminal dirige la instrucción de los sumarios por delitos cometidos en su demarcación, excepto cuando se reservan a otros jueces; ~ ***de paz,*** el que antes de la instrucción de los jueces municipales, en 1870, oía a las partes y procuraba reconciliarlas, y resolvía de plano las cuestiones de ínfima cuantía; ~ ***municipal,*** el que nombre la Audiencia territorial para que en un término o distrito municipal conozca de los actos de conciliación y de los actos verbales y de faltas; puede no ser letrado; ~ ***prosinodal,*** examinador sinodal; ~ ***Supremo,*** Dios. 2 Persona designada para decidir en un concurso, discusión, etc., para emitir su opinión sobre algo: *tomar a uno por ~;* ~ ***de línea,*** o ***de banda,*** en ciertos deportes, auxiliar que vigila el juego desde las bandas laterales del terreno y cuya misión consiste en advertir al árbitro de las incidencias o faltas observadas; ~ ***de raya,*** *Argent.* y *Chile,* el que falla sobre el resultado de una carrera de caballos. 3 Magistrado supremo de Israel desde que éste se estableció en Palestina hasta la fundación de la monarquía. 4 Caudillo que, conjuntamente con otros, gobernó Castilla, a falta de sus antiguos condes, según la tradición.

jueza ***f.*** fam. Mujer del juez. 2 Mujer que desempeña el cargo de juez.

juga ***f.*** *Colomb.* Canción de boga (remero).

jugada ***f.*** Acción de jugar cuando toca el turno: *perdió todo el dinero en una ~.* 2 Lance del juego. 3 fig. Treta, mala pasada.

jugado, -da ***adj.*** *Colomb.* y *Méj.* Experimentado, experto.

jugador, -ra ***adj.-s.*** Que juega. 2 ~ ***de manos,*** prestidigitador, ilusionista. 3 Que tiene el vicio de jugar. 4 Hábil en el juego.
SIN. *3* **Tahúr.**

jugar (l. *iocari,* chancearse) ***intr.*** Hacer algo con el solo fin de entretenerse o divertirse: ~ *de manos.* 2 Tomar parte en un juego organizado para pasar el tiempo o por incitación del azar: ~ *a los naipes;* ~ *unos con otros.* 3 Actuar de jugador cada vez que ha de intervenir. 4 Entrar, tomar sobre sí el empeño de ganar la apuesta en ciertos juegos de naipes. 5 Entretenerse los niños o poner en función sus órganos o potencias a través del ejercicio imitativo del juego; p. ext., se dice también de los cachorros: ~ *a los bolos, al escondite.* 6 Travesear, retozar: ~ ***con,*** burlarse de alguno. 7 fig. Tomar parte en un negocio: *Antonio juega en este asunto;* ~ ***limpio,*** proceder en un negocio con lealtad y buena fe. 8 Ponerse una cosa que consta de piezas en movimiento o ejercicio, encajar: *la máquina, la puerta juega.* 9 Usar los miembros corporales dándoles el movimiento que les es natural. 10 Hacer juego, convenir una cosa con otra: *estos muebles no juegan bien con el decorado.* -11 *tr.* Llevar a cabo [un juego o una partida de juego]: ~ *un tresillo, una partida de ajedrez, un partido de fútbol.* 12 Hacer uso [de las cartas o piezas del juego]: ~ *una carta, una torre.* 13 Arriesgar: *Luis ha jugado cuanto tenía; jugarse la cabeza.* 14 Manejar [las armas]: *juega la espada.* 15 TAUROM. Lidiar toros. -16 *prnl.* Sortearse: *se juega hoy.* -17 *intr.-prnl. Amér.* Moverse una cosa dentro de otra por no estar muy ajustada. ◇ ** CONJUG. [53]. ◇ GALIC.: *jugar un papel, por desempeñar,* o *representar un papel.*

jugarreta *f.* fam. Jugada mal hecha. 2 fig. Truhanería, mala pasada.

juggle (voz inglesa) *m. Amér.* DEP. Pase de la pelota a un jugador del equipo propio por encima de otro contrario, en el baloncesto.

juglandáceo, -a (del l. *iuglande*) *adj.-f.* BOT. Planta de la familia de las juglandáceas. -2 *f. pl.* BOT. Familia de plantas que incluye árboles dicotiledóneos de hojas imparipinnadas, flores unixesuales y fruto en drupa; como el nogal. ◇ También *yuglandáceo.*

juglar (l. *ioculare*) *m.* El que por estipendio o dádivas iba por cortes, castillos y fiestas recitando, cantando, bailando o haciendo juegos y truhanerías.

juglara, juglaresa *f.* Mujer juglar.

juglaresco, -ca *adj.* Propio de juglar, o relativo a él.

juglaría *f.* Oficio de juglar.

juglarismo *m.* p. us. Actividad de los juglares.

jugo (l. *sucu*) *m.* Líquido contenido en ciertos tejidos de cuerpos orgánicos que puede extraerse por presión, cocción, etc., o se desprende por secreción: ~ *de limón, de la carne;* ~ ***celular,*** líquido acuoso que impregna el citoplasma o llena las vacuolas de la célula vegetal; ~ ***gástrico,*** secreción de las glándulas del estómago; ~ ***pancreático,*** secreción del páncreas. 2 fig. Lo útil y substancial de cualquier cosa. 3 ***Sacar*** ~, obtener provecho de algo.

SIN. *1* **Zumo,** tratándose de frutos, hierbas, flores, etc.

jugosidad *f.* Calidad de jugoso.

jugoso, -sa *adj.* Que tiene jugo. 2 fig. Substancioso, sabroso. 3 PINT. [colorido] Exento de se-quedad. 4 PINT. [dibujo] Exento de rigidez y dureza.

SIN. **Sucoso,** p. us.

juguete (probl. del prov. ant. *joguet,* de la raíz de *jugar*) *m.* Objeto hecho expresamente para jugar los niños. 2 Persona o cosa dominada por una fuerza material o moral: ~ *de las olas, de las pasiones.* 3 Burla o chanza. 4 Obra musical o teatral breve y ligera: ~ *lírico.*

juguetear *intr.* Entretenerse jugando y retozando. 2 TAUROM. Torear por la cara del toro adornándose y corriendo sin llegar a ejecutar ninguna suerte definida.

jugueteo *m.* Acción de juguetear.

juguetería *f.* Fábrica o comercio de juguetes.

juguetón, -tona *adj.* Que juega y retoza con frecuencia.

juicio (l. *iudiciu*) *m.* Facultad del entendimiento, en cuya virtud el hombre puede distinguir el bien del mal y lo verdadero de lo falso. 2 Estado de la sana razón: *estar en su cabal* ~. 3 fig. Seso, cordura: *no tener* ~. 4 Opinión: *a mi* ~, *no vale la pena.* 5 Acción de juzgar. 6 Resultado de juzgar. 7 Conocimiento de una causa, en la cual el juez ha de pronunciar la sentencia. 8 ~ ***contradictorio,*** proceso que se instruye para justificar el merecimiento para ciertas recompensas. 9 LÓG. Comparación entre dos ideas para conocer sus relaciones: ~ ***apodíctico,*** juicio que contiene una verdad necesaria, encerrada en la definición misma del sujeto; *la circunferencia es curva;* ~ ***problemático,*** juicio en el que el sujeto y el predicado convienen de un modo posible o contingente; *puede ser que haya habitantes en Marte;* ~ ***asertorio,*** juicio en el que el sujeto y el predicado convienen *de hecho; el cartero ha traído una carta para ti.* 10 ~ ***de Dios,*** forma medieval de investigar la inocencia de un acusado, que consistía en ser expuesto a una prueba peligrosa (duelo, fuego, etc.); si salía ileso, se le consideraba inocente, y culpable si sucumbía. 11 TEOL. ~ ***final*** o ***universal,*** el que hará Jesucristo al fin del mundo para premiar o castigar solemne y públicamente a cada hombre. 12 TEOL. ~ ***particular,*** el que Dios hace del alma en el instante en que se separa del cuerpo. Es uno de los novísimos. 13 FIL. ~ ***de valor,*** v. valor. 14 ~ ***de mayor cuantía,*** el declarativo de tramitación más solemne que versa sobre derechos inestimables pecuniariamente o cosas cuyo valor excede del límite fijado por la ley. 15 *Hond.* ***Poner en*** ~, castigar [a un chico].

REL. *8* **Término,** la expresión verbal de la idea; **proposición,** la expresión verbal de un juicio. Véase esta palabra para otras denominaciones de los juicios; **sujeto** y **predicado,** los conceptos que se comparan entre sí.

juiciosamente *adv. m.* Con juicio.

juicioso, -sa *adj.-s.* Que tiene juicio. -2 *adj.* Hecho con juicio. 3 Atinado, acertado.

juico, -ca *adj. Hond.* Sordo.

juil *m. Méj.* Pez lacustre, especie de trucha *(Leucus tincella).*

juila (ing. *wheel*) *f. Tejas* y *Nuevo Méjico.* ANGLIC. Rueda.

juilín *m. Guat.* y *Hond.* Pececillo de río, juil (gén. *Pimelodus).*

juina *f. Chile.* vulg. Fuina, garduña.

jujeño, -ña *adj.-s.* De Jujuy, c. y prov. de Argentina.

jujubo *m.* Azufaifo.

jula, julay *m.* vulg. Incauto. 2 vulg. Despreciable. 3 vulg. Homosexual.

jula-julas *m. pl. Bol.* Comparsa de danzantes aborígenes.

julepe (ár. *chuleb*) *m.* Poción de agua destilada, jarabes y otras materias medicinales. 2 Juego de naipes de seis jugadores, consistente en hacer como mínimo dos bazas de cinco posibles: ***dar*** ~ ***a uno,*** dejarle sin baza. 3 fig. Reprimenda, castigo. 4 fig. Consumo o esfuerzo excesivos. 5 ***Dar un*** ~, urgir, meter prisa. 6 *Amér.* Susto, miedo. 7 *Amér.* Ajetreo, trabajo, fatiga. 8 *P. Rico.* Lío, desorden.

julepear *tr.* fam. Dar una reprimenda [a alguien]. 2 fam. Azotar, cascar [a alguien]. 3 *Amér.* Asustar [a una persona]. 4 *Amér.* Atormentar, fatigar [a alguien]. 5 *Colomb.* Urgir, acelerar. 6 *Chile.* Olfatear [un peligro]. 7 *Ecuad.* Sacar [a una pers. o animal] de julepe. 8 *P. Rico.* Embromar.

julia *f.* Pez marino teleósteo, hermafrodita, de cabeza afilada y cuerpo alargado y deprimido *(Coris julis).* 2 *Méj.* fam. Coche celular.

SIN. *1* **Doncella** (pez).

Julián *n. pr.* Gobernador bizantino de Ceuta en tiempo del rey Rodrigo. Acogió a los fugitivos descendientes de Witiza y facilitó la conquista de España por los árabes. Su nombre quedó en la tradición como prototipo del traidor (V. *Cava* y *Rodrigo*).

juliana *f.* Planta crucífera de jardín *(Hesperis matronalis).*

juliano, -na *adj.* Relativo a Julio César (101-44 a. C.) o instituido por él. 2 V. sopa juliana.

julias *adj.-f. pl. Argent.* Fiestas conmemorativas de la Independencia argentina (9 de julio de 1816).

Julieta *n. pr.* V. Romeo.

I) julio (l. *Iuliu,* mes de Julio César, 101-44 a. C.) *m.* Séptimo mes del año.

II) julio (v. *joule*) *m.* FÍS. Unidad de trabajo mecánico equivalente a 10 millones de ergios. 2 Unidad práctica de trabajo eléctrico equivalente al trabajo producido por el paso de un culombio entre dos puntos de un conductor cuya diferencia de potencial es de un voltio.

juliparda *adj.-s. Logr.* Granuja, pillo, taimado.

julo *m.* Res o caballería que va a la cabeza del rebaño o de la recua.

¡jum! *Amér. Central* y *Perú.* Interjección con que se denota extrañeza.

juma *f.* Jumera.

jumaca *f. Méj.* Jataca, cuchara de palo.

jumarse *prnl.* fam. Ajumarse, emborracharse.

jumatán *m. Cuba.* Borracho empedernido.

jumazo *m. P. Rico.* vulg. Cigarro, tabaco.

jumbarayú *m. Bol.* Excremento de la gallina.

jume *m. Chile.* Pez seláceo semejante al tiburón *(Carcharius glaucus).* 2 *Argent., Chile* y *Urug.* Arbusto que crece en lugares salitrosos, cuya ceniza contiene carbonato de sosa, que sirve para fabricar jabón *(Halopeplis gilliosi; Snaeda herbacea; Salicorma corticora; Lycium humile).* 3 *Chile.* Ceniza de este arbusto. 4 *Chile.* Lejía hecha con esta ceniza.

jumeado, -da *adj. Perú.* Borracho.

júmel *m.* Variedad de algodón de Egipto.

jumental (l. *iumentale*) *adj.* Relativo al jumento.

jumentizar *tr.-prnl. Colomb.* Embrutecer. ◇ ** CONJUG. [4] como ***realizar.***

jumento, -ta (l. *iumentu*) *m. f.* Asno.

jumera *f.* fam. Borrachera.

jumetrear *tr. Bol.* Fastidiar, molestar [a alguien].

jumil *m. Méj.* Insecto hemíptero parecido a la chinche de campo *(Euchistus crenator).*

jumilla *m.* Vino abocado de alta graduación originario de Jumilla, ciudad de Murcia.
jumo, -ma *adj. Amér.* Borracho. -2 *m. P. Rico* y *S. Dom.* Borrachera.
jumper (voz inglesa) *m. Amér.* Vestido de mujer sin mangas y escotado.
jumping (voz inglesa) *m.* DEP. Concurso hípico de saltos de obstáculos celebrado en local abierto. ◇ Se pronuncia *yampin.*
junacaté *m.* Cebolla comestible de Honduras, que huele a ajo.
juncáceo, -a *adj.-f.* Planta de la familia de las juncáceas. -2 *f. pl.* Familia de plantas monocotiledóneas, herbáceas, de hojas estrechas, flores en inflorescencias cimosas y fruto capsular; como el junco.
juncada *f.* Fruta de sartén cilíndrica y larga. 2 Juncar.
juncagináceo, -a *adj.-s.* Planta de la familia de las helobiales.
juncal *adj.* Relativo al junco. 2 fig. Flexible, airoso, esp. el cuerpo humano. -3 *m.* Juncar.
juncar *m.* Terreno poblado de juncos.
SIN. **Junqueral.**
júnceo, -a (l. *iunceu*) *adj.* BOT. Juncáceo.
juncia (l. *iunceu*) *f.* Planta ciperácea, olorosa y medicinal, esp. por su rizoma *(Cyperus longus).* 2 *Guat.* Comida.
juncial *m.* Terreno poblado de juncias.
junciana *f.* fig. Baladronada, jactancia. 2 Jacarandina.
junciera (de *juncia*) *f.* Vaso de barro, en que se ponen hierbas o raíces aromáticas en infusión con vinagre, para perfumar.
junciforme *adj.* [planta] Que tiene aspecto de junco.
juncino, -na *adj.* Relativo a los juncos.
junción *f.* Juntura (parte).
I) junco (l. *iuncu*) *m.* Planta juncácea de tallos largos, lisos y cilíndricos, que se cría en parajes húmedos *(Juncus effusus).* 2 Tallo de esta planta. 3 ~ ***marino,*** o ***marítimo,*** o ***de mar,*** variedad de tallo grueso que se cría cerca del mar *(Juncus maritimus).* 4 ~ ***de Indias,*** rota. 5 ~ ***florido,*** arbusto alismáceo medicinal *(Butomus umbellatus).* 6 Bastón hecho de rota. 7 Varilla para enmarcar un cuadro.
SIN. *1* **Junquera.**
II) junco (malayo *jung;* a través del port. *junco*) *m.* Embarcación pequeña usada en las Indias Orientales.
III) junco *m.* Pájaro de Norteamérica de la familia del gorrión y de costumbres muy parecidas a las de los pinzones *(Iunco hyemalis).*
juncoso, -sa *adj.* Parecido al junco (planta). 2 Poblado de juncos.
jungla (voz de origen indio; a través del ingl. *jungle*) *f.* Selva aguanosa e intrincada de la India. 2 p. ext. Selva.
juniche *m. Bol.* Jaconta de un día para otro.
juniense *adj.-s.* Juninense.
juninense *adj.-s.* De Junín, dep. del Perú.
junino, -na *adj.-s.* De Junín, c. de Argentina.
junio (l. *Iuniu,* mes dedicado a Junio Bruto, s.VII-VI) *m.* Sexto mes del año.
júnior (l. *iunior,* el más joven) *m.* Religioso que pasa el juniorado. 2 El más joven entre dos del mismo apellido. -3 *adj.-s.* DEP. Categoría que engloba a deportistas de edad comprendida entre los 18 y 21 años. -4 *com.* Deportista perteneciente a esta categoría. ◇ Pl.: *juniores,* nunca *júniors.* Debe escribirse con acento en la penúltima sílaba.◇ Se pronuncia *yúnior* en todas las aceps.
GRAM. Es palabra l. (comparativa de *iuvenis*), pero las aceps. 2, 3 y 4 se han introducido en español a través del inglés.
juniorado *m.* Tiempo que media entre la profesión simple y la solemne en algunas órdenes religiosas y que se destina gralte. al estudio. 2 Casa o habitación en que habitan los juniores. 3 Conjunto de juniores.
junípero *m.* Enebro. 2 *Colomb.* Zopenco, necio, mamarracho.
Juno *n. pr.* MIT. Diosa romana identificada con Hera.
junquera *f.* Junco (planta). 2 Junqueral.
junqueral *m.* Juncar.
junquillar *m. Chile.* vulg. Juncar, junqueral.
junquillo *m.* Planta amarilidácea de jardín, de flores muy olorosas y tallo liso, parecido al junco *(Narcissus ionquilla).* 2 Rota. 3 ARQ. Moldura redonda y más delgada que el bocel. 4 Bastón delgado. 5 *Cuba* y *P. Rico.* Cadenilla de oro que se ciñen las mujeres al cuello.
SIN. *3* **Baqueta.**
junta (l. *iuncta;* pp. de *iungere;* doble etimología *yunta*) *f.* Reunión de varias personas para tratar de un asunto: ~ ***municipal,*** reunión de concejales con un número igual de vocales asociados, para la aprobación de presupuestos y otros asuntos importantes. 2 Reunión formada por el decano de una Facultad o el director de un centro académico y los representantes de todos los estamentos de dicha Facultad o centro. 3 Conferencia o sesión celebrada por dichas personas. 4 Conjunto de los individuos nombrados para dirigir los asuntos de una colectividad: ~ ***administrativa,*** la que rige los intereses peculiares de un pueblo que en unión de otros forma un municipio. 4 Unión de dos o más cosas. 5 Juntura (lugar). 6 Pieza de cartón, cáñamo, caucho u otra materia compresible que se coloca en la unión de dos tubos u otras partes de un aparato o máquina para impedir el escape del cuerpo fluido que contienen. 7 ARQ. Espacio que queda entre las superficies de las piedras o ladrillos contiguos de una pared, y que suele rellenarse con mezcla o yeso. 8 MAR. Empalme, costura. 9 *Amér.* Confluencia de dos ríos. 10 *Méj.* ~ ***en masa,*** reunión pública.
juntamente *adv. m.* En unión, en compañía. -2 *adv. t.* A un mismo tiempo.
SIN. **Conjuntamente.** *1* **Unidamente.**
juntar *tr.* Unir unas cosas con otras: ~ *una tabla a,* o *con, otra.* 2 Acopiar: ~ *dinero, víveres.* 3 Entornar [las puertas y ventanas]. 4 Congregar. 5 Acompañar, andar [con uno]. -6 ***prnl.*** Cohabitar maritalmente. 7 Acercarse mucho a uno. 8 Amancebarse. ◇ CONJUG. pp. reg.: *juntado*; irreg.: *junto.* Se usa sólo como adjetivo y adverbio.
SIN. *1* **Acoplar,** unir dos piezas u objetos de modo que ajusten; **enlazar, trabar,** juntar estrechamente para formar un todo; **reunir,** se aplica a personas o cosas; **congregar,** es voz culta que se aplica generalmente a personas o seres vivos que acuden por sí mismos: *el pueblo se congregó en la plaza; el pastor congrega sus ovejas.* Aplicado a cosas se siente generalmente como fig.: *el viento congregaba las nubes*; no podría decirse *congregar dinero, libros,* etc., sino *reunir, juntar.*
juntera *f.* Garlopa para cepillar el canto de las tablas.
junterilla *f.* Juntera pequeña.
junto, -ta (l. *iunctu*) pp. irreg. de *juntar.* 2 *adj.* Unido, cercano: *dos tablas juntas.* -3 ***adv. l.*** ~ ***a,*** cerca de: ~ *a la mesa.* -4 ***adv. m.*** Juntamente, a la vez: *tocaban, cantaban y bailaban, todo* ~; ***de por*** ~, ***por*** ~, por mayor. Empléase hablando del acopio de provisiones que suele hacerse en las casas; *tengo por* ~ *el aceite y los garbanzos;* ***en*** ~, en total; *tenía en* ~ *dos mil pesetas.*
juntorio *m.* Tributo antiguo.
juntucha *f. Bol.* Jaconta.
juntura (l. *iunctura*) *f.* Parte o lugar en que se juntan dos o más cosas. 2 Unión de dos huesos: ~ ***claval,*** cuando uno entra en el otro a manera de clavo; ~ ***nodátil,*** cuando la cabeza de uno entra en la cavidad del otro; ~ ***serrátil,*** cuando teniendo ambos el borde aserrado, los dientes del uno encajan en los del otro
SIN. *2* **Articulación,** en gral.; **coyuntura, juego,** si es móvil.
juñidera *f. Ar., Nav.* y *Sor.* Coyunda.
juñir *tr. Ar.* y *Nav.* Uncir [el yugo]. ◇ ** CONJUG. [40] como ***muñir.***
jupa *f. C. Rica.* Calabaza redonda. 2 *C. Rica* y *Hond.* fig. Cabeza.
jupe *m. Argent.* Gramínea de raíz jabonosa *(Panicum urvilleanum).*
jupia *f. Pan.* Son cadencioso que imita el aullido de los perros.
jupiar *tr. Pan.* Animar [a los perros] en la persecución. 2 *Pan.* p. ext. Animar con palmadas y expresiones, jalear. -3 ***prnl.*** ***Amér. Central.*** Emborracharse. ◇ ** CONJUG. [12] como ***cambiar.***
Júpiter *n. pr.* Dios romano identificado con el griego Zeus. 2 Planeta del sistema solar, el mayor de todos y el más brillante después de Venus. 3 *C. Rica.* Árbol de América tropical cuyos frutos son comestibles *(Malpighia glabra).*
SIN. *1* **Jove.**
jupiteriano, -na, jupiterino, -na *adj.* Relativo al dios mitológico Júpiter.
juque *m. C. Rica* y *Salv.* Zambomba, instrumento rústico de los indios.
jura *f.* Juramento (afirmación): *la* ~ *en Santa Gadea.* 2 Acción individual o colectiva de jurar obediencia a los preceptos constitucionales de un país, a un príncipe o a la bandera. 3 *Guat.* Guardia, policía.
jurado, -da *adj.* Que ha prestado juramento: *intérprete* ~. -2 *m.* Persona a cuyo cargo corría la provisión de víveres en los ayuntamientos y concejos. 3 Institución de origen inglés, inspirada en el deseo de dar al pueblo participación en la administración

de justicia, integrada por cierto número de ciudadanos que, junto con uno o más magistrados, forman un tribunal para juzgar en materia criminal; su cometido esencial es determinar la cuestión de hecho, dejando al cuidado de los magistrados la imposición de la pena. 4 Individuo de dicha institución. 5 Grupo de personas competentes al cual se constituye en tribunal examinador en concursos, exposiciones, etc. 6 Persona de dicho grupo. 7 Grupo de personas que dirige en su aspecto técnico una prueba deportiva. 8 ~ ***mixto,*** el que entiende en los conflictos de trabajo, con intervención de representantes patronales y obreros.
SIN. *3* **Tribunal de hecho.** *4* **Juez de hecho.**

jurador, -ra ***adj.-s.*** Que tiene el vicio de jurar.
SIN. **Votador.**

juraduría ***f.*** Cargo de jurado.

juramentado, -da ***adj.*** Que ha prestado juramento.

juramentar ***tr.*** Tomar juramento [a uno]. -2 ***prnl.*** Obligarse con juramento.
SIN. **Conjuramentar(se), conjurar(se).**

juramento (l. *iuramentu*) ***m.*** Afirmación de una cosa poniendo por testigo a Dios o invocando algo sagrado o de transcendencia: ~ ***asertorio,*** aquel con que se afirma la verdad de alguna cosa; ~ ***decisorio*** o ***deferido,*** aquel que una parte exige a la otra obligándose a pasar por lo que ésta jurare; ~ ***indecisorio,*** aquel cuyas afirmaciones sólo son aceptadas como decisivas en cuanto perjudican al jurador; ~ ***judicial,*** el que el juez toma a oficio o a pedimiento de la parte. 2 Voto, reniego.
SIN. *1* **Jura; salva,** el muy solemne (hoy p. us.).

jurapo ***m.*** *Venez.* Almendra interior de la fruta del aguacate.

jurar (l. *iurare*) ***tr.*** Afirmar [una cosa] con juramento: ~ *decir la verdad;* ~ *en vano;* ~ *por su nombre;* ~ *sobre los Evangelios;* ~ *en falso.* 2 Reconocer y acatar solemnemente [la soberanía de un príncipe o de otra institución de gobierno]. -3 ***intr.*** Echar votos y reniegos.
FR. *Jurársela* o *jurárselas uno a otro,* asegurar que se ha de vengar de él, o se han de vengar mutuamente. SIN. *3* **Votar.**

jurásico, -ca ***adj.-s.*** Período geológico de la era secundaria que sigue al triásico. 2 Terreno sedimentario correspondiente a este período. -3 ***adj.*** Relativo al jurásico.

juratorio, -ria ***adj.*** Que se abona con juramento: *caución juratoria.* -2 ***f.*** Lámina de plata o de pergamino en que estaba escrito el principio de cada uno de los Evangelios y sobre la cual juraban los magistrados de Aragón. -3 ***m.*** Instrumento en que constaba el juramento prestado.

jurdano, -na ***adj.-s.*** De las Jurdes, reg. situada entre Salamanca y Cáceres.

jurdía (ár. *zirdra*) ***f.*** Especie de red para pescar.

jurel (del moz. *xurel;* o del cat. *sorell;* dim. del l. *sauru,* der. del gr. *saurus,* propte. lagarto) ***m.*** Pez marino teleósteo perciforme, de hasta 50 cms. de longitud, con dos aletas dorsales, cola ahorquillada y cuerpo alto y grisáceo *(Trachurus trachurus).* 2 *Cuba.* Miedo. 3 *Cuba.* Borrachera.
SIN. *1* **Chicharro.**

jurero, -ra ***m. f.*** *Amér.* Testigo falso.

jurga ***f.*** *Cuba.* Baile gracioso.

juria (l. *foria*) ***f.*** *Sant.* Diarrea. 2 *Méj.* Acto de arrojar monedas, dulces, o cualquier otra cosa a los niños en bautizos y bodas.

juriarse (de *juria*) ***prnl.*** *Sant.* Irse de diarrea. 2 fig. Tener mucho miedo. ◇ ** CONJUG. [12] como ***cambiar.***

jurídicamente ***adv. m.*** Por vía de juicio o de derecho. 2 En términos propios y rigurosos de derecho; en el lenguaje legal.

juridicial (l. *iuridicialis*) ***adj.*** Judicial.

juridicidad ***f.*** Tendencia o criterio favorable al predominio de las soluciones de estricto derecho en asuntos políticos y sociales.

jurídico, -ca (l. *iuridicu*) ***adj.*** Que atañe o se ajusta al derecho.

juriega ***f.*** *Can.* Llovizna con viento intenso y frío.

jurisca ***f.*** *C. Rica.* Trampa.

jurisconsulto (l. *iurisconsultu*) ***m.*** El que profesa la ciencia del derecho, dedicándose gralte. a escribir sobre él y a resolver consultas legales. 2 En el imperio romano, intérprete del derecho civil, cuya respuesta tenía fuerza de ley. 3 Jurisperito.
SIN. *1* **Abogado.**

jurisdicción (l. *iurisdictione*) ***f.*** Potestad de juzgar y de aplicar las leyes generales a casos particulares: ~ ***contenciosa,*** la que se ejerce en forma de juicio sobre pretensiones o derechos contrapuestos de las partes litigantes; ~ ***contencioso-administrativa,*** la que conoce de los recursos contra las decisiones definitivas de la administración; ~ ***ordinaria,*** la que se extiende a todos los ciudadanos y asuntos, en contraposición a la privilegiada que se reserva a los que gozan de fuero especial; ~ ***voluntaria,*** aquella en que, sin juicio contradictorio, el juez o tribunal da solemnidad a ciertos actos jurídicos o dicta resoluciones que son rectificables, como en la adopción, tutela de un incapaz, etc. 2 Territorio en que se ejerce. 3 Término de un lugar o provincia. 4 Autoridad o dominio sobre otro. 5 TAUROM. Terreno del torero y del toro. 6 DER. ***Declinar la*** ~, reconocerse por incompetente un juez e inhibirse del seguimiento de una causa o pleito del que conoce.
SIN. *1* **Fuero.**

jurisdiccional ***adj.*** Relativo a la jurisdicción: ***aguas jurisdiccionales,*** las que bañan las costas de un estado y están sujetas a su jurisdicción hasta un límite determinado; ***mar*** ~, aguas jurisdiccionales.

jurispericia (l. *iuris peritia*) ***f.*** Jurisprudencia.

jurisperito (l. *iuris peritus,* perito en derecho) ***m.*** Versado en jurisprudencia.
SIN. **Abogado, legisperito.**

jurisprudencia (b. l. *iurisprudentia*) ***f.*** Ciencia del derecho. 2 Enseñanza doctrinal que dimana de las decisiones o fallos de autoridades gubernativas o judiciales. 3 Norma de juicio que suple omisiones de la ley, y que se funda en las prácticas seguidas en casos iguales o análogos.

jurisprudente (l. *iuris prudente*) ***com.*** Jurisperito.

jurista ***com.*** Persona que por profesión o estudio se dedica al derecho. 2 Persona que tiene juro o derecho a una cosa.
SIN. *1* **Abogado.**

juro ***m.*** Pensión perpetua que se concedía sobre las rentas públicas. -2 ***loc. adv. De*** ~, ciertamente, por fuerza, sin remedio.

jurón ***m.*** *Ecuad.* Serón, cesto.

jurria ***f.*** *Can.* Cantidad, abundancia [de algo].

juruminga ***f.*** *Colomb.* Embrollo, enredo.

jurunera ***f.*** *Guat.* y *Salv.* Huronera, chiribitil. 2 *Guat.* y *Salv.* Paraje de difícil acceso.

jurungar ***tr.*** *P. Rico.* vulg. Fastidiar, molestar [a alguien]. ◇ ** CONJUG. [7] como ***llegar.***

jurungo, -ga ***adj.*** *Venez.* Extranjero, gringo.

jurunguear ***tr.*** *Venez.* Jurungar.

juruparis ***m.*** *Colomb.* Trompeta indígena.

jurutungo ***m.*** *P. Rico.* Lugar lejano.

jusbarba (l. *Iovis barba,* barba de Júpiter) ***f.*** Brusco (planta).

jusello (b. l. *iuscellu,* caldo, salsa) ***m.*** Especie de potaje.

jusi ***m.*** Tela de Filipinas, que se teje con seda y con hilazas de la china.

justa (l. *iuxta,* al lado de) ***f.*** Combate singular, a caballo y con lanza. 2 Torneo. 3 fig. Certamen en un ramo del saber: ~ *literaria.*

justador ***m.*** El que justa.

justamente ***adv. m.*** Con justicia. 2 Cabalmente, ni más ni menos: *ha sucedido* ~ *como yo pensaba.* 3 Ajustadamente: *el vestido viene* ~ *al cuerpo.* 4 En el mismo lugar o tiempo en que sucede una cosa: *al llegar yo, Antonio se hallaba* ~ *en aquel pueblo.*

justar, justear (probl. del l. v. *juxtare,* juntar, der. de *junta,* al lado de) ***intr.*** Pelear, combatir en las justas.

justedad ***f.*** Calidad de justo. 2 Igualdad o correspondencia justa y exacta de una cosa.

justeza ***f.*** Precisión, exactitud.

justicia (l. *iustitia*) ***f.*** Virtud que inclina a obrar y juzgar teniendo por guía la verdad y dando a cada uno lo que le pertenece. 2 Virtud cardinal que consiste en arreglarse a la suprema justicia y voluntad de Dios: ~ ***original,*** inocencia y gracia en que Dios crió a nuestros primeros padres. 3 Lo que debe hacerse según derecho o razón; poder para hacerlo y ejercicio del mismo: *pedir, obtener* ~; *la* ~ *divina; la* ~ *humana.* 4 Ejercicio de la justicia por los ministros y tribunales encargados de ello: ***administrar*** ~, aplicar las leyes en los juicios civiles o criminales y hacer cumplir las sentencias. 5 Ministro encargado de ejercer la justicia: ~ ***mayor de Aragón, m.,*** desus., magistrado supremo de aquel reino, encargado de hacer justicia entre el rey y sus vasallos, velar por la observancia de los fueros, conocer los agravios hechos por jueces y autoridades, etc. 6 Tribunal encargado de hacer justicia. 7 Castigo de muerte: *asistir a una* ~; ***ejecutor de la*** ~, verdugo. 8 Pena o castigo público. 9 Calidad de lo que se hace según justicia y razón: *la* ~ *de una causa.* 10 ***Sala de*** ~, la que entiende en pleitos y causas.

justiciable ***adj.*** Que puede o debe someterse a la acción de los tribunales de justicia.

justicialismo *m.* Nombre que se dio a la política social durante el régimen del general Perón (1895-1974) en la Argentina.
justicialista *adj.* Relativo al justicialismo. -2 *adj.-com.* Partidario del justicialismo.
justiciar *tr.* Condenar (declarar culpable). ◇ ** CONJUG. [12] como ***cambiar.***
justiciazgo *m.* Empleo o dignidad del justicia.
justiciero, -ra *adj.* Que observa y hace observar estrictamente la justicia. 2 Que observa estrictamente la justicia en el castigo de los delitos.
justificable *adj.* Que se puede justificar.
justificación (l. *iustificatione*) *f.* Acción de justificar o justificarse. 2 Efecto de justificar o justificarse. 3 Conformidad con lo justo. 4 Prueba convincente de una cosa. 5 IMPR. Justa medida del largo que han de tener los renglones que se ponen en el componedor.
justificadamente *adv. m.* Con justicia y razón.
justificado, -da *adj.* Conforme a la justicia y razón. 2 Que obra según justicia y razón.
justificador, -ra *adj.* Justificante.
justificante *adj.-s.* Que justifica. 2 ~ ***de pago,*** ECON., documento que acredita haber realizado un pago, especialmente de una deuda tributaria.
justificar (b. l. *iustificare*) *tr.* Hacer Dios justo [a uno] dándole la gracia. 2 Probar [una cosa] con razones, testigos y documentos: *~ una denuncia.* 3 Arreglar o hacer justa [una cosa] con exactitud: *justificaron las cuentas.* 4 IMPR. Igualar el largo [de las líneas impresas]. -5 *tr.-prnl.* Probar la inocencia de uno: *el defensor justificó al reo; justificarse con, para,* o *para con, el superior, ante el juez, de algún cargo.* ◇ ** CONJUG. [1] como ***sacar.***
justificativo, -va *adj.* Que sirve para justificar: *documento ~.*
justillo *m.* Prenda de vestir interior, ceñida y sin mangas, que no baja de la cintura. 2 Corsé.
justinianeo, -a *adj.* Relativo al emperador Justiniano (483-565), esp. los cuerpos legales del tiempo de dicho emperador y el derecho contenido en ellos.
justipreciación *f.* Acción de justipreciar. 2 Efecto de justipreciar.
justipreciar *tr.* Tasar o apreciar con rigor [una cosa]. ◇ **CONJUG. [12] como ***cambiar.***
SIN. **Valorar.**
justiprecio (de *justo + precio*) *m.* Aprecio o tasación de una cosa.
justo, -ta (l. *iustu*) *adj.* Que obra según justicia y razón: *príncipe ~.* 2 Arreglado según justicia y razón: *sentencia justa.* 3 Que vive según la ley de Dios: *los justos alcanzarán misericordia.* 4 Exacto, que tiene lo que ha de tener: *peso ~.* 5 Apretado, que ajusta bien: *este vestido va ~.* -6 *adv. m.* Justamente, debidamente. 7 Apretadamente, con debida proporción o cabalmente, a punto fijo.
SIN. *1* y *2* **Recto.**
juta *f. Ecuad.* y *Perú.* Ave palmípeda, variedad de ganso doméstico *(Anser).*
jute *m. Guat.* y *Hond.* Molusco fluvial comestible *(Helyx sylvatica).*
jutia, jutía (voz indígena) *f. Ant.* Mamífero roedor semejante a la rata *(gén. Capromys).*
jutiapa *adj.-s.* De Jutiapa, c. y dep. de Guatemala.
jutiapaneco, -ca *adj.-s.* Jutiapa.
juticalpense *adj.-s.* De Juticalpa, cap. del dep. de Olancho (Honduras).
jututear *intr. S. Dom.* Tocar el jututo.
jututo *m. S. Dom.* Caracol, cuerna.
juvebiona *f.* Éster metílico de un ácido carboxílico de naturaleza terpénica, aislado del abeto, con actividad de hormona juvenil.
juvenal (l. *iuvenale*) *adj.* Juvenil, esp. los juegos instituidos por Nerón (37-68).
juvenil *adj.* Relativo a la juventud. -2 *adj.-s.* DEP. Categoría que engloba a deportistas de edad comprendida entre los 15 y 18 años. -3 *com.* DEP. Deportista perteneciente a esta categoría.
juventud (l. *iuventute*) *f.* Edad que media entre la niñez y el comienzo de la edad adulta. 2 Estado de la persona joven. 3 Conjunto de jóvenes. 4 Primeros tiempos de alguna cosa. 5 Energía, vigor, frescura.
SIN. *1* **Mocedad.** *3* **Mocerío.**
juvia *f. Colomb.* y *Venez.* Castaño de Pará *(Bertholetia excelsa).*
¡juy! Interjección ¡huy!
juyaca *f. Bol.* Artificio usado para encender fuego en despoblado. Consiste en un palito que se hace girar sobre un agujero hecho a una madera seca y porosa.
juyungo, -ga *adj. Ecuad.* [pers.] Negro, entre los indios cayapas.
juyuyo, -ya *adj. Cuba.* Arisco, huraño.
juzgado *m.* Junta de jueces que concurren a dar sentencia. 2 Tribunal de un solo juez. 3 Sitio donde se juzga. 4 Territorio de jurisdicción de un juez. 5 Judicatura. 6 ~ ***municipal,*** el que entiende en materia civil o criminal en asuntos menores.
juzgador, -ra *adj.* Que juzga.
juzgamundos *com.* fam. Persona murmuradora. ◇ Pl.: *juzgamundos.*
juzgar (l. *iudicare*) *tr.* Decidir en favor o en contra, y esp. pronunciar como juez una sentencia [acerca de alguna cuestión o sobre alguno]: *~ entre partes; ~ según fuero.* 2 Creer, estar convencido [de algo]: *~ a,* o *por, deshonra no comparecer; ~ en alguna materia; ~ sobre apariencias.* 3 FIL. Afirmar o negar algo [un modo de ser, una cualidad, una acción] de un objeto. 4 FIL. Formar un juicio lógico. ◇ ** CONJUG. [7] como ***llegar.***
juzgón, -gona *adj. Méj.* [pers.] Que critica con exceso.

K, k *f.* Ka, undécima letra del **alfabeto español que representa gráficamente a la consonante oclusiva, velar y sorda. 2 Símbolo químico del *potasio*.

I) ka *f.* Nombre de la letra *k*.

II) ka, símbolo de kiloamperio.

kabuki *m.* Drama popular en la literatura japonesa.

kafkiano, -na (de *Kafka*) *adj.* Que tiene el carácter trágicamente absurdo de la situaciones descritas por el escritor checo Franz Kafka (1883-1924).

kainita *f.* Sulfato de magnesia, cloro y potasa.

káiser (al. < l. *Cæsar*) *m.* Emperador de Alemania.

kakapu (voz de Nueva Zelanda) *m.* ZOOL. Ave psitaciforme neocelandesa, del tamaño de un búho y aspecto de rapaz nocturna *(Strigops habroptilus)*.

kakemono (japonés, cosa colgada) *m.* Rollo de despliegue vertical característico de la pintura japonesa.
SIN. **Makemono.**

kaki *adj.-m.* Caqui I.

kala-azar *m.* Enfermedad infecciosa de los países mediterráneos que produce fiebre y aumento del tamaño del bazo.
SIN. **Leishmaniosis.**

kalan *f.* Torre aislada sobre una plataforma, destinada a templo en el arte coreano.

kalium *m.* Potasio.

kalka *adj.-s.* De un pueblo de raza mogola que habita en el norte de Mogolia. -2 *adj.-m.* Lengua mogola, hablada en estos territorios.

kalmia *f.* Género de ericáceas ornamentales, arbustos venenosos de América del Norte.

kamala *f.* Planta de las Indias que produce la kámala, polvo rojo empleado como colorante y oficinal *(Mallotus philippinensis)*.

kamikaze (voz japonesa) *m.* Avión suicida pilotado por un voluntario. -2 *com.* Piloto voluntario de un avión suicida. 3 p. ext. Extremista fanático que arriesga su vida en una misión suicida. 4 fig. Persona temeraria o que corre muchos riesgos del tipo que sean.

kan (persa *jan,* príncipe) *m.* Príncipe o jefe de los tártaros. 2 Mercado público en Oriente. 3 Lugar destinado al descanso de las caravanas. ◇ También *can*.

kanamicina *f.* FARM. Antibiótico de amplio espectro, que se obtiene del hongo *Streptomyces kanamyceticus*; se emplea contra los estafilococos, el bacilo tuberculoso y las salmonellas.

kanato *m.* Cargo o funciones del kan. 2 País sometido a su jurisdicción.

kanchil *m.* Especie de ciervo diminuto de Indochina, de tan sólo 45 cms. de longitud y 25 cms. de altura; el pelaje es de color amarillo rojizo y carece de cuernos *(Tragulus kanchil)*.

kantiano, -na *adj.-s.* [pers.] Relativo al kantismo.

kantismo *m.* Sistema filosófico de Immanuel Kant (1724-1804), basado pralte. en la crítica del conocimiento.

kantista *com.* Partidario del kantismo.

kanuri *adj.-m.* Lengua sahariana, hablada en el este de Níger.

kaolín *m.* Caolín.

kaón *m.* Partícula elemental inestable del género de los mesones.

kapok *m.* Vellón de una variedad de ceiba.

kappa *f.* Décima letra del **alfabeto griego, equivalente a nuestra *k*.

karabao *m.* Carabao.

karagán *m.* Cierta especie de zorro asiático.

karajamea *m.* Libro persa análogo a los sibilinos que era consultado antes de emprender una empresa importante.

karakul *m.* Caracul, variedad de cordero.

karata *adj.-f* Planta del género de las karatas. -2 *f. pl.* Género de plantas herbáceas, de hojas estrechas dispuestas en roseta, en general muy espinosas, e inflorescencias sésiles en panículo, en el centro de la roseta. ◇ También *carata*.

kárate (voz japonesa) *m.* Deporte de lucha, de origen japonés, basado en golpes secos dados con el filo de la mano, los codos o los pies.

karateka *com.* Persona que practica el kárate.

karma *m.* En la religión de la India, sujeción al encadenamiento de las causas.

karst (de la región yugoslava *Karst*) *m.* Paisaje calcáreo modelado por la acción del agua rica en anhídrido carbónico que disuelve la caliza. ◇ También *carst*.

kárstico, -ca *adj.* Perteneciente o relativo al karst. ◇ También *cárstico*.

kart (voz inglesa) *m.* Pequeño vehículo automóvil de carácter deportivo con motor de dos tiempos, sin carrocería, ni caja de cambios ni suspensión. ◇ Pl.: *karts*.

karting *m.* Carrera de karts. 2 Deporte de los aficionados al kart.

kasita *adj.* Relativo o propio de los kasitas.

kasitas *m. pl.* Pueblo elamítico que habitó en territorios del actual Irán.

kasolita *f.* Silicato hidratado de uranio y plomo.

kastán *m.* Turbante turco.

katiuska (voz rusa) *f.* Bota impermeable. ◇ Gralte. se usa en pl.

katún (voz maya) *m.* Período de veinte años, de 360 días cada uno, del calendario maya.

kava, kawa *f.* Especie de pimiento de Polinesia *(Piper methysticum)*. 2 Bebida embriagadora que fabrican los polinesios con la raíz de dicha planta.

kayac *m.* Canoa de pesca de Groenlandia, hecha con piel de foca sobre un armazón de madera. 2 Canoa semejante, hecha con tela alquitranada, usada para paseo o competición deportiva, impulsada con pala doble sin apoyo. 3 DEP. Competición olímpica de velocidad con esta embarcación, que comprende tres carreras sobre mil metros para los hombres y dos carreras sobre quinientos metros para las mujeres.

kazajio, -jia *adj.-s.* De Kazajstán, república del sudoeste de la Unión Soviética. -2 *adj.-m.* Dialecto turco, hablado en esta república.

kc, símbolo de kilociclo.

kcal, símbolo de kilocaloría.

kea (voz neocelandesa) *m.* Ave psitaciforme de Nueva Zelanda, de casi medio metro de envergadura y plumaje de color castaño *(Nestor notabilis; N. meridionalis).*

kedive *m.* GALIC. Jedive.

kéfir *m.* Leche fermentada artificialmente y que contiene ácido láctico, alcohol y ácido carbónico.

kelvin *m.* Unidad básica de temperatura.

ken *m.* División administrativa, parecida a la provincia, del Japón.

keniata *adj.-s.* De Kenia, nación del este de África ecuatorial.

kennedismo *m.* Conjunto de principios políticos representados por John F. Kennedy (1917-1963).

kenotrón *m.* Aparato eléctrico para rectificar corrientes alternas de alta tensión. Diodo industrial.

kepí, kepis *m.* Quepis.

kerigma (voz griega) *m.* En la religión cristiana, el primer anuncio de Jesús, el Salvador, que se hace a los no creyentes. 2 El contenido substancial de la buena nueva de salvación -muerte y resurrección de Cristo-, fundamento de la fe cristiana.

kermes *m.* Quermes.

kermés (voz de origen flamenco, para nombrar las fiestas parroquiales celebradas con gran solemnidad) *f.* Fiesta de carácter popular con feria y diversiones, a veces organizada con fines caritativos. 2 Lugar donde tiene lugar esa fiesta. 3 Pintura o tapiz flamenco, generalmente del siglo XVI, en que se representan fiestas populares.

SIN. **Quermesse.**

kermese *f.* Kermés.

kero (voz quechua) *m. Perú.* Vaso grande de tierra cocida, decorado, usado en el imperio de los incas.

kerodon *m.* Género de roedores de gran tamaño, con pelaje gris, negro y blanco, que viven en Brasil.

keroseno, kerosén *m.* Queroseno.

ketchup (voz inglesa) *m.* Condimento o salsa preparado a base de tomate sazonado con especias. ◇ Se pronuncia *cadchup.*

keynesianismo *m.* Doctrina económica según la cual el capitalismo puede evitar la crisis y alcanzar el pleno empleo gracias a la intervención del Estado.

keynesiano, -na *adj.* Perteneciente o relativo a la doctrina defendida por Keynes (1883-1946).

Kg, símbolo de kilogramo-masa.

kgf, símbolo de kilogramo-fuerza.

Kgm, símbolo de kilográmetro.

khan *m.* V. kan.

khedive *m.* Jedive.

khmer *m.* Jémer.

khoisánida *adj.-s.* De un conjunto de pueblos, caracterizados por el tono amarillento de su piel, que habitan en el sur de África. -2 *adj.-m.* Tronco lingüístico cuyo dominio cubre una parte del sur de África, constituido por el hotentote y el bosquimano.

kiang *m.* Équido de Asia Central parecido al asno (*Equus hemionus kiang*).

kibutz *m.* Granja colectiva en Israel.

kíe *m.* Jerga de los legionarios.

kief *m.* Descanso absoluto entre los orientales.

kieserita *f.* Sulfato natural de magnesio hidratado que cristaliza en el sistema monoclínico.

kif *m.* Quif.

kili-, v. kilo-. ◇ También *quili-.*

kiliárea (*kili-* + *área*) *f.* Medida agraria (1.000 a). ◇ También *quiliárea.*

kilo *m.* Kilogramo. 2 vulg. Millón de pesetas. 3 fam. Mucho. ◇ También *quilo.*

kilo- (gr. *chilioi,* mil) Elemento prefijal que entra en la formación de palabras, generalmente nombres de unidades de medida, con el valor de mil. ◇ También *quilo-* y *quili-.*

kiloamperio (*kilo-* + *amperio*) *m.* Unidad de electricidad equivalente a mil amperios.

kilocaloría (*kilo-* + *caloría*) *f.* FÍS. Unidad de energía térmica equivalente a mil calorías. Se indica con el símbolo *kcal.*

kilociclo (*kilo-* + *ciclo*) *m.* FÍS. Unidad eléctrica equivalente a mil ciclos o períodos.

REL. **Megaciclo,** mil kilociclos.

kilográmetro (*kilogramo* + *-metro*) *m.* Unidad de trabajo mecánico capaz de levantar un kilogramo a un metro de altura. ◇ También *quilográmetro.*

kilogramo (*kilo-* + *gramo*) *m.* Unidad de masa, en el sistema métrico decimal, equivalente a mil gramos: ~ ***fuerza,*** FÍS., unidad de fuerza equivalente al peso de un kilogramo sometido a la gravedad normal. ◇ INCOR.: *kilógramo.* ◇ También *quilogramo.*

kilogray (*kilo-* + *gray*) *m.* Mil grays.

kilohercio (*kilo-* + *hercio*) *m.* FÍS. Mil hercios.

kilojulio (*kilo-* + *julio* II) *m.* Unidad de trabajo, en el sistema M.K.S., equivalente a mil julios.

kilolitro (*kilo-* + *litro*) *m.* Unidad de capacidad, en el sistema métrico decimal, equivalente a mil litros, o sea, un metro cúbico. ◇ También *quilolitro.*

kilometraje *m.* Acción de kilometrar. 2 Cantidad de kilómetros recorridos o existentes de un punto a otro.

kilometrar *tr.* Medir [algo] en kilómetros.

kilométrico *adj.* Que se cuenta por kilómetros: *billete* ~. 2 fig. Muy largo: *un sermón, un escrito* ~. ◇ También *quilométrico.*

kilómetro (*kilo-* + *metro*) *m.* Unidad de longitud, en el sistema métrico decimal, equivalente a mil metros: ~ ***cuadrado,*** unidad de superficie, en el sistema métrico decimal, correspondiente a un cuadrado de un kilómetro de lado. ◇ También *quilómetro.*

kilopondímetro (*kilopondio* + *-metro*) *m.* FÍS. Kilográmetro.

kilopondio (*kilo-* + l. *pondus,* peso) *m.* FÍS. Kilogramo fuerza al nivel del mar y a 45° de latitud.

kilotex (*kilo-* + *tex*) *m.* Mil tex.

kilotón (de *kilo-* + *ton*elada) *m.* Unidad que sirve para evaluar la potencia de una bomba nuclear, equivalente a mil toneladas métricas de trinitrotolueno.

kilovatio (*kilo-* + *vatio*) *m.* Unidad de potencia, en el sistema M.K.S., equivalente a 1.000 vatios. 2 ~ ***hora,*** unidad de trabajo o energía equivalente a la que produce un kilovatio durante una hora.

kilovoltio (*kilo-* + *voltio*) *m.* Unidad de tensión eléctrica equivalente a 1.000 voltios.

kilt *m.* Faldilla de los escoceses.

kimona *f. Cuba.* Quimono.

kimono *m.* Quimono.

kindergarten (voz alemana) *m.* Escuela de párvulos.

SIN. **Jardín de infancia.**

kines-, v. kinesi-.

kinescopado, -da *adj.* Quinescopado.

kinescopar *tr.* Quinescopar.

kinescopio *m.* Quinescopio.

kinesi-, kinesio-, kineso-, kines-, v. quinesi-.

kinésica *f.* Quinésica.

kinesio-, v. kinesi-.

kinesiología *f.* Quinesiología.

kinesiológico, -ca *adj.* Quinesiológico.

kinesiólogo, -ga *m. f.* Quinesiólogo.

kinesiterapeuta *com.* Quinesiterapeuta.

kinesiterapia *f.* Quinesiterapia.

kinesiterápico, -ca *adj.* Quinesiterápico.

kineso-, v. kinesi-.

kinetógrafo *m.* Cinematógrafo.

king *m.* Libro chino de filosofía, particularmente los reunidos por Confucio (h. 551-h. 479 a. C.).

king charles *m.* Perrito faldero de pelo largo.

kinkajú *m.* Cuchumbí.

kiosco *m.* Quiosco.

kirguís *adj.-s.* De Kirguizistán, república del sur de la Unión Soviética. -2 De un pueblo turco que habita en Kirguizistán y en el noroeste de China. -3 *adj.-m.* Dialecto turco, hablado en este territorio.

kirial *m.* Libro que contiene los cantos del ordinario de la misa.

kirie *m.* En la misa, invocación después del introito. 2 En las letanías, oficio divino: *cantar los kiries.* ◇ También *quirie.*

kirieleisón (gr. *kyrie,* oh Señor, y *eléeson,* ten piedad) *m.* Kirie. 2 fam. Canto de los entierros y oficio de difuntos: *cantar el ~,* pedir misericordia.
kirsch (al. *kirsch,* cereza) *m.* Aguardiente que se extrae de las cerezas.
kit (voz inglesa) *m.* Conjunto de piezas que se venden sueltas cuyo montaje es fácil de realizar por un inexperto gracias a las instrucciones que las acompañan.
kitsch (voz alemana) *adj.-s.* Estética burguesa de mal gusto. 2 Objeto de mal gusto.
kiwi *m.* Ave apterigiforme, cuya hembra mide unos 50 cms. de longitud y el macho, la mitad, de plumas largas y lacias a manera de pelos, y pico largo y delgado *(Apterix australis).* 2 Arbusto trepador originario de China de fruto comestible tanto crudo como en conserva *(Actinidia chinensis).* 3 Fruto de dicho arbusto.
kj, símbolo de kilojulio.
klistrón (del gr. *klys, klydón,* oleaje) *m.* Válvula electrónica generadora de microondas, empleada para producir oscilaciones de electrones a muy altas frecuencias.
Km, símbolo de kilómetro.
knock-out (voz inglesa, fuera de combate) *m.* DEP. Golpe decisivo del boxeo que pone a uno de los contendientes fuera de combate, al derribarlo por más de diez segundos. 2 fig. *y* fam. *Dejar ~,* dejar [a alguien] sin opción a contestar o a intervenir en un asunto.
k.-o. *m.* Abreviación de knock-out.
koala *m.* Mamífero marsupial de Australia cuyas cuatro patas son prensiles y provistas de uñas afiladas, de abundante pelo gris rojizo *(Phascolarctus cinereus).*
kobold *m.* Duende de las minas alemanas.
koch (del científico *Koch,* 1843-1910) *m.* Bacilo de la tuberculosis.
koiné *f.* Coiné.
kokenmodingo *m.* Amontonamiento grande de conchas de moluscos de tiempos prehistóricos.
kola *f.* Género de malváceas de África, cuyos frutos se usan como excitantes. 2 Nuez de cola.
koljoz *m.* Cooperativa de producción agrícola en el sistema soviético.
komintern *m.* Comintern.
kondo *m.* Sala de oración budista japonesa, de dos pisos y hecha de madera.
kopek *m.* Copec.
koré (del gr. *koré*) *f.* Figura de mujer de la escultura griega arcaica.
Kr, símbolo químico de criptón.
krátera *f.* Crátera.
krausismo *m.* Sistema filosófico de Friedrich Krause (1781-1832) fundado esencialmente en el panenteísmo.
krausista *adj.-com.* [pers.] Partidario del krausismo.
kremlin (ruso, ciudadela) *m.* Residencia del gobierno de Moscú.
krilio *m.* Substancia sintética que se emplea para el acondicionamiento del terreno de cultivo.
krill *m.* Conjunto de pequeños crustáceos marinos planctónicos que sirven de alimento a las ballenas.
Krisna *n. pr.* Octavo avatar de Visnú. Es una de las deidades de mayor culto en la India.
kronprinz (al., príncipe de la corona) *m.* Título del heredero del trono en Alemania.
kudurru *m.* Mojón liminar esculpido con escenas simbólicas o culturales, del arte kasita mesopotámico.
kudzu *f.* Planta leguminosa, originaria de China y Japón, cuyas semillas son comestibles *(Pueraria thunbergiana).*
kukuxklán *m.* Sociedad secreta del sur de Estados Unidos de América que pretende la segregación racial.
kulak (voz rusa) *m.* Propietario rural.
kumis *m.* Bebida fermentada que fabrican los pueblos nómadas de Asia con leche de yegua, a la que agregan un fermento especial.
kummel *m.* Licor alcohólico aromatizado con cominos y fabricado en Alemania y Rusia.
kuomintang (chino, partido nacionalista del pueblo) *m.* Partido nacionalista revolucionario, organizado por Sun Yat-Sen (1866-1925).
kurdo, -da *adj.-s.* Curdo.
kurós (gr. *kourós*) *m.* Figura de varón de la escultura griega arcaica.
kv, abreviatura de kilovoltio.
kw, abreviatura de kilovatio.
kylix (gr. *kylix*) *f.* Copa cerámica de la antigua Grecia, baja, de boca muy grande, y con dos asas.

L, l *f.* Ele, duodécima letra del **alfabeto español que representa gráficamente a la consonante alveolar, lateral y sonora. 2 *L*, cifra romana equivalente a cincuenta. 3 *l*, símbolo de *litro*.

I) la, forma del artículo *el* en género femenino y número singular: ~ *casa;* ~ *mujer.* 2 ***pron. pers.*** Forma átona de 3ª persona para el objeto directo en género femenino y número singular. No admite preposición y puede usarse enclítico: ~ *miré; mírala;* ~ *tengo;* **PRONOMBRE.

II) la ***m.*** Nota musical; sexto grado de la escala fundamental. ◇ Pl.: *las.*

La, símbolo químico del *lantano.*

lábaro (l. *-aru*) ***m.*** Estandarte de los emperadores romanos, en el cual mandó bordar el emperador Constantino I (h. 280-337) un crismón. 2 Crismón. 3 *Méj.* Bandera nacional.

labe (l. *labe*) ***f.*** p. us. Mancha, tilde, plaga.

labela ***f.*** ZOOL. Extremidad expansionada del labio de ciertos dípteros.

labelo ***m.*** Pétalo superior de las orquídeas.

labeo ***m.*** Caluga.

laberintero, -ra ***adj.*** *Perú.* Enredador.

laberíntico, -ca ***adj.*** Relativo al laberinto. 2 fig. Enmarañado, confuso.

laberinto (gr. *labyrinthos*) ***m.*** Lugar formado de intrincados caminos para que, confundiéndose el que está dentro, no pueda acertar con la salida. 2 Composición poética cuyos versos pueden leerse de maneras distintas. 3 Parte del oído interno. 4 fig. Cosa confusa y enredada. 5 Bizcocho relleno con mermelada y rebozado con dulce de yema. 6 *Perú.* Escándalo, bullicio.
SIN. *1* y *2* **Dédalo,** lit. *4* **Enredo, maraña, confusión, lío.**

labia (pl. l. *labia,* labios) ***f.*** fam. Verbosidad persuasiva y gracia en el hablar.
SIN. **Parla, parlería, verba.**

labiado, -da ***adj.*** BOT. [corola o cáliz cigomorfo] Que está dividido en dos partes desiguales en forma de labios. -2 ***adj.-f.*** Planta de la familia de las labiadas. -3 ***f. pl.*** Familia de plantas dicotiledóneas, de hojas opuestas, cáliz persistente, corola labiada y fruto compuesto de cuatro aquenios.

labial ***adj.*** Relativo a los labios. -2 ***adj.-s.*** Sonido en cuya articulación intervienen los labios. 3 Letra que representa este sonido.
REL. *2* **Bilabial, labiodental.**

labialización ***f.*** Acción de labializar. 2 Efecto de labializar.

labializar ***tr.*** Dar carácter labial [a un sonido]. ◇ ** CONJUG. [4] como ***realizar.***
REL. **Labialización.**

labiérnago (forma analógica del l. *alaternu*) ***m.*** Arbusto oleáceo, de fruto en drupa globosa y pequeña *(Phyllirea angustifolia).*
SIN. **Sao.**

labihendido, -da (de *labio* + *hendido*) ***adj.*** Que tiene hendido o partido el labio superior.

lábil (l. *-ile*) ***adj.*** Que resbala fácilmente. 2 Frágil, caduco, débil. 3 QUÍM. [compuesto] Que es fácil de transformar en otro más estable.

labilidad ***f.*** Calidad de lábil. 2 Inestabilidad de carácter.

labio (l. *-iu*) ***m.*** Parte exterior, carnosa y movible de la boca, que cubre la dentadura de cada uno de los maxilares: ~ ***leporino,*** el superior del hombre, hendido por defecto congénito. 2 fig. Reborde de ciertas cosas: ~ *de una herida.* 3 Órgano del habla: *su* ~ *enmudeció.* 4 BOT. Gajo, superior e inferior, de la corola o el cáliz de algunas plantas. 5 CONSTR. Coronamiento del aliviadero de una presa.
SIN. *1* **Buz,** ant.; **bezo,** cuando es grueso; **belfo,** en las caballerías y otros animales.

labio- (de *labio*) Elemento prefijal que entra en la formación de palabras con el valor de relación o conexión con los labios.

labiodental (*labio-* + *dental*) ***adj.-s.*** Consonante que se articula acercando el labio inferior a los incisivos superiores. ◇ En español se suele definir la *f* como *labiodental* aunque es *bilabial.*
SIN. **Dentolabial.**

labiosear ***tr.*** *Amér. Central.* Lagotear.

labiosidad ***f.*** *Amér. Central* y *Ecuad.* Zalamería.

labioso, -sa ***adj.*** *Amér.* Que tiene labia.

labor (l. *labore*) ***f.*** Trabajo. 2 Operación agrícola, en general. 3 Vuelta de arado que se da a la tierra. 4 Tarea de chocolate. 5 Millar de tejas o ladrillos. 6 Obra de coser, bordar, etc. 7 Adorno ejecutado en una tela. 8 Grupo de productos hechos en la fábrica de tabaco. 9 Simiente de los gusanos de seda. 10 desus. Con el artículo *la*, escuela de niñas donde aprenden a hacer labor: *ir a la* ~. 11 MIN. Excavación. 12 *Guat., Méj.* y *Salv.* Pequeña finca rústica. 13 fig. ***Sus labores,*** dedicación no remunerada de la mujer a las tareas de su hogar.

laborable ***adj.*** Que se puede laborar o trabajar: *tierra* ~. 2 Que se dedica al trabajo: *día* ~.

laboral ***adj.*** Relativo al trabajo: *régimen* ~*; jornada* ~. 2 Dedicado a la enseñanza de ciertos oficios especializados: *Universidad* ~.

laboralista ***adj.-com.*** Especialista en derecho laboral: *abogado* ~.

laborante ***adj.*** Que labora. -2 ***com.*** Conspirador o muñidor que persigue algún empeño político.

laborar (l. *-are;* doble etim. *labrar*) ***tr.*** Labrar. -2 ***intr.*** Gestionar o intrigar con algún designio.

laboratorio ***m.*** Local dispuesto para ejecutar en él experimentos científicos y operaciones químicas, farmacéuticas, etc. 2 p. ext. Local en que se revelan los negativos de las filmaciones y fotografías, y se hacen ampliaciones y copias.

laborear (de *labor*) *tr.* Labrar o trabajar una cosa. 2 Hacer excavaciones [en una mina]. -3 *intr.* MAR. Pasar un cabo por la roldana de un motón.
laboreo *m.* Cultivo del campo. 2 Arte de explotar las minas.
laborera *adj.* [mujer] Diestra en las labores de mano.
laborero *m. Bol., Chile* y *Perú.* El que dirige una labor o excavación, entre mineros. 2 *Chile.* Zurrador o adobador.
laborío *m.* Labor o trabajo.
laboriosamente *adv. m.* Con laboriosidad.
laboriosidad *f.* Aplicación al trabajo.
laborioso, -sa (l. *laboriosu*) *adj.* [pers.] Trabajador, aficionado al trabajo. 2 [cosa o acto] Trabajoso, penoso.
laborismo *m.* Ideología política inglesa de carácter reformista y moderado, cuya base social es la clase trabajadora.
laborista *adj.-com.* Partidario del laborismo. -2 *adj.* Perteneciente o relativo al laborismo.
labortano, -na *m.* FILOL. Variedad lingüística del vasco hablada en el sur de Francia. -2 *adj.-s.* FILOL. Hablante de dicha variedad.
laborterapia (*labor* + *-terapia*) *f.* Tratamiento para la curación de las enfermedades mentales o psíquicas mediante el trabajo.
labra *f.* Acción de labrar [piedras, maderas, etc.]. 2 Efecto de labrar [piedras, maderas, etc.]. 3 *And.* Acción de arar [la tierra]. 4 *And.* Efecto de arar [la tierra]. 5 *And.* Época en que se ara.
labrada *f.* Tierra barbechada y dispuesta para sembrarla al año siguiente.
labradero, -ra *adj.* Proporcionado para la labor y que se puede labrar.
labradío, -a *adj.-s.* Labrantío.
labrado, -da *adj.* [tela o género] Que tiene alguna labor. -2 *m.* Labra. 3 Campo labrado.
labrador, -ra *adj.-s.* Que labra la tierra. -2 *adj.* Que trabaja o es a propósito para trabajar. -3 *m. f.* Persona que posee hacienda de campo y la cultiva. -4 *m.* Labradorita. 5 Perro de muestra originario de Terranova. 6 *Cuba, S. Dom.* y *Parag.* El que labra la madera sacando la corteza de los árboles cortados para convertirlos en rollizos. 7 *Méj.* Huebrero. -8 *f.* germ. Mano.
SIN. *1* y *3* **Campesino; paisano** (Ast. y Gal.). REL. **Labriego.**
labradoresco, -ca *adj.* Relativo al labrador o propio de él.
labradoriego, -ga, labradoril *adj.* p. us. Relativo al labrador o a la labranza.
labradorita (de *Labrador,* reg. de América del N.) *f.* Feldespato laminar de color gris, blanco, azulado o pardo.
SIN. **Labrador, piedra de la luna, piedra del labrador.**
labrandera *f.* Mujer que sabe hacer labores femeninas.
labrante *m.* p. us. Cantero, picapedrero. 2 p. us. El que trabaja en cortar y labrar madera. -3 *f. And.* Máquina para labrar madera.
labrantín *m.* Labrador de poco caudal.
SIN. **Pegujalero, pelantrín.**
labrantío, -a *adj.-m.* Campo o tierra de labor.
labranza *f.* Cultivo de los campos. 2 Hacienda de campo o tierras de labor. 3 Campo sembrado, sementera. 4 ant. Labor de cualquier arte u oficio.
labrar (v. *laborar) tr.* Trabajar, preparar [una materia]: ~ *la madera a martillo;* ~ *piedra.* 2 Cultivar [la tierra]. 3 p. ext. Llevar [una tierra] en arrendamiento. 4 Arar. 5 ant. Edificar (fabricar). 6 ant. Hacer labores mujeriles. 7 fig. Hacer, causar: ~ *la felicidad de alguno;* ~ *una fortuna.* 8 Trabajar en un oficio. -9 *intr.* fig. Hacer fuerte impresión [en el ánimo una cosa].
SIN. **Laborar,** es lit. en las aceps. 1 y 2; en las restantes aceps. es ant.
labrero, -ra *adj.* Apl. a las redes de cazonal.
labriego, -ga *m. f.* Labrador rústico.
SIN. **Destripaterrones,** desp.; **labrantín,** cuando es pobre.
labro (l. *-ru*) *m.* Labio superior de los insectos. 2 Borde exterior de ciertas conchas univalvas. 3 Pez marino acantopterigio (gén. *Labrus).*
labrusca (l.) *f.* Vid silvestre.
SIN. **Parriza, parrón.**
laburno *m.* Codeso.
laca (ár. *lakk,* der. del sánscrito *laksa;* a través de persa) *f.* Substancia resinosa formada en las ramas de varios árboles de la India, con la exudación producida por las picaduras de ciertos insectos. 2 Barniz duro y brillante hecho con esta substancia. 3 Objeto barnizado con laca. 4 Substancia albuminosa colorida empleada en pintura: ~ *amarilla.* 5 Color rojo que se saca de la cochinilla, de la raíz de la rubia o del palo de Pernambuco. 6 Substancia incolora que se aplica al cabello para fijarlo.
SIN. *1* **Goma laca, maque.**
lacado, -da *adj.* Que tiene la superficie brillante como barnizada. 2 Que está cubierto de laca.
lacandón, -dona *adj.-s.* Comunidad indígena que habita en Chiapas y Guatemala. -2 *adj.* Relativo a estos indios y su idioma. -3 *m.* Lengua de la familia maya.
lacaria *f.* Seta con el sombrero y pie de color amatista, de carne apreciada *(Laccaria amethystina).*
lacaya *f. Bol.* Cabaña sin techo.
lacayo (probl. del prov. ant. *lacai,* der. de *lecar,* lamer; como el vasco *lekaio,* lacayo, juglar) *m.* Soldado de a pie que solía acompañar, con otro, a los caballeros en la guerra. 2 Espolique. 3 Criado de librea que acompaña a su amo. 4 Persona aduladora y servil. 5 Lazo de cintas que usaban como adorno las mujeres.
lacayuno, -na *adj.* desp. Propio de lacayos.
laceador *m. Amér. Merid.* Peón que lacea las reses.
lacear *tr.* Adornar o atar con lazos. 2 Disponer [la caza] para que venga al tiro, tomándole el aire. 3 Coger con lazos [la caza menor]. 4 *Argent.* Azotar con el lazo. 5 *Chile.* Lazar.
lacedemón *adj.-s.* Lacedemonio.
lacedemonio, -nia (l. *lacedœmonium*) *adj.-s.* De Lacedemonia, región de la ant. Grecia.
lacena (por aféresis de *alacena*) *f.* Alacena.
laceración (l. *-atione*) *f.* Acción de lacerar o lastimar. 2 Efecto de lacerar o lastimar.
lacerado, -da *adj.* desus. Infeliz, desgraciado. -2 *adj.-s.* p. us. Lazarino. -3 *adj.* BOT. Dividido desigual y más o menos profundamente a jirones.
lacerante *adj.* Hiriente, molesto. 2 [dolor] Agudo, punzante. 3 Desgarrador.
I) lacerar (l. *-are*) *tr.* Lastimar, magullar, herir. 2 fig. Dañar, vulnerar: ~ *la honra;* ~ *la reputación.* 3 fig. Desgarrar.
II) lacerar (de *laceria*) *intr.* Padecer, pasar trabajos y miserias.
laceria (l. v. *laceria*) *f.* Miseria, pobreza. 2 Trabajo, molestia.
lacería *f.* Conjunto de lazos, esp. en labores de adorno y en la ornamentación arquitectónica.
lacerío *m. Argent.* Conjunto de lazos.
lacerioso, -sa *adj.* Que padece laceria.
lacero *m.* Hombre diestro en manejar el lazo para apresar animales. 2 Empleado municipal encargado de recoger los perros vagabundos. 3 El que se dedica a coger con lazos la caza menor, por lo común furtivamente.
lacértido, -da *adj.-s.* Reptil saurio. -2 *m. pl.* División de dichos reptiles que comprende los lagartos, chacones, etc.
lacertoso, -sa (l. *-osu*) *adj.* Musculoso, membrudo, fornido.
lacetano, -na (l. *-anu*) *adj.-s.* De la Lacetania, reg. de la España Tarraconense.
I) lacha *f. Ast.* y *Sant.* Espadín (pez).
II) lacha (git. *lacha,* vergüenza, der. del sáns. *lajja,* empacho) *f. And., Ar.* y *Logr.* Vergüenza (pundonor). 2 *Ál.* Aspecto desagradable. 3 *Ál.* Maña. 4 *Poca* ~, poco juicio.
lachear *tr. Chile.* Galantear.
lacho, -cha *m. f. Chile* y *Perú.* vulg. Amante, enamorado. -2 *m. Chile.* Pisaverde, galán.
lacinia (l.) *f.* Segmento estrecho en que se dividen las hojas, sépalos o pétalos de algunas plantas.
laciniado, -da *adj.* Dividido en lacinias.
lacio, -cia (l. *flaccidu;* doble etim. *fláccido) adj.* Marchito, ajado. 2 Flojo, sin vigor. 3 [cabello] Que cae sin formar ondas ni rizos.
lacón *m.* Brazuelo del cerdo.
lacónicamente *adv. m.* De manera lacónica.
lacónico, -ca (gr. *lakonikós,* de Lacedemonia) *adj.* Laconio. 2 Breve, conciso, que expresa el pensamiento con pocas palabras: *lenguaje* ~; *escritor* ~.
laconio, -nia (l. *-iu*) *adj.-s.* De Laconia, región de Grecia al sudeste del Peloponeso. -2 *adj.-m.* Dialecto dórico hablado antiguamente en esta región.
laconismo *m.* Calidad de lacónico.
SIN. **Concisión.**
lacra (et. dud.; quizá de *lacre,* como marca) *f.* Señal de una enfermedad. 2 Defecto, tara, vicio. 3 Plaga, miseria. 4 *Amér.* Costra que se forma en las llagas o heridas. 5 *Guat., S. Dom.* y *Venez.* Úlcera, llaga.
lacrado *m.* Acción de lacrar II. 2 Efecto de lacrar II.
lacrador *m.* Sello usado para estampar marcas en el lacre.

I) lacrar (de *lacra*) *tr.* Dañar la salud [de uno]: *lacrarse con el trabajo excesivo.* 2 Pegar [a uno] una enfermedad. 3 fig. Dañar o perjudicar [a uno] en sus intereses.
II) lacrar *tr.* Cerrar con lacre.
lacre (de *laca*) *m.* Pasta de goma laca y trementina, que se emplea, derretida, para cerrar y sellar cartas, documentos, etc. 2 *Amér.* Árbol cuya resina es parecida al lacre *(Bimia guayanensis).* 3 *Amér.* Substancia que forman las abejas en lo interior del panal como parte de su cera y que se emplea como vulneraria y antiespasmódica. -4 *adj. Amér.* Rojo.
lacrimal *adj.* Relativo a las lágrimas. ◇ V. lagrimal.
lacrimatorio, -ria (der. del l. *lacryma,* lágrima) *adj.-s.* Vaso encontrado en sepulcros antiguos, que servía para contener perfumes. Erróneamente se creyó que en ellos se recogían las lágrimas vertidas durante los funerales, de ahí su nombre.
lacrimo- (l. *lacryma,* lágrima) Elemento prefijal que entra en la formación de palabras con el significado de lágrima: *lacrimógeno.*
lacrimógeno, -na (*lacrimo-* + *-geno*) *adj.* Que produce lagrimeo: *gases lacrimógenos; una novela lacrimógena.*
lacrimonasal (*lacrimo-* + *nasal*) *adj.* MED. [conducto] Que une el saco lagrimal al meato nasal.
lacrimosamente *adv. m.* De manera lacrimosa.
lacrimoso, -sa *adj.* Que tiene lágrimas. 2 Que mueve a llanto.
SIN. *2* **Lagrimoso, lloroso.**
lacrimotomía (*lacrimo-* + *-tomía*) *f.* CIR. Incisión del conducto o saco lagrimal.
lact-, v. lacto-.
lactación (l. *-atione*) *f.* Acción de mamar.
lactancia *f.* Lactación. 2 Período de la vida en que la criatura mama. 3 Secreción de la leche.
lactante *adj.-s.* Que lacta.
lactar (l. *-are*) *tr.* Amamantar. 2 Criar [a los niños o cachorros] con leche. -3 *intr.* Nutrirse con leche.
lactario, -ria (l. *lactariu*) *adj.* p. us. Lechoso (de leche). -2 *m.* Hongo basidiomicete en forma de embudo, que segrega leche y tiene esporas blancas *(gén. Lactarius).*
lactasa (v. *lacto-*) *f.* Fermento contenido en el jugo intestinal, que transforma la lactosa en glucosa y galactosa.
lactato *m.* Sal o éster del ácido láctico.
lacteado, -da *adj.* Lácteo.
lácteo, -a (l. *-eu*) *adj.* TECN. Relativo a la leche: *régimen ~; industrias lácteas.* 2 Parecido a la leche.
SIN. *2* **Lechoso,** en el habla corriente. **Lactescente, lacticíneo, lactinoso,** son tecn.
lactescencia *f.* Calidad de lactescente.
lactescente *adj.* TECN. De aspecto de leche. 2 [planta] Que contiene un jugo lechoso.
lacti-, v. lacto-.
lacticíneo, -a *adj.* Lácteo.
lacticinio (l. *-ciniu*) *m.* Leche o manjar compuesto con ella.
lacticinoso, -sa *adj.* Lechoso, lácteo.
láctico *adj.* Relativo a la leche: *fermento ~.* 2 *Ácido ~,* líquido incoloro producto de la fermentación del azúcar de la leche por el bacilo láctico ($C_3H_6O_3$).
lactífero, -ra (l. *lactiferi* < *lacti-* + *-fero*) *adj.* Que contiene o trae leche. 2 [conducto] Por donde pasa la leche para llegar a los pezones.
lactina *f.* Lactosa.
lacto-, lacti-, lact- (l. *lac, lactis,* leche) Elemento prefijal que entra en la formación de palabras con el significado de leche.
SIN. **Galacto-.**
lactodensímetro *m.* Aparato para medir la densidad de la leche.
lactoflavina (*lacto-* + *flavina*) *f.* Vitamina B_2, que se extrae de la leche.
lactómetro (*lacto-* + *-metro*) *m.* Galactómetro.
lactoplasma (*lacto-* + *plasma*) *m.* Parte líquida de la leche, que se desdobla en caseína y lactosuero.
lactoproteína (*lacto-* + *proteína*) *f.* Proteína de la leche.
lactosuero (*lacto-* + *suero*) *m.* Suero de la leche.
lactosa *f.* Azúcar de leche.
SIN. **Lactina.**
lactucario (der. del l. *lactuca,* lechuga) *m.* Jugo lechoso usado como calmante, que se obtiene de la lechuga espigada.
lactumen *m.* Erupción cutánea que suelen padecer los niños de pecho.
SIN. **Engordaderas.**
lacunario *m.* Lagunar.
lacustre (l. *lacus,* lago) *adj.* Relativo a los lagos. 2 Que habita en ellos o cerca de ellos: *planta ~.*
lada (l.) *f.* Jara (arbusto).
ládano (de *lada*) *m.* Substancia resinosa que se extrae de la jara.
ladeada *f. Chile.* Ladeo. 2 *Argent.* Mujer fea. 3 *Argent.* Mujer pervertida.
ladeado, -da *adj.* BOT. Que mira a un lado únicamente: *hojas, flores, espigas ladeadas.* 2 TAUROM. [estocada] Que penetra a un lado del hoyo de las agujas o cruz, y en dirección paralela al plano externo de las paletillas del toro. 3 MAR. [barco] Con un costado más pesado que el otro. 4 *Argent.* [pers.] De aspecto desgarbado y feo.
ladear *tr.* Inclinar, torcer hacia un lado: *~ el cuerpo a,* o *hacia, la derecha.* 2 fig. Soslayar, esquivar. -3 *intr.* Andar o caminar por las laderas. 4 Desviarse del camino derecho: *ladeo por el bosque.* -5 *prnl.* Inclinarse: *el poste se ladea; se ladeó al partido contrario.* 6 Estar una cosa al igual de otra: *se ladeó con un compañero.* 7 *Argent.* Pervertirse. 8 *Chile.* Enamorarse.
ladeo *m.* Acción de ladear o ladearse. 2 Efecto de ladear o ladearse.
ladera (de *lado*) *f.* Declive de un monte. 2 *Colomb.* Ribera de un río.
ladería *f.* Llanura pequeña en la ladera de un monte.
ladero, -ra *adj.* Lateral. 2 *Amér. Merid.* [caballo] Que va a la derecha del pertiguero tirando de un carruaje. 3 *Argent.* [pers.] Que ayuda a otra a que una empresa tenga éxito. -4 *m. And.* Ladera.
ladi *f.* Lady.
ladierno *m.* Aladierna.
ladilla (dim. del l. *latus,* ancho, en fem.) *f.* Insecto anopluro, diminuto, parásito del hombre *(Pediculus pubis).* 2 Cebada ladilla. 3 *Logr.* Fárfara.
ladillo *m.* Parte de la caja del coche que está a cada uno de los lados de las puertecillas. 2 IMPR. Composición breve que suele colocarse en el margen de la plana, gralte. para indicar el contenido del texto.
ladinamente *adv. m.* De un modo ladino.
ladinería *f.* Astucia, sagacidad.
ladino, -na (l. *latinu,* latino) *adj.* Moro que hablaba latín o romance. 2 p. ext. El que sabe hablar lenguas extranjeras. 3 fig. Sagaz, taimado. -4 *adj.-m.* Conjunto de dialectos retorrománicos centrales; como el trentino. 5 p. ext. Retorrománico. 6 FILOL. Lengua religiosa de los sefardíes que se escribe con letras latinas o en caracteres rasíes. 7 FILOL. Dialecto judeoespañol de oriente. -8 *adj.-s. Amér.* Indio que habla bien el castellano. -9 *adj. Amér. Central.* Mestizo. 10 *Guat.* y *Salv.* Mestizo de blanco e india. 11 *Colomb.* y *S. Dom.* Parlero, parlanchín. 12 *Cuba.* Negro africano bastante civilizado y experto. 13 *Méj.* [pers.] De voz aguda.
lado (l. *latus, -eris,* costado) *m.* Parte derecha o izquierda del tronco o del cuerpo de un hombre o de un animal. 2 Lo que está a la derecha o a la izquierda de un todo: *los dos lados de una mesa, de un río; se colocaron a ambos lados de la cama.* 3 Estera que se pone arrimada a los lados del carro. 4 Cara de un objeto opuesta a otra similar: *los dos lados de una moneda, de una tela.* 5 Línea genealógica: *~ paterno.* 6 Opinión, punto de vista, partido. 7 Línea que, junto con otra, forma un ángulo. 8 Línea que, junto con otras, limita una superficie: *los tres lados de un triángulo; los lados de un polígono.* 9 Generatriz de la superficie lateral del cono y del cilindro. 10 Parte del espacio existente alrededor de un cuerpo: *por el ~ del mar;* ***al ~***, muy cerca; ***al ~ de***, en comparación con; ***dar de ~ a uno***, evitar su compañía. 11 fig. Aspecto, parte: *por un ~ me pareció entendido, por otro muy presuntuoso; viéndose incomprendido, echó por otro ~.* 12 fig. Sitio: *hazle ~; déjale un ~.* 13 fig. Modo, medio o camino que se toma para una cosa. -14 *m. pl.* fig. Personas que frecuentan a otra y la aconsejan y ayudan: *este ministro tiene buenos lados.*
SIN. *1* y *2* **Costado; ala, flanco,** tratándose de un ejército.
ladón *m.* Lada.
ladra *f.* Acción de ladrar. 2 MONT. Conjunto de ladridos que se oyen a cada encuentro de los perros con una res.
ladracerros *com. La Mancha.* Persona fantasiosa. 2 *La Mancha.* Persona que amenaza sin llevar a cabo sus actos, o no lo hace de la manera que dijo. ◇ Pl.: *ladracerros.*
ladrador, -ra *adj.* Que ladra.
ladral *m. Ast.* y *Sant.* Adral. ◇ Se usa también en plural.

ladrar (l. *latrare*) ***intr.*** Dar ladridos el perro. 2 fig. Amenazar sin acometer: ~ *a la luna.* 3 Impugnar. 4 Motejar.
ladrería ***f.*** Cisticercosis.
ladrido ***m.*** Voz del perro. 2 fig. *y* desp. Murmuración, censura, calumnia. 3 fig. *y* fam. Grito o respuesta áspera.
SIN. *1* **Latido**, es el ladrido entrecortado del perro cuando sigue la caza o cuando de repente sufre algún dolor; **gañido**, es el grito que da el perro cuando lo maltratan.
ladrillado ***m.*** Solado de ladrillos.
ladrillador ***m.*** Enladrillador.
ladrillal ***m.*** Ladrillar.
I) ladrillar ***m.*** Fábrica de ladrillos.
II) ladrillar ***tr.*** Enladrillar.
ladrillazo ***m.*** Golpe dado con un ladrillo. 2 fig. *y* fam. Cosa pesada.
ladrillejo ***m.*** Broma de muchachos que consistía en colgar un ladrillo delante de la puerta de una casa y moverlo desde lejos para que dé en la puerta.
ladrillero, -ra ***m. f.*** Persona que tiene por oficio hacer o vender ladrillos. -2 ***f.*** Molde para hacer ladrillos.
I) ladrillo (dim. de *ladre,* der. del l. *later, -eris,* ladrillo) ***m.*** Masa de arcilla cocida en forma de prisma, usada en albañilería: ~ ***azulejo,*** azulejo, ladrillo pequeño vidriado; ~ ***hueco,*** el moldeado mecánicamente que presenta canales prismáticos o redondos interiores en el sentido de su longitud; ~ ***de rejilla,*** el hueco con canales transversales. 2 fig. Lo que tiene forma de ladrillo: ~ *de un tejido;* ~ *de chocolate.* 3 fam. Libro o discurso difícil de soportar. 4 fam. Cosa muy pesada.
II) ladrillo ***m.*** germ. Ladrón.
ladrilloso, -sa ***adj.*** Que es de ladrillo o se le asemeja.
ladriola ***f.*** *Murc.* Hucha, alcancía, ladronera.
ladrón, -drona (l. *latrone*) ***adj.-s.*** Que hurta o roba: ***el bueno y el mal*** ~, los dos malhechores crucificados con Jesucristo, de los cuales el primero, San Dimas, murió arrepentido. -2 ***m.*** Portillo hecho en un río para sangrarle o en las acequias para robar el agua. 3 Pavesa encendida que, separándose del pabilo, se pega a la vela. 4 Toma clandestina de electricidad. 5 Enchufe para tomar corriente que se adapta al casquillo de una lámpara. 6 Enchufe que multiplica las tomas de electricidad.
SIN. *1* **Caco, sacre.**
ladronamente ***adv. m.*** fig. Disimuladamente, a hurtadillas.
ladronear ***intr.*** Vivir de robos, hurtos y rapiñas.
ladronera ***f.*** Lugar donde se ocultan los ladrones. 2 Latrocinio. 3 Ladrón (portillo). 4 Alcancía (vasija cerrada). 5 FORT. Matacán (obra voladiza).
ladronería ***f.*** Latrocinio.
ladronerío ***m.*** *Argent.* y *Guat.* Ladronesca. 2 *Argent.* y *Guat.* Hurtos frecuentes, ladronería.
ladronesca ***f.*** Conjunto de ladrones.
ladronesco, -ca ***adj.*** Relativo a los ladrones.
ladronicio ***m.*** Latrocinio. 2 *Ecuad.* Madriguera de ladrones.
ladronzuelo, -la ***m. f.*** Ratero (ladrón).
lady (voz inglesa) ***f.*** Título de honor que se da en Gran Bretaña a las señoras de la nobleza. ◇ Se pronuncia *leidi.*
lagaña ***f.*** p. us. Legaña.
lagar (de *lago*) ***m.*** Recipiente donde se pisa la uva, se prensa la aceituna o se machaca la manzana para obtener el mosto, el aceite o la sidra. 2 Edificio donde hay un lagar. 3 Suerte de tierra de poca extensión, plantada de olivar, y en la cual hay edificio y artefactos para extraer el aceite.
SIN. **Jaraíz, tino.**
lagarero ***m.*** El que tiene por oficio trabajar en el lagar.
lagarta ***f.*** Hembra del lagarto. 2 Insecto lepidóptero perjudicial a los árboles *(Lymantria dispar).* 3 fig. Mujer pícara, taimada.
lagartear ***tr.*** *Chile.* Coger de los lagartos [a uno] y apretárselos para impedirle el uso de los brazos. -2 ***intr.*** Conducirse taimadamente. 3 fam. Andar con rodeos.
lagarteo ***m.*** *Chile.* Acción de lagartear.
lagartera ***f.*** Madriguera del lagarto.
lagarterano, -na ***adj.-s.*** De Lagartera (Toledo).
lagartero, -ra ***adj.*** [animal] Que caza lagartos. -2 ***m.*** *Guat.* Burdel, mancebía.
lagartija ***f.*** Lagarto de pequeñas dimensiones *(Lacerta muralis; L. viridis).*
SIN. **Ligaterna, regalterna, sargantana** (Ar.), **sogalinda** (Vizcaya).
I) lagartijero, -ra (der. de *lagartija*) ***adj.*** [animal] Que caza lagartijas.
II) lagartijero, -ra (der. de *Lagartijo,* 1840-1900, famoso torero) ***adj.-f.*** TAUROM. Media estocada certera que produce la muerte del toro.
lagartijo ***m.*** Lagartija. 2 *Méj.* Gomoso, lechuguino.
lagartina ***f.*** Pez marino teleósteo perciforme, de color gris, beige u oliváceo jaspeado con pequeñas manchas obscuras, que son blanquecinas en los flancos, panzudo y con un tentáculo supraorbital *(Blennius sanguinolentus).*
lagarto (l. v. *lacartu;* var. dial. del l. *lacertu*) ***m.*** Reptil saurio de cuerpo largo y casi cilíndrico, cola larga y cónica, cuatro patas cortas y piel cubierta de laminillas escamosas; útil a la agricultura por los insectos que devora *(gén. Lacerta;* esp. *Lacerta ocellata).* 2 Bíceps, músculo del brazo. 3 Pez marino teleósteo perciforme, de pequeño tamaño, que tiene un espolón armado de varias espinas en el preopérculo, de cabeza ancha y cuerpo deprimido *(Callionymus maculatus).* 4 Constelación boreal situada entre Andrómeda y el Cisne. 5 fig. *y* fam. Insignia de la orden de Santiago. 6 ~ ***real,*** pez marino teleósteo, de cuerpo alargado, boca muy hendida, color verdusco manchado de obscuro, y con los primeros radios de la aleta dorsal muy prolongados en el macho *(Aulopus filamentosus).* 7 ~ ***de Indias,*** caimán. -8 ***adj.-m.*** Hombre pícaro, taimado. -9 ***m.*** *Cuba.* Pez salmónido de cuerpo prolongado, con la aleta caudal bifurcada, y de color verdoso con líneas longitudinales amarillas sobre el tronco *(Synodus spixianus).* 10 *Ecuad.* Comerciante que vende muy caro. 11 *Urug.* Cinturón donde se guardan monedas. ◇ V. lagarta y lagartija.
¡lagarto! Entre gente supersticiosa, interjección con que se intenta ahuyentar la mala suerte, especialmente cuando alguien nombra la culebra. 2 Interjección con que se denota sorpresa o admiración ante algo que se acaba de saber o descubrir y que no es de conformidad con la opinión del hablante. ◇ Se usa generalmente repetida.
lagartón, -tona ***adj.-s.*** fam. [pers.] Taimado y astuto.
lagena ***f.*** Parte del oído interno de los vertebrados inferiores que corresponde a lo que es el caracol en los superiores.
lago (l. *lacu*) ***m.*** Gran masa permanente de agua depositada en hondonadas del terreno. 2 *Logr.* Lagar.
REL. *1* **Lacustre.**
lagomorfo ***adj.-m.*** Mamífero del orden de los lagomorfos. -2 ***m. pl.*** Orden de mamíferos placentarios, de pequeñas dimensiones y aspecto similar a los roedores, de los que se diferencian por presentar dos pares de incisivos dispuestos uno delante del otro; como el conejo y la liebre.
lagotear (gót. *laigon,* lamer) ***intr.-tr.*** Hacer lagoterías.
lagotería ***f.*** fam. Zalamería para congraciarse con una persona o lograr una cosa.
SIN. **Fiesta.**
lagotero, -ra ***adj.-s.*** fam. Que hace lagoterías.
lágrima (l. *lacrima*) ***f.*** Gota del humor que segrega la glándula lagrimal, y que es vertida por los ojos: ***lágrimas de cocodrilo,*** fig., las que vierte una persona hipócritamente; ***deshacerse en lágrimas,*** fig., llorar copiosa y amargamente; ***llorar a*** ~ ***viva,*** llorar con gran aflicción. 2 Gota de humor que destilan ciertos árboles después de la poda. 3 Porción muy corta de cualquier licor. 4 ~ ***de David*** o ***de Job,*** planta gramínacea de jardín, de cuyas semillas se hacen rosarios y collares *(Coix lacrima Jobi).* -5 ***f. pl.*** fig. Pesadumbres, adversidades, dolores. 6 BOT. ***Lágrimas de San Pedro,*** cedacillo. 7 BOT. ***Lágrimas de la Virgen,*** hierba perenne de lugares húmedos y con flores blancas *(Allium triquetrum).* -8 ***m.*** Vino dulce de Málaga, también llamado *lácrima Christi,* de uva destilada en cuba o lagar antes de haber sido prensada.
REL. *1* Varios der. cultos se forman del l. *lacrima (lacrimoso, lacrimatorio)*; algunos tecn. parten del gr. *dakryon (dacriadenitis, dacriocisto).* SIN. *4* **Camándula.**
lagrimacer ***intr.*** Lagrimar. ◇ ** CONJUG. [42] como ***nacer.***
lagrimal ***adj.*** Que segrega y expele lágrimas: *glándula, conducto, saco* ~. -2 ***m.*** Extremidad del ojo próxima a la nariz. 3 Úlcera que suele formarse en la axila de las ramas cuando éstas se desgajan algo del tronco. 4 Hueso par, muy pequeño y delgado, situado en la parte anterior e interna de las órbitas, que contribuye a formar los conductos lacrimal y nasal. V. lacrimal.
lagrimar ***intr.*** Llorar (derramar lágrimas).
SIN. **Lagrimacer.**
lagrimear ***intr.*** Secretar lágrimas con facilidad y frecuencia. 2 Acudir lágrimas a los ojos sin llegar a llorar del todo.
lagrimeo ***m.*** Acción de lagrimear. 2 Flujo producido por no poder pasar las lágrimas del lagrimal a las fosas nasales o ser su secreción muy abundante por irritación del ojo.
lagrimón ***m.*** aum. *e* irón. Lágrima grande.

lagrimoso, -sa *adj.* [ojo] Tierno y húmedo. 2 [pers. o anim.] Que así tiene los ojos. 3 Lacrimoso (que mueve a llanto).
lagua (arauc. *lahua*) *f. Bol.* y *Perú.* Sopa de harina con papas, ají y carne.
laguán *m. Chile.* Especie de ciprés.
lagüe *m. Chile.* Iridácea de raíz bulbosa comestible *(Sisyrinchium speciosum)*
SIN. **Lahui.**
laguer *m. Cuba.* Especie de cerveza ligera.
laguna (l. *lacuna*) *f.* Depósito natural de agua, de menores dimensiones que el lago. 2 fig. En lo manuscrito o impreso, hueco, omisión o parte borrada. 3 fig. Solución de continuidad en un conjunto o serie. 4 fig. Lo que falta para que una cosa sea completa. 5 Olvido.
REL. *1* **Palustre,** relativo a laguna.
lagunajo *m.* Charco.
lagunar (l. *lacuna*) *m.* ARQ. Hueco de un techo artesonado.
SIN. **Lacunario.**
lagunato *m. Cuba* y *Hond.* Lagunajo, charco.
lagunense *adj.-com.* De Laguna, prov. de Filipinas.
lagunero, -ra *adj.* Relativo a la laguna. -2 *m. Chile.* El que cuida de una laguna.
lagunoso, -sa *adj.* Abundante en lagunas.
lahui *m. Chile.* Lagüe.
lai *m.* Lay.
laicado *m.* Condición de los fieles de la Iglesia no clérigos. 2 Conjunto de dichos fieles.
laical (b. l. *-ale*) *adj.* Relativo a los legos.
laicalización *f. Chile.* Secularización.
laicalizar *tr. Chile.* Secularizar. ◇ ** CONJUG. [4] como ***realizar.***
laicismo *m.* Doctrina que defiende la independencia del hombre o de la sociedad, y esp. la del estado, de toda influencia religiosa.
laicista *com.* Partidario del laicismo.
laicización *f.* Acción de laicizar. 2 Efecto de laicizar.
laicizar *tr.* Hacer a alguien o algo laico o independiente de toda influencia religiosa. ◇ ** CONJUG. [4] como ***realizar.***
laico, -ca (b. l. *-cu,* der. del gr. *laïkos,* del pueblo, der. del gr. *laós,* pueblo; doble etim. *lego*) *adj.-s.* Lego (seglar). 2 Que prescinde de la instrucción religiosa: *escuela laica.*
lairén *adj.* [variedad de uva] de grano crecido y hollejo duro. 2 [vid] Que la produce. -3 *m. S. Dom.* y *Venez.* Llerén.
laísmo *m.* Empleo de la forma *la* como objeto indirecto del pronombre personal femenino de 3ª persona: *la regalaron una bicicleta,* en vez de *le.*
laísta *adj.-com.* Que practica el laísmo.
I) laja *f.* Lancha (piedra). 2 MAR. Peña que suele haber en la barra. 3 *Chile* y *Hond.* Arenilla usada para fregar. 4 *Ecuad.* Terreno muy pendiente.
II) laja *f.* ant. Traílla. 2 *Colomb.* Cuerda de cabuya más delgada y fina que el lazo.
lajear *tr. Colomb.* Manejar a caballo [una res] por medio del rejo.
lajero *adj. Colomb.* [perro] De alcance.
lakismo *m.* Laquismo.
lakista *adj.-com.* Laquista.
lalación *f.* Habla balbuciente de los niños, falta de precisión en el mecanismo articulatorio de la palabra.
lalofobia (gr. *lalos,* locuaz + *-fobia*) *f.* Glosofobia.
I) lama (l.) *f.* Cieno blando del fondo del mar o de los ríos, y de los parajes donde hay agua estancada. 2 Ova (alga). 3 MIN. Lodo de mineral molido que se deposita en los canales por donde corren las aguas que salen de los aparatos trituradores. 4 *And.* Arena menuda que sirve para mezclar con la cal. 5 *Amér.* Verdín que se forma en las aguas dulces. 6 *Amér.* Musgo. 7 *Bol.* y *Colomb.* Moho, cardenillo.
II) lama (prov.) *f.* Tela de oro o plata en que los hilos de estos metales forman el tejido y brillan por su haz sin pasar al envés. 2 *Chile.* Tejido de lana con flecos en los bordes.
SIN. *1* **Restaño.**
III) lama (voz tibetana) *m.* Sacerdote del lamaísmo.
lamaico, -ca *adj.* Relativo al lamaísmo.
lamaísmo *m.* Secta budista extendida esp. en el Tibet, influida por las supersticiones locales, y de un carácter eminentemente sacerdotal.
REL. **Gran,** o **Dalai, lama,** jefe supremo.
lamaísta *com.* Sectario del lamaísmo.
lamantín, lamantino *m.* GALIC. Manatí.
lamartiniano, -na *adj.* Relativo al poeta francés Alfonso de Lamartine (1790-1869).
lamasería *f.* Convento de lamas en el Tibet.
lambarear *intr. Cuba.* Vagar ociosamente.
lambarero, -ra *adj. Cuba.* Callejero. 2 *Cuba.* Adulador.
lambayecano, -na *adj.-s.* De Lambayeque, dep. del Perú.
lambda *f.* Undécima letra del **alfabeto griego, equivalente a nuestra *l*.
lambdacismo (del gr. *lambda,* la letra *l*) *m.* Pronunciación viciosa de la *l* donde debiera pronunciarse *r*, como decir *cala* por *cara*.
lambear *tr. Ál.* Lamer.
lambel (fr.) *m.* Adorno en forma de marco o cuadro de tres lados. 2 BLAS. Pieza en figura de faja con tres caídas cortas.
lambeplatos *m. Amér.* Lameplatos. ◇ Pl.: *lambeplatos.*
lamber (l. *lambere*) *tr.* Lamer. ◇ Ús. vulg. en varias regiones de España y de América.
lamberear *intr. Cuba.* Lambarear.
lambeta *adj. Argent.* Adulador.
lambetada *f. Amér.* vulg. Lametón, lengüetada.
lambetazo *m. Logr.* y *Amér.* vulg. Lengüetada.
lambiachi *adj. Méj.* vulg. Lameplatos.
lambiar *tr. And.* Lamer.
lambiche *adj. Méj.* vulg. Adulador.
lambida *f.* Lamedura. ◇ Ús. vulg. en numerosas regiones de España y América.
lambido, -da *adj. Amér.* Relamido. 2 *Amér.* Descarado.
lambión *adj. León.* Goloso.
lambiscón, -cona *adj.-s. Méj.* fam. Adulador.
lambisconear *tr. Méj.* fam. Adular.
lambisconería *f. Méj.* fam. Adulación.
lambisquear *tr.* Buscar los muchachos [migajas o golosinas] para comérselas. 2 *Méj.* fig. Adular. 3 *S. Dom.* Lamer.
lambistón, -tona *adj.* Goloso.
lambón, -na *adj. Colomb.* Adulador bajo, soplón.
lambraña *adj. Colomb.* Cicatero, tacaño.
lambrequín (fr.) *m.* BLAS. Adorno que baja de lo alto del yelmo y rodea el escudo.
lambrija (l. **lumbricula*) *f.* Lombriz. 2 fig. Persona muy delgada.
lambrijo, -ja *adj. Méj.* Flaco, delgado.
lambrión, -ona *adj. León* y *Sal.* Hambrón, glotón.
lambrucio, -cia *adj.* fam. Goloso, glotón.
lambrusco, -ca *adj. Chile* y *Méj.* Lambrión.
lambrusquear *intr. Chile* y *Méj.* Golosinear.
lambucear *intr.* Lamer por glotonería [un plato, vaso o vasija].
lambucero, -ra *adj.-s.* Glotón, goloso.
lambuzo, -za *adj. Extr.* Goloso. 2 *Extr.* Entrometido.
lameculos *com.* vulg. Adulón, quitamotas. ◇ Pl.: *lameculos.*
lamedal *m.* Terreno con mucho cieno.
lamedor, -ra *adj.-s.* Que lame. -2 *m.* fig. Halago fingido, lisonja. 3 Jarabe.
lamedura *f.* Acción de lamer. 2 Efecto de lamer.
lameira *f.* Prado regado con agua procedente de arroyos o fuentes. 2 *Zam.* Tierra húmeda.
lamel-, v. lameli-.
lamela *f.* ZOOL. Placa o expansión laminar de cierto tipo de antenas de los insectos.
lamelado, -da *adj.* ZOOL. Que posee lamelas.
lameli-, lamel- (b. l. *lamella;* dimin. del l. *lamina,* lámina) Elemento prefijal que entra en la formación de palabras con el significado de lámina.
lamelibranquio (*lameli-* + *-branquio*) *adj.-m.* Molusco de la clase de los lamelibranquios. -2 *m. pl.* Clase de moluscos de simetría bilateral, con la cabeza rudimentaria, las branquias en forma de láminas y el pie en forma de hacha encerrado en un manto que segrega una concha bivalva; tienen gran importancia económica; como la ostra, la almeja y el mejillón.
lamelicornio (*lameli-* + l. *cornu,* cuerno) *adj.-m.* Insecto del suborden de los lamelicornios. -2 *m. pl.* Suborden de insectos coleópteros que comprende aquellos cuyas antenas están divididas en laminillas; como los abejorros.
lameliforme (*lameli-* + *-forme*) *adj.* De forma de lámina.
lamelirrostros (*lameli-* + l. *rostrum,* pico) *adj.-m.* Ave del grupo de los lamelirrostros. -2 *m. pl.* Grupo de aves que tienen el pico provisto de laminillas; como los patos.
lamentable (l. *-ile*) *adj.* Que es digno de lamentarse. 2 Que infunde tristeza y horror.

lamentablemente *adv. m.* Con lamentos. 2 De manera lamentable.
lamentación (l. *-atione*) *f.* Queja con alguna muestra de dolor. 2 *Las lamentaciones de Jeremías,* libro de la Biblia.
lamentador, -ra *adj.-s.* Que lamenta o se lamenta.
lamentar (l. *-ari*) *tr.* Sentir [una cosa] con llanto u otra manifestación del dolor: *lamento tu desgracia; es cosa de ~; se lamentaba de,* o *por, la desgracia.* -2 *prnl.* Quejarse.
lamento (l. *lamentu*) *m.* Lamentación (queja).
lamentoso, -sa *adj.* Que prorrumpe en lamentos o quejas. 2 Lamentable.
lameplatos *com.* fam. Persona que se alimenta de sobras. 2 fig. *y* fam. Goloso. ◇ Pl.: *lameplatos.*
lamer (l. *lambere*) *tr.* Pasar la lengua [por una cosa]: *lamerse los dedos.* 2 fig. Tocar blanda y suavemente: *el arroyo lame las arenas.* 3 fig. Adular.
SIN. *1* **Lambucear, lamear, lamiar.**
lamerón, -rona *adj.* fam. Goloso. 2 fig. Adulador.
lametada *f.* Lametazo.
lametazo *m.* Lengüetada.
lametear *tr.* Lamer.
lameteo *m.* Acción de lametear. 2 Efecto de lametear. 3 fam. Adulación interesada.
lametón *m.* Acción de lamer con ansia.
lamia (gr. *lamía*) *f.* Monstruo fabuloso con cabeza de mujer y cuerpo de dragón. 2 Tiburón de la misma familia que el cazón y la tintorera, que alcanza unos tres metros de longitud *(Carcharhinus commersonii).*
lamiar *tr. And.* Lamer.
lamido, -da *adj.* fig. [pers.] Flaco. 2 fig. [pers.] Pálido y limpio. 3 fig. Relamido. 4 PINT. Que tiene aspecto muy terso y liso, por sobra de trabajo. -5 *m.* Acción de lamer. 6 Efecto de lamer.
lamilla *f. Chile.* Alga marina usada como abono.
lamín *m. Logr.* Golosina.
lámina (l.) *f.* Plancha delgada, esp. de un metal. 2 Plancha metálica en la cual está grabado un dibujo para estamparlo. 3 Estampa. 4 Pintura hecha en cobre. 5 Parte ancha y delgada de los órganos, tejidos, etc., de los seres orgánicos. 6 Aspecto, figura, facha. 7 *Colomb.* fam. Belitre, pécora.
laminable *adj.* Que se puede reducir a láminas.
laminación *f.* Laminado (acción y efecto).
laminado, -da *adj.* Guarnecido de láminas de metal. -2 *m.* Acción de laminar. 3 Efecto de laminar.
laminador, -ra *adj.* Que lamina. -2 *m. f.* Persona que tiene por oficio hacer láminas de metal. 3 Aparato o máquina para reducir a láminas los metales maleables, haciéndolos pasar a presión entre dos cilindros que giran en sentido contrario.
I) laminar *adj.* De forma de lámina. 2 Que tiene una estructura formada de láminas u hojas sobrepuestas y paralelamente colocadas.
II) laminar *tr.* Tirar láminas o planchas [de metal] con el laminador: *~ el acero.* 2 Cubrir con láminas. 3 Cortar en láminas o rebanadas delgadas.
laminaria *f.* Alga feofícea de gran tamaño y con aspecto de cinta arrugada *(Laminaria rodriguezi).*
laminariales *f. pl.* Algas de talos laminares de gran tamaño.
I) laminero, -ra *adj.-s.* Que hace láminas. 2 Que guarnece relicarios de metal.
II) laminero, -ra (de *lamer*) *adj.* Goloso.
laminoso, -sa *adj.* De estructura laminar.
lamio (l. *-u*) *m.* Planta dicotiledónea labiada, anual, de flores de color púrpura rosa dispuestas en verticilos *(Lamium amplexicaule).*
lamiscar *tr.* fam. Lamer aprisa y con ansia. ◇ ** CONJUG. [1] como *sacar.*
lamoso, -sa *adj.* Que tiene o cría lama.
lampa (quechua *llampa*) *f. Amér.* Azada, laya.
lampacear *tr.* MAR. Enjugar la humedad [de cubiertas, costados, etc.] con el lampazo.
lampaceo *m.* Acción de lampacear. 2 Efecto de lampacear.
lampadario *m.* Lámpara de pie.
lampadóforo, -ra (gr. *lámpas, lámpados,* antorcha + *-foro*) *m. f.* Persona que llevaba luces encendidas en las procesiones de los griegos.
lampalagua *f. Argent.* Boa. 2 *Chile.* Monstruo fabuloso que seca los ríos bebiéndose toda el agua. -3 *adj. Chile.* Hambrón, glotón.
lampalallo, -lla *adj. Chile.* Hambriento.
lampante *adj. And. Aceite ~,* el aceite de oliva más puro. 2 *And. Queroseno ~,* el purificado para el alumbrado.
lampar *intr.* Alampar. 2 *P. Rico.* Tunar.
lámpara (l. *lampada,* antorcha, der. del gr. *lampás,* del v. *lampo,* resplandecer) *f.* Utensilio para dar luz provisto de uno o varios mecheros para la materia combustible, de una bombilla para el gas o de una o varias bombillas eléctricas: *~ **electrónica,*** la que tiene un tubo pequeño con gas noble y que produce una iluminación muy fuerte bajo el efecto de una descarga de un condensador. 2 *~ **de los mineros*** o ***de seguridad,*** candileja cuya luz se cubre con una tela metálica de malla fina, para impedir el paso de la llama y la inflamación de los gases. 3 Bombilla eléctrica. 4 Elemento de los antiguos aparatos de radio y de televisión de forma parecida a la bombilla eléctrica. 5 Mancha de aceite o de grasa en la ropa. 6 Ramo de árbol que los jóvenes ponen a las puertas de las casas. -7 *com. Cuba.* Impertinente. -8 *m. Venez.* Ladrón astuto.
SIN. *4* **Triodo.** *5* **Lamparón.**
lamparazo *m. Colomb.* Trago.
lamparería *f.* Establecimiento donde se fabrican o venden lámparas.
SIN. **Lampistería.**
lamparero, -ra *m. f.* Persona que tiene por oficio hacer o vender lámparas. -2 *m.* Encargado de las lámparas o faroles.
SIN. *1* **Lamparista, lampista.**
lampariento, -ta *adj. Perú.* [traje] Con manchas o lamparones.
lamparilla *f.* Dim. de *lámpara.* 2 Mariposa (luz). 3 Plato o vaso en que ésta se pone. 4 Álamo temblón. 5 TAUROM. Tejido de lana delgado y ligero del que se solían hacer las capas de verano.
lamparín *m.* Cerco de metal en que se pone la lamparilla en las iglesias. 2 *Chile.* Candil. 3 *Perú.* Lámpara de queroseno, con boquilla, mecha y tubo.
lamparista *com.* Lamparero.
lámparo, -ra *adj. Colomb.* Pelón, sin blanca.
lamparón *m.* Aum. de *lámpara.* 2 Escrófula en el cuello. 3 Enfermedad de los solípedos, acompañada de tumores linfáticos. 4 Lámpara, mancha. 5 *Chile.* Ubrera.
SIN. *2* **Paperas.**
lampatán *m.* China (raíz medicinal).
lampato, -ta *adj. Extr.* Goloso.
lampaya *m. Chile.* Planta verbenácea medicinal *(Lampaya officinalis).*
lampazo (l. *lappaceu*) *m.* Planta compuesta bienal utilizada en la medicina popular contra las enfermedades de la piel y para purificar la sangre *(Lappa maior; Arctium lappa).* 2 Manojo de filásticas para enjugar las cubiertas y costados de los buques. 3 Escobón de los hornos de fundición de plomo. 4 *Colomb.* y *Venez.* Golpe, latigazo.
SIN. *1* **Anteón, bardana, lapa, purpúrea.**
lampear *tr. Chile* y *Perú.* Remover [la tierra] con la lampa.
lampero *m. Chile* y *Perú.* Labriego que lampea.
lampiño, -ña *adj.* Que no tiene barba. 2 Que tiene poco pelo o vello. 3 BOT. Falto de pelos: *tallo ~.*
SIN. **Glabro,** lit.
lampión *m.* Farol.
lampíride (gr. *lampyris*) *f.* Luciérnaga.
lampiro *m.* Lampíride.
lampista *com.* Lamparero. -2 *m.* Hojalatero.
lampistería *f.* Lamparería.
lampistero *m.* Lamparero.
lampo (l. *lampare,* brillar) *m.* poét. Resplandor pronto y fugaz, como el del relámpago.
I) lampón *m. Ecuad.* Lampa, azadón.
II) lampón, -pona (de *lampar*) *adj. Colomb.* Hambriento.
lampote *m.* Tela de algodón fabricada en Filipinas. 2 *Méj.* Planta heliantea *(Helianthus cornifolius).*
lamprea (b. l. *naupreda;* alterado en *lampreda;* probl. por influjo de *lambere,* lamer) *f.* Animal ciclóstomo pisciforme, marino, de cerca de 1 m. de largo, hematófago y ectoparásito *(Petromyzon marinus).* 2 *~ **de río,*** de menor tamaño que la anterior, es también hematófaga y ectoparásita, y vive en los ríos en su fase larvaria, y en los lagos o en el mar, en la época adulta *(Lampetra fluviatilis).*
lampreada *f. Guat.* Tunda de lampreazos.
lampreado *m.* Guiso chileno hecho con charquí y otros ingredientes.
lamprear *tr.* Guisar [una vianda] como se guisan las lampreas,

friéndola primero y cociéndola después en vino o agua y con especias finas. 2 *Guat.* Azotar.

lampreazo ***m.*** Latigazo.

lampreílla ***f.*** Lamprea de unos 20 cms. de largo, que habita exclusivamente en los ríos *(Lamprea planeri).*

lamprobolita ***f.*** Hornblenda.

lámpsana ***f.*** Planta compuesta, de propiedades emolientes *(Lampsana communis).*

lampuga ***f.*** Pez marino teleósteo perciforme de cuerpo comprimido lateralmente *(Coriphaena hippurus).* ◇ También llampuga.

SIN. **Antia.**

lampuguera ***f.*** Arte de pesca mixta de nasas y red de cerco.

lampuso, -sa ***adj.*** *Colomb., Cuba* y *P. Rico.* vulg. Descarado.

lamuto ***adj.-m.*** Lengua perteneciente al grupo tangús septentrional, hablada en el oeste de la Unión Soviética.

lana (l.) ***f.*** Pelo de las ovejas y carneros y, p. ext., de otros animales que lo tienen parecido al de estas reses. 2 Hilo o tela elaborado con lana. 3 Vestido hecho con este hilo o tela. 4 ~ ***filosófica,*** óxido de cinc preparado por vía seca. 5 ~ ***de vidrio,*** material parecido al algodón, de naturaleza mineral, incombustible, poco conductor del calor y amortiguador de sonidos. -6 ***m.*** *Amér. Central.* Persona de ínfima clase social. 7 *Amér. Central.* Tramposo, bandido. -8 ***f. pl.*** *Méj.* Dinero. 9 *Méj.* Mentiras.

lanada (de *lana*) ***f.*** Instrumento para limpiar y refrescar el alma de las piezas de artillería después de haberlas disparado.

lanado, -da ***adj.*** Lanuginoso.

lanar ***adj.*** [ganado o res] Que tiene lana: ***ganado*** ~, ganado ovino.

lanaria ***f.*** Jabonera (planta).

lanawense ***adj.-s.*** De Lanao, prov. de Filipinas.

lancán ***m.*** Embarcación filipina que sirve únicamente para conducir carga.

Lancáster ***n. pr.*** Familia real inglesa que reinó de 1399 a 1471.

REL. **Lancasteriano.**

lancasteriano, -na ***adj.*** Relativo a la casa de Lancáster. -2 ***adj.-s.*** Partidario de dicha casa durante las guerras de las Dos Rosas.

lance ***m.*** Acción de lanzar: *el ~ de la red.* 2 Efecto de lanzar. 3 Pesca que se saca de una vez. 4 Accidente notable que ocurre en el juego. 5 Jugada de naipes. 6 Trance u ocasión crítica. 7 Encuentro, riña: ~ ***de honor,*** duelo I. 8 Aventura: ~ *de amor.* 9 Arma lanzada por la ballesta. 10 TAUROM. Suerte de capa. 11 ***De*** ~, que se compra barato, aprovechando una coyuntura. 12 ~ ***de fortuna,*** golpe de suerte. 13 *Argent.* Serie de cosas seguidas. 14 *Colomb.* Lugar preferido para arrojar el chinchorro y pescar. 15 *Chile.* Marro, esguince, regate, reparada o gatada.

lanceado, -da ***adj.*** Lanceolado. -2 ***f.*** *Argent.* Lanzada, lancetazo.

lancear ***tr.*** Alancear.

lancéola ***f.*** Llantén menor.

lanceolado, -da (b. l. *-atu*) ***adj.*** De figura semejante al hierro de la lanza: *hoja lanceolada.*

lancera ***f.*** Armero para colocar las lanzas.

lancería ***f.*** Conjunto de lanzas. 2 Tropa de lanceros.

lancero (l. *lancearíu*) ***m.*** Soldado que pelea con lanza. 2 El que lleva lanza. 3 El que tiene por oficio hacer o labrar lanzas. 4 Lancera. 5 TAUROM. Picador. -6 ***m. pl.*** Baile de figuras parecido al rigodón. 7 Música de este baile.

lanceta (dim. de *lanza*) ***f.*** CIR. Instrumento de acero, de corte en ambos lados y punta agudísima, para sangrar, abrir tumores, etc. 2 TAUROM. Cuerno. 3 *Amér.* Aguijón.

SIN. *1* **Sangradera.**

lancetada ***f.*** Acción de herir con la lanceta. 2 Abertura hecha con ella. 3 *Chile.* Aguijonazo.

lancetazo ***m.*** Lancetada.

lancetear ***tr.*** *Amér.* Herir con lanceta.

lancetero ***m.*** Estuche para lancetas.

I) lancha (voz dial., de et. dud.) ***f.*** Piedra lisa, plana y delgada. 2 Armadijo compuesto de unos palillos y una piedra para coger perdices.

SIN. *1* **Laja, lastra.**

II) lancha (malayo *lánchar,* rápido; a través del port.) ***f.*** Barca grande para servicios auxiliares en buques, puertos y lugares costeros: ~ ***rápida,*** embarcación automóvil al servicio de buques de guerra o de vigilancia costera; ~ ***de desembarco,*** la empleada para situar en tierra las tropas y medios bélicos de un buque de guerra; ~ ***torpedera,*** la rápida, equipada para lanzar torpedos. 2 Chalupa, bote, barca. 3 *Ecuad.* Niebla, helada, escarcha.

lanchada ***f.*** Carga que lleva de una vez una lancha.

lanchaje ***m.*** Flete, cuando se trata de una lancha o embarcación menor.

I) lanchar ***m.*** Cantera de donde se sacan lanchas (piedras). 2 Lugar en que abundan.

II) lanchar ***impers.*** *Ecuad.* Nublarse el cielo. 2 *Ecuad.* Helar, escarchar. -3 ***intr.*** *Venez.* Lincear.

lanchazo ***m.*** Golpe dado de plano con una lancha (piedra).

lanchero ***m.*** Conductor o patrón de una lancha.

lanchón ***m.*** Lancha grande.

lancinante (partic. de un vb. raro *lancinar,* der. del l. *lancinare,* desgarrar) ***adj.*** [dolor] Semejante al dolor que produciría una herida de lanza.

lancinar (l. *-are*) ***tr.*** Punzar, desgarrar. 2 fig. Obsesionar, atormentar.

lanco ***m.*** *Chile.* Gramínea medicinal *(Bromus stamineus).*

lancurdia ***f.*** Trucha pequeña.

landa (voz célt.) ***f.*** Llanura en que sólo se crían plantas silvestres.

lande (l. *glans, glandis*) ***m.*** *Al.* Bellota.

landés, -desa ***adj.-s.*** De las Landas, región de Francia.

landgrave (al. *Landgraf*) ***m.*** Título de honor y de dignidad de algunos grandes señores de Alemania.

landgraviato ***m.*** Dignidad de landgrave. 2 Territorio del landgrave.

landó (fr. *landau*) ***m.*** Coche de cuatro ruedas, con capotas delantera y trasera. ◇ Pl.: *landós.*

landre (l. v. *glando, -dinis,* del l. *glans,* bellota) ***f.*** Tumor del tamaño de una bellota formado en el cuello, los sobacos y las ingles. 2 Bolsa escondida en la capa o vestido para ocultar el dinero.

landrecilla ***f.*** Pedacito de carne redondo que se halla en varias partes del cuerpo.

landrero, -ra ***adj.*** [mísero o mendigo] Que va ahuchando el dinero en la landre.

landrilla (dim. de *landre*) ***f.*** Larva de ciertos insectos que se fija debajo de la lengua y en las fosas nasales de algunos mamíferos. 2 Grano que levanta con su picadura.

SIN. **Lita,** esp. la del perro.

lanería ***f.*** Establecimiento donde se vende lana.

I) lanero ***adj.-s.*** Especie de halcón.

II) lanero, -ra ***adj.*** Relativo a la lana. -2 ***m.*** El que trata en lanas. 3 Almacén de lana.

lanetón ***m.*** ZOOL. Especie de pez martillo *(Sphyrna tiburo).*

langa ***f.*** Truchuela.

langanazo ***m.*** *Venez.* Campanada, cañonazo o ruido semejante.

lángara ***adj.*** *Méj.* Astuto.

lángaro, -ra ***adj.*** *Amér. Central.* Vagabundo. 2 *Colomb.* y *Méj.* Hambriento. 3 Larguirucho.

langarucho, -cha ***adj.*** *Hond.* y *Méj.* Larguirucho.

SIN. **Languso.**

langaruto, -ta ***adj.*** Larguirucho.

langor ***m.*** GALIC. Languidez.

langosta (l. *locusta*) ***f.*** Insecto ortóptero, saltador, de costumbres migratorias, que se reproduce copiosamente, llegando a constituir verdaderas plagas para la agricultura *(Pachytylus cinerascens).* 2 Crustáceo decápodo macruro, marino, comestible, de 4 a 6 dms. de largo, de ojos prominentes, dos pares de antenas, las laterales muy largas, y color pardo obscuro que se vuelve rojo con la cocción *(Palinurus vulgaris).* 3 fig. *y* fam. Lo que destruye una cosa.

REL. *1* **Mosquito,** su larva.

langostero ***m.*** Barco para pescar langostas.

langostín, -tino ***m.*** Crustáceo decápodo macruro, marino, comestible, de 12 a 14 cms. de largo, antenas largas, abdomen largo y comprimido, caparazón poco consistente y color grisáceo que se vuelve rojo con la cocción *(Penaeus caramote).*

SIN. **Cervatica.**

langostón ***m.*** *Venez.* Insecto parecido a la langosta, pero de mayor tamaño *(Locusta veridissima).*

languceta ***adj.*** *Chile.* p. us. Languciento, flaco, encanijado.

langucia ***f.*** *Chile.* p. us. Voracidad.

languciar ***tr.*** *Chile.* p. us. Golosear, gulusmear. ◇ **CONJUG. [12] como ***cambiar.***

languciento, -ta ***adj.*** *Chile.* p. us. Hambriento, hambrón. 2 *Chile.* Flaco, encanijado.

languedociano, -na *adj.-s.* De Languedoc, antigua región del sur de Francia. -2 *adj.-m.* Dialecto de la lengua de oc, hablado principalmente en esta región.
lánguidamente *adv. m.* Con languidez, con flojedad.
languidecer *intr.* Adolecer de languidez. 2 Carecer de animación. ◇ ** CONJUG. [43] como *agradecer.*
languidez *f.* Calidad de lánguido.
lánguido, -da (l. *-du*) *adj.* Flaco, débil, fatigado. 2 De poco espíritu, valor y energía.
languiso, -sa *adj. Logr.* Laminero, goloso.
languor *m.* Languidez.
langur *m.* Primate cercopitécido de color amarillento y cara y manos negras *(Presbytis entellus).*
languso, -sa *adj. Méj.* Astuto. 2 *Méj.* Larguirucho.
lanífero, -ra (l. *-ifer*) *adj.* poét. Que lleva o tiene lana.
lanificación *f.* Lanificio.
lanificio (l. *-ficiu*) *m.* Arte de labrar la lana. 2 Obra hecha de lana.
lanígero, -ra *adj.* Lanífero.
lanilla *f.* Pelillo que le queda al paño por la haz. 2 Tejido de poca consistencia hecho con lana fina.
lanista *m.* El que en Roma compraba y educaba los gladiadores para el circo.
lanolina *f.* FARM. Substancia grasa de color amarillo blancuzco, obtenida de los caballos y de la lana de carneros, que se emplea como excipiente en numerosas pomadas por ser fácilmente absorbida por la piel y no enranciarse.
lanosidad *f.* Vello (pelusilla).
lanoso, -sa *adj.* Lanudo. 2 Parecido a la lana.
lansquenete *m.* Soldado mercenario alemán que en el siglo XVI servía en la infantería de los ejércitos de diversos países de Europa.
lantana *f. Argent.* y *Bol.* Planta verbenácea medicinal *(Lantana brasiliensis; Lantana camara).*
lantánido (de *lantano*) *adj.-s.* QUÍM. Elemento químico perteneciente al grupo de los lantánidos. -2 *m. pl.* Grupo formado por elementos químicos cuyo número atómico está comprendido entre el 57 y el 71.
SIN. *2* **Tierras raras.**
lantano (gr. *lanthano,* estar oculto) *m.* Metal raro de color gris plomo. Su símbolo es *La,* su peso atómico 139 y su número atómico 57.
lanteja *f.* Lenteja.
lantén *m. Méj.* Llantén.
lantina *f.* ZOOL. Molusco gasterópodo marino, de concha pequeña de color violeta *(Lanthina exigua).*
lanudo, -da *adj.* Que tiene mucha lana o vello. 2 *Ecuad.* y *Venez.* fig. Rústico, tosco, grosero, mal criado.
lanuginoso, -sa (l. *-osu*) *adj.* Que tiene lanosidad.
SIN. **Lanado.**
lanugo *m.* Vello muy fino que cubre el feto en el momento de su nacimiento.
lanza (l. *lancea*) *f.* Arma ofensiva compuesta de un asta con un hierro puntiagudo y cortante en su extremo: ~ ***porquera*** o ***media*** ~, la corta, especie de chuzo. 2 Soldado que usaba esta arma. 3 Hombre de armas, provisto de dos cabalgaduras, que servía al rey en la guerra. 4 Pieza larga de madera unida por uno de sus extremos al juego delantero de un coche o carro, según su eje longitudinal, y a cada lado de la cual se engancha una caballería. 5 Tubo de metal con que rematan las mangas de las bombas para dirigir bien el chorro de agua. 6 *Amér.* ***Ser uno una buena*** ~, ser hábil y despejado. -7 *f. pl.* Servicio de dinero que pagaban al rey los grandes y títulos, en lugar de los soldados con que debían asistirle en campaña.
SIN. *4* **Pértigo, timón.** *6* Tómase a menudo a mala parte por **bribón, pícaro;** es ant. en España.
lanzabombas (de *lanzar* + *bomba*) *adj.-s.* MIL. Cañón o aparato para lanzar bombas a distancia. ◇ Pl.: *lanzabombas.*
lanzacabos (de *lanzar* + *cabo*) *adj.* Que sirve para lanzar cabos o cables: *cañón* ~. ◇ Pl.: *lanzacabos.*
lanzacohetes (de *lanzar* + *cohete*) *adj.-s.* MIL. Aparato para lanzar cohetes. ◇ Pl.: *lanzacohetes.*
lanzada *f.* Golpe dado o herida causada con una lanza. 2 Movimiento que se enseña al caballo. 3 fig. ~ ***a moro muerto,*** ataque u ofensa contra enemigos o situaciones ya inexistentes.
lanzadera (de *lanzar*) *f.* Instrumento de figura de barquichuelo, con una canilla dentro, que usan los tejedores para tramar. 2 Pieza de figura semejante de las máquinas de coser. 3 Instrumento parecido, pero sin canilla, que se emplea en varias labores femeniles. 4 Sortija con un adorno en forma de lanzadera. 5 Vehículo capaz de transportar al espacio un objeto (misil, satélite, etc.) y que se puede utilizar varias veces por ser recuperable después de haber desalojado su carga.
SIN. *1* **Rayo textorio.**
lanzado *m.* Manera de pescar con caña y molinete.
lanzador, -ra *adj.-s.* Que lanza. -2 *m.* Lanzadera (vehículo).
lanzafuego *m.* ARTILL. Botafuego.
lanzagranadas (de *lanzar* + *granada*) *adj.-s.* MIL. Aparato para lanzar granadas. ◇ Pl.: *lanzagranadas.*
lanzahélices *m.* DEP. Lanzaplatos. ◇ Pl.: *lanzahélices.*
lanzallamas (de *lanzar* + *llama* II) *adj.-s.* MIL. Tubo o aparato para lanzar llamas. ◇ Pl.: *lanzallamas.*
lanzamiento *m.* Acción de lanzar una cosa. 2 Acción de enviar un cohete fuera de la atracción terrestre. 3 DEP. Acción de lanzar la pelota, balón, bola, etc., esp. para castigar una falta, en algunos juegos que se practican con ellos: ~ ***libre directo,*** en el juego del fútbol, castigo a una falta que puede efectuarse disparando directamente a la portería contraria, con la sola oposición de una barrera de defensores. 4 DEP. Prueba altlética consistente en lanzar el peso, el disco, el martillo o la jabalina a la mayor distancia posible: ~ *de peso;* ~ *de disco;* ~ *de martillo;* ~ *de jabalina.* 5 DER. Despojo por fuerza judicial. 6 MAR. Proyección de un buque por la proa y la popa con relación al largo de la quilla.
SIN. *3* **Tiro.**
lanzaminas (de *lanzar* + *mina*) *adj.-s.* MIL. Aparato para lanzar líquidos inflamados. ◇ Pl.: *lanzaminas.*
lanzamisil, lanzamisiles *adj.-m.* Plataforma de lanzamiento de misiles: *submarino, lancha, camión lanzamisiles.*
lanzaplatos (de *lanzar* + *plato*) *m.* DEP. Aparato que lanza los discos para que se ejerciten los tiradores de tiro al plato. ◇ Pl.: *lanzaplatos.*
lanzar (b. l. *lanceare,* manejar la lanza) *tr.-prnl.* Arrojar: ~ *dardos al,* o *contra el, adversario;* ~ *del puesto; lanzarse al,* o *en el, mar; lanzarse sobre la presa.* -2 *tr.* Dejar caer, echar: ~ *octavillas;* ~ *paracaidistas;* ~ *bombas.* 3 Soltar o dejar libres [a las aves]. 4 Vomitar (por la boca). 5 Decir en voz alta. 6 Hacer correr [un rumor]. 7 Dar a conocer [al público]: ~ *un libro, un medicamento nuevo, una moda.* 8 Echar [flores, hojas, etc.] las plantas. 9 Dirigir, echar: ~ *una mirada.* 10 DEP. Pasar, dirigir [un balón, pelota, bola, etc.] a un compañero o hacia la portería, canasta, etc. conjtrarios. 11 DEP. Arrojar, dirigir [el peso, jabalina, martillo o disco] para que recorra la mayor distancia posible. 12 DER. Despojar [a uno] de la posesión o tenencia de alguna cosa. -13 *prnl.* Meterse: *lanzarse a la política.* 14 Emprender bruscamente o con decisión una acción. ◇ ** CONJUG. [4] como *realizar.*
SIN. *10* **Tirar.**
Lanzarote *n. pr.* Uno de los más famosos caballeros de la Tabla Redonda, amante de la reina Ginebra. ◇ Se le llama a menudo *Lanzarote del Lago.*
lanzaroteño, -ña *adj.-s.* De Lanzarote, isla de Canarias.
lanzatorpedos (de *lanzar* + *torpedo*) *adj.-s.* MAR. y MIL. Aparato que sirve para lanzar torpedos: *tubo* ~. ◇ Pl.: *lanzatorpedos.*
lanzazo *m.* Lanzada.
lanzón *m.* Aum. de *lanza.* 2 Lanza corta y gruesa.
I) laña (quizás der. del l. *laniare,* desgarrar; a través de *lañar,* agrietar) *f.* Grapa (pieza de hierro). 2 *Extr.* fig. Persona delgada. 3 *La Mancha.* Ladrón.
II) laña *f.* Coco verde.
lañador *m.* El que por medio de lañas compone objetos rotos, esp. de barro, loza, etc.
lañar (l. *laniāre,* desgarrar) *tr.* Trabar, unir con lañas. 2 Abrir el pescado para salarlo.
laodicense *adj.-s.* De Laodicea, ant. c. de Frigia, en el Asia Menor.
laosiano, -na *adj.-s.* De Laos, nación del sudeste de Asia. -2 *adj.-m.* Lengua taichina, hablada oficialmente en esta nación.
I) lapa (probl. de raíz onomat.) *f.* Telilla formada en la superficie de algunos líquidos por vegetaciones criptógamas.
II) lapa (apl. fig. de *lapa,* lampazo, der. del l. *lappa,* lampazo) *f.* Molusco gasterópodo comestible que vive adherido a las rocas de la costa *(Patella vulgata).* 2 fig. *y* fam. Persona pegajosa. 3 *Chile.* Concubina de un soldado. 4 *Ecuad.* Sombrero achatado por la copa. 5 *Perú.* Calabazo grande usado como fuente de mesa y para el lavado. 6 *Venez.* Paca, roedor.

III) lapa (l. *lappa*) *f.* Lampazo (planta). 2 *Hond.* Guacamayo.

IV) lapa (orig. incierto) *f. Extr.* Cueva en una peña. 2 *Extr.* Piedra grande.

lapachar (der. de *lapa,* telilla en un líquido) ***m.*** Terreno cenagoso o excesivamente húmedo.

lapacho *m. Amér. Merid.* Árbol bignoniáceo notable por su utilidad y belleza; su madera es fuerte e incorruptible. Existen las variedades gris, negra, roja y amarilla, según el color de sus flores *(gén. Tubezuza).*

lápade *f.* Lapa II.

lapalapa *f. Méj.* Llovizna.

laparo- (gr. *lapára,* flanco) Elemento prefijal que entra en la formación de palabras con el significado de abdomen, lomo, epigastrio.

laparoplastia (*laparo-* + *-plastia*) *f.* CIR. Cirugía plástica de la pared del abdomen.

laparorrafia (*laparo-* + gr. *rhaphé,* sutura) *f.* CIR. Sutura de la pared abdominal.

laparotomía (*laparo-* + *-tomía*) *f.* CIR. Apertura de la pared abdominal.

lapazo *m. Extr.* Pedrada.

lape (arauc. *lapegen*) ***adj.*** *Chile.* [hilo, lana, etc.] Apelmazado. 2 *Chile.* [fiesta] Muy alegre y animada.

lapicera *f. Chile.* Palillero, mango de la pluma de escribir. 2 *Chile.* Lapicero, portalápiz.

lapicero ***m.*** Instrumento en que se coloca el lápiz. 2 Lápiz. 3 *Argent.* y *Perú.* Portaplumas, palillero para escribir.

lapicida (l. *lapicida* < *lapis,* piedra + *cœdere,* tallar) ***com.*** Persona que graba las letras de una inscripción en piedra.

lápida (l. *lapide,* piedra; doble etim. *lauda, laude*) *f.* Piedra llana en que graIte. se pone una inscripción.

lapidación (l. *-atione*) *f.* Acción de lapidar. 2 Efecto de lapidar.

lapidar (l. *-are*) ***tr.*** Apedrear, matar a pedradas. 2 *Amér.* Labrar piedras preciosas.

SIN. *1* **Apedrear.**

lapidario, -ria (l. *-ariu*) ***adj.*** Relativo a las inscripciones en lápidas. 2 fig. Muy conciso: *estilo ~.* 3 Relativo a las piedras preciosas. -4 ***m.*** El que tiene por oficio labrar piedras preciosas o que comercia en ellas. 5 Marmolista.

lapídeo, -a (l. *-eu*) ***adj.*** De piedra o relativo a ella.

lapidícola ***adj.*** ZOOL. Que vive debajo de las piedras.

lapidificación *f.* Petrificación.

lapidificar ***tr.*** QUÍM. Convertir en piedra. ◇ **CONJUG. [1] como ***sacar.***

lapidífico, -ca ***adj.*** QUÍM. Que lapidifica.

lapidoso, -sa ***adj.*** Lapídeo.

lapilla (l. *lappa*) *f.* Cinoglosa.

lapilli (del it. *lapilli,* piedrecitas) ***m. pl.*** GEOL. Trocitos de lava que caen en una erupción volcánica, parecidos a las bombas volcánicas pero del tamaño de una nuez.

lapislázuli (l. *lapis,* piedra + una var. del persa *lajwärd,* lapislázuli; a través del it. *lapislzzuli*) ***m.*** Mineral de color azul intenso, silicato de alúmina, cal y sosa, que se emplea en pintura y en la ornamentación.

SIN. **Cianea, lazulita.** REL. **Azul de ultramar,** este mineral, pulverizado.

lapita (gr. *lapithes*) ***m.*** Individuo de un pueblo de los tiempos heroicos de Grecia, famoso por su lucha con los centauros en las bodas de Piritoo.

lápiz (l. *lapis,* piedra) ***m.*** Nombre genérico de varias substancias minerales que sirven para dibujar: *~ **de plomo*** o *~ **plomo,*** grafito; *~ **rojo,*** almagre; INFORM., *~ **electrónico,*** pluma electrónica. 2 Barrita de grafito envuelta en papel o madera, que sirve para dibujar o escribir. 3 Técnica de dibujo en la que se emplea dicha barrita. 4 Barra formada de diversas substancias, destinada al maquillaje: *~ de labios; ~ de ojos.*

SIN. *2* **Lapicero.**

I) lapizar ***m.*** Mina de grafito.

II) lapizar ***tr.*** Dibujar o rayar [una cosa] con lápiz. ◇ **CONJUG. [4] como ***realizar.***

lapo (l. *alapa*) ***m.*** Cintarazo; bastonazo, bofetada. 2 fig. Trago (de líquido). 3 vulg. Escupidura. 4 *Venez.* Individuo fácil de engañar.

lapón, -pona ***adj.-s.*** De Laponia, región del norte de Europa, que comprende zonas del norte de Noruega, Suecia, Finlandia y el extremo noroeste de la Unión Soviética. -2 ***adj.-m.*** Lengua perteneciente al grupo finés (conjunto), hablada en esta región.

lapso (l. *lapsu*) ***m.*** Espacio de tiempo transcurrido. 2 Caída en una culpa o error. ◇ En la primera acepción no se debe confundir *lapsus* con *lapso* (espacio de tiempo).

SIN. *1* **Tracto, trecho.** *2* **Lapsus: lapsus cálami** (error de pluma), **lapsus linguae** (error de lengua), cuando se trata de un error.

lapsus (l.) ***m.*** Equivocación, omisión involuntaria. ◇ Pl.: *lapsus.* ◇ V. lapso.

laque ***m.*** *Amér.* Boleadoras. 2 *Bol.* Maíz blando molido con sal, queso y carne.

SIN. *1* **Laqui.**

laqueado, -da ***adj.*** Cubierto o barnizado de laca.

I) laquear ***tr.*** *Chile.* Bolear [a un animal].

II) laquear ***tr.*** Barnizar [algo] con laca.

Láquesis ***n. pr.*** MIT. Una de las tres Parcas.

laqui ***m.*** *Chile.* Laque.

laquismo ***m.*** Escuela poética prerromántica que floreció en Gran Bretaña en el s. XIX, cuyos seguidores vivían en la región de los lagos y se distinguieron en la descripción de la naturaleza. ◇ También *lakismo.*

laquista (ing. *lake,* lago) ***adj.-com.*** Partidario del laquismo.

lar (l.) ***m.*** MIT. En Roma, dios de la casa o del hogar. 2 Hogar (sitio de la lumbre). -3 ***m. pl.*** fig. La casa o el hogar: *volver a los lares.*

larario (l. *-iu*) ***m.*** Entre los romanos, lugar destinado en cada casa para adorar a los lares.

larda (de *lardo*) *f.* Gordura de ballenas y cachalotes.

lardáceo, -a ***adj.*** Semejante al lardo.

lardar, lardear ***intr.*** Untar con lardo o grasa [lo que se está asando y, p. ext., otras cosas].

SIN. **Enlardar.**

lardeo ***m.*** Magro de cerdo que se usa en chacinería.

lardero ***adj.*** [jueves] Que precede a las carnestolendas.

lardina *f. Extr.* Abundancia de cosas.

lardizábal ***m.*** Género de plantas berberídeas propio de Chile.

lardo (l. *lardu,* grasa de cerdo) ***m.*** Lo gordo del tocino. 2 Grasa de los animales, esp. del cerdo.

lardón ***m.*** IMPR. Pedacito de papel que se interpone entre el pliego y la forma, y es causa de que no salga estampada alguna parte de él. 2 IMPR. Adición que se hace en el original o las pruebas.

lardoso, -sa ***adj.*** Grasiento, pringoso.

larense ***adj.-s.*** De Lara, estado de Venezuela.

larga *f.* Taco de billar de mayor longitud que los demás. 2 Pedazo de suela o de fieltro que ponen los zapateros en la parte posterior de la horma. 3 Dilación, aplazamiento. 4 TAUROM. Lance consistente en sacar al toro de la suerte de varas, corriéndolo con capote extendido a lo largo. ◇ La acepción tercera se emplea esp. en pl.: *dar largas a un asunto.*

lárgalo ***m.*** Amor de hortelano (hierba rubiácea).

largamente ***adv. m.*** Con extensión, cumplidamente. 2 fig. Con anchura; sin estrechez: *Juan tiene con que pasarlo ~.* 3 fig. Con liberalidad: *el generoso da ~.* -4 ***adv. t.*** Por largo tiempo.

largar (de *largo*) ***tr.*** Aflojar poco a poco, soltar, dejar libre: *~ el cable.* 2 fam. Soltar, decir: *~ una palabrota.* 3 fig. *y* fam. Hablar, hablar mal [de alguien]. 4 fig. *y* vulg. Vomitar. 5 fig. Arrojar. 6 fig. Dar: *le largó una bofetada.* 7 fig. *y* fam. Tirar, deshacerse [de algo]. 8 MAR. Desplegar [la bandera, las velas, etc.]. -9 ***prnl.*** Irse uno con presteza o disimulo: *largarse a la francesa.* 10 Hacerse la nave a la mar. 11 *Amér.* Lanzarse a hacer algo, arrancarse a. ◇ ** CONJUG. [7] como ***llegar.***

largo, -ga (l. *largu*) ***adj.*** Que tiene más extensión en una de las direcciones del plano que en otra: *una hoja larga.* 2 Que tiene longitud considerable o que dura mucho tiempo: *una calle larga; una sesión larga.* 3 [pers.] Muy alto. 4 Más de la cuenta: *llegó hace una semana larga.* 5 fig. Dilatado, extenso: *una obra larga.* 6 fig. Liberal, dadivoso: *es un hombre muy ~ en dar.* 7 fig. Copioso, abundante: *hubo una larga cosecha.* 8 fig. Pronto, expedito, listo, astuto: *es hombre muy ~; ~ en trabajar, ~ en alcances.* 9 MAR. Arriado, suelto: *este cabo está ~.* -10 ***adj.-s.*** GRAM. Vocal o sílaba larga que tiene mayor duración que las demás de la misma palabra. En la prosodia clásica se consideraba que la sílaba larga equivalía a dos breves. Se indica con el signo - sobre la vocal correspondiente: $\bar{a}$, $\bar{e}$, $\bar{\imath}$, $\bar{o}$, $\bar{u}$. ***adj. pl.*** Muchos: *largos años;* ús. con cualquier división del tiempo. -12 ***m.*** Longitud: ***el caballo ganó por un ~,*** por la longitud de un caballo. 13 MÚS. Movimiento lento del ritmo musical. 14 MÚS. Composición escrita en este movimiento: *el ~ de Haendel.* -15 ***adv.*** Sin escasez, con abundancia. -16 ***loc. adv. A lo ~,*** según la longitud de una cosa: *a lo ~ del río;* a lo lejos, a mucha distancia: *a lo*

~ *del mar;* difusamente, con mucha extensión: *hablar a lo* ~. 17 ***A la larga,*** según el largo de una cosa: *un palo atravesado a la larga;* pasado mucho tiempo: *a la larga lo sabremos;* lentamente, poco a poco: *a la larga acabaremos la casa;* difusamente, con extensión: *hablar a la larga.* 18 ~ ***y tendido,*** con profusión

SIN. **Luengo,** en todas sus aceps. adjetivas; muy us. en los clásicos; hoy se siente como algo arcaico, y se emplea en estilo lit. arcaizante. REL. El prefijo l. *longi-* forma varios compuestos como *longincuo, longitudinal.*

¡largo! Interjección con que se manda a una o más personas que se vayan: *¡~ de ahí* o *de aquí!* 2 Voz con que se manda largar un cable; ús esp. para indicar al mecánico que maneja una grúa que debe dejar caer el objeto que pende de ella.

largometraje (elipsis de *película de largometraje*) ***m.*** Película cinematográfica de larga duración, alrededor de noventa minutos o más. ◇ Pl.: *largometrajes.*

largomira (de *largo* + *mirar*) ***m.*** Catalejo.

largona ***f.*** *Chile* y *Perú.* Largas o dilación: ***darse una*** ~, tomarse un descanso.

largor ***m.*** Longitud.

largoruto, -ta ***adj.*** Larguirucho.

largucho, -cha ***adj.*** Larguirucho.

largueado, -da ***adj.*** Listado o adornado con listas.

larguero, -ra ***m.*** Palo que, con otro igual, se pone a lo largo de una obra de carpintería; como los de las puertas y ventanas. 2 Dintel. 3 p. ext. Palo horizontal que une los dos postes de una portería de fútbol. 4 Cabezal (almohada larga). 5 Tabla que permite alargar una mesa. 6 Elemento longitudinal principal del chasis de automóviles, aviones, etc. 7 ARQ. Viga maestra longitudinal de un puente. 8 MIN. Palo que en las minas sirve de lado para una obra de entibación. -9 ***adj.*** *Chile.* Largo, liberal, abundante. 10 *Chile.* p. ext. Latoso, prolijo.

larguetto (it. *larghetto*) ***adj.-s.*** MÚS. [movimiento] Algo menos lento que el largo. -2 ***m.*** Música tocada a este tiempo.

largueza ***f.*** Longitud. 2 Liberalidad.

larguirucho, -cha ***adj.*** fam. Desproporcionadamente largo: *joven* ~.

SIN. **Langaruto.**

largura ***f.*** Longitud.

largurucho, -cha ***adj.*** Larguirucho.

lárice ***m.*** Alerce.

laricino, -na ***adj.*** Relativo al lárice.

larije ***adj.*** Alarije.

laring-, v. laringo-.

laringe (gr. *lárynx, -yngos*) ***f.*** Órgano de la voz que forma parte del conducto respiratorio y está situado entre la tráquea y la faringe. Tiene forma conoide y está revestido interiormente de una membrana mucosa con cuatro repliegues, dos de los cuales son las cuerdas vocales.

REL. **Nuez, bocado de Adán,** prominencia que forma en la parte anterior del cuello.

laríngeo, -a ***adj.*** Relativo a la laringe.

laringitis (*laring-* + *-itis*) ***f.*** Inflamación de la laringe. ◇ Pl.: *laringitis.*

laringo-, laring- (gr. *lárynx, -yngos,* laringe) Elemento prefijal que entra en la formación de palabras con el significado de laringe.

laringofaringitis (*laringo-* + *faringitis*) ***f.*** PAT. Inflamación de la laringe y la faringe. ◇ Pl.: *laringofaringitis.*

laringofonía (*laringo-* + *-fonía*) ***f.*** Sonido vocal oído por auscultación de la laringe.

laringófono (*laringo-* + *-fono*) ***m.*** Micrófono de garganta.

laringología (*laringo-* + *-logía*) ***f.*** Parte de la patología que estudia las enfermedades de la laringe.

laringólogo, -ga ***m. f.*** Médico especialista en laringología.

laringopatía (*laringo-* + *-patía*) ***f.*** MED. Afección de la laringe, en general.

laringoscopia (*laringo-* + *-scopia*) ***f.*** Exploración de la laringe.

laringoscopio (*laringo-* + *-scopio*) ***m.*** Instrumento para la laringoscopia.

laringostenosis (*laringo-* + *-stenosis*) ***f.*** MED. Estrechez o estenosis de la laringe. ◇ Pl.: *laringostenosis.*

laringostomía (*laringo-* + gr. *stoma,* boca) ***f.*** CIR. Formación de una abertura permanente en la laringe a través del cuello.

laringotomía (*laringo-* + *-tomía*) ***f.*** CIR. Incisión quirúrgica de la laringe.

larva (l. *larva,* fantasma) ***f.*** Insecto joven cuando es marcadamente distinto del adulto y debe pasar por un estadio pupal antes de convertirse en adulto, como las orugas. 2 MIT. Entre los paganos, alma del criminal, del que moría trágicamente o del que no recibía sepultura.

larvado, -da ***adj.*** [enfermedad] Que se presenta con síntomas que ocultan su verdadera naturaleza. 2 [fenómeno, emoción] Que no se manifiesta abiertamente.

larval ***adj.*** Relativo a la larva.

larvícola (de *larva* + *-cola*) ***adj.*** Que vive en el cuerpo de las larvas.

larvíparo, -ra (de *larva* + *-paro*) ***adj.*** Que pare crías que han alcanzado el estado de larva.

las, forma f. pl. del artículo: ~ *casas;* ~ *mujeres.* 2 ***pron. pers.*** Forma átona de 3ª persona para el objeto directo en género femenino y número plural: ~ *miré; míralas;* ~ *tengo;* ** PRONOMBRE. ◇ Debe evitarse el uso de esa forma por *les.* V. laísta.

lasaña ***f.*** Oreja de abad, fruta de sartén. 2 Plato de origen italiano consistente en cuadrados o tiras de pasta cocinadas generalmente con carne y cubierto con queso rallado.

lasca (probl. apl. fig. de una voz prerrom. *aleska,* carrizo, de etim. dud.) ***f.*** Trozo pequeño y delgado desprendido de una piedra. 2 Lonja de jamón.

lascadura ***f.*** *Méj.* Lastimadura, rozadura.

lascar (del l. ***lascu,* flojo) ***tr.*** MAR. Aflojar o arriar muy poco a poco [un cabo]. 2 *Méj.* Lastimar, magullar, rozar. ◇ ** CONJUG. [1] como ***sacar.***

lascivamente ***adv. m.*** Con lascivia.

lascivia (l.) ***f.*** Propensión a la lujuria.

lascivo, -va (l. *-ivu*) ***adj.*** Relativo a la lascivia. 2 Errático, de movimiento blando y libre. 3 Juguetón, alegre. -4 ***adj.-s.*** Que tiene el vicio de la lascivia.

láser (ing. *laser,* sigla de *L*ight *A*mplification by *S*timulated *E*mission of *R*adiation) ***m.*** Dispositivo que, gracias a un fenómeno de emisión estimulada, produce un haz luminoso monocromático y coherente de gran energía. Este haz es de rayos prácticamente paralelos, por lo que su intensidad de iluminación decrece apenas con la distancia.

laserpicio ***m.*** Planta umbelífera de flores blancas y fruto en diaquenio *(Laserpitium latifolium).* 2 Semilla de esta planta.

SIN. **Comino rústico.**

laserterapia (*láser* + *-terapia*) ***f.*** Utilización del láser con fines terapéuticos.

lasitud (l. *lassitudo,* der. de *lassus,* cansado) ***f.*** Desfallecimiento, cansancio, fatiga.

laso, -sa (l. *lassu*) ***adj.*** lit. Cansado, falto de fuerzas. 2 Flojo, macilento. 3 [hilo o seda] Sin torcer.

lastán ***m.*** BOT. Hierba cespitosa perenne de la familia de las ciperáceas que crece en zonas húmedas *(Carex vulpina).*

lastar (gót. *laistjan,* ceder) ***tr.*** Abonar [cantidades] que otro debe pagar. 2 fig. Padecer por culpa de otro: ~ *la pena del compañero.*

lástex ***m.*** Hilado de látex recubierto de fibras textiles, como algodón, nilón, etc.

lástima ***f.*** Compasión. 2 Cosa que la excita. 3 Quejido, expresión lastimera. 4 Cosa que causa disgusto: *es* ~ *que no vengas.*

lastimada ***f.*** *Guat.* y *Méj.* Lastimadura.

lastimador, -ra ***adj.*** Que lastima.

lastimadura ***f.*** Acción de lastimar (herir). 2 Efecto de lastimar (herir).

lastimar (l. *blastimare,* der. del gr. tardío *blastemeo,* blasfemar; por el gr. cl. *blasphemeo,* difamar) ***tr.-prnl.*** Herir o hacer daño: *lastimarse con,* o *contra, una piedra.* 2 Agraviar, ofender. 3 Compadecer. -4 ***prnl.*** Dolerse del mal de uno. 5 Quejarse, dar muestras de dolor o sentimiento: *lastimarse de la noticia.*

SIN. *2* **Sentirse,** en su uso prnl.

lastimeramente ***adv. m.*** De un modo lastimero.

lastimero, -ra ***adj.*** Lastimoso: *queja lastimera.* 2 Que lastima (hiere).

lastimón ***m.*** *Amér.* Lastimadura.

lastimosamente ***adv. m.*** De un modo lastimoso.

lastimoso, -sa ***adj.*** Que mueve a lástima: *su estado es* ~.

lasto ***m.*** Carta de pago que se da al que lasta por otro.

lastón (vasco *lasto,* paja) ***m.*** Planta gramínácea *(Brachypodium pinnatum).*

SIN. **Rompebarrigas.**

lastra (it.) ***f.*** Lancha (piedra).

lastrar ***tr.*** MAR. Poner lastre [a la embarcación]. 2 Afirmar [una cosa] cargándola de peso.

1) lastre (de *lastra*) ***m.*** Piedra de mala calidad y lajas resquebrajadas, que se halla en la superficie de la cantera.

II) lastre (neerl. *last*) *m.* Peso puesto en la embarcación para que ésta se sumerja hasta donde convenga. 2 fig. Juicio, madurez: *no tener* ~. 3 fig. Cosa pesada y molesta de la que se puede uno librar.
SIN. *1* **Zahorra.**

lastrear *tr.* desus. Lastrar.

lastrón *m.* Lastre, piedra mala.

lasún *m.* Locha, pez.

I) lata (b. l. *latta,* vigueta) *m.* Madero de menor tamaño que el cuartón.

II) lata (probl. de *lata* I) *f.* Hojalata. 2 Envase de hojalata: *una ~ de aceite.* 3 Tabla delgada sobre la cual se aseguran las tejas. 4 fam. Dinero: *estar sin* ~. 5 *Venez.* Vara de chaparro. 6 *Venez. Dar* ~, fustigar, castigar.
REL. *2* **Enlatar,** envasar en latas.

III) lata (probl. de *dar la lata,* golpear con una vigueta, de *lata* I) *f.* Discurso o conversación fastidiosa y, en gral., todo lo que cansa o hastía por prolijo, pesado: ***dar la*** ~, fastidiar, molestar, importunar, acarrear complicaciones
SIN. **Tabarra, tostón.**

latacungueño, -ña *adj.-s.* De Latacunga, cap. de la prov. de Cotopaxi (Ecuador).

latada *f. Can.* Armazón para sostener parras y enredaderas. 2 *Can.* Armazón de cañas para sujetar las tomateras.

latamente *adv. m.* Con extensión, difusamente. 2 En sentido lato.

latania *f.* BOT. Género de palmeras, con hojas en forma de abanico, de color verde claro, que alcanzan un metro de longitud.

latastro (del l. *later,* ladrillo) *m.* ARQ. Plinto.

latazo *m.* fam. Cosa pesada y fastidiosa.

latear *tr. Amér.* Dar la lata, molestar, fastidiar [a uno].

latebra (l.) *f.* lit. Escondrijo, madriguera.

latebroso, -sa *adj.* Que se oculta y no se deja conocer.

latente (l.) *adj.* Oculto, que existe sin manifestarse al exterior: *enfermedad* ~. 2 BIOL. [estado de reposo o de desarrollo] Suspendido, pero capaz de volverse activo en condiciones favorables.
CONTR. **Patente, manifiesto, ostensible.**

lateral (l. *-ale;* doble etim. *adral*) *adj.* Que está al lado de una cosa: *yema* ~. 2 fig. Que no viene en línea recta: *parentesco* ~. -3 *adj.-s.* FON. Sonido articulado en cuya pronunciación la lengua impide al aire espirado su salida normal por el centro de la boca, dejándole paso por uno o los dos lados; como en la *l* y la *ll.* 4 Letra que representa este sonido. -5 *m.* Lado de una avenida separado de la parte central por un seto o por un camino para peatones. 6 DEP. Defensa lateral.
SIN. *1* **Ladero.**

lateralización *f.* Acción de lateralizar o lateralizarse. 2 Efecto de lateralizar o lateralizarse.

lateralizar *tr.-prnl.* Transformar en consonante lateral la que no lo era: la *d* del latín *medica* en la *l* de *mielga.* ◇ **CONJUG. [4] como ***realizar.***

lateralmente *adv. m.* De lado. 2 De uno y otro lado.

lateranense *adj.* Relativo al templo de San Juan de Letrán, en Roma: *Concilio* ~.

lateri-, v. latero-.

latería *f. And.* y *Amér.* Hojalatería.

laterifloro, -ra (*lateri-* + *-floro*) *adj.* BOT. [planta] De flores en los flancos.

laterita *f.* Roca de origen sedimentario, constituida fundamentalmente por hidróxidos de aluminio y hierro de color rojo.

I) latero *m. And.* y *Amér.* Hojalatero.

II) latero, -ra *adj.* Latoso.

latero-, lateri-, -látero (l. *latus, -eris,* lado) Elemento prefijal y sufijal que entra en la formación de palabras con el significado de lado, lateral: *lateroabdominal, laterifloro, equilátero.*

lateroabdominal (*latero-* + *abdominal*) *adj.* MED. Relativo a un lado y el abdomen o a un lado del abdomen.

laterotorsión (*latero-* + *torsión*) *f.* MED. Inclinación hacia un lado del meridiano vertical de un órgano, del ojo especialmente.

latescente *adj.* Lactescente.

látex. (l.) *m* TECN. Jugo contenido en ciertos vasos de algunos vegetales, que se coagula al contacto del aire y constituye las gomas, resinas, etc. ◇ Pl.: *látex.*
SIN. **Leche,** en el habla corriente.

lati- (l. *latus,* ancho) Elemento prefijal que entra en la formación de palabras con el significado de ancho, largo, amplio: *latifolio.*
CONTR. **Angusti-.**

laticífero (de *látex* + *-fero*) *adj.* BOT. [vaso vegetal] Que conduce el látex.

laticlavia (l. *laticlavia* < *laticlavus* < *latus,* amplio + *clavus,* banda de púrpura) *f.* Faja de púrpura que llevaban en la toga los senadores romanos. 2 La toga misma.

latida *f. Méj.* fam. Latido.

latido *m.* Movimiento alternativo de contracción y dilatación del corazón y las arterias. 2 Golpe producido por este movimiento. 3 Ladrido entrecortado.
REL. *1* **Sístole,** es la contracción; **diástole,** es la dilatación. SIN. *2* **Palpitación,** del corazón; **pulso,** de las arterias.

latiente *adj.* Que late.

latifolio (l. *latifolius*) *adj.* BOT. De hoja ancha
CONTR. **Angustifolio.**

latifundio (l. *-iu*) *m.* Finca rústica de gran extensión, esp. cuando pertenece a un solo dueño y es inculta o está poco cultivada.

latifundista *com.* Persona que posee uno o varios latifundios.

latigazo *m.* Golpe dado con el látigo. 2 Chasquido del látigo. 3 fig. Daño impensado que se hace a uno. 4 fig. Reprensión áspera e inesperada. 5 vulg. Trago. 6 *Cuba.* Figura de la danza.
SIN. **Lampreazo.** *1* y *2* **Trallazo.**

látigo (probl. del gót. *laittug;* comp. de *laitan,* conducir + *tiuhan,* tirar de algo) *m.* Azote con que se aviva y castiga a las caballerías. 2 Cordel para afianzar al peso lo que se quiere pesar. 3 Cuerda o correa con que se asegura y aprieta la cincha. 4 Atracción de feria que consiste en un circuito elíptico recorrido por una cinta a la que están unidas unas vagonetas, que al llegar a las curvas aumentan la velocidad, produciendo sacudidas. 5 *Logr.* Cola de rata. 6 *Logr.* Sarmiento nuevo del año, cuando es muy largo. 7 *Amér.* Latigazo. 8 *Chile.* Meta o término en las carreras de caballos. 9 *Chile.* Tira de cuero. 10 *Perú.* Jinete.
SIN. *1* **Tralla, zurriago, zurriaga.** REL. *1* **Chasquear, latiguear, restallar, rastrallar,** dar chasquidos con el látigo.

latigudo, -da *adj. Amér. Merid.* Correoso.

latigueada *f. Amér.* Azotaina.

latiguear *intr.* Dar chasquidos con el látigo. -2 *tr. Amér.* Azotar.

latigueo *m.* Acción de latiguear. 2 Chasquido del látigo.

latiguera *f.* Látigo (cuerda). 2 *Perú.* Azotaina.

latiguillo *m.* Dim. de *látigo.* 2 Estolón II. 3 fig. *y* fam. Exceso declamatorio del actor u orador, para lograr un aplauso. 4 fig. *y* fam. Estribillo, frase o palabra que se repite constantemente. 5 Triquiñuela, artificio.

latín *m.* Lengua itálica originaria del Lacio, región de Italia central alrededor de Roma, difundida por todo el Imperio romano. Es lengua de flexión que, a través de su larga historia, ha tenido diversas denominaciones: ~ ***arcaico,*** el de los primeros monumentos literarios, que comprende aproximadamente los siglos III y II a. C.; ~ ***clásico,*** el que desarrolla las formas fundamentales, cultas y literarias, y comprende los últimos años de la República; ~ ***imperial,*** el de los autores que escribieron bajo el imperio de Augusto (63 a. C.-14); ~ ***tardío*** o ***bajo*** ~, el usado en la Edad Media, el cual, a partir del s. VII aproximadamente, suele llamarse ~ ***medieval;*** ~ ***moderno,*** el empleado por los escritores del Renacimiento y épocas posteriores. Todas estas variedades pertenecen en gral. al latín escrito. La lengua hablada por el pueblo en todas las épocas se llama ~ ***vulgar,*** del que procede la base principal de las lenguas romances, románicas o neolatinas. 2 Voz o frase latina empleada en castellano: *no conviene abusar de los latines.*

latinado, -da *adj.* [pers.] Que hablaba o escribía en romance bajo la dominación árabe en España.

latinajo *m.* fam. *y* desp. Cita en latín. 2 fam. *y* desp. Latín macarrónico, mal compuesto.

latinamente *adv. m.* En lengua latina, o según el genio peculiar de ella.

latinar *intr.* Hablar o escribir en latín.

latinear *intr.* Latinar. 2 Emplear latinajos con frecuencia.

latinidad *f.* Latín (lengua): *estudios de* ~. 2 Conjunto de los pueblos latinos en cualquiera de los aspectos étnico, geográfico, cultural o lingüístico.

latiniparla *f.* desp. Lenguaje de los que emplean voces latinas más o menos españolizadas. -2 *adj.-com.* Pedante.

latinismo *m.* Vocablo, giro o modo de expresión propio de la lengua latina, empleado en otro idioma.

latinista *com.* Persona que cultiva la lengua y literatura latinas.

latinización *f.* Acción de latinizar. 2 Efecto de latinizar.

latinizador, -ra *adj.* Que latiniza.

latinizante *adj.* Latinizador.

latinizar *tr.* Dar forma latina [a voces de otra lengua]. 2 Asimilar a la cultura latina pueblos o países de otro origen. -3 *intr.* Latinear (emplear latinajos). ◇ ** CONJUG. [4] como *realizar.*
SIN. *2* **Romanizar.**

latino, -na (l. *-nu*) *adj.-s.* Del Lacio, antigua región de Italia, o de los pueblos italianos de que era metrópoli Roma. 2 [pers.] Que sabe latín. -3 *adj.* Perteneciente o relativo a la lengua latina o propio de ella. 4 Natural de algún pueblo en que se hable una lengua derivada del latín. 5 Relativo a estos pueblos: *raza latina.* 6 ***Iglesia latina,*** la de Occidente, en contraposición a la griega. 7 Relativo a la Iglesia de Occidente: *los Padres de la Iglesia latina.* 8 MAR. [embarcación y aparejo] De vela triangular.

latinoamericano, -na (*latino + americano*) *adj.-s.* [país de América] Que fue colonizado por las naciones latinas de Europa. -2 *adj.* Relativo a este país.

latir (l. *glattire*) *intr.* Dar latidos el corazón y las arterias. 2 p. ext. Dar punzadas una herida o tumor. 3 Dar latidos el perro. -4 *tr. Venez.* Molestar, inquietar.
SIN. *1* **Pulsar, palpitar.**

latirismo *m.* MED. Intoxicación producida por la harina de almorta.

latirrostro, -tra (*lati-* + l. *rostru,* pico) *adj.* ZOOL. De pico aplastado.
CONTR. **Angustirrostro.**

latitud (l. *-tudo*) *f.* Extensión de un territorio. 2 La menor de las dos dimensiones principales de una figura plana cualquiera, formando ángulo recto con la mayor o longitud. 3 Distancia de un lugar al ecuador determinada por el arco de meridiano que va de dicho lugar al ecuador: *la ~ de Barcelona es de 41 23' norte.* 4 Distancia angular de un astro a la eclíptica.
SIN. *2* **Anchura, ancho.**

latitudinal *adj.* Que se extiende a lo ancho.

latitudinario, -ria *adj.-s.* Que profesa el latitudinarismo.

latitudinarismo *m.* Doctrina de una secta inglesa del s. XVII que aspiraba a lograr la tolerancia religiosa distinguiendo entre lo esencial y lo no esencial del dogma.

lato, -ta (l. *latu*) *adj.* Dilatado. 2 fig. [sentido] Que se da a una palabra, frase o texto fuera de su sentido literal.

latón (ár. *latun* < probl. de Asia Central) *m.* Aleación de cobre y cinc, de color amarillo, susceptible de un gran pulimento. 2 *Bol.* y *Colomb.* vulg. Sable o chafarote. 3 *Perú* y *P. Rico.* Cubo de hoja de lata para agua.
SIN. *1* **Azófar, metal.**

Latona *n. pr.* MIT. Amada de Zeus, de quien tuvo dos hijos, Apolo y Artemis.

latonería *f.* Establecimiento donde se fabrican o venden obras de latón.

I) latonero *m.* El que tiene por oficio hacer o vender objetos de latón.

II) latonero *m. Argent.* Almez, arbusto celtídeo.

latoso, -sa *adj.* Fastidioso, pesado.

latréutico, -ca (gr. *latreutikós*) *adj.* Relativo a la latría.

latría (l. *latria,* adoración, der. del gr. *latreía,* servicio, culto) *adj.-f.* Adoración, culto que sólo se debe a Dios.

-latría (v. *latría*) Elemento sufijal que entra en la formación de palabras con el significado de adoración: *egolatría.*

latrocinar *intr.* p. us. Dedicarse al robo o latrocinio.

latrocinio (l. *-iu*) *m.* Hurto o costumbre de hurtar.
SIN. **Ladronera, ladronería.**

latvio, -via *adj.-s.* Letón.

lauca (arauc. *laun*) *f. Chile.* Peladura o alopecia.

laucadura *f. Chile.* Lauca.

laucar *tr.-prnl. Chile.* Pelar o quitar el pelo o la lana. ◇ **CONJUG. [1] como *sacar.*

laucha (arauc.) *f. Amér.* Ratoncillo. 2 *Amér.* fig. Hombre listo. 3 *Argent.* y *Chile.* Persona flaca y de facciones muy menudas. 4 *Argent.* Viejo libidinoso. 5 *Colomb.* Baqueano. 6 *Chile.* En el juego del tenderete, el tres de cualquier palo. 7 *Chile.* Entre hojalateros, alambre de acero que penetra con facilidad donde se mete. 8 *Chile.* ***Aguaitar*** [uno] ***la ~,*** esperar con paciencia la oportunidad.

lauchero *m. Chile.* Jugador que aguaita la laucha.

lauchón *m. Chile.* Joven algo crecido, pero delgado.

lauco, -ca *adj. Chile.* Pelado, calvo.

laúd (ár. *alud*) *m.* MÚS. Ant. instrumento músico de cuerda, de caja cóncava en su parte inferior, que se toca pulsando las cuerdas. En la Edad Media gozó de gran popularidad, y en el transcurso de los tiempos ha originado la tiorba, la guitarra, la mandolina, etc. 2 MAR. Velero pequeño de un solo palo, con vela latina, parecido al falucho. 3 Tortuga marina de concha coriácea y con siete líneas salientes a lo largo del carapacho, semejantes a las cuerdas del laúd *(Dermochelys coriacea).*

lauda (v. lápida) *f.* Laude.

laudable *adj.* Digno de alabanza.
SIN. **Loable, plausible.**

laudablemente *adv. m.* De un modo laudable.

láudano (alterac. del gr. *ládanon,* goma de la jara, der. de *ledos,* jara) *m.* Tintura o extracto de opio. 2 Preparación compuesta de opio, azafrán, vino blanco y otras substancias.

laudar (l. *-are*) *tr.* Fallar [una cuestión] los árbitros o amigables componedores.

laudatorio, -ria *adj.* Que alaba o contiene alabanza. -2 *f.* desus. Escrito u oración en alabanza de personas o cosas.

laude (v. lápida) *f.* Lápida sepulcral.

laudemio (b. l. *-iu*) *m.* DER. Derecho pagado al señor del dominio directo cuando se enajenan las tierras y posesiones dadas a enfiteusis.

laudes (l. *laudes,* alabanzas) *f. pl.* Parte del oficio divino que se dice después de maitines y que, en el oficio romano, comprende cuatro salmos, antífonas, un cántico, un capítulo, un himno, un versículo y el Canto de Zacarías. 2 Aclamaciones litúrgicas que tienen lugar después de la coronación del Papa.

laudo (de *laudar*) *m.* DER. Fallo de los árbitros o amigables componedores.

laulao *m. Venez.* Son y baile de los indios del Alto Orinoco.

launa (l. *lamina*) *f.* Lámina de metal. 2 Arcilla magnesiana gris, que forma con el agua una pasta impermeable.

laura *f.* Monasterio de la iglesia griega, esp. en el monte Athos y en Rusia.

lauráceo, -a *adj.* Parecido al laurel. -2 *adj.-f.* Planta de la familia de las lauráceas. -3 *f. pl.* Familia de plantas dicotiledóneas que incluye árboles o arbustos de hojas coriáceas persistentes, que llevan en su parénquima un aceite esencial, flores en umbela o panoja y fruto en baya o drupa.
SIN. *2* y *3* **Laurineo.**

laural *adj.-s.* Planta dicotiledónea rica en esencias. -2 *f. pl.* Orden de esas plantas.

laureado, -da *adj.* Que ha sido recompensado con honor y gloria. 2 Coronado de laureles. -3 *adj.-s.* Recompensado con la cruz laureada de San Fernando. -4 *f.* Cruz laureada de San Fernando (condecoración).

laureando, -da *m. f.* Graduando.

laurear (b. l. *-are*) *tr.* Coronar con laurel. 2 fig. Premiar, honrar. 3 Condecorar con la cruz laureada de San Fernando.

lauredal *m.* Terreno poblado de laureles.
SIN. **Lloredo.**

laurel (del prov. ant. *laurier,* der. de *laur,* del l. *lauru*) *m.* Árbol lauráceo, de hojas lanceoladas, perigonio petaloide blanco, y fruto en baya *(Laurus nobilis).* 2 fig. Corona, triunfo, premio: *el ~ de la victoria.* 3 ~ ***alejandrino,*** arbusto esmiláceo de jardín *(Ruscus hypophyllum).* 4 ~ ***cerezo*** o ***real,*** lauroceraso. 5 ~ ***rosa,*** adelfa. 6 Mariposa diurna afín a la hechicera, de tamaño mediano y color leonado *(Brenthis dafne).*
SIN. *1* y *2* **Dafne.**

laurencio *m.* QUÍM. Elemento radiactivo artificial de número atómico 103, símbolo *Lw,* y peso atómico 257.

laurente *m.* Oficial que en los molinos de papel tiene por cargo asistir a las tinas.

laureño *m. Pan.* Acapulco (arbusto).

láureo, -a (l. *-eu*) *adj.* De laurel.

I) lauréola (l.) *f.* Corona de laurel. 2 ~ ***macho*** o simplte. ~, adelfilla. 3 ~ ***hembra,*** mata timelácea *(Daphne mezereum).*
SIN. *3* **Loriguillo, matapollo, mecéreo, mezéreon, olivareta.**

II) lauréola *f.* Auréola.

lauretano, -na *adj.-s.* Relativo a Loreto, c. de Italia: ***letanía lauretana,*** v. letanía.

laurífero, -ra (l. *-ifer*) *adj.* poét. Que produce laurel (corona). 2 Que lleva laurel (corona).

lauríneo, -a *adj.-s.* Lauráceo.

laurino, -na *adj.* Relativo al laurel.

lauro (l. *lauru*) *m.* Laurel. 2 fig. Gloria, alabanza, triunfo.
SIN. *2* **Premio.**

lauroceraso (comp. del l. *lauru,* laurel + l. *cerasu,* cerezo) *m.* Árbol rosáceo de cuyas hojas se obtiene una agua muy venenosa, empleada en medicina y perfumería *(Prunus laurocerasus).*
SIN. **Laurel cerezo.**

lauto, -ta (l. *lautu*) *adj.* lit. *y* p. us. Rico, espléndido.
I) lava (napolitano *lave,* del l. *labes,* caída, der. de *labi,* caer) *f.* Materia en fusión que sale de un volcán y que, una vez fría y sólida, sirve para los mismos usos que la piedra.
II) lava *f.* Operación de lavar los metales.
SIN. **Lave.**
lavable *adj.* Que puede lavarse.
lavabo (l. *lavabo,* lavaré) *m.* Antiguo mueble con jofaina, espejo y demás recado para el aseo personal. 2 Recipiente de loza esmaltada, dotado de grifos de agua corriente y un desagüe con sifón, que colocado en el cuarto de baño o aseo, se usa para lavarse las manos, cara, etc. 3 Habitación de la casa donde está instalado. 4 p. ext. Servicios en un establecimiento público. 5 Sitio especial en los edificios romanos, con piscinas o pequeños depósitos para lavarse. 6 Parte de la misa que sigue al ofertorio y en que el sacerdote se lava los dedos. 7 Paño con que se los enjuga.
SIN. *6* **Lavatorio.**
lavacara *f. Colomb.* y *Ecuad.* Jofaina.
lavacaras (de *lavar* + *cara*) *com.* fig. *y* fam. Persona aduladora. ◇ Pl.: *lavacaras.*
lavación (l. *-atione*) *f.* Lavamiento (acción y efecto).
lavacoches (de *lavar* + *coche*) *m.* En los garajes y talleres de automóviles, empleado que tiene a su cargo lavar los coches y ayudar en otros trabajos subalternos. ◇ Pl.: *lavacoches.*
lavacristales (de *lavar* + *cristal*) *m.* El que lava los cristales. ◇ Pl.: *lavacristales.*
lavadero (l. *lavatoriu*) *m.* Lugar en que se lava. 2 *Amér.* Paraje a orillas de un río, donde se recogen y lavan arenas auríferas.
I) lavado *m.* Lavamiento (acción y efecto). 2 Pintura a la aguada hecha con un solo color. 3 fam. Reprimenda. 4 ~ ***de cerebro,*** acción psicológica ejercida sobre una persona para modificar sus convicciones, y transformar su mentalidad en la manera que se desea. 5 QUÍM. ~ ***de minerales,*** proceso de separación de la mena de un mineral por métodos físicos.
II) lavado, -da *adj. Cuba.* [ganado] De pelo bermejo que tira a blanco.
lavador, -ra *adj.-s.* Que lava. -2 *m.* Instrumento de hierro para limpiar las armas de fuego. 3 Cestillo de metal para lavar las placas fotográficas. -4 *f.* Máquina con motor eléctrico que sirve para lavar la ropa. 5 Aureana. 6 *Colomb.* Lavandera. -7 *m. Amér.* Oso hormiguero. 8 *Guat.* Lavabo.
lavadura *f.* Lavamiento (acción y efecto). 2 Lavazas. 3 Mezcla de agua, aceite y huevos, para templar la piel de que se hacen los guantes. 4 Conjunto de partículas desprendidas en el lavado de los minerales.
lavafrutas (de *lavar* + *fruta*) *m.* Recipiente con agua que se pone en la mesa para lavar las frutas que se comen sin mondar. ◇ Pl.: *lavafrutas.*
lavagallos *m. Colomb.* y *Venez.* Ron de mala calidad. ◇ Pl.: *lavagallos.*
lavaje *m.* Lavado de las lanas. 2 CIR. Lavado de heridas, cavidades, etc., con líquidos antisépticos.
lavajo (de *navajo,* der. de *nava;* alterado probl. por influjo de *lavar*) *m.* Charca de agua llovediza.
SIN. **Navajo, navazo.**
lavamanos (de *lavar* + *mano*) *m.* Depósito de agua con llave y pila para lavarse las manos. 2 Palanganero. 3 Jofaina, palangana. ◇ Pl.: *lavamanos.*
lavamiento *m.* Acción de lavar o lavarse. 2 Efecto de lavar o lavarse. 3 Ayuda (medicamento).
SIN. *1* y *2* **Lavación, lavadura,** p. us.; **lavado,** muy us.; **loción,** esp. si se trata de alguna parte del cuerpo: *loción de cabeza.*
lavanco (alterac. del ant. *navanco;* por disimilación de *n-n,* der. de *nava*) *m.* Pato bravío.
SIN. **Alavanco.**
lavanda (fr. *lavande;* o ital. *lavanda*) *f.* Espliego, esp. en perfumería. 2 Clase de agua de colonia.
lavandería *f.* Establecimiento industrial para el lavado de la ropa.
lavandero, -ra *m. f.* Persona que tiene por oficio lavar ropa. -2 *f.* Aguzanieves.
lavandina *f. Argent., Parag.* y *Urug.* Lejía.
lavándula *f.* Género de plantas labiadas al que pertenecen el espliego y el cantueso.
lavaojos (de *lavar* + *ojo*) *m.* Copita de cristal cuyo borde tiene forma adecuada para adaptarse a la órbita del ojo con el fin de aplicar a éste un líquido medicamentoso. ◇ Pl.: *lavaojos.*
lavaparabrisas (de *lavar* + *parabrisas*) *m.* Chorros de agua que sirven para limpiar los parabrisas de los coches. ◇ Pl.: *lavaparabrisas.*
lavaplatos (de *lavar* + *plato*) *com.* Persona que tiene por oficio lavar platos. -2 *m.* Lavavajillas (máquina). 3 *Guat.* Planta silvestre, semileñosa, de anchas hojas espinosas y bellas flores de color violeta en racimo *(Solanum madrense).* 4 *Chile.* Fregadero. 5 *Venez.* Planta herbácea anual, tropical, de cuyas hojas aromáticas se extrae un aceite esencial empleado en perfumería; los extremos de sus tallos se utilizan como condimento, y sus hojas tienen propiedades medicinales *(Hyptis suaveolens).* ◇ Pl.: *lavaplatos.*
lavar (l. *-are*) *tr.* Limpiar con agua u otro líquido. 2 fig. Purificar, quitar [un defecto o mancha]: ~ *la ofensa con,* o *en, sangre.* 3 Dar los albañiles la última mano [al blanqueo] con un paño mojado. 4 Dar color con aguadas [a un dibujo]. 5 MIN. Purificar los minerales por medio del agua. 6 Purificar una substancia con un líquido que se lleva en disolución las impurezas de aquélla.
lavareto *m.* Pez de agua dulce, cupleiforme, de la familia de los salmónidos, de color plateado *(Coregonus lavaretus).*
lavativa *f.* Ayuda (medicamento). 2 Instrumento manual para echar ayudas (medicamentos). 3 fig. Molestia.
SIN. *2* **Jeringa, irrigador; gaita,** ant.
lavatorio (l. *-iu*) *m.* Acción de lavar o lavarse. 2 En la religión católica, ceremonia de lavar los pies a algunos pobres que se hace el Jueves Santo en memoria de haberlos lavado Jesucristo a sus apóstoles la noche de la cena. 3 Lavabo (parte de la misa). 4 Lavamanos. 5 Cocimiento medicinal para limpiar una parte externa del cuerpo. 6 *Amér.* Jofaina, palangana. 7 *Amér.* Lavabo, mueble especial donde se pone la palangana. 8 *Amér.* Lavabo, pieza de la casa dispuesta para el aseo.
SIN. *2* **Mandato,** también se llama así el sermón que se predica en esta ceremonia.
lavavajillas (de *lavar* + *vajilla*) *m.* Máquina que sirve para lavar la vajilla, cubertería, batería de cocina, etc. 2 Detergente que sirve para lavar la vajilla. ◇ Pl.: *lavavajillas.*
SIN. *1* **Lavaplatos.**
lavazas *f. pl.* Agua mezclada con las impurezas de lo que se lavó en ella. 2 *Ecuad.* Sopa o caldo mal condimentados, en general. ◇ Se usa también en singular.
lave *m.* MIN. Lava II.
lavija *f. And., Can., Extr., Murc.* y *Tol.* Clavija.
lavijero *m. Extr.* y *Murc.* Clavijero.
lavotear *tr.-prnl.* Lavar aprisa y mal.
lavoteo *m.* Acción de lavotear o lavotearse.
lawn-tennis (ing.) *m.* Tenis. ◇ Pl.: *lawn-tennis.* ◇ Pronúnciase *lon-tenis.*
laxación (l. *-atione*) *f.* Acción de laxar. 2 Efecto de laxar.
laxamiento *m.* Laxación o laxitud.
laxante *adj.-s.* Que laxa o ablanda. -2 *m.* Medicamento para mover el vientre.
SIN. **Laxativo, solutivo; purga, purgante,** son de acción más enérgica.
laxar (l. *-are*) *tr.* Aflojar, disminuir la tensión; ablandar, suavizar: ~ *un arco.* 2 Purgar por medio de un laxante: ~ *el vientre.*
laxativo, -va (b. l. *-ivu*) *adj.-m.* Que laxa, laxante.
laxidad *f.* Laxitud.
laxismo (v. laxo) *m.* Estado de conciencia inclinado a considerar leve lo que es grave, y permitido lo que está prohibido. Nació como sistema teológico-moral, por oposición externa al rigorismo jansenista.
laxista *com.* Partidario del laxismo.
laxitud *f.* Calidad de laxo: ~ *de las fibras.* ◇ INCOR.: *lasitud.*
laxo, -xa (l. *laxu*) *adj.* Flojo o sin la tensión debida. 2 fig. De moral relajada. 3 fig. Libre, amplio: *en sentido* ~.
lay (fr.) *m.* Composición poética narrativa o lírica, de origen bretón, gralte. en versos cortos, muy extendida entre los provenzales y franceses en la Edad Media. ◇ Pl.: *layes.*
I) laya (vasc. *laia*) *f.* Pala fuerte de hierro con cabo de madera, que puede tener dos o más puntas y una manija en su extremo para apretar con ambas manos y que sirve para labrar la tierra y revolverla.
II) laya (probl. del port. *laia;* solución dial. del l. *lana*) *f.* Calidad, especie, calaña, ralea. 2 vulg. Vergüenza, pundonor.
layador, -ra *m. f.* Persona que laya.
layar *tr.* Labrar [la tierra] con la laya.
layetano, -na (l. *laietanu*) *adj.-s.* De Layetania, reg. de la España Tarraconense.
Layo *n. pr.* MIT. Padre de Edipo.

lazada *f.* Nudo que se desata fácilmente tirando de uno de sus cabos. 2 Lazo (nudo).
lazador *m. Cuba.* El que laza ganado.
lazar *tr.* Coger o sujetar con lazo. 2 *Méj.* Enlazar. ◇ **CONJUG. [4] como *realizar.*
lazareto (it. *lazzareto,* del n. geográfico *Sta. María de Nazaret,* Venecia; alterac. por influjo de *Lázaro*) *m.* Estación y desinfección a los viajeros procedentes de lugares atacados por alguna epidemia. 2 Hospital de leprosos.
lazarillo (de *Lázaro,* principal personaje del *Lazarillo de Tormes*) *m.* Muchacho que guía a un ciego. 2 p. ext. Persona o animal que guía o acompaña a otra necesitada de alguna ayuda.
SIN. **Destrón.**
lazarino, -na (de *Lázaro*) *adj.-s.* Leproso, elefancíaco.
SIN. **Lacerado, lazaroso.**
lazarista *m.* El que pertenece a la orden hospitalaria de San Lázaro, fundada por los Cruzados y dedicada a asistir leprosos. -2 *adj.-s.* Religioso de la Congregación de la Misión, fundada en 1625 por San Vicente de Paúl, para la propagación del cristianismo y el cuidado de los enfermos. Su nombre procede del Hospital de San Lázaro de París, donde se establecieron en su primer tiempo. En España gralte. reciben el nombre de *paúles.*
lázaro (de *Lázaro,* personaje bíblico) *m.* Pobre andrajoso. 2 *Estar hecho un ~,* estar cubierto de llagas. 3 *Ecuad.* y *Venez.* Leproso, enfermo de lepra.
lazaroso, -sa *adj.-s.* Lazarino.
laze *adj.-s.* De Lazistán, región del sudoeste de Asia, que comprende zonas de Turquía y la Unión Soviética. -2 *adj.-m.* Lengua perteneciente al grupo caucásico meridional, hablada principalmente en el nordeste de Turquía.
lazo (l. v. **laciu* < l. *laqueu*) *m.* Atadura o nudo de cintas que sirve de adorno. 2 Adorno de metal, imitando al lazo de la cinta. 3 Emblema del que parte una cinta doblada en forma reglamentada. 4 Enlace de los que bailan. 5 Dibujo hecho con ciertas plantas en los jardines. 6 Revuelta de un camino. 7 Lazada (nudo). 8 Lazada corrediza hecha con hilos de alambre para coger conejos, o de cerda para cazar ciertas aves. 9 Cuerda con una lazada corrediza para sujetar los toros, caballos, etc. 10 Cordel con que se asegura la carga. 11 fig. Unión, vínculo, obligación. 12 fig. Ardid, asechanza: *caer uno en el ~.* 13 ARQ. Adorno de líneas y florones entrelazados. 14 *Cuba.* Figura de la danza. 15 *Venez.* Grito agudo y prolongado para llamar a una persona.
SIN. *1* **Lazada.**
lazulita *f.* Lapislázuli.
le *pron. pers.* Forma átona de tercera persona para el objeto indirecto en género masculino y femenino y número singular: *~ daré la carta; dale la carta (a él* o *a ella).* 2 Forma átona de tercera persona para el objeto directo en número singular y sólo en género masculino, en concurrencia con la forma *lo.* No admite preposición y puede usarse enclítico: *~ siguió* y *lo siguió; siguióle* y *siguiólo.* ◇ V. leísta; ** ANFIBOLOGIÁ; **PRONOMBRE.
lea *f.* fam. *y* desus. Ramera.
leader (voz inglesa) *m.* Líder.
leadhillita *f.* Mineral de la clase de los sulfatos que cristaliza en el sistema monoclínico, de color blanco, amarillento, verde, gris o incoloro.
leal (v. *leal*) *adj.-s.* Que guarda la debida fidelidad, incapaz de traicionar: *un súbdito ~; una conducta, una palabra ~.* 2 [animal doméstico] Que demuestra fidelidad al hombre: *un perro ~.* 3 Que no es falso, esp. las caballerías: *un caballo ~.*
SIN. **Fiel.**
lealmente *adv. m.* De un modo leal, con buena fe.
lealtad (b. l. *legalitate*) *f.* Calidad de leal.
leandra *f.* pleb. *y* jergal Peseta.
Leandro *n. pr.* MIT. V. Hero.
Lear *n. pr.* Rey legendario de Bretaña, protagonista de la Tragedia de Shakespeare *El rey ~.*
leasing (voz inglesa) *m.* Arrendamiento con opción a compra. ◇ Se pronuncia *lisin.*
leba *f. Venez.* Guadua.
lebaniego, -ga *adj.* Natural o habitante de Liébana (Santander).
lebeche (ár. *lebec*) *m.* Viento sudoeste, en el litoral del Mediterráneo.
lebello *m. Hond.* Especie de cangrejo marino.
lebení *m.* Bebida moruna que se prepara con leche agria.
leberquisa (al. *leberkies*) *f.* Pirita magnética.
lebisa *f. Cuba.* Levisa.
lebrada *f.* Estofado de liebre.
lebranca *f. Murc.* Lebrato. 2 *Murc.* Mujer ligera.
lebrancho *m. Can.* y *Cuba.* Mújol o lisa.
lebrato, lebratón *m.* Liebre nueva o de poco tiempo.
SIN. **Liebratón, liebroncillo.**
lebrejear *intr. S. Dom.* Ir de juerga.
lebrel, -la (l. *leporariu;* a través del cat. *llebrer;* doble etim. *lebrero*) *adj.-s.* V. perro lebrel. -2 *m. pl.* ASTRON. Constelación boreal situada entre la Osa Mayor y el Boyero.
lebrero, -ra (l. *leporariu;* doble etim. *lebrel*) *adj.* Aficionado a las cacerías o carreras de liebres. 2 [perro] Que sirve para cazar liebres. -3 *m. Cuba.* Árbol cuya madera se usa para hacer mangos de instrumentos (gén. *Moureira*).
lebrilla *f. Murc.* Lebrillo pequeño.
lebrillo (l. **labrellu;* dim. de *labru,* cuba, bañera) *m.* Vasija más ancha por el borde que por el fondo, usada para lavar, gralte. de barro. ◇ También *librillo.*
lebrón *m.* Aum. de *liebre.* 2 fig. Hombre tímido y cobarde. -3 *adj. Méj.* Grande, valentón. 4 *Méj.* Ventajoso.
lebroncillo *m.* Lebrato.
lebruno, -na *adj.* Relativo a la liebre o semejante a ella.
SIN. **Leporino.**
lebuino, -na *adj.-s.* De Lebú, cap. de la prov. de Arauco (Chile).
lebulense *adj.-com.* Natural de Lebu, c. de Chile. -2 *adj.* Perteneciente o relativo a esta ciudad.
leca *f. Ál.* Vaina de alubia sin desgranar.
lecanomancia, -mancía (gr. *lekane,* lebrillo + *-mancia*) *f.* Arte de adivinar por el sonido que hacen las piedras preciosas y otros objetos al caer en una jofaina.
lección (l. *lectione,* elección, lectura) *f.* Lectura (acción). 2 Inteligencia de un texto. 3 Fragmento de la Escritura, Santos Padres, o de la vida de los santos, que se lee o canta en la misa de ciertos días y en los maitines. 4 Discurso que en las oposiciones a cuerpos docentes o beneficios eclesiásticos se compone dentro de un término prescrito. 5 Capítulo, en algunos escritos. 6 Conjunto de conocimientos que en cada vez da un maestro a sus discípulos o les señala para que lo estudien: *~* ***magistral,*** la que prepara un opositor para exponerla ante el tribunal que lo juzga, la teórica pronunciada por un profesor ante un grupo de alumnos. 7 fig. Amonestación, ejemplo ajeno que nos enseña el modo de conducirnos.
SIN. *1, 2* y *4* **Lectura.**
leccionario *m.* Libro de coro que contiene las lecciones de maitines.
leccionista *com.* desus. Maestro o maestra que da lecciones en casas particulares.
lecha *f.* Licor seminal de los peces. 2 Bolsa que, en número de dos, lo contiene.
lechada (de *leche*) *f.* Masa fina de cal, yeso o argamasa, usada para blanquear paredes y para unir piedras o hiladas de ladrillo. 2 Masa de trapo molido para hacer papel. 3 Emulsión.
lechal *adj.-s.* [animal] Que aún mama. 2 Lechoso (planta). -3 *m.* Zumo de las plantas y frutos lechosos.
I) lechar (b. l. *lactare*) *adj.* Lechal. 2 Que cría o tiene virtud para criar leche: *vaca ~; hierba ~.*
II) lechar *tr. Amér.* Ordeñar [las vacas, cabras, etc.]. 2 *Méj.* Enjalbegar, blanquear [paredes, techos].
lechaza *f.* Lecha.
lechazo *m.* Cordero lechal.
leche (l. *lacte*) *f.* Líquido blanco y opaco que se forma en los pechos de las hembras de los mamíferos, para alimento de sus hijos. Es una solución acuosa de caseína, lactosa, sales inorgánicas y pequeñas cantidades de otras substancias, que lleva en suspensión diminutos glóbulos de grasa: *~ de vaca, de cabra; ~* ***frita,*** postre que consiste en una masa dulce compuesta de harina cocida en leche que, una vez fría, se parte en cuadrados y se fríe rebozada en huevo; *~* ***merengada,*** la que se prepara con claras de huevo, batidas o no, azúcar y canela; ***vaca, burra de ~,*** la que se mantiene para aprovechar su leche; ***ternera de ~,*** la que mama todavía; fig., ***mamar una cosa en la ~,*** recibirla o aprenderla de muy pequeño. 2 *~* ***de apoyo,*** la que se da al niño cuando la de la madre es insuficiente. 3 Líquido de apariencia semejante a la de la leche: *~* ***de almendras,*** la que se extrae machacándolas; *~ de coco.* 4 Cosmético líquido o semifluido. 5 fig. Golpe fuerte, puñetazo: *darse una ~; pegar una ~.* 6 Malhumor. 7 ***Mala ~,*** malaleche. 8 vulg. Semen. -9 *pl.* vulg.

Tonterías. 10 ~ ***de gallina,*** hierba bulbosa liliácea perenne *(Ornithogalum umbellatum).* 11 *Bol.* Caucho.

REL. *1* Las voces cultas y técnicas se forman del l. *lacte (lactante, lácteo, lacticinio)* o del gr. *gala galactos (galactómetro, galactoso).*

¡leche! ¡leches! Interjección con que se denota sorpresa, asombro, enfado, desaprobación, negación, etc.

lechecillas (dim. de *leche*) ***f. pl.*** Mollejas de cabrito, cordero, ternera, etc. 2 Asadura (de un animal).

lechecino ***m.*** BOT. Cerraja.

lecherear ***intr.*** *Venez.* Regatear, cicatear.

lechería ***f.*** Establecimiento donde se vende leche. 2 vulg. Prostíbulo. 3 *Chile.* Vaquería.

lecherillas ***f. pl.*** *Logr.* Lechecillas.

lecherina ***f.*** Tártago (planta).

lechero, -ra ***adj.*** Perteneciente o relativo a la leche: *industria lechera.* 2 Que contiene leche o tiene alguna de sus propiedades. 3 [animal hembra] Que se tiene para aprovechar su producción de leche. 4 fam. Logrero, cicatero. -5 ***m. f.*** Persona que tiene por oficio vender o repartir leche. -6 ***f.*** Vasija en que se guarda, transporta o sirve la leche. 7 ~ ***amarga,*** polígala. 8 fig. Automóvil blanco de la policía. 9 *Amér.* Planta de abundante jugo blanco y picante, parecido a la leche *(Euphordia serpens).* 10 *Argent.* Vaca lechera. -11 ***adj.*** *Méj.* Afortunado, que tiene suerte.

lecherón ***m.*** Árbol euforbiáceo *(Sapium aucuparium; S. stenophyllum).*

lechetrezna (quizá de **lacteridine* < l. *lacte*) ***f.*** Planta euforbiácea, cuyo jugo lechoso y acre se ha usado en medicina *(Euphorbia helioscopia).*

SIN. **Ésula, titímalo.**

lechigada (l. *lectica,* litera) ***f.*** Cría (hijos). 2 fig. Cuadrilla, gralte. de gente picaresca.

SIN. *1* **Camada,** se aplica preferentemente a lobos. En los demás animales no hay separación definida entre una y otra voz; **nidada,** tratándose de aves e insectos; **cría, cachillada,** en gral.

lechiguana (quechua *lachihuana*) ***f.*** *Argent.* y *Bol.* Especie de avispa melera *(Nectarina mellifica).* 2 Panal que produce este insecto.

lechín ***adj.-m.*** Especie de olivo muy fructífero que se cultiva en Écija. 2. Aceituna que produce este árbol. 3. Lechino (divieso).

lechino (b. l. *liciniu*) ***m.*** Clavo de hilas que se introduce en las úlceras y heridas. 2 Divieso que suelen padecer las caballerías.

lecho (l. *lectu*) ***m.*** Cama (armazón). 2 Estrato. 3 Porción de algunas cosas extendidas horizontalmente sobre otras. 4 fig. Madre (terreno). 5 fig. Fondo (superficie). 6 ARQ. Superficie de una piedra sobre la cual se asienta otra.

SIN. *3* **Camada.**

lechocino ***m.*** Hierba cana.

lechón ***m.*** Cochinillo que todavía mama. 2 p. ext. Puerco macho. -3 ***adj.-m.*** Hombre puerco, desaseado.

lechona ***f.*** Hembra del lechón (puerco). -2 ***adj.-f.*** Mujer puerca, desaseada.

lechoso, -sa ***adj.*** Que tiene cualidades o apariencia de leche. 2 [planta o fruto] Que tiene un jugo blanco semejante a la leche. -3 ***adj.*** *Venez.* Afortunado. -4 ***m.*** *P. Rico, S. Dom.* y *Venez.* Papayo. -5 ***f.*** *P. Rico, S. Dom.* y *Venez.* Papaya (fruto).

SIN. *1* y *2* **Lácteo, lactescente,** tecn. *2* **Lechal, lechar.**

lechucero (de *lechuza*) ***m.*** *Ecuad.* Noctámbulo.

lechudo, -da ***adj.*** *Argent.* Lechoso, afortunado.

lechuga ***f.*** Planta hortense, anual y compuesta, con las hojas enteras y gruesas, dispuestas en roseta basal, que puede comerse en ensalada *(Lactuca sativa):* ***ser más fresco que una*** ~, ser muy descarado. 2 ~ ***silvestre,*** planta bienal compuesta, de hojas divididas, enteras o ligeramente lobuladas, tallo grueso y con espinas en la parte inferior *(Lactuca virosa).* 3 ~ ***de mar,*** alga marina comestible del orden de las ulotricales, de talo ondulado y translúcido *(Ulva lactuca).* 4 Lechuguilla (cabezón). 5 Fuelle formado en la tela a semejanza de las hojas de la lechuga. 6 fig. y pop. Billete de mil pesetas. -7 ***adj.*** fig. Sinvergüenza.

¡lechuga! ¡lechugas! Interjección con que se denota admiración, enfado, sorpresa.

lechugado, -da ***adj.*** Que tiene forma de hoja de lechuga.

lechuguero, -ra ***m. f.*** Persona que tiene por oficio vender lechugas. -2 ***m.*** Abertura de la jaula de la perdiz por donde ésta puede sacar la cabeza para picotear la verdura que se le da.

lechuguilla ***f.*** Lechuga silvestre. 2 Cabezón o puño de camisa almidonado y moldeado en forma de hojas de lechuga, que se usó mucho en tiempos de Felipe II. 3 *Cuba.* Especie de alga de los ríos. 4 *Amér.* Especie de pita *(Agave heteracantha).*

lechuguino ***m.*** Lechuga pequeña antes de ser trasplantada. 2 Petimetre. 3 Muchacho imberbe que se las da de hombre hecho. -4 ***adj.-s.*** *Seg.* Especie de pan, mejor que el corriente.

lechuza (ant. *nechuza;* probl. de *nochuza,* der. del l. *noctua,* lechuza; alterac. por influjo de *leche*) ***f.*** Ave estrigiforme de 34 cms. de longitud, con el plumaje de color dorado claro con pequeñas manchas en la parte superior, y blanco en la cara y parte inferior del cuerpo, y con el disco facial en forma de corazón *(Tito alba).* 2 fig. Persona trasnochadora. 3 fig. Mujer fea y perversa. 4 *Chile.* Individuo albino o rubio que tira a albino. 5 *Chile.* Tiro que se pierde en las minas. 6 *Méj.* Ramera. 7 *Venez.* Carro desvencijado.

SIN. *1* **Bruja, coruja, curuja, curuca, estrige, oliva.**

I) lechuzo (de *lechuza*) ***m.*** fig. El que se envía a ejecutar despachos de apremio y otros semejantes. -2 ***adj.-s.*** fig. Persona que se asemeja a la lechuza en alguna de sus propiedades. 3 fig. Tonto, poco espabilado.

II) lechuzo, -za ***adj.*** [muleto] Que no tiene un año.

lecitidáceo, -a ***adj.-f.*** Planta de la familia de las lecitidáceas. -2 ***f. pl.*** Familia de plantas tropicales con grandes frutos que contienen semillas comestibles.

lecitina (gr. *lékithos,* yema de huevo) ***f.*** Lipoide que se encuentra en la yema del huevo, en el sistema nervioso, en la leche, etc., y se usa en medicina como reconstituyente.

leco ***m.*** *Venez.* Grito agudo y prolongado para llamar a una persona.

lectisternio (l.) ***m.*** Culto que los romanos gentiles tributaban a sus dioses simulando un banquete.

lectivo, -va ***adj.*** Destinado a dar lección en los centros docentes: *período* ~; *día* ~.

lector, -ra (l.) ***adj.-s.*** Que lee. -2 ***m.*** Clérigo que ha recibido la orden del lectorado. 3 El que en las comunidades religiosas enseña filosofía, teología o moral. -4 ***m. f.*** Profesor extranjero que enseña su lengua materna. 5 Colaborador que lee los originales enviados a un editor. -6 ***m.*** Aparato que sirve para ver, y en algunos casos también para reproducir, lo que se halla inscrito en ciertos documentos: ~ *de microfilmes;* ~ *de microfichas.* -7 ***adj.-s.*** Dispositivo que permite la reproducción electrónica de lo codificado en cintas magnéticas.

lectorado ***m.*** Segunda de las órdenes menores que facultaba para leer la Escritura en las funciones litúrgicas y bendecir el pan y los nuevos frutos. Hoy, en el rito latino, el lector se limita a leer las profecías del sábado de Pascua y de Quincuagésima. 2 Cargo de lector (profesor).

lectoral ***adj.-s.*** V. canónigo y canongía.

lectoría ***f.*** Cargo de lector en las comunidades religiosas o en la enseñanza.

lectura (l.) ***f.*** Acción de leer. 2 Cosa leída: *aficionarse a las malas lecturas.* 3 desus. Materia que un catedrático explica en la universidad. 4 Interpretación del sentido de un texto según sus valores, y estudio de él según sus variantes. 5 Lección (inteligencia y discurso). 6 Cultura de una persona: *es hombre de mucha* ~. 7 Letra de imprenta que es de un grado más que la de entredós, y de uno menos que la atanasia. 8 INFORM. Operación de acceso para extraer información de la memoria de un ordenador electrónico y transmitirla a un registro fijo exterior a la memoria. 9 ANGLIC. Conferencia.

SIN. *1* **Leída,** de un modo gral., pero esp. se usa aludiendo a las sucesivas etapas del acto de leer: *leí el libro en dos leídas; a la primera leída me hice cargo del asunto.*

ledamente ***adv. m.*** Con alegría o plácidamente.

ledo, -da (l. *lœtu*) ***adj.*** lit. Alegre, plácido.

leedor, -ra ***adj.-s.*** ant. Lector.

leer (l. *legere*) ***tr.*** Pasar la vista [por los signos de la palabra escrita] para interpretar el sentido [de los textos]: ~ *a Cervantes;* ~ ***de corrido,*** hacerlo sin dificultad; ~ ***entre líneas,*** adivinar el pensamiento de lo escrito, sin estar explícitamente manifiesto; ~ ***pruebas,*** corregir pruebas de imprenta. 2 Deletrear, pronunciar en alta voz el contenido [de los textos]. 3 Interpretar [cualquier clase de signos, entre ellos los musicales]: ~ *en el porvenir;* ~ *una sonata.* 4 Dar [de un texto] una lección o interpretación singular. 5 ant. Enseñar un profesor [alguna materia]: ~ *en Aristóteles;* ~ *sobre cánones.* 6 Decir en público [el discurso propio de ciertos ejercicios académicos]: ~ *la tesis.* 7 fig. Penetrar [en el interior de uno] o adivinarle [un secreto]: ~ *en la cara.* 8 INFORM. Adquirir información, generalmente de alguna parte de la memoria del ordenador ◇ ** CONJUG. [61].

lefio, -fia ***adj.*** *Méj.* Tonto, necio.

lega (de *lego*) *f.* Monja que sirve en las haciendas caseras del convento.
legacía *f.* Cargo de legado. 2 Asunto encargado a un legado. 3 Territorio dentro del cual ejerce un legado. 4 Tiempo que dura su cargo.
legación (l. *-atione*) *f.* Legacía. 2 Cargo diplomático que confiere un gobierno a un individuo para que le represente cerca de otro gobierno extranjero. 3 Personal que el legado tiene a sus órdenes. 4 Casa u oficina del legado.
legado (l. *-atu*) *m.* Manda que el testador deja en su testamento o codicilo. 2 p. ext. Lo que se deja o transmite a los sucesores. 3 Persona que una suprema potestad eclesiástica o civil envía a otra. 4 Eclesiástico que representa al Papa en un concilio o en un país: **~ *a latere,*** cardenal enviado extraordinariamente por el Papa, con amplísimas facultades para que le represente cerca de un príncipe o gobierno cristiano o en un concilio. 5 Presidente de una provincia romana reservada esp. al emperador. 6 Jefe de la legión romana. 7 Ciudadano romano, gralte. senador, que era enviado a los territorios recién conquistados para asesorar a un procónsul romano.
legador *m.* Sirviente que en los esquileos ata de pies y manos a las reses lanares para que las esquilen.
legadura *f.* Cuerda, tomiza u otra cosa que sirve para liar o atar.
legajar *tr. Amér.* Enlegajar.
legajo (de *ligar*) *m.* Atado de papeles o conjunto de los reunidos por tratar de una misma materia.
legal (l. *-ale;* doble etim. *leal*) *adj.* Prescrito por ley y conforme a ella. 2 Verídico, puntual, fiel y recto en el cumplimiento de su cargo. 3 *Perú.* fig. Excelente.
legalidad (b. l. *-itate*) *f.* Calidad de legal.
legalista *adj.* Que antepone a toda otra consideración la aplicación literal de las leyes.
legalizable *adj.* Que se puede legalizar.
legalización *f.* Acción de legalizar. 2 Acto administrativo, mediante el cual la autoridad competente acredita la autenticidad de un documento o de una firma, atribuyéndole efectos legales.
legalizar *tr.* Dar estado legal [a una cosa]. 2 Certificar la autenticidad [de un documento o firma]. ◇ ** CONJUG. [4] como ***realizar.***
legalmente *adv. m.* Según ley. 2 Lealmente.
legamente (de *lego*) *adv. m.* Sin instrucción ni conocimientos.
légamo (orig. prob. prerrom.) *m.* Cieno, lodo pegajoso, limo. 2 Parte arcillosa de las tierras de labor.
legamoso, -sa *adj.* Que tiene légamo.
leganal *m.* Charca de légamo.
légano *m.* Légamo.
leganoso, -sa *adj.* Que tiene mucho légano.
legaña (probl. de orig. prerrom; afín al vasco *lakaiña,* hebra, brizna) *f.* Humor segregado por las glándulas sebáceas de los párpados, que se cuaja en el borde de éstos y en los ángulos de la abertura ocular.
SIN. **Pitarra, pitaña; lagaña,** hoy p. us. por estimarse como vulg., tuvo algún uso en los clásicos; **magaña,** And. y Sant.
legañil *adj.* p. us. Legañoso.
legañoso, -sa *adj.-s.* Que tiene muchas legañas.
SIN. **Pitarroso, pitañoso.**
legar (l. *-are*) *tr.* Dejar una persona a otra [alguna manda] en su testamento o codicilo. 2 fig. Transmitir [algo] a los que siguen en el tiempo: *~ a la posteridad una obra.* 3 Enviar [a uno] de legado o con una legacía. ◇ ** CONJUG. [7] como ***llegar.***
SIN. *1* **Mandar.**
legatario, -ria (l. *-iu*) *m. f.* Persona favorecida por un legado.
legenda (l. *legenda,* cosas que deben leerse; doble etim. *leyenda*) *f.* Historia o actas de la vida de un santo.
legendario, -ria *adj.* Perteneciente o relativo a las leyendas: *héroe ~.* -2 *m.* Libro de vidas de santos.
SIN. **Leyendario.**
legía *m.* vulg. Legionario.
legibilidad *f.* Calidad de legible.
legible *adj.* Que se puede leer.
SIN. **Leíble.**
legión (l. *legione*) *f.* Cuerpo de tropa romana compuesto de infantería y caballería. 2 Cuerpo militar de elite, cuya tropa, a veces integrada por extranjeros, está adiestrada como fuerza de choque: *la ~ extranjera.* 3 fig. Número indeterminado y copioso de personas o espíritus.
legionario, -ria *adj.* Relativo a la legión. -2 *m.* Soldado que servía o sirve en una legión.
legionense *adj.-s.* Leonés.
legislable *adj.* Que puede o debe legislarse.
legislación *f.* Conjunto de las leyes de un estado o relativas a una materia determinada. 2 Ciencia de las leyes. 3 Acción de legislar.
legislador, -ra (l. *-atore*) *adj.-s.* Que legisla.
legislar *intr.* Dar o establecer leyes.
legislativo, -va *adj.* [poder] Que tiene la misión de hacer leyes. 2 [código] De las leyes. 3 Relativo al legislador o a la legislación: *asamblea legislativa.* 4 Autorizado por una ley: *crédito ~.*
legislatura *f.* Tiempo durante el cual funcionan los cuerpos legislativos del estado. 2 Cuerpo legislativo en actividad. 3 Período de sesiones de Cortes durante el cual subsisten la mesa y las comisiones permanentes elegidas en cada cuerpo colegislador. 4 *Amér.* Congreso o Asamblea legislativa.
legisperito *m.* Jurisperito.
legista (v. *ley*) *com.* Persona que por profesión o estudio se dedica a la jurisprudencia.
legítima *f.* DER. Porción de la herencia de que el testador no puede disponer libremente, por asignarla la ley a determinados herederos.
legitimación *f.* Acción de legitimar. 2 Efecto de legitimar. 3 Acto jurídico por el cual el hijo natural es equiparado en todo o en parte al legítimo.
legitimador, -ra *adj.* Que legitima.
legítimamente *adv. m.* Con legitimidad, debidamente.
legitimar *tr.* Justificar la verdad [de una cosa] o la calidad [de una pers. o cosa] conforme a las leyes. 2 Hacer legítimo [al hijo natural]. 3 Habilitar para un oficio o empleo.
legitimario, -ria *adj.* Relativo a la legítima. -2 *adj.-s.* Que tiene derecho a la legítima.
legitimidad *f.* Calidad de legítimo.
legitimismo *m.* Doctrina que afirmaba la inmutabilidad de la dinastía hereditaria por derecho divino o por ser la única conforme a la ley.
legitimista *adj.-com.* Partidario del legitimismo. 2 Partidario de los Borbones en contraposición a la rama segunda de Orleans en Francia, y de Don Carlos de Borbón y sus descendientes en España.
legítimo, -ma (l. *-imu*) *adj.* Conforme a las leyes. 2 Ajustado a la equidad y a la razón: *una consecuencia legítima.* 3 Cierto, genuino y verdadero.
lego, -ga (v. *laico*) *adj.-s.* Que no tiene órdenes clericales. -2 *adj.* Falto de letras o noticias. 3 Profano, no iniciado. -4 *m.* Profeso sin opción a las sagradas órdenes, en los conventos religiosos.
SIN. *1* **Seglar.** *4* **Converso, confeso, donado,** en algunas órdenes religiosas; **hermano; monigote, motilón,** desp.
legocha *f. Extr.* Azadón pequeño.
legón (l. *ligone*) *m.* Especie de azadón.
legona *f. Murc.* Legón, azada.
legra (l. *ligula*) *f.* CIR. Instrumento cortante para legrar. 2 Herramienta que usan los almadreñeros para ahuecar las almadreñas.
SIN. **Alegrar.** CIR.
legración *f.* Legradura.
legrado *m.* MED. Raspado.
legradura *f.* Acción de legrar. 2 Efecto de legrar.
legrar *tr.* CIR. Raer la superficie [de los huesos] separando la membrana fibrosa que los cubre o la parte más superficial de la substancia ósea. 2 CIR. Raer la mucosa del útero.
legrón *m.* Legra de que usan los veterinarios.
legua (célt. l. *leuca*) *f.* Medida itineraria, equivalente a 5'5727 kms. o veinte mil pies. 2 **~ *cuadrada,*** cuadrado de una legua de lado (en Castilla, 3.105'50 Ha; cuatro mil ochocientas veintidós y media fanegas). 3 **~ *de posta,*** la de 4 kms. 4 **~ *de veinte al grado, marina* o *marítima,*** la de 5'555 kms.; tres millas. 5 **~ *de quince, de dieciocho al grado,*** la que respectivamente representa un quinceavo, un dieciochoavo del grado de un meridiano terrestre.
leguaje *m. Perú.* Longitud recorrida en leguas. 2 *Perú.* Subvención de los parlamentarios para realizar sus viajes.
leguario, -ria *adj.* Relativo a la legua: *poste ~.* -2 *m. Bol.* y *Chile.* Piedra miliar.
legui *m.* Polaina de cuero de los militares.
leguleyo, -ya (l. *-eiu*) *m. f.* Persona que trata de leyes no conociéndolas sino vulgar y escasamente.
SIN. v. **abogado.**

legumbre (l. **legumine*) *f.* Fruto seco de vaina dehiscente por las suturas dorsal y ventral. 2 Todo fruto o semilla que se cría en vainas. 3 p. ext. Hortaliza. 4 *Chile.* Menestra o guisado de legumbres.
legumbrera *f.* Fuente honda utilizada para servir las legumbres.
legumina *f.* Substancia que se extrae de las semillas de ciertas leguminosas.
leguminal *adj.-f.* Planta del orden de las leguminales. -2 *f. pl.* Orden de plantas que incluye árboles, arbustos y hierbas de hojas simples o pinnaticompuestas y flores actinomorfas o cigomorfas.
leguminoso, -sa *adj.* De la naturaleza de las legumbres. -2 *adj.-f.* Planta de la familia de las leguminosas. -3 *f. pl.* Familia de plantas dicotiledóneas cuyos frutos son legumbres.
lei (pl. del rumano *leu*) *m.* Moneda rumana.
leíble *adj.* Legible.
leída *f.* Lectura (acción).
Leiden *n. pr.* V. botella de Leiden.
leído, -da *adj.* [pers.] Que ha leído mucho y es muy erudito.
leila (ár. *leila,* noche) *f.* Fiesta o baile nocturno entre los moriscos.
leima *m.* Semitono usado en la música griega.
leimotiv *m.* MÚS. Tema musical conductor. 2 p. ext. Frase, motivo central que se repite en una obra o en general en un escrito, en un discurso, etc.
leishmaniosis (de *Leishman,* su descubridor) *f.* Kala-azar.
leísmo *m.* Empleo de la forma *le* como objeto directo del pronombre personal de 3ª persona: *este libro no te le doy,* por *lo.*
leísta *adj.-com.* [pers.] Que practica el leísmo.
lejanía *f.* Parte remota de un lugar.
lejano, -na *adj.* Que está lejos o a gran distancia en el espacio o en el tiempo: *~ de mi casa; siglos lejanos.*
SIN. **Apartado,** referido al espacio; **alejado, distante, lejano, remoto.** CONTR. **Cercano, próximo.**
lejas *adj. pl.* Lejanas: *de ~ tierras.*
lejía (l. *lixivia*) Agua que tiene en disolución álcalis o sales alcalinas, esp. la que se usa para la colada. 2 fig. *y* fam. Reprensión fuerte o satírica. 3 *And.* Lavado de ropa.
lejiadora *f.* Aparato para tratar con álcali las fibras empleadas en la fabricación de papel.
lejío *m.* Lejía que usan los tintoreros.
lejísimos *adv. l. t.* Muy lejos. ◇ INCOR.: *lejísimo.*
lejitos *adv. l. t.* Algo lejos. ◇ INCOR.: *lejito.*
lejos (l. *laxus*) *adv. l. t.* A gran distancia; en lugar o tiempo remoto: *~ de casa;* fig., *~ de mi ánimo.* -2 **loc. adv.** ***A lo ~, de ~, de muy ~, desde ~,*** a larga distancia. 3 *Argent.* y *Chile.* GALIC. *~* ***de,*** en lugar de. -4 *m.* Aspecto que tiene desde lejos una persona o cosa: *el ~ de este país es bello; el ~ de un cuadro.* 5 Vislumbre, apariencia de una cosa: *no se veía más que un ~.*
REL. Tecn. formados con este concepto, v. *tele-.*
lejuelos *adv. l. t.* Dim. de *lejos.*
lejura *f.* Lejanía, lugar distante. ◇Ús. pralte. en plural.
lekitos (gr. *lekythos,* recipiente de cuello largo) *m.* Vaso funerario de la Grecia clásica.
lele *adj. Amér.* Lelo.
lelilí (ár. *le ilah ile alah,* no hay divinidad sino Dios) *m.* Grita que hacen los moros cuando entran en combate o celebran sus fiestas. ◇ Pl.: *lelilíes.*
SIN. **Lilaila.**
lelo, -la *adj.-s.* Chiflado, simple y como pasmado.
lema (l. y gr. *lemma*) *m.* Argumento que precede a ciertas composiciones literarias. 2 Tema (proposición). 3 Contraseña que se escribe en los pliegos de algunos concursos, para conocer, después del fallo, a quién pertenece cada obra. 4 Letra o mote de los emblemas y empresas. 5 Norma que regula o parece regular la conducta de alguien. 6 Proposición que es preciso demostrar antes de establecer un teorema. 7 BOT. Escama inferior de las dos que rodean los estambres y el ovario de un flósculo de las gramíneas. 8 LING. Voz que se emplea como entrada de un artículo de diccionario, y que representa a todas las formas paradigmáticas que pueda tener.
lemanita *f.* Jade.
lembario (l. *lembu,* barca) *m.* Soldado que combatía a bordo de los bajeles.
lembé *m. S. Dom.* Cuchillo largo y ancho.
lemnáceo, -a (gr. *lemna,* lenteja de agua) *adj.-f.* Planta de la familia de las lemnáceas. -2 *f. pl.* Familia de plantas dicotiledóneas, acuáticas, de forma muy simple, e inflorescencia en espádice.
lemnícola (l. *lemnicola*) *adj.-s.* De la isla de Lemnos.
lemnio, -nia *adj.-s.* De Lemnos, isla del mar Egeo.
lemniscata (de *lemnisco*) *f.* Curva plana parecida a un 8. Es el lugar geométrico cuyo producto de distancias a dos puntos fijos es constante e igual al cuadrado de la mitad de la distancia entre estos últimos.
lemnisco (l. *-cu,* der. del gr. *lemniskos,* cinta) *m.* Cinta o corbata que acompañaba a las coronas y palmas de los atletas vencedores.
lemosín, -sina *adj.-s.* De Limoges o de Lemosín, ciudad y región del sur de Francia, respectivamente. -2 *adj.-m.* Dialecto de la lengua de oc, hablado principalmente en Limoges. 3 p. ext. Lengua de oc.
lempira (de *Lempira,* 1497-1537, jefe indio famoso por su lucha contra los españoles) *m.* Unidad monetaria de Honduras.
lempirense *adj.-s.* De Lempira, dep. de Honduras.
lempo, -pa *adj. Colomb.* Grande, desproporcionado. 2 *C. Rica.* Moreno, negruzco, hablando de las aves. -3 *m. Colomb.* Trozo, pedazo.
lémures (l. *lemures*) *m. pl.* Genios tenidos por maléficos entre romanos y etruscos. 2 Lemúridos. 3 fig. Fantasmas, duendes.
lemurias *f. pl.* Fiestas nocturnas que se celebraban en Roma para aplacar a los lémures.
lemúrido *adj.-m.* Primate de la familia de los lemúridos. -2 *m. pl.* Familia de primates prosimios trepadores y de hocico prolongado propios de Madagascar.
SIN. **Lémures.**
len (de *lene*) *adj.* [hilo o seda] Cuya hebra está poco torcida.
lena (cat. *alenar,* exhalar el aliento) *f.* Aliento, vigor.
lencería *f.* Conjunto de lienzos. 2 Establecimiento donde se venden lienzos. 3 Paraje donde hay varios de estos establecimientos. 4 Lugar donde se custodia la ropa blanca en establecimientos como hospitales, colegios, etc. 5 Ropa blanca, especialmente la usada por la mujer. 6 p. ext. Ropa de cama, lavabo y mesa. 7 Establecimiento donde se vende la ropa blanca, y la de cama, lavabo y mesa.
lencero, -ra (l. *lintear iu*) *m. f.* Persona que confecciona o vende lencería.
lenco, -ca *adj. Hond.* Tartamudo.
lendakari (vasc.) *m.* Presidente del gobierno autonómico vasco.
lendel (der. de *linde*) *m.* Huella que deja en el suelo la caballería que da vueltas a una noria o a otra máquina semejante.
lendrera (de *liendre*) *f.* Peine de púas finas y espesas.
SIN. **Caspera.**
lendroso, -sa *adj.* Que tiene muchas liendres.
lene (l.) *adj.* lit. Suave o blando. 2 Dulce, benévolo. 3 Leve, ligero.
leneas *f. pl.* Fiestas atenienses que se celebraban en honor de Baco, y durante las cuales se celebraban certámenes dramáticos.
lengón, -gona *adj. Méj.* Lenguaraz.
lengua (l. *lingua*) *f.* Órgano muscular muy movible, situado en la cavidad de la boca; en el hombre es blando y carnoso, y sirve para gustar, para deglutir y para articular los sonidos de la voz. 2 Órgano de la palabra: ***largo de ~,*** que habla con desvergüenza o imprudencia; ***ligero*** o ***suelto de ~,*** que no sabe callar lo que debe; ***media ~,*** pronunciación imperfecta, o persona que tiene este defecto; ***mala ~, ~ de escorpión*** o ***de víbora,*** persona murmuradora y maldiciente. 3 Cosa que tiene más o menos forma de lengua: ***~ de fuego,*** llama, esp. la que bajó sobre la cabeza de cada uno de los apóstoles el día de Pentecostés; ***~ de tierra,*** pedazo de tierra largo y estrecho que entra en el mar. 4 Badajo de la campana. 5 Lenguaje de una nación o común a varias: *la ~ española;* ***~ de oc,*** conjunto de dialectos romances hablados principalmente en el sur de Francia, que cultivaron como lengua poética los trovadores en la Edad Media; como el lemosín, el provenzal y el languedociano; *oc* en esta lengua, expresaba la afirmación; ***~ de oíl,*** conjunto de dialectos romances hablados en Francia al norte del Loira, en los que *oíl* expresaba asimismo la afirmación; de su unificación en torno al dialecto de la Isla de Francia surgió el francés, que dominó a las lenguas de oc; ***lenguas arias*** o ***indoeuropeas,*** las habladas por los pueblos indoeuropeos, a cuyo grupo pertenecen el griego, el latín, el germánico, el indoiranio, etc., y a las que se deben las literaturas y culturas más importantes del mundo; ***~ madre,*** aquella de que se han derivado otras, como el latín respecto del español; ***~ materna,*** la que, transmitida de padres a hijos, se habla corrientemente por

sus usuarios; *segunda* ~, la no aprendida de boca de los padres, por oposición a la materna; ~ *muerta,* la que no se habla ya en la vida ordinaria de ningún pueblo; ~ *viva,* la que no ha dejado de hablarse corrientemente; ~ *franca,* jerga internacional, mezcla de varios idiomas, esp. usada en los puertos. 6 p. ext. Lenguaje propio de una época, de una clase, de ciertas materias: ~ *de la prosa;* ~ *poética, del pueblo, medieval,* etc. 7 Intérprete (que traduce). 8 Lengüeta de la balanza. 9 Pez marino de cuerpo oval, boca asimétrica, línea lateral muy arqueada, y de color pardusco o grisáceo, con pequeñas manchas más o menos visibles *(Limanda limanda).* 10 Tira dorsal de la larda de una ballena. 11 ~ *canina* o *de perro,* cinoglosa. 12 ~ *cerval, cervina* o *de ciervo,* escolopendra (planta). 13 ~ *de buey,* planta boraginácea que abunda en los sembrados *(Anchusa officinalis).* 14 ~ *de gato,* planta rubiácea, tintórea *(Thebetia nervifolia);* gamuza (hongo). 15 *Perú. Hablar en* ~, hablar en quechua, en el interior del país. FRS. *Buscar a uno la* ~, provocarle a reñir; *tirar de la* ~ *a alguien,* procurar que hable de algo que nos interesa saber; *írsele a uno la* ~, hablar más de la cuenta; *andar en lenguas,* estar en boca de todos. REL. En todas sus aceps. se forman numerosas voces cultas y tecn.; unas del l. *lingua (lingual, lingüística, bilingüe);* otras del gr. *glossa o glotta (glosario, glosopeda, glotitis, políglota).* SIN. *2* **Sinhuesa, sinhueso,** fam. *5* **Idioma; occitano** (lengua de oc). *13* **Ancusa, buglosa, hierba melera, lenguaza.**

lenguachuta *adj. Bol.* Tartamudo.

lenguadeta *f.* Lenguado pequeño.

lenguado (de *lengua,* por la forma) *m.* Pez marino teleósteo pleuronectiforme, comestible, de cuerpo oblongo y muy comprimido, boca lateral y torcida y ojos en un mismo lado del cuerpo *(Solea vulgaris).*
SIN. **Suela.**

lenguaje *m.* Facultad privativa del hombre para la expresión de pensamientos y afectos. 2 Conjunto de palabras y formas de expresión por medio de las cuales se relaciona una comunidad de hombres determinada; idioma o lengua. 3 Modo de hablar: ~ *culto;* ~ *grosero.* 4 Estilo: ~ *conciso.* 5 Conjunto de ademanes o signos convencionales que traducen la palabra hablada o escrita: ~ *de los sordomudos.* 6 Manifestación de los afectos por medio de sonidos inarticulados, gestos o ademanes: ~ *emotivo.* 7 p. ext. Conjunto de señales mediante las que se comunican los animales: *el* ~ *de las abejas.*

lenguajero, -ra *adj.* FILOL. [pers.] Aficionado a pulir y cuidar el lenguaje.

lenguarada *f.* Lengüetada.

lenguaraz *adj.-com.* Inteligente en dos o más lenguas. 2 Deslenguado, atrevido en el hablar. 3 Hablador, charlatán.

lenguarico, -ca *adj. Méj.* Lenguaraz.

lenguatón, -tona *adj. Sant.* Lenguaraz, atrevido en el hablar.

lenguaz (l. *linguace*) *adj.* Que habla mucho con necedad.

lenguaza *f.* Lengua de buey (planta).

lenguazo *m. Guat.* Chisme, calumnia.

lengudo, -da *adj.* p. us. Lenguaraz (deslenguado, atrevido).

lengüeta *f.* Dim. de *lengua.* 2 Objeto de forma semejante a la de una lengua. 3 Epiglotis. 4 Laminilla móvil que en el tubo de algunos instrumentos músicos de viento produce el sonido. 5 Fiel de una balanza o romana. 6 Hierro en forma de anzuelo de las garrochas, saetas, etc. 7 Barrena gruesa. 8 Espiga prolongada que se labra en el canto de una tabla para que encaje en una ranura: ~ *postiza* o *falsa* ~, reglilla de madera que se hace entrar en las canales o ranuras practicadas en los bordes o cantos de dos tablas contiguas y sirve para acoplarlas. 9 Tabiquillo que separa unos de otros los cañones de chimenea. 10 Tira de piel que suelen tener los zapatos en la parte del cierre por debajo de los cordones. 11 Especie de compresa larga y estrecha que se aplica en las amputaciones, fracturas, etc. 12 *Amér.* Charlatán. 13 *Chile.* Cuchillo de cortar papel. 14 *Méj.* Cucharetero, fleco de las enaguas.

lengüetada *f.* Acción de tomar o de lamer una cosa con la lengua.

lengüetazo *m.* Lengüetada.

lengüetear *intr.* Sacar repetidamente la lengua con movimientos rápidos. 2 Lamer. 3 *Amér.* Hablar mucho y sin substancia. 4 *Argent.* Hablar sin claridad.

lengüeteo *m. Ant.* Acción de dar lengüetadas.

lengüetería *f.* Conjunto de los registros del órgano provistos de lengüeta. -2 *f. pl. S. Dom.* Habladurías.

lengüetero, -ra *adj.-s. Ant.* Lenguaraz.

lengüicorto, -ta (de *lengua* + *corto*) *adj.* fam. Tímido al hablar, reservado.

lengüilargo, -ga (de *lengua* + *largo*) *adj.* fam. Lenguaraz (deslenguado).

lengüisucio, -cia *adj. Méj.* y *P. Rico.* Lenguaraz.

lenguón, -na *adj. Amér.* Lenguaraz.

lenidad (l. *-itate*) *f.* Blandura en exigir el cumplimiento de los deberes o en castigar las faltas.

lenificación *f.* Acción de lenificar. 2 Efecto de lenificar.

lenificar (l. *lenis,* blando + *-ificar*) *tr.* Suavizar, ablandar. ◇ ** CONJUG. [1] como *sacar.*

lenificativo, -va *adj.* Lenitivo.

leninismo *m.* Doctrina política de Lenin (1870-1924). 2 Conjunto de partidos que se inspiran en dicha doctrina.

leninista *adj.* Relativo al gobierno de Lenin (1870-1924). -2 *adj.-s.* Partidario de las ideas de este político.

lenitivo, -va (der. del l. *lenis;* o de *lenire,* suavizar) *adj.-s.* Que tiene virtud de ablandar y suavizar. 2 fig. Medio para mitigar los sufrimientos del ánimo. 3 Medicamento para aliviar.

lenocinio (l. *-iu*) *m.* Alcahuetería (acción y oficio): *casa de* ~, casa de prostitución.

lentamente *adv. m.* Con lentitud.
SIN. **Poco a poco, paulatinamente.**

lente (l., lenteja) *amb.* Cristal o medio refringente limitado por dos caras curvas o una curva y otra plana: ~ *convergente,* la que hace convergir los rayos que la atraviesan. Pueden ser *biconvexas, planoconvexas* o *concavoconvexas;* ~ *divergente,* la que hace divergir los rayos. Pueden ser *bicóncavas, planocóncavas* o *convexocónacavas.* 2 Monóculo. 3 ~ *de contacto,* disco pequeño de materia plástica o vidrio, cóncavo de un lado, convexo del otro, que se aplica directamente sobre la córnea para corregir los vicios de refracción del ojo. -4 *m. pl.* Anteojos que, gralte., pueden sujetarse en la nariz. 5 Cubierta transparente y permanente del ojo de las serpientes y de algunos lagartos. -6 *f.* Dispositivo electromagnético que sustituye en sus funciones a los cristales ópticos de ciertos aparatos. 7 Lupa. -8 *m. pl.* Quevedos.
GRAM. Predomina el uso femenino, esp. en el lenguaje científico. En la 4 acep. es general el uso masculino. SIN. *4* v. **Anteojos.**

lentecer *intr.-prnl.* Reblandecerse. ◇ ** CONJUG. [43] como *agradecer.*
SIN. **Relentecer.**

lenteja (l. *lenticula*) *f.* Planta leguminosa papilionácea de semillas discoides y pequeñas, muy alimenticias *(Lens esculenta; L. culinaris).* 2 Fruto de esta planta. 3 ~ *de agua,* planta arácea sin hojas ni tallos verdaderos, pero con estructuras foliosas ovales, que vive en aguas dulces remansadas *(Lemna polyrhiza).* 4 Pesa en forma de lenteja que remata la péndola del reloj.

lentejar *m.* Terreno sembrado de lentejas.

lentejón *m. Extr.* Tentemozo del carro.

lentejuela *f.* Dim. de *lenteja.* 2 Laminilla redonda de metal que se cose a la ropa por adorno.

lentibularia *f.* Planta lentibulariácea con tallos sumergidos y tallos florales emergidos, insectívora *(Utricularia vulgaris).*

lentibulariácea *adj.-f.* Planta de la familia de las lentibulariáceas. -2 *f. pl.* Familia de plantas insectívoras con flores cigomorfas y fruto en cápsula.

lenticela *f.* BOT. Poro redondeado o elíptico, de ordinario saliente, de la corteza de los árboles.

lenticular (l. *-are*) *adj.* De forma parecida a la lenteja. -2 *m.* Huesecillo, el más pequeño, del oído medio, situado detrás del tímpano.

lentificar (l. *lentus,* lento + *-ificar*) *tr.* Imprimir lentitud [a alguna operación o proceso]. ◇ ** CONJUG. [1] como *sacar.*

lentigo *m.* MED. Lunar, peca.

lentilla *f.* Lente de contacto.

lentinelo *m.* Seta pequeña de color pardo y sombrero cóncavo *(Lentinellus cochleatus).*

lentino *m.* Hongo basidiomiceto de la familia de los pleurotos, con sombrero irregular, convexo y de color blanco con escamas parduscas, que crece sobre las traviesas del ferrocarril, postes telefónicos, etc., cuando son de madera *(Lentinus lepideus).*

lentiscal, lentiscar *m.* Terreno poblado de lentiscos.

lentisco (l. *lentiscu*) *m.* Arbusto terebintáceo, de hojas paripinnadas, coriáceas y persistentes, cuya madera se utiliza en ebanistería y de cuyos frutos se sacaba aceite para el alumbrado *(Pistacia lentiscus).* 2 Resina de un terebinto. 3 ~ *del Perú,* turbinto.
SIN. *1* **Almácigo, charneca, mata.**

lentisquina *f.* Fruto del lentisco.

lentitud *f.* Tardanza en ejecutar una cosa. 2 Velocidad escasa en el movimiento.

I) lento, -ta (l. *-tu*) ***adj.*** Tardo o pausado: *~ en resolverse; ~ para comprender.* 2 Poco vigoroso y eficaz: *fuego ~.* 3 [movimiento] Poco veloz: *marcha lenta.* 4 MED. Glutinoso, pegajoso.
II) lento (it.) ***adv.*** MÚS. Lentamente y con gravedad.
lentor (l. *-re*) ***m.*** Viscosidad que cubre los dientes y la parte interior de los labios en los enfermos de calenturas tíficas.
lenzuelo (dim. de *lienzo*) ***m.*** Pieza de lienzo fuerte usada en ciertas faenas agrícolas.
leña (l. *ligna;* pl. de *lignum,* madera) ***f.*** Parte de los árboles y matas que se destina para la lumbre. 2 fig. Castigo, paliza; fam., ***dar ~***, pegar, jugar duro en deportes. 3 fig. ***Añadir,*** o ***echar, ~ al fuego,*** acrecentar un mal; dar incentivo a un afecto o vicio. 4 *R. de la Plata.* Boñiga de vaca u oveja empleada como combustible.
SIN. *1* **Tuero. Rozo, despunte, ramullo, ramojo, ramiza,** ~de rama delgada. **Encendajas, chasca, chavasca, seroja, chámara, chamarasca, chamiza,** ~menuda para encender.
leñador, -ra (l. *lignatore*) ***m. f.*** Persona que tiene por oficio cortar leña. 2 Persona que la vende.
leñame (it. *legname*) ***m.*** Madera (de árbol). 2 Provisión de leña.
leñar ***tr.*** *Ar.* y *Argent.* Hacer o cortar leña.
leñatear ***tr.*** *Colomb.* Recoger leña en el campo.
leñatero ***m.*** Leñador. 2 *Cuba.* Especie de bejuco *(Gouania domingensis).*
leñazo ***m.*** fam. Garrotazo. 2 fam. Golpe fuerte.
¡leñe! Interjección con que se denota fastidio y molestia.
leñera (l. *lignaria;* f. de *lignarius*) ***f.*** Sitio donde se guarda la leña.
leñero ***m.*** El que tiene por oficio vender leña. 2 El que la compra para una casa o comunidad. 3 Leñera. -4 ***adj.*** DEP. fam. Que da muchas patadas a los jugadores contrarios en el desarrollo de un partido de fútbol.
leño (l. *lignu*) ***m.*** Parte más consistente del tallo de los vegetales. 2 Trozo de árbol cortado y limpio de ramas. 3 Madera (de árbol). 4 ~ ***hediondo,*** hediondo (arbusto). 5 fig. Persona de poco talento y habilidad. 6 fig. *y* poét. Nave, embarcación.
leñoso, -sa ***adj.*** [parte] De mayor consistencia en el tallo de los vegetales: *hacecillos leñosos.* 2 Que tiene consistencia como la de la madera: *planta leñosa.*
leo ***m.*** León (hormiga y mamífero). 2 ASTRON. León, constelación.
león (l. *leone*) ***m.*** Mamífero carnívoro félido, muy corpulento, de pelaje entre amarillo y rojo, cabeza grande y cola larga terminada en un fleco de cerdas. El macho tiene una larga melena que le cubre la nuca y el cuello *(Panthera leo).* 2 Hormiga león. 3 ~ ***marino,*** o simplemente, ~, mamífero pinnípedo de cerca de 3 m. de largo que pesa unos 500 kilos *(Otaria iubata.)* 4 Quinto signo o parte del Zodíaco que el sol recorre aparentemente al mediar el verano. 5 Constelación zodiacal situada entre la Virgen y Cáncer, y cuya estrella principal es Régulo. 6 ~ ***menor,*** constelación boreal situada entre el León y la Osa mayor. 7 fig. Hombre audaz y valiente. 8 *Argent.* y *Chile.* Puma. 9 *Chile* Juego entre dos muchachos parecido al del asalto. -10 ***m. pl.*** *Argent.* fam. Pantalones.
REL. *1* **Rugir,** bramar el ~; **rugido,** voz del ~; **leonino,** relativo al ~.
I) leona ***f.*** Hembra del león. 2 fig. Mujer valiente, atrevida. 3 fig. Mujer experimentada y provocadora.
II) leona ***f.*** *Chile.* Liorna, algazara.
leonado, -da ***adj.-m.*** Color rubio obscuro, como el del pelaje del león. 2 De color leonado.
SIN. **Aleonado.**
leonera ***f.*** Lugar en que se tienen encerrados los leones. 2 fig. Casa de juego. 3 Aposento en que se guardan muchas cosas en desorden. 4 *Argent., Ecuad.* y *P. Rico.* Cuarto donde se tienen muchos presos o detenidos en común. 5 *Colomb.* y *Chile.* Taifa, reunión de personas de mala vida. 6 *Perú.* Reunión donde todos hablan y nadie se entiende.
leonería ***f.*** Bizarría, bravata, etc.
leonero, -ra ***m. f.*** Persona que cuida de los leones que están en la leonera. 2 fig. *y* fam. Tablajero o garitero. -3 ***adj.*** *Chile.* Alborotador. -4 ***m.*** *Méj.* Casa donde ocurren desórdenes.
leonés, -nesa ***adj.-s.*** De León. 2 Relativo al antiguo reino de León. -3 ***m.*** Dialecto romance occidental. -4 ***adj.-s.*** De León, c. y dep. de Nicaragua. 5 De León, c. del estado de Guanajuato (Méjico).
SIN. *2, 4* y *5* **Legionense.** *3* **Asturleonés.**
leonesismo ***m.*** Vocablo, giro o modo de expresión propio del dialecto leonés. 2 Amor o apego a las cosas características de León.
leónica ***adj.-s.*** Vena situada en la cara inferior de la lengua.
Leónidas ***n. pr. pl.*** ASTRON. Estrellas fugaces cuyo punto radiante está en la constelación del León.
leonina ***f.*** Especie de lepra en que la piel toma el aspecto de la del león.
I) leonino, -na (l. *-inu*) ***adj.*** Relativo al león. 2 Relativo a alguno de los Pontífices que llevaron el nombre de León. 3 DER. [contrato] Que es oneroso, pues toda la ventaja se atribuye a una de las partes, sin equitativa conmutación entre éstas.
II) leonino, -na (fr. *léonin,* der. de *Leonius,* poeta latino francés del siglo XII) ***adj.*** [verso] Cuyos sonidos finales riman con los del primer hemistiquio. 2 [verso] Que tiene rimas interiores.
Leonor (doña ~), ***n. pr. Renunciar a la mano de doña Leonor,*** echárselas de generoso desistiendo de lo que no se puede conseguir. Procede de una comedia de Grimaldi (m. 1872), titulada *Todo lo vence el amor*, en la cual un personaje, puesto que doña Leonor no le quiere, renuncia generosamente a su mano.
leontina ***f.*** Cadena del reloj.
leontopodio ***m.*** Edelweiss.
leonuro ***m.*** Género de plantas de la familia de las labiadas (gén. *Leonurus).*
leopardo (l. *-du*) ***m.*** Mamífero carnívoro félido, de Asia y África, de pelaje rojizo con manchas negras y redondas regularmente distribuidas *(Felis pardus).* 2 Piel de dicho animal: *un abrigo de ~.* 3 BLAS. Figura heráldica que representa un leopardo pasante y mirando de frente.
SIN. *1* y *2* **Pardal.**
leopoldina (del general *Leopoldo* O'Donnell, 1809-1867) ***f.*** Ros más bajo que el ordinario y sin orejeras. 2 Cadenilla pendiente del reloj de bolsillo.
leotardo (de *Léotard,* acróbata fr. del s. XIX) ***m*** Antiguo traje sin mangas, muy ajustado al cuerpo, usado por gimnastas y trapecistas. 2 p. ext. Prenda muy ajustada, gralte. de punto, que cubre desde el pie a la cintura. ◇ En la acepción *2* se usa generalmente en *plural.*
lepe ***m.*** *Venez.* Capirotazo dado en la oreja. 2 *Venez.* Trago de licor.
Lepe ***n. pr.*** Don Pedro de Lepe, obispo de Calahorra (1641-1700). 2 ***Saber más que ~***, saber mucho, ser astuto.
leperada ***f.*** *Amér. Central* y *Méj.* Acción o dicho de lépero. 2 Dicho o expresión obscena.
leperaje ***m.*** *Méj.* Conjunto de léperos.
lépero, -ra ***adj.*** *Amér. Central* y *Méj.* [pers.] Soez, ordinario, poco decente. 2 *Cuba.* Astuto, ladino. 3 *Ecuad.* Arruinado. -4 ***m.*** *Ecuad.* Calificativo que se da a la ínfima plebe de Méjico.
leperuza ***f.*** *Méj.* Pelandusca.
lepidia ***f.*** *Chile.* Indigestión, colerina.
lepidio (gr. *lepídion*) ***m.*** Planta crucífera medicinal que abunda en los terrenos húmedos *(Lepidium latifolium).*
lepido- (gr. *lepís, -idos,* escama) Elemento prefijal que entra en la formación de palabras con el significado de escama.
lepidodendro (*lepido-* + *-dendro*) ***m.*** Árbol de la era primaria que llegaba a medir de 20 a 30 metros de altura.
lepidolita (*lepido-* + *-lito*) ***f.*** Mineral monoclínico de color rojo claro a verdoso.
lepidóptero (*lepido-* + *-ptero*) ***adj.-m.*** Insecto de del orden de los lepidópteros. -2 ***m. pl.*** Orden de insectos pterigotas de metamorfosis complicada con espiritrompa y cuatro alas cubiertas de escamillas imbricadas. Sus larvas son las orugas; como las mariposas y la polilla.
SIN. **Mariposa** es el nombre que gralte. se aplica a cualquier lepidóptero.
lepidosirena (*lepido-* + *sirena*) ***f.*** Género de grandes peces dipnoos que viven en el cieno del río Amazonas *(Lepodosireu paradoxa).*
lepiota ***f.*** Seta de tamaño mediano cuyo sombrero es de color pardo rojizo y está provisto de finas escamas *(Lepiota clypeolaria).*
lepisma (gr. *lépisma,* escama levantada de la piel) ***f.*** Género de insectos tisanuros que roen el azúcar, el papel y la tela *(Lepisma sacharina* sp.*)*
SIN. **Pececito de plata.**
lepóridos ***adj.-m.*** Animal de la familia de los lepóridos. -2 ***m. pl.*** ZOOL. Familia de mamíferos lagomorfos de cuerpo alargado y arqueado, de labio superior hendido y extremadamente móvil (labio leporino), y patas posteriores más desarrolladas que las anteriores; como la liebre y el conejo.

leporino, -na (l. *-inu*) *adj.* Relativo a la liebre: ***labio*** **~**, v. labio.
SIN. **Lebruno.**
lepra (l. y gr.) *f.* Enfermedad crónica infecciosa, debida al *Bacillus leprae*, que se manifiesta por manchas, tubérculos, ulceraciones y caquexia. 2 **~ *blanca,*** albarazo. 3 fig. Vicio que se extiende como la lepra.
SIN. *1* **Gafedad, malatia,** ambos p. us. hoy.
leprosería *f.* Hospital de leprosos.
SIN. **Malatería,** ant.
leproso, -sa *adj.-s.* Que padece lepra.
SIN. **Lazarino; gafo,** si es de lepra que encorva los dedos; **malato,** hoy p. us.
leptinita *f.* Granulita.
leptita *f.* Roca vítrea ácida recristalizada por un proceso de metamorfismo.
lepto- (gr. *leptos,* pequeño, delgado) Elemento prefijal que entra en la formación de palabras con el significado de pequeño, delgado.
leptodactilia (*lepto-* + *-dactilia*) *f.* MED. Delgadez exagerada de los dedos.
leptofonía (*lepto-* + *-fonía*) *f.* MED. Debilidad de la voz.
leptorrino, -na (*lepto-* + *-rrino*) *adj.* Que tiene la nariz larga y delgada. 2 ZOOL. [animal] Que tiene el pico o el hocico delgado y muy saliente.
leptorrizo, -za (*lepto-* + *-rrizo*) *adj.* BOT. [vegetal] De raíces finas y delgadas.
lequeleque *m. Bol.* Especie de avefría *(Charadrius resplandens).*
lera *f.* Helera.
lercha *f.* Junquillo con que se ensartan aves o peces muertos.
lerda *f.* VETER. Lerdón.
lerdear (der. de *lerdo*) *intr.* Tardar, hacer algo con lentitud, moverse con pesadez o torpeza. 2 Retardarse, llegar tarde.
lerdera *f. Amér. Central.* Pereza, pesadez.
lerdeza *f. Amér. Central.* Pereza, cachaza.
lerdo, -da (l. v. *lurdu,* pesado) *adj.* Pesado y torpe.
lerdón *m.* VETER. Tumor sinovial que padecen las caballerías cerca de las rodillas.
lerén *m. P. Rico.* Llerén. 2 *S. Dom.* fig. Quídam.
lerense *adj.-s.* Pontevedrés. -2 *adj.* Relativo al río gallego Lérez.
leridano, -na *adj.-s.* De Lérida. -2 *adj.-m.* Dialecto perteneciente al grupo catalán occidental, hablado principalmente en Andorra, gran parte de Lérida y el oeste y el sur de Tarragona
SIN. **Ilerdense.**
lerneo, -a (l. *-œu*) *adj.* Relativo a la laguna o a la ciudad de Lerna, en la Argólida. -2 *adj.-s.* Fiestas que se celebraban en esta ciudad de Grecia en honor de Baco, Ceres y Proserpina.
les *pron. pers.* Forma átona de 3ª persona para el objeto indirecto en género masculino y femenino y número plural. No admite preposición y puede usarse enclítico: ~ *daré la carta; dales la carta, a ellos* o *a ellas;* **PRONOMBRE.
lesbianismo *m.* Inclinación sexual de la mujer hacia personas del mismo sexo.
lesbiano, -na *adj.-s.* Lesbio.
lésbico, -ca *adj.-s.* Lesbio. -2 *adj.-m.* Dialecto perteneciente al grupo eólico del griego común, hablado antiguamente en Lesbos.
lesbio, -bia (l. *-iu*) *adj.-s.* De Lesbos, isla griega al este del mar Egeo. -2 *adj.-f.* Mujer homosexual.
SIN. *1* **Lésbico.**
lesear *intr. Chile.* Tontear, decir o hacer leseras.
lesena *f.* Pilastra de escaso grosor y fines decorativos, generalmente con capitel y basa.
lesera *f. Chile* y *Perú.* Tontería, simpleza.
SIN. **Lesura.**
lesión (l. *lœsione*) *f.* Daño corporal causado por una herida, golpe o enfermedad. 2 Daño o perjuicio en general; como el causado en un contrato. 3 DER. Delito o falta derivados del daño corporal inferido a una persona sin ánimo de matar: ~ ***grave,*** la que causa pérdida o inutilidad de un miembro u órgano, o incapacita para el trabajo habitual por más de treinta días; ~ ***menos grave,*** la que, por más de quince días y menos de treinta, produce inutilidad para el trabajo o necesita asistencia médica; ~ ***leve,*** la que no impide el trabajo habitual, o no necesita asistencia médica, y, en caso contrario, por menos de quince días
SIN. *1* **Lisiadura,** cuando es permanente y produce deformidad o impedimento.
lesionador, -ra *adj.* Que lesiona.
lesionar *tr.-prnl.* Causar lesión.
SIN. **Lisiar,** si la lesión es corporal y permanente.
lesivo, -va *adj.* Que causa o puede causar lesión, esp. en el orden moral y jurídico: ~ *a su dignidad;* ~ *para sus intereses.*
lesna *f.* Lezna.
lesnordeste *m.* Viento medio entre el este y el nordeste. 2 Parte de donde sopla este viento.
leso, -sa (l. *lœsu,* herido, ofendido) *adj.* Agraviado, lastimado, ofendido: *un delito de lesa majestad.* 2 [juicio, entendimiento o imaginación] Pervertido, trastornado. 3 *Amér.* Tonto, necio. ◇ En su primera acepción se aplica generalmente a la cosa que recibe el daño, y precede al nombre.
lesquín *m. Hond.* Liquidámbar.
lessueste *m.* Lesueste.
leste *m.* MAR. Este (punto cardinal). 2 Viento cálido seco del Atlántico que sopla de Sur a Este.
lestrigón (l. *lestrygones*) *m.* MIT. Individuo de alguna de las tribus de antropófagos que habitaban en Sicilia y en Campania.
lesueste *m.* Viento medio entre el este y el sueste. 2 Parte de donde sopla este viento.
lesura *f. Chile.* Lesera.
let (voz inglesa) *m.* DEP. Net, en tenis.
letal (l. *-ale,* mortal) *adj.* lit. Mortífero.
letame (l. *lœtamen*) *m.* Tarquín y basura con que se abona la tierra.
letanía (l. *litania,* del gr. *litaneia,* plegaria, propte. súplica) *f.* Plegaria formada por una serie de invocaciones y súplicas, cada una de las cuales es dicha o cantada por uno y repetida, contestada o completada por otro: ~ *del Nombre de Jesús, de San José, del Sagrado Corazón de Jesús, de todos los santos;* ~ ***de la Virgen*** o ***lauretana,*** la que se originó en Loreto en el s. XVI, está formada por una serie de títulos honoríficos de la Virgen y se suele rezar o cantar después del rosario. 2 Procesión de rogativas y de penitencia en la que se cantan letanías: ***letanías mayores,*** procesión que se hace el día de San Marcos Evangelista; ***letanías menores,*** procesión que se hace los tres días antes de la Ascensión. 3 fig. Lista, retahíla, enumeración larga.
letárgico, -ca (l. *lethargicu*) *adj.* Que padece letargo. 2 Relativo a esta enfermedad. 3 Indolente.
letargo (gr. *lethe,* olvido + *argós,* inactivo) *m.* Estado patológico de somnolencia profunda y prolongada de la cual es difícil despertar. 2 Estado de sopor en que viven muchos reptiles y otros animales durante ciertas épocas. 3 fig. Modorra, enajenamiento del ánimo.
letargoso, -sa *adj.* Que aletarga.
leteo, -a (l. *lethœu*) *adj.* Relativo al Lete o Leteo, río del olvido según la mitología. 2 Que tiene alguna de las cualidades atribuidas a dicho río.
leticiano, -na *adj.-s.* De Leticia, cap. de la Amazonía colombiana.
letífero, -ra *adj.* Mortal, que causa la muerte.
letificante *adj.* Que letifica.
letificar (l. *lœtificare*) *tr.* lit. Alegrar, regocijar. 2 Animar (alegrar). ◇ ** CONJUG. [1] como ***sacar.***
letífico, -ca (l. *lœtificu*) *adj.* Que alegra.
letón, -tona *adj.-s.* De Letonia, república de la Unión Soviética. -2 *adj.-m.* Lengua báltica hablada principalmente en esta república soviética.
letra (l. *littera,* letra) *f.* Signo con que se representa un sonido de un idioma: ~ ***doble,*** dígrafo; ~ ***inicial,*** aquella con que empieza una palabra, un verso, un capítulo, etc. 2 vulg. Este mismo sonido. 3 Forma de la letra, o sea, modo particular de escribir de un individuo, de un país o de una época: ~ ***tirada,*** la del que escribe con facilidad y soltura, trazando las letras de un solo golpe y enlazando unas con otras; ~ ***corrida,*** serie de letras hechas con facilidad y soltura. 4 Pieza de metal fundida en forma de prisma rectangular, con una letra u otra figura cualquiera relevada en una de las bases, para que pueda estamparse. 5 Dibujo de estas figuras o forma que se les da al escribir: ~ ***titular,*** la mayúscula usada en portadas, títulos, principios de capítulo, etc.; ~ ***versalilla*** o ***versalita,*** la mayúscula igual en tamaño a la minúscula de la misma fundición; ~ ***de dos puntos,*** la mayúscula fundida en dos líneas del cuerpo de su grado, usada en los carteles y principios del capítulo; ~ ***bastarda,*** la de mano, inclinada hacia la derecha y rotunda en las curvas; sus gruesos y perfiles son resultado del corte y la posición de la pluma y no de la presión de la mano; ~ ***mayúscula, versal, capital*** o ***de caja alta,*** la que con mayor tamaño y gralte. distinta que la minúscula, se emplea como

inicial de todo nombre propio, en principio de período, etc.; ~ ***minúscula*** o ***de caja baja,*** la que se emplea constantemente en la escritura, sin más excepción que la de los casos en que se debe usar la mayúscula; ~ ***de mano,*** la hecha al escribir con pluma, lápiz, etc.; ~ ***de imprenta,*** letra (pieza); ~ ***de molde,*** la impresa; ~ ***aldina, agrifada*** o ***grifa,*** la cursiva de imprenta, empleada por Aldo Manucio (1449-1515) y Sebastián Grifo; ~ ***gótica,*** la de forma rectilínea y angulosa usada antiguamente; ~ ***de tortis,*** la gótica que se usó en los primeros tiempos de la imprenta; ~ ***inglesa,*** la más inclinada que la bastarda y cuyos gruesos y perfiles resultan de la mayor o menor presión de la pluma con que se escribe; ~ ***magistral,*** la bastarda de tamaño crecido; ~ ***cursiva, bastardilla*** o ***itálica,*** la de imprenta que imita a la bastarda; ~ ***negrita, egipcia*** o ***negrilla,*** la especial gruesa que se destaca de los tipos ordinarios; ~ ***redonda, redondilla*** o ***romanilla,*** la de mano o de imprenta que es derecha o circular; ~ ***pancilla,*** la redonda de los libros de coro; ~ ***florida,*** la mayúscula abierta en lámina con algún adorno alrededor de ella; ~ ***pelada,*** la que no tiene rasgos ni adornos; ~ ***numeral,*** la que representa número, como las de la numeración romana; ~ ***corrida,*** la que está trastocada y cambiada, lo cual suele suceder en los principios y finales de línea por descuido de los prensistas; ~ ***metida,*** conjunto de letras de muy poca anchura y poco separadas las unas de las otras; ~ ***seminegra,*** la de imprenta más gruesa que el tipo normal; ~ ***ibarra,*** la de imprenta creada por el tipógrafo Joaquín Ibarra (1726-1785); ~ ***bodoni,*** la de imprenta redonda y marcada en los extremos, creada por Gianbattista Bodoni (1740-1813); ~ ***uncial,*** la mayúscula, del tamaño de una pulgada, usada hasta el s. VII. 6 Conjunto de letras (piezas). 7 Lema, divisa. 8 Sentido propio de las palabras empleadas en un texto, a diferencia del sentido figurado: ***atarse a la ~, fr.,*** fig., atarse al sentido literal de cualquier texto; ***a la ~,*** literalmente; según la significación natural de las palabras; sin añadir ni quitar nada. 9 fig. Sagacidad y astucia para manejarse. 10 Conocimiento: *hombre de letras.* 11 ~ ***muerta,*** escrito, máxima o regla en que se previene algo que ya no se cumple o no tiene efecto, esp. las leyes y convenios. 12 Conjunto de palabras puestas en música para que se canten: *la ~ de una copla.* 13 Especie de romance corto, cuyos primeros versos se suelen glosar. 14 ~ ***de cambio,*** o simplte., ~, documento mercantil que comprende el giro de cantidad cierta en efectivo que hace el librador a la orden del tomador, al plazo que se expresa y a cargo del pagador: ***protestar una ~,*** requerir ante notario al que no quiere aceptarla o pagarla para recobrar su importe de alguno de los otros obligados al pago, con más la resaca; ***a ~ vista,*** a la vista. 15 ~ ***abierta,*** carta de crédito y orden que se da a favor de uno para que se le franquee el dinero que pida. 16 ~ ***menuda,*** astucia, sagacidad. 17 ~ ***remisoria,*** remisoria. 18 LING. Conjunto de los artículos de un diccionario cuyo lema comienza por la misma letra (signo). -19 ***f. pl.*** Carta, nota: *me envió unas letras.* 20 Diversos ramos del saber, gralte. opuestos a las ciencias no humanísticas y culturales: ***letras humanas,*** literatura, esp. la griega y la latina; ***bellas*** o ***buenas letras,*** literatura; ***letras sagradas*** o ***divinas,*** la Biblia o la Sagrada Escritura; ***primeras letras,*** conocimiento del arte de leer y escribir, y rudimentos de aritmética y de otras materias; ***seguir uno las letras,*** estudiar. 20 Orden, provisión o rescripto, esp. hablando de los expedidos en materias eclesiásticas: ***letras obedenciales,*** documento por el cual un superior de instituto religioso dispone el viaje de uno de sus miembros y acredita la razón por la que viaja; ***letras comunicatorias,*** testimoniales; ***letras patentes,*** edicto público o mandamiento del príncipe, que se despacha sellado con el sello principal, sobre una materia importante.

letrada *f.* Mujer del letrado. 2 Abogada.

letrado, -da (v. *literato*) ***adj.*** Sabio, docto o instruido. 2 fam. Que presume de discreto y habla mucho sin fundamento. -3 ***m.*** Abogado en derecho.

letrero (v. *literario*) ***m.*** Palabra o conjunto de palabras escritas para noticiar o publicar alguna cosa.

SIN. **Rótulo.**

letrilla *f.* Composición poética de versos cortos que suelen ponerse en música. 2 Composición poética dividida en estrofas, al fin de las cuales se repite un estribillo.

letrina (l. *latrina*) *f.* Lugar destinado para expeler en él los excrementos. 2 fig. Cosa que parece sucia y asquerosa.

SIN. *1* **Necesaria, privada.**

letrisado, -da ***adj.*** FILOL. Que todas sus palabras comienzan por la misma letra, esp. los versos.

letuario ***m.*** ant. Especie de mermelada.

leu ***m.*** Moneda rumana de aluminio o níquel. ◇ Pl.: *lei.*

leuc-, v. leuco-.

leucemia (*leuc-* + *-emia*) *f.* MED. Enfermedad de los órganos formadores de las células sanguíneas, caracterizada por la proliferación maligna de leucocitos o sus precursores en la medula ósea y sangre periférica.

SIN. **Leucocitemia.**

leucémico, -ca ***adj.*** Relativo a la leucemia. -2 ***adj.-s.*** [pers.] Que padece leucemia.

leucita *f.* Silicato de aluminio y potasio que se encuentra en las lavas recientes.

leuco- (gr. *leukós,* blanco, incoloro) Elemento prefijal que entra en la formación de palabras con el significado de blanco, incoloro: *leucocito.*

leucocitario, -ria ***adj.*** Referente a los leucocitos.

leucocitemia (de *leucocito* + *-emia*) *f.* MED. Leucemia.

leucocito (*leuco-* + *-cito* I) ***m.*** Corpúsculo amiboide, de función gralte. fagocitaria, que se encuentra en gran número en la sangre y también en la linfa y en el tejido conjuntivo.

SIN. **Glóbulo blanco.**

leucocitolisis (*leucocito* + *-lisis*) *f.* MED. Destrucción o disolución de los glóbulos blancos de la sangre. ◇ Pl.: *leucocitolisis.*

leucocitoma (de *leucocito* + *-oma*) ***m.*** MED. Tumor formado por acumulación de leucocitos.

leucocitosis *f.* Leucocitemia. ◇ Pl.: *leucocitosis.*

leucodermia (*leuco-* + *-dermia*) *f.* MED. Decoloración de la piel debida a una falta de pigmento.

leucodiagnosis (*leuco-* + *diagnosis*) *f.* MED. Diagnóstico fundado en el número, variedades y sensibilidad específica de los leucocitos. ◇ Pl.: *leucodiagnosis.*

leucofeo, -a ***adj.*** desus. De color gris o ceniciento.

leucoma (*leuc-* + *-oma*) ***m.*** MED. Mancha blanca opaca en la córnea del ojo.

leucón ***m.*** Porífero caracterizado por tener un mesodermo de gran espesor, con infinidad de cámaras redondeadas, tapizadas por los coanocitos.

leuconiquia (leuco- + gr. *onyx, -ychos,* uña) *f.* MED. Decoloración parcial o total de las uñas.

leucopenia (*leuco-* + gr. *penía,* escasez) *f.* MED. Disminución del número de leucocitos en la sangre.

leucoplaquia (*leuco-* + gr. *plax, plakós,* placa) *f.* MED. Enfermedad caracterizada por unas manchas blancas que aparecen en las mucosas bucal y lingual.

leucoplasia *f.* Leucoplaquia.

leucopoyesis (*leuco-* + gr. *poiesis,* producción) *f.* FISIOL. Producción de glóbulos blancos de la sangre. ◇ Pl.: *leucopoyesis.*

leucorrea (*leuco-* + *-rrea*) *f.* MED. Flujo blanquecino producido por la inflamación de la membrana mucosa del útero y la vagina.

leucozafiro ***m.*** Corindón.

leudar ***tr.*** Dar fermento [a la masa] con la levadura.

SIN. **Aleudar, lleudar.**

leudo, -da (l. *levitu,* fermento) ***adj.*** [masa o pan] Fermentado con levadura.

lev ***m.*** Moneda búlgara (cien stotinki). ◇ Pl.: *leva.*

I) leva (de *levar*) *f.* Partida de las embarcaciones del puerto. 2 Recluta de gente para el servicio de un Estado. 3 Espeque (palanca). 4 Dispositivo para convertir el movimiento rotatorio continuo en movimiento lateral recíproco, o viceversa. 5 MEC. Rueda dentada que transmite o dirige el movimiento de una máquina o motor: *árbol de levas.*

II) leva *f. Amér.* vulg. Levita, prenda de vestir. 2 *Amér. Central* y *Colomb.* Treta, engaño. 3 *Pan.* Tonada completa del tamborito. -4 ***f. pl.*** *Colomb.* Amenazas: *echar levas.*

I) levada (de *levar*) *f.* En la cría de los gusanos de seda, porción de éstos que se alza y muda de una parte a otra. 2 *Logr.* Surco abierto para traer el agua del riego.

II) levada *f. Pan.* Tanda íntegra del tamborito.

levadero, -ra (de *levar*) ***adj.*** Que se ha de cobrar o exigir.

levadizo, -za (de *levar*) ***adj.*** Que se puede levantar: *puente ~.*

levador ***m.*** El que leva. 2 Operario que en las fábricas de papel recibe los pliegos según salen del molde, para apilarlos y prensarlos luego. 3 Álabe (diente de rueda).

levadura (de *levar*) *f.* Masa constituida pralte. por microorganismos capaces de actuar como fermentos. 2 Hongo ascomicete unicelular que se utiliza para conseguir una fermentación industrial *(Saccharomyces cerevisiae).* 3 p. ext. Substancia que hace fermentar el cuerpo con que se la mezcla: *~ de cerveza.* 4 Tabla

que se asierra de un madero para dejarlo en la dimensión que debe tener. 5 fig. Germen de alguna pasión, inclinación, pensamiento, etc.
REL. *1* **Recentar, leudar,** poner la ~ en la masa del pan.
levantada *f.* Acción de levantarse.
levantado, -da *adj.* fig. Elevado (sublime). -2 *adj.-f. And.* Hembra en celo.
levantador, -ra *adj.-s.* Que levanta. 2 Amotinador, sedicioso.
levantamiento *m.* Acción de levantar o levantarse. 2 Efecto de levantar o levantarse. 3 Alzamiento, alboroto popular. 4 Sublimidad, elevación.
SIN. *3* **Sublevación.**
levantamuertos (de *levantar* + *muerto*) *m.* Jugador proclive a cobrar puestas que no ha hecho. 2 TAUROM. Mal cachetero que pone en pie a los toros cuando intenta rematarlos. ◇ Pl.: *levantamuertos.*
levantar (l. **levantare* < *levare,* alzar) *tr.-prnl.* Mover de abajo hacia arriba: ~ *el brazo.* 2 Poner [una cosa] en un lugar más alto. 3 Poner derecho. -4 *tr.* Quitar, recoger [la tienda, manteles, etc.]: ~ *un cadáver.* 5 Poner, colocar [obstáculos, dificultades, inconvenientes, etc.]. 6 Construir, edificar, alzar: ~ *una casa, un plano,* etc. 7 Abandonar un sitio, llevándose [lo que en él hay] para trasladarlo a otro lugar. 8 Hacer que salga lo que hay oculto o es secreto: ~ *la caza.* 9 Producir, causar, hacer: ~ *un chichón, ampollas,* etc. 10 Suprimir [ciertas penas o prohibiciones]: ~ *la excomunión.* 11 fig. Erigir, establecer, instituir. 12 Dar constancia [de algo]: ~ *acta de la reunión;* ~ *errores.* 13 Concluir: ~ *la sesión.* 14 fig. Dar mayor fuerza a la voz, hacer que suene más. 15 fig. Vigorizar [el ánimo, la moral, etc.]; engrandecer, ensalzar; impulsar hacia cosas altas [el pensamiento, el corazón, etc.]. 16 Reclutar [gente] para el ejército. 17 Imputar maliciosamente [una cosa falsa]. 18 Cortar [los naipes]. 19 EQUIT. Llevar al galope [al caballo]. 20 EQUIT. Llevarlo sobre el cuarto trasero y engallado. -21 *prnl.* Sobresalir de una superficie. 22 Salir de la cama. 23 Dejar la cama el enfermo. 24 Aparecer un astro por el horizonte: ~ *el sol.* 25 Ponerse de pie. 26 Desencadenarse, estallar: ~ *una ola de rumores.* 27 Sublevarse. 28 Comenzar a alterarse el viento o el mar. 29 *Logr.* Aclararse, despejarse el tiempo, el cielo. -30 *tr. Chile.* Barbechar, arar.
SIN. **Alzar,** es lit., en el conjunto de sus aceps., su uso por **levantar.** Comp. *alzar la cabeza, un edificio, un falso testimonio,* con *levantar la cabeza,* etc.; **elevar,** pertenece al habla culta: *elevar los ojos al cielo*; pero en mecánica se usa tanto como *levantar: una grúa para elevar grandes pesos; bomba para elevar el agua subterránea* (no *levantar*); *un globo se elevaba.* Se usa asimismo en el sentido de hacer llegar a un superior una queja, súplica, solicitud, con preferencia a *alzar* y exclusión de *levantar. 1, 2, 3* y *4* **Subir.**
I) levante *m.* Oriente (punto cardinal). 2 Viento que sopla de la parte oriental. 3 Países que caen a la parte oriental del Mediterráneo. 4 Nombre genérico de las comarcas mediterráneas de España.
II) levante *m. Amér. Central* y *P. Rico.* Calumnia. 2 *Chile.* Derecho que paga al dueño de un terreno el que corta maderas en él para beneficiarlas por su cuenta. 3 MIN. Operación de levantar las cañerías de los hornos de aludeles para limpiarlos y recoger el azogue que contengan.
levantino, -na *adj.-s.* De Levante.
I) levantisco, -ca *adj.-s.* ant. De Levante.
II) levantisco, -ca (de *levantar*) *adj.* De genio inquieto y turbulento.
levar (l. *-are;* doble etim. *llevar*) *tr.* ant. Levantar. 2 ant. Llevar. 3 Arrancar o suspender el ancla fondeada. -4 *prnl.* Hacerse a la vela.
leve (l.) *adj.* Ligero de peso. 2 fig. De poca importancia, venial.
levedad *f.* Calidad de leve. 2 Inconstancia de ánimo y ligereza en las cosas.
levemente *adv. m.* Ligeramente, venialmente.
levente *m.* Soldado turco de marina. -2 *com. Cuba.* Advenedizo cuyas costumbres y origen se desconocen. -3 *adj. P. Rico.* Entre campesinos, desvanecido, extenuado. 4 *S. Dom.* Vago y sin oficio.
leviatán (hebr. *livyathán*) *m.* Monstruo marino bíblico, inhumano y destructor, descrito en el Libro de Job, y que los Santos Padres entienden en el sentido de demonio. 2 fig. Cosa de gran tamaño y difícil de controlar. 3 Recipiente metálico de gran tamaño empleado para lavar la lana en la industria textil. 4 fig. Organización estatal de carácter absolutista y oprimente.
SIN. **Lucifer.**
levigación *f.* Acción de levigar. 2 Efecto de levigar.
levigar (l. *-are*) *tr.* Desleír en agua [una materia en polvo] para separar la parte más leve de la más pesada. ◇ ** CONJUG. [7] como ***llegar.***
levirato (b. l. *levir,* cuñado) *m.* Precepto de la ley mosaica, que obliga al hermano del que murió sin hijos a casarse con la viuda.
levirrostro (l. *levis,* ligero + *rostru,* pico) *adj.* De pico ligero. -2 *adj.-s.* Ave trepadora cuyo pico es de gran tamaño y de poco peso.
levisa (voz indígena) *f. Cuba.* Pez grande que se encuentra pralte. en las costas y en las bocas de los ríos; su piel, obscura y áspera, se utiliza como lija para pulir maderas *(Dasybetus torrei).*
SIN. **Lebisa.**
levístico *m.* BOT. Apio de montaña.
I) levita (l. *levita;* adaptación del hebreo *lewí*) *m.* Israelita de la tribu de Leví, dedicado al servicio del templo. 2 Diácono.
II) levita (fr. *lévite,* del mismo origen que *levita* I) *f.* Vestidura de hombre, hoy poco usada, ceñida al cuerpo y con mangas, cuyos faldones cruzan por delante.
levitación *f.* Acto de levantar una persona u objeto por la sola potencia de la voluntad. 2 Sensación de mantenerse en el aire sin apoyo alguno.
levitar *intr.* Elevarse [en el espacio personas, animales o cosas] sin intervención de agentes físicos conocidos. 2 FÍS. Hacer que algo más pesado que el fluido que lo rodea se levante o permanezca suspendido sin medios visibles, por ejemplo, mediante fuerzas magnéticas.
levítico, -ca *adj.* Relativo a los levitas. -2 *m.* Libro de la Biblia. -3 *adj.* fig. Que tiene carácter sacerdotal o está muy influido por el clero: *ambiente* ~. -4 *m.* fig. *y* fam. Ceremonial que se usa en una función.
levitón *m.* Especie de levita larga y holgada.
levo- (l. *lœvus,* izquierda) Elemento prefijal que entra en la formación de palabras con el significado de izquierdo.
levógiro, -ra (*levo-* + l. *gyrare,* girar) *adj.* [substancia] Que desvía a la izquierda el plano de polarización de la luz.
CONTR. **Dextrógiro,** si lo desvía hacia la derecha.
levoglucosa (*levo-* + *glucosa*) *f.* Glucosa que desvía la luz polarizada hacia la derecha.
CONTR. **Dextrosa, dextroglucosa,** su isómero que la desvía hacia la izquierda.
levulosa *f.* Azúcar levógiro.
lexema (gr. *lexis,* palabra) *m.* FILOL. Unidad básica del léxico, portadora de significado propio.
lexía *f.* FILOL. Unidad léxica de la lengua, ya construida.
lexical *adj.* Léxico.
lexicalización *f.* FILOL. Acción de lexicalizar. 2 FILOL. Resultado de lexicalizar.
lexicalizar *tr.-prnl.* Convertir en uso léxico general el que antes era figurado. 2 Transformar una unidad lingüística cualquiera en unidad léxica autónoma. ◇ ** CONJUG. [4] como ***realizar.***
léxico (gr. *lexis,* lenguaje, palabra) *m.* Conjunto de voces de una lengua determinada, o pertenecientes al uso de una región, actividad, etc. 2 Repertorio donde se recoge dicho conjunto. 3 Conjunto de voces, giros o modismos empleados por un autor, o en una sola obra o grupo de ellas, con sus correspondientes explicaciones. 4 Repertorio donde se recoge dicho conjunto. 5 Diccionario de una lengua clásica. 6 p. ext. Diccionario de cualquier lengua. -6 *adj.* Perteneciente o relativo al vocabulario.
lexicografía (*léxico* + *-grafía*) *f.* Técnica de componer léxicos o diccionarios. 2 Disciplina lingüística que se ocupa del estudio de los principios teóricos de la elaboración de diccionarios.
lexicográfico, -ca *adj.* Relativo a la lexicografía.
lexicógrafo, -fa (*léxico* + *-grafo*) *m. f.* Recopilador del léxico. 2 Especialista en lexicografía. 3 Autor de diccionarios.
SIN. **Diccionarista, vocabulista.**
lexicología (*léxico* + *-logía*) *f.* Disciplina lingüística que se ocupa del estudio de las unidades léxicas, y de sus relaciones sistemáticas, orientado hacia la confección de diccionarios.
lexicológico, -ca *adj.* Relativo a la lexicología.
lexicólogo, -ga (*léxico* + *-logo*) *m. f.* Persona versada en lexicología.
lexicón *m.* Léxico (diccionario).
lexigrafía (gr. *lexis,* palabra + *-grafía*) *f.* FILOL. Conocimiento y escritura correcta de las palabras.
ley (l. *lege*) *f.* Regla universal a la que están sujetos los fenómenos de la naturaleza; relación constante entre términos: *la* ~ *de la gravedad; las leyes de Kepler.* 2 Regla de acción impuesta por una autoridad superior: ~ *de Dios;* ~ ***antigua*** o ***de Moisés,*** preceptos que dio Dios al pueblo de Israel por medio de Moisés;

~ *escrita,* preceptos que escribió Dios en las dos tablas que dio a Moisés en el Sinaí; ~ ***de gracia*** o ***nueva,*** la establecida por Cristo y contenida en los Evangelios; ~ ***de los cristianos, de los mahometanos,*** etc., su respectiva religión; ***las leyes humanas*** o ***positivas,*** las que emanan de los príncipes, legisladores, etc., para el mantenimiento de la sociedad, como las políticas, civiles, penales, etc.; ~ ***de bronce,*** aquella según la cual el salario medio se limita a la cantidad indispensable, teniendo en cuenta las costumbres de la nación, para que el obrero pueda vivir y tener hijos; ~ ***adjetiva,*** ley procesal o penal, por cuanto rige la aplicación y castiga la violación de las demás; ~ ***de bases,*** la que sólo contiene las normas generales sobre una materia; ~ ***marcial,*** la de orden público, una vez declarada la guerra; ~ ***orgánica,*** la inmediatamente derivada de la Constitución del estado y que sirve para su mejor aplicación; ~ ***sálica,*** la que excluía del trono a las mujeres y sus descendientes; ~ ***moral,*** la que emana de la conciencia y nos obliga a hacer el bien y evitar el mal; ~ ***natural,*** la que emana de la recta razón por oposición a las leyes positivas; ***a toda*** ~, con estricta sujeción a lo justo o debido; ***dar la*** ~, servir de modelo; obligar a uno a que haga lo que otro quiere. 3 Calidad, peso o medida legal que deben tener las cosas; esp., cantidad de metal fino en las ligas de metales preciosos fijada por las leyes: ~ *de la moneda; oro de ~;* ***bajo de*** ~, [oro o plata] que tiene mayor cantidad de otro metal que la legal. 4 Lealtad, fidelidad, amor: *tener,* o *tomar,* ~ *a una persona;* ***mala*** ~, animosidad, mala voluntad: *los vecinos le tienen mala ~.* 5 Poder: *la ~ del más fuerte.* 6 Religión. 7 Conjunto de leyes. 8 Condición moral o material: *ser de buena ~.* 9 ~ ***del embudo,*** la que no se usa con igualdad. 10 ~ ***de la ventaja,*** DEP., principio reglamentario según el cual un árbitro no debe castigar aquellas faltas que puedan favorecer directamente al equipo infractor.

REL. *2* y *3* Los derivados se forman sobre el l. *lege*, como *legal, legítimo, legislar,* etc.

leyenda (v. *legenda*) *f.* Acción de leer. 2 Obra que se lee. 3 Relación de la vida de uno o más santos: ~ ***áurea,*** compilación hecha por Jacobo de Vorágine en el s. XIII. 4 Relación de sucesos, gralte. con un fondo real desarrollado y transformado por la tradición: ~ ***negra,*** interpretación de la historia desfavorable para los españoles. 5 Composición poética de alguna extensión, de relato más o menos maravilloso. 6 Invención fabulosa. 7 Inscripción de moneda, medalla, lápida, etc., o del pie de un cuadro, grabado o mapa.

leyendario, -ria *adj.* Legendario.

leyteño, -ña *adj.-s.* De Leyte, prov. de Filipinas.

lezna (germ. *alisna*) *f.* Instrumento de que usan los zapateros para agujerear y coser.

SIN. **Lesna, alesna, subilla.**

Li, símbolo del *litio.*

I) lía (de *liar*) *f.* Soga de esparto machacado, tejido como trenza.

II) lía (célt. *lega;* a través del fr. *lie,* poso) *f.* Heces: *las lías del vino.*

liana (fr. *liane*) *f.* Bejuco. 2 p. ext. Enredadera o planta trepadora.

lianza *f. Chile.* p. us. Cuenta corriente que tiene una persona en un despacho o tienda.

liar (l. *ligare;* doble etim. *ligar*) ***tr.*** Ligar, atar [los fardos y cargas] con lías. 2 Envolver [una cosa] sujetándola. 3 fig. Engañar [a uno], envolverle en un compromiso. 4 BLAS. Rodear de una cinta o lazo: *figura liada.* -5 ***prnl.*** Envolverse, mezclarse entre otros: *liarse la persiana; al caer los papeles se liaron.* 6 Amancebarse. 7 fig. Trabucarse. 8 Con la preposición *a* y un infinitivo, ponerse a ejecutar con vehemencia lo que éste significa: *liarse a pegar voces;* esp., pegarse: *liarse a palos.* 9 ***Liarlas,*** huir con presteza; morir. ◇ ** CONJUG. [13] como ***desviar.***

SIN. *1* v. **Atar.** *3* y *5* **Enredar(se), enzarzar(se).**

liara *f.* Cuerna (vaso rústico).

lías *m.* Liásico.

liásico (ing. *lias,* der. del fr. *liais,* piedra caliza) *m.* Terreno sedimentario correspondiente a la parte inferior del jurásico.

liatón (desp. de *lia* I) *m.* Soguilla de esparto.

liaza *f.* Conjunto de lías para atar odres. 2 Conjunto de mimbres para la construcción de botas.

libación (l. *-atione*) *f.* Acción de libar. 2 Rito pagano que consistía en derramar determinado líquido sobre el suelo, fuego o víctima, después de probado.

libamen (l.) *m.* Ofrenda en el sacrificio.

libamiento *m.* Lo que se libaba en el sacrificio.

libanés, -nesa *adj.-s.* Del Líbano, nación de Asia occidental.

libanizar *tr.* Hacer que [los grupos políticos y militares de un determinado lugar] luchen entre sí por sus propios intereses, como sucede en la guerra del Líbano (1975-). ◇ **CONJUG. [4] como ***realizar.***

libar (l. *-are*) ***tr.*** Chupar el jugo [de una cosa]. 2 Probar o gustar [un licor]. 3 Sacrificar. -4 ***intr.*** Hacer la libación para el sacrificio.

libatorio *m.* Vaso con que los romanos hacían las libaciones.

libela (l.) *f.* Ant. moneda romana de plata (un as).

libelar (de *libelo*) *tr.* DER. Hacer pedimentos [sobre alguna cosa].

libelático, -ca *adj.* [cristiano de la Iglesia primitiva] Que, para procurarse el libelo fingía adorar a los ídolos. Este modo de proceder fue condenado por los Papas.

libelista *com.* Autor de uno o varios libelos.

libelo (l. *libellu*) *m.* Escrito infamatorio contra personas o cosas. 2 DER. Petición o memorial. 3 Certificado que los magistrados romanos entregaban a los cristianos que habían sacrificado a los ídolos; su posesión libraba de las persecuciones.

SIN. *1* **Panfleto,** barb. innecesario.

libélula (l. científico *libellula;* dim. de *libella,* balanza, der. de *libra*) *f.* Insecto odonato, de abdomen largo y delgado, ojos compuestos muy grandes, antenas cortas y dos pares desiguales de alas largas y estrechas (gén. *Aeshna; Cordulegaster; Gomphus; Cordulia; Libellula).*

líber (l.) *m.* Parte interior de la corteza de los vegetales dicotiledóneos.

liberable *adj.* Que puede ser liberado.

liberación (l. *-atione*) *f.* Acción de poner en libertad: *la ~ de la ciudad por el ejército aliado es cuestión de horas.* 2 Quitanza. 3 Cancelación de la carga que grava un inmueble. 4 Acción de vencer un cuerpo la atracción de un astro y de alejarse definitivamente de él. 5 *Colomb.* Parto, alumbramiento.

liberado, -da *adj.* [pers.] Que no tiene las trabas impuestas por la sociedad o por la moral: *mujer liberada.* 2 [pers.] Que ha quedado libre de un compromiso, trabajo o castigo. -3 ***adj.-s.*** [pers.] Afiliado a un partido político u organización sindical, remunerado por su dedicación exclusiva a ellos.

liberador, -ra *adj.-s.* Libertador.

liberal (l. *-ale*) ***adj.*** Que obra con liberalidad. 2 Hecho con liberalidad. 3 Expedito. 4 V. profesión ~. -5 ***adj.-com.*** [pers.] Que profesa el liberalismo. 6 Indulgente, tolerante.

SIN. *1* y *2* v. **Generoso.**

liberalesco, -ca *adj.* desp. Propio de los liberales o del liberalismo.

liberalidad (l. *-itate*) *f.* Virtud que consiste en distribuir uno generosamente sus bienes sin esperar recompensa. 2 Generosidad, desprendimiento. 3 DER. Disposición de bienes a favor de alguien sin ninguna prestación suya.

liberalismo *m.* Doctrina que afirma la primacía de la libertad individual y la garantía de su ejercicio en la organización política del estado. 2 Partido político, sistema económico o político basado en el liberalismo. 3 Sistema político-religioso que proclama la absoluta independencia del estado, en su organización y funciones, de toda religión positiva. 4 fig. Amplitud de miras.

liberalización *f.* Acción de liberalizar.

liberalizar *tr.* Hacer liberal en el orden político [a una persona o cosa]. 2 Conferir mayor libertad, esp. en el comercio. 3 Liberar. ◇ ** CONJUG. [4] como ***realizar.***

liberalmente *adv. m.* Con liberalidad. 2 Con presteza y brevedad.

liberar (l. *-are;* doble etim. *librar*) ***tr.*** Librar (sacar y eximir). 2 Libertar. 3 Librar [a un país de la dominación externa]. 4 Adquirir acciones la propia sociedad que las emitió. -5 ***prnl.*** Hacer caso omiso de las trabas de orden social o moral.

liberatorio, -ria *adj.* Que tiene la virtud de libertar, eximir o redimir.

I) liberiano, -na *adj.-s.* De Liberia ciudad y provincia de Costa Rica. 2 De Liberia, país de África.

II) liberiano, -na (de *líber*) *adj.* Perteneciente o relativo al líber: *hacecillos liberianos.*

liberileñoso, -sa (de *líber* + *leñoso*) *adj.* BOT. Compuesto de líber y leño: *hacecillos liberileñosos.*

líbero *m.* DEP. Jugador de fútbol que refuerza la defensa de su equipo.

libérrimo, -ma (l. *-imu*) *adj.* Muy libre ◇ Es superlativo irreg. de *libre.*

libertad (l. *libertate*) *f.* Ausencia de necesidad o carencia de determinación en el obrar: ~ *de culto;* ~ ***condicional,*** medida por la que el condenado a una pena privativa de libertad es liberado antes de cumplir la totalidad del castigo; ~ ***provisional,*** la que se concede al procesado no sometido a prisión preventiva. 2 Estado o condición del que es libre, del que no está sujeto a un poder extraño o a una autoridad arbitraria o no está constreñido por una obligación, deber, disciplina, etc.: *la ~ es un atributo de la voluntad; poner a un preso en ~; conseguir la ~ de la patria;* ~ ***de conciencia, de opinión*** o ***de pensamiento,*** la que permite manifestar las propias ideas, esp. las políticas y las religiosas, defenderlas y propagarlas, criticando a las contrarias sin ninguna oposición por parte de la autoridad pública; ***las libertades de palabra, de imprenta, de reunión y asociación,*** etc., son aspectos de la misma; ~ ***civil,*** estado de los ciudadanos cuyos derechos y privilegios protege una comunidad civil organizada; ~ ***política,*** la de quienes participan en la vida pública y fiscalizan a su gobierno; ~ ***individual,*** la de quienes son libres en todo lo que no se opone a las leyes o a las buenas costumbres. 3 Licencia, abuso de libertad, libertinaje. 4 Franqueza, despejo. 5 Exención de etiquetas: *en los pueblos se pasea con ~.* 6 Facilidad, disposición natural para obrar con destreza. -7 *f. pl.* Manera de tratar demasiado atrevida.

libertadamente *adv. m.* Con libertad, descaro, desenfreno.

libertado, -da *adj.* Atrevido. 2 Libre, sin sujeción.

libertador, -ra *adj.-s.* Que liberta.

libertano, -na *adj.-s.* De La Libertad, dep. del Perú.

libertar *tr.* Poner [a uno] en libertad; sacarle de esclavitud o sujeción. 2 Eximir [a uno] de una deuda u obligación. 3 Preservar: *libertarse del peligro; el abogado le ha libertado del presidio.*

libertario, -ria *adj.* Partidario de la absoluta libertad política; anarquista.

libertarismo *m.* Anarquismo.

libertenense *adj.-s.* De La Libertad, dep. de El Salvador.

liberti *m.* Tejido muy fino de seda sin torsión, que se emplea para vestidos de señora.

SIN. **Satén liberti.**

liberticida (de *libertad* + *-cida*) *adj.* Que ataca a la libertad.

libertinaje *m.* Desenfreno en la conducta. 2 Falta de respeto a la religión o a las leyes.

libertino, -na (ł. *-inu,* liberto) *adj.-s.* Entregado al libertinaje. 2 Incrédulo, ateo. -3 *m. f.* En la antigüedad, hijo de liberto, y el mismo liberto.

liberto, -ta (l. *-tu*) *adj.-s.* Esclavo a quien se había dado la libertad.

libes (voz quechua o aimara) *m. pl. Amér. Merid.* Boleadoras cortas que emplean los niños para tirar a los pájaros.

líbico, -ca (l. *libycu*) *adj.* Libio. -2 *adj.-m.* Viento mediterráneo del sudoeste. 3 Lengua camitosemítica, emparentada con el beréber, hablada antiguamente en el norte de África.

libídine (l.) *f.* Lujuria.

libidinosamente *adv. m.* De un modo libidinoso.

libidinosidad *f.* Calidad de libidinoso.

libidinoso, -sa (l. *-osu*) *adj.* Lujurioso.

libido (l. *libido*) *f.* MED. Deseo sexual considerado como impulso y raíz de varias manifestaciones psíquicas.

libio, -bia (l. *libyu*) *adj.-s.* De Libia, nación del norte de África. -2 *adj.-m.* Dialecto del árabe moderno hablado en esta nación.

SIN. **Líbico,** no tratándose de personas.

Liborio, nombre simbólico del pueblo cubano.

libra (l.) *f.* Peso antiguo, que equivale en Castilla a 460 grs. o dieciséis onzas; en Aragón, Baleares, Cataluña y Valencia a doce onzas; en el País Vasco, diecisiete, y en Galicia, a veinte): ~ ***carnicera,*** la usada en varias provincias para pesar carne y pescado (treinta y seis onzas). 2 Medida de capacidad para líquidos. 3 ~ ***esterlina,*** o simplemente, ~, unidad monetaria de Gran Bretaña y de muchas de sus ex-colonias. 4 Moneda peruana de oro, equivalente a diez soles. 5 Moneda turca de oro, equivalente a cien piastras. 6 Moneda imaginaria en varios países. 7 Antigua moneda imaginaria en Cataluña, Aragón, Baleares, Valencia y Navarra; todas divididas en veinte sueldos. 8 fig. *y* vulg. Billete de cien pesetas. 9 Séptimo signo o parte del Zodíaco que el Sol recorre aparentemente al comenzar el otoño. 10 Constelación zodiacal situada entre Escorpión y Virgo. 11 *Cuba.* Tercera clase de tabaco de calidad, que es la hoja situada en la parte inferior de la planta. Es la última que se cosecha. 12 *Perú.* Copa grande de pisco.

libración (l. *-atione*) *f.* Movimiento como de oscilación que un cuerpo, ligeramente perturbado en su equilibrio, efectúa hasta recuperarlo poco a poco. 2 Balanceo real o aparente de un astro: ~ *de la Luna.*

libraco *m.* desp. Libro.

librado, -da, pp. de *librar.* 2 *m. f.* Persona contra la cual se libra una letra de cambio.

librador, -ra *adj.-s.* Que libra. -2 *m. f.* Persona que libra una letra de cambio. -3 *m.* Cogedor que se usa en las tiendas para poner las mercancías en el peso. -4 *adj.-m.* TAUROM. Torero en la acción de hacer el quite.

SIN. *2* **Dador.** *3* **vertedor.**

libramiento *m.* Acción de librar (sacar). 2 Efecto de librar (sacar). 3 Orden de pago escrita.

librancista *com.* Persona que tiene libranzas a su favor.

libranza (de *librar*) *f.* Orden de pago que se da, gralte. por carta, contra uno que tiene fondos a disposición del que la expide y que no precisa aceptación.

librar (v. *liberar*) *tr.-prnl.* Sacar o preservar de un trabajo o peligro: ~ *a uno de riesgos.* -2 *tr.* Poner [confianza] en una persona o cosa: *libro las esperanzas en Dios.* 3 Construido con ciertos substantivos, dar o expedir [lo que éstos significan]: ~ *sentencia.* 4 COM. Expedir [documentos de crédito]: ~ *una letra, un cheque a cargo de,* o *contra, uno;* ~ *sobre una plaza.* 5 DER. Eximir [a una persona o cosa] de una obligación: ~ *una finca de gravámenes.* -6 *intr.* fam. Disfrutar del día de descanso. 7 Salir la religiosa al locutorio. 8 Dar a luz o echar la placenta la mujer. 9 ***A bien,*** o ***a buen*** ~, lo menos mal que puede o podría o pudo suceder. 10 ~ ***bien*** o ***mal,*** salir feliz o infelizmente de un lance. -11 *prnl. Argent.* Entregarse. ◇ GALIC.: ~ *una batalla,* dar, empeñar o trabar una batalla.

SIN. *1* y *5* **Liberar.**

libratorio *m.* Locutorio (de convento o cárcel).

librazo *m.* Aum. de *libro.* 2 Golpe dado con un libro.

libre (l. *liber*) *adj.* Que tiene facultad para obrar a su gusto y para escoger; no sujeto a un poder extraño o a una autoridad arbitraria, ni constreñido por una obligación, deber, disciplina, etc.: ***un hombre*** ~, no esclavo; ***país*** ~, el que tiene libertad política; ***comercio*** ~, sin trabas; ~ *de pasiones;* ~ *de penas;* ~ *de cuidados.* 2 Soltero. 3 Atrevido, desenfrenado: ~ *en el hablar.* 4 Licencioso: *vida ~.* 5 Que no ofrece obstáculos: *al aire ~; entrada ~; tiempo ~.* 6 [sitio] Solo y aislado. 7 Exento, privilegiado, dispensado. 8 Inocente, sin culpa. 9 FILOL. [verso] Suelto y que no rima con otro. ◇ Superl: *libérrimo.*

librea (fr. *livrée* < *livrer,* dar) *f.* Traje que ciertas personas o entidades dan a sus criados, gralte. uniforme y con distintivos. 2 MONT. fig. Pelaje de los venados y otras reses.

I) librear *tr.* Vender o distribuir [una cosa] por libras.

II) librear *tr.* p. us. Adornar, embellecer con galas.

librecambio (del ingl. *free trade*) *m.* Sistema económico basado en el librecambismo. 2 Régimen aduanero fundado en él. ◇ También puede escribirse *libre cambio.*

librecambismo *m.* Doctrina opuesta al proteccionismo, según la cual la actividad económica debe desenvolverse sin la intervención del estado, basada únicamente en el interés individual, coincidente con el colectivo, y en el principio de la oferta y la demanda. Preconiza la libertad del comercio internacional, cree en la baja de precios motivada por la división internacional del trabajo y en la solución automática de las crisis.

CONTR. **Proteccionismo, economía dirigida.**

librecambista *adj.-com.* Partidario del librecambismo. -2 *adj.* Relativo al librecambio.

libremente *adv. m.* Con libertad.

librepensador, -ra *adj.-s.* Partidario del librepensamiento.

librepensamiento (*libre* + *pensamiento*) *m.* Doctrina que reclama para la razón individual independencia absoluta de todo dogma religioso.

librera *f. Guat.* y *Pan.* Librería (mueble).

librería *f.* Biblioteca (local y conjunto). 2 Establecimiento donde se venden libros. 3 Oficio del librero. 4 Mueble con estantes para colocar libros. 5 INFORM. Conjunto de programas de un ordenador electrónico.

libreril *adj.* Relativo al comercio de libros.

librero, -ra *m. f.* Persona que tiene por oficio vender libros. -2 *m. Méj.* Estante de libros.

libresco, -ca *adj.* Relativo al libro. 2 [autor] Que se inspira en la lectura de los libros y no en la realidad.

I) libreta (dim. de *libra*) *f.* Pan de una libra. 2 p. ext. Pieza de pan.

II) libreta (de *libro*) *f.* Cuaderno en que se escriben anotaciones, cuentas, etc. 2 Carnet, agenda. 3 *Argent.* Cartilla militar.
librete *m.* Desp. de *libro*. 2 Rejuela (braserito).
libretista *com.* Autor de uno o más libretos.
libreto (it. *libretto*) *m.* Obra dramática escrita para ser puesta total o parcialmente en música. 2 Guión de radio, cine o televisión.
I) librillo *m.* Lebrillo.
II) librillo *m.* Dim. de *libro*. 2 Cuaderno de papel de fumar. 3 ~ ***de oro*** o ***plata***, el que forman los paneles de oro o plata colocados entre hojas de papel. 4 ~ ***de cera***, porción de cerilla convenientemente plegada. 5 Libro (cavidad del estómago). 6 Especie de bisagra diminuta para las cajas muy pequeñas.
libro (l. *libru*) *m.* Conjunto de hojas de papel, vitela, etc., manuscritas o impresas, ordenadas para la lectura y reunidas formando volumen: ~ *de pocas páginas.* 2 Obra que forma o puede formar un volumen: *un ~ de arte; un buen ~; ~ de texto;* ***libros de caballerías***, novelas en que se contaban aventuras heroicas y amorosas de caballeros andantes; ***libros sagrados***, los de la Biblia; ***libros morales*** o ***sapienciales***, los de la Biblia que abundan en máximas sabias y edificantes; ~ ***de horas***, devocional para laicos, gralte. decorado profusamente con miniaturas; ~ ***amarillo, azul, blanco, rojo***, etc., el que contiene documentos diplomáticos y publican en determinados casos los gobiernos (toma el nombre por el color de la cubierta por la cual se reconoce al país a que pertenece); p. ext., aquel que contiene un programa de actuación pública, gralte. de carácter político (su nombre depende del color de su cubierta, o del representativo de la ideología expuesta en él); ***ahorcar los libros***, abandonar los estudios. 3 Registro: ~ *de cuentas;* ~ *de comercio;* ~ ***de oro***, aquel en que se registraba la nobleza veneciana; p. ext., aquel en que se registran los visitantes ilustres de un lugar; ~ ***escolar***, aquel en que están consignadas las calificaciones de un alumno; ~ ***borrador***, COM., borrador (de comerciantes); ~ ***copiador***, COM., aquel en que se copia la correspondencia; ~ ***de caja;*** ~ ***mayor***, COM., aquel en que se consignan las entradas y salidas de dinero; ~ ***de inventarios***, COM., el que debe contener la relación detallada y exacta del capital, bienes, crédito y valores del comerciante y el balance general de su giro; ~ ***diario***, COM., aquel en que se anotan día por día y por orden cronológico las operaciones comerciales; ~ ***mayor***, COM., aquel en que por debe y haber y por riguroso orden de fechas se llevan las cuentas corrientes con las personas o cosas bajo cuyos nombres están abiertas. 4 fig. *y* desus. Contribución o impuesto: *andan cobrando los libros.* 5 Parte de ciertas obras. 6 Tercera de las cuatro cavidades del estómago de los rumiantes. 7 *And.* Molleja.
REL. *1* y *2* Las voces relacionadas proceden o bien de *libro (librería, libreto)*, o bien del gr. *biblion (bibliófilo, bibliografía, biblioteca)*. Según su tamaño, el libro se llama *en folio* o *infolio* cuando equivale a la mitad de un pliego de papel sellado (puede ser *mayor o menor*). *En cuarto*, a la cuarta parte (puede ser *mayor, menor* y *prolongado*). *En octavo (mayor, menor)*. Los tamaños menores se llaman *dozavo, dieciseisavo, treintaidosavo*. SIN. *6* **Librillo.**
licantropía (gr. *lykos*, lobo + *anthropos*, hombre) *f.* MED. Manía en que el enfermo se figura estar convertido en lobo. 2 MED. Zoantropía.
licántropo *m.* El afectado de licantropía.
liceísta *com.* Socio de un liceo (sociedad).
licencia (l. *licentia*) *f.* Facultad o permiso para hacer una cosa. 2 Documento en que consta la licencia: ~ ***absoluta***, la que exime completamente del servicio militar. 3 Libertad abusiva: ~ ***poética***, infracción de las leyes del lenguaje o del estilo que puede cometerse lícitamente en la poesía. 4 Autorización para la práctica de un deporte. 5 desus. Licenciatura (grado). 6 *Amér.* Permiso de conducir automóviles. -7 *f. pl.* Permisos que se dan a los eclesiásticos para celebrar, predicar, etc., por tiempo indefinido.
SIN. *1* V. **Consentimiento.**
licenciado, -da *adj.* [pers.] Que se precia de entendido. 2 Dado por libre. 3 Despedido, expulsado. -4 *m. f.* Persona que ha obtenido en una facultad el grado que le habilita para ejercer. -5 *m.* Soldado que ha recibido su licencia. 6 *Amér.* p. ant. Abogado.
licenciador, -ra *adj.* Que licencia para utilizar una patente.
licenciamiento *m.* Licenciatura (acto). 2 Acción de licenciar a los soldados. 3 Efecto de licenciarlos. 4 Despido.
licenciando, -da *m. f.* Persona que está próxima a recibir el grado de licenciado en la Universidad.
licenciar (l. *licentiare*) *tr.* Dar permiso o licencia [a uno]. 2 Conferir el grado de licenciado [a uno]. 3 Dar [a los soldados] su licencia absoluta o temporal. 4 Despedir [a uno]. 5 Conceder el titular de una patente a otra persona o entidad el derecho de usar aquélla con fines industriales o comerciales. -6 *prnl.* Hacerse licencioso o desordenado. 7 Tomar el grado de licenciado. ◇ **CONJUG. [12] como ***cambiar.***
licenciatura *f.* Grado de licenciado. 2 Acto de recibirlo. 3 Estudios necesarios para obtenerlo.
licenciosamente *adv. m.* De manera licenciosa.
licencioso, -sa *adj.* Libre, atrevido, disoluto.
liceo (gr. *Lykeion*) *m.* Gimnasio de Atenas donde tuvo su escuela filosófica Aristóteles (384-322 a. C.). 2 En algunos países, establecimiento de enseñanza. 3 Sociedad literaria o recreativa.
lichi *m.* Fruto del ciruelo de China.
líchigo *m. Colomb.* Bastimento, provisión.
licio, -cia (l. *lyciu*) *adj.-s.* De Licia, ant. reg. del Asia Menor.
lición *f. Colomb.* y *Méj.* Lección.
licitación (l. *-atione*) *f.* Acción de licitar. 2 Efecto de licitar.
SIN. V. **Almoneda.**
licitador *m. f.* Persona que licita.
SIN. **Postor.**
lícitamente *adv. m.* De un modo lícito.
licitante *adj.* Que licita, licitador.
licitar (l. *-ari*) *tr.* Ofrecer precio [por una cosa] en subasta o almoneda.
licitatorio, -ria *adj.* Relativo a la licitación.
lícito, -ta (l. *-tu*) *adj.* Justo, legítimo, legal.
licitud *f.* Calidad de lícito.
licnobio, -bia (gr. *lychnos*, lámpara + *-bio*) *adj.-s.* Que hace su vida ordinaria con luz artificial y duerme de día.
lico *m. Bol.* Barrilla o sosa.
licopeno (del gr. *lycopersion*) *m.* Carotinoide de color rojo, típico de los tomates, pimientos y otros frutos semejantes.
licoperdal (l. *lycoperdales) adj.-m.* Hongo del orden de los licoperdales. -2 *m. pl.* Orden de hongos con los basidios completamente encerrados.
licopodiáceo, -a (l. *lycopodiaceæ* v. *licopodio*) *adj.* Relativo al licopodio. -2 *adj.-s.* Planta de la familia de las licopodiáceas. -3 *f. pl.* Familia de plantas licopodiales cuyas hojas esporíferas se agrupan en el ápice de los tallos.
licopodial *adj.-f.* Planta del orden de las licopodiales. -2 *f. pl.* Orden de plantas pteridofitas de brote ramificado dicotómicamente, con multitud de hojas escamosas imbricadas unas sobre otras y esporangios agrupados en la base o en la axila de ciertas hojas.
licopodíneo, -a (l. *lycopodiineæ* v. *licopodio*) *adj.-f.* BOT. Planta de la clase de las licopodíneas. -2 *f. pl.* BOT. Clase de plantas criptógamas pteridofitas, con ramificación dicótoma de su tallo y raíz.
licopodio (gr. *lykos*, lobo + *pous, podós*, pie) *m.* Hierba licopodiácea cuyas esporas constituyen el azufre vegetal o polvo de licopodio, usado en farmacia *(Licopodium clavatum).*
licopodófito *adj.-s.* Planta de hojas muy pequeñas, dispuestas en espiral y con un solo nervio. -2 *m. pl.* División de estas plantas.
licópside (gr. *lykós*, lobo + *ópsis*, apariencia) *f.* BOT. Planta boraginácea, muy cerdosa, de hojas lanceoladas oblongas, dentadas, y flores azules *(Anchusa arvensis).*
licor (l. *liquor*) *m.* Cuerpo líquido. 2 Bebida espirituosa obtenida por destilación. 3 *Perú.* Aguardiente de uva.
licorera *f.* Utensilio de mesa donde se colocan las botellas de licor y los vasitos o copas en que se sirve.
licorería *f.* Fábrica de licores. 2 Establecimiento donde se venden.
licorero, -ra *m. f. Chile.* Licorista. -2 *m.* Vasija para el licor.
licorista *com.* Persona que tiene por oficio hacer o vender licores.
licoroso, -sa *adj.* Rico en alcohol, parecido a un licor: *vino ~.*
licosa *f.* Género de arañas corredoras *(Lycosa).*
lictor (l.) *m.* En la ant. Roma, especie de alguacil que precedía con las fasces a los cónsules y otros magistrados.
licuable (l. *liquabile*) *adj.* [cuerpo] Que puede pasar al estado líquido.
SIN. **Liquidable.**
licuación (l. *liquation*) *f.* Acción de licuar o licuarse. 2 Efecto de licuar o licuarse.
licuado *m. Amér.* Batido, refresco.
licuadora *f.* Aparato que sirve para licuar frutas u otros alimentos.

licuante *adj.* Que licua; v. líquido. 2 [consonante] Líquida.
licuar (l. *liquare*) *tr.* Liquidar (hacer líquido). 2 Fundir [un metal] sin que se derritan las demás materias con que se encuentra combinado. ◇ ** CONJUG. [11] como ***actuar.***
licuecer *tr.* Licuar. ◇ **CONJUG. [43] como ***agradecer.***
licuefacción *f.* Acción de licuefacer o licuefacerse. 2 Efecto de licuefacer o licuefacerse.
licuefacer (l. *liquefacere*) *tr.-prnl.* desus. Licuar. ◇ ** CONJUG. [73] como ***hacer.***
licuefactible *adj.* Licuable.
licuefactivo, -va *adj.* Que tiene virtud de licuar.
licurgo, -ga (de *Licurgo,* s. IX a. C., legislador espartano) *adj.* fig. *y* desus. Inteligente, astuto. -2 *m.* fig. *y* desus. Legislador.
lid (l. *lite*) *f.* Combate, pelea. 2 fig. Disputa, controversia. 3 ***En buena ~,*** por buenos medios.
SIN. **Liza;** v. **lucha.**
lida *f.* Insecto himenóptero que ataca a los árboles frutales *(*gén. *Neurotoma).*
líder (ing. *leader*) *com.* Dirigente, jefe. -2 *adj.-s.* Que va a la cabeza en una clasificación: *es la empresa ~ en publicidad; el ~ de la carrera.* -3 *m.* Artículo de fondo en un periódico.
liderar *tr.* Ejercer las funciones de un líder, dirigir.
liderato *m.* Calidad de líder.
liderazgo *m.* Liderato.
lidia *f.* Acción de lidiar. 2 Efecto de lidiar.
lidiadera *f. Ecuad.* y *Guat.* Disputa, altercado.
lidiadero, -ra *adj.* Que puede lidiarse.
lidiador, -ra *m.-f.* Persona que lidia. -2 *m.* Torero.
lidiar (v. *litigar*) *intr.* Batallar, pelear: *~ con,* o *contra, infieles; ~ por la fe.* 2 Hacer frente a uno, oponérsele. 3 Tratar con personas enfadosas. -4 *tr.* Correr, sortear [al toro o animales semejantes]; torear. ◇ ** CONJUG. [12] como ***cambiar.***
lidio, -dia (l. *lydiu*) *adj.-s.* De Lidia, ant. reg. del Asia Menor.
lidioso, -sa *adj. Venez.* Lipidioso, necio.
lidita *f.* Explosivo a base de ácido pícrico.
liebratón *m.* Lebrato.
liebre (l. *lepore*) *f.* Mamífero lagomorfo lepórido, muy veloz, de unos 7 dms. de largo, pelo suave, cabeza pequeña, orejas largas, cuerpo estrecho, cola corta y extremidades posteriores más largas que las anteriores *(Lepus europaeus; L. timidus).* 2 fig. Hombre cobarde. 3 ***~ de mar,*** gasterópodo nudibranquio de unos 12 cms. de longitud y color obscuro; se alimenta de algas *(Aplysia punctata).* 4 Constelación austral situada entre Eridano y el Can Mayor. 5 DEP. Atleta que en las carreras de velocidad corre los primeros tramos muy deprisa con el fin de ayudar a acelerar el ritmo de otro participante, y que por el cansancio del esfuerzo realizado abandona antes de llegar a la meta. 6 *Chile.* Microbús. 7 *Méj.* ***~ corrida,*** mujer libre.
REL. *1* **Lebrato, liebratón, lebratón, lebroncillo,** liebre de poco tiempo; **lebrero,** cazador de liebres; **lebrel,** perro para cazarlas; **lebruno, leporino,** relativo a la liebre. SIN. *3* **Huevo de pulpo.**
liebrecilla *f.* Dim. de *liebre.* 2 Aciano menor.
lied (voz alemana) *m.* LIT. Poesía lírica alemana. ◇ Pl.: *lieder.* Se pronuncia *lid, líder.*
liencillo *m. Amér.* Tela ordinaria de algodón, parecida al ruan, pero de calidad inferior.
liendra *f. Méj.* Liendre.
liendre (l. v. **lendine* < l. *lens*) *f.* Huevecillo del piojo.
lientera, -ría (gr. *leios,* liso + *énteron,* intestino) *f.* Diarrea de alimentos no digeridos.
lientérico, -ca *adj.* Relativo a la lientería. -2 *adj.-s.* Que la padece.
liento, -ta (l. *lentu* < l. *lentescere,* hacer viscoso) *adj.* Húmedo.
lienza *f.* Tira estrecha de tela. 2 *Chile.* Cordón de hilo o algodón, fino y resistente. 3 *Chile.* Tendel, sedal del anzuelo.
lienzo (l. v. *lenteu* < l. *linteu*) *m.* Tela de lino, de cáñamo o de cualquier otro material; esp., la usada para pintar. 2 Pañuelo de lienzo: *secó su sudor con un ~.* 3 Pintura sobre lienzo: *un ~ de Zurbarán.* 4 Pared de un edificio o porción de muralla comprendida entre dos baluartes o cubos. 5 *Amér.* Trozo de cerca.
lifara (ár. *alfarah,* convite) *f. Ar.* Convite, francachela, merienda. ◇ También *alifara.*
liga (de *ligar*) *f.* Cinta o listón con que se aseguran las medias y los calcetines. 2 Venda o faja. 3 Unión o mezcla. 4 Aleación. 5 Cantidad de cobre mezclada con el oro o la plata de las monedas o alhajas. 6 Unión, confederación, alianza. 7 Muérdago. 8 Materia viscosa de algunas plantas, que se utiliza para cazar pájaros. 9 DEP. Competición en la cual se enfrentan todos los equipos de una misma categoría, unos después de otros; siendo el vencedor el que obtiene mayor número de puntos. 10 *Argent.* Buena suerte en el juego. 11 *Colomb.* Hurto. 12 *Ecuad.* Amigo íntimo.
SIN. *1* **Cenojil, henojil,** ambos ant. *8* **Visco.**
ligación *f.* Acción de ligar. 2 Efecto de ligar. 3 Liga (unión).
ligada *f.* Ligadura (vuelta).
ligado *m.* Unión o enlace de las letras en la escritura. 2 MÚS. Unión de dos notas iguales de las cuales sólo se nombra o ataca la primera dándole el valor de ambas. 3 MÚS. Modo de ejecutar una serie de notas diferentes sin interrupción de sonido entre unas y otras, por su contraposición al picado.
ligadura *f.* Acción de ligar. 2 Efecto de ligar. 3 Vuelta que se da apretando una cosa con alguna atadura. 4 Atadura de una vena o arteria. 5 Sujeción (unión). 6 CIR. Cinta con que se aprieta y da garrote. 7 Línea curva que abarca dos o más notas, y sirve para unir los sonidos: ***~ de valor,*** la que une dos notas iguales de las cuales sólo se nombra o ataca la primera dándole el valor de ambas; ***~ de portamento,*** aquella en que las notas son diferentes y deben cantarse o tocarse sin romper su continuidad; ***~ de frase,*** la que comprende todas las notas que forman una frase musical.
ligamaza *f.* Viscosidad, esp. la que envuelve las semillas de algunas plantas. 2 Humor dulce que emiten los pulgones por el ano.
ligamen (l., atadura) *m.* Maleficio con que se pretendía hacer a uno impotente para la generación. 2 Impedimento dirimente que para nuevo matrimonio supone el hecho de que subsista otro anterior válido.
ligamento (l. *-tu*) *m.* Ligación (acción y efecto). 2 Entrelazamiento de un tejido, siguiendo unas normas. 3 ZOOL. Cordón fibroso que liga los huesos de las articulaciones o pliegue membranoso que sostiene en la debida posición cualquier órgano;
ligamentoso, -sa *adj.* Que tiene ligamentos.
ligamiento *m.* Acción de ligar o atar. 2 Efecto de ligar o atar. 3 Unión, acuerdo.
ligar (l. *-are;* doble etim. *liar*) *tr.* Atar. 2 Alear [metales], esp. mezclados al oro y la plata. 3 Unir, conciliar: *~ intereses.* 4 Obligar (una fuerza moral y ganar la voluntad): *con este contrato quedo ligado para siempre.* 5 Espesar un líquido con la cocción de una ligazón. 6 fam. Conquistar [a una persona del sexo contrario] con fines amistosos o sexuales pasajeros. 7 TAUROM. Verificar las suertes en sucesión continuada y sin interrupción. 8 *Amér. Central* y *Méj.* Mirar, curiosear. 9 *Argent.* Entenderse dos personas. 10 *Argent.* Tocar, corresponder. 11 *Colomb.* Sisar, hurtar. 12 *Cuba.* Contratar por determinado precio [el producto de una cosecha] antes de la recolección. -13 *intr.* En algunos juegos de naipes, juntar dos o más cartas adecuadas al lance. 14 *Amér. Central* y *Perú.* Realizarse un deseo. 15 *Argent.* Tener buena suerte en el juego. -16 *prnl.* Confederarse, unirse para algún fin. ◇ **CONJUG. [7] como ***llegar.***
SIN. *1* v. **Atar.**
ligaterna *f. La Mancha.* Lagartija.
ligazón *f.* Unión, trabazón. 2 MAR. Maderos que se enlazan para componer las cuadernas de un buque.
ligeramente *adv. m.* De un modo ligero.
ligerear *intr. Chile.* Andar de prisa o con ligereza.
ligereza *f.* Calidad de ligero. 2 Prontitud, agilidad. 3 fig. Dicho o hecho de alguna importancia, pero irreflexivo. 4 fig. Inconstancia, volubilidad, inestabilidad.
ligero, -ra (l. v. *leviariu;* a través del fr. *léger,* poco pesado) *adj.* Que pesa poco. 2 Ágil, veloz, pronto: *~ de pies; ~ en afirmar;* ***a la ligera,*** de prisa, brevemente, sin aparato ni ceremonia; ***de ~,*** sin reflexión: *creer de ~.* 3 Que se interrumpe con facilidad, esp. el sueño. 4 Leve, de poca importancia. 5 Que se digiere fácilmente: *alimento ~.* 6 fig. Inconstante, que muda con facilidad de opinión. 7 QUÍM. V. fracción ligera. -8 *adj.-m.* DEP. Peso (categoría) del boxeo, superior al superpluma en los profesionales y al pluma en los aficionados, que comprende a los deportistas que pesan hasta 61,237 kgs. (los profesionales) ó 60 kgs. (los aficionados). -9 *adv. t. Amér.* Pronto.
SIN. *1* **Ingrávido,** lit.; **leve, liviano.** REL. *8* v. **Peso.**
ligeruela *f. Logr.* Variedad de uva blanca.
ligio (del fr. *lige,* vasallo; voz latinizada) *adj.* V. feudo ligio.
lignario, -ria (l. *-iu*) *adj.* De madera. 2 Relativo a la madera.
ligni-, ligno- (l. *lignum*) Elemento prefijal que entra en la formación de palabras con el significado de madera.
lignícola (*ligni-* + *-cola*) *adj.* BOT. Que vive en la madera o en los árboles. 2 ZOOL. Que se alimenta de madera; como la carcoma y ciertas especies de termites.

lignificación *f.* BOT. Acción de lignificar o lignificarse. 2 BOT. Efecto de lignificar o lignificarse.
lignificar (l. *lignum,* madero + *-ificar*) *tr.* BOT. Dar contextura de madera. -2 *prnl.* BOT. Tomar consistencia de madera; en el proceso de desarrollo de muchas plantas, pasar de la consistencia herbácea a la leñosa. ◇ ** CONJUG. [1] como *sacar.*
lignina *f.* Substancia que impregna los elementos fibrovasculares de la madera y les da consistencia.
lignito (der. del l. *lignu,* madera) *m.* Carbón de piedra de formación más reciente que la hulla, en el cual aún se distingue la textura de la madera.
SIN. **Madera fósil.**
lignívoro, -ra (*ligni-* + *-voro*) *adj.* [animal] Que se alimenta de madera.
ligno-, v. ligni-.
lignocelulosa (*ligno-* + *celulosa*) *f.* BOT. Substancia que forma la mayor parte de los elementos leñosos de los vegetales.
lignoso, -sa *adj.* Leñoso.
lignum crucis (l.) *m.* Reliquia de la cruz de Jesucristo. ◇ Pl.: *lignum crucis.*
I) ligón (l. *ligone*) *m.* Especie de azadón.
II) ligón, -gona *adj.-s.* fam. Que tiene suerte en el juego. 2 fam. Que liga con facilidad o frecuencia, conquistador. 3 fam. Que contrae amistad fácilmente.
ligroína *f.* QUÍM. Éter del petróleo.
ligua *f.* Hacha de armas, us. en Filipinas, con mango de madera y cabeza de hierro.
liguano, -na (de la c. de *Ligua*) *adj. Chile.* [raza de carneros] De lana gruesa y larga. 2 *Chile.* Relativo a esta raza de carneros, a su lana y a lo que con ella se fabrica.
ligue (der. de *ligar*) *m.* fam. Relación amistosa y amorosa pasajera. 2 fam. Persona con la que se mantiene esa relación.
liguero, -ra *adj.* Relativo a la liga (competición deportiva). -2 *m.* Especie de cinturón o falda estrecha a la que se sujeta el extremo superior de las ligas de las mujeres.
liguilla *f.* Liga o venda estrecha. 2 DEP. Liga en la que interviene un reducido número de equipos.
lígula (l. *ligula,* lengüeta) *f.* Apéndice, generalmente membranoso, que se halla en la línea de unión del limbo y el pecíolo de algunas hojas, y de ciertos pétalos en su base. 2 En una cabezuela, parte de la corola de una flor que tiene forma de lengüeta. 3 Epiglotis. 4 ZOOL. Estructura media situada entre los palpos labiales de los insectos.
ligulado, -da *adj.* De forma de lígula o lengüeta.
SIN. **Liguliforme.**
ligulifloro, -ra (l. *ligula,* lengüeta + *-floro*) *adj.* Que tiene flores liguladas o en forma de lengüeta.
liguliforme (l. *ligula,* lengüeta + *-forme*) *adj.* De forma de lengüeta.
ligur, ligurino, -na *adj.-s.* De Liguria, reg. de la ant. Italia.
ligustral *adj.-f.* Planta del orden de las ligustrales. -2 *f. pl.* Orden de plantas leñosas de flores muy variadas.
ligustre *m.* Flor del ligustro.
ligustrino, -na *adj.* Relativo al ligustro.
ligustro (l. *-tru*) *m.* Alheña (arbusto).
lija (quizás del ant. *lijo,* basura, del l. *lixa*) *f.* Pez marino seláceo escualiforme, muy voraz, del cual se utiliza la carne, la piel y el aceite que se saca de su hígado *(Scylliorhinus canicula).* 2 Piel seca de este pez o de otro selacio que se emplea para pulir. 3 Papel de lija. -4 *adj. Méj.* y *P. Rico.* Agudo, sagaz, lince. 5 *Cuba. Darse* ~, darse importancia. 6 *Cuba. Dar* ~, adular.
SIN. *1* **Melgacho, pintarroja.** *2* **Zapa.**
lijado *m.* Acción de lijar. 2 Efecto de lijar.
lijadora *f.* Máquina para alisar o lijar.
lijar (de *lija*) *tr.* Alisar y pulir con lija o cualquier otro abrasivo.
lijón, -jona *adj. Sal.* Quebrado, herniado.
lijosamente *adv. m.* Con inmundicia, suciamente.
lijoso, -sa *adj. Cuba.* Vanidoso.
I) lila (fr. *lilas;* antes *lilac,* der. del persa *lilak* o *nilak,* azulado) *f.* Arbusto oleáceo, de jardín, de flores olorosas de color morado claro, en racimos piramidales *(Syringa vulgaris).* 2 Flor de este arbusto. -3 *adj.-m.* Color morado; como el de la flor de la lila. 4 De color lila.
II) lila (de *Lille,* c. de Francia en Flandes) *f.* Antigua tela de lana.
III) lila (de la onomat. *lel, lil,* del balbuceo) *adj.-com.* fam. Tonto, fatuo.
lilac *f.* Lila (arbusto). ◇ Pl.: *lilaques.*
I) lilaila *f.* Lelilí.
II) lilaila *f.* Filelí. 2 fam. Astucia, treta: *andar con lilailas.*
lilailas *f. pl. Méj.* Lilailas, tretas.
lilao *m.* fam. Ostentación, fatuidad.
lile *adj. Chile.* Débil, decaído, de poco ánimo, trémulo.
SIN. **Liliquiento.**
lilequear *intr. Chile.* Liliquear.
liliáceo, -a (l. *-aceu*) *adj.-f.* Planta de la familia de las liliáceas. -2 *f. pl.* Familia de plantas monocotiledóneas, generalmente herbáceas, raíz bulbácea o tuberculosa, hojas radicales o a veces sobre el tallo, flores terminales y fruto capsular; como el tulipán y la cebolla.
lilial *adj.* Cándido, blanquísimo. -2 *adj.-f.* Planta del orden de las liliales. -3 *f. pl.* Orden de plantas herbáceas, leñosas, con flores hermafroditas y actinomorfas.
lililá *f. Colomb.* Flor maravillosa que se nombra en las leyendas andaluzas.
liliputiense (de *Liliput,* país de los enanos imaginado por Swift, 1667-1745, novelista inglés) *adj.-com.* fig. [pers.] Muy pequeño.
liliquear *intr. Chile.* Tiritar, temblar. ◇ También *lilequear.*
liliquiento, -ta *adj. Chile.* Lile.
lilolá *f. Colomb.* Lililá.
I) lima (del ár. *lima,* del mismo orig. que *limón*) *f.* Fruto del limero. 2 Limero (árbol).
II) lima (l.) *f.* Instrumento de acero estriado, propio para desgastar y alisar metales, maderas, etc.: ~ *sorda,* la embotada con plomo para que no haga ruido. 2 fig. Corrección y enmienda de las obras, esp. intelectuales. 3 fig. Lo que imperceptiblemente va consumiendo una cosa. 4 ZOOL. Molusco lamelibranquio de concha blanca asimétrica *(Lima hians).*
SIN. *4* **Peinecillo.**
III) lima (l. *limu,* oblicuo) *f.* Madero colocado en el ángulo que forman dos vertientes de una cubierta, y en el cual se apoyan los pares cortos de la armadura. 2 Este mismo ángulo: ~ ***hoya,*** si es entrante; ~ ***tesa,*** si es saliente.
limachina *f. Perú.* Cierto juego infantil.
limaciforme (gr. *leimax, leimakos,* babosa + *-forme*) *adj.* Que tiene forma de babosa.
limaco *m.* Molusco gasterópodo muy parecido a las babosas; la especie de mayor tamaño alcanza el medio metro de longitud *(Limax* sp.*).*
limado *m.* Acción de limar. 2 Efecto de limar.
limador, -ra *adj.-s.* Que lima.
limadora *f.* Especie de cepilladora para obtener molduras y perfiles.
limadura *f.* Acción de limar. 2 Efecto de limar. -3 *f. pl.* Partículas que se desprenden al limar un metal.
limalla (fr. *limaille*) *f.* Conjunto de limaduras.
limantria *f.* ZOOL. Mariposa nocturna muy perjudicial para los arbustos *(Lymantria monacha).*
SIN. **Monja.**
I) limar (l. *limare*) *tr.* Pulir, desbastar [la madera, los metales] con la lima. 2 fig. Pulir [una obra del entendimiento]. 3 fig. ~ ***asperezas,*** suavizar disensiones entre dos o más personas. 4 fig. Cercenar [alguna cosa].
II) limar *m. Guat.* Limero, árbol.
limatón (como *lima* II; pero a través del cat. *llimetó*) *m.* Lima redonda y gruesa. 2 *Amér.* Lima (instrumento de acero). 3 *Amér.* Lima (madero del tejado).
limaza (l. *limace*) *f.* Babosa (molusco gasterópodo). 2 *Venez.* Especie de lima grande.
limazo (de *limaza*) *m.* Viscosidad, baba.
limbo (l. *-bu*) *m.* Lugar donde las almas de los justos del Antiguo Testamento esperaban la redención del género humano. 2 Lugar a donde van las almas de los que, antes del uso de razón, mueren sin bautismo: ***estar en el*** ~, fig., estar distraído. 3 Borde de una cosa, esp. orla o extremidad de la vestidura. 4 Placa que lleva grabada una escala, por lo general con algunos de sus trazos numerados, que se emplea en diversos aparatos de medida para leer la posición que ocupa un índice móvil. 5 Contorno aparente de un astro. 6 Lámina de las hojas, sépalos o pétalos.
SIN. *1* **Infierno, seno de Abraham.**
limen (l.) *m.* lit. Umbral (de la puerta y primer paso).
limenso *m. Chile.* Variedad de ají. 2 *Chile.* ***Melón*** ~, el pequeño de color anaranjado con rayas blanquecinas y muy oloroso.
limeño, -ña *adj.-s.* De Lima, cap. del Perú.
limera *f.* MAR. Abertura en la cubierta por donde pasa la cabeza del timón.

limero, -ra *m. f.* Persona que se dedica a vender limas (frutos). -2 *m.* Árbol rutáceo, de flores blancas y olorosas y fruto en hesperidio, esferoidal, de corteza amarilla y pulpa jugosa y dulce *(Citrus limetta).*
SIN. *2* **Lima,** el árbol y su fruto.
limeta (l. *nimbu,* nube de lluvia, frasco para vino; a través del moz. *lima* o *nima*) *f.* Botella de vientre ancho y cuello largo.
limícola (l. *limus,* lodo + *-cola*) *adj.* Que vive en el cieno del fondo del mar o de los lagos.
liminal *adj.* Que concierne al comienzo de alguna cosa.
liminar *adj.-s.* Que está al principio. 2 Referente al dintel, a la entrada.
SIN. *1* **Preliminar.**
límiste (fr. *limestre,* der. del ing. ant. *lemster,* nombre geográfico) *m.* Paño que se fabricaba en Segovia.
limitable *adj.* Que puede limitarse.
limitación (l. *-atione*) *f.* Acción de limitar o limitarse. 2 Efecto de limitar o limitarse. 3 Término o distrito.
SIN. *1* y *2* **Delimitación.** *3* **Demarcación.**
limitadamente *adv. m.* Con limitación.
limitado, -da *adj.* De corto entendimiento: ~ *de talento;* ~ *en ciencia.* 2 COM. [sociedad o casa mercantil] De responsabilidad limitada al capital escriturado.
limitador, -ra *adj.* Que limita. -2 *m.* ELECTR. Circuito electrónico empleado para suprimir los valores extremos de una señal eléctrica.
limitáneo, -a (l. *-eu*) *adj.* Relativo o inmediato a los límites de un país.
limitar (l. *-are;* doble etim. *lindar*) *tr.* Poner límites [a un terreno]. 2 Fijar la extensión [de atribuciones, derechos, jurisdicción, etc.]. 3 fig. Acortar, reducir, ceñir, restringir: ~ *las iniciativas.* -4 *intr.* Lindar, confinar: *España limita al oeste con Portugal.*
SIN. *1* y *2* **Delimitar, demarcar, determinar.** *4* v. **Lindar.**
limitativo, -va *adj.* Restrictivo, que limita o coarta.
límite (l.) *m.* Término, confín, lindero: ~ *de una provincia, de una heredad,* etc. 2 fig. Fin, término. 3 MAT. Valor fijo al cual puede acercarse, cada vez más, una cantidad, sin llegar a igualarlo. -4 *adj.* Que no se puede o debe sobrepasar. Se usa invariable en casos como *hora* ~; *velocidad* ~; *situación* ~.
limítrofe (l. *limitrophu*) *adj.* Confinante ◇ Ús. en Geogr. o tratando de territorios extensos.
SIN. **Lindante, colindante,** si se trata de fincas, terrenos, etc.
limnea *f.* Molusco gasterópodo de agua dulce, de unos 3 cms. de longitud *(Lymnaea* sp.*).*
limno-, limn- (gr. *limne,* lago, agua estancada) Elemento prefijal que entra en la formación de palabras con el significado de lago, marisma, mar.
limnobiología (*limno-* + *biología*) *f.* Estudio de los organismos que viven en el medio lacustre.
limnobios (*limno-* + gr. *bíos,* vida) *m.* BOT. Conjunto de organismos animales y vegetales que viven en lagos y marismas.
limnógrafo (*limno-* + *-grafo*) *m.* Aparato registrador que mide el nivel de las aguas de lagos y ríos.
limnología (*limno-* + *-logía*) *f.* Rama de la hidrología que estudia las aguas continentales. 2 Parte de la biología que estudia los seres y el medio lacustre.
limnometría (*limno-* + *-metría*) *f.* Medición de las variaciones periódicas que experimenta el nivel de las aguas en los lagos.
limnoplancton (*limno-* + *plancton*) *m.* Plancton de los lagos.
I) limo (l. *-mu*) *m.* Lodo o légamo.
II) limo *m. Amér.* Limero, árbol.
I) limón (ár. *laimun,* der. del persa *limun*) *m.* Fruto del limonero. 2 Limonero (árbol). -3 *m. pl.* fam. Pechos de la mujer.
SIN. *1* y *2* **Citrón,** p. us.
II) limón (fr. *limon,* de orig. incierto, tal vez cruce de fr. *timon* y fr. *limande*) *m.* Limonera. 2 Larguero de la escalera. 3 Palo torneado que, con otros iguales, colocado verticalmente forma los costados del carro.
limonada *f.* Bebida compuesta de agua, azúcar y zumo de limón. 2 ~ ***purgante,*** citrato de magnesia disuelto en agua con azúcar. 3 ~ ***de vino,*** sangría, limonada en que se sustituye el agua por vino. 4 *Guat.* Barrio de chabolas.
limonado, -da *adj.* De color de limón.
limonar *m.* Terreno plantado de limoneros. 2 *Guat.* Limonero, árbol.
limonaria *f. Hond.* Arbusto de jardín, de flores muy olorosas *(Murraya exotica).*
limoncillo *m.* Árbol de América central, de madera amarilla en taracea *(Chloroxylon swietenia).* 2 Árbol rutáceo de Cuba, de madera poco estimada. El nombre se aplica a árboles y arbustos diversos *(Fagara limoncello).* 3 TAUROM. Tope en forma de pequeño limón que tenía la puya para impedir que penetrara tras ella el palo en el cuerpo del toro.
limoneno *m.* Carburo de hidrógeno perteneciente a los terpenos.
limonense *adj.-s.* De Limón, c. y prov. de Costa Rica.
limonera *f.* Vara de un carruaje, o el conjunto de las dos que puede tener. 2 Hierba labiada, perenne, cuyas hojas huelen a limón *(Melissa officinalis).* 3 Mariposa diurna de color amarillo limón el macho y blanco verdoso la hembra *(Gonepterix rhamni).*
I) limonero, -ra *m. f.* Persona que se dedica a vender limones. -2 *m.* Árbol rutáceo, de flores rosadas y olorosas, y fruto en hesperidio, ovoide, de corteza amarilla y pulpa jugosa, de agradable sabor ácido *(Citrus limonum).*
SIN. *2* **Limón.**
II) limonero, -ra *adj.-s.* [caballería] Que va entre las varas de un carruaje.
limonita *f.* Hidróxido de hierro nativo.
limosidad *f.* Calidad de limoso. 2 Sarro de la dentadura.
limosna (gr. *eleemosyne,* compasión; hecho en l. *eleemosyna* y *elimosyna*) *f.* Dádiva caritativa. 2 Lo que se da al sacerdote por la aplicación de una misa.
limosnear *intr.* Pordiosear.
limosneo *m.* Acción de limosnear.
limosnera *f.* Escarcela en que se llevaba dinero para dar limosnas.
limosnero, -ra *adj.* Caritativo. -2 *m.* Encargado de recoger y distribuir limosnas. -3 *m. f. Can.* y *Amér.* Mendigo, pordiosero.
limoso, -sa (l. *-osu*) *adj.* Lleno de limo o lodo.
limpeño, -ña *adj.-s.* De Limpio, cap. del dep. de Central (Paraguay).
limpia *f.* Limpieza (acción y efecto). 2 vulg. Trago o vaso de vino. -3 *m.* fam. Limpiabotas. -4 *com.* fam. Limpiaparabrisas (persona). -5 *f. Logr.* Tiempo en que se verifica la poda. 6 *Amér.* Azotaina.
limpiabarros (de *limpiar* + *barro*) *m.* Utensilio colocado a la entrada de las casas, para que quien entre se limpie el barro del calzado. ◇ Pl.: *limpiabarros.*
limpiabotas (de *limpiar* + *bota*) *m.* El que se dedica a limpiar y lustrar botas y zapatos. ◇ Pl.: *limpiabotas.*
SIN. **Limpia.**
limpiabrisas *m. Colomb.* y *Guat.* Limpiaparabrisas. ◇ Pl.: *limpiabrisas.*
limpiachimeneas (de *limpiar* + *chimenea*) *m.* El que se dedica a deshollinar chimeneas. ◇ Pl.: *limpiachimeneas.*
SIN. **Deshollinador.**
limpiada *f.* Acción de limpiar.
limpiadera *f.* Cepillo (de carpintería). 2 Aguijada (para separar la tierra del arado).
limpiadientes (de *limpiar* + *diente*) *m.* Mondadientes. 2 *Hond.* Copalillo cuya resina puede sustituir al alcanfor. 3 *Hond.* Esta misma resina. ◇ Pl.: *limpiadientes.*
limpiador, -ra *adj.-s.* Que limpia. -2 *m.* El que en los buques mercantes de motor realiza las limpiezas del servicio de máquinas. 3 *Méj.* Limpiaparabrisas. 4 *Méj.* Escobilla del limpiaparabrisas.
limpiadura *f.* p. us. Limpieza (acción y efecto). -2 *f. pl.* Desperdicios que se sacan de una cosa que se limpia.
limpiamanos (de *limpiar* + *mano*) *m.* Toalla, servilleta. ◇ Pl.: *limpiamanos.*
limpiamente *adv. m.* Con limpieza.
limpiamiento *m.* p. us. Limpieza (acción y efecto).
limpiaparabrisas (de *limpiar* + *parabrisa*) *m.* En los automóviles, varilla articulada, con movimiento automático, que limpia el cristal del parabrisas de la lluvia o nieve que dificulta la visión. -2 *com.* Persona que limpia el cristal del parabrisas de los automóviles detenidos en semáforos o cruces en busca de una pequeña compensación económica. ◇ Pl.: *limpiaparabrisas*
SIN. *2* **Limpia.**
limpiapeines (de *limpiar* + *peine*) *m.* Instrumento, gralte. de metal, con que se limpian las púas de los peines. ◇ Pl.: *limpiapeines.*
limpiapipas *m.* Instrumento de metal con que se ataca y limpia la pipa; ◇ Pl.: *limpiapipas.*
limpiaplumas (de *limpiar* + *pluma*) *m.* Paño o cepillito para limpiar las plumas de escribir. ◇ Pl.: *limpiaplumas.*

limpiar (l. *limpidare*) ***tr.*** Quitar la suciedad [a una cosa]: *limpiarse con,* o *en, el pañuelo; ~ de broza.* 2 fig. Purificar: *~ de culpas.* 3 fig. Ahuyentar [de un lugar] a las personas que son perjudiciales: *~ de maleantes la ciudad.* 4 fig. Quitar [a los árboles] las ramas pequeñas que se dañan entre sí. 5 fig. Hurtar: *me limpiaron la cartera.* 6 En el juego, ganar cantidades. 7 *Argent.* y *Urug.* Matar. 8 *Chile.* Escardar, sachar. 9 *Méj.* y *Pan.* Castigar, azotar. ◇ ** CONJUG. [12] como ***cambiar.***
limpiaúñas (de *limpiar + uña*) ***m.*** Instrumento para limpiar las uñas. ◇ Pl.: *limpiaúñas.*
limpiavías (de *limpiar + vía*) ***m.*** Empleado de tranvías dedicado a limpiar los raíles. 2 Instrumento que usa. ◇ Pl.: *limpiavías.*
limpiavidrios (de *limpiar + vidrio*) ***m.*** *S. Dom.* Limpiaparabrisas. ◇ Pl.: *limpiavidrios.*
limpidez ***f.*** lit. Calidad de límpido.
límpido, -da (l. *-du;* doble etim. *limpio*) ***adj.*** lit. Limpio, claro, transparente.
limpieza ***f.*** Calidad de limpio: *~ **de sangre,*** calidad de limpio (sin mezcla). 2 Acción de limpiar o limpiarse. 3 Efecto de limpiar o limpiarse. 4 Pureza, castidad. 5 Integridad, honradez; rectitud, sinceridad: *~ de manos; ~ de corazón.* 6 Precisión, destreza, perfección. 7 fig. En los juegos, observancia de las reglas.
SIN. *1, 2* y *3* **Aseo,** esp. tratándose de personas, casa, etc. *2* y *3* **Limpia; limpiadura, limpiamiento,** p. us.; **mundicia,** latinismo p. us.
limpio, -pia (v. *límpido*) ***adj.*** Que no tiene mancha ni suciedad: *cara limpia.* 2 Que no tiene mezcla de otras cosas; esp., las personas que no tienen mezcla de razas o de clases sociales vilipendiadas. 3 Que tiene el hábito del aseo y la limpieza: *~ en su traje.* 4 Libre de gastos, descuentos, etc., cuando se trata de ingresos, cantidades, etc.: *cobra 60.000 pesetas limpias.* 5 Exento de cosa que dañe o inficione. 6 fig. Sin culpa: *manos limpias; corazón ~.* 7 fig. *y* fam. Que ha perdido todo en el juego. Ús. con los verbos *dejar* y *quedar.* 8 fig. *y* fam. Sin dinero. 9 [golpe, disparo] Efectuado en una acción violenta sin hacer uso de otros medios: *salió del banco a tiro ~.* 10 *Amér. Merid.* desus. Descendiente de blanco y gente blanca (español y requinterona de mulato). -11 ***adv. m.*** Limpiamente: *jugar ~.* ◇ La acep. 9 se emplea sólo en modos adverbiales.
SIN. *4* **Líquido.** FRS. *En ~*, en substancia, deducidos los gastos y los desperdicios: *valor en ~*; en claro, sin enmiendas: *poner en ~*, copiar el borrador de un escrito; *estar ~*, entre estudiantes, no saber nada.
limpión ***m.*** Limpiadura ligera: *dar un ~ a los zapatos.* 2 El que tiene a su cargo la limpieza de una cosa. 3 *Amér.* Paño con que se secan y limpian los platos. 4 *Colomb.* Regaño.
limusina ***f.*** Antiguo carruaje de carrocería cerrada para los ocupantes del asiento posterior, y abierta para el asiento delantero. 2 Automóvil lujoso de gran tamaño.
lina ***f.*** *Chile.* Hebra de lana gruesa y basta.
lináceo, -a ***adj.-f.*** Planta de la familia de las lináceas. -2 ***f. pl.*** Familia de plantas dicotiledóneas, herbáceas o leñosas, de hojas alternas, flores generalmente pentámeras, y fruto capsular o drupáceo; como el lino.
SIN. **Líneo.**
linaje (cat. *llinatge;* disimilac. del cat. ant. *llinyatge,* der. de *llinya,* del l. *linea,* línea) ***m.*** Ascendencia o descendencia de cualquier familia: *~ **humano,*** descendencia de Adán, los hombres. 2 fig. Clase o condición de una cosa. -3 ***m. pl.*** Vecinos nobles de una localidad.
SIN. *1* **Casa,** *~ de Alba, ~ de Borbón;* v. **casta.**
linajista ***com.*** Persona que sabe o escribe de linajes.
linajudo, -da ***adj.-s.*** Que es o presume de gran linaje.
lináloe ***m.*** Áloe.
linao ***m.*** *Chile.* Especie de juego de pelota usual en Chiloé.
linar ***m.*** Terreno sembrado de lino.
linarense ***adj.-s.*** De Linares, c. de la prov. de Jaén (España). 2 De Linares, c. y prov. de Chile.
linaria ***f.*** Planta escrofulariácea de flores de color azulado que se ha empleado en medicina *(Linaria vulgaris; L. arvensis).*
linaza ***f.*** Simiente del lino, cuyo aceite se emplea en la fabricación de pinturas.
REL. **Baga, gárgola,** cápsula que contiene la linaza; **bagar,** echar el lino bagas; **desbagar,** sacar de la baga la linaza.
lince (l. *lynx, lyncis,* der. del gr. *lynx, lynkos*) ***m.*** Mamífero carnívoro félido, parecido al gato, con las orejas terminadas en un pincel de pelos, al cual los antiguos atribuían una agudeza de vista extraordinaria *(Felis lynx).* 2 fig. Persona astuta, sagaz, perspicaz. 3 Constelación boreal, situada entre el Auriga y la Osa Menor. -4 ***adj.*** [vista, mirada] Perspicaz: *ojos linces.*
SIN. *1* **Lobo cerval** o **cervario.**
lincear (de *lince*) ***tr.*** Descubrir o notar [lo que difícilmente puede verse].
linceo, -a (l. *lynceu*) ***adj.*** De lince. 2 lit. Perspicaz: *ojos linceos.*
linchamiento ***m.*** Acción de linchar.
linchar (de *Lynch,* magistrado norteamericano del siglo XVIII) ***tr.*** Ejecutar [a una persona] tumultuosamente o sin proceso. 2 Fastidiar [a uno].
linche ***m.*** *Ecuad.* Especie de mochila.
lincurio (l. *lyncurium* < gr. *lygcurion*) ***m.*** Piedra que los antiguos suponían ser la orina del lince petrificada, y según la opinión más común es la belemnita o la turmalina.
linda ***f.*** *Can.* Linde de un campo.
lindamente ***adv. m.*** Primorosamente, con perfección.
lindante ***adj.*** Que linda.
lindar (v. *limitar*) ***intr.*** Estar contiguos dos países, terrenos, locales, etc.
SIN. **Limitar, confinar, colindar, rayar,** en sus aceps. intr. Los dos primeros se usan esp. en GEOGR.; **lindar, alindar, colindar** y **confrontar,** tratándose de fincas, terrenos, etc.
lindazo ***m.*** Linde, esp. el que se halla señalado con mojones, o por medio de un ribazo.
linde (v. *límite*) ***amb.*** Límite (confín y fin). 2 Término o línea que divide una heredad de otra.
lindera ***f.*** Límite o conjunto de los límites de un terreno.
lindero, -ra ***adj.*** Que linda con una cosa. -2 ***m.*** Linde.
linderón ***m.*** *Sant.* Linde.
lindeza ***f.*** Calidad de lindo. 2 Hecho o dicho gracioso. -3 ***f. pl.*** irón. Insultos.
lindo, -da (por *lidmo;* como el port. *lídimo,* der. del l. *legitimu,* legal) ***adj.*** Apacible y grato a la vista. 2 fig. Perfecto, exquisito. -3 ***m.*** Hombre presumido: *el ~ don Diego.* -4 ***adv. m.*** *Argent.* y *Urug.* Lindamente.
FR. *De lo ~*, lindamente, con gran primor; mucho o con exceso.
lindón (de *linde*) ***m.*** Caballete en que los hortelanos suelen poner las esparragueras y otras plantas.
lindura ***f.*** Lindeza.
línea (l.) ***f.*** GEOM. Extensión continua de una sola dimensión: *~ **recta,*** la más corta que se puede imaginar desde un punto a otro; *~ **curva,*** aquella cuyos elementos sucesivos cambian continuamente de dirección sin formar ángulo; *~ **quebrada,*** la formada por una sucesión de rectas que forman ángulo cada una con la siguiente; *~ **mixta,*** la formada por una alternación de segmentos rectos y curvos; *~ **de doble curvatura,*** la que no se puede representar en un plano, como la hélice; *~ **trigonométrica,*** aquella que se considera en el círculo y se utiliza en trigonometría; *~ **discreta,*** la que es discontinua; *~ **vertical,*** la perpendicular al horizonte; *~ **perpendicular,*** la que forma ángulo recto con otra; *~ **oblicua,*** la que se encuentra con otra y hace con ella ángulo que no es recto; *~ **horizontal,*** la que está sobre el horizonte o es paralela a él. 2 MAR. *~ **del fuerte,*** curva que pasa por los puntos de mayor anchura de todas las cuadernas de un buque. 3 *~ **de agua*** o ***de flotación,*** intersección de la superficie libre de un líquido y la del cuerpo que flota en él. 4 *~ **equinoccial*** o simplte. *~*, ecuador terrestre: *pasó la ~ esta mañana.* 5 fig. Término, límite. 6 Raya (señal): *trazar líneas en un papel.* 7 Vía terrestre, marítima o aérea: *~ del Norte; ~ de Barcelona a Nueva York; ~ de Madrid a Méjico.* 8 Renglón (serie de palabras). 9 Serie de miembros de una misma familia: *~ **recta*** o ***directa,*** la que va de padre a hijo; *~ **colateral*** o ***transversal,*** la de parientes no nacidos de otros, sino enlazados por descender de un ascendiente común. 10 Serie de personas o cosas situadas una detrás de otra o una al lado de la otra. 11 Serie de productos destinados a una misma categoría de usuarios. 12 Clase, género, especie. 13 Medida de longitud, equivalente a 2 mms. o doce puntos. 14 Silueta: *guardar la ~.* 15 fig. Orden de valores. 16 Superficie de análisis de la imagen que se transmite por televisión, constituida por la yuxtaposición de puntos elementales. 17 DEP. Raya que delimita en cada uno de sus extremos los campos de fútbol y de otros juegos: *~ **de meta,*** aquella en que se encuentran las porterías; *~ **de marca,*** en el juego del rugby, la situada a la altura de las porterías. 18 DEP. Árbitro de línea. 19 DEP. Conjunto de jugadores de un equipo que suelen desempeñar una misión semejante: *~ **delantera,*** la formada por jugadores que, en posición avanzada, tienen como misión principal atacar al equipo contrario; *~ **media,*** o ***medular,*** la formada por jugadores que

actúan entre la defensa y la delantera, y cuyas misiones son contener al equipo contrario y ayudar a sus otros compañeros; ~ ***trasera,*** la formada por jugadores que, en posición retrasada, tienen como misión principal neutralizar los ataques del equipo contrario. 20 ~ ***de transporte,*** ELECTR., conjunto de hilos conductores destinados al transporte de energía eléctrica de una o varias centrales generadoras o subestaciones. 21 ESGR. Posición que toma la espada de un contendiente respecto a la del otro. 22 MIL. ~ ***de columnas,*** o simplte. ~, formación de soldados o de unidades en que unos quedan al costado de los otros. Se aplica al caso en que la formación tenga un fondo de dos o tres soldados. 23 MÚS. Trazo horizontal que se utiliza en notación. 24 MÚS. ***Líneas adicionales,*** pequeños segmentos lineales que alcanzan la longitud de una sola nota musical, y que sirven para escribir sonidos no contenidos en el pentagrama. -25 *f. Chile* y *P. Rico.* Excelente, el número uno en su clase.
SIN. *2* **Escora.** FR. *Loc. adv. En toda la ~,* completamente: *triunfar, vencer, ganar, derrotar en toda la ~.*

lineación *f.* GEOL. Textura propia de las rocas metamórficas en la que los minerales se disponen orientados de forma linear.
lineal *adj.* Relativo a la línea. 2 Parecido a una línea. 3 Que consiste en líneas: *dibujo ~.* 4 BOT. y ZOOL. Largo y delgado casi como una línea. 5 MAT. [función] Cuya incógnita o variable puede ser representada gráficamente por una línea recta. 6 Proporcional: *aumento ~ de las tarifas.*
linealidad *f.* Calidad de lineal. 2 LING. Disposición lineal de los elementos en el habla.
lineamento (l. *-tu*) *m.* Línea que indica una forma o contorno.
lineamiento *m.* Lineamento. 2 *Amér.* Líneas generales de una política; orientación, directriz.
I) linear *adj.* Lineal (parecido a una línea): *hoja ~.*
II) linear (l. *-are*) *tr.* Tirar líneas [sobre un papel]. 2 Bosquejar [un dibujo, plano, etc.].
líneo, -a (l. *-eu*) *adj.-s.* Lináceo.
linero, -ra (l. *linariu*) *adj.* Relativo al lino.
linf-, v. linfo-.
linfa (l. *lympha,* agua, der. del gr. *nymphe*) *f.* Líquido coagulable, casi incoloro, débilmente alcalino, que corre por los vasos llamados linfáticos y sirve de intermediario en los cambios nutritivos entre la sangre y los tejidos. 2 BOT. Zumo blanquecino de ciertas plantas. 3 poét. Agua (líquido).
linfangioma (*linf-* + *angioma*) *m.* MED. Tumor producido por la dilatación de los vasos linfáticos.
linfangitis (*linf-* + *angitis*) *f.* MED. Inflamación de los vasos linfáticos. ◇ Pl.: *linfangitis.*
linfático, -ca *adj.-s.* Que abunda en linfa. 2 Relativo a la linfa. 3 Que padece linfatismo. 4 fig. Apático, indolente. -5 *m.* Individuo cuyo temperamento se caracteriza por la blancura de la piel, la poca fuerza de los músculos, la falta de energía, etc.
linfatismo *m.* Estado constitucional de un organismo en el cual está anormalmente desarrollado el sistema linfático, esp. el ganglionar.
linfo-, linf- (l. *lympha,* agua) Elemento prefijal que entra en la formación de palabras con el significado de linfa o vasos linfáticos.
linfocitario, -ria *adj.* Perteneciente o relativo a los linfocitos.
linfocito (*linfo-* + *-cito* I) *m.* Leucocito de pequeño tamaño, de 5 a 8 micras, con núcleo esférico muy rico en cromatina, rodeado de una pequeña franja de protoplasma, que se forma en los ganglios linfáticos.
linfocitosis (*linfocito* + *-osis*) *f.* Aumento del número de linfocitos en la sangre. ◇ Pl.: *linfocitosis.*
linfógeno, -na (*linfo-* + *-geno*) *adj.* Que produe linfa.
linfogranuloma (*linfo-* + *granuloma*) *m.* Cáncer del tejido linfático.
linfoideo, -a (*linf-* + *-oideo*) *adj.* Semejante o relativo a la linfa o a los ganglios linfáticos.
linfología (*linfo-* + *-logía*) *f.* MED. Estudio del sistema linfático.
linfopatía (*linfo-* + *-patía*) *f.* MED. Enfermedad del sistema linfático, en general.
linfuria (*linf-* + *-uria*) *f.* MED. Presencia de linfa en la orina.
lingo *m. Perú.* Juego del salto o del burro.
lingotazo *m.* vulg. Trago de bebida alcohólica.
lingote (fr. *lingot*) *m.* Trozo o barra de metal en bruto. 2 Barra o paralelepípedo de metal que sirve para balancear la estiba en los buques.
SIN. *1* **Riel,** si tiene forma de barra; **tocho,** el de hierro.
lingotera *f.* Molde para vaciar los lingotes.
lingual *adj.* Relativo a la lengua (órgano de la boca). 2 [consonante] Que se pronuncia con intervención de la lengua.
lingue (arauc. *lige*) *m. Argent.* y *Chile.* Árbol lauráceo, que se emplea como medicinal y curtiente *(Persea lingue).* 2 Corteza de este árbol.
linguete (fr. *linguet*) *m.* Barra de hierro, que impide el movimiento de retroceso de un cabrestante u otra máquina.
lingüiforme (l. *lingua,* lengua + *-forme*) *adj.* De forma de lengua.
lingüista *com.* Persona que por profesión o estudio se dedica a la lingüística.
lingüística *f.* Ciencia del lenguaje. Forma parte de la Filología, y se diferencia de ésta en que sólo estudia el lenguaje en sí mismo, mientras que la Filología se extiende a todas las obras humanas que tienen el lenguaje como medio de expresión: ~ ***general,*** la que indaga las leyes del lenguaje humano, a diferencia de la particular; ~ ***particular,*** la que limita su estudio a uno o varios idiomas; ~ *española, románica, indoeuropea,* etc.; ~ ***aplicada,*** rama de los estudios lingüísticos que, desde supuestos teóricos diversos, se ocupa de los problemas que el lenguaje plantea como medio de relación social, especialmente de los que se refieren a la enseñanza de idiomas; ~ ***comparada,*** gramática comparada; ~ ***evolutiva,*** lingüística diacrónica.
lingüístico, -ca *adj.* Relativo a la lingüística: *atlas ~.*
linier (voz inglesa) *m.* DEP. En el juego del fútbol, juez de línea.
liniguije *m. Méj.* Entre charros (mejicanos), flaco.
linimento (l. *-tu*) *m.* Preparación de aceite y bálsamos que se aplica en fricciones.
lino (l. *linu*) *m.* Planta anual linácea, de tallos rectos, hojas uninervias y flores azuladas, de la cual se emplean las fibras como materia textil, las semillas en medicina y el aceite en la preparación de pinturas *(Linum usitatissimum).* 2 Materia textil obtenida de esta planta y tejido de esta materia. 3 ~ ***caliente,*** variedad de calidad inferior. 4 fig. *y* poét. Vela de la nave. 5 *Argent.* y *P. Rico.* Linaza.
REL. *1* **Linaza,** su semilla; **linar,** terreno sembrado de lino.
linografía (*lino* + *-grafía*) *f.* IMPR. Estampación sobre tela.
linógrafo, -fa *m. f. Chile.* Linotipista.
linóleo (*lino* + l. *oleum,* aceite) *m.* Tela impermeable de yute cubierto con una capa de corcho en polvo amasado con aceite de linaza. 2 Técnica de grabado a base de huecorrelieve.
linóleum *m.* Linóleo.
linón (de *lino*) *m.* Tela de hilo muy ligera, clara y engomada. 2 Tejido de lino o de algodón, más fino que la batista.
linotipia (ing. *linotype*) *f.* IMPR. Máquina de componer, provista de un crisol, que funde el metal en piezas que contienen cada una de ellas las letras de una línea. 2 Arte de componer con esta máquina.
linotipista *com.* Persona que tiene por oficio manejar la linotipia.
linotipo *m.* IMPR. Máquina de componer llamada también linotipia. 2 Forma tipográfica obtenida con la linotipia. ◇ La acep. 1 ús. también como f.
linte *amb. Sant.* Linde.
lintel (v. *dintel*) *m.* Dintel.
linterna (l. *lanterna*) *f.* Farol portátil, con una cara de vidrio y un asa en la opuesta: ~ ***sorda,*** aquella cuya luz se puede ocultar a voluntad del portador; ~ ***mágica*** o ***de proyección,*** aparato óptico para proyectar, por medio de lentes, amplificadas sobre una pantalla, figuras pintadas en tiras de vidrio. 2 Utensilio portátil, de variadas formas y tamaños, provisto de pilas, que sirve para alumbrar. 3 ant. Faro (torre alta). 4 Luciérnaga (insecto). 5 Torrecilla con ventanas que remata algunos edificios. 6 Tipo de engranaje formado por dos discos horizontales y paralelos, unidos por una serie de barrotes cilíndricos dispuestos en círculos, que actúan como los dientes de un engranaje.
linternazo *m.* Golpe dado con la linterna. 2 fig. Golpe dado con cualquier instrumento.
linternero *m.* El que tiene por oficio hacer o vender linternas.
linternón *m.* Aum. de *linterna.* 2 Farol de popa. 3 Remate vidriado de una cúpula que da luz y ventilación.
linudo, -da *adj. Chile.* Que tiene linas: *animal, tejido ~.*
linyera *m. Argent.* Atorrante, vago. 2 *Argent.* Saco de lona donde se guarda ropa. 3 *Argent.* Equipaje del pobre.
liño *m.* Línea de árboles o plantas. 2 *Parag.* Medida de 0'0075 hectáreas.
REL. *1* **Entreliño, almanta,** el espacio de tierra que queda entre un liño y otro.

liñudo, -da *adj. Chile.* Lanoso, lanudo.
liñuelo (b. l. *lineolu* < l. *linu,* lino) *m.* Ramal (cabo de la cuerda).
lío (de *liar*) *m.* Porción de cosas atadas: ~ *de ropa.* 2 fig. Embrollo, jaleo, desorden: *armar un* ~, embrollar. 3 fig. Relaciones amorosas ilícitas.
SIN. *1* **Envoltorio.**
liofilia (gr. *lyo,* disolver + *-filia* I) *f.* Propiedad de las substancias coloidales secas que se hinchan o disuelven en los líquidos.
liofilización *f.* Acción de liofilizar. 2 Efecto de liofilizar.
liofilizar *tr.* Deshidratar mediante temperaturas muy bajas productos o elementos orgánicos para asegurar su conservación: *alimento liofilizado.* ◇ ** CONJUG. [4] como *realizar.*
liofilo, -la (gr. *leios,* liso + *-filo* III) *adj.* BOT. De hojas lisas.
liófilo *m.* Seta comestible de sombrero gris con laminillas blancas y pie claro *(Lyophyllum aggregatum).*
liona *f. Chile.* Liorna.
lionés, -nesa *adj.-s.* De Lyon, c. de Francia. -2 *f.* Pastel pequeño, cuya masa se compone de harina, huevos, mantequilla y azúcar, y que, una vez cocido al horno y dejado enfriar, se rellena de nata, crema o chocolate.
SIN. *1* **Lugdunense.**
liorna (de *Liorna,* c. de Italia) *f.* fig. *y* fam. Algazara, desorden, confusión.
liorrizo, -za (gr. *leios,* liso + *-rrizo*) *adj.* BOT. [planta] De raíz enteramente lisa, debido a que la capa pilífera procede del estrato externo de la caliptra.
lioso, -sa *adj.-s.* fam. Embrollador, complicado: *hombre* ~. -2 *adj.* Embrollado: *asunto* ~.
liosorción *f.* QUÍM. Adsorción de un líquido por una superficie sólida.
lip-, v. lipo- I.
lipa *f. Venez.* fam. Vientre.
lipasa (v. *lipo-* I) *f.* Fermento contenido en el jugo pancreático, que desdobla las grasas en glicerina y ácidos grasos.
lipata *m.* BOT. Arbusto euforbiáceo filipino.
lipegüe *m. Amér. Central.* Alipego.
lipemanía (gr. *lype,* tristeza + *-manía*) *f.* MED. Melancolía.
lipemaníaco, -ca, lipemaniaco, -ca *adj.-s.* MED. Que padece de lipemanía.
lipemia (*lip-* + *-emia*) *f.* MED. Presencia de grasa en la sangre.
lipendi *m.* vulg. Un cualquiera, un perdido.
lipes (de *Lipes,* reg. de Bolivia) *f.* Piedra lipes. ◇ Pl.: *lipes.*
lipidia *f. Amér. Central.* Miseria, pobreza. 2 *Cuba* y *Méj.* Impertinencia, majadería. 3 *Cuba.* Obstinación, porfía. 4 *Chile.* Indigestión. 5 *Ecuad.* y *Perú.* Colerina. -6 *com. Cuba* y *Méj.* Persona fastidiosa.
lipidiar *tr. Méj.* Importunar, fastidiar. ◇ ** CONJUG. [12] como *cambiar.*
lipidioso, -sa *adj. Amér.* Majadero, fastidioso.
lípido *m.* Substancia orgánica llamada comúnmente grasa.
lipiria (*lipo-* II + gr. *pyr,* fuego) *f.* Fiebre continua o intermitente, acompañada de calor excesivo por dentro y frío glacial por fuera.
lipis *f.* Lipes. ◇ Pl.: *lipis.*
I) lipo-, lip- (gr. *lipos,* grasa) Elemento prefijal que entra en la formación de palabras con el significado de grasa.
II) lipo-, lip- (gr. *leipo,* faltar) Elemento prefijal que entra en la formación de palabras con el significado de ausencia de, defecto de.
lipocromo (*lipo-* I + *-cromo*) *m.* QUÍM. Pigmento de la grasa de la manteca.
lipodistrofia (*lipo-* I + *distrofia*) *f.* MED. Trastorno en el metabolismo de las grasas.
lipodistrófico, -ca *adj.* MED. Perteneciente o relativo a la lipodistrofia.
lipograma (*lipo-* II + *-grama*) *m.* FILOL. Escrito en que se omite una letra determinada.
lipogramacia *f.* FILOL. Composición escrita sin alguna de las letras del alfabeto.
lipoide (*lip-* I + *-oide*) *m.* Substancia existente en el organismo, de composición parecida a la de las grasas; como la lecitina.
lipoideo, -a *adj.* Adiposo.
lipoma (*lip-* + *-oma*) *m.* Tumor adiposo.
lipón, -pona *adj. Venez.* Barrigón, barrigudo.
liposoluble (*lipo-* I + *soluble*) *adj.* Soluble en las grasas o los aceites.
liposoma (*lipo-* I + gr. *soma,* cuerpo) *m.* Partícula de materia lipoidea mantenida en emulsión en los tejidos en forma de grasa invisible.
lipotimia (*lipo- II* + gr. *thimós,* alma) *f.* Pérdida súbita y pasajera del sentido.
lipovacuna (*lipo-* I + *vacuna*) *f.* Vacuna en suspensión de un líquido graso.
lique *m.* fam. Golpe pequeño dado con un dedo, la mano abierta o el pie: *dar el* ~, despedir a alguien del trabajo; *darse el* ~, largarse.
liquefacción *f.* Licuefacción.
liquelique *m. Colomb.* y *Venez.* Blusa con bolsillos. ◇ También *liquilique.*
liquen (l. *lichen,* der. del gr. *leichen,* lepra) *m.* Planta criptógama constituida por la asociación simbiótica de un hongo y una alga. 2 Enfermedad de la piel caracterizada por la presencia de pápulas pequeñas y rojizas. 3 Especie de liquen de tallo plano muy ramificado con lacinias espiniscentes de color verdoso aceitunado y sabor amargo; forma mucílago al mascarlo. Muy usado en la farmacia antigua como remedio de las afecciones de las vías respiratorias *(gén. Cetraria).*
liquenáceo, -a *adj.* De forma parecida a los líquenes.
liquichiri (voz aimara) *m. Bol.* Tacaño. 2 *Bol.* Enclenque.
liquidable *adj.* Que se puede liquidar o es susceptible de liquidarse.
SIN. **Licuable,** hablando de un cuerpo que puede pasar al estado líquido.
liquidación *f.* Acción de liquidar o liquidarse. 2 Efecto de liquidar o liquidarse. 3 Venta por menor, con rebaja de precios, que hace una casa de comercio.
liquidador, -ra *adj.-s.* Que liquida (poner término y fig.).
liquidámbar (de *líquido* + *ámbar*) *m.* Líquido balsámico de propiedades emolientes, que se extrae del ocozol.
líquidamente *adv. m.* Con liquidación.
liquidar (l. *-are*) *tr.* Hacer líquido [un cuerpo sólido o gaseoso]. 2 fig. Poner término [a una cosa]. 3 fig. Desistir [de un negocio o empeño]. 4 fig. Hacer el ajuste formal [de una cuenta]. 5 fig. Saldar, pagar. 6 p. ext. Hacer ajuste [de cuentas] una casa de comercio por cesar en el negocio o transformarlo. 7 fam. Quitar de en medio, matar [a una persona].
SIN. *1* **Condensar,** si se trata de un gas; **licuar, fundir,** si se trata de sólidos; **derretir,** se aplica pralte. a substancias que se liquidan a temperatura poco elevada, como la cera; **regalar,** sugiere gralte. una materia que a la temperatura ordinaria se pone pastosa o pegajosa, p. ej., ciertas resinas, un caramelo. *4* **Saldar,** cuando se satisface enteramente el saldo que resulta de liquidar una cuenta.
liquidez *f.* Calidad de líquido. 2 COM. Calidad del activo de un banco que puede fácilmente transformarse en dinero efectivo. 3 COM. Relación entre el conjunto de dinero en caja y de bienes fácilmente convertibles en dinero y el total del activo, de un banco u otra entidad.
líquido, -da (l. *-du*) *adj.-m.* Cuerpo en que se equilibran las fuerzas de atracción y de repulsión molecular, por lo cual no tiene forma propia sino que se adapta a la forma de la cavidad que lo contiene y tiende siempre a ponerse a nivel. 2 A disposición: *dinero* ~. 3 COM. [saldo] Resultante de la comparación del debe con el haber: *deuda líquida; beneficio* ~. 4 ~ ***imponible,*** cuantía fijada oficialmente a la riqueza del contribuyente, como base para señalar su cuota tributaria. -5 *adj.-f.* Sonido consonántico fricativo que forma sílaba con la consonante que le precede cuando va agrupado con un sonido consonántico oclusivo o una *f* y seguido de una vocal; como la *l* y la *r: gloria, drama, flor; **ese líquida,*** ese inicial de palabra y seguida de consonante, que constituye sílaba por sí sola, especialmente en palabras latinas o extranjeras: *sketch, smog, stop.* -6 *m.* Bebida, alimento líquido. 7 Cosa en estado líquido. 8 Humor orgánico. -9 *adj. Amér.* Exacto, hablando de cuentas o cosas que se miden.
liquilique *m. Venez.* Liquelique.
liquiriche *adj. Bol.* Enclenque, raquítico.
I) lira (l.-gr. *lyra*) *f.* MÚS. Antiguo instrumento músico de cuerda, que se toca con ambas manos o con un plectro. 2 fig. Numen de un poeta: *la* ~ *de Anacreonte.* 3 Combinación métrica de cinco versos, endecasílabos el segundo y quinto, y heptasílabos los otros tres, en la cual riman el primero con el tercero y los restantes entre sí. 4 Combinación métrica de seis versos de distinta medida, en la que riman los cuatro primeros alternadamente y los dos últimos entre sí. 5 Constelación boreal situada entre Hércules y el Cisne y cuya estrella principal es Vega. 6 Aparato de suspensión en forma de lira para lámparas de petróleo

mecheros de gas. 7 *Guat.* fam. Matalote, rocín, caballejo malo.
SIN. *2* **Inspiración.**

II) lira (it. *lira*) *f.* Unidad monetaria de Italia.

lirado, -da *adj.* De figura de lira; díc. esp. de ciertas hojas.

liricidad *f.* Calidad de lírico.

lírico, -ca (l. *lyricu;* gr. *lyrikós*) *adj.* Perteneciente o relativo a la lira o a la poesía propia para el canto. 2 Propio de la lírica: *talento, estilo* ~. 3 fig. Lleno de entusiasmo o de inspiración. -4 *adj.-s.* Autor de obras líricas. -5 *adj.-f.* [género de poesía o composición poética] Que expone los sentimientos personales e íntimos del poeta. -6 *adj. Argent.* y *Venez.* Utópico, irrealizable. 7 *Argent.* Que hace planes utópicos.

lirio (l. *liliu*) *m.* Planta iridácea de flores terminales, grandes, de seis pétalos, azules, moradas o blancas *(Iris germanica).* 2 ~ ***amarillo,*** planta perenne de grandes flores amarillas *(Iris pseudacorus).* 3 ~ ***blanco,*** azucena. 4 ~ ***de agua,*** cala. 5 ~ ***de los valles,*** muguete. 6 BOT. ~ ***de mar,*** comátula. 7 BOT. ~ ***de san Antonio,*** azucena. 8 BOT. Planta perenne que da una sola flor, grande, de color violeta con una mancha anaranjada en la base de los tépalos exteriores *(Iris xiphium).* 9 BOT. ~ ***hediondo,*** planta liliácea de tallo sencillo y flores malolientes, con tres pétalos azules y otros tres amarillos *(Iris fœtidissima).* 10 BOT. ~ ***naranja,*** planta liliácea cuyas flores son de color naranja con manchas negras *(Lilium bulbiferum).* 11 BOT. ~ ***negro,*** planta perenne cuyas flores son de color pardo o negro purpúreo *(Hermodactylus tuberosus).* 12 BOT. ~ ***silvestre,*** martagón. 13 ZOOL. Pez marino teleósteo perciforme, de cuerpo alto y comprimido de color gris verdoso en el dorso y plateado en el vientre *(Caesiomorus vadigo).* 14 *Gal.* y *Sant.* Bacaladilla *(Gadus poutassou).* -15 *adj.* vulg. Bobo, tonto.
SIN. *2* **Ácoro bastardo, palustre** o **falso.** *9* **Efémero, íride, jiride.**

lirismo *m.* Cualidad de lírico. 2 Intimidad, subjetividad en la expresión literaria, musical o de cualquier arte. 3 *Amér.* Fantasía, ilusiones.

liróforo (de *lira* + *-foro*) *m.* Tocador de lira. 2 p. ext. Poeta.

I) lirón (l. *glirone* < *glis*) *m.* Mamífero roedor, parecido al ratón, que vive en los árboles, de cuyos frutos se alimenta, y que pasa el invierno adormecido *(Myoxus glis).* 2 fig. Persona dormilona.

II) lirón (gr. *lyron*) *m.* Alisma.

lirondo *adj.* V. mondo.

I) lis (fr. *lys,* der. del l. *liliu*) *f.* Lirio. 2 BLAS. Flor de lis. ◇ Pl.: *lises.*

II) lis *m. Chile.* Sedimento, poso. ◇ Pl.: *lises.*

lisa *f.* Pez marino teleósteo perciforme que puede adentrarse en aguas dulces próximas al mar, de cuerpo rechoncho, labio superior muy grueso, y con una mancha opercular poco visible de color amarillo *(Mugil provensalis).* 2 Colmilleja. 3 Pardete.

lisamente *adv. m.* Con lisura. -2 *loc. adv.* ***Lisa y llanamente,*** sin ambages ni rodeos.

lisboeta, lisbonense, lisbonés, -nesa *adj.-s.* De Lisboa, cap. de Portugal.
SIN. **Olisipano, olisipiense.**

lisera *f.* Berma.

lisérgico, -ca *adj.* ***Ácido*** ~, el derivado de un alcaloide del cornezuelo del centeno.

-lisia, -lisis (gr. *lysis,* disolución) Elemento sufijal que entra en la formación de palabras con el significado de disolución.

lisiado, -da *adj.-s.* Baldado, tullido. 2 Que padece lesión permanente, esp. en las extremidades. -3 *adj.* Excesivamente aficionado a una cosa o deseoso de conseguirla.

lisiadura *f.* Lesión permanente en alguna parte del cuerpo.

lisiar (del ant. *lisión,* lesión) *tr.-prnl.* Producir lesión [a alguno], esp. si es permanente. 2 Baldar. ◇ ** CONJUG. [12] como ***cambiar.***
SIN. v. **Lesionar.**

lisimaquia *f.* Planta primulácea, propia de los terrenos húmedos *(Lysimachia vulgaris).*

lisímetro (gr. *lysis,* disolución + *-metro*) *m.* Instrumento que sirve para medir la cantidad de agua de lluvia que se filtra a través del suelo.

lisina (v. *-lisia*) *f.* MED. Anticuerpo u otra substancia capaz de destruir células en condiciones adecuadas.

lisio *m. S. Dom.* Defecto.

lisis (v. *-lisia*) *f.* MED. Período de remisión gradual de la fiebre y en gral., del estado de enfermedad. ◇ Pl.: *lisis.*

-lisis, v. -lisia.

liso, -sa (l. **lisiu,* pulimentado) *adj.* Igual, sin asperezas. 2 Sin labrar o adornar: *tela, vestido* ~. 3 Exento de obstáculos. -4 *adj.-s.* Vaso tan ancho por la boca como por el fondo, en las tabernas. -5 *adj.* BOT. De bordes sin senos ni resaltos: *región lisa de una raíz.* -6 *m.* MIN. Cara plana y extensa de una roca. -7 *adj.-s. Amér.* Desvergonzado, fresco. 8 *Venez.* ***Irse*** ~, irse sin despedirse.

lisol *m.* Líquido rojo pardusco mezclable con el agua, el alcohol y la bencina. Es buen desinfectante e insecticida.

lisonja (ant. *losenja,* del prov. ant. *lauzenja,* der. del b. l. *laudemia,* alabanza, de *laudare*) *f.* Alabanza afectada.
SIN. **Incienso.**

lisonjeador, -ra *adj.-s.* Lisonjero.

lisonjear *tr.* Adular. -2 *tr.-prnl.* Dar motivo de envanecimiento: *lisonjearse con,* o *de, esperanzas.* 3 fig. Deleitar, agradar: *esta canción lisonjea.*
SIN. *1* y *2* **Halagar.**

lisonjeramente *adv. m.* Con lisonja. 2 Agradablemente.

lisonjero, -ra *adj.-s.* Que lisonjea. 2 Que agrada y deleita: *música lisonjera; voz lisonjera.*

lisosoma (gr. *lysis,* disolución + *soma,* cuerpo) *m.* BIOL. Orgánulo subcelular, de membrana sencilla, cargado de enzimas.

lista (germ. *lista,* borde, orilla) *f.* Tira (pedazo largo). 2 Línea de color en un cuerpo cualquiera, esp. en los tejidos. 3 Catálogo, relación de personas o cosas: ***pasar*** ~, llamar en alta voz para que respondan las personas cuyos nombres figuran en un catálogo o relación. 4 Papel en que se encuentra. 5 ~ ***de correos,*** oficina a la cual se dirigen las cartas y paquetes cuyos destinatarios han de ir a ella a recogerlos.
SIN. *2* **Franja.**

listadillo *m. Amér.* Tela de algodón con que suele vestirse la gente pobre.

listado, -da *adj.* Que forma o tiene listas (tiras y líneas). -2 *m.* Resultado de los cálculos efectuados por un ordenador escritos en papel por una impresora. 3 Pez marino teleósteo perciforme, sin escamas, de color azul en el dorso y blanco con rayaduras longitudinales en el vientre *(Euthynnus pelamys).*

listar *tr.* Alistar (escribir).

listeado, -da *adj.* Listado.

listear *tr.* Rayar con listas.

listel (de *lista*) *m.* Filete (de moldura).

listero, -ra *m. f.* Operario encargado de pasar lista al personal afecto a la empresa, anotando las ausencias, y repartir las nóminas del personal.

listeza *f.* Calidad de listo. 2 Prontitud, sagacidad.

listín *m.* Lista pequeña o extractada de otra más extensa. 2 ~ ***de teléfonos,*** guía telefónica.

listo, -ta (quizás del l. v. *lexitus;* part. de *legere,* leer, escoger) *adj.* Diligente, expedito. 2 Apercibido, preparado para hacer una cosa: *ya estoy* ~; *todo está* ~. 3 Sagaz, avisado: *un sujeto* ~. 4 fam. ***Estar, andar*** o ***ir*** ~, tener [el hablante] la convicción de que el propósito o esperanza [de alguien] saldrán fallidos.

¡listo! Interjección con que se denota que algo está bien hecho o acabado.

listón (aum. de *lista*) *m.* Cinta de seda más angosta que la colonia. 2 Listel. 3 Pedazo de tabla angosto. -4 *adj.* [toro] Que tiene una lista más clara que el resto de la capa a lo largo de la columna vertebral.

listonado *m.* Obra o entablado hecho de listones.

listonar *tr.* CARP. Hacer [un entablado] de listones.
SIN. **Enlistonar.**

listonería *f.* Conjunto de listones.

listonero, -ra *m. f.* Persona que tiene por oficio hacer listones.

listura *f.* fam. Calidad de listo.

lisura *f.* Calidad de liso (igual). 2 fig. Ingenuidad. 3 *Amér.* Dicho o hecho del liso o desvergonzado. 4 *Perú.* Coquetería, malicia.

lisurero, -ra *adj. Perú.* Desvergonzado, liso.

lita (l. *lytta*) *f.* Landrilla, esp. la del perro.

litación *f.* Acción de litar. 2 Efecto de litar.

litán *f.* Especie apreciada de uva de Jerez.
SIN. **Palomino.**

litantrácido (*lit-* + gr. *ánthrax,* carbón) *m.* Carbón parecido al lignito, pero con menor contenido en agua, mayor densidad y mayor poder calorífico.

litar (l. *-are*) *tr.* Hacer un sacrificio agradable a la Divinidad.

litarge, litargirio (*lit-* + gr. *árgyros,* plata) *m.* Óxido de plomo en escamas de color amarillo rojizo, que se obtiene calentando el plomo en contacto del aire y dejándolo cristalizar.
SIN. **Almártaga, almártega.**

lite (v. *litis*) *f.* DER. Pleito (discusión y resolución).

litera (cat. *llitera* < l. *lectu*, lecho) *f.* Vehículo antiguo, a manera de caja de coche, para ser llevado por hombres o por caballerías. 2 Cama fija de los camarotes de un buque y de ciertos vagones de ferrocarril. 3 p. ext. Mueble formado por dos o más camas superpuestas. 4 Cama que forma parte de dicho mueble. 5 *Méj.* ant. Coche, carruaje.
literal *adj.* Conforme a la letra del texto o al sentido exacto y propio de las palabras. 2 Que respeta fielmente el original: *traducción ~; copia ~ de unas palabras; cita ~*. 3 ***Árabe ~***, el literario o clásico, por oposición al vulgar. 4 FILOL. y LÓG. MAT. Expresado con letras: *concepto ~; magnitud ~*; ***lenguaje ~***, el propio de la lengua escrita.
CONTR. *2* **Libre.**
literalidad *f.* Calidad de literal.
literalmente *adv. m.* Conforme a la letra o al sentido literal.
literariamente *adv. m.* Según los preceptos y cualidades de lo literario.
literario, -a (l. *litterariu;* doble etim. letrero) *adj.* Relativo a la literatura.
literato, -ta (l. *litteratu;* doble etim. letrado) *adj.-s.* [pers.] Versado en literatura, o que por profesión o estudio se dedica a ella.
literatura (l. *litteratura*) *f.* Arte de la expresión por medio de la palabra. 2 Teoría de la composición literaria. 3 Conjunto de las producciones literarias de un país, de una época, de un género y, p. ext., conjunto de obras que versan sobre una ciencia o arte: *~ griega; ~ médica*. 4 Suma de conocimientos adquiridos en las obras literarias: *se dedica a la ~*. 5 ***~ de cordel***, pliegos de cordel. 6 fig. *y* burl. ***Hacer ~***, emplear palabras ociosas que poco o nada significan. 7 Información escrita sobre un tema específico: *no hay ~ para el manejo de la máquina.*
SIN. *1, 3* y *4* **Bellas letras, buenas letras, letras humanas, humanidades.**
literero *m.* desus. Vendedor o alquilador de literas. 2 desus. El que guía una litera.
litiasis (gr. *lithíasis* < *lithos*, piedra) *f.* Formación de cálculos, esp. en las vías urinarias y biliares. ◇ Pl.: *litiasis.*
lítico, -ca (gr. *lithikos*) *adj.* Relativo a la piedra.
litificación *f.* Proceso mediante el cual un material se convierte en roca compacta en la corteza terrestre.
litigación (l. *-atione*) *f.* Acción de litigar. 2 Efecto de litigar.
litigante *adj.-com.* Que litiga: *~* ***temerario***, el que no tiene justa causa para litigar (pleitear).
SIN. **Parte** (DER.).
litigar (l. *-are;* doble etim. *lidiar*) *tr.* Pleitear, disputar en juicio [sobre alguna cosa]. -2 *intr.* fig. Altercar, contender. ◇ ** CONJUG. [7] como ***llegar.***
litigiar *tr.* Litigar. ◇ ** CONJUG. [12] como ***cambiar.***
litigio (l. *-iu*) *m.* Pleito (discusión y resolución). 2 fig. Disputa, contienda.
litigioso, -sa *adj.* Que está en pleito. 2 p. ext. Que está en duda y se disputa. 3 Propenso a mover pleitos y disputas.
litina (gr. *lithine*, pétrea) *f.* Óxido de litio, existente en ciertos minerales y aguas medicinales.
litio (v. *lito-*) *m.* Metal alcalino, de color blanco de plata, blando y muy ligero. Su símbolo es *Li*, su peso atómico 7 y su número atómico 3.
litis (l. *lis, litis;* doble etim. *lite*) *f.* DER. Pleito (proceso). ◇ Pl.: *litis.*
litisconsorte (*litis* + *consorte*) *com.* DER. Persona que litiga formando una sola parte con otra.
litiscontestación (*litis* + *contestación*) *f.* DER. Trabamiento de la contienda en juicio, por medio de la contestación a la demanda.
litisexpensas (*litis* + *expensas*) *f. pl.* DER. Gastos del seguimiento de un pleito.
litispendencia (*litis* + *pendencia*) *f.* DER. Estado del pleito antes de su terminación.
SIN. **Pendencia.**
lito-, lit-, -lito, -lita (gr. *lithos*, piedra) Elemento prefijal y sufijal que entra en la formación de palabras con el significado de piedra.
litocálamo (*lito-* + gr. *kálamos*, caña) *m.* Caña fósil.
litoclasa (*lito-* + gr. *klasis*, rotura) *f.* GEOL. Quiebra o grieta de las rocas.
litocola (*lito-* + *cola* II) *f.* Betún hecho con polvos de mármol, pez y claras de huevo, usado para pegar las piedras.
litódomo (*lito-* + l. *domus*, casa) *m.* Dátil marino.
litofacies (*lito-* + *facies*) *f.* GEOL. Conjunto de caracteres petrográficos de un estrato.
litófago (*lito-* + *-fago*) *adj.* Que come piedra. -2 *adj.-s.* Molusco lamelibranquio que taladra las rocas para vivir en ellas.
litofanía (*lito-* + gr. *phanós*, brillante) *f.* Arte de fabricar imágenes transparentes en porcelana, cristal opaco, etc.
litofotografía *f.* Fotolitografía.
litofotografiar *tr.* Fotolitografiar. ◇ ** CONJUG. [13] como ***desviar.***
litogenesia (*lito-* + gr. *génesis*, origen) *f.* Parte de la geología que trata de la formación de las rocas.
litogénesis (*lito-* + *-génesis*) *f.* Conjunto de procesos que dan lugar a la formación de una roca. ◇ Pl.: *litogénesis.*
litografía (*lito-* + *grafía*) *f.* Arte de reproducir dibujos, escritos, etc., grabándolos sobre piedra preparada al efecto. 2 Reproducción obtenida por este procedimiento. 3 Taller donde se ejerce este arte.
litografiar *tr.* Reproducir por medio de la litografía [dibujos, fotografías, etc.]. ◇ ** CONJUG. [13] como ***desviar.***
litográfico, -ca *adj.* Relativo a la litografía.
litógrafo, -fa *m. f.* Persona que ejerce la litografía.
litología (*lito-* + *-logía*) *f.* Parte de la mineralogía que trata de las rocas.
SIN. **Petrografía.**
litológico, -ca *adj.* Relativo a la litología.
litólogo, -ga *m. f.* Persona que profesa o tiene conocimientos de litología.
litopón *m.* Mezcla de sulfato de bario y sulfuro de cinc usada como pigmento para pintura.
litoral (l. *-ale*) *adj.* Relativo a la costa del mar. -2 *m.* Costa de un mar, país o territorio. 3 *Argent., Parag.* y *Urug.* Orilla o franja de tierra al lado de los ríos.
litosfera (*lito-* + gr. *sphaira*, esfera) *f.* GEOL. Conjunto de las partes sólidas del globo terráqueo.
litospermo *m.* Hijo del sol.
lítote (l.-gr. *litotes*, sutileza, tenuidad) *f.* RET. Atenuación (fig. retórica).
litotomía (*lito-* + *-tomía*) *f.* CIR. Operación de abrir la vejiga para extraer un cálculo.
litótomo (*lito-* + *-tomo*) *m.* CIR. Aparato que sirve para practicar la litotomía.
litotricia (*lito-* + l. *tritium*, supino de *terere*, triturar) *f.* Operación de pulverizar o de reducir a pedazos muy menudos, dentro de la vejiga de la orina, el riñón o la vesícula, las piedras o cálculos que allí haya, a fin de que puedan salir por la uretra o las vías biliares según el caso: *~* ***biliar extracorpórea***, la que destruye los cálculos biliares mediante ondas de choque emitidas desde fuera del cuerpo; *~* ***renal extracorpórea***, la que destruye los cálculos renales mediante ondas de choque emitidas desde fuera del cuerpo.
litráceo, -a (l. *lythrum*, nombre científico de la salicaria) *adj.-f.* Planta de la familia de las litráceas. -2 *f. pl.* Familia de plantas que incluye hierbas y arbustos dicotiledóneos, de hojas enteras, receptáculo floral cóncavo y fruto capsular.
litrarieo, -ea (gr. *lythron*, sangre sucia) *adj.-s.* Litráceo.
litre (arauc.) *m. Chile.* Árbol terebintáceo siempre verde, de frutos pequeños y dulces y madera dura. Su sombra y el contacto de sus ramas producen salpullido *(Mauritia simplicifolia)*. 2 Enfermedad producida por la sombra de este árbol.
litri *adj.* fam. Cursi, lechuguino.
I) litro (fr. *litre*, voz inventada; según el fr. *litron;* probl. der. del gr. *litra*, libra) *m.* Unidad de capacidad, en el sistema métrico decimal, que equivale al contenido de un decímetro cúbico.
II) litro (arauc. *rithu*) *m. Chile.* Tejido ordinario de lana, hecho en el país.
litrona *f.* Botella de cerveza, de capacidad de un litro o litro y medio.
litroso, -sa *adj. Chile.* Enfermo de litre.
lituano, -na *adj.-s.* De Lituania, república de la Unión Soviética. -2 *adj.-m.* Lengua báltica hablada principalmente en esta república soviética.
lituo (l. *lituu*) *m.* MÚS. Instrumento de viento parecido a una trompeta de tubo en forma de cayado, que usaron los romanos. 2 Cayado que como insignia de su autoridad usaban los augures.
liturgia (b. l. *liturgia*, der. del gr. *leitourgía*, servicio público) *f.* Culto público y oficial que la Iglesia rinde a Dios. 2 p. ext. El de cualquier religión. 3 Modo de celebrar dicho culto: *~ mozárabe*. 4 En sentido restringido, la Santa Misa. 5 Ciencia que estudia el origen, desarrollo, simbolismo y normas de la liturgia.
SIN. *3* **Rito, ritual.**

litúrgico, -ca *adj.* Relativo a la liturgia. -2 *f.* Liturgia (ciencia).
liturgista *com.* Estudioso de la liturgia. 2 Partidario de seguir estrictamente la liturgia.
liudar *tr. Colomb.* y *Chile.* Leudar.
liudez *f. Amér.* Laxitud.
liudo, -da *adj.* Leudo. 2 *Amér.* Flojo, sin vigor.
liuto *m. Chile.* Planta amarilídea, cuyos tubérculos son más substanciosos que las papas. De ellos se extrae el chuño *(Alstroemeria ligtu).*
livianamente *adv. m.* Deshonestamente. 2 Con ligereza, sin fundamento. 3 Superficialmente.
liviandad *f.* Calidad de liviano. 2 fig. Acción liviana. 3 fig. Ligereza, frivolidad.
liviano, -na (l. v. *levianu,* der. del l. *levis*) *adj.* Leve, ligero. 2 fig. Fácil, inconstante. 3 fig. Lascivo, incontinente. 4 fig. De poca importancia. -5 *m. pl.* Pulmón, esp. en los animales. -6 *m.* Asno que sirve de guía a la recua. -7 *f.* Canto popular andaluz. 8 *S. Dom.* Mixta, plato de comida. -9 *m. S. Dom.* Plato hecho con vísceras de vaca o de cerdo, en caldo.
lividecer *intr.* Ponerse lívido. ◇ CONJUG. [43] como ***agradecer.***
lividez *f.* Calidad de lívido.
lívido, -da (l. *-du*) *adj.* Amoratado, esp. el color de la cara, de una herida, etc. 2 Pálido. 3 p. ext. Sorprendido, sin capacidad de reaccionar.
SIN. *1* **Cárdeno, nidrio.**
living (abreviatura del ing. *living-room*) *m.* ANGLIC. Cuarto de estar.
livonio, -nia *adj.-s.* De Livonia, antigua región del norte de Europa, que comprendía zonas de Letonia y Estonia, actuales repúblicas del oeste de la Unión Soviética. -2 *adj.-m.* Lengua baltofinesa, hablada en estas repúblicas.
livor (l.) *m.* Color cárdeno. 2 fig. Malignidad, envidia, odio.
lixiviación *f.* Acción de lixiviar. 2 Efecto de lixiviar.
lixiviar (der. del l. *lixivia,* lejía) *tr.* QUÍM. Separar por medio del agua u otro disolvente [una substancia soluble] de otra insoluble. ◇ ** CONJUG. [12] como ***cambiar.***
I) liza (de *lisa*) *f.* Lisa.
II) liza (germ. **listja;* a través del fr. *lice*) *f.* Campo dispuesto para la lid. 2 Lid.
lizarra (vasc. *lizarra,* fresno; relacionado con el vasc. *altz, altza,* aliso, del célt. *alisia,* aliso) *f.* Arbusto ericáceo, de ramas largas y erectas, y flores de color lila, rosa, o blanco en racimos largos y densos *(Erica vagans).*
SIN. **Bruco.**
lizo (l. *liciu*) *m.* Hilo fuerte usado como urdimbre para ciertos tejidos. 2 Hilo en que los tejedores dividen el estambre para que pase la lanzadera con la trama. 3 *Chile.* Palito que reemplaza a la lanzadera en los telares de mantas de lujo.
Ll, ll *f.* Elle, dígrafo que representa gráficamente a la consonante palatal fricativa lateral y sonora.
llábana (l. *lamina,* lámina) *f. Ast.* Laja tersa y resbaladiza.
llaca (arauc.) *f. Chile.* Comadreja pequeña *(Didelphis elegans).*
lladre *m. Murc.* vulg. Ladrón; pícaro, astuto.
llaga (v. *plaga*) *f.* MED. Úlcera (de pus). 2 fig. Daño o infortunio que causa pena, dolor y pesadumbre. 3 Junta entre dos ladrillos de una misma hilada.
SIN. *3* **Degolladura.**
llagar (v. *plagar*) *tr.* Hacer o causar llagas. ◇ ** CONJUG. [7] como ***llegar.***
llalla *f. Chile.* Herida pequeña. 2 *Chile.* Dolor insignificante.
llallí (arauc.) *f. Chile.* Palomita o roseta de maíz de que se hace la harina llamada *de* ~.
FR. *Hacer ~ una cosa,* desmenuzarla.
I) llama (l. *flamma*) *f.* Masa gaseosa en combustión, que surge de los cuerpos que arden. 2 fig. Vehemencia de una pasión. 3 Suplicio de la hoguera: *condenado a las llamas;* ***llamas eternas,*** las torturas del infierno
SIN. **Flama,** esp. en sentido fig. REL. **Flamear, flamígero, flámeo,** son voces de origen culto formadas a partir del l. *flamma.*
II) llama (voz quechua) *f.* Mamífero rumiante camélido, variedad doméstica del guanaco, propio de América meridional *(Lama glama).* ◇ Se ha empleado también como *m.,* pero hoy predomina el uso *f.*
III) llama *f.* Llamazar.
llamada *f.* Llamamiento (acción). 2 Ademán con que se llama la atención de uno con el fin de engañarle o distraerle. 3 Señal en impresos y manuscritos para llamar la atención desde un lugar hacia otro en que se pone cita, nota, corrección o advertencia. 4 Invitación para inmigrar, dirigida al futuro emigrante, con pago de viaje y envío de billete. 5 Excitación, invitación a una acción: ~ *de la sangre.* 6 Acción de llamar por teléfono. 7 fig. Impulso, atracción. 8 MIL. Toque para que la tropa tome las armas y entre en formación. 9 MIL. Toque que se hace de un campo a otro para parlamentar. 10 *Méj.* Cobardía.
SIN. *3* **Reclamo.**
llamadera (de *llamar*) *f.* Aguijada (de boyeros).
llamado *m.* Llamamiento.
llamador, -ra (l. *clamator*) *m. f.* Persona que llama. -2 *m.* Avisador (persona). 3 Aldaba (picaporte). 4 Botón (de timbre eléctrico). -5 *f. Perú.* Moza que sirve de atractivo en las chicherías.
llamamiento *m.* Acción de llamar. 2 Inspiración con que Dios mueve los corazones. 3 Acción de atraer algún humor de una parte del cuerpo a otra. 4 DER. Acto de nombrar personas para una herencia o sucesión. 5 MIL. Acción de llamar a los soldados de una quinta: ~ *a filas.*
SIN. *2* **Vocación.**
llamar (v. *clamar*) *tr.* Dar voces [a uno] o hacer ademanes para que atienda: ~ *a gritos;* ~ *por señas.* 2 Nombrar, dar el nombre [a una persona o cosa]; conferir un calificativo: *le llaman el Tonto; la llaman coqueta;* ~ ***de tú a otro,*** tutearle. 3 Invocar, pedir auxilio oral o mentalmente: ~ *al cielo.* 4 Convocar, citar: ~ *a cortes.* 5 Destinar: *fue llamado a la oficina central.* 6 fig. Atraer [una cosa] hacia una parte: ~ *la causa de la enfermedad a otra parte;* ~ ***la atención,*** atraer la curiosidad, el interés, etc.; advertir a alguien sobre una falta, culpa, peligro, etc., en su conducta. 7 DER. Hacer llamamiento o designación [de personas o estirpes] para una sucesión, cargo, etc. -8 *intr.* Hacer sonar la aldaba o campanilla o golpear para que acudan a abrir, a servir, etc.: ~ *a la puerta.* 9 Comunicar: ~ *por teléfono.* 10 Excitar la sed los manjares picantes o salados. 11 MAR. Cambiar de dirección el viento: *el viento llama hacia levante.* -12 *prnl.* Tener tal o cual nombre. 13 Tener por título: *la película se llama así.* 14 ***Llamarse a engaño,*** alegar que uno ha sido engañado para anular o deshacer algún pacto. 15 *Méj.* No cumplir la palabra empeñada; acobardarse.
SIN. *1* **Vocear,** llamar a voces. *2* v. **Nombrar.**
llamarada *f.* Llama que se apaga pronto. 2 fig. Encendimiento repentino y momentáneo del rostro. 3 fig. Movimiento repentino del ánimo.
SIN. **Fogarada.**
llamaritada *f. And., La Mancha, Colomb.* y *Ecuad.* Llamarada grande.
llamarón *m. Amér.* Llamarada.
llamativo, -va *adj.-m.* Manjar que llama o excita la sed. -2 *adj.* fig. Que llama la atención exageradamente, vistoso: *un vestido ~; colores llamativos.*
llamazar *m.* Terreno pantanoso donde queda retenida el agua que mana de él.
llambrega *f.* Pez marino teleósteo, pequeño, de color pardo marrón, que elimina los parásitos crustáceos de la epidermis de otros peces *(Crenilabrus cœruleus; Symphodus melanocerus).*
llambria (l. *lamina*) *f.* Parte de una peña que forma un plano muy inclinado.
llame (arauc. *llami,* estera) *m. Chile.* Lazo o trampa para cazar pájaros.
llameado *m.* Conjunto de reflejos metálicos, obtenidos por reducción del cobre sobre la loza, porcelana o gres, a alta temperatura.
llameante *adj.* Que llamea, ardiente.
llamear (v. *flamear*) *intr.* Echar llamas. -2 *tr.* MED. Flamear [alguna vasija o instrumento].
llamingo *m. Ecuad.* Llama, animal.
llamón, -mona *adj. Méj.* Cobarde.
llampear *intr. Murc.* vulg. Relampaguear.
I) llampo *m. And.* y *Murc.* vulg. Relámpago, exhalación. 2 *Murc.* Blancura fúlgida de la nieve.
II) llampo (quechua *llampu,* suave) *m. Chile.* Polvo y parte menuda del mineral que queda una vez separada la más gruesa.
llampuga *f.* Lampuga.
I) llana (l. *plana;* f. de *-nu,* llano) *f.* Herramienta de que usan los albañiles para extender el yeso y la argamasa.
SIN. **Badilejo,** p. us.; **plana, trulla.**
II) llana *f.* Plana (página). 2 Llanura (planicie).
llanada *f.* Llanura (planicie).
llanamente *adv. m.* Con llaneza. 2 fig. Con ingenuidad y sencillez.
llanca (quechua o aimara) *f. Chile.* Mineral de cobre de color

verde azulado. 2 *Chile.* Pedrezuela de este mineral, u otros parecidos, que usan los araucanos para collares, sartas y adornos de vestidos.

llande (l. *glans, glandis*) *f. Ast.* y *Sant.* Bellota.

llaneador, -ra *adj.-s.* Que llanea.

llanear *intr.* Andar por lo llano, evitando pendientes. 2 DEP. Correr con especial facilidad en el llano.

llanería *f. Venez.* Relativo a la región de Los Llanos.

llanero, -ra *m. f.* Habitante de las llanuras. 2 *Colomb.* Araucano, metense o vaupense. 3 *Venez.* p. ant. Habitante de la región de Los Llanos. -4 *adj.-s.* De Casanare, intendencia de Colombia.

llaneza (de *llano*) *f.* fig. Sencillez, moderación, familiaridad en el trato, sin cumplimiento. 2 Sencillez notable en el estilo.

llanito, -ta *adj.-s.* fam. Gibraltareño.

llano, -na (v. *plano*) *adj.* Que tiene el parecido de un plano geométrico; igual y extendido, sin altos ni bajos: *un campo ~*. 2 Accesible, sencillo, sin presunción; [vestido] sin adornos. 3 Claro, que no admite duda. 4 Corriente, que no puede presentar dificultades: *es un negocio muy ~*. 5 Pechero, que no goza de privilegios: *clase llana; estado ~*. 6 [estilo] Sencillo y sin ornato. 7 [pers.] Que no puede declinar la jurisdicción del juez a quien pertenece el conocimiento de ciertos actos, como fianzas, depósitos, etc. 8 GRAM. Grave (acento). 9 ***A la llana,*** claramente; sin ceremonia ni pompa; DER., de viva voz, sin otra formalidad: *licitación o puja a la llana.* -10 *m.* Llanura (planicie). -11 *m. pl.* En las medias y calcetines de aguja, puntos en que no se crece ni se mengua.

SIN. *1* **Plano.**

llanque *m. Perú.* Sandalia hecha de piel de buey sin curtir.

llanquete (it. *bianchette*) *m. Murc.* Angula muy pequeña.

llanquihuano, -na *adj.-s.* De Llanquihue, prov. de Chile.

I) llanta (l. *planta,* vegetal) *f.* Berza que no repolla y cuyas hojas se van arrancando a medida que crece la planta. 2 Planta, esp. la del semillero o plantel.

II) llanta (probl. del fr. *jante,* pina de rueda, der. del célt. *cambista* y *cambos,* curvo) *f.* Cerco metálico exterior de las ruedas de coches, carros, bicicletas, etc. 2 Pieza de hierro más ancha que gruesa. 3 *Amér.* Neumático. 4 *Perú* y *P. Rico.* Sortija mucho más ancha que gruesa.

SIN. *2* **Calce.**

III) llanta (voz quechua) *f. Bol.* y *Perú.* Quitasol a cuya sombra venden las mujeres del mercado.

I) llantén (l. *plantagine*) *m.* Hierba plantaginácea de hojas radicales, anchas y ovaladas cuyo cocimiento se usa en medicina *(Plantago maior).*

SIN. **Arta, plantaina.** REL. **Llantén menor, lanceóla, quinquenervia,** nombres de una especie parecida.

II) llantén *m. P. Rico.* fest. Llanto.

llantera *f.* fam. Llorera.

llantería, llanterío *f. m. Chile.* Llanto simultáneo de varias personas.

llantina *f.* fam. Llorera.

llanto (l. *planctu*) *m.* Efusión de lágrimas acompañada gralte. de lamentos y sollozos. 2 *Cuba.* Canto melódico y popular.

SIN. *1* **Lloro.**

llantón *m. Venez.* Chapa.

llanura (de *llano*) *f.* Igualdad de la superficie de una cosa. 2 Terreno igual y dilatado, sin altos ni bajos.

SIN. *2* **Llana, llanada, planada, llano, planicie.**

llapa *f.* MIN. Yapa.

llapana *f. Perú.* Illanco.

llapango, -ga *adj.* Que no usa calzado: *indio ~*.

llapar *tr.* MIN. Yapar.

llapingacho *m. Perú* Tortilla de papas con queso, frita en manteca.

llaqué *m. Ecuad.* y *Méj.* Chaqué.

llar (l. *lar, laris*) *m. Ast.* y *Sant.* Hogar.

llares (l. *lares*) *f. pl.* Cadena de hierro pendiente en el cañón de la chimenea, con garabatos para colgar la caldera. ◇ También se usa como masculino plural.

SIN. **Calamillera; caramilleras,** Sant.

llareta (quechua *yareta*) *f. Amér.* Planta umbelífera de cuyo tallo destila una resina balsámica de uso medicinal *(Laretia acaulis).* 2 *Bol.* y *Chile.* Estiércol de llamas, que se usa para combustible.

llaucana (quechua) *f. Chile.* Barreta corta que usan los mineros para picar la veta.

llaucar *intr. Chile.* Trabajar con la llaucana. ◇ ** CONJUG. [1] como ***sacar.***

llaullau (arauc.) *m. Chile.* Hongo comestible *(gén. Cyttaria).*

llaupangue (arauc.) *m. Chile.* Nombre genérico de varias plantas vivaces de flores rojas, cuya raíz contiene mucho tanino. La especie más conocida es la llamada *Francoa sonchifolia.*

llauquearse *prnl. Chile.* Desmoronarse.

llavazo *m.* Golpe dado con una llave.

llave (v. *clave*) *f.* Instrumento de metal, con guardas, para correr o descorrer el pestillo de una cerradura: *~* ***falsa,*** la hecha para falsear una cerradura; *~* ***maestra,*** la que abre y cierra las diferentes cerraduras de una casa; ***echar la*** *~*, cerrar con ella. 2 Aparato de metal que, movido por los dedos, abre o cierra el paso del aire en ciertos instrumentos músicos de viento. 3 Instrumento para facilitar o impedir el paso de un fluido por un conducto. 4 Interruptor de electricidad. 5 Clave (signo en el pentagrama). 6 Principio que facilita el conocimiento de otras cosas. 7 Cosa que sirve de resguardo o defensa: *~* ***del reino,*** plaza fuerte en la frontera. 8 Instrumento para apretar y aflojar las tuercas: *~* ***inglesa,*** la que tiene graduables las partes que han de adaptarse a la tuerca; arma de hierro en forma de eslabón, con agujeros por los cuales pasan los cuatro últimos dedos y que, una vez cerrado el puño, se usa para golpear. 9 Corchete (signo). 10 Instrumento de metal para dar cuerda a los relojes. 11 Mecanismo en las armas de fuego para dispararlas: *~ de chispa; ~ de pistón.* 12 fig. Medio para descubrir lo oculto o secreto. 13 fig. Medio para quitar los estorbos que se oponen a la consecución de un fin. 14 DEP. Movimiento o manera de asir al contrario para inmovilizarlo o vencerlo en la lucha grecorromana, jiu-jitsu, etc. 15 *And.* Vuelta que se da a cada puñado de mies. 16 *Cuba.* En el juego de monte, la carta del albur y gallo que va contra las otras tres cuando el apunte apuesta. -17 *f. pl. Méj.* Cuernos, pero únicamente los del toro.

SIN. *1* **Clavero,** en algunas catedrales y comunidades religiosas. REL. fig. *1* **Llaves de la Iglesia,** potestad espiritual para el gobierno y dirección de los fieles. SIN. *6* **Clave.**

llavear *tr. And.* Atar la mies. 2 *Parag.* Cerrar con llave.

llaveo *m. And.* Vuelta que se da a cada puñado de mies.

llavero, -ra *m. f.* Persona que tiene a su cargo la custodia de las llaves. -2 *m.* Objeto que sirve para guardar las llaves.

llavija *f.* Clavija.

llavín *m.* Llave pequeña. 2 Clave con que se abre una puerta con picaporte o cierre de golpe.

llaviza *adj.-s. Pan.* vulg. Puerta del rancho que tiene llave.

llavusco *m. La Mancha.* Llave grande.

lleco, -ca (del l. ecl. *froccus,* tierra inculta) *adj.-s.* Campo erial.

llegada *f.* Acción de llegar a un sitio. 2 Efecto de llegar a un sitio. 3 Término o meta de una carrera deportiva.

llegar (v. *plegar*) *intr.* Venir, alcanzar el término de una traslación o camino: *~ a la posada; ~ de Italia.* 2 p. anal. Alcanzar el término en el tiempo; conseguir el fin a que aspira: *~ hasta la vejez; llegó a ser general.* 3 Ascender, importar: *el gasto llegó a diez mil pesetas.* 4 Alcanzar, tocar una cosa a otra: *la falda llega a las rodillas.* 5 Suceder [una cosa a uno]; venir el tiempo de hacerse una cosa: *le llegó lo que esperaba; llegó el momento deseado.* 6 Con la preposición *a* y un infinitivo, forma frases verbales de carácter perfectivo: *he llegado a creer que no hay peligro;* con algunos verbos añade una significación de esfuerzo o dificultad: *llegó a oír; llegó a dominar su oficio.* -7 *tr.* ant. Allegar, juntar: *llegó varias cosas a la vez.* 8 Arrimar [una cosa a otra]: *llegó la escalera a la pared.* -9 *prnl.* Acercarse una cosa a otra: *se llegó a mí a causa del frío.* 10 Ir a un paraje que está cercano: *llegarse a la tienda.* ◇ ** CONJUG. [7].

FRS. fig. fam. *~ a las manos,* maltratarse de obra; *~ al alma,* sentir una cosa vivamente; *no ~ una persona o cosa a otra,* no igualarla.

lleivún *m. Chile.* Planta ciperácea cuyos tallos se emplean para hacer lazos, atar sarmientos, etc. *(Cyperus laetus).*

llena *f.* Crecida que hace salir de madre a un río o arroyo.

SIN. **Desbordamiento, riada.**

llenado *m.* Acción de llenar: *~ de las botellas.*

llenador, -ra *m. f.* Empleado que se ocupa de llenar barriles. -2 *m.* Aparato para llenar recipientes. -3 *adj.-s. Argent., Chile* y *Urug.* Alimento o bebida que produce pronto hartura o saciedad.

llenamente *adv. m.* Copiosa y abundantemente.

llenante *f. Venez.* Marea alta, pleamar.

llenar (v. *lleno*) *tr.-prnl.* Hacer que alguna cosa ocupe enteramente [un espacio vacío]; ocuparse un espacio vacío: *~ el vaso de agua; ~ el hoyo con tierra; el hoyo se llena.* 2 p. anal. Poner gran cantidad: ~ *de pájaros; llenarse de polvo.* -3 *tr.* fig. Ocupar dignamente [un lugar o empleo], cumplir: ~ *las condiciones.* 4 fig. Emplear: *llena su tiempo haciendo cosas.* 5 fig. Parecer bien [a uno], satisfacerle una cosa: *los motivos de Pedro me llenaron.* 6 fig. Colmar abundantemente: *le llenó de favores;* ~ *de injurias.* 7 fig. Fecundar el macho a [la hembra]. -8 *intr.* Llegar la luna al plenilunio. -9 *prnl.* Hartarse de comida o bebida. 10 fig. Irritarse a copia de burlas o molestias. 11 fig. Mancharse: *se llenó la corbata de tomate.*

SIN. *1, 2, 3, 6* y *9* **Henchir,** es intens. y da idea de llenar colmadamente, como **colmar.** *3* y *5* **Cumplir, satisfacer.**

llenazo *m.* Gran concurrencia en un espectáculo público.

llenazón *f. Méj.* fam. Pesadez en el estómago.

llenero, -ra *adj.* Cumplido, cabal, pleno.

lleno, -na (v. *pleno*) *adj.* Que contiene todo lo que su capacidad permite. 2 Regordete. 3 MAR. [casco, cuaderna] De mucha redondez o capacidad. -4 *m.* Plenilunio. 5 Gran concurrencia en un espectáculo público: *hubo un* ~. 6 Abundancia de una cosa. 7 fig. Perfección o último complemento de una cosa. 8 MAR. Parte del casco comprendida entre los raceles. -9 *loc. adv. De* ~, enteramente, totalmente. -10 *adj.-s.* BLAS. Escudo o figura que lleva un esmalte distinto del de su campo en dos tercios de su anchura.

SIN. *1* **Pleno.** Cuando son simples calificativos atribuidos a un substantivo, ~ se usa para lo material y concreto, en tanto que **pleno** tiene sentido figurado y abstracto: *un depósito* ~, *vaso* ~, *local* ~; *conocimiento pleno, plena responsabilidad, satisfacción plena.* En este caso, **pleno** equivale a entero, completo, cumplido, cabal. Cuando va seguido de la prep. *de* con un subst. complementario, ~ se usa lo mismo en las aceps. concretas que en las abstractas: ~ *de aceite, de satisfacción, de responsabilidad*; el empleo de **pleno** en estas condiciones es gralte. galicista: *pleno de alegría.* La locución **en pleno,** aunque sospechosa también para los puristas, se usa normalmente con carácter intensivo: *en pleno invierno; en plena calle;* **pletórico, repleto,** suponen abundancia, y equivalen al henchido, colmado, rebosante: *pletórico* o *repleto de vanidad, de comida, almacén pletórico.*

llenura (de *lleno*) *f.* Abundancia grande, plenitud.

llera (l. *glarea*) *f.* Cascajar (paraje).

llerén (voz indígena) *m. Cuba.* Planta amarantácea de florecitas blancas de cuyos tubérculos se obtiene una fécula alimenticia (gén. *Marantha).*

SIN. **Lairén, lerén,** en P. Rico.

lleta (quizás del fr. ant. *jette,* retoño) *f.* Tallo recién nacido de una planta.

SIN. **Aguijón, hitón, puyón,** en And.

I) lletear *intr.* Brotar las lletas.

II) lletear *intr. Murc.* vulg. Jadear.

lleudar *tr.* Leudar.

lleulle *adj. Chile.* Inepto, inútil.

lleuque *m. Chile.* Conífera arbórea de semillas comestibles, dispuestas en racimos *(Podocarpus andina).*

lleva, llevada *f.* Acción de llevar. 2 Efecto de llevar.

llevadero, -ra *adj.* Fácil de sufrir, tolerable.

llevador, -ra *adj.-s.* Que lleva.

llevanza *f.* Acción de llevar (cuidar). 2 Efecto de llevar (cuidar).

llevar (v. *levar*) *tr.* Transportar [una cosa] de una parte a otra: *llevó la carta a su destino; lleva la maleta en tren.* 2 Vestir [una prenda], o guardar [alguna cosa] en el bolsillo, faltriquera, etc.: *lleva chaqueta; lleva dinero en el bolsillo.* 3 Guiar, dirigir: *este camino lleva a la ciudad.* 4 Cercenar: *la bala le llevó la cabeza.* 5 Producir [frutos] los terrenos o árboles. 6 Cobrar el precio a los derechos [de una cosa]: *no nos llevó cara la ropa el sastre.* 7 Tolerar, sufrir: *esto yo no lo llevo;* ~ *una pena sobre el corazón;* ~ *con paciencia un sufrimiento.* 8 Persuadir [a uno]: *le hemos llevado a nuestra apreciación.* 9 Lograr, conseguir: *llevé el premio mayor.* 10 Haber pasado cierto tiempo: *lleva cinco días ausente;* análogamente, con ciertos participios, haber realizado lo que ellos significan: *lleva estudiadas varias lecciones; lleva conseguidas varias victorias;* en este uso tiene a menudo la función de verbo auxiliar. 11 Cuidar, encargarse [de ciertas cosas], correr [con ellas]: ~ *una finca;* ~ *los libros de comercio.* 12 Exceder [en tiempo, distancia, velocidad, mérito] con relación a otra persona o cosa: *mi hijo lleva al tuyo un año.* 13 Reservar en una operación parcial aritmética [las unidades de orden superior que han de ser adicionadas a la nueva operación parcial]. 14 En varios juegos de naipes, ir a robar con un número determinado de puntos o cartas. 15 Con la preposición *por* y algunos nombres, ejecutar lo que éstos significan: ~ *por tema;* ~ *por cortesía.*

FRS. *Llevarse bien o mal,* avenirse bien o mal con otro; ~ *uno consigo a otra persona,* hacerse acompañar de ella; ~ *las de perder,* estar en caso desventajoso; ~ *de vencida* [a alguien], subyugarlo, dominarlo; ~ *uno por delante una cosa,* tenerla presente para dirigirse en el obrar; *llevarse por delante una persona* o *cosa,* arrollarla, atropellarla; *llevarla hecha,* tener una cosa tramada de antemano con arte y disimulo.

lliclla *f. Amér. Merid.* Manta que llevan las indias en la espalda.

llicta (voz quechua y aimara) *f. Argent.* y *Bol.* Pasta amasada masticable.

lligues (arauc.) *m. pl. Chile.* Juego de niños que consiste en remecer habas en las manos y luego arrojarlas al aire. 2 *Chile.* Habas o porotos que se usan en este juego.

llipta (de *llicta*) *f. Bol.* y *Perú.* Compuesto vegetal us. como condimento.

llocántaro *m. Ast.* Bogavante (crustáceo).

llocantru *m. Ast.* Bogavante (crustáceo).

lloclla (voz quechua) *f. Perú.* Torrentera, avenida, crecida repentina de los ríos.

llocura *f.* Estado de la gallina u otra ave llueca.

lloica *f. Chile.* Loica.

lloque *m. Perú.* Arbusto rosáceo cuya madera se emplea en la fabricación de bastones, y sus tallos para hacer maromas *(Kageneckia lanceolata).*

lloquena *f. Bol.* y *Perú.* Palo que termina en una aguja afilada, us. para pescar.

llora *f. Venez.* Velación de un cadáver, y baile que la acompaña.

lloradera *f.* Llanto grande por motivo liviano.

llorado *m. Colomb.* y *Venez.* Canción popular de los llaneros.

llorador, -ra *adj.-s.* Que llora.

lloraduelos (de *llorar* + *duelo*) *com.* fig. Persona que frecuentemente lamenta y llora sus infortunios. ◇ Pl.: *lloraduelos.*

llorar (l. *plorare*) *intr.* Derramar lágrimas. -2 *intr.-tr.* Derramar lágrimas a causa de un afecto muy vivo: *lloraba todo el día;* ~ *sus duelos;* ~ *de gozo;* ~ *en,* o *por, la felicidad ajena.* 3 p. anal. Destilar licor algunas plantas: *la vid llora por primavera.* -4 *tr.* fig. Sentir vivamente [una cosa]: ~ *la muerte de un amigo.* 5 fig. Encarecer [lástimas o necesidades], gralte. con inoportunidad o con fines interesados: ~ *las miserias del país.* 6 *Chile.* *Llorarle a uno una cosa,* sentarle bien: *tiene un lunar que le llora.*

SIN. *1* **Lagrimar.**

lloredo (l. *lauretu*) *m.* Lauredal.

llorera *f.* fam. Lloro fuerte y continuado

SIN. **Llantera, llantina.**

lloretas *com. C. Rica.* Llorón.

llorica *com.* Persona que llora con frecuencia y por cualquier motivo.

lloricón, -cona *adj.* Llorica.

llorido *m. Guat.* y *Méj.* vulg. Gimoteo.

lloriquear *intr.* frecuent. Gimotear.

lloriqueo *m.* Gimoteo.

llorisquear *intr. Argent., P. Rico* y *Urug.* Gimotear.

lloritar *intr. Argent.* Llorar despacio.

lloritón, -tona *adj.-s. La Mancha.* Llorón.

lloritoso, -sa *adj. La Mancha.* Que llora con poca fuerza.

lloro *m.* Acción de llorar. 2 Llanto. 3 ELECTR. Titilación de baja frecuencia producida por la variación de velocidad del sistema de transporte mecánico de un equipo de reproducción.

llorón, -rona *adj.-s.* Que llora mucho o fácilmente. -2 *m.* Penacho de plumas largas, flexibles y péndulas; como las ramas de un sauce llorón. 3 *Extr.* Retoño del alcornoque que da un corcho más fino.

llorona *f.* Plañidera. 2 *Amér.* Espuela grande vaquera.

llorosamente *adv. m.* Con lloro.

lloroso, -sa *adj.* Que tiene señales de haber llorado. 2 Que causa llanto o tristeza.

SIN. *2* **Lacrimoso.**

llosa (del l. *clausa,* cerrada) *f. Ast., Sant.* y *Vizc.* Terreno labrantío cercado, mucho menos extenso que el de las mieses, agros y erías, y por lo común próximo a la casa o barriada a que pertenece.

llovedera *f. Amér.* Acción continua o frecuente de llover.

llovedero *m. Argent.* Llovedera.

llovedizo, -za *adj.* [techo o cubierta] Que, por defecto, deja pasar el agua de lluvia. 2 V. agua de lluvia.

llover (l. v. *plovere* < l. *pluere*) *impers.* Caer agua de las nubes: *hace meses que no llueve;* ~ ***a cántaros,*** llover en abundancia; ~ ***chuzos de punta,*** llover con mucha fuerza. 2 fig. Caer sobre uno en abundancia una cosa: ~ *desgracias en,* o *sobre,* *una familia.* -3 ***prnl.*** Calarse y gotear con las lluvias las bóvedas y cubiertas. ◇ ** CONJUG. [32] como ***mover.***

FRS. *A secas y sin ~*, sin preparación ni aviso; *como llovido,* de modo inesperado; *~ sobre mojado,* venir trabajos sobre trabajos: *llovieron desgracias sobre mojado.*

llovido ***m.*** Polizón.

llovioso, -sa ***adj.*** Lluvioso.

I) llovizna ***f.*** Lluvia menuda que cae blandamente.

SIN. **Calabobos; cernidillo, mollizna; sirimiri,** *Nav., Vasc.;* **aguarrías,** *Sant.;* **orvallo,** *Ast.*

II) llovizna ***f.*** *Colomb.* Tirabuzones, tupé.

lloviznar ***impers.*** Caer llovizna.

SIN. **Molliznar, molliznear, pintear; chispear,** lloviznar débilmente.

lloviznear ***impers.*** Lloviznar.

lloviznoso, -sa ***adj.*** *Amér.* [tiempo] De frecuentes lloviznas.

llubina ***f.*** Róbalo o lubina.

llucta (de *llicta*) ***f.*** *Bol.* y *Perú.* Llipta.

llueca ***adj.-s.*** Clueca.

lluqui (quechua) ***adj.*** *Ecuad.* Zurdo.

lluro, -ra ***adj.*** *Ecuad.* Cacarañado.

lluvia (l. *pluvia*) ***f.*** Acción de llover: *~* ***meona,*** llovizna; *~* ***ácida,*** la que tiene un alto contenido de ácido sulfúrico, procedente de las emanaciones contaminantes de determinadas industrias, y que altera o destruye comunidades de seres vivos, como lagos, bosques, etc.; *~* ***atómica,*** residuos radiactivos que se depositan sobre la tierra después de una explosión atómica en la atmósfera. 2 Agua llovediza. 3 fig. Muchedumbre; abundancia momentánea e inesperada, llegada generosa: *~ de trabajos, de millones, de octavillas; ~* ***de estrellas,*** aparición de estrellas fugaces. 4 *~* ***de oro,*** árbol pequeño, muy venenoso, que da numerosas flores de color amarillo con rayas pardas *(Laburnum anagyroides).* 5 *Chile* y *Nicar.* Ducha, dispositivo y baño.

SIN. *1* y *2* **Precipitación,** tecnicismo; **llovizna,** ~ menuda; **chaparrada, chaparrón, chubasco,** ~ de poca duración; **aguacero, manga de agua, diluvio,** ~ abundante. REL. **Pluviómetro** o **udómetro,** instrumento para medir la lluvia caída; **pluviométrico,** der. adj.

lluvioso, -sa ***adj.*** [tiempo o lugar] En que llueve mucho.

SIN. **Pluvioso,** p. us.

Lm, símbolo del *lumen.*

I) lo, forma del artículo en género neutro y número singular: *~ bueno; ~ futuro.* 2 ***pron. pers.*** Forma átona de 3.ª persona para el objeto directo en género masculino o neutro y número singular; en masculino, se usa en concurrencia con la forma *le.* No admite preposición y puede usarse enclítico: *le siguió* o *~ siguió; siguióle* o *siguiólo.* 3 ~ o ~ ***de,*** propiedad de [alguien]: *~ suyo; ~ de Marino.* ◇ V. leísta y loísta. ◇ **ANFIBOLOGIÁ; **PRONOMBRE.

II) lo ***m.*** MAR. Relinga de caída en las velas redondas.

loa ***f.*** Acción de loar. 2 Efecto de loar. 3 En el teatro antiguo, prólogo, discurso o diálogo con que solía darse principio a la función. 4 Composición dramática breve, que servía de introducción al poema dramático. 5 Breve poema dramático en que se celebra a una persona o acontecimiento. 6 *Amér. Central.* ***Echar la*** *~*, regañar.

SIN. *1* y *2* v. **Elogio.**

loable (l. *laudabile*) ***adj.*** Laudable.

loablemente ***adv. m.*** De manera loable.

loador, -ra ***adj.-s.*** Que loa.

loamiento ***m.*** FILOL. Loa.

I) loán ***m.*** Medida agraria filipina (279 m^2, dos áreas y setenta y nueve centiáreas).

II) loán (arauc. *luan*) ***adj.*** *Chile.* Del color del guanaco, amarillento; gris claro.

loanda (de *Loanda,* capital de Angola) ***f.*** Especie de escorbuto.

loar (l. *laudare*) ***tr.*** Alabar.

lob (voz inglesa) ***m.*** DEP. En el juego del tenis, pelota bombeada que, lanzada por un jugador, pasa por encima del adversario.

I) loba (l. *lupa*) ***f.*** Hembra del lobo. 2 fig. Mujer experimentada y provocadora. 3 Mariposa diurna de tamaño mediano y coloración parda, con ocelos de pupila blanca en los ápices de las alas anteriores *(Maniola jurtina).* -4 ***com.*** Astuto, cauteloso.

II) loba (gr. *lope,* manto de piel) ***f.*** p. us. Sotana (vestido).

III) loba (l. *lumbu*) ***f.*** Lomo no removido por el arado, entre surco y surco.

I) lobado, -da (de *lobo* II) ***adj.*** Lobulado.

II) lobado ***m.*** VETER. Tumor carbuncoso que padecen las caballerías en los encuentros, y el ganado vacuno, lanar y cabrío en el mismo sitio y en la papada.

lobagante (l. v. *lucopante;* var. del l. *lucuparta,* lobagante) ***m.*** Bogavante (crustáceo).

lobanillo (der. de *lobo,* por ser un mal voraz) ***m.*** Tumor indolente, gralte. enquistado, que se forma debajo de la piel. 2 En los árboles, excrecencia leñosa cubierta de corteza.

SIN. *1* **Lupia.**

lobar ***adj.*** Relativo al lobo. 2 Relativo al lóbulo.

lobato ***m.*** Cachorro del lobo.

lobazo, -za ***m. f.*** Aum. de *lobo.* -2 ***m.*** *And.* fam. Borrachera grande.

lobby (voz inglesa) ***m.*** Grupo de presión, esp. política, constituido por personas influyentes.

lobear ***intr.*** fig. Andar a la manera de los lobos, al acecho y persecución de alguna presa.

lobectomía (gr. *lobós,* lóbulo + *-ectomía*) ***f.*** CIR. Operación quirúrgica mediante la que se extirpa el lóbulo de una víscera.

lobelia ***f.*** Planta silvestre campanulácea cuyas hojas tienen propiedades medicinales *(Lobelia inflata).*

lobeliáceo, -a (de *Lobel,* botánico francés) ***adj.-f.*** Planta de la familia de las lobeliáceas. -2 ***f. pl.*** Familia de plantas dicotiledóneas, hierbas o matas leñosas, a menudo lacticíferas, de flores cigomorfas y frutos en cápsula o baya.

lobería ***f.*** *Perú.* Paraje donde se retiran las focas a hacer su vida en tierra.

lobero, -ra ***adj.*** Relativo a los lobos: *piel lobera.* -2 ***m.*** El que caza lobos para ganar una remuneración ofrecida. 3 fam. Espantanublados, embaucador. -4 ***f.*** Monte en que hacen guarida los lobos.

lobezno ***m.*** Lobo pequeño. 2 Lobato.

lobina ***f.*** Róbalo.

lobinsón ***m.*** *Argent.* y *Urug.* Lobizón.

lobito ***f.*** Mariposa diurna de color leonado naranja, con fuertes manchas pardas y ocelos de pupila blanca *(Hyponephele lycaon).*

lobizón ***m.*** *Urug.* Animal fabuloso, al que se atribuyen formas caprichosas.

I) lobo (l. *lupu*) ***m.*** Mamífero carnívoro cánido, parecido al perro, muy voraz, de 1 m. de largo, pelaje gris obscuro, orejas tiesas y cola larga peluda *(Canis lupus).* 2 Pez teleósteo comestible, de pequeño tamaño, que vive en arroyos de aguas limpias y de fondo de grava, entre cuyas piedras suele esconderse *(Cobitis barbatula).* 3 Constelación austral situada al sur de la Libra. 4 fig. Borrachera: ***coger un*** *~*; ***desollar*** o ***dormir el*** *~*, dormir la borrachera. 5 *~* ***cerval*** o ***cervario,*** lince (mamífero). 6 *~* ***marino,*** mamífero carnívoro pinnípedo de la familia otaria *(Arctocephalus australis).* 7 *~* ***de mar,*** fig. y fam., marino viejo y experimentado en su profesión. 8 *Amér. Central* y *Méj.* Coyote. 9 *Amér. Central* y *Méj.* Aguarachay. 10 *Perú.* Registro de alcantarilla.

REL. *1* **Lobato,** cría del lobo; **lobato, lobezno,** lobo pequeño; **camada,** conjunto de lobatos nacidos en un parto y que viven juntos; *lobos de una camada,* expresión fam., personas dañinas que se ayudan entre sí; **aullido,** voz del lobo; **aullar,** más us. que **otilar**; **lobera,** guarida de lobo; **aulladero,** donde suelen reunirse; **lobero, lobuno, lupino,** perteneciente o parecido al lobo; el último es de uso lit.; **loboso,** terreno donde abundan; **lobero,** cazador de lobos para ganar el premio que se ofrece.

II) lobo (gr. *lobós,* lóbulo) ***m.*** ANAT. Lóbulo (de la oreja, de un órgano).

III) lobo, -ba ***adj.-s.*** *Méj.* desus. Descendiente de negro e india, zambo. 2 *Méj.* desus. Descendiente de indio y tornatrás. 3 *Méj.* desus. Descendiente de saltatrás y mulata. 4 *Méj.* desus. Descendiente de lobo e india. 5 *Méj.* desus. Descendiente de mulato y china (negro e india). 6 *Méj.* desus. Descendiente de chino cambujo (chino y cambuja) e india. -7 ***adj.*** *Chile.* Huraño. 8 *S. Dom.* Bisoño.

loboso, -sa ***adj.*** [terreno] Donde se crían muchos lobos.

lóbrego, -ga (l. *lubricu,* resbaladizo) ***adj.*** Oscuro, tenebroso. 2 fig. Triste, melancólico.

lobreguecer ***tr.*** Hacer lóbrega [una cosa]. -2 ***impers.*** Anochecer (venir la noche). ◇ ** CONJUG. [43] como ***nacer.***

lobreguez, lobregura ***f.*** Oscuridad (falta de luz).

lobulado, -da ***adj.*** Dividido en lóbulos: *hoja lobulada.* 2 Que tiene lóbulos: *arco ~*. 3 ZOOL. Con forma de lóbulo.

SIN. **Lobado.**

lobular ***adj.*** Relativo al lóbulo. 2 ZOOL. Lobulado.

lobulillo ***m.*** Lóbulo pequeño o subdivisión de un lóbulo: *~* ***pulmonar,*** unidad funcional del pulmón constituida por el bronquiolo, conducto y saco alveolar y los vasos sanguíneos que rodean a los alveolos.

lóbulo (de *lobo* II) *m.* Parte redonda y saliente de una cosa: ~ *de un arco.* 2 Parte inferior carnosa de la nariz o la oreja. 3 División de un órgano marcada por un pliegue profundo de su superficie: ~ *del pulmón.*
lobuloso, -sa *adj.* Dividido en lóbulos.
lobuno, -na *adj.* Relativo al lobo I. 2 *Argent.* [caballo] De pelo largo, algo parecido al del lobo.
loca *f. Argent.* Mal humor.
locación (l. *-atione*) *f.* DER. Arrendamiento: ~ ***y conducción,*** contrato de arrendamiento.
locadio, -dia *adj. Méj.* fam. Loco.
locador, -ra *m. f. Chile* y *Venez.* Arrendador, persona que da en arrendamiento una cosa.
local (l. *localis,* del lugar, der. de *locus,* lugar) *adj.* Relativo al lugar. 2 Municipal o provincial. 3 De un sitio determinado. -4 *m.* Lugar cerrado y cubierto. 5 Domicilio social.
localidad *f.* Calidad de las cosas que las determina a lugar fijo. 2 Lugar o pueblo. 3 Local (sitio cerrado). 4 Plaza o asiento en un local de espectáculos públicos. 5 Billete de entrada a un lugar o espectáculo público.
localismo *m.* Excesiva preocupación de uno por el lugar en que ha nacido. 2 Palabra, giro o modo de expresión de carácter o empleo local. 3 Fenómeno confinado dentro de un área geográfica limitada.
localista *adj.* Afecto al localismo: *intereses localistas; espíritu, preocupación* ~.
localización *f.* Acción de localizar o localizarse. 2 Efecto de localizar o localizarse.
localizar *tr.* Limitar en un punto determinado: ~ *una epidemia en una región.* 2 Determinar el lugar donde se halla [una pers. o cosa]. ◇ ** CONJUG. [4] como ***realizar.***
locamente *adv. m.* Con locura. 2 Excesivamente, sin moderación.
locario, -ria *adj. Colomb.* y *Guat.* Locuelo.
locatario, -ria (l. *locare,* arrendar) *m. f.* Persona arrendataria.
locatis *com.* fam. Loco, chiflado. ◇ Pl.: *locatis.*
locativo, -va *adj.* Relativo al contrato de locación. -2 *m.* GRAM. Caso de la declinación, en algunas lenguas indoeuropeas, que expresa relación de lugar.
locaut (ing. *lock-out*) *m.* Cierre de fábricas y talleres por parte de las empresas. 2 Despido en masa de los obreros para contrarrestar una huelga o para imponerles determinadas condiciones de trabajo.
locería (de *loza*) *f.* Alfarería.
locero, -ra (der. de *loza*) *m. f.* Ollero. -2 *m.* Escurreplatos.
locha (probl. del fr. *loche,* de etim. dud.) *f.* Lobo (pez). 2 Brótola. 3 Moneda de níquel venezolana.
I) loche *m.* Locha.
II) loche (quechua *lluchu,* venado) *m. Colomb.* Especie de ciervo de pelo colorado muy lustroso *(Cariacus rufus; Cervus nemorivagus).*
locho, -cha *adj. Colomb.* Taheño, bermejo, del color del loche (ciervo).
loción (l. *lotione*) *f.* Lavamiento (de lavar). 2 Fricción o masaje sobre una parte del cuerpo con un líquido preparado para su limpieza o como medicación. 3 Producto líquido para el cuidado de la piel o el cabello.
lock-out *m.* Locaut.
I) loco, -ca (der. de *laucu,* quizás del ár. *láuga,* der. de *alwag,* tonto, loco) *adj.-s.* Que ha perdido el juicio: *volverse* ~*;* fig., ~ *con su suerte;* ~ *de amor;* ~ *en sus acciones;* ~ *por los versos.* 2 De poco juicio, disparatado e imprudente: ~ ***de atar,*** fig., que procede en sus acciones como loco; ***la loca de la casa,*** la imaginación. 3 fig. Extraordinario, excesivo: *suerte loca.* -4 *f.* vulg. Homosexual afeminado que exterioriza su condición. -5 *adj.* p. ext. Que funciona mal, esp. las máquinas o instrumentos de precisión. 6 *Argent.* ~ ***de verano,*** extravagante, chiflado.
SIN. *1* **Orate; vesánico,** sugiere pralte. loco furioso, delirante; **demente, insano, perturbado, alienado, enajenado,** son expr. atenuadas que conservan más o menos el sentido eufemístico con que se crearon; **maniático, monomaníaco, maníaco, desequilibrado,** aluden a locura parcial o de idea fija; **chiflado, grillado, tocado,** expr. pop. que sugieren lo mismo que los anteriores; **lunático,** es loco o maníaco intermitente; **idiota,** alude a la falta o trastorno congénitos de las facultades intelectuales. REL. *1* **Alienista, psiquiatra, frenópata,** médico especialista en enfermedades mentales; **loquero,** enfermero de locos; **manicomio, casa de locos** o **de orates,** lugar donde están recluidos para su tratamiento.

II) loco *m. Chile.* Molusco gasterópodo comestible *(Concholepas peruviana).*
III) loco (voz quechua) *m. Bol.* y *Perú.* Sombrero faldón usado por los mineros.
loco- (l. *locus,* lugar) Elemento prefijal que entra en la formación de palabras con el significado de lugar.
locomoción (*loco-* + l. *motio,* movimiento) *f.* Traslación de un punto a otro.
locomotivo, -va *adj.* Locomotor.
locomotor, -ra (*loco-* + *motor;* según el ingl. *locomotive*) *adj.* Propio de la locomoción, o que la produce. -2 *f.* Máquina que, montada sobre ruedas y movida por medio de vapor, motor térmico o electricidad, arrastra los vagones de un tren. 3 fig. Elemento dinámico que provoca un movimiento o evolución de otros elementos: *la construcción es la locomotora de la economía.*
locomotriz *adj.-f.* Locomotora (de la locomoción).
locomovible *adj.-s.* Locomóvil.
locomóvil (*loco-* + *móvil*) *adj.-s.* Que puede llevarse de un sitio a otro. -2 *f.* Máquina móvil de vapor, montada sobre ruedas.
locote *m. Parag.* Rocoto, especie de ají muy grande.
locoto *m. Bol.* Rocoto, especie de ají muy grande.
locrense (l.) *adj.-s.* De Locria o de Lócrida, antigua ciudad griega del sur de Italia y antiguo estado del oeste de Grecia, respectivamente. -2 *adj.-m.* Dialecto perteneciente al grupo occidental del griego común, hablado antiguamente en Lócrida.
locrio *m. S. Dom.* Arroz cocido con pollo, carne de cerdo, arenque y jamón, coloreado con bija o salsa de tomate.
locro (quechua) *m. Amér. Merid.* Especie de olla podrida formada por varios ingredientes.
locuacidad (l. *loquacitate*) *f.* Calidad de locuaz.
SIN. **Verbosidad; labia,** cuando es graciosa o persuasiva; **verborrea,** si es excesiva.
locuaz (l. *loquace*) *adj.* Que habla mucho o demasiado.
locución (l. *-utione*) *f.* Expresión, giro o modo de expresión: *es una* ~ *castiza.* 2 Frase. 3 Conjunto de palabras que tienen el valor de una sola, modo: ~, o *modo, adverbial, prepositiva,* etc.
locuela (l. *loquella*) *f.* Modo y tono particular de hablar de cada uno.
locuelo, -la *adj.-s.* Dim. de *loco.* 2 [pers.] De corta edad, vivo y atolondrado.
loculicida (de *lóculo* + *-cida*) *adj.* [dehiscencia de un fruto capsular] Que se realiza longitudinalmente por el nervio medio de cada carpelo.
lóculo (l. *-lu;* dim. de *locus,* lugar) *m.* Nicho sepulcral de forma rectangular de las catacumbas. 2 Compartimiento en que están encerradas las semillas de un fruto.
SIN. *2* **Celda.**
locumba *f.* Aguardiente de uvas fabricado en la ciudad de Locumba (Perú).
locura (de *loco*) *f.* Privación del juicio o del uso de la razón. 2 Acción inconsiderada o gran desacierto. 3 fig. Exaltación del ánimo.
locus *m.* BIOL. Posición ocupada por un gen en un cromosoma. ◇ Pl.: *locus.*
locutor, -ra (del mismo origen que *locutorio*) *m.-f.* Profesional de la radio o televisión que da avisos, noticias y comunicaciones a la audiencia.
locutorio (l. *locutor,* el que habla) *m.* Departamento dividido comúnmente por una reja, donde reciben las visitas las monjas o los penados. 2 Departamento individual en el que hay un teléfono para uso del público.
SIN. *1* **Libratorio,** en los conventos de monjas; **parlatorio.** *2* **Cabina.**
lodacero *m. Ecuad.* Lodazal.
lodachar *m.* Lodazal.
lodazal, -zar *m.* Terreno lleno de lodo.
loden (voz alemana) *m.* Tejido grueso de lana parecido al fieltro. 2 Abrigo confeccionado con él.
lodo (l. *lutu*) *m.* Barro que forma la lluvia en el suelo. 2 Líquido muy denso que se hace circular en el interior de un pozo petrolífero para evitar hundimientos y lubrificar el trépano de una máquina de perforación. 3 Pasta para tapar intersticios en los empalmes de máquinas, aparatos químicos, etc. 4 fig. Deshonra, descrédito, mala reputación: *su comportamiento cubrió de* ~ *nuestro apellido.*
SIN. **Limo.**
lodoñero *m.* Guayaco.
lodoño (del l. *lotu*) *m. Nav.* Almez.
lodoso, -sa *adj.* Lleno de lodo.

loess *m.* GEOL. Limo muy fino, sin estratificaciones ni fósiles, que se origina en las regiones áridas y es transportado por el viento.

lofiforme *adj.-m.* Pez del orden de los lofiformes. -2 *m. pl.* Orden de peces teleósteos con el cuerpo deprimido y la boca muy grande; como el rape.

lofiro *m.* Insecto himenóptero cuyas larvas viven sobre las coníferas *(Diprion pini).*

lofofórido *adj.-m.* Animal del grupo de los lofofóridos. -2 *m. pl.* Denominación sin categoría taxonómica que incluye a varios grupos de animales acuáticos portadores de lofóforos; como forónidos, braquiópodos y ectoproctos.

lofóforo *m.* Órgano formado por un conjunto de tentáculos con funciones alimenticias.

log. MAT. Abreviación usual de logaritmo.

loganiáceo, -a (de *Logan,* botánico norteamericano) *adj.-f.* Planta de la familia de las loganiáceas. -2 *f. pl.* Familia de plantas que incluye hierbas, árboles o arbustos tropicales, de hojas opuestas con estípulas y fruto en cápsula, baya o drupa.

logaritmación *f.* MAT. Cálculo del logaritmo de un número. 2 MAT. Operación por la cual se hace corresponder a cada número su logaritmo en una base dada.

logarítmico, -ca *adj.* MAT. Relativo a los logaritmos.

logaritmo (gr. *logos,* relación + *arithmós,* número) *m.* Exponente de una potencia de un número fijo, llamado base, que iguala a un número dado, llamado antilogaritmo: ~ ***vulgar,*** el que tiene por base el número 10; ~ ***neperiano,*** el que tiene por base el número e.

REL. **Característica,** la parte entera de un logaritmo; **mantisa,** la parte decimal.

loggia (it.) *f.* ARQ. Galería sin columnas.

logia (it. *loggia,* der. del fr. *loge;* doble etim. *lonja) f.* Galería exterior techada y cubierta por delante. 2 Local donde se celebran las asambleas de francmasones. 3 Reunión de francmasones. 4 Conjunto de individuos que la constituyen.

-logía (gr. *logos,* locución, razón, explicación) Elemento sufijal que entra en la formación de palabras con el significado de ciencia, tratado.

lógica (gr. *logiké;* t. f. de *-ikós,* relativo a la razón) *f.* Disciplina que estudia los principios formales del conocimiento humano, es decir, las formas y las leyes más generales del pensamiento humano considerado puramente en sí mismo, sin referencia a los objetos. Los problemas principales de la lógica son las doctrinas del concepto, del juicio, del silogismo y del método. V. epistemología. 2 ~ ***trascendental,*** nombre dado por Kant (1724-1804) a la parte de su teoría del conocimiento que investiga las categorías del entendimiento y su valor para el conocimiento. 3 Razonamiento, método: *esta obra carece de ~.* 4 fig. Modo particular de raciocinar. 5 FIL. ~ ***matemática,*** logística.

lógicamente *adv. m.* Según las reglas de la lógica.

logicial *m.* Software.

logicismo *m.* Filosofía fundada en el predominio de la lógica.

lógico, -ca *adj.* Relativo a la lógica. 2 Que se produce de acuerdo con las leyes del pensamiento o que se sigue de los antecedentes o de las circunstancias concurrentes. -3 *adj.-s.* Que estudia y conoce la lógica.

logística *f.* FIL. Rama de la lógica que emplea en sus deducciones los métodos y el simbolismo de las matemáticas. 2 MIL. Técnica del movimiento de las tropas y de su transporte y avituallamiento. 3 p. ext. Método y medio de organización.

logístico, -ca *adj.* Relativo a la logística militar o filosófica.

logo-, -logo, -loga (v. *-logía*) Elemento prefijal y sufijal que entra en la formación de palabras con el significado de discurso, palabra, lenguaje; que está en determinada relación; estudioso, especialista: *geólogo.*

logodédalo, -la (*logo-* + *dédalo*) *adj.* FILOL. [pers.] Que estudia y emplea con astucia y rebuscamiento las palabras.

logógrafo (*logo-* + *-grafo*) *m.* Entre los griegos, prosista. 2 Historiador de los primeros tiempos de Grecia. 3 Retórico griego que componía discursos o defensas para otro.

logograma (*logo-* + *-grama*) *m.* FILOL. Palabra condensada en una letra; fonograma que, por razón de brevedad, representa una palabra. 2 FILOL. Logogrifo.

logogrífico, -ca *adj.* Relativo al logogrifo. 2 Obscuro, difícil de entender.

logogrifo (*logo-* + gr. *griphos,* red) *m.* Enigma en que, para dar con la palabra que constituye la solución, es necesario adivinar primero otras formadas con elementos de aquélla y de las cuales se da una indicación que facilita su acierto. 2 fig. Discurso ininteligible.

logomaquia (*logo-* + gr. *machomai,* pelear) *f.* Discusión en que se atiende a las palabras y no al fondo del asunto.

logómetro (*logo-* + *-metro*) *m.* Instrumento empleado para medir la relación existente entre dos magnitudes eléctricas.

logopeda *adj.-com.* Especialista en logopedia.

logopedia (*logo-* + gr. *paideía,* enseñanza) *f.* Tratamiento de los defectos de pronunciación.

logos (gr.) *m.* En la filosofía de Platón (427 ó 428-347 ó 348 a. C.), Dios como principio de las ideas. 2 Entre los neoplatónicos, uno de los aspectos de la divinidad. 3 En teología cristiana, el Verbo de Dios, segunda persona de la Trinidad.

logotipo (*logo-* + *tipo*) *m.* IMPR. Grupo de signos fundidos en un solo bloque para facilitar la composición tipográfica. 2 Dibujo o símbolo gráfico adoptado por una empresa, entidad o institución para usarlo en sus productos, publicaciones, cartas, etc., como distintivo o etiqueta característica.

SIN. *2* **Viñeta.**

logrado, -da, p. p. de *lograr.* 2 *adj.* Bien hecho, de buena apariencia, bien concebido.

lograr (v. *lucrar*) *tr.* Conseguir [lo que se intenta o desea]. 2 Gozar o disfrutar [una cosa]. -3 *prnl.* Llegar a su perfección una cosa: *una canción muy lograda.*

logrear *intr.* Emplearse en dar o recibir a logro.

logrería *f.* Ejercicio del logrero.

logrerismo *m. Chile.* Logrería del que sabe sacar dinero de otro, gralte. del fisco por medios poco escrupulosos.

logrero, -ra *m. f.* Persona que da dinero a logro. 2 Persona que acapara mercancías para venderlas a precio excesivo. 3 *Amér.* Gorrista, gorrón.

SIN. *1* **Usurero.**

logro (v. *lucro*) *m.* Acción de lograr. 2 Efecto de lograr. 3 Lucro. 4 Usura. 5 En el juego de gallos, apuesta desigual. 6 Éxito.

SIN. *3* y *4* v. **Ganancia.**

logrón, -grona *adj. Argent.* Logrero, usurero.

logroñés, -ñesa *adj.-s.* De Logroño.

loica (arauc.) *f. Chile.* Pájaro algo mayor que el estornino, que se domestica con facilidad y es muy estimado por su canto melodioso *(Trupialis militaris).*

SIN. **Lloica.**

loísmo *m.* Empleo de la forma *lo* como objeto indirecto del pronombre personal de 3 persona.

loísta *adj.-com.* Que practica el loísmo.

loja *f. Cuba.* Agualoja, bebida.

lojano, -na *adj.-s.* De Loja, c. y prov. del Ecuador.

lojeño, -ña *adj.-s.* De Loja, c. de Granada (España).

loliáceo, -a *adj.-f.* Planta de la familia de las loliáceas. -2 *f. pl.* Familia de gramíneas que tienen por tipo el joyo o cizaña.

lolingita *f.* MINERAL. Arseniuro de hierro, de color blanco de plata y brillo metálico.

loma (de *lomo*) *f.* Altura pequeña y prolongada.

lomada *f. Argent., Parag.* y *Urug.* Loma.

lomaje *m. Chile.* Terreno formado todo de lomas.

lombarda *f.* Bombarda (máquina militar). 2 Proyectil de forma esférica arrojado por esta máquina.

lombardada *f.* Tiro que dispara la lombarda.

lombardero *m.* Soldado que servía las lombardas.

I) lombardo, -da *adj.-s.* De Lombardía, región de Italia. 2 Longobardo: *los lombardos invadieron Italia.* -3 *m.* Dialecto de Lombardía. 4 Banco de crédito sobre mercancías. -5 *f.* Variedad de repollo pigmentada de rojo *(Brassica oleracea capitala).*

II) lombardo, -da *adj.* [toro castaño] Cuya parte superior y media del tronco es de color más claro que el resto del cuerpo.

lombo *m. Extr.* Lomo.

lombricera *f. Colomb.* Viborán.

lombricero *m. Murc.* Lombriguera (agujero).

lombricida (de *lombriz* + *-cida*) *m.* Remedio contra las lombrices.

lombriciento, -ta *adj. Amér.* Que tiene lombrices.

lombriguera *f.* Agujero que hacen en la tierra las lombrices. 2 Sitio donde hay muchas lombrices. 3 ***Hierba ~,*** planta compuesta que se ha empleado como vermífuga *(Tanacetum vulgare).* 4 Abrótano.

lombriz (l. v. **lumbrice* < l. *lumbricu*) *f.* Gusano anélido oligoqueto, lucífugo, de color blanco rojizo, de cuerpo blando, cilíndrico y muy alargado *(gén. Lumbricus).* 2 ~ ***intestinal,*** gusa-

no nematodo parásito de los intestinos del hombre y de los animales *(Ascaris lumbricoides)*.
SIN. **Lambrija; miñosa,** en algunas partes. *2* **Verme.** REL. *2* **Vermicida, vermífugo,** medicamento que mata las lombrices intestinales.
lomear ***intr.*** Mover los caballos el lomo, encorvándolo con violencia. 2 *Bol.* Hacerse uno el sueco.
lomera ***f.*** Correa que, acomodada en el lomo de la caballería, mantiene las demás piezas de la guarnición. 2 Piel o tela que forma el lomo del libro encuadernado en media pasta. 3 Caballete (de un tejado).
lomerío ***m.*** *Guat.* y *Méj.* Conjunto de lomas.
lometa ***f.*** Montículo.
lometón ***m.*** *Cuba.* Lometa.
lomienhiesto, -ta (de *lomo + enhiesto*) ***adj.*** Alto de lomos. 2 fig. Engreído, presuntuoso. 3 fig. Holgazán.
lomillería ***f.*** *Amér. Merid.* Taller donde se hacen lomillos, riendas, lazos, etc., y tienda donde se venden. 2 Conjunto de los aparejos de montar.
lomillo (dim. de *lomo*) ***m.*** Labor hecha con dos puntadas cruzadas. 2 Parte superior de la albarda. 3 *Amér.* Pieza del recado de montar que se aplica sobre la carona. -4 ***m. pl.*** Aparejo con dos almohadillas largas y estrechas para las caballerías, que dejan libre el lomo.
lominhiesto, -ta ***adj.*** Lomienhiesto.
lomita (tras ~) ***loc.*** *Méj.* A cierta distancia.
lomo (l. *lumbu*) ***m.*** Parte inferior y central de la espalda: *dolor de lomos.* 2 Todo el espinazo de los cuadrúpedos. 3 Carne de cerdo que forma el lomo. 4 Parte del libro opuesta al corte de las hojas. 5 Parte de los instrumentos cortantes opuesta al filo. 6 Tierra que levanta el arado entre surco y surco. 7 *Extr.* Parte longitudinal de la albarda. -8 ***m. pl.*** Costillas.
REL. **Lumbar,** relativo al lomo.
lompa ***f.*** ZOOL. Pez marino teleósteo con cuatro hileras de placas óseas y sin escamas *(Cyclopterus lumpus)*.
lomudo, -da ***adj.*** Que tiene grandes lomos.
I) lona (de *Olonne,* c. de Francia) ***f.*** Tela fuerte de algodón o cáñamo, usada para velas de navío, toldos, etc. 2 DEP. En boxeo, lucha, etc., piso del cuadrilátero. 3 *R. de la Plata.* p. ant. Harpillera.
II) lona ***f.*** Planta de Honduras, cuya raíz, cocida, comen los aldeanos en tiempo de escasez.
loncha ***f.*** Lonja.
lonchar (der. de *lonche*) ***intr.*** *Amér.* Almorzar (comer al mediodía).
lonche (del ingl. *lunch*) ***m.*** *Amér.* Refrigerio, piscolabis, tentempié, refresco. 2 *Amér.* Almuerzo (comida del mediodía).
REL. **Lonchería,** casa de comidas.
lonchear (der. de *lonche*) ***intr.*** Lonchar.
lonchería (der. de *lonche*) ***f.*** *Amér.* Establecimiento donde se sirven comidas rápidas.
loncho ***m.*** *Colomb.* Trozo, pedazo.
lonco (arauc.) ***m.*** *Chile.* Cuello, pescuezo. 2 *Chile.* Bonete de los rumiantes.
loncotear ***tr.*** *Argent.* Tirar del pelo [a alguien].
londinense (ing. *London*) ***adj.-s.*** De Londres, capital de Gran Bretaña.
londra ***f.*** *Sant.* Alondra.
lóndriga ***f.*** *Extr.* Nutria.
londrina ***f.*** Tela de lana que se tejía en Londres.
loneta ***f.*** *Argent.* y *Chile.* Lona delgada. 2 *Cuba* y *Perú.* Tejido blanco, grueso, que se emplea para toldos, pantalones de obreros, etc.
longa (l. *longa,* larga) ***f.*** MÚS. Nota que valía dos breves.
longanimidad (b. l. *-itate*) ***f.*** Grandeza y constancia de ánimo en las adversidades.
longánimo, -ma ***adj.*** Que tiene longanimidad.
longaniza (del l. v. *lucanicia;* por el l. *lucanica,* n. geográfico Lucania) ***f.*** Especie de embutido largo y angosto, de carne de cerdo.
longevidad (l. *longævitate*) ***f.*** Largo vivir.
longevo, -va (l. *longævu*) ***adj.*** Muy anciano.
longi- (l. *longus,* largo) Elemento prefijal que entra en la formación de palabras con el significado de largo.
longibracteado, -da (*longi- + bráctea*) ***adj.*** BOT. De largas brácteas.
longincuo, -cua (l. *-quu*) ***adj.*** lit. Distante, apartado.
longísimo, -ma ***adj.*** Superl. irreg. de *luengo.*
longitud (l. *-tudo*) ***f.*** La mayor de las dos dimensiones principales de una figura plana cualquiera, en contraposición a la menor o latitud. 2 FÍS. ~ ***de onda,*** distancia entre dos puntos correspondientes a una misma fase en dos ondas consecutivas. 3 Distancia de un lugar al primer meridiano, gralte. el de Greenwich, determinada por el arco del ecuador comprendido entre dicho primer meridiano y el del lugar dado. 4 Distancia, contada por grados y hacia oriente sobre la eclíptica, desde el punto equinoccial de Aries hasta el meridiano eclíptico que pasa por el punto dado.
SIN. *1* **Largo, largor, largueza, largura.**
longitudinal ***adj.*** Relativo a la longitud. 2 Hecho o colocado en el sentido o dirección de ella.
longitudinalmente ***adv. m.*** A lo largo.
longo, -ga ***m. f.*** *Ecuad.* Indio o india joven.
longobardo, -da (l. *-du*) ***adj.-s.*** De una tribu germánica que pobló durante los siglos I y II las márgenes del Elba, en el s. V las del Danubio y, a partir del s. VI el valle del Po, sede del reino lombardo, hasta su destrucción por Carlomagno en el año 774. 2 Lombardo (de Lombardía).
longorón ***m.*** *Cuba.* Molusco marino bivalvo, que habita en el cieno *(Pholas costata)*.
¡longorones! *Cuba.* Interjección nequáquam.
longuera (de *luengo*) ***f.*** Porción de terreno largo y angosto.
longuería ***f.*** Dilación, prolijidad.
longuetas ***f. pl.*** CIR. Tiras de lienzo que se aplican en fracturas o amputaciones.
longuísimo, -ma ***adj.*** Superl. longísimo.
I) lonja (fr. *longe* < l. *longa,* larga) ***f.*** Parte larga, ancha y poco gruesa que se corta o separa de otra: ~ *de jamón.* 2 Correa larga que se ataba a las pihuelas del halcón. 3 *Argent.* y *Urug.* Tira de cuero vacuno desprovista de pelo. 4 *Argent.* y *Urug.* Extremidad del látigo con que se hiere al animal.
SIN. *1* **Loncha.**
II) lonja (fr. ant. *loge,* der. del fráncico *laubia,* glorieta de follaje; el it. *loggia* también < del fr. *loge*; doble etim. *logia*) ***f.*** Edificio donde se reúnen los comerciantes para sus tratos y operaciones; ~ *de pescado.* 2 Tienda de ultramarinos. 3 Atrio algo levantado a la entrada de un edificio.
lonjear ***tr.*** *Argent.* Hacer lonjas descarnando [un cuero] y rapándole el pelo. 2 *Argent.* fam. Azotar. -3 ***prnl.*** *Argent.* y *Urug.* Cortarse en lonjas la piel.
lonjeta ***f.*** Dim. de *lonja* (parte larga). 2 Cenador (en un jardín).
lonjista ***com.*** Persona que tiene lonja (tienda de ultramarinos).
lontananza (it.) ***f.*** PINT. Términos de un cuadro más distantes del plano principal. 2 ***En ~,*** a lo lejos.
lóntriga ***f.*** *Ast.* Nutria.
looping (voz inglesa) ***m.*** DEP. Ejercicio de acrobacia aérea consistente en dar una vuelta de campana. ◇ Se pronuncia *lupin.*
loor (de *loar*) ***m.*** Alabanza.
lopesco, -ca ***adj.*** Relativo a Lope de Vega (1562-1635).
López (apellido) fr. ***Esos son otros ~,*** expresión con que se da a entender que una cosa no tiene relación con otra, aunque parezca de la misma especie.
lopista ***adj.-com.*** Partidario del arte dramático de Lope de Vega (1562-1635). 2 Estudioso o conocedor de su obra literaria.
lopolito ***m.*** Masa de roca ígnea que tiene forma lenticular con una depresión central.
loquear ***intr.*** Decir o hacer locuras. 2 Regocijarse con bulla y alboroto.
loqueo ***m.*** Acción de loquear.
loquera ***f.*** La que tiene por oficio cuidar y guardar locos. 2 Jaula de locos. 3 *Amér.* irón. Locura, desacierto.
loquería ***f.*** *Amér.* Manicomio.
loquero ***m.*** Persona que tiene por oficio cuidar y guardar locos. 2 Algazara.
loquesco, -ca ***adj.*** Alocado. 2 fig. Chancero, decidor.
loquilíber ***adj.-com.*** Poeta o poetisa futurista. -2 ***m.*** FILOL. Texto redactado sin tener en cuenta la lógica del discurso para conseguir sorpresa, propio del futurismo.
loquina ***f.*** *Colomb.* Locura, disparate.
loquinario, -ria ***adj.-s.*** Irreflexivo, mala cabeza, alocado.
loquincho, -cha ***adj.*** *Argent.* fam. Medio loco.
loquios (gr. *lochios,* relativo al parto, der. *lóchos,* parto) ***m. pl.*** Líquido que sale por los órganos genitales de la mujer durante el sobreparto.
lora ***f.*** *Amér.* Loro o papagayo.
loran (sigla de *L*ong *R*ange *A*id to *N*avigation, ayuda a la navegación a gran distancia) ***m.*** Procedimiento radioeléctrico que

permite a un avión o a un barco determinar su posición comparando los impulsos rítmicos emitidos por tres estaciones.
lorantáceo, -a (gr. *loron,* tira + *anthos,* flor) *adj.-f.* Planta de la familia de las lorantáceas. -2 *f. pl.* Familia de plantas dicotiledóneas parásitas, siempre verdes, de hojas enteras y opuestas, flores unisexuales, las masculinas sin corola y las femeninas con cuatro pétalos carnosos y fruto en baya.
lorca *f. Extr.* Cueva entre rocas bajo el agua.
lorcha *f.* Barca ligera y rápida para la navegación de cabotaje empleada en China. 2 Pez marino, alargado y comprimido, de dorso pardo amarillento o rosado y vientre blanquecino, que se oculta en los fondos dejando sobresalir sólo la cabeza y la cola *(Ophidion barbatum).*
lord (ing.) *m.* Título de honor dado en Gran Bretaña a los individuos de la primera nobleza. También llevan anejo este tratamiento algunos cargos oficiales. 2 ~ ***mayor,*** título del presidente de la corporación municipal de Londres, representante de la Corona. ◇ Pl.: *lores.*
lordosis (gr. *lórdosis*) *f.* Corcova con prominencia anterior. ◇ Pl.: *lordosis.*
lorenés, -nesa *adj.-s.* De Lorena, reg. de la ant. Francia.
lorenzana *f.* Lienzo grueso, fabricado en el pueblo de este nombre, en Galicia.
lorenzo, -za (de *lorenzana*) *adj.* Paleto, palurdo.
loretano, -na *adj.-s.* De Loreto, dep. del Perú.
lorica *f.* BOT. Película o lámina, lisa o escamosa que recubre superficialmente las semillas.
loricaria *f.* Género de peces en los ríos de América.
loriga (l. *lorica*) *f.* Coraza de láminas pequeñas de acero. 2 Armadura del caballo para el uso de la guerra.
lorigado, -da *adj.-s.* Armado con loriga. -2 *adj. P. Rico.* [gallo o gallina] De color gris o cenizo con pintas blancas.
lorigón *m.* Aum. de *loriga.* 2 Loriga grande con mangas cortas.
loriguero, -ra *adj.* Relativo a la loriga.
loriguillo (de *loro* II) *m.* Lauréola hembra.
lorí *m.* ZOOL. Género de mamíferos lemúridos de la India y Ceilán *(gén. Loris).*
I) loro (voz americana) *m.* Papagayo (ave de América). 2 ~ ***del Brasil,*** paraguay. 3 fig. *y* fam. Mujer fea o vieja. 4 fig. Persona que habla mucho o que habla sin entender lo que dice. 5 *Cuba, P. Rico* y *Venez.* Vieja *(Sparisoma cretense).* 6 *Chile.* Individuo enviado con disimulo para averiguar algo. 7 *Chile.* Orinal de cristal para los enfermos que no pueden enderezarse en la cama. 8 *Chile.* Tormento para que los reos declaren la verdad. 9 *Chile.* Ladrón que queda en acecho, mientras los demás actúan. 10 *Chile.* Moco. 11 *Venez.* Navaja puntiaguda y corva por su filo.
II) loro, -ra (l. *lauru,* laurel) *adj.-m.* Color moreno obscuro. 2 De color loro. -3 *m.* Arbusto o arbolillo obscuro y perennifolio, de flores blancas y fruto rojo al principio y después de color negro purpúreo *(Prunus lusitanica).*
loroco *m. Guat.* y *Salv.* Arbusto apocináceo cuyas flores son muy apreciadas para ciertos guisos nacionales *(Echites caxacana).*
lorquear *tr. Extr.* Pescar en las lorcas.
lorquiano, -na *adj.* Relativo al escritor español García Lorca (1898-1936).
lorquino, -na *adj.-s.* De Lorca, c. Murcia.
lorza *f.* Alforza.
los, forma del artículo *el* en género masculino y número plural: ~ *hombres;* ~ *árabes.* 2 ***pron. pers.*** Forma átona de 3.ª persona para el objeto directo en género masculino y número plural. No admite preposición y puede usarse enclítico: ~ *busco; búsquelos;* **ANFIBIOLOGÍA; **PRONOMBRE.
losa (en inscrip. l. hisp. *lausia*) *f.* Piedra llana y de poco grueso, que sirve para varios usos. 2 fig. Sepulcro (obra). 3 Trampa formada con losas pequeñas para coger aves o ratones.
losado *m.* Enlosado.
losange (fr.) *m.* BLAS. Rombo colocado de suerte que la diagonal mayor quede vertical, usado esp. como ornamento heráldico.
losar *tr.* Enlosar.
loseta *f.* Dim. de *losa.* 2 Losa (trampa).
Lot *n. pr.* Sobrino de Abraham, que escapó de la destrucción de Sodoma. Su mujer se convirtió en estatua de sal por haber vuelto la vista atrás. De aquí la frase *andar como Lot,* sin volver la cara.
lota *f.* Pez teleósteo gadiforme de agua dulce, de hasta 40 cms. de longitud, cuerpo alargado de color pardo y cabeza ancha con un barbillón bajo el mentón *(Lota lota).*
lote (ant. alto al. *laut*) *m.* Parte en que se divide un todo para su distribución: ~ *de víveres;* ~ *de la lotería.* 2 Dote (en el juego). 3 En las ferias de ganado, grupo muy reducido de caballos, mulos, etc., que tienen ciertos caracteres comunes. 4 Conjunto de objetos similares que se agrupan con un fin determinado: ~ *de libros, de muebles,* etc. 5 *Argent.* fam. Imbécil.
lotear *tr.* Dividir [algo] en lotes.
lotería (de *lote*) *f.* Especie de rifa en que se sortean diversos premios. 2 Juego público de azar en que se premian con diversas cantidades varios billetes sacados a la suerte entre un gran número de ellos que se ponen a la venta: ~ ***primitiva,*** juego público de azar en que se premian con diversas cantidades los boletos que contienen las combinaciones de seis números sacados a la suerte de entre cuarenta y nueve. 3 Bingo. 4 Casa legalmente autorizada para despachar billetes de lotería. 5 fig. Cosa incierta o azarosa: *el matrimonio es una* ~.
REL. *2* **Billete; décimo, vigésimo,** partes en que se divide el billete; **participación; gordo,** el premio mayor; **aproximación, pedrea, reintegro,** premios menores.
lotero, -ra *m. f.* Persona que tiene un establecimiento de lotería.
lotificar *tr. Guat.* Lotear. ◇ ** CONJUG. [1] como ***sacar.***
lotiforme *adj.* En forma de loto; v. capitel ~.
lotino, -na *adj.-s.* De Lota, c. de Chile.
lotización *f. Perú.* Acción de lotizar o lotear. 2 *Perú* Efecto de lotizar o lotear.
lotizar *tr. Perú.* Lotear. ◇ ** CONJUG. [4] como ***realizar.***
I) loto (l. *lotus;* gr. *lotós*) *m.* Planta ninfeácea, abundante en las orillas del Nilo y el Ganges, de hojas grandes y coriáceas, flores terminales, solitarias, de gran diámetro, blancas y olorosas, y fruto globoso parecido al de la adormidera *(Nymphoea lotus).* 2 Flor o fruto de esta planta. 3 Árbol rámneo de África *(Zizyphus lotus).* 4 Fruto de este árbol.
II) loto *m.* Lotería primitiva.
lotófago, -ga (*loto* + *-fago*) *adj.* [individuo de ciertos pueblos de África] Que, según la Odisea, se alimentaba con los frutos del loto (árbol rámneo).
lovaniense *adj.-s.* De Lovaina, c. de Bélgica.
loxo-, lox- (gr. *loxós,* oblicuo) Elemento prefijal que entra en la formación de palabras con el significado de oblicuo.
loxodromia (*loxo-* + gr. *dromos,* carrera) *f.* Curva trazada sobre una superficie esférica que forma ángulos iguales con todos los meridianos.
loxodrómico, -ca *adj.* MAR. Relativo a la loxodromia.
loxotomía (*loxo-* + *-tomía*) *f.* CIR. Amputación oblicua.
loyo (arauc. *loyum,* estar pegado al suelo) *m. Chile.* Hongo grande y de buen sabor *(gén. Boletus).*
loza (l. *lautia,* ajuar) *f.* Barro fino, cocido y barnizado de que están hechos platos, tazas, etc. 2 Conjunto de estos objetos.
lozanamente *adv. m.* Con lozanía.
lozanear *intr.-prnl.* Ostentar lozanía. -2 *intr.* Obrar con lozanía.
lozanía (de *lozano*) *f.* Frondosidad en las plantas. 2 Vigor, robustez, gallardía en el hombre y los animales. 3 Orgullo, altivez.
lozano, -na (probl. de *lautianu,* der. de *lautia,* ajuar; con influjo de *lautu,* suntuoso) *adj.* Que tiene lozanía. -2 *m.* ARQ. Inflexión del tejado cuando se une a una de las paredes exteriores del edificio.
Lu, símbolo químico del *lutecio.*
lúa (gótico **glova*) *f.* Guante de esparto, sin separaciones de los dedos, que se emplea para limpiar las caballerías. 2 ant. Guante en general.
luan (arauc.) *adj. Chile.* Loán, color.
lubigante *m.* Bogavante, crustáceo.
lubina *f.* Pez marino teleósteo perciforme de hasta 80 cms. de longitud y 6 kgs. de peso, con la boca grande y bien armada, que presenta una mancha negra en cada opérculo y dos aguijones *(Roccus labrax).*
SIN. **Céfalo, lobina, robalo, róbalo.**
lubio *m. Extr.* Carro de una lanza con dos yugos.
lubricación *f.* Acción de lubricar. 2 Efecto de lubricar.
lubricador, -ra *adj.-s.* Que lubrica;
lúbricamente *adv. m.* Con lubricidad.
lubricán *m.* Crepúsculo matutino.
lubricante *adj.-m.* Substancia útil para lubricar.
lubricar (l. *-are*) *tr.* Hacer lúbrica o resbaladiza [una cosa]. 2 Suministrar lubricante [a un mecanismo para que sus piezas se deslicen mejor]. ◇ ** CONJUG. [1] como ***sacar.***
SIN. **Engrasar.**
lubricativo, -va *adj.* Que lubrica.
lubricidad (l. *-itate*) *f.* Calidad de lúbrico.

lúbrico, -ca (l. *-cu*) *adj.* Resbaladizo. 2 fig. Propenso a la lujuria.
lubrificación *f.* Lubricación.
lubrificante *adj.* Lubricante.
lubrificar *tr.* Lubricar. ◇ ** CONJUG. [1] como ***sacar.***
lubrigante *m.* Bogavante.
lucano, -na (l. *-nu*) *adj.-s.* De Lucania, reg. de la ant. Italia. -2 *m.* Género de coleópteros que comprende especies de gran tamaño; como el ciervo volante *(gén. Lucanus).*
Lucas (San ~) *n. pr.* BIBL. Uno de los cuatro evangelistas. En las citas de su Evangelio se abrevia *Lc.* o *Luc.*
lucense *adj.-s.* De Lugo, ciudad de Galicia.
lucentísimo, -ma *adj.* Superl. irreg. de *luciente.*
lucentor *m.* Afeite que usaban las mujeres en el rostro.
lucera *f.* Ventana o claraboya abierta en la parte alta de los edificios.
lucerna (l.) *f.* Araña grande para alumbrar. 2 Lumbrera (en un techo). 3 Milano (pez).
lucernario *m.* ant. Vísperas, a causa de las lámparas que se encendían al anochecer. 2 Abertura del techo que daba luz a los ambulacros de las catacumbas. 3 Ventana o claraboya abierta en el techo de un edifico para permitir su iluminación interior.
lucérnula *f.* Neguilla (planta).
lucero (de *luz*) *m.* Venus (planeta). 2 Astro grande y brillante: *~ del alba; ~ de la mañana; ~ de la tarde.* 3 Lunar blanco y grande en la frente de algunos cuadrúpedos. 4 Postigo de las ventanas por donde entra la luz. 5 fig. Lustre, esplendor. 6 fig. *y* poét. Ojo: *los luceros de tu cara.* 7 Ostra de perro. 8 *Colomb.* *~ **molendero,*** el de la mañana. 9 *Méj.* *~ **atolero,*** el del alba.
lucha (l. *lucta*) *f.* Acción de luchar (dos personas). 2 Lid, combate. 3 fig. Disputa.
SIN. **Contienda, pugna,** (lit.); **pelea,** es más corriente que las anteriores y sugiere pralte. el sentido material de la lucha; **riña, brega, pendencia, reyerta, bronca, pelotera, cisco, agarrada,** si la lucha, en su sentido material, se produce entre dos (o pocas personas); **combate, batalla, lid** (lit.), si la pelea se produce entre ejércitos, escuadras, etc.; **discusión, debate** (carácter público), **polémica** (íd.), **disputa, cuestión, altercado,** cuando se trata de oposición de ideas, razonamientos, palabras, etc., en orden de menor a mayor violencia; **controversia,** cuando se trata de una discusión sobre temas religiosos, científicos, etc.
luchadero, -ra *m.* MAR. Sitio donde se roza el remo con la regala, en las embarcaciones menores. -2 *f.* MONT. Candil de ojo.
luchador, -ra *m. f.* Persona que lucha.
luchana *f.* desus. Barba afeitada en todo el carrillo hasta el bigote.
luchar (l. *luctare*) *intr.* Contender dos personas cuerpo a cuerpo: *~ con,* o *contra, alguno; ~ por recobrar algo.* 2 Pelear, combatir. 3 fig. Disputar, bregar.
lucharniego, -ga *adj.* [perro] Acostumbrado a cazar de noche.
I) luche *m. Chile.* Infernáculo.
II) luche (arauc.) *m. Chile.* Alga marina comestible *(Uca latissima, lactuca).*
luchicán *m. Chile.* Guisado a base de luche.
luchón, -chona *adj. Méj.* Luchador.
lucianesco, -ca *adj.* Relativo o que tiene semejanza con Luciano (s. II d. C.), escritor griego.
luciar *tr. Murc.* Afilar la reja del arado.
lucidamente *adv. m.* Con lucimiento.
lúcidamente *adv. m.* Con lucidez.
lucidez *f.* Calidad de lúcido. 2 *Chile* y *Guat.* Lucimiento.
lucido, -da *adj.* Que obra con gracia, liberalidad y esplendor. 2 fig. Bien ejecutado: *un libro ~.* 3 fig. Elegante.
lúcido, -da (l. *du;* doble etim. *lucio*) *adj.* poét. Luciente. 2 fig. Claro en el razonamiento o en las expresiones, estilo, etc. 3 Clarividente, capaz de ver las cosas tal como son. 4 En estado mental normal.
lucidor, -ra *adj.* Que luce.
lucidura *f.* Blanqueo de las paredes.
luciente *adj.* Que luce. ◇ Superl.: *lucentísimo.*
luciérnaga (l. *lucerna*) *f.* Insecto coleóptero, de cuerpo blando, cuya hembra carece de alas, y está dotada de un aparato fosforescente *(Lampyris noctiluca).*
SIN. **Candil** (Sor.), **candileja** (Logr.), **candilico** (Gran.), **linterna, reluzángano, reluzángana** (La Mancha, Murc.).
Lucifer (l.) *m.* El príncipe de los ángeles rebeldes. 2 fig. Hombre soberbio y maligno. 3 Lucífero (lucero).
SIN. *1* **El Diablo, el Demonio,** p. ant.; **Satán, Satanás, Luzbel, Leviatán, Belcebú, Belial,** nombres bíblicos; **Cachano, Pateta, Pero Botero,** nombres pop. y burl.
luciferino, -na *adj.* Relativo a Lucifer.
luciferismo *m.* Culto dado a Lucifer.
lucífero, -ra (l. *lucifer* < *lux, lucis,* luz + *-fero*) *adj.* poét. Resplandeciente, que da luz. -2 *m.* Lucero de la mañana. 3 *Colomb.* Fósforo, cerilla.
lucífilo, -la (l. *lux, lucis,* luz + *-filo* I) *adj.* [animal o planta] Que busca la luz.
lucífugo, -ga (l. *lucifugus* < *lux, lucis,* luz + *-fugo*) *adj.* Que huye de la luz: *ave lucífuga.*
lucilina *f.* Petróleo.
lucillo (l. *locellu,* cajita) *m.* Urna de piedra en que se solía sepultar a personas de distinción. 2 *Cuba.* Guacajón, pez.
lucímetro (l. *lux, lucis,* luz + *-metro*) *m.* Instrumento para medir la cantidad de energía luminosa recibida en un día en un punto determinado.
lucimiento *m.* Acción de lucir.
I) lucio (l. *luciu*) *m.* Pez teleósteo clupeiforme de agua dulce, de cuerpo alargado y algo comprimido, con el rostro aplanado, ancho y encorvado hacia arriba, muy voraz *(Esox lucius).*
II) lucio, -cia (v. *lúcido*) *adj.* Terso, lúcido. -2 *m.* Lagunajo que queda en las marismas al retirarse las aguas.
lución *m.* Reptil saurio que carece de extremidades, de color pardo con líneas o manchas obscuras. Supuestamente, cuando se ve sorprendido, pone tan rígido el cuerpo que se quiebra fácilmente *(Anguis fragilis).* 2 Coleóptero americano.
lucioperca *m.* Pez teleósteo perciforme, parecido a la perca común, pero de forma más alargada. Habita los ríos y lagos, y es muy apreciado como manjar *(Lucioperca sandra).*
lucir (l. *lucere*) *intr.* Brillar, resplandecer. 2 fig. Corresponder el provecho al trabajo en cualquier obra: *le luce el trabajo.* -3 *intr.-prnl.* fig. Sobresalir, aventajarse: *luce mucho en sus estudios.* -4 *tr.* Iluminar, comunicar luz y claridad. 5 fig. Manifestar [las cualidades y ventajas]: *~ las habilidades.* 6 Enlucir. -7 *prnl.* Vestirse y adornarse con esmero. 8 irón. Caer en ridículo: *me quedé lucido.* ◇ ** CONJUG. [45].
lucrar (l. *-are,* ganar; doble etim. *lograr*) *tr.* Lograr [lo que se desea]. -2 *prnl.* Sacar provecho de un negocio o trabajo. 3 Enriquecerse.
lucrativo, -va *adj.* Que produce lucro.
CONTR. **Oneroso,** en DER.
Lucrecia *n. pr.* fr. ***Ser una ~,*** ser casta, por alusión a la esposa de Colatino, que habiendo sido violentada por Sexto (m. 496 a. C.), hijo mayor de Tarquino (534-509 a. C), se atravesó el pecho con un puñal.
lucro (l. *-cru;* doble etim. *logro*) *m.* Ganancia, utilidad. 2 DER. *~ **cesante,*** el que se regula por lo que podría producir el dinero en el tiempo que ha estado prestado. 3 DER. *~ **naciente,*** el que produce el dinero en manos del que lo ha tomado prestado.
SIN. v. **Ganancia.**
lucroso, -sa (l. *-osu*) *adj.* Que produce lucro.
luctuosa (de *luctuoso*) *f.* Derecho que tenían en algunos puntos los señores a conservar una alhaja de la herencia de sus súbditos.
luctuosamente *adv. m.* Con tristeza y llanto.
luctuoso, -sa (l. *-osu*) *adj.* Triste y digno de llanto.
lucubración (l. *-atione*) *f.* Acción de lucubrar. 2 Efecto de lucubrar. 3 Vigilia consagrada al estudio.
SIN. *1* y *2* **Elucubración.**
lucubrar (l. *-are*) *tr.* Trabajar asiduamente velando [en obras de ingenio]. 2 Imaginar sin mucho fundamento, divagar.
SIN. *2* **Elucubrar.**
Lúculo *n. pr.* fr. ***Ser un ~,*** ser gastrónomo espléndido, por alusión a Lúculo (106-57 a. C.), patricio romano famoso por sus festines.
lúcuma *f.* Lúcumo y su fruto.
lúcumo (quechua *rucma*) *m. Amér.* Árbol frutal sapotáceo *(gén. Lucuma).*
ludada *f.* Venda que se ponían antiguamente las mujeres en la frente.
ludia *f. Extr.* Levadura o masa fermentada.
ludibrio (l. *-iu*) *m.* Escarnio, desprecio, mofa.
SIN. **Burla.**
lúdico, -ca *adj.* Lúdrico.
ludimiento *m.* Acción de ludir. 2 Efecto de ludir.
ludión (l. *ludione,* juglar, por la figura que se pone de lastre) *m.* Aparato destinado a hacer palpable la teoría del equilibrio de los cuerpos sumergidos en los líquidos.
ludir (probl. del l. *ludere*) *tr.* Frotar [una cosa] con otra.

I) ludo, -da *adj.-s.* Lengua baltofinesa, hablada en el oeste de la Unión Soviética.
II) ludo *m. Argent., Parag.* y *Urug.* Juego con fichas de distintos colores que se colocan en las casillas de un tablero, en el que gana la ficha que llega primero a la casilla central después de haber dado un gran número de pasos.
ludoteca *f.* Lugar donde se guardan, prestan e intercambian juegos y juguetes.
ludria *f.* Lutria, nutria.
lúdrico, -ca (l. *-cru*) *adj.* Perteneciente o relativo al juego.
luego (l. *loco,* a la sazón) *adv. t.* Prontamente, sin dilación: ***con tres luegos,*** a toda prisa; ***de ~ a ~,*** o ***~ a ~,*** con mucha prontitud. 2 Después. -3 *conj. ilativa* Denota la consecuencia inferida de un antecedente: *pienso, ~ existo.* -4 *loc. adv.* ***Desde ~,*** inmediatamente; de conformidad; sin duda. -5 *loc. conj.* ***~ como*** o ***~ que,*** así que. Expresa sucesión inmediata de dos acciones. -6 *adv. t. Amér.* Algunas veces. -7 *adv. l. Chile.* Cerca.
lueguito *adv. t. Amér.* Enseguida, inmediatamente, al instante.
luengo, -ga (l. *longu*) *adj.* Largo. ◇ Superl.: *longísimo* o *longuísimo.*
lúes (l., contagio) *f.* desus. Infección sifilítica.
luético, -ca *adj.* Sifilítico.
lugano *m.* Ave paseriforme de 12 cms. de longitud, con el plumaje de color verde amarillento; el macho se distingue por la frente negra *(Carduelis spinus).*
lugar (l. *locale*) *m.* Porción determinada del espacio: *Dios está en todo ~;* ***~ religioso,*** aquel donde está sepultada una persona; ***en ~ de,*** en vez de. 2 Espacio de una persona o cosa: *está en su ~.* 3 Espacio no material que ocupa uno: *quedar en segundo ~; citar,* o *nombrar, en primer ~.* 4 Ciudad, pueblo, esp. si es pequeño. 5 Pasaje de un libro en que se encuentra un texto determinado. 6 Dignidad, puesto, empleo. 7 Ocasión, motivo: *dio ~ a que lo prendieran;* ***no ha ~,*** expr. forense con que se declara que no se accede a lo que se pide. 8 ***~ común,*** verdad general de que de se sacan pruebas y argumentos; expresión trivial o ya muy empleada en casos análogos. 9 ***Adverbio de ~,*** v. adverbio. ◇ Es galicismo el empleo de *tener ~* por ocurrir, acontecer, efectuarse.
SIN. *1* **Sitio.** *8* **Tópico.**
lugareño, -ña *adj.* [pers.] De un lugar o población pequeña. 2 Que lo habita.
SIN. **Pueblerino.**
lugarero *m. Tol.* y *C. Real.* Gorrión.
lugartenencia *f.* Cargo de lugarteniente.
lugarteniente (calco del b. l. *locum tenens*) *m.* El que tiene autoridad y poder para substituir a otro en algún cargo.
lugdunense (l.) *adj.* Lionés.
luge *m.* Carrera de trineos de una o dos personas, en la que los participantes van tumbados boca arriba y con los pies hacia delante.
lugo *adj. Perú.* [carnero] Sin cuernos.
lugre (ing. *lugger*) *m.* Embarcación pequeña, con tres palos.
lúgubre (l.) *adj.* Triste, funesto, melancólico.
lúgubremente *adv. m.* De modo lúgubre.
lugués, -guesa *adj.-s.* Lucense.
SIN. **Lucense.**
I) luir (l. *luere*) *tr.* Redimir [un censo]. ◇ ** CONJUG. [62] como ***huir.***
II) luir *tr. Méj.* MAR. Ludir. 2 *Chile.* Arrugar, ajar. 3 *Chile.* Bruñir el alfarero [las vasijas de barro]. -4 *prnl. Chile.* Rozarse una cosa con otra, desgastarse. ◇ ** CONJUG. [62] como ***huir.***
luis (fr. *louis,* de Luis XIII, 1601-1643) *m.* Moneda francesa de oro (20 francos).
luisa (de María *Luisa,* 1754-1819, esposa de Carlos IV, 1748-1819) *f.* Planta verbenácea, aromática, de jardín, cuyas hojas se usan en infusión *(Lippia triphylla).*
SIN. **Reina luisa, hierba luisa.**
luismo (de *luir I*) *m.* Laudemio.
luisón *m. Argent.* Fantasma en forma de persona que, al caer la noche, se convierte en animal.
lujación *f.* p. us. Luxación.
lujar *tr. Ál., Hond.* y *Sal.* Lustrar, abrillantar [los zapatos].
lujo (l. *luxu*) *m.* Demasía en el adorno, en la pompa y en el regalo: ***~ asiático,*** el extremado. 2 Gasto en bienes de consumo no necesarios: ***impuesto de ~,*** aquel con que se recargaban los bienes no estrictamente necesarios. 3 fig. Abundancia: *con ~ de detalles.*
REL. *1* **Suntuario,** relativo al lujo: *artes suntuarias.*
lujosamente *adv. m.* Con lujo.
lujoso, -sa *adj.* Que tiene o gasta lujo. 2 Que ostenta lujo.
lujuria (l. *luxuria*) *f.* Concupiscencia de la carne. 2 Exceso, demasía.
SIN. *1* **Libídine.**
lujuriante *adj.* Muy lozano y excesivamente abundante: *vegetación ~.* 2 Lujurioso.
lujuriar *intr.* desus. Cometer pecado de lujuria. 2 Ejercer los animales el acto de la generación. ◇ ** CONJUG. [12] como ***cambiar.***
lujuriosamente *adv. m.* Con lujuria.
lujurioso, -sa *adj.-s.* Dado a la lujuria.
SIN. **Libidinoso, lúbrico, rijoso, sátiro.**
lulero *m. Chile.* Uslero, fruslero.
luliano, -na *adj.* Relativo a Raimundo Lulio (1235-1315) o a sus doctrinas.
lulio *m. Extr.* Varal que sale del mástil delantero del carro.
lulismo *m.* Sistema filosófico de Raimundo Lulio (1235-1315).
lulista *adj.-com.* Partidario del lulismo. 2 Estudioso de las obras de Lulio (1235-1315) desde los puntos de vista bibliográfico, histórico y literario.
lullir *tr. Colomb.* y *C. Rica.* Ludir, estregar.
lulo, -la *adj. Chile.* Pavo, soso, delgado, largo. -2 *m. Colomb.* Planta solanácea de fruto semejante al tomate *(Solanum esculentum).* 3 *Chile.* Envoltorio, lío o paquete, no grande y de forma cilíndrica. 4 *Chile.* Rulo, rizo de pelo en la frente.
lulú *m.* Perro pequeño y lanudo.
luma (arauc.) *f. Chile.* Árbol mirtáceo de madera útil, y cuyo fruto sirve para dar mejor sabor a la chicha *(Myrtus luma).*
lumaquela *f.* MINERAL. Roca calcárea alóctona de origen orgánico, formada por los restos de conchas de moluscos y otros animales.
lumbago (l. < *lumbu,* lomo) *m.* Dolor reumático en los lomos.
lumbar *adj.* Relativo a los lomos.
lumbero, -ra *adj. Extr.* Goloso.
lumbeta *f. Chile.* Especie de plegadera que usan los encuadernadores.
lumbrada *f.* Cantidad grande de lumbre.
lumbral (v. *luminar*) *m.* Umbral.
lumbrarada *f.* Lumbrada.
lumbre (l. v. **lumine*) *f.* Luz (energía). 2 Materia combustible encendida: *aún queda ~ en el fogón.* 3 Fuego. 4 fig. Brillo, esplendor. 5 Hueco de una puerta, ventana, etc., por donde entra la luz: ***~ del agua,*** su superficie. 6 Pieza de las armas de fuego de chispa que hiere el pedernal. 7 Parte anterior de la herradura. 8 *Colomb.* Costado de la canoa. 9 *Venez.* Umbral de la puerta. -10 *f. pl.* Conjunto de eslabón, yesca y pedernal, para encender lumbre.
SIN. *2* **Candela.** *10* **Yescas.** FR. *A ~ de pajas,* loc. fig. con que se expresa la brevedad de algo.
lumbrera (v. *luminaria*) *f.* Cuerpo luminoso. 2 Abertura en un techo por donde entran el aire y la luz. 3 Abertura central de los cepillos, garlopas, etc., por donde salen las virutas. 4 Orificio de entrada o salida del vapor de ciertas máquinas. 5 fig. Persona insigne, sabia y virtuosa. 6 MAR. Portilla. 7 *Méj.* Palco en la plaza de toros.
SIN. *2* **Luminar.** *3* **Lucerna.**
lumbrerada *f.* Lumbrada.
lumbrical *adj.* ***Músculo ~,*** el que en la mano y en el pie sirve para mover todos los dedos, excepto el pulgar.
lumen (l. *lumen,* luz) *m.* Unidad de flujo luminoso equivalente al flujo emitido por una fuente luminosa de una candela de intensidad e interceptado por una superficie esférica de 1 cm. de radio.
lumia *f.* p. us. Ramera. 2 *Sant.* Hechicera, bruja.
lumiaco *m. Sant.* Babosa.
lumilla *f. Chile* y *Perú.* Madero de luma labrado, y esp. el que se vende para pértigas de carreta.
luminancia *f.* Medida de la intensidad de la luz que consiste en el cociente de la intensidad luminosa de una superficie partido por el área aparente de esa superficie. V. amplificador de ~.
luminar (l. *-are,* cuerpo luminoso, astro; doble etim. *lumbral*) *m.* Astro que despide luz y claridad. 2 fig. Lumbrera (persona insigne).
luminaria (l. *luminaria;* pl. de *luminare;* doble etim. *lumbrera*) *f.* Luz que se pone para adorno: *las luminarias de las fiestas públicas.* 2 Luz que arde continuamente en las iglesias delante del Santísimo Sacramento.

lumínico *adj.* Relativo a la luz.
luminiscencia *f.* Propiedad de emitir una luz muy débil, sin elevación de temperatura.
luminiscente *adj.* Que emite rayos luminosos sin calor.
luminismo *m.* Procedimiento pictórico que trata de captar la incidencia de la luz sobre los objetos como simple exaltación cromática de estos.
luminista *adj.-com.* [pintor] Que practica el luminismo.
lumino- (l. *lumen, -inis,* luz) Elemento prefijal que entra en la formación de palabras con el significado de luz: *luminotecnia.*
luminóforo, -ra (*lumino-* + *-foro*) *adj.* QUÍM. [substancia] Que emite luz a la temperatura normal.
luminosamente *adv. m.* De manera luminosa.
luminosidad *f.* Calidad de luminoso.
luminoso, -sa (l. *-osu*) *adj.* Que despide luz. 2 fig. Excelente: *idea luminosa.*
luminotecnia (*lumino-* + *-tecnia*) *f.* Arte de la iluminación por medio de la electricidad.
luminotécnico, -ca *adj.* Relativo a la luminotecnia. -2 *adj.-s.* Especialista en iluminación con propósitos artísticos.
lumitipia (del rad. lat. de *luminare* + *-tipia*) *f.* IMPR. Máquina de composición fotográfica.
luna (l.) *f.* Satélite de la tierra que ofrece diferentes aspectos o fases según que el Sol ilumine una parte mayor o menor de su disco. Es un astro, cuya superficie, de aspecto volcánico, carece de atmósfera y de vida: *~ llena (o plenilunio),* la Luna en el tiempo de su oposición con el Sol, en que presenta su disco totalmente iluminado; *~ nueva (o novilunio),* la Luna en el tiempo de su conjunción con el Sol, en que su disco resulta invisible; *~ creciente* y *menguante,* la Luna desde su conjunción hasta el plenilunio y desde éste hasta su conjunción respectivamente, en que su disco resulta visible sólo en parte; 2 Satélite (cuerpo celeste). 3 Cristal de un espejo, de un escaparate, etc. 4 Luneta (lente). 5 Lunación: *~ de miel,* primeros tiempos de matrimonio, p. ext., período de buenas relaciones tras un acuerdo establecido entre personas, colectividades, estados, etc. 6 fig. Supuesta influencia de la Luna sobre las personas, esp. las dementes: *tener lunas; estar de buena* o *mala ~,* estar de buen o mal humor. 7 *Media ~,* figura igual o parecida a la que presenta la Luna cuando sólo está iluminada la cuarta parte de su disco; adorno o joya que tiene esta figura; fig., islamismo, imperio turco; *Amér.,* medialuna. 8 *And.* Cadera. -9 *loc. adv. A la ~ de Valencia,* frustradas las esperanzas. Ús. con los verbos *dejar* y *quedarse*; en Chile y Perú se dice *a la ~ de Paita.* 10 *Ladrar a la ~,* manifestar ira contra persona o cosa a la cual no se puede ofender.
REL. Del gr. *selene,* luna, se han formado numerosas voces que guardan relación con este astro: *selenita* (supuesto habitante de la Luna), *selenio* (metaloide), *selenografía* (descripción de la Luna), etc. SIN. *7* **Lunilla, lunecilla,** cuando es un adorno.
lunación (l. *-atione*) *f.* Tiempo comprendido entre dos conjunciones consecutivas de la Luna con el Sol.
SIN. **Luna.**
lunado, -da *adj.* Que tiene figura de media luna.
lunanco, -ca *adj.* [cuadrúpedo] Que tiene una anca más alta que la otra, derrengado.
I) lunar (de *luna*) *m.* Pequeña mancha en la piel. 2 fig. Mancha, vituperio. 3 fig. Dibujo redondo: *vestido de lunares.* 4 fig. Defecto o imperfección leve.
II) lunar (l. *-are*) *adj.* Relativo a la Luna.
lunarejo, -ja *adj. Amér.* [animal] Que tiene uno o más lunares en el pelo. 2 *Amér.* [pers.] Que tiene uno o más lunares. 3 *Méj.* y *Perú.* desus. Descendiente de español e india, mestizo. -4 *f. Colomb.* DEP. fig. Pelota, balón.
lunaria *f.* Especie de helecho, de frondes divididas *(Botrychium lunaria).*
lunario, -ria *adj.* Relativo a las lunaciones. -2 *m.* Calendario.
lunático, -ca (l. *-cu*) *adj.-s.* Que padece locura intermitente. 2 Maniático.
SIN. **Alunado;** V. **Loco.**
lunatismo *m.* Influencia de los cambios lunares en la evolución de algunas enfermedades psíquicas.
lunch (voz inglesa) *m.* Comida ligera, especialmente la que se ofrece a los asistentes a algún acontecimiento social, por lo general compuesta de platos fríos. ◇ Se pronuncia *lanch.*
lunecilla (dim. de *luna*) *f.* Media luna (adorno).
lunel *m.* BLAS. Figura compuesta de cuatro medias lunas unidas por sus puntas.
lunero, -ra *adj. And.* [pers.] Mudable e inconstante. 2 *And.* [anim.] Que muestra resabios, esp. las caballerías. 3 *Argent.* y *Guat.* [pers.] Que deja de trabajar el día después de una fiesta.
lunes (l. *Lunæ dies,* día de la Luna) *m.* Segundo día de la semana. ◇ Pl.: *lunes.*
luneta (dim. de *Luna*) *f.* Lente de los anteojos. 2 Luneto. 3 Adorno en figura de media luna. 4 Dispositivo de ciertas máquinas que sirve de apoyo intermediario a las piezas muy largas. 5 Ventanilla trasera del automóvil. 6 ant. En los teatros, butaca de patio. 7 Sitio del teatro en que estaban colocadas las lunetas. 8 Baluarte pequeño. 9 Bocateja.
luneto *m.* Bovedilla en forma de media luna, para dar luz a la bóveda principal.
lunfa *m. Argent.* En germanía, lunfardo, ladrón.
lunfardismo *m.* Palabra o locución propia del lunfardo.
lunfardo *m. Argent., Perú* y *Urug.* Ratero, ladrón. 2 *Argent.* Chulo, rufián. 3 Jerga de la delincuencia porteña de Buenos Aires. -4 *adj. Argent.* Relativo al ladrón o a su idioma.
lunilla *f.* Media luna (adorno).
lúnula (l.) *f.* Figura formada por dos arcos de circunferencia que tienen los extremos comunes y la convexidad hacia el mismo lado. 2 Espacio blanquecino semilunar de la raíz de las uñas. 3 p. ext. Mancha de esa misma forma. 4 El viril que soporta la sagrada hostia en la custodia.
lupa (fr. *loupe*) *f.* Lente de aumento provista de un mango.
lupanar (l.) *m.* Mancebía (casa).
lupanario, -ria (b. l. *-iu*) *adj.* Relativo al lupanar.
lupercales (l. *lupercalía* < *Lupercus,* el dios Pan) *f. pl.* Fiestas que en honor de Pan celebraban los romanos el 15 de febrero.
lupia (l. v. *lupea*) *f.* Lobanillo (tumor). 2 *Colomb.* Cantidad insignificante de dinero; dinero menudo. 3 *Hond.* Curandero.
lupicia *f.* Alopecia.
lupino, -na (l. *-nu*) *adj.* Relativo al lobo. -2 *m.* Altramuz.
lupulino *m.* Polvo resinoso de los frutos del lúpulo, que se emplea en medicina como tónico.
lúpulo (l. v. *lupulu*) *m.* Planta cannabácea trepadora, cuyos frutos, desecados, se emplean para aromatizar y dar sabor amargo a la cerveza *(Humulus lupulus).*
SIN. **Hombrecillo.**
lupus (l.) *m.* Afección de la piel, de origen tuberculoso. ◇ Pl.: *lupus.*
I) luquete (ár. *al-wuqaid,* el fósforo) *m.* Pajuela. 2 Ruedecita de limón o naranja que se echa en el vino. 3 *Chile.* Pedazo de terreno sin arar que queda en un barbecho. 4 *Chile.* Espacio más o menos redondo que queda calvo en la cabeza. 5 *Chile.* Mancha, tizne o agujero redondo en la ropa. 6 *Chile.* Rodaja.
II) luquete *m.* ARQ. Casquete esférico que cierra la bóveda vaída.
lura *f.* Molusco cefalópodo, muy parecido al calamar, aunque mayor *(Ommatostrophes sagittatus).*
SIN. **Pota.**
luribañeño, -ña *adj.-s.* De Luribay, c. de la prov. de Loaiza, del dep. de La Paz (Bolivia).
lurio, -ria *adj. Méj.* Alocado en achaques de amores. 2 *Méj.* Chiflado.
lurte *m.* Alud.
lusitánico, -ca *adj.* Relativo a los lusitanos.
lusitanismo *m.* Vocablo, giro o modo de expresión propio de la lengua portuguesa empleado en otro idioma.
SIN. **Portuguesismo, lusismo.**
lusitanista *com.* Portuguesista.
lusitano, -na (l. *-nu*) *adj.-s.* De Lusitania, antigua región de España, aproximadamente el actual territorio de Portugal. 2 Portugués.
luso, -sa *adj.-s.* Lusitano.
lustrabotas *m. Amér.* Limpiabotas. ◇ Pl.: *lustrabotas.*
lustración (l. *-atione*) *f.* Acción de lustrar (purificar). 2 Efecto de lustrar (purificar). 3 Rito litúrgico que consiste en la purificación de influencias del demonio por medio del agua bendita.
lustrada *f. Perú.* Acción de lustrar el calzado.
lustrado, -da *adj. P. Rico.* Lustroso. -2 *m.* TECNOL. Último apresto que se da a las telas e hilos.
lustrador *m. Amér.* Limpiabotas.
lustral (l. *-ale*) *adj.* Relativo a la lustración: *agua ~.*
lustrar (l. *-are*) *tr.* Purificar los gentiles con sacrificios y ceremonias [las cosas que creían impuras]. 2 Abrillantar, dar lustre [a los metales, piedras, etc.]. 3 Andar, peregrinar, recorrer [un país o comarca].
SIN. *2* **Alustrar.**

lustre *m.* Brillo de las cosas tersas y pulidas. 2 fig. Esplendor, gloria.
lustrear *tr. Chile.* Lustrar.
lústrico, -ca (l. *-cu*) *adj.* Relativo a la lustración. 2 poét. Relativo al lustro.
lustrín *m. Chile.* Tenducho donde se lustra el calzado. 2 *Perú.* Lustrina.
lustrina (de *lustrar*) *f.* Tela vistosa, de seda, oro y plata, empleada en ornamentos de iglesia. 2 Tela ordinaria, lustrosa por una cara y mate por la otra. 3 *Chile.* Betún para el calzado.
SIN. *2* **Percalina.**
lustro (l. *lustru*) *m.* Espacio de cinco años.
lustrosamente *adv. m.* Con lustre.
lustroso, -sa *adj.* Que tiene lustre.
lútea (l.) *f.* Oropéndola.
lutecio *m.* QUÍM. Cuerpo simple metálico, del grupo de las tierras raras. Su símbolo químico es *Lu*, su número atómico 71 y su peso atómico 175.
luteína *f.* Pigmento amarillo en los vegetales y en la yema de huevo. 2 Hormona del ovario.
lúteo, -a (l. *luteu*) *adj.* De lodo.
luteranismo *m.* Doctrina predicada por Lutero (1483-1546). Sostiene que la fe sola justifica al hombre, siendo su única fuente la Biblia interpretada por la razón individual; niega la existencia del purgatorio, reduce los sacramentos al bautismo, eucaristía y penitencia; declara no esencial el culto externo y no reconoce el carácter de institución divina al sacerdote y la jerarquía. 2 Comunidad de los luteranos.
luterano, -na *adj.-s.* Que profesa el luteranismo. -2 *adj.* Relativo a Lutero (1483-1546).
luto (l. *luctu*) *m.* Duelo causado por la muerte de una persona. 2 Señal exterior de este duelo en vestidos, ropas, adornos y otros objetos: ***aliviar el ~***, hacerlo menos riguroso; ***~ de alivio***, el menos severo; ***medio ~***, el que mezcla el negro con el blanco, o alterna prendas de luto con otras que no lo son. 3 fig. *y* pop. Suciedad de las uñas. 4 IMPR. Filete que imprime una línea negra, maciza, de espesor superior a dos puntos de cícero. -5 ***m. pl.*** Aparatos fúnebres que se ponen en las casas de los difuntos y en la iglesia durante las exequias.
lutocar *m. Chile.* GERMAN. Carrito de mano para recoger basuras.
lutona *f. Ecuad.* Fantasma en forma de mujer.
lutoso, -sa *adj.* Luctuoso.
lutria *f.* Nutria.
luvia *f. Méj.* y *Salv.* Lluvia.
lux *m.* Unidad de iluminación que equivale a la iluminación de una superficie que recibe, normal y uniformemente repartido, un flujo luminoso de 1 lumen por metro cuadrado. Su símbolo es *lx*.
luxación (b. l. *-atione*) *f.* Dislocación de un hueso.
SIN. **Lujación,** p. us.
luxar *tr.-prnl.* Causar o sufrir una luxación.
luxemburgués, -guesa *adj.-s.* De la ciudad o estado de Luxemburgo.
luxómetro (de *lux* + *-metro*) *m.* Aparato medidor de luz.
luz (l. *luce*) *f.* Forma de energía que actuando sobre nuestros ojos nos hace ver los objetos: ***~ cenital,*** la que se recibe por el techo; ***~ negra,*** la ultravioleta invisible que se hace perceptible cuando incide sobre substancias fosforescentes o fluorescentes; ***~ zodiacal,*** la que en ciertas noches de invierno ilumina vagamente las alturas atmosféricas; ***a primera ~***, al amanecer; ***a toda ~*** o ***a todas luces,*** por todas partes, de todos modos; ***entre dos luces,*** al amanecer o al anochecer, medio borracho; ***dar a ~***, publicar una obra; parir (la mujer); ***dar ~ verde,*** autorizar a que se haga algo; ***sacar a la ~***, publicar una obra; ***ver la ~***, nacer. 2 Tiempo que dura la claridad del sol. 3 Destello [de una piedra preciosa]. 4 Imitación de la luz en una pintura. 5 Dimensión horizontal inferior de un vano. 6 Faro de un automóvil: ***~ de advertencia,*** *Méj.*, piloto del automóvil; ***~ de cambio,*** *Chile,* piloto del automóvil; ***~ de vía,*** *C. Rica,* intermitente del automóvil; ***~ de viraje,*** *Chile,* intermitente del automóvil. 7 Ventana o tronera que da luz a un edificio. 8 Utensilio para alumbrar, como una vela, lámpara, etc. 9 fig. Persona o cosa capaz de ilustrar y guiar: *~ de la razón.* 10 vulg. Electricidad: *el recibo de la ~*. 11 vulg. Dinero. -12 ***m. pl.*** Ilustración, cultura: *el siglo de las luces.*
REL. *1* Los derivados y compuestos tienen como base el l. *luce (lucífero, lucífugo);* el l. *lumine (iluminar, luminotecnia);* el romance *lumbre (alumbrar, relumbre);* el gr. *fos, fotos (fotografía, fotosfera).* **Óptica,** parte de la física que estudia la luz y sus fenómenos; **actinometría,** la que estudia la acción química de la luz.
luzángano *m. Murc.* Luciérnaga.
Luzbel *n. pr.* Lucifer (ángel).
luzonense *adj.-s.* De Luzón, isla de Filipinas.
luzula *f.* Planta juncácea cuyas hojas están provistas de pelos blancos, y flores de color castaño *(Luzula campestris).*
Lx, símbolo del lux.
lycra (marca registrada) *f.* Tejido sintético elástico, especialmente usado en la confección de prendas de vestir.

M, m *f.* Eme, decimotercera letra del **alfabeto español que representa gráficamente a la consonante oclusiva, nasal, bilabial y sonora. 2 Símbolo del prefijo *mega*, empleado en el sistema de pesas y medidas, que equivale a un millón de veces. 3 Símbolo del maxwell. 4 Símbolo del metro. 5 Símbolo del minuto. 6 *M*, cifra romana equivalente a mil.

mabí *m. P. Rico* y *S. Dom.* Árbol pequeño de la familia de las ramnáceas, de corteza amarga *(Rhamus elipticus).*

mabinga *f. Cuba* y *Méj.* Tabaco de calidad inferior. 2 *Cuba* y *Méj.* Estiércol. 3 *Cuba.* Guiso que se prepara con malanga.

mabita *f. Venez.* Mal de ojo. -2 *com. Venez.* Persona desafortunada que tiene desgracia en todo.

mabitoso, -sa *adj. Venez.* Guiñoso.

mable *m. Amér. Central.* Canica.

mabolo *m.* Árbol de Filipinas, de la familia de las ebenáceas. Su fruto es muy semejante al melocotón, pero de carne dura y desabrida *(Diospyros discolor).*

mabuya *f. Cuba.* Diablo.

I) maca (de *macarse*) *f.* Señal que queda en la fruta por algún daño recibido. 2 Daño ligero: *la ~ del paño.* 3 fig. Disimulación, fraude. 4 fig. Defecto moral, vicio.

II) maca (aféresis de *hamaca*) *f.* fam. Hamaca.

macá (guaraní) *m. Argent.* Ave palmípeda de medio metro de altura, torpe para andar, especie de somorgujo *(Aechmophorus major).*

macabeo, -a *adj.-s.* De Macas, cap. de la prov. de Santiago (Ecuador). -2 *n. pr.* Viura.

Macabeo *n. pr.* BIBL. Sobrenombre de Judas, hijo de Matatías. -2 *m. pl.* Título de dos libros del Ant. Testamento. Se abrevian *I Mac.* y *II Mac.*

macabí (voz indígena) *m. Cuba* y *P. Rico.* Pez de cuerpo cilíndrico y con muchas espinas *(Albula conorhyncus).* 2 *Colomb.* fig. Persona difícil de engañar y capaz de engañar a uno.

macabisa *f. Bol.* Muchacha alegre.

macabro, -bra (fr. *Macabré*) *adj.* Que participa de lo feo y repulsivo de la muerte. 2 Tétrico, lúgubre.

macaca *f.* Hembra del macaco. 2 *Chile.* Coleóptero muy grande. 3 *Chile.* fig. *y* fam. Mona, borrachera.

macachí, macachín *m. R. de la Plata.* Planta oxalidácea de flores amarillas o violadas en otoño. Sus hojas son parecidas a las del trébol, y el tubérculo es comestible *(Oxalis selowiana; lobata; Arjona patagonica).*

macacinas *f. pl. Amér. Central.* Zapatos toscos de cuero, sin tacón.

macacinear *tr. Guat.* Robar, hurtar.

macacino, -na *adj. Guat.* Ladrón.

I) macaco (port.) *m.* Mono catarrino cercopitécido, de cola corta, con callosidades isquiáticas *(Macaca* sp.*).* 2 *Méj.* Coco, bu.

II) macaco *m. Hond.* Moneda macuquina del valor de un peso.

III) macaco, -ca *adj. Amér.* Feo, deforme, por alusión al mono de este nombre.

IV) macaco, -ca *adj.-s. Amér.* Colono chino. 2 *P. Rico.* Necio. 3 *Parag.* Natural del Brasil.

macacoa *f. Colomb.* y *Venez.* Murria, tristeza.

macadam, -dán (de *Mac-Adam,* 1756-1836, su inventor) *m.* Pavimento formado con piedra machacada y aglomerada por rulos compresores. ◇ Pl.: *macadams* o *macadanes.*

macadamizar *tr.* Solar con macadam. ◇ ** CONJUG. [4] como *realizar.*

macagua *f.* Ave rapaz falconiforme, diurna, de América Meridional, de color amarillo pardusco y con el pico dentado *(Herpetotheres cachinnas).* 2 *Cuba.* Árbol artocárpeo de madera dura, cuyo fruto comen los cerdos *(Exostemma cariboeum).* 3 *Venez.* Serpiente venenosa de cerca de dos metros de largo.

macagüil *m. Méj.* Machete de madera con filo de pedernales.

macaguita *f. Venez.* Palma espinosa cuyo fruto es un coquito casi negro *(Aeria attenuata).* 2 *Venez.* Fruto de este árbol.

macal *m. Méj.* Planta arácea de tubérculos feculentos semejantes al sagú, alargados, con rugosidades anilladas *(Colocasia antiquorum).* 2 *Chile.* Plantío de maqui.

macana (voz indígena americana, de origen incierto) *f.* Palo corto y grueso. 2 Arma que usaban los indios. 3 fig. Broma, camelo, disparate. 4 fig. Artículo de comercio que por su deterioro o falta de novedad queda sin fácil salida. 5 *Amér.* Cosa mal hecha, chapuza, disparate, tontería. 6 *Amér. Central* y *Méj.* Especie de azada de coa. 7 *Argent.* Chisme, trasto, cosa inútil. 8 *Argent.* Conversación latosa. 9 *Bol., Colomb., Ecuad.* y *Venez.* Especie de chal o manteleta, casi siempre de algodón, que usan las mujeres mestizas. 10 *Méj.* Duro, peso fuerte.
SIN. *1* **Porra.**

macanada *f. Argent.* Disparate.

macanazo *m.* Golpe de macana. 2 *Amér.* Acción brusca. 3 *Amér.* fam. Disparate grande. 4 *Amér.* fam. Lata, fastidio.

macancear *tr. La Mancha.* Importunar, molestar.

macanche *adj. Sal.* Delicado de salud, enfermo.

macandá (voz de negros) *m. Colomb.* y *P. Rico.* Brujería. 2 *Colomb.* Medios prácticos para resolver algo.

macaneador, -ra *adj. Argent.* Macanero. 2 *Argent.* Que hace mal alguna cosa.

macanear *tr. Amér.* Contar o inventar paparruchas. 2 *Argent.* Hacer mal alguna cosa. 3 *Colomb.* y *Venez.* Rozar, desbrozar. 4 *Colomb.* y *Venez.* fig. Manejar [un asunto]. 5 *Cuba* y *P. Rico.* Pegar [a alguien] con la macana. 6 *Méj.* Trabajar con la macana (azada). 7 *Hond.* Trabajar con asiduidad.

macaneo *m. Argent.* Acción de macanear. 2 *Argent.* Efecto de macanear.

macanero, -ra *adj. Argent.* y *Chile.* Que inventa o cuenta paparruchas.
macano *m.* Árbol del Panamá *(Acacia guachapele).* 2 *Chile.* Color obscuro que se usa para teñir lana.
macanudo, -da *adj.* Chocante por lo grande y extraordinario. Voz humorística o plebeya, según los casos.
macao (voz indígena) *m. Cuba.* Crustáceo parecido al ermitaño. Hay varias especies, unas marítimas y otras terrestres *(gén. Pagurus, Cœnobita).* 2 *Cuba.* fam. Apodo de desprecio.
macaón *m.* Mariposa muy bella, cuyas alas posteriores se prolongan formando una cola puntiaguda o espatulada *(Papilio machaon).*
SIN. **Cola de golondrina.**
macaquear *tr. Amér. Central.* Robar [algo]. -2 *intr. Argent.* Hacer gestos de macaco.
macarela *f. Venez.* Caballa, pez comestible.
macarelo *m.* Hombre pendenciero y camorrista.
macareno, -na *adj.-s.* De la Macarena, barrio de Sevilla. 2 fig. Guapo, majo, baladrón.
macareo (port. *macareu,* de et. dud.) *m.* Oleada que sube río arriba al crecer la marea.
SIN. **Pororoca,** en Amér. Merid.
macarra *adj.-m.* Proxeneta, chulo. 2 Pendenciero, agresivo. 3 De mal gusto, de baja clase.
macarro *m.* Panecillo de forma alargada y de una libra de peso. 2 Bollo de pan de aceite, largo y estrecho.
macarrón (it. *maccherone*) *m.* Pasta alimenticia de harina de trigo dispuesta en canutos largos: *macarrones a la italiana.* 2 p. ext. Canuto muy largo, gralte. de materia plástica. 3 Mostachón. 4 MAR. Extremo de las cuadernas que sobresalen de las bordas del buque.
macarronada *f. Colomb.* Guiso de macarrones.
macarronea (it. *maccheronea*) *f.* Composición burlesca en que se mezclan palabras latinas con otras de una lengua vulgar a las cuales se da terminación latina.
macarrónicamente *adv. m.* De manera macarrónica.
macarrónico, -ca (it. *maccheronico,* del it. dial. *maccaron,* error garrafal) *adj.* Propio o relativo a la macarronea, al latín muy defectuoso y al lenguaje vulgar que peca contra las leyes de la gramática.
macarronismo *m.* fam. Estilo macarrónico.
macarse (l. **maccare,* magullar, aplastar) *prnl.* Empezar a pudrirse [los frutos] a consecuencia de golpes o magulladuras. ◇ ** CONJUG. [1] como *sacar.*
macasar *m.* Aceite que se usaba para el cabello. 2 Cubierta de punto, encaje u otra labor que se pone en los respaldos de ciertos asientos para que no se ensucien al apoyar en ellos la cabeza.
macateta *f. Ecuad.* Juego de ligereza de manos, que usan las niñas. 2 *Ecuad.* Bola que sirve para este juego.
macatrullo, -lla *adj. Argent.* y *Méj.* Tonto, torpe.
macaurel *m. Venez.* Serpiente parecida al tragavenado, pero de menor tamaño; tiene dientes macizos, por lo cual no inyecta veneno, aunque segrega una saliva paralizante *(Xiphosoma caninum).*
macaz *m.* Especie de paca, roedor de pelaje amarillo rojizo *(Coelogenys fulvus).*
Macbeth *n. pr.* Rey de Escocia (m. 1057), protagonista de la tragedia de Shakespeare (1564-1616) *Macbeth.*
maceador *m.* El que macea.
macear *tr.* Golpear con el mazo o la maza. -2 *intr.* fig. Machacar (porfiar).
macedón, -dona *adj.-s.* Macedonio.
macedonia *f.* Ensalada de frutas.
macedónico, -ca *adj.* Macedonio.
macedonio, -nia (l. *-iu*) *adj.-s.* De Macedonia, antigua región balcánica que comprendía zonas de Grecia, Bulgaria y Yugoslavia; y actualmente república de Yugoslavia. -2 *adj.-m.* Lengua traciofrigia hablada antiguamente en esta región balcánica. 3 Lengua perteneciente al grupo eslavo meridional, hablada principalmente en la república yugoslava de Macedonia.
macegual *m. Méj.* Indio plebeyo o rústico.
macello (l. *macellu*) *m.* Trozo de carne.
macelo (l. *macellu*) *m.* p. us. Matadero (sitio).
maceo *m.* Acción de macear. 2 Efecto de macear.
maceración (b. l. *-atione*) *f.* Acción de macerar o macerarse. 2 Efecto de macerar o macerarse. 3 Procedimiento de blanqueo de las telas de lino y cáñamo.
maceramiento *m.* Maceración.
macerar (l. *-are*) *tr.* Ablandar [una cosa] golpeándola, estrujándola o manteniéndola por algún tiempo sumergida en un líquido. 2 QUÍM. Extraer las partes solubles [de una substancia] por este último procedimiento. 3 fig. Mortificar, extenuar [el cuerpo] con penitencias.
macerina *f.* Mancerina.
macero *m.* El que lleva la maza delante de los cuerpos o personas que usan esta señal de dignidad.
I) maceta *f.* Dim. de *maza.* 2 Empuñadura de algunas herramientas. 3 Martillo corto de los canteros y albañiles. 4 *Sant.* Peto (herramienta). 5 *Amér.* Pieza corta de madera dura que sirve para machacar o golpear. 6 *P. Rico.* Macana, garrote. -7 *adj. Amér.* Sotreta (caballo). 8 *Amér.* Pesado para caminar. 9 *P. Rico.* Miserable.
II) maceta (it. *mazetto*) *f.* Vaso de barro cocido y que, lleno de tierra, sirve para criar plantas. 2 Pie para los ramilletes de flores artificiales. 3 Corimbo. 4 *Chile.* Ramillete, mazo de flores. 5 *Méj.* vulg. Cabeza.
SIN. *1* **Maceta,** predomina en And.; **tiesto,** se usa en Castilla, y se extiende a significar cualquier pedazo de barro cocido; **pote,** la que tiene forma de jarra.
macetear *tr. Argent.* y *Colomb.* Golpear [a alguien] con la maceta.
macetero *m.* Aparato para colocar macetas de flores.
macetudo, -da *adj. Argent.* De piernas cortas y gruesas. 2 *Argent.* Que tiene el paso muy grande, esp. las caballerías.
macfarlán (de *Mac-Farlane,* nombre del supuesto inventor) *m.* Gabán con esclavina y sin mangas.
macferlán *m.* Macfarlán.
Mach (número de ~) *n. pr.* Relación entre la velocidad de un móvil (proyectil, avión) y la del sonido en la atmósfera donde se efectúa la traslación.
macha *f. Amér.* Marimacho. 2 *Argent.* Broma, burla, macana. 3 *Chile.* Molusco marino comestible *(Mesodesma donacia).*
machaca *f.* Instrumento con que se machaca. -2 *com.* fig. Persona pesada.
machacadera *f.* Machaca (instrumento).
machacado, -da *adj.* V. metal machacado.
machacador, -ra *adj.-s.* Que machaca. -2 *f.* Máquina trituradora.
machacante *m.* Soldado destinado a servir a los sargentos de una compañía. 2 vulg. Moneda de 5 pesetas. 3 *Cuba.* fest. Ayudante de chófer.
machacar (v. *machar*) *tr.* Quebrantar a golpes: *~ avellanas.* -2 *intr.* fig. Porfiar e insistir importuna y pesadamente sobre una cosa. 3 fig. Estudiar con ahínco. ◇ ** CONJUG. [1] como *sacar.*
SIN. *2* **Macear.**
machacón, -cona *adj.-s.* Importuno, pesado.
machaconería *f.* Insistencia, prolijidad, pesadez.
machada *f.* Hato de machos cabríos. 2 fig. Necedad. 3 Acción ostentosa e inútil o absurda.
machadiano, -na *adj.* Relativo a A. Machado (1875-1939).
I) machado (port.) *m.* Hacha para cortar madera.
II) machado, -da *adj. Ecuad.* Borracho.
machaje *m. Amér.* Conjunto de animales machos.
machaleño, -ña *adj.-s.* De Machala, cap. de la prov. de El Oro (Ecuador).
machamartillo (a ~) (*macho* III + *martillo*) *loc. adv.* Con fuerte trabazón o firmeza material o moral: *clavado a ~.* 2 Insistentemente.
machanga *f. Cuba.* Mujer varonil. 2 *Chile.* Machaquería.
machango, -ga *adj. Cuba.* [pers.] De modales toscos y groseros. 2 *Chile.* Machacón. -3 *m. f. Cuba.* Especie de mono *(Cebus apella).* 4 *Hond.* Caballería mala.
machaque *m. Bol.* Importunidad, pesadez.
machaquear *tr.* Machacar, majar.
machaqueo *m.* Acción de machacar. 2 Efecto de machacar. -3 *m.* fig. Repetición.
machaquería *f.* Importunidad, pesadez.
machaquero, -ra *adj. P. Rico.* Importuno, pesado.
I) machar (de *macho* III; doble etim. *machacar, machucar*) *tr.* Machacar. -2 *prnl. Amér. Merid.* Emborracharse.
II) machar *intr. Cuba.* Gustar una niña de los juegos y hábitos propios de varones.
machascarse (de radical quechua y sufijo español) *prnl. Perú.* Emborracharse. ◇ ** CONJUG. [1] como *sacar.*
machazo, -za *adj. Colomb.* fam. Enorme. 2 *Ecuad.* [pers.] Muy valiente.

machear *tr.* Fecundar las palmeras mediante el sacudimiento de las inflorescencias masculinas [sobre los pies femeninos]. -2 *intr.* Engendrar los animales más machos que hembras. 3 fig. Echárselas de hombre. 4 *Colomb.* Machar II.
machembé *S. Dom.* *¡Qué ~!* exclamación para referirse a un individuo extraordinario.
I) machero *m. Extr.* Planta nueva del alcornoque.
II) machero *m.* Aprendiz de pastor, en Sierra Morena. 2 *Méj.* Cuadra para bestias mulares.
III) machero, -ra *adj. P. Rico.* vulg. [pers.] Que está de broma.
macheta *f.* Cuchilla de hoja muy fuerte y ancha, usada para picar carne especialmente. 2 *León* y *Sal.* Destral.
machetazo *m.* Golpe dado con el machete.
machete (probl. der. de *macho* III, mazo grande) *m.* Arma más corta que la espada, ancha, pesada y de un solo filo. 2 Cuchillo grande para desmontar, cortar la caña de azúcar, etc. 3 *Colomb.* Pliegue que se hace por adorno en la ropa. 4 *P. Rico.* Pasatiempo. 5 *Urug.* Ruin, mezquino.
machetear *tr.* Dar machetazos. 2 MAR. Clavar estacas. 3 TAUROM. Quebrantar al toro haciéndole cornear reiteradamente al engaño que se le presenta y retira de cuerno a cuerno. -4 *intr. Colomb.* Porfiar. 5 *Colomb.* Vender a bajo precio. 6 *Méj.* Trabajar. 7 *Méj.* Estudiar mucho, empollar.
SIN. *1* **Amachetear,** menos us.
machetería *f. Ecuad.* Pelea a machete.
machetero, -ra *m. f.* Persona que desmonta con machete los pasos embarazados con arbustos y matorral. 2 Persona que corta las cañas de azúcar. 3 *Méj.* Trabajador. 4 *Méj.* Empollón, estudiante. 5 *Méj.* Entre impresores, cajista. 6 *Venez.* desp. Militar.
machetín *m. Ant.* Machete corto.
machetón *m. Amér. Central.* desp. Militar rudo y autoritario.
machetona *f. Colomb.* Navaja grande.
machi (arauc.) *com. Chile.* Curandero.
machí *com. Argent.* Machi.
machía *f. Venez.* Virilidad, hombría.
machica (quechua) *f. Perú.* Harina de maíz tostado mezclada con azúcar y canela. 2 *Ecuad.* Harina de cebada.
machicuepa (mej. *matzincuepa*) *f. Méj.* Voltereta. 2 *Méj.* fig. Cambio de partido, de política.
machiega *adj.* V. abeja machiega.
machigay *m. Colomb.* Gente menuda. 2 *Colomb.* Ganado menudo.
machigua *f. Hond.* Agua con residuos de maíz, en que se ha lavado la piedra de moler. -2 *f. pl. Méj.* Agua en que la molendera está humedeciéndose las manos para que la masa no se pegue en ellas al hacer las tortillas.
machihembrado *m.* Ensamblaje.
machihembradora *f. Chile.* Máquina que hace el mismo trabajo que los dos cepillos de machihembrar.
machihembrar (paras. de *macho* + *hembra*) *tr.* CARP. Ensamblar [dos piezas de madera] a caja y espiga o a ranura y lengüeta. -2 *prnl. P. Rico.* Amancebarse.
machín *m.* Cupido, dios del Amor. 2 *Colomb.* y *Venez.* Mico, mono. 3 *Colomb.* Concubinato.
machina (fr. *machine,* máquina) *f.* Cabria o grúa grande usada en puertos y arsenales. 2 Martinete (mazo). 3 *P. Rico.* Tiovivo.
machinar (l. *-are*) *tr.* Maquinar. -2 *prnl. Amér. Central.* Amancebarse.
machío, -a *adj.* p. us. [vegetal] Que no da fruto.
machismo *m.* Discriminación sexual, de carácter dominante, adoptada por los hombres.
machista *adj.-com.* Partidario del machismo. -2 *adj.* Relativo al machismo.
machito *m. Méj.* Bocadillo frito de tripa de res, especialmente de cerdo, o de menudencias de estos animales.
machitucar *tr. Chile.* Exorcizar los curanderos [a los enfermos]. ◇ ** CONJUG. [1] como *sacar.*
machitún *m. Chile.* Ceremonias o prácticas de los machis.
I) macho (l. *masculu;* doble etim. *maslo*) *m.* Animal del sexo masculino: *~ cabrío,* cabrón (buco). 2 Pie masculino de una planta dioica. 3 Borla pendiente del canesú en las chaquetillas de luces de los toreros. 4 Pieza que entra dentro de otra: *el ~ del corchete, de la tuerca.* 5 *~ de aterrajar,* tornillo de acero para labrar la rosca de las tuercas. 6 Pilar de fábrica, que sostiene o fortalece alguna cosa. 7 Tratamiento coloquial amistoso. 8 ARQ. Alma de la escalera de caracol. -9 *adj.-m.* Falócrata. 10 fig. Hombre necio. -11 *adj.* fig. Fuerte, robusto: *pelo ~.* 12 Varonil, viril. -13 *m. C. Rica.* fam. Extranjero rubio. 14 *Cuba., Colomb.* y *Guat.* Casulla, grano de arroz con cáscara. 15 *Cuba.* Puerco, cebón. 16 *Guat.* Ramera. 17 *Hond.* Pedazo de tortilla amasado con queso, que se da a los niños.
SIN. *7* **Cadena.**
II) macho (port. *macho;* reducción de *muacho,* der. del l. *mulu,* mulo) *m.* Mulo.
III) macho (et. dud.; probl. var. moz. de *mazo*) *m.* Mazo grande de herrero. 2 Banco en que los herreros tienen el yunque. 3 Yunque cuadrado.
¡macho! Interjección con que se denota asombro, sorpresa, enfado.
machón *m.* Macho (pilar). -2 *adj. Amér.* Marimacho. 3 *P. Rico* y *Urug.* Grandullón.
machona *f. Argent., Parag.* y *Urug.* fam. Mujer hombruna, marimacho.
machonear *intr. Argent.* y *Urug.* Machar II.
machonga *f. Colomb.* Pirita de cobre o hierro.
machorrear *intr.-prnl. Venez.* Malograr.
machorro, -rra *adj.* Estéril, infructífero. -2 *f.* Hembra estéril. 3 Mujer de aspecto o modales hombrunos.
machorrucio *m. Colomb.* Preparación de maíz cocido, molido y colado.
I) machota *f.* Especie de mazo.
II) machota *f. And.* y *Méj.* Marimacho. 2 *P. Rico.* Mujer garrida y lozana.
I) machote *m.* Machota I. -2 *loc. adv. A ~,* a golpe de mazo. -3 *m. Amér.* Borrador, dechado, modelo. 4 *Méj.* Señal que se pone para medir los destajos en las minas.
II) machote *adj.-m.* fam. Muy hombre, viril.
machuca *f. Extr.* Parva pequeña que se trilla y recoge antes de comenzar la era cuando se está escaso de grano.
machucada *f. Chile.* Mujer de soldado.
machucador, -ra *adj.* Que machuca.
machucadura *f.* Machucamiento.
machucamiento *m.* Acción de machucar. 2 Efecto de machucar.
machucangú *m. Pan.* Mortero de palo.
machucante *m. Colomb.* fam. Sujeto, individuo.
machucar (v. *machar*) *tr.* Maltratar [una cosa] causándole contusión o magullamiento. 2 Machacar. 3 *P. Rico.* Fatigar [a un caballo] en la carrera. ◇ CONJUG. [1] como *sacar.*
machucazo *m. P. Rico.* Machucadura.
machuco *m. Extr.* Mazo de madera.
machucón *m. Amér.* Machucadura.
machucho, -cha (probl. del ár. *machuch,* gente del Norte) *adj.* Sosegado, juicioso. 2 Entrado en días.
I) machuelo *m.* Dim. de *macho* II. 2 *Chile.* Pez parecido al arenque *(gén. Clupea).*
II) machuelo (de *macho* I) *m.* Germen.
machuna *adj.* [cabra] Que tiene los cuernos derechos hacia arriba.
machuno, -na *adj. And.* y *Sor.* Perteneciente o relativo a macho I.
machuquillo *m. Cuba.* Guiso de plátano machacado.
machusca *f. Bol.* fam. Mujer jamona.
macia *f.* Macis.
Macías *n. pr.* Poeta gallego del siglo XIV, célebre por sus amores; de aquí la comparación usual *más enamorado que ~.*
macica *f.* Seta comestible de sombrero plano y de color pardo grisáceo *(Rhodophyllus clypeatus).*
macicez *f.* Calidad de macizo.
maciega *f. Amér.* Hierba inútil o perjudicial que nace en los sembrados. 2 *Argent.* Terreno de hierbas altas y densas.
maciegal *m. Argent.* Maciega.
macilento, -ta (l. *-tu*) *adj.* Flaco, descolorido, triste.
macillo *m.* Dim. de *mazo.* 2 MÚS. Pieza del piano con la cual, a impulso de la tecla, se hiere la cuerda correspondiente.
SIN. *2* **Martinete.**
macío *m. Cuba.* Espadaña.
macis (l.) *f.* Arilo reticulado y oloroso de la nuez moscada. ◇ Pl.: *macis.*
macizamente *adv. m.* Con macicez.
macizar *tr.* Rellenar [un hueco]. ◇ ** CONJUG. [4] como *realizar.*
macizo, -za (forma asimilada de *masizo,* der. de *masa*) *adj.-m.* Lleno, sin hueco, sólido. -2 *adj.* Sólido y bien fundado. 3 Grueso, fuerte. -4 *m.* Conjunto de montañas que culminan en uno o más picos. 5 Conjunto de construcciones cercanas entre

sí. 6 Conjunto de plantas que decoran los cuadros de los jardines. 7 ARQ. Parte de una pared entre dos vanos. 8 MAR. Refuerzo de madera con que se rellenan los huecos entre las cuadernas a lo largo de la línea de flotación del casco de un barco. 9 Cebo de baja calidad que utilizan los pescadores, constituido por una mezcla de residuos de pescados triturados, como sardinas o chicharros, o sus desperdicios, o más comúnmente, por salvado y arena. 10 *S. Dom.* Canastillo de flores.

macla *f.* Asociación simétrica de dos o más cristales simples de una misma especie mineral. 2 BLAS. Losange que tiene en su centro una cavidad de forma igualmente de losange.

maclado *m.* Formación de maclas en un grupo de cristales.

maclascal *m. Méj.* Tortilla hecha con la substancia blanda del maguey.

maco *m. Cuba.* Molusco gasterópodo cuya concha es aovada y tiene el tamaño del huevo de ganso *(Cyprea cereus).* 2 *P. Rico.* fest. Ojo, órgano de la vista.

macoca *f. Colomb.* Machete en mal estado.

I) macoco, -ca (del l. *coquo,* madurar, sazonar) *adj.* Maduro en demasía. -2 *f.* Breva seca.

II) macoco *m. Colomb.* Macoca. 2 *Venez.* Garrote.

macocoa *f. Colomb.* Mococoa, mal humor.

macolla *f.* Conjunto de vástagos, flores o espigas que nacen de un mismo pie.

REL. **Amacollar,** formar macolla las plantas.

macollado, -da *adj. Chile.* fig. Repleto, rebosante.

macollar *intr.-prnl.* Formar macolla las plantas. -2 *tr. Chile.* fig. Atesorar, guardar.

macollo *m. Guat.* y *Hond.* Macolla.

I) macón *m.* En apicultura, panal sin miel, reseco y de color obscuro.

II) macón, -cona *adj. Colomb.* Grandullón.

macona *f.* Banasta grande.

macondo *m. Colomb.* Juego de suerte y azar, especie de lotería de figuras. 2 *Colomb.* Árbol corpulento, de la familia de las bombacáceas, semejante a la ceiba *(Cavanillesia platanifolia).*

maconear *tr. Pan.* Cortar [las hierbas]; podar los chupones [de las plantas].

macono *m.* Ave canora de los bosques de Bolivia.

macoquear *tr. Colomb.* Golpear con la macoca.

macota *f. Urug.* Entre campesinos, gente de la ciudad.

macote *adj. Argent.* Grandote, muy grande.

macramé *m.* Tejido de nudos, cuya estructura se parece al encaje de bolillos. 2 Hilo con que se prepara este tejido.

macró *m.* Proxeneta.

macro- (gr. *makrós,* grande) Elemento prefijal que entra en la formación de palabras con el significado de grande.

CONTR. **Micro-.**

macrobio, -bia (*macro-* + *-bio*) *adj.* Que vive largo tiempo, longevo.

macrobiótica (*macro-* + gr. *biotiké, -ikós,* relativo a la vida) *f.* Doctrina o régimen encaminado a prolongar la vida por medio de reglas dietéticas e higiénicas.

macrobiótico, -ca *adj.* Relativo al macrobiotismo.

macrobiotismo *m.* Régimen alimenticio a base de cereales, legumbres y frutas.

macroblasto (*macro-* + *-blasto*) *m.* BOT. Brote largo; vástago que sirve para formar o prolongar las ramas de las plantas con dos clases de brotes, en oposición a los braquiblastos.

macrocardia (*macro-* + *-cardia*) *f.* MED. Cardiomegalia.

macrocarpo, -pa (*macro-* + *-carpo*) *adj.* BOT. [vegetal] De frutos largos o voluminosos.

macrocefalia (*macro-* + *-cefalia*) *f.* Calidad de macrocéfalo.

SIN. **Megalocefalia.** CONTR. **Microcefalia.**

macrocéfalo, -la (*macro-* + *-céfalo*) *adj.-s.* De cabeza muy grande.

SIN. **Megalocéfalo.** CONTR. **Microcéfalo.**

macrocerco (*macro-* + *-cerco*) *adj.* [animal] De cola muy larga.

macrocontexto (*macro-* + *contexto*) *m.* LING. Contorno de una palabra, mucho más amplio que el microcontexto, formado por la frase, secuencia de frase o discurso entero en que la palabra aparece. 2 Conjunto de circunstancias socioculturales en las que se produce un texto, y cuyo conocimiento es necesario para comprenderlo en todas sus implicaciones.

CONTR. *1* **Microcontexto.**

macrocosmo (*macro-* + *-cosmo*) *m.* Gran mundo o universo, en oposición al microcosmo.

macrocosmos *m.* Macrocosmo.

macrodactilia (*macro-* + *-dactilia*) *f.* MED. Desarrollo excesivo de los dedos.

macrodáctilo, -la (*macro-* + *-dáctilo*) *adj.* De dedos grandes.

macroeconomía (*macro-* + *economía*) *f.* Estudio de los sistemas económicos como un todo, empleando magnitudes colectivas o globales.

REL. **Microeconomía.**

macroeconómico, -ca *adj.* Perteneciente o relativo a la macroeconomía.

macroestructura (*macro-* + *estructura*) *f.* Estructura que engloba otras estructuras. 2 Estructura general de un conjunto por oposición a sus microestructuras. 3 FÍS. Estructura de una aleación cuyos cristales, una vez pulimentada aquélla, son aparentes a simple vista, sin ayuda del microscopio. 4 LING. Nomenclatura (conjunto de entradas).

CONTR. **Microestructura.**

macrofilo, -la (*macro-* + *-filo* III) *adj.* BOT. [vegetal] De hojas grandes.

macrofotografía (*macro-* + *fotografía*) *f.* Fotografía de objetos pequeños, directamente ampliada por el objetivo de la cámara.

macroftalmía (*macro-* + gr. *ophthalmós,* ojo) *f.* MED. Desarrollo anormalmente grande del globo ocular.

macrogameto (*macro-* + *gameto*) *m.* BIOL. Gameto femenino.

SIN. **Óvulo.**

macrografía (*macro-* + *-grafía*) *f.* METAL. Estudio metalográfico de las piezas enteras; se estudian a simple vista, o con lupas, las piezas o cortes de estas después de haber atacado su superficie con ácidos u otros reactivos.

macromolécula (*macro-* + *molécula*) *f.* Agrupación molecular de gran número de átomos.

macromolecular *adj.* [substancia química] De masa molecular elevada.

macropétalo, -la (*macro-* + *pétalo*) *adj.* BOT. De pétalos grandes, generalmente mayores que los sépalos.

CONTR. **Micropétalo.**

macroplancton (*macro-* + *plancton*) *m.* Parte del plancton formada por organismos de dimensiones grandes.

macropsia (*macro-* + *-opsia*) *f.* MED. Visión de los objetos mayores de lo que realmente son.

CONTR. **Micropsia.**

macroquímica (*macro-* + *química*) *f.* QUÍM. Estudio de la composición y propiedades químicas de la materia en general.

macrorrinia (*macro-* + gr. *rhis, rhinós,* nariz) *f.* MED. Desarrollo anormalmente grande de la nariz.

macroscelia (*macro-* + gr. *skelos,* pierna) *f.* MED. Desarrollo exagerado de las extremidades inferiores en relación al tronco.

macroscópico, -ca (*macro-* + gr. *skopeo,* ver) *adj.* HIST. NAT. Que se ve a simple vista, sin auxilio del microscopio: *caracteres macroscópicos.*

CONTR. **Microscópico.**

macrosegmento (*macro-* + *segmento*) *m.* FON. Unidad de entonación que resulta al dividir un enunciado en segmentos.

macrosmático, -ca (*macro-* + gr. *osmatikós,* relativo al olor) *adj.* [mamífero] De gran agudeza olfativa, como los carnívoros y los ungulados.

macrostomía (*macro-* + gr. *stoma,* boca) *f.* MED. Desarrollo anormalmente grande de la boca.

macrosurco (*macro-* + *surco*) *m.* Surco fonográfico de gran tamaño. 2 Disco fonográfico grabado con dicho surco.

CONTR. **Microsurco.**

macrozoom (*macro-* + *zoom*) *m.* Zoom con una distancia focal ampliamente variable. ◇ Se pronuncia *macrozún.*

macruro (*macro-* + *-uro*) *adj.-m.* Crustáceo del grupo de los macruros. -2 *m. pl.* Grupo de crustáceos decápodos de abdomen muy desarrollado; como la langosta.

macsura (ár. *maqçura,* separación) *f.* Recinto reservado, en una mezquita, para el califa o el imán, o para sepulcro de un santón.

macuá *m. Pan.* Hechizo. 2 *Perú.* Combinación ilícita.

macuache (mej. *macchualtic*) *m. Méj.* Indio miserable. 2 *Méj.* fig. Bruto, animal.

macuahuitl *m. Méj.* Macagüil.

macuare *m. Venez.* Rebenque. 2 *Venez.* Lance del billar.

macuba *f.* Tabaco aromático que se cultiva en Macuba, población de la Martinica. 2 Coleóptero parecido al cerambix, que vive en los sauces y fresnos; sus élitros, de brillo metálico, son verdes, azules o azul-purpúreos, con una mancha roja a cada lado del protórax. Exhalan un olor a rosas; por este motivo fueron utilizados para aromatizar el rapé, encerrándolos en las cajas que lo contenían *(Aromia moschata)*.

macuca *f.* Planta umbelífera, de flores blancas muy pequeñas y fruto parecido al del anís *(Brunium macuca; Conopodium maius)*. 2 Arbusto rosáceo parecido al peral, de fruto pequeño, colorado e insípido. 3 Fruto de este arbusto.

macuche *m. Méj.* Tabaco cultivado en la región Norte del país. -2 *adj. Méj.* Mal hecho, de mediana calidad.

macuco, -ca *adj. Amér.* Grande, macanudo. 2 *Chile.* Cuco, taimado, astuto. 3 *Ecuad.* Viejo inútil. -4 *m. Amér.* Muchacho grandullón.

macucón, -cona *adj. Colomb.* Grandullón.

macuenco, -ca *adj. Colomb.* Grandullón. 2 *Cuba* y *P. Rico.* Flaco, enclenque, débil.

macuico, -ca *adj. Cuba.* Raquítico, débil.

macuito, -ta *adj.-s. Perú.* fam. Negro.

macujear *intr. Cuba.* Mascullar.

mácula (l.; doble etim. *mancha*) *f.* Mancha (señal; deshonra). 2 Engaño, trampa. 3 Parte obscura que se observa en el disco del Sol. 4 ~ *lútea,* región de la retina situada en el polo posterior del ojo, donde la visión es más clara.

maculada *f.* Mariposa diurna de color leonado naranja, con fuertes manchas pardas y ocelos de pupila blanca *(Pararge aegeria)*.
SIN. **Mariposa de los muros.**

I) macular (l. *-are;* doble etim. *manchar* y *magullar*) *tr.* lit. Manchar.

II) macular *adj.* Punteado, pecoso.

maculatura *f.* Pliego defectuoso o manchado que se desecha.

macumbé *adj. Bol.* Grande.

macún *m. Chile.* Especie de camisola.

macundales *m. pl. Colomb.* y *Venez.* Trastos. 2 *Colomb.* y *Venez.* Negocios.

macundos *m. pl. Venez.* Trastos, trebejos.

macupa *f.* Planta mirtácea de Filipinas que se cultiva como frutal y medicinal *(Jambosa vulgaris)*.

macuquero, -ra *m. f.* Persona que sin permiso extrae metales de las minas abandonadas. -2 *adj. P. Rico.* Astuto, taimado.

macuquino, -na (orig. desconocido) *adj.* ***Moneda*** ~, la de oro o plata, cortada, que corrió hasta mediados del s. XIX. 2 *Bol.* Grandullón.

macurca (aimara) *f. Chile.* Agujetas.

macurije *m. Cuba.* Árbol sapindáceo medicinal; el ganado vacuno y caballar come sus hojas, y los cerdos su fruto *(Cupania oppositofolia)*.

macurque *m. Perú.* Calambre en las extremidades.

macutazo *m.* MIL. fam. Bulo, rumor.

macuteno *m. Méj.* desus. Ladrón, ratero.

macuto (orig. incierto; quizá negro africano) *m.* MIL. Morral (saco). 2 *Cuba, S. Dom.* y *Venez.* Cesto de caña, o saco de palma o cabuya, que usan los mendigos para recoger las limosnas. 3 *Cuba.* Paquetito hecho de yagua que contiene cera, carne, tabaco, etc. 4 *Venez.* Espata de las palmeras.

madama (fr. *madame,* señora) *f.* Tratamiento afectado de cortesía o título de honor dado a las señoras. 2 *Amér. Merid.* vulg. Partera, comadre. 3 *Cuba.* Balsamina, planta.

madamero *adj.-m.* [cura] Aficionado a las mujeres.

madamisela *f.* desus. Damisela.

madapolán (de *Madapolam,* pueblo de la India) *m.* Especie de percal blanco y de buena calidad.

madefacción (l. *madefactione*) *f.* FARM. Acción de humedecer ciertas substancias para preparar con ellas un medicamento.

madeira *m.* Madera II.

madeja (l. *mataxa*) *f.* Hilo recogido en vueltas iguales para que se pueda devanar fácilmente. 2 fig. Mata de pelo. 3 ~ ***sin cuenda,*** cosa enredada y desordenada. 4 Persona sin orden ni concierto. 5 Hombre flojo y dejado. 6 *Ar.* Tripa de cordero lavada, enrollada alrededor de una caña o palo, y frita. 7 *Hond.* Semoviente de los que están bajo el dominio del hombre.

madejo *m. Sal.* Desmayo, mareo.

I) madera (l. *materia*) *f.* Substancia dura y fibrosa de los árboles debajo de la corteza: ~ ***alburente,*** la propensa a corromperse; ~ ***anegadiza,*** la que no flota; ~ ***de trepa,*** aquella cuyas vetas forman ondas y otras figuras; ~ ***en rollo,*** la que no está labrada ni descortezada; ~ ***fósil,*** lignito. 2 Pieza de madera labrada: ~ ***de hilo,*** la que se labra a cuatro caras; ~ ***enteriza,*** el mayor madero escuadrado que se puede sacar de un tronco; ~ ***aserradiza*** o ***de sierra,*** la que resulta de subdividir con la sierra la enteriza. 3 Materia de que se compone el casco de las caballerías. 4 fig. Disposición natural de las personas para determinada actividad: *tiene ~ de estudiante, de orador.* 5 DEP. Palo de golf cuya base es de madera. 6 QUÍM. Alcohol de madera.
SIN. *1* **Fuste, leñame,** ambos p. us.; **leño, palo.** REL. **Talla,** arte de esculpir en madera; **xilografía,** arte de grabar en madera. FR. *Aguar la ~,* fig., echarla al río para que sea transportada por la corriente. *Sangrar la ~,* hacer incisiones en los árboles para extraer la resina. *Ser de la misma ~,* fig. y fam., ser de la misma índole o condición.

II) madera *m.* Vino del archipiélago de Madeira.

maderable *adj.* [árbol, bosque, etc.] Que da madera útil para construcciones o ebanistería.

maderación *f.* p. us. Maderaje.

maderada *f.* Conjunto de maderos que se transporta por un río.

maderaje, maderamen *m.* Conjunto de vigas y maderas que se emplea para la construcción de un edificio.
SIN. **Enmaderado.**

maderamiento *m.* Enmaderamiento.

maderar *tr.* Aprovechar [árboles] para obtener madera: *~ un bosque.*

madererería *f.* Establecimiento donde se vende madera.

maderero, -ra *adj.* De la madera. -2 *m.* El que trata en maderas. 3 Conductor de armadías. 4 Carpintero (oficio).

madero *m.* Pieza larga de madera escuadrada o rolliza. 2 Pieza de madera de hilo destinada a la construcción. 3 fig. Nave, buque. 4 fig. Persona necia, torpe, insensible. 5 vulg. Policía.

madi (arauc.) *m. Chile.* Hierba compuesta de hojas hediondas y flores amarillas; de sus semillas se extrae aceite comestible *(Madia sativa)*.
SIN. **Melosa.**

madia *f. Chile.* Madi.

madianita (l. ecl.) *adj.-s.* De un pueblo bíblico, descendiente de Madián. 2 De Madián, reg. del S. de Palestina, en la ant. Arabia Pétrea.

madison *m.* Baile procedente del sur de los Estados Unidos de Norteamérica.

madona (it. < l. *mea domina*) *f.* Virgen Santísima. 2 Cuadro o imagen que la representa.

mador (l.) *m.* Ligera humedad que baña el cuerpo sin llegar a ser sudor.

madoroso, -sa *adj.* Que tiene mador.

madrás (de *Madrás,* c. de la India) *m.* Tejido fino de algodón que se usa para camisas y trajes femeninos.

madrasta *f.* vulg. Madrastra.

madrastra (desp. de *madre*) *f.* Mujer del padre respecto de los hijos que éste tiene de un matrimonio anterior. 2 fig. Madre mala. 3 fig. *y* desus. Cosa molesta o dañosa.

I) madraza *f.* fam. Madre que mima a sus hijos.
SIN. **Madrona.**

II) madraza (del ár. *madrasa,* escuela superior) *f.* Escuela musulmana de estudios superiores.

madre (l. *mater*) *f.* Hembra que ha parido. 2 Hembra respecto de su hijo o hijos: ***ciento y la*** ~, abundancia de personas; ~ ***de leche,*** nodriza. 3 p. ext. ~ ***política,*** madrastra (mujer); suegra. 4 fam. Mujer anciana del pueblo. 5 Matriz (órgano). 6 Título dado a las religiosas de varias órdenes. 7 fig. Aquello en que figuradamente concurren circunstancias propias de la maternidad: *Sevilla es ~ de forasteros;* ~ ***patria,*** país que ha fundado una colonia. 8 Causa u origen de una cosa: ***la ~ del cordero,*** la razón real y positiva de un hecho o suceso. 9 Acequia principal. 10 Alcantarilla o cloaca maestra. 11 Terreno por donde corren las aguas de un río o arroyo. 12 Heces del mosto, vino o vinagre: *las madres del vino.* 13 Madero que sirve de sujeción y apoyo a otras partes de ciertos armazones: ~ *del cabestrante, del timón, del tajamar.* 14 ~ ***de clavo,*** madreclavo. 15 ~ ***de la anguila,*** barbada (pez). 16 *Extr.* Reina de la colmena. 17 *Cuba.* Carbonera, pila de leña para ser carbonizada.
REL. *1* y *2* v. **Materno.** SIN. *10* **Madrona.** *11* **Álveo.** *12* v. **Sedimento.** FR. *Salir* o *salirse de ~,* desbordarse un río o inundar algo las aguas. *Salir,* o *salirse de ~ en algo,* fig., exceder extraordinariamente de lo acostumbrado o regular. *Sacar de ~ a uno,* fig., inquietarle mucho; hacerle perder la paciencia.

¡madre! Interjección con que se denota admiración o sorpresa.

madrear (de *madre,* hez) *intr.-prnl.* Ahilarse la levadura, el vino.

madrecilla (dim. de *madre*) *f.* Huevera (oviducto).

madreclavo (*madre + clavo*) ***m.*** Clavo de especia que ha estado en el árbol dos años.
madrejón ***m.*** *Argent.* Cauces secos de ríos y arroyos que juntan agua de lluvia.
madreña (l. v. **materinea;* l. *materia,* madera) ***f.*** Zueco (almadreña).
madreperla (*madre + perla*) ***f.*** Molusco lamelibranquio con la concha de unos 20 cms. de diámetro, cuyo interior está recubierto por una gruesa capa de nácar *(Pteria margaritifera).* 2 Molusco lamelibranquio de agua dulce, con la concha de color obscuro, casi negro, de unos 12 a 15 cms. de diámetro y forma arriñonada; su interior presenta una gruesa capa de nácar *(Margaritana margaritifera).*
madrépora (it. *madrepora;* como los cast. *madre* y *poro*) ***f.*** Pólipo de los mares intertropicales que forma un polípero pétreo arborescente *(gén. Acropora).* 2 Este mismo polípero.
madrepórico, -ca ***adj.*** Relativo a la madrépora.
madreporita ***f.*** GEOL. Madrépora fósil.
madrero, -ra ***adj.*** Que está muy encariñado con su madre.
madreselva (l. *matrisilva*) ***f.*** Arbusto sarmentoso caprifoliáceo, de hojas ovales y flores olorosas en cabezuelas terminales sobre largo pedúnculo, con corola amarillenta, tubular y partida por el borde en cinco lóbulos *(Lonicera implexa).*
madridista ***adj.*** Propio o relativo al Real Madrid, club de fútbol. -2 ***adj.-com.*** Partidario de dicho club.
SIN. **Merengue.**
madrigado, -da ***adj.-f.*** Mujer casada en segundas nupcias. -2 ***adj.*** [animal macho] Que ha padreado, esp. el toro. 3 fig. [pers.] Práctico y experimentado.
madrigal (it. *madrigale*) ***m.*** Composición lírica muy breve, de carácter amoroso y de gran delicadeza, gralte. escrita en silva. 2 Composición vocal de contenido amoroso y música generalmente alegre, característica del Renacimiento.
madrigalesco, -ca ***adj.*** fig. Elegante y delicado en la expresión de los afectos. 2 Relativo al madrigal.
madrigalista ***com.*** Persona que compone o canta madrigales.
madrigalizar ***tr.*** Componer madrigales. 2 Alabar o ensalzar la belleza de una mujer.
madriguera (del l. *matricaria*) ***f.*** Cuevecilla estrecha y gralte. profunda en que habitan ciertos animales. 2 fig. Lugar donde se oculta la gente de mal vivir.
SIN. **Guarida.**
madrileñismo ***m.*** Carácter madrileño. 2 Vocablo, giro o modo de hablar propio de los madrileños. 3 Amor o apego a las cosas características de Madrid.
madrileñista ***adj.-s.*** De carácter madrileño.
madrileñizar ***tr.*** Dar carácter madrileño [a algo]. ◇ **CONJUG. [4] como **realizar.**
madrileño, -ña ***adj.-s.*** De Madrid, capital de España
SIN. **Matritense; gato,** humor.
madrilla ***f.*** *Ar.* Boga I.
madrillera ***f.*** *Ar.* Instrumento para pescar pececillos.
madrina (de *madre*) ***f.*** Mujer que presenta o asiste a una persona en el sacramento del bautismo, de la confirmación, del matrimonio, o del orden, al recibir un honor o grado, o a una religiosa al profesar; en la bendición de una bandera, botadura de un barco, etc. 2 fig. Protectora: ~ ***de guerra,*** la que protege a un soldado que está en campaña. 3 Poste o puntal. 4 Correa con que se enlazan los bocados de las dos caballerías que forman pareja en un tiro. 5 Yegua que guía una recua. 6 MAR. Pieza de madera con que se refuerza o amadrina otra. 7 *Extr.* Palo que en la noria o en el alfanje une el eje con la caballería. 8 *Hond.* Animal manso al que se ata otro cerril para domarlo. 9 *Venez.* Manada pequeña de ganado manso que sirve para reunir o guiar al bravío.
SIN. *1* y *2* **Padrina.**
madrinazgo ***m.*** Acto de asistir como madrina. 2 Cargo de madrina.
madrinero, -ra ***adj.*** *Venez.* [ganado] Que sirve de madrina.
madrino ***m.*** *Argent.* y *Colomb.* Animal que hace de guía o madrina. 2 *Argent.* y *Colomb.* Árbol que, a modo de galga, se escoge para derribar otros.
madrona ***f.*** desus. Madre (alcantarilla). 2 fam. y desus. Madraza I.
madroncillo (dim. de *madroño*) ***m.*** Fresa (fruto).
madroñal ***m.*** Terreno plantado de madroños.
madroñera ***f.*** Madroñal. 2 Madroño (arbusto).
madroñero ***m.*** *Murc.* Madroño (arbusto).
madroño (et. dud.; prob. prerrom.) ***m.*** Arbusto ericáceo, de hojas lanceoladas, persistentes y coriáceas, flores de corola globosa, y fruto esférico, encarnado, verrugoso y comestible *(Arbutus unedo).* 2 Fruto de este arbusto. 3 Borlita de forma parecida a la del madroño. 4 En diferentes países de Amér., nombre de diversos árboles y arbustos *(gén. Arctostophylos, Calophylum Escallonia* y *Rheedia)*
SIN. *2* **Marojo.**
madrota ***f.*** *Méj.* Dueña de mancebía.
madrugada ***f.*** Amanecer (alba). 2 Acción de madrugar. 3 *Murc.* Canto popular parecido a la malagueña.
De ~, loc. adv., al amanecer.
madrugador, -ra ***adj.-s.*** Que acostumbra madrugar. 2 fam. Astuto. -3 ***m.*** *Méj.* Especie de tirano (ave) *(Tyrannus vociferus).*
SIN. *1* **Mañanero.**
madrugar (probl. l. v. **maturicare*) ***intr.*** Levantarse temprano. 2 fig. Ganar tiempo, ser diligente. 3 fig. y fam. Adelantarse a ganar por la mano al que quiere hacer algún daño o agravio. ◇** CONJUG. [7] como ***llegar.***
SIN. *1* **Tomar la mañana; mañanear,** madrugar habitualmente.
madrugón, -gona ***adj.*** Madrugador. -2 ***m.*** Madrugada (acción) grande.
maduración (l. *maturatione*) ***f.*** Acción de madurar o madurarse. 2 Efecto de madurar o madurarse.
maduradero ***m.*** Terreno a propósito para madurar las frutas.
madurador, -ra ***adj.*** Que hace madurar.
maduramente ***adv. m.*** Con madurez.
madurar ***tr.*** Volver maduro: *el sol madura los frutos.* 2 fig. Volver experimentado. 3 fig. Meditar [una idea, un proyecto, etc.]. 4 MED. Activar la supuración [de los tumores]. -5 ***intr.*** Ir sazonándose los frutos. 6 Crecer en edad y juicio. 7 Empezar a supurar un tumor.
SIN. *7* **Cocer.**
madurativo, -va ***adj.-m.*** Que tiene virtud de madurar. -2 ***m.*** fig. Medio que se emplea para inclinar a uno a hacer algo.
madurez ***f.*** Sazón de los frutos. 2 Buen juicio, prudencia. 3 Edad adulta. 4 Estado del desarrollo completo de un fenómeno.
SIN. *1* **Punto.**
madureza ***f.*** Madurez.
maduro, -ra (l. *maturu*) ***adj.*** Que está en sazón. 2 Juicioso, prudente. 3 Entrado en años: *hombre ~.* 4 *P. Rico.* Próximo a cortarse, esp. la leche. -5 ***m.*** *Colomb.* y *Venez.* Plátano maduro.
maese ***m.*** Maeso, esp. cuando se anteponía a un nombre propio como tratamiento: *Maese Nicolás.*
maesil ***m.*** Maestril.
maesilla ***f. pl.*** Cordel usado para mover los lizos de los bolillos de pasamanería.
maeso, -sa ***m. f.*** ant. y dial. Maestro. -2 ***f.*** Abeja reina.
maestoso (voz italiana) ***adv. m.*** MÚS. Con movimiento majestuoso, lento y solemne.
maestral (v. *magistral*) ***adj.*** Relativo al maestro o al maestrazgo. 2 p. us. Magistral. -3 ***adj.-m.*** Noroeste. -4 ***m.*** Maestril.
maestramente ***adv. m.*** Con maestría.
maestrante ***m.*** Caballero de la maestranza. 2 ~ ***del Brasil,*** arbusto espinoso cuyas flores son al principio amarillas y después rojas *(Lantana camara).*
maestranza ***f.*** Sociedad de caballeros, cuyo instituto es ejercitarse en la equitación. 2 Conjunto de talleres donde se construyen y recomponen los montajes para las piezas de artillería. 3 Local o edificio ocupado por estos talleres. 4 Conjunto de operarios que trabajan en ellos o en los demás de un arsenal. 5 *Perú.* Planta verbenácea ornamental *(gén. Lantana).*
maestrazgo ***m.*** Dignidad de maestre. 2 Territorio de la jurisdicción del maestre.
maestre (l. *magister*) ***m.*** Superior de cualquiera de las órdenes militares. 2 El que mandaba en un barco después del capitán. 3 ~ ***de campo,*** oficial superior de la milicia que mandaba cierto número de tropas. 4 ~ ***de campo general,*** oficial superior en la milicia a quien solía confiarse el mando de los ejércitos.
maestrear ***tr.*** Actuar como maestro [en una operación]. 2 Podar [la vid] dejando corto el sarmiento para preservarlo de los hielos. 3 ALBAÑ. Hacer las maestras [en una pared]. -4 ***intr.*** Presumir de maestro.
maestreescuela ***m.*** Maestrescuela.
maestresala (*maestre + sala*) ***m.*** Criado principal que presenta y distribuye los manjares en la mesa.
maestrescolía ***f.*** Dignidad de maestrescuela.

maestrescuela (*maestre + escuela*) ***m.*** Dignatario de algunas catedrales, encargado antiguamente de enseñar las ciencias eclesiásticas. 2 Cancelario.

maestría ***f.*** Arte, destreza: *trabajar con ~*. 2 Título del maestro. 3 En las órdenes regulares, dignidad o grado de maestro.

maestril (de *abeja maestra*) ***m.*** Celdilla de panal donde se transforma la larva de la abeja maestra.
SIN. **Maestral, realera.**

maestro, -tra (l. *magistru*) ***adj.*** De relevante mérito: *obra maestra; perro ~*, perro adiestrado; *palo ~*, palo principal. -2 ***m. f.*** Persona que enseña una ciencia, arte u oficio y esp. las primeras letras. -3 ***m.*** Perito en una materia: *~ **de artes,*** el que en las universidades obtenía el grado mayor en filosofía. 4 Artesano que ejerce su oficio independientemente y enseña a aprendices: *~ sastre*. 5 El que dirige el personal o las operaciones de un servicio: *~ de cocina; ~ **de ceremonias,*** el que dirige el ceremonial de un palacio; *~ **de capilla,*** el que dirige la música en una iglesia; *~ **de obras,*** el que cuidaba de la construcción material de un edificio, según los planos del arquitecto; el que, sin titulación, podía trazar por sí edificios en ciertas condiciones; el que dirige los albañiles en la construcción de un edificio. 6 Compositor de música o director de alguna agrupación musical. 7 *~ **del sacro palacio,*** empleado del palacio pontificio que cuida de la censura de los libros. 8 Tratamiento popular respetuoso: *oiga, ~; buenas tardes, ~*. 9 TAUROM. Matador. 10 TAUROM. El cabestro mejor enseñado de la parada. -11 ***f.*** Escuela de niñas: *ir a la maestra*. 12 Mujer del maestro. 13 Mujer que dirige un taller. 14 Listón de madera o hilera de piedras que sirve de guía a los albañiles. 15 fig. Cosa que instruye o enseña: *la historia es la maestra de la vida*. -16 ***f. pl.*** Cuerdas que en número de dos tiran de la red en el arte de la jábega.
SIN. *2* **Pedagogo.**

mafia (it. *maffia*) ***f.*** Organización clandestina de criminales sicilianos. 2 p. ext. Organización clandestina de criminales. 3 p. ext. Organización o grupo que no observa métodos rectos para la obtención de los fines que persigue, sea realmente o en el pensamiento ajeno. 4 *P. Rico*. Engaño, trampa, ardid.

mafioso, -sa ***adj.-s.*** Relativo a la mafia.

magadhi ***adj.-m.*** Prácrito del nordeste de la India.

magallánico, -ca ***adj.*** Relativo al estrecho de Magallanes. -2 ***adj.-s.*** De Magallanes, prov. de Chile.

magancear ***intr.*** *Colomb.* y *Chile*. Haraganear, remolonear.

magancería ***f.*** desus. Engaño, trapacería.

magancés, -cesa (de *Maganza*, patria del traidor Galalón) ***adj.*** fig. y desus. Traidor, dañino, avieso.

magancia ***f.*** *Chile*. Magancería.

maganciero, -ra ***adj.*** *Chile*. Magancés.

maganel (del l. *manganu*) ***m.*** ant. Máquina militar para batir murallas.
SIN. **Manganilla.**

magano ***m.*** *Sant.* Calamar.

magante ***adj.*** *Chile*. Maganto.

maganto, -ta ***adj.*** desus. Triste, macilento. -2 ***m.*** *Ast.* y *Sant.* Cigala.

maganza ***f.*** *Colomb.* y *Ecuad.* Holgazanería, holganza.

maganzón, -zona ***adj.-s.*** *Amér.* fam. Holgazán.

maganzonear ***intr.*** *Colomb.* Haraganear.

maganzonería ***f.*** *Colomb.* Pereza.

magaña (it. *magagna*, defecto) ***f.*** Ardid, astucia. 2 Defecto de fundición del alma de un cañón de artillería. 3 p. ext. Picadura de los cañones de escopetas y rifles. 4 *And.* y *Sant.* Legaña.

magarza ***f.*** Matricaria.

magarzuela (dim. de *magarza*) ***f.*** Matricaria. 2 Manzanilla hedionda.

magaya ***f.*** *Amér. Central*. Colilla. 2 *Venez.* Porsiacaso.

magazín (ing. *magazine*) ***m.*** ANGLIC. Revista ilustrada. 2 Programa de radio o televisión cuyo contenido es muy variado.

I) magdalena (probl. de *Magdalena*, porque, al mojarla, gotea, como llorando) ***f.*** Bollo pequeño de forma preferentemente redonda y bombeada, hecho de masa de bizcocho.

II) magdalena (de *Santa María Magdalena*) ***f.*** fig. Mujer penitente o muy arrepentida de sus pecados.
FR. *Llorar como una ~*, llorar desconsoladamente.

magdalenense ***adj.-s.*** De Magdalena, dep. de Colombia.

magdalénico, -ca ***adj.*** *Colomb.* Relativo al río Magdalena, en Colombia.

magdaleniense ***adj.-m.*** Último período del paleolítico caracterizado por el pulimento de huesos y por las pinturas rupestres.

magdaleón (gr. *magdalia*, masa de pasta) ***m.*** FARM. Rollito largo de emplasto.

magenta ***adj.-s.*** Color carmesí obscuro, que resulta de una mezcla de rojo y azul, y que, con el amarillo y el cian, se emplea en las emulsiones de fotografía. 2 Colorante que produce ese color.

magia (l.) ***f.*** Ciencia oculta que pretende producir efectos con ayuda de seres sobrenaturales o de fuerzas secretas de la naturaleza: *~ **blanca*** o ***natural,*** la que por medio de causas naturales obra efectos que parecen sobrenaturales; *~ **negra*** (también *nigromancia*), arte supersticioso que pretende obrar cosas extraordinarias con ayuda del demonio. 2 fig. Encanto o atractivo con que una cosa deleita y suspende.
SIN. *1* **Ocultismo.**

magiar ***adj.-s.*** De un pueblo ugrofinés que habita en Hungría y Transilvania. -2 ***adj.-m.*** Húngaro (lengua).

mágica ***f.*** Magia. 2 Mujer que profesa y ejerce la magia. 3 Encantadora.

mágico, -ca (l. *-cu*) ***adj.*** Relativo a la magia. 2 Maravilloso, estupendo. -3 ***m. f.*** Persona que profesa y ejerce la magia. 4 Encantador.
SIN. *3* y *4* v. **Hechicero.**

magín (de *maginar;* var. de *imaginar*, der. de *imagen*) ***m.*** fam. Imaginación.

magiscopio (de *mágico + -scopio*) ***m.*** CINEM. Procedimiento para filmar en decorados de pequeñas dimensiones. 2 CINEM. Aparato para realizar filmaciones con ese procedimiento.

magismo ***m.*** Ejercicio del poder de los magos.

magíster ***m.*** fam. Maestro.

magisterial ***adj.*** Relativo al magisterio.

magisterio (l. *-iu*) ***m.*** Enseñanza y gobierno que el maestro ejerce con sus discípulos. 2 Cargo o profesión de maestro. 3 Conjunto de los maestros de una nación, provincia, etc. 4 QUÍM. antig. Precipitado.

magistrado, -da (l. *-atu*) ***m. f.*** Superior en el orden civil, esp. miembro de la judicatura: *un ~ del Tribunal Supremo*.

magistral (b. l. *-ale;* doble etim. *maestral*) ***adj.*** Relativo al ejercicio del magisterio. 2 Que se hace con maestría: *sostuvo razones magistrales; tono ~*. 3 [instrumento de precisión] Que sirve para comparar las indicaciones de los ordinarios de su especie. 4 *Canonjía ~*, la que exige el doctorado de sus beneficiados. -5 ***adj.-f.*** V. letra magistral. -6 ***m.*** Medicamento que sólo se prepara por prescripción facultativa. 7 MIN. Mezcla de óxido férrico y sulfato cúprico, resultante del tueste de la pirita cobriza.

magistralía ***f.*** Canonjía magistral.

magistralmente ***adv. m.*** Con maestría. 2 Con tono de maestro.

magistratura ***f.*** Dignidad y cargo de magistrado. 2 Tiempo que dura su ejercicio. 3 Conjunto de los magistrados. 4 Tribunal integrado por representantes de los asalariados y los empresarios, encargado de resolver los litigios de tipo profesional.

magma (l.) ***m.*** Masa espesa, viscosa y de consistencia gelatinosa. 2 Materias en fusión ígnea, cuya solidificación ha dado origen a ciertos minerales, como las rocas eruptivas.

magmático, -ca ***adj.*** Perteneciente o relativo al magma.

magmatismo ***m.*** GEOL. Conjunto de fenómenos relativos a la formación y actividad del magma.

magnalio ***m.*** Aleación ligera de aluminio y magnesio.

magnánimamente ***adv. m.*** Con magnanimidad.

magnanimidad ***f.*** Grandeza y elevación de ánimo.

magnánimo, -ma (l. *magnanimu;* de *magnus + animus*) ***adj.*** Que tiene magnanimidad.

magnascopio (l. *magnus + -scopio*) ***m.*** Dispositivo de un proyector de imágenes que permite variar el tamaño de éstas sobre la pantalla.

magnate (l. ecl. *magnates*) ***m.*** Persona muy principal, por su cargo o su poder.

magnavisión (l. *magnus + visión*) ***f.*** Sistema de grabación de videodiscos.

magnesia (l. med. *magnesia*, de *lapis magnes*, piedra imán o piedra de Magnesia, ciudad del Asia Menor) ***f.*** Óxido de magnesio, substancia blanca, terrosa, ligeramente alcalina. 2 *~ **blanca,*** carbonato de magnesio básico. 3 *~ **efervescente,*** mezcla de magnesia blanca, bicarbonato de sosa y ácido tartárico.

magnesiano, -na ***adj.*** Que contiene magnesia.

magnésico, -ca ***adj.*** Relativo al magnesio.

magnesio (de *magnesia*) ***m.*** Metal blanco, maleable, dúctil, ligero, que arde con llama muy brillante. Su símbolo es *Mg*, su peso atómico 24'32 y su número atómico 12.

magnesiotermia (*magnesio* + *-termia*) *f.* FÍS. Procedimiento de elaboración del uranio metálico por reducción de un compuesto, gralte. un floruro, por el magnesio.
magnesita *f.* Espuma de mar.
magnético, -ca (b. l. *-cu,* del gr. *magnetikos,* der. de *magnes, -etos,* imán) *adj.* Relativo al imán o que tiene sus propiedades: *hierro* ~. 2 Relativo al magnetismo: *fenómeno* ~; *sueño* ~. 3 fig. Que tiene influencia misteriosa.
magnetismo (der. de *magnético*) *m.* Fuerza atractiva de un imán. 2 Conjunto de fenómenos atractivos y repulsivos producidos por los imanes y las corrientes eléctricas. 3 Ciencia que estudia esos fenómenos. 4 ~ ***terrestre,*** propiedad de la Tierra de ejercer una acción sobre la aguja imantada. 5 ~ ***animal,*** acción que una persona ejerce sobre otra, infundiéndole un sueño especial durante el cual la hace obrar según su voluntad.
SIN. *5* **Hipnosis, hipnotismo.**
magnetita *f.* Mineral formado por una combinación de dos óxidos de hierro, muy pesado, de color negruzco, que tiene la propiedad de atraer el hierro, el acero y algún otro cuerpo.
SIN. **Piedra imán, calamita, caramida.**
magnetizable *adj.* Susceptible de ser magnetizado.
magnetización *f.* Acción de magnetizar. 2 Efecto de magnetizar.
magnetizador, -ra *m. f.* Persona o cosa que magnetiza.
magnetizar *tr.* Convertir [un cuerpo] en imán. 2 Someter [a una pers.] a los efectos del magnetismo animal. 3 fig. Ejercer una atracción potente y misteriosa. ◇ ** CONJUG. [4] como ***realizar.***
SIN. *1* **Imanar, imantar.** *2* **Hipnotizar.**
magneto *f.* Generador de electricidad, usado esp. en los motores de explosión, como el del automóvil.
magneto-, -magneto (gr. *mágnes, -etos,* imán) Elemento prefijal y sufijal que entra en la formación de palabras con el valor de magnetismo o magnético: *magnetómetro, electromagneto.*
magnetodinámico, -ca (*magneto-* + *dinámico*) *adj.* ELECTR. [aparato] Cuya excitación magnética se produce mediante un imán permanente.
magnetoeléctrico, -ca (*magneto-* + *eléctrico*) *adj.* Que participa a la vez de los fenómenos magnéticos y de los eléctricos.
magnetofonía *f.* Grabación de sonidos mediante el magnetófono.
magnetofónico, -ca *adj.* Perteneciente o relativo al magnetófono.
magnetófono (*magneto-* + *-fono*) *m.* Aparato para el registro y reproducción de sonidos por medio de una cinta cubierta de óxido magnético. ◇ INCOR.: *magnetofón.*
magnetógeno, -na (*magneto-* + *-geno*) *adj.* Que produce los efectos del magnetismo.
magnetohidrodinámica (*magneto-* + *hidrodinámica*) *f.* FÍS. Rama de la física que estudia el comportamiento de los fluidos electrizados en presencia de campos magnéticos.
magnetometría (*magneto-* + *-metría*) *f.* Método fundado en la medición sistemática, en numerosos puntos del terreno, de la componente vertical del campo magnético terrestre.
magnetómetro (*magneto-* + *-metro*) *m.* Aparato utilizado para comparar la intensidad de los campos y de los momentos magnéticos.
magnetón *m.* FÍS. Unidad empleada en física nuclear para medir el momento magnético de las partículas cargadas de electricidad.
SIN. **Magnetón de Bohr.**
magnetoóptica (*magneto-* + *óptica*) *f.* Estudio de las propiedades ópticas de las substancias sometidas a un campo magnético.
magnetopausa (*magneto-* + *pausa*) *f.* ASTRON. Zona comprendida entre la magnetosfera y la región donde se extiende el viento solar.
magnetoquímica (*magneto-* + *química*) *f.* Ciencia que estudia las propiedades magnéticas de las combinaciones químicas y sus aplicaciones.
magnetoscopio (*magneto-* + *-scopio*) *m.* Aparato que graba en cintas magnéticas imágenes y sonido.
magnetosfera (*magneto-* + gr. *sphaira,* esfera) *f.* Parte exterior de la atmósfera terrestre.
magnetostático, -ca (*magneto-* + *-stático*) *adj.* Que concierne a masas magnéticas en reposo. -2 *f.* Ciencia que estudia los fenómenos relativos a imanes o masas magnéticas en reposo.
magnetoterapia (*magneto-* + *-terapia*) *f.* MED. Tratamiento de las enfermedades por medio del magnetismo.
magnetrón *m.* ELECTR. Tubo de vacío que contiene un ánodo y un cátodo que se calienta, usado para producir oscilaciones de alta frecuencia.
magnicida (l. *magnu,* grande + *-cida*) *adj.-com.* [pers.] Que comete un magnicidio.
magnicidio (l. *magnu,* grande + *-cidio*) *m.* Asesinato de persona principal por su cargo o poder. 2 Asesinato de grandes masas.
magnificador, -ra *adj.* Que magnifica.
magníficamente *adv. m.* Con magnificencia. 2 Perfectamente, muy bien.
magnificar (l. *-are*) *tr.* Engrandecer, alabar, ensalzar mucho. 2 fig. Exagerar, desorbitar. ◇ ** CONJUG. [1] como ***sacar.***
magníficat (l. *magnificat,* alaba, primera palabra de este cántico evangélico) *m.* Cántico que dirigió al Señor la Virgen Santísima cuando visitó a su prima Santa Isabel. Se reza o canta al final de las vísperas. ◇ Pl.: *magníficat.*
magnificencia (l. *-entia*) *f.* Liberalidad, esplendidez. 2 Ostentación, grandeza.
magnificente *adj.* Espléndido, suntuoso.
magnificentísimo, -ma *adj.* Superl. de *magnífico.*
magnífico, -ca (l. *cu,* de *magnus,* grande + *facere,* hacer) *adj.* Espléndido, suntuoso: *palacio* ~. 2 Excelente, admirable: *tiempo* ~. 3 Liberal, generoso: *un rey* ~. 4 Título de gran honor: *Magnífico Señor.* ◇ Superl.: *magnificentísimo.*
SIN. *3* v. **Generoso.**
magnitud *f.* Tamaño de un cuerpo. 2 Cualidad de un cuerpo o fenómeno que, referida a una unidad de la misma especie, se expresa por un número. 3 Tamaño aparente de un astro por razón de la mayor o menor intensidad de su brillo. 4 fig. Grandeza, importancia. 5 MAT. Cantidad. 6 FÍS. y MAT. Resultado de una medición; las magnitudes matemáticas tienen definiciones abstractas, mientras que las magnitudes físicas se miden con instrumentos apropiados.
magno, -na (l. *-gnu*) *adj.* Grande moralmente: *Alejandro Magno.* 2 [cosa] De cierta dignidad o nobleza: *aula magna.*
magnolia (del botánico *Magnol,* 1638-1715) *f.* Flor del magnolio.
magnoliáceo, -a *adj.-f.* Planta de la familia de las magnoliáceas. -2 *f. pl.* Familia de plantas dicotiledóneas, que incluye árboles de Asia tropical y Norteamérica, de hojas sencillas, flores grandes, regulares y solitarias y fruto en folículo múltiple.
magnolial *adj.-s.* Planta dicotiledónea leñosa de flores hermafroditas. -2 *f. pl.* Orden de estas plantas.
magnolio (del botánico *Magnol,* 1638-1715) *m.* Árbol magnoliáceo de jardín, de hojas persistentes y coriáceas, y flores de gran tamaño, blancas y muy olorosas *(gén. Magnolia).*
mago, -ga (l. *-gu*) *adj.-s.* Sacerdote del mazdeísmo. 2 Que ejerce la magia. 3 ***Reyes Magos,*** los que fueron a adorar a Jesús recién nacido. 4 *Can.* Campesino.
SIN. *2* **Hechicero.**
magostar (de *magosto*) *intr.-tr.* Asar castañas en el magosto. -2 *intr.* Celebrar una fiesta o reunión de personas para hacer magosto.
magosto (port. *magusto*) *m.* Hoguera para asar castañas al aire libre. 2 Castañas asadas en la hoguera.
magra *f.* Lonja de jamón.
magrano *m.* Granado, arbusto o arbolito.
magrear *tr.* vulg. Sobar, palpar, manosear lascivamente [a alguien].
magreo *m.* vulg. Acción de magrear.
magrez *f.* Calidad de magro.
magro, -gra (l. *macru*) *adj.* Flaco, enjuto, sin grosura. -2 *m.* Carne magra del cerdo, próxima al lomo.
SIN. *2* **Momio.**
magrura *f.* Magrez.
magua (voz indígena) *f. Cuba.* Chasco, decepción. 2 *Cuba.* Tristeza.
maguarse ***prnl.*** *Ant.* y *Venez.* Llevarse chasco. 2 *Ant.* y *Venez.* Aguarse una fiesta. ◇ CONJUG. [22] como ***averiguar.***
maguer, -guera (gr. *makárie*) ***conj. advers.*** ant. Aunque. ◇ INCOR.: *magüer.*
magüeto, -ta *m. f.* Novillo, -lla.
maguey (del taíno) *m. Amér.* Pita, planta amarilídea. 2 *Colomb.* Tallo no grueso del agave. 3 *Méj.* fig. Embriaguez. 4 ~ ***de pulque, Guat,*** ~ ***manso, Méj.,*** variedad de pita de cuyo jugo se obtiene el pulque *(Agave atrovirens).* ◇ INCOR.: *magüey.*

maguillo *m.* Manzano silvestre *(Malus communis).*
SIN. **Manzanera.**

magüira *f. Cuba.* Güira cimarrona.

magujo (it. *maguglio;* en dial. it. *maguggiu*) *m.* Descalcador.

magulladura *f.* Acción de magullar o magullarse. 2 Efecto de magullar o magullarse.

magullamiento *m.* Magulladura.

magullar (l. *maculare;* con influjo de *abollar*) *tr.-prnl.* Causar [a un cuerpo] contusiones o cardenales sin herida. 2 Dañar la fruta golpeándola contra algo. 3 *Perú* y *P. Rico.* Ajar.

magullón *m.* Magulladura.

maguntino, -na *adj.-s.* De Maguncia, c. de Alemania.

magyar *adj.-s.* INCOR. por *magiar.*

maharajá *m.* Título que significa gran rey y se aplica a casi todos los príncipes de la India.
REL. **Maharaní,** f.

maharrana (del ár. *muharrama,* cosa prohibida) *f. And.* Tocino fresco.

mahatma *m.* Asceta, jefe espiritual, en la India.

mahometano, -na *adj.-s.* Que profesa el mahometismo. -2 *adj.* Relativo a Mahoma (h. 570-632) o a su religión.
SIN. **Musulmán, sarraceno.** *1* **Islamita, muslime.** *2* **Islámico, muslímico.**

mahomético, -ca *adj.* Mahometano (relativo a).

mahometismo *m.* Islamismo. Religión monoteísta predicada por Mahoma (h. 570-632) en Arabia, y extendida después por otros muchos países.
REL. **Mezquita,** templo de esta religión.

mahometista *adj.-com.* Mahometano (que profesa). 2 Mahometano bautizado que vuelve a su antigua religión.

mahometizar *intr.* Profesar el mahometismo. ◇ ** CONJUG. [4] como *realizar.*

mahomía *f. And.* Acción mala.

mahón (de *Mahón,* Baleares) *m.* Tela fuerte de algodón, de color anteado.

mahona *f.* Embarcación turca de transporte.

mahonés, -nesa *adj.-s.* De Mahón. -2 *f.* Salsa mahonesa, mayonesa. 3 Plato aderezado con salsa mahonesa. 4 Planta crucífera de jardín *(Malcomia maritima).*
SIN. *4* **Alhelí de Mahón.**

mahonia *f.* Planta berberidácea de hojas compuestas, imparipinnadas, con los folíolos dentado-espinosos. Se conocen cerca de cuarenta especies, en su mayoría norteamericanas, esp. en Méjico. Las *Mahonia aquifolium, M. repens* y otras, se cultivan en jardinería.

maiceado, -da *adj. Hond.* Calamocano. 2 *Venez.* Sustentado, nutrido.

maicear *tr. Cuba* y *Guat.* Alimentar con maíz [a las aves u otros animales].

maicena (der. de *maíz*) *f.* Harina muy fina de maíz.

maicerada *f. Colomb.* Hipérbole, exageración.

maicería *f. Cuba.* Establecimiento en que se vende maíz.

I) maicero *m.* El que comercia en maíz. 2 *Colomb.* Especie de aní, pajarillo.

II) maicero, -ra *adj. Colomb.* fig. Antioqueño, propio del dep. de Antioquía.

maicillo *m.* Zahína (planta). 2 *Chile.* Arena gruesa para pavimentar. 3 *Hond.* Mijo.

maído *m.* Maullido.

maillechort (fr.) *m.* Metal blanco; aleación compuesta de níquel, cobre y cinc.

maillot *m.* GALIC. Traje de baño, bañador. 2 Camiseta, jersey de ciclista.

maimón (ár. *maimún,* feliz, y vulg. mono) *m.* Mico (mono de cola larga). 2 Sopa con aceite, propia de Andalucía. Ús. más en pl.

maimona *f.* Palo de la tahona en que se encaja y mueve el peón.

maimonismo *m.* Sistema filosófico del judío español Maimónides (1134-1204) y sus discípulos.

mainel *m.* ARQ. Miembro arquitectónico largo y delgado, que divide un hueco en dos partes verticalmente.

maistate (mej. *maxtlatl* o *maxtli*) *m. Guat.* y *Salv.* Taparrabo.
VAR. **Maishtate, maixtate, maztlate, mastate** (más us.).

maitén (arauc. *maghtén*) *m. Chile.* Árbol celastráceo, de flores purpúreas en forma de campanilla y de hojas muy apetecidas por el ganado *(Maytenus chilensis).*

maitencito *m. Chile.* Juego de niños parecido al de la gallina ciega.

maitinada (de *maitines*) *f.* Alborada.

maitinante *m.* En las catedrales, clérigo que tiene la obligación de asistir a maitines.

maitines (cat. dial. *maitines;* por cat. común *matines,* der. del l. *matutinum [tempus],* hora de la mañana) *m. pl.* Primera, de las horas del oficio divino que antiguamente se rezaba, y en algunas iglesias se reza todavía, antes de amanecer. Suelen constar de tres nocturnos.

maíz (del taíno de Haití *mahís*) *m.* Planta gramínea monoica, de tallo macizo, flores masculinas en racimo, flores femeninas en espigas axilares sobre un eje esponjoso y granos gruesos amarillos, muy nutritivos *(Zea Mays).* 2 Grano de esta planta. 3 ~ *de Guinea* o *morocho,* zahína. 4 ~ *negro,* panizo de Daimel. ◇ INCOR.: *maíz.*
SIN. *1* **Adaza** (Cu., Ter.), **borona** (Ast.), **millo** (Can., León, Sal., Zam.), **panizo,** en el oriente peninsular y en algunos lugares del sur y Extremadura; **mijo, zara,** en otras regiones. REL. **Mazorca, panoja, panocha,** espiga del maíz.

maizal *m.* Terreno sembrado de maíz. 2 *Amér.* Almaizal.

maízu *m. Ast.* Maíz.

maizudo, -da *adj. Guat.* Rico, adinerado.

maja *f.* Mano de almirez. 2 Vencejo con que se sujeta a la argolla o a la estaca el collar de las caballerías cuando están en el pesebre.

majá (voz indígena) *m. Cuba.* Culebra que crece hasta dos metros de longitud *(Epicrates angulifer).* -2 *adj. Cuba.* fig. Holgazán.

majada (probl. de *maculata,* der. del l. *macula,* tejido de mallas) *f.* Lugar donde se recogen el ganado y los pastores. 2 Estiércol de los animales. 3 *Amér.* Manada o hato de ganado lanar.
SIN. *1* **Apero.** REL. *1* **Amajadar, redilar, redilear,** hacer mansión el ganado en la majada.

majadal *m.* Terreno beneficiado con estiércol por haber servido de majada.

majadear *intr.* Hacer noche el ganado en una majada. 2 Abonar la tierra con estiércol.
SIN. *1* **Cubilar.**

majaderear *tr.-intr. Amér.* Importunar, molestar.

majadería *f.* Dicho o hecho necio, porfiado, imprudente.

majaderico *m.* Guarnición usada antiguamente. 2 Bolillo (palito).

majaderillo *m.* Bolillo (palito).

majadero, -ra (de *majar*) *m.* Maza para majar. 2 Bolillo (palito). -3 *adj.-s.* fig. Necio, porfiado.

majado *m.* Lo que se ha triturado. 2 *Bol.* Arroz hervido con tasajo. 3 *Chile.* Postre o guiso hecho de trigo o maíz remojado en agua caliente y triturado.

majador, -ra *adj.-s.* Que maja.

majadura *f.* Acción de majar. 2 Efecto de majar.

majagranzas (de *majar* + *granza*) *m.* fig. *y* fam. Hombre pesado y necio. ◇ Pl.: *majagranzas.*

majagua (voz del taíno) *f. Colomb.* Malaya (ligamento). 2 *Cuba* y *P. Rico.* Malvácea que crece en los terrenos anegadizos, de cuyos vástagos se hacen sogas de mucha duración *(Hibiscus tiliaceus).* 3 *Cuba.* Chaqueta americana. 4 *Pan.* Fibra del tallo del plátano. 5 *Venez.* Acapulco (arbusto).

majagual *m. Cuba.* Terreno poblado de majaguas.

majagüero, -ra *m. f. Cuba.* Persona que tiene por oficio sacar tiras de la majagua, para hacer sogas.

majagüilla *f. Cuba.* Planta parecida a la majagua, pero más pequeña *(Pavonia racemosa).*

majagüillo *m. Colomb.* Acapulco (arbusto).

majal *m.* Banco de peces.

majamama *f. Chile.* Enredo, engaño solapado.

majamiento *m.* Majadura.

majano *m.* Montón de cantos sueltos. 2 fig. Hombre rústico, escaso de entendederas.

majar (der. del l. *malleu,* mazo) *tr.* Machacar [alguna cosa] aplastándola o desmenuzándola. 2 fig. Molestar, importunar. 3 fig. *y* fam. Azotar. 4 fig. Destruir.

majara, majareta *adj.-com.* fam. Chiflado, loco.

majarete *m.* Manjarete. 2 *Cuba.* fig. Hombre galanteador. 3 *P. Rico.* fig. Barullo, confusión. 4 *S. Dom.* fig. Combinación hábil para alcanzar un fin.

majaretear *tr. S. Dom.* Hacer gestiones hábiles para conseguir [algo].

majaretero, -ra *adj. S. Dom.* Habilidoso.

majasear *intr. Cuba.* Holgazanear.

majasera *f. Cuba.* Holgazanería. 2 *Cuba.* Ocupación de poco trabajo.

maje *m. Méj.* Tonto, necio.
majear *tr.* Preparar una vianda para su posterior cocción.
majencia *f.* fam. Majeza.
majeño *m. Bol.* Plátano de color morado.
majería *f.* Conjunto o reunión de majos.
majestad (l. *maiestate*) *f.* Grandeza, sublimidad capaz de infundir admiración y respeto. 2 Título que se da a Dios, y también a emperadores y reyes: ***Su Divina Majestad,*** Dios. 3 Imagen de Cristo crucificado, vestido con túnica y coronado, peculiar de la escultura bizantina, y, en ocasiones, románica. ◇ V. ** CONCORDANCIA.
majestoso, -sa *adj.* Majestuoso.
majestuosamente *adv. m.* Con majestad.
majestuosidad *f.* Calidad de majestuoso.
majestuoso, -sa *adj.-s.* Que tiene majestad.
SIN. **Mayestático.**
majeza *f.* fam. Calidad de majo. 2 fam. Ostentación de esta cualidad.
SIN. **Valentonería.**
majo, -ja *adj.-s.* Persona perteneciente a la artesanía madrileña del siglo XIX que se distinguía por su forma de hablar castiza y su traje vistoso. 2 Ataviado, lujoso. 3 Hermoso, guapo, bonito. 4 fam. Simpático. -5 *m. Bol.* Género de palmeras cerífeas americanas. -6 *f.* Mujer joven.
SIN. *1* **Curro, guapo, chulo.**
majolar *m.* Terreno poblado de majuelos.
majoleta *f.* Fruta del majoleto.
majoleto *m.* Marjoleto.
majorca *f.* Mazorca.
majorero, -ra *adj.* De la isla de Fuerteventura. 2 *Urug.* Altivo, soberbio.
majúa *f. Cuba.* Mujer insignificante.
majuana *f. Cuba.* Transbordador portátil de caña cortada, entre la gente del campo.
I) majuela *f.* Fruto del majuelo.
II) majuela *f.* desus. Correa de cuero con que se ajustan y atan los zapatos.
I) majuelo *m.* Espino, espino albar.
II) majuelo (l. *malleolu*) *m.* Viña nueva que ya da fruto.
SIN. **Perlitero, marzoleto.**
majunfia (probl. voz africana) *f. Perú.* Trampa en el juego.
majzén (ár.) *m.* En Marruecos, gobierno o autoridad suprema.
makemono *m.* Kakemono.
I) mal *adj.* Apóc. de *malo: ~ tiempo; ~ negocio.*
II) mal (l. *malu*) *m.* Lo contrario al bien como ley suprema y esp. como ley moral. 2 Lo que se aparta de lo lícito y honesto. 3 Daño u ofensa que uno recibe en su persona o en sus bienes. 4 Desgracia, calamidad. 5 Enfermedad, dolencia: ***~ caduco*** o ***de corazón,*** epilepsia; ***~ de la rosa,*** pelagra; ***~ de la tierra,*** nostalgia; ***~ de madre,*** histerismo; ***~ de ojo*** *(también aojo, aojadura, aojamiento),* superstición de males transmitidos con sólo mirar de cierta manera; ***~ de piedra,*** el que ocasionan los cálculos en las vías urinarias; ***~ de San Lázaro,*** elefancía. 6 *Amér. Central* y *Perú.* Epilepsia. 7 *Amér. Central* y *Perú.* Pataleta.
FRS. *De ~ a ~,* o *~ a ~,* por fuerza; *¡~ haya!* imprecación: *¡~ haya el diablo! Echar a ~ una cosa,* desprestigiarla o emplearla mal. *Hacer ~ una cosa,* ser nociva, dañar. *Llevar uno a ~ una cosa,* resentirse, formar queja de ella. *Parar en ~,* tener un fin desgraciado.
III) mal (l. *male*) *adv. m.* Contrariamente a lo que es debido: *se conduce ~.* 2 Desacertadamente: *juega muy ~;* ***de ~ en peor,*** cada vez con menos acierto, más infaustamente. 3 Contrariamente a lo que se espera o apetece: *salió ~ de las oposiciones; el enfermo va ~.* 4 Difícilmente: *~ puedo yo saberlo si no lo he visto.* 5 Insuficientemente: *te has enterado ~.*
FR. *Mal que bien,* de buena o mala gana; bien o mal hecho. SIN. **Malamente.**
I) mal- (de *mal* III) Prefijo que entra en la formación de palabras, unido a verbos y participios, con el valor de *mal* III: *malbaratar, malhablado.*
CONTR. **Bien-.**
II) mal-, mala- (de *mal* I) Prefijo que entra en la formación de palabras, unido a nombres femeninos y masculinos, con el valor de *mal* I: *malcorte, malandanza, malasangre.*
CONTR. **Bien-.**
I) mala (fr. *malle,* de orig. germ.) *f.* Valija del correo de Francia y de Inglaterra. 2 Este mismo correo.
II) mala *f.* Malilla (carta).
mala-, v. mal- II.
mala mujer *f.* Arbusto de la familia de las anacardiáceas, productor de látex venenoso que en contacto con la piel provoca fuertes irritaciones *(Rhus toxicodendron).*
malabar (n. geográfico; a través del port.) *adj.-s.* De Malabar, reg. del Indostán. -2 *adj.-pl.* V. juegos malabares.
malabárico, -ca *adj.* Malabar.
malabarismo *m.* Juego malabar, ejercicio de destreza, habilidad y equilibrio. 2 fig. Habilidad, destreza en gral.
malabarista *com.* Persona que hace juegos malabares. 2 fig. Persona habilidosa. 3 *Chile.* Persona que roba con astucia.
malaca *f. Amér.* Caña especial para bastones. 2 *Méj.* Ant. peinado que consistía en rodear la cabeza con las trenzas atándolas sobre la frente.
malacara *adj. Argent.* [caballo] De cuerpo colorado y la frente blanca.
malacariento, -ta *adj. Méj.* Hosco, adusto.
malacate (mej. *malacatl,* huso) *m.* Especie de cabrestante movido por una caballería. 2 *Amér.* Huso (para hilar).
SIN. *1* **Baritel.**
malacia (gr. *malakía,* debilidad) *f.* MED. Deseo de comer cosas impropias para la nutrición, como arena, carbón, yeso, etc.
SIN. **Pica.**
-malacia (gr. *malakía,* reblandecimiento) Elemento sufijal que entra en la formación de palabras con el significado de blandura, reblandecimiento: *facomalacia.*
malacitano, -na (l. *-nu,* de Malaca) *adj.-s.* Malagueño.
malaco- (gr. *malakós,* blando) Elemento prefijal que entra en la formación de palabras con el significado de blando; p. ext., molusco.
malacodermos (*malaco-* + gr. *dermis,* piel) *m. pl.* ZOOL. Grupo de insectos coleópteros que tienen tegumentos muy blandos.
malacófilo, -la (*malaco-* + *-filo* I) *adj.* BOT. [planta] De polinización, más bien fortuita que buscada, a través de moluscos.
malacología (*malaco-* + *-logía*) *f.* Parte de la zoología que trata de los moluscos.
SIN. **Conquiliología,** esp. si estudia las conchas de estos animales.
malacológico, -ca *adj.* Relativo a la malacología.
malacólogo, -ga *m. f.* Perito en malacología.
SIN. **Conquiliólogo.**
malaconsejado, -da (*mal-* I + *aconsejado*) *adj.-s.* Que se deja llevar de malos consejos.
malacopterigio, -gia (*malaco-* + *-pterigio*) *adj.-s.* Pez del grupo de los malacopterigios. -2 *m. pl.* Grupo de peces teleósteos, en algunas clasificaciones, caracterizados esp. por tener los radios de las aletas blandos y articulados y por carecer de aletas abdominales (*malacopterigios ápodos*) o tenerlas colocadas detrás del abdomen (*malacopterigios abdominales*) o debajo de las branquias (*malacopterigios subranquiales*).
malacósteo *adj.-m.* Pez del género de los malacósteos. -2 *m. pl.* Género de peces abisales algo descalcificados, con la boca con una gran hendidura y un aparato luminoso fosforescente, que forma dos manchas debajo de cada ojo.
malacostráceo (*malaco-* + gr. *ostrakon,* concha) *adj.-m.* Crustáceo de la subclase de los malacostráceos. -2 *m. pl.* Subclase de crustáceos de organización superior con el cuerpo dividido en veinte segmentos, siete de los cuales corresponden al abdomen; a esta subclase corresponden tres órdenes: anfípodos, isópodos y decápodos.
malacostumbrado, -da (*mal-* I + *acostumbrado*) *adj.* Que tiene malos hábitos y costumbres. 2 Que está muy mimado y consentido.
malacostumbrar (*mal-* I + *acostumbrar*) *tr.* Viciar [a alguien] haciéndole adquirir malos hábitos. 2 Mimar excesivamente [a alguien].
malacrianza (*mala-* + *crianza*) *f.* Descortesía, mala educación.
malacuenda *f.* Harpillera. 2 Hilaza de estopa.
malafa *f.* Almalafa.
málaga *m.* Vino dulce de Málaga.
malagana (*mala-* + *gana*) *f.* fam. Desfallecimiento, desmayo. -2 *m. Ecuad.* Persona lenta.
malagaña *f. Ar.* Armazón de palos enlazados por lo alto con ramas de aliagas, que se emplea para enjambrar.
malagata *f.* Manzanilla hedionda.
malagradecido, -da (*mal-* I + *agradecido*) *adj.* Desagradecido, ingrato.
malaguaste *m. Hond. Al ~, loc. adv.,* modo de encender fuego frotando uno con otro dos pedazos de madera.

malagueña *f.* Cante flamenco de coplas de cuatro versos octosílabos. 2 Canto típico canario. 3 Música de dicho canto.
malagueño, -ña *adj.-s.* De Málaga.
SIN. **Malacitano.**
malagueta (n. de una costa africana donde se comerciaba con ella) *f. Amér.* Planta cingiberácea cuyas semillas se usan como condimento *(Aframomum melegueta).* 2 Semilla de diversos árboles tropicales, usada como especia.
SIN. *1* **Alguita, granos del paraíso, guayabita, limoncillo.** *2* **Pimienta de Chiapa** o **de Tabasco; pimienta inglesa,** la seca y molida.
malaje *adj.-s. And.* Malasombra.
malaleche *(mala- + leche)* **com.** fig. *y* vulg. Persona de mala intención o mal carácter. -2 *f.* Mal carácter o mala intención.
malaltoso, -sa *adj. Venez.* Estúpido, pesado.
malamañado, -da *(mal- I + amañado)* *adj.* [pers.] Torpe, sin habilidad.
malamañoso, -sa *adj. Colomb.* y *P. Rico.* Que tiene malas mañas.
malambo *m. Argent.* Baile popular, típico del gaucho. 2 *Amér.* Ombú.
malamente *adv. m.* Mal.
malamistado, -da *adj. Chile.* Enemistado. 2 *Chile.* Amancebado.
malandante *adj.* Desafortunado, infeliz.
malandanza *(mal- II + andanza)* *f.* Mala fortuna, desgracia.
CONTR. **Bienandanza, buenandanza.**
malandar *m.* Cerdo que no se destina para entrar en vara.
malandrín, -drina (it. *malandrino,* der. del l. *malandria,* clase de lepra; alterac. del gr. *meländryon,* corazón de roble) *adj.-s.* Maligno, perverso, bellaco.
malanga (voz africana) *f. Cuba* y *P. Rico.* Variedad de yautía, muy estimada como alimento *(Arum esculentum).* 2 *Cuba.* Puño. -3 *adj. Cuba* y *P. Rico.* [pers.] Inhábil. 4 *Cuba.* Cobarde, tímido.
malangar *m.* Terreno sembrado de malangas.
malangay *m. Colomb.* Planta de la familia de las aráceas, de hojas acorazonadas, flor en espádice, rizomas comestibles, barbados, anillados, de interior blanco y lechoso *(Xanthosoma sagittifolium).*
malange *adj.-s.* pop. Malaje.
malango *adj. P. Rico.* Inhábil, torpe.
malangón, -gona *adj. Cuba.* Holgazán.
malanochar *prnl. Ecuad.* Trasnochar.
malapata *(mala- + pata)* **com.** Persona de mala suerte. -2 *f.* Mala suerte.
Malaquías *n. pr.* Profeta hebreo y libro del Ant. Testamento que contiene sus profecías. Se abrevia *Mal.*
malaquita (l. *-achites,* der. del gr. *maláche,* malva) *f.* Carbonato básico de cobre nativo, verde y susceptible de hermoso pulimento. 2 ~ **azul,** bicarbonato de cobre nativo, de color azul de Prusia.
SIN. *1* **Malaquita verde** o **cobre verde.** *2* **Azurita.**
malar (l. *malare,* der. de *mala,* mejilla) *adj.* Relativo a la mejilla. -2 *m.* Pómulo, hueso de la cabeza.
malaria (it. *malaria,* mal aire) *f.* Paludismo.
malario, -ria *adj. Argent.* Palúdico.
malarrabia *f. Ant.* y *Venez.* Dulce compuesto de pedazos de plátano maduro, batatas, almíbar, etc. 2 *Ecuad.* Especie de torta preparada con plátano maduro y queso.
malasangre *(mala- + sangre)* *adj.-s.* [pers.] De condición aviesa. 2 fig. y fam. ***Hacerse [uno] ~***, molestarse por las acciones de alguien.
malasombra *(mala- + sombra)* **com.** Persona patosa. -2 *f.* Falta de gracia.
SIN. **Malaje** (And.).
malatería *f.* Edificio destinado antiguamente a hospital de leprosos.
malatía *f.* Lepra.
malato, -ta *adj.-s.* Leproso.
malatoba *m. Amér.* Gallo de color almagrado claro, con las alas algo más obscuras y algunas plumas negras en la pechuga.
malatobo *m. Cuba.* Malatoba.
malaúva *(mala- + uva)* *f.* Mala intención. -2 *adj.-com.* Persona de esta condición.
malavenido, -da *(mal- I + avenido)* *adj.* Mal avenido.
malaventura *(mala- + ventura)* *f.* Desventura, infortunio. ◇ Pl.: *malaventuras.*
SIN. **Desgracia.**
malaventurado, -da *adj.* Desgraciado.
malaventuranza *f.* Infelicidad, infortunio.
malaxación *f.* Acción de malaxar. 2 Efecto de malaxar.
malaxador, -ra *adj.* Que malaxa.
malaxar *tr.* Amasar o sobar [una substancia o una parte del cuerpo].
malaya *f. Colomb.* Ligamento cervical del ganado vacuno. 2 *Chile* y *Perú.* Guisado hecho con esta carne. 3 *Chile.* Carne de la res vacuna que está encima de los costillares, en la parte superior, y debajo del cuero.
malayo, -ya *adj.-s.* De una raza quizá oriunda de la península de Malaca, esparcida en ésta, en las islas de la Sonda y esp. en la Oceanía Occidental. Las características raciales de los malayos son: estatura baja, piel obscura, cabellos negros lisos, y rasgos faciales con cierta tendencia al mogolismo. 2 De Malaca y de Malaysia, península y nación del sudeste de Asia. -3 *adj.-m.* Lengua indonesia, oficial en esta nación.
malayopolinesio, -sia *adj.-m.* Familia de lenguas habladas en Oceanía, sudeste de Asia y Madagascar.
malbaratador, -ra *adj.-s.* Que malbarata.
malbaratar *(mal- I + baratar)* *tr.* Vender a bajo precio. 2 Disipar [la hacienda].
SIN. *1* **Malvender.** *2* **Malgastar.**
malbaratillo *m.* Baratillo (tienda).
malbarato *m.* Acción de malbaratar. 2 Despilfarro, derroche.
malcaliente *m. Colomb.* Erisipela del ganado vacuno.
malcarado, -da (de *mal- I + cara*) *adj.* Que tiene mala cara o aspecto repulsivo.
malcasado, -da *(mal- I + casado)* *adj.* [consorte] Que falta a los deberes que le impone el matrimonio. Pide siempre el verbo *ser,* expreso o tácito.
malcasar *(mal- I + casar)* *tr.-intr.-prnl.* Casar [a una persona] sin las circunstancias que se requieren para la felicidad del matrimonio.
malcaso *m.* Traición, acción infame.
malcocinado *m.* Menudo de las reses. 2 Sitio donde se vende.
malcomer *(mal- I + comer)* *intr.* Comer escasamente.
malcomido, -da *adj.* Mal alimentado.
malconsiderado, -da *(mal- I + considerado)* *adj.* Desconsiderado.
malcontado *m. Chile.* Dinero que se da a los tesoreros para compensar las pérdidas que puedan tener por equivocación.
malcontentadizo, -za *adj.* Descontentadizo (difícil).
malcontento, -ta *(mal- I + contento)* *adj.* Descontento. -2 *adj.-s.* Revoltoso, rebelde. -3 *m.* Juego de naipes que consiste en ir trocándose los jugadores las cartas de que están descontentos, perdiendo el que se queda con la más baja.
SIN. *3* **Cuco.**
malcoraje (cat. *malcoratge,* der. del l. *mercuriagine,* mercurial) *m.* Mercurial (planta).
malcorazón *adj. Amér. Central.* Cruel.
malcorte *(mal- II + corte)* *m.* Quebrantamiento de las ordenanzas y estatutos al sacar madera o leña de los montes altos. ◇ Pl.: *malcortes.*
malcote *m. Hond.* Árbol parecido al roble.
malcriadez *f. Amér.* Mala crianza; grosería, indecencia.
malcriadeza *f. Amér.* Malcriadez.
malcriado, -da *(mal- I + criado)* *adj.* Falto de buena educación; descortés.
malcriar *(mal- I + criar)* *tr.* Educar mal [a los hijos]. ◇ **CONJUG. [13] como ***desviar.***
malculillo *m.* Masculillo (juego).
maldad (b. l. *malitate*) *f.* Calidad de malo. 2 Acción mala. 3 *Méj.* Travesura.
SIN. *1* **Malicia, perversidad** (intensivo); **protervia,** es obstinación en la maldad.
maldadoso, -sa *adj.* Que tiene o implica maldad. 2 *Chile* y *Méj.* Que comete maldades.
maldecido, -da *adj.-s.* [pers.] De mala índole.
maldecidor, -ra *adj.-s.* Que maldice (hablar).
maldecir (l. *maledicere*) *tr.* Echar maldiciones [contra una persona o cosa]: ~ *a su padre;* ~ *su mala suerte.* -2 *intr.* Hablar con mordacidad, denigrar: ~ *de todo.* ◇ ** CONJUG. [79] como ***predecir;*** pp. reg.: ***maldecido;*** irreg.: ***maldito.*** ◇ INCOR.: ***maldeciste,*** por ***maldijiste.***
REL. *2* **Maledicencia,** acción de maldecir, esp. si es por costumbre.
maldentado *adj.* Edentado.
maldiciente *adj.-com.* Detractor por hábito.
maldición (l. *maledictione*) *f.* Imprecación, acción de maldecir.

maldispuesto, -ta (*mal-* I + *dispuesto*) ***adj.*** Indispuesto (de salud). 2 Que no tiene la disposición de ánimo necesaria para una cosa.
maldita ***f.*** fam. Lengua. 2 *Cuba* y *P. Rico.* Divieso, grano. 3 *P. Rico* y *Venez.* Llaguita en las piernas y los pies.
maldito, -ta, pp. irreg. de *maldecir.* 2 ***adj.*** Perverso, de malas costumbres. 3 De mala calidad: *esta maldita cama; ~* ***de cocer,*** persona terca o de mal carácter. -4 ***adj.-s.*** Condenado por la justicia divina: *vete, ~ de Dios; el ~*, el diablo. -5 ***m.*** *Méj.* Lépero, pelado.
Las expr. *~ el, ~ la* o sus plurales, seguidas de substantivo, forman negaciones intensificadas de sentido desp.: *~ la falta que haces, no sabe ~ la cosa.*
maldonadense ***adj.-s.*** De Maldonado, c. y dep. del Uruguay.
SIN. **Carolino.**
maldoso, -sa ***adj.*** *Méj.* Maldadoso.
maleabilidad ***f.*** Calidad de maleable.
maleabilización ***f.*** METAL. Tratamiento que tiene por objeto hacer maleable la fundición blanca, excesivamente dura y frágil.
maleabilizar ***tr.-prnl.*** Hacer maleable [un metal]. ◇ ** CONJUG. [4] como ***realizar.***
maleable (l. *malleu,* mazo) ***adj.*** [metal] Que puede batirse y extenderse en planchas o láminas. 2 p. ext. Que se puede modelar o labrar fácilmente. 3 fig. Dócil.
maleado, -da ***adj.*** Pervertido.
maleador, -ra ***adj.-s.*** desus. Maleante.
maleamiento ***m.*** Perversión.
maleante (de *malear*) ***adj.*** Que malea o daña. -2 ***adj.-com.*** desus. Burlador, maligno. 3 Persona que vive al margen de la ley y que se dedica al robo, contrabando, etc.
malear (de *malo*) ***tr.*** Dañar o echar a perder [una cosa]. -2 ***tr.-prnl.*** fig. Pervertir uno [a otro]. -3 ***intr.*** *Extr.* Andar enfermo.
SIN. *1* **Enmalecer;** v. **pervertir.**
malecón ***m.*** Murallón para defensa de las aguas.
maledicencia (b. l. *-entia*) ***f.*** Acción de maldecir (hablar).
maleducado, -da (*mal-* I + *educado*) ***adj.-s.*** Malcriado, sin educación.
maleficencia (l. *-entia*) ***f.*** lit. Hábito de hacer mal.
maleficente ***adj.*** Maléfico, perverso.
maleficiar ***tr.*** Causar daño [a alguien o a algo]. 2 Hechizar (someter). ◇ ** CONJUG. [12] como ***cambiar.***
maleficio (l. *-iu*) ***m.*** Daño causado por arte de hechicería. 2 Hechizo con que se pretende causarlo.
maléfico, -ca (l. *-cu*) ***adj.*** Que hace daño con maleficios. 2 Que ocasiona o puede ocasionar daño. -3 ***m.*** Hechicero.
malegrarse ***prnl.*** *Extr.* Alegrarse de que a alguien le suceda un mal.
malembo, -ba ***adj.*** *Cuba.* Malucho.
malencarado, -da (*mal-* I + encarado) ***adj.*** Mal educado e insolente.
malentender (*mal-* I + *entender*) ***tr.*** Entender o interpretar mal [una cosa]. ◇ ** CONJUG. [28] como ***entender.***
malentendido ***m.*** Equívoco, incomprensión, mala interpretación, mal entendimiento. ◇ Pl.: *malentendidos.*
maleolar ***adj.*** Relativo al maléolo.
maléolo (l. *malleolu*) ***m.*** Hueso, interior y exterior, que forman la protuberancia del tobillo.
malero ***adj.*** *Perú.* Brujo, hechicero.
malespín ***m.*** *C. Rica.* Jerga convencional de los muchachos que consiste en trocar unas letras por otras.
malestar (*mal-* I + *estar*) ***m.*** Desazón, incomodidad. 2 fig. Inquietud moral.
CONTR. **Bienestar.**
I) maleta (fr. ant. *malete;* dim. de *malle;* v. *mala I*) ***f.*** Bolsa de mano, generalmente de forma rectangular, de lona o cuero, para llevar ropa y otros efectos. -2 ***com.*** fam. Persona que practica con torpeza su profesión: *este torero es un ~*. 3 p. ext. Persona torpe o desacertada. -4 ***f.*** *Amér.* Lío de ropa. 5 *Colomb., Cuba* y *P. Rico.* fest. Joroba. 6 *Chile.* Alforja.
SIN. *1* **Valija.** FR. fig. *Hacer uno la ~*, disponer lo necesario para un viaje; prepararse para irse de alguna parte; *largar* o *soltar uno la ~*, en Chile, morir.
II) maleta ***adj.*** *Amér.* Malo, perverso. 2 *Amér. Central.* fam. [pers.] Despreciable. 3 *Chile.* Estúpido.
maletear ***tr.*** *Chile.* Meter los dedos [en el bolsillo ajeno].
maletera ***f.*** *Colomb.* y *Venez.* Maleta o baúl pequeño. 2 *Perú.* Maletero del automóvil.
maletero ***m.*** El que tiene por oficio hacer o vender maletas. 2 El que por oficio transporta maletas o, en general, equipajes. 3 Lugar destinado en los vehículos para llevar maletas o equipajes. 4 En las viviendas, lugar destinado a guardar maletas. 5 *Chile.* Cortabolsas, ratero. 6 *Ecuad.* Maletín de grupa. 7 *Hond.* Criado que en los viajes lleva la maleta, y caballería en que éste monta.
maletía ***f.*** *Murc.* Indisposición, enfermedad.
maletilla (de *maleta* I, torero) ***m.*** TAUROM. Persona joven que, desasistida de medios y de ayudas, aspira a abrirse camino en el toreo comenzando a practicarlo, a veces, en las ganaderías o procurando intervenir en tientas, capeas, becerradas, etc. 2 TAUROM. Aprendiz de torero.
maletín ***m.*** Dim. de *maleta.* 2 *~* ***de grupa,*** el que usaban los soldados de caballería.
maletón ***m.*** *Colomb.* Jorobado. 2 *Ecuad.* Almofrej. 3 *Venez.* Becerro destetado.
maletudo, -da ***adj.*** *Amér.* Jorobado.
malevaje ***m.*** *Argent.* y *Urug.* Gente malévola.
malevo, -va ***adj.*** *Argent., Bol.* y *Urug.* Malévolo.
malevolencia ***f.*** Mala voluntad.
malévolo, -la (l. *-lu*) ***adj.-s.*** Inclinado a hacer mal.
maleza (v. *malicia*) ***f.*** Abundancia de hierbas malas de los sembrados. 2 Espesura de arbustos. 3 *Extr.* Enfermedad. 4 *Argent.* y *Chile.* Podre, pus.
SIN. *2* **Maraña.** *8* v. **Desconfianza.**
malezal ***m.*** *Amér.* Terreno poblado de malezas.
malformación (*mal-* II + *formación*) ***f.*** MED. Deformidad o defecto congénito.
malgache ***adj.-s.*** De Madagascar, nación insular del sudeste de África, en el océano Índico. -2 ***adj.-m.*** Lengua indonesia.
malgama ***f.*** Amalgama (aleación).
malgastador, -ra ***adj.-s.*** Que malgasta.
malgastar (*mal-* I + *gastar*) ***tr.*** Gastar [el dinero, el tiempo, la paciencia, etc.] en cosas malas o inútiles.
SIN. **Disipar,** conserva cierto matiz eufemístico; **malrotar, malbaratar, despilfarrar,** son intensivos; **malmeter, desperdiciar,** se aplica no sólo al dinero o hacienda, sino también a otras cosas, con el sentido gral. de estropear o no aprovechar como es debido: *desperdician los muebles, las influencias, las ocasiones.*
malgeniado, -da ***adj.*** *Colomb.* y *Perú.* Iracundo.
malgenio ***adj.*** *Amér.* Cascarrabias.
malgenioso, -sa ***adj.*** *Amér.* Iracundo, paparrabias.
malhablado, -da (de *mal-* I + *hablar*) ***adj.-s.*** Desvergonzado, atrevido en el hablar.
CONTR. **Bienhablado.**
malhadado, -da (de *mal-* I + *hado*) ***adj.*** Infeliz, desventurado.
CONTR. **Bienhadado.**
¡malhaya! Interjección ¡Mal haya! 2 *R. de la Plata.* ¡Ojalá!
malhayar ***intr.*** *Colomb.* y *Guat.* Anhelar, codiciar.
malhecho, -cha ***adj.*** De cuerpo mal formado o contrahecho. -2 ***m.*** Acción mala o fea. -3 ***adj.*** *Logr.* Bastardo, adulterino.
malhechor, -ra (l. *malefactor, -oris*) ***adj.-s.*** Que comete acciones culpables.
malherir (*mal-* I + *herir*) ***tr.*** Herir gravemente. ◇ ** CONJUG. [35] como ***hervir.***
malhojo (l. *malum folium,* hoja mala) ***m.*** Hojarasca y desperdicio de las plantas. ◇ También *marhojo.*
malhumor (*mal-* II + *humor*) ***m.*** Mal humor.
malhumorado, -da ***adj.*** Que tiene malos humores. 2 Que está de mal humor.
malhumorar ***tr.-prnl.*** Poner [a uno] de mal humor.
malicia (l. *-itia;* doble etim. *maleza*) ***f.*** Maldad (calidad). 2 Inclinación a lo malo. 3 Perversidad, malignidad: *pecar de ~*. 4 Calidad que hace una cosa perjudicial y maligna. 5 Solapa y bellaquería con que se procede, ocultando la intención. 6 Interpretación siniestra y maliciosa; propensión a pensar mal: *ésa es ~ tuya.* 7 Penetración, sagacidad. 8 Sospecha o recelo: *tengo mis malicias sobre el caso.* 9 *Chile.* Aguardiente que se agrega en poca cantidad a una bebida cualquiera.
SIN. *5* **Doblez, mala fe.** *8* **Desconfianza.**
maliciable ***adj.*** Que se puede maliciar.
maliciar ***tr.-prnl.*** Sospechar, presumir [algo] con malicia: *~ de cualquiera; ~ en cualquier cosa.* 2 Malear: *tu hijo se malicia.* ◇ **CONJUG. [12] como ***cambiar.***
maliciosamente ***adv. m.*** Con malicia.
malicioso, -sa ***adj.-s.*** Que interpreta las cosas con malicia. -2 ***adj.*** Que contiene malicia.
málico, -ca (del l. *mala,* manzana) ***adj.*** QUÍM. *Ácido ~*, el que se halla en algunos vegetales, esp. la manzana.

maligna *f. Cuba.* Fiebre en su período culminante.
malignamente *adv. m.* Con malignidad.
malignar (b. l. *-are*) *tr.* Viciar, inficionar. 2 Hacer mala [una cosa]. -3 *prnl.* Corromperse, empeorarse. ◇ V. *malear, maliciar.*
malignidad (l. *-itate*) *f.* Calidad de maligno.
malignizar *tr.-prnl.* MED. Adquirir carácter maligno una formación patológica, tumoral o no, que antes no lo tenía. ◇ **CONJUG. [4] como *realizar.*
maligno, -na (l. *-nu*) *adj.-s.* Propenso a pensar u obrar mal. -2 *adj.* De índole perniciosa. 3 MED. [lesión o enfermedad] Que evoluciona de modo desfavorable, esp. los tumores cancerosos.
malilla (dim. de *mala;* fem. de *malo,* por ser menos buena que el as) *f.* Carta que es la segunda en valor en ciertos juegos de naipes. 2 Juego de naipes en que la carta superior de cada palo es el nueve.
SIN. *1* **Mala.**
malillero, -ra *adj. Perú.* Entremetido que hace frustrar determinado plan.
malinchismo *m. Méj.* Inclinación favorable a lo extranjero, en particular a lo español.
malingrar (fr. *malingre,* enfermizo) *tr.* p. us. Malignar.
malino, -na (l. *malignu*) *adj.* fam. Maligno.
malintencionado, -da (*mal-* I + *intencionado*) *adj.-s.* Que tiene mala intención.
CONTR. **Bienintencionado.**
malla (l. *macula,* malla de red; a través del fr. *maille*) *f.* Cuadrilátero del tejido de la red. 2 Tejido de pequeños eslabones o anillos de metal enlazados entre sí: *portamonedas de ~; cota de ~.* 3 Anillo de que se forma este tejido. 4 Vestido de tejido de punto muy fino que, ajustado al cuerpo, usan en sus actuaciones los artistas de circo, bailarines, deportistas, etc. 5 Tejido semejante al de malla. 6 ELECTR. Circuito cerrado formado por varios conductores. 7 *Amér.* Traje de baño. 8 *Chile* y *Perú.* Planta, especie de patata de tubérculo muy pequeño *(Tropœolum peregrinum).*
mallar *intr.* Hacer malla. 2 Enmallarse.
mallequense *adj.-s.* De Malleco, prov. de Chile.
mallero, -ra *m. f.* El que hace malla. -2 *m.* Molde para hacer malla.
malleta *f.* MAR. Cabo con que se cobra un arte de pesca.
mallete (fr. *maillet,* mazo, der. del l. *malleus*) *m.* Dim. de *mallo.* 2 MAR. Trozo de madera, en forma de cuña, usada para dar estabilidad a alguna cosa. 3 *Ecuad.* Corte que se hace en un puntal para que descansen sobre él las vigas de un edificio.
malleto (l. *malleu,* mazo; a través del cat.) *m.* Mazo con que se bate el papel en los molinos.
mallico (arauc. *melico*) *m. Chile.* Planta ranunculácea medicinal *(Psychropila andicola).*
mallín *m. Chile.* Vega, terreno bajo.
I) mallo (l. *malleu*) *m.* Mazo (martillo). 2 Juego en que se hacen correr unas bolas por el suelo dándoles con unos mazos. 3 Terreno dispuesto para dicho juego.
II) mallo *m. Chile.* Guiso de papas cocidas y molidas.
mallorquín, -quina *adj.-s.* De Mallorca. -2 *m.* Dialecto mallorquín.
mallorquinismo *m.* Vocablo, giro o modo de hablar propio de los mallorquines. 2 Amor o apego a las cosas características de Mallorca y las Baleares.
malmadurillo *m.* Alheña (arbusto).
malmandado, -da (de *mal-* I + *mandar*) *adj.* Desobediente.
CONTR. **Bienmandado.**
malmaridada *adj.-f.* [mujer] Que ha realizado un matrimonio infeliz.
malmarriento, -ta *adj. Teruel.* Malucho, que empieza a sentirse enfermo.
malmeter *tr.* Malbaratar, malgastar. 2 Inducir [a uno] a hacer cosas malas. 3 Malquistar.
SIN. *1* v. **Malgastar.**
malmirado, -da (de *mal-* I + *mirar*) *adj.* Malquisto, desconceptuado. 2 Descortés, inconsiderado.
malmodado, -da *adj. Cuba.* De malos modales.
malnacido, -da (de *mal-* I + *nacer*) *adj.-s.* Mala persona, indeseable.
malnutrición (*mal-* II + *nutrición*) *f.* Nutrición desequilibrada en sus componentes.
malo, -la (l. *-lu*) *adj.* Que carece de la bondad que debiera tener según su naturaleza: *cerveza mala; ~ de condición.* 2 Propenso al mal, de mala vida: *es un hombre ~ con, para,* o *para con, su padre.* 3 Contrario a la ley moral: *malas lecturas.* 4 Nocivo a la salud, peligroso: *es un trabajo ~.* 5 Enfermo: *está ~.* 6 Difícil, dificultoso: *es ~ de entender; lo ~ es,* lo difícil es. 7 Desagradable, molesto: *he pasado un mal rato.* 8 Travieso: *este niño es muy ~.* 9 Deslucido, deteriorado: *el chaleco está ~.* 10 fam. Bellaco, malicioso. 11 Usado con el verbo *ser,* indica poca probabilidad de que se cumpla alguna cosa inconveniente o adversa: *malo será que no nos toque la lotería.* -12 *m.* Diablo: *el ~.* ◇ V. mal I. ◇. GRAM. *5* Sólo se usa con el vb. *estar: estaba, estará ~.* ◇ Cuando va delante del subst. se apocopa en mal.
FRS. *A malas,* con enemistad: *andar a malas. De malas,* con desgracia, esp. en el juego: *estar de malas;* con mala intención: *venir de malas. Por la mala,* o *por las malas,* mal a mal. *Por malas* o *por buenas,* a la fuerza. SIN. *2* Serie intensiva: **mal inclinado, enviciado, bajo, malo, bellaco, ruin, depravado, corrompido.** *3* Serie intensiva: **malo, indigno, vil, perverso, malvado, satánico,** ambas series se confunden entre sí.
maloca (arauc. *malocar,* pelear) *f. Amér. Merid.* Invasión en tierra de indios, con pillaje y exterminio. 2 *Amér. Merid.* Malón, irrupción de indios. 3 *Bol.* y *Colomb.* Guarida o pueblo de indios montaraces.
malófago (gr. *mallós,* pelo + *-fago*) *adj.-m.* Insecto del orden de los malófagos. -2 *m. pl.* Orden de insectos pterigotas microscópicos o casi microscópicos, parásitos de aves y mamíferos, que se alimentan de pelos y plumas.
malogramiento *m.* Malogro.
malograr (de *mal-* I + *lograr*) *tr.* No aprovechar [el tiempo, la ocasión, etc.]. -2 *prnl.* Frustrarse lo que se pretendía o se esperaba conseguir. 3 No llegar una persona o cosa a su natural desarrollo. ◇ En la conversación se nombra a los difuntos diciendo *el malogrado, la malograda.*
malogro *m.* Efecto de malograrse una cosa.
maloja *f. Amér.* Malojo.
malojal *m. Venez.* Plantío de malojos.
malojear *tr. Cuba.* Cortar malojo.
malojero *m. Cuba.* Vendedor de maloja.
malojo (ár. *muluja,* der. del gr. *moloche,* malva) *m. Venez.* Planta de maíz verde que sólo sirve para pasto de caballerías.
maloliente (de *mal-* I + *oler*) *adj.* Que exhala mal olor.
malón (arauc.) *m. Amér.* Irrupción o ataque inesperado de indios. 2 *Amér.* p. ext. Grupo de personas que provocan desórdenes. 3 *Amér. Merid.* fig. Felonía inesperada. 4 *Amér. Merid.* Asalto en casa de amigos.
malonear *intr. Urug.* Cometer malón.
maloquear *intr. Amér.* Hacer malones o malocas. 2 *Amér. Merid.* Atacar, sorprender. 3 *Amér. Merid.* Comerciar de contrabando.
maloquero *adj.* Algarero, salteador.
malora (contrac. de *mala-hora*) *adj. Méj.* Díscolo; inoportuno.
malorear *intr. Méj.* Hacer travesuras.
malpaís *m.* Terreno muy acarcavado en el que suele faltar agua, por lo que no es apropiado para cultivar. 2 Suelo de lava volcánica moderna.
malparado, -da *adj.* Que ha sufrido notable menoscabo: *salir ~ de un negocio.*
SIN. **Maltratado, maltrecho.**
malparar (*mal-* I + *parar*) *tr.* Maltratar, poner en mal estado.
malparida *f.* Mujer que ha malparido.
malparir (*mal-* I + *parir*) *intr.* Abortar la mujer.
malparto (*mal-* II + *parto*) *m.* Aborto (acción).
malpasar (*mal-* I + *pasar*) *intr.* fam. Vivir pobremente o con estrechez.
malpensado, -da *adj.-s.* Que juzga aviesamente.
malpensar (*mal-* I + *pensar*) *intr.* Pensar mal en los casos dudosos.
malpigiáceo, -a (de *Malpighi,* 1628-1694, naturalista italiano) *adj.-s.* Planta de la familia de los malpigiáceas. -2 *f. pl.* Familia de plantas, árboles o arbustos dicotiledóneos, propios de América, de hojas gralte. opuestas con estípulas, flores en corimbo o racimo y fruto seco o abayado dividido en tres celdillas.
malqueda *com.* fam. Persona que no cumple su palabra.
malquerencia (*mal-* II + *querencia*) *f.* Mala voluntad, aversión.
SIN. **Antipatía.** CONTR. **Bienquerencia.**
malquerer (*mal-* I + *querer*) *tr.* Tener mala voluntad [a una persona o cosa]. ◇ ** CONJUG. [80] como *querer.*
malquistar *tr.* Poner mal [a una persona] con otra: *le malquistaron con el rey.*
SIN. **Indisponer, malmeter.** CONTR. **Bienquistar.**

malquisto, -ta (de *mal* + *quisto,* partic. ant. de *querer*) ***adj.*** Que está mal con una o varias personas.

malrayo ***m.*** *P. Rico.* Dulce de coco con azúcar.

malro ***m.*** *Chile.* Maslo.

malrotador, -ra ***adj.-s.*** Que malrota.

malrotar (l. *manu rupta,* de mano rota) ***tr.*** Disipar, malgastar [la hacienda].

malsano, -na ***adj.*** Dañoso a la salud. 2 Enfermizo.

SIN. *1* **Insalubre,** esp. si se trata de clima, país, aguas, etc.

malsín (hebr. *malschin,* infamador) ***m.*** Cizañero, soplón.

malsonante ***adj.*** Que suena mal. 2 Contrario a la moral o a la decencia de personas piadosas y de buen gusto: *doctrinas, palabras malsonantes.*

malsufrido, -da ***adj.*** Impaciente.

malta (ing. *malt*) ***f.*** Cebada germinada, preparada para la fabricación de cerveza. 2 Granos de cebada o de trigo tostados para sustituir el café. 3 *Argent.* Especie de cerveza negra. -4 ***f.*** *Ecuad.* Vasija de barro para llevar agua, leche o chicha.

maltaje ***m.*** Conversión de la cebada en malta.

maltasa ***f.*** Fermento existente en el organismo, esp. en los jugos digestivos y que transforma la maltosa en glucosa.

malteado, -da ***adj.*** Mezclado con malta. -2 ***m.*** Operación por la cual la cebada se transforma en malta.

maltear ***tr.*** Convertir [la cebada] en malta.

maltés, -tesa ***adj.-s.*** De Malta, nación insular del Mediterráneo, al sur de Sicilia. -2 ***adj.-m.*** Dialecto mogrebí, idioma oficial de esta nación.

maltón, -tona (quechua *malita,* cuadrúpedo que no ha llegado todavía a su completo desarrollo) ***adj.*** *Amér.* [animal o persona] Joven, pero de desarrollo precoz: *cordero ~; una niña maltona.*

maltosa ***f.*** QUÍM. Disacárido formado por la asociación de dos moléculas de glucosa: $C_{12}H_{22}O_{11}$.

maltrabaja ***com.*** Persona holgazana.

maltraer (*mal-* I + *traer*) ***tr.*** Maltratar, injuriar [a alguien]: ***llevar a ~,*** importunar de modo constante. ◇ ** CONJUG. [88] como ***traer.***

maltraído, -da ***adj.*** *Amér.* Desaliñado, descuidado en el traje.

maltrapillo ***m.*** Pilluelo mal vestido; golfo.

maltratamiento ***m.*** Acción de maltratar o maltratarse. 2 Efecto de maltratar o maltratarse.

maltratar (*mal-* I + *tratar*) ***tr.*** Tratar mal [a uno] de palabra u obra. 2 Menoscabar, echar a perder [una cosa].

maltrato ***m.*** Maltratamiento.

maltrecho, -cha ***adj.*** Maltratado, malparado.

maltusianismo ***m.*** Teoría del economista Malthus (1766-1834), quien afirma que la población tiende a crecer en progresión geométrica, mientras que los alimentos sólo aumentan en progresión aritmética, por lo que llega un día en que la población sobrepasa los medios de subsistencia, de no mediar obstáculos preventivos, entre ellos la limitación de matrimonios y nacimientos para evitar el mayor empobrecimiento de las clases sociales pobres. 2 Restricción voluntaria de la natalidad.

maltusiano, -na ***adj.-s.*** Partidario del maltusianismo. -2 ***adj.*** Relativo a él.

malucho, -cha ***adj.*** fam. Que está algo enfermo.

I) maluco, -ca ***adj.-s.*** De las islas Malucas, archipiélago de la Malasia.

II) maluco, -ca ***adj.*** Malucho.

malumacas ***f. pl.*** *S. Dom.* Halagos, carantoñas.

malungo, -ga ***adj.*** *P. Rico.* [gallo o gallina] Grande. 2 *P. Rico.* p. ext. Gordo.

maluquera ***f.*** *Colomb.* y *Cuba.* fam. Indisposición. 2 *Colomb.* Fealdad.

maluqueza ***f.*** *Colomb.* Fealdad. 2 *Pan.* Sensación de malestar. 3 *Venez.* Ruindad, perversidad.

malura ***f.*** *Chile.* Malestar, desazón.

malva (l.) ***f.*** Planta malvácea de tallo ramoso y velludo, hojas lobuladas y dentadas, flores grandes y violáceas que se usan en infusión como pectoral, y fruto poliaquenio *(M. sylvestris).* 2 ~ ***arbórea, loca, real*** o ***rósea,*** planta malvácea de jardín, de tallo recto y erguido y flores grandes, sentadas, encarnadas, blancas o róseas, que forman una espiga en lo alto del tallo *(Anthœa rosea; Lavatera arborea).* 3 ~ ***índica,*** yute chino. 4 *Méj.* fam. Marihuana. -5 ***adj.-m.*** Color violeta pálido tirando a rosáceo como el de la flor de la malva. -6 ***adj.*** De color malva.

FR. *Ser uno como una ~* o *una ~*, ser dócil, bondadoso, apacible; *criar malvas,* fig. y fam., estar muerto y enterrado.

malváceo, -a ***adj.-f.*** Planta de la familia de las malváceas. -2 ***f. pl.*** Familia de plantas dicotiledóneas, herbáceas o leñosas, de hojas estipuladas, lobuladas o partidas, flores vistosas con brácteas soldadas al pedúnculo formando un epicáliz y fruto capsular o poliaquenio.

malvadamente ***adv. m.*** Con maldad, con injusticia.

malvado, -da (l. v. *malifatius;* comp. de *malu* + *fatum,* destino) ***adj.-s.*** Muy malo, perverso.

SIN. v. **Malo.**

malval ***adj.-s.*** Planta del orden de las malvales. -2 ***f. pl.*** Orden de plantas dicotiledóneas hermafroditas, con pelos pluricelulares.

malvaloca ***f.*** Malva loca.

I) malvar ***m.*** Terreno poblado de malvas.

II) malvar ***tr.-prnl.*** desus. Corromper o hacer mala [a una persona o cosa]. 2 *Ar.* Adulterar, amerar o empeorar las condiciones de algún objeto, especialmente comestible. -3 ***prnl.*** *Ar.* Malearse.

malvarrosa (comp. de *malva* + *rosa*) ***f.*** Malva rósea. 2 Geranio de olor muy agradable cultivado para la extracción de esencias. *(Pelargonium capitatum).* ◇ También *malva rosa.*

malvasía (de *Malevesie;* forma romance del nombre *Monembasia,* ciudad griega) ***f.*** Uva muy dulce y fragante, producida por una variedad de vid importada de la isla de Quío por los catalanes durante las cruzadas. 2 Vino que se hace de esta uva. 3 Pato de cabeza grande, cuerpo regordete y cola larga y puntiaguda, con frecuencia levantada *(Oxyura leucocephala).*

SIN. *1* y *2* **Masvale.**

malvavisco (b. l. *-cu;* comp. de *malva* + *hibiscu,* malvavisco) ***m.*** Planta malvácea cuya raíz se usa como emoliente *(Althœa officinalis).* 2 ~ ***de la India,*** yute chino.

SIN. *1* **Acalia, altea, bismalva, hierba cañamera, samaramuja.**

malvender ***tr.*** Malbaratar (vender).

malversación ***f.*** Acción de malversar. 2 Efecto de malversar.

malversador, -ra ***adj.-s.*** Que malversa.

malversar (*mal-* I + l. *versari,* hacer girar) ***tr.*** Invertir ilícitamente [los caudales ajenos que uno tiene a su cargo].

SIN. **Defraudar,** intens.; **distraer,** eufem.

malvezar ***tr.*** Acostumbrar mal [a uno]. ◇ ** CONJUG. [4] como ***realizar.***

malvinense ***adj.*** Malvinero.

malvinero, -ra ***adj.*** Relativo a las islas Malvinas. -2 ***adj.-s.*** Natural de estas islas.

malvís (fr. ant. *malvis;* mod. *mauvis*) ***m.*** Tordo de plumaje verde oscuro manchado de negro y rojo. Es ave de paso en España *(Turdus musicus).* ◇ Pl.: *malvís.*

SIN. **Tordo alirrojo.**

malvivir (*mal-* I + *vivir*) ***intr.*** Vivir mal.

CONTR. **Bienvivir.**

malviz ***m.*** Malvís.

malvón ***m.*** *Argent.* y *Méj.* Geranio.

mama (l. *mamma*) ***f.*** ant. *y* pop. Mamá. 2 Teta (órgano).

mamá ***f.*** fam. Madre. ◇ Es forma moderna. En los clásicos se usa *mama,* que todavía se conserva en algunas regiones, esp. entre las clases populares. ◇ Pl.: *mamás*; dim. *mamaíta* y *mamita.*

mama pacha ***f.*** *Perú.* Expr. quechua con que los antiguos peruanos designaban a la Madre Tierra.

mamacallos ***m.*** fig. *y* fam. Tonto, mentecato. ◇ Pl.: *mamacallos.*

mamacha ***f.*** *Perú.* Nombre dado por los indios a las Santas, esp. a la Virgen María; por cariño y respeto, a alguna persona.

mamacona ***f.*** Mujer virgen y anciana dedicada al servicio de los templos entre los antiguos incas, y a cuyo cuidado estaban las vírgenes del Sol. 2 *Bol.* Jáquima de cuero torcido que se pone a las caballerías de reata.

mamada ***f.*** Acción de mamar. 2 Lo que una criatura mama cada vez que se pone al pecho. 3 *Amér.* Ganga o ventaja a poca costa. 4 *Argent.* y *Urug.* fam. Embriaguez, borrachera.

mamadera ***f.*** Instrumento para descargar los pechos de las mujeres cuando tienen exceso de leche. 2 *Amér.* Biberón. 3 *Cuba* y *P. Rico.* Tetina del biberón.

mamado, -da ***adj.*** vulg. Ebrio, borracho. 2 pop. *y* fig. Fácil, sencillo. 3 *Cuba.* Mentecato, mamarracho, tonto. -4 ***m.*** *Cuba.* Instrumento que hacen los chicos con un cuerno y una pluma, y produce un sonido desapacible.

mamador, -ra ***adj.-s.*** Que mama. -2 ***m.*** *Colomb.* y *Cuba.* Chupador de biberón.

mamaíta ***f.*** Dim. fam. de *mamá.*

mamalón, -lona *adj. Cuba* y *P. Rico.* Holgazán.
mamama *f. Hond.* Abuela.
mamamama *f. Perú.* Abuela.
mamana *f. S. Dom. La ~*, el sustento diario.
mamancona *f. Chile.* Mujer vieja y gorda.
mamandurria *f.* Sinecura, prebenda.
mamangulina *f. S. Dom.* Cierto canto y baile popular.
mamantear *tr. Amér. Central.* Amamantar. 2 *Amér. Central.* Malcriar. 3 *C. Rica* y *Venez.* Dejar mamar [a las crías] para facilitar el ordeño.
mamantón, -tona *adj.* [animal] Que mama todavía.
mamar (l. *mammare*) *tr.* Chupar con los labios y la lengua [la leche de los pechos]: *el niño mama bien.* 2 fam. Comer, engullir. 3 fig. Aprender en la infancia: *~ un vicio con,* o *en, la leche.* 4 fig. Obtener sin mérito o esfuerzo: *se ha mamado un buen destino.* -5 *prnl.* fam. Emborracharse. 6 *Colomb.* Volverse atrás de un trato. 7 *Colomb.* Fatigarse.
FR. *Mamarse a uno,* vencerlo, engañarlo duramente; en Amér., matarlo.
mamario, -ria *adj.* BIOL. Relativo a las mamas.
mamarón *m.* El que fingiéndose tonto procura participar de fiestas y agasajos en que no tiene parte.
mamarrachada *f.* Acción defectuosa y ridícula. 2 fam. Conjunto de mamarrachos.
mamarrachista *com.* fam. Persona que hace mamarrachos.
mamarracho (ant. *moharrache,* del ár. v. *muharráy,* bromeador; con influjo de *momo,* mofa) *m.* Figura o cosa defectuosa y ridícula. 2 Cosa sin valor ninguno. 3 Hombre informal no merecedor de respeto. -4 *adj.-m.* fam. [pers.] Imbécil, tonto.
SIN. *1* **Adefesio, facha.**
mamá-señora *f. Amér. Merid.* Abuela.
mamaúvas *m.* Pinchaúvas. ◇ Pl.: *mamaúvas.*
mambí, -bisa *adj.-s. Cuba.* Persona que luchó por la independencia contra los españoles. -2 *adj. Cuba.* Relativo a este insurrecto. ◇ Pl.: *mambises.*
mambiseño, -ña *adj. Cuba.* Relativo al mambí.
mambisería *f. Cuba.* Conjunto de mambises.
mambla (l. *mammula*) *f.* Montecillo aislado, de forma redondeada. 2 *Amér.* Túmulo.
mambo *m.* Baile cubano.
mamboretá (guaraní) *f. R. de la Plata.* Insecto ortóptero de color ceniciento y cuerpo delgado y largo *(Mantis religiosa).*
mambrú (forma popular de *Marlborough,* 1650-1722, famoso general inglés) *m.* MAR. vulg. Chimenea del fogón de los buques. ◇ Pl.: *mambrúes.*
mambullita *f. Chile.* Juego de la gallina ciega.
mamela *f.* fam. Guante, comisión extra.
mamella (l. *mammilla;* dim. de *mamma,* teta) *f.* Apéndice largo y ovalado que cuelga del cuello de algunos animales. También *marmella.*
mamellado, -da *adj.* Que tiene mamellas. ◇ También *marmellado.*
mamelón *m.* Colina baja en forma de pezón de teta. 2 Cumbre de igual forma. 3 CIR. Pequeña eminencia carnosa semejante a un pezoncillo en el tejido cicatrizal de heridas y úlceras.
mamelonado, -da *adj.* CIR. Que tiene mamelones.
mameluca *f. Chile.* Ramera.
mameluco, -ca (ár. *mamluc,* esclavo) *adj.-s.* Soldado de una milicia privilegiada de los sultanes de Egipto. 2 fig. Hombre necio, bobo. 3 *Amér.* desus. Descendiente de blanco e india. 4 *Amér.* desus. Mestizo de sangres negra, india y europea. -5 *m. Amér.* Prenda de vestir enteriza, esp. de niños, que comprende la camiseta y los calzoncillos. 6 *Hond.* Calzón bombacho.
mamengue *adj. Argent.* Apocado, tonto.
mamerro, -rra *adj. P. Rico.* Excelente, extraordinario. 2 *P. Rico.* Lleno, colmado. 3 *P. Rico.* Cobarde.
mamerto, -ta *adj.* Apocado, estúpido, tonto.
mameso *m. Bol.* Presentimiento, zozobra.
mamey (del taíno) *m.* Árbol gutífero de América, de flores blancas, olorosas, y fruto casi redondo, de pulpa amarilla, aromática y sabrosa *(Mammea americana).* 2 Fruto de este árbol. 3 Árbol sapotáceo de América, de flores de color blanco rojizo y fruto ovoide, de pulpa roja, dulce y muy suave *(Achras mamuosa).* 4 Fruto de este árbol. 5 *Cuba* y *P. Rico.* fig. Empleo lucrativo, prebenda. -6 *adj. Ecuad.* Tonto, bobalicón.
¡mameyes! *Cuba.* Interjección con que se niega rotundamente.
mamía *adj.* [cabra] De una sola ubre.
mamífero (l. *mamma,* teta + *-fero*) *adj.-m.* Animal de la clase de los mamíferos. -2 *m. pl.* Clase de animales vertebrados caracterizados por presentar glándulas mamarias que sólo son funcionales en las hembras y que utilizan para alimentar a sus crías; salvo algunas excepciones, son homeotermos, vivíparos y tienen el cerebro muy desarrollado; se agrupan en tres subclases: prototerios, metaterios y placentarios.
mamiforme (l. *mamma,* teta + *-forme*) *adj.* De figura de mama o teta.
mamila (l. *-illa*) *f.* Teta de la hembra, exceptuando el pezón. 2 Tetilla del hombre. 3 *Méj.* Biberón.
mamilar *adj.* Relativo a la mamila.
mamitis *f.* Inflamación de las mamas. 2 fam. Apego a la madre. ◇ Pl.: *mamitis.*
mamografía (l. *mamma,* teta + *-grafía*) *f.* Radiografía de la mama de la mujer.
SIN. **Mastografía.**
mamola (probl. de la frase *mamóla,* se lo creyó) *f.* Caricia o burla que se hace poniendo uno la mano debajo de la barba de otro. 2 fig. *y* fam. Engaño con caricias fingidas, tratándole de bobo.
mamón, -mona *adj.-s.* Que todavía mama. 2 Que mama demasiado. 3 vulg. [pers.] De poca formalidad, despreciable. -4 *m.* Chupón (vástago). 5 Árbol sapindáceo de América tropical, de fruto en drupa, cuya fruta es acídula y comestible, como la almendra del hueso *(Melicoccus bijugatus).* 6 Fruto de este árbol. 7 *Amér.* fam. Borracho. 8 *Cuba.* Tabaco proveniente de la segunda cosecha. 9 *Cuba.* Succión. 10 *Guat.* y *Hond.* Garrote, palo. 11 *Méj.* Especie de bizcocho que se hace de almidón y huevo.
mamona *f.* Mamola. 2 *Ecuad.* Borrachera.
mamoncillo *m. Amér.* Mamón (árbol y fruto).
mamoncito, -ta *m. f. P. Rico.* Cochinillo.
mamoneada *f. Hond.* Acción de mamonear.
mamonear *tr. Guat.* y *Hond.* Golpear con un mamón o garrote. 2 *S. Dom.* Golpear mucho [a uno]. 3 *S. Dom.* Retardar la ejecución [de algo]. 4 *S. Dom.* Pasar [el tiempo] con futilezas.
mamoneo *m. S. Dom.* Sistema de eludir responsabilidad con respuestas vagas.
mamoso, -sa *adj.* Que mama mucho. -2 *m.* Panizo (planta).
mamotreto (gr. *mammóthreptos,* propte. criado por su abuela; hecho en l. med. *mammothreptus*) *m.* Libro o cuaderno de apuntes. 2 fig. Libro o legajo muy abultado. 3 Armatoste. 4 *P. Rico* y *S. Dom.* Cosa deforme.
mampara (ant. *mamparar* < l. *manu parare,* proteger con la mano) *f.* Cancel movible que se pone en las habitaciones. 2 *Perú.* Puerta de cristales.
mamparo *m.* Tabique con que se divide en compartimientos lo interior de un barco.
mamparra *f.* Pesca que se verifica colocando una luz en un bote alrededor del cual se tienden las redes. 2 Embarcación construida y dotada para este tipo de pesca.
mampato, -ta *adj. Chile.* [animal] Enano y de piernas cortas. 2 *Chile.* [caballo] Pequeño.
mamperlán *m.* Listón de madera con que se guarnece el borde de los peldaños en las escaleras de fábrica.
mamplé *m. P. Rico.* Ron de ínfima clase.
mamporra *m. Urug.* Individuo que vale poco.
mamporrero *m.* Persona que dirige el miembro del caballo en el acto de la generación.
mamporro (de *mano* + *porra*) *m.* fam. Golpe que hace poco daño.
mamposta *m. f. S. Dom.* Tonto, papanatas.
mampostear *tr.* Trabajar en mampostería [una pared, etc.].
mampostería (paras. de *mano* + *puesto*) *f.* Obra hecha con mampuestos colocados y ajustados unos con otros sin sujeción a determinado orden de hiladas o tamaños. 2 Oficio de mampostero.
SIN. *1* **Calicanto.**
mampostero *m.* El que trabaja en mampostería. 2 Recaudador de diezmos, rentas, etc.
SIN. *2* **Mayoral.**
mamprender *tr. La Mancha.* Coger, agarrar, sujetar [a una persona]. 2 *La Mancha.* Emprender, acometer.
mampresar *tr.* Empezar a domar [las caballerías cerriles].
mampuche *m. Colomb.* Rechoncho. 2 *Ecuad.* Chisgarabís, monigote.
mampucho *m. Colomb.* Mampuche. 2 *Colomb.* y *Pan.* Afeminado.
mampuesto, -ta *adj.* [material] Usado en la mampostería. -2 *f.* Hilada, tongada. -3 *m.* Piedra sin labrar que se puede colo-

car en obra con la mano. 4 Reparo, parapeto. 5 ***De ~***, de repuesto. 6 *Amér.* Objeto en que se apoya el arma de fuego para tomar mejor la puntería.

mamúa *f. R. de la Plata.* Borrachera.

mamujar *tr.* Mamar dejando [el pecho] y volviéndolo a tomar.

mamullar *tr.* Comer o mascar con los ademanes y gestos que hace el que mama. 2 fig. *y* fam. Mascullar.

mamulón, -lona *adj. C. Rica.* Holgazán.

mamure *m. Venez.* Cesto grande usado en pesquerías. 2 *Venez.* Sombrero grande tejido de bejuco.

mamut (ruso *mamout*) *m.* Especie fósil del elefante, perteneciente a la época cuaternaria *(Elephas primigenius).* ◇ Pl.: *mamuts.*

I) mana *m.* Poder oculto al que, según ciertas religiones primitivas, se atribuye el origen de la idea de causa.

II) mana *f. Amér.* Maná. 2 *Amér. Central* y *Colomb.* Manantial. 3 *Venez.* Caño de comunicación que enlaza dos ríos.

maná (l. ecl. *manna* < hebr. *man*) *m.* Alimento que Dios envió milagrosamente a los israelitas en el desierto. 2 fig. Alimento abundante y poco costoso. 3 Líquido azucarado que fluye de ciertos vegetales, como el fresno y el eucalipto, y que se solidifica rápidamente. Es algo purgante. 4 ~ ***líquido,*** tereniabín. 5 *Bol.* Dulce de maní. 6 *Pan.* Adorno de la camisa de coleta que usan los campesinos. 7 *Perú.* Dulce de almendras de zapallo. ◇ Pl.: no se usa.

REL. *3* **Manito,** producto blanco y muy dulce que se extrae de él.

manabita *adj.-s.* De Manabí, prov. del Ecuador.

manaca (voz indígena) *f. Amér. Central.* Palma *(gén. Chamerox* y *Calytrogma).*

manacate (mej. *nanacatl*) *m. Méj.* Hongo, seta.

manaco *m. Guat.* Manaca.

I) manada (de *mano,* lo que se lleva o dirige con la mano) *f.* Hato de ganado al cuidado de un pastor, esp. de cuadrúpedos. 2 Conjunto de animales de la misma especie que andan reunidos. 3 fam. Banda. 4 ***A manadas,*** en tropel; en gran cantidad.

REL. Tratándose de aves, **bandada;** de peces, **banco, cardume, cardumen** y también **bandada,** aunque con menor propiedad. SIN. *1* **Rebaño.**

II) manada (de *mano,* lo que cabe en la mano) *f.* Porción de una cosa que puede cogerse de una vez con la mano: *~ de mies;* 2 *Cuba.* p. ant. Gavilla de tripa de tabaco que cabe en el puño.

I) manadero *m.* Pastor de una manada I.

II) manadero, -ra *adj.* Que mana. -2 *m.* Manantial.

management (voz inglesa) *m.* Técnica de la dirección y gestión de una empresa.

manager (ing.) *com.* Gerente, administrador. 2 Persona que se ocupa de los intereses de un deportista o artista profesional, apoderado.

managua *adj.-s.* Managüense.

managuaco, -ca *adj. Cuba.* [animal] Manchado de blanco en las patas, en el hocico, etc. 2 *Cuba.* [pers.] Rústico, torpe.

managüense *adj.-s.* De Managua, c. y dep. de Nicaragua.

managüises *m. pl. Cuba.* Angarillas para transportar con caballerías.

manajú (voz indígena) *m. Cuba.* Árbol silvestre, del cual se extrae una resina amarilla usada para curar heridas *(Garcinia morella).*

manante *adj.* Que mana o brota.

manantial (de *manar*) *adj.* [agua] Que mana. -2 *m.* Nacimiento de las aguas. 3 Fuente, supuración. 4 Fuente de energía. 5 fig. Origen y principio de una cosa.

SIN. *2* y *5* **Fontanal, fontanar, hontanar, fuente, venero, venera.**

manantío, -a *adj.-s.* Que mana.

manar (l. *-are*) *intr.-tr.* Brotar de una parte un líquido: *la sangre mana de la herida; la herida mana sangre.* -2 *intr.* fig. Abundar, tener copia de una cosa: *el campo mana en agua.*

SIN. *1* **Salir, brotar; surgir, surtir,** tratándose del agua, esp. hacia arriba.

manare *m. Colomb.* y *Venez.* Cedazo tejido de caña amarga o espina con el cual se cierne el almidón de la yuca. 2 *Colomb.* y *Venez.* Cesto de bejuco.

Manasés *n. pr.* BIBL. Hijo de José, fundador de la tribu de su nombre.

manatí, -nato (voz caribe) *m.* Mamífero sirenio de América, herbívoro, de unos 4 m. de largo, de cola larga y redondeada y miembros torácicos muy desarrollados *(Trichechus manatus).* 2 Látigo flexible hecho de la piel de este animal.

SIN. *1* **Pez mujer, pezmuller, rosmaro, vaca marina.**

manazas *adj.-com.* fam. Persona torpe, especialmente con las manos; desmañado. ◇ Pl.: *manazas.*

manca *f. Argent.* y *Bol.* Olla grande.

mancacaballos *m. Chile.* Coleóptero que pica a las caballerías en el casco, entre la uña y la carne *(gén. Amallopodes).* ◇ Pl.: *mancacaballos.*

mancajar *tr. And.* Cardar con el mancaje.

mancaje *m. And.* Escardillo.

mancal *m. Extr.* Molde de madera para fabricar adobes.

mancamiento *m.* Acción de mancar o mancarse. 2 Falta.

mancaperro *m.* Planta leñosa que suele criarse en Sierra Nevada, y se cultiva en los jardines *(Erinacea Anthyllis).* 2 *Murc.* Cardo silvestre, muy pinchoso. 3 *Cuba.* Gusano de anillos escamosos, por los que arroja un humor corrosivo *(Spirobolus grandis).*

mancar (de *manco*) *tr.-prnl.* Lisiar, herir [a uno] en las manos, imposibilitándole el libre uso de ambas o de una de ellas. -2 *tr.* p. ext. Imposibilitar el uso de otros miembros. ◇ ** CONJUG. [1] como ***sacar.***

mancarrón, -rrona *adj.* Aum. de *manco.* 2 *Amér.* [pers.] Que se ha inutilizado para el trabajo. -3 *m. f. Amér.* Matalón, caballo malo. 4 *Perú.* fam. Persona pesada y taimada. 5 *Chile* y *Perú.* Caballón o palizada para torcer o contener el curso de una corriente de agua.

manceba (de *mancebo*) *f.* Concubina.

mancebía *f.* Casa de rameras. 2 Mocedad (travesura y diversión deshonesta).

SIN. *1* **Burdel, lupanar, prostíbulo.**

mancebo (l. *mancipiu,* esclavo) *m.* Mozo joven. 2 Hombre soltero. 3 Oficial, dependiente; esp. el auxiliar de farmacia.

mancera (probl. del l. *manuciaria,* de *manuciu,* mango, der. de *manu,* mano) *f.* Esteva.

mancerina (del Marqués de *Mancera,* virrey del Perú entre 1639 y 1648) *f.* Plato con abrazadera para sujetar la jícara.

SIN. **Macerina.**

mancha (v. *mácula*) *f.* Señal que una cosa hace en un cuerpo ensuciándolo. 2 Banco de peces, majal, manjúa. 3 Mácula del sol. 4 Parte de una cosa con distinto color del general en ella: ~ ***luminosa,*** pequeña marca luminosa producida en la pantalla de un tubo de rayos catódicos, al incidir sobre ésta el haz electrónico. 5 Pedazo de terreno que se distingue de los inmediatos por alguna calidad. 6 *Extr.* Parte de terreno poblado de jaras y malezas. 7 Boceto. 8 fig. Deshonra, desdoro. 9 IMPR. Superficie impresa de una página. 10 *Argent.* Carbunclo del ganado. 11 *Argent.* Juego de marro. 12 *Ecuad.* Enfermedad del cacao. 13 *Hond.* Círculo pequeño que se señala en el suelo para cierto juego de trompos. 14 *Salv.* Enjambre de insectos que invade los campos.

SIN. *1* **Mácula,** sólo en estilo extremadamente culto o lit. *5* **Rodal.** *8* **Mácula, mancilla.**

manchadizo, -za *adj.* Que fácilmente se mancha.

manchado, -da *adj.* Que tiene manchas.

manchal *m. Perú.* Grupo de 5 a 40 árboles de caucho.

manchancha *f. Argent.* Reparto de monedas hecho a los niños en bautizos, bodas, etc.

manchar (v. *macular*) *tr.* Hacer manchas [en una cosa]: *~ la ropa con, o en, o de lodo.* 2 fig. Deslustrar la buena fama [de una persona, familia o linaje]. -3 *tr.-prnl.* PINT. Disponer las grandes masas de claro y obscuro. -4 *tr. Hond.* Jugar a los trompos dando cachadas.

SIN. *1* **Coinquinar,** desus. *2* **Macular** (lit.), **mancillar.**

manchego, -ga *adj.-s.* De La Mancha, reg. de España. 2 Queso de oveja originario de La Mancha.

mancheguismo *m.* Vocablo, giro o modo de hablar propio de los manchegos. 2 Amor o apego a las cosas características de La Mancha.

manchita *f. Argent.* y *Bol.* Juego de chicos en el que todos persiguen al que lleva un objeto, para quitárselo.

I) manchón *m.* Aum. de *mancha.* 2 En los sembrados, sitio donde nacen las plantas tupidas. 3 *Hond.* Plantío de jiquiletes.

II) manchón *m. Chile.* GALIC. Manguito para llevar abrigadas las manos.

manchonero, -ra *m. f. Hond.* Persona que trabaja el jiquilete o añil.

manchú *adj.-s.* De Manchuria, región del nordeste de China. -2 *adj.-m.* Lengua perteneciente al grupo tungús meridional, hablado en esta región ◇ Pl.: *manchúes* y *manchús.*

manchuriano, -na *adj.-s.* Manchú.

-mancia, -mancía (gr. *manteía,* adivinación) Elemento sufijal que entra en la formación de palabras con el valor de adivinación: *nigromancia.* ◇ En los compuestos con este elemento, como hace la Academia, se registran las dos formas de acentuación, si bien el uso prefiere casi exclusivamente la primera.

mancil (l. **manicile*) *m. And.* y *Extr.* Mangote del segador.

mancilla (probl. del l. v. *macella* < l. *macula,* mancha; con influjo de *macellare;* v. *mancillar*) *f.* fig. Mancha, desdoro.

mancillar (l. v. **macellare,* manchar, ensangrentar < l. *macellu,* matadero) *tr.* fig. Manchar (la buena fama). 2 Deslucir, afear.

mancipación (l. *-atione*) *f.* Forma solemne contractual del antiguo derecho romano, usada esp. para la enajenación de la propiedad. 2 Venta y compra.

mancipar (l. *-are*) *tr.-prnl.* Sujetar, hacer esclavo [a uno]. CONTR. **Emancipar.**

manclenco, -ca *adj. Colomb.* y *Ecuad.* Débil, enclenque. 2 *Ecuad.* Falto de solidez: *columna, puntal ~.*

manco, -ca (l. *-cu*) *adj.-s.* Falto de un brazo o mano, o que ha perdido su uso. -2 *adj.* fig. Defectuoso, incompleto: *verso ~.* -3 *m. Chile.* Caballo malo y flaco.

FR. *No ser cojo ni ~,* fig. y fam., ser poco escrupuloso para apropiarse lo ajeno.

mancomún (de ~) (de *mano* + *común*) *loc. adv.* Mancomunadamente.

mancomunadamente *adv. m.* De acuerdo dos o más personas, o en unión de ellas.

mancomunal *adj. Chile.* Mancomunado.

mancomunar *tr.-prnl.* Unir [personas, fuerzas o caudales] para un fin: *~ los esfuerzos; mancomunarse con otros.* 2 DER. Obligar [a dos o más personas] de mancomún al pago o ejecución de una cosa.

mancomunidad *f.* Acción de mancomunar o mancomunarse. 2 Efecto de mancomunar o mancomunarse. 3 Corporación y entidad legalmente constituidas por agrupación de municipios o provincias.

mancorna *f. Amér.* Gemelos o juego de dos botones iguales. -2 *f. pl.* Mancuernas.

mancornar (paras. de *mano* + *cuerno*) *tr.* Derribar [a un novillo] fijándole los cuernos en tierra. 2 Atar una cuerda a la mano y cuerno [de una res vacuna] para impedir que huya. 3 Colocar la mano [de la res derribada] sobre el cuerno del mismo lado para impedir que se levante. 4 Atar [las reses] por los cuernos para que anden juntas. 5 fig. Unir [dos cosas desapareadas]. ◇ **CONJUG. [31] como *contar.*

mancornear *tr. P. Rico.* Mancornar. -2 *prnl. Chile.* Reñir, pelear. 3 *P. Rico.* Unirse, confabularse.

mancornera *f. Chile.* Correa que sirve para levantar o bajar los estribos, cuando la acción es fija.

mancuerda *f.* Tormento que consistía en apretar las ligaduras que ataban al supuesto reo mediante las vueltas de una rueda, hasta que aquél confesaba o corría peligro su vida.

mancuerna *f.* Pareja de animales o cosas mancornadas. 2 Correa con que se mancuernan las reses. 3 *Cuba* y *P. Rico.* Porción de tallo de la planta del tabaco con un par de hojas adheridas a él. 4 *Filip.* Pareja de presidiarios unidos por una misma cadena. -5 *f. pl. Méj.* Gemelos para puños de camisa.

mancuernillas *f. pl. Hond.* Mancornas.

manda (de *mandar*) *f.* Oferta, donación. 2 Legado (por testamento).

mandadera *f.* La que hace mandados por cuenta ajena. 2 Demandadera.

mandadero *m.* Demandadero.

mandado, -da *m.* Mandamiento (de un superior). 2 Negocio, comisión, embajada, recado. 3 pop. Puñetazo. -4 *m. f.* Persona que ejecuta una comisión por encargo ajeno.

mandador *m. Amér.* Látigo de mango de palo. 2 *Venez.* Mayal para limpiar granos.

mandamás *adj.-com.* desp. Jefe o persona que tiene mando. 2 Mandón, persona que ostenta demasiado su autoridad. 3 Personaje influyente y poderoso. ◇ Pl.: *mandamases.*

mandamiento *m.* Precepto u orden de un superior a un inferior. 2 Precepto del Decálogo y de la Iglesia. 3 DER. Orden escrita del juez, mandando ejecutar o cumplimentar una cosa.

mandanga *f.* Pachorra. 2 En el lenguaje de la droga, marihuana. -3 *f. pl.* Cuentos, chismes, tonterías.

mandanguero *m.* Fumador asiduo de mandanga.

mandante *com.* Persona que confía a otra su representación o la gestión de sus negocios.

mandar (l. *- are*) *tr.* Obligar, imponer a uno [la realización de una cosa]. 2 Legar [una cosa] en testamento. 3 Enviar: *mandó un libro; le mandé de emisario.* 4 Encargar: *~ por dulces.* 5 Regir, gobernar: *en mi casa mando yo.* 6 EQUIT. Dominar [al caballo]. -7 *prnl.* Moverse, manejarse uno por sí mismo. 8 Comunicarse una pieza con otra [de un edificio]: *el gabinete se manda con el despacho.* -9 *tr.-prnl.* Servirse de un medio de comunicación: *me mandó por la escalera; se mandan por una puerta secreta.* 10 *Amér.* Marcharse, irse, largarse. 11 *Chile.* Ofrecerse uno para un mandado o diligencia. -12 *tr. Amér.* Convidar a [la ejecución de alguna cosa]. Ús. con los vbs. apear, entrar, salir, sentar, y algún otro. 13 *Amér.* Dar, tirar, arrojar. 14 *Ant.* y *Venez.* Dominar: *una altura que manda toda la campaña.* 15 *Cuba.* Faltar el respeto [a una persona]. 16 *Chile.* Dar la voz o señal de partida en las carreras de caballos u otros juegos semejantes. -17 *prnl. S. Dom.* Huir o echar a correr.

SIN. **Ordenar.** *1* En la fr. *ordeno y mando* con que las autoridades militares encabezan sus bandos, **ordenar** tiene el matiz de disponer, en tanto que **mandar** acentúa su carácter ejecutivo. *1* y *5* **Sojuzgar** implica violencia. FR. *~ al otro barrio,* matar.

mandarín, -rina (port. *mandarim,* der. del malayo *mantari* y el sáns. *mantrinah,* consejero) *m.* Antiguo alto funcionario, civil o militar, de China. 2 fig. Persona que ejerce un cargo y es tenida en poco. 3 fig. Persona muy influyente. -4 *adj.-m.* Dialecto chino hablado en el norte de China.

mandarina (probl. de *mandarín,* por el color del vestido) *adj.-f.* Especie de naranja de cáscara muy fácil de separar y pulpa muy dulce.

mandarinato *m.* Cargo de mandarín.

mandarinero *m.* Arbolito rutáceo espinoso, de hasta 8 metros, que produce frutos casi globosos, con cáscara delgada y de color anaranjado vivo en la madurez *(Citrus reticulata).*

SIN. **Mandarino.**

mandarinismo (de *mandarín*) *m.* Gobierno arbitrario.

mandarino *m.* Mandarinero.

mandarria (probl. alterac. del it. dial. *mannara,* hacha, der. del l. *securis manuaria*) *f.* MAR. Maza de hierro de que usan los calafates.

SIN. **Bandarria.**

mandatar *tr.* Dar un mandato.

mandatario, -ria (b. l. *-iu*) *m. f.* DER. V. mandato. 2 Persona que acepta del mandante el encargo de representarle o gestionar sus negocios. 3 *Amér.* El que manda o gobierna.

mandato (l. *-tu*) *m.* Orden o precepto. 2 Lavatorio (ceremonia). 3 Sermón que se predica en el lavatorio (ceremonia). 4 Antigua soberanía temporal ejercida por un país en un territorio, en nombre de la Sociedad de Naciones. 5 DER. Contrato consensual, por el que una de las partes (*mandante*) confía su representación personal o la gestión de uno o más negocios a la otra (*mandatario*).

4 La O.N.U. ha sustituido el mandato por la tutela.

¡mande! Interjección que se usa como contestación a una llamada, o para hacer repetir algo que no se ha oído.

mandí (guaraní) *m. Argent.* Pez, especie de bagre, de carne muy delicada *(Pimelodus albicans).*

mandíbula (b. l.) *f.* Quijada. 2 Pieza córnea que, con otra, forma el pico de las aves. 3 Pieza dura que otras especies de animales tienen a los lados o alrededor de la boca y les sirven para la prensión de los alimentos. 4 Pieza del cepo encargada, con otra igual, de apresar.

FR. *Reír a ~ batiente,* dar rienda suelta a la risa. REL. *1* **Maxilar,** relativo a la mandíbula.

mandibulado *adj.-m.* Artrópodo del subtipo de los mandibulados. -2 *m. pl.* Subtipo de artrópodos con antenas, apéndices masticadores en la boca y ojos laterales, que incluye dos clases: crustáceos e insectos, y un grupo, el de los miriápodos.

mandibular *adj.* Relativo a las mandíbulas.

mandil (l. *mantele,* paño con el que se cubre la mesa, cruzado con el ár. *mandil,* paño) *m.* Delantal de cuero o tela fuerte que cuelga del cuello hasta por debajo de las rodillas. 2 Delantal (prenda). 3 Delantal del segador. 4 Insignia de que usan los masones. 5 Pedazo de bayeta para limpiar las caballerías. 6 Red de pescar de mallas estrechas. 7 *And., Argent.* y *Chile.* Paño con que se cubre el lomo de la cabalgadura.

SIN. *7* **Mantón, sudador.**

mandilar *tr.* Limpiar [el caballo] con un paño o mandil.

mandilete (de *mandil*) *m.* Pieza de la armadura que cubre y defiende la mano. 2 Portezuela que cierra la tronera de una batería.

SIN. *2* **Porta.**

mandilón *m.* fam. Hombre pusilánime.

mandinga *adj.-s.* De un grupo étnico negroafricano que habita principalmente en Mali, Guinea y Senegal. -2 *adj.-m.* Lengua sudanesa perteneciente al grupo nigerosenegalés septentrional, hablada principalmente en el sudeste de Mali. 3 *Argent.* Hombre vivo, astuto, experimentado. 4 *C. Rica.* Afeminado. -5 *m. Amér.* Pateta, el diablo. -6 *f. Argent.* Brujería.
mandioca (guaraní *mandiog*) *f.* Arbusto euforbiáceo de América, de cuya raíz se extrae almidón, harina y tapioca *(Manihot utilissima).* 2 Tapioca.
mando *m.* Autoridad, poder del superior sobre sus subordinados: *tener el ~ de un regimiento.* 2 Persona u organismo que tiene dicha autoridad: *el ~ militar lo dispone así.* 3 Botón, llave, palanca u otro artificio para iniciar, regular o suspender el funcionamiento de un mecanismo, desde el lugar que ocupa el operador: *~ **a distancia,*** accionamiento a distancia de un mecanismo, máquina, vehículo, etc.
mandoblazo *m.* TAUROM. Estocada que no se ajusta a las reglas, pero resulta eficaz.
mandoble (de *mano + doble*) *m.* Cuchillada o golpe violento que se da esgrimiendo el arma con ambas manos. 2 fam. Espada grande. 3 fig. Reprensión áspera. 4 fig. Bofetada.
mandolín *m. Cuba.* Bandolín.
I) mandolina *f.* MÚS. Instrumento parecido a la bandurria, de caja abombada por debajo, con 4 ó 6 cuerdas pareadas, dispuestas como las del violín; se toca con púa.
II) mandolina *f. Amér.* Bandolín.
mandolino *m. Chile.* Bandolín.
mandón, -dona *adj.-s.* Que ostenta y usa del mando más de lo que le toca. -2 *m.* Antig., jefe de tropa irregular. 3 *Amér.* Capataz de mina. 4 *Chile.* El que da la voz de partida en las carreras de caballos.
mandorla *f.* Aureola en forma de óvalo que en el arte medieval rodeaba algunas imágenes religiosas.
mandrachero *m.* Garitero.
mandracho *m.* Garito (lugar).
mandrágora (l.) *f.* Planta solanácea narcótica, sin tallo, de hojas anchas y rugosas, flores malolientes en figura de campanilla, y fruto en baya ovoide *(Mandragora officinalis).*
mandria (probl. del it. *mandria,* rebaño, der. del gr. *mandra,* redil) *adj.-com.* Apocado, pusilánime. 2 Mentecato, tonto. 3 *Ar.* Holgazán.
I) mandril (ingl. *mandrill;* compuesto de *man,* hombre, y *drill,* clase de mono) *m.* Primate catarrino cercopitécido, con rayas azules a ambos lados de la nariz, y callosidades isquiáticas rojas *(Mandrillus sphinx).*
II) mandril (fr. *mandrin*) *m.* Eje cilíndrico que, colocado en un agujero de la pieza que hay que tornear, la sujeta fuertemente. 2 CIR. Vástago que, introducido en ciertos instrumentos huecos, facilita su penetración en determinadas cavidades.
mandrilador, -ra *m. f.* Especialista en el manejo de máquinas de mandrilar. -2 *f.* Máquina de mandrilar.
mandrilar *tr.* Perforar un metal con un mandril II. 2 Ensanchar y pulir los agujeros de las piezas de metal con el mandril.
mandrón *m.* Bola grande que se arrojaba con la mano como proyectil de guerra. 2 Instrumento bélico para arrojar piedras.
mandubí (guaraní) *m. Argent.* y *Bol.* Maní, cacahuete.
manduca *f.* fam. Comida, alimento. 2 *S. Dom.* Pequeña torta de maíz.
manducable *adj.* fam. Comestible.
manducación (l. *-atione*) *f.* fam. Acción de manducar.
manducar (l. *-are*) *tr.-intr.* fam. Comer. ◇ ** CONJUG. [1] como ***sacar.***
manducatoria *f.* fam. Comida, alimento.
manduco *m. Pan.* Pala de las lavanderas para golpear la ropa.
mandulete *adj. P. Rico.* Badulaque.
mandurria *f.* Bandurria.
manea (der. de *mano*) *f.* Maniota.
maneador *m. Amér.* Tira larga de cuero que sirve para atar el caballo, apiolar animales y otros usos.
manear *tr.* Poner maniotas [a una caballería]. 2 Manejar. -3 *prnl. Méj.* Tropezar, enredándose los pies.
SIN. **Amanear.**
maneche *m. Bol.* Mono aullador *(Mycetes seniculus).*
manecilla *f.* Dim. de *mano.* 2 Signo impreso, en figura de mano con el índice extendido, para llamar la atención; **PUNTUACIÓN. 3 Saetilla de algunos instrumentos: *~ del reloj.* 4 Broche de algunos objetos: *~ de un devocionario.* 5 Zarcillo de las plantas trepadoras. 6 Palanquilla, llave de ciertos mecanismos. 7 *Cuba.* Manija del automóvil.
SIN. *3* **Mano, aguja, saeta.** *4* **Manezuela.**
maneco, -ca *adj. P. Rico.* Maneto.
manejable *adj.* Que se maneja fácilmente.
SIN. **Manuable,** se aplica a los objetos que se manejan con las manos, pero no a los caballos ni en las aceps. fig.; p. ej. un dispositivo radiofónico es *manuable* o *manejable,* pero una cabalgadura, un negocio, etc., son *manejables.*
manejado (de *mano*) *adj.* [con los adv. *bien* o *mal*] Pintado con soltura o sin ella.
manejadora *f. Cuba.* Niñera.
manejar (it. *maneggiare,* der. de *manu*) *tr.* Traer entre las manos [una cosa]: *~ una tela.* 2 Dar movimiento con las manos [a una cosa]: *~ los remos.* 3 Gobernar [los caballos] según arte. 4 Gobernar, dirigir: *~ un negocio; manejarse bien.* -5 *prnl.* Moverse después de haber estado impedido. -6 *tr. Amér.* Conducir [un automóvil].
FR. *Manejárselas,* fam., desenvolverse con habilidad en los asuntos diarios.
manejo *m.* Acción de manejar o manejarse. 2 Arte de manejar los caballos. 3 Funcionamiento. 4 fig. Dirección y gobierno de un negocio. 5 fig. Treta, ardid. 6 *Amér.* Conducción de un automóvil.
maneota *f.* Maniota.
manera (l. v. *manuaria,* der. de *manu*) *f.* Forma particular con que se ejecuta o acaece una cosa. 2 Porte y modales: *tu amigo tiene buenas maneras.* 3 Calidad o clase de las personas. 4 Carácter que un pintor o escultor da a sus obras. 5 Abertura en las sayas que corresponde a la faltriquera. 6 Bragueta.
FR. *A la ~ de,* a semejanza de: *a la ~ de los indios. En gran ~,* en alto grado, muy, mucho. *Sobre ~,* excesivamente, en extremo. SIN. *1* y *2* **Modo.**
manero, -ra *adj.* Manuable, fácil de manejar. 2 CETR. [azor o halcón] Enseñado a venir a la mano.
manes (l.) *m. pl.* MIT. Almas de los muertos.
maneta *f. Colomb.* Ladilla.
maneto, -ta *adj. Amér.* Deforme de una o ambas manos. 2 *Ecuad.* Chambón. 3 *Guat.* y *Venez.* Patizambo.
manezuela *f.* Dim. de *mano.* 2 Manecilla (broche). 3 Manija (mango).
manfla (l. *manus infida*) *f.* fam. Mujer con quien se tiene trato ilícito. 2 germ. Mancebía, burdel. 3 *La Mancha.* Lechona vieja que ha parido.
manflora *m. Amér.* Afeminado.
manflórico *m. Colomb.* y *Venez.* Manflorita.
manflorita *m.* Afeminado, homosexual.
manfloro *m. S. Dom.* Manflorita.
manflota *f.* Germ. Burdel.
I) manga (l. *manica*) *f.* Parte del vestido que cubre total o parcialmente el brazo: *~ **boba*** o ***perdida,*** la que es ancha, abierta y sin puño; *~ **corta,*** la que no llega al codo; *~ **ranglán,*** la que empieza en el cuello y cubre el hombro; ***en mangas de camisa,*** vestido con pantalón, camisa y con o sin chaleco. 2 Especie de maleta manual, abierta por los extremos. 3 Tubo largo y flexible de lona, goma o cuero: *~ de riego.* 4 Red de forma cónica para pescar, que se mantiene abierta con un aro que le sirve de boca. 5 Esparavel. 6 Manguito para filtrar líquidos. 7 Utensilio de tela, de forma cónica, provisto de un pico de metal u otro material duro, que se utiliza para añadir nata a algunos postres, decorar tartas, etc. 8 Tubo de tela, o material semejante, de forma troncocónica, utilizado para señalar la dirección y velocidad del viento. 9 Adorno cilíndrico de tela que cubre la vara de la cruz parroquial. 10 Nube en forma de embudo, animada de un rápido movimiento giratorio, que se extiende desde la parte inferior de un cúmulo hasta la superficie del mar, de un lago o de la tierra: *~ de tornado.* 11 *~ **de agua,*** turbión (chaparrón). 12 *~ **de viento,*** remolino de viento. 13 Anchura mayor de un buque. 14 Parte del eje de un carro o carruaje donde entra y voltea la rueda. 15 ant. Partida de gente armada. 16 DEP. Parte de que consta una carrera o competición deportiva: *la primera ~ del gran premio automovilístico; una carrera de esquí consta de dos mangas.* 17 MAR. Tubo de ventilación de un barco. 18 TAUROM. Espacio comprendido entre dos estacadas que van convergiendo hasta la entrada de un corral o de un encerradero. -19 *f. pl.* ant. Adehalas, utilidades. 20 *Amér.* Turba, multitud. 21 *Colomb.* y *Ecuad.* Corral, dehesa. 22 *Amér. Central.* Manta de jerga con que se abriga la gente pobre. 23 *Méj.* Manta de hule con abertura en medio para meter por ella la cabeza.
SIN. *2* **Portamanteo.** *3* **Manguera.** *10* **Tifón, tromba, trompa.** FR. *Hacer man-*

gas y capirotes, fig., obrar pronta y caprichosamente. *Tener ~ ancha* o *ser de ~ ancha,* ser demasiado indulgente. *Tirar de la ~,* fig. *y* fam., *Argent.,* pedir dinero prestado. *Andar ~ por hombro,* fig., haber gran abandono y desorden.

II) manga (v. *mango) f.* Árbol de los países intertropicales, variedad del mango, con el fruto sin escotadura *(Mangifera indica).* 2 Fruto de este árbol.

mangachapuy *m. Filip.* BOT. Planta arbórea dipterocarpácea, de unos 20 metros de altura, de hojas alternas, flores grandes en racimo, y fruto en nuez *(gén. Hopea).*

mangada *f.* TAUROM. Manga (espacio entre dos estacadas). 2 *La Mancha.* Bofetada, manguzada. 3 *Sal.* Prado o pedazo de tierra labrantía, largo y estrecho.

mangajarro *m.* Manga desaseada y demasiado larga.

mangajo *m. Ecuad.* y *Perú.* Hombre sin voluntad, que se deja manejar por otros. 2 *Perú.* Persona muy desgarbada.

mangana (l. *manganu,* der. del gr. *mánganon,* máquina para arrojar dardos) *f.* Lazo que se arroja a las manos de un caballo o toro, para hacerle caer y sujetarlo.

manganato *m.* QUÍM. Sal del ácido mangánico, ácido no aislado.

mangancé *m. Pan.* Ave parecida al tordo, de color pardo, que cae en bandadas sobre los maizales y los arrozales.

mangancia *f.* fam. Conducta propia de un mangante. 2 pop. Robo.

manganear *tr.* Echar manganas [a una res]. 2 *Guat.* y *Urug.* Robar. 3 *Perú* y *Venez.* Fastidiar, importunar.

manganesa (it. *manganese) f.* Mineral de manganeso, empleado para la obtención del oxígeno y el cloro y la fabricación del acero, el vidrio, etc.
SIN. **Pirolusita.**

manganesia *f.* Manganesa.

manganesífero, -ra (de *manganeso + -fero*) *adj.* Que contiene manganeso.

manganeso *m.* Metal de color y brillo acerados, duro, quebradizo y muy oxidable. Su símbolo es *Mn*, su peso atómico 54'93 y su número atómico 25.

manganeta *f. Ar.* Red para cazar pájaros. 2 *Amér.* Manganilla, treta.

mangangá *m. Argent., Parag.* y *Urug.* Abejón muy zumbador cuya picadura produce hinchazón, dolor y fiebre; hace sus panales en tierra *(gén. Xilocopa).* 2 *Argent. Bol., Parag.* y *Urug.* fig. Fastidioso. 3 *Argent.* y *Bol.* fig. Ladrón.

mangánico *adj.-s.* Anhídrido MnO_3 y ácido correspondiente.

manganilla (l. v. *manganella,* der. de *manganu,* máquina de guerra) *f.* Engaño, treta, ardid de guerra, sutileza de manos. 2 Maganel.

manganillas *m. Logr.* Hombre perezoso para el trabajo y que vive a costa de favores pedidos a otros. ◇ Pl.: *manganillas.*

manganina *f.* Aleación de cobre, manganeso y níquel.

manganita *f.* Mineral de la clase de los óxidos e hidróxidos, que cristaliza en el sistema monoclínico, de color negro o gris y brillo metálico.

mangano- (de *manganeso*) Elemento prefijal que entra en la formación de palabras con el significado de manganeso.

manganoso *adj.-m.* QUÍM. Óxido del manganeso.

mangante (acaso de *mendigante*) *adj.-s.* Que manga (roba). -2 *com.* Sablista. 3 Sinvergüenza, truhán, vividor.

manganzón, -zona *adj. Amér.* Zángano, holgazán.

manganzonería *f. Amér.* Pereza.

mangar (de *manga I*) *tr.-prnl.* Vestirse [una prenda de mangas]. -2 *tr.* fam. Robar, hurtar. ◇ ** CONJUG. [7] como ***llegar.***

mangazo *m. Pan.* y *Venez.* Puñetazo.

manglano *m.* Granado, árbol o arbolito.

manglar *m.* Terreno poblado de mangles.

I) mangle (voz amér.) *m.* Arbusto rizoforáceo, tropical, dotado de raíces aéreas, cuyas hojas, frutos y corteza se emplean en tenería *(Rhizophora mangle).*

II) mangle *f.* Máquina de rodillo con artesa, que se emplea para prensar las telas de lino y yute.

I) mango (l. *manicu,* der. de *manica*) *m.* Parte estrecha y larga por donde se coge con la mano un utensilio para usar de él.

II) mango (voz indostánica, *mankay;* a través del port. *manga* y del ingl. *mango*) *m.* Árbol terebintáceo, originario de la India, de fruto aromático y astringente *(Mangifera indica).* 2 Fruto de este árbol. 3 *Ant.* Ganga (cosa). 4 *S. Dom.* Persona fácil de vencer en cualquier sentido.

I) mangón (l. *-one,* mercader de esclavos) *m.* Revendedor. 2 *Amér.* Potrero, dehesa.

II) mangón *m.* Barrena (molusco).

mangona *f.* Jaula de gran tamaño para encerrar los pollos de perdiz.

mangonada *f.* Golpe dado con el brazo y la manga.

mangoneador, -ra *adj.* Que mangonea.

mangonear (l. *-nizare,* de *mangone,* traficante) *intr.* Entremeterse uno donde no le llaman. 2 desp. Mandar, dirigir, manipular. 3 Vagabundear. 4 *Amér.* Lucrar por medios ilícitos. 5 *Chile.* Trabajar con maña y disimulo en la consecución de un propósito. -6 *tr. S. Dom.* Aplazar la ejecución [de algo].

mangoneo *m.* desp. Acción de mangonear (entremeterse). 2 desp. Efecto de mangonear (entremeterse). 3 *Amér.* Robo, chanchullo.

mangonero, -ra *adj.* fam. Aficionado a mangonear (entremeterse).

mangorrero, -ra (der. de *manga* I) *adj.* [cuchillo] Tosco y mal forjado. 2 fam. Que anda comúnmente entre las manos. 3 fig. *y* fam. Inútil o de poca estimación. -4 *f. Argent.* y *Bol.* Cuchillo de mediano tamaño.

mangorrillo *m.* Esteva.

mangosta (voz indostánica, *mungus;* a través del port. *mangús* y del fr. *mangouste*) *f.* Mamífero carnívoro vivérrido, propio de los climas cálidos *(Herpestes fasciatus).*
SIN. **Icneumón.**

mangostán (voz malaya *mangistan;* a través del port. *mangostão*) *m.* Arbusto gutífero de las Molucas *(Garcinia mangostana).* 2 Fruto de este arbusto.

mangote *m.* Manga ancha y larga. 2 Manga postiza usada por los oficinistas.
SIN. 2 **Manguito.**

mangrino, -na *adj. Colomb.* Raquítico.

mangrullar *tr. Argent.* p. us. Espiar desde un mangrullo.

mangrullero *m. Bol.* Explorador, espía.

mangrullo *m. Argent.* Atalaya dispuesta en el ramaje de un árbol. 2 *Argent.* Palo alto a modo de cucaña, en el que se encarama un hombre para otear. 3 *Argent.* Especie de bagre muy grande.

mangú *m. S. Dom.* Plátano verde cocido y amasado.

mangual (l. *manuale*) *m.* Arma ant. formada por unas bolas de hierro sujetas con unas cadenillas a un mango de madera. 2 *Extr.* Mayal para varear encinas.

manguala *f. Colomb.* Fraude. 2 *Colomb.* Confabulación.

manguardia *f.* Murallón que refuerza por los lados los estribos de un puente.

manguaré *m. Perú.* Especie de tambor indígena hecho de un tronco de árbol.

manguarear *intr. Venez.* Aparentar que se trabaja.

manguaro *m. La Mancha.* Pescozón, tortazo.

manguarse *prnl. Chile* y *Venez.* Maguarse.

mangue (caló) *pron. pers.-indef.* vulg. Menda.

manguear *tr. Amér.* Ojear, espantar [la caza] hacia los cazadores. 2 *Amér.* fig. *y* fam. Atraer [a alguien] con halagos y maña. 3 *Argent.* y *Chile.* Acosar [al ganado] para que entre en la manga. -4 *intr. Amér.* Aparentar que se trabaja. 5 *Amér.* Vagar, mangonear. 6 *Cuba, S. Dom.* y *Venez.* Saludar desde lejos con la mano.

manguera (de *manga*) *f.* Manga (tubo), esp. la de lona alquitranada para sacar agua de las embarcaciones. 2 Tubo de ventilación. 3 Manga, tromba. 4 *Amér.* Corral para el ganado. 5 *Chile* y *Argent.* Carro en que se arrollan las mangas de incendios.

manguero *m.* El que tiene por oficio manejar las mangas de las bombas. 2 *Méj.* Mango, árbol.

mangueta (cat. *manigueta;* dim. de *mnega,* manga) *f.* desus. Vejiga con pitón para echar ayudas. 2 Tubo que en los retretes une el sifón con el conducto de bajada. 3 Madero que enlaza el par con el tirante, o con un puente, en la armadura de una cubierta. 4 Palanca (barra). 5 Instrumento usado por los fundidores para evitar que la tijera vaya demasiado deprisa. 6 En los extremos del eje delantero de un automóvil, piezas que permiten el cambio de dirección de la rueda. 7 MEC. Extremo del eje de un vehículo.

mangui *com.* vulg. Ladrón.

manguilla *f. Chile.* Mangote (manga postiza).

manguillero, manguillo *m.* Portaplumas.

manguindó *m. Cuba.* Hombre holgazán.

manguita *f.* Funda.

manguitería *f.* Peletería.
manguitero *m.* Peletero.
manguito (dim. de *manga*) *m.* Rollo de piel que usaban las señoras para llevar abrigadas las manos. 2 Media manga de punto de que usan las mujeres. 3 Mangote (manga postiza). 4 Tela de forma cónica para filtrar líquidos. 5 Tubo de hierro o acero con que se refuerzan los cañones, vergas, etc. 6 Tubo para empalmar dos piezas cilíndricas iguales. 7 Bizcocho en figura de rosca. 8 Manopla para lavarse. 9 ~ ***de incandescencia,*** camisa (funda reticular). -10 *pl.* Hierba primulácea de hojas anchas y arrugadas, y flores amarillas en forma de embudo agrupadas en una umbela *(Primula elatior).*
SIN. *1* **Estufilla, regalillo.**
mangulina *f. S. Dom.* Mamangulina.
mangurrino, -na *m. f. Extr.* [pers.] Natural de la provincia de Cáceres.
manguruyú (guaraní) *m. Argent.* Pez de río, sin escamas, espinoso y muy feo, pero sabroso *(Bagrus* s.e.d.*).*
manguzada *f.* Manotazo.
mani *f.* fam. Manifestación.
maní (del taíno de Haití) *m.* Cacahuete. 2 *Cuba* y *P. Rico.* fam. Dinero. ◇ Pl.: *manises.*
manía (l. y gr.) *f.* Violento trastorno mental, esp. forma de locura del que está dominado por una idea fija. 2 Ojeriza. 3 Pasión violenta, deseo desordenado: *tiene ~ por las modas.* 4 Extravagancia, tema, capricho.
SIN. *2* **Antipatía.**
-manía (l.-gr. *manía,* locura) Elemento sufijal que entra en la formación de palabras con el significado de manía: *bibliomanía, toxicomanía.*
maniabierto, -ta *adj.-s.* Dadivoso.
maníaco, -ca, maniaco, ca *adj.-s.* Que padece manía. 2 Propio de la manía: *delirio ~.*
manialbo, -ba (de *mano* + l. *albu,* blanco) *adj.* [caballo o yegua] Calzado de ambas manos.
maniatar (de *mano* + *atar*) *tr.* Atar las manos [a uno].
maniate *m. Ecuad.* Maniota.
maniático, -ca *adj.-s.* Que tiene manías.
SIN. **Loco.**
maniblanco, -ca *adj.* Manialbo.
manicato, -ta *adj. Cuba.* Esforzado, valiente.
manicoba *f.* BOT. Planta que produce goma.
manicomio (de *manía* + gr. *komeo,* cuidar) *m.* Hospital para enfermos mentales.
manicorto, -ta (de *mano* + *corto*) *adj.-s.* fig. Poco generoso.
manicure *f. Colomb.* Manicura.
manicurista *com. Amér.* Manicuro.
manicuro, -ra (de *mano* + l. *curo,* cuidar) *m. f.* Persona que tiene por oficio cuidar las manos, esp. las uñas. -2 *f.* Cuidado de las manos y las uñas: *hacerse la manicura.*
manida (partic. del l. *manere,* parar, permanecer) *f.* Guarida, vivienda.
SIN. **Guarida.**
manido, -da (partic. del l. *manere*) *adj.* Sobado, pasado de sazón. 2 [carne, pescado u otros comestibles] Que empieza a pudrirse. 3 [asunto, tema] Muy trillado. 4 *P. Rico.* Lleno.
maniego, -ga *adj.* p. us. Ambidextro.
manierismo *m.* Forma del arte que se manifestó en Italia en el s. XVI, entre el Renacimiento y la época barroca, y que se caracterizó por su falta de naturalidad y su afectación.
manierista *adj.* Propio o relativo del manierismo.
manifacero (*mano* + ant. *facer*) *adj. Ar.* y *Murc.* fam. Revoltoso, entremetido.
manifactura (l. *manu* + *factura,* hechura) *f.* p. us. Manufactura. 2 Hechura y forma de las cosas.
manifestación (l. *-atione*) *f.* Acción de manifestar o manifestarse. 2 Reunión pública, gralte. al aire libre, en la que los concurrentes manifiestan sus deseos o sentimientos.
manifestador, -ra *adj.-s.* Que manifiesta. -2 *m.* Dosel o templete donde se expone el Santísimo Sacramento a la adoración de los fieles.
manifestante *com.* Persona que toma parte en una manifestación.
manifestar (l. *-are*) *tr.* Declarar, dar a conocer abiertamente: *manifestó su sorpresa; Dios se nos manifiesta siempre.* 2 Descubrir, poner a la vista: *el error quedó manifiesto.* 3 Exponer [el Santísimo Sacramento] a la adoración de los fieles. -4 *intr.* Hacer una demostración colectiva pública. -5 *prnl.* Darse a conocer. 6 Tomar parte en una manifestación. ◇ ** CONJUG. [27] como ***acertar***; pp. reg.: ***manifestado***; irreg., usado como adj. y loc. adv.: ***manifiesto.***
CONTR. *3* **Reservar.**
manifestativo, -va *adj.* Que lleva en sí el poder de manifestar.
manifiestamente *adv. m.* De manera manifiesta.
manifiesto, -ta (l. *manifestu*) *adj.* Patente, ostensible, claro: *verdad manifiesta.* -2 *m.* Escrito que una persona, partido o agrupación dirige a la opinión pública. 3 Documento que presenta en la aduana el capitán de todo buque procedente del extranjero en el que expone todas las circunstancias de las mercancías que conduce. 4 DER. ***Poner de ~,*** dejar los autos sobre la mesa de secretaría para que las partes puedan instruirse de ellos.
FR. *De ~,* patentemente, en presencia: *el Señor está de ~.* SIN. *1* **Patente.**
manigero (b. l. *menageriu* < l. *minare,* conducir) *m.* Capataz de una cuadrilla de trabajadores del campo. 2 *Extr.* Mozo encargado de buscar jornaleros en la plaza del pueblo.
manigordo *m. C. Rica.* Ocelote.
manigua (probl. del taíno) *f. Amér.* Terreno cubierto de malezas. 2 *Ant.* Juego de naipes. 3 fig. Abundancia desordenada de alguna cosa.
manigual *m.* Manigua.
manigüero, -ra *adj. Ant.* Habitante de la manigua.
manigueta *f.* Manija (mango). 2 *Pan.* Manija del automóvil. 3 *Méj.* Manivela para subir los cristales del automóvil.
manija (l. *manicula*) *f.* Mango o manubrio de ciertos utensilios. 2 Maniota. 3 Empuñadura que sirve para abrir la puerta del automóvil. 4 Abrazadera (pieza de metal). 5 TAUROM. Puño del rejón. 6 *R. de la Plata.* Trenza o cordón para atar el látigo a la muñeca. 7 *R. de la Plata.* En el juego de las boleadoras, la más corta de las tres.
SIN. *1* **Manezuela.**
manijera *f. Argent.* Bola que sirve de manija de las boleadoras. 2 *Méj.* Manija del látigo.
manila *f.* Cigarro elaborado en las islas Filipinas. 2 Tabaco procedente de Filipinas.
Manila *f.* V. mantón de ~.
manilano, -na *adj.-s.* De Manila, cap. de Filipinas.
manilargo, -ga (de *mano* + *largo*) *adj.* De manos largas. 2 fig. Largo de manos. 3 Liberal (que obra). 4 Propenso a tomar lo ajeno.
SIN. *3* **Pródigo.**
manilense, manileño, -ña *adj.-s.* Manilano.
maniligero, -ra *adj. P. Rico.* Pendenciero.
manilla (der. de *manu;* a través del cat.) *f.* Pulsera (brazalete). 2 Grillete para las muñecas. 3 Manija. 4 Manecilla de un reloj. 5 Juego de naipes de origen francés que se juega por dos parejas de contrincantes, consistente en hacer un cierto número de tantos con bazas ganadas y pintas de triunfo. 6 *Can., P. Rico* y *Venez.* Cuadernillo de cinco hojas de papel. 7 *Colomb.* Maceta para quebrantar granos en el pilón. 8 *Guat.* y *Hond.* Extremo sin tejer de la hamaca. 9 *Méj.* Guante con que se evita que la reata roce la mano al lazar. 10 *Argent., Chile* y *Venez.* Manija del automóvil. 11 *P. Rico.* Mazo de hojas de tabaco.
manillar *m.* En la bicicleta y en la motocicleta, encornadura de metal para dar dirección a la máquina.
manilleta *f. C. Rica.* Manija del automóvil.
manilo, -la *adj. P. Rico* y *S. Dom.* [gallo o gallina] Grande. 2 *P. Rico* y *S. Dom.* fig. Cobarde.
maniluvio (l. *manu* + *luere,* bañar) *m.* MED. Baño de manos.
maniobra (de *mano* + *obra*) *f.* Operación que se ejecuta con las manos. 2 Conjunto de los cabos o aparejos de una embarcación, de uno de sus palos, etc. 3 Faena que se hace a bordo con ellos. 4 Arte de gobernar las embarcaciones. 5 Artificio y manejo con que uno entiende en un negocio. 6 Movimiento o serie ordenada de movimientos que se ejecutan en el ejército como ejercicio táctico o simulando un combate. -7 *f. pl.* Operaciones que se hacen en las estaciones y cruces de vías, para la formación o paso de los trenes. 8 Operaciones que se hacen con otros vehículos para cambiar de rumbo.
maniobrable *adj.* Que se maniobra fácilmente.
maniobrar *intr.* Ejecutar maniobras.
maniobrero, -ra *adj.* Que maniobra. 2 [tropa, y su jefe] Que maniobra con soltura. 3 [pers.] Que no es recto en los medios empleados para conseguir algo.
maniobrista *adj.-com.* MAR. [pers.] Que sabe ejecutar maniobras.

maniota (de *mano*) *f.* Cuerda o cadena con que se atan las manos de un animal.
SIN. **Guadafiones, traba, manea, maneota, manija, suelta.**

manipulación *f.* Acción de manipular. 2 Efecto de manipular.

manipulador, -ra *adj.-s.* Que manipula. 2 Aparato telegráfico transmisor. -3 *m.* METAL. Vehículo especial usado en los talleres metalúrgicos para transportar las piezas grandes en la prensa o el martillo pilón.

manipulante *adj.-com.* Que manipula.

manipular (b. l. *-are*) *tr.* Trabajar [esp. en substancias químicas] con las manos. 2 Trabajar demasiado una cosa, sobarla, manosearla. 3 Manejar [aparatos científicos]. 4 fig. Manejar [los negocios], o mezclarse [en los ajenos], mangonear. 5 Mezclar, combinar, o someter a procesos indebidos un producto: *el aceite estaba manipulado.* 6 fig. Influir voluntariamente [sobre individuos, colectividades, etc.] a través de medios de presión o información. 7 fig. Intervenir para modificar el juego de la libre competencia.

manipuleo *m.* fig. Acción de manipular (los negocios). 2 Efecto de manipular (los negocios).

manípulo (l. *-lu*) *m.* Ornamento sagrado que se sujeta al antebrazo izquierdo, sobre la manga del alba; es el signo litúrgico del subdiácono. 2 Enseña primitiva de los soldados romanos. 3 Sección de la cohorte romana. 4 MED. Puñado, manojo.

maniqueísmo *m.* Secta gnóstica cristiana fundada en el s. III, que se basaba en la existencia de dos principios eternos y absolutos, el bien y el mal, en perpetua pugna entre sí.

maniqueo, -a *adj.-s.* Que profesa el maniqueísmo. -2 *adj.* Relativo a él.

maniquete (l. *manica,* manga; a través del it. *manichetto*) *m.* Mitón de tul negro con calados y labores.

maniquí (neerl. *mannekijn;* a través del fr. *mannequin*) *m.* Figura de madera articulada, para uso esp. de pintores y escultores. 2 Armazón en figura de cuerpo humano usado para exponer, probar y arreglar prendas de ropa. -3 *com.* Persona empleada por las casas de modas para probarse y exhibir sobre su cuerpo los nuevos modelos. 4 fig. Persona sin carácter y sin voluntad. 5 fig. Persona muy bien vestida y arreglada. ◇ Pl.: *maniquíes.*
SIN. *3* **Modelo.**

manir (l. *manere,* permanecer) *tr.* Dejar que [las carnes] se ablanden y sazonen durante algún tiempo antes de guisarlas. 2 Sobar. -3 *prnl.* Oliscar la carne o el pescado. ◇ Verbo defectivo; se usa sólo en los tiempos y personas cuya desinencia contiene la vocal *i: manía, maniré, maniendo.*

manirroto, -ta (de *mano* + *roto*) *adj.-s.* Demasiado liberal, pródigo.

manisero, -ra *m.* *Cuba.* Vendedor de maní.

maniso *adj.* *La Mancha.* [pers.] Torpe de manos.

manisuelto, -ta *adj.* *P. Rico.* Manirroto.

manita *f.* Dim. de *mano*: ***hacer manitas,*** acariciarse las manos una pareja. 2 Hongo ramificado con aspecto de coliflor, de color amarillo *(Clavaria aurea).* 3 ~ ***de cerdo,*** pie de cerdo guisado. -4 *adj.-s. pl.* Persona habilidosa.

I) manito *m.* Producto blanco y muy dulce que se extrae del maná (líquido azucarado).
SIN. **Manita.**

II) manito *f.* *And.* y *Amér.* vulg. Dim. de *mano.*

III) manito (aféresis de *hermanito*) *m.* *Méj.* Tratamiento popular entre gente humilde: *ven acá ~.*

manitú *m.* Personaje poderoso.

manituoso, -sa *adj.* *S. Dom.* Entre campesinos, atrevido.

manivacío, -a (de *mano* + *vacío*) *adj.* Que viene o se va con las manos vacías.
SIN. **Manvacío.**

manivela (fr. *manivelle;* antes *manvele;* probl. del l. *manuale,* der. de *manu*) *m.* Manubrio, cigüeña. 2 *Méj.* Manija del automóvil.

manizaleño, -ña *adj.-s.* De Manizales, cap. del dep. de Caldas (Colombia).

manizuela *f.* *Chile.* Piquera de tonel u odre.

manjar (cat. *menjar;* l. *manducare,* comer) *m.* Comestible. 2 ~ ***blanco,*** guiso de pechugas de gallina, azúcar, leche y harina de arroz; plato de postre a base de almendras. 3 ~ ***lento,*** plato de leche, yemas de huevos batidas y azúcar.
SIN. *1* En gral. **manjar** realza la exquisitez, bondad, lujo, etc., de lo que se come, en comparación con **alimento, mantenimiento, comestible, comida.**

manjarete *m.* *Cuba* y *Venez.* Dulce hecho de maíz tierno rallado, leche y azúcar, que se cuece y se cuaja al enfriarse.

manjarria *f.* *Cuba.* Mijarra.

manjelín *m.* Peso usado en la India en el comercio de diamantes (254 mgs.).

manjolar *tr.* CETR. Llevar [el ave] sujeta en jaula, en cesta o en la mano.

manjorrada *f.* desus. Gran cantidad de manjares ordinarios.

manjúa *f.* *Sant.* Cardumen de peces. 2 *Cuba.* Pececillo parecido a la sardina *(Pellona bleckeriana).*

manjuarí (voz indígena) *m.* *Cuba.* Pez de agua dulce, de media vara o más de largo; no es comestible y sus huevos son venenosos *(Lepidosteus manjuari).*

manlieva *f.* Ant. tributo que se recogía de mano en mano. 2 ant. Préstamo.

I) mano (l. *-nu*) *f.* Parte del cuerpo humano que comprende desde la muñeca hasta la punta de los dedos: ~ ***diestra,*** mano derecha; ~ ***siniestra, zoca*** o ***zurda,*** mano izquierda. 2 p. ext. En algunos animales, extremidad cuyo dedo pulgar puede oponerse perfectamente a los dedos. 3 En los cuadrúpedos, pie delantero. 4 En las reses de carnicería, pie o extremidad después de cortado. 5 Lado en que cae o sucede una cosa respecto de la situación de otra: *pasar a ~ izquierda del río; ir uno por su ~.* 6 Serie, tanda: *le dio una ~ de palos.* 7 Capa de pintura, yeso, cal, etc.: *una ~ de barniz;* ***dar la última ~,*** fig., repasar una obra. 8 Manecilla (saetilla). 9 Trompa del elefante. 10 Instrumento, esp. en forma de maza, para desmenuzar una cosa: *~ de mortero, de almirez.* 11 Lance entero de varios juegos: *vamos a echar una ~ de dominó.* -12 ***com.*** El primero en orden de los que juegan: *yo soy ~;* ***ganar a uno por la ~,*** fig., anticipársele en lograr una cosa. -13 *f.* Conjunto de cinco cuadernillos de papel. 14 En el obraje de paños, cardas unidas y aparejadas para cardarlos. 15 En el arte de la seda, porción de seis u ocho cadejos de pelo. 16 En la caza, vuelta que dan los cazadores reconociendo un sitio para buscarla. 17 fig. Persona que ejecuta una cosa: *de tal ~ no podía esperarse otra cosa;* ~ ***oculta,*** persona que interviene secretamente en un asunto; ***loc. adj., largo de manos,*** fig., atrevido en ofender con ellas. 18 fig. Número de personas unidas para un fin: *se necesitarán tres manos de porteadores.* 19 fig. Habilidad, destreza: *darse buena ~;* ~ ***izquierda,*** destreza, picardía. 20 fig. Poder, mando, facultades: ***tener ~ con uno,*** tener influjo con él; ~ ***derecha,*** el más estrecho colaborador. 21 fig. Patrocinio, favor: ***dar la ~ a uno,*** alargársela; ampararle, favorecerle. 22 fig. Auxilio, socorro: ***echar una ~ a una cosa,*** ayudar a su ejecución. 23 fig. Reprensión, castigo: ***sentar*** o ***asentar la ~ a uno,*** castigarle con golpes; reprenderle con severidad; ~ ***dura,*** trato severo. 24 ~ ***derecha,*** en pinturas, fotografías, impresos, etc., dirección o situación a la mano derecha del espectador o lector. 25 ~ ***de gato,*** aliño del cutis; corrección de una obra, hecha por persona entendida: *en este cuadro ha andado la ~ de gato.* 26 ~ ***de mortero,*** hongo alargado, cilíndrico, de color amarillo pardo en su exterior, y blanco en el interior, comestible, aunque de calidad mediocre *(Clavaria fistulosa).* 27 ~ ***de obra,*** trabajo manual empleado en una obra; conjunto de obreros necesarios para efectuar un trabajo. 28 ~ ***de santo,*** remedio muy eficaz. 29 ***Manos libres,*** poseedores de bienes ni vinculados ni amortizados; sobresueldo que se puede obtener en ocupaciones distintas de la habitual. 30 ***Manos limpias,*** integridad con que se desempeña un cargo; ciertos emolumentos que se perciben justamente en un empleo, además del sueldo. 31 ***Manos muertas,*** poseedores de una finca, en quienes se perpetúa el dominio por no poder enajenarla. 32 DEP. Falta que se comete en el juego del fútbol al tocar intencionadamente el balón con el brazo o la mano. También *manos.* 33 DEP. Sanción de dicha falta. 34 MÚS. Ant. procedimiento pedagógico para indicar las letras y signos correspondientes a un sistema musical del s. XIX. 35 *Amér.* Lance, aventura, mala pasada. 36 *Amér.* Hablando de plátanos, un gajo, sea cualquiera su número. 37 *Colomb.* y *P. Rico.* Punta o pieza de baile. 38 *Colomb.* Oportunidad, ocasión. 39 *Chile* y *Méj.* Conjunto de cuatro objetos. 40 *Hond.* Conjunto de cinco objetos.
FR. fig. *Pedir,* o *solicitar, la ~,* aspirar que una mujer sea concedida en matrimonio. LOC. ADV. *A ~,* con la mano; fig., cerca; artificialmente; *a ~ airada,* violentamente: *morir a ~ airada; a ~ armada,* con gran empeño; *robo a ~ armada,* robo con armas; *bajo ~,* ocultamente; *con las manos en la cabeza,* con gran descalabro o desaire: *salir con las manos en la cabeza; de ~ a ~,* de uno a otro, sin intermediarios; *de manos a boca,* de repente, impensadamente; *de segunda ~,* del segundo vendedor, de lance; *en manos,* en poder: *está en manos de Dios; a manos,* por causa de una agresión de alguien; *~ a ~ ,* TAUROM., actuación de dos diestros en competencia; p. ext., acción realizada por dos personas colaborando o en emu-

lación; *por su ~*, por sí mismo; *si a ~ viene*, acaso, tal vez; *cantar uno en la ~*, ser muy astuto y taimado; *cargar la ~*, insistir con empeño sobre una cosa; tener rigor con uno; *dar de manos*, caer de bruces; incurrir en un defecto; *dejar de la ~*, abandonar; *echar ~* o *las manos a una persona o cosa*, asirla, cogerla; *echar una ~*, ayudar a alguien en cualquier trabajo o dificultad; *echar ~*, valerse de una cosa; *imponer las manos*, ejecutar la ceremonia litúrgica llamada imposición de las manos; *llegar* o *vernir a las manos*, reñir, pelear; *llevarse las manos a la cabeza*, fig. y fam., asombrarse de alguna cosa o indignarse a causa de ella; *poner manos violentas en uno*, DER., maltratar de obra a un eclesiástico; *soplarse las manos*, quedar burlado en la pretensión de una cosa; *tener ~ en una cosa*, intervenir en ella; *untar la ~ a uno*, sobornarle; *vivir uno de*, o *por, sus manos*, mantenerse de su trabajo. REL. **Quiro-**. SIN. *1l* **Talla**, en ciertos juegos de naipes.

II) mano (aféresis de *hermano*) *m. f. Amér.* vulg. Amigo, compañero.

mano- (gr. *manós*, ligero, poco denso) Elemento prefijal que entra en la formación de palabras con el significado de gas en cuanto que ejerce una presión: *manómetro*.

-mano, -mana (v. *-manía*) Elemento sufijal que entra en la formación de palabras con el significado de manía: *heroinómano*.

manobrero *m.* Operario que limpia los brazales de las acequias.

manodón *m. Colomb.* Aumentativo de *manada*.

manojear *tr.* Poner en manojos las hojas [del tabaco].

manojera *f.* Conjunto de manojos de sarmientos destinados a la lumbre.

manojo (l. *manuculu*) *m.* Hacecillo que se puede coger de una vez con la mano. 2 *Murc.* Manada o bandada de perdices. 3 *Cuba* y *P. Rico.* Atado de tabaco en rama que se compone de cuatro gavillas, aproximadamente dos libras.

LOC. ADV. *A manojos*, abundantemente. REL. **Amanojar**, formar manojos de alguna cosa.

manolarga *adj. Perú.* Pendenciero.

manoletina *f.* TAUROM. Pase de muleta, creado por Manolete (1917-1947), de frente y con el engaño situado a la espalda del torero.

manolo, -la *m. f.* Mozo o moza del bajo pueblo de Madrid, que se distinguía por su porte y desenfado.

manomanista (de *mano a mano*) *adj.* Relativo al juego de pelota en el que se emplea la mano, y no una pala o una cesta.

manometría (*mano-* + *-metría*) *f.* Técnica de medir las presiones de los gases y vapores.

manométrico, -ca *adj.* Relativo al manómetro.

manómetro (*mano-* + *-metro*) *m.* Instrumento para medir la presión de los gases.

REL. v. **Presión.**

manonino, -na *adj.-s. P. Rico.* Gabán de hombre que queda corto.

manopla (l. v. *manupula*; l. *manipulus*) *f.* Pieza de la armadura que cubre y defiende la mano. 2 Guante sin separaciones para los dedos. 3 Guante que sirve para lavarse. 4 Guante aislante que sirve para asir objetos muy calientes. 5 Látigo corto. 6 *Chile.* Instrumento de hierro en que se meten los cuatro dedos últimos de la mano, para dar con más fuerza puñadas o puñetazos.

SIN. *1* **Guantelete.**

manorreductor (*mano-* + *reductor*) *m.* Aparato para reducir y regular la presión de un fluido que circula por una conducción o sale de un depósito.

manoscopio (*mano-* + *-scopio*) *m.* FÍS. Instrumento que indica las variaciones de la presión atmosférica.

manoseador, -ra *adj.* Que manosea.

manosear (frecuent.) *tr.* Tocar repetidamente [una cosa] con las manos.

manoseo *m.* Acción de manosear. 2 Efecto de manosear.

manóstato (*mano-* + *-stato*) *m.* TECN. Dispositivo regulador de la presión de un fluido en una canalización en un recinto donde se halla comprimido.

manotada *f.* Manotazo.

manotazo *m.* Golpe dado con la mano.

SIN. **Tabalada, tabanazo, guantada, manotada, manotón.**

manoteado *m.* Manoteo.

manotear (frecuent.) *tr.* Dar manotadas. -2 *intr.* Hacer ademanes o movimientos con las manos al hablar. 3 *Argent.* Robar, escamotear.

manoteo *m.* Acción de manotear. 2 Efecto de manotear.

SIN. **Gesto.**

manotón *m.* Manotazo.

manque *conj.* vulg. *y* rúst. Aunque.

manquear *intr.* Mostrar uno manquedad, o fingirla.

manquedad (de *manco*) *f.* Falta de mano o brazo. 2 Impedimento del uso de cualquiera de estos miembros. 3 fig. Falta, defecto.

manquera *f.* Manquedad.

manquito *m. C. Rica.* Semilla de café germinada.

manresano *adj.-s.* De Manresa, c. de la prov. de Barcelona.

manriqueño, -ña (del poeta Jorge *Manrique*, s. XV) *adj. Estrofa ~*, la formada por cuatro octosílabos y dos tetrasílabos, que riman el primero con el cuarto, el segundo y el quinto, y el tercero y el sexto; **POESÍA.

mansaje *m. Argent.* En las recuas, tropilla de animales que se llevan de repuesto.

mansalva (a ~) *loc. adv.* Sin ningún peligro.

SIN. **A salvamano.**

mansamente *adv. m.* Con mansedumbre. 2 fig. Lentamente. 3 fig. Quedito y sin hacer ruido.

mansarda (del arquitecto fr. *Mansart*, 1598-1666) *f.* Cubierta donde las vertientes se quiebran y acentúan la pendiente en la parte inferior, donde generalmente se abren ventanas a la manera de buhardillas.

mansear *intr.* TAUROM. Realizar [el toro] acciones de manso

SIN. **Mansurronear, mansurrear.**

mansedumbre (l. *mansuetudine*) *f.* Calidad de manso. 2 Suavidad, benignidad; especialmente en los animales y las cosas insensibles.

mansejón, -jona *adj.* [animal] Muy manso.

manseque *m. Chile.* Baile infantil.

mansera *f. Colomb.* Artesa donde cae el zumo de la caña en el trapiche.

mansión (l. *mansione;* doble etim. *mesón*) *f.* Detención, permanencia: ***hacer ~***, detenerse. 2 Morada, albergue. 3 Casa lujosa. 4 fig. Vivienda.

SIN. *1* **Estada, estancia, estadía.** *2* **Habitación.**

mansito *adj.* Dim. de *manso*. -2 *adv. m.* Mansamente.

I) manso (l. *-su;* pp. de *manere*, permanecer) *m. Ar.* Masada. 2 Bien inmueble de los curatos y algunos monasterios que estaba exento de toda carga.

II) manso, -sa (l. v. **mansu*, doméstico, del l. *mansuetu*) *adj.* Benigno, suave: *~ de condición; ~ en su gobierno.* 2 [animal] Que no es bravo. 3 Sosegado, apacible: *la mansa corriente.* -4 *m.* Res que sirve de guía a las demás en un rebaño. -5 *adj. Chile.* Grande, extraordinario.

mansurrear *intr.* TAUROM. Mansear.

mansurrón, -rrona *adj.* Manso con exceso.

mansurronear *intr.* TAUROM. Mansear.

manta (de *manto*) *f.* Trozo rectangular de un tejido grueso y tupido, para abrigarse en la cama, en los viajes, etc. 2 Prenda suelta que usa la gente del pueblo para abrigarse; tela ordinaria de algodón que se fabrica en Méjico. 3 Cubierta que sirve de abrigo a las caballerías. 4 Pluma que en número de doce tiene el ave de rapiña a continuación de las aguaderas. 5 Zurra (paliza). 6 Especie de juego del hombre. 7 Pez monstruoso del mar de las Antillas, que llega a pesar seis toneladas (gén. *Cephaloptera* y *Ceroptera).* 8 MIL. Mantelete que sirve de defensa a los soldados. -9 *com.* Persona que no rinde lo esperado. 10 *A ~, loc. adv.*, modo de regar el terreno cubriéndolo con una capa de agua; abundantemente. -11 *f. Amér.* Costal de pita que se usa en las minas para transportar minerales. 12 *Amér. Merid.* Poncho, prenda de vestir. 13 *Bol.* MIN. Mancha argentífera. 14 *Colomb.* Baile popular. 15 *Cuba.* Pañuelo grande. 16 *Cuba.* Una clase de tasajo. 17 *Ecuad.* Tabla (sembrados).

FR. *Liarse uno la ~ a la cabeza*, fig., atropellar por todo. *Tirar de la ~*, descubrir lo que había interés en mantener secreto.

mantaca *f. Chile.* Manta de hilos gruesos, que se usa para abrigo en los campos.

mantada *f. Chile.* Lo que cabe en una manta.

mantadril *m. Hond.* Tela ordinaria de algodón, azul o blanca.

mantaterilla *f.* Tela de urdimbre de bramante y trama de tirillas de paño.

mantazo *m.* TAUROM. Lance dado con la muleta sin cumplir las reglas del arte.

manteada *f. Argent.* y *Guat.* Manteamiento.

manteado *m. Amér. Central* y *Méj.* Tienda de campaña. 2 *Méj.* Cobertizo de lona, toldo.

manteador, -ra *adj.-s.* Que mantea.

manteamiento *m.* Acción de mantear. 2 Efecto de mantear.

SIN. **Manteo.**

I) mantear *tr.* Hacer saltar en una manta [a una pers., animal o mamarracho] tirando de las orillas varias personas. 2 *Argent.* y *P. Rico.* Maltratar [a uno] entre varios.
II) mantear (de *manto*) *intr. Murc.* Salir mucho de casa las mujeres. -2 *prnl. Chile.* Convertirse en manto una veta de metal.
manteca (l. hisp. **mantaica;* probl. de orig. prerrom.) *f.* Gordura de los animales, esp. la del cerdo. 2 Substancia crasa y oleosa de la leche y de algunos frutos. 3 Pomada. 4 pop. Dinero. -5 *f. pl.* fam. Gordura, adiposidad.
SIN. *2* **Mantequilla,** es la de la leche. FR. *El que asó la ~*, persona que discurre u obra neciamente.
mantecada *f.* Rebanada de pan untada con mantequilla. 2 Especie de bollo de harina de flor, huevos, azúcar y mantequilla.
mantecado *m.* Bollo amasado con manteca de cerdo. 2 Sorbete de leche, huevos y azúcar.
mantecón (de *manteca*) *adj.-m.* fig. *y* fam. Sujeto regalón y delicado.
mantecoso, -sa *adj.* Que tiene mucha manteca. 2 Que se asemeja a ella. 3 *P. Rico.* fig. Fastidioso.
manteísta *m.* El que asistía a las escuelas públicas con sotana y manteo. 2 Alumno externo de un seminario conciliar.
mantel (l. *-ele*) *m.* Tejido con que se cubre la mesa para comer. 2 Lienzo mayor con que se cubre la mesa del altar. 3 *Chile.* Nube espesa sobre los cerros.
SIN. *1* **Paño de mesa.** *2* **Paño de altar.**
mantelado *adj.* BLAS. [escudo] Cortinado, partido en forma de cortina doble abierta. 2 BLAS. [animal] Que lleva un mantelete al cuello.
manteladura *f.* Pelo del lomo de los mamíferos cuando es de color distinto del resto de la piel.
mantelería *f.* Juego de mantel y servilletas.
manteleta (dim. de *manto*) *f.* Especie de esclavina grande, usada para abrigo o adorno.
mantelete (fr. *mantelet*) *m.* Vestidura con dos aberturas para sacar los brazos, que traen los obispos y prelados sobre el roquete. 2 Tablero grueso forrado de hoja de lata que antig. servía de resguardo contra los tiros del enemigo. 3 BLAS. Adorno que representa lo que protegía el cuello y la espalda del caballero.
mantelillo *m.* Centro de mesa, mantelito bordado que se pone encima del principal.
mantellina (de *manto*) *f.* Mantilla (para cubrir la cabeza). 2 Bebida murciana compuesta de miel, aguardiente dulce y limón.
mantención *f.* fam. *y* desus. Manutención.
mantenedor, -ra *m. f.* En los certámenes literarios, miembro del jurado que examina el mérito de las composiciones presentadas y mantiene los temas declarados desiertos. 2 Persona que, en dichos concursos, pronuncia el discurso en nombre del jurado. -3 *m.* Caballero encargado de mantener un torneo, justa, etc.: *~ en un torneo* o *de un torneo.*
mantenencia *f.* Acción de mantener y sostener. 2 Efecto de mantener y sostener. 3 Alimento, sustento, víveres.
mantener (l. v. *manutenere,* tener con la mano) *tr.* Conservar [una cosa] en su ser o estado: *~ en buen uso; ~ en equilibrio; ~ sano; ~ entero el humor.* 2 Proseguir [en lo que se está haciendo]: *~ la conversación; ~ correspondencia con uno.* 3 Tener lugar, celebrar: *~ una entrevista, una reunión.* 4 Defender [una opinión, sistema, etc.]: *~ ideas erróneas.* 5 Sostener [un torneo, justa, etc.]. 6 Proveer del alimento necesario: *~ a la familia.* 7 DER. Amparar [a uno] en la posesión de una cosa. -8 *tr.-prnl.* Alimentarse: *mantenerse con pan y agua,* o *de hierbas.* -9 *prnl.* Estar un cuerpo en un medio, sin caer o haciéndolo muy lentamente. 10 No variar de estado o resolución: *mantenerse en paz; mantenerse en sus ideas.* ◇ ** CONJUG. [87] como *tener.*
SIN. *4, 6* y *8* **Sustentar, sostener,** dan un matiz de mayor esfuerzo por parte del sujeto. Comp. *~ una opinión,* o *una familia,* con *sostenerlas* o *sustentarlas. 6* **Manutener,** DER.
mantenido, -da *m. f. Méj.* vulg. El que vive a expensas de otro. -2 *m. Méj.* y *Guat.* El que vive a expensas del trabajo de una mujer. -3 *f.* Concubina, amante.
manteniente *loc. adv. A ~*, con toda la fuerza de la mano. 2 Con ambas manos.
mantenimiento *m.* Efecto de mantener o mantenerse. 2 Manjar o alimento.
SIN. **Sustento.**
I) manteo *m.* Manteamiento.
II) manteo (fr. *manteau* < l. *mantellu*) *m.* Capa larga con cuello estrecho, que traen los eclesiásticos sobre la sotana; antig. la usaban los estudiantes.
mantequear *intr. Venez.* Explotar un cargo.
mantequería *f.* Establecimiento donde se fabrica o vende la manteca.
mantequero, -ra *adj.* Relativo a la manteca. -2 *m. f.* Persona que tiene por oficio hacer o vender manteca. -3 *f.* Vasija en que se hace la manteca. 4 Vasija en que se sirve a la mesa. -5 *m. Cuba* y *P. Rico.* desp. Pulpero I.
mantequilla *f.* Dim. de *manteca.* 2 Grasa de la leche separada por centrifugación, agitación o mazado. 3 Manteca de vaca batida y mezclada con azúcar.
SIN. *2* **Butiro,** científ.
mantequillazo *m. P. Rico.* Bofetada.
mantequillero, -ra *m. f. Amér.* Mantequero.
mantequilloso, -sa *adj. P. Rico.* Quisquilloso.
mantero, -ra *m. f.* Persona que tiene por oficio hacer o vender mantas o mantos.
mantés, -tesa *adj.-s.* fam. Pícaro, pillo.
mantilla (dim. de *manto*) *f.* Prenda de seda, tul, encaje, etc., de que usan las mujeres para cubrirse la cabeza. 2 Paño con que se cubre el lomo de la cabalgadura. 3 Pieza con que se abriga y envuelve a los niños por encima de los pañales. 4 IMPR. Paño que se pone en el tímpano de las prensas de mano o envolviendo el cilindro de las máquinas de imprimir para que la letra no padezca y salga bien la impresión. 5 *Hond.* Hombre cobarde.
SIN. *1* **Mantellina.** FR. *Estar una cosa en mantillas,* fig., estar muy a los principios.
mantillo (dim. de *manto*) *m.* Parte orgánica del suelo formada por la descomposición parcial de materias animales y vegetales. 2 Abono que resulta de la fermentación del estiércol.
SIN. *1* **Humus,** tecn.; **tierra negra.**
mantillón, -llona *adj. Méj.* Sinvergüenza. -2 *m. Amér.* Gualdrapa muy gruesa.
mantis *f. ~ **religiosa,*** santateresa.
mantisa (l. *-issa,* añadidura) *f.* Fracción decimal que sigue a la característica en un logaritmo. Es siempre positiva.
manto (b. l. *-tu;* probl. del l. *mantellu*) *m.* Ropa suelta a modo de capa con que las mujeres se cubren de pies a cabeza. 2 Especie de mantilla grande. 3 Capa que llevan algunos religiosos sobre la túnica. 4 Rica vestidura de ceremonia, que en forma de capa cubre todo el cuerpo hasta arrastrar por tierra. 5 Ropa talar que usan en algunos colegios sus individuos y alumnos. 6 Repliegue cutáneo que envuelve el cuerpo de los gusanos, braquiópodos, de los moluscos y de las ascidias. 7 Capa mineral que yace casi horizontalmente. 8 Fachada de la campana de una chimenea. 9 Manteca o sebo en que nace envuelta la criatura. 10 fig. Lo que encubre y oculta una cosa. 11 BLAS. Pieza formada por dos líneas diagonales que parten de los ángulos del jefe y que se aúnan formando un palo a un tercio de la longitud habitual de éste. -12 *m. pl.* Grasas del redaño que envuelve las vísceras de los animales, esp. las del cerdo. -13 *m. Méj.* Campánula, flor.
REL. *6* **Paleal,** relativo al manto de los moluscos.
I) mantón *m.* Pañuelo grande y, gralte., de abrigo: *~ **de Manila,*** el de seda y bordado. 2 Pañuelo grande que se echa sobre los hombros. 3 *And.* Mandil (paño). 4 *Venez.* Manto.
SIN. **Pañolón.**
II) mantón, -tona *adj.* Mantudo.
mantoncita *f. Ecuad.* fam. Longa, muchachita.
mantuano, -na (l. *-nu*) *adj.-s.* De Mantua, c. de Italia: ***el ~***, Virgilio. 2 *Venez.* ant. Descendiente de indios y españoles nobles. 3 *Venez.* Noble de alcurnia.
mantudo, -da *adj.* Alicaído: *ave mantuda.* -2 *m. f. Amér. Central.* Máscara, persona disfrazada.
manuable *adj.* [objeto] Que se maneja fácilmente.
SIN. v. **Manejable.**
manual (l. *-ale*) *adj.* Que se ejecuta con las manos. 2 Manuable. 3 fig. Fácil de entender. -4 *m.* Libro en que se compendia lo más substancial de una materia. 5 Libro que contiene los ritos de los sacramentos. 6 *Murc.* Cirio, vela gruesa que se lleva a mano para alumbrar en las procesiones. -7 *m. pl.* Emolumento que perciben los eclesiásticos por asistir al coro.
manualidad (de *mano*) *f.* Trabajo llevado a cabo con las manos.
manualmente *adv. m.* Con las manos.
manuar *m.* Máquina usada en la hilatura del algodón para el estirado, laminado o doblado de las fibras textiles.
manubrio (l. *-briu,* asa, mango) *m.* Empuñadura de un instrumento. 2 Cigüeña (de las máquinas). 3 En las medusas, parte tubulosa del animal que cuelga de la umbrela y del cual salen

los brazos. 4 *Chile.* y *Méj.* Volante de un automóvil. 5 *Ecuad.* y *S. Dom.* Manija del automóvil.
SIN. *1* y *2* **Manivela.**
manucodiata (malayo-javanés *mánuc devata,* ave de los dioses) *f.* Ave del Paraíso.
manudo, -da *adj. Amér. Central* y *Argent.* De manos grandes.
manuela *f. Madrid.* Coche de alquiler abierto y tirado por un caballo.
manuelino, -na *adj.-s.* Estilo, pralte. arquitectónico, usado en Portugal durante el reinado de Manuel I (1469-1521).
manuella *f.* Barra del cabrestante.
manufactura (l. med.) *f.* Obra hecha a mano o con auxilio de máquinas. 2 Fábrica (donde se fabrica).
SIN. **Manifactura,** p. us.; **obraje.**
manufacturado, -da *adj.* Resultante de la transformación industrial de ciertas materias en una manufactura: *producto ~.*
manufacturar *tr.* Producir [objetos o mercancías] por manufactura; fabricar.
manufacturero, -ra *adj.* Relativo a la manufactura. 2 Que se dedica a la manufactura.
manumisión (l. *-missione*) *f.* Acción de manumitir. 2 Efecto de manumitir.
manumiso, -sa (l. *-missu*) *adj.* Horro: *esclavo ~.*
manumisor *m.* DER. El que manumite.
manumitir (l. *manumittere*) *tr.* DER. Conceder la libertad [a un esclavo].
manuscribir *tr.* Escribir a mano.
manuscrito (comp. del l. *manu + scriptu*) *adj.* Escrito a mano. -2 *m.* Papel o libro escrito a mano, esp. el de algún valor o antigüedad. 3 Original de un libro.
manutención (l. med. *-tentione*) *f.* Acción de mantener o mantenerse. 2 Efecto de mantener o mantenerse. 3 Conservación y amparo. ◇ INCOR.: *manuntención.*
SIN. **Mantención,** vulg.
manutener *tr.* DER. Mantener o amparar. ◇ ** CONJUG. [87] como *tener.*
manutigio (l. *manutigiu*) *m.* Fricción ligera practicada con la mano.
manutisa *f.* Minutisa.
manvacío, -a *adj.* desus. Manivacío.
manyar (it. *mangiare*) *tr. Amér.* fest. Comer [algo].
manyata *f. S. Dom.* fest. Comida.
manzana (l. *mattiana mala,* especie de manzanas) *f.* Fruto del manzano: *~ de Adán,* nuez (de la laringe). 2 Manzanilla (remate de adorno). 3 Pomo de la espada. 4 En las poblaciones, conjunto aislado de varias casas contiguas. 5 Espacio cuadrado de terreno circunscrito por calles. 6 *Amér. Central.* Unidad de diez mil varas cuadradas. 7 *Colomb.* Cubo de carro.
SIN. *1* **Poma.** *4* **Isla, bloque.** *5* **Cuadra,** en Amér. FR. *~ de la discordia,* manzana de oro que Paris entregó a Venus, produciendo el enojo de Minerva y de Juno; fig., lo que es ocasión de discordia.
manzanahígo *f.* Variedad de manzana que sale sin flor.
manzanal *m.* Manzano. 2 Manzanar.
manzanar *m.* Terreno plantado de manzanos.
SIN. **Pomarada, pomar.**
manzanazo *m. Venez.* Regalo interesado.
manzanear *tr. Guat.* y *Méj.* Dividir [un lote de terreno] en manzanas. 2 *Venez.* Halagar con obsequios.
manzanera *f.* Maguillo.
manzanil *adj.* Parecido a la manzana.
manzanilla (dim. de *manzana*) *f.* Hierba compuesta de cabezuelas olorosas, solitarias y con el centro amarillo y la circunferencia blanca *(Matricaria chamomilla).* 2 Flor de esta planta. 3 Infusión de flores de manzanilla. 4 *~ bastarda,* planta compuesta, aromática, de flores radiales blancas, y disco amarillo, que crece en las orillas de los caminos *(Anthemis arvensis).* 5 *~ europea,* planta compuesta *(Anthemis europaeus).* 6 *~ hedionda,* planta compuesta, de olor desagradable, flores radiales blancas y disco amarillo *(Anthemis cotula).* 7 *~ loca,* planta compuesta empleada en tintorería *(Anthemis tinctoria).* 8 *~ romana,* hierba reptante con fuerte olor a manzanilla y flores parecidas a ésta, que crece en praderas arenosas *(Anthemis nobilis).* 9 Remate en forma de manzana que sirve de adorno en camas, balcones, etc. 10 Parte inferior de la barba. 11 Parte carnosa y saliente con que terminan por debajo las patas de los mamíferos carnívoros. 12 Vino blanco, aromático y seco, que se hace en Andalucía. 13 Aceituna manzanilla. 14 *Hond.* Planta que produce una almendra de la que se hace jabón.
SIN. *1* y *2* **Camamila, camomila.** *6* **Magarza, magarzuela, malagata.** *7* **Abiar, bonina.**
manzanillo, -lla (dim. de *manzano*) *adj.-s.* Variedad de olivo que produce una aceituna muy pequeña. -2 *m. Ant.* y *Venez.* Árbol euforbiáceo de madera apreciada *(Hippomane mancinella).*
manzano *m.* Árbol frutal rosáceo de hojas ovales, acuminadas y dentadas, flores sonrosadas en umbela, y fruto en pomo *(Malus domestica).* 2 *Can., Méj.* y *P. Rico.* ***Guineo ~,*** o simplte. *~,* variedad de plátano de fruto pequeño y muy dulce.
maña (l. v. ***mania,** habilidad manual < *manu,* mano) *f.* Destreza, habilidad: ***darse uno ~,*** ingeniarse, disponer sus negocios con habilidad. 2 Artificio o astucia. 3 Manojo pequeño, manada II. 4 Vicio o mala costumbre: *malas mañas.*
mañacada *f. Murc.* Puerilidad, niñería.
mañaco, -ca *adj.-s. Murc.* fam. y vulg. Niño de poca edad.
mañán *m. Murc.* Cerrajero.
mañana (l. v. ***maneana** < *mane*) *f.* Tiempo desde la medianoche hasta el mediodía, esp. a partir del alba: ***de ~,*** al amanecer, en las primeras horas del día. -2 *m.* Tiempo futuro próximo. -3 *adv. t.* En el día después del de hoy: ***pasado ~,*** en el día después del de mañana. 4 En tiempo venidero.
FR. *Tomar la ~,* madrugar (levantarse temprano); beber aguardiente en ayunas.
mañanear *intr.* Madrugar habitualmente.
mañanero, -ra *adj.* Madrugador. 2 Relativo a la mañana.
mañanica, -ita *f.* Principio de la mañana. 2 Especie de manteleta, gralte. de punto, que usan las mujeres para estar sentadas en la cama.
mañanitas *f. pl. Méj.* Composición musical corta.
mañé *m. Colomb.* Tela muy ordinaria usada por la gente del pueblo. -2 *adj. Colomb.* p. ext. [pers.] Plebeya. 3 *S. Dom.* despec. Haitiano.
mañear *tr.* Disponer [una cosa] con maña. -2 *intr.* Proceder mañosamente.
mañeco, -ca *adj. P. Rico.* Maneto.
mañego, -ga *m. f. Extr.* Dócil, manso, fácil de manejar.
mañerear *intr. Argent.* y *Urug.* Obrar, proceder con malas mañas. 2 *Chile.* Usar un animal malas mañas.
mañería *f.* Esterilidad en las hembras o en las tierras.
I) mañero, -ra (de *maña*) *adj.* Sagaz, astuto. 2 Fácil de tratarse, ejecutarse o manejarse. 3 *Argent.* Mañoso. 4 *Chile.* Espantadizo: *caballo ~.*
II) mañero, -ra (l. *manus,* mulo) *adj.* Estéril.
mañigal *m. Chile.* Sitio poblado de mañíus.
mañíu *m. Chile.* Árbol de madera excelente parecido al alerce *(Podocarpus chilena).*
maño, -ña (de *mano;* aféresis de *hermano*) *m. f.* fig. Aragonés. 2 *Argent.* y *Chile.* Tratamiento cariñoso y de confianza: *~, ven acá.*
mañoca *f. P. Rico.* Harina de mañoco.
mañoco (de *manioch,* voz americana) *m.* Tapioca. 2 *Venez.* Masa cruda de harina de maíz.
mañón *m. Logr.* Haz de paja de centeno que sirve para hacer vencejos.
mañosamente *adv. m.* Con maña (destreza). 2 Maliciosamente.
mañosear *intr. Colomb.* y *Venez.* Resabiar. 2 *Chile.* Proceder con maña y astucia.
mañosería *f. Ecuad.* Maña.
mañoso, -sa (de *maña*) *adj.* Que tiene maña. 2 Que se hace con maña. 3 Que tiene mañas.
mañuela *f.* Maña con astucia y bellaquería. -2 *com. pl.* fig. Persona astuta y cauta.
maoísmo *m.* Transformación del leninismo debida a Mao Ze-Dong (1893-1976) y aplicada a la revolución comunista china. 2 Movimiento político inspirado en la doctrina de Mao.
maoísta *adj.* Perteneciente o relativo al maoísmo. -2 *adj.-com.* Partidario del maoísmo.
maorí *adj.-com.* Indígena de Nueva Zelanda.
mapa (l. *mappa,* mantel) *m.* Representación geográfica de la Tierra o parte de ella en una superficie plana: *~ mudo,* el que no lleva escritos los nombres. -2 *f.* fam. Lo que sobresale en un género, habilidad o producción: ***llevarse la ~,*** aventajarse en una liza. 3 *S. Dom. La ~,* sujeto muy versado en todo; noticias minuciosas.
SIN. *1* **Carta,** (MAR.): *carta marina, de marear;* fuera de este uso, **carta** por

mapa es galicismo excepto en la expr. *carta geográfica*; **plano,** si se trata de un edificio, calle o ciudad; emplear **mapa** por **plano** es anglicismo. REL. **Cartografía,** arte de trazar mapas; deriv. **cartógrafo, cartográfico.** FR. *No estar en el ~ una cosa,* ser desusada y extraordinaria.

mapache (mej. *mapach*) ***m.*** Mamífero carnívoro prociónido, con el pelaje de color amarillo grisáceo con una característica mancha negra en los ojos y la mejilla *(Procyon lotor).* SIN. **Perro mudo, oso lavador.**

mapachín ***m.*** *Amér. Central.* Mapache.

mapamundi ***m.*** Mapa que representa la superficie de la tierra dividida en dos hemisferios. 2 fam. Nalgas.

mapanare ***f.*** *Venez.* Serpiente venenosa *(gén. Lachesis).*

mapasúchil (mej. *macpalli,* palma de la mano + *xóchitl,* flor) ***m.*** *Méj.* Planta piperácea cuyo fruto se empleaba para perfumar el chocolate y otras bebidas *(Chinanthodendron pentadactylon).*

mapeango, -ga ***adj.*** *Cuba* y *Méj.* Flojo, incompetente.

mapear ***tr.*** BIOL. En genética, localizar un gen en el interior del cromosoma. 2 GEOGR. Recoger datos relativos a los accidentes geográficos y plasmarlos en la representación cartográfica de una zona.

mapelo ***m.*** *Can.* Acónito.

mapeo ***m.*** Establecimiento de planos o mapas especiales por métodos físicos.

mapire ***m.*** *Colomb.* Cesto de palma.

mapo (voz indígena) ***m.*** *Cuba* y *P. Rico.* Pez de agua dulce, de carne poco estimada *(Gobius lacertus).*

mapola ***f.*** *Colomb.* y *Venez.* Cachada en el trompo.

mapolear ***tr.*** *Colomb.* Golpear, dar mapolas.

mapón ***m.*** Relación de los despachos y correspondencia que hayan de ser entregados a una expedición postal.

mapora ***f.*** *Venez.* Palmera originaria de América tropical con cuyos frutos preparan ciertas bebidas refrescantes *(Oenocarpus mapora).* 2 Palmera originaria de las Antillas, cuyas yemas se comen como verdura y de cuyo tronco se obtiene sagú *(Roystonea oleracea).* 3 Palma real.

mapuche ***adj.-com.*** Araucano.

mapuey ***m.*** *P. Rico* y *Venez.* Planta dioscoreácea medicinal, de raíz tuberosa rica en fécula *(Dioscorea trifida).*

mapurite ***m.*** Turón.

mapurito ***m.*** Turón.

maque (japonés *makie,* barniz de oro o plata) ***m.*** Laca (barniz). 2 Ailanto. 3 *Méj.* Charol.

maquear ***tr.*** Adornar con maque o laca: *~ un mueble.* -2 ***prnl.*** fam. Arreglarse, componerse. -3 ***tr.*** *Méj.* Charolar, barnizar [algo].

maqueño ***m.*** *Bol.* Especie de plátano grande.

maquero (de *maca;* vulg. por *hamaca*) ***m.*** *Perú.* Cuna de diversas formas.

maqueta (it. *machietta;* dim. de *macchia;* a través del fr. *maquette*) ***f.*** Modelo en tamaño reducido de un monumento, edificio, construcción o conjunto de ellos. 2 Boceto de ilustración y presentación de un libro, disco o casete.

maquetista ***com.*** Bocetista. 2 Especialista en hacer maquetas.

maqueto, -ta ***adj.-s.*** Emigrante de una región española asentado en el País Vasco.

maqui (arauc.) ***m.*** *Chile.* Arbusto de bayas moradas que sirven para dulce, hacer chicha, teñir de rojo, etc. *(Aristotelia maqui).*

maquia ***f.*** Comunidad vegetal degradada, formada por malezas.

maquiavélico, -ca ***adj.*** Relativo al maquiavelismo.

maquiavelismo ***m.*** Doctrina de Maquiavelo (1469-1527), según la cual todas las grandes acciones llevan en sí su propia moral. 2 Sistema de política, atribuido a Maquiavelo, según el cual para lograr el fin no hay que reparar en los medios. 3 fig. Modo de proceder con astucia, doblez y perfidia.

maquiavelista ***adj.-com.*** Que sigue el maquiavelismo.

maquila (ár.) ***f.*** Porción de grano, harina o aceite que corresponde al molinero por la molienda. 2 Medida con que se maquila. 3 Medio celemín. 4 *Hond.* Medida de peso de cinco arrobas. SIN. *1* **Moltura,** *Ar.* REL. *2* y *3* **Puñera,** tercera parte del celemín.

maquiladora ***f.*** *Méj.* Planta industrial que ejecuta, para una empresa importante, una de las operaciones del proceso de fabricación de un producto.

maquilar ***tr.*** Retirar el molinero la maquila [de una molienda].

maquilero ***m.*** El que cobra la maquila.

maquillador, -ra ***adj.-s.*** Que maquilla.

maquillaje (fr. *-age*) ***m.*** Acción de maquillar o de maquillarse. 2 Efecto de maquillar o maquillarse. 3 Substancia cosmética utilizada para maquillar.

maquillar (fr. *-iller*) ***tr.-prnl.*** Componer con afeites el rostro para embellecerlo. 2 Pintar el rostro con preparados artificiales para obtener en teatro, cine o televisión determinados efectos. -3 ***tr.*** fig. Alterar para producir una apariencia engañosa.

máquina (l. *machina,* der. del gr. dial. *machaná,* invento ingenioso) ***f.*** Conjunto de aparatos combinados para recibir cierta forma de energía, transformarla y restituirla en otra más adecuada, o para producir un efecto determinado: *~* ***de vapor,*** aquella cuya fuerza motriz es el vapor de agua; *~* ***eléctrica,*** aquella cuya fuerza motriz es la electricidad, o la que produce electricidad; *~* ***de fotografiar*** o ***fotográfica,*** cámara fotográfica; *~* ***hidráulica,*** aquella cuya fuerza motriz es el agua; *~* ***neumática,*** la que sirve para producir el vacío; *~* ***compound,*** máquina de vapor que tiene varios cilindros desiguales en los que el vapor actúa sucesivamente; *~* ***de coser,*** la que permite hacer mecánicamente casi todos los puntos de costura y bordado; *~* ***de escribir,*** aparato que permite escribir con gran velocidad, con ayuda de un teclado; *~* ***herramienta,*** la que por procedimientos mecánicos hace funcionar una herramienta, sustituyendo la mano del operario; *~* ***síncrona,*** aquella cuya velocidad media de funcionamiento es proporcional a la frecuencia de su fuente de alimentación eléctrica; *~* ***soplante,*** la combinación de máquina de vapor o motor de gas y bomba impelente de aire, mediante la cual se hace circular gran cantidad de aire sobre combustible en ignición para activar la combustión; *~* ***térmica,*** la que transforma la energía térmica en energía de movimiento. 2 Freno de manubrio de los carruajes. 3 Locomotora. 4 *~* ***neumática,*** constelación austral situada entre la Brújula y el Centauro. 5 fig. Organismo: *~ humana; ~* ***del mundo,*** el universo. 6 fig. Edificio grande y suntuoso. 7 Tramoya (en el teatro). 8 fig. Intervención de lo maravilloso en el desarrollo de una obra épica o dramática. 9 fig. Traza, proyecto. 10 Entre comerciantes, juego de compadres. 11 *Cuba.* Automóvil. 12 *Chile.* Asalto que dos o más personas dan a otra. REL. *1* **Mecanismo,** estructura o disposición de las partes de una máquina; **mecánica,** ciencia y arte de idear, construir o reparar máquinas. SIN. *8* **Trama, intriga.**

maquinación (de *maquinar*) ***f.*** Acción de maquinar. 2 Efecto de maquinar.

maquinador, -ra ***adj.-s.*** Que maquina.

maquinal ***adj.*** Relativo a los movimientos y efectos de la máquina. 2 Que se ejecuta sin deliberación: *acción, movimiento ~.* SIN. *2* **Automático.** V. **Espontáneo.**

maquinalmente ***adv. m.*** fig. Indeliberadamente.

maquinar (l. *machinari*) ***tr.*** Tramar ocultamente: *~ una conspiración contra el rey.* 2 METAL. Trabajar una pieza por medio de una máquina. 3 *And.* Allanar la tierra arada. SIN. *1* **Urdir, tramar, intrigar.**

maquinaria ***f.*** Arte de construir máquinas. 2 Conjunto de máquinas para un fin determinado. 3 Mecanismo que da movimiento a un artefacto: *la ~ de un juguete, de un reloj.* 4 Conjunto de órganos destinados a un mismo fin: *la ~ de la justicia.*

maquinilla ***f.*** Aparato para afeitar o cortar el pelo: *~* ***de afeitar,*** o simplte., *~*, la formada por un mango y una pieza perpendicular a éste que sujeta una cuchilla con la que afeita; *~* ***eléctrica,*** la que afeita en seco mediante la vibración o rotación de múltiples hojas.

maquinillero ***m.*** MAR. Marinero encargado del manejo de las máquinas auxiliares para la carga y descarga.

maquinismo ***m.*** Técnica de la producción moderna, que sustituye con máquinas el trabajo del hombre.

maquinista ***com.*** Persona que inventa máquinas. 2 La que tiene por oficio fabricarlas, dirigirlas o gobernarlas. 3 CINEM. Ayudante del operador de cámara.

maquinización ***f.*** Acción de maquinizar. 2 Efecto de maquinizar.

maquinizar ***tr.*** Emplear [en la producción industrial, agrícola, etc.] máquinas que sustituyen o mejoran el trabajo del hombre. ◇ ** CONJUG [4] como ***realizar.*** REL. **Mecanizar, motorizar, mecanización, motorización, maquinismo.**

maquis (del fr. *maquis,* monte bajo) ***com.*** Persona que, huida a los montes, vive en rebeldía y oposición armada al sistema político establecido. 2 Organización de esa oposición. ◇ Pl.: *maquis.*

mar (l. *mare*) ***amb.*** Masa de agua salada que cubre la mayor parte de la superficie de la Tierra: ***alta*** *~* o *~* ***ancha,*** parte del mar alejada de la costa; *~* ***de fondo*** o ***de leva,*** gran agitación de las aguas del mar; *~* ***de fondo,*** fig., inquietud o agitación más o menos latente que enturbia y dificulta el curso de un asunto cualquiera. 2 Parte de mar situada en una región determinada:

~ *Mediterráneo.* 3 p. ext. Lago: ~ *Muerto.* 4 fig. Gran cantidad de agua o de cualquier líquido: *un ~ de sangre; un ~ de arena.* 5 fig. Abundancia extraordinaria: *la ~ de trabajo; llorar, llover,* o *sudar, a mares.* ◇ Entre marinos se usa habitualmente como femenina.

SIN. *1* **Ponto, el profundo,** ambos lit. *1* y *3* **Piélago,** lit. REL. *1* **Oceanografía,** estudio de los mares en sus aspectos geográfico, geológico, químico y biológico; *adj.* **oceanográfico; batómetro,** aparato para medir las profundidades del mar. REL. MIT. **Neptuno,** dios del mar; **náyade, nereida, oceánida, ondina, sirena, tritón,** otras divinidades marinas. FR. *Hacerse a la ~,* alejarse el barco de la costa. *Hablar de la ~,* fig., hablar de cosas imposibles. LOC. *A mares,* abundantemente.

¡mar! MIL. Voz de mando con la que se ordena la ejecución inmediata de un movimiento: *Media vuelta, ¡mar! De frente, ¡mar!*

mara *f.* vulg. Gente, muchedumbre.

mará *m.* ZOOL. Mamífero roedor de Argentina, de hasta 70 cms. de longitud; su pelaje es de color gris con el vientre blanco *(Dolichotis australis).*

marabino, -na *adj.-s.* Maracaibero.

marabú (ár. dial. *marabut,* asceta, santo; a través del fr.) *m.* Ave ciconiforme de África, parecida a la cigüeña, una parte de cuyo plumaje es blanco y se usa para adorno *(Leptotilus crumenifer).* 2 Adorno hecho de este plumaje. 3 *Cuba.* Planta leguminosa herbácea, muy perjudicial para los cultivos *(Dicgrotachys nutans).* ◇ Pl.: *marabúes.*

marabunta *f.* Enjambre de hormigas propias de América del Sur, esencialmente carnívoras, que acometen contra la vegetación y todo tipo de animales. 2 fig. *y* fam. Desorden y destrucción.

marabuto (ár. dial. *marabut;* ár. lit. *murabit,* ermitaño; a través del fr. *marabout*) *m.* Morabito (ermita).

maraca (voz caribe o araucana) *f.* Instrumento músico popular de origen americano, hecho de la higuera o calabazo seco, de metal o de materias plásticas, del tamaño de una naranja, lleno de pedrezuelas y con un palo que lo atraviesa por mango. 2 *P. Rico.* Sonajero. 3 *Chile* y *Perú.* Juego de azar muy usado entre la gente del pueblo; se juega con tres dados que, en vez de puntos, tienen figurados un sol, un oro, una copa, una estrella, una luna y una ancla. 4 *Chile.* Ramera. -5 *com. Colomb., P. Rico* y *Venez.* fam. Zoquete, persona de poco juicio. -6 *f. pl. P. Rico.* Tonterías.

SIN. *1* **Maruga,** en Cuba; **maracá,** en Argent.

maracá (guaraní *mbaraká;* correspondiente a *maraca*) *m. Argent.* Maraca, instrumento músico.

maracaibero, -ra *adj.-s.* De Maracaibo, cap. del estado de Zulia (Venezuela).

maracaná (guaraní) *m. Argent.* Guacamayo.

maracayá *m. Amér.* Especie de ocelote *(Felis maracaya).*

maracayero, -ra *adj.-s.* De Maracay, cap. del estado de Aragua (Venezuela).

maraco, -ca *m. f. Venez.* Hijo menor. -2 *m. Bol.* Maraca (instrumento musical).

maracucho, -cha *adj.-s. Venez.* De Maracaibo. 2 Relativo a esta ciudad.

maracure *m. Venez.* Bejuco del cual se extrae el curare.

maragalliano, -na *adj.* Relativo al poeta catalán Juan Maragall (1860-1911).

maragatería *f.* Conjunto de maragatos.

maragato, -ta *adj.-s.* De la Maragatería, reg. de la prov. de León. 2 De San José, c. y dep. de Uruguay. -3 *m.* Adorno que antig. llevaban las mujeres en el escote.

maragota *f.* Pez marino teleósteo perciforme, de cuerpo ovoide cubierto por grandes escamas y color variable, según la edad y el estado fisiológico *(Labrus berggylta).*

SIN. **Durdo.**

maramaral *m. Venez.* Monte bajo.

maranguango *m. Colomb.* Hechizo, bebedizo.

maranta *f.* Planta cingiberácea de los países tropicales y esp. de América *(Marantha allonya).*

marantáceo, -a *adj.-f.* Planta de la familia de las marantáceas. -2 *f. pl.* Familia de plantas angiospermas monocotiledóneas, herbáceas, con flores hermafroditas irregulares y fruto en cápsula, baya o nuez.

maraña (probl. voz prerrom.) *f.* Maleza (espesura). 2 Conjunto de hebras bastas que forman la parte exterior de los capullos de seda. 3 Tejido hecho con esta maraña. 4 fig. Enredo de los hilos o del cabello. 5 Lance intrincado y de difícil salida. 6 Embuste para enredar o descomponer un negocio. 7 vulg. Reunión de gente. 8 vulg. Gente. 9 Coscoja (árbol). 10 *Colomb.* Gratificación pequeña.

marañal *m.* Coscojar.

marañero, -ra *adj.-s.* Marañoso.

I) marañón *m. Logr.* Fruto del endrino o ciruelo silvestre.

II) marañón (voz caribe) *m. Amér.* Anacardo (planta).

III) marañón, -ñona *adj. Colomb.* y *Venez.* [gallo] Blanco con plumas rojas.

marañoso, -sa *adj.-s.* Amigo de marañas, enredador.

marañuela *f.* Dulce típico asturiano, especie de rosquilla en forma de ocho, cocida al horno. 2 *Cuba.* Capuchina (planta y flor).

marapa *f. Méj.* Fruto del jobo, especie de ciruela. 2 *Venez.* Bebida refrescante confeccionada con este fruto.

maraquear (de *maraca*) *tr. S. Dom.* y *Venez.* Menear [un objeto] a uno y otro lado.

maraquero, -ra *m. f. Chile.* Persona que tiene en su casa juego de maraca. 2 *P. Rico* y *Venez.* Tañedor de maraca.

maraquito, -ta *m. f. Venez.* Hijo menor de una familia. -2 *f. Venez.* Juguete para entretener a los niños.

marasmo (gr. *marasmós*) *m.* Grado extremo de extenuación o enflaquecimiento. 2 fig. Suspensión, inmovilidad, en lo moral o en lo físico. 3 fig. Disminución de la actividad económica o comercial.

maratobo *adj. Cuba.* Malatoba.

maratón *m.* Carrera pedestre de los Juegos Olímpicos, con un recorrido de unos 42 kms. 2 p. ext. Competición deportiva de resistencia. ◇ Es incorrecto el uso en f. que se está generalizando.

maratoniano, -na *adj.* Propio o relativo al maratón. 2 fig. Agotador, de duración anormalmente larga: *jornada, negociación, encuentro, discusión, sesión maratoniana.* -3 *m.* Corredor de maratón.

marattial *adj.-s.* BOT. Helecho tropical de tallos gruesos y cortos. -2 *f. pl.* BOT. Orden de estas plantas.

maravedí (ár. *morabití,* de los almorávides) *m.* Moneda española, efectiva o imaginaria, de diferentes valores y calificativos. 2 Ant. moneda española de cobre (trigesimocuarta parte del real de vellón): ~ ***alfonsí, blanco*** o ***de plata,*** moneda castellana de plata del s. XV (tercera parte de un real de plata); ~ ***de oro,*** moneda de oro de los reinos de Asturias, León y Castilla, del s. XII (6 maravedís de plata). ~ ***burgalés,*** moneda de vellón de los reinos de Asturias, León y Castilla, del s. XIII (sexta parte del ~ de plata); ~ ***nuevo,*** ant. moneda de vellón (séptima parte de un real de plata); ~ ***novén*** o ***viejo,*** moneda castellana de vellón, de los s. XIV al XVI (tercera parte de un real de plata) ◇ Pl.: *maravedís, -dises* o *- díes.*

maravedinada *f.* Medida ant. de áridos.

maravilla (l. *mirabilia,* cosas admirables) *f.* Suceso o cosa extraordinaria que causa admiración: *las siete maravillas del mundo.* 2 Admiración (acción y cosa). 3 Dondiego. 4 Planta compuesta, de flores terminales, cuyo cocimiento se ha usado como antiespasmódico *(Calendula officinalis).* 5 Planta convolvulácea trepadora de jardín *(Ipomœa hederacea).* ◇ *Las siete maravillas del mundo* se enumeraban así entre los antiguos: 1ª Las pirámides de Egipto; 2ª El faro de Alejandría; 3ª Los jardines de Babilonia; 4ª El templo de Diana en Éfeso; 5ª La estatua de Zeus, por Fidias; 6ª El Mausoleo; 7ª El Coloso de Rodas.

SIN. *1* **Portento,** intens. *5* **Caléndula, flamenquilla.** FR. *Ser una cosa la octava ~,* ser maravillosa. *A las mil maravillas,* de modo exquisito y primoroso, o perfectamente. LOC. *A ~,* maravillosamente. *Por ~,* rara vez, por casualidad.

maravillar *tr.-prnl.* Admirar: ~ *a los oyentes; maravillarse con,* o *de, una noticia.*

SIN. v. **Asombrar.**

maravillosamente *adv. m.* De un modo maravilloso.

maravilloso, -sa *adj.* Extraordinario, admirable. -2 *f.* Mira (estrella).

maray (quechua *maran,* piedra de moler) *m. Chile.* Aparato de dos piedras para triturar minerales, moler granos, etc.

maraya *f. Bol.* Chuño de banana o de mandioca.

marbella *f. Cuba.* Ave acuática parecida al pato aguja *(Plotus anhinga).*

marbellí *adj.-s.* De Marbella, c. de Málaga.

marbete *m.* Cédula que se adhiere a un objeto para indicar la marca de fábrica, contenido, cualidades, precio, etc. 2 Cédula pegada en los equipajes para anotar el punto de destino y el número del registro. 3 Orilla, perfil, filete.

SIN. *1* y *2* v. **Rótulo.**

marca (germ. *mark,* señal) *f.* Provincia, distrito fronterizo: *Marca Hispánica.* 2 Tamaño que debe tener una cosa: ***de ~***, fig., que sobresale en su línea. 3 Instrumento para medir la estatura de las personas o la alzada de los caballos. 4 Instrumento con que se marca. 5 Acción de marcar. 6 Señal hecha en una persona, animal o cosa, para distinguirla de otra, o denotar calidad o pertenencia: *~ de ganadería; ~ de fábrica;* ***~ registrada,*** la reconocida legalmente para su uso exclusivo; ***de ~ mayor,*** fig. *y* fam., excelente; muy grande. 7 Señal en la costa para saber a bordo la situación de la nave. 8 En los deportes, cifra máxima alcanzada hasta ahora en velocidad, distancia, altura, partidas ganadas, etc. 9 GALIC. Cicatriz. 10 LING. ***~ de correlación,*** rasgo distintivo que identifica una serie de fonemas por oposición a otra.
SIN. *3* **Talla.** *6* **Hierro,** es la marca con hierro candente en el ganado; **contramarca, contraseña,** segunda marca en fardos, ganado, etc. *8* **Récord.**

I) marcación *f.* MAR. Acción de marcar o marcarse. 2 MAR. Efecto de marcar o marcarse. 3 MAR. Ángulo que la visual dirigida a una marca o a un astro forma con un rumbo determinado del buque. 4 *Amér.* Hierro para marcar ganado. 5 *Amér.* Hierra, acción de marcar.

II) marcación (de *marco*) *f.* Cerco en que encajan puertas y ventanas. 2 Conjunto de tales cercos.

marcada *f. Argent.* Herradero.

marcadamente *adv. m.* Señaladamente.

marcado, -da *adj.* GALIC. Señalado, insistente, evidente, manifiesto.

marcador, -ra *adj.-s.* Que marca. -2 *m.* Contraste (el que contrasta). 3 Martillo de herrero. 4 DEP. Aparato en que se marcan los tantos de cada bando o jugador. 5 IMPR. Operario que coloca los pliegos de papel en las máquinas.

marcaje *m.* DEP. Acción de marcar.

marcapasos (de *marcar* + *paso* I) *m.* Aparato eléctrico que sirve para estimular el ritmo cardíaco. ◇ Pl.: *marcapasos.*

marcar (de *marca*) *tr.* Poner una marca [a una cosa]; esp., bordar [en la ropa] las iniciales o blasones: *~ a fuego; ~ con hierro; ~ por suyo.* 2 fig. Señalar [a uno], distinguiendo en él una cualidad singular. 3 Actuar [sobre alguien o algo] imponiéndole carácter o dejándole huella moral. 4 Anotar, tomar nota de algo. 5 Calificar, en general peyorativamente. 6 Aplicar, destinar, prescribir, fijar: *marco la labor de los obreros.* 7 Indicar un aparato señales o magnitudes: *el reloj marca las tres; el peso marca medio kilo.* 8 Dividir espacios. 9 Poner el precio de lo que se ha de vender. 10 Señalar la situación o dirección de lo que se busca. 11 Dar indicio [de algo]. 12 Mostrar [algo] destacándolo. 13 Ondular [el cabello]. 14 Dar pauta o señalar un orden en ciertos movimientos: ***~ el paso,*** mover rítmicamente los pies sin avanzar. 15 Componer en el teléfono las cifras [del número que se quiere llamar]. 16 DEP. Contrarrestar un jugador el juego [de un contrario respectivo]. 17 DEP. Vigilar de cerca a un adversario o concurrente. 18 DEP. Obtener [goles, tantos]. 19 FÍS. Substituir en una molécula un átomo por uno de sus isótopos para hacerla detectable. 20 IMPR. Ajustar la colocación [de los pliegos de papel] en la máquina de imprimir. 21 MAR. Determinar la marcación [de un buque]. -22 *prnl.* Determinar un buque su marcación. ◇ ** CONJUG. [1] como *sacar.* ◇ GALIC. por manifestar, indicar, acreditar, etc.
SIN. *16* **Demarcar.**

marcasita (ár. *marcaxita,* de orig. persa) *f.* Mineral de la clase de los sulfuros, que cristaliza en el sistema rómbico, de color bronceado, brillo metálico, y cuya raya es gris verdosa o gris negruzca.

marceador, -ra *adj.* Que marcea.

marcear (de *marzo*) *tr.* Esquilar [las bestias] después del invierno. -2 *impers.* Hacer el tiempo propio del mes de marzo.

marcela *f. Argent.* Planta aromática y medicinal *(Achirocline matriolaefolia).*

marcelianismo *m.* Doctrina herética predicada en el s. IV por Marcelo (m. 309), obispo de Ancira, que confundía las tres personas de la Trinidad.

marcelianista *adj.-com.* Partidario del marcelianismo. -2 *adj.* Relativo a él.

marcen *m.* Besana.

márcena *f. Ál.* y *Logr.* Margen [de una cosa].

marcenar *tr.* Amelgar.

marceño, -ña *adj.* Propio del mes de marzo.

marceo *m.* Corte que se hace en los panales en primavera para limpiarlos.
SIN. **Deshaldo.**

marcero, -ra *adj.* Marceador.

marcescente (l.) *adj.* Que se marchita o se seca sin caer: *cubierta floral ~; hoja ~.*

marcescible *adj.* Que puede marchitarse.

marcha *f.* Acción de marchar. 2 Toque de tambor o de clarín para que marche la tropa o para hacer los honores supremos militares: ***batir la ~***, tocarla. 3 Pieza de música, de ritmo muy determinado, destinada a regularizar el paso de la tropa o de un cortejo: *~ militar; ~ fúnebre.* 4 fig. Curso, desenvolvimiento de un asunto, negocio, operación: *la ~ de los acontecimientos, de un comercio.* 5 fig. *y* fam. Diversión, alegría, juerga. 6 pop. Animación, disposición para divertirse: *fulano tiene mucha ~.* 7 fig. Manifestación, por lo común no violenta, de grupos organizados que, andando, demuestran su descontento o solidaridad con algo o alguien. 8 MEC. Movimiento de un móvil en una dirección determinada. 9 MEC. Movimiento regular de un mecanismo, de un móvil; funcionamiento: *la ~ del reloj; poner en ~;* ***~ lenta,*** marcha de un motor a un número reducido de revoluciones. 10 MEC. Posición del cambio de velocidades. 11 *Cuba* y *P. Rico.* Paso suave del caballo.

marchado *m. Argent.* Paso del caballo, más ligero que el común.

marchador, -ra *adj. Amér.* Amblador. 2 *Amér.* Que anda mucho sin cansarse, andarín.

marchamar *tr.* Poner marchamo [a los géneros o fardos].

marchamero *m.* El que tiene por oficio marchamar.

marchamo (ár. *marxam,* marca) *m.* Señal que los aduaneros ponen en los fardos ya reconocidos. 2 *Argent.* y *Bol.* Impuesto que se cobra por cada res que se mata en los mataderos públicos.

marchanta (a la ~) *loc. adv. Argent.* y *Bol.* A la rebatiña.

marchantaje *m. P. Rico* y *Urug.* Clientela.

marchante, -ta (ant. *merchante;* fr. *marchand*) *adj.* p. us. Mercantil. -2 *m.* Traficante, esp. el de obras de arte. 3 *Amér.* y *And.* Parroquiano de una tienda o comercio. 4 *P. Rico.* Peine de adorno que usan las mujeres. -5 *m. f. Amér.* fest. Amante. 6 *Ant.* fig. Maula.

marchantería *f. Amér.* Clientela.
SIN. **Marchantía,** en algunas partes de Amér.

marchanterío *m. Colomb.* Clientela.

marchantía *f. Amér.* Marchantería.

marchapié (fr. *marchepied*) *m.* MAR. Cuerda en la que se ponen los pies para aguantarse.

marchar (fr. *marcher,* der. del fráncico *markon,* dejar una huella) *intr.* Andar o moverse un artefacto: *el tren marcha.* 2 Funcionar o desenvolverse una cosa: *los negocios marchan bien.* 3 Empezar la cocción [de un preparado culinario]. 4 MIL. Caminar la tropa con cierto orden. -5 *intr.-prnl.* Ir de un sitio a otro, partir de un lugar: *~ a Madrid; marcharse de vacaciones.* -6 *intr. Argent.* y *Bol.* Aligerar una cosa. 7 *Cuba, Chile* y *P. Rico.* Ejecutar el caballo el paso llamado marcha.

marchitable *adj.* Que puede marchitarse.

marchitamiento *m.* Acción de marchitar o marchitarse. 2 Efecto de marchitar o marchitarse.

marchitar (de *marchito*) *tr.-prnl.* Ajar, secar, poner mustios [los vegetales, etc.]. 2 fig. Enflaquecer, quitar el vigor: *la joven se ha marchitado.*
REL. **Inmarcesible, inmarchitable,** que no se puede marchitar. REL. BOT. **Marcescente,** la hoja o cubierta floral que se marchita sin caer.

marchitez *f.* Calidad de marchito.

marchito, -ta (partic. del l. *marcere,* marchitarse; con solución moz. en *-ito*) *adj.* Ajado, falto de vigor.
SIN. **Mustio.**

marchoso, -sa *adj.* fam. Alegre, juerguista; decidido.

marcial (l. *martiale,* de Marte, dios de la guerra) *adj.* Relativo a la guerra o a la milicia: ***artes marciales,*** conjunto de deportes de combate de origen japonés. 2 fig. Bizarro, varonil, franco. 3 Compuesto con hierro: *medicamento ~.* -4 *m.* Preparación aromática con la que antig. se aderezaban los guantes.

marcialidad *f.* Calidad de marcial.

marciano, -na *adj.* Relativo al planeta Marte, o propio de él. -2 *m.* Supuesto habitante de Marte.

marcido, -da, pp. de *marcir.* 2 *adj. Ar.* y *And.* Mustio, blando: *fruto ~.* 3 [pers.] Enfermo, achacoso.

marcionismo *m.* Conjunto de las doctrinas heréticas predicadas en el s. II por Marción (85-160), que sostuvo la existencia de dos principios: el bueno, que es Dios, y el demiurgo o espíritu maléfico que creó el mundo sacándolo de la materia primitiva.

marcionista *adj.-com.* Partidario del marcionismo. -2 *adj.* Relativo a él.

marcir (del l. *marcere*) ***tr.*** Mustiar, marchitar.
marco (germ. *mark*) ***m.*** Peso usado para el oro y la plata (230 kgs.; media libra). 2 Patrón o tipo para las pesas y medidas. 3 Unidad monetaria alemana. 4 Cerco que rodea o en que encajan algunas cosas: *el ~ de una pintura, de una puerta, de una ventana.* 5 Conjunto de dimensiones, de determinación variada según las zonas, que debe tener la madera de hilo para su venta. 6 Cartabón (us. por zapateros). 7 Herramienta destinada a señalar los árboles; es un hacha con el peto en forma de martillo, y con letras o marcas en acero, invertidas y en relieve. 8 Figura geométrica adoptada para repartir regularmente una plantación en terreno adecuado. 9 fig. Ámbito, límites en que se encuadra un problema, cuestión, etapa histórica, etc. 10 DEP. Portería. 11 *And.* y *Can.* Mojón.
SIN. *4* **Cerco, cuadro.**
marcofilia (de *marca* + *-filia* I) ***f.*** Coleccionismo y estudio de marcas postales estampadas.
márcola ***f.*** Vara con un hierro de figura de hocino para desmarojar.
marcomano, -na (l.) ***adj.-s.*** De Marcomania, reg. de la Europa antigua. Los marcomanos, que pertenecían a la estirpe de los suevos, fueron expulsados de la Alta Franconia y emigraron a Bohemia, de la que se adueñaron, confundiéndose, después de haber sido rechazados hacia Baviera, con otros pueblos germánicos.
marconi ***m.*** Radiotelegrafista de un buque. -2 ***f.*** V. aparejo marconi.
Marconi (n. del inventor) ***Sistema ~***, telegrafía sin hilos.
marconigrama (de *Marconi* + *-grama*) ***m.*** Telegrama transmitido por telegrafía sin hilos.
Marcos (San ~) ***n. pr.*** BIBL. Uno de los cuatro Evangelistas. En las citas de su Evangelio se abrevia *Mc.* o *Marc.*
mardano ***m.*** *Ar.* y *Nav.* Carnero.
mare ***m.*** *Venez.* Carrizo. 2 *Venez.* Especie de gaita india, hecha con tubos de mare.
marea (fr. *marée*) ***f.*** Movimiento periódico y alternativo de ascenso (*flujo* o *montante*) y descenso (*reflujo*) de las aguas del mar debido a las atracciones combinadas del Sol y de la Luna. 2 Viento suave que sopla del mar; p. ext., el que sopla en las cuencas de los ríos, o en los barrancos. 3 Rocío, llovizna. 4 Inmundicia que se barre por las calles, facilitando su arrastre con agua. 5 Parte de la ribera del mar que invaden las aguas de éste en el flujo o pleamar. 6 Período ininterrumpido de pesca de duración variable según los lugares y el tipo de pesca. 7 Cantidad de pesca capturada por una embarcación en una jornada. 8 fig. Cantidad muy considerable: *la ~ humana.* 9 ***~ negra,*** polución de las costas marítimas causada por la presencia de grandes cantidades de productos petrolíferos que han llegado al mar como consecuencia de un accidente o de la limpieza de las bodegas de un petrolero; fig., acontecimiento o fenómeno enojoso o vergonzoso, cuya expansión parece difícil de detener: *la ~ negra de la pornografía; la ~ negra de los accidentes de aviación.* 10 *Extr.* Cambio de tiempo atmosférico.
REL. *1* **Pleamar,** el punto más alto que alcanzan las aguas en el flujo; **bajamar,** el más bajo del reflujo; **brasmología,** estudio de las mareas; **mareógrafo,** instrumento para registrar sus variaciones.
mareaje ***m.*** Arte o profesión de marear o navegar. 2 Rumbo que lleva una embarcación.
mareal ***adj.*** Relativo a las mareas.
mareamiento ***m.*** Acción de marear o marearse. 2 Efecto de marear o marearse.
mareante (de *marear*) ***adj.-com.*** Que profesa el arte de la navegación. 2 Que marea (vende y molesta).
marear ***tr.*** Gobernar [una nave]: *el piloto mareaba la nave con acierto.* 2 inus. Vender [las mercancías] al menudeo. -3 ***prnl.*** Sentir mareo. 4 Averiarse los géneros en el mar. -5 ***intr.-tr.*** Molestar, fastidiar: *el niño marea* o *me marea.* -6 ***tr.*** *Méj.* y *P. Rico.* Embaucar. -7 ***prnl.*** *Argent., Cuba* y *P. Rico.* Perder una tela el buen colorido.
marejada (port. *marejada*) ***f.*** Movimiento tumultuoso de grandes olas. 2 fig. Rumor y murmuración de la multitud, que suele preceder al alboroto.
marejadilla (de *marejada*) ***f.*** Marejada cuyas olas son de menor tamaño y fuerza.
maremagno, mare mágnum (expr. l., mar grande) ***m.*** fam. Abundancia desordenada, confusión.
maremare ***m.*** *Venez.* Maremagno. 2 *Venez.* Guachafita. 3 *Venez.* Baile indígena y canción del mismo.
maremoto (l. *mare,* mar + *motus,* movimiento) ***m.*** Seísmo en el fondo del mar, que origina movimientos de las aguas. 2 *Chile.* Marejada.
SIN. *1* **Marullo.**
marengo ***m.*** *And.* Pescador que tira de la jábega (red). 2 Tela de lana tejida con hilos de distintos colores y que da el aspecto de mezclilla. -3 ***adj.*** De color gris obscuro.
mareo ***m.*** Desasosiego y turbación de la cabeza y del estómago que se experimenta esp. en la navegación. 2 fig. Enfado, molestia, ajetreo.
mareógrafo (de *marea* + *-grafo*) ***m.*** Instrumento para medir y registrar las variaciones de las mareas.
mareómetro (de *marea* + *-metro*) ***m.*** MAR. Instrumento para medir la amplitud de las mareas.
mareomotor, -triz (de *marea* + *motor*) ***adj.*** Accionado por la fuerza de las mareas.
mareoso, -sa ***adj.*** Que marea (molesta).
marero ***adj.*** [viento] De la parte del mar.
marés ***m.*** Arenisca poco consistente, formada por arenas de origen eólico de la época cuaternaria.
mareta (probl. del moz. *mareyeta,* marejada, der. de *mar*) ***f.*** Movimiento de las olas del mar, cuando empiezan a levantarse o a sosegarse. 2 fig. Rumor de la muchedumbre. 3 fig. Alteración del ánimo.
SIN. *1* **Marullo.**
maretazo ***m.*** Golpe de mar.
márfaga ***f.*** Marga (jerga).
marfil (ár. *adm alfil,* hueso de elefante) ***m.*** Parte dura de los dientes de los mamíferos, debajo del esmalte. 2 Substancia que la forma. Es compacta, dura, muy blanca y pesada y se obtiene en gran cantidad de las defensas del elefante y otros animales, como la morsa y el narval.
SIN. **Dentina,** científico.
marfilado, -da ***adj.*** Marfileño.
marfileño, -ña ***adj.*** De marfil. 2 Relativo al marfil.
SIN. **Ebúrneo.**
marfilina ***f.*** Composición que imita el marfil.
marfuz, -za (probl. del ár. *marfud,* despreciable) ***adj.*** ant. Repudiado, desechado. 2 Falaz, engañoso.
I) marga (l.) ***f.*** Roca sedimentaria compuesta de arcilla y carbonato de cal, de colores variados; se usa como abono y para la obtención de cemento.
II) marga (ár. *márfaga,* cojín) ***f.*** Jerga (tela de lana) empleada para sacas, jergones, etc.
SIN. **Márfaga, márraga.**
margajita ***f.*** Pirita. 2 *Méj.* Polvos de salvadera.
margal ***m.*** Terreno en que abunda la marga.
margallón (der. del l. *margaris,* dátil del palmito) ***m.*** Palmito.
margar ***tr.*** Abonar [la tierra] con marga. ◇ ** CONJUG. [7] como ***llegar.***
margárico, -ca ***adj.*** QUÍM. [ácido orgánico] Que se extrae de la grasa.
margarín ***m.*** *Murc.* Dedo meñique.
margarina (gr. *márgaron,* perla) ***f.*** Mezcla íntima de palmitina y estearina que se obtiene de las grasas y aceites vegetales.
margarita (l. *margarita,* del gr. *margarítes,* perla) ***f.*** Perla. 2 Molusco gasterópodo marino de concha finamente rayada *(Trivia europaea).* 3 Planta herbácea compuesta, muy común en los sembrados, de cabezuelas terminales amarillas en el centro y blancas en la circunferencia *(Chrysantemum leucanthemum).* 4 ***~ menor,*** maya. 5 fig. Corona intercambiable de ciertas máquinas de escribir en la que se hallan todas las letras, números y signos que puede reproducir. 6 Mariquita (insecto coleóptero). 7 Silicato del grupo de los filosilicatos, que cristaliza en el sistema monoclínico, de color rosado, blanco, verdoso o gris, y brillo nacarado o vítreo. 8 TECNOL. Útil empleado por los zurradores para lijar, chagrinar y ablandar el cuero. 9 *Ecuad.* Jacinto, planta liliácea. -10 ***m.*** Cóctel de tequila, zumo de lima y licor de naranja.
margarite (l. *margăride,* del gr. *margarís,* dátil) ***adj.-s.*** *La Mancha.* Meñique (dedo).
margariteño, -ña ***adj.-s.*** De la isla de Margarita, en el estado de Nueva Esparta (Venezuela). -2 ***adj.*** Relativo a dicha isla.
margen (l. *margine*) ***amb.*** Extremidad, orilla: *el,* o *la, ~ del río, del campo.* 2 Espacio en blanco que se deja alrededor de una página. 3 Apostilla. 4 Ocasión, motivo: *dar ~ para una cosa.* 5 COM. Cuantía del beneficio que se puede obtener en un negocio. 6 CONSTR. Espacio o faja de terreno libre que se deja entre una fachada y el límite del solar para aislar el edificio de las de-

más construcciones o de la vía pública. 7 MEC. ~ ***elástico***, margen de esfuerzos en el cual un material recobra su forma primitiva al cesar la fuerza que sobre él actúa. ◇ El uso actual prefiere el f. para 1 y el m. para 2 y 4.
margesí ***m.*** *Perú.* Inventario de los bienes del Estado, de la Iglesia y de las corporaciones oficiales.
marginación ***f.*** Acción de marginar. 2 Efecto de marginar. 3 ~ ***social***, situación de un individuo o grupo de individuos que, por su condición de vida, no están integrados en la sociedad a que pertenecen.
marginado, -da ***adj.-s.*** No integrado en la sociedad: *persona marginada; grupo ~*. 2 BOT. Que tiene reborde.
marginador, -ra ***adj.-m.*** Que sirve para marginar. -2 ***m.*** Dispositivo de las máquinas de escribir por el que se regula el ancho de los márgenes laterales de las hojas.
marginal ***adj.*** Relativo al margen. 2 Que está al margen: *nota ~*. 3 fig. Secundario, accesorio. 4 Que no se ajusta a las normas establecidas. 5 De escasa importancia: *una discusión ~; un producto ~*. 6 Minoritario, de escasas influencias: *un partido ~*.
marginalidad ***f.*** Calidad de marginal o de marginado.
marginar ***tr.*** Apostillar: *~ un texto.* 2 Dejar márgenes [en el papel] al escribir o imprimir. 3 fig. Dejar al margen un asunto o cuestión, no entrar en su examen al tratar de otros. 4 fig. Poner o dejar a una persona o grupo en condiciones sociales de inferioridad. 5 fig. Poner a un lado. 6 fig. Conceder poca importancia.
margoso, -sa ***adj.*** Que contiene marga (roca).
margrave (al. *Markgraf < Mark,* frontera + *Graf,* conde) ***m.*** Título de dignidad de ciertos príncipes de Alemania.
margraviato ***m.*** Dignidad de margrave. 2 Territorio del margrave.
marguay ***m.*** *Amér.* Especie de gato montés *(Felis tigrina).*
marguera ***f.*** Cantera o veta de marga (roca). 2 Sitio donde se tiene depositada la marga (jerga).
SIN. *1* **Almarga.**
marguero ***m.*** Obrero que recoge la marga.
margullar ***tr.*** *Cuba.* Acodar [plantas], hacer margullos.
margullo ***m.*** *Cuba* y *Venez.* Acodo.
marhojo ***m.*** Malhojo.
mari- (apóc. de *María*) Elemento prefijal que entra en la formación de palabras indicando relación con la mujer; su significado es gralte. irón. o desp: *marimacho, marisabidilla.*
maría (hebr. *Miriam*) ***f.*** Moneda española de plata del s. XVII (doce reales de vellón). 2 Vela blanca que se pone en lo alto del tenebrario. 3 Disciplina sin importancia, o fácil de aprobar, en las carreras universitarias. 4 Mujer de poca cultura, o dedicada a las labores de la casa. 5 En el lenguaje de la droga, marihuana.
SIN. *1* **Real de a ocho.**
mariachi ***m.*** *Méj.* En Jalisco, fandango (baile). 2 Orquesta y música mejicanas.
marial ***adj.-s.*** Libro que contiene alabanzas de la Virgen María.
marialuisa ***f.*** Arbusto dicotiledóneo cuyas hojas desprenden un aroma muy agradable *(Lippia citriodora).*
mariandá ***m.*** *P. Rico.* Cierto baile popular.
marianismo ***m.*** Culto o devoción a la Virgen María.
marianista ***m.*** Religioso de la Compañía de María, congregación fundada en Burdeos en 1877, para la enseñanza.
mariano, -na ***adj.*** Relativo a la Virgen María, y esp. a su culto.
marías ***f. pl. Las tres marías,*** estrellas del tahalí de Orión. 2 *Argent.* Boleadoras.
marica (de *María*) ***f.*** Urraca. 2 Sota de oros en el juego del truque. -3 ***m.*** fig. Hombre afeminado y de poco ánimo y esfuerzo.
SIN. *3* **Mariquita.**
maricangalla ***f.*** MAR. Ala o vela suplementaria de la cangreja.
Maricastaña ***n. pr.*** Persona proverbial, símbolo de antigüedad muy remota: *sucedió en tiempo de ~*.
maricela ***f.*** *Venez.* Aire y baile populares.
marico ***m.*** *Bol.* Mecapal. 2 *Colomb.* y *Venez.* Marica.
maricón ***m.*** fig. *y* fam. Hombre afeminado. 2 fam. Persona despreciable.
maricona ***f.*** *Extr.* Vasija de barro, con forma entre botijo y jarra.
mariconada ***f.*** Acción propia del maricón. 2 fig. Mala pasada, acción malintencionada o indigna contra otro. 3 fig. *y* fam. Tontería.
mariconera ***f.*** Bolso de mano para hombres.
mariconería ***f.*** Mariconada.
maricueca ***f.*** *Perú.* fest. Afeminado.
maricultura (de *mar* + *-cultura*) ***f.*** Cultivo de las plantas y animales marinos, como alimento o para otros fines.
maridable ***adj.*** Propio del marido y la mujer: *vida ~; unión ~*.
maridablemente ***adv.*** Con vida, unión o afecto maridable.
maridada ***f.*** *Extr.* Regalo nupcial.
maridaje ***m.*** Unión y conformidad de los casados. 2 Unión, analogía de unas cosas con otras.
maridar ***intr.*** Contraer matrimonio: *mañana maridamos.* 2 Hacer vida marital: *maridamos bien.* -3 ***tr.*** fig. Unir, enlazar: *~ la vid con el olmo.*
maridillo ***m.*** Rejuela (braserito).
marido (l. *maritu*) ***m.*** Hombre casado, con respecto a su mujer.
SIN. **Esposo; hombre,** es vulg. REL. **Marital,** relativo al marido.
mariega ***f.*** *Amér.* Maciega, hierbas, maleza.
marienglás ***f.*** MIN. Espejuelo (yeso).
marifinga ***f.*** *P. Rico.* Funche.
mariguana ***f.*** Marihuana.
mariguanza ***f.*** *Chile.* Ceremonias supersticiosas de manos que hacen los curanderos. 2 *Chile.* Gestos con que se hace burla. 3 *Chile.* Pirueta, salto que se hace en bailes y otros ejercicios.
mariguí ***m.*** *Bol.* Mosquito feroz americano *(Simulia philipi).*
marihuana ***f.*** Cáñamo índico. 2 Estupefaciente obtenido mediante la mezcla de hojas y flores secas del cáñamo índico.
SIN. **Hierba, mandanga, maría.**
marihuano, -na ***adj.*** *Méj.* Entregado al vicio de la mariguana.
marijuana ***f.*** Marihuana. 2 *Colomb.* Figurilla o títere, juguete.
marimacho (*mari-* + *macho*) ***m.*** fam. Mujer que en su aspecto o acciones parece hombre. 2 Lesbiana.
marimandona (*mari-* + *mandona*) ***f.*** Mujer autoritaria, mangoneadora.
marimanta (*mari-* + *manta*) ***f.*** fam. Fantasma con que se pone miedo a los niños.
marimba ***f.*** Tambor de ciertos negros de África. 2 Especie de xilófono que se toca en América. 3 *Argent.* y *P. Rico.* Instrumento músico que suena mal. 4 *Argent.* Paliza. 5 *Colomb.* Coto voluminoso. 6 *Venez.* Gallo cobarde. -7 ***adj.*** *Hond.* y *Venez.* Cobarde.
marimbear ***intr.*** *Guat.* Mover la bestia las orejas.
marimbero, -ra ***adj.*** *Amér. Central.* Poco diestro.
marimbo ***m.*** *P. Rico.* Güiro.
marimonda ***m.*** *Amér.* Ateles, especie de mono americano. 2 *Colomb.* y *Venez.* Borrachera. 3 *Venez.* Mujer que anda desgreñada.
marimono ***m.*** *Bol.* Marimonda.
marimoña ***f.*** Rosa de China.
marimorena (*mari-* + *morena*) ***f.*** fam. Camorra. 2 fam. Tumulto.
marina (l.) ***f.*** Parte de tierra, junto al mar. 2 Pintura que representa el mar. 3 Ciencia o arte de navegar. 4 Conjunto de barcos de guerra o mercantes de un estado o de una compañía de navegación: ~ ***de guerra,*** armada (conjunto de fuerzas navales); ~ ***mercante,*** los que se emplean en el comercio. 5 Conjunto de las personas que sirven en la marina de guerra. 6 Conjunto inmobiliario y turístico hecho al borde del mar junto a un puerto deportivo.
SIN. *3* **Náutica, navegación.** *4* **Flota.**
marinada ***f.*** Conjunto de víveres destinados a los buques. 2 Salmuera con que se preparaban antes los víveres de los buques. 3 Adobo en el que se ponen a macerar los alimentos antes de cocinarlos. 4 *Ar.* Viento de mar. 5 *And.* Preparación culinaria típica de los marineros.
marinaje ***f.*** Marinería.
marinamo, -ma ***adj.*** *Chile.* [pollo, gallina] Que tiene cinco dedos en una o en ambas patas. 2 *Chile.* [pers.] Que tiene un dedo de más.
marinante ***m.*** *Argent.* Lobo de mar. -2 ***adj.*** *Argent.* Muy resistente y marinero: *embarcación ~*.
marinar ***tr.*** Dar cierta sazón [a la carne o al pescado] para conservarlo. 2 Tripular [un buque].
SIN. **Amarinar.**
marinduqueño, -ña ***adj.-s.*** De Marinduque, prov. de Filipinas.
marine (voz inglesa) ***m.*** Soldado de infantería de las fuerzas navales británicas y norteamericanas.
marinear ***intr.*** Trabajar como marinero.
marinera ***f.*** Blusa usada por los marineros, y cuyo empleo se ha extendido a las mujeres y niños. 2 *Amér.* Baile popular ejecutado con acompañamiento de guitarra, caja y palmas de los es-

pectadores. 3 *Amér.* Música y canto, formado por tres estrofas, de este baile.

marinerado, -da ***adj.*** Tripulado, equipado.

marinerazo ***m.*** Práctico en las cosas del mar.

marineresco, -ca ***adj.*** De los marineros.

marinería ***f.*** Profesión u oficio de hombre de mar. 2 Conjunto de marineros. 3 MIL. Cuerpo de la armada correspondiente en la jerarquía militar a la clase de tropa en los otros ejércitos.

marinero, -ra ***adj.*** [buque] Fácil de gobernar. 2 Perteneciente a la marina o a los marineros. -3 ***m.*** Hombre de mar que sirve en las maniobras de las embarcaciones. 4 Argonauta (molusco). 5 V. nudo ~. 6 MIL. Individuo que sirve en la marina de guerra con el grado inferior: ~ *distinguido.*

marinesco, -ca ***adj.*** Relativo a los marineros.

marinismo ***m.*** Gusto poético conceptuoso y barroco, análogo al culteranismo, cuyo maestro fue el poeta italiano Marini (1569-1625).

marinista ***adj.-com.*** Pintor de marinas.

marino, -na (l. *-nu*) ***adj.*** Relativo al mar. 2 BLAS. [animal fabuloso] Que termina en cola de pescado, como las sirenas. -3 ***m.*** El que se ejercita en la náutica. 4 El que sirve en la marina o tiene un grado militar o profesional en ella. -5 ***m. pl.*** *Amér.* Infantería de marina.

SIN. *1* **Marítimo.**

mariología (de *María,* la Virgen + *-logía*) ***f.*** Estudio de lo relativo a la Virgen María.

mariólogo, -ga ***m. f.*** Persona versada en mariología.

marión ***m.*** desus. Esturión.

mariona ***f.*** Especie de danza antigua. 2 Tañido de la misma.

marioneta (fr. *marionnette*) ***f.*** Títere.

marionetista ***com.*** Artista que actúa con marionetas.

maripérez ***f.*** Moza (de oficios humildes).

maripi ***m.*** *Bol.* Matato pequeño, vasija.

mariposa (*mari-* + *pósa*te, de dichos infantiles) ***f.*** Insecto lepidóptero en general: ~ ***del almez,*** mariposa diurna de palpos muy largos y alas de color marrón formando ángulos muy acusados *(Libythea celtis);* ~ ***de la col,*** mariposa diurna, afín a la blanquita, de coloración amarilla y blanca *(Pieris brassicae);* ~ ***de los muros,*** maculada. 2 Candelilla que afirmada en una ruedecilla de corcho se pone en un vaso con aceite para conservar luz de noche. 3 Luz encendida a este efecto. 4 Tuerca de forma de mariposa que puede ser apretada o desenroscada sin llave. 5 Llave de forma de mariposa que cierra una cañería. 6 Llave o válvula del carburador del automóvil. 7 Difusor usado para suavizar la luz de un foco. 8 fig. Homosexual. -9 ***adj.-s.*** DEP. Modalidad de natación en que se realizan movimientos circulares hacia adelante con los dos brazos simultáneamente, mientras las piernas se agitan juntas arriba y abajo. -10 ***f.*** TAUROM. Suerte de correr las reses abanicando con el capote a la espalda y dando el diestro la cara al toro. 11 *Logr.* Conjunto de pámpanos revueltos entre sí. 12 *Colomb.* y *Hond.* Tronera, juguete de muchachos. 13 *Colomb.* Juego de la gallina ciega. 14 *Cuba.* Pajarito de canto agradable *(Passerina Ciris).* 15 *Cuba.* Arbusto de flores blancas y perfumadas *(Hedychium coronarium).* 16 *Cuba.* Planta oxalidácea de flores amarillas, sin aroma *(Oxalis plumieri).* 17 *Chile.* Tratándose de maquinaria, arrequife. 18 *Ecuad.* y *Méj.* Género de orquídeas *(Oncidium kramerianum).* 19 *Venez.* Cierto temple en el cocimiento de las melazas en los trapiches.

SIN. *2* **Lamparilla.**

mariposado ***adj.*** BLAS. Papelonado.

mariposeador, -ra, *Perú.* Que mariposea.

mariposear ***intr.*** fig. Variar con frecuencia de ocupaciones y caprichos. 2 fig. Andar o vagar insistentemente en torno de alguien.

mariposeo ***m.*** Acción de mariposear.

mariposista ***com.*** Persona que nada a braza mariposa.

mariposón ***m.*** fam. Hombre muy galanteador. 2 *Amér.* Homosexual, maricón.

mariquilla ***m.*** Marica, afeminado. -2 ***f.*** *Extr.* Orquesta de cencerros, latas y otros objetos estrepitosos y disonantes con que se obsequia a los novios cuando uno de ellos es viudo.

mariquita (dim. de *marica*) ***f.*** Insecto coleóptero que se alimenta de pulgones *(Coccinella septempunctata).* 2 Chinche de color rojo con manchas negras *(Lygœs militaris).* 3 Chinche de color rojo con dos puntos negros que suele encontrarse sobre las malvas arbóreas *(Pyrrhocoris apterus).* 4 Perico (ave). 5 Marica (hombre). 6 *Argent.* Danza popular. 7 *Cuba.* Miel o almíbar mezclado con queso fresco. 8 *P. Rico.* Obsequio de una moneda que se hace en un bautizo.

SIN. *1* **Vaca de San Antón.**

marisabidilla (paras.) ***f.*** Mujer presumida de sabia.

marisca ***f.*** *Hond.* Amor que atrae un sexo hacia el otro.

mariscador, -ra ***adj.-s.*** Que tiene por oficio mariscar.

mariscal, -la (germ. *marashskalk,* el que cuida el caballo) ***m.*** Oficial muy preeminente en la milicia, ant. inferior al condestable. 2 El que antig. tenía el cargo de aposentar la caballería. 3 Veterinario. 4 ~ ***de campo,*** oficial general de división. -5 ***f.*** Mujer del mariscal.

mariscalato ***m.*** Mariscalía.

mariscalía ***f.*** Dignidad de mariscal.

mariscar ***intr.*** Coger mariscos. ◇ ** CONJUG. [1] como ***sacar.***

marisco (de *mar*) ***m.*** Molusco, crustáceo, esp. el comestible.

marisma (l. *maritima*) ***f.*** Terreno bajo o anegadizo, en las orillas del mar o de las rías.

marismeño, -ña ***adj.*** Relativo a la marisma, o propio de ella.

marismo ***m.*** Orzaga.

marisquear ***intr.*** Mariscar.

marisqueo ***m.*** Acción de mariscar. 2 Efecto de mariscar.

marisquero, -ra ***m. f.*** Persona que pesca o vende mariscos.

marista ***adj.-m.*** Miembro del Instituto de Hermanos Maristas, fundado en 1817 por Marcelino Campagnat, para la educación cristiana de la juventud. 2 Religioso que pertenece a la congregación denominada Sociedad de María, fundada en Francia en 1823. -3 ***adj.*** Relativo a dichas congregaciones.

marital (l. *maritale*) ***adj.*** Relativo al marido o a la vida conyugal.

maritalmente ***adv. m.*** De modo marital, conyugal.

maritata ***f.*** *Chile.* Canal para recoger el mineral en polvo. 2 *Chile.* Cedazo de tela metálica empleado por los mineros.

maritates (de la frase *María, tate,* ten cuidado) ***m. pl.*** *And.* y *Amér. Central.* Trastos, trebejos.

marítimo, -ma (l. *-mu*) ***adj.*** Relativo al mar.

SIN. **Marino.**

maritornes (de *Maritornes,* moza que figura en el *Quijote*) ***f.*** burl. Moza de servicio, ordinaria, fea y hombruna. ◇ Pl.: *maritornes.*

mariyandá ***f.*** *P. Rico.* Mariandá.

I) marjal (ár. *march,* prado) ***m.*** Terreno bajo y pantanoso.

SIN. **Almarjal II, armajal.**

II) marjal (ár. *marchá*) ***m.*** Medida agraria (5 a., 25 ca.).

marjoleta ***f.*** Fruto del marjoleto.

marjoleto (de *majuelo*) ***m.*** Espino arbóreo de madera muy dura *(Cratœgus oxyacantha).* 2 Majuelo (arbusto).

marjor ***m.*** Cabra de cuernos muy desarrollados, retorcidos en espiral y dirigidos hacia arriba, cuyo pelaje es de color pardo o blancuzco *(Capra falconeri).*

marketing (voz inglesa) ***m.*** Mercadotecnia.

marlín ***m.*** Pez marino teleósteo perciforme, de gran tamaño y cuerpo alargado, con el dorso azul negruzco y el vientre plateado *(Tetrapterus belone).*

marlo (de *maslo,* tallo de una planta, der. del l. *masculu*) ***m.*** *Amér.* Espiga de maíz desgranada. 2 *Amér.* Maslo.

marlota (ár. *malluta,* saya) ***f.*** Vestidura morisca a modo de sayo baquero.

marlotar (metátesis de *malrotar*) ***tr.*** p. us. Malrotar.

marmaja ***f.*** *Colomb.* y *Méj.* Marcasita. -2 ***f. pl.*** *Hond.* Sulfuros que contienen a veces plata u oro.

marmajera ***f.*** *Méj.* Salvadera, arenero.

marmella (l. *mamma;* con influjo de *barbilla*) ***f.*** Mamella.

marmellado, -da ***adj.*** Mamellado.

marmita (fr. *marmite,* olla) ***f.*** Olla de metal, con tapadera ajustada.

marmitón ***m.*** Pinche de cocina. 2 MAR. Ayudante de cocina en un buque mercante.

mármol (l. *-ore*) ***m.*** Piedra caliza metamórfica, de textura compacta y cristalina, susceptible de buen pulimento y mezclada gralte. con substancias que le dan colores diversos o figuran manchas o vetas: ~ ***brocatel,*** el que presenta manchas y vetas de colores variados; ~ ***de Carrara,*** variedad de mármol procedente de este lugar italiano, es blanco puro o con pequeñas vetas irregulares de color gris o azulado; ~ ***serpentino,*** el que tiene parte de serpentina o es parecido a ella; ~ ***lumaquela,*** el que contiene multitud de fragmentos de conchas y otros fósiles; ~ ***brecha,*** el formado con fragmentos irregulares, fuertemente trabados por una pasta homogénea; ~ ***estatuario,*** el blanco, sacaroideo y muy

homogéneo, empleado para hacer estatuas. 2 Obra artística de mármol. 3 Objeto de mármol: *el ~ de una cómoda.* 4 En los hornos y fábricas de vidrio, plancha de hierro en que se labran las piezas y se trabaja la materia para formarlos.
REL. **Marmóreo, marmoleño,** de mármol.
marmolado, -da *adj.* Coloreado a vetas como el mármol.
marmolear *tr.* Imitar con pintura las vetas del mármol o del jaspe.
marmolejo (dim. de *mármol*) *m.* Columna pequeña.
marmoleño, -ña *adj.* Marmóreo.
marmolería *f.* Conjunto de mármoles. 2 Obra de mármol. 3 Taller del marmolista.
marmolillo (dim. de *mármol*) *m.* Guardacantón. 2 fig. Zoquete (pers. ruda).
marmolina *f.* Mármol artificial.
marmolista *com.* Persona que tiene por oficio trabajar en mármoles o venderlos.
marmoración (b. l. *-atione*) *f.* Estuco.
marmóreo, -a (l. *-reu*) *adj.* lit. De mármol o parecido a él.
SIN. **Marmoleño.**
marmoroso, -sa *adj.* Marmóreo.
marmosa *f.* Mamífero marsupial de unos 25 cms. de longitud, con una larga cola prensil *(Marmosa elegans).*
marmosete (de la calle de los *Marmousets,* en París) *m.* Grabado alegórico que suele ponerse al fin de un libro o capítulo.
marmota (fr. *marmotte,* de origen incierto) *f.* Mamífero roedor, de unos 50 cms. de largo, pelaje espeso, cabeza gruesa y orejas pequeñas, que habita los altos montes de Europa y pasa el invierno dormido *(gén. Marmota).* 2 Gorra hecha de estambre. 3 fig. Persona que duerme mucho. 4 fig. *y* fam. Mujer de pueblo, mujer dedicada al servicio doméstico, criada.
maro (l. *marum;* gr. *maron*) *m.* Planta labiada, de olor fuerte y sabor amargo, que se usa como antiespasmódica *(Teucrium marum).* 2 Amaro.
SIN. *1* **Hierba fuerte** o **del Papa.**
marocha *f. Hond.* Muchacha sin juicio, locuela.
marojal *m.* Terreno poblado de marojos o melojos.
marojo (ár. *muluja,* der. del gr. *molóche,* malva) *m.* Hojas inútiles o que sólo se aprovechan para el ganado. 2 Planta muy parecida al muérdago pero con los frutos de color rojo *(Viscum cruciatum).* 3 Melojo.
marolo *m.* Molusco lamelibranquio, cuya concha, de hasta 10 cms., tiene los bordes dentados, valvas iguales, y veintidós costillas espinosas; su color es amarillento *(Cardium aculeatum).*
maroma (ár. *mabroma*) *f.* Cuerda gruesa de esparto o cáñamo. 2 *Amér.* Función de volatines o maromeros. 3 *Amér.* Volatín, voltereta o pirueta de un acróbata. 4 *Amér.* fig. Voltereta política, cambio oportunista de opinión o partido.
maromear *intr. Amér.* Bailar el volatinero en la maroma o hacer volatines en ella. 2 *Amér.* Vacilar para resolverse; inclinarse, según las circunstancias, a uno u otro bando. 3 *Amér.* Mecerse en una hamaca.
maromero, -ra *m. f. Amér.* Acróbata, volatinero. 2 *Amér.* Persona disimulada y astuta. 3 *Amér.* Político versátil.
maromo *m.* vulg. Individuo, fulano.
I) marón *m.* Esturión.
II) marón *m.* Morueco.
maronita (l.) *adj.-com.* Miembro de la comunidad cristiana que habita en el Líbano; está unida a la Iglesia romana, pero conserva su liturgia propia en lengua siríaca.
marota *f. Méj.* Marimacho. 2 *Venez.* Traba para caballerías.
marote *m. Argent.* Baile popular.
marotear *tr. Venez.* Poner marotas [a una bestia]. -2 *intr. S. Dom.* Salir a pedir ayuda pecuniaria por el vecindario.
marplatense *adj.* De Mar del Plata, c. de la prov. de Buenos Aires (Argentina).
marquear *tr.* Marcar un terreno para plantar en él.
marquense *adj.-s.* De San Marcos, c. y dep. de Guatemala.
marqueo *m.* Operación de marcar árboles.
marqués (de *marca;* a través del prov. ant. *marqués*) *m.* ant. El que estaba al frente de una marca o frontera del reino. 2 Título nobiliario intermedio entre los de duque y conde.
marquesa *f.* Mujer de un marqués. 2 La que por sí goza este título. 3 Marquesina de la tienda de campaña. 4 Especie de sillón. 5 Pastel con chocolate. 6 Adorno largo de piedras preciosas que se pone atravesado en los anillos de mujer. 7 *Amér.* Marquesina. 8 *Chile.* Especie de catre de madera fina y tallada.
marquesado *m.* Título de marqués. 2 Territorio sobre que recaía este título o en que ejercía jurisdicción un marqués.
marquesina *f.* Cobertizo que cubre una puerta, escalinata, etc. 2 Marquesa, sillón.
marquesita *f.* Pirita.
marquesota (de *marqués*) *f.* Cuello blanco, alto y almidonado, que usaban los hombres como prenda de adorno. 2 *Colomb.* Presa en un río para detener los peces.
marquesote *m. Amér. Central* y *Méj.* Torta de figura de rombo, hecha de harina de arroz o de maíz, con huevo, azúcar, etc.
marqueta *f.* Pan de cera sin labrar. 2 *Chile.* Fardo de tabaco en rama. 3 *Chile.* Fardo de chancaca en el cual están los panes bien acondicionados. 4 *Ecuad.* y *Méj.* Pasta de chocolate sin labrar. 5 *Guat.* Bloque de cualquier cosa que tiene forma prismática, esp. el hielo. 6 *Méj.* barb. Mercado.
marquetería (fr. *marqueterie*) *f.* Ebanistería. 2 Técnica del chapado en madera por la que los motivos en marfil, metal o también madera se sitúan sobre la base, en adición superficial distinguiéndose así de la taracea.
marquilla *f.* Dim. de marca: ***papel de ~***, el de tamaño medio entre el de marca y el de marca mayor.
marquista *m.* Propietario de una marca de vino que comercia con él sin tener bodega. 2 DEP. En ciclismo, corredor que actúa por cuenta de una marca o fábrica de bicicletas.
I) marra (de *marrar*) *f.* Falta de una cosa donde debiera estar.
II) marra (l.) *f.* Almádena.
márraga *f.* Marga (jerga).
marrajo, -ja *adj.* [toro] Taimado, malicioso. 2 fig. Hipócrita, astuto. -3 *m.* Pez marino seláceo escualiforme, muy voraz, de hocico puntiagudo, aleta caudal casi simétrica y cuerpo esbelto de color gris azulado *(Isurus oxyrhynchus).* -4 *adj. Méj.* Tacaño.
marramao, -máu *m.* Onomat. del grito del gato.
marramizar *intr.* Hacer marramao el gato. ◇ ** CONJUG. [4] como ***realizar.***
marramuncia *f. Venez.* fam. Marrullería.
I) marrana *f.* Hembra del marrano. -2 *adj.-f.* fig. Mujer sucia y desaseada. 3 La que se porta mal.
II) marrana (de *marrano II*) *f.* Eje de la rueda de la noria.
marranada *f.* Marranería.
marranalla *f.* fig. *y* fam. Canalla.
marranar *tr. Extr.* Matar el cerdo para venderlo en fresco.
marranchón, -chona *m. f.* Marrano o lechón. -2 *m.* Jabalí pequeño.
marranear *tr.-intr.-prnl.* Ensuciar, emporcar. 2 *Colomb.* Engañar. -3 *intr.* Comportarse indignamente.
marranera *f. Murc.* Pocilga.
marranería *f.* Cochinería.
marranillo *m.* Cochinillo.
I) marrano (ár. *moharrama,* cosa prohibida) *m.* Cerdo. 2 Converso que judaizaba ocultamente. -3 *adj.-m.* fig. Hombre sucio y desaseado. 4 El que se porta mal.
II) marrano (b. l. *marrenu*) *m.* Madero fuerte empleado como trabazón y para moderar la presión de algunas máquinas.
marraqueta *f. Chile.* Pan de forma parecida a la de la bizcochada. 2 *Chile.* Conjunto de varios panes pequeños que se cuecen en una sola pieza.
marrar (germ. *marrjam,* afligir) *intr.* Faltar, errar. 2 fig. Desviarse de lo recto.
marras (de ~) (ár.) *loc. adj.* Ocurrido en tiempo u ocasión pasada a la que se alude: *lo de ~; el suceso de ~.*
marrasquino (it. *maraschino* < *amarasca,* cereza amarga) *m.* Licor hecho con el zumo de ciertas cerezas amargas y mucho azúcar.
marrazo (de *marra II*) *m.* Especie de hacha de dos bocas para cortar leña. 2 *Méj.* Machete corto y bayoneta de fusil.
marrear *tr.* Golpear con la marra (almádena).
marrillo (de *marro*) *m.* Palo corto y algo grueso.
marro (de *marrar*) *m.* Juego en que se tira con el marrón a un bolo hincado en el suelo. 2 Juego en que los jugadores, divididos en dos bandos, procuran atraparse mutuamente. 3 Ladeo del cuerpo que se hace para no ser atrapado. 4 Falta, yerro. 5 Palo con que se juega a la tala. 6 *And.* y *Méj.* Mazo.
marroca *f. Argent.* fam. Cadena.
marroco *m. Argent.* fam. Pan.
I) marrón *m.* Piedra para jugar al marro. 2 Martillo grande de herrero. 3 *P. Rico.* Badajo.
II) marrón (fr.) *adj.-m.* Color castaño. -2 *adj.* De color marrón. -3 *m.* GALIC. Castaña confitada. 4 pop. Billete de cien pesetas. -5 *adj.-s.* DEP. Persona que bajo la calificación de aficio-

nado cobra o lleva una vida de jugador profesional. -6 *m. Colomb.* Papillote o castaña con que se rizan el pelo las mujeres. ◇ En las acepciones 1 y 2 no se emplea para los ojos y el cabello.
marronazo *m.* TAUROM. Acción de marrar alguna suerte del toreo, esp. la de varas, cuando el picador no logra colocar bien la garrocha y ésta resbala por el lomo del toro.
marroquí *adj.-s.* De Marruecos, nación del noroeste de África. -2 *adj.-m.* Dialecto mogrebí, hablado en esta nación. -3 *m.* Tafilete. ◇ Pl.: *marroquíes.*
marroquín, -quina *adj.-s.* Marroquí.
marroquinería *f.* Tafiletería.
marroquinero, -ra *m. f.* Persona que trabaja en marroquinería.
marrosidad *f. Colomb.* Astringencia.
marroso, -sa *adj. Colomb.* Astringente.
marrubial *m.* Terreno poblado de marrubios.
marrubio (l. *-u*) *m.* Planta labiada, de flores medicinales *(Marrubium vulgare).*
marrueco, -ca *adj.-s.* Marroquí. 2 *P. Rico.* Hijo de gallo inglés y gallina manila. 3 *P. Rico.* fig. Cobarde. -4 *m. Chile.* Portañuela, bragueta.
marrulla *f.* Marrullería.
marrullería (de un cruce entre *maullar* y *arrullar*) *f.* Astucia con que, halagando a uno, se pretende alucinarle. 2 Trampa de juego.
marrullero, -ra *adj.-s.* Que usa de marrullerías.
marrumancia *f. Pan.* Marrullería.
marrumañoso, -sa *adj. Pan.* Mañoso.
marrutar *tr. Seg.* Estropear, destrozar.
marsellés, -llesa *adj.-s.* De Marsella, c. de Francia. -2 *m.* Chaquetón de paño burdo, con adornos sobrepuestos de pana o pañete.
SIN. *1* **Masiliense.**
marsellesa *f.* Himno patriótico francés, que fue compuesto en 1792 para el ejército del Rhin, pero que fue propagado por los federados marselleses.
mársico, -ca *adj.* Relativo a los marsos.
marsileal *adj.-s.* BOT. Helecho acuático. -2 *f. pl.* BOT. Grupo de dichas plantas.
marso, -sa (l. *-su*) *adj.-s.* De un pueblo de la ant. Italia que habitaba en la reg. del lago Fucino, hoy Mársica, y que capitaneó la Guerra Social o Mársica. 2 De un ant. pueblo germano.
marsopa (fr. ant. *marsoupe;* probl. de orig. germ.) *f.* Cetáceo odontoceto, propio de todos los mares, que entra en los ríos persiguiendo a los salmones y lampreas *(Phocœna phocœna).*
marsopla *f.* Marsopa.
marsupial (l. *marsupiu,* bolsa) *adj.-m.* Mamífero del orden de los marsupiales. -2 *m. pl.* Orden de mamíferos metaterios no placentarios, cuyas hembras, en la mayoría de sus especies, llevan una bolsa abdominal, formada por la piel, donde sus crías terminan su desarrollo.
SIN. **Didelfo.**
marsupio *m.* BOT. Saco que desarrollan las formas foliosas de las hepáticas, para contener el embrión. 2 ZOOL. Bolsa ventral exterior de los mamíferos marsupiales.
SIN. *2* **Bolsa marsupial.**
marta (germ. *marthor;* a través del fr. *marte*) *f.* Mamífero carnicero mustélido, de cabeza pequeña, cuerpo delgado, cola larga, y pelaje espeso y suave *(Martes martes).* 2 Piel de este animal. 3 ~ ***cebellina,*** especie propia de las regiones septentrionales, cuya piel es de las más estimadas *(Marta zibellina).* 4 Piel de este animal.
SIN. *4* **Vero.**
Marta *n. pr. Chile.* Mujer que vive en una congregación de religiosas y ayuda a éstas en los quehaceres domésticos. 2 ~ ***la Piadosa,*** personaje proverbial, mujer hipócrita y gazmoña. 3 ~ ***y María,*** hermanas de que habla el Evangelio (S. Lucas X). Personifican el contraste entre la actividad práctica y la actitud contemplativa.
mártaga *f.* Almártaga.
I) martagón *m.* Planta liliácea medicinal y de jardín *(Lilium martagon).*
SIN. **Azucena silvestre, lirio silvestre.**
II) martagón, -gona (et. dud.; probl. del turco *martagan,* especie de turbante) *m. f.* fam. Persona astuta y difícil de engañar.
martajar *tr. Amér.* Picar, quebrantar [el maíz u otra cosa].
Marte (l.) *n. pr.* Planeta, el más próximo a la Tierra. Tiene dos pequeños satélites, y es notable por su luz rojiza. 2 Entre los romanos, el dios de la guerra. 3 fig. La guerra. 4 En alquimia, el hierro.
REL. **Marciano,** relativo al planeta Marte. *2* **Marcial,** relativo al dios Marte.
marteja *f. Colomb.* Especie de monito de vida nocturna.
martellina *f.* Martillo de cantero con dos bocas guarnecidas de dientes prismáticos.
martelo *m.* Celos. 2 Pena y aflicción que nace de ellos. 3 Enamoramiento, galanteo.
martes (l. *Martis dies,* día de Marte) *m.* Tercer día de la semana. ◇ Pl.: *martes.*
martí (apellido de José *Martí,* 1853-1895) *m. Cuba.* Moneda de oro.
martiano, -na *adj.* Relativo al escritor cubano José Martí (1853-1895), así como a su obra y doctrina.
martillada *f.* Golpe dado con el martillo.
martillado, -da *adj.* ZOOL. Que tiene forma de martillo.
martillador, -ra *adj.-s.* Que martilla. -2 *m. Ecuad.* Rematista.
martillar (frecuent.) *tr.* Batir, golpear repetidamente con el martillo. -2 *tr.-prnl.* fig. Oprimir, atormentar.
martillazo *m.* Golpe fuerte dado con el martillo.
martilleador, -ra *adj.-s.* Que martillea.
martillear *tr.* Martillar.
martilleo *m.* Acción de martillear. 2 Efecto de martillear. 3 Ruido que produce. 4 fig. Ruido parecido al martilleo.
martillero, -ra *m. f. Amér.* Rematista.
martillo (l. v. *martellu;* probl. dim. del l. *martulus*) *m.* Herramienta de percusión, compuesta de una cabeza de hierro o acero enastada en un mango, gralte. de madera: ~ ***neumático,*** herramienta de percusión que funciona con aire comprimido; ~ ***pilón,*** martillo mecánico de grandes dimensiones; ***a*** ~, fig., a golpes de martillo; ***a macha*** ~, construido con más solidez que primor; con firmeza. 2 Pez martillo. 3 Maza pesada que golpea el gongo en un reloj que da las horas. 4 Templador (llave). 5 En los vertebrados superiores, uno de los huesecillos del oído medio. 6 Pieza del mecanismo de percusión de las armas de fuego que golpea la cápsula o el percutor para que se inflame la carga. 7 fig. El que persigue una cosa con el fin de acabar con ella: ~ *de las herejías.* 8 fig. Establecimiento donde se subasta; por el martillazo que denota la venta en firme. 9 DEP. Esfera metálica, con un cable de acero y una empuñadura, con la que se efectúa la prueba atlética de lanzamiento de martillo. 10 *Cuba* y *P. Rico.* Unión en ángulo recto de dos cuerpos de un edificio. 11 *Chile.* fig. Ala de un edificio.
martín del río *m.* Martinete (ave zancuda).
martín pescador *m.* Ave coraciforme de pico recto y prolongado, que vive junto a los ríos y lagos y se alimenta de pececillos *(Alcedo atthis).* 2 *Cuba.* Pez pequeño, de coloración varia, que se entierra en el fango. ◇ Pl.: *martín pescadores.*
SIN. *1* **Alción, guardarrío, pájaro polilla.**
martina *f.* Pez teleósteo anguiliforme, muy parecido al congrio, de unos 80 cms. de longitud, que presenta cuerpo cilíndrico, hocico puntiagudo, aletas pectorales pequeñas y la dorsal y la anal muy grandes *(Echelus myrus).*
martineta *f. Amér.* Perdiz de las pampas *(Tinamus variegatus).*
I) martinete (de *martín*) *m.* Ave ciconiforme de paso, de pico largo y grueso, que vive junto a los ríos y lagos y se alimenta de peces y sabandijas *(Nycticorax nycticorax).* 2 Penacho de plumas de esta ave.
SIN. *1* **Aldorta, martín del río, zumaya, zumacaya.**
II) martinete (fr. *martinet*) *m.* MÚS. Macillo. 2 Mazo de gran peso para batir algunos metales, abatanar, etc. 3 Edificio industrial en que hay estos mazos. 4 Máquina para clavar estacas, esp. debajo del agua. 5 Cante flamenco sin acompañamiento, de aire triste, cuyas coplas son de cuatro versos octosílabos.
SIN. *2* **Machina.** *4* **Maza de Fraga.**
martingala (fr. *martingale;* alterac. de *martigale,* del pueblo de Martigue) *f.* Calza que los hombres de armas llevaban debajo de los quijotes. 2 En el juego del monte, lance que consiste en apuntar simultáneamente a cuatro cartas de las del albur contra la quinta. 3 Artimaña (astucia). 4 Combinación que permite ganar en el juego. 5 GALIC. Trabilla, especie de cinturón de algunas prendas. 6 fig. Asunto fastidioso, incómodo o pesado. 7 *Colomb.* Gamarra. 8 *P. Rico.* Cosa de buen agüero.
martinico *m.* fam. Duende (espíritu).
martiniega *f.* Tributo que se debía pagar el día de San Martín.
martiniqués, -quesa *adj.-s.* De Martinica.
martinismo *m.* Doctrina mística.

mártir (l. ecl. y gr. *martyr*) ***com.*** Persona que padece martirio. 2 fig. Persona perseguida por sus opiniones: *un ~ de su ideal.* 3 fig. Persona que padece grandes afanes y trabajos.
martirial ***adj.*** Relativo a los mártires.
martirio (l. ecl. *martyriu*) ***m.*** Tormentos o muerte que uno padece por sostener la verdad de su creencia. 2 fig. Trabajo penoso o sufrimiento grande.
REL. *1* **Palma,** símbolo, en la imaginería religiosa, del martirio, que significa la victoria del mártir contra las potestades infernales; **martirologio,** catálogo de los mártires.
martirizador, -ra ***adj.-s.*** Que martiriza.
martirizar ***tr.*** Hacer sufrir el martirio [a uno]. 2 Afligir, atormentar: *~ un animal.* ◇ ** CONJUG. [4] como ***realizar.***
martirologio (de *mártir* + gr. *logos,* relación) ***m.*** Catálogo de los mártires, y p. ext., el de todos los santos. 2 fig. Lista de víctimas. ◇ INCOR.: *martiriología.*
maruca ***f.*** Pez marino teleósteo gadiforme, de gran tamaño y cuerpo alargado, que habita entre rocas hasta gran profundidad *(Molva molva).* -2 ***m.*** *Extr.* Hombre que hace la voluntad de la mujer.
marucha ***f.*** *Colomb.* Fruta compuesta de dos que han crecido pegadas. 2 *Ecuad.* Especie de sarna. 3 *R. de la Plata.* Carne de vacuno que cubre la cruz del animal.
marucho ***m.*** *Chile.* Capón que cría la pollada. 2 *Chile.* Mozo que va montado en la yegua caponera.
maruga ***f.*** *Cuba.* Planta leguminosa *(Crotalaria anagyroides).* 2 *Cuba.* Maraca, instrumento musical. -3 ***adj.*** *Cuba.* Inútil, despreciable. 4 *Cuba.* Mal pagador.
maruguito ***m.*** *Venez.* Maruga (planta).
maruja (der. de *María*) ***f.*** Gallo de pelea que es de pocas fuerzas.
marullo (port. *marullo*) ***m.*** Mareta (de las olas).
marunga ***f.*** *P. Rico.* Baile popular, en general.
marusa ***f.*** *Venez.* Morral o saco.
marusiño, -ña ***adj.-s.*** fam. Gallego.
marxiano, -na ***adj.*** Marxista.
marxismo (de Carlos *Marx*) ***m.*** Conjunto de las doctrinas de C. Marx (1818-1883) y F. Engels (1820-1895) y de las corrientes doctrinales derivadas de aquéllas, que son la base teórica del socialismo y del comunismo contemporáneos. 2 Conjunto de partidos que se inspiran en dicha doctrina.
marxismo-leninismo ***m.*** Doctrina comunista inspirada en Marx (1818-1883), Engels (1820-1895) y Lenin (1870-1924).
marxista ***adj.*** Relativo al marxismo. -2 ***adj.-com.*** Partidario del marxismo.
marzada ***f.*** *La Mancha.* Variación del tiempo propia del mes de marzo.
marzal ***adj.*** Relativo al mes de marzo: ***trigo ~***, v. trigo.
marzante ***m.*** Mozo que canta marzas.
marzas (de *marzo*) ***f. pl.*** Coplas que cantan de noche los mozos santanderinos por las casas de las aldeas. 2 Obsequio de manteca, morcilla, etc., que se da a los marzantes.
marzo (l. *Martius mensis,* mes del dios Marte) ***m.*** Tercer mes del año.
marzoleta ***f.*** Fruto del marzoleto.
marzoleto ***m.*** Majuelo.
I) mas (l. *magis*) ***conj. advers.*** Sustituye a *pero* en su significación restrictiva más atenuada. En la actualidad se usa casi exclusivamente en la lengua escrita: *no tenía celada, ~ a esto suplió su industria.*
II) mas ***m.*** Peso de metales preciosos usado en Filipinas.
III) mas (cat. *mas* < l. *mansu*) ***m.*** En algunas partes, masada.
más (l. *magis*) ***adv. comp.*** Denota mayor cantidad numérica, o mayor intensidad de las cualidades y acciones en comparación expresa o sobrentendida. Sirve para formar comparativos de superioridad de adjetivos y adverbios, y oraciones subordinadas comparativas de superioridad: *tengo ~ dinero; es ~ sucio; está ~ lejos; corre ~*. 2 En comparación expresa lleva como correlativo la conjunción *que: es ~ noble que su hermano; corre ~ que tú; habla ~ que hace.* 3 Cuando el término de comparación es un número o una expresión cuantitativa lleva la preposición *de* en vez de *que*, denotando limitación indeterminada: *~ de cien hombres; son ~ de mil; ~* ***de cuatro,*** muchos: *lo vieron ~ de cuatro; ~ de cuatro no saben lo que dicen.* 4 Con verbos como *querer, desear*, etc., denota preferencia: *~ quiero perder la honra que perder el caudal.* 5 En comparación absoluta y denotando superioridad entre todos los de su clase, va precedido del artículo determinado en todos sus géneros y números, y en correlación con la preposición *de*, excepto cuando la comparación absoluta es implícita: *es el ~ de todos; es el ~ blanco; lo ~ probable.* -6 ***loc. adv. A lo ~***, a lo sumo. 7 ***A ~***, por añadidura, como suplemento: *tiene ochenta mil pesetas de sueldo, y a ~ otras sesenta mil de renta.* 8 ***A ~ y mejor,*** indica intensidad de acción: *llovía a ~ y mejor.* 9 ***De ~***, de sobra: *hay mil pesetas de ~;* ***estar de ~***, no tener empleo. 10 ***En ~***, en mayor grado o cantidad: *aprecio mi virtud en ~ que mi vida.* 11 ***Ni ~ ni menos,*** en el mismo grado, sin faltar ni sobrar. 12 ***No ~***, sólo, únicamente (muy usual en América): *a ti no ~; váyase no ~*. 13 ***Sin ~ ni ~***, sin consideración, precipitadamente, por sorpresa. -14 ***loc. conj. ~ bien,*** antes bien: *no debe nada, ~ bien es su acreedor.* 15 ***~ que,*** sino: *nadie lo sabe ~ que Anselmo.* 16 ***Por ~ que,*** aunque. 17 ***Tanto ~ ... cuanto que,*** ús. en comparaciones correlativas: *tanto ~ deseo veros, cuanto que mañana estaré ausente.* -18 ***m.*** Suma, adición: *el ~ y el menos.* 19 Signo de suma o adición (+). ◇ Son vulgares las expresiones ~ mayor, ~ mejor, ~ peor, ~ antes, ~ buenísimo. En traducciones descuidadas se emplea *ya* por ~, y de ~ en ~ (del fr. *de plus en plus*) por cada vez ~.
FR. *Tener sus ~ y sus menos,* cualidades y defectos, ventajas e inconvenientes.
masa (l. *massa*) ***f.*** Agregación de partículas o cosas que forman un cuerpo, esp. de gran tamaño: *una gran ~ líquida.* 2 p. ext. Conjunto de cosas que forman un todo: *~ de bienes; ~ de la herencia.* 2 Mezcla consistente y homogénea hecha incorporando un líquido con una materia pulverizada, esp. la del agua con harina y levadura para hacer el pan. 3 Gran concurrencia de personas o cosas; multitud: *vinieron todos en ~; la rebelión de las masas.* 4 El pueblo. 5 fig. Carácter: *ser de buena ~*. 6 fig. Cuerpo o todo de una hacienda y otra cosa tomada en grueso. 7 ***~ encefálica,*** encéfalo. 8 ELECTR. Conjunto de las piezas metálicas que se hallan en comunicación con el suelo. 9 FÍS. Propiedad de los cuerpos, de la que depende, en razón inversa, la aceleración que les imprime una misma fuerza. 10 FÍS. Cantidad de materia que contiene un cuerpo. 11 FÍS. ***~ inercial*** o ***inerte,*** magnitud física característica de cada cuerpo, que se manifiesta por ser mayor o menor la fuerza que se requiere para imprimirle un movimiento determinado. 12 MIL. Masita. 13 *Argent.* Pastelillo. 14 *Chile* y *Ecuad.* Hojaldre.
FR. *Con las manos en la ~*, en grave delito.
masacaya ***f.*** *Argent.* Instrumento de hojalata con que se imita el ruido del cedazo.
masaco ***m.*** *Argent.* Harina pura de algarroba humedecida con agua. 2 *Bol.* Amasijo de plátano asado, molido con queso o picadillo de carne.
masacrar (fr. *massacrer,* hacer una matanza, exterminar) ***intr.*** Asesinar en masa.
masacre (fr. *massacre,* matanza) ***f.*** Matanza.
masacuate ***f.*** *Salv.* Especie de boa.
masaculo ***m.*** *Chile.* Tamborilada, culetazo.
masada (prov. y cat. *mas*) ***f.*** *Ar.* Casa de campo y de labor.
SIN. **Manso, masería.**
masadero ***m.*** *Ar.* Colono de una masada.
masageta (l. *massageta*) ***adj.-s.*** De un ant. pueblo del Asia. Los masagetas provenían de los escitas y vivían al oriente del mar Caspio.
masagrán ***m.*** *Amér.* Mazagrán.
masaje (fr. *massage* < ár. *masah,* friccionar) ***m.*** MED. Operación que consiste en presionar, frotar o golpear rítmicamente con intensidad adecuada determinadas regiones del cuerpo, principalmente las masas musculares, con fines terapéuticos, deportivos, estéticos, etc.
masajista ***com.*** Persona que tiene por oficio dar masaje.
masamuda ***adj.-s.*** De la tribu berberisca de Masmuda.
masapuri ***m.*** *Bol.* Plátano maduro sancochado y estrujado.
I) masar ***tr.*** Amasar.
II) masar ***tr.*** Dar masaje.
masato (voz cumanagota) ***m.*** *Amér.* Bebida fermentada, especie de chicha que se hace de maíz, o con plátano, yuca o mandioca. 2 *Amér. Central.* Especie de mazamorra de maíz, plátano y yuca, que hacen los indios de la selva. 3 *Argent.* y *Colomb.* Golosina hecha con coco rallado, harina, maíz y azúcar. 4 *Méj.* Harina de maíz que se suele llevar como alimento de viaje. 5 *Venez.* Substancia alimenticia líquida preparada con maíz.
masayense ***adj.-s.*** De Masaya, c. y dep. de Nicaragua.
masbatense ***adj.-s.*** Masbateño.
masbateño, -ña ***adj.-s.*** De Masbate, prov. de Filipinas.

mascabado, -da *adj.* [azúcar] Que se envasa junto con su melaza.
mascabellotas (de *mascar* + *bellota*) *com.* Persona simple. ◇ Pl.: *mascabellotas.*
mascada *f.* Acción de mascar. 2 Efecto de mascar. 3 *And.* vulg. Golpe a puño cerrado y de abajo arriba en la mandíbula. 4 *And.* vulg. *y* p. ext. Puñetazo en la boca. 5 *Amér.* Mascadura, porción de tabaco que se masca. 6 *Amér. Central* y *Ecuad.* Tesoro, ganancia y p. ext. dinero. 7 *Argent.* y *Chile.* Bocado, o porción de comida que naturalmente cabe de una vez en la boca. 8 *Argent.* y *Urug.* fig. Utilidad, cosa que aprovecha. 9 *Méj.* Pañuelo de seda que se lleva en el bolsillo o puesto al cuello. 10 *Méj.* Puñetazo.
mascadero *m. Venez.* Lechuguino, petimetre.
mascadijo *m.* Substancia aromática, comúnmente vegetal, que se lleva en la boca mascándola para perfumar el aliento.
mascadón *m. Méj.* Mascada (pañuelo).
mascador, -ra *adj.-s.* Que masca.
mascadura *f.* Acción de mascar. 2 Pedazo de tabaco para mascar. 3 *Hond.* Pan o bollo que se toma con el café o chocolate.
mascar (v. *masticar*) *tr.* Partir y desmenuzar [el manjar] con la dentadura. 2 Mascullar. -3 *prnl.* fig. *y* fam. Considerarse como inminente un hecho inmediato: *se mascaba la revolución.* ◇ ** CONJUG. [1] como *sacar.*
SIN. *1* **Masticar,** se estima como voz selecta o tecn., frente a **mascar** en el habla corriente.
máscara (it. *machera,* der. del ár. *máshara,* bufón) *f.* Figura de cartón, tela, etc., imitando una cara, con que uno se tapa el rostro para no ser conocido: *los actores del teatro griego usaban* ~. 2 Careta (de alambre). 3 Careta para impedir la entrada de gases tóxicos en las vías respiratorias. 4 Traje con que alguno se disfraza. 5 fig. Pretexto, disfraz. 6 fig. Apariencia engañosa: ***quitarse uno la*** ~, dejar el disimulo y decir lo que siente. 7 *Perú.* Calandra. -8 *com.* fig. Persona enmascarada. -9 *f. pl.* Mascarada.
SIN. *8* **Enmascarado.**
mascarada (it. *mascarata;* a través del fr.) *f.* Sarao de personas enmascaradas. 2 Comparsa de máscaras. 3 fig. Ficción, falacia, simulación.
mascarero, -ra *m. f.* Persona que tiene por oficio vender o alquilar vestidos de máscaras.
mascarilla *f.* Máscara que sólo cubre la parte superior del rostro. 2 Vaciado que se saca sobre el rostro de una persona o escultura. 3 Aparato utilizado por los anestesistas que se aplica sobre la nariz y la boca del paciente. 4 ~ ***cosmética,*** capa de diversos productos cosméticos con que se cubre la cara o el cuello durante cierto tiempo, generalmente breve, con fines estéticos. 5 *Chile.* Calandra.
mascarón *m.* Aum. de *máscara.* 2 Cara disforme o fantástica usada como adorno arquitectónico: ~ ***de proa,*** figura colocada como adorno en lo alto del tajamar de los buques.
mascatrapos *m. Venez.* Vagabundo, holgazán. ◇ Pl.: *mascatrapos.*
mascón, -cona *adj. Méj.* Ganguero. 2 *Venez.* Fanfarrón. -3 *m. Hond.* Estropajo. 4 *Hond.* Especie de pastel.
mascota (fr. *mascotte*) *f.* Persona, animal o cosa a los cuales se atribuyen virtudes para alejar desdichas o atraer la buena suerte. 2 Figura u objeto que constituye el emblema de una manifestación, como una Olimpiada, un campeonato mundial de fútbol, etc. 3 fam. Sombrero. 4 *Méj.* Tela de vestidos cuyo dibujo forma cuadros negros y blancos.
mascujada *f.* Acción de mascujar.
mascujador, -ra *adj.* p. us. Que mascuja.
mascujar *tr.* fam. Mascar mal o con dificultad. 2 fig. Mascullar.
masculillo (alteración de **basculillo;* dimin. de **basculo,* del fr. *bascule, bacule,* acción de golpear con el trasero) *m.* Juego de muchachos consistente en coger a otro dando golpes con su trasero. 2 fig. Porrazo, golpe.
masculinidad *f.* Calidad del sexo masculino.
masculinización *f.* Desarrollo en las mujeres de las características secundarias del varón.
masculinizar *tr.* Dar [a algo] carácter masculino. ◇ ** CONJUG. [4] como *realizar.*
masculino, -na (l. *-nu* < *masculu,* macho) *adj.* Dotado de órganos para fecundar. 2 Relativo al ser así dotado. 3 Lo que es propio del varón. 4 fig. Varonil, enérgico. 5 GRAM. ***Género*** ~, v. género.
mascullar (ant. *mascujar,* der. de *mascar*) *tr.* Hablar entre dientes o pronunciar mal [las palabras].
SIN. **Barbotar,** es intensivo con respecto a **mascullar, mascar, musitar,** y además sugiere palabras dictadas por el rencor: *se barbotan* injurias, blasfemias; en cambio se pueden *mascullar, musitar,* tanto dicterios como oraciones; **barbotear,** de mayor matiz intensivo, supone hablar atropelladamente; **barbullar,** (p. us.), sugiere idea de gritería atropellada; **farfullar,** es también hablar confusa y atropelladamente, pero no por sentimiento rencoroso, sino por incompetencia, mala pronunciación, etc.: *el estudiante farfullaba la lección; un niño farfulla las fábulas recién aprendidas.*
masecoral *m.* Masejicomar.
masejicomar *m.* Juego de manos.
máser (ing. *maser,* voz constituida con las iniciales de *M*icrowave *A*mplification by *S*timulated *E*mission of *R*adiation) *m.* Dispositivo semejante en sus fundamentos al láser, con la diferencia de que la radiación emitida no pertenece al espectro visible, sino al de las microondas.
masera (de *masa*) *f.* Amasadera. 2 Paño con que se abriga la masa para que fermente. 3 Crustáceo marino.
masería *f. Ar. Masada.*
masetero (gr. *maseter,* masticador) *adj.-m.* ANAT. Músculo elevador de la mandíbula inferior, situado en la parte posterior de la mejilla.
masi *f. Bol.* Roedor parecido a la ardilla común *(Hadrosciurus pyrrhonotus).*
masía *f.* Casa de campo y de labor de Cataluña y Aragón
SIN. Masada (Ar.).
masicoral *m.* Masecoral.
masicote (fr. *massicot*) *m.* Óxido de plomo de color amarillo, usado en pintura.
masiega *f.* Merienda que celebran las cuadrillas al final de la recolección de la mies.
masieno, -na (l. *massienu*) *adj.-s.* De un pueblo ant. de la Bética.
masificación *f.* Acción de masificar. 2 Resultado de masificar.
masificador, -ra *adj.* Que masifica.
masificar (de *masa* + *-ificar*) *tr.* Hacer de un grupo de personas una masa amorfa. 2 Adaptar a la masa. ◇ ** CONJUG. [1] como *sacar.*
masílico, -ca *adj.* Masilio.
masiliense *adj.-s.* Marsellés (de Marsella).
masilio, -lia *adj.-s.* De un pueblo de la ant. África. 2 p. ext. Mauritano.
masilla (dim. de *masa*) *f.* Mezcla de aceite de linaza y tiza, que se usaba para sujetar los cristales. 2 Material aglutinante que se endurece al cabo de algún tiempo; se obtiene con óxido de cinc o de plomo y aceites secantes.
masío *m. Cuba.* Especie de junco *(Typha angustifolia).*
masita (dim. de *masa*) *f.* Dinero que en algunas armas se retiene del haber de los soldados y los cabos para proveerlos de zapatos, ropa interior, etc. 2 *Argent.* y *Urug.* Pasta o pastelillo dulces.
SIN. *1* **Masa.**
masito *adv. Colomb.* Casi.
masivamente *adv. m.-c.* En gran cantidad.
masivo, -va *adj.* Que actúa o se hace en gran cantidad: *ataque* ~ *a una posición enemiga; importación masiva de cereales.* 2 MED. Que se acerca al límite máximo de tolerancia del organismo: *dosis masiva de un medicamento.*
maslo (v. *macho*) *m.* Tronco de la cola de los cuadrúpedos. 2 Tallo de una planta.
masoca *adj.-com.* vulg. Masoquista.
I) masón (de *masa*) *m.* Bollo de harina y agua, para cebar las aves.
II) masón, -sona *m. f.* Francmasón.
masonería *f.* Francmasonería.
masónico, -ca *adj.* Relativo a la masonería.
masoquismo (del n. del novelista austriaco Sacher *Masoch,* 1836-1895) *m.* Perversión sexual del que goza con verse humillado o maltratado por una persona de otro sexo.
masoquista *adj.* Relativo al masoquismo. -2 *adj.-com.* Persona que padece esta aberración. 3 p. ext. Persona que persiste en un pensamiento, acto o situación desagradable o doloroso.
masora (hebr. *mazora,* tradición) *f.* Estudio crítico de los textos bíblicos, hecho por doctores judíos.
masoreta *m.* Doctor hebreo que se dedica a la masora.
masorético, -ca *adj.* Relativo a la masora y a los masoretas. 2 ***Puntos masoréticos,*** signos que representan a las vocales en el texto hebreo de la Biblia.
mass-media (ing. americano) *m. pl.* Conjunto de los medios de difusión masiva de información o de cultura.

mast-, v. masto-.
mastaba *f.* Construcción funeraria egipcia en forma de pirámide truncada, cuya base superior presenta una abertura que da acceso a un pozo que conduce a la cámara mortuoria.
mastalgia (*mast-* + *-algia*) *f.* MED. Dolor que se siente en el seno.
mastate *m. C. Rica.* Árbol de corteza fibrosa y fuerte *(Heliocarpus americanus).* 2 *Méj.* Faja o taparrabo que usan algunas veces los indios.
mastectomía (*mast-* + *-ectomía*) *f.* MED. Ablación de la mama o de una porción de la glándula mamaria.
mástel (germ. *mast*) *m.* Mástil (palo derecho).
mastelerillo (dim. de *mastelero*) *m.* MAR. Palo menor que se coloca en las embarcaciones sobre los masteleros.
mastelero (de *mástel*) *m.* Palo menor que se coloca en las embarcaciones sobre cada uno de los mayores.
SIN. **Mástil.**
mástic *m.* GALIC. Mástique; masilla.
masticación *f.* Acción de masticar o mascar. 2 Efecto de masticar o mascar.
I) masticador *m.* Mastigador. 2 Instrumento para triturar los alimentos.
II) masticador, -ra *adj.-s.* Insecto que mastica sus alimentos, a diferencia de los chupadores. -2 *adj.* ZOOL. [aparato bucal] Apto para la masticación. 3 ZOOL. [animal] Que tiene este aparato bucal.
masticar (b. l. *-are;* doble etim. *mascar*) *tr.* Mascar. 2 fig. Rumiar [pensar] o meditar. ◇ ** CONJUG. [1] como ***sacar.***
masticatorio, -ria *adj.-s.* Lo que se mastica con un fin medicinal. -2 *adj.* Que sirve para masticar.
masticino, -na *adj.* Relativo al mástique.
mastieno (del l. *Massieni;* o del gr. *Mastianoi*) *adj.-s.* Antiguo poblador de la costa meridional de España, desde Cartagena al estrecho de Gibraltar. -2 *adj.* Perteneciente o relativo a los mastienos.
mastigador (ant. *mastigar,* masticar) *m.* Filete de tres anillas que se pone al caballo para excitarle la salivación.
I) mástil (v. *mástel*) *m.* Palo (madero redondo). 2 Mastelero. 3 Tallo grueso y leñoso de una planta. 4 Palo derecho que mantiene una cosa. 5 En ciertas grandes máquinas, torre, pieza o estructura vertical de gran altura respecto a la base. 6 Parte del astil de la pluma, en cuyos costados nacen las barbas. 7 MÚS. Parte más estrecha de algunos instrumentos de cuerda.
II) mástil (nahua *maxtli*) *m.* Faja ancha que usaban los indios aztecas en lugar de calzones.
mastín, -tina (l. v. *mansuetinu* < l. *mansuetu,* amansado; a través del fr. *mastin*) *adj.-s.* V. perro mastín.
mastingal *m. Méj.* GALIC. Gamarra.
mástique (l. *mastiche*) *m.* Almáciga (resina). 2 Pasta de yeso mate y agua de cola que sirve para igualar las superficies que se han de pintar o decorar.
mastitis (*mast-* + *-itis*) *f.* Inflamación del seno. ◇ Pl.: *mastitis.*
masto *m. Logr.* Verraco.
masto-, mast- (gr. *mastós,* pezón) Elemento prefijal que entra en la formación de palabras con el significado de mama.
mastodonte (*mast-* + *-odonte*) *m.* Mamífero fósil, parecido al mamut y al elefante, cuyos restos se encuentran en los terrenos terciarios. -2 *com.* fig. Persona o cosa muy voluminosa.
mastodóntico, -ca *adj.* De dimensiones muy grandes.
mastografía *f.* Mamografía.
mastoideo, -a *adj.* De la apófisis mastoides.
mastoides (*mast-* + *-oides*) *adj.* Semejante a un pezón (mama). -2 *adj.-f.* ANAT. Apófisis del hueso temporal situada detrás y debajo de la oreja. ◇ Pl.: *mastoides.*
mastoiditis *f.* Inflamación de la apófisis mastoides. ◇ Pl.: *mastoiditis.*
mastología (*masto-* + *-logía*) *f.* MED. Tratado de la mama, sus funciones y sus enfermedades.
mastólogo, -ga *m. f.* Especialista en las enfermedades de la mama.
mastopatía (*masto-* + *-patía*) *f.* MED. Afección de la glándula mamaria, en general.
mastozoología (*masto-* + *zoología*) *f.* Parte de la zoología que trata de los mamíferos.
mastranto, mastranzo (l. *mentastru*) *m.* Planta labiada, aromática y medicinal que crece junto a las corrientes de agua *(Mentha rotundifolia).*
SIN. **Hierbabuena de burro, matapulgas, mentastro.**
mastrear *tr. Logr.* Podar perfectamente las vides antes del tiempo regular.
mastuerzo (l. *masturtiu*) *m.* Planta crucífera hortense que se come en ensalada y se da al ganado como alimento *(Lepidium sativum).* 2 ~ ***de prado,*** hierba crucífera perenne, de hojas reniformes y flores rosadas o blancas *(Cardamine pratensis).* -3 *adj.-m.* fig. Hombre torpe o majadero. -4 *m. Ecuad.* y *Perú.* Capuchina, flor.
SIN. *2* **Berro de prado, cardamina.**
masturbación *f.* Acción de masturbarse.
SIN. **Onanismo.**
masturbador, -ra *adj.-s.* Perteneciente o relativo a la masturbación. 2 [pers.] Que se masturba.
masturbarse (l. *-are*) *prnl.* Procurarse solitariamente goce sexual.
masurio *m.* QUÍM. Tecnecio.
masvale *m.* Malvasía.
I) mata (et. dud.; probl. del l. *matta,* estera) *f.* Planta de tallo ramificado y leñoso, que vive varios años: ***a salto de mata,*** fig. *y* fam., al día, de manera insegura. 2 Pie de una hierba: ~ *de hierbabuena.* 3 Lentisco. 4 ~ ***de la seda,*** arbustillo asclepiadáceo *(Gomphocarpus fruticosus).* 5 ~ ***parda,*** chaparro. 6 ~ ***rubia,*** coscoja (árbol). 7 Porción de terreno poblado de árboles de una misma especie. 8 ~ ***de pelo,*** porción grande de cabello. 9 *Cuba.* Árbol o arbusto. 10 *Venez.* Grupo de árboles en una llanura.
II) mata (fr. *matte*) *f.* Sulfuro múltiple que se forma al fundir menas azufrosas crudas o incompletamente calcinadas.
III) mata *f.* Matarrata. 2 En el juego de la matarrata, siete de espadas y de oros. 3 *Ecuad.* Matadura.
matabuey (de *matar* + *buey*) *f.* Amarguera, adelfilla. -2 *m. Argent.* Lazo con que se ata y fija por ambos lados el eje del carretón. 3 *Argent.* Asiento del carretero desde el cual dirige los bueyes.
mataburro *m. Colomb.* Aguardiente fuerte.
matacaballo (a ~) *loc.* A toda prisa.
matacaballos (de *matar* + *caballo*) *m.* Hierba dicotiledónea campanulácea perenne, de hojas obovadas y dentadas y flores azules o púrpureas dispuestas en espigas *(Lobelia urens).* ◇ Pl.: *matacaballos.*
matacabras (de *matar* + *cabra*) *m.* Bóreas, cuando es muy fuerte y frío. ◇ Pl.: *matacabras.*
matacallos *m. Chile* y *Ecuad.* Planta semejante a la siempreviva, cuyas hojas se emplean para curar los callos *(Sedum telephium).* ◇ Pl.: *matacallos.*
matacán (de *matar* + *can*) *m.* Composición venenosa para matar perros. 2 Planta trepadora perenne asclepiadácea con flores dispuestas en umbelas blancas o rosadas, y cuyo jugo es un enérgico purgante *(Cynanchum acutum).* 3 Encina pequeña. 4 Nuez vómica. 5 Obra voladiza en lo alto de un muro, de una torre o de una puerta fortificada, con parapeto y suelo aspillerado. 6 Piedra grande de ripio. 7 Liebre ya corrida de los perros. 8 En el juego de naipes, dos de bastos. 9 *Ecuad.* Entre cazadores, cervato. 10 *Hond.* Ternero grande y gordo. 11 *S. Dom.* fest. Dólar, peso.
SIN. *5* **Ladronero.**
matacandelas (de *matar* + *candela*) *m.* Apagador fijo al extremo de una caña para las velas o cirios colocados en lo alto. ◇ Pl.: *matacandelas.*
SIN. **Apagavelas, apagador.**
matacandil (de *matar* + *candil*) *m.* Planta crucífera, propia de los terrenos húmedos, que se ha usado contra el escorbuto *(Sisymbrium irio).* 2 Hongo basidiomiceto comestible, de sombrero ovoide y cilíndrico de color blanco sucio, y pie esbelto con un anillo membranoso *(Coprinus comatus).* 3 Langosta (crustáceo).
SIN. *2* **Barbuda.**
matacandiles *m.* Planta liliácea, propia de los terrenos secos y sueltos *(Ornithogalum nutans).* ◇ Pl.: *matacandiles.*
SIN. **Baya.**
matacano, -na *adj. Guat.* Ternero robusto.
I) matachín (it. *mattaccino,* der. desp. de *matto,* bufón) *m.* Antiguo baile de ritmo binario, parodia de las danzas guerreras de la antigüedad, ejecutado por hombres disfrazados ridículamente y armados de espadas de palo y vejigas de aire. 2 ant. Hombre que participaba en este baile.
II) matachín (de *matar*) *m.* Matarife. 2 fig. Hombre pendenciero, camorrista.
I) mataco *m.* Bolita (armadillo). 2 *Argent.* fig. Persona muy terca.

II) mataco (del hablar africano) *m. Perú.* Posaderas.

matadero *m.* Sitio donde se mata y desuella el ganado. 2 fig. Trabajo muy penoso. 3 *Chile.* En las riñas de gallos, el testuz de éstos.

SIN. *1* **Macelo,** p. us.; **rastro,** ant.

matador, -ra *adj.-s.* Que mata. 2 fam. Penoso, cansado. -3 *m.* En el juego del hombre, una de las tres cartas superiores. 4 Espada (torero).

SIN. *2* **Mate.**

matadura (v. *matar* [a una bestia]) *f.* Llaga que se hace la bestia por ludirle el aparejo. 2 *Ecuad.* Estudiante torpe y desaplicado. 3 *Ecuad.* y *P. Rico.* Deuda que uno tiene.

matafuego (de *matar* + *fuego*) *m.* Instrumento para apagar los fuegos. 2 Bombero.

SIN. *1* **Extintor.**

matagallegos *m.* Arzolla (planta). 2 *Cuba.* Especie de panatela muy empalagosa. ◇ Pl.: *matagallegos.*

matagallina *f. Logr.* Torvisco. 2 *P. Rico* y *S. Dom.* Nombre de la planta *Dioscorea polygonoides.*

matagallos *m.* Aguavientos. ◇ Pl.: *matagallos.*

matagalpino, -na *adj.-s.* De Matagalpa, c. y prov. de Nicaragua.

matagigantes (de *matar* + *gigante*) *com.* Perdonavidas. 2 DEP. Deportista o equipo que en una competición vence a otro teóricamente superior. ◇ Pl.: *matagigantes.*

matagusano *m. Guat.* y *Hond.* Conserva que se hace de corteza de naranja y miel.

matahambre (de *matar* + *hambre*) *m. Amér.* Carne de costillas. 2 *Cuba.* Dulce de yuca, huevo y azúcar. 3 *Ecuad.* Judía o alubia pequeña. 4 *P. Rico.* fest. Fruto de cierta especie de plátano. 5 *S. Dom.* Dulce de coco, melado y batata.

matahombres (de *matar* + *hombre*) *m.* Trabajo duro o largo. 2 Alheña (arbusto). 3 *Murc.* Carraleja. ◇ Pl.: *matahombres.*

matajudío *m.* Pardete.

matalahúga, matalahúva (alterac. del ant. *batalhalúa,* der. del ár. *al-habbat al-huluwa,* el grano dulce) *f.* Anís (planta y semilla).

matalascallando *adj.-com.* Persona astuta que persigue sus fines sin aparentarlo; hipócrita. ◇ Se escribe también *mátalas callando.*

matalobos *m.* Acónito. ◇ Pl.: *matalobos.*

matalón, -lona (de *matar*) *adj.-s.* Caballería flaca y llena de mataduras.

SIN. **Matalote, matungo.**

matalotaje (fr. *matelotage,* marinería) *m.* Provisión de comida en una embarcación. 2 Equipaje y provisiones que se llevan a lomo en los viajes por tierra. 3 fig. Conjunto de objetos mal ordenados.

I) matalote *adj.-s.* Matalón.

II) matalote (fr. *matelot;* probl. del neerl. medio *mattennoot,* compañero de coy) *m.* Buque anterior y buque posterior a cada uno de los que forman una columna.

matamata *f.* Tortuga de espaldar de unos 20 cms. de longitud, un poco convexo, con placas dispuestas de forma piramidal. El cuello y la cabeza presentan apéndices irregulares. Despide un olor muy desagradable *(Chelus fimbriatus).*

matamoros *adj.* Valentón. ◇ Pl.: *matamoros.*

matamoscas (de *matar* + *mosca*) *m.* Instrumento para matar moscas. 2 Tira de papel o lienzo pegajoso para el mismo uso. ◇ Pl.: *matamoscas.*

I) matancero *m. Amér.* Matarife o jifero.

II) matancero, -ra *adj.-s.* De Matanzas, c. y prov. de Cuba.

matanga *f. Méj.* Rebatiña, juego infantil. 2 *Méj.* Golpe que se da a uno en la mano para arrebatarle lo que tiene en ella.

matanza *f.* Acción de matar. 2 Mortandad de personas ejecutada en una batalla, asalto, etc. 3 Acción y época de matar los cerdos y preparar su carne. 4 Carne de cerdo preparada de diversos modos. 5 fig. *y* fam. Instancia y porfía de una pretensión u otro negocio. 6 *Amér. Central.* Carnicería o sitio donde se vende carne por menor. 7 *Venez.* Matadero (sitio).

SIN. *2* **Degollina, carnicería, hecatombe,** (intens.).

mataojo *m.* Árbol sapotáceo americano, cuyo humo irrita mucho los ojos *(Lucuma neriifolia).*

matapalo *m.* Árbol moráceo americano que da caucho y de cuya corteza se hacen sacos *(gén. Ficus).* 2 *Amér.* Jagüey (árbol).

mataparda *f.* Especie de encina pequeña.

mataperico *m. Amér.* Capirotazo.

mataperrada *f.* fam. Acción propia del mataperros.

mataperrear *intr. Amér.* Travesear, proceder como un mataperros.

mataperros (de *matar* + *perro*) *com.* fig. *y* fam. Muchacho callejero y travieso. ◇ Pl.: *mataperros.*

matapiojos *m. Colomb.* y *Chile.* Caballito del diablo. ◇ Pl.: *matapiojos.*

matapollo *m.* BOT. Lauréola hembra.

matapolvo (de *matar* + *polvo*) *m.* Lluvia o riego pasajero y menudo.

matapulgas *f.* Mastranzo. ◇ Pl.: *matapulgas.*

mataquintos *m.* fam. *y* desus. Cigarrillo de mala calidad y sabor muy fuerte. ◇ Pl.: *mataquintos.*

matar (l. *mactare,* sacrificar, dar muerte) *tr.-prnl.* Quitar la vida, causar la muerte: ~ *a palos;* ~ *a disgustos; los pesares le han matado;* ~ ***el tiempo,*** distraerse, entretenerse. 2 Llagar [a una bestia] el roce de un aparejo. -3 *tr.* fig. Alterar la salud: *el trabajo le mata.* 4 Incomodar [a uno] con pesadeces: *me mata a preguntas.* 5 Apagar [la luz o el fuego; la cal; el brillo de los metales; un color o un tono]. 6 Redondear o achaflanar [las aristas o vértices]. 7 En el juego, echar una carta superior [a la del contrario]; señalar con la uña [algunos naipes] para hacer fullerías. 8 Matasellar. -9 *intr.* Hacer la matanza del cerdo. -10 *prnl.* fig. Trabajar con afán, o hacer vivas diligencias para conseguir alguna cosa: *se mata a leer; matarse por comer bien.* 11 Acongojarse de no poder conseguir un intento. 12 fig. Estrechar, violentar. 13 fig. Extinguir, aniquilar. ◇ La Academia admite el uso de *muerto* por *matado: habíamos muerto,* o *matado, mucha caza.*

SIN. *1* **Ejecutar,** es matar por justicia; **apiolar, chinchar, despabilar, despachar, trincar,** voces vulg. o jergales. FR. *Estar a* ~ *con uno,* estar muy enemistado con él.

matarife *m.* El que tiene por oficio matar y descuartizar las reses.

SIN. **Jifero, matachín.**

matarile *m.* Estribillo de una canción infantil.

FR. *Dar* ~, fig., matar.

mataronés, -nesa *adj.-s.* De Mataró, c. de la prov. de Barcelona.

matarrata *f.* Juego de naipes parecido al truque.

matarratas (de *matar* + *rata*) *m.* Raticida, substancia para matar ratas. 2 Aguardiente fuerte de ínfima calidad. ◇ Pl.: *matarratas.*

matarrotos *m. pl. Chile.* Casa de empeños. ◇ Pl.: *matarrotos.*

matarrubia *f.* Coscoja (árbol).

matasano *m. Amér. Central.* Planta rutácea de fruto comestible pero de acción narcótica *(Casimiroa edulis).*

matasanos (de *matar* + *sano*) *m.* desp. Curandero, mal médico. ◇ Pl.: *matasanos.*

matasapo *m. Chile.* Juego de muchachos.

matasarna *m. Ecuad.* y *Perú.* Árbol leguminoso cuya madera, cocida, se emplea para curar la sarna *(Piscidia erythrina).*

matasellar *tr.* Cancelar, inutilizar [un sello de correos].

matasellos (de *matar* + *sello*) *m.* Estampilla con que se inutilizan los sellos de las cartas. ◇ Pl.: *matasellos.*

matasiete *m.* burl. Fanfarrón. ◇ Pl.: *matasiete.*

matasuegra *f. Chile.* p. us. Persona que da conversación y entretiene a la madre, para que el novio converse más libremente con la hija.

matasuegras *m.* Tubo de papel arrollado en espiral, que, al soplar por un extremo, se extiende. ◇ Pl.: *matasuegras.*

matasuelo *m. Chile.* Costalada.

matate (mej. *matatl*) *m. Amér. Central.* Red en forma de bolsa para llevar fruta y otras cosas. 2 *Amér. Central.* Nido colgante del pájaro llamado chorcha.

matates *m. pl. Colomb.* Cachivaches.

matatías *m.* burl. Prestamista, usurero. ◇ Pl.: *matatías.*

matato *m. Bol.* Vasija parecida al mate con pico.

matatoros *m. pl. P. Rico.* Sonduro, baile campesino.

matatudo, -da *adj. Bol.* Hocicudo. 2 *Guat.* Valiente, hábil.

matatús, matatuza *m. Hond.* Matanga.

matazón *f. Amér.* Matanza de animales para el abastecimiento de una población. 2 *Amér.* Gran mortandad.

matazonero *m. Cuba.* Carnicero.

match (ing. *to match,* luchar con) *m.* DEP. Lucha, contienda. ◇ Se pronuncia *mach.*

I) mate (persa *chah mât,* rey muerto, a través del ár.) *m.* Lance del juego de ajedrez que pone término a la partida por estar ame-

nazado y sin posibilidad de defensa uno de los reyes. 2 En algunos juegos de naipes, matador (carta). 3 DEP. Golpe fuerte hacia abajo de una pelota alta.
SIN. *1* **Jaque mate.**
II) mate (quechua *mati,* vaso o recipiente para beber) ***m.*** Planta aquifoliácea de la América meridional, de hojas lampiñas, oblongas y aserradas, flores axilares, blancas, en ramilletes apretados y fruto drupáceo con cuatro huesecitos de almendra venenosa *(Ilex paraguaiensis).* 2 Hojas secas de esta planta. 3 Infusión de estas hojas tostadas, que se toma a manera de té en toda la América meridional. 4 *Amér. Merid.* Calabaza que, seca, vaciada y convenientemente abierta y cortada, sirve para muchísimos usos domésticos. 5 *Chile* y *Perú.* Cabida de dicha calabaza. 6 *R. de la Plata.* Calabaza pequeña, seca, vaciada y convenientemente abierta o cortada, que sirve para tomar el mate. 7 *R. de la Plata.* Recipiente de cualquier forma o materia que sirve para tomar el mate o para adorno. 8 *Amér.* Calvatrueno (calva). 9 *Amér.* fam. Cabeza. 10 *Cuba* y *Guat.* Semilla o fríjol redondo con que juegan los niños.
SIN. *1* **Hierba del Paraguay.** *1, 2* y *3* **Té de los jesuitas** o **del Paraguay.**
III) mate (fr. *mat,* marchito, der. del l. v. *mattu,* estúpido) ***adj.*** Amortiguado, sin brillo: *oro, sonido ~.*
REL. **Matidez,** calidad de mate.
mateada ***f.*** *R. de la Plata.* Acción de matear II.
mateado ***m.*** Pérdida o disminución del lustre o brillo en una superficie pintada o barnizada.
I) matear ***tr.*** Sembrar [las simientes] o plantar [las matas] a cierta distancia unas de otras. -2 ***intr.-prnl.*** Macollar el trigo y otros cereales echando muchos hijuelos. -3 ***intr.*** Registrar las matas el perro en busca de la caza.
II) matear ***intr.*** *Amér. Merid.* Tomar mate. 2 *Chile.* Mezclar un líquido con otro.
III) matear ***tr.*** *Chile.* Dar mate [a uno] en el juego del ajedrez.
matemática (l. *mathematica* < gr. *mathematikḗ*) ***f.*** Matemáticas.
matemáticamente ***adv. m.*** Conforme a las reglas de la matemática. 2 Exactamente.
matemáticas ***f. pl.*** Ciencia que trata de la cantidad, ya sea en abstracto *(~ puras),* ya sea en relación a objetos o fenómenos determinados *(~ mixtas* o *aplicadas).*
SIN. **Ciencias exactas,** p. ant.
matemático, -ca (l. *mathematicu* < gr. *mathematikós*) ***adj.*** Relativo a las matemáticas. 2 fig. Exacto, preciso. -3 ***m. f.*** Persona que por profesión o estudio se dedica a las matemáticas.
matematismo ***m.*** Tendencia de algunos filósofos modernos a tratar los problemas metafísicos en términos cuantitativos de masa y movimiento, según el espíritu y método propios de la matemática.
matematizar ***tr.*** Introducir métodos matemáticos [en cualquier disciplina]. ◇ ** CONJUG. [4] como ***realizar.***
Mateo (San ~) ***n. pr.*** BIBL. Uno de los cuatro evangelistas. En las citas de su Evangelio se abrevia *Mt.* o *Mat.*
materia (l.) ***f.*** Aquello de que una cosa está hecha; substancia extensa, divisible, impenetrable e inerte, susceptible de toda clase de formas: *la ~ de una estatua;* ***primera ~*** o ***~ prima,*** la que una industria transforma; ***~ del sacramento,*** elemento sensible o acto exterior que forma parte del sacramento, como en el bautismo, el agua; ***~ gris,*** parte del sistema nervioso formado por el cuerpo de las neuronas; ***~ orgánica,*** conjunto de materiales vegetales y animales, total o parcialmente descompuestos por la acción de los microorganismos presentes en el suelo. 2 Pus. 3 Substancia corpórea en oposición a espíritu. 4 Asunto de que se compone una obra literaria, científica, etc. 5 Lo que es fundamento de un juicio, de un estudio; asunto, negocio del que se habla o escribe: *esa es ~ larga;* ***entrar en ~,*** empezar a tratar de un asunto; ***en ~ de,*** tratándose de. 6 ant. Muestra de letra que en la escuela copian los niños. 7 fig. Causa, ocasión, motivo.
REL. Algunas voces filosóficas se forman del gr. *hyle,* como *hilomorfismo, hilozoísmo.*
material (l. *-ale*) ***adj.*** Relativo a la materia; opuesto a espiritual o formal: *la fuerza ~; los elementos materiales del universo.* 2 Que concierne a la naturaleza física del hombre: *placer ~; intereses materiales.* 3 fig. Que da excesiva importancia a las cosas del cuerpo: *hombre muy ~.* -4 ***m.*** Ingrediente (elemento). 5 Conjunto de cosas necesarias en una explotación, servicio o profesión, o que entran en la construcción de una obra: *~ de incendios; ~ quirúrgico; ~ de guerra; los materiales de una casa;* fig., *los materiales de que se ha servido este autor.* 6 fig. Grosero, sin ingenio ni agudeza. 7 *And.* y *Can.* Cuero.
materialidad ***f.*** Calidad de material: *negar la ~ del alma; no atiende sino a la ~ de lo que oye.* 2 Apariencia de las cosas. 3 TEOL. Física y material substancia de las acciones, ejecutadas con ignorancia culpable o falta del conocimiento necesario para que sean buenas o malas moralmente.
materialismo ***m.*** Doctrina metafísica, opuesta al espiritualismo, según la cual la materia y el espíritu, lo físico y lo psíquico no constituyen una dualidad irreductible, sino que en último análisis la materia es la única realidad. El materialismo niega, pues, la existencia de substancias espirituales distintas de las materiales, es decir, concibe toda substancia, toda realidad, con la cualidad de extensa, y considera los fenómenos conscientes como funciones de los órganos nerviosos. Según la definición que dé a lo espiritual, puede ser: ***~ atributivo,*** lo espiritual es una cualidad de la materia; ***~ causal,*** lo espiritual es un efecto de la materia; ***~ identificado,*** lo espiritual es idéntico a lo material. 2 ***~ histórico,*** doctrina filosófica que explica el curso de la historia por causas materiales y económicas afirmando que la estructura social y la vida colectiva son determinadas por la estructura y la vida económicas de la sociedad. Sus principales representantes son Marx (1818-1883) y Engels (1820-1895).
materialista ***adj.-com.*** Partidario del materialismo. 2 Que tiene mucho apego a las cosas materiales. -3 ***m.*** Persona que se dedica a la venta de materiales de construcción.
materialización ***f.*** Acción de materializar. 2 Efecto de materializar.
materializar ***tr.*** Considerar como material [una cosa que no lo es] o hacerla material: *~ el alma; ~ una idea.* -2 ***prnl.*** Ir abandonando uno las cosas espirituales por las materiales. -3 ***tr.-prnl.*** fig. Dar efectividad y concreción a una idea, proyecto, proposición, etc. 4 En parapsicología, formar con el ectoplasma apariencias de personas, animales o cosas. ◇ ** CONJUG. [4] como ***realizar.***
materialmente ***adv. m.*** Con materialidad. 2 De hecho, realmente, enteramente. 3 TEOL. Sin el conocimiento y advertencia que constituyen buenas o malas las acciones.
maternal ***adj.*** V. materno.
maternalmente ***adv. m.*** Con afecto de madre.
maternidad ***f.*** Estado o calidad de madre. 2 Establecimiento benéfico de tocología.
maternizado, -da (p. p. de *maternizar*) ***adj.*** Que ha sido dotado de las propiedades de la leche de mujer: *leche maternizada.*
maternizar ***tr.*** Conferir propiedades de madre o tratar como madre. 2 Dotar a la leche vacuna de propiedades que posee la de mujer. ◇ ** CONJUG. [4] como ***realizar.***
materno, -na (l. *-nu*) ***adj.*** Relativo a la madre.
SIN. **Maternal,** todo lo que es *materno* es *maternal,* pero no viceversa. El primero sugiere lo que es propio de la madre efectiva: *abuelos maternos, claustro ~,* mientras que *maternal* se aplica más bien a cualidades, afectos, etc., semejantes a los de la madre. P. ej. una mujer prodiga a un niño que no es hijo suyo cuidados *maternales,* y no *maternos.* Compárese *paterno* y *paternal.*
matero, -ra ***adj.-s.*** *Amér.* Aficionado a tomar mate.
matete (guaraní) ***m.*** *Argent.* y *Urug.* Mezcla de substancias en un líquido formando una masa inconsistente. 2 *Argent.* fig. Reyerta, disputa.
matico ***m.*** Planta piperácea de América Meridional, cuyas hojas contienen un aceite esencial aromático y balsámico *(Piper angustifolium).*
mático ***m.*** *Chile.* Hoja del pañil.
matidez ***f.*** Calidad de mate. 2 MED. Sonido mate que se percibe en la percusión.
matihuelo ***m.*** Dominguillo.
matinal ***adj.*** Matutino.
matinée, matiné (fr.) ***f.*** GALIC. Espectáculo por la mañana o a primeras horas de la tarde. 2 Chambra o peinador de señora.
matiz ***m.*** Unión de varios colores mezclados con proporción. 2 Gradación que puede tener un color, o percibirse de él: *dos matices de amarillo.* 3 fig. Rasgo y tono de vario colorido y expresión en las obras literarias. 4 fig. Pequeña diferencia que distingue dos cosas parecidas o próximas, rasgo.
matizar (et. dud. probl. del. l. v. *amatizare;* bajo gr. *lammatizo,* del bajo gr. *lamma,* matiz) ***tr.*** Armonizar los diversos colores [de varias cosas]: *~ las sedas de un bordado; ~ una pared de rojo y amarillo* o *con rojo y amarillo.* 2 Dar [a un color] un determinado matiz: *matizar bien estos verdes.* 3 fig. Graduar deli-

cadamente [sonidos, expresiones, conceptos, etc.]. ◇ ** CONJUG. [4] como *realizar.*
mato *m.* Matorral. 2 *P. Rico.* Semilla de figura gralte. aovada, usada por los niños en sus juegos de bolas. 3 *Venez.* Tejú.
matoco *m. Chile.* Diablo.
SIN. **Matucho.**
matojal *m. Cuba* y *P. Rico.* Matorral.
matojo *m.* Desp. de mata (planta). 2 Mata barrillera quenopodiácea *(Haloxylon articulatum).* 3 Matorral. 4 *Cuba* y *P. Rico.* Renuevo de un árbol cortado.
SIN. *2* **Tamojo.**
matón (de *matar*) *m.* fig. *y* fam. Espadachín, pendenciero, bravucón, valentón.
matonear *intr.* Alardear de matón. 2 fam. Chulear. -3 *tr. Amér. Central.* Asesinar [a alguien]. 4 *Amér. Central.* Rozar, desherbar.
matonería *f.* Fanfarronada.
matonismo *m.* Conducta del que quiere imponer su voluntad por la amenaza o el terror.
matorral (de *mata*) *m.* Terreno inculto lleno de malezas.
matorro *m. Colomb.* Matorral.
matoso, -sa *adj.* Que está lleno y cubierto de matas.
matraca (ár. *mitraca,* martillo) *f.* Rueda de tablas con badajos de madera entre las paletas, usada en Semana Santa en sustitución de las campanas. 2 Instrumento de percusión que produce un sonido desagradable. 3 fig. Insistencia molesta en un tema o pretensión. 4 fig. *y* fam. Burla, chasco, molestia, lata.
FR. *Dar ~ [a alguien],* burlarse de él con insistencia.
matracalada *f.* Revuelta, muchedumbre de gente.
matracazo *m. P. Rico.* fest. Trago de licor.
matraco, -ca *adj. Ar.* Baturro.
matraquear *intr.* Hacer ruido continuado con la matraca. 2 fig. Dar matraca, chasquear. 3 fig. *y* fam. Ser pesado, importunar. -4 *prnl. P. Rico.* fest. Beber licor.
matraqueo *m.* Acción de matraquear. 2 Efecto de matraquear. 3 fig. *y* fam. Molestia. 4 Porfía, insistencia.
matraquista *com.* fig. Persona que da matraca.
matraz (fr. *matras*) *m.* Frasco esférico de cuello angosto y recto.
matreraje *m. Argent.* y *Urug.* Bandolerismo.
matreramente *adv. m.* Con matrería.
matrerear *intr. Argent.* Vagabundear.
matrería *f.* Calidad de matrero.
matrero, -ra (probl. de *mohatra,* engaño, der. del ár. *muhatara,* venta usuraria) *adj.* Perspicaz, astuto, sagaz. 2 *Ecuad.* y *Hond.* [toro] Marrajo. -3 *adj.-s. Amér.* Bandolero, vagabundo.
matriarca (l. *matris,* madre + *-arca*) *f.* Mujer que ejerce el matriarcado.
matriarcado (l. *matris* + gr. *archo,* mandar) *m.* Organización social, tradicionalmente atribuida a algunos pueblos primitivos, en que el mando residía en las mujeres. 2 fig. Predominio o fuerte ascendiente femenino en una sociedad o grupo.
CONTR. **Patriarcado.**
matriarcal *adj.* Relativo al matriarcado.
matricaria (l.) *f.* Planta compuesta, perenne y erecta, muy olorosa, con flores radiales de color blanco *(Chrysanthemum parthenium).*
SIN. **Arugas, atanasia, hierba de Santa María, hierba romana, hierba sarracena.**
matricero, -ra *m. f.* Especialista en la construcción de matrices.
matricida (l. < *matris,* madre + *-cida*) *com.* Persona que mata a su madre.
matricidio (l. < *matris,* madre + *-cidio*) *m.* Delito de matar uno a su madre.
matrícula (l.) *f.* Lista de los nombres de las personas o cosas que se asientan para un fin determinado por las leyes o reglamentos: *~ universitaria.* 2 Documento acreditativo de este asiento. 3 Acción de matricular o matricularse. 4 Efecto de matricular o matricularse. 5 Conjunto de gente matriculada. 6 Inscripción oficial y placa que llevan los vehículos para indicar el número de matriculación. 7 *~* ***de honor,*** mejora de la nota de sobresaliente, que se concede en los exámenes, y da derecho a una inscripción gratuita en el curso siguiente. 8 *~* ***de buques,*** registro que se lleva en las comandancias de marina, en el que constan los dueños y las características de las naves mercantes de su demarcación.
SIN. *1* **Registro.**
matriculación *f.* Acto de matricular.
matriculado, -da *adj.-s.* Que se halla inscrito en una matrícula o registro, y esp. en la matrícula de mar.
matriculador *m.* El que matricula.
matricular *tr.* Inscribir o hacer inscribir el nombre [de uno] en la matrícula: *me he matriculado en el instituto.* 2 Inscribir [las embarcaciones, automóviles, etc.] en sus respectivos registros. -3 *prnl.* Hacer uno que inscriban su nombre en la matrícula.
matrimonesco, -ca *adj.* fam. Matrimonial.
matrimonial *adj.* Relativo al matrimonio.
matrimonialista *adj.-com.* Especialista en asuntos del matrimonio: *abogado ~.*
matrimonialmente *adv. m.* Según el uso y costumbres de los casados.
matrimoniar *intr.* Contraer matrimonio. ◇ ** CONJUG. [12] como *cambiar.*
matrimonio (l. *-iu*) *m.* En el catolicismo y otras confesiones cristianas, sacramento que une indisolublemente a un hombre y una mujer, y les da la gracia de convivir santamente y de educar cristianamente a sus hijos: *~* ***canónico,*** el celebrado de acuerdo a los cánones y normas de la Iglesia católica. 2 Contrato bilateral por el cual se unen un hombre y una mujer libres, con arreglo a derecho: *~* ***civil,*** el celebrado ante la autoridad civil, sin intervención del párroco; *~* ***clandestino*** o ***a yuras,*** el que se celebraba sin presencia del párroco y testigos; *~* ***de conciencia,*** el que por motivos graves se celebra y tiene secreto con autorización del ordinario; *~* ***in extremis,*** el celebrado cuando uno de los contrayentes está en peligro de muerte; *~* ***morganático*** o ***de la mano izquierda,*** el contraído entre un príncipe y una mujer de linaje inferior, o viceversa, en el cual cada cónyuge conserva su condición anterior; *~* ***mixto,*** el celebrado entre personas de diferente religión; *~* ***rato,*** el contraído legítima y solemnemente, y que no ha llegado a consumarse. 3 Marido y mujer: *en esta casa vive un ~.* 4 *P. Rico.* En los bodegones, plato de arroz y habichuelas.
SIN. *2* **Matrimonio,** alude pralte. al aspecto sacramental o jurídico; **boda** y **casamiento,** se refieren al acto de contraer matrimonio y a la fiesta con que se celebra; **unión, enlace, nupcias, connubio,** se estiman como expr. más lit. por ser menos corrientes, y más todavía **himeneo,** que sólo se usa como término alusivo a la antigüedad clásica; **desposorio,** puede significar promesa de matrimonio, o bien el acto de contraerlo (lit.).
matritense *adj.-s.* Madrileño. 2 De Madriz, dep. de Nicaragua.
matriz (l. *matrice*) *f.* Órgano de la hembra de los mamíferos en que se desarrolla el feto. 2 Molde en que se funden objetos de metal que han de ser idénticos. 3 Molde de cualquier clase con que se da forma a alguna cosa. 4 Tuerca. 5 Parte del libro talonario que queda encuadernada al separar los talones que lo forman. 6 Elemento que reproduce un original. 7 Original del que se extraen copias. 8 MAT. Conjunto de $m \times n$ números distribuidos en m filas y n columnas. Cada número se designa con dos índices: el primero señala el número de la fila contada de arriba abajo, y el segundo el de la columna contada de izquierda a derecha. Si $n > m$, *se llama ~* ***horizontal;*** si $n = m$, *~* ***cuadrada;*** si $n < m$, *~* ***vertical.*** 9 MIN. Roca en cuyo interior se ha formado un mineral. -10 *adj.* fig. Principal, generadora: *iglesia ~; lengua ~.* 11 [escritura] Que queda archivada para cotejo del original y los traslados.
SIN. *1* **Claustro materno, útero, madre, seno.**
matrona (l.) *f.* Madre de familia respetable. 2 Partera, esp. la legalmente autorizada. 3 Encargada de registrar a las mujeres en los fielatos, aduanas, etc.
matronal *adj.* Relativo a la matrona.
matronaza *f.* Madre de familia, corpulenta y grave.
matroneo (b. l. *-u,* lugar reservado a la mujer) *m.* ARQ. Lugar reservado a la mujer en los edificios para el culto cristiano en la época paleocristiana. 2 ARQ. Galería o tribuna construida sobre las naves laterales en la iglesia basilical, abierta a la central, desde donde asistían al culto las mujeres.
matrónimo, -ma *adj.-s.* [nombre de familia] Que tiene su origen en el de la madre.
matropa *f. Hond.* Mal de madre, histerismo.
matroz *m. Colomb.* y *Venez.* Fanfarrón. 2 *Colomb.* Estupendo, atroz.
matuasto *m. Argent.* y *Chile.* Especie de lagarto ponzoñoso.
matucho, -cha (de *matar*) *adj. Chile.* Hábil, astuto. -2 *m. Amér. Merid.* Bisoño. 3 *Amér. Merid.* Matalón, rocín. 4 *Chile.* Matoco. 5 *Chile.* Alumno externo de un colegio en que hay también internos.
matuco *m. P. Rico.* Especie de bastón ordinario.

matufia *f. Argent., Parag.* y *Urug.* fam. Engaño, trampa.
matul *m. Cuba.* Bulto o lío de tabaco en rama. 2 *Cuba.* Persona rechoncha. 3 *Salv.* Correa de cuero con que se sujeta un machete.
matula *f.* p. us. Torcida.
matulanga *f. Cuba.* Matul (bulto).
matulo *m. Cuba.* ant. Matul (bulto).
matungo, -ga *adj. Amér.* Desmedrado, flacucho, cojo. 2 *Urug.* Matalón. 3 *Argent., Cuba* y *Urug.* p. ext. Caballo.
maturación *f.* FOT. Procedimiento para aumentar la sensibilidad de una emulsión fotográfica en curso de fabricación consistente en mantenerla durante cierto tiempo a una temperatura determinada.
maturín, -rina *adj.-s.* De Maturín, cap. del estado de Monagas (Venezuela).
maturinés, -sa *adj.-s* Maturín.
maturraca *f. Cuba.* Marrullería.
maturranga *f.* Treta, marrullería: *malas maturrangas.*
maturrango, -ga (de *matar*) *adj. Amér.* Mal jinete. 2 *Amér.* Español o europeo. 3 *Argent.* y *Chile.* [pers.] Pesado y tosco en sus movimientos. 4 *Perú.* Caballo flaco y malo.
maturranguear *intr. R. de la Plata.* Cabalgar.
maturranguero, -ra *adj. Amér.* Marrullero, bribón, tunante, pícaro.
matusalén (de *Matusalén,* patriarca) *m.* Hombre longevo.
matute (probl. abreviatura de *matutino,* con influjo del n. pr. *Matute*) *m.* Introducción fraudulenta de géneros en una población: *entrar algo de ~*. 2 Género así introducido. 3 Casa de juegos prohibidos.
SIN. v. **Contrabando.**
matutear *intr.* Introducir matute.
matutero, -ra *m. f.* Persona que se dedica a matutear.
matutinal (l. *-ale*) *adj.* Matutino.
matutino, -na (l. *-nu*) *adj.* Relativo a las horas de la mañana. 2 Que ocurre o se hace por la mañana.
SIN. **Matinal.**
maula (de *mau,* onomat.) *f.* Cosa inútil y despreciable. 2 Retal. 3 Engaño o artificio encubierto. -4 *com.* fig. Persona tramposa o mala pagadora. 5 fig. Persona pesada. 6 fig. *y* fam. Persona perezosa y poco cumplidora de sus obligaciones. -7 *adj.-com. Argent.* y *Urug.* Cobarde, despreciable.
maular *intr.* Maullar: *sin paular ni ~*. ◇ ** CONJUG. [16] como ***aunar.***
maulear *intr.* Gandulear, emperezarse. 2 *Chile.* Hacer maulas o fullerías en el juego.
maulería (de *maula*) *f.* Establecimiento donde se venden retazos de tela. 2 Hábito del que emplea maulas (engaños). 3 Maña.
maulero, -ra (de *maula*) *m. f.* Persona que tiene por oficio vender retazos de tela. 2 Persona que acostumbra emplear maulas (engaños). 3 *Ecuad.* Prestidigitador.
maulino, -na *adj.-s.* De Maule, prov. de Chile. 2 *Chile.* Gorro rematado en punta.
maullador, -ra *adj.* Que maúlla mucho.
maullar (de *mau,* onomat.) *intr.* Dar maullidos el gato. ◇ **CONJUG. [16] como ***aunar.***
SIN. **Mayar, miar.**
maullido *m.* Voz del gato.
SIN. **Maído, mayido, miau** (onomat.).
maúllo *m.* Maullido.
mauloso, -sa (de *maula*) *adj.-s. Chile.* Maulero, persona embustera.
maure *m. Amér. Merid.* Chumbe.
mauricio *m. Colomb.* fest. Plátano maduro.
maurismo *m.* Conjunto de principios políticos representados por Antonio Maura (1853-1925).
maurista *adj.* Relativo al gobierno de Maura (1853-1925). -2 *adj.-com.* Partidario de las ideas de este político.
mauritano, -na *adj.-s.* De Mauritania, reg. de la ant. África.
mauseolo *m.* Mausoleo.
máuser *m.* Fusil de repetición inventado por Máuser (1838-1915). ◇ Pl.: *máuseres* y *máusers.*
mausoleo (l. *-eu,* sepulcro de *Mausolo,* rey de Caria, m. 353 a. C.) *m.* Sepulcro monumental y suntuoso. ◇ INCOR.: *mausóleo.*
maute *m. Venez.* Becerro de uno o dos años de edad.
mavacure *m. Venez.* Bejuco del curare.
mavorcio, -cia *adj.* poét. Relativo a la guerra.
mavorte *m.* poét. Marte (dios y hierro).
maxila *f.* ZOOL. Apéndice situado inmediatamente después de la boca de los artrópodos, y modificado con relación a la alimentación.
maxilar (l. *maxilla,* mandíbula) *adj.* ANAT. Relativo a la quijada o mandíbula: *arterias, venas maxilares.* -2 *adj.-m.* Hueso de la cara situado en la región anteroinferior: ~ ***superior,*** el compuesto por dos huesos que se articulan entre sí y contribuyen a formar la bóveda del paladar, el suelo de la órbita y las fosas nasales; en su borde inferior se implantan los dientes superiores y en su interior se sitúan los senos maxilares; ~ ***inferior,*** hueso único, grueso, resistente y compacto, que constituye la armazón del mentón; es el único movible de la cara.
maxilo- (l. *maxilla,* mandíbula) Elemento prefijal que entra en la formación de palabras con el significado de mandíbula.
maxilofacial (*maxilo-* + *facial*) *adj.* MED. Propio o relativo al maxilar y a la cara.
maxilolabial (*maxilo-* + *labial*) *adj.* MED. Perteneciente o relativo al maxilar y los labios. -2 *m.* ANAT. Músculo triangular de los labios.
maxilonasal (*maxilo-* + *nasal*) *adj.* MED. Perteneciente o relativo al maxilar y la nariz. -2 *m.* ANAT. Músculo transverso de la nariz.
máxima (l. med. *maxima;* elipsis de *sententia maxima*) *f.* Regla, principio o proposición gralte. admitida por los que profesan una facultad. 2 Sentencia que contiene un precepto moral. 3 Norma a que se ajusta la manera de obrar. 4 Ant. figura musical equivalente a dos longas. 5 V. termómetro de ~.
SIN. *2* v. **Refrán.**
maximalista *adj.-com.* Durante la revolución rusa, partidario de llevar a cabo gran número de reformas radicales; bolchevique. 2 p. ext. Partidario de la adopción de posturas extremas.
máximamente *adv. m.* En primer lugar, principalmente.
máxime (l.) *adv. m.* Principalmente.
maximizar *tr.* MAT. Buscar el máximo de [una función]. ◇ ** CONJUG. [4] como ***realizar.***
máximo, -ma (l. *-mu*) *adj.* Superl. de *grande.* 2 Que es tan grande en su especie, que no lo hay mayor ni igual. -3 *m.* Límite superior o extremo a que puede llegar una cosa. -4 *f.* Temperatura más alta en un sitio y tiempo determinados.
máximum (l.) *m.* Máximo (límite).
maxisingle *m.* MÚS. Disco de mayor duración que el single, pero menor que el elepé.
maxmordón *m.* desus. Hombre de poca estima, tardo, pasmado y sin discurso. 2 desus. Hombre taimado y solapado.
maxura *f.* Zona de la mezquita inmediatamente anterior al mihrab, destinada al soberano, y con exuberante decoración.
maxvelio *m.* FÍS. Unidad de flujo de inducción magnética en el sistema cegesimal.
maxwell (del apellido de James Clerk *Maxwell,* 1831-1879) *m.* ELECTR. Unidad c. g. s. de flujo magnético, equivale al flujo producido por una inducción magnética de 1 gauss a través de una superficie de 1 cm^2 normal al campo. Su símbolo es *M.*
SIN. **Piña de ratón.**
I) maya (de *mayo*) *f.* Planta compuesta, de flor única, terminal, de centro amarillo, y circunferencia blanca o matizada de rojo *(Bellis perennis).* 2 Niña a quien en algunos pueblos visten galanamente el día de la Cruz de Mayo, para pedir dinero a los transeúntes. 3 Persona que se vestía con cierto disfraz para divertir al pueblo en las funciones públicas. 4 Canción que se entona en las fiestas de mayo.
SIN. *1* **Chiribita, margarita menor, vellorita.**
II) maya *f. Ál.* Juego de muchachos consistente en esconderse todos, menos uno que se queda al cuidado de un objeto, la maya, a la que se debe llegar antes que quien la custodia, cuando éste se separa de ella para descubrir a los escondidos.
III) maya *adj.-s.* De un pueblo indio que habita en Yucatán, norte de Guatemala y Honduras británica. -2 *adj.-m.* Lengua precolombina hablada en América Central.
IV) maya *f. Cuba* y *P. Rico.* Piñuela.
mayador, -ra *adj.* Maullador.
mayagua *f. Hond.* Colilla.
mayagüezano, -na *adj.-s.* De Mayagüez, c. y prov. de Puerto Rico.
mayal (relac. con *majar*) *m.* Palo del cual tira la caballería que mueve los molinos de aceite, tahonas o malacates. 2 Instrumento formado por dos palos con que se golpea el centeno para desgranarlo. -3 *f.* Masa o cilindro central de los trapiches.
I) mayar *intr.* Maullar.

II) mayar (de *majar*) *tr. C. Rica.* Marchitar, ajar; apl. exclusivamente a plantas y flores.
mayate *m. Méj.* Nombre genérico de insectos coleópteros. El *Scarabeus stercorius* es un escarabajo de color verde tornasololado. No todos los *mayates* son negros, pues muchísimos tienen un color verde muy vivo. De ahí el matiz *verde mayate.*
mayear *impers.* Hacer el tiempo propio del mes de mayo.
mayero (der. de *mayo*) *m.* Plátano pequeño y sabroso cuyo racimo nace alrededor del mes de mayo.
mayestático, -ca (tomado del al. *majestätisch*) *adj.* Relativo a la majestad. 2 GRAM. ***Plural*** ~, el de los pronombres personales y posesivos que se aplica a personas de alta jerarquía: *Nos, el Pontífice; Nuestra bendición.*
SIN. **Majestuoso,** que tiene majestad: *cortejo, decorado, recepción majestuosa.* Lo que se aplica a la majestad es **mayestático:** *honor* ~, *instituciones mayestáticas, plural* ~. Es neol. del siglo XIX.
mayetado *m. Cuba.* Cerca formada por latas.
mayéutica *f.* En la filosofía socrática, método de inducción mediante interrogatorio al interlocutor.
mayido *m.* Maullido.
mayo (l. *maius mensis,* mes de la diosa Maya) *m.* Quinto mes del año. 2 Palo adornado que se pone durante el mes de mayo en algún lugar público en que han de celebrarse diversos festejos. 3 Enramada que ponen los novios a las puertas de sus novias. 4 Muchacho que, en algunos lugares, acompañaba y servía a la maya. 5 *Cuba.* Pájaro negro muy inquieto que anda en tropas *(Agelaius humeralis; Icterus dominicensis).* -6 *m. pl.* Música y canto con que en la última noche de abril obsequian los mozos a las solteronas. -7 *adj. Argent.* Del mes de mayo. 8 *Argent.* ***Fiestas mayas,*** las conmemorativas de la independencia de la Argentina. 9 *Chile.* ***Para*** ~, para las calendas griegas.
mayocol (voz maya) *m. Méj.* En Yucatán, mayordomo, capataz.
mayólica (it. *majolica,* de la isla de Mallorca) *f.* Loza común de esmalte metálico.
mayonesa (fr. *mayonnaise*) *f.* Salsa mahonesa.
mayor (l. *maiore*) *adj.* Comparativo de *grande.* Más grande. Que excede en cantidad, tamaño o calidad a otra cosa de la misma especie: *vela, palo* ~. 2 De edad avanzada, adulto, viejo. -3 *adj.-com.* Mayor de edad. -4 *m.* Superior o jefe de una comunidad o cuerpo. 5 En algunos ejércitos, denominación equivalente a comandante: ~ ***general,*** en un ejército reunido, oficial general encargado del detalle del servicio; en los departamentos, apostaderos y escuadras, jefe que desempeña funciones semejantes a las de los de estado mayor en el ejército. 6 Oficial primero de una secretaría u oficina. 7 ***Por*** ~, sumariamente, sin especificar las circunstancias. 8 ***Por*** ~ o ***al por*** ~, COM., en cantidad grande, en grueso: *vender por* ~ o *al por* ~. 9 ~ ***que,*** MAT., signo que tiene esta figura (>), y colocado entre dos cantidades indica ser mayor la primera. 10 ***Arte*** ~, MÉTR., verso que tiene más de ocho sílabas. -11 *m. pl.* Ascendientes. -12 *f.* LÓG. Premisa que contiene el término mayor.
SIN. *10* v. **Ascendiente.** REL. *3* v. **Edad.** FR. *Alzarse, subirse* o *levantarse a mayores,* ensoberbecerse elevándose más de lo que le corresponde.
mayora *f.* Mujer del mayor.
mayoral (de *mayor*) *m.* Pastor principal que cuida de los rebaños o cabañas. 2 Superior en jerarquía, esp. el capataz de cualquier clase de trabajadores del campo. 3 El que gobernaba el tiro de algunos coches de camino. 4 Mampostero (recaudador). 5 *Argent.* Conductor de tranvía.
mayorala *f.* Mujer del mayoral.
mayoralía *f.* Rebaño que pastoreaba un mayoral. 2 Salario o precio que llevaba el mayoral, por su trabajo de pastoreo.
mayorana *f.* Mejorana.
mayorazga *f.* La que posee un mayorazgo. 2 La sucesora en él. 3 Mujer del mayorazgo.
mayorazgo (der. de *mayor*) *m.* Institución destinada a perpetuar en una familia la propiedad de ciertos bienes. 2 Conjunto de estos bienes. 3 Poseedor de ellos. 4 Hijo mayor de un mayorazgo (poseedor). 5 fam. Primogénito de cualquier persona. 6 fam. Primogenitura.
mayorazguista *com.* DER. Autor que trata o escribe de la materia de mayorazgos.
mayordomear *tr.* Administrar o gobernar [una hacienda o casa].
mayordomía *f.* Cargo de mayordomo o administrador. 2 Oficina del mayordomo. 3 Servicio de comidas destinadas a los pasajeros de los aviones.
mayordomo, -ma (l. *maior,* mayor + *domus,* casa) *m. f.* Criado principal encargado del gobierno económico de una casa o hacienda. -2 *m.* Oficial que en las cofradías cuida de la satisfacción de los gastos y gobierno de las funciones. -3 *f.* Mujer del mayordomo. -4 *m. Chile.* Sobrestante. 5 *Perú.* Criado, sirviente.
mayoreo *m.* Venta por mayor.
mayoría *f.* Calidad de mayor. 2 Oficina del sargento mayor. 3 Parte mayor de los componentes de una colectividad o asamblea. 4 Mayor número de votos: ~ ***absoluta,*** la que consta de más de la mitad de los votos; ~ ***relativa,*** la formada por el mayor número de votos, con relación al número que obtiene cada una de las personas o cuestiones votadas a la vez; ~ ***de cantidad,*** aquella en que se computan los votos en razón del interés respectivo que representa cada votante. 5 Mayor edad. 6 MAR. Oficina del mayor general.
mayoridad *f.* Mayoría (mayor y edad).
mayorista *com.* Comerciante que vende al por mayor. -2 *adj.* [comercio] En que se vende y compra al por mayor.
CONTR. *1* **Detallista, minorista,** el que negocia al por menor.
mayoritario, -ria *adj.* Que forma la mayoría de un país, asamblea, etc.: *partido, raza, grupo* ~. 2 Relativo a la mayoría.
CONTR. **Minoritario.**
mayormente *adv. m.* Principalmente, con especialidad.
mayota *f. Logr.* Frambuesa.
mayu (arauc.) *m. Chile.* Nombre de varios árboles y arbustos géns. *Soprano, Cassia, Edwardsia, Zanthoxylum* y otros.
mayueta *f. Logr.* Fresa silvestre.
****mayúsculo, -la** (l. *maiusculu*) *adj.* Algo mayor que lo ordinario en su especie. 2 fam. Muy grande: *un susto* ~. -3 *adj.-f.* V. letra mayúscula.
maza (l. v. *mattea*) *f.* Arma ant. de hierro o de palo, a modo de bastón con la cabeza gruesa. 2 fig. Persona pesada y molesta. 3 fig. Persona que tiene gran autoridad en todo lo que dice. 4 fig. Palabras sentenciosas o verdades desnudas que impresionan a quien las oye. 5 Insignia de los maceros. 6 Instrumento para machacar lino y para otros usos parecido a la ant. maza. 7 Pieza del martinete que golpea sobre los pilotes. 8 ~ ***de Fraga,*** martinete (máquina). 9 Pelota con mango de madera, para tocar el bombo. 10 Extremo más grueso de los tacos de billar. 11 Lo que por diversión se ata a la cola de un perro o se prende en los vestidos de una persona. 12 ~ ***sorda,*** espadaña (hierba). -13 *f. pl.* DEP. En la gimnasia rítmica, aparato con el que se ejecutan diversos ejercicios de habilidad y coordinación de movimientos. -14 *f. Amér.* Cubo de la rueda. 15 *Colomb., Cuba* y *P. Rico.* Pieza cilíndrica de madera forrada de hierro que, en número de dos o tres, hay en los trapiches para exprimir la caña.
SIN. *11* **Rabo.**
I) mazacote (probl. del ár. *mashagunya,* barniz para vidriar loza) *m.* Barrilla (ceniza). 2 Hormigón. 3 Hombre molesto y pesado. 4 Vianda seca, dura y pegajosa. 5 fig. Objeto de arte tosco. -6 *f. Amér.* Mezcla confusa. 7 *Argent.* Pasta hecha de los residuos del azúcar que quedan adheridos al fondo y paredes de la caldera.
REL. **Amazacotado,** adj.
II) mazacote (mej. *mazacoatl*) *m. Méj.* Serpiente de gran tamaño, con dos prolongaciones a guisa de cuernos en la cabeza. Es la boa mejicana *(Boa imperator).*
mazacotudo, -da *adj. Amér.* Amazacotado.
mazacuate *m. Hond.* Mazacote, serpiente. 2 *Méj.* Cosa larga y gruesa, por alusión a dicha serpiente.
mazada *f.* Mazazo.
mazagrán (de *Mazagrán,* c. de Marruecos) *m.* Refresco a base de café y limón, a veces con aguardiente o ron, y agua.
mazamorra (desp. de *masa*) *f.* Bizcocho averiado. 2 Galleta rota que se aprovecha para hacer la calandraca. 3 fig. Cosa desmenuzada. 4 fig. Tumor producido por cierto parásito en las patas del caballo. 5 *Amér. Central* y *Colomb.* Irritación en los dedos de los pies. 6 *Amér. Merid.* Comida a base de maíz hervido. 7 *Bol.* Avenida de barro semejante a un alud de nieve. 8 *Colomb.* Trabajo imperfecto y accidental de exploración minera en los aluviones. 9 *Colomb.* fig. Mezcolanza, revoltillo de ideas o de cosas. 10 *Colomb.* Ulceración de las pezuñas del ganado vacuno causada por infección microbiana.
mazamorreo *m. Colomb.* Acción de lavar las arenas auríferas.
mazamorrero, -ra *adj. Colomb.* Embrollador. 2 *Perú.* [pers.] Que tiene las características esenciales de la ciudad de Lima. -3 *m. f. Amér.* Vendedor de mazamorra.

MAYÚSCULAS

I. Se escriben con letra inicial mayúscula:

1. La primera palabra de un escrito y la que vaya después de punto.
2. Después de dos puntos, en la primera de las palabras que se citan de otro, como: *Jesús dijo: Mi reino no es de este mundo.* En los otros casos en que se usan dos puntos se escribe indistintamente después de ellos mayúscula o minúscula.
3. Los nombres propios, apodos y renombres: *Platón, Alfonso el Sabio.*
4. Los atributos divinos, los títulos y los nombres de dignidad: *Creador, Duque de Osuna, el Papa,* etc., siempre que se designa con ellos a Dios o a personalidad concreta. En la frase común o con significado general se escribirán con minúscula: *Los reyes, papas, duques,* etc., *están sujetos a morir.*
5. Los tratamientos, y especialmente si están abreviados, *Sr. D. (Señor Don), V.S. (Usía), Ud.* o *Vd. (usted).* Usted, cuando se escribe con todas sus letras, no debe llevar mayúsculas, a no ser que se dé el caso primero.
6. Ciertos nombres colectivos cuando representan en la expresión un cuerpo determinado, como el Reino, el Clero, etc.
7. Los substantivos y adjetivos que componen el nombre de una institución, de un cuerpo o establecimiento: *el Colegio Naval, la Real Academia de la Historia.* Es potestativo escribir con mayúscula o minúscula los substantivos y adjetivos que entran en el título de cualquier obra: *Historia de la Literatura Española,* o *Historia de la literatura española.*
8. En los documentos oficiales, todas las palabras que expresan autoridad o cargo importante: *Rey, Gobernador, Alcalde, Monarquía, Justicia, Secretario, Jefe,* etc.
9. La primera letra de cada verso (versales). Hoy es muy frecuente encabezar los versos con minúscula.
10. La numeración romana.
11. No es preceptivo, pero responde a uso personal frecuente, iniciar con mayúscula palabras representativas de seres o conceptos que quien escribe desea destacar por veneración, respeto o énfasis: *Él, Ella,* referidos a Dios o a la Virgen, para un católico; como denotación de disciplinas científicas, la *Geografía;* al designar fechas iniciales de cómputos cronológicos, nombres de épocas históricas, movimientos religiosos, políticos o culturales, etc.: la *Héjira,* la *Edad Media,* la *Reforma,* el *Renacimiento.* La mayúscula orienta al lector respecto al significado que ha de dar a la palabra.
12. Cuando no encabecen párrafo o escrito, o no formen parte de un título, se recomienda escribir con minúscula inicial los nombres de los días de la semana, de los meses, de las estaciones del año y de las notas musicales.
13. Se recomienda que en las publicaciones que incluyen listas de términos no se utilicen mayúsculas, o si se hace, se mantengan las acentuaciones ortográficas, con el propósito de evitar confusiones ortográficas. **El empleo de mayúscula no exime de poner tilde según las normas de acentuación.**

II. En las portadas de los libros impresos, en los títulos de sus divisiones y en las inscripciones monumentales, lo más común es usar mayúsculas, todas, generalmente, de igual tamaño.

mazapán (quizá del ár. *mahxaban;* con influjo de *masa* y *pan*) *m.* Pasta de almendras molidas y azúcar, cocida al horno. 2 Pedazo de miga de pan con que los obispos se enjugan los dedos después de bautizar a los príncipes.
mazar (de *maza*) *tr.* Batir [la leche] para que se separe la manteca. ◇ ** CONJUG. [4] como ***realizar.***
REL. **Mazado,** nombre de esta operación.
mazarí (ár. *maçarí*) *adj.-m.* Baldosa usada para solados. ◇ Pl.: *mazaríes.*
mazarota (fr. *masselotte*) *f.* Masa de metal que, cuando se funden grandes piezas en moldes verticales, se deja sobrante en la parte superior.
mazateco, -ca *adj.-s.* De Mazatenango, cap. del dep. de Suchitepéquez (Guatemala). 2 De Mazatlán, c. de Méjico.
mazazo *m.* Golpe dado con la maza o el mazo. 2 Cosa que causa una fuerte impresión
SIN. **Mazada.**
mazdeísmo (de *Mazda,* divinidad o principio religioso de los persas) *m.* Ant. religión de los persas, que creían en la existencia de dos principios divinos en eterna lucha; uno bueno, Ormuz, creador del mundo, y otro malo, Ahrimán, destructor.
SIN. **Parsismo, zoroastrismo.** REL. **Mazdeísta, zoroástrico,** adj; **mago,** sacerdote del mazdeísmo; **zendavesta,** colección de los libros sagrados de esta religión.
mazmodina *f.* Ant. moneda de oro de los almohades.
mazmorra (ár. *matmora*) *f.* Prisión subterránea.
maznar (l. **manuciare,* manosear) *tr.* Amasar, ablandar o estrujar con las manos. 2 Machacar [el hierro] cuando está caliente.
mazo (de *maza*) *m.* Martillo grande de madera. 2 Porción de cosas atadas formando grupo. 3 Suerte del juego de la primera. 4 fig. Hombre molesto y pesado. 5 *Logr.* Derecho de riego de un municipio, que se ejerce por turno con otro u otros, de las aguas de un mismo río.
SIN. *1* **Mallo.**
mazonado, -da *adj.* BLAS. Que representa en el escudo la obra de sillería: *figura ~.*
mazonería *f.* Fábrica de cal y canto. 2 Obra de relieve.
mazorca (quizá del ár. *masura,* canuto de lanzadera; con influjo de *horca*) *f.* Husada. 2 Espiga en que se crían los frutos muy juntos y dispuestos alrededor de un eje; como la del maíz. 3 Gramarí. 4 Baya del cacao. 5 Labor que tienen algunos balustres de hierro en su mitad. 6 TAUROM. Parte inferior del cuerno del toro, junto a su arranque del testuz. 7 *And.* Carozo. 8 *Chile.* fig. Junta de personas que forman un gobierno despótico. 9 *Chile.* Pandilla de bandidos.
SIN. **Majorca.** *2* **Espigón, panocha, panoja.**
mazorcar *intr. Cuba.* Formar mazorca el maíz. ◇ ** CONJUG. [1] como ***sacar.***
mazorco *m. And.* Carozo.
mazorquear *intr. Méj.* Echar mazorcas las plantas cuyo fruto tiene esta forma.
mazorquero, -ra *m. Amér. Merid.* Individuo que forma parte de una mazorca. 2 *Amér. Merid.* fig. Partidario de los métodos violentos.

mazorral (probl. del ár. *manzur,* enclenque) ***adj.*** Grosero, rudo. 2 IMPR. Que carece de cuadrados: *composición ~.*
mazorralmente ***adv. m.*** Grosera, rudamente.
mazote ***m.*** *Colomb.* Golpe dado por los muchachos en la muñeca, con dos o más dedos. 2 *Colomb.* Palmadas que en algunos juegos de chicos da el vencedor en el dorso de las manos del vencido.
mazuelo ***m.*** Mango o mano como de almirez, con que se toca el morterete. 2 Variedad de uva tinta.
mazurca (polaco, der. de *Mazuria,* en Prusia Oriental) ***f.*** Baile de origen polaco en compás de tres por cuatro, de movimiento más moderado que el vals. 2 Música de este baile.
mazut (ruso) ***m.*** Residuo combustible de la destilación del petróleo bruto.
mbocayá ***m.*** *R. de la Plata.* Corojo.
me (l. *me;* acusativo de *ego,* yo) ***pron. pers.*** Forma de 1ª persona para el objeto directo e indirecto sin preposición en género masculino y femenino y en número singular. Se puede usar como enclítico: *me oyó, me mandó la carta; óyeme, mándame la carta;* **PRONOMBRE.
meada ***f.*** Orina expelida de una vez. 2 Sitio que moja o señal que hace. 3 *Chile.* ~ ***de araña,*** granos en los labios. 4 *Chile.* ~ ***de sangre,*** enfermedad del ganado vacuno, especie de herpes.
meadero ***m.*** vulg. Urinario (lugar).
meados ***m. pl.*** vulg. Orines.
meaja (der. de *medialis*) ***f.*** Antigua moneda castellana de vellón, equivale a la sexta parte de un dinero, o medio maravedí burgalés. 2 Migaja, partecilla. 3 Galladura de los huevos.
meajuela ***f.*** Dim. de *meaja.* 2 Pieza pequeña pendiente en los sabores del freno.
meandro (del río de Asia Menor *Meandros;* hecho ya en l. *maender, -dri*) ***m.*** Recoveco de un camino o río. 2 Curva sinuosa empleada como motivo ornamental.
meano ***adj.*** TAUROM. [anim.] Que tiene blanca la piel que cubre el balano, siendo más obscuro el vientre.
meaperros ***m.*** *Logr.* Marrubio. ◇ Pl.: *meaperros.*
meapilas ***com.*** Persona beata o santurrona; hipócrita. ◇ Pl.: *meapilas.*
mear (l. **meiare* < meiere) ***intr-prnl.*** Orinar. 2 pop. Tener mucho miedo.
measalves ***com.*** fam. Meapilas. ◇ Pl.: *measalves.*
meato (l. *meatu*) ***m.*** Orificio o conducto del cuerpo: ~ *auditivo;* ~ *urinario.* 2 BOT. Espacio intercelular más pequeño que las células que lo rodean.
meauca (onomat. de su canto) ***f.*** Pardela.
meca (arauc. *mecan,* estercolar) ***f.*** *Chile.* Caca, excremento. 2 *Ecuad.* y *Perú.* Ramera.
Meca ***n. pr.*** Ciudad de Arabia a la cual acuden los musulmanes en peregrinación. De aquí que se aplique su nombre a la ciudad que es centro de cualquier actividad: *Milán,* ~ de los cantantes.
FR. *Andar de la Ceca a la ~,* de un lugar a otro.
¡mecachis! eufem. Interjección. ¡Caramba!
mecacoate ***m.*** Culebra pequeña.
mecada ***f.*** *Méj.* Tontería, grosería.
mecan-, v. mecano-.
mecánica (l. *mechanica* < gr. *mechaniké*) ***f.*** Parte de la física que trata del movimiento y el equilibrio y de las fuerzas que los producen; esp., ciencia y arte de idear, construir, reparar o manejar máquinas: ~ ***cuántica,*** teoría de los cuantos que describe un sistema mediante operaciones dependientes del tiempo. 2 Aparato o resorte interior que da movimiento a un ingenio o artefacto. 3 fig. *y* desus. Cosa despreciable; acción baja e indecorosa. 4 MIL. Policía interior y manejo por menudo de los intereses y efectos de los soldados.
REL. *1* **Estática,** la parte de la mecánica que trata del equilibrio; **dinámica,** la que estudia el movimiento.
mecánicamente ***adv. m.*** De un modo mecánico. 2 Irreflexivamente.
mecanicismo ***m.*** Doctrina metafísica y biológica que explica todos los fenómenos naturales, incluso los vitales, con las leyes mecánicas del movimiento y con la más absoluta exclusión de toda finalidad en la naturaleza. Se opone a la teleología (doctrina) y al vitalismo y se combina con el materialismo. ◇ V. dinamismo.
mecanicista ***adj.-com.*** Partidario del mecanicismo. -2 ***adj.*** Perteneciente o relativo a esta doctrina.
mecánico, -ca (l. *mechanicu;* en gr. *mechanikós*) ***adj.*** Relativo a la mecánica. 2 Relativo a los oficios manuales. 3 [agente físico material] Que puede producir efectos como choques, rozaduras, erosiones, etc. 4 Efectuado con una máquina. 5 Maquinal. 6 Que obra con arreglo a las leyes del movimiento y de las fuerzas, sin efecto químico: *la fuerza mecánica de las mareas.* 7 fig. *y* desus. Bajo e indecoroso. -8 ***m. f.*** Persona que por profesión se dedica a la mecánica. 9 Persona dedicada al manejo y arreglo de las máquinas. 10 p. ant. Conductor de vehículos automóviles. 11 ~ ***dentista,*** persona que ayuda al dentista en la preparación de dientes y dentaduras artificiales.
SIN. *11* **Protésico.**
mecanismo ***m.*** Estructura, complejo ordenado de las partes de una máquina o de una cosa adaptada a producir un efecto. 2 Medios prácticos que se emplean en las artes. 3 Conjunto de varios órganos que concurren a una misma tarea. 4 Funcionamiento, modo de obrar.
SIN. *1* **Dispositivo.** V. **Instrumento.**
mecanización ***f.*** Acción de mecanizar. 2 Efecto de mecanizar.
SIN. **Motorización,** tratándose de mecanizar (motorizar).
mecanizado ***m.*** Proceso de elaboración mecánica.
mecanizar ***tr.*** Motorizar. 2 Someter a elaboración mecánica [una materia, un producto]. 3 fig. Convertir en maquinal o indeliberado [cualquier trabajo o acto humano] por medio del ejercicio, el hábito, etc. ◇ ** CONJUG. [4] como ***realizar.***
I) mecano (del n. comercial regist. *Meccano*) ***m.*** Juguete de niños formado por piezas articulables.
II) mecano, -na ***adj.-s.*** De La Meca, c. de Arabia.
mecano-, mecan- (gr. *mechané,* máquina) Elemento prefijal que entra en la formación de palabras con el significado de máquina.
mecanografía (*mecano-* + *-grafía*) ***f.*** Arte de escribir con máquina.
SIN. **Dactilografía.**
mecanografiar ***tr.*** Escribir con máquina: ~ *un discurso.* ◇ ** CONJUG. [13] como ***desviar.***
mecanográfico, -ca ***adj.*** Relativo a la mecanografía.
SIN. **Dactilográfico.**
mecanógrafo, -fa (*mecano-* + *-grafo*) ***m. f.*** Persona que tiene por oficio mecanografiar.
SIN. **Dactilógrafo.**
mecanograma (*mecano-* + *-grama*) ***m.*** MED. Trazado de los movimientos mecánicos de los músculos de un órgano.
mecanoterapia (*mecano-* + *-terapia*) ***f.*** Empleo de aparatos especiales para producir movimientos activos o pasivos en el cuerpo humano, con objeto de curar o aliviar ciertas enfermedades.
mecapacle ***m.*** *Méj.* Zarzaparrilla.
mecapal (mej. *mecapalli*) ***m.*** *Amér. Central* y *Méj.* Pedazo de cuero en forma ovalada irregular con una oreja en cada extremo por las cuales pasa una cuerda corrediza sobre la que descansa la carga. Lo usan los mecapaleros o mozos de cordel. 2 *Méj.* Tendón.
mecapalero ***m.*** *Méj.* Mozo de cordel.
mecasúchil ***m.*** *Méj.* Especie de vainilla.
mecatazo ***m.*** *Amér. Central* y *Méj.* Latigazo, o golpe dado con cuerda, bramante, etc. 2 *Méj.* Trago. 3 *Venez.* Acto de lisonjear interesadamente a una persona.
mecate (mej. *mecatl*) ***m.*** *Amér. Central, Méj.* y *Filip.* Cuerda de pita, y p. ext. cordel o bramante en general. 2 *Méj.* Medida de 404,50 m. cuadrados. -3 ***com.*** *Méj.* fig. Persona grosera.
mecateada ***f.*** *Amér. Central.* Azotaina, zurra.
mecatear ***tr.*** *Amér. Central* y *Méj.* Atar [a alguien], zurrar con mecates. 2 *Venez.* Lisonjear con exceso.
mecatiza ***f.*** *Méj.* Azotaina, zurra.
mecatona ***f.*** *Méj.* fam. Comida diaria, entre los léperos.
mecedero ***adj.*** Mecedor (de madera). 2 *And.* Columpio.
mecedor, -ra ***adj.*** Que mece o sirve para mecer. -2 ***m.*** Instrumento de madera usado para mecer líquidos. 3 Columpio. 4 *Colomb.* y *Venez.* Mecedora, mueble.
mecedora ***f.*** Silla de brazos para mecerse, cuyos pies terminan en forma de curva.
mecedura ***f.*** Acción de mecer o mecerse.
mecenas (de *Mecenas,* h. 69 a. C.- 8 d. C., el amigo de Augusto, 63 a. C.-14 d. C.) ***com.*** Protector de las letras y las artes: *es un ~ de los artistas.* ◇ Pl.: *mecenas.*
mecenazgo ***m.*** Calidad de mecenas. 2 Protección de las artes y las letras.
mecendero ***m.*** *And.* Columpio.

mecer (l. *miscere,* mezclar) ***tr.*** Remover [un líquido] para que se mezcle. -2 ***tr.-prnl.*** Mover compasadamente de un lado a otro: ~ *la cuna.* ◇ ** CONJUG. [2].
mecerendero ***m.*** *And.* Columpio.
mecéreo ***m.*** BOT. Lauréola hembra.
mecha (fr. *mèche;* probl. del prerrom. *mecca*) ***f.*** Torcida de una lámpara o bujía. 2 Tubo de algodón relleno de pólvora o cuerda preparada para pegar fuego a barrenos, cargas de pólvora, etc. 3 Atado de hilas (hebras). 4 Gasa retorcida que se emplea en cirugía para facilitar la salida del exudado de una herida. 5 Mechón. 6 Lonjilla de tocino gordo para mechar. 7 Espiga en que terminan por su parte inferior los palos de un barco y otras piezas y que se encaja en la carlinga. 8 Hurto disimulado entre la propia ropa u objetos personales. 9 *And.* Tralla. 10 *Amér.* Burla, broma, chanza. 11 *Amér.* Espiga que se adapta al taladro o útil de hierro cuya extremidad está preparada para agujerear hierro, madera, etc. 12 *Colomb.* Mercancía de poco valor. 13 *Hond.* Contrariedad. 14 *Méj.* Miedo. -15 ***f. pl.*** *Venez.* Gangas, economías.
FR. *Aguantar uno la* ~, fig., sufrir resignado una reprimenda, contrariedad o peligro. *Reventar la* ~, *Colomb.*, fig. y fam., por alusión al juego del tejo, conseguir lo que se anhela vivamente.
mechador, -ra ***m. f.*** Instrumento que sirve para mechar.
mechar ***tr.*** Introducir mechas de tocino gordo [en la carne o vianda que se ha de asar].
mechazo ***m.*** MIN. Combustión de una mecha sin inflamar el barreno: *dar* ~.
mechero, -ra ***m. f.*** Persona que roba en establecimientos de venta al público. 2 Hojalatero. -3 ***m.*** Utensilio provisto de mecha, utilizado para dar luz o calor: ~ ***Bunsen,*** el que da una llama de gran intensidad calorífica; se usa en los laboratorios. 4 p. ext. Encendedor (aparato). 5 Canutillo que contiene la mecha para alumbrar. 6 Cañón de los candeleros donde se coloca la vela. 7 Boquilla. -8 ***f.*** Máquina empleada en hiladura para preparar las mechas para las máquinas de hilar, uniformándolas, torciéndolas y plegándolas en bobinas. -9 ***adj.-f.*** Aguja de mechar. -10 ***m.*** *Guat.* y *Méj.* Cabeza muy despeinada. 11 *Méj.* Conjunto de cabellos enhiestos. -12 ***adj.*** *Venez.* fam. Bromista, burlón.
SIN. *5* **Piquera.** *6* **Cubo.**
mechificar ***intr.*** *Amér.* Burlarse, mofarse. ◇ ** CONJUG. [1] como ***sacar.***
mechinal (moz. *mejinar* < l. *machina*) ***m.*** Agujero que se deja en las paredes de un edificio para formar los andamios. 2 fig. Habitación muy pequeña.
mechinascle ***m.*** *Méj.* Renuevos del maguey con que se forman las almácigas.
mecho ***m.*** *Colomb.* y *Guat.* Candil improvisado o cabo de vela menguado.
mechoacán ***m.*** Raíz de una planta convolvulácea, cuya fécula se ha usado como purgante. También *michoacán (*gén. *Ipomœa.*) 2 ~ ***negro,*** jalapa.
mechón ***m.*** Aum. de *mecha.* 2 Porción de pelos, hebras o hilos. 3 *Guat.* Hachón, tea.
SIN. *2* **Pelluzgón.**
mechonear ***tr.-prnl.*** *Amér.* Mesar, desgreñarse [el cabello]. -2 ***prnl.*** *Cuba.* Acicalarse.
mechoso, -sa ***adj.*** Que tiene abundancia de mechas. 2 *Colomb.* Haraposo.
mechudo, -da ***adj.*** Mechoso.
mecida ***f.*** Balanceo.
mecimiento ***m.*** Mecida.
meción ***f.*** *Amér. Central* y *P. Rico.* vulg. Sacudida, sacudimiento.
meclapil ***m.*** Rollo de piedra del metate.
meco, -ca ***adj.*** *Amér. Central* y *Méj.* Grosero, inculto. 2 *Ant.* y *Méj.* Rubio. 3 *Méj.* [animal] De color bermejo con mezcla de negro. -4 ***m.*** *Méj.* Pita (planta). -5 ***m. f.*** *Méj.* desus. Indio salvaje.
meco- (gr. *mekos,* longitud) Elemento prefijal que entra en la formación de palabras con el significado de longitud, extensión: *mecómetro.*
mecografía (*meco-* + *-grafía*) ***f.*** MED. Representación gráfica de las leyes del desarrollo, magnitud y peso del cuerpo.
mecómetro (*meco-* + *-metro*) ***m.*** MED. Instrumento para medir la longitud de un feto o un niño.
¡mecón! (apóc. de *me condenara*) *Chile.* Interjección con que se maldice.
meconio (l. *meconium* y gr. *mekonion*) ***m.*** Alhorre (excremento). 2 Jugo de la cabeza de las adormideras.
mecóptero ***adj.-m.*** Insecto del orden de los mecópteros. -2 ***m pl.*** Orden de insectos pterigotas y depredadores, con las cuatro alas membranosas y boca masticadora; como la mosca escorpión.
mécora ***f.*** *Pan.* Mentira leve.
mecual (mej. *metl,* maguey + *coatl,* culebra) ***m.*** *Méj.* Raíz del maguey.
mecuate (mej. *mecoatl,* culebra del maguey) ***m.*** *Méj.* Brote del maguey.
medalla (it. *medaglia*) ***f.*** Moneda antigua de los griegos y los romanos. 2 Moneda conmemorativa. 3 Pedazo de metal batido o acuñado con alguna figura, símbolo o relieve. 4 Medallón (bajo relieve). 5 Distinción honorífica concedida en exposiciones y certámenes: ~ *militar.* 6 fig. Doblón de a ocho. 7 *Colomb.* Onza de oro.
medallero ***m.*** DEP. Relación del número y clases de medallas obtenidas por las naciones participantes en una competición internacional.
medallista ***com.*** Grabador de medallas. 2 DEP. Participante en una competición deportiva internacional que puede lograr o logra una medalla.
medallón ***m.*** Aum. de *medalla.* 2 Bajo relieve de figura redonda o elíptica. 3 Joya en forma de caja pequeña donde se guardan objetos de recuerdo. 4 Alimento cortado en rodajas: *un* ~ *de pescado, de ternera.* 5 *Méj.* Ventanilla trasera del automóvil.
SIN. *3* **Guardapelo.**
medanal ***m.*** *Chile* y *Urug.* Terreno cenagoso de alguna extensión.
médano, medano (relac. con l. *meta,* mojón, apl. a montón de arena) ***m.*** Duna. 2 Banco de arena casi a flor de agua.
SIN. *2* **Mégano.**
medanoso, -sa ***adj.*** Que tiene médanos.
Medea ***n. pr.*** MIT. Célebre maga que se casó con Jasón después de haberle facilitado los medios para conquistar el vellocino de oro. Por haber matado pérfidamente a Pelias, tuvo que huir a Corinto. Para vengar el desvío de Jasón hacia otra mujer, dio muerte a los hijos que de él había tenido, y este horrible crimen la obligó a huir de Corinto.
medellinense ***adj.-s.*** p. us. De Medellín, cap. del dep. de Antioquia (Colombia).
medersa ***f.*** Madraza.
media (l.) ***f.*** Calzado de punto que cubre pie y pierna, por *media calza.* 2 Cantidad que representa el promedio de varias otras. 3 DEP. Línea media. 4 MAT. ~ ***cuadrática,*** dadas las fluctuaciones de una magnitud, la raíz cuadrada del cociente de dividir la suma de los cuadrados de las fluctuaciones por el número de las mismas; ~ ***diferencial,*** cantidad que forma proporción aritmética con otras dos y equivale a la mitad de su suma; ~ ***proporcional,*** cantidad que forma proporción geométrica entre otras dos y equivale a la raíz cuadrada de su producto. -5 ***f. pl.*** En el juego del mus, tres naipes del mismo valor. -6 ***f.*** *Amér.* Calcetín.
SIN. *1* **Calceta.**
mediacaña ***f.*** Moldura cóncava de sección semicircular. 2 Listón con que se guarnecen frisos, etc. 3 Formón de boca arqueada. 4 Lima semicilíndrica terminada en punta. 5 Tenacillas. 6 Pieza de la serreta, que se apoya en la nariz del caballo. 7 IMPR. Filete de dos rayas, una fina y otra gruesa. 8 Canal, corte delantero y acanalado de un libro encuadernado. ◇ Pl.: *mediascañas.*
SIN. *1* **Troquilo.**
media-cinta ***m.*** *S. Dom.* Machete.
mediación (b. l. *-tione*) ***f.*** Acción de mediar. 2 Efecto de mediar. 3 Procedimiento de derecho internacional público o de derecho de trabajo, que propone una solución a las partes en litigio, pero sin imponerla como en el arbitraje.
mediado, -da ***adj.*** Que sólo contiene la mitad de su cabida: *está el jarro* ~. 2 ***A mediados de mes,*** hacia la mitad del mes.
mediador, -ra ***adj.-s.*** Que media. -2 ***m. f.*** Persona encargada de hacer respetar los derechos de dos partes, o de defender sus intereses.
SIN. **Medianero.**
mediagua ***f.*** *Amér.* Tejado con declive en una sola dirección para la caída de las aguas, y edificio cuyo tejado está construido de esa forma. ◇ También *media agua.*
medial ***adj.*** [consonante] Que se halla en el interior de una palabra.
medialínea ***f.*** *Colomb.* Versalita, clase de letra tipográfica.
medialuna ***f.*** Instrumento empleado para desjarretar toros o vacas. 2 Fortificación delante de los baluartes. 3 Bollo o panecillo. 4 Símbolo de los musulmanes y en particular de los turcos.

5 *Amér.* Pedazo de vidrio que se pone en la cola de una cometa para cortar el cordel de otra. ◇ También *media luna.*
SIN. 3 **Croissant.**
mediana (de *mediano*) *f.* Taco de billar, algo mayor que los comunes. 2 Barzón (anillo). 3 GEOM. En el triángulo, línea que une un vértice con el punto medio del lado opuesto. 4 Zona intermedia en una carretera o autopista que impide el paso de los vehículos al carril de dirección contraria.
medianamente *adv. m.* Sin tocar en los extremos. 2 De manera mediana.
medianejo, -ja (dim. de *mediano*) *adj.* fam. Menos que mediano.
medianería *f.* Pared medianera. 2 *Amér.* Aparcería.
medianero, -ra *adj.* Que está en medio de dos cosas: *pared medianera.* -2 *adj.-s.* Que media o intercede por alguien. -3 *m.* Dueño de una casa que tiene medianería con otra. 4 Aparcero, mediero, labrador que trabaja a medias con otro en una finca. 5 *Argent.* Colindante.
SIN. *2* **Mediador, intermediario, tercera persona, tercero.**
medianía *f.* Término medio entre dos extremos. 2 fig. Carencia de prendas relevantes. 3 fig. Persona con esta carencia. 4 Situación económica modesta. 5 *Colomb.* Medianería, pared divisoria.
SIN. *2* **Mediocridad,** la diferencia de matiz entre *medianía* y *mediocridad* es la misma que distingue *mediano* de *mediocre.*
medianidad *f.* Medianía.
medianil *m.* Parte de una haza de tierra situada entre la cabezada y la hondonada. 2 Medianería. 3 IMPR. El crucero más angosto de la forma.
mediano, -na (b. l. *-nu;* doble etim. *mejana*) *adj.* De calidad intermedia; ni bueno ni malo; ni grande ni pequeño: *~ de cuerpo; ~ en capacidad.* 2 fig. Casi malo: *un trabajo ~.* 3 Que divide una cosa en dos partes iguales.
SIN. **Mediocre,** encierra cierto matiz desp. que lo hace más propio en la acep. 2, aunque en rigor etimológico pueda aplicarse a las dos aceps; **regular,** literalmente coincide con *mediano,* pero puede tener variedad de matices estimativos según el tono con que se pronuncia y las circunstancias de cada caso.
medianoche *f.* Hora en que el Sol está en el punto opuesto al de mediodía. 2 Instante que señala el término de un día y el inicio del siguiente: *a ~.* 3 fig. Bollo pequeño relleno de carne, jamón, etc. ◇ Pl.: *mediasnoches.*
mediante *adj.* Que media: *iré Dios ~.* -2 *prep.* Por medio de. -3 *f.* Tercera nota o grado de las escalas diatónicas, que determina el modo. ◇ INCOR.: *~ a.*
mediar (b. l. *-are*) *intr.* Llegar a la mitad de una cosa. 2 Interceder: *~ por un amigo.* 3 Interponerse entre dos que riñen: *~ en una cuestión; ~ entre los contrarios.* 4 Existir o estar una cosa en medio de otras: *~ con alguna cosa.* 5 Dicho del tiempo, transcurrir: *mediaron quince días.* 6 Ocurrir, entremediar una cosa: *medió entonces su llegada.* ◇ ** CONJUG. [12] como ***cambiar.***
SIN. *2* y *3* **Intervenir, terciar.** *4* **Intermediar.**
media-rosca *f. Venez.* Danza popular.
mediastino (l. *-nu,* que está en medio) *m.* Espacio irregular entre una y otra pleura.
mediatamente *adv. l. t.* De manera mediata.
mediateca *f.* Colección de documentos difundidos por los medios de comunicación social. 2 Lugar donde se guarda dicha colección.
mediatín *m.* Jornalero. 2 *Guad.* Labrador de corto caudal y que pertanece a la clase media.
mediatinta *f.* Tono medio entre la luz y la sombra.
mediatización *f.* Acción de mediatizar. 2 Efecto de mediatizar.
mediatizar *tr.* Influir de modo decisivo [en el poder, autoridad o negocio que otro ejerce]: *el ejército mediatizaba la autoridad del gobierno; una nación está mediatizada por otra; un grupo financiero mediatiza la economía del país.* ◇ ** CONJUG. [4] como ***realizar.***
REL. **Mediatización,** subs., **mediatizador, mediatizable,** adjs.
mediato, -ta (b. l. *-tu*) *adj.* Que en grado, tiempo o lugar está próximo a una cosa, mediando otra entre las dos.
mediator (b. l.) *m.* Hombre (juego).
mediatriz *f.* MAT. Perpendicular levantada en el punto medio de un segmento de recta.
media-tuna *f. S. Dom.* Canto a porfía entre dos cantadores de oficio.
medicable (l. *-abile*) *adj.* Curable con medicinas.
medicación (l. *-atione*) *f.* Empleo terapéutico de los medicamentos: *una ~ eficaz.* 2 Conjunto de medicamentos.
medical *adj.* GALIC. Medicinal o médico.
medicamentar *tr.* Medicinar.
medicamento (l. *-tu*) *m.* Substancia empleada como remedio (de enfermedad).
SIN. **Fármaco, medicina; potingue,** desp. REL. **Farmacología,** parte de la terapéutica que estudia los medicamentos.
medicamentoso, -sa *adj.* Que tiene virtud de medicamento.
medicar *tr.* Prescribir [a un enfermo] un sistema de curación. -2 *prnl.* Seguir un tratamiento. 3 Administrarse un medicamento. ◇ ** CONJUG. [1] como ***sacar.***
medicastro *m.* desp. Matasanos.
medicina (l.) *f.* Ciencia y arte de precaver y curar las enfermedades del cuerpo humano. 2 Profesión de médico. 3 Medicamento. 4 *~ **legal,*** ciencia médica aplicada a ilustrar pericialmente a los tribunales.
medicinal *adj.* Relativo a la medicina. 2 Que tiene cualidades o usos terapéuticos.
medicinalmente *adv. m.* Conforme lo requiere la medicina.
medicinamiento *m.* desus. Acción de medicinar. 2 desus. Efecto de medicinar.
medicinante *m.* Curandero. 2 Estudiante de medicina que visita enfermos sin tener título.
medicinar *tr.* Administrar medicinas [al enfermo].
medición *f.* Acción de medir. 2 Efecto de medir.
I) médico, -ca (l. *-cu*) *adj.* Relativo a la medicina. -2 *m. f.* Persona que por profesión se dedica a la medicina: *~ **de cabecera,*** el que asiste normalmente a una familia; *~ **forense,*** el oficialmente adscrito a un juzgado de instrucción; *~ **titular,*** el encargado de la asistencia pública domiciliaria a los necesitados y de la inspección municipal de Sanidad. -3 *f.* fam. Mujer del médico
SIN. **Doctor, facultativo.** p. ant.; **galeno,** con ligera ironía; **mediquín, medicastro, matasanos,** desestimativos; **físico,** ant.
II) médico, -ca (gr. *medikós*) *adj.* Medo.
medicolegal *adj.* Perteneciente o relativo a la medicina legal o forense.
medicucho *m.* fam. Medicastro.
medida *f.* Acción de medir. 2 Expresión comparativa de las dimensiones o cantidades. 3 Instrumento o recipiente que sirve para medir. 4 Proporción: *se paga el jornal a ~ del trabajo; **a ~ del deseo,*** o ***del paladar,*** según se apetece. 5 Disposición, prevención: *tomar,* o *adoptar, sus medidas.* 6 Cordura, prudencia: *hablar sin ~.* 7 Número y clase de sílabas que ha de tener el verso. 8 *~ **universal,*** proporciones aritméticas entre el largo y el alto de un cuadro.
FR. *Llenarse,* o *colmarse, la ~,* llegar al último límite de una cosa. LOC. *A ~ que,* al paso que.
medidamente *adv. m.* Con medida, con cuidado, con prevención.
medidor, -ra *adj.-s.* [pers.] Que mide una cosa. -2 *m. Amér.* Contador de agua, gas o electricidad. -3 *f. Ecuad.* Medida equivalente a la mitad de una fanega.
mediero, -ra *m. f.* Persona que tiene por oficio hacer o vender medias. 2 Persona que va a medias con otra en un negocio o empresa.
medieval *adj.* Relativo a la Edad Media de la historia.
SIN. **Medioeval.**
medievalidad *f.* Calidad o carácter de medieval.
medievalismo *m.* Carácter medieval. 2 Estudio de la Edad Media.
medievalista *com.* Persona versada en el conocimiento de lo medieval.
medievo (*medio + evo*) *m.* Edad Media.
medinés, -nesa *adj.-s.* De Medina.
medio, -dia (l. *-iu*) *adj.* Que es igual a la mitad de una cosa: *media peseta;* se pospone cuando va precedido de otro numeral: *cinco libras y ~.* 2 Que está entre dos extremos: *clase media; edad media.* -3 *m.* Parte que en una cosa equidista de sus extremos: *el ~ de la plaza.* 4 Tercer dedo de la mano. 5 Diligencia conveniente para conseguir una cosa: *tomar el ~,* o *los medios necesarios.* 6 Elemento en que vive un ser; p. ext., conjunto de circunstancias en que vive una persona: *el ~ de los pájaros es el aire; el ~ en que Juan se formó; ~ **ambiente,*** conjunto de circunstancias físicas que rodean a los seres vivos; p. ext., conjunto de circunstancias físicas, culturales, económicas, sociales, etc., que rodean a las personas. 7 Médium. 8 ***Estilo ~,*** el que sin ser vulgar, no es tan exornado y majestuoso como el sublime. 9 BOT. y ZOOL. Substancia nutritiva gralte. de consistencia pas-

tosa o líquida en la que se cultivan los tejidos o microorganismos: ~ **dispersante,** substancia en la que otra ha formado una dispersión coloidal; ~ **interno,** líquido que baña las células del interior de un organismo y por intermedio del cual se realizan la nutrición y la estimulación de aquéllas. 10 DEP. Jugador de la línea media de un equipo. 11 FÍS. Substancia fluida o sólida en que se desarrolla un fenómeno determinado. 12 LÓG. En el silogismo, razón con que se prueba una cosa. 13 MAT. Quebrado que tiene por denominador el número 2: **término ~** o **media aritmética,** cantidad que resulta de dividir una suma por el número de sumandos; **medios de una proporción,** por oposición a los extremos. 14 TAUROM. Tercio correspondiente al centro del ruedo. -15 **adj.-m.** DEP. Peso (categoría) del boxeo, superior al superwélter, que comprende a los deportistas que pesan hasta 72,574 kgs., los profesionales, ó 75 kgs., los aficionados. -16 **m. pl.** Caudal, renta o hacienda que uno posee o goza. 17 Elementos: **los medios de producción, de transporte,** v. transporte; **medios de comunicación,** sistemas de transmisión de información a un público numeroso y heterogéneo, mediante la prensa, televisión, radio, cine, etc.; p. ext., las instituciones que los organizan. -18 **m.** *Cuba* y *Venez.* Obsequio de una moneda que se hace en un bautizo. 19 *Perú.* Moneda de cinco centavos de sol. -20 **adv.** No del todo, no enteramente. Con verbos en infinitivo va precedido de la preposición *a: ~ asado; a ~ vestir.* -21 **loc. adv.** ***A medias,*** tanto a uno como a otro: *repartido a medias;* algo, pero no del todo: *dormido a medias.* 22 **De ~ a ~,** mitad por mitad; en la mitad, en el centro: *le acertó de ~ a ~;* del todo, por completo: *se equivocó de ~ a ~.* 23 **De por ~,** a medias: *pagar una deuda de por ~;* entre o en medio: *poner tierra de por ~.* 24 **En ~,** en lugar igualmente distante de los extremos; entre tanto: *en ~ de eso.*

FRS. *Estar de por ~,* mediar en un negocio; *meterse de por ~* o *en ~,* interponerse para componer una pendencia; *tomar el ~* o *los medios,* usar o aprovecharse de algo para lograr lo que se intenta; *quitar de en ~,* apartar a alguno de delante, alejándolo, matándolo, etc.; *quitarse uno de en ~,* apartarse de un lugar o salir de un lance. REL. Entra en la formación de algunos compuestos, como *mediodía; meso-,* prefijo gr. que se usa en algunos tecnicismos: *mesocarpio, mesotórax.* SIN. *1* **Mitad.** 15 v. **Peso.** *16* **Bienes, recursos, posibles.**

medioambiental *adj.* Propio o relativo al medio ambiente.
mediocampista *m.* DEP. Centrocampista.
mediocre (l.) *adj.* Mediano. -2 **adj.-com.** Persona de poca importancia, talento, eficacia, etc. 3 *Méj.* Regular.
mediocremente *adv. m.* Medianamente, de manera mediana.
mediocridad (l. *-itate*) *f.* Medianía: *vivir en la ~.* 2 Mediocre (persona).
mediodía *m.* Hora en que está el Sol en el más alto punto de su elevación sobre el horizonte. 2 Período de imprecisa extensión alrededor de las doce de la mañana. 3 ~ **medio,** momento en que queda dividido en dos partes iguales el día civil medio. 4 Sur.
FR. *Hacer ~,* detenerse para comer el que va de viaje.
medioeval *adj.* Medieval.
medioevo *m.* Medievo.
medioluto *f.* Mariposa de color blanco con manchas oscuras *(Melanargia* sp.*).*
mediometraje *m.* Filmación con una duración aproximada de 60 minutos.
mediomundo *m.* Velo (de pescar).
mediopaño *m.* Tejido de lana, más delgado y de menos duración que el paño. ◇ Pl.: *mediopaños.*
mediopelo *adj.-s. Colomb.* y *Méj.* Mulato.
mediopensionado *m.* Régimen de vida del mediopensionista. 2 Conjunto de personas que viven como mediopensionistas.
mediopensionista *adj.-com.* Persona que vive en alguna institución, sometida a régimen de media pensión.
mediopié *m.* ANAT. Parte media del pie, formada por el escafoides, el cuboides y las tres cuñas.
mediquillo *m.* desp. Matasanos. 2 *Filip.* Persona habilitada para ejercer la medicina sin tener título facultativo.
medir (l. *metiri*) *tr.* Determinar la longitud, extensión, volumen o capacidad [de una cosa]: *~ a palmos, por varas; ~ una cosa con otra; ~ por,* o *con, un rasero.* 2 Examinar [si los versos tienen la medida correspondiente a los de su clase]. 3 Comparar [una actividad, aptitud, etc.] con otra: *~ las fuerzas; ~ el ingenio.* -4 **tr.-prnl.** Moderarse en decir o ejecutar [una cosa] ajustándose a sus facultades: *medirse uno consigo mismo; medirse con sus fuerzas, en las palabras.* 5 Reñir, pelearse. ◇ ** CONJUG. [34] como ***servir.***
SIN. *1* **Mensurar,** en estilo lit. o culto. REL. **Mensurable,** adj., que se puede medir; **inmensurable** o **inconmesurable,** que no se puede medir. SIN. *2* **Escandir,** hoy p. us. *4* **Mesurarse, comedirse.** REL. **Medida, mesura, comedimiento,** substantivos; **mesurado, comedido,** adjetivos; **mesuradamente, comedidamente,** adverbios.
meditabundo, -da (b. l. *-du*) *adj.* Que medita o reflexiona en silencio.
meditación *f.* Acción de meditar. 2 Efecto de meditar. 3 Aplicación del espíritu en un asunto. 4 Escrito sobre un tema religioso o filosófico. 5 Oración mental, reflexión sobre un punto religioso.
meditador, -ra *adj.* Que medita.
meditar (l. *-ari*) *tr.* Aplicar con atención el pensamiento a la consideración [de una cosa]. 2 Discurrir con atención sobre los medios de conseguir [una cosa] o realizar [un proyecto]. -3 **intr.** Entregarse a la meditación: *meditaremos durante una hora.*
SIN. **Pensar.**
meditativo, -va *adj.* Relativo a la meditación. 2 Que medita.
mediterráneo, -a (l. *-neu* < *mediu,* medio + *terra,* tierra) *adj.* Que está rodeado de tierra: *mar ~.* 2 Relativo al mar Mediterráneo, o a los territorios que baña.
FR. *Descubrir el Mediterráneo,* inventar lo que ya está inventado.
médium (l.) *com.* Persona a la que se considera dotada de facultades paranormales que le permiten actuar de mediadora en la consecución de fenómenos parapsicológicos o de hipotéticas comunicaciones con los espíritus. ◇ Pl.: *médium.*
medo, -da (l. *medu*) *adj.-s.* De Media, antigua región del noroeste de Persia. -2 *adj.-m.* Lengua perteneciente al grupo iranio antiguo, de gran influencia en el persa antiguo y hablada en esta región
SIN. **Médico:** *guerras médicas.*
medra *f.* Aumento, progreso, mejora. 2 *Venez.* Condición favorable de un animal para crecer con toda clase de alimento.
medrada *f. Logr.* Crecida desbordante de un río.
medrana *f.* fam. Miedo.
medrar (v. *mejorar*) *intr.* Crecer, mejorar los animales y plantas. 2 fig. Mejorar uno de fortuna.
FR. *¡Medrados estamos!,* significa la sorpresa o el disgusto que nos resulta de una cosa inesperada.
medriñaque *m.* Tejido de fibras de abacá, burí, etc., usado para forrar y ahuecar vestidos. 2 Especie de zagalejo corto.
medro *m.* Medra. -2 **m. pl.** Progresos, adelantamientos, disposición de crecer.
medrosamente *adv. m.* Con temor, con miedo.
medroso, -sa (l. v. *metorosu,* der. del l. *metu*) *adj.-s.* Temeroso, pusilánime. -2 *adj.* Que infunde o causa miedo.
SIN. *1* **Miedoso,** es más gral.; **medroso** es de uso culto y lit.; **meticuloso,** se aplica pralte. a la persona que obra con cuidado extremado por no incurrir en falta, y por ello se acerca mucho a **minucioso; temeroso,** es de significado menos intenso, y se aplica pralte. al que circunstancialmente siente un temor; **tímido, pusilánime, cobarde** (más intenso), se refieren al carácter, a las pers. que son temerosos habituales; **gallina, cagón, cagado,** sinónimos populares e intensivos de **cobarde; encogido, apocado, corto,** expresan la falta de desembarazo, la inseguridad en sí mismo del **tímido.**
meducar *intr. Chile.* Meucar. ◇ ** CONJUG. [1] como ***sacar.***
medula, médula (l. *medulla;* doble etim. *meollo*) *f.* Tejido adiposo que se halla dentro de los huesos de los animales. 2 Porción central del pelo donde las células están rodeadas de una gran cantidad de aire en forma de burbujas. 3 Porción central del tallo y de la raíz encerrada en un cilindro vascular. 4 fig. Lo más sustancioso de una cosa no material. 5 ~ **espinal,** prolongación del encéfalo que ocupa el conducto vertebral, desde el agujero occipital hasta la región lumbar. 6 ~ **oblonga,** bulbo raquídeo. 7 ~ **pétrea,** nacrita. ◇ *Medula* es la acentuación que corresponde a su etimología, pero está muy generalizado *médula.*
SIN. **Meollo.** *1* y *3* **Tuétano.** *3* **Pulpa.**
medular *adj.* Relativo a la medula.
meduloso, -sa *adj.* Que tiene medula.
medusa (de *Medusa,* monstruo de la mitología griega) *f.* Cnidario escifozoo que se caracteriza por tener forma de paraguas y carecer de esqueleto.
SIN. **Aguamala, aguamar, pulmón marino.**
meduseo, -a *adj.* Parecido o relativo a Medusa, una de las Gorgonas.
mefistofélico, -ca (de *Mefistófeles,* pers. de la tragedia *Fausto,* de Goethe, 1749-1832) *adj.* Relativo a Mefistófeles. 2 Digno o propio de él. 3 Diabólico, perverso.
mefítico, -ca (b. l. *mephiticu*) *adj.* Que, respirado, puede causar daño, esp. si es fétido.

mefitismo *m.* Corrupción del aire debida a emanaciones mefíticas.
I) mega-, v. megalo-.
II) mega- (gr. *mégas,* grande) Elemento prefijal que entra en la formación de palabras, generalmente nombres de medidas, con el significado de un millón: *megaciclo.*
megacariocito (*mega-* I + *cariocito*) *m.* Célula de gran tamaño de la médula ósea.
megaciclo (*mega-* II + *-ciclo*) *m.* FÍS. Unidad de la corriente eléctrica formada por un millón de ciclos o períodos.
REL. **Kilociclo,** mil ciclos.
megacolon (*mega-* I + *colon*) *m.* MED. Tamaño anormalmente grande del colon.
megafonía (*mega-* I + *-fonía*) *f.* Técnica que se ocupa de los aparatos e instalaciones precisos para aumentar el volumen del sonido. 2 Conjunto de aparatos electrónicos que, debidamente coordinados, aumentan el volumen del sonido en un lugar de gran concurrencia.
megáfono (*mega-* I + *-fono*) *m.* Aparato que amplifica la voz.
megahercio (*mega-* II + *hercio*) *m.* FÍS. Unidad de frecuencia, equivalente a un millón de hercios.
-megalia (v. *megalo-*) Elemento sufijal que entra en la formación de palabras con el significado de grande, grandeza anormal: *acromegalia.*
megalítico, -ca *adj.* Propio del megalito o relativo a él.
megalito (*mega-* I + *-lito*) *m.* Monumento prehistórico construido con grandes piedras sin labrar.
megalo-, mega- (gr. *mégas, megalós,* grande) Elemento prefijal que entra en la formación de palabras con el significado de grande.
megalocardia (*megalo-* + *-cardia*) *f.* MED. Cardiomegalia.
megalocefalia (*megalo-* + *-cefalia*) *f.* Macrocefalia.
megalocéfalo, -la (*megalo-* + *-céfalo*) *adj.* Macrocéfalo.
megalocito (*megalo-* + *-cito* I) *m.* MED. Glóbulo rojo, no nucleado, anormalmente grande.
megalocitosis (*megalocito* + *-osis*) *f.* MED. Presencia de megalocitos en la sangre. ◇ Pl.: *megalocitosis.*
megalomanía (*megalo-* + *-manía*) *f.* Manía o delirio de grandeza.
megalómano, -na (*megalo-* + *-mano*) *adj.* Que padece megalomanía.
megalópolis (*megalo-* + *-polis*) *f.* Ciudad de grandes proporciones.
ġlosaPl.: *megalópolis.*
megalóptero (*megalo-* + *-ptero*) *adj.-m.* Insecto del orden de los megalópteros. -2 *m. pl.* Orden de insectos pterigotas de cuerpo muy alargado y alas membranosas muy desarrolladas; las larvas son acuáticas.
mégano *m.* Médano.
megapodio *m.* Ave galliforme de plumaje blanco grisáceo con manchas pardas; en la garganta y el pecho tiene listas negras *(Leipoa ocellata).*
megáptero *m.* Género de cetáceos, parecidos a las ballenas, que hay en casi todos los mares.
megarense (l.) *adj.-s.* De Megara, c. de la ant. Grecia.
megarón *m.* Patio rectangular del palacio cretense y micénico, destinado a audiencias y reuniones.
megaterio (*mega-* I + gr. *therion,* bestia) *m.* Mamífero edentado fósil, de unos 6 m. de longitud, correspondiente al período cuaternario *(Megatherium).*
megatón (ingl. *megaton* < *mega-* II + *ton*elada) *m.* Unidad empleada para valorar la potencia de las bombas atómicas; equivale a la fuerza de un millón de toneladas de trinitrotolueno.
megatonelada (*mega-* II + *tonelada*) *f.* Unidad de fuerza equivalente a un millón de toneladas. ◇ INCOR.: *megatón*, si bien su uso se ha extendido mucho.
megavatio (*mega-* II + *vatio*) *m.* Unidad de potencia, equivalente a un millón de vatios.
mego, -ga (l. *magicu*) *adj.* Manso, apacible, tratable y halagüeño.
megohmio (de *mega-* II + *ohmio*) *m.* Unidad de resistencia eléctrica equivalente a un millón de ohmios.
meguez *f.* p. us. Caricia, halago.
mehala (ár.) *f.* En Marruecos, cuerpo del ejército regular.
mehari *m.* Montura de la tribu de Mahra.
meiofauna (gr. *meion,* menor < *meioo,* disminuir + *fauna*) *f.* Fauna microscópica y pequeña macroscópica que habita la superficie del fondo marino.
meionita *f.* Mineral de la serie isomorfa de la escapolita, cuyos cristales son incoloros y transparentes, o presentan colores variados.
meiosis (gr.) *f.* BIOL. Proceso de reducción cromática en la que se reduce a la mitad el número de cromosomas, gametos o células reproductoras. ◇ Pl.: *meiosis.*
meistersinger (al., maestro cantor) *m. pl.* Poetas y músicos menestrales alemanes agrupados en corporaciones y gremios que, a imitación de la inspirada lírica cortesana minnesinger, crearon un nuevo tipo de poesía burguesa y formulista, de carácter alegórico y religioso.
mejana (v. *mediano*) *f.* Isleta en un río.
mejengue *m. Cuba* y *P. Rico.* fest. Dificultad. 2 *P. Rico* y *S. Dom.* Dinero. 3 *P. Rico* y *S. Dom.* Talento.
mejica *adj.-s.* Azteca.
mejicanismo *m.* Vocablo, giro o modo de hablar propio de los mejicanos. 2 Amor o apego a las cosas características de Méjico. ◇ V. mejicano.
mejicano, -na *adj.-s.* De Méjico, c. y estado de América. -2 *m.* Náhuatle. ◇ La grafía oficial en Méjico es *México, mexicanismo, mexicano*, con *x*, cuya pronunciación es *j*.
mejido, -da *adj.* [huevo o yema] Batido con azúcar y disuelto en leche o agua caliente.
mejilla (l. *maxilla*) *f.* Prominencia que hay en el rostro humano debajo de cada uno de los ojos.
REL. **Malar,** relativo a la mejilla.
mejillón (port. *mexilhao,* del l. v. *muscellione,* der. de *musculu,* mejillón) *m.* Molusco lamelibranquio marino, comestible, de concha casi triangular y de color negro azulado *(Mytilus edulis).*
mejillonero, -ra *adj.* Perteneciente o relativo a la cría y pesca del mejillón. -2 *m. f.* Persona que se dedica a la cría y pesca del mejillón. -3 *f.* Instalación para la cría de mejillones.
mejor (l. *meliore*) *adj.* Comparativo de *bueno*. Más bueno. Que es superior a otra cosa y que la excede en una cualidad natural o moral. -2 *adv.* Comparativo de *bien*. Más bien, de manera más conforme a lo bueno o lo conveniente; antes, más, denotando idea de preferencia: ~ *quiero pedir limosna que cometer una villanía.*
FR. *A lo* ~, loc. adv. con que se previene un hecho o dicho inesperado; ~ *que* ~, mucho mejor; *tanto* ~, mejor todavía.
mejora *f.* Medra. 2 Puja II. 3 Porción de bienes que el testador deja a uno o varios de sus descendientes además de la legítima.
mejorable *adj.* Que se puede mejorar.
mejoramiento *m.* Acción de mejorar. 2 Efecto de mejorar.
mejorana (der. del l. med. *maezurana,* de orig. incierto) *f.* Arbusto labiado, de hojas aovadas y vellosas, y flores olorosas y en espiga; se usa como antiespasmódico *(Origanum maiorana).* 2 ~ *silvestre,* planta labiada, de flores olorosas, en grupos axilares *(Thymus mastichina).* 3 Baile panameño.
SIN. *1* **Almoraduj, -dux, amáraco, mayorana, moradux.** *1* y *2* **Sarilla, sampsuco.**
mejoranera *f. Pan.* Especie de guitarra.
mejorar (l. *meliorare;* doble etim. *medrar*) *tr.* Hacer pasar [una cosa] de un estado a otro mejor. 2 Pujar II. 3 DER. Dejar en el testamento mejora [a los hijos o nietos]: ~ *a una hija en tercio y quinto.* -4 *intr.-prnl.* Restablecerse o aliviarse el enfermo. 5 Ponerse el tiempo más benigno. 6 Medrar uno en su posición social o económica: ~ *de condición.* 7 ***Mejorando lo presente,*** expr. de cortesía cuando se alaba a una persona ausente.
mejoría *f.* Medra. 2 Alivio en una enfermedad. 3 Ventaja o superioridad de una cosa respecto de otra.
mejunje (ár. *memzuy,* mezclado) *m.* Cosmético o medicamento formado por la mezcla de diversos ingredientes. 2 fig. Brebaje, mezcla cualquiera. ◇ Hoy tiene sentido desp. ◇ También *menjunje, menjurje*.
meladero *adj. P. Rico.* [trapiche] En que se hace melado.
melado, -da (de *miel*) *adj.* De color de miel: *caballo* ~. -2 *m.* Torta pequeña de miel y cañamones. -3 *f.* Tostada untada con miel. 4 Pedazos de mermelada seca. -5 *m. Amér.* Jarabe que se obtiene en la fabricación del azúcar de caña.
meladora *f. Cuba.* Última paila en que se cuece el azúcar.
meladucha *adj.* Especie de manzana dulzona, pero poco substanciosa.
meladura *f. Cuba.* Melado ya preparado para hacer el papelón o el azúcar.
meláfido (gr. *mélas,* negro + *fido,* terminación de la voz *pór-*

fido) ***m.*** Roca volcánica de color obscuro compuesta de feldespato y augita con algo de hierro magnético.
SIN. **Melapórfido.**

melampo ***m.*** desus. En el teatro, candelero de que se sirve el traspunte.

melan-, v. melano-.

melancolía (gr. y lat. *-cholía,* bilis negra) ***f.*** Tristeza vaga, profunda y permanente. 2 Monomanía en que dominan las afecciones morales tristes.
SIN. **Lipemanía,** MED.; **murria,** fam.

melancólicamente ***adv.*** Con melancolía.

melancólico, -ca (gr. *-cholikós*) ***adj.*** Relativo a la melancolía. 2 Que tiene melancolía.

melancolizar ***tr.*** Entristecer o afligir [a uno]. 2 Dar un aspecto triste [a una cosa]. ◇ ** CONJUG. [4] como ***realizar.***

melanesio, -sia ***adj.-s.*** Negro aborigen de las islas de Melanesia. 2 Relativo a Melanesia o a los melanesios.

melanina (*melan-* + *-ina*) ***f.*** ZOOL. Pigmento de color negro o pardo negruzco que se halla en ciertas células de los vertebrados.

melanismo (*melan-* + *-ismo*) ***m.*** BIOL. Situación en la que una proporción de una población animal está constituida por individuos negros. 2 ZOOL. Situación causada por una producción excesiva de melanina.

melanita (v. *melano-*) ***f.*** Variedad de granate de color negro.

melano-, melan- (gr. *mélas, mélanos,* negro) Elemento prefijal que entra en la formación de palabras con el significado de negro.

melanocenta (*melano-* + gr. *kentéo,* pinchar) ***f.*** GEOL. Silicato del grupo de los subnesosilicatos, que cristaliza en el sistema hexagonal. Forma cristales tubulares de color pardo obscuro o negro con brillo vítreo.

melanocrato, -ta (*melano-* + gr. *kratos,* dominio) ***adj.*** [mineral] De color obscuro, debido a la presencia de hierro y magnesio.

melanóforo (de *melanina* + *-foro*) ***m.*** FISIOL. Célula que contiene melanina.

melanoma (*melan-* + *-oma*) ***m.*** Tumor formado por células con abundante melanina.

melanosis (*melan-* + *-osis*) ***f.*** MED. Alteración de los tejidos orgánicos, caracterizada por el color obscuro que presentan. ◇ Pl.: *melanosis.*

melanterita ***f.*** Mineral de la clase de los sulfatos que cristaliza en el sistema monoclínico; de brillo vítreo, es transparente o traslúcido.

melanuria (*melan-* + *-uria*) ***f.*** Fenómeno morboso consistente en la coloración negra de la orina.

melapia (l. *-apiu*) ***f.*** Variedad de manzana común *(Malus silvestris).*

melapórfido ***m.*** MINERAL. Meláfido.

I) melar ***adj.-s.*** Que sabe a miel.

II) melar (l. *mellare*) ***intr.-tr.*** En los ingenios de azúcar, dar la segunda cochura al zumo de la caña. 2 Hacer las abejas la miel y ponerla en las celdillas [de los panales]. 3 *Ecuad.* Ganar dinero con facilidad. ◇ ** CONJUG. [27] como ***acertar.***

melarquía ***f.*** desus. Melancolía.

melastomatáceo, -a ***adj.-f.*** Planta de la familia de las melastomatáceas. -2 ***f. pl.*** Familia de plantas leñosas o herbáceas, angiospermas, dicotiledóneas.

melaza (l. *mellaciu*) ***f.*** Líquido espeso y dulce que queda como residuo de la cristalización del azúcar.

melca ***f.*** Zahína (planta).

melcocha (der. de *miel* + cast. ant. *cocho,* cocido) ***f.*** Miel concentrada y caliente que se echa en agua fría y sobándola queda muy correosa. 2 Pasta comestible hecha con ella. 3 *Méj.* Producto de la cocción y evaporación del jugo de las tunas.
SIN. *1* **Arropía.**

melcochar ***tr.-prnl.*** *Amér.* Amelcochar.

melcochero, -a ***m. f.*** Persona que tiene por oficio hacer o vender melcocha.

melcocho, -cha ***adj.*** *Colomb.* y *Guat.* De color negruzco colorado.

melcochoso, -sa ***adj.*** *Amér. Central.* Melcochudo.

melcochudo, -da ***adj.*** *Amér.* Correoso como la melcocha.

melé (fr. *mêlée,* mezclada) ***f.*** DEP. Aglomeración o lío de jugadores.

Meleagro ***n. pr.*** MIT. Héroe en cuyo nacimiento se predijo que su vida no duraría más que el tizón que ardía en el fuego. Su madre lo apagó y escondió. En la cacería del jabalí de Diana surgió una discordia, en la cual Meleagro mató a sus tíos. Su madre, enfurecida, volvió el tizón al fuego causando su muerte.

melear ***intr.*** *Bol.* Recoger miel.

meleguín, -guina ***adj.*** *Colomb.* Adulador.

I) melena ***f.*** Cabello largo, colgante y suelto. 2 Crin del león. 3 Melenera (almohadilla). 4 Yugo de la campana; viga sobre la que gira la campana para voltear.

II) melena (gr. *mélaina,* negra) ***f.*** Deposición o vómito de sangre negra.

melenche ***m.*** *Logr.* Asno joven.

melenera ***f.*** Parte superior del testuz de los bueyes. 2 Almohadilla o piel que se pone a los bueyes en la frente al uncirlos.

meleno ***adj.*** [toro] Que tiene un mechón sobre la frente. -2 ***m.*** Payo, hombre del campo.

melense ***adj.-s.*** De Melo, cap. del dep. de Cerro Largo (Uruguay).

melenudo, -da ***adj.*** Que tiene abundante y largo el pelo.

melera ***f.*** Daño que sufren los melones por efecto de la lluvia o granizo. 2 Lengua de buey.

melero, -ra (l. *mellariu*) ***m. f.*** Persona que tiene por oficio vender miel o trata en ella. 2 Aficionado a la miel. -3 ***m.*** Sitio donde se guarda la miel.

melga ***f.*** Zahína. 2 Mielga o amelga. 3 *Hond.* Parte pequeña de un trabajo no concluido.

melgacho (desp. de *mielga,* pez) ***m.*** Lija (pez).

I) melgar ***m.*** Terreno sembrado de mielgas.

II) melgar ***tr.*** *Chile.* Amelgar. ◇ ** CONJUG. [7] como ***llegar.***

melgarejo (del presidente Mariano *Melgarejo,* 1820-1871) ***m.*** Moneda boliviana.

melgo, -ga ***adj.*** [pers.] Gemelo.

melguizo, -za ***adj.-s.*** *And., La Mancha* y *Murc.* Mellizo, gemelo.

meli- (l. *mel,* miel) Elemento prefijal que entra en la formación de palabras con el significado de miel.

-melia (gr. *mélos, méleos,* miembro) Elemento sufijal que entra en la formación de palabras con el significado de miembro, articulación.

meliáceo, -a (gr. *melia,* fresno) ***adj.-f.*** Planta de la familia de las meliáceas. -2 ***f. pl.*** Familia de plantas dicotiledóneas que incluye árboles o arbustos tropicales, de hojas pinnadocompuestas, y flores en panoja; muchas de sus especies dan excelente madera.

mélico, -ca (v. *melo*) ***adj.*** Relativo al canto. 2 Relativo a la poesía lírica, esp. griega.

melífero, -ra (*meli-* + *-fero*) ***adj.*** poet. Que lleva o tiene miel.

melificación ***f.*** Acción de melificar.

melificado, -da ***adj.*** Melifluo.

melificador ***m.*** *Chile.* Cajón de lata, con tapa de vidrio, para extraer la miel de abeja separada de la cera.

melificar (l. *mellificare*) ***intr.-tr.*** Hacer las abejas la miel o sacarla [de las flores]. ◇ ** CONJUG. [1] como ***sacar.***

melífico, -ca (*meli-* + *-fico*) ***adj.*** Que produce miel.

melifluamente ***adv. m.*** fig. Dulcemente, con suavidad y delicadeza.

melifluencia, melifluidad ***f.*** fig. Calidad de melifluo.

melifluo, -flua (l. *mellifluu*) ***adj.*** Que tiene miel o se parece a ella. 2 fig. Suave como la miel: *conversación meliflua.*

melilita ***f.*** Silicato del grupo de los sorosilicatos, forma cristales aplanados incoloros o de color amarillo, pardo o gris, con brillo vítreo. -2 ***f. pl.*** Rocas magmáticas compuestas por melitita y olivino con otros minerales.

melillense ***adj.-s.*** De Melilla, c. española de África.

melillero ***adj.-m.*** Barco que cubre la línea de Melilla.

I) meliloto (gr. *melilotos;* compuesto con *lotos,* loto) ***m.*** Planta leguminosa papilionácea, cuyas flores se usan como emolientes *(Melilotus officinalis).*
SIN. **Trébol oloroso.**

II) meliloto, -ta ***adj.-s.*** Insensato, abobado.

melindre (der. de *miel*) ***m.*** Fruta de sartén, hecha con miel y harina. 2 Dulce de pasta de mazapán bañado en azúcar blanco. 3 Bocadillo (cinta). 4 fig. Delicadeza afectada.
SIN. *4* **Remilgo; dengue,** cuando se afectan males o disgustos, esp. las mujeres; **repulgo,** escrúpulo ridículo.

melindrear ***intr.*** Hacer melindres (delicadezas).

melindrería ***f.*** Hábito de melindrear.

melindrero, -ra ***adj.-s.*** Melindroso.

melindrizar ***intr.*** Melindrear. ◇ ** CONJUG. [4] como ***realizar.***

melindro ***m.*** *Can.* Geranio.

melindrosamente ***adv. m.*** Con melindre, con afectación.

melindroso, -sa *adj.-s.* Que hace muchos melindres (remilgos).
SIN. **Dengoso; repulgado; remilgado,** es además el que afecta pulidez extremada en actos o palabras.
melinita (gr. *mélinos,* amarillento) *f.* Explosivo a base de ácido pícrico.
melino, -na *adj.-s.* De Melo, hoy Milo, isla del mar Egeo. -2 *adj. Tierra melina,* la de alumbre sacada de la isla de Milo.
melión *m.* Pigargo (ave).
melisa (gr. *mélissa,* abeja) *f.* Toronjina.
melisca *f. Argent.* Rebusca del maíz en la chacra.
melisma *m.* MÚS. Canción o melodía breve. 2 MÚS. Grupo de notas sucesivas, que forman un neuma o adorno sobre una misma vocal.
melisofobia (gr. *mélissa,* abeja + *-fobia*) *f.* Temor morboso a las abejas y avispas, y a su picadura.
melito (gr. *melition,* hidromiel) *m.* Jarabe de miel y una substancia medicamentosa.
melívora *f.* Mamífero carnívoro, tiene la parte dorsal del cuerpo gris y el resto negro; mide unos 90 cms. *(Mellivora capensis).*
mella *f.* Rotura o hendedura en el filo de un arma o herramienta o en el borde de un objeto. 2 Vacío que queda en una cosa por faltar la que la ocupaba: *las mellas de la dentadura.* 3 fig. Merma, menoscabo.
FR. *Hacer ~,* causar efecto una reprensión, consejo o súplica; ocasionar pérdida o menoscabo.
mellado, -da *adj.-s.* Falto de uno o más dientes.
melladura *f.* Mella.
mellar (etim. dud. quizá gót. *melila,* der. de *mela,* señales) *tr.* Hacer mellas (roturas): *~ un plato.* 2 fig. Mermar o menoscabar [una cosa no material]: *~ la honra.*
melliza *f.* Salchichón hecho con miel.
mellizo, -za (l. v. **gemelliciu* < l. *gemellu*) *adj.-s.* [pers.] Gemelo. 2 BOT. Hermanado.
melloco *m.* BOT. Planta baselácea trepadora cuyo tubérculo es comestible *(Ullucus tuberosus).*
mellón (l. *malleolu,* dardo incendiario) *m.* Manojo de paja encendida, a manera de hachón.
mellotrón *m.* Aparato en el que están grabados diversos sonidos para ser utilizados como efectos sonoros en el cine.
melo- (gr. *mélos,* música) Elemento prefijal que entra en la formación de palabras con el significado de música.
melocotón (l. *malu cotoniu,* membrillo) *m.* Melocotonero. 2 Fruto de este árbol: *~ **romano**,* el muy grande, sabroso y que tiene el hueso colorado.
melocotonar *m.* Terreno plantado de melocotoneros.
melocotonero *m.* Árbol frutal, variedad del pérsico; su fruto es el melocotón *(Prunus persica).*
melodía (gr. *melodía* < *mélos,* música + *odé,* canto) *f.* Dulzura y suavidad de la voz o de un instrumento. 2 Sucesión de sonidos de una composición que se destacan en los demás por su fuerza de expresión. 3 Conjunto de varias frases que forman un concepto musical completo.
melódico, -ca *adj.* Relativo a la melodía.
melodiosamente *adv. m.* De manera melodiosa.
melodioso, -sa *adj.* Dulce y agradable al oído.
melodista *com.* Persona que sin especial conocimiento técnico compone melodías musicales, por lo general breves y sencillas.
melodrama (*melo-* + *drama*) *m.* Ópera (poema dramático). 2 Drama popular que trata de conmover al auditorio por la violencia de las situaciones y la exageración de los sentimientos. 3 fig. Situación patética.
melodramáticamente *adv. m.* De manera melodramática.
melodramático, -ca *adj.* Relativo al melodrama. 2 Que participa de las malas cualidades del melodrama: *efecto ~.*
melodreña *adj.* Que sirve para amolar: *piedra ~.*
meloe *m.* Escarabajo de color negro azulado con los élitros blandos y pequeños. Si se ve en peligro desprende una secreción tóxica oleosa de color rojizo *(Meloe proscarabaeus).*
SIN. **Aceitera, carraleja, cubilla, cubillo.**
melografía (*melo-* + *-grafía*) *f.* Arte de escribir música.
meloja (der. de *miel*) *f.* Lavaduras de miel.
melojar *m.* Terreno poblado de melojos.
melojo *m.* Árbol cupulífero de hasta 20 m. de altura con las hojas muy pubescentes por el envés y con cuatro u ocho pares de lóbulos estrechos y muy alargados *(Quercus pyrenaica).*
SIN. **Roble borne, marojo.**
melolonta (gr. *-lonthe*) *m.* Género de insectos coleópteros cuyas larvas se alimentan de raíces y vegetales *(Melolontha melolontha).*
melomanía (*melo-* + *-manía*) *f.* Afición desmedida a la música.
SIN. **Musicomanía.**
melómano, -na (*melo-* + *-mano*) *m. f.* Persona fanática por la música.
SIN. **Musicómano.**
I) melón (l. *-one,* der. del gr. *melopépon,* de *mélon,* manzana + *pepon,* melón) *m.* Planta cucurbitácea de tallos tendidos, hojas lobuladas y flores solitarias y amarillas; su fruto es una pepónide grande y comestible *(Cucumis melo).* 2 Fruto de esta planta. 3 *~ **de agua**,* sandía. 4 fig. Hombre torpe, bobo, falto de inteligencia.
SIN. *1* **Albudeca, badea.**
II) melón (l. *mele,* tejón) *m.* Meloncillo.
melonada *f.* fam. Sandez.
melonar *m.* Terreno sembrado de melones.
I) meloncillo *m.* Melón pequeño. 2 *Argent.* Arbusto solanáceo que da unas bayas con olor a melón *(Solanum oleagnifolium; S. Leprosum).* 3 Planta opiliácea del Brasil *(Agonaudra excelsa).*
II) meloncillo (de *melón II*) *m.* Mamífero carnívoro vivérrido, de cuerpo rechoncho y cola terminada en un mechón de pelos, de los que se hacen pinceles *(Herpestes ichneumon).*
melonero, -ra *m. f.* Persona que tiene por oficio vender melones o que los siembra o guarda.
melonhue (arauc.) *m. Chile.* Molusco gasterópodo del género *Trochus.*
melopea, melopeya (gr. *melopoía* < *melos,* música + *poieo,* hacer) *f.* Arte de producir melodías. 2 Entonación rítmica con que puede recitarse algo. 3 vulg. Borrachera.
melosa *f. Chile.* Madi.
melosidad *f.* Calidad de meloso. 2 Materia melosa. 3 fig. Dulzura, suavidad, blandura de una cosa no material.
melosilla *f.* Enfermedad de la encina que hace caer la bellota.
meloso, -sa (l. *mellosu*) *adj.* De calidad o naturaleza de miel. 2 fig. Blando y suave: *razonamiento ~; discurso ~.* 3 fig. De dulzura afectada.
melote *m.* Último residuo de azúcar después de cocer el guarapo.
Melpómene *n. pr.* MIT. Musa de la tragedia.
melquisedeciano, -na *adj.-s.* De una secta que creía a Melquisedec superior a Jesucristo.
melquita *adj.* Cristiano del Próximo Oriente, de rito bizantino y lengua árabe.
melsa *f. Ar.* Bazo, víscera. 2 *Ar., La Mancha* y *Murc.* fig. Flema.
melteigita *f.* GEOL. Roca plutónica ultrabásica formada fundamentalmente por nefelina, piroxenos, angíticos y zeolitas.
meltón *m. Cuba.* Tejido burdo de lana, en colores, empleado para abrigos ordinarios.
meluza *f.* Zumo de la caña de azúcar que se pega a las manos o a los vestidos.
melva *f.* Pez marino teleósteo perciforme, de unos 60 cms. de longitud con la región anterior del cuerpo cubierta de grandes escamas; la región dorsal es de color azulado con franjas negras y la ventral plateada *(Auxis thazard).*
memada *f.* fam. Necedad.
membrado, -da *adj.* BLAS. Con diferente esmalte en las piernas y el cuerpo: *águila membrada.*
membrana (l.) *f.* Piel delgada o túnica a modo de pergamino. 2 Lámina muy delgada de un metal u otra substancia. 3 Lámina delgada y flexible del tejido animal o vegetal que envuelve ciertos órganos o bien absorbe, exhala o segrega ciertos fluidos: *~ **fundamental**,* la del citoplasma de la célula; *~ **de secreción**,* la segregada por la membrana fundamental. 4 *~ **virginal**,* himen. 5 *~ **del tímpano**,* tímpano (membrana del oído). 6 *Chile.* Difteria.
SIN. *3* **Tela.**
membranáceo, -a *adj.* Membranoso (parecido a la membrana).
membranoso, -sa *adj.* Compuesto de membranas. 2 Parecido a la membrana.
membrete (del ant. *membrar,* recordar) *m.* Nombre o título de una persona o corporación puesto a la cabeza de la primera plana o al final del escrito que se les dirige, o bien estampado en la parte superior del papel que usan para escribir. 2 desus. Anotación provisional de una cosa. 3 desus. Aviso o nota por escrito.
SIN. **Brevete,** p. us.

membrilla *f.* Variedad del membrillo, más achatado que el común.
membrillar *m.* Terreno plantado de membrillos.
membrillate *m.* Codoñate.
membrillero *m.* Membrillo (arbusto).
membrillete *m. Perú.* Planta silvestre de flor amarilla.
membrillo (gr. *melimelon;* l. *melimelum;* hecho *memirellu*) *m.* Árbol frutal rosáceo, muy ramoso, de hojas enteras y aovadas, flores róseas, solitarias y de cáliz persistente y fruto en pomo, que se come asado o se emplea para preparar jaleas y jarabes *(Cydonia vulgaris).* 2 Fruto de este arbusto. 3 Carne de membrillo.
membrudamente *adv. m.* Con fuerza y robustez.
membrudo, -da *adj.* Robusto de cuerpo y miembros.
memeches (a ~) *loc. adv. Guat.* A horcajadas.
memela *f. Hond., Guat.* y *Méj.* Tortilla de maíz más gruesa que la ordinaria y de forma ovalada. 2 *Méj.* Palabra usada en un juego infantil.
memento (l. *memento,* recuerda) *m.* Oración del canon de la misa; son dos, en una se hace conmemoración de fieles vivos y en otra de difuntos. 2 Libro de memoria o apuntes.
memez *f.* Simpleza, tontería.
memiso *m. Cuba.* Árbol de corteza textil y frutos comestibles *(Muntingia).*
memnónida *f.* MIT. Ave que iba desde Egipto al sepulcro de Memnón.
SIN. **Menonia.**
memo, -ma (voz expresiva) *adj.-s.* Tonto, simple, mentecato.
memorable (l. *-abile*) *adj.* Digno de memoria.
SIN. **Recordable.**
I) memorando *m.* Memorándum.
II) memorando, -da (l. *-du*) *adj.* Memorable.
memorándum (l.) *m.* Librito de apuntes. 2 Comunicación diplomática, generalmente no firmada, en que se recapitulan hechos y razones para que se tengan presentes en un asunto grave. 3 Nota de pedido en el comercio. 4 *Chile.* Resguardo bancario. ◇ Pl.: *memorándum,* y mejor emplear la forma pl. l. *memoranda.* Debe evitarse *memorándums.*
memorar (l. *-are*) *tr.* lit. Recordar [una cosa]; hacer memoria [de ella].
memoratísimo, -ma *adj. superl.* Celebradísimo y digno de eterna memoria.
memorativo, -va *adj.* Conmemorativo.
memoria (l.) *f.* Facultad del alma por la cual reproducimos mentalmente objetos ya conocidos, refiriéndolos al pasado de nuestra vida: *~ fiel; **flaco de ~**,* olvidadizo; ***de ~***, reteniendo puntualmente algo en la memoria; *aprender de ~; **hablar de ~***, fig., hablar sin reflexión ni fundamento. 2 Recuerdo: *hecho digno de ~.* 3 Disertación escrita. 4 Relación de los actos o trabajos de una corporación, o de los gastos de un negociado. 5 Reputación, buena o mala, que deja al morir una persona. 6 Obra pía o aniversario que instituye o funda uno y en que se conserva su memoria. 7 Escrito simple a que se remitía el testador para que fuese reputado y cumplido como parte integrante del testamento, según la legislación anterior al código civil. 8 Órgano esencial de un ordenador electrónico que permite recoger y almacenar informaciones que se tratarán con posterioridad. 9 Soporte de esas informaciones. -10 *f. pl.* Saludo afectuoso a un ausente por medio de tercera persona. 11 Relación escrita de algunos acontecimientos particulares: *las memorias del cardenal de Retz.* 12 Libro cuaderno o papel en que se apunta una cosa para tenerla presente. 13 Dos o más anillos que se traen y ponen en el dedo con objeto de que sirvan de recuerdo.
SIN. *1* **Retentiva,** se usa en sus aplicaciones concretas: *un muchacho de buena retentiva;* pero no suele emplearse para designar a esta facultad en abstracto. REL. *1* **Mnémico, mnemotecnia, mnemónica,** derivados del gr. *mneme;* **Mnemosine,** diosa de la memoria y madre de las musas. SIN. *2* **Recuerdo.** *10* **Expresiones, recuerdos.**
memorial (l. *-ale*) *m.* Libro o cuaderno en que se apunta una cosa para un fin. 2 ant. Escrito en que se pide una gracia, alegando los méritos en que se funda la petición. 3 Boletín o publicación oficial de algunas colectividades. 4 fam. Memoria. En esta acep. se usa a menudo la frase *perder los memoriales,* por olvidar algo.
SIN. *2* **Instancia, solicitud.**
memorialesco, -ca *adj.* fest. Relativo al memorial: *estilo ~.*
memorialista *com.* Persona que tiene por oficio escribir memorias y otros documentos.
memorión *m.* Aum. de *memoria.* -2 *adj.-s.* Memorioso.
memorioso, -sa *adj.-s.* Que tiene feliz memoria.
memorismo *m.* Abuso de la memoria en la enseñanza.
SIN. **Psitacismo.**
memorista *adj.* Relativo al memorismo: *enseñanza ~.* 2 *Amér.* Memorioso.
SIN. **Memorístico.**
memorístico, -ca *adj.* Memorista.
memorización *f.* Acción de memorizar. 2 Efecto de memorizar.
memorizar *tr.* Aprender de memoria [un discurso, poesía, lista, etc.]. -2 *intr. Ecuad.* Abusar de la memoria para fines didácticos. ◇ ** CONJUG. [4] como ***realizar.***
men-, v. meno-.
I) mena (v. *mina* II) *f.* Mineral metalífero, tal como se extrae del criadero.
II) mena (l. *maena;* gr. *maine*) *f.* Chucla.
III) mena *f.* MAR. Grueso de un cabo medido por su circunferencia. 2 *Filip.* Vitola (marca) de los cigarros.
ménade (gr. *mainás, -ados,* furiosa) *f.* Bacante. 2 fig. Mujer descompuesta y frenética.
menaje (fr. *menage*) *m.* Muebles y accesorios de una casa. 2 En algunos cuerpos militares, vajilla y cubertería, servicio de mesa en general. 3 Material pedagógico de una escuela.
menalgia (*men-* + *-algia*) *f.* MED. Menstruación dolorosa.
menar (l. *minari,* llevar, conducir) *tr.* Dar vueltas [a la cuerda] en el juego de la comba. 2 *Murc.* Recoger [la seda] en la rueda.
menarquía (*men-* + *-arquía*) *f.* MED. Época de la vida de la mujer, caracterizada por la aparición del primer período menstrual.
menchevique (ruso *mencheviki,* minoritarios) *com.* Partidario del socialismo moderado que fue derrotado en Rusia por los bolcheviques.
menchuca *f. Chile.* fam. Mentira, jácara.
mención (l. *mentione*) *f.* Recuerdo o memoria que se hace de una persona o cosa. 2 ***~ honorífica,*** distinción o recompensa inferior al premio y al accésit. ◇ INCOR.: *hacer ~ a,* en vez de *hacer ~ de.*
mencionar *tr.* Hacer mención [de una persona o cosa].
SIN. v. **Aludir.**
menda (caló *menda*) ***pron. pers.*** vulg. El que habla. Ús. con el verbo en 3.ª pers. -2 ***pron. indef.*** Uno, uno cualquiera.
mendacidad (l. *-itate*) *f.* Costumbre de mentir.
mendaz (l. *mendace*) *adj.-s.* Mentiroso.
mendelevio *m.* Elemento químico transuránico. Su símbolo químico es *Mv,* su número atómico 101; descubierto en 1955.
mendeliano, -na *adj.* Relativo al mendelismo. 2 Partidario de él.
mendelismo *m.* Ley de herencia biológica descubierta por Mendel (1822-1884), en virtud de la cual los caracteres de los hijos no representan un tipo intermedio de los padres, sino que predominan en ellos ciertos caracteres de uno u otro de los progenitores. Los caracteres de los progenitores reaparecen en los descendientes de la segunda generación según una proporción definida.
mendelsshoniano, -na *adj.* Relativo al compositor musical alemán Mendelsshon (1809-1847).
mendema *f. Logr.* y *Murc.* Vendimia.
mendemar *intr. Logr.* Vendimiar.
mendi *adj.-m.* Lengua sudanesa perteneciente al grupo nigerosenegalés meridional, hablada en Sierra Leona.
mendicación (l. *-atione*) *f.* Mendicidad (acción).
mendicante (l., p. activo de *mendicare*) *adj.-s.* Que mendiga. 2 Orden religiosa cuyos miembros no pueden poseer individual ni colectivamente, y que por instituto viven de limosna y del trabajo personal; como los franciscanos.
mendicidad (l. *-itate*) *f.* Estado y situación de mendigo. 2 Acción de mendigar.
mendiganta *f.* desus. Mendiga.
mendigante *adj.-s.* Mendicante.
mendigar (l. *-icare*) *intr.* Pedir limosna. -2 *tr.* Pedir [algo] a título de limosna. 3 fig. Solicitar [algo] con importunidad y humillación. ◇ ** CONJUG. [7] como ***llegar.***
méndigo, -ga *adj. Méj.* fam. Miserable.
mendigo, -ga (l. *-icu*) *m. f.* Persona que habitualmente pide limosna.
SIN. **Pobre, pordiosero, zampalimosnas** (burl.).
mendiguez *f.* Mendicidad (acción).
mendipita *f.* Mineral de la clase de los halogenuros presentado en masas informes o agregados radiados de color blanco grisáceo.

mendo *m.* Pez marino teleósteo perciforme, de cuerpo ovalado y alargado, de coloración gris parduzca con manchas negras *(Glyptocephalus cynoglossus).*

mendosamente *adv. m.* Mentirosa o equivocadamente.

mendoso, -sa (l. *-osu*) *adj.* Mentiroso o equivocado.

mendrugo *m.* Pedazo de pan duro o desechado. -2 *adj.* fig. *y* fam. Tonto, zoquete.

SIN. *1* **Corrusco.**

mendruguero, -ra *m. f. And.* y *Nav.* Persona que pide limosna.

meneado, -da *adj. Venez.* Borracho.

meneador, -ra *adj.-s.* Que menea. -2 *m. Méj.* Badil.

menear (ant. *manear,* manejar, der. de. *mano*) *tr.* Mover o agitar [una cosa]. 2 fig. Dirigir [una dependencia o negocio]. -3 *prnl.* fig. Obrar con prontitud y diligencia, y esp. andar de prisa. 4 Moverse.

FR. *Peor es meneallo,* fig., es peligroso tratar de este asunto.

menegilda (deformación vulg. de *Hermenegilda*) *f.* burl. Criada de servicio doméstico.

Menelao *n. pr.* MIT. Rey de Esparta, hermano de Agamenón y esposo de Helena.

meneo *m.* Acción de menear o menearse. 2 Efecto de menear o menearse. 3 fig. Vapuleo. 4 fig. Contoneo al andar. 5 fig. *y* fam. Dificultad, obstáculo.m.

meneón *m. Colomb.* y *P. Rico.* Meneo rápido.

menequear *tr.-prnl. Argent.* frecuent. Mover repetidamente [una cosa] de un lado a otro: ~ *un mueble.*

menequeteo *m. Chile.* Meneo afectado y repetido.

menester (l. *ministeriu,* servicio) *m.* Necesidad de una cosa: *haber ~; ser ~ una cosa.* 2 Ejercicio, empleo o ministerio. -3 *m. pl.* Necesidades corporales. 4 Cosas necesarias para ciertos usos. ◇ INCOR.: *haber de ~*, haber *~; es ~ de*, es *~*.

menesteroso, -sa *adj.-s.* Necesitado, que carece de algo.

SIN. v. **Pobre.**

menestra (l. *ministrare,* servir a la mesa; a través del it. *minestra*) *f.* Guisado de hortalizas y trocitos de carne. 2 Legumbres secas.

menestral, -la (l. *ministeriale* < *ministeri,* servicio) *m. f.* Persona que profesa un arte mecánico.

SIN. **Artesano,** más usado.

menestralería, menestralía *f.* Calidad de menestral. 2 Conjunto de menestrales.

SIN. **Artesanía,** más usado.

menestrate *m.* MAR. Especie de tenazas.

menestrón *m. Perú.* Minestrone.

menfita *adj.-s.* De Menfis, c. del ant. Egipto. -2 *f.* Ónice de capas blancas y negras.

menfítico, -ca *adj.* Relativo a la c. de Menfis.

mengala *f. Amér. Central.* p. us. Mujer del pueblo soltera y joven, gralte. sirvienta.

mengano, -na (ár. *mancana,* quien sea) *m. f.* Voz usada en la misma acep. que fulano y zutano, pero siempre después del primero, y antes o después del segundo. ◇ Ni ~ ni *zutano* se usan solos.

mengua *f.* Acción de menguar. 2 Efecto de menguar. 3 Falta que hace incompleta una cosa. 4 Pobreza, escasez. 5 fig. Descrédito, deshonra.

menguadamente *adv. m.* Con mengua (descrédito).

menguado, -da *adj.-s.* Cobarde, pusilánime. 2 Tonto, necio. 3 Miserable, mezquino. 4 Reducido. -5 *m.* Punto que se embebe al hacer media.

menguamiento *m.* Mengua.

menguante *adj.* Que mengua. 2 V. luna, cuarto menguante. -3 *f.* Estiaje de los ríos o arroyos. 4 Marea descendente. 5 fig. Decadencia o decrecimiento de una cosa. 6 ~ ***de Luna,*** intervalo que media entre el plenilunio y el novilunio.

SIN. *4* **Vaciante,** tiempo que dura la marea descendente.

menguar (l. *minuere*) *intr.* Disminuir o irse consumiendo una cosa. 2 Hacer los menguados en las calcetas. 3 Disminuirse la parte iluminada de la Luna. 4 fig. Decaer, venir a menos. -5 *tr.* Amenguar. ◇ Es INCOR. la forma *mengúe.* ◇ ** CONJUG. [22] como *averiguar.*

SIN. v. **Decrecer,** intr.; v. **disminuir,** tr.

mengue (voz gitana) *m.* Diablo, espíritu de un muerto.

menhir (celt. *men,* piedra + *hir,* larga) *m.* Megalito formado por una piedra larga hincada verticalmente en el suelo.

meniantáceo, -a *adj.-s.* BOT. Planta gencianal acuática. -2 *f. pl.* BOT. Familia de estas plantas.

menina (v. *menino*) *f.* Dama que desde niña entraba a servir a la reina o a las infantas niñas.

mening-, v. meningo-.

meninge (gr. *méninx, -ingos,* membrana) *f.* Membrana de naturaleza conjuntiva que, junto con otras dos, envuelve el encéfalo y la medula espinal.

REL. Son dos en los peces y tres en los demás vertebrados; de fuera adentro se conocen con los nombres de **duramadre, aracnoides** y **piamadre.**

meníngeo, -a *adj.* Propio de las meninges o relativo a ellas.

meningítico, -ca *adj.-s.* Perteneciente o relativo a la meningitis. 2 Afectado de meningitis. 3 desp. Tonto, estúpido.

meningitis (*mening-* + *-itis*) *f.* Inflamación de las meninges. ◇ Pl.: *meningitis.*

meningo-, mening- (gr. *méninx, -ingos,* membrana) Elemento prefijal que entra en la formación de palabras con el significado de membrana o meninge.

meningococo (*meningo-* + *-coco*) *m.* MED. Microorganismo que es causa de diversas enfermedades y pralte. de una forma de meningitis llamada cerebroespinal epidémica.

meningoencefalitis (*meningo-* + *encefalitis*) *f.* MED. Inflamación simultánea, aguda o crónica, del encéfalo y las meninges. ◇ Pl.: *meningoencefalitis.*

menino (de la raíz *min;* emparentada con *minor,* menor) *m.* Caballero que desde niño entraba a servir a la reina o a los príncipes niños.

menipeo, -a *adj.* Relativo a Menipo (s. IV a. C.), escritor satírico de la antigua Grecia, o parecido a su estilo.

menique *adj.-s.* desus. Meñique.

menisco (gr. *-ískos,* media luna) *m.* Vidrio cóncavo por una cara y convexo por la otra: ~ ***convergente,*** lente concavoconvexa; ~ ***divergente,*** lente convexocóncava. 2 Superficie libre del líquido contenido en un tubo estrecho; es cóncava o convexa, según que el líquido moje o no las paredes del tubo. 3 ANAT. Cartílago de forma semilunar y de espesor que disminuye de la periferia al centro; se aplica esp. al ligamento de la rodilla.

REL. *2* v. **Capilaridad.**

menispermáceo, -a (gr. *méne,* luna + *esperma,* semilla) *adj.-f.* Planta de la familia de las menispermáceas. -2 *f. pl.* Familia de plantas tropicales dicotiledóneas, dioicas, sarmentosas, flexibles, de hojas enteras o palmeadas, flores pequeñas, generalmente en racimos axilares, y frutos capsulares o en baya y, raras veces, en drupa.

menjuí *m.* Estoraque (árbol y bálsamo). ◇ Pl.: *menjuíes.*

menjunje, menjurje *m.* Mejunje.

meno-, men- (gr. *men, menós,* mes) Elemento prefijal que entra en la formación de palabras con el significado de mes; p. ext., menstruación.

menologio (*meno-* + gr. *logos,* tratado) *m.* Especie de martirologio de la liturgia griega.

menonia *f.* Memnónida.

menonita *adj.* [hereje disidente de los anabaptistas] Que acepta la doctrina de Mennón, reformador holandés del s. XVI.

menopausia (*meno-* + gr. *pausis,* cesación) *f.* Cesación natural de la menstruación de la mujer.

menopáusico, -ca *adj.* Perteneciente o relativo a la menopausia, o que se halla en este período de la vida.

menor (l. *minore*) *adj.* Comparativo de *pequeño*. Más pequeño. Que tiene menos cantidad, tamaño o calidad que otra cosa de la misma especie. -2 *adj.-com.* Menor de edad. -3 *m.* Religioso de la orden de San Francisco. 4 ***Por ~***, menudamente, por extenso, con detalle: *referir por ~ las circunstancias de un suceso.* 5 ARQ. Sillar cuyo paramento es más corto que la entrega. 6 ***Por ~*** o ***al por ~***, COM., en pequeña cantidad, no en grueso: *vender por ~* o *al por ~*. 7 ~ ***que,*** MAT., signo matemático (<) que, entre dos cantidades, indica ser la primera menor que la segunda. 8 ***Arte ~***, MÉTR., verso que tiene menos de nueve sílabas. -9 *f.* LÓG. Segunda proposición de un silogismo. -10 *f. pl.* ant. Clase de tercera en los estudios de gramática. ◇ En *Ar.* se usa el femenino *menora.*

SIN. *3* **Franciscano.** *6* **Al detalle, al menudeo, a la menuda.** REL. *2* v. **Edad.**

menorero, ra *adj.-s.* Persona que gusta de tener relaciones sexuales con menores de edad.

menoría (de *menor*) *f.* Inferioridad y subordinación. 2 Menor edad.

menorista *m.* ant. En los estudios de gramática, el que estaba en la clase de menores. 2 *Argent.* y *Chile.* Comerciante al por menor. 3 *Chile.* Comercio en que se vende o compra por menor.

◇ La Academia reprueba el uso de este vocablo por *minorista* o clérigo de menores.

menorquín, -quina *adj.-s.* De Menorca.

menorragia (*meno-* + *-rragia*) *f.* MED. Hemorragia de la matriz durante el período menstrual, o sea menstruación anormalmente profusa y duradera.

menorrea (*meno-* + *-rrea*) *f.* MED. Flujo menstrual.

menos (l. *minus*) *adv. comp.* Denota menor cantidad numérica o menor intensidad de las cualidades y acciones en comparación expresa o sobrentendida. Sirve para formar comparativos de inferioridad de adjetivos y adverbios, y oraciones subordinadas comparativas de inferioridad: *tengo ~ dinero; es ~ sucio; está ~ lejos; corre ~.* 2 En comparación expresa lleva como correlativo la conjunción *que: es ~ noble que su hermano; corre ~ que tú; habla ~ que hace.* 3 Cuando el término de la comparación es un número o una expresión cuantitativa lleva la preposición *de* en vez de *que*, denotando limitación indeterminada: *~ de cien hombres; son ~ de mil.* 4 Con verbos como *querer, desear*, etc., denota idea opuesta a la de preferencia: *~ quiero perder la honra que perder el caudal.* 5 En comparación absoluta y denotando inferioridad entre todos los de su clase, va precedido del artículo determinado en todos sus géneros y números, y en correlación con la preposición *de*, excepto cuando la comparación absoluta es implícita: *es el ~ noble de todos; es el ~ blanco; lo ~ probable.* -6 *adv. m.* Excepto: *todo ~ esto.* -7 *loc. adv.* ***De ~***, denota falta de número, peso o medida: *aquí hay dinero de ~.* 8 ***En ~***, en menor grado o cantidad. 9 ***Lo ~***, igualmente, tan o tanto en comparación de otra persona o cosa. -10 *loc. conj.* ***Al, a lo,*** o ***por lo ~***, denota una excepción o salvedad: *nadie ha venido, al, a lo,* o *por lo, ~ que yo sepa;* ya que no sea otra cosa, o que no sea más: *permitidme a lo,* o *por lo, ~ decir mi opinión;* ***tener a ~ algo,*** desdeñarlo, despreciarlo. 11 ***A ~ que,*** a no ser que. -12 ***m.*** Resta, substracción: *el más y el ~.* 13 Signo de substracción o resta (-).
SIN. *13* **Guión mayor** o **raya.**

menoscabador, -ra *adj.* Que menoscaba.

menoscabar (l. v. *minuscapare;* quizá der. de *minus capu;* por *caput*) *tr.-prnl.* Mermar [una cosa] quitándole una parte. -2 *tr.* fig. Deslucir o deteriorar [una cosa]. 3 fig. Causar mengua [en la honra o en la fama].
SIN. *1* v. **Disminuir.**

menoscabo *m.* Efecto de menoscabar o menoscabarse.

menoscuenta (*menos* + *cuenta*) *f.* Pago de una parte de deuda.

menospreciable *adj.* Digno de menosprecio.

menospreciablemente *adv. m.* Con menosprecio.

menospreciador, -ra *adj.-s.* Que menosprecia.

menospreciar (*menos* + *preciar*) *tr.* Tener [una cosa o una persona] en menos de lo que merece. 2 Despreciar. ◇ ** CONJUG. [12] como ***cambiar.***

menospreciativo, -va *adj.* Que implica o denota menosprecio.
SIN. **Despreciativo, despectivo.**

menosprecio *m.* Poco aprecio. 2 Desprecio, desdén.

menostasia (*meno-* + *-stasia*) *f.* MED. Retención de la regla en la mujer por obstáculo mecánico a su salida.

mensáfono (de *mensaje* + *-fono*) *m.* Aparato para enviar mensajes sonoros a pequeña distancia.

mensaje (occitano *messatge,* de *mes,* mensajero, der. del l. *missu;* verbo *mittere*) *m.* Recado oral o escrito que una persona manda a otra. 2 Comunicación oficial que el soberano o jefe del poder ejecutivo lee o manda al Parlamento, o que se cursa entre el legislativo y el ejecutivo, o entre dos asambleas legislativas. 3 Comunicación escrita de carácter político o social que una colectividad dirige a un poder público. 4 Significado profundo y orientador de una obra literaria o artística, o aportación personal. 5 Conjunto de señales, signos o símbolos que son objeto de una comunicación. 6 Contenido de esta comunicación.
SIN. *1* **Misiva,** cuando es escrito.

mensajería *f.* Carruaje público en que se efectuaba un servicio periódico. -2 *f. pl.* Empresa que los tenía establecidos. 3 Buques que periódicamente navegan entre puertos determinados.

mensajero, -ra *adj.* Que lleva un mensaje: *paloma mensajera.* -2 *m. f.* Persona que lleva un mensaje o noticia a otra. 3 Conductor de un vehículo que hace el servicio de mensajería. 4 Persona cuyo empleo es ir a buscar, allí donde sus servicios son requeridos, cartas y paquetes de pequeño tamaño para llevárlos a su destinatario en un plazo muy breve de tiempo, en gral. dentro de una misma población.

menso, -sa *adj. Méj.* fam. Tonto.

menstruación *f.* Acción de menstruar. 2 Menstruo (sangre).
SIN. *1* **Período, regla.**

menstrual *adj.* Relativo al menstruo.

menstrualmente *adv. m.* Mensualmente. 2 Con evacuación menstrual.

menstruante (l. *-ante*) *adj.* Que menstrúa o está con el menstruo.

menstruar *intr.* Evacuar el menstruo. ◇ ** CONJUG. [11] como ***actuar.***

menstruo, -trua (l. *-uu* < *mensis,* mes) *adj.* Menstruoso: *sangre menstrua.* -2 *m.* Sangre que todos los meses evacuan naturalmente las mujeres y las hembras de ciertos animales. 3 Menstruación (acción). 4 QUÍM. Disolvente o excipiente líquido.

menstruoso, -sa *adj.* Relativo al menstruo.

mensual (l. *-ale*) *adj.* Que se repite cada mes. 2 Que dura un mes. 3 *Argent.* Asalariado o peón agrícola-ganadero que cobra un sueldo fijo por meses.

mensualidad *f.* Sueldo o salario de un mes.
SIN. **Mes; mesada,** se aplica pralte. a lo que se paga por un mes de arriendo, canon de riego, etc. v. **Sueldo.**

mensualización *f.* Acción de mensualizar. 2 Efecto de mensualizar.

mensualizar *tr.* Proceder al pago mensual de los salarios que precedentemente se devengaban de otra manera. ◇ ** CONJUG. [4] como ***realizar.***

mensualmente *adv. m.* Por meses, cada mes.

mensuario *m.* Revista o periódico que se publica una vez por mes.

ménsula (l., mesa pequeña) *f.* Repisa o apoyo para sustentar cualquier cosa. 2 ARQ. Miembro arquitectónico saliente para sostener alguna cosa.

mensura (l. doble etim. *mesura*) *f.* Medida. Ús. esp. en composición: *agrimensura.*

mensurabilidad *f.* Aptitud de un cuerpo para ser medido.

mensurable (l. *-abile*) *adj.* Que se puede medir.

mensurador, -ra (l. *mensuratore*) *adj.-s.* Que mensura.

mensural (b. l. *-ale*) *adj.* Que sirve para medir.

mensurar (l. *-are;* doble etim. *mesurar*) *tr.* Medir.

I) menta (l.) *f.* Hierbabuena. 2 Licor preparado con la esencia de estas plantas. 3 ~ ***de agua,*** hierba erecta de hojas más o menos peludas con olor a menta, que crece en sitios húmedos *(Mentha aquatica).* 4 ~ ***gatuna,*** nébeda.

II) menta (de *mentar*) *f. Argent.* y *Bol.* Fama, renombre. -2 *f. pl. Urug.* Murmuraciones.

-menta, sufijo que entra en la formación de nombres con significado colectivo: *cornamenta, impedimenta, vestimenta;* en los derivados patrimoniales toma la forma diptongada *-mienta: herramienta.*

mentado, -da (de *mentar*) *adj.* Que tiene fama. 2 Mencionado. -3 *f. Méj.* Insulto.

mental (l. *-ale*) *adj.* Relativo a la mente.

mentalidad *f.* Capacidad, actividad mental. 2 Cultura, modo de pensar: *~ de un pueblo; ~ de una persona.*

mentalización *f.* Acción de mentalizar. 2 Efecto de mentalizar.

mentalizar *tr.-prnl.* Hacer que un individuo o grupo tome conciencia de un hecho, problema, situación, etc., de manera que decidan actuar de forma teórica o práctica. ◇ **CONJUG. [4] como ***realizar.***

mentalmente *adv. m.* Sólo con el pensamiento o la mente.

mentar (de *mente*) *tr.* Nombrar o mencionar [una cosa]. ◇ **CONJUG. [27] como ***acertar.***
SIN. v. **Aludir.**

mentastro (l. *-tru*) *m.* Mastranzo.

mente (l.) *f.* Conjunto de las facultades intelectuales de un hombre. 2 Pensamiento, propósito, voluntad: ***tener en la ~ una cosa,*** tenerla pensada o prevenida.

-mente (l. *mens, mentis,* mente) Sufijo que entra en la formación de adverbios de modo pospuesto a los adjetivos femeninos: *buenamente.*

mentecatada *f.* Mentecatez.

mentecatería *f.* Mentecatez.

mentecatez *f.* Necedad, falta de juicio.

mentecato, -ta (l. *mente* + *captu,* cogido) *adj.-s.* Tonto, necio, de escaso juicio.

mentidero (de *mentir*) *m.* Sitio donde concurre la gente ociosa.

mentido, -da *adj.* Mentiroso, engañoso: *mentida esperanza.*
mentir (l. *mentiri*) *intr.* Dar por cierto deliberadamente lo contrario de lo que se tiene por verdadero. 2 Inducir a error: *las esperanzas mienten.* 3 Desdecir una cosa de otra o no conformar con ella: *este color miente con el otro.* -4 *tr.* Faltar [a lo pactado o prometido]: *ha mentido su promesa.* ◇ ** CONJUG. [35] como ***hervir.***
SIN. *1* **Faltar a la verdad.**
mentira (de *mentir*) *f.* Expresión contraria a la verdad: *~ **oficiosa,*** la que se dice para agradar o servir a uno; ***parece*** *~*, expr. hiperbólica con que se da a entender la extrañeza o admiración que causa alguna cosa. 2 Errata, esp. en los manuscritos. 3 fig. Manchita blanca que suele aparecer en las uñas. 4 fig. Vanidad, error, ilusión. 5 *Argent.* y *Chile.* Crujido de los nudillos de la mano.
SIN. *1* **Bola, trola, volandera,** expr. populares y fam. **bulo,** es rumor público falso; **embuste, trápala, embustería** (pop.), **comento** (lit., p. us.), mentira artificiosamente disfrazada; **chapuza, chapucería, paparrucha,** si el disfraz es burdo, o la expr. es fam., esp. cuando el asunto es poco importante o desp.; **fraude, falsedad, superchería, engaño, embeleco,** suponen intención de aprovecharse de la mentira; **engañifa,** es pequeña falsedad, gralte. con intención de chasco o burla; **farsa,** sugiere embuste prolongado; **patraña, cuento,** son mentiras de pura invención imaginativa. *3* **Selenosis.**
mentirijillas (de ~) *loc. adv.* De burlas.
mentirillas (de ~) *loc. adv.* De burlas.
mentirón *m.* Mentira o embuste muy grande.
mentirosamente *adv. m.* Fingidamente; con falsedad, engaño y cautela.
mentiroso, -sa *adj.-s.* Que tiene costumbre de mentir. -2 *adj.* Que tiene muchas erratas: *libro ~.* 3 Engañoso, aparente, fingido y falso.
SIN. *1* **Embustero; mendaz,** lit. o culto.
mentís (2ª pers. pl. pres. ind. *mentir*) *m.* Voz injuriosa con que se desmiente a uno. 2 Hecho o demostración que contradice o niega categóricamente un aserto. ◇ Pl.: *mentís.*
SIN. **Desmentida; desmentido,** es galicismo us. en Argent. y otros países americanos.
-mento, sufijo que entra en la formación de nombres de acción y efecto: *salvamento, cargamento.* ◇ V. -miento.
mentol *m.* Parte sólida de la esencia de menta.
mentolado, -da *adj.* Que contiene mentol.
mentón (fr. *menton,* der. del l. *mentum*) *m.* Barbilla o prominencia de la mandíbula inferior.
mentoniano, -na *adj.* ANAT. Perteneciente o relativo al mentón: ***agujero*** *~*, orificio situado en la cara externa del hueso maxilar inferior, a ambos lados, y que sirve para el paso de vasos y nervios.
mentor (de *Mentor,* pers. de la *Ilíada* de Homero, s. IX a C.) *m.* fig. Consejero o guía de otro. 2 fig. El que sirve de ayo.
menú (fr. *menu*) *m.* Conjunto de platos que constituyen una comida. 2 Carta del día donde se relacionan las comidas, postres y bebidas. 3 INFORM. Lista de acciones que son presentadas por un ordenador y que éste puede realizar. ◇ Pl.: *menús.*
menudamente *adv. m.* De modo menudo. 2 Circunstancialmente.
menudear (v. frecuent.) *tr.* Hacer [una cosa] a menudo. -2 *intr.* Suceder una cosa a menudo: *~ las gotas; ~ los trabajos.* 3 Contar las cosas muy por menudo o contar o escribir menudencias. 4 *Argent.* Crecer en número, aumentarse. 5 *Colomb.* Vender por menor. 6 *Pan.* Cantar los gallos al amanecer.
menudencia (de *menudo*) *f.* Pequeñez de una cosa. 2 Cosa de poco aprecio y estimación. 3 Esmero y exactitud con que se considera y reconoce una cosa. -4 *f. pl.* Despojos de las canales destrozadas del tocino. 5 Otros despojos del cerdo. 6 *Colomb.* y *Méj.* Menudillos de aves, reses, etc.
SIN. *2* **Minucia; pequeñez.**
menudeo *m.* Acción de menudear. 2 Venta al por menor.
menudero, -ra *m. f.* Persona que comercia en menudos.
menudillo (dim. de *menudo*) *m.* En los cuadrúpedos, articulación entre la caña y la cuartilla. 2 *m. pl.* Higadillo, molleja y otras vísceras de las aves.
menudo, -da (v. *minuto*) *adj.* Pequeño, chico. 2 Despreciable, de poca importancia. 3 Plebeyo, vulgar. 4 Exacto, minucioso. 5 [carbón mineral lavado] Que tiene sus trozos del tamaño reglamentario (no excede de doce milímetros). 6 En frases exclamativas toma a veces un sentido ponderativo: *¡menuda suerte!* -7 *adj.-m. pl.* Dinero en moneda divisionaria o pequeña: *plata menuda; no tengo menudos.* -8 *m. pl.* Entrañas, manos y sangre de las reses; entrañas, pescuezo, pies y alones de las aves. 9 Diezmo de los frutos menores que se arrendaban con el nombre de renta de menudos.
FRS. *A la menuda* o *por ~*, con mucha minuciosidad; en las compras y ventas, por pequeñas partes; *a ~*, frecuentemente.
menuzar *tr. Argent.* Desmenuzar, desgarrar [algo]. ◇ ** CONJUG. [4] como ***realizar.***
menuzo (v. *minucia*) *m.* Pedazo menudo.
meñique (v. *mínimo* y *menino;* resulta de un cruce con *mermellique,* de orig. fr.) *adj.* Muy pequeño. -2 *adj.-m.* Dedo auricular o meñique.
SIN. *2* **Auricular.**
meocuil *m. Méj.* Oruga que se cría en las pencas del maguey, y que, para los indios, es manjar delicioso.
meódromo *m.* pop. Urinario.
meollada *f.* Sesos de una res.
meollar (de *meollo*) *m.* MAR. Especie de cordel que se forma torciendo varias filásticas.
SIN. **Pasadera.**
meollo (v. *medula*) *m.* Encéfalo. 2 Medula. 3 fig. Substancia, fondo de una cosa. 4 fig. Juicio, entendimiento.
meolludo, -da *adj.* Que tiene mucho meollo.
meón, -ona *adj.* Que mea mucho o frecuentemente. 2 fig. Recién nacido.
meque *m. Cuba.* Pellizco.
mequetrefe (probl. voz port; compuesta de *meco,* libertino + *trefe,* travieso) *m.* Hombre entremetido, bullicioso y de poco provecho.
mequiote *m. Méj.* Quiote.
mer-, v. mero- II.
meralgia (*mer-* + *-algia*) *f.* MED. Dolor en el muslo.
meramente (de *mero* II) *adv. m.* Solamente, sin mezcla de otra cosa.
merar (der. del l. *meru,* vino puro) *tr.* Mezclar [un licor] con otro para aumentar su fuerza o para templarla; esp. mezclar agua con vino.
merca (de *mercar*) *f.* Compra.
mercachifle *m.* Buhonero. 2 desp. Mercader de poca monta. 3 fig. *y* desp. Persona dominada por el mercantilismo (espíritu).
mercadante (it.) *m.* ant. Mercader.
mercadear (de *mercado*) *intr.* Comerciar (comprar y vender).
mercader, -ra (ant. *mercadero* < l. **mercatariu*) *m. f.* Persona que comercia con géneros vendibles. -2 *f.* Mujer del mercader. 3 *Cuba.* Planta de jardín de la familia de las compuestas, con hojas grandes, deprimidas por su base, de color verde azulado *(Calendula officinalis).*
SIN. *1* **Comerciante.**
mercadería *m.* Mercancía.
mercaderil *adj.* Relativo al mercader.
mercadillo *m.* Mercado de pequeñas dimensiones en el que se venden géneros baratos, gralte. en días determinados.
mercado (l. *-atu*) *m.* Contratación pública en paraje destinado al efecto. 2 Sitio público destinado para comerciar (comprar). 3 Concurrencia de gente en un mercado. 4 Plaza o país de especial importancia en un orden comercial cualquiera. 5 fig. Lugar teórico donde se encuentran la oferta y la demanda y se forma el precio. 6 *~ **común,*** forma de integración económica de dos o más países que proceden a la adopción de un arancel aduanero común frente a terceros países. 7 *~ **negro,*** estraperlo.
SIN. *1* **Feria,** el extraordinario que se celebra en días y lugar determinados.
mercadotecnia (de *mercado* y *-tecnia*) *f.* Conjunto de técnicas comerciales para hacer más rentable un producto.
mercaduría *f.* desus. Mercancía.
mercal *m.* Metical. 2 *Amér.* Tequila, aguardiente sacado del maguey.
mercallita *f.* Mineral de la clase de los sulfatos. Forma pequeños cristales de color azulado o incoloro.
mercancía (it. *mercanzia*) *f.* Trato de comerciar (comprar y vender). 2 Todo género vendible. 3 fig. Cosa que se hace objeto de trato o venta.
SIN. *2* y *3* **Género,** nombre colectivo; **existencias,** las mercancías dispuestas para la venta; **mercadería; mercaduría,** es p. us. en la lengua moderna.
mercante (probl. del it. *mercante*) *adj.* Mercantil; apl. esp. a la *marina ~*, en oposición a la militar o de guerra. -2 *m.* Mercader.
mercantil *adj.* Relativo al mercader, a la mercancía o al comercio. 2 fig. Que tiene afán de lucro.
SIN. v. **Comercial.**

mercantilismo *m.* Espíritu mercantil, esp. aplicado a cosas que no deben ser objeto de comercio. 2 Sistema económico iniciado en el s. XVII, según el cual la riqueza de la nación se funda pralte. en su reserva de numerario, para acrecentar la cual es preciso obtener que el valor de las exportaciones supere al de las importaciones.

mercantilista *adj.-com.* Partidario del mercantilismo. 2 Experto en derecho mercantil.

mercantilizar *tr.* Infundir el mercantilismo [a algo o alguien]. 2 Comercializar. ◇ ** CONJUG. [4] como ***realizar.***

mercantilmente *adv. m.* Según la forma, modo u ordenanzas de comercio.

mercantivo, -va *adj.* inus. Mercantil.

mercaptano *m.* QUÍM. Compuesto orgánico de olor nauseabundo. Es un intermedio para obtener sulfonal y para acelerar el caucho.

mercar (l. *-are*) *tr.* rúst. Comprar. ◇ ** CONJUG. [1] como ***sacar.***

merced (l. *mercede,* salario, recompensa) *f.* Premio que se da por el trabajo: *a ~* o ***a mercedes,*** sin salario conocido; a voluntad de un amo: *estar, servir a ~.* 2 Dádiva o cualquier beneficio gracioso: *las mercedes de un rey.* 3 Voluntad o arbitrio: *estar a ~ de uno.* 4 ***Orden de Nuestra Señora de la Merced,*** orden religiosa fundada en Barcelona en 1218, por San Pedro Nolasco (h. 1189-1256), para el rescate de cristianos cautivos de los moros. Hoy se dedica a las misiones y a la enseñanza. 5 Tratamiento o título de cortesía. 6 ant. Renta o precio en el contrato de arrendamiento. -7 ***loc. adv.*** *~ a,* gracias a.
SIN. *2* v. **Regalo.**

mercedar *tr. Cuba.* Conceder mercedes [a alguien].

mercedario, -ria *adj.-s.* Religioso o religiosa de la Orden de Nuestra Señora de la Merced. 2 De Mercedes, cap. del dep. de Soriano (Uruguay).

mercenario, -ria (l. *-iu*) *adj.-s.* Mercedario. 2 Tropa que sirve a un país extranjero por cierto estipendio. 3 Codicioso, ansioso por ganar. -4 *m.* Jornalero del campo. 5 El que sirve por estipendio.

mercería (de *mercero*) *f.* Comercio de cosas menudas y de poco valor, como alfileres, cintas, etc. 2 Tienda en que se venden. 3 *Amér.* Tienda de paños y tejidos. 4 *Chile.* Quincallería.

mercerización *f.* Acción de mercerizar. 2 Efecto de mercerizar.

mercerizado *m.* Mercerización.

mercerizar (n. del inventor John *Mercer,* 1791-1866) *tr.* Tratar [los hilos y tejidos de algodón] con una solución de sosa cáustica, para que resulten brillantes. ◇ ** CONJUG. [4] como ***realizar.***

mercero, -ra (l. *merce,* mercancía) *m. f.* Persona que comercia en mercería.

merchante *adj.* ant. Mercante. -2 *com.* Persona que comercia sin tener tienda fija.
SIN. v. **Comerciante.**

mercurial (l. *-ale*) *adj.* Relativo al dios mitológico o al planeta Mercurio. 2 Relativo al mercurio o que lo contiene: *sales mercuriales.* -3 *f.* Planta euforbiácea de flores verdosas cuyo zumo se ha empleado como purgante *(Mercurialis annua).*
SIN. *3* **Malcoraje.**

mercurialismo *m.* Intoxicación por mercurio.

mercúrico, -ca *adj.* Relativo al mercurio o que lo contiene.

Mercurio (l. *-iu*) *n. pr.* Dios romano identificado con el gr. Hermes. 2 Planeta que entre todos los del sistema solar es el que se halla más próximo al Sol.

mercurio *m.* Metal blanco y brillante, más pesado que el plomo y líquido a la temperatura ordinaria. Su símbolo es *Hg,* su número atómico 80 y su peso atómico 200,59.

mercurizado *m.* QUÍM. Electrodeposición de mercurio sobre una superficie.

merdellón, -llona (de *mierda*) *m. f.* Criado o criada que sirve con desaseo. 2 Persona sin ninguna delicadeza en el trato o en la realización de su trabajo.

merdoso, -sa (de *mierda*) *adj.* Asqueroso, sucio.

mere (l.) *adv. m.* desus. Meramente.

merecedor, -ra *adj.* Que merece.

merecer (l. *merere;* en l. v. *merescere*) *tr.* Hacerse uno digno [de premio o de castigo]. 2 Tener cierta estimación una cosa: *no ~ respuesta; merece ser comprobado.* 3 desus. Lograr, conseguir: *mereció el fin apetecido.* -4 *intr.* Hacer méritos, ser digno de premio: *este alumno merece mucho; ~ con, de,* o *para con, alguno;* ***~ bien de uno,*** ser acreedor a su gratitud. ◇ ** CONJUG. [43] como ***agradecer.***

merecida *f. P. Rico.* Castigo.

merecidamente *adv. m.* Dignamente, con razón y justicia.

merecido *m.* Castigo de que se juzga digno a uno: *llevó su ~.*

merecimiento *m.* Acción de merecer. 2 Efecto de merecer. 3 Mérito.
CONTR. **Desmerecimiento, demérito.**

merejo, -ja *adj. Ecuad.* Tonto.

meremere *m. Venez.* Vapuleo, azotaina.

merendar (b. l. *-are,* comer al mediodía) *intr.* Tomar la merienda; en algunas partes, comer al mediodía. 2 fig. Acechar con curiosidad lo que otro hace. -3 *tr.* Comer en la merienda [una cosa]: *~ fruta y almíbar.* ◇ ** CONJUG. [27] como ***acertar.***
FR. *Merendarse una cosa,* fam., lograrla o hacerla suya.

merendero *m.* Sitio en que se merienda. 2 Establecimiento campestre donde se va a merendar o a comer.

merendola, merendona *f.* Aum. de *merienda.* 2 fig. Merienda espléndida y abundante.

merengar *tr.* Batir [la leche] hasta ponerla como merengue. ◇ ** CONJUG. [7] como ***llegar.***

merengón *m. Colomb.* Merengue medio crudo, con un poco de vino.

merengue (fr. *meringue*) *m.* Dulce de claras de huevo batidas y azúcar, cocido al horno. 2 Alfeñique, persona delicada. -3 *adj.-s.* Propio o relativo al Real Madrid club de fútbol. -4 *m. P. Rico.* Parte que, en número de seis, compone la danza puertorriqueña. 5 *S. Dom.* Baile típico. 6 *Argent., Parag.* y *Urug.* Lío, desorden, trifulca.

merequetén *m. Cuba.* vulg. Excelente, muy bueno. 2 *P. Rico.* vulg. Confusión, motín, escándalo.

meretricio, -cia *adj.* Relativo a las rameras. -2 *m.* Trato con una ramera.

meretriz (l. *meretrice*) *f.* Ramera.

merey *m. Amér.* Anacardo. ◇ Pl.: *mereyes.*

mergánsar (l. *mergu anser*) *m.* Cormorán.

mergo (l. *mergu*) *m.* Cormorán.

mergollina *f. Pan.* Plata, dinero.

meri-, v. mero- I.

-mería (v. *mero-* I) Elemento sufijal que entra en la formación de palabras, derivados abstractos de *-mero,* con el significado de fragmentación, segmentación: *isomería.*

mericarpio, mericarpo (*meri-* + *-carpo*) *m.* BOT. Fruto que resulta de la separación de los carpelos de un ovario dividido en varios compartimientos.

meridano, -na *adj.-s.* De Mérida, cap. del estado de Yucatán (Méjico).

meridense *adj.-s.* De Mérida, cap. del estado de Mérida (Venezuela).

merideño, -ña *adj.-s.* Emeritense. 2 Meridense.

meridiana (de *meridiano*) *f.* Camilla (sofá). 2 Siesta (sueño).

meridiano, -na (l. *-anu* < *meridies,* mediodía) *adj.* Relativo a las horas del mediodía. 2 fig. Clarísimo, luminosísimo: *una verdad meridiana.* 3 ***A la ~,*** a la hora del mediodía. 4 ***Plano ~,*** plano que pasa por el eje de la Tierra. -5 *m.* ASTRON. En la esfera celeste, círculo máximo que pasa por los polos. 6 GEOGR. En la esfera terrestre, circulo máximo que pasa por los polos, o semicírculo que va de polo a polo: ***primer ~,*** el que se toma arbitrariamente como principio para determinar la longitud geográfica de cada lugar de la Tierra. 7 GEOM. Línea de intersección de una superficie de revolución con un plano que pasa por su eje.

meridional (l. m. *-ale*) *adj.* Relativo al Sur.

merienda (l. *merenda*) *f.* Comida ligera que se toma por la tarde. 2 En algunas partes, comida que se toma al mediodía. 3 fig. *y* fam. Corcova. 4 fig. *~* ***de negros,*** confusión y desorden, esp. reparto abusivo.

merillo *m.* Pez marino teleósteo perciforme, parecido al mero, pero mucho más pequeño, muy voraz, y de color pardo o gris *(Paracentropristis hepatus; Serranus hepatus).*

merindad *f.* Territorio de la jurisdicción del merino. 2 Cargo de merino. 3 Distrito con una villa importante que defendía los pueblos de su demarcación.

merinero, -ra *adj.* Relativo a los rebaños trashumantes formados pralte. por ganado merino.

merino, -na (l. *maiorinu,* algo mayor) *adj.* Perteneciente o relativo a una raza de carneros u ovejas que da una lana muy fina y rizada: ***carnero ~,*** el de esta raza; ***lana merina,*** la obtenida de animales de esta raza. -2 *m.* Juez que antig. ponía el rey en un territorio, dándole amplias facultades. 3 El que cuida del ganado y de sus pastos. 4 Tejido fino, fabricado con lana merina; por lo común es de color negro.

meriñaque *m.* Miriñaque.
meristemo (*meri-* + gr. *stema,* filamento) *m.* BOT. En los vegetales superiores, tejido joven o embrionario que se halla en los lugares de crecimiento de la planta y está formado por células que se dividen continuamente para originar otros tejidos.
meritado, -da *adj. Perú* y *P. Rico.* Precitado, sobredicho.
méritamente *adv. m.* Merecidamente.
meritar *intr.* p. us. Hacer méritos.
meritísimo, -ma (l. *-issimu* < *meritus,* merecido) *adj. superlativo* Dignísimo de una cosa.
mérito (l. *-tu*) *m.* Derecho a la recompensa: *acción digna de ~.* 2 Lo que da valor a una cosa: *el ~ de un cuadro;* ***de ~,*** notable y recomendable: *cuadro de ~.* 3 DER. ***Méritos del proceso,*** conjunto de pruebas y razones que resultan de él.
SIN. *1* y *2* **Merecimiento.** FR. *Hacer ~ de algo,* mencionar, hacer mención.
meritoriamente *adv. m.* De un modo meritorio, por méritos.
meritorio, -ria (l. *-iu*) *adj.* Digno de premio. -2 *m. f.* Persona que trabaja sin sueldo, sólo para hacer méritos. 3 Aprendiz de un despacho.
merituado, -da *adj. Perú.* Precitado, sobredicho.
merla (l. *merula*) *f.* Mirlo (pájaro).
merláchico, -ca *adj. Méj.* Pálido, enfermo.
merlán *m.* Pez marino teleósteo gadiforme, de 40 ó 70 cms., según las razas. Pariente del bacalao, su carne es apreciada *(Merlangius merlangus).*
merleta (fr. *merlette*) *f.* BLAS. Figura heráldica que representa un ave sin pico ni patas, vista de perfil y con la cabeza girada a la derecha.
merlín (neerl. *meerling* o *marling*) *m.* MAR. Cabo delgado de cáñamo alquitranado.
Merlín *n. pr.* En los libros de caballerías del ciclo bretón, sabio adivino y encantador.
FR. *Saber más que ~,* dicho proverbial.
merlino, -na *adj. Ecuad.* Que ríe con facilidad.
merlo *m.* Zorzal marino. 2 Pez marino teleósteo, de cuerpo ovoide y algo alargado, y coloración grisácea con las aletas bordeadas de azul *(Labrus merula).* 3 *Argent.* Tonto.
merlón (it. *merlone*) *m.* FORT. Trozo de parapeto que media entre dos cañoneras.
merluza (compuesto sobre el l. *luciu*) *f.* Pez marino teleósteo gadiforme, de cuerpo alargado y mandíbula prominente, de color grisáceo claro y que puede alcanzar los 5 kgs. de peso; abunda en nuestros mares, y su carne es muy apreciada *(Merluccius merluccius).* 2 fig. *y* fam. Borrachera, embriaguez.
SIN. *1* **Pescada; pescadilla,** si es pequeña.
merluzo, -za *adj.-s.* fam. Bobalicón.
merma *f.* Acción de mermar. 2 Porción que se consume naturalmente o se substrae de una cosa.
mermador, -ra *adj.* Que merma.
mermar (l. v. *minimare* < l. *minimus,* el más pequeño) *intr.-prnl.* Bajar o disminuirse una cosa, o consumirse naturalmente una parte de ella. -2 *tr.* Quitar una parte [de aquello que a uno le corresponde]: *~ la ración.*
SIN. v. **Disminuir.**
mermasangre *m.* Agrimonia.
mermelada (der. del l. *melimelu,* membrillo; a través del port. *marmelo* y *marmelada*) *f.* Conserva hecha de fruta cocida con miel o azúcar.
I) mero (l. *merulu*) *m.* Pez marino teleósteo perciforme, de carne muy fina y delicada, de color pardo chocolate o rojizo, que puede llegar a medir casi un metro y medio de longitud y 65 kgs. de peso *(Epinephelus gigas; Serranus guaza).*
II) mero (arauc. *meru,* pájaro de mal agüero) *m. Chile.* Pájaro parecido al zorzal *(Agriornis livida).*
III) mero, -ra (l. *meru*) *adj.* Puro, simple, sin mezcla, esp. en sentido moral e intelectual. Se coloca siempre delante del nombre: *~ examen.* 2 Insignificante, sin importancia. 3 *Colomb.* y *Venez.* Uno solo o solamente uno: *una ~ vino de las chicas.* 4 *Guat.* Verdadero y partícula aumentativa: *Pablo es ~ malo.* 5 *Hond.* y *Méj.* Propio, mismo: *es la merita verdad.* 6 *Méj.* El, o lo principal: *Pedro es el ~ malo.* -7 ***adv. t. c.*** *Guat., Méj.* y *Salv.* Pronto, casi: *ya ~ llega.* 8 *Méj.* En el momento preciso: *llegó a la ~ hora.*
I) mero-, meri-, -mero, -mera (gr. *méros,* parte, porción) Elemento prefijal y sufijal que entra en la formación de palabras con el significado de parte, porción, segmento: *merogamia, isómero.* ◇ V. -mería.
II) mero-, mer- (gr. *meros,* muslo, pierna) Elemento prefijal que entra en la formación de palabras con el significado de pierna, pata: *merostoma.*
merocele (*mero-* II + *-cele*) *m.* MED. Hernia crural.
merodeador, -ra *adj.-s.* Que merodea.
merodear (de *merodeo*) *intr.* Apartarse algunos soldados del cuerpo en que marchan, en busca de lo que puedan coger o robar. 2 p. ext. Vagar por el campo una persona o cuadrilla, viviendo de lo que coge o roba. 3 p. ext. Dar rodeos en torno a un lugar para espiar o sisar.
merodeo (fr. *maraude*) *m.* Acción de merodear. 2 Efecto de merodear.
merodista *com.* inus. Persona que merodea.
merogamia (*mero-* I + *-gamia*) *f.* BIOL. Tipo de conjugación propia de organismos celulares, en la cual los gametos son mucho más pequeños que las células vegetativas.
merogonia (*mero-* I + *-gonia*) *f.* BIOL. Desarrollo embrionario parcial, realizado experimentalmente a partir de un óvulo fecundado, pero privado de su núcleo, o de un huevo seccionado de manera que elimine su núcleo.
merolico, -ca *adj. Amér. Central.* Mequetrefe y charlatán.
meroplancton (*mero-* I + *plancton*) *m.* H. NAT. Organismo que lleva una vida planctónica durante parte de su ciclo vegetativo y que es bentónico en el resto del mismo.
meroscopia (*mero-* I + *-scopia*) *f.* MED. Auscultación fraccional o disociada de las distintas partes del ciclo cardiaco.
merostoma (*mero-* II + *-stoma*) *m.* Animal de la clase de los merostomas. -2 *m. pl.* Clase de artrópodos marinos quelicerados, con respiración branquial, cefalotórax prolongado lateralmente y abdomen terminado en una larga espina móvil; hoy está representada por el cangrejo de las Molucas (gén. *Limulus*).
merotomía (*mero-* I + *-tomía*) *f.* Operación de escindir un segmento de un organismo vivo, especialmente para observar los fenómenos de la regeneración.
merovingio, -gia (de *Meroveo,* rey de esta dinastía, s. V) *adj.* Relativo a la dinastía de los primeros reyes de Francia. -2 *adj.-s.* Rey de esta dinastía.
merquén (arauc. *medquén*) *m. Chile.* Ají con sal que se usa para condimentar la comida.
merza *adj.-com. Argent.* fam. Cursi.
mes (l. *mense*) *m.* Período de tiempo de duración igual o parecida a otros once con los que suma un año. 2 Espacio de tiempo que media entre un día y el de igual fecha del mes siguiente: *dentro de cuatro meses.* 3 Mensualidad. 4 Menstruo de las mujeres. 5 ~ ***anomalístico,*** tiempo que pasa desde que la Luna está en su propio apogeo hasta que vuelve a él. 6 ~ ***lunar*** o ***lunar sinódico,*** tiempo que media entre dos conjunciones consecutivas de la Luna con el Sol. 7 ~ ***lunar periódico,*** tiempo que media entre dos pasos consecutivos de la Luna por un mismo punto del Zodíaco.
REL. *1* **Mensual,** que dura un mes o se repite cada mes; **bimestre,** período de dos meses: adjs. *duomesino, bimestral, bimestre, bimensual*; **trimestre,** período de tres meses: adjs. *trimestral, trimestre*; **cuatrimestre,** período de cuatro meses: adjs. *cuatrimestral, cuatrimestre, cuadrimestre*; **semestre,** período de seis meses: adjs. *semestral, semestre*; **cincomesino, sietemesino, diezmesino, trecemesino,** adjs. que no tienen su correspondiente substantivo.
mes-, v. meso-.
mesa (l. *mensa*) *f.* Mueble compuesto por una tabla lisa sostenida por uno o varios pies: ~ ***de batalla,*** en las oficinas de correos, la que sirve para clasificar la correspondencia; ~ ***de noche,*** mesa con cajones que se pone junto a la cabecera del lecho; ~ ***de altar,*** en el culto católico, lugar levantado en forma de mesa, donde se coloca el ara; ~ ***camilla,*** v. camilla; ~ ***de operaciones,*** estructura metálica articulable, con una superficie superior plana, usada en las intervenciones quirúrgicas para instalar al paciente. 2 Mesa en que se come: *sentarse a la ~; levantar la ~;* ~ ***redonda,*** aquella en la que no hay ningún lugar preferente, y, en las fondas, aquella en la que todos comen lo mismo y a hora fija; ~ ***traviesa,*** la que está en el testero del refectorio de una comunidad. 3 fig. Comida: *amante de la buena ~.* 4 Sagrada Eucaristía que se administra en el altar. 5 Conjunto de personas que dirigen una asamblea: *~ electoral.* 6 Conjunto de negocios que pertenecen a un oficial, en las secretarías y oficinas. 7 Terreno elevado y llano, de gran extensión, rodeado de valles o barrancos. 8 Meseta o descanso de una escalera. 9 En jardinería, macizos densos de arrayán, boj, etc., cortados horizontalmente a no gran altura del suelo. 10 Cúmulo de las rentas de las iglesias, prelados y dignidades, o de las órdenes militares. 11 Plano principal del labrado de una piedra preciosa. 12 Megalito for-

mado por una piedra plana horizontal sostenida por otra vertical. 13 Plano lateral de las hojas de las armas blancas. 14 Larguero que, con otro igual, forma la armazón del ingenio del encuadernador. 15 Partida del juego de trucos o de billar. 16 Tanto que se paga por ella. 17 ~ ***de mezclas,*** conjunto de canales amplificadores, donde es tratada la señal electrónica.
SIN. *1l* **Rondis, rondiz.** FR. *Tener a unos a ~ y mantel,* darles diariamente de comer.

mesada *f.* Lo que se da o paga mensualmente.
SIN. V. **Mensualidad.**

mesadura *f.* Acción de mesar o mesarse.

mesalina (de *Mesalina,* 15-48, esposa del emperador romano Claudio, 10-54) *f.* fig. Mujer de costumbres disolutas.

mesana (it. *mezzana*) *f.* MAR. Mástil que está más a popa en el buque de tres palos. 2 MAR. Vela atravesada que en él se coloca.

mesapio, -pia *adj.-s.* De Mesapia, antigua región del sur de Italia. -2 *adj.-m.* Lengua iliria, hablada antiguamente en esta región.

mesar (l. *messare,* segar) *tr.-prnl.* Arrancar o estrujar [los cabellos o barbas con las manos]: *mesarse el cabello de ira.*

mescal *m. Méj.* Mezcal.

mescalina *f.* Alucinógeno obtenido a partir de las flores de algunas especies de cactus originarios de Méjico, cuyo consumo crea hábito.

mescolanza (it.) *f.* Mezcolanza.

meseguería *f.* Guarda de las mieses. 2 Repartimiento entre los labradores para pagar esta guarda. 3 Tanto que a cada uno corresponde.

meseguero, -ra *adj.* Relativo a las mieses. -2 *m. f.* Persona que guarda las mieses.

mesencéfalo (*mes-* + *encéfalo*) *m.* MED. Parte media o central del encéfalo.

mesenio, -nia *adj.-s.* De Mesenia, región de Grecia al sudoeste del Peloponeso. -2 *adj.-m.* Dialecto dórico hablado antiguamente en esta región.

mesentérico, -ca *adj.* Relativo al mesenterio.
SIN. **Meseraico, miseraico.**

mesenterio (gr. *mesenterion* < *mes-* + *énteron,* intestino) *m.* Repliegue del peritoneo que mantiene en su posición los intestinos uniéndolos a la pared posterior de la cavidad abdominal.
SIN. **Redaño, entresijo,** términos corrientes, frente al científico **mesenterio.**

mesenteritis (de *mesenterio* + *-itis*) *f.* Inflamación del mesenterio. ◇ Pl.: *mesenteritis.*

meseraico, -ca *adj.* Mesentérico.

mesero, -ra *m. f.* ant. Persona que, de aprendiz, pasa a oficial y cobra por meses. 2 *Colomb., Guat.* y *Méj.* Camarero de restaurante. -3 *adj. Hond.* [ganado] Que no ha cumplido todavía un año de edad.

meseta (dim. de *mesa*) *f.* Descansillo. 2 Planicie o elevación situada a considerable altura sobre el nivel del mar. 3 En las plazas de toros, lugar llano sobre el chiquero, y localidades correspondientes a él.
SIN. *2* **Altiplanicie,** la muy elevada y de gran extensión.

meseteño, -ña *adj.-s.* Habitante de una meseta o propio de ella.

mesiado *m.* Mesiazgo.

mesiánico, -ca *adj.* Relativo al Mesías.

mesianismo *m.* Creencia en la venida del Mesías. 2 fig. Confianza en un mesías.

mesías (l. ecl. *Messías* < hebr. *Mashiaj,* n. dado al Hijo de Dios, cuyo nacimiento anunciaron los profetas al pueblo hebreo) *m.* Redentor y liberador futuro de Israel. 2 Para los cristianos, Cristo. 3 fig. Sujeto real o imaginario en cuyo advenimiento hay puesta confianza inmotivada o desmedida. ◇ Pl.: *mesías.*

mesiazgo *m.* Dignidad de Mesías.

mesidor (fr. *messidor*) *m.* Décimo mes del año según el calendario republicano francés.

mesilla (de *mesa*) *f.* Dinero que daba el rey diariamente a sus criados cuando estaba en jornada. 2 Descansillo. 3 Piedra superior de un antepecho o balaustrada. 4 fig. Reprensión dada con poca seriedad.

mesillo *m.* Primer menstruo que baja a las mujeres después del parto.

mesinés, -nesa *adj.-s.* De Mesina, c. de Sicilia.

mesino, -na *adj. Hond.* Sietemesino.

mesmedad (del ant. *mesmo*) *f.* fam. ***Por su misma ~,*** por sí mismo, sin ayuda de nadie; naturalmente.

mesmeriano, -na *adj.* Relativo a Mésmer (1734-1815) o al mesmerismo. -2 *adj.-s.* Partidario del mesmerismo.

mesmerismo *m.* Método psicoterápico, expuesto en el s. XVIII por Mésmer (1734-1815), basado esp. en la utilización del magnetismo animal. 2 Doctrina del magnetismo animal.

mesmo, -ma *adj.* ant. y rúst. Mismo.

mesnada (l. v. *mansionata* < l. *mansione,* habitación) *f.* Compañía de gente de armas que servía a un rey o a un noble. 2 fig. Compañía, junta, congregación.

mesnadería *f.* Sueldo del mesnadero.

mesnadero *adj.-m.* Persona que servía en la mesnada: *caballero ~.*

meso-, mes- (gr. *mésos,* medio) Elemento prefijal que entra en la formación de palabras con el significado de al medio, central, intermedio.

mesoamericano, -na *adj.* Perteneciente a Mesoamérica, región de América Central.

mesocardia (*meso-* + *-cardia*) *f.* MED. Cambio de la posición del corazón hacia el centro de la caja torácica.

mesocarpio, mesocarpo (*meso-* + *-carpo*) *m.* BOT. Parte intermedia del pericarpio, entre el epicarpio y el endocarpio.

mesocefalia (*meso-* + *-cefalia*) *f.* Calidad de mesocéfalo.

mesocéfalo, -la (*meso-* + *-céfalo*) *adj.* [pers.] De índice craneal superior a 0,77 e inferior a 0,80. -2 *m.* Protuberancia situada en la parte inferior y media del cerebro.

mesocracia (*meso-* + *-cracia*) *f.* Forma de gobierno en que prepondera la clase media. 2 fig. Burguesía.

mesocrático, -ca *adj.* Relativo a la mesocracia.

mesodérmico, -ca *adj.* ZOOL. Relativo al mesodermo.

mesodermo (*meso-* + *-dermo*) *m.* ZOOL. Capa u hoja media de las tres en que se disponen las células del blastodermo después de haberse efectuado la segmentación.

mesofilo, -la (*meso-* + *-filo* I) *adj.* BOT. [vegetal] Que se desarrolla a temperaturas y, sobre todo, en condiciones de humedad de tipo medio, ni bajas ni altas.

mesófita *adj.-f.* Planta que crece en terrrenos de humedad media.

mesolítico, -ca (*meso-* + gr. *lithos,* piedra) *m.* Período prehistórico comprendido entre el paleolítico y el neolítico. -2 *adj.* Perteneciente o relativo a este período.

mesolote *m. Méj.* Maguey doble.

mesomería (*meso-* + *-mería*) *f.* QUÍM. Estructura química intermediaria de una substancia a la cual se pueden atribuir varias fórmulas.

mesómero, -ra (*meso-* + *-mero*) *adj.* QUÍM. En estado de mesomería.

I) mesón (v. *mansión*) *m.* Venta (posada). 2 Restaurante generalmente decorado a la usanza antigua. 3 *Chile.* Mostrador de las cantinas.
SIN. *1* V. **Hotel.**

II) mesón *m.* Partícula electrizada en los rayos cósmicos, que en el estado de reposo tiene una masa comprendida entre la del electrón y la del protón.

mesonaje *m.* Lugar donde hay muchos mesones.

mesonero, -ra *adj.* Relativo al mesón. -2 *m. f.* Patrón o dueño de un mesón.
SIN. *2* **Posadero.**

mesonil *adj.* Relativo al mesón o al mesonero.

mesonista *adj.* Mesonero.

mesonoto (*meso-* + gr. *noton, notos,* dorso) *m.* Parte superior del mesotórax o segundo segmento torácico de los insectos.

mesopausa (*meso-* + gr. *pausis,* cesación) *f.* Línea imaginaria que separa la mesosfera de la ionosfera.

mesopotámico, -ca *adj.-s.* De Mesopotamia.

mesosfera (*meso-* + gr. *sphaira,* esfera) *f.* Región de la atmósfera terrestre inmediatamente superior a la estratopausa e inferior a la ionosfera.

mesoterapia (*meso-* + *-terapia*) *f.* MED. Tratamiento de las enfermedades mediante múltiples inyecciones intradérmicas, de pequeñas dosis de distintos medicamentos, practicadas en la región afecta.

mesotórax (*meso-* + *tórax*) *m.* Segmento medio del tórax de los insectos. 2 ANAT. Parte media del pecho. ◇ Pl. *mesotórax.*

mesotorio *m.* Elemento de la familia del radio.

mesotrón *m.* Mesón (partícula electrizada).

mesozoico, -ca (*meso-* + *-zoico*) *adj.-m.* Secundario (era y terreno). -2 *adj.* Perteneciente o relativo a dicha era.

mesozona (*meso-* + *zona*) *f.* Zona media sometida a presión y temperatura moderadas en un proceso metamórfico donde se forman rocas como el mármol.
mesozoo (*meso-* + *-zoo*) *adj.-m.* Animal del tipo de los mesozoos. -2 *m. pl.* Tipo de animales vermiformes, microscópicos, menores de 1 cm. y desprovistos de órganos; son muy primitivos y ocupan una posición intermedia entre los protozoos y los metazoos.
mesta (l. *mixta;* pp. de *miscere,* mezclar) *f.* antig. Poderosa organización de ganaderos. -2 *f. pl.* Aguas de dos o más corrientes en el punto de confluencia.
mestal *m.* Terreno poblado de mestos.
mesteño, -ña *adj.* Relativo a la meseta. 2 Mostrenco.
mester (l. *ministeriu,* servicio) *m.* ant. Arte, oficio. 2 ~ ***de clerecía,*** género de poesía cultivado por las personas doctas de la Edad Media, de temas históricos, devotos o clásicos, escrita en cuaderna vía; Gonzalo de Berceo (s. XIII) es su poeta por excelencia. 3 ~ ***de juglaría,*** poesía de los juglares, que se distingue de la anterior por lo irregular de la versificación y el sentido tradicional y popular de los temas y estilo; el *Cantar de Mío Cid* pertenece a este género.
mesticia (l. *mœstitia*) *f.* Tristeza.
mestindio, -dia *adj.-s. Méj.* desus. Descendiente de indio y mestiza.
mestique *m. Amér. Central.* Concreción pétrea que se forma en el interior del fruto de los cocoteros. 2 *S. Dom.* Pasta usada para tapar hendiduras en la madera.
mestizaje *m.* Cruce de razas. 2 Conjunto de mestizos.
mestizar *tr.* Corromper o adulterar [las castas] por el ayuntamiento o cópula de individuos que no pertenecen a la misma. ◇ ** CONJUG. [4] como ***realizar.***
mestizo, -za (l. *mixticiu* < *mixtu*) *adj.-s.* [pers.] Hijo de padres de raza distinta. 2 Descendiente de blanco e india. 3 *Méj.* Descendiente de indio y mestiza. -4 *adj.* [animal o vegetal] Que resulta del cruzamiento de dos razas. 5 *Méj.* Bermejo. 6 En Yucatán, indio. 7 *P. Rico.* [gallina] De cuerpo mediano y muy ponedora. -8 *m. f. Colomb.* y *Chile.* Acemita.
SIN. *1* **Mulato, trigueño,** si el cruce es de las razas blanca y negra. *2* **Mixto;** v. **híbrido.**
mesto (vasc. *ametz*) *m.* Árbol parecido a la encina *(Quercus pseudosuber).* 2 Rebollo (árbol). 3 Aladierna.
mestura *m.* Trigo mezclado con centeno.
mesura (v. *mensura*) *f.* Gravedad y compostura. 2 Reverencia, cortesía. 3 Moderación, comedimiento.
mesuradamente *adv. m.* Poco a poco; con circunspección y prudencia.
mesurado, -da *adj.* Moderado, circunspecto. 2 Reglado, templado o parco.
mesurar (v. *mensurar*) *tr.* Infundir mesura [en la actitud y el semblante]. -2 *prnl.* Contenerse, moderarse. -3 *tr. Ecuad.* Medir.
meta (l.) *f.* Pilar cónico situado en cada uno de los extremos de la espina en el circo romano. 2 Término señalado de una carrera. 3 fig. Fin a que tiende una persona. 4 DEP. Portería.
SIN. *3* v. **Fin.**
meta- (gr. *metá*) Elemento prefijal que entra en la formación de palabras con el significado de cambio, mutación; más allá de, que engloba; después, posterior; por el medio. 2 QUÍM. Se utiliza en química para formar los nombres de compuestos menos hidratados y para designar la substitución de los cuerpos de la serie bencénica.
metablástesis (*meta-* + gr. *blastós,* germen) *f.* Recristalización de minerales como consecuencia del metamorfismo. ◇ Pl.: *metablástesis.*
metabólico, -ca *adj.* BIOL. Relativo al metabolismo.
metabolismo (gr. *metabolé,* cambio) *m.* Conjunto de los cambios químicos y biológicos que se producen continuamente en las células vivas. 2 ZOOL. ~ ***basal,*** el oxígeno consumido por un órgano o un organismo en reposo.
REL. Este proceso consta de dos partes: **anabolismo,** formación de substancia viva o protoplasma; y **catabolismo,** destrucción de la misma.
metacarpiano *adj.* ANAT. Relativo al metacarpo: *huesos metacarpianos.*
metacarpo (*meta-* + *carpo*) *m.* Parte de la mano comprendida entre el carpo y los dedos.
metacéntrico, -ca *adj.* Relativo al metacentro.
metacentro (*meta-* + *-centro*) *m.* FÍS. En un cuerpo simétrico flotante, punto en que la vertical que pasa por el centro de flotación corta, cuando aquél se desvía de su posición de reposo, la dirección que toma en tal caso la línea que pasaba antes por los centros de gravedad y de flotación, y que era vertical.
metacrilato *m.* Compuesto orgánico acrílico a partir del cual se obtienen ciertos polímeros.
metada *f. Logr.* Parte media de algo.
metadona *f.* Producto farmacéutico parecido a la morfina, usado para desintoxicar a los drogadictos.
metafase (*meta-* + *fase*) *f.* BIOL. Segunda fase de la cariocinesis, en que la membrana nuclear desaparece y los cromosomas se sitúan en el plano ecuatorial del huso acromático.
metafísica (gr. *metá ta physiká,* después de la Física, por el lugar que dio Andrónico de Rodas, s. II-I a. C., a la Metafísica al ordenar la obra de Aristóteles, 384-322 a. C.) *f.* Disciplina filosófica que trata de la esencia de la realidad total y entraña una concepción total de la vida y del universo: ~ ***general*** u ***ontología,*** la que trata de la naturaleza del ser en sí mismo, independientemente de sus diversas manifestaciones o fenómenos; ~ ***especial,*** la que se ocupa de algún ser en especial, como la cosmología, la teología natural, la psicología.
metafísicamente *adv.* De un modo metafísico.
metafísico, -ca *adj.* Relativo a la metafísica. 2 fig. Abstracto y difícil de comprender. -3 *m. f.* Persona que profesa la metafísica.
metáfora (gr. *metaphorá* < *metá,* más allá + *fero,* llevar) *f.* RET. Tropo que consiste en trasladar el sentido recto de las voces en otro figurado, en virtud de una comparación tácita: *la primavera de la vida;* ~ ***continuada,*** alegoría en que unas palabras se toman en sentido recto y otras en sentido figurado.
SIN. **Traslación.**
metafóricamente *adv. m.* De manera metafórica; por medio de metáfora.
metafórico, -ca *adj.* Relativo a la metáfora. 2 Que incluye una metáfora. 3 Que abunda en metáforas.
metaforismo *m.* Uso predominante de metáforas.
metaforizar *intr.* Usar de metáforas. ◇ ** CONJUG. [4] como ***realizar.***
metagoge (gr. *-gogé,* traslación) *f.* RET. Metáfora que consiste en aplicar voces significativas de cualidades o propiedades de los sentidos a cosas inanimadas: *reírse el campo.*
metahemoglobina (*meta-* + *hemoglobina*) *f.* Producto resultante de la oxidación de la hemoglobina.
metal (l. *metallu*) *m.* Cuerpo simple, sólido a la temperatura ordinaria (a excepción del mercurio), conductor del calor y la electricidad, más o menos dúctil y maleable, dotado de un brillo característico, y que con el oxígeno forma óxido básico. 2 Aleación, esp. la empleada en la industria. 3 Azófar o latón. 4 ~ ***blanco,*** aleación de cobre, níquel y cinc, parecida por su aspecto a la plata. 5 ~ ***machacado,*** oro o plata nativos que en hojas delgadas suelen hallarse entre las rocas de los filones. 6 ~ ***noble*** o ***precioso,*** el que, como el oro, plata, platino, etc., posee un potencial electródico relativamente positivo y no entra fácilmente en combinación química con los no metales; posee una gran resistencia al ataque de los ácidos y agentes corrosivos, y resiste a la oxidación atmosférica. 7 fig. Timbre de la voz. 8 fig. Calidad o condición de una cosa: *eso es de otro* ~. 9 MÚS. Instrumento de viento de una orquesta. 10 BLAS. Oro o plata, representados respectivamente con los colores amarillo y blanco. 11 *El vil* ~, fig., el dinero.
SIN. *4* **Alpaca.**
metal-, v. metalo-.
metalada *f. Chile.* Cantidad de metal explotable contenida en una veta.
metalado, -da *adj.* fig. Mezclado, impuro.
metalario (l. *metallariu*) *m.* p. us. El que trata y trabaja en metales.
metaldehído (*meta-* + *aldehído*) *m.* QUÍM. Forma polímera del acetaldehído. Es un sólido y forma agujas largas y brillantes. Se usa como combustible.
metalenguaje (*meta-* + *lenguaje*) *m.* Lenguaje natural o formalizado que se utiliza para describir o hablar de una lengua.
metalepsis (gr. *metálepsis,* cambio) *f.* RET. Metonimia que consiste en tomar el antecedente por el consiguiente, o al contrario, trasladando, a veces, el sentido de toda una oración: *acuérdate de lo que me ofreciste,* por cúmplelo. ◇ Pl.: *metalepsis.*
metalergia (*meta-* + *alergia*) *f.* MED. Estado alérgico específico en el cual un organismo sensibilizado a un antígeno determinado reacciona de la misma forma ante un antígeno cualquiera.

metalero, -ra *adj. Amér.* Que tiene relación con los metales: *saco ~.*
metálica *f.* desus. Metalurgia.
metálico, -ca *adj.* De metal o relativo a él. 2 Semejante al metal o que tiene sus propiedades. -3 *m.* Metalario. 4 Dinero amonedado.
metalífero, -ra (de *metal* + *-fero*) *adj.* Que contiene metal.
metalingüístico, -ca (*meta-* + *lingüística*) *adj.* Perteneciente o relativo al metalenguaje.
metalismo *m.* Teoría económica según la cual el dinero ha de tener un valor intrínseco.
metalista *m.* Metalario.
metalistería *f.* Arte de trabajar en metales.
metalización *f.* Acción de metalizar o metalizarse. 2 Efecto de metalizar o metalizarse.
metalizar *tr.* Hacer que [un cuerpo] adquiera propiedades metálicas. 2 Cubrir [una substancia] de una capa ligera de metal o impregnarla de compuestos metálicos. 3 Conferir a un color, mediante ciertos procesos, reflejos metálicos. -4 *prnl.* Convertirse una cosa en metal o impregnarse de él. 5 fig. Llegar uno a no tener otro móvil que el amor al dinero. ◇ ** CONJUG. [4] como ***realizar.***
metalla *f.* Pedazos pequeños de oro con que se reparan en el dorado las partes que quedan descubiertas.
metalo-, metal- (gr. *métallon,* metal) Elemento prefijal que entra en la formación de palabras con el significado de metal.
metalogénesis (*metalo-* + *-génesis*) *f.* Proceso mediante el cual se origina un yacimiento metálico en una zona determinada. ◇ Pl.: *metalogénesis.*
metalografía (*metalo-* + *-grafía*) *f.* Rama de la metalurgia que estudia la estructura y constitución de los metales sólidos y sus aleaciones.
metaloide (*metal-* + *-oide*) *m.* Cuerpo simple no metal, mal conductor del calor y la electricidad y que, con el oxígeno, forma anhídrido.
metaloterapia (*metalo-* + *-terapia*) *f.* Aplicación terapéutica de los metales.
metalurgia (*metal-* + gr. *érgon,* trabajo) *f.* Arte o industria cuyo objeto es extraer los metales de los minerales que los contienen.
metalúrgico, -ca *adj.* Relativo a la metalurgia. -2 *m.* El que profesa este arte. 3 En gral., el que trabaja en metales.
SIN. *2* y *3* **Metalurgista.**
metalurgista *m.* Metalúrgico (pers.).
metamatemática (*meta-* + *matemática*) *f.* Teoría lógica formal de las pruebas en matemáticas.
metámero (*meta-* + *-mero*) *m.* Porción del cuerpo de un animal de simetría bilateral, segmentado transversalmente; como en los gusanos y artrópodos.
metamórfico, -ca *adj.* Relativo al metamorfismo o que lo ha sufrido: ***roca metamórfica,*** la que resulta del metamorfismo de rocas preexistentes.
metamorfismo (*meta-* + *-morfismo*) *m.* Transformación natural ocurrida en una roca, después de su consolidación definitiva.
metamorfosear *tr.* Transformar.
SIN. v. **Cambiar.**
metamorfóseos *m.* desus. Metamorfosis.
metamorfosi, -sis (gr. *-mórphosis* < *metamorphoo,* transformar) *f.* Transformación de una cosa en otra. 2 En ciertos animales, como en los insectos y anfibios, serie de cambios que experimenta el individuo desde que sale del huevo hasta que adquiere la forma y organización propia del adulto. 3 fig. Cambio extraordinario en la fortuna, el carácter o el estado de una persona. ◇ Pl.: *metamorfosis.*
metanero, -ra *adj.-s.* Perteneciente o relativo al metano. 2 Buque construido especialmente para el transporte del metano u otro gas licuado.
metano *m.* Hidrocarburo gaseoso, CH_4, producido por descomposición de substancias vegetales en el cieno de algunos pantanos, en las minas de carbón, etc. Forma con el aire una mezcla inflamable. V. grisú.
SIN. **Gas de los pantanos.**
metanol *m.* QUÍM. Alcohol metílico, líquido incoloro y tóxico que se obtiene por destilación de la madera.
metapaso *m. Bol.* Salto, juego infantil. 2 *Colomb.* Cabrillas, juego infantil.
metapiles *m. pl. Amér. Central.* Lingotes de cobre para la amalgamación en caliente.
metaplasma (*meta-* + *-plasma*) *m.* Parte del contenido de una célula que no es materia viva.
metaplasmo (gr. *-mós,* transformación) *m.* Alteración de una palabra por adición, supresión o cambio de lugar de los sonidos. 2 Figura de dicción, en general.
metapsíquica (*meta-* + *psíquica*) *f.* FIL. Parapsicología.
metasfera (*meta-* + gr. *sphaira,* esfera) *f.* Zona de la atmósfera terrestre inmediatamente inferior a la protonosfera.
metasomatismo (*meta-* + gr. *soma, somatos,* cuerpo) *m.* GEOL. Reacción química que supone el reemplazamiento de un mineral por otro diferente.
metástasis (gr. *-sis,* cambio de lugar) *f.* Reproducción de un padecimiento en órganos distintos de aquel en que se presentó primero. ◇ Pl.: *metástasis.*
metatarsiano *adj.* ANAT. Relativo al metatarso: *huesos metatarsianos.*
metatarso (*meta-* + *tarso*) *m.* Parte del pie comprendida entre el tarso y los dedos.
metate (mej. *metlatl*) *m.* Piedra cuadrada usada en Méjico y Guatemala para moler el maíz y en España para labrar el chocolate a brazo.
metaterio *adj.-m.* ZOOL. Mamífero de la subclase de los metaterios. -2 *m. pl.* Subclase de mamíferos primitivos representados por un solo orden: los marsupiales.
metátesis (gr. *metáthesis,* desplazamiento < *meta-* + *thesis,* colocación) *f.* Metaplasmo que consiste en alterar el orden de los sonidos de un vocablo: *perlado* por prelado. 2 GEOL. Movilización de los componentes leucocratos de una roca que se disponen en vetas o lentejones. ◇ Pl.: *metátesis.*
SIN. **Transposición.**
metatizar (gr. *metatíthemi*) *tr.* Pronunciar o escribir [una palabra] cambiando de lugar uno o más de sus sonidos o letras. ◇ ** CONJUG. [4] como ***realizar.***
metatorácico, -ca *adj.* ZOOL. Propio o relativo al metatórax.
metatórax (*meta-* + *tórax*) *m.* Tercer segmento del tórax de los insectos. ◇ Pl.: *metatórax.*
metazoo (*meta-* + *-zoo*) *adj.-m.* Animal del subreino de los metazoos. -2 *m. pl.* Subreino formado por todos los animales no protozoos ni parazoos, o sea los pluricelulares constituidos por células diferenciadas y agrupadas en tejidos y órganos.
meteco (gr. *métoikos*) *adj.-s.* En la antigua Grecia, extranjero que se establecía en Atenas y que no gozaba de todos los derechos de ciudadanía. 2 Advenedizo.
metedor, -ra *m. f.* Persona que introduce una cosa en otra. 2 Persona que introduce contrabando. -3 *m.* Paño que se pone debajo del pañal a los niños pequeños. 4 IMPR. Tablero en que se pone el papel que va a imprimirse.
SIN. *2* **Contrabandista, matutero.** *3* **Braga, metidillo, metido.**
metedura *f.* fam. Acción de meter una cosa. 2 ~ ***de pata,*** dicho o hecho inconveniente.
metedería *f.* Acción de introducir contrabando.
metejón *m. Argent.* Pérdida en el juego. 2 *Colomb.* Enredo, lío.
metelón, -lona *adj. Méj.* Entremetido.
metempsícosis, metempsicosis (gr. *metempsychosis*) *f.* Creencia de origen oriental, según la cual el alma del hombre, después de la muerte, transmigra a otros cuerpos más o menos perfectos, conforme a los méritos alcanzados en la existencia anterior. ◇ Pl.: *metempsicosis.*
SIN. **Transmigración.**
metemuertos (de *meter* + *muerto*) *m.* Empleado que en los teatros retira los muebles en las mutaciones escénicas. 2 fig. Persona que se mete en lo que no le importa. ◇ Pl.: *metemuertos.*
SIN. **Metesillas** y **sacamuertos; sacasillas.**
metense *adj.-s.* De Meta, dep. de Colombia.
meteórico, -ca *adj.* Relativo a los meteoros.
meteorismo *m.* Distensión flatulenta del tubo digestivo.
meteorito *m.* Aerolito.
meteorización *f.* Acción de meteorizarse la tierra. 2 Efecto de meteorizarse la tierra. 3 GEOL. Conjunto de procesos externos que provocan la alteración de las rocas superficiales.
meteorizar *tr.* Causar o padecer meteorismo. -2 *prnl.* AGR. Recibir la tierra la influencia de los meteoros. ◇ ** CONJUG. [4] como ***realizar.***
meteoro (gr. *metéoros,* elevado en el aire) *m.* Cualquier fenómeno atmosférico (aéreo, acuoso, luminoso o eléctrico), como el viento, la lluvia, el arco iris o el rayo. 2 fig. Persona o cosa que brilla con resplandor vivísimo y fugaz.
metéoro *m.* Meteoro.

meteorofobia (*meteoro* + *-fobia*) *f.* Temor morboso a los fenómenos atmosféricos.
meteorología (*meteoro* + *-logía*) *f.* Parte de la física que trata de los meteoros. ◇ INCOR.: *metereología*; no es correcto el empleo con el sentido de *estado del tiempo.*
meteorológico, -ca *adj.* Relativo a la meteorología o a los meteoros. ◇ INCOR.: *metereológico.*
meteorologista (ing. *meteorologist*) *com.* Meteorólogo.
meteorólogo, -ga *m. f.* Persona que por profesión se dedica a la meteorología.
meteoropatía (*meteoro* + *-patía*) *f.* MED. Trastorno debido a las condiciones del clima o atmósfera.
metepatas (de *meter* + *pata*) *com.* fam. Persona inoportuna en sus intervenciones.
meter (l. *mittere*) *tr.-prnl.* Introducir o incluir [una cosa] dentro de otra: ~ *dinero en el cofre;* ~ *una hoja entre otras.* -2 *tr.* fig. *y* p. anal. Introducir [algo] de contrabando: ~ *una tela, una máquina,* etc. 3 Estrechar o apretar las cosas en poco espacio: ~ ***letra, renglones,*** etc., apretarlos en forma que quepan más de los que normalmente cabrían. 4 Embeber tela en una costura. 5 Causar, producir: ~ *chismes, enredos;* ~ *miedo, ruido.* 6 Dedicar [a alguien] a una ocupación u oficio: ~ *en un negocio.* 7 En el juego del hombre, atravesar un triunfo: ~ *la malilla.* 8 En cualquier juego, poner el dinero que se ha de jugar. 9 Poner. 10 MAR. Cargar [las velas] y aferrarlas. -11 *prnl.* Introducirse en una parte sin ser llamado: *meterse entre los convidados.* 12 Entrometerse, inmiscuirse en cuestiones ajenas sin haber sido solicitado o sin tener capacidad para ello: *meterse a juez, maestro; meterse uno en todo.* 13 Dejarse arrastrar irreflexivamente por una cosa: *meterse en enredos, en aventuras, en los peligros.* 14 Sumirse, abstraerse: *está muy metido en sí mismo.* 15 Introducirse en el trato con una persona, frecuentando su casa y conversación: *se metió en la casa.* 16 Seguir o abrazar una profesión u oficio: *se metió fraile, soldado,* etc. 17 Introducirse el mar en la tierra o la tierra en el mar: ***meterse un río en el mar,*** desembocar. 18 Arrojarse a los enemigos con las armas en la mano.
SIN. *9* **Poner,** significa colocar o situar. Puede sustituir a **meter** cuando la idea de poner dentro o **introducir** esté dada, bien por el empleo de preposiciones *(en, entre, hasta)*, bien por las circunstancias de la acción o de los interlocutores: *poner* o *meter una cosa en un saco; ponerse* o *meterse el sombrero hasta las orejas*; pero no podría decirse *meter un libro en* o *sobre, la mesa* más que en el caso de que la mesa estuviese muy llena y hubiera que colocarlo entre otros objetos. La diferencia de matiz expresivo se mantiene en los casos en que la sustitución es posible, p. ej., *poner* o *meter miedo; ponerse* o *meterse fraile; poner* o *meter el dinero en una carta.* En estos ejemplos el habla popular suele preferir **meter**, por sentido más intenso que la simple idea de colocación o situación que da **poner**.
metesillas y sacamuertos *m.* Metemuertos. ◇ Pl.: *metesillas y sacamuertos.*
metete *m. Amér.* Entremetido.
metical (ár. *metcal*) *m.* Moneda marroquí. 2 Moneda española de vellón del s. XIII; equivale a 18 pepiones; 9 dineros.
SIN. **Mercal.**
metiche *m. Méj.* Entremetido.
meticón, -cona *adj.-s.* fam. Entrometido.
meticulosamente *adv. m.* De manera meticulosa.
meticulosidad *f.* Calidad de meticuloso.
meticuloso, -sa (l. *-osu*) *adj.-s.* Medroso. 2 Nimiamente puntual; escrupuloso, concienzudo.
metida (del pp. de *meter*) *f.* Acción de meter. 2 Efecto de meter. 3 Las yemas y brotes subsiguientes de una planta correspondiente a cada período de actividad vital. 4 fam. Herida, puñalada. 5 fam. Zurra, azotaina. 6 fig. Impulso o avance que se da a una tarea. 7 fig. Tute, acometida que se da a una cosa en su uso o consumo: *dar una* ~.
metidillo *m.* Metedor (paño).
metido, -da *adj.* Abundante en ciertas cosas: ~ *en carnes.* 2 *Amér.* Entremetido. -3 *m.* Puñetazo en el arca del cuerpo: *le dio un* ~; ataque en gral. 4 Tela metida en las costuras de una prenda. 5 Metedor (paño). 6 fig. *y* fam. Reprensión, refutación o impugnación hecha rigurosa o desconsideradamente. 7 Metida, impulso. 8 Metida, tute.
metijón, -jona *adj.-s.* fam. Entrometido.
metilación *f.* Substitución de uno o más átomos de hidrógeno de un compuesto orgánico por radicales metilos.
metileno *m.* Nombre comercial del alcohol metílico.
metílico, -ca *adj.* Relativo al metilo. 2 Que contiene metilo.
metilo (gr. *methy,* líquido fermentado + *hyle,* madera) *m.* Radical monovalente (CH_3), derivado del metano por pérdida de un átomo de hidrógeno.
metimiento *m.* Acción de meter una cosa en otra. 2 fig. Privanza, influencia, ascendiente.
metisaca *f.* TAUROM. Mala ejecución del acto de matar en la cual el diestro clava el estoque en la res y lo saca rápidamente sin soltarlo, por considerar imperfecta la estocada.
metlapil (méj. *metlatl,* metate y *pilli,* hijo) *m. Méj.* Cilindro o rodillo para moler el maíz en el metate.
SIN. **Metlapilli.**
metlapilli *m. Méj.* Metlapil.
metódicamente *adv. m.* Con método.
metódico, -ca *adj.* Hecho con método. 2 Que usa de método.
metodismo *m.* Doctrina de una secta protestante de origen inglés, iniciada por Juan Carlos Wesley (1703-1791) en 1729, que busca un nuevo método de salvación en la oración, la lectura en común de la Biblia y la vigilancia recíproca. 2 Sistema que atribuía todas las enfermedades a la estrechez o dilatación de los poros del cuerpo humano.
metodista *adj.-com.* Que profesa el metodismo. -2 *adj.* Relativo a él.
metodizar *tr.* Poner orden y método [en una cosa]. ◇ ** CONJUG. [4] como ***realizar.***
método (gr. *méthodos* < *hodós,* camino) *m.* Modo ordenado de proceder para llegar a un resultado o fin determinado, esp. para descubrir la verdad y sistematizar los conocimientos. 2 Obra destinada a enseñar los elementos de un arte o ciencia: ~ *de lectura.*
SIN. *1* **Procedimiento,** se aplica pralte. a la manera de hacer algo, esp. cuando comprende más de una operación: ~ *para obtener un cuerpo químico*; **norma** y **regla**, pueden y suelen referirse a un solo acto, problema, etc., en tanto que **método** se aplica más al pensamiento que a la acción, y sugiere también una serie continuada; la **norma** continuada o repetida, o un conjunto de normas, constituye un **método** en el pensamiento o en el trabajo, y un **sistema** en la conducta.
metodología (*método* + *-logía*) *f.* Parte de la lógica que estudia los métodos. Se divide en dos partes: la sistemática, que fija las normas de la definición, de la división, de la clasificación y de la prueba, y la inventiva, que fija las normas de los métodos de investigación propios de cada ciencia. 2 En pedagogía, estudio de los métodos de enseñanza.
metodológico, -ca *adj.* Relativo a la metodología.
metomanía (gr. *méthy,* vino + *-manía*) *f.* Deseo morboso hacia las bebidas alcohólicas.
metomentodo *adj.-com.* Persona entrometida o chismosa.
metonimia (gr. *metonymía* < *meta-* + *-onimia*) *f.* RET. Tropo que consiste en designar una cosa con el nombre de otra tomando el efecto por la causa o viceversa, el signo por la cosa significada, etc.; *las canas* por *la vejez.*
SIN. **Transnominación.**
metonímico, -ca *adj.* Relativo a la metonimia. 2 Que contiene una metonimia.
metonomasia (*meta-* + gr. *onomasía,* denominación) *f.* Defecto que se produce cuando se traduce un nombre propio.
metopa, métopa (l. *metopa;* gr. *metope*) *f.* ARQ. Espacio que media entre dos tríglifos en el friso dórico.
metoposcopia (gr. *métopon,* frente, cara + *-scopia*) *f.* Supuesto arte de adivinar el destino de las personas por las líneas del rostro.
metr-, v. metro- II.
metra *f. Venez.* Bolita de barro o vidrio con que juegan los muchachos, canica. 2 *Venez.* fig. Bola, noticia falsa.
metraje (de *metro*) *m.* Longitud, extensión de una película cinematográfica: *obra de gran* ~.
metralgia (*metr-* + *-algia*) *f.* MED. Histeralgia.
metralla (fr. *mitraille*) *f.* Conjunto de pedazos menudos de hierro, cobre, etc., esp. aquellos con que se cargaban antes las piezas de artillería y se cargan ahora ciertos artefactos explosivos. 2 Fragmento en que se divide un proyectil al estallar. 3 Conjunto de cosas inútiles o desechadas. 4 MIN. Conjunto de pedazos menudos de hierro colado que saltan fuera de los moldes al hacer los lingotes.
metrallazo *m.* Disparo de artillería hecho con metralla.
metralleta (fr. *mitraillette*) *f.* Arma de fuego automática, portátil y de repetición.
metrectomía (*metr-* + *-ectomía*) *f.* CIR. Histerectomía.
metreta (gr. *metretés*) *f.* Ant. medida griega y romana para líquidos (unos 36 l.; 12 congios). 2 Vasija para vino o aceite.

-metría (gr. *metron,* medida) Elemento sufijal que entra en la formación de palabras con el significado de medida: *trigonometría.*

métrica *f.* Ciencia y arte que trata del ritmo, estructura y combinaciones de los versos.
SIN. **Versificación.**

métricamente *adv. m.* Con sujeción a las reglas del metro.

métrico, -ca (l. *-cu* < gr. *metron,* medida) *adj.* Relativo a la medida o al metro: *sistema ~; arte ~.*

metrificación *f.* Versificación.

metrificador, -ra *m. f.* Versificador.

metrificar (l. *metru,* medida, verso + *-ificar) intr.-tr.* Versificar. ◇ ** CONJUG. [1] como *sacar.*

metrista *com.* Versificador.

metritis (*metr-* + *-itis*) *f.* Inflamación de la matriz. ◇ Pl.: *metritis.*

I) metro (l. *metrum;* gr. *metron,* medida) *m.* Verso con relación a la medida peculiar que a cada especie de versos corresponde: *poesía con variedad de metros.* 2 Unidad de longitud; equivale a la diezmillonésima parte del cuadrante del meridiano terrestre que pasa por París. Es la base del sistema métrico decimal. 3 *~ cuadrado,* unidad de superficie (cuadrado de un metro de lado). 4 *~ cúbico,* unidad de volumen; equivale a la capacidad de un cubo de un m. de arista; mil litros.

II) metro *m.* Abreviación usual de *metropolitano* (ferrocarril subterráneo o aéreo).

I) metro-, -metro (gr. *metron,* medida) Elemento prefijal y sufijal que entra en la formación de palabras con el significado de medida: *metrología, taquímetro.*

II) metro-, metr- (gr. *metra,* matriz) Elemento prefijal que entra en la formación de palabras con el significado de matriz, útero: *metrectomía, metritis.*

metrología (*metro-* I + *-logía*) *f.* Ciencia que estudia los sistemas de pesas y medidas.

metromalacia (*metro-* II + *-malacia*) *f.* MED. Reblandecimiento patológico del útero.

metromanía (*metro-* I + *-manía*) *f.* Manía de versificar.

metrón *m. Chile.* Yerba magrariea de flores amarillas *(Oenothera Berteriana).*

metrónomo (*metro-* I + *-nomo*) *m.* Instrumento mecánico que sirve para indicar con exactitud el tiempo musical.

metropatía (*metro-* II + *-patía*) *f.* MED. Afección de la matriz, en general.

metrópoli (gr. *metropolis* < *meter,* madre + *polis,* ciudad) *f.* Nación respecto a sus colonias. 2 Ciudad principal, cabeza de provincia o estado. 3 Iglesia arzobispal de la cual dependen otras sufragáneas.

metrópolis *f.* ant. Metrópoli.

metropolitano, -na *adj.* Relativo a la metrópoli. 2 Arzobispal. -3 *m.* Ferrocarril subterráneo o aéreo que enlaza los barrios extremos de las grandes ciudades. Suele decirse y escribirse abreviadamente *metro.* 4 Arzobispo que preside a los obispos de su provincia eclesiástica.
SIN. *4* **Obispo de la primera silla.**

metrorragia (*metro-* II + *-rragia*) *f.* MED. Hemorragia de la matriz irregular o continua, que hace perder el carácter cíclico de la hemorragia menstrual normal.

metrorrea (*metro-* II + *-rrea*) *f.* MED. Flujo o derrame anormal de la matriz.

meucar (arauc. *medun,* cabecear de sueño) *intr. Chile.* Cabecear, dormitar. ◇ ** CONJUG. [1] como *sacar.* ◇ También *meducar.*

meucón, meuqueón *m. Chile.* Cabezada, cabeceo.

M.e.v. *m.* FÍS. Unidad que se usa para medir la energía de partículas cargadas, pralte. las generadas por un ciclotrón; equivale a un millón de electronvoltios.

mexicalense *adj.-s.* De Mexicali, cap. del territorio de Baja California Norte (México).

mexicanismo *m.* Mejicanismo. ◇ V. mexicano.

mexicano, -na *adj.-s.* Mejicano. ◇ La *x* se pronuncia como *j.*

meya *f.* Noca.

meyolote *m. Méj.* Cogollo fresco del maíz.

mezale *m. Méj.* Virutas de maguey raspado.

mezcal (mej. *mexcalli*) *m.* Variedad de pita *(Agave tequilana).* 2 *Méj.* Aguardiente que se saca de esta planta. 3 *Hond.* Fibra de esta planta preparada para hacer cabuyas (cuerdas).

mezcalería *f. Méj.* Lugar donde se destila el mezcal y tienda donde se vende.

mezcalina *f.* Alcaloide del mezcal.

mezcla *f.* Acción de mezclar o mezclarse. 2 Efecto de mezclar o mezclarse. 3 Agregación de substancias que no tienen entre sí acción química. 4 Reunión confusa de personas. 5 Reunión de cosas diversas. 6 Argamasa. 7 Tejido de hilo de diferentes clases y colores. 8 Grabación simultánea en la cinta sonora cinematográfica de todos los sonidos necesarios (palabras, música, etc.).
SIN. *3* **Mixtión, mixtura.**

mezclable *adj.* Que se puede mezclar.
SIN. **Miscible.**

mezcladamente *adv. m.* Con mezcla de unas y otras cosas.

mezclado *m.* Tejido ant. hecho con mezclas.

mezclador, -ra *m. f.* Persona que mezcla una cosa con otra. -2 *m.* Horno grande que se emplea como depósito del hierro colado en los altos hornos. 3 Circuito con dos o más entradas y una salida que combina linealmente varias señales de entrada para obtener una sola señal de salida: *~ de imagen,* el que combina las imágenes de dos o más cámaras de televisión. -4 *f.* Máquina que sirve para mezclar diversas substancias.

mezcladura *f.* Mezcla.

mezclamiento *m.* Mezcla.

mezclar (b. l. *misculare;* l. *miscere*) *tr.-prnl.* Juntar, incorporar [cosas diversas] obteniendo cierta homogeneidad: *~ vinagre con aceite; ~ agua en el vino; ~ pimienta a la harina.* 2 Reunir personas o cosas distintas. 3 Desordenar, revolver. -4 *prnl.* Introducirse o meterse uno entre otros: *se mezcló entre los espectadores;* ***mezclarse uno en una cuestión,*** tomar parte en ella o en su manejo. 5 Enlazarse las familias o linajes unos con otros.
SIN. *1* **Mixturar, mixtionar,** ambos de uso docto; **inmiscuir,** es introducir una cosa en otra para mezclarla con ella; pero dos o más cosas entre sí se *mezclan,* no se *inmiscúen. 4* **Inmiscuirse, entremeterse, entrometerse, injerirse.**

mezclilla *f.* Tejido de menos cuerpo que la mezcla.

mezcolanza (it. *mescolanza*) *f.* desp. Mezcla extraña y confusa y a veces ridícula.

mezéreon *m.* Mecéreo.

mezontete (mej. *metzontetl*) *m. Méj.* Leño hueco que sobra del maguey después de raspado.

mezote *m. Méj.* Maguey seco.

mezquicopal *m. Méj.* Goma del mezquite.

mezquinamente *adv. m.* Pobre o miserablemente. 2 Con avaricia.

mezquinar *intr.-tr. Amér.* Obrar con mezquindad; escasear, negar. 2 *Argent.* Esquivar, apartar, hacer a un lado. 3 *Colomb.* Defender a alguien.

mezquindad *f.* Calidad de mezquino. 2 Cosa mezquina.
SIN. *1* **Avaricia.**

mezquino, -na (ár. *meçquin,* pobre) *adj.* Pobre. 2 Avaro, miserable. 3 Pequeño, diminuto. 4 Desdichado, desgraciado, infeliz. -5 *m.* En la Edad Media, siervo de la gleba de raza española. 6 *Amér.* Verruga.

mezquita (ár. *maçchid,* oratorio) *f.* Edificio en que los mahometanos practican sus ceremonias religiosas.

mezquital *m.* Sitio poblado de mezquites.

mezquitamal *m. Méj.* Pasta o pan que se prepara con las semillas molidas del mezquite.

mezquite (mej. *mizquitl*) *m. Méj.* Árbol gomero parecido a la acacia, de cuyas hojas se saca un extracto que se emplea en las oftalmías *(Prosopis juliflora).*

mezzo-soprano (it.) *m.* Voz de mujer, entre soprano y contralto.

mg, abreviatura de miligramo.

Mg, símbolo químico del *magnesio.*

mí (l. *mihi,* a mí, para mí) *pron. pers.* Forma tónica de 1ª persona en género masculino y femenino y en número singular que, siempre precedida de preposición, se usa para todos los complementos: *a ~; hacia ~; de ~; en ~,* etc. 2 Usado con la preposición *con,* forma la voz *conmigo.* 3 Acompañado de *me,* su uso es expletivo: *a ~ me parece; para ~ me han traído una carta;* ** PRONOMBRE.

I) mi *adj. poses.* Apócope de los posesivos *mío, mía,* usado únicamente antes del nombre: *~padre; ~madre; mis padres; mis tías.* ◇ INCOR.: la pronunciación acentuada *mí padre, mís casas,* frecuente en algunas provincias leonesas y castellanas. ◇ Pl.: *mis.*

II) mi (v. *ut*) *m.* MÚS. Nota musical; tercer grado de la escala fundamental. ◇ Pl.: *mis.*

mi-, v. mio-.

mía (ár. *mía,* ciento) *f.* Unidad de tropa regular indígena al servicio de España en Marruecos durante el protectorado.

miador *adj.* Maullador.
miagro *m.* BOT. Planta dicotiledónea de flores amarillas en racimos, cuya semilla tiene una grasa de utilidad industrial; de sus tallos se obtiene una fibra textil *(Chamaelina sativa).*
miaja *f.* Migaja.
SIN. **Pedazo.**
mialgia (*mi-* + *-algia*) *f.* PAT. Dolor muscular.
SIN. **Miodinia.**
mialmas *f. pl. Como unas ~*, expr. fam. de agrado y satisfacción.
miañar *intr.* Maullar.
miar *intr.* Maullar. ◇ ** CONJUG. [13] como ***desviar.***
miargirita *f.* Mineral de la clase de los sulfuros que cristaliza en el sistema monoclínico, de color gris plomo, a veces casi negro.
miasma (gr. *míasma* < *miaíno,* manchar) *m.* Efluvio maligno que se desprende de cuerpos enfermos o materias en descomposición.
miasmático, -ca *adj.* Que produce o contiene miasmas: *laguna miasmática.* 2 Causado por los miasmas: *fiebre miasmática.*
miastenia (*mi-* + *astenia*) *f.* MED. Debilidad muscular.
miau (onomat. del maullido del gato) *m.* Maullido. ◇ Pl.: *miaus*, según indica la Academia en el *Esbozo de una nueva gramática de la lengua española.*
I) mica (l. *mica,* partícula; doble etim. *miga*) *f.* Silicato nativo múltiple, de coloraciones diversas, caracterizado por separarse en láminas transparentes y elásticas. Es uno de los mejores aisladores eléctricos.
II) mica *f.* Hembra del mico. 2 *Guat.* Mujer coqueta.
micáceo, -a *adj.* Que contiene mica. 2 Que se asemeja a la mica.
micacita *f.* Roca de textura pizarrosa, compuesta de cuarzo y mica.
micado (japonés *mi,* sublime + *cado,* puerta) *m.* Nombre dado al emperador del Japón en poesía y en circunstancias solemnes.
micción (l. *mictione*) *f.* Acción de mear.
REL. **Mingitorio,** relativo a la micción.
micela *f.* Partícula de diámetro comprendido entre una y cien milimicras.
micelio (gr. *mýke,* hongo; con la terminación de *epitelio*) *m.* Aparato vegetativo de los hongos.
micena *f.* Hongo basidiomiceto de pequeño tamaño, sombrero pequeño de color gris y pie largo *(Mycena vulgaris).*
micénico, -ca *adj.* De Micenas, ant. c. de la Argólida, y esp. de su civilización (1400-1100 a. J. C.) que precedió a la griega.
micer (cat. *misser* < it. *messer* < fr. *messire,* mi señor) *m.* Título honorífico de la ant. corona de Aragón.
-mices (v. *mico-*) Elemento sufijal que entra en la formación de palabras designando nombre de un hongo.
-micetes (v. *miceto-*) Elemento sufijal que entra en la formación de palabras designando clase de hongos.
miceto- (gr. *mýke, mýketos,* hongo) Elemento prefijal que entra en la formación de palabras con el significado de hongo.
SIN. **Mico-.**
micetología (*miceto-* + -logía) *f.* Micología.
michay *m. Argent.* y *Chile.* Calafate (planta).
miche *m. C. Rica.* Pendencia, alboroto. 2 *Chile.* Juego de bolitas que consiste en hacer salir de un círculo trazado en el suelo una moneda montada sobre una bolita. 3 *Venez.* Aguardiente. -4 *adj. Bol.* Desorejado en señal de marca, en las ovejas.
michelín (de la marca comercial *Michelin*) *m.* fam. Pliegue de grasa en determinadas partes del cuerpo.
michí *m. Chile.* Micho, gato.
michino, -na *m. f.* Gato (mamífero).
micho, -cha (onomat.) *m. f.* Gato (mamífero).
michoacán *m. Méj.* Mechoacán.
michoacano, -na *adj.-s.* De Michoacán, estado de Méjico.
micifuz *m.* fam. Gato.
mico, -ca (voz cumanagota) *m.* Mono de cola larga. 2 fig. Hombre lujurioso. 3 fig. *y* fam. Hombre pequeño, joven. -4 *m. f.* fig. *y* fam. Persona muy fea. 5 Mequetrefe. 6 *Colomb.* Caí.
SIN. *1* **Maimón.** FR. *Dar,* o *hacer, ~*, fig., faltar a una cita o a un compromiso adquirido. *Dejar a uno* o *quedarse uno hecho un ~*, dejarle o quedarse corrido o avergonzado. *Ser el último ~*, ser una persona de la cual no se hace caso alguno.
mico- (gr. *myke, myketos,* hongo) Elemento prefijal que entra en la formación de palabras con el significado de hongo.
micoate *m. Méj.* Culebra que se arroja sobre su presa desde los árboles *(Coluber obseletus).*
micoderma (*mico-* + *-derma*) *m.* Levadura que se cría en la superficie de las bebidas fermentadas y azucaradas.
micodermatitis (*mico-* + *dermatitis*) *f.* MED. Dermatitis por hongos.
micófago, -ga (*mico-* + *-fago*) *adj.* BOT. y ZOOL. Que se alimenta de hongos.
micógeno, -na (*mico-* + *-geno*) *adj.* Producido por los hongos.
micoleón *m. Guat.* Cusumbé o quincajú, mamífero.
micología (*mico-* + *-logía*) *f.* Parte de la botánica que trata de los hongos.
micólogo, -ga (*mico-* + *-logo*) *m. f.* Persona que se dedica al estudio de la micología o tiene de ella especiales conocimientos.
micoplasma (*mico-* + *-plasma*) *m.* BIOL. Microorganismo unicelular de acción patógena con gran variedad de formas y cuya pared celular no está bien diferenciada.
micorriza (*mico-* + *-rriza*) *f.* Conjunto de hifas de un hongo que se unen a las raíces de una planta con las cuales establecen una relación de simbiosis.
micosis (*mico-* + *-osis*) *f.* MED. Infección producida por hongos en alguna parte del organismo. ◇ Pl.: *micosis.*
micra (gr. *mikrós,* pequeño) *f.* Medida micrométrica (millonésima parte de un metro).
SIN. **Micrón,** se expresa con la letra griega μ.
micrinita *f.* Componente microscópico de los carbones, que sirve para clasificarlos.
micro *m.* Microbús. 2 Micrófono. 3 Microordenador. 4 *Chile.* Autobús urbano. 5 *Chile, Ecuad., Parag.* y *Perú.* Autobús pequeño.
micro- (gr. *mikrós,* pequeño) Elemento prefijal que entra en la formación de palabras con el significado de pequeño. 2 Elemento prefijal que entra en la formación de palabras con el significado de millonésima parte de una unidad.
CONTR. *1* **Macro-:** *macrocéfalo.*
microamperio (*micro-* + *amperio*) *m.* Unidad de intensidad de corriente eléctrica equivalente a una millonésima parte del amperio.
microanálisis (*micro-* + *análisis*) *m.* Análisis químico de masas muy pequeñas de diversas substancias que requiere el uso de instrumentos especiales. ◇ Pl.: *microanálisis.*
microauricular (*micro-* + *auricular*) *m.* Combinación normal de un micrófono y un auricular en una sola pieza.
microbiano, -na *adj.* Relativo a los microbios.
microbicida (de *microbio* + *-cida*) *adj.-s.* Que mata los microbios.
microbio (*micro-* + *-bio*) *m.* Nombre genérico de los seres unicelulares, microscópicos, ya sean vegetales o animales.
SIN. **Microorganismo.**
microbiología (*microbio* + *-logía*) *f.* Ciencia que estudia los microbios.
microbiológico, -ca *adj.* Relativo a la microbiología.
microbiólogo, -ga *m. f.* Persona especialista en microbiología.
microbús (*micro-* + *bus*) *m.* Autobús de pequeño tamaño que se emplea en el transporte urbano.
microcefalia (*micro-* + *-cefalia*) *f.* Calidad de microcéfalo.
SIN. **Nanocefalia.** CONTR. **Macrocefalia, megalocefalia.**
microcéfalo, -la (*micro-* + *-céfalo*) *adj.-s.* De cabeza pequeña.
CONTR. **Macrocéfalo, megalocéfalo.**
microcinematografía (*micro-* + *cinematografía*) *f.* Técnica cinematográfica consistente en la reproducción mediante el microscopio de objetos invisibles a simple vista. 2 Grabación efectuada mediante dicha técnica.
microcinta (*micro* + *cinta*) *f.* Cinta cinematográfica más estrecha que la ordinaria.
microcircuito (*micro-* + *circuito*) *m.* Circuito electrónico constituido de componentes miniaturizados.
microcirugía (*micro-* + *cirugía*) *f.* Cirugía que se realiza mediante microscopio sobre estructuras vivas muy pequeñas.
microclima (*micro-* + *clima*) *m.* Conjunto de condiciones climáticas particulares de un espacio homogéneo de extensión muy reducida.
microclimatología (*micro-* + *climatología*) *f.* Estudio de los microclimas.
micrococo (*micro-* + *-coco*) *m.* Bacteria del tipo coco que se presenta aislada de otras iguales a ella.
microcomponente (*micro-* + *componente*) *m.* Conjunto de elementos conectados para formar un circuito electrónico.

microcomputador, -ra (*micro-* + *computador*) *m. f.* Microordenador.
microcontexto (*micro-* + *contexto*) *m.* LING. Contexto mínimo, entorno inmediato de una unidad.
CONTR. **Macrocontexto.**
microcopia (*micro-* + *copia*) *f.* Copia fotográfica de tamaño muy reducido que se ha de leer o examinar mediante un aparato óptico que amplía considerablemente la imagen. 2 Reproducción de textos por este procedimiento.
microcosmo (*micro-* + *-cosmo*) *m.* Según ciertos filósofos, el hombre considerado como un resumen del universo o macrocosmo. 2 Mónada. 3 Sociedad, grupo humano muy reducido.
microcosmos *m.* Microcosmo.
microcristal (*micro-* + *cristal*) *m.* Cristal de tamaño muy pequeño, solamente observable a través del microscopio.
microeconomía (*micro-* + *economía*) *f.* Estudio de la economía en función de las actividades individuales.
REL. **Macroeconomía.**
microedición (*micro-* + *edición*) *f.* Edición [de libros] en tiradas pequeñas.
microelectrónica (*micro-* + *electrónica*) *f.* Concepción y fabricación de material electrónico de muy pequeñas dimensiones.
microestructura (*micro-* + *estructura*) *f.* Estructura que forma parte de otra estructura más amplia. 2 Estructura microscópica. 3 FÍS. Estructura detallada de un sólido, esp. de un mineral o de un metal, cual la revelan las técnicas de micrografía. 4 LING. Estructura interna de los artículos de un diccionario.
CONTR. **Macroestructura.**
microfaradio (*micro-* + *faradio*) *m.* ELECTR. Unidad práctica de capacidad de un condensador, equivalente a la millonésima parte de un faradio.
microfauna (*micro-* + *fauna*) *f.* Fauna microscópica.
microficha (*micro-* + *ficha*) *f.* Conjunto de fotografías de tamaño extremadamente pequeño en forma de fichas que pueden ser vistas a través de un aparato adecuado.
microfilmación *f.* Acción de microfilmar. 2 Efecto de microfilmar.
microfilmador, -ra *adj.* Que microfilma. -2 *f.* Máquina para microfilmar.
microfilmar *tr.* Obtener microfilmes [de textos, estampas, imágenes, etc.].
microfilme (*micro-* + *filme*) *m.* Película que se usa pralte. para fijar en ella, en tamaño reducido, imágenes de impresos, manuscritos, etc., y ampliarlas después en proyección o fotografía.
microfísica (*micro-* + *física*) *f.* Física del átomo.
micrófito (*micro-* + *-fito*) *m.* Microbio.
microfónico, -ca *adj.* Perteneciente o relativo al micrófono.
microfonista *com.* Persona especialista en la colocación de micrófonos durante el rodaje de una película.
micrófono (*micro-* + *-fono*) *m.* Aparato que en los teléfonos, emisoras de radiotelefonía, etc., sirve para aumentar la intensidad de los sonidos y para transmitirlos.
microfotografía (*micro-* + *fotografía*) *f.* Fotografía de las preparaciones microscópicas.
microfotográfico, -ca *adj.* Perteneciente o relativo a la microfotografía.
microgameto (*micro-* + *gameto*) *m.* Gameto masculino.
SIN. **Espermatozoario, espermatozoide, espermatozoo, zoospermo.**
micrografía (*micro-* + *-grafía*) *f.* Descripción de objetos microscópicos.
micrográfico, -ca *adj.* Relativo a la micrografía.
micrógrafo, -fa *m. f.* Especialista en micrografía.
microgramo (*micro-* + *gramo*) *m.* Millonésima parte de un gramo.
microgravedad (*micro-* + *gravedad*) *f.* Estado en el cual la gravedad es insignificante, aunque no nula, como en las naves espaciales.
microhmio (*micro-* + *ohmio*) *m.* ELECTR. Millonésima parte de un ohmio.
microlentilla (*micro-* + *lentilla*) *f.* Lentilla.
microlina *f.* MINERAL. Silicato alumínico-potásico, variedad de feldespato.
microlux (*micro-* + *lux*) *m.* Millonésima parte de un lux.
micrometría (*micro-* + *-metría*) *f.* Medición de cuerpos y distancias de muy pequeñas dimensiones.
micrométrico, -ca *adj.* Relativo al micrómetro: *tornillo ~; calibrador ~.*
micrómetro (*micro-* + *-metro*) *m.* Instrumento para medir cantidades lineales o angulares muy pequeñas.
micromilímetro (*micro-* + *milímetro*) *m.* Medida de longitud, equivalente a la millonésima parte del milímetro o a la milésima parte de la micra.
micrómnibus *m.* Microbús.
micromódulo (*micro-* + *módulo*) *m.* Circuito lógico o aritmético miniaturizado de una calculadora electrónica que reúne, en un soporte aislante de pequeñas dimensiones, los circuitos, las resistencias y los semiconductores necesarios para una operación dada.
micrón *m.* Micra.
micronesio, -a *adj.-s.* De Micronesia, conjunto de islas del Pacífico.
microonda (*micro-* + *onda*) *f.* Onda electromagnética comprendida entre los mil y los tres mil megahercios.
microordenador (*micro-* + *ordenador*) *m.* Pequeño ordenador electrónico diseñado para aplicaciones concretas, que suele llevar incorporado el programa específico, y es de tamaño y potencia muy reducidos. ◇ Se pronuncia *micrordenador.*
microorganismo *m.* Microbio.
micropétalo, -la (*micro-* + *pétalo*) *adj.* BOT. De pétalos pequeños, por lo común menores que el cáliz.
CONTR. **Macropétalo.**
micrópilo (*micro-* + gr. *pýle,* puerta) *m.* Apertura apical en el tegumento del óvulo.
micropliegue (*micro-* + *pliegue*) *m.* Textura propia de las rocas metamórficas, generalmente afectada por movimientos tectónicos.
microprocesador (*micro-* + *procesador*) *m.* Circuito constituido por millares de transistores integrados en una ficha o pastilla.
micropsia (*micro-* + *-opsia*) *f.* MED. Trastorno visual en el que los objetos se ven más pequeños de lo que son realmente.
CONTR. **Macropsia.**
microquímica (*micro-* + *química*) *f.* Conjunto de procedimientos para descubrir y medir las cantidades más pequeñas de substancias químicas que se encuentran en un cuerpo.
microscopia *f.* Empleo del microscopio. 2 Conjunto de métodos empleados en las investigaciones por medio del microscopio.
microscópico, -ca *adj.* Relativo al microscopio. 2 Hecho con la ayuda del microscopio. 3 Que por su pequeñez sólo puede observarse con el microscopio. 4 p. ext. Que es muy pequeño.
CONTR. **Macroscópico.**
microscopio (*micro-* + *-scopio*) *m.* Instrumento óptico consistente en un sistema de lentes, para observar objetos extremadamente pequeños, de los cuales da una imagen muy amplificada. 2 Constelación austral situada entre la Grulla y el Sagitario. 3 *~ electrónico,* tipo de microscopio que utiliza electrones para iluminar el objeto. La imagen obtenida se observa en una pantalla fluorescente. Se obtienen imágenes mucho más amplificadas que en un microscopio óptico.
microsegundo (*micro-* + *segundo*) *m.* Unidad de tiempo equivalente a la millonésima parte de un segundo. Su símbolo es *Ms.*
microsismo (*micro-* + *sismo*) *m.* Terremoto casi imperceptible.
microsporidio (*micro-* + gr. *sporídion,* semilla pequeña) *m.* ZOOL. Subtipo de protozoos intracelulares, de tamaño muy pequeño, con esporas minúsculas, los cuales son parásitos que están muy extendidos e infestan desde los protozoos a los vertebrados, y causan graves epizootias en insectos, crustáceos y peces.
microsurco (*micro-* + *surco*) *m.* Ranura extremadamente fina de ciertos discos de fonógrafo, cuyo paso reducidísimo permite una larga audición. 2 El mismo disco.
CONTR. **Macrosurco.**
microtaxi (*micro-* + *taxi*) *m.* Forma abreviada con que se designa usualmente al *microtaxímetro.*
microtaxímetro (*micro-* + *taxímetro*) *m.* Taxímetro de pequeño tamaño y tarifa reducida.
micrótomo (*micro-* + *-tomo*) *m.* Instrumento para cortar los objetos que se han de observar con el microscopio.
micuré *m.* Especie de zarigüeya del Paraguay; mide cerca de medio metro de longitud, sin contar la cola, que es mitad negra y mitad blanca *(Didelphis paraguayensis).*
mida *m.* Brugo.
Midas *n. pr.* MIT. Rey de Frigia al cual Dionisios concedió que cuanto tocase se convirtiese en oro. Este don se convirtió en su-

plicio, porque hasta sus alimentos se le cambiaban en oro. Entonces suplicó al dios que le retirase aquel poder, y para conseguirlo se bañó en el río Pactolo, que desde entonces tiene las arenas auríferas.

midriasis (gr.-l. *mydríasis*) *f.* Dilatación anormal de la pupila con inmovilidad del iris. ◇ Pl.: *midriasis.*

midriático, -ca *adj.-m.* Que dilata las pupilas.

miectomía (*mi-* + *-ectomía*) *f.* CIR. Escisión de una porción de músculo.

miedica *com.* fam. Miedoso, cobarde.

mieditis *f.* fam. Miedo. ◇ Pl.: *mieditis.*

miedo (l. *metu*) *m.* Perturbación angustiosa del ánimo por un peligro real o imaginario: ~ ***cerval,*** fig., el grande o excesivo. 2 Recelo o aprensión que uno tiene de que le suceda una cosa contraria a lo que deseaba. 3 ***De*** ~, mucho, muchísimo.

SIN. Serie intensiva: **recelo, temor,** daño supuesto; **miedo,** daño real o supuesto; **espanto, pavor, terror,** con señales exteriores del estado psíquico; **pánico,** terror colectivo, como el que experimentó el dios Pan, la naturaleza, ante el rayo de Júpiter. Por hipérbole o eufemismo pueden usarse estos términos con intensidad distinta de la normal, produciéndose con ello un efecto cómico por contraste: *el estudiante tiene pánico del examen.* **Miedo** ocupa la posición central de la serie, y puede sustituir a cualquiera de ellos; **medrana,** fam. y p. us.; **jindama, canguelo,** germ. y vulg.

miedoso, -sa *adj.-s.* Medroso (temeroso). -2 *m. Venez.* Marimonda, mono.

miel (l. *mel*) *f.* Substancia viscosa y muy dulce que elaboran las abejas, en una distensión del esófago, con el jugo de las flores y luego depositan en las celdillas de sus panales: ~ *de romero; dulce como la* ~; ~ ***virgen,*** la que fluye de los panales sin prensarlos ni derretirlos. 2 FARM. ~ ***rosada,*** preparación de consistencia de jarabe, hecha con agua de rosas y miel. 3 fig. ~ ***sobre hojuelas,*** cosa que cae muy bien sobre otra. 4 En la fabricación de azúcar, jarabe saturado. 5 fig. Dulzura.

SIN. *2* **Rodomiel.** FR. *Dejar a uno con la* ~ *en los labios,* fig., privarle de lo que empezaba a gustar.

miel-, v. mielo-.

I) mielga (l. *medica [herba]*) *f. Ar.* Alfalfa.

II) mielga (probl. del l. *merga,* horca para levantar las mieses) *f.* Pez marino seláceo escualiforme, de color gris pardusco, a veces con manchas blancas, de algo más de 1 m. de longitud, provisto de dos aguijones venenosos *(Squalus acanthias).* 2 AGR. Bieldo.

III) mielga (de *amelga*) *f.* AGR. Amelga.

mielgo, -ga (l. **gemellicu*) *adj.* [pers.] Gemelo.

mielina (gr. *mylelós,* medula) *f.* Substancia que envuelve y protege las fibras nerviosas.

mielítico, -ca *adj.* Que padece mielitis.

mielitis (*miel-* + *-itis*) *f.* Inflamación de la medula espinal. ◇ Pl.: *mielitis.*

mielo-, miel- (gr. *myelós,* medula) Elemento prefijal que entra en la formación de palabras con el significado de medula.

mielocito (*mielo-* + *-cito* I) *m.* BIOL. Glóbulo blanco que se origina en la medula ósea y que moviliza el organismo en las infecciones piógenas.

mieloma (*miel-* + *-oma*) *m.* Crecimiento anormal de las células de la medula roja de los huesos.

mielomalacia (*mielo-* + *-malacia*) *f.* MED. Reblandecimiento patológico de la medula espinal.

mielopatía (*mielo-* + *-patía*) *f.* MED. Afección de la medula, en general.

miembralera *f. Logr.* Escalón o levante de piedra junto a la puerta de la casa.

miembro (l. *membru*) *m.* Extremidad del hombre o de los animales. 2 Órgano de la generación en el hombre y en algunos animales. 3 Individuo que forma parte de una comunidad o cuerpo moral: ~ ***podrido,*** el indigno o separado de ella por sus culpas. 4 Parte de una cosa separada de ella. 5 Parte de un todo unida con él. 6 Parte principal componente de un orden arquitectónico o de un edificio. 7 MAT. Expresión de una ecuación separada de otra por el signo de igualdad (=), o de una desigualdad separadas por los signos (>) o (<).

SIN. *2* **Miembro viril, pene.**

-mienta, sufijo que entra en la formación de algunos nombres originariamente colectivos: *herramienta.* ◇ V. -menta.

miente (l. *mente*) *f.* ant. Pensamiento, en las frases: ***caer en las mientes*** o ***en mientes,*** imaginarse una cosa; ***parar*** o ***poner mientes en una cosa,*** considerarla, meditar sobre ella.

mientes *m.* Juego de naipes en el que los jugadores se van desprendiendo de todas sus cartas, perdiendo el último que se queda con alguna en la mano. ◇ Pl.: *mientes.*

-miento, sufijo que entra en la formación de palabras con el significado de efecto o acción: *fingimiento, alumbramiento.* Toma la forma *-amiento* en los derivados de verbos de la 1ª conjugación; *-imiento* en los de la 2ª y 3ª; y *-mento* en los latinos cultos: *fundamento, impedimento.*

mientras (ant. *demientre* < l. *dum interim*) *adv. t.* En tanto, entre tanto. 2 En las oraciones temporales indica simultaneidad de las acciones expresadas por los verbos principal y subordinado: ~ *unos aplaudían, otros censuraban aquellas palabras; él juega* ~ *yo estudio.* 3 En las frs. conjuntivas ~ *que* y ~ *tanto,* las palabras *que* y *tanto* actúan como simple refuerzo de su carácter conjuntivo, pero nada añaden a su significado, y pueden omitirse: ~ *(que, tanto) unos velaban, otros dormían.* 4 ~ ***más*** o ***menos,*** cuanto más, o menos: ~ *más tiene, más desea.* 5 Cuando hay oposición o contrariedad entre dos verbos, la oración adquiere matiz adversativo: *te amo* ~ *tú me aborreces.*

miera (l. *meru,* claro, limpio) *f.* Aceite medicinal obtenido de las bayas y ramas del enebro. 2 Trementina del pino.

miércoles (l. *Mercurii dies,* día de Mercurio) *m.* Cuarto día de la semana: ~ ***de ceniza*** o ***corvillo,*** primer día de la Cuaresma. ◇ Pl.: *miércoles.*

mierda (l. *merda*) *f.* Excremento humano. 2 p. ext. El de algunos animales. 3 fig. Grasa, suciedad o porquería. 4 vulg. Borrachera. 5 En el lenguaje de la droga, hachís.

SIN. *1* **Caca,** esp. la de los niños; **aguas mayores,** eufem.

mierdecilla *com.* fig. y fam. Individuo delicado, melindroso, insignificante.

mierdoso, -sa *adj.* Asqueroso, despreciable.

mierla (l. *merula*) *f.* desus. Mirla (pájaro).

mierra *f.* Narria (cajón).

mies (l. *messe*) *f.* Cereal maduro: *segar las mieses.* 2 Tiempo de la siega y cosecha de granos. 3 En las provincias montañesas de España, valles cerrados en donde los vecinos tienen sus sembrados. 4 fig. Muchedumbre de gentes convertida al cristianismo o pronta a su conversión. -5 *f. pl.* Sembrados. ◇ Pl.: *mieses.*

I) miga (v. *mica*) *f.* Migaja (porción pequeña). 2 Parte más blanda del pan. 3 fig. Substancia y virtud interior de las cosas: *discurso de* ~; *hombre de* ~. -4 *f. pl.* Pan desmenuzado, humedecido y frito.

SIN. *2* **Molledo.** FR. *Hacer buenas* o *malas migas con uno,* fig., entenderse con él bien o mal. *Hacerle a uno migas,* fig., hacerle a uno polvo.

II) miga *f. And.* Escuela de niñas.

migaja (dim. de *miga*) *f.* Porción pequeña de cualquier cosa: *las migajas del pan; tiene una* ~ *de inteligencia.* -2 *f. pl.* Las del pan. 3 fig. Desperdicios o sobras de uno, de que se sirven otros. 4 fig. Nada o casi nada.

SIN. **Miaja.** *1* **Pedazo.**

migajada *f.* Migaja (porción pequeña).

migajón (aum. de *miga*) *m.* Miga de pan o parte de ella. 2 fig. Miga (substancia). 3 *Chile.* Prendedura o galladura del huevo.

migala (l. *mygale*) *f.* Género de araña gigante de Sudamérica, de hasta 20 cms. de envergadura; el cuerpo, de color castaño oscuro, está cubierto de abundante pilosidad *(Avicularia avicularia).*

migar *tr.* Desmenuzar [el pan] en pedazos muy pequeños. 2 Echar migas [en un líquido]: ~ *la leche.* ◇ ** CONJUG. [7] como ***llegar.***

migmatitas *f. pl.* GEOL. Rocas intermedias que señalan el tránsito del ambiente metamórfico al magmático.

migollo *m. Extr.* Corazón de la nuez.

migración (l. *migratione*) *f.* Emigración. 2 Acción de pasar de un país a otro para residir en él. 3 Efecto de pasar de un país a otro para residir en él. 4 Viaje periódico de las aves de paso. 5 QUÍM. Movimiento de partículas en una dirección determinada, bajo la influencia de una fuerza.

REL. **Emigración, inmigración,** toda *migración* supone una **emigración,** o salida del país de origen, y una **inmigración** en el país de llegada. Los hombres o animales que así se trasladan son **emigrantes** e **inmigrantes,** respectivamente; **transmigración,** equivale a emigración; se usa esp. si es colectiva.

migraña (l. *hemicrania*) *f.* Jaqueca.

migrar *intr.* Hacer migraciones.

migratorio, -ria *adj.* Relativo a las migraciones. 2 Relativo a las aves migratorias.

SIN. **Nómada.**

miguel *m. Parag.* Reptil parecido al lución.

miguelear *tr. Amér. Central.* Enamorar, cortejar.

migueleño, -ña *adj.-s.* De San Miguel, c. y dep. de El Salvador. -2 *adj. Hond.* Descortés.

miguelete (de *Miquelet* de Prats, jefe de esta tropa) *m.* Antig., fusilero de montaña en Cataluña. 2 Individuo de la milicia foral de Guipúzcoa.

SIN. **Miquelete.**

miguero, -ra *adj.* Relativo a las migas. 2 Lucero del alba porque al verlo se ponen los pastores a hacer las migas.

mihrab (ár.) *m.* Hornacina adonde han de mirar los que oran en las mezquitas. ◇ Pl.: *mihrabs.*

mijar *m.* Campo de mijo.

mijarra *f. Amér. Central* y *Venez.* Almijarra de molino. 2 *Pan.* Apero usado para los animales de tracción. 3 *Pan.* fig. Miseria, desgracia.

mije *m. Cuba.* Árbol mirtáceo de fruto parecido al de la grosella *(Chytraculia rigida).* 2 *Méj.* Tabaco ordinario. -3 *adj.-com.* Indígena mejicano establecido en la región del istmo de Tehuantepec.

mijediega *f.* Planta dicotiledónea leguminal, arbustiva, pubescente y perenne, cuyas flores son blancas *(Dorycnium pentaphyllum).*

mijo (l. *miliu*) *m.* Planta gramínea de tallo robusto, flores en panojas terminales y grano redondo, pequeño y amarillento *(Panicum miliaceum).* 2 Grano de esta planta. 3 En algunas partes, maíz. 4 ~ ***ceburro,*** trigo candeal. 5 ~ ***del sol,*** planta borraginácea, pubescente, con hojas alternas, lanceoladas y puntiagudas, y corolas amarillas en forma de rueda *(Lithospermum officinale).*

SIN. *1* **Borona.** *1, 2* y *3* **Millo.** *5* **Aljófar, litospermo.**

mikado *m.* Micado.

mil (l. *mille*) *adj.* Diez veces ciento; **NUMERACIÓN. 2 Milésimo: *año* ~. 3 Millar: *vale algunos miles de pesetas.* 4 fig. Número o cantidad indefinidamente grande: ~ *excusas;* ~ *gracias;* ***a las ~ y quinientas,*** demasiado tarde.

milady (ing.) *f.* Tratamiento que se da en Gran Bretaña a las señoras de la nobleza. ◇ Se pronuncia *mileidi.*

milagrear *intr.* Hacer milagros.

milagrería *f.* Narración de supuestos milagros.

milagrero, -ra *adj.* Que tiende a tomar por milagros cosas que acaecen naturalmente. 2 Que finge milagros. 3 Milagroso (que hace milagros).

milagro (l. *miraculu* < *mirari,* asombrarse de) *m.* Hecho sensible superior al orden natural, producido por Dios. 2 Suceso o cosa rara, extraordinaria y maravillosa: ***vivir uno de*** ~, fig., vivir con mucha dificultad, o haber escapado de un gran peligro. 3 Exvoto. 4 Denominación de ciertas formas del drama religioso en la Edad Media. 5 Prosperidad, éxito espectacular e inesperado, especialmente económico, del que se beneficia una colectividad importante: *el ~ alemán.*

SIN. *1* y *2* **Prodigio.**

milagrón (aum. de *milagro*) *m.* fam. Aspaviento, extremo.

milagrosamente *adv. m.* Por milagro. 2 De manera que admira y suspende.

milagroso, -sa *adj.* Que excede a las fuerzas de la naturaleza. 2 Asombroso, maravilloso, pasmoso. 3 Que obra o hace milagros.

milamores (de *mil* + *amor*) *f.* Hierba valerianácea de flores rojas con un solo estambre *(Centranthus ruber).*

milán *m.* Tela de lino que se fabricaba en Milán.

milanés, -nesa *adj.-s.* De Milán, c. de Italia. -2 *f.* Filete de carne empanada.

I) milano (l. *milvu*) *m.* Ave rapaz falconiforme, de plumaje rojizo y cola y alas muy largas *(Milvus milvus).* 2 *Amér.* Nombre de varias especies de aves del gén. *Nauclerus.* 3 Azor. 4 Pez marino acantopterigio, de aletas pectorales tan desarrolladas, que le permiten saltar fuera del agua *(Myliobatis aquila; M. bovina).*

SIN. *4* **Lucerna.**

II) milano *m.* Vilano.

milaña *f. S. Dom.* Pizca.

milañero, -ra *adj. S. Dom.* Tacaño, mezquino.

milcao (arauc. *mulcayun,* resbalar) *m. Chile.* Guiso de papas ralladas o machacadas, con manteca, cuya preparación varía según las regiones.

mildeu *m.* p. us. Mildiu.

mildiu (ing. *mildew*) *m.* Enfermedad de la vid producida por un hongo microscópico (*Plasmopara viticola*) que ataca las hojas, el tallo y los frutos. ◇ La sílaba tónica es *mil.*

milenario, -ria (l. *millenariu*) *adj.* Relativo al número mil o al millar. -2 *adj.-s.* [pers.] Que creía en el milenarismo. 3 fig. Muy antiguo. -4 *m.* Espacio de mil años. 5 Día en que se cumplen uno o más milenios de algún suceso famoso. 6 Fiestas con que se celebra: *el ~ de Castilla.*

milenarismo *m.* Creencia según la cual Cristo reinaría sobre la tierra por espacio de mil años antes del día del Juicio. 2 Creencia según la cual el fin del mundo habría acaecido el año 1000 de la era cristiana.

milengrana *f.* BOT. Herniaria (planta).

milenio *m.* Período de mil años.

mileno, -na (l. *millenu*) *adj.* [tela] Con urdimbre compuesta de mil hilos.

milenrama (*mil, en + rama*) *f.* Planta compuesta, el cocimiento de cuyas flores se ha usado como tónico y astringente *(Achillea millefolium).* ◇ Pl.: *milenramas.*

SIN. **Altarreina, aquilea, artemisa bastarda, hierba meona, milhojas.**

milenta (por analogía con *treinta;* etc.) *m.* vulg. Millar.

mileón *m.* Águila ratera.

milésimo, -ma (l. *millesimu*) *adj.-s.* Parte que, junto a otras novecientas noventa y nueve iguales, constituye un todo; **NUMERACIÓN. -2 *adj.* Que ocupa el último lugar en una serie ordenada de mil.

milesio, -sia (l. *-iu*) *adj.-s.* De Mileto, c. de la ant. Jonia.

milete *m. Colomb.* Cachada que se da al trompo.

milflores *m.* Bejuco de Cuba de olor intenso *(Volkameria fragans).* ◇ Pl.: *milflores.*

milgrana *f.* Granada (fruto).

milgranar *m.* Campo plantado de granados.

milgranero *m.* Granado (arbusto o arbolito).

milgrano *m.* Granado (arbusto o arbolito).

milhojas *f.* Milenrama. -2 *m.* Pastel de hojaldre y crema. ◇ Pl.: *milhojas.*

milhombres *m.* fam. *y* irón. Hombre altanero y de baja estatura. ◇ Pl.: *milhombres.*

mili *f.* fam. Servicio militar.

mili- (l. *mille,* mil) Elemento prefijal que entra en la formación de palabras con el significado de milésima parte.

miliamperímetro (de *miliamperio* + *-metro*) *m.* ELECTR. Amperímetro muy sensible, graduado para medir los miliamperios.

miliamperio (*mili-* + *amperio*) *m.* ELECTR. Milésima parte del amperio.

I) miliar (l. *-iariu* < *miliu,* mijo) *adj.* Del tamaño o forma de un grano de mijo. -2 *adj.-f.* Erupción de vejiguillas del tamaño de los granos de mijo, y también la fiebre que la acompaña.

II) miliar (l. *-iare* < *mille,* mil) *adj.* [columna, piedra, etc.] Que indicaba antiguamente la distancia de mil pasos.

miliárea (*mili-* + *área*) *f.* Unidad de superficie, en el sistema métrico decimal, equivalente a la milésima parte de un área.

miliario, -ria (l. *-iu* < *mille,* mil) *adj.* Relativo a la milla. 2 Miliar II.

milibar (*mili-* + *bar* II) *m.* Unidad de presión atmosférica, equivalente a una milésima de bar (símbolo *mb*). ◇ Pl.: *milibares.*

milicia (l. *-itia*) *f.* Arte de hacer la guerra y de disciplinar a los soldados para ella. 2 Servicio o profesión militar. 3 Tropa o gente de guerra: ~ ***urbana*** o ***nacional,*** conjunto de cuerpos militares sedentarios, formado por individuos del orden civil. 4 Coros de los ángeles: *la ~ angélica.*

miliciano, -na *adj.* Relativo a la milicia. -2 *m. f.* Individuo de esta milicia.

milico *m. Bol., Chile* y *R. de la Plata.* despec. Miliciano.

milicurio (*mili-* + *curio*) *m.* Unidad de radioactividad, equivalente a la milésima parte del curio.

miligramo (*mili-* + *gramo*) *m.* Unidad de masa, en el sistema métrico decimal, equivalente a la milésima parte de un gramo. ◇ INCOR.: *milígramo.*

mililitro (*mili-* + *litro*) *m.* Unidad de capacidad, en el sistema métrico decimal, equivalente a la milésima parte de un litro, o sea, 1 cm^3. ◇ INCOR.: *milílitro.*

milimétrico, -ca *adj.* Relativo al milímetro; graduado en milímetros.

milímetro (*mili-* + *metro*) *m.* Unidad de longitud, en el sistema métrico decimal, equivalente a la milésima parte de un metro.

milimicra (*mili-* + *micra*) *f.* Unidad de longitud, equivalente a una milésima parte de la micra.

militancia *f.* Acción de militar II. 2 Efecto de militar II. 3 Conjunto de militantes.

militante *adj.-com.* Que milita.

militantismo *m.* Actividad de un militante. 2 Proselitismo propagandista.

I) militar (l. *-are*) ***adj.*** Relativo a la milicia o a la guerra: *servicio ~; arte ~*. -2 ***com.*** Persona que por profesión se dedica a la milicia.
II) militar ***intr.*** Servir en la guerra o profesar la milicia. 2 p. ext. Figurar en un partido o colectividad. 3 fig. *y* desus. Concurrir y hacer fuerza en un negocio, alguna circunstancia particular: *la carta milita a favor de tu tesis.*
militara ***f.*** fam. Esposa, viuda o hija de militar.
militarada ***f.*** Intentona militar de carácter político. 2 Acción propia de militares.
militarismo ***m.*** Predominio del elemento militar en el gobierno del estado. 2 Doctrina que lo defiende.
militarista ***adj.*** Relativo al militarismo. -2 ***adj.-com.*** Partidario del militarismo.
militarización ***f.*** Acción de militarizar. 2 Efecto de militarizar.
militarizar ***tr.*** Inculcar [en otros] el espíritu militar. 2 Organizar militarmente [un cuerpo o servicio civil]. ◇ ** CONJUG. [4] como ***realizar.***
militarmente ***adv. m.*** Conforme al estilo o leyes de la milicia.
mílite (l. *milite*) ***m.*** Soldado.
militermia (*mili-* + *termia*) ***m.*** Caloría grande o milésima parte de la termia.
milla (l. *milia;* nominativo pl.: de *mille,* millar) ***f.*** Medida itineraria, esp. en la marina, equivalente a 1'852 kms., o sea, la tercera parte de la legua. 2 Medida itineraria inglesa, equivalente a 1.609'3 metros o 1.760 yardas. 3 Ant. medida itineraria romana, equivalente a ocho estadios, o sea, la cuarta parte de una legua
SIN. *1* **Nudo,** MAR. FR. *Hacer millas,* DEP., en el juego del tenis, correr mucho para alcanzar las bolas que envía el contrario.
millaca ***f.*** Cañota.
millar (l. *miliare*) ***m.*** Conjunto de mil unidades. 2 Número grande indeterminado: *los compré a millares.* 3 Signo us. para indicar que son millares los guarismos colocados delante de él. 4 Cantidad de cacao, que en unas partes es tres libras y media y en otras más. 5 En las dehesas, espacio de terreno en que se pueden mantener mil ovejas o dos hatos de ganado.
millarada ***f.*** Cantidad como de mil. -2 ***loc. adv. A millaradas,*** a millares.
millaraje ***m.*** *Extr.* Amillaramiento.
millatún ***m.*** *Chile.* Guillatún.
millca ***f.*** *Perú.* Cantidad de cosas que pueden llevarse en la falda recogida.
millerita ***f.*** Mineral de la clase de los sulfuros que cristaliza en el sistema trigonal, de color amarillo y brillo metálico.
millo ***m.*** Mijo (planta). 2 *León, Zam., Sal.* y *Can.* Maíz.
millón (it. *milione*) ***m.*** Mil millares; ** NUMERACIÓN. 2 Número grande indeterminado: *un ~ de gracias.* -3 ***m. pl.*** Impuesto indirecto castellano, vigente desde el s. XVI hasta 1845, que consistía en un recargo sobre los precios del vino, vinagre, aceite, carne, jabón y velas de sebo.
SIN. **Cuento,** ant.
millonada ***f.*** Cantidad como de un millón. 2 fig. Cantidad muy grande de dinero.
millonario, -ria ***adj.*** [suma] De gran cuantía económica. -2 ***adj.-s.*** [pers.] Muy rico, acaudalado.
REL. **Archimillonario, multimillonario** o **supermillonario,** cuando la fortuna asciende a varios millones.
millonésimo, -ma ***adj.-s.*** Parte que, junto a otras novecientas noventa y nueve mil novecientas noventa y nueve iguales, constituye un todo; **NUMERACIÓN. -2 ***adj.*** Que ocupa el último lugar en una serie ordenada de un millón.
milmillonésimo, -ma ***adj.-s.*** Parte que, junto a otras novecientas noventa y nueve millones novecientas noventa y nueve mil novecientas noventa y nueve iguales, constituye un todo; ** NUMERACIÓN. 2 ***adj.*** Que ocupa el último lugar en una serie ordenada de mil millones.
miloca ***f.*** Ave rapaz estrigiforme muy parecida al búho *(Ægolius tengmalmi).* 2 *Ast.* Minoca.
milocha (de la raíz de *milano;* por comparación) ***f.*** Cometa (armazón).
miloguate (mej. *milli* + *ohuatl*) ***m.*** *Méj.* Caña del maíz.
milonga ***f.*** *Amér. Merid.* Baile popular en compás de dos por cuatro, de ritmo lento y monótono, acompañado de la guitarra. 2 *Amér. Merid.* Música y canto, en versos octosílabos, de este baile. 3 *Amér.* Fiesta familiar con baile. 4 *Amér.* Enredo, chisme.
milonguear ***intr.*** *Argent.* y *Urug.* Bailar o cantar la milonga.
milonguero ***m.*** *Argent.* y *Bol.* El que entona milongas acompañando su canto con la guitarra. 2 *Argent.* y *Bol.* Persona que las baila. 3 *Argent.* Aficionado a los bailes populares.
milonita ***f.*** GEOL. Roca originada por procesos cataclásticos.
milord (ing. *my* + *lord*) ***m.*** Tratamiento que se da en España a los señores de la nobleza inglesa. 2 Birlocho con capota, muy bajo y ligero. ◇ Pl.: *milores.*
milpa ***f.*** *Amér. Central* y *Méj.* Maizal. 2 ***Té de ~,*** acahualillo.
milpear ***intr.*** *C. Rica* y *Méj.* Sembrar milpas, hacer maizales. 2 *Méj.* Comenzar a brotar el maíz sembrado.
milpero ***m.*** *Amér. Central* y *Méj.* El que cuida de una milpa.
milpesos ***m.*** *Colomb.* Fruto de una especie de ceiba, usado como salvadera. 2 *Colomb.* Palmera cuyo fruto, en grandes racimos, produce aceite de buena calidad para el alumbrado y el tocador; de sus palmas se extrae un látex alimenticio y agradable *(Jessenia polycarpa).* ◇ Pl.: *milpesos.*
milpiés ***m.*** Cochinilla. ◇ Pl.: *milpiés.*
milrayas (*mil* + *raya*) ***m.*** Tejido con rayas de color muy apretadas. ◇ Pl.: *milrayas.*
milreis ***m.*** Moneda brasileña. 2 Ant. moneda portuguesa. ◇ Pl.: *milreis.*
miltomate ***m.*** *Hond., Guat.* y *Méj.* Fruto de una planta parecido al tomate, pero blanco y pequeño. 2 *Guat.* y *Méj.* Tomate que se siembra en una milpa.
miltoniano, -na ***adj.*** Relativo al poeta inglés Milton (1608-1674).
mimador, -ra ***adj.*** Que mima.
mimar (de *mimo*) ***tr.*** Halagar, acariciar. 2 Tratar con excesivo regalo o condescendencia [esp. a los niños].
SIN. *2* **Consentir.**
mimbar ***m.*** Púlpito o cátedra de las mezquitas. ◇ También *almimbar.*
mimbral ***m.*** Mimbreral. 2 *Logr.* Portal de la casa.
mimbrar (de *mimbre*) ***tr.*** Abrumar, humillar [a uno].
mimbre (l. **vimine*) ***amb.*** Mimbrera (arbusto). 2 Rama de la mimbrera, esp. la desnuda que se usa en cestería.
SIN. **Vimbre.**
mimbrear ***intr.-prnl.*** Moverse o agitarse con flexibilidad, como el mimbre.
mimbreño, -ña ***adj.*** De naturaleza de mimbre, flexible.
mimbrera (de *mimbre*) ***f.*** Arbusto salicáceo, de hojas lanceoladas y estrechas, flores en amento y fruto capsular, cuyas ramas, largas, delgadas y flexibles se emplean en cestería *(Salix viminalis).* 2 Mimbreral. 3 Nombre vulgar de varias especies de sauces.
SIN. *1* **Bimbral, bimbre,** fam.; **mimbre, salguera blanca, vimbrera.**
mimbreral ***m.*** Terreno poblado de mimbreras.
mimbrero, -ra ***m. f.*** Persona que se dedica a hacer objetos de mimbre.
mimbrón ***m.*** Mimbrera.
mimbroso, -sa ***adj.*** Relativo al mimbre. 2 Hecho de mimbres. 3 Abundante en mimbreras.
mime ***m.*** *P. Rico.* Especie de mosquito. 2 *P. Rico.* ***Caerle a uno mimes,*** tener mala suerte; venir a menos.
mimeografía ***f.*** Acción de mimeografiar. 2 Efecto de mimeografiar.
mimeografiar ***tr.*** Reproducir en copias por medio del mimeógrafo. ◇ ** CONJUG. [13] como ***desviar.***
mimeógrafo (del gr. *miméomai,* imitar + *-grafo*) ***m.*** Aparato que reproduce material impreso o escrito por medio de un estarcido de papel con una capa de parafina. 2 *Amér.* Multicopista.
mimería ***f.*** *S. Dom.* Niñería.
mimesis (gr. *mimesis* < *miméomai,* imitar) ***f.*** RET. Imitación que se hace de una persona en el modo de hablar y gesticular, gralte. para burlarse de ella. ◇ Pl.: *mimesis.*
mimético, -ca ***adj.*** Imitativo.
mimetismo (gr. *miméomai,* imitar) ***m.*** Parecido superficial de algunos animales con seres y objetos del medio en que viven, que sirve a los primeros para protegerse o disimular su presencia. 2 Reproducción maquinal de gestos o de actitudes.
mímica ***f.*** Arte de imitar, representar o expresarse por medio de gestos, ademanes y actitudes.
SIN. **Gesticulación.**
mímico, -ca (l. *-cu*) ***adj.*** Perteneciente o relativo al mimo y a su arte. 2 Relativo a la mímica. 3 Imitativo: *lenguaje ~.*
mimitis ***f.*** fam. Necesidad extraordinaria de mimo (cariño) que pueden manifestar los niños. ◇ Pl.: *mimitis.*
mimo (l. *mimu* < gr. *mímos*) ***m.*** Entre griegos y romanos, representación teatral ligera y festiva. 2 Actor que representaba es-

tas farsas. 3 fig. Cariño, halago. 4 Excesiva condescendencia con que se suele tratar a los niños. 5 *Extr.* Merengue.
SIN. *4* **Vicio.**

mimodrama (*mimo* + *drama*) *f.* Pantomima dramática.
mimógrafo, -fa (l. *mimographus* < gr. *mimographos* < *mimos,* mimo + *-grafo*) *m. f.* Autor de mimos.
mimología (gr. *mimos,* mimo + *-logía*) *f.* Imitación de la voz y de los gestos.
mimosa (gr. *mímos,* imitador, por la contracción que sufren algunas especies al tocarlas) *f.* Árbol, variedad de acacia, de hasta 30 m. de altura, de corteza lisa, gris verdosa, y flores en cabezuela de color amarillo vivo; se cultiva para fijación de terrenos, por su corteza tánica y por la goma que se obtiene de su tronco *(Acacia dealbata).* 2 ~ ***púdica*** o ***vergonzosa,*** sensitiva.
SIN. *1* **Acacia francesa, aromo** (Amér.).
mimosáceo, -a *adj.-f.* Planta de la subfamilia de las mimosáceas. -2 *f. pl.* Subfamilia de plantas leguminosas que incluye árboles o arbustos de hojas bipinnadas o tripinnadas que se pliegan al ponerse el sol, y de flores muy pequeñas, frecuentemente reunidas en cabezuelas dispuestas en racimos.
mimosamente *adv. m.* Con mimo (cariño).
mimosear *tr. R. de la Plata.* Mimar [a alguien].
mimoso, -sa (de *mimo*) *adj.* Melindroso, delicado y regalón.
mimula *f. Bol.* Antigua danza india simbólica.
I) mina (l. *mina* < gr. *mna*) *f.* Ant. moneda griega; equivalía a cien dracmas.
II) mina (b. l. *mina* < celta **meina;* doble etim. *mena*) *f.* Criadero (venero). 2 fig. Aquello que abunda en cosas dignas de aprecio o de que puede obtenerse mucha ganancia con poco trabajo: *este libro es una ~ de noticias; este negocio es una ~;* ***encontrar uno una ~,*** fig., hallar medios de enriquecerse con poco trabajo. 3 Excavación subterránea o a cielo abierto para extraer un mineral. 4 Paso subterráneo para establecer una comunicación, alumbrar o conducir aguas, o para volar las fortificaciones de una plaza, derribar muros, etc., poniendo en él una recámara llena de explosivo: ***volar la ~,*** fig., descubrir lo que está oculto o secreto. 5 Substancia mineral que sirve para dibujar o escribir con lápiz. 6 Artefacto dispuesto para hacer explosión al ser rozado su dispositivo: *colocar minas en el mar, en terreno fortificado.*
III) mina *f. Amér. Merid.* Mujer cualquiera, concubina. 2 *Argent.* y *Urug.* Ramera.
minado *m.* Acción de minar. 2 Efecto de minar.
minador, -ra *adj.* Que mina. 2 [buque] Que está destinado a colocar minas submarinas. -3 *m.* Ingeniero o artífice que abre minas.
minal *adj.* Relativo a la mina.
minar *tr.* Abrir minas (pasos subterráneos) [debajo de un terreno, edificio o fortificación]. 2 fig. Hacer grandes diligencias para conseguir [alguna cosa]. 3 fig. Consumir, destruir poco a poco [alguna cosa]: ~ *la salud.* 4 Poner barrenos.
minarete (fr. *minaret*) *m.* Alminar.
mindanense *adj.-s.* De Mindanao, isla de Filipinas.
mindango, -ga *adj. Murc.* Gandul, despreocupado, socarrón.
mindanguear *intr. Murc.* Gandulear, pindonguear.
mindanguería *f. Murc.* Gandulería.
mindoreño, -ña *adj.-s.* De Mindoro, prov. de Filipinas.
minear *intr. Colomb.* Buscar oro en las minas.
mineraje *m.* Labor y beneficio de las minas.
mineral (de *mina* II) *adj.* Inorgánico. 2 Relativo a las substancias inorgánicas: *reino ~.* -3 *m.* Substancia inorgánica existente en la corteza terrestre, esp. aquella cuya explotación ofrece interés: *~ de hierro, aguas minerales.* 4 Parte útil de una explotación minera. 5 Petróleo. 6 Origen de las fuentes. 7 fig. Origen y fundamento que produce abundantemente alguna cosa. 8 *Méj.* Mina. 9 *Méj.* Pueblo en el que hay una o varias minas.
mineralización *f.* Acción de mineralizar o mineralizarse. 2 Efecto de mineralizar o mineralizarse.
mineralizador, -ra *adj.-s.* Que mineraliza.
mineralizar *tr.* Comunicar una substancia [a otra], en el seno de la tierra, las condiciones de mineral: *el azufre mineraliza el hierro.* -2 *prnl.* Cargarse el agua de substancias minerales. ◇ ** CONJUG. [4] como ***realizar.***
mineralogénesis (de *mineral* + *-génesis*) *f.* Origen y formación de los minerales en la corteza terrestre. ◇ Pl.: *mineralogénesis.*
mineralogía (de *mineral* + *-logía*) *f.* Parte de la historia natural que trata de los minerales.
mineralógico, -ca *adj.* Relativo a la mineralogía.
mineralogista *com.* Persona que por profesión se dedica a la mineralogía.
mineraloide (de *mineral* + *-oide*) *m.* Substancia natural líquida o sólida, orgánica o inorgánica, en estado amorfo.
mineralurgia (de *mineral* + gr. *érgon,* trabajo) *f.* Tratamiento a que se someten los minerales para extraer de ellos substancias útiles.
minería *f.* Arte de laborear las minas. 2 Conjunto de los individuos que se dedican a ello. 3 Conjunto de las minas de una nación o comarca.
minerista *m.* desus. El que busca minas.
minero, -ra *adj.* Relativo a la minería. -2 *m. f.* Persona que trabaja en las minas. 3 El que las beneficia o especula en ellas. -4 *m.* Mina (criadero y excavación). 5 fig. Origen, nacimiento de una cosa. 6 *Argent.* Ratón pequeño, laucha.
mineromedicinal (de *mineral* + *medicinal*) *adj.* [agua] De origen mineral y que posee alguna propiedad curativa.
minerva *f.* Diosa romana de la sabiduría. Entre los griegos *Atenea, Palas.* 2 Inteligencia: ***de propia ~,*** de propia invención. 3 Nombre que se da a la festividad que en honor del Santísimo Sacramento se celebra en el tercer domingo de cada mes. 4 En algunas poblaciones, procesión del Santísimo que sale sucesivamente de cada parroquia en las domínicas después del Corpus. 5 Mariposa diurna de color leonado con manchas, líneas y estrías negras *(Mellicta parthenoides).* 6 IMPR. Prensa tipográfica de cortas dimensiones para tirar impresos pequeños.
minervista *com.* Tipógrafo que trabaja en una minerva (prensa).
minestrone (voz it.) *f.* Sopa de legumbres.
I) minga *f.* vulg. Pene.
II) minga (quechua) *f. Amér.* Mingaco. 2 *Argent.* fam. Nada. 3 *Perú.* Chapuza que en día festivo hacen los peones en las haciendas, a cambio de un poco de chicha, coca o aguardiente.
mingaco (quechua *mingacuy,* alquilar para el trabajo) *m. Chile* y *Perú.* Concurso gratuito de trabajadores para una obra ocasional, y a los cuales se obsequia con comida y bebida, de manera que el trabajo termina gralte. con una fiesta o borrachera.
mingar *tr. Chile* y *Ecuad.* Concurrir los trabajadores gratuitamente para una obra ocasional. 2 *Chile* y *Ecuad.* Solicitar el concurso de los trabajadores para una minga. 3 *Colomb.* Atacar varias personas [a una sola]. ◇ ** CONJUG. [7] como ***llegar.***
mingitorio (l. *mingere,* orinar) *adj.* Relativo a la micción. -2 *m.* Urinario.
mingo *m.* Bola que, al comenzarse cada mano del juego de billar, se coloca en la cabecera de la mesa. 2 *Colomb.* Tercero en el tresillo. 3 *Colomb.* Gallo con que se ejercitan los demás. 4 *Colomb.* y *Cuba.* Juego de muchachos que se juega con bolitas. 5 *Hond.* Cualquier objeto pequeño que ponen los muchachos de blanco para tirar piedras sobre él. 6 ***Poner el ~,*** sobresalir, distinguirse. 7 ***Tomar a uno de ~,*** hacerle objeto de burlas, molestias, etc.
Mingo (aféresis de *Domingo*) *n. pr.* ***Más galán que ~,*** fr. fam., [hombre] Muy compuesto y ataviado.
mingón, -gona *adj. Venez.* [niño] Muy mimado y consentido.
mingonear *intr. Venez.* Actuar como niño mimado.
Mingo Revulgo (coplas de ~), versos satíricos contra el mal gobierno, escritos en tiempo de Enrique IV. Fr. proverbial: ***Dársele a uno como de las coplas de Mingo Revulgo,*** no importar nada.
mingrano *m.* Granado, arbusto o arbolito.
mingreliano, -na *adj.-s.* De Mingrelia, antigua región del sudoeste de la Unión Soviética. -2 ***adj.-m.*** Lengua perteneciente al grupo caucásico meridional, hablada en el oeste de Georgia, república del sudoeste de la Unión Soviética.
minguí *m. Hond.* Chicha, bebida fermentada.
mingurria *f. La Mancha.* Cosa pequeña, menudencia.
mini- (l. *minimus,* mínimo) Elemento prefijal que entra en la formación de palabras con el significado de pequeño, breve, corto.
miniar (l. *-are,* pintar con minio; a través del it. *miniare*) *tr.* Pintar [una cosa] de miniatura. ◇ ** CONJUG. [12] como ***cambiar.***
I) miniatura (de *miniar*) *f.* Pintura de pequeñas dimensiones, hecha gralte. sobre vitela u otra superficie delicada. 2 Letra capital o dibujo que adornaban los manuscritos antiguos.
II) miniatura (de *miniatura,* influido por *mínima,* muy pequeña) *f.* Objeto de arte de pequeñas dimensiones y delicadamente trabajado. 2 fig. Persona muy bonita y delicada.
miniaturista *com.* Pintor de miniaturas.

miniaturización *f.* Acción de miniaturizar.
miniaturizar (de *miniatura II*) *tr.* Reducir al tamaño mínimo [un objeto, aparato, etc.]. ◇ ** CONJUG. [4] como ***realizar.***
minicadena (*mini-* + *cadena*) *f.* Cadena de alta fidelidad cuyos diferentes elementos son de pequeñas dimensiones.
minicomputador (*mini-* + *computador*) *m.* Pequeño computador electrónico de aplicaciones generales.
SIN. **Miniordenador.**
minifalda (*mini-* + *falda*) *f.* Falda muy corta.
minifundio (l. *minimu* + *fundu,* fundo, heredad) *m.* Por oposición a latifundio, finca rústica que, por su reducida extensión, no puede ser objeto por sí misma de cultivo remunerador.
minifundismo *m.* Tipo de distribución de la propiedad de la tierra en que predominan los minifundios.
minigolf (*mini-* + *golf*) *m.* Juego parecido al golf que se practica en un campo de dimensiones muy reducidas con obstáculos artificiales, y que imita a las green del campo original.
mínima *f.* Cosa o parte mínima; v. termómetro de ~. 2 MÚS. Ant. blanca (en música).
minimalista *adj.-com.* Durante la revolución rusa, partidario de un mínimum de reformas; opuesto a maximalista.
minimizar *tr.* Empequeñecer o reducir al mínimo la importancia o el valor [de algo]. 2 MAT. Buscar el mínimo de una función. ◇ ** CONJUG. [4] como ***realizar.***
mínimo, -ma (l. *-mu,* el más pequeño) *adj.* Superlativo de *pequeño*. 2 Que es tan pequeño en su especie, que no lo hay menos ni igual. 3 Minucioso. -4 *adj.-s.* Religioso o religiosa de la orden mendicante de San Francisco de Paula. -5 *m.* El valor más pequeño que puede tener una cosa variable. 6 Límite inferior, mínimum. 7 Zona de baja presión atmosférica. 8 *Hond.* Fruta del guineo. 9 *C. Rica.* Cobarde.
minimosca *adj.-m.* DEP. Peso (categoría) del boxeo que comprende a los deportistas que pesan hasta 49'243 kgs., los profesionales., o 48 kgs., los aficionados.
REL. v. **Peso.**
mínimum (l. *minimum,* la menor parte) *m.* Mínimo (el valor más pequeño). ◇ Pl.: no suele usarse, y debe emplearse *mínimo, mínimos.*
minina *f.* fam. Pene, especialmente el del niño.
minino, -na (v. *menino*) *m. f.* fam. Gato (animal).
minio (l. *-iu*) *m.* Óxido de plomo, de color rojo, muy usado en pintura.
SIN. **Azarcón,** p. us.; **rúbrica sinóptica.**
miniordenador *m.* Minicomputador.
ministerial *adj.* Relativo al ministerio (gobierno) o a alguno de sus ministros. -2 *adj.-s.* El que apoya habitualmente a un ministerio: *diputado* ~.
SIN. **Gubernamental.**
ministerialismo *m.* Condición de ministerial.
ministerialmente *adv. m.* Con ministerio, o facultades y oficios de ministro.
ministerio (l. *-iu,* servicio, función) *m.* Funciones, empleo o cargo, esp. noble y elevado: ~ *sagrado;* ~ ***fiscal,*** el representante de la ley ante los tribunales. 2 Cargo de ministro de un estado y tiempo que dura su ejercicio. 3 Departamento de un gobierno que es responsable de la administración de una determinada área política: ~ *de Asuntos Exteriores.* 4 Edificio que ocupan las oficinas de un ministerio. 5 Cuerpo de ministros de un estado: *formar* ~. 6 Gobierno del estado. 7 Uso o destino que tiene alguna cosa.
SIN. *5* y *6* **Consejo de Ministros, gabinete.**
ministra (l.) *f.* Mujer del ministro. 2 Prelada de las monjas trinitarias. 3 desus. La que ministra alguna cosa.
ministrable *adj.* [pers.] Quien tiene probabilidades y aptitud para ser ministro.
ministrador, -ra (l. *-atore*) *adj.-s.* Que ministra.
ministrante *adj.* Que ministra o suministra alguna cosa. 2 Practicante.
ministrar (l. *-are*) *tr.-intr.* Servir [un oficio, o ministerio]: *ministra en la Audiencia; ministra la justicia.* -2 *tr.* Dar, suministrar [una cosa].
ministrer *m.* ant. El que por oficio tañía instrumentos de cuerda o de viento.
ministril (fr. *menestriel,* del l. *ministeriale*) *m.* Ministro inferior de justicia. 2 El que en funciones de iglesia tocaba algún instrumento de viento.
ministro, -tra (l. *ministru,* servidor, criado) *m.* El que ejerce un ministerio (cargo): ~ ***anglicano,*** sacerdote de la religión anglicana; ~ ***de la Orden Tercera,*** superior de ella, en la Compañía de Jesús, religioso que cuida del gobierno económico de las casas y colegios, en algunas comunidades, prelado ordinario de un convento. 2 El que ayuda a misa; el diácono y el subdiácono en las misas cantadas. -3 *m. f.* Oficial inferior de Justicia. 4 Jefe de cada ministerio (departamento): ~ *de Asuntos Exteriores;* ~ ***sin cartera,*** el que participa de la responsabilidad general política del Gobierno, pero no tiene a su cargo ningún ministerio; ***primer*** ~, jefe del Gobierno. 5 Enviado. 6 Representante diplomático inferior al embajador: ~ ***plenipotenciario,*** agente diplomático que ocupa la segunda categoría entre los reconocidos por el derecho internacional moderno; ~ ***residente,*** agente diplomático de categoría inmediatamente inferior a la de ministro plenipotenciario. 7 fig. El que ejecuta los proyectos de otro: ~ ***de Dios,*** sacerdote. ◇ Debe decirse *la ministra,* no *la* ~; *la primera ministra,* no *la primer* ~.
minnesinger (al. *Minne,* amor + *Singer,* cantores) *m. pl.* Poetas caballerescos alemanes que en los s. XII y XIII crearon una lírica amorosa muy semejante a la trovadoresca francesa de su tiempo.
mino, voz familiar para llamar al gato.
minoca *f. Ast.* Lombriz de tierra.
minoico, -ca *adj.* Cretense.
minoración (l. *-atione*) *f.* Acción de minorar o minorarse. 2 Efecto de minorar o minorarse.
SIN. **Aminoración.**
minorar (l.) *tr.-prnl.* Disminuir, reducir a menos [una cosa].
SIN. **Decrecer** y **disminuir; aminorar.**
minorativo, -va *adj.* Que minora o tiene virtud de minorar. -2 *adj.-s.* Remedio que purga suavemente.
minoría (der. del l. *minor,* menor) *f.* Parte menor de los componentes de una colectividad. 2 Conjunto de votos opuestos a la opinión de la mayoría. 3 Fracción de una asamblea que no forma parte de la mayoría. 4 Parte de la población de un estado que difiere de la mayoría de ella por su raza, lengua o religión. 5 Menor edad. 6 Tiempo durante el cual una persona es menor. 7 Período de tiempo durante el cual un soberano no puede reinar a causa de su corta edad.
minoridad *f.* Menor edad.
minorista *m.* Clérigo de menores. -2 *com.* Comerciante por menor.
SIN. *2* **Detallista.**
minorita *m.* Menor (religioso).
minoritario, -ria *adj.* Del partido, raza, grupo, opinión, etc., que está en minoría.
CONTR. **Mayoritario.**
Minos *n. pr.* MIT. Rey y legislador de Creta, hijo de Zeus y Europa.
Minotauro *n. pr.* MIT. Monstruo, mitad hombre y mitad toro, encerrado en el laberinto de Creta, donde devoraba un tributo de cien jóvenes y cien doncellas que periódicamente le enviaba la ciudad de Atenas, hasta que lo mató Teseo. V. Ariadna.
minstral *adj.-s.* ant. Maestral (maestril).
mintroso, -sa *adj.* desus. Mentiroso.
minuano, -na *adj.-s.* De Lavalleja, dep. del Uruguay. 2 De Minas, cap. del dep. de Lavalleja (Uruguay).
minucia (l. *-utia,* menuzo; doble etim.) *f.* Menudencia. -2 *f. pl.* Diezmo que como pie de altar se pagaba de las frutas y productos de poca importancia.
minuciosamente *adv. m.* Con minuciosidad, circunstanciadamente.
minuciosidad *f.* Calidad de minucioso.
minucioso, -sa (de *minucia*) *adj.* Que se detiene en los menores detalles: *examen* ~.
SIN. **Mínimo.**
minué (fr. *menuet*) *m.* Antiguo baile de origen francés de ritmo ternario y movimiento moderado, muy difundido en el s. XIII. 2 Música de este baile.
minuendo (l. *minuendu,* que debe ser disminuido) *m.* MAT. Cantidad de la que ha de restarse otra.
REL. **Sustraendo,** cantidad que se resta del minuendo.
minuete *m.* Minué.
minueto *m.* Minué.
minúsculo, -la (l. *-lu*) *adj.* De muy pequeñas dimensiones o de poca entidad. -2 *adj.-f.* Letra minúscula.
CONTR. **Mayúsculo.**
minusvalía (l. *minus,* menos + *valía*) *f.* Detrimento o disminución del valor de alguna cosa.

minusvalidez *f.* Calidad de minusválido.
minusválido, -da (l. *minus,* menos + *válido*) *adj.-s.* [pers.] Incapacitado, por lesión congénita o adquirida, para ciertos trabajos, movimientos, deportes, etc.
minusvalorar (l. *minus,* menos + *valorar*) *tr.* Subestimar, valorar alguna cosa menos de los debido.
minuta (l. *minuta,* pequeña) *f.* Borrador o extracto de un contrato, escritura, etc. 2 Apuntación de una cosa para tenerla presente. 3 Cuenta que de sus honorarios presentan los profesionales libres. 4 Lista o catálogo de personas o cosas. 5 Lista de los platos que se sirven en una comida.
I) minutar (de *minuta*) *tr.* Hacer la minuta [de un contrato, escritura, etc.].
II) minutar *tr.* Cronometrar. 2 Ordenar [algo] con arreglo al tiempo de que se dispone.
minutario *m.* Cuaderno en que el notario guarda las minutas de las escrituras que se otorgan ante él.
SIN. **Bastardelo.**
minutero *m.* Manecilla del reloj que señala los minutos.
minutisa (l. *minutu,* pequeño) *f.* Planta cariofilal cuyas flores son rojas con manchas blancas *(Dianthus barbatus).*
SIN. **Manutisa.**
minuto, -ta (l. *-tu,* pequeño; doble etim. *menudo*) *adj.* Menudo. -2 *m.* Sexagésima parte de un grado de círculo. 3 Sexagésima parte de una hora.
SIN. *2* **Escrúpulo,** ASTRON.
miñambre *adj.-s. Các., Sal.* y *Zam.* Persona débil, enclenque.
miñango *m. Amér.* Pedazo pequeño.
miñaque *m. Chile.* Encaje o randa.
miñardi *m. Chile.* Especie de randa.
miñoco *m. Colomb.* Gesto, melindre, remilgo.
I) miñón (cat. *minyó,* muchacho) *m.* Soldado de tropa ligera destinado a la persecución de malhechores o a la custodia de los bosques reales. 2 Individuo de la milicia foral alavesa o vizcaína.
II) miñón *m.* En algunas partes, escoria del hierro.
miñona (fr. *mignonne,* pequeña, graciosa) *f.* IMPR. Carácter de letra de siete puntos.
miñoquear *intr. Colomb.* Gesticular.
miñosa *f.* Lombriz.
mio, v. mino.
mío, mía (l. *meu, mea*) *adj.-pron. poses.* Forma de 1ª persona que expresa que la cosa es poseída por la persona que habla. Como adjetivo se usa siempre detrás del nombre, o se apocopa en *mi* si lo precede: *pariente ~, mi pariente; libros míos, mis libros;* como pronombre no acompaña al nombre y va siempre precedido del artículo: *el ~; las mías;* con la terminación del masculino singular se usa también como pronombre neutro: *lo ~ interesa.* ◇ V. posesivo. Es INCOR. *delante mío* por delante de mí.
mio-, mi- (gr. *my, myos,* músculo) Elemento prefijal que entra en la formación de palabras con el significado de músculo.
miocardio (*mio-* + *-cardio*) *m.* Parte muscular del corazón.
miocarditis *f.* Inflamación del miocardio. ◇ Pl.: *miocarditis.*
mioceno, -na (gr. *meíon,* menos + *kainós,* reciente) *adj.-m.* Primer período geológico con que se inicia el neógeno de la era terciaria, y terreno a él correspondiente. -2 *adj.* Perteneciente o relativo a dicho período.
miodinia (*mio-* + gr. *odyne,* dolor) *f.* MED. Mialgia.
miofibrilla (*mio-* + *fibrilla*) *f.* Fibrilla contráctil del músculo.
miografía (*mio-* + *-grafía*) *f.* Descripción de los músculos.
miógrafo (*mio-* + *-grafo*) *m.* FISIOL. Aparato que se emplea para registrar las contracciones musculares.
miolema (*mio-* + gr. *lemma,* túnica) *m.* Sarcolema.
miología (*mio-* + *-logía*) *f.* Parte de la anatomía que trata de los músculos.
mioma (*mi-* + *-oma*) *m.* MED. Tumor formado por elementos musculares.
miomio *m. Argent.* y *Urug.* Hierba solanácea venenosa *(Baccharis cordifolia).*
mioncillo *m. Chile.* Carne del animal en la parte inferior o interna del muslo.
miopatía (*mio-* + *-patía*) *f.* MED. Enfermedad de los músculos en general.
miope (gr. *myo,* cerrar + *ops,* ojo) *adj.-s.* Que padece de miopía. 2 fig. Corto de alcances o de miras. ◇ INCOR.: *míope.*
SIN. *1* **Corto de vista.**
miopía (v. *miope*) *f.* Ametropía ocasionada por una curvatura excesiva de cristalino, que hace reunirse un poco antes de llegar a la retina los rayos de luz procedentes de los objetos lejanos. 2 fig. Incapacidad para ver con perspicacia [algún asunto].
REL. V. **Ametropía.**
miopótamo (gr. *myos,* ratón + *potamós,* río) *m.* Roedor de pelaje castaño en el dorso y negro en el vientre. Vive en la proximidad de los ríos *(Myocastor coipus).*
miosis (gr. *myo,* cerrar) *f.* Contracción anormal permanente de la pupila del ojo. ◇ Pl.: *miosis.*
miosota (gr. *myosoté,* oreja de ratón) *f.* Raspilla.
miosotis *f.* GALIC. Miosota. ◇ Pl.: *miosotis.*
miotasis (*mio-* + gr. *tásis,* tensión) *f.* MED. Tensión y alargamiento de un músculo. ◇ Pl.: *miotasis.*
miotrofia (*mio-* + *-trofia*) *f.* FISIOL. Nutrición muscular.
miquear *intr. Colomb.* Travesear, enredar. 2 *Guat.* Coquetear.
Miqueas *n. pr.* BIBL. Profeta hebreo y libro que contiene sus profecías. Se abrevia *Mich.* o *Miq.*
miquelete *m.* Miguelete.
miquillo, -lla *m. f. P. Rico.* desp. Chiquillo.
miquilo *m. Argent.* y *Bol.* Nutria.
mira *f.* En ciertos instrumentos, pieza para dirigir una visual: *la ~ del fusil.* 2 En las fortalezas antiguas, obra avanzada o elevada que permitía ver mucho terreno. 3 Regla graduada para las operaciones topográficas. 4 Reglón que al levantar un muro se fija verticalmente para asegurar en él la cuerda que va indicando las hiladas. 5 fig. Intención en la ejecución de una cosa: *ignoro cuáles son sus miras en este asunto;* ***andar, estar*** o ***quedar a la ~ de una cosa,*** observarla con cuidado para aprovechar alguna contingencia. -6 *f. pl.* MAR. Cañones a ambos lados del bauprés.
SIN. *5* V. **Fin.**
mirabel (fr. *-belle*) *m.* Planta herbácea quenopodiácea de jardín *(Chenopodium scoparia).* 2 Girasol.
SIN. *1* **Ayuga, perantón, pinillo.**
mirabilita *f.* Mineral de la clase de los sulfatos que cristaliza en el sistema monoclínico, incoloro y de brillo vítreo.
mirabolano, -os *m.* Mirobálano.
miracielos *f. Logr.* Guindilla muy picante. -2 *com. La Mancha.* fig. Persona que marcha con la cabeza excesivamente alzada, buscanubes. -3 *adj.-com. La Mancha.* fig. Vago, desocupado, sin oficio. ◇ Pl.: *miracielos.*
mirada *m.* Acción de mirar. 2 Modo de mirar.
SIN. *1* **Ojeada, vistazo,** mirada rápida.
miradero *m.* Persona o cosa que es objeto de la atención pública. 2 Lugar desde donde se mira.
mirado, -da *adj.* Cauto, circunspecto, reflexivo: *ser muy ~.* 2 Merecedor de buen o mal concepto: *estar bien* o *mal ~.* 3 Cuidadoso.
SIN. *1* **Remirado,** intensivo.
mirador, -ra (l. *-atore,* admirador) *adj.* Que mira. -2 *m.* Corredor, galería o terrado para explayar la vista. 3 Balcón cubierto y cerrado con cristales o persianas. 4 *P. Rico.* Caseta en la azotea de una casa.
SIN. *3* **Camón,** p. us.
miradura *f.* desus. Mirada.
miraguano (voz antillana, probl. taína) *m.* Palmera de América y Oceanía, de cuyo fruto se obtiene una materia algodonosa con que se rellenan almohadas, edredones, etc. *(Trinax parviflora).*
miraje *m.* GALIC. Espejismo.
miramamolín (ár. *amir almominín*) *m.* Dictado que se dio a algunos monarcas musulmanes que a la autoridad civil reunían la religiosa.
miramelindo *m.* Balsamina (planta).
miramiento *m.* Acción de mirar o considerar una cosa. 2 Respeto y circunspección en la ejecución de una cosa.
SIN. *2* **Repulgo,** cuando se considera afectado o ridículo.
miranda *f.* Paraje alto desde el cual se descubre mucho terreno. 2 *Méj.* Mirador.
mirandés, -desa *adj.-s.* De Miranda, estado de Venezuela.
mirar (l. *mirari*) *tr.* Fijar la vista con atención en alguien o algo: *~ a los niños; ~ las nubes.* 2 Tener o llevar un fin: *sólo mira a su provecho.* 3 Observar, considerar, premeditar, buscar, inquirir, informarse: *~ las dificultades; ~ un problema; ~ un arreglo.* 4 Reconocer, respetar, atender [a uno]: *le miran como un sabio;* ***~ bien*** o ***mal, con buenos*** o ***con malos, ojos,*** con simpatía o antipatía. 5 Hallarse frente a algo; estar orientado hacia determinada dirección: *mi balcón miraba al mar.* 6 Con la preposición *por,* proteger, amparar, defender: *mira por los pobres.* -7 *prnl.* Tener cuidado, reflexionar antes de obrar: ***mirarse en alguno,*** tomar ejemplo o escarmentar en él; *mírate en tu hermano.*

-8 *unipers.* Atañer, guardar relación: *lo que mira a nuestros intereses.* 9 En imperativo se usa al principio de frase o intercalado como expresión superflua o expletiva: *mira, yo creo que es lo mejor; mira, yo sólo pretendía ser amable.*

LOCS. ~ *de hito en hito*, con atención, con insistencia, sin pestañear; ~, o *mirarse, en ello*, tomarse tiempo para reflexionar; ~ *por encima*, sucintamente, en conjunto; ~ *por encima del hombro*, despreciar, tener en poco; ~ *de soslayo*, con disimulo; ~ *de reojo*, con disimulo, dirigiendo la vista por encima del hombro; fig., con prevención hostil o enfado; *mirarse unos a otros*, vacilar, no saber qué decir o pensar; *bien mirado*, si se piensa con exactitud o detenimiento.

¡mira! (imperativo de *mirar)* Interjección con que se avisa o amenaza; se expresa asombro o alegría.

mirasol ***m.*** Girasol. 2 *Argent.* Especie de garza blanca y con un copete de plumas *(Herodias egretta; Leucaphoy candidissima).*

mirete ***m.*** *Colomb.* En el juego del trompo, perforación o incisión hechas por el vencedor en el trompo del contrario.

miria- (gr.-l. *myrías,* diez mil) Elemento prefijal que entra en la formación de palabras con el significado de diez mil, miríada, sinnúmero.

miríada (v. *miria-*) ***f.*** Conjunto de diez mil unidades. 2 Cantidad indefinidamente grande.

miriagramo (*miria-* + *gramo*) ***m.*** Medida de peso, equivalente a diez mil gramos.

mirialitro (*miria-* + *litro*) ***m.*** Medida de capacidad, equivalente a diez mil litros.

miriámetro (*miria-* + *metro*) ***m.*** Medida de longitud, equivalente a diez mil metros.

miriápodo ***adj.-m.*** Artrópodo del grupo de los miriápodos. -2 ***m. pl.*** Grupo de artrópodos mandibulados, sin categoría taxonómica, que incluye animales dotados de muchas patas y repartidos en cuatro clases: diplópodos, quilópodos, paurópodos y sínfilos. ◇ También *miriópodo.*

miricáceo, -a ***adj.-f.*** BOT. Planta de la familia de las miricáceas. -2 ***f. pl.*** BOT. Familia de plantas que incluye árboles o arbustos monoicos de hojas sencillas y aromáticas.

miricales ***f. pl.*** Orden de plantas dicotiledóneas.

mirificar (l. *-are*) ***tr.*** Hacer admirable, enaltecer [una cosa]. ◇ ** CONJUG. [1] como ***sacar.***

mirífico, -ca (l. *-cu*) ***adj.*** poét. Admirable, maravilloso.

mirilla ***f.*** Dim. de *mira.* 2 Abertura practicada en el suelo, en la pared o en la puerta, para observar quién llama. 3 Ventanillo (abertura). 4 Pequeña abertura que en algunos instrumentos topográficos sirve para dirigir visuales.

miringitis ***f.*** Inflamación de la membrana del tímpano. ◇ Pl.: *miringitis.*

I) miriñaque ***m.*** Alhajuela de poco valor.

II) miriñaque (de *medriñaque*) ***m.*** Saya interior de tela rígida y a veces con aros, para dar vuelo a las faldas. 2 *Argent.* Aparato colocado delante de la locomotora para apartar cualquier obstáculo que le estorba el paso. 3 *Cuba.* Tela de algodón. 4 *Venez.* Chanchullo. 5 *Argent.* Botavaca.

miriópodo ***adj.-m.*** Miriápodo.

miriquiná ***m.*** Mono platirrino de Sudamérica, de unos 35 cms. de longitud y pelaje color pardo rojizo; tiene hábitos nocturnos *(Aotes trivirgatus).*

mirística ***f.*** Árbol miristicáceo de la India cuyo fruto es la nuez moscada *(Myristica fragans).*

SIN. **Moscadero.**

miristicáceo, -a ***adj.-f.*** Planta de la familia de las miristicáceas. -2 ***f. pl.*** Familia de plantas dicotiledóneas, dioicas, que incluye árboles o arbustos de hojas enteras, flores de periantio sencillo y fruto en baya.

mirla ***f.*** Mirlo (pájaro).

mirlamiento ***m.*** Acción de mirlarse.

mirlarse (de *mirlo*) ***prnl.*** fam. Entonarse, afectando gravedad y señorío.

mirliflor ***com.*** Persona vanidosa o presumida.

mirlo (l. *merula*) ***m.*** Ave paseriforme, fácilmente domesticable, que aprende a imitar los sonidos y aun la voz humana. El macho es negro y la hembra de color pardo obscuro *(Turdus merula).* 2 ***Ser algo,*** o ***alguien, un ~ blanco,*** ser de rareza extraordinaria. 3 fig. *y* fam. Gravedad y afectación en el semblante.

SIN. **Merla, mirla.**

mirmecófago, -ga ***adj.*** [animal] Que se alimenta de hormigas.

mirmidón ***m.*** Hombre muy pequeño.

mirobálano, -nos (gr. *myrobálanos,* de *myron,* perfume y *bálanos,* bellota) ***m.*** Árbol combretáceo de la India, cuyos frutos, parecidos a la ciruela, se usan en medicina y tintorería *(Terminalia bellerica).* 2 Fruto de este árbol.

SIN. **Belérico, mirabolano.**

mirobrigense (l. *-sis*) ***adj.-s.*** De la ant. Miróbriga, hoy Ciudad Rodrigo, c. de Lusitania.

mirón, -rona ***adj.-s.*** Que mira, y esp. que mira demasiado o con curiosidad. 2 [pers.] Que, sin jugar, presencia una partida de juego.

mironiano, -na ***adj.*** Relativo al escritor español Gabriel Miró (1879-1930).

mirotón ***m.*** *Chile.* Mirada rápida y furtiva.

I) mirra (gr.-l. *myrrha*) ***f.*** Gomorresina procedente de un árbol terebintáceo de la Arabia y Abisinia; es roja, aromática y amarga. 2 Árbol del que se extrae dicha gomorresina *(Commiphora abyssinica; C. myrrha).*

REL. **Estracte,** esencia que se obtiene de la mirra fresca.

II) mirra ***f.*** *Venez.* Migaja.

mirrado, -da ***adj.*** Compuesto o mezclado con mirra.

mirranga ***f.*** *Colomb.* Pizca, pedacito.

mirrauste ***m.*** Salsa de leche con almendras.

mirria ***f.*** *Méj.* Pizca, pedacito.

mirringa ***f.*** *Cuba.* Migaja, pizca.

mirringo, -ga ***m. f.*** *Colomb.* Chico, muchacho.

mirrino, -na ***adj.*** De Mirra o parecido a ella.

mirriñaca ***f.*** *Colomb.* Migaja, pizca.

mirruña ***f.*** *Amér. Central* y *Méj.* Mirria.

mirsináceo, -a (gr. *myrsine;* var. de *mabÿrtos,* mirto) ***adj.-f.*** Planta de la familia de las mirsináceas. -2 ***f. pl.*** Familia de plantas tropicales angiospermas, dicotiledóneas, con hojas esparcidas.

mirtáceo, -a (l. *myrtaceu*) ***adj.-f.*** Planta de la familia de las mirtáceas. -2 ***f. pl.*** Familia de plantas dicotiledóneas que incluye árboles o arbustos ricos en aceites esenciales, de hojas opuestas, flores regulares tubulosas y fruto capsular.

mirtal ***adj.-f.*** BOT. Planta del orden de las mirtales. 2 BOT. ***f. pl.*** Orden de plantas leñosas, dicotiledóneas, de flores actinomorfas.

mirtalo ***m.*** Arándano.

mirtídano (l. *myrtidanu*) ***m.*** Pimpollo que nace al pie del mirto.

mirtiforme (de *mirto* + *-forme*) ***adj.*** De forma de hoja de mirto. 2 ANAT. ***Músculo ~***, pequeño músculo de la cara, situado por debajo del ala de la nariz.

mirtilo ***m.*** Arándano.

mirtino, -na (l. *myrtinu*) ***adj.*** De mirto o parecido a él.

mirto (l. *myrtus* < gr. *myrtos*) ***m.*** Arrayán.

mirza ***m.*** Título honorífico de los persas, equivalente al de señor.

mis-, v. miso-.

misa (l. *missa*) ***f.*** Sacrificio incruento en que, bajo las especies de pan y vino, ofrece el sacerdote al Eterno Padre el cuerpo y sangre de Jesucristo: ~ ***cantada,*** la medio solemne que celebra con canto un sacerdote, sin asistentes; ~ ***conventual,*** la que diariamente se celebra en los conventos y comunidades, y a la que deben asistir todos sus miembros; ~ ***de campaña,*** la que se celebra al aire libre para fuerzas armadas, y p. ext., para un gran concurso de gente; ~ ***de cuerpo presente,*** la que se dice gralte. estando presente el cadáver; ~ ***de difuntos*** o ***de réquiem,*** la señalada por la Iglesia para que se diga por ellos; ~ ***de ángel,*** la que se celebra por un niño difunto; ~ ***del alba*** o ***de los cazadores,*** la que se dice en algunos templos al amanecer; ~ ***del gallo,*** la que se celebra la noche de Navidad; ~ ***de parida*** o ***de purificación,*** la que se dice a la mujer que va por primera vez a la iglesia después del parto; ~ ***mayor,*** la que se canta a determinada hora del día para que concurra todo el pueblo; ~ ***nueva,*** la primera que celebra un sacerdote; ~ ***parroquial,*** la que en las parroquias se aplica por todos los feligreses los domingos y fiestas de guardar; ~ ***privada*** o ***rezada,*** la que se celebra sin canto; ~ ***solemne,*** la cantada en que acompañan al sacerdote el diácono y subdiácono; ~ ***votiva,*** la que no siendo propia del día se puede decir en ciertos días por devoción; ~ ***gregoriana,*** la que en sufragio de un difunto se dice durante treinta días seguidos; ***cantar ~***, celebrar la primera misa un nuevo sacerdote; ***decir ~***, celebrar el sacerdote la misa; ***oír ~***, asistir y estar presente a ella. 2 Forma vocal de la música religiosa aparecida en la Edad Media. 3 Orden del presbiterado: *Juan está ordenado de ~.*

NOMENCLATURA Partes de la misa: 1)ANTEMISA: *preces, kyries, gloria, oraciones, epístola, evangelio y homilía;* 2)MISA PROPIAMENTE DICHA: *ofertorio, consagración, comunión;* 3) POSTMISA O FINAL: *ite, missa est; bendición.*

misacantano ***m.*** Sacerdote que celebra misa, esp. cuando canta la primera.

misal (b. l. *missale*) ***adj.-s.*** Libro litúrgico que contiene las ceremonias, oraciones y lecturas para la celebración de la misa. -2 ***m.*** IMPR. Grado de letra entre peticano y parangona.
misamiseño, -ña ***adj.-s.*** De Misamis Occidental, prov. de Filipinas.
misandria ***f.*** Aversión de la mujer al hombre.
misangó ***m.*** *S. Dom.* Cuco muy temido por los niños.
misantropía ***f.*** Calidad de misántropo.
misantrópico, -ca ***adj.*** Relativo a la misantropía.
misántropo (*mis-* + *-ántropo,* a través del fr. *misanthrope*) ***m.*** El que odia a los hombres o siente aversión al trato humano. 2 De humor desapacible.
SIN. V. **Huraño.** CONTR. **Filántropo.**
misar ***intr.*** fam. Decir misa. 2 fam. Oír misa.
misario ***m.*** Acólito o muchacho destinado en las iglesias para ayudar a misa.
miscelánea ***f.*** Mezcla de cosas diversas. 2 Obra o escrito en que se tratan materias inconexas y mezcladas.
misceláneo, -a (l. *miscellaneu* < *miscere,* mezclar) ***adj.*** Mixto, compuesto de cosas distintas.
miscibilidad ***adj.*** Calidad de miscible.
miscible (l. *miscere,* mezclar) ***adj.*** Mezclable.
miserabilísimo, -ma ***adj.*** Superl. de *miserable.*
miserable (l. *-abile*) ***adj.*** Pobre, desdichado, infeliz. 2 Abatido, sin valor ni fuerza. 3 Avariento, mezquino. 4 Perverso, canalla. 5 Ínfimo, escaso.
SIN. *1, 2* y *3* **Mísero.** *3* **Tacaño, roñoso.**
miserablemente ***adv. m.*** De manera miserable (pobre; avariento).
miseración (l. *atione*) ***f.*** Misericordia (virtud).
miseraico, -ca ***adj.*** Mesentérico.
míseramente ***adv. m.*** Miserablemente.
miserando, -da (l. *-du*) ***adj.*** Digno de misericordia.
mísere ***com.*** *Extr.* Persona enfermiza de poca salud.
miserear ***intr.*** fam. Portarse o gastar con escasez y miseria.
miserere (l. *miserere,* ten compasión) ***m.*** Salmo penitencial que empieza con esta palabra. 2 Canto compuesto sobre dicho salmo. 3 Cólico miserere.
miseria (l.) ***f.*** Desgracia, trabajo, infortunio. 2 Estrechez, pobreza extremada: ***comerse uno de ~,*** fig., padecer gran pobreza. 3 Plaga pedicular producida por desaseo. 4 Avaricia, mezquindad. 5 fig. Cosa corta: *me envió una ~.* 6 *And.* Suciedad.
misericordia (l.) ***f.*** Virtud que inclina el ánimo a compadecer las miserias ajenas y a tratar de aliviarlas debidamente. 2 Atributo divino en cuya virtud Dios perdona y remedia los pecados de sus criaturas. 3 Puñal con que se daba el golpe de gracia al enemigo caído. 4 Pieza pequeña en los asientos de los coros de las iglesias para reclinarse cuando se está de pie.
SIN. *1* **Conmiseración, miseración,** lit. culto; **compasión, lástima,** en el habla corriente.
misericordiosamente ***adv. m.*** Con misericordia.
misericordioso, -sa ***adj.-s.*** Que tiene misericordia: *~ con, para,* o *para con, los desvalidos.*
misero, -ra ***adj.*** fam. Que gusta de oír muchas misas. Devoto, beato (muy devoto).
mísero, -ra (l. *miseru*) ***adj.*** Miserable (pobre, abatido, avariento). ◇ Superl.: *misérrimo.*
misérrimo, -ma ***adj.*** Superl. de *mísero.*
misia, misiá, tratamiento equivalente a «mi señora» en el habla popular de numerosas regiones de España y América. ◇ También se escribe *mi seá* y *miseá.*
misil, mísil (ing. *missile* < l. *missilis,* arma arrojadiza) ***m.*** MIL. Proyectil autopropulsado, durante toda su trayectoria o parte de ella, mediante la combustión interior de un agente propulsor sólido o líquido, y la expulsión de los gases de esta combustión por una o varias toberas situadas en la parte posterior o cola: ~ ***balístico,*** el que carece de órgano de guiado y sólo va propulsado durante una parte de su trayecto; ~ ***teledirigido,*** el que desde el exterior se dirige su trayectoria para orientarlo hacia el blanco; ~ ***autodirigido,*** el que lleva en su interior los órganos de dirección. ◇ Pl.: *misiles.*
misino ***m.*** fam. Gato.
misio, -sia (l. *mysiu*) ***adj.-s.*** De Misia, reg. de la ant. Asia.
misión (l. *missione*) ***f.*** Acción de enviar. 2 Poder que se da a un enviado para desempeñar algún cometido: ~ *diplomática.* 3 Predicación del Evangelio, esp. en tierras de infieles. 4 Territorio donde se lleva a cabo esta predicación: *ir a misiones.* 5 Período corto e intenso de predicación, sermones, ejercicios piadosos, etc., que se celebra en una parroquia, gralte. a cargo de sacerdotes de otra. 6 Acto religioso que se celebra durante este período: *voy a la ~.* 7 Alimento que se señala a los segadores por su trabajo. 8 Viaje de estudio, de exploración, etc. 9 Deber moral que a cada hombre le impone su condición o estado.
misional ***adj.*** Relativo a los misioneros o a las misiones.
misionar ***intr.*** Predicar o dar misiones. 2 Extender el Evangelio en tierra de infieles.
misionario ***m.*** Misionero. 2 Persona enviada con un encargo: *los misionarios de la diputación.*
I) misionero, -ra ***adj.*** Perteneciente o relativo a la misión. -2 ***m. f.*** Persona dedicada a misionar.
II) misionero, -ra ***adj.-s.*** De Misiones, reg. de la República Argentina. 2 De Las Misiones, dep. del Paraguay.
misivo, -va (der. del l. *missu* < *mittere,* enviar) ***adj.*** lit. [escrito] Que contiene un mensaje: *cartas misivas.* -2 ***f.*** Este mismo escrito.
mismamente ***adv. m.*** fam. *y* vulg. Cabalmente, precisamente.
mismidad (de *mismo*) ***f.*** FIL. Condición de ser uno mismo. 2 Aquello por lo cual se es uno mismo. 3 La identidad personal.
mis-mis (de *miz,* voz para llamar al gato) ***m.*** *R. de la Plata.* Gato (baile).
mismísimo, -ma ***adj.*** Superl. fam. de *mismo.*
mismo, -ma (l. *metipsissimu;* b. l. *metipsimu*) ***adj.-pron. dem.*** Indica, como demostrativo de identidad, que es una la persona o cosa que se presenta en circunstancias distintas o que se relaciona con otras diferentes: *es el ~ hombre que vimos ayer; estos tres libros son del ~ autor;* se usa como pronombre cuando no acompaña al nombre, por hallarse éste ya expresado, y va precedido del artículo: *este hombre es el ~; digo lo ~.* 2 Semejante o igual: *tiene la misma cara que su padre; soy de la misma opinión.* 3 Se usa pleonásticamente junto a pronombres, adverbios y substantivos para reforzar la identificación o para hacer resaltar la participación en un acto: *yo ~; aquí ~; ella misma hablará; el padre ~ lo dijo; vienen contra mí ~.* 4 *Colomb.* Pospuesto al substantivo, equivale a completo, cabal: *es un burro ~.* ◇ Admite el superlativo enfático *mismísimo* y el diminutivo *mismito,* en lenguaje fam. y pop.
GRAM. En expresiones locales tiende a adverbializarse y hacerse invariable, dando lugar a vacilaciones en la concordancia: *En España mismo,* o *en España misma; desde Barcelona mismo te escribiré,* o *desde Barcelona misma*; cuando le acompañan artículos u otros determinativos, se refuerza a menudo su carácter adjetivo y se impone la concordancia: *en la España misma; desde esta Barcelona misma,* y más aún si los determinativos van junto a *mismo: en la misma España*; sin embargo, abundan las excepciones: *Soy del mismo Zaragoza, venían del mismo Segovia,* frente a *de la misma.* FRS. *Así ~,* de esta manera; *por lo ~,* por esta razón. SIN. *1* y *2* **Propio.**
miso-, mis- (gr. *myso,* odiar) Elemento prefijal que entra en la formación de palabras con el significado de odiar.
misofobia (gr. *mysos,* suciedad + *-fobia*) ***f.*** Temor morboso a la suciedad o a la contaminación
SIN. **Molismofobia, pelofobia, ripofobia, rupofobia.**
misogamia (*miso-* + *-gamia*) ***f.*** Aversión al matrimonio.
misógamo, -ma ***adj.-s.*** Enemigo del matrimonio.
misoginia (gr. *misoginia*) ***f.*** Aversión a las mujeres.
misógino, -na (*miso-* + *-gino*) ***adj.-s.*** Que odia a las mujeres. ◇ INCOR.: *misógeno.*
REL. **Misoginia.**
misoneísmo (*miso-* + gr. *neos,* nuevo) ***m.*** Aversión a las novedades.
misoneísta ***adj.-com.*** Que tiene aversión a las novedades.
míspero ***m.*** *Ál., Burg.* y *Logr.* Níspero.
mispíquel ***m.*** MINERAL. Sulfuro de hierro y arsénico que cristaliza en el sistema ortorrómbico. Se emplea como mineral de arsénico.
SIN. **Arsenopirita.**
misqueño, -ña ***adj.-s.*** De Mixco (Guatemala).
misquiligrillo ***m.*** *Extr.* Juego infantil de naipes.
misquito ***adj.-com.*** Indígena centroamericano que habita en la parte central y septentrional de la región costera de Nicaragua y la oriental de Honduras.
miss (voz inglesa) ***f.*** Tratamiento que se da a las señoritas en los países de lengua inglesa. 2 fig. Ganadora de un concurso, gralte. de belleza. ◇ Pl.: *misses.*
mistacoceto (gr. *mystax, -akos,* bigote + *ketós,* cetáceo) ***adj.-m.*** Mamífero del suborden de los mistacocetos. -2 ***m. pl.*** Suborden de mamíferos cetáceos, con los orificios nasales independien-

tes y cuya boca, en vez de dientes, tiene dos series de láminas córneas, insertas verticalmente y deshilachadas en su borde; como la ballena.

mistagógico, -ca *adj.* Relativo al mistagogo. 2 p. ext. [discurso o escrito] Que pretende revelar alguna doctrina oculta o maravillosa.

mistagogo, -ga (gr. *mystagogós*) *m.* Sacerdote de la gentilidad grecorromana, que iniciaba en los misterios.

mistar *tr.* Musitar: *sin chistar ni ~.*

mistela *f.* Bebida hecha de aguardiente, agua, azúcar y canela. 2 Líquido resultante de la adición de alcohol al zumo de uva, en cantidad suficiente para que no se produzca la fermentación. ◇ También *mixtela.*

míster (voz inglesa) *m.* Tratamiento inglés equivalente a señor. 2 vulg. Extranjero. 3 DEP. Entrenador de fútbol.

mistérico, -ca *adj.* Que tiene misterios: *una religión mistérica.*

misterio (l. *mysteriu;* gr. *mysterion,* de *mys,* cerrar) *m.* En las religiones ant., rito secreto al que sólo eran admitidos los iniciados: *los misterios de Eleusis.* 2 Dogma cristiano inaccesible a la razón y que es objeto de fe: *el ~ de la Santísima Trinidad.* 3 Paso de la vida, pasión y muerte de Jesucristo; su representación con imágenes. 4 Representación escénica medieval, de asunto religioso, que se celebraba en los templos, o junto a ellos en ciertas festividades: *el ~ de Elche.* 5 fig. Cosa secreta: *los misterios de la política.* 6 fig. Cosa incomprensible: *los misterios de la naturaleza.* 7 *Méj.* En una fiesta, trozo de música que se oye, se canta o se baila.

misteriosamente *adv. m.* Con misterio.

misterioso, -sa *adj.* Que implica un misterio o sentido oculto. 2 Que da a entender cosas recónditas donde no las hay.

mística *f.* Parte de la teología que trata de la unión del hombre con la divinidad, de los grados de esta unión y esp. de la contemplación de Dios.

místicamente *adv. m.* De un modo místico.

misticismo *m.* Estado extraordinario de perfección religiosa que consiste esencialmente en cierta unión inefable del alma con Dios por el amor. 2 Doctrina religiosa y filosófica que enseña la comunicación directa entre el hombre y la divinidad, en la visión intuitiva o en el éxtasis.
SIN. *2* **Mística.**

I) místico (ár. *moçatah,* barca armada) *m.* MAR. Velero de aparejo costanero usado en el Mediterráneo.

II) místico, -ca (l. *mysticu* < gr. *-tikós,* de *mystés,* iniciado) *adj.* Relativo a la mística. -2 *adj.-s.* Que escribe o trata de mística. 3 Que se dedica a la vida espiritual. 4 *And.* Remirado. 5 *Amér.* Remilgado, misticón.

misticón, -cona *adj.-s.* fam. Que afecta mística y santidad.
SIN. **Santurrón, gazmoño.**

mistificación *f.* Acción de mistificar. 2 Efecto de mistificar.

mistificador, -ra *adj.-s.* Que mistifica.

mistificar (fr. *mystifier*) *tr.* Embaucar, burlar, engañar. 2 Falsificar, deformar. ◇ ** CONJUG. [1] como ***sacar.***

mistifori *m.* Mixtifori.

mistilíneo, -a *adj.* desus. Mixtilíneo.

mistión (l. *mistione*) *f.* desus. Mixtión, mezcla.

mistiquería *f. P. Rico.* Melindre.

mistiquez *f. Colomb.* Remilgo, melindre.

mistiricuco *m. Salv.* Pájaro agorero.

mistol *m. Amér.* Árbol americano, especie de azufaifo *(Zizyphus mistol).*

mistongo *adj. Argent.* y *Chile.* fam. Pobre.

mistonguería *f. Argent.* Cosa de poco valor o persona de pocos recursos.

mistral (prov. *mistral, mestrau,* der. de *mestre,* dueño) *adj.-s.* V. viento mistral.

mistura *f.* Mixtura. 2 *Bol.* Ramillete de flores.

misturar *tr.* Mixturar, mezclar.

misturero, -ra *adj.-s.* Mixturero. -2 *f. Perú.* Florista.

mita (quechua y aimara) *f. Amér. Merid.* ant. Conscripción de indios para obligarlos a trabajar. 2 *Argent.* Tropa de ganado que se transporta en tren. 3 *Argent.* y *Chile.* fam. Vez, turno. 4 *Bol.* Cosecha de la hoja de coca. 5 *Perú.* Tributo que pagaban los indios. 6 *Perú.* Segunda poda, y subsiguientes, de la coca.

mitaca *f. Bol.* y *Colomb.* Cosecha en general.

mitad (l. *medietate*) *f.* Parte que, con otra igual, constituye un todo: *~ y ~,* por partes iguales. 2 ***Cara ~,*** consorte (cónyuge). 3 Medio (parte equidistante).

mitadenco *adj. Ar.* Censo frumentario que se paga en dos especies. -2 *m.* Mezcla de trigo y centeno.

mitadilla *f. Extr.* Medida para líquido de doble cuartillo. Es algo menor que un litro.

mitán *m.* Holandilla.

mitayera *f. Amér.* Canoa para los víveres.

mitayo (quechua) *m. Amér. Merid.* ant. Indio o peón que trabajaba en la mita. 2 *Amér. Merid.* Indio que daban por sorteo o repartimiento. -3 *adj. Ecuad.* Calificativo despectivo que se da a los indios.

mite *m. Salv.* Vástago que sostiene la flor de la caña de azúcar.

mítico, -ca (l. *mythicu*) *adj.* Relativo al mito.

miticultura *f.* Mitilicultura.

mitificación *f.* Acción de mitificar. 2 Efecto de mitificar.

mitificar (de *mito* + *-ificar*) *tr.* Transformar en mito. 2 Rodear de extraordinaria estima [algo]. ◇ ** CONJUG. [1] como ***sacar.***

mitigación (l. *-atione*) *f.* Acción de mitigar o mitigarse. 2 Efecto de mitigar o mitigarse.

mitigador, -ra *adj.-s.* Que mitiga.

mitigante *adj.* Mitigador.

mitigar (l. *-are*) *tr.* Moderar o suavizar [una cosa áspera o rigurosa]: *~ un dolor.* ◇ ** CONJUG. [7] como ***llegar.***
SIN. v. **Calmar.**

mitigativo, -va, mitigatorio, -ria *adj.* Que mitiga o tiene virtud de mitigar.

mitilicultura (gr. *mítylos,* almeja + *-cultura*) *f.* Técnica de la cría de mejillones.

mitimaes *m. pl. Perú.* Colonias de indios que mandaban los Incas a las regiones recién conquistadas. 2 Indios que servían en las filas españolas.

mitin (ing. *meeting*) *m.* Reunión donde se discuten públicamente asuntos políticos o sociales: ***dar el mitin,*** fig. *y,* fam., llamar mucho la atención. 2 DEP. Reunión, encuentro deportivo, especialmente de atletismo o ciclismo. ◇ Pl.: *mítines.*

mitinear *intr.* Dar mítines o hablar en ellos.

I) mito (gr. *mythos*) *m.* Tradición fabulosa basada en los dioses, héroes, etc., o en un hecho real, histórico o filosófico: *los mitos de Grecia; el ~ del sol.* 2 fig. Cosa fabulosa: *el caballo Pegaso era un ~.*

II) mito *m. Argent.* Resina de los algarrobos.

I) mito- (de *mito* I) Elemento prefijal que entra en la formación de palabras con el significado de mito: *mitología.*

II) mito- (gr. *mítos,* filamento) Elemento prefijal que entra en la formación de palabras con el significado de hilo, filamento: *mitocondria.*

mitocondria (*mito-* II + gr. *chóndros,* cartílago) *f.* Condriosoma.

mitofobia (*mito-* + *-fobia*) *f.* Temor morboso a la falsedad o mentira.

mitogénesis (*mito-* II + *-génesis*) *f.* Producción o generación por mitosis. ◇ Pl.: *mitogénesis.*

mitografía (*mito-* + *-grafía*) *f.* Ciencia que trata de los mitos.

mitógrafo, -fa *m. f.* Persona que cultiva la mitografía.

mitología (*mito-* + *-logía*) *f.* Historia fabulosa de los dioses y héroes de la antigüedad. 2 Conjunto de mitos de un pueblo.

mitológico, -ca *adj.* Relativo a la mitología. -2 *m.* Mitologista.

mitologista *com.* Persona que por estudio se dedica a la mitología.

mitólogo, -ga *m. f.* Mitologista.

mitomanía (*mito-* + *-manía*) *f.* Manía de decir mentiras o relatar cosas fabulosas. 2 Idolatría hacia personajes famosos.

mitómano, -na *adj.-s.* Que adolece de mitomanía.

mitón (fr.) *m.* Guante de punto que deja los dedos al descubierto
SIN. **Confortante.**

mitoplasma (*mito-* II + *plasma*) *m.* Red cromática del núcleo celular.

mitosis *f.* Cariocinesis. ◇ Pl.: *mitosis.*

mitosoma (*mito-* II + *-soma*) *m.* Cuerpo formado por las fibras del huso, que dan origen a la porción central del espermatozoo.

mitote (mej. *mitotl*) *m. Méj.* Baile azteca ejecutado por gran número de indios, adornados vistosamente, en torno de una bandera y una vasija, de la que beben hasta caer embriagados. 2 *Amér.* Fiesta casera. 3 *Amér.* Melindre, aspaviento. 4 *Amér.* Bulla, pendencia, alboroto. 5 *Méj.* Chisme.

mitotear *intr. Méj.* Hacer melindres. 2 *Méj.* Chismear.

mitotero, -ra *adj. Amér.* Amigo de mitotes (melindre; bulla). 2 Chismoso, enredador.
mitótico *adj.* Relativo a la mitosis.
mitra (gr.) *f.* Toca o adorno que usaban los persas, de quienes pasó a otros pueblos. 2 Prenda alta y apuntada, con que en las funciones solemnes se cubren la cabeza los cardenales, arzobispos, obispos y otros eclesiásticos que gozan de tal privilegio. 3 Dignidad de arzobispo u obispo. 4 En algunas partes, territorio de su jurisdicción. 5 Cúmulo de rentas de una diócesis o archidiócesis. 6 Rabadilla de las aves. 7 ARQ. ***Arco ~***, arco angular.
SIN. *4* V. **Diócesis.**
mitrado, -da *adj.* [eclesiástico] Que puede usar mitra. -2 ***m.*** Arzobispo u obispo.
mitral (de *mitra*) *adj.* En forma de mitra. 2 ***Válvula ~***, la situada en el orificio auriculoventricular izquierdo del corazón.
mitrar *intr.* fam. Obtener un obispado.
mitridatismo (alusión a la inmunidad; atribuida al rey *Mitrídates,* 111-63 a. C.) ***m.*** MED. Resistencia a los efectos de un veneno, adquirida por la administración progresiva del mismo, empezando por dosis inofensivas.
mitridato ***m.*** ant. Antídoto, contraveneno.
mitú (guaraní) ***m.*** *Argent.* Ave gallinácea, de unos dos pies de longitud, de color pardo amarillento *(Crax alector; carunculata).*
mituano, -na *adj.-s.* Mituense.
mituense *adj.-s.* De Mitu, cap. de la comisaría de Vaupés (Colombia).
mítulo ***m.*** Mejillón.
miura ***m.*** Toro de la ganadería de Miura.
FR. *Tener la intención de un ~*, inclinación agresiva, aviesa.
mix-, v. mixo-.
mixe ***m.*** *Amér.* Mije.
mixedema (*mix-* + *edema*) ***m.*** MED. Edema producido por infiltración de substancia mucosa en la piel, por insuficiencia de las glándulas tiroides.
mixiniforme *adj.-m.* Animal de la clase de los mixiniformes. -2 ***m. pl.*** Clase de animales ciclóstomos parásitos; como el mixino.
mixino ***m.*** Animal ciclóstomo marino, de cuerpo cilíndrico, sin escamas y muy viscoso. Presenta una boca alargada y rodeada por ocho cirros *(Myxine glutinosa).*
mixiote *adj. Méj.* Albumen de la penca del maguey.
mixo-, mix- (gr. *myxa,* mucosidad) Elemento prefijal que entra en la formación de palabras con el significado de mucosidad.
mixofíceas (gr. *mixis,* mezcla + *phykos,* alga) ***f. pl.*** BOT. Algas de color verde azulado, unicelulares o filamentosas sin núcleo.
mixoide (*mix-* + *-oide*) *adj.* Semejante al tejido mucoso.
mixomatosis (*mixo-* + gr. *-oma, -ómatos,* tumoración + *-osis*) *f.* Enfermedad infecciosa del conejo. ◇ Pl.: *mixomatosis.*
mixomicete (*mixo-* + *-micete*) *adj.-m.* Hongo del grupo de los mixomicetes. -2 ***m. pl.*** Grupo de hongos con categoría de división, cuyo talo se reduce a una masa de protoplasma provista de numerosos núcleos.
mixtamente *adv. m.* DER. Correspondiente a los dos fueros, eclesiástico y civil.
mixteca *adj.-com.* Indígena mejicano perteneciente a un pueblo que se extendió por toda la parte O. de Oaxaca, E. de Guerrero y S. de Puebla.
mixteco, -ca *adj.-s.* Pueblo amerindio que en época precolombina ocupó parte de los actuales estados mejicanos de Oaxaca, Guerrero y Puebla.
mixtela *f.* desus. Mistela.
mixtificación *f.* Mistificación.
mixtificador, -ra *adj.* Mistificador.
mixtificar *tr.* Mistificar. ◇ ** CONJUG. [1] como ***sacar.***
mixtifori (l. *mixti fori,* tribunales mezclados) ***m.*** fam. Embrollo o mezcla de cosas heterogéneas. ◇ También *mistifori.*
mixtilíneo, -a (de *mixto* + *línea*) *adj.* Con lados rectos y curvos: *figura mixtilínea; arco ~.*
mixtión (l. *-tione*) *f.* Mezcla, mixtura. 2 BLAS. Púrpura (color heráldico).
mixto, -ta (l. *mixtu;* pp. de *miscere,* mezclar) *adj.* Mezclado. 2 Mestizo (híbrido). -3 *adj.-m.* Formado por la reunión de elementos de naturaleza distinta: *ángulo ~; línea mixta;* ***número ~***, v. número; ***tren ~***, v. tren. -4 ***m.*** Fósforo (cerilla). 5 Mezcla inflamable usada en la guerra para los artificios incendiarios, explosivos o de iluminación. 6 *Urug.* Pobre diablo. -7 ***f.*** *P. Rico* y *S. Dom.* Servicio de un solo plato que contiene arroz, habichuelas y carne. -8 ***m. pl.*** *P. Rico.* Entre campesinos, primeros gastos en algún asunto.

mixtura (l.) *f.* Mezcla o incorporación de varias cosas: *~ farmacéutica.* 2 Pan de varias semillas. 3 *Bol.* y *Perú.* Obsequio de flores. ◇ También *mistura.*
mixturar *tr.* Mezclar, incorporar [una cosa con otra].
mixturero, -ra *adj.-s.* Que mixtura. -2 *f. Perú.* Ramilletera.
miz, voz usada para llamar al gato.
miza *f.* fam. Gata.
Mizar (ár. *mizar*) ***n. pr.*** ASTRON. Estrella en la constelación de la Osa Mayor.
mízcalo (de *almizcle*) ***m.*** Hongo comestible de sabor almizclado *(Lactarius deliciosus).*
SIN. **Níscalo.**
mizo ***m.*** fam. Gato.
mizque ***m.*** *Argent.* Alcohol de avena.
mizqueño, -ña *adj.-s.* De Mizque, c. y prov. del dep. de Cochabamba (Bolivia).
Mn, símbolo químico del *manganeso.*
mnémico, -ca *adj.* FIL. Propio de la memoria: *asociaciones mnémicas.*
mnemo- (gr. *mnéme,* memoria) Elemento prefijal que entra en la formación de palabras con el significado de memoria.
mnemónica (gr. *mnemoniké*) *f.* Mnemotécnica.
Mnemosine ***n. pr.*** MIT. Diosa de la memoria y madre de las musas.
mnemotecnia (*mnemo-* + *-tecnia*) *f.* Mnemotécnica.
mnemotécnica *f.* Arte de desarrollar la memoria. 2 Método para fijar los conocimientos en la memoria.
mnemotécnico, -ca *adj.* Relativo a la mnemotécnica. 2 Que sirve para auxiliar a la memoria.
-mnesia (gr. *mnéme,* memoria) Elemento sufijal que entra en la formación de palabras con el significado de memoria: *amnesia.*
Mo, símbolo químico del *molibdeno.*
moabita (hebr. *Moabí*) *adj.-s.* De Moab, antiguo reino del Próximo Oriente. -2 *adj.-m.* Lengua cananea, hablada antiguamente en este reino.
moaré ***m.*** Muaré.
moaxaja (del ár. *muwashshaha;* o *muwassaha,* collar) *f.* Composición estrófica árabe que termina con una estrofa en árabe vulgar o mozárabe, la jarcha.
mobiliario, -ria (fr. *mobiliaire*) *adj.* Mueble. 2 Propio o relativo al efecto público al portador o transferible por endoso. -3 ***m.*** Moblaje.
moblaje ***m.*** Conjunto de muebles de una casa.
SIN. **Mueblaje.**
moblar (de *moble*) *tr.* Amueblar. ◇ ** CONJUG. [31] como ***contar.***
moble (l. *mobile*) *adj.* desus. Móvil.
I) moca ***m.*** Café procedente de Moca, c. de Arabia. 2 p. ext. Café de buena calidad, tostado y molido.
II) moca ***m.*** *Ecuad.* Tremedal, atascadero, ciénaga.
mocador ***m.*** Moquero.
mocán ***m.*** Árbol de las Islas Canarias, de hojas lanceoladas, flores en racimos axilares de color blanco crema, y fruto en cápsula ovalada marrón grisácea, de sabor ligeramente dulzón *(Visnea mocanera).*
mocar (de *moco*) *tr.-prnl.* Sonar, limpiar los mocos [a uno]. ◇ ** CONJUG. [1] como ***sacar.***
mocárabe (ár. *mocarbes,* adorno de talla) ***m.*** Motivo decorativo de prismas yuxtapuestos y dirigidos hacia abajo, que acaban en un estrechamiento también prismático, cuya superficie inferior es cóncava. ◇ También *almocárabe.*
mocarra *com.* fam. Mocoso (niño atrevido).
mocarrera *f.* fam. Moco abundante.
mocarro (aum. de *moco*) ***m.*** Moco que cuelga de las narices.
mocasín ***m.*** Calzado que usan los indios de América del Norte. 2 Zapato de una sola pieza en cuero muy flexible y con la pala cerrada.
mocato, -ta *adj. S. Dom.* Descompuesto, pasado.
mocear *intr.* Portarse como la gente moza. 2 Desmandarse en travesuras deshonestas.
mocedad *f.* Época de la vida humana desde la pubertad hasta la edad adulta. 2 Travesura o desorden con que suelen vivir los mozos. 3 Diversión deshonesta y licenciosa.
mocejón (l. v. *muscellione,* der. de *musculu,* mejillón) ***m.*** ZOOL. Mejillón.
moceril *adj.* Mocil, juvenil.
mocerío ***m.*** Grupo o conjunto de gente moza: *el ~ se divierte mucho.*

mocero (de *moza*) ***adj.-s.*** Dado a la lascivia.
mocete (de *mozo*) ***m.*** *Ar.* y *Logr.* Mozo joven.
mocetón, -tona (aum. de *mozo*) ***m. f.*** Persona joven y robusta.
mocezuelo ***m.*** *Méj.* y *Venez.* Convulsiones que suelen tener los recién nacidos.
mocha ***f.*** ant. Reverencia que se hacía bajando la cabeza. 2 fam. Cabeza. 3 *Cuba.* Especie de machete barrigón, cuya barriga va ensanchando opuesta al mango, y termina redonda o cuadrada.
mochada (de *mocho*) ***f.*** Topetada.
mochales (estar ~), fr. fam. *y* vulg. Estar guillado, chiflado. 2 fam. Locamente enamorado.
mochar ***tr.*** Dar mochadas o topetadas. 2 desus. Desmochar. 3 *Argent.* Hurtar. 4 *Colomb.* y *P. Rico.* Amputar. 5 *Perú* y *P. Rico.* Cortar desacertadamente.
mochazo ***m.*** Golpe dado con el mocho (remate).
moche ***m.*** V. troche.
mocheó ***adj.*** *Bol.* y *Colomb.* Color entre amarillo y verde; color cadavérico.
mocheta (de *mocho*) ***f.*** Extremo romo y contundente opuesto a la parte punzante o cortante de ciertas herramientas. 2 Ángulo diedro entrante en la esquina de una pared. 3 Telar (parte del vano). 4 Rebajo en el marco de una puerta o ventana, donde encaja el renvalso.
mochete ***m.*** Cernícalo (ave).
mochica ***adj.-com.*** Indio de la costa N. del antiguo Perú.
mochicuán, -cuana ***adj.*** *Méj.* Egoísta, cicatero.
mochil (vasco *motxil;* dim. de *motil,* muchacho) ***m.*** Muchacho que lleva o trae recados a los mozos del campo.
SIN. **Morillero, motil, motril.**
mochila (de *mochil*) ***f.*** Caja de tabla delgada, forrada en cuero, que, sujeta a la espalda con correas, usaban los soldados para llevar el equipo. 2 Saco o bolsa de tela fuerte que llevan sujeta a la espalda los cazadores y excursionistas. 3 Morral (saco). 4 Provisión de víveres que cada soldado lleva consigo en campaña, y también el forraje para su caballo. 5 Caparazón que en la jineta se lleva escotado de los dos arzones. 6 *And.* Joroba. 7 *Méj.* Maleta.
mochilá ***f.*** *Hond.* Mezcla de leche de coco con plátano maduro.
mochiler ***m.*** *Méj.* Primera pelea de gallos que se hace en el día. 2 Gallo que se presenta para iniciar una serie de peleas en que se desconocen las características de los combatientes.
mochilera ***f.*** *Colomb.* Nido en forma de mochila.
mochilero ***m.*** El que llevaba las mochilas en el ejército. 2 El que viaja a pie con mochila. 3 *Colomb.* Gulungo.
mochilón ***m.*** *Colomb.* Canasto tejido con la fibra de una malvácea.
mochín (de *mochar*) ***m.*** Verdugo (ministro de justicia).
mocho, -cha (et. dud., tal vez voz descriptiva) ***adj.*** Falto de la punta o sin la debida terminación: *este toro sin cuernos es ~.* 2 Especie de trigo. 3 Caballejo, rocín. 4 fig. Pelado o cortado al pelo. -5 ***m.*** Remate grueso y romo de un instrumento o utensilio largo: *el ~ de un fusil.* -6 ***adj.*** *Amér.* Mutilado. 7 *Guat.* y *Méj.* Conservador en política. 8 *Méj.* Católico. -9 ***m.*** *Guat.* Lego de convento. 10 *Salv.* Abuelo, ascendiente antiguo. -11 ***adj.-m.*** *Chile.* Clérigo de órdenes menores.
mochoco ***m.*** *Murc.* Rastrojo del maíz.
mochón ***m.*** Pez marino de pequeño tamaño, muy común, de cuerpo alargado, de gran variedad de formas por la variedad de biotopos en que habita *(Atherina mochon; A. boyeri).*
mochongada ***f.*** *Méj.* Payasada.
mochongo ***m.*** *Méj.* Hazmerreír.
I) mochuelo (et. dud; quizá del l. v. *noctuolu;* con *m-* de *mocho*) ***m.*** Ave estrigiforme, de unos 20 cms. de altura, que se alimenta de roedores y reptiles *(Athene noctua).* 2 fig. *y* fam. Asunto o trabajo enojoso o difícil: *cargar uno con el ~; echarle* o *tocarle a uno el ~.* -3 ***com.*** fig. Persona inepta o inútil.
II) mochuelo (l. *modiolu,* herramienta) ***m.*** Vasija ant. de uso doméstico.
mocil ***adj.*** Propio de gente moza.
moción (l. *motione*) ***f.*** Acción de moverse o ser movido. 2 fig. Alteración del ánimo que se mueve e inclina a una especie que le han sugerido. 3 Inspiración interior que Dios ocasiona en el alma en orden a las cosas espirituales. 4 Proposición que se hace en una junta que delibera. 5 Vocal u otro signo que acompaña a las consonantes en las lenguas semíticas.
mocionar ***tr.*** *Argent., Hond.* y *Parag.* Presentar una moción.
mocito, -ta (dim. de *mozo*) ***adj.-s.*** Que está en el principio de la mocedad.
moco (l. *muccu*) ***m.*** Humor espeso y pegajoso segregado por una membrana mucosa, esp. la nasal: ***caérsele a uno el ~***, fig., ser poco advertido; ***quitar a uno los mocos,*** fig., darle de bofetadas; ***llorar a ~ tendido, a ~ y baba,*** llorar abundantemente. 2 fig. Materia medio fluida y pegajosa. 3 Extremo del pabilo de una luz encendida: ***a ~ de candil, loc. adv.,*** a la luz del candil. 4 Porción derretida de las velas que se solidifica a lo largo de ellas. 5 Percha que pende de la cabeza del bauprés. 6 Escoria que sale del hierro encendido en la fragua cuando se martilla y apura. 7 Salpa (animal). 8 ***~ de pavo,*** amaranto (planta): *no ser una cosa ~ de pavo.* 9 fig. No ser despreciable. 10 *Chile.* Espiguilla de ciertos árboles, como el álamo, el castaño y el nogal.
SIN. *1* **Mucosidad.** *3* **Costra.**
mocoano, -na ***adj.-s.*** De Mocoa, cap. de la comisaría de Putumayo (Colombia).
mococoa ***f.*** *Bol.* y *Colomb.* Murria, mal humor. -2 ***adj.*** *Méj.* Enfermo.
mocontullo (quechua *cocco,* nudo y *tullo,* hueso) ***m.*** *Perú.* Pangador.
mocora ***f.*** *Ecuad.* Planta pequeña de la que se extrae una fibra para hacer hamacas y sombreros.
mocoso, -sa ***adj.*** Que tiene las narices llenas de mocos. 2 fig. Insignificante, de ninguna importancia. -3 ***adj.-s.*** Niño atrevido o malmandado, mozo imprudente.
mocosuelo, -la ***adj.-s.*** Dim. de *mocoso.*
mocosuena ***adv. m.*** fam. Guiándose por la analogía de sonido: *traducir ~.*
mocuño ***m.*** *Colomb.* Trampa para coger zorras, venados, etc.
moda (l. *modu,* manera) ***f.*** Uso pasajero que regula, según el gusto del momento, el modo de vestirse, de vivir, etc.
SIN. **Uso, usanza,** cuando no es pasajera sino que tiene cierta tradición.
modado, -da ***adj.*** *Colomb.* Con los adv. *bien* o *mal*, que usa buenos o malos modales.
modal ***adj.*** Que incluye modo o determinación particular. 2 GRAM. Referente a las formas y empleos de los modos del verbo. -3 ***m. pl.*** Acciones externas con que uno da a conocer su buena o mala educación.
SIN. *3* **Maneras, formas, modos.**
modalidad (de *modal*) ***f.*** Modo de ser o de manifestarse una cosa. 2 Categoría.
modéjar ***adj.*** desus. Mudéjar.
modelado ***m.*** Acción de modelar. 2 Efecto de modelar. 3 Morfología de un terreno en función de la acción erosiva. Según el agente geológico externo predominante el modelado se denomina: *glaciar, fluvial, marino,* etc.
modelador, -ra ***adj.*** Que modela.
modelar (de *modelo*) ***tr.*** Formar de cera, barro, etc. [una figura o adorno]. 2 En pintura, representar con exactitud el relieve [de las figuras]. -3 ***prnl.*** Ajustarse a un modelo.
modélico, -ca ***adj.*** Que puede tomarse como modelo.
modelismo ***m.*** Arte y técnica de construcción de modelos.
modelista ***m.*** Operario encargado de los moldes para el vaciado de piezas de metal, cemento, etc. -2 ***com.*** Creador de modelos.
modelo (it. *modello,* del l. v. *modellu,* der. de *modulu*) ***m.*** Lo que ha de servir de objeto de imitación: *~ de escritura.* 2 fig. Ejemplar digno de ser imitado por su perfección física o moral. 3 Figura de barro, yeso o cera que se ha de reproducir en madera, mármol o metal. 4 Reproducción a escala reducida de un edificio, máquina, etc. 5 Tipo industrial protegido por una patente. 6 Vestido original en una colección de alta costura. 7 Esquema teórico de un sistema o realidad compleja que se elabora para facilitar su comprensión y estudio. -8 ***com.*** Persona que sirve para el estudio en el dibujo o pintura. 9 Persona que en las casas o en los desfiles de moda, exhibe los nuevos modelos de costura. -10 ***adj.*** Perfecto en su género.
modem (de *modulador* y *demodulador*) ***m.*** INFORM. Aparato que convierte datos en señales que se pueden transmitir a través de la línea telefónica, o viceversa.
modenés, -nesa ***adj.-s.*** De Módena, c. de Italia.
moderación (l. *-atione*) ***f.*** Acción de moderar o moderarse. 2 Cordura, templanza en las palabras o acciones. 3 Virtud que nos mantiene entre los extremos.
SIN. v. **Templanza.**
moderadamente ***adv. m.*** Con moderación o templanza. 2 Mediana y razonablemente.

moderado, -da *adj.* Que tiene moderación. 2 Que guarda el medio entre los extremos. -3 *adj.-s.* Partidario del moderantismo (sistema político).
SIN. *1* **Módico,** tratándose de precios, pretensiones, etc., significa limitado en cantidad; **sobrio, parco, templado, reglado,** aplicado a personas o actos humanos.
moderador, -ra (l. *-tore*) *adj.-s.* Que modera. V. poder moderador. -2 *m. f.* Persona que dirige un debate en una asamblea. -3 *m.* En algunas iglesias protestantes, jerarca que dirige las reuniones y regula los acuerdos. 4 Substancia empleada en las pilas atómicas para retardar la emisión de neutrones procedentes de una fisión nuclear y que provoca una reacción en cadena.
moderantismo *m.* Costumbre de obrar con moderación. 2 Sistema político que procede con moderación en las reformas y mantiene el principio de autoridad.
moderar (l. *-ari*) *tr.-prnl.* Templar, ajustar, arreglar [una cosa], evitando el exceso: ~ *la temperatura;* ~ *las pasiones; moderarse en las pasiones.*
moderativo, -va *adj.* Que modera o tiene virtud para moderar.
moderato (it.) *adj.-m.* MÚS. De un movimiento moderado.
moderatorio, -ria *adj.* Que templa o reduce a lo justo las cosas que tienen exceso.
modernamente *adv. m.* Recientemente; de poco tiempo a esta parte. 2 En los tiempos actuales.
modernidad *f.* Calidad de moderno.
modernismo *m.* Afición excesiva a las tendencias, gustos, etc., modernos, esp. en artes y literatura. 2 Corriente literaria de principios del siglo actual, cuyo principal representante fue Rubén Darío (1867-1916). 3 Tendencia de algunos católicos que introducen innovaciones en los estudios sagrados, en la disciplina eclesiástica y en la acción política del catolicismo. 4 ARQ. Movimiento romántico, individualista y antihistórico que entre 1890 y 1910 se difundió por Europa y tuvo pralte. tendencia decorativa y acentuó el valor decorativo de la línea curva de carácter floral o geométrico.
modernista *adj.* Relativo al modernismo. -2 *adj.-com.* Partidario del modernismo.
modernización *f.* Acción de modernizar.
modernizador, -ra *adj.-s.* Que moderniza.
modernizar *tr.* Dar forma o aspecto moderno [a cosas antiguas]. ◇ ** CONJUG. [4] como ***realizar.***
moderno, -na (l. *-nu* < *modo,* recientemente) *adj.* Relativo a la edad moderna de la historia. 2 Que existe desde hace poco tiempo o ha sucedido recientemente. 3 Que lleva poco tiempo ejerciendo un empleo. 4 *Hond.* Tardío, torpe en sus movimientos. -5 *m.* En ciertas comunidades, el que es nuevo, o no de los más antiguos. -6 *m. pl.* Los que viven en la actualidad o han vivido hace poco tiempo.
modestamente *adv. m.* Con modestia.
modestia (l.) *f.* Virtud del que no siente ni muestra una elevada opinión de sí mismo. 2 Cualidad de humilde, falta de engreimiento o de vanidad. 3 Falta de ostentación y lujo. 4 Pobreza, escasez de medios, recursos, bienes, etc. 5 Honestidad, decencia en acciones y palabras.
modesto, -ta (l. *-tu*) *adj.-s.* Que tiene modestia.
módicamente *adv. m.* Con escasez o estrechez; con moderación.
modicidad (l. *-itate*) *f.* Calidad de módico.
módico, -ca (l. *-cu*) *adj.* Moderado, limitado en cantidad.
modificable *adj.* Que puede modificarse.
modificación (l. *-atione*) *f.* Acción de modificar o modificarse. 2 Efecto de modificar o modificarse. 3 BIOL. Cambio que por influencia del medio se produce en los caracteres anatómicos o fisiológicos de un ser vivo y que no se transmite por herencia a los descendientes.
modificador, -ra (l. *-atore*) *adj.-s.* Que modifica.
modificar (l. *-are*) *tr.* Cambiar [una cosa] en sus caracteres no esenciales, produciendo variedades en su línea: ~ *una ley;* ~ *una mesa,* etc. 2 Limitar o determinar el sentido [de una palabra]: *el adverbio modifica al verbo.* 3 FIL. Dar un nuevo modo de existir [a la substancia material]. ◇ ** CONJUG. [1] como ***sacar.***
SIN. *1* v. **Cambiar.**
modificativo, -va *adj.* Que modifica o sirve para modificar. 2 DER. V. Circunstancia modificativa.
modificatorio, -ria *adj.* Que modifica.
modillón (it. *modiglione,* del l. v. *mutilione,* der. de *mutulus*) *m.* Saliente, gralte. en forma de ménsula, con que se adorna por debajo una cornisa. 2 Elemento sustentador de desarrollo vertical, formado por una serie de cavetos decorados con rollos, sobre el que descansa el pilar en las arquerías islámicas.
SIN. **Can, canecillo.**
modio (l. *modiu*) *m.* Antigua medida romana para áridos; equivale a 9,25 l.; unos dos celemines castellanos.
modiolo *m.* Eje hueco de caracol.
modismo *m.* GRAM. Frase o manera de hablar propia o característica de una lengua: *tomar las de Villadiego* por marcharse; *no dar pie con bola* por estar desacertado.
SIN. **Idiotismo.**
modista *com.* Persona que tiene por oficio hacer prendas de vestir para señoras. -2 *f.* La que tiene tienda de modas.
modistería *f. Amér.* Tienda de modas.
modistil *adj.* fam. Propio de modistas.
modistilla (dim. de *modista*) *f.* fam. Modista de poco valor en su arte. 2 fam. Joven oficiala o aprendiza de modista.
modisto *m.* Modista.
modo (l. *modu*) *m.* Cualidad accidental variable y transitoria de un ser. 2 Forma o manera particular de hacer una cosa. 3 Urbanidad en el porte o trato: *le recibió con malos modos.* Suele usarse en pl. 4 DER. Encargo unido a una donación que obliga al adquirente. 5 GRAM. Accidente gramatical que expresa la manera como se concibe la acción verbal por parte del que habla: ~ ***imperativo,*** el que se usa para mandar, rogar o exhortar; ~ ***indicativo,*** el que expresa la acción o estado como real; ~ ***infinitivo,*** el que indica simplte. la idea verbal sin relaciones de tiempo, número ni persona; ~ ***optativo,*** en la conjugación griega y de otras lenguas indoeuropeas, denota deseo de que la acción se realice; ~ ***potencial,*** enuncia la acción como posible; ~ ***subjuntivo,*** no atribuye realidad objetiva a la acción, sino sólo la existencia en la mente del que habla. En latín y en español expresa acción dudosa, posible, necesaria o deseada. 6 GRAM. Frase o locución equivalente a una parte de la oración: ~ *adverbial, conjuntivo, prepositivo,* etc. 7 GRAM. ***Adverbio de*** ~, v. adverbio. 8 LÓG. Forma en que el predicado se une al sujeto de un juicio; puede ser apodíctico, asertórico o problemático. 9 LÓG. Forma del silogismo atendiendo a la cantidad y a la calidad de sus proposiciones. 10 MAT. En una serie de valores observados, el que se observa con más frecuencia. 11 MÚS. Disposición de los sonidos que forman una escala musical: ~ ***mayor,*** el que está constituido por una escala cuya tercera nota dista dos tonos de la primera; ~ ***menor,*** el que está constituido por una escala cuya tercera nota dista un tono y un semitono de la primera.
LOCS. *A,* o *al* ~, como, semejantemente, según costumbre: *a* ~ *de una jarra; al* ~ *romano; por* ~ *de,* a la manera de: *por* ~ *de juego; sobre* ~, en extremo, sobremanera, mucho; *de* ~ *que,* loc. conj., continuativo: *de* ~ *que ya lo sabe usted,* así pues, según esto, ya lo sabe. SIN. *1* **Manera.** REL. *9* v. **Silogismo.** SIN. *11* **Tono.**
modorra *f.* Sueño muy pesado. 2 Segundo de los cuartos en que para los centinelas se dividía la noche. 3 Enfermedad del ganado lanar causada por la presencia de las larvas de cierto helminto en el cerebro de las reses.
SIN. *3* **Nebladura, torneo.**
modorrar *tr.* Causar modorra [a una persona o animal]. -2 *prnl.* Ponerse la fruta blanda, como si fuese a pudrirse.
SIN. *1* **Amodorrecer.**
modorrilla *f.* Tercera vela de la noche para los centinelas.
modorrillo *m.* Cierta vasija antigua.
modorro, -rra (en relac. con el vasco *mutur,* enojado) *adj.* Que padece modorra. 2 Que se modorra: *pera modorra.* -3 *adj.-s.* Que se ha azogado: *minero* ~. 4 fig. Ignorante, torpe, lerdo.
modosidad *f.* Calidad de modoso.
modoso, -sa *adj.* Que tiene buenos modales.
modrego *m.* fam. Sujeto desmañado.
modulación (l. *-atione*) *f.* Acción de modular. 2 Efecto de modular. 3 Modificación de la frecuencia o amplitud de las ondas eléctricas para la mejor transmisión de las señales. 4 MÚS. Cambio ininterrumpido de una modalidad a otra en el curso de una composición musical.
modulador, -ra (l. *-atore*) *adj.-s.* Que modula.
I) modular (l. *-are* < *modulu,* cadencia) *tr.* Dar con buena entonación inflexiones variadas [a la voz]. -2 *intr.* MÚS. Pasar por una progresión regular de un modo a otro o de una nota a otra. 3 ELECTR. Efectuar la modulación.
II) modular *adj.* Perteneciente o relativo al módulo.
módulo (l. *-lu*) *m.* Medida comparativa de las partes del cuerpo humano en los tipos étnicos de cada raza. 2 Radio de la parte

inferior de una columna tomado como unidad de medida para establecer las proporciones de un orden arquitectónico. 3 Unidad de medida que relaciona las diversas partes de una unidad arquitectónica o plástica. 4 Elemento prefabricado que se puede agrupar de distintas maneras con otros semejantes: *un edificio por módulos; un mueble por módulos.* 5 Unidad integral de un vehículo espacial capaz de funcionar independientemente: ~ *lunar.* 6 Aparato dispuesto para regular la cantidad de agua que entra en un canal o pasa por un orificio. 7 Media anual del caudal de un río o canal. 8 Diámetro de una medalla o moneda. 9 MAT. Cantidad expresiva de la medida de una función, propiedad o efecto. 10 MÚS. Modulación.

modulómetro *m.* Aparato que sirve para medir las modulaciones de la voz.

moduloso, -sa *adj.* p. us. Cadencioso, armonioso.

modus operandi (loc. l.) *loc.* Manera especial de actuar o trabajar para alcanzar el fin propuesto.

mofa (voz descriptiva) *f.* Burla, escarnio: *hacer ~ de uno.*
SIN. v. **Burla.**

mofador, -ra *adj.-s.* Que se mofa.

mofadura *f.* Mofa.

mofar *intr.-prnl.* Hacer mofa.

mofeta (de la raíz germ. *muff,* que expresa la acción de oler) *f.* Gas mefítico, en general, que se desprende de las minas y otros sitios subterráneos. 2 Mamífero carnívoro, parecido a la comadreja, que vive en América, y cuando se ve perseguido lanza un líquido de olor infecto *(Mephitis suffocans).* 3 Fumarola de emisiones relativamente frías.

moflete (probl. del prov. *moflet,* mullido) *m.* Carrillo grueso y carnoso.

mofletudo, -da *adj.* Que tiene mofletes.
SIN. **Cariampollado, cariampollar,** usuales en los clásicos; **carrilludo, molletudo.**

mofongo *m. P. Rico.* Plátano molido mezclado con chicharrones.

mofrado *m. Hond.* Afeminado.

mogataz (ár. *mogattaç,* bautizado) *adj.-m.* Soldado moro al servicio de España en los presidios de África.

mogate (ár. *mogati,* lo que cubre) *m.* Baño, barniz: ~ *de los alfareros; loc. adv., A,* o *de, medio ~,* fig. *y* fam., con descuido, sin la perfección debida.

mogato, -ta *adj.-s.* Mojigato.

I) mogo *m. Colomb.* y *Chile.* vulg. Moho.

II) mogo, -ga *m. Cuba.* Mogomogo. -2 *adj.-s. Extr.* y *Pan.* Res a la que le falta un cuerno. 3 *Pan.* Tonto, cretino. 4 *Pan.* Fruta verde.

mogol, -la (voz turca) *adj.-s.* De un grupo étnico, caracterizado por el tono amarillento de su piel, que habita en el centro y el oeste de Asia. 2 De Mogolia, región y nación del centro de Asia. -3 *adj.-m.* Conjunto de lenguas turcomogolas habladas en esta región; como el kalka y el buriato; esp., lengua turcomogola hablada oficialmente en esta nación. 4 *Gran ~,* título de los soberanos de una dinastía mahometana en la India.
SIN. **Mongol,** es de uso moderno, imitado del francés e influido por el nombre geográfico *Mongolia.*

mogólico, -ca *adj.* Mogol. 2 Relativo al Gran mogol.

mogolla *f. Colomb.* Moyuelo. 2 *Amér.* Provecho que se obtiene gratis o sin esfuerzo: *de ~,* de mogollón. 3 *P. Rico.* Verdura con leche para los niños. 4 *P. Rico.* Lío, enredo.

mogollar *tr. Bol.* Trampear. -2 *prnl. P. Rico.* Amogollarse.

mogollo *m. Colomb.* Moyuelo, harina muy fina y pan hecho de esta harina. 2 *Colomb.* Chiripa, en el juego de billar. 3 *Cuba.* Recortes de las hojas de tabaco. -4 *adj. Colomb.* Fácil, sencillo.

mogollón, -llona *m.* Entremetimiento. 2 fam. Gran cantidad: *había un ~ de gente.* 3 fam. Lío, confusión. 4 *De ~,* de balde, gratuitamente, de gorra. 5 *A ~,* de golpe. -6 *adj. Cuba* y *Ecuad.* Gorrón.

mogolludo, -da *adj. Ecuad.* Gorrón.

mogomogo *m. Hond.* Plato criollo que se prepara con plátano verde, calabaza y otros frutos.

mogón, -gona (der. del l. *muticu,* mutilado) *adj.* Falto de un asta, o que la tiene rota por la punta, esp., las reses vacunas.

mogosiar *tr. Colomb.* vulg. Enmohecer. ◇ ** CONJUG. [12] como *cambiar.*

mogotal *m. Colomb.* Terreno pantanoso en el cual se forman mogotes.

mogote (voz prerrom; quizás de *mokati,* puntiagudo, del vasco *moko,* punta) *m.* Montículo aislado, de forma cónica y rematado en punta roma; esp., el que es visible desde el mar. 2 Hacina piramidal. 3 Cornamenta poco crecida de los gamos y venados. 4 *Colomb.* Trozo de césped. 5 *P. Rico.* Montón, lío.
SIN. *I* **Teta.**

mogrebí *adj.-s.* Del Mogreb, región del noroeste de África, que comprende el territorio de Marruecos, Argelia y Tunicia, con exclusión del área sahariana. -2 *adj.-m.* Conjunto de dialectos del árabe moderno hablados principalmente en esta región; como el marroquí, el argelino y el tunecino.

mogrollo (de *mogollón*) *m.* Gorrista. 2 Sujeto tosco y grosero.

moguillo *m. Bol.* Espolón del gallo de pelea.

mohada *f.* Mojada I.

mohair *m.* Pelo de cabra de Angora. 2 Tejido hecho con este pelo.

mohán (voz chibcha) *m. Colomb.* y *Ecuad.* Moján.

moharra (ár. *mohárrib,* aguzado) *f.* Punta de lanza, comprendiendo la cuchilla y el cubo. 2 *Perú.* Rejón que servía en las corridas de toros. ◇ También *muharra.*

moharrache, -cho (ár. *moharrech*) *m.* Persona que en una función se disfraza ridículamente. 2 fig. *y* fam. Mamarracho.
SIN. **Zaharrón.**

mohato, -ta *adj. Cuba.* De color de chocolate claro.

mohatra (ár. *mojátara*) *f.* Venta fingida y fraudulenta. 2 Fraude, engaño.

mohatrar *intr.* Hacer mohatras.

mohatrero, -ra *m. f.* Persona que hace mohatras.

mohatrón, -trona *m. f.* Mohatrero.

mohecer *tr.* Enmohecer. ◇ ** CONJUG. [43] como *agradecer.*

moheda *f.* Mohedal.

mohedal *m.* Monte alto con malezas.

moheña *adj.* V. ortiga moheña.

mohicano, -na *adj.-s.* Relativo a una tribu india de los Estados Unidos.

mohiento, -ta *adj.* Mohoso.

mohín (et. dud.; quizá del it. *moine,* gesticulaciones) *m.* Mueca, gesto.
SIN. v. **Gesto.**

mohína *f.* Enojo, enfado. 2 Melancolía, tristeza.

mohindad *f.* desus. Mohína.

mohíno, -na (etim. dud.; quizá del ár. *muhim,* malsano) *adj.* Triste, melancólico, disgustado. 2 Descendiente del cruce de caballo y burra. -3 *adj.-s.* Ganado caballar y vacuno que tiene el pelo, y esp. el hocico, de color muy negro. -4 *m.* Rabilargo (pájaro). 5 En el juego, aquel contra quien van los demás jugadores.

moho (probl. voz descriptiva) *m.* Nombre de varias especies de hongos ficomicetos que se crían formando capas en la superficie de algunos cuerpos orgánicos y producen su descomposición. 2 fig. *No dejar criar ~ a una cosa,* tenerla en continuo movimiento o ejercicio; gastarla prontamente. 3 Capa que se forma por alteración química en la superficie de un cuerpo metálico, como la herrumbre o el cardenillo. 4 fig. Desidia o dificultad de trabajar, hija del demasiado ocio.

mohosearse *prnl. Amér.* Enmohecerse.

mohoso, -sa *adj.* Cubierto de moho.
SIN. **Enmohecido,** en gral.; **herrumbroso** (herrumbre), **verdinoso** (cardenillo), tratándose de moho (alteración química).

moíña *f. Extr.* Cascabillo del trigo o cebada. 2 *Extr.* Cosa sin valor.

moisés *m.* Cuna sin pies. ◇ Pl.: *moisés.*

Moisés *n. pr.* BIBL. Gran profeta hebreo que condujo a los israelitas fuera de Egipto y recibió de Dios las Tablas de la Ley en el Monte Sinaí.
REL. **Mosaico,** relativo a Moisés; **mosaísmo,** ley de Moisés.

mojábana *f.* Almojábana.

mojabobos *m. Amér.* Calabobos. ◇ Pl.: *mojabobos.*

I) mojada *f.* Acción de mojar o mojarse. 2 fam. Herida con arma punzante.

II) mojada (b. l. *modiata* < l. *modiu,* modio) *f.* Ant. medida agraria catalana; equivale a unas 40 a.; mil veinticinco canas cuadradas. ◇ También *mujada.*

mojadedo (a ~) *loc. adv.* Hablando de disparos, a corta distancia, a quemarropa.

mojado, -da *m.* Acción de mojar. 2 Efecto de mojar. -3 *adj.* [sonido] Pronunciado con un contacto relativamente amplio del dorso de la lengua contra el paladar.

mojador, -ra *adj.-s.* Que moja. -2 *m.* Receptáculo pequeño o tacita con una esponja empapada en agua para mojarse la punta de los dedos, o mojar los sellos antes de pegarlos. 3 IMPR. Cuba de agua en que mojan las hojas de papel.

mojadura *f.* Acción de mojar o mojarse. 2 Efecto de mojar o mojarse.

SIN. **Remojón.**

mojama (ár. *almoxamma,* seco) *f.* Cecina de atún.

moján *m. Colomb.* y *Venez.* Ente fabuloso protector de los campos; hechicero, brujo. 2 *Colomb.* Manantial oculto de agua potable.

mojanazo *m. Venez.* Maleficio, mal de ojo.

mojar (l. v. **molliare* < l. *mollire,* ablandar, suavizar) *tr.* Adherirse el agua u otro líquido a la superficie [de un cuerpo] o penetrarlo: *el agua moja los cristales.* 2 fig. *y* fam. Dar de puñaladas [a uno]. 3 Hacer que el agua u otro líquido moje [un cuerpo]: *moja esta tela; no te mojes.* 4 fig. *y* fam. Remojar, convidar, celebrar. -5 *tr.-prnl.* fig. *y* fam. Orinar. -6 *intr.* fig. Introducirse o tener parte en un negocio: *¿también tú mojas en eso?* 7 DEP. fam. Conseguir un tanto. -8 *prnl.* Comprometerse en algo.

mojardón *m.* Molinera (seta).

mojarra (probl. del ár. *muhárrab,* afilado) *f.* Pez marino teleósteo perciforme, de cuerpo oval, comprimido y boca protráctil, armada de dientes afilados *(Diplodus vulgaris).* 2 Lancha pequeña al servicio de las almadrabas. 3 *Amér.* Cuchillo ancho y corto.

mojarrilla (de *mojarra*) *com.* fam. Persona alegre y chancera.

mojasellos *m.* Mojador de sellos. ◇ Pl.: *mojasellos.*

moje (de *mojar*) *m.* Caldo de cualquier guisado.

SIN. **Mojo.**

mojel (it. *morsella,* rebenque) *m.* MAR. Cajeta de meollar para dar vuelta al cable y al virador, cuando se zarpa el ancla.

REL. **Amojelar,** sujetar con mojeles el cable al virador.

mojera *f.* Mostellar.

mojí *m.* Mojicón (puñetazo). ◇ Pl.: *mojíes.*

mojía *f. Extr.* Conjunto de encinas muy juntas.

mojicón (de *mojar*) *m.* Especie de bizcocho cortado en trozos y bañado. 2 Bollo fino que se usa para tomar chocolate. 3 fam. Puñetazo dado en la cara.

mojiganga (probl. de *voxiga;* variante de *vejiga*) *f.* Fiesta pública con máscaras y disfraces ridículos. 2 Obrilla dramática jocosa. 3 fig. Burla, broma. 4 *P. Rico* y *S. Dom.* Promesa o amenaza sin valor.

mojiganguero, -ra *adj. S. Dom.* Jactancioso.

mojigatería *f.* Calidad de mojigato. 2 Acción propia de él.

mojigatez *f.* Mojigatería (calidad).

mojigato, -ta (compuesto de *moch,* voz de llamar al gato + *gato*) *adj.-s.* Disimulado, que afecta humildad o cobardía. 2 Beato hazañero.

SIN. **Mogato.** *2* v. **Gazmoño.**

mojiles *f. Extr.* Ciruela de hueso grande, color dorado y alargada. ◇ Pl.: *mojiles.*

mojinete *m.* ARQ. Albardilla. 2 Caballete (del tejado). 3 *Argent., Chile., Parag.,* y *Urug.* Frontón, hastial de un edificio. 4 *Cuba.* Cadera gruesa.

mojique *m. Extr.* Hombre de poca estatura.

mojito *m.* Cóctel a base de ron, azúcar, zumo de limón, gaseosa y yerbabuena.

mojo *m.* Moje. 2 Salsa picante de origen canario. 3 *Cuba.* Mojito.

I) mojón (l. v. *mutulone,* der. del l. *mutulus,* modillón) *m.* Hito (poste); p. ext., señal que sirve de guía en despoblado. 2 Montón (conjunto). 3 Chito I. 4 Porción compacta de excremento humano que se expele de una vez.

SIN. **Moto.** *1* **Muga.**

II) mojón (de *mojar*) *m.* Catavinos (oficio).

SIN. v. **Enólogo.**

mojona *f.* Acción de amojonar tierras.

mojonación *f.* Amojonamiento.

mojonar *tr.* Amojonar.

mojonera *f.* Sitio donde se ponen los mojones. 2 Serie de mojones entre dos términos o jurisdicciones.

SIN. *1* **Clavera.**

mojonero *m.* Aforador.

mojosado *m. Argent.* Facón.

mojosearse *prnl. Amér.* Enmohecerse.

mojosera *f. Colomb.* vulg. Hambre canina.

mojoso *m. Bol.* Facón.

moka *m.* Moca I.

mol (abreviación de *molécula*) *m.* Unidad de peso de un elemento o de un compuesto igual a su peso molecular en gramos. ◇ Pl.: *moles.*

SIN. **Molécula gramo.**

I) mola (l.) *f.* Harina de cebada, tostada y mezclada con sal, usada por los gentiles en sus sacrificios. 2 ~, o ~ ***matriz,*** masa carnosa e informe que en algunos casos se produce dentro de la matriz, ocasionando las apariencias de la preñez. 3 Pez luna.

II) mola *f. Pan.* Prenda de vestir femenina, especie de blusa, confeccionada por las indias del archipiélago de San Blas, con telas de distintos colores superpuestas en dibujos artísticos.

molada *f.* Porción de color que se muele de una vez.

molano *adj. Extr.* Desdentado.

I) molar *adj.* Relativo a la muela. 2 Apto para moler. -3 *m.* científ. Muela: *los molares trituran los alimentos.*

SIN. *3* **Premolares,** los molares primero y segundo.

II) molar *intr.* pop. Gustar, agradar. 2 Presumir.

molaridad *f.* QUÍM. Concentración de una solución expresada en el número de moles disueltos por litro de disolución.

molasa *f.* Arenisca de origen marino con cemento calcáreo.

molcajete (mej. *molcaxitl*) *m.* Mortero o almirez de piedra con tres pies.

molcajetear *tr. Méj.* Moler o machacar una cosa con el moltero.

molcate (mej. *molcatl*) *m. Méj.* Mazorca de maíz muy pequeña.

moldado *m.* Operación que consiste en el martilleo de una pieza metálica sobre un yunque, hasta que aquella adquiera una forma cóncava.

moldar *tr.* Amoldar. 2 Moldurar.

moldavo, -va *adj.-s.* De Moldavia, ant. principado danubiano.

molde (l. *modulu*) *m.* Objeto hueco que da su forma a la materia fundida que en él se vacía. 2 Instrumento que sirve para estampar o dar forma o cuerpo a una cosa. 3 fig. Persona que por llegar al sumo grado en una cosa, puede servir de regla o norma en ella. 4 IMPR. Conjunto de letras o forma ya dispuesta para imprimir. -5 *loc. adj.* ***De*** ~, lo impreso, a distinción de lo manuscrito. 6 ***Venir de*** ~, o ***como de*** ~, exactamente, bien, con oportunidad.

SIN. *1* **Forma, hembra, turquesa.**

moldeable *adj.* Que se puede moldear.

moldeado *m.* Acción de moldear. 2 Efecto de moldear.

moldeador, -ra *adj.-s.* Que moldea. -2 *m.* Instrumento para moldear: ~ *para el cabello.*

SIN. *2* **Rizador.**

moldear *tr.* Moldurar. 2 Sacar el molde [de una figura]. 3 Vaciar (formar en el molde). 4 Peinar el cabello dándole una determinada forma, generalmente ondas o rizos.

moldeo *m.* METAL. fig. Proceso por el que se obtienen piezas echando materiales fundidos en un molde.

moldura (de *molde*) *f.* Parte saliente y corrida que sirve para adornar obras de arquitectura, carpintería, etc. 2 *Ecuad.* Marco de un cuadro.

moldurar *tr.* Hacer molduras [en una cosa].

SIN. **Moldar, moldear.**

moldurera *f. Chile.* Juntera.

I) mole (v. *muelle*) *adj.* Muelle (suave).

II) mole (l. *mole*) *f.* Cosa de gran bulto o corpulencia. 2 Corpulencia o bulto grande.

III) mole (mej. *mulli*) *m. Méj.* Guisado de carne hecho con caldillo preparado con chile colorado: ~ ***verde,*** el que se prepara con chiles verdes.

molear *tr. Extr.* Masticar.

molécula (dim. del l. *moles,* mole) *f.* Agrupación definida y ordenada de átomos, de volumen pequeñísimo, que constituye la menor porción de un cuerpo que existe y puede subsistir en libertad sin dejar de participar de la naturaleza del todo. 2 ~ ***gramo,*** mol.

molecular *adj.* Relativo a las moléculas. 2 ***Peso*** ~, v. peso.

moledera (de *moler*) *f.* Piedra en que se muele. 2 fam. Cansera.

moledero, -ra *adj.* Que se ha de moler o puede molerse.

moledor, -ra *adj.-s.* Que muele. 2 fig. [pers.] Que cansa por su pesadez. -3 *m.* Cilindro del trapiche.

moledura *f.* Molienda (acción; molestia).

molejón *m.* Mollejón I. 2 *Cuba.* Farallón, roca a flor de agua.

molendería *f. Guat.* Obrador para moler el maíz.

molendero, -ra (l. *-dariu*) *m. f.* Persona que muele o que lleva qué moler a los molinos. 2 Persona que tiene por oficio moler y labrar el chocolate. -3 *m. Amér. Central.* Tabla o mesa donde se muele.

moleña *f.* Pedernal (cuarzo).
moleño, -ña (de *muela*) *adj.* [roca] Que sirve para hacer piedras de molino.
moler (l. *molere*) *tr.* Quebrantar [un cuerpo] reduciéndolo a menudísimas partes o a polvo. 2 *Cuba.* Exprimir [la caña de azúcar] en el trapiche. 3 fig. Maltratar, destruir: *le molió a palos.* 4 Molestar gravemente: *me muele con impertinencias.* 5 Con la prep. *de*, cansar o fatigar mucho materialmente: *me muelen de andar; estoy molido de trabajar.* ◇ ** CONJUG. [32] como ***mover.***
SIN. *1* **Molturar; triturar,** aunque no se reduzca a polvo.
molero *m.* El que tiene por oficio hacer o vender piedras de molino.
molesquín (ing. *moleskin*) *m.* Paño de algodón que se asemeja bastante al cuero.
molestador, -ra *adj.-s.* Que molesta.
molestamente *adv. m.* Con molestia, insistencia y pesadez.
molestar (l. *-are*) *tr.* Causar molestia [a alguno]. -2 *prnl.* Picarse u ofenderse a causa de alguna palabra o acción ofensiva.
SIN. V. **Enojar.**
molestia (l.) *f.* Perturbación del bienestar material del cuerpo o de la tranquilidad del ánimo, causada por una fatiga, daño, fastidio, etc.
SIN. **Incomodidad,** eufem.
molesto, -ta (l. *-tu*) *adj.* Que causa molestia: ~ *para todos;* ~ *en el trato.* 2 fig. Que siente molestia: *me encuentro* ~ *en este lugar.* 3 fig. Enfadado, enojado.
molestoso, -sa *adj.* Molesto (que causa).
moleta *f.* Dim. de *muela.* 2 Piedra usada para moler drogas, colores, etc. 3 Instrumento para moler la tinta en el tintero. 4 Aparato para alisar y pulir el cristal. 5 BLAS. Figura de estrella con un círculo en su interior.
moletas *adj. C. Rica.* Desdentado, mellado.
molibdato *m.* QUÍM. Sal del ácido molíbdico.
molibdenita *f.* Sulfuro natural de molibdeno que cristaliza en el sistema hexagonal, de color gris plano y brillo metálico.
molibdeno (gr. *molybdaina,* der. del gr. *mólybdos,* plomo) *m.* Metal de color y brillo plomizos, maleable, difícilmente fusible, que se emplea en la fabricación de aceros. Su símbolo es *Mo,* su peso atómico 96 y su número atómico 42.
molicie (l. *mollitie* < *mollis,* blando) *f.* lit. Blandura (calidad). 2 fig. Afición a vivir regaladamente.
molida *f. Colomb.* y *C. Rica.* Molienda.
molienda (l. *molenda,* cosas que se han de moler) *f.* Acción de moler. 2 Lo que se muele de una vez. 3 El mismo molino. 4 Temporada que dura la molienda de caña de azúcar o aceituna. 5 fig. Molimiento, molestia. 6 fig. Cosa que causa molestia.
SIN. *1* y *2* **Moltura.** *1* y *5* **Moledura.**
molificable *adj.* Susceptible de molificarse.
molificación *f.* Acción de molificar o molificarse. 2 Efecto de molificar o molificarse.
molificar (l. *mollificare*) *tr.-prnl.* MED. Ablandar o suavizar [una cosa]. ◇ ** CONJUG. [1] como ***sacar.***
SIN. **Mollificar.** REL. **Molitivo,** lo que se emplea para molificar; MED., **emoliente.**
molificativo, -va *adj.* Que molifica o tiene virtud de molificar.
molimiento *m.* Acción de moler. 2 fig. Fatiga, molestia.
molina *f. And.* Almazara.
molinada *f.* Molienda que se hace de una vez del trigo necesario en una casa para una temporada. 2 *And.* Conjunto de capachos con aceituna que se prensan de una vez.
molinaje *m. Murc.* Maquila (porción).
molinar *m.* Sitio donde hay muchos molinos.
molinera *f.* Mujer del molinero. 2 La que tiene a su cargo un molino. 3 La que trabaja en él. 4 Seta de sombrero blanco grisáceo, cuya carne es excelente *(Clitopilus prunulus).*
molinería *f.* Industria molinera. 2 Conjunto de molinos.
molinero, -ra (l. *-nariu*) *adj.* Relativo al molino o a la molinería. -2 *m. f.* Persona que tiene a su cargo un molino. 3 Persona que trabaja en él.
molinete *m.* Dim. de *molino.* 2 Ruedecilla giratoria con aspas que se pone en las vidrieras de una habitación para renovar el aire. 3 Juguete de niños que consiste en una caña o palo a cuyo extremo va sujeta una rueda o estrella de papel que gira impulsada por el viento. 4 Movimiento circular que se hace con el bastón, espada, etc., para defenderse. 5 Figura de baile. 6 Torno horizontal en la proa de las naves. 7 TAUROM. Pase de capa o muleta en que el engaño pasa por detrás de la cabeza. 8 *Colomb.* Torno en las minas. 9 *Méj.* Girándula, rueda de cohetes.
SIN. *3* **Rehilandera, ventolera.**
molinetear *tr.* TAUROM. Dar molinetes.
I) molinillo (dim. de *molino*) *m.* Instrumento pequeño para moler: ~ *de café.* 2 *Murc.* Vilano.
II) molinillo (náhuatl *moliniani,* instrumento que menea o mueve) *m.* Palillo cilíndrico con una rueda gruesa en su extremo inferior, para batir el chocolate y otras cosas.
molinismo *m.* Doctrina sobre el libre albedrío y la gracia, del jesuita español Luis Molina (1536-1600).
molinista *adj.-com.* Partidario del molinismo. -2 *adj.* Relativo a él.
molino (l. **-nu*) *m.* Máquina para moler, laminar o estrujar alguna cosa: ~ *de harina;* ~ *de papel;* ~ *de azúcar;* ~ ***de viento,*** el de aspas de madera y lona extendida sobre ellas, que es movido por el viento; ~ ***hidráulico,*** el que funciona por la fuerza de una corriente de agua. 2 Edificio donde está instalada dicha máquina. 3 fig. Persona muy inquieta y bulliciosa o molesta. 4 fig. *y* fam. Boca, porque en ella se muele la comida.
SIN. *1* y *2* **Almazara, trujal,** molino de aceite.
molinosismo *m.* Especie de quietismo, doctrina herética predicada en el s. XVII por el español Miguel de Molinos (1628-1696).
molinosista *adj.-com.* Partidario del molinosismo. -2 *adj.* Relativo a él.
molismofobia (gr. *molysmós,* contaminación, polución + *-fobia*) *f.* misofobia.
molisol *m.* Parte superficial de un suelo circumpolar que de forma alternativa se hiela y se deshiela.
molitivo, -va (der. del l. *mollitu;* supino de *mollire,* ablandar) *adj.* Que molifica o tiene virtud de molificar.
molla (l. *molle,* muelle) *f.* Parte magra de la carne. 2 Miga del pan. 3 Pulpa, parte blanda y carnosa de algo. 4 fig. Lo mejor de cualquier cosa.
mollaca (quechua) *f.* Arbusto medicinal de Chile y Perú, de fruto comestible *(Muehlembeckia chilensis).* 2 *Chile.* Bebida hecha de la semilla de la planta de este nombre.
mollar (de *molla*) *adj.* Blando y fácil de partir o quebrantar: *fruto* ~; *mujer* ~. 2 [carne] Sin hueso. 3 [lana] Que carece de grasa y es desigual. 4 fig. [cosa] Que da mucha utilidad, sin carga considerable. 5 fig. [pers.] Que es fácil de engañar. 6 fig. De buena calidad.
mollate *m.* pop. Vino corriente.
molle (quechua) *m. Amér. Merid.* Turbinto, árbol sagrado de los mayas. 2 *Chile.* Arbusto siempre verde, muy aromático, de bayas parecidas a las del molle del Perú *(Schinus latifolius).*
mollear (de *molla*) *intr.* Ceder una cosa a la fuerza o presión. 2 Doblarse por su blandura.
molledo (de *molla*) *m.* Parte carnosa y redondeada de un miembro. 2 Miga del pan. ◇ También *mollero.*
I) molleja (et. dud.; quizá indirect. del gr. *myle,* carnosidad) *f.* Segundo estómago de las aves, de paredes gruesas y musculosas, donde los alimentos sufren una trituración.
SIN. **Cachuela.**
II) molleja (de *molla*) *f.* Apéndice carnoso formado gralte. por infarto de las glándulas.
I) mollejón (aum. de *muela*) *m.* Piedra de amolar.
SIN. **Molejón.**
II) mollejón (aum. de *molla*) *m.* fam. Hombre grueso y flojo. 2 fig. *y* fam. Hombre muy blando de genio.
móllera *m.* Pez marino teleósteo de unos 40 cms. de longitud, de color pardo amarillento o rosáceo, con una mancha negra en la axila de los pectorales *(Gadus minutus; Trisopterus minutus).*
SIN. **Faneca.**
mollera (de *molla*) *f.* Parte más alta de la cabeza, junto a la comisura coronal. 2 ZOOL. Fontanela situada en la parte más alta de la frente. 3 fig. Caletre, seso: ***ser uno cerrado de*** ~, ser rudo, incapaz; ***ser uno duro de*** ~, ser testarudo, o duro para aprender. 4 fig. Cabeza.
SIN. **Faneca** (Sant.).
mollero *m.* fam. Molledo (parte carnosa).
molleta (de *mollete I*) *f.* Torta hecha con flor de harina.
molletas (de *muelle*) *f. pl.* Despabiladeras.
I) mollete (de *molla*) *m.* Panecillo ovalado, esponjado y de poca cochura. 2 Molledo del brazo. 3 *Bol.* Pan de munición.
II) mollete *m.* Moflete.
molletudo, -da *adj.* Mofletudo.
mollicio, -cia (del l. *mollis*) *adj.* desus. Muelle (suave).

mollificar *tr.* Molificar. ◇ ** CONJUG. [1] como ***sacar.***
mollinica *f. Murc.* Mollizna, llovizna.
mollino, -na *adj.* [agua de lluvia] Que cae menuda y blandamente. -2 *f.* Mollizna.
mollito *m. Bol.* Lentejuela.
mollizna *f.* Llovizna.
molliznar, -near *impers.* Lloviznar.
molo (it. *molo,* der. del gr. *molos,* dique) *m. Chile.* Malecón. 2 *Ecuad.* Puré de patatas.
móloc *m. Ecuad.* Puré de patatas.
moloc *m.* Lagarto de Australia de unos 20 cms. de longitud y con el cuerpo cubierto de aguijones; es de color amarillo con grandes manchas pardas *(Moloch horridus).*
Moloch *n. pr.* Dios semítico cuyo culto exigía sacrificios humanos, esp. de niños.
mologote *m. C. Rica.* Tumulto, alboroto.
mololoa *f. Guat.* y *Hond.* Conversación ruidosa.
molón, -lona *adj.* Que gusta o agrada. 2 Bonito, bello, elegante, vistoso. 3 *Murc.* y *Nav.* Rueda de molino, en especial del molino de aceite. 4 *Guat., Ecuad.* y *Méj.* Fastidioso.
molondra (cruce de *mondo, orondo* y *remolón*) *f. Ál., La Mancha* y *Murc.* Cabeza grande.
molondro *m.* fam. Hombre torpe y perezoso.
molondrón *m.* fam. Molondro, torpe. 2 *Venez.* Herencia o suma considerable.
molonquear (mej. *molonqui,* cosa muy molida y seca) *tr. Amér. Central* y *Méj.* Moler a golpes [a alguien].
moloso, -sa (l. *-su*) *adj.-s.* De la ant. Molosia, c. de Epiro. 2 Pie de la poesía clásica compuesto de tres sílabas largas. 3 Dogo.
molote (mej. *molotic*) *m. Méj.* Moño. 2 *Méj.* Ovillo. 3 *Méj.* Tortilla de maíz enrollada y frita, con relleno de carne, papas, cebolla, chile, queso, etc. 4 *Méj.* Enredo. 5 *Amér. Central* y *Cuba.* Alboroto, bochinche. 6 *Colomb.* y *Méj.* Chanchullo, jugarreta.
molotera *f. Guat.* y *Hond.* Molote, bulla.
molquite (mej. *molquitl,* redrojo de mies) *m. Méj.* Mazorca del maíz cuyos granos se pudrieron antes de cuajar.
molso, -sa *adj.* Desgarbado, desaseado, sucio.
moltura (l. *molitura*) *f.* Molienda. 2 *Ar.* Maquila (porción para el molinero).
molturación *f.* Acción de molturar. 2 Efecto de molturar. 3 Molienda.
molturador *m.* El que moltura.
molturar *tr.* Moler (quebrantar).
REL. **Molturación,** acción de molturar.
molusco (l. *molluscu* < mollis, blando) *adj.-m.* Animal del tipo de los moluscos. -2 *m. pl.* Tipo de metazoos de simetría bilateral, con el cuerpo blando, insegmentado, sin apéndices articulados, y protegido casi siempre por una concha calcárea, que incluye siete clases: monoplacóforos, aplacóforos, poliplacóforos, escafópodos, lamelibranquios, gasterópodos y cefalópodos.
REL. **Malacología,** parte de la zoología que los estudia; **conquiliología,** también se ha usado, si bien ésta se refiere esp. a las conchas de dichos animales.
molysita *f.* MINER. Mineral de la clase de los halogenuros, que cristaliza en el sistema trigonal y se presenta en incrustaciones de color amarillo rojizo o pardo.
moma (de *momo*) *f.* Pez marino teleósteo perciforme, de pequeño tamaño y cuerpo alargado comprimido en la región caudal *(Blenius montagui).* 2 *Méj.* Momita (juego).
momeador, -ra *adj.* Que momea.
momear *intr.* Hacer momos.
momentáneamente *adv. m.* Inmediatamente, sin detención alguna. 2 Por muy breve tiempo.
momentáneo, -a (b. l. *-aneu*) *adj.* Que dura sólo un momento. 2 Que prontamente se ejecuta.
momento (l. *-tu*) *m.* Pequeño espacio de tiempo en relación con otro. 2 Tiempo en que ocurre algo, actualidad, oportunidad, coyuntura: *el ~ político; su proceder era impropio del lugar y el ~ en que nos hallábamos.* 3 p. ext. Importancia, entidad o peso: *cosa de poco ~.* 4 MEC. Producto de la intensidad de una fuerza por su distancia a un punto o a una línea o por la distancia de su punto de aplicación a un plano: *~* ***angular*** o ***cinético,*** producto vectorial del vector de posición de un punto material por su cantidad de movimiento.
SIN. *1* **Instante, punto.** FRS. *Al ~,* inmediatamente, en seguida; *de ~,* súbitamente; por de pronto; *por momentos,* progresiva, continuadamente; muy pronto; *de un ~ a otro,* pronto, sin tardanza, en seguida.
momería (de *momo*) *f.* Acción burlesca con gestos y figuras.
momero, -ra *adj.-s.* Que hace momerías.
momia (ár. *mumiya,* embetunada, der. de *mum,* cera, de origen persa) *f.* Cadáver que, naturalmente o por haber sido preparado al efecto, se deseca con el transcurso del tiempo sin entrar en descomposición. 2 fig. Persona muy seca y morena.
momificación *f.* Acción de momificar o momificarse. 2 Efecto de momificar o momificarse.
momificar (de *momia* + *-ificar*) *tr.-prnl.* Convertir en momia [un cadáver]. ◇ ** CONJUG. [1] como ***sacar.***
momio, -mia (voz descriptiva) *adj.-m.* Magro. -2 *m.* fig. Lo que se da u obtiene sobre lo que corresponde legítimamente. 3 Ganga (cosa apreciable); sinecura.
FR. *1 De ~,* loc. adv., fig. y fam., de balde.
momisco *m.* Parte de la muela cubierta por la encía.
momita *f. Colomb.* Juego de trompos. 2 *Méj.* Escondite (juego).
momo (voz descriptiva) *m.* Gesto, figura o mofa ridícula.
momona *f.* Chirimoyo (árbol).
momórdiga (l. *momordi;* perfecto de *mordere,* morder) *f.* Balsamina (planta cucurbitácea).
momoroco, -ca *adj. Guat.* Tosco, grosero.
momoscle *m. Méj.* Especie de túmulo funerario, análogo a las guacas de los antiguos peruanos.
mon-, v. mono-.
I) mona *f.* Hembra del mono. 2 Primate cercopitécido de unos 75 cms. de longitud, pelaje gris amarillento y desprovisto de cola, que se cría en el N. de África y en el Peñón de Gibraltar *(Macaca sylvana).* 3 fig. Persona que hace las cosas por espíritu de imitación. 4 Borrachera (embriaguez). 5 Persona ebria. 6 Juego de naipes en el que se deben ir emparejando las cartas hasta que sólo quede una, la mona, cuyo poseedor perderá. 7 Refuerzo que llevan los picadores (toreros) en la pierna derecha. 8 *Ar.* y *Murc.* Gusano de seda que no hila. 9 *Amér. Central* y *Colomb.* Trompo sin cabeza. 10 *Cuba.* Cometón que no lleva flecos de papel. 11 *Chile.* Maniquí para vestidos de mujer. 12 *Hond.* Persona o cosa mala en su clase. 13 *Méj.* y *S. Dom.* Gallo de prueba que sirve para tentar o probar a los de pelea. 14 *Méj.* Persona cobarde.
II) mona (cat. < l. *munda*) *f.* Hornazo (rosca). 2 Bollo dulce con un huevo cocido y entero en medio.
monacal (l. ecl. *-ale*) *adj.* Relativo a los monjes.
SIN. **Monástico.**
monacato *m.* Estado o profesión de monje. 2 Institución monástica.
SIN. **Monaquismo.**
monacillo (dim. del l. ecl. *monachu,* monje) *m.* ant. Monaguillo.
monacordio (de *monocordio*) *m.* MÚS. Ant. instrumento de teclado, parecido a la espineta.
monada *f.* Acción propia de mono. 2 fig. Gesto o figura afectada y enfadosa. 3 fig. Halago, zalamería. 4 fig. Cosa pequeña y primorosa. 5 Monería.
mónada (gr. *monás,* unidad) *f.* Según ciertos filósofos, ser indivisible completo, de naturaleza distinta, cuya esencia es la fuerza, que constituye en sí una imagen esencial del mundo. 2 Unidad orgánica microscópica. 3 Pequeño protozoo flagelado.
SIN. *1* **Microcosmo.**
monadelfo, -fa (*mon-* + *-adelfo*) *adj.* BOT. [planta, flor] De estambres soldados por los filamentos en un solo cuerpo.
SIN. **Gamoadelfo.**
monadismo *m.* Doctrina leibnitziana de las mónadas.
monadista *adj.-com.* Relativo a las mónadas o partidario del monadismo filosófico.
monadología (*mónada* + *-logía*) *f.* Teoría de las mónadas.
monago *m.* Monaguillo.
monaguense *adj.-s.* De Monagas, estado de Venezuela.
monaguillo (dim. del l. *monachu*) *m.* Niño empleado en ayudar a misa y a otros ministerios del altar.
SIN. **Monacillo,** ant.
monandria *f.* BOT. Calidad de monandro.
monandro, -dra (*mon-* + *-andro*) *adj.-s.* BOT. Que tiene un solo anteridio. 2 BOT. Que tiene un solo estambre.
monaquismo *m.* Monacato.
monarca (l. *monarcha* < gr. *monárches* < *mon-* + *-arca*) *m.* Soberano de una monarquía.
SIN. **Rey,** pero en pl. no se produce la sinonimia ya que *monarca* sólo es el heredero del trono, no su consorte.
monarquía (l.-gr. *monarchia*) *f.* Forma de gobierno en que la soberanía es ejercida con carácter vitalicio, de un modo total o

limitado, por un rey o una reina. 2 Estado regido por esta forma de gobierno; su territorio. 3 fig. Tiempo que dura este régimen político.

monárquicamente *adv. m.* Según el sistema monárquico, con arreglo a él.

monárquico, -ca *adj.-s.* Partidario de la monarquía. -2 *adj.* Relativo a la monarquía o al monarca.

monarquismo *m.* Adhesión a la monarquía.

monasterial (l. -ecl. *-ale*) *adj.* Relativo al monasterio.

monasterio (l. *-eriu* < gr. *-erion*) *m.* Casa, gralte. fuera de poblado, donde vive una comunidad de monjes. 2 p. ext. Casa de religiosos o religiosas.

SIN. *2* **Convento,** es el nombre gral.; **monasterio** es palabra escogida; **cenobio,** se aplicó a las comunidades religiosas primitivas, hoy es lit.; **claustro, recolección, casa recoleta,** aluden al retiro del mundo que en él se practica.

monásticamente *adv. m.* Según las reglas monásticas.

monástico, -ca *adj.* Relativo al estado de los monjes o al monasterio.

SIN. **Monacal.**

monda *f.* Acción de mondar. 2 Efecto de mondar. 3 Tiempo a propósito para mondar (poda). 4 Mondadura (despojo). 5 Exhumación de huesos que se hace en un cementerio en un tiempo prefijado. 6 ***Ser la*** ~, ser el colmo; ser muy gracioso. 7 *Amér.* Azotaina.

SIN. *4* **Cáscara.**

mondaderas *f. pl.* Despabiladeras.

mondadientes (de *mondar* + *diente*) *m.* Instrumento para limpiarse los dientes. ◇ Pl.: *mondadientes.*

SIN. **Escarbadientes, palillo, limpiadientes.**

mondador, -ra *adj.-s.* Que monda.

mondadura *f.* Acción de mondar (quitar lo superfluo). 2 Despojo de las cosas que se mondan: *las mondaduras de una fruta.*

SIN. *2* v. **Cáscara.**

mondante *adj.* fam. Muy divertido.

mondaoídos *m.* Mondaorejas. ◇ Pl.: *mondaoídos.*

mondaorejas *m.* Escarbaorejas. ◇ Pl.: *mondaorejas.*

mondapozos (de *mondar* + *pozo*) *m.* Pocero que monda o limpia pozos. ◇ Pl.: *mondapozos.*

mondar (b. l. *mundare*) *tr.* Limpiar [una cosa] quitándole lo superfluo o extraño. 2 Limpiar el cauce [de un río o canal]. 3 Podar, escamondar. 4 Desbriznar [la flor del azafrán]. 5 Quitar la piel, cáscara o vaina [a tubérculos o frutos]. 6 Cortar [a uno] el pelo. 7 Carraspear o toser repetidas veces para limpiar [el pecho o la garganta]. 8 fig. Quitar a uno lo que tiene, esp. el dinero. 9 fig. Azotar mucho. -10 *prnl.* fam. ***Mondarse de risa,*** reír mucho. 11 *Cuba.* Alcanzar ganancia completa.

SIN. *5, 6* y *7* **Pelar.**

mondarajas *f. pl.* fam. Mondaduras, esp. de patatas, o de naranjas, manzanas y frutas análogas.

mondejo (der. del ár. *bóndoca,* bolita, albóndiga) *m.* Relleno de la panza del cerdo o del carnero.

mondingo, -ga *adj.-s. Méj.* [animal] De pasos cortos y rápidos que mueve mucho los cuartos traseros al caminar, esp. las caballerías.

mondo, -da (l. *mundu,* limpio) *adj.* Limpio de cosas superfluas o extrañas. 2 ~ ***y lirondo,*** fam., limpio, sin añadidura alguna.

mondón (de *mondar*) *m.* Tronco de árbol sin corteza.

mondonga *f.* desp. *y* desus. Criada zafia.

mondongo (probl. del mismo orig. *mondejo*) *m.* Intestinos y panza de las reses y del cerdo. 2 Los del hombre. 3 *Bol.* Amasijo de afrecho que se da a los caballos. 4 *Guat.* y *P. Rico.* fig. Adefesio, traje o adorno ridículo. 5 ***Hacer el*** ~, emplearlo en hacer embutidos.

mondonguería *f.* Tienda donde se venden mondongos.

mondonguero, -ra *m. f.* Persona que tiene por oficio componer, guisar o vender mondongos. -2 *f.* Mujer experta en las faenas de la matanza y conocedora de los avíos necesarios para hacer los embutidos. 3 *Cuba.* Mondonga. 4 *P. Rico.* Mujer muy gorda y pesada.

mondonguil *adj.* fam. Relativo al mondongo.

mondrigón *m.* Bribón, mamarracho, monigote.

monear (de *mono*) *intr.* fam. Hacer monadas. 2 *Amér.* Presumir, envanecerse. 3 *Venez.* Trepar. -4 *prnl. Hond.* Trabajar con tesón. 5 *Hond.* Darse de golpes varias personas.

moneda (l. *moneta*) *f.* Pieza de metal, acuñada, que sirve de medida común para el precio de las cosas y para facilitar el cambio: *batir, labrar* o *acuñar* ~; ~ ***de soplillo,*** moneda española de cobre, del s. XVII, de escaso valor; ~ ***de vellón,*** la española, de cobre, o de plata y cobre, del s. XVIII; ~ ***divisionaria,*** la equivalente a una fracción exacta de la mitad monetaria legal; ~ ***fiduciaria,*** la que representa un valor que intrínsecamente no tiene, como el billete de banco; ~ ***fraccionaria,*** moneda divisionaria; la de menor valor en relación con otra u otras del mismo sistema; ~ ***imaginaria,*** la que no existe realmente y sólo se usa en las cuentas. 2 ECON. Conjunto de signos representativos del dinero circulante en cada país.

SIN. v. **Dinero.** REL. **Numismática,** (del l. *numisma,* moneda), ciencia de las monedas y medallas, esp. antiguas. FR. fig. *Pagar en la misma* ~, corresponder a una buena o mala acción con otra semejante.

monedaje *m.* Derecho que se pagaba al soberano por la fabricación de moneda.

monedar, -dear *tr.* Amonedar.

monedería *f.* Oficio de monedero.

monedero *adj.* Que sirve para poner moneda: *sobre* ~. -2 *m.* El que fabrica moneda: ~ ***falso,*** el que acuña moneda falsa o le da curso a sabiendas. 3 Portamonedas.

monegasco, -ca *adj.-s.* De Mónaco.

monema *m.* FILOL. Mínima unidad significativa.

mónera (gr. *moneres,* solo) *f.* ZOOL. Ser vivo que presenta la transición más sencilla entre los vegetales y los animales.

monería (de *mono*) *f.* Monada (acción). 2 fig. Gesto o acción graciosa de los niños. 3 fig. Cosa fútil o enfadosa en personas mayores.

monesco, -ca *adj.* De los monos o de las monas, o parecido a sus gestos y visajes.

monetario, -ria (b. l. *-ariu*) *adj.* Perteneciente o relativo a la moneda: *sistema* ~; *crisis monetaria.* -2 *m.* Colección numismática. 3 Conjunto de estantes o cajones donde se guardan.

SIN. *1* v. **Pecuniario.**

monetarismo *m.* Doctrina económica según la cual los fenómenos monetarios desempeñan una función determinante en las fluctuaciones económicas.

monetarista *com.* Partidario del monetarismo. -2 *adj.* Monetario.

monetización *f.* Acción de monetizar. 2 Efecto de monetizar.

monetizar (de *moneda*) *tr.* Dar curso legal como moneda [a billetes de banco u otros signos pecuniarios]. 2 Amonedar, convertir en moneda. ◇ ** CONJUG. [4] como ***realizar.***

monfí (ár. *monfi*) *m.* Moro o morisco de las cuadrillas de salteadores de Andalucía: *los monfíes son posteriores a la Reconquista.*

monfortino, -na *adj.-s.* De Monforte, c. de Lugo.

monga *f. P. Rico.* Gripe, catarro fuerte.

I) mongo *m.* Especie de judía que se cultiva en Filipinas. 2 *Pan.* Mojicón, puñetazo.

II) mongo, -ga *adj. P. Rico.* Que tiene monguera.

mongó (voz africana) *m. S. Dom.* Tambor.

mongol, -la *adj.* Mogol.

mongólico, -ca *adj.* Mogol. 2 Que padece mongolismo.

mongolismo *m.* Enfermedad caracterizada por el aspecto mongoloide del rostro y por un desarrollo mental anormal.

mongoloide *adj.* De tipo mongólico.

monguear *tr. Pan.* Dar un mongo o puñetazo [a alguien].

monguera *f. P. Rico.* Especie de parálisis. 2 *P. Rico.* Flojera.

monguto, -ta *adj. Pan.* De cuernos atrofiados.

moni (ing. *money*) *m.* fam. Dinero. ◇ Suele usarse en plural.

SIN. v. **Dinero.**

moniato *m.* Boniato.

monicaco (cruce de *monigote* × *macaco*) *m.* desp. Hominicaco. 2 *Colomb.* Beato, hipócrita, santurrón.

monición *f.* Amonestación. 2 Reconvención.

monicongo *m.* fam. Monigote.

monifato *m. Venez.* Mozo presuntuoso y vano. 2 *Cuba* y *P. Rico.* Figura ridícula.

monigote (probl. por *monagote;* desp. de *monaguillo*) *m.* Lego de convento. 2 fig. Persona ignorante y de ningún valer. 3 Muñeco o figura ridícula. 4 Pintura o estatua mal hecha. 5 *Amér.* Seminarista. 6 *Cuba.* Boca de dragón, planta escrofulariácea.

moniliforme (l. *monile, -is,* collar + *-forme*) *adj.* ZOOL. Que tiene aspecto de una sarta de abalorios: *antena* ~.

monilla *f.* TAUROM. Defensa de hierro que usaron los picadores y resguardaba desde la muñeca al codo del brazo derecho. 2 *Ecuad.* Afección de carácter fungoso que ataca a los cacahuales.

monillo *m.* desus. Jubón de mujer, sin faldillas ni mangas.

monimiáceo, -a *adj.-f.* Planta de la familia de las monimiáceas. -2 *f. pl.* Familia de plantas leñosas angiospermas dicotiledóneas, con hojas opuestas o verticiladas, rara vez esparcidas, flores comúnmente unisexuales, carpelos con un solo óvulo y fruto indehiscente.

monín, -ina, monino, -na *adj.* fam. Mono, gracioso.

monipodio (alterac. de *monopolio,* der. del gr. *monopolion;* comp. con *poleo,* vender) *m.* Personaje de la novela de Cervantes (1547-1616) *Rinconete y Cortadillo*, jefe y protector de los ladrones de Sevilla. 2 Convenio de personas asociadas para fines ilícitos.

monís (de *monises;* pl. vulg. del ing. *money*) *f.* Cosa pequeña o pulida.

monismo (gr. *monos,* único) *m.* Doctrina metafísica, opuesta al dualismo, según la cual la materia y el espíritu, lo físico y lo psíquico, como fenómenos o aspectos de la realidad, son idénticos en su esencia, es decir, son los dos aspectos de una misma substancia que se manifiesta en dos formas distintas. El monismo suele combinarse con el panteísmo y con el determinismo.

monista *com.* Partidario del monismo.

mónita (l.) *f.* Artificio, astucia, con suavidad y halago.

monitor, -ra (l. *monitor*) *m. f.* Persona que amonesta o avisa. 2 Persona que enseña ciertos deportes: ~ *de gimnasia, de esgrima, de esquí.* -3 *m.* Barco de guerra de pequeño calado, muy artillado y acorazado. 4 Aparato detector para hacer ciertas comprobaciones: ~ ***fisiológico,*** CIR., el que se emplea para registrar los cambios de condición fisiológica del paciente. 5 Receptor de televisión que sirve para comprobar la salida de las imágenes de un transmisor o amplificador.

SIN. *1* **Admonitor, amonestador.**

monitora *f. Perú.* Marmita para calentar agua.

monitorio, -ria (l. *-riu*) *adj.* Que sirve para avisar; [pers.] que avisa. -2 *m.* Amonestación que el Papa o los prelados dirigen a los fieles para averiguar ciertos hechos o para señalar normas de conducta. 3 Amenaza de excomunión a aquellos que instruidos de ciertos hechos no los declaran.

monitorizar *tr.* Dotar de monitores. 2 Controlar a través de monitores. ◇ ** CONJUG. [4] como ***realizar.***

monja (der. de *monje*) *f.* Religiosa de alguna de las órdenes aprobadas por la Iglesia, que se liga con los tres votos solemnes y gralte. está sujeta a clausura. 2 Limantria. 3 *Méj.* ant. *y* fig. Pan dulce de forma redonda. -4 *f. pl.* fig. Partículas encendidas que quedan cuando se quema un papel y se van apagando poco a poco. 5 *Guat.* ~ ***blanca,*** flor nacional de Guatemala, de la familia de las orquidáceas.

monje (prov. ant. *monge;* l. med. *monicus;* por l. *monachus,* der. del gr. *monachos,* solitario) *m.* Religioso de una de las antiguas órdenes monacales cuyos miembros viven en monasterios y observan vida de comunidad: *un ~ benedictino.* 2 desus. Solitario o anacoreta. 3 Perdiz macho cuya hembra está incubando. 4 Paro carbonero.

SIN. *1* y *2* **Fraile,** en el habla corriente; **monje** es hoy voz escogida. REL. *1* y *2* **Monacal, monástico,** relativo a los monjes; **monacato,** calidad de monje o conjunto de ellos.

monjerío *m.* Conjunto de monjas.

monjía *f.* Plaza y derechos que el monje tiene en su monasterio. 2 Estado de monje o monja. 3 Monasterio, convento.

monjil *adj.* Relativo a las monjas. -2 *m.* Hábito o túnica de monja. 3 Traje de lana que usaban por luto las mujeres. 4 Manga perdida propia de este traje.

monjío *m.* Estado de monja. 2 Entrada de una monja en religión. 3 Convento de monjas. 4 Conjunto de monjas.

monjita *f. Argent.* Avecilla de pecho blanco y cabeza negra, de forma que parece llevar en ella una toca *(gén. Taenioptera).* 2 *Chile.* Planta voluble, de flores grandes y amarillas.

mono, -na (orig. incierto; probl. abreviación de *mamona;* var. de *maimon, -ona,* der. del ár. *maimun,* feliz y mono) *adj.* Pulido, delicado o gracioso. -2 *m.* Nombre genérico con que se designa a cualquiera de los mamíferos cuadrumanos del suborden de los antropoides: ~ ***araña,*** cébido de cara redonda, cola muy larga y puntiaguda, prensil *(gén. Ateles);* ~ ***sabio,*** el amaestrado para exhibirlo en los circos; v. monosabio. 3 fig. Persona que hace gestos monescos: ***estar de monos dos*** o ***más personas,*** estar enojadas o reñidas. 4 fig. Persona muy fea. 5 fig. Joven de poco seso y de modales afectados. 6 fig. Figura humana o de animal, pintada, dibujada o hecha de cualquier materia, etc.: ***quedarse uno hecho un*** ~, quedarse corrido o avergonzado. 7 fig. Comodín, en los juegos de naipes. 8 fig. Ilustración. 9 fig. Traje de faena, gralte. de lienzo azul, propio de mecánicos, motoristas, etc. 10 fig. Síndrome de abstinencia en los drogadictos. 11 *Chile.* Montón o pila en que se exponen las frutas u otras cosas en los mercados y tiendas. 12 *Ecuad.* y *Perú.* fig. Bacín. 13 *Guat.* Gallo o gallina sin cola. 14 *Perú.* Individuo de nacionalidad china. 15 *S. Dom.* Conjunto de mieses de maíz en forma de pilón. 16 *Venez.* Individuo que se tiene en los garitos como señuelo para atraer a los buenos tercios. -17 *adj. Colomb.* Bermejo, hablando del pelo. 18 *S. Dom.* Envaneda. -19 *m. pl. Colomb.* Baile y aire antioqueños. -20 *loc.* fig. *y* fam. ***¿Tengo monos en la cara?*** se utiliza como pregunta dirigida a quien mira insistentemente. 21 *Colomb., Cuba* y *P. Rico.* ***Meterle a uno los monos,*** atemorizarle.

mono-, mon- (gr. *mónos*) Elemento prefijal que entra en la formación de palabras con el significado de único, uno solo.

SIN. **Uni-.** CONTR. **Pluri-, multi-, poli-.**

monoácido, -da (*mono-* + *ácido*) *adj.* QUÍM. Que contiene un átomo de hidrógeno reemplazable por una base, como las sales y alcoholes.

monoatómico, -ca (*mono-* + *atómico*) *adj.* QUÍM. Que sólo contiene un átomo: *molécula monoatómica.*

monoaural *adj.* Monofónico.

monobásico, -ca (*mono-* + *básico*) *adj.* [ácido] Que sólo contiene un átomo de hidrógeno reemplazable.

monobloc (*mono-* + *bloc*) *adj.* Compuesto de una sola pieza: *camión de cabina ~.*

monocameral *adj.* Unicameral.

monocarpelar *adj.* Formado por un solo carpelo.

monocárpico, -ca (*mono-* + gr. *karpós,* fruto) *adj.* BOT. [planta] Que no florece más que una vez, para morir después de fructificar.

CONTR. **Policárpico.**

monocarril *m.* monorraíl.

monocelular (*mono-* + *celular*) *adj.* Unicelular.

monoceronte, -rote (*mono-* + gr. *keras,* cuerno) *m.* Unicornio (animal fabuloso).

monocito (*mono-* + *-cito* I) *m.* Variedad de leucocitos mononucleares.

monoclamídeo, -a (*mono-* + gr. *chlámys,* manto) *adj.* Haploclamídea. V. flor.

monoclinal *adj.* GEOL. [pliegue] Cuya curvatura se produce sólo en una dirección.

monoclínico, -ca (*mono-* + gr. *klino,* inclinar) *adj.* CRIST. [sistema cristalino] De forma holoédrica con un centro de simetría, un eje binario y un plano perpendicular a él. 2 Perteneciente a este sistema.

monocolor (*mono-* + *color*) *adj.* De un solo color. 2 [gobierno, asamblea] Unitario, que tiene la mayoría un único partido político.

SIN. *1* **Monocromo, unicolor.** CONTR. *1* **Multicolor, polícromo.**

monocorde *adj.* MÚS. De una sola cuerda. 2 p. ext. Grito o canto que repite una misma nota. 3 p. ext. Monótono.

monocordio (*mono-* + *-cordio*) *m.* Antiguo instrumento de caja armónica y una sola cuerda.

SIN. **Sonómetro.**

monocotiledón *adj.-s.* Monocotiledóneo.

monocotiledóneo, -a (*mono-* + gr. *kotyledón,* cotiledón) *adj.-f.* Planta de la clase de las monocotiledóneas. -2 *f. pl.* Clase de plantas fanerógamas angiospermas, cuyos embriones poseen un solo cotiledón.

monocristal (*mono-* + *cristal*) *m.* Cristal, generalmente obtenido artificialmente, en que todas sus partes tienen la misma orientación cristalográfica.

monocromático, -ca *adj.* FÍS. [radiación] Compuesto de vibraciones de la misma frecuencia. 2 Monocromo.

monocromía *f.* Calidad de monocromo. 2 Arte de pintar con un solo color. 3 Cuadro pintado de esta forma.

monocromo, -ma (*mono-* + *-cromo*) *adj.* De un solo color. ◇ INCOR.: *monócromo.*

SIN. **Monocolor, unicolor.** CONTR. **Multicolor, policromo.**

monocular *adj.* De un solo ojo: *visión ~; **aparato** ~,* en el que se mira con un solo ojo.

monóculo, -la (l. *-ulu* < gr. *mónos,* uno + l. *oculu,* ojo) *adj.-s.* Que tiene un solo ojo. -2 *m.* Lente para miopes o présbitas, con armadura que permite acercársela a un solo ojo. 3 Vendaje que se aplica a un solo ojo.

monocultivo (*mono-* + *cultivo*) *m.* Práctica agrícola que consiste en dedicar toda la tierra disponible a un cultivo único.

monodia (*mono-* + gr. *odé,* canto) *f.* MÚS. Canto en que interviene una sola voz con acompañamiento musical.
monódico, -ca *adj.* Relativo a la monodia.
monofásico, -ca (*mono-* + *fase*) *adj.* [corriente alterna] Que es simple, por oposición a la polifásica.
monofilo, -la (*mono-* + *-filo* III) *adj.* [órgano vegetal] Que consta de una sola hoja o de varias soldadas entre sí.
monofisismo (*mono-* + gr. *phýsis,* naturaleza) *m.* Doctrina herética predicada esp. por Eutiques (h. 378-h. 454), que sólo reconoce en Cristo la naturaleza divina.
SIN. **Eutiquianismo, jacobitismo.**
monofisista *adj.-com.* Partidario del monofisismo. -2 *adj.* Relativo a él.
SIN. **Eutiquiano, jacobita.**
monofobia (*mono-* + *-fobia*) *f.* Fobia, en cualquiera de sus manifestaciones.
monofonía (*mono-* + *-fonía*) *f.* Sistema de grabación, reproducción, emisión o recepción de sonido que emplea un solo canal.
monofónico, -ca *adj.* Propio o relativo a la monofonía.
monogamia (*mono-* + *-gamia*) *f.* Régimen familiar que veda la pluralidad de esposas. 2 Estado o calidad del monógamo.
CONTR. **Poligamia.**
monógamo, -ma (*mono-* + *-gamo*) *adj.-s.* Casado con una sola mujer. 2 Que se ha casado una sola vez. -3 *adj.* [animal macho] Que sólo se aparea con una hembra.
monogenismo (*mono-* + gr. *genos,* origen) *m.* Doctrina antropológica, según la cual todas las razas humanas descienden de un tipo primitivo único.
CONTR. **Poligenismo.**
monogenista *com.* Partidario del monogenismo.
monografía (*mono-* + *-grafía*) *f.* Estudio sobre un punto especial de historia, ciencia, etc.
monográfico, -ca *adj.* Relativo a la monografía.
monografista *com.* Persona que escribe monografías.
monograma (*mono-* + *-grama*) *m.* Abreviatura (representación).
monohidratado, -da (*mono-* + *hidrato*) *adj.* Que se encuentra en el primer grado de hidratación.
monoico, -ca (*mono-* + gr. *oíkos,* casa) *adj.* [planta] De flores unisexuales, que tiene las flores masculinas y femeninas en un mismo pie.
REL. **Dioica,** la que tiene las flores de cada sexo en pie distinto.
monokini (a partir de *bikini*) *m.* Traje de baño femenino que sólo consta de la parte inferior.
monolingüe (*mono-* + l. *lingua,* lengua) *adj.-s.* Que habla una lengua. 2 Que está escrito en una sola lengua: *un diccionario ~.*
CONTR. **Plurilingüe, políglota.**
monolítico, -ca *adj.* Relativo al monolito. 2 Que está hecho de una sola piedra. 3 De una cohesión perfecta.
monolito (*mono-* + *-lito*) *m.* Monumento de piedra de una sola pieza.
monologar *intr.* Recitar soliloquios o monólogos. ◇ ** CONJUG. [7] como ***llegar.***
monólogo (gr. *monológos* < *mono-* + *-logo*) *m.* Soliloquio. 2 Obra dramática en que habla un solo personaje.
monomanía (*mono-* + *-manía*) *f.* Alienación mental sobre una sola idea.
SIN. **Paranoia.** REL. **Tema,** idea fija del alienado.
monomaníaco, -ca, monomaniaco, -ca *adj.* Que padece monomanía.
SIN. V. **Loco.**
monomaniático, -ca *adj.-s.* Monomaníaco.
monomaquia (*mono-* + gr. *máke,* combate) *f.* Desafío singular, o de uno a uno.
monómero (*mono-* + *-mero*) *adj.-s.* Compuesto químico constituido por moléculas simples.
monometalismo (*mono-* + *metal*) *m.* Sistema monetario en que rige un patrón único.
monometalista *com.* Partidario del monometalismo.
monomiario (*mono-* + gr. *myárion,* músculo) *adj.* [molusco lamelibranquio] Que tiene un solo músculo aductor para cerrar la concha.
monomio (simplificación de *mononomio,* formado según *binomio*) *m.* MAT. Expresión algebraica que consta de un solo término.
REL. **Polinomio,** la que consta de varios términos; **binomio,** la constituida por la suma o la diferencia de dos términos.
monomolecular (*mono-* + *molecular*) *adj.* De una sola molécula
CONTR. **Multimolecular.**
monomorfo, -fa (*mono-* + *-morfo*) *adj.* Que presenta siempre la misma forma.
CONTR. **Polimorfo, multiforme.** SIN. **Uniforme.**
monomotor (*mono-* + *motor*) *adj.* De un solo motor.
monona *adj.* fam. *y* desus. Voz empleada para alabar la gracia y el donaire de una jovencita.
mononuclear (*mono-* + *nuclear*) *adj.* BIOL. [célula] Que sólo tiene un núcleo; esp., [leucocito] cuyo núcleo no está dividido en lóbulos.
CONTR. **Polinuclear, multinuclear.** SIN. **Uninucleado.**
monopastos *m.* Polea simple. ◇ Pl.: *monopastos.*
monopatín (*mono-* + *patín*) *m.* Juguete que consta de una tabla con dos o cuatro ruedas.
monopétalo, -la *adj.* Gamopétalo.
monoplacóforo *adj.-m.* Molusco de la clase de los monoplacóforos. 2 *m. pl.* Clase de moluscos primitivos con el cuerpo todavía segmentado, que viven en el Pacífico a grandes profundidades; por su aspecto recuerdan a algunos gasterópodos, de los que se diferencian por tener cinco pares de branquias.
monoplano (*mono-* + *plano*) *m.* Aeroplano formado por un solo plano de alas.
monoplaza (*mono-* + *plaza*) *adj.* Que tiene una sola plaza: *avión ~.* 2 p. ext. Automóvil de carreras.
monopolio (l. *-liu* < gr. *poléo,* vender) *m.* Privilegio exclusivo concedido a un individuo o sociedad de vender o explotar alguna cosa en un territorio determinado: *~ de tabacos.* 2 Derecho poseído por un número limitado de personas. 3 Ejercicio exclusivo de una actividad, con el dominio o influencia consiguiente. 4 fig. Posesión exclusiva.
monopolista *com.* Persona que ejerce monopolio.
monopolístico, -ca *adj.* Que tiene las características de un monopolio. 2 Que detenta un monopolio.
monopolización *f.* Acción de monopolizar.
monopolizador, -ra *adj.* Que monopoliza.
monopolizar *tr.* Tener, adquirir o atribuirse el monopolio [de alguna cosa]. ◇ ** CONJUG. [4] como ***realizar.***
monopsonio (*mon-* + gr. *opsonion,* aprovisionamiento de víveres, de *opsonia,* compra de provisiones) *m.* ECON. Situación comercial en que hay un solo comprador para determinado producto o servicio.
monóptero, -ra (l. *monopteru* < gr. *monopteros* < *mono-* + *-ptero*) *adj.* [edificio] Redondo formado por un círculo de columnas que sostienen un techo sin paredes.
monoptongación *f.* Acción de monoptongar. 2 Efecto de monoptongar.
monoptongar (de *monoptongo*) *tr.-intr.-prnl.* Fundir en una sola vocal los elementos de un diptongo. ◇ ** CONJUG. [7] como ***llegar.***
monoptongo (*mono-* + gr. *phtóggos,* sonido) *m.* Vocal que resulta de una monoptongación.
monorquidia (*mono-* + gr. *órchis,* testículo) *f.* MED. Existencia de un solo testículo en el escroto.
monorraíl (*mono-* + *raíl*) *m.* Sistema de transporte ferroviario en que el tren corre sobre un solo carril y el equilibrio se obtiene por un sistema giroscópico.
monorrefringente (*mono-* + *refringente*) *adj.* FÍS. De refracción simple.
monorriel *m.* Monorraíl.
monorrimo, -ma (*mono-* + *rima*) *adj.* De una sola rima.
monorrítmico, -ca *adj.* De un solo ritmo.
monosabio *m.* Mozo que en las plazas de toros cuida de los caballos y ayuda a los picadores, limpia el ruedo, etc.
monosacáridos (*mono-* + *sacárido*) *m. pl.* Azúcares de fórmula $C_6H_{12}O_6$ como la glucosa.
monosépalo, -la *adj.* Gamosépalo.
monosilábico, -ca *adj.* Relativo al monosílabo o al monosilabismo.
monosilabismo *m.* Uso exclusivo de monosílabos. 2 Carácter de un escrito o de una lengua en que sólo se usan monosílabos.
monosílabo, -ba (l.-gr. < *mono-* + *sílaba*) *adj.-m.* Palabra de una sola sílaba.
monospastos (*mono-* + gr. *spao,* traer, tirar) *m.* Monopastos.
monospermo, -ma (*mono-* + gr. *spérma,* semilla) *adj.* [fruto] Que sólo contiene una semilla.

monóstrofe (*mono-* + gr. *strophé,* estrofa) *f.* Composición poética de una sola estrofa.
monostrófico, -ca *adj.* Relativo a la monóstrofe.
monote *m.* fam. Persona inmóvil y atontada. 2 Riña, alboroto.
monoteísmo (*mono-* + gr. *theos,* Dios) *m.* Religión o doctrina teológica que afirma la existencia de un solo Dios.
CONTR. **Politeísmo,** la que admite varios dioses; **ateísmo,** la que no admite ninguno.
monoteísta *adj.* Relativo al monoteísmo. -2 *adj.-com.* Partidario del monoteísmo.
monotelismo (*mono-* + gr. *thélo,* querer) *m.* Doctrina herética del s. VII, que admitía en Cristo las dos naturalezas, pero sólo una voluntad divina.
monotelita *adj.-s.* Partidario del monotelismo. -2 *adj.* Relativo a él.
monotipia (*mono-* + *-tipia*) *f.* IMPR. Procedimiento de composición por medio del monotipo. 2 Monotipo, máquina.
monotipo (*mono-* + *tipo*) *m.* IMPR. Máquina para componer que funde los tipos uno por uno. 2 Piedra única de grabado obtenida por medio de impresión calcográfica.
monótonamente *adv. m.* Con monotonía.
monotonía (gr.) *f.* Uniformidad, igualdad de tono. 2 fig. Falta de variedad.
monótono, -na (*mono-* + gr. *tonos,* sonido) *adj.* Que adolece de monotonía: *paisaje ~; orador ~.* 2 MAT. ***Función monótona,*** aquélla cuya magnitud no varía con la variable independiente, y por tanto no tiene máximo ni mínimo.
monotrema (*mono-* + gr. *tréma,* orificio) *adj.-m.* Mamífero del orden de los monotremas. -2 *m. pl.* Orden de mamíferos prototerios formado por especies muy primitivas, pues todavía ponen huevos; el aparato digestivo, el excretor y el reproductor desembocan además en un mismo orificio, la cloaca; son exclusivos de la región australiana; como el ornitorrinco y el equidna
SIN. **Ornitodelfo.**
monótropa *f.* Planta compuesta, sin clorofila y parásita sobre raíces de plantas leñosas, de hojas amarillas o pardas y flores acampanadas en racimos densos *(Monotropa hypopitys).*
monovalente (*mono-* + *-valente*) *adj.* Que tiene un solo valor. 2 QUÍM. Que tiene una valencia.
SIN. **Univalente.** CONTR. **Multivalente, polivalente.**
monóxilo (*mono-* + gr. *xylon,* leño) *m.* Barco hecho de un solo tronco o leño;
monroísmo *m.* Doctrina de Monroe (1758-1831), presidente de los Estados Unidos, que propugnaba la no intervención de Europa en los países americanos. Suele formularse diciendo: América para los americanos.
monseñor (it. *monsignore*) *m.* Título de honor que concede el Papa a determinados eclesiásticos y que antiguamente se daba en Francia al Delfín y a ciertos altos personajes. ◇ Este tratamiento se ha extendido, refiriéndose a los eclesiásticos, a todos los países de lengua española.
monserga *f.* fam. Lenguaje confuso y embrollado. 2 fam. Lata, pesadez.
monstro *m.* desus. Monstruo.
monstruo (l. v. *monstruu;* por l. *monstrum,* propte. prodigio) *m.* Producción contra el orden regular de la naturaleza. 2 Cosa excesivamente grande o extraordinaria. 3 Versos sin sentido que indican al libretista dónde ha de colocar el acento en los cantables. -4 *com.* Persona o cosa muy fea. 5 Persona muy cruel y perversa. -6 *adj.-com.* Persona de cualidades extraordinarias: *Pérez Estrada es un ~ de la literatura; esta niña será una pianista ~.*
monstruosamente *adv. m.* Con monstruosidad.
monstruosidad *f.* Calidad de monstruoso. 2 Cosa monstruosa.
monstruoso, -sa (l. *-su*) *adj.* Que es contra el orden natural. 2 Excesivamente grande, extraordinario. 3 Enormemente vituperable o execrable.
monta *f.* Acción de montar. 2 Efecto de montar. 3 Cría caballar. 4 Arte de montar a caballo. 5 Acaballadero. -6 *m.* Toque de clarín para que monte la caballería. 7 Suma de varias partidas. 8 Valor intrínseco de una cosa. 9 *Urug.* Yoquey, jinete.
SIN. *7* **Total, monto.**
¡monta! ¡monta! Interjección ¡anda!
montacargas (de *montar* + *carga*) *m.* Ascensor que sirve para el transporte vertical de pesos. 2 p. ext. Aparato elevador de cargas, como las máquinas de extracción de las minas, cargadoras de altos hornos, etc. ◇ Pl.: *montacargas.*
montada *f.* Desveno.
montadero *m.* Montador (poyo).
montado, -da *adj.-s.* Que va a caballo: *soldado ~.* -2 *adj.* [caballo] Dispuesto para poder montar. -3 *m.* fig. Bocadillo de carne.
montador *adj.-s.* El que monta. -2 *m.* Poyo para montar fácilmente en las caballerías. 3 Obrero especializado en el montaje de máquinas o aparatos. 4 Especialista en el montaje de películas de cine. 5 *Hond.* Amazona (traje).
montadura *f.* Acción de montar o montarse. 2 Efecto de montar o montarse. 3 Montura (arreos). 4 Engaste (guarnición).
montaje *m.* Acción de montar (un aparato). 2 Efecto de montar (un aparato). 3 Combinación de las diversas partes de un todo. 4 En cinematografía, televisión y radio, selección y unión en una banda definitiva de las escenas de un filme. 5 Ajuste o coordinación de todos los elementos de la representación teatral, sometiéndolos al plan artístico del director del espectáculo. 6 Grabación compuesta conseguida por la combinación de dos o más grabaciones. 7 Ajuste y acoplamiento de las diversas partes de una joya. 8 fig. Apariencia de una cosa. 9 fig. Lo que no responde a la realidad. 10 ~ ***fotográfico,*** fotografía conseguida con trozos de otras fotografías y diversos elementos con fines decorativos, publicitarios, etc. -11 *m. pl.* Cureña de las piezas de artillería.
SIN. *1* y *2* **Montura.**
montanear *intr.* Pastar bellotas o hayucos el ganado de cerda en montes o dehesas.
montanera (de *montano*) *f.* Pasto de bellotas o hayucos que el ganado de cerda tiene en los montes o dehesas. 2 Tiempo en que está pastando.
SIN. **Bellotera.**
montanero (de *montano*) *m.* Guarda de monte o dehesa.
montanismo *m.* Doctrina herética del s. II predicada por Montano, que negaba el reingreso en la iglesia a los que pecaban mortalmente, rechazaba las segundas nupcias y exageraba los ayunos.
montanista *adj.-com.* Partidario del montanismo. -2 *adj.* Relativo a él.
montano, -na *adj.* Relativo al monte. 2 Que vive en el monte.
montantada *f.* desus. Jactancia vana. 2 desus. Muchedumbre, excesivo número.
montante (de *montar*) *m.* Espadón de grandes gavilanes, que se esgrime con ambas manos: ***meter el ~,*** separar con él las batallas el maestro de armas; p. ext., ponerse uno de por medio en una riña para cortarla. 2 Pie derecho de una máquina o armazón. 3 Pieza vertical de sostén. 4 Listón o columnita que divide el vano de una ventana. 5 Ventana sobre la puerta de una habitación. 6 Suma o importe. -7 *adj.* BLAS. ***Creciente ~,*** aquél cuyas puntas están hacia el jefe del escudo. -8 *f.* Flujo o pleamar. -9 *m. Hond.* Alboroto, motín. 10 *S. Dom.* Cohete.
montantear *intr.* Gobernar o jugar el montante en la esgrima. 2 fig. Hablar con jactancia y manejar con superioridad las cosas de otros.
montantero *m.* El que peleaba con montante.
montaña (l. v. **montanea*) *f.* Monte (elevación). 2 Territorio cubierto de montes. 3 fig. Amontonamiento, abundancia de personas o cosas: *una ~ de libros, de preocupaciones.* 4 ~ ***rusa,*** montículo en que se practica un camino ondulado, recto o tortuoso, por el cual se desliza, merced al declive, un carrito que ocupan las personas que gustan de este deporte; vía férrea estrecha y en declive, con altibajos y revueltas, para deslizarse por ella en carritos como diversión. 5 *Amér.* Monte de árboles y arbustos.
montañero, -ra *adj.-s.* Alpinista.
montañés, -ñesa *adj.-s.* De una montaña. 2 De la Montaña, reg. de la provincia de Santander. 3 *Perú.* desp. Mestizo. -4 *m. f. Extr.* Pinzón vulgar.
montañismo *m.* Alpinismo.
montañoso, -sa *adj.* Relativo a las montañas: *superficie montañosa.* 2 Abundante en ellas: *terreno ~.*
montaplatos (de *montar* + *plato*) *m.* Montacargas pequeño entre la cocina y el comedor. ◇ Pl.: *montaplatos.*
montar (l. v. **montare* < l. *monte*) *intr.-prnl.* Subirse encima de una cosa. -2 *intr.-tr.-prnl.* Subir en una cabalgadura o en un vehículo: *~ en la grupa del caballo; montarse al asno; ~ el asno de una vez.* -3 *intr.-tr.* Estar o andar en una cabalgadura; cabalgar: *monta muy bien; monta un alazán.* -4 *intr.* Ser una cosa de importancia o entidad: *tanto monta Isabel como Fernando.* 5 fig. Seguido de la preposición *en* y voces como *cólera, ira,* etc., ma-

nifestar estas disposiciones. -6 *tr.* Batir enérgicamente la nata de leche o las claras de huevo hasta que estén esponjosas. 7 Multar por haber entrado en el monte los ganados. 8 Acaballar, cubrir (juntarse). 9 En las cuentas, importar [una cantidad total]. 10 Armar [las piezas de cualquier aparato o máquina]: ~ *una máquina* o *las piezas de una máquina.* 11 p. anal. Disponer o preparar la representación de [una obra teatral, espectáculo, etc.]. 12 En cinematografía, televisión y radio, realizar el montaje. 13 Establecer: ~ *un negocio.* 14 Engastar las piedras preciosas. 15 Amartillar un arma de fuego. 16 Mandar un buque. 17 Tener un buque en sus baterías tantos o cuantos cañones. 18 Doblar el buque un cabo o pasar al otro lado de él. ◇ INCOR. 9 *monta a cien pesetas* por monta cien pesetas.

montaraz *adj.* Que anda o está hecho a andar por los montes o se ha criado en ellos. 2 fig. De genio y propiedades agrestes y feroces. -3 *m.* Guarda de montes o heredades.
SIN. *1* **Saltero.**

montarral *m. Amér. Central* y *Venez.* Matorral, breñal.

montarrón *m. Colomb.* Selva o bosque grandes.

montazgar *tr.* Cobrar y percibir el montazgo. ◇ ** CONJUG. [7] como ***llegar.***
SIN. **Amontazgar.**

montazgo (l. v. *montaticu* < l. *monte*) *m.* Tributo pagado por el tránsito de ganado por un monte.

monte (l.) *m.* Grande elevación natural de terreno. 2 fig. Grave estorbo difícil de superar. 3 Tierra sin roturar: ~ ***alto,*** el poblado de árboles grandes; ~ ***bajo,*** el poblado de arbustos, matas o hierbas; ***echarse al*** ~, ponerse fuera de la ley en partida insurrecta o en bandolerismo. 4 Naipes que quedan para robar después de repartidos a cada jugador los que le tocan. 5 Juego de envite y azar en el que se apuesta a cuatro cartas, dos que se extraen de encima del montón y dos de debajo. Gana el jugador que ha apostado por la carta que coincide en el valor con la que se extrae del montón. 6 Banca (en naipes). 7 ~ ***de piedad,*** establecimiento público que hace préstamos a interés módico sobre ropas o alhajas. 8 ~ ***de la Tabla,*** constelación austral situada cerca del polo. 9 *Méj.* Hierba, pasto.
REL. *1* **Orografía,** parte de la geografía que trata de ellos; **orogenia,** parte de la geología que trata de su formación. SIN. *1* **Montaña.** *3* v. **Bosque.**

montea *f.* Acción de montear (buscar la caza). 2 Dibujo de tamaño natural que se hace de una obra arquitectónica, para hacer el despiezo, sacar las plantillas y señalar los cortes. 3 Estereotomía. 4 ARQ. Sagita de un arco o bóveda.

monteador *m.* El que montea (caza; traza).

montear *tr.* Buscar y perseguir [la caza] u ojearla hacia un paraje. 2 Trazar la montea [de una obra]. 3 Voltear o formar arcos. 4 *Urug.* Talar II. -5 *intr. Colomb.* Andar por las montañas en busca de minas.

montenegrino, -na *adj.-s.* De Montenegro, república de Yugoslavia.

montepiado, -da *adj. Chile.* [pers.] Que recibe un montepío o pensión.

montepío *m.* Depósito de dinero que para socorros mutuos forman los miembros de un cuerpo o sociedad. 2 Establecimiento público o particular fundado con el propio objeto. 3 Pensión que se recibe de un montepío.

montera (de *monte*) *f.* Prenda para abrigo de la cabeza. 2 Gorro de terciopelo negro y pasamanería de seda que lleva el torero en armonía con el traje de luces. 3 Cubierta de cristales sobre un patio, galería, etc. 4 Cubierta convexa de la caldera de un alambique. 5 Parte superficial de un yacimiento de minerales. 6 Mujer del montero. 7 *Bol.* Sombrero cónico y adornado que usan los indios. 8 *Hond.* Borrachera.

monterería *f.* Establecimiento donde se hacen o venden monteras.

monterero, -ra *m. f.* Persona que tiene por oficio hacer o vender monteras.

montería (de *monte*) *f.* Caza mayor. 2 Arte de cazar. 3 *Cuba.* Trozos de ave fiambre que se guisan con caldo. 4 *Ecuad.* Embarcación para descender los rápidos. 5 *Méj.* Campamento que se establece en los bosques para la explotación de la madera.
SIN. *2* v. **Cinegética.**

monteriano, -na *adj.-s.* De Montería, cap. del dep. de Córdoba (Colombia).

monteriense *adj.-s.* De Montero, c. de la prov. de Santisteban, del dep. de Santa Cruz (Bolivia).

monterilla *f.* MAR. Vela triangular que en tiempo bonancible se larga sobre los últimos juanetes. 2 desp. Alcalde de pueblo.

montero, -ra (de *monte*) *m. f.* Persona que busca, persigue y ojea la caza en el monte: ~ ***mayor,*** jefe de palacio que manda a los monteros del rey. 2 *Cuba.* Persona que recorre el monte para examinar el estado del ganado.

monterrey *m.* Especie de pastel abarquillado. ◇ Pl.: *monterreyes.*

monteruca *f.* desp. Montera.

montés (l. *montense*) *adj.* Que anda, está o se cría en el monte.

montesa *adj.-f.* poét. Montés.

montesino, -na *adj.* Montés.

montevideano, -na *adj.-s.* De Montevideo, dep. y cap. del Uruguay.

montgolfier (del n. de los hermanos *Montgolfier,* 1740-1810 y 1745-1799) *m.* Globo aerostático inflado con aire caliente.

montícola (l. *mons, montis,* monte + *-cola*) *adj.* ZOOL. Que vive en regiones montañosas.

montículo (l. *-lu*) *m.* Pequeño monte aislado, obra de la naturaleza o de la mano del hombre.

montilla *m.* Vino de Montilla.

monto *m.* Monta (suma).

montón (de *monte*) *m.* Conjunto de cosas puestas sin orden unas sobre otras. 2 fig. Número considerable: *tengo un* ~ *de cosas.* 3 *A* ~, a bulto. 4 fig. *A, de,* o *en,* ~, juntamente; sin separación o distinción. 5 fig. ***Ser uno del*** ~, ser adocenado y vulgar. 6 fig. ***A montones,*** abundantemente, sobrada y excesivamente. 7 *Chile.* Castillejo, juego de niños.
SIN. *1* **Mojón.**

montonera *f.* Montón, gran cantidad de alguna cosa. 2 *Amér.* Guerrilla. 3 *Colomb.* Almiar.

montonero (de *montón*) *m.* El que por cobardía sólo provoca una lucha cuando está rodeado de sus partidarios. 2 *Amér.* Guerrillero. -3 *adj.-m. Venez.* Gallo que no es bueno para la pelea.

montoso, -sa *adj.* p. us. Montuoso.

montubio, -bia *adj. Ecuad.* y *Perú.* Montaraz, agreste. -2 *m. f. Amér.* Campesino de la costa.

montuca *f. Hond.* Nacatamal de maíz verde.

montullo *m. Can.* Manojo, manada de trigo.

montunería *f. Colomb.* Cortedad, apocamiento.

montuno, -na *adj.* Relativo al monte. 2 *And.* y *Amér.* Rudo, rústico, montaraz.

montuosidad *f.* Calidad de montuoso.

montuoso, -sa (l. *-osu*) *adj.* Relativo a los montes. 2 Abundante en ellos: *región montuosa.*
SIN. **Montoso,** p. us.; **montañoso.**

montura (fr. *monture*) *f.* Cabalgadura (bestia para cabalgar). 2 Conjunto de los arreos de una caballería de silla. 3 Montaje (acción y efecto). 4 Soporte mecánico de los instrumentos astronómicos. 5 Armazón que sostiene las partes de algo.
SIN. *2* **Montadura.**

monuca (der. de *mono*) *f. Sant.* Comadreja.

monuelo *adj.-m.* Mozalbete afectado y sin seso.

monumental (l. *-ale*) *adj.* Relativo al monumento (obra pública; edificio; obra memorable). 2 fig. Muy excelente o señalado en su línea. 3 fig. Muy grande, gigantesco.

monumentalidad *f.* Calidad de monumental.

monumentalismo *m.* Monumentalidad, tendencia a lo monumental. 2 ARQ. Movimiento arquitectónico que se desarrolla entre 1939 y 1948.

monumento (l. *-tu* < *moneo,* recordar) *m.* Obra pública de arquitectura, escultura o grabado hecha para perpetuar el recuerdo de una persona o hecho memorable. 2 Edificio notable. Sepulcro (obra). 3 Altar adornado en el cual el día del Jueves Santo se expone la urna que contiene la hostia consagrada que se guarda para sumirla el Viernes Santo. 4 Objeto o documento de utilidad para la historia, o para la averiguación de cualquier hecho. 5 Obra que se hace memorable por su mérito excepcional.

monzón (ár. *maucim,* estación; a través del port. *monçafo;* ant. *mouçafo*) *amb.* Viento que sopla en el Océano Índico en direcciones opuestas según los meses.

monzonita *f.* Roca intrusiva intermedia entre las sienitas y las dioritas.

I) moña *f.* Muñeca (figurilla; maniquí).

II) moña (de *moño*) *f.* Lazo con que se adornan la cabeza las mujeres. 2 Lazo de cintas negras que se sujetan los toreros a la coleta. 3 Adorno de cintas o flores colocado en la divisa de los toros. 4 *Colomb.* Orgullo, altivez.

III) moña *f.* fig. *y* fam. Borrachera (efecto).

moñato *m. Urug.* Moniato o boniato.

moñiga *f.* vulg. *y* rust. Boñiga.
moño (probl. voz prerrom. *munn-* o *monn-*, bulto) *m.* Castaña o rodete que se hace con el pelo. 2 Lazo de cintas. 3 Penacho (de plumas). 4 *Colomb.* Capricho. 5 *Chile.* Cabello del hombre. 6 *Chile.* Copete del caballo. 7 *Chile* y *S. Dom.* fig. Cima o cumbre de algunas cosas. -8 *m. pl.* Adornos superfluos o de mal gusto usados por las mujeres: ***ponerse moños,*** presumir.
moñón, -ñona *adj.* Moñudo. 2 *Colomb.* fam. Caprichoso. 3 *Ecuad.* Que tiene trenza.
moñudo, -da *adj.* Que tiene moño: *ave moñuda.*
moque *m. Colomb.* Resina.
moquear *intr.* Echar mocos. 2 Llorar.
moqueguano, -na *adj.-s.* De Moquegua, c. y dep. del Perú.
moqueo *m.* Secreción nasal abundante.
moquero *m.* Pañuelo para limpiarse los mocos.
SIN. **Mocador; pañuelo** o **pañuelo de bolsillo,** eufem.
moqueta (fr. *moquette*) *f.* Tela fuerte de lana con trama de cáñamo para hacer alfombras.
moquete (de *moco*) *m.* Puñetazo dado en el rostro, esp. en las narices.
I) moquetear *intr.* fam. Moquear con frecuencia.
II) moquetear *tr.* Dar moquetes [a alguien].
moquillento, -ta *adj. Colomb.* y *Perú.* Que tiene moquillo o catarro nasal.
moquillo (dim. de *moco*) *m.* Enfermedad catarral de algunos animales. 2 Pepita II. 3 *Ecuad.* Nudo corredizo con que se sujeta el labio superior del caballo para domarlo.
moquilloso, -sa *adj. Perú* y *P. Rico.* fest. Moquillento.
moquingana *f. Ecuad.* Panal de miel muy delicada.
moquita (dim. de *moco*) *f.* Moco claro que fluye de la nariz.
moquitear *intr.* fam. Lloriquear.
moquiteo *m.* fam. Lloriqueo.
mor *m.* Aféresis de amor: ***por ~ de,*** por amor de.
I) mora (l.) *f.* DER. Tardanza en cumplir una obligación.
II) mora (l. *moru;* en l. v. *mora*) *f.* Fruto del moral y de la morera. 2 Zarzamora (fruto). 3 *Argent., C. Rica* y *P. Rico.* Árbol de madera amarilla anaranjada, muy estimada en tintorería *(Maclura tinctoria).* 4 *Méj.* Morera o moral. 5 *Hond.* Frambuesa.
morabetino *m.* Moneda almorávide de plata.
morabito (ár. *morábit,* ermitaño) *m.* Especie de ermitaño mahometano. 2 Especie de ermita en que vive.
SIN. *2* **Marabuto.**
morabuto *m.* Morabito.
moráceo, -a (de *mora* II) *adj.-f.* Planta de la familia de las moráceas. -2 *f. pl.* Familia de plantas dicotiledóneas, generalmente árboles o arbustos, laticíferos, de flores unisexuales, a veces con las cubiertas florales acrescentes y carnosas y fruto en nuez o drupa, o a veces infrutescencia en sicono o sorosis.
moracho, -cha *adj.-s.* Morado bajo.
morada (de *morar*) *f.* Casa o habitación. 2 Estancia en un lugar.
SIN. v. **Habitación.**
morado, -da (de *mora* II) *adj.-s.* Color entre carmín y azul. -2 *adj.* De color morado. 3 *Argent.* Cobarde.
FR. fig. fam. *Pasarlas moradas,* pasarlas muy mal.
morador, -ra (de *morar*) *adj.-s.* Que habita o mora.
moradux *m.* Almoradux. ◇ Pl.: *moradux.*
moraga (ár. *múhraqa,* holocausto, combustión) *f.* Asado al aire libre. 2 Espiga de trigo tostada. 3 *Logr.* Matanza del cerdo.
morago *m.* Moraga. 2 *Logr.* Tajada del lomo del cerdo que se come asada en las moragas.
I) moral (l. *morale*) *adj.* Perteneciente o relativo a la forma y modos de la vida pública en relación con las categorías del bien y del mal: *ley ~.* 2 Conforme a los principios de lo que es bueno y justo: *libro, discurso ~.* 3 Perteneciente o relativo al mundo de la conciencia: *fuerza, flaqueza ~;* ***autoridad ~,*** la que deriva de la estima o el afecto. -4 *f.* Ciencia o doctrina de la conducta y de las acciones humanas en orden a su bondad o malicia: *profesor de ~.* 5 Conjunto de costumbres y normas de conducta que regulan la vida pública y privada: *una ~ relajada.* 6 Conjunto de facultades del espíritu, por contraposición a físico; esp. en las colectividades, disposición de ánimo, para el cumplimiento de su misión: *la ~ de los soldados se mantiene.* 7 Enseñanza que se puede sacar de un discurso, un cuento, una fábula, etc.
SIN. *4* **Ética, filosofía moral.** SIN. **Deontología,** tratado de los deberes, esp. relativos a una situación social, profesión, etc.
II) moral (de *mora* II) *m.* Árbol moráceo monoico, de hojas pubescentes acorazonadas, flores en amento e infrutescencia en sorosis baciformes, moradas, algo ácidas y dulces *(Morus nigra).* 2 *Ecuad.* Moral bobo o *Chlorophora tinctoria.*
SIN. *1* **Moreda.**
moraleda *f.* Lugar plantado de moreras.
moraleja (de *moral* I) *f.* Enseñanza provechosa que se deduce de un cuento, fábula, etc.
moralidad (l. *-itate*) *f.* Conformidad con los preceptos de la moral. 2 Cualidad de las acciones humanas que las hace buenas. 3 Moraleja. -4 *f. pl.* Representación teatral alegórica de la Edad Media, de origen francés, con intención moral.
moralina (de *moral* + *-ina*) *f.* Moralidad inoportuna, superficial o falsa.
moralismo *m.* Predominio de la moral en una doctrina.
moralista *com.* Profesor de moral o autor de obras de este género. 2 El que estudia moral. -3 *m.* desus. Clérigo ordenado sin haber estudiado más que latín y moral.
SIN. *1* **Ético.**
moralización *f.* Acción de moralizar o moralizarse. 2 Efecto de moralizar o moralizarse.
moralizador, -ra *adj.* Que moraliza.
moralizar *tr.* Hacer moral [una cosa, esp. los hábitos y costumbres]. -2 *intr.* Hacer reflexiones morales. ◇ ** CONJUG. [4] como ***realizar.***
moralmente *adv. m.* De un modo moral: *portarse ~; estar ~ seguro de algo.* 2 Según las facultades del espíritu, por contraposición a físicamente.
moranza (de *morar*) *f.* Morada.
morapio *m.* fam. Vino tinto corriente.
morar (l. *-ari,* detenerse, residir) *intr.* Residir habitualmente en un lugar: *~ en despoblado, en un palacio* ◇ Es voz escogida, de uso pralte. lit.
moratiniano, -na *adj.* Relativo a los escritores Leandro y Nicolás Fernández de Moratín (1760-1828, 1737-1780, respectivamente).
moratoria (l. *moratoria;* terminación fem. de *-iu,* dilatorio) *f.* Plazo concedido para el pago de una deuda vencida.
moravo, -va *adj.-s.* De Moravia, región de Checoslovaquia.
morazenense *adj.-s.* De Morazán, dep. de El Salvador.
morbidez *f.* Calidad de mórbido (blando).
morbideza *f.* desus. Morbidez.
morbididad *f.* Morbilidad.
mórbido, -da (l. *-du*) *adj.* Que padece enfermedad o la ocasiona. 2 Blando, delicado, suave.
morbífico, -ca (l. *-cu* < *morbus,* enfermedad + *-fico*) *adj.* Que lleva consigo el germen de las enfermedades, o las ocasiona.
morbilidad *f.* Número proporcional de personas o animales que enferman en lugar y tiempo determinados. 2 Calidad de mórbido.
SIN. **Morbididad.**
morbo (l. *morbu*) *m.* Enfermedad: *~* ***comicial,*** epilepsia; *~* ***regio,*** ictericia.
morbosidad *f.* Calidad de morboso. 2 Conjunto de casos patológicos que caracterizan el estado sanitario de un país.
morboso, -sa (l. *-osu*) *adj.* Enfermo. 2 Que causa enfermedad, o concierne a ella. 3 Que provoca reacciones moralmente insanas o que es resultado de ellas.
morcajo *m.* Tranquillón.
morcal (de *morcón*) *m.* Tripa gruesa para embutidos. 2 Embutido hecho con esta tripa. 3 Variedad de aceituna gruesa.
morcar (de *morueco*) *tr.* Amurcar. ◇ ** CONJUG. [1] como ***sacar.***
morceguila *f.* Excremento o estiércol de los murciélagos.
morcella *f.* Chispa que salta del pabilo de una luz.
SIN. **Moscella.**
morciguillo (der. dim. de *murciégalo*) *m.* Murciélago.
morcilla (probl. de *murcella,* embutido; relac. con *morcón*) *f.* Trozo de tripa rellena de sangre cocida con especias. 2 Comida envenenada que se usaba para matar a los perros callejeros. 3 fig. Añadidura de palabras de su invención que hace un actor en su papel. 5 *And.* Tripa gruesa. 6 *Cuba.* vulg. Mentira.
SIN. *1* **Embuchado.** FR. fam. *Que te den ~,* vete a paseo.
morcillero, -ra *m. f.* Persona que tiene por oficio hacer o vender morcillas. 2 fig. Actor que suele añadir morcillas. -3 *f.* Tripa delgada. 4 *Venez.* Molestia, contrariedad. 5 *Venez.* Síncope aparatoso. 6 *Venez.* Cierto golpe de espolón en las peleas de gallos.
I) morcillo *m.* Parte carnosa del brazo desde el hombre hasta cerca del codo.

II) morcillo, -lla (b. l. *mauricellu* < l. *mauru,* moro) ***adj.*** [caballería] De color negro con viso rojizo.
SIN. **Cambujo,** tratándose de caballerías menores.
morcillón ***m.*** Aum. de *morcilla.* 2 Estómago de una res, relleno como la morcilla. 3 ZOOL. Mocejón.
morcón (voz probl. prerrom.) ***m.*** Morcilla del intestino ciego del animal. 2 Bandujo. 3 fig. Persona rechoncha y floja. 4 fig. Persona sucia y desaseada.
SIN. *1* **Ciego.**
morcuero ***m.*** Majano.
mordacidad (l. *-itate*) ***f.*** Calidad de mordaz.
mordaga ***f.*** fam. Borrachera.
mordaguera ***f.*** Borrachera.
mordante (fr. *mordant*) ***m.*** IMPR. Regla doble que usan los cajistas.
mordaz (l. *mordace* < *mordere,* morder) ***adj.*** Corrosivo. 2 Áspero, picante al gusto. 3 fig. Que ofende o critica con acritud o malignidad. 4 fig. Propenso a la mordacidad.
SIN. *3* y *4* **Punzante, incisivo, dicaz.**
mordaza (l. v. *mordacia,* der. de *mordere*) ***f.*** Instrumento que se pone en la boca para impedir hablar. 2 Aparato para disminuir el retroceso de las piezas de artillería. 3 Aparato de formas variadas usado para apretar. 4 MAR. Máquina que detiene o impide la salida de la cadena del ancla. 5 VETER. Instrumento para evitar derrames en la castración.
mordazmente ***adv. m.*** Con mordacidad.
mordedor, -ra ***adj.*** Que muerde. 2 fig. Que satiriza o murmura.
mordedura ***f.*** Acción de morder. 2 Daño ocasionado con ella.
SIN. **Mordimiento; mordisco,** mordedura pequeña o leve; **dentellada,** la señal que dejan los dientes al morder.
mordelón, -lona ***adj.*** *Colomb.* y *Venez.* Propenso a morder. 2 *Méj.* Funcionario público que admite cohecho.
mordente (it. *mordente* < *mordere,* morder) ***m.*** Mordiente (substancia fijadora). 2 Quiebro, adorno musical de dos, tres o cuatro notas que se ejecutan rápidamente antes de otra. 3 Quiebro (inflexión).
morder (l. *-ere*) ***tr.*** Asir con los dientes [alguna cosa] clavándolos en ella. 2 Mordicar. 3 Asir una cosa [a otra] haciendo presa en ella. 4 Gastar, arrancar poco a poco partes pequeñas: *la lima muerde el acero.* 5 Corroer el agua fuerte [la parte dibujada de la plancha]. 6 fig. Murmurar o satirizar ofendiendo en la fama o crédito. 7 fig. *y* fam. Manifestar uno de algún modo su ira o enojo extremos: *está que muerde.* 8 IMPR. Impedir uno o más bordes de las frasqueta que se efectúe [la impresión]. 9 *Amér.* Estafar. 10 ***abs.*** Tener la condición de mordedor: *este perro muerde.* ◇ ** CONJUG. [32] como ***mover.***
FR. *Hacer ~ la tierra,* o *el polvo, a uno,* vencerle, derribándole o matándole en la pelea. SIN. *1* **Tarascar, tarazar, atarazar; mordiscar** y **mordisquear,** son frecuentativos, e indican poca intensidad de la acción.
mordicación (l. *-atione*) ***f.*** Acción de mordicar. 2 Efecto de mordicar.
mordicante (l.) ***adj.*** Acre, corrosivo. 2 Que murmura de los demás, pero no de la honra.
mordicar (l. *-are*) ***tr.*** Picar o punzar [algo] como mordiendo. ◇ ** CONJUG. [1] como ***sacar.***
mordicativo, -va ***adj.*** Que mordica o tiene virtud de mordicar.
mordido, -da (de *morder*) ***adj.*** fig. Menoscabado, desfalcado. -2 ***f.*** Mordedura, mordisco. 3 *Bol., Colomb., Méj., Nicar.* y *Pan.* Provecho o dinero obtenido de un particular por un funcionario o empleado, con abuso de las atribuciones de su cargo. -4 ***f. pl.*** *Méj.* Raterías.
mordiente (de *morder*) ***adj.*** Que muerde. -2 ***m.*** Substancia que en ciertas artes sirve para fijar los colores o los panes de oro. 3 Agua fuerte con que se muerde una plancha para grabarla. ◇ También *mordente.*
mordihuí (de *morder*) ***m.*** Gorgojo (insecto). ◇ Pl.: *mordihuíes.*
mordimiento ***m.*** Mordedura.
mordiscar (frecuent.) ***tr.*** Morder con frecuencia [una cosa] sin hacer presa o sacando porciones muy pequeñas. ◇ ** CONJUG. [1] como ***sacar.***
SIN. **Dentellear, mordisquear.**
mordisco ***m.*** Acción de mordiscar. 2 Efecto de mordiscar. 3 Mordedura leve. 4 Bocado que se saca de una cosa. 5 *~* ***del diablo,*** escabiosa. 6 *~* ***de rana,*** planta perenne acuática y sumergida con hojas y tallos flotantes *(Hydrocharis morsusranae).*
mordiscón ***m.*** Mordisco.
mordisquear ***tr.*** Mordiscar.
moreda ***f.*** Moral II. 2 Moreral.
morejón ***m.*** *Extr.* Piedra vertical que gira con dos movimientos dentro del atarfe de la almazara y se usa para triturar la aceituna.
morel de sal (de *mora* II) ***m.*** Color morado carmesí usado para pintar al fresco.
morelense ***adj.-s.*** De Morelos, estado de Méjico.
moreliano, -na ***adj.-s.*** De Morella, cap. del estado de Michoacán (Méjico).
I) morena (l. *muraena*) ***f.*** Pez marino teleósteo anguiliforme, comestible, de cuerpo cilíndrico alargado, sin aletas pectorales y con la dorsal y la anal unidas con la cola *(Muroena helena).*
SIN. **Murena.**
II) morena ***f.*** Hogaza o pan moreno.
SIN. **Canil.**
III) morena (fr. *moraine*) ***f.*** Montón de mieses en las tierras. 2 Montón de piedras que se forma en los heleros.
morenata ***f.*** Pez teleósteo anguiliforme que vive en los fondos marinos, de cuerpo alargado de unos 50 cms. de longitud, y color rojo amarillento jaspeado de obscuro *(Caecula caeca; Apterichthus caecus).*
morenero (de *moreno,* mulato) ***m.*** Muchacho que en el rancho de esquileo lleva el plato o la cazuela del morenillo.
morenillo (dim. de *moreno*) ***m.*** Masa de carbón molido y vinagre, con que los esquiladores curan las cortaduras. 2 *Logr.* Molinillo del chocolate.
morenito (de *moreno*) ***m.*** *And.* Bebida compuesta de café, ron y azúcar.
moreno, -na (de *moro*) ***adj.*** Del color obscuro que tira a negro. 2 Del color menos claro en la raza blanca: *~ de cara.* -3 ***adj.-s.*** Negro (individuo) o mulato obscuro. 4 *Cuba.* desus. Descendiente de negros libres. 5 *Cuba.* desus. Individuo de cualquier tez más obscura que la del mulato. 6 ***Morena española,*** mariposa diurna diminuta, de color pardo con pequeños puntos negros bordeados de blanco en el reverso de las alas *(Aricia morronensis).* -7 ***m.*** Morenillo.
I) morera (de *mora* II) ***f.*** Árbol moráceo, del mismo género que el moral, pero con el fruto blanco, cuyas hojas se dan como alimento al gusano de seda *(Morus alba).*
II) morera (ár. *muhraqa* < *haraq,* quemar) ***f.*** Tresnal.
moreral ***m.*** Terreno plantado de moreras.
morería ***f.*** Barrio de los moros. 2 País o territorio propio de moros.
morete ***m.*** *Amér. Central* y *Méj.* Moretón.
moreteado, -da ***adj.*** Amoratado.
moretear ***intr.*** *Amér.* Amoratar.
moretón (de *morado*) ***m.*** fam. Equimosis.
morfa (probl. del l. v. *morphea,* der. del gr. *morphé,* forma) ***f.*** Hongo parásito que ataca los naranjos y limoneros.
morfema ***m.*** GRAM. Elemento significativo más pequeño del enunciado, indivisible en unidades menores portadoras de sentido.
Morfeo ***n. pr.*** MIT. Dios del sueño.
FR. *Hallarse en brazos de ~,* dormir.
morfía ***f.*** *Extr.* Cazuela de barro que se usa para menesteres culinarios.
-morfia (v. *morfo*) Elemento sufijal que entra en la formación de palabras con el significado de forma.
mórfico, -ca ***adj.*** [sal] De morfina.
morfina (de *Morfeo,* dios del sueño) ***f.*** Substancia narcótica, alcaloide del opio, cuyas sales, muy venenosas, se emplean en medicina como calmante.
morfínico, -ca ***adj.*** Propio de la morfina.
morfinismo ***m.*** Estado morboso producido por el abuso de la morfina o del opio.
morfinomanía (de *morfina* + *-manía*) ***f.*** Deseo irresistible de tomar morfina.
morfinómano, -na (de *morfina* + *-mano*) ***adj.-s.*** Que sufre morfinomanía.
-morfismo (v. *morfo-*) Elemento sufijal que entra en la formación de palabras expresando cualidad de forma con relación a la voz a que se une: *polimorfismo, antropomorfismo.*
morfo-, -morfo, -morfa (gr. *morphé,* forma) Elemento prefijal y sufijal que entra en la formación de palabras con el significado de forma.
morfogénesis (*morfo-* + *-génesis*) ***f.*** Proceso de formación de un elemento a partir de estructuras diferenciadas. 2 Conjunto

de fenómenos que conducen a la formación del relieve del terreno. ◇ Pl.: *morfogénesis.*

morfología (*morfo-* + *-logía*) *f.* Parte de la historia natural que trata de la forma de los seres orgánicos. 2 Parte de la gramática que trata de la forma de las palabras. 3 GRAM. Analogía.

morfológico, -ca *adj.* Relativo a la morfología.

morfonología (de *morfología* + *fonología*) *f.* LING. Estudio de la estructura fonológica de los morfemas, de las modificaciones combinatorias en los grupos de morfemas, y de los cambios fonológicos debidos a causas morfológicas.

morfosintaxis (*morfo-* + *sintaxis*) *f.* Descripción de las reglas de combinación de los morfemas para constituir palabras, sintagmas y oraciones. ◇ Pl.: *morfosintaxis.*

-morfosis (gr. *morphosis,* formación) Elemento sufijal que entra en la formación de palabras con el significado de formación.

morga (l. *amurca*) *f.* Alpechín. 2 Coca de Levante.
REL. *2* **Amorgar,** dar ~ a los peces para atontarlos o matarlos.

morgalla *f. Venez.* Piltrafa, residuo.

morganáticamente *adv. m.* De un modo morganático.

morganático, -ca (l. med. *-cu* < ant. al. *morgengabe,* don de la mañana dado por el marido a la mujer de rango inferior en substitución de la dote) *adj.* V. matrimonio morganático. 2 Que contrae este matrimonio.

morganita *f.* Piedra preciosa rara de tonalidad rosada.

morgaño *m. Ar.* Musgaño. 2 *Extr.* Araña. 3 *Ar., Extr.* y *Sal.* Musaraña. 4 *Extr.* Arado.

morgue *f.* GALIC. Depósito de cadáveres.

morguera (de *muergo*) *f.* Arponcillo de casi medio metro de longitud, que los mariscadores introducen en la arena por los orificios en forma de ocho que dejan los sifones del muergo, que vive enterrado a 20 ó 30 cms. de profundidad.

moribundo, -da (l. *-du*) *adj.-s.* [pers.] Que está muriendo o muy cercano a morir.

morichal *m.* Terreno poblado de moriches. 2 *Venez.* Manantial. 3 *Venez.* Quinta, casa de recreo.

moriche *m.* Palmera americana de gran altura, que da un licor azucarado potable *(Mauritia flexuosa; M. vinifera).* 2 Chinchorro fabricado con hilo de esta palmera. 3 Ave paseriforme americana, domesticable, de pluma negra y luciente y muy estimado por su canto *(Icterus chrysacephalus).*

moridera *f. Venez.* Tristeza profunda. 2 Desmayo, patatús.

moridero *m. Colomb.* y *Ecuad.* Lugar insalubre.

moriego, -ga *adj.* Moruno.

morigeración (l. *-atione*) *f.* Templanza en las costumbres y modo de vida.

morigerado, -da *adj.* De buenas costumbres.

morigerar (l. *-are* < *more,* costumbre + *gerere,* hacer) *tr.* Contener, evitar los excesos [de los afectos y acciones].

moriles *m.* Vino fino procedente de la región de Moriles (Córdoba). ◇ Pl.: *moriles.*

morilla (fr. *morille,* der. del al. ant. *morhila*) *f.* Colmenilla.

morillero *m.* Mochil.

morillo *m.* Caballete para sustentar la leña en el hogar. 2 Tapadera de un puchero de barro. 3 *Méj.* Larguero o viga sobre la que se clavan las tablas que forman el techo de construcciones rústicas.

moringa *f. Amér.* Ben, árbol leguminoso. 2 *Cuba.* Coco, fantasma.

moriondo, -da *adj.* Hablando de reses lanares, lujurioso en el celo.

morir (l. *mori;* hecho en l. v. *morire*) *intr.-prnl.* Dejar de vivir: *~ a manos del contrario; ~ de mano airada; ~ de poca edad, de la peste; ~ en gracia; ~ entre infieles; ~ para el mundo; ~ por Dios.* 2 p. ext. Acabar del todo cualquier cosa, *las tradiciones murieron para siempre.* 3 fig. Apagarse el fuego, la luz, etc. 4 fig. Hiperbólicamente, sentir con violencia algún afecto o pasión: *~,* o *morirse de frío, de dolor; morirse por lograr alguna cosa.* -5 *intr.* fig. Cesar una cosa en su curso o acción: *~ los ríos, la saeta.* 6 fig. En algunos juegos, dar por no ejecutados los lances en que no se sabe quién gana. -7 *prnl.* fig. Quedar insensible un miembro del cuerpo como si estuviera muerto. -8 *intr. Cuba.* En el juego de billar, cesar de jugar la bola y perder lo que puso en fondo. ◇ ** CONJUG. [33] como ***dormir***; pp.: ***muerto.***
SIN. **Fallecer, expirar, fenecer, finar (el finado,** el muerto), son respetuosos; **entregar el alma; dormir en el Señor; pasar a mejor vida; subir al cielo** (tratándose de niños), son expresiones religiosas; **estirar la pata, espichar** (pleb.), **diñarla** (germ.), son burlescos; **acabar** o **acabar sus días, pasar la carrera,** son términos grales. aplicados con alguna frecuencia; **perecer, acabar, sucumbir,** tratándose de toda clase de seres vivos o de instituciones humanas, ciudades, costumbres, etc. FR. ~ *uno civilmente,* quedar separado del trato o comercio humanos; ~ *uno vestido,* expr. con que se presagia la muerte violenta.

morisco, -ca (de *moro*) *adj.* Moro (relativo). -2 *adj.-s.* Moro bautizado que se quedó en España terminada la Reconquista. 3 Relativo a ellos. 4 *Chile.* [pers. o animal enjuto de carnes] Que no engorda aunque se alimente bien. 5 *Méj.* desus. Descendiente de mulato y europea. -6 *f. Logr.* Azada para labores profundas.

morisma *f.* Secta de los moros. 2 Multitud de ellos.

morisqueta *f.* Treta propia de moros. 2 fig. Acción con que uno pretende engañar, burlar o despreciar a otro. 3 En varios países americanos, visaje, mueca. 4 Arroz cocido con agua y sal, que se come en Filipinas.

morito *m.* Falcinelo.

moriviví *m. Cuba* y *P. Rico.* Sensitiva, planta. 2 *P. Rico.* Persona que convalece con mucha brevedad de una dolencia. 3 *~ bobo, P. Rico,* tamarindillo.

I) morlaco, -ca *adj.-s.* Que finge tontería o ignorancia. 2 fam. Toro de lidia. 3 *Colomb.* Caballo viejo. -4 *m. Amér.* Patacón.

II) morlaco, -ca *adj.-s.* De Morlaquia, reg. de la orilla oriental del Adriático.

morlón, -lona *adj.* Morlaco.

mormado, -da *adj. Méj.* Constipado.

mormera *f. León* y *Sal.* Romadizo.

mormón, -mona *m. f.* Persona que profesa el mormonismo.

mormónico, -ca *adj.* Relativo al mormonismo.

mormonismo *m.* Secta religiosa fundada en el s. XIX en los EE. UU. de América, que practicaba la poligamia. 2 Conjunto de ritos, máximas, etc. de esta secta.

mormullar *intr.* Murmurar.

mormullo *m.* Murmullo.

mormurar *intr. Méj.* Murmurar.

moro, -ra (l. *mauru*) *adj.-s.* [pers.] De la reg. norteafricana frontera a España, de sangre árabe o bereber. 2 p. ext. Mahometano: ***Moros y cristianos,*** fiesta pública en que se fingía una batalla entre ambos bandos; ***haber moros y cristianos,*** fig., haber pendencia o disputa; ***haber moros en la costa,*** fig., fr. con que se recomienda precaución. 3 Hombre muy celoso y que domina absolutamente a su mujer. 4 ***Bajar al ~,*** en el lenguaje de la droga, viajar para adquirirla. -5 *adj.* Perteneciente o relativo a los moros. 6 [caballo] Negro y calzado, con una mancha blanca en la frente. 7 fig. [pers.] Sin bautizar; [vino] sin aguar. 8 *Hond.* [caballo] Tordo.

Moro Muza (el ~) *m.* Ús. en sentido indeterminado por alguien cualquiera: *contárselo al ~; ¿quién lo hizo?, el ~.*

morocada (de *morueco*) *f.* Topetada de carnero.

morocho, -cha (quechua *muruchu;* con cruce de *moro* y *moreno*) *adj.-s.* V. maíz morocho. 2 *Amér.* [pers.] Robusto y bien conservado. 3 *Amér. Merid.* Moreno, trigueño. 4 *Chile.* Tosco. 5 *Chile.* Pelado al rape. 6 *Ecuad.* Tratándose de algo combustible, seco, duro. 7 *Hond.* Leporino. 8 *Venez.* Gemelo, mellizo.

moroco (voz aimara) *m. Amér.* Pantorrilla. 2 *Bol.* y *Méj.* Mano de metate.

morocota *f. Amér.* Onza de oro.

morocoto *m. Venez.* Pez orbicular de colores brillantes *(Myletos* sp.).

morojo *m.* Madroño (fruto).

morolo, -la *adj. Hond.* Sencillo, de cortos alcances.

morón (l. **mora,* montón) *m.* Montecillo de tierra. 2 fig. Persona de inteligencia débil. 3 *Sal.* Enfermedad de los cereales, por la cual el grano se convierte en un polvillo negruzco. 4 *Cuba.* Guabina, pez.

morona *f. Colomb.* Borona, migaja.

moroncho, -cha *adj.* Morondo.

morondanga (por *borondanga* y *boronanga,* der. de *borona,* migaja, de origen prerrom.) *f.* fam. Mezcla de cosas inútiles y de poca entidad. 2 Enredo, confusión. -3 *loc. adj.* desp. ***De ~,*** despreciable, de poco valor.

morondo, -da (cruce de *mondo* × *orondo*) *adj.* Pelado o mondado de cabellos o de hojas.

moronga *f. Amér. Central* y *Méj.* Morcilla, salchicha.

moronía *f.* Alboronía.

moroporán *m. Hond.* Planta que se usa contra la epilepsia.

moros *m. pl. Ecuad.* Comida a base de arroz, especias y queso.

morosamente *adv. m.* Con morosidad.

morosidad (l. *-itate,* mal humor, displicencia) *f.* Lentitud, tardanza. 2 Falta de actividad o puntualidad.
moroso, -sa (l. *-osu,* malhumorado, displicente) *adj.* Que incurre en morosidad. 2 Que la denota o implica. 3 Retrasado en el pago de impuestos o deudas.
morquera *f.* Ajedrea.
I) morra (der. de *morro*) *f.* Parte superior de la cabeza.
II) morra (it. *mora;* it. dial. *morra*) *f.* Juego entre dos personas que a un mismo tiempo dicen un número que no pase de diez y extienden los dedos de una mano, ganando el que lo dijo igual a la suma de los dedos extendidos. 2 Puño cerrado, que en este juego vale por cero.
III) morra, voz que sirve para llamar a la gata.
morrada (de *morra* I) *f.* Golpe dado con la cabeza. 2 fig. Guantada, bofetada.
morragute *m.* Pez marino teleósteo perciforme, de color gris plomizo con una mancha dorada sobre el opérculo, y otras negras en la base de las aletas pectorales *(Mugil ramada; Mugil capito).*
morral (de *morro*) *m.* Talego que con el pienso se cuelga a la cabeza de las bestias. 2 Saco que usan los cazadores, soldados y viandantes para llevar la caza, las provisiones, etc. 3 fig. Hombre zote y grosero. 4 *And.* Joroba.
SIN. *2* **Macuto,** MIL.; **mochila.**
morralero *adj.-s.* Criado del cazador que ayuda a éste aligerándole de alguna carga.
morralla (der. de *morro*) *f.* Boliche (pescado). 2 fig. Multitud de personas o cosas de escaso valer. 3 *Méj.* Dinero menudo.
morrear *intr.-tr.-prnl.* vulg. Besar en la boca largo tiempo. -2 *intr. Logr.* Beber vino. 3 *Logr.* Golosinear.
morrena *f.* Derrubios transportados y depositados por los glaciares.
morreo *m.* Acción de morrear. 2 Efecto de morrear.
morreras *f. pl.* Inflamación de los labios.
morrillo *m.* Porción carnosa que tienen las reses en la parte superior y anterior del cuello. 2 fam. *y* p. ext. Cogote abultado. 3 Canto rodado. 4 *Sant.* Peto (herramienta). 5 *Méj.* Palo redondo que llevan al hombro los cargadores.
morriña (gall.) *f.* Comalia. 2 fig. Tristeza, melancolía, esp. la nostalgia de la tierra natal.
SIN. *2* v. **Soledad.**
morriñoso, -sa *adj.* Que tiene morriña. 2 Raquítico, enteco.
morrión (de *morra I*) *m.* Parte del yelmo que cubre y defiende la cabeza. 2 Casco ant. que suele tener un adorno en lo alto. 3 Prenda militar, a manera de sombrero de copa sin alas y con visera. 4 CETR. Especie de vértigo que padecen las aves de altanería. 5 *Sant.* Peto (herramienta). -6 *m. pl. And.* Requesón.
morrionera *f.* Lantana *(Viburnum lantana).*
morrisqueta *f. Colomb.* y *Venez.* Mueca, carantoña.
I) morro (orig. incierto; probl. de *murr-,* onomat. del refunfuño) *m.* Cosa redonda de figura semejante a la de la cabeza: *~ de la pistola.* 2 Saliente que forman los labios abultados: ***estar de ~*** o ***de morros,*** fig., estar de monos. 3 Monte o peñasco redondo. 4 Guijarro redondo. 5 Extremo de un malecón. 6 *Salv.* Güira, árbol. 7 *S. Dom.* Fruto de la güira y vasija hecha del mismo. 8 *S. Dom.* fig. Cabeza.
SIN. **Hocico, jeta,** al igual que morro, se usan propiamente hablando de animales; tratándose de personas son desp. o burl.
II) morro, voz que se suele usar para llamar al gato.
morrocota *f.Colomb.* fam. Onza de oro.
morrocote *m. Ál.* Pan que como limosna envía a la casa mortuoria el invitado a los funerales. 2 *Ál.* fig. Niño robusto.
morrocotudo, -da (voz del Caribe, *morrocota,* moneda de oro) *adj.* hum. De mucha importancia o dificultad; grande, formidable. 2 *Colomb.* Rico, acaudalado. 3 *Colomb.* Falto de proporción y gracia.
morrocoy *m. Venez.* y *Cuba.* Morrocoyo. 2 *Venez.* y *Cuba.* Persona tarda en el hacer.
morrocoyo (del cumanagoto *morrokoy*) *m. Cuba* y *P. Rico.* Tortuga escamosa a modo de hicotea, pero más abovedada y rugosa *(gén. Testudo).* 2 *Ant.* Persona fea, deforme. 3 *P. Rico.* Pocero (que limpia).
morrón (de *morro*) *adj.* V. pimiento *~.* 2 [bandera] Amorronada. 3 *Logr.* Goloso. -4 *m.* fam. Golpe. 5 *Extr.* Cerro.
morrongo, -ga *m. f.* fam. Gato (mamífero). 2 *Méj.* Criado, sirviente. -3 *m. Méj.* Hoja de tabaco enrollada para fumar.
morronguear *intr. Amér.* Chupar o beber. 2 *Argent.* y *Chile.* Dormitar.
morronguería *f. Cuba.* Acción ruin.
morronguero, -ra *adj. Cuba.* Tacaño, miserable. 2 *Cuba.* Cobarde.
morroño, -ña *m. f.* fam. Gato (mamífero).
morroñoso, -sa *adj. Amér. Central.* Áspero, rugoso. 2 *Amér. Central.* Roñoso, egoísta. 3 *Perú.* Débil, raquítico.
morrudo, -da *adj.* Que tiene morro. 2 Bezudo, hocicudo. 3 *Argent.* Musculoso.
morsa (finlandés *mursu,* a través del fr. o del ing.) *f.* Mamífero pinnípedo, parecido a la foca, pero de mayor tamaño, con dos largos caninos de más de medio metro en la mandíbula superior *(Odobœnus rosmarus).*
morsana *f.* Arbolillo cigofiláceo de Asia y África, cuyos brotes tiernos se comen encurtidos *(Zygophyllum fabago).*
Morse (n. del inventor, 1791-1872) *n. pr.* Alfabeto telegráfico formado por puntos, rayas y espacios.
mortadela (it. *mortadella;* dim. del l. *murtatum,* clase de embutido) *f.* Embutido grueso de carne de cerdo picada.
I) mortaja (l. *mortualia,* vestido de luto) *f.* Vestidura con que se envuelve el cadáver. 2 *Amér. Merid.* fig. Papel con que se lía el tabaco del cigarrillo.
II) mortaja *f.* Muesca (concavidad).
mortal (l. *-ale*) *adj.-s.* [pers.] Sujeto a la muerte: ***los mortales,*** los hombres. -2 *adj.* Que está próximo a morir o parece muerto. 3 Que causa la muerte: *herida, veneno ~;* ***pecado ~,*** fig., el que causa la muerte del alma. 4 Que llega o mueve a desear a uno la muerte: *enemigo, odio ~.* 5 Angustioso, fatigoso, abrumador: *fue una espera ~; hay cuatro leguas mortales.* 6 Decisivo, concluyente: *señas mortales.*
mortalidad (l. *-itate*) *f.* Calidad de mortal. 2 Número proporcional de defunciones en población o tiempo determinados.
mortalmente *adv. m.* De muerte. 2 Con deseo de ella.
mortandad (de *mortalidad*) *f.* Multitud de muertes debidas a una causa extraordinaria.
SIN. **Matanza,** cuando está producida por una batalla, insurrección, etc.
mortar *tr. Méj.* Descascarar granos en el mortero, mediante golpes de mazo.
mortecino, -na (l. *-ticinu*) *adj.* [animal] Muerto naturalmente; aplíc. también a su carne. 2 fig. Apagado, sin vigor: *color, fuego ~.*
mortera (de *mortero*) *f.* Especie de cuenco de madera que sirve para beber o llevar la merienda.
morterada *f.* Lo que se prepara de una vez en el mortero (vaso). 2 Lo que se dispara de una vez con el mortero (de artillería).
morterazo *m.* Disparo hecho con mortero. 2 Herida y daño producidos por el disparo del mortero.
morterete *m.* Dim. de *mortero.* 2 Ant. pieza pequeña de artillería. 3 Pieza pequeña de hierro cuyo disparo imita la salva de artillería. 4 Mortero o utensilio parecido, a cuyo son baila la gente rústica. 5 Especie de candileja que sirve para las iluminaciones.
mortero (l. *mortariu*) *m.* Vaso de cavidad semiesférica en que se machacan especias, drogas, etc. 2 Piedra plana que forma el suelo del alfarje. 3 Argamasa. 4 Pieza de artillería de gran calibre y corta longitud destinada para tiros con grandes ángulos de elevación. 5 Bonete que usaron algunos magistrados.
SIN. *1* Aunque **almirez** y **mortero** sean originariamente sinónimos, hoy se diferencian en que el **almirez** es metálico, y el **mortero** de barro o madera.
morterón *m. Extr.* Obispo, embutido de cerdo.
morteruelo *m.* Dim. de *mortero.* 2 Guisado de hígado de cerdo, carne de pollo, perdiz, conejo y liebre, machacado y desleído con especias y pan rallado.
mortífero, -ra (l. *-ru* < *mors, mortis,* muerte + *-fero*) *adj.* Que ocasiona o puede ocasionar la muerte.
SIN. **Letal,** se aplica esp. a gases, venenos; **mortífero** es de aplicación gral. No se diría p. ej. *el enemigo hacía un fuego letal,* sino *mortífero.*
mortificación (l. *-atione*) *f.* Acción de mortificar o mortificarse. 2 Efecto de mortificar o mortificarse. 3 Lo que mortifica.
mortificador, -ra *adj.* Que mortifica.
mortificante *adj.* Mortificador.
mortificar (l. *-are;* forma pop. *amortiguar*) *tr.-prnl.* MED. Privar de vitalidad [alguna parte del cuerpo]. 2 fig. Domar las pasiones castigando el cuerpo y refrenando la voluntad: *mortificarse con ayunos.* 3 fig. Afligir, causar pesadumbre o molestia. 4 fig. Dejar envejecer una carne que se ha de comer para que se ablande. -5 *prnl. Méj.* Avergonzarse. ◇ ** CONJUG. [1] como ***sacar.***
mortinatalidad (l. *mors, mortis,* muerte + *natalidad*) *f.* Proporción de niños nacidos muertos.

mortinato, -ta *adj.* Nacido muerto.
mortiño *m. Colomb.* y *Ecuad.* Arbolito frutal *(Vaccinium mortinia).*
mortual *m. Amér. Central* y *Méj.* Sucesión, bienes heredados.
mortuorio, -ria *adj.* Relativo al muerto o a las honras que por él se hacen. -2 *m.* Preparativos para enterrar los muertos.
morucha *f.* vulg. Muchacha morena, obscura, de pelo rizado.
morucho *m.* Novillo embolado que lidian los aficionados. 2 fam. Moreno. 3 pop. Toro negro. 4 *Sal.* Toro de media casta brava.
morueco (ant. *marueco,* de origen prerrom; con influjo del l. *mas, maris,* macho) *m.* Carnero padre.
SIN. **Marón, murueco.** REL. v. **Oveja.**
moruja *f. Extr.* Burbuja de agua.
mórula *f.* Masa esférica de aspecto de mora que resulta de la primera segmentación del huevo fecundado al iniciarse el desarrollo embrionario.
morulla *f. Méj.* Morcilla.
moruno, -na *adj.* Moro: *alfanje ~.* -2 *m. Cuba.* Calzado de campesino.
SIN. **Moriego,** p. us.
moruro *m. Cuba.* Especie de acacia cuya corteza sirve para curtir pieles *(Calliandra portoricensis).*
morusa *f.* fam. Dinero (moneda y caudal). 2 *P. Rico* y *Venez.* Pelo enredado.
I) mosaico, -ca *adj.* Relativo a Moisés.
II) mosaico, -ca (it. *mosaico* < l. med. *mosaicu,* de la misma raíz que *museo) adj.-m.* Obra taraceada de piedras, vidrios, etc., de varios colores: *~ **de madera*** o ***vegetal,*** taracea. 2 fig. Obra en general, compuesta de trozos diversos: *~ epistolar.* -3 *m.* Superficie sensible a la luz de un iconoscopio u otro tubo de televisión, compuesta por millones de pequeños glóbulos plateados en una hoja de mica.
mosaísmo *m.* Ley de Moisés. 2 Civilización mosaica.
I) mosca (l. *musca) f.* Insecto díptero muy común y molesto, de unos 6 mm. de largo, con las alas transparentes y provisto de una trompa para chupar las substancias jugosas de que se alimenta *(Musca domestica).* 2 Nombre de varios insectos parecidos al anterior: *~ **de burro*** o ***de mula,*** sus larvas viven parásitas en el estómago de caballos y asnos *(Gastrophilus equi); ~ **azul,** ~ **de la carne,** ~ **verde,*** moscarda; *~ **escorpión,*** insecto mecóptero con dos pares de alas membranosas y cuyos machos presentan un aguijón en la parte abdominal del abdomen parecido al del escorpión *(Panorpa* sp.*); **papar moscas,*** fig., estar sin hacer nada, con la boca abierta. 3 fig. Persona impertinente y molesta. 4 *~ **muerta,*** persona aparentemente de ánimo encogido, pero que no pierde ocasión de su provecho o no deja de explicar lo que siente. 5 Desazón, mal humor: ***estar con ~,*** amoscarse; ***con la ~ en la oreja,*** apl. al que está receloso o advertido; ***picarle a uno la ~,*** fig., venirle a la memoria una especie que le inquieta y molesta. 6 *~ **de España,*** cantárida (insecto). 7 Pelo que nace al hombre debajo del labio inferior. 8 Constelación austral situada al sur de la Cruz. 9 Cebo para pescar. 10 Dinero: ***aflojar,*** o ***soltar, la ~,*** dar dinero, esp. a disgusto, pagar. -11 *adj.-m.* DEP. Peso (categoría) del boxeo, superior al minimosca, que comprende a los deportistas que pesan hasta 50,802 kgs., los profesionales, ó 51 kgs., los aficionados. -12 *m. pl.* fig. Chispas que saltan en la lumbre. -13 *f. Extr.* Borrachera. 14 *Chile.* fig. Mancha pequeña que empaña la luna de los espejos. -15 *m. Méj.* fig. Polizón.
REL. *11* v. **Peso.**
II) mosca *adj.-s.* Chibcha.
moscada (prov. *muscade* < l. *muscu,* almizcle) V. nuez moscada.
moscadero *m.* Mirística.
moscarda *f.* Mosca de tamaño mediano o grande, con el color del cuerpo a menudo vistoso, azul y verde con brillo metálico; la carroña y otros materiales en descomposición son los alimentos larvario más importantes, pero algunas especies son chupadoras de sangre: *~ **azul,*** menos peligrosa que la mosca doméstica, debido a que no es atraída por los alimentos humanos. También *moscón (Calliphora vomitoria); ~ **verde,*** pone los huevos sobre animales muertos, pero también en las heridas de animales domésticos *(Lucilia caesar); ~ **de la carne,*** pone los huevos sobre cualquier trozo de carne o pescado *(Sarcophaga carnaria).* 2 En algunas partes, cresa o huevecillos de la reina de las abejas.
SIN. *1* **Mosca, moscardón.**
moscardear *intr.* En algunas partes, poner la reina de las abejas la cresa en los alvéolos. 2 Ser curioso, meter las narices en todo.
moscardón (de *moscarda) m.* Moscarda (mosca). 2 Avispón (persona). 3 Abejón (juego). 4 Abejón, zángano. 5 fig. Hombre molesto e impertinente.
moscardoneo *m.* Zumbido, mosconeo.
moscareta (de *mosca) f.* Ave paseriforme insectívora, de canto agradable y vuelo corto, que habita en las rocas y peñascos *(Muscicapa striata).*
SIN. **Muscaria, muscícapa.**
moscarrón *m.* fam. Moscardón.
I) moscatel (cat. *moscatell;* o *moscat) adj.-m.* Variedad de uva, de grano redondo y muy dulce. -2 *adj.* [viñedo] Que la produce; [vino] que sacan de ella.
II) moscatel *m.* fig. *y* fam. Hombre pesado e importuno. 2 Tonto, pazguato.
moscella *f.* Morcella.
I) mosco *m.* Mosquito. 2 Mosca (cebo). -3 *adj.-s.* Variedad de gallo cuyo plumaje se utiliza para hacer moscas para la pesca de salmónidos.
II) mosco, -ca *adj. Chile.* [caballería] De color muy negro y algún que otro pelo blanco.
moscón *m.* Mosca de alas manchadas de rojo. 2 Moscarda azul. 3 fig. Hombre porfiado e impertinente. 4 Arce.
moscona (de *moscón) f.* Mujer desvergonzada.
mosconear (frecuent. de *moscón) tr.* Molestar [a uno] con impertinencia y pesadez. -2 *intr.* Porfiar para lograr un propósito. 3 Zumbar como el moscón.
mosconeo *m.* Acción de mosconear.
moscorrofio *m. Colomb.* y *Hond.* Persona muy fea.
moscovia *f. Cuba.* Piel entera de una res curtida hasta dejarla muy suave.
moscovita *adj.-s.* De Moscovia, ant. nombre de la reg. de la Gran Rusia. 2 Ruso. -3 *f.* MIN. Mica potásica, de brillo nacarado, con reflejos metálicos de plata, incolora, utilizada como aislante eléctrico.
SIN. *3* **Plata de gato.**
moscovítico, -ca *adj.* Relativo a los moscovitas.
mosén (cat. *mossèn,* mi señor) *m.* Título que se da a los clérigos en la ant. corona de Aragón; antes se daba también a los nobles de segunda clase. ◇ Pl.: *mosenes.*
mosqueado, -da (de *mosca) adj.* Salpicado de pintas. 2 fig. *y* fam. Molesto, enfadado. 3 [anim.] Que tiene manchas de color en su pelo, esp. la vaca.
mosqueador *m.* Especie de abanico para ahuyentar las moscas. 2 fig. Cola de una caballería o de una res vacuna.
mosquear *tr.* Ahuyentar las moscas. 2 fig. Replicar uno con viveza y como picado. 3 fig. Azotar, vapulear. -4 *prnl.* fig. Apartar de sí violentamente los estorbos. 5 fig. Resentirse uno por el dicho de otro. 6 fig. Sospechar. -7 *tr. Colomb., Cuba* y *Guat.* Ensuciar [algo] las moscas. -8 *intr. Argent.* y *Colomb.* Moverse como moscas. 9 *Cuba.* Llenarse algo de moscas. 10 *Cuba.* Complicarse un asunto. 11 *Méj.* Viajar de mosca o polizón.
SIN. *5* v. **Sentirse.**
mosqueo *m.* Acción de mosquear o mosquearse.
mosquerío *m. Amér.* Mosquero, multitud de moscas.
mosquero *m.* Haz de hierba o conjunto de tiras de papel atado a la punta de un palo para espantar las moscas; empegado, se cuelga del techo para que se cojan en él. 2 *And.* y *Extr.* Fleco de correíllas, cordones o palo que se pone en las cabezadas y jáquimas para que las caballerías se espanten las moscas. 3 *Amér.* Hervidero o multitud de moscas.
mosquerola, mosqueruela (l. *muscu,* almizcle) *adj.-s.* Especie de pera pequeña, de carne granujienta y muy dulce.
SIN. **Musquerola.**
mosqueta (l. *muscu,* almizcle) *f.* Rosal de tallos flexibles, muy espinoso, de flores blancas de olor almizclado en panojas terminales *(Kerria japonica).* 2 *~ **silvestre,*** escaramujo (especie de rosal y su fruto). 3 *Pan.* Pendiente del vestido nacional.
mosquetazo *m.* Tiro disparado con el mosquete. 2 Herida hecha con este tiro.
mosquete (it. *moschetto) m.* Arma de fuego ant. más larga y de mayor calibre que el fusil. 2 *Méj.* En Veracruz, patio del teatro.
mosquetear *intr. Argent.* y *Bol.* Curiosear.
mosquetería *f.* Tropa formada de mosqueteros. 2 Conjunto de mosqueteros (teatro). 3 *Argent.* y *Bol.* Conjunto de personas que van a mirar una fiesta sin tomar parte en ella.

mosqueteril *adj.* fam. Relativo a la mosquetería.
mosquetero *m.* Soldado armado de mosquete. 2 En los corrales de comedia, el que la veía de pie desde la parte posterior del patio. 3 *Argent.* y *Bol.* Persona que va a una fiesta, sin tomar parte en ella. 4 *Bol.* Ocioso.
mosquetón (de *mosquete*) *m.* Carabina corta. 2 Anilla que se abre y cierra mediante un muelle.
mosquil *adj.* Relativo a la mosca.
mosquino, -na *adj.* Mosquil.
mosquita *f.* Dim. de mosca. 2 Pájaro parecido a la curruca. 3 fig. ~ ***muerta,*** mosca muerta.
mosquitera *f.* Mosquitero (pabellón y artefacto).
mosquitero *m.* Pabellón de cama hecho de gasa para impedir el acceso a los mosquitos. 2 Pequeño artefacto para espantar o matar las moscas o mosquitos. 3 Ave paseriforme, pequeña, insectívora, de plumaje pardo oliváceo por encima y blanco ocráceo por debajo *(Phylloscopus collybita).* 4 ~ ***musical,*** variedad del anterior, de color amarillo rojizo *(Ph. trochilus).*
SIN. *4* **Doral.**
mosquito (de *mosca*) *m.* Insecto díptero, de cuerpo esbelto, aparato bucal perforador y con dos alas transparentes (gén. *Anopheles; Ades; Culex*): ~ ***común,*** de palpos cortos y cuerpo de color pardo obscuro, posa paralelamente a la superficie *(Culex pipiens);* ~ ***de la fiebre amarilla,*** vive en las zonas mediterráneas y tropicales y es el transmisor del virus de la fiebre amarilla *(Ades aegypti);* ~ ***del paludismo,*** anofeles. 2 Larva de la langosta. 3 Mosca (cebo). 4 fig. *y* fam. El que acude frecuentemente a la taberna. 5 DEP. Catamarán (embarcación). 6 *Cuba.* Cierto juego de artificio.
SIN. *1* **Cénzalo,** desus.; **mosco; violero.**
mostacera *f.* Tarro en que se prepara y sirve la mostaza para la mesa.
mostacero *m.* Mostacera.
mostacho (it. *mostaccio* < gr. *mýstax,* labio superior) *m.* Bigote (sobre el labio). 2 fig. Chafarrinada en el rostro. 3 MAR. Cabo grueso con que se asegura el bauprés a una y otra banda.
mostachón (probl. del l. *mustaceu,* der. del l. *mustum,* mosto) *m.* Especie de bollo de almendras, harina y especias.
SIN. **Macarrón.**
mostachoso, -sa *adj.* Adornado de mostachos.
mostacilla *f.* Munición del tamaño de la semilla de mostaza, empleada para cazar animales pequeños. 2 Abalorio muy menudo.
SIN. *1* **Mostaza.**
mostadiecha (der. del l. *mustela*) *f. Ast.* Comadreja.
mostadilla (der. del l. *mustela*) *f. Sant.* Comadreja.
mostagán (de *mosto*) *m.* fam. Vino (zumo de uvas).
mostajo (probl. del l. v. *mustalia,* der. del l. *mustum,* mosto) *m.* Mostellar.
mostaza (de *mosto*) *f.* Planta crucífera de hojas alternas, flores amarillas en espiga y fruto en silicua con varias semillas negras y muy pequeñas, cuya harina se usa en medicina y como condimento *(Brassica nigra).* 2 Semilla de esta planta. 3 Salsa hecha con esta semilla. 4 fig. ***Subírsele a uno la ~ a las narices,*** irritarse, enojarse, vb. *amostazarse.* 5 ~ ***negra,*** mostaza. 6 ~ ***blanca,*** planta semejante a la mostaza común, con semillas de color blanco amarillento *(Sinapis alba).* 7 ~ ***silvestre,*** planta parecida a la mostaza, con cuyas semillas se adultera la mostaza negra *(Sinapis arvensis).* 8 Mostacilla.
SIN. *1* **Ajenabe, jenabe, jenable.**
mostazal *m.* Terreno poblado de mostaza (planta crucífera).
mostazo *m.* Mosto fuerte y pegajoso. 2 Mostaza (planta).
¡moste! Interjección ¡moxte!
mostear *intr.* Destilar las uvas el mosto. 2 Llevar o echar mosto en las tinajas o cubas. 3 Remostar el vino añejo.
mostela *f.* Haz o gavilla.
mostelera *f.* Lugar donde se guardan o hacinan las moslas.
mostellar (de *mostajo*) *m.* Árbol rosáceo de fruto ovoide, rojo y dulce, cuya madera se emplea en ebanistería y tornería *(Sorbus aria).*
SIN. **Mojera, mostajo.**
mostense *adj.-com.* fam. [pers.] Premonstratense.
mostillo *m.* Mosto cocido condimentado con anís, canela o clavo. 2 Salsa hecha con mosto y mostaza. 3 Mosto agustín.
mosto (l. *mustu*) *m.* Zumo exprimido de la uva, antes de fermentar: ~ ***agustín,*** el cocido con harina y especias finas. 2 p. ext. Vino en gral. 3 Zumo de cualquier fruto, empleado para la fabricación del alcohol, sidra, etc. 4 Heces de la miel; residuo fétido del zumo de la caña de azúcar.
REL. **Vinificación,** fermentación del ~ para convertirse en vino.
mostolilla (der. del l. *mustela*) *f. Sant.* Comadreja.
mostrable *adj.* Que se puede mostrar.
mostrado, -da *adj.* Hecho o habituado a una cosa. 2 Adiestrado.
mostrador, -ra (l. *monstratore*) *adj.-s.* Que muestra. -2 *m.* Mesa o tablero que hay en las tiendas para presentar los géneros. 3 Especie de mesa, cerrada en su parte exterior, que en los bares, cafeterías y otros establecimientos análogos, se utiliza para servir lo que piden los clientes. 4 Dispositivo destinado a hacer visible la información que da un aparato de medida. 5 desus. Esfera de reloj.
mostrar (l. *monstrare*) *tr.* Exponer a la vista [una cosa]; indicarla con la mano, con un signo. 2 Explicar [una cosa] para convencer de su certidumbre. 3 Hacer patente [un afecto]: ~ *alegría;* o dar a conocer [una calidad del ánimo]: ~ *valor, liberalidad.* -4 *prnl.* Darse a conocer de alguna manera: *mostrarse amigo.* ◇ ** CONJUG. [31] como *contar.*
SIN. **Manifestar,** en gral. *2* **Enseñar.** *2* y *3* **Demostrar.**
mostrativo, -va *adj.* Que muestra.
mostrenco, -ca (del ant. *mestenco* < *mesta;* con influjo de *mostrar*) *adj.* V. bienes mostrencos. 2 fig. Que no tiene hogar o amo conocido. -3 *adj.-s.* fig. Ignorante o tardo de entendimiento. 4 [sujeto] Muy gordo y pesado.
SIN. *2* **Mesteño.**
mota (et. dud.; probl. prerrom.) *f.* Nudillo o granillo que se forma en el paño. 2 Partícula de hilo u otra cosa que se pega a los vestidos o a otras partes. 3 fig. Defecto muy ligero en las cosas inmateriales. 4 Eminencia pequeña y aislada. 5 Flor del azafrán a la que se le han quitado los estigmas. 6 *And.* fig. *y* desus. Moneda de cobre. 7 *Murc.* Margen u orilla saliente de un río. 8 *Amér.* Mechón de pelo corto y muy ensortijado y pegado a la cabeza, como el de los negros. 9 *Chile.* Mechón corto de lana, de igual forma que el anterior, como el de cierta clase de ovejas. 10 *Méj.* Mariguana, cáñamo índico. 11 *Perú* y *Venez.* Pelusa adherida a la simiente del algodón.
motacila (l. *-illa*) *f.* Aguzanieves.
motate *m. Hond.* Piñuela (planta).
I) mote (fr. *mot* < l. *muttu,* gruñido) *m.* Sentencia breve que incluye un secreto que necesita explicación. 2 Empresa (símbolo) de los antiguos caballeros. 3 Apodo. 4 *Chile.* Equivocación, error. 5 *Chile* y *Perú.* Modo de hablar defectuoso. 6 *Ecuad.* Epígrafe.
II) mote (quechua *mutti*) *m. Amér.* Maíz desgranado y cocido con sal. 2 *Chile.* Guiso o postre de trigo triturado, después de haber sido cocido en lejía y deshollejado.
I) motear *tr.* Salpicar de motas una tela.
II) motear *intr. Amér. Merid.* Comer mote. 2 *Perú.* Hablar defectuosamente. 3 *S. Dom.* Hacer un comerciante ventas de poco precio.
motejador, -ra *adj.-s.* Que moteja.
motejar (de *mote* I) *tr.* Notar, censurar las acciones [de uno] con motes o apodos: ~ *a alguno de ignorante.*
SIN. **Zaherir, mortificar, satirizar.**
motejo *m.* Acción de motejar.
motel (acrónimo del ing. *motorist hotel*) *m.* Establecimiento de hostelería de similar categoría que el hotel, situado en las proximidades de una carretera, que facilita alojamiento en apartamentos con garaje y entrada independiente para estancias de corta duración.
SIN. v. **Hotel.**
motera *f. Cuba.* Polvera, vaso de tocador.
motero, -ra *adj. Perú.* [indio] Que no sabe expresarse en regular castellano. -2 *m. Chile.* Que vende o es aficionado a comer mote (maíz preparado).
moteta *f. Ecuad.* Cholla, cabeza.
motete (v. *mote*) *m.* Breve composición musical sobre versículos de la Escritura. 2 *Amér.* Especie de cuévano. 3 *Amér. Central.* Atado, lío, envoltorio. -4 *m. pl. P. Rico* y *S. Dom.* Cachivaches.
motil (v. *mochil*) *m.* Mochil.
motilar (l. *mutilare,* cercenar) *tr.* Cortar [el pelo] o raparlo.
motilidad *f.* Facultad de moverse que tiene la materia viva ante ciertos estímulos.
motilón, -lona *adj.-s.* Pelón (que no tiene pelo). -2 *m.* fig. Lego (en los conventos). 3 Indio de Colombia y Venezuela.
motín (fr. ant. *mutin,* revoltoso, de *muete,* rebelión, der. del l. *movita,* movimiento) *m.* Tumulto sedicioso.

motivación *f.* Acción de motivar. 2 Efecto de motivar. 3 Motivo, causa de algo. 4 Ensayo mental preparatorio de una acción. Ú. m. para referirse al intérprete que va a desempeñar un papel. 5 *Guat.* y *Méj.* vulg. Motivo.
motivador, -ra *adj.* Que motiva.
motivar *tr.* Dar motivo [para una cosa]. 2 Explicar el motivo que se ha tenido para hacer [una cosa]: ~ *el decreto con,* o *en, buenas razones.* 3 Hacer que [alguien] sienta interés [por algo].
REL. **Motivación,** f., esp. en la 2ª acep.
motivo, -va (l. *-vu* < *movere,* mover) ***adj.*** Que mueve, o tiene virtud para mover. -2 ***m.*** Causa o razón que mueve a obrar una cosa. 3 Dibujo ornamental repetido. 4 MÚS. Tema de una composición. -5 ***m. pl.*** *Chile.* Dengues o melindres mujeriles: ***De mi, tu, su, nuestro, vuestro,*** ~ ***propio,*** con resolución o intención libre y voluntaria.
I) moto ***m.*** Mojón. 2 *Bol.* y *Chile.* Rabón. 3 *Chile.* Instrumento cortante mellado.
II) moto *f.* Abreviación de motocicleta.
III) moto, -ta *adj. Amér. Central.* Huérfano.
moto- (l. *motus,* movido) Elemento prefijal que entra en la formación de palabras con el significado de movido por motor.
motobomba (*moto-* + *bomba*) *f.* Bomba impulsada por un motor.
motocarro (*moto-* + *carro*) ***m.*** Vehículo automóvil de tres ruedas, con motor, para transportar cargas ligeras.
motocicleta (*moto-* + l. *cyclus,* círculo) *f.* Vehículo automóvil de dos ruedas, con motor, que puede transportar a una o dos personas.
motociclismo ***m.*** Deporte de los aficionados a la motocicleta.
motociclista ***com.*** Persona que conduce una motocicleta. -2 ***adj.*** Relativo a la motocicleta.
motociclo (*moto-* + *-ciclo*) ***m.*** Velocípedo movido por un motor, en general.
motocompresor (*moto-* + *compresor*) ***m.*** Compresor que forma cuerpo con su propio motor.
motocross (de *motocicleta* + ing. *cross* country) ***m.*** Carrera de motocicletas en terreno accidentado.
motocultivo (*moto-* + *cultivo*) ***m.*** Aplicación del motor mecánico a la agricultura.
motocultor (*moto-* + *-cultor*) ***m.*** Arado pequeño provisto de un motor de arrastre.
SIN. **Mula mecánica** (fig.).
motolita (l. v. *motocilita,* der. del l. *motacilla*) *f.* Aguzanieves.
motolito, -ta *adj.-s.* Necio, bobalicón. 2 fig. ***Vivir uno de*** ~, mantenerse a expensas de otro.
motolo, -la (probl. del quechua *mutu,* descabalado) ***adj.*** *Ecuad.* [arma o herramienta] Sin filo; embotado. - 2 ***adj.-s.*** *Amér.* Mosca muerta, zorrocloco.
I) motón (prov. *cap de moton,* polea, propte. cabeza de carnero) ***m.*** MAR. Polea cuya caja cubre enteramente la rueda.
II) motón, -tona *adj. S. Dom.* Que no tiene cuernos, que sólo le apuntan.
motonáutica (*moto-* + *náutica*) *f.* Deporte de la navegación en pequeñas embarcaciones de motor.
motonáutico, -ca *adj.* Relativo a la motonáutica.
motonave (*moto-* + *nave*) *f.* Nave de motor destinada al transporte de pasaje o de mercancías.
motonería *f.* MAR. Conjunto de poleas de una embarcación.
motopesquero (*moto-* + *pesquero*) ***m.*** Barco pesquero movido por motor.
motopropulsión (*moto-* + *propulsión*) *f.* Propulsión por medio de un motor.
motor, -ra (l.) ***adj.*** Que produce movimiento. -2 ***m.*** Aparato generador de fuerza que da movimiento a una máquina: ~ ***de combustión interna,*** o ***de explosión,*** aquel en el que se logra calor mediante la explosión del combustible en el interior del cilindro; ~ ***de arranque,*** el eléctrico de automóvil que engrana con el principal para el arranque; ~ ***de combustión externa,*** aquel en el que la generación de calor se efectúa en un horno o reactor en el exterior del cilindro del motor; ~ ***de gasolina,*** el de combustión interna en el que la carga de aire es carburada mediante gasolina pulverizada por un carburador o por inyección directa; ~ ***diesel,*** el de combustión interna, en el cual la mezcla de aire y combustible entra en ignición por el calor producido con la presión en el cilindro; ~ ***eléctrico,*** electromotor; ~ ***fuera borda, fuera bordo, fuera de borda*** o ***fuera de bordo,*** pequeño motor provisto de una hélice que se coloca en la parte exterior de la popa de embarcaciones de recreo; ~ ***de reacción,*** aquel en que la acción mecánica es producida por reacción al proyectarse al exterior uno o varios chorros gaseosos a la mayor velocidad posible. 3 Lo que comunica movimiento, como el viento, el agua, el vapor. 4 Causa de acción. 5 fig. Instigador. 6 p. ant. ***El primer*** ~, Dios. -7 *f.* Embarcación pequeña provista de motor.
motorismo ***m.*** Deporte de los aficionados a viajar en vehículo automóvil, y esp. en motocicleta.
motorista ***com.*** Persona que conduce o viaja en moto.
motorización *f.* Acción de motorizar. 2 Efecto de motorizar.
SIN. **Mecanización.**
motorizado, -da ***adj.*** V. división motorizada.
motorizar ***tr.*** Mover por medio de motores mecánicos [lo que se movía de otro modo]: ~ *los transportes;* esp. equipar [un ejército] con material movido por motor. 2 Dotar de motor [a una máquina]. -3 ***prnl.*** fam. Adquirir un vehículo de motor. ◇ **CONJUG. [4] como ***realizar.***
SIN. **Mecanizar.**
motorreactor ***m.*** Motor de reacción.
motoso, -sa ***adj.*** *Bol.* fam. De filo embotado. 2 *Colomb.* [cabello] Ensortijado. 3 *Colomb.* [niño] Que tiene el ombligo grande. 4 *Perú.* Serrano, campesino. 5 *Perú.* Indio motero.
motovelero (*moto-* + *velero*) ***m.*** Buque de vela con motor auxiliar de propulsión.
motovolquete (*moto-* + *volquete*) ***m.*** Dispositivo mecánico para descargar de una sola vez un vagón, etc.
motricidad *f.* Acción del sistema nervioso central que determina la contracción muscular.
motril (v. *mocho*) ***m.*** Mochil. 2 Muchacho del servicio de una tienda.
motrilillo ***m.*** *Extr.* Zagal.
motrilón ***m.*** *Extr.* Mozo, generalmente obrero del campo, que suele salir de ronda por las noches y anda de calle en calle, por lo común, cantando.
motriz (de *motor*) ***adj.-f.*** Motora: *fuerza* ~. ◇ Es sólo f., y no puede aplicarse a nombres masculinos.
motua *f. Colomb.* Pita, planta.
movedizo, -za ***adj.*** Fácil de ser movido. 2 Inseguro, que no está firme. 3 fig. Inconstante, tornadizo.
movedor, -ra ***adj.-s.*** Que mueve.
mover (l. *-ere*) ***tr.-prnl.*** Hacer que [un cuerpo o parte de él] ocupe posición o lugar distinto del que ocupa: *el viento mueve las hojas de una parte a otra; no muevas la cabeza.* 2 p. ext. Menear [una cosa o parte de algún cuerpo]. 3 Hacer obrar, inducir, persuadir: *te mueve la pasión; moverse por el interés, con lo que dicen.* -4 ***tr.*** Suscitar, originar: ~ *guerra, polvareda.* 5 Con la preposición *a,* causar, ocasionar: ~ *a compasión, a lágrimas.* 6 fig. Alterar, conmover. -7 ***tr.-intr.*** Abortar o parir antes de tiempo. -8 ***intr.*** AGR. Empezar a brotar las plantas por la primavera. 9 ARQ. Arrancar un arco o bóveda. ◇ ** CONJUG. [32].
SIN. *7* **Amover.**
movible ***adj.*** Que puede moverse o ser movido. 2 fig. Variable, voluble. 3 ASTROL. Propio o relativo a cualquiera de los signos cardinales: *Aries, Cáncer, Libra y Capricornio.*
SIN. *1* **Móvil.**
movido, -da ***adj.*** Agitado. 2 fig. Activo, inquieto. 3 FOT. Borroso. 4 TAUROM. [lance o suerte] Practicado sin quietud en los pies. 5 *Amér. Central* y *Chile.* Enteco, raquítico. 6 *C. Rica* y *Chile.* [huevo] Que tiene la cáscara blanda e inconsistente. -7 *f.* fig. Ambiente muy moderno de creación cultural y de diversión. 8 *And.* Hembra de algunos animales en celo.
moviente ***adj.*** Que mueve. 2 [territorio] Que antiguamente rendía vasallaje a otros. 3 BLAS. [pieza] Que arranca de cualquiera de los bordes del escudo y se dirige a la parte interior.
móvil (l. *mobile;* doble etim. *moble,* mueble) ***adj.*** Movible. 2 Que no tiene estabilidad. -3 ***m.*** Cuerpo que está en movimiento. 4 Lo que mueve material o moralmente a una cosa.
-móvil (de *móvil*) Elemento sufijal que entra en la formación de palabras con el significado de móvil: *automóvil, locomóvil.*
movilidad (l. *mobilitate*) *f.* Calidad de movible.
movilización *f.* Acción de movilizar. 2 Efecto de movilizar.
movilizar (de *móvil*) ***tr.*** Poner en actividad o movimiento [tropas, partidos políticos, capitales, etc.]. 2 Incorporar a filas, poner en pie de guerra [tropas u otros elementos militares]. 3 fig. Utilizar. ◇ ** CONJUG. [4] como ***realizar.***
movimiento (de *mover*) ***m.*** Acción de mover o moverse. 2 FÍS. Cambio de posición de un cuerpo en el espacio: ~ *de rotación, de traslación;* ~ ***continuo,*** el que se pretende hacer durar por tiempo indefinido sin gasto de trabajo motor; ~ ***acelerado,*** el

de un móvil que va ganando velocidad; ~ ***ondulatorio***, el que efectúa la superficie del agua, o las partículas de un medio elástico, al paso de las ondas; hay transporte de energía pero no de materia; ~ ***retardado***, el de un móvil que va perdiendo velocidad; ~ ***turbulento***, el de un fluido en el que la presión y velocidad en cada punto fluctúan muy irregularmente; ~ ***uniforme***, el de un móvil cuya velocidad es constante; ~ ***variado***, el de un móvil cuya velocidad no es constante. 3 Circulación: ~ *de las riquezas, de una calle, de un puerto.* 4 Acción colectiva de trabajadores [para apoyar una reivindicación, manifestar un descontento, solidaridad, etc.]: *un ~ reivindicativo.* 5 Corriente de opinión o tendencia artística de un época determinada. 6 Variación numérica en las estadísticas, cuentas, precios, etc. 7 fig. Alteración, conmoción; primera manifestación de un afecto, sentimiento, etc.: ~ *de celos, de ira, de risa.* 8 fig. Variedad y animación en una obra artística. 9 fig. Levantamiento, sublevación, alzamiento. 10 ASTRON. Adelanto o atraso de un reloj en un intervalo fijo. 11 ESGR. Cambio rápido en la posición del arma. 12 MÚS. Parte de una obra musical. 13 MÚS. Velocidad del compás.
SIN. *13* **Tempo, tiempo.**

moviola (marca comercial) ***f.*** Máquina que se emplea en los estudios cinematográficos y de televisión para proyectar películas permitiendo examinar el filme, cortar o intercalar escenas y sincronizar sus bandas sonoras.

moxa (chino *mok-sa*) ***f.*** Substancia inflamable que se quema sobre la piel para cauterizarla. 2 Cauterización así conseguida.

¡moxte! V. ¡oxte! ¡oste!

moya ***f.*** *Cuba.* Margarita, planta. 2 *Chile.* Fulano o Perico el de los palotes: ***pregúntaselo a*** ~, averígüelo Vargas. 3 *Colomb.* Vasija sin vidriar que sirve para cocer la sal. 4 *Colomb.* Remolino de agua.

I) moyana (fr. *moyenne,* mediana) ***f.*** Ant. pieza de artillería de calibre mayor que la culebrina. 2 fig. Mentira o ficción.

II) moyana ***f.*** Pan de salvado, dado a los perros de ganado.

moyo (l. *modiu*) ***m.*** Medida para áridos o líquidos; equivale a 258 l.; dieciséis cántaras.

moyobambino, -na ***adj.-s.*** De Moyobamba, cap. del dep. del Perú.

moyocul ***m.*** *Méj.* Larva de una mosca que produce en el hombre una enfermedad cutánea.

moyote (mej. *moyotl*) ***m.*** *Méj.* Mosquito.

moyuelo ***m.*** Salvado muy fino.

moza (de *mozo*) ***f.*** Criada que sirve en menesteres humildes: ~ ***de cántaro***, la que tenía la obligación de traer agua y ocuparse además de otras haciendas domésticas. 2 Pala de las lavanderas. 3 Pieza de las trébedes en que se asegura el rabo de la sartén. 4 En algunos juegos, última mano. 5 *Extr.* Vasija de barro para mantener el agua caliente junto al fuego. 6 *Chile.* Canción o baile final.
SIN. *1* **Maripérez.**

mozalbete, mozalbillo (comp. de *mozo* + *albo,* blanco, por falta de pelo en la cara) ***m.*** Dim. de *mozo.* 2 Mozo de pocos años.

mozallón, -llona (aum. de *mozo, -za*) ***m. f.*** Persona moza y robusta.

mozamala ***f.*** *Perú.* Zamacueca, baile.

mozancón, -cona ***m. f.*** Persona moza, alta y fornida.

mozandero ***adj.*** *Perú.* Enamoradizo.

mozárabe (ár. *moçtáreb,* arabizado) ***adj.-com.*** Cristiano que vivía entre los moros de España. -2 ***adj.*** Perteneciente o relativo a los mozárabes: *arte* ~; ***rito*** ~, el usado por los mozárabes y que aún se conserva en una capilla de la catedral de Toledo y en otra de la de Salamanca. -3 ***m.*** Romance hablado por los mozárabes.
SIN. **Almozárabe, muzárabe.**

mozarabía ***f.*** Gente mozárabe de una ciudad o región.

mozarabismo ***m.*** Rasgo lingüístico peculiar de los mozárabes. 2 Elemento artístico típico del arte mozárabe. 3 Conjunto de caracteres socioculturales de la mozarabía.

mozarrón, -rrona ***m. f.*** Aum. de *mozo, moza.*

mozartiano, -na ***adj.*** Relativo al compositor musical austríaco Mozart (1756-1791).

mozo, -za (et. dud; probl. voz descriptiva; como en vasco *motz,* rapado) ***adj.-s.*** Joven: ***buen*** ~, ***buena moza***, hombre, mujer de alta estatura y gallarda presencia. 2 Camarero. 3 Soltero. 4 Gato (mamífero). -5 ***m.*** Hombre que sirve en oficios humildes: ~ *de café;* ~ ***de campo y plaza***, el que sirve tanto para las labores del campo como para las domésticas; ~ ***de cordel, de cuerda*** o ***de esquina*** (también *ganapán* y *palanquín*), el que se pone en parajes públicos para llevar bultos; ~ ***de espuela***, espolique; ~ ***de estoques***, ayudante del matador de toros. 6 Individuo sometido a servicio militar, desde que es alistado hasta que ingresa en la caja de reclutamiento. 7 Tentemozo (puntal). 8 Cuelgacapas. 9 MIN. Sostén de la palanca de un fuelle.
SIN. *1* **Mancebo,** esp. si tiene pocos años.

mozón, -zona ***adj.*** *Perú.* Bromista, burlón.

mozonada ***f.*** *Perú.* Broma, chanza. 2 *Ecuad.* Chiquillería.

mozonear ***intr.*** *Perú.* Hacer mozonadas.

mozote ***m.*** *Hond.* Planta que cura la ictericia *(Triunfeta lappula* y también la especie *Cenchrus echinatus).*

mozuco, -ca ***adj.*** *Salv.* De pelo rizado o de pasa.

mozuelo, -la ***m. f.*** Dim. de *mozo.* 2 Muchacho.

m.t.s., sistema de medidas cuyas tres unidades fundamentales son el metro, la tonelada y el segundo.

I) mu, onomat. de la voz del toro o de la vaca. 2 ***m.*** Mugido.

II) mu ***f.*** desus. Sueño, cama, en el lenguaje infantil. Voz usada por las nodrizas cuando quieren que se duerman los niños.

muaré (fr. *moiré,* der. del ár. *muhayyar,* paño de piel de cabra) ***m.*** Tela fuerte de seda tejida de manera que forma aguas. 2 **IMPR.** Defecto que se produce en los impresos a varias tintas cuando las tramas de los clichés no se hallan correctamente inclinadas e interfieren unos colores con otros. ◇ Pl.: *muarés.*

muay (guaraní) ***m.*** *Argent.* Especie de mosquita colorada más irritante que la cantárida.

mucamo, -ma ***m. f.*** *Amér.* Sirviente o criado de una casa.

mucamuca ***m.*** *Perú.* Hijo de chino y zamba.

múcara ***f.*** MAR. Conjunto o reunión de bajos que no velan. 2 *Cuba.* Piedra superficial en un terreno.

mucepo ***m.*** *Hond.* Tristeza, decaimiento de ánimo.

muceta (ant. *(al)muza,* de et. dud., quizá cruce de l. *amictus* y l. *capucium*) ***f.*** Esclavina abotonada por delante que usan el Papa, los cardenales, los obispos y otras dignidades, y también los licenciados y doctores universitarios.

muchachada ***f.*** Acción propia de muchachos. 2 Grupo de muchachos.
SIN. **Rapacería, rapazada.**

muchachear ***intr.*** Hacer cosas propias de muchachos.

muchachería ***f.*** Muchachada. 2 Muchedumbre bulliciosa de muchachos.

muchacherío ***m.*** *P. Rico* y *S. Dom.* Muchachería.

muchachez ***f.*** Estado y propiedades de muchacho.

muchachil ***adj.*** Relativo a muchachos.

muchacho, -cha (de *mocho,* rapado) ***m. f.*** Niño o niña que no ha llegado a la adolescencia. 2 Mozo o moza que sirve en una casa. 3 fam. Persona que se halla en la mocedad. -4 ***m.*** *Argent.* Tentemozo (de carro). 5 *Chile.* En carpintería, cárcel en que se comprimen dos piezas de madera encoladas. 6 *Chile.* Barrilete. 7 *Ecuad.* Velonera. 8 *Ecuad.* Utensilio de mesa donde se apoyan los cubiertos. 9 *Perú.* Candelero.
SIN. *2* **Mozuelo.**

muchedumbre (l. v. **multitumine* < *multitudo*) ***f.*** Abundancia, multitud de personas o cosas.

muchedumbroso, -sa ***adj.*** Extraordinariamente abundante, que se presenta en muchedumbre.

mucheta ***f.*** *Argent.* Mocheta.

muchi ***m.*** *Chile.* Nombre para llamar al gato.

muchico ***m.*** *Ecuad.* Muchi, miz.

muchigay ***m.*** *Colomb.* desp. Gente o ganado menudos. 2 *Colomb.* Moneda falsa.

muchitanga ***f.*** *Perú* y *P. Rico.* Populacho. 2 *P. Rico.* Muchachería. 3 *Cuba.* Baile popular del s. XIX.

mucho, -cha (l. *multu*) ***adj.-pron. indef.*** Denota, como indefinido cuantitativo, abundante, numeroso, o que excede a lo ordinario y preciso: *hay mucha gente; tengo muchos libros; mi padre tiene* ~; *son muchos los que vendrán; muchos de los presentes no lo saben.* -2 ***adv. c.*** Con abundancia, en gran cantidad, más de lo regular: *las chicas trabajan* ~. 3 Antepuesto a ciertos adverbios sirve para comparar: ~ *antes;* ~ *más;* precedido de *muy* forma una loc. adv. pleonástica de uso exclusivamente literario: *importa muy* ~ *que se decida pronto.* 4 fam. Sí, ciertamente: *¿Volverá usted?* ~, o ~ *que sí.* 5 Con el verbo *ser* seguido de la partícula *que*, denota extrañeza o posible dificultad: ~ *será que no llueva;* en frase interrogativa o explicativa el verbo *ser* se substituye por el pronombre interrogativo *qué: ¿Qué* ~ *que haya preferido quedarse?* -6 ***adv. t.*** Largo tiempo: *hace* ~ *que no te veo.* -7 ***loc. conj.*** ***Ni con*** ~, expresa la gran diferencia que hay de una cosa a otra. 8 ***Ni*** ~ ***menos***, expr. con que se niega una cosa o se encarece su inconveniencia. 9 ***Por ~ que,*** por más que.

GRAM. Como adjetivo precede al nombre, pero puede ponerse detrás del verbo: *tengo muchos libros* o *libros tengo muchos*. Delante de adjetivos calif. y de la mayor parte de los adverbios tiene la forma *muy: muy bueno, muy grande, muy lejos, muy mal*. FR. *Tener en ~*, estimar.

muciforme (l. *mucus,* moco + *-forme*) ***adj.*** Que tiene apariencia de moco.

mucilaginoso, -sa ***adj.*** Que contiene mucílago o tiene algunas de sus propiedades.

mucílago, mucilago (l.) ***m.*** Substancia viscosa, gralte. hialina, que contienen algunas plantas. 2 Substancia viscosa que se prepara disolviendo en agua materias gomosas.

mucina ***f.*** Albuminoide que se encuentra en las secreciones salivales o mucosas.

mucle ***m.*** *Hond.* Enfermedad del recién nacido, por indigestársele la leche.

I) muco ***m.*** *Bol.* Maíz mascado que se hace fermentar para fabricar la chicha.

II) muco, -ca ***adj.*** *Amér. Central.* [animal] Sin cuernos.

mucolítico, -ca (l. *mucus,* moco + gr. *lisis,* disolución) ***adj.*** Destructor o disolvente del moco.

mucosidad ***f.*** Secreción viscosa de las membranas mucosas.

mucoso, -sa (l. *-osu*) ***adj.*** Semejante al moco. -2 ***adj.-f.*** Que tiene mucosidad o la produce. -3 ***f.*** Membrana que tapiza las cavidades interiores del cuerpo y segrega una especie de moco.

mucre ***adj.*** *Chile.* Acre, áspero.

mucronado, -da ***adj.*** Mucronato.

mucronato, -ta (l. *-tu* < *mucro,* punta) ***adj.*** científ. Terminado en punta. 2 ANAT. Xifoides.

múcura ***f.*** *Amér.* Ánfora de barro para transportar y conservar agua. 2 *Colomb.* Tonto, bobo.

mucurí ***m.*** *Bol.* Aguardiente de alcohol.

mucurita ***f.*** *Colomb.* Botella para aguardiente.

mucus ***m.*** Mucosidad, moco. ◇ Pl.: *mucus.*

mucuto ***m.*** *Colomb.* Hucha.

mucuy (maya) ***m.*** *Méj.* Tórtola.

muda ***f.*** Acción de mudar una cosa. 2 Ropa que se muda de una vez. 3 Tiempo o acto de mudar (la pluma). 4 Acto de mudar (la voz). 5 Cámara en que se ponen las aves de caza para que muden sus plumas.

SIN. *2* **Remuda.**

mudable (l. *mutabile*) ***adj.*** Que con gran facilidad se muda.

SIN. v. **Inestable.**

mudada ***f.*** *Amér.* Muda de ropa. 2 *Argent.* y *Cuba.* Mudanza o cambio de domicilio.

mudadizo, -za ***adj.*** Mudable, inconstante.

mudamente ***adv. m.*** Silenciosamente; sin hablar palabra.

mudamiento ***m.*** desus. Mudanza.

mudanza ***f.*** Acción de mudar o mudarse. 2 Efecto de mudar o mudarse. 3 Cambio de domicilio. 4 Cambio de movimiento que se hace siguiendo el compás en los bailes. 5 Inconstancia de los afectos o de los dictámenes.

SIN. *1 y 2* **Mutación.**

I) mudar (l. *mutare*) ***tr.-prnl.*** Cambiar una persona o cosa [el aspecto, la naturaleza, el estado, etc.]: *~,* o *mudarse, los colores, el oficio, la cara; ~ de intento el azul en amarillo.* 2 Dejar [una cosa] y tomar otra en su lugar: *~ casa, vestido; mudarse de casa, de vestido.* -3 ***tr.*** Remover de un sitio o empleo: *~ la máquina a otro piso; ~ el cargo de uno.* 4 Experimentar un animal la caída [de la pluma] o la renovación [de la epidermis]. 5 Experimentar un muchacho el cambio [de la voz] en la adolescencia. 6 Variar, cambiar una persona la norma de actuación: *~ de dictamen, de idea.* 7 Cambiar los pañales a un niño. -8 ***prnl.*** Irse uno del lugar o concurrencia en que estaba. 9 fig. Proveer, exonerar el vientre.

SIN. v. **Cambiar.**

II) mudar ***m.*** BOT. Arbusto asclepiadáceo de la India, de cuya raíz se extrae un jugo emético y contraveneno *(Calotropis procera).*

muday (arauc.) ***m.*** *Chile.* Chicha de maíz o cebada.

mudéjar (ár. *mudechan,* tributario) ***adj.-com.*** Mahometano que, rendido un lugar, quedaba, sin mudar de religión, por vasallo de los reyes cristianos. -2 ***adj.*** Relativo a dichos mahometanos. -3 ***adj.-s.*** Estilo arquitectónico que floreció en España desde el s. XIII al XVI, caracterizado por la fusión de los elementos románicos y góticos con el arte árabe.

mudenco, -ca ***adj.*** Tartamudo. 2 *Amér. Central.* Tonto, necio.

mudengo, -ga ***adj.*** *Perú.* Necio, tonto.

mudez ***f.*** Imposibilidad física de hablar. 2 fig. Silencio deliberado y persistente.

mudo, -da (l. *mutu*) ***adj.-s.*** Privado físicamente de la facultad de hablar. -2 ***adj.*** Que no habla o en que no se habla: *personaje ~; escena muda.* 3 Que no lleva nada escrito: *mapa ~.* 4 fig. Muy silencioso o callado. 5 GRAM. ***Consonante muda,*** sonido consonántico oclusivo sordo; letra escrita que no se pronuncia. 6 *Ecuad.* y *Guat.* Tonto de capirote.

mueblaje ***m.*** Moblaje.

mueblar ***tr.*** Amueblar.

mueble (l. *mobile;* con *ue,* de *mueve,* etc.) ***adj.*** Movible, por oposición a inmueble: *bienes muebles.* -2 ***m.*** Objeto móvil que sirve para comodidad o adorno en una casa. 3 BLAS. Pieza pequeña representada en el escudo, como son los anillos, lises o besantes. 4 *Guat.* y *P. Rico.* Persona inepta. 5 *Hond.* y *P. Rico.* Maula, mercancía invendible.

SIN. *1* **Mobiliario, -ria.**

mueblería ***f.*** Taller donde se hacen muebles. 2 Tienda donde se venden.

mueblista ***adj.-com.*** Persona que tiene por oficio hacer o vender muebles.

mueca (raíz romámica *moca,* burla; probl. descriptiva) ***f.*** Contorsión del rostro, gralte. burlesca. 2 *Colomb.* Enfermedad del ganado.

muecín ***m.*** Almuédano.

mueco ***m.*** *Colomb.* Pescozón.

muégano ***m.*** *Méj.* Especie de confitura. 2 *Méj.* Especie de tortilla de harina. 3 *Méj.* Chulo, rufián.

muela (l. *mola*) ***f.*** Disco de piedra que gira rápidamente sobre la solera, para moler lo que entre ambas piedras se interpone. 2 Cantidad de agua que basta para mover una rueda de molino. 3 Diente posterior a los caninos: *~* ***cordal*** o ***del juicio,*** la que ocupa el último lugar de cada mandíbula y suele nacer en la edad adulta; ***echar las muelas,*** fig., estar muy enfadado, rabiar. 4 Piedra redonda de asperón, usada para afilar. 5 Cerro escarpado, alto y con cima plana. 6 Cerro artificial. 7 Almorta.

SIN. *1* **Rueda de molino, volandera.** *3* **Molar,** científ.; **quijal, quijar.**

muelar ***m.*** Tierra sembrada de muelas o almortas.

muelero ***m.*** *Guat.* y *Perú.* Dentista empírico, sacamuelas.

muellaje ***m.*** Impuesto que se cobra a toda embarcación que entra en un puerto.

I) muelle (l. *molle,* blando, suave; doble etim. *mole I*) ***adj.*** Suave, blando, delicado. 2 Voluptuoso. -3 ***m.*** Pieza elástica, gralte. de metal, de la que se utiliza la fuerza que hace para recobrar su posición natural cuando ha sido separada de ella; *~* ***helicoidal,*** el formado enrollando un alambre en forma de hélice a lo largo de la superficie de un cilindro; *~* ***real,*** el que mueve las ruedas de los relojes que no son de pesas; pieza de la llave de las armas de fuego, que da fuerza a las demás y hace caer con violencia el pie de gato. 4 ***m. pl.*** Tenazas grandes que usan en las casas de moneda para agarrar los rieles y tejos durante la fundición.

SIN. *1* **Mole.** *3* **Resorte.**

II) muelle (b. gr. *molos,* der. del l. *moles;* a través del cat. *moll*) ***m.*** Obra construida en la orilla del mar o de un río para facilitar el embarque y desembarque. 2 Andén alto en las estaciones de ferrocarril para la carga y descarga de mercancías.

muellemente ***adv. m.*** Delicada y suavemente; con blandura.

muelo ***m.*** Montón, esp. el de forma cónica, en que se recoge el grano después de limpio en la era. 2 *Extr.* Abundancia de peces donde se está pescando.

muenda ***f.*** *Colomb.* Monda, zurra, paliza.

muenga ***f.*** *Chile.* Molestia.

muengo, -ga ***adj.*** *Cuba* y *P. Rico.* [pers. o anim.] Falto de una oreja, o que la tiene caída.

muequear ***intr.*** Hacer muecas.

¡muera! Interjección con que se manifiesta el deseo de acabar con una persona o cosa.

muercillo ***m.*** *P. Rico.* Pasmo que da a los recién nacidos.

muérdago (l. *mordicu* < *mordere,* enlazar, fijar) ***m.*** Planta lorantácea que vive parásita sobre los troncos y ramas de los árboles, y cuyo fruto es una baya pequeña llena de un jugo pegajoso *(Viscum album).*

SIN. **Almuérdago, arfueyo.**

muerdo ***m.*** fam. Acción de morder. 2 fam. Efecto de morder. 3 Bocado (de comida).

muerganearse ***prnl.*** *Venez.* Muerganizarse.

muerganizarse *prnl. Colomb.* Hacerse invendible una cosa. ◇ ** CONJUG. [4] como ***realizar.***
muérgano *m.* desus. Órgano, instrumento musical. 2 *Amér.* Patán. 3 *Colomb.* y *Venez.* Objeto inútil o invendible. 4 *Colomb.* y *Venez.* Persona de mal aspecto.
muergo (**muricu* < l. *murex, -icis*) *m.* ZOOL. Navaja (molusco).
muermo (alterac. de *muerbo,* del l. *morbu,* enfermedad) *m.* Enfermedad de las caballerías, transmisible al hombre, caracterizada por ulceración y flujo de la mucosa nasal e infarto de los ganglios linfáticos próximos. 2 fig. Malestar, decaimiento. 3 Cosa o situación enojosa o pesada. 4 Persona pesada o aburrida. 5 *Chile.* Árbol de gran tamaño, de madera muy apreciada *(Eucryphia cordifolia).*
REL. **Amormado,** que padece muermo.
muermoso, -sa *adj.* Que tiene muermo.
muerte (l. *morte*) *f.* Cesación de la vida: ~ *natural;* ~ *violenta;* ***a*** ~, hasta morir uno de los contendientes; ***duelo a*** ~, sin dar cuartel; ***guerra a*** ~, de muerte; ***de*** ~, fig., implacablemente, con ferocidad; *odiar, perseguir de* ~; ***de mala*** ~, ***loc.*** fig., sin importancia, despreciable: *un callejón de mala* ~. 2 Separación del cuerpo y del alma, uno de los cuatro novísimos. 3 Homicidio. 4 Personificación de la muerte; gralte. es un esqueleto con una guadaña. 5 ~ ***civil,*** mutación de estado por la cual se extinguía la capacidad jurídica de la persona que la sufría. 6 fig. Destrucción, ruina: *la* ~ *de una nación.* 7 DEP. ~ ***súbita,*** fórmula adoptada en algunos deportes como el tenis o el balonvolea para concluir el set o el partido empatado mediante la disputa definitiva de un número preestablecido de puntos. ◇ La frase *¡Muerte al traidor!* no es propia del español, *¡Muera el traidor!*
SIN. *1* **Defunción, fallecimiento, óbito,** tratándose de personas; **tránsito** (v. **morir**), tratándose de santos o personas de vida virtuosa. REL. *1* Del gr. *thánatos* provienen varias voces cultas como *tanatofobia, eutanasia.*
muertejo, -ja *adj. Ecuad.* [pers.] Que aparenta hallarse enfermo para no trabajar.
muertería *f. Chile.* Empresa funeraria. 2 *Ecuad.* Enfermedad fingida.
muerto, -ta (l. *mortuu*) pp. irreg. de *morir.* Úsase con la significación tr. de matar: *he* ~ *una liebre.* 2 ***adj.-s.*** [pers.] Que está sin vida. -3 ***adj.*** Apagado, sin actividad; marchito, deslucido: *cal muerta; color* ~; *genio* ~. 4 Especificativo de cierto número de locuciones que se definen en los substantivos correspondientes: *letra muerta; punto* ~; *lengua muerta,* etc. 5 En ciertas expresiones con la significación que en ellas se especifica: ~ *de risa, de celos.* -6 ***m.*** Artículo de comercio que no se vende. 7 Juego infantil de naipes en el que se van eliminado jugadores progresivamente.
FRS. *Contar a uno entre los muertos*, no hacerle caso, despreciarle enteramente. *Desenterrar los muertos*, murmurar de ellos. *Echarle a uno el* ~, atribuirle a uno la culpa de una cosa. *Estar uno* ~ *por una persona* o *cosa*, amarla o desearla con vehemencia. *Levantar un* ~, cobrar en el juego una puesta que no se ha hecho. *Más* ~ *que vivo*. Con los verbos *estar, quedarse*, expresa el susto o espanto de uno. *Hacerse uno el* ~, permanecer silencioso e inactivo para pasar inadvertido; expr. ~ *de hambre*, que pasa mucha miseria.
muesca (del l. *morsicare,* morder) *f.* Concavidad que hay o se hace en una cosa para encajar otra. 2 Corte que, como señal, se hace al ganado vacuno en la oreja.
SIN. *1* **Mortaja.**
mueso (l. *morsus,* mordisco) *m.* Porción de comida que entra de una vez en la boca. 2 p. ext. Pequeña cantidad de comida. 3 Mordedura que se hace con los dientes. 4 Pedazo arrancado con la boca. 5 Parte del freno que entra en la boca de la caballería. -6 ***adj.-s.*** *La Mancha.* [pers.] Que tiene prominente el mentón.
I) muestra (de *mostrar*) *f.* Rótulo o signo convencional que sobre las puertas o fachadas de las tiendas indica la naturaleza del comercio: *la* ~ *de una taberna.* 2 Pequeña cantidad de una mercancía que se enseña para dar a conocer su calidad. 3 Ejemplar que se ha de imitar o copiar: *una* ~ *de escritura, de bordado.* 4 fig. Señal, demostración, indicio: *daba muestras de alegría;* ***hacer*** ~, manifestar o aparentar. 5 Primera señal de fruto que se advierte en las plantas: *hay mucha* ~ *de uva.* 6 MIL. ant. Revista. 7 Porte, ademán. 8 Esfera del reloj. 9 Parada que hace el perro para levantar la caza. 10 Fracción representativa de un grupo de personas consultadas en una encuesta.
II) muestra (it. *mostra*) *f.* ITALIAN. Feria de muestras, exposición.
muestrario *m.* Colección de muestras (pequeñas cantidades).
muestreo *m.* Acción de escoger muestras representativas de la calidad o condiciones medias de un todo. 2 Técnica empleada para esta selección.
muestrero, -ra *m. f.* En la industria azucarera, persona encargada de tomar muestras de remolacha en los lugares de recepción.
muévedo (l. v. *movitu* < l. *movere,* mover) *m.* Feto abortado o expelido antes de tiempo.
mufa *f.* Caja metálica para separar los conductores en los extremos de los cables.
mufla (fr. *mouffle*) *f.* Hornillo colocado dentro de un horno para someter un cuerpo a la acción del fuego sin que entre en contacto con las llamas. 2 Horno de porcelana.
muflón *m.* Mamífero rumiante de pelaje color castaño y blanco en el vientre, cuyo macho posee unos grandes cuernos arqueados hacia atrás en forma de círculo y con estrías transversales *(Ovis musimon).*
muftí (ár. *mufti,* interpretador) *m.* Jurisconsulto musulmán con autoridad pública, cuyas decisiones son consideradas como leyes. ◇ Pl.: *muftíes.*
I) muga (vasc.) *f.* Mojón (hito).
II) muga *f.* Desove. 2 Fecundación de las huevas.
mugar (l. *mucare,* de *mucus,* moco) ***intr.*** Desovar. 2 Fecundar las huevas. ◇ ** CONJUG. [7] como ***llegar.***
mugido (l. *-itu*) *m.* Voz de las reses vacunas.
mugidor, -ra *adj.* Que muge.
mugiente *adj.* Mugidor.
múgil *m.* Pardete.
mugilicultura (de *mugílido* + *-cultura*) *f.* Cultivo de peces de la familia de los mugílidos.
mugílido *adj.-m.* Pez de la familia de los mugílidos. -2 *m. pl.* Familia de peces marinos teleósteos perciformes, costeros, que a veces se internan en aguas continentales, omnívoros, de cuerpo fusiforme, musculoso, de color gris plomizo con líneas horizontales más obscuras, y el vientre plateado.
mugir (l. *-ire*) ***intr.*** Dar mugidos las reses vacunas. 2 fig. Bramar. ◇ ** CONJUG. [6] como ***dirigir.***
mugre (l. *mucore,* moho, der. de. *mucere,* enmohecerse) *f.* Grasa o suciedad. 2 *And.* Basura. 3 *Amér.* Cosa sin valor.
mugriento, -ta *adj.* Lleno de mugre.
mugrón (por *murgrón,* del l. v. *mergorone,* der. del l. *mergus,* mugrón) *m.* Sarmiento acodado de la vid. 2 Vástago de otras plantas.
SIN. *1* **Provena, rastro.**
mugroso, -sa *adj.* Mugriento.
muguete (fr. *muguet*) *m.* Planta vivaz liliácea con sólo dos hojas oblongas y un escapo que sostiene un racimo terminal de seis a diez flores blancas de olor almizclado *(Convallaria maialis).* 2 Enfermedad de las mucosas debida a un honguillo que se desarrolla en la boca de los recién nacidos.
SIN. *1* **Lirio de los valles.**
muharra *f.* Moharra.
muisca *adj.-s.* Chibcha.
mujada *f.* Mojada (ant. medida).
mujalata (ár.) *f.* En Marruecos, asociación agrícola, pralte. la constituida por un musulmán con un cristiano o judío.
mujer (l. *muliere*) *f.* Persona del sexo femenino. 2 La que ha llegado a la pubertad: ~ ***de gobierno,*** criada que gobierna económicamente una casa; ~ ***mundana, pública, de la vida airada,*** ramera. 3 La casada con relación al marido.
REL. *1* y *2* Las palabras relacionadas se forman: de *mujer (mujeril, mujerío)*; del l. *femina (femenino, feminista, afeminado)*; del gr. *gyne, gynaikos (gineceo, ginecología, misógino)*.
mujercilla *f.* Mujer de poca estimación y porte.
mujerear *intr. Colomb.* y *P. Rico.* Parrandear con mujeres.
mujerengo *adj.-s. Amér.* [pers.] Afeminado.
mujerero *adj. Amér.* Mujeriego.
mujeriego, -ga *adj.* Mujeril. 2 [hombre] Dado a mujeres. -3 ***m.*** Mujerío: ***a la mujeriega,*** o ***a mujeriegas*** (también *a sentadillas),* sentado en la silla de montar, y no a horcajadas.
mujeril *adj.* Relativo a la mujer.
SIN. v. **Femenino.**
mujerilmente *adv. m.* Afeminadamente; a modo de mujer.
mujerío *m.* Conjunto de mujeres: *el* ~ *de esta ciudad.*
mujerona *f.* Aum. de *mujer*. La que es muy alta y corpulenta.
mujerzuela *f.* Dim. o desp. de *mujer*. 2 Mujercilla.
mujic *m.* Campesino ruso.
mújol (l. *mugil*) *m.* Pardete.

mukarna *f.* Mocárabe.
I) mula (l.) *f.* Hembra del mulo: ~ ***de paso,*** la que sirve de cabalgadura; ~ ***mecánica,*** fig., motocultor. 2 fam. [pers.] Bruto. 3 Pez marino teleósteo signatiforme, de colores variados, pero siempre con bandas verticales alternadas claras y oscuras, de cuerpo muy alargado y con el hocico ligeramente comprimido *(Syngnathus acus).* 4 *Argent.* Enredo. 5 *Bol.* Juego infantil. 6 *C. Rica.* Borrachera. 7 *Guat.* y *Hond.* Vergüenza. 8 *Méj.* Persona informal, de mal proceder. 9 *Méj.* Mercancía invendible, muérgano. 10 *Méj.* Cojín que usan los cargadores para no lastimarse. 11 *Perú.* Medida de un cuarto de botella. 12 *Venez.* Recipiente de licor que se lleva en los viajes.
II) mula (l. *mulleu calceu*) *f.* Múleo. 2 Calzado que usan hoy los papas, semejante al múleo.
mulada *f.* Hato de ganado mular. 2 fig. *y* fam. Animalada, brutalidad, tontería.
muladar (*muradal* < *muro*) *m.* Lugar donde se echa el estiércol o basura de las casas. 2 fig. Lo que ensucia o inficiona moral o materialmente. ◇ También *muradal.*
muladí (ár. *mualadí,* el que no es árabe puro) *adj.-com.* Cristiano español que durante la dominación árabe abrazaba el islamismo. ◇ Pl.: *muladíes.*
mular *adj.* Relativo al mulo o la mula: *ganado* ~.
mulata *f.* Crustáceo decápodo braquiuro, de color pardo muy oscuro, común en las costas del Cantábrico *(Pachygrapsus marmoratus).*
mulatear *intr. Chile.* Empezar a negrear la fruta que, cuando madura, es negra.
mulatero *m.* El que alquila mulos. 2 Mulero.
mulatizar *intr.* Tener el color del mulato. ◇ ** CONJUG. [4] como ***realizar.***
mulato, -ta (de *mulo*) *adj.-s.* Descendiente de blanco y negra. 2 *Cuba.* desus. Descendiente de blanco y mulata. 3 *Méj.* desus. Descendiente de mulato y mestiza, tornatrás. 4 *Perú.* desus. Descendiente de negro e india. 5 *Perú.* desus. Descendiente de zambo y blanca. 6 *S. Dom.* desus. Descendiente de mulato y mulata. 7 *Amér.* desus. ~ ***oscuro, prieto,*** descendiente de indio y mulata. 8 De color moreno. 9 V. garbanzo ~. -10 *m.* Pueblo indio del oeste de Tejas. 11 *Amér.* Mineral de plata de color oscuro o verde cobrizo.
SIN. *1* y **Trigueño.**
mulcar *tr. Chile.* Curar [las vasijas de barro] untándolas de grasa y poniéndolas al fuego. 2 *Chile.* Quemar la ropa con la plancha. ◇ ** CONJUG. [1] como ***sacar.***
mulco *m. Guat.* Molcate.
mule *m. Sant.* Morragute. 2 *Sant.* Galupe.
muleco, -ca, mulecón, -cona *adj. Cuba.* Muleque.
muleles *m. pl. Cuba.* Trastos, cachivaches.
múleo (l. *mulleu calceu*) *m.* Calzado que usaban los patricios romanos.
SIN. **Mula, mulilla.**
muléolo (l. *mulleolu*) *m.* Múleo.
muleque *m. Amér.* Negrito esclavo. 2 *Argent., Cuba* y *Urug.* Muchacho de color.
mulero *m.* Mozo de mulas. 2 *Argent.* Fanfarrón. 3 *Pan.* Zurriago.
muleta (de *mula*) *f.* Bastón con un extremo adaptado para colocar el antebrazo o un travesaño que se coloca debajo del sobaco, para apoyarse al andar. 2 fig. Cosa que ayuda a mantener a otra. 3 fig. Porción pequeña de alimento que se suele tomar antes de la comida regular. 4 TAUROM. Palo de que cuelga un paño encarnado, que el torero emplea para engañar al toro en ciertos lances. 5 TAUROM. Dicho paño.
muletada *f.* Hato de ganado mular.
muletear *tr.* Torear [la res] con la muleta.
muletero *m.* Mulatero. 2 Matador que torea con la muleta.
muletilla (dim. de *muleta*) *f.* Muleta (en el toreo). 2 Bastón cuyo puño forma travesaño. 3 Travesaño, como el de la muleta. 4 Voz o frase que, por vicio, repite una persona frecuentemente en la conversación. 5 Apéndice de los botones no cosidos. 6 MIN. Clavo con cabeza en forma de cruz, que se fija en un hastial para atar las cuerdas necesarias en el levantamiento del plano de una mina.
SIN. *4* **Bordón, bordoncillo, estribillo.**
muletillero, -ra *m. f.* Persona que usa muletillas en la conversación.
muleto, -ta (dim. de *mulo*) *m. f.* Mulo de poca edad o cerril.
SIN. **Lechuzo, -za,** muleto que no tiene un año.
muletón (fr. *molleton*) *m.* Tela de algodón o lana afelpada, de mucho abrigo.
muley (ár.) *m.* Título que se daba a los sultanes en Marruecos.
mulilla *f.* Múleo.
mulillas *f. pl.* Tiro de mulas que arrastran fuera de la plaza al toro muerto.
mulisa *f. Perú.* Canción indígena triste y monótona.
mulita *f.* Armadillo de Sudamérica, de 40 cms. de longitud y hábitos nocturnos *(Dasypus novemcinctus).* 2 *Chile.* Insecto ortóptero de cuerpo alargado y patas largas, que corre sobre la superficie de las aguas *(gén. Hydrometra).* -3 *adj. Argent.* fig. Gallina, cobarde.
mulito *m. Méj.* Guajolote, pavo.
mullida *adj.-f.* Montón de juncos, paja, etc., que suele haber en los corrales para cama del ganado. 2 Jergón, colchón.
mullido (de *mullir*) *m.* Cosa blanda con que se rellenan colchones, asientos, etc. 2 Acción de mullir.
mullidor, -ra *adj.-s.* Que mulle. -2 *m.* Muñidor.
mullir (l. *mollire,* ablandar) *tr.* Esponjar [una cosa] para que esté blanda. 2 Esponjar [la tierra] alrededor de las cepas. 3 fig. Disponer [las cosas] industriosamente para conseguir un intento. ◇ **CONJUG. [41].
FR. *Haber quien se las mulla a uno,* fr. con que se da a entender a uno que hay otro que le conoce los intentos y puede rechazarlos; fig. fam. *Mullírselas a uno,* castigarle y mortificarle.
I) mullo *m.* Salmonete.
II) mullo (quechua *mullu*) *m. Ecuad.* Cuentecilla o grano de vidrio.
mulo (l. *mulu*) *m.* Híbrido de asno y yegua, o de caballo y asna: ~ ***castellano,*** el nacido de asno y yegua. 2 fam. Bruto, animal.
SIN. *1* **Macho.**
mulón, -lona *adj. Chile.* [niño] Que tarda mucho en hablar. 2 *Chile.* Estropajoso, que no pronuncia bien. 3 *Perú.* [pers.] Inepto para labores elementales.
mulquía (ár. *mulkiyya*) *f.* En Marruecos, documento que acredita la legítima posesión de un terreno.
mulquite *m. Guat.* Molcate.
mulsión (l. *mulsione*) *f.* Ordeñamiento.
mulso, -sa (l. *mulsu,* endulzado) *adj.* Mezclado con miel o azúcar: *vino* ~.
multa (l.) *f.* Pena pecuniaria.
multar *tr.* Imponer una multa [a uno].
multi- (l. *multus,* mucho) Elemento prefijal que entra en la formación de palabras expresando multiplicidad: *multimillonario, multípara.*
SIN. **Pluri-, poli-.** CONTR. **Mono-, uni-.**
multicaule (l. < *multi-* + *-caule*) *adj.* Que tiene muchos tallos. 2 [planta] Que se ramifica desde el arranque del tallo.
CONTR. **Unicaule.**
multicelular (*multi-* + *celular*) *adj.* Formado de muchas células.
SIN. **Pluricelular.** CONTR. **Unicelular, monocelular.**
multicolor (*multi-* + *color*) *adj.* De muchos colores.
SIN. **Policromo.** CONTR. **Monocolor, monocromo, unicolor.**
multicopiar *tr.* Reproducir en copias por medio de multicopista. ◇ **CONJUG. [12] como ***cambiar.***
multicopista (*multi-* + *copista*) *f.* Aparato para sacar varias copias de un escrito.
SIN. **Copiador, policopia.**
multidimensional (*multi-* + *dimensional*) *adj.* Que tiene varias dimensiones. 2 fig. Que concierne varios aspectos [de un asunto].
CONTR. **Unidimensional.**
multifamiliar (*multi-* + *familiar*) *adj.-s. Amér.* Edificio de varias plantas, con numerosos apartamentos, cada uno de los cuales está destinado para habitación de una familia.
multifario, -ria (l. *multifariu*) *adj.* Que tiene multiplicidad, que es de varias especies o clases.
multiflor *m. Chile.* Planta rosácea con muchas flores en cada rama.
multifloro, -ra (l. *-ru* < *multi-* + *-floro*) *adj.* Que lleva o produce muchas flores: *pedúnculo* ~.
multiforme (l. < *multi-* + *-forme*) *adj.* Que tiene muchas o varias formas.
SIN. **Polimorfo.** CONTR. **Uniforme, monomorfo.**
multigrado, -da (*multi-* + *grado*) *adj.* [aceite lubricante] Que puede utilizarse en cualquier época del año.
multígrafo *adj.-s. Méj.* y *Venez.* Multicopista.

multilaminar (*multi-* + *laminar* I) ***adj.*** [madera] Que se ha fabricado por superposición de capas muy delgadas, encoladas entre sí.
multilateral (*multi-* + *lateral*) ***adj.*** Perteneciente o relativo a varios lados, partes o aspectos.
SIN. **Plurilateral.** CONTR. **Unilateral.**
multilátero, -ra (l. *-ru* < *multi-* + *-látero*) ***adj.*** [polígono] De más de cuatro lados.
multilingüe (*multi-* + l. *lingua,* lengua) ***adj.*** Plurilingüe.
multilobulado, -da (*multi-* + *lobulado*) ***adj.*** De varios lóbulos.
multilocular (*multi-* + *lóculo*) ***adj.*** Que tiene varias celdillas.
multimedia (*multi-* + abrev. de *mass-media*) ***m. pl.*** Conjunto de medios tecnológicos que sirven para la comunicación. 2 Sistema de comunicación que utiliza varios medios combinados.
multimillonario, -ria (*multi-* + *millonario*) ***adj.*** [suma] Que asciende a varios millones de pesetas. -2 ***adj.-s.*** [pers.] Que tiene fortuna por valor de varios millones.
SIN. **Archimillonario, supermillonario.**
multimolecular (*multi-* + *molecular*) ***adj.*** Compuesto de numerosas moléculas.
CONTR. **Monomolecular.**
multinacional (*multi-* + *nacional*) ***adj.*** Relativo a varias naciones. -2 ***adj.-s.*** Sociedad mercantil, industrial, etc., cuyos intereses y actividades se hallan establecidos en varios países.
multinuclear ***adj.*** Polinuclear.
multíparo, -ra (*multi-* + *-paro*) ***adj.*** Que tiene varios hijos de un solo parto. 2 [mujer] Que ha tenido más de un parto.
múltiple ***adj.*** Que no es uno ni simple; vario, de muchas maneras: *eco ~; opiniones múltiples.*
múltiplex ***adj.-s.*** Aparato telegráfico que permite transmitir simultáneamente varios telegramas por la misma línea. -2 ***m.*** Sistema que permite transmitir en directo emisiones de radio o televisión procedentes de diversos lugares. ◇ Pl.: *múltiplex.*
multiplicable (l. *-bile*) ***adj.*** Que se puede multiplicar.
multiplicación (l. *-atione*) ***f.*** Acción de multiplicar o multiplicarse. 2 Efecto de multiplicar o multiplicarse. 3 MAT. Operación de multiplicar. 4 Relación de las velocidades entre dos piñones.
multiplicador, -ra (b. l. *-atore*) ***adj.-s.*** Que multiplica. 2 ECON. Coeficiente de crecimiento de la renta nacional en relación con otras variables, como el gasto, la inversión, las exportaciones, etc. 3 MAT. Factor que en una multiplicación indica las veces que el multiplicando se ha de tomar como sumando.
multiplicando (l. *-du*) ***adj.-s.*** MAT. Factor que en una multiplicación debe tomarse como sumando tantas veces como indica el multiplicador.
multiplicar (l. *-are*) ***tr.-prnl.*** Aumentar en número considerablemente los individuos o unidades de una especie: *~ los beneficios; multiplicarse los pájaros.* -2 ***tr.*** MAT. Dados dos números, hallar abreviadamente la suma de tantos sumandos iguales [a uno de ellos], como unidades o fracciones de unidad tiene el otro. -3 ***intr.-prnl.*** Reproducir por generación: *creced y multiplicaos.* 4 Afanarse, desvelarse. ◇ ** CONJUG. [1] como ***sacar.***
REL. *2* **Duplicar, doblar,** multiplicar por 2; **triplicar,** por 3; **cuadriplicar** o **cuadruplicar,** por 4; **quintuplicar,** por 5; **sextuplicar,** por 6; **septuplicar,** por 7; **octuplicar,** por 8; **decuplar** o **decuplicar,** por 10; **centuplicar,** por 100.
multiplicativo, -va ***adj.*** Que multiplica o aumenta.
multíplice ***adj.*** p. us. Múltiple.
multiplicidad (l. *-itate*) ***f.*** Calidad de múltiple. 2 Abundancia excesiva de algunos hechos, especies o individuos.
múltiplo, -pla (l. *-plu*) ***adj.-s.*** MAT. Número o cantidad que contiene a otro u otra varias veces exactamente. 2 GRAM. ***Adjetivo numeral ~,*** v. adjetivo.
multiprocesador (*multi-* + *procesador*) ***m.*** Ordenador electrónico que emplea dos o más unidades bajo un control integrado.
multiprogramación (*multi-* + *programación*) ***f.*** Modo de explotación de un ordenador que permite ejecutar distintos programas con una misma máquina.
multirracial (*multi-* + *racial*) ***adj.*** Compuesto por personas de diversas razas.
multisecular (*multi-* + *secular*) ***adj.*** Viejo, de muchos siglos.
multitratamiento (*multi-* + *tratamiento*) ***m.*** Ejecución simultánea de varios programas de informática en distintos procesadores de un mismo ordenador.
multitud (l. *-udo*) ***f.*** Número grande de personas o cosas. 2 fig. Vulgo.
SIN. **Muchedumbre.**
multitudinario, -a ***adj.*** Que forma multitud o relativo a ella.
multiuso (*multi-* + *uso*) ***adj.*** Que puede tener varios usos.
multivalente (*multi-* + *valente*) ***adj.*** QUÍM. Que tiene muchas valencias.
SIN. **Polivalente.** CONTR. **Monovalente, univalente.**
mumuga ***f.*** *Hond.* Migajas o desperdicios del tabaco.
muna ***f.*** En Marruecos, suministro de víveres que las ciudades, etc., tienen obligación de dar a los enviados del sultán.
mundanal ***adj.*** Mundano.
mundanalidad ***f.*** Mundanería (calidad).
mundanamente ***adv. m.*** De modo mundano.
mundanear ***intr.*** Atender demasiado a las pompas y placeres del mundo.
mundanería ***f.*** Calidad de mundano. 2 Acción mundana.
mundano, -na (l. *-nu*) ***adj.*** Relativo al mundo. 2 Que mundanea. 3 Que frecuenta las fiestas y reuniones de la buena sociedad.
mundear ***intr.*** *Colomb.* Tunar, correr mundo.
mundial (l. *-ale*) ***adj.*** Relativo al mundo entero. 2 *Cuba.* fig. Superior, imponderable. -3 ***m.*** Campeonato en el que participan representantes de un gran número de países.
SIN. *1* v. **Universal.**
mundialismo ***m.*** Doctrina que propugna la unificación de todos los países del mundo en una sola comunidad política.
mundialista ***adj.-com.*** Partidario del mundialismo. 2 [deportista] Que ha participado en algún campeonato del mundo.
mundicia (l. *-itia*) ***f.*** desus. Limpieza.
mundificación ***f.*** Acción de mundificar. 2 Efecto de mundificar.
mundificar (l. *-are* < *mundu,* limpio + *-ificar*) ***tr.*** Limpiar, purgar, purificar [una cosa]. ◇ ** CONJUG. [1] como ***sacar.***
mundificativo, -va (l. *-vu*) ***adj.*** [medicamento] Que tiene virtud para mundificar.
mundillo (dim. de *mundo*) ***m.*** Enjugador (camilla redonda) rematado en arcos de madera. 2 Almohadilla para hacer encaje. 3 Arbusto caprifoliáceo de jardín, de flores blancas agrupadas formando a manera de globos *(Viburnum opulus).* 4 Grupo de estas flores. 5 irón. *y* desp. Conjunto de personas de calidad determinada: *el ~ periodístico, político, bursátil.*
SIN. *3* **Sauquillo.** *4* **Bola. 2, 3, 4 y 5 Mundo.**
mundinovi (it. *mundi nuovi,* mundos nuevos) ***m.*** Mundonuevo. ◇ Pl.: *mundinovis.*
mundivisión ***f.*** Mundovisión.
mundo (l. *-du*) ***f.*** Conjunto de todas las cosas creadas: *la creación del ~.* 2 Tierra (planeta). 3 Parte de la Tierra: ***el ~ antiguo,*** Europa, Asia y África; ***el Nuevo ~,*** América y Oceanía, esp. América; ***el Tercer ~,*** conjunto de países, en general antiguas colonias de países europeos, en proceso de desarrollo económico y mundial. 4 Planeta, astro, en general: *se sospecha que hay otros mundos habitados.* 5 Totalidad de los hombres que pueblan el mundo, esp. en cuanto constituyen la sociedad humana: *el Redentor del ~; el comercio del ~;* ***medio ~,*** mucha gente; ***todo el ~,*** la generalidad de las personas; ***el otro ~,*** la otra vida. 6 Parte de la sociedad humana caracterizada por alguna cualidad común a sus individuos: *el ~ pagano, cristiano; el ~ de las letras.* 7 Vida secular, en oposición a la monástica: *dejar el ~.* 8 Uno de los enemigos del alma: las delicias y vanidades terrenas. 9 V. Baúl mundo. 10 Mundillo (almohadilla, flores y personas). 11 *Perú.* Juego infantil.
SIN. *1* **Cosmos, creación, universo, orbe.**
mundología (*mundo* + *-logía*) ***f.*** irón. Conocimiento del mundo y de los hombres.
SIN. v. **Tacto.**
mundonón ***m.*** *Colomb.* Aum. de *mundo,* significando abundancia.
mundonuevo (*mundo* + *nuevo*) ***m.*** Cajón que contiene un cosmorama portátil o una colección de figuras de movimiento. 2 *P. Rico.* Dulce hecho de harina de maíz.
SIN. *1* **Mundinovi, titirimundi, tutilimundi, totilimundi.**
mundovisión (de *mundo* + tele*visión*) ***f.*** Transmisión de imágenes de televisión por medio de satélites que giran alrededor de la Tierra.
munición (l. *-itione*) ***f.*** Pertrechos y bastimentos necesarios de un ejército o de una plaza fuerte: *municiones de guerra, de boca.* 2 Carga de las armas de fuego. 3 Perdigones para la caza menor. 4 *Hond.* Uniforme de soldado; consta de pantalón y blusa. -5 ***f. pl.*** *S. Dom.* Cabello rizado de los negros.
municionamiento ***m.*** Acción de municionar.

municionar *tr.* Proveer de municiones una plaza o una fuerza armada.
municionera *f. Amér.* Perdigonera.
municionero, -ra *m. f.* Proveedor.
municipal (l. *-ale*) *adj.* Relativo al municipio: *ley ~*. -2 *m.* Individuo de la guardia municipal. 3 *Chile.* Concejal.
municipalidad *f.* Municipio (ayuntamiento).
municipalización *f.* Acción de municipalizar. 2 Efecto de municipalizar.
municipalizar *tr.* Asignar al municipio [un servicio] que estaba a cargo de una empresa privada. ◇ ** CONJUG. [4] como ***realizar.***
munícipe (l.) *com.* Vecino de un municipio. 2 Concejal.
municipio (l. *-iu*) *m.* En la ant. Roma, ciudad libre cuyos vecinos obtenían los derechos de ciudadanía romana. 2 Conjunto de habitantes de un término jurisdiccional regido por un ayuntamiento. 3 El mismo ayuntamiento.
munido, -da *adj. Argent.* y *Chile.* Defendido, fortificado; armado, prevenido.
munificencia (l. *-tia,* der. del l. *munificus,* de *munus* + *facere*) *f.* Generosidad espléndida. 2 Liberalidad.
munificente *adj.* Munífico.
munificentísimo, -ma *adj.* Superl. de *munífico.*
munífico, -ca (l. *-cu* < *munus,* favor, regalo + *facere,* hacer) *adj.* Que ejerce la munificencia.
muniqués, -esa *adj.-s.* De Munich, c. de Alemania.
munir (l. *-ire*) *tr.-prnl. Argent.* y *Urug.* Proveer de lo necesario.
munitoria (l. *munitu* < *munire,* fortificar, proteger) *f.* Arte de fortificar una plaza contra las máquinas de guerra.
munúsculo (l. *munusculu*) *m.* Don o regalo pequeño e insignificante.
muña (voz quechua) *f. Perú.* Condimento obligado del yacuchupe.
muñeca (voz prerrom., probl. *bonnicca* o *bodinicca*) *f.* Parte del cuerpo humano, en donde se articula la mano con el antebrazo: ***menear uno las muñecas,*** fig., trabajar mucho y con viveza en una obra. 2 Trapo pequeño con que se envuelve algún ingrediente para que no se mezcle con el líquido en que se sumerge. 3 Lío de trapo, de forma redondeada, que sirve para varios usos: *~ de barnizar.* 4 Figurilla de niña que sirve de juguete. 5 Maniquí para trajes de mujer. 6 fig. Mozuela frívola y presumida. 7 fig. Muchacha o niña hermosa y delicada. 8 Hito (poste). 9 *R. de la Plata.* Habilidad o influencia para obtener algo. Suele usarse con el verbo *tener*. 10 *Urug.* Persona de influencia. 11 *Argent.* y *Urug.* Fruto del maíz, cuando empieza a sazonar.
SIN. *4* y *5* **Moña.**
muñeco (de *muñeca*) *m.* Figurilla de niño que sirve de juguete. 2 Figurilla de hombre. 3 fig. *y* fam. Persona que se deja llevar por otra. 4 fig. Mozuelo afeminado e insubstancial. 5 fig. Dibujo mal hecho.
muñeira (gallego *muiñeira,* molinera) *f.* Baile popular de Galicia en compás de seis por ocho, de movimiento moderado. 2 Música y canto de este baile.
muñequear *intr.* En esgrima, jugar las muñecas meneando la mano. 2 *Argent.* y *Chile.* Empezar a echar la muñequilla el maíz y plantas semejantes. 3 *Argent.* y *Parag.* Dirigir o encaminar un asunto con habilidad. 4 *Colomb.* y *Urug.* Darse maña. 5 *Urug.* Asir violentamente de la muñeca a otro.
muñequería *f.* fam. Exceso o demasía en los adornos y trajes.
muñequero, -ra *m. f.* Persona que se dedica a la fabricación o venta de muñecos. -2 *f.* ant. Manilla, gralte. de cuero, en la cual se lleva sujeto un reloj. 3 Cinta de materia elástica o de cuero para sujetar la muñeca. 4 Pulsera de adorno de mujer.
muñequilla *f.* Dim. de *muñeca.* 2 Mazorca tierna del maíz. 3 Muñeca para barnizar.
muñequitos (der. de *muñeco*) *m. pl. Cuba.* Dibujos animados.
muñidor (de *muñir*) *m.* Criado de cofradía encargado de convocar a los cofrades. 2 Persona que gestiona activamente para concertar tratos, fraguar intrigas, etc.
muñiga *f. Amér.* Boñiga.
muñir (l. *monere,* avisar) *tr.* Convocar los muñidores [a los individuos] que han de concurrir a juntas, actos o servicios. 2 Concertar, disponer, manejar [asuntos]. ◇ ** CONJUG. [40].
muño *m. Chile.* Bolsa de harina de trigo o maíz tostado que se lleva en los viajes para comerla con sal y ají. 2 *Chile.* Harinado frío, sazonado con sal y ají, que se da como desayuno a los trabajadores.
muñón (de la misma raíz que *muñeca*) *m.* Parte de un miembro cortado que permanece adherida al cuerpo. 2 Músculo deltoides y región del hombro limitada por él. 3 ARTILL. Pieza cilíndrica que tiene el cañón a cada lado para sostenerse en la cureña y girar en un plano vertical.
SIN. *1* **Tocón.**
muñonera *f.* ARTILL. Rebajo de cada una de las gualderas de la cureña para alojar el muñón correspondiente.
muñoz *m. Cuba.* Persona que sirve de eco adulador a otra.
muquear *intr. Bol.* Mascar maíz para chicha.
muqueva *f.* Planta tintórea de Panamá cuyas hojas son de color rojo.
muradal *m.* Muladar.
murajes (de una voz románica *murago, -aginis,* de origen incierto; a partir del gall.-port. *muragem*) *m. pl.* Hierba primulácea que se usó en medicina contra la hidropesía, la rabia y las mordeduras de animales venenosos *(Anagallis arvensis).*
mural (l. *-ale*) *adj.* Relativo al muro. -2 *adj.-s.* Pintura realizada por cualquier medio sobre un muro o una pared.
muralismo *m.* Arte y técnica de las pinturas murales.
muralista *com.* Artista que cultiva la pintura o decoración murales.
muralla (l. *muralia,* pl. neutro de *-alis,* mural; a través del it. *muraglia*) *f.* Muro defensivo que rodea una plaza fuerte o protege un territorio. 2 *Chile, Ecuad., Guat.* y *P. Rico.* Pared. 3 *Méj.* Casa de vecindad con una sola puerta a la calle.
murallón *m.* Aum. de *muralla.* 2 Muro robusto.
murar (l. *-are*) *tr.* Cercar con muro [una población, fortaleza o recinto]. 2 Cazar el gato [a los ratones].
murceguillo *m.* Murciélago.
murcianismo *m.* Voz o giro propios del castellano hablado en la región de Murcia. 2 Amor o apego a las cosas de Murcia.
murciano, -na *adj.-s.* De Murcia. -2 *f. Murc.* Música y baile que se estiló en la huerta de Murcia, parecido a la malagueña. 3 Milocha en forma de rombo.
murciégalo, murciélago (l. *mure,* ratón + *cœcu,* ciego) *m.* Mamífero del orden de los quirópteros, en general.
murcielaguina *f.* Estiércol de los murciélagos que se acumula en las cuevas en que se albergan estos animales durante el día. Es un abono muy apreciado.
murecillo *m.* Músculo (órgano).
murena *f.* Morena (pez).
murete *m.* Muro pequeño, paredilla muy baja.
I) murga (l. *amurca*) *f.* Alpechín.
II) murga (de *musga,* der. de *música*) *f.* Compañía de músicos callejeros. 2 Latazo, molestia.
murgón (como *mugrón*) *m.* Esquín.
murguista *com.* Músico que forma parte de una murga.
múrgula *f.* Colmenilla.
muriacita (l. *muria,* salmuera) *f.* Anhidrita.
muriático, -ca (v. *muriacita*) *adj.* Clorhídrico.
muriato (v. *muriacita*) *m.* Clorhidrato.
múrice (l.) *m.* Molusco gasterópodo marino, de branquias pectiniformes, perteneciente a la misma familia que la púrpura y que, como ésta, segrega un licor muy usado en tintorería por los antiguos *(Murex brandaris; M. trunculus).* 2 poét. Color púrpura.
SIN. *1* **Peñasco.**
múrido (der. del l. *mus, muris,* ratón) *adj.-m.* ZOOL. Animal de la familia de los múridos. -2 *m. pl.* ZOOL. Familia de roedores con clavículas, el hocico largo puntiagudo y la cola larga y escamosa; como la rata y el ratón.
¡murió! *Cuba* y *P. Rico.* Interjección con que se denota que se da por concluido un asunto.
murmujear *intr.-tr.* Murmurar o hablar quedo.
murmullar (de *murmullo*) *intr.* Murmurar.
murmullo (v. *murmurio*) *m.* Ruido sordo y confuso que hacen varias personas hablando a un tiempo, las aguas corrientes, el viento, etc. 2 Murmurio.
SIN. *1* **Rumor.**
murmuración (l. *-atione*) *f.* Acción de murmurar (criticar).
murmurador, -ra (l. *-atore*) *adj.-s.* Que murmura.
murmurar (l. *-are*) *intr.* Hacer ruido blando y apacible la corriente de las aguas, las hojas de los árboles, etc. -2 *intr.-tr.* Hablar entre dientes manifestando queja o disgusto: *siempre murmura; murmura todo lo que le ordeno.* 3 Conversar en perjuicio de un amante: *~ un amigo.*
SIN. *1* **Susurrar.** *2* **Rezongar.** *3* **Cortar un vestido, un traje, un sayo; criticar; morder** (intensivo).
murmureo (del ant. *murmurear*) *m.* Murmullo continuado.

murmurio (l. *murmur*) ***m.*** Acción de murmurar. 2 Efecto de murmurar.
murmurón, -rona ***adj.*** Murmurador.
muro (l. *muru*) ***m.*** Pared o tapia: ~ ***cortina,*** el que no cumple una función sustentante, sino más bien de cierre y distribución o compartimentación. 2 Muralla. 3 ~ ***de calor,*** límite impuesto a la velocidad de un avión por el calentamiento de su superficie debido a la frotación del aire. 4 ~ ***del sonido,*** barrera del sonido.
murque ***m.*** *Chile.* Harina tostada.
I) murria (de *morro,* de poner hocico se pasa a mostrar mal humor) ***f.*** fam. Tristeza, melancolía.
SIN. **Cancamurria.**
II) murria (l. *muria,* salmuera) ***f.*** Medicamento ant. compuesto de ajos, vinagre y sal, usado como antipútrido.
murriada ***f.*** *Colomb.* Acción de murriar. 2 *Colomb.* Efecto de murriar.
murriar ***tr.*** *Colomb.* Impregnar una superficie con cemento muy diluido en agua.
murrina ***f.*** *Amér.* Enfermedad del ganado.
murrino, -na (l. *murrhinu*) ***adj.*** ***Vaso*** ~, vaso muy estimado antig., cuya materia nos es desconocida.
murrio, -rria (como *murria* I) ***adj.*** Triste, melancólico.
murro ***m.*** *Chile.* Mohín de desagrado.
murrundanga ***f.*** *Amér. Central.* Morondanga. 2 *Amér. Central.* Lío, embrollo.
murruñoso, -sa ***adj.*** *Cuba.* Pequeño, diminuto.
murruz ***adj.*** *Hond.* Musuco.
murta (l. *myrta* o *murta*) ***f.*** Arrayán. 2 Murtón.
murtal ***m.*** Terreno poblado de murtas.
murtela ***f.*** Murtal.
murtilla ***f.*** *Chile.* Arbusto mirtáceo, cuyo fruto, del tamaño de una cereza, es una baya comestible *(Ugni molinae).* 2 Licor fermentado que se hace con este fruto.
SIN. **Uñí.**
murtina ***f.*** *Chile* Murtilla.
murto ***m.*** Arrayán.
murtón (l. *myrtu*) ***m.*** Fruto del arrayán.
murucuntuyo ***m.*** *Bol.* Pangador.
murucuyá (guaraní) ***f.*** *Argent.* y *Venez.* Pasionaria.
murueco ***m.*** Morueco.
murumaca ***f.*** *Cuba.* Gesticulación burlesca.
murusa ***f.*** *Venez.* Morusa (pelo).
murviedrés, -dresa ***adj.-s.*** De Murviedro (Sagunto), c. de Valencia.
I) mus (vasco *mux* o *mus,* del fr. *mouche*) ***m.*** Juego de naipes en el cual se envida.
II) mus, v. tus.
musa (l. *musa* < gr. *mousa*) ***n. pr.*** MIT. Deidad hija de Júpiter y Mnemosine, que presidía las ciencias y las artes liberales, esp. el canto y la poesía. Su número, variable, quedó estabilizado en nueve en la época clásica. -2 ***f.*** fig. Numen, inspiración de un poeta: *la ~ de Calderón.* 3 fig. Poesía: *la ~ española.* -4 ***f. pl.*** Las ciencias y las artes liberales: *cultivar las musas.*
SIN. *1* **Castálidas, pegásides, coro de Apolo, piérides, helicónides,** en pl. o colectivamente. Nombres de las musas: Calíope (poesía épica y elocuencia); Clío (historia); Erato (lírica, esp. amorosa); Euterpe (música); Melpómene (tragedia); Polimnia (lírica sacra); Talía (comedia y poesía bucólica); Terpsícore (danza); Urania (astronomía).
musáceo, -a (de *Musa,* médico de Augusto) ***adj.-f.*** Planta de la familia de las musáceas. -2 ***f. pl.*** Familia de plantas herbáceas tropicales, muy altas, de hojas gigantescas con pecíolos abrazadores que se aplican unos sobre otros formando un falso tallo. El fruto es una baya o una cápsula.
musaraña (l. *-raneu*) ***f.*** Mamífero insectívoro de unos 12 cms. de longitud; el pelaje es gris pardo con el vientre gris amarillento; tiene costumbres nocturnas *(Crocidura russula).* 2 p. ext. Sabandija, insecto o animal pequeño. 3 fig. Figura contrahecha o fingida de una persona. 4 Especie de nubecilla que se suele poner delante de los ojos: ***mirar uno a las musarañas,*** fig., mirar, por distracción, a otra parte que a la que debe. 5 *Chile, Salv.* y *Nicar.* fig. *y* fam. Ademán grotesco, gesticulación ridícula. -6 ***f. pl.*** *Colomb., Cuba* y *S. Dom.* Murumacas.
muscardino ***m.*** Mamífero roedor de coloración parda, de cabeza grande y larga cola, cuya vida es exclusivamente nocturna, mientras que de día permanece en su nido en forma de globo *(Muscardinus avellanarius).*
muscaria (l. *avis muscaria*) ***f.*** Muscícapa.
muscícapa (l. *musca,* mosca + *capere,* coger) ***f.*** Moscareta.
múscido ***adj.-m.*** Insecto de la familia de los múscidos. -2 ***m. pl.*** Familia de insectos dípteros; como la mosca.
musciforme (l. *musca,* mosca + *-forme*) ***adj.*** De figura semejante a la mosca.
muscínea (l. *muscu,* musgo) ***adj.-f.*** Briofita.
muscívoro, -ra (l. *musca,* mosca + *-voro*) ***adj.*** ZOOL. Que se alimenta de moscas.
I) musco ***m.*** Musgo (planta).
II) musco, -ca (l. *muscu* < persa *misque,* almizcle) ***adj.*** De color pardo oscuro.
SIN. **Amusco.**
musculación ***f.*** *Amér.* Musculatura.
muscular ***adj.*** Relativo a los músculos.
musculatura ***f.*** Conjunto de los músculos de todo el cuerpo o parte de él.
SIN. **Carnadura,** en el habla pop.
músculo (l. *-lu;* doble etim. *muslo*) ***m.*** Órgano o masa de tejido compuesto de fibras contráctiles que sirve para producir el movimiento en el hombre y en los animales: ~ *abductor;* ~ *aductor.* 2 Rorcual.
SIN. *1* **Murecillo,** ANAT. REL. *1* **Mio-,** elemento prefijal griego que entra en la formación de voces científicas compuestas y derivadas: **miología,** parte de la anatomía que estudia los músculos; **miografía,** descripción de los músculos.
musculoso, -sa (l. *-osu*) ***adj.*** Que tiene muchos músculos. 2 De músculos abultados.
muselina (del it. *mussolina;* a través del fr. *mousseline,* der. del ár. *mausili,* hecho en Mosul) ***f.*** Tela muy fina y poco tupida.
museo (gr. *mouseion*) ***m.*** Lugar destinado para el estudio de las ciencias, letras humanas y artes liberales. 2 Lugar en que se guardan y exponen objetos notables relativos a las ciencias y a las artes. 3 Institución, sin fines de lucro, abierta al público, cuya finalidad consiste en la adquisición, conservación, estudio y exposición de los objetos que mejor ilustran las actividades del hombre, o culturalmente importantes para el desarrollo de los conocimientos humanos. 4 p. ext. Lugar donde se exhiben objetos o curiosidades que pueden atraer el interés del público, con fines turísticos. 5 En la antigüedad, templo de las musas. 6 Pequeña colina de Atenas consagrada a las musas. 7 Parte del palacio de Alejandría donde Ptolomeo (308-246 a. C.) reunió a los sabios y filósofos más célebres, y donde estaba situada la famosa biblioteca que más tarde fue incendiada.
museografía (*museo* + *-grafía*) ***f.*** Conjunto de técnicas y prácticas relativas al funcionamiento de un museo.
museográfico, -ca ***adj.*** Perteneciente o relativo a la museografía.
museógrafo, -fa ***m. f.*** Persona versada en museografía.
museología (*museo* + *-logía*) ***f.*** Ciencia que trata del museo, su historia, su influjo en la sociedad, las técnicas de conservación y catalogación, etc.
museológico, -ca ***adj.*** Perteneciente o relativo a la museología.
museólogo, -ga ***m. f.*** Persona versada en museología.
muserola (it. *museruola,* der. de *muso,* hocico) ***f.*** Correa de la brida que pasa por encima de la nariz del caballo.
SIN. **Sobarba.**
musgaño (probl. de *mus araneus*) ***m.*** Mamífero insectívoro parecido a la musaraña, de unos 12 cms. de longitud y pelaje oscuro en la parte superior y blanco en el vientre *(Neomys milleri).*
I) musgo (l. *muscu*) ***m.*** Planta de la clase de los musgos. -2 ***m. pl.*** Clase de plantas briofitas, muy pequeñas, de aparato vegetativo diferenciado en falso tallo y falsas hojas que crecen formando capa sobre la tierra, las rocas, los troncos de los árboles y hasta en el agua. 3 ~ ***marino,*** coralina (alga).
SIN. *1* **Musco.**
II) musgo, -ga ***adj.*** Musco (pardo oscuro).
musgoso, -sa ***adj.*** Relativo al musgo. 2 Cubierto de musgo.
música (gr. *musiké [téchne],* arte de las Musas) ***f.*** Arte de combinar los sonidos. Es una de las seis artes tradicionales. 2 Teoría de este arte. 3 Concierto de instrumentos o voces, o de ambas cosas a la vez. 4 Compañía de músicos que actúan juntos: *la ~ del regimiento;* ~ ***y acompañamiento,*** fig., gente de menor suerte o calidad en un concurso. 5 Obra musical: ~ ***de cámara,*** la compuesta para reducidas combinaciones vocales o instrumentales; ~ ***instrumental,*** la compuesta sólo para instrumentos; ~ ***ligera,*** la alegre y juguetona, de carácter comercial, en la que el compositor se abstiene de emplear las formas serias, complicadas o rebuscadas; ~ ***negra,*** la que tiene su origen en la pobla-

ción negra de los Estados Unidos; ~ ***ratonera,*** la de mala calidad; ~ ***vocal,*** la compuesta para voces, solas o acompañadas de instrumentos. 6 Papeles, cuadernos o libros en que están escritas las composiciones musicales. 7 Por antífrasis, ruido desagradable.

FR. ~ *celestial,* imaginaciones falsas, palabras agradables e incumplidas; *no entender uno la ~,* fig., hacerse el desentendido de lo que no le tiene cuenta oír; *irse con la ~ a otra parte,* fig. fam., irse a molestar a otro lugar.

musicable *adj.* Que puede ponerse en música.

musical *adj.* Relativo a la música. -2 *adj.-m.* Género teatral y cinematográfico que incluye la música, la canción y el baile dentro de la acción en una obra dramática.

musicalidad *f.* Calidad o carácter musical.

musicalizar *tr.* Poner música: ~ *una palabra.* ◇ ** CONJUG. [4] como ***realizar.***

musicalmente *adv. m.* Conforme a las reglas de la música.

musicanga *f. Cuba.* Música ratonera.

musicante *adj.* Que toca un instrumento músico.

musicasete *f.* Casete que se vende grabada con música.

musicastro *m.* Despect. de *músico* (persona).

music hall (voz inglesa) *m.* Establecimiento nocturno con orquesta y espectáculo. ◇ Se pronuncia *miúsic jol.*

músico, -ca (l. *musicus;* gr. *musikós,* poético) *adj.* Relativo a la música: *instrumento ~; composición ~.* -2 *m. f.* Persona que por profesión o estudio se dedica a la música: ~ ***mayor,*** el director y jefe de una música militar.

musicógrafo, -fa (de *música* + *-grafo*) *m. f.* Persona que se dedica a escribir obras acerca de la música.

musicología (de *música* + *-logía*) *f.* Estudio científico de la teoría y de la historia de la música.

musicólogo, -ga *m. f.* Musicógrafo.

musicomanía *f.* Melomanía.

musicómano, -na *adj.* Melómano.

musino *m.* Musmón.

musiquero *m.* Mueble a propósito para guardar música (papeles).

musiquilla *f.* fam. Música fácil, sin valor. 2 Tonillo en la pronunciación.

musitar (l. *mussitare*) *intr.* Susurrar o hablar entre dientes.

SIN. **Mistar;** V. **mascullar.**

musivo (l. *-vu,* de mosaico) *adj.* V. oro ~.

muslamen *m.* pop. Muslos de una persona.

muslera *f.* Venda elástica que protege o sujeta el muslo.

muslim (ár. *muçlim,* salvado) *adj.-com.* [pers.] Mahometano.

muslímico, -ca *adj.* Relativo a los muslimes.

muslo (v. *músculo*) *m.* Parte de la pierna, desde la cadera hasta la rodilla. 2 Parte análoga en los animales.

SIN. *2* **Pospierna,** en las caballerías.

musmón (l. *musmone*) *m.* Híbrido de carnero y cabra.

musofobia (gr. *mys,* ratón + *-fobia*) *f.* Temor morboso a los ratones.

musola *f.* Pez marino seláceo escualiforme, de gran tamaño, cuerpo largo y esbelto, rostro afilado, y de color gris uniforme, a veces con manchas negras *(Mustelus mustelus).*

musquerola *adj.-s.* Pera mosqueruela.

mussoliniano, -na *adj.* Relativo al gobierno de Mussolini (1883-1945). -2 *adj.-s.* Partidario de las ideas de este político.

mustaco (de *mosto*) *m.* Bollo de harina amasada con mosto, manteca y otras cosas.

mustadiella (der. del l. *mustela*) *f. Ast.* Comadreja.

mustango (ing. *mustang*) *m.* Caballo que vive en estado semisalvaje en las pampas de América del Sur o en otros países americanos.

¡muste! Interjección ¡oxte!

mustela (l.) *f.* Comadreja. 2 Pez seláceo marino, comestible, de metro y medio de largo *(Mustelus vulgaris).*

mustélido *adj.-m.* Mamífero de la familia de los mustélidos. -2 *m. pl.* Familia de mamíferos carnívoros, semiplantígrados, con el cuello largo, el cuerpo muy flexible, patas cortas y uñas semirretráctiles; como la comadreja y la nutria.

musteriense (de *Moustier,* pueblo de Francia) *adj.-m.* Período del paleolítico medio, asociado al hombre de Neanderthal, y caracterizado por el uso del sílex y del hueso.

mustiamente *adv. m.* Tristemente, con melancolía y desmayo.

mustiarse *prnl.* Marchitarse. ◇ ** CONJUG. [12] como ***cambiar.***

mustio, -tia (probl. del l. v. *mustidu,* viscoso, húmedo) *adj.* Melancólico, triste. 2 Lánguido, marchito: *flor mustia.* 3 *Méj.* Hipócrita, falso.

musuco, -ca *adj. Hond.* De pelo rizado o crespo.

SIN. **Murruz.**

musulmán, -mana (persa *musulman,* a través del fr., der. del ár. *muslim*) *adj.-s.* Mahometano.

I) muta (fr. *meute*) *f.* Jauría.

II) muta *f. Guat.* Piñuela (planta).

mutabilidad (l. *-itate*) *f.* Calidad de mudable.

mutable *adj.* Mudable, cambiable.

mutación (l. *-atione*) *f.* Mudanza (acción y efecto). 2 Cambio de la decoración escénica. 3 Destemple de la estación en determinado tiempo del año. 4 BIOL. Cambio brusco en el fenotipo de un ser vivo y que se transmite por herencia.

mutacionismo *m.* BIOL. Teoría de la evolución que da a las mutaciones un papel esencial en la aparición de especies nuevas.

mutante *adj.* Que muta. -2 *m.* BIOL. Nuevo gen, cromosoma o genoma que ha surgido por mutación de otro preexistente. 3 BIOL. Célula, organismo o individuo en el que se ha producido un cambio hereditario de material genético. 4 BIOL. Descendiente de dicha célula, organismo o individuo.

mutar (del l. *mutare*) *tr.-prnl.* Mudar, transformar. 2 Mudar, remover o apartar de un puesto o empleo.

mute *m. Colomb.* Mote de maíz. 2 *Venez.* Carnero cocido con maíz.

muteco, -ca *adj. Hond.* [acto] Que, con apariencia de válido, tiene algún vicio que lo anula.

mutilación (l. *-atione*) *f.* Acción de mutilar o mutilarse. 2 Efecto de mutilar o mutilarse.

mutilado, -da *adj.-s.* [pers.] Que ha sufrido una mutilación.

mutilador, -ra *adj.* Que mutila.

mutilar (l. *-are*) *tr.-prnl.* Cortar [un miembro o parte del cuerpo]. 2 Quitar una parte o porción de otra cosa cualquiera. 3 Romper, destruir.

mútilo, -la *adj.* Que está mutilado.

mutis (prov. *mutus,* der. del l. *mutus*) *m.* Voz que se usa en el teatro para que un actor se retire de la escena. 2 Acto de retirarse. 3 ***Hacer ~,*** callar. ◇ Pl.: *mutis.*

mutismo (der. del l. *mutu,* mudo) *m.* Mudez. 2 Silencio voluntario o impuesto.

mutorrotación (l. *mutus,* cambio + *rotación*) *f.* Variación con el tiempo de la actividad óptica de una solución recién preparada de una substancia activa; p. ej., azúcar.

mutre *adj. Chile.* [pers.] Que pronuncia mal, esp. el tartamudo. 2 *Chile.* fig. Tonto, bobalicón. 3 *Chile.* Mucre.

mutro, -tra *adj. Chile.* [anim.] Que no le salen o no le crecen los cuernos. 2 *Chile.* Tartamudo.

mutual *adj.* Mutuo. -2 *f.* Mutualidad.

mutualidad *f.* Calidad de mutual. 2 Régimen de prestaciones mutuas en que se basan determinadas asociaciones. 3 Denominación de algunas de estas asociaciones: ~ *obrera.*

mutualismo *m.* Conjunto de asociaciones basadas en la mutualidad. 2 Doctrina que considera a la humanidad como una asociación en la que los servicios prestados y recibidos deben equilibrarse. 3 Simbiosis beneficiosa a los dos seres asociados.

mutualista *adj.* Relativo a la mutualidad. -2 *com.* Miembro de una mutualidad o sociedad de socorros mutuos.

mutuamente *adv.* Recíprocamente.

mutuante (l.) *com.* Persona que da el préstamo.

mutuario, -ria, mutuatario, -ria (l. *mutuatu,* que ha tomado a préstamo) *m. f.* Persona que recibe el préstamo.

mútulo *m.* ARQ. Adorno del entablamento dórico, colocado bajo el goterón.

mutún *m. Bol.* Especie de guaco semejante al pavo.

mutuo, -tua (l. *mutuu*) *adj.-s.* Lo que recíprocamente se hace entre dos o más personas, animales o cosas. -2 *m.* Contrato real en el que uno da una cosa fungible, obligándose el que la recibe a restituir otra tanta cantidad de igual género en día señalado.

SIN. **Recíproco.**

muy (l. *multu*) *adv.* Con que se denota grado sumo o superlativo de significación: ~ *alto;* ~ *pronto;* ~ *de prisa.* ◇ Se puede emplear expresivamente con superlativos: ~ *lejísimos;* ~ *limpísimo.* Debe evitarse el giro *como ~.*

GRAM. Históricamente es doble etim. de *mucho;* se usa hoy en lugar de éste cuando precede a adjetivos calificativos y a la mayor parte de los adverbios; v. *mucho*.

muy muy *m. Perú.* Crustáceo de 3 a 5 cms. de largo, con caparazón a modo de uña, de color gris, que vive bajo la arena de la rompiente marítima *(Remipes oval).*

muyos *m. pl. Argent.* Tripas para guisar.

muz (it. *muso,* hocico) *m.* MAR. Punta del tajamar.

Muza *n. pr.* V. Moro Muza.

muzárabe *adj.-s.* Mozárabe.

muzo, -za *adj.-s.* Lima de grano muy fino.

Mv, símbolo químico del *mendelevio*.

my *f.* Duodécima letra del **alfabeto griego, equivalente a la *m*.

N, n *f.* Ene, decimocuarta letra del **alfabeto español que representa gráficamente a la consonante oclusiva, nasal, alveolar y sonora. 2 Suple en lo escrito a un nombre que no se quiere dar a conocer: *en el pueblo N. en Siberia.* 3 Símbolo químico del nitrógeno y símbolo del newton (unidad de fuerza). 4 MAT. Expresión de una potencia indeterminada.
Na, símbolo químico del *sodio.*
naba (l. *napa*) *f.* Nabo, planta crucífera. 2 Raíz de esta planta. ◇ HOMÓF.: *nava.*
SIN. *1* **Nabo gallego.** *2* **Rapo.**
nabab (hindustani *navab,* gobernador, der. del ár. *nuawab;* pl. de *naib,* teniente, príncipe) *m.* Príncipe musulmán de la India. 2 fig. Hombre sumamente rico.
nabal *adj.-m.* Nabar. ◇ HOMÓF.: *naval.*
nabar *adj.* Relativo a los nabos o hecho con ellos. -2 *m.* Terreno sembrado de nabos.
nabateo, -a (l. *nabatheu*) *adj.-s.* De un antiguo pueblo nómada del noroeste de Arabia, entre el mar Rojo y el Éufrates. -2 *adj.*-la Lengua perteneciente al grupo arameo occidental, hablada antiguamente en esta región.
nabello *m.* Acónito.
nabería *f.* Conjunto de nabos. 2 Potaje hecho con ellos.
nabí (ár.) *m.* Entre los moriscos, profeta. ◇ Pl.: *nabíes*
SIN. **Anabí.**
nabicol (de *nabo* + *col*) *m.* Nabo, planta crucífera. 2 Colinabo, especie de nabo.
nabiforme (de *nabo* + *-forme*) *adj.* [raíz] Fusiforme.
nabina (de *nabo*) *f.* Semilla del nabo, redonda, pardusca y muy oleaginosa. 2 Nabo, planta crucífera.
nabiza (de *nabo*) *f.* Hoja tierna del nabo: *caldo de nabizas.* 2 Raicillas tiernas de la naba.
nabla (l. *nablu*) *f.* Antiguo instrumento de cuerda parecido a la lira, pero de marco rectangular.
nabo *m.* Planta anual crucífera de raíz carnosa, comestible, ahusada, blanca o amarillenta; se cultiva mucho en las huertas *(Brassica rapa).* También ~ *gallego.* 2 Raíz de esta planta. 3 Colinabo, especie de nabo. 4 ~ ***del diablo,*** planta umbelífera muy venenosa, de tallos huecos y flores blancas *(Oenanthe crocata).* 5 Raíz gruesa y principal de cualquier planta. 6 Tronco de la cola de las caballerías. 7 Juego de muchachos. 8 vulg. Pene. 9 ARQ. Cilindro vertical colocado en el centro de una armazón. 10 ARQ. Alma de la escalera de caracol. 11 MAR. Palo o madero redondo que sostiene una verga.
SIN. *1* **Naba, nabicol, nabina.**
naborí *com.* Indio libre que en América se empleaba como criado. ◇ Pl.: *naboríes.*
naboría *f.* Repartimiento de indios que se hacía en América para el servicio de los conquistadores.
Nabucodonosor *n. pr.* BIBL. Rey de Babilonia (605-562 a. C.) que tomó la ciudad de Jerusalén.
nacaomense *adj.-s.* De Nacaome, cap. del dep. de Valle (Honduras).
nácar (ár. *naccara*) *m.* Substancia dura, blanca, irisada y compuesta de carbonato cálcico, materia orgánica y agua, que se forma en el interior de ciertas conchas. 2 Nacra.
nácara *f.* Timbal usado en la ant. caballería. 2 ant. Nácar.
nacarado, -da *adj.* De aspecto de nácar. 2 Adornado con nácar. -3 *f.* Mariposa diurna, de color leonado vivo con rayas plateadas en el reverso de las alas posteriores *(Argynnis paphia).*
SIN. *1* **Anacarado.**
nacáreo, -a *adj.* Nacarino.
nacarige *m. Hond.* Potaje de carne y pinole.
nacarile *adv. P. Rico.* Negación festiva.
nacarino, -na *adj.* Propio del nácar o parecido a él.
nacarón *m.* Nácar de inferior calidad.
nacascolo, nacascolote (méj. *nacazcolotl*) *m. Amér. Central.* Dividivi, planta.
nacatamal (méj. *nacatamalli*) *m. Amér. Central* y *Méj.* Tamal relleno de carne de cerdo.
nacatamalera *f. Amér. Central* y *Méj.* Mujer que hace o vende nacatamales.
nacatete (méj. *nacatl*) *m. Amér. Central* y *Méj.* Pollo que aún no ha echado la pluma.
nacatón, -tona *m. f. Amér. Central.* Pollo sin plumas.
nacazcol *m. C. Rica.* Nacascolo.
nacedero, -ra *adj.* Que nace. -2 *m. Logr.* Manantial, lugar donde nace un río.
nacela (l. *navicella* < *navis,* nave) *f.* Fosa navicular de la uretra. 2 ARQ. Escocia (moldura).
nacencia *f.* vulg. Nacimiento. 2 MED. Bulto o tumor que sale sin causa manifiesta. 3 *Cuba.* Conjunto de animales de menos de un año.
SIN. *2* **Nacido.**
nacer (l. v. *nascere;* l. cl. *nasci*) *intr.* Adquirir, recibir existencia en el mundo: ~ *en Andalucía;* ~ *con fortuna;* ***haber nacido de pie,*** tener mucha suerte; ***haber nacido uno en tal día,*** haberse librado en aquel día de un peligro de muerte; ***haber nacido uno tarde,*** estar falto de inteligencia o de noticias; ***volver a*** ~, librarse de un grave peligro, salir bien parado de un accidente. 2 Salir el animal del claustro materno o del huevo: ~ *de buena madre.* 3 p. anal. Salir el vegetal de su semilla o del suelo; salir el vello, pelo o pluma en el cuerpo del animal; aparecer las hojas, flores, frutos o brotes en la planta. 4 Descender de una familia o linaje. 5 fig. Criarse un hábito o costumbre: *el vicio nace en la ociosidad.* 6 fig. Empezar a ser, tener su origen: *la astronomía nació en Caldea;* ~ *una sospecha.* 7 fig. Empezar a levantarse un as-

tro en el horizonte. 8 fig. Prorrumpir o brotar las fuentes. 9 fig. Empezar una cosa como saliendo de otra o inferirse una cosa de otra: *la ciencia nace de la curiosidad humana.* 10 fig. Con las preposiciones *a* o *para*, tener disposición o estar destinado a un fin: ~ *para poeta;* ~ *a cierto destino.* -11 ***prnl.*** Entallecerse una raíz o semilla al aire libre: *estas patatas se han nacido.* 12 Abrirse la ropa por las costuras que tienen un borde escaso. ◇ ** CONJUG. [42]; pp. reg.: ***nacido***; irreg.: ***nato***, de uso muy reducido.

nacero ***m.*** *Extr.* Manantial.

nacho, -cha ***adj.-s.*** *Ast.* Chato o romo de nariz.

nachole ***m.*** *Méj.* Bebida fermentada de zumo de tuna.

nacianceno, -na ***adj.-s.*** De Nacianzo, ant. c. de la Capadocia.

nacido, -da ***adj.*** Connatural y propio de una cosa. 2 Propio, apto para una cosa. -3 ***adj.-s.*** Ser humano, en general: *los nacidos del padre Adán;* ***bien*** o ***mal*** ~, de noble linaje o bajo nacimiento. -4 ***m.*** Nacencia.

naciente ***adj.*** Muy reciente. 2 BLAS. [animal] Cuya cabeza o cuello salen por encima de una pieza del escudo. 3 QUÍM. Recién formado en una creación química, y por consiguiente muy activo. -4 ***m.*** Oriente (punto cardinal).

nacimiento ***m.*** Acción de nacer: ~ *de Nuestro Señor Jesucristo;* ***de*** ~, de un modo congénito: *ciego o sordo de* ~. 2 Linaje, origen: *de ilustre* ~; *de humilde* ~. 3 Principio de una cosa. 4 Lugar o tiempo en que nace o se origina algo: ~ *de un río;* ~ ***de agua***, manantial. 5 Representación, por medio de figuras del nacimiento de Jesús en el portal de Belén, que suele montarse por Navidad. 6 ***Auto del*** ~, representación escénica medieval, de temas religiosos del ciclo de Navidad.

SIN. *5* **Belén.**

nación (l. *natione*) ***f.*** Sociedad natural de hombres a los que la unidad de territorio, de origen e historia, de cultura, de costumbres o de idioma, inclina a la comunidad de vida y crea la conciencia de un destino común. 2 Conjunto de habitantes de un país regido por el mismo gobierno. 3 Territorio de ese mismo país. -4 ***m.*** *Bol.* Extranjero, dicho de personas.

SIN. *2* **Pueblo.**

nacional ***adj.*** Relativo a una nación: *lengua* ~. 2 Natural de una nación en oposición a extranjero. -3 ***m.*** Individuo de la milicia nacional.

nacionalidad ***f.*** Carácter nacional: *la* ~ *de esta obra es evidente.* 2 Solidaridad racial, política e institucional que constituye una nación. 3 Estado propio de la persona nacida o naturalizada en una nación: *este niño es de* ~ *española.*

nacionalismo ***m.*** Amor o apego a las cosas de la propia nación y a cuanto le pertenece. 2 Doctrina que exalta en todos los órdenes la personalidad nacional completa.

nacionalista ***com.*** Partidario del nacionalismo.

nacionalización ***f.*** Acción de nacionalizar. 2 Efecto de nacionalizar.

nacionalizar ***tr.-prnl.*** Naturalizar (a un extranjero y un vocablo). 2 Hacer pasar al estado [una propiedad, explotación o servicio que estaba en poder de particulares]. 3 Hacer que pasen a manos de los naturales de un país [bienes o títulos de deuda del Estado o de empresas particulares que se hallaban en poder de extranjeros]. ◇ ** CONJUG. [4] como ***realizar.***

nacionalmente ***adv. m.*** Según la índole o costumbre de una nación.

nacionalsindicalismo ***m.*** Ideología política y social inspirada en el fascismo, propugnada por la Falange Española Tradicionalista y de las J.O.N.S.

REL. **Nacionalsindicalista.**

nacionalsindicalista ***adj.*** Perteneciente o relativo al nacionalsindicalismo. -2 ***adj.-com.*** Partidario del nacionalsindicalismo.

nacionalsocialismo ***m.*** Movimiento político y social del tercer Reich alemán (1933-1945) de carácter pangermanista, fascista y antisemita.

SIN. **Nazismo,** forma abreviada. REL. **Nacionalsocialista,** abrev. **nazi.**

nacionalsocialista ***adj.*** Perteneciente o relativo al nacionalsocialismo. -2 ***adj.-com.*** Partidario del nacionalsocialismo.

SIN. **Nazi,** forma abreviada.

naco (gall. port. *naco, anaco,* pedazo) ***m.*** *Amér. Merid.* Pedazo de tabaco negro, en trenza, para mascar. 2 *Amér. Central.* fig. Cobarde, marica. 3 *Argent.* fig. Miedo, susto. 4 *Colomb.* Maíz desgranado y cocido con sal.

nacra ***f.*** Molusco lamelibranquio, con la concha, de gran tamaño, en forma de abanico y de color pardusco *(Pinna fragilis).*

SIN. **Nácar.**

nacrita (fr. *nacrite*) ***f.*** Variedad de talco, de brillo nacarado.

nacuma ***f.*** *Colomb.* Bombonaje.

I) nada (v. *nada II*) ***f.*** El no ser o la carencia absoluta de todo ser: *crear de la* ~; *reducir a la* ~.

II) nada (l. *res nata,* cosa nacida) ***pron. indef.*** Ninguna cosa: *¿qué quieres?* ~; ~ *quiero.* 2 Poco o muy poco: ~ *ha que vino; en* ~ *estuvo que no riñésemos; por* ~ *lloras.* -3 ***adv. neg.*** En ningún modo: *jamás escribe* ~; *por* ~ *del mundo haría eso; no lo hará* ~ (muy us. Amér.). -4 ***loc. adj. De*** ~, de escaso valor, sin importancia: *un concierto, un premio de* ~, expresión usada para responder a quien da las gracias. -5 ***loc. adv. Como si*** ~, sin dar la menor importancia: *lo hizo como si nada.* ◇ GRAM. *1* Es invariable; se usa solo o antes del verbo. Detrás del verbo y precediendo a éste una negación conserva el sentido etimológico: *no quiero* ~; *nunca pedía* ~. *3* Es siempre correlativo de otra negación a la cual refuerza con el sentido etimológico.

LOC. ~ *más,* no más (en Amér. es usual *más nada);* ~ *menos,* no menos; ~ *menos que eso,* o ~ *menos,* ponderativo: *vino* ~ *menos que veinte veces.*

¡nada! ¡nada! ¡nada! Interjección con que se denota resolución: *¡Nada, a ellos! ¡Nada, nada! mi opinión es la misma.*

nadadera ***f.*** Calabaza o vejiga para aprender a nadar.

nadadero (l. *natatoriu*) ***m.*** Lugar a propósito para nadar.

nadador, -ra (l. *natatore*) ***adj.-s.*** Que nada. -2 ***m. f.*** Persona diestra en nadar.

nadar (l. *natare*) ***intr.*** Mantenerse y avanzar dentro del agua moviendo pralte. las extremidades: ~ *en seco,* fr. fig., ser uno muy astuto. 2 Flotar: *la madera nada sobre el agua.* 3 Sobrenadar. 4 fig. Abundar en una cosa: ~ *en riqueza;* ~ *en suspiros;* ~ *en sangre,* fr. fig., ser muy sanguinario. 5 fig. *y* fam. Estar una cosa muy holgada dentro de otra.

SIN. *1, 2* y *3* **Flotar, sobrenadar,** aunque a menudo se intercambian, en su uso propio **nadar** supone actividad por parte del sujeto; por esto se aplica pralte. a los seres animados. **Flotar** y **sobrenadar** significan pasividad en el sujeto y se refieren a cosas inanimadas. **Sobrenadar** sugiere además cierta dificultad, o flotación parcial de alguna cosa: *los restos de un naufragio sobrenadaban; sobrenadan los vestidos del ahogado; el líquido menos pesado sobrenada en la mezcla.* REL. **Natación,** acción de nadar.

nadería (de *nada*) ***f.*** Cosa baladí.

nadie (l. *nati,* los nacidos) ***pron. indef.*** Ninguna persona: *¿quién hay?* ~; ~ *me ha visto.* -2 ***m.*** Persona insignificante: *lo dijo un* ~; *dos nadies lo proclamaron.* ◇ INCOR.: ~ ***de vosotros,*** por ninguno de vosotros. ◇ GRAM. *1* Es invariable; se usa solo o antes del verbo. Detrás del verbo y precediendo a éste una negación, conserva el sentido etimológico afirmativo: *no me ha visto* ~.

FR. *Ser un don* ~, desp., no tener personalidad ni significación.

nadir (ár. *nadir,* opuesto) ***m.*** Punto de la esfera celeste diametralmente opuesto al cenit.

nádir (ár.) ***m.*** Funcionario administrativo de los bienes de una fundación pía en Marruecos.

nadita ***f.*** *Ecuad.* Un poco.

nado ***m.*** *Venez.* Acción de nadar. 2 *Venez.* Efecto de nadar. -3 ***loc. adv. A*** ~, nadando.

nadorita ***f.*** Mineral de la clase de los halogenuros, que cristaliza en el sistema rómbico, de color pardo o amarillo grisáceo, translúcido, y de brillo adamantino.

nafa (ár. *nafha,* olor) ***f.*** *Murc.* Azahar: ***agua de*** ~.

nafra ***f.*** *Ar.* Matadura.

nafrar ***tr.*** *Ar.* Llagar o herir, esp. por rozamiento.

nafta (l.-gr. *naphta*) ***f.*** Líquido incoloro, volátil, inflamable, compuesto de hidrocarburos de poco peso molecular; se obtiene de la destilación del petróleo. 2 *Amér.* Gasolina.

naftaleno ***m.*** Hidrocarburo sólido, blanco, cristalino, de olor característico; se obtiene del alquitrán de hulla y se usa en la fabricación de resinas sintéticas, celuloide e insecticidas.

naftalina (de *nafta*) ***f.*** Naftaleno.

naftenos ***m. pl.*** QUÍM. Hidrocarburos cíclicos que se encuentran en gran número en el petróleo.

naftol ***m.*** QUÍM. Fenol derivado del naftaleno.

nagra ***f.*** Magnetófono profesional que registra los sonidos con control de modulación.

nagua ***f.*** p. us. Enagua. -2 ***adj. pl.*** *C. Rica.* Cobarde, pusilánime.

naguado ***m.*** *Can.* Ropa de cristianar.

nagual (méj. *nahualli*) ***m.*** *Méj.* Brujo, hechicero. 2 *Hond.* Animal que una persona tiene de compañero inseparable. -3 ***f.*** *Méj.* Mentira.

nagualear ***intr.*** *Méj.* Hurtar, mentir, andar de parranda, desvelarse enamorando mujeres.

naguapate *m. Hond.* Planta crucífera cuyo cocimiento se usa contra las enfermedades venéreas *(Solidago mexicana).*
naguatlato, -ta (mej. *nahuatl,* mejicano y *tlatoa,* abogar por otros) *adj.* [intérprete indio] Que conoce la lengua nahuatle. ◇ Se pronuncia y escribe gralte. *naguatato.*
náguatle *adj.-m.* Náhuatle.
nagüeta *f. Amér. Central.* Sobrefalda.
nagüilón (de *enaguas*) *adj. Guat.* Afeminado.
nahua *adj.-com.* Individuo perteneciente a un pueblo indígena americano que habitó en América Central hasta la conquista española. -2 *adj.* Perteneciente o relativo a dicho pueblo. -3 *adj.-m.* Náhuatle.
nahuatlatismo *m.* Vocablo giro o modo de expresión propio de la lengua nahua empleado en otro idioma.
nahuatlato, -ta *m. f.* Naguatlato. ◇ Es término de cultistas.
náhuatle *adj.-m.* Lengua precolombina hablada en Méjico.
SIN. **Náguatle, nahua.**
nahuatlista *com.* Persona que se dedica al estudio del náhuatle.
nahuo *m. Méj.* Elote.
naiboa (nombre indígena ant. de la yuca) *f. Cuba.* Jugo espeso de algunos vegetales al exprimirlos. 2 *Venez.* Casabe aderezado con dulce y queso. 3 *Venez.* Jugo venenoso de la yuca.
naif (voz francesa) *adj.* Ingenuo: ***arte*** **~**, el creado por individuos no profesionales, y a imitación de estos por artistas insertos en el mercado del arte.
naife *m.* Diamante de gran calidad.
nailon (ing. *nylon* < primera sílaba de *nitrógeno* + terminación arbitraria *-lon*) *m.* Amida polímera sintética capaz de tomar forma de fibra muy resistente y elástica. Se utiliza para fabricar medias, tejido y, en polvo, para peines, cojinetes, etc.
naipe (orig. incierto) *m.* Cartulina rectangular que lleva pintados en una de las caras una figura o cierto número de objetos correspondientes a cada uno de los cuatro palos de la baraja: ***dar bien*** o ***mal el*** **~**, fig., ser favorable o contraria la suerte; ***tener buen*** o ***mal*** **~**, tener buena o mala suerte en el juego; ***dar el*** **~** ***a uno para una cosa,*** tener habilidad para hacerla. 2. fig. Baraja (conjunto de naipes).
naipero, -ra *m. f.* Persona que trabaja en la fabricación de naipes.
naipesco, -ca *adj.* Relativo a los naipes.
naire (malayala *nayar,* hombre de casta militar; a través del port. *naire*) *m.* Cornaca. 2 Título de dignidad entre los malabares.
I) naja (voz sánscrita) *f.* Género de ofidios venenosos al que pertenecen la cobra y el áspid de Cleopatra.
II) naja (salir de ~) *loc. verbal* vulg. Marcharse precipitadamente, huir.
najadáceo, -a *adj.-s.* Planta acuática del orden helobial, cuyas flores masculinas tienen un solo estambre y las femeninas un carpelo. -2 *f. pl.* Familia de dichas plantas.
najarse (de *naja* II) *prnl.* vulg. Largarse, irse, marcharse, huir.
najerano, -na *adj.-s.* De Nájera, c. de La Rioja.
najerino, -na *adj.-s.* Najerano.
nal (aféresis de *nacional*) *m. Argent.* fam. Peso, moneda.
nalca (voz mapuche) *f. Chile.* Pecíolo comestible del pangue. 2 *Chile.* Planta del pangue.
nalga (l. v. *natica;* l. *nates*) *f.* Parte carnosa que constituye cada una de las dos mitades del trasero del hombre: *le zurraron las nalgas.* 2 Parte superior de los muslos de varios animales.
SIN. *1* **Asentaderas, rabel, tabalario, tafanario, posas, posaderas.** *2* **Ancas; grupa,** en las caballerías.
nalgada *f.* Pernil (del puerco). 2 Golpe dado con las nalgas o en ellas.
nalgar *adj.* Relativo a las nalgas.
nalgarie *f.* fam. Conjunto de ambas nalgas.
nalgatorio *m.* fam. Conjunto de ambas nalgas.
nalgón, -gona *adj. Amér.* Nalgudo.
nalgudo, -da *adj.* Que tiene nalgas gruesas.
nalguear *intr.* Mover exageradamente las nalgas al andar.
nalguiento, -ta *adj. Perú.* Nalgudo.
nambí (guaraní *nambiyeroá,* apocado) *adj. Argent.* [caballo o yegua] Que tiene las orejas caídas.
nambimba *f. Méj.* Pozole muy espumoso, hecho de masa de maíz, miel, cacao y chile.
nambira *f. Hond.* y *Salv.* Vasija hecha de la mitad de una higüera.
nambiro *m. C. Rica.* Nambira.
I) nana (voz imitativa) *f.* Abuela: ***el año de la*** **~**, en tiempo muy antiguo. 2 Canción de cuna. 3 Uno de los cantes flamencos. 4 Nodriza. 5 *Amér. Central* y *Méj.* Niñera. 6 *Hond.* Madre.
II) nana (quechua) *f. Argent.* y *Chile.* Pupa en los niños.
nanacate (mej. *nanacatl*) *m. Méj.* Hongo, seta.
nanachas *adj. pl. Salv.* [dos cosas] Iguales, unidas, parejas.
¡nanay! fam. Interjección con que se niega rotundamente una cosa.
nanaya *f.* Nanita, nana.
nance *m. Amér. Central.* Arbusto de fruto pequeño y sabroso *(Malpighia punicifolia).* 2 BOT. Fruto de este arbusto.
nancear *intr. Hond.* Coger. -2 *tr. Amér. Central.* Cosechar [el fruto del nance].
náncer *m. Cuba.* Nance.
nancite *m. Amér. Central.* Fruto del nance.
nandi *adj.-m.* Lengua perteneciente al grupo nilótico meridional, hablada en Uganda y Kenia.
nanear *intr.* Anadear.
nango, -ga *adj. Méj.* Forastero. 2 *Méj.* Tonto, necio.
nanismo *m.* FISIOL. Anomalía en el desarrollo de los enanos.
nanita *f.* V. Año de la ~. 2 Nana, canción de cuna. 3 *Guat.* Abuela.
nanjea *f. Filip.* BOT. Árbol de la familia de las moráceas, de madera fina, de color amarillo *(Artocarpus maxina).*
nano- (l. *nanus* < gr. *nánnos,* enano) Elemento prefijal que entra en la formación de palabras con el significado de muy pequeño. 2 Elemento prefijal que entra en la formación de palabras con el significado de milmillonésima parte de una unidad.
nanocefalia (*nano-* + *-cefalia*) *f.* Microcefalia.
nanómetro (*nano-* + *metro*) *m.* Medida de longitud equivalente a la milmillonésima parte del metro.
nanoplancton (*nano-* + *plancton*) *m.* Plancton compuesto de elementos microscópicos.
nanosegundo (*nano-* + *segundo*) *m.* Medida de tiempo, equivalente a la milmillonésima parte de un segundo.
nanoya *f. Guat.* fam. Abuela.
nanquín (n. de una c. de China) *m.* Antigua tela fina de algodón, de color amarillento.
nansa *f.* Nasa. 2 Estanque pequeño para tener peces.
nansú (ingl. *nainsook,* de origen índico) *m.* Especie de batista de lino, o más comúnmente de algodón, blanqueada o teñida en colores claros.
nao (cat. *nau*) *f.* lit. Nave. 2 Zona del templo griego, entre el pronaos y el opistodomo, en que se colocaba la figura del dios a que estaba dedicado.
naonato, -ta (*nao* + *nato*) *adj.-s.* [pers.] Nacido en una embarcación que navega.
napa (fr. *nappe*) *f.* Conjunto de las fibras textiles que se agrupan, al salir de una máquina cardadora, para formar un conjunto continuo de espesor constante y de igual anchura que la máquina. 2 **~** ***de agua,*** capa de agua en la superficie de la tierra o subterránea. 3 **~** ***de gas,*** capa de gas pesado que se extiende por el suelo.
napalm *m.* Materia inflamable a base de gasolina gelatinizada destinada a cargar bombas incendiarias.
napar *tr.* Recubrir totalmente [un preparado con algo].
napea (l. *napœa*) *f.* MIT. Ninfa de los bosques.
napelo *m.* Acónito.
napeo, -a *adj.* Relativo a la napea.
napias (germ. **nabia*) *f. pl.* fam. Narices (órgano olfativo).
napiforme *adj.* Que tiene forma de nabo.
napo *m.* vulg. Billete de mil pesetas.
napoleón (de *Napoleón I,* 1769-1821, emperador de los franceses) *m.* Moneda francesa de plata que tuvo curso en España (5 francos; 19 reales).
napoleónico, -ca *adj.* Relativo a Napoleón, o a su imperio, política, etc.
napolitana *f.* Conjunto determinado de cartas en los juegos del revesino y de los tres sietes.
napolitano, -na *adj.-s.* De Nápoles, antiguo reino y actual ciudad de Italia.
naque *m.* Antigua compañía de cómicos que constaba de sólo dos hombres.
SIN. **Aque.**
narango *m. Amér. Central.* Moringa.
naranja (ár. *naranya,* de origen persa) *f.* Fruto del naranjo: **~** ***agria,*** la de gusto entre agrio y amargo; **~** ***china,*** la de piel más fina y delgada que las demás; **~** ***cajel*** o ***zajarí,*** variedad producida por el injerto del naranjo dulce sobre el borde; **~** ***mandarina*** o ***tangerina,*** la pequeña, aplastada, de cáscara muy fácil de

separar y pulpa muy dulce. 2 Bala de cañón, usada antig., del tamaño de una naranja. 3 fam. ***Media*** ~, cónyuge, novio. 4 ARQ. *Media* ~, cúpula; ***bóveda de media*** ~, bóveda esférica. -5 ***adj.-m.*** Color de la naranja: *el ~ del espectro.* -6 ***adj.*** De color naranja.

naranjada ***f.*** Zumo de naranja con agua y azúcar. 2 fig. Dicho o hecho grosero.

naranjado, -da *adj.* Anaranjado.

naranjal ***m.*** Terreno plantado de naranjos. 2 *Guat.* Naranjo, árbol.

¡naranjas! Interjección con que se denota asombro, extrañeza o desahogo. 2 Nones; también *¡naranjas de la China!*

naranjazo ***m.*** Golpe dado con una naranja.

naranjero, -ra ***adj.*** Relativo a la naranja. 2 [caño o cañería] Que tiene la luz o diámetro interior de 8 a 10 cms. -3 ***m.*** Subfusil reglamentario del ejército y otros cuerpos armados. V. bala, cañón, trabuco naranjero. -4 ***m. f.*** Persona que tiene por oficio cultivar o vender naranjas.

naranjilla ***f.*** Naranja verde de que se suele hacer conserva. 2 *Ecuad.* Fruto del naranjillo.

naranjillada ***f.*** *Ecuad.* Bebida que se prepara con el jugo de la naranjilla.

naranjillo ***m.*** *Ecuad.* Planta solanácea de fruto comestible *(Solanum quitoense).*

naranjito ***m.*** *Colomb.* Naranjillo.

naranjo (v. *naranja*) ***m.*** Árbol rutáceo, de hojas coriáceas persistentes, flores blancas, aromáticas y fruto en hesperidio, comestible, agridulce y con la corteza de un color encarnado amarillento *(Citrus sinensis).* 2 Madera de este árbol. 3 ~ ***amargo,*** árbol parecido al anterior, cuyas flores, también blancas, son más aromáticas, y de ellas se extrae el agua de azahar *(Citrus aurantium).* 4 fig. Hombre rudo e ignorante.

SIN. *3* **Acimboga, alambor, azamboa, azamboero, cimboga, zamboa.**

narbonense ***adj.*** Narbonés.

narbonés, -nesa ***adj.-s.*** De Narbona, c. de Francia.

narceína (der. del gr. *narké,* sopor) ***f.*** Alcaloide narcótico que existe en el opio, en pequeñas cantidades.

narcisismo ***m.*** Enamoramiento de sí mismo.

narcisista ***com.*** Enamorado de sí mismo.

narciso (l. *narcissus,* del n. del pers. mit. gr. *Nárkissos,* transformado en esta planta) ***m.*** Planta amarilidácea de jardín, de hojas radicales y flores blancas o amarillas, olorosas, de perigonio partido en seis lóbulos y corona central acampanada *(Narcissus poeticus).* 2 fig. El que cuida demasiado de su adorno o se precia de galán. 3 *Hond.* Adelfa.

SIN. *1* **Tragapán, trompón.** *2* **Ninfo.** REL. *2* **Narcisismo; narcisista.**

narco- (gr. *narke, entorpecimiento*) Elemento prefijal que entra en la formación de palabras con el significado de droga, estupefaciente, narcótico.

narcoanálisis (*narco-* + *análisis*) ***m.*** Estudio del subconsciente de una persona sometida a la acción de un estupefaciente. ◇ Pl.: *narcoanálisis.*

narcolepsia (*narco-* + gr. *lepsis,* ataque) ***f.*** Deseo irresistible de dormir día y noche.

narcomanía (*narco-* + *-manía*) ***f.*** Hábito irrefrenable para los narcóticos.

narcosis (gr.) ***f.*** Producción del narcotismo; modorra, embotamiento de la sensibilidad. ◇ Pl.: *narcosis.*

narcótico, -ca (gr. *narkotikos,* der. del gr. *narke,* sopor) ***adj.*** [droga o medicamento] Que produce sopor.

SIN. **Estupefaciente.** REL. **Sopor.**

narcotina ***f.*** Alcaloide blanco e insípido que se obtiene del opio.

narcotismo ***m.*** Estado de sopor producido por el uso de los narcóticos. 2 Conjunto de efectos producidos por el narcótico.

narcotización ***f.*** Acción de narcotizar. 2 Efecto de narcotizar.

narcotizador, -ra ***adj.*** Que narcotiza.

narcotizar ***tr.*** Producir narcotismo. ◇ ** CONJUG. [4] como ***realizar.***

narcotraficante (*narco-* + *traficante*) ***com.*** Traficante de drogas.

narcotráfico ***m.*** Tráfico de drogas.

nardino, -na (l. *-nu*) ***adj.*** Que contiene nardo. 2 Que participa de sus cualidades.

nardo (l. *nardu;* gr. *nárdos*) ***m.*** Espicanardo. 2 Confección aromática que se preparaba con el espicanardo. 3 Planta liliácea de jardín, de hojas radicales y flores blancas, muy olorosas, en espiga, con el perigonio en forma de embudo y dividido en seis lacinias *(Polianthes tuberosa).* 4 ~ ***americano,*** aralia.

SIN. *3* **Tuberosa, vara de Jesé.**

narguile (voz persa) ***m.*** Pipa oriental, con un largo tubo flexible y un vaso lleno de agua perfumada, a través de la cual se aspira el humo. ◇ INCOR.: *narguilé.*

nariceado ***m.*** *Venez.* Argolla que se pasa al toro por la nariz.

naricear ***tr.*** *Perú.* Olfatear [algo]. 2 *Perú.* Oletear.

¡narices! Interjección con que se denota desaprobación o negación.

narigada ***f.*** *Amér.* Polvo o pulgarada, porción de rapé.

narigón, -gona ***adj.-s.*** Narigudo. -2 ***m.*** Aum. de *nariz.* 3 Agujero en la ternilla de la nariz. 4 Cuerda o argolla en las narices de una res vacuna. 5 *Cuba.* Agujero hecho en el cabo de un tronco o viga para arrastrarlos.

narigonear ***tr.*** *Cuba.* Taladrar las narices de [una res vacuna].

narigudo, -da (l. v. *naricutu;* formado sobre *naricae*) ***adj.-s.*** Que tiene grandes las narices. -2 ***adj.*** De figura de nariz.

nariguera ***f.*** Pendiente que se ponen algunos indios en la ternilla que divide las dos ventanas de la nariz.

narigueta ***f.*** Dim. de *nariz.* -2 ***adj.*** *Argent.* y *Chile.* irón. Narigudo.

nariguetas ***adj.-s.*** Narigudo.

narigueto, -ta ***adj.-s.*** [pers.] Que tiene algún defecto en la nariz.

nariguilla ***f.*** Narigueta.

narina ***f.*** BIOL. Orificio nasal externo.

nariñense ***adj.-s.*** De Nariño, dep. de Colombia.

nariz (l. v. *naricae;* cruce del l. *naris,* nariz y *narica,* persona de nariz afilada) ***f.*** Órgano olfativo que consiste en dos cavidades (fosas nasales) revestidas de una membrana mucosa (pituitaria) que por la parte posterior comunican con la faringe; especialmente, parte prominente de la cara entre la frente y la boca en la que se abren los orificios con que las fosas nasales comunican con el exterior: ~ ***aguileña,*** la delgada y algo corva; ~ ***perfilada,*** la pequeña y bien formada; ~ ***respingona,*** aquella cuya punta tira hacia arriba; ***narices remachadas,*** las llanas o chatas. 2 Orificio de la nariz. 3 fig. Sentido del olfato: ***darle a uno en la ~ una cosa,*** percibir su olor; sospechar, barruntar algo. 4 Olor, aroma de un vino. 5 Parte saliente o aguda de algunas cosas. 6 Hierro en forma de nariz donde encaja un picaporte o pestillo. 7 Cañón de la retorta, del alambique, etc. 8 Extremidad aguda o en punta que se forma en algunas obras para cortar el aire o el agua. ◇ Usado en la primera acepción en plural alude a los dos orificios de la nariz y tiene, en general, un sentido familiar o vulgar.

REL. *1, 2* y *3* En la terminología científ. se toma como base el gr. *rhis, rhinós* para formar compuestos y derivados: *rinología, rinitis, rinoceronte,* etc. SIN. *2* **Ventana, ventanilla.** FR. *Hablar por las narices,* ganguear; *dejar a uno con tantas narices* o *con un palmo de narices,* chasquearle o defraudar sus esperanzas; *hinchársele a uno las narices,* enfadarse [una pers.], crecer [un río], alterarse [el mar]; *no ver más allá de sus narices,* ser corto de alcances; *asomar uno las narices,* fig. fam., aparecer en un lugar, esp. para husmear o fisgar.

narizón, -zona (de *nariz*) ***adj.*** fam. Narigudo.

narizota ***f.*** Nariz sumamente grande y fea. -2 ***m. pl.*** Persona de gran nariz.

narizudo, -da ***adj.*** *Amér.* Narigudo.

narra (voz tagala) ***m.*** BOT. Árbol de Filipinas, de la familia de las papilionáceas *(Pterocarpus santalinus).* 2 Madera de este árbol.

narrable (l. *-abile*) ***adj.*** Que puede narrarse.

narración (l. *-atione*) ***f.*** Acción de narrar. 2 Relato. 3 RET. Parte del discurso retórico en que se refieren los hechos.

narrador, -ra (l. *-atore*) ***adj.-s.*** Que narra.

narrar (l. *-are*) ***tr.*** Contar, referir, relatar.

narrativa ***f.*** Narración (acción). 2 Habilidad en narrar las cosas.

narrativo, -va (l. *-vu*) ***adj.*** Relativo a la narración.

narratología (l. *narratione,* narración + *-logía*) ***f.*** Estudio de las fórmulas y módulos de funcionamiento de la narrativa.

narratológico, -ca ***adj.*** Propio o relativo a la narración.

narratorio, -ria ***adj.*** Narrativo.

narria (voz prerrom. como el vasco *nar, narra*) ***f.*** Cajón o escalera de carro, a propósito para llevar arrastrando cosas de gran peso. 2 fig. Mujer gruesa y pesada.

SIN. *1* **Mierra, rastra.**

narro, -rra ***adj.*** *Méj.* Sin pelo.

nártex ***m.*** Parte de la basílica cristiana que antiguamente se reservaba a los catecúmenos y a ciertos penitentes. ◇ Pl.: *nártex.*

narval (danés *narhval;* formado sobre *hval,* ballena) ***m.*** Mamífero cetáceo odontoceto, de unos 6 m. de largo, con sólo dos dientes, uno pequeño y otro que se prolonga horizontalmente hasta cerca de 3 m. *(Monodon monoceros).*

narvaso *m. Ast.* y *Sant.* Caña de maíz con su follaje, que sirve para alimentar al ganado vacuno.

nasa (l. *nassa*) *f.* Arte de pesca, formada por un cilindro de juncos, red, etc., con una especie de embudo dirigido hacia adentro en una de sus bases. 2 Cesta de boca estrecha en que los pescadores echan la pesca. 3 Cesto o vasija para guardar pan, harina, etc. 4 Red para capturar patos.

SIN. **Nansa.** *3* **Panera.**

nasal (der. del l. *nasus,* nariz) *adj.* Relativo a la nariz: *fosas nasales; orificio ~.* -2 *adj.-m.* ANAT. Hueso laminar y rectangular que, en número de dos, se articula, por arriba, con el frontal, a los lados con el maxilar, y en el borde interno, con su homólogo, la espina nasal del frontal y la lámina perpendicular del etmoides -3 *adj. f.* Sonido en cuya producción el aire espirado pasa total o parcialmente por la nariz. Son nasales en español las consonantes *m, n* y *ñ.*

nasalidad *f.* Calidad de nasal: *la ~ de las vocales.*

nasalización *f.* Acción de nasalizar.

SIN. **Gangueo, gangosidad,** son defectos de pronunciación. La ~ alude a la calidad fonética de un sonido.

nasalizar *tr.* Hacer nasal o pronunciar como tal [un sonido]: la *o* de *canon.* ◇ ** CONJUG. [4] como ***realizar.***

nasardo (l. *nasu*) *m.* Registro del órgano que imita la voz nasal.

nasero, -ra *adj.* Relativo a la nasa. -2 *m. f.* Persona que pesca con nasa.

násico *m.* Primate cercopitécido, propio de Borneo, que se caracteriza por el desarrollo y blandura de su nariz *(Nasalis larvatus).*

I) naso (l. *nasu*) *m.* fam. Nariz grande.

II) naso *m. Logr.* Cesta de paja en que se lleva el pienso a las bestias. 2 *P. Rico.* Nasa, arte de pesca.

naso- (l. *nasu,* nariz) Elemento prefijal que entra en la formación de palabras con el significado de nariz.

nasofaringe (*naso-* + *faringe*) *f.* Parte del cuerpo que comprende la nariz y garganta.

nasofaríngeo, -a *adj.* MED. Que está situado en la faringe por encima del velo del paladar y detrás de las fosas nasales.

nasofaringitis *f.* MED. Inflamación nasofaríngea. ◇ Pl.: *nasofaringitis.*

nastia *f.* Movimiento transitorio de curvatura o acomodamiento, realizado por ciertas hojas o piezas florales en respuesta a un agente exterior.

nata (l. v. **natta* < l. *matta,* cubierta) *f.* Substancia grasa, algo amarillenta que forma una capa sobre la leche dejada en reposo. 2 Substancia espesa de algunos licores que sobrenada en ellos. 3 fig. La mejor parte de una cosa. 4 *Amér. Merid.* MIN. Escoria de la copelación. -5 *f. pl.* Nata batida con azúcar. 6 Natillas.

SIN. *1* **Crema.**

natación (l. *-atione*) *f.* Acción de nadar. 2 Deporte que consiste en nadar una distancia determinada en el menor tiempo posible: *~* ***sincronizada,*** modalidad deportiva, combinación de natación y ballet, en la que el nadador ha de desarrollar una serie de figuras artísticas en el agua.

REL. *2* **Braza, crol, espalda** y **mariposa,** son las cuatro modalidades de competición.

natal (l. *-ale*) *adj.* Relativo al nacimiento. 2 Nativo (del lugar). -3 *m.* desus. Nacimiento. 4 desus. Día del nacimiento.

natalicio, -cia (l. *-itiu*) *adj.-m.* Relativo al día del nacimiento. -2 *m.* El día del nacimiento y cada uno de sus aniversarios. 3 El día del martirio o de la muerte de los santos, como señal de su nacimiento a la gloria celestial.

natalidad (de *natal*) *f.* Número proporcional de nacimientos en población y tiempos determinados.

natátil *adj.* Capaz de nadar.

natatorio, -ria (b. l. *-oriu*) *adj.* Relativo a la natación. 2 Que sirve para nadar. 3 [lugar] Destinado para nadar o bañarse.

naterón (de *nata*) *m.* Requesón (cuajada).

natillas (dim. de *nata*) *f. pl.* Plato de dulce que se hace cociendo yemas de huevo, azúcar y leche.

SIN. **Crema.**

natío, -a (l. *-ivu*) *adj.* p. us. Natural, nativo: *oro ~.* -2 *m.* p. us. Nacimiento, naturaleza. 3 ***De su ~. loc. adv.*** desus., naturalmente.

natividad (l. *-itate*) *f.* Nacimiento, esp. el de Jesucristo, el de la Virgen María y el de San Juan Bautista, únicos que celebra la Iglesia católica. 2 Navidad.

nativismo *m.* Innatismo. 2 *Amér.* Indigenismo.

nativista *adj.* Relativo al nativismo. -2 *adj.-com.* Partidario de él.

nativo, -va (l. *-vu*) *adj.* Que nace naturalmente. 2 Relativo al lugar donde uno ha nacido: *suelo ~.* 3 Natural, nacido. 4 Innato. 5 [elemento] Que se encuentra puro en la naturaleza.

SIN. *2* **Natal.**

nato, -ta (l. *-tu*) *adj.* Nacido. 2 [título o cargo] Que está anejo a un empleo o a la calidad de un sujeto.

natral *m. Chile.* Terreno poblado de natris.

natri (arauc.) *m. Chile.* Planta solanácea leñosa, medicinal, de fruto rojo *(Solanum crispum).*

natrices *f. pl.* BOT. Familia de plantas gimnospermas que se conocen solamente como fósiles.

natrita *f.* Natrón (carbonato).

natrolita *f.* Mineral del grupo de las zeolitas, que cristaliza en el sistema rómbico, clase piramidal, de color blanco, amarillento, grisáceo, rojizo o incoloro, transparente o translúcido y de brillo vítreo.

natrón (del gr. *nitron;* a través del ár. *natrum*) *m.* Carbonato sódico usado en las fábricas de jabón, vidrio y tintes. 2 Barrilla (cenizas).

natura (l.) *f.* Naturaleza. 2 ***A,*** o ***de,*** *~,* naturalmente. 3 Partes genitales.

naturaca *adv.* fam. Naturalmente.

natural (l. *-ale*) *adj.* Relativo a la naturaleza; producido por ella, no debido a fuerzas sobrenaturales, a la mano del hombre, ni a la educación: *ley ~; fenómeno ~; puerto ~; bondad ~;* ***al*** *~,* sin arte, compostura o variación. 2 Consustancial a la persona, inherente, propio: *simpatía ~; buen gusto ~.* 3 Conforme a la razón: *es ~ pagar lo que se debe.* 4 Sin afectación, sin doblez, ingenuo: *persona ~; lenguaje ~.* 5 V. hijo natural. 6 V. señor natural. 7 Relativo o conforme a la naturaleza propia de un ser, a las condiciones o circunstancias de un caso, etc., no anormal, regular: *inclinación ~; alimento ~.* 8 BLAS. Que tiene los colores propios sin los esmaltes ordinarios del blasón, esp. las flores y animales. 9 MÚS. [tono, nota] No modificado por sostenido ni bemol: *teclado de naturales.* 10 TAUROM. ***Pase*** *~,* o simplte. *~,* pase de muleta dado con la mano izquierda y sin ayuda del estoque. 11 *Filip.* Descendiente de padre y madre indígenas, para diferenciarlo del mestizo. -12 *adj.-com.* Originario de un pueblo, ciudad o nación. -13 *adj.-m.* MAT. V. número *~.* -14 *m.* Índole, genio, temperamento de una persona; instinto de los animales. 15 ESC. y PINT. Forma natural de un objeto que sirve de modelo: ***copiar del*** *~,* copiar el modelo vivo.

SIN. *12* **Nativo.**

naturaleza (de *natural*) *f.* Conjunto de las cosas del universo y de las fuerzas que en él se manifiestan: *los tres reinos de la ~; los fenómenos de la ~; ~* ***humana,*** conjunto de todos los hombres. 2 Conjunto de las obras de la creación por oposición a las del hombre, del arte: ***amar la*** *~,* amar los campos, bosques, montañas, el mar, etc. 3 Sexo, esp. en las hembras. 4 Esencia, atributos propios de un ser; esp., conjunto de cualidades físicas y morales del hombre: *~ divina; ~ humana; la ~ fogosa del caballo; la ~ de un clima, de un fenómeno, de un acto.* 5 En sentido moral, luz que nace con el hombre y le hace capaz de discernir el bien del mal. 6 Origen que uno tiene según la ciudad o país en que ha nacido. 7 Calidad que da derecho a ser tenido por natural de un pueblo, ciudad o nación para ciertos efectos civiles: *carta de ~.* 8 Sentimiento que nace de las uniones de la sangre. 9 ESC. Y PINT. Obra de la creación tomada por modelo: *~* ***muerta,*** bodegón (pintura). 10 TEOL. Estado natural del hombre por oposición al estado de gracia.

naturalidad (l. *-itate*) *f.* Calidad de natural. 2 Ingenuidad, sencillez, falta de afectación. 3 Naturaleza (origen).

naturalismo *m.* Toda doctrina filosófica que tiende a no admitir nada fuera de la naturaleza, y por consiguiente a explicar las cosas únicamente por leyes naturales sin recurrir a la intervención de un principio sobrenatural o trascendente. 2 Escuela literaria del s. XIX, opuesta al romanticismo, que halla su forma estética en el realismo y su expresión perfecta en la filosofía positivista.

naturalista *adj.* Relativo al naturalismo. 2 Que se basa en la naturaleza. -3 *adj.-com.* Que profesa el naturalismo: *filósofo ~; escritor ~.* -4 *com.* Persona que por profesión o estudio se dedica a la historia natural.

naturalización *f.* Acción de naturalizar o naturalizarse. 2 Efecto de naturalizar o naturalizarse.

naturalizar *tr.-prnl.* Conceder [a un extranjero] los derechos de los naturales de un país o adquirirlos él por sí mismo. 2 Introducir o adoptar en un país [vocablos, costumbres, etc., de otros países]. 3 Aclimatar [una especie animal o vegetal]. -4 *prnl.* Vivir en un país persona extranjera como si fuese natural. ◇ **CONJUG. [4] como ***realizar.***
SIN. **Nacionalizar(se).**
naturalmente *adv. m.* De un modo natural. 2 Como consecuencia natural. 3 Sencillamente, fácilmente.
naturismo *m.* Doctrina que preconiza el empleo de los agentes naturales para la conservación de la salud y tratamiento de las enfermedades. 2 Desnudismo. 3 Doctrina religiosa que diviniza lo natural.
naturista *com.* Persona que practica el naturismo. -2 *adj.-s.* Relativo al naturismo.
naucoria *f.* Hongo basidiomiceto, de pequeño tamaño y color pardo *(Naucoria escharoides).*
naucóride *f.* Género de insectos hemípteros.
naufragar (l. *-are*) *intr.* Irse a pique o perderse la embarcación; hallarse uno en la embarcación que naufraga. 2 fig. Salir mal un intento o negocio. ◇ ** CONJUG. [7] como ***llegar.***
SIN. *1* **Zozobrar.**
naufragio (l. *-iu*) *m.* Hecho de naufragar. 2 fig. Ruina completa. 3 MAR. Buque naufragado, cuya situación ofrece peligro para los navegantes.
náufrago, -ga (l. *-gu*) *adj.-s.* [pers.] Que ha padecido naufragio. -2 *m.* Tiburón.
naumanita *f.* Mineral de la clase de los seleniuros que cristaliza en el sistema rómbico, de color negro y brillo metálico. Se explota como mineral de plata.
naumaquia (l. *-chia;* compuesto del gr. *naus,* nave + *machomai,* pelear) *f.* En la antigua Roma, espectáculo que representaba un combate naval. 2 Lugar destinado a este espectáculo.
naura *f. Venez.* Fruto en cierne del maíz.
naurar *intr. Venez.* Comenzar a fructificar el maíz.
náusea (l.) *f.* Basca: *sentir náuseas.* 2 fig. Repugnancia, asco grande.
SIN. *1* **Fatiga** o **fatigas. Angustias,** en *And.*
nauseabundo, -da (l. *-du*) *adj.* Que produce náuseas.
nauseante *adj.* Nauseabundo.
nausear (l. *-are*) *intr.* Tener bascas.
SIN. **Asquear.**
nauseativo, -va *adj.* Nauseoso.
nauseoso, -sa (l. *-osu*) *adj.* Nauseabundo.
Nausica *n. pr.* En la *Odisea,* hija del rey Alcinoo, que acogió favorablemente a Ulises, le dio vestidos y lo condujo al palacio de su padre.
nausiento, -ta *adj. Perú.* Que se siente con náuseas.
nauta (l.) *m.* lit. Marinero, marino, navegante. 2 *Can.* Calamento I.
náutica *f.* Ciencia o arte de navegar.
SIN. **Navegación, marina.**
náutico, -ca (l. *-cu*) *adj.* Relativo a la navegación.
SIN. v. **Naval.**
nautilo (l. *-lu*) *m.* Molusco cefalópodo cubierto por una concha en espiral y dividida en cámaras, la última de las cuales es ocupada por el animal; el pie está dividido en gran número de tentáculos, hasta cincuenta *(Nautilus* sp.*).*
nava (orig. prerromano) *f.* Llanura entre montañas: *las Navas de Tolosa.* ◇ HOMÓF.: *naba.*
navacero, -ra *m. f.* Persona que cultiva un navazo.
navaja (l. *novacula;* hecho en el l. v. *navacula*) *f.* Cuchillo cuya hoja puede doblarse para guardar el filo entre dos cachas: *~ de afeitar; ~ jardinera.* 2 Cortaplumas. 3 fig. Lengua de los maldicientes. 4 Colmillo de algunos animales. 5 Aguijón cortante de algunos insectos. 6 Espuela del gallo de pelea. 7 Molusco lamelibranquio comestible, de conchas casi rectangulares *(Ensis ensis).* 8 *Perú* y *P. Rico.* Pedacito de vidrio que se pone en el rabo de la cometa.
navajada *f.* Navajazo.
navajazo *m.* Golpe dado con la navaja. 2 Herida producida por dicho golpe.
navajería *f.* Oficio de navajero. 2 Lugar donde se hacen o venden navajas.
navajero, -ra *adj.* Perteneciente o relativo a la navajería. -2 *adj.-s.* Que hace o vende navajas. 3 Que emplea la navaja como arma, especialmente [delincuente] que atraca con ella. 4 Jabalí valiente. -5 *m.* Estuche en que se guardan las navajas de afeitar. 6 Paño o taza metálica con borde de caucho en que se limpian. 7 *adj. Colomb.* fig. Persona muy hábil en alguna cosa.
navajo *m.* Lavajo.
navajudo, -da *adj. Méj.* Marrullero, taimado.
naval (l. *-vale*) *adj.* Relativo a las naves y a la navegación. ◇ HOMÓF.: *nabal.*
SIN. **Náutico,** se refiere exclusivamente a la ciencia y arte de navegar (náutica): *instrumentos náuticos, rosa náutica*; **naviero,** se usa tratando de las empresas, capital, propietario o avituallador de naves: *compañía naviera, acciones navieras*; **naval** es el término más extenso: *construcción, base, poder ~.*
navalcarnero *m.* Vino elaborado en la zona de Navalcarnero (Madrid).
navallón *m.* Arola.
navanco *m.* Pato bravío.
navarca (b. gr. *nauarches* < *naus,* nave + *archo,* mandar) *m.* Jefe de una armada griega. 2 Jefe de un buque romano.
SIN. **Nearca.**
navarijo *m. S. Dom.* Lugar donde sólo vive gente menuda o plebeya.
navarín *m.* Ragú de cordero, preparado con cebollitas y nabos o patatas.
navarra *m.* Vino producido en Navarra.
navarrico *adj.-m. Logr.* Viento del nordeste.
navarrisco, -ca *adj.* Navarro.
navarrismo *m.* Amor o apego a las cosas propias de Navarra. 2 Movimiento político defensor de la autonomía de Navarra, y de su independencia del País Vasco. 3 Doctrina de dicho movimiento.
navarrista *adj.* Relativo al navarrismo. -2 *adj.-com.* Partidario del navarrismo.
navarro, -rra *adj.-s.* De Navarra, región de España.
SIN. **Navarrisco.**
navarroaragonés, -nesa *adj.-s.* Perteneciente o relativo a Navarra y Aragón. -2 *m.* Dialecto romance nacido en Navarra y Aragón como evolución del latín, de uso cancilleresco y literario hasta el siglo XV, y conservado en el Alto Aragón.
navazo *m.* Lavajo. 2 Huerto formado ahondando el arenal de una marisma. ◇ HOMÓF.: *nabazo,* aum. de *nabo.*
nave (l.) *f.* Barco (construcción), esp. el de cubierta y con velas. 2 fig. *~* ***de San Pedro,*** la Iglesia Católica. 3 Espacio que en las iglesias y otros edificios se extiende a lo largo entre muros o filas de arcadas: *~ central, colateral.* 4 *~* ***del espacio*** o ***espacial,*** astronave. 5 *Colomb.* Batiente de una puerta o ventana.
SIN. *1* **Nao,** lit.
navecilla *f.* Naveta (nave y vaso de culto).
navegabilidad *f.* Condición de navegable: *la ~ de un estrecho, de un barco.*
navegable *adj.* [río, lago, etc.] Que se puede navegar. 2 Que puede navegar.
navegación (l. *navigatione*) *f.* Acción de navegar; náutica: *~ aérea, marítima, submarina; ~* ***de altura,*** la que se hace por mar fuera de la vista de la tierra.
navegador, -ra *adj.-s.* Navegante.
navegante *adj.-s.* Que navega.
navegar (l. *navigare*) *intr.* Hacer viaje o andar por el agua con embarcación: *~ a,* o *para, Indias; ~ en un vapor; ~ hacia el Polo.* 2 Andar una embarcación: *el buque navega con viento fresco, de bolina, contra la corriente, entre dos aguas.* 3 Andar por el aire en globo o en aeroplano. 4 fig. Andar de una parte a otra o trajinar mucho: *siempre está navegando entre sus libros.* -5 *tr.* p. us. Conducir [las mercaderías] por mar para comerciar con ellas. -6 *intr. Méj.* Padecer, tolerar, sufrir. ◇ ** CONJUG. [7] como ***llegar.***
naveta *f.* Dim. de *nave.* 2 Gaveta. 3 Construcción megalítica funeraria propia de la isla de Menorca y que tiene la apariencia de nave con la quilla al aire. 4 Vaso, gralte. en forma de de navecilla, en que se guarda el incienso.
SIN. *4* **Navecilla.**
navicert (ing. *navigation certificate*) *m.* Salvoconducto marítimo expedido en tiempo de guerra.
navícula (l.) *f.* Dim. de *nave.* 2 Género de algas microscópicas de las aguas dulces y saladas.
navicular (l. *-are*) *adj.* De forma de navecilla: *hoja ~; hueso ~,* escafoides.
naviculario (l. *-iu*) *m.* En la ant. Roma, propietario o capitán de un buque mercante.
navidad *m.* Pastel hecho a base de puré de castañas y chocolate.

Navidad (de *natividad*) *f.* Fiesta conmemorativa del nacimiento de Jesucristo y día en que se celebra. 2 Tiempo inmediato a dicho día: *se pagará por ~ o por las Navidades.* 3 fig. Año: *Juan tiene muchas Navidades.*
SIN. **Natividad.**
navideño, -ña *adj.* Perteneciente o relativo al tiempo de Navidad: *fruta ~*, la que se guarda para este tiempo.
naviego, -ga *adj.-s.* De Navia, localidad de Asturias.
naviero, -ra *adj.* Relativo a naves o a navegación. -2 *m.* Dueño de un navío o barco. 3 El que avitualla un buque mercante.
SIN. *1* v. **Naval.**
navío (l. *navigiu*) *m.* Nave grande, de cubierta, con velas y muy fortificada: *~ de guerra; ~ mercante;* ***~ de línea,*** el que por su armamento puede combatir con otros en batalla ordenada o en formaciones de escuadra; ***montar un ~,*** mandarlo. 2 *Navío Argos,* constelación austral situada entre el Timón y el Centauro.
náyade (l. < gr. *naiás*) *f.* MIT. Ninfa de los ríos y fuentes. 2 Mariposa diurna de pequeño tamaño, con las alas de color azul en el anverso y blancas en el reverso *(Calastrina argiolus).*
nayarita *adj.-s.* De Nayarit, estado de Méjico.
nayuribe *f.* Planta amarantácea cuyas cenizas se emplean en tintorería.
nazareno, -na (l. *-nu*) *adj.-s.* De Nazaret, ciudad de Galilea: ***el Divino Nazareno,*** o simplte ***el Nazareno,*** Jesucristo. 2 Hebreo que se consagraba especialmente al culto del Señor. 3 fig. Cristiano de los primeros tiempos. -4 *m.* Penitente que en las procesiones de Semana Santa lleva túnica generalmente morada. 5 Árbol rámneo de América, cuya madera, cocida en agua, da un tinte amarillo muy duradero *(Maytenus lineaus).* 6 Hierba bulbosa perenne de flores casi globulares de color violeta *(Muscari botryoides).* -7 *f.* Mariposa diurna de pequeño tamaño, con las alas de color azul brillante en el anverso y grisáceas en el reverso *(Quercusia quercus).* -8 *f. pl.* Espuela usada por los gauchos, de enorme rodaja.
nazareo, -a *adj.-s.* Nazareno (de Nazaret y hebreo).
nazarí *adj.-com.* [pers.] Descendiente de Yúsuf ben Názar (1332-1354), fundador de la dinastía que reinó en Granada desde el siglo XIII al XV. -2 *adj.* Perteneciente o relativo a esta dinastía: *arte ~.*
nazi *adj.-com.* Nacionalsocialista.
nazismo *m.* Nacionalsocialismo.
názula (de *nata*) *f.* Requesón (cuajada).
názura *f. And.* Názula.
Nb, símbolo químico del *niobio.*
Nd, símbolo químico del *neodimio.*
Ne, símbolo químico del *neón.*
Neanderthal (de un yacimiento hallado en el valle de este nombre, al este de Düsseldorf) *n. pr.* Raza humana prehistórica, intermedia entre el pitecántropo y el hombre actual.
neánico, -ca (gr. *neanías,* muchacho, joven) *adj.* ZOOL. [período] Adolescente en el ciclo de vida de un individuo.
nearca *m.* Navarca.
nébeda (l. *nepeta;* a través del moz., o del gall.-port.) *f.* Planta labiada de sabor y olor parecidos a los de la menta *(Nepeta cataria).*
SIN. **Menta gatuna.**
nebí *m.* Neblí. ◇ Pl.: *nebíes.*
nebladura *f.* Daño que causa la niebla a los sembrados. 2 Modorra (enfermedad).
neblear *intr. Extr.* Lloviznar.
neblí (probl. de *niblo* y *nobulu,* der. del l. *milvulu* y *milvus*) *m.* Variedad de halcón, originario del norte de Europa. Fue ave de cetrería *(gén. Falco).* ◇ Pl.: *neblíes.*
SIN. **Halcón gentil.**
neblina (de *niebla*) *f.* Niebla espesa y baja. 2 Niebla ligera.
neblinear *impers. Chile.* Garuar.
neblinoso, -sa *adj.* Lleno de neblina: *día ~.*
nebreda *f.* Enebral.
nebrina *f.* Fruto del enebro.
nebrisense *adj.-s.* De Nebrija o Lebrija, ciudad de Sevilla. -2 *adj.* Perteneciente o relativo al humanista Antonio de Nebrija (1444-1522).
nebú *m. Chile.* Árbol de Sudamérica cultivado por sus nueces comestibles *(Guevinia avellana).*
SIN. **Avellano.**
nébula *f.* MED. Opacidad líquida en la córnea del ojo.
nebular *adj.* Relativo a las nebulosas: *hipótesis ~; anillo ~.*
nebulización *f.* Acción de nebulizar. 2 Efecto de nebulizar. 3 MED. Preparación que se emplea con pulverizador.
nebulizador *m.* MED. Pulverizador.
nebulizar *tr.* Proyectar un líquido en pequeñísimas gotas. ◇ ** CONJUG. [4] como ***realizar.***
nebulón (l. *nebulone*) *m.* Hombre taimado e hipócrita.
nebulosa (l. *-osu,* nebuloso) *f.* Masa de materia cósmica celeste, difusa y luminosa, que tiene aspecto de nube.
nebulosamente *adv. m.* Con nebulosidad.
nebulosidad *f.* Calidad de nebuloso. 2 Pequeña oscuridad, sombra.
nebuloso, -sa (l. *-osu*) *adj.* Velado u oscurecido por la niebla o las nubes. 2 fig. Falto de lucidez o claridad. 3 fig. Sombrío, tétrico.
SIN. *1* v. **Nublado.**
necátor *m.* Gusano parásito del intestino *(gén. Necator).*
necedad *f.* Calidad de necio. 2 Dicho o hecho necio.
SIN. **Inepcia.**
necesaria (l. *necessaria;* f. de *-iu,* necesario) *f.* desus. Letrina (lugar).
necesariamente *adv. m.* Con o por necesidad.
necesario, -ria (l. *-iu*) *adj.* Que no puede dejar de ser o suceder: *consecuencia necesaria de un principio;* ***el Ser ~*** Dios. 2 Que es menester indispensablemente, o hace falta para un fin: *el aire es ~ para la vida.*
FR. *Poco fue ~*, estuvo en un tris, al canto de, etc. SIN. **Preciso.**
neceser (fr. *nécessaire*) *m.* Caja o estuche con diversos objetos de tocador o costura.
SIN. **Tocador.**
necesidad (l. *necessitate*) *f.* Imposibilidad de que una cosa deje de ser, una vez dadas las circunstancias en que se produce: *~ metafísica;* ***obedecer a la ~,*** fig., obrar como exigen las circunstancias; ***de ~,*** necesariamente: *herida mortal de ~.* 2 Lo que es imprescindible para uno: *tener ~ de trabajar para vivir;* ***de primera ~,*** indispensable para la vida. 3 Evacuación corporal por cámara u orina. 4 Falta de lo necesario para vivir, esp. la de alimento: *caerse de ~.* 5 Riesgo que exige pronto auxilio. ◇ En la tercera acepción se usa especialmente en plural.
necesitado, -da *adj.-s.* Falto de lo necesario.
SIN. **Pobre.**
necesitar (l. *necesse,* necesario) *tr.* Tener necesidad [de alguien o de alguna cosa]. ◇ Es moderno su uso impersonal en frs. como: ***se necesita un hombre,*** hace falta un hombre; ***se necesita ser ciego,*** es preciso ser ciego.
neciamente *adv. m.* Con necedad.
necio, -cia (l. *nesciu*) *adj.-s.* Que no sabe lo que podía o debía saber. 2 Imprudente, terco o porfiado. -3 *adj.* [cosa] Ejecutado con ignorancia, imprudencia o presunción. -4 ***loc. adv. A necias,*** neciamente. -5 *adj. Argent.* y *P. Rico.* Delicado, fácil de resentirse o enojarse.
SIN. *1* **Incapaz, tonto, sandio, simple.**
nécora *f.* Cangrejo de mar decápodo braquiuro, de cuerpo liso y elíptico, cuyo caparazón es de color rojo parduzco, cubierto de pilosidad y dentado cerca de los ojos. Su carne es muy apreciada *(Macropipus puber).*
necro- (gr. *nekrós,* muerto) Elemento prefijal que entra en la formación de palabras con el significado de muerto, cadáver.
necrocomio (*necro-* + gr. *komein,* cuidar) *m.* Sitio en que se depositan los cadáveres hasta que empiezan a dar señales de descomposición. 2 Depósito judicial de cadáveres no identificados.
necrofagia (*necro-* + *-fagia*) *f.* Acción de comer cadáveres o carroña.
necrófago, -ga (*necro-* + *-fago*) *adj.-s.* Que se alimenta de cadáveres. 2 [insecto coleóptero] Que se alimenta de carroñas o deposita sus huevos en ellas.
necrofilia (*necro-* + *-filia* I) *f.* Coito con un cadáver. 2 Inclinación anormal hacia los muertos.
necrófilo, -la (*necro-* + *-filo* I) *adj.* Perteneciente o relativo a la necrofilia.
necrofobia (*necro-* + *-fobia*) *f.* Temor morboso a los muertos. 2 Temor exagerado a la muerte.
necróforo, -ra (*necro-* + *-foro*) *adj.-s.* ZOOL. [coleóptero] Que entierra los cadáveres de otros animales para depositar en ellos sus huevos: *escarabajo ~.*
necrolatría (*necro-* + *-latría*) *f.* Adoración tributada a los muertos.
necrología (*necro-* + *-logía*) *f.* Noticia biográfica de una persona notable, muerta recientemente. 2 Lista o noticia de muertos en estadísticas y periódicos.
SIN. *2* **Obituario,** esp. en los periódicos.

necrológico, -ca *adj.* Relativo a la necrología.
necromancia, -mancía (*necro-* + *-mancia*) *f.* Nigromancia.
necrópolis (gr. *nekrópolis* < *necro-* + *-polis*) *f.* Cementerio, esp. el antiguo: *una ~ ibérica.* ◇ Pl.: *necrópolis.*
SIN. v. **Cementerio.**
necropsia (*necro-* + *-opsia*) *f.* Necroscopia.
necroscopia (*necro-* + *-scopia*) *f.* Autopsia.
necroscópico, -ca *adj.* Relativo a la necroscopia.
necrosis (gr. *nékrosis*) *f.* Mortificación o gangrena de una parte circunscrita de los tejidos del organismo. ◇ Pl.: *necrosis.*
néctar (l. *nectar;* gr. *néktar*) *m.* MIT. Bebida de los dioses. 2 Líquido azucarado que contienen ciertas flores. 3 fig. Licor delicioso.
nectáreo, -a *adj.* Nectarino.
nectarífero, -ra *adj.* Nectarino.
nectarina *f.* Griñón (melocotón).
nectarino, -na *adj.* Que destila néctar o sabe a él.
nectario *m.* Glándula secretora de néctar, existente en ciertas flores.
nectarívoro, -ra (de *néctar* + *-voro*) *adj.* Que bebe néctar.
necton *m.* BIOL. Conjunto de las especies animales pelágicas que por poseer movilidad propia son capaces de desplazarse activamente, con independencia de las corrientes, a diferencia del placton.
nectópodo *m.* Apéndice adaptado para nadar.
necuamel *m. Méj.* Especie de maguey.
neerlandés, -desa *adj.-s.* Holandés (de Holanda). -2 *adj.-m.* Lengua perteneciente al grupo germánico occidental, hablada principalmente en Holanda y en el norte de Bélgica.
nef-, v. nefo-.
nefandamente *adv. m.* De modo nefando.
nefandario, -ria (l. *nefandariu*) *adj.* [pers.] Que comete pecado nefando.
nefando, -da (l. *-du*) *adj.* Horriblemente malo, execrable.
nefariamente *adv. m.* De modo nefario.
nefario, -ria (l. *-iu*) *adj.* Sumamente malvado, detestable.
nefas (l.) V. fas.
nefasto, -ta (l. *-tu*) *adj.* Triste, funesto, ominoso: *día, mes, año ~; época ~.*
CONTR. **Fasto.**
nefato, -ta *adj. Venez.* Atontado.
nefel-, v. nefelo-.
nefelibata *adj.-com.* fig. [pers.] Que anda por las nubes, soñador.
nefelina *f.* Feldespatoide de varios colores y brillo vítreo, utilizado como materia prima en la industria del vidrio y cerámica.
nefelinita *f.* Roca efusiva básica compuesta de nefelina y minerales melanocratos.
nefelio (v. *nefel-*) *m.* Pequeña sombra que se forma en la córnea transparente.
nefelismo (*nefel-* + *-ismo*) *m.* Conjunto de caracteres con que se nos presentan las nubes.
nefelo-, nefel- (gr. *nephéle,* nube) Elemento prefijal que entra en la formación de palabras con el significado de nube.
nefelometría (*nefelo-* + *-metría*) *f.* Procedimiento de análisis químico y bacteriológico que se vale del nefelómetro.
nefelómetro (*nefelo-* + *-metro*) *m.* Instrumento para medir la turbidez de un fluido o para determinar la concentración y tamaño de las partículas en suspensión, por medio de la luz que difunden en un tubo.
nefo-, nef-, -nefo, -nefa (gr. *nephos,* nube) Elemento prefijal y sufijal que entra en la formación de palabras con el significado de nube: *nefoscopio.*
nefoscopio (*nefo-* + *-scopio*) *m.* Aparato para observar la dirección y velocidad aparente de las nubes.
nefr-, v. nefro-.
nefrectomía (*nefr-* + *-ectomía*) *f.* CIR. Operación consistente en extirpar un riñón.
nefridio (v. *nefr-*) *m.* Órgano excretor rudimentario de los animales inferiores.
nefrita *f.* Piedra preciosa que forma parte del jade, muy apreciada por su valor ornamental, a la que antiguamente se le atribuían poderes curativos sobre las enfermedades renales.
nefrítico, -ca (*nefro-*) *adj.* Relativo a los riñones. 2 Que padece nefritis. -3 *m.* Palo nefrítico. 4 Jade.
SIN. *1* **Renal.**
nefritis (l.-gr. *nephritis* < *nefr-* + *-itis*) *f.* Inflamación de los riñones. ◇ Pl.: *nefritis.*
nefro-, nefr- (gr. *nephrós,* riñón) Elemento prefijal que entra en la formación de palabras con el significado de riñón.
nefrocele (*nefro-* + *-cele*) *f.* MED. Hernia del riñón.
nefrolito (*nefro-* + *-lito*) *m.* MED. Cálculo renal.
nefrología (*nefro-* + *-logía*) *f.* Rama de la medicina que estudia el riñón y sus enfermedades.
nefrológico, -ca *adj.* Perteneciente o relativo a la nefrología.
nefrólogo, -ga *m. f.* Especialista en nefrología.
nefroma (*nefr-* + *-oma*) *m.* MED. Tumor del riñón, en general.
nefropatía (*nefro-* + *-patía*) *f.* Enfermedad de los riñones, en general.
nefrosis (*nefr-* + *-osis*) *f.* Afección crónica del riñón. ◇ Pl.: *nefrosis.*
negable *adj.* Que se puede negar.
negación (l. *-atione*) *f.* Acción de negar. 2 Efecto de negar. 3 GRAM. Partícula negativa. 4 GRAM. ***Adverbio de ~,*** v. adverbio. 5 Falta total de una cosa.
SIN. v. **Denegación.**
negado, -da *adj.-s.* Incapaz o inepto: *~ de entendimiento; ~ para todo.* 2 [primitivo cristiano] Que renegaba de la fe.
negador, -ra (l. *-atore*) *adj.-s.* Que niega.
negar (l. *-are*) *tr.* Declarar no conforme o inexacto [lo que se afirma, supone o pregunta]: *~ la verdad de los hechos.* 2 Decir que no [a lo que se pretende o se pide], no concederlo: *~ la autorización pedida.* 3 Prohibir, vedar: *~ la lectura de ciertos libros.* 4 Olvidarse o retirarse [de lo que se ha estimado]: *San Pedro negó a Jesús.* 5 Desdeñar [a una persona o cosa], no reconocerla como propia: *negó a su hijo.* 6 Ocultar, disimular: *ha negado su presencia en casa.* 7 No confesar el acusado [el delito]. -8 ***prnl.*** Excusarse de hacer una cosa: *negarse al trato.* 9 Declararse ausente para no ser importunado. 10 ***Negarse a la razón*** o ***a la evidencia,*** obcecarse, obstinarse. 11 ***Negarse uno a sí mismo,*** renunciar a sus deseos y apetitos para conformarse más estrechamente con la voluntad divina. -12 ***tr. Colomb.*** Fallar [el arma de fuego]. ◇ ** CONJUG. [48] como ***regar.***
SIN. *2* **Denegar.**
negativa *f.* Negación; esp. denegación.
negativamente *adv. m.* Con negación.
negativismo *m.* Calidad de negativo. 2 Doctrina que niega toda realidad y creencia.
negativo, -va (b. l. *-vu*) *adj.* Que expresa, implica o contiene negación: *una respuesta negativa;* ***crítica negativa,*** la desfavorable; GRAM., *oración negativa;* LÓG., *juicio ~.* 2 V. cantidad, electricidad, negativa. -3 *m.* FOT. Prueba que reproduce los claros y obscuros del original, pero invertidos. ◇ Es incorrecto su uso con el significado de *no.*
negatón, -trón *m.* Electrón negativo.
negatoscopio (de *negativo* + *-scopio*) *m.* Pantalla luminosa constituida por un cristal esmerilado y alumbrado por detrás, sobre el cual se ponen radiografías u otros clisés para observarlos por transparencia.
negligé (voz francesa) *adj.* GALIC. Descuidado, desaliñado. -2 *m.* Salto de cama, bata casera de mujer.
negligencia (l. *-ntia*) *f.* Descuido, omisión. 2 Falta de aplicación.
negligente (l., que descuida) *adj.-com.* Descuidado, omiso: *~ en, o para, sus negocios.* 2 Falto de aplicación.
SIN. **Abandonado, dejado.** CONTR. **Diligente.**
negligentemente *adv. m.* Con negligencia.
negociabilidad *f.* Calidad de negociable.
negociable *adj.* Que se puede negociar.
negociación (l. *-atione*) *f.* Acción de negociar, esp. ajustar y tratar. 2 Efecto de negociar.
negociado *m.* Sección de una oficina. 2 desus. Negocio. 3 *Amér.* Negocio ilícito. 4 *Chile.* Tienda, establecimiento o almacén.
negociador, -ra (l. *-atore*) *adj.-s.* Que negocia. 2 Que gestiona asuntos diplomáticos.
negociante (l., que negocia) *m.* Comerciante: *~ en vinos; ~ por mayor.*
negociar (l. *-tiari*) *intr.* Comerciar en mercaderías o valores: *~ con papel; ~ en granos; ~ en Francia.* -2 *tr.* Ajustar el traspaso o descuento [de un efecto comercial]: *~ una letra.* 3 Tratar [asuntos esp. de carácter público]: *~ un tratado de comercio.* ◇ ** CONJUG. [12] como ***cambiar.***
negocio (l. *-otiu*) *m.* Ocupación en la que se emplea trabajo, atención o tiempo, esp. la hecha por lucro o interés: ***~ redondo,*** fig., el muy ventajoso; ***evacuar un ~,*** finalizarlo, salir de él. 2 Utilidad o interés que se logra negociando. 3 Negociación. 4 De-

pendencia, pretensión, tratado o agencia. 5 ~ *jurídico*, acto de una o más voluntades que pretenden algún efecto jurídico reconocido por la ley. 6 *Argent.* y *Chile.* Casa de negocios; tienda o despacho donde se vende y compra.
SIN. *2* v. **Ganancia.**
negocioso, -sa (l. *-osu*) *adj.* Diligente, cuidadoso de sus negocios.
negra *f.* MÚS. Figura cuya duración es equivalente a la mitad de una blanca.
negrada *f.* Negrería.
negral *adj.* Que tira a negro.
negralla *f. Perú.* Negrería.
negrear (l. *nigricāre*) *intr.* Mostrar una cosa la negrura que en sí tiene. 2 Tirar a negro. -3 *tr. Pan.* Insultar a una persona tratándola de negro.
negrecer (l. *nigrescere*) *intr.-prnl.* Ponerse negro. ◇ ** CONJUG. [43] como *agradecer.*
SIN. v. **Ennegrecer(se).**
negregar (l. *nigricare*) *intr.* Ennegrecer. ◇ ** CONJUG. [7] como *llegar.*
negreguear *intr.* Negrear.
negrense *adj.-s.* De Negros Occidental, prov. de Filipinas.
negrería *f.* Conjunto de negros. 2 Hecho o dicho característico de los negros.
negrerío *m. Perú.* Negrería.
negrero, -ra *adj.-s.* Que se dedica a la trata de negros. 2 p. ext. Cruel, inhumano con los inferiores.
negreta *f.* Negrón.
negrete *adj.-s. Argent.* Raza de ovejunos.
negrilla (de *negro*) *f.* Hongo parásito que ataca a los olivos, naranjos y limoneros de Oceanía (gén. *Antennaria; Apiosporium; Capnodium).* 2 Enfermedad causada por dicho hongo. 3 Seta pequeña de sombrero escamoso de color gris oscuro, y el resto blanco *(Tricholoma terreum).* 4 Congrio. -5 *adj.-f.* V. Letra negrita. 6 Aceituna de color verde oscuro y fruto picudo.
negrillera *f.* Terreno poblado de negrillos.
negrillo *m.* Olmo. 2 *Amér. Merid.* Mineral de plata cuprífera cuyo color es muy oscuro. 3 *Argent.* y *Bol.* Especie de jilguero de cuerpo negro y plumas remeras amarillas.
negrismo *m.* Expresión literaria o artística de lo que es propio de los negros.
negrito, -ta *adj.-s.* Dim. de *negro.* -2 *adj-f.* V. letra negrita. -3 *m.* Tiburón de unos 90 cms. de longitud, cuyas espinas dorsales son largas y con el extremo libre; su vientre, luminiscente, es más oscuro que el dorso *(Etmopterus spinax).* 4 *Cuba.* Pajarito negro con algunas plumas blancas al borde de las alas *(Pyrhula nigra).*
negritud *f.* Perteneciente a la raza negra. 2 Conjunto de valores culturales y espirituales del mundo negro.
negrizal *m.* Terreno negruzco y generalmente muy fértil.
negro, -gra (l. *nigru*) *adj.-m.* Color totalmente oscuro; en realidad es la falta de todo color: *el color ~; el ~*; ***el ~ de la uña,*** parte extrema de la uña cuando está sucia; fig., lo mínimo de cualquier cosa. -2 *adj.-s.* Individuo de la raza negra: *trata de negros.* 3 *Perú.* desus. Descendiente de negro y zamba prieta. -4 *adj.* De color negro: *un vestido ~.* 5 Moreno, o sin la blancura o color que le corresponde: *pan ~; nube negra;* ***tener el alma*** o ***la conciencia negra,*** tenerla sucia, ser malo. 6 Privado totalmente de luz: *noche negra.* 7 [novela, cine] De carácter policíaco, que combina violencia, realismo e ironía con una visión crítica de la sociedad. 8 fig. Triste, melancólico; infausto. 9 fig. Apurado: *ésa sí que es negra.* -10 *m.* ~ ***animal,*** carbón animal. 11 ~ ***de humo,*** polvo procedente de los humos de materias resinosas, que tiene diversas aplicaciones industriales. 12 El que trabaja anónimamente para lucimiento de otro, esp. en trabajos literarios. -13 *loc. Chile.* fam. *y* fig. ***Con la ~,*** sin dinero. Ús. esp. con verbos como *jugar, ganar, negociar,* etc. ◇ Construcción: como adj. va delante del nombre en algunas frases hechas de las acepciones 8 y 9: *mi negra suerte, negra honrilla.*
SIN. *1* **Prieto,** casi negro, muy oscuro. *2* **Moreno,** eufem. FR. *Sacar lo que el negro del sermón, la cabeza caliente y los pies fríos,* no entender nada de lo que se oye.
negroafricano, -na *adj.-s.* De un conjunto de pueblos, caracterizado por el color obscuro de su piel, que habitan en la mayor parte de África, al sur del desierto del Sáhara. -2 *adj.-m.* Tronco lingüístico cuyo dominio cubre la mayor parte de África, al sur del desierto del Sáhara, que se divide en cuatro familias menores: el sudanés, el sahariano, el nilótico y el bantú.
negrófilo, -la (*negro* + *-filo* I) *m. f.* Enemigo de la esclavitud y trata de negros.
negroide *adj.* Característico del negro (individuo), o semejante a él: *labios negroides; raza ~.*
negrón *m.* Pato de unos 48 cms. de longitud, con el plumaje totalmente negro los machos, y las hembras de color pardo oscuro con la garganta y mejillas claras *(Melanitta nigra).*
SIN. **Negreta.**
negroni *m.* Cóctel preparado a base de ginebra, vermut y campari.
negror *m.* Negrura.
negrura *f.* Calidad de negro.
negruzco, -ca *adj.* De color moreno algo negro.
neguijón (l. v. *nigellione,* der. del l. *nigellus*) *m.* Enfermedad de los dientes que los carcome y ennegrece.
SIN. **Guijón.**
neguilla (l. *nigella,* negruzca) *f.* Planta cariofilácea lanuginosa y fosforescente que abunda en los sembrados, de flores de color rojizo *(Agrostemma githago).* 2 Semilla de esta planta. 3 Arañuela (planta). 4 Mancha negra en la cavidad de los dientes de las caballerías que sirve para conocer la edad del animal.
SIN. *1* **Candileja, candilejo, lucérnula.** *4* **Tintero.**
neguillón *m.* Neguilla (planta).
negundo *m.* BOT. Árbol norteamericano, anemófilo de flores unisexuales *(Acer negundo).*
negus *m.* Emperador de Abisinia. ◇ Pl.: *negus.*
Nehemías *n. pr.* BIBL. Famoso jefe judío del s. V a. C. 2 Libro del Ant. Testamento. Se abrevia *Neh.*
neivano, -na *adj.-s.* De Neiva, cap. del dep. de Huila (Colombia).
I) neja (mej. *nexectic,* color de ceniza < *nextli,* ceniza) *f. Méj.* Tortilla de maíz cocido cuando tiene color ceniciento.
II) neja *f. Chile.* Nesga.
nejayote (mej. *nextli,* ceniza + *ayotl,* caldo) *m. Méj.* Agua con ceniza que queda en el apaste después de sacado el nixtamal, o la que se prepara para limpiar los utensilios de cocina.
neldo *m.* Eneldo (hierba).
nelumbio (singalés *nelumbu*) *m.* Género de plantas ninfeáceas; vulgarmente nenúfares. Se conocen dos especies: *Nelumbo lutea,* que habita en América, y el loto de la India, *Nelumbo nucifera,* que crece en las partes cálidas de Asia y Oceanía.
nema (gr. *nema,* hilo) *f.* desus. Cierre o sello de una carta. -2 *m. Ecuad.* Lema, contraseña.
nemat-, v. nemato-.
nematelminto (*nemat-* + *-elminto*) *adj.-m.* Gusano de la clase de los nematelmintos. -2 *m. pl.* Antigua clase que incluía varios grupos de invertebrados vermiformes.
nemato *m.* Insecto himenóptero de pequeño tamaño y color negro, cuyas larvas defolian los groselleros, por lo que también se le llama *nemato grosellero (Nematus ribeii).*
nemato-, nemat- (gr. *nema, -atos,* hilo, filamento) Elemento prefijal que entra en la formación de palabras con el significado de hilo, filamento.
nematócero (*nemato-* + gr. *keros,* antena) *adj.-m.* Insecto del suborden de los nematóceros. -2 *m. pl.* Suborden de insectos dípteros, con cuerpo esbelto, alas estrechas y largas, patas delgadas y antenas largas; como los mosquitos.
nematocisto (*nemato-* + *-cisto*) *m.* Vesícula urticante de los celentéreos.
nematodo (*nema-*) *adj.-m.* Gusano del tipo de los nematodos. -2 *m. pl.* Tipo de gusanos unisexuales, de cuerpo cilíndrico y delgado, sin segmentar, y cubierto por una cutícula; existen formas libres y parásitas; como la lombriz y la filaria.
nematomorfo *adj.-m.* Gusano del tipo de los nematomorfos. -2 *m. pl.* Tipo de gusanos de cuerpo muy delgado, de unos 0,5 a 2,5 mms., y muy largo, de 10 a 100 cms.; suelen encontrarse formando ovillos enredados, por lo que se les denomina también gusanos gordianos.
neme (del ant. *mene*) *m. Colomb.* Betún o asfalto.
nemeo, -a (l. *nemeoeu*) *adj.-s.* De Nemea, c. de la ant. Grecia: ***juegos nemeos,*** los que se celebraban en tal ciudad en honor de Hércules, por haber dado muerte al león que allí habitaba.
nemertino *adj.-m.* Gusano del tipo de los nemertinos. -2 *m. pl.* Tipo de gusanos acintados dotados de trompa evaginable armada con espinas venenosas; son marinos y depredadores.
némesis *f.* fig. Castigo.
Némesis *n. pr.* MIT. Diosa griega encargada de castigar a los hombres según sus culpas y merecimientos.

nemónica *f.* Mnemotecnia.
nemoroso, -sa (l. *-osu*) *adj.* poét. Relativo al bosque. 2 poét. Cubierto de bosques. -3 *f.* Anémona de los bosques.
nemotecnia *f.* Mnemotecnia.
nemotécnica *f.* Mnemotécnica.
nemotécnico, -ca *adj.* Mnemotécnico.
Nemrod *n. pr.* BIBL. Famoso cazador y jefe que se cita en el Génesis.
nene, -na (var. de *ninnu,* voz descriptiva) *m. f.* fam. Niño pequeño. 2 Expresión de cariño, esp. en *f.* -3 *m.* fig. *e* irón. Hombre temible por sus fechorías. -4 *f.* hipocorístico. Mujer que ha salido de la infancia.
nené *m. Colomb.* Nene.
neneque *m. Hond.* Persona muy débil, que no puede valerse por sí misma.
nenia (l.) *f.* Composición poética que en la antigüedad gentilicia se cantaba en las exequias de una persona. 2 La que se hace en alabanza de un difunto.
nenúfar (ár. *ninúfar*) *m.* Planta ninfeácea acuática, de rizoma largo y nudoso, hojas redondas y peltadas que flotan en la superficie del agua, flores blancas, grandes y solitarias, y fruto capsular *(Nymphœa alba).*
SIN. **Escudete, golfán, ninfea.**
I) neo *m.* Neón.
II) neo (apóc. de *neocatólico*) *adj.* fam. Católico tradicionalista.
neo- (gr. *neós,* nuevo) Elemento prefijal que entra en la formación de palabras con el significado de nuevo.
neobarroco (*neo-* + *barroco*) *m.* Movimiento artístico de recuperación de los modelos propios del barroco no clásico, desarrollado en los años centrales del siglo XIX.
neocaledonio, -nia *adj.* De Nueva Caledonia.
neocapitalismo (*neo-* + *capitalismo*) *m.* Capitalismo moderno que admite la intervención del Estado en algunos dominios.
neocapitalista *adj.* Relativo o propio del neocapitalismo.
neocatolicismo (*neo-* + *catolicismo*) *m.* Doctrina política y religiosa que aspira a restablecer en todo su vigor las tradiciones católicas en la vida social y en el gobierno del estado. 2 Tendencia a introducir en el catolicismo ciertas ideas modernas opuestas a sus tradiciones y aun al dogma.
neocatólico, -ca *adj.-s.* Partidario del neocatolicismo. -2 *adj.* Relativo a él.
neocelandés, -desa *adj.-s.* De Nueva Zelanda, nación.
neoclasicismo (*neo-* + *clasicismo*) *m.* Corriente europea literaria y artística de la segunda mitad del siglo XVIII, que aspiraba a restaurar el gusto y normas de la antigüedad griega y romana.
neoclásico, -ca *adj.* Relativo al neoclasicismo. -2 *adj.-s.* Partidario del neoclasicismo. 3 [arte o estilo modernos] Que trata de imitar los usados antig. en Grecia y Roma.
neocolonialismo (*neo-* + *colonialismo*) *m.* Nuevo sistema de colonialismo con el que se intenta dominar económicamente a los países subdesarrollados.
neocolonialista *adj.* Relativo o propio del neocolonialismo.
neocriticismo (*neo-* + *criticismo*) *m.* Sistema filosófico basado en el criticismo kantiano.
neodarvinismo (*neo-* + *darwinismo*) *m.* Teoría renovadora de las ideas del naturalista inglés Carlos Darwin (1809-1882) sobre la evolución, basada en la selección natural y en las mutaciones.
neodimio *m.* Elemento químico perteneciente a las tierras raras. Símbolo *Nd,* número atómico 60 y peso atómico 144'3.
neoescolasticismo (*neo-* + *escolasticismo*) *m.* Forma nueva de escolasticismo que surgió en el siglo XIX.
neoespartano, -na *adj.-s.* De Nueva Esparta, estado de Venezuela. -2 *adj.* Relativo a dicho Estado.
neófito, -ta (l. *neophytu*) *m. f.* Persona, esp. adulta, recién bautizada. 2 p. ext. El que recientemente se ha adherido a una opinión, colectividad, etc.
SIN. *2* **Prosélito,** es también partidario que ha sido atraído, pero no insiste tanto como *neófito* en el matiz reciente.
neofobia (*neo-* + *-fobia*) *f.* Horror ante todo lo nuevo.
SIN. **Misoneísmo.**
neófobo, -ba *adj.-s.* Que padece neofobia.
neógeno (*neo-* + *-geno*) *m.* Segundo período geológico base de la era terciaria que comprende el mioceno y el plioceno.
REL. V. **Terciario.**
neogongorismo (*neo-* + *gongorismo*) *m.* Tendencia literaria de la llamada Generación del 27, que aspira a revalorizar el estilo del poeta Luis de Góngora (1561-1627).
neogótico (*neo-* + *gótico*) *m.* ARQ. Movimiento artístico de recuperación del estilo gótico que tuvo lugar desde mediados del siglo XVIII hasta comienzos del siglo XIX. -2 *adj.* ARQ. Perteneciente o relativo a dicho movimiento.
neogranadino, -na *adj.-s.* De Nueva Granada, país de América, hoy Colombia.
neogriego, -ga *adj.* Relativo a la moderna Grecia. -2 *adj.-m.* Griego (lengua).
neohegelianismo (*neo-* + *hegelianismo*) *m.* Doctrina filosófica que surgió a principios del siglo XX basada en la de Hegel (1770-1831). ◇ Sobre la pronunciación, v. *hegelianismo.*
neoimpresionismo (*neo-* + *impresionismo*) *m.* Movimiento pictórico desarrollado en la última fase del impresionismo.
neokantiano, -na *adj.-s.* Perteneciente al neokantismo. 2 Partidario de esa doctrina filosófica.
neokantismo (*neo-* + *kantismo*) *m.* Movimiento filosófico actual, basado en el pensamiento de Emmanuel Kant (1724-1804), dedicado a investigaciones de tipo psicológico, lógico y moral.
neolatino, -na *adj.* Que procede o se deriva de los latinos. 2 ***Lengua neolatina,*** romance.
neolector, -ra *m. f.* Persona alfabetizada recientemente.
neoleonés, -nesa *adj.-s.* De Nuevo León, estado de Méjico.
neoliberalismo (*neo-* + *liberalismo*) *m.* Movimiento basado en el liberalismo, que concede al Estado una intervención limitada en los asuntos jurídicos y económicos.
neolítico, -ca (*neo-* + *lítico*) *adj.-s.* Período de la edad de piedra que sigue al paleolítico.
neológico, -ca *adj.* Relativo al neologismo.
neologismo (*neo-* + gr. *logismós,* razonamiento) *m.* Vocablo, giro o modo de expresión nuevo en una lengua. 2 Uso de estos vocablos o giros.
neologista *com.* Neólogo.
neólogo, -ga *m. f.* Persona que emplea neologismos.
neomaltusianismo (*neo-* + *maltusianismo*) *m.* Doctrina surgida en el siglo XIX que evita el exceso de población valiéndose de medios anticoncepcionales.
neomedievalismo (*neo-* + *medievalismo*) *m.* Movimiento artístico y sociopolítico de vuelta al mundo medieval desarrollado en el ámbito europeo de mediados del siglo XVIII hasta principios del siglo XIX, y con mayor intensidad hasta el primer tercio del siglo XIX.
neomenia (gr. *neomenía*) *f.* Luna nueva. 2 Fiesta con que antiguamente se celebraba.
neón *m.* Elemento gaseoso, poco activo, incoloro e inodoro; es uno de los gases nobles. Su símbolo es *Ne,* su número atómico es 10 y su peso atómico 20'18.
neonatal *adj.* Perteneciente o relativo al recién nacido.
neonato, -ta (*neo-* + *nato*) *adj.* Recién nacido.
neonatología (*neonato-* + *-logía*) *f.* Parte de la pediatría que se ocupa de los recién nacidos.
neopitagorismo (*neo-* + *pitagorismo*) *m.* Movimiento filosófico de los primeros siglos de nuetra Era, basado en la doctrina de Pitágoras (s. VI a. C.).
neoplasia (*neo-* + gr. *plasso,* formar) *f.* Neoplasma.
neoplásico, -ca *adj.* Perteneciente o relativo a la neoplasia.
neoplasma (*neo-* + *-plasma*) *m.* Formación anormal, en alguna parte del cuerpo, de un tejido cuyos elementos sustituyen invasoramente a los de los tejidos normales.
neoplastia (*neo-* + *-plastia*) *f.* Reparación de una zona del cuerpo humano destruida, por medio de la aplicación de injertos.
neoplasticismo *m.* Movimiento pictórico y teórico defendido por el pintor holandés Mondrian (1872-1944), desarrollado dentro del arte abstracto, próximo a los planteamientos constructivistas.
neoplatonicismo *m.* Neoplatonismo.
neoplatónico, -ca *adj.* Relativo al neoplatonismo. -2 *adj.-s.* Partidario de esta doctrina.
neoplatonismo (*neo-* + *platonismo*) *m.* Sistema filosófico inspirado en la doctrina de Platón (428-348 a. C.). 2 Escuela filosófica que floreció en Alejandría durante los siglos II y III, y que trató de conciliar la doctrina de Platón con todo el pensamiento antiguo; su principal representante fue Plotino (s. III).
neopositivismo (*neo-* + *positivismo*) *m.* Doctrina filosófica basada en las ideas de Augusto Comte (1798-1857).
neopreno (nombre comercial) *m.* Caucho sintético obtenido por polimerización del cloropreno.
neorama (gr. *neós,* templo + *hórama,* vista) *m.* Especie de panorama en el que se representa el interior de un edificio.

neorrealismo (*neo-* + *realismo*) ***m.*** Movimiento nacido en el cine italiano y extendido luego a otros campos artísticos, que consiste en presentar la realidad cotidiana sin artificios.
neorrococó (*neo-* + *rococó*) ***m.*** Movimiento de recuperación de la estética y estilo propios del Rococó, desarrollado a mediados del siglo XIX.
neosalvarsán (*neo-* + *salvarsán*) ***m.*** Compuesto arsenical derivado del salvarsán.
neosegoviano, -na ***adj.-s.*** De Nueva Segovia, dep. de Nicaragua.
neotenia ***f.*** ZOOL. Persistencia de caracteres larvales más allá del periodo normal, como en ciertos anfibios maduros que mantienen la apariencia de renacuajos.
neotérico, -ca (l. *-icu* < gr. *-ikós*) ***adj.*** desus. Nuevo, reciente, moderno. Díjose esp. de médicos y filósofos.
neotomismo (*neo-* + *tomismo*) ***m.*** Movimiento filosófico basado en la doctrina de Santo Tomás (1225-1274).
neovitalismo (*neo-* + *vitalismo*) ***m.*** Doctrina filosófica de finales del XIX que declara insuficientes las fuerzas físicoquímicas del organismo para provocar los fenómenos vitales.
neoyorquino, -na ***adj.-s.*** De Nueva York, c. de los Estados Unidos.
neozelandés, -desa ***adj.-s.*** Neocelandés.
neozoico, -ca ***adj.-s.*** Cuaternario.
nepalés, -lesa ***adj.-s.*** De Nepal, nación de Asia central. -2 ***adj.-m.*** Lengua perteneciente al grupo indoario, hablada oficialmente en esta nación.
SIN. **Nepalí.**
nepalí ***adj.-s.*** Nepalés.
nepe ***m.*** *Venez.* Salvado de maíz mondado.
nepenta ***f.*** Nepente.
nepentáceo, -a ***adj.-f.*** Planta de la familia de las nepentáceas. -2 ***f. pl.*** Familia de plantas carnívoras del orden de las sarraceniales.
nepente (gr. *nepenthés,* contrario al dolor) ***m.*** BOT. Planta nepentácea (gén. *Nepenthes).* 2 MIT. Bebida que los dioses usaban para curarse y que además producía olvido, como las aguas del Leteo. 3 fig. Bebida mágica, remedio contra la tristeza.
neper (del n. de Juan *Neper,* 1550-1617) ***m.*** Medida de atenuación, equivale a 8,686 decibelios.
neperiano, -na ***adj.*** Relativo al matemático inglés Juan Neper (1550-1617): *logaritmos neperianos.*
nepote (it. *nepote,* sobrino) ***m.*** Pariente y privado del papa.
nepotismo ***m.*** Favoritismo para con los parientes o protegidos: *el ~ de los papas del Renacimiento.*
SIN. **Sobrinazgo.**
neptúneo, -a ***adj.*** poét. Relativo a Neptuno o al mar.
neptuniano, -na ***adj.*** [terreno o roca] De formación sedimentaria.
neptúnico, -ca ***adj.*** Neptuniano.
neptunio ***m.*** Elemento químico transuránico radiactivo; símbolo *Np*. Se obtiene artificialmente. Su número atómico es 93.
neptunismo ***m.*** Hipótesis que atribuye exclusivamente a la acción del agua la formación de la corteza terrestre.
neptunista ***adj.-com.*** Partidario del neptunismo.
Neptuno (l. *-nu*) ***n. pr.*** Dios de las aguas. 2 Planeta mucho mayor que la Tierra y el más alejado del Sol, después del pequeño planeta Plutón. 3 poét. Mar.
SIN. *1* **Poseidón,** entre los griegos. REL. **Tridente,** cetro de Neptuno.
nequáquam ***adv. neg.*** fam. De ningún modo.
nequén ***m.*** *S. Dom.* Pita (planta).
nequicia (l. *-itia*) ***f.*** Perversidad.
nereida (gr., hija de Nereo) ***f.*** MIT. Ninfa del mar.
nereis ***m. pl.*** ZOOL. Género de anélidos con trompa, mandíbulas arqueadas y cuatro antenas.
Nereo ***n. pr.*** MIT. Dios marino, hijo del Ponto y de la Tierra.
nerita (l. < gr. *nerites*) ***f.*** Molusco gasterópodo marino comestible de concha gruesa y redonda y espira casi plana. Bajo esta denominación se incluyen unos dos centenares de especies de moluscos.
nerítico, -ca ***adj.*** [zona marítima] Que se corresponde con la plataforma continental. 2 BIOL. [organismo] Que vive en la zona superficial del mar y de los lagos, en la proximidad del litoral.
nerítido ***adj.-m.*** Molusco de la familia de los nerítidos. -2 ***m. pl.*** Familia de moluscos gasterópodos de concha globulosa o algo cónica, de cabeza ancha, tentáculos largos, ojos pedunculados y pie ovalado, que viven en los mares calientes y templados.
neroli, nerolí (fr. *néroli,* de *Nerola,* n. pr. de una ciudad italiana) ***m.*** Producto que se obtiene destilando flores de distintos naranjos, en particular las del naranjo amargo. Se compone de un hidrocarburo y de un líquido oleoso, oxigenado, y se emplea en perfumería. 2 Substancia química que tiene el mismo olor de dicha esencia natural.
nerón (de *Nerón,* emperador romano, 37-68) ***m.*** fig. Hombre muy cruel.
neroniano, -na ***adj.*** Relativo al emperador Nerón (37-68). 2 fig. Cruel, sanguinario.
nervado, -da ***adj.*** Provisto de nervios. 2 Semejante a los nervios. 3 ARQ. ***Bóveda nervada,*** v. bóveda de crucería.
nervadura (it. *nervatura,* der. del l. *nervus*) ***f.*** Moldura saliente en un ángulo o arista. 2 Conjunto de los nervios de una hoja o del ala de un insecto.
nervatura ***f.*** Nervadura.
nérveo, -a ***adj.*** Relativo a los nervios.
nerviación ***f.*** Nervadura (de una hoja).
nervino, -na (l. *-nu*) ***adj.*** Que tonifica los nervios y estimula su acción.
nervio (l. v. *nervium,* del l. *nervus*) ***m.*** Cordón fibroso blanquecino que, partiendo del cerebro, la médula espinal u otros centros, se distribuye por el cuerpo y sirve para transmitir las impresiones y los impulsos motores: ~ ***óptico,*** el segundo par craneal, encargado de la recepción de las sensaciones lumínicas; ~ ***acústico,*** el octavo par de nervios craneales, formados por el nervio vestibular y el auditivo; ~ ***auditivo,*** el que se origina en el oído interno y recoge las sensaciones auditivas; ~ ***vestibular,*** el que se origina en el oído interno y mantiene el equilibrio corporal y la orientación; ~ ***ciático;*** ~ ***vago,*** neumogástrico. 2 fig. Parte de una cosa que se considera la fuente de su vitalidad, fuerza, etc.; vigor físico o mental: *el ~ de una cuestión; poesía sin ~;* ***tener*** ~, tener carácter, firmeza. 3 p. ext. Aponeurosis, tendón. 4 Motor principal. 5 Haz vascular que forma el esqueleto fibroso de las hojas vegetales, y tubo quitinoso que da rigidez a las alas de los insectos. 6 Cuerda de los instrumentos músicos. 7 Cordón que une los cuadernillos en el lomo de un libro encuadernado. 8 Saliente en la piel o tela del lomo de un libro producido por este cordón. 9 ARQ. Arco saliente en el intradós de una bóveda. 10 MAR. Cabo firme en la cara alta de una verga, y al cual se asegura la relinga de grátil de una vela.
REL. *1* Del gr. *neuron* se forman muchos tecn.: *neurona, neurastenia, neuralgia*. SIN. *5* **Vena,** esp. en las hojas.
nerviosamente ***adv. m.*** Con excitación nerviosa.
nerviosidad ***f.*** Nervosidad. 2 Estado pasajero de excitación nerviosa.
nerviosismo ***m.*** Nerviosidad (estado).
nervioso, -sa (l. *-osu*) ***adj.*** Que tiene nervios: *carne nerviosa.* 2 Relativo a los nervios: *célula nerviosa; temperamento ~*. 3 De nervios irritables: *hombre ~*. 4 fig. Que tiene nervio (fuerza): *estilo ~*.
nervosidad ***f.*** Fuerza y actividad de los nervios. 2 Flexibilidad de algunos metales preciosos. 3 fig. Fuerza y eficacia de un razonamiento.
nervosismo ***m.*** Nerviosismo.
nervoso, -sa ***adj.*** Nervioso.
nervudo, -da ***adj.*** Que tiene fuertes y robustos nervios.
nervura (fr. *nervure*) ***f.*** Conjunto de los nervios del lomo de un libro encuadernado.
nesciencia (l. *-ntia*) ***f.*** Ignorancia.
nesciente (l., que no sabe) ***adj.*** desus. Ignorante.
nescientemente ***adv. m.*** desus. Ignorantemente. 2 p. us. Sin saber.
nesga (orig. incierto) ***f.*** Pieza triangular que se agrega a un vestido para darle vuelo. 2 fig. Pieza triangular unida a otras.
SIN. **Sesga.**
nesgado, -da ***adj.*** Que tiene nesgas.
nesgar (de *nesga*) ***tr.*** Cortar [una tela] en dirección oblicua a la de sus hilos. ◇ **CONJUG. [7] como ***llegar.***
Neso ***n. pr.*** MIT. Centauro al cual mató Hércules por intentar violar a su mujer Deyanira. El centauro, moribundo, entregó a Deyanira un manto venenoso empapado con su propia sangre, diciéndole que poniéndolo a su marido conservaría siempre su amor. Hércules, envenenado por el manto, sufrió tal angustia que se suicidó.
néspera ***f.*** Níspero (árbol).
nesquehonita ***f.*** Mineral de la clase de los carbonatos procedente de la alteración de la serpentina, de color blanquecino y brillo vítreo.

Néstor *n. pr.* Sabio y viejo consejero de los griegos en la guerra de Troya.
nestóreo, -a *adj.* Relativo al héroe griego Néstor.
nestorianismo *m.* Doctrina herética predicada por Nestorio en el siglo v, según la cual la unión de las dos naturalezas de Jesucristo sólo era moral, de lo que concluía la existencia en Él de dos personas.
nestoriano, -na *adj.-s.* [pers.] Partidario del nestorianismo.
netáceo, -a *adj.* Gnetáceo.
netamente *adv. m.* Con limpieza y distinción: *dos cuestiones ~ separadas.*
netezuelo, -la *m. f.* Dim. de *nieto.*
neto, -ta (v. *nítido*) *adj.* Limpio, puro. 2 Que resulta líquido en la suma, precio o valor de una cosa, después de deducir los gastos o de haber comparado la data con el cargo: *beneficio ~; producto ~.* 3 ***En ~***, en limpio; líquidamente. -4 *m.* ARQ. Pedestal de una columna considerándolo sin molduras.
SIN. *4* **Dado.**
I) neuma (gr. *pneuma,* espíritu, aliento) *m.* MÚS. Signo usado para escribir la música, antes del sistema actual. 2 Grupo de notas de adorno con que solían concluir las composiciones musicales de canto llano: *los neumas de las antífonas.*
II) neuma (gr. *neuma,* movimiento de cabeza) *amb.* RET. Declaración de lo que se siente o quiere por medio de movimientos o señas, interjecciones, o voces de sentido imperfecto.
neumat-, v. neumato-.
neumático, -ca (gr. *pneumatikós,* relativo a la respiración) *adj.* FÍS. Que opera con aire: *máquina neumática; martillo ~.* -2 *m.* Tubo de goma lleno de aire que sirve de llanta a las ruedas del automóvil, bicicleta, etc. -3 *f.* Parte de la física que trata de las propiedades mecánicas de los gases.
neumato-, v. neumo-.
neumatocisto (*neumato-* + *-cisto*) *m.* BIOL. Cavidad de aire usada como flotador; vejiga natatoria de los peces.
neumatóforo (*neumato-* + *-foro*) *m.* BIOL. Órgano de flotación de ciertos seres marinos que contiene gas, o un individuo modificado de una colonia de sifonóforos que realiza esta función.
neumo-, neumat-, neumato- (gr. *pneumon,* pulmón) V. pneumo-.
neumococo (*neumo-* + *-coco*) *m.* Diplococo reproductor de la neumonía *(Diplococus lanceolatus).*
neumoconiosis (*neumo-* + gr. *kónis,* polvillo) *f.* Enfermedad producida por la infiltración en el aparato respiratorio del polvo de substancias minerales. ◇ Pl.: *neumoconiosis.*
neumogástrico (*neumo-* + *gástrico*) *m.* Nervio que se extiende desde el bulbo a las cavidades del tórax y el abdomen.
SIN. **Vago.**
neumología (*neumo-* + *-logía*) *f.* Rama de la medicina que estudia las enfermedades de los pulmones o de las vías respiratorias en general.
neumológico, -ca *adj.* Perteneciente o relativo a la neumología.
neumólogo, -ga *m. f.* Especialista en neumología.
neumonía (gr. *pneumonía*) *f.* Pulmonía. ◇ INCOR.: *neumonia.*
neumónico, -ca *adj.* Relativo al pulmón. 2 Que padece neumonía.
neumonitis *f.* MED. Neumonía. ◇ Pl.: *neumonitis.*
neumostoma (*neumo-* + *-stoma*) *m.* Orificio respiratorio de los moluscos gasterópodos terrestres.
neumotórax (*neumo-* + *tórax*) *m.* MED. Introducción, natural o provocada, de aire u otros gases en la cavidad de la pleura.
SIN. **Fisotórax.**
neuquino, -na *adj.-s.* De Neuquén, c. y territorio de Argentina.
neur-, v. neuro-.
neura *adj.-com.* fam. Neurasténico. -2 *f.* fam. Neurastenia.
neuralgia (*neur-* + *-algia*) *f.* Dolor vivo a lo largo de un nervio y sus ramificaciones.
neurálgico, -ca *adj.* Relativo a la neuralgia. 2 MED. V. punto ~. 3 De la mayor importancia: *momento ~.*
neurastenia (*neur-* + *-astenia*) *f.* Debilidad nerviosa que produce una depresión de las fuerzas vitales.
neurasténico, -ca *adj.* Relativo a la neurastenia. -2 *adj.-s.* Que la padece.
neurita (*neuro-*) *f.* ZOOL. Prolongación filiforme que arranca de la célula nerviosa y termina formando una ramificación terminal.
SIN. **Cilindroeje, axión, neuroeje.**
neuritis *f.* Inflamación de un nervio. ◇ Pl.: *neuritis.*
neuro-, neur-, -neuro (gr. *neuron,* nervio) Elemento prefijal y sufijal que entra en la formación de palabras con el significado de nervio.
neuroanatomía (*neuro-* + *anatomía*) *f.* Anatomía del sistema nervioso.
neuroanatomista *com.* Especialista en neuroanatomía.
neurobiología (*neuro-* + *biología*) *f.* Disciplina que estudia el funcionamiento del sistema nervioso central.
neurobiólogo, -ga *m. f.* Especialista en neurobiología.
neurociencia (*neuro-* + *ciencia*) *f.* BIOL. Ciencia que se ocupa del sistema nervioso, como la neurología, la neurobiología, etc. ◇ Suele utilizarse en plural para referirse al conjunto de ellas.
neurocirugía (*neuro-* + *cirugía*) *f.* Cirugía del sistema nervioso.
neurocirujano, -na *m. f.* Médico especialista en operaciones del cerebro y del sistema nervioso.
neuroeje *m.* Neurita.
neuroembriología (*neuro-* + *embriología*) *f.* MED. Embriología del sistema nervioso.
neuroendocrino, -na *adj.* Relativo a la neuroendocrinología.
neuroendocrinología (*neuro-* + *endocrinología*) *f.* MED. Ciencia que estudia las relaciones normales y las patológicas entre el sistema nervioso y las glándulas endocrinas.
neuroepidemiología (*neuro-* + *epidemiología*) *f.* MED. Ciencia que estudia las epidemias de enfermedades del sistema nervioso.
neuroepitelio (*neuro-* + *epitelio*) *m.* ZOOL. Epitelio de los órganos de los sentidos.
neuroesqueleto (*neuro-* + *esqueleto*) *m.* ZOOL. Esqueleto interno, formado por piezas óseas o cartilaginosas, de los animales vertebrados.
neurofisiología (*neuro-* + *fisiología*) *f.* Rama de la fisiología que estudia las funciones del sistema nervioso.
neuroglia (*neuro-* + gr. *glía,* liga) *f.* Substancia difundida por el sistema nervioso que constituye su elemento de sostén, sirviendo a la vez para aislar las células y fibras nerviosas.
neurografía (*neuro-* + *-grafía*) *f.* Descripción de los nervios.
neuroléptico, -ca *adj.-s.* Que ejerce una acción sedante sobre el sistema nervioso: *medicamento ~.*
neurolingüística (*neuro-* + *lingüística*) *f.* Disciplina lingüística que estudia las relaciones entre las lesiones cerebrales y los trastornos del lenguaje que provocan.
neurología (*neuro-* + *-logía*) *f.* Rama de la medicina que estudia el sistema nervioso y sus enfermedades.
neurólogo, -ga *m. f.* Persona versada en neurología.
neuroma (*neuro-* + *-oma*) *m.* Tumor formado por tejido nervioso.
neurona (*neuro-*) *f.* Célula nerviosa con sus prolongaciones protoplásmicas y su cilindroeje.
neuronitis *f.* Inflamación de una o varias neuronas. ◇ Pl.: *neuronitis.*
neurópata *com.* Persona que padece neuropatía.
neuropatía (*neuro-* + *-patía*) *f.* Enfermedad nerviosa.
neuropatología (*neuro-* + *patología*) *f.* Tratado de las enfermedades del sistema nervioso. 2 Anatomía patológica del sistema nervioso.
neuropsicología (*neuro-* + *psicología*) *f.* Ciencia que estudia las relaciones entre las funciones psicológicas y las estructuras cerebrales.
neuropsiquiatra *com.* Especialista en neuropsiquiatría.
neuropsiquiatría (*neuro-* + *psiquiatría*) *f.* Rama de la medicina que se ocupa de las enfermedades nerviosas y mentales.
neuróptero (*neuro-* + *-ptero*) *adj.-m.* Insecto del orden de los neurópteros. -2 *m. pl.* Antiguo orden de insectos pterigotas, con cuatro alas membranosas y reticuladas; en la actualidad sus componentes se han agrupado en tres órdenes: megalópteros, rafidiópteros y planipennes.
neuroquímico, -ca *adj.* Propio o relativo a los fenómenos químicos que se producen en el sistema nervioso. -2 *f.* Estudio de estos fenómenos.
neurosicología *f.* Neuropsicología.
neurosiquiatra *com.* Neuropsiquiatra.
neurosis (*neur-* + *-osis*) *f.* Enfermedad funcional nerviosa. ◇ Pl.: *neurosis.*
neurótico, -ca *adj.* Relativo a la neurosis. -2 *adj.-s.* Que la padece.

neurotomía (*neuro-* + *-tomía*) *f.* MED. Sección de un cordón nervioso.
neurótomo (*neuro-* + *-tomo*) *m.* Escalpelo propio para disecar nervios.
neurotransmisión (*neuro-* + *transmisión*) *f.* Transmisión del flujo nervioso.
neurotrópico, -ca *adj.* Que tiene una afinidad especial para las células nerviosas.
neurovegetativo, -va *adj.* [sistema nervioso] Regulador de la vida vegetativa.
neutonio *m.* FÍS. Unidad de fuerza equivalente a cien mil dinas.
neutral (l. *-ale*) *adj.* Que, entre dos partes que contienden, permanece sin inclinarse a ninguna de ellas; que no es de uno ni de otro: *espectador ~; estado ~; territorio ~*. 2 [región, estado, nación] Que en una guerra entre dos o más potencias mantiene con imparcialidad las mismas relaciones que con ellas tenía al iniciarse el conflicto, absteniéndose de todo acto que las pueda favorecer directa o indirectamente.
neutralidad *f.* Calidad de neutral.
neutralismo *m.* Política de neutralidad.
neutralista *adj.* Relativo al neutralismo. -2 *adj.-com.* Partidario de él.
neutralizable *adj.* Que se puede neutralizar.
neutralización *f.* Acción de neutralizar o neutralizarse. 2 Efecto de neutralizar o neutralizarse. 3 Acción de dar un estatuto de no beligerancia. 4 En fonología, fenómeno que se produce cuando una oposición entre dos fonemas deja de ser distintiva. 5 FÍS. Anulación de efectos perjudiciales en circuitos eléctricos.
neutralizador, -ra *adj.-s.* Que neutraliza. -2 *m.* Condensador variable que se emplea para corregir una neutralización.
neutralizante *adj.-m.* Que neutraliza.
neutralizar *tr.-prnl.* Hacer neutral [una región, estado o nación]. 2 Hacer neutra [una substancia]. 3 Debilitar [el efecto de una causa] por la concurrencia de otra opuesta. ◇ ** CONJUG. [4] como ***realizar.***
neutrino *m.* Partícula de masa muy pequeña desprovista de carga.
neutro, -tra (l. *neutru,* ni uno ni otro) *adj.* Que no presenta ni uno ni otro de dos caracteres opuestos. 2 No definido, indeterminado. 3 Que no presenta fenómeno alguno eléctrico o magnético: *zona neutra.* 4 GRAM. Que no es ni masculino ni femenino: ***género*** *~*, v. género; ***verbo*** *~*, v. verbo (intransitivo). 5 H. NAT. No apto para la generación; como la abeja obrera, y como ciertas flores en que los pétalos se han acrecentado a expensas del androceo y el gineceo; como la hortensia. 6 POL. Indiferente. 7 QUÍM. Que no es ácido ni básico.
neutrón *m.* Constituyente corpuscular del núcleo atómico, de carga eléctrica nula, y masa aproximadamente igual a la del núcleo de hidrógeno: ***bomba de neutrones,*** carga termoneuclear que, en comparación con las otras bombas, tiene una radiación neutrónica superior, pero una onda de choque y una emisión de calor y de radiactividad más reducidas.
neutrónico, -ca *adj.* De los neutrones.
nevada *f.* Acción de nevar. 2 Cantidad de nieve caída sin interrupción sobre la tierra. 3 *Murc.* Vertiente del tejado.
SIN. *2* **Nevasca, nevazo, nevazón; nevisca, falisca,** la de copos menudos; **ventisca, ventisco,** borrasca de viento y nieve; **cellisca,** temporal de viento, lluvia y nieve menuda; **torva,** remolino de lluvia y nieve. REL. *2* **Alud, argayo, lurte, avalancha** (GALIC.), masa de nieve que se derrumba de los montes.
nevadilla (de *nébeda*) *f.* Aladierna.
nevado, -da *adj.* Cubierto de nieve. 2 fig. Blanco como la nieve. 3 fig. [animal] Que tiene manchas de color blanco en su pelo, esp. la vaca. -4 *m. Ecuad.* Trabajo de aguja que hacen llenando los huecos del torzal o de la red, y formando variedad de figuras.
nevar (l. *nivere*) *impers.* Caer nieve. -2 *tr.* fig. Poner blanca [una cosa]. 3 *Ecuad.* Ejecutar la labor del nevado. ◇ ** CONJUG. [27] como ***acertar.***
nevarrusco *m. Extr.* Aguanieve.
nevasca *f.* Nevada. 2 Ventisca.
nevascada *f. And.* Nevada.
nevatilla *f.* Aguzanieves.
nevazo *m.* Nevada. 2 Nevada intensa.
nevazón *f. Amér.* Nevada, nevazo.
nevera (l. *nivaria*) *f.* Mujer que vende nieve o refrescos helados. 2 Sitio en que se guarda o conserva nieve. 3 Mueble frigorífico para el enfriamiento o conservación de alimentos y bebidas: *~ de hielo; ~ eléctrica.* 4 fig. Habitación demasiado fría.
nevereta *f.* Aguzanieves.
nevería *f.* desus. Establecimiento donde se vende nieve o refrescos helados.
SIN. **Heladería.**
nevero (l. *nivariu*) *m.* desus. Hombre que vende nieve o refrescos helados. 2 Ventisquero (sitio).
SIN. *1* **Heladero.**
nevisca *f.* Nevada corta de copos menudos.
neviscar *impers.* Nevar ligeramente o en corta cantidad. ◇ **CONJUG. [1] como ***sacar.***
nevoso, -sa (l. *nivosu*) *adj.* Que a menudo lo cubre la nieve. 2 De nieve: *temporal ~*.
SIN. **Nivoso,** lit.
I) newton *m.* Unidad de fuerza, equivale a la fuerza que comunica una aceleración de un metro por segundo a una masa de un kilogramo. Su símbolo es *N.*
II) newton *m.* FÍS. Nombre del neutonio en la nomenclatura internacional.
newtoniano, -na *adj.* Relativo a Newton (1642-1727).
nexo (l. *nexu*) *m.* Nudo, unión, vínculo.
ni (l. *nec*) *conj. copul.* Enlaza oraciones negativas o términos dependientes de una oración negativa: *no descansa ni de día ni de noche; nadie lo poseerá, ni tú ni yo;* cuando la oración negativa está precedida del adverbio *no*, puede suprimirse delante del primer término que se ha de negar: *no descansa de día ni de noche;* cuando el verbo va al final de la oración, es obligatorio el uso de *ni* delante de cada término, e incorrecto el empleo de *no* ante el verbo: *ni de día ni de noche descansa.* -2 *conj. disyunt.* p. us. Denota alternativa o contraposición: *¿te hablé yo ni te vi?* -3 *adv. neg.* Y no: *perdió el caudal y la honra, ni podía esperarse otra cosa de su conducta.* -4 *loc. adv.* ***Ni bien,*** en oraciones de sentido contrapuesto, no del todo: *ni bien de corte, ni bien de aldea.* 5 ***Ni que,*** en oraciones exclamativas, como si: *¡ni que fuese tonto!* ◇ V. las reglas de **concordancia.
Ni, símbolo químico del *níquel.*
nía (der. de *nidus*) *f. Burg.* y *Pal.* Manojo de mies cortada y tendida en el suelo para formar gavillas.
niaja *f. Extr.* Galladura.
nial *m.* Almiar.
niango, -ga *adj. Méj.* Entre charros, quisquilloso.
niara *f.* Especie de pajar hecho en el campo, en cuyo interior se suele conservar el grano.
nibelungos *m. pl.* En la mitología germánica, hijos de la niebla, raza de genios que poseyeron el tesoro y el anillo que conquistó Sigfredo. 2 Poema épico medieval de Alemania, en el que se combinan elementos mitológicos e históricos.
nica *adj.-s. Amér. Central.* fest. Natural de Nicaragua.
nicaragua *f.* Balsamina (planta balsaminácea). -2 *adj. Colomb.* [gallina] De plumas negras y de carne poco estimada.
nicaragüense, nicaragüeño, -ña *adj.-s.* De Nicaragua, nación de la América Central.
nicarao *adj.-s.* De una tribu indígena de Nicaragua.
niceno, -na (l. *nicœnu*) *adj.-s.* De Nicea, ant. c. de Bitinia.
nicho (it. antic. *nicchio,* der. del l. v. *nidiculare,* anidar, de *nidus*) *m.* Hornacina. 2 p. ext. Concavidad formada en un muro para colocar alguna cosa, esp. un cadáver.
I) nicle (b. l. *nichilu*) *m.* Calcedonia con listas, unas más oscuras que las otras.
II) nicle *m. Ecuad.* Níquel.
nicociana (v. *nicotina*) *f.* Tabaco (planta).
nicol *m.* Prisma destinado a polarizar la luz, hecho de espato de Islandia.
nicolita *f.* MIN. Niquelina.
nicomediense (l.) *adj.-s.* De Nicomedia, ant. c. de Bitinia.
nicótico, -ca *adj.* Referente al nicotismo.
nicotina (del fr. *nicotine,* de Juan *Nicot,* 1530-1600, que introdujo en el s. XVI el tabaco en Francia) *f.* Alcaloide venenoso que se extrae del tabaco.
nicotínico (ácido ~) *m.* Vitamina B_2.
nicotinismo *m.* Nicotismo.
nicotismo *m.* MED. Estado morboso producido por el abuso del tabaco.
SIN. **Tabaquismo.**
nicromo *m.* Aleación de níquel y cromo.
nictagináceo, -a (gr. *nýx, nyktós,* noche) *adj.-f.* Planta de la familia de las nictagináceas. -2 *f. pl.* Familia de plantas tropicales, herbáceas o arbóreas, de hojas opuestas, flores solitarias o dispuestas en glomérulos y envueltas a menudo en brácteas coloreadas, y fruto en aquenio.

nictálope (gr. *nyktálops*) ***adj.-s.*** Que padece nictalopía.
nictalopía (v. *nictálope*) ***f.*** Enfermedad del que, viendo bien de día, ve poco o nada por la noche o con luz débil. 2 Por error y más comúnmente, enfermedad del que ve mejor de noche que de día.
nictitación ***f.*** ZOOL. Parpadeo.
nictitante (l. *nictari,* guiñar) ***adj. Membrana ~,*** membrana casi transparente que forma el tercer párpado de las aves.
nicula ***f.*** *Perú.* Roten de menos de 70 cms. que usan los arrieros.
nidación ***f.*** Período de celo de los mamíferos.
nidada ***f.*** Conjunto de los huevos o pajarillos de un nido.
nidal (de *nido*) ***m.*** Lugar donde las aves domésticas suelen poner sus huevos. 2 Huevo que se deja en un paraje señalado para que la gallina acuda a poner allí. 3 fig. Sitio adonde uno acude con frecuencia. 4 fig. Fundamento o motivo de que suceda o prosiga una cosa.
SIN. *1, 3* y *4* **Nido.** *1* y *3* **Ponedero.**
nidícola (de *nido* + *-cola*) ***adj.*** [ave] Que permanece en el nido paterno algún tiempo después de su nacimiento.
nidificación ***f.*** Acción de nidificar. 2 Efecto de nidificar.
nidificar (l. *-are*) ***intr.*** Hacer nidos (las aves). ◇ ** CONJUG. [1] como ***sacar.***
SIN. **Anidar.**
nidífugo, -ga (de *nido* + *-fugo*) ***adj.*** [ave] Que abandona el nido al poco de nacer.
nido (l. *nidu*) ***m.*** Especie de lecho, de formas y materiales distintos, que hacen las aves para poner sus huevos y criar los pollos. 2 p. ext. Lugar donde procrean otros animales: *un ~ de ratones; ~ de insectos.* 3 Nidal (paraje y fundamento). 4 fig. Casa, patria o habitación de uno. 5 fig. Lugar donde se juntan gentes de mala conducta: *un ~ de bribones.* 6 fig. Lugar donde se agrupan ciertas cosas: *~ de ametralladoras.* 7 fig. Lugar originario de ciertas cosas inmateriales: *~ de discordias.*
nidrio, -dria ***adj.*** *Ál.* Lívido, cárdeno.
nidularial ***adj.-s.*** Hongo homobasidiomicétido con aspecto de nido, cuyo cuerpo lenticular encierra las esporas. -2 ***m. pl.*** Orden de dichos hongos.
niebla (l. *nebula*) ***f.*** Condensación del vapor de agua de la atmósfera, esp. cuando forma una capa extensa en contacto con la Tierra: *~* ***meona,*** la que desprende gotas menudas. 2 fig. Confusión y oscuridad en las cosas o negocios. 3 Nube (mancha). 4 Añublo. 5 MED. Grumos que en ciertas enfermedades forma la orina después de fría y en reposo.
SIN. *1* **Bruma,** esp. la que se forma en el mar; **neblina,** niebla baja; **boira,** p. us.; **brumazón,** la espesa y grande; **calima, calina, calígine, fosca,** la muy tenue.
I) niego (l. *nidicu* < *nidu,* nido) ***adj.*** [halcón] Recién salido del nido.
II) niego ***m.*** Pozo o labor en que no se encuentra mineral.
niel (l. *nigellu;* dim. de *niger,* negro) ***m.*** Labor en hueco sobre metales preciosos, rellena con esmalte negro.
nielado ***m.*** Acción de nielar. 2 Efecto de nielar.
nielar ***tr.*** Adornar con nieles.
niespera (de *nespila* o *mespira;* var. del l. *mespilu*) ***f.*** Níspola.
nietastro, -tra ***m. f.*** Hijo o hija del hijastro o de la hijastra, respecto de una persona.
nieto, -ta (l. v. *neptus,* nieta y sobrina; l. *neptis*) ***m. f.*** Hijo o hija del hijo o de la hija, respecto de una persona. 2 p. ext. Descendiente de una línea a partir de la tercera generación: *~ segundo; ~ tercero,* etc.
nietro ***m.*** *Ar.* Medida para vino de diciséis cántaros, equivalente en Huesca a 159 litros y 68 centílitros.
nietzscheano, -na ***adj.*** Relativo al filósofo alemán Federico Nietzsche (1844-1900). -2 ***adj.-s.*** Partidario de su doctrina.
nieve (l. v. **neve* < *nive*) ***f.*** Hielo en forma de pequeños cristales provenientes de la congelación de partículas de agua en suspensión en la atmósfera, que se agrupan al caer y llegan al suelo en copos blancos. 2 Temporal en que nieva mucho: *en tiempo de nieves.* 3 fig. Suma blancura de cualquier cosa: *la ~ de tus canas.* 4 fig. Repostería a base de claras de huevo y azúcar. 5 fig. Interferencia que presenta el aspecto de la nieve al caer y se observa en los receptores de televisión. 6 En el lenguaje de la droga, cocaína. 7 *And.* Hielo. 8 *Amér.* Helado.
REL. *1* **Nevada; níveo,** de nieve o semejante a ella.
nife ***m.*** GEOL. Núcleo de la tierra que se considera formado por níquel y hierro; su densidad es superior a 7, y su radio de unos 5.000 kms.
nigeriano, -na ***adj.-s.*** De Nigeria, nación de Africa occidental.
nigerio, -ria ***adj.-s.*** De Niger, nación de Africa occidental.
nigeriosenegalés, -lesa ***adj.-m.*** Conjunto de lenguas sudanesas, habladas principalmente en Mali, Guinea, Sierra Leona y Costa de Marfil, que se divide en dos grupos: septentrional y meridional; como el mandinga y el mendi, respectivamente.
nigerocamerunés, -nesa ***adj.-m.*** Conjunto de lenguas sudanesas habladas en Nigeria y Camerún; como el bali.
night club (ing.) ***m.*** Sala de fiestas que funciona por la noche. ◇ Se pronuncia *naitclab.*
nigola ***f.*** MAR. Flechaste.
nigromancia, -mancía (l. *necromantia* < gr. *ne-kromanteia;* con influjo de *niger,* negro) ***f.*** Arte supersticioso de adivinar lo futuro evocando a los muertos y consultándolos. 2 Magia negra.
SIN. **Necromancia.**
nigromante ***com.*** Persona que ejerce la nigromancia.
nigromántico, -ca ***adj.*** Relativo a la nigromancia. -2 ***m. f.*** Nigromante.
nigua (arauc. de las Antillas) ***f.*** Insecto americano parecido a la pulga. Las hembras fecundadas penetran bajo la piel de los animales y del hombre, pralte. en los pies, y allí depositan la cría, que ocasiona mucha picazón y úlceras graves *(Pulex penetrans).* 2 *Guat.* Llorón, cobarde. 3 *Amér.* ***Pegarse como ~,*** adherirse fuertemente, arrimarse a otro.
niguatero, -ra ***adj.*** *Amér.* Que tiene los pies llenos de niguas.
niguatoso, -sa ***adj.*** *Ant.* y *Venez.* Niguatero.
nigüento, -ta ***adj.*** *Amér.* Niguatero.
nigüero ***m.*** *Amér.* Lugar donde hay niguas.
nihilidad ***f.*** Condición de no ser nada.
nihilismo (l. *nihil,* nada) ***m.*** Doctrina que niega la existencia de una realidad substancial correspondiente a las intuiciones sensibles. 2 Comunismo anárquico de los revolucionarios rusos desde mediados del siglo XIX hasta el bolchevismo.
nihilista ***adj.*** Relativo al nihilismo. -2 ***adj.-com.*** Que lo profesa.
Nike ***n. pr.*** Diosa griega de la victoria.
nilad (voz tagala) ***m.*** Arbusto de Filipinas, de la familia de las rubiáceas.
nilón ***m.*** Nailon.
nilótico, -ca ***adj.-s.*** De un pueblo negroafricano que habita en la cuenca del Nilo y en la región de los Grandes Lagos. -2 ***adj.-m.*** Familia de lenguas del tronco negroafricano, habladas en este territorio, que se divide en tres grupos: septentrional, central y meridional; como el nubio, el nuer y el nandi, respectivamente.
nimbado ***m.*** Acción de nimbar. 2 Efecto de nimbar.
nimbar ***tr.*** Rodear de aureola [una figura o imagen].
nimbo (l. *nimbu,* nube resplandeciente) ***m.*** Aureola (círculo luminoso). 2 Nube baja, obscura, de aspecto uniforme. 3 Círculo que en ciertas medallas romanas rodea la cabeza del emperador.
nimbostrato (de *nimbo* + *estrato*) ***m.*** Nube baja de estructura deshilachada, sin contornos definidos.
nimiamente ***adv. m.*** Con nimiedad.
nimiedad (l. *-etate*) ***f.*** Cosa insignificante. 2 Prolijidad. 3 Poquedad, cortedad.
nimio, -mia (l. *nímiu,* excesivo, intemperante) ***adj.*** Insignificante, sin importancia. 2 Prolijo, minucioso, escrupuloso. 3 Excesivo, exagerado. 4 Tacaño.
ninfa (gr. *nymphe*) ***f.*** Divinidad femenina que vivía en las fuentes, los bosques, los montes y los ríos; como las dríadas, sílfides, náyades, oréadas, etc. 2 fig. Mujer hermosa. 3 Insecto que ha pasado ya del estado de larva y prepara su última metamorfosis. 4 Fase joven de los insectos exopterigotos entre el huevo y el adulto, diferenciándose de este último sólo en el estado rudimentario de sus alas y órganos genitales. 5 *~* ***del bosque,*** mariposa diurna de color marrón tostado y manchas blancas *(Limenitis camilla).* 6 Seta comestible de sombrero de color pardo y borde rugoso *(Marasmius oreados).* -7 ***f. pl.*** Labios pequeños de la vulva.
SIN. *3* **Crisálida, palomilla, pupa.**
ninfea (l. *nymphœa*) ***m.*** Nenúfar.
ninfeáceo, -a (de *ninfea*) ***adj.-f.*** Planta de la familia de las ninfeáceas. -2 ***f. pl.*** Familia de plantas dicotiledóneas, acuáticas, con rizoma rastrero y carnoso, hojas grandes, flotantes y de largo pecíolo, flores terminales con muchos pétalos, y fruto globoso; como el nenúfar.
ninfo (v. *ninfa*) ***m.*** fig. Narciso (persona).
ninfómana ***f.*** Hembra que padece ninfomanía.
ninfomanía (de *ninfa,* labio menor de la vulva + *-manía*) ***f.*** Furor uterino en la mujer o en la hembra.
SIN. **Andromanía.**

ningún *adj. indef.* Apócope de *ninguno*; no se emplea sino antepuesto a nombre masculino: ~ *hombre;* ~ *tiempo.*
ningunear *tr. Méj.* Menospreciar.
ninguno, -na (l. *nec unu,* ni uno) *adj. indef.* Ni uno solo; se usa después del nombre: *no tengo libro* ~*;* antes del nombre masculino se dice *ningún: no tengo ningún libro.* 2 *pron. indef.* Sirve para reforzar la negación: *no tiene valor* ~. 3 Nadie: *no ha venido* ~*;* ~ *ha venido;* ~ *de los presentes;* ~ *entre tantos.*
ninivita *adj.-s.* De Nínive, ant. c. de Asia.
ninot *m.* Muñeco de proporciones regulares, que se pone en las calles de Valencia durante las fallas.
niña (v. *niño*) *f.* Pupila (del ojo). 2 ***Niñas de los ojos,*** fig., persona o cosa del mayor cariño o aprecio de uno.
niñada *f.* Dicho o hecho propio de niños.
SIN. **Chicada, chiquillada.**
I) niñato *m.* Becerrillo que se halla en el vientre de la vaca cuando la matan estando preñada.
II) niñato, -ta *adj.-s.* [joven] Inexperto. 2 Niño bitongo, zangolotino. -3 *m. f.* desp. Persona que habla y actúa irreflexivamente o con mala educación; petulante, presuntuoso.
niñear *intr.* Hacer niñadas.
niñera *f.* Criada para cuidar niños.
SIN. **Aya, chacha, orzalla, rolla, rollona; nurse** (ANGLIC.); **canguro,** es un empleo circustancial por horas; **tata,** en el habla infantil.
niñería *f.* Acción de niños. 2 Pequeñez: *déjate de niñerías.*
SIN. **Puerilidad.**
niñero, -ra *adj.* Que gusta de niños o de niñerías.
niñeta *f.* Niña del ojo.
niñez (de *niño*) *f.* Primer período de la vida humana que llega hasta la adolescencia. 2 Niñería (acción). 3 fig. Principio de cualquier cosa.
SIN. *1* y *2* **Infancia, puericia.**
niño, -ña (base rom. *ninnus,* voz descriptiva) *adj.-s.* Que se halla en la niñez: *es muy* ~ *aún;* ~ ***probeta,*** bebe probeta. 2 p. ext. Que tiene pocos años. 3 fig. Sin experiencia o reflexión. 4 ~ ***bitongo*** o ***zangolotino,*** muchacho ya crecido que quiere pasar por niño. 5 ~ ***de la bola,*** el Niño Jesús, por la bola del mundo con que a veces se le representa; fig., persona afortunada. 6 fig. ~ ***gótico,*** señorito cursi. 7 *m. f.* fig. fam. Persona soltera, aunque tenga muchos años. 8 *Amér.* Tratamiento cariñoso que dan los sirvientes a los señores, en vez de don o doña: ~ *Pedro murió a los 50 años.* 9 ***Niña bonita,*** número quince, esp. en los sorteos.
SIN. *1* **Chico; chavea, zagal,** en *And.*; **párvulo; rorro, bebé,** el muy pequeñito. REL. **Puericultura,** cuidado de los niños; **pediatra,** médico de niños; **pedagogía,** educación de los niños.
niobe *f.* Mariposa diurna de color leonado, con manchas y lúnulas blancas brillantes en el reverso de las alas posteriores *(Fabriciana niobe).*
Niobe *n. pr.* MIT. Hija de Tántalo. Orgullosa de sus numerosos hijos, se atrevió a comparar su suerte con la de Latona, que sólo tenía dos. Para castigarla, Apolo y Artemis, hijos de Latona, mataron a los hijos de Niobe. Zeus la convirtió en piedra, y en este estado siguió llorando su desgracia.
niobio (de *Niobe,* hija de Tántalo) *m.* Metal raro de color gris de acero. Su símbolo es *Nb* y su peso atómico 93'5.
niopo *m. Venez.* Polvo, rapé.
nioto *m.* Cazón.
nipa (voz tagala) *f.* Palmera de Oceanía con cuyas hojas se tejen esteras y con cuya savia se hacen bebidas espirituosas *(Nipa fructicans).* 2 Hoja de este árbol.
nipe *m. Cuba* y *Méj.* Nipis.
nipis *m.* Tejido de color amarillo de paja, que se fabrica con las fibras más finas de la nipa. ◇ Pl.: *nipis.*
nipón, -pona *adj.-s.* Japonés.
nique *m.* Lique.
níquel (al. *Nickel,* der. del n. propio *Nikolaus*) *m.* Metal duro, maleable, dúctil, de aspecto semejante al de la plata, y difícil de fundir y de oxidar. Su símbolo es *Ni*; su peso atómico 58'68 y su número atómico 28. 2 Moneda de este metal. 3 *Cuba* y *P. Rico.* Moneda de cinco centavos. 4 *Urug.* Dinero.
REL. *1* **Cuproníquel,** aleación de cobre y níquel; **platinoide,** íd. de cobre, níquel y cinc.
niquelado *m.* Acción de niquelar. 2 Efecto de niquelar.
niquelador *m.* El que tiene por oficio niquelar.
niqueladura *f.* Niquelado.
niquelar *tr.* Cubrir con un baño de níquel [otro metal].
niquelífero, -ra *adj.* Que contiene níquel.
niquelina *f.* MIN. Arseniuro nativo de níquel.
SIN. **Nicolita.**
niquers (ing. *Knickerbockers*) *m. pl.* Calzones amplios, holgados y ajustados debajo de las rodillas.
niqui *m.* Especie de blusa de punto.
niquiscocio *m.* desp. Negocio de poca importancia.
niquitoso, -sa *adj. Ar.* Dengoso, minucioso.
nirvana (voz sánscrita) *m.* En el budismo, suprema y eterna beatitud que consiste en una existencia despojada de todo atributo corpóreo. Es el aniquilamiento del yo personal, su identificación con el principio supremo del universo; no se logra con la muerte, que no es más que el tránsito a otra existencia personal, sino con la práctica de la virtud, de la caridad, de la humildad y de la resignación.
nisán *m.* Séptimo mes del calendario judío, que va de mediados de marzo a mediados de abril.
níscalo *m.* Mízcalo.
niscome (mej. *nexcomitl*) *m. Méj.* Olla para cocer el maíz de las tortillas.
niscómil *m. Méj.* Niscome.
níspero (l. v. *nespiru;* l. *mespilu;* gr. *méspilos*) *m.* Árbol rosáceo, de tronco delgado, ramas abiertas y algo espinosas, hojas grandes, lanuginosas por el envés, flores blancas axilares y fruto aovado, comestible cuando está pasado *(Mespilus germanica).* 2 ~ ***del Japón,*** arbusto rosáceo de hojas ovales puntiagudas, flores blancas en panoja y fruto amarillento, agridulce, con semillas muy gruesas *(Eriobotrya japonica).* 3 ~ ***espinoso*** o ***silvestre,*** espino (arbolillo). 4 Níspola (fruto). 5 *Amér.* Zapote. 6 *Colomb., Pan.* y *Venez.* Balata (árbol).
SIN. *1* **Néspera; míspero,** *Ál., Burg.* y *Logr.*
níspola (l. *mespilu*) *f.* Fruto del níspero. 2 Mariposa diurna de pequeño tamaño, con las alas de color amarillo beige y estrechos bordes marginales grises *(Cœnonympha pamphilus).*
nistagmos *m. pl.* Movimientos inconscientes y rápidos del globo ocular, ocasionados por una afección del cerebelo.
nistatina *f.* Antibiótico activo contra algunos hongos.
nitaíno *m.* Noble, persona de la nobleza entre los indios taínos.
nitela *f.* Género de himenópteros de cabeza globulosa y alas posteriores con nerviaciones muy reducidas.
nitidez *f.* Calidad de nítido.
nítido, -da (l. *-du;* doble etim. *neto*) *adj.* Neto, terso, claro, resplandeciente.
nito *m.* Helecho que se cría en Filipinas; de los pecíolos se saca el filamento para fabricar sombreros y petacas *(Lygodium semihastatum).* -2 *m. pl.* fam. Palabra que sirve para evitar la respuesta a una pregunta indiscreta.
nitor (l. *nitor*) *m.* Nitidez.
nitración *f.* QUÍM. Tratamiento químico mediante el ácido nítrico.
nitrado, -da *adj.* [cuerpo] Obtenido por nitración.
nitral *m.* Criadero de nitro.
SIN. **Salitral, salitrera.**
nitratación *f.* Transformación del ácido nitroso en ácido nítrico, o de los nitritos en nitratos.
nitratado, -da *adj.* Que contiene nitrato: *papel, explosivo* ~.
nitratar *tr.* Abonar [la tierra] con nitratos.
nitrato *m.* Sal o éster del ácido nítrico. 2 ~ ***de Chile,*** abono nitrogenado natural extraído del caliche, que se encuentra en yacimientos del Norte de Chile. Consiste, pralte., en nitrato sódico, nitrato potásico y pequeñas cantidades de sales de boro, yodo y otros elementos.
SIN. **Azoato.**
nitrera *f. Chile.* Nitral.
nitrería *f.* Lugar donde se recoge, extrae o beneficia el nitro.
nítrico, -ca *adj.* Relativo al nitro o al nitrógeno: *ácido* ~, el que se obtiene por acción del ácido sulfúrico sobre un nitrato. Es un oxidante muy enérgico. Vulgarmente se llama *agua fuerte.*
nitrificación *f.* Transformación en nitratos del amoníaco y sus sales.
nitrificador, -ra *adj.* Que produce nitrificación.
nitrificante *adj.* [microorganismo] Que vive en las raíces de las leguminosas y otras plantas, y tiene la propiedad de transformar y fijar el nitrógeno atmosférico.
nitrificar (l. *nitrum,* nitro + *-ificar*) *tr.* Fijar los microorganismos el nitrógeno atmosférico [en la tierra]. ◇ ** CONJUG. [1] como ***sacar.***
nitrilo *m.* QUÍM. Compuesto orgánico derivado del cianuro de hidrógeno.

nitrito *m.* Sal o éster del ácido nitroso.
nitro (l. *nitrum;* gr. *nitron,* de orig. egipcio) *m.* Nitrato de potasio que se encuentra en forma de agujas o polvillo en la superficie de terrenos húmedos o salados. 2 ~ *cúbico,* sal semejante al nitro en que el potasio está reemplazado por el sodio.
SIN. **Salitre.** REL. **Nitral, salitral, salitrera,** paraje donde abunda; **salitrería, nitrería,** lugar en que se fabrica o beneficia.
nitro- (gr. *nitron,* nitro) Elemento prefijal que entra en la formación de palabras e indica relación con el nitrógeno y esp. con el grupo NO_2.
nitrobenceno (*nitro-* + *benceno*) *m.* Líquido oleoso derivado nitrado de la bencina, que se emplea en la fabricación de anilina, así como en explosivos y en perfumería.
nitrobencina (*nitro-* + *bencina*) *f.* QUÍM. Cuerpo resultante de la combinación del ácido nítrico con la bencina.
nitrocalcita *f.* Mineral de la clase de las oxisales que cristaliza en el sistema monoclínico, de color blanco o gris.
nitrocelulosa (*nitro-* + *celulosa*) *f.* Éter nítrico que se obtiene sometiendo a la celulosa purificada en algodón o pasta a la acción de una mezcla variable de ácidos sulfúrico y nítrico, que produce, en cada caso, diversos productos, como explosivos, lacas, plásticos, etc.
nitrocompuesto (*nitro-* + *compuesto*) *m.* Compuesto orgánico que contiene el grupo funcional formado por un átomo de nitrógeno y dos de oxígeno que resulta al eliminar el radical hidróxilo del ácido nítrico. Casi todos estos compuestos son estables y de color amarillento.
nitrofosfato (*nitro-* + *fosfato*) *m.* Abono obtenido por reacción de fosfato tricálcico (roca fosfática) y ácido nítrico.
nitrogelatina (*nitro-* + *gelatina*) *f.* QUÍM. Explosivo formado por una mezcla de nitroglicerina, nitrato de sodio y serrín.
nitrogenado, -da *adj.* Que contiene nitrógeno.
SIN. **Azoado.**
nitrógeno (*nitro-* + *-geno*) *m.* Elemento gaseoso, incoloro, inodoro e insípido, que no sirve para la respiración ni la combustión y forma la mayor parte del aire atmosférico. Su símbolo es *N*, su peso atómico 14 y su número atómico 7.
SIN. **Ázoe.**
nitroglicerina (*nitro-* + *glicerina*) *f.* Líquido pesado, aceitoso y explosivo, que resulta de la acción del ácido nítrico en la glicerina. Mezclado con un absorbente forma la dinamita.
nitroglicol *m.* QUÍM. Líquido amarillento, volátil, insoluble en agua y soluble en alcohol. Es venenoso y hace explosión por efecto del calor o del impacto. Evita que la glicerina se congele.
nitroguanidina *f.* QUÍM. Substancia explosiva que se obtiene a partir de la deshidratación de la guanidina; sirve para fabricar pólvoras frías.
nitrómero (*nitro-* + *-mero*) *m.* QUÍM. Aparato que sirve para determinar la proporción de nitrógeno que contienen los nitratos y los éteres nítricos.
nitrosidad *f.* Calidad de nitroso.
nitroso, -sa (l. *-osu*) *adj.* Que tiene nitro o salitre. 2 [compuesto] En que el nitrógeno tiene una valencia más baja que en los nítricos.
nitrotolueno (*nitro-* + *tolueno*) *m.* Compuesto nitrado del tolueno, que se utiliza en la fabricación de explosivos.
nitruración *f.* Acción de nitrurar. 2 Efecto de nitrurar.
nitrurar *tr.* Endurecer superficialmente los metales ferrosos mediante acción del nitrógeno caliente.
nivación *f.* Erosión producida por la nieve.
nivel (l. v. *libellu;* l. *libella;* dim. de *libra,* balanza) *m.* Aparato para comprobar la horizontalidad o verticalidad de una línea o de un plano o para determinar la diferencia de altura entre dos puntos: ~ *de agua,* tubo metálico, montado sobre un trípode, en cuyos extremos encajan otros dos tubos de cristal, que, una vez llenos de agua, hacen oficio de vasos comunicantes, y por la altura que en ellos toma el líquido, determinan los planos de nivel; ~ *de aire* o *de burbuja,* tubo de cristal cerrado y casi lleno de líquido, gralte. montado sobre una regla metálica; la burbujita de aire que queda dentro del tubo, al detenerse en el centro del mismo, determina la horizontalidad de la regla; ~ *de albañil,* triángulo rectángulo isósceles hecho con tres listones, que lleva suspendido del vértice del ángulo recto una plomada cuyo hilo pasa por el punto medio de la hipotenusa cuando el instrumento descansa sobre un plano horizontal; ~ *de anteojo,* instrumento de topografía que consta de un anteojo horizontal y un nivel de aire regulable por un tornillo vertical; sirve para marcar diferencias de nivel en pendientes largas y uniformes. 2 Grado de elevación de una línea o plano horizontal: *ha subido el ~ de las aguas; ~ hidrostático;* fig., ~ *social,* ~ *moral;* fig., ~ *de vida,* grado de bienestar, pralte. material, alcanzado por la generalidad de los habitantes de un país, los componentes de una clase social, los individuos que ejercen una misma profesión, etc.; fig., ~ *mental,* grado de evolución intelectual. 3 *A* ~, en un plano horizontal; a cordel. ◇ Es anglicismo o galicismo el giro prepositivo *a* ~ de cuando no hay efectivamente niveles, por lo que debe desecharse.
nivelación *f.* Acción de nivelar. 2 Efecto de nivelar.
nivelador, -ra *adj.-s.* Que nivela.
nivelar *tr.* Echar el nivel para ver las condiciones de horizontalidad [de un cuerpo]. 2 TOPOGR. Medir con el nivel las diferencias de altura [entre dos puntos]. -3 *tr.-prnl.* Poner [un plano] en la posición horizontal justa. 4 p. ext. Poner a igual altura [dos o más cosas]. 5 Igualar o proporcionar [una cosa con otra]: ~ *el sueldo de dos personas; nivelarse a lo justo; nivelarse con los humildes.*
níveo, -a (l. *niveu*) *adj.* lit. De nieve o semejante a ella.
nivoso, -sa (l. *-osu*) *adj.* lit. Nevoso (que lo cubre). 2 Cuarto mes del año según el calendario republicano francés.
nixcómil *m. Méj.* Olla en que se prepara el maíz para tortillas.
nixqueza *f. Hond.* Cernada.
nixquezar (mej. *nextli,* ceniza y *quetza,* conservar) *tr. Hond.* Preparar el maíz para las tortillas, cociéndolo con ceniza. ◇ **CONJUG. [4] como *realizar.*
nixtamal (mej. *nextamalli*) *m. Amér. Central* y *Méj.* Maíz cocido con agua y ceniza, o con agua de cal, el cual queda dispuesto para ser lavado y molido, hasta convertirlo en masa para hacer tortillas.
nixtayol *m.* Nixtamal.
nixte *adj. Hond.* Pálido, de color de ceniza.
nizardo, -da *adj.-s.* De Niza, ciudad de Francia.
no (l. *non*) *adv. neg.* Niega o deniega la acción que expresa el verbo al que precede en la oración: *no sabe la lección;* entre *no* y el verbo se colocan los pronombres átonos: *no me lo ha dicho; no todos vendrán; no porque te hayas marchado, faltarán tus brazos;* otras palabras que refuercen la negación, como *nada, nadie, nunca, ninguno, jamás* y *ni* (v. estos artículos), deben ir pospuestas al verbo: *desde aquí no veo nada.* 2 En la respuesta a preguntas, expresa negación con valor absoluto y equivale, en algunos casos, a una oración elíptica: *¿vienes? No,* o sea, *no vengo.* 3 Repetido pleonásticamente refuerza la negación: *no, no lo haré;* pero negando otra negación, afirma: *no dirá que no; no querrá no venir.* 4 Se antepone a substantivos y adjetivos con el mismo valor de un prefijo negativo, aunque se escribe separado: *no conformismo, no beligerante, no intervención.* 5 En oraciones comparativas en que hay contraposición de ideas, adquiere un valor expletivo: *es mejor ayunar que no enfermar,* o sea, *es mejor ayunar que enfermar;* o para evitar dos *que* seguidos: *es mejor que venga que no que se quede.* 6 En oraciones interrogativas, denota duda o extrañeza: *¿no podríamos pasar?, ¿no vienes?*; reclama o espera una respuesta afirmativa: *ya sabrías la noticia ¿no?* 7 Con verbos de voluntad o temor, adquiere un valor dubitativo, desposeído de significación negativa: *cuidado [que] no se nos escapen; temo [que] no vayan a divulgarlo.* 8 Seguido de la preposición *sin* o de palabras con prefijos negativos o privativos (*des-, in-, a-*, etc.), forma locuciones de significado afirmativo atenuado: *cayó no sin gloria, una casa no deshabitada.* -9 *m.* Negación, denegación; me dio un no por respuesta. -10 *loc. ¿A que no?,* expresa incredulidad, desafío o incitación: *¿a que no me pegas?* -11 *loc. ¿Cómo no?,* forma amable de contestar afirmativamente, muy usual en Hispanoamérica. 12 *No bien,* inmediatamente que, en cuanto: *no bien cayó el telón, comenzó la ovación.* 13 *No más,* sólo, solamente: *me dio 500 pesetas no más,* muy corriente en Hispanoamérica con significados múltiples; en giros elípticos, basta de: *no más rogar.* 14 *No menos,* denota ponderación: *en el terremoto murieron no menos de mil personas.* -15 *loc. conj. No ya,* v. ya. 16 *No que,* v. que. ◇ INCOR.: el uso del imperativo con *no* u otra negación: *no entrad,* por no entréis; *no servid,* por no sirváis. ◇ Pl.: *noes.*
nobelio *m.* Elemento radiactivo artificial de número atómico 102 y símbolo *No.*
nobiliario, -ria *adj.* De la nobleza. -2 *adj.-s.* Libro que trata de la nobleza y sus linajes.
nobilísimamente *adv. superl.* Con suma nobleza.
nobilísimo, -ma (l. *-issimu*) *adj.* Superl. de *noble.*
noble (l. *nobile,* conocido, famoso) *adj.* Preclaro, ilustre, gene-

roso: ~ *en sus obras.* 2 Honroso, estimable; como contrapuesto a deshonroso y vil. 3 Principal, excelente o aventajado en cualquier línea. 4 [cosa] Singular, selecto, aventajado a los demás elementos de sus misma clase: *los bargueños son muebles artesanales hechos con madera nobles.* 5 QUÍM. [substancia] Que no reacciona con otras y permanece inalterable. -6 ***adj.-com.*** [pers.] Que por su nacimiento o por merced del soberano usa algún título que la distingue de las demás, confiriéndole ciertos privilegios: ~ *de cuna;* ~ *por su origen.* ◇ Superl. *nobilísimo*
SIN. *6* **De sangre azul.** REL. **Barón, vizconde, conde, marqués, duque, archiduque, príncipe,** son los títulos de nobleza actuales, en orden de menor a mayor importancia.

noblemente ***adv. m.*** Con nobleza.

nobleza ***f.*** Calidad de noble. 2 Conjunto de los nobles de una región o de un estado.

noblote, -ta ***adj.*** Que procede con nobleza llana. ◇ El sufijo aumentativo añade al primitivo *noble* la idea de fuerza, tosquedad, rusticidad de maneras, falta de afectación: *un caballo* ~.

noca (ár. vulgar *nágar*) ***f.*** Crustáceo marino comestible, de caparazón liso, fuerte y muy convexo *(Cancer pagurus).*
SIN. **Meya, rocla.**

nocáut (ing. *knock-out*) ***m.*** Puñetazo con que un boxeador pone fuera de combate al adversario.

nocautear (de *nocáut*) ***tr.*** Noquear (en boxeo).

nocdáun (ing. *knock-down*) ***m.*** En boxeo, golpe con que se derriba al adversario sin ponerlo fuera de combate. 2 Caída producida por un nocdáun.

noceda ***f.*** Nocedal.

nocedal (l. *nucetu*) ***m.*** Nogueral.

nocente (l.) ***adj.*** Que daña. -2 ***adj.-s.*** Culpado.

noche (l. *nocte*) ***f.*** Tiempo comprendido entre la puesta y la salida del sol: *en invierno las noches son largas;* ~ ***de perros,*** la desapacible, fría y ventosa; ~ ***toledana,*** la que se pasa sin dormir; ***pasar la ~ en blanco,*** fr. fig., pasarla en claro, sin dormir; ***de la ~ a la mañana,*** fig., inopinadamente, de pronto; ***loc. adv., de ~,*** después del crepúsculo vespertino; ~ ***y día,*** fig., siempre o continuamente. 2 Tiempo que hace durante la noche: ~ *cubierta;* ~ *despejada.* 3 Oscuridad de la noche, oscuridad completa: ***a buenas noches. loc. adv.,*** a oscuras; fig., *la ~ de la ignorancia; en la ~ de mis penas.*

nochebuena ***f.*** Noche de la vigilia de Navidad.

nochebueno ***m.*** Torta de almendras, piñones, etc., para la colación de nochebuena. 2 Leño grande que suele quemarse en nochebuena.

nochecita ***f.*** *Amér.* Crepúsculo vespertino.

nocherniego, -ga ***adj.*** Que anda de noche.
SIN. **Noctámbulo.**

nochero, -ra ***m. f.*** *Colomb.* y *Chile.* Empleado que vigila durante la noche. 2 *Guat.* El que trabaja de noche. -3 ***m.*** *Colomb.* Velador, mesita de noche. 4 *Guat.* Nocherniego.

nochevieja ***f.*** Última noche del año.

nochizo (l. *nuce*) ***m.*** Avellano silvestre *(Corylus avellana).*

nochote ***m.*** *Méj.* Bebida espiritosa hecha con la tuna o fruto del nopal.

nocible ***adj.*** Nocivo.

noción (l. *notione*) ***f.*** Conocimiento; idea que se tiene de una cosa. 2 Conocimiento elemental: *las primeras nociones de cálculo.*
SIN. *2* **Noticia.**

nocional ***adj.*** Relativo a la noción; que consiste en una noción.

nocividad ***f.*** Calidad de nocivo.

nocivo, -va (l. *-vu*) ***adj.*** Dañoso, perjudicial u ofensivo.

noct-, v. nocti-.

noctambular ***intr.*** Andar vagando de noche.

noctambulismo ***m.*** Cualidad de noctámbulo.

noctámbulo, -la (*noct-* + l. *ambulare,* andar) ***adj.*** [pers.] Que acostumbra a andar por la noche.

nocti-, noct- (l. *nox, noctis,* noche) Elemento prefijal que entra en la formación de palabras con el significado de noche.

noctiluco, -ca (l. *noctiluca* < *nocte* + *lucere,* lucir) ***adj.*** Que luce en la oscuridad. -2 ***f.*** Luciérnaga. 3 Nombre de varios organismos microscópicos fosforescentes que abundan en el mar y en ciertas substancias en descomposición.

noctívago, -ga (l. *-gi*) ***adj.-s.*** Noctámbulo.

noctovisión ***f.*** Sistema de televisión en el que la exploración del sujeto se efectúa mediante rayos infrarrojos.

nóctulo ***m.*** Mamífero quiróptero, de orejas pequeñas y redondeadas, y de pelaje pardo, que abandona su lugar de descanso al anochecer *(Nyctalus noctula).*

nocturnal (l. *-ale*) ***adj.*** Nocturno.

nocturnidad ***f.*** DER. Circunstancia agravante de responsabilidad, que resulta de perpetrarse de noche ciertos delitos.

nocturno, -na (l. *-nu*) ***adj.*** Relativo a la noche, o que se hace en ella. 2 [animal] Que se oculta de día y busca su alimento por la noche; [planta] cuyas flores sólo están abiertas por la noche. -3 ***m.*** LITURG. Parte del oficio de maitines, compuestas de antífonas, salmos y lecciones. 4 MÚS. Composición de movimiento moderado y de carácter poético y sentimental. 5 MÚS. Serenata.

nodación (l. *-atione*) ***f.*** MED. Impedimento ocasionado por un nodo en el juego de una articulación, tendón o ligamento.

nodal ***adj.*** Relativo al nodo. 2 [línea] Que permanece fija en las membranas o en las placas vibrantes.

nodátil ***adj.*** [juntura] Que forman dos huesos entrando la cabeza de uno en la cavidad del otro.

nodo (l. *nodu*) ***m.*** ASTRON. Punto en que la órbita de un planeta, vista desde el Sol, corta a la elíptica: ~ ***ascendente*** o ***boreal,*** aquel en que el astro pasa de la parte austral a la boreal de la esfera celeste; ~ ***descendente*** o ***austral,*** el opuesto al anterior. 2 FÍS. Punto en que la interferencia entre dos ondas que se propagan produce una onda estacionaria. 3 MED. Tumor duro, redondeado, que se forma sobre los huesos o tendones y que dificulta el movimiento.
SIN. *3* **Tofo,** en VETER.

nodriza (l. *nutrice*) ***f.*** Ama (niñera). 2 Depósito suplementario, que alimenta una caldera o motor. 3 ***Avión ~, barco ~,*** el que se emplea para abastecer a otros aviones o barcos.

nodular ***adj.*** Que tiene nódulos.

nódulo (l. *-lu*) ***m.*** Concreción mineral de composición distinta a la roca en que se encuentra.

noema ***f.*** FIL. Pensamiento como contenido objetivo del pensar, a diferencia del acto intencional o neosis. 2 LING. En algunas escuelas lingüísticas, rasgo semántico que, junto con otros, compone un semema.

noemática ***f.*** LING. Teoría que se ocupa de establecer los noemas o rasgos semánticos de la lengua.

Noemí ***n. pr.*** BIBL. Suegra de Ruth.

noesis ***f.*** FIL. Visión intelectual, pensamiento. ◇ Pl.: *noesis.*
REL. **Noema.**

nogada ***f.*** Salsa hecha con nueces y algunas especias. 2 *Ecuad.* Golosina de raspadura o de azúcar.

nogal (l. *nucale* < *nuce,* nuez) ***m.*** Árbol juglandáceo frutal, de tronco corto y robusto, copa extensa, hojas grandes oficinales, flores masculinas en amento y femeninas solitarias, y fruto en drupa de epicarpio duro *(Juglans regia).* 2 Madera de este árbol, muy apreciada en ebanistería. -3 ***adj.-m.*** Color noguerado.
REL. **Nuez,** fruto del nogal.

nogalina (de *nogal*) ***f.*** Color obtenido de la cáscara de la nuez.

noguera ***f.*** Nogal.

noguerado, -da ***adj.-m.*** Color pardo obscuro como el de la madera del nogal. -2 ***adj.*** De color noguerado.
SIN. **Nogal.**

nogueral ***m.*** Terreno plantado de nogales.
SIN. **Noceda, nocedal.**

noguero ***m.*** *Logr.* Nogal.

nogueruela ***f.*** Planta euforbiácea medicinal *(Euphorbia chamœsyche).*

nolí ***m.*** *Colomb.* Yesca que se obtiene de una clase de liquen. 2 *Colomb.* Coquito (palmera).

nolición (l. *nolle,* no querer) ***f.*** FIL. Acto de no querer.

noluntad (b. l. *noluntate*) ***f.*** DER. Acto de no querer.

noma (gr. *nomé,* pasto) ***f.*** MED. Gangrena de la boca y de la cara. Aparece gralte. en los niños débiles en el curso de las enfermedades infecciosas.

nómada, -de (l.-gr. *nomás,* el que apacienta, del gr. *nemo,* apacentar) ***adj.*** [individuo, grupo humano o especie animal] Que anda vagando sin domicilio fijo: *persona ~; pueblo ~.*
SIN. **Errante,** en gral.; **migratorio,** esp. si los cambios de lugar se hacen con cierta periodicidad; **trashumante,** [ganado, cuadrúpedo salvaje] que anda en manadas. CONTR. **Sedentario,** en gral.; **riberiego,** tratándose del ganado y en oposición a trashumante; **travesío,** el que sin ser trashumante sale de los límites del pueblo.

nomadismo ***m.*** ETNOL. Estado social y económico primitivo propio de los pueblos que, viviendo pralte. de la caza, fijan su residencia según las necesidades del momento, o de los que, dedicados al ejercicio de la agricultura y el pastoreo, se instalan siguiendo el ciclo de las estaciones para el cultivo, la fertilidad de los pastos, etc.

nomarquía *f.* División administrativa en la Grecia actual.
nombradamente *adv. m.* Con distinción del nombre, expresamente.
nombradía *f.* Nombre (fama).
nombrado, -da *adj.* Célebre, famoso.
nombramiento *m.* Acción de nombrar. 2 Efecto de nombrar. 3 Documento en que se hace constar.
nombrar (v. *nominar*) *tr.* Decir el nombre o hacer mención particular [de una persona o cosa]. 2 Elegir o señalar [a uno] para un cargo o función.
SIN. **Aludir; llamar, denominar,** aplicar un nombre particular a una cosa o concepto: *se llaman, se denominan platelmintos* (no se *nombran*); **designar por** (o **con**) **el nombre de,** este giro tiene el mismo valor que los vbs. anteriores. En este caso **designar** equivale a señalar o conocer; **nominar,** es latinismo culto. *2* **Designar,** nombrar o designar candidatos.
nombre (l. *nomine*) *m.* Palabra con que se distingue y designa una persona o cosa: *no conozco el ~ de esta persona; aquel paraje no tiene ~; el ~ de este libro es bonito;* también *~ substantivo*; *~ **adjetivo,*** adjetivo por oposición a *~ substantivo*. 2 *~ **de pila,*** el que se da cuando se bautiza. 3 *~ **de religión,*** el que se toma al entrar en religión. 4 *~ **postizo,*** alias. 5 Apodo. 6 ***Mal** ~*, apodo. 7 ***Poner** ~*, señalar un precio en los ajustes o compras. 8 Fama, reputación: *se ha hecho un ~*. 9 fr. *y* fam. ***No tener ~ una cosa,*** ser tan vituperable que no se puede nombrar. 10 Autoridad o poder en virtud del cual se obra o al cual se invoca: *en ~ del presidente; en el ~ del Padre, del Hijo y del Espíritu Santo.* 11 ***Lo firmaré en mi ~***, expr. con que uno encarece la veracidad de una afirmación. 12 fr. *y* fam. ***Hacer ~ de Dios,*** dar principio a una cosa, esp. en las que hay ganancia. 13 Palabra con que se distinguen los seres de una especie de los de otra: *el ~ de estos árboles es el pino, el de los otros más corpulentos el roble.* 14 GRAM. Parte de la oración o del discurso que tiene por función designar las personas, animales o cosas materiales o mentales; *~ **absoluto,*** el que no exige un complemento preposicional; *~ **común, genérico*** o ***apelativo,*** el que conviene a todos los seres de una misma clase, género o especie: *hombre, caballo, herramienta; ~ **propio,*** el que se atribuye a una persona o cosa determinada; se opone a nombre común; *~ **concreto,*** el que designa seres que tienen existencia sensible; puede ser común o propio; *~ **abstracto,*** el que designa realidades no sensibles por sí mismas, como blancura, bondad, esperanza; se opone a concreto; *~ **colectivo,*** el que en singular comprende un conjunto de cosas de la misma especie: *docena, enjambre; ~ **numeral,*** el que expresa número en sí mismo, puede ser cardinal, ordinal, positivo y múltiplo o proporcional. V. adjetivo: *uno, decena, millar.*
SIN. *8* **Nombradía, renombre, notoriedad.** *13* **Denominación, designación.** V. **GÉNERO y NÚMERO, aumentativo, compuesto, derivado, despectivo, diminutivo, étnico, gentilicio, parasintético, patronímico, primitivo, verbal. SIN. *14* **Gracia,** tratándose de nombres propios de persona se emplea por cortesía como en *ignoro su gracia; ¿la gracia de usted?* REL. **-onimia, onoma-, -ónimo,** para voces cultas relacionadas.
nomenclador *m.* Nomenclátor.
nomenclátor (l.) *m.* Catálogo de nombres.
nomenclatura (l.) *f.* Lista de nombres de personas o cosas. 2 Conjunto de las voces técnicas de una ciencia: *~ química.* 3 FILOL. Conjunto de las entradas de un diccionario. 4 LING. Repertorio lexicográfico en el que las voces se ordenan temáticamente.
SIN. *3* **Macroestructura.**
nomeolvides *f.* Flor de la raspilla. 2 Pulsera que lleva el nombre grabado. ◇ Pl.: *nomeolvides.*
nometoques *m.* Planta dicotiledónea anual, de hojas alternas y flores amarillas en espigas *(Impatiens noli-tangere).* ◇ Pl.: *nometoques.*
-nomía (v. *nomo-)* Elemento sufijal que entra en la formación de palabras con el significado de ley, gobierno.
nómico, -ca *adj.* Gnómico.
nómina (l.) *f.* Relación nominal de empleados que han de percibir sus haberes en una empresa. 2 Suma de dichos haberes. 3 ant. Reliquia en que estaban escritos nombres de santos. 4 Especie de talismán.
nominación (l. *-atione*) *f.* Nombramiento.
nominador, -ra (l. *-atore*) *adj.* Que nombra para un empleo o comisión: *junta nominadora.*
nominal (l. *-ale*) *adj.* Relativo al nombre: *lista ~*. 2 Que tiene nombre de una cosa y le falta la realidad de ella en todo o en parte: *sueldo ~; valor ~*. -3 *adj.-s.* [pers.] Nominalista.
CONTR. *2* **Efectivo, real.**
nominalismo (de *nominal*) *m.* Doctrina metafísica opuesta al realismo, según la cual los universales carecen de toda existencia tanto en la realidad donde sólo existen los objetos individuales o particulares, como en el pensamiento donde los universales no son sino meros nombres. V. conceptualismo.
nominalista *adj.* Relativo al nominalismo. -2 *adj.-com.* Partidario de este sistema.
nominalmente *adv. m.* Por su nombre o por sus nombres.
nominar (l. *-are*) *tr.* Nombrar. ◇ Es anglicismo su uso por *proponer, presentar, seleccionar, proclamar candidato.*
nominátim (l.) *adv. m.* DER. LATINO. Adverbio con que se denota estar designadas por sus nombres las personas favorecidas en disposiciones de última voluntad.
nominativo, -va (l. *-vu*) *adj.* [título del estado o de las sociedades mercantiles] Que ha de llevar el nombre de su propietario, en oposición a los que son al portador. -2 *m.* GRAM. Caso de la declinación, en algunas lenguas, en el que se pone la palabra que designa el sujeto de la oración. -3 *m. pl.* ant. En los estudios de gramática latina, parte de la analogía que precedía a los verbos. Por ext., rudimentos o principios de cualquier facultad o arte.
nominilla (dim. de *nómina*) *f.* Autorización que se entrega a los que cobran como pasivos, para que puedan percibir su haber. 2 Nómina breve añadida a la principal.
nómino *m.* Sujeto capaz de ejercer en la república los empleos y cargos honoríficos por nominación que se hace para ellos de su persona.
nomo-, -nomo (gr. *nomos,* ley) Elemento prefijal y sufijal que entra en la formación de palabras con el significado de ley.
I) nomo *m.* Gnomo.
II) nomo *(nomo-) m.* Antiguo poema que se cantaba en honor de Apolo. 2 Nomarquía, en la Grecia moderna. 3 División administrativa en el antiguo Egipto.
nomografía *(nomo- + -grafía) f.* Procedimiento consistente en reemplazar los cálculos por ábacos o nomogramas que indican directamente los resultados.
nomograma *(nomo- + -grama) m.* Gráfico a base de líneas que permite leer la solución de cálculos sin necesidad de efectuarlos.
nomon *m.* Gnomon.
nomónica *f.* Gnomónica.
nomónico, -ca *adj.* Gnomónico.
nomparell (fr. *non pareille*) *m.* IMPR. Carácter de letra de seis puntos tipográficos.
non (l. *non,* no) *adj.-m.* Impar. -2 *m. pl.* Negación repetida de una cosa, o acción de negar enfáticamente: *decir nones.* 3 fam. ***Andar de nones,*** estar ocioso, en algunas partes se usa para ponderar la singularidad de una cosa. 4 ***De** ~*, sin pareja, único en su clase: ***estar de** ~*, no tener pareja.
nona (l.) *f.* Última de las cuatro partes iguales en que los romanos dividían el día artificial; comprendida desde el fin de la hora novena, a media tarde, hasta el final de la duodécima, a la puesta del Sol. 2 LITURG. Última de las cuatro horas menores. -3 *f. pl.* En el antiguo calendario romano, día noveno antes de los idus, que era el 7 de marzo, mayo, julio y octubre y el 5 de los demás meses.
nonada (l. *non nata*) *f.* Cosa de poca importancia.
nonagenario, -ria (l. *-iu*) *adj.-s.* Que ha cumplido noventa años y no llega a ciento.
SIN. **Noventón.**
nonagésimo, -ma (l. *-mu*) *adj.-s.* NÚM. Parte que, junto a otras ochenta y nueve iguales, constituye un todo. -2 *adj.* Que ocupa el último lugar en una serie ordenada de noventa lugares. -3 *m.* ASTRON. *~ **de la Eclíptica,*** punto de ella que dista 90 grados del otro en que se corta al horizonte.
SIN. *1* **Noventavo.** *2* **Noventa.**
nonagonal *adj.* Relativo al nonágono.
nonágono, -na (l. *nonu,* noveno + *-gono*) *adj.-m.* Eneágono.
nonato, -ta (l. *non natu,* no nacido) *adj.* No nacido naturalmente, sino extraído mediante la operación cesárea. 2 fig. [cosa] No acaecida, o no existente aún.
noneco, -ca *adj. Amér. Central.* Tonto, simple.
nones *m. pl.* V. non.
noningentésimo, -ma (l. *-mu*) *adj.-s.* NÚM. Parte que, junto a otras ochocientas noventa y nueve iguales, constituye un todo. -2 *adj.* Que ocupa el último lugar en una serie ordenada de novecientos.
SIN. *2* **Novecientos.**
nonio (de *Nonius,* forma latinizada de Núñez, 1492-1577, ape-

llido de su inventor) ***m.*** Pieza que se aplica sobre una regla o limbo graduados, para apreciar las fracciones de las divisiones menores de la graduación. ◇ También *nonius.*
SIN. **Vernier.**
I) nono, -na (l. *nonu*) ***adj.*** Noveno.
II) nono ***m.*** *Urug.* Sueño, en el lenguaje infantil.
nónuplo, -pla ***adj.*** Que contiene un número nueve veces exactamente.
noosfera (gr. *noós,* espíritu + *sphaira,* esfera) ***f.*** Conjunto que forman los seres inteligentes con el medio en que viven.
nopal (mej. *nopalli*) ***m.*** Chumbera. 2 ~ ***de la cochinilla,*** variedad sobre la cual se cría este insecto *(Nopalea cochenillifera).*
SIN. *2* **Higuera chumba, de Indias, de pala** o **de tuna, opuncia.**
nopaleda, nopalera ***f.*** Terreno poblado de nopales.
SIN. **Tunal.**
nopalito ***m.*** *Méj.* Penca tierna del nopal.
noque (l. v. *naucu,* de *naucula;* dim. de *navis,* barco; a través del cat. *noc*) ***m.*** Pequeño estanque en que se ponen a curtir las pieles. 2 Pie formado de capachos de aceituna molida, sobre los cuales carga la viga en los molinos de aceite. 3 Tronco de árbol ahuecado. 4 *Amér.* Saco de cuero vacuno.
noqueador, -ra (de *noquear*) ***adj.*** Que noquea.
noquear (de *nocáut*) ***tr.*** En boxeo, poner fuera de combate [al adversario]. 2 Golpear una parte de una máquina contra otra, produciendo al hacerlo un sonido metálico.
SIN. *1* **Nocautear.**
noquero (de *noque*) ***m.*** Curtidor.
nora tal ***adv. m.*** Enhoramala.
norabuena (de *en* + *hora* + *buena*) ***f.*** Felicitación. -2 ***adv. m.*** Enhorabuena.
noramala (de *en* + *hora* + *mala*) ***adv. m.*** Nora tal.
noray (orig. incierto) ***m.*** Proís. ◇ Pl.: *norayes.*
nordestal ***adj.*** Que está en el nordeste o que viene del nordeste.
nordeste ***m.*** Punto del horizonte equidistante del norte y del este. 2 Viento que sopla de esta parte.
nordestear ***intr.*** Declinar o apartarse la brújula del norte hacia el este.
nórdico, -ca (al. *nordisch*) ***adj.*** [país, pueblo] Escandinavo; [lenguas germánicas] de los escandinavos. -2 ***m.*** Lengua nórdica.
noreste ***m.*** Nordeste.
noria (ár. *naúra,* der. de *naár,* gruñir; la *-i-* por influjo de *acenia, acequia*) ***f.*** Máquina para elevar agua, compuesta gralte. de una gran rueda horizontal movida con una palanca de que tira una caballería. Engrana con otra vertical a la que va colgada una cuerda o cadena sin fin, con varios cangilones. 2 Pozo donde se coloca este aparato. 3 Recreo de feria consistente en una gran rueda vertical con varias vagonetas para personas que gira sobre un eje horizonatal. 4 fig. Cosa en que, sin adelantar nada, se trabaja mucho. ◇ También *anoría.*
norial ***adj.*** Relativo a la noria.
noriega ***f.*** Pez marino seláceo rayiforme, de gran tamaño y cuerpo romboidal cubierto de espinas *(Raia batis).*
norita ***f.*** Roca intrusiva próxima a los gabros.
norma (l.) ***f.*** Escuadra usada para ajustar y arreglar maderas, piedras, etc. 2 Regla que se debe seguir o a que se debe ajustar la conducta. 3 Procedimiento a que se ajusta un trabajo, industria, etc., y patrón o modelo a que se aspira. 4 Regla que determina las dimensiones, composición y demás características que ha de tener un objeto o producto industrial. 5 FILOL. Conjunto de caracteres lingüísticos a los que se ajusta la corrección gramatical.
SIN. *2* v. **Método.**
normal (l. *-ale*) ***adj.*** Que se halla en su estado natural. 2 Que sirve de norma (regla). 3 Que se ajusta a ciertas normas fijadas de antemano. 4 Corriente, ordinario, usual. -5 ***adj.-s.*** [recta o plano] Que forma ángulo recto con otra recta o plano; y también con relación a una línea o superficie curvas, de la normal a la tangente en el punto de tangencia. 6 ***f.*** desus. Escuela Normal del Magisterio, en la cual se formaban los maestros de primeras letras.
normalidad ***f.*** Calidad o condición de normal.
normalista ***adj.*** desus. Relativo a la escuela normal. -2 ***com.*** desus. Alumno o alumna de una escuela normal.
normalización ***f.*** Acción de normalizar. 2 Efecto de normalizar.
normalizar ***tr.*** Someter [una cosa] a norma (regla). 2 Poner en buen orden [lo que no lo estaba]: ~ *un servicio;* ~ *uno su vida.* 3 Reducir el número de tamaños o variedades de los artículos para su producción en serie. ◇ ** CONJUG. [4] como ***realizar.***
normalmente ***adv. m.*** De manera normal.
normando, -da (germ. *northman,* hombre del Norte) ***adj.-s.*** De ciertos pueblos escandinavos de raza germánica que desde el s. IX hicieron incursiones por todo el Occidente, estableciéndose en Francia, Italia, etc. 2 De Normandía, región de Francia.
normano, -na ***adj.-s.*** Normando.
normar ***tr.*** Regir, amoldar [algo]. -2 ***intr.*** *Amér.* Fijar normas.
normativo, -va ***adj.*** Normal (que sirve de norma). -2 ***f.*** Conjunto de normas aplicables a una determinada materia o actividad.
nornordeste ***m.*** Punto del horizonte equidistante del N y del NE. 2 Viento que sopla de esta parte.
nornoroeste, nornorueste ***m.*** Punto del horizonte equidistante del N y del NO. 2 Viento que sopla de esta parte.
SIN. *2* **Maestral,** esp. en el Mediterráneo; **cauro, coro,** son poét. evocadores de la antigüedad clásica; **regañón,** fam.
noroeste (fr. ant. *norouest*) ***m.*** Punto del horizonte equidistante del norte y el oeste. 2 Viento que sopla de esta parte.
noroestear ***intr.*** Declinar la brújula del norte al noreste o inclinarse a soplar de este rumbo el viento reinante.
nortada ***f.*** Viento fresco del norte cuando sopla sin interrupción por algún tiempo.
norte (anglo-sajón *north;* probl. a través del fr. *nord*) ***m.*** Punto cardinal situado frente a un observador a cuya derecha está el oriente. 2 Viento que sopla de esta parte. 3 Lugar de la tierra o de la esfera celeste que cae del lado del polo ártico, respecto de otro con el cual se compara. 4 Polo ártico. 5 Estrella polar. 6 fig. Guía, con alusión a la estrella polar que sirve de orientación a los navegantes. 7 MAR. ~ ***magnético,*** dirección a que demora el polo del mismo nombre. 8 *Ant.* Llovizna.
SIN. *1, 2, 3* y *4* **Septentrión.** *2* **Aquilón, bóreas, cierzo, matacabras; tramontana,** el que es fuerte y frío. *4* **Aquilón.**
norteafricano, -na ***adj.*** Del norte de África.
norteamericano, -na ***adj.-s.*** De América del Norte, y especialmente de los Estados Unidos de América.
SIN. **Americano, angloamericano, estadounidense, yanqui.**
nortear ***intr.*** Hacer rumbo al N. 2 Declinar el viento hacia el norte. 3 *Ant.* Lloviznar. -4 ***intr.-prnl.*** *Méj.* Desorientarse.
norteño, -ña ***adj.*** [gentes, tierras o cosas] Situado hacia el norte, especialmente las del norte de España.
nórtico, -ca ***adj.*** Relativo al norte.
nortino, -na ***adj.-s.*** *Amér.* Norteño.
noruego, -ga ***adj.-s.*** De Noruega, nación del norte de Europa. -2 ***adj.- m.*** Lengua perteneciente al grupo germánico nordico, hablada antiguamente en el territorio que ocupa esta nación europea.
norueste ***m.*** Noroeste.
noruestear ***intr.*** Noroestear.
nos (l. *nos,* nosotros), ***pron. pers.*** Forma de primera persona para el objeto directo e indirecto sin preposición de género masculino y femenino y en número plural: ~ *miró a la cara.* 2 Puede usarse como enclítico: *míranos;* en este caso, la primera persona del plural del verbo pierde la *s* final: *sentémonos.* 3 Se ha usado con preposición en expresiones arcaicas como: *venga a* ~ *el tu reino.* 4 Con mayúscula lo usan como signo de distinción algunas personas de elevada jerarquía: *Nos, el Obispo;* v. mayestático. ◇ ** CONCORDANCIA.
noseana ***f.*** Tectosilicato que cristaliza en el sistema cúbico, de color amarillo grisáceo o castaño.
noselita ***f.*** Noseana.
noso- (gr. *nosos,* enfermedad) Elemento prefijal que entra en la formación de palabras con el significado de enfermedad.
nosocomio (*noso-* + gr. *komeo,* cuidar) ***m.*** Hospital.
nosofobia (*noso-* + *-fobia*) ***f.*** Terror a la enfermedad.
nosogenia (*noso-* + *-genia*) ***f.*** Origen y desarrollo de las enfermedades. 2 Parte de la nosología que estudia estos fenómenos.
nosología (*noso-* + *-logía*) ***f.*** Parte de la medicina que tiene por objeto describir, diferenciar y clasificar las enfermedades.
nosológico, -ca ***adj.*** Relativo a la nosología.
nosomanía (*noso-* + *-manía*) ***f.*** Creencia injustificada de que se padece una enfermedad.
nosomántica (*noso-* + gr. *mantikós,* adivino) ***f.*** Supuesto modo de curar por encantamiento o ensalmo.
nosotros, -tras (*nos* + *otros*) ***pron. pers.*** Forma de la primera persona para el sujeto en género masculino y femenino y en número plural; precedido de preposición se usa para los com-

plementos. 2 En el objeto directo e indirecto, con la preposición *a* es con frecuencia pleonástico: *a ~ no nos corresponde; a ~ no nos quiere.* 3 Como plural de modestia, suelen algunos escritores aplicarse este pronombre en vez del *yo.* ◇ ORTOGR.: en fin de línea puede separarse *nos-otros* o *no-sotros;* **SÍLABA.

nostalgia (gr. *nóstos,* regreso + *algos,* dolor) *f.* Pena de verse ausente de la patria o de los deudos o amigos. 2 fig. Pesar que causa el recuerdo de algún bien perdido. 3 fig. Recuerdo del pasado.
SIN. **Añoranza, morriña, pasión de ánimo, mal de la tierra; soledad,** ant.

nostálgico, -ca *adj.* Relativo a la nostalgia. -2 *adj.-s.* Que padece de nostalgia.

nosticismo *m.* Gnosticismo.

nóstico, -ca *adj.* Gnóstico.

nostramo, -ma *m. f.* Nuestramo. -2 *m.* MAR. Tratamiento propio de los contramaestres.

nostras (l. *nostras,* de nuestra patria) *adj.* [mal, enfermedad] Propio de los países europeos: *cólera ~.* ◇ Pl.: *nostras.*

nota (l.) *f.* Señal (marca); cualidad característica: *una ~ de distinción; una ~ infamante;* ***un escritor de ~***, ilustre, famoso; ***caer en ~***, fig., dar motivo de escándalo o murmuración; ***dar la ~***, fig., singularizarse, en sentido negativo. 2 Advertencia, explicación, comentario, etc., que en impresos o manuscritos va fuera de texto: *una traducción con notas; ~ marginal.* 3 Apuntamiento de alguna cosa (lección, conferencia, etc.) para recordarla o tratarla con más extensión: *tomar ~* o *notas.* 4 Comunicación oficial sobre un punto determinado: *una ~ diplomática.* 5 Indicación dada por un maestro sobre la aplicación, conducta, etc., de un alumno, por un jefe sobre las cualidades o circunstancias de sus subordinados; calificación de un tribunal de examen. 6 Producto aromático básico. 7 MÚS. Signo que representa un sonido indicando el tono con su posición en el pentagrama y la duración con su forma: *conocer las notas.* 8 MÚS. Sonido de la nota musical: ***~ sensible,*** séptima.
SIN. *7* **Punto musical.**

notabilidad *f.* Calidad de notable. 2 Persona notable por sus cualidades o méritos.

notabilísimo, -ma *adj.* Superl. de *notable.*

notable (l. *-bile*) *adj.* Digno de nota, reparo, atención o cuidado. 2 Grande en su línea. -3 *m.* En la calificación de exámenes, nota inmediata inferior a la de sobresaliente. -4 *m. pl.* Personas principales en una localidad o en una colectividad: *reunión de notables.* ◇ Superl.: *notabilísimo.*

notablemente *adv. m.* De manera notable.

notación (l. *-atione*) *f.* Anotación. 2 Representación por medio de signos convencionales: *~ musical; ~ química; ~ matemática.*
REL. *2* **Semiotecnia,** conocimiento de los signos de la notación musical.

notal *adj.* Dorsal.

notar (l. *-are*) *tr.* Percibir una sensación o darse cuenta de ella: *~ calor; ~ gusto a pimienta en una comida.* 2 Reparar, observar o advertir: *~ faltas en obra ajena.* 3 Apuntar brevemente [una cosa] y esp. poner notas o reparos [a los libros o escritos]. 4 p. us. Señalar [una cosa] para que se advierta: *~ con cuidado.* 5 desus. Dictar uno para que otro escriba. 6 p. us. Censurar, reprender [las acciones de uno]. 7 desus. Causar descrédito o infamia: *~ a Juan de mal poeta.*
SIN. *2* **Pernotar,** lit. e intensivo. *3* **Anotar.**

notaría *f.* Profesión de notario. 2 Oficina donde despacha el notario.

notariado, -da *adj.* Autorizado ante notario o abonado con fe notarial. -2 *m.* Carrera o profesión de notario. 3 Colectividad de notarios.

notarial *adj.* Relativo al notario. 2 Hecho o autorizado por notario: *acta ~.*

notariato *m.* Título o nombramiento de notario. 2 Ejercicio de este cargo.

notario, -ria (l. *-iu,* amanuense) *m. f.* Funcionario público autorizado para dar fe de los contratos, testamentos y otros actos extrajudiciales, conforme a las leyes. -2 *f.* Mujer del notario.

notentiendo *adj. Méj.* desus. Descendiente de tentenelaire (calpamulato y cambuja) y mulata.

noticia (l. *-itia*) *f.* Noción (conocimiento elemental). 2 Suceso o novedad reciente que se comunica a quien la desconoce: *las noticias del periódico; ~* ***remota,*** recuerdo confuso de lo que se supo o sucedió. -3 *f. pl.* Conocimientos diversos en cualquier arte o ciencia, que hacen docto o erudito a alguno. ◇ GALIC. por *reseña, relato, resumen, biografía.*
SIN. *2* **Novedad, nueva; reporte,** en el periodismo.

noticiar *tr.* Dar noticia, informar [de una cosa]. ◇ **CONJUG. [12] como ***cambiar.***

noticiario *m.* Película cinematográfica, emisión de radio o televisión, o sección de los periódicos, dedicada a dar noticias de actualidad: *~ cinematográfico, teatral, deportivo, gráfico.*

noticiero *m.* El que tiene por oficio dar noticias, esp. redactor de noticias en los periódicos. 2 Noticiario en los periódicos.

notición *m.* Aum. de *noticia.* 2 Noticia extraordinaria o increíble.

noticioso, -sa *adj.* Sabedor de una cosa. 2 Erudito.

notificación *f.* Acción de notificar. 2 Efecto de notificar. 3 Documento en que se hace constar.

notificado, -da *adj.-s.* DER. Sujeto a quien se ha hecho la notificación.

notificar (l. *-are*) *tr.* Hacer saber a uno [una resolución oficial] con las formalidades prescritas. 2 p. ext. Dar noticia [de cualquier otra cosa] con propósito cierto. ◇ ** CONJUG. [1] como ***sacar.***

notificativo, -va *adj.* Que sirve para notificar.

I) noto (gr. *notos,* viento del sur) *m.* Sur (punto cardinal y viento).

II) noto, -ta (l. *notu*) *adj.* Sabido, notorio.

III) noto, -ta (l. *nothu*) *adj.* Bastardo, ilegítimo.

IV) noto (gr. *notos,* dorso) *m.* ZOOL. Superficie dorsal de cualquier segmento torácico de los insectos.

notocordio (gr. *notos,* dorso + *chordé,* cuerda) *m.* Cuerda cartilaginosa que tienen en el dorso los animales del tipo de los cordados, y que en los vertebrados se convierte en columna vertebral.

notoriamente *adv. m.* De un modo notorio.

notoriedad *f.* Calidad de notorio. 2 Nombradía, fama.

notorio, -ria (l. *-iu*) *adj.* Conocido de todos.
SIN. **Público, sabido.**

notostráceo *adj.-m.* Crustáceo del orden de los notostráceos. -2 *m. pl.* Orden de crustáceos entomostráceos de pequeño tamaño y con el primer par de apéndices más desarrollado y adaptado a la natación.

notro (arauc.) *m. Chile.* Arbolito de flores numerosas de un rojo vivo *(Embothrium coccineum; lanceolatum).*
SIN. **Ciruelillo,** en varios países de Amér.

nóumeno (gr. *noúmenon;* part. de *noeo,* comprender, der. de *nus,* mente) *m.* FIL. Según Kant (1724-1804), lo inteligible, la cosa en sí, el objeto tal como podemos suponer que existe en sí mismo, en oposición a lo perceptible por los sentidos, o sea el fenómeno.

nova *f.* ASTRON. Estrella cuyo brillo experimenta bruscas variaciones.

novacianismo *m.* Herejía de Novato (s. III), que negaba a la Iglesia la facultad de perdonar los pecados cometidos después del bautismo.

novaciano, -na *adj.-s.* Partidario del novacianismo.

novación (l. *-atione*) *f.* DER. Acción de novar. 2 DER. Efecto de novar.

novador, -ra (l. *-atore*) *m. f.* Persona inventora de novedades, esp. en materias de doctrina.

noval (l. *-ale*) *adj.* [tierra] Que se trabaja por primera vez: ***fruto ~***, el producido por esta tierra.

novar (l. *-are,* renovar) *tr.* DER. Substituir una obligación [a otra otorgada anteriormente], la cual queda anulada en este acto.

novatada (de *novato*) *f.* Vejamen y molestias causadas en las colegios mayores, academias, campamentos militares, etc., por los veteranos a los novatos, quintos, etc.: ***pagar la ~***, sufrirla. 2 p. ext. Contrariedad que proviene de inexperiencia en algún asunto.

novato, -ta (l. *-tu*) *adj.-s.* Nuevo o principiante en cualquier facultad o materia.

novator, -ra *m. f.* Novador.

novecentismo *m.* ARQ. Movimiento arquitectónico que se desarrolla entre 1910 y 1928 que busca encontrar unas formas tipo, aptas para la totalidad de un grupo humano, con un sentido colectivo, sistemático y formativo.

novecientos, -tas *adj.* Nueve veces ciento; **NUMERACIÓN. 2 Noningentésimo (lugar): *año ~.* -3 *m.* Guarismo del número novecientos.

novedad (l. *-itate*) *f.* Calidad de nuevo (recién hecho y oído). 2 Mutación de las cosas que tienen o se creía que debían tener estado fijo. 3 Noticia (novedad). 4 Alteración de la salud. 5 fig. Extrañeza o admiración que causan las cosas nuevas (vistas u oídas). -6 *f. pl.* Mercancías adecuadas a la moda.

novedoso, -sa *adj.* Que tiene novedad. 2 *Amér.* Novelero, novelesco.

novel (cat. *novell* < l. *-elu*) *adj.-com.* [pers.] Novato, sin experiencia.

novela (it. *novella*) *f.* Narración imaginaria, en prosa, normalmente extensa, que permite al autor un desarrollo más completo en cuanto al argumento y los personajes, que los relatos breves o cuentos: *las novelas de Galdós;* ~ ***bizantina,*** variedad de relato novelesco muy extendido en Europa durante los siglos XVI y XVII, en el que se narran las múltiples aventuras, guiadas por el azar, por las que pasan sus protagonistas, generalmente dos enamorados, antes de poder finalmente reunirse; ~ ***corta,*** variedad de relato novelesco cuya extensión está entre el cuento y la novela; ~ ***de tesis,*** variedad de relato novelesco propia del siglo XIX y de los primeros años del XX, en la que el autor expone y demuestra con los hechos que narra su propia posición ideológica ante un problema general, principalmente de carácter social; ~ ***gótica,*** variedad de relato novelesco, antecedente de las formas del romanticismo, caracterizada por el misterio, el terror y la sensualidad; ~ ***histórica,*** variedad de relato novelesco cultivada especialmente en el romanticismo, en la que se narran hechos, si bien imaginarios, ambientados en circunstancias reales y concretas del pasado, por lo que es frecuente la aparición de personajes históricos auténticos; ~ ***rosa,*** variedad de relato novelesco, cultivado en época moderna, con personajes y ambientes muy convencionales, en el cual se narran las vicisitudes de dos enamorados, cuyo amor triunfa frente a la adversidad. 2 Género literario constituido por estas narraciones: *la ~ española.* 3 fig. Ficción o mentira. 4 DER. Ley nueva o constitución imperial promulgada después del Código teodosiano.

novelador, -ra *m. f.* Novelista. ◇ Suele tomarse en sentido desp., si no se trata de autores antiguos.

novelar *intr.* Componer o escribir novelas. 2 fig. Contar novelas, cuentos y patrañas. -3 *tr.* Dar forma de novela [a la relación de un suceso, a una biografía, etc.].

novelería (de *novelero*) *f.* Afición a novedades. 2 Afición a leer o escribir fábulas o novelas. 3 Cuentos, fábulas o novedades fútiles.

novelero, -ra (de *novela*) *adj.-s.* Amigo de novedades, fábulas o novelas. 2 Deseoso de novedades o que las esparce. 3 Inconstante y vario en el modo de proceder.

novelesco, -ca *adj.* Propio de las novelas. 2 Que parece de novela: *historia novelesca; lance ~; imaginación novelesca.*
SIN. *2* **Romanceresco.**

novelista *com.* Persona que escribe novelas (narración).

novelística *f.* Tratado histórico o preceptivo de la novela. 2 Literatura novelesca.

novelístico, -ca *adj.* Relativo a la novela.

novelizar *tr.* Dar [a alguna narración] forma y condiciones novelescas. ◇ ** CONJUG. [4] como ***realizar.***

novelo *m. Can.* Ovillo de hilo.

novelón *m.* desp. Novela extensa, muy dramática y mal escrita.

novén (de *noveno*) *m.* Moneda castellana de vellón de los s. XIII al XVI (tercera parte de un real de plata).

novena (l. *novena;* t. f. de *-nu,* noveno) *f.* Espacio de nueve días que se dedican esp. a un determinado culto o devoción. 2 Libro en que se contienen las oraciones de una novena. 3 Sufragios y ofrendas por los difuntos.

novenario (de *novena*) *m.* Período de nueve días. 2 Espacio de nueve días que se dedica a la memoria de un difunto. 3 Exequias celebradas gralte. en el noveno día después de una defunción. 4 Novena con sermones.

novendial (l. *-ale*) *adj.* Día de un novenario (período).

noveno, -na (l. *-nu*) *adj.-s.* Parte que, junto a otras ocho iguales, constituye un todo; **NUMERACIÓN. -2 *adj.* Que ocupa el último lugar en una serie ordenada de nueve lugares. -3 *m.* Fracción resultante de la división en nueve partes del cúmulo de diezmos, para distribuirlas según disposición pontificia. 4 Renta territorial que paga el cultivador al dueño, cuando consiste en la novena parte de los frutos.
SIN. *2* **Nono,** es más solemne, y sólo se usa como ordinal con nombres de papas (*Pío nono*) o en estilo elevado latinizante.

noventa (l. *nonaginta;* alterado por influjo de *novem*) *adj.* Nueve veces diez. 2 Nonagésimo (lugar): *año ~.* -3 *m.* Conjunto de signos con que se representa el número noventa.

noventavo, -va *adj.* Nonagésimo (parte).

noventayochista *adj.-s.* Relativo a la generación literaria española del 98.

noventón, -tona *adj.-s.* Nonagenario.

noviazgo *m.* Estado de novio o novia. 2 Tiempo que dura.
SIN. **Relaciones amorosas,** o simplte. **relaciones,** antes de casarse.

noviciado (de *novicio*) *m.* Tiempo de prueba por que pasa un religioso antes de profesar. 2 Casa o departamento en que habitan los novicios. 3 Régimen y ejercicio de los novicios. 4 Conjunto de los novicios. 5 fig. Aprendizaje de una facultad u oficio.

novicio, -cia (l. *noviciu*) *m. f.* Religioso que aún no ha profesado. -2 *adj.-s.* fig. Principiante en un arte, oficio o facultad. 3 fig. Persona muy compuesta y arreglada en sus acciones, esp. en la modestia.
SIN. *2* **Nuevo.**

noviciote *m.* fam. Novicio entrado en años o muy alto de cuerpo.

noviembre (l. *novembris* < *novem,* nueve) *m.* Undécimo mes del año.

noviero, -ra *adj. Amér. Central* y *Méj.* Enamoradizo.

noviez *f.* Noviazgo.

novillada *f.* Conjunto de novillos. 2 Lidia de novillos.

novillear *intr.* TAUROM. Ejercer como novillero.

novillero *m.* El que cuida de los novillos. 2 Lidiador de novillos. 3 Corral donde separan los novillos. 4 Parte de dehesa muy fértil en la que pacen los novillos y las vacas. 5 El que hace novillos.

novillo, -lla (l. *novellu,* nuevo) *m. f.* Toro o vaca de dos o tres años. -2 *m.* fig. *y* fam. Sujeto a quien hace traición su mujer. -3 *m. pl.* Novillada o lidia de novillos. 4 ***Hacer novillos,*** dejar de asistir a alguna parte contra lo debido o acostumbrado: *hacer ~ los alumnos.* -5 *m. Amér.* Buey nuevo, esp. sin domar. 6 *Chile* y *Méj.* Ternero castrado.
SIN. *1* **Magüeto, -ta; eral, erala,** el que no pasa de dos años.

novillona *f. Colomb.* y *Venez.* Vaquillona.

novilunio (l. *-iu*) *m.* Conjunción de la Luna con el Sol.
SIN. **Luna nueva.**

novio, -via (l. v. *noviu,* casado nuevo) *m. f.* Persona recién casada. 2 Persona que mantiene relaciones amorosas con intención de casarse. -3 *m.* fig. *y* desus. El que entra de nuevo en una dignidad o estado. 4 MONT. El que por vez primera mata una res. 5 *Colomb., Ecuad.* y *Venez.* Planta geraniácea de flores rojas, rosadas, blancas y jaspeadas, muy común en los jardines *(Pelargonium zonale).*

novísima *f.* V. Novísima Recopilación.

novísimo, -ma (l. *-issimu*) *adj.* Superl. de *nuevo.* 2 Último en el orden de las cosas. -3 *m.* En la religión cristiana, etapa de las cuatro últimas por donde ha de pasar el hombre: muerte, juicio, infierno y gloria.
SIN. *3* **Postrimería.**

novocaína *f.* Derivado de la cocaína, usado como analgésico local.

novoecijano, -na *adj.-s.* De Nueva Écija, prov. de Filipinas.

novovizcaíno, -na *adj.-s.* De Nueva Vizcaya, prov. de Filipinas.

noxal *adj.* Perjudicial a la salud.

noyó (fr. *noyau*) *m.* Licor de aguardiente, azúcar y almendras amargas. ◇ Pl.: *noyoes.*

Np, símbolo químico del *neptunio.*

nubada *f.* Chaparrón local. 2 fig. Abundancia de algo.

nubado, -da *adj.* Nubarrado.

nubarrada *f.* Nubada.

nubarrado, -da *adj.* [tela, paño] Con colorido en forma de nubes.

nubarrón *m.* Nube grande y densa, separada de las otras.

nubazo *m. Murc.* Nubada.

nube (l.) *f.* Acumulación de pequeñas partículas de agua o hielo procedentes de la condensación del vapor de agua de la atmósfera, que, mantenidas en suspensión por corrientes de aire ascendentes, forman una masa de color variable según como recibe la luz solar: ~ ***de lluvia,*** la que se resuelve en ella, como el nimbo; ~ ***de verano,*** la tempestuosa con lluvia fuerte, repentina y pasajera; fig., disturbio o disgusto pasajero; fig., ***andar*** o ***estar una cosa por las nubes*** o ***subir una cosa a las nubes,*** encarecer, aumentar mucho su precio; ***subir a*** o ***hasta las nubes a una persona*** o ***cosa,*** alabarla, encarecerla mucho. 2 fig. Agrupación de cosas que, a semejanza de las nubes, obscurece el sol: *una ~ de polvo; ~ de humo; ~ de pájaros.* 3 Pequeña mancha blanquecina que se forma en la capa exterior de la córnea, obscureciendo la vista. 4 fig. Cosa que obscurece la visión, ofusca la inteligencia o altera la serenidad. 5 ant. Especie de chal muy

ligero, hecho de punto, con que las señoras se envolvían la cabeza en invierno. -6 *m. Perú.* Especie de piñata que se coloca sobre la calle en ciertos días de fiesta.
SIN. *3* **Niebla.**
nubiense *adj.-s.* De Nubia, reg. de África.
nubífero, -ra (l. *-feru*) *adj.* poét. Que trae nubes.
núbil (l. *-ile*) *adj.* Que está en edad de contraer matrimonio: *muchacha ~.*
nubilidad *f.* Calidad de núbil. 2 Edad de contraer matrimonio.
nubiloso, -sa *adj.* poét. Nubloso.
nubio, -bia *adj.-s.* De Nubia, región del nordeste de África. -2 *adj.-m.* Lengua perteneciente al grupo nilótico septentrional, hablada principalmente en el noroeste de Etiopía.
nublado, -da *adj.* [cielo] Cubierto de nubes. -2 *m.* Nube, esp. la tempestuosa: ***descargar el ~,*** llover, nevar o granizar copiosamente; fig., desahogarse la cólera o enojo de uno con expresiones vehementes. 3 fig. Suceso que produce riesgo inminente, o especie que turba el ánimo. 4 Multitud, copia excesiva de cosas.
SIN. *1* **Nublo, nubloso, nuboso, nebuloso.**
nublar (l. *nubilare*) *tr.* Anublar.
nublazón *m. Amér.* Nublado.
nublo, -bla (l. *nubilu*) *adj.* Nubloso. -2 *m.* Nublado. 3 Tizón (hongo).
nubloso, -sa *adj.* Nuboso. 2 fig. Triste, cabizbajo.
nubosidad *f.* Estado o condición de nuboso.
nuboso, -sa *adj.* Cubierto de nubes. 2 fig. Desgraciado, adverso.
nuca (b. l. *nucha,* médula espinal, der. del ár. *nujaa*) *f.* Parte superior de la cerviz.
nuche *m. Argent.* y *Bol.* Especie de tábano. 2 *Colomb.* Larva que se introduce en la piel de los animales.
nucleado, -da *adj.* Que tiene uno o varios núcleos.
nuclear *adj.* Relativo o propio del núcleo, esp. del átomo: *energía ~.*
nuceario, -ria *adj.* Nuclear.
nuclearización *f.* Sustitución de las fuentes tradicionales de energía por las de origen nuclear. 2 Instalación, proliferación de armas atómicas: *la ~ del espacio.*
nuclearizar *tr.* Instalar una industria atómica. 2 Dotar de armamento atómico. ◇ ** CONJUG. [4] como ***realizar.***
nucleasas *f. pl.* Enzimas que provocan la hidrólisis de los ácidos nucleicos.
nucleicos (ácidos ~) *m. pl.* Constituyentes no proteínicos de las nucleoproteínas.
nucleido *m.* Núcleo atómico, ya sea natural u obtenido artificialmente.
núcleo (l. *-eu*) *m.* Semilla de los frutos de cáscara leñosa. 2 Hueso de la fruta. 3 Parte o masa compacta que forma el centro de ciertas cosas. 4 Parte más densa y luminosa de un astro. 5 Corpúsculo esencial de la célula. 6 Parte central del átomo en la que radica su masa, formada de protones y neutrones. 7 fig. Elemento primordial al cual se agregan otros para formar un todo.
nucleo- (de *núcleo*) Elemento prefijal que entra en la formación de palabras con el significado de núcleo: *nucleoproteínas.*
nucléolo *m.* Cuerpecillo esferoidal existente dentro del núcleo de las células.
nucleón *m.* Partícula elemental que, con otras, forma el núcleo atómico; es decir, protón o neutrón.
nucleónico, -ca *adj.* Relativo a los nucleones. -2 *f.* Ciencia que estudia los cambios de los núcleos atómicos.
nucleoproteínas (*nucleo-* + *proteína*) *f. pl.* QUÍM. Compuestos formados por una proteína y el ácido nucleico. Son constituyentes importantes de los núcleos celulares.
nuco (arauc.) *m. Chile.* Ave de rapiña, especie de mochuelo *(Ulula otus).*
núcula *f.* Fruto seco indehiscente, de pericarpio óseo o coriáceo. 2 Pequeño hueso de un fruto.
nudamente *adv. m.* Desnudamente.
nudibranquio *adj.-m.* Molusco del orden de los nudibranquios. -2 *m. pl.* Orden de moluscos gasterópodos marinos desprovistos de concha en estado adulto; como la liebre de mar.
nudillo (dim. de *nudo*) *m.* Articulación de las falanges de los dedos: ***dar en los nudillos,*** escarmentar a uno. 2 Punto que forma la costura de las medias. 3 Zoquete de madera que se empotra en el muro para clavar en él alguna cosa. 4 Madero horizontal de una armadura de cubierta que se ensambla en dos pares gemelos, uniéndolos generalmente a la altura de un tercio a partir de los extremos superiores. 5 *Venez.* Golpe de espolón en las riñas de gallos.
SIN. *1* **Artejo.** *2* **Ñudillo.** *4* **Entrecinta, puente.**
nudismo *m.* Desnudismo.
nudista *adj.-com.* [pers.] Que practica el nudismo.
I) nudo (l. hisp. *nudu* < l. *nodu*) *m.* Entrelazamiento estrecho de uno o más cuerpos delgados y flexibles (hilos, cuerdas, cintas, etc.), gralte. hecho de tal modo que mientras más se tira de cualquiera de los cabos, más se aprieta: ***~ gordiano,*** el inextricable que ataba al yugo la lanza del carro de Gordio, ant. rey de Frigia; ***~ marinero,*** el muy seguro y fácil de deshacer a voluntad. 2 fig. Unión, lazo, vínculo: *el ~ del matrimonio.* 3 fig. Principal dificultad o duda en algunas materias: *he aquí el ~ de la cuestión.* 4 Parte en que los obstáculos complican la marcha de la acción que precede al desenlace, en los poemas épico y dramático y en la novela. 5 Protuberancia en los tejidos de una planta; excrecencia dura formada en el punto de inserción de una rama en el tronco; disco transversal del tallo en el que se inserta una hoja o verticilo foliar: *los nudos de una caña.* 6 Punto donde se cruzan dos o más líneas, vías de comunicación, montañas, nervios, etc. 7 MAR. División de la corredera; trayecto de navegación que se mide con estas divisiones. 8 MAR. Unidad de velocidad naval, equivalente a una milla por hora. 9 MED. Bulto o tumor que suele producirse en los tendones o en los huesos, por enfermedad de aquéllos, o por rotura de éstos, cuando se vuelven a unir.
SIN. **Ñudo,** hoy p. us. *4* **Enredo.**
II) nudo, -da *adj.* lit. Desnudo.
nudosidad *f.* MED. Tumefacción o induración circunscrita en forma de nudo.
nudoso, -sa *adj.* Que tiene nudos.
SIN. **Ñudoso.**
nuececilla *f.* BOT. Masa parenquimatosa que está rodeada por dos membranas y constituye la mayor parte del óvulo de los vegetales. 2 Molusco lamelibranquio, de concha pequeña con las valvas similares y el borde crenulado *(Nucula nucleus).*
nuecero, -ra *m. f.* Persona que tiene por oficio vender nueces.
nuégado (der. del l. *nuce,* nuez) *m.* Pasta de harina, miel y nueces, cocida al horno: *comer nuégados.* 2 Hormigo (postre). 3 Hormigón. -4 *m. pl.* fig. *y* fam. Diversión bulliciosa, juerga.
nuer *adj.-m.* Lengua perteneciente al grupo nilótico central, hablado en el sudeste de Sudán.
nuera (l. v. *nora;* por l. *nuru*) *f.* Mujer del hijo, respecto de los padres de éste.
nuestramo, -ma *m. f.* desus. Tratamiento de la gente campesina al dueño de la casa en que sirven o de las tierras que cultivan.
SIN. **Nostramo.**
nuestro, -tra, -tros, -tras (l. *nostru, nostra*) *adj.-pron. poses.* Forma de primera persona en número plural en cuanto a los poseedores, y singular o plural en cuanto a la cosa poseída; con la terminación del masculino singular se usa también como pronombre neutro: *~ padre; los libros nuestros; estos libros son los nuestros; ha llegado nuestra hermana.* 2 El uso autoriza, por dignidad o modestia, que, tratándose de personas de elevada categoría o de escritores, pueda entenderse un solo poseedor. 3 ***Los nuestros,*** los que son del mismo partido, profesión, naturaleza, etc., del que habla. ◇ Pl.: *nuestros, nuestras.* ◇ INCOR.: *delante ~, detrás ~,* etc. por delante de nosotros, detrás de nosotros.
nueva (l. *nova;* f. de *novu,* nuevo) *f.* Noticia que no se había dicho ni oído: ***cogerle a uno de nuevas una cosa,*** saberla inopinadamente; ***hacerse uno de nuevas,*** dar a entender hipócritamente que se desconoce una noticia que se sabe de cierto.
nuevamente *adv. m.* De nuevo. 2 Recientemente.
nueve (l. *nove*) *adj.* Ocho y uno; **NUMERACIÓN. 2 Noveno (lugar): *año ~; el ~ de octubre.* -3 *m.* Guarismo del número nueve. 4 Naipe con nueve figuras: *el ~ de bastos.*
nuevo, -va (l. *novu;* doble etim. *novio*) *adj.* Recién hecho o fabricado: *he comprado un libro ~.* 2 Que se ve o se oye por primera vez. 3 Reiterado para renovarlo: ***de ~, loc. adv.,*** reiteradamente. 4 Precediendo al nombre, otro; que se añade a lo que había, o lo sustituye: *he comprado un ~ libro; un ~ coche.* 5 Distinto de lo que se tenía aprendido. 6 Recién llegado: *Juan es ~ en la escuela.* 7 Poco o nada usado: *un pantalón ~.* 8 Novicio (principiante). 9 De cosecha recentísima, por oposición a lo almacenado de cosechas anteriores: *vino ~; patatas nuevas.*
CONSTR. Se pone gralte. detrás del nombre, excepto en la acepción 4. REL. Se usa en la formación de algunos compuestos, como *nuevomejicano*; pero son más numerosos los formados con el prefijo **neo:** *neolatino, neoclásico, neologismo.*

NUMERACIÓN

SISTEMA ROMANO

El sistema romano de numeración consta de siete signos: I, V, X, L, C, D, M, de valor 1, 5, 10, 50, 100, 500 y 1000, respectivamente. La I, antepuesta a la V o a la X, les quita una unidad; la X, antepuesta a la L o la C, les quita diez unidades, y la C antepuesta a la D o a la M les quita 100.

1 I	2 II	3 III	4 IV	5 V	6 VI	7 VII	8 VIII	9 IX	10 X
10 X	20 XX	30 XXX	40 XL	50 L	60 LX	70 LXX	80 LXXX	90 XC	100 C
100 C	200 CC	300 CCC	400 CD	500 D	600 DC	700 DCC	800 DCCC	900 CM	1000 M

Una raya puesta encima del número que pasa de mil indica millares, dos indican millones y así sucesivamente. Por ejemplo, el número 346.845 se escribiría $\overline{\text{CCCXLVI}}$DCCCXLV.

SISTEMA ARÁBIGO DECIMAL

El sistema arábigo o decimal de numeración consta de diez signos, que son: 1 (uno), 2, (dos), 3 (tres), 4 (cuatro), 5 (cinco), 6 (seis), 7 (siete), 8 (ocho), 9 (nueve) y 0 (cero).

Dichos signos o números se agrupan según series de diez, llamadas decenas o décadas. Dos decenas equivalen a veinte (20), tres, a treinta (30), hasta diez decenas, que se llaman cien, centanas o ciento (100); los cientos se agrupan hasta diez cientos, que constituyen el mil (1.000); los miles o millares, por decenas de millar (10.000), centenas de millar (100.000) y mil millares, que se denomina millón (1.000.000); un millón de millones es un billón, y así sucesivamente.

Toda cifra colocada a la izquierda de otra representa un orden superior, de modo que de derecha a izquierda aparecen, suvesivamente, las *unidades, decenas, centenas, millares,* etc. El número escrito se lee siempre de izquierda a derecha. La carencia de un grupo determinado se denota por cero. Así, el número compuesto de *seis millares, ocho, centenas, dos decenas,* y *siete unidades,* será *6.827,* leyéndose *seis mil ochocientos veintisiete.*

La numeración cardinal es la que considera cada uno de los números en abstracto; como *siete, cien, mil,* etc.; la *numeración ordinal* es la que los considera expresando ideas de orden o sucesión; como *segundo, sexto, décimo,* etc.

nuevomejicano, -na *adj.* De Nuevo Méjico.

nuez (l. *nuce*) *f.* Fruto del nogal. 2 Fruto de otros árboles que tienen alguna semejanza con el del nogal: ~ *de coco;* ~ *de areca;* ~ *de burí;* ~ ***moscada,*** fruto de la mirística, empleado como condimento; ~ ***vómica*** (también *matacán*), semilla de un árbol de Oceanía, muy tóxica, empleada como emética y febrífuga. 3 Fruto aquenio de pericarpo leñoso no adherido a la semilla; como la avellana. 4 ~ ***de ciprés,*** piña de ciprés. 5 ~ ***de Pará,*** semilla del castaño de Pará. 6 Hueso que servía para afirmar o armar la cuerda de la ballesta. 7 Prominencia que forma la laringe en la parte anterior del cuello. 8 Pieza movible que en el extremo inferior del arco del violín o de instrumentos análogos sirve para regular la tensión de las crines.
SIN. *7* **Bocado, manzana** o **nuez de Adán.**

nueza (l. *nodia,* der. de *nodus,* nudo) *f.* Planta cucurbitácea, trepadora, dioica, de hojas grandes partidas en cinco gajos, flores de color verde amarillento y fruto encarnado en baya *(Bryonia dioica).* 2 ~ ***blanca,*** especie parecida a la anterior, pero monoica y con flores blancas y bayas negras *(Bryonia alba).* 3 ~ ***negra,*** planta dioscórea, dioica, con hojas acorazonadas, flores verdosas y bayas rojizas *(Tamus communis).*
SIN. *1* **Anorza.**

nugatorio, -ria (l. *iu*) *adj.* Engañoso, frustráneo.

nulamente *adv. m.* Sin efecto.

nulidad *f.* Calidad de nulo: *la ~ de un documento; la ~ de un empleado.* 2 Vicio que anula un acto. 3 fig. Persona incapaz, inepta: *ese hombre es una ~.*

nulificar *tr.* BARBAR. Anular. ◇ ** CONJUG. [1] como *sacar.*

nulípara *adj.* [mujer] Que no ha tenido ningún hijo.

nulo, -la (l. *nullu,* ninguno, sin valor) *adj.* Falto de valor legal. 2 Incapaz, inepto para algo. 3 Ninguno [ni uno], en estilo latinizante.

numantino, -na (l. *-inu*) *adj.-s.* De Numancia, ant. ciudad de la España Citerior.

numbat *m.* Mamífero marsupial de unos 40 cms., cuyo pelaje es de color castaño con bandas blancas y el vientre blanco amarillento. La hembra carece de bolsa marsupial *(Myrmecobius fasciatus).*

numen (l.) *m.* Deidad pagana. 2 Inspiración (estímulo).

numerabilidad *f.* Calidad de numerable.

numerable (l.) *adj.* Que se puede reducir a número.

****numeración** (l. *-atione*) *f.* Acción de numerar. 2 Efecto de numerar. 3 Arte o sistema de expresar todos los números con una cantidad limitada de vocablos y caracteres: ~ ***arábiga,*** la hoy día casi de uso universal que, con el valor absoluto y la posición relativa de diez signos de origen árabe, puede expresar cualquier cantidad; ~ ***romana,*** la que, usada antiguamente por los romanos, expresa los números por medio de siete letras del alfabeto latino *I, V, X, L, C, D* y *M.*

numerada *f.* Mariposa diurna de color negro, con una banda transversal roja y manchas blancas en las alas anteriores y borde marginal rojo en las posteriores *(Vanesa atalanta).*

numerador (l. *-atore*) *m.* Término de la fracción que indica cuántas partes de la unidad contiene aquélla. 2 Aparato para imprimir números sucesivos.

numeradora *f.* IMPR. Máquina para numerar correlativamente los ejemplares de un modelo u obra.

NUMERACIÓN (continuación)

LOS NUMERALES
(adjetivos, pronombres y sustantivos)

CIFRA	NUMERACIÓN CARDINAL	NUMERACIÓN ORDINAL	PARTITIVOS
1	uno	primero	
2	dos	segundo	medio
3	tres	tercero	tercio
4	cuatro	cuarto	*(a partir de cuatro y hasta*
5	cinco	quinto	*décimo, los partitivos coinci-*
6	seis	sexto	*den con los ordinales.*
7	siete	séptimo (sétimo)	
8	ocho	octavo	*A partir de once se forman*
			con el cardinal más el sufijo
9	nueve	noveno	*«-avo-»)*
10	diez	décimo	
11	once	undécimo	onceavo
12	doce	duodécimo	doceavo
13	trece	decimotercero (decimotercio,	
		tredécimo)	treceavo
14	catorce	decimocuarto	....
15	quince	decimoquinto	....
16	dieciséis	decimosexto	....
17	diecisiete	decimoséptimo (decimosé-	
		timo)	....
18	dieciocho	decimoctavo	....
19	diecinueve	decimonono (decimonoveno)	....
20	veinte	vigésimo	*(a partir de veinteavo pueden*
			adoptarse también como par-
21	veintiuno	vigésimo primero	*titivos para la función de ad-*
22	veintidós	vigésimo segundo	*jetivo el ordinal acompañado*
23	veintitrés		*del substantivo parte: un*
	....	....	*veinteavo o una vigésima*
30	treinta	trigésimo	*parte).*
	(entre el 30 y el 40, entre el 40 y el 50, etc., hasta 100, se forman con ayuda de la conj. «y».		
31	treinta y uno	trigésimo primero	
32	treinta y dos	trigésimo segundo	

numeral (l. *-ale*) *adj.* Relativo al número. 2 GRAM. *Nombre* ~, v. nombre; *adjetivo* ~, v. adjetivo.

numerar (l. *-are*) *tr.* Contar [las cosas de una serie] por el orden de los números. 2 p. anal. Marcarlas con números sucesivos. 3 Expresar numéricamente [la cantidad]. 4 Determinar la relación entre la longitud y el peso de un hilo, en la industria textil.

numerario, -ria (l. *-iu*) *adj.* Que es del número o relativo a él. -2 *m.* Moneda acuñada o dinero efectivo. -3 *adj.-s.* Funcionario que ocupa su plaza en propiedad.

numerativo, -va *adj.* Que se usa para numerar.

numéricamente *adv. m.* Individualmente. 2 Con relación al número: *fuerzas* ~ *superiores.*

numérico, -ca *adj.* Relativo a los números. 2 Compuesto o ejecutado con ellos: *cálculo* ~.

número (l. *-ru*) *m.* MAT. Expresión de la relación existente entre la cantidad y la unidad: ~ ***abstracto,*** el que no se refiere a unidad de especie determinada; ~ ***atómico,*** el de un elemento en la clasificación periódica igual al número total de cargas positivas que hay en el núcleo; ~ ***cardinal,*** cualquiera de los que forman la serie infinita de los enteros; como *uno, dos,* etc.; ~ ***complejo,*** el formado por la suma algebraica de un número real con uno imaginario; ~ ***compuesto,*** el que se expresa con dos o más cifras; ~ ***concreto,*** el que expresa la cantidad de especie determinada; ~ ***cuántico,*** magnitud que caracteriza el estado de un sistema cuantificado; ~ ***de Mach,*** la relación entre la velocidad de un fluido y la del sonido; ~ ***decimal,*** el compuesto de una parte entera, que puede ser cero, y de otra inferior a la unidad; ~ ***dígito,*** el que puede expresarse con una sola cifra; ~ ***entero,*** el que consta de una o varias unidades enteras; ~ ***imaginario,*** raíz cuadrada de -1 que se representa por la letra *i*; ~ ***impar,*** el que no es exactamente divisible por dos; ~ ***irracional,*** el real no racional, que no puede expresarse exactamente con números enteros, decimales o quebrados; ~ ***mixto,*** el compuesto de entero y quebrado; ~ ***natural,*** el entero mayor que cero; ~ ***ordinal,*** el que expresa orden o sucesión; como *primero, segundo,* etc.; ~ ***par,*** el exactamente divisible por dos; ~ ***primo,*** el divisible sólo por sí mismo o por la unidad; ~ ***quebrado*** o ***fraccionario,*** el que expresa una o varias partes alícuotas; ~ ***racional,*** el entero, decimal o quebrado, que puede expresarse como cociente exacto de dos números enteros; ~ ***real,*** expresión numérica cualquiera, racional o irracional; ~ ***redondo,*** el aproximado que no expresa más que cantidades completas de cierto orden sin tener en cuenta las de órdenes inferiores. 2 Signo o conjunto de signos con que se representa el número. 3 Conjunto de personas o cosas de determinada especie: *un gran* ~ *de curiosos; un infinito* ~ *de pájaros; de* ~, [pers.] que pertenece a una sociedad de limitado número de miembros; *sin* ~, en gran número, innumerables. 4 Parte, acto o ejercicio del programa de un espectáculo. 5 Hoja o cuaderno correspondiente a distinta fecha de edición, en la serie cronológica respectiva, de las publicaciones periódicas. 6 Billete de lotería o rifa. 7 Verso, por constar de determinado número de sílabas. 8 Relación entre la longitud y el peso de un hilo, en la industria textil. 9 GRAM. Accidente que expresa si una palabra se refiere a una sola persona o cosa o a más de una: ~ ***singular,*** el que expresa una sola persona o cosa; ~ ***dual,*** el que en ciertas lenguas, como el griego y el sánscrito, expresa dos o

NUMERACIÓN (continuación)

CIFRA	NUMERACIÓN CARDINAL	NUMERACIÓN ORDINAL	PARTITIVOS
	....	....	....
40	cuarenta	cuadragésimo	cuarentavo, cuadragésima
50	cincuenta	quincuagésimo	cincuentavo, quincuagésima
60	sesenta	sexagéximo	
70	setenta	septuagésimo	
80	ochenta	octogésimo	
90	noventa	nonagésimo	....
100	cien	centésimo	centavo, centésima
200	doscientos	ducentésimo	
300	trescientos	tricentésimo	
400	cuatrocientos	cuadringentésimo	
500	quinientos	quingentésimo	
600	seiscientos	sexcentésimo	
700	setecientos	septingentésimo	
800	ochocientos	octingentésimo	
900	novencientos	noningentésimo	*(a partir de mil es más frecuente el uso del ordinal milésima)*
1.000	mil	milésimo	
10.000	diez mil	diezmilésimo	diezmilésima
100.000	cien mil	cienmilésimo	cienmilésima
1.000.000	un millón	millonésimo	millonésima
	....	....	
		último, final o postrero	

Algunas particularidades

1. *Uno,* delante de un sustantivo masculino, y *ciento,* delante de cualquier sustantivo o de un cardinal al cual multiplica, toman las formas *un* y *cien: un libro; cien hombres; veintiún alumnos.*
2. Todos los cardinales menos *uno* pueden emplearse como ordinales. Sin embargo, de *2* a *10,* hablando de reyes, capítulos, etc., se emplean preferentemente los ordinales: *capítulo segundo; Alfonso décimo.*
3. *Un* (masc.) es la única forma posible ante *mil* (masc.): *cincuenta y un mil pesetas* y no *cincuenta y una mil pesetas.*
4. *Uno* no toma la forma *un* ante sustantivos femeninos: *veintiún alumnas,* sino *veintiuna alumnas;* a menos que el sustantivo femenino comience por /a/ tónica: *veintiún amas de casa.*
5. Generalmente los cardinales van delante del sustantivo, pero cuando se emplean como ordinales se ponen después: *dos libros; capítulo quince.*
6. Los cardinales *uno, doscientos, trescientos,* etc., hasta *novecientos,* y los formados con ellos, así como todos los ordinales, concuerdan con los sustantivos que determinan: *una casa; doscientos hombres; trescientas veinte pesetas.*
7. Los ordinales *primero, tercero, postrero,* pierden la última letra cuando preceden al sustantivo masculino, aunque se intercale otro adjetivo: *el primer síntoma, el primer claro síntoma.* Esto no ocurre si los adjetivos se unen con *y*: *mi primero y único deseo.* Ante sustantivos femeninos, no pierden la *-a*; luego son incorrectas: *la primer ministra, la tercer cantidata.*
8. Los treinta primeros números cardinales se escriben con letras en los textos no especializados, excepto en las fechas. El resto se escribe con cifras.
9. No es aconsejable comenzar párrafo con un numeral escrito con cifras.
10. Es un error muy frecuente emplear los partitivos en lugar de los ordinales (*onceavo piso* por *undécimo piso*).
11. Los ordinales del *13.º* al *19.º*, tienen dos formas femeninas: *decimocuarta* o *decimacuarta.*
12. Cuando los guarismos *1, 2, 3, 4,... 0* son sustantivos, su género es masculino: *un uno, un* (*número*) *uno, este uno.* Forman el plural normalmente: *uno-s, cuatro-s, dos-es, tres-es;* pero se evita el plural *seis-es.*
13. Son vulgares las formas *ventiuno* (veintiuno); *ventitrés* (veintitrés); *nuevecientos* (novecientos), etc.

NOTA: Algunos numerales pueden llamarse de varias formas. Este DICCIONARIO las recoge en los artículos correspondientes.

más personas o cosas; ~ ***plural,*** el que expresa más de una persona o cosa. 10 MIL. Soldado sin graduación. 11 MÚS. y LIT. Armonía y cadencia del período. -12 ***m. pl.*** Cuarto libro del Pentateuco. 13 ***Hacer números,*** calcular las posibilidades de un negocio. 14 ***En números rojos,*** con saldo negativo en una cuenta bancaria. SIN. *2* **Cifra, guarismo.**

numerosamente ***adv. m.*** De un modo numeroso.

numerosidad (l. *-itate*) ***f.*** Multitud numerosa.

numeroso, -sa (l. *-osu*) ***adj.*** Que incluye gran número de cosas. 2 Armonioso, que tiene medida y proporción. -3 ***adj. pl.*** Muchos. ◇ Usado en la segunda y tercera acepción especialmente ante substantivo.

númida (l.) ***adj.-s.*** De Numidia, reg. de la ant. África.

numídico, -ca (l. *-cu*) ***adj.*** Númida.

numisma (l.) ***m.*** Moneda. ◇ No se usa más que como tecnicismo entre arqueólogos.

numismática (de *numisma*) ***f.*** Ciencia que trata de las monedas y medallas, esp. de las antiguas.

numismático, -ca ***adj.*** Relativo a la numismática. -2 ***m. f.*** Especialista, por profesión o estudio, en esta ciencia.

nummulites ***m.*** Numulites.

nummulítico, -ca ***adj.*** Numulítico.

numo ***m.*** p. us. Moneda o dinero.

numular ***adj.*** Extendido y redondo como una moneda, esp. los esputos.

numulario (l. *-iu*) ***m.*** Persona que comercia o trata con dinero.

NÚMERO

SUBSTANTIVO Y ADJETIVO

1. **Formación del plural.** — Se forma añadiendo una de las dos desinencias *s* o *es*.

AÑADEN *s*	AÑADEN *es*
a) Todos los substantivos o adjetivos que terminan en vocal no acentuada: *casa, casas; blanco, blancos.* *b)* Todos los que terminan en *e* acentuada: *café, cafés.*	*a)* Todos los substantivos o adjetivos que terminan en vocal acentuada que no sea *e: bajá, bajaes; rondó, rondoes.* Se exceptúan *papá, mamá, machó* y *chapó* y algunos más que toman *s,* y *maravedí,* que puede hacer *meravedís, -íes, -ises.* (*) *b)* Los substantivos y adjetivos que acaban en consonante, excepto los de más de una sílaba acabados en *s: atril, atriles; mes, meses; capaz, capaces.* Pero *lunes, fastos,* no varían en el plural.

(*) Los polisílabos agudos terminados en *-á, -í, -ú,* sobre todo los nombres de mayor uso (*sofá, esquí, champú,* etc.), forman también el plural en *-s* (*sofás, esquís, champús*). Estas formas resultan más familiares y espontáneas, mientras que las formas en *-es* gozan de mayor prestigio literario.

2. **Voces extranjeras.** — Forman el plural siguiendo las reglas de la lengua española: *frac* (o *fraque*), hace *fraques; lord, lores; cinc* o *cinz, cines* o *zines.* Hay en ello gran vacilación, según que la consonante final de la voz extranjera se use o no como final en la lengua española. En las palabras de introducción relativamente reciente, existe fuerte tendencia a añadirles simplemente una *s campings, blocs.* Algunas terminan con forma española: *carné, carnés* (fr. *carnet*). Las palabras latinas como *ultimátum, déficit, fiat, exequátur,* pueden muy bien quedar invariables.

3. **Nombres propios.** — Cuando un nombre propio ha de ser usado en plural, se pluraliza siguiendo las reglas generales de la lengua española, excepto los patronímicos acabados en *z* (Sánchez, López, etc.), los terminados en *s* con acentuación aguda (Valdés, Solís, etc.) y los que no son de origen castellano en español (Bécquer, Llorens, etc.), que son invariables. Es incorrecto decir: *los Padilla,* en vez de *los Padillas.*

4. **Nombres compuestos.** — Forman el plural según la cohesión de sus componentes. La desinencia puede tomarla:

el primer elemento en la **composición** incompleta, como *ojo de buey, ojos de buey* *casa de campo, casas de campo*	*los dos elementos* en la **composición** imperfecta, como ricahembra, ricashembras mediacaña, mediascañas	*el último elemento* en la **composición** perfecta *bocacalle, bocacalles* *primogénito, primogénitos* pero *hijodalgo* hace *hijosdalgo; cualquiera, quienquiera,* hacen *cualesquiera* y *quienesquiera.*

5. **Defectivos de número.** — *a)* Los substantivos o adjetivos polisílabos que en singular acaban en *s* no sufren alteración en plural: *el lunes, los lunes. b)* Algunos se usan sólo en plural: *creces, albricias. c)* Muchos nombres por su naturaleza no suelen usarse en plural: son los abstractos, como *inmortalidad, caridad,* etc.; los terminados en *ismo,* como *vandalismo;* los de ciencias y artes como *gramática, teología;* los de institutos militares, como *infantería, caballería,* pero pueden formarlo de acuerdo con las reglas generales.

Nota. En los artículos del DICCIONARIO se indican las particularidades acerca del número de las palabras que no se atienen a las normas generales.

numulita (l. *nummu,* moneda y gr. *lithos,* piedra) ***f.*** Género de protozoos rizópodos foraminíferos fósiles, que caracterizan diversos niveles de los depósitos terciarios inferiores.
SIN. **Numulites** o **nummulites,** se usan sobre todo en pl.
numulites ***m.*** Numulita.
numulítico, -ca ***adj.*** Relativo al género numulita.
nunca (l. *nunquam*) ***adv. t.*** En ningún tiempo, ninguna vez. 2 Usado en correlación con el adverbio *no* refuerza la negación: *no lo ha visto ~.* -3 **loc. adv.** ***~ jamás,*** nunca (con sentido enfático).
nunciatura ***f.*** Dignidad de nuncio. 2 Tribunal de la Rota de la Nunciatura Apostólica en España. 3 Casa en que vive el nuncio y radica su tribunal.
nuncio (l. *nuntiu*) ***m.*** Persona que lleva aviso o noticia de un sujeto a otro. 2 fig. Anuncio o señal: *la golondrina, ~ de la primavera.* 3 ***~ apostólico,*** o simplemente *~,* representante diplomático del Papa que, además, como legado, ejerce ciertas facultades pontificias.
FR. *Cuéntaselo al nuncio,* cuando no se quiere oír una cosa, o para significar que algo no tiene remedio.
nuncupativo (b. l. *-vu*) ***adj.*** [acto] Que se realiza oral y públicamente, aunque después se reduzca a escritura: *testamento ~.*
nuncupatorio, -ria (l. *-iu*) ***adj.*** [escrito] Con que se dedica una obra, o en que se instituye a uno por heredero, o se le confiere un empleo.
nunquitita ***adv.*** *Chile.* Dim. fam. de *nunca.*
nuño ***m.*** *Chile.* Ñuñu.
nupcial (l. *-ale*) ***adj.*** Relativo a las bodas.
nupcialidad ***f.*** Número proporcional de matrimonios en un tiempo y lugar determinados. 2 Calidad de nupcial: *préstamo de ~.*
nupcias (l. *nuptias,* de *nuptiae*) ***f. pl.*** lit. Boda. ◇ No tiene singular.
SIN. **Matrimonio.**
nuquipando ***adj.*** *Colomb.* Que tiene la nuca chata.

nuraga *f.* Construcción megalítica en forma de torreón tronco cónico o cilíndrico, propia de la isla de Cerdeña.
nurse (ing.) *f.* ANGLIC. Niñera. 2 *Amér.* Enfermera de un hospital o clínica.
nursery (ing.) *f.* ANGLIC. Guardería infantil.
nutación (l. *-atione*) *f.* Ligera oscilación periódica del eje de la Tierra causada pralte. por la atracción lunar. 2 Cambio de dirección y posición de ciertos órganos de una planta, por causas inherentes a su crecimiento. 3 FÍS. Oscilación de escasa amplitud a que se halla sometido el extremo libre de un eje de rotación.
nutra *f.* Nutria.
nutria (l. v. *nutria,* del l. *dutra* y del gr. *énydris, -drios*) *f.* Mamífero carnívoro mustélido de unos 9 dms. de longitud, orejas pequeñas, cuerpo delgado, patas cortas, dedos unidos por una membrana, cola larga y gruesa y pelaje espeso y muy fino *(Lutra lutra).*
SIN. **Lóntriga.**
nutricio, -cia (l. *-iu,* ayo) *adj.* Nutritivo. 2 Que tiene a su cargo el sostenimiento de una persona: *San José, padre ~ de Jesús.*
nutrición (l. *-itione*) *f.* Acción de nutrir o nutrirse. 2 Efecto de nutrir o nutrirse.
REL. **Trófico, -ca,** BIOL., relativo a la nutrición.
nutricional *adj.* Propio o relativo a la nutrición.
nutrido, -da *adj.* fig. Lleno, abundante.
nutriero *m. Argent.* y *Urug.* Persona que se dedica a cazar nutrias y a traficar con sus pieles.
nutrimental (l. *-ale*) *adj.* Que sirve de sustento o alimento.
nutrimento, -miento (l. *-tu*) *m.* Nutrición. 2 Substancia de los alimentos. 3 fig. Causa de aumento, actividad o fuerza de una cosa.
nutriología *f.* Ciencia de los procesos nutritivos en los seres vivos, en especial en el hombre.
nutrir (l. *-ire*) *tr.-prnl.* Proporcionar [a un organismo viviente] las substancias que necesita para su crecimiento y para reparar sus pérdidas: *nutrirse con manjares sabrosos.* 2 fig. Acrecentar o dar nuevos alientos, esp. en el orden moral: *nutrirse de,* o *en, sabiduría.*
SIN. **Alimentar.**
nutritivo, -va *adj.* Que sirve para nutrir.
nutriz (l. *nutrice*) *f.* desus. Ama.
nutual (der. del l. *natu,* voluntad) *adj.* [cargo] Que es amovible a voluntad del que lo confiere.
ny, ni (gr.) Decimotercia letra del **alfabeto griego, equivalente a nuestra *n*.
nylon (ing.) *m.* Nailon. ◇ La pronunciación vacila entre *nailon* y *nilón*. Esta última forma ha sido adoptada por la Academia Esp., tanto en la pronunciación como en la grafía.

Ñ, ñ *f.* Eñe, decimoquinta letra del **alfabeto español que representa gráficamente a la consonante oclusiva, palatal, nasal y sonora.
ña *f. And.* y *Amér.* vulg. Doña, señora (tratamiento).
ñacanina (guaraní) *f. Argent.* Víbora grande y venenosa (gén. *Spilotes).*
ñácara *f. Amér. Central.* Úlcera, llaga.
ñácaro *adj. Colomb.* Desmedrado, descascarado.
ñaco *m. Chile.* Gachas de maíz tostado con azúcar o miel.
ñacundá (guaraní) *m.* Ave caprimulgiforme de América del Sur, nocturna, de color acanelado con algo de negro y blanco *(Podager ñacunda).*
ñacurutú (guaraní) *m.* Ave estrigiforme nocturna americana, especie de lechuza de color amarillento y gris *(Bubo cassirostris).*
ñachi *m. Chile.* Sangre cruda de cordero condimentada con sal y ají.
ñadi *m. Chile.* Pantano no muy profundo y de alguna extensión.
ñafiar *tr. Venez.* Sisar, hurtar.
ñafitear *tr. P. Rico.* vulg. Ñafiar.
ñafiteo *m. P. Rico.* vulg. Sisa, hurto.
ñagaciento, -ta *adj. Perú.* Que se sirve de añagazas para conseguir sus propósitos.
ñame (voz del Congo) *m.* Planta dioscórea originaria de Asia, de tallos endebles, hojas grandes, flores pequeñas y verdosas y raíz tuberculosa comestible *(Dioscorea batatas).* 2 Raíz de esta planta. 3 *Cuba.* Persona inculta y torpe. -4 *adj. Amér.* fam. Muy grande.
ñandú (guaraní) *m.* Ave reiforme, parecida al avestruz, pero con tres dedos en cada pata *(Rhea americana).* ◇ Pl.: *ñandúes.*
ñandubay (guaraní) *m. Amér.* Árbol de madera rojiza muy dura e incorruptible *(Prosopis ñandubay).*
ñandutí (guaraní, araña blanca) *m. Argent.* y *Parag.* Encaje hecho a mano que imita el tejido de la telaraña y que sirve para toda clase de ropa blanca.
I) ñanga *f. Amér. Central.* Estero de fondo pantanoso. 2 *Ecuad.* Pizca, porción pequeña.
II) ñanga (quechua *yanca,* sin valor ni provecho) *adj. adv. Colomb.* En balde, en vano, inútilmente: *ñanga lo niega.* -2 *adj.* Pobre de espíritu, débil, cobardón.
ñangado, -da *adj. Cuba.* De miembros torcidos y débiles. -2 *f. Amér. Central.* Mordisco. 3 *Amér. Central.* Acción disparatada y dañina.
ñangar *tr. Cuba.* Desfigurar [una cosa]. ◇ ** CONJUG. [7] como *llegar.*
ñángara *f. Hond.* Úlcera, llaga.
ñangas *f. pl. Ecuad.* Raíces adventicias de los mangles.
ñango, -ga *adj. Amér.* Bajo, patojo. 2 *Argent.* y *Urug.* Desairado. 3 *Chile.* [ave] Que tiene patas cortas. 4 *Méj.* Flaco, canijo. 5 *P. Rico.* Ñangado, torcido. 6 *P. Rico.* Quisquilloso. 7 *P. Rico.* Tonto, mentecato. -8 *m. Colomb.* Hueso humano llamado sacro.
ñangotado, -da *adj. P. Rico.* Servil, adulador. 2 *P. Rico.* Perezoso.
ñangotarse *prnl. P. Rico.* Ponerse en cuclillas, acuclillarse. 2 *P. Rico.* Humillarse. 3 *P. Rico.* Perder el ánimo.
ñangotismo *m. P. Rico.* Costumbre de ñangotarse. 2 *P. Rico.* fig. Conformismo, adaptación pasiva, servilismo.
ñangué *m. Cuba.* Planta parecida al estramonio *(Datura metel).*
ñanguear *intr. Colomb.* Remolonear.
ñanguería *f. P. Rico.* Necedad. 2 *P. Rico.* Chanza.
ñanquelito *m. Chile.* Pieza de carne larga y estrecha a continuación del solomo de la res vacuna.
ñaña *f. Amér. Central.* Excremento humano. 2 *Argent.* y *Chile.* Hermana mayor. 3 *Colomb.* y *Chile.* Amiga preferida. 4 *Chile* y *P. Rico.* Niñera.
ñañacas *f. pl. Bol.* Bártulos, cachivaches.
ñáñara *f. Cuba* y *S. Dom.* Llaga, tumor.
ñañería *f. Ecuad.* Confianza, intimidad.
ñáñigo, -ga *m. f. Cuba.* Individuo de una sociedad de negros dedicada al bandolerismo.
ñañitas *f. pl. Chile.* Trozos menudos de carne de vaca que se desprenden de las presas mayores del animal.
ñaño, -ña *m. f. Amér.* Hermano. 2 *Amér.* Muy amigo. 3 *Colomb.* y *Pan.* Consentido, mimado. 4 *Chile.* Tonto. 5 *Perú.* Niño.
ñapa (et. dud.) *f. Amér.* Dádiva de poca importancia que hace el vendedor al comprador.
ñapango, -ga (quechua *llapanku,* descalzo) *adj. Colomb.* desus. Mestizo, mulato. 2 *Colomb.* desus. Cuarterón.
ñapindá (guaraní) *m. Argent.* Especie de zarza muy espinosa, con flores amarillentas y de grato aroma *(Acacia riparia).*
ñapo *m. Chile.* Especie de junquillo con que se tejen canastos.
ñaque *m.* Conjunto de cosas inútiles y ridículas. 2 Naque.
ñarra *com.* vulg. Niño. -2 *adj. Ecuad.* [animal, pers.] Muy pequeño. -3 *f. pl. Méj.* y *Venez.* Gangas, gajes en un empleo.
ñarrear *intr. Pan.* Maullar el gato.
ñaruso, -sa *adj. Ecuad.* [pers.] Picado de viruelas.
ñata *f. Perú.* Muerte. -2 *f. pl. Amér.* Narices.
ñatear *intr. Colomb.* Hablar gangosamente.
ñato, -ta *adj. Amér.* Chato, romo. 2 *Argent.* Feo, mal hecho. 3 *Argent.* Felón, perverso. 4 *Colomb.* Gangoso. -5 *m. Pan.* Afeminado.
ñatoco, -ca *adj. Chile.* Chato, romo.
ñatucho, -cha *adj. Chile.* Ñatoco.
ñau *m. Amér.* Onomatopeya con que se representa la voz del gato. 2 *Cuba* y *P. Rico.* Miedo.
ñauar *intr. Chile.* Maullar.
ñauido *m. Chile.* Maullido.

ñaure *m. Venez.* Garrote, leño nudoso.
ñeca *f. Cuba.* Puñetazo.
ñecla *f. Chile.* Cometa muy pequeña. 2 *Chile.* Individuo raquítico. 3 *Chile* Bagatela.
ñecle *adj. Chile.* Raquítico, enclenque.
ñeco *m. Ecuad.* Golpe con los nudos de la mano cerrada.
ñeembucuense *adj.-s.* De Ñeembucú, dep. de Paraguay.
ñemeo (de *ñema;* corrupción de *yema*) *m. Venez.* vulg. Lucro clandestino.
ñengue *adj. P. Rico.* Idiota.
ñeñe *m. Hond.* Excremento. -2 *adj. P. Rico.* Idiota, bobo.
ñeque (arauc. *ñedquen,* atrevido, arrogante) *adj. Amér.* Fuerte, vigoroso. 2 *Amér. Central* y *Cuba.* Valiente. 3 *Amér. Central* y *Cuba.* [pers.] Que trae desgracia. -4 *m. Amér.* Fuerza, vigor, energía. 5 *Amér. Central* y *Méj.* Golpe, bofetada. -6 *m. pl. Ecuad.* Puños.
ñequear *intr. Ecuad.* Demostrar energía.
ñequiza *f. Ecuad.* Trompiza.
ñereo (arauc. *ñerehue,* aparato para tejer) *m. Chile.* Instrumento de madera para tejer mantas.
ñero, -ra (aféresis de *compañero*) *adj. Colomb.* y *Guat.* vulg. Compinche.
ñiachi *m. Chile.* Sangre cruda, pero caliente, que se sirve con diversos aliños.
ñica *f. Perú.* Pizca.
ñícaro *m. S. Dom.* Plátano raquítico.
¡ñifle! *Chile.* Interjección ¡no! ¡nada!
ñilbo *m. Chile.* Jirón de ropa vieja, andrajo. 2 *Chile.* Pedazo colgante de charqui, o cosa semejante.
ñinga *f. Cuba* y *Pan.* Excremento. 2 *S. Dom.* y *Venez.* Pizca.
ñipa *f. Chile.* Arbusto saxifragáceo, de fuerte olor *(Escallonia berberifolia).* 2 *Chile.* Letrina o lugar común.
ñipe *m. Chile.* Ñipa.
ñique *m. Amér. Central* y *Chile.* Cachada. 2 *Amér. Central.* Puñetazo.
ñiquiñaque *m.* fam. Sujeto o cosa muy despreciable. 2 *La Mancha.* Cosa digna de estima.
ñire (arauc.) *m. Chile.* Árbol de unos 20 metros de altura, de flores solitarias, hojas elípticas y profundamente aserradas *(Notofagus pumilio).*
ñirivilo (arauc.) *m. Chile.* Monstruo fabuloso de las creencias populares.
ñisca (quechua) *f. Amér. Central* y *Colomb.* Excremento. 2 *Amér.* Pizca, pedacito. -3 *f. pl. Extr.* Peces pequeñitos.
ñisñil (arauc.) *m. Chile.* Espadaña (hierba).
ño *m. Amér.* vulg. Señor.
ñoca *f. Colomb.* Rajadura en el piso o enlosado.
I) ñoclo (l. *nucleu,* nuez) *m.* Especie de melindre de harina, azúcar, huevos, vino y anís.
II) ñoclo, -cla *adj. Venez.* [ganado] Gacho de una oreja.
ñoco, -ca *adj. Amér.* [pers.] Falto de un dedo o una mano. -2 *m. Chile.* Puñada que se da empujando el brazo horizontalmente. 3 *Colomb.* Tocón. 4 *Perú.* Juego del hoyuelo.
ñocha *f. Chile.* Hierba bromeliácea, que sirve para hacer sombreros, esteras, sillas, etc. *(Bromelia Ladbecki).*
ñola *f. Colomb.* y *Guat.* Excremento. 2 *Guat.* y *Hond.* Úlcera, llaga.
ñon (aféresis de *cañón*) *m. Cuba.* vulg. Fanfarrón, valentón.
ñonga *f. Pan.* Pepita del marañón.
ñongareto, -ta *adj. Colomb.* Contrahecho, lisiado.
ñongarse *prnl. Colomb.* Agacharse. 2 *Colomb.* Torcerse. ◇ ** CONJUG. [7] como ***llegar.***
ñongo, -ga *adj. Colomb.* y *Venez.* Contrahecho, lisiado. 2 *Cuba* y *Chile.* Tonto, necio. 3 *Venez.* Fatídico, azaroso. 4 *Venez.* Tramposo, maula. 5 *Venez.* Desairado, de mal aspecto. 6 *Venez.* Quisquilloso.
ñongotarse *prnl. Colomb.* Torcerse.
ñonguear *tr. Colomb.* Enchamicar.
ñonguera *f. Chile.* Pereza, flojera.
ñoña *f.* Excremento, suciedad, en algunos lugares de Andalucía. 2 *Chile* y *Ecuad.* Estiércol.
ñoñar *tr. P. Rico.* Añoñar, mimar.
ñoñear *intr. Cuba.* Hacer ñoñerías, sandeces.
ñoñería *f.* Acción o dicho propio de persona ñoña.
ñoñez *f.* Calidad de ñoño. 2 Ñoñería.
ñoño, -ña (voz imitativa) *adj.-s.* fam. [pers.] Sumamente apocado y quejumbroso. 2 [cosa] Soso, de poca substancia. -3 *m. Can.* fam. Dedo del pie. -4 *adj.-s. Amér.* Viejo, chocho. 5 *Perú, P. Rico* y *S. Dom.* Engreído, inclinado a los mimos y lagoterías.
ñopera *f. Colomb.* Gafedad en las manos.
ñopo, -pa *adj. Colomb.* Chato. 2 *Colomb.* Gafo de las manos. 3 *Pan.* [pers.] Español. 4 *Pan.* Rubio, blanco. -5 *m. Venez.* Polvo extraído de la raíz de una herbácea que produce efectos alucinatorios.
ñoqui (voz italiana) *m. pl.* Pasta italiana preparada con patatas, harina de trigo, mantequilla, leche, huevo y queso rallado, dividida en trocitos, y que se cocina con distintos ingredientes. -2 *m.* Panecillo de masa de maíz, de arroz o de patata.
I) ñora (de *La Ñora,* Murcia) *f.* Pimiento muy picante que se utiliza seco para condimentar.
II) ñora *f. Murc.* Noria.
ñorbo *m. Ecuad.* y *Perú.* Planta de flores pequeñas y muy bonitas *(Passiflora cœrula).* 2 *Amér.* Voz que se usa para ensalzar la hermosura de los ojos de una mujer, comparándolos con la flor de este nombre.
ñorda *f.* Excremento.
ñoro *m. Murc.* Ñora.
ñu *m.* Antílope propio del África del sur *(Connochætes taurinus).*
ñublense *adj.-s.* De Ñuble, prov. de Chile.
ñuco, -ca *adj. Hond.* Despojado de lo que sobra o adorna.
ñudillo *m.* Nudillo.
ñudo *m.* Nudo.
ñudoso, -sa *adj.* Nudoso.
ñufla *f. Chile.* Cosa sin valor.
ñuño, ñuñu (arauc. *nuyu*) *m. Chile.* Planta irídea de fruto comestible y raíces fibrosas (gén. *Sisyrinchum).*
ñuridito, -ta *adj. Colomb.* Raquítico.
ñusca *f. Colomb.* y *Guat.* Excremento.
ñuscar *tr. Colomb.* Arrugar. ◇ ** CONJUG. [1] como ***sacar.***
ñusta (quechua) *f. Perú.* Princesa de los antiguos peruanos.
ñuto, -ta (quechua *ñutu*) *adj. Colomb., Ecuad.,* y *Perú.* Molido, convertido en polvo. 2 *Argent., Colomb., Ecuad.,* y *Perú.* Puro, sin hueso, especialmente la carne.

I) O, o *f.* Decimosexta letra del **alfabeto español que representa gráficamente a la vocal media y posterior o velar. 2 LÓG. Signo de la proposición particular negativa. ◇ Pl.: *oes*, no *os.* FR. *No saber hacer ni la ~ con un canuto,* fig. fam., ser muy ignorante.
II) o (l. *ubi,* en donde) ***adv. l.*** ant. Do II.
III) o (l. *aut*) ***conj. disyunt.*** Denota alternativa o contraposición: *blanco ~ negro; vencer ~ morir;* puede preceder a cada uno de los dos o más términos contrapuestos: *lo harás, ~ de grado, ~ por fuerza;* se convierte por eufonía en *u* cuando precede inmediatamente a otra palabra que empiece por *o*, o por *ho.* 2 Denota idea de equivalencia; o sea, esto es, o lo que es lo mismo: *el protagonista, ~ personaje principal, de la fábula es Hércules.*
IV) O, símbolo químico del *oxígeno.*
V) O, abreviatura de Oeste.
o ', partícula colocada delante de los nombres propios irlandeses y que sirve para indicar su filiación: ***O 'Donnell,*** hijo de Donnell.
-o, sufijo átono de nombres de acción derivados de verbos: *abono, entreno, bombardeo;* esp. acción momentánea: *estornudo, suspiro;* a veces designa los derechos pagados por la acción de que se trata: *franqueo, acarreo.*
oasis (l. < gr. *óasis*) ***m.*** Paraje con vegetación, y a veces con manantiales, en medio de un desierto. 2 fig. Tregua, descanso. 3 INFORM. Sistema operativo para trabajar en tiempo compartido. ◇ Pl.: *oasis.*
oaxaqueño, -ña ***adj.-s.*** De Oaxaca, estado de Méjico. 2 De Oaxaca de Juárez, cap. del estado de Oaxaca (Méjico). ◇ Se pronuncia *oajaqueño.*
ob- (l. *ob-*) Prefijo que entra en la formación de palabras con el significado de por causa, en virtud de, en fuerza de. Se halla únicamente en voces de origen latino. 2 BOT. Prefijo con el sentido de opuesto o invertido.
oba ***m.*** Árbol lináceo, natural de Gabón, con cuyo fruto o almendra se hace la dika *(Irvingia gabonensis).*
obcecación ***f.*** Ofuscación tenaz.
obcecadamente ***adv. m.*** Con obcecación.
obcecamiento ***m.*** Obcecación.
obcecar (l. *obcoecare*) ***tr.-prnl.*** Cegar, deslumbrar u ofuscar. ◇ ** CONJUG. [1] como ***sacar.***
obducción ***f.*** GEOL. Proceso por el que al chocar una placa oceánica con una placa continental, un fragmento de la primera monta sobre la segunda.
obduración ***f.*** Porfía en resistir lo que conviene; obstinación y terquedad.
obedecedor, -ra ***adj.-s.*** Que obedece.
obedecer (l. *oboedire*) ***tr.*** Cumplir la voluntad de quien manda; ceder [a los mandatos]: *~ a los jefes; ~ a la fuerza de la ley.* 2 Ejecutar los animales, esp. las caballerías, los movimientos que se les indican: *~ al látigo, a la espuela, a su amo.* 3 fig. Ceder una cosa inanimada [al esfuerzo que se hace sobre ella]. -4 ***intr.*** fig. Provenir, dimanar: *muchas virtudes obedecen a la caridad.* ◇ ** CONJUG. [43] como ***agradecer.***
obedecible ***adj.*** Que puede o debe ser obedecido.
obedecimiento ***m.*** Acción de obedecer.
obediencia ***f.*** Acción de obedecer: *~* ***ciega,*** la que se presta sin examinar los motivos o razones del que manda; *~* ***debida,*** DER., la que se rinde al superior jerárquico y es circunstancia eximente de responsabilidad en los delitos. 2 Precepto del superior, esp. en las órdenes regulares. 3 En las mismas órdenes, permiso que da el superior a un súbdito para ir a predicar, o asignación de oficio para otro convento, o para hacer un viaje. 4 En dichas órdenes, oficio o empleo de comunidad que sirve o desempeña un religioso por orden de sus superiores.
obediencial ***adj.*** Relativo a la obediencia.
obediente (l. *obœdiens, -tis*) ***adj.*** Propenso a obedecer. 2 Que obedece.
obedientemente ***adv. n. pr.*** Con obediencia.
obelisco (l. *-cu* < gr. *obeliskos*) ***m.*** Monumento en forma de pilar muy alto, de cuatro caras iguales un poco convergentes y terminado por una punta piramidal achatada; lo emplearon esp. los egipcios cubierto de inscripciones jeroglíficas. 2 Señal que se solía poner en la margen de los libros para anotar una cosa particular.
obelo (gr. *obelos,* asador) ***m.*** Obelisco. 2 Señal que se pone al margen de los libros.
obencadura ***f.*** Conjunto de los obenques.
obenque (fr. ant. *hobent,* de orig. escand.) ***m.*** MAR. Cabo grueso que sujeta la cabeza de un palo o de un mastelero a los costados del buque o a la cofa correspondiente.
Oberón ***n. pr.*** En el folklore medieval del N. de Europa, rey de las hadas y marido de Titania.
obertura (fr. *ouverture*) ***f.*** MÚS. Pieza instrumental con que se da principio a una ópera, oratorio u otra composición lírica o musical.
SIN. **Sinfonía, introducción, preludio.**
obesidad ***f.*** Calidad de obeso.
SIN. **Polisarcia.**
obeso, -sa (l. *su*) ***adj.*** [pers.] Excesivamente grueso.
SIN. **Pesado.**
óbice (l.) ***m.*** Obstáculo, impedimento. ◇ Usado sobre todo en la frase negativa: *no es óbice para...*
SIN. v. **Estorbo.**
obispa ***f.*** *And.* y *Murc.* Avispa.
obispado ***m.*** Dignidad de obispo. 2 Territorio o distrito sometido a la jurisdicción de un obispo. 3 Local o edificio donde funciona la curia episcopal.
SIN. *2* **Diócesis, mitra, sede.**

obispal *adj.* Episcopal.
obispalía *f.* Palacio o casa del obispo. 2 Obispado.
obispar *intr.* Obtener un obispado; ser nombrado para él.
obispillo *m.* Muchacho que visten de obispo la víspera y día de San Nicolás de Bari. 2 Morcilla grande y gruesa que se hace cuando se matan los puercos. 3 Rabadilla de las aves.
SIN. *2* **Obispo.**
obispo (l. *episcopu* < gr. *epískopos,* el que vigila) *m.* Prelado dotado de jurisdicción sobre una diócesis en la que ejerce la triple potestad de enseñar, gobernar y santificar, conferida por Cristo a la Iglesia cristiana: ~ ***comprovincial,*** coepíscopo; ~ ***sufragáneo,*** el de una diócesis que con otra u otras compone la provincia del metropolitano; ~ ***de la primera silla,*** metropolitano; ~ ***de anillo, de título, titular, in partibus*** o ***in partibus infidelium,*** el que toma título de país ocupado por los infieles y en el cual no reside; gralte. ayuda en sus funciones a algún obispo o arzobispo en calidad de ~ *auxiliar*; ~ ***regionario,*** el que no tenía silla determinada e iba a ejercer su ministerio donde era necesario. 2 Obispillo (morcilla). 3 Pez teleósteo abisal, de cuerpo serpentiforme de hasta 40 cms. de longitud; su cabeza termina en un rostro puntiagudo y aplanado que recuerda una mitra *(Coelorhynchus coelorhynchus).* 4 *Méj.* Borrego con cuatro cuernos.
REL. **Obispal, episcopal,** relativo al obispo, *adjs.*; **episcopado,** dignidad del obispo; **episcopologio,** serie o catálogo de los obispos de una diócesis. FR. *Trabajar para el* ~, fig. fam., trabajar sin recompensa.
óbito (l. *-tu* < *obire,* morir) *m.* Fallecimiento de una persona.
SIN. V. **Muerte.**
obitorio *m.* Sala o depósito donde se guardan los cadáveres en espera de la inhumación.
obituario (de *óbito*) *m.* Libro parroquial en que se anotan las partidas de defunción y de entierro. 2 Registro de las fundaciones de aniversario de óbitos. 3 Sección necrológica de un periódico.
SIN. *3* **Necrología.**
obiubi *m. Venez.* Mono de color negro que duerme de día *(Nictipithecus).*
objeción (l. *obiectione*) *f.* Razón que se propone o dificultad que se presenta para combatir una afirmación o impugnar una proposición. 2 ~ ***de conciencia,*** oposición a cumplir el servicio militar, apoyándose en razones éticas o religiosas.
SIN. *1* **Observación,** tiene sentido atenuado; **reparo,** es dificultad, restricción; **réplica,** es razonamiento plenamente contrario; **replicato,** es intensivo, o réplica prolongada; **obyecto,** latinismo de muy escaso empleo; **contestación, respuesta,** tienen una significación gral.
objetable *adj.* Que se puede objetar.
objetante *adj.-s.* Que objeta.
objetar (l. *obiectare*) *tr.* Oponer [reparo] a una opinión o designio; proponer [una razón contraria] a lo que se ha dicho o intentado: *no tengo nada que* ~.
objetivación *f.* Acción de objetivar. -2 *f.* Efecto de objetivar.
objetivamente *adv. m.* En cuanto al objeto, o por razón del objeto. 2 De manera objetiva, sin pasión.
objetivar *tr.* Hacer objetivo [algo]. 2 Independizar [algo] del sujeto.
objetividad *f.* Calidad de objetivo. 2 Imparcialidad.
objetivismo *m.* Objetividad. 2 Creencia de que existe una realidad de tipo objetivo.
objetivo, -va (b. l. *objetivus*) *adj.* Relativo al objeto en sí, y no a nuestro modo de pensar y de sentir. 2 Imparcial. 3 FIL. Que existe realmente, fuera del sujeto que lo conoce. -4 *m.* Lente o sistema de lentes colocadas en el extremo de un microscopio, anteojo, etc., en la parte dirigida hacia los objetos. 5 Objeto. 6 Parte de un aparato fotográfico que contiene las lentes que deben atravesar los rayos luminosos antes de penetrar en la cámara oscura. 7 MED. Síntoma que está al alcance de los sentidos del médico. 8 MIL. Punto, línea o zona de terreno que se ha de bombardear o atacar.
CONTR. *4* **Ocular.**
objeto (l. *obiectu*) *m.* Todo lo que puede ser materia de conocimiento o sensibilidad de parte del sujeto. 2 Lo que sirve de materia o asunto al ejercicio de las facultades mentales. 3 Término o fin de los actos de las potencias. 4 Fin o intento a que se dirige una acción u operación. 5 Materia de una ciencia. 6 Cosa. 7 ASTRON. Nebulosidad o cuerpo celeste de naturaleza indeterminada; ingenio espacial lanzado por el hombre. 8 ÓPT. y FOT. Lo que se observa o fotografía con un instrumento. 9 GRAM. ~ ***directo*** o ***indirecto,*** v. complemento.
SIN. *4* V. **Fin.**

objetor, -ra *adj.-s.* Objetante. 2 ~ ***de conciencia,*** persona que alega objeciones de conciencia para no prestar el servicio militar.
objetual *adj.* Relativo a un objeto.
oblación (l. *-atione*) *f.* Acción de ofrecer algo a Dios; ofrenda y sacrificio que se hace a Dios: ~ *de las especies eucarísticas.*
oblada (v. *oblata*) *f.* Ofrenda que se lleva a la iglesia y se da por los difuntos; gralte. un pan o rosca. 2 Pez marino teleósteo perciforme, de cuerpo oblongo y color gris azulado o pardusco, con una gran mancha negra bordeada de blanco sobre el pedúnculo caudal. Su carne es apreciada *(Oblada melanura).*
oblata (l. *ofrecida;* doble etim. *oblada*) *f.* Dinero que se da al sacristán o a la fábrica de la iglesia por el gasto de vino, hostias, cera u ornamentos para decir las misas. 2 En la misa, hostia ofrecida y puesta sobre la patena, y vino en el cáliz, antes de ser consagrados. 3 Parte de la misa desde el credo hasta la consagración. -4 *f. adj.* Religiosa de la congregación del Santísimo Redentor, fundada en España en el s. XIX para librar a las jóvenes del peligro de la prostitución.
oblativo, -va *adj.* Relativo a la oblación.
oblato (l. *-tu,* ofrecido) *adj.-s.* Religioso secular de la congregación fundada en el s. XVI, en Italia, por San Carlos Borromeo (1538-1584). 2 Miembros de la congregación fundada en Marsella, en el s. XIX, por Eugenio Mazenod.
oblea (fr. *oblée*) *f.* Hoja muy delgada de masa de harina y agua, cocida en molde, y cuyos trozos servían para pegar sobres, etc. 2 Trozo de esta hoja. 3 Trocito gralte. circular, hecho de goma arábiga preparada en láminas, usado para cerrar cartas. 4 Sello para tomar medicinas. 5 fig. *y* fam. Persona o animal extremadamente escuálidos o desmedrados. 6 ELECTRÓN. Lámina delgada de cristal semiconductor en la que se forman circuitos integrados por depósitos de materiales.
obleera *f.* Receptáculo para obleas.
oblicuamente *adv. m.* Con oblicuidad.
SIN. **De refilón.**
oblicuángulo (*oblicuo* + *ángulo*) *adj.* [figura o poliedro] Que no tiene recto ninguno de sus ángulos.
oblicuar (l. *-quare*) *tr.* Dar [a una cosa] dirección oblicua con relación a otra. -2 *intr.* MIL. Marchar diagonalmente por un flanco sin perder el frente de formación. ◇ ** CONJUG. [10] como *adecuar.*
oblicuidad *f.* Calidad de oblicuo (no paralelo). 2 GEOM. Inclinación que aparta del ángulo recto la línea o el plano que se considera respecto de otra u otro. 3 ~ ***de la eclíptica,*** ángulo que forma la eclíptica con el ecuador y que en la actualidad es de 23° 27'.
oblicuo, -cua (l. *-quu*) *adj.* Que no es perpendicular ni paralelo a un plano, a una recta o a una dirección determinada. 2 V. línea oblicua. 3 V. plano oblicuo. -4 *adj.-m.* ANAT. Músculo, mayor y menor, del abdomen cuya función es la de espinador y compresor de las vísceras abdominales.
SIN. *1* y *2* **Inclinado.**
obligación (l. *-atione*) *f.* Imposición o exigencia moral que debe regir la voluntad libre. 2 Vínculo que sujeta a hacer o abstenerse de hacer una cosa: *falta a su* ~; *las obligaciones de un funcionario, de un maestro, de un sacerdote;* ~ *civil,* DER., aquella cuyo cumplimiento es exigible legalmente aunque no sea valedera en conciencia; ~ ***natural,*** la que por provenir de contrato no admitido en el derecho civil, subsiste sólo en el fuero interno; ~ ***mancomunada,*** aquella cuyo cumplimiento es exigible a dos o más deudores, a cada uno en su parte correspondiente; ~ ***solidaria,*** aquella cuyo cumplimiento se puede exigir por entero a cualquiera de los deudores, a reserva de que el cumplidor de ella pida a los demás el escote. 3 Correspondencia que uno debe tener y manifestar a los beneficios recibidos. 4 Documento notarial o privado en que se reconoce una deuda o se promete su pago u otra prestación o entrega. 5 Título, gralte. amortizable, al portador y con interés fijo, que representa una suma prestada, o exigible por otro concepto, a la persona o entidad que lo emitió. 6 Motivo de agradecimiento. 7 Casa donde vende el obligado. 8 Carga, miramiento o reserva inherentes al estado, dignidad o condición de una persona. -9 *f. pl.* Familia que uno tiene que mantener. ◇ INCOR.: ~ *a hacer* por ~ de hacer.
SIN. *1* y *2* **Deber.**
obligacionista *com.* Portador o tenedor de una o varias obligaciones negociables.
obligado, -da (l. *-atu*) *adj.* Forzoso, inexcusable. -2 *m. f.* Persona encargada de abastecer de algún género a un pueblo o ciudad. 3 DER. Persona que ha contraído legalmente una obligación

a favor de otra. -4 *m.* MÚS. Lo que canta o toca un músico como parte principal en una composicíon. 5 MÚS. Parte de un acompañamiento que no se puede omitir sin desnaturalizar el conjunto instrumental. 6 *Extr.* Carnicero.

obligar (l. *-are*) *tr.* Ligar una fuerza moral [a uno] moviéndole o impulsándole a hacer algo: *el deber me obliga a salir; el contrato le obliga a vender su casa;* compeler, excitar: *me va usted a ~ a que me marche.* 2 Ganar la voluntad [de uno] con beneficios u obsequios. 3 Hacer fuerza [en una cosa] para conseguir un efecto: *tendrá que ~ la mecha para que entre en la muesca.* 4 DER. Sujetar [los bienes] al cumplimiento de prestaciones exigibles. -5 *prnl.* Comprometerse a cumplir una cosa. -6 *tr. Argent.* y *Chile.* Invitar a beber. -7 *tr.-prnl. Bol.* y *Chile.* Beber licor en la misma copa de otra persona. ◇ ** CONJUG. [7] como *llegar.*

obligativo, -va *adj.* Obligatorio.

obligatoriedad *f.* Calidad de obligatorio: *la ~ de una ley.*

obligatorio, -ria *adj.* Que obliga a su cumplimiento o ejecución. 2 p. ext. Exigido por las convenciones sociales. -3 *m. f.* DER. Tenedor de una obligación contraída legalmente a su favor por otra persona.

obligo *m. Bol.* y *Chile.* Acto de beber en contestación a la invitación del que bebe.

obliteración *f.* Acción de obliterar u obliterarse. 2 Efecto de obliterar u obliterarse. 3 Marca especial con que se oblitera un sello de correos para inutilizarlo.

obliterador, -ra *adj.* Que oblitera. -2 *m.* Instrumento que se emplea para obliterar los sellos de correos.
SIN. *2* **Matasellos.**

obliterar (l. *oblitterare*) *tr.* Anular, tachar, borrar. 2 Matasellar, cancelar, inutilizar [un sello de correos]. -3 *tr.-prnl.* MED. Obstruir o cerrar [un conducto o cavidad de un cuerpo organizado].

oblito (del l. *oblitum,* pp. de *obliviscor,* olvidado) *m.* CIR. Cuerpo extraño olvidado en el interior de un paciente durante una intervención quirúrgica.

oblongo, -ga (l. *-gu*) *adj.* Más largo que ancho: *hoja oblonga.* 2 V. médula oblonga.

obnoxio, -xia (l. *abnoxiu*) *adj.* Odioso, ofensivo, repugnante. 2 Expuesto a contingencia o peligro. ◇ Es palabra perdida en español y que empieza a usarse de nuevo por influencia del inglés.

obnubilación *f.* Ofuscamiento. 2 Visión de los objetos como a través de una nube.

obnubilador, -ra *adj.* Que obnubila.

obnubilar *tr.-prnl.* Obscurecer, ofuscar.

oboe (fr. *hautbois*) *m.* Instrumento músico de viento, formado por un tubo cónico de madera, con agujeros y llaves, dividido en tres piezas; se toca con una embocadura de caña, y es de timbre áspero en las notas graves y muy tenue y delicado en las agudas. 2 Sistema de radionavegación que permite que un avión pueda dirigirse con la ayuda de los estaciones terrestres. -3 *com.* Músico que toca el oboe. ◇ INCOR.: *óboe.*
SIN. **Obué.**

oboísta *com.* Tocador de oboe.

óbolo (l. *-lu;* gr. *obolós*) *m.* Antiguo peso griego, equivalente a la sexta parte de la dracma; unos 6 dgs. 2 Antigua moneda griega de plata, equivalente a unos 14 céntimos. 3 fig. Cantidad exigua con que se contribuye para un fin determinado. 4 FARM. Medio escrúpulo. ◇ HOMÓF.: *óvolo* (m.).

obovado, -da *adj.* Que tiene su parte más ancha por encima de la central: *hoja obovada.*

obra (v. *ópera*) *f.* Aplicación de la actividad humana a un fin: ***meter en,*** o ***poner por, ~ una cosa,*** emprenderla; dar principio a ella; ***~ de romanos,*** fig., cosa grande, perfecta o que cuesta mucho trabajo y tiempo. 2 Trabajo que cuesta o tiempo que requiere la ejecución de una cosa: *la joya tiene mucha ~.* 3 Labor que tiene que hacer un artesano: ***~ prima,*** la de zapatería que se hace nueva, a distinción de la de componer y remendar el calzado. 4 Medio, virtud o poder: *por ~ de la Divina Providencia.* 5 Acción humana en cuanto a su conformidad con los deberes morales y religiosos: ***~ de caridad,*** o ***buena ~,*** la que se hace en bien del prójimo; ***~ de misericordia,*** aquella con que se socorre al necesitado corporal o espiritualmente; ***~ viva,*** fig., acción buena que se ejecuta en estado de gracia; ***~ muerta,*** acción buena en sí, pero que por estar en pecado mortal el que la ejecuta no es meritoria a la vida eterna. 6 ***~ pía,*** establecimiento piadoso para el culto de Dios, o el ejercicio de la caridad con el prójimo; fig., cosa en que se halla utilidad. 7 Resultado de la aplicación de la actividad a un fin; cosa hecha o producida por un agente: *las obras de la industria humana.* 8 Producción del entendimiento: *las obras de un escritor, de un artista.* 9 Libro, volumen o volúmenes que contienen un trabajo literario completo. 10 Edificio en construcción: *este arquitecto tiene muchas obras.* 11 Reparo o innovación que se hace en un edificio: *en mi casa hay obras.* 12 ***~ de fábrica,*** puente, alcantarilla o construcción semejante, que no sea explanación, en una vía de comunicación, acueducto, etc. 13 ***~ pública,*** la de interés general que se destina a uso público, como camino, puerto, faro, etc. 14 Parte de una fortificación: ***~ coronada,*** una de las exteriores que consta de dos medios baluartes y uno entero, trabados con dos columnas; ***~ exterior,*** la que se hace de la contraescarpa afuera, para mayor defensa. 15 Derecho de fábrica. 16 MAR. ***~ muerta,*** parte del casco de un barco que está por encima de la línea de flotación; ***~ viva,*** fondo de un buque. 17 METAL. Parte estrecha y prismática de un horno alto situada inmediatamente encima del crisol. ◇ En sing. se usa a menudo con sentido colectivo: *la ~ de un escritor, de un pintor; la ~ de la Seo.*
SIN. *7* y *8* **Trabajo.** FR. *De ~,* fr. que con algunos vbs. significa que la acción se efectúa de manera material: *maltratar de ~,* por oposición a *de palabra. ~ de,* loc. adv. que sirve para determinar una cantidad aproximadamente cuando no se puede señalar a punto fijo: *en ~ de ocho días se acaba la siega.*

obrada (de *obrar*) *f.* Labor que en un día hace un hombre cavando la tierra, o una yunta arándola. 2 Medida agraria (en Palencia, 53 áreas 8'32 centiáreas; en Segovia, 39 áreas 30'3 centiáreas; en Valladolid, 46 áreas 58'2 centiáreas).

obradera *f. Colomb., Guat.* y *Pan.* Diarrea.

obrador, -ra (l. *operatore*) *adj.-s.* Que obra. -2 *m.* Taller artesanal; especialmente el de confitería y repostería.

obradura *f.* Lo que cada vez se exprime en cada prensa de un molino de aceite.

obraje (cat. *obratge*) *m.* Manufactura. 2 Fábrica de paños u otras cosas. 3 Prestación de trabajo que se exigía a los judíos de América. 4 *Argent., Bol.* y *Parag.* Establecimiento de explotación forestal. 5 *Méj.* Carnicería y tocinería.

obrajería *f. Bol.* Depósito de maderas para la exportación.

obrajero *m.* Capataz de una obra. 2 *Bol.* Artesano. 3 *Argent., Bol.* y *Parag.* Obrero o capataz de un obraje.

obrar (v. *operar*) *intr.* Dedicar la actividad a un fin tácito o no material; proceder: *~ con malicia; ~ por amor de Dios; ~ a ley.* 2 Existir una cosa en sitio determinado: *~ en autos; el expediente obra en poder del juez.* 3 Exonerar el vientre: *aún no ha obrado.* -4 *tr.* Hacer [una cosa]; trabajar [en ella]: *~ la madera.* 5 Construir, edificar: *están obrando un palacio.* 6 Causar efecto una cosa: *el remedio no le ha obrado.*

obregón *m.* Individuo de la congregación de hospitalarios, fundada en Madrid por D. Bernardino de Obregón (1540-1599), en el año 1565.

obrepción (l. *-ptione*) *f.* DER. Falsa narración de un hecho, que se hace al superior para obtener de él un rescripto, empleo o dignidad, de modo que oculta el impedimento que haya para su logro.

obrepticiamente *adv. m.* De manera obrepticia.

obrepticio, -cia (l. *-itiu*) *adj.* DER. Que se pretende o consigue mediante obrepción.

obrería *f.* Cargo de obrero. 2 Renta destinada para la fábrica de la iglesia o de otras comunidades. 3 Cuidado de ella. 4 Sitio u oficina en que se despacha.

obrerismo *m.* Régimen económico fundado en el predominio del trabajo obrero como elemento de producción y creador de riqueza. 2 Movimiento económico en pro del mejoramiento y dignificación de la condición social de los obreros y la elevación de su nivel de vida, reivindicando sus derechos con el reconocimiento de la necesidad e importancia de sus servicios como elementos de la producción. 3 Conjunto de obreros considerado como entidad económica.

obrerista *adj.* Relativo al obrerismo. -2 *adj.-com.* [pers.] Partidario del obrerismo.

obrero, -ra (v. *operario*) *adj.-s.* Que trabaja. -2 *m. f.* Trabajador manual retribuido: ***~ de villa,*** albañil. -3 *m.* El que cuida de las obras en las iglesias o comunidades. 4 Dignidad de las órdenes militares que asiste a las juntas. 5 ***Movimiento ~,*** lucha reivindicativa o revolucionaria emprendida por los obreros. -6 *f.* En los insectos sociales, individuo de una casta de estériles que hace todo el trabajo de la colonia.
SIN. *2* **Operario.**

obrizo (l. *obryzu*) *adj.* V. oro obrizo.

obscenamente *adv. m.* De manera obscena.
obscenidad *f.* Calidad de obsceno. 2 Cosa obscena.
obsceno, -na (l. *-nu*) *adj.* Impúdico, torpe, ofensivo al pudor.
obscuración (l. *-atione*) *f.* p. us. Obscuridad.
obscuramente *adv. m.* Con obscuridad. 2 fig. Sin lucimiento. ◇ También *oscuramente.*
obscurantismo *m.* Oposición sistemática a la difusión de la cultura entre el pueblo. ◇ También *oscurantismo.*
obscurantista *adj.-com.* [pers.] Partidario del obscurantismo. ◇ También *oscurantista.*
obscurecer (de *obscuro*) *tr.* Privar de luz o claridad: ~ *la estancia.* 2 fig. Privar de la normal recepción de una transmisión televisiva [a una zona]. 3 fig. Disminuir la estimación [de las cosas]; desacreditarlas: ~ *el patriotismo.* 4 fig. Ofuscar [la razón] alterando y confundiendo la realidad de las cosas. 5 fig. Volver poco inteligible: ~ *el estilo, una demostración.* 6 PINT. Dar mucha sombra [a una parte de la composición] para que las otras resalten. -7 *impers.* Ir anocheciendo. 8 Nublarse el cielo. -9 *prnl.* fig., fam. *y* desus. Desaparecer una persona o cosa. ◇ ** CONJUG. [43] como *agradecer.* ◇ También *oscurecer.*
SIN. *1, 3, 4, 5* y *6* **Ensombrecer, entenebrecer.**
obscurecimiento *m.* Acción de obscurecer u obscurecerse. 2 Efecto de obscurecer u obscurecerse. ◇ También *oscurecimiento.*
obscuridad *f.* Falta de luz o de claridad para percibir las cosas. 2 fig. Falta de luz y conocimiento en el alma o en las potencias intelectuales. 3 fig. Falta de claridad en lo escrito o hablado. 4 fig. Humildad de condición social. 5 fig. Falta de noticias o de datos acerca de algo. 6 fig. Estado de lo no conocido con certeza. ◇ También *oscuridad.*
SIN. *1* **Lobreguez.** *1* y *2* **Sombra, tinieblas, tenebrosidad.**
obscuro, -ra (l. *-ru*) *adj.* Falto de luz o claridad. 2 fig. Confuso, poco inteligible: *lenguaje ~; persona obscura.* 3 fig. Humilde, poco conocido. Díc. esp. de los linajes. 4 fig. Incierto, peligroso, temeroso. -5 *adj.-m.* Color casi negro o que se contrapone a otro más claro de su misma clase: *marrón ~.* -6 *m.* PINT. Parte en que se presentan las sombras. 7 En las representaciones teatrales, apagón de las luces de la escena que sustituye al telón en algunas ocasiones y que sirve para marcar el final de un cuadro y el comienzo de otro. 8 *A* ***obscuras,*** sin luz; fig., sin conocimiento de una cosa; sin comprender lo que se oye o lee. ◇ También *oscuro.*
SIN. *1* **Fosco, fusco,** hoy de p. uso; **lóbrego; tenebroso.**
obsecración (l. *-atione*) *f.* Ruego, instancia.
obsecuencia *f.* Sumisión, amabilidad, condescendencia.
obsecuente (l. *obsequente*) *adj.* Obediente, sumiso.
obseder *tr.* Obsesionar [a alguien].
obsequiar (de *obsequio*) *tr.* Agasajar [a uno] con atenciones, servicios o regalos. 2 Galantear. 3 *Amér.* Regalar [algo]. ◇ **CONJUG. [12] como *cambiar.*
obsequio (l. *obsequiu*) *m.* Acción de obsequiar. 2 Regalo (dádiva). 3 Cortesía, afabilidad.
obsequiosamente *adv. m.* Con respeto y deferencia.
obsequiosidad *f.* Rendimiento, deferencia.
obsequioso, -sa *adj.* Rendido, cortesano y dispuesto a hacer la voluntad de otro: ~ *con, para,* o *para con, sus huéspedes.* 2 Que gusta de hacer regalos.
observable *adj.* Que se puede observar. -2 *f.* Variable dinámica de un sistema, susceptible de ser medida.
observación *f.* Acción de observar. 2 Efecto de observar. 3 Nota aclaratoria en libros o escritos. 4 Objeción, advertencia.
SIN. *4* v. **Objeción.**
observador, -ra *adj.-s.* Que observa. 2 Persona que es admitida en congresos, reuniones, etc., sin ser miembro de pleno derecho.
observancia *f.* Cumplimiento exacto y puntual de lo que se manda ejecutar: *la ~ de una ley, de la religión.* 2 En algunas órdenes religiosas, antiguo estado de ellas, a distinción de la reforma. 3 Honor, acatamiento que hacemos a los mayores y a los superiores constituidos en dignidad.
FR. *Poner en ~ una cosa,* hacer ejecutar y que se observe con todo rigor lo que se manda, impone y ordena.
observante *adj.-s.* Religioso de ciertas familias de la orden de San Francisco, y estas mismas familias. -2 *adj.* [orden] Que mantiene la observancia, a diferencia de las reformadas.
observar (l. *-are*) *tr.* Guardar y cumplir exactamente [lo que se manda]: ~ *las prescripciones de la ley, del médico.* 2 Examinar [una cosa] con atención: ~ *los síntomas de una enfermedad;* ~ *las estrellas;* ~ *los cambios atmosféricos.* 3 Advertir, reparar: *observo que cojea.* 4 Atisbar.
observatorio *m.* Lugar apropiado para observaciones. 2 Edificio, con inclusión del personal e instrumentos apropiados para las observaciones, gralte. meteorológicas o astronómicas.
obsesión (l. *obsessione,* der. de *obsidere*) *f.* fig. Apoderamiento del espíritu por una idea o preocupación persistente; la misma idea o preocupación.
SIN. **Idea fija, tema,** tratándose de un demente.
obsesionar *tr.-prnl.* Causar obsesión [a alguien].
obsesivo, -va *adj.* Relativo a la obsesión.
obseso, -sa (l. *-essu*) *adj.* Que padece obsesión.
obsidiana (l. *obsidianus lapis;* error de lectura, por *obsianus,* de Obsius) *f.* Mineral volcánico vítreo, de color negro o verde muy oscuro, estructura compacta y fractura concoidea.
SIN. **Espejo de los Incas.**
obsidional (l. *-ale*) *adj.* Relativo al sitio de una plaza: ***moneda ~,*** la que se acuña en una plaza sitiada.
obsolescencia *f.* Calidad o condición de obsolescente.
obsolescente (l.) *adj.* Que está volviéndose obsoleto, que está cayendo en desuso.
obsoleto, -ta (l. *-etu*) *adj.* Poco usado. 2 Anticuado, que ha caído en desuso; no adecuado a las condiciones actuales.
obstaculizar *tr.* Poner obstáculos [a algo o alguien]. ◇ **CONJUG. [4] como *realizar.*
obstáculo (l. *-lu*) *m.* Lo que se opone al paso: *una carrera de obstáculos.* 2 fig. Lo que se opone al cumplimiento de un propósito.
SIN. v. **Estorbo.**
obstante (no ~) *loc. adv.* Sin embargo, sin que estorbe ni perjudique para una cosa. ◇ INCOR.: *No ~ de, no ~ a, no ~ que.*
obstar *intr.* Impedir, estorbar, hacer contradicción y repugnancia: ~ *una cosa a,* o *para, otra.* -2 *unipers.* Oponerse o ser contraria una cosa a otra.
obstetra *com.* Especialista en obstetricia.
obstetricia (l.) *f.* Parte de la medicina que trata de la gestación, el parto y el puerperio.
SIN. **Tocología.**
obstétrico, -ca *adj.* Relativo a la obstetricia.
obstinación *f.* Mantenimiento tenaz de una resolución, propósito, opinión, etc.
obstinadamente *adv. m.* Con obstinación.
obstinado, -da, pp. de *obstinarse.* 2 *adj.* Testarudo, tenaz, persistente.
obstinarse (l. *-ari*) *prnl.* Mantenerse uno tenazmente en una resolución, propósito, opinión, etc., sin dejarse vencer por razonamientos, ruegos o amonestaciones, ni por obstáculos o reveses: ~ *contra alguien;* ~ *en alguna resolución.* 2 Negarse el pecador a las persuasiones cristianas.
SIN. **Aferrarse.**
obstrucción (l. *-ctione*) *f.* Acción de obstruir u obstruirse. 2 Efecto de obstruir u obstruirse. 3 En asambleas políticas u otros cuerpos deliberantes, táctica enderezada a impedir o retardar los acuerdos. 4 DEP. Acción de estorbar el paso o la jugada del contrincante. 5 DEP. Efecto de dicha acción. 6 MED. Impedimento para el paso de las materias sólidas, líquidas o gaseosas en las vías del cuerpo.
SIN. *6* **Opilación.**
obstruccionar *tr.* incor. Obstruir.
obstruccionismo *m.* Ejercicio de la obstrucción (política).
obstruccionista *adj.-com.* [pers.] Que practica el obstruccionismo. -2 *adj.* Relativo al obstruccionismo.
obstructivo, -va *adj.* Obstructor.
obstructor, -ra *adj.-s.* Que obstruye.
obstruir (l. *-ere*) *tr.-prnl.* Estorbar [el paso]; cerrar [un conducto o camino]. -2 *tr.* Impedir [la acción]: *le han obstruido los planes.* 3 fig. Impedir la operación [de un agente]: *esta pared obstruye el viento.* ◇ ** CONJUG. [62] como *huir.*
SIN. **Interceptar,** en gral.; **atascar,** tratándose de un conducto; **opilar(se),** si es un conducto del cuerpo.
obtemperar (l. *-are*) *tr.* Obedecer, asentir.
obtención *f.* Acción de obtener. 2 Efecto de obtener.
obtener (l. *obtinere*) *tr.* Alcanzar, conseguir [una cosa que se solicita o merece]. 2 Producir [un cuerpo u otra cosa], esp. por medio de operaciones químicas. 3 desus. Tener, conservar. ◇ **CONJUG. [87] como *tener.*
obtenible *adj.* Que puede obtenerse.

obtento (l. *-tu*) *m.* desus. En la cancelaría, renta eclesiástica que sirve de congrua, como beneficio, curato, canonjía, etc.
obtentor *adj.* [pers.] Que obtiene o ha obtenido una cosa, esp. que posee un beneficio eclesiástico.
obtestación (l. *-atione*) *f.* RET. Figura que consiste en poner por testigo de una cosa a Dios, a los hombres, a la naturaleza, etc.
obturación *f.* Acción de obturar. 2 Efecto de obturar.
obturador, -atriz *adj.-s.* Que sirve para obturar. -2 *m.* Junta que se coloca en las armas entre la culata y el cañón para evitar que se escapen los gases. 3 FOT. Aparato que sirve para cerrar y abrir el objetivo a voluntad, para dar paso a la luz. 4 MEC. Órgano mecánico que sirve para cerrar un recinto, o interrumpir la comunicación entre dos recintos o tramos de una canalización. 5 QUÍM. Placa de cristal usada en los laboratorios para tapar una campana, tubo de ensayo, etc.
obturar (l. *-are;* doble etim. *aturar*) *tr.* Tapar o cerrar [una abertura o conducto].
obtusángulo (de *obtuso* + *ángulo*) *adj.* GEOM. V. triángulo obtusángulo.
obtuso, -sa (l. *-su*) *adj.* Romo, sin punta. 2 V. ángulo ~. 3 fig. Torpe.
SIN. *1* **Boto.**
obué *m.* Oboe. ◇ Pl.: *obués.*
obús (fr. *obus;* al. *haubitze,* de origen checo) *m.* Pieza para disparar granadas, de longitud mayor que la del mortero y menor que la del cañón de iguales calibres. 2 Proyectil que se dispara con esta pieza. 3 Piececita que sirve de cierre a la válvula del neumático.
obusera *adj.-f.* Lancha que lleva un obús.
obvención (l. *-ntione*) *f.* Utilidad, fija o eventual, además del sueldo que se disfruta: *las obvenciones de un empleado.*
REL. **Obvencional,** adj.: derechos obvencionales.
obvencional *adj.* Perteneciente o relativo a la obvención. 2 En concepto de obvención.
obviamente *adv. m.* De manera obvia; sin dificultad, sin duda alguna.
obviar (l. *-are*) *tr.* Evitar, poner obstáculos, oponerse [a un efecto que se teme]. -2 *intr.* Obstar, oponerse. ◇ ** CONJUG. [12] como *cambiar.*
obviedad *f.* Cosa clara o sin dificultad.
obvio, -via (l. *-iu*) *adj.* Visible y manifiesto. 2 fig. Muy claro o sin dificultad.
obyecto, -ta (l. *obiectu*) *adj.* ant. Interpuesto, intermedio, puesto delante. -2 *m.* Objeción o réplica.
oc (prov., sí < l. *hoc;* neutro de *hic,* este) V. lengua de oc. ◇ Pl.: *oc.*
I) oca (l. *auca*) *f.* Ganso (ave). 2 Ave palmípeda parecida al ganso, pero más corpulenta y gralte. con el plumaje blanco *(Anser fabalis).* 3 Juego en que se utilizan dados y un cartón sobre el que están pintadas, formando una espiral, 63 casillas numeradas que representan ocas, ríos, puentes, etc., y señalan diversos accidentes de la partida; cada jugador mueve su ficha según los números marcados por el dado, y gana el que primero llega a la casilla sesenta y tres.
II) oca (quechua *okka*) *f. Amér.* Planta oxalidácea de tallo herbáceo y raíz con tubérculos feculentos, casi cilíndricos, de color amarillo *(Oxalis tuberosa).*
ocal (de *hueco*) *adj.* [fruto, y rosa] Muy gustoso y delicado: *pera, manzana, rosa* ~. -2 *adj.-s.* V. capullo, seda ocal.
ocalear *intr.* Hacer los gusanos los capullos ocales.
ocarina (it.) *f.* Instrumento músico de viento de forma ovoide más o menos alargada, con ocho agujeros que modifican el sonido según se tapan con los dedos. Es de timbre muy dulce.
ocasión (l. *occasione*) *f.* Oportunidad de tiempo o lugar para hacer o conseguir algo: ***de*** ~, de lance. 2 TEOL. Circunstancia externa que proporciona oportunidad para pecar e incitar a ello: ~ ***próxima,*** aquella en que siempre o casi siempre se cae en la culpa; ~ ***remota,*** la que de suyo no induce a pecado. 3 Peligro o riesgo. 4 Causa o motivo de una cosa.
SIN. *1* **Caso,** en las expr. *en caso de, en todo caso*; **coyuntura,** sugiere coincidencia de dos o más hechos; **oportunidad,** es ocasión favorable o conveniente para algo que, más o menos, se siente como estimable; **conveniencia, proporción, sazón, tiempo,** en términos populares. FR. *Asir, coger,* o *tomar, la* ~ *por el copete, por la melena,* o *por los cabellos,* fig., aprovecharla con avidez.
ocasionadamente *adv. m.* Con tal motivo.
ocasionado, -da *adj.* ant. Provocativo, molesto y mal acondicionado. 2 Expuesto a contingencias y peligros.
ocasionador, -ra *adj.-s.* [pers.] Que ocasiona.
ocasional *adj.* Que ocasiona. 2 Que sobreviene accidentalmente.
SIN. *2* **Accidental, contingente.**
ocasionalismo *m.* Doctrina metafísica que afirma el dualismo cartesiano de las dos substancias, cuerpo y alma, «res extensa» y «res cogitans», pero niega toda eficacia mutua real entre ambos, pues ningún cuerpo tiene la fuerza de moverse a sí mismo, y ningún espíritu finito puede mover cuerpo alguno mediante su propia voluntad. Según el ocasionalismo, la única y verdadera causa de todo es Dios y lo que gralte. se llama causa no es más que la ocasión o la causa ocasional para que se manifieste la eficacia divina. Es decir, Dios es la causa de que cuando se produce un cambio en el espíritu, o sea en el pensamiento, se produzca un cambio correspondiente en el cuerpo, o sea en la extensión y viceversa. Su principal representante es Malebranche (1638-1715).
ocasionalista *adj.* Relativo al ocasionalismo. -2 *adj.-com.* Partidario de él.
ocasionalmente *adv. m.* Por ocasión o contingencia.
ocasionar (de *ocasión*) *tr.* Ser causa o motivo [de alguna cosa]. 2 p. us. Mover o excitar. 3 desus. Poner en riesgo o peligro.
ocaso (l. *occasu*) *m.* Puesta del Sol o de otro astro por el horizonte. 2 Occidente (punto cardinal). 3 fig. Decadencia, declinación.
SIN. *1* **Postura del sol,** el del sol. CONTR. *1* **Orto.**
occidental *adj.* Situado en el occidente o relativo a él. 2 [planeta] Que se pone después de puesto el Sol.
SIN. **Hespérido,** lit.; **ponentino, ponentisco.**
occidentalismo *m.* Carácter occidental.
occidente (l.) *m.* Punto cardinal del horizonte por donde se pone el Sol en los días equinocciales. 2 Lugar de la Tierra o de la esfera celeste que, respecto de otro con el cual se compara, cae hacia donde se pone el Sol. 3 fig. Conjunto de naciones de la parte occidental de Europa. 4 fig. Conjunto de países de varios continentes, cuyas lenguas y culturas tienen su origen principal en Europa.
SIN. *1* **Ocaso, poniente, oeste.**
occiduo, -dua *adj.* Relativo al ocaso.
occipital *adj.* Relativo al occipucio. -2 *adj.-m.* ANAT. Hueso de la cabeza correspondiente al occipucio; tiene un agujero por el cual se relaciona el encéfalo con la medula espinal, y un par de cóndilos para la articulación de la cabeza con el atlas. 3 ANAT. Músculo de la parte posterior del cráneo cuya función es tirar del cuello cabelludo hacia atrás.
occipito- (de *occipital*) Elemento prefijal que entra en la formación de palabras con el significado de occipital: *occipitofrontal.*
occipitofrontal (*occipito-* + *frontal*) *adj.* ANAT. Perteneciente o relativo al occipucio y a la frente: ***músculo*** ~, masa muscular aplanada, constituida por dos vientres musculares, uno en la frente y otro en la parte posterior del cráneo, unidos por una fina lámina fibrosa.
occipucio (cruce de l. *occiput* × l. *occipitiu,* der. de *caput,* cabeza) *m.* ANAT. Parte inferoposterior de la cabeza.
SIN. **Colodrillo,** vulg.
occisión *f.* Muerte violenta.
occiso, -sa (l. *-su*) *adj.* Muerto violentamente.
occitánico, -ca *adj.* Occitano.
occitano, -na *adj.-s.* De Occitania, conjunto de regiones del sur de Francia en que se habla la lengua de oc. -2 *adj.-m.* Lengua de oc.
oceánico, -ca *adj.* Relativo al océano.
oceanicultura (de *océano* + *-cultura*) *f.* Cultivo de las plantas y animales oceánicos, como alimento o para otros fines.
Oceánidas *n. pr. pl.* FAB. Ninfas marinas, hijas de Océano y Tetis.
oceanización *f.* Orogénesis.
océano (l. *-nu* < gr. *okeanós*) *m.* Masa total de agua salada que cubre aproximadamente las tres cuartas partes de la Tierra. 2 Gran subdivisión de esta masa: ~ *Atlántico, Pacífico, Índico, Boreal, Austral.* 3 fig. Gran extensión de algunas cosas: *un* ~ *de dificultades.*
REL. **Océano,** entre los griegos el Océano era considerado como el gran río que circundaba exteriormente la Tierra. Se personificaba en este dios.
oceanografía (*océano* + *-grafía*) *f.* Ciencia que estudia los mares, con sus fenómenos, su fauna y su flora.
oceanográfico, -ca *adj.* Relativo a la oceanografía.
oceanógrafo, -fa *m. f.* Especialista en oceanografía.

ocelado, -da *adj.* Que tiene ocelos.
ocelo (l. *ocellu,* ojito) *m.* Órgano visual rudimentario de algunos animales inferiores, formado por un grupo de células fotosensibles, mediante el cual el animal percibe la luz, pero no la imagen de los objetos. 2 Estema. 3 Mancha redonda y bicolor en las alas de algunos insectos o en las plumas de ciertas aves.
ocelote (náhu. *océlotl,* tigre) *m.* Mamífero félido americano, de un metro de largo, cuerpo esbelto y pelaje suave y brillante con dibujos de varios matices; es domesticable y se alimenta de aves y mamíferos pequeños *(Felis pardalis).*
ocena (gr. *ozaina,* hedor) *f.* Enfermedad de las fosas nasales caracterizada por costras verdosas de olor fétido, trastornos de secreción y modificación de la mucosa nasal.
ochar *tr. Chile.* Acechar [a alguien]. 2 *Chile.* Provocar [a alguien], azuzarlo. -3 *intr. Argent.* Ladrar.
ochava (v. *ochavo*) *f.* Octava parte de un todo. 2 Octava (ocho días). 3 Chaflán, esquina de un edificio. 4 Parte de la acera correspondiente al chaflán. 5 *Amér.* Esquina.
ochavado, -da *adj.* [figura] Con ocho ángulos iguales, que tiene cuatro lados alternados iguales y los otros cuatro también iguales entre sí.
ochavar *tr.* Dar figura ochavada [a una cosa]. 2 *Amér.* Recortar un ángulo o esquina.
ochavo (v. *octavo*) *m.* Antigua moneda de cobre del s. XVII, equivalente a dos maravedís. Pesó un octavo de onza, pero disminuyéndose en peso y conservando el valor primitivo, se siguió acuñando hasta mediados del s. XIX. 2 ~ ***moruno,*** moneda pequeña de cobre sin acuñación española o muy borrosa, que se supone procede de Marruecos; valía un ochavo ordinario. 3 fig. Cosa insignificante, de poco o ningún valor. 4 Edificio o lugar de forma ochavada. 5 Pez marino teleósteo, de cuerpo ovalado y comprimido, y carne blanca y fina *(Capros aper).*
FR. *No tener un ~,* no tener nada de dinero.
ochavón, -vona *adj.-s. Cuba* y *Venez.* desus. Descendiente de blanco y cuarterona. 2 *Méj.* desus. Descendiente de blanco y cuatralba. 3 *Venez.* desus. Descendiente de mestizo y cuarterona.
ochenta (l. v. *octaginta;* l. *octoginta*) *adj.* Ocho veces diez; **NUMERACIÓN. 2 Octogésimo (lugar). -3 *m.* Guarismo del número ochenta.
ochentavo, -va *adj.-s.* Octogésimo (parte).
ochenteno, -na *adj.* Octogésimo (lugar).
ochentón, -tona *adj.-s.* Octogenario.
¡ochi! *Colomb.* Voz para espantar los cerdos.
ocho (l. *octo*) *adj.* Siete y uno; **NUMERACIÓN. 2 Octavo (lugar). -3 *m.* Guarismo del número ocho. 4 Carta o naipe que tiene ocho señales. 5 *Cuba.* Figura de la danza cubana en que se describe el guarismo de su nombre. 6 *Sev.* Cuarta parte de un cuartillo de vino.
FR. *Da lo mismo ~ que ochenta,* no dar importancia a algo.
ochocientos, -tas *adj.* Ocho veces ciento; **NUMERACIÓN. 2 Octingentésimo (lugar). -3 *m.* Guarismo del número ochocientos.
ochosén *m.* Ant. moneda aragonesa de cobre (ocho meajas).
SIN. **Sueldo menor.**
ochote *m. Nav.* y *Vasc.* Coro formado por ocho cantores.
ociar (l. *otiare*) *intr.-prnl.* desus. Dejar el trabajo, darse al ocio. ◇ ** CONJUG. [12] como ***cambiar.***
ocio (l. *otiu*) *m.* Cesación del trabajo, inacción o total omisión de la actividad. 2 Diversión u ocupación reposada, esp. en obras de ingenio, por descanso de otras tareas. -3 *m. pl.* Obras de ingenio que uno forma en los ratos libres de preocupaciones principales.
ociosamente *adv. m.* Sin ocupación o ejercicio. 2 Sin fruto ni utilidad. 3 Sin necesidad.
ociosear *intr. Amér.* Andar ocioso, ociar.
ociosidad *f.* Vicio de no trabajar, perder el tiempo o gastarlo inútilmente. 2 Efecto del ocio.
ocioso, -sa *adj.-s.* Que está en ocio (inacción). 2 Desocupado, exento de obligaciones. -3 *adj.* Que no tiene uso ni ejercicio en aquello a que está destinado. 4 Inútil, sin fruto, provecho ni substancia.
SIN. *3* **Vacío.**
ocle *f. Ast.* Alga, sargazo.
oclocracia (gr. *ochlocratía* < *óchlos,* multitud + *-cracia*) *f.* Gobierno de la muchedumbre o de la plebe.
oclofobia (gr. *óchlos,* muchedumbre + *-fobia*) *f.* Temor morboso a la multitud o al hacinamiento.
ocluir (l. *occludere*) *tr.-prnl.* MED. Cerrar [un conducto] con algo que lo obstruya, o [un orificio] de modo que no se pueda abrir naturalmente: *ocluirse un intestino, ocluirse el orificio de los párpados.* ◇ ** CONJUG. [62] como ***huir.***
oclusión *f.* Acción de ocluir u ocluirse. 2 Efecto de ocluir u ocluirse. 3 METEOR. Superposición de un frente frío y uno cálido. 4 MED. ~ ***coronaria,*** trombosis de una arteria coronaria. 5 QUÍM. Propiedad de algunos metales de absorber los gases y conservarlos en el vacío.
oclusivo, -va *adj.* Relativo a la oclusión. 2 Que la produce. -3 *adj.-f.* Consonante explosiva, la cual se produce cerrando momentáneamente la salida del aire en algún lugar de la boca; como p, t, k, m.
oclusor *adj.-s.* ZOOL. Músculo cuya contracción cierra un opérculo u otra estructura movible.
ocosial *m. Perú.* Terreno bajo, húmedo y con alguna vegetación.
ocotal *m. Méj.* Terreno poblado de ocotes.
ocotaliano, -na *adj.-s.* De Ocotal, cap. del dep. de Nueva Segovia (Nicaragua).
ocote *m. Méj.* y *Guat.* Especie de pino muy resinoso, usado como tea *(Pinus teocote).*
ocotepecano, -na *adj.-s.* De Ocotepeque, c. y dep. de Honduras.
ocotero, -ra *adj. Méj.* Cizañero.
ocotillo *m. Méj.* Arbusto ramificado desde el suelo, cuya corteza contiene goma, resina y cera *(Fouqueria splendens).*
ocotlense *adj.-s.* De Ocotlán, c. del estado de Jalisco (Méjico).
ocozoal *m. Méj.* Culebra de cascabel de unos dos metros de longitud, lomo pardo con manchas negruzcas y vientre amarillento rojizo (gén. *Crotalus).*
ocozol *m.* Árbol amentáceo cuyo tronco y ramas exudan el liquidámbar *(Liquidambar orientale).*
ocráceo, -cea *adj.* Pardo amarillento; de color de ocre.
ocre (gr. *ochrós,* amarillo; a través del fr. *ocre*) *m.* Mineral terroso, óxido de hierro hidratado, de color amarillo, que se emplea en pintura. 2 Mineral terroso de color amarillo, en gral.: *~ de antimonio; ~ de bismuto.* 3 ~ ***rojo,*** almagre. -4 *adj.-m.* Color amarillo oscuro. -4 *adj.* De color ocre.
SIN. *1* **Sil, tierra de Holanda** o **de Venecia.**
ocrea *f.* BOT. Estructura acoplada alrededor de un tallo, formada de bases de estípulas o de hojas unidas.
ocro- (gr. *ochrós,* amarillo) Elemento prefijal que entra en la formación de palabras con el significado de amarillo: *ocróptero.*
ocróptero, -ra (*ocro-* + *-ptero*) *adj.* ZOOL. Que tiene las alas amarillas.
ocroso, -sa *adj.* Que tiene ocre.
octa-, v. octo-.
octacordio (*octa-* + *-cordio*) *m.* Ant. instrumento músico griego de ocho cuerdas. 2 Sistema musical compuesto de ocho sonidos.
octaédrico, -ca *adj.* De figura de octaedro.
octaedrita *f.* Anatasa.
octaedro (gr. *oktáedros* < *octa-* + *-edro*) *m.* GEOM. Sólido de ocho caras: ~ ***regular,*** aquel cuyas caras son triángulos equiláteros.
octagonal *adj.* Relativo al octágono.
SIN. **Octogonal.**
octágono, -na (l.-gr. *oktagonos* < *octa-* + *-gono*) *adj. m.* Polígono de ocho ángulos.
SIN. **Octógono.**
octal *m.* ELECTR. Soporte de válvulas de ocho contactos.
octanaje *m.* Número de octanos de un carburante.
octano *m.* Hidrocarburo saturado líquido existente en el petróleo.
octante (l.) *m.* Instrumento astronómico, análogo al sextante, cuyo sector comprende sólo la octava parte del círculo. 2 Constelación austral situada en el polo antártico.
octava (l.) *f.* Espacio de ocho días, durante los cuales celebra la Iglesia una fiesta solemne o hace conmemoración del objeto de ella: ~ ***cerrada,*** entre eclesiásticos, la que no admite ni da lugar al rezo de otro santo o festividad alguna. 2 Último de estos ocho días. 3 Librito en que se contiene el rezo de una octava. 4 Combinación métrica de ocho versos: ~ ***real,*** o simplte. ~, la compuesta de endecasílabos; riman el primero, tercero y quinto; el segundo, cuarto y sexto, y el séptimo y octavo; ~ ***rima,*** entre los poetas del Siglo de Oro, octava real; ~ ***italiana,*** la compuesta de versos de metro variable; suelen ser libres el primero y el quinto; riman el segundo y el tercero; el sexto y el séptimo y, en consonante aguda, el cuarto y el octavo; **POESÍA. 5 Inter-

valo entre una nota musical y la octava superior o inferior de la escala. 6 Nota musical respecto de otra, de la que está separada por este intervalo; el número de vibraciones de ambas está en la relación de dos a uno. 7 Conjunto de todas las notas comprendidas en la octava. 8 ARTILL. ~ *de culebrina,* falconete.
SIN. *1* y *2* **Ochava.**
octavar *intr.* ant. Deducir la octava parte de las especies sujetas al servicio de millones. 2 MÚS. Formar octavas o diapasones en los instrumentos de cuerda.
octavario *m.* Período de ocho días. 2 Fiesta que se hace en los ocho días de una octava.
octaviano, -na *adj.* Relativo a Octavio César Augusto (63 a. C.-14 d. C.): *paz octaviana.*
octavilla *f.* Octava parte de un pliego de papel. 2 p. ext. Hoja de propaganda, aunque no tenga este tamaño. 3 Reoctava. 4 Combinación métrica de ocho versos de arte menor, cuya ordenación de rimas es variable.
octavín (de *octava*) *m.* Flautín.
octavo, -va (l. *-vu;* doble etim. *ochavo*) *adj.-s.* Parte que, junto a otras siete iguales, constituye un todo; **NUMERACIÓN. -2 *adj.* Que ocupa el último lugar en una serie ordenada de ocho.
FRS. *En ~*, libro, folleto, etc., cuyas páginas tienen el tamaño de la octava parte de un pliego. Se llama ~ *mayor* o *menor*, según que sobrepase o no alcance aquel tamaño.
octavón *adj.* Ochavón.
octete *m.* INFORM. Elemento de información de ocho bits. 2 QUÍM. Capa exterior de electrones de un átomo cuando está compuesta y contiene ocho electrones.
octeto *m.* MÚS. Composición para ocho instrumentos o voces. 2 MÚS. Conjunto de estas voces o instrumentos.
octingentésimo, -ma (l. *-essimu*) *adj.-s.* Parte que, junto a otras setecientas noventa y nueve iguales, constituye un todo; **NUMERACIÓN. -2 *adj.* Que ocupa el último lugar en una serie ordenada de ochocientos.
octo-, octa- (l. *octo;* gr. *októ,* ocho) Elemento prefijal que entra en la formación de palabras con el significado de ocho.
octocoralario *adj.-m.* Animal de la subclase de los octocoralarios. -2 *m. pl.* ZOOL. Subclase de cnidarios antozoos cuya boca está rodeada por ocho tentáculos.
octodo *m.* FÍS. Válvula termoiónica que tiene ocho electrodos. Se emplea como cambiador de frecuencias en los receptores superheterodinos.
octogenario, -ria (l. *-ariu*) *adj.* Que tiene ochenta años de edad y no ha llegado a los noventa.
SIN. **Ochentón.**
octogésimo, -ma (l. *-essimu*) *adj.-s.* Parte que, junto a otras setenta y nueve iguales, constituye un todo; **NUMERACIÓN. -2 *adj.* Que ocupa el último lugar en una serie ordenada de ochenta.
SIN. *1* **Ochentavo.** *2* **Ochenteno.**
octogonal *adj.* Relativo al octógono.
octógono, -na *adj.-m.* Octágono.
octonario *adj.-m.* Verso de dieciséis sílabas, dividido en dos octosílabos.
octópodo (*octo-* + *-podo*) *adj.-m.* Molusco del orden de los octópodos. -2 *m. pl.* Orden de moluscos cefalópodos dibranquiados que tienen ocho tentáculos provistos de ventosas.
octosilábico, -ca *adj.* De ocho sílabas.
octosílabo, -ba (l. *octosyllabus* < *octo-* + *sílaba*) *adj.* Octosilábico. -2 *m.* Verso octosílabo.
octóstilo, -la (*octo-* + gr. *stylos,* columna) *adj.* Que tiene ocho columnas.
octubre (l. hisp. *octuber* < l. *october*) *m.* Décimo mes del año.
óctuple *adj.* Óctuplo.
octuplicar *tr.* Multiplicar por ocho. ◇ ** CONJUG. [1] como *sacar.*
óctuplo, -pla (l. *-lu*) *adj.* Que contiene ocho veces una cantidad.
ocuje (voz indígena) *m. Cuba.* Calambuco.
ocular (l. *-are*) *adj.* Relativo a los ojos o que se hace por medio de ellos. 2 *Testigo ~*, el que ha presenciado lo que refiere. -3 *m.* Lente o sistema de lentes colocado en la parte por donde mira el observador en los instrumentos ópticos compuestos, y que amplia la imagen dada por el objetivo: ~ *negativo,* ASTR., el que aumenta la imagen dentro de su sistema óptico; ~ *positivo,* ASTR., el que aumenta la imagen objetiva formada delante de su sistema óptico. 4 ARTILL. ~ *del alza,* pieza metálica en el extremo superior del alza con un taladro en su parte media, por el cual se dirigen las visuales que, pasando por la mira, han de terminar en el objeto contra el cual se tira.
SIN. *2* **Testigo de vista** o **presencial.** CONTR. *3* **Objetivo.**
ocularista *com.* Fabricante de ojos artificiales.
ocularmente *adv. m.* Con la vista.
oculista *com.* Médico dedicado esp. a las enfermedades de los ojos.
SIN. **Oftalmólogo.**
óculo (l. *-lu,* ojo; doble etim. *ojo*) *m.* ARQ. Ventana circular pequeña. 2 BIOL. Pequeña masa de pigmento sensible a la luz, que se encuentra en algunos animales inferiores y en ciertas plantas.
ocultación *f.* Acción de ocultar. 2 Efecto de ocultar.
ocultador, -ra *adj.-s.* Que oculta. -2 *m.* FOT. Papel negro de tamaño y forma determinados, que permite no sacar en papel una parte de la fotografía.
ocultamente *adv. m.* De manera oculta.
SIN. **Furtivamente, a escondidas, a hurto.**
ocultar (l. *occultare*) *tr.* Esconder; impedir que sea vista [una persona o cosa]: ~ *un objeto a,* o *de, alguien; ocultarse en la sombra.* 2 p. anal. Callar [lo que se debiera decir]; disfrazar [la verdad]: ~ *un delito;* ~ *las riquezas.* 3 Reservar.
SIN. *1* y *2 Ocultar* es el v. de aplicación más amplia entre sus sinónimos, los cuales no se diferencian unos de otros más que en su empleo preferente con determinados complementos: **encubrir, tapar** delitos, faltas ajenas; **solapar, disimular** pensamientos o sentimientos propios; **esconder** objetos (es el de uso más gral. en la lengua hablada); **velar** y **celar** son lit., se refieren a lo inmaterial y tienen matiz atenuativo.
ocultis (de ~) *loc. adv.* Disimuladamente, en secreto.
ocultismo *m.* Conjunto de doctrinas y prácticas misteriosas, espiritistas y hasta mágicas, que pretenden conocer, explicar y someter al dominio humano los más misteriosos fenómenos de la vida material y psíquica. 2 Dedicación a las ciencias ocultas.
ocultista *adj.* Relativo al ocultismo. -2 *adj.-com.* [pers.] Que lo practica.
oculto, -ta (l. *occultus;* partic. de *occulere*) *adj.* Que no se da a conocer ni se deja ver ni sentir. 2 *En ~*, en secreto.
ocume *m.* Árbol de Guinea, de la familia de las burseráceas, que se usa en ebanistería. 2 Madera de este árbol.
ocumo *m. Venez.* Yautía, planta.
ocupación *f.* Acción de ocupar: ~ *militar,* permanencia en un territorio de ejércitos de otro estado que, sin anexionarse aquél, interviene en su vida pública y la dirige. 2 Efecto de ocupar. 3 Trabajo o cuidado que impide emplear el tiempo en otra cosa. 4 Empleo, oficio o dignidad. 5 DER. Modo natural y originario de adquirir la propiedad de ciertas cosas que carecen de dueño. 6 ELECTR. Fracción de tiempo que emplea un circuito conmutador en pasar las llamadas. 7 RET. Anticipación.
ocupacional (del ingl. *occupational therapy*) *adj.* Propio de la ocupación o trabajo habitual. 2 [enfermedad] De carácter profesional. 3 V. terapéutica ocupacional.
ocupada *adj.* [mujer] Preñada.
ocupador, -ra *adj.-s.* Que ocupa o toma una cosa.
ocupante *adj.-s.* Que ocupa.
ocupar (l. *occupare*) *tr.* Tomar posesión, apoderarse [de una cosa]: *el enemigo ocupó la ciudad.* 2 p. anal. Llenar [un espacio o lugar]; esp. habitar una casa. 3 Obtener, gozar [un empleo o dignidad]. 4 p. ext. Dar qué hacer o en qué trabajar [a uno]: *ocupa un centenar de obreros.* 5 Embarazar, estorbar [a uno]: *no me ocupes con tus chismes.* 6 fig. Llamar la atención [de uno]: *haz una señal que le ocupe.* -7 *prnl.* Emplearse en un trabajo o ejercicio. 8 Aplicar la reflexión en un asunto. 9 Yacer la prostituta en las casas de lenocinio.
CONSTR. *Ocuparse de, en, con, alguna cosa.* GALIC. *Ocuparse de una persona,* por *hablar,* o *tratar, de ella.*
ocurrencia (de *ocurrir*) *f.* Encuentro, suceso casual, ocasión o coyuntura. 2 Especie inesperada, pensamiento, dicho agudo u original.
SIN. *1* v. **Acontecimiento.** *2* **Salida.**
ocurrente *adj.* [pers.] Que tiene ocurrencias originales.
ocurrido, -da *adj. Ecuad.* y *Perú.* Chistoso, ocurrente.
ocurrir (l. *ocurrere*) *unipers.* Acaecer, acontecer alguna cosa: *el suceso ocurrió en mi casa; ocurre a veces que te distraes.* 2 p. anal. Venir de repente una especie a la imaginación: *se le ocurrió escribir.* 3 esp. En el rezo eclesiástico, coincidir en el mismo día una fiesta con otra de rito. -4 *intr.* inus. Prevenir, salir al encuentro: *el padre ocurrió a la justicia.* 5 inus. Acudir, concurrir: *ocurrió a la cita.* 6 ant. Recurrir (a un juez).
SIN. *2* **Ofrecerse,** en su uso prnl.

oda (l. < gr. *odé*) *f.* En la lírica coral griega, poema dividido en estrofa, antístrofa y epodo, que cantaba el coro haciendo ciertas evoluciones. 2 Composición poética del género lírico, especialmente dividida en estrofas o partes iguales: ~ *sagrada, heroica, moral, anacreóntica.* 3 En general, composición poética de gran elevación y arrebato.
odalisca (turco *ódalic,* concubina, der. de *oda,* habitación; a través del fr. *odalisque*) *f.* Esclava dedicada al servicio del harén del gran turco. 2 Concubina turca.
odeón (gr. *Odeion*) *m.* Teatro o lugar destinado en Grecia para los espectáculos musicales. 2 Teatro moderno, especialmente el dedicado al canto.
odiar *tr.* Tener odio: ~ *a su hermano;* ~ *el trabajo.* ◇ **CONJUG. [12] como ***cambiar.***
SIN. **Abominar, aborrecer, detestar, execrar.**
Odín, Odino *n. pr.* En la mitología nórdica, dios principal de los Eddas. Era el dios de la guerra, del saber y de la poesía.
odio (l. *-iu*) *m.* Antipatía y aversión hacia alguna persona o cosa cuyo mal se desea.
SIN. v. **Antipatía.**
odiosamente *adv. m.* Con odio. 2 De modo que merece odio.
odiosear *tr. Chile* y *Perú.* Fastidiar [a alguien], cansarlo, aburrirlo.
odiosidad *f.* Calidad de odioso. 2 Aversión procedente de causa determinada.
odioso, -sa *adj.* Digno de odio. 2 Fastidioso, antipático, repelente. 3 DER. Lo que contraría los designios o las presunciones que las leyes favorecen.
odisea (de *Odisea* < gr. *Oddysseia,* título de un poema de Homero) *f.* Peregrinaje largo de un lado para otro, lleno de aventuras adversas y favorables, antes de conseguir el fin que se propone el viajero. 2 Conjunto de hechos heroicos y gloriosos atribuidos a determinados personajes o realizados por él. 3 Conjunto de penalidades y dificultades que pasa alguien.
odo- (gr. *odós,* camino) Elemento prefijal que entra en la formación de palabras con el significado de camino.
odómetro (*odo-* + *-metro*) *m.* Podómetro. 2 Taxímetro (aparato).
SIN. **Hodómetro.**
odon-, v. odonto-.
odonato *adj.-m.* Insecto del orden de los odonatos. -2 *m. pl.* Orden de insectos pterigotas de gran tamaño y colores vistosos; se caracterizan por tener los ojos enormes y las alas grandes pero primitivas, pues sólo se pueden mover perpendicularmente al cuerpo; como el caballito del diablo.
-odoncia, v. odonto-.
odont-, v. odonto-.
odontalgia (*odont-* + *-algia*) *f.* Dolor de dientes o de muelas.
odontálgico, -ca *adj.* Relativo a la odontalgia o que sirve para curarla.
-odonte, v. odonto-.
odóntico *adj.* Relativo a los dientes.
odonto-, odont-, odon-, -odonte, -odoncia (gr. *odons, odontos,* diente) Elemento prefijal y sufijal que entra en la formación de palabras con el significado de diente: *mastodonte.*
odontoceto (*odonto-* + gr. *ketos,* cetáceo) *adj.-m.* Mamífero del suborden de los odontocetos. -2 *m. pl.* Suborden de mamíferos cetáceos con las mandíbulas provistas de dientes y los orificios nasales fundidos en uno solo; como el delfín y el cachalote.
odontofobia (*odonto-* + *-fobia*) *f.* Temor morboso a los dientes, generalmente de animales. 2 Temor morboso a las operaciones dentarias.
odontología (*odonto-* + *-logía*) *f.* Parte de la medicina que estudia los dientes y el tratamiento de sus dolencias.
REL. v. **Estomatología.**
odontológico, -ca *adj.* Relativo a la odontología: *gabinete* ~.
odontólogo, -ga *m. f.* Persona que por profesión o estudio se dedica a la odontología.
SIN. v. **Dentista.**
odontoma (*odont-* + *-oma*) *m.* Tumor duro que se origina en un diente.
odontómetro (*odonto-* + *-metro*) *m.* Escala graduada que sirve para medir el dentado de los sellos de correos.
odorante (l.) *adj.* lit. Oloroso, fragante.
odorífero, -ra (l. *odorifer, -eri* < *odor,* olor + *-fero*) *adj.* Que tiene buen olor o fragancia.
odorífico, -ca (l. *odor,* olor + *-fico*) *adj.* Odorífero.
odorimetría (l. *odor,* olor + *-metría*) *f.* QUÍM. Medida de la intensidad y permanencia de los olores.
odre (l. *uter*) *m.* Cuero, gralte. de cabra, que cosido y empegado sirve para contener líquidos, esp. vino. 2 fig. Persona borracha o muy bebedora.
SIN. *1* **Barquino,** p. us.; **cuero, pellejo, corambre; zaque,** odre pequeño.
odrería *f.* Establecimiento del odrero.
odrero *m.* El que tiene por oficio hacer o vender odres.
odrezuelo *m.* Dim. de *odre.*
odrina *f.* Odre de cuero de buey.
odrisio, -sia (l. *odrysiu*) *adj.-s.* De un ant. pueblo de Tracia. 2 Tracio.
oenoteráceo, -a *adj.-f.* Planta de la familia de las oenoteráceas. -2 *f. pl.* Familia de plantas que incluye matas o arbustos angiospermos dicotiledóneos.
oersted *m.* ELECTR. Unidad cegesimal electromagnética de intensidad del campo magnético.
oerstedio (del físico danés H. C. *Oersted,* 1777-1851) *m.* FÍS. Unidad de excitación magnética o poder imanador en el sistema cegesimal.
oesnoroeste, -rueste *m.* Punto del horizonte equidistante del oeste y del noroeste. 2 Viento que sopla de esta parte. ◇ Pl.: no se usa.
SIN. **Uesnorueste.**
oessudoeste, -dueste *m.* Oesudoeste.
oeste (anglosajón *west;* probl. a través del fr. *ouest*) *m.* Occidente (punto cardinal). 2 Viento que sopla de esta parte. 3 p. ext. País situado al oeste. ◇ Pl.: no se usa.
SIN. **Ueste.**
oesudoeste, -dueste *m.* Punto del horizonte equidistante del oeste y del sudoeste. 2 Viento que sopla de esta parte.
SIN. **Uessudueste.**
ofendedor, -ra *adj.-s.* desus. Ofensor.
ofender (l. *offendere*) *tr.* Hacer daño [a uno] físicamente, maltratarle. 2 Injuriar de palabra o denostar [a uno]. 3 Causar molestia, fastidio o asco: *este manjar te ha ofendido; hay olores que ofenden.* -4 *prnl.* Picarse o enfadarse por un dicho o hecho: *ofenderse con,* o *de, las finezas; ofenderse por todo.*
ofendículo *m.* p. us. Obstáculo, tropiezo.
ofendido, -da *adj.-s.* Que ha recibido alguna ofensa.
ofensa (l. *offensa*) *f.* Acción de ofender u ofenderse. 2 Efecto de ofender u ofenderse.
SIN. v. **Insulto.**
ofensión *f.* inus. Daño u ofensa.
ofensiva *f.* Situación o estado del que trata de ofender o atacar: *tomar la* ~, prepararse para acometer al enemigo, acometerle. 2 fig. Ser el primero en una competencia, pugna, etc.
ofensivamente *adv. m.* De manera ofensiva.
ofensivo, -va *adj.* Que ofende o puede ofender.
ofensor, -ra *adj.* Que ofende.
oferente (l. *offerente*) *adj.-s.* Que ofrece.
SIN. **Ofreciente.**
oferta (l. v. *offerita;* ant. partic. de *offerre*) *f.* Promesa de dar, cumplir o ejecutar una cosa. 2 Presentación de mercancías en solicitud de venta. 3 Don presentado a uno para que lo acepte. 4 Propuesta para contratar. 5 Precio que se paga por una cosa que se subasta o vende. 6 Producto que se vende con precio rebajado.
SIN. **Ofrecimiento,** puede sustituirle siempre, a causa de su significación más gral. *Oferta* se ciñe a las aceps. aquí definidas.
ofertante *adj.* Que oferta.
ofertar *tr.* Ofrecer en venta [un producto]. 2 Ofrecer en venta [un producto] con precio rebajado. 3 *Amér.* Ofrecer, prometer [algo]. 4 *Amér.* Ofrecer, dar voluntariamente [una cosa]. 5 *Amér.* Ofrecer, dedicar o consagrar [algo] a Dios o a los santos. ◇ Este verbo no debe desplazar a *ofrecer.*
ofertorio (l. *offertoriu*) *m.* Parte de la misa en que el sacerdote ofrece a Dios la hostia y el vino del cáliz, antes de la consagración. 2 Antífona que dice el sacerdote antes de ofrecer la hostia y el cáliz. 3 Humeral. 4 Pieza musical ejecutada entre el credo y el sanctus.
off (voz inglesa) *adj.* Desconectado, fuera de funcionamiento. 2 Fuera de lugar. -3 *loc.* ING. ~ ***the record,*** confidencial, extraoficial, no divulgable.
office (voz fr.; a través del ing.) *m.* Antecocina, parte de una casa donde se prepara lo que depende del comedor. ◇ Se pronuncia *ofis.*

offset (ing.) *m.* Sistema de impresión consistente en un rodillo de caucho que toma la tinta del molde para transportarla al papel. -2 *adj.-s.* Máquina que emplea este sistema.
offshore (voz inglesa) *adj.* [prospección petrolífera] Que se realiza sobre los fondos marinos.
offside (voz inglesa) *m.* DEP. Orsay. ◇ Se pronuncia *ofsaid.*
ofi-, v. ofio-.
oficial (l. *officiale*) *adj.* Que tiene autenticidad y emana de la autoridad constituida; que es de oficio y no particular o privado: *boletín, acto, noticia, candidato ~.* -2 *m.* El que trabaja en un oficio. 3 El que en un oficio manual ha terminado el aprendizaje y no es maestro todavía. 4 Verdugo (ejecutor). 5 Empleado que bajo las órdenes de un jefe estudia y prepara el despacho de los negocios en una oficina: *~ de secretaría,* empleado de un ministerio que tiene a su cargo el despacho de un negociado. 6 *~ mayor,* funcionario público del que dependen servicios comunes, y, por extensión, el de mayor jerarquía o antigüedad. 7 DER. *~ de la sala,* auxiliar de los tribunales colegiales, de grado jerárquico inferior al de secretario. 8 En concejo o municipio, el que tiene cargo; como alcalde, regidor, etc. 9 MIL. Cuerpo en la jerarquía militar que comprende desde el grado de alférez hasta el de capitán inclusive: *~ general,* v. general. 10 *Primer ~,* el más antiguo de los oficiales enrolados en un buque.
oficiala *f.* La que trabaja en un oficio. 2 La que en un oficio manual ha terminado el aprendizaje y no es maestra todavía. 3 Empleada que bajo las órdenes de un jefe estudia y prepara el despacho de los negocios de una oficina. ◇ En el lenguaje de la administración es *oficial: la ~ de secretaría.*
oficialía *f.* Empleo de oficial de secretaría o cosa semejante. 2 Calidad de oficial que adquirían los artesanos. 3 *~ mayor,* oficina del oficial mayor y conjunto de funcionarios o empleados que despachan los asuntos dependientes de aquél.
oficialidad *f.* Conjunto de oficiales de un ejército. 2 Carácter o cualidad de oficial: *no me consta la ~ de esa orden.*
oficialismo *m. Amér.* Conjunto de hombres de un gobierno. 2 *Amér.* Conjunto de tendencias o fuerzas políticas que apoyan al gobierno.
oficialista *adj.-com.* Partidario del oficialismo.
oficializar *tr.* Dar carácter oficial [a algo]. ◇ ** CONJUG. [4] como *realizar.*
oficialmente *adv. m.* Con carácter oficial. 2 fig. Autorizadamente, en el orden privado.
SIN. **De oficio.**
oficiante *m.* El que oficia en las iglesias; preste.
oficiar (de *oficio*) *intr.* Ayudar a cantar la misa y demás oficios divinos; esp., celebrar de preste la misa. 2 p. ext., fig. *y* fam. Con la prep. *de* obrar con el carácter que se determina: *~ de conciliador.* -3 *tr.* Comunicar [una cosa] oficialmente y por escrito. ◇ ** CONJUG. [12] como *cambiar.*
oficina (l. *officina*) *f.* Sitio donde se hace, prepara o trabaja una cosa. 2 Laboratorio de farmacia. 3 Departamento donde trabajan los empleados públicos o privados. 4 fig. Lugar donde se fragua y dispone algo inmaterial: *~ de la mentira.* -5 *f. pl.* Piezas bajas de las casas, que sirven para ciertos menesteres domésticos. -6 *f. Amér.* Despacho (aposento).
SIN. *3* **Oficio,** ant.
oficinal (de *oficina*) *adj.* [planta] Usado en medicina. 2 [medicamento] Preparado de antemano en las boticas.
SIN. **Farmacéutico** (adj.).
oficinesco, -ca *adj.* Relativo a las oficinas del estado, o propio y característico de ellas. Tómase gralte. en mala parte.
oficinista *com.* Persona empleada en una oficina (departamento).
SIN. **Burócrata,** irón., funcionario de una oficina pública; **chupatintas, cagatintas,** despectivos.
oficio (l. *officiu*) *m.* Ocupación habitual: *~ servil,* el mecánico o bajo, en oposición a las artes liberales o nobles. 2 ant. Cargo o ministerio: *~ de república,* cargo municipal o provincial que es electivo. 3 Profesión de algún arte mecánica: *~ de albañil.* 4 Función propia de alguna cosa. 5 Acción o gestión en beneficio o en daño de uno: *buenos oficios,* diligencias eficaces en pro de otro. 6 *Santo Oficio,* Inquisición. 7 ant. Oficina (departamento). 8 Comunicación escrita referente a los asuntos del servicio público en las dependencias del estado y, por extensión, la que media entre individuos de varias corporaciones particulares sobre asuntos concernientes a ellos. 9 Rezo diario compuesto de las horas canónicas a que los eclesiásticos están obligados. Llámase también *~ divino* y *~ mayor.* 10 *~ parvo,* el establecido por la Iglesia en honra y alabanza de la Virgen, semejante al cotidiano de los eclesiásticos. 11 Función de Iglesia, esp. cada una de las de Semana Santa: *~ de difuntos,* el que tiene destinado la Iglesia para rogar por los muertos. 12 *De ~,* oficialmente; DER., [diligencia] que se practica judicialmente sin instancia de parte, y [costa] que, según lo sentenciado, nadie debe pagar: *abogado de ~,* el designado por turno en los colegios de abogados para defender gratuitamente a los procesados que no han nombrado defensor propio.
oficionario *m.* Libro en que se contiene el oficio canónico.
oficiosamente *adv. m.* Con oficiosidad. 2 Sin usar del carácter que tiene el que actúa.
oficiosidad *f.* Diligencia y aplicación al trabajo. 2 Diligencia y cuidado en los oficios de amistad. 3 Impunidad y hazañería del oficioso (entremetido).
oficioso, -sa (l. *officiosu*) *adj.* Hacendoso y solícito en ejecutar lo que está a su cuidado. 2 Que se complace en ser útil y agradable a uno. 3 Que se entremete en oficio o negocio que no le incumbe. 4 Provechoso, eficaz para determinado fin. 5 En diplomacia, [tercera potencia] que media benévolamente. 6 Hecho o dicho por una autoridad u hombre público, pero sin carácter oficial. 7 [periódico ministerial] Con cierta conexión con los gobernantes.
SIN. *3* **Entrometido.** *6* **Extraoficial.**
ofidiasis *f.* MED. Intoxicación por veneno de serpiente. ◇ Pl.: *ofidiasis.*
ofídico, -ca *adj.* Perteneciente o relativo a los ofidios, o que tiene su naturaleza.
ofidio (gr. *ophidion*) *adj.-m.* Reptil del orden de los ofidios. -2 *m. pl.* Orden de reptiles escamosos ápodos, de cuerpo largo y estrecho revestido de piel escamosa, que tienen las mandíbulas dotadas de gran movilidad y carecen de esternón, lo cual les permite engullir grandes presas. Son las culebras y serpientes.
ofidismo *m.* Envenenamiento por mordedura de una serpiente.
ofimática (de *oficina* + *informática*) *f.* Conjunto de material informático para oficinas.
ofio-, ofi- (gr. *óphis,* reptil) Elemento prefijal que entra en la formación de palabras con el significado de reptil.
ofioglosal (*ofio-* + gr. *glossa,* lengua) *adj.-f.* Planta del orden de las ofioglosales. -2 *f. pl.* Orden de plantas herbáceas perennes, de tamaño mediano o pequeño.
ofiolatría (*ofio-* + *-latría*) *f.* Culto a las serpientes.
ofiómaco (*ofio-* + gr. *máchomai,* combatir) *m.* Especie de langosta.
ofita (gr. *ophites*) *f.* Roca de color y textura variable, compuesta de feldespato, piroxeno y nódulos calizos o cuarzosos.
ofiuco (gr. *ophiouchos*) *m.* Serpentario.
ofiura (l.-gr. *ophiura*) *f.* Equinodermo de la clase de los ofiuroideos (gén. *Ophiura*).
ofiúrido, -a *adj.-m.* Ofiuroideo.
ofiuroideo (*ofi-* + gr. *oura,* cola + *-oideo*) *adj.-m.* Equinodermo de la clase de los ofiuroideos. -2 *m. pl.* Clase de equinodermos eleuterozoos caracterizados por tener los brazos largos y serpentiformes, y claramente separados del disco.
ofrecedor, -ra *adj.-s.* Que ofrece.
ofrecer (l. v. *offerire* < l. *offerre*) *tr.* Presentar y dar voluntariamente [una cosa]. 2 p. anal. Dedicar o consagrar a Dios o a un santo [la obra buena que se hace o el daño que se padece]. 3 Dar una limosna, dedicándola a Dios en la misa o en otras funciones eclesiásticas. 4 Prometer (obligarse): *~ su asistencia; ofrezco veinte mil pesetas por la cartera.* 5 Mostrar y poner patente una cosa: *la ciudad ofrece un aspecto muy triste.* 6 Decir o exponer qué cantidad se está dispuesto a pagar por algo. 7 fig., fam. *y* desus. Entrar a beber en la taberna. -8 *prnl.* Entregarse voluntariamente a otro para ejecutar alguna cosa: *ofrecerse de acompañante; ofrecerse en holocausto; ofrecerse de servidor; ofrecerse a los peligros.* -9 *unipers.* Venirse impensadamente una cosa a la imaginación. 10 Ocurrir o sobrevenir. ◇ ** CONJUG. [43] como *agradecer.*
SIN. *2* **Ofrendar.** *9* **Ocurrirse.**
ofreciente *adj.-s.* desus. Oferente.
ofrecimiento *m.* Acción de ofrecer u ofrecerse. 2 Efecto de ofrecer u ofrecerse.
SIN. **Oferta.**
ofrenda (l. *offerenda,* cosas que se han de ofrecer) *f.* Don que se ofrece y dedica a Dios o a los santos. 2 Pan, vino u otras cosas que se llevan a la iglesia por sufragio de los difuntos. 3 Lo que se da en algunos pueblos al tiempo de los entierros, para la

manutención de los ministros de la Iglesia. 4 Ofrecimiento de dinero que se da a los misacantanos pobres, para lo cual convida el padrino a sus conocidos. 5 p. ext. Dádiva o servicio en muestra de gratitud y amor.
SIN. v. **Regalo.** *1* **Oblación.** *2* **Oblada.**
ofrendar (de *ofrenda*) *tr.* Ofrecer [dones y sacrificios] a Dios en acción de gracias o en señal de rendimiento y adoración. 2 Contribuir [con dinero u otros dones] para un fin.
ofrezco *m. Perú.* Fiesta religiosa en que se ofrecen regalos a la Iglesia.
ofris *m.* Planta orquidácea utilizada en medicina y en el apresto de los tejidos *(Ophrys).*
oftalm-. v. oftalmo-.
oftalmía (gr. *opthalmía*) *f.* MED. Inflamación de los ojos.
oftálmico, -ca *adj.* Relativo a los ojos. 2 Relativo a la oftalmía.
oftalmitis (*oftalm-* + *-itis*) *f.* MED. Flemón o inflamación total del ojo. ◇ Pl.: *oftalmitis.*
oftalmo-, oftalm- (gr. *ophtalmós,* ojo) Elemento prefijal que entra en la formación de palabras con el significado de ojo: *oftalmografía, oftalmitis.*
oftalmología (*oftalmo-* + *-logía*) *f.* Parte de la patología que trata de las enfermedades de los ojos.
oftalmológico, -ca *adj.* Relativo a la oftalmología.
oftalmólogo, -ga *m. f.* Oculista.
oftalmometría (*oftalmo-* + *-metría*) *f.* MED. Medida de la curvatura de la córnea y de su índice de refracción.
oftalmoscopia (*oftalmo-* + *-scopia*) *f.* Exploración del interior del ojo por medio del oftalmoscopio.
oftalmoscopio *m.* Instrumento para reconocer las partes interiores del ojo.
oftalmostato (*oftalmo-* + *-stato*) *m.* CIR. Instrumento que separa los párpados y fija el globo ocular.
oftalmoterapia (*oftalmo-* + *-terapia*) *f.* MED. Cura de las enfermedades de los ojos.
ofuscación *f.* Turbación de la vista. 2 Oscuridad de la razón.
SIN. **Obcecación,** es ofuscación tenaz; ús. esp. en la 2ª acep; **obnubilación.**
ofuscador, -ra *adj.* Que ofusca.
ofuscamiento *m.* Ofuscación.
ofuscar (l. *offuscare*) *tr.-prnl.* Deslumbrar, oscurecer o turbar [la vista]. 2 fig. Trastornar o confundir [las ideas], oscurecer [la razón]; alucinar. -3 *tr.* Oscurecer y hacer sombra [a una cosa]. ◇ ** CONJUG. [1] como *sacar.*
SIN. *1* **Cegar.** *2* **Obcecar.**
ofusque *m. Colomb.* Ofuscación.
ogro (fr. *ogre;* probl. de *Ogur,* n. ant. de los húngaros) *m.* Según los cuentos y creencias populares, gigante que se alimentaba de carne humana. 2 fam. Persona feroz.
¡oh! (voz descriptiva) Interjección con que se denota sorpresa, admiración, pena, alegría, desaprobación, etc.
o'higginiano, -na *adj.-s.* De O'Higgins, provincia de Chile.
ohm *m.* FÍS. En la nomenclatura internacional, ohmio. ◇ Pl.: *ohms.*
óhmetro *m.* Ohmiómetro.
óhmico, -ca *adj.* Relativo al ohmio.
ohmímetro *m.* Aparato empleado para medir la resistencia eléctrica.
ohmio (de *I. Ohm,* 1789-1954, físico alemán) *m.* Unidad de resistencia eléctrica que se produce entre dos puntos de un conductor cuando una diferencia de potencial constante de un voltio, aplicada entre ellos, produce una corriente de un amperio.
oíble (l. *audibile*) *adj.* Que se puede oír.
-oico, QUÍM., terminación convencional de los ácidos orgánicos: *ácido etanoico, benzoico,* etc.
oicofobia (gr. *oikos,* casa + *-fobia*) *f.* Ecofobia.
oída *f.* Acción de oír. 2 Efecto de oír: ***de,*** o ***por, oídas,*** que se sabe sin haberlo visto y sólo por noticia o relación de otro.
-oidal, -oide, -oideo, -oidea, -oides (gr. *eidos,* forma, aspecto exterior) Elemento sufijal que entra en la formación de palabras con el significado de forma, añadiendo idea de semejanza o participación en la naturaleza y cualidades: *antropoide, alcaloide, coloidal, mastoideo, esfenoideo.* ◇ También *-ide, -ideo, -ides.*
oídio (l. mod. *oidiu* < gr. *oón,* huevo) *m.* Hongo ascomicete parásito, especialmente de la vid, cuyo micelio forma sobre las hojas de esta planta una red de filamentos blanquecinos y polvorientos *(Uncinula spiralis).* 2 Enfermedad producida en una planta por estos hongos.
SIN. **Cenicilla, ceniza, cenizo, oídium.**
oídium *m.* Oídio.
oído (l. *auditu*) *m.* Sentido por el cual se perciben los sonidos. 2 Órgano o aparato de la audición. En el hombre y en los animales superiores es par, se halla situado a uno y otro lado de la cabeza, y consta de tres partes: ~ *externo* u *oreja,* ~ *medio* o *caja del tímpano,* y ~ *interno* o *laberinto.* 3 fig. Aptitud para percibir y reproducir el tono relativo de los sonidos musicales: ***tener* ~** o ***buen* ~,** tener disposición para la música; ***ser duro de* ~,** percibir con dificultad las diferencias del sonido para la armonía; ***al* ~,** bajo reserva, confidencialmente; ***de* ~,** que se aprende oyendo, sin otro auxilio que la memoria; ***aprender de* ~ *una melodía,*** sin conocer el arte musical. 3 Parte interior del aparato auditivo. 4 Agujero que en la recámara tienen algunas armas de fuego para comunicar éste a la carga. 5 Orificio que se deja en el taco de un barreno para colocar la mecha.
REL. *1, 2* y *3* **Acústico, auricular,** relativo al órgano del oído, adj.; **oto-,** se usa formando voces en el tecnicismo médico: *otología, otoscopio, otorrea,* etc. SIN. *4* **Fogón.** FR. *Cerrarle a uno los oídos,* alucinarle para que no oiga lo que le conviene. *Cerrar uno los oídos,* negarse a oír razones o excusas. *Dar oídos,* dar crédito a lo que se dice, o escucharlo con gusto o aprecio. *Regalar a uno el* ~, decirle cosas que le agraden.
oidor, -ra *adj.-s.* Que oye. -2 *m.* Ant. ministro togado de justicia que en las audiencias del reino oía y sentenciaba las causas y pleitos.
SIN. *1* **Oyente,** más gralte.
oidoría *f.* ant. Empleo o dignidad de oidor. 2 Tiempo que duraba.
¡oiga! ¡oigan! Interjección con que se denota extrañeza, enfado o reprensión.
oíl (ant. fr. *oï,* sí) V. lengua de oil. ◇ Pl.: *oíl.*
oír (l. *audire*) *tr.* Percibir [los sonidos] por medio del sentido del oído: ~ *una canción; oigo sin dificultad;* aplícase a las cosas que suenan o hacen ruido: *oigo un violín, un caballo.* 2 Hacerse uno cargo [de aquello de que le hablan]. 3 Atender [los ruegos o avisos] de uno. 4 ant. Asistir el estudiante a la explicación del maestro. 5 DER. Admitir la autoridad, peticiones, razonamientos o pruebas de las partes antes de resolver. ◇ ** CONJUG. [75].
FR. *¿Oyes? ¿Oye usted?* se usa para llamar al que está distante y también para dar más fuerza a lo que se previene o manda. *Ahora lo oigo,* da a entender la novedad que causa una especie. *Como quien oye llover,* denota el poco aprecio que se hace de lo que se escucha o sucede. ~ *bien,* escuchar uno con agrado. *Ser uno bien oído,* lograr estimación o aceptación en lo que se dice.
oíslo (de vosotros, o vos, *oís* y el pron. *lo*) ***com.*** fam. *y* ant. Persona querida y estimada, esp. la mujer respecto al marido.
ojada *f. Colomb.* Tragaluz.
ojal (de *ojo*) *m.* Hendedura, gralte. reforzada en sus bordes, a propósito para abrochar un botón, muletilla, etc. 2 Agujero que atraviesa algunas cosas. 3 Defecto que presentan algunos hilos de seda y que consiste en un bucle del capullo sin deshacer. 4 MIN. Lanzada que se hace en la punta del cintero de un torno para meter la pierna el que sube o baja colgado.
¡ojalá! (ár. *ua xa Alah,* ¡y quiera Dios!) Interjección con que se denota vivo deseo de que suceda una cosa. 2 ***conj.*** *Amér.* Aunque.
ojaladera *f.* Ojaladora.
ojalado, -da *adj.* VETER. [res vacuna] Que alrededor de los ojos tiene el pelo más oscuro que el resto de la cabeza.
ojalador, -ra *m. f.* Persona que tiene por oficio hacer ojales. -2 *m.* Instrumento para hacerlos.
ojaladura *f.* Conjunto de ojales de un vestido.
ojalar *tr.* Hacer y formar ojales [en una cosa].
ojalatero (de *¡ojalá!*) *adj.-s.* fam. *e* irón. Que, en las contiendas civiles, se limita a desear el triunfo de su partido. ◇ HOMÓF.: *hojalatero.*
ojanco (aum. desp. de *ojo*) *m.* Cíclope. 2 *Cuba* y *P. Rico.* Pez de color rosado y ojos grandes *(Mesoprion ojanco).*
ojaranzal *m. And.* Terreno poblado de ojaranzos.
ojaranzo (orig. incierto) *m.* Variedad de jara ramosa, de tallos algo rojizos *(Cistus).* 2 Adelfa. 3 Rododendro.
SIN. **Carpe.** *2* **Hojaranzo.**
ojariza *f. Extr.* Cencerrada.
ojeada *f.* Mirada rápida.
SIN. **Vistazo, vista.**
ojeador *m.* El que ojea (la caza).
I) ojear *tr.* Dirigir los ojos y mirar [a determinada parte]. 2 Aojar (mal de ojo).

II) ojear (de *¡ox!*) *tr.* Espantar [la caza] y acosarla hasta que llega al sitio donde se le ha de tirar o coger con redes, lazos, etc. 2 fig. Espantar, ahuyentar de cualquier suerte. ◇ HOMÓF.: *hojear.*

ojén (de *Ojén,* villa de la prov. de Málaga) *m.* Aguardiente dulce anisado.

ojeo *m.* Acción de ojear II. 2 Efecto de ojear II. 3 Camino que se señala a la caza ojeada.

ojera *f.* Coloración más o menos lívida, alrededor de la base del párpado inferior: *el enfermo tiene ojeras.* 2 Copita de cristal adecuada para aplicarla a la cuenca del ojo y bañar éste con algún líquido medicinal. 3 *P. Rico.* Anteojera de caballo.
SIN. *2* **Bañera ocular** o **para ojos.**

ojeriza (de *ojo*) *f.* Odio o mala voluntad contra uno.
SIN. v. **Antipatía.**

ojeroso, -sa *adj.* Que tiene ojeras.
SIN. **Trasojado.**

ojerudo, -da *adj.* Que tiene habitualmente grandes ojeras.

ojete *m.* Dim. de ojo. 2 Ojal redondo, gralte. reforzado, para meter por él un cordón o cosa que afiance. 3 Agujero con que se adornan algunos bordados. 4 fam. Ano.

ojetear *tr.* Hacer ojetes [en alguna cosa]. 2 *And.* Mirar repetidamente.

ojetera *f.* Parte del corsé o jubón donde van colocados los ojetes.

ojiabierto, -ta (de *ojo + abierto*) *adj.* fam. Que tiene los ojos abiertos. 2 fig. Avisado, sagaz.

ojialegre (de *ojo + alegre*) *adj.* fam. Que tiene los ojos alegres.

ojienjuto, -ta (de *ojo + enjuto*) *adj.* fam. Que tiene dificultad para llorar.

ojigarzo, -za *adj.* Ojizarco.

ojimel, -miel (gr. *oxymel < oxos,* vinagre + *meli,* miel) *m.* antig. Preparación farmacéutica de miel y vinagre.
SIN. **Oximel, oximiel.**

ojímetro (a ~) (de *ojo* y *metro*) *m. adv.* fam. Sin peso, sin medida, a bulto, a ojo de buen cubero.

ojimoreno, -na *adj.* fam. Que tiene los ojos pardos.

ojinegro, -gra (de *ojo + negro*) *adj.* fam. Que tiene los ojos negros.

ojiprieto, -ta *adj.* fam. Ojinegro.

ojite *m. Méj.* Ojoche.

ojitruco (de *ojo + truco,* cambiado) *adj. La Mancha.* Ojituerto.

ojituerto, -ta *adj.* Bisojo.

ojiva (fr. *ogive;* sacado de *augive;* probl. del esp. *bóveda de aljibe*) *f.* Figura compuesta de dos arcos de círculo iguales que se cortan en uno de sus extremos formando un ángulo curvilíneo y volviendo la concavidad el uno al otro. 2 Parte delantera superior de un proyectil, a veces cargada de explosivos o de cualquier otro material: *~ nuclear.*

ojival *adj.* De figura de ojiva. 2 ***Estilo ~***, estilo arquitectónico gótico que dominó en Europa durante los tres últimos siglos de la Edad Media, y cuyo fundamento consistía en el empleo de la ojiva para toda clase de arcos, como simple ornato, para determinar el contorno de los vanos o dar al conjunto de una fábrica la forma piramidal. 3 ***Arco ~***, v. arco apuntado.

ojivo *adj.* ARQ. ***Arco ~***, arco crucero.

ojizaino, -na *adj.* fam. Que mira atravesado y con malos ojos.

ojizarco, -ca (v. *oji-* y *zarco*) *adj.* fam. Que tiene los ojos azules. 2 *Extr.* Ojituerto.
SIN. **Ojigarzo.**

ojo (l. *oculu;* doble etim. *óculo*) *m.* Órgano de la visión, formado esencialmente por una vesícula o cámara cerrada, con una parte anterior transparente que da acceso a la luz, y, en el interior, un medio refringente que hace converger los rayos en una zona sensible (*retina*), donde se forma la imagen. En el hombre y en los animales superiores es par y se halla situado a uno y otro lado de la parte anterior de la cabeza: *el ~ derecho; el ~ izquierdo;* ***ojos rasgados,*** los grandes que se descubren mucho por la amplitud de los párpados; ***ojos reventones*** o ***saltones,*** los muy abultados que parecen estar fuera de su órbita; ***ojos tiernos,*** o ***blandos,*** los que padecen alguna fluxión ligera y continua; ***ojos turnios,*** los torcidos; ***ojos vivos,*** los muy brillantes y animados; ***~ a la funerala,*** fig. *y* fam., el amoratado a consecuencia de un golpe; ***~ de besugo,*** el que está medio vuelto, porque se parece a los del besugo cocido; ***~ de breque,*** el pitarroso y remellado; ***~ regañado,*** el desfigurado por un frunce que le impide cerrarse por completo. 2 Abertura o agujero que atraviesa de parte a parte alguna cosa: ***~ de la aguja,*** el que ésta tiene para que entre el hilo; ***~ de la balanza,*** el redondo y alargado que en la parte superior del pie tienen algunas balanzas para ver al través si el fiel está perpendicular o caído. 3 Anillo de algunas herramientas, para que entren por él los dedos o el astil o mango: *el ~ del azadón, del martillo; los ojos de las tijeras.* 4 Anillo de la llave que sirve de cabeza para agarrarla y hacer fuerza sobre ella. 5 Agujero de la cerradura, por donde entra en ella la llave. 6 Cavidad que tienen las cosas esponjosas: *los ojos del pan, del queso.* 7 Boca abierta en el muro de ciertos molinos. 8 Espacio entre dos estribos o pilas de un puente. 9 Malla de la red. 10 Mano que se daba a la ropa con el jabón al lavarla. 11 Manantial que surge en un llano. 12 Gota de aceite o grasa que nada en otro líquido. 13 Círculo de colores que en el extremo de cada una de las plumas caudales tiene el pavo real. 14 Grueso en los caracteres tipográficos. 15 Relieve de los tipos que, impregnado en tinta, produce la impresión. 16 Atención, cuidado o advertencia que se pone en una cosa. 17 Palabra que se pone como señal al margen de manuscritos o impresos, para llamar la atención. 18 ***A ~***, sin peso, ni medida, a bulto; fig., a juicio o discreción de uno. 19 ***Al ~***, cercanamente o a la vista. 20 ***~ clínico*** o ***médico,*** aptitud para conocer prontamente y apreciar con exactitud las enfermedades. 21 ***~ de boticario,*** lugar, en las boticas, donde se guardan las esencias y medicamentos de más valor. 22 ***~ de buey,*** hierba compuesta, de hojas casi abrazadoras, oblongas y festoneadas, y flores terminales amarillas *((Asteriscus aquaticus).* 23 ***~ de buey,*** ventana o claraboya circular. 24 ***~ de gallo,*** o ***de pollo,*** callo redondo y algo cóncavo hacia el centro que suele formarse en los dedos de los pies. 25 ***~ de gato,*** ágata de textura orbicular y color blanco amarillento, con fibras de asbesto y amianto. 26 ***~ de la escalera,*** espacio vacío que queda dentro de las vueltas de los tramos cuando los peldaños no están adheridos a una alma central. 27 ***~ de perdiz,*** labor de pasamanería que en el cruce de los hilos forma unos nudos lenticulares; punto obscuro en el centro de los nudos de las maderas, que suele indicar la existencia de la hupe; adonis de primavera. 28 ***~ de la tempestad,*** rotura de las nubes que cubren la zona de calma que hay en el vórtice de un ciclón, por la cual suele verse el azul del cielo. 29 ***~ del culo,*** ano. 30 FOT. ***~ de pez,*** objetivo de angular extremadamente grande. 31 *Logr.* Nudo de los sarmientos.
SIN. *1* **Vista.** REL. *1* **Ocular,** adj., relativo a los ojos; **oftalmo-,** para los tecnicismos médicos. FR. *A ~ de técnico, a ~ de buen cubero,* poco más o menos (irón.). *A cierra ojos,* o *a ojos cerrados,* a medio dormir, a duermevela; fig., sin reparar en inconvenientes ni detenerse a mirar riesgos; sin examen ni reparo, impremeditadamente, sin reflexión. *A ojos cegarritas,* entornándolos para dirigir la mirada. *A ojos vistas,* visible, clara, palpablemente. *De medio ~,* fig., no enteramente descubierto o en público. *Hasta los ojos,* fig., muy, en demasía; pondera el exceso de una cosa en que uno se halla metido, o de una pasión que padece: *enamorado hasta los ojos. ~ avizor,* alerta, con cuidado. *Abrir uno los ojos,* fig., conocer las cosas como ellas son, para sacar aprovechamiento y evitar las que pueden perjudicar. *Abrir los ojos a uno,* desengañarle en cosas que le pueden importar; descubrirle algo de que estaba ajeno. *Bailarle a uno los ojos,* ser bullicioso, alegre y vivo. *Cerrarle a uno los ojos,* no apartarse de un enfermo hasta que expire. *Cerrar uno los ojos,* dormir, reposar: *no cerrar los ojos hasta terminar el trabajo;* expirar o morir; sujetar el entendimiento al dictamen de otro; obedecer sin examen ni réplica; arrojarse temerariamente a hacer una cosa sin reparar en inconvenientes. *Dar uno de ojos,* caer de pechos en el suelo; encontrarse con una persona; caer en un error. *Dar en los ojos con una cosa,* o *dar en ojos a uno,* ejecutar una cosa con propósito de enfadar o disgustar a uno. *Darse de, del, hacer, hacerse, del ~,* desus., hacer uno a otro señas guiñando el ojo para que le entienda sin que otros lo noten; estar dos personas de un mismo parecer y dictamen en una cosa, sin habérselo comunicado mutuamente. *En un abrir,* o *en un abrir y cerrar* o *en un volver de ojos,* en un instante, con extraordinaria brevedad. *Hablar con los ojos,* dar a entender con una mirada o guiñada lo que se quiere decir a otro. *Hacer los ojos telarañas,* turbarse la vista. *Henchirle,* o *llenarle, a uno el ~ una cosa,* contentarle mucho por parecer perfecta y aventajada en su especie. *No pegar el ~* o *los ojos,* no poder dormir en toda la noche. *No pegar ~,* no poder dormir. *Poner a uno delante de los ojos una cosa,* convencerle con la razón o con la experiencia para que deponga el dictamen errado en que está. *Sacarle los ojos a uno,* apretarle e instarle con molestia a que haga una cosa; hacerle gastar mucho dinero por antojo o con peticiones inoportunas. *Saltar a los ojos una cosa,* ser muy clara; ser vistosa y sobresaliente por su primor. *Saltarle a uno a los ojos a otro,* tener contra él grande irritación y enojo. *Saltársele a uno los ojos por una cosa,* apetecerla con gran ansia o deseo. *Saltar a uno un ~,* herírselo, cegárselo. *Ser el ~ derecho,* ser la persona o cosa más estimada de alguien. *Tener entre ojos,* o *sobre ojos, a uno,* aborrecerle, tenerle mala voluntad.

luntad. *Tener ~ a una cosa,* atender, poner la mirada en ella. *Traer entre ojos,* observar a uno, por el recelo que se tiene de él. *Traer a uno sobre ~,* traerle entre ojos; estar enojado con él.

-ojo, sufijo, poco usado, que entra en la formación de algunos substantivos y adjetivos con significación despectiva: *ramojo, añojo, pintojo.*

¡ojo! Interjección para llamar la atención sobre alguna cosa.

¡ojó! *Ecuad.* Interjección ¡Qué me importa!

ojoche *m. Amér. Central.* Árbol moráceo de semillas comestibles *(Brosimum alicastrum).*

ojón, -jona *adj. Amér.* Que tiene los ojos grandes.

ojoso, -sa *adj.* Que tiene muchos ojos (cavidades); como el pan, el queso, etc. ◇ HOMÓF.: *hojoso* (adj.).

ojota (quechua *usuta*) *f. Amér.* Calzado a manera de sandalia, hecho de cuero o de filamento vegetal, que usan los campesinos. Es el calzado rústico de los antiguos indios. 2 Cuero de piel curtida de la llama.

ojotarse *prnl. Cuba.* Ponerse ojotos los frutos.

ojotes *m. pl. Amér. Central* y *Colomb.* Ojos saltones, ojazos.

ojoto, -ta *adj. Cuba.* [tubérculo o fruta] Dañado parcialmente a causa de las aguas.

ojudo, -da *adj. Chile.* [pan, queso, patatas, etc.] Que tiene muchos ojos.

ojuelo *m.* Dim. de *ojo: ojuelos risueños.* -2 *m. pl.* desus. En algunas partes, anteojos para leer.

O.K. fam. ANGLIC. Bien, de acuerdo. ◇ Se pronuncia *okey.*

okapi *m.* Mamífero rumiante de la familia jiráfidos, de pelaje ocre, cuyos cuartos traseros tienen rayas como las de las cebras *(Okapia johnstoni).*

-ol, v. -olo. 2 QUÍM. Terminación que denota que un cuerpo tiene las características del alcohol.

ola (probl. del ár. *haula,* remolino < *haul,* agitación del mar) *f.* Onda de gran amplitud formada en la superficie de las aguas. 2 Fenómeno atmosférico que produce variación repentina en la temperatura: *~ de calor.* 3 fig. Oleada (de gente o de protestas). 4 Fenómeno de gran amplitud y de duración limitada. ◇ HOMÓF.: *hola* (interj.).

¡olá! *Ecuad.* Interjección con que se denota asentimiento.

olaje *m.* desus. Oleaje.

olambre *f.* Azulejo decorativo para formar pavimentos y revestir zócalos.

olambrilla *f.* Olambre.

olanchano, -na *adj.-s.* De Olancho, dep. de Honduras.

ole, olé (ár. *ualah,* por Dios) *m.* Baile popular de Andalucía en compás de tres por ocho, de movimiento moderado. 2 Música de este baile.

¡ole! ¡olé! Interjección con que se denota ánimo y elogio.

oleáceo, -a (l. *-eu*) *adj.-f.* Planta de la familia de las oleáceas. -2 *f. pl.* Familia de plantas dicotiledóneas que incluye árboles o arbustos de hojas opuestas; flores actinomorfas, algunas veces unisexuales, y fruto en cápsula, baya o drupa; como el olivo.

I) oleada *f.* Ola grande. 2 Embate y golpe de la ola. 3 fig. Movimiento impetuoso de mucha gente apiñada.

II) oleada (de *óleo*) *f.* Cosecha abundante de aceite.

oleado, -da *adj.-s.* [pers.] Que ha recibido los santos óleos.

oleaginosidad *f.* Calidad de oleaginoso.

oleaginoso, -sa (der. del l. *oleagine*) *adj.* Aceitoso.

oleaje *m.* Sucesión continuada de olas.

oleandro *m.* Adelfa.

olear (de *óleo*) *tr.* Administrar [a un enfermo] el sacramento de la extremaunción. -2 *intr.* Hacer o producir olas como el mar.

oleario, -ria *adj.* Aceitoso.

oleastro (l. *-tru*) *m.* Acebuche.

oleato *m.* Sal o éster del ácido oleico.

oleaza (de *óleo*) *f.* Agua que queda en el fondo de las pilas de los molinos de aceite.

olecranon (gr. *olékranon,* codo) *m.* Apófisis de la extremidad superior del cúbito que forma el saliente del codo.

oledero, -ra *adj.* Que despide olor.

oledor, -ra *adj.-s.* Que exhala olor o lo percibe.

olefinas *f. pl.* Hidrocarburos etilénicos. Son substancias muy activas.

oleico *adj. Ácido ~,* substancia sólida, cristalina, oxidable en el aire, que se encuentra en el aceite y otras grasas.

oleícola *adj.* Relativo a la oleicultura.

oleicultor, -ra *m. f.* Persona que se dedica a la oleicultura.

oleicultura (l. *oleu* + *-cultura*) *f.* Fabricación y conservación de aceites; eleotecnia.

oleiducto *m.* Oleoducto.

oleífero, -ra (l. *oleu,* aceite + *-fero*) *adj.* [planta] Que contiene aceite.

oleiforme (l. *oleu,* aceite + *-forme*) *adj.* [líquido] Que tiene la consistencia del aceite.

oleína *f.* Oleato de glicerina, substancia grasa, líquida a la temperatura ordinaria, que se encuentra en las grasas animales y vegetales.

-olento, v. -ento.

oleo- (l. *oleum,* aceite) Elemento prefijal que entra en la formación de palabras con el significado de aceite.

óleo (l. *oleu*) *m.* Aceite. 2 p. ant. El que usa la Iglesia en los sacramentos y otras ceremonias: ***los santos óleos,*** los de la extremaunción. 3 Acción de olear. 4 *Al ~,* pintura con colores disueltos en aceite secante.

SIN. **Olio.** REL. *2* **Oliera,** vaso en que se guarda.

oleodinámico, -ca (*oleo-* + *dinámico*) *adj.* [mecanismo, instalación] Que se acciona mediante aceite a presión: *excavadora oleodinámica.*

oleoducto (*oleo-* + l. *ductus,* conducción) *m.* Tubería para la conducción de petróleo desde los lugares de producción a los de embarque; o desde el lugar de descarga al de refino.

oleografía (*oleo-* + *-grafía*) *f.* Cromo que imita la pintura al óleo. 2 Forma de impresión con colores que imitan los de la pintura al óleo.

oleómetro (*oleo-* + *-metro*) *m.* Instrumento para medir la densidad de los aceites.

oleonafta (*oleo-* + *nafta*) *f.* Nafta que se obtiene de la destilación del petróleo.

oleorresina (*oleo-* + *resina*) *f.* Jugo líquido, procedente de algunas plantas, formado por resina disuelta en aceite volátil.

oleosidad *f.* Calidad de oleoso. 2 Enfermedad de algunos vinos, gralte. los blancos, embotellados, que pierden limpidez y toman un gusto especial.

oleoso, -sa (l. *-su*) *adj.* Aceitoso.

oler (l. *olere*) *tr.* Aspirar el aire por la nariz para percibir los olores: *huelo una rosa.* 2 fig. Inquirir con curiosidad [lo que hacen otros]. -3 *tr. prnl.* p. anal. Adivinar una cosa oculta. -4 *intr.* Exhalar olor o hedor. 5 fig. Parecer, o tener visos de una cosa, gralte. mala: *este hombre huele a hereje.* ◇ ** CONJUG. [60].

SIN. *3* **Dar en la nariz** o **en las narices,** fam. *4* **Trascender.** FR. *No ~ bien una cosa,* dar sospecha de que encubre un daño o fraude. *~ donde guisan* (o *andan,* o *están,* etc., *guisando*), buscar ocasiones favorables para satisfacer los gustos y provechos.

oletear *tr. Perú.* Averiguar lo relativo a [la vida de otros].

oletón, -tona *adj. Perú.* Que oletea la vida ajena.

óleum *m.* QUÍM. Ácido sulfúrico, deshidratado parcialmente.

olfacción (l. *-actione*) *f.* Acción de oler.

olfatear (de *olfato,* frecuent.) *tr.* Oler con ahínco y persistentemente [una cosa]. 2 fig. Indagar, averiguar [las cosas] con viva curiosidad y empeño.

SIN. **Oliscar,** denota menor intensidad de la acción.

olfateo *m.* Acción de olfatear. 2 Efecto de olfatear.

olfativo, -va *adj.* Relativo al sentido del olfato: *nervio ~.*

olfato (l. *olfactu*) *m.* Sentido con que se perciben los olores. 2 fig. Sagacidad para descubrir o entender lo que está disimulado.

olfatorio, -ria *adj.* Relativo al olfato.

olíbano (l. *oleu libani*) *m.* Incienso (gomorresina).

oliente *adj.* Que huele.

oliera *f.* Vaso en que se guarda el santo óleo o crisma.

olifante *m.* Cuerno de marfil de pequeñas dimensiones, que usaban los caballeros. Díc. esp. del cuerno de Roldán.

olig-, v. oligo-.

oligarca (*olig-* + *-arca*) *com.* Individuo de una oligarquía.

oligarquía (gr. *oligarchia* < *olig-* + *-arquía*) *f.* Forma de gobierno en que el poder está en manos de un reducido grupo de personas, gralte. pertenecientes a una misma clase social. 2 fig. Conjunto de algunos poderosos negociantes que se unen para que todos los negocios dependan de su arbitrio.

oligárquico, -ca *adj.* Relativo a la oligarquía.

oligisto (gr. *oligistos,* muy poco) *m.* Mineral óxido de hierro de color gris negruzco, o pardo rojizo, muy duro, de textura compacta, granujienta o terrosa. Se halla muy difundido y es el que da el color rojizo a la arcilla. 2 *~* ***rojo,*** hematites.

oligo-, olig- (gr. *olígos,* poco) Elemento prefijal que entra en la formación de palabras con el significado de poco. Se halla gralte. en voces de origen griego.

oligoceno, -na (*oligo-* + gr. *kainós,* reciente) ***adj.-m.*** Período geológico que sigue al eoceno, con que finaliza el paleógeno de la era terciaria, y terreno a él correspondiente. 2 ***adj.*** Perteneciente o relativo a dicho período.

oligoclasa ***f.*** GEOL. Variedad de feldespato.

oligoelemento (*oligo-* + *elemento*) ***m.*** BIOL. Substancia indispensable para el organismo vivo y que se halla en muy pequeñas cantidades.

oligofrenia (*oligo-* + gr. *phrén, phrenos,* mente) ***f.*** Insuficiencia psíquica congénita.

oligofrénico, -ca ***adj.-s.*** Que padece oligofrenia. 2 Perteneciente o relativo a la oligofrenia.

oligopolio (*oligo-* + gr. *poléo,* vender) ***m.*** ECON. Mercado en el que abundan los compradores y escasean los vendedores.

oligopsonio (*oligo-* + gr. *opsonion,* aprovisionamiento de víveres) ***m.*** Situación comercial en que es muy reducido el número de compradores de determinado producto o servicio.

oligoqueto ***adj.-m.*** Gusano de la clase de los oligoquetos. -2 ***m. pl.*** Clase de gusanos anélidos de cuerpo cilíndrico y alargado, provisto de una cuantas quetas poco visibles; la mayoría son terrestres o de agua dulce; como la lombriz de tierra y el tubifex.

oligotrofia (*oligo-* + *-trofia*) ***f.*** Propiedad de las aguas de lagos profundos de alta montaña, con pocas substancias nutritivas, poco fitoplancton y aguas muy limpias.

oligotrófico, -ca ***adj.*** Perteneciente o relativo a la oligotrofia.

oliguria (*olig-* + *-uria*) ***f.*** MED. Disminución del volumen de orina emitida en 24 horas.

olimpeño, -ña ***adj.-s.*** De Olimpo, dep. del Paraguay. 2 De Fuerte Olimpo, cap. del dep. de Olimpo (Paraguay).

olimpíada, olimpiada (gr. *olympiás*) ***f.*** Fiesta o juego que se hacía cada cuatro años en la antigua ciudad de Olimpia. 2 Período de cuatro años comprendido entre dos celebraciones consecutivas de juegos olímpicos. Fue costumbre entre los griegos contar el tiempo por olimpíadas, a partir del solsticio de verano del año 776 antes de Jesucristo, en que se fijó la primera. 3 Juegos olímpicos.

olímpico, -ca ***adj.*** Relativo a Olimpia, ant. c. de Grecia. 2 Relativo a los juegos públicos que se celebraban en esta ciudad. 3 Relativo al Olimpo. 4 fig. Altanero, soberbio: ~ *desprecio.* 5 ***Juegos olímpicos,*** competición universal de juegos atléticos que se celebra modernamente cada cuatro años en un lugar señalado de antemano.

olimpismo ***m.*** Conjunto de todo lo concerniente a los modernos juegos olímpicos.

Olimpo (gr. *Olympos*) ***n. pr.*** Morada de los dioses del paganismo. 2 Conjunto de los dioses mitológicos que residían en el monte Olimpo.

olingo ***m.*** *Hond.* Mono aullador.

olisca ***f.*** Sentido del olfato. 2 *La Mancha.* Olor fuerte y desagradable.

oliscar (frecuent.) ***tr.*** Oler con cuidado y persistencia buscando por el olfato [alguna cosa]. 2 fig. Averiguar o procurar saber [una noticia]. -3 ***intr.*** Empezar a oler mal una cosa. ◇ ** CONJUG. [1] como ***sacar.***

SIN. *1* y *2* **Olfatear,** intensifica el significado de las dos acepciones.

olisco, -ca ***adj.-m.*** Que huele mal. -2 ***adj.*** Que tiene indicios o sospechas, husmeador. 3 *Amér.* Que empieza a oler mal.

oliscón, -cona ***adj.*** *Murc.* fam. Fisgón, husmeador. 2 *Perú.* Oliscoso.

oliscoso, -sa ***adj.*** *Cuba* y *Ecuad.* De mal olor.

olisipano, -na, olisipiense ***adj.*** Lisboeta.

olismear (de *oler* + *husmear*) ***tr.*** fig. Husmear noticias, curiosear.

olisquear (de *oliscar*) ***tr.*** Oler una persona o un animal [alguna cosa]. 2 fig. Husmear, curiosear.

olisqueo ***m.*** Acción de oliscar. 2 Efecto de oliscar.

oliva (l.) ***f.*** Olivo. 2 Aceituna. 3 Lechuza. 4 Adorno arquitectónico. 5 fig. *y* desus. Paz. -6 ***adj.-m.*** Color amarillo verdoso. -7 ***adj.*** De color oliva.

oliváceo, -a ***adj.*** Aceitunado.

I) olivar ***m.*** Terreno plantado de olivos.

II) olivar ***tr.*** Enfaldar [los árboles] como se hace a los olivos. -2 ***prnl.*** Levantarse ampollas en el pan al ser cocido, a consecuencia de haberse enfriado la masa antes de entrar en el horno.

olivarda (l. *oliva*) ***f.*** Ave falconiforme, variedad del neblí, de plumaje amarillo verdoso *(gén. Falco).* 2 Planta compuesta, leñosa, con las hojas cubiertas de pelillos glandulosos que segregan una especie de resina *(Inula viscosa).*

SIN. *2* **Atarraga.**

olivarero, -ra ***adj.*** Relativo al cultivo del olivo y al comercio y aprovechamiento de sus frutos: *sindicato ~; región olivarera; industria olivarera.*

olivareta ***f.*** Lauréola hembra.

olivastro de Rodas ***m.*** Áloe (planta).

olivenita ***f.*** Mineral de la clase de los arseniatos, que cristaliza en el sistema rómbico, de color verde, brillo vítreo, y traslúcido.

olivera ***f.*** Olivo.

olivero ***m.*** Sitio donde se almacena la aceituna. -2 ***adj.*** *Murc.* [pers.] Que coge aceitunas. 3 *Murc.* [pers.] Que adereza y vende aceitunas.

olivícola ***adj.*** Relativo a la olivicultura.

olivicultor, -ra (l. *olivu,* olivo + *-cultor*) ***m. f.*** Persona que se dedica a la olivicultura.

olivicultura (l. *olivu,* olivo + *-cultura*) ***f.*** Cultivo del olivo. 2 Arte de cultivarlo.

REL. **Olivicultor, olivícola,** derivados.

olivífero, -ra (l. *-eru* < *olivu,* olivo + *-fero*) ***adj.*** poét. Abundante en olivos.

olivilla ***f.*** Arbusto con los tallos de color blanco, hojas lanceoladas y flores de color azul *(Teucrium fruticans).*

olivillo (dim. de *olivo*) ***m.*** Labiérnago.

olivino (de *oliva*) ***m.*** Peridoto.

olivo (l. *-vu*) ***m.*** Árbol oleáceo, de hojas enteras, persistentes, verdes y lustrosas por el haz y blanquecinas por el envés; flores blancas en racimos axilares, y fruto en drupa ovoide, verde, con el hueso grande y duro, de la cual se extrae el aceite común *(Olea europœa):* ~ ***acebucheno,*** el que, como el acebuche, da fruto escaso y pequeño, por falta de cuidado o por mala calidad; ~ ***manzanillo,*** el que da la aceituna manzanilla. 2 Madera del olivo.

SIN. **Oliva, olivera, aceituno.** REL. **Olivar,** plantación de olivos; **rapa, trama,** flor del ~; **esquilmo,** muestra del fruto que presentan los olivos; **aceituna** u **oliva,** fruto del ~ *(V. aceite).* FR. *Tomar el ~,* echar a correr. *Dar el ~,* Argent., fig. fam., despedir, echar, expulsar.

olivoso, -sa ***adj.*** poét. Olivífero.

olla (l.) ***f.*** Vasija para cocer manjares, calentar agua, etc., redonda, de barro o metal, con una o dos asas: ~ ***carnicera,*** aquella en que, por su tamaño, se puede cocer mucha carne; ~ ***de campaña,*** marmita para cocer el rancho de la tropa; ~ ***de fuego,*** la de barro, llena de materias explosivas e incendiarias, que se usó en la guerra; ~ ***ciega,*** alcancía (vasija); ~ ***a presión,*** la de metal con tapa atornillada, en la que la presión interior del vapor contribuye a cocer los alimentos con rapidez. 2 Guiso de carne, tocino, legumbres y hortalizas, cocido y sazonado: ~ ***podrida,*** la que tiene en abundancia jamón, aves, embutidos, etc.; ~ ***gitana,*** *Murc.,* la que se hace con judías, garbanzos, calabaza, berenjena, cebolla y aceite. 3 fig. ~ ***de grillos,*** lugar en que hay gran desorden y confusión. 4 Remolino que forman las aguas de un río en ciertos parajes. 5 *C. Rica, Colomb.* y *Venez.* ~ ***de mono,*** jacapucayo.

SIN. *1* **Piñata,** p. us. en esta acep.; **marmita,** la de metal con tapadera ajustada; **cocido,** hoy más us.; **olla,** predominó en los clásicos, y subsiste en algunas regiones; **pote,** en Galicia y Asturias; **puchera, puchero,** en otras partes. *4* **Cadozo.** FR. *Echar balones en la ~,* en el juego del fútbol, bombear balones sobre el área para facilitar su remate.

ollado (port. *olhado,* que tiene ojos) ***m.*** MAR. Ojete reforzado que se abre en las velas, toldos, etc.

ollao ***m.*** Ollado.

I) ollar ***m.*** Orificio de la nariz de las caballerías. ◇ HOMÓF.: *hollar.*

II) ollar ***adj.*** V. piedra ollar. ◇ HOMÓF.: *hollar.*

ollera ***f.*** Herrerillo (pájaro).

ollería ***f.*** Establecimiento del ollero. 2 Conjunto de ollas y otras vasijas de barro.

ollero, -ra ***m. f.*** Persona que tiene por oficio hacer y vender ollas y demás cosas de barro para los usos comunes. -2 ***m.*** Cerco semicircular que sirve para sujetar los pucheros junto al fuego.

SIN. *1* **Locero.**

olleta ***f.*** *Colomb.* y *Perú.* Chocolatera. 2 *Colomb.* Hornillo portátil. 3 *Colomb.* Agujero en el cauce de un río. 4 *Venez.* Guiso de maíz, carne de ave, sal, vinagre, papelón y clavos. -5 ***adj.*** *Colomb.* Tonto, bobo.

olluco ***m.*** *Perú.* Melloco.

olluela ***f.*** Dim. de *olla.*

olma ***f.*** Olmo muy corpulento y frondoso.

olmeca ***adj.-s.*** Pueblo que habitó la costa del Golfo de Méjico.

olmeda ***f.*** Terreno plantado de olmos.

olmedano, -na ***adj.-s.*** De Olmedo.

olmedo *m.* Olmeda.
olmera *f.* Mariposa diurna de color marrón anaranjado con manchas negras y bordes marginales oscuros *(Nymphalis polychloros).*
SIN. **Mariposa de los olmos.**
olmo (l. *ulmu*) *m.* Árbol ulmáceo, de tronco robusto y derecho, copa ancha, hojas elípticas vellosas por el envés, flores precoces de color blanco rojizo y fruto en sámara de alas anchas *(Ulmus campester).*
SIN. **Negrillo.**
-olo, -ol, -ola (l. *-olu*) Sufijo, de origen unas veces culto, otras cat. o gall., que entra en la formación de substantivos gralte. de significación originariamente diminutiva: *arteriola, banderola;* los masculinos se apocopan casi todos en *-ol: baberol, farol;* los esdrújulos *lancéola* y *cabríolo* son cultismos. En los derivados vulgares adopta la forma *-uelo, -uela.*
ológrafo, -fa (gr. *olographos* < v. *holo-* + *-grafo*) *adj.-m.* Testamento o memoria testamentaria de puño y letra del testador. -2 *adj.* Autógrafo. ◇ También se escribe *hológrafo.*
olomina *f. C. Rica.* Pececillo muy abundante en ríos y arroyos; no es comestible *(Poecilia vivipara).*
olonetsiano, -na *adj.-s.* De Olonets, ciudad del noroeste de la Unión Soviética. -2 *adj.-m.* Lengua baltofinesa, hablada en el noroeste de la Unión Soviética.
olopopo (onomat. de su grito) *m. C. Rica.* Especie de mochuelo de gran tamaño que abunda en la costa del Pacífico *(Ciccaba virgata).*
olor (l. v. *olore;* por l. *odor;* por influjo de *olere*) *m.* Sensación que las emanaciones de ciertos cuerpos producen en el olfato. 2 Lo que es capaz de producir esa sensación. 3 fig. Fama, reputación: *morir en ~ de santidad.* 4 fig. Lo que motiva una sospecha en cosa oculta o por suceder. 5 fig. Esperanza, promesa u oferta de una cosa. 6 *Chile* y *Méj.* Condimento, especia.
REL. *1* y *2* **Aroma, perfume, esencia, bálsamo, fragancia,** olor agradable; **hedor, hediondez, fetor** (p. us.), **fetidez, peste, pestilencia, corrupción,** olor desagradable; **odorífero, oloroso,** que contiene o produce olor, adj.; **desodorante,** que quita el olor, adj. SIN. *4* **Tufo.**
olorisca *f. Murc.* fam. Olisca, olor fuerte y desagradable.
olorizar *tr.* Esparcir olor, perfumar. ◇ ** CONJUG. [4] como *realizar.*
oloroso, -sa *adj.* Que exhala de sí fragancia. -2 *m.* Variedad muy aromática del vino de Jerez.
olote (mej. *olotl;* aféresis de *yollotl,* corazón) *m. Amér. Central* y *Méj.* Tusa o mazorca de maíz sin los granos.
olotera *f. C. Rica.* Disco de olotes para desgranar el maíz.
olvidadizo, -za *adj.* Que con facilidad se olvida de las cosas. 2 fig. Ingrato.
SIN. *1* **Desmemoriado.**
olvidado, -da *adj.* [pers.] Que olvida. 2 Olvidadizo (ingrato).
olvidar (l. v. *oblitare,* der. de *oblitu;* partic. de *oblivisci*) *tr.-prnl.* Perder la memoria que se tenía [de una cosa]. 2 Dejar el cariño que antes se tenía [a una persona o cosa]. 3 Descuidar; dejar u omitir inadvertidamente [una cosa]. 4 No agradecer [los favores, la ayuda, etc.]. 5 No tener en cuenta alguna cosa: *olvida los agravios que te hicieron.* ◇ La forma pronominal se construye con *de: me olvidé de,* y la forma transitiva se construye sin *de: ~ que*
SIN. *1* **Trascordarse,** significa no sólo olvidar una cosa, sino también confundirla con otra.
olvido (de *olvidar*) *m.* Falta de memoria o cesación de la que se tenía de una cosa. 2 Cesación de un cariño que se tenía. 3 Descuido de algo que se debía tener presente.
SIN. *1* **Desmemoria.** *3* **Desacuerdo.** FR. *Dar,* o *echar, al ~,* o *en ~, entregar al ~,* olvidar. *Enterrar en el ~,* olvidar para siempre. *Poner en ~,* olvidar; hacer olvidar.
-oma (por analogía con el gr. *sarkoma,* excrecencia de la carne) Elemento sufijal adoptado en medicina, que entra en la formación de palabras para significar las enfermedades producidas por tumores gralte. cancerosos: *fibroma, epitelioma, mioma.*
omagua *adj.-com.* Pueblo de la etnia lingüística tupí, que vive al norte del Perú.
omaso (l. *omasum*) *m.* Tercer estómago de los rumiantes.
omatidio (gr. *omma, -atos,* ojo, mirada) *m.* Elemento de que está formado el ojo compuesto de los insectos.
ombligada *f.* Parte que en los cueros corresponde al ombligo.
ombligar *tr. Colomb.* Poner [a un niño] el ombliguero. ◇ **CONJUG. [7] como *llegar.*
ombligo (l. *umbilicu*) *m.* Cicatriz que se forma en medio del vientre después de romperse y secarse el cordón umbilical. 2 Cordón umbilical. 3 fig. Medio o centro de cualquier cosa. 4 *~ de Venus,* planta crasulácea, de radicales pecioladas, carnosas y redondas, que se han empleado como emolientes *(Umbilicus pendulinus).* 5 *~ marino* o *de Venus,* concha elíptica, plana por un lado y rugosa por el otro, que sirve de opérculo a ciertos múrices; llevada en sortijas, pendientes y botones, se la tiene supersticiosamente como preservativo del dolor de cabeza.
REL. **Umbilical,** referente al ombligo, adj.; varios tecnicismos médicos se forman del gr. *omphalós,* como *onfalitis, hematónfalo.* SIN. *4* **Sombrerillo.** FR. *Encogérsele a uno el ~,* fig. fam., amedrentarse o desalentarse.
ombliguero *m.* Venda que sujeta el pañito que cubre el ombligo de los recién nacidos. 2 *Cuba.* Cercado intermedio que se hace en los potreros para proteger el pasto.
ombría *f.* Umbría. ◇ HOMÓF.: *hombría.*
ombú (guaraní *umbú*) *m. Amér. Merid.* Árbol fitolacáceo, con la corteza gruesa y blanda; madera fofa que se utiliza, como sus hojas, en la fabricación del jabón *(Phytolacca dioica).*
ombudsman (voz sueca) *m.* Defensor del pueblo.
omega (gr. *o mega, o* grande) *f.* Vigésima cuarta y última letra del **alfabeto griego equivalente a la *o* larga. 2 *Alfa y ~,* el principio y el fin.
omental *adj.* Relativo al omento.
omento (l. *-tu*) *m.* Pliegue del peritoneo, adherido al estómago y al colon transversal, que cubre por delante de los intestinos.
SIN. **Epiplón.**
omero *m.* Aliso, árbol.
omeya *adj.-s.* Descendiente del califa árabe de este nombre, fundador del Califato de Damasco, sustituido en el s. VIII por la dinastía abasí. 2 Relativo a este linaje y dinastía.
ómicron (gr. *o micron, o* pequeña) *f.* Decimoquinta letra del **alfabeto griego equivalente a la *o* breve. ◇ Pl.: *omicrones.*
ominar (l. *-ari*) *tr.* desus. Agorar.
ominoso, -sa (l. *-su*) *adj.* Azaroso, de mal agüero, abominable, vitando.
omisible *adj.* Que se puede omitir.
omisión *f.* Acción de omitir. 2 Efecto de omitir. 3 Cosa omitida. 4 Falta por haber omitido la ejecución en todo o en parte de una cosa. 5 Descuido del que está encargado de una cosa.
SIN. *4* y *5* **Pretermisión,** p. us.
omiso, -sa, pp. irreg. de *omitir.* 2 *adj.* Negligente y descuidado.
omitir (l. *omittere*) *tr.* Dejar de hacer [una cosa]. 2 Pasar en silencio [una cosa]. ◇ CONJUG.: pp. reg.: *omitido;* irreg.: *omiso.*
SIN. **Pasar por alto, dejar, pretermitir** (p. us.), **saltar.** *2* **Callar, silenciar, suprimir.**
omni- (l. *omnis,* todo) Elemento prefijal que entra en la formación de palabras con el significado de totalidad o relación con todos.
ómnibus (l., para todos) *m.* Vehículo de gran capacidad, para transportar personas dentro de las poblaciones. V. tren ómnibus. ◇ Pl.: *ómnibus.*
omnidireccional (*omni-* + *direccional*) *adj.* Que se puede utilizar en todas las direcciones o sentidos.
omnímodamente *adv. m.* De todos modos.
omnímodo, -da (l. *-du*) *adj.* Que lo abraza y comprende todo.
omnipotencia (l. *-entia*) *f.* Poder omnímodo, atributo exclusivo de Dios. 2 fig. Poder muy grande.
omnipotente *adj.* Que tiene omnipotencia.
SIN. **Todopoderoso.**
omnipotentemente *adv. m.* Con omnipotencia.
omnipresencia (*omni-* + *presencia*) *f.* Ubicuidad.
omnipresente *adj.* Ubicuo.
omnisapiente (*omni-* + l. *sapiente,* sabio) *adj.* Omniscio.
omnisciencia (*omni-* + l. *scientia,* ciencia) *f.* Conocimiento de todas las cosas reales y posibles, atributo exclusivo de Dios. 2 fig. Conocimiento de muchas materias.
omnisciente *adj.* Omniscio.
omniscio, -cia *adj.* Que tiene omnisciencia. 2 fig. Que tiene sabiduría y conocimiento de muchas cosas.
ómnium *m.* Competición ciclista sobre pista. 2 Carrera de caballos de todas las categorías. 3 Compañía que se dedica a toda clase de operaciones, industriales o financieras.
omnívoro, -ra (l. *-ru* < *omni-* + *-voro*) *adj.-s.* Animal que se alimenta de toda clase de substancias orgánicas, tanto vegetales como animales.
1) omo- (gr. *omos,* espalda) Elemento prefijal que entra en la formación de palabras con el significado de espalda, hombro: *omoalgia.*

II) omo- (gr. *omós,* crudo) Elemento prefijal que entra en la formación de palabras con el significado de crudo: *omofagia.*
-omo (gr. *omós,* igual) Elemento sufijal que entra en la formación de palabras con el significado de igual: *astéromo.*
omoalgia (*omo-* I + *-algia*) *f.* PAT. Artritis crónica del hombro.
omofagia (*omo-* II + *-fagia*) *f.* Costumbre de comer carne cruda.
omóplato, omoplato (gr. *omoplate*) *m.* Hueso plano, triangular, que forma la parte posterior del hombro y con el cual se articula el húmero.
SIN. **Escápula** y ~ son términos anatómicos; **espaldilla, paleta, paletilla,** son nombres vulgares.
on *adj.* Conectado, en funcionamiento.
-ón, sufijo que entra en la formación de palabras con significación varia. Añadido a substantivos forma gralte. otros substantivos de significación aumentativa: *hombrón, cartelón;* añadiéndoles algunas veces significación de semejanza: *ansarón, moscón.* 2 Aplicado a substantivos que indican parte del cuerpo del animal, forma adjetivos de significación aumentativa y equivalentes a los en *-udo: barrigón* o *barrigudo; pelón* y *rabón* tienen, no obstante, significación de falta o negación. 3 Combínase con los sufijos *-arro, -orro* y *-urro; -acho, -ancho; -ajo, -ejo; -allo, -ello; -anco, -azo; -ero* y *-ete,* casi todos despectivos: *abejarrón, coscorrón, santurrón, corpachón* o *corpanchón, cerrajón, cepejón, mozallón, dentellón, pollancón, caserón, mocetón.* 4 En algunos casos aparece sonorizada la *c* final del tema de los correspondientes nombres latinos: *narigón* de *narix, naricis,* nariz. 5 Añadido a adjetivos se combina casi siempre con sufijos despectivos y forma otros adjetivos gralte. de significación aumentativa o despectiva: *brabucón, grandullón, bonachón.* 6 Con numerales forma adjetivos que denotan edad: *cincuentón, sesentón,* etc. 7 Añadido a verbos forma adjetivos y substantivos. En los primeros indica que tiene el hábito o el instinto de hacer lo que el verbo indica: *acusón, buscón;* algunas veces se combina con *-ajo* y *-ujo: tomajón, pegujón;* los substantivos indican acción brusca: *apretón, bajón;* o instrumento: *abitón, podón.*
onagra (gr. *oinagraoinos* < *oinos,* vino + *agra,* caza) *f.* Arbusto onagráceo, de hojas parecidas a las del almendro, con flores de muchos pétalos y raíz blanca, que, una vez seca, huele a vino *(Oenothera biennis).*
SIN. **Hierba del asno.**
onagráceo, -a *adj.-f.* Planta de la familia de las onagráceas. -2 *f. pl.* Familia de plantas dicotiledóneas, de hojas alternas; flores regulares, solitarias o dispuestas en espigas o racimos y fruto en cápsula, baya o drupa; como la fucsia.
onagrarieo, -a *adj.* BOT. Oenoteráceo.
onagro (gr. *ónagros* < *onos,* asno + *agrios,* silvestre) *m.* Asno salvaje de Asia central, de 1 m. de alzada y pelaje fino, brillante, de color plateado *(Equus onager).* 2 Antigua máquina de guerra parecida a la ballesta.
onanismo (de *Onán,* personaje bíblico) *m.* Masturbación.
-onazo, v. -azo.
once (l. *undecim*) *adj.* Diez y uno; **NUMERACIÓN. 2 Undécimo (lugar). -3 *m.* Guarismo del número once. 4 Equipo de jugadores de fútbol, dicho así por constar de once individuos. -5 *f. pl.* Refacción que se toma entre once y doce de la mañana, o a diferentes horas de la tarde, según los países: *tomar las ~.*
REL. *1* **Endeca-,** forma prefija gr. que se emplea en algunas palabras de origen culto: *endécada, endecágono, endecasílabo.*
oncear *tr.* Pesar o dar por onzas. 2 *Venez.* Tomar las once (refacción).
onceavo, -va *adj.-m.* Undécimo (parte).
oncejera (de *oncejo*) *f.* Lazo para cazar oncejos y otros pájaros pequeños.
oncejo (der. de *falce,* hoz, por la forma de sus dedos) *m.* Vencejo (pájaro).
onceno, -na *adj.-s.* Parte que, junto a otras diez iguales, constituye un todo; **NUMERACIÓN. -2 *adj.* Undécimo (lugar).
oncete (der. de *falce,* hoz) *m. La Mancha.* Pequeña hoz o cuchilla para cortar la uva.
-oncho, sufijo que entra en la formación de algunos derivados con significación diminutiva: *morroncho, rechoncho.* ◇ V. -ancho y -encho.
onci-, onco- (l. *uncus, -i,* garfio, gancho) Elemento prefijal que entra en la formación de palabras con el significado de garfio, gancho: *oncirrostro, oncocéfalo.*
oncijera *f.* Oncejera.
oncirrostro, -tra (*onci-* + l. *rostru,* pico) *adj.* ZOOL. [pájaro] Que tiene el pico ganchudo.
I) onco- (gr. *onkos,* tumor) Elemento prefijal que entra en la formación de palabras con el significado de tumor: *oncología.*
II) onco-, v. onci-.
oncocéfalo (*onco-* II + *-céfalo*) *adj.-m.* Insecto del género de los oncocéfalos. -2 *m. pl.* Género de insectos heterópteros, de cuerpo amarillento, tibias y antenas velludas, y con una espina en la cabeza dirigida hacia adelante.
oncogén (*onco-* I + *gen*) *m.* Gen que por mutación induce a la formación de cáncer en una célula.
oncogénico, -ca *adj.* Que causa cáncer.
oncología (*onco-* I + -logía) *f.* Parte de la medicina que trata de los tumores.
oncológico, -ca *adj.* Relativo a la oncología.
oncólogo, -ga *m. f.* Persona especialista en oncología.
onda (l. *unda*) *f.* Elevación que se produce en un medio líquido, sin que en dicho medio, como conjunto, se produzca ningún desplazamiento permanente: *las ondas del mar, de un lago.* 2 Ondulación. 3 FÍS. En la propagación del movimiento vibratorio dentro de un medio o cuerpo elástico, conjunto de partículas vibrantes que se encuentran en fases distintas intermedias entre dos fases iguales: *~ luminosa; ~ sonora; ~* ***eléctrica, electromagnética*** o ***hertziana,*** la generada por una corriente oscilatoria; *~* ***etérea,*** cualquiera de las que se propagan en el éter; *~* ***de Rayleigh,*** la sísmica que se propaga a lo largo de la superficie plana de un sólido homogéneo elástico. 4 Parte que en una línea curva, en un cuerpo filiforme, etc., toma la forma del perfil de la sección plana de una onda en el sentido de su propagación: *las ondas del pelo, de una tela.* 5 Recorte, a manera de semicírculo, con que se adornan las guarniciones de vestidos y otras prendas. 6 fig. Reverberación y movimiento de la llama. ◇ HOMÓF.: *honda* (f.), *honda* (adj.).
SIN. *1* **Ola,** en las grandes extensiones de agua. REL. *3* En radiodifusión se llama *onda corta* la de longitud comprendida entre 14 y 60 m.; *onda media,* entre 200 y 600 m.; *onda larga,* la de longitud superior a 800 m.
ondeado *m.* Que tiene ondas.
ondeante *adj.* Que ondea.
ondear (frecuent.) *intr.* Hacer ondas el agua. 2 fig. Formar ondas los pliegues que se hacen en una cosa: *el pelo, el vestido ondea.* -3 *intr.-tr.* Ondular. -4 *prnl.* Mecerse en el aire sostenido por alguna cosa; columpiarse. ◇ HOMÓF.: *hondear* (v.).
SIN. *4* **Flotar.**
ondeo *m.* Acción de ondear.
ondímetro (de *onda* + *-metro*) *m.* Aparato que sirve para medir la longitud y la frecuencia de las ondas de una señal recibida, o para graduar un receptor a la longitud de onda de una emisora determinada.
ondina (fr. *ondine*) *f.* FÁB. Ninfa que residía en el agua; espíritu elemental del agua.
ondisonante *adj.* Undísono.
ondógrafo (de *onda* + *-grafo*) *m.* Aparato que registra en un papel la forma de la onda que examina.
ondómetro *m.* Ondímetro.
ondoscopio (de *onda* + *-scopio*) *m.* ELECTR. Osciloscopio para reconocer la presencia y dirección de elevadas diferencias de potencial.
ondoso, -sa *adj.* Que tiene ondas o se mueve haciéndolas.
SIN. **Undoso, undante,** ambos lit.
ondulación (v. *undulación*) *f.* Acción de ondular. 2 Efecto de ondular. 3 Movimiento de vaivén en un fluido elástico propagado entre sus partículas sin que éstas se trasladen en la dirección de la propagación; esp. el que se produce en la superficie de un líquido.
SIN. *3* **Undulación,** menos usado.
ondulado, -da *adj.* Que forma ondas pequeñas.
ondulador, -ra *adj.* Que ondula. -2 *m.* ELECTR. Aparato que transforma la corriente continua en alterna de frecuencia determinada.
ondulante *adj.* Que ondula.
ondular (fr. *onduler,* der. del l. *undula,* ola pequeña) *intr.* Moverse una cosa formando ondas: *~ una culebra, una bandera,* etc. -2 *tr.* Hacer ondas [en el pelo].
SIN. *2* **Undular,** menos usado.
ondulatorio, -ria *adj.* Que se extiende en forma de ondulaciones. 2 Que ondula.
SIN. **Undulatorio,** menos usado.
onecer *intr. Sal.* Aprovechar. ◇ ** CONJUG. [43] como ***agradecer.***

onerario, -ria (l. *-iu*) ***adj.*** [ant. nave o bastimento] De carga.

oneroso, -sa (l. *-su*) ***adj.*** Pesado, molesto o gravoso. 2 DER. Que incluye conmutación de prestaciones recíprocas, en oposición a lo lucrativo.

onfacino (gr. *omphákinos,* de agraz) ***adj.*** V. aceite onfacino.

onfacomeli (gr. *omphakómeli*) ***m.*** Bebida medicinal que se hacía antig. dejando fermentar al sol el zumo del agraz mezclado con miel.

onfalitis ***f.*** MED. Inflamación del ombligo. ◇ Pl.: *onfalitis.*

onfalo-, -ónfalo (gr. *omphalós,* ombligo) Elemento prefijal y sufijal que entra en la formación de palabras con el significado de ombligo.

onfaloideo, -a (*onfalo-* + *-oideo*) ***adj.*** Que tiene forma de ombligo.

onfalomancia, -mancía (*onfalo-* + *-mancia*) ***f.*** Arte supersticioso de predecir el número de hijos que tendrá una mujer por los nudos que hay en el cordón umbilical del primero que ésta da a luz.

-ongo, -onga, sufijo que entra en la formación de algunos substantivos: *morrongo.*

ónice (l. *onyce* < gr. *ónyx*) ***m.*** Calcedonia en capas de distintos colores, dispuestas en planos paralelos, usada para hacer camafeos.

SIN. **Ónix.**

onico- (gr. *ónyx, ónychos*) Elemento prefijal que entra en la formación de palabras con el significado de uña.

onicofagia (*onico-* + *-fagia*) ***f.*** Costumbre de roerse las uñas.

onicóforo (*onico-* + *-foro*) ***adj.-m.*** Animal del tipo de los onicóforos. -2 ***m. pl.*** Tipo de metazoos celomados de aspecto vermiforme y dimensiones entre 1,5 y 155 cms., cuyo aspecto recuerda al de los miriápodos, pues poseen numerosos pares de patas armadas de uñas, pero sin articular.

onicomancia, -mancía (*onico-* + *-mancia*) ***f.*** Arte supersticioso de adivinar el porvenir interpretando las señales en las uñas, untadas previamente con aceite y hollín.

onicosis ***f.*** MED. Padecimiento en la base de las uñas. ◇ Pl.: *onicosis.*

-onimia, -ónimo (gr. *ónoma,* nombre) Elemento sufijal que entra en la formación de palabras con el significado de nombre: *sinonimia, sinónimo.*

-ónimo, v. -onimia.

ónique ***m.*** Ónice.

oniquina (v. *ónice*) ***adj.*** V. piedra oniquina.

onir-, v. oniro-.

onírico, -ca (v. *oniro-*) ***adj.*** Relativo a los sueños.

onirismo ***m.*** PAT. Delirio onírico. 2 Tendencia artística que trata de representar las imágenes oníricas.

oniro-, onir- (gr. *óneiros,* ensueño) Elemento prefijal que entra en la formación de palabras con el significado de ensueño.

oniroanálisis (*oniro-* + *análisis*) ***m.*** Exploración de la personalidad mediante la interpretación de los sueños.

onirógeno, -na (*oniro-* + *-geno*) ***adj.*** Que provoca el estado onírico.

oniromancia, -mancía (*oniro-* + *-mancia*) ***f.*** Arte supersticioso de adivinar el porvenir interpretando los sueños.

ónix ***f.*** Ónice. ◇ Pl.: *ónix.*

ono- (gr. *onos,* asno) Elemento prefijal que entra en la formación de palabras con el significado de asno.

onocrótalo (gr. *onokrótalos*) ***m.*** Alcatraz (pelícano).

onoma-, onomato- (gr. *ónoma, -atos,* nombre) Elemento prefijal que entra en la formación de palabras con el significado de nombre. ◇ V. -onimia y -ónimo.

onomancia, -mancía (*onoma-* + *-mancia*) ***f.*** Arte supersticioso de adivinar, por su nombre, el porvenir de una persona.

onomasio- (gr. *onomasía,* denominación) Elemento prefijal que entra en la formación de palabras con el significado de denominación.

onomasiología (*onomasio-* + *-logía*) ***f.*** Estudio semántico de las denominaciones que parte del concepto para llegar al signo.

onomasiológico, -ca ***adj.*** Perteneciente o relativo a la onomasiología.

onomástico, -ca (gr. *-ikós*) ***adj.*** Relativo a los nombres y esp. a los propios: *día* ~. -2 ***f.*** Conjunto de los nombres propios de persona, de un país, época, etc.: *onomástica hispano-latina.*

onomato-, v. onoma-.

onomatopeya (gr. *-poiía* < *onomato-* + *poieo,* hacer) ***f.*** Imitación del sonido de una cosa en el vocablo que se forma para significarla. 2 El mismo vocablo, p. ej., *miau, tris, talán, quiquiriquí.* 3 RET. Empleo de vocablos onomatopéyicos para imitar el sonido de las cosas con ellos significadas.

onomatopéyico, -ca ***adj.*** Relativo a la onomatopeya; formado por onomatopeya.

onoquiles (gr. *onocheilés* < *ono-* + *cheílos,* labios) ***f.*** Planta boraginácea, vellosa, de tallos gruesos y carnosos, flores purpúreas, fruto seco y raíz gruesa, de que se saca una tintura roja usada por perfumistas y confiteros *(Alkana tinctorea).* ◇ Pl.: *onoquiles.*

SIN. **Orcaneta, palomilla de tintes,** o simplte. **palomilla, pie de paloma.**

onosma (l.-gr. *onosma* < *ono-* + *osme,* olor) ***f.*** Orcaneta amarilla.

onotar ***tr.*** *Venez.* Colorar [algo] con onoto.

onotera ***f.*** *Venez.* Saquillo donde se guarda onoto. 2 *Venez.* Saquillo en que sujetan el cabello las mujeres para rizarlo.

onoto ***m.*** *Amér.* Achiote, planta.

ontina ***f.*** Planta compuesta, de tallos leñosos, hojas pequeñas y carnosas, y flores amarillentas, muy pequeñas, en racimo; toda la planta exhala un olor agradable *(Artemisia Herba-alba).*

onto- (gr. *ón, óntos,* el ser) Elemento prefijal que entra en la formación de palabras con el significado de ser I.

ontogénesis ***f.*** Ontogenia. ◇ Pl.: *ontogénesis.*

ontogenia (*onto-* + *-genia*) ***f.*** Formación y desarrollo individual de un organismo, considerado independientemente de la especie.

REL. **Filogenia,** la evolución y desarrollo general de la especie.

ontogénico, -ca ***adj.*** Relativo a la ontogenia.

ontología (*onto-* + *-logía*) ***f.*** Metafísica general. Los principales problemas ontológicos son el concepto del ser, sus modos o flexiones, sus principios, sus propiedades, sus divisiones (ser en potencia y ser en acto; substancia y accidente) y sus causas.

ontológico, -ca ***adj.*** Relativo a la ontología. ***Argumento*** ~, prueba de la existencia de Dios formulada por San Agustín (354-430), y luego por Descartes (1596-1650) en esta forma: del mismo modo que en la idea del triángulo se halla contenida la idea de que la suma de sus ángulos vale dos rectos, así también en la idea de Dios como ser perfecto se halla contenida la idea de su existencia, puesto que la existencia es una perfección.

ontologismo ***m.*** FIL. Doctrina del filósofo italiano Gioberti (1801-1852), que aspira a explicar el origen de las ideas mediante la adecuada intuición del Ser absoluto.

ontólogo, -ga ***m. f.*** Persona versada en ontología.

onubense (l.) ***adj.-s.*** De Ónuba, probablemente la Huelva actual, ant. c. de los turdetanos. 2 Huelveño.

I) onza (l. *uncía*) ***f.*** Peso, equivalente a 28,70 g.; dieciseisava parte de la libra. 2 Peso, equivalente a la duodécima parte del as romano. 3 p. ext. Duodécima parte de varias medidas antiguas. 4 ~ ***de oro,*** moneda española de este metal, de los s. XVI al XIX (trescientos veinte reales). 5 ***Media*** ~, moneda (la mitad, en peso y valor, de una onza de oro). 6 División de una tableta de chocolate.

SIN. *4* **Pelucona,** esp. las acuñadas con el busto de reyes de la casa de Borbón hasta Carlos IV inclusive.

II) onza (probl. del l. v. *luncea* < l. y gr. *lynx*) ***f.*** Mamífero carnicero félido, de unos 6 dms. de altura, con el pelaje parecido al del leopardo y aspecto de perro; vive en los desiertos de las regiones meridionales de Asia y África, es domesticable *(Felis onca).*

SIN. **Guepardo.** REL. **Himplar,** rugir la onza, vb.

onzavo, -va ***adj.-m.*** Undécimo (parte).

oo- (gr. *oón,* huevo) Elemento prefijal que entra en la formación de palabras con el significado de huevo.

oogonio (*oo-* + *-gonio*) ***m.*** Órgano sexual femenino donde se forman las oosferas de ciertas plantas talofitas.

oolítico, -ca ***adj.*** Propio del oolito: *textura oolítica.* 2 [terreno] Formado por oolitos.

oolito (*oo-* + *-lito*) ***m.*** Roca calcárea, algunas veces ferruginosa, formada por pequeños granos ovoides.

oosfera (*oo-* + *esfera*) ***f.*** Óvulo de los vegetales.

oósporo (*oo-* + *-sporo*) ***m.*** BOT. Huevo en las algas y hongos.

opa (quechua *upa*) ***adj.*** *Amér.* Tonto, idiota. 2 *Colomb.* Sordomudo.

¡opa! *Amér.* Interjección. ¡Hola! 2 *Amér. Central.* ¡Upa!

opacamente ***adv. m.*** En estado de opacidad.

opacar ***tr.*** Hacer opaco [algo]. -2 ***prnl.*** Nublarse, oscurecerse. -3 ***tr.*** *Méj.* Superar a otra persona en alguna cualidad. ◇ **CONJUG. [1] como ***sacar.***

opacidad ***f.*** Calidad de opaco.

opacímetro (de *opaco* + *-metro*) *m.* ÓPT. Aparato de fotometría que sirve para apreciar el grado de opacidad de los clisés fotográficos, radiografías, etc.
opacle (mej. *octli,* pulque, y *patli,* medicina) *m. Méj.* Hierba agregada al pulque.
opaco, -ca (l. *-cu*) *adj.* Que impide el paso a la luz. 2 Oscuro, sombrío. 3 fig. Triste.
CONTR. **Translúcido** o **transluciente,** el cuerpo que deja pasar la luz pero no permite ver lo que hay detrás; **transparente,** el que permite ver lo que hay detrás.
opado, -da *adj.* Hinchado. 2 *Bol.* y *Venez.* Ojeroso, pálido.
opal *m.* Tejido fino de algodón, parecido a la batista, pero más liso y tupido, y algo sedoso. Puede ser blanco o de color.
opalescencia *f.* Reflejos de ópalo.
opalescente *adj.* Que parece de ópalo o irisado como él.
opalino, -na *adj.* Relativo al ópalo. 2 De color entre blanco y azulado con reflejos irisados. -3 *f.* Positivo fotográfico realizado sobre vidrio opalino.
opalizar *tr.* Hacer opalino [algo]. ◇ ** CONJUG. [4] como ***realizar.***
ópalo (l. *-lu,* voz de origen oriental) *m.* Mineraloide silíceo, más blando y menos denso que el cuarzo, que contiene una cantidad variable de agua: ~ ***de fuego,*** el de color rojo muy encendido; ~ ***de girasol,*** el que amarillea y no destella, sino algunos de los colores del iris; ~ ***noble*** (también *iris*), el casi transparente, con juego interior de variados reflejos y hermosos colores.
opapadado, -da (quechua *upa,* idiota) *adj. Bol.* Aturdido.
opción (l. *optione*) *f.* Libertad o facultad de elegir. 2 Elección. 3 Derecho que se tiene a un oficio, dignidad, etc. 4 DER. Convenio en que, bajo condiciones, se deja al arbitrio de una de las partes ejercitar un derecho o adquirir una cosa. ◇ Es incorrecto su uso con el sentido de *candidatura.*
opcional *adj.* Relativo a la opción, o que la contiene y depende de ella.
-ope, v. -opía.
open (voz inglesa) *adj.-m.* DEP. Competición abierta a todas las categorías.
ópera (l., obra; doble etim. *obra, huebra*) *f.* Género teatral que reúne el drama, el canto, la danza y la música sinfónica con decorados y efectos visuales, generalmente complejos. 2 Obra perteneciente a este género. 3 Lugar donde se representa.
SIN. *1* y *2* **Melodrama.** *2* **Libreto.** REL. **Operístico, -ca,** relativo a la ópera.
operable *adj.* Que puede operarse o es factible. 2 Que tiene virtud de operar o hace operación o efecto. 3 CIR. Que puede ser operado.
operación *f.* Acción de operar: *una ~ quirúrgica; una ~ bancaria, de bolsa.* 2 Efecto de operar. 3 Ejecución de una cosa. 4 MAT. Ejecución de un cálculo determinado sobre uno o varios números. 5 MIL. Maniobra, acción de guerra: *las operaciones se desarrollan conforme al plan previsto.* 6 ANGLIC. Funcionamiento, manejo. ◇ Usado en la acepción 5 generalmente en plural.
operacional *adj.* Relativo a las operaciones matemáticas, comerciales o militares. 2 Que está en condiciones de operar, esp. las unidades militares. 3 Operativo.
operado, -da *adj.-s.* [pers.] Que ha sufrido una operación quirúrgica.
operador, -ra *adj.-s.* Que opera. 2 Técnico encargado de la parte fotográfica del rodaje de una película cinematográfica. 3 Técnico encargado de proyectar la película cinematográfica. -4 *m.* MAT. Símbolo matemático que denota un conjunto de operaciones que han de realizarse.
operante *adj.* Que opera o es capaz de operar. 2 Activo (que obra): *medicamento ~; capital ~ en un negocio.*
operar (l. *operare;* doble etim. *obrar*) *tr.* CIR. Ejecutar [sobre un cuerpo vivo], gralte. con instrumentos, algún trabajo para producir un efecto curativo o correctivo: *~ una hernia; ~ a una mujer;* ***abs.,*** *el médico está operando.* -2 *intr.* Hacer una cosa, esp. las medicinas, el efecto para que se destinan; obrar. 3 COM. Especular sobre valores o efectos; negociar a crédito o por mayor sobre mercancías. 4 MIL. Maniobrar. 5 Realizar operaciones matemáticas. 6 Robar, estafar, llevar a cabo actos delictivos. -7 *tr.-intr.* ANGLIC. Funcionar, manejar, explotar, administrar [una empresa, una máquina, etc.].
operario, -ria (l. *-iu;* doble etim. *obrero*) *m. f.* Obrero (trabajador).
operativo, -va *adj.* Que obra y hace su efecto. 2 Que funciona o es válido para algo.
operatorio, -ria *adj.* Que puede operar. 2 Relativo a las operaciones quirúrgicas.
operculado, -da *adj.* Provisto de opérculo u opérculos.
opercular *adj.* Que sirve de opérculo. -2 *m.* ZOOL. En los peces, hueso membranoso dorsal del opérculo.
opérculo (l. *-lu,* tapadera) *m.* Pieza que a modo de tapadera sirve para cerrar ciertas aberturas, como las agallas de la mayor parte de los peces, la concha de muchos moluscos univalvos o las cápsulas de algunos frutos.
opereta *f.* Ópera de poca extensión. 2 Ópera cómica de carácter frívolo o burlesco. 3 Obra teatral ligera, en que los actores cantan y recitan o declaman alternativamente.
operista *com.* Actor que canta en las óperas.
operístico, -ca *adj.* Relativo a la ópera.
operoso, -sa (l. *-su*) *adj.* Que cuesta mucho trabajo o fatiga.
-opía, -ope (gr. *ops, opós,* mirada) Elemento sufijal que entra en la formación de palabras con el significado de mirada.
opiáceo, -a *adj.* Compuesto con opio o extraído de él.
opiado, -da *adj.* Compuesto con opio.
SIN. **Alopiado.**
opiata *f.* Electuario en cuya composición entra el opio.
opiato, -ta *adj.* Opiado. -2 *m.* Opiata.
opilación *f.* MED. Obstrucción. 2 Amenorrea. 3 Hidropesía.
opilar (l. *oppilare*) *tr.* MED. ant. Obstruir, atascar [un conducto del cuerpo]. -2 *tr.-prnl.* desus. Contraer opilación las mujeres.
opilativo, -va *adj.* Que opila u obstruye.
opilión *adj.-m.* Arácnido del orden de los opiliones. -2 *m. pl.* Orden de arácnidos con las patas muy largas y finas y aspecto similar a las arañas, pero con el cefalotórax unido al abdomen en una sola masa.
opimo, -ma (l. *-mu*) *adj.* Rico, fértil, abundante. ◇ INCOR.: *ópimo.*
opinable *adj.* Que puede ser defendido en pro y en contra.
opinante *adj.-com.* Que opina.
opinar (l. *-ari;* asimilado a *opinare*) *intr.* Formar o tener opinión. 2 Hacer conjeturas acerca de una cosa. 3 Expresar la opinión de palabra o por escrito: *~ en,* o *sobre, alguna cosa.*
opinión (l. *-one*) *f.* Modo de juzgar sobre una cuestión, concepto que se forma o tiene de una cosa cuestionable: *prevalecer una ~; cambiar de ~;* ~ ***pública,*** sentir o estimación en que coincide la generalidad de las personas acerca de un asunto. Modernamente se usa en forma absoluta: *la ~ lo avasalla todo* por *la ~ pública,* etc. 2 Fama o concepto en que se tiene a una persona o cosa: *la buena ~ que tengo de ti, de tu valer.*
SIN. **Juicio, parecer, sentir; dictamen,** si es de carácter técnico o pericial; **informe,** es la exposición de un dictamen.
opio (l. *-iu* < gr. *opion*) *m.* Narcótico que se obtiene desecando el jugo de las cabezas de adormideras verdes. 2 fig. Lo que motiva embrutecimiento moral.
SIN. **Anfión,** (p. us.).
opiomanía (*opio* + *-manía*) *f.* Pasión de los opiómanos.
opiómano, -na (*opio* + *-mano*) *adj.-s.* Que está acostumbrado al opio o lo necesita.
opíparamente *adv. m.* De manera opípara.
opíparo, -ra (l. *-ru*) *adj.* Copioso y espléndido, tratándose de comida.
opisto- (gr. *ópisthen,* de la parte de atrás) Elemento prefijal que entra en la formación de palabras con el significado de por detrás, detrás: *opistogástrico.*
opistobranquio (*opisto-* + *-branquio*) *adj.-s.* Molusco de la subclase de los opistobranquios. -2 *m. pl.* Subclase de moluscos gasterópodos que se caracterizan por tener las branquias situadas en la parte posterior del cuerpo.
opistódomo, opistodomo (gr. *opisthódomos* < *opisto-* + *domos,* casa) *m.* Parte posterior de un templo griego.
opistogástrico, -ca (*opisto-* + *gástrico*) *adj.* MED. Situado detrás del estómago.
opitulación *f.* p. us. Auxilio, ayuda, socorro.
oploteca (gr. *oplon,* arma + *-teca*) *f.* Colección o museo de armas. ◇ También *hoploteca.*
opo- (gr. *opós,* jugo, savia) Elemento prefijal que entra en la formación de palabras con el significado de jugo, savia.
opobálsamo (l. *-mu* < *opo-* + *bálsamo*) *m.* Resina amarga, olorosa y medicinal que fluye del árbol anacardiáceo *(Balsamodendron gileadense).*
SIN. **Bálsamo de Judea** o **de la Meca.** REL. **Carpobálsamo,** fruto de este árbol.

oponente *adj.-com.* Que opone o se opone. 2 [pers.] Que opina de forma contraria.
oponer (l. *opponere*) *tr.* Poner [una cosa] contra otra para estorbarle o impedirle su efecto: *~ una barrera al ímpetu del viento; una barrera se oponía al viento.* 2 esp. Proponer [una razón o discurso] contra lo que otro dice o siente. -3 *prnl.* Ser una cosa contraria a otra: *estas fuerzas se oponen.* 4 Estar una cosa colocada enfrente de otra: *las dos casas se oponen.* 5 Impugnar, estorbar un designio: *oponerse a la sinrazón.* 6 desus. Pretender un cargo o empleo en concurso con otros aspirantes: *oponerse a una cátedra.* ◇ ** CONJUG. [78] como *poner.*
oponible *adj.* Que se puede oponer.
opopánax (l. < *opo-* + *panax,* pastinaca) *m.* Opopónaco. ◇ Pl.: *opopánax.*
opopónaca, opopónace *f.* Pánace.
opopónaco (de *opopánax*) *m.* Gomorresina amarga y aromática que se obtiene de la pánace y algunas otras umbelíferas; se usa en farmacia y perfumería.
opopónax *m.* Opopánax. ◇ Pl.: *opopónax.*
oporto *m.* Vino tinto producido principalmente en Oporto, ciudad de Portugal.
oportunamente *adv. m.* Convenientemente, a su tiempo y sazón.
SIN. **A punto.**
oportunidad *f.* Calidad de oportuno: *la ~ de su visita.* 2 Circunstancia oportuna: *aprovechar la ~.*
SIN. *2* v. **Ocasión.**
oportunismo *m.* Sistema político de transigencia y contemporización, que subordina en cierta medida los principios fundamentales a las oportunidades. 2 Pericia para aprovechar las oportunidades: *el ~ del delantero del equipo de fútbol.*
oportunista *adj.* Relativo al oportunismo. -2 *com.* Partidario del oportunismo. 3 Persona que busca y practica el oportunismo. -4 *adj.-com.* Que sabe aprovechar las oportunidades.
oportuno, -na (l. *opportunu*) *adj.* Que se hace o sucede en tiempo a propósito y conveniente. 2 Que es ocurrente y pronto en la conversación.
SIN. *1* **Tempestivo;** v. **conveniente.**
oposición (l. *oppositione*) *f.* Acción de oponer u oponerse; calidad de opuesto. 2 Efecto de oponer u oponerse. 3 Disposición de algunas cosas, de modo que estén unas enfrente de otras. 4 Contrariedad o repugnancia de una cosa con otra. 5 Contradicción o resistencia a lo que otro u otros hacen o dicen. 6 Situación relativa de los astros cuando sus longitudes difieren en 180°. 7 Conjunto de las fuerzas políticas o sociales que son adversas a un régimen, gobierno o autoridad constituida. 8 Concurso de los pretendientes a una cátedra, empleo, premio, etc., por medio de ejercicios en que demuestran su suficiencia. 9 ASTROL. Aspecto de dos astros que ocupan casas celestes diametralmente opuestas. 10 ASTROL. Situación relativa de dos o más cuerpos celestes cuando tienen longitudes que difieren en dos ángulos rectos. ◇ Usado en la acepción 8 especialmente en plural.
oposicionista *adj.* Relativo a la oposición. -2 *com.* Persona perteneciente o adicta a la oposición política.
opositar *intr.* Hacer oposiciones [a una cátedra, prebenda, empleo, etc.].
opositi- (l. *oppositus,* opuesto) Elemento prefijal que entra en la formación de palabras con el significado de opuesto: *opositisépalo.*
opositisépalo, -la (*opositi-* + *sépalo*) *adj.* BOT. De sépalos opuestos.
opósito, -ta (l. *oppositu*) p. us. Pp. irreg. de *oponer.*
opositor, -ra *m. f.* Persona que se opone a otra. 2 Pretendiente a un puesto que se ha de proveer por oposición. 3 *Amér.* Partidario de la oposición política.
oposum *m.* Zarigüeya. 2 Mamífero marsupial de aspecto semejante a la ardilla y al zorro. Tiene hábitos nocturnos y arborícolas. Es propio de Australia y Tasmania *(Trichosurus vulpecula).*
opoterapia (*opo-* + *-terapia*) *f.* Procedimiento curativo por el empleo de órganos animales crudos, de sus extractos o de las hormonas aisladas de las glándulas endocrinas.
opoterápico, -ca *adj.* Relativo a la opoterapia.
opresión (l. *oppressione*) *f.* Acción de oprimir: *~ de pecho,* dificultad de respirar. 2 Efecto de oprimir.
opresivamente *adv. m.* Con opresión.
opresivo, -va *adj.* Que oprime.
opreso, -sa (l. *oppressu*) Pp. irreg. de *oprimir.*
opresor, -ra *adj.-s.* Que oprime a alguno.
oprimir (l. *opprimere*) *tr.* Ejercer presión [sobre una cosa]. 2 fig. Sujetar demasiado [a uno], vejándolo, afligiéndolo o tiranizándolo: *~ al pueblo; ~ bajo el peso; ~ con el poder.* ◇ CONJUG.: pp. regular.: *oprimido*; irreg.: *opreso.*
oprobiar (de *oprobio*) *tr.* Vilipendiar, infamar, causar oprobio. ◇ ** CONJUG. [12] como *cambiar.*
oprobio (l. *opprobriu*) *m.* Ignominia, deshonra pública.
oprobiosamente *adv. m.* Con oprobio.
oprobioso, -sa *adj.* Que causa oprobio.
-opsia (gr. *opsis,* acción de ver) Elemento sufijal que entra en la formación de palabras con el significado de visión: *acromatopsia.*
opso- (gr. *opson,* manjar) Elemento prefijal que entra en la formación de palabras con el significado de manjar o comida: *opsofagia.*
opsofagia (*opso-* + *-fagia*) *f.* Afición excesiva a la comida.
opsonina *f.* Cuerpo del suero sanguíneo que hace a los microbios o células sanguíneas más aptos para ser asimilados por los leucocitos.
optación *f.* Aceptación, admisión, acción de optar. 2 RET. Figura que consiste en manifestar vehemente deseo de lograr o de que suceda una cosa.
optante *adj.* Que opta.
optar (l. *-are*) *intr.* Con la prep. *a,* aspirar: *~ a un cargo, empleo*; con *por* o *entre,* escoger: *~ entre dos candidatos.* -2 *tr.* desus. Entrar en la dignidad o empleo al que se tiene derecho: *~ la canonjía.*
SIN. *1* v. **Escoger.**
optativo, -va (l. *-vu*) *adj.* Que depende de opción o la admite. 2 GRAM. *Modo ~,* en griego y otras lenguas indoeuropeas, serie de formas modales que expresan necesidad o deseo. En latín se confundió con el subjuntivo; **VERBO. 3 [oración gramatical] Que expresa deseo. -4 *f.* Asignatura que, en algunas carreras, se puede elegir entre varias.
óptica (v. *óptico*) *f.* Parte de la física que trata de la luz y de los fenómenos luminosos: *~ electrónica,* disciplina que estudia la trayectoria de los elementos en los campos eléctricos y magnéticos. 2 Aparato compuesto de lentes y espejos que sirve para ver estampas y dibujos agrandados y como de bulto. 3 Arte de construir espejos, lentes e instrumentos de óptica.
REL. *1* **Catóptrica,** parte de la óptica que trata de la reflexión de la luz; **dióptrica,** íd. íd. de la refracción.
óptico, -ca (gr. *-kós* < *optós,* visible) *adj.* Relativo a la óptica o a la visión: *nervio ~.* -2 *m. f.* Persona que fabrica o vende instrumentos de óptica. -3 *m.* Óptica.
optimación *f.* Acción de optimar. 2 Efecto de optimar. 3 Método matemático para determinar los valores de las variables que hacen máximo el rendimiento de un proceso o un sistema.
optimalización *f.* Optimación.
optimalizar *tr.* Optimar. ◇ ** CONJUG. [4] como *realizar.*
óptimamente *adv. m.* Con suma bondad y perfección.
optimar *tr.* Lograr el resultado óptimo [en un proceso físico, industrial, etc.].
optimate (l.) *m.* Prócer: *los optimates del Estatuto Real.*
optimismo *m.* Doctrina metafísica que no consiste en negar la existencia del mal, sino en afirmar que el mundo, tal como es, es el mejor de los mundos posibles. Su principal representante es el filósofo y matemático alemán Leibnitz (1646-1716). 2 Propensión a ver y juzgar las cosas en su aspecto más favorable.
CONTR. **Pesimismo.**
optimista *adj.* Relativo al optimismo. -2 *adj.-com.* Partidario del optimismo (doctrina). 3 [pers.] Que tiene optimismo (carácter). 4 Confiado, esperanzado.
optimización *f.* Optimación.
optimizar *tr.* Optimar. ◇ **CONJUG. [4] como *realizar.*
óptimo, -ma (l. *-mu*) *adj.* Superl. de *bueno.* Sumamente bueno, excelente.
CONTR. **Pésimo.**
opto- (gr. *optós,* visible) Elemento prefijal que entra en la formación de palabras con el significado de visible.
optoaislador (*opto-* + *aislador*) *m.* Dispositivo de acoplamiento por medio de un haz de luz.
optoelectrónica (*opto-* + *electrónica*) *f.* Técnica que se ocupa de la transformación de las señales eléctricas en ópticas, y a la inversa.
optófono (*opto-* + *-fono*) *m.* Aparato empleado para transformar el signo gráfico en señal sonora.

optómetra *com.* Especialista en optometría.
optometría (*opto-* + *-metría*) *f.* Graduación científica de la vista, con el fin de prescribir lentes.
optométrico, -ca *adj.* Perteneciente o relativo a la optometría.
optómetro (*opto-* + *-metro*) *m.* Instrumento para medir los límites de la visión distinta.
opuestamente *adv. m.* Con oposición y contrariedad.
opuesto, -ta, pp. irreg. de *oponer*. 2 *adj.* [hoja u otro órgano vegetal] Que, en número de dos, se halla a un mismo nivel en el tallo, uno a cada lado. 3 V. ángulos opuestos.
opugnación *f.* Acción de opugnar.
opugnador, -ra *m. f.* Persona que opugna (con fuerza).
opugnar (l. *oppugnare*) *tr.* Hacer oposición con fuerza y violencia; esp., asaltar o combatir [una plaza o ejército]. 2 Contradecir y rechazar [las razones de alguno].
SIN. *2* v. **Contradecir.**
opulencia *f.* Gran riqueza. 2 fig. Gran abundancia.
opulentamente *adv. m.* Con opulencia.
opulento, -ta (l. *-tu*) *adj.* Que tiene opulencia.
opuncia *f.* BOT. Nopal de la cochinilla.
opus *m.* En la producción de un compositor, indicación que designa una obra musical. ◇ Pl.: *opus.*
opúsculo (l. *-lu*) *m.* Obra científica o literaria de poca extensión.
oque (de ~) *loc. adv.* De balde.
oquedad (de *hueco*) *f.* Espacio hueco en el interior de un cuerpo. 2 fig. Insubstanciabilidad de lo que se habla o escribe.
oquedal (de *hueco*) *m.* Monte de árboles altos, sin matas.
oqueruella *f.* Lazadilla que se forma en el hilo de coser cuando está muy retorcido.
oquis (de ~) *adv. Méj.* fam. Gratuitamente, de balde.
-or, -ora, sufijo que entra en la formación de nombres abstractos, algunos de origen latino: *calor, fragor;* otros castellanos derivados de adjetivos: *amargor, dulzor;* la mayor parte de ellos tienen sinónimos en *-ura: amargura, dulzura.* ◇ V. -dor, -dora.
ora *conj. distrib.* Aféresis de *ahora: ~ andando, ~ corriendo, ~ descansando.* ◇ HOMÓF.: *ora* (vb.), *hora.*
oración (l. *-atione*) *f.* Discurso (razonamiento). 2 GRAM. Expresión de un juicio que consta esencialmente de predicado, siempre expreso, y sujeto que puede ser implícito. Tanto el sujeto como el predicado pueden llevar voces y oraciones complementarias: *~ **simple,*** la que consta de un solo verbo y un solo sujeto, éste expreso o callado: *Pedro pasea por el parque;* para su clasificación v. activa, afirmativa, aseverativa, copulativa, dubitativa, desiderativa, exhortativa, impersonal, interrogativa, negativa, pasiva y unipersonal; *~ **compuesta,*** la que consta: a) de más de un sujeto o un verbo; b) de una serie de oraciones simples; c) de otras oraciones en función de complemento: *Juan lee y Pedro pasea, Juan y Pedro pasean, Antonio lee y pasea; el libro que me has comprado tiene bellas ilustraciones; ~ **coordinada,*** es la oración compuesta de los tipos a) y b); para su clasificación v. copulativa, disyuntiva, distributiva o enumerativa, adversativa o correctiva, causal, continuativa o ilativa; *~ **principal,*** en la oración compuesta del tipo c), la que subordina formalmente a las demás del período, expresando el juicio fundamental; *~ **subordinada,*** en la oración compuesta del tipo c), la que hace oficio de complemento del sujeto del verbo o de otro complemento de la principal; *~ **adverbial,*** en la oración compuesta del tipo c), la subordinada que hace el oficio de complemento circunstancial del verbo; para su clasificación v. lugar, temporal, modal, comparativa, consecutiva, condicional y concesiva; *~ **adjetiva,*** o ***de relativo,*** en la oración compuesta del tipo c), la subordinada que hace el oficio de complemento del sujeto o de otro complemento de la principal; para su clasificación v. explicativa o incidental y determinativa o especificativa; *~ **substantiva,*** en la oración compuesta del tipo c), la subordinada que hace el oficio de sujeto, complemento directo o complemento indirecto de la principal; para su clasificación v. enunciativa o explicativa, interrogativa y dubitativa. Para la estructura, clasificación y ejemplos, v. **SINTAXIS; *~ **absoluta,*** la que mantiene su independencia dentro de la frase en que se halla; ***parte de la ~*** o ***del discurso,*** cada una de las distintas clases de palabras que tienen en la oración diferente oficio; como el nombre o substantivo, o nombre substantivo, nombre adjetivo o adjetivo, artículo, pronombre, verbo, adverbio, preposición, conjunción e interjección. 3 Súplica, deprecación, ruego que se hace a Dios o a los santos; elevación de la mente a Dios para alabarle o pedirle mercedes: *~ **dominical,*** el padrenuestro; *~ **mental,*** la que se hace en el fondo del alma, con las potencias interiores sin ser expresada con palabras o gestos; *~ **vocal,*** la que expresa con palabras los sentimiento del corazón. 4 Deprecación que en la misa, en el rezo eclesiástico, etc., empieza o se distingue con la voz *Oremos* e incluye la conmemoración del santo de la festividad del día. 5 Hora a la que se toca en las iglesias la campana para que los fieles recen el Avemaría. -6 *f. pl.* Parte del día, cuando va a anochecer, en que se da este toque de campana. 7 El mismo toque de la campana, que en algunas partes se repite al amanecer y al mediodía.
SIN. *1* **Discurso.** *2* **Proposición.** *3* **Rezo, plegaria, preces.**
oracional *adj.* Relativo a la oración gramatical. -2 *m.* Libro que contiene oraciones o trata de ellas.
oracionero, -ra *adj.-s.* Rezador.
oráculo (l. *-lu*) *m.* Entre los gentiles, contestación dada por las pitonisas y sacerdotes en nombre de los dioses a las consultas que se hacían ante sus ídolos: *interpretar un ~.* 2 Lugar donde se daba el oráculo; estatua o simulacro que representaba la deidad cuyas respuestas se pedían; la misma deidad: *~ de Delfos; consultar el ~.* 3 Respuesta que da Dios o por sí o por sus ministros. 4 fig. Persona sabia y autorizada cuyo dictamen se considera como indiscutible.
orador, -ra (l. *-atore*) *m. f.* Persona que ejerce la oratoria. En sentido absoluto, el que por su naturaleza y estudio está capacitado para lograr los fines de la oratoria. 2 Persona que pide y ruega. -3 *m.* Predicador.
oraga *f.* Pasto característico de los riscos de la Sierra de Gredos.
oraje (del l. **auraticum,* viento; a través del cat. y fr.) *m.* desus. Tiempo muy crudo de lluvias, nieve, piedra o viento recio. 2 Estado del tiempo, temperatura, etc.
I) oral (l. *orales,* der. de *os, oris,* boca) *adj.* Expresado verbalmente o con la palabra. Opuesto a escrito: *juicio, examen, tradición ~.* 2 ZOOL. Relativo a la boca. V. vía oral.
SIN. *1* **Verbal.**
II) oral *m. Ast.* Viento fresco y suave que sopla en las cuencas de los ríos y en las playas del mar.
III) oral *m. Colomb.* Lugar abundante en oro. 2 *Colomb.* Cantidad de oro.
oralmente *adv. m.* Verbalmente.
-orama (gr. *órama,* lo que se ve, espectáculo) Elemento sufijal que entra en la formación de palabras con el significado de lo que se ve, espectáculo: *panorama.*
oranés, -nesa *adj.-s.* De Orán, c. y prov. de Argelia.
orangután (malayo *orang hutan,* hombre de la naturaleza) *m.* Primate catarrino póngido de las selvas de Borneo y Sumatra, de unos 2 m. de altura, cabeza gruesa, frente estrecha, nariz chata, hocico saliente, piernas cortas y brazos muy largos *(Pongo pygmaeus).*
SIN. **Jocó.**
orante *adj.* Que ora. 2 Que está en actitud de orar, gralte. la figura pintada o esculpida.
orar (l. *orare*) *intr.* Hablar en público: *~ en favor de uno.* 2 Hacer oración a Dios vocal o mentalmente: *~ por los difuntos.* -3 *tr.* inus. Rogar, pedir: *oraba que le permitiera salir.*
orario (l. *-iu* < *ora,* fimbria) *m.* Banda que los romanos se ponían al cuello, y cuyas puntas bajaban por el pecho. Es el origen de la estola. 2 Estola grande y preciosa que usa el Papa. ◇ HOMÓF.: *horario* (m.).
orate (cat. *orat, -ada,* der. del l. *aura,* aire) *com.* Persona que ha perdido el juicio. 2 fig. Persona de poco juicio y prudencia.
SIN. v. **Loco.**
orático, -ca *adj. Amér. Central.* Venático, maniático.
oratoria (l.) *f.* Arte de hablar con elocuencia, empleando el pensamiento y la palabra para la consecución de un fin determinado. Estriba su esencia en la conmoción del ánimo del auditorio por medio de la palabra, ya sea para deleitarle, ya para persuadirle.
SIN. **Elocuencia:** la oratoria, o la elocuencia, romana. REL. **Retórica,** la enseñanza de este arte.
oratoriamente *adv. m.* Con estilo oratorio.
oratoriano *adv.* Relativo a la congregación del Oratorio. **-2** *m.* Presbítero de dicha Congregación.
I) oratorio (l. ecl. *-iu*) *m.* Lugar destinado para orar. 2 En algunas casas particulares, pieza donde por privilegio se celebra la misa. Capilla. 3 Congregación de presbíteros fundada por San Felipe Neri (1515-1595). 4 Composición dramática y musical so-

bre asunto sagrado, que solía cantarse en cuaresma. Hoy día se ejecuta sin acción escénica.

II) oratorio, -ria (l. *-iu*) ***adj.*** Relativo a la oratoria, a la elocuencia o al orador.

Orbaneja ***n. pr.*** Personaje proverbial que simboliza a los malos pintores. Se dice que debajo de un cuadro suyo escribió: *esto es un gallo,* para que no hubiese confusión.

orbe (l.) ***m.*** Redondez o círculo. 2 Esfera celeste o terrestre. 3 Mundo (cosas creadas). 4 Órbita o plano de la órbita de un cuerpo celeste. 5 Pez erizo.

orbícula ***adj.*** Que se halla en todos los lugares del globo.

orbicular (l. *-are*) ***adj.*** Redondo o circular. -2 ***adj.-m.*** ANAT. Músculo doble que determina una abertura en forma de ojal cuya función es la de ocluir la abertura que rodea: *~ de la boca; ~ de los labios; ~ de los párpados.*

orbicularmente ***adv. m.*** De un modo orbicular.

órbita (l.) ***f.*** Curva que describe un astro o un satélite artificial en su movimiento de traslación; ~ ***estacionaria*** o ***geostacionaria,*** la de un satélite artificial cuyo período de rotación coincide con el de la Tierra. 2 fig. Esfera, ámbito, límite; área de influencia: *salirse de la ~ de sus competencias; la ~ económica de Europa.* 3 Cuenca del ojo. 4 FÍS. Trayectoria de una partícula sometida a campos electromagnéticos en un acelerador de partículas. 5 FÍS. Trayectoria de un electrón alrededor del núcleo del átomo. FR. *Estar en ~,* fig., actuar según la moda de cada momento. *Poner en ~,* lanzar al espacio un satélite artificial; fig., dar a conocer a alguien o algo.

orbital ***adj.*** Relativo a la órbita. -2 ***f.*** FÍS. Función de las coordenadas de un electrón, caracterizada por tres números cuánticos.

orbitar ***intr.*** Girar describiendo órbitas. 2 fig. Estar [algo] en relación de dependencia estrecha [con otra cosa].

orbitario, -ria ***adj.*** Orbital.

orca (l. *orca,* del gr. *oryx, -ygos*) ***f.*** Cetáceo odontoceto de unos 10 metros de largo, que vive en los mares del Norte; se alimenta frecuentemente de focas y marsopas *(Orca gladiator).* ◇ HOMÓF.: *horca.*
SIN. **Urca.**

orcaneta (fr. *orcanette;* ant. *arcanne, alchanne,* der. del ár. *hinna,* alheña) ***f.*** Onoquiles. 2 ~ ***amarilla,*** planta borraginácea, muy vellosa, de hojas lanceoladas, flores amarillas, fruto seco y raíz gruesa, de la que se saca una tintura roja *(Onosma echioides).*
SIN. *2* **Onosma.**

orchelliano (de *Orchell,* su inventor) ***adj.*** V. triángulo orchelliano.

orchilla ***f.*** Liquen con ramificaciones aplanadas que penden y son de color gris azulado. De ella se extraía la orcina.

orcina ***f.*** Materia colorante de ciertos líquenes.

I) orco ***m.*** Orca.

II) orco (l. *-cu*) ***m.*** Infierno (lugar y novísimo).

órdago (voz *vasca*) ***m.*** Envite del resto en el juego del mus. 2 fam. ***De ~,*** excelente, de superior calidad.

ordalía (l. med. *-ia* < anglosajón *ordal,* juicio) ***f.*** Prueba que en la Edad Media hacían los acusados y servía para averiguar su culpabilidad o inocencia; como la del duelo, del fuego, del hierro candente, etc.

orden (l. *ordine*) ***m.*** Disposición regular de las cosas entre sí, en el espacio o en el tiempo, según determinado criterio: *los alumnos se sentaban por orden alfabético;* ***en ~,*** ordenadamente u observando el orden; ***por su ~,*** sucesivamente; ~ ***del día,*** indicación de los asuntos que han de ser tratados en una asamblea o corporación. 2 Correspondencia armónica de las partes que constituyen un conjunto organizado: *en esta casa no se guarda ningún ~, todos salen y entran a su antojo.* 3 Normalidad, tranquilidad en un grupo, institución o colectividad: *el gobierno mantiene el ~;* ~ ***público,*** respeto a las leyes, tranquilidad pública. 4 Fila de granos que forman la espiga. 5 En determinadas épocas grupo o categoría social. 6 Disposición y proporción de los cuerpos principales que componen un edificio; en arquitectura clásica, cada uno de los estilos de construcción que se distinguen esp. por las formas, proporciones y ornamentación del pedestal, columna y entablamento: ~ ***dórico,*** el que tiene la columna de unos ocho módulos de altura, el capitel sencillo y el friso adornado con metopas y tríglifos; ~ ***jónico,*** el que tiene la columna de unos nueve módulos de altura, el capitel adornado con grandes volutas y dentículos en la cornisa; ~ ***corintio,*** el que tiene la columna de unos diez módulos de altura, el capitel adornado con hojas de acanto y caulículos, y la cornisa con modillones; ~ ***toscano,*** el derivado del dórico, pero más solido y sencillo que éste; ~ ***compuesto,*** el que en el capitel de sus columnas reúne las volutas del jónico con las dos filas de hojas de acanto del corintio, guarda las proporciones de éste para lo demás y lleva en la cornisa dentículos y modillones sencillos; ~ ***paranínfico,*** el que tiene estatuas de ninfas en lugar de columnas. 7 GEOM. Calificación dada a una línea según el grado de la ecuación que la representa. 8 H. NAT. Grupo de animales o plantas que forman una categoría de clasificación entre la clase o subclase y la familia. 9 LING. Conjunto de fonemas que, en una lengua, poseen el mismo punto de articulación. 10 MIL. Formación de tropas: ~ ***abierto,*** el de la tropa dispersada para ofrecer menor blanco vulnerable y cubrir mayor espacio de terreno; ~ ***cerrado,*** el de la tropa agrupada para ocupar menor espacio; ~ ***de parada,*** el de un batallón, regimiento, etc., en que, colocada la tropa con mucho frente y poco fondo, están las banderas y los oficiales como unos tres pasos más adelantados hacia el frente; ~ ***de batalla,*** el de las tropas o de una escuadra situadas del modo más favorable para poder hacer fuego contra el enemigo o para otros fines; ~ ***de marcha,*** el de los buques de una escuadra colocados para navegar evitando abordajes. 11 ***Adverbio de ~,*** el que expresa relación o respecto a otra cosa: *antes, después, primeramente, sucesivamente, últimamente.* -12 ***f.*** Cuerpo de personas unidas por alguna regla común o por una distinción honorífica; esp., instituto religioso aprobado por el Papa y cuyos individuos viven bajo las reglas establecidas por su fundador, o instituto creado para premiar por medio de condecoraciones a las personas beneméritas: ~ *franciscana;* ~ ***de la Visitación,*** Salesas; ~ *de Carlos III;* ~ ***de Caballería,*** dignidad, título de honor dado antig. a los hombres nobles o a los esforzados y actualmente a los novicios de las órdenes militares cuando se les arma caballeros; cuerpo y sociedad de los caballeros que profesaban las armas; orden militar; ~ ***militar,*** cualquiera de las de caballeros, que son en España las de Santiago, Calatrava, Alcántara y Montesa. 13 Mandato que se debe obedecer como emanado de una autoridad competente: ~ *ministerial;* ***consignar las órdenes,*** MIL., dar al centinela la orden de lo que ha de hacer; ~ ***del día,*** MIL., la dada diariamente a los cuerpos de un ejército o guarnición señalando el servicio que han de prestar las tropas; ***a la ~,*** expr. que denota ser endosable un valor comercial. 14 Pedido. -15 ***amb.*** Sexto de los siete sacramentos de la Iglesia, por el cual son instituidos los sacerdotes y los ministros del culto. 16 Grado del ministerio sacerdotal: ***dar órdenes*** o ***hacer órdenes,*** conferir el obispo las órdenes sagradas a los eclesiásticos; ~ ***mayor*** u ***órdenes mayores,*** grados de subdiácono, diácono y sacerdote; ~ ***menor*** u ***órdenes menores,*** grados de ostiario, lector, exorcista y acólito. 17 TEOL. Coro (angélico).

ordenación (l. *ordinatione*) ***f.*** Disposición, prevención. 2 Acción de ordenar u ordenarse. 3 Efecto de ordenar u ordenarse. 4 Orden (disposición y correspondencia). 5 Orden (mandato). 6 Oficina de cuenta y razón: como la ordenación de pagos en algunos ministerios. 7 Parte de la arquitectura que trata de la capacidad que debe tener cada pieza del edificio, según su destino. 8 PINT. Parte de la composición de un cuadro.

ordenada ***f.*** Coordenada vertical en un plano cartesiano rectangular.

ordenadamente ***adv. m.*** Concertadamente, con método y proporción.

ordenado, -da ***adj.*** [pers.] Que guarda orden y método en sus acciones. -2 ***m.*** Sacerdote ordinario.

ordenador, -ra ***adj.-s.*** Que ordena. -2 ***m.*** Jefe de una ordenación (oficina). 3 Computador electrónico.

ordenamiento ***m.*** Acción de ordenar. 2 Efecto de ordenar. 3 Ley, pragmática u ordenanza que da el superior. 4 Breve código de leyes promulgadas al mismo tiempo, o colección de disposiciones referentes a una materia.

ordenancista ***adj.*** [jefe u oficial] Que cumple y aplica con rigor la ordenanza. 2 p. ext. [superior] Que exige de los subordinados el riguroso cumplimiento de sus deberes.

ordenando ***m.*** El que está para recibir alguna de las órdenes sagradas.

ordenante ***m.*** Ordenando.

ordenanza ***f.*** Método, orden y concierto en las cosas que se ejecutan. 2 Conjunto de preceptos, esp. los hechos para el régimen de los militares y buen gobierno de las tropas, o para el de una ciudad o comunidad: *las ordenanzas municipales, religiosas.* 3 Mandato, disposición, arbitrio y voluntad de uno. -4 ***m.*** Soldado que está a las órdenes de un oficial o de un jefe para los asuntos del servicio. 5 Empleado subalterno en ciertas oficinas.

ordenar (l. *ordinare*) ***tr.*** Poner en orden [una o varias cosas]: ~ *una habitación;* ~ *en filas;* ~ *por materias.* 2 Encaminar y dirigir [una cosa] a un fin: ~ *los esfuerzos a, o para, tal fin.* 3 Mandar [que se haga una cosa]: *le ordené que volviera.* 4 Conferir las órdenes [a uno]: ~ *a uno de sacerdote.* -5 ***prnl.*** Recibir la tonsura, los grados o las órdenes sagradas.
SIN. *3* v. **Mandar,** para la fr. *ordeno y mando.*
ordenata *f. Chile.* DER. Distribución de bienes que hace el árbitro o arbitrador.
ordeña *f. Nicar.* Ordeño.
ordeñadero ***m.*** Receptáculo en que cae la leche cuando se ordeña. 2 Lugar en que se ordeña.
ordeñador, -ra ***adj.-s.*** Que ordeña. -2 ***f.*** Aparato mecánico, que se emplea para extraer la leche de las ubres de la vaca.
ordeñar (l. v. *ordiniare,* arreglar; der. de *ordo*) ***tr.*** Extraer la leche exprimiendo la ubre: ~ *la vaca; leche recién ordeñada.* 2 fig. Coger [la aceituna, la hoja de ciertos árboles, etc.] rodeando el ramo con la mano y haciéndola correr a lo largo del mismo para que las vaya soltando. 3 fig. *y* fam. Obtener todo el provecho posible [de algo o de alguien].
ordeño ***m.*** Acción de ordeñar. 2 Efecto de ordeñar. 3 *A* ~, ordeñando la aceituna.
¡órdiga! (¡la ~!) vulg. Interjección con que se denota sorpresa o admiración.
ordinación *f. Ar.* Ordenanza.
ordinal (l. *-ale*) ***adj.*** Atinente al orden. -2 ***adj.-s.*** GRAM. ***Adjetivo numeral*** ~, el que indica orden de sucesión o colocación: *primero, segundo, tercero,* etc.; **NUMERACIÓN. 3 ***adj.-m.*** MAT. V. número ~.
ordinarez *f. Argent.* y *Ecuad.* Ordinariez.
ordinariamente ***adv. m.*** De modo ordinario.
ordinariez *f.* Falta de urbanidad y cultura.
SIN. **Grosería, plebeyez.**
ordinario, -ria (l. *-iu*) ***adj.*** Común, regular, usual, que sucede habitualmente: ***de*** ~, común y regularmente; con frecuencia; muchas veces. 2 Falto de distinción en su línea. 3 Bajo, vulgar y de poca estimación. 4 Contrapuesto a noble; plebeyo. -5 ***adj.-s.*** Gasto diario y de la comida habitual de una casa. 6 Juez o tribunal de justicia civil, en oposición a los del fuero privilegiado. 7 Obispo que gobierna una diócesis. 8 [correo] Que se despacha por tierra o por mar, para diferenciarlo del aéreo y del certificado. 9 DER. Procedimiento usado en los juicios declarativos. -10 ***m.*** desus. Arriero, carretero, recadero o mensajero que conducía personas o mercancías de un lugar a otro. 11 desus. Persona que desempeñaba comisiones de esta clase viajando en ferrocarril.
ordinativo, -va ***adj.*** Relativo a la ordenación o arreglo de una cosa.
ordinograma ***m.*** Organigrama.
ordo (l.) ***m.*** Libro litúrgico que indica el oficio divino que se ha de decir cada día y la misa que se ha de celebrar.
ordovícico, -ca (de *ordovices,* antiguo pueblo galés.) ***adj.-m.*** Período geológico de la era primaria o paleozoica posterior al cámbrico y anterior al silúrico, y terreno a él correspondiente. -2 ***adj.*** Perteneciente o relativo a dicho período.
ordoviciense ***adj.-m.*** Ordovícico.
orduña ***m.*** Queso de leche de oveja, cuya pasta es firme y de sabor picante, elaborado en la Sierra de Guibijo (Álava).
orea, oréada, -de (gr. *oreiás,* que vive en los montes) ***f.*** FÁB. Ninfa que, según los gentiles, residía en los bosques y montes.
oreana *f.* Aureana.
orear (l. *aura,* aire) ***tr.*** Ventilar o poner al aire [una cosa] para refrescarla, secarla o quitarle el olor: *el viento orea la casa; hemos oreado las pieles; los campos se han oreado.* -2 ***prnl.*** Salir uno a tomar el aire.
SIN. **Avahar;** v. **Airear.**
orégano (l. *origanu;* gr. *origanos*) ***m.*** Hierba labiada, de tallos vellosos, hojas pequeñas, flores purpúreas en espigas y fruto seco globoso; es aromática y sus hojas y flores se usan como condimento *(Origanum vulgare).*
SIN. **Díctamo.**
oreja (v. *aurícula*) ***f.*** Oído (sentido y órgano). 2 Repliegue cutáneo sostenido por una lámina cartilaginosa que en el hombre y en los mamíferos forma la parte externa del oído. 3 fig. Persona aduladora y chismosa. 4 Parte del zapato que, sobresaliendo de un lado y otro, sirve para ajustarlo al empeine del pie, por medio de cintas, botones o hebillas. 5 Cosa más o menos semejante por su forma o posición a las orejas de un animal: *las orejas de un arma, de una herramienta.* 6 Asa de una vasija. 7 Esquina o ángulo saliente de los respaldos de los sillones. 8 ~ ***de abad,*** fruta de sartén. 9 ~ ***de asno,*** hongo de color naranja con el pie blancuzco *(Peziza onotica).* 10 ~ ***de fraile,*** ásaro. 11 ~ ***de gato,*** seta con el sombrero claro y de forma irregular *(Helvella crispa).* 12 ~ ***de Judas,*** hongo en forma de concha de color rojizo *(Auricularia auricula-judae).* 13 ~ ***de liebre,*** hongo de copa irregular y color pardo *(Peziza leporina).* 14 ~ ***de mar,*** molusco de concha aplanada con siete orificios circulares. El interior de la concha está fuertemente nacarado *(Haliotis lamellosa).* 15 Hierba primulácea de jardín, de hojas grandes, carnosas y velludas por el envés, y flores amarillas y olorosas en umbela *(Primula auricula).* 16 Planta perenne de hojas anchas y ovales, y flores de pétalos azules con una mata de pelos anaranjados en la base *(Ramonda miconi).* -17 ***com.*** *Salv.* fig. Espía que oye las conversaciones para transmitirlas a las autoridades gubernativas.
SIN. *2* **Pabellón del oído, aurícula.** FR. *Con las orejas caídas* o *gachas,* con tristeza y sin haber logrado lo que se deseaba. *Apearse por las orejas,* fig., caerse uno de la cabalgadura; responder o decir un disparate o despropósito. *Bajar las orejas,* ceder con humildad en una disputa o réplica. *Calentar a uno las orejas,* reprenderle severamente. *Descubrir o enseñar a uno la* ~, dejar ver su intención o el vicio moral de que adolece. *Mojar la* ~, buscar pendencia, insultar.
orejano, -na (ant. *orellano,* der. de *orilla;* alterado por influjo de *oreja*) ***adj.-s.*** [res] Que no tiene marca. 2 *Amér.* [animal] Arisco; [pers.] huraño. 3 *Pan.* [pers.] De campo, por contraste con el de ciudad. 4 *Venez.* Cauto, prevenido, orejeado.
orejar ***tr.*** *Amér.* Escuchar [algo] con disimulo. -2 ***intr.*** *Cuba.* Desconfiar [de alguien]. 3 *Urug.* Venir con chismes [a alguien].
orejeado, -da ***adj.*** Que está prevenido o avisado para que cuando otro le hable pueda responderle o no crea lo que oiga. -2 ***f.*** *Guat.* y *Hond.* Tirón de orejas.
orejear ***intr.*** Mover las orejas un animal. 2 fig. Hacer algo de mala gana y con violencia. 3 Orejar. 4 *Argent., Guat.* y *Hond.* Dar tirones de oreja. 5 *Argent.* Ir descubriendo el jugador las pintas del naipe que le ha tocado en la distribución. 6 *Méj.* y *P. Rico.* Desconfiar, temer.
orejera *f.* Pieza de la gorra o montera que cubre las orejas y se ata debajo de la barba. 2 Pieza de acero que a uno y otro lado tenían ciertos cascos antiguos para defender las orejas. 3 Pieza que el arado común lleva introducida oblicuamente a ambos lados del dental para ensanchar el surco. 4 Rodaja que usaban los indios a modo de pendiente.
orejero, -ra ***adj.*** TAUROM. [par de banderillas] Muy delantero, que queda prendido cerca de las orejas del toro. 2 [bestia] Que empina las orejas. 3 *Amér.* Receloso, orejeado. 4 *Colomb.* Malicioso. 5 *Argent.* Chismoso. -6 ***m.*** *Argent.* Entre campesinos, hombre de confianza del patrón. 7 *Argent.* Buey que en la yunta del arado se guía por medio de una rienda que lleva atada a la derecha.
orejeta *f.* Buñuelo pequeño, perfumado con ron y azahar.
orejialto, -ta (de *oreja + alto*) ***adj.*** [anim.] Que tiene las orejas levantadas, en alto ante algo que le produce extrañeza. 2 fig. [pers.] Que prevé algún riesgo o barrunta alguna cosa desagradable.
orejisano, -na (de *oreja + sano*) ***adj.*** [res] Que carece de marca en las orejas y, p. ext., que no la tiene en ninguna parte del cuerpo.
orejitieso, -sa ***adj.*** *La Mancha.* Orejialto.
I) orejón (de *oreja*) ***m.*** Pedazo de melocotón o de otra fruta, secado al aire y al sol: *confitura de orejones.* 2 Tirón de orejas. 3 Entre los ant. peruanos, persona noble que llevaba horadadas las orejas y podía aspirar a los primeros puestos del imperio. 4 Cuerpo que sale del flanco de un baluarte cuyo frente se ha prolongado. 5 *Extr.* Grano que sale a los niños detrás de las orejas.
II) orejón, -jona ***m. f.*** Nombre que se dio a varias tribus indias de América. -2 ***m.*** *Colomb.* Bocio, papera. 3 *Méj.* Marido consentidor de su mujer. -4 ***adj.-s.*** *Colomb.* Sabanero de Bogotá. -5 ***adj.*** *Amér.* Orejudo. 6 *Amér.* Zafio, tosco, tonto. 7 *Perú.* [pers.] Que no presta suficiente atención a lo que se le ordena o recomienda.
orejonas ***f. pl.*** *Colomb.* y *Venez.* Espuelas muy grandes.
orejudo, -da ***adj.*** Que tiene orejas grandes o largas. -2 ***m.*** ZOOL. Especie de murciélago de grandes orejas *(Plecotus auritus).*
orejuela *f.* Dim. de *oreja.* 2 Asa pequeña de algunas escudillas, bandejas, etc. 3 *C. Rica.* Hojuela.
oremus ***m.*** Palabra del sacerdote en la misa, con la que invita a los fieles a rezar con él. 2 ***Perder el*** ~, trascordarse, perder el hilo del discurso, la serenidad o el dominio de sí mismo.

orenga *f.* Varenga. 2 Cuaderna (pieza de buque).
orensano, -na *adj.-s.* De Orense, c. de Galicia.
SIN. **Auriense.**
orense *adj.-s.* De El Oro, prov. del Ecuador.
oreo (de *orear*) *m.* Soplo del aire que da suavemente en una cosa. 2 Ventilación.
oreoselino (l. *-nu*) *m.* Hierba umbelífera de tallo estriado, hojas grandes y anchas, divididas en gajos, y flores pequeñas y blanquecinas *(Peucedanum oreoselinum).*
SIN. **Perejil de monte.**
Orestes *n. pr.* MIT. Hijo de Agamenón y Clitemnestra, el cual, ayudado por su hermana Electra, vengó la muerte de su padre matando a su madre y a Egisto.
oretano, -na *adj.-s.* De Oretania, reg. de la España Tarraconense que ocupaba la actual prov. de Ciudad Real, c. cerca de Gramátula, capital de la Oretania.
orete *m. La Mancha* y *Murc.* Lugar junto al fuego donde se colocan los pucheros para que su contenido se caliente lentamente.
-orexia (gr. *oréxis,* apetito) Elemento sufijal que entra en la formación de palabras con el significado de apetito: *anorexia.*
orfanato *m.* Asilo de huérfanos. ◇ GALIC.: *orfelinato.*
orfandad (l. *horphanitate*) *f.* Estado en que quedan los hijos por la muerte de sus padres o de uno de los dos. 2 Pensión que disfrutan algunos huérfanos. 3 fig. Falta de ayuda o favor en que se encuentra una persona o cosa.
orfebre (fr. *orfèvre* < l. *auri fabru*) *com.* Artífice que trabaja en orfebrería. 2 Persona que vende objetos de orfebrería. 3 *Colomb.* Persona que labra objetos artísticos de cobre u otros metales.
orfebrería *f.* Obra o bordadura de oro o plata. 2 Oficio de orfebre.
orfelinato *m.* GALIC. Orfanato.
Orfeo *n. pr.* MIT. Poeta y músico tracio, cuyo canto amansaba a los animales y atraía los árboles y las rocas. Cuando murió su esposa Eurídice, Orfeo bajó al Hades y de tal manera agradó a Plutón con su música, que permitió que Eurídice volviese a la tierra con él, a condición de que no la mirase hasta haber traspasado los límites de las regiones infernales; él la miró, y su esposa desapareció entre las sombras.
orfeón (fr. *orpheon,* der. de *Orfeo,* personaje mitológico) *m.* Sociedad de canto coral.
orfeonista *com.* Individuo de un orfeón.
órfico, -ca *adj.* Perteneciente o relativo a Orfeo. 2 Perteneciente o relativo al orfismo. 3 lit. Capaz de conmover los sentidos o la naturaleza.
orfismo *m.* Doctrina mistérica de la antigua Grecia, cuya fundación se atribuía a Orfeo.
orfo (l. *orphus;* gr. *órphos*) *m.* Variedad de besugo, de color rubio, ojos grandes y dientes como de sierra *(gén. Pagellus).*
organdí (fr. *organdi,* de orig. desconocido) *m.* Muselina blanca, que ha recibido un apresto, muy fina y transparente. ◇ Pl.: *organdíes.*
organero *m.* El que tiene por oficio fabricar y componer órganos.
organicismo *m.* Doctrina médica que atribuye todas las enfermedades a lesión material de un órgano. 2 Movimiento de la arquitectura contemporánea basado en el predominio de las estructuras. 3 Doctrina filosófica basada en la analogía entre el mundo físico y humano y los seres vivientes.
organicista *adj.-com.* Que sigue la doctrina del organismo.
orgánico, -ca (l. *-cu*) *adj.* Que es un ser viviente. 2 Relativo a los órganos, al organismo o a los seres vivientes: *materia orgánica; estructura orgánica; restos orgánicos.* 3 Relativo a un gran número de substancias existentes en los seres vivientes, cuyo componente constante es el carbono, y a la parte de la química que estudia estas substancias. 4 Que tiene armonía y consonancia. 5 fig. Que atañe a la constitución de corporaciones o entidades colectivas, o a sus funciones o ejercicios.
SIN. *1* **Organización.** REL. *3* v. **Química.**
organigrama (de *organizar* + *-grama*) *m.* Esquema gráfico, cuadro sinóptico, de la organización de una empresa, organismo, etc. 2 p. ext. Representación gráfica de los subconjuntos de un sistema y de sus relaciones mutuas. 3 INFORM. Esquema gráfico que representa la secuencia de las operaciones de cálculo de una computadora electrónica.
organillero, -ra *m. f.* Persona que toca el organillo.
organillo *m.* Órgano pequeño o piano portátil que se hace sonar por medio de un cilindro con púas, movido por un manubrio.
SIN. **Órgano, piano de manubrio.**
organismo (ingl. *organism*) *m.* Conjunto de los órganos que constituyen un ser viviente. 2 Ser viviente. 3 fig. Conjunto de leyes, usos y costumbres por que se rige un cuerpo o institución social. 4 fig. Conjunto de oficinas, dependencias o empleos que forman un cuerpo o institución.
organista *com.* Músico que toca el órgano.
organización *f.* Acción de organizar u organizarse. 2 Efecto de organizar u organizarse. 3 Disposición de los órganos de la vida, o manera de estar organizado el cuerpo animal o vegetal. 4 fig. Disposición, arreglo, orden. 5 fig. Organismo, asociación, agrupación: *~ de Estados Americanos; ~ Nacional de Ciegos Españoles.*
organizacional *adj.* Concerniente a la organización.
organizado, -da *adj.* Orgánico (ser viviente). 2 Provisto de órganos; que tiene el carácter de un organismo. 3 ***Materia organizada,*** materia orgánica.
organizador, -ra *adj.* Que organiza.
organizar *intr.* Disponer el órgano para que esté acorde y templado. -2 *tr.* fig. Establecer o reformar [algo], sujetando a reglas el número, orden, armonía y dependencia de sus partes. 3 fig. Preparar [algo]. -4 ***prnl.*** Tomar una forma regular. 5 *Venez.* Enriquecerse de pronto. ◇ ** CONJUG. [4] como ***realizar.***
SIN. *2* **Reorganizar,** si se trata de reformar la organización existente.
organizativo, -va *adj.* Que organiza o tiene capacidad para organizar.
organo- (de *órgano*) Elemento prefijal que entra en la formación de palabras denotando relación con los órganos o con algún órgano: *organogénico, organografía.*
órgano (l. *-nu* < gr. *órganon*) *m.* Instrumento músico de viento, compuesto de muchos tubos donde se produce el sonido mediante el aire impelido mecánicamente por un fuelle. Tiene uno o varios teclados, así como registros para modificar el timbre de las voces. 2 *~ **de manubrio,*** organillo. 3 Conjunto de unidades funcionales de un organismo multicelular, iguales o diferentes, que constituyen una unidad estructural y realizan una función localizada. 4 fig. Persona o cosa que sirve para la ejecución de un acto o un designio. 5 fig. Periódico portavoz de un partido, agrupación, etc.: *~ del partido liberal; ~ de Acción Católica.* 6 fig. Medio o conducto que pone en comunicación dos cosas. 7 MEC. Aparato elemental o dispositivo que en las máquinas sirve para mandar un movimiento, transmitirlo o guiarlo.
organofisia (*organo-* + *-fisia*) *f.* Ciencia fisiológica que determina la naturaleza de las funciones orgánicas.
organogénesis (*organo-* + *-génesis*) *f.* BIOL. Formación de los órganos de un ser vivo en desarrollo. ◇ Pl.: *organogénesis.*
organogenia (*organo-* + gr. *-genia*) *f.* Estudio de la formación y desarrollo de los órganos.
organogénico, -ca *adj.* Relativo a la organogénesis.
organografía (*organo-* + *-grafía*) *f.* Parte de la zoología y de la botánica que tiene por objeto la descripción de los órganos de los animales o vegetales.
organográfico, -ca *adj.* Relativo a la organografía.
organograma (*organo-* + *-grama*) *m.* BIOL. Esquema gráfico de un órgano o sistema anatómico animal o vegetal.
organoléptico, -ca (*organo-* + gr. *leptós,* que no tiene final) *adj.* Que produce una impresión sensorial. Ús. en MINERAL. para designar en conjunto los caracteres que se perciben con los sentidos (untuosidad, aspereza, sabor, brillo, etc.) a diferencia de los caracteres químicos, microscópicos, etc.
organología (*organo-* + *-logía*) *f.* Estudio de los órganos de los animales y las plantas.
órganon (gr. *órganon,* instrumento) *m.* Conjunto de libros lógicos de Aristóteles (384-322 a. C.). 2 Tratado de lógica.
organonimia (*organo-* + *-onimia*) *f.* Nomenclatura de los órganos de los seres vivientes.
orgánulo *m.* BIOL. Estructura o parte de una célula que en ésta cumple la función de un órgano.
orgasmo (gr. *-ós*) *m.* Eretismo. 2 Satisfacción final en la excitación sexual.
orgía, -gia (fr. *orgie,* der. del gr. *orgia,* fiestas de Baco; pl.: de *orgion,* misterio religioso) *f.* Festín en que se come y bebe inmoderadamente, y se cometen otros excesos. 2 fig. Desenfreno en la satisfacción de apetitos o pasiones.
GRAM. La Academia admite las dos acentuaciones: *orgia* es la más clásica y correcta; *orgía* se ha generalizado modernamente. SIN. **Saturnal,** intensivo.
orgíaco, -ca *adj.* Orgiástico.
orgiástico, -ca *adj.* Relativo a la orgía.
orgivense *adj. s.* De Órgiva (Granada).

orgullo (fráncico *urgoli;* a través del cat. *orgull*) *m.* Exceso de estimación de sí mismo y de los propios méritos, por la cual se cree uno superior a los demás. 2 Sentimiento legítimo de la propia estimación, nacido de causas nobles y virtuosas.
SIN. v. **Soberbia.**

orgullosamente *adv. m.* Con orgullo.

orgulloso, -sa *adj.-s.* Que tiene orgullo.

ori ant. *y* germ. Interjección ¡Hola! 2 *m.* En Madrid y otras partes, juego del escondite: *los niños jugaban a ~.*

-oria, v. -orio.

oribe *m.* Orífice. 2 *Extr.* Conjunto de alhajas de oro.

oribí *m.* Antílope pequeño con pelaje rojizo y vientre blanco, que posee un mechón de pelos largos en las rodillas *(Ourebia ourebi).*

oricio *m. Extr.* Erizo.

orientable *adj.* Que se puede orientar. 2 Que puede adoptar varias posiciones.

orientación *f.* Acción de orientar u orientarse. 2 Efecto de orientar u orientarse.

orientador, -ra *adj.* Que orienta. -2 *m. f.* Consejero de orientación pedagógica o profesional.

oriental *adj.-s.* De Oriente. 2 De Morona-Santiago, Zamora-Chinchipe, Napo y Pastaza, provincia del Ecuador. 3 De Oriente, prov. de Cuba. 4 Uruguayo. -5 *adj.* Que orienta. 6 [planeta] Que sale por la mañana antes de nacer el Sol por el oriente. -7 *m.* Composición poética inspirada en temas exóticos árabes, hindúes, persas, etc., que estuvo en auge en el romanticismo.

orientalismo *m.* Conocimiento de la civilización y costumbres de los pueblos orientales. 2 Predilección por las cosas de Oriente. 3 Carácter oriental.

orientalista *com.* Persona que cultiva las lenguas, literaturas, historia, etc., de los países de Oriente.

orientar (de *oriente*) *tr.* Colocar [una cosa] en posición determinada respecto a los puntos cardinales. Aplícase esp. a la construcción de templos. 2 Determinar la posición de [una cosa] respecto de los puntos cardinales. 3 esp. Señalar [en un mapa o plano] la dirección septentrional para situar todos los puntos del mismo. 4 MAR. Disponer [las velas de un buque] de manera que reciban el viento de lleno. 5 Informar [a uno] de lo que ignora acerca de un negocio, estudio, etc., para que sepa manejarse en él. 6 fig. Dirigir o encaminar [una cosa] hacia un fin determinado.

oriente (l.) *m.* Punto cardinal del horizonte por donde nace el Sol en los equinoccios. 2 Lugar de la Tierra o de la esfera celeste que, respecto de otro con el cual se compara, cae hacia donde sale el Sol. 3 Asia y las regs. inmediatas a ella de Europa y África. 4 Viento que sopla de la parte de Oriente. 5 Brillo especial de las perlas. 6 desus. Nacimiento de una cosa. 7 fig. *y* p. us. Mocedad o edad temprana del hombre. 8 ASTROL. Horóscopo o casa primera del tema celeste.
SIN. *1* y *4* **Este, leste** (Mar.), **levante; naciente, saliente.** REL. *3* Desde el punto de vista europeo se llama *Próximo* o *Cercano ~*, hasta el Éufrates y el Tigris; *~ Medio*, hasta el Ganges, y *Extremo ~*, China, Indochina y Japón. *4* **Solano, subsolano, levante.**

orificación *f.* Acción de orificar. 2 Efecto de orificar.

orificador *m.* Instrumento que sirve para orificar.

orificar (l. *auru*, oro + *-ificar) tr.* Rellenar con oro la picadura de una muela o de un diente. ◇ ** CONJUG. [1] como *sacar.*

orífice (l. *aurifice*) *m.* Artífice que trabaja en oro.
SIN. **Oribe.**

orificio (l. *-iu*) *m.* Boca o agujero. 2 ANAT. Abertura de ciertos conductos o cavidades.

oriflama (fr. *oriflamme*) *f.* Estandarte de la abadía de San Dionisio, que usaban los ant. reyes de Francia. 2 p. ext. Estandarte o bandera.

orifrés (prov. ant. *aurfres* a base del l. *aurum* y un segundo elemento incierto) *m.* Galón de oro o plata.

origen (l. *origine*) *m.* Aquello de que una cosa procede o arranca; momento de su nacimiento. 2 País donde uno ha nacido o tuvo principio la familia, o de donde una cosa proviene. 3 Ascendencia o familia. 4 GEOM. ~ ***de las coordenadas,*** punto de intersección de los ejes coordenados. 5 fig. Principio, motivo o causa moral de una cosa.

origenismo *m.* Conjunto de las doctrinas heréticas atribuidas a Orígenes (185-254). 2 Secta que las profesaba.

origenista *adj.-com.* Partidario del origenismo. -2 *adj.* Relativo a esta secta.

original (l. *-ale*) *adj.* Que se remonta al origen, relativo a él: *pecado ~.* 2 [lengua] En que se ha escrito una obra, en oposición al idioma a que se ha traducido. 3 Que no es copiado ni imitado, sino fruto de la creación espontánea y se distingue por su novedad, en letras y artes. 4 Que sabe dar a sus obras este carácter de novedad. -5 *adj.-s.* Obra producida directamente por su autor sin ser copia, traducción o imitación de otra. 6 Singular, extraño, contrario a lo acostumbrado, general o común: *muchacha, indumentaria, capricho ~.* -7 *m.* Manuscrito o impreso que se da a la imprenta para que con arreglo a él se haga la impresión o reimpresión de una obra. 8 Escrito que se copia. 9 Persona retratada, respecto del retrato.

originalidad *f.* Calidad de original.

originalmente *adv. m.* De un modo original. 2 En su original, o según el original. 3 Por su principio, desde su nacimiento u origen.

originar (de *origen*) *tr.* Ser o dar origen o principio [a una cosa]. -2 *prnl.* Traer una cosa su origen o principio de otra.
SIN. **Causar.** *2* **Provenir, proceder.**

originariamente *adv. m.* Por origen y procedencia; originalmente.

originario, -ria *adj.* Que da origen a una persona o cosa: *manantial ~ de un río.* 2 Que trae su origen de algún lugar, persona o cosa: *una familia originaria de Asturias.*
SIN. *2* **Primigenio,** significa en gral. relativo al origen: *formaciones geológicas primigenias de una región* (u *originarias*). *2* **Oriundo.**

orijosco *m. Extr.* Crepúsculo, principalmente vespertino, muy avanzado.

I) orilla (l. *ora,* borde, término) *f.* Parte extrema de una extensión superficial, que toca una de las líneas que la limitan. 2 Extremo o remate de una tela o vestido. 3 Parte de tierra más próxima al mar, o a un lago, río, etc. 4 Senda que en las calles se toma para poder andar por ella arrimado a las casas. 5 fig. Límite, término o fin de una cosa inmaterial. -6 *f. pl. La Mancha, Argent.* y *Méj.* Arrabales.
FRS. *A la ~*, cercanamente o con inmediación; fig. *salir uno a la ~*, haber vencido con trabajo las dificultades o riesgos de un negocio. SIN. **Vera,** esp. en las aceps. 3, 4 y 5. Hoy desus. en 1 y 2.

II) orilla (l. *aura,* aura) *f.* Vientecillo fresco. 2 *Murc.* Temperatura, oraje.

orillar *tr.* Dejar orillas [al paño o a otra tela]. 2 Guarnecer la orilla [de una tela o ropa]. 3 fig. Concluir, arreglar, desenredar un asunto. -4 *intr.-prnl.* Llegarse o arrimarse a las orillas.

orilleo *m. Chile.* Terreno de poca extensión a la orilla de un cerro, bosque, laguna, etc.

orillero, -ra *adj.* [pers.] Que caza junto a los límites exteriores de un coto. 2 *Amér.* Arrabalero. 3 *P. Rico.* Lo que está en la orilla.

orillo *m.* Orilla del paño, hecha gralte. de la lana más basta y de uno o más colores.
SIN. **Hirma, vendo.**

I) orín (l. v. *aurigine;* por l. *œrugine*) *m.* Óxido rojizo que se forma en la superficie del hierro.
SIN. **Herrín, herrumbre, robín, rubín; azafrán de Marte,** FARM. ant.

II) orín *m.* Orina: *analizar los orines.*

orina (l. *urina*) *f.* Secreción líquida de los riñones, conducida a la vejiga por los uréteres y expelida por la uretra. ◇ Pl.: *orines.*
SIN. **Meados,** vulg.; **aguas** o **aguas menores,** eufem.; **pipí,** entre niños. REL. **-uria, uro-,** para voces cultas y tecn.

orinal *m.* Recipiente de loza, metal, plástico, etc., para recoger la orina y las evacuaciones del vientre. 2 fig. ~ ***del cielo,*** paraje donde llueve mucho.

orinar *intr.-prnl.* Expeler la orina. -2 *tr.* Expeler por la uretra [algún otro líquido].
SIN. **Mear,** vulg.; **hacer pipí,** en el habla infantil.

oriniento, -ta *adj.* Tomado de orín o moho. 2 fig. Entorpecido por no usarse.

orinque (fr. *orín*) *m.* Cabo que une y sujeta una boya a un ancla fondeada.

-orio, -oria, sufijo que entra en la formación de voces latinas y castellanas, derivadas de verbos, con significación activa o denotando el resultado de la acción: *censorio, mortuorio, dimisorias, decisorio, casorio, holgorio. Requilorio* por *requirorio,* de *requerir.*

oriol (l. *aureolu,* de color de oro) *m.* Oropéndola.

oriolano, -na *adj.-s.* De Orihuela, c. de Alicante.

Orión *n. pr.* Constelación ecuatorial situada entre Unicornio y Tauro, de la cual forman parte las estrellas Beteigeuze y Rigel.

orión *m.* Fibra textil sintética.

Oriónidas *n. pr. pl.* ASTRON. Estrellas fugaces, cuyo punto radiante está en la constelación de Orión.

oripié *m. And.* y *Murc.* Pie o falda del monte.
oriundez *f.* Origen, procedencia, ascendencia.
oriundo, -da (l. *-du*) *adj.* Originario (que trae su origen).
orive *m.* Orífice.
oriya *adj.-m.* Lengua perteneciente al grupo indoario, procedente del magadhi, hablada principalmente en el noreste de la India.
orla (l. *orula* < *ora,* borde) *f.* Orilla de telas, vestidos u otras cosas, con algún adorno que las distingue. 2 Adorno en torno de lo escrito o impreso o de un retrato, viñeta, cifra, etc. 3 Lámina de cartulina, papel, etc., en que se agrupan los retratos de los condiscípulos de una promoción escolar o profesional, junto con los de sus profesores, cuando aquellos terminan sus estudios u obtienen el título correspondiente. 4 BLAS. Pieza hecha en forma de filete y puesta dentro del escudo.
orlador, -ra *adj.-s.* Que tiene por oficio hacer orlas.
orladura *f.* Juego y adorno de toda la orla. 2 Orla (orilla).
Orlando *n. pr.* Nombre italiano de Roldán.
orlar *tr.* Adornar [un vestido, tela, etc.] con guarniciones al canto. 2 BLAS. Poner la orla [en el escudo].
orleanista *adj.-com.* [pers.] Partidario de la casa de Orléans. -2 *adj.* Relativo a esta casa.
I) orlo (quizá al. *horn,* cuerno) *m.* Oboe rústico, de boca ancha y encorvada. Su sonido es intenso y monótono. 2 Registro del órgano que imita el sonido del orlo.
II) orlo (de *orla*) *m.* Plinto.
ormesí (voz oriental) *m.* Tela fuerte de seda, que hace visos y aguas. ◇ Pl.: *ormesíes.*
ormino (l. *horminu;* gr. *hórminon*) *m.* Gallocresta (planta labiada).
ornadamente *adv. m.* Con ornato y compostura.
ornamentación *f.* Acción de ornamentar. 2 Efecto de ornamentar.
ornamental *adj.* Relativo a la ornamentación o adorno.
ornamentar *tr.* Adornar (engalanar).
ornamento (l. *-tu*) *m.* Adorno, compostura, atavío. 2 fig. Calidades y prendas morales del sujeto. 3 ARQ. y ESC. Conjunto de piezas que acompañan a las obras principales. -4 *m. pl.* Vestiduras sagradas y adornos del altar.
ornar (l. *-are*) *tr.-prnl.* Adornar.
ornato (l. *-tu*) *m.* Adorno, atavío, aparato.
ornear *intr. Gal.* y *León.* Rebuznar el asno.
ornito- (gr. *ornis, -ithos,* pájaro) Elemento prefijal que entra en la formación de palabras con el significado de pájaro.
ornitodelfo, -fa (*ornito-* + *-adelfo*) *adj.-m.* Monotrema.
ornitofilia (*ornito-* + *-filia* I) *f.* Polinización por las aves.
ornitofobia (*ornito-* + *-fobia*) *f.* Temor morboso a los pájaros.
ornitógala *f.* Planta liliácea (gén. *Ornithogalum).*
ornitología (*ornito-* + *-logía*) *f.* Parte de la zoología que estudia las aves.
ornitológico, -ca *adj.* Relativo a la ornitología.
ornitólogo, -ga *m. f.* Especialista en ornitología.
ornitomancia, -mancía (*ornito-* + *-mancia*) *f.* Adivinación supersticiosa por el vuelo y canto de las aves.
REL. **Augurio, agüero,** predicción que se establece con ella; **adivinar.**
ornitóptero (*ornito-* + *-ptero*) *m.* Avión que se sostiene y avanza gracias a que sus alas ejecutan movimientos parecidos a los de las aves.
ornitorrinco *m.* Mamífero monotrema originario de Australia, del tamaño de un conejo, de cabeza redonda, mandíbulas ensanchadas y cubiertas por una lámina córnea, pies palmeados y cuerpo y cola cubiertos de pelo gris, muy fino *(Ornithorhynchus anatinus).*
ornitosis *f.* Enfermedad infecciosa que afecta a las aves y que puede transmitirse al hombre y dar lugar a una infección aguda del pulmón. ◇ Pl.: *ornitosis.*
ornituras *adj.-f.* Ave del grupo de las ornituras. -2 *f. pl.* Antiguo grupo de aves donde se agrupan todas las especies actuales y algunas formas extinguidas.
orno *m.* Fresno del maná. ◇ HOMÓF.: *horno.*
oro (l. *auru*) *m.* Metal amarillo, el más dúctil y maleable de todos, muy pesado, sólo atacable por el cloro y el bromo y el agua regia. Su símbolo es *Au*, su peso atómico 197'2 y su número atómico 79: ~ ***batido,*** el reducido a hojas sutilísimas, que sirve para dorar; ~ ***coronario*** u ***obrizo,*** el que es muy fino y subido de quilates; ~ ***de copela,*** el obtenido por copelación; ~ ***de tibar,*** el muy acendrado; ~ ***en polvo,*** el que se halla naturalmente en arenillas; ~ ***mate,*** el que no está bruñido; ~ ***molido,*** el que resulta de disolver el metal en agua regia y empapar en el líquido obtenido trapos de hilo, que después se queman para recoger las cenizas, donde se encuentra el oro en polvo; ~ ***nativo,*** el que se encuentra casi puro en algunos terrenos; ~ ***negro,*** fig., petróleo. 2 Substancia en que entra el oro o que se le asemeja: ~ ***fulminante,*** el precipitado de hidróxido o el cloruro áuricos por la acción del amoníaco, y que, por frotamiento o percusión, causa una explosión más fuerte que la de la pólvora; ~ ***musivo,*** bisulfuro de estaño, de color de oro, que se emplea para pintura y para otros usos; ~ ***verde,*** electro (aleación). 3 Moneda o monedas de oro. 4 Joyas y otros adornos mujeriles de oro. 5 fig. Caudal, riquezas. 6 fig. Cosa excelente en su línea. 7 fig. Cosa de mucho valor: *conseguir un triunfo de* ~. 8 BLAS. Uno de los dos metales heráldicos; se expresa en pintura por el color dorado o el amarillo y en el grabado por el puntillado menudo sobre el blanco o sobre el fondo del dibujo. -9 *adj.-m.* Color amarillo como el del metal de su nombre. -10 *adj.* De color oro. -11 *m. pl.* Palo de la baraja española, en cuyos naipes se representan monedas de oro.
REL. *1* **Dorar,** cubrir de oro o de su color; gran número de compuestos y derivados usuales se forman sobre el l. *auru,* como *áureo, aurífero, aurívoro.* Unos pocos tecnicismos provienen del gr. *chrysós,* como *Crisopeya,* parte de la ant. Alquimia dedicada a la obtención del oro; la materia básica que para ello buscaban era la *piedra filosofal.*
oro- (gr. *oros*) Elemento prefijal que entra en la formación de palabras con el significado de montaña: *orografía.*
orobanca (gr. *orobanche;* compuesto de *orobos,* hierba + *ancho,* ahogar) *f.* Planta orobancácea que vive parásita sobre las raíces de algunas legumbres *(Orobanche crenata).*
SIN. **Hierba tora.**
orobancáceo, -a *adj.-f.* Planta de la familia de las orobancáceas. -2 *f. pl.* Familia de plantas dicotiledóneas herbáceas que viven adheridas a las raíces de otras plantas, con escamas en lugar de hojas y fruto capsular con multitud de semillas menudas; como la orobanca.
orobias (l. < gr. *árobos,* algarrobo) *m.* Incienso en granos menudos. ◇ Pl.: *orobias.*
orogénesis (*oro-* + *-génesis*) *f.* Formación de las montañas. 2 Plegamiento. ◇ Pl.: *orogénesis.*
orogenia (*oro-* + *-genia*) *f.* Parte de la geología que estudia la formación de las montañas.
orogénico, -ca *adj.* Relativo a la orogenia.
orografía (*oro-* + *-grafía*) *f.* Parte de la geografía física que trata de las montañas. 2 Conjunto de montes de una comarca, región, país, etc.
orográfico, -ca *adj.* Relativo a la orografía.
orón *m.* Serón grande y redondo.
orondo, -da (l. **aurundu* < *aura,* aire) *adj.* [vasija] De mucha concavidad. 2 fam. Hueco, esponjado. 3 fig. Lleno de presunción. 4 *Argent.* Sereno. ◇ También *horondo.*
oronimia (*oro-* + *-onimia*) *f.* Parte de la toponimia que estudia el origen y significación de los nombres de cordilleras, montañas, etc.
oronímico, -ca *adj.* Relativo a la oronimia.
orónimo (*oro-* + *-ónimo*) *m.* Nombre de cordillera, montaña, colina, etc.
oronja *f.* Hongo agaricáceo considerado por algunos como la seta más exquisita. Cuando jóvenes parecen un huevo totalmente encerrado en la volva, y al desgarrarse ésta sale la seta de sombrerillo rojo anaranjado; el pie y las laminillas son amarillentas, siempre de un tono más bajo que el sombrerillo *(Amanita caesarea).*
oropel (fr. ant. *oripel,* del l. *aurea pelle,* hoja de oro) *m.* Lámina de latón, muy batida y adelgazada, que imita al oro. 2 fig. Cosa de poco valor y mucha apariencia. 3 fig. Adorno o requisito de una persona.
SIN. *2* **Relumbro, relumbrón.**
oropelero *m.* El que tiene por oficio fabricar o vender oropel.
oropéndola (de *oro* + *péndola,* pluma) *f.* Ave paseriforme de plumaje amarillo, con las alas, la cola y las patas negras, y el pico blanco o negro; se alimenta de insectos y frutas, y hace el nido colgándolo de las ramas horizontales de los árboles *(Oriolus oriolus).*
SIN. **Lútea, oriol, papafigo, vireo, virio.**
oropesa *m.* Queso de leche de oveja cuya pasta es firme, dura y compacta, elaborado en la región de Oropesa (Toledo).
oropiente (l. *auripigmentu*) *m.* Trisulfuro nativo de arsénico, de color de limón, textura laminar o fibrosa y brillo anacarado; es venenoso y se emplea en pintura, tintorería y pirotecnia.

oroya (quechua *urúya*) *f.* Cesta o cajón del andarivel.
orozuz (ár. *orocçuç*, raíces de regaliz) *m.* Regaliz.
orquesta (l. y gr. *orchestra*) *f.* Conjunto de músicos y de las varias clases de instrumentos que intervienen en la interpretación de una obra instrumental o acompañan la música religiosa, la coral y la escénica. 2 En los teatros, lugar destinado para los músicos, y comprendido entre la escena y las butacas. 3 En el teatro griego, lugar donde el coro efectuaba sus evoluciones; en el teatro romano, lugar destinado a los senadores.
orquestación *f.* Acción de orquestar. 2 Efecto de orquestar.
orquestal *adj.* Relativo a la orquesta.
orquestar *tr.* Instrumentar [música] para orquesta. 2 Organizar, dirigir [un estado de opinión, una manifestación, etc.].
orquestina *f.* Orquesta reducida, formada por instrumentos variados, que gralte. ejecuta música de baile.
orqui-, v. orquio-.
orquidáceo, -a (v. *orquio-*) *adj.-f.* Planta de la familia de las orquidáceas. -2 *f. pl.* Familia de plantas monocotiledóneas, herbáceas, de flores cigomorfas, cuyo eje floral sufre una torsión de 180°, de tal modo que la parte superior de la flor viene a ocupar la posición inferior o viceversa; como la orquídea.
orquidal *adj.-f.* Planta del orden de las orquidales. -2 *f. pl.* Orden de plantas herbáceas terrestres, epífitas o saprófitas, de hojas simples y flores vistosas; como las orquidáceas.
orquídea (l. *orchis;* v. *orquio-*) *f.* Planta orquidácea de flores muy vistosas blancas, rosas o violáceas *(gén. Orchis).* 2 Flor de una planta orquidácea.
orquio-, orqui- (gr. *orchis,* testículo) Elemento prefijal que entra en la formación de palabras con el significado de testículo.
orquitis (*orqui-* + *-itis*) *f.* Inflamación del testículo. ◇ Pl.: *orquitis.*
-orra, v. -orro.
-orral, v. -al.
orre (en ~) *loc. adv.* A granel.
-orrio, v. -rro, -rra.
-orritín, v. -in.
-orro, -orra, v. -rro, -rra.
-orrón, v. -ón.
orsay (del ing. *offside*) *m.* DEP. Fuera de juego.
orsiano, -na *adj.* Dorsiano.
ort-, v. orto-.
ortega (l. y gr. *ortyx*) *f.* Ave columbiforme, poco mayor que la perdiz, de alas cortas, plumaje rojizo ceniciento en general, blanco en la garganta y en la punta de la cola y negro en el abdomen *(Pterocles orientalis).*
SIN. **Corteza, churra.**
orteguiano, -na *adj.* Relativo al escritor español Ortega y Gasset (1833-1955).
orticonoscopio (*ort-* + *iconoscopio*) *m.* ELECTR. Tubo de cámara de televisión que transforma la imagen óptica en electrónica.
ortiga (l. *urtica*) *f.* Hierba urticácea dioica, de tallos prismáticos, hojas agudas, aserradas, cubiertas, lo mismo que los tallos, de pelos urentes; flores verdosas en racimos colgantes, y fruto seco y comprimido *(Urtica dioica).* 2 ~ ***de pelotillas*** o ***romana,*** especie muy parecida a la moheña, de la cual se distingue por las cabezuelas formadas por sus flores femeninas *(Urtica pilulifera);* ~ ***hedionda,*** planta labiada, perenne, cerdosa, de olor áspero, y flores de color rojo agrupadas en una espiga terminal *(Stachys sylvatica).* 4 ~ ***moheña*** o ***menor,*** la que se distingue de la común en ser monoica y tener las hojas ovales *(Urtica urens).* 5 ~ ***muerta,*** planta labiada, de tallos vellosos, hojas puntiagudas, y fruto seco monospermo *(Ballota nigra).* 6 ~ ***de mar,*** acalefo. 7 *Ast.* y *Sant.* Tembladera (pez).
SIN. *4* **Cania.**
ortigal *m.* Terreno cubierto de ortigas.
ortiguera *f.* Mariposa diurna con alas anteriores de color rojo con manchas negras y amarillas, y las posteriores con amplia área basal oscura *(Aglais corticae).*
ortivo, -va *adj.* Relativo al orto.
orto (l. *-tu*) *m.* Salida del Sol o de otro astro por el horizonte.
CONTR. **Ocaso.**
orto-, ort- (gr. *orthós,* derecho) Elemento prefijal que entra en la formación de palabras con el significado de derecho y, en sentido figurado, regular, correcto, recto.
ortoclasa (*orto-* + gr. *klásis,* acción de romper) *f.* GEOL. Silicato de aluminio y potasio que cristaliza en el sistema rómbico. Es el componente esencial de las rocas graníticas y sieníticas.
ortocromático, -ca (*orto-* + *cromático*) *adj.* [placa fotográfica] Que es sensible a todos los colores.
ortodoncia (*orto-* + *-odoncia*) *f.* CIR. Rama de la odontología que procura corregir los defectos y malformaciones de la dentadura.
ortodontista *com.* Persona que por profesión o estudio se dedica a la ortodoncia.
ortodoxia (gr. *orthodoxia* < *orto-* + *-doxia*) *f.* Creencia recta, conforme a la doctrina y dogmas de la Iglesia católica. 2 p. ext. Calidad de ortodoxo en general. 3 Conjunto de las Iglesias cristianas.
ortodoxo, -xa (gr. *orthódoxos* < *orto-* + *-doxo*) *adj.-s.* [pers.] Conforme con el dogma católico: *filósofo ~; institución ortodoxa; es un ~ a pesar de su radicalismo.* 2 Relativo a la iglesia griega que, fundada en el s. IX por el patriarca de Constantinopla Focio (820-895), se separó definitivamente de la católica en el s. XI, bajo Miguel Cerulario (1000-1058), y comprende actualmente las varias iglesias orientales de Rusia y los estados balcánicos; conforme con la doctrina y dogmas de esta iglesia. -3 *adj.* p. ext. Conforme con la doctrina fundamental de cualquier secta o sistema.
CONTR. **Heterodoxo.**
ortodromia (*orto* + gr. *dromos,* acción de correr) *f.* Arco de círculo máximo, camino más corto que puede seguirse en la navegación entre dos puntos.
ortodrómico, -ca *adj.* Relativo a la ortodromia.
ortoedro (*orto-* + *-edro*) *m.* Paralelepípedo recto rectangular.
ortoepía (*orto-* + gr. *épos,* palabra) *f.* Arte de pronunciar correctamente.
ortofonía (*orto-* + *-fonía*) *f.* Técnica de reeducación de enfermos que padecen defectos de pronunciación. 2 Correcta pronunciación [de un sonido, de una lengua].
ortofonista *com.* Especialista en ortofonía.
ortófono *m.* Audífono.
ortogénesis (*orto-* + *-génesis*) *f.* Planificación de los nacimientos. ◇ Pl.: *ortogénesis.*
ortognatismo *m.* Calidad de ortognato.
ortognato, -ta (*orto-* + gr. *gnatos,* mejilla) *adj.* Que tiene el ángulo facial muy abierto, de modo que la línea que va de la frente al mentón se acerca mucho a la vertical.
ortogneis (*orto-* + *gneis*) *m.* Gneis procedente del metamorfismo regional de rocas magmáticas. ◇ Pl.: *ortogneis.*
ortogonal *adj.* Que está en ángulo recto.
ortogonio (gr. *orthogonios* < *orto-* + *-gono*) *adj.* V. triángulo ortogonio.
ortogradismo (*orto-* + l. *gradi,* andar) *m.* Marcha en posición erguida o bípeda.
****ortografía** (*orto-* + *grafía*) *f.* Escritura correcta de las palabras de un idioma, respetando sus reglas. 2 Parte de la Gramática que enseña esta escritura por el acertado empleo de letras y signos auxiliares. 3 GEOM. Delineación del alzado de un edificio u otro objeto.
ortografiar *tr.* Esribir [una palabra o un texto] según su ortografía. ◇ ** CONJUG. [13] como ***desviar.***
ortográfico, -ca *adj.* Relativo a la ortografía.
ortógrafo, -fa *m. f.* Persona experta en ortografía.
ortología (*orto-* + *-logía*) *f.* Arte de pronunciar bien. 2 Prosodia.
SIN. v. **Fonética.**
ortológico, -ca *adj.* Relativo a la ortología.
ortólogo, -ga *m. f.* Persona versada en ortología.
ortopeda *com.* Especialista en ortopedia.
ortopedia (*orto-* + *-pedia*) *f.* Corrección o prevención de las deformidades del cuerpo por medio de aparatos o tratamientos especiales.
ortopédico, -ca *adj.* Relativo a la ortopedia. -2 *m. f.* Ortopedista.
ortopedista *com.* Persona que ejerce o profesa la ortopedia.
ortóptero (*orto-* + *-ptero*) *adj.-m.* Insecto del orden de los ortópteros. -2 *m. pl.* Orden de insectos pterigotas con la boca de tipo masticador, y metamorfosis sencilla; las alas del primer par están endurecidas por una capa de quitina que no llega a ocultar las nerviaciones, y debajo de las cuales se pliegan como un abanico las del segundo par, que son membranosas; como el saltamontes.
ortorrómbico, -ca *adj.* [prisma] Recto con base de rombo.
ortosa (v. *orto-*) *f.* Ortoclasa.
ortoscopia (*orto-* + *-scopia*) *f.* ÓPT. Cualidad del instrumen-

ORTOGRAFÍA

Acogiéndonos al afán didáctico que guía la redacción del presente diccionario, no se recogen aquí las clásicas reglas de ortografía de forma tradicional; sino que se han estructurado en bloques de contraste, formados, siempre que es posible, por series de palabras de alta frecuencia de uso en nuestra lengua. Estos bloques comprenden casi todas esas reglas académicas, pero evitan el esfuerzo, generalmente inútil, que supone la memorización de esas reglas; fuera de las cuales quedan, paradójicamente, las palabras de difícil ortografía y de mayor uso. Basta con, individualmente, ojear de vez en cuando estos bloques, hacer las relaciones necesarias, o, colectivamente, estructurarlas en los más variados ejercicios para notar su utilidad y eficacia.

ALGUNAS DIFICULTADES ORTOGRÁFICAS CONCRETAS.

DIFICULTAD b / v

Estas dos letras no pueden distinguirse fonéticamente porque representan un mismo sonido.
Se ecribe **b** al final de sílabas o palabra:

Job	ob-te-ner	ob-tu-so	ob-je-ti-vo
sub-sa-nar	ob-ser-var	ob-je-to	sub-te-rrá-neo*

Y ante consonate:

abrir	brazo	emblema	oblicuo
abril	bravo	hablar	obra
amable	breve	hambre	pobre
blanco	brinco	hombre	pueblo
biblia	brisa	libro	sable
bibliografía	broma	lumbre	sobre
biblioteca	bruja	miembro	timbre
bibliotecario	brújula	nombre	
brasa	bruto	oblea	

* Sin embargo *ovni* se escribe con **v** porque procede de una sigla (Objeto Volador No Identificado).

En todos los demás casos, las grafías **b** y **v** se alternan, según la palabra de que se trate, sin que se puedan dar norma fijas. Pero en determinados prefijos, sufijos o raíces es más frecuente una que otra. Obsérvense las siguientes listas.

-abe, aba (adjetivos)	**-ava, -avo, -ave; -eva, -eve, -evo; -iva, -ive, -ivo** (adjetivos)	
árabe	activo	grave
monosílaba	breve	huevo
	clave	leve
	cueva	nueva
	decisivo	nuevo
	doceavo	octava
	esclavo	suave
		treceavo

adv-
adverbio
adversario
adversidad
advertencia
advertir
adviento

to óptico que da, de un objeto plano, una imagen geométricamente semejante.

ortostilo (*orto-* + gr. *stylos,* columna) ***m.*** ARQ. Columnata en que las columnas están dispuestas en línea recta.

ortotropismo (*orto-* + *tropismo*) ***m.*** BOT. Forma de tropismo en que la planta o el órgano tiende a crecer en la dirección del excitante.

ortótropo, -pa (*orto-* + gr. *trópos*, vuelta) ***adj.*** BOT. Que tiene ortotropismo.

oruga (l. v. *uruca;* por l. *eruca*) ***f.*** Hierba crucífera, de tallos verdosos, flores de pétalos blancos con venas moradas y hojas lanceoladas, de sabor picante, que se usan como condimento *(Eruca sativa).* 2 Salsa que se hace de esta planta, con azúcar o miel, vinagre y pan tostado. 3 Larva de los insectos lepidópteros; es vermiforme, con doce anillos, tiene la cabeza córnea, la boca masticadora, y gralte. se alimenta de hojas. 4 ~ ***marina,*** tiburón de tres o más metros de largo, de color gris parduzco y con el cuerpo cubierto de escudos espinosos *(Echinorhinus brucus).* 5 MEC. Llanta articulada, a manera de cadena sin fin, que se aplica a las ruedas de cada lado del vehículo. 6 *La Mancha.* Golpe que con la mano abierta se da en la parte posterior del pescuezo de una persona.
SIN. *1* **Roqueta, ruca, ruqueta.** *3* **Gusano.** *4* **Pez clavo.**

orugazo ***m.*** *La Mancha.* fig. *y* fam. Oruga (golpe).

orujera ***f.*** *And.* Lugar donde se guarda el orujo de la aceituna.

orujo (ant. *borujo* < l. *voluclu,* envoltorio, cubierta) ***m.*** Holle-

ORTOGRAFÍA (continuación)

abo, abu-			**avo-, avu-**
abochornar	abonado	abovedado	avocar
abofetear	abordar	abuelo	avutarda
abogado	aborrecer	abultar	
abogar	aborregarse	abundancia	
abolengo	abortar	abundar	
abolir	abotargarse	aburrir	
abonar	abotonar	abusar	

alb-			**alv-**
alba	albornoz		Álvaro
albañil	alboroto		alvéolo
albarda	alborozo		alverja
albedrío	albricias		
albino	albufera		
albaricoque	albúmina		
albóndiga			

-ba, -bas, -ba, -bamos, -bais, -ban del pret. imperf. de Indic.			
	amaba	daba	iba
	amabas	dabas	ibas
	amaba...	daba...	iba
	callábamos	estaba	íbamos
	callabais	estabas...	íbais
	callaban	estábamos...	iban
		estaban...	

bien-			**vien-**
bienal	bienhallado		Viena
bienandanza	bienquistar		viento
bienestar	bienvenido		vientre

-bilidad			**-vilidad**
amabilidad	sociabilidad		civilidad
habilidad	viabilidad		movilidad
responsabilidad			

billa-, bice-			**villa-, vice-**
billar	bicéfalo	villa	vicecónsul
	biceps	Villadiego	vicepresidente
		villanía	vicerrector
		villano	

-bir (verbos)			**-vir** (verbos)
concebir	subir		hervir
escribir	suscribir		servir
percibir	transcribir		vivir
recibir			

jo de la uva, después de exprimida. 2 Aguardiente extraído de dicho hollejo. 3 Residuo de la aceituna molida y prensada. 3 *Murc.* Granuja de la uva, que se destina a alimento de las aves. SIN. *1* **Brisa, casca.** *2* **Terrón.**

orureño, -ña *adj.-s.* De Oruro, dep. de Bolivia.

orvallar *impers. Ast.* Lloviznar.

orvalle (fr. *orvale,* der. de *aurum valet,* vale oro) ***m.*** Gallocresta (planta labiada).

orvallo (port. *orvalho*) ***m.*** *Ast.* Llovizna.

I) orza (l. *urceu*) *f.* Vasija vidriada de barro, alta y sin asas.

II) orza (del gr. *urdía,* derecha, recta) *f.* MAR. Acción de orzar. 2 MAR. Efecto de orzar. 3 Pieza suplementaria, metálica, en forma de triángulo rectángulo, cuyo cateto mayor se asegura exteriormente a la quilla de los balandros para aumentar su calado, darles mayor estabilidad y mejor gobierno para ceñir. 4 ~ ***a popa,*** cabo con que se lleva a popa el car de la entena. 5 ~ ***de avante,*** o ***de novela,*** orza a popa del trinquete.

III) orza *f. P. Rico.* Caja tirada por bueyes para arrastrar objetos pesados por caminos estrechos.

orzaga (ár. *oxaca*) *f.* Planta arbustiva quenopodiácea, barrillera, de tallos herbáceos, hojas blanquecinas, arrugadas, flores pequeñas y verdosas y fruto esférico, casi leñoso *(Atriplex halimus).* SIN. **Álimo, armuelle, marismo, osagra, salgada, salgadera.**

orzar (probl. del l. v. *ortiare,* levantar, der. del l. *oriri*) ***intr.*** Inclinar la proa hacia la parte de donde viene el viento. ◇ ** CONJUG. [4] como ***realizar.***

ORTOGRAFÍA (continuación)

bod-, bot-		vod-, vot-	
boda	bota	vodevil	votación
bodega	botánica	vodka	votar *en las elecciones*
bodoque	botar *una pelota*		voto
	botarate		
	botella		
	boticario		
	botijo		
	botín		
	botiquín		
	botón		

bu-		vu-	
bucal	bulbo	vuelco	vulcanizar
bucear	búlgaro	vuelo	vulgar
bucólico	bulto	vuelta	vulnerable
buche	bulla	vuestro	vultúrido
bueno	bullir		
budismo	buñuelo		
buey	burbuja		
búfalo	burgués		
bufar	burla		
bufón	buscar		
buhardilla	busto		
buitre	buzo		
bujía	buzón		
bula	butano		

cob-		cov-	
coba	cobertor	covacha	covachuela
cobalto	cobijar	covalencia	
cobarde	cobrar		
cobertizo	cobre		

cub-	
cubano	cubierta
cubeta	cubo
cúbico	cubrir

dib-	div-	
dibujante	divagar	dividir
dibujar	diván	divino
dibujo	divergencia	divisa
	diversión	divisar
	diverso	divisible
	divertirse	divorcio
	dividendo	divulgar

orzaya *f.* Niñera.
orzoyo (del it. *orsolo* < l. *orsus* < *ordiri,* urdir) Hebra de seda dispuesta para labrar el terciopelo.
orzuela *f. Méj.* Horquilla o enfermedad del cabello.
I) orzuelo (l. *hordeolu*) *m.* Divieso pequeño que nace en el borde de uno de los párpados.
II) orzuelo (de *uzuelo;* dim. del ant. *uzo,* puerta, del l. *ostium;* alterado por *orzuelo* I) *m.* Trampa oscilante para perdices. 2 Especie de cepo para cazar las fieras por los pies.
os *pron. pers.* Forma de 2 persona para el objeto directo e indirecto, sin preposición, del pronombre personal en género masculino y femenino y número plural: *~ buscaba; ~ buscaba un libro;* **PRONOMBRE. 2 Puede usarse como enclítico: *amaos, amándoos;* en este caso la segunda persona del plural del imperativo pierde la *d: amaos;* se exceptúa únicamente el verbo *ir: idos.* 3 En el tratamiento de vos, hace indistintamente el oficio de singular y plural: *yo ~ perdono* (puede referirse a una sola persona o a dos o más).
¡os! Interjección ¡Ox!
Os, símbolo químico del *osmio.*
osa (l. *ursa*) *f.* Hembra del oso. 2 ~ ***Mayor,*** constelación boreal situada al sur del León, cuyas estrellas principales son las Triones. 3 ~ ***Menor,*** constelación boreal rodeada por la del Dragón, y cuya estrella principal es la polar. 4 MIT. Monte de Tesalia, v. Pelión.
SIN. *2* **Septentrión, Hélice, Carro Mayor.** *3* **Carro Menor, Cinosura.**

ORTOGRAFÍA (continuación)

Homófonos

baca (*de coche*)	vaca (*animal*)
bacilo (*microbio*)	vacilo (*dudo*)
bario (*metal*)	vario (*diverso*)
barón (*título*)	varón (*de sexo masculino*)
basto (*burdo*)	vasto (*extenso*)
bello (*hermoso*)	vello (*pelo*)
botar *una pelota*	votar *en las elecciones*
bota (*calzado; del v. botar*)	vota (*del v. votar*)
bote (*embarcación; lata de conservas*)	vote (*del v. votar*)
cabe (*del v. caber*)	cave (*del v. cavar*)
cabo (*accidente geográfico; militar*)	cavo (*del v. cavar*)
grabar *una cinta; una piedra*	gravar (*con impuestos*)
grabe (*del v. grabar*)	grave (*serio; de gravedad*)
haber *estado aquí*	a ver *si vienes*
hierba (*césped*)	hierva (*del v. hervir*)
rebelar[se]	revelar *un secreto; una fotografía*
sabia (*fem. de sabio*)	savia *de las plantas*
tubo (*cilindro hueco*)	tuvo (*del v. tener*)

DIFICULTAD c/z/s

Para un hablante de zona sin seseo o ceceo, el uso de estas dos grafías no supone dificultad, pues en la representación del sonido que pudiera presentar problema, **z** se utiliza ante las vocales **a, o, u** (**z + a, o, u**) y **c** ante las vocales **e, i** (**c + e, i**).

La confusión se plantea en las zonas de seseo o ceceo porque no existe la distinción entre los sonidos representados por las grafías **za, zo, zu, ce, ci,** y los representados por **sa, so, so, se, si.** Por desgracia, es un caso más de aquellos en que resulta imposible dar norma fija, y sólo el aprendizaje de la escritura correcta de las palabras, a medida que se van incorporando al vocabulario de cada uno, puede ser eficaz. El manejo del cuerpo central de este diccionario, para cada caso, será por tanto la mejor solución. No obstante, presentamos a la observación del lector unas listas de palabras que facilitarán la captación de los sufijos en que es más frecuente una u otra letra.

-ecer, -acer (verbos)

amanecer	establecer	complacer
anochecer	estremecer	deshacer
crecer	florecer	hacer
desobedecer	fortalecer	nacer
embravecer	mecer	renacer
embrutecer	merecer	yacer
empequeñecer	obedecer	
empobrecer	oscurecer	
encanecer	parecer	
ennegrecer	permanecer	
ensordecer	pertenecer	
esclarecer		

-osa, v. -oso.

osadamente *adv. m.* Atrevidamente.

osadía *f.* Atrevimiento, audacia. 2 Tomado en mala parte, desvergüenza.

osado, -da *adj.* Que tiene osadía.

osagra *f.* Orzaga.

osambre *m.* desus. Osamenta.

osamenta (l. *ossa,* huesos) *f.* Esqueleto (armazón). 2 Conjunto de huesos del esqueleto.

I) osar *m.* Osario.

II) osar (l. **ausare* < *ausus,* atrevido) *intr.* Atreverse; emprender algo con audacia.

osario (l. *ossariu*) *m.* Lugar destinado para reunir los huesos que se sacan de las sepulturas. 2 Lugar donde se hallan huesos. SIN. **Calavernario,** p. us.; **osar, osero, carnero.**

óscar *m.* Estatuilla concedida anualmente como premio por la academia norteamericana de artes y ciencias cinematográficas por diversos conceptos. 2 fig. Primer premio de cualquier manifestación, cultural o no. ◇ Pl.: *óscar.*

oscense (l.) *adj.-s.* De Osca, ant. c. de la España Tarraconense, hoy Huesca. 2 De Huesca, c. de Aragón.

oscilación *f.* Acción de oscilar. 2 Efecto de oscilar. 3 Espacio recorrido por el cuerpo oscilante, entre sus dos posiciones extremas.

oscilador *m.* Aparato para producir corrientes oscilatorias, esp. el que se usa en radiotelegrafía y radiotelefonía.

ORTOGRAFÍA (continuación)

-cia, -cía (substantivos)		**-sia, -sía** (substantivos)	
abundancia	gracia	afasia	hipocresía
advertencia	herencia	alevosía	hortensia
agencia	impaciencia	amnesia	iglesia
alferecía	negligencia	anestesia	malvasía
ambulancia	perseverancia	autopsia	masía
avaricia	presencia	celosía	poesía
benevolencia	policía	fantasía	Rusia
caricia	prelacía	geodesia	
decencia	providencia		
evidencia	provincia		
existencia	supremacía		
experiencia	trascendencia		
extravagancia	urgencia		
Francia	vagancia		
gerencia			

-ción (substantivos)		**-sión** (substantivos)	
adjetivación	innovación	admisión	extensión
administración	lección	cesión	extorsión
admiración	legislación	colisión	evasión
ambición	opción	comisión	mansión
calefacción	ovación	convulsión	previsión
circulación	población	diversión	revisión
comparación	redacción	división	visión
conjunción	reducción	excursión	
constitución	rotación		
devoción	sección		
ejecución	segregación		
elevación	selección		
emoción	situación		
excepción	tradición		
excitación	traslación		
explicación	vocación		
función	veneración		
	ventilación		
	secreción		

-cio, -cío (substantivos)		**-sio** (substantivos)	
aprecio	perjuicio	adefesio	potasio
beneficio	precio	gimnasio	serventesio
comercio	servicio	magnesio	
juicio	vacío		
	vicio		

-anza (substantivos)			
añoranza	chanza	panza	templanza
cobranza	labranza	semejanza	venganza
confianza	lanza	tardanza	

osciladora *f.* Válvula de un oscilador electrónico.
oscilante *adj.* Que oscila.
oscilar (l. *oscillare*) *intr.* Moverse alternativamente un cuerpo a un lado y otro de su posición de equilibrio determinada por un punto fijo o un eje: ~ *el péndulo.* 2 fig. Variar o fluctuar dentro de ciertos límites determinadas manifestaciones o fenómenos: ~ *los precios, la temperatura,* etc. 3 fig. Vacilar (titubear).
oscilatorio, -ria *adj.* [movimiento de un cuerpo] Que oscila. 2 De extraordinaria frecuencia, esp. la corriente eléctrica alterna producida por la descarga disruptiva de un condensador.
oscilatriz *f.* Osciladora.
oscilatrón *m.* FÍS. Tubo de rayos catódicos que se emplea para ver o registrar oscilogramas.
oscilo- (de *oscilar*) Elemento prefijal que entra en la formación de palabras con el significado de oscilación.
oscilófono (*oscilo-* + *-fono*) *m.* Generador de oscilaciones de audiofrecuencias.
oscilógrafo (*oscilo-* + *-grafo*) *m.* FÍS. Aparato registrador de oscilaciones. Se emplea en física para medir la intensidad de la corriente eléctrica en un instante dado, así como sus variaciones por rápidas que sean. También se usa para estudiar otros movimientos oscilatorios, p. ej. las palpitaciones del corazón, el sonido, etc.
SIN. **Oscilotrón.**
oscilograma (*oscilo-* + *-grama*) *m.* Representación gráfica de las ondas obtenidas por un oscilógrafo.

Homófonos en caso de no distinción s/z, c

abrazar *a un hermano con cariño*	abrasar (*quemar*)
azada (*útil de labranza*)	asada (*del v. asar*)
azar (*casualidad*)	asar *la carne*
bazo (*víscera*)	vaso de *agua*
bracero (*trabajador*)	brasero *para calentar*
braza (*medida*)	brasa *del fuego*
caza (*captura*)	casa (*vivienda*)
cazar (*capturar*)	casar[se] *una pareja*
cazo (*utensilio de cocina*)	caso (*suceso; del v. casar*)
cebo *del anzuelo*	sebo (*grasa animal*)
cepa (*planta de la vid*)	sepa (*del v. saber*)
ceso (*del v. cesar*)	seso (*cerebro*)
cesto *de fruta*	sexto *piso*
cierra *la puerta*	sierra *esa madera*
cien (*número*)	sien (*lado de la cabeza*)
cirio (*vela*)	sirio (*de Siria*)
cita *con alguien en un sitio determinado*	sita (*situada*)
maza (*martillo*)	masa (*cantidad*)
taza (*recipiente*)	tasa (*del v. tasar*)

Algunas palabras se escriben indistintamente con *c* o con *z*

ázimo o *azimo*	*ceugma* o *zeugma*	*cigoto* o *zigoto*
acimut o *azimut*	*cigofiláceo* o *zigofiláceo*	*cinc* o *zinc*
ceda, ceta o *zeda, zeta*	*cigoformo* o *zigoformo*	*cingiberáceo* o *zingiberáceo*
cenit o *zenit*		

DIFICULTAD c/qu*

Queda bien clara la utilización de cada una de estas consonantes en el sonido que coinciden. Una se utiliza para la representación de este sonido ante las vocales de la serie, *a, o, u* (*ca, co, cu*), o ante consonante, sea o no *l* o *r* (*cra, cre, cri, cro, cru*), o termina sílaba; y la otra como doble grafía, al unirse a ella una *u muda*, para la representación del mismo sonido ante vocales de la serie *i, u* (*que, qui*):

casa	claridad	craso	queso
coche	clérigo	crecer	química
cubierto	clima	crío	
	cloro	cromo	
	clueca	crujir	
		activo	
		vivac	

La **k**, grafía que representa el mismo sonido, no tiene carta de naturaleza en nuestra lengua y sólo se utiliza por razones etimológicas.

oscilometría (*oscilo-* + *-metría*) *f.* Medida de la tensión arterial basada en el registro de las oscilaciones de las paredes de la arteria.
oscilometro (*oscilo-* + *-metro*) *m.* Manómetro empleado para medir la tensión arterial.
osciloscopio (*oscilo-* + *-scopio*) *m.* Aparato que permite ver y medir en su pantalla las oscilaciones de ondas. 2 Oscilógrafo.
oscilotrón *m.* Oscilógrafo.
oscitancia (l. *oscitante,* descuidado) *f.* lit. Inadvertencia que proviene de descuido.
osco, -ca *adj.-s.* De un antiguo pueblo prerromano establecido en el sur de la península italiana. -2 *adj.-m.* Lengua itálica hablada por este pueblo. ◇ HOMÓF.: *hosco.*
ósculo (l. *-lu*) *m.* Beso. 2 Boca o abertura de la cavidad atrial de las esponjas.
oscuramente *adv. m.* Obscuramente.
oscurana *f. Amér. Central.* Oscuridad, cerrazón. 2 *Hond.* Polvo que lanza un volcán y produce oscuridad.
oscurantismo *m.* Obscurantismo.
oscurantista *adj.-com.* [pers.] Obscurantista.
oscurecer *tr.* Obscurecer. ◇ ** CONJUG. [43] como *agradecer.*
oscurecimiento *m.* Obscurecimiento.
oscuridad *f.* Obscuridad.
oscuro, -ra *adj.* Obscuro.
osear *tr.* Oxear.

ORTOGRAFÍA (continuación)

DIFICULTAD d / z finales

Se escriben con **d** final todos los substantivos o adjetivos que hacen el plural en **des**, y la 2.ª p. pl. del imperativo. Se escriben con **z** final todos los substantivos y adjetivos que hacen el plural en **ces**.

d		z	
amabilidad	pared	arroz	maíz
ataúd	posibilidad	atroz	nariz
alud	probabilidad	audaz	nuez
bondad	red	avestruz	paz
capacidad	responsabilidad	cáliz	pez
caridad	sed	capataz	raíz
ciudad	sociabilidad	codorniz	rapidez
divinidad	sonoridad	coz	ridiculez
edad	talud	cruz	robustez
estabilidad	usted	eficaz	sandez
exactitud	Trinidad	fugaz	solaz
felicidad	unidad	haz	tenaz
gratitud	universidad	institutriz	testarudez
habilidad	variedad	insulsez	tez
humildad	velocidad	juez	vejez
juventud	verdad	lápiz	veloz
libertad	viabilidad	lombriz	vez
movilidad	contad	luz	voz
Navidad	estudiad		
novedad	recordad		
oportunidad			

En cuanto a la pronunciación de la *d* la Real Academia Española advierte:
En boca de muchos castellanos la *d* final de sílaba o de palabra suena como *z: azquirir, Madriz, saluz.* Tal pronunciación, ortológicamente incorrecta, no debe reflejarse en la escritura, donde es de rigor la *d: adquirir, Madrid, salud.*

DIFICULTAD g / j

Es bastante fácil la ortografía de estas letras entre las vocales **a, o, u** porque cada una de ellas tiene un sonido muy distinto y definido para estos casos.

bajo	ahogar
jota	galgo
jamás	gorra
judío	gusano
junto	según

Sin embargo, ante las vocales *e, i* se complica su uso:

La **g**, para conservar el mismo sonido que tenía en **ga, go, gu,** se escribe poniendo una **u** entre esta consonante y la vocal **i, u:**

ahogue	guía	guiñapo
guerra	guijarro	guiñol
guerrero	Guillermo	guisante
guerrilla	Guinea	guisar
hoguera	guinda	guitarra
juguete		seguir

Oseas *n. pr.* BIBL. Uno de los profetas menores del Ant. Testamento y libro que contiene sus profecías. Se abrevia *Os.*
osecico, -ino, -ito *m.* Dim. de *hueso.*
osecrar *tr.* Suplicar, invocar [a alguien].
oseína *f.* ANAT. Substancia que forma el tejido celular del hueso y de los cartílagos en los animales.
óseo, -a (l. *osseu*) *adj.* De hueso. 2 De la naturaleza del hueso.
SIN. **Huesoso, ososo.**
osera *f.* Guarida del oso.
osero *m.* Osario.
oseto, -ta *adj.-s.* De Osetia, región del Cáucaso central en el sudoeste de la Unión Soviética. -2 *adj.-m.* Lengua perteneciente al grupo iranio moderno oriental, hablada en esta región.
osezno *m.* Cachorro del oso.
osezuelo *m.* Dim. de *hueso.*
osfi-, osfio- (gr. *osphys,* los riñones, la región lumbar) Elemento prefijal que entra en la formación de palabras con el significado de relativo al riñón o a la región lumbar: *osfiomielitis, osfialgia.*
osfialgia (*osfi-* + *-algia*) *f.* MED. Dolor en la zona de los riñones.
osfio-, v. osfi-.
osfiomielitis (*osfio-* + *mielitis*) *f.* MED. Mielitis de la región lumbar. ◇ Pl.: *osfiomielitis.*
osiánico, -ca *adj.* Relativo a Osián, supuesto bardo escocés

ORTOGRAFÍA (continuación)

La **u** en estos casos se convierte en una «letra muda», y, si queremos indicar que debe pronunciarse, cuando va entre **g** y una vocal **i, e,** hemos de colocar sobre ella la diéresis:

agüero	averigüé	güelfo
antigüedad	bilingüe	lingüista
apacigüé	cigüeña	pingüe
argüir	desagüe	pingüino

La **j** suena igual delante de todas las vocales; por otra parte, la **g** inmediatamente seguida de **e, i** suena como **j.** Así pues, la dificultad se presenta a la hora de elegir entre **g** o **j** para formar las combinaciones **ge, gi, je, ji.** El uso de una u otra grafía (para el sonido **j**) depende, en la mayoría de los casos, de la grafía que aparece en la raíz de la palabra o en los sufijos que intervienen en su composición. Sin embargo, existen numerosas excepciones y, por ello, no se puede dar regla fija. Obsérvense las siguientes listas de palabras agrupadas por estas grafías:

-ger, -gir		**-jer, -jir**	
coger	afligir(se)		crujir
deterger	corregir		mujer
emerger	dirigir		tejer
proteger	elegir		entretejer
recoger	fingir		
	mugir		
	sumergir		
	surgir		
	regir		
-ge		**-je**	
alfange	faringe	aprendizaje	herraje
auge	Jorge	cabotaje	mensaje
cónyuge	meninge	canje	paraje
falange	paragoge	carruaje	peritaje
		coraje	porcentaje
		conserje	reportaje
		embalaje	traje
		empuje	viaje
		encaje	
		hereje	
-gia o **-gía**		**-jía**	
arqueología	hemorragia	bujía	herejía
cefalalgia	ideología	hemiplejía	lejía
cogía	mineralogía	canonjía	
elegía	odontología		
estrategia	zoología		
-gen, -gente		**-jén**	
imagen	contingente		comején
margen	dirigente		jején
origen	emergente		(muy poco usados los dos)
virgen	indulgente		ojén
	inteligente		
	refulgente		
	urgente		

del s. III, hijo de Fingal, rey de Morven. 2 Relativo a las poesías que se le atribuyen.
osificación *f.* Acción de osificarse. 2 Efecto de osificarse.
osificarse (l. *ossu,* hueso + *-ificar*) *prnl.* Convertirse en hueso o adquirir consistencia de tal un tejido orgánico. ◇ ** CONJUG. [1] como *sacar.*
osiforme (l. *ossu,* hueso + *-forme*) *adj.* Que tiene forma de hueso.
osífraga *f.* Osífrago.
osífrago (l. *ossifragus*) *m.* Quebrantahuesos (ave).
osino *m. Ast.* Osezno.
Osiris *n. pr.* Una de las divinidades supremas del antiguo Egipto, esposo y hermano de Isis.
-osis (gr.) MED. Elemento sufijal que entra en la formación de palabras sobre ciertas dolencias con el significado de aumento, proceso morboso: *avitaminosis.*
osmanlí (turco *otmanle*) *adj.-s.* De una tribu turcomana que habita en el sudeste de Turquía. -2 *adj.-m.* Dialecto uguz, hablado antiguamente en el sudeste de Turquía, del que procede el turco moderno. ◇ Pl.: *osmanlíes.*
osmático, -ca *adj.* Del sentido del olfato.
osmazomo (gr. *osmé,* olor + *zomós,* jugo) *m.* Mezcla de substancias azoadas procedentes de la carne.
-osmia (gr. *osmé,* olor) Elemento sufijal que entra en la formación de palabras con el significado de olor, oifato.
osmio (gr. *osmé,* olor) *m.* Metal semejante al platino, duro, de

ORTOGRAFÍA (continuación)

-gio			**-jío**
adagio	plagio		bajío
arpegio	presagio		lejío
colegio	sacrilegio		monjío
naufragio	sufragio		

-gis-			
legislación	magisterio		
legislador	magistrado		
legislar	magistral		
legislatura	Segismundo		

gi-, -gi		**ji-, -ji**	
giro	ágil	jilguero	aljibe
Gijón	agitación	jinete	cojín
gimnasia	agitar	jirón	de extranjis
ginebra	angina	jirafa	mejicano
ginecólogo	Bélgica		mejilla
ginecología	colegial		ojiva
gira	compaginación		ojival
giralda	efigie		perplejidad
girar	Higinio		rojizo
girasol	imaginar		
girola	legible		
gitano	magín		
	Virgilio		

-inge			**inj-**
ingeniar	ingente		injerencia
ingeniero	ingerir		injertar
ingenioso	ingenuo		injerto
ingenio	ingenuidad		

geo-, gest-			**jes-**
geodinámica	gesta		jesuita
geofísica	gestación		Jesús
geografía	gesticular		
geología	gestión		
geometría	gestionar		
geomorfología	gesto		
geopolítica	gestor		

color blanco azulado y el más pesado de todos los cuerpos conocidos. Su símbolo es *Os*, su peso atómico 190'9 y su número atómico 76.

osmo- (v. *ósmosis*) Elemento prefijal que entra en la formación de palabras con el significado de ósmosis.

osmología (*osmo-* + *-logía*) *f.* QUÍM. Estudio de los fenómenos de ósmosis.

osmometría (*osmo-* + *-metría*) *f.* FÍS. Parte de la física que trata de la medición de las presiones osmóticas para determinar las masas moleculares de los cuerpos disueltos y su grado de disolución electrónica.

osmómetro (*osmo-* + *-metro*) *m.* FÍS. Instrumento para medir la presión osmótica.

ósmosis, osmosis (gr. *osmós,* acción de empujar) *f.* Difusión que tiene lugar entre dos líquidos o gases capaces de mezclarse a través de un tabique o membrana permeable. 2 fig. Penetración, influencia recíproca.◇ Pl.: *ósmosis* u *osmosis.*
REL. **Endósmosis,** la corriente que va del líquido o gas menos denso al más denso; **exósmosis,** la inversa.

osmótico *adj.* Relativo a la ósmosis. 2 ***Presión osmótica,*** la que ejercen sobre el tabique permeable las substancias entre las cuales se produce la ósmosis.

oso (l. *ursu*) *m.* Mamífero de la familia de los úrsidos: ~ ***blanco*** o ***polar,*** el de gran tamaño, con la cabeza aplastada, hocico puntiagudo y pelaje liso y blanco, que vive en los países marítimos más septentrionales y devora las focas, morsas y peces, a

ORTOGRAFÍA (continuación)

gem-, gen-		jem-, jen-
gemación gemelo gemido Géminis gemir gemoso	genealógico gendarme generación generador general género generosidad generoso genética genial genio genital gente gentil	jengibre jenízaro jeme (de poco uso los tres)

age-, hege-		aje-, eje-	
agencia agenciar agenda agente	hegemonía	ajedrez ajenjo ajeno ajetreo	eje ejecutar ejercer ejercicio ejercitar ejército

DIFICULTAD h

No representa esta grafía sonido alguno. Es imposible, por tanto, establecer referencias fonéticas. Las razones etimológicas que nos llevarían a la comprensión de algunos aspectos de su uso serían largas de exponer y requerirían a veces conocimientos ajenos a la materia que nos ocupa. Ofrecemos aquí una serie de palabras agrupadas por prefijos y los homófonos que más se prestan a confusión. En el cuerpo central podrán hallarse los términos que completarán estas listas.

hie-	hidr-	hiper-
hiel hiena hierático hierba hierro	hidratar hidráulico hidroavión hidrógeno hidrografía hidroplano hidróxido	hipérbaton hipérbola hipermetropía hipersensibilidad hipertrofia

hipo-	hue-	hui-
hipo hipocentro hipocresía hipódromo hipogeo hipoteca hipotenusa hipótesis	hueco huelga huella huérfano hueso huésped huevo	huida huidizo huir

los cuales coge zambulléndose en el mar *(Ursus maritimus);* ~ ***común*** o ***pardo,*** el de pelaje pardo, cabeza grande, ojos pequeños, extremidades fuertes y gruesas, con uñas rectas y cola corta, que vive en las montañas; se alimenta con preferencia de vegetales, pero cuando se halla acosado por el hambre ataca a toda clase de ganados y aun al hombre *(Ursus arctos).* 2 Nombre que p. ext. se da a otros animales: ~ ***colmenero,*** mamífero mustélido africano que ataca las colmenas para comerse la miel *(Mellivora capeusis);* ~ ***hormiguero*** (también *tamandúa*), mamífero edentado de América, de un metro de largo, pelaje áspero, cabeza pequeña, hocico muy prolongado y lengua larga casi cilíndrica y pegajosa, con la cual recoge las hormigas, de que se alimenta después de destruir el hormiguero con sus potentes garras *(Myrmecophaga tridactyla);* ~ ***marino,*** carnívoro pinnípedo de cuello corto, cuerpo robusto y aletas anteriores cubiertas de una piel suave y plegable, y de pelos lanosos largos en el cuello y hocico *(Callorhinus allascanus);* ~ ***panda,*** panda I (*Ailuropoda melanoleucus*). 4 *Cuba.* fig. Bravucón, fanfarrón.

REL. **Osera,** guarida del oso; **osezno,** cachorro del oso; **osuno,** relativo al oso, adj. FR. *Hacer uno el ~,* fig. fam., exponerse a la burla o lástima de las gentes, haciendo o diciendo tonterías; cortejar sin reparo ni disimulo.

-oso, -osa (l. *-osu*) Sufijo que entra en la formación de adjetivos derivados de substantivos y también de otros adjetivos y verbos con el significado de abundancia: *mentiroso, aceitoso, sudoroso;* con significación activa en los derivados verbales: *resbaloso, sudoso;* se combina con *-ajo* e *-ico: espumajoso, quejicoso.* 2 En

ORTOGRAFÍA (continuación)

hum- + vocal

humanidad	humear	humeral
humanismo	humedad	humildad
humanizar	humedecer	humo
humano	húmedo	humor
		humorismo

Algunos compuestos cuyo simple tiene **h**

deshabitar	deshonra
deshacer	enhebrar
desheredar	inhumano
deshilvanar	inhumar
deshora	rehacer
	rehusar

Algunas palabras con **h** *intercalada*

adherir	almohada	enhebrar	inhóspito
ahí	anhelo	enmohecer	moho
ahijado	bahía	exhalar	prohibir
ahínco	bienhechor	exhaustivo	rehén
ahorcar	bohemio	inhalar	rehusar
ahogo	buhardilla	inherencia	truhán
ahorrar	búho	inhibición	vaho
ahuecar	cacahuete		vehemencia
alcohol	cohesión		vehículo
alhaja	cohibir		zaherir

A pesar de que normalmente una familia de palabras conserva las mismas características ortográficas, en el caso de la **h** hay que citar algunas excepciones interesantes:

hueso	osario, óseo
hueco	oquedad
Huelva	onubense
huérfano	orfandad, orfanato
Huesca	oscense
huevo	oval, ovario, ovoide, óvulo

los compuestos químicos denota la mínima valencia del derivado: *ácido sulfuroso.*

osornino, -na ***adj.-s.*** De Osorno, c. y prov. de Chile. 2 Relativo a esta ciudad y provincia.

ososo, -sa (l. *ossuosu*) ***adj.*** Relativo al hueso. 2 Que tiene hueso o huesos. Óseo.

SIN. **Óseo,** se emplea preferentemente en la primera acep.; **huesoso, huesudo,** se emplea preferentemente en la segunda acep.

osota ***f.*** *Amér.* Ojota.

osram ***m.*** Aleación de osmio y wolframio para filamentos de lámparas.

ossobuco (voz italiana) ***m.*** Plato típico italiano, especie de estofado de carne de ternera cortada con el hueso, acompañado de arroz.

osta ***f.*** MAR. Cabos o aparejos que mantienen firmes los picos cangrejos en los balances.

ostaga (fr. ant. *utague,* voz escand.) ***f.*** Cabo que pasa por el motón situado en la cruz de las vegas y sirve para izarlas.

SIN. **Ustaga.**

oste-, v. osteo-.

¡oste! Interjección ¡Oxte!

ostealgia (*oste-* + *-algia*) ***f.*** Dolor en un hueso.

osteálgico, -ca ***adj.*** Relativo a la ostealgia.

osteíctio ***adj.-m.*** Pez de la subclase de los osteíctios. -2 ***m. pl.*** Subclase de peces caracterizados por tener el esqueleto osificado y por presentar una sola hendidura branquial cubierta por el opérculo; a esta subclase pertenecen tres infraclases: actinopterigios, braquiopterigios y crosopterigios.

osteína ***f.*** Oseína.

osteítis (*oste-* + *-itis*) ***f.*** Inflamación de los huesos. ◇ Pl.: *osteítis.*

ostén ***m.*** *S. Dom.* Presunción, arrogancia.

ostensible (l. *ostensu* < *ostendere,* mostrar) ***adj.*** Visible, manifiesto.

SIN. v. **Patente.**

ostensiblemente ***adv. m.*** De un modo ostensible.

ostensión ***f.*** Manifestación de una cosa.

ostensivo, -va ***adj.*** Que ostenta una cosa.

ostensorio (l. *ostensus,* de *ostendere,* mostrar) ***m.*** Custodia (pieza de oro). 2 Parte superior de la custodia, donde se coloca el viril.

ostentación ***f.*** Acción de ostentar. 2 Efecto de ostentar. 3 Jactancia y vanagloria. 4 Magnificencia exterior y visible.

ostentador, -ra ***adj.-s.*** Que ostenta.

ORTOGRAFÍA (continuación)

Homófonos

a (*preposición*)	ha (*del v. haber*)
	¡ah! (*interjección*)
ala (*de ave*)	¡hala!
abría (*del vb. abrir*)	habría (*del v. haber*)
¡ay! (*interjección*)	hay *una casa*
aya (*de niños*)	haya (*del v. haber*)
	haya (*árbol*)
allá (*allí*)	halla (*del v. hallar*)
aré (*del v. arar*)	haré *un viaje*
aremos *la tierra*	haremos *una excursión*
as *de la baraja*	has *de hacer esto*
asta (*cuerno*)	hasta *aquel árbol*
ato (*del v. atar*)	hato (*bulto*)
azar (*casualidad*)	azahar (*flor*)
e (*conjunción copulativa*)	he (*de ir mañana*)
echa (*del v. echar*)	hecha (*del v. hacer*)
echo *una carta en el buzón*	hecho (*del v. hacer*)
errar (*equivocarse*)	herrar (*poner una herradura*)
izo (*del v. izar*)	hizo (*del v. hacer*)
o (*conjunción*)	¡oh! (*interjección*)
ojear (*echar un vistazo*)	hojear (*pasar hojas*)
ola *de agua*	*¡hola! (saludo)*
onda (*ondulación*)	honda (*profunda; tirachinas*)
ora (*conjunción disyuntiva; del v. orar*)	hora (*sesenta minutos*)
uso (*del v. usar*)	huso (*instrumento para hilar*)
yerro (*error*)	hierro (*metal*)

DIFICULTAD i / y

La *y* representa a veces un sonido consonántico, como en *vaya, cónyuge, yema* (véase el apartado siguiente) y otras, un sonido vocálico (en cuyo caso se confunde con la *i*).

Como sonido vocálico, puede decirse que, en general, se escribe *y* cuando forma parte de un diptongo a final de palabra, va en segundo lugar y no lleva tilde. También cuando es conjunción: Esperanza *y* Juan.

i		y	
ahí	mi (*posesivo*)	¡ay!	jersey
allí	mí (*pron. personal*)	Bombay	hay
aquí	mili	buey	¡huy!
así	nazi	¡caray!	ley
casi	safari	convoy	muy
colibrí	salí	doy	Paraguay
cursi	seguí	estoy	rey
decaí	ti	hoy	Uruguay
maxi		fray	

ostentar (l. *ostentare;* intensivo de *ostendere*) ***tr.*** Mostrar o hacer patente [una cosa]. 2 Hacer gala de grandeza, lucimiento y boato: ~ *un lujo desenfrenado;* ~ *sus riquezas.*
ostentativo, -va ***adj.*** Que hace ostentación de una cosa.
ostento (l. *-tu*) ***m.*** Prodigio, cosa milagrosa o monstruosa.
ostentosamente ***adv. m.*** Con ostentación.
ostentosidad ***f.*** Calidad de ostentoso.
ostentoso, -sa ***adj.*** Magnífico, suntuoso, pomposo.
SIN. **Fastuoso; retumbante, rimbombante,** con sentido desp. o irón.
osteo-, oste-, -osteo (gr. *osteon,* hueso) Elemento prefijal y sufijal que entra en la formación de palabras con el significado de hueso.
osteoartritis (*osteo-* + *artritis*) ***f.*** MED. Artritis deformante. ◇ Pl.: *osteoartritis.*
osteoartropatía (*osteo-* + *artropatía*) ***f.*** MED. Enfermedad que afecta a los huesos y a las articulaciones a la vez.
osteoblasto (*osteo-* + *-blasto*) ***m.*** Célula productora de la substancia ósea.
osteocartílago (*osteo-* + *cartílago*) ***m.*** Hueso formado por osificación de un cartílago.
osteoclasto (*osteo-* + gr. *klastós,* roto) ***m.*** BIOL. Célula gigante, con varios núcleos.
osteointegrado, -da (*osteo-* + *integrado*) ***adj.*** MED. Incrustado en el hueso: *un implante dental* ~.
osteolito (*osteo-* + *-lito*) ***m.*** Hueso fósil.
osteología (*osteo-* + *-logía*) ***f.*** Parte de la anatomía que trata de los huesos. 2 Patología de los huesos.
osteológico, -ca ***adj.*** Relativo a la osteología.
osteólogo, -ga ***m. f.*** Especialista en osteología.
osteoma (*oste-* + *-oma*) ***m.*** Tumor de naturaleza ósea con elementos de tejido óseo.
osteomalacia (*osteo-* + *-malacia*) ***f.*** Reblandecimiento de un hueso por pérdida de sales calcáreas.
osteomielitis (*osteo-* + *mielitis*) ***f.*** Inflamación simultánea del hueso y de la medula ósea. ◇ Pl.: *osteomielitis.*
osteopatía (*osteo-* + *-patía*) ***f.*** MED. Enfermedad del esque-

ORTOGRAFÍA (continuación)

DIFICULTAD ll/y

La «buena prosodia» aconseja la distinción de dos sonidos, correspondientes respectivamente a cada una de estas grafías en su valor consonántico. Pero en la práctica se confunde en la mayoría de las regiones españolas y en gran parte de los países de América, y de ahí se deriva inmediatamente su dificultad de uso en la escritura.

ll		y	
agalla	hallar	adyacente	subrayar
allí	hebilla	ahuyentar	suyo
ampolla	huella	apoyar	trayecto
apellido	llama	arroyo	tuyo
argolla	llanura	atrayente	ya
atropello	llanto	ayer	yacer
barullo	llave	ayudar	yarda
belleza	llevar	ayuno	yema
bellota	llover	bayeta	yegua
billete	lluvia	cónyuge	yo
bollo	mallorquín	coyuntura	yugo
botella	medalla	cuyo	yuxtapuesta
brillar	mejilla	desmayar	
bulla	mellizo	ensayar	
caballo	muelle	escayola	
callar	muralla	hoyo	
calle	orgullo	inyección	
cebolla	ovillo	inyectar	
cursillo	pantalla	joya	
destello	pastilla	lacayo	
embrollo	pollo	leyenda	
estrella	rollo	mayo	
fallar	servilleta	mayor	
fallera	taller	neoyorkino	
fallo	tallo	papagayo	
folleto	toalla	payaso	
galleta	Trujillo	proyectil	
gallina	valle	raya	

Homófonos en caso de no distinción

arrollo (*del v. arrollar*)	arroyo (*de agua*)
callado (*en silencio*)	cayado (*palo*)
calló (*del v. callar*)	cayó (*del v. caer*)
halla *lo que busca*	haya (*del v. haber; árbol*)
hulla (*carbón*)	huya (*del v. huir*)
malla (*red*)	maya (*cultura*)
pollo (*ave*)	poyo (*banco de piedra*)
rallar *el pan*	rayar *un papel*
valla (*muro*)	vaya (*del v. ir*)

leto en general. 2 Terapéutica que atribuye gran importancia a las funciones mecánicas del organismo y que utiliza ampliamente las manipulaciones, sin dejar de aceptar los principios fundamentales de la medicina y la cirugía clásicas.

osteoplastia (*osteo-* + *-plastia*) ***f.*** Sustitución de un hueso, o parte de él, por otro.

osteoporosis (*osteo-* + gr. *póros,* poro + *-osis*) ***f.*** MED. Formación de espacios anormales en el hueso, pero sin pérdida de calcio. ◇ Pl.: *osteoporosis.*

osteosíntesis (*osteo-* + *síntesis*) ***f.*** CIR. Intervención quirúrgica que consiste en la reducción e inmovilización de una fractura ósea. ◇ Pl.: *osteosíntesis.*

osteotomía (*osteo-* + *-tomía*) ***f.*** Resección de un hueso.

ostero ***m.*** Obrero que maneja la osta.

ostia (l. *ostrea*) ***f.*** Ostra. ◇ HOMÓF.: *hostia.*

ostiako, -ka ***adj.-s.*** De un pueblo ugrofinés que habita en el oeste de Siberia. -2 ***adj.-m.*** Lengua ugra hablada en este territorio.

I) ostial (l. *ostiu,* la puerta) ***m.*** Entrada de un puerto o canal.

II) ostial (de *ostia*) ***m.*** Concha que cría la perla. 2 Paraje en que se pescan las perlas.

ostiario ***m.*** Clérigo que ha recibido la primera de las órdenes menores. Su misión es custodiar la iglesia y tañer las campanas. ◇ HOMÓF.: *hostiario* (m.).

ostiolo ***m.*** BOT. Abertura por medio de la cual las esporas escapan del receptáculo.

ostión (forma sufijada de *ostia;* por *ostria;* l. *ostrea*) ***m.*** Ostrón.

ostionería ***f.*** *Méj.* Establecimiento donde se venden y consumen ostras u ostiones, y otros mariscos.

ostium ***m.*** ZOOL. Abertura parecida a una boca.

ostra (l. *ostrea;* a través del port. *ostra*) ***f.*** Molusco lamelibranquio de conchas rugosas, de color pardo verdoso por fuera y lisas, blancas y algo nacaradas por dentro; vive adherida a las rocas y es marisco muy apreciado *(Ostrea edulis).* 2 Concha de la madreperla. 3 ~ ***de perro,*** molusco lamelibranquio, de concha casi circular de color blanco, que vive fijada a rocas y a otras conchas *(Anonia ephippium).* -4 ***adj.*** fig. Misántropo, de carácter aburrido.

SIN. *2* **Concha, ostia, ostión.** *3* **Lucero.** FR. *Aburrirse como una ~,* fig. fam., aburrirse extraordinariamente.

ostracismo (gr. *ostrakismós* < *óstrakon,* concha en que se escribía el nombre del condenado) ***m.*** Entre los ant. griegos, destierro político a que se condenaba a los ciudadanos que por su poder, influencia, etc., se creían peligrosos para la vida del esta-

DIFICULTAD m / n

Ante *b* y *p* se escribe siempre **m:**

ámbar	embudo	rumbo	ampuloso	imposible
ambiguo	embuste	también	Ampurias	rampa
ambos	hambre	trombón	amputar	romper
ambulancia	hombre	tumbona	emperador	siempre
bamba	imbécil	amparar	empezar	trampa
bomba	rombo	amplio	imperio	trompa
bombilla				

Ante *f* y *v* se escribe siempre **n:**

anfiteatro	enviar
ánfora	envoltorio
circunferencia	invariable
circunvalación	invento
confusión	invierno
enfermo	invitado
infancia	involuntario
infierno	

m ante **n**		**n** ante **n**	
alumno	indemnizar	circunnavegar	innoble
columna	solemne	connatural	innovar
gimnasia	solemnizar	ennegrecer	perenne
		innato	sinnúmero

En ciertas palabras la *m* es letra inicial que precede inmediatamente a la *n: mnemotecnia, mnemónico, mnemotécnico;* en tales palabras puede simplificarse la grafía y escribirse: *nemotecnia, nemónico, nemotécnico.*

Ps-

En inicio de palabra, a la combinación *ps* (*psicología, psicoanálisis,* etc.) se le puede suprimir la *p* (*sicología, sicoanálisis,* etc). No obstante, la Real Academia Española prefiere conservar la *p* y en la última edición de su Diccionario (1984), para algunas palabras, sólo registra la forma con *ps,* p. ej.: *psique, psiquismo.*

DIFICULTAD r / rr

A cada una de estas letras correspondería, en buena lógica, un sonido distinto que sería, para la **r**, el llamado monovibrante, que aparece en las palabras

aro	enfermo	invierno	teatro
bruto	envidiar	lámpara	tira
cara	hora	libro	
cenicero	imperio	oro	

y para la **rr**, el multivibrante, el de las palabras

burro	herradura
carro	jarra
cerril	perro
destierro	tarro
guitarra	zamarra

do. 2 fig. Exclusión voluntaria o forzosa de los oficios públicos, a la cual suelen dar ocasión los trastornos políticos.
SIN. **Destierro.**

ostrácodo *adj.-m.* Crustáceo del orden de los ostrácodos. -2 *m. pl.* Orden de crustáceos entomostráceos con caparazón bivalvo y dos o tres pares de apéndices.

ostral *m.* Ostrero (lugar).

¡ostras! Interjección con que se denota admiración o sorpresa.

ostrero, -ra *adj.* Relativo a las ostras. -2 *m. f.* Persona que tiene por oficio vender ostras. 3 Lugar donde se crían y conservan vivas las ostras. -4 *m.* Ave caradriforme limícola de unos 40 cms. de longitud, con la cabeza negra, largo pico de color rojo anaranjado, comprimido lateralmente, y las patas rosadas *(Haematopus ostralegus).*

ostrícola (de *ostra* + *-cola*) *adj.* Relativo a la cría y conservación de las ostras.

ostricultor, -ra *m. f.* Persona dedicada a la ostricultura.

ostricultura (de *ostra* + *-cultura*) *f.* Arte de criar ostras.

ostrífero, -ra (l. *-feru*) *adj.* Que cría ostras o abunda en ellas.

I) ostro (l. *-eu*) *m.* Ostrón.

II) ostro (l. *-u*) *m.* Molusco cuya tinta servía a los antiguos para dar a las telas el color de la púrpura. 2 Púrpura (tinte).

III) ostro *m.* Sur (punto cardinal y viento).

ostrogodo, -da (germ. *ost,* el oriente + *godo*) *adj.-s.* De la Gotia Oriental, antigua región de Europa. -2 *m. pl.* Rama de los

ORTOGRAFÍA (continuación)

Pero la confusión se produce en el momento en que utilizamos la **r** para representar este segundo sonido. De todos modos puede aprenderse fácilmente cuál de los dos hay que usar, porque la **r** se emplea para representar el sonido de **rr** en casos muy concretos:

1) Al principio de palabra

raíz	retal	ronco	ruido
rata	riesgo	rosa	rudo
remo	risa		

2) Detrás de **l, n, s**

alrededor	Conrado	Israel
alrota	enredadera	israelita
	enredado	
	enredo	
	enrevesado	
	Enrique	
	enriquecedor	
	enriquecer	
	honra	
	honroso	

En las palabras compuestas cuyo segundo formante empieza por **r**, si se escriben con guión:

anglo-ruso	pro-refugiados
anti-robo	ultra-rápido
hispano-romano	

Si se suprime el guión es obligatorio utilizar **rr**:

antirreglamentario	pararrayos
extrarradio	surrealista

DIFICULTAD s / x (ante consonante)

Teóricamente estas dos letras representan dos sonidos distintos; pero en la práctica se funden en uno solo (el que en principio era propio de **s**), y debe, por tanto, conocerse cada palabra para darle la escritura apropiada.

extra-		**estra-**	
extra	extrañar	estrabismo	estraperlo
extradición	extraño	estrada	estratagema
extracto	extraoficial	estrafalario	estrategia
extractar	extraordinario	estrago	estratificar
extraer	extravagante	estrambótico	estrato
extralimitarse	extravertido	estrangular	estratosfera
extramuros	extraviar		
extranjero	extravío		

extre-		**estre-**	
extremar	extremista	estrechar	estremecer
extremaunción	extremo	estrecho	estrenar
extremidad		estrella	estrépito
		estrellar	estreptomicina

godos, que a mediados del s. IV fundaron un gran reino al norte del mar Negro. A raíz del hundimiento de los hunos, se establecieron en la Panonia; su reino estaba bajo la autoridad del Imperio romano de Oriente y comprendía Italia, Sicilia, Dalmacia, Eslavonia, reg. alpina y Provenza.

ostrón (forma sufijada de *ostria;* l. *ostrea*) ***m.*** Especie de ostra mayor y más basta que la común *(Gryphaca angulata).*
SIN. **Ostión, ostro.**

ostugo (quizá del l. *festuca,* brizna) ***m.*** Rincón. 2 Pizca.

osudo, -da ***adj.*** Huesudo.

osuno, -na ***adj.*** Relativo al oso.

ot-, v. oto-.

-ota, v. -ote.

otaca ***f.*** *Ál.* Tojo.

otacústico, -ca (*ot-* + *acústico*) ***adj.*** [aparato] Que ayuda y perfecciona el sentido del oído.

otalgia (*ot-* + *-algia*) ***f.*** Dolor de oídos.

otana ***f.*** *Logr.* Hogaza, pan grande.

otaria ***f.*** Mamífero pinnípedo provisto de orejas, a diferencia de las focas, que durante la marcha puede dirigir las extremidades posteriores hacia delante para andar. Reciben este nombre especies distintas: ***Eumetopias stelleri,*** león marino del Norte; ***Zatophus californianus,*** otario de California; ***Callorhinus alascanus,*** oso marino; ***Arctocephalus australis,*** lobo de dos pelos.

otario, -ria (voz lunfarda) ***adj.*** *Argent.* y *Urug.* Tonto, necio.

ORTOGRAFÍA (continuación)

expl-		expr-	espl-
explicación		exprés	esplendor
explicar		expresar	espléndido
explicativo		expresión	espliego
explícito		exprimir	
explorar		expropiar	
explosión			
explosivo			
explotación			
explotar			

exp-			esp-
expansión	experimentar		espabilar
expansionarse	experimento		espacio
expectación	experto		espada
expedición	expirar		espalda
expediente	exponente		espaldar
expedir	exponer		esperanza
expensas	exposición		espirar
experiencia	expósito		espiral
			espontáneo

Homófonos

expirar (*morir*)	espirar (*echar aire*)
expiar *los pecados*	espiar *a alguien*
extirpe (*v. extipar*)	estirpe (*tronco de una familia*)

La Real Academia Española autoriza a escribir indistintamente con *x* o con *j* los nombres geográficos *México* o *Méjico, Oaxaca* u *Oajaca;* algunos nombres de persona, como en *Xavier, Ximena* (también Javier, Jimena), y otros cuantos; pero la pronunciación es siempre la propia de *j* (como en jamón, jirafa).

DIFICULTAD consonante + consonante

-c-		-cc-	
combinación	investigación	acceder	lección
concreción	moción	acción	perfección
conjunción	noción	calefacción	producción
conservación	observación	elección	reacción
continuación	operación	facción	resurrección
discreción	ración	fricción	satisfacción
ebullición	relación	infección	sección
inanición	revolución	inspección	selección
invención	solución		

otate (mej. *otlatl,* caña maciza) ***m. Méj.*** Bastón flexible y resistente.
otaya ***f.*** *Colomb.* Mazamorra, alimento.
otayo ***m.*** *Amér.* Árbol parecido al plátano.
-otazo, v. -azo.
I) -ote, -ota (orig. desconocido) Sufijo que entra en la formación de nombres y adjetivos con matiz despectivo y valor aumentativo o diminutivo: *islote, picota, barbarote, blancote.*
II) -ote, terminación frecuente de voces mejicanas: *camote, cayote.*
oteador, -ra ***adj.-s.*** Que otea.
otear (del l. *altu*) ***tr.*** Registrar desde lugar alto [lo que está abajo]. 2 Escudriñar, registrar o mirar con cuidado.
SIN. *1* **Atalayar.**
Otelo ***n. pr.*** Protagonista de la tragedia de Shakespeare (1564-1616) *Otelo, el moro de Venecia*. Engañado por Iago, da muerte a su esposa Desdémona creyéndola infiel. Cuando después se convence de su inocencia, se suicida. Este personaje es universalmente la personificación de los celos arrebatados.
otero (l. *altariu*) ***m.*** Cerro aislado que domina un llano.
oteruelo ***m.*** Dim. de *otero.*
otilar ***intr.*** *Ar.* Aullar el lobo.
otitis (*ot-* + *-itis*) ***f.*** Inflamación del órgano del oído. ◇ Pl.: *otitis.*
oto ***m.*** Autillo (ave). ◇ HOMÓF.: *hoto.*
oto-, ot- (gr. *oús, otós,* oreja) Elemento prefijal que entra en la formación de palabras con el significado de oído.
otoba ***f.*** Árbol de América tropical, semejante a la mirística, y cuyo fruto es muy parecido a la nuez moscada *(Myristica otoba).*
otoción ***m.*** Mamífero carnívoro de pelaje color castaño leonado, de grandes orejas, que se alimenta de insectos, roedores, pájaros y reptiles. Vive en África sudoriental *(Otocyon megalotis).*
otocisto (*oto-* + *-cisto*) ***m.*** Órgano del oído en los animales invertebrados, consistente en una vesícula revestida de células sensoriales ciliadas, en conexión con las fibrillas del nervio acústico.
otolito (*oto-* + *-lito*) ***m.*** Concreción que existe en el interior del oído de ciertos animales.
otología (*oto-* + *-logía*) ***f.*** Parte de la patología que estudia las enfermedades del oído.
otológico, -ca ***adj.*** Relativo a la otología.
otólogo, -ga ***m. f.*** Especialista de las enfermedades del oído.
otomán ***m.*** Tejido de seda, algodón o estambre, que forma cordoncito en sentido horizontal.

ORTOGRAFÍA (continuación)

-c + consonante	-z + consonante	-p + consonante	-d + consonante
acta	aparezca	aceptar	administrar
actitud	bizcocho	adaptar	admiración
actividad	biznieto	adepto	admirar
activo	brizna	aptitud	advenimiento
acto	gazmoño	apto	adverbio
actuación	gazpacho	autopsia	adversario
actualidad	gozne	baptisterio	adversativa
bacteria	graznar	captar	adversidad
cactus	hallazgo	concepto	advertencia
carácter	izquierda	irrupción	advertir
directamente	mazmorra	óptimo	adviento
directo	mezquino	nupcial	coadjutor
dúctil	nazca	raptar	animadversión
efectivo	pellizco	reptil	
efecto	rebuznar		
exactitud	rebuzno		
exacto			
expectación			
expectante			
nemotecnia			
octogenario			
pacto			
reactor			
reactivar			
radiactivo			
rectilíneo			
recto			

PALABRAS JUNTAS Y SEPARADAS

se escribe junto		se escribe separado	
adelante	conmigo	a pie	en cuanto a
adentro	conque (conjunción)	a veces	en derredor
afuera	contigo	a ver	en donde
anoche	debajo	de balde	en fin
aparte	dondequiera	de donde	en seguida o enseguida
apenas	encima	de pie	ex profeso
arriba	enfrente	de prisa	no obstante
asimismo o así mismo	enseguida o en seguida	de pronto	sin embargo

Para cualquier duda debe consultarse el cuerpo central de este Diccionario, donde hay mayor abundancia de términos.

Las palabras compuestas se escriben juntas:

anteanoche	contratiempo	entresuelo	sacamuelas
antebrazo	cumpleaños	limpiabotas	sinvergüenza
antepasado	enhorabuena	mediodía	sobrehumano
bienestar		pararrayos	
bienhechor		pasaporte	

otomana (fr. *ottomane,* der. del n. de los turcos otomanos) ***f.*** Sofá otomano, especie de canapé.

otomano, -na (de *Otmán,* emperador de los turcos) ***adj.-s.*** Turco.

otomí ***adj.-s.*** Individuo de una tribu amerindia que habitaba en los estados mejicanos de Querétaro y Guanajuato. 2. adj. Perteneciente o relativo a esta tribu. -3 ***m.*** Lengua hablada por los otomíes ◇ Pl.: *otomíes.*

otoñada ***f.*** Tiempo o estación del otoño. 2 Otoño (estación). 3 Pasto de otoño.

otoñal ***adj.*** Propio del otoño o relativo a él. -2 ***adj.-com.*** [pers.] De edad madura.

SIN. **Autumnal,** lit.

otoñar (l. *autumnare*) ***intr.*** Pasar el otoño. 2 Brotar la yerba en el otoño. -3 ***prnl.*** Sazonarse la tierra en el otoño.

otoñizo, -za ***adj.*** Otoñal.

otoño (l. *autumnu*) ***m.*** Estación del año que, astronómicamente, principia en el equinoccio del mismo nombre y termina en el solsticio de invierno. 2 Época templada del año; en nuestro hemisferio corresponde a los meses de septiembre, octubre y noviembre y en el austral a nuestra primavera. 3 Segunda hierba o heno que producen los prados en la estación de otoño. 4 fig. Período de la vida humana en que ésta declina de la plenitud hacia la vejez.

otorgadero, -ra ***adj.*** Que se puede o debe otorgar.

otorgador, -ra ***adj.-s.*** Que otorga.

otorgamiento *m.* Consentimiento, licencia, parecer favorable. 2 Acción de otorgar un instrumento; como poder, testamento, etc. 3 Escritura de contrato o de última voluntad. 4 Parte final del documento, esp. del notarial, en que éste se aprueba, cierra y solemniza.

otorgante *adj.-s.* Que otorga.

otorgar (l. v. *auctoricare*) *tr.* Consentir [en una cosa], condescender [a ella] o concederla. 2 DER. Disponer, establecer, ofrecer, estipular o prometer [una cosa]. Díc. por lo común cuando interviene solemnemente la fe notarial. ◇ ** CONJUG. [7] como *llegar.*

SIN. *1* v. **Conceder.**

otorrea (*oto-* + *-rrea*) *f.* Flujo mucoso o purulento del oído.

otorrino *com.* fam. Otorrinolaringólogo.

otorrinolaringología (*oto-* + gr. *rhis, rhinós,* nariz + *laringología*) *f.* Parte de la patología que estudia las enfermedades del oído, nariz y garganta.

otorrinolaringólogo, -ga *m. f.* Especialista en otorrinolaringología.

otosclerosis (*oto-* + *-sclerosis*) *f.* MED. Esclerosis de los tejidos del oído interno y medio, que conduce a la sordera. ◇ Pl.: *otosclerosis.*

otoscopia (*oto-* + *-scopia*) *f.* Exploración del órgano del oído.

otoscopio (*oto-* + *-scopio*) *m.* Instrumento para reconocer el oído.

¡otra! *Ecuad.* Interjección con que se denota reprobación.

otramente *adv. m.* desus. De otra suerte.

otro, -tra (l. *alteru*) *adj.-pron. indef.* Persona o cosa distinta de aquella de que se habla: ~ *libro; quiero el* ~. 2 Denota algunas veces la suma semejanza entre dos personas o cosas distintas: *es* ~ *Cid.* 3 Con artículo y ante sustantivos como *día, tarde, noche,* los sitúa en un pasado cercano: *la otra tarde vino Juan.* 4 Con *a* y artículo, ante sustantivos como *día, semana, mes, año,* equivale a *siguiente: a la otra semana empiezan las vacaciones.* 5 *Esa es otra,* expresión que denota que lo que se dice es nuevo, despropósito o dificultad. 6 *Otra,* u *otro, que tal,* da a entender la semejanza de cualidades de algunas personas o cosas. Tómase generalmente en mala parte. ◇ Es incorrecto el uso de *otro* ante substantivos femeninos que empiecen por *a*. Se debe decir *otra águila* y no *otro águila.*

otrora *adv. m.* En otro tiempo.

otrosí (l. *alteru,* otro + *sic,* así) *adv. c.* ant. Demás de esto, además. -2 *m.* DER. Petición o pretensión que se pone después de la principal.

outsider (voz inglesa) *m.* DEP. Competidor desconocido y con pocas posibilidades de éxito. ◇ Se pronuncia *áutsider.*

ouzo *m.* Licor anisado de origen griego.

ova (l. *ulva*) *f.* Alga verde que forma ramificaciones filamentosas, sencillas o articuladas, se cría en las aguas corrientes o estancadas, y flota o está fija al fondo por apéndices radicosos *(Enteromorpha intestinalis).* 2 ARQ. Óvalo.

SIN. *1* **Lama.**

ovachón *m. Méj.* Persona de muchas carnes que suda mucho y es floja para el trabajo. 2 *Méj.* Caballo castrado que engorda mucho por ejercicio escaso y suda mucho en cuanto trabaja.

ovación (l. *-tione*) *f.* Triunfo menor que concedían los romanos por victorias de poca consideración. 2 fig. Aplauso ruidoso tributado colectivamente a una persona o cosa.

ovacionar *tr.* Tributar una ovación (aplauso) [a una persona, acto, párrafo, etc.].

ovado, -da (l. *-tu*) *adj.* [ave hembra] Cuyos huevos han sido fecundados. 2 Aovado. 3 Ovalado.

oval *adj.* De figura de óvalo o de huevo: *hoja* ~. 2 *Ventana* ~, ANAT., abertura por la cual la caja del tímpano comunica con el laberinto.

ovalado, -da *adj.* Oval.

ovalar *tr.* Dar [a una cosa] figura de óvalo. 2 Rodear con un óvalo.

óvalo (der. del l. *ovu,* huevo) *m.* Curva cerrada, de forma parecida a la de la elipse, con dos ejes de simetría perpendiculares, compuesta de varios arcos de circunferencia tangentes entre sí. 2 Figura plana, oblonga y curvilínea, esp. la que tiene la forma de la sección longitudinal de un huevo: *el* ~ *de la cara.* 3 ARQ. Adorno en figura de huevo, que gralte. alterna con el dardo en las molduras convexas.

SIN. *3* **Ova, óvolo.**

ovante *adj.* [pers.] Que conseguía el honor de la ovación (triunfo). 2 Victorioso o triunfante.

ovar *intr.* Aovar. -2 *intr.-prnl. Murc.* Ponerse de color blanquecino la simiente del gusano de seda cuando va a convertirse en larva.

ovari-, v. ovario-.

ovárico, -ca *adj.* Relativo al ovario.

ovario (l. *-iu*) *m.* ZOOL. Órgano de la reproducción propio de las hembras, donde se producen los óvulos. 2 BOT. Parte inferior del pistilo, que contiene los óvulos; forma una cámara cerrada que puede ser independiente o integrada por la asociación de dos o más ovarios. Por su situación en la flor el ovario puede ser: ~ *súpero,* cuando se halla encima de los demás verticilos; ~ *ínfero,* cuando se halla debajo porque el tálamo floral ha crecido formando copa cerrada alrededor, y está como encerrado por el receptáculo; ~ *semiínfero,* cuando ocurre lo mismo, pero el tálamo forma copa abierta. 3 ARQ. Moldura adornada con óvalos.

ovario-, ovari- (de *ovario*) Elemento prefijal que entra en la formación de palabras con el significado de ovario.

ovariotomía (*ovario-* + *-tomía*) *f.* CIR. Extirpación de uno o ambos ovarios.

ovaritis (*ovari-* + *-itis*) *f.* MED. Inflamación de los ovarios. ◇ Pl.: *ovaritis.*

ovas *f. pl.* Huevas.

ovecico *m.* Dim. de *huevo.*

oveja (l. *ovicula;* dim. de *ovis*) *f.* Hembra del carnero: ~ *renil,* la machorra o castrada. 2 fig. ~ *negra,* persona que en una familia o colectividad difiere desfavorablemente de los demás. 3 *Amér.* Llama (mamífero).

REL. **Carnero, marón, morueco, murueco,** macho de la oveja; **cordero, -ra,** hijos de la oveja hasta que tienen un año; **borrego, -ga,** de uno a dos años; **descorderar,** separar los corderos de la madre para formar nuevo rebaño; **paridera,** lugar donde paren las ovejas; **balido** (vb. balar), voz de la oveja; **lana,** pelo de la oveja; **ovejero,** o simplte. **pastor,** pastor de ovejas; **lanar, ovino,** ganado de esta especie, adj.; **aprisco, majada, redil, ovil,** lugar donde se recogen los rebaños.

ovejería *f. Amér. Merid.* Ganado ovejuno y hacienda destinada a su crianza. 2 *Chile.* Crianza de ovejas.

ovejero, -ra *adj.-s.* Que cuida de las ovejas.

ovejo *m. La Mancha.* Carnero, y p. ext. animal ovino. 2 *La Mancha.* fig. Hombre de pocas palabras y duro de mollera. -3 *adj. P. Rico.* Ovejuno (hombre melenudo).

ovejón *m. Perú.* Sombrero haldudo de lana.

ovejuela *f.* Dim. de *oveja.*

ovejuno, -na *adj.* Relativo a las ovejas. 2 *P. Rico.* [hombre] Que se ha dejado crecer demasiado el cabello.

overa *f.* Ovario de las aves.

overbooking (voz inglesa) *m.* Sobreventa. ◇ Se pronuncia *oberbukin.*

overeado *m. Parag.* Operación de tostar al fuego la hoja de mate.

overear *tr. Amér. Merid.* Tostar [una cosa] hasta que tome color dorado.

overo, -ra (parece compuesto de *hovo* < l. v. *falvus* + *vero* < l. *varius*) *adj.-s.* Animal de color parecido al del melocotón. 2 [ojo] Que resalta lo blanco. 3 *Amér.* [animal] Remendado o pío. ◇ También se escribe *hovero.*

overol (ing. *overall*) *m. Amér.* Mono, traje de faena de una pieza.

ovetense *adj.-s.* De Oviedo. 2 De Coronel Oviedo, cap. del dep. de Caaguazú (Paraguay).

ovezuelo *m.* Dim. de *huevo.*

ovi-, v. ovo-.

ovicida (ovi- + *-cida*) *adj.-s.* [producto químico] Que se emplea contra los insectos y ácaros en la fase de huevo.

ovidiano, -na *adj.* Característico de Ovidio (43 a. C.-17 d. C.) como escritor, o que tiene semejanza con su estilo.

óvido, -da *adj.-m.* Ovino (subfamilias).

oviducto (*ovi-* + l. *ductus,* conducto) *m.* Conducto que desde los ovarios lleva los óvulos al exterior.

SIN. **Madrecilla, huevera,** en las aves; **trompa de Falopio,** en los mamíferos.

oviforme (*ovi-* + *-forme*) *adj.* Que tiene forma de huevo.

ovil (l. *ovile*) *m.* Redil, aprisco.

ovillar *intr.* Hacer ovillos. -2 *prnl.* Encogerse y recogerse haciéndose un ovillo.

ovillejo *m.* Dim. de *ovillo.* 2 Combinación métrica de tres octosílabos que alternan con tres versos de pie quebrado, y de una redondilla cuyo último verso se compone de los tres pies quebrados (riman el primero y el segundo, el tercero y el cuarto, el quinto, sexto, séptimo y décimo, y el octavo y el noveno); **POESÍA.

ovillo (ant. *luviello,* del l. *globellum;* dim. de *globu,* bola) ***m.*** Bola formada devanando un hilo de lino, de algodón, seda, lana, etc. 2 fig. Cosa enredada y de figura redonda. 3 fig. Montón o multitud de cosas sin trabazón ni arte. 4 germ. Lío de ropa.
REL. *1* **Alma del ovillo, devanador,** materia (papel, astilla, copo, etc.) sobre la cual se forma el ovillo. FR. *Hacerse uno un ~,* fig., acurrucarse, contraerse, encogerse por miedo, dolor, etc.; embrollarse hablando o discurriendo.

ovino, -na (l. *ovis,* oveja) ***adj.*** [ganado] Lanar. -2 ***adj.- m.*** Animal de la subfamilia de los ovinos. -3 ***m. pl.*** Subfamilia de rumiantes bóvidos de pequeño tamaño, con el hocico peludo y los cuernos anillados, mayores en los machos que en las hembras, y en aquéllos retorcidos en espiral; como el carnero y la cabra.
SIN. *2* y *3* **Óvido.**

ovio, -via ***adj.*** desus. Obvio.

ovíparo, -ra (*ovi-* + *-paro*) ***adj.-s.*** Animal cuyo desarrollo embrionario se verifica dentro de las cubiertas del huevo, el cual es expulsado por la madre mucho antes del nacimiento; como las aves y los insectos.

oviscapto (*ovi-* + gr. *scapo,* cavar) ***m.*** Órgano de las hembras de ciertos insectos que les sirve para abrir agujeros en la tierra o en los tejidos vegetales o animales, donde depositan sus huevos.

ovispa ***f.*** *And.* y *Extr.* Abeja; avispa.

ovni (sigla lexicalizada) ***m.*** Objeto volador no identificado.
SIN. **Platillo volante.** REL. **Ufología.**

ovo ***m.*** ARQ. Ornamento en forma de huevo.

ovo-, ovi- (l. *ovum,* huevo) Elemento prefijal que entra en la formación de palabras con el significado de huevo.

ovoalbúmina (*ovo-* + *albúmina*) ***f.*** Albúmina de huevo.

ovocélula (*ovo-* + *célula*) ***f.*** BOT. Gameto femenino.

ovogénesis (*ovo-* + *-génesis*) ***f.*** Formación de los gametos femeninos entre los animales. ◇ Pl.: *ovogénesis.*

ovoide (*ovo-* + *-oide*) ***adj.-s.*** Ovoideo. -2 ***m.*** Conglomerado de carbón u otra materia que tiene esta forma.

ovoideo, -a (*ovo-* + *-oideo*) ***adj.*** Aovado.

óvolo (v. *óvulo*) ***m.*** Cuarto bocel. 2 ARQ. Óvalo. ◇ HOMÓF.: *óbolo* (m.).

ovoposición (*ovo-* + *posición*) ***f.*** ZOOL. Acto de la puesta de los huevos.

ovopositor ***m.*** Aparato destinado a la puesta de los huevos, propio de la hembra de los insectos.

ovoso, -sa ***adj.*** Que tiene ovas.

ovotestis ***f.*** Glándula genital hermafrodita, que puede producir sucesiva o simultáneamente óvulos y espermatozoides. ◇ Pl.: *ovotestis.*

ovótida ***f.*** Óvulo (macrogameto).

ovovivíparo, -ra (*ovo-* + *vivíparo*) ***adj.-s.*** Animal de generación ovípara que verifica la ruptura del huevo en el trayecto de las vías uterinas.

Ovra (iniciales del n. it. *O*pera *V*oluntaria *R*epressione *A*nti-Fascista) ***f.*** Policía secreta italiana que fue implantada por el fascismo.

ovulación ***f.*** Desprendimiento natural del óvulo en el ovario para que pueda recorrer su camino y ser fecundado.

I) ovular ***intr.*** Salir el óvulo del ovario.

II) ovular ***adj.*** Perteneciente o relativo al óvulo.

óvulo (der. del l. *ovu,* huevo) ***m.*** ZOOL. Gameto sexual femenino. 2 BOT. En las plantas fanerógamas, órgano contenido en el ovario y en cuyo interior se forma la oosfera. 3 Supositorio vaginal.
SIN. *1* **Macrogameto.**

ox-, v. oxi-.

¡ox! Interjección que se usa para espantar las aves domésticas.
SIN. **¡Os!, ¡oxe!**

oxácido (*ox-* + *ácido*) ***m.*** QUÍM. Ácido que contiene oxígeno en su molécula.

oxalato ***m.*** Sal o éster del ácido oxálico: *~ potásico* o *sal de acederas.*

oxálico, -ca (l. *oxalis,* acedera) ***adj.*** Relativo a las acederas o productos análogos. 2 *Ácido ~,* el bibásico blanco y cristalino, $C_2O_4H_2$, usado para blanquear la paja, quitar manchas, etc.

oxalidáceo, -a ***adj.-f.*** Planta de la familia de las oxalidáceas. -2 ***f. pl.*** Familia de plantas dicotiledóneas, generalmente herbáceas, de hojas compuestas, con los folíolos inversamente acorazonados, flores en umbela o solitarias, axilares y frutos en cápsula o baya; como la aleluya.

oxalídeo, -a ***adj.*** Oxalidáceo.

oxalme (l. y gr.) ***m.*** Salmuera con vinagre.

oxaluria (de *oxalato* + *-uria*) ***f.*** MED. Presencia de oxalatos en la orina.

¡oxe! Interjección ¡Ox!

oxear (de *¡ox!*) ***tr.*** Espantar [las aves domésticas]: *~ las gallinas.*
SIN. **Osear.**

oxemia (*ox-* + *-emia*) ***f.*** MED. Oxigenación de la sangre.

oxhídrico ***adj.*** V. soplete ~.

oxhidrilo ***m.*** Hidroxilo.

oxi-, ox- (gr. *oxýs,* ácido, agudo) Elemento prefijal que entra en la formación de palabras con el significado de óxido o ácido en química y de agudo en medicina e historia natural: *oxihemoglobina, oxiacanto.*

oxiacanta (gr. *oxyácantha*) ***f.*** Espino (arbolillo).

oxiacanto, -ta (*oxi-* + gr. *acantha,* espina) ***adj.*** BOT. Que tiene muchas púas o espinas.

oxiacetilénico, -ca (*oxi-* + der. de *acetileno*) ***adj.*** Relativo a la mezcla de oxígeno y acetileno: *soplete ~.*

oxicelulosa (*oxi-* + *celulosa*) ***f.*** QUÍM. Producto formado por la acción de agentes oxidantes sobre la celulosa.

oxicloruro (*oxi-* + *cloruro*) ***m.*** QUÍM. Cloruro de un radical oxigenado.

oxicorte (*oxi-* + *corte*) ***m.*** Técnica de cortar metales con soplete oxiacetilénico.

oxicrato ***m.*** Bebida preparada con agua y vinagre.

oxidable ***adj.*** Que se puede oxidar.

oxidación ***f.*** Acción de oxidar u oxidarse. 2 Efecto de oxidar u oxidarse. 3 Toda operación que implica la pérdida de electrones de los átomos.

oxidante ***adj.-m.*** Que oxida o sirve para oxidar.

oxidar (de *óxido*) ***tr.-prnl.*** Combinar [una substancia] con oxígeno. 2 Quitar hidrógeno [a un compuesto] por la acción del oxígeno.
CONTR. *1* **Reducir.**

oxidasa ***f.*** QUÍM. Grupo de enzimas que provocan la oxidación.

óxido (gr. *oxys,* ácido) ***m.*** Combinación del oxígeno con un elemento: *~* ***nitroso,*** gas hilarante (N_2O) empleado para producir una anestesia de corta duración.

oxidrilo ***m.*** QUÍM. Hidroxilo.

oxigenable ***adj.*** Que se puede combinar con el oxígeno.

oxigenación ***f.*** Acción de oxigenar u oxigenarse. 2 Efecto de oxigenar u oxigenarse.

oxigenado, -da ***adj.*** Que contiene oxígeno. 2 Descolorado por el oxígeno.

oxigenar (de *oxígeno*) ***tr.*** Oxidar. -2 ***prnl.*** fig. Airearse, respirar al aire libre.

oxígeno (*oxi-* + *-geno*) ***m.*** Cuerpo simple gaseoso, esencial para la respiración, que se encuentra libre en la atmósfera y es uno de los componentes del agua y de gran número de substancias orgánicas. Su símbolo es *O,* su peso atómico 16 y su número atómico 8.

oxigenoterapia (*óxigeno* + *-terapia*) ***f.*** Tratamiento médico por inhalaciones de oxígeno.

oxigonio (*oxi-* + *-gonio*) ***adj.*** V. triángulo oxigonio.

oxihemoglobina (*oxi-* + *hemoglobina*) ***f.*** Cuerpo que resulta en la respiración de la combinación de la hemoglobina con el oxígeno.

oxilita ***f.*** Nombre comercial del peróxido de sodio, que sirve para obtener oxígeno por acción del agua.

oximel, -miel ***m.*** Ojimiel.

oximetría (*oxi-* + *-metría*) ***f.*** Determinación de la cantidad de ácido libre contenido en una substancia.

oxímoron ***m.*** RET. Figura consistente en reunir dos palabras aparentemente contradictorias.

oxipétalo (*oxi-* + *pétalo*) ***m.*** BOT. Planta trepadora del Brasil, de la familia de las asclepiadáceas, que sirve de adorno en los jardines.

oxitócico, -ca (*oxi-* + gr. *tokós,* parto) ***adj.-s.*** Substancia que produce la contracción del músculo uterino; empleada para provocar el parto.

oxítono, -na (gr.) ***adj.-s.*** GRAM. Vocablo agudo.

oxiuro (*oxi-* + *-uro*) ***m.*** Gusano nematodo de pequeño tamaño, parásito intestinal de diversos animales, especialmente del hombre *(Oxyuris vermicularis).* -2 ***m. pl.*** Género de estos vermes.

oxizacre (*oxi-* + gr. *sakchar,* azúcar) ***m.*** Bebida que se hacía con zumo de granadas agrias y azúcar. 2 p. ext. Bebida agridulce, en general.

oxoniense (l. *Oxonium*) ***adj.-s.*** Natural de Oxford, c. de Inglaterra. -2 ***adj.*** Relativo a Oxford: *Universidad, edición ~.*

¡oxte! Interjección que se emplea para rechazar a persona o cosa que molesta. 2 fig. ***Sin decir ~ ni moxte,*** sin hablar palabra.
SIN. *2* **Oste** y **moste, uste** y **muste.**
¡oy! Interjección con que se denota alegría o bienestar.
oyamel ***m.*** *Méj.* Especie de abeto de madera blanca, cuyo tronco produce la resina llamada aceite de abeto *(Abies religiosa).*
oyanza *f.* *Colomb.* y *Ecuad.* Uyanza.
¡oye! Interjección ¡Oiga!
oyente ***adj.-com.*** Que oye. 2 Asistente a un aula no matriculado como alumno.
SIN. *1* **Oidor.**
oyetón, -tona ***adj.*** *Perú.* Bellaco, simple.
¡oyoo! Interjección usada entre la gente del campo para llamarse desde lejos.
ozobromia *f.* FOT. Procedimiento fotográfico en el cual la imagen es formada por un pigmento.
ozona *f.* Ozono.
ozonador ***adj.-s.*** Ozonizador.
ozónido ***m.*** QUÍM. Compuesto orgánico explosivo, formado por una olefina y ozono.
ozonificación *f.* Acción de ozonizar. 2 Efecto de ozonizar.
ozonificar ***tr.*** Ozonizar [algo]. ◇ ** CONJUG. [1] como ***sacar.***
ozonización *f.* Transformación en ozono. 2 Esterilización de las aguas por el ozono.
ozonizador, -ra ***adj.*** Que ozoniza. -2 ***m.*** Aparato para convertir el oxígeno en ozono por medio de la descarga eléctrica.
ozonizar ***tr.*** Convertir el oxígeno en ozono. 2 Combinar con ozono. ◇ ** CONJUG. [4] como ***realizar.***
ozono (gr. *ozo,* tener olor) ***m.*** Gas muy oxidante, de color azulado y olor a marisco, que es un estado alotrópico del oxígeno producido por la electricidad, y se encuentra en pequeñas proporciones en la atmósfera después de las tempestades.
ozonómetro (*ozono* + *-metro*) ***m.*** Reactivo o aparato para determinar la cantidad de ozono existente en la atmósfera o en una mezcla gaseosa.
ozonosfera (*ozono* + gr. *sphaira, esfera*) *f.* Capa atmosférica situada entre los 15 y los 60 kms. de altitud, que comprende parte de la estratosfera y la mesosfera, caracterizada por la presencia de ozono.
ozonoterapia (*ozono* + *-terapia*) *f.* MED. Empleo del ozono para la curación de determinadas enfermedades.
ozoquerita *f.* Cera mineral.
ozotipia (*ozono* + *-tipia*) *f.* FOT. Procedimiento de impresión fotográfica en el cual se funda la ozobromia.

P, p *f.* Pe, decimoséptima letra del **alfabeto español que representa gráficamente a la consonante oclusiva, bilabial y sorda. 2 Símbolo químico del *fósforo*.

Pa, símbolo químico del *protactinio*. 2 Símbolo del *pascalio*.

pabellón (l. *papilione,* mariposa; b. l., tienda de campaña; a través del fr. ant. *paveillon*) *m.* Tienda de campaña en forma de cono, sostenida interiormente por un palo hincado en tierra y sujeta al terreno con cuerdas y estacas. 2 Grupo de fusiles con las culatas apoyadas en el suelo y las bayonetas enlazadas. 3 Dosel plegazido de una cama, trono, altar, etc. 4 Edificio, gralte. aislado, que depende de otro o está contiguo a él. 5 Construcción o edificio que forma parte de un conjunto, como los de una exposición, ciudad universitaria, hospital, cuartel, etc. 6 Ensanche cónico con que termina la boca de algunos instrumentos de viento: *el ~ de la corneta, del clarinete.* 7 Pirámide truncada en el tallado de algunas piedras preciosas. 8 Nación a que pertenecen las naves mercantes, simbolizada en su bandera 9 Bandera nacional: ***el ~ cubre la mercancía,*** norma del derecho de gentes que protege el tráfico de los buques neutrales. Úsase tambien en sentido figurado para indicar que una autoridad o prestigio ampara cosas viciosas o culpables. 10 fig. Protección que se dispensa o a la que uno se acoge. 11 ANAT. Dilatación en el extremo de un tubo, sonda o conducto: ***~ de la pelvis,*** parte superior ensanchada de la pelvis; ***~ del oído,*** oreja (repliegue). 12 ARQ Resalto de una fachada en medio de ella o en algún ángulo, que suele coronarse de ático o frontispicio. 13 TECN Parte cónica que contiene el líquido en un embudo. 14 *Argent.* Figura del pericón. 15 *Venez.* Plato en que se sirven separadamente carne frita, arroz y judías. -16 ***m. pl.*** *Colomb.* Cohetes grandes.

pábilo, pabilo (l. **papilu < papyru*) *m.* Torcida que está en el centro de la vela o antorcha. 2 Parte carbonizada de esta torcida. 3 *And.* Carozo. ◇ La acentuación de los clásicos es la etimológica *pabilo*. Modernamente se ha generalizado *pábilo*.

pabilón *m.* Mecha o parte de seda, lana o estopa que pende algo separada del copo de la rueca.

pabiloso, -sa *adj.* [cirio o vela] Que tiene exceso de pabilo quemado y da poca luz.

pablar (v. *hablar*) *intr.* fest. Parlar o hablar.

pablo *m. Méj.* fest. Pagano.

pábulo (l. *-lu*) *m.* Pasto, comida, alimento para la subsistencia o conservación. 2 fig. Sustento en las cosas inmateriales.

FR. *Dar ~*, echar leña al fuego; dar ocasión, motivo, materia para algo.

I) paca (quechua *paco,* rojizo) *f.* Mamífero roedor de América del Sur, de unos 50 cms. de largo, de pelaje espeso y lacio, hocico agudo y orejas pequeñas y redondas; gruñe como el cerdo y su carne es muy estimada *(Cœlogenys paca).*

SIN. **Capa.**

II) paca (fr. antic. *pacque,* der. probl. del neerl. *packe*) *f.* Fardo, esp. de forrajes, lana o algodón en rama.

REL. **Empacar,** hacer pacas de una mercancía.

pacaá *m. Argent.* Pava de monte *(Penelope obscura).*

pacana *f. Cuba.* y *Méj.* Pacano. 2 Fruto del pacano.

pacanero *m. Cuba* y *Méj.* Pacano.

pacano *m. Amér. Central.* Árbol juglandáceo de gran altura, que produce un fruto seco del tamaño de una nuez de cáscara lisa y forma de aceituna *(Carya illinoiensis).*

pacato, -ta (l. *-tu < pacare,* pacificar; doble etim. *pagado*) *adj.-s.* De condición nimiamente pacífica y moderada. 2 De poco valor, insignificante. 3 Timorato, que tiene o manifiesta excesivos escrúpulos.

pacay (quechua) *m. Amér.* Guamá, árbol. 2 Fruto de este árbol ◇ Pl.: *pacayes* o *pacaes.*

pacaya *f. Amér. Central.* Palmera propia de las montañas más frías *(Kunthia montana).* 2 fig. *Guat.* Disgusto o enojo oculto.

pacayal *m. C. Rica, Guat., Hond.* y *Nicar.* Lugar sembrado de pacayas.

pacayar *m. Perú.* Plantío de pacayas.

pacedero, -ra *adj.* Que tiene hierba para pasto.

pacedura *f.* Apacentamiento del ganado.

pacense (l.) *adj.-s.* De Beja, c. de Portugal. 2 De Badajoz, c. de Extremadura.

paceño, -ña *adj.-s.* De La Paz, c. de Bolivia. 2 De La Paz, cap. del territorio de Baja California Sur (Méjico). 3 De La Paz, dep. de El Salvador. 4 De La Paz, c. y dep. de Honduras.

pacer (l. *pascere*) *intr.-tr.* Comer el ganado [la hierba de los campos]: *las ovejas pacen en la dehesa.* -2 *tr.* Comer, roer o gastar [una cosa]. 3 fact. Apacentar. ◇ **CONJUG. [43] como ***agradecer.***

SIN. *1* **Pastar**

pacha (voz quechua) *f. Colomb.* Efecto, en el juego de billar. 2 *Ecuad.* Túnica, tipoy. 3 *Nicar.* Biberón. 4 *Nicar.* Botella pequeña y aplanada, que se usa corrientemente para llevar licor.

pachá (turco *paša;* a través del fr. *pacha*) *m.* Bajá. 2 fig. Persona que se da buena vida. ◇ Pl.: *pachaes.*

pachacho, -cha *adj. Chile.* Rechoncho.

pachaco, -ca *adj. Amér. Central.* Inútil; enclenque.

pachada *adj. Chile.* [gallina] Enana.

pachamanca (quechua) *f. Amér. Merid.* Carne que se asa en tre piedras caldeadas o en un agujero que se abre en la tierra y se cubre con piedras calientes.

pachamanga *f. Venez.* Desmayo, desvanecimiento.

pachamanquear *tr. Perú.* Abusar, explotar.

pachana *f.* Pachano.

pachanga *f.* Diversión, jolgorio ruidoso y desordenado. 2 Cierto baile.

pachango, -ga *adj. Chile.* Inútil; enclenque. 2 *Hond.* y *Nicar.* Regordete.
pachanguero, -ra *adj.* [espectáculo, fiesta, música] De escasa calidad, fácil, bullicioso, pegadizo: *orquesta pachanguera.*
pachanguita *f.* hum. En el juego del fútbol, peloteo relajado y falto de orden a modo de entrenamiento.
pachano (Apellido de un general venezolano) *m. Venez.* Moneda de oro de 25 pesos.
SIN. **Pachana.**
pacheco *m. Venez.* Frío.
pachequil *m. Argent.* Pachiquil.
pachiche *adj. Méj.* [fruto o cosa pequeña] Que no ha crecido.
pachigua (mej. *pachihui,* hartarse) *adj. Hond.* Harto, que ha comido mucho.
pachiquil *m. Argent.* Rodete que se pone sobre la cabeza para llevar en ella cosas pesadas.
pacho, -cha *adj. Amér. Central* y *Chile.* fam. Bajo, regordete. 2 *Amér. Central.* Chato, aplanado. 3 *Cuba.* Calmoso, flemático.
pachocha *f.* Especie de gazpacho que consiste en un trozo grande de pan mojado en agua, vinagre y sal, y que una vez esponjado se rocía con aceite. 2 *Amér.* Pachorra, flema. 3 *Amér. Merid.* En el juego de la malilla, conjunto de muchas cartas de un mismo palo en una misma mano.
pachol (mej. *pazolli,* maraña) *m. Méj.* Pelo enmarañado.
pacholí *m. Méj.* Tortilla tostada.
pachón, -chona (emparentado con *pachorra*) *adj.-s.* V. perro pachón. -2 *m.* fam. Hombre calmoso y flemático. 3 *Amér.* Capote de palma de los indios. -4 *adj.-s. Amér.* Peludo, lanudo.
pachorra (quizás voz descriptiva) *f.* fam. Flema, indolencia, tardanza.
SIN. V. **Apatía.**
pachorrada *f. Cuba* y *Perú.* Patochada.
pachorrear *intr. Amér.* Gastar pachorra.
pachorriento, -ta *adj. Perú.* Pachorrudo.
pachorro, -rra *adj. Amér.* Pachorrudo.
pachorrudo, -da *adj.* fam. Que gasta mucha pachorra.
pachotear *intr. Chile.* Decir sandeces, tonterías.
pachucho, -cha (quizás voz descriptiva) *adj.* Pasado de puro maduro. 2 fig. Flojo, débil, desmadejado. 3 *Extr.* [pers.] Grueso y pesado.
pachuco *m.* Jerga hispanoinglesa hablada por los emigrantes en el sur de los Estados Unidos de Norteamérica.
pachulí (fr. *patchouli,* de origen indostánico) *m.* Planta labiada muy olorosa, de cuyos tallos y hojas se obtiene por destilación un perfume muy usado *(Pogostemon patchouli).* 2 Perfume de esta planta. ◇ Pl.: *pachulíes.*
pachuqueño, -ña *adj.-s.* De Pachuca, cap. del estado de Hidalgo (Méjico).
paciencia (l. *patientia*) *f.* Virtud del que sabe sufrir y tolerar los infortunios y adversidades con fortaleza, sin lamentarse; virtud cristiana que se opone a la ira: ***acabar, consumir*** o ***gastar, la ~ a uno,*** apurársela; hacerle sufrir mucho. 2 Calidad del que sabe esperar con calma una cosa que tarda, o sufrir la duración de un trabajo: *es una operación que requiere ~.* 3 Bollo redondo y muy pequeño, hecho con harina, huevo, almendra, azúcar y cocido en el horno. 4 Resalte inferior del asiento de un sillón de coro, dispuesto de tal modo que al levantarse el asiento pueda servir de apoyo a quien está de pie. 5 fig. Tolerancia o consentimiento en mengua del honor.
paciencioso, -sa *adj. Amér.* Pacienzudo.
paciente *adj.* Que tiene paciencia. -2 *com.* Persona que padece una enfermedad, un mal físico. -3 *m.* Persona paciente. 4 FIL. Sujeto que recibe o padece la acción del agente. 5 GRAM. ***Persona ~,*** v. persona.
SIN. *2* **Enfermo.**
pacientemente *adv. m.* Con paciencia.
pacienzudo, -da *adj.* Que tiene mucha paciencia.
pacificación *f.* Acción de pacificar. 2 Efecto de pacificar. 3 Paz (tranquilidad y convenio).
SIN. **Apaciguamiento.**
pacificador, -ra *adj.-s.* Que pacifica (establece la paz). -2 *m. Colomb.* Chupete.
pacíficamente *adv. m.* Con paz y quietud; sin oposición o contradicción.
pacificar (l. *-are;* doble etim. *apaciguar*) *tr.* Establecer la paz [donde había guerra]; reconciliar [a los que están opuestos]. -2 *intr.* Tratar de asentar paces: *conviene ~.* -3 *prnl.* Sosegarse y aquietarse las cosas insensibles: *pacificarse los vientos.* ◇ **CONJUG. [1] como *sacar.*
pacífico, -ca (l. *-cu*) *adj.* Quieto, sosegado y amigo de paz. 2 Que no tiene o no halla oposición o alteración en su estado.
pacifismo *m.* Conjunto de doctrinas encaminadas a mantener la paz entre las naciones; doctrina de los que estiman la paz como el estado ideal de las naciones, considerando la guerra como uno de los mayores males de la humanidad, opuesto a la ley de Dios y a la civilización. 2 Conjunto de proyectos y actos dirigidos a evitar las guerras, con soluciones jurídicas en los conflictos internacionales y sirviéndose de medios como el desarme o reducción de armamentos, establecimiento de tribunales internacionales, etc.
CONTR. **Belicismo.**
pacifista *adj.-com.* Partidario del pacifismo. -2 *adj.* Relativo al pacifismo.
paclé *m. Méj.* Segundo elemento de compuestos que significa medicina, hierba.
I) paco, -ca (quechua, rojizo) *adj.-m. Argent.* y *Chile.* Color bayo, rojizo. -2 *m.* Alpaca (mamífero). 3 *Amér.* Celador o sereno, gendarme. 4 *Amér. Merid.* Mineral de plata con ganga ferruginosa. 5 *Perú.* Afta, enfermedad.
II) paco (de *pacooó,* onomat. del disparo y su eco) *m.* Moro de las antiguas posesiones españolas en África que, aislado y escondido, disparaba sobre los soldados. 2 p. ext. Tirador aislado.
III) paco *m. Nicar.* Tamal de maíz lavado.
IV) paco, -ca *adj. Venez.* [res] De oreja caída.
Paco (el tío ~) *fr.* ***Ya vendrá el tío Paco con la rebaja,*** la realidad que rebaja ilusiones y proyectos.
pacolla *f. S. Dom.* Gran cantidad de dinero.
pacómetro (gr. *pachys,* grueso + *-metro*) *m.* Aparato para medir el espesor de espejos y lunas.
pacón (mej. *pacá,* lavar) *m. Hond.* Árbol llamado también del jabón, porque sus raíces se emplean como tal. Produce unas semillas negras y lustrosas con que juegan los muchachos *(Sapindus saponaria).* 2 *Hond.* Esta misma semilla.
pacopaco (n. de un saltamontes) *m. Colomb.* fig. Pollo, mozalbete.
pacora *f. Colomb.* Cuchillo ancho y corto us. para descamar y sajar los peces.
pacorra *f. Venez.* Solterona, jamona.
pacota *f. Argent.* Grupo que acompaña a alguien. 2 *Méj.* Objeto de mala clase o de calidad inferior; persona de escaso valer. -3 *loc. adj. Méj.* ***De ~,*** [cosa] que se hace en cantidad bajo un mismo modelo o molde.
pacotilla (de *paca* II) *f.* Porción de géneros que los marineros u oficiales de un barco pueden embarcar por su cuenta libres de flete. 2 fig. Género de inferior calidad. 3 *Chile, Ecuad.* y *Guat.* Chusma, caterva. 4 *Parag.* Encomienda o mercadería que se recibe por correo.
FR. fig. *Ser de ~ una cosa,* ser de inferior calidad o defectuosa; *hacer uno su ~,* reunir caudal mayor o menor con negocios, trabajo, ahorro, etc.
pacotillero, -ra *adj.-s.* Que negocia con pacotillas. -2 *m. f. Amér.* Buhonero, mercader ambulante. 3 *Ecuad.* vulg. Rústico.
pacoyuyo *m. Perú.* Planta compuesta medicinal *(Galinsoga parviflora).*
pactar *tr.* Asentar o poner [condiciones] o consentir [estipulaciones] para concluir un negocio u otra cosa entre partes, obligándose mutuamente a su observancia; esp., contemporizar una autoridad: *~ alguna cosa con otro; ~ entre sí, ~ con el enemigo.*
pacto (l. *-tu;* doble etim. *pecho* II) *m.* Concierto o asiento en que se convienen dos o más personas o entidades que se obligan a su observancia. 2 Lo estatuido por tal concierto. 3 Convenio que se supone hecho con el demonio para obrar por medio de él cosas extraordinarias, embustes y sortilegios.
pacú (guaraní) *m. Argent.* Pez de río de gran tamaño y comestible *(Pacu nigricans).*
pacuache *adj.-com.* Indio mejicano de una tribu amerindia, actualmente extinguida que habitaba en el estado de Coahuila.
pacul *m.* Plátano silvestre de Filipinas, del cual se saca una fibra textil.
pacuna *f. Bol.* Cerbatana (cañuto).
pacuno, -na *adj. Chile.* Plebeyo, ordinario.
pada *f.* Molusco gasterópodo marino sedimentívoro y comedor de algas, cuya concha tiene muchas espiras esculpidas *(Cerithium vulgatum).*
padal (arauc.) *m. Chile.* Capa superior de un tejado pajizo.

padecer (del l. *pati*) ***tr.*** Recibir la acción [de una cosa que causa daño o dolor físico o moral]: ~ *una enfermedad, una ofensa.* 2 Soportar (tolerar). 3 eufem. Con palabras como *error, engaño, desilusión*, etc., incurrir, caer en ellas. -4 ***intr.*** Sentir física o moralmente un daño o dolor: ~ *con las impertinencias de otro;* ~ *de los nervios;* ~ *en la honra;* ~ *por Dios;* ~ *mucho; hemos de* ~. 5 fig. Recibir daño las cosas: *la madera padece de los golpes que le das; la cuerda padece.* ◇ **CONJUG. [43] como ***agradecer.***
SIN. **Sufrir.**

padecimiento ***m.*** Acción de padecer (sentir dolor).
SIN. v. **Enfermedad.**

padilla (l. *patella,* plato o sartén; doble etim. *paella, paila*) ***f.*** Sartén pequeña. 2 Horno de pan con una abertura en el centro de la plaza, por donde entra el aire para la combustión y se saca la ceniza.

padrastro (l. *patrastru;* desp. de *pater,* padre) ***m.*** Marido de la madre respecto de los hijos que ésta tiene de un matrimonio anterior. 2 fig. Mal padre. 3 fig. Obstáculo, impedimento que estorba o hace daño en una materia. 4 fig. Pedacito de pellejo levantado de la carne inmediata a las uñas de las manos, que causa dolor y estorbo. 5 fig. Dominación (lugar alto).
SIN. *4* **Respigón.**

padrazo ***m.*** fam. Padre muy indulgente con sus hijos.
SIN. **Padrón.**

padre (l. *patre*) ***m.*** Varón que ha engendrado. 2 Varón respecto de su hijo o hijos: ~ ***de pila,*** padrino en el bautismo; ~ ***de familia*** o ***de familias,*** jefe de una familia; ~ ***conscripto,*** entre los romanos, senador; ~ ***político,*** p. ext., padrastro (marido de la madre); suegro. 3 ***Padre Eterno,*** o simplte., ***Padre,*** primera persona de la Santísima Trinidad; ***Padre nuestro,*** oración dominical que comienza con estas palabras. 4 Título dado a los religiosos y sacerdotes: ~ ***santo,*** el sumo pontífice; ~ ***espiritual*** (o ***director espiritual),*** confesor que dirige el espíritu y conciencia del penitente; ~ ***de la Iglesia*** o ***santo*** ~, escritor cristiano antiguo reconocido por la Iglesia como doctor y maestro. 5 Miembro de ciertas congregaciones religiosas: *los padres jesuitas.* 6 fig. Cosa de quien proviene otra como de su principio: *el ocio es* ~ *de todos los vicios.* 7 fig. Creador, inventor de alguna cosa: *Esquilo es el* ~ *de la tragedia;* ~ ***de la patria,*** sujeto venerable por los especiales servicios que prestó a su patria; irón., diputado a Cortes o senador; ***el*** ~ ***de la criatura,*** irón., autor o inspirador de algún hecho. 8 Macho destinado en el ganado para la procreación. -9 ***m. pl.*** El padre y la madre. 10 Abuelos, antepasados: ***nuestros primeros padres,*** Adán y Eva. -11 ***adj.*** fam. Muy grande: *un susto* ~.

padrear ***intr.*** Parecerse uno a su padre en las facciones o en las costumbres. 2 Ejercer el macho las funciones de la generación.

padrecico (der. de *pardre*) ***m.*** *La Mancha.* Primera espiga de los cereales.

padrejón ***m.*** Histerismo en el hombre. 2 *Extr.* Hueso que se sale de su sitio, perturbando las funciones. 3 *Argent.* Padrillo. 4 *And., Cuba, Chile* y *Urug.* En el campo, latido de la arteria epigástrica, que es una afección de tipo histérico.

padrenuestro ***m.*** Padre nuestro. ◇ Pl.: *padrenuestros.*

padrillo ***m.*** *Amér.* Caballo semental.

padrina (de *padrino*) ***f.*** Madrina.

padrinazgo ***m.*** Acto de asistir como padrino a un bautizo o a una función pública. 2 Título o cargo de padrino. 3 fig. Protección, favor que uno dispensa a otro.
SIN. *1* **Apadrinamiento.**

padrino (l. ecl. *patrinu*) ***m.*** El que presenta o asiste a una persona en el sacramento del bautismo, de la confirmación, del matrimonio o del orden, si se trata de un varón, o que profesa, si se trata de una religiosa, al recibir un honor, grado, etc. 2 El que asiste a otro para sostener sus derechos en certámenes literarios, torneos, desafíos, etc. 3 fig. El que favorece o protege a otro en sus pretensiones, designios, etc. 4 *Extr.* Rodrigón. -5 ***m. pl.*** El padrino y la madrina.
REL. **Apadrinar,** ser padrino en gral.; en la acep. 3, **patrocinar, proteger.**
SIN. *3* **Protector, valedor.**

padrón (v. *patrono*) ***m.*** Nómina o lista que se hace en los pueblos para saber por sus nombres el número de vecinos o moradores. 2 Patrón o dechado. 3 Columna o pilar con una lápida o inscripción que recuerda un suceso notable. 4 Nota pública de infamia o desdoro que queda en la memoria por una mala acción. 5 fam. Padrazo. 6 *Amér.* Caballo semental. 7 *Colomb.* Toro padre.
SIN. *1* **Empadronamiento, registro.** REL. **Empadronar,** inscribir en el padrón.

padrote ***m.*** fam. Padrazo. 2 *Amér. Central, Colomb., Pan., P. Rico* y *Venez.* Macho destinado en el ganado a la reproducción. 3 *Méj.* Rufián, alcahuete.

padrotear ***intr.*** *Méj.* vulg. Padrear. 2 *Méj.* Andar con mujeres perdidas. 3 *Venez.* Intimidar un hombre a otro.

paduano, -na ***adj.-s.*** De Padua, c. de Italia.

paella (cat., sartén; v. *padilla*) ***f.*** Sartén grande y poco profunda en que se hace un plato de arroz seco, con carne, legumbres, etc., originario de la región valenciana. 2 p. ext. Dicho plato.

paellera ***f.*** Paella (sartén). 2 Foco de grandes dimensiones utilizado para dar luz de fondo en decorados.

¡paf! voz onomatopéyica del ruido de una caída o de un choque.

pafio, -fia ***adj.-s.*** De Pafos, ant. c. de Chipre.

paflón (fr. *plafond*) ***m.*** Sofito.

paga ***f.*** Acción de pagar, esp. lo que se debe: ~ ***indebida,*** o ***de lo indebido,*** DER., cuasicontrato dimanado del acto de entregar erróneamente cantidad no debida ni exigible; ***buena,*** o ***mala*** ~, fig., persona que prontamente paga lo que debe, o al contrario. 2 Cantidad de dinero que se paga. 3 Sueldo mensual de un empleado o militar. 4 Aguinaldo que se da a los niños todas las semanas o los días de fiesta. 5 Satisfacción de la culpa, delito o yerro, por medio de una pena o cantidad. 6 Correspondencia al afecto, cariño u otro beneficio.
SIN. *1* **Pagamento, pagamiento, pago.** *3* v. **Sueldo.**

pagable ***adj.*** Pagadero.

pagadero, -ra ***adj.*** Que se ha de pagar y satisfacer a cierto tiempo señalado. 2 Que puede pagarse fácilmente. -3 ***m.*** desus. Tiempo u ocasión en que uno ha de pagar lo que debe, o satisfacer con la pena lo que ha hecho.

pagado, -da ***adj.*** Ufano, satisfecho de alguna cosa o de sí mismo.

pagador, -ra ***adj.-s.*** Que paga. -2 ***m. f.*** Persona encargada por el estado, una corporación, o un particular, de satisfacer sueldos, pensiones, créditos, etc.

pagaduría ***f.*** Lugar público donde se paga.

pagamento, -miento ***m.*** Paga (acción).

paganismo (de *pagano*) ***m.*** Gentilidad.

paganizar ***intr.*** Profesar el paganismo el que no era pagano. -2 ***tr.*** Conformar [una cosa] con el paganismo. ◇ ** CONJUG. [4] como ***realizar.***

I) pagano, -na (l. *-nu,* de la aldea, rústico; l. ecl., gentil, no cristiano) ***adj.-s.*** Idólatra, esp. los ant. griegos y romanos. 2 p. ext. Mahometano, o cualquier otro sectario monoteísta o infiel no bautizado.
SIN. **Gentil.**

II) pagano, -na (de *pagano I* × *pagar*) ***adj.-s.*** irón. [pers.] Que paga; aplíc. gralte. al pagador de quien otros abusan y al que sufre perjuicio por culpa ajena.
SIN. **Pagote.**

pagar (l. *pacare,* aplacar; en l. v. *apaciguar al acreedor*) ***tr.*** Dar a uno lo que se le debe: ~ *a los obreros;* ~ *con palabras;* ~ *a,* o *en, dinero.* 2 Satisfacer, esp. en dinero. [el valor de lo que se compra o adquiere]: ***a luego*** ~, al contado. 3 Satisfacer [una deuda o una carga pública]: ~ *la contribución.* 4 esp. adeudar [derechos] los géneros que se introducen: *el aceite paga consumos; este artículo no paga.* 5 fig. Satisfacer [el delito o yerro] por medio de la pena correspondiente: *ha pagado sus culpas;* ***intr.,*** *ha pagado por otro.* 6 Corresponder [al afecto o a un beneficio]. -7 ***prnl.*** Prendarse, aficionarse. 8 Ufanarse de una cosa; hacer ostentación de ella. -9 ***intr.*** *Logr.* Dar rendimiento una semilla cualquiera. ◇ ** CONJUG. [7] como ***llegar.***
SIN. **Abonar, satisfacer,** en gral.; **costear, sufragar,** sugieren a menudo un conjunto de gastos, con carácter de donativo: *costear la construcción de una escuela; sufragar los gastos de un asilo*; **retribuir, recompensar, remunerar,** tratándose de servicios que se pagan al que los presta; **retribuir, recompensar, remunerar.** GRAM. En las aceps. 7 y 8 suele llevar la prep. *de: me pagué de su gallarda presencia; se pagaba de su propia hermosura.*
FR. *Pagarse con,* o *de, buenas razones,* satisfacerse con palabras halagadoras. *Pagarla* o *pagarlas,* fig., sufrir el culpable el castigo que merece. *Pagarla doble,* recibir agravado el castigo por haberlo rehuido la primera vez.

pagaré ***m.*** Papel de obligación por una cantidad que ha de pagarse a tiempo determinado: ~ ***a la orden,*** el que es transmisible por endoso. ◇ Pl.: *pagarés.*

pagaya (malayo *pangáyong;* a través del holandés y del fr. *pagaye*) ***f.*** Remo filipino de pala sobrepuesta y atada con bejuco.

pagayo ***m.*** *P. Rico.* Madero para limpiar de espuma los recipientes donde se cuece guarapo.

pagaza *f.* Ave caradriforme marina, de cola ahorquillada, pico robusto y capirote negro, que pierde en invierno, volviéndosele la frente de color blanco *(Gelochelion nilotica).*
pagel (l. v. *pagellu;* dim. de *pager*) *m.* Pez marino teleósteo perciforme, comestible, de unos 20 cms. de largo, cabeza y ojos grandes, lomo rojizo, vientre plateado, y aletas y cola encarnadas *(Pagellus erytrinus).*
SIN. **Besuguete, pajel, sama; rubiel,** *Ast.*
página (l.) *f.* Plana de la hoja de un libro o cuaderno. 2 Lo escrito o impreso en cada página. 3 fig. Suceso, lance, en el curso de una vida o empresa. 4 ***Páginas amarillas,*** parte de la guía telefónica en que se hallan los datos de profesionales, establecimientos, empresas, etc., agrupados según los diferentes tipos de servicios que prestan.
SIN. *1* **Carilla, llana.**
paginación *f.* Acción de paginar. 2 Efecto de paginar. 3 Serie de las páginas de un escrito o impreso.
paginar *tr.* Numerar las páginas [de un escrito o impreso].
I) pago (de *pagar*) *m.* Entrega de un dinero o especie que se debe. 2 Satisfacción, premio o recompensa: ***en*** ~, fig., en satisfacción, descuento o recompensa.
SIN. *1* **Reintegro.**
II) pago, -ga (ant. pp. de *pagar*) *adj. Amér.* Que ha sido pagado: *viaje ~; gastos pagos.*
III) pago (l. *-gu*) *m.* Distrito determinado de tierras o heredades, esp. de viñas u olivares. 2 *Amér.* País, pueblo.
pagoda (port., der. del dravídico *pagodi,* n. mitológico) *f.* Templo oriental con forma de torre de pisos superpuestos, separados por cornisas o tejados en varias vertientes, que encierra reliquias de Buda o de santos budistas. 2 Ídolo oriental.
pagote (de *pagar*) *m.* fam. Pagano (que paga).
pagro (l. *pager, pagri,* der. del gr. *phagros*) *m.* Pargo.
pagua (arauc. *pahua,* hernia) *f. Chile.* Hernia; hinchazón grande. 2 *Méj.* Aguacate (fruto) muy grande; es empleo metafórico.
paguacha (arauc. *pahua,* hernia) *f. Chile.* Calabaza o vasija. 2 *Chile.* Fruta muy grande y redonda, en general. 3 *Chile.* Hucha o alcancía. 4 *Chile.* Petaca. 5 *Chile.* Cabeza redonda. 6 *Chile.* Joroba.
pagüento, -ta (de *pagua*) *adj. Chile.* Que tiene hernia, herniado.
paguro (l. *-ru;* gr. *paguros*) *m.* Ermitaño (crustáceo). 2 Centolla, especie de araña de mar.
pahlavi *adj.-m.* Pehlevi.
pahua *f. Chile.* Hernia, potra.
pahuacha *f. Chile.* Paguacha.
paica *f. Argent.* fam. Muchacha que ha llegado a la edad de la pubertad.
paichachú *m. Bol.* Taunachi.
paico (quechua) *m. Amér.* Pazote, planta.
paidología (gr. *pais, paidos,* niño + *-logía*) *f.* Ciencia que estudia todo lo relativo a la infancia y su buen desarrollo físico e intelectual.
paidológico, -ca *adj.* Relativo a la paidología.
paila (v. *padilla*) *f.* Vasija grande de metal, redonda y poco profunda. 2 Dispositivo metálico que permite calentar el agua en las cocinas de carbón. 3 *Amér.* Sartén, vasija. 4 *Cuba.* Charco pequeño en ríos y arroyos. 5 *Nicar.* Machete de hoja ancha y delgada, con mango de un pie de largo, que emplean los operarios para cortar la caña de azúcar.
pailebot, -te (ing. *pilot's boat,* bote de piloto) *m.* MAR. Goleta pequeña, sin gavias, muy rasa y fina. ◇ Pl.: *pailebotes.*
pailero, -ra *m. f. Amér.* Persona que hace, compone o vende pailas y objetos análogos; estañador, calderero. 2 *Amér.* Persona que maneja las pailas en los ingenios de azúcar o fábricas de sal. -3 *m. Nicar.* Operario que corta la caña de azúcar con la paila o machete.
pailón *m.* Aument. de *paila.* 2 *Bol., Ecuad.* y *Hond.* Hondonada redonda. 3 *Colomb.* y *Cuba.* Cazo o perol. 4 *Venez.* Remolino.
pailona *f.* Pez seláceo escualiforme, de color pardo negruzco oscuro, de un poco más de un metro de longitud *(Centroscymnus cœlolepis).*
paina *f. Argent.* Copo blanco formado por los abundantes pelos que cubren las semillas del palo borracho.
painel (trasposición del fr. dial. *paniel,* por el común panel) *m.* Panel.
paipái, paipay *m.* Abanico de palma en forma de pala y con mango. ◇ Pl.: *paipáis.*
pairar (prov. ant. *pairar;* probl. der. del l. *pariare,* desigual) *intr.* MAR. Estar quieta la nave con las velas tendidas y largas las escotas.
SIN. **Trincar.**
pairo *m.* Acción de pairar la nave: *estar al ~.*
país (b. l. *pagensis* < l. *pagus,* aldea; a través del fr. *pays*) *m.* Región, reino, provincia o territorio. 2 Pintura o dibujo que representa cierta extensión de terreno. 3 Papel, piel o tela que cubre la parte superior del varillaje del abanico. ◇ INCOR.: la pronunciación *pais* es frecuente en Vizcaya y algunas partes de América.
paisaje (fr. *paysage*) *m.* País (pintura). 2 Porción de terreno considerada en su aspecto artístico.
paisajismo *m.* Pintura de paisajes.
paisajista *adj.-com.* Pintor de paisajes. 2 Diseñador de parques y jardines.
paisajístico, -ca *adj.* Relativo al paisaje o a su representación artística.
paisana *f.* Baile llamado así porque se ejecuta al modo de los campesinos. 2 Música de este baile.
paisanada *f. Argent.* Gente del campo.
paisanaje *m.* Conjunto de paisanos. 2 Circunstancia de ser de un mismo país dos o más personas.
paisano, -na (fr. *paysan*) *adj.-s.* Que es del mismo país, provincia o lugar que otro. -2 *m. f.* Campesino, labrador. -3 *m.* El que no es militar. -4 *m. f. Ecuad.* y *Perú.* Serrano, esp. si es indio. 5 *Méj.* fam. Español. 6 *S. Dom.* Extranjero, en general, y esp. el de Siria y Palestina.
paisista *adj.-com.* Paisajista.
paja (l. *palea*) *f.* Caña de trigo, cebada, centeno y otras gramíneas, después de seca y separada del grano. 2 Conjunto de estas cañas: ~ ***brava,*** gramínea de Amér. Merid., que se estima como pasto de gran fuerza, como combustible y para cubrir tejados rústicos (gén. *Coleataenia*); ~ ***cebadaza,*** la de cebada; ~ ***centenaza,*** la de centeno; ~ ***pelaza,*** la de cebada machacada con cilindros de piedra para que resulte larga y hebrosa. 3 Arista o parte pequeña y delgada de una hierba o cosa semejante. 4 Pajilla para sorber líquidos, esp. refrescos. 5 fig. Cosa ligera, de poca consistencia o entidad: ***no importar,*** o ***no montar, una cosa una*** ~, ser inútil o de poca entidad. 6 fig. Lo inútil y desechado en cualquier materia. 7 vulg. Masturbación. 8 ~ ***de camello, de esquinanto*** o ***de Meca,*** esquenanto. 9 *Murc.* Estrella fugaz. 10 *Colomb.* y *Guat.* ~ ***de agua,*** grifo o llave de agua. 11 *Nicar.* Grifo, paja de agua.
FR. *Alzar uno las pajas con la cabeza,* fig., haber caído de espaldas. *Buscar uno la ~ en el oído,* buscar ocasión para hacer mal a uno o reñir con él. *Echar pajas,* especie de sorteo que se hace ocultando entre los dedos tantas pajas o palillos desiguales cuantos son los sujetos que sortean; pierde el que saca la menor. *Quitar pajas,* sacar cartas.
pajada *f.* Paja mojada y revuelta con salvado, que se suele dar a las caballerías.
pajado, -da *adj.* Pajizo (de color paja).
pajal *m. Argent.* Pajonal, lugar poblado de ichu.
pajar (l. *paleariu*) *m.* Almiar. 2 Lugar donde se encierra y conserva paja.
SIN. **Cija.**
pájara *f.* Pájaro (ave). 2 Cometa (armazón). 3 Papel cuadrado que dándole varios dobleces viene a quedar con cierta figura como de pájaro. -4 *adj.-f.* Mujer astuta, sagaz y cautelosa. -5 *f.* DEP. Desfallecimiento súbito que impide a un deportista continuar su esfuerzo, esp. a los ciclistas.
SIN. *3* **Pajarita.**
pajaral *m. Cuba.* Lugar donde abundan pájaros.
pajarear *intr.* Cazar pájaros. 2 fig. Andar vagando, sin trabajar en cosa útil. 3 *Amér.* Espantarse una caballería. 4 *Chile.* Estar distraído. 5 *Méj.* Advertir, oír, poner atención. -6 *tr. Amér.* Ahuyentar los pájaros [de los sembrados]. 7 *Colomb.* Acechar. 8 *Colomb.* Asesinar.
pajarel (cat. *passarell* < l. *passer,* pájaro) *m.* Pardillo (ave).
pajarera *f.* Jaula grande o aposento donde se crían los pájaros.
pajarería *f.* Abundancia de pájaros. 2 Tienda donde se venden pájaros y otros animales domésticos.
pajarero, -ra *adj.* Relativo a los pájaros. 2 fam. [pers.] Alegre y chancero. 3 fam. [tela, pintura] De colores chillones y discordantes. -4 *m. f.* Persona que tiene por oficio cazar, criar o vender pájaros. -5 *adj. Amér.* Asustadizo. 6 *Amér.* Brioso (caballería). 7 *Venez.* Entrometido. -8 *m. Colomb.* y *Guat.* Muchacho que espanta los pájaros en los sembrados.
pajarete (de *Pajarete,* localidad cercana a Jerez) *m.* Vino licoroso, muy fino y delicado.

pajaril (hacer ~) (it. *passarino;* dim. de *passaro,* pajaril) *fr.* Amarrar el puño de la vela con un cabo y cargarlo hacia abajo.
pajarilla (dim. de *pájara*) *f.* Aguileña. 2 Bazo, esp. el del cerdo. -3 *m.* Vino blanco de la región de Cariñena.
pajarita (dim. de *pájara*) *f.* Pájara (de papel). 2 ~ *de las nieves,* aguzanieves. 3 V. cuello de pajarita. 4 Corbata de lazo. 5 Molusco lamelibranquio, cuya concha, de gran tamaño, presenta una rara asimetría; se halla fijada a piedras en aguas bastante profundas *(Pteria hirundo).* 6 Planta escrofulariácea, de hojas alternas, lanceoladas, y flores de color amarillo azufre, agrupadas en densas inflorescencias *(Linaria vulgaris).*
pájaro (l. hispano *passare;* por *passere*) *m.* Nombre genérico que se da a todo género de aves, y esp. a las del orden de los paseriformes: ~ ***arañero,*** ave trepadora, de cabeza pequeña, pico fino, largo y arqueado por la punta y plumaje de varios colores, que se alimenta de insectos y arañas *(Trichodroma muraria);* ~ ***bobo*** (también *pingüino*), ave esfenisciforme de unos 40 cms. de largo, de pico negro, comprimido y alesnado, lomo negro y pecho y vientre blancos, que vive en las costas circumpolares del hemisferio sur; existen numerosas especies, tales como el pájaro bobo real (*Aptenodytes patagonica*), adelia (*Pygoscelis adeliae*) o de Magallanes (*Sphenicus magellanicus*); ~ ***burro,*** rabihorcado; ~ ***capirote,*** *Tenerife,* cogujada; ~ ***carpintero*** (también *picamaderos, picaposte, picarrelincho, pico, pito, pico barreno* o *carpintero*), ave piciforme de plumaje negro manchado de blanco y pico largo y delgado, pero muy fuerte, que se alimenta de insectos que caza entre las cortezas de los árboles, picándolas con fuerza y celeridad *(Picus viridis Sharpei);* ~ ***del sol,*** ave del Paraíso; ~ ***diablo,*** focha; ~ ***loco*** o ***solitario,*** ave de plumaje azulado oscuro, negro en las alas y pardo en la cola, que se alimenta de insectos, anida en las torres y las hendeduras de las rocas y tiene el canto parecido al del mirlo *(Monticola solitarius);* ~ ***moñudo,*** *Fuerteventura, Lanzarote,* cogujada; ~ ***mosca*** o ***resucitado,*** colibrí (también *tomineja, tominejo*); ~ ***moscón,*** ave paseriforme de pico pequeño y plumaje ceniciento, rojizo y gris, que fabrica el nido en forma de bolsa y lo cuelga de una rama flexible, gralte. encima del agua *(Anthoscopus pendulinus; Remiz p.);* ~ ***niño,*** ave esfenisciforme de los mares polares, de lomo, pies, cabeza y alas negros, vientre blanco y pecho ceniciento, que tiene las plumas extremadamente finas, y cuando está en tierra anda empinada y con la cabeza erguida, balanceándose como un niño que empieza a andar *(Aptenodytes patagonica);* ~ ***pinto,*** jilguero; ~ ***polilla,*** martín pescador; ~ ***tonto,*** ave tonta; ~ ***trapaza,*** pájaro insectívoro que anida en tierra, de plumaje rojizo, con el pecho, abdomen y lados de la cola blancos. 3 fig. ~ ***de cuenta,*** o ***de cuidado,*** hombre a quien por sus condiciones o por su valor hay que tratar con cautela o con respeto. 4 fig. *y* fam. ~ ***gordo,*** persona de mucha importancia o muy acaudalada. -5 *adj.-m.* fig. Hombre astuto, sagaz y cauteloso. -6 *m.* fig. Pene. 7 *Cuba.* Homosexual. 8 *Venez.* Cierto aire popular bailable. -9 *adj.-m. Chile.* Embobado, distraído. -10 *m. pl.* fam. Ideas de la persona desatinada y alocada: ***tener pájaros en la cabeza,*** fig., tener poco juicio.
pajarolear *intr. Argent.* Pajarear, andar vagando.
pajarota *f.* fam. Noticia falsa, mentira.
pajarotada *f.* fam. Pajarota.
pajarote *m.* Aum. de *pájaro.*
pajarraco, -rruco *m.* desp. Pájaro grande desconocido. 2 fig. Hombre disimulado y astuto.
pajaza *f.* Desecho de la paja larga que comen los caballos.
pajazo (de *paja*) *m.* Mancha a modo de cicatriz en la córnea transparente de las caballerías.
paje (fr. ant. *page,* de orig. incierto) *m.* Criado joven para acompañar a sus amos, asistir en las antesalas, servir a la mesa, etc.: ~ ***de armas,*** o ***de lanza,*** el que llevaba las armas de su señor y se las servía cuando las necesitaba; ~ ***de cámara,*** el que sirve dentro de ella a su señor; ~ ***de guión,*** el más antiguo de los del rey; ~ ***de hacha,*** el que iba delante de las personas principales, alumbrándoles el camino. 2 fig. Mueble formado por un espejo con pie alto y una mesilla para utensilios de tocador. 3 Familiar (de un obispo). 4 Muchacho destinado para la limpieza de la embarcación y para aprender el oficio de marinero.
pajea *f.* Artemisa pegajosa.
pajear *intr.* Comer bien mucha paja las caballerías. 2 Portarse, conducirse: *cada uno tiene su modo de ~.*
pajecillo (dim. de *paje*) *m.* Palanganero. 2 *And.* Bufete pequeño en que se ponen los velones y candelabros.
pajel *m.* Pagel.
pajera *f.* Pajar pequeño que suele haber en las caballerizas.
pajeral *m. La Mancha.* Pajar.
pajería *f.* Establecimiento del pajero.
pajero, -ra *m. f.* Persona que tiene por oficio vender paja. -2 *m. Can.* Lugar donde se guarda la paja, forraje seco, etc. 3 *Nicar.* Fontanero. -4 *adj.* De Santo Domingo de la Calzada.
pajil *adj.* Relativo a los pajes.
SIN. **Pajuno.**
pajilla (de *paja*) *f.* Cigarrillo hecho en una hoja de maíz. 2 Caña delgada de avena, centeno u otras plantas gramíneas, o tubo artificial de forma semejante, que sirve para sorber líquidos, esp. refrescos.
pajizo, -za *adj.* Hecho o cubierto de paja. 2 De color de paja.
SIN. *2* **Pajado.**
pajo *m.* Especie de mango filipino, pero mucho menor, del que se hace dulce, y puesto en salmuera sirve en lugar de aceitunas *(Mangifera altissima).*
pajolero, -ra *adj.-s.* [pers.] Impertinente y molesto. -2 *adj.* Despreciable, fastidioso, embarazoso.◇ Ante el nombre al cual acompaña expresa el punto de vista más o menos hostil o afectivo del hablante.
I) pajón (aum. de *paja*) *m.* Caña alta y gruesa de las rastrojeras. 2 Pajonal. 3 *Cuba* y *S. Dom.* Hierba gramínea, especie de esparto sin consistencia *(gén. Stipa).* 4 *Cuba, S. Dom.* y *Venez.* Toda hierba delgada que el ganado sólo come cuando no encuentra otra cosa.
II) pajón, -ona *adj. Méj.* fam. Crespo, rizado. -2 *m. S. Dom.* Greña, pelo enmarañado.
pajonal *m.* Terreno cubierto de pajón.
pajoso, -sa *adj.* Que tiene mucha paja. 2 De paja o parecido a ella.
pajote *m.* Estera de cañas y paja con que cubren ciertas plantas los agricultores.
pajuate *adj. Argent.* Pajuato.
pajuato *adj. Amér.* Pazguato.
pajucero *m. Ar.* Lugar en que se pone a pudrir el pajuz.
pajuela *f.* Dim. de *paja.* 2 Paja de centeno, tira de cañaheja o torcida de algodón, cubierta de azufre, que arde con llama. 3 *Bol.* Fósforo, cerilla. 4 *Bol.* y *Colomb.* Mondadientes. 5 *Cuba* y *Méj.* Cordel entretejido que se pone al extremo del látigo. 6 *Venez.* Plectro de bandolín.
SIN *2* **Luquete.**
pajuerano, -na (de *para afuera*) *m. f. Argent., Bol.* y *Urug.* Persona procedente del campo o de una pequeña población, que ignora las costumbres de la ciudad.
pajuil *m. P. Rico* y *Venez.* Anacardo (planta).
pajuncio *m.* desp. Paje.
pajuno, -na *adj.* Pajil. 2 *La Mancha.* TAUROM. [toro] Sin casta y mansurrón.
pajurria *f. Cuba.* Tabaco de hojas de ínfima calidad. 2 *Cuba.* fig. Cosa insignificante.
pajuye *m. Argent.* y *Bol* Conserva de plátano.
pajuz *m. Ar.* y *Murc.* Paja a medio pudrir y desechada de los pesebres. 2 *Ar.* y *Murc.* Paja muy menuda que los labradores abandonan en la era y destinan para el estiércol.
pakistaní *adj.-s.* Paquistaní.
pal (fr. < l. *-lu*) *m.* Palo (blasón). 2 MAR. Linguete grande, y esp. el de cabrestante.
pala (l.) *f.* Herramienta formada por una lámina de madera o hierro de forma rectangular o trapezoidal, adaptada a un mango, de tamaño muy variado según la diversidad de sus usos. 2 Hoja de hierro de forma trapezoidal con filo por un lado y un ojo en el opuesto para enhastarla: *la ~ de un azadón, de una azada, de un hacha.* 3 Parte ancha y delgada de diversos instrumentos: *las palas de una bisagra; la ~ de un remo, del timón.* 4 Órgano terminal del brazo de las excavadoras: ~ *cargadora;* ~ *excavadora.* 5 Lo ancho y plano de los dientes. 6 Parte superior del calzado, que abraza el pie por encima. 7 Parte lisa de la charretera, de la cual pende el fleco. 8 Tabla de madera fuerte, de figura elíptica, forrada de pergamino por una de sus caras y provista de un mango, a propósito para jugar a la pelota. 9 Especie de cucharón de madera para el juego de la argolla. 10 Raqueta (bastidor). 11 Cuchilla rectangular, con mango corto y perpendicular al dorso, usada por los curtidores para descarnar las pieles. 12 Asiento de metal en que el lapidario engasta las piedras. 13 División del tallo del nopal. 14 Diente que muda el potro a los treinta meses. 15 fig. Destreza o habilidad de un sujeto. 16 fig. Socio compinche. 17 fig. *y* fam. Astucia o artificio para

PALABRAS

CLASIFICACIÓN

1) POR PARTES DEL DISCURSO O POR SU FUNCIÓN EN ÉL: Se dividen en: Nombre substantivo o Substantivo, Adjetivo, Artículo, Verbo, Adverbio, Preposición, Conjunción e Interjección.

2) POR RAZONES DEL ORIGEN: Pueden ser **primitivas:** *caballo, azul, amar,* y **derivadas:** *caballería, azulado, amador.* Se dividen también en: **simples:** *coro, fino tener, donde;* **compuestas:** *antecoro, entrefino, contener, adonde,* y **parasintéticas** (a la vez compuestas y derivadas): *pordiosero, endulzar.*

3) POR SU MORFOLOGÍA: Se dividen en **variables** (*substantivo, adjetivo, artículo, pronombre, verbo*) e **invariables** (*adverbio, preposición, conjunción e interjección*).

4) POR SU CONTENIDO: Se dividen en palabras **conceptuales** (*substantivos, adjetivos, verbos, adverbios*) y palabras de **relación,** con escaso significado por sí mismas (*artículo, pronombre, preposición, conjunción*). La *interjección,* más que parte de la oración, es equivalente de una oración entera.

5) POR EL NÚMERO DE SÍLABAS: Se llaman *monosílabas,* si constan de una, y *polisílabas* si tienen varias. Éstas, a su vez, pueden ser *disílabas* o *bisílabas,* si tienen dos; si tres, *trisílabas;* si cuatro, *cuatrisílabas;* si cinco, *pentasílabas,* etc.

6) POR LA COLOCACIÓN DEL ACENTO: Se dividen en *agudas, graves* o *llanas* y *esdrújulas.*

V. **acento.**

conseguir o averiguar una cosa. 18 Hombrera del uniforme, rígida o de paño, en la cual se ostentan las insignias del empleo o grado. 19 Aleta o parte activa de una hélice. 20 MAR. Ala (vela). 21 MÚS. En los instrumentos de viento, parte ancha y redondeada de las llaves que tapan los agujeros del aire.

SIN. *6* **Empella.**

****palabra** (v. *parábola*) *f.* Sonido o conjunto de sonidos articulados que expresan una idea, y, por convención, última unidad del discurso: ~ ***simple,*** la que no se compone de otras de la misma lengua; ~ ***compuesta,*** la que está formada por **composición; ~ ***ociosa,*** la que no tiene fin determinado; ~ ***pesada,*** la injuriosa o sensible; ~ ***picante,*** la que hiere o mortifica; ~ ***preñada,*** la que incluye más sentido que el que manifiesta. 2 Representación gráfica de estos sonidos, o sea, grupo de letras unidas entre sí y separadas de los demás grupos por un pequeño espacio. 3 Facultad de expresar el pensamiento por medio del lenguaje articulado. Facultad oratoria: *no tiene el don de la ~; perder la ~.* 4 Empeño que hace uno de su fe y probidad en testimonio de lo que refiere o afirma: ~ ***de honor; bajo,*** o ***sobre, su*** ~, sin otra seguridad que la fe y la probidad de sus afirmaciones. 5 Promesa: ~ ***de matrimonio,*** la que se da y acepta de contraerlo. 6 Derecho o turno para hablar en asambleas o reuniones. 7 ~ ***de Dios*** o ***divina,*** las Escrituras, los sermones, etc. -8 ***f. pl.*** Dichos vanos que no responden a ninguna realidad. 9 Dicciones supersticiosas que usan los sortílegos o hechiceras. 10 Pasaje o texto de un autor: *palabras de Cervantes.* 11 INFORM. Conjunto ordenado de caracteres que constituye la unidad normal en que la información puede ser almacenada, transmitida o manejada en una computadora.

SIN. *1* **Vocablo, voz, dicción, término.** FR. *1 A la primera ~,* fig., expresa la prontitud en percibir o entender. *A media ~,* loc. adv. con que se pondera la eficacia de persuadir. *Beber las palabras,* escuchar a uno con sumo interés, servirle con esmero. *Coger las palabras,* observar las que uno dice para notar los defectos o incorrecciones. *Correrse las palabras,* hablar precipitada y confusamente; omitirlas en lo escrito. *Correr,* o *pasar, la ~,* MIL., avisarse sucesivamente unas a otras las centinelas. *Decir palabras mayores,* hablar de asuntos de la máxima importancia; esp., inferir injurias y ofensas. *Dejar a uno con la ~ en la boca,* volverle la espalda sin escuchar. *De ~ en ~, díc.* para significar cómo se enciende una contienda. *En dos* o *en pocas palabras,* fr. para significar la brevedad con que uno se expresa. *Escapársele,* o *írsele, a uno una ~,* proferir una voz que puede ser molesta. *Llevar la ~,* hablar una persona en nombre de otra. *Medias palabras,* insinuación embozada, reticencia. *No decir,* o *no hablar ~,* callar o no contradecir. *No ser más que palabras,* no haber en una disputa cosa substancial que merezca atención. *No tener uno más que palabras,* jactarse de valiente no correspondiendo en las ocasiones. *¡Palabra!* o *¡una palabra!* exclamación con que se llama a uno a una conversación. *Palabras al aire,* las que no merecen aprecio. *Palabras de oráculo,* respuestas anfibológicas. *Palabras de presente,* las que se dan los esposos en el acto de casarse. *Palabras libres,* las deshonestas. *Palabras mayores,* las injuriosas y ofensivas. *Pedir la ~,* exigir que se cumpla lo prometido. *Quitarle a uno la ~ de la boca,* decir uno lo mismo que estaba a punto de expresar su interlocutor. *Ser* [algo] *palabras mayores,* denota que una cosa es de importancia considerable, mayor de lo esperado. *Tener palabras, trabarse de palabras,* insultarse o pelearse de palabra dos o más personas. *Tomar* o *coger la ~,* empezar a hablar. *Torcer las palabras,* darles otro sentidos del que ellas tienen propiamente. *Traer en palabras,* entretener a uno con ofertas y promesas. *Vender palabras,* engañar o tener entretenido a uno. *Venir uno contra su ~,* faltar a ella. *Volver a uno las palabras al cuerpo,* obligarle a que se desdiga o a reconocer que ha faltado a la verdad. FR. *5 Coger la ~,* valerse o hacer ofrenda de ella. Dar ~, ofrecer, prometer. De ~, sin otro requisito que la expresión oral. *Dar ~ y mano,* contraer esponsales, fig., asegurar el cumplimiento de lo que se dice. *Empeñar uno la ~,* comprometerse. *Mantener uno su ~,* perseverar en lo ofrecido. *No tener uno más una ~,* ser formal y sincero. *No tener uno ~,* faltar fácilmente a las promesas. *Soltar* o *alzar, la ~,* absolver o libertar de una promesa o dar palabra. *Ultima ~,* decisión que se da como definitiva e inalterable: *decir su última ~.* FR. *6 Dar la ~,* concedérsela a uno. *Pedir la ~,* solicitar permiso para hablar.

palabrada *f.* Palabrota.

palabrear ***intr.*** Charlar, hablar. 2 *Chile.* Insultar. -3 ***tr.-prnl.*** *Amér.* Dar [a alguien] palabra de matrimonio.

palabreja *f.* desp. Palabra de escasa importancia o interés en el discurso. 2 Palabra rara por su poco uso o porque no se entiende bien.

palabreo ***m.*** Acción de hablar mucho y en vano. 2 Efecto de hablar mucho y en vano.

palabrería *f.* Abundancia de palabras vanas y ociosas.

palabrerío ***m.*** Palabrería.

palabrero, -ra ***adj.-s.*** Que habla mucho. 2 Que ofrece fácilmente y después no cumple. -3 ***m.*** fam. Diccionario, vocabulario.

palabrimujer (*palabra + mujer*) ***adj.-m.*** Hombre que tiene voz afeminada.

palabrista ***adj.-com.*** Palabrero.

palabrita (dim. de *palabra*) *f.* Palabra sensible o que lleva mucha intención.

palabro ***m.*** Palabrota. 2 Palabra rara o altisonante.

palabrón, -brona ***adj.*** Palabrero.

palabrota (desp. de *palabra*) *f.* Dicho ofensivo, indecente o grosero.

SIN. **Ajo, taco.**

palabrudo, -da ***adj.*** *Chile.* Mal hablado.

palacete ***m.*** Casa de recreo construida y alhajada como un palacio, pero más pequeña.

palacial ***adj.*** Relativo al palacio.

palaciano, -na, palaciego, -ga ***adj.*** Relativo al palacio real. -2 ***adj.-s.*** [pers.] Que sirve o asiste en palacio real. 3 Cortesano.

SIN. *1* **Palatino.**

palacio (l. *-tiu*) ***m.*** Edificio grande y suntuoso destinado para residencia de un rey, de un gran personaje, de una corporación elevada, etc.: ~ *real;* ~ *del condestable de Borbón;* ~ *del Congreso;* ~ *de Comunicaciones.* 2 Casa solariega de una familia noble. 3 *Murc.* ant. Casa rústica.

palacra, -crana (l.; voz española) *f.* Pepita de oro.

palada *f.* Porción que la pala puede coger de una vez. 2 Golpe que se da al agua con la pala del remo. 3 Revolución una hélice.

paladar (l. v. *palatare,* der. del l. *palatu*) *m.* Parte interior y superior de la boca de los animales. 2 fig. Gusto y sabor que se percibe de los manjares: *vino de buen* ~. 3 fig. Gusto, sensibilidad para discernir, aficionarse o repugnar alguna cosa en lo material o espiritual: *mi hermano tiene* ~ *exquisito; buen* ~ *en materias literarias.*

SIN. *1* **Cielo de la boca.** REL. *1* **Paladial, palatal, palatino,** relativo al ~.

paladear (de *paladar*) *tr.* Tomar poco a poco el gusto [de una cosa]: ~ *un dulce; paladearse con un dulce.* 2 Limpiar [la boca o el paladar a los animales] para que apetezcan el alimento. 3 Poner [en el paladar del recién nacido] miel u otra cosa suave para que mame. 4 fig. Aficionar [a alguien] a una cosa o quitar el deseo de ella por medio de otra que dé gusto y entretenga. -5 *intr.* Empezar el niño recién nacido a querer mamar.

paladeo *m.* Acción de paladear o paladearse.

paladial *adj.* Relativo al paladar. 2 ***Consonante*** ~, desus., v. palatal.

paladín (v. *palatino* II) *m.* Caballero que en la guerra se distingue por sus hazañas. 2 fig. Defensor denodado de alguna persona o cosa.

paladinamente *adv. m.* Públicamente, sin rebozo.

I) paladino *m.* Paladín.

II) paladino, -na (der. del l. *palam,* evidentemente) *adj.* Público y manifiesto.

paladio (del planeta *Pallas*) *m.* Metal raro, parecido al platino, dúctil, maleable e inalterable al aire. Su símbolo es *Pd*; su peso atómico 106'7 y su número atómico 46.

paladión (gr. *Palladion;* estatua de *Pallas,* la diosa Minerva, de cuya conservación dependía la suerte de Troya) *m.* fig. Objeto en que estriba la defensa y seguridad de una cosa.

palado, -da *adj.* BLAS. [escudo o figura] Cargado de palos.

palafito (it. *palafitta*) *m.* Vivienda lacustre primitiva, construida sobre estacas.

palafrén (b. l. *paraveredu,* con influjo de *freno*; a través del cat. y del fr.) *m.* lit. Caballo manso en que solían montar las damas y a veces reyes y príncipes. 2 Caballo en que va montado el criado de un jinete.

palafrenero *m.* Criado que lleva del freno el caballo. 2 Mozo de caballos. 3 Criado que monta el palafrén.

palahierro (*palo* + *hierro*) *m.* Tejuelo sobre el cual gira el gorrón de la muela del molino.

palamallo (it. *pala a maglio*) *m.* Juego parecido al del mallo.

palamenta (de *pala*) *f.* Conjunto de los remos de una embarcación. 2 *Colomb.* Palizada, palenque.

palán palán *m. Argent.* Arbusto o árbol cuyas hojas tienen propiedades narcóticas como el tabaco *(Nicotiana glauca).*

palana (de *pala* + *na,* sufijo quechua) *f. Perú.* Pala, azada.

palanca (l. v. *palanca;* por el l. *palanga,* der. del gr. *phálanx, -xangos;* v. *falange*) *f.* Barra inflexible que se apoya y puede girar sobre un punto y sirve para remover o levantar pesos: ~ ***de primer género,*** aquella en que el punto de apoyo se halla entre la potencia y la resistencia; ~ ***de segundo género,*** aquella en que la resistencia se halla entre el punto de apoyo y la potencia; ~ ***de tercer género,*** aquella en que la potencia se halla entre el punto de apoyo y la resistencia. 2 Manecilla para el accionamiento manual de ciertos órganos de máquinas: ~ *de arrastre, de rebobinado, de una cámara fotográfica;* ~ ***de cambio,*** barra o manecilla para el accionamiento y gobierno del cambio de un automóvil o bicicleta. 3 fig. Valimiento, influencia empleada para lograr algún fin. 4 Pértiga de que se sirven los palanquines para llevar entre dos un gran peso. 5 Fortín construido de estacas y tierra. 6 Plataforma fija colocada a cierta altura al borde de una piscina, desde donde se efectúan saltos. 7 *Chile.* Mozo ayudante del matarife. 8 *Hond.* Arbusto de olor desagradable y fruto de mal sabor *(Xylopia frutescens).* 9 MAR. Palanquín (cabo).

SIN. *1* **Ceprén** (Ar.)**; mangueta, alzaprima, espeque.** REL. **Fulcro,** punto de apoyo de la ~; **apalancar,** mover con palanca.

palancacoate *m. Méj.* Serpiente venenosa que exhala olor a carne podrida; parece tener llagas en todo el cuerpo y va siempre cubierta de moscas.

palancada *f.* Golpe dado con la palanca.

palancana *f.* Jofaina.

palancón, -cona *adj. Argent.* [buey] De grandes proporciones. 2 *Bol.* y *Guat.* De piernas largas y delgadas. -3 *f. Ecuad.* Azada de pala estrecha.

palangana *f.* Jofaina. 2 *Amér. Central* y *Colomb.* Fuente, plato grande. 3 *Chile.* Instrumento de madera para limpiar el trigo de las malas semillas. -4 *m. Amér.* Descarado. 5 *Chile* y *Perú.* fam. Persona habladora o vanidosa.

palanganada *f. Amér.* fam. Fanfarronería.

palanganear *intr. Amér.* fam. Fanfarronear.

palanganero *m.* Mueble de madera o hierro, donde se coloca la palangana o un jarro de agua, jabón y otras cosas para el aseo personal.

SIN. **Pajecillo.**

palangre (cat. *palangre* y éste del it. merid. *palángrisi,* der. del gr. *polyánkistron;* comp. de *polys,* mucho + *ankistron,* anzuelo) *m.* Cordel largo y grueso del cual penden a trechos unos ramales con anzuelos en sus extremos; se cala en parajes de mucho fondo donde no se puede pescar con redes.

palangrero *m.* Barco de pesca con palangre. 2 Pescador que usa este aparejo.

palanquear *tr. Amér.* Apalancar. 2 *Amér.* Buscar influencia para conseguir algo. 3 *Ecuad.* Molestar.

palanquera (de *palanca*) *f.* Valla de madera.

palanquero *m.* El que apalanca. 2 ant. Operario que movía el fuelle en las herrerías. 3 *Chile.* Guardafrenos de un tren. 4 *Chile.* Ladrón que fuerza puertas.

palanqueta *f.* Dim. de *palanca.* 2 Barreta de hierro para forzar puertas o cerraduras. 3 Barreta de hierro con dos cabezas gruesas, que usaba la artillería de marina en lugar de bala, para romper las jarcias y arboladuras de los buques enemigos. 4 *Cuba.* Rosetas de maíz tostado, mezcladas con miel. 5 *Ecuad.* Pan largo y angosto. 6 *P. Rico.* Pértiga, montada sobre dos pies, donde descansan los gallos. -7 *adj.-m. Cuba.* Chino asiático.

palanquetazo *m.* Acción de forzar una puerta con una palanqueta.

palanquilla (der. de *palanca*) *f.* Pequeña pieza de la navaja, colocada en la unión de la hoja con las cachas y que, levantándola, permite cerrarla.

I) palanquín (port. *palanquim,* de origen indostánico) *m.* Ganapán o mozo de cordel. 2 MAR. Cabo que sirve para cargar los puños de las velas mayores, llevándolos a la cruz de sus vergas respectivas. 3 MAR. Aparejo para meter los cañones en batería, después de hecha la carga.

SIN. *2* **Palanca.**

II) palanquín (port. *palamquim,* del indostánico *pālākī*) *m.* Especie de andas usadas en Oriente para llevar a los personajes.

palanquinero *m. Murc.* Obrero de las minas que mueve la palanca de las cribas donde se lava el mineral.

palar *tr. Colomb.* Trabajar, remover con la pala [la tierra, el carbón, etc.].

Palas *n. pr.* Uno de los nombres de Minerva. 2 ASTRON. Nombre del segundo de los asteroides.

palasan (voz *tagala*) *m.* Rota (planta).

palastro (de *pala*) *m.* Chapa en que se coloca el pestillo de una cerradura. 2 Hierro o acero laminado.

palatabilidad *f.* Cualidad de ser grato al paladar de un alimento.

palatal (l. *palātum,* paladar) *adj.* Paladial. -2 *adj.-f.* Sonido cuya articulación se sitúa en el paladar duro.

palatalización *f.* Acción de palatalizar un fonema. 2 Efecto de palatalizar un fonema.

palatalizar *tr.-prnl.* FON. Dar [a un fonema o sonido] articulación palatal. ◇ ** CONJUG. [4] como ***realizar.***

palatina *f.* Especie de corbata ancha, de plumas o pieles, que usaban las mujeres como abrigo.

palatinado *m.* Dignidad o título de uno de los príncipes palatinos de Alemania. 2 Territorio de los príncipes palatinos.

I) palatino, -na (der. del l. *palātu,* paladar) *adj.* Relativo al paladar.

II) palatino, -na (l. *-nu;* doble etim. *paladín, paladino*) *adj.-s.* Relativo a palacio o propio de los palacios.

SIN. **Palaciego, palaciano.**

palatización *f.* Palatalización.

palatizar *tr.-prnl.* Palatalizar. ◇ ** CONJUG. [4] como ***realizar.***

palato- (l. *palātu,* paladar) Elemento prefijal que entra en la formación de palabras con el significado de paladar: *palatograma.*

palatograma (*palato-* + *-grama*) *m.* FON. Representación grá-

fica de la superficie en que se encuentran la lengua y el paladar durante la articulación de un sonido.
palawense *adj.-s.* De Palawan, prov. de Filipinas.
palaweño, -ña *adj.-s.* Palawense.
palay *m. Filip.* Arroz con cáscara.
palaya *f. Murc.* Lenguado (pez).
palayero, -ra *m. f. Murc.* Vendedor de pescado.
palazo *m.* Golpe dado con la pala.
palazón *f.* Conjunto de palos de que se compone una construcción, barco, etc. 2 *Colomb.* Palizada, estacada. -3 *m. Venez.* Acción de tomar repetidos tragos, o palos, de licor.
palca (quechua *pallca,* horquilla) *f. Bol.* y *Ecuad.* Rama en forma de horquilla. 2 *Bol.* Cruce de dos ríos o de dos caminos. 3 *Bol.* Tabla de las embarcaciones menores.
I) palco (it.) *m.* Localidad independiente con balcón en los teatros, plazas de toros y otros lugares de recreo. 2 Tabladillo o palenque en que se pone la gente para ver una función. 3 ~ ***escénico,*** escena (parte del teatro).
II) palco *m. Argent.* Erupción que se produce en la boca de los niños.
palde *m. Chile.* Palo puntiagudo usado para sacar patatas, mariscos, etc. 2 *Chile.* Puñal.
palé (fr. *palais*) *m. Perú.* Lechuguino.
pálea *f.* BOT. Pequeña hoja escuamiforme situada entre las flores, sobre el receptáculo de numerosas compuestas.
paleador, -ra *m. f.* desus. Persona que tiene por oficio trabajar con la pala.
paleal (der. del l. *palliu,* manto) *adj.* Relativo al manto de los moluscos: ***cavidad*** ~, la que queda entre las paredes exteriores del cuerpo y el manto.
palear *tr.* Apalear (aventar). 2 Mover con la pala [tierra, carbón, etc.]. -3 *prnl. P. Rico.* fig. Darse tragos de licor.
palendra *f. Colomb.* Pala, azada.
palenque (l. *palu,* palo, a través del prov. y del cat. *palenc*) *m.* Valla de madera o estacada para la defensa de un puesto, para cerrar el terreno en que se ha de hacer una fiesta pública, etc 2 Terreno cercado. 3 *Amér. Merid.* Estaca para amarrar animales. 4 *C. Rica* y *Cuba.* Sitio escarpado donde habitan fugitivos. 5 *C. Rica.* Rancho muy grande donde viven varias familias de indios. 6 *Chile.* Lugar donde hay confusión y barullo.
palenquear *tr. Argent.* y *Urug.* Domar [un animal bravo], atándolo al palenque.
palense *adj.* De Palos de Moguer, c. de Huelva.
palentino, -na *adj.-s.* De Palencia.
paleo- (gr. *palaiós,* viejo, antiguo) Elemento prefijal que entra en la formación de palabras con el significado de viejo, antiguo.
paleobotánica *f.* Paleofitología.
paleocanal (*paleo-* + *canal*) *m.* GEOL. Canal fosilizado en el que se diferencia su base de los sedimentos que lo rellenan.
paleoceno, -na (*paleo-* + gr. *kainós,* nuevo) *adj.-m.* Primer período geológico del paleógeno con que se inicia la era terciaria, y terreno a él correspondiente. -2 *adj.* Perteneciente o relativo a dicho período.
REL. Algunas escuelas lo consideran una subdivisión comprendida en el *eoceno.*
paleocristiano, -na (*paleo-* + *cristiano*) *adj.* [arte] Correspondiente a los primeros siglos del cristianismo.
paleofitología (*paleo-* + *fitología*) *f.* Paleontología vegetal.
SIN. **Paleobotánica.**
paleogénesis (*paleo-* + *-génesis*) *f.* ZOOL. Reproducción de caracteres ancestrales en generaciones sucesivas.
paleógeno *m.* Primer período geológico base de la era terciaria que agrupa el paleoceno, eoceno y oligoceno.
REL. V. **Terciario.**
paleogeografía (*paleo-* + *geografía*) *f.* Ciencia que estudia la posible reconstrucción de la distribución de los mares y continentes en las épocas geológicas.
paleografía (*paleo-* + *-grafía*) *f.* Técnica de leer las inscripciones y escritos ant., determinando su origen, período, etc. 2 Disciplina teórica de dicha técnica.
paleográfico, -ca *adj.* Relativo a la paleografía.
paleógrafo, -fa *m. f.* Persona que por profesión o estudio se dedica a la paleografía.
paleolítico, -ca (*paleo-* + gr. *lithos,* piedra) *adj.-s.* Período más antiguo de la edad de la piedra, o sea el de la piedra tallada. -2 *adj.* Relativo al paleolítico.
paleología (*paleo-* + *-logía*) *f.* Estudio de las lenguas antiguas.
paleólogo, -ga *m. f.* Especialista en paleología.
paleomagnetismo (*paleo-* + *magnetismo*) *m.* Magnetismo fosilizado, por el que los minerales magnéticos que salen a la superficie de la Tierra se orientan según el campo magnético terrestre.
paleontografía (*paleo-* + gr. *on, ontos,* ser + *-grafía*) *f.* Descripción de los seres orgánicos cuyos restos se encuentran fósiles.
paleontográfico, -ca *adj.* Relativo a la paleontografía.
paleontología (*paleo-* + gr. *on, ontos,* ser + *-logía*) *f.* Ciencia que trata de los seres orgánicos cuyos restos se encuentran fósiles.
REL. **Paleozoología,** parte de la ~ que estudia los animales fósiles; **paleofitología,** íd. íd. las plantas.
paleontológico, -ca *adj.* Relativo a la paleontología.
paleontólogo, -ga *m. f.* Persona que por profesión o estudio se dedica a la paleontología.
paleosuelo (*paleo-* + *suelo*) *m.* Suelo fosilizado.
paleoterio (*paleo-* + gr. *ther,* bestia salvaje) *m.* Paquidermo fósil del período eoceno, parecido al tapir (gén. *Palaeotherium).*
paleozoico, -ca (*paleo-* + *-zoico*) *adj.-m.* Primario (era y terreno). -2 *adj.* Perteneciente o relativo a dicha era.
palera *f. Murc.* Chumbera.
palería *f.* Arte u oficio de desaguar las tierras bajas y húmedas por medio de canales e hijuelas.
palermitano, -na *adj.-s.* Panormitano.
palero *m.* El que tiene por oficio hacer o vender palas. 2 El que ejerce la palería. 3 Soldado que trabaja con pala. 4 MAR. El aprendiz fogonero que palea el carbón para alimentar el hogar de la caldera. 5 MAR. El que tiene a su cargo la limpieza del servicio de máquina. 6 *Amér.* Persona que juega de acuerdo con el banquero, sirviendo de gancho a otras personas.
palescente *adj.* BOT. Que palidece su color con el tiempo.
palestino, -na *adj.-s.* De Palestina, región de Oriente Medio.
palestra (l. *palaestra;* gr. *palaístra,* der. de *palaio,* luchar) *f.* Lugar en el que ant. se celebraban justas y torneos. 2 fig. y poét. Lucha, pelea. 3 Sitio o paraje en que se celebran ejercicios literarios públicos o desde donde se habla o actúa en público: ***salir a la*** ~.
paléstrico, -ca *adj.* Relativo a la palestra.
palestrita *m.* El que se ejercita en la palestra.
paleta *f.* Dim. de *pala.* 2 Lámina de palastro, de figura triangular y mango de madera, usada por los albañiles para manejar y aplicar la argamasa. 3 Instrumento para remover la lumbre, esp. badil. 4 Lámina de madera o de metal, plana o curva, dispuesta sobre una rueda o eje: *las paletas de un ventilador, de la hélice de una nave; las paletas de una rueda hidráulica.* 5 Omóplato. 6 Brazuelo curado. 7 Tabla delgada, gralte. ovalada, sin mango y con un agujero a uno de sus extremos, por donde para sostenerla mete el pintor el dedo pulgar izquierdo, y en la cual tiene ordenados los colores. 8 Cuchara grande y plana para remover lo que se está friendo. 9 Diente delantero grande. 10 Pala pequeña de madera de plátano que se lanza con otras desde lo alto de trepas y torres para que las palomas, creyendo que son halcones, piquen, y en vuelo rasante caigan en las redes tendidas por los palomeros. 11 *Amér. Central* y *Méj.* Dulce o helado en forma de pala, que se chupa cogiéndolo por un palito que sirve de mango. 12 *Argent.* y *P. Rico.* Madero con que las lavanderas golpean la ropa al lavarla. 13 *Cuba.* Pierna delantera. 14 *Chile.* Paletón de llave. 15 *Chile.* Nereo. -16 *f. pl.* Cuerna del gamo.
SIN. 2 **Palustre.** 7 **Tabloza.**
paletada *f.* Porción que la paleta puede coger de una vez. 2 Golpe dado con la paleta.
paletazo *m.* Varetazo.
paletear *intr.* Remar mal, sin adelantar. 2 MAR. Golpear el agua con las paletas de las ruedas sin arrancar del sitio. 3 *Chile.* fig. y fam. Quedar frustrado.
paleteo *m.* Acción de paletear.
I) paletero *m.* Gamo de dos años. 2 *Ecuad.* Agente de la tuberculosis o bacilo de Koch. 3 *Ecuad.* Enfermedad de la tuberculosis.
II) paletero, -ra *m. f. Méj.* y *Nicar.* Persona que fabrica o vende paletas de dulce o helado.
paletilla (dim. de *paleta*) *f.* Omóplato. 2 Paleta, brazuelo curado. 3 Apéndice o cartílago xifoides. 4 Palmatoria (candelero). 5 *Argent.* Muesca que se hace en la oreja de un animal.
paletín *m.* ALBAÑ. Paleta pequeña empleada para bruñir y rejuntar el mortero entre hiladas.
SIN. **Palustrillo.**
paletitos *m. pl.* Pastitas muy finas con frutas confitadas, y pegadas de dos en dos con miel blanca.

paletó (fr. *paletot*) ***m.*** ant. Gabán de paño grueso, largo y entallado, pero sin faldas. ◇ Pl.: *paletoes.*

paleto, -ta (de *pala*) ***m.*** Gamo. -2 ***adj.-s.*** fig. Persona rústica y zafia.

paletón (de *pala*) ***m.*** Parte de la llave en que están los dientes y guardas. 2 *Colomb.* Diostedé, ave.

paletoque (ing. *paltok*) ***m.*** Capotillo de dos haldas como escapulario, largo hasta las rodillas y sin mangas.

palhuén ***m.*** *Chile.* Arbusto papilionáceo muy espinoso *(Adesmia arborea).*

pali ***adj.-m.*** Lengua hermana de la sánscrita, pero menos ant., en la que Buda predicó su doctrina; empezó a usarse en la prov. de Magada, en la India oriental.

palia (v. *palio*) ***f.*** Lienzo sobre el que se extienden los corporales para decir misa. 2 Cortina o mampara exterior puesta delante del sagrario en que está reservado el Santísimo. 3 Hijuela (lienzo).

paliabierto, -ta ***adj.*** *Colomb.* Corniabierto.

paliacate ***m.*** *Méj.* Pañuelo grande de colores vivos.

paliación ***f.*** Acción de paliar. 2 Efecto de paliar.

paliadamente ***adv. m.*** Disimulada o encubiertamente.

paliar (l. *palliare* < *palliu,* capa) ***tr.*** Encubrir, disimular, cohonestar: ~ *una cosa con otra.* 2 Mitigar la violencia [de una enfermedad] sin curarla. ◇ ** CONJUG. [12] como ***cambiar.***

paliativo, -va ***adj.*** [remedio] Que se aplica a las enfermedades incurables para mitigar su violencia. 2 fig. Paliatorio.

paliatorio, -ria ***adj.*** Capaz de encubrir o disimular una cosa.

palidecer ***intr.*** Ponerse pálido. 2 fig. Perder o disminuir una cosa su importancia, valor o esplendor: *las previsiones palidecieron ante la realidad.* ◇ ** CONJUG. [43] como ***agradecer.***

palidez ***f.*** Amarillez, decaimiento del color natural.
SIN. **Palor,** lit.

pálido, -da (l. *pallidu*) ***adj.*** [pers.] Amarillo, macilento, descaecido de su color natural. 2 De color desvaído. 3 fig. Desanimado, falto de expresión y colorido.

paliducho, -cha ***adj.*** [pers.] Algo pálido.

palier (fr. *palier*) ***m.*** MEC. En algunos vehículos automóviles, semieje que, partiendo de la caja del diferencial, lleva el giro hasta las ruedas motrices.

paliforme ***adj.*** BOT. Que tiene forma de palo o estaca.

palifrasia ***f.*** Repetición de la misma palabra o frase por ciertos enfermos mentales.

palilalia ***f.*** Trastorno del lenguaje consistente en la repetición de las mismas series de palabras varias veces seguidas.
REL. **Ecolalia.**

palillero, -ra ***adj.-s.*** Persona que tiene por oficio hacer o vender palillos (mondadientes). -2 ***m.*** Pieza, gralte. de loza, en la que se colocan los palillos para ponerlos en la mesa. 3 Portaplumas. 4 *And.* Alfiletero. 5 *Ecuad.* Florero con su platillo. 6 *Ecuad.* Dulce especial en forma de palillo, adornado con lazos.

palillo (dim. de *palo*) ***m.*** Varilla por la parte inferior aguda y por la superior redonda y hueca, donde se encaja la aguja para hacer media. 2 Bolillo (palito). 3 Mondadientes de madera. 4 MÚS. Varita redonda que remata en forma de perilla, para tocar el tambor. 5 Varita con que un cantador de flamenco, sentado, lleva el compás golpeando en el borde de la silla. 6 fig. Palique. 7 Vena gruesa de la hoja del tabaco. 8 Raspa del racimo de pasas. -9 ***m. pl.*** Bolillos de ciertos juegos de billar. 10 Palitos de madera dura con que los escultores modelan el barro. 11 Castañuelas (instrumento). 12 fig. Primeros principios o reglas menudas de las artes o ciencias. 13 Lo insubstancial o despreciable de una cosa. 14 fam. Banderillas de torear. -15 ***m.*** *And.* Pinza para tender la ropa. 16 *Perú.* Árbol de raíces apreciadas como tintóreas *(Escobedia scabrifolia).*
SIN. *9* **Palos.**

palimpsesto (gr. *palimpsestos* < *palin-* + *psao,* borrar) ***m.*** Manuscrito ant. que conserva huellas de una escritura anterior borrada artificialmente. 2 Tablilla en que se podía borrar lo escrito para volver a escribir.

palin- (gr. *palin,* de nuevo) Elemento prefijal que entra en la formación de palabras con el significado de nuevo.

palíndromo (*palin-* + gr. *dromos,* carrera) ***adj.*** [escrito] Que tiene el mismo sentido leído de izquierda a derecha que a la inversa.

palingenesia (gr. *palingenesia* < *palin* + *-génesis*) ***f.*** Regeneración, renacimiento de los seres después de la muerte real o aparente.

palingenésico, -ca ***adj.*** Relativo a la palingenesia.

palinodia (*palin-* + gr. *odé,* canto) ***f.*** Retractación pública de lo que se había dicho. ◇ Ús. pralte. en la fr. *cantar la* ~, reconocer el error cometido.
SIN. **Recantación.**

palio (l. *palliu;* doble etim. *palia*) ***m.*** Prenda principal del traje griego, a manera de manto, sujeta al pecho por una hebilla o broche. 2 Capa o balandrán. 3 Insignia pontificial, usada por el Papa y por los arzobispos, formada por una faja circular de lana blanca que da la vuelta a los hombros, con dos apéndices que caen, uno a la espalda y otro sobre el pecho; lleva bordadas seis cruces negras. 4 Dosel colocado sobre unas varas largas bajo el cual, en las procesiones y otras ceremonias, va el Santísimo, imágenes religiosas o personalidades importantes. 5 Lo que forma una manera de dosel o cubre como él. 6 CINEM. Reflector metálico utilizado en la iluminación de exteriores para recortar sombras.

palique (alterac. de *palillo,* der. de *palo*) ***m.*** fam. Conversación de poca importancia. 2 Artículo breve de tono crítico o humorístico.
SIN. **Palillo;** v. **conversación.**

paliquear ***intr.*** Estar de palique, charlar.

palisandro (hol. *palissander;* a través del *palissandre,* estas voces derivan a su vez del esp. *palo santo*) ***m.*** Madera de color rojo oscuro, veteada de negro, muy estimada en ebanistería, que se obtiene de varios árboles leguminosos tropicales.

palista ***com.*** Persona que practica el deporte del remo.

palitoque, -troque (de *palo*) ***m.*** Palo pequeño, tosco o mal labrado. 2 Palote (escritura). 3 TAUROM. Banderilla. 4 *Amér.* Juego de bolos y lugar donde se juega. 5 *Venez.* Trueque, cambio de objetos.

paliza (de *palo*) ***f.*** Zurra de golpes dados con palo. 2 fig. Disputa en que uno queda vencido.

palizada (de *palo*) ***f.*** Estacada (obra hecha de estacas). 2 BLAS. Conjunto de piezas en forma de palos, o fajas punteadas o agudas, encajadas las unas en las otras. 3 FORT. Empalizada. 4 FORT. Defensa de estacas, terraplenada para impedir la salida de los ríos o dirigir su corriente. 5 *Colomb.* y *Ecuad.* Conjunto de palos o troncos de árboles que arrastran los ríos. 6 *Perú.* Reunión de gente divertida.

palla ***f.*** *Amér.* Mujer de sangre real, entre los incas. 2 *Chile.* Paya. 3 *Bol.* Especie de palmera *(Maximiliana regia).* 4 *Chile* y *Bol.* Separación del mineral sacado de una mina. 5 *Chile.* Cuento, broma, chascarrillo. -6 ***f. pl.*** *Perú.* Conjunto de muchachos que bailan ante los nacimientos.

pallaco ***m.*** *Chile.* Mineral bueno que se recoge entre los escombros de una mina abandonada.

pallada ***f.*** *Amér. Merid.* Payada.

pallador ***m.*** *Amér. Merid.* Payador.

pallapar ***tr.*** *Perú.* Espigar, rastrojar.

pallaquear ***tr.*** *Amér.* Pallar II. 2 *Chile.* Espigar, rastrojear. 3 *Chile.* Cantar payas.

pallaquero, -ra, ***m. f.*** *Chile.* Persona que recoge furtivamente minerales de los desmontes.

I) pallar ***m.*** *Chile* y *Perú.* Especie de judía, gruesa como una haba, casi redonda y muy blanca *(Phaseolus pallar).* 2 *Perú.* fam. Pulpejo de la oreja.

II) pallar (quechua *pállai,* cosechar) ***tr.*** Entresacar la parte metálica o más rica [de los minerales]. -2 ***intr.*** Payar.

pallas ***f.*** Baile de los indígenas del Perú.

pallet ***m.*** Plataforma de madera de dos pisos entre los que puede introducirse los brazos de una carretilla elevadora, y que sirve para un rápido transporte de materiales apilados sobre ella.

pallete (fr. *paillet*) ***m.*** MAR. Tejido que se hace a bordo con hilos o cordones de cabos con que se protege ciertas partes del buque.

pallón ***m.*** Esferilla de oro o plata que resulta en la copela al hacer el ensayo de menas auríferas o argentíferas. 2 Ensaye de oro, luego que se le ha incorporado la plata en la copelación y antes de apartarlo por el agua fuerte.

palloza (voz gallega) ***f.*** Construcción en piedra, de planta redonda o elíptica con cubierta de paja, destinada en parte a vivienda y en parte al ganado.

palluca ***f.*** *Chile.* Mentira, embuste.

palma (l.) ***f.*** BOT. Planta de la familia de las palmas: ~ ***de coco*** o ***indiana,*** cocotero; ~ ***real*** (también *palmiche*), palmera de tronco limpio y liso, hojas de 4 a 5 m. de longitud, flores blancas y menudas y fruto redondo del tamaño de la avellana *(Roystonea regia).* 2 Palmera. 3 Hoja de la palmera, esp. la amarillenta por haber estado privada de la acción de la luz antes de cortarla de la planta. 4 fig. Gloria, triunfo: *llevarse uno la ~*. 5 fig. Victoria del mártir sobre las potestades infernales: *la ~ del martirio.* 6 Datilera. 7 ~ ***enana,*** palmito (planta). 8 Parte inferior y algo cóncava de la mano, desde la muñeca hasta los dedos: ***liso, llano*** o ***raso, como la ~ de la mano,*** fig., muy liso, sin embarazo ni tropiezo. 9 Parte inferior del casco de las caballerías. -10 ***f. pl.*** Palmadas de aplausos. 11 Palmadas con que se siguen los distintos ritmos de la danza andaluza. 12 Familia de plantas del orden de las palmales, leñosas, con las hojas grandes, palmeadas o pinnadas, que se reúnen en un penacho, flores en racimo y fruto en baya. -13 ***f.*** *Cuba.* ~ ***cana,*** una de las variedades del guano silvestre, parecida al coco; su tronco se emplea en cercas, pues llega a tener 20 pies de altura. 14 *Bol.* y *P. Rico* ~ ***de sagú,*** cica. 15 *Méj.* Gladíolo.

FR. *Andar uno en palmas,* ser estimado y aplaudido de todos. *Llevar,* o *traer, en palmas a uno,* complacerle y darle gusto en todo.

palmacristi ***f.*** Ricino. -2 ***m.*** *Chile.* Persona enfadosa.

palmada ***f.*** Golpe dado con la palma de la mano. 2 Ruido que se hace golpeando una con otra las palmas de la mano: *dar palmadas.*

palmadilla ***f.*** Baile en que para sacar a bailar a otro se le daba una palmada en las manos, en señal de haberle elegido.

palmado, -da ***adj.*** Palmeado.

palmales ***f. pl.*** Orden de plantas monocotiledóneas, cuya única familia son las palmas.

I) palmar (l. *-are*) ***adj.*** De palma. 2 Relativo a la palma (de la mano). 3 fig. Palmario. 4 Relativo al palmo o que consta de un palmo. -5 ***m.*** Terreno poblado de palmas. 6 En las fábricas de paños, instrumento formado de la cabeza de la cardencha, o de la misma cardencha, para cardar los paños.

SIN. *5* **Palmeral.**

II) palmar ***intr.*** fam. Morir.

palmarés (fr. *palmarès,* lista de alumnos laureados) ***m.*** Historial, hoja de servicios. 2 DEP. Relación de victorias. 3 Lista de triunfadores de una competición o concurso..

palmariamente ***adv. m.*** De modo manifiesto.

palmario, -ria (l. *-iu*) ***adj.*** Claro, patente y manifiesto.

SIN. **Palmar.**

palmatoria (der. del l. *palmare,* golpear) ***f.*** Palmeta (tabla). 2 Especie de candelero bajo, con mango y pie.

palmeado, -da ***adj.*** De figura de palma. 2 V. hoja palmeada. 3 ZOOL. [animal] Que tiene los dedos ligados entre sí por una membrana.

SIN. **Palmado.**

palmear ***intr.-tr.*** frecuent. Palmotear. -2 ***tr.*** DEP. Golpear en el juego del baloncesto [el balón] que se encuentra en la proximidad de la canasta para que entre por el aro. 3 IMPR. Nivelar [el molde o forma]. 4 MAR. Trasladar [una embarcación] de un punto a otro cogiéndose con las manos a los puestos fijos. 5 *Argent.* Dar palmadas [a uno].

palmejar (cat. *palomejar,* del l. v. *praamedialis;* adaptación del gr. *paramesos [sanis],* tabla en la mitad del barco) ***m.*** Tablón endentado y clavado a las varengas del navío, para ligar entre sí las cuadernas.

palmeño, -ña ***adj.-s.*** De La Palma, cap. del dep. de Darién (Panamá).

palmeo ***m.*** Medida por palmos.

palmer ***m.*** Instrumento para medir diámetros o espesores pequeños.

palmera (l. *-aria*) ***f.*** Árbol de la familia de las palmas, que crece hasta 20 m. de altura, de tronco áspero y cilíndrico coronado por las hojas, que son de unos tres metros de largo, con el nervio central recto y leñoso; flores amarillentas y fruto en bayas oblongas y comestibles, con el hueso muy duro, que penden en grandes racimos debajo de las hojas *(Phœnix dactylifera).* 2 fig. Pastelito de hojaldre.

SIN. *1* **Palma.**

palmeral ***m.*** Bosque o plantación de palmeras.

SIN. **Palmar.**

palmereta ***f.*** Espirógrafo.

I) palmero ***m.*** Peregrino de Tierra Santa, que traía palma en señal de su romería. 2 El que cuida de las palmas. 3 *Can.* Gorrión. 4 *Amér.* Palmera, árbol.

II) palmero, -ra ***adj.-s.*** De la isla de La Palma (Canarias).

III) palmero, -ra ***m. f.*** Persona que acompaña con palmas los bailes y ritmos flamencos de Andalucía.

palmesano, -na ***adj.-s.*** De Palma de Mallorca.

palmeta ***f.*** Tabla pequeña, redonda, provista de un mango, con que los maestros castigaban a los muchachos dándoles golpes en la palma de la mano. 2 Palmetazo (golpe).

SIN. *1* **Férula, palmatoria.**

palmetazo ***m.*** Golpe dado con la palmeta. 2 fig. Reprensión áspera.

palmicha ***f.*** *Colomb.* Palmiche, palma real.

palmichal ***m.*** *Colomb.* Plantío de palmiches.

I) palmiche (de *palma,* a través del moz.) ***m.*** *Amér. Merid.* Palma real. 2 *Amér. Merid.* Fruto de este árbol.

II) palmiche (ing. *Palm Beach,* población de Estados Unidos) ***m.*** *Cuba.* Pambiche (tela).

palmicho ***m.*** *Amér.* Variedad de palma real cuyas hojas se emplean para cubrir techos de edificios rústicos *(Oreodoxa frigida).*

palmífero, -ra (l. *-eru*) ***adj.*** poét. Que lleva palmas o abunda en ellas.

palmiforme ***adj.*** V. capitel ~.

palmilla ***f.*** Género de paño que se labraba en Cuenca. 2 Plantilla del zapato.

palmillo ***m.*** *P. Rico.* Cogollo alimenticio de la palma real.

palminervio, -a ***adj.*** V. hoja palminervia.

palmípedo, -da (l. *palma* + *-pedo*) ***adj.-f.*** Ave adaptada a la natación mediante una membrana interdigital que le permite servirse de las patas como remos, como el pato y el pelícano.

palmita ***f.*** Medula dulce de las palmeras.

palmitato ***m.*** Sal o éster del ácido palmítico.

palmitera ***f.*** *Murc.* Palmito, planta.

palmítico ***adj.*** *Ácido ~,* substancia blanca, cristalina, que se encuentra pralte. en el aceite de la palma.

palmitieso, -sa (de *palma* + *tieso*) ***adj.*** [caballería] Que tiene los cascos con la palma plana o convexa.

palmitina ***f.*** Materia grasa que se extrae de la glicerina y constituye la cera del Japón. 2 QUÍM. Éster glicérido del ácido palmítico.

I) palmito (de *palma*) ***m.*** Planta de la familia de las palmas de tronco subterráneo o muy corto, hojas en figura de abanico, formadas por lacinias estrechas que parten de un pecíolo largo, casi leñoso, comprimido y armado de aguijones; flores amarillas en panoja ramosa y fruto rojizo, elipsoidal, de hueso muy duro *(Chamaerops humilis).* 2 Tallo blanco, comestible, que se encuentra dentro del tronco del palmito y corresponde a cada una de las hojas aún no desarrolladas.

SIN. *1* **Margallón, palma enana.**

II) palmito (dim. de *palmo*) ***m.*** fig. Cara de mujer. 2 fig. *y* fam. Talle esbelto de la mujer.

SIN. *1* **Jeme;** v. **cara.**

palmo (l. *-mu*) ***m.*** Distancia que hay con la mano abierta y extendida desde el extremo del pulgar hasta el del meñique: ~ ***de tierra,*** fig., espacio muy pequeño de ella. 2 Juego de muchachos que consiste en tirar unas monedas contra una pared; gana la moneda el que acierta a hacer caer la suya un palmo o menos de la del otro.

FR. *Tener medido a palmos,* fig., tener conocimiento práctico de un terreno o lugar. *Dejar a uno con un ~ de narices,* fig., chasquearle, privándole de lo que esperaba conseguir. *Con un ~ de lengua,* fig., con grande anhelo o cansancio. SIN. *1* **Cuarta.**

palmotear ***intr.*** frecuent. Dar golpes con las palmas de las manos una contra otra en señal de entusiasmo. -2 ***tr.*** Dar [a una persona o animal] palmadas en la espalda u otra parte del cuerpo, en señal de amistad.

SIN. *2* **Palmear,** menos us. en España, pero frecuente en América, sobre todo en la acepción transitiva.

palmoteo ***m.*** Acción de palmotear. 2 Acción de dar con la palmeta.

palo (l. *-lu*) ***m.*** Trozo de madera mucho más largo que grueso, gralte. cilíndrico y manuable: ~ ***de golf,*** bastón delgado, curvo y plano en la base, con el que se practica el golf. 2 Golpe dado con un palo: ~ ***de ciego,*** fig., golpe dado desatentadamente y sin duelo; daño o injuria hecho por desconocimiento o irreflexión. 3 Pena capital ejecutada en un instrumento de palo. 4 Larga pieza de sección circular, de madera, hierro o acero que, colocada verticalmente en el plano longitudinal de un buque o embarcación, sirve para sostener las vergas y demás elementos propios para largar las velas, mover la carga, establecer puestos de observación, etc.: ~ *trinquete, mesana, bauprés* y *mayor;* ~ ***macho,*** pieza del palo de madera que penetra en el casco y se afirma a la sobrequilla o a una cubierta interior. 5 Madera; esp. la de algunos árboles americanos y, p. ext., estos mismos árboles: ~ ***áloe,*** o ***de áloe,*** la del agáloco, usada como purgante en

farmacia y como sahumerio en Oriente; *Chile,* ~ ***blanco,*** árbol de la familia de las compuestas, con aplicaciones medicinales *(Flotowia diacanthoides); Argent.,* ~ ***borracho,*** árbol de la familia de las bombáceas *(gén. Chorisia);* ~ ***Brasil*** o ***del Brasil,*** la del árbol de este nombre, dura, compacta, de color encendido, susceptible de hermoso pulimento, que sirve pralte. para teñir de encarnado; ~ ***campeche*** o ***de Campeche,*** campeche; ~ ***de Fernambuco*** o ***de Pernambuco,*** la del árbol de este nombre (*Haematoxylon brasiletto*), parecida a la del palo de Brasil, aunque de color menos encarnado; ~ ***hule,*** árbol que produce el caucho; ~ ***jabón,*** líber de un árbol rosáceo de América (*Quillaja saponaria*), que, macerado en agua, da un líquido espumoso con que se quitan las manchas de las telas; ~ ***del águila,*** la de un árbol anacardiáceo, parecida al áloe; ~ ***de rosa*** o ***de la rosa,*** la de un árbol borragináceo de América, compacta, olorosa, roja con vetas negras, muy estimada en ebanistería; parte leñosa y medicinal de la raíz de una convolvulácea de Canarias; ~ ***de las Indias*** o ***santo,*** la del guacayán; ~ ***nefrítico,*** la de una acacia americana, cuya infusión se ha usado contra las enfermedades de las vías urinarias; ~ ***rojo,*** embero; ~ ***santo,*** *Argent.* y *Parag.,* la de un árbol parecido al guacayán *(Bulnesia sarmientii Griseb).* 6 DEP. Bastón con el que se practican ciertos deportes. 7 DEP. Madero de las porterías de ciertos deportes, como el fútbol. 8 ~ ***dulce*** o ***duz,*** regaliz. 9 ~ ***cortado,*** variedad de vino seco de Jerez. 10 Trazo de algunas letras que sobresale de las demás por arriba o por abajo. 11 Dulce de forma alargada relleno de crema. 12 Serie en que se divide la baraja de naipes: son cuatro (oros, copas, espadas y bastos): ~ ***de favor*** o ***favorito,*** el que se elige en algunos juegos de naipes para que, cuando sea triunfo, tenga preferencia y se duplique el interés. 13 Modalidad de cante flamenco. 14 BLAS. Pieza o piezas en forma de rectángulo que descienden desde el jefe a la punta del escudo: ***palos flamantes,*** los ondeados y piramidales en forma de llamas. -15 ***m. pl.*** Palillo (bolillos de billar). 16 Suerte del billar que consiste en derribar los palos con las bolas. 17 DEP. Portería. -18 ***m.*** *Argent.* y *Urug.* Poste elevado perpendicularmente en tierra y bien apisonado. 19 *R. de la Plata.* Pedacito del tronco de la rama que, en la yerba mate, se mezcla con la hoja triturada. 20 *Argent.* fig. Reunión considerable de personas apiñadas en cierto espacio. 21 *P. Rico, S. Dom.* y *Venez.* Trago de licor.
SIN. *1* **Vara,** largo y delgado; **bastón,** el que sirve para apoyarse al andar. Uno y otro pueden ser insignia de mando; **garrote, tranca,** palo grueso y fuerte; **cayado, cachava,** palo de forma arqueada en un extremo. *4* **Mástil.** *14* **Pal.**

paloduz ***m.*** Regaliz.

palojo ***m.*** *La Mancha.* Costilla del yugo.

paloma (l. *palumba,* paloma torcaz; l. c. *palumbes*) ***f.*** Ave del orden de los columbiformes: ~ ***casera, doméstica, duenda,*** o simplte., ~, la perteneciente a una de las diversas razas que se han producido en domesticidad y que provienen de la silvestre o de la zurita; ~ ***brava*** o ***silvestre,*** la de plumaje general apizarrado, de reflejos verdosos en el cuello y morados en el pecho, pico azulado oscuro y pies de color pardo rojizo, que anida en los montes y en las torres de las poblaciones *(Columba livia);* ~ ***calzada,*** la doméstica que tiene el tarso y los dedos cubiertos de pluma; ~ ***de moño*** o ***moñuda,*** la doméstica que tiene largas y vueltas en la punta las plumas del colodrillo; ~ ***de toca*** o ***monjil,*** la doméstica que tiene sobre la cabeza una porción de plumas blancas que caen por los lados de ella; ~ ***mensajera,*** la doméstica que se distingue por su instinto de volver al palomar desde largas distancias y se utiliza para llevar mensajes; ~ ***real,*** la mayor de todas las domésticas, que tiene el arranque del pico de un hermoso color de azufre; ~ ***rizada,*** la doméstica de plumas rizadas; ~ ***torcaz*** (también *torcazo, -za*), la que anida en el campo y en los árboles elevados y tiene la cabeza, dorso y cola de color gris azulado, el cuello verdoso con un collar incompleto blanco, pecho cobrizo, vientre blanquecino y patas moradas *(Columba palumbus);* ~ ***tripolina,*** la doméstica, calzada, con la cabeza ceñida por varias plumas levantadas en forma de diadema; ~ ***zorita, zurra, zurana*** o ***zurita,*** la que anida en los bosques y se parece a la silvestre, pero con el pico amarillo y las patas negras *(Columba oenas).* 2 Bebida compuesta de agua y aguardiente anisado. 3 Constelación austral situada entre Can Mayor y Erídano. 4 fig. Persona de genio apacible y quieto. 5 fig. Partidario de la paz a toda costa o de una actitud conciliatoria. *6* ***f. pl.*** fam. Cuello alto de camisa. 7 fig. Grano de maíz tostado. -8 ***f.*** MAR. Parte media o cruz de una verga entre los galápagos, en la cual se fijan los cuadernales o motones de las drizas. 9 Ondas espumosas que se forman en el mar cuando empieza a soplar viento fresco. -10 ***f.*** *Argent.* y *Chile.* Baile antiguo en el que las parejas llevaban pañuelos en las manos; se bailaba con música de guitarra popular. 11 *Colomb.* y *Pan.* Lavado rápido de pequeña cantidad de ropa. 12 *Cuba.* En el juego, persona inocente a la que se espera ganar. 13 *Cuba* y *Chile.* vulg. Camiseta. 14 *Hond.* Cometa cuadrada. 15 *Méj.* y *Guat.* Alternativa de bailar con la pareja de otro en los bailes. 16 *Méj.* Canción típica del país.
REL. *1* **Pichón, palomino,** pollo de la ~; **cantalear, arrullar, zurear,** cantar la ~; **columbino,** relativo a la ~; **colombófilo, palomero,** aficionado a la cría de palomas. SIN. *10* **Palomilla.**

palomadura (de *palomar*) ***f.*** Ligadura con que se sujeta la relinga a su vela.

I) palomar ***m.*** Edificio o paraje donde se cogen y crían las palomas.

II) palomar ***adj.*** [especie de hilo bramante] Que es más delgado y retorcido que el regular.

palomariega ***adj.*** [paloma] Criada en el palomar.

palomear ***intr.*** Andar a caza de palomas. 2 Ocuparse mucho tiempo en cuidarlas. -3 ***tr.*** *Cuba.* Engañar. 4 *Ecuad.* y *Perú.* Matar a traición. 5 *Ecuad.* y *Perú.* Disparar a [un blanco humano], matarlo. 6 *Ecuad.* y *Perú.* Cazar [al enemigo] de uno en uno, aisladamente.

palomeo ***m.*** *Perú.* Acción de palomear. 2 *Perú.* Efecto de palomear.

palomera ***f.*** Palomar pequeño de palomas domésticas. 2 Páramo de corta extensión.

palomería ***f.*** Caza de las palomas que van de paso.

palomero, -ra ***m. f.*** Persona que trata en la compra y venta de palomas. 2 Persona aficionada a la cría de palomas. 3 Persona que caza palomas.
SIN. *2* **Colombófilo.**

palometa (alteración del gr. *pelamys, -ydos,* bonito) ***f.*** Pez marino teleósteo perciforme de cuerpo alto y comprimido de color gris azulado *(Lichia glauca).* 2 ~ ***negra,*** japuta. 3 Tuerca en forma de mariposa, palomilla. 4 *Murc.* Mariposa. 5 *Amér.* Pez comestible parecido al jurel, aunque algo mayor que éste *(Caranx georgianus).*

palometón ***m.*** Pez marino teleósteo perciforme de color gris perla más o menos oscuro, de cuerpo ancho con una línea lateral formando una *s* de hasta 2 m. de longitud y 50 kgs. de peso *(Cœsiomorus amia; Scomber amia; Lichia amia).*

I) palomilla (dim. de *paloma*) ***f.*** Mariposa nocturna, cenicienta, de alas horizontales y estrechas y antenas verticales, que causa grandes daños en los graneros *(Sitotroga cerealella).* 2 Mariposa muy pequeña. 3 Ninfa (insecto). 4 Fumaria. 5 ~ ***de tintes*** o simplte, ~, onoquiles. 6 Parte anterior de la grupa de las caballerías. 7 Caballo de color muy blanco, semejante al de la paloma. 8 Tornillo con dos alas, como de mariposa, que sirven para enroscarlo con los dedos. 9 Cojinete. 10 Armazón de tres piezas, en forma de triángulo rectángulo, para sostener tablas, estantes, etc. 11 Punta que sobresale en el remate de algunas albardas. 12 En los coches de cuatro ruedas, cada uno de los dos trozos de hierro que van de la caja a las ballestas del juego trasero. 13 Paloma, grano de maíz tostado. 14 Paloma, agua con aguardiente anisado. 15 *Amér.* fam. Plebe, gentuza, vulgo. 16 *Amér.* fam. Grupo de personas que suelen estar juntas. -17 ***f. pl.*** Paloma (ondas).
SIN. *1* **Paulilla.**

II) palomilla ***com.*** *Chile* y *Perú.* Niño, muchacho. -2 ***f.*** *Hond.* Pandilla, grupo de muchachos vagabundos o de personas que acostumbran reunirse para divertirse o pasar el rato.

palomillada ***f.*** *Perú.* Grupo de gente divertida. 2 *Perú.* Dicho o hecho que no está de acuerdo con la edad y estado de la persona, y que es propio de la niñez.

palomilloso, -sa ***adj.*** *Perú.* Que tiende a actuar como la plebe.

palomina ***f.*** Excremento de las palomas. 2 Fumaria. 3 Especie de uva negra. 4 *Murc.* Cría de la lecha, pez.

palomino ***m.*** Pollo de la paloma brava. 2 Especie apreciada de uva de Jerez. 3 fig. Joven inexperto, cándido. 4 fam. Mancha de excremento en la parte posterior de la camisa.
SIN. *2* **Listán.**

palomita ***f.*** Roseta de maíz tostado reventado. 2 Anís con agua. 3 Seta comestible de sombrero blanco con manchas moradas *(Tricholoma columbetta).* 4 DEP. Estirada. 5 *And.* Mariposa. 6 *Colomb.* y *Venez.* Turno, vez. 7 *Chile.* Juego en que con la púa del trompo se saca una moneda de la meta señalada. -8 ***f. pl.*** *Chile.* Juego infantil en que se golpean las palmas de las manos.

palomo (l. *palumbu*) *m.* Macho de la paloma. 2 Paloma torcaz. 3 *And.* ~ *zarandalí,* el pintado de negro. 4 *Colomb.* Palomilla del caballo. 5 *Méj.* Parte de un baile en que se representa una escena de amor entre las aves. -6 *adj. Venez.* [caballo] Blanco con los ojos negros. 7 *Amér.* [caballo] Blanco, sin parar mientes en el color de sus ojos. 8 *Perú* y *P. Rico.* [hombre] Que va vestido de blanco.
palón (de *palo*) *m.* BLAS. Insignia parecida a la bandera, con cuatro farpas o puntas redondas en el extremo. 2 *Ecuad.* Aporcadura.
palonear *tr. Ecuad.* Aporcar [las plantas].
palor (l. *pallor*) *m.* lit. Palidez.
palosanto *m.* Caqui I.
palotada *f.* Golpe dado con el palote o palillo. 2 fig. *No dar ~ uno,* no acertar en cosa alguna de las que dice o hace; permanecer inactivo.
palotazo *m.* Golpe dado con el bastón que se usa en el juego de hockey.
palote *m.* Palo mediano. 2 Trazo que se hace en papel pautado, como primer ejercicio de escritura. 3 *Argent.* y *Cuba.* Rodillo de palo usado en las cocinas. 4 *Colomb.* Palo de 60 cms. para batir en la olla ciertos alimentos. 5 *C. Rica.* Vástago del plátano. 6 *Chile.* Individuo flaco y de piernas largas. 7 *Méj.* Horcajo, horcate. 8 *Perú* y *P. Rico.* Palillo de la hoja del tabaco. 9 *Perú* y *Venez.* Tallo del malojo desechado por los animales que se nutren de él.
paloteado *m.* Baile en que los bailarines hacen figuras, paloteando a compás de la música. 2 Música de este baile. 3 fig. Riña o contienda ruidosa o en que hay golpes.
palotear *intr.* Herir unos palos con otros o hacer ruido con ellos. 2 fig. Hablar mucho y contender sobre una especie. -3 *prnl. Venez.* Volverse leñoso el tallo de un arbusto cultivado que no es de esta condición. 4 *Venez.* Tomarse unos tragos de licor.
paloteo *m.* Paloteado.
palpa *f. Perú.* Especie de mazamorra concentrada, con sal.
palpable (l. *-abile*) *adj.* Que puede tocarse con las manos. 2 fig. Patente, manifiesto.
SIN. *2* v. **Patente.**
palpablemente *adv. m.* Patente o claramente.
palpación *f.* Palpamiento. 2 MED. Método exploratorio consistente en aplicar los dedos o la mano sobre las partes externas del cuerpo o las cavidades accesibles.
palpado, -da *adj. Méj.* [caballería] Que tiene algunas mañas.
palpadura *f.* Acción de palpar.
palpallén *m. Chile.* Arbusto de hojas dentadas y vellosas; flores amarillas en corimbo *(Senecio denticulatus).*
palpamiento *m.* Acción de palpar
palpar (l. *-are;* doble etim. *popar*) *tr.* Tocar [una cosa] con las manos para reconocerla: ~ *la herida con,* o *por, sus manos.* 2 p. ext Andar a tientas: ~ *las tinieblas; palpaba entre los obstáculos.* 3 fig. Conocer [una cosa] tan claramente como si se tocara: *usted lo palpa*ʼ*a.*
SIN. v. **Tocar.**
pálpebra (l.) *f.* Párpado.
palpebral *adj.* Relativo a los párpados.
palpi (arauc.) *m. Chile.* Arbusto escrofulariáceo medicinal, de hojas dulces y flores amarillas *(Calceolaria thyrsiflora).*
palpígrado *adj.-m.* Arácnido del orden de los palpígrados. -2 *m. pl.* Orden de arácnidos submicroscópicos con un largo flagelo al final del abdomen.
palpitación *f.* Acción de palpitar. 2 Efecto de palpitar. 3 MED. Latido del corazón sensible e incómodo para el enfermo y más frecuente que el normal. 4 MED. Movimiento interior, involuntario y trémulo de algunas partes del cuerpo.
palpitante *adj.* Que palpita.
palpitar (l. *-are*) *intr.* Contraerse y dilatarse el corazón, esp. aumentar la intensidad o frecuencia de estos movimientos a consecuencia de una emoción. 2 Moverse o agitarse una parte del cuerpo interiormente con movimiento trémulo e involuntario. 3 fig. Manifestarse con vehemencia un afecto: *en sus gestos palpita el rencor.*
pálpito *m.* fig. y fam. Corazonada, presentimiento.
palpo (l. *-pu*) *m.* ZOOL. Apéndice articulado y movible que en forma y número diferentes tienen los artrópodos alrededor de la boca para palpar y sujetar lo que comen.
palqui (voz arauc.) *m.* Arbusto solanáceo americano, de olor fétido, con muchos tallos erguidos, hojas enteras, estrechas y terminadas en punta por ambos extremos, y flores en panoja con brácteas. Su cocimiento se emplea en Chile contra la tiña y como sudorífico, y la planta para hacer jabón *(Cestrum parqui).*
palrar *intr.* vulg. *Extr.* Parlar.
palta *f. Amér. Merid.* Fruto del palto.
paltana (de ~) (voz quechua) *loc. adv. Ecuad.* De regalo.
palto (quechua *pálta*) *m. Amér. Merid.* Aguacate, árbol.
palucha *f. Cuba.* fam. Charla frívola.
paluchear *intr. Cuba.* fam. Charlar.
paluchería *f. Cuba.* Palucha.
paluchero, -ra *adj. Cuba.* fam. Charlatán.
paludamento (l. *-tu*) *m.* Manto de púrpura bordado de oro que usaban en campaña los emperadores y caudillos romanos.
palúdico, -ca *adj.* Palustre II. 2 p. ext. Relativo al terreno pantanoso. 3 Relativo al paludismo: *fiebre ~.* -4 *adj.-s.* Persona que padece paludismo.
paludícola (l. *palude,* laguna + *-cola*) *adj.* ZOOL. Que vive en lagunas o pantanos.
paludina *f.* Género de moluscos gasterópodos.
paludismo (l. *palude,* laguna) *m.* Enfermedad infecciosa endémica en las regiones pantanosas, debida a un protozoo específico transmitido al hombre por la picadura de la hembra de un mosquito del género *Anopheles.*
SIN. **Malaria.**
paludo, -da *adj. Colomb.* Pasmado, maravillado. 2 *Méj.* [pers.] Flaca, tiesa como un palo.
palurdo, -da (fr. *balourd*) *adj.-s.* desp. Tosco, grosero, rústico.
I) palustre (de *pala*) *m.* Paleta (de los albañiles).
II) palustre (l.) *adj.* Relativo a laguna o pantano.
SIN. **Palúdico.**
palustrillo *m.* Paletín.
pamandabuán *m.* Embarcación filipina semejante a la banca, pero mucho mayor.
pamba *f. Ecuad.* Laguna o riachuelo de poca profundidad. -2 *adj. Ecuad.* Bajo, llano.
pambazo *m. Méj.* Panecillo ovoide, casi sin miga, para rellenar. 2 *Méj.* El mismo pan relleno y frito.
pambiche (ing. *Palm Beach,* población de Estados Unidos) *m. Amér.* Tela ligera para trajes de verano. 2 *S. Dom.* Traje a rayas usado por los presidiarios.
pambil *m. Ecuad.* Palma más pequeña que la real, pero con tronco esbelto y follaje ancho *(gén. Iriartea).*
pamela (n. pr. de mujer) *f.* Sombrero de paja, ancho de alas, que usan las mujeres, esp. durante el verano. 2 *Argent.* fam. Hombre presumido y algo afeminado.
pamema (cruce de *pamplina* × *memo*) *f.* fam. Hecho o dicho insignificante a que se ha querido dar importancia. 2 Fingimiento, melindre.
SIN. *2* v. **Ficción.**
pampa (quechua) *f.* Llanura de gran extensión de Amér. Merid., sin vegetación arbórea: *las pampas argentinas.* 2 *Chile.* Campo abierto para ejercicios militares. -3 *adj.-s. Amér. Merid.* [caballería, res] Que tiene la cabeza blanca, siendo el cuerpo de otro color. -4 *adj.-com. Argent.* Indio nómada de raza araucana que habitaba la parte austral de la pampa argentina. -5 *adj. Argent.* Perteneciente o relativo a estos indios: *trato ~*, negocio de mala fe, en el que una parte obtiene todos los beneficios y la otra queda estafada; *a lo ~*, *loc. adv.*, desp., de modo salvaje, a lo indio. 6 *Hacer ~*, *Bol., loc. adv.*, reducir a polvo, causar estragos, triunfar en toda la línea.
pampaco *m.Bol.* Colmena subterránea.
pampajarito *m.* Planta crasulácea, formadora de alfombras, con hojas adpresas, ovaladas y carnosas, con gusto a pimienta, y flores amarillas en cabezuelas ramificadas *(Sedum acre).*
SIN. **Pimienta de muros.**
pámpana *f.* Hoja de la vid. 2 fig. *Tocar,* o *zurrar, la ~ a uno,* golpearle, azotarle.
pampanada *f.* Zumo sacado de los pámpanos.
pampanaje *m.* Abundancia de pámpanos. 2 fig. Hojarasca.
pampanear (de *pámpano*) *intr. Chile.* Recoger uno para sí los animales que quedan rezagados o perdidos.
pampango, -ga *adj.-s.* De Pampanga, prov. de Filipinas.
pampangueño, -ña *adj.-s.* Pampango.
pampanilla *f.* Taparrabo (pedazo de tela).
pámpano (l. v. **pampanu* < l. *pampinu*) *m.* Sarmiento tierno y delgado, o pimpollo de la vid. 2 Pámpana. 3 Salema. 4 Pez marino teleósteo perciforme de unos 50 cms. de longitud, cuerpo muy ancho, dorso gris azulado, flancos plateados con manchas alargadas, y aleta caudal muy escotada *(Stromateus fiatola).*

pampanoso, -sa *adj.* Que tiene muchos pámpanos.
pampeano, -na *adj. Amér. Merid.* Pampero.
pampear *intr. Amér. Merid.* Recorrer la pampa. 2 *Colomb.* fam. Dar palmadas [a alguien] en la espalda. 3 *Colomb.* Palmotear. 4 *Chile.* Aventajar.
pampelmusa *f.* Toronjo (árbol parecido al pomelo).
pampeño, -ña *adj. Colomb.* De la Pampa.
pamperada *f. Amér. Merid.* Pampero (viento) que dura mucho.
pampero, -ra *adj.* Relativo a las pampas. -2 *adj.-s. Amér.* Viento fuerte que sopla de la región de las pampas.
pampino, -na *adj.-s.* Persona que trabaja en la pampa salitrera. -2 *adj. Chile.* Relativo a la pampa.
pampirolada *f.* Salsa de pan y ajos machacados y desleídos en agua. 2 fig. Necedad o cosa insubstancial. También *papirolada.*
pampita *f. Perú.* fam. Campito.
pamplina (probl. l. v. *papaverina,* der. del l. *papaver, -eris,* amapola) *f.* Álsine. 2 Planta papaverácea, de hojas partidas en lacinias muy estrechas y agudas y flores amarillas en panojas pequeñas que infesta los sembrados de suelo arenisco *(Hypecoum grandiflorum).* 3 ~ ***de agua,*** hierba primulácea de los terrenos húmedos, de tallo sencillo y ramoso, flores blancas en panoja, fruto capsular y hojas pequeñas que se han usado como aperitivo *(Samolus Valerandi).* 4 fig. Cosa de poca entidad, fundamento o utilidad, tontería. 5 *Murc.* Zalamería, cortesía afectada.
SIN. *2* **Zapatilla de la reina.**
pamplinada *f.* Pamplina (tontería).
pamplinear *intr. And.* Lloviznar.
pamplinería *f.* Pamplinada.
pamplinero, -ra, pamplinoso, -sa *adj.* Propenso a decir pamplinas (sandeces).
pamplona *f. P. Rico.* Mujer gordinflona.
pamplonada *f. Amér. Merid.* Pamplinada.
pamplonés, -nesa *adj.-s.* De Pamplona, cap. de Navarra.
pamplonica *adj.-s.* Pamplonés.
pampo, -pa *adj. Chile.* Extendido, plano.
pampón *m. Perú.* Corral grande.
pamporcino (*pan + porcino*) *m.* Planta primulácea de rizoma grande, del que parten muchas raicillas; hojas radicales, abigarradas de verde por el haz y rojizas por el envés; flores aisladas, de corola con tubo purpurino y divisiones róseas, pendientes de un pedúnculo que después de la fecundación se arrolla en espiral para esconder en tierra el fruto, que es capsular y redondo; su rizoma es apetecido por los cerdos y se utiliza también como purgante *(Cyclamen europœum).* 2 Fruto de esta planta.
SIN. **Artanita, artanica, ciclamino, pan porcino.**
pamposado, -da (*pan + posado*) *adj.* Perezoso.
pampringada *f.* Pringada. 2 fig. Cosa insignificante o inoportuna.
pampsiquismo *m.* Teoría que afirma que toda realidad es de naturaleza psíquica.
pamue *adj.-com.* Indígena del África occidental perteneciente a la República de la Guinea Ecuatorial. -2 *m.* Lengua de estos indígenas.
Pan *n. pr.* MIT. Dios de los rebaños, personificación de la naturaleza entera. Se le representa con cuernos y pies de cabra.
pan- (gr. *pas, pasa, pan,* todo) Elemento prefijal que entra en la formación de palabras con el significado de todo, entero. Aplicado a substantivos de pueblos, sociedades, etc., indica unión o lazo de comunidad. ◇ V. panto-.
pan (l. *pane*) *m.* Alimento hecho de harina amasada con agua, gralte. fermentada y cocida al horno. 2 Pieza de dicho alimento que resulta de cada una de las porciones de masa que se meten en el horno. Si no se expresa el grano de que está hecha la harina que lo compone, se entiende que ésta es de trigo: *un kg. de ~; un ~ de kilo; ~ de centeno, de maíz,* etc.; ~ ***ázimo*** o ***cenceño,*** el que se hace sin poner levadura en la masa, por oposición al ordinario, llamado también ~ *fermentado;* ~ ***aflorado, de flor*** o ***floreado,*** el que se hace con la flor de la harina de trigo; ~ ***bazo,*** el de moyuelo con una parte de salvado; ~ ***cateto,*** hogaza; ~ ***francés,*** el muy esponjoso, hecho con harina de trigo, *Guat.,* el que se hace con harina de trigo, sal y muy poca manteca; ~ ***de molde,*** aquel en cuya elaboración intervienen leche y materias grasas, y que se cuece en moldes paralelepipédicos; ~ ***de perro,*** perruna (moreno); ~ ***regañado,*** el que se abre en el horno por la fuerza del fuego o por la incisión que se le hace previamente; ~ ***sentado,*** el muy metido en harina, cuando pasa un día después de su cochura y mientras permanece correoso; ~ ***de munición,*** el que se da a los soldados, presos, etc.; ~ ***de poya,*** el que en los hornos públicos se da por precio de la cochura; ~ ***integral,*** el fabricado con harina que conserva todos los componentes del trigo, previamente sometidos a limpieza; ~ ***bendito,*** el que suele bendecirse en la misa y se reparte al pueblo; cosa que es recibida con gran aceptación; persona buena; ~ ***de proposición,*** el que los hebreos ofrecían y ponían en el tabernáculo todos los sábados, uno por cada tribu de Israel; ~ ***de salvado,*** pan integral; ~ ***seco,*** pan solo, sin vianda ni manjar; ~ ***de Viena,*** panecillo o barrita cuya masa contiene azúcar, leche y materias grasas y cuya miga es muy esponjosa; ~ ***rallado,*** el molido que se usa en cocina; ~ ***de tierra,*** *Amér.,* cazabe. 2 fig. Trigo: *los campos llevan mucho ~ este año.* 3 Todo lo que en general sirve para el sustento diario: *ganarse el ~.* 4 Hoja de harina cocida entre dos hierros a la llama, de que se hacen hostias, obleas, etc. 5 Masa de otras substancias comparables al pan: ~ *de higos, de chicharrones, de sal;* ~ ***de azúcar,*** pilón (pan cónico). 6 Hoja finísima de oro, plata u otro metal, propia para dorar o platear. 7 Masa muy sobada y delicada, dispuesta con manteca o aceite, propia para pasteles y empanadas. 8 ~ ***eucarístico,*** hostia consagrada. 9 ~ ***mediado*** o ***por mitad,*** renta de las tierras pagadas en granos, por igual porción de trigo y cebada. 10 ~ ***terciado,*** renta de las tierras pagada en granos, siendo las dos terceras partes de trigo y la otra de cebada. 11 ~ ***porcino,*** pamporcino. 12 ~ ***y quesillo,*** bolsa de pastor (planta). 13 fig. *y* fam. Cosa muy buena. 14 *Murc.* ~ ***torrado,,*** aire popular y baile parecido a las seguidillas. 15 ~ ***de mono,*** *Amér.,* baobab. -16 *m. pl.* Trigos, centenos, cebadas, etc., desde que nacen hasta que se siegan.
FRS. *Con su ~ se lo coma,* expr. con que uno da a entender la indiferencia con que mira el medro, la conducta o resolución de otra persona. *Del ~ y del palo,* expr. que enseña que no se debe usar de excesivo rigor, sino mezclar la suavidad con el castigo; también significa que con lo útil y provechoso se suele recompensar el trabajo y la fatiga. *Engañar el ~,* comer con el ~ una cosa de gusto, para que sepa mejor y no se desperdicie. *No haber ~ partido,* fr. con que se da a entender la amistad y estrecha confianza que hay entre dos o más personas. *Ser [algo] ~ comido,* fr. fig. y fam., ser muy fácil de conseguir.
I) pana (fr. *panne,* der. del l. *pinna,* plumaje) *f.* Tela gruesa, parecida al terciopelo. Puede ser lisa, abordonada y labrada. 2 Tabla levadiza que, con otras, forma el suelo de una embarcación menor. 3 *Extr.* Pieza grande en el descorche del alcornoque. 4 *Murc.* Especie de boya, que se emplea en la pesca del atún.
II) pana (voz arauc.) *f. Chile.* Hígado de los animales. 2 *Chile.* fig. Sangre fría, valor.
III) pana *f. P. Rico.* Fruto del árbol del pan. 2 *Venez.* Chirgua.
pánace (v. *panacea*) *f.* Planta umbelífera de tallo estriado, hojas partidas en lóbulos acorazonados, flores amarillas, semillas aovadas y menudas y raíz gruesa y jugosa de que se saca el opopónaco *(Opopanax chironium).*
SIN. **Opopónace.**
panacea (l. < gr. *panákeia*) *f.* Medicamento a que se atribuye eficacia para curar diversas enfermedades. 2 ~ ***universal,*** remedio que buscaban los alquimistas para curar todas las enfermedades.
panacú *m. Bol.* Mochila de palma trenzada.
panadear *tr.* desus. Hacer pan para venderlo: ~ *la harina; hoy panadeamos.*
SIN. **Panificar.**
panadeo *m.* desus. Acción de panadear.
panadería *f.* Oficio de panadero. 2 Establecimiento del panadero.
SIN. *2* **Tahona.**
panadero, -ra *m. f.* Persona que tiene por oficio hacer o vender pan. -2 *f.* fam. Zurra, azotaina, paliza. -3 *m. pl.* Baile español parecido al zapateado. -4 *m. Extr.* Mendigo. -5 *adj. Chile.* Adulador.
SIN. *1* **Tahonero.**
panadizo (l. *panariciu;* altec. del gr. *paronychion*) *m.* Inflamación aguda del tejido celular de los dedos, esp. de su primera falange. 2 fig. *y* fam. Persona que tiene el color muy pálido y anda continuamente enferma.
SIN. **Panarizo.**
panado, -da *adj.* [líquido] En que se pone en infusión pan tostado.
panafricanismo (*pan- + africanismo*) *m.* Tendencia de los países africanos a unirse entre sí.
panafricano, -na *adj.* Relativo a toda África.

panal (de *pan*) ***m.*** Conjunto de celdillas prismáticas hexagonales de cera, que las abejas forman dentro de la colmena para depositar la miel. 2 Cuerpo semejante que fabrican las avispas. 3 Azucarillo. 4 En un tubo aerodinámico, rejilla transversal para enderezar la corriente de aire. ◇ La acep. 3 se usa pralte. en Andalucía.
SIN. *2* **Avispero.**

panamá (de *Panamá*) ***m.*** Sombrero de pita. 2 Tejido de algodón. 3 *Amér.* Negocio fraudulento. ◇ Pl.: *panamaes.*

panameño, -ña ***adj.-s.*** De Panamá, estado de América Central.

panamericanismo (*pan-* + *americanismo*) ***m.*** Doctrina que aspira a la estrecha colaboración entre las repúblicas del Nuevo Mundo para combatir la influencia extraña, esp. la europea.

panamericanista ***com.*** Persona que profesa ideas de panamericanismo.

panamericano, -na ***adj.-s.*** Relativo al panamericanismo: *liga ~.*

panamito ***m.*** *Perú.* Semilla de la judía.

panana ***m.*** *Chile.* Panarra.

panarabismo (*pan-* + *arabismo*) ***m.*** Doctrina que aspira a la colaboración entre los países de lengua y civilización árabes.

panarizo ***m.*** Panadizo.

panarra (de *pan*) ***m.*** fam. Hombre simple y perezoso.

panatela (it. *panatella*) ***f.*** Especie de bizcocho grande y delgado.

panateneas (gr. *panazénaia;* v. *pan-*) ***f. pl.*** Fiestas que se celebraban en Atenas en honor de la diosa Atenea, patrona de la ciudad.

panática (b. l.) ***f.*** Provisión de pan en las embarcaciones.

panatier ***m.*** Panetero.

panavisión ***f.*** Sistema de filmación y proyección que emplea grandes formatos.

panayano, -na ***adj.-s.*** De Panay, isla de Filipinas.

I) panca ***f.*** *Filip.* Embarcación que lleva realzadas las bordas con unas tablas, por debajo de las cuales pasan las batangas volantes.

II) panca (quechua) ***f.*** *Amér. Merid.* Hoja que envuelve la espiga del maíz. 2 *Colomb.* Hoja de helecho con que se cubren chozas o ranchos.

pancada (port.) ***f.*** Contrato muy usado en Indias de vender las mercancías menudas por junto y en montón.

pancalismo ***m.*** Doctrina filosófica que interpreta la realidad desde el punto de vista de la belleza.

pancarpia (l. *pancarpiæ* < *pan-* + gr. *karpós,* fruto) ***f.*** Corona compuesta de diversas flores.

pancarta (l. med. *pancharta* < *pan-* + l. *charta,* hoja; a través del fr. *pancarte*) ***f.*** Pergamino que contiene varios documentos. 2 Cartel con frases o emblemas, que se lleva en manifestaciones públicas.

pancellar ***m.*** Pancera.

pancera (de *panza*) ***f.*** Pieza de la armadura que cubre y defiende el vientre.

panceta ***f.*** Tocino veteado.

panchán ***m.*** *And.* Besugo.

panchana ***f.*** *Colomb.* Cierta especie de loro *(*gén. *Psittacus).*

panchito ***m.*** Cacahuete pelado y frito.

I) pancho ***m.*** Cría del besugo.

II) pancho (var. moz. de *panza*) ***m.*** fam. Panza.
SIN. v. **Abdomen.**

III) pancho, -cha ***adj.*** Tranquilo. 2 Satisfecho con algo. 3 *Colomb.* Ancho y aplastado. 4 *Chile.* De color parecido al de los hábitos de los franciscanos. -5 ***m.*** *Colomb.* y *Venez.* Zaraza, tela azul con pintas blancas. 6 *Hond.* Cierto mono.

panchón ***m.*** Pan moreno hecho con harina poco cernida.

panchona ***f.*** *Can.* Chopa (pez).

pancifloro, -ra ***adj.*** [árbol, planta] De pocas flores.

pancilla (dim. de *panza*) ***adj.-f.*** V. letra pancilla.

pancista (de *panza*) ***adj.-com.*** [pers.] Que, mirando solamente a su interés personal, no pertenece a ningún partido político o de otra clase, para poder medrar o estar en paz con todos.

panclastita (*pan-* + gr. *klao,* romper) ***f.*** Explosivo líquido, muy potente, formado por la mezcla de peróxido de nitrógeno con un hidrocarburo, un derivado nitrado o sulfuro de carbono.

panco ***m.*** Embarcación filipina de cabotaje.

pancoso, -sa ***adj.*** *Perú.* Andrajoso.

pancraciasta ***m.*** Atleta dedicado a los ejercicios del pancracio.

pancracio (gr. *pankration* < *pan-* + *kratos,* poder) ***m.*** Combate gímnico de origen griego, en el que la lucha, el pugilato y toda clase de medios eran lícitos para vencer al contrario.

pancrático, -ca ***adj.*** Pancreático.

páncreas (gr. *pánkreas* < *pan-* + *kreás,* carne) ***m.*** Glándula situada en la cavidad abdominal de los vertebrados en comunicación con el intestino delgado, donde vierte un jugo parecido a la saliva, pero más complejo, que contribuye a la digestión. ◇ Pl.: *páncreas.*

pancreático, -ca ***adj.*** Relativo al páncreas: *jugo ~.*

pancreatina ***f.*** Mezcla soluble de los fermentos pancreáticos obtenida del páncreas de los animales; se emplea para suplir la insuficiencia pancreática.

pancreatitis ***f.*** Inflamación del páncreas. ◇ Pl.: *pancreatitis.*

pancromático, -ca (*pan-* + *cromático*) ***adj.*** [placa, película] De sensibilidad aproximadamente igual para los diversos colores.

pancuco ***m.*** *P. Rico.* Especie de bizcocho muy duro.

pancutra (quechua *páncu*) ***f.*** *Chile.* Guiso hecho de pedacitos de masa de harina cocidos con agua o en caldo.

I) panda ***m.*** Mamífero carnívoro prociónido, de aspecto parecido a un oso, de pelaje blanco con las extremidades, orejas, cola y zona alrededor de los ojos de color negro *(Ailuropoda melanoleucus).* 2 *~* ***menor,*** mamífero carnívoro prociónido, trepador, de pelaje espeso y suave, de color castaño ferruginoso, blanco en la cara y negro en las patas y vientre. Se alimenta de bambú y otros vegetales *(Ailurus fulgens).*

II) panda (de *banda*) ***f.*** Galería o corredor de un claustro. 2 fam. Pandilla.

pandanáceo, -a (l. moderno *pandanu*) ***adj.-f.*** Planta de la familia de las pandanáceas. -2 ***f. pl.*** Familia de plantas monocotiledóneas arborescentes, exóticas, provistas de raíces aéreas, con hojas largas y estrechas, flores desnudas en baya o drupa; como el bombonaje.

pandanal ***adj.-f.*** Planta monocotiledónea con las hojas lineares y simples, y de flores unisexuales asépalas y apétalas, o con el cáliz y la corola muy reducidos. -2 ***f. pl.*** Orden de estas plantas.

pandáneo, -ea ***adj.*** BOT. Pandanáceo.

pandantif (fr. *pendentif*) ***m.*** GALIC. Pinjante. ◇ Pl.: *pandantifs.*

pandear (de *pando*) ***intr.-prnl.*** Torcerse una cosa encorvándose, esp. en el medio: *~ una pared, una viga.* 2 *Méj.* fig. *y* vulg. Retractarse.
SIN. **Apandar.**

pandectas (l. < *pan-* + gr. *déchomai,* comprender) ***f. pl.*** Recopilación de obras, esp. las del derecho civil que el emperador Justiniano (482-565) puso en los cincuenta libros del Digesto. 2 Código del mismo emperador, con las constituciones que lo componen. 3 Conjunto del Digesto y del Código. 4 Cuaderno en que se forma un índice alfabético de señas o direcciones, folios de cuentas corrientes, etc.

pandemia (gr. *pandemia* < *pan-* + *demos,* pueblo) ***f.*** Enfermedad endémica que se extiende a muchos países o que ataca a casi todos los individuos de una localidad o región.
REL. v. **Epidemia.**

pandemónium (*pan-* + gr. *daimonion,* demonio) ***m.*** Capital imaginaria del reino infernal. 2 fig. Lugar en que hay mucho ruido y confusión.

pandeo ***m.*** Acción de pandear o pandearse. 2 Efecto de pandear o pandearse.

pandera ***f.*** Pandero (instrumento).

panderada ***f.*** Conjunto de muchos panderos. 2 fig. Necedad, dicho insubstancial.

panderazo ***m.*** Golpe dado con el pandero (instrumento).

pandereta ***f.*** Dim. de *pandera.* 2 Instrumento musical de percusión de forma similar al pandero, pero de menor tamaño.

panderetazo ***m.*** Golpe dado con la pandereta.

panderete ***m.*** Dim. de *pandero.* 2 Tabique de panderete.

panderetear ***intr.*** Tocar el pandero en bulla y regocijo, o festejarse y bailar al son de él.

pandereteo ***m.*** Acción de panderetear. 2 Efecto de panderetear. 3 Regocijo y bulla al son del pandero.

panderetero, -ra ***m. f.*** Persona que toca el pandero. 2 Persona aficionada a tocarlo. 3 Persona que tiene por oficio hacer o vender panderos.

panderetólogo ***m.*** burl. Entre estudiantes, persona diestra en tocar la pandereta.

pandero (l. *pandoriu;* gr. *pandúrion*) ***m.*** Instrumento musical de percusión, formado por una piel estirada sobre uno o dos aros superpuestos y provistos de sonajas que suenan al menor movimiento del instrumento. 2 Cometa (armazón). 3 fig. Persona necia y habladora. 4 fig. *y* fam. Culo. -5 ***m. pl.*** *Colomb.* Pasta hecha de almidón, mantequilla, azúcar, huevos y anisado.

pandiculación (l. *pandiculari,* desperezarse) ***f.*** Desperezo.

pandilla (de *banda*) ***f.*** Liga o unión. 2 La que forman algunos para engañar o perjudicar a otros. 3 Grupo de amigos que suelen reunirse para conversar o solazarse. 4 Trampa, fullería, esp. la hecha juntando cartas.

pandillaje ***m.*** Influjo de personas reunidas en pandilla.

pandillero, -ra ***m. f.*** Persona que forma o fomenta pandillas.

pandillista ***com.*** Pandillero.

pandingo, -ga ***adj.*** *Bol.* Llano, de poco fondo.

pandino, -na ***adj.-s.*** De Pando, dep. de Bolivia.

pandit ***m.*** Título honorífico dado en la India a los brahmanes eruditos. 2 Título de los brahmanes de Cachemira.

pando, -da (l. *-du*) ***adj.*** Que pandea. 2 Que se mueve lentamente, como un río en el llano. 3 fig. [pers.] Pausado y espacioso. 4 *Bol.* Jorobado. 5 *Bol.* De poco fondo. 6 *Guat.* Repleto, harto. 7 *Méj.* Borracho. -8 ***adj.-s.*** Res de lomo hundido. -9 ***m.*** Terreno casi llano situado entre dos montañas.

Pandora (gr. *pan,* todo + *doron,* regalo) ***n. pr.*** MIT. Primera mujer, creada por Vulcano. Minerva la dotó de todas las gracias y todos los talentos; Júpiter le regaló una caja en la que estaban encerrados todos los males. Epimeteo la tomó por esposa. Epimeteo abrió la caja y puso así en libertad a todos los males, no quedando en el fondo más que la esperanza. ***Caja de ~***, fig., se dice de aquello que con hermosa apariencia puede ser origen de grandes calamidades.

pandora ***f.*** Mariposa diurna que tiene el reverso de sus alas anteriores de color rojo-rosado y verde con estrías plateadas el de las posteriores *(Pandorina pandora).*

pandorga (probl. del l. v. *pandoricare,* der. de *pandoriu,* pandero) ***f.*** Figurón a modo de estafermo, que en cierto juego ant. daba con el brazo al jugador poco diestro. 2 Este mismo juego. 3 Cometa (armazón). 4 fam. Mujer muy gorda y pesada, o floja en sus acciones. 5 *Murc.* Zambomba. 6 *Colomb.* y *Méj.* Chanza, broma. 7 *Colomb.* Molestia. 8 *Colomb.* Embuste, supercherÍa.

pandorguear ***tr.*** *Colomb.* Engañar con embustes.

panduro (de *Pandur,* Hungría) ***adj.-m.*** Hombre brutal y ladrón.

panear ***intr.*** *Argent.* y *Bol.* Fanfarronear.

panecillo ***m.*** Pan pequeño (la mitad de una libreta). 2 Mollete esponjado, propio para el desayuno. 3 Lo que tiene forma de pan pequeño. 4 *C. Rica.* Pastilla de cacao molido, sin azúcar.

panegírico, -ca ***adj.*** Relativo a la oración o discurso en alabanza de una persona; laudatorio, encomiástico. -2 ***m.*** Discurso en alabanza de una persona, esp. sermón en honor de un santo. 3 Elogio de una persona hecho por escrito.
SIN. *1* y *2* v. **Elogio.**

panegirista ***com.*** Orador que pronuncia el panegírico. 2 fig. Persona que alaba a otro de palabra o por escrito.

panegirizar (gr. *panegyrizo*) ***tr.*** Hacer el panegírico [de uno]. ◇ ** CONJUG. [4] como ***realizar.***

I) panel (ant. fr.) ***m.*** Compartimiento en que para su ornamentación se dividen los lienzos de pared, las hojas de puertas, etc. 2 Tabla que forma el suelo movible de algunas embarcaciones pequeñas. 3 Tablero. 4 Artesón. 5 Elemento prefabricado que se utiliza para revestimientos o divisiones verticales de viviendas y edificios. 6 Cartelera grande dedicada a la publicidad o a la información en general. 7 Salpicadero del automóvil. 8 Grupo social seleccionado para contestar periódicamente a los cuestionarios de encuestas.
SIN. **Painel.** REL. v. **Arco apainelado.**

II) panel (voz inglesa) ***m.*** Grupo de personas comisionadas para una labor especial de orden literario o científico. 2 *P. Rico.* Lista de jurados.

panela (de *pan*) ***f.*** Bizcocho de figura prismática. 2 Hoja de álamo puesta como mueble en el escudo. 3 *Amér.* Chancaca, papelón. 4 *Méj.* Queso al que no se le escurre todo el suero. 5 *Colomb., Méj.* y *Venez.* Azúcar mascabado en forma prismática, sin purificar. -6 ***adj.*** *Colomb.* y *Venez.* Zalamero, empalagoso.

panelear ***intr.*** *Colomb.* Decirse ternezas.

panelero, -ra (de *panela*) ***adj.*** *Colomb.* Zalamero. -2 ***adj.-s.*** *Colomb.* y *Hond.* Persona que labora o vende panela.

panenteísmo (*pan-* + gr. *en,* en + *theos,* dios) ***m.*** Doctrina teológica que no identifica a Dios con el mundo, como lo hace el panteísmo, sino que afirma que Dios contiene al mundo en sí, pero que, además, lo supera; es decir, según el panenteísmo, el mundo está en Dios y es Dios, pero no es la totalidad de Dios. Su principal representante es Krause (1781-1832).

panera (l. *-aria*) ***f.*** Troje donde se guardan los cereales, el pan o la harina. 2 Cesta grande, sin asa, para transportar pan. 3 Cesta o plato en que se sirve el pan a la hora de comer. 4 Nasa (cesto). 5 fam. Sombrero femenino, ancho y bajo. 6 *Ast.* Hórreo con seis o más pegollos.

I) panero (l. *-ariu*) ***m.*** Canasta redonda para echar el pan que se va sacando del horno. 2 Ruedo (esterilla redonda).

II) panero, -ra ***adj.*** [pers.] Que gusta de comer mucho pan.

paneslavismo (*pan-* + *eslavismo*) ***m.*** Tendencia política que aspira a la confederación de todos los pueblos de origen eslavo.

paneslavista ***adj.*** Relativo al paneslavismo. -2 ***adj.-com.*** Partidario del paneslavismo.

paneta ***f.*** *Murc.* Panecillo. 2 *Murc.* Arte de pesca que consiste en una boya de corcho con sedales y anzuelos. 3 *Venez.* Cubierta parcial de una embarcación fluvial.

panetela (it. *panatella*) ***f.*** Especie de papas de caldo, pan rallado y otros ingredientes. 2 Cigarro puro largo y delgado. 3 *Cuba* y *P. Rico.* Especie de bizcocho grande y delgado. 4 *Cuba.* Término de encomio. 5 *Perú.* Cocimiento de arroz con membrillo, azúcar y canela.

panetería ***f.*** Oficina de palacio para la distribución del pan y cuidado de la ropa de mesa.

panetero, -ra ***m. f.*** Persona encargada de la panetería.
SIN. **Panatier.**

paneuropeísmo ***m.*** Tendencia o doctrina que aspira a la aproximación política, económica y cultural de los países de Europa.

paneuropeo, -a ***adj.*** Relativo a toda Europa.

panfilismo (de *pánfilo*) ***m.*** Benignidad extremada.

pánfilo, -la (gr. *pámphilos,* bondadoso) ***adj.-s.*** Muy pausado y calmoso. 2 Tonto, apocado. -3 ***m.*** Juego que consiste en apagar una cerilla pronunciando la palabra *pánfilo.* -4 ***adj.*** *Colomb.* Pálido, macilento, descolorido.

panfletario, -ria ***adj.*** Con el estilo propio de los panfletos. -2 ***m. f.*** Panfletista.

panfletista ***com.*** Autor de panfletos.

panfleto (fr. *pamphlet*) ***m.*** Folleto, libelo. 2 Escrito político de carácter subversivo.

panga ***f.*** *Amér. Central.* Lancha, bote.

pangador ***m.*** *Colomb.* Hueso que se guarda para hervirlo varias veces.

pangal ***m.*** *Chile.* Terreno en que abundan los pangues.

pangar (quechua *pankay,* fiambrar) ***tr.*** *Colomb.* Extraer el meollo de [los huesos]. 2 *Colomb.* Machucar. ◇ ** CONJUG. [7] como ***llegar.***

pangaré ***adj.*** *Amér. Central.* [caballo] De color ante, amarillento. 2 *Bol.* [caballo] De hocico blanco.

pangelín (port. *angelim*) ***m.*** *Amér. Merid.* Árbol del Brasil, de tronco recto y grueso y copa espaciosa *(gén. Andira).*

pange lingua ***m.*** Himno que empieza con estas palabras y se canta en honor y alabanza del Santísimo Sacramento.

pangermanismo (*pan-* + *germanismo*) ***m.*** Doctrina que proclama y procura la unión y predominio de todos los pueblos de origen germánico.

pangermanista ***adj.*** Relativo al pangermanismo. -2 ***adj.-com.*** Partidario de esta doctrina.

pango ***m.*** *Argent.* y *Bol.* Lío, enredo. 2 *Argent.* ant. Cierta hierba que fumaban los negros.

pangolín (malayo *pangguling,* rodillo) ***m.*** Mamífero folidoto de Asia y África, de aspecto parecido al de un lagarto con la cabeza, dorso y cola protegidos por escamas duras y puntiagudas que el animal puede erizar, especialmente cuando se arrolla en bola para defenderse *(gén. Manis).*

pangue (arauc.) ***m.*** *Chile* y *Perú.* Hierba sin tallo, de cuya raíz salen muchas hojas grandes, anchas, ásperas y rugosas, de pecíolos comestibles llamados nalcas o pencas; crece en terrenos húmedos. También *panque (Gunnera scabra).*

panguear ***tr.*** *Colomb.* Lavotear.

panguero (de *panga*) ***m.*** *Amér. Central.* Remero.

panhelenismo ***m.*** Tendencia de los griegos de los Balcanes, del mar Egeo y de Asia Menor, a unirse en una sola nación.

panhuehuetl ***m.*** *Méj.* Instrumento musical de tribus aborígenes.

paniaguado (del ant. *apaniguado;* por confusión con *pan* y *agua*) ***m.*** Servidor de una casa, que recibe habitación, alimentación y salario. 2 fig. El allegado a una persona y favorecido por ella.

pánico, -ca (gr. *panikós* < *Pan,* dios mitológico) *adj.-m.* Terror grande, gralte. colectivo.
SIN. v. **Miedo** para matices de significado.
panícula *f.* Panoja (inflorescencia).
paniculado, -da *adj.* En forma de panícula.
panicular *adj.* Que tiene panículo.
paniculitis *f.* MED. Inflamación del panículo adiposo. ◇ Pl.: *paniculitis.*
panículo (l. *-lu,* tela fina) *m.* Capa subcutánea formada por un tejido: ~ *adiposo.*
paniego, -ga (de *pan*) *adj.* Que come mucho pan. 2 [terreno] Que lleva trigo.
panificable *adj.* Que se puede panificar.
panificación *f.* Acción de panificar. 2 Efecto de panificar.
panificadora *f.* Tahona, fábrica de pan. 2 Máquina para amasar pan.
panificar (de *pan* + *-ificar*) *tr.* Panadear. 2 Romper [las dehesas y tierras eriales] arándolas y haciéndolas de pan llevar. ◇ **CONJUG. [1] como *sacar.*
paniguado, -da *adj.* Paniaguado.
panilla (b. l. *panellu*) *f.* Medida para el aceite (cuarta parte de la libra).
panino *m. Méj.* Enjambre de avispas. 2 *Méj.* Conjunto de cosas o animales.
panique *m.* Murciélago de Oceanía, del tamaño del conejo y pelo oscuro que tira a rojizo *(Pteropus lanensis; P. edulis).*
SIN. **Bermejizo.**
paniquesa *f. Ál., Ar., Murc.* y *Nav.* Comadreja.
paniqueso (de *pan* + *queso*) *m. La Mancha.* Planta herbácea, de unos veinticinco centímetros de altura y flores amarillentas, que se cría entre los cereales sembrados. 2 *Logr.* Flor del olmo.
panislamismo (*pan-* + *islamismo*) *m.* Moderna tendencia de los pueblos musulmanes a lograr, mediante la unión de todos ellos, su independencia política, religiosa y cultural respecto de las demás naciones.
panizal *m. Ast.* Espuma ligera que forma la sidra cuando se echa en el vaso. 2 *Murc.* Terreno plantado de panizo.
panizo (l. *-ciu* < *panis,* pan) *m.* Planta graminácea, de hojas planas, largas, estrechas y ásperas; flores en panoja grande y apretada, y grano redondo, reluciente y de color entre amarillo y rojo, que en algunas partes sirve de alimento al hombre y a las aves *(Setaria italica).* 2 Grano de esta planta. 3 ***Panizo de Daimiel,*** o simplte. ~, graminácea de hojas planas con ramas verticiladas terminadas por dos espiguillas *(Penicillaria spicata).* 4 *Alm., Ar., Cuenc., Gran., Guad., Jaén* y *Sor.* Maíz. 5 *And.* Carozo. 6 *Chile.* Criadero de minerales. 7 *Chile.* Persona de la que se obtiene o se piensa obtener gran provecho. 8 *Chile.* Abundancia. 9 *Chile.* Negocio lucrativo, ganga.
SIN. *3* **Maíz negro.**
panjí *m.* Árbol del Paraíso. ◇ Pl.: *panjíes.*
panléxico *m.* Diccionario muy extenso que abarca los tecnicismos, regionalismos, etc.
panlogismo *m.* Doctrina filosófica que identifica la razón con el ser.
panó *m. S. Dom.* Almohadilla que se pone sobre el lomo de las caballerías para que no les moleste la silla.
pano *adj.-s.* Familia lingüística americana extendida en las regiones entre el río Ucayali y las cabeceras del Juruá y Purús, entre Perú y Brasil.
panocha *f.* Panoja. 2 *Amér.* Torta grande, de maíz, hecha con granos de mazorca tierna. 3 *Chile* y *C. Rica.* Torta de maíz y queso. 4 *Méj.* Azúcar prieto.
panocho, -cha *adj. Murc.* Relativo a la huerta. -2 *adj.-s.* Habitante de la huerta de Murcia, huertano. -3 *m.* Manera de hablar de los huertanos. 4 *And.* Carozo.
panoja (l. *panucula;* dim. de *panus,* mazorca) *f.* Mazorca del maíz, del panizo o del mijo. 2 Inflorescencia compuesta formada por un racimo cuyos ejes laterales se ramifican de nuevo en forma de racimo o a veces de espiga. 3 Colgajo (porción de frutas). 4 Conjunto de más de dos pescados pequeños, que se fríen pegados por las colas.
SIN. *2* **Panícula.** REL. En forma de ~, **paniculado** (BOT.).
panol (l. *penarius* < *penus,* víveres) *m.* Pañol.
panoli (valenc. *pa en oli,* pan con aceite) *adj.-s.* [pers.] Simple y sin voluntad.
panonio, -nia (l. *pannoniu*) *adj.-s.* De la Panonia, ant. reg. del centro de Europa.
panoplia (gr. *panoplia* < *pan-* + *opla,* armas) *f.* Armadura completa o con todas las piezas. 2 Colección de armas ordenadamente colocadas. 3 Tabla, gralte. en forma de escudo, donde se colocan armas diversas. 4 ARQUEOL. Estudio de las armas de mano y de las armaduras antiguas. 5 p. ext. Conjunto de cosas similares.
panóptico, -ca (*pan-* + *óptico*) *adj.-m.* Edificio construido de modo que toda su parte interior se pueda ver desde un solo punto.
panorama (*pan-* + *-orama*) *m.* Vista pintada en un gran cilindro hueco, para contemplarla desde el centro del mismo. 2 p. ext. Vista de un horizonte muy dilatado.
SIN. *1* **Ciclorama.**
panorámico, -ca *adj.* Relativo al panorama. -2 *f.* Procedimiento cinematográfico, consistente en hacer girar la cámara sobre un eje horizontal o vertical, durante la toma de vistas.
panormitano, -na (l. *-nu*) *adj.-s.* De Palermo, c. de Sicilia.
SIN. **Palermitano.**
panoso, -sa *adj.* Harinoso.
pansiquismo *m.* Pampsiquismo.
panque *m.* BOT. Pangue.
panqué *m. Cuba* y *Guat.* Panqueque.
panquear *intr. S. Dom.* Dar un golpe fuerte con las piernas en el agua. -2 *prnl. S. Dom.* Morirse. 3 *S. Dom.* Huir.
panqueque (ing. *pan,* sartén y *cake,* torta, pastel) *m. Amér.* Torta blanda de harina, leche, huevos y mantequilla.
pansa *f.* Variedad de uva blanca, utilizada en la elaboración de vinos blancos catalanes.
pansido, -da *adj. La Mancha* y *Murc.* Pasado, esp. las uvas y ciruelas.
pansinsal *com. La Mancha.* Persona sin gracia, sosa, insulsa.
pansirse *prnl. La Mancha* y *Murc.* Arrugarse, pasarse, esp. las frutas.
pansisí *adj.-s. La Mancha.* Pánfilo. ◇ Pl.: *pansisíes.*
panspermia (gr. *panspermia* < *pan-* + *sperma,* semilla) *f.* Doctrina que sostiene hallarse difundidos por todas partes gérmenes de seres organizados que no se desarrollan hasta encontrar circunstancias favorables para ello.
pantagruélico, -ca (fr. *pantagruélique,* der. de *Pantagruel,* personaje de Rabelais, h. 1494-1553) *adj.* [banquete] Opíparo, abundantísimo.
pantalán *m.* Muelle que avanza en el mar.
pantaletas *f. pl. Amér.* Pantalón interior, usado por las mujeres y las niñas.
pantalla (port. *pantalha*) *f.* Lámina de distintas formas y materias, que se coloca ante la luz para que ésta no ofenda a los ojos o para dirigirla hacia donde se quiera. 2 Especie de mampara que se pone delante de las chimeneas para resguardarse del exceso de calor o de luz. 3 fig. Persona o cosa que, puesta delante de otra, la oculta o le hace sombra. 4 Persona que, a sabiendas o sin conocerlo, llama hacia sí la atención en tanto que otra hace o logra secretamente una cosa: *servir de* ~. 5 Telón en que se proyectan imágenes. 6 p. ext. *y* desus. Cinematógrafo. 7 Superficie fluorescente en la que se forma la imagen en los tubos catódicos, televisión, ordenador, etc.: ~ ***de plasma,*** la que utiliza una matriz de células que está rellena de gas neón; una carga eléctrica aplicada en las células las ilumina para formar los caracteres; ~ ***plana,*** INFORM., la que utiliza cristal líquido y no emite luz, por lo que sólo es legible si la luz ambiental es satisfactoria. 8 Altavoz externo e independiente de la fuente productora de la onda sonora. 9 FÍS. Placa para detener los neutrones lentos en los reactores nucleares. 10 *Amér.* Abanico. 11 *Argent.* Cartelera de menor tamaño, que se coloca al borde de las aceras o en las esquinas de las calles. 12 *C. Rica.* Candelero con respaldo de hojalata que siempre se coloca en la pared. 13 *Guat.* Espejo grande de forma antigua. 14 *Méj.* Estafermo. -15 *f. pl. P. Rico.* Pendientes, arracadas.
pantallear *tr. Argent., Parag.* y *Urug.* Hacer aire con una pantalla, paipay o soplillo.
pantalón (fr. *pantalon,* der. de *Pantalon,* personaje de comedia it.) *m.* Prenda de vestir, ceñida al cuerpo en la cintura, que baja cubriendo separadamente cada pierna, gralte. hasta los pies: *unos pantalones de lana;* ~ ***bombacho,*** el ancho, de perniles terminados en forma de campana abierta por el costado y con botones y ojales para cerrarla; ~ ***abotinado,*** aquel cuyos perniles se estrechan en la parte inferior ajustándose al calzado; ~ ***corto,*** el que no llega a la rodilla; ~ ***de deporte,*** el corto empleado para practicar deportes. 2 Prenda interior femenina, más corta que el pantalón de los hombres.

pantalonera *f.* Costurera que se dedica a la confección de pantalones. 2 *Méj.* Pantalones charros, con botonadura.
pantaloneta *f. Colomb.* Pantalón de deporte.
pantana *f.* Especie de calabacín de las islas Canarias.
pantanal *m.* Tierra pantanosa.
pantanero *m. Colomb.* Pantano.
pantano (it. *pantano,* der. de *Pantanus,* lago de la ant. Italia) *m.* Hondonada donde se recogen y naturalmente se detienen las aguas, con fondo más o menos cenagoso. 2 Gran depósito de agua para alimentar las acequias de riego, saltos de agua, etc., formado gralte. al cerrar la boca de un valle. 3 fig. Dificultad, óbice, estorbo grande.
REL. *1* **Palustre,** perteneciente al ~. SIN. *1* **Laguna.** *2* **Embalse.**
pantanoso, -sa *adj.* [terreno] Con pantanos, charcos o cenagales. 2 fig. Lleno de dificultades.
pantaruja *f. Extr.* Fantasma.
pantasana *f.* Arte de pesca que consiste en un cerco de redes caladas a plomo, rodeadas de otras horizontales.
pantasma *amb.* vulg. Fantasma.
pantaura *f. Colomb.* Piedra preciosa de color violado claro con salpicaduras de un encarnado muy vivo.
panteísmo (*pan-* + gr. *theós,* dios; a través del ing. *pantheism*) *m.* Doctrina teológica que afirma la identidad substancial de Dios y el mundo. El panteísmo será materialista (Häckel, 1834-1919) o espiritualista, y éste voluntarista (Schopenhauer, 1788-1860), intelectualista (Hegel, 1770-1831) o monista (Spinoza, 1632-1677), según el factor que se considere como determinante en la esencia de la realidad. V. dualismo.
panteísta *adj.* Panteístico. -2 *adj.-com.* Partidario del panteísmo.
panteístico, -ca *adj.* Relativo al panteísmo.
pantelismo *m.* Sistema filosófico que afirma que la Voluntad es la substancia del mundo.
panteón (l. *pantheon;* gr. *pántheion,* templo de todos los dioses) *m.* En la antigüedad, templo dedicado a todos los dioses, esp. en Roma. 2 Monumento funerario destinado a sepultura de varias personas. 3 Conjunto de los dioses de un país. 4 *And., Amér. Central, Colomb., Chile, Ecuad., Méj.* y *Perú.* Cementerio. 5 *Chile.* Entre mineros, mineral.
panteonero *m. And., Amér. Central, Colomb., Chile, Ecuad., Méj., Pan.* y *Perú.* Sepulturero.
pantera (l.-gr. *panthera;* comp. de *pan,* totalmente + *ther,* fiera) *f.* Mamífero carnívoro félido, especie de leopardo de manchas anilladas, que vive en África y en gran parte de Asia *(Panthera pardus).* 2 ~ ***negra,*** variedad de leopardo de piel negra *(gén. Panthera).* 3 Ágata amarilla, mosqueada de pardo o rojo, imitando la piel de una pantera. 4 fig. y fam. Mujer de mucho carácter. -5 *m. f. Cuba* y *P. Rico.* Trapacero.
REL. *1* y *2* **Himplar,** rugir la ~.
panterismo *m. P. Rico.* Perversidad.
panto- (gr. *pas, pantós,* todo) Elemento prefijal que entra en la formación de palabras con el significado de todo. ◇ V. pan-.
panto, -ta *adj. Logr.* Distraído, ensimismado.
pantocrátor (*panto-* + *kratos,* poder) *m.* Imagen de Dios Padre o de Cristo todopoderoso, generalmente representado, en el arte bizantino y románico, sentado en su trono o de medio cuerpo, con la diestra levantada y sosteniendo en la mano izquierda el libro de los evangelios.
pantógrafo (*panto-* + *-grafo*) *m.* Instrumento que sirve para copiar dibujos aumentando o disminuyendo su tamaño, basado en paralelogramos articulados. 2 Dispositivo colocado sobre las locomotoras eléctricas para la toma de corriente del tendido aéreo.
pantómetro, -tra (*panto-* + *-metro*) *m. f.* Compás de proporción cuyas piernas llevan marcadas en sus caras diversas escalas. 2 Instrumento de topografía para medir ángulos por medio de visuales.
pantomima (l.) *f.* Representación mímica sin palabras. 2 *Argent.* Zanco. 3 *Chile.* Mujer alocada.
pantomímico, -ca *adj.* Relativo a la pantomima o al pantomimo.
pantomimo *m.* Bufón o representante que en los teatros remeda o imita diversas figuras.
pantoque *m.* Parte casi plana del casco de un barco, que forma el fondo junto a la quilla.
pantorra *f.* fam. Pantorrilla.
pantorrilla (probl. del l. *pantex, -icis,* barriga; con influjo de *pandoriu*) *f.* Parte carnosa y abultada de la pierna, por debajo de la corva. 2 *Ecuad.* y *Perú.* Vanidad ridícula, ostentación.
pantorrillera *f.* Calceta gruesa que se usaba para abultar las pantorrillas. 2 Refuerzo del pantalón a la altura de la pantorrilla.
pantorrilludo, -da *adj.* Que tiene muy gordas las pantorrillas. 2 *Amér.* fam. Ridículamente vanidoso.
pantufla *f.* Pantuflo.
pantuflazo *m.* Golpe dado con un pantuflo.
pantuflo (fr. *pantoufle*) *m.* Calzado para casa, a modo de zapato sin orejas ni talón.
panucar (arauc. *panum*) *intr. Chile.* Comer panuco. ◇ **CONJUG. [1] como *sacar.*
panucha *f. Colomb.* Dulce de harina, azúcar y leche, a veces de almidón y relleno de coco.
panucho *m. Méj.* En Yucatán, tortilla de maíz rellena con fríjoles y carne. 2 *P. Rico.* Dulce o empanada a base de yuca y leche de coco.
panuco *m. Chile.* Harina tostada que se come a secas.
panudo (de *pan*) *adj. Cuba.* [fruto del aguacate] De carne consistente, que es cuando más se aprecia.
panul (arauc.) *m. Chile.* Planta umbelífera medicinal *(Ligusticum panul).*
panza (l. *pantice*) *f.* Vientre; especialmente el muy abultado: ~ ***de burra,*** fig., cielo uniformemente entoldado y de color gris oscuro. 2 Parte convexa y abultada de algunas vasijas y otros objetos. 3 Primera de las cuatro cavidades que forman el estómago de los rumiantes.
SIN. *1* v. **Abdomen.**
panzaburra *f. Can.* Panza de burra.
panzaburro *m. Extr.* Panza de burra.
panzada *f.* Golpe dado con la panza. 2 fam. Hartazgo.
SIN. *2* **Tripada.**
panzazo *m.* Panzada.
panzón, -zona *adj.* Panzudo. -2 *m.* Aum. de *panza.* 3 *Extr.* Cría de pájaro.
panzudo, -da *adj.* Que tiene mucha panza.
pañadora *f. Colomb.* vulg. Cuchara, esp. la de palo.
pañal (de *paño*) *m.* Lienzo en que se envuelve a los niños de corta edad. 2 Faldón de la camisa del hombre. 3 p. ext. Especie de braguita de celulosa absorbente que se pone a los niños de corta edad entre la piel y el vestido. -4 *m. pl.* Envoltura de los niños de corta edad. 5 fig. Primeros principios de la crianza: ***estar uno en pañales,*** fig., tener poco o ningún conocimiento de una cosa. 6 desus. Niñez (infancia).
pañalón (aum. de *pañal*) *m.* fig. Persona desaliñada, que trae colgando a veces las caídas de la camisa.
pañería *f.* Comercio o tienda de paños. 2 Conjunto de los mismos paños.
pañero, -ra *m. f.* Persona que tiene por oficio vender paños. -2 *f.* Mujer del pañero. -3 *adj.* Relativo a los paños.
pañetar *tr. Colomb.* Enlucir, cubrir con pañete las paredes, techos, etcétera, de los edificios.
pañete *m.* Dim. de *paño.* 2 Paño de inferior calidad o de poco cuerpo. 3 Enlucido (capa de yeso). -4 *m. pl.* Especie de calzoncillos usados por los pescadores y curtidores que trabajan desnudos, y por los religiosos descalzos que no traen camisa. 5 Enagüillas que ponen a las imágenes de Cristo desnudo. -6 *m. Chile.* MIL. Sudadero. 7 *Méj.* Planta usada en la medicina casera contra dolores reumáticos *(Plumbago lanceolata).*
pañi (arauc.) *m. Chile.* Lugar de la casa donde se toma el sol.
pañil (arauc. *pagil*) *m. Chile.* Arbolito de flores amarillas y hojas vulnerarias *(Buddleia globosa).*
pañizuelo (l. v. **panniciolu*) *m.* desus. Pañuelo.
paño (l. *pannu*) *m.* Tela, esp. la de lana muy tupida y con pelo más o menos corto: ~ ***catorceno, dieciocheno, treintadoseno,*** etc., aquel cuya urdimbre consta de 14, 18, 32, etc., centenares de hilos; ~ ***de altar,*** mantel; ~ ***de cáliz,*** cuadrado de tela con que se cubre el cáliz; ~ ***de hombros,*** humeral; ~ ***de púlpito,*** paramento con que se adorna exteriormente el púlpito; ~ ***de manos,*** toalla; ~ ***de mesa,*** mantel; ~ ***de lágrimas,*** fig., persona en quien se encuentra frecuentemente consuelo o ayuda; ***paños calientes,*** diligencias para templar el rigor o aspereza con que se ha de proceder en una materia. 2 Tapiz u otra colgadura: ~ ***de lampazo,*** el que solo representa vegetales; ***paños de corte,*** tapices para adornar los aposentos en invierno. 3 Velas que lleva desplegadas el navío. 4 Mancha oscura en la piel, esp. del rostro. 5 Lo que disminuye el brillo o la transparencia de una cosa. 6 Lienzo de pared. 7 Trapo para limpiar. 8 Excrecencia membranosa que desde el ángulo externo del ojo se extiende a la córnea, impidiendo la visión. 9 Compresa. -10 *m. pl.* Vestiduras: ***paños menores,*** los

que se ponen debajo de los que se traen exteriormente. -11 *m. Amér.* Extensión de terreno para cultivo.
FR. *Al ~*, en lenguaje teatral, detrás de un telón o bastidor, o asomado a cualquiera de los vanos de la decoración. Actor que así colocado observa o habla en la representación escénica.
pañol (probl. de *palliolum;* dim. de *pallium,* manta de cama) *m.* Compartimiento del buque, para guardar víveres, municiones, etc.
SIN. **Panol.**
pañolería *f.* Tienda de pañuelos. 2 Comercio de pañuelos.
I) pañolero *m.* Marinero encargado de uno o más pañoles.
II) pañolero, -ra *m. f.* Persona que tiene por oficio vender pañuelos. 2 Vendedor callejero de pañuelos de papel y otros pequeños objetos. 3 *f.* Mujer del pañolero.
pañoleta *f.* Prenda triangular, a modo de medio pañuelo, que usan las mujeres al cuello. 2 Corbata estrecha de nudo, y del color de la faja, que se ponen al cuello los toreros con el traje de luces.
pañolón (de *pañuelo*) *m.* Mantón (pañuelo).
pañosa *f.* vulg. Capa de paño.
pañoso, -sa (l. *panosu*) *adj.* [pers.] Desaliñado o harapiento.
pañuelera *f. Amér.* Prenda para guardar pañuelos.
pañuelo (dim. de *paño*) *m.* Pedazo de tela de hilo, algodón, seda, lana, etc., cuadrado y de una sola pieza, que sirve para diferentes usos: *~ **de bolsillo, de la mano,*** o simplte, *~*, el usado para limpiarse el sudor o la nariz; *~ **de hierbas,*** el de tela basta, mayor que el ordinario y con dibujos estampados, gralte. oscuros.
SIN. **Pañizuelo,** hoy menos us.
I) papa (l. < gr. *pappas,* padre venerable) *m.* Sumo pontífice romano, vicario de Cristo, sucesor de San Pedro en el gobierno universal de la Iglesia católica. 2 fam. Padre.
SIN. *1* **Pontífice; Sumo** o **Romano Pontífice; Santo Padre** o **Padre Santo; Pastor universal, Sumo Pastor, Sucesor de San Pedro, Vicario de Cristo; Su Santidad** (abreviatura S. S.), tratamiento que recibe.
II) papa (voz quechua) *f. And., Can.* y *Amér.* Patata. 2 *~ **de caña,*** patata de caña. 3 *Amér.* Masa esférica de mineral. 4 *Chile.* Tubérculo. 5 *Chile.* Mineral en que la veta se presenta abundante y el metal abandonado. 6 *Chile.* Último golpe que se da con el trompo a la moneda. -7 ***adj.*** *Argent.* y *Chile.* Muy bueno, excelente.
III) papa (l.) *f.* fam. Paparrucha. -2 *f. **pl.*** fig. Comida. 3 Sopas blandas. 4 Gacha (masa blanda).
papá (tomado del fr.) *m.* fam. Padre. ◇ Pl.: *papás.* ◇ Su uso es moderno. En los clásicos y entre el pueblo de algunas regiones se dice *papa.* Compárese *mamá* y *mama.*
papable (it. *-bile*) *adj.* [cardenal] Que se reputa merecedor de la tiara. 2 fig. Que se designa como sujeto probable para obtener un empleo.
papabú *f. Can.* Abubilla.
papacara *f. Ecuad.* pop. Nieve.
papachar *tr. Méj.* Hacer papachos [a alguien].
SIN. **Apapachar.**
papacho *m. Méj.* Caricia, sobo, friega.
papacla (mej. *papatlahuac,* cosa ancha y espaciosa) *f. Méj.* Hoja ancha del plátano.
papacote *m. Amér. Central.* Cometa, papalote. 2 *S. Dom.* Personaje influyente.
papada (de *papo* I) *f.* Abultamiento carnoso anormal, debajo de la barba. 2 Pliegue cutáneo que sobresale en el borde inferior del cuello de ciertos animales. 3 *Guat.* fig. Bobería, necedad.
papadilla (dim. de *papada*) *f.* Parte de carne que hay debajo de la barba.
papado *m.* Dignidad de papa. 2 Tiempo que dura.
SIN. **Pontificado, papazgo.**
papafigo (de *papar* + ant. *figo,* higo) *m.* Pájaro de plumaje pardo verdoso en la espalda, alas y cola, ceniciento en el vientre y negro o rojizo en la cabeza, que se alimenta de insectos y frutas, esp. de higos; canta muy bien y puede vivir enjaulado *(Pionias accipitrinus).* 2 Oropéndola. 3 Papahígo (vela).
SIN. *1* **Becafigo, papahígo, picafigo.**
papagaya *f.* Hembra del papagayo.
SIN. **Cotorrera.**
papagayo (ár. *babagá*) *m.* Ave psitaciforme de África, de unos 30 cms. de largo, pico fuerte, grueso y muy encorvado, plumaje gris, cola encarnada y cara blanquecina *(Psitacus erithacus).* 2 Ave psitaciforme de América, parecida a la anterior, pero con el plumaje verde, la cabeza amarillenta y encarnado el encuentro de las alas, la cual, domesticada, aprende a repetir palabras y hasta frases enteras *(Amazona ochrocephala).* 3 Pez comestible, de hocico saliente, con dobles labios carnosos, cuerpo oblongo, rojo, verde, azul y amarillo, con el vientre plateado, y una sola aleta dorsal *(Labrus bimaculatus).* 4 Planta arácea exótica, con hojas grandes en forma de escudo y de colores muy vivos, espádice amarillento, espata blanca, y fruto en baya rojiza *(Caladium bicolor).* 5 *Amér.* Planta amarantácea de adorno, de tallo derecho y ramoso; hojas alternas de tres colores, encarnado, amarillo y verde; flores pequeñas, y semilla menuda y negra *(Amaranthus tricolor).* 6 *And.* y *Colomb.* Cometa (armazón). 7 *Argent.* y *Perú.* Botella de forma especial que se usa para recoger la orina del varón encamado. 8 *Ecuad.* Víbora muy venenosa, de color verde, que vive en las ramas de los árboles tropicales del Ecuador *(gén. Dryophis).* -9 ***adj.-m.*** *Amér.* Hablador, charlatán.
SIN. *2* **Loro.**
papahígo (de *papa-figo,* literalmente come higo) *m.* Gorro de paño que cubre el cuello y parte de la cara. 2 Papafigo (pájaro). 3 Vela mayor, excepto la mesana, cuando se navega con ella sola.
papahuevos (de *papar* + *huevo*) *m.* fig. Papanatas. ◇ Pl.: *papahuevos.*
papaína (voz del Caribe) *f.* Producto obtenido del jugo del papayo, sucedáneo de la pepsina, que coagula la leche y digiere los albuminoides.
papaíto *m.* Dim. fam. de *papá.*
I) papal *adj.* Relativo al papa. 2 V. cruz papal.
SIN. **Pontificio.**
II) papal (de *papa,* patata) *m. Amér.* Patatal.
I) papalina (it. *palalina,* birrete) *f.* Gorra o birrete con dos puntas, que cubre las orejas. 2 Cofia de mujer, de tela ligera y con adornos.
SIN. *1* **Becoquín, bicoquete, bicoquín.**
II) papalina (de *papelina* I) *f.* fam. Borrachera (efecto).
papalino, -na *adj.* Papal.
papalmente *adv. m.* Como papa, con autoridad y poder pontificio.
papalón, -lona (mej. *papaloni,* relamido) *adj. Méj.* Holgazán, perezoso.
papalote *m. Amér. Central* y *Méj.* Cometa, volantín.
papalotear *intr. Guat.* y *Méj.* Mariposear.
papamoscas (de *papar* + *mosca*) *m.* Ave paseriforme insectívora, de unos 15 cms. de largo, de color gris y blanquecino con manchas pardas, y cerdas negras y largas en la comisura del pico *(Muscicapa albicollis).* 2 fig. *y* fam. Papanatas. ◇ Pl.: *papamoscas.*
papamóvil *m.* Vehículo que suele utilizar el Papa en sus viajes de apostolado.
papanatas (de *papar* + *nata,* crema) *m.* fig. Hombre simple y crédulo. ◇ Pl.: *papanatas.*
SIN. **Papahuevos, papamoscas, papatoste.**
papanatería *f.* Calidad de papanatas.
papandujo, -ja (der. del l. *pappa,* comida) *adj.* fam. Blando o pasado de maduro.
papango *m. Bol.* y *Méj.* Bolita de vidrio o semilla para jugar.
papapa *f. Guat.* y *Hond.* Bobería, necedad.
papar (l. *pappare*) *tr.* Comer [cosas blandas] sin mascar, como papas, sopas, etc. 2 fam. Comer. 3 fig. *y* fam. Hacer poco caso [de las cosas]; pasar [por ellas] descuidadamente: *no papa nada.*
paparajotes *m. pl. Murc.* Fruta de sartén hecha con harina, huevo y azúcar.
paparda *f.* Pez marino teleósteo beloniforme, de unos 50 cms. de longitud, muy parecido a la aguja, aunque de maxilares más iguales y las espinas no son verdes *(Scomberesox saurus).*
SIN. **Relanzón, aguijón.**
páparo, -ra *adj.-s.* Individuo de una tribu, ya extinguida del istmo de Panamá. -2 *m.* Hombre rústico, simple e ignorante que se admira de todo cuanto ve.
paparote, -ta (de *páparo*) *m. f.* Bobo.
paparrabias (de *papar* + *rabia*) *com.* fam. Cascarrabias. ◇ Pl.: *paparrabias.*
paparrasolla *f.* Ente imaginario que se evoca para amedrentar a los niños.
paparrucha (desp. de *papa* III) *f.* fam. Noticia falsa y desatinada. 2 fam. Obra insubstancial.
SIN. *1* **Papa;** v. **Mentira.**
paparruchada *f.* Paparrucha.
paparruta *adj. Chile.* [pers.] De poco valor, pero presumido.
papasal *m.* Friolera, bagatela, cosa insubstancial o que sirve de entretenimiento. 2 Juego de niños. 3 Paño utilizado en este juego. 4 *C. Rica.* Pelo crespo y revuelto.

papatoste *m.* Papanatas.
papaturro *m. Amér. Central.* Uvero (árbol) de playa *(gén. Coccoloba).*
papaveráceo, -a (l. *papaver,* adormidera) *adj.-f.* Planta de la familia de las papaveráceas. -2 *f. pl.* Familia de plantas dicotiledóneas, lactescentes, generalmente herbáceas, de hojas alternas, más o menos divididas, flores regulares y fruto capsular con muchas semillas menudas, oleaginosas; como la amapola.
papaverina *f.* QUÍM. Alcaloide cristalino contenido en el opio, y que tiene acción antiespasmódica.
papaya *f.* Fruto del papayo. 2 *Amér.* Papayo (árbol). 3 *P. Rico.* fig. Papera.
SIN. *1* **Lechosa.**
papayáceo, -a *adj.-f.* Planta de la familia de las papayáceas. -2 *f. pl.* Familia de plantas dicotiledóneas de América, arbóreas, dioicas, de hojas palmeadas y hendidas, flores de cáliz muy pequeño, con la corola monopétala, y fruto en baya, con semillas semejantes a las de las cucurbitáceas.
SIN. **Papayo.**
papayal *m. Ecuad.* fig. Holgura, comodidad.
papayo (voz del Caribe) *m.* Arbolillo papayáceo tropical de tronco fibroso, coronado por grandes hojas palmeadas y fruto grande, oblongo, de carne amarilla y dulce, semejante a la del melón; toda la planta contiene un jugo lechoso y amargo que mezclado con agua sirve para ablandar las carnes *(Carica papaya).* 2 *Ecuad.* fig. Persona tonta.
SIN. **Lechoso.**
papaz (gr. *papás,* presbítero) *m.* ant. Entre los moros de las costas de África, sacerdote cristiano.
papazgo *m.* Papado.
papazo *m. Perú* y *P. Rico.* Bofetada.
papear (voz onomatopéyica) *intr.* Balbucir, tartamudear, hablar sin sentido. 2 fig. *y* vulg. Comer.
papel (v. *papiro*) *m.* Substancia, en forma de hojas delgadas, hecha con pasta de fibras vegetales obtenidas de trapos, paja, madera, etc.: ~ ***biblia,*** el muy fino y delgado, que suele emplearse para ediciones de lujo; ~ ***blanco*** o ***en blanco,*** el que no está escrito ni impreso; ~ ***cansón,*** el de color de paja, usado para dibujar con tinta china; ~ ***caña,*** el de embalar, satinado por una cara; ~ ***carbón, de calcar*** o ***de calco,*** el entintado por una cara que puesto entre dos hojas de papel sirve para calcar; ~ ***cebolla,*** el muy fino, resistente y transparente que se usa para mapas, etc.; ~ ***cuché,*** el muy satinado, apto para copias fotográficas o para impresión de grabados directos; ~ ***ahuesado,*** el de color de hueso; ~ ***de aluminio,*** ~ ***de estaño,*** o ***de plata,*** lámina muy delgada de estos metales con que se envuelven algunos productos; ~ ***de arroz;*** ~ ***de barbas,*** el de tina que no está recortado por los bordes; ~ ***de cúrcuma,*** el impregnado en la tinta de cúrcuma, usado como reactivo para reconocer los álcalis; ~ ***de China,*** el muy delgado y resistente, fabricado con la parte inferior de la corteza de la caña del bambú; ~ ***de estraza,*** el muy basto, áspero, sin cola y sin blanquear; ~ ***de filtro,*** el poroso y sin cola, usado para filtrar; ~ ***de fumar;*** ~ ***del Japón*** o ***japonés,*** el satinado, de grueso regular y color amarillento, fabricado con la parte interior de la corteza de moral; ~ ***de lija,*** hoja de papel fuerte, con vidrio molido, arena cuarzosa o polvos de esmeril, encolados en una de sus caras; ~ ***de mano*** o ***de tina,*** el de hilo hecho en molde pliego a pliego; ~ ***de música,*** el rayado para escribir música; ~ ***de seda,*** el muy fino, ligero y transparente, para resguardar las láminas o grabados de los libros; ~ ***de tornasol,*** el impregnado en la tintura de tornasol, usado como reactivo para reconocer los ácidos; ~ ***estucado,*** el opaco y sin ninguna rugosidad que se usa para imprimir fotocomposiciones; ~ ***higiénico,*** el destinado a usos sanitarios, que se vende enrollado; ~ ***offset,*** el que por su gramaje y flexibilidad, a pesar de su escasa calidad, admite la impresión en color; ~ ***pautado,*** el que tiene pauta; ~ ***pintado,*** el que tiene impresos adornos o dibujos y es empleado para empapelar los aposentos; ~ ***rayado,*** el que tiene rayas sutiles de lápiz o tinta pálida; ~ ***secante,*** el esponjoso y sin cola, usado para enjugar lo escrito; ~ ***tela,*** tela finísima de algodón, engomada y brillante, muy apta para dibujar planos; ~ ***vegetal,*** el satinado y sulfurado, transparente, que emplean los dibujantes y delineantes. 2 Pliego, hoja o pedazo de papel: ***embadurnar*** o ***emborronar*** ~, fig., escribir cosas inútiles. 3 Impreso que no llega a formar libro; periódico, esp. en pl.: *viene en los papeles.* 4 Carta, credencial, título, documento manuscrito o impreso. 5 Documento negociable que representa un valor en dinero: ***papel moneda,*** o simplte., ~, el que sustituye al dinero en metálico y tiene curso como tal; ~ ***de pagos,*** hoja timbrada que expende la Hacienda para hacer pagos al estado, su valor, número y clase se repiten en la parte superior, que se une al expediente, y en la inferior que se devuelve al interesado como comprobante. 6 Parte de la obra dramática que ha de representar cada actor. 7 Personaje representado por el actor. 8 fig. Función que uno cumple, manera de proceder en una circunstancia: *hacer uno buen* o *mal* ~; ***hacer el*** ~, fingir diestramente una cosa, representar al vivo; ***hacer*** ~, tener autoridad y representación en el mundo, o quererlo aparentar; hacer el papel. -9 *m. pl.* Documentos con que se acredita el estado civil o la calidad de una persona: *tener los papeles en regla.* 10 fam. Carantoñas, halagos.
papela *f.* vulg. Documento de identidad. 2 Título cualquiera. 3 fam. Documento de despido de un trabajo.
papelada *f. Amér.* Farsa, ficción.
papelear *intr.* Revolver papeles. 2 fig. Hacer papel. 3 *Argent.* Disimular.
papeleo *m.* Acción de papelear (revolver). 2 Efecto de papelear (revolver). 3 Conjunto de trámites múltiples de un asunto en las oficinas públicas.
papelera *f.* Mueble para guardar papeles. 2 Cesto para echar papeles inservibles. 3 Abundancia de papel escrito. 4 Fábrica de papel.
papelería *f.* Conjunto de papeles desordenados. 2 Tienda en que se vende papel y otros objetos.
papelerío *m. La Mancha.* Papelería (conjunto de papeles). 2 *Amér.* Abundancia de papeles.
papelero, -ra *adj.* Relativo al papel: *industria papelera.* -2 *adj.-s.* Farolero, papelón. -3 *adj. Murc.* fam. Lisonjero, zalamero, hipócrita. -4 *m. f.* Persona que tiene por oficio fabricar o vender papel. -5 *m. Argent.* Papelera. -6 *m. f. Méj.* Vendedor de periódicos.
papeleta *f.* Cédula: ~ ***de empeño,*** la que acredita la propiedad del objeto empeñado y el plazo y cuantía del empeño. 2 Cucurucho de papel. 3 Hoja en que se halla escrito un tema de examen u oposición. 5 Ficha. 6 Boletín de voto. 7 Papel en que se da la calificación de un examen. 8 fig. *y* fam. Asunto difícil de resolver: ***tocarle a uno una*** ~ ***mala, difícil,*** etc., verse en un asunto comprometido. 9 *Guat.* Tarjeta de visita. 10 *Hond.* Hoja suelta donde se anuncia algo. 11 *Méj.* Nómina teatral.
papeletear *tr.* Anotar en papeletas [los datos] que interesan para algún fin.
papeletizar *tr.* Papeletear. ◇ ** CONJUG. [4] como ***realizar.***
papelillo *m.* Dim. de *papel.* 2 Cigarro de papel. 3 Paquete de papel que contiene una pequeña dosis medicinal en polvo. 4 Confeti. 5 *Colomb.* Colorete. 6 *P. Rico.* Papillote.
I) papelina (l. med., ración, esp. de vino) *f.* Vaso para beber, estrecho por el pie y ancho por la boca. 2 En el lenguaje de la droga, dosis de heroína.
II) papelina (fr. ant. *-ine*) *f.* Tela muy delgada de seda.
papelista *com.* Persona que maneja papeles. 2 Fabricante o almacenista de papel. 3 Persona que tiene por oficio empapelar habitaciones. 4 *Perú, Cuba* y *P. Rico.* Picapleitos. -5 *adj. Argent.* Que hace alarde de lo que no es.
papelón, -lona *adj.-s.* fam. Persona que ostenta y aparenta más que es. -2 *m.* Papel en que se ha escrito acerca de algún asunto o negocio y que se desprecia por algún motivo. 3 Cartón delgado hecho de dos papeles pegados. 4 Cucurucho de papel. 5 fam. Plancha, papel desairado. 6 *Amér.* Pan de azúcar sin refinar. -7 *adj. P. Rico.* [ave de corral] Que es de color amarillo claro.
SIN. *1* **Papelero, farolero.**
papelonado (fr. *papelonné*) *adj.* BLAS. [escudo] Ornado de varias filas superpuestas de medios aros delgados.
papelonear (de *papelón*) *intr.* fam. Ostentar vanamente autoridad o valimiento.
papelorio *m.* desp. Fárrago de papel o de papeles.
papelote, papelucho *m.* desp. Papel o escrito despreciable. 2 Desperdicios de papel y papel usado empleados para fabricar nueva pasta. 3 *Amér.* Cometa, volantín.
papeluchero *m. Colomb.* Rábula, picapleitos.
papeo *m.* Acción de papear (comer).
papera (de *papo* I) *f.* Bocio. 2 Parótida (tumor). 3 Tumor inflamatorio y contagioso que en los caballos jóvenes se produce a la entrada del conducto respiratorio o en los ganglios submaxilares. -4 *f. pl.* Escrófulas, lamparones.
papero *m.* desus. Puchero en que se hacen las papas para los niños. 2 Papilla (papas).
papi *m.* fam. Padre.

papialbillo (de *papo* + *albo*) ***m.*** Jineta (mamífero).
papiamento (de *papia;* onomat. de *hablar;* ant. *papear,* chapurrear) ***m.*** Habla criolla que el castellano ha producido bajo la influencia de la raza negra en las islas de Curazao, Oruba y Buen Aire, colonizadas por España, pero holandesas desde 1634. 2 *P. Rico.* Jerigonza.
papiamentoso, -sa ***adj.*** [habla] En papiamento. 2 [pers.] Que habla papiamento. 3 *Amér.* p. ext. [pers.] Que chapurrea con rudeza e impericia el español o el portugués.
papila (l. *papilla*) ***f.*** Pequeña eminencia formada debajo de la epidermis y en la superficie de las membranas mucosas, por ramificaciones nerviosas y vasculares: *papilas táctiles; ~ vascular; papilas gustativas.* 2 Prominencia que forma la entrada del nervio óptico en el fondo del ojo y desde donde se extiende formando la retina. 3 En algunos órganos vegetales, célula epidérmica que forma una protuberancia cónica.
papilar ***adj.*** Relativo a las papilas.
papiliforme (de *papila* + *-forme*) ***adj.*** De forma de papila.
papilionáceo, -a (l. *papilione,* mariposa) ***adj.*** Amariposado. -2 ***adj.-f.*** Planta de la familia de las papilionáceas. -3 ***f. pl.*** Familia de plantas leguminosas cuyas corolas, formadas por cinco pétalos desiguales, se parecen a una mariposa con las alas extendidas; como el guisante y la habichuela.
papilla (der. del l. *papa,* comida) ***f.*** Comida hecha a base de féculas, harinas, etc., hervidas en agua o leche y destinadas a niños o enfermos. 2 fig. Cautela o astucia halagüeña para engañar a uno. 3 *Perú.* Dulce de batata con huevos batidos y otros incrementos.
FR. *Hacer ~ a uno,* aplastarlo; fig., apabullarlo, confundirlo, fastidiarlo.
papillote (fr., de *papillon,* mariposa) ***m.*** Rizo de cabello sujeto con un papel.
papiloma (*papila* + *-oma*) ***m.*** Epitelioma caracterizado por la hipertrofia de las papilas de la piel o de las membranas mucosas. 2 Tumor pediculado en forma de botón o cabezuela.
papiloso, -sa ***adj.*** Que está cubierto de papilas.
papín ***m.*** Especie de dulce casero.
papión ***m.*** Primate cercopitécido terrícola de 1 m. de longitud y costumbres gregarias; vive en África meridional *(Papio ursinus).*
papiráceo, -ea ***adj.*** De textura semejante al papel.
papiriforme ***adj.*** V. columna papirácea.
papiro (l. *papyru* < gr. *pápyros;* doble etim. *papel*) ***m.*** Planta ciperácea de Oriente, de hojas largas y estrechas; tallos de 2 a 3 m. de altura, lisos, desnudos y terminados en un penacho de espigas de flores pequeñas y verdosas *(Cyperus papyrus).* 2 Lámina sacada del tallo de esta planta, que empleaban los antiguos para escribir en ella. 3 burl. Billete de banco. ◇ INCOR. y vulg. la acentuación *pápiro.*
papiroflexia (*papiro* + l. *flexus,* doblado) ***f.*** Técnica de hacer pajaritas y otras figuras doblando una hoja de papel.
papirolada ***f.*** fam. Pampirolada.
papirología (*papiro* + *-logía*) ***f.*** Ciencia auxiliar de la historia que se aplica al estudio de los papiros. 2 p. ext. *y* hum. Papiroflexia.
papirólogo, -ga ***m. f.*** Especialista en papirología.
papirotada (de *papo*) ***f.*** Papirotazo.
papirotazo (de *papo*) ***m.*** Capirotazo. 2 *Venez.* Sandez, tontería.
papirote (de *papo*) ***m.*** Capirotazo. 2 fig. *y* fam. Tonto.
papirusa ***f.*** *Argent.* Muchacha linda.
papisa ***f.*** Mujer papa. ◇ Se usa sólo para el personaje fabuloso de la papisa Juana.
papismo ***m.*** Iglesia católica, y sus organismos y doctrinas, según los protestantes y cismáticos.
papista ***adj.-com.*** Católico romano, según los protestantes y cismáticos porque obedece al papa y le confiesa cabeza de la Iglesia y vicario de Cristo. 2 fam. Partidario de la rigurosa observancia de las disposiciones del papa.
papitis ***f.*** fam. Excesivo apego al padre. ◇ Pl.: *papitis.*
I) papo (de *papar*) ***m.*** Buche de las aves: ***estar una cosa en ~ de buitre,*** fig., estar en poder de quien o no la soltará de la mano o será difícil recobrarla. 2 Parte abultada del animal entre la barba y el cuello. 3 Pedazo de tela ahuecada que sobresalía por entre las cuchilladas en los trajes antiguos. 4 Bocio, en las regiones donde es endémico. 5 Porción de comida que se da de una vez al ave de rapiña. 6 vulg. Órgano sexual femenino. 7 MAR. ***~ de viento,*** seno formado por el viento en una vela que no está completamente extendida.
II) papo (l. *pappu*) ***m.*** Vilano (flor del cardo).
III) papo, -pa ***adj.*** *Amér. Central.* Tonto, necio.
papón ***m.*** Coco (fantasma). -2 ***adj.-s.*** *La Mancha.* Tranquilón.
paporrear ***tr.*** Azotar. 2 Hablar sin fundamento.
paporreta (de *papo* I) ***f.*** *Amér. Merid.* Paparrucha. 2 *Perú.* desp. Repetición mecánica de lo que se ha aprendido de memoria sin entenderlo o entendiéndolo a medias.
paporretear (de *paporreta*) ***tr.*** desp. Aprender de memoria sin entender lo que se aprende o entendiéndolo a medias. 2 *Perú.* Repetir algo sin entenderlo.
paporretero, -a ***m. f.*** *Perú.* Persona que paporretea.
papú, papúa ***adj.-s.*** De la Papuasia o Nueva Guinea, isla de Oceanía. -2 ***adj.-m.*** Familia de lenguas de difícil filiación habladas en esta isla. ◇ Pl.: *papúes.*
papudo, -da ***adj.*** Que tiene crecido y grueso el papo, esp. en las aves.
papujado, -da ***adj.*** [ave, esp. la gallina] Que tiene mucha pluma y carne en el papo. 2 fig. Abultado, prominente y hueco.
pápula (l.) ***f.*** Tumorcillo eruptivo, cutáneo, que se resuelve espontáneamente y que no deja cicatriz.
papuloso, -sa ***adj.*** Que tiene los caracteres de la pápula.
papurreta ***f.*** *Cuba.* Simpleza.
paquear ***tr.*** Disparar los pacos.
paquebot, -te (ing. *packet-boat;* comp. de *packet,* paquete + *boat,* barco) ***m.*** Embarcación que lleva correo y pasajeros de un puerto a otro. ◇ Pl.: *paquebotes.*
paqueo ***m.*** Acción de paquear.
paquetazo ***m.*** *Ecuad.* y *Pan.* Timo, robo.
paquete (fr. *paquet*) ***m.*** Envoltorio bien dispuesto y no muy abultado: *~ de libros, de comestibles.* 2 Conjunto de cartas o papeles formando mazo, o contenidas en un mismo sobre o cubierta: ***~ postal,*** el que se ajusta a determinados requisitos y se envía por correo; ***~ ciego,*** paquete postal no incluido en el especial del punto de destino. 3 p. ext. Conjunto de acciones, decisiones, disposiciones, prevenciones, etc., tomadas con una finalidad concreta: *el ~ de medidas económicas.* 4 ***~ de acciones,*** conjunto grande de acciones de una compañía perteneciente a un solo titular. 5 Trozo de composición tipográfica en que entran aproximadamente mil letras. 6 Paquebote. 7 Acompañante del conductor en una motocicleta. 8 Persona torpe y poco inteligente. 9 DEP. Pelotón de corredores en una prueba ciclista. -10 ***adj.-s.*** Persona muy compuesta y que sigue la moda; casa o local bien puesto. -11 ***m.*** *Méj.* Asunto difícil.
LOC. *Meter un ~ a alguien,* multarle, reprenderle, castigarle; *ser un ~,* ser muy malo en algo.
paquetear ***intr.*** *Argent.* y *Urug.* Presumir, mostrarse ante los demás bien vestido.
paquetería ***f.*** Género de mercancía que se guarda o vende en paquetes. 2 Comercio de este género. 3 *Argent., Parag.* y *Urug.* Compostura en el vestir o en el arreglo de casas o locales. 4 *Argent., Parag.* y *Urug.* Conjunto de prendas o adornos que una persona se pone para ir bien vestida. 5 *Argent.* Mercería.
paquetero, -ra ***adj.-s.*** Que hace paquetes. -2 ***m. f.*** Persona encargada de repartir los paquetes de periódicos entre los vendedores. -3 ***m.*** Matutero. 4 *Ecuad.* Estafador que canjea envoltorios de papel por el dinero de su víctima.
paquetudo, -da ***adj.*** *Méj.* Bien vestido. 2 *Méj.* Orgulloso.
paquidermia (gr. *pachys,* denso + *-dermia*) ***f.*** MED. Espesamiento patológico de la piel. 2 MED. Mixedema.
paquidérmico, -ca ***adj.*** ZOOL. Que se caracteriza por el grosor anormal de su piel. 2 Que tiene caracteres comparables en algo a los del elefante.
paquidermo (gr. *pachydermos* < *pachys,* denso + *-dermo*) ***adj.-m.*** Mamífero artiodáctilo caracterizado por tener la piel muy gruesa; como el elefante, el rinoceronte y el hipopótamo.
paquío ***m.*** *Bol.* Curbaril, árbol.
paquistaní ***adj.-s.*** De Paquistán.
paquistano, -na ***adj.-s.*** Paquistaní.
paquita ***f.*** *Colomb.* Lisa curada, de calidad ordinaria.
I) par (l.) ***adj.*** Igual o semejante totalmente. 2 ZOOL. [órgano] Que corresponde simétricamente a otro igual. -3 ***adj.-m.*** MAT. Número par. -4 ***m.*** Conjunto de dos personas o dos cosas de una misma especie: *un ~ de medias; sois un ~ de bribones; un ~ de banderillas;* ***a pares,*** de dos en dos. 5 Conjunto de dos mulas o bueyes de labranza. 6 Título de alta dignidad en algunos estados: *los doce pares de Francia.* 7 ARQ. Madero de una armadura de cubierta que, en pareja con otro y dispuesto oblicuamente, forma la inclinación del tejado, y se apoya en la hilera por la parte superior y en los estribos en la parte inferior. 8 DEP. En el juego del golf, número de golpes máximo de que dispone el jugador

para meter la pelota en un hoyo. 9 DEP. En el juego del golf, jugada en la que se consigue meter la pelota en el hoyo en el mismo número de golpes del par. 10 FÍS. Sistema de dos elementos que producen un resultado: ~ ***de fuerzas,*** el formado por dos fuerzas iguales en magnitud, paralelas y de sentidos contrarios, aplicados a distintos puntos de un cuerpo y que producen un movimiento de rotación; ~ ***hidroeléctrico*** o ***voltaico*** (también *elemento*), el formado por dos metales que constituyen la pila voltaica. -11 ***f. pl.*** Placenta (masa carnosa).

SIN. *5* **Yunta.** *7* **Alfarda.** REL. *8* **Paresa,** mujer de un par. LOC. *Sin ~,* fig., singular, que no tiene igual o semejante (sin segundo, impar): *mujer de belleza sin ~. A la ~ o al ~,* juntamente, a un tiempo; igualmente, sin distinción o separación. *A la ~,* tratándose de monedas o efectos públicos o negociables, igualdad entre su valor nominal y el que tiene en el mercado. *De ~ en ~,* enteramente abierto, esp. las puertas y ventanas; fig., sin impedimento ni embarazo; clara o patentemente.

II) par (apóc. de *para*) ***prep.*** ant. Por, en fórmula de juramento: *¡par Dios!*

I) para (ant. *pora* < l. *pro ad*) ***prep.*** Elemento de relación que introduce tanto complementos del verbo como del nombre. Denota la dirección del movimiento: *ir ~ Madrid.* 2 Término de un transcurso de tiempo: *pagar ~ San Juan; la fiesta estaba anunciada ~ ayer; déjalo ~ otro día.* 3 Expresa la relación de complemento indirecto o dativo: *compraremos un juguete al niño* o *~ el niño; traigo una carta a tu madre* o *~ tu madre.* 4 Destino que se da a las cosas: *trabajar ~ merecer el premio; tela ~ un vestido.* 5 Fin que nos proponemos en nuestras acciones: *trabaja ~ su propio beneficio; ¿~ qué has venido?* 6 Utilidad o aptitud: *bueno ~ comer; esta agua no es buena ~ beber; apto ~ las matemáticas.* 7 Inminencia de la acción o propósito de llevarla a cabo: *el tren está ~ llegar; estaba ~ salir.* 8 Acción interior que no se comunica a otro: *leer ~ sí; tengo ~ mí.* 9 Comparación o relación de una cosa respecto a otra; en relación con, entre, en comparación con: *bueno ~ con todos; altanero ~ con sus inferiores; ¿quién es usted ~ conmigo?* 10 Inadecuación de dos pensamientos que se oponen o contradicen en la intención del que habla: *le alaban poco ~ lo que merece; le pagan poco ~ lo que trabaja; con buena calma vienes ~ la prisa que tengo.* 11 Circunstancia adversa que se suma a otras anteriores: *¡~ colmo me olvidé el paragüas! ¡~ postre me robaron las llaves!* -12 ***conj. final*** Introduce oraciones finales con el verbo subordinado en infinitivo y equivale a *a, a fin de: he venido ~ ver las fiestas;* con el subordinado en forma personal se usa *~ que* equivaliendo a *con el fin u objeto de que: le hice un regalo ~ que estuviese contento.* 13 Junto con algunos nombres, se usa supliendo el verbo *comprar* o con el sentido de *entregar a, obsequiar a,* etc.: *pidió un préstamo ~ el piso; lleva un ramo de flores ~ la señora.* ◇ Es vulg. la contracción *pa.* ◇ GRAM. *1* Esta dirección es generalmente más indeterminada que la señalada por la preposición *a* y se acerca al valor de *hacia. 3* Lo mismo sucede con la preposición *a,* pero aunque la relación de dativo es la misma con una u otra preposición, *para* añade la idea de fin o la refuerza; compárese: *traigo una carta a tu madre* con *traigo una carta ~ tu madre. 7* Precedida de un verbo, especialmente *estar,* y seguida de infinitivo. *9* En general este uso se asocia a la preposición *con. 10* La expresión oscila entre adversativa y concesiva. Este matiz se acentúa en la expresión *para eso: ~ eso no hacían falta tantas palabras; ~ eso más vale que esperes. 11* Seguida de voces como *colmo, remate, postre,* etc.

II) para ***m.*** *Argent.* Tabaco paraguayo.

para-, pará- (gr. *pará,* al lado de) Elemento prefijal que entra en la formación de palabras con el significado de junto a, al lado de; oposición; continuidad, refuerzo; semejanza, apariencia; incorrección, equivocación; anomalía. 2 QUÍM. Se utiliza en química para indicar una variedad molecular alotrópica o isomérica de una substancia y para designar algunos isomeros derivados del benceno.

pará ***m.*** *Méj.* Mijo.

paraba ***f.*** *Bol.* Especie de papagayo.

parábasis ***f.*** Parte de la comedia griega en la que el coro se dirigía al público y hacía alusiones políticas o a los negocios públicos. ◇ Pl.: *parábasis.*

parabién (de la frase *para bien sea*) ***m.*** Felicitación. ◇ Pl.: *parabienes.*

parable ***adj.*** Que puede pararse.

parábola (l. ecl. < gr. *parabolé,* comparación; doble etim. *palabra*) ***f.*** Narración de un suceso fingido, de que se deduce, por comparación o semejanza, una verdad importante o una enseñanza moral. 2 Curva abierta, simétrica con respecto de un eje, con un solo foco, que resulta de cortar un cono circular recto por un plano paralelo a una de sus generatrices.

parabolano, -na ***m. f.*** Persona que usa de parábolas (narraciones). 2 fig. Persona que inventa o propaga noticias falsas o exageradas. 3 fig. Embustero. -4 ***m.*** Clérigo de la primitiva iglesia oriental, que asistía a los enfermos de los hospitales y cuidaba de los que morían dentro de la ortodoxia.

parabólico, -ca (gr. *-ikós*) ***adj.*** Relativo a la parábola. 2 De figura de parábola (curva).

parabolizar ***tr.*** Representar, ejemplificar, simbolizar [algo]. ◇ ** CONJUG. [4] como ***realizar.***

paraboloide (de *parábola + -oide*) ***m.*** Superficie en que las secciones paralelas a una dirección dada son parábolas y las demás secciones planas elipses o hipérbolas: ~ ***de revolución,*** el que resulta del giro de una parábola alrededor de su eje; ~ ***elíptico,*** superficie convexa y cerrada por una parte, abierta e indefinida por la opuesta, cuyas secciones planas son todas parábolas o elipses; ~ ***hiperbólico,*** superficie alabeada que se extiende en todos sentidos, de curvaturas contrarias, como una silla de caballo, y cuyas secciones planas son todas parábolas e hipérbolas. 2 GEOM. Sólido limitado por un paraboloide elíptico y un plano perpendicular a su eje.

parabrisas (de *parar + brisa*) ***f.*** Bastidor con cristal que lleva el automóvil en su parte anterior para resguardar del aire a los ocupantes cuando aquél está en movimiento. ◇ Pl. *parabrisas.*

I) paraca ***f.*** *Amér.* Brisa muy fuerte del Pacífico.

II) paraca ***m.*** vulg. Paracaidista.

paracaídas (de *parar + caída*) ***m.*** Aparato de tela, en forma de gran casquete esférico, o cualquier otro, que, al soltarse desde un punto elevado, se abre y cae lentamente gracias a la resistencia que el aire opone a su movimiento de descenso; se utiliza para moderar la velocidad de caída de los cuerpos arrojados desde las aeronaves. 2 p. ext. Lo que sirve para evitar o disminuir el golpe de una caída desde un sitio elevado. 3 Dispositivo de seguridad que tienen los ascensores, montacargas y aparatos similares para evitar su caída acelerada en caso de rotura de los cables. 4 Dispositivo que tienen algunas aeronaves y astronaves para moderar la velocidad de caída o para reforzar la frenada cuando disponen de poco espacio en un movimiento horizontal. ◇ Pl.: *paracaídas.*

paracaidismo ***m.*** Técnica de salto con paracaídas desde una aeronave o avión. 2 DEP. Conjunto de actividades deportivas relacionadas con dicha técnica: ~ ***de estilo,*** DEP., modalidad deportiva en la que se realizan de manera individual o en grupo, diversas figuras o movimientos en el aire; ~ ***de precisión,*** DEP., modalidad deportiva en la cual se procura tomar tierrra en una diana previamente marcada. 3 *Méj.* Ocupación indebida.

paracaidista ***adj.*** Perteneciente o relativo al paracaidismo: *unidad ~; concurso ~.* -2 ***com.*** Deportista que practica el paracaidismo. 3 Militar que ha recibido instrucción para saltar con paracaídas desde una aeronave y combatir, después, en tierra.

paracaseína ***f.*** Caseína coagulada o requesón de la leche.

paracentesis (gr. *parakéntesis*) ***f.*** Punción que se hace en una cavidad del cuerpo para evacuar la serosidad acumulada. ◇ Pl.: *paracentesis.*

parachí ***m.*** *Amér. Merid.* Pajarillo de la familia de los páridos, de cabeza negra, lomo pardo verdoso y cola amarilla. Suele andar en bandadas *(Spinus magellanicus).*

parachispas (de *parar + chispa*) ***m.*** Dispositivo de protección en las chimeneas. 2 ELECTR. Dispositivo que en los contactos de los aparatos eléctricos sirve para atenuar los efectos de la descarga de ruptura. ◇ Pl.: *parachispas.*

parachoques (de *parar + choque*) ***m.*** Barra de metal o dispositivo que llevan exteriormente los automóviles y otros carruajes en la parte delantera y trasera, para amortiguar los efectos de un choque. ◇ Pl. *parachoques.*

parachutista ***adj.-com.*** GALIC. Paracaidista.

paracleto (gr. *parákletos,* intercesor) ***m.*** Paráclito.

paráclito (l. ecl. *-tu*) ***m.*** Espíritu Santo, enviado para consolador de los fieles.

paracronismo (*para- + -cronismo*) ***m.*** Anacronismo que consiste en suponer acaecido un hecho después del tiempo en que sucedió.

I) parada ***f.*** Acción de parar o detenerse: ***salirle a uno a la ~,*** fig., salirle al encuentro. 2 Lugar donde se para: *una ~ de coches; ~ del tranvía, del autobús.* 3 Fin o término del movimiento de una cosa, esp. de la carrera. 4 Azuda (presa). 5 Lugar don-

de se recogen las reses. 6 Lugar donde se hallan los sementales para la procreación del ganado mayor. 7 Tiro de relevo que se apostaba en un lugar para mudar las caballerías cansadas. 8 Apostadero de los tiros de relevo. 9 Cantidad de dinero que en el juego se expone a una sola suerte. 10 Pausa en la música. 11 Escena burlesca para anunciar una comedia. 12 DEP. Detención del balón por el guardameta. 13 ESGR. Quite. 14 MIL. Formación de tropas que entra de guardia, sale a desfilar, etc., y a la que se pasa revista. 15 MIL. Lugar donde esta tropa forma. 16 *And.* y *Murc.* Torna. 17 *Amér.* Empaque, compostura. 18 *Amér.* Baladronada. 19 *Chile.* Caldera abierta de hierro forjado donde se disuelve el caliche. 20 *Hond.* Conjunto de diez cartuchos de rifle o fusil. 21 *Perú.* Número de puestos de vendedores ambulantes.
SIN. *1* **Detención.** *1* y *2* v. **Estacionamiento.** *5* **Acaballadero, puesto.** *14* **Desfile.**

II) parada (fr. *parade*) *f. Amér.* GALIC. Desfile, procesión.

paradera *f.* Compuerta con que se desagua el caz del molino. 2 Red que está siempre dispuesta esperando la pesca. 3 *Extr.* Freno del rodezno. 4 *Murc.* Repisa de madera donde se coloca la jaula de la perdiz.

paradero *m.* Lugar o sitio donde se para o se va a parar. 2 fig. Fin o término de una cosa. 3 *Amér.* Apeadero en el ferrocarril. 4 *Colomb.* Parada de autobuses.

paradeta *f.* Dim. de *parada*. -2 *f. pl.* Baile español, en que se hacían unas breves paradas en el movimiento, a consonancia del tañido. 3 Música de este baile.

paradiástole (gr. *paradiastolé*) *f.* RET. Figura que consiste en contrastar voces de significación muy parecida.

paradigma (gr. *parádeigma*, modelo) *m.* Ejemplo que sirve de norma, esp. de una conjugación o declinación. 2 LING. Conjunto virtual de elementos de una misma clase gramatical, que pueden aparecer en un mismo contexto.

paradigmático, -ca *adj.* Que sirve de paradigma. 2 Relativo al paradigma.

paradina *f.* Monte bajo de pasto, con corrales para el ganado.
SIN. **Pardina,** Ar.

paradisíaco, -ca, paradisiaco, -ca (l. ecl. *-cu*) *adj.* Relativo al Paraíso.

paradislero (de *parada*) *m.* Cazador a espera. 2 fig. Persona que anda averiguando noticias o las inventa.

parado, -da (de *parar*) *adj.* Remiso, tímido o flojo en palabras, acciones o movimientos. 2 Desocupado, sin ejercicio o empleo. 3 Con verbos de resultado y acompañado de *bien, mejor* o *mal, peor*, beneficiado o perjudicado: *salir bien,* o *mal, ~*. 4 Con verbos como *quedar* y *dejar*, desconcertado, estupefacto, pasmado, vacilante: *al comunicarme el accidente me quedé ~*. 5 *Amér.* Derecho o en pie. 6 *Chile* y *P. Rico.* Orgulloso, engreído.
SIN. *2* v. **Desacomodado.**

paradoja (l.-gr. *-oxa*) *f.* Especie opuesta a la opinión común y, esp., la que parece opuesta siendo exacta. 2 Aserción inverosímil presentada con apariencias de verdadera. 3 RET. Figura de pensamiento que consiste en emplear expresiones o frases que aparentemente envuelven contradicción: *Yo, Sancho, nací para vivir muriendo.*

paradójico, -ca *adj.* Que incluye paradoja o que usa de ella.

paradojismo *m.* Figura retórica que une palabras o frases, en sí inconciliables, bajo la forma de paradoja.

paradojo, -ja *adj.* desus. Paradójico.

parador, -ra *adj.* Que para o se para. 2 [caballo o yegua] Que se para con facilidad. -3 *adj.-s.* Jugador que para mucho. -4 *m.* Mesón. 5 Establecimiento de hostelería de similar categoría que el hotel, que depende en mayor o menor medida de organismos oficiales, y presta un servicio de alta calidad con instalaciones acordes al arte, estilo o tipismo de la región en que se halle. 6 *Murc.* Corral con cuadra y cobertizo para el carro.
SIN. *4* v. **Hotel.** *5* v. **Hotel.**

paradoxal *adj.* GALIC. Paradójico.

paraestatal (*para-* + *estatal*) *adj.* [institución, empresa, etc.] Que coopera con el Estado, pero no forma parte de su administración.

parafango *m. Venez.* Guardabarros o alero de automóvil.

parafasia (*para-* + gr. *phasis*, palabra) *f.* MED. Defecto del habla debido a una lesión cerebral.
REL. **Afasia,** pérdida total del habla.

parafernales (gr. *parápherna* < *parapherma*, dote) *adj. pl.* DER. V. bienes parafernales.

parafernalia *f.* Conjunto de utensilios, adminículos, etc., necesarios para un determinado uso. 2 fam. Aparato ostentoso, material o inmaterial, con que se rodea una persona, un acto público, etc.

parafina (l. *parum affinis*, que tiene poca afinidad) *f.* Substancia sólida, blanca, translúcida, inodora y fácilmente fusible; es una mezcla de hidrocarburos; se obtiene destilando petróleo o materias bituminosas naturales y se emplea para fabricar velas y para otros usos.

parafinado *m.* Acción de parafinar. 2 Efecto de parafinar.

parafinar *tr.* Impregnar [algo] de parafina.

parafiscal *adj.* [impuesto] Que favorece a los organismos autónomos.

parafraseador, -ra *adj.-s.* Que parafrasea.

parafrasear *tr.* Hacer la paráfrasis [de un texto, de un escrito].

paráfrasis (gr. *paráphrasis* < *para-* + *phrasis*, elocución) *f.* Explicación o interpretación amplificativa de un texto. 2 Traducción en verso en la cual se imita el original, sin verterlo con escrupulosa exactitud. ◇ Pl.: *paráfrasis.*

parafraste (gr. *paraphrastés*) *com.* Autor de paráfrasis. 2 Persona que interpreta textos por medio de paráfrasis.

parafrásticamente *adv. m.* Con paráfrasis, de modo parafrástico.

parafrástico, -ca *adj.* Relativo a la paráfrasis; propio de ella, que la encierra o incluye.

paragénesis (*para-* + *-génesis*) *f.* MIN. Asociación de minerales que se han originado en las mismas condiciones.

paragneis (*para-* + *gneis*) *m.* GEOL. Gneis proveniente del metamorfismo regional de rocas sedimentarias.

paragoge (gr. *paragogé*) *f.* GRAM. Metaplasmo que consiste en añadir una o más letras al final de un vocablo: *felice* por *feliz.*
SIN. **Epítesis.**

paragógico, -ca *adj.* Que se añade por paragoge.

paragolpes *m.* Parachoques. ◇ Pl.: *paragolpes.*

paragón *m.* desus. Parangón.

paragonar *tr.* desus. Parangonar.

parágrafo (gr. *parágraphos*) *m.* Párrafo.

paragranizo (de *parar* + *granizo*) *m.* Cobertizo de tela basta para proteger contra el granizo ciertos sembrados o frutos. 2 Dispositivo que evita la caída del granizo y lo transforma en lluvia.

¡paraguán! *Venez.* Interjección ¡Alto! voz de mando.

paraguariense *adj.-s.* De Paraguarí, c. y dep. del Paraguay.

paraguas (de *parar* + *agua*) *m.* Utensilio portátil para resguardarse de la lluvia, compuesto de un bastón y un varillaje cubierto de tela que puede extenderse o plegarse. 2 fig. Protección: *~ atómico,* protección asegurada por el armamento atómico de una nación como medio de disuasión ◇ Pl.: *paraguas.*
SIN. *1* **Quitaguas,** p. us.

paraguatán *m. Amér. Central* y *Venez.* Árbol rubiáceo de buena madera y de cuya corteza se hace una tinta roja *(Sickingia tinctoria).* 2 *Argent.* Máquina usada por los indios del Amazonas para manipular la yuca. 3 *Colomb.* Trampa volante para cazar ciervos. 4 *Colomb.* Riña entre muchos hombres.

paraguay *m.* Papagayo del Paraguay, de plumaje verde manchado de amarillo en el cuerpo, de azul y rojo en las alas, azul y ceniciento junto a los oídos y anaranjado en el colodrillo *(Sittace illigeri).* 2 *Perú.* Penacho morado de la espiga de maíz. ◇ Pl.: *paraguayes.*
SIN. *1* **Loro del Brasil.**

paraguayano, -na *adj.-s.* desus. Del Paraguay, estado de la América del Sur.

paraguayo, -ya *adj.-s.* Paraguayano. -2 *f.* Fruta de aspecto y sabor semejante al melocotón mollar, pero de forma más aplanada. -3 *m. Bol.* Látigo de mayoral. 4 *Bol.* Rosquete. 5 *Cuba.* Machete de hoja larga y recta.

paraguazo *m.* Golpe dado con el paraguas.

paragüería *f.* Tienda de paraguas.

paragüero, -ra *m. f.* Persona que tiene por oficio hacer, componer o vender paraguas. -2 *m.* Mueble para colocar los paraguas y bastones.

paragüey *m. Venez.* Yugo de los bueyes de labranza.

parahusar *tr.* Taladrar con el parahúso. ◇ **CONJUG. [16] como *aunar*.

parahúso (de *par a huso*, igual a huso) *m.* Instrumento manual usado para taladrar, consistente en una barrena cilíndrica que recibe el movimiento de dos cuerdas o correas que se arrollan o desenrollan alternativamente al subir y bajar un travesaño al cual están atadas.
SIN. **Trincaesquinas.**

paraíso (l. *-disu;* gr. *parádeisos*) ***m.*** Lugar amenísimo donde Dios puso a nuestro primer padre Adán luego que lo crio. 2 Cielo (mansión celestial). 3 Conjunto de asientos del piso más alto de algunos teatros. 4 fig. Lugar donde alguien se encuentra muy a gusto, protegido o impune: ~ ***fiscal,*** país donde la legislación fiscal es muy permisiva, en especial para los capitales extranjeros que pueden escapar al control de la legislación de su lugar de origen. 5 *Cuba.* Acederaque, árbol. 6 *Méj.* Gallinero.
SIN. *1* **Edén,** ~ terrenal. REL. *1, 2* y *4* **Paradisíaco,** relativo al paraíso. SIN. *3* **Gallinero, cazuela** (ant.), **galería.**
paraje (de *parar*) ***m.*** Lugar, sitio lejano o aislado. 2 Estado o disposición de una cosa.
parajismero, -ra ***adj.*** Gestero.
parajismo (v. *paroxismo*) ***m.*** Mueca, visaje, gesticulación exagerada.
paral (l. *-are*) ***m.*** Madero que sale de un mechinal o hueco de una fábrica y sostiene el extremo de un tablón de andamio. 2 Madero que se aplica oblicuo a una pared para asegurar el puente de un andamio. 3 Madero que tiene en medio una muesca que se unta con sebo para que, encajada en ella la quilla de una embarcación, se deslice y corra al botarla al agua o vararla.
paraláctico, -ca ***adj.*** Relativo a la paralaje. 2 [dispositivo astronómico] Que permite seguir con un solo movimiento el aparente de los astros.
paralaje (gr. *parallaxis,* cambio) ***f.*** ASTRON. Diferencia entre las posiciones aparentes que en la bóveda terrestre tiene un astro según el punto donde se supone observado: ~ ***anua,*** diferencia de los ángulos que forman con el radio de la órbita terrestre dos líneas dirigidas a un astro desde los extremos de dicho radio; ~ ***de altura,*** diferencia de los ángulos que forman con la vertical las líneas dirigidas a un astro desde el punto de observación y desde el centro de la Tierra; ~ ***horizontal,*** la de altura, cuando el astro está en el horizonte. 2 ÓPT. Cambio aparente de la posición de un objeto visto sobre un fondo más distante, cuando se cambia el punto de observación.
paralasis, -xi ***f.*** Paralaje. ◇ Pl.: *paralasis* o *paralaxis.*
paraldehído ***m.*** QUÍM. Producto obtenido por condensación del acetaldehído. Es hipnótico.
paralela (v. *paralelo*) ***f.*** Trinchera con parapeto, abierta paralelamente a las defensas de una plaza. -2 ***f. pl.*** Barras paralelas.
paralelamente ***adv. m.*** Con paralelismo.
paralelar ***tr.*** Comparar, hacer paralelo [de una pers. o cosa] con otra.
paralelepipédico, -ca ***adj.*** Que tiene la forma de un paralelepípedo.
paralelepípedo (gr. *parallelos* + gr. *epípedon,* plano) ***m.*** GEOM. Sólido terminado por seis paralelogramos, siendo iguales y paralelos cada dos opuestos entre sí.
paralelismo ***m.*** Calidad de paralelo. 2 Teoría psicológica según la cual los hechos psíquicos y los psicológicos se corresponden sin influirse. 3 Forma de la poesía oriental, en la que el segundo verso corresponde, contradice o completa el primero.
paralelo, -la (l. *parallelus;* gr. *parállelos* < *para-* + *allelon,* uno de otro) ***adj.*** Equidistante de otro y que por más que se prolonguen no pueden encontrarse: *líneas, planos paralelos.* 2 fig. Correspondiente o semejante. -3 ***m.*** Círculo menor paralelo al ecuador, que se supone descrito en cualquier posición del globo terráqueo. 4 Círculo que en una superficie de revolución resulta de cortarla por planos perpendiculares a su eje. 5 Cotejo de una cosa con otra. 6 Comparación de una persona con otra, de palabra, o por escrito. 7 ELECTR. ***Estar en*** ~, estar [dos circuitos eléctricos] conectados de tal modo que la corriente circulante se divide entre los dos.
REL. v. **Ecuador, meridiano, trópico.**
paralelogramo (gr. *parallelógrammos*) ***m.*** Cuadrilátero cuyos lados opuestos son iguales y paralelos entre sí.
paralipómenos (gr. *paraleipómena,* cosas omitidas) ***m. pl.*** Dos libros canónicos del Antiguo Testamento, que son como el suplemento de los cuatro de los Reyes.
paralís ***m.*** vulg. Parálisis.
parálisis (gr. *parálysis* < *paralyo,* disolver) ***f.*** Pérdida total o parcial de la sensibilidad, de los movimientos voluntarios, o de unos y otros a la vez: ~ ***infantil,*** poliomielitis aguda. 2 fig. Imposibilidad de actuar. ◇ Pl.: *parálisis.*
SIN. *1* **Perlesía,** ant.
paraliticado, -da ***adj.*** Que padece parálisis.
paraliticarse ***prnl.*** Ponerse paralítico, paralizarse. ◇ ** CONJUG. [1] como ***sacar.***
paralítico, -ca ***adj.-s.*** Enfermo de parálisis.
SIN. **Impedido, tullido, imposibilitado, perlático** (ant.).
paralización ***f.*** fig. Detención de una cosa dotada de actividad o de movimiento.
paralizador, -ra ***adj.*** Que paraliza.
paralizante ***adj.*** Paralizador.
paralizar (obtenido sobre el fr. *paralyser*) ***tr.-prnl.*** Causar parálisis [a una parte del cuerpo]. 2 fig. Detener la actividad o el movimiento [de una cosa]. ◇ ** CONJUG. [4] como ***realizar.***
paralogismo (gr. *paralogismós* < *para-* + *logismós,* razonamiento) ***m.*** Razonamiento falso.
paralogizar (l. *paralogizare* < gr. *paralogizomai*) ***tr.-prnl.*** Intentar persuadir [a alguien] con discursos falaces y razones aparentes. ◇ ** CONJUG. [4] como ***realizar.***
paramada ***f.*** *Ecuad.* Llovizna.
paramagnético, -ca (*para-* + *magnético*) ***adj.*** [cuerpo] Que, sometido a la influencia de un campo magnético, se imana y orienta paralelamente a las líneas de fuerza.
paramagnetismo ***m.*** FÍS. Propiedad de las substancias que, colocadas en un campo magnético, toman una imantación positiva proporcional al campo.
paramar ***impers.*** *Amér.* Lloviznar. 2 *Venez.* Hacer temporal de mucha nieve en los páramos.
paramear ***impers.*** *Ecuad.* Paramar.
paramecio ***m.*** Protozoo ciliado de forma de zapatilla, visible en las aguas estancadas *(Paramœcium).*
paramédico, -ca (*para-* + *médico*) ***adj.*** Que tiene relación con la medicina sin pertenecer propiamente a ella.
paramentar ***tr.*** Adornar o ataviar una cosa.
paramento (l. *-tu*) ***m.*** Adorno o atavío con que se cubre una cosa: ***paramentos sacerdotales,*** vestiduras y demás adornos que usan los sacerdotes para celebrar misa y otros divinos oficios; adornos del altar. 2 Sobrecubiertas o mantillas del caballo. 3 ARQ. Cara de la pared. 4 ARQ. Cara de un sillar labrado.
paramera ***f.*** Región o vasta extensión de territorio donde abundan los páramos.
parámetro (*para-* + *metro*) ***m.*** Línea constante e invariable que entra en la ecuación de algunas curvas, esp. en la de la parábola. 2 Variable tal que otras variables pueden ser expresadas por funciones de ella. 3 fig. Elemento importante cuyo conocimiento es necesario para comprender un problema o un asunto.
paramiento ***m.*** *Chile.* Parada, orgullo.
paramilitar (*para-* + *militar*) ***adj.*** De carácter parecido o que recuerda la organización militar.
paramnesia (*para-* + *-mnesia*) ***f.*** Perturbación de la memoria, esp. la que hace que uno no pueda recordar el sentido de las palabras.
páramo (l. hisp. *paranus,* de orig. prerromano) ***m.*** Terreno yermo, raso y desabrigado. 2 fig. Lugar sumamente frío y desamparado. 3 *Amér. Merid.* Llovizna, calabobos.
paramuno, -na ***adj.*** *Colomb.* De un páramo.
paranaense ***adj.-s.*** De Paraná, cap. de la prov. de Entre Ríos (Argentina).
parancero (de *paranza*) ***m.*** El que caza con lazos, perchas, etc.
paranéfrico, -ca (*para-* + gr. *nephrós,* riñón) ***adj.*** ZOOL. Que está situado junto al riñón. 2 MED. Suprarrenal.
parangón (it. *paragone* < gr. *parakone,* piedra de toque; doble etim. *parragón*) ***m.*** Comparación o semejanza.
parangona ***f.*** Grado de letra, la mayor después del gran canon, peticano y misal.
parangonar (it. *paragonare*) ***tr.*** Hacer comparación [de una cosa] con otra. 2 IMPR. Justificar en una línea [las letras, adornos, etc.] de cuerpos desiguales.
SIN. *1* v. **Cotejar.**
paranínfico ***adj.*** ARQ. V. orden ~.
paraninfo (gr. *paránymphos* < *para-* + gr. *nymphé,* novia) ***m.*** poét. *y* desus. Padrino de bodas. 2 desus. El que anuncia una felicidad. 3 En las universidades, el que pronunciaba el discurso de apertura de curso. 4 Salón de actos académicos en algunas universidades.
paranoia (gr., *demencia*) ***f.*** Monomanía.
paranoico, -ca ***adj.*** Monomaníaco.
SIN. v. **Loco.**
paranomasia ***f.*** Paronomasia.
paranormal (*para-* + *normal*) ***adj.*** Que no se ajusta a las leyes físicas o psíquicas.
paranza (de *parar*) ***f.*** Puesto donde el cazador de montería espera las reses. 2 Pequeño corral de cañizo para pescar.

parao (malayo *praho*, embarcación) ***m.*** Embarcación grande filipina, muy semejante al casco.
parapara ***f.*** *Venez.* Fruto del paraparo. 2 *Venez.* Café sin descerezar.
paraparo ***m.*** *Venez.* Árbol sapindáceo llamado también jaboncillo y árbol del jabón (gén. *Sapindus).*
parapente (de *paracaídas* y *pendiente*) ***m.*** Modalidad de paracaidismo deportivo en la que el paracaidista se lanza desde una pendiente muy pronunciada para efectuar un descenso controlado, una vez desplegado el paracaídas.
parapentista ***com.*** Deportista que practica el parapente.
parapetarse ***prnl.-tr.*** FORT. Resguardarse con parapetos. 2 fig. Precaverse de un riesgo por algún medio de defensa.
parapeto (it. *parapetto* <*petto*, pecho) ***m.*** ARQ. Pared o baranda puesta para evitar caídas en los puentes, escaleras, etc. 2 FORT. Terraplén corto formado sobre el principal, hacia la parte de la campaña, el cual defiende de los golpes enemigos el pecho de los soldados.
paraplasma (*para-* + *-plasma*) ***m.*** BIOL. Porción inactiva y vegetativa del citoplasma.
paraplejía (gr. *paraplexia*) ***f.*** Parálisis de la mitad inferior del cuerpo. ◇ INCOR.: la acentuación *paraplejia* en lugar de *paraplejía.*
parapléjico, -ca ***adj.*** Relativo a la paraplejía. -2 ***adj.-s.*** Que la padece.
parapoco (*para* + *poco*) ***com.*** fig. Persona poco avisada y corta de genio. ◇ Pl.: *parapoco.*
parapsicología (*para-* + *psicología*) ***f.*** Estudio de los fenómenos psicológicos todavía no bien conocidos científicamente.
SIN. **Metapsíquica.**
parapsicológico, -ca ***adj.*** Perteneciente o relativo a la parapsicología.
parapsicólogo, -ga ***adj.-s.*** Que cultiva la parapsicología.
paraqué ***m.*** *Venez.* Antesala de una casa; gabinete.
I) parar (de *parar* II) ***m.*** ant. Juego de cartas en que se saca una para los puntos y otra para el banquero, y de ellas gana la primera que hace pareja con las que van saliendo de la baraja.
SIN. **Carteta.**
II) parar (l. *-are*) ***intr.-prnl.*** Cesar en el movimiento o en la acción: *el coche para a la puerta; el reloj se para; pararse con alguno en la calle.* -2 ***intr.*** Llegar a un término o al fin: *el tren para en Barcelona.* 3 Recaer, venir a ser propiedad de uno alguna cosa después que ha pasado por otras manos: *la joya ha parado en poder de la hija.* 4 Reducirse o convertirse una cosa en otra que no se esperaba: *¿en qué para la belleza de la juventud?* 5 Habitar, hospedarse: *pararé en casa de mi tío.* -6 ***tr.*** Detener o impedir el movimiento o acción [de una persona o cosa]: ~ *el brazo, el reloj.* 7 Prevenir o preparar: ~ *una emboscada.* 8 Arriesgar [dinero u otra cosa de valor] en una suerte del juego. 9 Mostrar los perros [la caza] suspendiéndose al verla o de otro modo. 10 Poner [a uno] en estado diferente del que tenía: *tal me han parado que no puedo valerme;* ***prnl.***, *la doncella al oírlo se paró colorada.* 11 ESGR. Quitar con la espada [el golpe del contrario]. P. ext. se dice de otros juegos: ~ *el golpe.* 12 TAUROM. Resistir [una embestida] sin moverse. -13 ***prnl.*** Detenerse o suspenderse la ejecución de un designio: *pararse a descansar; pararse ante una dificultad.* 14 ***abs.*** Ponerse en pie; acep. muy usual en América. 15 Seguido de la prep. *a* y un infinitivo que signifique acción del entendimiento, ejecutar dicha acción con sosiego: *pararse a meditar.* 16 Estar dispuesto a exponerse a un peligro. 17 *Argent.* Caer de pie. -18 ***intr.*** *Amér. Central.* Prosperar, enriquecerse. -19 ***prnl.*** *Méj.* Levantarse después de dormir.
SIN. *1* y *2* v. **Estacionarse.** FR. *No* ~, pondera la viveza o instancia con que se trabaja. *Sin* ~, luego, al punto; sin dilación ni tardanza.
pararrayo, -yos (de *parar* + *rayo*) ***m.*** Artificio que para proteger contra el rayo los edificios y otras construcciones se coloca en lo más alto de los mismos y está formado por una barra metálica terminada en punta y puesta en comunicación con la tierra o el agua por medio de conductores metálicos.
parasanga (gr. *parasangas*) ***f.*** Ant. medida itineraria persa (5.250 m.).
parasceve (l. *parasceve;* gr. *paraskeué*) ***m.*** Preparación. Tómase por el día de Viernes Santo, en el cual era la preparación para la Pascua, según el rito judaico.
paraselene (*para-* + gr. *selene*, luna) ***f.*** METEOR. Imagen de la Luna que se representa en una nube cirrosa, algunas veces en relación con un halo
parasemo (gr. *parásemon*) ***f.*** Mascarón de proa de las galeras de los ant. griegos y romanos.
parasicología ***f.*** Parapsicología.
parasicológico, -ca ***adj.*** Parapsicológico.
parasicólogo, -ga ***adj.-s.*** Parapsicólogo.
parasimpático (*para-* + *simpático*) ***adj.*** Que obra antagónicamente al componente del sistema nervioso vegetativo simpático, ya sea estimulando o retardando la actividad de los órganos: *sistema, nervio* ~.
parasíntesis (*para-* + *síntesis*) ***f.*** Modo de formación de palabras en que se combinan la composición y la derivación, como en la voz *desalmado*, formada por *alma*, el prefijo *des* y el sufijo *ado.* ◇ Pl.: *parasíntesis.*
parasintético, -ca ***adj.*** [palabra] Formado por parasíntesis; **PALABRAS.
parasitario, -ria ***adj.*** Relativo a los parásitos.
parasiticida (de *parásito* + *-cida*) ***adj.*** [substancia] Que se emplea para destruir los parásitos.
parasítico, -ca ***adj.*** Parasitario.
parasitismo ***m.*** Condición o cualidad de parásito. 2 H. NAT. Estado o modo de vida de los organismos parásitos.
parasito, -ta ***adj.-s.*** Parásito.
parásito, -ta (l. *-tu* < *para-* + gr. *sitos*, comida) ***adj.-s.*** [animal o vegetal] Que vive dentro o en la superficie de otro organismo, de cuyas substancias se nutre. 2 p. anal. [ruido] Que perturba las transmisiones radiofónicas. -3 ***m. f.*** fig. Persona que vive de mogollón.
REL. *1* **Epizoario**, animal que vive parásito sobre el cuerpo de otro; **entozoario**, animal que vive parásito en el interior del cuerpo de otro; **endoparásito**, cualquier parásito, animal o vegetal, que vive en el interior de los órganos de su huésped.
parasitología (de *parásito* + *-logía*) ***f.*** Parte de la historia natural que estudia los parásitos.
parasol (de *parar* + *sol*) ***m.*** Sombrilla. 2 Pieza accesoria, móvil y orientable, dispuesta sobre el parabrisas, en el interior del automóvil, de manera que evita el deslumbramiento del conductor, o de su acompañante, por los rayos solares. 3 Umbela. 4 Seta comestible muy común en los claros de bosque en otoño *(Macrocepiota procera).* 5 FOT. Dispositivo adaptable a la montura delantera del objetivo, para protegerlo contra la incidencia de rayos luminosos extemporáneos o la excesiva luminosidad ambiental.
parástade (gr. *parastás* < *paristemi*, arrimar) ***m.*** Pilastra colocada junto a una columna y detrás de ella, para sostener mejor la techumbre.
parata (l. *paratu*, preparado) ***f.*** Bancal pequeño y estrecho, formado en un terreno pendiente.
parataxis ***f.*** GRAM. Coordinación de oraciones. ◇ Pl.: *parataxis.*
REL. La subordinación se llama **hipotaxis. Paratáctico,** adj., coordinado.
paratífico, -ca ***adj.*** Relativo a la paratifoidea. -2 ***adj.-s.*** Que adolece de esta enfermedad.
paratifoidea (*para-* + *tifoidea*) ***f.*** Infección intestinal cuyos síntomas se parecen mucho a los de la fiebre tifoidea, aunque originada por un bacilo distinto.
paratiroides (*para-* + *tiroides*) ***adj.*** Pequeña glándula endocrina, situada en torno de los tiroides. ◇ Pl.: *paratiroides.*
paraulata ***f.*** *Venez.* Tordo ceniciento que silba y canta como el arrendajo *(Turdus fumigatus).* 2 *Venez.* Parada, aventura, empresa.
paraxial ***adj.*** ÓPT. [rayo] Paralelo al eje óptico.
parazonio (gr. *parazonion*) ***m.*** Espada ancha y sin punta, que usaban como insignia los jefes de las milicias griegas y romanas.
parazoo ***adj.-m.*** Animal del subreino de los parazoos. -2 ***m. pl.*** Subreino animal que incluye formas pluricelulares primitivas que carecen de tejidos, órganos y simetría; como los placozoos y poríferos.
parca (l.) ***f.*** FÁB. Deidad que tenía dos hermanas, las tres con figura de vieja, de las cuales Cloto hilaba, Láquesis devanaba y Átropos cortaba el hilo de la vida al hombre. 2 fig. *y* poét. Muerte.
parcamente ***adv. m.*** Con parquedad.
parce (l. *parcere*, perdonar) ***m.*** Premio que daban los maestros de gramática a sus discípulos y les servía de absolución para alguna falta ulterior. 2 Primera palabra de la primera de las Lecciones de Job, que se cantan en el oficio de difuntos y designa esta oración ritual.

parcela (fr. *parcelle,* del l. v. *particella,* porción pequeña; dim. de *pars*) *f.* Porción pequeña de terreno, gralte. sobrante de otra mayor que se ha comprado, expropiado o adjudicado. 2 En el catastro, porción de terreno de un único propietario, que constituye un pago o término. 3 Partícula (parte).
parcelación *f.* Acción de dividir un terreno en parcelas. 2 Efecto de dividir un terreno en parcelas.
parcelar *tr.* Dividir [una finca grande] en parcelas. 2 Medir, señalar las parcelas [de una localidad] para el catastro.
parcelario, -ria *adj.* Relativo a la parcela (catastro).
parcha *f.* Nombre genérico con que se designan en América diversas plantas pasiflóreas.
parchar *tr. Amér.* Remendar [algo].
parchazo (aum. de *parche*) *m.* Golpazo que pega una vela contra su palo o mastelero. 2 fig. Burla o chasco.
parche (fr. ant. *parche,* del l. *parthica pellis,* cuero de la tierra de los Partos) *m.* Ungüento, bálsamo, etc., pegado a un pedazo de lienzo, etc., que se pone en una herida o parte enferma del cuerpo. 2 Pedazo de tela, papel, piel, etc., que por medio de un aglutinante se pega sobre una cosa. 3 Piel del tambor. 4 Tambor (instrumento músico). 5 fig. Cosa sobrepuesta a otra y como pegada, que desdice de la principal, esp. pegote o retoque mal hecho en la pintura. 6 fig. Arreglo o solución transitoria dada a una situación o problema económico, social o político: *poniendo parches no solucionamos nada.* 7 fig. Adición (añadidura) para adecentar, mejorar o actualizar un trabajo u obra. 8 *Cuba.* Pez marino *(Chaetodon).*
SIN. *1* **Emplasto.**
parchear *tr.* Poner parches. 2 fig. Sobar o manosear [a una persona].
parchís (ing. *parcheesi* < indostánico *pacisí* < *pacis,* veinticinco) *m.* Juego practicado en un tablero con cuatro salidas en el que cada jugador, provisto de cuatro fichas del mismo color, trata de hacerlas llegar a la casilla central. El número de casillas que se recorre en cada jugada con una de las fichas se determina tirando un dado. ◇ Pl.: *parchís.*
parchista (de *parche*) *com.* fig. Sablista.
parcho, -cha *adj. Venez.* [fruta] De color blanco amarillento. -2 *m. Ant.* y *Venez.* Parche.
parcia *adj. Méj.* Compañero, socio, aparcero.
parcial (l. *-tiale*) *adj.* Relativo a una parte del todo: *parálisis ~; indulgencia ~.* 2 No cabal o completo: *producto ~.* 3 Que juzga o procede con parcialidad, o que la incluye o denota: *magistrado, crítico ~; juicio ~.* 4 Partícipe. -5 *adj.-s.* Que sigue el partido de otro o está siempre de su parte.
SIN. *5* **Partidario, allegado.**
parcialidad *f.* Unión de algunos que se confederan para un fin, separándose del común. 2 Conjunto de los que componen una facción separada del común. 3 Agrupación en que se dividen los pueblos primitivos. 4 Amistad, familiaridad en el trato. 5 Prevención en favor o en contra de personas o cosas, de que resulta insegura rectitud en el modo de juzgar o de proceder.
parcialmente *adv. m.* En cuanto a una o más partes. 2 Con parcialidad (prevención).
CONTR. *1* **Totalmente.** *2* **Imparcialmente.**
parcidad (l. *parcitate*) *f.* p. us. Parquedad.
parcísimo, -ma *adj.* Superl. de *parco.*
I) parco, -ca (l. *-cu*) *adj.* Sobrio, moderado, templado: *~ en conceder favores; ~ en el comer.* 2 Corto, escaso. ◇ Superl.: *parcísimo.*
SIN. v. **Moderado.**
II) parco (l. *parcu,* de *parcere,* ahorrar) *m.* Parce (premio).
pardal (gr. *pardalos,* nombre de un pájaro) *adj.* desp. Aldeano; por el color pardo con que suelen vestir. -2 *m.* Gorrión. 3 desus. Leopardo. 4 Camello pardal. 5 Pardillo (pájaro). 6 Acónito. 7 fig. *y* fam. Hombre bellaco, astuto.
pardear *intr.* Sobresalir o distinguirse el color pardo.
pardejón, -ona *adj. Amér.* Que tira a pardo.
pardela *f.* Ave procelariforme, parecida a la gaviota; buena voladora, se desliza a ras del agua para capturar peces y cefalópodos *(Puffinus* sp.*).*
pardete *m.* Pez marino teleósteo perciforme, que puede adentrarse en aguas dulces próximas al mar, con la cabeza muy desarrollada, de color azulado o grisáceo, con una mancha dorada grande sobre el opérculo *(Mugil cephalus).*
SIN. **Mújol, cabezudo, capitán, lisa, múgil, matajudío, albur.**
¡pardiez! fam. *y* eufem. Interjección ¡Par Dios!
pardilla *f.* Pardillo (pájaro). 2 Pez de río, omnívoro, de tamaño pequeño con una franja oscura a lo largo de la línea lateral, que vive agrupado en cardúmenes *(Rutilus lemmingii).* 3 Seta con el sombrero castaño claro y el pie casi claro, comestible aunque sienta mal a algunas personas *(Clitocybe nebularis).*
pardillo (dim. de *pardo*) *adj.-s.* desp. Pardal (aldeano). -2 *m.* Ave paseriforme granívora de plumaje pardo rojizo, negruzco en las alas y la cola, encarnado en la cabeza y el pecho, y blanco en el vientre *(Acanthis cannabina).*
SIN. *2* **Pajarel, pardal, pechicolorado, pechirrojo.**
pardina *f. Ar.* Paradina.
pardisco, -ca *adj.* Pardusco.
pardo, -da (sacado del l. *pardus;* gr. *pardos,* leopardo, tomado como adj.) *adj.-m.* Color de la tierra o de la piel del oso común, intermedio entre blanco y negro con tinte rojo amarillento, y más oscuro que el gris. -2 *adj.* De color pardo. 3 Oscuro; esp. las nubes o el día nublado. 4 [voz] Poco vibrante y de timbre no claro. 5 *Amér.* Mulato. 6 *Amér.* desus. Descendiente de negros libres. 7 *Cuba.* desus. Individuo de color de piel más claro que el mulato y más oscuro que el quinterón. -8 *m.* Leopardo.
pardomonte *m.* Paño ordinario que en el s. XVIII se usaba para capas de gente artesana.
pardusco, -ca *adj.* De color que tira a pardo.
SIN. **Pardisco.**
pareado, -da *adj.-m.* Estrofa de dos versos rimados entre sí; **POESÍA.
SIN. v. **Dístico.**
parear (de *par*) *tr.* Juntar, igualar [dos cosas] comparándolas entre sí. 2 Formar pares [de las cosas] poniéndolas de dos en dos. 3 TAUROM. Banderillear.
parecencia *f.* desus. Parecido, semejanza.
I) parecer (de *parecer* II) *m.* Opinión, juicio o dictamen. 2 Orden de las facciones del rostro y disposición del cuerpo.
SIN. *1* v. **Opinión.**
II) parecer (l. v. *parescere* < *parere,* a parecer) *intr.* Dejarse ver, manifestarse: *parece delante el rey.* 2 Hallarse o encontrarse lo que se tenía por perdido; aparecer: *ha parecido (o aparecido) el guante.* 3 Tener determinada apariencia o aspecto. -4 *unipers.* Dar motivos para creer u opinar algo: *parece que lloverá;* tiene el mismo significado en las loc. adv. *a lo que parece, al ~.* -5 *prnl.* Asemejarse. ◇ **CONJUG. [43] como *agradecer.*
FR. *~ bien* o *mal,* tener las cosas buena disposición, adorno y hermosura; ser o no ser acertada o plausible una cosa. *Por el bien ~,* dar a entender que uno obra por atención y respeto a lo que pueden decir y juzgar de él.
parecido, -da *adj.* Que se parece a otro. 2 [con los adv. *bien* o *mal*] Que tiene buena o mala disposición de facciones o aire de cuerpo; que es bien o mal visto. -3 *m.* Semejanza (calidad).
SIN. *1* v. **Semejante.**
parecimiento *m. Chile.* Comparecencia. 2 *Guat.* Parecencia, semejanza.
pared (l. *pariete*) *f.* Obra de fábrica, levantada a plomo, de dimensiones proporcionadas para cerrar un espacio o sostener las techumbres: *~ **maestra,*** la principal y más gruesa que, en número variable, sostiene un edificio; *~ **medianera*** (también *medianería* y *medianil*), la común a dos construcciones contiguas; *~ **cortina,*** muro cortina; fig., *las paredes oyen; las paredes tienen ojos; ~ **en,*** o ***por, medio,*** mediando sólo una pared. 2 Tabique. 3 fig. Superficie plana y alta que forman las cebadas y los trigos cuando están bastante crecidos y cerrados. 4 FÍS. Cara o superficie lateral de un cuerpo. 5 fig. Conjunto de cosas o personas que se aprietan o unen estrechamente. 6 DEP. Jugada de apoyo en un jugador que devuelve rápidamente el balón, esp. en fútbol. 7 *Cuba.* Juego infantil.
SIN. *1* **Muro,** esp. si es grueso; **tabique,** es pared delgada; **tapia,** el material del que está hecha es tierra amasada y apisonada; **albarrada, horma** u **hormaza,** de piedra seca. REL. **Paramento,** cualquiera de las dos caras de una pared. FR. *Arrimarse uno a las paredes,* estar ebrio. *Darse uno contra,* o *por, las paredes,* apurarse y fatigarse sin acertar con lo que se desea. *Entre cuatro paredes,* fig., retirado del trato de las gentes, o encerrado en su casa.
paredaño, -ña *adj.* Que está pared en medio del lugar a que se alude.
paredón *m.* Aum. de *pared.* 2 Pared que queda en pie, entre unas ruinas. 3 Pared junto a la que se fusila a los condenados.
pareja (l. **paricula* < par) *f.* Conjunto de dos personas, animales o cosas que tienen entre sí alguna correlación o semejanza, y especialmente el formado por varón y mujer. 2 desus. En las fiestas, unión de dos caballeros de un mismo traje, librea, adornos y jaeces de caballos, que corren juntos y unidos. 3 Compañero o compañera en los bailes. -4 *f. pl.* En el juego de dados,

los dos puntos iguales que salen de una tirada. 5 En los naipes, dos cartas iguales en número o semejantes en figura. 6 Carrera que dan dos jinetes juntos, sin adelantarse ninguno: ***correr parejas,*** o ***a las parejas,*** fig., ir iguales o sobrevenir juntas algunas cosas, o ser semejantes dos o más personas en una prenda o habilidad. -7 ***f.*** *Murc.* Barca de pesca del bou. 8 *Ecuad.* Tronco de caballos. -9 ***adj.*** [chicha] Que no tiene falta ni sobra de dulce.
SIN. *1* **Copla, par.**

parejería ***f.*** *Cuba, P. Rico* y *Venez.* Calidad de parejero (persona). 2 *Cuba, P. Rico* y *Venez.* Exceso de confianza.

parejero, -ra ***adj.*** Que corría parejas. 2 [caballo o yegua] Adiestrado para correrlas. 3 En varios países americanos, [pers.] que procura andar con personas de calidad e igualarse con ellas. 4 *Ant., Bol.* y *Venez.* Confianzudo. 5 *Méj.* y *Venez.* Amigo, compañero. -6 ***m.*** *Murc.* Pescador del bou. 7 *Méj.* y *Amér. Merid.* Caballo de carrera y en general todo caballo excelente.

parejo, -ja (l. v. **pariculu*) ***adj.*** Igual o semejante. 2 Liso, llano: ***por ~***, o ***por un ~***, por igual. -3 ***m.*** *Amér. Central* y *Ant.* Pareja en el baile. -4 ***adv.*** *Venez.* Con frecuencia.
SIN. **Par, parigual;** v. **semejante.**

parejura ***f.*** Igualdad o semejanza.

parel ***adj.*** MAR. [remo] Que boga al igual con otro de la banda opuesta en una misma bancada.

parellada ***f.*** Uva blanca empleada para la elaboración de vinos espumosos.

paremia (gr. *paroimía*) ***f.*** lit. Proverbio (sentencia).
SIN. v. **Refrán.**

paremiología (de *paremia* + *-logía*) ***f.*** Tratado de proverbios (sentencias).

paremiológico, -ca ***adj.*** Relativo a la paremiología.

paremiólogo ***m. f.*** Persona que por profesión o estudio se dedica a la paremiología.

parénesis (gr. *parainesis*) ***f.*** Exhortación o amonestación. 2 Discurso moral. ◇ Pl.: *parénesis.*

parenético, -ca ***adj.*** Relativo a la parénesis.

parénquima (gr. *parénchyma,* substancia de los órganos) ***m.*** ANAT. Tejido esencial de un órgano, a distinción del que sirve de soporte o trama. 2 Tejido vegetal celular que rellena los intersticios dejados por los vasos, esp. el de las hojas, el de la medula del tallo o raíz, el de las partes carnosas de los frutos, tubérculos, etc.: *~ medular; ~ cortical.*

parenquimatoso, -sa ***adj.*** Relativo al parénquima.

parentación (l. *-atione*) ***f.*** Solemnidad fúnebre.

parentela (l.) ***f.*** Conjunto de todo género de parientes.
SIN. **Familia.**

parenteral ***adj.*** [medicamento] Que no se administra a través del aparato digestivo.

parentesco ***m.*** Vínculo por consanguinidad o afinidad: ***~ espiritual,*** el que contraen en los sacramentos del bautismo y de la confirmación el ministro y padrino con el que los recibe y sus padres. 2 fig. Unión, vínculo o liga que tienen las cosas.
SIN. **Deudo.**

paréntesis (l. *parenthesis* < gr. *enthesis,* introducción) ***m.*** Palabra o grupo de palabras que se intercala en el período sin enlace necesario con él ni alterar su sentido. 2 Signo ortográfico [()] en que suele encerrarse: ***abrir el ~***, ***cerrar el ~***, escribir el signo ortográfico con que empieza y acaba respectivamente lo intercalado; **PUNTUACIÓN. *3 fig.* Suspensión o interrupción. ◇ Pl.: *paréntesis.*
FR. *Entre ~,* fig., se usa para interponer en la conversación o discurso una especie ajena a ellos.

parentético, -ca ***adj.*** Relativo al paréntesis.

I) pareo ***m.*** Acción de parear o unir una cosa con otra. 2 Efecto de parear o unir una cosa con otra.

II) pareo (de orig. indígena) ***m.*** Especie de taparrabos propio de Oceanía. 2 Prenda femenina parecida a éste, consistente en una pieza de tela que se enrolla alrededor del cuerpo, cubriéndolo por debajo de los brazos hasta las pantorillas.

parergon (gr. *párergon* < *para-* + *ergon,* obra) ***m.*** Aditamento a una cosa, que le sirve de ornato.

paresa ***f.*** Mujer de un par (título).

paresia (gr. *páresis,* debilitación) ***f.*** Parálisis incompleta.

parestesia (*para-* + *-estesia*) ***f.*** Sensación o conjunto de sensaciones anormales que experimentan en la piel ciertos enfermos del sistema nervioso o circulatorio.

pargaña (probl. cruce de *argaña* con el port. *pargana,* argaya de los cereales) ***f.*** *And., Can.* y *Extr.* Argaya.

pargo (v. *pagro*) ***m.*** Pez marino teleósteo perciforme de hasta 50 cms. de longitud, con el dorso y los flancos rosados y el vientre plateado *(Pagrus pagrus).*

parguela ***adj.-s.*** *And.* Afeminado.

parguelón (aum. de *parguela*) ***m.*** vulg. Hombre afeminado, maricón.

parhelia ***f.*** Parhelio.

parhelio (gr. *parelios* < *para-* + *helios,* sol) ***m.*** METEOR. Fenómeno luminoso consistente en la aparición simultánea de varias imágenes del Sol reflejadas en las nubes y, por lo general, dispuestas simétricamente sobre un halo.

parhilera (*par* + *hilera*) ***f.*** Madero en que se afirman los pares y que forma el lomo de la armadura.
REL. **Hilera.** SIN. **Cumbrera.**

pari- (l. *par,* igual) Elemento prefijal que entra en la formación de palabras con el significado de igual.

paria (tamul *pareiyan,* tocador de bombo, a través del port. y del ing.) ***com.*** Persona de la casta ínfima de los indios que siguen la ley de Brahma. 2 fig. Persona excluida de las ventajas y trato de que gozan las demás.

pariambo (gr. *pariambos*) ***m.*** Pirriquio. 2 Pie de la poesía clásica de igual número de sílabas que el baquio.

parián ***m.*** Porcelana que imita el mármol de Paros. 2 *Méj.* Mercado.

parias (l. *paria* < pl. de *par,* igual) ***f. pl.*** Placenta (masa carnosa). 2 Tributo que paga un príncipe a otro en reconocimiento de superioridad.

parición ***f.*** Tiempo de parir el ganado.

parida ***adj.-f.*** Hembra que hace poco tiempo que parió. -2 ***f.*** fam. Tontería, hecho o dicho desafortunado.
SIN. *1* **Parturienta,** tratándose de la mujer que está de parto o recién parida. **Parida** se aplica tanto a personas como a animales.

paridad (l. *-itate*) ***f.*** Comparación de una cosa con otra por ejemplo o símil. 2 Igualdad o gran semejanza de las cosas entre sí.

paridera ***adj.*** [hembra] Fecunda. -2 ***f.*** Sitio en que pare el ganado, esp. lanar. 3 Acción de parir el ganado. 4 Tiempo en que pare.

paridigitado, -da ***adj.*** Paridígito.

paridígito, -ta (*pari-* + l. *digitus,* dedo) ***adj.*** [animal] Que tiene los dedos en número par.

paridora ***adj.*** [hembra] Muy fecunda.

párido ***adj.-m.*** Ave de la familia de los páridos. -2 ***m. pl.*** Familia de aves paseriformes, que se caracterizan por tener el pico reducido, afilado y casi cónico, con orificios nasales tapados por cortas cerdas, de costumbres arborícolas y muy insectívoros.

pariente, -ta (l. *parente*) ***adj.-s.*** Respecto de una persona, ascendiente, descendiente y colateral de su misma familia, por consanguinidad o afinidad: ***~ mayor,*** el que representa la línea primogénita o principal de un linaje. 2 fig. Allegado, semejante o parecido. -3 ***m. f.*** vulg. Marido respecto de la mujer y viceversa. 4 Nombre que daba por escrito el rey de España a los títulos de Castilla sin grandeza.
SIN. *1* **Deudo, allegado.**

parietal (l. *-le* < *pariete,* pared) ***adj.*** Relativo a la pared. -2 ***adj.-m.*** ANAT. Hueso de la cabeza que forma la bóveda craneana, entre el frontal y el occipital y por encima de los temporales. -3 ***adj.-f.*** Planta del orden de las parietales. -4 ***f. pl.*** Orden de plantas dicotiledóneas, de flores con el periantio doble y los óvulos insertos sobre placentas situadas en las paredes del ovario.

parietaria (l.) ***f.*** Planta herbácea anual, de la familia de las urticáceas. Crece ordinariamente junto a las paredes, y se ha usado en cataplasmas *(Parietaria officinalis).*
SIN. **Cañarroya, albahaquilla de río.**

parieto- (de *parietal*) Elemento prefijal que entra en la formación de palabras con el sentido de parietal: *parietofrontal.*

parietofrontal (*parieto-* + *frontal*) ***adj.*** Relativo al hueso parietal y frontal.

parietooccipital (*parieto-* + *occipital*) ***adj.*** Relativo al hueso parietal y al occipital.

parificación ***f.*** Acción de parificar. 2 Efecto de parificar.

parificar (l. *-are*) ***tr.*** Probar o apoyar con una paridad o ejemplo [lo que se ha dicho o propuesto]. ◇ ** CONJUG. [1] como ***sacar.***

parigual (*par* + *igual*) ***adj.*** Igual o muy parecido.
SIN. **Par, parejo;** v. **semejante.**

parihuela (probl. voz moz. der. del l. *palliola,* dim. de *pallium,* manta de cama) ***f.*** Mueble compuesto de dos varas gruesas con unas tablas atravesadas en medio, donde se coloca la carga para llevarla entre dos: *llevarlo con las parihuelas.* 2 Camilla (mesa cubierta).
SIN. **Cibiaca,** p. us.

parima *f. Argent.* y *Bol.* Garza grande y de color violado *(Phoenicopterus andinus).*

pario, -ria *adj.-s.* De Paros, isla del mar Egeo.

paripé (voz gitana) *m.* Entono, presunción, fingimiento de importancia, saber, autoridad, etc.

SIN. v. **Ficción.** FR. *Hacer el ~*, darse importancia; engañar, fingir.

paripinnado, -da (*pari-* + l. *pinna,* pluma) *adj.* V. hoja paripinnada.

parir (l. *-ere*) *intr.-tr.* Expeler la hembra el feto que tenía concebido: *parió un hijo varón.* 2 Aovar. 3 fig. Explicar con acierto lo que se piensa: *el orador pare sin dificultad.* 4 fig. Salir a luz lo que estaba oculto o ignorado: *el odio de las masas ha parido.* 5 fig. Producir una cosa [otra]: *los vientos paren las tempestades.*

FR. *~ a medias,* fam., ayudar uno a otro en un trabajo dificultoso. *Poner a ~*, fam., poner en un aprieto, ofender, insultar. SIN. *1* **Alumbrar, dar a luz** (eufemismos), tratándose de la mujer.

Paris *n. pr.* Príncipe troyano que al raptar a Helena motivó la guerra de Troya. V. manzana de la discordia.

París *n. pr.* V. alfiler, punta de París.

parisién (del fr. *parisien*) *adj.-s.* Parisiense. ◇ Sólo se utiliza en singular.

parisiena (fr. *parisienne*) *f.* Carácter de letra de cinco puntos.

parisiense *adj.-s.* De París, capital de Francia.

parisilábico, -ca, -sílabo, -ba (*pari-* + *sílaba*) *adj.* [vocablo o verso] De igual número de sílabas que otro.

parisino, -na *adj.-s.* Parisiense.

paritario, -ria (del l. *paritas, -atis*) *adj.* [organismo social] Que tiene paridad o igualdad en el número y derechos de los representantes: *representación, junta ~ de patronos y obreros.*

paritorio (de *parir*) *m.* Sala de los centros hospitalarios donde se producen los alumbramientos. 2 *Colomb., Cuba* y *S. Dom.* Parto 1.

parkerización *f.* Protección del hierro por medio de una capa superficial de óxido impermeable.

parking (ing.) *m.* Aparcamiento, estacionamiento.

parla *f.* Acción de parlar (con desembarazo; mucho). 2 Labia. 3 Verbosidad insubstancial.

parlador, -ra *adj.-s.* Hablador.

parladuría *f.* Habladuría.

parlaembalde (de *parlar en balde*) *com.* fig. Persona que habla mucho y sin substancia. ◇ Pl.: *parlaembalde.*

parlamentar (de *parlamento*) *intr.* Hablar o conversar unos con otros. 2 Entrar en tratos para un arreglo, capitulación, etc.

parlamentariamente *adv. m.* De un modo parlamentario.

parlamentario, -ria *adj.* Relativo al parlamento. -2 *m.* Persona que va a parlamentar. 3 Miembro de un parlamento.

parlamentarismo *m.* Doctrina, sistema parlamentario.

parlamento (de *parlar*) *m.* Asamblea de los grandes del reino, que bajo los primeros reyes de Francia se convocaba para tratar negocios importantes. 2 Tribunal superior de justicia que en Francia tenía además atribuciones políticas y de policía. 3 Órgano expresivo de la representación, dispuesto en la generalidad de los países para el ejercicio de la función legislativa, y predominante en la vida del estado porque precisa y resume la opinión pública. 4 Cámara de los Lores y de los Comunes en Inglaterra. 5 p. ext. Asamblea legislativa. 6 Edificio o lugar de reunión de un parlamento. 7 Acción de parlamentar. 8 Razonamiento u oración que se dirigía a un congreso o junta. 9 Relación larga de un actor.

SIN. *3, 4, 5* y *6* **Cortes, cámara.**

parlanchín, -china *adj.-s.* fam. Que habla mucho o que dice lo que debiera callar.

parlante p. a. de *parlar* Que parla. 2 *adj.* BLAS. V. armas parlantes.

parlar (b. l. *parabolare* < l. *parabola,* narración, a través del prov.) *intr.* Hablar con desembarazo. 2 p. ext. Hablar mucho y sin substancia. 3 p. anal. Hablar algunas aves. -4 *tr.* Revelar lo que se debe callar. -5 *prnl. P. Rico.* Perder el habla temporalmente a causa de un accidente nervioso.

SIN. *2* **Pablar, paular,** ambos burl.

parlatorio *m.* Acto de parlar. 2 Lugar destinado para hablar y recibir visitas. 3 desus. Locutorio (de convento y cárcel).

parlería *f.* Verbosidad. 2 Chisme o hablilla.

parlero, -ra *adj.* Que habla mucho. 2 Que lleva chismes de una parte a otra o habla con indiscreción. 3 Cantor: *ave parlera.* 4 fig. [cosa] Que de alguna manera expresa los afectos del ánimo. 5 [cosa] Que hace ruido armonioso.

parleruelo, -la *adj.* Dim. de *parlero.*

parleta *f.* fam. Conversación frívola.

parlón, -lona *adj.-s.* fam. Que habla mucho.

parlotear (frecuent. de *parlar*) *intr.* fam. Charlar mucho y sin substancia unos con otros.

parloteo *m.* Acción de parlotear. 2 Efecto de parlotear.

SIN. v. **Conversación.**

parmesano, -na *adj.-s.* De Parma, c. y ant. ducado de Italia. -2 *m.* Queso de leche de vaca originario de Lombardía y Piamonte, en Italia.

parnasiáceas *f. pl.* Familia de plantas saxifragales, con nectarios y ovario súpero.

parnasianismo *m.* Movimiento poético francés de la segunda mitad del XIX caracterizado por su inclinación hacia una poesía de la más serena objetividad en el fondo y la más clásica perfección de la forma.

parnasiano, -na *adj.-s.* Relativo al Parnaso, escuela poética francesa del siglo XIX.

parnaso (gr. *Parnasós,* monte de Fócida) *m.* fig. Conjunto de todos los poetas, o los de un pueblo o tiempo determinado. 2 Colección de poesías de varios autores.

parné (voz gitana) *m.* pop. Dinero, moneda.

I) paro (l. *parus,* herreruelo) *m.* Nombre genérico de diversos pájaros con pico recto y fuerte, alas redondeadas, cola larga y tarsos fuertes; como el herrerillo: *~ **carbonero*** (también *fringilago*), pájaro insectívoro, de plumaje pardo verdoso en las partes superiores del cuerpo, negro en la cabeza, cuello, cola y lados del abdomen *(Parus major).*

II) paro (de *parar*) *m.* Suspensión o término de la jornada industrial o agrícola. 2 Cesación de un movimiento o una acción. 3 Interrupción de un ejercicio o de una explotación por parte de los patronos, en contraposición a la huelga de operarios. 4 Situación de aquella persona que, queriendo trabajar y estando capacitada para ello, no puede hacerlo por falta de demanda: *~ **forzoso***, carencia de trabajo por causa independiente de la voluntad del obrero y de la del patrono; *~ **técnico***, interrupción forzosa del trabajo debida a una causa fortuita. 5 Conjunto de los que se hallan en dicha situación. 6 Huelga, cesación en el trabajo. 7 *Amér.* Juego del parar; apostar. 8 *Colomb.* Una suerte en el juego de dados.

SIN. *4* **Desempleo, desocupación.**

-paro, -para (l. *parus* < *pario,* engendrar) Elemento sufijal que entra en la formación de palabras con el significado de parir. Es propio de voces procedentes del latín: *vivíparo;* y de alguna castellana: *multípara.*

parodia (l.-gr., der. del gr. *paraeido,* cantar según algo) *f.* Imitación burlesca de una obra literaria seria, del estilo de un escritor, de un género de poemas, etc. 2 Imitación burlesca, remedo de una persona o cosa.

parodiar *tr.* Hacer la parodia [de una obra literaria, del estilo de un escritor, etc.]. 2 Remedar, imitar burlescamente. ◇ **CONJUG. [12] como ***cambiar.***

paródico, -ca *adj.* Relativo a la parodia; que la incluye.

parodista *com.* Autor o autora de parodias.

paroico, -ca *adj.* BOT. [planta briofita] Cuyos anteridios y arquegonios se encuentran en las mismas marcas, pero no mezclados.

parola (it.) *f.* fam. Labia, verbosidad. 2 fam. Conversación larga e insubstancial. -3 *m. Chile.* Fanfarrón.

parolero, -ra *adj.* fam. Parlanchín.

pároli (it.) *m.* En varios juegos, lance que consiste en no retirar lo ganado para cobrar triplicado si se gana la segunda vez.

parolina (it.) *f.* fam. Parola.

paronimia (*para-* + *-onimia*) *f.* Circunstancia de ser parónimos dos o más vocablos.

paronímico, -ca *adj.* Relativo a la paronimia.

parónimo, -ma (gr. *parónymos* < *para-* + *-ónimo*) *adj.* [vocablo] Que tiene relación o semejanza con otro, ya por su etimología, ya por su forma o sonido: *acechar* y *asechar, diferencia* y *deferencia.*

paroniquiáceo, -a (gr. *paronychia,* panadizo) *adj.-f.* Planta herbácea, de flores pequeñas y estípulas grandes, membranosas, que algunos han clasificado como formando una familia, pero que hoy se considera incluida en la familia de las cariofiláceas. -2 *f. pl.* Grupo de estas plantas.

paronomasia (gr. *paronomasía;* v. *parónimo*) *f.* Semejanza fonética entre dos o más vocablos: *roja* y *reja, tejo* y *Tajo, espaldilla* y *espadilla.* 2 Conjunto de vocablos que forman paronomasia. 3 RET. Figura que se emplea usando adrede en la cláusu-

a voces de este género. Se usa gralte. con intención burlesca.
SIN. **Paranomasia; agnominación,** p. us.; **aliteración,** es una forma de paranomasia que consiste en la repetición de un sonido o grupo de sonidos en la misma cláusula.

paronomásticamente *adv. m.* Por paronomasia.

paronomástico, -ca *adj.* Relativo a la paronomasia.

parótida (gr. *parotis* < *para-* + *ous, otós,* oreja) *f.* Glándula salival situada debajo de las orejas y detrás de la mandíbula inferior. 2 Tumor inflamatorio en la glándula del mismo nombre.
SIN. *2* **Papera.**

parotiditis *f.* Inflamación de la parótida, papera. ◇ Pl.: *parotiditis.*

paroxismal *adj.* MED. Relativo al paroxismo.

paroxismo (gr. *paroxysmós;* doble. etim. *parajismo* y *parasismo*) *m.* Exacerbación o acceso violento de una enfermedad. 2 Exaltación extrema de los afectos y pasiones. 3 Accidente peligroso, en que el paciente pierde el sentido y la acción por largo tiempo.

paroxístico, -ca *adj.* Paroxismal.

paroxítono, -na (gr. < *para-* + *oxítono*) *adj.-s.* Vocablo llano o grave, que lleva su acento tónico en la penúltima sílaba.

parpadear *intr.* Abrir y cerrar los ojos.

parpadeo *m.* Acción de parpadear.

párpado (l. v. *palpetru;* v. del l. *palpebra*) *f.* Repliegue movible de naturaleza compleja y cubierto por la piel, que sirve para resguardar el ojo de los mamíferos. 2 Órgano análogo en las aves y reptiles.
SIN. **Pálpebra,** tecnicismo o lit. REL. **Palpebral,** relativo al párpado.

párpago *m.* vulg. Párpado.

parpalla (it. *parpajuola*) *f.* Ant. moneda de cobre (dos cuartos). 2 *La Mancha.* fig. Cosa de poca estimación.
SIN. *1* **Perpejana.**

parpallota *f.* Parpalla.

parpar *intr.* Gritar el pato.

parque (fr. *parc,* de b. l. *parricu,* de orig. incierto) *m.* Terreno acotado de gran extensión, con plantas y árboles, destinado a usos diversos, especialmente al recreo público: ~ ***nacional,*** área donde se protegen estrictamente la flora y la fauna; ~ ***tecnológico,*** recinto ocupado por industrias y sociedades públicas o privadas dedicadas a la investigación científica y tecnológica, que puede ser visitado por el público en general; ~ ***zoológico,*** aquel en que se conservan, cuidan o crían fieras y animales no comunes. 2 Pequeño recinto protegido de diversas formas, donde se deja a los niños que aún no andan, para que jueguen. 3 Paraje donde se colocan las municiones de guerra o los víveres y vivanderos en los campamentos: ~ ***de artillería,*** aquel en que se reúnen las piezas, carruajes, máquinas, etc., de artillería. 4 Lugar destinado en las ciudades para estacionar transitoriamente automóviles y otros vehículos. 5 Conjunto de instrumentos, aparatos o materiales destinados a un determinado servicio: ~ *de bomberos;* ~ *automovilístico;* ~ *de ordenadores.* 6 ~ ***móvil,*** conjunto de material rodante, propiedad del Estado o de algún ministerio u organismo político. 7 *Méj.* Conjunto de municiones de guerra y también el cargador completo de una pistola.

parqué (fr. *parquet*) *m.* Suelo hecho con tablitas de maderas finas, que, convenientemente ensambladas, forman dibujos geométricos. 2 Bolsa II (local). ◇ Pl.: *parqués.*

parquear (ing. *to park*) *tr. Amér.* ANGLIC. Aparcar, estacionar.

parquedad (der. del l. *parcus*) *f.* Moderación económica y prudente. 2 Parsimonia (circunspección).
SIN. **Parcidad,** p. us.

parqueo *m. Amér.* ANGLIC. Aparcamiento, estacionamiento.

parquímetro (de *parque* + *-metro*) *m.* Aparato que mide el tiempo de estacionamiento en un lugar de aparcamiento y que cobra al usuario la cantidad debida.

I) parra (orig. prerrom.) *f.* Vid, esp. la que está levantada artificialmente y extiende mucho sus vástagos. 2 ~ ***de Corinto,*** casta de vid originaria de Corintio, cuya uva no tiene granillos y hecha pasa es muy apreciada en el comercio *(gén. Vitis).* 3 *Logr.* Época durante la cual los ganados se aprovechan de las hojas de las viñas. 4 *Amér. Central* y *Colomb.* Especie de bejuco que destila un agua que beben los caminantes *(Vitis caribaea).*

II) parra *f.* Vaso de barro, bajo y ancho, con dos asas.

parrado, -da *adj.* Aparrado (árbol).

parrafada *f.* fam. Conversación detenida y confidencial. 2 Período oratorio largo y pronunciado sin pausas.

parrafear *intr.* Hablar sin gran necesidad y con carácter confidencial entre dos o más personas.

parrafeo *m.* Conversación ligera y confidencial.

párrafo (v. *parágrafo*) *m.* División de un escrito señalada por letra mayúscula al principio del renglón y punto y aparte al final del trozo de escritura. 2 fam. Charla, conversación corta. 3 GRAM. Signo ortográfico [§] con que se denota cada una de estas divisiones; **PUNTUACIÓN.
SIN. **Parágrafo.**

parragón (v. *parangón*) *m.* Barra de plata de ley que usan los ensayadores para rayar en la piedra de toque y como muestra para contrastar.

I) parral *m.* Conjunto de parras sostenidas con una armazón. 2 Lugar donde hay parras. 3 Viña que ha criado muchos vástagos.
SIN. *1* **Bacelar, bacillar,** p. us.

II) parral *m.* Vasija grande de barro, parecida a la parra II.

parralero, -ra *adj.-s.* Persona que cultiva parrales I: *los parraleros de Almería.*

parrampán *m. Pan.* Máscara grotesca. 2 *Pan.* Tonto, payaso.

parrampanada *f. Pan.* Payasada.

parranda (probl. relac. con el vasc. *farra* o *parra,* risa) *f.* fam. Holgorio, fiesta, jarana: *andar de ~.* 2 Grupo de personas que salen de noche tocando o cantando para divertirse. 3 Baile típico de la huerta murciana, acompañado de tres coplas con estribillo que finalizan con un retal o cadencia final. 4 *Colomb.* Multitud de cosas.

parrandear *intr.* Andar de parranda.

parrandeo *m.* Acción de parrandear. 2 Efecto de parrandear.

parrandero, -ra *adj.-s.* Que parrandea.

parrandista *com.* Individuo de una parranda.

parraneto, -ta *adj. P. Rico.* Rechoncho.

parrar *intr.* Extender mucho sus ramas los árboles y plantas, al modo de las parras.

parrel *f.* Uva de color muy oscuro y hollejo tierno.

parresia (gr. *parresía*) *f.* RET. Figura que consiste en decir cosas al parecer ofensivas y en realidad gratas para aquel a quien se le dicen.

parricida (l. *parricida* < indoeuropeo **pasos,* pariente + *-cida*) *com.* Persona que mata a su padre o a su madre, a un ascendiente o a un descendiente, o a su cónyuge. 2 p. ext. Persona que mata a alguno de sus parientes de los que son tenidos por padres, además de los naturales.

parricidio (l. *-iu*) *m.* Muerte violenta que uno da a su padre o a su madre, a un ascendiente o a un descendiente, o a su cónyuge.

parrido *m. Extr.* Viña, parral.

I) parrilla (de *parra* II) *f.* Botija ancha de asiento y estrecha de boca.

II) parrilla (de *parra* I) *f.* Utensilio formado de una rejilla de hierro con mango y pies, y a propósito para poner a la lumbre lo que se ha de asar o tostar: *poner las parrillas al fuego.* 2 Rejilla del hogar de los hornos de reverbero y de las máquinas de vapor. 3 Calandra. 4 Sala de fiestas donde se sirven comidas. 5 ~ ***de salida,*** en los circuitos de carreras automovilísticos y motociclistas, conjunto de marcas pintadas en el suelo que señalan las posiciones de salida de los participantes. 6 *Amér.* Baca.

parrillada *f.* Plato compuesto de diversos pescados o mariscos, asados a la parrilla. 2 *Argent.* Plato compuesto de carne de vaca, chorizo, morcilla y diversas achuras (mollejas, chinchulines, riñones, etc.) asadas a la parrilla.

parriza (de *parra* I) *f.* Labrusca.

parro *m.* Pato.

parrocha *f.* Sardina chica.

párroco (l. *-cu* < gr. *párochos,* el que provee) ***m.-adj.*** Cura que dirige una parroquia.

parrón *m.* Labrusca. 2 *Chile.* Parral, emparrado.

parronal *m. Chile.* Parral, emparrado grande.

parroquia (b. l. *parochia* < gr. *paroikia* < *para-* + *oikia,* casa) *f.* Iglesia en que se administran los sacramentos y se da pasto espiritual a los fieles de una feligresía. 2 Feligresía (conjunto). 3 Territorio que está bajo la jurisdicción del cura de almas. 4 Clero destinado al culto y administración de sacramentos en una feligresía. 5 Conjunto de parroquianos de una tienda, establecimiento público, etc.
SIN. *3* **Curato.** *5* v. **Clientela.**

parroquial *adj.* Relativo a la parroquia.

parroquialidad *f.* Asignación o pertenencia a determinada parroquia.

parroquiano, -na *adj.-s.* Relativo a determinada parroquia. -2 *m. f.* Cliente que se sirve de un comerciante o industrial con preferencia a otros.
SIN. *1* **Feligrés.** *2* v. **Cliente.**

parrugia *f. Cuba.* Cosa insignificante.
parsec *m.* Unidad astronómica de distancia que corresponde a 3,26 años luz.
parsi *m.* Pueblo de la ant. Persia, que ocupaba la actual reg. de Farsistán; tenía lengua, literatura y religión propias. 2 Pueblo del mismo origen, que habita actualmente parte de la India. -3 *adj.-m.* Sistema de transcripción en persa medio de los textos pehlevis.
Parsifal *n. pr.* Protagonista y título de una famosa ópera de Wagner (1813-1883).
parsimonia (l.) *f.* Frugalidad en los gastos. 2 Circunspección, templanza. 3 Cachaza, lentitud.
SIN. *2* **Parquedad.**
parsimonioso, -sa *adj.* Frugal, circunspecto. 2 Cachazudo, lento, flemático.
parsismo *m.* Mazdeísmo.
parte (l.) *f.* Fracción que resulta de dividir un todo; cosa o elemento que con otro u otros integran un todo o concurre a formar un agregado o conjunto: *comió ~ del pastel; adquirió la cuarta ~ de la cosecha; ~* ***alícuota,*** la que mide exactamente a su todo, como 4 respecto a 16; *~* ***alicuanta,*** la que no lo mide exactamente, como 7 respecto de 20; *~* ***esencial,*** la que constituye la esencia de un compuesto de modo que, faltando ella, falta él; *~* ***integral*** o ***integrante,*** la necesaria para la integridad o totalidad del compuesto, pero que no es su esencia; *~* ***superior,*** alma racional con sus potencias y actos, por contraposición al cuerpo, que con todas sus potencias activas y pasivas constituye la *~* ***inferior***; *~* ***del mundo,*** division geográfica del globo terráqueo; hoy son cinco: Europa, Asia, África, América y Oceanía; *~* ***de rosario,*** cada una de las tres del salterio de la Virgen, que consta de cinco dieces. 2 División principal comprendida de otras menores, que suele haber en una obra científica o literaria. 3 Porción que se da a uno en repartimento o cuota que le corresponde en cualquier comunidad o distribución. 4 Actor o cantante de que se compone una compañía: *~* ***de por medio,*** actor que representa papeles de ínfima importancia. 5 Papel representado por un actor en una obra dramática. 6 Persona que contrata con otra, o que tiene participación o interés en un negocio con otra u otras. 7 Persona, grupo, ejército, secta, etc., que dialoga, se opone, lucha o contiende. 8 Lado a que uno se inclina o se opone en cuestión, riña o pendencia: *¿estáis todos de mi ~?* 9 Sitio o lugar, lado, dirección: ***cargar a,*** o ***sobre, una*** *~*, encaminarse, dirigirse a ella; aglomerarse, inclinarse, hacer peso a un lado. 10 Aplicado al tiempo se usa con la prep. *a* y el demostrativo *esta* y significa el presente o la época de que se trata con relación a tiempo pasado: *de un mes a esta ~ mejora el tiempo.* 11 Aspecto en que se puede considerar una persona o cosa: *por una ~*. 12 DER. Litigante: *~* ***actora,*** actor (demandante); ***mostrarse*** *~*, personarse (comparecer). 13 *~* ***de la oración,*** clase de palabras que desempeñan distinto oficio en la oración. En castellano son: artículo, substantivo, adjetivo, pronombre, verbo, participio, adverbio, preposición, conjunción e interjección. 14 *m.* Despacho o cédula que se entregaba a los correos que iban de posta, en que se daba noticia de la parte donde se encaminaban, del día y hora en que habían partido y por orden de quien iban. 15 Escrito gralte. breve, que se envía a una persona para darle aviso o noticia urgente. 16 Comunicación transmitida por telégrafo o teléfono. 17 Comunicación de carácter militar de un inferior a un superior. Resumen de operaciones militares publicado para conocimiento general. 18 ***Dar*** *~*, notificar, dar cuenta a uno de lo que ha sucedido o avisarle para que llegue a su noticia; p. ext., aviso dado a la autoridad. -19 *f. pl.* ant. Prendas y dotes naturales que adornan a una persona. 20 Fracción o partido. 21 Órganos de la generación. Llámanse también *partes naturales, pudendas,* o *vergonzosas.*
SIN. *1* **Pedazo.** LOCS. ADV. *A partes,* a trechos. *De mi,* o *por mi, ~*, por lo que a mí me toca o yo puedo hacer. Se usa con los demás pronombres posesivos o con nombres substantivos. *De ~ a ~*, desde un lado al extremo opuesto; de una persona o de un partido a otro: *se cambiaron valiosos presentes de ~ a ~*. *De ~ de,* a favor de: *el jurado está de ~ del procesado;* en nombre o de orden: *de ~ del maestro;* indica aún más concretamente procedencia u origen: *somos primos de ~ de madre.* Se usa también con pronombres posesivos y adjetivos: *de tu ~; de ~ materna.* FR. *Echar a,* o *tomar en, mala ~*, interpretar desfavorablemente o atribuir a mal fin las acciones ajenas; intepretar o usar una palabra o frase en concepto desfavorable, como contraria a la razón, a la justicia, a la urbanidad o a la decencia. *Hacer las partes de uno,* obrar o ejecutar una cosa por él o en su nombre, interesándose en su favor. *Salva sea la ~*, interesarse o tener parte con otra u otras personas en un negocio, trato o comercio. *Llamarse uno a la ~*, reclamar intervención o participación en un asunto. *Pescar a la ~*, enrolarse sin jornal, por cierta parte del producto de la pesca. SIN. 16 v. **Despacho.** 17 **Comunicado de guerra.**
partear *tr.* Asistir el facultativo o la comadrona [a la mujer que está de parto].
parteluz *m.* Elemento vertical que divide la luz de un hueco o vano en dos o más partes.
partencia *f.* desus. Acto de partir, marcha.
parteno- (gr. *parthenós,* virgen) Elemento prefijal que entra en la formación de palabras con el significado de virgen.
partenocarpia (*parteno-* + gr. *karpós,* fruto) *f.* BOT. Desarrollo del fruto sin que se haya dado la fecundación.
partenogénesis (*parteno-* + *-génesis*) *f.* H. NAT. Modificación de la reproducción sexual en que el óvulo se desarrolla sin previa fecundación, como ocurre en ciertos crustáceos e insectos y en algunas plantas inferiores. 2 *~* ***artificial,*** desarrollo del óvulo no fecundado, obtenido por medios fisicoquímicos. ◇ Pl.: *partenogénesis.*
partenogenético, -ca *adj.* [reproducción] Que se produce por partenogénesis.
partenopeo, -a (l. *parthenopeiu*) *adj.-s.* De Parténope, ant. nombre de la c. de Nápoles.
partenoplastia (*parteno-* + *-plastia*), *f.* MED., Restauración de la virginidad anatómica por sutura del himen desgarrado.
partenueces *m.* Cascanueces. ◇ Pl.: *partenueces.*
partepiñones *m.* Cascapiñones (tenaza). ◇ Pl.: *partepiñones.*
partera *f.* Mujer que tiene por oficio asistir a la que está de parto.
SIN. **Comadre, comadrona; matrona,** título oficial para ejercer su profesión.
partería *f.* Oficio de partear.
partero *m.* Comadrón.
parterre (fr.) *m.* Arriate, macizo o cuadro de jardín con césped y flores.
partesana (it. *partigiana*) *f.* Especie de alabarda con el hierro muy grande, ancho, cortante por ambos lados, encajado en un asta de madera fuerte y regatón de hierro.
partible (l. *-ibile*) *adj.* Que se puede o se debe partir.
partición (l. *-itione*) *f.* Reparto entre algunas personas, de hacienda, herencia o cosa semejante. 2 MAT. División.
SIN. *1* **Partija,** esp. cada una de las partes que resultan de este reparto; **partimento, partimiento,** aluden pralte. al acto de repartir.
particionero, -ra *adj.* Partícipe.
participación *f.* Acción de participar. 2 Efecto de participar. 3 En la lotería, recibo en que un particular, poseedor de un billete, décimo o vigésimo, acredita que otra persona juega en su número una cantidad determinada. 4 Aviso o noticia que se da a uno.
participante *adj.-s.* Que participa.
participar (l. *-are*) *intr.* Tener o tomar uno parte en una cosa: *~ en el éxito.* -2 *tr.* Dar parte, notificar [una cosa]: *~ la defunción de un amigo.* ◇ Es galicismo, y catalanismo, la construcción con *a.*
partícipe *adj.-s.* Que tiene parte en una cosa.
SIN. **Parcionero, particionero, porcionero.**
participial *adj.* Relativo al participio.
****participio** (l. *-iu*) *m.* GRAM. Forma no personal del verbo que entra en la conjugación de los tiempos compuestos y hace el oficio de adjetivo verbal. 2 *~* ***activo*** o ***de presente,*** el que acaba en *-ante, -ente* o *- iente (paseante, oyente, pudiente).* No son muchos los verbos que pueden formarlo, y buena parte de ellos han pasado a ser adjetivos o substantivos permanentes (*escribiente, teniente).* 3 *~* ***pasivo*** o ***de pretérito,*** el que acaba en *-ado* o *-ido*; si es regular. Los que tienen otra terminación se llaman irregulares (*abstracto, frito, hecho).* Se llama pasivo porque procede del pp. latino; pero modernamente su significación puede ser activa, pasiva o reflexiva, según los casos.
partícula (doble etim. *partija*) *f.* Parte pequeña. 2 GRAM. Nombre genérico que se aplica a las partes invariables de la oración (adv., prep. y conj.). En sentido restringido díc. esp. de las prep. y conj. breves: *a, para, por, si, que, y,* etc. 3 GRAM. ***Partículas prepositivas,*** las latinas y castellanas que se prefijan: *ad, in, en, ante,* etc. 4 FÍS. Elemento que constituye el átomo: *electrón, protón, neutrón.* 5 FÍS. *~* ***alfa,*** partícula emitida en muchas desintegraciones espontáneas formada por núcleos de átomos de helio. 6 FÍS. *~* ***beta,*** partícula emitida en muchas desintegraciones espontáneas. Son electrones muy veloces.

PARTICIPIO

El participio es un adjetivo verbal. A causa de esta doble naturaleza, puede construirse como adjetivo independiente, o entrar en construcciones total o parcialmente asimilables a las del verbo conjugado.

Por su forma puede ser: **regular,** cuando termina en *-ado, -ido* (*abandonado, tenido, pulido*); **irregular,** si tiene otra terminación (*abierto, escrito, hecho*). Numerosos verbos han formado un participio regular y otro irregular, p. ej.: de *abstraer, abstraído* y *abstracto;* de *expresar, expresado* y *expreso;* de *oprimir, oprimido* y *opreso.* En estos casos, el participio irregular se emplea como adjetivo y el regular para formar los tiempos compuestos con el verbo *haber,* p. ej.: *agua bendita* y *el obispo ha bendecido a los fieles.* Se exceptúan *frito, preso, provisto* y *roto,* los cuales se usan para formar tiempos compuestos, con más frecuencia que los regulares *freído, prendido, proveído* y *rompido.*

I. Participio independiente. Tiene todos los oficios que corresponden al adjetivo:

a) ATRIBUTO de un substantivo, con o sin verbo copulativo: *árbol caído, leña partida; el muchacho es agradecido, la casa está abandonada.* (1)

b) PREDICADO DE COMPLEMENTO, en el que el atributo se refiere al verbo y al sujeto: *viene entusiasmado; este hombre habla dormido.* (2)

c) Puede substantivarse de modo permanente o transitorio: *el herido, la herida, el preso, los suprimidos, los resueltos.*

SIGNIFICACIÓN. — Los participios procedentes de verbos transitivos tienen significación **pasiva:** *edificado, amado, temido.* Los que proceden de verbos intransitivos o reflexivos tienen significación **activa:** *porfiado, atrevido, arrepentido.*

Hay un grupo numeroso de participios de significación activa, aunque provienen de verbos transitivos, porque se han formado sobre la acepción reflexiva del mismo verbo, o por analogía: *encogido* (de ánimo), *callado, precavido,* aplicados a personas.

II. Participio con verbos auxiliares:

a) Con *haber* forma los tiempos compuestos: *habían estudiado.*

b) Con *ser* expresa la voz pasiva: *era querido por todos.*

c) Con *llevar, tener, traer, quedar, dejar* y *estar* forma frases verbales de sentido perfectivo: *llevo conocidos muchos hombres como ése; tenía estudiada la lección; ya traía escritas varias cartas cuando él llegó; queda demostrado el teorema; le dejaron convencido; el cuadro está colocado en el salón.*

III. En construcción absoluta. Adquiere cierta independencia y equivale a una oración subordinada de sentidos diversos. He aquí los más frecuentes:

a) TEMPORAL: *Cesado el tumulto, mandó Druso leer las cartas de su padre.*

b) CAUSAL: *El muchacho, fatigado de tanto correr, se dejó caer al suelo.*

c) MODAL: *Ella misma, vueltos sus ojos al suelo, se lo rogó angustiada.*

IV. Participio activo. Termina en *-ante* en los verbos de la primera conjugación; en *-ente* o *-iente,* en los de la segunda y tercera: *participante, fascinante; permanente, condescendiente; conducente, conveniente.*

Son relativamente pocos los verbos que pueden formarlos. En la mayoría de los casos, se han adjetivado de modo permanente: *amante, obediente, oyente.* Otros han llegado a substantivarse: *estudiante, presidente, sirviente, asistente.* Algunos de éstos, muy pocos, admiten terminación femenina: *sirvienta, asistenta.*

(1) Algunas Gramáticas denominan COMPLEMENTO PREDICATIVO al oficio que desempeñan el adjetivo y el participio con verbo copulativo u otros intransitivos: *Juan es estimado; Esperanza viene cansada.* El participio pasivo también puede ser complemento predicativo, referente al sujeto o al complemento directo, con verbos transitivos o pronominales: *Dijo irritado aquellas palabras; la dejé agradecida.* Estas Gramáticas reservan el nombre de ATRIBUTO para las construcciones del tipo *árbol caído, leña partida.*

(2) A este PREDICADO DE COMPLEMENTO algunas Gramáticas lo llaman COMPLEMENTO PREDICATIVO.

particular (l. *-are*) ***adj.*** Propio y privativo de una persona o cosa, o que le pertenece con singularidad. 2 Singular o individual, como contrapuesto a universal o general. 3 [acto privado] Que ejecuta la persona que tiene oficio o carácter público. 4 Especial, extraordinario, pocas veces visto en su línea. -5 ***adj.-com.*** [pers.] Que no tiene título o empleo que le distinga de los demás. -6 ***m.*** desus. Representación privada que solían hacer los actores en casa de alguna persona particular. 7 Punto o materia de que se trata.

particularidad ***f.*** Singularidad, especialidad, individualidad. 2 Distinción en el trato o cariño, hecha de una persona respecto de otras. 3 Circunstancia o parte menuda de una cosa.

particularismo ***m.*** Preferencia excesiva que se da al interés particular sobre el general. 2 Individualismo (egoísmo).

particularista ***adj.*** Relativo al particularismo.

particularizar ***tr.*** Expresar una cosa con todas sus particularidades. 2 Hacer distinción especial de una persona. 3 Reducir a pocos casos o a uno solo [una explicación, doctrina, dictamen, etc.]. -4 ***prnl.*** Distinguirse, singularizarse: *particularizarse con su amigo; en el trato.* ◇ ** CONJUG. [4] como ***realizar.***

particularmente ***adv. m.*** Con particularidad.

partida (v. *partido*) ***f.*** Acción de partir o salir de un punto para otro. 2 fig. Muerte. 3 Asiento de nacimiento, bautismo, confirmación, matrimonio o entierro en los libros de las parroquias o del registro civil. 4 Copia certificada de uno de estos asientos. 5 Artículo parcial que contiene una cuenta: ***partida doble,*** modo de llevar la contabilidad estableciendo para cada operación un deudor y un acreedor y haciendo constar así cada suma dos veces en el libro mayor. 6 Cantidad de un género de comercio: *una ~ de trigo, aceite, madera.* 7 Conjunto poco numeroso de gente armada organizada militarmente: *una ~ de soldados, de carlistas.* 8 Conjunto de personas que se reúnen para determinados fines: ~ ***de campo,*** excursión de varias personas para solazarse en el campo; ~ ***de caza*** (o *cacería),* excursión de varias personas para cazar. 9 Guerrilla (formación militar; tropa). 10 Cuadrilla (conjunto). 11 desus. Parte o lugar. 12 Mano de un juego, o conjunto de ellas que se juegan en una sesión. 13 Conjunto de manos de un mismo juego necesarias para que cada uno de los jugadores gane o pierda definitivamente. 14 Cantidad de dinero que se atraviesa en ellas. 15 fig. Comportamiento o proceder de uno con respecto a otro: *me jugó una buena, una mala ~ ; ¡qué partida!*

SIN. *1* **Salida; arrancada, arranque,** primer empuje de un barco o vehículo cualquiera al partir.

partidamente ***adv. m.*** Con división.

partidario, -ria ***adj.-s.*** Que sigue un partido o bando. 2 Adicto a una persona o idea. 3 desus. [médico o cirujano] Encargado de la asistencia de los enfermos de un partido de su jurisdicción.

-4 *m.* Guerrillero. 5 En algunas zonas mineras, el que contrata o arrienda un modo especial de laboreo. 6 *Cuba, Ecuad.* y *Perú.* Aparcero.

SIN. *1* y *2* **Prosélito,** es partidario ganado por un bando, doctrina, etc.; **neófito,** si es reciente.

partidarista *adj. Colomb.* Partidista.

partidismo *m.* Celo exagerado a favor de un partido, tendencia u opinión.

partidista *adj.* Relativo al partidismo. -2 *com.* Adepto a un partido, tendencia u opinión.

partido, -da (de *partir*) *adj.* BLAS. Dividido de arriba abajo en dos partes iguales: *pieza, animal heráldico* ~. *V.* escudo ~. 2 Franco, liberal y que reparte con otros lo que tiene. 3 V. hoja partida. -4 *m.* Conjunto de personas que siguen y defienden una misma opinión, línea de conducta, etc. 5 Conjunto de varios jugadores que juegan contra otros tantos. 6 Resolución que uno adopta: *tomar* ~. 7 Provecho, ventaja o conveniencia: *sacar* ~ *de un asunto;* ***buen*** o ***mal*** ~, persona conveniente o no conveniente para casarse con ella. 8 Favor o protección de que se goza. 9 Trato, convenio o concierto. 10 En el juego, ventaja que se da al que juega menos. 11 Distrito o territorio de una jurisdicción o administración, que tiene por cabeza un pueblo principal: ~ *judicial.* 12 Territorio en que el médico tiene obligación de asistir a los enfermos por el sueldo que se le señala. 13 Prueba deportiva en la que dos jugadores o equipos se disputan la victoria: ~ ***amistoso,*** el desarrollado fuera de una competición oficial; ~ ***oficial,*** aquel en el que se dirime un torneo o campeonato. 14 *And.* Jorobado. 15 *Amér.* Aparcería. 16 *Amér.* Crencha, raya. 17 *Amér. Merid.* División de minerales entre propietarios y buscones.

partidor (l. *-itore*) *m.* El que divide o reparte una cosa. 2 El que parte una cosa, rompiéndola: ~ *de leña.* 3 Instrumento con que se parte o rompe. 4 Obra que reparte por medio de compuertas en diferentes conductos las aguas de un cauce. 5 Lugar donde se hace este repartimiento. 6 Varilla o púa para abrirse las mujeres la raya del pelo. 7 MAT. p. us. Divisor.

SIN. *1* y *5* **Repartidor.**

partidura *f.* Crencha, raya.

partija (v. *partícula*) *f.* Dim. de *parte.* 2 Partición. 3 *Extr.* Hijuela.

partimento, -miento *m.* desus. Partición.

partiquino, -na (it. *particina,* parte pequeña) *m. f.* Cantante que ejecuta en las óperas una parte muy breve o de muy escasa importancia.

partir (l. *-iri*) *tr.* dividir (separar): ~ *por mitad;* ~ *en pedazos;* esp. entre colmeneros, hacer [de una colmena] dos. 2 p. anal. Hender, rajar: ~ *la cabeza.;* fig., desbaratar, desconcertar a uno: *le hemos partido.* 3 Repartir (distribuir): ~ *entre amigos;* ~ *la casa con el mendigo.* 4 p. anal. Distinguir [una cosa de otra] determinando lo que a cada uno pertenece: ~ *los términos de un lugar.* 5 Distribuir o dividir en clases: ~ *los habitantes de un país.* 6 Acometer en plena batalla: ~ *al enemigo.* 7 MAT. Dividir. -8 *intr.* Empezar a caminar, ponerse en camino: ~ *a,* o *para, Sevilla;* ~ *de Madrid;* ***prnl.,*** ant., *partirse a,* o *para, Sevilla.* 9 p. anal. Tomar una fecha o cualquier otro antecedente como base para un cómputo o razonamiento: *a* ~ *de este día;* ~ *de un supuesto falso.* 10 fig. Resolverse o determinarse el que estaba dudoso: *¿has partido ya?* -11 ***prnl.*** Dividirse en opiniones o parcialidades. 12 MAT. ***Medio*** ~, dividir una cantidad por un número dígito.

SIN. *8* v. **Salir; ir(se), marchar(se).**

partisano, -na *adj.-s.* GALIC. Partidario, guerrillero.

partitivo, -va *adj.* Que puede partirse o dividirse. 2 [numeral] Que expresa división de un todo en partes: *medio, tercio, cuarto,* etc.

partitura (it.) *f.* Texto completo de una obra musical en que las diferentes partes o voces se hallan separadas, pero superpuestas: ~ ***de piano,*** reducción para este instrumento de una obra lírica, sinfónica, etc.

I) parto (l. *-tu*) *m.* Acción de parir. 2 desus. Ser que ha nacido. 3 fig. Producción del entendimiento o ingenio humano. 4 fig. Producción física. 5 ***El*** ~ ***de los montes,*** cosa fútil y ridícula que sucede cuando se esperaba una de consideración.

SIN. *1* **Alumbramiento,** eufemismo. REL. **Comadrón, partera,** persona que asiste al parto; **obstetricia, tocología,** especialidad médica en partos.

II) parto, -ta *adj.-s.* De Partia, antigua región del norte de Irán. -2 *adj.-m.* Dialecto del pehlevi hablado antiguamente en esta región.

parturienta, -te (l. *-ente*) *adj.-f.* [mujer] Que está de parto o recién parida.

párulis (l. < *para-* + gr. *oulis,* encía) *m.* Flemón (tumor). ◇ Pl.: *párulis.*

paruma (voz caribe) *f. Colomb.* Taparrabos usado por los remeros.

parusía *f.* Segunda venida de Cristo, al final de los tiempos.

parva (l.) *f.* Parvedad (alimento). 2 Mies tendida en la era. 3 Desayuno, entre la gente trabajadora. 4 fig. Montón o cantidad grande de una cosa. 5 fig. Multitud de chiquillos.

REL. *2* **Aparvar, emparvar,** poner la mies en la era para trillarla.

parvada *f.* Conjunto de parvas. 2 Pollada (conjunto de pollos). 3 Multitud, gran cantidad. 4 *Amér.* Bandada.

parvear *intr. P. Rico.* Tomar la parva o desayuno.

parvedad (l. *parvitate*) *f.* Pequeñez, poquedad, escasez. 2 Corta porción de alimento que se toma por la mañana en los días de ayuno.

parvero *m.* Montón largo que se forma de la parva para aventarla.

parvidad *f.* Parvedad.

parvificar (de *parvo* + *-ificar*) *tr.* Achicar (menguar), empequeñecer, escasear, atenuar. ◇ ** CONJUG. [1] como ***sacar.***

parvificencia (de *parvífico*) *f.* desus. Escasez o cortedad en el porte y gasto.

parvífico, -ca (de *parvo* + *-fico*) *adj.* Escaso, corto y miserable en el gastar.

parvo, -va (l. *-vu*) *adj.* Pequeño.

parvulez *f.* Pequeñez. 2 Simplicidad (sencillez).

párvulo, -la (l. *-lu* < *parvu,* pequeño) *adj.-s.* Niño (en la niñez). -2 *adj.* Pequeño. 3 fig. Inocente, cándido. 4 Humilde, cuitado.

I) pasa (l. *passu,* tendido, secado al sol) *f.-adj.* Uva seca, enjugada natural o artificialmente: ~ ***de Corinto,*** la que procede de esta reg. griega y se distingue por su pequeño tamaño; ~ ***gorrona,*** la de gran tamaño, desecada al sol. -2 *f.* Especie de afeite hecho con pasas que usaron las mujeres. 3 fig. Mechón de cabellos ensortijados de los negros.

II) pasa *f.* Canalizo entre bajos por el cual pueden pasar los barcos.

pasable *adj.* Pasadero (inmediato).

pasablemente *adv. m.* Medianamente.

pasacaballo *m.* Embarcación ant., sin palos, muy aplanada en sus fondos.

pasacalle (comp. de *pasar* + *calle*) *m.* Marcha popular de compás muy vivo. 2 Antiguo baile cortesano de origen español, de ritmo ternario y movimiento lento. 3 Música de este baile.

pasacana *f. Argent.* y *Bol.* Fruto del cardón o cirio.

pasacantando *m. S. Dom.* Individuo sin recursos.

pasacólica *f.* Cólica.

pasada *f.* Acción de pasar de una parte a otra. 2 Paso geométrico. 3 Congrua suficiente para mantenerse. 4 Partida de juego. 5 Paso (acción): ***de*** ~, de paso. 6 Puntada larga en el cosido. 7 Acción de planchar ligeramente. 8 Efecto de planchar ligeramente. 9 Acción de dar un último repaso o retoque a un trabajo cualquiera. 10 Efecto de dar un último repaso o retoque a un trabajo cualquiera. 11 fig. Mal comportamiento de una persona con otra: *mala* ~. 12 Hilo de trama. 13 *Amér. Central.* Reprimenda. 14 *Colomb.* Vergüenza. 15 *Cuba.* Escarmiento.

SIN. *3* **Pasadía.** *11* **Trastada.**

pasadera *f.* Piedra que se pone para atravesar a pie enjuto charcos, arroyos, etc. 2 Cosa convenientemente colocada para este mismo fin. 3 MAR. Meollar. 4 *Colomb.* Acción de pasar repetidamente por un sitio. 5 *Colomb.* Efecto de pasar repetidamente por un sitio. 6 *Chile.* Acción de pasarse de un partido a otro. 7 *Guat.* Cruceteo. 8 *Venez.* En las riñas de gallos, cierta herida de éstos.

pasaderamente *adv. m.* De un modo pasadero.

pasadero, -ra *adj.* Que se puede pasar con facilidad. 2 Medianamente bueno de salud, de calidad, etc. -3 *m.* Pasadera (para atravesar un río, etc). 4 *Argent.* y *Méj.* Cruceteo.

SIN. *1* y *2* **Pasable.**

pasadía *f.* Pasada (congrua). -2 *m. P. Rico* y *S. Dom.* Día de diversiones en el campo.

pasadillo *m.* Especie de bordadura que pasa por ambos lados de la tela.

pasadizo *m.* Paso estrecho. 2 fig. Medio para pasar de una parte a otra.

SIN. **Pasillo, corredor,** en los edificios.

pasado, -da *m.* Tiempo que pasó. 2 Paso II. 3 Militar que ha desertado de un ejército y sirve en el enemigo. -4 *m. pl.* As-

cendientes o antepasados. -5 ***adj.*** *Colomb.* [animal] Trasijado. 6 *Colomb.* [cosa] Sin gracia.
SIN. *1* **Pretérito.**

pasador, -ra ***adj.-s.*** Que pasa de una parte a otra: *un ~ de contrabando.* -2 ***m.*** Flecha muy aguda que se disparaba con ballesta. 3 Barrita de metal sujeta con grapas a una hoja de puerta, ventana, etc., que sirve para cerrar corriéndola hasta hacerla entrar en una hembrilla fija en el marco. 4 Varilla de metal que en las bisagras, charnelas, etc., une las palas y sirve de eje para su movimiento. 5 Aguja grande para sujetarse el cabello las mujeres. 6 Imperdible que se clava en el pecho de los uniformes, y al cual se sujetan una o más condecoraciones pequeñas. 7 Botón suelto con que se abrochan dos o más ojales. 8 Sortija para mantener ceñida al cuello una corbata. 9 Utensilio gralte. cónico y de hoja de lata, con fondo agujereado para colar. 10 Coladero (utensilio). 11 MAR. Instrumento de hierro para abrir los cordones de los cabos cuando se empalman uno con otro. -12 ***m. pl.*** Gemelos, botones de camisa. 13 *Colomb.* Cuentas más gruesas del rosario. -14 ***m.*** *Ecuad.* Demandadero, en las cárceles.

pasadura ***f.*** Tránsito o pasaje de una parte a otra. 2 fig. Llanto convulsivo de algunos niños.

pasagonzalo (de *pasar* + *Gonzalo,* n. pr.) ***m.*** fam. Pequeño golpe dado con la mano.

pasaje ***m.*** Acción de pasar de una parte a otra. 2 Lugar por donde se pasa. 3 Paso público entre dos calles, a veces cubierto. 4 Estrecho entre dos islas o entre una isla y la tierra firme. 5 Derecho que se paga por pasar por un paraje. 6 Precio que se paga por ser transportado en una nave. 7 Conjunto de pasajeros de una nave. 8 Trozo, gralte. no largo, de una composición literaria, musical, etc., que ofrece cierta particularidad. 9 Acogida que se hace a uno o trato que se le da. 10 MÚS. Tránsito de un tono a otro. 11 *Amér.* Boleto o billete para un viaje. 12 *Colomb.* Casa de vecindad.
SIN. *1* **Paso.** *5* **Peaje.**

pasajero, -ra ***adj.*** [lugar] Por donde continuamente pasa mucha gente. 2 Que pasa presto o dura poco. 3 Viajero, transeúnte. -4 ***adj.-s.*** Que pasa o va de camino de un lugar a otro, sin tener cargo en el vehículo. -5 ***m.*** *Venez.* Ración de queso o mantequilla que toman los trabajadores de una hacienda para su desayuno.
SIN. *2* **Transitorio, fugaz, huidizo, efímero.** *4* **Viajero.**

pasajuego ***m.*** En el juego de pelota, rechazo que a ésta se le da desde el resto.

pasamacho ***m.*** *P. Rico.* vulg. Pasatiempo.

pasamanar ***tr.*** Fabricar o disponer [una cosa] con pasamanos.

pasamanería ***f.*** Obra o fábrica de pasamanos. 2 Oficio de pasamanero. 3 Establecimiento del pasamanero.

pasamanero, -ra ***m. f.*** Persona que tiene por oficio hacer o vender pasamanos, franjas, etc.

I) pasamano (de *pasar* + *mano*) ***m.*** Barandal (listón). 2 En los navíos, paso de proa a popa junto a la borda. 3 *Chile.* Gratificación. 4 *Chile.* Correa que va pendiente en los tranvías para que de ella se asgan los pasajeros.
SIN. *2* **Crujía.**

II) pasamano (del fr. *passement*) ***m.*** Especie de galón, cordones, flecos y demás adornos de oro, plata, seda, etc., usados para guarnecer, esp. los vestidos.

pasamiento ***m.*** Paso o tránsito.

pasamontañas (de *pasar* + *montaña*) ***m.*** Especie de gorra que cubre el cuello y las orejas. ◇ Pl.: *pasamontañas.*

pasante ***adj.*** BLAS. [animal] En actitud de andar o pasar. -2 ***m.*** El que asiste al maestro de una facultad en el ejercicio de ella, para imponerse en su práctica: *~* ***de pluma,*** el que pasa con un abogado y tiene la incumbencia de escribir lo que le dictare. 3 desus. Profesor, en algunas facultades, con quien iban a estudiar los que habían de examinarse: *~ de Leyes; ~ en Teología.* 4 desus. El que explica la lección a otro. 5 En algunas órdenes, religioso que se prepara para la enseñanza o el púlpito.

pasantía ***f.*** Ejercicio del pasante. 2 Tiempo que dura este ejercicio.

pasapán ***m.*** hum. *y* fam. Garganta.

pasapasa ***m.*** Juego de manos. ◇ Pl.: *pasapasa.*

pasaperro ***m.*** Encuadernación con un cordón que atraviesa las hojas y las tapas: ***coser a ~,*** fig., encuadernar en pergamino libros de poco volumen.

pasaportar ***tr.*** Expedir pasaporte [a una pers.]. Ús. esp. entre militares. 2 Despedir a alguien, echarlo de donde está. 3 fig. *y* fam. Matar, acabar.

pasaporte (fr. *passeport*) ***m.*** Licencia por escrito dada para poder pasar libre y seguramente de un pueblo o país a otro. 2 Librito o cuaderno donde figura esta licencia. 3 ant. Licencia dada a los militares con itinerario para que en los lugares se les asista con alojamiento y bagajes. Actualmente se refiere sólo a los medios de locomoción. 4 fig. Licencia franca o libertad de ejecutar una cosa.
SIN. *1* Se usa esp. para el tránsito internacional; en el interior de un país suele llamarse **salvoconducto**. REL. *1* **Visar** (m. **visado**), autorizar un pasaporte. FR. *Dar ~ a uno,* despedirle, dejarle cesante, despacharle.

pasaportear ***tr.*** *Amér.* Extender un pasaporte [a alguien].

pasaportodo ***m.*** *P. Rico.* Serrucho pequeño. 2 *P. Rico.* fig. Sometido, cobarde, demasiado tolerante. ◇ Pl.: *pasaportodo.*

pasapurés (de *pasar* + *puré*) ***m.*** Utensilio de cocina que sirve para colar los purés. ◇ Pl.: *pasapurés.*

pasar (l. v. **passare* < l. *passu,* paso) ***intr.*** Con relación a lo que está quieto, moverse o trasladarse de un lugar a otro: *~ por la calle; ~ en silencio; ~ entre,* o *por entre, árboles.* 2 Transitar por algún sitio: *la procesión pasa por la calle; pasa por un puente todos los días.* 3 p. anal. Hablando de la moneda, ser admitida. 4 Hablando de las mercaderías o géneros vendibles, valer o tener precio. 5 En algunos juegos de naipes, no entrar, y en el dominó, dejar de poner ficha. 6 Conceder graciosamente alguna cosa: *paso en este asunto.* 7 Ser considerado: *pasa por sabio.* 8 Durar algo, estar en condiciones de ser utilizado: *este vestido puede ~ este verano.* 9 Seguir viviendo, actuando, aunque precariamente y con dificultades: *podemos pasarnos sin el coche;* ***ir pasando,*** vivir, tener salud. 10 Transcurrir el tiempo: *vamos pasando la tarde.* 11 Morir (fallecer). 12 Ir a un sitio sin detenerse en él mucho tiempo: *me pasaré por tu casa al salir de la oficina.* 13 Entrar: *pase usted.* 14 Empezar a hacer otra cosa a continuación de la anterior: *~ a almorzar.* 15 Cambiar de estado, de condición: *el joven pasó de pronto a hombre.* 16 Divulgarse, propagarse: *la noticia pasó de uno a otro pueblo.* -17 ***unipers.*** Ofrecerse alguna cosa ligeramente a la imaginación: *me pasa por la cabeza.* 18 Ocurrir, acontecer: *aquí ha pasado algo.* -19 ***tr.*** Proyectar una película cinematográfica. 20 Llevar, conducir [a una pers. o cosa] de un lugar a otro: *lo pasaron de Madrid a Zaragoza; he pasado la mesa al pasillo.* 21 Enviar, transmitir: *~ un recado, un mensaje.* 22 Atravesar, cruzar: *~ el río.* 23 Rebasar, ir más allá: *~ la raya; ~ los límites.* 24 Penetrar o traspasar: *~ el país.* 25 Introducir o extraer [géneros de contrabando o que adeudan derechos] sin registro. 26 Introducir [una cosa] por el hueco de otra: *~ una hebra por el ojo de una aguja.* 27 Colar: *~ un líquido por manga.* 28 Cerner (separar): *~ la tierra por tamiz.* 29 Tragar (por la boca): *pasó todo lo que le dieron.* 30 Exceder, aventajar: *en ciencias pasa a su hermano.* 31 Sufrir, padecer: *ha pasado muchas penalidades; ~ frío.* 32 Tolerar, consentir: *ya te he pasado muchas.* 33 Asistir al estudio [de un abogado] o acompañar [al médico] en sus visitas para adiestrarse. 34 Explicar privadamente una facultad o ciencia [a un discípulo]. 35 Repasar el estudiante [la lección]; en gral., recorrer leyendo o estudiando [un libro o tratado]. 36 Desecar [una cosa] al aire, o al sol, o con lejía. 37 Aprobar [un examen]. 38 DEP. Enviar [la pelota, el balón, la bola, etc.] un jugador a otro de su mismo equipo para que continúe la jugada. 39 DER. Manejar un asunto, esp. los instrumentos notariales o judiciales. 40 TAUROM. Dar pases de muleta. -41 ***tr.-intr.*** Transmitir o transferir [una cosa] de un sujeto a otro: *pasaron el anillo del padre al hijo; el anillo pasó del padre al hijo.* 42 Contagiar. -43 ***tr.-prnl.*** Hacer deslizar algo por una superficie: *pasarse la mano por la frente; ~ el cepillo por el pelo.* -44 ***intr-prnl.*** Cesar, acabarse una cosa: *~* o *pasarse la cólera; cuando pase el verano.* -45 ***prnl.*** Tomar un partido contrario al que antes se tenía. 46 Excederse en una calidad o propiedad: *pasarse de bueno;* ***pasarse de listo,*** equivocarse por exceso de malicia. 47 En ciertos juegos, perder por hacer más puntos de los que se han fijado para ganar. 48 Perder la sazón o la ocasión; madurar demasiado, empezar a pudrirse las carnes, frutas, etc.: ***pasarse la lumbre,*** esp., hablando de la lumbre del carbón, encenderse bien. 49 Olvidarse o borrarse de la memoria. 50 Entre los profesores de facultades, exponerse al examen o prueba para poder ejercitarlas.
SIN. *1* **Transcurrir,** tratándose del tiempo: *ha pasado el plazo.* FR. *~ en blanco,* o *en claro, una cosa,* omitirla, no hacer mención de ella. *~ uno por alto alguna cosa,* omitir o dejar de decir una especie. *~ uno por encima,* atropellar por todos los inconvenientes; anticiparse en un empleo el menos antiguo al que tiene más derechos. *Lo pasado, pasado,* exhorta a perdonar los motivos de queja o enojo. *~ las de Caín,* sufrir horriblemente.

pasarela (fr. *passerelle*) *f.* Puente pequeño o provisional. 2 En los buques de vapor, puentecillo transversal, colocado delante de la chimenea. 3 En los teatros, pequeña prolongación del escenario, más o menos circular, en la que se muestran los artistas, esp. las bailarinas.
pasarrato *m. Guat.* y *P. Rico.* Pasatiempo.
pasatarde *m.* Merienda.
pasatiempo (de *pasar* + *tiempo*) *m.* Diversión y entretenimiento en que se pasa el rato.
pasativa *f. Colomb.* Vergüenza.
pasatoro (a ~) *loc. adv.* TAUROM. Dando la estocada al pasar el toro, y no recibiéndolo ni a volapié.
pasaturo *m.* ant. El que pasaba con otro una ciencia o facultad, atendiendo a su explicación.
pasavante (de *pasar* + *avante*) *m.* MAR. Documento que da a un buque el jefe de las fuerzas navales enemigas para que no sea molestado en su navegación. 2 Documento provisional que da un cónsul al buque mercante adquirido en el extranjero.
pasavino *m.* Embudo para trasegar el vino.
pasayolante (de *pasar* + *volante*) *m.* Acción ejecutada con brevedad y sin reparo. 2 ant. Especie de culebrina.
pasavoleo (de *pasar* + *voleo*) *m.* Lance del juego de pelota que consiste en volver ésta por encima de la cuerda hasta más allá del saque.
pasaya *f. Perú.* Vaina del plátano con que se atan los troncos de las construcciones campesinas.
pascalio (de *Blais Pascal,* 1623-1662) *m.* Unidad de presión (símbolo *Pa*), que equivale a la presión uniforme que ejerce una fuerza total de un newton, que actúa perpendicularmente a una superficie plana de un metro cuadrado.
pascana (del quechua *pascani,* descargar las bestias) *f. Amér.* Tambo, mesón. 2 *Amér.* Etapa, descanso o parada en un viaje. 3 *Ecuad.* Jornada.
pascar *intr. Bol.* Acampar. ◇ ** CONJUG. [1] como ***sacar.***
pascasio (de *pascua*) *m.* fig. *y* fam. En las universidades, estudiante que se iba a pasar las pascuas fuera de la ciudad.
pascle *m. Méj.* Planta cucurbitácea cuyo fruto es estoposo por dentro y lleno de unos filamentos enredados y elásticos que le hacen a propósito para fregar *(Luffa cylindrica).*
pascua (l. ecl. *pascha* < hebr. *pésaj,* tránsito; con influjo del l. *pascua;* pl. de *pascuum*) *f.* Fiesta la más solemne de los hebreos, que celebraban a la mitad de la luna de marzo, en memoria de la libertad del cautiverio de Egipto. 2 En la Iglesia católica, fiesta solemne de la Resurrección del Señor, que se celebra el domingo siguiente al plenilunio posterior al 20 de marzo: ~ ***de flores*** o ***florida,*** la de Resurrección. 3 Solemnidad del nacimiento de Cristo, de la adoración de los Reyes Magos y de la venida del Espíritu Santo sobre el Colegio apostólico: ~ ***del Espíritu Santo,*** pentecostés (festividad cristiana). -4 *f. pl.* Tiempo desde el nacimiento de Cristo hasta el día de Reyes inclusive: ***dar las pascuas,*** felicitar a uno en ellas
FRS. *Estar como una* ~ o *unas pascuas,* fig. estar alegre y regocijado. *Cara de pascuas,* expresión alegre, satisfecha. *Hacer la* ~, fastidiar.
pascual *adj.* Relativo a la pascua.
pascuala *f. Guat.* y *Hond.* Muerte.
pascuar *intr. Ecuad.* Divertirse en Pascuas.
pascuense *adj.-com.* De Pascua, isla chilena.
pascuilla *f.* Domingo siguiente al de Pascua de Resurrección.
pase (de *pasar*) *m.* Licencia por escrito para pasar algunos géneros de un lugar a otro, para transitar por algún sitio, para entrar en un local, para viajar gratis, etc. 2 Exequátur. 3 Acción de pasar en el juego. 4 Efecto de pasar en el juego. 5 Movimiento que hace con la mano el que presume de magnetizador. 6 Sesión (acto, proyección). 7 DEP. Envío de la pelota, el balón, la bola, etc., que efectúa un jugador para que otro de su mismo equipo continúe la jugada. 8 ESGR. Finta II. 9 TAUROM. ~ ***de muleta,*** o simplte, ~, suerte de muleta en que se mueve al toro de sitio permaneciendo el torero parado.
SIN. *1* **Paso.**
paseadero *m.* Paseo (lugar).
paseador, -ra *adj.* Que se pasea mucho y continuamente. -2 *m.* Paseo (lugar).
paseandero, -ra *adj.-s. Argent., Chile, Parag., Perú* y *Urug.* Paseador.
paseante *adj.-s.* Que pasea o se pasea: ~ *en corte,* fig., el que vaga y holgazanea.
pasear (frecuent. de *pasar*) *intr.-prnl.* Andar por diversión o por hacer ejercicio: ~, o *pasearse, por la calle, con otro; pasearse en, o por, el campo; tr.,* ~ *la calle.* 2 p. anal. Ir con iguales fines en cualquier vehículo: ~, o *pasearse, a caballo, en una canoa.* -3 *intr.* Andar el caballo a paso natural. -4 *tr.* fact. Hacer pasear: ~ *a un niño.* 5 fig. Llevar [una cosa] de una parte a otra, hacerla ver acá y allá. -6 *prnl.* fig. Discurrir vagamente acerca de una materia. 7 Dicho de cosas que no son materiales, andar vagando. 8 Estar ocioso: *mi hermano se pasea.* -9 *tr. Amér. Central.* Arruinar, echar a perder [un negocio, hacienda, etc.].
SIN. *1* **Estirar las piernas; deambular** (lit.), esp. cuando no se lleva dirección u objeto determinado.
paseata *f.* Paseo, esp. si es largo.
paseíllo *m.* TAUROM. Paseo o desfile de las cuadrillas. 2 fig. Recorrido que hacían los detenidos durante la Guerra Civil hasta el lugar de fusilamiento.
paseo *m.* Acción de pasear o pasearse: ***dar un*** ~, pasear *(intr.-prnl.).* 2 Lugar público destinado para pasearse. 3 Desfile de las cuadrillas por el ruedo, antes de comenzar la lidia. V. capote de ~. 4 Distancia corta, que puede recorrerse paseando. 5 Figura de ciertos bailes. 6 *Amér. Central.* Mascarada que recorre las calles.
SIN. *2* **Paseadero.** FR. *Echar, enviar,* o *mandar, a uno a* ~, fig., despedirle con desagrado.
pasera (de *pasar*) *f.* Lugar donde se ponen a desecar las frutas para que se hagan pasas. 2 Operación de pasar algunas frutas.
paseriforme (l. *passer, -eris,* pájaro + *-forme*) *adj.-m.* Ave del orden de los paseriformes. -2 *m. pl.* Orden de aves de pequeño tamaño, llamadas en general pájaros. Tienen las alas bien desarrolladas y las patas provistas de cuatro dedos, tres dirigidos hacia delante y uno hacia atrás, el pulgar; su alimentación es amplia, hay especies granívoras, insectívoras y omnívoras.
I) pasero, -ra *adj.* Caballería enseñada al paso. -2 *m. Colomb.* Barquero.
II) pasero, -ra *adj.* Relativo a las pasas: *exportación* ~. -2 *m. f.* Persona que tiene por oficio vender pasas.
pashtu *adj.-m.* Lengua perteneciente al grupo iranio moderno oriental, hablada oficialmente en Afganistán.
SIN. **Afgano.**
pasibilidad *f.* Calidad de pasible.
pasible (l. *passibile*) *adj.* Que puede o es capaz de padecer. 2 Sufrido.
pasicorto, -ta (de *paso* + *corto*) *adj.* Que tiene corto el paso.
pasiego, -ga *adj.-s.* De Pas, valle de Santander. -2 *f.* Ama de cría.
Pasífae *n. pr.* MIT. Mujer de Minos, madre de Ariadna, de Fedra y del Minotauro.
pasificación *m.* Proceso de convertir la uva fresca en pasa.
pasiflora *f.* Pasionaria.
pasifloráceo, -a (l. *passio,* pasión + *flore,* flor) *adj.-f.* Planta dicotiledónea tropical, de hojas alternas, flores elegantes y complicadas y fruto en baya o cápsula con muchas semillas; como la pasionaria. -2 *f. pl.* Familia de estas plantas.
pasigrafía (gr. *pas, pasa, pan,* todo + *-grafía*) *f.* Escritura universal capaz de ser entendida por todos sin necesidad de traducción.
pasigrafiar (de *pasigrafía*) *intr.* Utilizar un código pasigráfico. ◇ ** CONJUG. [13] como ***desviar.***
pasigráfico, -ca *adj.* Concerniente o relativo a la pasigrafía.
pasígrafo, -fa *m. f.* Persona conocedora de la pasigrafía.
pasilargo, -ga (de *paso* + *largo*) *adj.* Que tiene largo el paso.
pasillo (dim. de *paso*) *m.* Pieza de paso, larga y angosta, en un edificio. 2 Puntada larga sobre que se forman los ojales y ciertos bordados. 3 Cláusula de la Pasión, cantada a muchas voces en los oficios solemnes de Semana Santa. 4 Paso teatral. 5 ~ ***aéreo,*** puente aéreo. 6 ***Hacer pasillos,*** brujulear en edificios públicos o empresas privadas para obtener favores personales. 7 *Amér.* Composición musical bailable. 8 *Méj.* Estera larga y angosta.
SIN. *1* **Corredor, pasadizo.**
pasión (l. *passione*) *f.* Acción de padecer. 2 p. ant. La de Nuestro Señor Jesucristo. 3 Parte de cada uno de los Evangelios que describe la pasión de Jesucristo. 4 Sermón sobre los tormentos y muerte de Jesucristo, que se predica el Jueves y Viernes Santo. 5 Acción, no con respecto al sujeto que la efectúa sino al que la recibe. 6 Estado de aquel sobre el que recae una acción; estado pasivo en el sujeto. 7 Inclinación vehemente del ánimo, acompañada de estados afectivos e intelectuales, esp. de imágenes, y harto potente para dominar la vida del espíritu: ~ ***de ánimo,*** nostalgia (fig.), impaciencia, zozobra.

pasional *adj.* Relativo a la pasión, esp. amorosa.
pasionaria (de *pasión*) *f.* Planta pasiflorácea, originaria del Brasil, de tallos trepadores, hojas verdes por el haz, glaucas por el envés, partidas en varios lóbulos, flores olorosas, grandes y solitarias, con las lacinias del cáliz en forma de hierro de lanza, corola filamentosa formando como una corona de espinas, estigmas en forma de clavo y fruto amarillo de figura de huevo *(Passiflora cœrulea).*
SIN. **Flor de la Pasión, pasiflora, granadilla; murucuyá** (Argent. y Venez.); **parcha** (P. Rico y S. Dom.). REL. **Granadilla,** su fruto.
pasionario *m.* Libro por donde se canta la Pasión en Semana Santa. 2 *Bol.* Gallo viejo de pelea.
pasioncilla (dim. de *pasión*) *f.* Pasión pasajera o leve. 2 desp. Movimiento ruin del ánimo en contra de alguna persona.
pasionero *m.* El que canta la pasión en los oficios divinos de Semana Santa. 2 Sacerdote destinado a la asistencia espiritual de los enfermos de un hospital.
pasionista *m.* Pasionero (cantor). 2 Religioso o religiosa de la congregación fundada en 1735 por S. Pablo de la Cruz (1694-1775).
pasitamente *adv. m.* Pasito (con tiento).
pasito *m.* Dim. de *paso.* -2 *adv. m.* Con gran tiento, en voz baja.
pasitrote *m.* Trote corto que suelen tomar los asnos, y, raras veces, las demás caballerías.
pasivamente *adv. m.* Con pasividad; de un modo pasivo. 2 GRAM. En sentido pasivo.
pasividad *f.* Calidad de pasivo. 2 METAL. Calidad del metal que, gracias a tratamientos superficiales, resiste a la corrosión electroquímica.
pasivo, -va (l. *-vu*) *adj.* Sujeto que recibe la acción del agente, sin cooperar a ella; que soporta algo sin oponer resistencia. 2 Que deja obrar a los otros sin hacer por sí cosa alguna. 3 GRAM. [forma verbal] Que expresa que el sujeto gramatical de un verbo no es agente de la acción que enuncia, sino receptor o paciente: *voz, verbo, participio ~; construcción pasiva;* ***pasiva refleja,*** construcción verbal formada por el pronombre *se* y el verbo en voz activa; *se firma la paz por los embajadores.* 4 [haber o pensión] Que se disfruta en virtud de los servicios prestados o del derecho ganado con ellos y que les fue transmitido. Estas personas se denominan colectivamente *clases pasivas.* 5 DER. Perteneciente o relativo al juicio civil o criminal con relación a la persona demandada. -6 *m.* COM. Importe total de los débitos y gravámenes que tiene contra sí una persona o entidad, y también el coste o riesgo que contrapesa los provechos de un negocio.
CONTR. *3* **Activo.**
pasma *f.* vulg. Policía.
pasmadizo *adj. Murc.* Pamado, propenso a asombrarse, atontado.
pasmado, -da *adj.* Persona torpe, inexpresiva, sin gracia. 2 BLAS. Relativo a cierto pez que se representa con la boca abierta y sin lengua, aletas ni barbas.
pasmar (l. v. *pasmare*) *tr.* Enfriar mucho o bruscamente; esp., helar o helarse [las plantas]: *este frío ha pasmado las coles; pasmarse con la helada* o *de frío.* 2 Causar [a uno] suspensión o pérdida de los sentidos y del movimiento. 3 fig. Asombrar con extremo. -4 *prnl.* Contraer la enfermedad llamada pasmo. 5 PINT. Empañarse los colores o los barnices. 6 *Murc.* Estropearse el vino. 7 *Amér.* Encanijarse.
SIN. *3* v. **Asombrar.**
pasmarota *f.* fam. Demostración con que se aparenta la enfermedad del pasmo u otra. 2 fam. Ademán con que se aparenta admiración o extrañeza injustificada.
pasmarotada *f.* Pasmarota.
pasmarote (de *pasmar*) *m.* fam. Estafermo (pers. embobada).
pasmazón *f. Amér.* Pasmo. 2 *Guat.* Holgazanería. 3 *Méj.* Hinchazón o matadura que suele producir la silla en el lomo de la caballería.
pasmo (v. *espasmo*) *m.* Efecto de un enfriamiento manifestado por romadizo, dolor de huesos, etc. 2 Tétanos. 3 fig. Admiración extremada, que deja como en suspenso la razón y el discurso. 4 fig. Objeto que ocasiona esta admiración. 5 *Amér.* Enfermedad endémica de los países tropicales.
SIN. *1* y *2* **Espasmo.** *3* y *4* **Asombro.**
pasmón, -mona (de *pasmo*) *adj.-s.* [pers.] Torpe de entendimiento y voluntad, que parece estar en continua suspensión y asombro.
pasmosamente *adv. m.* De una manera pasmosa.
pasmoso, -sa *adj.* Que causa pasmo (admiración).
pasmuno, -na *adj. P. Rico.* vulg. Crónico.
I) paso (l. *passu*) *m.* Movimiento que hace el hombre al andar, levantando y adelantando un pie hasta dejarlo en tierra: *dar un ~ adelante.* 2 fig. Adelantamiento en cualquier especie de ingenio, virtud, estado, ocupación, empleo, etc. 3 Acto, esp. diligencia que se hace en solicitud de una cosa: ~ ***de gallina,*** diligencia insuficiente. 4 Longitud de un paso medida gralte. desde el talón de un pie al talón del otro: ~ ***geométrico*** (también *pasada*), medida de longitud (1,393 m.: cinco pies). 5 Manera de andar una persona, movimiento más o menos rítmico de la marcha. 6 Mudanza que se hace en los bailes. 7 Movimiento seguido con que anda un ser animado. 8 Movimiento regular con que camina una caballería, teniendo sólo un pie en el aire: *la mula iba al ~;* ~ ***castellano,*** el largo y sentado; ~ ***de ambladura,*** o ***andadura,*** portante. 9 Huella (del pie). 10 Peldaño. 11 Puntada larga que se da en la ropa cuando, por usada, está clara y próxima a romperse. 12 Acción de pasar. 13 Licencia de poder pasar sin estorbo. 14 Licencia o facultad de transferir a otro la gracia, merced, empleo o dignidad que uno tiene. 15 Exequátur. 16 Tránsito de las aves de una región a otra para invernar o pasar el verano. 17 Lugar por donde se puede pasar: ~ ***de peatones,*** espacio de la calzada, a veces subterráneo, destinado al cruce de peatones de una acera a otra, cuyo uso está regulado, generalmente, por semáforos o agentes de circulación; ~ ***a nivel,*** sitio en que un ferrocarril se cruza con otro camino al mismo nivel; ~ ***libre,*** el que está desembarazado de obstáculos, peligros o enemigos; ~ ***de la hélice,*** distancia entre dos puntos de esta curva, correspondiente a la misma generatriz, o sea entre las dos extremidades de una espira. 18 Estrecho de mar. 19 Suceso de los más notables de la vida del hombre, y esp. trance de la muerte o grave conflicto: ***salir uno del ~***, fig., desembarazarse de cualquier manera de un asunto, compromiso o apuro. 20 Suceso de los más notables de la Pasión de Cristo. 21 Representación de uno de estos sucesos que se saca en procesión por la Semana Santa. 22 Pasaje de un libro o escrito. 23 Pieza dramática muy breve. -24 *m. pl.* DEP. Falta que se comete en el juego del baloncesto cuando un jugador da más de dos pasos con el balón en las manos sin botarlo, o en el juego del fútbol cuando el portero hace eso mismo. 25 DEP. Sanción de dicha falta. -26 *adv. m.* Blandamente, quedo, en voz baja.
SIN. *12* **Pasada.** *13* **Pase,** general. *23* **Pasillo.** FR. *A buen ~* o *~ largo,* aceleradamente, de prisa. *A cada ~*, fig., repetida, continuamente, a menudo. *Al ~*, sin detenerse al pasar por una parte yendo a otra. *A ~ de carga,* fig., precipitadamente, sin detenerse. *A este ~*, loc. conj. fig., según eso, de este modo. *Al ~ que,* al modo, a imitación, como; al mismo tiempo, a la vez. *A ~ llano,* fig., sin tropiezo ni dificultad. *~ a ~*, poco a poco, por grados. *Abrir ~*, abrir camino. *Alargar, apretar,* o *avivar, el ~*, andar o ir de prisa. *Ceder el ~*, dejar una persona, por cortesía, que otra pase antes que ella. *Coger a uno el ~*, fig., encontrarle y detenerle para tratar con él una cosa. *Dos pasos,* gestionar. *De ~*, al ir a otra parte; fig., al tratar de otro asunto, ligeramente, de corrida. *Llevar el ~*, seguirle en una forma regular, acomodándose a compás y medida, o al de la persona con quien se va. *Por sus pasos contados,* por su orden o curso regular. *Seguir los pasos a uno,* fig., observar su conducta para confirmar una sospecha que se tiene de él. *Seguir los pasos de uno,* fig., imitarle en sus acciones.
II) paso, -sa (v. *pasa* I) *adj.* Curado y desecado al sol o por cualquier otro procedimiento, esp. la fruta: ***ciruela pasa.***
pasodoble *m.* Música de marcha en compás de cuatro por cuatro. 2 Baile que se ejecuta al compás de esta música.
pasoso, -sa *adj. Amér.* [papel] Permeable. 2 *Chile.* Sudoroso: *mano, pie ~.* 3 *Ecuad.* Transmisible, contagioso.
pasota *com.* Persona que permanece indiferente o inactiva ante todo.
pasote *m.* Pazote. 2 *P. Rico.* Juego de chicos.
paspa (voz quechua, grieta) *f. Amér.* Escamilla que se levanta de la epidermis en el rostro o en las manos. 2 *Ecuad.* Grieta que produce a veces el frío en los labios.
paspadura *f. Argent.* Grieta en la piel.
paspar *tr.-prnl. Amér.* Cortarse el cutis a causa del frío.
paspartú (fr. *passe-partout,* orla, marco) *m.* Recuadro de cartón o tela que se pone entre el marco y el objeto enmarcado para darle a éste mayor resalte. ◇ Pl.: *paspartús.*
paspayás *m.* Planta gramínea con las hojas pubescentes y espigas cilíndricas *(Hordeum murinum).* ◇ Pl.: *paspayás.*
paspié (fr. *passe-pied*) *m.* Antiguo baile de origen francés, parecido al minué, de ritmo ternario y movimiento vivo. 2 Música de este baile. ◇ Pl.: *paspiés.*
pasqueño, -ña *adj.-s.* De Pasco, dep. del Perú.

pasqueo *m. Perú.* MIN. Método de excavación por medio de cuña.

pasquín (del it. *Pasquino,* una estatua de Roma) *m.* Escrito anónimo de contenido satírico y que se fija en sitio público. 2 Cartel anunciador.

pasquinada *f.* Dicho agudo y satírico que se divulga.

pasquinar *tr.* Satirizar con pasquines o pasquinadas.

pasta (l. *pasta;* gr. *paste,* der. del gr. *passo,* derramar) *f.* Masa blanda y plástica formada con una substancia sólida machacada o pulverizada, mezclada íntimamente con algún líquido. 2 Masa trabajada con manteca o aceite y otras cosas, que sirve para hacer pasteles, hojaldres, etc. 3 Masa de harina de trigo o de sémola que se presenta bajo diversas formas: canelones, fideos, tallarines, etc. 4 Conjunto de productos hechos con esta masa. 5 Dulce hecho con masa de harina y otros ingredientes. 6 Masa que resulta de macerar y machacar el trapo, madera, etc., para hacer papel. 7 Cartón hecho de papel deshecho y machacado. 8 Encuadernación de los libros: ~ ***española,*** o simplte., ~, la de cartones cubiertos con pieles bruñidas y gralte. jaspeadas; ~ ***italiana,*** la de cartones cubiertos con pergamino muy fino o avitelado; ***media*** ~, encuadernación a la holandesa. 9 Porción de metal fundido y sin labrar. 10 ~ ***de dientes,*** dentífrico. 11 fam. Dinero. 12 PINT. Empaste (de colores). -13 ***loc. adj. De buena*** ~, persona bondadosa, apacible, benigna.

pastaca *f. Amér.* Guiso de cerdo cocido con maíz.

pastadero *m.* Terreno donde pasta el ganado.

pastaflora *f.* Pasta hecha con harina, azúcar y huevo, muy delicada.

pastaje *m. Amér.* Pasto para el ganado. 2 *Amér.* Lo que se paga por él.

pastal *m. Amér.* Pastizal.

pastalón *m. Colomb.* Pastizal.

pastar (fact.) *tr.* Conducir [el ganado] al pasto. -2 ***intr.*** Pacer (el ganado).

SIN. *1* **Pastorear, apacentar.**

paste (mej. *pacthli,* lanudo) *m. Amér. Central* y *Méj.* Planta cucurbitácea cuyo fruto contiene un tejido poroso usado como esponja *(Luffa cylindrica).* 2 *Amér. Central* y *Méj.* Planta parásita bromeliácea *(Tillandsia usneoides).*

pasteador *m. Perú.* Espía.

pastear *tr.* Apacentar [el ganado]. 2 *Perú.* fig. Espiar [a alguien].

pasteca (it. *pastecca,* der. del ár. *battiha*) *f.* Especie de motón herrado, con una abertura en uno de los lados de su caja, para que pase al cabo con que se ha de trabajar.

pastel (fr. ant. *pastel*) *m.* Masa de harina y manteca en que gralte. se envuelve crema o dulce, y a veces carne, fruta o pescado, cociéndose después al horno. 2 Pasta en forma de bolas o tabletas hecha con hojas verdes de la hierba pastel, que sirve para teñir. 3 Preparado culinario frío hecho a base de carne o pescado. 4 Hierba pastel. 5 Lápiz compuesto de una materia colorante y agua de goma. 6 Pintura al pastel. 7 Fullería que consiste en preparar los naipes al barajarlos. 8 fig. Persona pequeña de cuerpo y muy gorda. 9 fig. Convenio secreto entre algunos con malos fines, o con excesiva transigencia: ***descubrirse el*** ~, hacerse público lo que se procuraba ocultar. 10 Dinero o beneficio a repartir entre varios: *por la venta de la fábrica, los obreros reclaman el mayor trozo del* ~. 11 FORT. Reducto irregular de cualquier figura acomodada al terreno. 12 IMPR. Defecto que sale por haber dado demasiada tinta o estar ésta muy espesa. 13 IMPR. Conjunto de letra inútil, destinada a fundirse de nuevo. 14 IMPR. Conjunto de líneas o planas desordenadas. 15 *Colomb.* y *P. Rico.* Plato típico de estos países.

pastelear *intr.* desp. Contemporizar por miras interesadas.

pastelejo *m.* Dim. de *pastel.*

pasteleo *m.* Acción de pastelear. 2 Efecto de pastelear.

pastelería *f.* Establecimiento del pastelero. 2 Arte de trabajar pasteles, pastas, etc. 3 Conjunto de pasteles o pastas.

SIN. **Confitería, dulcería.**

pastelero, -ra *m. f.* Persona que tiene por oficio hacer o vender pasteles. 2 fig. Persona que contemporiza.

pastelillo (dim. de *pastel*) *m.* Especie de dulce hecho de mazapán u otra masa delicada y relleno de conservas. 2 Pastel pequeño de carne o pescado.

pastelista *com.* Persona que pinta al pastel.

pastelón (aum. de *pastel*) *m.* Pastel en que, además de la carne picada, se ponen otros ingredientes. 2 *Chile.* Loseta grande de cemento que se usa para pavimentar.

pastenco, -ca *adj.-s.* Res recién destetada que se echa al pasto.

pasterización *f.* Pasteurización.

pasterizado, -da *adj.* Pasteurizado.

pasterizar *tr.* Pasteurizar. ◇ ** CONJUG. [4] como ***realizar.***

pastero *m.* El que echa en los capachos la pasta de la aceituna molida.

pasteuriano, -na *adj.* Relativo a Pasteur (1822-1895) o a su método.

pasteurización *f.* Acción de pasteurizar. 2 Efecto de pasteurizar.

pasteurizado, -da *adj.* Que ha sido sometido a los procedimientos de pasteurización: *leche* ~.

pasteurizar, (fr. *pasteuriser,* der. de Pasteur, 1822-1895) *tr.* Esterilizar [la leche, el vino y otros líquidos] según el procedimiento de Pasteur. ◇ ** CONJUG. [4] como ***realizar.***

pastiche (fr.) *m.* Combinación de diversos elementos de procedencia dispar y en principio incompatibles estéticamente, cuyo objetivo usual es la decoración lujosa.

pastilla (dim. de *pasta*) *f.* Porción de pasta, gralte. pequeña y cuadrangular o redonda: ~ *de jabón, de mantequilla;* ~ *de pintura.* 2 Porción pequeña de una tableta de chocolate. 3 En los frenos de disco, pieza encargada de accionar directamente sobre el disco de freno, disminuyendo la velocidad del automóvil o deteniéndolo. 4 Porción muy pequeña de pasta, compuesta de azúcar y alguna substancia medicinal o simplte. agradable: *pastillas para la tos, de aspirina, de menta.* 5 p. ant. Píldora anticonceptiva. 6 fig. *y* fam. Velocidad: ***a toda*** ~; ***loc. adv.,*** fam., con gran rapidez. 7 ELECTRÓN. Artefacto de pequeño tamaño, generalmente de forma cuadrangular y de poca altura, empleado en la electrónica y otros usos.

SIN. FARM. *4* **Tableta; comprimido,** si es de tamaño muy pequeño.

pastinaca (l.) *f.* Chirivía. 2 Pez selacio comestible, de cabeza puntiaguda, cuerpo aplastado, redondo, de medio metro de diámetro, amarillento con manchas oscuras en el lomo y blanquecino por el vientre, y cola delgada, larga, cónica y armada de un aguijón a manera de anzuelo *(Trygon pastinaca).*

pastines *m. pl. Argent.* y *Urug.* Pasta alimenticia cortada en pequeñas porciones de diversas formas, tales como estrellas, dedales, letras, etc. Se emplea en sopas.

pastizal *m.* Terreno de abundante pasto para caballerías.

pasto (l. *-tu*) *m.* Acción de pastar. 2 Sitio en que pasta el ganado: *en Suiza hay buenos pastos.* 3 Hierba que el ganado pace. 4 Porción de comida que se da de una vez a las aves. 5 Cosa que sirve para el sustento: ~ ***espiritual,*** fig., doctrina o enseñanza que se da a los fieles. 6 fig. Materia que sirve a la actividad de los agentes que consumen las cosas: *la casa fue* ~ *de las llamas.* 7 fig. Hecho, noticia u ocasión que sirve para fomentar alguna cosa.

SIN. *2* y *3* **Pastura.** FR. *De* ~, de uso diario y frecuente. *A todo* ~, copiosamente y sin restricciones.

pastoforio (gr. *pastophorion*) *m.* Habitación o celda que tenían en los templos los sumos sacerdotes de la gentilidad.

pastón (aumentativo de *pasta*) *m.* fam. Gran cantidad de dinero.

pastor, -ra (l.) *m. f.* Persona que guarda, guía y apacenta el ganado. Se entiende gralte. el de ovejas. -2 ***adj.-m.*** V. perro ~. -3 *m.* Eclesiástico que tiene súbditos y obligación de cuidar de ellos: ***el*** ~ ***sumo*** o ***universal,*** el Papa; ~ ***protestante,*** sacerdote de esta iglesia; ***El Buen Pastor,*** atributo que se da a Cristo, tomado de sus palabras: *Ego sum pastor bonus.* 4 *Méj.* Pastoral al aire libre ante una imagen del Niño Dios.

SIN. *1* **Boyero, boyerizo, vaquero, porquerizo, ovejero, cabrero, pavero,** según la clase de ganado que cuida; **dulero,** el que guarda la dula; **mayoral, rabadán, rehalero, albarrán,** pastor principal de un rebaño, según las regiones; **zagal,** mozo del mayoral.

pastorada *f.* Acción propia de pastores. 2 Pastoreo. 3 Reunión de pastores. 4 Provisiones que lleva el pastor.

pastoral *adj.* Pastoril. 2 Bucólico (relativo a). 3 Relativo a los prelados. -4 *f.* Carta pastoral. 5 Especie de drama bucólico, cuyos interlocutores son pastores y pastoras.

pastoralmente *adv. m.* A modo o manera de los pastores.

pastorcilla *f.* Aguzanieves.

pastorear *tr.* Llevar [los ganados] al campo y cuidar de ellos mientras pacen. 2 fig. Cuidar los prelados vigilantemente [de sus fieles]. 3 *Amér.* Acechar, atisbar [a alguien]. 4 *Amér. Central.* Mimar [a alguien]. 5 *Argent.* y *Urug.* Cortejar [a alguien]. -6 ***intr.*** *Venez.* Exponerse a un chasco.

pastorela (fr. *pastourelle,* del prov. ant. *pastorela,* der. de *pas-*

tora) f. Tañido y canto al modo del que usan los pastores. 2 Composición lírica, dialogada, de tema amoroso, en que gralte. intervienen un caballero y una pastora; aparece desarrollada ya en la literatura provenzal de los s. XII y XIII.

pastoreo ***m.*** Ejercicio o acción de pastorear el ganado.

pastoría ***f.*** Oficio de pastor. 2 Pastoreo. 3 Conjunto de pastores.

pastoricio, -cia ***adj.*** Pastoril.

pastoriego, -ga (de *pastor*) ***adj.*** Relativo o perteneciente al pastor.

pastoril ***adj.*** Relativo a los pastores: ***género*** ~, conjunto de obras literarias, líricas, épicas o dramáticas, que se desarrollan dentro de un marco bucólico

SIN. **Pastoral.**

pastorilmente ***adv. m.*** Al modo de los pastores.

pastosidad ***f.*** Calidad de pastoso.

I) pastoso, -sa (de *pasta*) ***adj.*** [cosa] Blanda y suave a semejanza de la masa. 2 [voz] De timbre suave y agradable. 3 Pintado con buena masa y pasta de color. 4 *Colomb.* Desidioso, indolente.

II) pastoso, -sa (de *pasto*) ***adj.*** *Amér.* [terreno] Que tiene buenos pastos.

pastrano, -na (de *pastor*) ***adj.*** Que es burdo o está mal hecho: *letra pastrana.* -2 ***f.*** Mentira fabulosa, patraña.

pastrija ***f.*** Patraña, embuste. 2 *Nav.* y *Logr.* Callejeo, especialmente nocturno.

pastrijero, -ra ***adj.*** *Logr.* Embustero.

pastueño ***adj.*** [toro de lidia] Que acude sin recelo al engaño. -2 ***adj.*** *Extr.* Calmoso.

pastura (l.) ***f.*** Porción de comida que se da de una vez a los bueyes. 2 Pasto (sitio; hierba).

pasturaje ***m.*** Lugar de pasto común. 2 Derechos que se pagan para poder pastar los ganados.

pastuso, -sa ***adj.-s.*** De Pasto, cap. del dep. de Nariño (Colombia).

pasudo, -da ***adj.-s.*** *Amér.* [pelo] Ensortijado; [pers.] que lo tiene.

I) pata (orig. inseguro, probl. onomat.) ***f.*** Pie y pierna de los animales. 2 fig. Pierna del hombre: ~ ***galana,*** pata coja; persona coja con una pierna encogida; ***a la*** ~ ***coja,*** juego de muchachos en que saltan con un pie, llevando el otro en el aire. 3 Pie (de mueble; base). 4 Hembra del pato. 5 Cartera (tapa). 6 ~ ***de cabra,*** instrumento de boj o de hueso, con que los zapateros alisan los bordes de las suelas después de desvirarlas. 7 ~ ***de banco,*** o ***de gallo,*** despropósito o dicho impertinente. 8 ~ ***de gallo,*** planta graminácea, con las cañas dobladas por la parte inferior, hojas largas y flores en espigas que forman panoja, con aristas muy cortas; fig. arruga con tres surcos divergentes que se forman en el ángulo del ojo a medida que avanza la edad de la persona. 9 *Chile.* ~ ***de gallo,*** adulación. 10 ~ ***de gallina,*** agrietamiento de algunos árboles que, partiendo del corazón del tronco, se dirige en sentido radial a la periferia. *11* ~ ***de león,*** pie de león. *12* AERON. Elemento vertical del tren de aterrizaje, provisto de amortiguador, que aplica el peso del avión a las ruedas.

REL. *1* En los compuestos toma la forma pati-: *patiquebrar, patitieso, patizambo.* SIN. *10* **Cuadranura.** FR. *Meter uno la* ~, intervenir en una cosa con hechos o dichos inoportunos. *Tener uno mala* ~, tener poca o mala suerte. *A cuatro patas,* a gatas. *A la* ~ *la llana,* llanamente, sin afectación. *A* ~, a pie. *Patas arriba,* fig., al revés o vuelto de abajo hacia arriba, con gran desconcierto y trastorno.

II) pata (it. *patta* < l. *pactare*) ***f.*** Empate en los juegos. Ús. sobre todo con los verbos *quedar, ser* y *salir.*

patabán (voz indígena) ***m.*** *Cuba.* Árbol, maderable, variedad del mangle, que se cría en las ciénagas *(Lagunicularia racemosda).*

pataca (de *patata*) ***f.*** Aguaturma. 2 Moneda de plata antigua.

patacabra ***f.*** Can. Percebe.

patache (ár. *batax,* nave, a través del fr.) ***m.*** Ant. embarcación de guerra destinada a llevar avisos, reconocer las costas y guardar las entradas de los puertos, y que hoy sólo se usa en la marina mercante. 2 *Ecuad.* y *Perú.* El condumio diario. 3 *Ecuad.* y *Perú.* Especie de sopa.

patacho ***m.*** *Argent.* Patache. 2 *Méj.* Recua, manada.

pataco, -ca ***adj.-s.*** Patán.

patacón (del ant. *pataca,* nombre de una moneda < ár. *abu taca*) ***m.*** ant. Moneda de plata de una onza de peso, cortada con tijeras. 2 Moneda de cobre de valor de dos cuartos,k y la de diez céntimos. 3 fam. Peso duro. 3 *Colomb.* y *Venez.* Rebanada de plátano verde cortada de través, despachurrada y frita. 5 *Chile.* Cardenal, ronchón. 6 *Ecuad.* Patada. 7 *Salv.* Especie de piojillo.

patada ***f.*** Golpe dado de llano con el pie o con la pata. 2 fam. Paso (al andar). 3 fig. Estampa, huella. 4 fam. ***A patadas,*** a montones, en gran cantidad. 5 *Méj.* Rechazo, desdén.

SIN. *1* **Pisada.**

patadión ***m.*** Tira muy ancha de tela de diferentes colores, que las mujeres de algunas islas filipinas usan en vez de falda, ciñéndola y sujetándola a la cintura.

patagio (l. *-iu,* adorno de los vestidos) ***m.*** ZOOL. Repliegue de la piel que forma las alas de los murciélagos.

patagón, -gona ***adj.-s.*** De la Patagonia, reg. de la América meridional.

patagónico, -ca ***adj.*** Relativo a la Patagonia o a los patagones.

patagorrilla ***f.*** Patagorrillo.

patagorillo ***m.*** Guisado hecho de la asadura picada del puerto u otro animal.

patagrás (fr. *pâte grasse*) ***m.*** *Amér.* Queso blando y mantecoso.

patagua (arauc.) ***f.*** *Chile.* Árbol tiliáceo de flores blancas y madera útil para carpintería *(Crinodendron patagua).* 2 *Chile.* Vasija destinada a poner sobre ella el mate: ***ser el*** ~, ser lo peor en su género.

pataje ***m.*** Patache.

patajú ***m.*** *Amér.* Planta de tallo herbáceo, con largas y anchas hojas que recogen y filtran en el tronco el agua de la lluvia, la cual, mediante un pinchazo, puede beber el viajero.

patalear (frecuent.) ***intr.*** Mover las piernas o patas violentamente y con ligereza, o para herir con ellas o en fuerza de un accidente o dolor. 2 Dar patadas en el suelo violentamente y con prisa, por enfado o pesar.

pataleo ***m.*** Acción de patalear. 2 Ruido hecho con las patas o con los pies.

pataleta (de *patalear*) ***f.*** fam. y burl. Convulsión, esp. cuando se cree que es fingida.

pataletear ***intr.*** *Argent.* fam. Patalear.

pataletilla ***f.*** Antiguo baile en que se levantaban los pies alternativamente en cadencia al compás de la música, moviéndolos en el aire. 2 Música de este baile.

patán (de *pata*) ***m.*** Aldeado o rústico. -2 ***adj.-m.*** fig. Hombre tosco y grosero.

SIN. **Pataco.**

patana ***f.*** *Cuba.* Planta cactácea espinosa *(Harrisia eriphora).*

patanco ***m.*** *Cuba.* Patana.

patanegra ***f.*** *Colomb.* Enfermedad del tallo de los vegetales.

patanería ***f.*** Grosería, rustiquez.

patangas ***m. pl.*** *C. Rica.* Patojo.

patango, -ga ***adj.*** *Hond.* Rechoncho.

patao (voz indígena) ***m.*** *Cuba.* Pez comestible de color plateado, lomo abultado y cola muy ahorquillada *(Gerres patao).*

¡pataplún! Interjección ¡Cataplún!

pataporsuelo ***com.*** *S. Dom.* Plebeyo, falto de recursos.

patarata ***f.*** Cosa ridícula y despreciable. 2 Expresión afectada y ridícula de un sentimiento o exceso en cortesía.

pataratero, -ra ***adj.-s.*** Que usada de pataratas.

patarra ***f.*** *And.* Falta de gracia y viveza, sosería, pesadez.

patarráez (it. *paterassi*) ***m.*** Cabo grueso para reforzar la obencadura.

patarroso, -sa ***adj.-s.*** *And.* Que tiene patarra.

pataruco, -ca ***adj.*** *Venez.* Pesado, tosco. 2 *Venez.* Relativo al gallo que tiene plumas en las patas.

patas ***m.*** fam. Diablo. -2 ***m. pl.*** *C. Rica.* vulg. Bribón, pícaro. ◇ Pl.: *patas.*

patasca (quechua *patay,* estallar, reventar) ***f.*** *Amér.* Guiso de cerdo cocido con maíz. 2 *Amér. Merid.* y *Pan.* Alboroto, tumulto.

patasola ***f.*** *Colomb.* Juego de andar a la pata coja. -2 ***m.*** *Colomb.* Duende.

pataste (mej. *patlachtli,* aplastado) ***m.*** *Hond.* Fruto de la chayotera.

patata (cruce de quechua *papa* × *batata*) ***f.*** Planta solanécea, oriunda de América, hoy cultivada en casi todo el mundo, de tallo ramoso, de hojas partidas, flores blancas y moradas en corimbos, fruto en baya y rizomas que llevan en sus extremos gruesos tubérculos redondeados, carnosos, muy feculentos, pardos por fuera, amarillentos y rojizos por dentro, que son un alimento muy nutritivo *(Solanum tuberosum).* 2 Tubérculo de esta planta. 3 Batata (tubérculo). 4 ~ ***de caña,*** aguaturma. 5 fig. ~ ***caliente,*** asunto o situación que requiere una solución urgente.

SIN. *2* **Papa** (And., Can. y Amér.); **criadilla** en otras regiones.

patatal ***m.*** Terreno plantado de patatas.

patatar ***m.*** Patatal.

patatero, -ra *adj.* Relativo a la patata. 2 [pers.] Que con preferencia se alimenta o se supone que se alimenta con patatas. 3 fig. [oficial o jefe] Que ha ascendido desde soldado raso. -4 *adj.-s.* Que se dedica al comercio de patatas.
patatín-patatán (que ~) *fr.* fam. Argucias, disculpas del que no quiere entrar en razones.
patato, -ta *adj. Cuba.* fam. Rechoncho.
patatuco, -ca *adj. Cuba.* Rechoncho.
patatús (onomat.) *m.* fam. Congoja o accidente leve. ◇ Pl.: *patatuses.*
SIN. **Soponcio, telele** (fam.); v. **Síncope.**
patavino, -na *adj.-s.* De Padua, c. de Italia.
patax *m.* desus. Patache.
patay *m. Amér.* Pasta alimenticia hecha de algarroba molida.
pate *m. Hond.* Árbol corpulento de corteza medicinal *(gén. Erithrina).*
I) paté *m.* Pastel de carne o pescado, foie gras. ◇ Pl.: *patés.*
II) paté (fr. *patté*) *adj.* BLAS. [cruz] Cuyos extremos se ensanchan un poco. ◇ Pl.: *patés.*
pateada *f. Amér. Central* y *Ecuad.* Golpe repetido con pies y manos.
pateador, -ra *adj. Amér.* Coceador.
pateadura *f.* Acción de patear. 2 fig. Reprensión o refutación violenta.
pateamiento *m.* Pateadura.
patear (de *pata*) *tr.* frecuent. Dar golpes con los pies: *~ una cosa.* 2 fig. Tratar desconsiderada y rudamente [a uno]. -3 *intr.* fam. Dar patadas en señal de enojo, desagrado o dolor; fig., estar sumamente encolerizado o enfadado. 4 fig. Andar mucho haciendo diligencias para conseguir una cosa. -5 *intr.-prnl.* Recorrer. -6 *intr. Amér.* Cocear el caballo. 7 *Amér.* Dar con el arma de fuego. 8 *Amér.* Indigestarse alguna cosa. 9 *Bol.* Empalagar. 10 *Chile.* Derramarse el líquido, cuando se va a beber. 11 *Chile.* Retroceder de la baranda la bola de billar, tocando a la que no debe. 12 *Venez.* Insultar.
pateco, -ca *adj. Chile.* Corto de piernas.
patena (l. ecl.; l., pesebre, del gr. *phatné,* pesebre) *f.* Medalla grande, con una imagen esculpida que se pone al pecho, y la usan como adorno las labradoras. 2 Platillo de oro, plata o metal dorado, en el cual se pone la hostia en la misa, desde acabado el paternóster hasta el momento de consumir: ***limpio como una ~,*** muy limpio.
patencia *f.* Cualidad o condición de patente o manifiesto.
patentable *adj.* Que puede ser patentado.
patentado *adj.* [invento, procedimiento, marca comercial, etc.] Que goza de una patente oficial.
patentar *tr.* Conceder y expedir patente a favor [de pers. o cosas]. 2 Obtener la patente [de un invento, procedimiento, etc.].
patente (l.) *adj.* Visible, evidente. -2 *f.* Título, librado por un soberano, gobierno, etc., confiriendo ciertos derechos, privilegios; esp. documento, expedido por la hacienda pública, que acredita haber satisfecho una persona la cantidad que la ley exige para el ejercicio de ciertas profesiones o industrias: *~ **de corso,*** la que autoriza para hacer el corso contra los enemigos de la nación; fig., autorización que se tiene o se supone para realizar actos prohibidos a los demás; *~ **de navegación,*** despacho expedido a favor de un buque para autorizar su bandera y su navegación y acreditar su nacionalidad; *~ **de invención,*** certificado por el que se confiere el derecho exclusivo de fabricar, ejecutar o producir, vender o utilizar, el objeto de la patente, como explotación industrial o lucrativa; *~ **de introducción,*** certificado que confiere el derecho exclusivo de fabricar, ejecutar o producir y vender el objeto de la patente, pero no el de impedir que otros introduzcan objetos similares del extranjero. 3 Documento librado a una nave en que se declara el estado de salubridad del puerto de su salida: *~ limpia; ~ sucia.* 4 Cédula que dan algunas cofradías, sociedades o religiones a sus individuos para acreditar que lo son. 5 Comida o refresco que hacen pagar por estilo los más antiguos al que entra de nuevo en un empleo u ocupación, o el forastero a los mozos del pueblo en que se ha echado novia. 6 *Chile.* Matrícula del automóvil.
SIN. *1* **Claro, manifiesto, ostensible, palpable.** CONTR. **Latente.**
patentemente *adv. m.* De una manera patente (evidente).
patentizar *tr.* Hacer patente (evidente) [una cosa]. ◇ ** CONJUG. [4] como ***realizar.***
SIN. v. **Representar.**
pateo *m.* Acción de patear (dar patadas).
páter (voz latina) *m.* Sacerdote.
pátera (l.) *f.* Plato de poco fondo que se usaba en los ant. sacrificios.
paterfamilias (l.) *m.* Jefe de familia de la antigua Roma. ◇ Pl.: *paterfamilias.*
paternal *adj.* Propio del afecto o solicitud de padre.
paternalismo *m.* Carácter paternal. 2 Actitud protectora de un superior respecto a sus subordinados. Tómase a mala parte cuando éstos interpretan esa actitud como un pretexto para eludir determinadas obligaciones sociales o políticas que los subordinados estiman como un derecho propio.
paternalista *adj.* [gobierno, empresa o persona] Que practica el paternalismo. 2 [ley, conducta, organización, etc.] Del mismo carácter.
paternalmente *adv. m.* De un modo paternal.
paternidad (l. *-itate*) *f.* Calidad de padre. 2 Tratamiento que dan ciertos religiosos inferiores a los padres condecorados de su orden, y el que por reverencia dan los seculares a todos los religiosos en general. 3 Lazo jurídico entre el padre y sus hijos. 4 fig. Creación: *atribuirse la ~ de un invento.*
paterno, -na (l. *-nu*) *adj.* Relativo al padre.
SIN. Entre **paterno** y **paternal** hay a menudo sinonimia completa. Pero **paterno** se dice de lo que es propio del padre efectivo (*pariente por línea paterna*), en tanto que **paternal** se extiende a lo que se parece a las cualidades de un padre. P. ej., un superior puede darnos una reprimenda *paternal* (bondadosa) y sólo la de nuestro padre será *paterna*; el gobierno de un país puede ser *paternal*, no *paterno*. Comp. **materno** y **maternal.**
paternóster (l. ecl. *Pater noster,* padre nuestro, primeras palabras en latín de la oración dominical) *m.* Padrenuestro. 2 Padrenuestro que se dice en la misa y es una de las partes de ella. 3 fig. Nudo gordo y muy apretado. ◇ Pl.: *paternóster.*
patero, -ra *adj.-s. Chile.* Adulador, lisonjeador. 2 *Perú.* Embustero, mentiroso. -3 *m. Argent.* y *Bol.* Cobertizo para las aves domésticas.
pateta (de *pata*) *m.* fam. Diablo. 2 fam. Persona de conformidad viciosa en los pies o en las piernas.
patetarro *m. Colomb.* Monstruo fantástico.
patéticamente *adv. m.* De modo patético.
patético, -ca (l. *patheticu* < gr. *pathetikós,* der. de *épathon,* forma del verbo sufrir) *adj.* Capaz de conmover y agitar el ánimo con afectos vehementes, esp. dolor o melancolía.
patetismo *m.* Calidad de patético.
pathos (gr.) *m.* Afección, emoción, pasión.
-patía (gr. *pathos*) Elemento sufijal que entra en la formación de palabras con el significado de afección, enfermedad: *homeopatía.*
patiabierto, -ta (de *pata + abierto*) *adj.* fam. Que tiene las piernas torcidas y separadas una de otra.
patialbillo *m.* Jineta I.
patialbo, -ba *adj.* Patiblanco.
patiblanco, -ca (de *pata + blanco*) *adj.* [animal] De patas blancas.
patibulario, -ria *adj.* Relativo al patíbulo. 2 Que por su repugnante aspecto o perversa condición produce horror o espanto.
patíbulo (l. *-lu*) *m.* Tablado o lugar en que se ejecuta la pena de muerte.
patichueco, -ca *adj. Chile.* Patituerto.
paticojo, -ja *adj.-s.* fam. Cojo.
paticoria *f. Amér.* burl. Pie.
patidifuso, -sa (de *pata + difuso*) *adj.* hum. Patitieso (sorprendido).
patiecillo *m.* Dim. de *patio.*
patiestevado, -da *adj.-s.* Estevado.
patifrío, -fría *adj. Chile.* Patitieso.
patihendido, -da (de *pata + hendido*) *adj.* [animal] Que tiene los pies hendidos o divididos en partes.
patilla (dim. de *pata*) *f.* Porción de barba que se deja crecer en cada uno de los carrillos. 2 En algunas llaves de las armas de fuego, pieza que descansa sobre el punto para disparar. 3 Parte saliente de un madero para encajar en otro. 4 Gozne de las hebillas. 5 ARQ. Hierro plano y estrecho, terminado en punta por un extremo, y ensanchado en el otro para sujetar, por medio de clavos, algún madero o hierro. 6 Varilla lateral de la armazón de las gafas, generalmente curvada, que, junto a otra, las sujeta en las orejas. 7 MAR. Brújula (instrumento electromagnético). 8 MÚS. Cierta postura de la mano izquierda en los trastes de la vihuela. 9 *Bol.* Asiento poyo. 10 *Bol.* Antepecho de balcón. 11 *Colomb.* Lugar que ocupa el patrón en las canoas. 12 *Colomb., P. Rico* y *Venez.* Sandía. 13 *Chile.* Acodo. 14 *Chile.* Cosa de poca im-

portancia. 15 *Chile.* Encargo o insistencia molestos. -16 ***m. pl.*** Diablo.
patillaje ***m.*** *Chile* y *Venez.* Escalera o gradería de piedra en los caminos.
patillano, -na ***adj.*** *Cuba* y *P. Rico.* [caballo] Casquiderramado.
patilludo, -da ***adj.*** Que tiene patillas espesas y largas.
patimocho, -cha ***adj.*** *Colomb.* Cojo.
patimuleño, -ña ***adj.*** Que tiene el casco como el de las mulas.
I) patín ***m.*** Dim. de *patio.*
GRAM. Forma los diminutivos **patinillo** y **patinejo.**
II) patín (de *pato*) ***m.*** Ave procelariforme marina, de plumaje negro en la cabeza, cuello y espalda, blanco en el pecho, vientre y piernas gris oscuro, con manchas blancas en las alas y la cola, que vive en bandadas y se alimenta de moluscos y peces *(gén. Procellaria).*
III) patín (probl. del fr. *patin*) ***m.*** Aparato que consiste en una plancha adaptable a la suela del zapato, provista de una especie de cuchilla o de cuatro ruedas, usado para patinar sobre el hielo o sobre una superficie dura, lisa y muy llana. 2 Aparato compuesto de dos flotadores paralelos unidos por dos o más travesaños y gobernado por un remo o por un sistema de paletas accionado por pedales, aunque a veces enarbola una vela; se usa para dar paseos en los lagos, proximidades de la costa, etc. 3 Parte del tren de aterrizaje de un avión.
pátina (l. *plato*) ***f.*** Especie de barniz duro, de color aceitunado y reluciente, que se forma en los objetos ant. de bronce y otros metales. 2 Tono sentado y suave que da el tiempo a las pinturas al óleo y a ciertos objetos antiguos. 3 Este mismo tono obtenido artificialmente.
patinadero ***m.*** Lugar donde se patina.
patinador, -ra ***adj.-s.*** Que patina.
patinaje ***m.*** Acción de patinar. 2 Efecto de patinar. 3 Deporte consistente en deslizarse por una superficie plana y adecuada al tipo de patines que se emplean: ~ ***artístico,*** modalidad deportiva que se practica individualmente o por parejas y consiste en realizar figuras y danza; ~ ***de velocidad,*** modalidad deportiva que se corre sobre distancias fijas; ~ ***sobre hielo,*** modalidad deportiva en la que se utilizan cuchillas de acero adosadas al calzado, y comprende dos especialidades: el de velocidad y el artístico.
I) patinar ***intr.*** Deslizarse con patines sobre el hielo o sobre el pavimento duro, liso y muy llano. 2 Deslizarse o resbalar las ruedas de un vehículo sin rodar, o dar vueltas sin avanzar. 3 fig. Errar, equivocarse. 4 *Chile.* Hederle los pies a uno.
II) patinar ***tr.*** Dar pátina artificial [a un objeto].
patinazo ***m.*** Acción de patinar (I) bruscamente. 2 Efecto de patinar (I) bruscamente. 3 fig. *y* fam. Planchazo, equivocación que avergüenza.
patinejo ***m.*** Patinillo.
patinete ***m.*** Juguete de niño que consiste en una plancha montada sobre dos ruedas provista de una barra de dirección articulada.
patio (der. del l. *patere,* estar abierto) ***m.*** Espacio de algunos edificios, cerrado con paredes o galerías, que se deja al descubierto. 2 En los teatros, planta baja que ocupan las butacas; en los ant. corrales carecía de asientos casi toda ella. 3 Espacio que media entre las líneas de árboles y el término o margen de un campo. 4 *Ar., Colomb.* y *P. Rico.* Corral de una casa. 5 *Cuba.* Criadero de gallos de pelea. 6 *Cuba.* Refiriéndose a la cría de aves, indica raza.
GRAM. 1 **Patiecillo, patín, patinillo, patinejo,** diminutivos. SIN. *2* **Platea.**
patío ***m.*** *Méj.* Taparrabo.
patiporsuelo ***com.*** *P. Rico.* Plebeyo, falto de recursos.
patiquebrar ***tr.*** Romper una o más patas [a un animal]. ◇ ** CONJUG. [27] como ***acertar.***
patiquín ***m.*** *Venez.* Petimetre. 2 *Venez.* Militar petulante.
patiseco, -ca ***adj.*** *Cuba* y *P. Rico.* [fruto] Que no se ha desarrollado bien. 2 *P. Rico.* Entre galleros, [gallo] que no hiere con la espuela.
patita ***f.*** Dim. de *pata.*
patitieso, -sa (de *pata* + *tieso*) ***adj.*** fam. [pers.] Que, por un accidente repentino, se queda sin sentido ni movimiento en las piernas o pies. 2 fig. Que se queda sorprendido por la novedad o extrañeza que le causa una cosa. 3 fig. Que por presunción anda muy erguido y tieso.
SIN. *2* v. **Atónito.**
patito, -ta ***adj.*** *Amér.* [color] Amarillo claro. -2 ***m.*** *Amér.* Juego de pan y quesillo. 3 *Argent.* y *Bol.* Fruto y flor del ceibo rojo.
patitueña ***f.*** *Extr.* Cigüeña.
patituerto, -ta ***adj.*** Que tiene torcidas las piernas o patas. 2 fig. Que se desvía de la línea que debe seguir, por estar mal hecho o torcido.
patizambo, -ba ***adj.-s.*** Que tiene las piernas torcidas hacia fuera y junta mucho las rodillas.
I) pato (onomat.) ***m.*** Ave palmípeda anseriforme de pico más ancho en la punta que en la base, cuello y tarsos cortos, y una mancha de reflejos metálicos en cada ala *(Anas platyrhyncha):* ~ ***de flojel,*** especie de gran tamaño, muy apreciada por su plumón, que se usa para fabricar colchas; ~ ***aguja,*** pelecánido de unos 90 centímetros de longitud, de cuello y cola largos y cabeza pequeña provista de pico angosto terminado en una punta aguda, con plumaje rojo y negro *(Anhinga anhinga).* 2 ~ ***negro,*** palmípeda parecida al pato, de pico ancho y robusto, plumaje negro o pardo, pico verdoso y tarsos y dedos rojos *(Oidemia nigra).* 3 *And.* ~ ***ciego,*** juego de la gallina ciega. 4 *Amér.* Bacineta. 5 *Argent.* y *Méj.* Juego de fuerza y destreza entre jinetes, que consiste en disputarse o arrebatarse un pato o pelota alada. 6 *P. Rico* y *Venez.* fig. Hombre afeminado. 7 *Venez.* Cierto aire musical.
SIN. *1* **Ánade, parro. Lavanco, alavanco,** pato bravío. REL. *1* **Parpar,** gritar el pato. SIN. *2* **Fusca.** FR. *Pagar uno el* ~, padecer o llevar pena o castigo no merecido o merecido por otro.
II) pato, -ta ***adj.-s.*** *Argent.* y *Colomb.* Mirón. 2 *Argent.* Arrancado, sin dinero. 3 *Ecuad.* Víctima, incauto. 4 *P. Rico.* [pers.] Sin opinión fija.
pato- (gr. *pathos,* enfermedad) Elemento prefijal que entra en la formación de palabras con el significado de afección, enfermedad.
patochada (de *pata*) ***f.*** Disparate, sandez, grosería.
SIN. v. **Grosería.**
patogénesis ***f.*** MED. Patogenia. ◇ Pl.: *patogénesis.*
patogenia (*pato-* + *-genia*) ***f.*** Parte de la patología, que estudia el modo de engendrarse un estado morboso.
patogénico, -ca ***adj.*** Relativo a la patogenia.
patógeno, -na (*pato-* + *-geno*) ***adj.*** [elemento, medio] Que produce enfermedad.
patognomónico, -ca (*pato-* + gr. *gnomonikós,* que indica) ***adj.*** MED. [síntoma] Que caracteriza y define una determinada enfermedad.
patografía (*pato-* + *-grafía*) ***f.*** MED. Descripción de las enfermedades.
patojada ***f.*** *Amér. Central.* Chiquillería.
patojear ***intr.*** *Amér.* Andar como los patos.
patojera ***f.*** Deformidad del patojo.
patojo, -ja (de *pato*) ***adj.*** Que tiene las piernas o pies torcidos e imita al pato en el andar. 2 *Amér.* [chiquillo] Del pueblo. 3 *Ecuad.* y *Salv.* Cojo, renco.
patol (mej. *patolli,* dados) ***m.*** *Méj.* Ciertos fríjoles grandes con que juegan los chicos.
patología (*pato-* + *-logía*) ***f.*** Parte de la medicina que tiene por objeto el estudio de las enfermedades. 2 ~ ***vegetal,*** fitopatología.
patológico, -ca ***adj.*** Relativo a la patología.
patólogo, -ga ***m. f.*** Especialista en patología.
patomachera ***f.*** *Venez.* Algarabía.
patón, -tona ***adj.*** fam. Patudo. 2 *Cuba.* Cachaco, español. 3 *Venez.* Canario.
patorrillo ***m.*** *Logr.* Guiso de los menudillos, sangre y patas del cordero o cabrito.
patoso, -sa (de *pata*) ***adj.*** Que presume de chistoso y agudo sin serlo.
patota (port.) ***f.*** *Argent., Parag.* y *Urug.* fam. Cuadrilla de patoteros, que van molestando por las calles.
patotero ***m.*** *Argent., Parag.* y *Urug.* fam. Joven callejero, bravucón.
patraña (ant. *pastraña,* de *pastoranea;* probl. der. de *pastor*) ***f.*** Mentira o noticia de pura invención.
SIN. v. **Mentira.**
patrañero, -ra ***adj.-s.*** Que suele contar o inventar patrañas.
patraquear ***intr.*** *Chile.* fam. Robar, hurtar.
patraquero, -ra ***m. f.*** *Chile.* Ladrón, timador.
patri- (l. *pater, patris,* padre) Elemento prefijal que entra en la formación de palabras con el significado de padre. Denota relación con el padre, el linaje, la familia o la patria y, p. ext., con los Santos Padres de la Iglesia. ◇ V. patro-.
patria (l.) ***f.*** Tierra natal o adoptiva a la que se pertenece por vínculos afectivos, históricos o jurídicos: ~ ***chica,*** lugar, pueblo, ciudad o región en que se ha nacido; ***madre*** ~, país de origen.

Díc. en Hispanoamérica respecto a España. 2 Ciudad o comarca donde se cuentan gran número de hombres, animales, etc., de un género determinado: *Grecia es la ~ de las artes.* 3 ~ ***celestial,*** cielo o gloria. -4 ***adj.*** *Argent.* y *Urug.* [poncho] Perteneciente al vestuario del Ejército.
SIN. *1* **Suelo** o **tierra natal.**

patriada *f. Argent.* y *Urug.* Acción arriesgada y valerosa.

patriar *tr. Argent.* Reyunar.

patriarca (l. ecl. *patriarcha* < *patri-* + *-arca*) ***m.*** Cabeza de familia; esp. ciertos personajes de la Biblia que vivieron antes de Moisés. 2 Título de dignidad concedido a los obispos de algunas iglesias principales, como las de Alejandría, Constantinopla y Jerusalén, o a algunos prelados sin ejercicio ni jurisdicción. 3 Fundador de una orden religiosa. 4 fig. Persona que por su edad y sabiduría ejerce autoridad moral en una familia o en una colectividad.

patriarcado ***m.*** Dignidad de patriarca. 2 Tiempo que dura dicha dignidad. 3 Territorio de la jurisdicción de un patriarca. 4 Gobierno o autoridad del patriarca. 5 Época o sistema de organización social primitiva, en que la autoridad se ejercía por un varón jefe de cada familia, extendiéndose este poder a los parientes de un mismo linaje.
SIN. *3* **Patriarcal.** REL. *5* V. **Matriarcado.**

patriarcal ***adj.*** Relativo al patriarca y a su autoridad y gobierno. V. cruz ~. 2 fig. [autoridad, gobierno] Ejercido con sencillez y benevolencia. -3 ***f.*** Iglesia del patriarca. 4 Patriarcado (territorio).

patriciado ***m.*** Dignidad o condición de patricio, considerada la primera después de la imperial, desde Constantino (h. 280-337). 2 Conjunto o clase de patricios.

patriciano, -na ***adj.-s.*** Hereje del s. XI, que, siguiendo al heresiarca Patricio, creía que la carne es obra del demonio, profesando por ello tal aversión a su cuerpo que a veces le conducía al suicidio. -2 ***adj.*** Relativo a su secta.

patricio, -cia (l. *-iu*) ***adj.-s.*** Descendiente de los primeros senadores romanos establecidos por Rómulo, cuyo conjunto constituía la clase social noble o privilegiada, a distinción de los plebeyos; tenían derecho y capacidad para administrar el Estado, formaban el Senado y les correspondía la obligación de formar el ejército regular y contribuir a los gastos públicos. 2 El que obtenía la dignidad del patriciado. -3 ***adj.*** Relativo a los patricios. -4 ***m.*** Individuo que por su nacimiento, riqueza o virtudes descuella entre sus conciudadanos.

patrimonial ***adj.*** Relativo al patrimonio. 2 Relativo a uno por razón de su patria, padre o antepasados. 3 LING. [palabra, forma, giro, etc.] Tradicional en un idioma, en oposición a lo adventicio.

patrimonialidad ***f.*** Derecho del natural de un país a obtener los beneficios eclesiásticos reservados a los oriundos de él.

patrimonialista ***adj.-s.*** Que propicia la conservación del patrimonio familiar.

patrimonio (l. *-iu*) ***m.*** Bienes que una persona hereda de sus ascendientes. 2 Patrimonialidad. 3 Bienes propios, antes espiritualizados y hoy capitalizados, adscritos a un ordenando como título para su ordenación. 4 Conjunto de bienes pertenecientes a una persona natural o jurídica, o afectos a un fin, susceptibles de estimación económica. 5 fig. Bienes propios adquiridos por cualquier título: ~ ***real,*** el perteneciente a la corona o dignidad real. 6 fig. Herencia, tradición, privilegios: *~ artístico; ~ de los sabios.*

patrio, -tria (l. *-iu*) ***adj.*** Relativo a la patria. 2 Relativo al padre. V. Patria potestad. 3 *Argent.* [caballo] Mostrenco.

patriota ***com.*** Persona que tiene amor a su patria.

patriotería ***f.*** desp. Alarde del patriotero.
SIN. **Chauvinismo.**

patriotero, -ra ***adj.-s.*** desp. Que alardea excesiva e inoportunamente de patriotismo.
SIN. **Chauvinista.**

patrióticamente ***adv. m.*** De modo patriótico.

patriótico, -ca ***adj.*** Relativo al patriota o a la patria.

patriotismo ***m.*** Amor a la patria.

patrística (v. *patri-*) ***f.*** Estudio de la doctrina, obras y vida de los Santos Padres.
SIN. **Patrología.**

patrístico, -ca ***adj.*** Relativo a la patrística.

patro- (gr. *patér, patrós,* padre) Elemento prefijal que entra en la formación de palabras con el significado de padre. ◇ V. patri-.

patrocinador, -ra ***adj.-s.*** Que patrocina.

patrocinar (l. *-are*) ***tr.*** Defender, amparar, favorecer. 2 Sufragar una empresa, con fines publicitarios, los gastos de un programa de radio o televisión, de una competición deportiva o de un concurso.
SIN. v. **Proteger.**

patrocinio (l. *-iu*) ***m.*** Protección del que patrocina alguna cosa.

Patroclo ***n. pr.*** En la *Ilíada,* guerrero griego al cual mató Héctor. Su muerte fue vengada por Aquiles.

patrología (*patro-* + *-logía*) ***f.*** Patrística. 2 Colección de los escritos de los Santos Padres. 3 Tratado sobre los Santos Padres.

patrón, -trona (v. *patrono*) ***m. f.*** Patrono. 2 Santo bajo cuya invocación y protección se halla una iglesia, un pueblo, una congregación, etc. 3 Dueño de una casa donde uno se hospeda. 4 Amo, señor. 5 Persona que emplea obreros en trabajos y oficios. -6 ***m.*** El que manda y dirige un pequeño buque mercante: ~ ***de bote*** o ***lancha,*** el de una embarcación menor. 7 Modelo de papel, cartón, etc., según el cual se corta un objeto. 8 Metal que se toma como tipo para la evaluación de la moneda en un sistema monetario. 9 Árbol en que se hace un injerto. 10 Unidad de referencia. -11 ***m. f.*** *Guat.* y *Méj.* Tratamiento popular y afectuoso que se da al superior.
SIN. *2* y *4* **Patrono.** *7* **Padrón** (p. us.), **dechado** (p. us.). **Pauta.** *8* **Talón.**

patrona (de *patrón*) ***f.*** Galera que seguía en dignidad a la capitana de una escuadra.

patronado, -da ***adj.*** [iglesia, beneficio] Que tiene patrono.

patronal ***adj.*** Relativo al patrono o al patronato. -2 ***f.*** Conjunto de empresarios o patronos que actúa colectivamente como grupo de intereses frente a los obreros o el gobierno.

patronato ***m.*** Derecho, poder o facultad del patrono. 2 p. us. Patronal (conjunto). 3 Fundación de una obra pía. 4 Cargo de cumplir algunas obras pías, benéficas, docentes, etc., que tienen las personas designadas por el fundador. 5 Consejo formado por varias personas, que ejercen funciones rectoras o de vigilancia en una fundación, en un instituto benéfico o docente, etc., para que cumpla debidamente sus fines.

patronazgo ***m.*** Patronato.

patronear ***tr.*** Ejercer el cargo de patrón [en una embarcación].

patronero ***m.*** desus. Patrono (cargo).

patronímico, -ca (l. *-nymicu* < *patro* - + gr. *ónoma,* nombre) ***adj.-s.*** Entre los griegos y romanos, nombre que, derivado del perteneciente al padre u otro antecesor, y aplicado al hijo u otro descendiente, denotaba en éstos la calidad de tales. 2 Apellido familiar, que antig. se daba en España a los hijos, formado del nombre de sus padres: *Fernández,* de *Fernando.*

patrono, -na (l. *-nu;* doble etim. *patrón, padrón*) ***m. f.*** Defensor, protector, amparador. 2 Patrón (santo; amo). 3 El último dueño de un esclavo manumitido. 4 Señor del directo dominio de los feudos. 5 Persona que emplea obreros en trabajos manuales. 6 El que tiene derecho o cargo de patronato.
SIN. *1, 3* y *6* **Patrón.** *6* **Patronero.**

patrulla (fr. *patrouille*) ***f.*** Pequeña partida de soldados, policías o gente armada que ronda para mantener el orden y seguridad en ciudades, campamentos, líneas avanzadas, etc. 2 Grupo de buques o aviones en servicio. 3 Este mismo servicio. 4 fig. Corto número de personas que van acuadrilladas.

patrullar ***intr.*** Rondar una patrulla. 2 Prestar servicio de patrulla.

patrullero, -ra ***adj.-s.*** Que patrulla. 2 Buque o avión destinado a patrullar.

patucho, -cha ***adj.*** *Ecuad.* Rechoncho.

patuco, -ca ***adj.*** *Hond.* Pateta, de pies torcidos. -2 ***m.*** Zapato de bebé. 3 *Venez.* Envoltorio, lío. 4 *Venez.* Enredo, enjuague. 5 *Venez.* Estaca aguda que se clava en el suelo y se cubre con hierbas, usada por los labradores para apresar vagabundos.

patudo, -da ***adj.*** fam. Que tiene grandes patas o pies. -2 ***m.*** Variedad de atún de hasta 2 m. de largo, con el dorso de color azul oscuro y los flancos más claros; de carne roja *(Germo obesus; Thunnus obesus).*
SIN. *1* **Patón.**

patueco, -ca ***adj.-s.*** *Amér. Central.* Muchacho callejero, golfo.

patujú ***m.*** *Bol.* Árbol de pomposo follaje con bayas de rutilante color *(Begonia platanifolia).*

patulea (der. de *pata,* alusión a pisar) ***f.*** desp. Soldadesca desordenada. 2 Gente desbandada y maleante. 3 fam. Reunión de chiquillos traviesos.

patuleco, -ca ***adj.*** *Amér.* Pateta, de pies torcidos.

patulejo, -ja ***adj.*** *Chile.* Pateta, de pies torcidos.

patulenco, -ca *adj. Guat.* Patuleco.
patuleque *adj. Cuba.* Patuleco.
patulequear *intr. Amér.* Renquear.
patuletas *adj.-s. Colomb.* Papanatas. ◇ Pl.: *patuletas.*
patuleto, -ta *adj. Hond.* Pateta, de pies torcidos.
patullar (de *pata*) *intr.* Pisar con fuerza y desatentadamente. 2 fig. *y* desp. Dar muchos pasos o hacer muchas diligencias sin conseguir una cosa. 3 fig. *y* desp. Conversar.
paturrano, -na *adj. S. Dom.* Rechoncho.
paturro, -rra *adj. Colomb.* Rechoncho, chaparro.
patuso, -sa *adj.-s.* De Pasto, cap. del dep. de Nariño (Colombia).
paujé *m. Bol.* Par de mazorcas de maíz atadas por la chala.
paují (quechua) *m.* Ave galliforme, doméstica, comestible, del tamaño del pavo; tiene plumaje negro con manchas blancas, pico grande, grueso y con un tubérculo encima, de forma ovoide, casi tan grande como la cabeza del animal *(Pauxi galeata).* 2 Árbol leguminoso de América Central y del Sur, que se cultiva por las propiedades medicinales de sus frutos y del bálsamo extraído de su tronco *(Myroxylon pereirae).*
REL. *2* **Bálsamo del Perú,** bálsamo que se extrae de este árbol.
paujil *m.* Paují (ave).
I) paúl (l. *palude,* laguna) *m.* Terreno pantanoso cubierto de hierbas.
II) paúl (fr., de San Vicente Paúl, 1581-1660) *adj.-s.* Lazarista (de la Congregación de la Misión).
I) paular (de *paúl I*) *m.* Pantano o atolladero.
II) paular *intr.* Parlar: *sin ~ ni maular; ni paula ni maula.*
paulatinamente *adv. m.* Poco a poco, lentamente.
paulatino, -na (l. *paulatim*) *adj.* Que obra lentamente.
paulilla (probl. der. de *pabulari,* comer, tratándose de animales) *f.* Palomilla (mariposa).
paulina (del Papa Paulo III, 1468-1549) *f.* Carta de excomunión que expiden los tribunales pontificios para descubrir lo que se sospecha que ha sido robado u ocultado maliciosamente. 2 fig. Represión áspera y fuerte. 3 fig. Carta ofensiva anónima.
SIN. *1* **Excomunión.**
paulinia (de *Simón Paulli,* botánico danés del s. XVII) *f. Amér. Merid.* Arbusto sapindáceo con cuyo fruto se prepara una bebida refrescante y febrífuga *(Paulina cupana; sorbilis).*
paulino, -na *adj.* Relativo al apóstol San Pablo. -2 *m. Venez.* Pavo, en estilo jocoso.
paulonia (del nombre de *Ana Paulowna,* princesa rusa) *f.* Árbol escrofulariáceo de jardín, de hojas grandes, flores azules, olorosas, en panojas, y fruto en caja con semillas aladas *(Paulownia tomentosa).*
pauperismo (der. del l. *paupere,* pobre; a través del ingl. *pauperism*) *m.* Existencia de gran número de pobres en un estado, esp. cuando procede de causas permanentes.
pauperización *f.* Empobrecimiento de una población o de un país.
paupérrimo, -ma (l.) *adj.* Superlativo de *pobre.* Muy pobre.
paurópodo *adj.-m.* Miriápodo de la clase de los paurópodos. -2 *m. pl.* Clase de artrópodos miriápodos de tamaño muy reducido y provistos de nueve o diez pares de patas.
pausa (l.) *f.* Breve interrupción del movimiento, acción o ejercicio: *una ~ en el discurso, en el trabajo.* 2 Tardanza, lentitud: *andar con ~.* 3 En el lenguaje, breve detención lógica o expresiva, y signo ortográfico que la representa, como la coma, el punto, etc. 4 MÚS. Intervalo en que se deja de cantar o tocar. 5 MÚS. En la música escrita, signo de la pausa y que fija la duración de la misma según su forma o figura. 6 *Amér.* Cohete que deja caer una lluvia de colores en forma pausada.
SIN. *4* y *5* **Silencio.**
pausadamente *adv. m.* Con pausa, despacio.
pausado, -da *adj.* Que obra con pausa. 2 Que se ejecuta o acaece de este modo. -3 *adv. m.* Pausadamente.
pausar (l. *-are;* doble etim. *posar*) *intr.-tr.* Interrumpirse o retardarse un movimiento, ejercicio o acción: *la acción ha pausado; ~ un ejercicio.*
pauta (l. *pacta;* pl. de *pactum,* ajuste, convenio) *f.* Instrumento para rayar el papel en que los niños aprenden a escribir. 2 Raya o conjunto de rayas hechas con este instrumento. 3 fig. Instrumento o norma para gobernarse en la ejecución de una cosa. 4 Dechado o modelo. 5 Falsilla que se emplea para escribir.
SIN. **Regla.** *1* y *2* **Seguidero, seguidor.**
pautado, -da *adj.* V. papel pautado. -2 *f.* desus. Pentagrama.
pautador *m.* El que pauta o hace pautas.
pautar *tr.* MÚS. Rayar [el papel] con la pauta; MÚS., hacer la rayas para escribir las notas musicales. 2 fig. Dar reglas o determinar el modo de hacer una acción.
I) pava (de *pavo*) *f.* Hembra del pavo. -2 *f.-adj.* fig. Mujer sosa y desgarbada. -3 *f.* vulg. Colilla del cigarro. 5 *Murc.* Coliflor. 6 *Amér.* Sombrero ancho y bajo. 7 *Amér. Central* y *Colomb.* Fleco de pelo que las mujeres se echan sobre la frente. 8 *Colomb.* Sujeto de mala catadura. 9 *Chile.* Burla, fisga.
FR. *Pelar la ~,* mantener un coloquio amoroso.
II) pava (ing. *pipe,* tubo) *f.* Fuelle grande usado en ciertos hornos metalúrgicos. 2 *Argent.* y *Bol.* Caldera, cafetera o tetera. 3 *Chile.* Orinal.
pavada *f.* Manada de pavos. 2 Juego de niños, en que se sientan todos en corro, con las piernas extendidas, menos uno; éste va haciendo esconder los pies a los demás, hasta que sólo queda uno al descubierto: el niño a quien éste pertenece es el que pierde el juego. 3 fig. Sosería, insulsez.
pavana (it. *pavana,* fem. de *pavano,* por *padovano,* de Padua) *f.* Antiguo baile cortesano de origen español, de ritmo binario y movimiento grave y pausado. 2 Música de este baile. 3 Especie de esclavina. 4 *La Mancha, Colomb.* y *Cuba.* Zurra.
pavea (l. *pabelu*) *f.* Tresnal.
paveador, -ra *adj. Colomb.* [pers.] Lento en el obrar.
pavear *intr. Amér.* Cometer tonterías. 2 *Argent.* y *Chile.* Burlarse. 3 *Argent.* Pelar la pava. 4 *Ecuad.* y *Pan.* Faltar a clase. 5 *P. Rico.* Aparentar que se trabaja. -6 *tr. Colomb.* Asesinar [a alguien].
pavera *f.* Cazuela para cocer los pavos.
pavería *f.* Tontería.
pavero, -ra *m. f.* Persona que tiene por oficio cuidar pavadas [manadas] o vender pavos. 2 Presumido, vanidoso. -3 *m.* Sombrero de ala ancha y recta y copa de figura de cono truncado, que usan los andaluces.
I) pavés (it. *pavese,* tamb. gent. de Pavía) *m.* Escudo oblongo que cubre y defiende casi todo el cuerpo del combatiente. 2 fig. ***Alzar,* o *levantar, a uno sobre el ~,*** erigirle en caudillo, encumbrarle, ensalzarle.
II) pavés (fr. *pavé,* adoquín, tarugo) *m.* Pavimento (de una carretera, calle, patio, etc.) hecho de bloques de piedra o madera. 2 Bloque, gralte. cúbico o paralelepípedo, que junto con otros, se utiliza para hacer este pavimento.
pavesa (et. dud., quizás del l. v. *pulvisia,* der. del l. *pulvus,* polvo) *f.* Partícula incandescente que se desprende de un cuerpo en combustión, reduciéndose a ceniza. 2 ***Hacer pavesas,*** matar. 3 *Chile.* burl. Entre solteronas, hombre casado.
SIN. **Bolisa,** en algunas partes; poét. **favila.**
pavesada *f.* Empavesada.
pavesina *f.* Pavés pequeño.
pavezno *m.* Pavipollo.
pavía (de *Pavía,* ciudad de Italia) *f.* Variedad de melocotón, cuyo fruto tiene la piel lisa y la carne jugosa y pegada al hueso. 2 Fruto de este árbol.
paviano, -na *adj.-s.* De Pavía, c. de Italia.
SIN. **Ticinense.**
pávido, -da (l. *-du*) *adj.* lit. Tímido, medroso.
pavimentación *f.* Acción de pavimentar. 2 Efecto de pavimentar. 3 Pavimento, suelo.
pavimentar (de *pavimento*) *tr.* Revestir el suelo con ladrillos, losas, etc.
SIN. **Solar; asfaltar, embaldosar, empedrar, enlosar. adoquinar,** etc., según los materiales empleados para ello.
pavimento (l. *-tu*) *m.* Superficie artificial que se hace para que el piso esté sólido y llano. 2 Superficie transitable.
SIN. **Suelo, solado, piso; adoquinado, entarimado, enladrillado, embaldosado,** etc., según los materiales empleados.
paviola *m. Ecuad.* Chico que falta a clases.
paviota (de *pavo;* con influjo de *gaviota*) *f.* Gaviota.
pavipollo *m.* Pollo del pavo. 2 fam. Bobo.
pavisoso, -sa (de *pavo + soso*) *adj.* Soso, sin gracia ni arte.
pavita *f. Argent.* Sombrero hongo.
pavitonto, -ta (de *pavo + tonto*) *adj.* Necio, estúpido.
pavo (l. *-vu*) *m.* Ave galliforme, oriunda de América, que en estado salvaje alcanza hasta 1 m. de alto; tiene el plumaje pardo verdoso con reflejos cobrizos y manchas blanquecinas en los extremos de las alas y de la cola; cabeza y cuello desnudos cubiertos de carúnculas rojas, así como la membrana eréctil que lleva encima del pico, tarsos fuertes y dedos largos *(Meleagris gallopavo).* -2 *adj.-m.* fig. Hombre soso e incauto. -3 *m.* ***~ marino,***

ave zancuda cuyo macho, en la época del celo, se viste el cuello de plumas largas y pierde las de la cabeza, que en lugar de ellas se llena de tubérculos encarnados. 4 ~ *real*, ave galliforme, oriunda de Asia, cuyo macho tiene la cabeza y el cuello azules, el cuerpo, alas y cola con cambiantes metálicos verdes y dorados, un elegante penacho de plumas modificadas en el occipucio y la cola larga hasta de metro y medio, con las plumas coberteras largas iridiscentes, que llevan mancha oval en el extremo, y que el animal puede extender en forma de abanico *(Pavo cristatus)*. 5 fig. Timidez, falta de aplomo, sosería, languidez: *edad del* ~. 6 fig. Rubor súbito del rostro: *subírsele a uno el* ~. 7 vulg. Moneda de cinco pesetas. 8 BLAS. ~ ***ruante***, pavo real que tiene extendidas las plumas de la cola formando la rueda. 9 *Amér.* Pasajero clandestino, polizón. 10 *Amér.* Juego de bailadores. 11 *Ant.* Reprimenda. 12 *Chile.* Especie de cometa. -13 ***adj.*** *Colomb.* [caballo] Flaco de carnes.
SIN. *1* **Gallipavo.** REL. *1* **Pavipollo, pavezno,** pavo joven. Manada de pavos, **pavada**; voz del pavo, **gluglú** (vb. **glugluteaar**).

pavón (l. *pavone*) ***m.*** Pavo real. 2 Capa superficial de óxido abrillantado, de color azulado, negro o café, con que se cubren las piezas de acero para mejorar su aspecto y evitar su corrosión. 3 Constelación austral, situada cerca del polo. 4 Nombre de varias mariposas, llamadas así por tener manchas redondeadas en las alas, esp. la nocturna de gran tamaño, que es la mayor de las especies de nuestra fauna *(Saturnia pavonia maior)*. 5 *P. Rico.* Untadura. -6 ***adj.*** *Perú.* Corto de genio. 7 *Venez.* [caballo] De pelaje amarillo.
SIN. *2* **Pavonado.**

pavonada (de *pavón*) ***f.*** Paseo o diversión semejante tomada por poco tiempo: ***darse una*** ~, ir a divertirse. 2 fig. Ostentación o pompa con que uno se deja ver.

pavonado, -da ***adj.*** Azulado oscuro. -2 ***m.*** Pavón (color). 3 Acción de pavonar.

pavonador, -ra ***adj.-s.*** Que pavona.

pavonar ***tr.*** Dar pavón [a un objeto de hierro o acero].
SIN. **Empavonar.**

pavonazo (it. *pavonazzo*) ***m.*** Peróxido de hierro aluminoso, de color rojo oscuro, con que se suple el carmín en la pintura al fresco.

pavonear ***intr.-prnl.*** Hacer uno vana ostentación de su gallardía o de otras prendas. -2 ***intr.*** fig. Traer a uno entretenido o hacerle desear una cosa.
SIN. *1* **Pompearse, pomponearse.**

pavoneo ***m.*** Acción de pavonear o pavonearse.

I) pavor (l.) ***m.*** Temor con espanto o sobresalto.
SIN. v. **Miedo.**

II) pavor (metátesis de *vapor*) ***amb.*** *Murc.* Calor húmedo que despide cualquier cosa. 2 Sofocación, acaloro, bochorno.

pavorde (cat. < l. *præpositu*) ***m.*** Prepósito eclesiástico de ciertas comunidades.

pavordear ***intr.*** Jabardear.

pavordia ***f.*** Dignidad de pavorde.

pavorido, -da ***adj.*** desus. Despavorido.

pavorosamente ***adv. m.*** Con pavor.

pavoroso, -sa ***adj.*** Que causa pavor.

pavoso, -sa ***adj.*** *Venez.* Sin suerte, desafortunado.

pavuncio, -cia ***adj.*** *Chile.* Soso, estúpido.

pavura ***f.*** lit. Pavor.

paya (quechua *pállai*, cosechar) ***f.*** *Argent.* y *Chile.* Composición poética que los payadores improvisan y acompañan con la guitarra. 2 *Argent.* y *Chile.* Acción de payar o cantar.

payacate ***m.*** *Méj.* y *Perú.* Pañuelo grande.

payada ***f.*** *Argent.*, *Chile* y *Urug.* Canto del payador. 2 *Argent.*, *Chile* y *Urug.* ~ ***de contrapunto***, certamen poético y musical de dos payadores.

payado, -da ***adj.*** *Chile.* [tejido] De varios colores.

payador (de *paya*) ***m.*** *Argent.*, *Chile* y *Urug.* Cantor popular que, acompañándose con la guitarra, improvisa canciones en competencia con otro como él.

payadura ***f.*** *Argent.* y *Chile.* Paya.

payaguá ***m.*** Indio del grupo guaycurú que habitó en el Chaco paraguayo frente a la Asunción. 2 Dialecto hablado por estos indios. -3 ***adj.*** Relativo a estos indios o a su dialecto.

payán ***adj.*** *Hond.* Quebrantado, refiriéndose a lo que se muele.

payana (quechua *pallani*, recoger lo caído) ***f.*** *Argent.* Juego de niños.

payanar ***tr.*** *Méj.* Ablandar [algo] sacudiéndolo, o quebrar [el maíz] en la piedra.

payanear ***intr.*** *Argent.* Jugar a la payana.

payanense ***adj.-*** De Popayán, cap. del dep. de Cauca (Colombia).

payanés, -nesa ***adj.-s.*** Payanense.

payanga ***f.*** *Urug.* Cierto juego de azar.

payar ***intr.*** *Argent.* y *Chile.* Cantar payas. 2 *Chile.* Contar cuentos.

payara ***f.*** *Venez.* Pez óseo de 20 a 30 libras de peso, de buena carne. *(Cynodon* s.e.d.*)*. ◇ También *payaro.*

payaro ***m.*** Payara.

payasada ***f.*** Acción o dicho propios de payaso.

payasear ***intr.*** *Amér.* Hacer payasadas. 2 *Cuba.* Conducirse como petulante y vanidoso.

payaso (it. *pagliaccio;* a través del fr. *paillasse*) ***m.*** Artista de circo que hace de gracioso, con traje, ademanes, dichos y gestos apropiados. -2 ***adj.*** [pers.] De poca seriedad, propenso a hacer reír con sus dichos o hechos; ridículo II.

payazo ***m.*** *Colomb.* y *Venez.* Muchacho que pastorea los terneros.

payé (voz guaraní) ***m.*** *Argent.*, *Parag.* y *Urug.* Amuleto, brujería. 2 *Argent.* y *Urug.* Brujo, hechicero.

payés, -yesa (cat. *pagès;* l. v. *pagense* < l. *pagu*, aldea) ***m. f.*** Campesino o campesina de Cataluña o de las Islas Baleares.

payo, -ya (et. dud., quizás del n. de pers. gall. *Payo*, por *Pelayo*) ***adj.-m.*** Aldeano. 2 vulg. Tonto, mentecato, cándido. -3 ***m.*** Campesino ignorante y rudo. 4 Para el gitano, el que no pertenece a su raza. 5 Cuartel o apartado de tierra. -6 ***adj.*** *Murc.* Pícaro, taimado, astuto. 7 *Argent.* y *Bol.* Albino. 8 *Ecuad.* Viejo, inútil. 9 *Méj.* [tela o adorno] De color fuerte y mal casado.

payucano, -na ***m. f.*** *Argent.* Campesino.

payuelas (probl. der. de *paja*) ***f. pl.*** Viruelas locas.

paz (l. *pace*) ***f.*** Estado de tranquilidad y sosiego no turbado por molestias, trabajos, etc.; esp., estado de sosiego del ánimo opuesto a la turbación y a las pasiones: ***dejar en*** ~ ***a uno***, no inquietarle ni molestarle; ***descansar en*** ~, morir y salvarse; conseguir la bienaventuranza. 2 Tranquilidad pública, y esp., en las familias, sosiego y buena correspondencia de unos con otros, en contraposición a las disensiones, riñas o pleitos: ~ ***octaviana***, fig., quietud y sosiego generales y perdurables; ***poner en*** ~ ***a dos*** o ***más personas***, o ***poner*** ~ ***entre ellas***, mediar (interponerse); ***con*** ~ ***sea dicho***, con beneplácito y permiso, o sin ofensa. 3 ant. Salutación que se hacía dándose un beso en el rostro. 4 En la misa, ceremonia en que el celebrante besa el altar y luego abraza al diácono y éste al subdiácono, y en que en las catedrales se da a besar al coro y a los que hacen cabeza del pueblo una imagen o reliquia. 5 Esta misma imagen o reliquia. 6 Estado de una nación que no está en guerra con ninguna otra. 7 Convenio para dar fin a las hostilidades entre dos o más naciones: *firmar la* ~.
FR. *Hacer las paces,* **volver a ser amigo, reconciliarse.**

pazcañeño, -ña ***adj.-s.*** De Padcaya, c. de la prov. de Arce, del dep. de Tarifa (Bolivia).

pazco, -ca (mej. *patzahua*, extraer el jugo) ***adj.*** *C. Rica.* Insípido, soso, desabrido.

pazcón ***m.*** *C. Rica.* Tamiz, cedazo.

pazguatería ***f.*** Calidad de pazguato. 2 Acción propia de él.

pazguato, -ta (l. *pacificatu*) ***adj.-s.*** Simple, que se pasma de lo que ve u oye.

pazo (l. *palatiu*) ***m.*** En Galicia, casa solariega, y esp. la edificada en el campo.

pazote (náhu. *epázotl*) ***m.*** Planta quenopodiácea, aromática, de tallo ramoso, hojas lanceoladas, flores aglomeradas en racimos laxos y sencillos y semillas de margen obtuso; sus hojas y flores se toman en infusión a manera de té *(Chenopodium ambrosioides)*.
SIN. **Apasote, pasote; hierba de Santa María del Brasil** u **hormiguera; pizate; té borde, de España, de Europa,** o **de Méjico.**

pazpuerca ***adj.-s.*** fam. Mujer sucia y grosera.

Pb, símbolo químico del *plomo.*

¡pche! ¡pchs! (voz descriptiva) Interjección con que se denota indiferencia, displicencia o reserva.

Pd, símbolo químico del *paladio.*

pe ***f.*** Nombre de la letra *p.* 2 ***De*** ~ ***a pa***, enteramente, desde el principio al fin.

pea ***f.*** Embriaguez, borrachera.

peaje (cat. *peatge*, der. de *pede*, pie) ***m.*** Derecho de tránsito. 2 p. ext. Lugar donde se cobra dicho derecho.
SIN. *1* Pasaje.

peajero ***m.*** El que cobra el peaje.

peal (l. *pedale*) ***m.*** Parte de la media que cubre el pie. 2 Media sin pie que se sujeta a éste con una trabilla. 3 fig. Persona inútil, despreciable. 4 *Amér.* Pial, cuerda. 5 *Chile.* Pastelillo fino hecho con harina.
pealar *tr. Amér.* Pialar.
peán (gr. *paian*) ***m.*** Himno compuesto en honor de Apolo. 2 Canto de fiesta, de victoria o de guerra.
peana (l. *pedana* < *pede*, pie) ***f.*** Base o apoyo para colocar encima una figura u otra cosa. 2 Tarima arrimada delante del altar.
SIN. *1* **Pedestal.**
peaña *f.* Peana.
peatón (adaptación del fr. *piéton,* der. de *pede,* pie) ***m.*** El que va a pie. 2 Valijero o correo de a pie.
SIN. **Viandante.**
peatonal ***adj.*** Propio o relativo a los peatones. 2 De uso exclusivo para peatones: *calle* ~.
peatonalización *f.* Acción de peatonalizar. 2 Efecto de peatonalizar.
peatonalizar *tr.* Hacer peatonal [una calle]. ◇ ** CONJUG. [4] como ***realizar.***
pebete (cat. *pevet,* pebetero; der. de *pede,* pie) ***m.*** ant. Pasta hecha con polvos aromáticos que, encendida, exhala un humo muy fragante. 2 Cañutillo con una masa de pólvora y otros ingredientes para encender los artificios de fuego. 3 fig. Cosa que tiene mal olor. 4 *Méj.* Planta nictaginácea, y su flor, muy olorosa *(Mirabilis longiflora).* 5 *Venez.* Tabaco de excelente calidad. -6 ***m. f.*** *Argent.* y *Urug.* Niño, chiquillo, muchacho.
I) pebetero (de *pebete*) ***m.*** ant. Perfumador (vaso) y esp. el de cubierta agujereada.
II) pebetero, -ra ***m. f.*** *Ecuad.* Adulón.
pebrada (l. *piperata*) ***f.*** Pebre (salsa).
pebraza ***f.*** Seta de sombrero blanco y cóncavo que segrega una leche de sabor muy desagradable *(Lactarius piperatus).*
pebre (l. *pipere,* pimienta, a través del cat.) ***amb.*** Salsa de pimienta, ajo, perejil y vinagre. 2 Pimienta (fruto). -3 ***m.*** *Chile.* Puré de patatas.
pebrina (prov. *pebrino* < *pebre,* pimienta, por alusión a las manchas negruzcas de la piel del gusano enfermo) ***f.*** Enfermedad epidémica mortal del gusano de seda producida por un microsporidio *(Nosema bombycis).*
peca (voz de base onomat., referida a *picar,* golpear) ***f.*** Mancha pequeña y de color pardo que suele salir en el cutis.
REL. **Pecoso, -sa,** que tiene pecas, adj.
pecable ***adj.*** Capaz de pecar. 2 [materia] En que se puede pecar.
pecadero ***m.*** *Amér.* fam. Taberna, o cualquier otro lugar donde se está expuesto a pecar o gastar.
pecado (l. *peccatu*) ***m.*** Transgresión voluntaria de la ley de Dios o de algún precepto de la Iglesia: ~ ***original,*** el de Adán y Eva, cuya consecuencia se transmite a todos nosotros; ~ ***personal,*** el que comete una persona determinada; ~ ***actual,*** acto momentáneo con que el hombre peca voluntariamente; ~ ***habitual,*** acto continuado o costumbre de pecar; ~ ***mortal, capital*** o ***grave,*** el que destruye la gracia en el alma y hace al hombre digno de la pena eterna; ~ ***venial,*** el que sólo disminuye la gracia, por la parvedad de la materia, o por falta de plena advertencia; ~ ***formal,*** aquel en que se quebranta la ley deliberadamente con conocimiento y libertad; ~ ***material,*** aquel en que se quebranta la ley involuntariamente, con ignorancia no culpable; ~ ***contra natura,*** acto carnal contrario a la generación; ~ ***nefando,*** el de sodomía; ***el ~ de la lenteja,*** fig., defecto leve que uno exagera mucho. 2 Lo que se aparta de lo recto y justo, o que falta a lo que es debido. 3 Exceso o defecto en cualquier línea. 4 fig. Diablo.
pecador, -ra ***adj.-s.*** Que peca. 2 Sujeto al pecado o que puede cometerlo. -3 ***f.*** fam. Ramera.
SIN. **Relapso** o **reincidente,** el que reincide en el pecado; **contumaz** o **impenitente,** el que no se arrepiente.
pecadorizo, -za ***adj.*** Propenso a pecar.
pecaminoso, -sa (der. del b. l. *peccamen,* pecado) ***adj.*** Relativo al pecado o al pecador. 2 fig. [cosa] Que está o parece contaminado de pecado.
pecana ***f.*** *Argent.* Mortero para moler el maíz.
pecante ***adj.-s.*** Que peca. -2 ***adj.*** Que es excesivo en su línea.
pecar (l. *peccare*) ***intr.*** Quebrantar la ley de Dios: ~ *con la intención.* 2 Faltar a cualquier obligación o a la observancia de cualquier precepto o regla: ~ *contra la ley;* ~ *en las prácticas políticas.* 3 Dejarse llevar de la afición a una cosa: ~ *de andariego;* ~ *de confiado;* ~ *por demasía.* 4 Dar motivo para un castigo o pena: *¿en qué he pecado?* 5 MED. Predominar o exceder un humor en las enfermedades. ◇ ** CONJUG. [1] como ***sacar.***
FR. *Aquí que no peca,* da a entender el propósito de cometer una demasía cuando hay seguridad de eludir responsabilidades.
pécari (voz del Caribe) ***m.*** Mamífero artiodáctilo tayásido parecido al jabalí y propio de América, de unos 85 cms. de longitud y 50 cms. de talla, pelaje cerdoso espeso y hocico con reborde superior propio para hozar el suelo *(Tayassu tajacu).* ◇ Algunos acentúan *pecarí* y *pecari.*
SIN. **Jabalí** (Amér.), **saíno** (Amér.); **báquira, báquiro** (Colomb. y Venez.).
pecblenda (al. *Pech,* pez, resina + *Blende,* mezcla) ***f.*** Mineral de uranio, de composición muy compleja, en la que entran varios metales raros y entre ellos el radio.
SIN. **Pechblenda.**
pece (v. *pez* II) ***f.*** Tierra o argamasa amasadas para hacer tapias. 2 Lomo de tierra que queda entre cada dos surcos.
pececillo ***m.*** Dim. de *pez.* 2 ~ ***de plata,*** lepisma.
peceño, -ña ***adj.*** Que tiene el color de la pez. 2 De este pelo, esp. las caballerías. 3 Que sabe a la pez.
pecera ***f.*** Vasija o globo de cristal lleno de agua para tener por recreo algunos peces. 2 fig. Local aislado mediante cristales.
pecezuela ***f.*** Dim. de *pieza.*
I) pecezuelo ***m.*** Dim. de *pie.*
II) pecezuelo ***m.*** Dim. de *pez.*
pecha ***f.*** *Can.* Competición, encuentro. 2 *Can.* Puja. 3 *Chile.* Atropello; intriga.
pechacar *tr. Chile.* Hurtar [algo]. ◇ **CONJUG. [1] como ***sacar.***
pechada ***f.*** vulg. Hartazgo, cantidad excesiva [de algo]. 2 *Can.* Competición. 3 *Argent.* Golpe que da el jinete con el pecho del caballo. 4 *Argent.* fig. Sablazo. 5 *Cuba.* Golpe dado con la mano en el pecho. 6 *R. de la Plata.* Empujón.
pechadero ***m.*** *Extr.* Cerradura.
pechador, -ra ***m. f.*** *Amér.* fam. Petardista.
I) pechar (l. v. *pactare,* der. del l. *pactum*) ***tr.*** Pagar pecho o tributo: ~ *una gran cantidad.* 2 ant. Pagar [una multa]. -3 ***intr.-tr.*** Asumir [una carga u obligación] que desagrada: ~ *el,* o *con el, compromiso de acompañarle.* -4 ***tr.*** *Amér. Merid.* fam. Dar un sablazo; pedir prestado.
II) pechar *tr. Can.* Competir. 2 *Amér.* Empujar [a alguien], atropellarlo. 3 *Amér. Merid.* Atropellar y dar el jinete golpes con el pecho del caballo, esp. [a un animal] para dirigir su marcha.
III) pechar (der. del l. *pesclum,* del l. *pessulus,* cerrojo) *tr. Extr.* Cerrar [una puerta con llave].
pechazo ***m.*** *Amér. Merid.* Sablazo, estafa. 2 *Amér. Merid.* Empujón.
pechblenda ***f.*** Pecblenda.
peche ***m.*** Pechina. -2 ***adj.*** *Amér.* Huérfano. 3 *Amér.* Flaco, chiquitín.
pechear ***intr.*** *Murc.* Juntar los gallos las pechugas cuando riñen.
pechelingue ***m.*** p. us. Pirata.
pechera ***f.*** Pedazo de lienzo o paño con que se abriga el pecho. 2 En algunas prendas de vestir, parte que cubre el pecho. 3 Chorrera (de encaje). 4 Pedazo de vaqueta forrado y relleno que se pone a las caballerías de tiro. 5 fam. Parte exterior del pecho, esp. en las mujeres. 6 *Chile.* Mandil que usan los carpinteros. 7 *Méj.* Especie de coleto que usan los arrieros.
pechereque ***m.*** *Argent.* y *Bol.* Licor.
pechería ***f.*** Conjunto de pechos o tributos. 2 Padrón o repartimiento de lo que deben pagar los pecheros.
pecherín ***m.*** *And.* Mandil (delantal).
I) pechero (de *pecho* I) ***m.*** Babero.
II) pechero, -ra ***adj.-s.*** Obligado a pagar o contribuir con pecho o tributo. 2 Plebeyo, por contraposición a noble.
pecherón, -rona ***adj.*** *Méj.* fam. Muy bueno.
pechiazul (de *pecho* + *azul*) ***m.*** Ave paseriforme de canto musical que recuerda a veces al del ruiseñor; el macho en primavera tiene la garganta de vivo color azul *(Luscinia svecica).*
pechiblanco, -ca (de *pecho* + *blanco*) ***adj.*** [animal] Que tiene el pecho blanco.
pechicatería ***f.*** *Cuba* y *Méj.* Mezquindad.
pechicato, -ta ***adj.*** *Cuba* y *Hond.* Miserable, cicatero.
pechiche ***m.*** *Colomb.* Mimo, mala crianza. 2 *Ecuad.* BOT. Árbol gigantesco de madera fina y drupa comestible *(Vitex gigantea).*
pechichón, -chona ***adj.*** *Colomb.* Mimoso, malcriado.
pechichoso, -sa ***adj.*** *Colomb.* Melindroso.
pechicolorado (de *pecho* + *colorado*) ***m.*** Pardillo (pájaro).

pechigonga *f.* Juego de naipes en que se dan nueve cartas a cada jugador en tres veces; se puede envidar según se van recibiendo.
pechín *m.* Alpechín.
pechina (v. *peine*) *f.* Venera (concha). 2 ARQ. Triángulo curvilíneo que, con otros tres, forma el anillo de la cúpula con los arcos torales sobre que estriba.
SIN. **Peche.**
pechirrojo (de *pecho* + *rojo*) *m.* Pardillo (pájaro).
pechisacado, -da (de *pecho* + *sacado*) *adj.* fig. Engreído, arrogante.
I) pecho (l. *pectus*) *m.* Parte del cuerpo humano que se extiende desde el cuello hasta el vientre y en cuya cavidad se contiene el corazón y los pulmones: ***no caber a uno una cosa en el ~***, fig., sentir ansia de manifestarla. 2 Lo exterior de esta parte. 3 Parte anterior del tronco de los cuadrúpedos o aves inmediatamente debajo del cuello. 4 Mama de una mujer: ***dar el ~***, dar de mamar. 5 Repecho: ***~ arriba,*** a repecho. 6 fig. Interior del hombre: ***abrir, fiar,*** o ***descubrir, uno su ~ a otro,*** comunicarle lo más secreto de su corazón. 7 fig. Coraje, valor, constancia: ***echarse uno a pechos una cosa,*** tomarla a su cargo con empeño o actividad; ***poner uno el ~ a una cosa,*** arrostrarla; ***tomar uno a ~***, o ***a pechos, una cosa,*** tomarla con mucha eficacia y empeño; hacer de ella grande asunto. 8 fig. Calidad o fuerza de la voz.
SIN. *1* **Seno, tórax.** *3* **Tórax.** *4* **Teta.** REL. **Pectoral,** relativo al pecho. GRAM. Por proceder del nominativo l. *pectus*, en muchas de las frs. y modismos en que figura esta palabra tiene la forma *pechos*, que no significa pluralidad, sino supervivencia de la *s* latina originaria. FR. *A ~ descubierto,* sin armas defensivas, sin resguardo; fig., con sinceridad y nobleza. *De pechos,* con el pecho apoyado en, o sobre, una cosa: *caer, echarse,* o *estar, de pechos. Entre ~ y espalda,* fig., en el estómago.
II) pecho (l. *pactu,* pacto) *m.* Tributo que se pagaba al rey o señor por los bienes o haciendas. 2 fig. Contribución o censo que se paga por obligación.
pechón, -chona *adj. Méj.* Gorrón, descarado. -2 *m. R. de la Plata.* Empujón.
pechoñería *f. Chile.* Santurronería.
pechoño, -ña *adj.-s. Argent.* Santurrón.
pechudo, -da *adj.* Pechugón.
pechuelo *m.* Dim. de *pecho* (parte del cuerpo).
pechuga *f.* Pecho del ave. 2 Parte (son dos) en que está como dividido el pecho del ave. 3 fig. Pecho de hombre o de mujer. 4 fig. Cuesta, pendiente. 5 *Amér.* Descaro, descoco; cinismo. 6 *Amér. Central.* Enojo que se produce a una persona.
pechugón, -gona *adj.* fam. Que tiene pecho muy abultado. -2 *m.* Manotada fuerte dada en el pecho de otro. 3 Caída o encuentro de pechos. 4 fig. Esfuerzo extremado o impulso fuerte. -5 *adj. Amér.* Descarado, cínico.
pechugonada *f. Méj.* y *Perú.* Desvergüenza.
pechuguera *f.* Tos pectoral y tenaz. 2 *Murc.* fam. Pecho abultado, esp. el de la mujer.
peciento, -ta *adj.* Del color de la pez.
pecilo- (gr. *poikilos,* variado) Elemento prefijal que entra en la formación de palabras con el significado de variado, adornado.
peciluengo, -ga *adj.* [fruto] Que tiene largo el pezón (rabillo).
I) pecina *f.* desus. Piscina (de peces).
II) pecina (l. *picina* < *pice,* la pez) *f.* Cieno negruzco de los charcos donde hay materias orgánicas en descomposición. 2 *Can.* Suciedad.
pecinal *m.* Charco o laguna que tiene mucha pecina.
pecinoso, -sa *adj.* Que tiene pecina.
pecio (b. l. *petium,* pedazo, der. del fr. ant. *pecier,* hacer pedazos, de *pièce*) *m.* Pedazo de la nave que ha naufragado, o porción de lo que ella contiene.
peciolado, -da *adj.* V. hoja peciolada.
peciolar *adj.* Correspondiente al pecíolo.
pecíolo (l. *pecciolus; pede,* pie; doble etim. *pezuelo,* pezón) *m.* Pezón de la hoja.
pécora (it. *pècora,* der. del l. *pecora;* pl. de *pecos, -oris*) *f.* Res o cabeza de ganado lanar. 2 fig. ***Ser buena,*** o ***mala, ~***, ser una persona astuta, taimada y viciosa.
pecorea *f.* Hurto o pillaje de la soldadesca. 2 fig. Diversión ociosa y fuera de casa.
pecorear (de *pécora*) *tr.* Hurtar o robar [ganado]. 2 Salir las abejas a recoger el néctar de las flores. -3 *intr.* Andar la soldadesca hurtando y saqueando.
pecoso, -sa *adj.* Que tiene pecas.
pecotra (voz arauc.) *f. Chile.* Sobrehueso. 2 *Chile.* Lobanillo. 3 *Chile.* Nudo en una cachiporra o bastón.
pectin-, v. pectini-.
pectina (gr. *pektós,* coagulado) *f.* Substancia neutra que se encuentra en muchos tejidos vegetales y forma con el agua soluciones viscosas.
pectinado, -da (v. *pectini-*) *adj.* Que tiene forma de peine.
SIN. **Pectiniforme** y **pectíneo.**
pectíneo, -a (v. *pectini-*) *adj.* Pectinado. -2 *adj.-m.* Músculo del muslo que hace doblar a éste sobre la pelvis, y también hace girar el fémur.
pectini-, pectin- (l. *pectine,* peine) Elemento prefijal que entra en la formación de palabras con el significado de peine.
pectinibranquio, -a (*pectini-* + *-branquio*) *adj.* Que tiene las branquias en forma de peine.
pectiniforme (*pectini-* + *-forme*) *adj.* Pectinado.
pectización *f.* QUÍM. Transformación de una substancia insoluble en otra soluble por efecto de acciones externas a la misma.
pectoral (l. *-ale*) *adj.* Relativo al pecho: *aleta ~*. -2 *adj.-m.* Útil y provechoso para el pecho. 3 ANAT. Músculo, mayor y menor, de la pared anterosuperior del tórax, cuya función es la aducción y anteversión del brazo. -4 *m.* Cruz que por insignia pontifical traen sobre el pecho los obispos y otros prelados. 5 Racional del sumo sacerdote en la ley antigua. 6 Número que el deportista lleva en la parte delantera de la camiseta.
pectosa (v. *pectina*) *f.* Substancia contenida en los frutos sin madurar y que por la acción de cierto fermento se transforma en pectina.
pecuaca *f. Ecuad.* Sicote.
pecuario, -ria (l. *-iu*) *adj.* Relativo al ganado.
SIN. **Ganadero, -ra.**
pecueca *f. Colomb.* Sicote.
peculado (l. *-atu* < *peculiu,* caudal) *m.* DER. Hurto de caudales del erario público hecho por quien los administra.
peculiar (l. *-are;* doble etim. *pegujar, pegujal*) *adj.* Propio o privativo de cada persona o cosa.
peculiaridad *f.* Calidad de peculiar.
peculiarmente *adv. m.* Propiamente, con particularidad.
peculio (l. *-iu*) *m.* Dinero que particularmente tiene cada uno. 2 DER. Bienes que adquiere el hijo de familia por la milicia o con ocasión del servicio militar (*~ castrense*), por su trabajo (*~ cuasi castrense*) o con los de su padre (*~ profecticio*).
SIN. **Pegujal, pegujar.**
pecunia (l.) *f.* fam. Dinero o moneda.
pecuniariamente *adv. m.* En dinero efectivo. 2 De un modo pecuniario.
pecuniario, -ria *adj.* Relativo al dinero efectivo.
SIN. **Monetario,** se refiere a la moneda acuñada o fiduciaria (*liga, circulación monetaria*), o a la economía general del dinero (*crisis monetaria*); **crematístico,** con este último sentido. En gral., **pecuniario** tiene aplicaciones más humildes; p. ej., hablamos de la situación *pecuniaria* de una familia y de la situación *monetaria* o *crematística* de un país.
pedacero *m. Murc.* Pegujalero.
pedagogía (de *pedagogo*) *f.* Ciencia o arte de enseñar y educar a los niños. 2 p. ext. Lo que enseña y educa por doctrina o ejemplos.
pedagógicamente *adv. m.* Con arreglo a la pedagogía; de una manera pedagógica.
pedagógico, -ca *adj.* Relativo a la pedagogía.
pedagogo, -ga (l. *paedagodus* < gr. *paidagogos* < *pais, paidós,* niño + *-agogo*) *m. f.* Ayo. 2 Maestro de escuela. 3 Especialista en pedagogía. 4 fig. Persona que acompaña a otra sirviéndole de guía o consejero. 5 fig. *y* fam. Erudito, pedante, pesado.
pedaje (b. l. *pedaticu*) *m.* desus. Peaje.
pedal (l. *-ale,* del pie) *m.* Mecanismo que se acciona con el pie y produce un movimiento de rotación o un movimiento alternativo de traslación: *los pedales de una bicicleta.* 2 Palanca que termina en una parte plana, destinada a recibir la acción del pie y a transmitir el esfuerzo de éste al mecanismo de mando de una máquina: *~ del embrague, del acelerador, del freno de un automóvil.* 3 Palanca movida por el pie que en el arpa eleva las cuerdas, en el piano modifica la calidad del sonido y en el armonio mueve los fuelles. 4 MÚS. En la armonía, sonido prolongado durante el cual se suceden diferentes acordes o combinaciones.
pedalada *f.* Impulso dado a un pedal.
pedaleador, -ra *adj.* Que pedalea.
pedalear *intr.* Poner en movimiento un pedal o los pedales, esp. de una bicicleta.

pedaleo *m.* Acción de pedalear. 2 Efecto de pedalear.
pedalfer *m.* GEOL. Suelo en el que, por lixiviación, abundan los hidróxidos de aluminio y hierro.
pedaliáceo, -a *adj.-f.* BOT. Planta de la familia de las pedaliáceas. -2 *f. pl.* BOT. Familia de plantas angiospermas dicotiledóneas.
Pedancio *n. pr.* burl. Aplícase como nombre propio al hombre pedante: *don Pedancio.*
pedáneo (l. *-eu*) *adj.-s.* V. alcalde pedáneo.
pedanía *f.* Territorio o jurisdicción de un alcalde o juez pedáneos. 2 Oficio o cargo del alcalde o juez pedáneos. 3 *Amér.* Distrito.
pedante (it. *pedante*) *adj.-com.* Que hace inoportuno y vano alarde de erudición, o afecta poseerla. -2 *m.* ant. Maestro que enseña a domicilio.
pedantear *intr.* Hacer inoportuno y vano alarde de erudición.
pedantería *f.* Vicio de pedante.
pedantescamente *adv. m.* Con pedantería.
pedantesco, -ca *adj.* Relativo a los pedantes o a su estilo o modo de hablar.
pedantismo *m.* Pedantería.
pedazo (l. *pittaciu,* del gr. *pittakion*) *m.* Parte de una cosa separada del todo. 2 Parte de un todo físico o moral considerada aparte del conjunto.
SIN. **Trozo; parte** y **porción,** se aplican además a cantidades y a grupos de individuos que forman un conjunto: *parte de un número; una parte* o *porción de los reunidos protestó* (no *pedazo* ni *trozo*); **cacho** y **miaja,** indican pedazos pequeños de cosas materiales, y su empleo es pralte. rúst. o vulg.; **fracción** y **fragmento,** son denominaciones cultas: *fracción* corresponde a parte; *fragmento* a pedazo. FR. ~ *de alcornoque, de animal,* o *de bruto,* fig., persona incapaz o necia. ~ *del alma, de las entrañas,* o *del corazón,* persona muy querida. ~ *de pan,* fig., lo más preciso para mantenerse: *trabajar por un ~ de pan;* precio insignificante de una cosa: *vender algo por un ~ de pan;* fig., ser de condición afable y bondadosa. *Caerse uno a pedazos,* andar muy desgarbado; estar muy cansado de un trabajo corporal; ser muy bonachón. *A pedazos,* por partes, en porciones.
pedazuelo *m.* Dim. de *pedazo.*
pederasta *m.* El que comete pederastia.
pederastia (gr. *paiderastia*) *f.* Abuso deshonesto cometido contra los niños. 2 Sodomía.
pedernal (ant. *pedrenal,* der. del l. *petrinus;* gr. *petrinos,* pétreo) *m.* Variedad de cuarzo de color gris amarillento, compacto, de fractura concoidea, translúcido en los bordes, que da chispas al ser herido por el eslabón. 2 fig. Suma dureza en cualquier especie.
SIN. *1* **Moleña;** v. **Piedra de chispa.**
pedernalino, -na *adj.* De pedernal o que participa de sus propiedades. Ús. también en sentido figurado: *entrañas pedernalinas.*
pedestal (it. *piedestallo;* comp. de *piede* + *stallo,* soporte) *m.* Cuerpo sólido, con base y cornisa, que sostiene una columna, estatua, etc. 2 Peana (base), esp. la de cruces y cosas semejantes. 3 fig. Fundamento en que se afirma una cosa, o lo que sirve para alcanzarla.
SIN. *1* **Contrabase.**
pedestre (l.) *adj.* Que anda a pie. 2 fig. Llano, vulgar, inculto.
pedestrismo *m.* Calidad de pedestre. 2 Deporte de las carreras a pie.
I) pedi- (l. *pes, pedis,* pie) Elemento prefijal que entra en la formación de palabras con el significado de pie. ◇ V. -pedo.
II) pedi- (gr. *país, paidós,* niño) Elemento prefijal que entra en la formación de palabras con el significado de niño. ◇ V. pedo-.
-pedia (gr. *paideia,* educación) Elemento sufijal que entra en la formación de palabras con el significado de educación: *ortopedia, enciclopedia.*
pediatra (*pedi-* II + *-iatra*) *com.* Médico especialista en enfermedades de los niños.
pediatría (*pedi-* II + *-iatría*) *f.* Parte de la medicina que se ocupa en las enfermedades de los niños.
pediátrico, -ca *adj.* Perteneciente o relativo a la pediatría: *sanatorio ~; clínica pediátrica.*
pedicelo *m.* BOT. Dim. de *pedúnculo.* 2 BOT. Columna carnosa que sostiene el sombrerillo de las setas. 3 BOT. Tallo que lleva una sola flor o un solo fruto.
pedicoj (*pedi-* I + *cojo*) *m.* Salto dado con un pie solo. ◇ Pl.: *pedicojes.*
pediculado, -da *adj.* Provisto de pedículo.
pedicular (l. *-re*) *adj.* Relativo al piojo.
pediculicida (l. *pediculus,* piojo + *-cida*) *m.* Agente químico que mata los piojos.
pedículo (l. *pediculu;* v. *pedi-* I) *m.* Pezón (rabillo).
pediculosis *f.* MED. Enfermedad de la piel. ◇ Pl.: *pediculosis.*
pedicuro, -ra (*pedi- I* + *curar*) *m. f.* Callista.
pedida *f.* Petición de mano.
pedidera *f. Amér.* Petición.
pedido *m.* Encargo hecho a un fabricante o vendedor de géneros de su tráfico. 2 Petición.
SIN. *1* **Pedido,** cada uno de estos encargos; **demanda, salida** o **despacho,** el conjunto de ellos y la mayor o menor venta que un artículo tiene.
pedidor, -ra *adj.-s.* Que pide, y esp. con impertinencia.
pedidura *f.* Petición (acción).
pedigante *m. Extr.* Mendigo.
pedigón, -gona *adj.-s.* fam. Pedidor. 2 Pedigüeño.
pedigrí (ingl. *pedigree*) *m.* Entre criadores de animales, lista o árbol genealógico de los antepasados de cada animal. Se aplica esp. a los caballos y a los perros. ◇ Pl.: *pedigríes.*
pedigüeño, -ña *adj.-s.* Que pide con frecuencia e importunidad.
SIN. **Pidón, -ona.**
pedilón, -ona *adj. Amér.* Pedigüeño, pedidor.
pediluvio (*pedi- I* + l. *luere,* lavar) *m.* Baño de pies medicinal: *tomar pediluvios.*
pedimento *m.* Petición (acción). 2 Escrito que se presenta ante un juez: *a ~,* a instancia, a petición. 3 GEOL. Superficie llana de erosión situada al pie de una formación montañosa, con una ligera pendiente.
pedio, -dia *adj.* ANAT. Relativo o perteneciente al pie.
pedión *m.* CRIST. Forma cristalina que consiste en un plano único.
pedipalpo (*pedi-* I + *palpo*) *m.* Palpo en forma de pata que tienen los arácnidos.
pedir (l. *petere*) *tr.* Rogar o demandar a uno que dé o haga [una cosa]; por ant., pedir limosna: *~ para las ánimas; ~ por Dios.* 2 esp. Deducir uno ante el juez su derecho o acción contra otro: *~ contra alguno; ~ de derecho; ~ en justicia.* 3 Rogar uno a los padres o parientes [de una mujer] que la concedan en matrimonio para sí o para otro. 4 p. ext. Requerir [una cosa], exigirla como necesaria o conveniente: *pido que se me atienda.* 5 Querer, desear, apetecer: *sólo pido que digáis siempre la verdad.* 6 Poner precio a la mercadería el que vende: *pido veinte pesetas por el lazo.* 7 En el juego de pelota y otros, preguntar al público [si el lance o jugada se ha hecho correctamente]. 8 En el juego de naipes, obligar a servir la carta [de palo que se ha jugado] o exigir o reclamar [una o más cartas]. ◇ ** CONJUG. [34] como *servir.*
SIN. *1* **Exigir,** pedir imperiosamente; **demandar,** en esta acep. es atenuativo y lit.; **rogar,** cuando se pide lo que puede sernos negado. *3* **Pedir la mano.**
pedo (l. *peditum,* der. de *pedere*) *m.* Ventosidad ruidosa que se expele por el ano. 2 vulg. Borrachera. 3 ~ ***de lobo,*** bejín (hongo).
-pedo, -peda (l. *pes, pedis,* pie) Elemento sufijal que entra en la formación de palabras con el significado de pie: *velocípedo.* ◇ V. pedi- I.
pedo- (gr. *país, paidós,* niño) Elemento prefijal que entra en la formación de palabras con el significado de niño. ◇ V. pedi- II.
pedocal *m.* GEOL. Suelo en el que, como consecuencia del lavado y evaporación del agua, se precipitan cantidades notables de carbonato cálcico.
pedofobia (*pedo-* + *-fobia*) *f.* Temor morboso o aversión a los niños.
pedología (*pedo-* + *-logía*) *f.* Ciencia que estudia la tierra apta para el cultivo.
pedorrera *f.* Frecuencia de ventosidades expelidas del vientre. -2 *f. pl.* Calzones ajustados, llamados escuderiles. -3 *f. Cuba.* Pajarito de bonito plumaje, que tiene una mancha azul celeste en cada lado del cuello *(Todus viridis).*
pedorrero, -ra *adj.-s.* Que expele ventosidades del vientre con frecuencia o sin reparo.
pedorreta *f.* Sonido hecho con la boca imitando al pedo.
pedorro, -rra (aum. de *pedo*) *adj.-s.* Pedorrero. -2 *f. La Mancha.* Vejiga del cerdo que en la matanza llenan de aire los muchachos para, expeliéndolo, simular pedorretas. 3 *La Mancha.* Prostituta, ramera.
pedrada *f.* Acción de tirar una piedra. 2 Golpe dado con ella. 3 Señal que deja. 4 fig. Expresión dicha con intención de que

otro la sienta o se dé por entendido de ella. 5 *Méj.* Hundimiento en la copa del sombrero jarano.
REL. *1* y *2* **Lapidar,** matar a pedradas.
pedral *m.* MAR. Piedra atada a un cabo o red para mantenerlos en posición vertical dentro del agua.
pedralla *f. Murc.* Conjunto de piedras menudas.
pedrea *f.* Acción de apedrear o apedrearse. 2 Combate a pedradas. 3 Acto de caer piedra de las nubes. 4 fig. Conjunto de premios menores en la lotería.
pedregada *f. Logr.* Pedrisco.
pedregal *m.* Terreno cubierto de piedras sueltas. 2 *Méj.* Malpaís.
SIN. *1* **Pedriscal** y **pedroche.**
pedregón *m. Colomb.* y *Chile.* Pedrejón, pedrusca.
pedregoso, -sa *adj.* [terreno] Naturalmente cubierto de piedras. -2 *adj.-s.* Que padece mal de piedra. -3 *f.* Mariposa diurna de color pardo con manchas leonadas, mucho más vivas y extensas en la hembra *(Lasiommata maera).*
SIN. *1* **Pétreo, petroso,** p. us. en esta acep.
pedregullal *m. Venez.* Pedregal.
pedregullo (de *piedra*) *m.* Ripio, casquijo, conjunto de pedrezuelas para hacer rellenos o mortero.
pedrejiménez *m.* Perojiménez, vid.
pedrejón *m.* Piedra grande suelta.
pedreñal (de *pedernal*) *m.* Especie de trabuco de chispa.
pedrera (l. *petra,* piedra) *f.* Cantera o lugar de donde se sacan las piedras. -2 *adj.-f. La Mancha.* fig. Mula pequeña y dura para el trabajo. -3 *f. pl.* Aparejo de las caballerías hecho con tablas, a modo de dos cajas de madera abiertas, para el acarreo de piedras, cepas, etc.
pedreral *m.* Pedreras.
pedrería *f.* Conjunto de piedras preciosas.
pedrero (b. l. *petrariu*) *m.* Cantero (pers.). 2 Boca de fuego ant. que disparaba pelotas de piedra. 3 Hondero. 4 *Hond.* Pedregal.
pedreta *f.* Dim. de *piedra.* 2 Cantillo o pitón.
pedrezuela *f.* Dim. de *piedra.*
pedrisca *f.* Pedrisco.
pedriscal *m.* Pedregal.
pedrisco *m.* Piedra o granizo grueso que cae de las nubes. 2 Multitud de piedras arrojadas. 3 Conjunto o multitud de piedras sueltas.
pedrisquero *m.* Pedrisco (de las nubes).
pedriza *f.* Pedregal, sitio pedregoso. 2 Cerca o valla de piedra seca.
pedroche *m.* Pedregal.
pedrojuancaballerense *adj.-* De Pedro Juan Caballero, cap. del dep. de Amambay (Uruguay).
pedromón *m. Chile.* Garrote corto.
pedrusco *m.* Pedazo de piedra sin labrar.
pedunculado, -da *adj.* [flor, fruto u órgano animal] Que tiene pedúnculo.
pedúnculo (l. *-lu*) *m.* Pezón (en las plantas). 2 Parte del animal que hace de pie o sustentáculo, como el de los ojos de ciertos crustáceos. 3 Cinta de materia blanca que une diferentes partes de la masa encefálica: *pedúnculos cerebelosos.*
SIN. *1* **Rabillo, rabo,** en el habla usual; *pedúnculo* es tecn. botánico.
peer (l. *pedere*) *intr.-prnl.* Expeler la ventosidad del vientre por el ano.
SIN. **Ventosear.**
I) pega *f.* Acción de pegar (adherir). 2 Baño de pez que se da a tinajas, pellejos, cántaros, etc. 3 Zurra (paliza). 4 Chasco, burla; pregunta capciosa o difícil de contestar en exámenes. 5 Rémora (pez). 6 Pieza en el vestido, remiendo. 7 Contratiempo que se presenta de modo imprevisto. 8 MIN. Acción de pegar fuego a un barreno. -9 *loc. adj.* ***De ~,*** falso, fingido: *erudito de ~.* -10 *f. Amér.* Trabajo, empleo. 11 *Cuba* y *P. Rico.* Liga para cazar pájaros. 12 *Chile.* Período en que se transmiten las enfermedades contagiosas. 13 *Chile.* Edad en que culminan los atractivos de una persona. 14 *Chile.* Entretenimiento, jarana.
SIN. *2* **Empega.**
II) pega (l. *pica*) *f.* Urraca. 2 ~ ***reborda,*** alcaudón.
pegadero *m. Hond.* Barrizal, cenagal.
pegadilla *f. Colomb.* Colmena fabricada por las abejas silvestres, de construcción más o menos tosca.
pegadillera *f. Ecuad.* Encajera, pasamanera.
pegadillo *m.* Dim. de *pegado.* 2 *Ecuad.* Puntilla, encaje, pasamano.
pegadizo, -za *adj.* Pegajoso (que se pega o contagia). 2 Gorrón II. 3 Postizo (no propio).
pegado *m.* Parche, bizma o emplasto. 2 Lo que se pega a la cazuela de un guisado.
pegador *m.* Operario encargado de pegar fuego a las mechas de los barrenos. 2 Rémora (pez).
pegadura *f.* Acción de pegar. 2 Unión de dos cosas pegadas entre sí. 3 *Colomb.* y *Ecuad.* Pegata, burla.
pegajosidad *f.* Glutinosidad.
pegajoso, -sa *adj.* Que con facilidad se pega. 2 Contagioso, que con facilidad se comunica. 3 fig. [vicio] Contagioso o de atractivo difícil de resistir. 4 fig. [oficio y empleo] Con intereses de los que fácilmente puede abusarse. 5 fig. Sobón (fastidioso). 6 fig. Excesivamente suave, atractivo, meloso.
SIN. *1* **Glutinoso,** tecn. científico; **viscoso.**
pegamento *m.* Producto para pegar.
pegamiento *m.* Acción de pegar o pegarse una cosa con otra.
pegamoide *m.* Celulosa disuelta con que se impregna una tela o papel para darle espesor y resistencia.
pegamoscas (de *pegar* + *mosca*) *f.* BOT. Planta cariofilácea, cuya flor tiene el cáliz cubierto de pelos pegajosos, en los cuales quedan pegados los insectos que llegan a tocarlos o se ponen en ellos *(Ononis natrix).* ◇ Pl.: *pegamoscas.*
pegapega *f. Amér.* Liga para cazar pájaros. 2 *Colomb.* y *Perú.* Nombre de ciertas semillas que se enganchan a los vestidos. 3 *Cuba.* Tamarindillo. 4 *Chile.* Adulador.
I) pegar (l. *picare* < *pice,* la pez) *tr.* Adherir, conglutinar [una cosa] con otra: *~ una tela a,* o *con, la cubierta; ~ un anuncio contra,* o *en, la pared.* 2 Unir o juntar [una cosa] con otra cosiéndola, atándola o de una manera análoga: *~ un botón.* 3 Arrimar, poner en íntimo contacto [una cosa] con otra. 4 Comunicar [una cosa] a otro por el trato, el contacto, etc.: *~ una costumbre;* esp., contagiar (una enfermedad). -5 *intr.* Arraigar [una planta]. 6 Prender [el fuego]. 7 Estar una cosa contigua a otra: *pega con la pared.* 8 Caer bien una cosa, ser de oportunidad: *estas razones no pegan.* 9 Tener efecto una cosa o hacer impresión en el ánimo: *sus palabras pegaron bien;* ~ ***con uno,*** decir o hacer una cosa que cause impresión en el ánimo. -10 *prnl.* Quemarse un guiso por haberse adherido una parte de él en la cazuela. 11 fig. Introducirse o agregarse uno adonde no es llamado. 12 fig. Insinuarse una cosa agradable en el ánimo. 13 fig. Realizar una acción con decisión y esfuerzo. 14 fig. Aficionarse o inclinarse mucho a una cosa. ◇ ** CONJUG. [7] como ***llegar.***
FR. *Pegársele a uno una cosa,* fam., sacar éste utilidad de lo que maneja; quedar perjudicado en el manejo de los intereses ajenos. SIN. *1* **Aglutinar, conglutinar,** términos científicos.
II) pegar *tr.-intr.* Castigar a golpes, golpear: *no le pegues tanto; ~ sobre el tablero.* 2 Intensivo de dar: *~ un bofetón, un tiro, sablazo.* 3 Unido a ciertos substantivos, expresa intensamente la acción que ellos significan: *~ un grito, saltos, voces.* 4 Tropezar: *~ contra la pared, con la puerta.* 5 *Argent.* y *Chile.* Continuar con ardor una tarea. 6 *Chile.* Competir, aventajar. -7 *rec.* Reñir, enredarse a golpes o en pelea dos o más personas. ◇ **CONJUG. [7] como ***llegar.***
FR. ~, o *pegarla, con uno,* arremeterle o trabarse con él de palabra. *Pegársela a uno,* chasquearle, burlar su buena fe o confianza.
pegarrebordas *m.* Alcaudón. ◇ Pl.: *pegarrebordas.*
pegarrocas *m.* Chafarrocas. ◇ Pl.: *pegarrocas.*
pegaseo, -a (l. *-eiu*) *adj.* Relativo al caballo Pegaso o a las musas.
pegásides (l.) *f. pl.* Musas.
Pegaso (l. *-su*) *n. pr.* MIT. Caballo alado cuya pisada hizo brotar la fuente Hipocrene en el monte Helicón. 2 Constelación boreal situada entre el Cisne y Andrómeda.
pegata (de *pegar,* chasquear) *f.* fam. Engaño, estafa, fraude.
pegatimón *m.* Rémora (pez).
pegatina *f.* Impreso autoadhesivo.
pegativo, -va *adj. Hond.* y *Chile.* Pegadizo, contagioso.
pegatoste *m.* p. us. Pegote, emplasto.
pegmatita (gr. *pegma,* conglomerado) *f.* Roca de color claro y textura laminar compuesta de feldespato y cuarzo.
pego (de *pegar* I) *m.* Fullería que consiste en pegar disimuladamente dos naipes. 2 fig. *y* fam. Engaño, fraude. 3 *Extr.* Lodazal, charca. 4 *Bol.* Ración, esp. de coca.
pegocho, -cha *adj. Extr.* Agresivo.
pegón, -gona *adj. Colomb.* y *P. Rico.* Pegote, impertinente. -2 *m. Guat.* y *Hond.* Chasco, burla.
pegote (de *pegar* I) *m.* Emplasto o bizma de pez u otra cosa pegajosa. 2 Adición o intercalación inútil e impertinente hecha en alguna obra literaria o artística. 3 fig. Cosa espesa y pegajo-

sa. 4 fig. Persona impertinente que no se aparta de otra. 5 fig. Parche (retoque). 6 fig. *y* fam. Guisado u otra cosa que está muy espesa y se pega. 7 fig. *y* fam. Farol, mentira.

pegotear ***intr.*** fam. Introducirse uno en las casas a las horas de comer, sin ser invitado.

pegotería ***f.*** fam. Acción de pegotear. 2 fam. Efecto de pegotear.

pegual (cruce de *pikuela x peal,* der. ambos de *pede,* pie) ***m.*** *Amér.* Cincha con argollas para sujetar los animales cogidos con lazo o para transportar objetos pesados. 2 *Argent.* Sobrecincha.

pegualera ***f.*** *Chile.* Pieza corta de cuero, que se pone en el pegual.

peguera (l. *picaria* < *pice,* la pez) ***f.*** Hoyo donde se quema leña de pino para sacar de ella alquitrán y pez. 2 En los esquileos, paraje donde se calienta la pez para marcar el ganado.

peguero ***m.*** El que tiene por oficio fabricar pez. 2 El que trata en ella.
SIN. **Empecinado.**

pegujal (v. *peculiar*) ***m.*** Peculio. 2 fig. Corta porción de hacienda. 3 Parcela que el dueño de una finca agrícola cede al guarda o encargado para que la cultive por su cuenta como parte de su remuneración. 4 *Ecuad.* Terreno de mala calidad.

pegujalejo ***m.*** Dim. de *pegujal.*

pegujalero ***m.*** Labrador que tiene poca siembra o labor. 2 Ganadero que tiene poco ganado.
SIN. *1* **Labrantín, pelantrín.**

pegujar (v. *peculiar*) ***m.*** ant. Pegujal.

pegujarero ***m.*** Pegujalero.

pegujón, -llón (de *pegar* I) ***m.*** Conjunto de lanas o pelos apretados y pegados unos con otros a manera de ovillo.

pegunta (de *peguntar*) ***f.*** Marca que se pone con pez derretida al ganado, esp. al lanar.
SIN. **Empega, empego.**

peguntar (de *pega* + *untar*) ***tr.*** Marcar [el ganado, esp. el lanar] con pez derretida.
SIN. **Empegar, empeguntar.**

peguntoso, -sa ***adj.*** Viscoso, pegajoso.

pehlevi ***adj.-s.*** Lengua que constituye el grupo occidental del iranio medio, hablada antiguamente en Persia, de la que proceden el parto y el persa medio.
SIN. **Pahlavi, pelvi.**

pehuén (arauc.) ***m.*** *Argent.* y *Chile.* Araucaria.

peina ***f.*** Peineta.

peinada ***f.*** Peinadura (acción).

peinado, -da ***adj.*** fam. [hombre] Adornado con esmero mujeril. 2 fig. [estilo] Nimiamente cuidado. -3 ***m.*** Adorno y compostura del pelo. 4 fig. Examen o control minucioso; rastreo. 5 *Chile.* Parte más inaccesible de un terreno elevado.
SIN. *3* **Tocado,** esp. en las mujeres.

peinador, -ra ***adj.-s.*** Que peina. -2 ***m.*** Toalla o lienzo que, puesto al cuello, cubre el cuerpo del que se peina o afeita. 3 Bata de tela ligera, que usan las señoras sobre el vestido para peinarse. -4 ***f.*** Máquina para peinar la lana. 5 *Perú.* Blusa. -6 ***m. f.*** *Amér.* Tocador, mueble. -7 ***m.*** *Ecuad.* Tocador, habitación.

peinadura ***f.*** Acción de peinar o peinarse. 2 Cabellos que salen o se arrancan con el peine.

peinar (l. *pectinare*) ***tr.-prnl.*** Desenredar, limpiar o componer [el cabello a una pers.]: *~ las trenzas, ~ a su hija; se peina.* -2 ***tr.*** p. ext. Desenredar o limpiar toda clase [de pelo o lana]. 3 fig. Someter [una zona, algo o alguien] a un examen o control minucioso o pormenorizado; rastrear. 4 Cortar o quitar parte de piedra o tierra de una montaña, escarpándola. 5 CARP. fig. Tocar o rozar ligeramente [una cosa] a otra. 6 DEP. En el juego del fútbol, desviar ligeramente la trayectoria del balón con la cabeza.
FR. *No peinarse una mujer para uno,* fig. fam., no ser para el hombre que la solicita. SIN. *1* **Tocar.**

peinazo ***m.*** Listón o madero entre los largueros de puertas y ventanas, que forma los cuarterones. 2 Pieza de hierro en forma de doble cuña que atraviesa la rueda del aire o catalina, y que engrana con los husillos de la linterna para mover el molino de viento.

peine (l. *pectine*) ***m.*** Utensilio de madera, marfil, hueso, etc., provisto de una o de dos series de dientes espesos, para limpiar y componer el pelo. 2 Barra provista de una serie de púas, por entre las cuales pasan en el telar los hilos de la urdimbre. 3 En los teatros, enrejado con poleas situado en el telar del escenario, de donde se cuelgan las decoraciones. 4 Carda (instrumento). 5 Empeine (del pie). 6 Cargador de fusil o de fusil ametrallador. 7 fig. Púa (pers.). Tómase gralte. en mala parte. 8 *Logr.* Almohaza. 9 *Venez.* Trampa que se emplea para cazar pájaros.
REL. En H. NAT. se forman del l. *pectine* varias palabras que denotan semejanza con un peine: **pectinado, pectinibranquio.** LOC. *A sobre ~,* a medias, a la ligera, imperfectamente.

peinecillo ***m.*** Peineta pequeña. 2 Lima I.

peinería ***f.*** Establecimiento del peinero.

peinero, -ra ***m. f.*** Persona que tiene por oficio fabricar o vender peines.

peineta ***f.*** Peine convexo que usan las mujeres para adorno o para asegurar el peinado.

peinetero, -ra ***m. f.*** Peinero.

peinilla ***f.*** *Amér.* Especie de machete. 2 *Colomb.* y *Ecuad.* Peine alargado y angosto de una sola hilera de dientes.

peirón ***m.*** *Ar.* Columna u obelisco con una o varias imágenes.

peje (var. de *pez,* de orig. moz. y leonés) ***m.*** Pez (animal). 2 desp. Hombre taimado, desvergonzado: *¿quién es ese ~? ¡Vaya un ~!* 3 *Amér.* Arbusto santaláceo. 4 *Méj.* Tonto.

pejebuey ***m.*** *Amér.* Manatí.

pejegallo (*peje* + *gallo*) ***m.*** *Chile.* Pez de cuerpo redondo, sin escamas, con una especie de cresta carnosa *(Gallorrhyncus antarcticus).*

pejejudío ***m.*** *Amér.* Manatí.

pejemuller (*peje* + *muller,* mujer) ***m.*** Manatí.

pejepalo (*peje* + *palo*) ***m.*** Abadejo sin aplastar y curado al humo.
SIN. **Estocafis, pezpalo.**

pejerrey (*peje* + *rey*) ***m.*** Abichón. 2 *Argent.* Nombre de diversas especies de peces parecidos al anterior pero de mayor tamaño *(gén. Atherina).*

pejesapo (*peje* + *sapo*) ***m.*** Rape.
SIN. **Alacrán marino, pescador, rana marina** o **pescadora, sapo marino.**

pejibaye ***m.*** *C. Rica.* Pijibay.

pejiguera (l. *persicaria,* planta que produce escozor) ***f.*** fam. Cosa de poco provecho. 2 Persona o cosa molesta o que ofrece dificultades.

pela ***f.*** Peladura. 2 fig. *y* fam. Peseta. -3 ***f. pl.*** fig. *y* fam. Dinero. -4 ***f.*** *Extr.* Descorche del alcornoque. 5 *Amér.* Azotaina, zurra.

pelacañas ***m.*** *Ar.* y *Murc.* Viento frío. ◇ Pl.: *pelacañas.*

pelada ***f.*** Piel de carnero u oveja, despojada de la lana después de muerta la res. 2 Pez marino teleósteo tetraodontiforme, de pequeño tamaño, cuerpo alargado, ojos muy pequeños y próximos y coloración gris parduzca *(Symphurus nigrescens).* 3 *Amér.* Error, pifia. 4 *Chile.* Carrera de caballos en que se apuesta poco dinero. 5 *Chile.* fam. Muerte.

peladar ***m.*** *Argent.* Erial.

peladera (de *pelar*) ***f.*** Alopecia. 2 *Amér. Central* y *Chile.* Murmuración. 3 *Argent.* Erial.

peladero ***m.*** Lugar donde se pelan los cerdos o las aves. 2 fig. Sitio donde se juega con fullerías. 3 *Amér.* Terreno pelado, desprovisto de vegetación.

peladez ***f.*** *Colomb.* Miseria, pobreza. 2 *Méj.* Hecho o dicho propio del pelado; ordinariez.

peladilla (dim. de *pelada*) ***f.*** Almendra confitada. 2 Canto rodado pequeño. 3 *Extr.* Cochinillo.

peladillo (dim. de *pelado*) ***m.*** Variedad del pérsico cuyo fruto tiene la piel lustrosa y la carne dura y pegada al hueso *(gén. Prunus).* 2 Fruto de este árbol. -3 ***m. pl.*** Lana de peladas.
SIN. *1* y *2* **Violeto.**

peladito ***m.*** *Perú.* Cayuco, embarcación.

pelado, -da ***adj.*** fig. Que carece de lo que naturalmente viste, adorna, cubre o rodea: ***monte, peñasco, campo ~,*** el que está sin árboles o hierbas; ***hueso ~,*** el que no tiene carne; ***discurso ~,*** el que trata lisa y llanamente del asunto a que se dirige. 2 Que ha perdido el pelo. 3 fig. Pobre, pelón, sin recursos. 4 fig. [número] Que consta de decenas, centenas o millares justos: *el cien ~; sueldo ~,* sin gajes. -5 ***m.*** Acción de pelar o cortar el cabello. 6 Efecto de pelar o cortar el cabello. -7 ***adj.*** *Amér.* Desvergonzado. -8 ***m.*** *Colomb.* y *Pan.* Rapaz. 9 *Chile.* Borrachera. 10 *Méj.* Individuo del pueblo bajo. 11 *S. Dom.* Erial.

pelador, -ra ***m. f.*** Persona que pela una cosa.

peladura ***f.*** Acción de pelar (quitar la piel). 2 Efecto de pelar (quitar la piel). 3 Mondadura (despojo).
SIN. **Pela.**

pelaespigas ***com.*** *La Mancha.* Persona mezquina, ruin. ◇ Pl.: *pelaespigas.*

pelafustán, -tana (de *pelar* + *fustán*) ***m. f.*** desp. Persona holgazana y perdida.

pelagallos (de *pelar* + *gallo*) *m.* fig. Hombre vagabundo y despreciable. ◇ Pl.: *pelagallos.*
SIN. **Pelgar.**
pelagartal *m. La Mancha.* Terreno difícil de cultivar por la abundancia de piedras.
pelagatos (de *pelar* + *gato*) *m.* desp. Hombre pobre. ◇ Pl.: *pelagatos.*
pelagianismo *m.* Doctrina del heresiarca Pelagio (s. IV-V), quien afirmaba que la gracia divina no era necesaria, ni gratuita, sino merecida naturalmente; también negaba el pecado original. El pelegianismo, condenado en varios concilios y esp. en el de Roma del año 431, se ha transmitido hasta los tiempos modernos con el nombre de *semipelagianismo.*
pelagiano, -na *adj.-s.* Partidario del pelagianismo.
pelágico, -ca (l. *-cu*) *adj.* Relativo al piélago. 2 BIOL. [animal y planta] Que flota o nada en el mar, a diferencia de los bentónicos.
pelagoscopio (*piélago* + *-scopio*) *m.* Aparato para estudiar el fondo del mar.
pelagra (it. *pellagra*) *f.* Enfermedad caracterizada por eritemas y perturbaciones digestivas y nerviosas. Se presenta en ciertas regiones montañosas, y se había atribuido a un hongo que se ingería con el maíz; pero hoy es considerada como una avitaminosis.
SIN. **Mal de la rosa.**
pelagroso, -sa *adj.* Relativo a la pelagra. -2 *adj.-s.* Que padece pelagra.
pelaire (ant. *peraire,* del cat. *paraire,* der. de *parar,* preparar) *m.* Cardador de paños. -2 *adj.s.* desp. De Albarracín, provincia de Teruel.
pelairía *f.* Oficio u ocupación del pelaire.
pelaje *m.* Naturaleza o calidad del pelo o de la lana que tiene un animal. 2 fig. Disposición y calidad de una persona o cosa.
pelambrar *tr.* Apelambrar.
I) pelambre (l. **pellamine* < *pelle,* piel) *m.* Porción de pieles que se apelambran. 2 Mezcla de agua y cal con que se pelan los pellejos.
REL. *2* **Apelambrar,** meter los cueros en esta mezcla.
II) pelambre (l. **pilamine* < *pilu,* pelo) *m.* Conjunto de pelo en todo el cuerpo o en algunas partes de él. Gralte. se entiende el quitado o arrancado, y esp. el que quitan los curtidores a las pieles. 2 Falta de pelo en las partes donde es natural tenerlo. 3 Manojo de ramas secas de la escoba.
I) pelambrera *f.* Lugar donde se apelambran las pieles. 2 Alopecia.
II) pelambrera *f.* Porción de pelo o de vello espeso y crecido. 2 *P. Rico.* Erial. 3 *P. Rico.* Pobreza.
pelambrero, -ra *m. f.* Persona que tiene por oficio apelambrar las pieles. -2 *adj. Chile.* Murmurador.
pelambrón *m. Amér.* Descamisado.
pelambrusca *f. Cuba.* Ramera.
pelamen *m.* fam. Pelambre.
pelamesa (de *pelar* + *mesar*) *f.* Pelea en que los contendientes se asen y mesan los cabellos o barba. 2 Porción de pelo que se puede asir o mesar.
pelámide *m.* Atún de un año.
pelanas *com.* fam. Persona sin importancia.
pelandrún, -na (genovés *pelandrón,* haragán) *adj. Argent.* Vago, tonto. 2 *Urug.* [sujeto] Sin responsabilidad, audaz e insignificante.
pelandusca (der. de *pelar*) *f.* Ramera.
pelangoche *m. Méj.* Quídam, pelantrín.
pelantrín (de *pelado*) *m.* Pegujalero. 2 *Méj.* El que no tiene nada absolutamente.
pelantrusco, -ca *adj. Méj.* Quídam, pelantrín.
pelaña *f. Logr.* Campo con trigo bajo, desmedrado que queda sin segar.
pelar (l. *pilare*) *tr.* Cortar, arrancar, quitar o raer el pelo: ~ *la cabeza a uno.* 2 Desplumar (quitar las plumas). 3 Quitar la piel, la película o la corteza [a una cosa]: ~ *una fruta, un árbol;* esp., mondar (quitar la piel). 4 fig. Quitar con engaño o violencia los bienes [a otro]. 5 fig. En el juego, ganar [a uno] todo el dinero. 6 fig. Criticar, murmurar, despellejar. 7 MONT. Comer el halcón [una ave que todavía tiene pluma]. -8 *prnl.* Perder el pelo por enfermedad u otro accidente. 9 Sufrir desprendimiento de piel por tomar con exceso el sol, por rozadura, etc. 10 *Amér.* Confundirse. 11 *Venez.* Emborracharse. 12 *Amér.* Quedarse con las esperanzas frustradas.
SIN. *4* y *5* **Descañonar, desplumar.** FR. *Duro de* ~, fam., difícil de conseguir o ejecutar; hablando de personas, intratable, ceñudo. *Pelárselas,* fam., da a entender que uno apetece o ejecuta una cosa con vehemencia o eficacia.
pelarela (de *pelar*) *f.* Alopecia.
pelargonio *m.* Planta geraniácea de tallos carnosos y jugosos y hojas de nervadura palmeada, redondeadas o lobuladas. Cultivado en jardines *(Pelargonium odoratissimum).*
pelarruecas (de *pelar* + *rueca*) *f.* fig. Mujer pobre que vive de hilar. ◇ Pl.: *pelarruecas.*
pelarza *f. La Mancha.* Pelazga.
pelásgico, -ca *adj.* Relativo a los pelasgos.
pelasgo, -ga (l. *-gu*) *adj.-s.* De un pueblo de incierto origen que en muy remota antigüedad se estableció en territorios de Grecia y de Italia. 2 De la ant. Grecia. 3 De Pelasgia o de cualquier otro territorio del Peloponeso.
pelavivos *m. La Mancha.* Ditero, usurero. ◇ Pl.: *pelavivos.*
pelaya *f.* Pez marino teleósteo pleuronectiforme, de pequeño tamaño, con el cuerpo muy comprimido y los ojos, separados por una pequeña cresta, situados sobre el mismo costado *(Phrynorhombus regius).*
pelaza (de *pelo*) *adj.* V. paja pelaza. -2 *f.* Pelazga.
pelazga (de *pelar*) *f.* fam. Pendencia, disputa.
pelazón *f. Amér. Central.* fest. Pobreza, miseria.
pelcha *f. Chile.* Montón de cosas.
peldaño (l. *pedaneu* × *pedale,* relativo al pie) *m.* Parte de un tramo de escalera. 2 Escalón.
SIN. **Grada, grado, paso.**
peldefebre (fr. *poil de chêvre*) *m.* Ant. género de tela de lana y pelo de cabra, a modo de pelo de camello.
pelea *f.* Combate, batalla, riña, contienda; en gral., acción y efecto de pelear.
SIN. V. **Lucha.**
peleador, -ra *adj.* Que pelea. 2 Que propende o es aficionado a pelear.
peleano, -na *adj.* Relativo al monte Pelado (Martinica). 2 ***Volcán*** ~, el que forma tapones al solidificarse la lava.
pelear (de *pelo*) *intr.* Batallar, combatir con armas o sin ellas: ~ *en defensa de la patria;* ~ *por la patria.* 2 p. ext. Contender, disputar. 3 Luchar los brutos entre sí. 4 Combatir entre sí u oponerse las cosas unas a otras, esp. los elementos. 5 fig. Resistir y porfiar para vencer las pasiones o apetitos. 6 fig. Afanarse, trabajar continuamente por conseguir una cosa. -7 *prnl.* Reñir dos o más personas. 8 fig. Desavenirse, separarse en discordia.
pelecánido, -da *adj.-m.* Zancuda de dimensiones notables, cuerpo fuerte, alas muy desarrolladas, pies grandes, cuello largo y amplio pico. -2 *m. pl.* Familia de estos animales.
pelecaniforme *adj.-m.* Ave del orden de los pelecaniformes. -2 *m. pl.* Orden de aves acuáticas con sus cuatro dedos unidos por una membrana (palmípedas); como el pelícano y el cormorán.
pelecha *f. Murc.* Acto de pelechar. 2 *Murc.* Época en que los animales mudan el pelo o la pluma. 3 *Argent.* Piel de una víbora, separada de su cuerpo.
pelechar (propte. echar pelo) *intr.* Echar los animales pelo o pluma. 2 fig. Comenzar a medrar, a mejorar de fortuna o a recobrar la salud. 3 *Murc.* Cambiar de pelo los animales. 4 *Murc.* [pers.] Morir. 5 *S. Dom.* Seguir en igual estado de salud o de fortuna.
pelecho *m.* Muda de pelo de los mamíferos. 2 *Argent.* Pelecha.
pelegos *m. pl.* Manta pequeña de lana, colocada sobre el lomillo o los bastos para comodidad del jinete.
pelegrina *f. And.* Vieira. 2 *Colomb.* y *P. Rico.* Juego de coxcojilla.
pelel *m.* Cerveza clara.
pelele (et. dud., voz descriptiva, o comp. sobre lelo) *m.* Muñeco de figura humana de paja o trapos. 2 Traje interior de punto para niños. 3 fig. Persona simple o inútil. 4 *Extr.* Vilano.
pelendengue *m.* Perendengue.
pelendón, -na (del pl. lat. *pelendōnes*) *adj.-s.* Tribu celtíbera que ocupaba la región de las fuentes del Duero. 2 Individuo de esta tribu. -3 *adj.* Perteneciente o relativo a los individuos de dicha tribu.
peleón, -ona *adj.-s.* fam. Vino muy ordinario. -2 *adj.* Peleador.
peleona (de *pelea*) *f.* fam. Pendencia, contienda.
peleonero, -ra *adj. Colomb.* y *Guat.* Peleón.
pelerina (fr. *-ine*) *f.* GALIC. Esclavina.
pelero *m. Amér.* Sobrepelo, sudadero. 2 *Venez.* Pelambre, pelaje.
pelete (de *pelo*) *m.* En el juego de la banca y otros semejantes, el que apunta estando de pie. 2 fig. Hombre pobre, pelón. 3 ***En*** ~, en cueros.

peletería *f.* Oficio de peletero. 2 Establecimiento del peletero. 3 Comercio de pieles finas; conjunto de ellas. 4 *Can.* Tienda de calzado.
SIN. **Maguitería.**
peletero, -ra (fr. *pelletier*) ***m. f.*** Persona que tiene por oficio adobar y componer pieles finas, hacer con ellas prendas de abrigo, emplearlas como forros y adornos o venderlas. -2 ***adj.*** Perteneciente o relativo a la peletería: *industria peletera.*
SIN. **Manguitero.**
pelgar ***m.*** fam. Pelagallos.
peliagudo, -da (de *pelo* + *agudo*) ***adj.*** [animal] De pelo largo y delgado. 2 fig. [negocio o cosa] Dificultoso en su inteligencia o resolución. 3 fig. [pers.] Sutil o mañoso.
peliblanco, -ca (de *pelo* + *blanco*) ***adj.*** Que tiene blanco el pelo.
peliblando, -da (de *pelo* + *blando*) ***adj.*** Que tiene el pelo blando y suave.
pelicano, -na (de *pelo* + *cano*) ***adj.*** Que tiene cano el pelo.
pelícano, pelicano (l. *-nu;* gr. *pelekán, -kanos*) ***m.*** Ave pelecaniforme de más de un metro de largo, de plumaje blanco, pico ancho y muy largo con la piel de la mandíbula inferior en forma de bolsa, donde deposita los alimentos *(Pelecanus onocrotalus).* 2 CIR. Aparato que se emplea para sacar muelas. -3 ***m. pl.*** Aguileña, planta.
SIN. *1* **Platalea.**
pelicato ***m.*** *Sant.* Caballa pequeña.
peliche ***m.*** *Perú.* Sablazo, estafa.
pelichear ***tr.*** *Perú.* Estafar, sablear.
pelichero, -ra ***m. f.*** *Perú.* Sablista, estafador.
pelicorto, -ta (de *pelo* + *corto*) ***adj.*** Que tiene corto el pelo.
película (l. *pelliculu* < *pellis,* piel; doble etim. *pelleja*) ***f.*** Piel o cubierta membranosa, delgada y delicada. 2 Telilla que a veces cubre ciertas heridas y úlceras. 3 Hollejo. 4 En fotografía, lámina de celuloide preparada con una capa de gelatina, colodión, etc., que contiene las sales sensibles a la luz. 5 En cine, la que tiene forma de cinta y se halla impresionada por unas imágenes dispuestas para ser proyectadas en el telón del cinematógrafo. 6 Asunto representado en esta cinta. 7 fig. Narración detallada y cronológica [de un hecho]. 8 *Ant.* fig. Plancha, dicho o hecho inoportuno.
SIN. *1* **Cutícula.** *4* **Cinta, film** (ingl.).
pelicular ***adj.*** Relativo a la película.
peliculería ***f.*** fam. Cosa imaginada o fantástica.
peliculero, -ra ***adj.*** Relativo a la cinematografía. -2 ***adj.-s.*** fam. Cineasta. 3 fig. *y* fam. [pers.] Que suele hablar de cosas imaginadas o fantásticas.
peliduro, -ra (de *pelo* + *duro*) ***adj.*** Que tiene duro el pelo. Se aplica esp. a determinadas razas caninas.
peligno, -na (l. *-nu*) ***adj.-s.*** De un territorio de Italia ant., comprendido en el actual de los Abruzos.
peligrar ***intr.*** Estar en peligro.
peligro (l. *periculu*) ***m.*** Contingencia inminente de que suceda algún mal: ***correr*** **~**, estar expuesto a él.
SIN. **Riesgo.**
peligrosamente ***adv. m.*** De un modo peligroso.
peligrosidad ***f.*** Calidad de peligroso.
peligroso, -sa ***adj.*** Que ofrece un peligro o puede ocasionar daño. 2 fig. [pers.] De carácter violento y temible.
SIN. **Expuesto**, se dice del lugar, negocio, etc., en donde puede resultar daño, en tanto que **peligroso** apl. además a lo que puede causar daño: *camino, asunto, expuesto* o *~; hombre, animal ~* (no **expuesto**). *Expuesto* suele llevar la prep. *a: expuesto a las balas, a grandes pérdidas.*
pelilargo, -ga (de *pelo* + *largo*) ***adj.*** Que tiene largo el pelo.
pelillo (dim. de *pelo*) ***m.*** fig. Causa muy leve de desazón, y que se debe despreciar: ***echar pelillos a la mar,*** reconciliarse dos o más personas; ***pelillos a la mar,*** entre muchachos, modo de afirmar que no faltarán a lo tratado, arrancándose cada uno un pelo de la cabeza, soplándolos y diciendo: *pelillos a la mar*; olvido de agravios, restablecimiento del trato amistoso.
pelilloso, -sa ***adj.*** fig. Quisquilloso, delicado en el trato.
pelinegro, -gra (de *pelo* + *negro*) ***adj.*** Que tiene negro el pelo.
pelineta ***f.*** *Chile.* Entre doradores, pincel plano para tomar la hoja de oro.
Pelión ***n. pr.*** Montaña de Tesalia, cercana al monte Osa. Cuando los gigantes quisieron escalar el cielo, colocaron el Pelión sobre el Osa.
FR. *Levantar el Pelión sobre el Osa,* acumular las dificultades sin conseguir ningún resultado.

pelirrojo, -ja (de *pelo* + *rojo*) ***adj.*** Que tiene rojo el pelo.
pelirrubio, -bia (de *pelo* + *rubio*) ***adj.*** Que tiene rubio el pelo.
pelita ***f.*** GEOL. Roca detrítica de grano muy fino.
pelitieso, -sa (de *pelo* + *tieso*) ***adj.*** Que tiene el pelo tieso y erizado.
pelitre (prov. ant., der. del gr *pyrethron*) ***m.*** Planta compuesta, herbácea, de tallos inclinados, hojas partidas en lacinias muy estrechas, flores terminales de centro amarillo y circunferencia blanca por encima y roja por debajo, y raíz casi cilíndrica *(Pyrethrum cinerariœfolium).* 2 Raíz de esta planta. 3 Substancia pulverulenta utilizada como insecticida que se obtiene de varias especies de plantas.
pelitrique (de *pelo*) ***m.*** fam. Cosa insignificante, o adorno superfluo.
pella (l. *pilulla;* dim. del l. *pila,* pelota) ***f.*** Masa unida y apretada, gralte. en forma redonda. 2 Masa de los metales fundidos o sin labrar. 3 Manteca del puerco tal como se quita de él. 4 Porción pequeña y redondeada de manjar blanco, merengue, etc., con que se adornan algunos platos de postre. 5 Conjunto de los tallitos de la coliflor y otras plantas semejantes antes de florecer. 6 fig. Cantidad o suma de dinero, esp. la que se debe o defrauda. 7 MIN. Masa de amalgama de plata que se obtiene al beneficiar con azogue minerales argentíferos. -8 ***adj.-com.*** fam. [pers.] Molesto.
pellada (de *pella*) ***f.*** Porción de yeso o argamasa que se sostiene con la mano o con la llana. 2 Pella (masa).
pellar ***m.*** *Colomb.* Chorlito, ave.
pelle ***adj.-s.*** *Colomb.* Vagabundo.
pelleja (v. *película*) ***f.*** Piel quitada del cuerpo del animal. 2 Zalea. 3 Piel. 4 Ramera.
SIN. **Pelleta.**
pellejería ***f.*** Lugar donde se adoban o venden pellejos. 2 Oficio o comercio de pellejero. 3 Conjuntos de pieles o pellejos. -4 ***f. pl.*** *Amér.* Trabajos, contratiempos.
SIN. **Pelletería.**
pellejero, -ra ***m. f.*** Persona que tiene por oficio adobar o vender pieles.
SIN. **Pelletero, pellijero.**
pellejina ***f.*** Pelleja pequeña.
pellejito ***m.*** *Cuba.* Vaqueta fina de que se hacen zapatos.
pellejo (de *pelleja*) ***m.*** Piel. 2 Odre. 3 fig. *y* fam. Persona ebria. 4 fig. *y* fam. vulg. Ramera.
FRS. Fig. *Dar, dejar, perder,* o *soltar, uno el ~*, morir. *Jugarse el pellejo,* fig. fam., arriesgar la vida. *Quitar a uno el ~*, matarle; murmurar de él; tomarle con maña lo que tiene o la mayor parte. *Salvar uno el ~*, librar la vida de un peligro. *Estar uno en el ~ de otro,* hallarse en las mismas circunstancias o situación moral que otro. *Mudar uno el ~*, mudar de condición o costumbres. *No caber uno en el ~*, estar muy gordo; estar muy contento o envanecido. *No tener uno más que el ~*, estar muy flaco.
pellejudo, -da ***adj.*** Que tiene la piel floja o sobrada.
pellejuela ***f.*** Dim. de *pelleja.*
pellejuelo ***m.*** Dim. de *pellejo.*
pellera ***f.*** *Extr.* Pedregal.
pelleta ***f.*** Pelleja.
pelletería ***f.*** Pellejería.
pelletero ***m.*** Pellejero.
pellica ***f.*** Cobertor hecho de pellejos finos. 2 Pellico hecho de pieles finas y adobadas. 3 Piel pequeña adobada. 4 *Extr.* Piel del cabrito.
pellico ***m.*** Zamarra de pastor. 2 Abrigo de pieles que se le parece.
pellijero ***m.*** Pellejero.
pellín (arauc.) ***m.*** *Chile.* Corazón o cerno del roble y de otros árboles. 2 *Chile.* Especie de roble muy duro e incorruptible *(Nothofagus obliqua).* 3 *Chile.* fig. Persona o cosa muy fuerte y de gran resistencia.
pellingajo ***m.*** *Amér.* Estropajo.
pelliquero, -ra ***m. f.*** Persona que hace o vende pellicas.
pelliza (l. *pellicia,* hecha de pieles) ***f.*** Prenda de abrigo hecha, forrada o adornada de pieles finas. 2 Chaqueta de abrigo con el cuello y las bocamangas reforzadas de otra tela. 3 MIL. Chaqueta de paño azul con las orillas del cuello y las bocamangas revestidas de astracán; se cierra sobre el pecho con trencillas de estambre negro. 4 MIL. Dormán. 5 *P. Rico.* Especie de cobertor que cubre el aparejo de la bestia.
pellizcador, -ra ***adj.*** Que pellizca.
pellizcar (cruce de *pizcar;* voz descriptiva x *vellegar,* del l. *vellicare*) ***tr.*** Asir con el dedo pulgar y cualquiera de los otros una

pequeña porción de piel y carne [de una pers.] apretándola de suerte que cause dolor. 2 Asir o herir levemente [una cosa]. 3 Tomar o quitar pequeña cantidad [de una cosa]: ~ *el pan.* -4 ***prnl.*** fig. Perecerse. ◇ ** CONJUG. [1] como ***sacar.***
SIN. *1, 2* y *3* **Pizcar; repizcar,** fam.

pellizco ***m.*** Acción de pellizcar: ~ ***de monja,*** el que se hace cogiendo muy poca carne, retorciéndola, lo que resulta particularmente doloroso; bocadito de masa con azúcar. 2 Efecto de pellizcar. 3 Porción pequeña de una cosa, que se toma o se quita.
SIN. **Pizco, repizco; torniscón,** pellizco retorcido. *3* **Pizca.**

pello ***m.*** Especie de zamarra fina.

pellón ***m.*** Vestido talar ant. que se hacía regularmente de pieles. 2 *Amér.* Vellón, cuero o manta de lana que se usa sobre la silla de montar. 3 *Amér.* Piel de carnero que se emplea para acostarse. 4 *Argent.* Cojín pequeño.

pellote ***m.*** Pellón (vestido).

pelluzgón ***m.*** Porción de pelo, lana o estopa, que se coge de una vez con la mano. 2 Mechón (porción de hebras).

pelma (gr. *pegma*) ***m.*** Pelmazo.

pelmacería ***f.*** fam. Calidad de pelmazo.

pelmatozoo ***adj.-m.*** Equinodermo del subtipo de los pelmatozoos. -2 ***m pl.*** Subtipo de equinodermos primitivos que viven fijos a un substrato por medio de un pedúnculo; incluye una clase con representantes actuales: los crinoideos.

pelmazo, -za ***m. f.*** fig. *y* fam. Persona calmosa o pesada en sus acciones. 2 fig. *y* fam. Persona molesta, fastidiosa e importuna. -3 ***m.*** Cosa apretada o aplastada con exceso. 4 Comida que se estanca en el estómago.

pelo (l. *pilu*) ***m.*** Filamento cilíndrico, de naturaleza córnea, que nace de la dermis de la mayor parte de los mamíferos. 2 Conjunto de pelos que cubren el cuerpo o una parte del cuerpo, esp. conjunto de los cabellos del hombre: ***hacer el*** ~, aderezarlo; ~ ***de cofre*** o ***de Judas,*** fig., pelo bermejo y persona que lo tiene de este color; ~ ***de la dehesa,*** resabios que conservan las gentes de extracción rústica; ***de*** ~ ***en pecho,*** díc. de la persona vigorosa y denodada. 3 Capa (color). 4 Plumón (pluma). 5 Vello (pelusilla). 6 Muelle de poquísimo resalto en que descansa el gatillo de algunas armas de fuego. 7 Hebra delgada de lana, seda, etc. 8 Seda en crudo. 9 En los tejidos, parte que queda en su superficie y sobresale en la haz que cubre el hilo. 10 Parte fibrosa de la madera que se separa de las demás al cortarla o labrarla. 11 Cuerpo extraño que se agarra a los puntos de la pluma de escribir y hace que la letra salga borrosa. 12 Raya opaca en las piedras preciosas que les quita valor. 13 Raya o grieta por donde con facilidad saltan las piedras, el vidrio o los metales. 14 fig. Cosa mínima o de poca importancia y entidad: ~ ***de aire,*** viento casi imperceptible. 15 Enfermedad en los pechos de las mujeres que crían, por destrucción de los conductos de la leche. 16 ANAT. ~ ***táctil,*** vibrisa (pelo); cerda o filamento que poseen numerosos artrópodos. 17 BOT. ~ ***absorbente,*** pelo o hierba de la raíz que absorbe agua. 18 BOT. ~ ***rizoide,*** filamento que hace las veces de raíz en ciertas plantas que carecen de ella. 19 VETER. Enfermedad que padecen las caballerías en los cascos. 20 ~ ***de camello,*** tejido hecho con pelo de este animal o imitado con pelote del macho cabrío. 21 *Chile.* Péndulo del reloj.
REL. Varios der. y compuestos cultos se forman del l. *pilu,* como **piloso, depilar, depilatorio.** SIN. *11* **Raspa.** FR. *Agarrarse,* o *asirse, de un* ~, asirse de un cabello. *Echar buen* ~, fig., pelechar (medrar). *Estar uno hasta los pelos,* estar harto de una persona o cosa. *No tener un* ~ *de tonto,* ser listo y avisado. *No tener pelos en la lengua,* fig. fam., decir sin reparo ni empacho lo que piensa o siente, o hablar con demasiada libertad y desembarazo. *No ver el,* ~ *o no vérsele el,* ~ *a uno,* fig. fam., denota la ausencia de una persona en los lugares donde debía o solía acudir. *Pelos y señales,* pormenores y circunstancias de una cosa. *Ponérsele a uno los pelos de punta,* erizársele el cabello, sentir gran pavor. *Relucirle a una persona* o *animal el* ~, estar gordo y bien tratado. *Tener unos pelos en el corazón,* tener grande esfuerzo y ánimo. *Tener pelos un negocio,* ofrecer dificultad, ser embarazoso. *Tomar el* ~ *a uno,* burlarse de él aparentando elogiarle. LOC. *Al* ~, según o hacia el lado en que se inclina el pelo; fig., a punto, a medida del deseo. *A* ~, al pelo; fig., a tiempo, a propósito o a ocasión. *Contra* ~ o ~ *arriba,* a contrapelo; fig., fuera de tiempo o de propósito. También *a repelo. En* ~, dicho de caballerías, sin adorno o aparejo; dicho de personas, con la cabeza descubierta. *Un* ~, muy poco: *no acertó por un* ~.

pelofobia (gr. *pelós,* barro + *-fobia*) ***f.*** Temor morboso a la suciedad.
SIN. **Misofobia.**

pelón, -lona ***adj.-s.*** Que no tiene pelo o tiene muy poco. 2 Que lleva cortado el pelo al rape. 3 fig. Pobre, escaso de recursos. -4 ***m.*** *Argent.* Durazno de piel lisa. 5 *Bol.* Melocotón pelado de la cáscara y secado al sol. 6 *Colomb.* y *Chile.* Desolladura, peladura grande. 7 *Venez.* Equivocación.
SIN. *1* **Motilón.** *3* **Pelado.**

pelona (de *pelo*) ***f.*** Alopecia. 2 fam. Muerte. 3 *Cuba.* Cometa sin flecos.

pelonchile ***m.*** *Méj.* Flor de la capuchina.

pelonería ***f.*** fam. Calidad de pelón.

pelongo, -ga ***adj.*** *Colomb.* [pollo] Que aún no vuela.

pelonía (de *pelo*) ***f.*** Alopecia.

Pélope ***n. pr.*** MIT. Hijo de Tántalo, rey de Lidia. Su padre lo sirvió a los dioses en un banquete. Vuelto a la vida por voluntad de Júpiter, casó Pélope con Hipodamia, hija de Enomao, a quien sucedió, y reinó sobre el *Peloponeso.* Sus descendientes se llamaron *pelópidas.*

peloponense (l. *peloponnense*) ***adj.-s.*** Del Peloponeso, península meridional de Grecia, hoy llamada Morea.

peloponesíaco, -ca, -siaco, -ca ***adj.*** Peloponense.

peloponesio, -sia (del lat. *Peloponesius,* del gr. *Peloponesios*) ***adj.-s.*** Del Peloponeso, península de la Grecia antigua.

pelosilla (de *peloso*) ***f.*** Vellosilla.

peloso, -sa ***adj.*** Que tiene pelo.

pelota (fr. ant. *pelote,* der. del l. *pila*) ***f.*** Bola esférica u ovoide, de goma, de trapos comprimidos o de goma apretada con hilo o cuerda, gralte. forrada de cuero o paño, que sirve para jugar con ella: ~ ***de viento*** (o ***balón***), desus., bolsa de goma elástica llena de aire y cubierta de cuero, usada en ciertos juegos. 2 Juego hecho con la pelota: ~ ***vasca,*** especie de ple que se juega a un número de tantos entre dos personas o equipos, lanzando la pelota contra el frontón situado en un extremo de la cancha, impulsándola con una raqueta o pala o con una cesta especial para imprimirle mayor velocidad; ***pelota base*** (traducción del inglés *base-ball),* juego entre equipos de nueve jugadores cada uno, en un campo de cuatro bases que forman un rombo. 3 DEP. En la gimnasia rítmica, aparato con el que se ejecutan diversos ejercicios de habilidad y coordinación de movimientos. 4 Bola de materia blanca que se amasa fácilmente. 5 Bala de piedra, plomo o hierro, con que se cargaban los arcabuces, mosquetes, cañones, etc. 6 fig. Acumulación de deudas o desazones que, siendo una por una de escasa entidad, juntas resultan graves. -7 ***com.*** Pelotillero (adulador, servil). -8 ***f. pl.*** vulg. Testículos. -9 ***f.*** *Argent.* y *Bol.* Batea de piel de animal vacuno, la cual, mediante unas guascas, sirve para transportar objetos y personas de una parte a otra de un río. 10 *Cuba* y *Méj.* Deseo vehemente. 11 *Cuba.* Persona a quien se quiere apasionadamente. -12 ***m. pl.*** *Ecuad.* Tonto, falto de juicio.
FR. *Estar la* ~ *en el tejado,* fig., ser todavía dudoso el éxito de un negocio.

pelota (en ~**)** (de *pelo*) ***loc. adv.*** En cueros: ***dejar a uno en*** ~, desnudarle de la ropa exterior; fig., robarle todo lo que tiene.

pelotari ***com.*** Jugador de pelota vasca.

pelotazo ***m.*** Golpe dado con la pelota. 2 fig. *y* fam. Bebida combinada de alta graduación alcohólica.

pelote ***m.*** Pelo de cabra, empleado para rellenar muebles y para otros usos industriales.

pelotear (frecuent.) ***tr.*** Repasar [las partidas de una cuenta] cotejándolas con sus justificantes. -2 ***intr.*** Jugar a la pelota por entretenimiento sin haber hecho partido. 3 fig. Arrojar una cosa de una parte a otra: ~ *con la almohada.* 4 fig. Reñir dos o más personas entre sí. 5 fig. Disputar, controvertir sobre una cosa. 6 fig. Enviar con pretextos a una persona de un lugar a otro. 7 *Argent.* y *Bol.* Pasar un río en la batea llamada pelota. 8 *Chile.* Percibir algo que se oye casualmente en la conversación de otros.

peloteo ***m.*** Acción de pelotear. 2 Efecto de pelotear. 3 Adulación servil.

pelotera ***f.*** fam. Riña, contienda. 2 *Méj.* Alzamiento.
SIN. *1* v. **Lucha.**

pelotero ***m.*** El que tiene por oficio hacer pelotas. 2 El que las ministra en el juego. 3 fig. Pelotera. 4 V. escarabajo pelotero. 5 *P. Rico.* Pelotari.

pelotilla (dim. de *pelota*) ***f.*** Bolita de cera, armada de puntas de vidrio, de que usaban los disciplinantes. 2 Adulación, servilismo para congraciarse con los superiores. -3 ***adj.-com.*** Pelotillero (adulador servil).

pelotillero, -ra ***adj.*** Adulador, servil. -2 ***m.*** *Bol.* Árbol euforbiáceo que produce caucho.

peloto (de *pelo*) ***adj.*** Variedad de trigo chamorro.

pelotón (fr.) ***m.*** Aum. de *pelota.* 2 Conjunto de pelos o de cabellos unidos, apretados o enredados. 3 fig. Conjunto de personas sin orden y como en tropel. 4 Grupo de soldados, menor que una sección, al mando de un cabo o sargento. 5 DEP. En ciclismo, grupo formado por la mayoría de los corredores.

pelotudo, -da ***adj.*** *Argent.* Negligente, descuidado.

pelta (gr. *pelte*) ***f.*** Escudo ligero usado por los griegos. 2 BOT. En los líquenes, apotecio plano y poco prominente.

peltado, -da (de *pelta*) ***adj.*** V. hoja peltada.

pelti-, pelto- (gr. *pelte,* escudo) Elemento prefijal que entra en la formación de palabras con el significado de escudo.

peltrano ***m. f.*** *La Mancha.* Zutano.

peltre (it. *peltro*) ***m.*** Aleación de cinc, plomo y estaño.

peltrero ***m.*** El que tiene por oficio trabajar en cosas de peltre.

pelú ***m.*** *Chile.* Árbol leguminoso, de flores grandes y amarillas, y madera dura muy estimada *(Edwarsia macnabiana).*

peluca (fr. *perruque;* con cruce de *pelo*) ***f.*** Cabellera postiza. 2 fig. Persona que la usa. 3 fig. Reprensión severa. 4 *Ecuad.* Pelo largo, en niños y jóvenes. 5 *Perú.* Melena.

peluche (fr.) ***m.*** GALIC. Felpa (tejido).

peluchón ***m.*** *Murc.* Greña, mechón de pelo despeinado.

pelucón, -cona ***m.*** Aum. de *peluca.* -2 ***m. f.*** *Colomb.* y *Perú.* Melenudo. 3 *Chile.* Conservador. 4 *Ecuad.* Persona de alta posición.

pelucona ***f.*** fam. Onza de oro.

peludear ***intr.*** *Argent.* Salvar una dificultad. 2 *Argent.* y *Urug.* Atascarse un carro en la tierra blanda. 3 *Argent.* y *Urug.* Recorrer el campo cazando peludos (armadillos). 4 *Argent.* y *Urug.* fig. No acertar a explicar algo, titubear.

peludo, -da ***adj.*** Que tiene mucho pelo. -2 ***m.*** Ruedo afelpado de espartos largos y majados. 3 Armadillo de Sudamérica de unos 60 cms. de longitud; tiene el cuerpo cubierto de placas córneas de las que sobresalen largos pelos *(Euphractus sexcinctus).* 4 *Amér. Merid.* Borrachera. -5 ***f.*** Pez marino teleósteo pleuronectiforme, de la familia del lenguado, de cuerpo ovalado y alargado, muy comprimido *(Monachirus hispidus; Argonoglossus grohmani; Pleuronectes g.).*

SIN. *1* **Piloso.** *5* **Soldado.**

pelugre ***m.*** *Logr.* Vilano.

peluqueada ***f.*** *Argent., Colomb., Parag.* y *Venez.* Corte de pelo, acción y efecto de peluquear o peluquearse.

peluquear ***tr.-prnl.*** *Argent., Colomb., Parag.* y *Venez.* Cortar el pelo [a una persona].

peluquería ***f.*** Tienda del peluquero. 2 Oficio de peluquero.

SIN. **Barbería,** coinciden en la actualidad, si bien ésta es más popular, y aquella más distinguida y elegante; **peluquería,** establecimiento donde se corta y arregla el cabello a las señoras.

peluquero, -ra (de *peluca*) ***m. f.*** Persona que tiene por oficio peinar, cortar el pelo o hacer o vender pelucas, rizos, etc. -2 ***f.*** Mujer del peluquero.

peluquín ***m.*** Peluca pequeña. 2 Peluca con bucles y coleta, usada a fines del s. XVIII.

pelusa (desp. de *pelo*) ***f.*** Vello (pelusilla). 2 Pelo menudo que se desprende de las telas. 3 fig. Envidia propia de los niños.

pelusiento, -ta ***adj.*** *Perú* y *P. Rico.* vulg. Peludo.

pelusilla ***f.*** Vellosilla. 2 fam. Envidia, celos.

pelvi ***adj.-m.*** Pehlevi.

pelviano, -na ***adj.*** Relativo a la pelvis.

pelvímetro (*pelvis* + *-metro*) ***m.*** Instrumento para medir la pelvis.

pelvis (l.) ***f.*** Cavidad del cuerpo humano determinada por los dos coxales, el sacro y el cóccix, donde se alojan la terminación del tubo digestivo y algunos órganos del aparato excretor y genital. 2 Parte del esqueleto de los vertebrados que sirve de punto de unión a los huesos de los miembros posteriores. 3 Receptáculo membranoso en forma de embudo, que se halla en el interior de cada riñón y es el principio del uréter. ◇ Pl.: *pelvis.*

SIN. *1* **Bacinete.**

I) pena (l. *pœna*) ***f.*** Castigo impuesto al que ha cometido un delito o falta: ~ ***capital, última*** ~ o ***de la vida,*** la de muerte; ~ ***del talión,*** la que imponía al reo un daño igual al que él había causado; ~ ***pecuniaria,*** multa; DER., ~ ***accesoria,*** la que se impone como inherente, en ciertos casos, a la principal; ~ ***aflictiva,*** la de mayor gravedad, entre las de la clase primera, que señala el código penal; ~ ***correccional,*** la de segunda clase que el código penal determina; ~ ***leve,*** la de arresto menor y reprensión privada; ***penas eternas,*** las del infierno; ~ ***de daño,*** la de no poder ver a Dios en la otra vida; ~ ***de sentido,*** los tormentos infernales; ~ ***máxima,*** DEP., penalti, en el juego del fútbol. 2 Dolor, angustia moral ocasionada por el temor, la compasión, etc. 3 Dificultad, trabajo, esfuerzo que cuesta una cosa: ***a duras, graves*** o ***malas, penas,*** con gran dificultad o trabajo; ***a penas,*** apenas. 4 Cinta, adornada con una joya en cada punta, que usaban las mujeres anudándola al cuello. 5 Velo de luto riguroso que, sujeto al sombrero, llevaban las mujeres, flotante sobre la espalda. 6 *Colomb., C. Rica, Cuba, Méj., Nicar., Pan.* y *Venez.* Vergüenza. -7 ***f. pl.*** *Perú.* Fantasmas, aparecidos, almas en pena.

SIN. *2* V. **Dolor.**

II) pena (l. *penna*) ***f.*** Pluma grande del ave. 2 MAR. Parte extrema y más delgada de una entena.

penable ***adj.*** Que puede recibir pena o ser penado.

penachera ***f.*** Penacho.

penacho (it. *pennacio* < l. *penna,* pluma) ***m.*** Grupo de plumas que tienen algunas aves en la parte superior de la cabeza. 2 Adorno de plumas que sobresale en los cascos o morriones, en el tocado de las mujeres, en la cabeza de las caballerías engalanadas, etc. 3 fig. Lo que tiene forma de tal. 4 fig. Vanidad, presunción, soberbia. 5 Nieve acumulada por el viento en la cuesta de una montaña. 6 *And.* Flor del maíz. 7 *And.* Cabo del maíz.

SIN. *1* **Copete, cresta, moño.**

penachudo, -da ***adj.*** Que tiene o lleva penacho.

penadamente ***adv. m.*** Penosamente.

penadilla ***f.*** Penado (vasija).

penado, -da ***adj.*** Penoso o lleno de penas. 2 Difícil, trabajoso. -3 ***adj.-s.*** Especie de vasija de boca muy estrecha para que diese la bebida en corta cantidad, usada antig. en España. -4 ***m. f.*** Delincuente condenado a una pena.

SIN. *4* **Presidiario, forzado,** esp. si están condenados a trabajar; **recluso** o **preso,** dan idea de penas menores, o de prisión preventiva sin condena.

penal (l. *pœnale*) ***adj.*** Relativo a la pena, o que la incluye. 2 DER. Criminal (del crimen y leyes). -3 ***m.*** Lugar en que los penados cumplen condenas superiores a las de arresto.

SIN. *3* **Presidio; correccional** o **penitenciaría,** incluyen el matiz de regeneración del penado.

penalidad ***f.*** Trabajo aflictivo, molestia, incomodidad. 2 DER. Calidad de penable. 3 DER. Sanción impuesta por la ley penal, de las ordenanzas, etc.

penalista ***adj.-com.*** Jurisconsulto que se dedica con preferencia al estudio de la ciencia o derecho penal.

penalización ***f.*** Acción de penalizar. 2 Efecto de penalizar. 3 Sanción. 4 En deportes, castigo infligido al jugador que ha cometido alguna falta.

penalizar (ing. *to penalize*) ***tr.*** DEP. Imponer una sanción o castigo. ◇ ** CONJUG. [4] como ***realizar.***

penalti (ing. *penalty*) ***m.*** DEP. Falta que se comete en el juego del fútbol dentro del área de gol. 2 DEP. Sanción correspondiente a dicha falta. 3 fig. Embarazo prematrimonial. ◇ Pl.: *penaltis.*

penante ***adj.-s.*** Penado (vasija). 2 Que sufre pena.

penar ***tr.*** Imponer pena [a uno]. 2 DER. Señalar la ley castigo [al que comete una falta o delito]. -3 ***intr.*** Padecer, soportar un dolor o una pena: ~ *de amores;* ~ *en la otra vida;* ~ *por su hijo.* 4 Agonizar mucho tiempo. -5 ***prnl.*** Afligirse, padecer una pena o sentimiento.

SIN. *2* **Sancionar.**

penates (l.) ***m. pl.*** Dioses domésticos de los gentiles. 2 fig. Vivienda, habitación.

penca (cat. y port.) ***f.*** Hoja carnosa de ciertas plantas. 2 Parte carnosa de ciertas hojas. 3 fig. Tira de cuero o vaqueta con que el verdugo azotaba a los delincuentes. 4 *Logr.* Nariz grande abultada. 5 *La Mancha* y *Venez.* Maslo o tronco de la cola de los cuadrúpedos. 6 *Amér.* Racimo de plátanos. 7 *Argent.* Chumbera. 8 *C. Rica.* Borrachera. 9 *Hond.* Hoja o espata del maíz. 10 *Hond.* Chorro de sangre. 11 *Nicar.* Pita (planta). 12 *Urug.* Carrera de caballos en el campo. -13 ***adj.-com.*** fam. *e* irón. [pers.] De costumbres poco recomendables.

pencazo ***m.*** Golpe dado con la penca.

penco (de *penca*) ***m.*** fam. Jamelgo. 2 *Amér.* Agave, pita. 3 *Hond.* fam. Hombre rústico, grosero, palurdo. 4 *Pan.* y *S. Dom.* Pedazo, trozo.

pencudo, -da ***adj.*** Que tiene pencas. 2 *Colomb.* Descomunal.

pendanga (de *pender*) ***f.*** En el juego de quínolas, la sota de oros.

pendejada ***f.*** fam. Ruindad, acción propia de un pendejo (hombre).

pendejear ***intr.*** *Amér.* vulg. Bobear. 2 *Colomb.* fam. Hacer o decir necedades o tonterías.

pendejero ***m.*** *Venez.* Cerda vegetal.

pendejismo *m.* *Amér.* fam. Tontería, cobardía.
pendejo (l. **pectiniculu*) *m.* Pelo del pubis y las ingles. 2 fig. Hombre cobarde, pusilánime, despreciable. 3 fig. *y* fam. Pendón, persona de vida licenciosa. 4 *Amér.* Tonto.
pendencia (l. *paenitentia;* a través del port. *pendencia;* doble etim. *penitencia*) *f.* Contienda, riña de palabras o de obras. 2 DER. Litispendencia. ◇ Dim. *pendenzuela.*
SIN. *1* **Lucha.**
pendenciar *intr.* Reñir, tener pendencia. ◇ ** CONJUG. [12] como ***cambiar.***
pendenciero, -ra *adj.* Propenso a riñas o pendencias.
SIN. **Quimerista, reñidor.**
pendenzuela *f.* Dim. de *pendencia.*
pender (l. *-ere*) *intr.* Estar colgada, suspendida o inclinada alguna cosa: *~ de un cabello; ~ en la cruz.* 2 lit. Depender. 3 fig. Estar por resolverse o terminarse un negocio o pleito: *~ ante el Tribunal.*
SIN. *1* **Estar pendiente, colgar.**
pendiente *adj.* fig. Que está por resolverse o terminarse. -2 *m.* Arete con adorno colgante o sin él. 3 Pinjante (joya). 4 Inclinación de las armaduras de los techos para el desagüe. 5 MIN. Cara superior de un criadero. 6 *Méj.* Preocupación, aprensión. -7 *f.* Cuesta o declive. 8 BLAS. Parte inferior de los estandartes y banderas.
SIN. *2* **Zarcillo.**
pendil (de *pender*) *m.* Manto de mujer.
pendol *m.* MAR. Operación que hacen los marineros con objeto de limpiar los fondos de una embarcación.
I) péndola (l. *pennula,* pluma) *f.* Pluma (adorno y escritura).
II) péndola *f.* Péndulo de un reloj. 2 fig. Reloj que tiene péndola. 3 En una suspensión catenaria para tracción eléctrica, hilo sustentador vertical que une el cable portante con el cable de trabajo. 4 ARQ. Pieza de una armadura de cubierta que une la solera con la lima tesa, y el par con el tirante. 5 ARQ. Varilla vertical que sostiene el piso de un puente colgante o cosa parecida. 6 *Cuba.* Especie de bejuco.
pendolaje *m.* Derecho de apropiarse en las presas de mar todos los géneros que están sobre cubierta.
pendolario *m.* Pendolista.
pendolista (de *péndola* I) *com.* Persona que escribe diestra y gallardamente. 2 Calígrafo.
SIN. **Escribano.**
pendolón *m.* Aum. de *péndola* II. 2 Pieza de una armadura de cubierta que une la hilera con el tirante, y da apoyo a las tornapuntas.
pendón (fr. ant. *penon,* der. del l. *pinna,* pluma) *m.* Bandera o estandarte pequeño, usado antig. como insignia de un caballero, de una mesnada, de un regimiento, etc.: *~* ***caballeril,*** o *~* ***puñal,*** el rectangular usado como insignia por los señores que llevaban más de diez caballeros y menos de cincuenta; *~* ***posadero,*** el largo y puntiagudo que se plantaba para designar los sitios donde se debía pasar o acampar, y usaban como insignia los señores que llevaban más de cincuenta caballeros y menos de ciento; *~* ***de Castilla*** o ***morado,*** insignia personal del soberano; *~* ***y caldera,*** privilegio que daban los reyes a los ricos hombres de Castilla cuando les ayudaban en la guerra, y era usar como divisa un pendón o estandarte en señal de que podían levantar gente, y la caldera como insignia de que la mantenían a su costa; ***a ~ herido,*** con toda fuerza, unión y diligencia para prestar ayuda o socorro; ***seguir el ~ de uno,*** alistarse bajo sus banderas. 2 Insignia usada por las iglesias, cofradías, etc., en las procesiones; es un estandarte largo, gralte. rematado en dos puntas. 3 Vástago que sale del tronco principal del árbol. 4 fig. Persona, esp. mujer, muy alta, desvaída y desaliñada. 5 fig. Persona moralmente despreciable. 6 BLAS. Insignia semejante a la bandera. -7 *m. pl.* Riendas para gobernar las mulas de guías. -8 *m. S. Dom.* Varilla seca de la caña de azúcar. 9 *S. Dom.* Chorro.
pendona *f.* Ramera veterana.
pendonear (de *pendón*) *intr.* desp. Pindonguear.
pendoneta *f.* Pendón pequeño o estandarte.
pendonista *adj.-com.* Persona que en una procesión lleva el pendón o lo acompaña.
péndula *f.* incor. Péndola, reloj.
pendular *adj.* Propio del péndulo o relativo a él: *movimiento, oscilación ~.*
péndulo, -la (l. *-lu,* pendiente. doble etimología *pendol*) *adj.* Que pende. -2 *m.* MEC. Cuerpo que puede oscilar suspendido desde un punto fijo bajo la acción combinada de la gravedad y de la inercia: *el ~ de un reloj; ~* ***de compensación,*** el de reloj cuyas varillas de suspensión están combinadas de tal modo que su dilatación o contracción no modifique la longitud total del péndulo, con lo que se evita que los agentes atmosféricos alteren la regularidad de sus movimientos; *~* ***simple,*** el puramente teórico, en que se supone el cuerpo reducido a un punto material, el hilo sin peso y el movimiento sin fricción. 3 *~* ***eléctrico,*** esferilla de una substancia muy ligera colgada de un hilo de seda que sirve para indicar si un cuerpo está electrizado o no, según que al aproximarse a ella la desvíe o no de su posición. 4 *~* ***sidéreo,*** reloj magistral que en observatorios marca el tiempo sidéreo.
SIN. *2* **Perpendículo.**
pendura (a la ~) ***loc. adv.*** MAR. Apl. a todo lo que cuelga, y esp. al ancla cuando pende de la serviola.
pene (l.) *m.* Miembro viril.
peneca *m. Chile.* Niño, chiquillo. 2 *Chile.* Estudiante de primeras letras. -3 *f. Chile.* Clase preparatoria en las escuelas.
penedés *m.* Vino de la comarca del Penedés (Barcelona). ◇ Pl.: *penedés.*
Penélope *n. pr.* Esposa de Ulises, personificación de la fidelidad conyugal. Para entretener a sus pretendientes, les dijo que se casaría cuando terminase una tela que estaba tejiendo y que de noche destejía; de aquí quedó en proverbio *la tela de ~*, para significar lo que se hace y se deshace a continuación.
penene (sigla lexicalizada) *com.* Profesor no numerario.
peneque (gasc. *penèc,* der. de *pendere*) *adj.* fam. Ebrio. 2 *And.* fam. [pers. o animal] Que al andar se tambalea. 3 *Méj.* Pastelillo pequeño relleno de queso, envuelto en huevo y frito.
penetrabilidad *f.* Calidad de penetrable.
penetrable (l. *-bile*) *adj.* Que se puede penetrar. 2 fig. Que fácilmente se entiende.
penetración *f.* Acción de penetrar. 2 Efecto de penetrar: *~* ***pacífica,*** influjo económico y político que una nación ejerce pacíficamente en un país extraño. 3 Inteligencia cabal de una cosa difícil. 4 Perspicacia de ingenio, agudeza.
penetrador, -ra *adj.* Que tiene penetración (perspicacia).
penetrante *adj.* Profundo (muy adentro). 2 fig. Agudo alto, hablando de la voz, del grito, etc. 3 FÍS. [radiación] Capaz de atravesar la materia sin ser detenida por los átomos de la misma.
penetrar (l. *-are*) *tr.* Introducirse un cuerpo [en otro por sus poros]: *el agua penetra la tierra.* 2 En el acto sexual, introducir el pene dentro de la vagina. 3 Hacerse sentir con demasiada violencia una cosa, como el frío, los gritos, etc.: *~ el frío las carnes; ~ hasta las entrañas.* 4 fig. Llegar lo agudo de los afectos a lo interior del alma. -5 ***tr.-prnl.*** Comprender el interior [de uno o de una cosa dificultosa]: *~ la razón* o *penetrarse de la razón.* -6 ***intr.*** Introducirse en lo interior de un espacio aunque haya dificultad: *~ en la cueva; ~ entre,* o *por entre, las filas; ~ por lo más espeso;* fig., *penetró en los círculos más escogidos de la sociedad.*
SIN. *6* **Meterse.**
penetrativo, -va *adj.* Que penetra, es capaz o tiene virtud de penetrar.
peneuvista (de las siglas del partido político Partido Nacionalista Vasco) ***adj.-com.*** Propio o relativo al PNV (Partido Nacionalista Vasco). -2 ***com.*** Persona afiliada a dicho partido.
pénfigo (gr. *pémphix, -igos*) *m.* Nombre que se da a varias enfermedades caracterizadas por la formación de ampollas cutáneas llenas de una serosidad amarilla.
penga *f. Bol.* Puñado de diez plátanos.
penibético, -ca *adj.* Relativo al sistema de cordilleras que van del estrecho de Gibraltar al cabo de la Nao, en la prov. de Alicante.
peniciliado, -da *adj.* BOT. Copetudo, parecido a un pincel.
penicilina *f.* Substancia medicinal, de gran poder microbicida, extraída de un moho (Penicillium notatum). Se emplea para el tratamiento de ciertas enfermedades infecciosas.
penígero, -ra (l. *penniger*) *adj.* poét. Alado, que tiene alas o plumas.
penillanura *f.* Meseta originada por la erosión de una región montañosa.
península (l. *pœninsula* < *pœne,* casi + *insula,* isla) *f.* Tierra cercada por el agua, y que sólo por una parte relativamente estrecha, istmo, está unida con otra tierra de extensión mayor.
peninsular *adj.-s.* De una península. -2 *adj.* p. ant. Relativo a la Península Ibérica, en oposición a las islas y a las tierras españolas de África.

penique (anglosajón *pennig;* hoy ing. *penny;* pl. *pence*) ***m.*** Moneda inglesa de cobre (centésima parte de la libra; antes duodécima parte del chelín).
penisla ***f.*** desus. Península.
penitencia (l. *pœnitentia;* doble etim. *pendencia*) ***f.*** Virtud consistente en el dolor de haber pecado y el propósito de no volver a pecar. 2 En la religión católica, sacramento en el cual, por la absolución del sacerdote, se perdonan los pecados cometidos después del bautismo al que los confiesa con dolor, propósito de la enmienda y demás requisitos. 3 Pena que impone el confesor al penitente para satisfacción del pecado: *cumplir la ~;* – ***canónica*** o ***pública,*** serie de ejercicios laboriosos y públicos impuestos por los sagrados cánones al culpable de ciertos delitos. 4 Castigo público que imponía el tribunal de la Inquisición a algunos reos. 5 Serie de ejercicios penosos que se hacen para mortificar las pasiones y sentidos y apagar los apetitos de la carne. 6 Acto de mortificación interior o exterior, en general. 7 fig. *y* fam. Cosa muy molesta que uno debe hacer o soportar: *¡menuda ~ me mandas con ese encargo!*
SIN. *2* **Confesión.**
penitenciado, -da ***adj.-s.*** Castigado por la Inquisición. 2 *Amér.* Encarcelado.
penitencial ***adj.*** Relativo a la penitencia o que la incluye.
penitenciar ***tr.*** Imponer penitencia [a alguien]. ◇ ** CONJUG. [12] como ***cambiar.***
penitenciaría ***f.*** Tribunal eclesiástico de Roma que, presidido por un cardenal, acuerda y despacha las bulas y gracias de dispensaciones relativas a materias de conciencia. 2 Dignidad o cargo de penitenciario. 3 Establecimiento penitenciario en que sufren sus condenas los penados, sujetos a un régimen expiatorio y regenerador.
SIN. *3* v. **Penal.**
penitenciario, -ria ***adj.-s.*** Presbítero que tiene la obligación de confesar en una iglesia determinada. -2 ***adj.*** [canonjía o beneficio] Que lleva anejo esta obligación. 3 Relativo a cualquiera de los sistemas modernos de castigo y corrección de los penados, a los establecimientos destinados a este fin y a su régimen y servicio. -4 ***m.*** Cardenal presidente de la penitenciaría eclesiástica.
penitenta ***f.*** Mujer que se confiesa sacramentalmente.
penitente (l. *pœnitente*) ***adj.*** Relativo a la penitencia. 2 Que tiene penitencia. -3 ***com.*** Persona que se confiesa sacramentalmente. 4 Persona que hace penitencia. 5 Persona que en las procesiones o rogativas públicas viste túnica en señal de penitencia. -6 ***adj.*** *Ecuad.* Mentecato, necio.
penjabi ***adj.-m.*** Lengua perteneciente al grupo indoario, hablada en el noroeste de la India y en Paquistán.
penmican (ing. *pemmican*) ***m.*** Conserva de carne seca.
penni- (l. *penna,* pluma) Elemento prefijal que entra en la formación de palabras con el significado de pluma.
penninervio, -a (*penni- + nervio*) V. hoja penninervia.
peno, -na (l. *pœnu*) ***adj.-s.*** Cartaginés.
penol (l. *pinna,* ala, pluma) ***m.*** Punta o extremo de las vergas.
SIN. **Singlón.**
penología (de *pena + -logía*) ***f.*** Estudio de las sanciones represivas, penas y medidas de seguridad.
penonomeño, -ña ***adj.-s.*** De Penonomé, cap. de la prov. de Coclé (Panamá).
penosamente ***adv. m.*** Con pena y trabajo.
SIN. **Penadamente.**
penoso, -sa ***adj.*** Trabajoso; que causa pena o tiene gran dificultad. 2 Que padece una aflicción o pena. 3 desus. Presumido de lindo o de galán. 4 *Colomb.* y *Venez.* Encogido, tímido.
penquista ***adj.-s.*** De Concepción, c. y prov. de Chile.
pensado, -da, ***adj.*** [con el adv. *mal* o *peor*] Propenso a interpretar desfavorablemente las acciones, intenciones o palabras aj. nas. 2 ***De ~,*** de intento, con previa meditación y estudio.
SIN. *1* v. **Desconfiado.**
pensador, -ra ***adj.*** Que piensa; que lo hace con intensidad y eficacia. -2 ***m.*** Hombre dedicado a estudios muy elevados; p. ant., filósofo.
pensamiento ***m.*** Facultad de pensar. 2 Acción de pensar. 3 Efecto de pensar. 4 Idea inicial o capital de una obra cualquiera. 5 Idea o sentencia notable de un escrito. 6 fig. Sospecha, malicia, recelo. 7 Trinitaria. 8 Taberna. 9 ESC. y PINT. Bosquejo de la primera idea o invención, que forman los profesores de las bellas artes para componer una obra.
pensante ***adj.*** Que piensa.
I) pensar (l. *-are;* doble etim. *pesar*) ***intr.*** Ejercitar la facultad del espíritu de concebir, razonar o inferir. -2 ***tr.*** Reflexionar, examinar con cuidado una cosa para formar dictamen: *~ en,* o *sobre, un tema; ~ un asunto entre,* o *para, sí,* o *para consigo.* 3 en gral. Imaginar, considerar, recordar: *pienso lo que habéis sufrido; pienso en mi hijo.* 4 Intentar o formar ánimo [de hacer una cosa]: *pienso salir.* ◇ ** CONJUG. [27] como ***acertar.*** ◇ INCOR.: el régimen con *de: pienso de que.*
SIN. *2* **Considerar, reflexionar, meditar; rumiar,** tiene matiz fam. o irónico, lo mismo que **masticar** (menos us.). FR. *~ mal,* ser mal pensado. *Sin ~,* de improviso o inesperadamente.
II) pensar ***tr.*** Echar pienso [a los animales]. ◇ ** CONJUG. [27] como ***acertar.***
pensativo, -va ***adj.*** Que medita intensamente y está absorto y embelesado.
pensel ***m.*** Flor que se vuelve al sol como los girasoles.
penseque (de la fr. *pensé que*) ***m.*** fam. Error nacido de ligereza, descuido o falta de meditación. ◇ Pl.: *penseques.*
pensil, pénsil (l. *-ile,* pendiente) ***adj.*** Pendiente o colgado en el aire. -2 ***m.*** fig. Jardín delicioso.
pensilvano, -na ***adj.-s.*** De Pensilvania, uno de los Estados Unidos de la América septentrional.
pensión (l. *-one*) ***f.*** Renta o canon anual que perpetua o temporalmente se impone sobre una finca. 2 Cantidad anual que se asigna a uno por sus méritos o servicios propios o extraños, o bien por pura gracia del que la concede: *una ~ del estado; pagar la ~ a la viuda de un soldado.* 3 Auxilio pecuniario concedido para estimular o ampliar estudios o conocimientos literarios, científicos, etc. 4 fig. Trabajo o molestia que lleva consigo la posesión o goce de una cosa. 5 Establecimiento de hostelería que no reúne las condiciones exigidas por el hotel, y no dispone de más de doce habitaciones, facilitando, generalmente, alojamiento en régimen de pensión completa. 6 Precio que se paga por este alojamiento. 7 Conjunto de servicios (habitación y alimentación) que se ofrece al cliente en un establecimiento de hostelería: ***media ~,*** la constituida por la habitación, el desayuno y una comida; ***~ completa,*** la constituida por la habitación, el desayuno y las dos comidas. 8 *Argent.* y *Perú.* Comida que se da a una persona que vive fuera. 9 *Amér.* Pena, pesar. 10 *Chile.* Ansiedad, aprensión.
SIN. *5* **Fonda.**
pensionado, -da ***adj.-s.*** Que tiene o cobra una pensión. 2 Colegio o establecimiento para pensionistas.
SIN. *2* **Internado,** esp. si es un colegio.
pensionar ***tr.*** Imponer una pensión o un gravamen. 2 Conceder pensión [a una persona o establecimiento]. 3 *Amér.* Molestar. -4 ***prnl.*** *Chile.* Molestarse.
pensionario ***m.*** El que paga una pensión. 2 Consejero, abogado o dignidad de letras en una república.
pensionista ***com.*** Persona que tiene derecho a percibir una pensión. 2 Persona que paga cierta pensión por estar en un colegio o casa particular.
SIN. *2* **Porcionista.**
pensum (l.) ***m.*** *Colomb.* y *Venez.* Plan de estudios. 2 ant. Lección que se ha de aprender de memoria.
penta-, pente- (gr. *pente,* cinco) Elemento prefijal que entra en la formación de palabras con el significado de cinco.
pentacordio (*penta- + -cordio*) ***m.*** Ant. lira de cinco cuerdas.
pentadáctilo, -la (*penta- + -dáctilo*) ***adj.*** H. NAT. Que tiene cinco dedos o cinco divisiones en forma de dedos. -2 ***adj.-s.*** En la versificación clásica, verso formado por cinco dáctilos.
pentadecágono, -na (*penta- + decágono*) ***adj.-m.*** Polígono de quince lados y quince ángulos.
pentaedro (*penta- + -edro*) ***m.*** Sólido de cinco caras.
pentagonal ***adj.*** Que tiene cinco ángulos.
pentágono, -na (gr. *pentágonos < penta- + -gono*) ***adj.-m.*** Polígono de cinco ángulos.
pentagrama, pentágrama (*penta- + -grama*) ***m.*** MÚS. Renglonadura formada con cinco paralelas equidistantes, sobre la cual se escribe música.
SIN. **Pautada.**
pentalón ***m.*** Pentatlón.
pentámero, -ra (gr. *pentamerés < penta- + -mero*) ***adj.*** Que consta de cinco partes o piezas. 2 [flor] Que tiene los verticilos formados por cinco piezas. 3 [insecto] Que tiene cinco artejos en cada tarso.
pentámetro (*penta- + metro*) ***m.*** Verso de cinco pies.
pentano ***m.*** QUÍM. Hidrocarburo saturado, con cinco átomos de carbono.

pentápolis (*penta-* + *-polis*) *f.* Antiguamente y en la Edad Media, territorio que comprendía cinco ciudades importantes: *la ~ del Jordán; la ~ italiana.* ◇ Pl.: *pentápolis.*
pentapolitano, -na *adj.-s.* De una pentápolis.
pentarquía (gr. *pentarchia* < *penta-* + *-arquía*) *f.* Gobierno formado por cinco personas.
pentasílabo, -ba (*penta-* + *sílaba*) *adj.-s.* De cinco sílabas: *verso ~.*
pentastómido *adj.-m.* Animal del tipo de los pentastómidos. -2 *m. pl.* Tipo de metazoos celomados de aspecto aplanado y aparentemente segmentado; miden entre 3 mm. y 15 cms. y son parásitos de las vías respiratorias de los mamíferos, reptiles y aves de las regiones tropicales.
pentateuco (gr. *pentáteuchos* < *penta-* + *teúchos,* volumen) *m.* Parte de la Biblia que comprende los cinco primeros libros: Génesis, Éxodo, Levítico, Números y Deuteronomio.
pentatlón *m.* Conjunto de cinco ejercicios atléticos que actualmente consiste en 200 y 1500 metros lisos, salto de longitud y lanzamiento de disco y jabalina.
pentavalente (*penta-* + *-valente*) *adj.* QUÍM. Que tiene cinco valencias.
pente-, v. penta-.
pentecostés (gr. *pentekostós,* quincuagésimo) *m.* Fiesta que los judíos celebran cincuenta días después de la Pascua del Cordero en memoria de la ley que Dios les dio en el monte Sinaí. 2 Festividad de la Venida del Espíritu Santo, que celebra la Iglesia el domingo, quincuagésimo día que sigue al de Pascua de Resurrección, contando ambos. ◇ INCOR.: *pentecostes.* ◇ Pl.: no se usa.
SIN. *2* **Pascua del Espíritu Santo.**
pentedecágono, -na *adj.-m.* Pentadecágono.
pentélico, -ca *adj.* Relativo al monte Pentélico, de Grecia.
pentodo *m.* Válvula electrónica de cinco electrodos.
pentosa *f.* QUÍM. Monosacárido con cinco átomos de carbono.
pentotal *m.* Narcótico que impide que el paciente sea consciente de sus propias palabras.
pentrita *f.* Sólido cristalino de color blanco, insoluble en agua y alcohol y soluble en acetona, que se produce al nitrar fuertemente cierto polialcohol. Es uno de los explosivos rompedores más potentes.
penúltimo, -ma (l. *pœnultimu* < *pœne,* casi + *último*) *adj.-s.* Inmediatamente antes de lo último.
penumbra (l. *pœne,* casi + *umbra,* sombra) *f.* Sombra débil entre la luz y la oscuridad. 2 En los eclipses, sombra parcial que hay entre los espacios enteramente oscuros y los enteramente iluminados. 3 En pintura, zona en que se une la luz con la sombra.
penumbroso, -sa *adj.* Que está en la penumbra.
penuria (l.) *f.* Escasez, estrechez.
I) peña (l. *pinna,* almena) *f.* Piedra grande sin labrar, natural: *~ viva,* la adherida naturalmente al terreno. 2 Monte o cerro peñascoso. 3 Pastelillo en forma de roca hecho a base de claras de huevo y coco. 4 *Ecuad., Guat.* y *P. Rico.* fig. Persona sorda.
II) peña *f.* Reunión de amigos o camaradas. 2 Círculo de recreo.
peñafiel *m.* Vino de Peñafiel (Valladolid).
peñaranda *f.* vulg. Casa de empeños.
peñascal *m.* Terreno cubierto de peñascos.
peñascazo *m. And.* y *Chile.* Pedrada.
peñasco *m.* Peña grande y elevada. 2 Múrice (molusco). 3 Región del hueso temporal en cuyo interior se halla alojado casi todo el aparato auditivo.
SIN. *4* **Región petrosa.**
peñascoso, -sa *adj.* [lugar] Donde hay muchos peñascos.
peñasquear *tr. Chile.* Apedrear [a alguien].
peñazo *adj.-m.* fam. Persona inoportuna y pesada. -2 *m.* Pedrada.
peño (de *peña*) *m.* En algunas partes, expósito.
peñol *m.* Peñón.
péñola (l. *pennula*) *f.* Pluma (para escribir).
peñolada *f.* Plumada (acción).
peñón *m.* Aum. de *peña.* 2 Monte peñascoso.
peñuela *f.* Dim. de *peña* (piedra).
peñusco *m. Argent.* y *P. Rico.* Conjunto apiñado.
peñusquero *m. Venez.* Apiñadura, apiñamiento.
peo *m.* fam. Pedo.
I) peón (l. *pedone,* el que tiene los pies grandes) *m.* El que anda a pie. 2 Infante o soldado de a pie. 3 En el juego de ajedrez, pieza que, en número de ocho por bando, se mueve avanzando siempre un solo escaque a lo largo de una columna, pero que mata diagonalmente; p. anal., pieza del juego de damas y de otros de tablero. 4 Jornalero que trabaja en cosas materiales que no requieren arte ni habilidad: *~* ***caminero,*** el destinado a la conservación y reparo de los caminos públicos; *~* ***de mano,*** el que ayuda al oficial de albañil para emplear los materiales. 5 Juguete de madera, de figura cónica y terminado en una púa de hierro, al cual se arrolla una cuerda para lanzarlo y hacerle bailar. 6 Árbol de la noria o de cualquiera otra máquina giratoria. 7 Colmena.
SIN. *1* **Peatón.** *4* **Bracero.** *5* **Trompo.**
II) peón *m.* Pie de la poesía griega y latina, que se compone de cuatro sílabas, una larga y tres breves.
peonada *f.* Obra que un peón o jornalero hace en un día. 2 Medida agraria (3'804 áreas). 3 Cuadrilla o conjunto de peones.
peonaje *m.* Conjunto de peones (soldados, jornaleros.).
peonar *intr. Argent.* Trabajar como peón.
peonería *f.* Tierra que un hombre labra en un día.
I) peonía (l. *paeonia,* del gr. *paionia*) *f.* Planta ranunculácea, herbácea o arbustiva, de hojas grandes, divididas, y flores muy vistosas actinomorfas, blancas, rosadas, purpúreas o amarillas (gén. *Pœnia).* 2 *S. Dom.* y *Venez.* Arbusto leguminoso, trepador medicinal, que produce semillas de color rojo vivo con un lunar negro, empleadas para pulseras, collares y rosarios *(Adenanthera pavonia).* ◇ INCOR.: *peonia.*
SIN. *1* **Saltaojos; rosa albardera,** de **rejalgar** o **montés.** *2* **Árbol del coral; condorí** (Amér.); **coralito** (P. Rico y S. Dom.).
II) peonía (de *peón*) *f.* Porción de tierra que en país conquistado se solía asignar a cada peón (infante). 2 En las Indias, lo que se podía labrar en un día.
peoniáceo, -a *adj.-f.* Planta de la familia de las peoniáceas. -2 *f. pl.* Familia de plantas de flores grandes y vistosas, y el fruto en folículo.
peonio, -nia *adj.-s.* De Peonia, reg. de la ant. Grecia.
peonza (de *peón*) *f.* Juguete de madera, semejante al peón, que se hace bailar azotándolo con un látigo. 2 Peón, trompo. 3 fig. Persona chiquita y bulliciosa: ***a ~,*** a pie. 4 Molusco gasterópodo marino, provisto de una concha pequeña en forma de cono, con espiras bien definidas, y de color rojo pardusco con marcas blancas *(Gibbula adansoni).*
SIN. *1* **Trompo.**
peor (l. *peiore*) *adj.* Comparativo de *malo.* Más malo. De mala condición o de inferior calidad respecto de otra cosa con que se compara. -2 *adv.* Comparativo de *mal.* Más mal, de manera contraria a lo bueno o conveniente: *el enfermo está ~.*
LOC. *~ que ~,* significa que lo que se propone por remedio o disculpa de una cosa la empeora. *Tanto ~,* peor todavía.
peoría *f.* Calidad de peor. 2 Empeoramiento.
pepa *f.* Pepita. 2 *La Mancha.* Cosa sin ningún valor. 3 *La Mancha* y *Colomb.* Engaño, embuste, mentira. 4 *Argent.* Canica para jugar.
pepazo *m. Amér.* Pedrada; disparo; golpe. 2 *Amér.* fig. Mentira.
I) pepe *m.* Melón malo. 2 *Bol.* y *Venez.* Petimetre, lechuguino. 3 *Guat.* y *Hond.* Biberón. 4 *Hond.* Pedigüeño. 5 *Argent.* Borrachera.
II) pepe, -pa *adj. Guat.* Huérfano.
pepear *tr. Ecuad.* Disparar, gralte. [a las personas].
pepeiste *m. Salv.* Almohadilla que usan los mozos de cordel para cargar los fardos al hombro.
pepelma *f. Perú.* Pasta de dulce que lleva algún escrito.
pepena *f. Amér. Central* y *Méj.* Acción de recoger o pepenar.
pepenado, -da *adj. Guat.* desp. [pers.] Librado de la miseria favoreciéndolo. 2 *Méj.* Huérfano, adoptado.
pepenador, -ra *m. f. Méj.* Persona que recoge desperdicios del suelo o que rebusca entre la basura.
pepenar (mej. *pepena,* escoger) *tr. Amér.* Recoger [algo], rebuscar. 2 *Méj.* En las minas, separar [el metal] del cascajo. 3 *Méj.* Asir o agarrar a alguien.
pepenche *m. Méj.* Chulo. 2 *Méj.* El que está arrimado a una casa.
pepepán *m. Ecuad.* Fruto del árbol de pan.
pepescle *m. Méj.* Capa de hojas puestas en el fondo de las ollas donde se cuecen los tomates.
pepián *m. Bol.* Pipián.
pepillo, -lla *adj.-s. Cuba.* Joven de 14 a 17 años.
pepina *f. Méj.* Zona de un mineral que ocupa el centro de una veta.
pepinar *m.* Terreno sembrado de pepinos.

pepinazo *m.* fam. Explosión de un proyectil. 2 DEP. Disparo potente, esp. en fútbol.
pepinillo *m.* Pepino nuevo. 2 Variedad de pepino de pequeño tamaño, en adobo.
pepinito *m. S. Dom.* Bilimbín (árbol o arbusto).
pepino (l. *pepone,* melón, del gr. *pepon, -onos,* maduro) *m.* Planta cucurbitácea de tallos blandos rastreros y vellosos, hojas partidas en lóbulos agudos, flores amarillas y fruto comestible pulposo, cilíndrico, verde o amarillo por fuera y blanco por dentro, con multitud de pepitas *(Cucumis sativus).* 2 Fruto de esta planta. 3 ~ ***del diablo,*** cohombrillo amargo. 4 fam. Obús.
FRS. *No dársele a uno un ~ de,* o *por, una cosa,* no importarle nada; no hacer caso de ella; *no importar un ~,* fig. fam., no tener ninguna importancia. SIN. *1* **Alficoz, cohombro.**
pepión (b. l. *pipione*) *m.* Moneda castellana del s. XIII (decimoctava parte de un metical).
I) pepita (der. del l. *pepo,* melón) *f.* Semilla plana y larga, como la del melón, la pera, la manzana, etc. 2 Trozo rodado de oro o de otros metales que se encuentra en los terrenos de aluvión. 3 *Amér.* Almendra de cacao.
SIN. *1* **Pipa.**
II) pepita (l. *pituita;* hecho en l. v. *pippita;* doble etim. *pituita*) *f.* Enfermedad que las gallinas suelen tener en la lengua, consecutiva a diversos estados morbosos del sistema digestivo; es un tumorcillo que no las deja cacarear.
FR. *No tener uno ~ en la lengua,* fig., hablar con libertad y desahogo. SIN. **Gabarro, moquillo.**
pepitero *m. And.* Corazón del pimiento.
pepito *m.* Bocadillo pequeño de carne. 2 *Amér.* Pisaverde, lechuguino.
pepitoria (b. l. *piperitoria* < l. *piper,* pimienta) *f.* Guisado de ave, cuya salsa tiene yema de huevo. 2 fig. Conjunto de cosas diversas y desordenadas.
pepitoso, -sa *adj.* Abundante en pepitas I. 2 [gallina] Que padece pepita II.
pepla *f.* Plepa. 2 fam. Cosa fastidiosa.
peplo (l. *plu* < gr. *peplon*) *m.* Vestidura exterior femenina usada en la ant. Grecia, amplia, suelta y sin mangas, que bajaba de los hombros y de la cintura, formando gralte. caídas en punta por delante.
pepo *m. Ecuad.* Golpe, bolazo. 2 *Ecuad.* Trago de licor.
pepón (l. *pepone,* melón) *m.* Sandía.
pepona *f.* Muñeca grande de cartón.
pepónide (v. *pepón*) *f.* Baya del epicarpio coriáceo, endurecido a veces, procedente de un ovario ínfero, con muchas pepitas; es propio de las cucurbitáceas.
-pepsia (gr. *pépsis,* digestión) Elemento sufijal que entra en la formación de palabras con el significado de digestión o relacionado con la función digestiva: *dispepsia.*
pepsina (v. *-pepsia*) *f.* Fermento segregado por la membrana mucosa del estómago, que es el principio más importante del jugo gástrico; la extraída del cuajar de los carneros y otros rumiantes se emplea como medicamento.
péptico, -ca *adj.* Relativo al estómago o a la digestión.
péptido, -da *adj.-m.* Substancia orgánica procedente de la descomposición incompleta de los albuminoides.
peptona (gr. *peptós,* cocido) *f.* Substancia compleja que resulta del desdoblamiento de los albuminoides por los fermentos digestivos.
pepú *m. Cuba.* Colonia, planta.
peque *com.* Niño.
pequén (arauc.) *m. Chile.* Ave rapaz diurna semejante a la lechuza *(Noctua cunicularia).*
pequeñajo, -ja *adj.-s.* Persona pequeña.
pequeñamente *adv. m.* Con pequeñez.
pequeñarra *com.* fam. Persona pequeña y desmedrada.
pequeñez *f.* Calidad de pequeño. 2 Infancia. 3 Cosa de leve importancia. 4 Bajeza de ánimo.
SIN. *3* **Niñería, nimiedad, bagatela, menudencia, minucia.**
pequeño, -ña (orig. inseguro, voz descriptiva rel. con it. *piccolo, piccino,* etc.) *adj.* Que no llega a las dimensiones ordinarias entre cosas de una misma especie; opuesto a grande en nombre, grado, duración, valor, etc.: *un sueldo ~; un ~ grupo de estrellas; una nariz pequeña.* 2 De muy corta edad. 3 fig. Bajo, abatido y humilde, como contrapuesto a poderoso y soberbio.
SIN. *1* **Parvo,** lit. *1* y *2* **Chico, párvulo.** GRAM. Comparativo, **menor**; superl. **mínimo.** REL. Tecnicismos, v. **micro-.**
pequeñuelo, -la *adj.-s.* Dim. de *pequeño.*

pequero *m. Argent.* Fullero, tramposo.
pequín (de *Pequín,* capital de la China) *m.* Tela de seda parecida a la sarga.
pequinés, -sa *adj.-s.* De Pequín, c. de China. -2 *m.* Dialecto del norte de China, que pasó a ser lengua oficial del país. -3 *adj.-m.* V. perro ~.
per- (l. *per,* en su significación superl.) Prefijo que entra en la formación de palabras intensificando o aumentando la significación de las voces a que se halla unido: *perdurable, perturbar;* en el compuesto *perjurar* denota falsedad e infracción. 2 QUÍM. Significa intensificación o mayor cantidad de algún elemento: *peróxido;* en los ácidos y en las sales, mayor cantidad de oxígeno: *perborato, perclorato.*
pera (l. *pira;* pl. de *pirum*) *f.* Fruto del peral: ~ ***ahogadiza,*** variedad muy áspera; ~ ***almizcleña, mosquerola, mosqueruela*** o ***musquerola,*** variedad enteramente encarnada por donde le da el sol y verde amarillento en el resto, de carne granujienta y gusto dulce; ~ ***bergamota,*** o simplte. ***bergamota,*** variedad muy jugosa y arómatica. 2 Llamador de un timbre eléctrico o interruptor para la luz, en forma de pera. 3 Bombilla. 4 Renta o destino lucrativo o descansado. 5 Inflamación de la membrana que tiene el ganado lanar entre las dos pezuñas de las patas anteriores. 6 fig. Porción de pelo que se deja crecer en la punta de la barba. -7 *adj.* fig. Elegante, cursi; estupendo, magnífico. -8 *f.* fig. *y* vulg. Pene. 9 fig. *y* vulg. Masturbación masculina.
REL. *1* **Piriforme,** en figura de pera, adj. SIN. *6* **Perilla.** FR. *Pedir peras al olmo,* fr. fig. que se usa para explicar que en vano se esperaría de uno lo que naturalmente no puede provenir de su educación, de su carácter o de su conducta. *Poner a uno las peras a cuarto* o *a ocho,* estrecharle, obligarle a ejecutar o conceder lo que no quería.
perada *f.* Conserva hecha de la pera rallada. 2 Bebida alcohólica que se obtiene por fermentación del zumo de la pera.
peral *m.* Árbol rosáceo, de tronco recto y liso, copa bien poblada, hojas puntiagudas, flores blancas en corimbos y frutos en pomo, de color, piel y forma que varía según las castas, con pepitas pequeñas y negras *(Pirus communis).* 2 Madera de este árbol, apreciada para ciertos trabajos porque no se alabea ni hiende.
peraleda *f.* Terreno poblado de perales.
SIN. **Pereda.**
peralejo *m.* Árbol malpigiáceo de las regiones cálidas de América, cuya corteza se emplea como curtiente *(Malpighia crassifolia).*
peralillo *m. Can.* Arbusto de la familia de las laurisilvas, muy ramificado, con flores pequeñas de color amarillo-verdoso pálido, y fruto verdoso o marrón claro *(Maytenus canariensis).*
peralito *m.* Planta reptante y perenne de hojas ovales dispuestas en roseta, y con las flores de color blanco verdoso dispuestas en ramos asimétricos *(Orthilia secunda).*
peraltado *adj.* ARQ. V. arco peraltado.
peraltar (de *peralto*) *tr.* ARQ. Dar [a la curva de un arco, bóveda o armadura] más altura de la correspondiente al semicírculo. 2 Dar peraltes [a una curva de vía férrea, carretera, velódromo, etc.].
peralte (de *peraltar*) *m.* Lo que en la altura de un arco, bóveda o armadura excede del semicírculo. 2 ARQ. Elevación de una armadura sobre el ángulo recto o cartabón o la de una cúpula sobre el semicírculo. 3 En las carreteras, caminos, vías férreas, etc., mayor ele.ación de la parte exterior de una curva en relación con la interior.
peralto (l. *-tu,* muy alto) *m.* Altura (de una figura plana).
perantón (aum. de *peralto*) *m.* Mirabel (planta). 2 Pericón (abanico). 3 fig. *y* fam. Persona muy alta.
perborato (v. *per-*) *m.* Sal producida por la oxidación del borato. 2 ~ ***sódico,*** polvo cristalino que al disolverse en el agua da borato sódico y agua oxigenada.
perca (l. *perca;* gr. *perke;* a través del port.) *f.* Pez teleósteo perciforme de río, comestible, de escamas duras y ásperas, cuerpo oblongo, verdoso en el lomo, plateado en el vientre y dorado con fajas negruzcas en los costados *(Perca fluviatilis).* 2 Raño (pez).
SIN. **Percha.**
percal (persa *parcale,* tela ligera; a través del fr. *percale*) *m.* Tela de algodón fina, teñida o, más gralte., estampada y aprestada con cierto brillo.
percalina *f.* Lustrina (tela ordinaria).
percán (del mapuche *percan*) *m. Chile.* Moho que, por la humedad, se forma en diversas substancias vegetales y animales.

percance (del ant. *percanzar,* alcanzar) ***m.*** ant. Provecho eventual sobre el sueldo: *buenos percances.* 2 Contratiempo o perjuicio imprevistos.
percanque ***m.*** *Chile.* Moho.
percatación ***f.*** Acción de percatarse. 2 Efecto de percatarse.
percatar (*per-* + *catar,* examinar) ***intr.-prnl.*** Advertir, darse cuenta, considerar, cuidar.
percebe ***m.*** Crustáceo cirrípedo, de caparazón reforzado por varias placas calizas; tiene un pedúnculo carnoso comestible; se cría formando grupos y es marisco muy apreciado *(Pollicipes cornucopia).* 2 fig. *y* fam. Torpe, ignorante.
SIN. *1* **Escaramujo, pie de cabra.**
percepción (l. *-tione*) ***f.*** Acción de percibir. 2 Efecto de percibir. 3 Sensación interior que resulta de una impresión material hecha en nuestros sentidos: ~ ***extrasensoria*** o ***extrasensorial,*** la de fenómenos sin mediación normal de los sentidos, comprobada al parecer estadísticamente. 4 Idea (noción). 5 FIL. Conocimiento a la vez acto y resultado de las facultades de conocer que se asimilan el objeto y se dan cuenta de él.
perceptibilidad ***f.*** Calidad de perceptible.
perceptible ***adj.*** Que se puede percibir.
perceptiblemente ***adv. m.*** De un modo perceptible.
perceptivo, -va ***adj.*** Que tiene virtud de percibir.
perceptor, -ra ***adj.-s.*** Que percibe.
I) percha (v. *pértiga,* la forma *percha* procede del fr.) ***f.*** Madero o estaca larga y delgada que suele atravesarse en otros para sostener algo. 2 Pieza o mueble con colgaderos para la ropa, etc. 3 Utensilio ligero que consta de un soporte donde se coloca un traje u otra prenda parecida, y que se cuelga por su parte superior. 4 Jirafa (micrófono). 5 Acción de perchar el paño. 6 Efecto de perchar el paño. 7 Lazo de cazar aves. 8 Especie de bandolera que usan los cazadores para colgar en ellas las piezas que matan. 9 Alcándara. 10 Pescante de que los barberos cuelgan las bacías. 11 MAR. Brazal. 12 MAR. Tronco de árbol útil para la construcción de piezas de arboladura, vergas, etc. 13 *Chile.* Rimero. 14 *Méj.* Conjunto de personas o de cosas de la misma especie. 15 *Colomb.* y *Ecuad.* Boato, lujo. 16 *S. Dom.* Traje, vestido.
SIN. *2* **Clavijero,** p. us. *5* y *6* **Traite.** *12* **Berlinga.**
II) percha ***f.*** Perca.
perchado, -da ***adj.*** BLAS. [ave] Que está en una rama o percha.
perchar (de *percha* I) ***tr.*** Colgar [el paño] y cardarlo. -2 ***prnl.*** *Murc.* Encorvarse los maderos de una cubierta.
perchel (de *percha* I) ***m.*** Aparato de pesca consistente en uno o varios palos dispuestos para colgar las redes. 2 Lugar en que se colocan.
perchelero, -ra ***adj.*** [pers.] Que vive o frecuenta el Perchel de Málaga y participa de sus peculiares caracteres en modales y lenguaje: *Carmen es perchelera de nacimiento.*
perchero ***m.*** Conjunto de perchas o lugar en que las hay; esp. mueble que las contiene.
percherón, -rona (de la *Perche,* ant. prov. de Francia) ***adj.-m.*** Raza de caballos procedente de aquella región, que por su fuerza y corpulencia es muy a propósito para arrastrar grandes pesos. -2 ***adj.*** fig. [pers.] Fuerte, corpulento.
perchista ***com.*** Jirafista.
I) perchón (de *percha I*) ***m.*** Pulgar de la vid en el cual se han dejado más yemas de las convenientes.
II) perchón, -chona ***adj.*** *Méj.* Regatón.
perchonar ***intr.*** Dejar perchones en las vides. 2 Armar perchas (lazos) en el paraje donde concurre la caza.
perchudo, -da ***adj.*** *Colomb.* Elegante, peripuesto.
percibimiento ***m.*** Apercibimiento (acción).
percibir (l. *percipere*) ***tr.*** Recibir [una cosa] y entregarse de ella; esp., cobrar [una cantidad, sueldo, etc.]. 2 Adquirir conocimiento [del mundo exterior] por medio de las impresiones que transmiten los sentidos. 3 Comprender o conocer [una cosa].
SIN. *1* v. **Cobrar.**
percibo ***m.*** Acción de percibir (recibir). 2 Efecto de percibir (recibir).
perciforme (de *perca* + *-forme*) ***adj.-m.*** Pez del orden de los perciformes. -2 ***m. pl.*** Orden de peces teleósteos provistos de radios espinosos en las aletas; como la dorada, el atún y el mero.
Percival ***n. pr.*** Caballero de la corte del rey Artús que, después de muchas aventuras, tuvo una visión del Santo Grial.
perclorato (v. *per-*) ***m.*** Sal del ácido perclórico.
perclórico (v. *per-*) ***adj. Ácido*** ~, ácido humeante aceitoso e incoloro formado por cloro, oxígeno e hidrógeno: ClO_4H.
percloruro (v. *per-*) ***m.*** Cloruro que contiene la mayor cantidad de cloro posible.
percocería (der. del l. *percutio,* golpe) ***f.*** Obra menuda de platería.
percocha ***f.*** *P. Rico.* Cochambre.
percochar ***tr.-prnl.*** *And.* Ensuciar, cubrir de mugre.
percocho ***m.*** *And.* Suciedad. mugre. 2 *Hond.* Tela o traje excesivamente sucio.
percochón, -chona ***adj.-s.*** *And.* Desaliñado, mugriento.
percochoso, -sa ***adj.*** *P. Rico.* Cochambroso.
percolador ***m.*** Cafetera muy grande de vapor.
percollar ***tr.*** *Bol.* y *Perú.* Acaparar. ◇ ** CONJUG. [31] como ***contar.***
percomorfo ***adj.*** Perciforme.
percuchante ***adj.-s.*** *Ecuad.* y *Perú.* Tonto, necio.
percuciente ***adj.*** Que hiere o golpea.
percudir (l. *-ere*) ***tr.*** Maltratar o ajar la tez o el lustre [de las cosas]. 2 Penetrar la suciedad [en alguna cosa]. 3 *Extr.* Limpiar mal una cosa.
percusa ***f.*** *P. Rico.* Gentuza.
percusio, -sia ***adj.*** *Venez.* Sucio. 2 *Venez.* Quídam.
percusión ***f.*** Acción de percutir. 2 Efecto de percutir. 3 MEC. Producto de la intensidad de una fuerza por el tiempo que dura su acción, el cual caracteriza, por ejemplo, la violencia del choque de dos cuerpos. 4 MÚS. Conjunto de instrumentos cuyo sonido se obtiene al ser golpeados.
percusionista ***com.*** Músico que toca algún instrumento de percusión.
percusor (l. *-ssore*) ***m.*** El que hiere. Se usa de esta voz en el derecho canónico, donde se conminan censuras contra los percusores de los clérigos. 2 Pieza que golpea en cualquier máquina, y esp. la llave o martillo con que se hace detonar el cebo fulminante en algunas armas de fuego.
percutiente ***adj.*** Que produce una percusión.
percutir (l. *-ere*) ***tr.*** MED. lit. Golpear.
percutor (fr. *percuteur*) ***m.*** Percusor (pieza).
perdedero ***m.*** Ocasión o motivo de perder. 2 Lugar por donde se zafa la liebre perseguida.
perdedor, -ra ***adj.-s.*** Que pierde.
perder (l. *-ere*) ***tr.*** Verse privado [de una pers. o cosa], sea por culpa o descuido del poseedor, sea por contingencia o desgracia: ~ *un libro;* ~ *un compañero;* ~ *un ojo, los dientes,* etc. 2 esp. Verse privado de [un deudo] por causa de muerte o desaparición: ~ *un hijo; los vencidos perdieron muchos hombres.* 3 Desperdiciar, disipar o malgastar [una cosa]: ~ *el tiempo, el dinero.* 4 No conseguir lo que se espera o desea: ~ *el tren;* ~ *una ocasión.* 5 Ocasionar un daño [a las cosas]; deteriorarlas: *la lluvia ha perdido la cosecha.* 6 Ocasionar [a uno] ruina o daño en la honra o en la hacienda: *el vicio le ha perdido.* 7 Quedar vencido en una contienda, apuesta, lucha, etc.: ~ *la batalla;* por elipsis: ~ *al, o en, el juego;* ***abs.,*** *los nuestros han perdido.* 8 Decaer del crédito o estimación en que se estaba: *tu hijo pierde mi afecto.* 9 Perifrásticamente, faltar a alguna obligación debida a una persona: ~ *el respeto;* ~ ***el miedo,*** sentirse esforzado; ~ ***la calma,*** ~ ***el uso de la razón,*** enfurecerse, enloquecer; ~ ***el hilo del discurso, de la narración,*** interrumpir un relato, no saber continuarlo; ~ ***de vista,*** dejar de ver lo que se veía. -10 ***intr.*** Tratándose de una tela, desteñirse, bajar de color. -11 ***prnl.*** Errar uno el camino que llevaba: *nos hemos perdido;* no hallar camino ni salida: *perderse en el bosque.* 12 fig. No hallar modo de salir de una dificultad. 13 fig. *y* esp. Borrarse la especie o ilación en un discurso. 14 fig. Naufragar o irse a pique. 15 fig. Ocultarse o filtrarse las aguas corrientes en la tierra. 16 fig. No percibirse una cosa por el oído o la vista. 17 fig. Dejar de ser útil una cosa. 18 fig. Entregarse ciegamente a los vicios. 19 fig. Amar mucho o con ciega pasión a una persona o cosa. 20 fig. Padecer un daño o ruina espiritual o corporal, esp. la joven que ha sido deshonrada. ◇ ** CONJUG. [28] como ***entender.***
perdible ***adj.*** Que puede perderse fácilmente.
perdición ***f.*** Acción de perder o perderse. 2 fig. Ruina o daño grave moral o material. 3 fig. Condenación eterna. 4 fig. Desarreglo en las costumbres o en el uso de los bienes temporales. 5 fig. Causa u ocasión de ruina o de daño. 6 fig. Pasión desenfrenada de amor.
pérdida (l. *perdita*) ***f.*** Privación de lo que se poseía. 2 Daño o menosprecio que se recibe en una cosa. 3 Cantidad o cosa perdida. 4 Escape, fuga, cantidad de algún fluido que se pierde por filtraciones, contactos, etc. 5 Billa limpia. 6 FÍS. Transforma-

ción de un tipo de energía en otro (gralte. térmica) indeseable. FR. *No tener ~ una cosa,* ser fácil de hallar. LOC. ADV. *A pérdidas y ganancias,* con los verbos *ir* y *estar,* exponer, en compañía de otros, una cantidad de dinero llevando parte en el menoscabo o utilidad que resulte.

perdidamente *adv. m.* Con exceso, con vehemencia, inconsideradamente. 2 Inútilmente, sin provecho.

perdidizo, -za *adj.* Que se finge que se pierde: ***hacer perdidiza una cosa,*** ocultarla. 2 [pers] Que se escabulle: ***hacerse uno el ~,*** ausentarse o retraerse disimuladamente.

perdido, -da *adj.* Que no tiene o no lleva destino determinado. 2 fig. ***~ por una persona*** o ***cosa,*** ciegamente enamorado o muy aficionado a ella. 3 fam. Muy sucio: *se puso ~ de barro, de tinta.* -4 *m. f.* Persona viciosa y golfa: *ser un ~;* ***mujer perdida,*** prostituta. -6 *m.* IMPR. Cantidad de ejemplares tirados de más en cada pliego, para suplir los imperfectos o inútiles.

perdidoso, -sa *adj.* Que pierde o padece una pérdida. 2 Fácil de perder o perderse.

perdigacho *m. Ar.* y *La Mancha.* Macho de perdiz.

perdigana *f.* Perdigón, pollo de perdiz.

perdigar (l. *perdice,* perdiz) *tr.* Soasar [la perdiz o cualquier otra ave o vianda] para que se conserve. 2 Preparar [la carne] en cazuela con alguna grasa. 3 fig. *y* fam. Disponer o preparar [una cosa] para un fin. ◇ ** CONJUG. [7] como ***llegar.***

SIN. **Aperdigar, emperdigar.**

I) perdigón *m.* Pollo de la perdiz. 2 Perdiz nueva. 3 Perdiz macho que emplean los cazadores como reclamo. 4 Grano de plomo que forma la munición de caza. 5 fam. Partícula de saliva que se despide al hablar.

SIN. *3* **Pájaro.**

II) perdigón *m.* fam. El que pierde mucho en el juego; estudiante que pierde el curso. 2 fig. Mozo desatentado, que malbarata su hacienda.

perdigonada *f.* Tiro de perdigones. 2 Herida que produce.

perdigonera *f.* Bolsa en que los cazadores llevan los perdigones.

perdiguero, -ra *adj.* [animal] Que caza perdices. 2 V. perro perdiguero. 3 *m.* Recovero que compra caza para revenderla.

perdilón, -lona *adj. Perú.* Perdedor.

perdimiento *m.* Perdición o pérdida.

perdis (de *perdido*) *m.* fam. Calavera (hombre): *ser un ~; estar hecho un ~.* ◇ Pl.: *perdis.*

perdiz (l. *perdice*) *f.* Ave galliforme de tamaño mediano, cuerpo grueso, cuello corto, cabeza pequeña, pico y pies encarnados y plumaje ceniciento rojizo con manchas encarnadas, negras y blancas *(Alectoris rufa).* 2 Nombre de otros galliformes parecidos al anterior: ***~ blanca,*** la de pico y patas cenicientos, estas últimas con plumas hasta las uñas, y plumaje blanco en el cuerpo y negro en las alas y la cola, que vive en las regiones altas y frías *(Lagopus mutus);* ***~ pardilla*** (también *estarna*), especie muy parecida a la común, muy abundante en Europa y el norte de España, con pico y patas de color gris-verdoso y plumaje pardo oscuro manchado de gris amarillento *(Perdix perdix);* ***~ patiblanca,*** la que tiene las piernas manchadas de negro y el pico y pies de color blanco que tira a verde. 3 Ave tinamiforme de América muy distinta de la perdiz europea *(Tinamus* sp.*).* 4 *Argent.* y *Chile.* Gato, baile popular.

REL. *1* **Garbón, perdigón,** macho de la perdiz; **perdigón,** perdiz joven.

perdón *m.* Acción de perdonar (remitir). 2 Efecto de perdonar (remitir). 3 Indulgencia (remisión de la pena). 4 fam. Gota de cera, aceite, etc., que cae ardiendo. -5 ***adv. m. Con ~,*** con licencia o sin nota ni reparo. -6 ***m. pl.*** Obsequios que se traen de una romería, como frutas secas, dulces, etc.

SIN. *1* y *2* **Gracia.**

perdonable *adj.* Que puede ser perdonado o merece perdón.

perdonador, -ra *adj.-s.* Que perdona o remite.

perdonar (l. *perdonare* < *per-* + *donar,* dar) *tr.* Remitir [la deuda, falta, delito u otra cosa] que toque al que remite. 2 Exceptuar a uno [de alguna obligación general]. 3 Precedido de la negación *no* significa aprovechar, utilizar, practicar, etc., reforzando grandemente cualquiera de estas significaciones: *no ~ modo o medio de conseguir una cosa; no ~ baile; no ~ ni un pormenor del suceso.* 4 fig. Renunciar [a un derecho, goce o disfrute]. 5 ***~ hecho y por hacer,*** denota la excesiva y culpable indulgencia de uno.

SIN. *1* y *2* La idea general de **perdonar** se halla en el fondo de numerosos verbos con matices esps. **Remitir** es palabra culta, de cierta solemnidad: *~ los pecados, las culpas.* **Disculpar, excusar** faltas u omisiones, gralte. leves. **Exculpar**, descargar la culpa, declarar sin culpa. **Dispensar** faltas leves o el cumplimiento de algún requisito. **Eximir** de una obligación. **Indultar, amnistiar** (esp. delitos políticos) de penas personales impuestas por la ley; también en esta acep. **condonar**, pero más esp. si se trata de deudas o sanciones pecuniarias; **conmutar** una pena es cambiarla por otra inferior, esp. la de muerte por cadena perpetua. **Absolver** tiene sentido espiritual o moral que lo hace aplicable esp. a pecados, injurias, resentimientos; también significa declarar la inculpabilidad de un reo el juez o el tribunal de justicia.

perdonavidas (de *perdonar + vida*) *m.* fig. Baladrón, fanfarrón, valentón. ◇ Pl.: *perdonavidas.*

perdulario, -ria (de *perder*) *adj.-s.* Sumamente descuidado o desaliñado. 2 Vicioso incorregible.

perdurabilidad *f.* Calidad de perdurable (que dura siempre o mucho).

perdurable (l. *-abile*) *adj.* Perpetuo o que dura siempre. 2 Que dura mucho tiempo. -3 *f.* Sempiterna (tela).

SIN. *1* y *2* v. **Eterno.**

perdurablemente *adv. m.* Eternamente.

perdurar (l. *-are*) *intr.* Durar mucho, subsistir, mantenerse en un mismo estado.

SIN. v. **Durar.**

perecear *tr.* Dilatar [una cosa] por negligencia o pereza.

perecedero, -ra *adj.* Temporal. Poco durable. 2 Que puede deteriorarse, echarse a perder o estropearse en un breve transcurso de tiempo: *alimentos perecederos.* -3 *m.* fam. *y* desus. Necesidad, miseria.

SIN. *1* **Caduco.**

perecer (l. *perire*) *intr.* Acabar, dejar de existir, morir. 2 fig. Padecer un daño o trabajo grande; esp., carecer de lo necesario para la manutención de la vida: *~ de angustia, de hambre.* 3 Padecer una ruina espiritual, esp. la eterna condenación: *el que muere en pecado mortal, perecerá.* -4 *prnl.* fig. Desear o apetecer con ansia una cosa: *perecerse por una joya.* 5 Padecer con violencia un afecto o pasión: *perecerse de risa.* ◇ ** CONJUG. [43] como ***agradecer.***

SIN. *1* v. **Morir.**

perecimiento *m.* Acción de perecer.

perecuación *f.* Reparto equitativo de las cargas entre quienes las soportan.

pereda *f.* Peraleda.

peregrina *f.* Vieira. 2 *Cuba.* Nombre de varias plantas euforbiáceas *(Iatropha linearia; I. hastata).* 3 *Colomb.* y *P. Rico.* Juego de la coxcojilla.

peregrinación *f.* Viaje por tierras extrañas. 2 Viaje a un santuario por devoción o por voto. 3 fig. La vida humana considerada como paso para la eterna.

SIN. *2* **Romería.**

peregrinaje *m.* Peregrinación.

peregrinamente *adv. m.* De un modo peregrino o extraordinario. 2 Con gran primor.

peregrinar (l. *-are*) *intr.* Andar uno por tierras extrañas: *~ a regiones desconocidas; ~ por el mundo.* 2 Ir en romería a un santuario. 3 fig. Estar en esta vida presente, como camino a la patria celestial. 4 fig. Andar de un lugar a otro buscando o resolviendo algo.

peregrinidad *f.* Calidad de peregrino (raro).

peregrino, -na (l. *-nu*) *adj.-s.* Que peregrina [en romería], esp. si lleva bordón y esclavina: *~ de Compostela; ~ en Jerusalén.* -2 *adj.* Que peregrina (anda, va). 3 [ave] De paso. 4 fig. Raro, pocas veces visto. 5 Adornado de singular hermosura, perfección o excelencia. 6 fig. Que está en esta vida mortal y pasa a la eterna. -7 *m.* Tiburón de hasta 15 m. de largo y 8 t. de peso, de color gris oscuro, manchado de blanco; se alimenta de plancton *(Cetorhinus maximus).* 8 *Méj.* Cobrador de un camión.

SIN. *1* **Romero.**

perejil (prov. *peiressil,* del gr. *petroseliron;* con algunas alterac.) *m.* Planta umbelífera, herbácea, de tallos angulosos, ramificados, hojas lustrosas partidas en tres gajos dentados, flores blancas o verdosas y semillas menudas, parduscas y aovadas; se usa como condimento *(Petroselinum crispum; P. hortense).* 2 fig. Adorno o compostura excesiva, esp. la que usan las mujeres en los vestidos y tocados. 3 Nombre de varias plantas más o menos parecidas al perejil: ***~ de mar*** o ***marino,*** hinojo marino; ***~ de monte,*** oreoselino; ***~ de perro,*** cicuta menor; ***~ lobuno,*** cicuta; ***~ macedonio,*** apio caballar; ***~ silvestre,*** apio de montaña. -4 ***m. pl.*** Adornos propios de la mujer.

perejilla *f.* Juego de naipes que consiste en hacer treinta y un tantos, con otras varias suertes. 2 Siete de oros, que es el comodín en este juego.

perejón *m.* ZOOL. Cefalotórax de los crustáceos.
perenal *adj.* Perenne.
perencejo (probl. de *Pero Vencejo,* alusivo al trabajo del campo) *m.* Perengano.
perención (l. *peremptione* < *perimere,* destruir) *f.* DER. Prescripción que anulaba el procedimiento, cuando transcurría cierto número de años sin haber hecho gestiones las partes. Hoy se llama caducidad de la instancia.
perendengue (der. del l. *pendere,* colgar; con influjo de *dengue*) *m.* Arete (arillo). 2 p. ext. Adorno mujeril de poco valor. 3 Moneda de vellón del s. XVII (cuatro maravedís). -4 *m. pl.* fam. Complicaciones, dificultades, trabas. 5 Importancia. 6 Valor. 7 Guasa, poca gracia. 8 Testículos.
perene *adj.* Perenne.
perengano, -na (de *Perencejo,* con la terminación de *mengano*) *m. f.* Persona cuyo nombre se ignora o no se quiere expresar. Úsase después de haber aludido a otra u otras con palabras como *fulano, mengano, zutano.*
SIN. **Perencejo.**
perennación *f.* BOT. Supervivencia de estación a estación, con un período de actividad reducida entre ambas.
perennal *adj.* Perenne.
perennalmente *adv. m.-t.* Perennemente.
perenne (l.) *adj.* Incesante, perpetuo, que no tiene intermisión. 2 BOT. Vivaz.
SIN. *1* **Perenal, perennal, perene.**
perennemente *adv. m.-t.* De un modo perenne.
perennidad *f.* Calidad de perenne.
perennifolio, -lia (de *perenne* + l. *foliu,* hoja) *adj.* [árbol y planta] Que conserva su follaje todo el año.
CONTR. **Caducifolio.**
perennigélido, -da (de *perenne* + *gélido*) *adj.* GEOL. [terreno] Permanentemente helado.
perennizar *tr.* Hacer perenne, eternizar. ◇ ** CONJUG. [4] como ***realizar.***
perentoriamente *adv. m.* Con término perentorio. 2 Con urgencia.
perentoriedad *f.* Calidad de perentorio. 2 Urgencia.
perentorio, -ria (l. *peremptoriu*) *adj.* Último plazo que se concede; [decisión] que pone fin a un asunto. 2 Concluyente, decisivo. 3 Urgente, apremiante.
SIN. *3* v. **Imperativo.**
pereque *m. Colomb.* y *Pan.* Impertinencia. 2 *Colomb.* y *Pan.* Algarabía, jaleo. 3 *Colomb.* Sujeto importuno.
perequero, -ra *adj. Colomb.* y *Pan.* Revoltoso, burlón.
perero *m.* Instrumento de que se usaba para mondar peras y otras frutas. 2 *Murc.* Peral.
pereza (v. *pigricia*) *f.* Negligencia, tedio en las cosas a que estamos obligados, repugnancia al trabajo. 2 Flojedad, descuido o tardanza en las acciones o movimientos. 3 *Venez.* Nombre vulgar del perezoso o perico ligero.
SIN. **Galbana, gandulería, chucha, perra, holgazanería, haronía** (p. us.); **pigricia, ignavia,** son latinismos p. us.; **poltronería.**
perezosamente *adv. m.* Con pereza.
perezoso, -sa *adj.-s.* Que tiene o muestra pereza. 2 Que por pereza se levanta tarde de la cama. -3 *m.* Mamífero edentado de la América Meridional, arborícola, de movimientos lentos y pesados, cabeza redonda, cola rudimentaria, pelaje largo, áspero y pardo, y patas armadas de uñas largas y encorvadas *(*gén. *Bradypus; Choloepus).* 4 *Cuba.* Imperdible. 5 *Urug.* Tumbona, silla de tijera con asiento y respaldo de lona.
SIN. *1* v. **Holgazán.** *3* **Calípedes, perico ligero.**
perfección (l. *-tione*) *f.* Acción de perfeccionar o perfeccionarse. 2 Calidad de perfecto. 3 Cosa perfecta. 4 DER. En los actos jurídicos, fase y momento en que nacen los derechos y obligaciones. 5 ***A la ~,*** perfectamente.
perfeccionador, -ra *adj.* Que perfecciona o da perfección a una cosa.
perfeccionamiento *m.* Perfección (acción).
perfeccionar (de *perfección*) *tr.* Acabar enteramente una obra dándole el mayor grado posible de excelencia. 2 DER. Completar los requisitos para que un acto civil, esp. un contrato, tenga plena fuerza jurídica.
perfeccionismo (de *perfección*) *m.* Tendencia a mejorar indefinidamente un trabajo sin decidirse a considerarlo acabado.
perfeccionista *adj.* [pers.] Que tiende al perfeccionismo. Úsase con frecuencia en sentido irónico.
perfectamente *adv. m.* Cabalmente, sin falta, con perfección.
¡perfectamente! Interjección con que se denota asentimiento o conformidad.
perfectibilidad *f.* Calidad de perfectible.
perfectible *adj.* Capaz de perfeccionarse o de ser perfeccionado.
perfectivo, -va *adj.* Que da o puede dar perfección. 2 GRAM. [acción verbal] Que necesita llegar a su término para que se realice: *firmar, saltar, disparar.*
SIN. *2* **Desinente.** CONTR. *2* **Imperfectivo, permanente.**
perfecto, -ta (l. *-tu*) *adj.* Que tiene todas las cualidades requeridas, que posee el mayor grado posible de excelencia en su línea: *~ ante Dios; ~ en su clase.* 2 De plena eficacia jurídica: *contrato ~.* 3 GRAM. ***Tiempo perfecto,*** el que presenta la acción **verbal como acabada; son, en español, el pretérito indefinido y todos los tiempos compuestos. En sentido restringido, díc. de las formas *he cantado, haya cantado* (pretéritos) y *habré cantado, hubiere cantado* (futuros).
perficiente (l.) *adj.* Que perfecciona.
pérfidamente *adv. m.* Con perfidia o infidelidad.
perfidia (l; doble etim. *porfía*) *f.* Calidad de pérfido; acción pérfida.
pérfido, -da (l. *-du*) *adj.-s.* Desleal, traidor, que falta a la fe debida.
perfil (l. *per* + *-filu,* línea; por conducto del prov. *perfil,* dobladillo) *m.* Adorno sutil y delicado, esp. el que se pone al canto o extremo de una cosa. 2 Trazo fino y delicado, esp. cada uno de los hechos con la pluma al escribir. 3 Postura en que no se deja ver sino una de las dos mitades laterales del cuerpo: ***de ~,*** de lado. 4 Aspecto peculiar o llamativo con que una cosa se presenta ante la vista o la mente. 5 Conjunto de cualidades o rasgos personales más significativos y caracterizadores del individuo: *~ psicológico; ~ biográfico.* 6 Conjunto de rasgos característicos [de algo]. 7 GEOM. Figura que representa un cuerpo cortado real o imaginariamente por un plano vertical. 8 METAL. Sección de las barras de hierro cuando no es circular. 9 PINT. Contorno aparente de la figura, representado por líneas que determinan la forma de aquélla. -10 *m. pl.* Complementos y retoques con que se remata algo. 11 Miramientos en la conducta o en el trato social.
SIN. *9* **Silueta.**
perfilado, -da *adj.* [rostro] Adelgazado y largo en proporción.
perfiladura *f.* Acción de perfilar una cosa. 2 El mismo perfil.
perfilar *tr.* Dar, presentar o sacar los perfiles [de una cosa]. 2 fig. Afinar, rematar esmeradamente [una cosa]. -3 *prnl.* Colocarse de perfil. 4 fig. *y* fam. Aderezarse, componerse. 5 fam. Destacarse: *el barco se perfila en el horizonte.* 6 Empezar a tomar forma. 7 *Colomb.* Palidecer, desfigurarse.
SIN. *4* v. **Componer.**
perfoliada *f.* Planta umbelífera anual que vive en caminos, escombros y cultivos *(Bupleurum rotundifolium).*
perfoliado, -da *adj.* V. hoja perfoliada.
perfoliata (l. *per-* + *foliata,* de muchas hojas) *f.* Perfoliada.
perfolla *f. Murc.* Hoja que cubre el fruto del maíz, farfolla.
perforación *f.* Acción de perforar. 2 Efecto de perforar. 3 Taladro, agujero hecho con máquinas o instrumentos perforadores. 4 ELECTR. Destrucción de la materia de un aislante provocada por una descarga que produce un agujero a través del mismo. 5 MED. Rotura de las paredes del intestino, estómago, etc.
perforador, -ra *adj.-s.* Que perfora u horada. -2 *f.* INFORM. Máquina accionada por medio de un teclado, utilizada para perforar fichas de cartulina o cintas de papel con el fin de representar datos. 3 MIN. Herramienta giratoria de aire comprimido o eléctrica empleada para la perforación de las rocas y, sobre todo, para abrir barrenos.
SIN. *3* **Trépano.**
perforar (l. *-are*) *tr.* Horadar: *~* ***la meta, la portería, la red,*** DEP., fig., conseguir un tanto.
perforista *com.* Especialista en el manejo de las perforadoras.
performance (ing.) ANGLIC. Actuación de un artista. 2 Representación (teatro y cine). 3 Resultado conseguido por un deportista, un caballo de carreras, un avión o una máquina cualquiera. 4 Hazaña (hecho extraordinario).
perfumadero *m.* Perfumador (vaso).
perfumador, -ra *adj.-s.* Que tiene por objeto componer perfumes. -2 *m.* Vaso o aparato para quemar perfumes y esparcirlos. 3 Utensilio para perfumar.
SIN. *1* **Perfumista.** *2* **Fumigatorio, poma, sahumador.**
perfumar (*per-* + l. *fumare,* producir humo) *tr.* Sahumar, aromatizar [una cosa], quemando materias olorosas: *~ con incien-*

so. 2 fig. Dar, esparcir cualquier olor bueno. -3 ***intr.*** Exhalar perfume u olor agradable.

perfume ***m.*** Materia odorífica y aromática que puesta al fuego echa de sí un humo fragante y oloroso. 2 El mismo humo u olor. 3 fig. Materia que exhala buen olor. 4 Olor muy agradable. 5 fig. Cosa que despierta grato recuerdo.
SIN. *4* v. **Olor.**

perfumear ***tr.*** Perfumar.

perfumería ***f.*** Establecimiento del perfumista. 2 Arte de fabricar perfumes. 3 Conjunto de productos y materias de esta industria.

perfumero, -ra ***m. f.*** Perfumista.

perfumista ***com.*** Persona que tiene por oficio preparar o vender perfumes.

perfunctorio, -ria ***adj.*** Hecho sin cuidado, a la ligera.

perfusión (l. *-ione*) ***f.*** Baño, untura.

pergal (l. *pellicale* < *pellis,* piel) ***m.*** Recorte de las pieles de que se hacen las túrdigas para abarcas.

pergamíneo, -a ***adj.*** Que tiene la apariencia o textura del pergamino.

pergaminero, -nera ***m. f.*** Persona que tiene por oficio trabajar en pergaminos o venderlos.

pergamino (l. v. *-inu;* por l. *-enu,* del gr. *pergamene,* de *Pergamum,* ciudad de la Misia) ***m.*** Piel de la res, raída, adobada y estirada, usada para escribir en ella, encuadernar libros, etc. 2 Documento escrito en pergamino. -3 ***m. pl.*** Antecedentes nobiliarios.

pergaña ***f.*** *Extr.* Arista de los cereales.

pergelisuelo ***m.*** GEOL. Permafrost.

pergenio ***m.*** desus. Pergeño.

pergeñar (de *pergeño*) ***tr.*** Disponer o ejecutar [una cosa] con más o menos habilidad.

pergeño (l. *per* + *geniu,* disposición) ***m.*** Traza, esbozo, apariencia.

pérgola (it., del l. *pergula*) ***f.*** Emparrado. 2 Jardín sobre la techumbre de algunas casas.

pergollo ***m.*** *Extr.* Entalladura del yugo en su parte superior que sirve para afianzar las coyundas.

perhidrol ***m.*** Agua oxigenada concentrada.

peri (persa *perí*) ***f.*** Hada hermosa y bienhechora de la mitología pérsica.

peri- (prep. gr. *perí-,* alrededor, cerca de) Elemento prefijal que entra en la formación de palabras con el significado de alrededor, cerca de.

periambo (l. *-bu*) ***m.*** Pirriquio.

periantio (*peri-* + gr. *anthos,* flor) ***m.*** Conjunto de las hojas florales que forman la envoltura de la flor.

periarteritis (*peri-* + *arteritis*) ***f.*** MED. Inflamación externa de las arterias. ◇ Pl.: *periarteritis.*

periartritis (*peri-* + *artritis*) ***f.*** MED. Inflamación alrededor de una articulación. ◇ Pl.: *periartritis.*

periastro (*peri-* + *astro*) ***m.*** Punto de la órbita de un astro más próximo de otro alrededor del cual gira.

perica ***f.*** *Colomb., Ecuad.* y *Pan.* Borrachera. 2 *Colomb.* y *Pan.* Navaja grande; machete o espada corta.

pericardio (gr. *perikardion* < *peri-* + *-cardio*) ***m.*** Cubierta fibrosa con la cara interior revestida de una membrana serosa, que envuelve el corazón.

pericarditis (*pericardio* + *-itis*) ***f.*** MED. Inflamación del pericardio. ◇ Pl.: *pericarditis.*

pericarpio, pericarpo (gr. *perikarpion* < *peri-* + *-carpo*) ***m.*** BOT. Parte del fruto que envuelve y protege a las semillas.

pericia (l. *-itia*) ***f.*** Práctica, habilidad en una ciencia o arte.

pericial ***adj.*** Relativo al perito.

pericialmente ***adv. m.*** Con pericia.

periciclo (*peri-* + *-ciclo*) ***m.*** BOT. Estrato celular externo del tallo y la raíz.

periclitar (l. *-tari*) ***intr.*** lit. Peligrar, estar en peligro; decaer, declinar.

perico (de *Pero,* Pedro) ***m.*** Especie de tocado usado antig., que se hacía de pelo postizo en la parte anterior de la cabeza. 2 Ave psitaciforme, especie de papagayo pequeño, propio de Cuba y de la América Meridional, de pico rosáceo y pies grises, cuerpo verde con manchas rojizas en el cuello y las plumas remeras y timoneras verdes en el lado externo y amarillas en el interno; da gritos agudos y se domestica con facilidad (gén. *Melopsithacus).* 3 ~ ***ligero,*** perezoso (mamífero). 4 En el juego del truque, caballo de bastos. 5 fig. Abanico grande. 6 Espárrago de gran tamaño. 7 Bacín (orinal). 8 ~ ***de,*** o ***el de, los palotes,*** personaje proverbial; persona indeterminada, un sujeto cualquiera. 9 ~ ***entre ellas,*** hombre que gusta de estar siempre entre mujeres. 10 Persona que gusta de callejear, a veces de vida desenvuelta. Se aplica con más frecuencia a mujeres. 11 Mariposa diurna diminuta, de color pardo con pequeños puntos leonados dispuestos en series transversas *(Hamearis lucina).* 12 En el lenguaje de la droga, cocaína. 13 MAR. Verga de juanete cruzada sobre el mastelero de mesana, y vela que se larga en ella. 14 *Colomb.* Café con leche. 15 *Colomb.* y *Ecuad.* Borracho. 16 *Colomb.* y *Venez.* Revuelto de huevos, cebolla y verdura. 17 *C. Rica.* Requiebro. 18 *Ecuad.* Planta olorosa. 19 *Méj.* Charlatán, hablador.
SIN. *2* **Mariquita, periquito.**

pericón, -cona (de *perico*) ***adj.-s.*** Que suple por todos, esp. el caballo o la mula que en el tiro hace todos los puestos. -2 ***m.*** En el juego de quinolas, caballo de bastos, porque se puede usar como comodín. 3 Abanico muy grande. 4 *Argent.* y *Urug.* Baile popular en compás de tres por ocho, de movimiento vivo, pero moderado. 5 *Argent.* y *Urug.* Música y canto de este baile.
SIN. *3* **Perantón.**

I) pericote ***m.*** Baile popular asturiano.

II) pericote (et. dud; quizá del quechua *piricútic*) ***m.*** *Amér. Merid.* Rata grande del campo *(Phyllotis tucumanus).*

pericotera ***f.*** *Perú.* Trampa ratonera.

pericráneo (gr. *perikranion* < *peri-* + *cráneo*) ***m.*** Capa externa del periostio del cráneo.

peridotita ***f.*** MIN. Roca magmática formada casi exclusivamente por olivino, de color oscuro y densidad elevada.

peridoto (fr. *péridot,* de orig. desconocido) ***m.*** Silicato de magnesia y hierro, mineral brillante de color verde amarillento, poco menos duro que el cuarzo y que suele encontrarse entre las rocas volcánicas.
SIN. **Olivino.**

perieco, -ca (gr. *perioikos* < *peri-* + *oiko,* casa) ***adj.-s.*** Morador de la tierra con relación a otro que ocupa un punto del mismo paralelo que el primero y diametralmente opuesto a él.

periferia (l. *peripheria* < gr. *periphero,* llevar alrededor) ***f.*** Circunferencia (contorno). 2 Contorno de una figura curvilínea. 3 Alrededores de una ciudad. ◇ INCOR.: *periferia.*

periférico, -ca ***adj.*** Relativo a la periferia. -2 ***m.*** Unidad de un ordenador electrónico que no forma parte de la unidad central de memoria y tratamiento.

perifollo (l. *chærefoliu;* que dio ant. *cerifolio* y *cespollo;* alterado por influjo de *perejil*) ***m.*** Planta umbelífera, de tallos finos y ramosos, hojas muy recortadas en lóbulos lanceolados, flores blancas y semilla menuda; sus hojas son aromáticas, de gusto agradable y se usan como condimento *(Anthriscus cerefolium).* 2 ~ ***oloroso,*** planta umbelífera de hojas grandes y vellosas, flores blancas y semilla comprimida; tiene olor de anís y se usa como condimento *(Myrrhis odorata).* -3 ***m. pl.*** fig. y fam. Adornos de mujer en el traje y peinado, esp. los que son excesivos o de mal gusto.
SIN. *1* **Cerafolio.**

perifonear (voz propuesta por la Academia) ***tr.*** inus. Radiar, radiodifundir.

perifonía (voz propuesta por la Academia) ***f.*** inus. Radiotelefonía, radio.

perífono (voz propuesta por la Academia) ***m.*** inus. Aparato transmisor de radiotelefonía.

periforme (de *pera* + *-forme*) ***adj.*** De forma de pera.

perifrasear ***intr.*** Usar de perífrasis.

perífrasis, -si (gr. *periphrasis*) ***f.*** Circunlocución. ◇ Pl.: *perífrasis.*
SIN. v. **Rodeo.**

perifrástico, -ca ***adj.*** Relativo a la perífrasis; abundante en ellas. 2 ***Conjugación perifrástica,*** la que se forma con verbo auxiliar; esp. la que expresa obligación: *haber de cantar.*

perigallo (port. *perigalho;* alteración de *pelegalho,* der. de *pelle,* piel) ***m.*** Pellejo que con exceso pende de la barba o de la garganta. 2 Cinta de color llamativo que llevaban las mujeres en la parte superior de la cabeza. 3 Especie de honda hecha de un simple bramante. 4 fig. Persona alta y delgada. 5 MAR. Aparejo para mantener suspendida una cosa. 6 *Murc.* Escalera de tijera. -7 ***adj.*** *Extr.* Ignorante, holgazán, golfo, sinvergüenza.

perigeo (gr. *perigeion* < *peri* + *ge,* la Tierra) ***m.*** En la órbita de la Luna, el punto más próximo a la Tierra.
REL. **Apogeo,** el más alejado.

perigonio (*peri-* + *-gonio*) ***m.*** Periantio de la flor homoclamídea.

perihelio (*peri-* + gr. *helios,* el Sol) *m.* En la órbita de un planeta, el punto más próximo al Sol.

perilla (dim. de *pera*) *f.* Adorno en figura de pera. 2 Porción de pelo que se deja crecer en la punta de la barba. 3 ~ ***de la oreja,*** parte inferior no cartilaginosa de la oreja. 4 Extremo por donde se fuma el cigarro puro. 5 Parte superior del arco que forman por delante los fustes de la silla de montar.

SIN. *1* **Perinola.** *2* **Pera.** LOC. *De ~, o de perillas,* fig., a propósito o a tiempo.

perillán, -llana (ant. *Per,* Pedro + *Illán,* Julián) *m. f.-adj.* Persona pícara, astuta. El femenino es poco usado. 2 *Cuba.* Baile antiguo.

perillo (dim. de *pero* I) *m.* Panecillo de masa dulce, con piquitos alrededor.

perilustre (l. *perillustris* < *per-* + *ilustre*) *adj.* Muy ilustre.

perimétrico, -ca *adj.* Relativo al perímetro.

perímetro (gr. *perímetros* < *peri-* + *-metro*) *m.* Ámbito (contorno). 2 GEOM. Contorno de una figura. 3 ÓPT. Instrumento empleado por los oculistas para medir el capo visual, consistente en un arco de círculo graduado cuyo radio es de 30 cms.

perimir (del lat. *perimĕre,* destruir) *tr. Argent.* y *Colomb.* DER. Prescribir el procedimiento por haber transcurrido el término fijado por la ley sin haber hecho gestiones las partes.

perimisio (*peri-* + gr. *mys,* músculo) *m.* ANAT. Membrana de tejido conjuntivo, blanca y brillante, que envuelve el músculo.

perinatal (*peri-* + *natal*) *adj.* Que tiene lugar durante el período inmediatamente anterior o posterior al nacimiento.

perinatología (de *perinatal* + *-logía*) *f.* Parte de la medicina que tiende a reducir el número de muertes durante el período perinatal.

perínclito, -ta (*per-* + *ínclito*) *adj.* Ínclito en sumo grado, heroico.

perindola *f.* Perinola.

perineal *adj.* Relativo al perineo.

perineo (gr. *perinaios*) *m.* Región comprendida entre el ano y las partes sexuales.

perineumonía (*peri-* + *neumonía*) *f.* Pulmonía.

perineumónico, -ca *adj.-s.* Pulmoníaco.

peringundín *m. Amér. Merid.* Pirigundín.

perinola (probl. es voz descriptiva) *f.* Peonza pequeña que baila cuando se hace girar rápidamente con los dedos un manguillo que tiene en la parte superior. 2 Perilla (adorno). 3 fig. Mujer pequeña de cuerpo y vivaracha.

perinquina *f.* Inquina, aversión.

perinquinoso, -sa *adj.* Que tiene perinquina.

perioca (gr. *periochē*) *f.* Sumario, argumento de un libro o tratado.

periódicamente *adv. m.* Con periodicidad.

periodicidad *f.* Calidad de periódico.

periódico, -ca (l. *-cu* < gr. *periodikós*) *adj.* Que guarda período determinado. -2 *adj.-m.* Impreso que se publica periódicamente; diario. -3 *adj.* FÍS. [fenómeno] De fases que se repiten permanentemente y con regularidad. 4 MAT. [fracción decimal] Que tiene período.

SIN. *2* Según el período que media en la publicación de sus números, el periódico se llama **diario, semanario** o **semanal** o **hebdomadario** (p. us.), **quincenal, mensual, bimensual** o **bimestre, trimestral, cuatrimestral, semestral.** REL. *2* **Prensa,** conjunto de las publicaciones periódicas, esp. las diarias.

periodicucho (despect. de *periódico*) *m.* Periódico despreciable y de pocos lectores.

periodismo *m.* Ejercicio o profesión de periodista.

periodista *com.* Compositor, autor o editor de un periódico. 2 Persona que tiene por oficio escribir en periódicos.

REL. **Director,** el que dirige un periódico en todos sus aspectos; **redactor jefe,** el que dirige a los redactores; **redactores,** los que lo escriben. Estos últimos, según su especialidad, **revistero, gacetillero, reportero, corresponsal, articulista** ; **colaborador,** el que escribe en un periódico sin ser redactor.

periodístico, -ca *adj.* Relativo a periódicos y periodistas.

período, periodo (l. *-du* < gr. *períodos*) *m.* Espacio de tiempo limitado y determinado por la ocurrencia de algún fenómeno que se repite regularmente, como el que transcurre entre dos pleamares o entre dos máximos consecutivos de intensidad en una corriente eléctrica alterna, el que emplea un péndulo en su movimiento de vaivén, el que tarda un planeta en efectuar su movimiento de revolución, etc. 2 Espacio de determinado tiempo que comprende toda la duración de una cosa. 3 Ciclo (tiempo). 4 Tiempo que duran ciertos fenómenos que se observan en el curso de las enfermedades. 5 Menstruación (acción). 6 FÍS. En un movimiento ondulatorio, tiempo que tarda una partícula vibrante en realizar una vibración completa, el cual es igual al tiempo que tarda la onda que se propaga en recorrer un espacio igual a la longitud de onda. 7 FÍS. Intervalo de tiempo en que se desintegran la mitad de los átomos de una sustancia radiactiva. 8 GRAM. Oración compuesta. 9 MAT. Cifra o grupo de cifras que se repiten indefinidamente en una fracción decimal limitada.

SIN. *8* **Cláusula.**

periodonto (*peri-* + gr. *odontós,* diente) *m.* Conjunto de ligamentos que fijan el diente dentro del alveolo óseo del maxilar.

periosteo-, periost- (de *periostio*) Elemento prefijal que entra en la formación de palabras con el significado de periostio.

periostio (gr. *periósteon* < *peri-* + *-osteo*) *m.* Membrana de tejido conjuntivo, adherida exteriormente a los huesos, que sirve para su nutrición y regeneración.

periostitis (*periost-* + *-itis*) *f.* MED. Inflamación del periostio. ◇ Pl.: *periostitis.*

periótico, -ca *adj.* Situado alrededor del oído interno.

peripatético, -ca (gr. *-kós*) *adj.-s.* Que sigue la filosofía o doctrina de Aristóteles (384-322 a. C.). -2 *adj.* Relativo a esta filosofía o a sus seguidores. 3 fig. Ridículo o extravagante en sus dictámenes o máximas.

SIN. *1* y *2* **Aristotélico.**

peripatetismo *m.* Doctrina filosófica de Aristóteles (384-322 a. C.).

peripato (gr. *perípatos,* paseo) *m.* Sistema filosófico de Aristóteles (384-322 a. C.). 2 Conjunto de los que profesan las doctrinas de Aristóteles.

SIN. **Aristotelismo.**

peripecia (gr. *peripéteia*) *f.* En el drama o composición análoga, mudanza repentina de situación; accidente imprevisto que cambia el estado de las cosas. 2 fig. Accidente de esta misma clase en la vida real.

periplo (l. *-plu* < gr. *peripleo,* circunnavegar) *m.* Circunnavegación. 2 Obra ant. en que se refiere un viaje de circunnavegación. 3 p. ext. Viaje largo por numerosos países.

períptero, -ra (gr. *-os* < *peri* + *-ptero*) *adj.-m.* Edificio rodeado de columnas.

peripuesto, -ta (de *peri,* variante de *per-* + *puesto*) *adj.* fam. Que se adereza y viste con afectación.

SIN. **Repullido, acicalado.**

periquear *intr.* Usar las mujeres de excesiva libertad: *andar periqueando.* 2 *Amér. Central.* Requebrar, galantear. 3 *Ant.* Charlar.

periquera *f. Venez.* Algarabía. 2 *Méj.* Sitio encumbrado.

periquería *f. Ecuad.* Charla, palique.

periquero *m. Amér. Central.* Galanteador.

periquete (de *Perico*) *m.* Brevísimo espacio de tiempo: *en un ~.* 2 Boliche, juego.

periquillo *m.* Dim. de *perico.* 2 Especie de dulce de sólo azúcar.

periquita *f.* vulg. Mujer de vida licenciosa, y p. ext. cualquier mujer.

periquito *m.* Perico (ave). 2 DEP. Hincha del Español, club de fútbol. -3 *m. pl. Venez.* Temple que adquieren las mezclas mientras se cuecen.

perisarco (*peri-* + *-sarco*) *m.* ZOOL. Estructura esquelética delgada y tubular que recubre la superficie externa de muchos pólipos.

periscio, -cia (gr. *periskios* < *peri-* + *skia,* sombra) *adj.-s.* Habitante de las zonas polares, en torno del cual gira su sombra cada veinticuatro horas en los días de verano.

periscópico, -ca *adj.* Relativo al periscopio. 2 Relativo a la lente de un aparato óptico, plana o cóncava por una de sus caras, y convexa por la otra.

periscopio (*peri-* + *-scopio*) *m.* Doble cámara clara instalada en un tubo vertical, que sirve para ver los objetos por encima de un obstáculo que impide la visión directa; se usa esp. en los buques submarinos para observar lo que se halla sobre la superficie del mar, estando el buque sumergido.

perisístole (*peri-* + *sístole*) *f.* MED. Intervalo entre la sístole y la diástole.

perisodáctilo (gr. *perissós,* extraordinario + *-dáctilo*) *adj.-m.* Mamífero del orden de los perisodáctilos. -2 *m. pl.* Orden de mamíferos placentarios ungulados de gran tamaño y alimentación herbívora; se caracterizan por presentar el tercer dedo muy desarrollado, por lo que los demás desaparecen o están muy reducidos; a este orden pertenecen tres familias: équidos, rinoceróntidos y tapíridos.

perisología (gr. *perissología*) *f.* RET. Vicio de la elocuencia, que consiste en repetir o amplificar inútilmente los conceptos.
perista *com.* germ. Comprador de cosas robadas.
peristáltico, -ca (gr. *-kós* < *peristello,* comprimir) *adj.* Que causa la contracción normal y fisiológica del estómago y de los intestinos, produciendo unos movimientos por los cuales se impulsan de arriba abajo las materias contenidas en el tubo digestivo.
perístasis (l.) *f.* RET. Tema, argumento del discurso. ◇ Pl.: *perístasis.*
peristilo (l. *peristylu* < *peri-* + gr. *stylos,* columna) *m.* Entre los ant., lugar rodeado de columnas por la parte interior. 2 Galería de columnas que rodea un edificio o parte de él.
SIN. *2* **Propileo.**
perístole (gr.) *f.* Contracción peristáltica.
perita *adj.* Pera, elegante, cursi; estupendo, magnífico.
peritación *f.* Trabajo o estudio de un perito.
peritaje *m.* Peritación. 2 Carrera, estudios para el título de perito: ~ *industrial, químico,* etc.
peritecio (*peri-* + gr. *tkeke,* caja) *m.* BOT. Cuerpo fructífero hueco a modo de botella que encierra completamente al himenio, salvo por el ostiolo.
perito, -ta (l. *-tu*) *adj.-s.* Sabio, experimentado, práctico en una ciencia o arte. -2 *m.* El que en alguna materia tiene título de tal, conferido por el estado.
SIN. **Experto.** REL. **Pericial,** relativo al perito, adj.
peritoneal *adj.* Relativo al peritoneo.
peritoneo (gr. *peritónaion* < *periteino,* extender alrededor) *m.* Membrana serosa que cubre la superficie interior del vientre, y forma varios pliegues que envuelven o sostienen las vísceras abdominales.
peritonitis (*peritoneo* + *-itis*) *f.* MED. Inflamación del peritoneo. ◇ Pl.: *peritonitis.*
perjudicado, -da *adj.* DER. De eficacia disminuida por la omisión de formalidades que deben amparar las respectivas acciones de efectos o títulos de crédito, esp. las letras de cambio.
perjudicador, -ra *adj.-s.* Que perjudica.
perjudicante *adj.* Que perjudica.
perjudicar (l. *præiudicare*) *tr.* Causar o producir perjuicio. ◇ ** CONJUG. [1] como ***sacar.***
SIN. V. **Dañar.**
perjudicial *adj.* Que perjudica, o puede perjudicar: ~ *a,* o *para, la vista.*
SIN. **Dañino, dañoso; pernicioso,** cuando lo es en alto grado.
perjudicialmente *adv. m.* Con perjuicio.
perjuicio *m.* Daño material o moral. 2 ***Sin ~ de,*** dejando a salvo.
perjurador, -ra *adj.-s.* Perjuro.
perjurar (l. *periurare*) *intr.* Jurar en falso. 2 Jurar mucho o por vicio. -3 *prnl.* Faltar a la fe ofrecida en el juramento.
perjurio (l. *periuriu*) *m.* Delito de jurar en falso. 2 Acción de perjurarse.
perjuro, -ra (l. *periuru*) *adj.-s.* Que jura en falso. 2 Que quebranta maliciosamente el juramento que ha hecho. -3 *m.* Perjurio.
perla (it. < l. v. *pernula;* dim. del l. *perna,* concha) *f.* Concreción nacarada, de color blanco agrisado, reflejos brillantes y figura esferoidal, que se forma en lo interior de la concha de diversos moluscos, esp. de la madreperla; se emplea en joyería. 2 Pequeño glóbulo comparable a una perla. 3 Cápsula de gelatina que contiene un medicamento. 4 En el juego del tresillo, reunión de la espada, la malilla y el rey o el punto. 5 fig. Persona de excelentes prendas o cosa perfecta en su clase. 6 fig. Gota de un líquido muy claro. 7 BLAS. Pieza formada por media banda, media barra y medio palo reunidos por uno de sus extremos en el centro del escudo, formando una *Y* griega. 8 IMPR. Carácter de letra de cuatro puntos tipográficos.
SIN. *1* **Margarita; aljófar,** perla pequeña de figura irregular. LOC. *De perlas,* perfectamente, de molde.
perlada *adj.-f.* Perlina.
perlado, -da *adj.* En forma de perla. 2 [cebada] Mondado y redondeado a máquina.
perlar *tr.-prnl.* poét. Cubrir o salpicar de gotas de agua, lágrimas, reflejos, etc. [alguna cosa]: *los campos se perlaban de rocío; las lágrimas perlaban sus ojos.*
perlático, -ca (de *paralítico*) *adj.-s.* ant. [pers.] Que padece perlesía.
perlé *m.* Hilo de algodón mercerizado, muy brillante, que se usa en bordados, encajes y otras labores.
perlería *f.* Conjunto de perlas.
perlero, -ra *adj.* Relativo a la perla.
perlesía *f.* ant. Parálisis. 2 Debilidad muscular producida por la mucha edad o por otras causas y acompañada de temblor.
perlezuela *f.* Dim. de *perla.*
perlicultura (de *perla* + *-cultura*) *f.* Cultivo de las madreperlas en parques especiales para provocar en ellas la producción de perlas.
perlino, -na *adj.* De color de perla.
I) perlita (de *perla*) *f.* Fonolita.
II) perlita *f.* QUÍM. Constituyente del acero en la fundición de hierro.
perlón *m.* Fibra sintética similar al nylon.
perlongar (l. *per* + *longu,* largo) *intr.* Navegar a lo largo de la costa. 2 MAR. Extender un cabo para que se pueda tirar de él. ◇ ** CONJUG. [7] como ***llegar.***
permafrost *m.* GEOL. Capa de suelo circumpolar situada a cierta profundidad, que permanece helada a lo largo de todo el año.
SIN. **Pergelisuelo.**
permaloy *m.* METAL. Aleación de níquel y hierro con pequeñas cantidades de otros metales.
permaná (voz chiquitana) *m. Bol.* Chicha de superior calidad.
permanecer (l. *permanere*) *intr.* Mantenerse sin mutación en un mismo lugar, estado o calidad. ◇ ** CONJUG. [43] como ***agradecer.***
SIN. **Subsistir,** tratándose de cosas.
permaneciente *adj.* Permanente.
permanencia *f.* Calidad de permanente. 2 Estancia en algún lugar. -3 *f. pl.* Estudio vigilado por el profesor de un instituto o escuela.
permanente *adj.* Que permanece. 2 GRAM. Imperfectivo. -3 *f.* Ondulación del cabello: *hacerse la permanente.*
permanentemente *adv. m.* Con permanencia.
permanganato *m.* Sal del ácido derivado del manganeso son agentes oxidantes: ~ *potásico* (MnO_4K).
permansión (l. *-ione*) *f.* Permanencia (calidad).
permeabilidad *f.* Calidad de permeable. 2 FÍS. ~ ***magnética,*** en el campo magnético, cociente de dividir la inducción por el poder imanador.
permeable (l. *-abile*) *adj.* Que puede ser penetrado por el agua u otro fluido.
permeámetro *m.* FÍS. Instrumento para medir las características magnéticas.
permeancia *f.* ELECTR. Inversa de la reluctancia.
pérmico, -ca *adj.-m.* Último de los períodos geológicos en que se divide la era primaria o paleozoica, y terreno a él correspondiente. 2 *adj.* Perteneciente o relativo a dicho período.
permio, -mia *adj.-s.* De Permia y de Perm, antigua región rusa y actual ciudad de la Unión Soviética, respectivamente. -2 *adj.-m.* Conjunto de lenguas pertenecientes al grupo finés (conjunto), habladas al oeste de los montes Urales; como el votiak y el ziriano.
permisible *adj.* Que se puede permitir.
permisión *f.* Acción de permitir. 2 Permiso. 3 RET. Figura que se comete cuando el que habla finge permitir o dejar al arbitrio ajeno una cosa.
SIN. *3* **Epítrope.**
permisivamente *adv. m.* Con consentimiento tácito.
permisividad *f.* Condición de permisivo. 2 FÍS. En el campo eléctrico, cociente de dividir la inducción por la intensidad.
permisivo, -va *adj.* Que incluye la facultad o licencia de hacer una cosa, sin preceptuarla: *una ley permisiva.* 2 Que permite o consiente.
permiso (l. *-issu*) *m.* Consentimiento formal, licencia dada a alguien para hacer o decir una cosa. 2 En las monedas, diferencia consentida entre su ley o peso efectivo y el que exactamente se les supone. Se llama *en fuerte* o *en feble*, según sea la diferencia en más o en menos.
SIN. *1* V. **Consentimiento.**
permisor, -ra *adj.-s.* Permitidor.
permistión (l. *-stione*) *f.* Mezcla de algunas cosas, gralte. líquidas.
permitidero, -ra *adj.* Que se puede permitir.
permitidor, -ra *adj.-s.* Que permite.
permitir (l. *-ittere*) *tr.* Dar uno su consentimiento para que otros hagan o dejen [de hacer una cosa]: *te permito que salgas; te permito salir; te permito el sombrero* (*que lleves el sombrero*). 2 No

impedir [lo que se debiera evitar]. 3 En las escuelas y en la oratoria, conceder [una cosa] como si fuese verdadera, o por no hacer al caso de la cuestión principal, o por la facilidad con que se comprende su respuesta. 4 TEOL. No impedir Dios una cosa mala, aunque sin voluntad directa de ella: *Dios permite el pecado.*
SIN. *1* y *2* **Aprobar, acceder, consentir; tolerar, sufrir, aguantar(se),** cuando se permite con repugnancia, dificultad.

permuta *f.* Acción de permutar (cambiar una cosa y los beneficios). 2 Efecto de permutar (cambiar una cosa y los beneficios).

permutabilidad *f.* Calidad de permutable.

permutable *adj.* Que se puede permutar.

permutación *f.* Acción de permutar. 2 Efecto de permutar. -3 *f. pl.* Variaciones de orden *m* formadas con *m* objetos. Dos cualesquiera contienen los mismos objetos y difieren en el orden de colocación de ellos.

permutar (l. *-are*) *tr.* Cambiar [una cosa] por otra transfiriéndose los contratantes el dominio de ellas: ~ *una finca por* o *con, otra.* 2 Cambiar entre sí dos eclesiásticos o dos funcionarios públicos [los beneficios o empleos que sirven]. 3 Variar la disposición u orden en que estaban [dos o más cosas].
SIN. *1* v. **Cambiar.**

perna (l.) *f.* Género de moluscos lamelibranquios, propios de los mares tropicales, cuya concha tiene forma semejante a la de un pernil.

pernada *f.* Golpe dado con la pierna, o movimiento violento hecho con ella. 2 MAR. Ramal o pierna de algún objeto. 3 *Extr.* Rama gruesa que sale de la cruz de la encina.

Pernambuco *n. pr.* V. palo de Pernambuco.

pernancón, -cona *adj. Perú.* De piernas largas.

pernaza *f.* Aum. de *pierna.*

perneador, -ra *adj.* Que tiene mucha fuerza en las piernas.

pernear (frecuent.) *intr.* Mover violentamente las piernas. 2 fig. Andar mucho y con fatiga en la solicitud de un negocio. 3 Impacientarse e irritarse por no lograr lo que se desea. -4 *tr. And.* Poner a vender por cabezas, en la feria, el ganado porcino.

perneo *m. And.* Mercado de ganado porcino.

pernera *f.* Pernil (del pantalón).

pernería *f.* MAR. Conjunto o provisión de pernos.

perneta *f.* Dim. de *pierna.* 2 *En* ~, con las piernas desnudas. 3 *P. Rico.* Maldad, travesura.

pernete *m.* Dim. de *perno.*

perniabierto, -ta (de *pierna* + *abierto*) *adj.* Que tiene las piernas abiertas.

perniciosamente *adv. m.* De modo pernicioso.

pernicioso, -sa (l. *-su*) *adj.* Gravemente dañoso y perjudicial: ~ *a las costumbres;* ~ *en el trato.*
SIN. **Maligno.**

pernicote *m. Sal.* Hueso del pernil del puerco.

pernigón (del it. *pernicone*) *m.* Especie de ciruela redonda y tierna, que venía de Génova en dulce.

pernil (l. *perna,* pernil de puerco) *m.* Anca y muslo del animal. 2 p. ant. El de puerco. 3 Parte del pantalón que cubre cada pierna.
SIN. *2* **Jamón,** cuando está curado; pero en algunas regiones (Ar.) se llama también **pernil** el que está curado; **nalgada,** curado o sin curar. *3* **Pernera.**

pernio (it. *pernio,* del l.-gr. *perone*) *m.* Gozne que se pone en las puertas y ventanas para que giren las hojas.

perniquebrar (de *pierna* + *quebrar*) *tr.* Romper, quebrar [a uno] una pierna o las dos. ◇ ** CONJUG. [27] como *acertar.*

pernituerto, -ta *adj.* Que tiene torcidas las piernas.

perno (l.-gr. *perone,* clavija; probl. a través del cat. *pern*) *m.* Pieza metálica, larga, cilíndrica, de cabeza redonda, que se asegura por el extremo opuesto con una chaveta o tuerca, y más gralte. aún por medio del remache, para afirmar piezas de gran volumen. 2 La pieza del pernio en que está la espiga.

pernocta *f.* Acción de pernoctar. 2 Efecto de pernoctar.

pernoctación *f.* Pernocta.

pernoctar (l. *-are*) *intr.* Pasar la noche en algún sitio, fuera del propio domicilio.
SIN. **Trasnochar, hacer noche.**

pernotar *tr.* Notar (observar).

I) pero (de *pera*) *m.* Variedad de manzano cuyo fruto es más largo que grueso *(Malus domestica).* 2 Fruto de este árbol. 3 *Logr.* Peral.

II) pero (l. *per hoc*) *conj. advers.* Denota que un concepto se contrapone a otro anterior: *el dinero hace ricos a los hombres,* ~ *no dichosos;* o es ampliativo del mismo introduciendo una objeción o restricción: *le injurié, en efecto,* ~ *él primero me había injuriado a mí.* 2 Empléase en principio de cláusula para dar énfasis o fuerza de expresión a lo que se dice: *pero ¿dónde vas a meter tantos libros?* 3 desus. Sino (conjunción). -4 *m.* fam. Defecto o dificultad: *este dibujo no tiene* ~; *siempre tiene algún* ~ *que oponer.*
SIN. *1* y *2* v. **Mas.**

Pero Botello, Botero *m.* Demonio: *las calderas de* ~, el infierno.

perogrullada (de *Perogrullo; Pero,* n. pr. + *grullo,* quizás der. de *grulla*) *f.* Verdad que por sabida es simpleza el decirla.
SIN. **Grullada.**

perogrullesco, ca *adj.* Perteneciente o relativo a la perogrullada.

perojiménez *m.* Clase de uva de Jerez. 2 Vino que se extrae de ésta.

perojo *m.* Especie de pera pequeña que madura temprano.

perol (cat. *perol;* dim. del cat. dial. *pér,* der. del galo *parion*) *m.* Vasija de metal, de figura como de media esfera. 2 Cacerola para calentar agua. 3 *Colomb.* Estoperol, cazo.

perolero *m. Venez.* Hojalatero.

perón *m. Méj.* Variedad de manzano *(Malus domestica).*

peroné (fr. *péroné,* del gr. *perone,* corchete) *m.* Hueso largo y delgado, situado en la parte externa de la pierna junto a la tibia.

peronil *m.* Árbol frutal de Panamá *(Makareium peronil).*

peronismo *m.* Partido político argentino, dirigido por Juan Domingo Perón (1895-1974).

peronista *adj.* Relativo al gobierno de Juan Domingo Perón (1895-1974). -2 *adj.-com.* Partidario de las ideas de este político.

peroración *f.* Acción de perorar. 2 Efecto de perorar. 3 RET. Última parte del discurso en que se enumeran las pruebas tratando de mover con más eficacia que antes el ánimo del auditorio. 4 RET. En sentido restrictivo, parte exclusivamente patética de la peroración.
SIN. *1* y *2* v. **Discurso.** *3* **Epílogo.**

perorar (l. *-are*) *intr.* Pronunciar un discurso; p. ext., hablar uno en la conversación familiar como si estuviera pronunciando un discurso. 2 fig. Pedir con instancia.

perorata (l.) *f.* Oración o razonamiento molesto o inoportuno.
SIN. *1* v. **Discurso.**

perote *adj.-s.* desp. Natural o vecino de Álora (Málaga). -2 *m. Ecuad.* Mote dado a unos pájaros negros semejantes a los cuervos. 3 *Perú.* Títere.

perotó *m. Bol.* Hollejo de algunos vegetales.

peróxido (*per-* + *óxido*) *m.* En la serie de los óxidos, el que tiene la mayor cantidad de oxígeno. 2 ~ ***de hidrógeno,*** líquido incoloro e inestable, soluble en el agua y en el alcohol, de múltiples aplicaciones, y cuya fórmula es H_2O_2.
SIN. *2* **Agua oxigenada.**

perpalo *m. Ar.* Barra para levantar pesos.

perpejana *f.* Parpalla.

perpendicular (l. *-are*) *adj.-f.* V. línea perpendicular. -2 *adj.* [plano] Que forma ángulo recto con otro. En el lenguaje vulgar se usa como sinónimo de vertical: ~ *al plano del horizonte.*

perpendicularidad *f.* Calidad de perpendicular.

perpendicularmente *adv. m.* De un modo perpendicular.

perpendículo (l. *-lu*) *m.* Plomada (pesa de metal). 2 Altura de un triángulo. 3 MEC. Péndulo.

perpetración *f.* Acción de perpetrar. 2 Efecto de perpetrar.

perpetrador, -ra *adj.-s.* Que perpetra.

perpetrar (l. *-are*) *tr.* Cometer, consumar un delito o culpa grave.

perpetua (l.) *f.* Planta amarantácea, de tallo derecho y ramoso, hojas vellosas, flores reunidas en cabezuela globosa, con tres brácteas, y fruto en caja; las flores son pequeñas, moradas, anacaradas o jaspeadas de estos dos colores, y cogidas antes de granar la simiente, persisten meses enteros sin sufrir alteración. Llámase también ~ *encarnada* o *blanca (Gomphrena globosa).* 2 Flor de esta planta. 3 ~ ***amarilla,*** planta compuesta herbácea, de tallos blanquecinos, hojas blanquecinas y vellosas y cabezuelas pequeñas y amarillas agrupadas en corimbo; sus flores tienen la misma propiedad que la de la anterior *(Helichrysum arenarium).* 4 Flor de esta planta. 5 Planta de jardín, del mismo género que la anterior, de hojas lineales y persistentes y flores de mayor tamaño y color más vivo *(gén. Helichrysum).* 6 Flor de esta planta. 7 Planta compuesta parecida a las dos anteriores, de hojas lineales, flores de color de azufre y escamas plateadas en la base de la cabezuela *(Helichrysum staechas).* 8 Flor de esta planta.
SIN. **Sempiterna.** *1* **Amarantina.** *3* **Siempreviva.**

perpetuación *f.* Acción de perpetuar o perpetuarse una cosa. 2 Efecto de perpetuar o perpetuarse una cosa.

perpetuamente *adv. m.* Perdurablemente, para siempre.

perpetuar (l. *-are*) ***tr.-prnl.*** Hacer perpetua o perdurable una cosa: ~ *su fama en la posteridad.* 2 Dar [a las cosas] una larga duración. ◇ ** CONJUG. [11] como ***actuar.***

perpetuidad *f.* Duración sin fin. 2 fig. Duración muy larga.

perpetuo, -tua (l. *-uu*) ***adj.*** Que dura siempre. 2 Vitalicio: *cargo* ~.

SIN. *1* v. **Eterno.**

perpiaño (en relac. con fr. *parpaing;* cat. *perpany;* port. *propianho,* de et. dud.) ***m.*** Piedra que atraviesa toda la pared. -2 ***adj.*** ARQ. V. arco perpiaño.

perplejamente *adv. m.* Confusamente, con irresolución.

perplejidad *f.* Confusión, duda, irresolución, vacilación.

perplejo, -ja (l. *-exu*) ***adj.*** Dudoso, irresoluto.

perpunte (cat. *perpunt* < l. *perpunctu,* punzado profundamente) ***m.*** Jubón fuerte, colchado y despuntado, que se usaba a modo de armadura.

perputa *f. Murc.* Abubilla.

perqué (it.) ***m.*** Composición poética ant. en forma de pregunta y respuesta. 2 Libelo infamatorio escrito en la misma forma.

perquirir (l. *-ere*) ***tr.*** Investigar, buscar una cosa con cuidado y diligencia. ◇ ** CONJUG. [30] como ***adquirir.***

perquisición *f.* GALIC. Pesquisa.

perra *f.* Hembra del perro. 2 ~ ***chica,*** ~ ***gorda*** o ***grande,*** fig. y fam., monedas, en principio de cobre, y después acuñadas con una aleación de aluminio, que valían 5 y 10 céntimos, respectivamente. 3 Borrachera (efecto). 4 Rabieta de niño. 5 Pereza. 6 fam. Obstinación. -7 ***f. pl.*** fam. Dinero, riqueza: *tiene muchas perras en el banco.*

SIN. *1* **Chucha.**

perrada *f.* Perrería (de perros; vileza).

perraje *m. Colom.* Jauría. 2 *Guat.* Manta de algodón de varios colores. 3 *Venez.* Baile de gente soez.

perramente *adv. m.* fig. Muy mal, vilmente.

perrencazo *m. Colom.* Latigazo.

perrengue (de *perro*) ***com.*** fam. Persona que se enoja o irrita con facilidad. 2 fig. Negro (persona).

perrenque ***m.*** *Colomb.* Látigo.

perrera *f.* Lugar donde se guardan o encierran los perros: *la ~ del tren.* 2 Perra (rabieta). 3 Ocupación de mucho trabajo y poca utilidad. 4 Mal pagador. 5 *Murc.* fam. y vulg. Cárcel.

perrería *f.* Conjunto de perros. 2 fig. Conjunto de personas malvadas. 3 fig. Vileza o acción desleal. 4 fig. Expresión o demostración de enojo, enfado o ira.

perrero ***m.*** El que en las iglesias catedrales cuida de echar fuera de ellas los perros. 2 El que cuida perros de caza. 3 El que es muy aficioinado a tenere o criar perros. 4 Empleado municipal encargado de recoger los perros abandonados o sin bozal. 5 *Colob.* Látigo.

SIN.. *2* **Caniculario, echaperros.**

perreta *f. Murc.* y *Cuba.* Rabieta.

perrezno ***m.*** Perrillo o cachorro.

perrichico ***m.*** *Logr.* Variedad de seta comestible *(Agaricus auricula).*

perrillo (dim. de *perro*) ***m.*** Gatillo (percusor). 2. Pieza de hierro en forma de mediacaña arqueada y dentada, que sustituye la cadenilla de barbada en las caballerías muy duras de boca. 3 *P. Rico.* Machete largo.

perrito caliente (según el ing. *hot-dog*) ***m.*** Panecillo con una salchicha dentro y untado con mostaza.

I) perro, -rra (de *perro* II) ***adj.-s.*** Muy malo, indigno: *vida perra; el muy ~ me burló.*

II) perro (probabl. voz descrip. *prrr;* o *brrr*) ***m.*** Mamífero carnívoro cánido, mantenido en domesticidad por el hombre desde los tiempos prehistóricos, de tamaño, forma y pelaje muy diversos según las razas *(Canis):* ~ ***afgano,*** el de raza originario de Afganistán; ~ ***alano,*** el de raza cruzada, producida por la unión del dogo y el lebrel; es corpulento y fuerte, de cabeza grande, orejas caídas, hocico romo y arremangado, cola larga y pelo corto y suave; ~ ***airedale,*** el de cuerpo pequeño pero fuertemente musculado y pelo duro, es perro de compañía y caza; ~ ***basset,*** el de cuerpo y cabeza normales, miembros cortos y a veces torcidos; ~ ***bóxer,*** el parecido al dogo, de tamaño mediano, de pelo corto y color pardo claro, es de origen alemán; ~ ***buldog,*** el de gran cabeza, cuerpo grueso y compacto, patas arqueadas, espalda robusta, amplio pecho y corto pelaje de color castaño; ~ ***chihuahua,*** el de tamaño muy pequeño, oriundo de Méjico, de cabeza redonda, hocico corto y orejas grandes; ~ ***chino,*** el de una casta que carece completamente de pelo; es de orejas pequeñas y rectas, hocico pequeño y puntiagudo y cuerpo gordo y de color oscuro; es estúpido y quieto, y está siempre como tiritando; ~ ***chow-chow,*** el de talla media y pelaje abundante, largo y apretado, color negro o rojo obscuro; es de origen chino; ~ ***dalmata,*** el de pelaje corto, de color blanco con manchas obscuras; ~ ***de aguas*** o ***de lanas,*** el de una raza que se cree originaria de España, con cuerpo grueso, cuello corto, cabeza redonda, hocico agudo, orejas caídas y pelo largo, abundante, rizado y gralte. blanco; es muy inteligente y se distingue por su aptitud para nadar; ~ ***de casta,*** el que no es cruzado; ~ ***de Terranova,*** especie de perro de aguas, de gran tamaño, pelo largo, sedoso y ondulado, de color blanco, con grandes manchas negras y cola algo encorvada hacia arriba; tiene los pies palmeados a propósito para nadar; es muy intiligente; ~ ***doberman,*** el de medianas proporciones, esqueleto sólido, musculado y poco pesado, de pelo corto y duro; es muy buen guardián; ~ ***dogo*** o ***de presa,*** el de cuerpo y cuello gruesos y cortos, pecho ancho, cabeza redonda, hocico obtuso, labios gordos, cortos en el centro y colgantes por ambos lados, orejas pequeñas con la punta doblada, patas muy robustas, y pelaje gralte. leonado, corto y recto; es animal pesado, de fuerza y valor extraordinarios; ~ ***foxterrier,*** variedad del terrier, de 30 a 40 cms. de altura, cráneo ancho, cara pequeña, ojos prominentes, orejas lacias y pelo largo; ~ ***perdiguero,*** el de talla menuda, cuerpo recio, cuello ancho y fuerte, cabeza fina, hocico saliente, labios colgantes, orejas grandes y caídas, patas altas y nervudas, cola larga y pelaje corto y fino; olfatea y sigue muy bien las pistas para la caza; ~ ***podenco,*** el de cuerpo algo menor, pero más robusto que el del lebrel, de cabeza redonda, orejas tiesas, lomo recto, pelo medianamente largo, cola enroscada y manos y pies pequeños pero muy fuerte; es sagaz y ágil para la caza, por su gran vista, olfato y resistencia; ~ ***pointer,*** el de cuerpo bien proporcionado y elegante, cola larga y fina, pelo raso y color variable; es de origen británico; ~ ***raposero, zorrero*** o ***jateo,*** el de unos dos pies de altura, de pelo corto y de orejas grandes, caídas y muy dobladas; se emplea esp. en la caza de zorras; ~ ***sabueso,*** variedad de podenco, algo mayor que el común y de olfato muy fino; ~ ***samoyedo,*** el de complexión fuerte y pelaje espeso, generalmente blanco; es utilizado para el tiro de trineos en las regiones boreales; ~ ***San Bernardo,*** el de gran talla y muy inteligente, que toma su nombre del hospital de San Bernardo en los Alpes suizos; procede del cruzamiento del perro pastor suizo con el danés; por su destreza, resultado de una educación especial, salva muchas veces la vida a montañeros o esquiadores; ~ ***setter,*** el de caza, de raza inglesa, de pelo largo, suave y ondulado; ~ ***terrier,*** el de una raza cuyo tipo es el foxterrier, y que comprende diversas variedades; ~ ***zarcero,*** el pequeño y corto de pies, que entra en las zarzas a buscar la caza; ~ ***cobrador,*** el que hábilmente coge al animal que cae al tiro o al que huye malherido; ~ ***de ayuda,*** el que socorre y defiende a su amo; ~ ***faldero*** o ***de lanas,*** el que por ser pequeño puede estar en las faldas de las mujeres; ~ ***quitador,*** el que quita la caza a los otros para que no la despedacen o se la coman, y la trae a mano; ~ ***rastrero,*** el de caza, que la busca por el rastro que ésta deja; ~ ***ventor,*** el de caza, que sigue a ésta por el olfato y viento. 2 fig. Nombre que se daba por afrenta y desprecio, esp. a los moros y judíos. 3 fig. Persona despreciable. 4 ~ ***viejo,*** hombre cauto, advertido y prevenido por la experiencia. 5 ***Perros de caza,*** constelación boreal situada entre Bootes y la Osa Mayor. 6 ~ ***marino,*** cazón. 7 fig. ~ ***chico*** y ***grande,*** monedas de cobre (5 y 10 cts. respectivamente). 8 ~ ***mudo,*** mapache. 9 ~ ***caliente,*** perrito caliente. 10 *Colomb.* Modorra, sueño.

SIN. *1* **Can; chucho,** fam. REL. *1* **Cachorro,** perro muy joven, o cría del perro; **canino, perruno,** relativo o parecido al perro; v. **ladrido,** voz del perro; **tus,** voz para llamarlo. FR. *A espeta perros,* fig., de estampía, súbitamente. *Como perros y gatos,* con gran aborrecimiento, con mutua aversión. *Atar los perros con longaniza,* fig., vivir con abundancia o esplendidez. *Dar ~ a uno,* hacerle esperar mucho tiempo, causarle una vejación. *Darse uno a perros,* irritarse mucho. *Echar a perros una cosa,* emplearla mal o malbaratarla. *Morir uno como un ~,* morir sin dar señales de arrepentimiento; morir solo, abandonado, sin ayuda alguna. *Tratar a uno como a un ~,* maltratarle, despreciarle.

perroquete (fr. *perroquet*) ***m.*** Mastelerillo puesto sobre el mastelero de gavia que sirve, con otro igual, para sostener los juanetes.

perrote ***m.*** *Ecuad.* Perote (mote de pájaro).

perruna *f.* Pan muy moreno hecho de harina sin cerner, que ordinariamente se da a los perros. 2 Torta perruna.
SIN. *1* **Pan de perro.**

perrunilla *f. And., Extr.* y *Sal.* Especie de bizcocho o pequeña torta hecha con manteca, harina, azúcar y otros ingredientes.

perrunillo *m. La Mancha.* Especie de mantecado que lleva una almendra de adorno en el centro.

perruno, -na *adj.* Relativo al perro.

persa *adj.-s.* De Persia, antiguo reino del sudoeste de Asia. 2 Iraní. -3 *adj.-m.* Lengua perteneciente al grupo iranio moderno occidental, hablada oficialmente en Irán: ~ ***antiguo,*** la perteneciente al grupo iranio antiguo, documentada sólo en inscripciones; ~ ***medio,*** dialecto del pehlevi hablado durante la Alta Edad Media en el sur de Persia, del que deriva el persa en su actual estado.
SIN. *1* **Persiano, pérsico.**

persal *f.* Sal de un ácido con un peróxido.

persecución (l. *-utione*) *f.* Acción de perseguir. 2 Imposición de castigo y penas corporales a los adeptos de una doctrina, religión, etc.: *la ~ contra los cristianos.* 3 fig. Instancia enfadosa y continua con que se acosa a uno.

persecutor, -ra *adj.* Que persigue.

persecutorio, -ria *adj.* Que persigue o implica persecución.

Perséfone *n. pr.* MIT. Hija de Deméter y de Zeus, esposa de Plutón y reina de las regiones infernales.
SIN. **Proserpina,** entre los romanos.

perseguidor, -ra *adj.-s.* Que persigue. -2 *f. Perú.* Malestar que sigue a la borrachera.

perseguimiento *m.* Persecución.

perseguir (l. *persequi*) *tr.* Seguir [al que va huyendo] con ánimo de alcanzarlo: *perseguido de enemigos; perseguido por prófugo.* 2 fig. Seguir o buscar [a uno] por todas partes con importunidad. 3 fig. Molestar, dar que padecer [a uno]; procurar hacerle el daño posible. 4 fig. Solicitar, pretender [alguna cosa] con instancia o molestia. ◇ ** CONJUG. [34] como ***servir.***
SIN. *3* **Vejar.**

perseidas *com. pl.* Descendiente de Perseo. -2 *f. pl.* ASTRON. Estrellas fugaces cuyo punto radiante está en la constelación de Perseo. Suelen observarse hacia el 10 de agosto.

Perseo *n. pr.* Héroe griego, hijo de Zeus y de Dánae. Cortó la cabeza de Medusa, se casó con Andrómeda, fue rey de Tirinto y fundó la ciudad de Micenas. 2 Constelación boreal situada entre Auriga y Andrómeda, de la cual forman parte las estrellas Algenib y Algol.

persevante (fr. *poursuivant*) *m.* Oficial de armas, según la regla de la caballería, inferior al faraute, como éste lo es al rey de armas.

perseverancia (l. *-ntia*) *f.* Firmeza y constancia en la ejecución de los propósitos y en las resoluciones del ánimo: ~ ***final,*** la que mantiene la virtud y la gracia hasta la muerte. 2 Duración permanente o continua de una cosa.
SIN. *2* **Persistencia, perduración.**

perseverante *adj.* Que persevera.

perseverantemente *adv. m.* Con perseverancia.

perseverar (l. *-are*) *intr.* Persistir en una manera de ser o de obrar. 2 Durar permanentemente o por largo tiempo.

persiana (de *Persia,* probl. a través del fr.) *f.* Especie de celosía, formada de tablillas de madera, plástico o metal, arrollables o extensibles, que colocada en el hueco de una ventana o balcón deja paso al aire y no al sol. 2 Tela de seda con grandes flores tejidas. 3 *Colomb.* Calandria del automóvil.

persianista *com.* Persona que se dedica a la construcción, colocación y arreglo de persianas.

persiano, -na (l. *-nu*) *adj.-s.* Persa.

persicaria (de *pérsico*) *f.* Duraznillo.

pérsico, -ca (l. *-cu*) *adj.* Persa. -2 *m.* Árbol frutal rosáceo, originario de Persia, de hojas aovadas y aserradas, flores de color rosa claro y fruto carnoso con el hueso surcado de arrugas *(Persica vulgaris).* 3 Fruto de este árbol.
SIN. *2* y *3* **Alpérsico, pérsigo,** una de sus variedades es el melocotonero.

persignar (l. *-are*) *tr.-prnl.* Signar. 2 Signar y santiguar a continuación. -3 *prnl.* fig. Manifestar uno haciéndose cruces, admiración o extrañeza. 4 fig. Comenzar a vender.
SIN. *3* **Santiguarse, hacerse cruces.**

pérsigo *m.* Pérsico (árbol y fruto).

persistencia *f.* Insistencia, constancia en el intento o ejecución de una cosa. 2 Perseverancia (duración).

persistente *adj.* Que persiste. 2 BOT. Perenne. 3 QUÍM. Que se desvanece lentamente en las condiciones atmosféricas ordinarias: *gas de guerra ~.*

persistir (l. *-ere*) *intr.* Mantenerse firme o constante en una cosa. 2 Durar por largo tiempo.

persoga *f. Amér. Central* y *Méj.* Soga.

persogar *tr. Amér. Central* y *Méj.* Apersogar. ◇ ** CONJUG. [7] como ***llegar.***

persogo *m. Amér. Central.* Soga. 2 *Venez.* Sarta, ristra.

persona (l.) *f.* Individuo de la especie humana: *habría un centenar de personas;* ~ ***grata,*** la que se acepta. Díc. esp. en estilo o lenguaje diplomático; ***tercera*** ~, la que media entre otras: *le sirvió de tercera ~;* tercero (en un negocio): *sin perjuicio de tercera ~;* ***en*** ~ o ***por su*** ~, por uno mismo o estando presente; ***de*** ~ ***a*** ~, estando uno solo con otro; entre ambos y sin intervención de tercero. 2 Hombre de prendas, capacidad y prudencia. 3 Hombre distinguido en la sociedad con un empleo muy honorífico o poderoso. 4 Personaje (en obra literaria). 5 ~ ***jurídica*** o ***social,*** ser o entidad que sin tener existencia individual física es, no obstante, capaz de derechos y obligaciones, como las corporaciones, sociedades, asociaciones y fundaciones. 6 FIL. Supuesto inteligente. 7 GRAM. Accidente gramatical que altera la forma de los verbos y de los pronombres personales y posesivos para hacer referencia a los interlocutores: ***primera*** ~, la que habla (*yo, nosotros*); ***segunda*** ~, aquella a quien se habla (*tú, vosotros*); ***tercera*** ~, se refiere a los seres no comprendidos en las dos primeras personas; ~ ***agente,*** la que ejecuta la acción del verbo; ~ ***paciente,*** la que recibe la acción del verbo. 8 TEOL. El Padre, el Hijo o el Espíritu Santo, que son tres personas distintas con una misma esencia.

personación *f.* DER. Acción de personarse como parte en un juicio. 2 Acción de personarse o comparecer en un lugar. 3 Efecto de personarse o comparecer en un lugar.

personada (l. *-ata,* enmascarada) *adj.* [corola] Monopétala irregular, semejante a la bilabiada, pero con la garganta obstruida por una protuberancia del labio inferior.

personado (l. *-tu*) *m.* Prerrogativa eclesiástica, sin jurisdicción ni oficio. 2 Persona que tiene esta prerrogativa.

personaje *m.* Sujeto de distinción, calidad o representación en la vida pública. 2 Ser humano, sobrenatural o simbólico, ideado por el escritor, que toma parte en la acción de una obra literaria.
SIN. **Figura.** *1* **Personalidad.** *2* **Persona.**

personal (l. *-ale*) *adj.* Relativo a la persona o propio o particular de ella: *derecho ~; opinión ~.* 2 [pronombre] Que designa las tres personas gramaticales. v. persona; **PRONOMBRE. 3 *m.* Conjunto de las personas pertenecientes a determinada clase, corporación o dependencia: *el ~ de una oficina.* 4 Capítulo de las cuentas de ciertas oficinas en que se consigna el gasto del personal de ellas. -5 *adj.-f.* DEP. En el juego del baloncesto, falta que comete un jugador al tocar o empujar a otro del equipo contrario para impedir una jugada. 6 DEP. Sanción correspondiente a dicha falta.

personalidad *f.* Conjunto de cualidades que constituyen a la persona o supuesto inteligente. 2 Diferencia individual que constituye a cada persona y la distingue de otra. 3 Aptitud legal para intervenir en un negocio, o representación con que uno interviene en él. 4 Dicho o escrito ofensivo o perjudicial para determinadas personas. 5 Inclinación o aversión que se tiene a una persona. 6 Personaje (sujeto).

personalismo *m.* Acción de personalizar (aludir). 2 Antagonismo entre personas. 3 Doctrina filosófica de Emmanuel Mounier (1905-1950), según la cual lo más importante es la persona humana en su totalidad. 4 Calidad de personalista.

personalista *adj.* Que se practica según la conveniencia, convicciones, arbitrio o estilo del gobernante o dirigente: *política, dirección, gerencia ~.* 2 [pers.] Que así se comporta en el mando o en el trabajo de una colectividad.

personalizar *tr.* Aludir, de modo molesto u ofensivo, a personas determinadas. 2 Adaptar [algo] al gusto o necesidades del usuario. 3 Conferir [a algo] un carácter personal o particularmente adaptado al usuario. 4 GRAM. Usar como personales verbos gralte. impersonales: *anochecí en Barcelona.* ◇ ** CONJUG. [4] como ***realizar.***
CONTR. *1* **Generalizar.**

personalmente *adv. m.* En persona.

personamiento *m.* DER. Personación.

personarse *prnl.* Avistarse. 2 Presentarse personalmente en una parte. 3 DER. Comparecer como parte interesada en un negocio.
SIN. v. **Comparecer.** *3* **Apersonarse.**

personería *f.* Cargo de personero. 2 *Amér.* DER. Personalidad jurídica. 3 *Argent.* Aptitud, representación, personalidad.
personero *m.* El constituido procurador para entender o solicitar negocios ajenos.
personificación *f.* Acción de personificar. 2 Efecto de personificar. 3 RET. Prosopopeya (figura).
personificar (de *persona* + *-ificar*) *tr.* Atribuir vida o acciones propias de persona [a los seres irracionales o a las cosas inanimadas o abstractas]. 2 Representar una persona determinada [un suceso, sistema u opinión]: *Edison personifica el ingenio.* 3 Representar en los discursos o escritos bajo alusiones o nombres supuestos [personas determinadas]: *en el texto se personifica al ministro.* ◇ ** CONJUG. [1] como ***sacar.***
personilla *f.* desp. Persona muy pequeña o de mala figura. 2 Niño o persona querida, cariñosamente.
personudo, -da *adj.* [pers.] De buena estatura y corpulencia.
perspectiva (l.) *f.* Arte de representar en una superficie los objetos tal como aparecen a la vista. 2 Obra o representación ejecutada con este arte: ~ ***lineal,*** la figurada por la sola disposición de las líneas; ~ ***aérea,*** la figurada, además por la gradación de colores; ~ ***caballera,*** modo convencional de representar los objetos en un plano y como si se vieran desde lo alto, conservando en la proporción debida sus formas y las distancias que los separan. 3 fig. Conjunto de objetos que desde un punto determinado se presentan a la vista, esp. cuando están lejanos o producen una impresión de distancia: *desde mi ventana se divisa una alegre ~.* 4 fig. Aspecto con que nos representamos acontecimientos o estados más o menos lejanos: *la ~ de la vejez.* 5 fig. Contingencia que puede preverse en el curso de algún negocio: *se nos presentan perspectivas muy halagüeñas.* 6 fig. Apariencia o representación engañosa de las cosas.
perspectivo *m.* El que profesa la perspectiva.
perspicacia *f.* Calidad de perspicaz.
perspicacidad *f.* inus. Perspicacia.
perspicaz (l. *-ace*) *adj.* [vista, mirada] Muy penetrante, que alcanza mucho; [pers. o animal] con esta vista. 2 fig. [ingenio] Agudo y sutil. 3 fig. [pers.] Sagaz, clarividente.
perspicuidad *f.* Calidad de perspicuo.
perspicuo, -cua (l. *-uu*) *adj.* Claro, transparente y terso. 2 Capaz de ser comprendido claramente: *persona, estilo perspicuo.*
persuadidor, -ra *adj.-s.* Que persuade.
persuadir (l. *-ere*) *tr.-prnl.* Convencer. Inducir [a uno] a creer o hacer una cosa: ~ *a hacer algo con,* o *por, buenas razones.*
CONTR. **Disuadir.**
persuasible *adj.* Que puede creerse o hacerse creer.
persuasión *f.* Acción de persuadir o persuadirse. 2 Efecto de persuadir o persuadirse. 3 Aprehensión o juicio formado en virtud de un fundamento.
SIN. **Convencimiento, convicción.**
persuasiva *f.* Facultad o eficacia para persuadir.
persuasivo, -va *adj.* Que tiene fuerza y eficacia para persuadir.
SIN. **Convincente; suasorio,** en estilo elevado.
persuasor, -ra *adj.-s.* Que persuade.
SIN. **Persuadidor.**
persulfuro (*per-* + *sulfuro*) *m.* Sulfuro que contiene la mayor proporción posible de azufre.
pertenecer (l. *pertinere*) *intr.* Ser propia de uno alguna cosa o serle debida. 2 Ser una cosa del cargo, oficio u obligación de uno. 3 Referirse o hacer relación una cosa a otra o formar parte integrante de ella: *este fragmento pertenece al Quijote; el pino pertenece a la familia de las coníferas.* 4 Formar parte de alguna corporación. ◇ ** CONJUG. [43] como ***agradecer.***
SIN. *2* **Competer, incumbir, tocar.**
pertenecido *m.* Pertenencia.
pertenencia *f.* Acción o derecho que uno tiene a la propiedad de una cosa. 2 Espacio o término que toca a uno por jurisdicción o propiedad. 3 Cosa accesoria o consiguiente a la principal y que entra con ella en la propiedad. 4 MIN. Unidad de medida superficial en las concesiones mineras.
pértica (l.; doble etim. *pértiga* y *percha*) *f.* Medida agraria de longitud (diez pies geométricos; 2,70 m.).
SIN. **Tornadura.**
pértiga (v. *pértica*) *f.* Vara larga. 2 Vara de a 4 a 5 m. de longitud, generalmente de fibra de vidrio, que se utiliza en una de las pruebas atléticas de salto. 3 Percha que lleva suspendido un micrófono.
pertigal *m.* Pértiga.
pértigo (de *pértiga*) *m.* Lanza del carro.
pertiguear *tr.* Varear [los árboles].
pertiguería *f.* Empleo de pertiguero.
pertiguero *m.* Ministro secular en las iglesias catedrales que acompaña a los que ofician en ciertos ministerios, llevando en la mano una pértiga guarnecida de plata.
pertinacia *f.* Calidad de pertinaz.
pertinaz (l. *-ace*) *adj.* Obstinado, tenaz en una opinión, doctrina o propósito: ~ *de carácter;* ~ *en su yerro.* 2 fig. Muy duradero o persistente: *sequía, lluvia ~.*
SIN. *1* v. **Terco.**
pertinazmente *adv. m.* Con pertinacia.
pertinencia *f.* Calidad de pertinente.
pertinente (l.) *adj.* Relativo a una cosa. 2 Que viene a propósito. 3 DER. Relativo al pleito.
SIN. *2* **Oportuno.**
pertinentemente *adv. m.* Oportunamente, a propósito.
pertrechar *tr.* Abastecer de pertrechos: ~ *una fortificación, un buque, un quirófano.* 2 fig. Preparar lo necesario para la ejecución de una cosa: *pertrecharse con,* o *de, lo necesario.*
pertrechos (l. *protractu,* producido) *m. pl.* Municiones, armas, máquinas, etc., necesarias para el ejército o la armada. Ús. también en singular. 2 p. ext. Instrumentos necesarios para cualquier operación.
perturbable *adj.* Que se puede perturbar.
perturbación *f.* Acción de perturbar o perturbarse: ~ ***de la aguja,*** desviación producida en la dirección de la aguja magnética por la acción combinada del hierro del buque. 2 Efecto de perturbar o perturbarse. 3 Desviación de su órbita, experimentada por un astro.
perturbadamente *adv. m.* Con perturbación o desorden.
perturbado, -da *adj.-s.* Enfermo mental, loco.
SIN. v. **Loco.**
perturbador, -ra *adj.-s.* Que perturba.
perturbar (l. *-are*) *tr.* Alterar el orden y concierto [de las cosas]: ~ *una fiesta;* trastornar la tranquilidad o el juicio [a las personas]: *al oír la noticia se perturbó.* 2 Impedir el orden del discurso [al que va hablando]: *el clamoreo perturbaba al orador.*
SIN. *1* **Turbar.**
pertusa (l. *pertusu,* atravesado) *adj.* V. hoja pertusa.
pertuza *f. P. Rico.* Gentualla.
peruanismo *m.* Vocablo, giro o modo de hablar propio de los peruanos. 2 Amor o apego a las cosas características de Perú.
peruanizar *tr.* Dar [a algo] carácter peruano. ◇ ** CONJUG. [4] como ***realizar.***
peruano, -na *adj.-s.* Del Perú, estado de América del Sur.
SIN. **Perulero,** ant.; **peruviano.**
I) peruétano (l. *piru,* peral) *m.* Peral silvestre cuyo fruto es pequeño, aovado, de corteza verde y sabor acerbo *(Pyrus communis).* 2 Fruto de este árbol. 3 fig. Porción saliente de alguna cosa.
SIN. *1* **Piruétano.** *3* **Pingorote.**
II) peruétano, -na *adj. Amér.* Zopenco, ciruelo. -2 *m. Chile.* Muchacho entremetido.
I) perulero (v. *perol*) *m.* Vasija de barro, panzuda y estrecha de boca.
II) perulero, -ra *adj.-s.* ant. Peruano. -2 *m. f.* Persona esp. la adinerada, que ha venido desde el Perú a España. 3 ***Antón Perulero,*** juego de prendas en el que se canta esta copla: *Antón Perulero/ cada cual atienda su juego / y el que no lo atienda/ pagará una prenda...*
perusino, -na (l. *-nu*) *adj.-s.* De Perusa, c. de Italia.
peruviano, -na *adj.-s.* Peruano.
perversamente *adv. m.* Con perversidad.
perversidad *f.* Suma maldad.
SIN. **Nequicia,** latinismo lit.
perversión *f.* Acción de pervertir o pervertirse. 2 Estado de error o corrupción de costumbres. 3 MED. Alteración de una función normal.
perverso, -sa (l. *-su*) *adj.-s.* Que hace el mal conscientemente, depravado en las costumbres. 2 Que indica perversidad.
SIN. v. **Malo.**
pervertidor, -ra *adj.-s.* Que pervierte.
pervertimiento *m.* Perversión (acción).
pervertir (l. *-ere*) *tr.* Perturbar el orden o estado [de las cosas]. 2 Viciar con malas doctrinas o ejemplos [las costumbres, la fe, el gusto, etc.]. ◇ ** CONJUG. [35] como ***hervir.***
SIN. *2* **Mal inclinar, enviciar, viciar, malear, maliciar, corromper, depravar,** serie intensiva.

pervigilio (l. *-iu*) *m.* Vela o vigilia continua.
pervivencia *f.* Continuidad, persistencia.
pervivir (l. *pervivere*) *intr.* Seguir viviendo a pesar del tiempo o de las dificultades.
pervulgar (l. *-are*) *tr.* p. us. Divulgar, hacer pública y notoria [una cosa]. 2 Promulgar. ◇ ** CONJUG. [7] como *llegar.*
pesa *f.* Pieza de determinado peso, que sirve para cerciorarse del que tienen las cosas, equilibrándolas con ella en una balanza: ~ ***dineral,*** la usada para pesar monedas de oro y plata. 2 Pieza de peso suficiente que, colgada de una cuerda, se emplea para dar movimiento a ciertos relojes, o de contrapeso para subir y bajar lámparas, etc. 3 Barra de hierro con bolas en los extremos, para hacer ejercicios gimnásticos. 4 *Amér.* Carnicería o venta de carne.
pesabebés (de *pesar* + *bebé*) *m.* Balanza para pesar niños pequeños. ◇ Pl.: *pesabebés.*
pesacartas (de *pesar* + *carta*) *m.* Balanza delicada con un platillo para pesar las cartas. ◇ Pl.: *pesacartas.*
pesada *f.* Cantidad que se pesa de una vez. 2 *Argent.* Unidad de peso para cueros.
pesadamente *adv. m.* Con pesadez, de manera pesada. 2 Gravemente, con exceso. 3 Con tardanza o demasiada lentitud en el movimiento o en la acción.
pesadez *f.* Calidad de pesado: *la ~ del sueño; ~ de cabeza; la ~ del trabajo.* 2 Gravedad (fuerza). 3 fig. Cargazón, exceso, duración desmedida.
SIN. **Pesadumbre.**
pesadilla (de *pesada*) *f.* Opresión del corazón y dificultad de respirar durante el sueño. 2 Ensueño angustioso y tenaz. 3 fig. Preocupación grave y continua del ánimo causada por la resolución de un asunto importante, por un peligro inminente, etc. 4 fam. Persona o cosa enojosa, enfadosa; lata.
pesado, -da *adj.* Que pesa mucho: *~ de cuerpo.* 2 fig. Obeso. 3 fig. Intenso, profundo, hablando del sueño. 4 fig. Cargado de humores, vapores, etc. 5 fig. Tardo o muy lento. 6 fig. Molesto, enfadoso, impertinente, latoso. 7 fig. Ofensivo, sensible: *~ en la conversación.* 8 fig. Duro, áspero, insufrible; fuerte, violento o dañoso. -9 *adj.-m.* DEP. Peso (categoría) del boxeo, superior a semipesado, que comprende a los deportistas que pesan más de 79, 378 kgs. (los profesionales) o más de 81 kgs. (los aficionados).
SIN. *1* **Grave, ponderoso,** en estilo culto o lit. que recuerda la etimología. *9* v. **Peso.**
pesador, -ra *adj.-s.* Que pesa [una cosa]. -2 *m. Colomb.* y *Venez.* Carnicero, proveedor de carne.
pesadumbre *f.* Pesadez (calidad). 2 Gravedad (fuerza). 3 fig. Desazón y disgusto en lo físico o moral. 4 fig. Motivo o causa del pesar, desazón o sentimiento en acciones o palabras. 5 fig. Riña o contienda con uno, que ocasiona desazón o disgusto.
SIN. *3* y *4* v. **Dolor.**
pesaje *m.* Acción de pesar [algo]. 2 Efecto de pesar [algo].
pesaleche (de *pesar* + *leche*) *m.* Areómetro que se emplea para averiguar la densidad de la leche.
pesalicores (de *pesar* + *licor*) *m.* Areómetro para líquidos menos densos que el agua. ◇ Pl.: *pesalicores.*
pésame (de *pesa;* vb. *pesar* + *me,* pron.) *m.* Expresión con que se significa a uno el sentimiento que se tiene de su pena o aflicción, esp. con motivo de algún fallecimiento. ◇ Pl.: *pésames.*
SIN. **Condolencia.**
pesamentero, -ra *adj.* [pers.] Que va a dar el pésame para que lo conviden a comer.
pesante *adj.* Pesaroso. -2 *m.* Peso (medioadarme). 3 ~ ***de oro,*** castellano (moneda).
pesantez *f.* Gravedad (fuerza).
I) pesar (v. *pesar* II) *m.* Sentimiento o dolor interior que molesta y fatiga el ánimo. 2 Dicho o hecho que causa sentimiento o disgusto. 3 Arrepentimiento o dolor de los pecados o de otra cosa mal hecha. 4 *A ~*, contra la voluntad o gusto de las personas; p. ext., contra la fuerza o resistencia de las cosas; no obstante. Cuando la voz que le sigue no es pronombre posesivo, exige la preposición *de: lo hizo a ~ suyo; no tiene frío, a ~ de estar helado; a ~ de ser aún muy niño, es muy juicioso.* ◇ INCOR. *a ~ que.* Debe decirse *a ~ de que.*
SIN. *1* y *3* v. **Dolor.**
II) pesar (v. *pensar*) *intr.* Tener gravedad o peso; esp., tener mucho peso. 2 fig. Tener una cosa estimación o valor; esp., ser digna de mucho aprecio. 3 fig. Hacer fuerza en el ánimo la razón o el motivo de una cosa. -4 *unipers.* Con los pronombres *me, te, le, nos,* etc., causar un dicho o hecho arrepentimiento o dolor: *me pesa haberte ofendido.* -5 *tr.* Determinar el peso [de una cosa]. 6 fig. Examinar con atención o considerar con prudencia las razones [de algo]. 7 *Colomb.* y *Venez.* Vender [la carne de una res].
SIN. *5* y *6* **Ponderar,** como sinónimo de la 5 se usa sólo en estilo culto recordando la etimología. FR. *Mal que me, te,* etc., *pese,* mal de mi, de tu, etc., grado. *No pesarle a uno haber nacido,* fig., presumir de gentileza, hermosura y otras prendas. *Pese a quien pese,* a todo trance, a pesar de todos los obstáculos.
pesario *m.* Aparato que se coloca en la vagina para corregir el descenso de la matriz.
pesaroso, -sa (de *pesar* I) *adj.* Que siente un pesar: *~ del mal que ha hecho; del mal que le han hecho.*
pesca *f.* Acción de pescar. 2 Efecto de pescar. 3 Oficio y arte de pescar: ~ ***costera,*** la que se efectúa por embarcaciones de tamaño medio, a una distancia máxima de 60 millas del litoral; ~ ***de altura,*** la que se efectúa en aguas relativamente alejadas del litoral. En el caso de España, entre los paralelos de 0° y 60° y los meridianos 15° E y 20° O; ~ ***de arrastre,*** la que se hace arrastrando redes; ~ ***de bajura,*** la efectuada por pequeñas embarcaciones, en las proximidades de la costa; ~ ***de gran altura,*** en aguas muy retiradas, en cualquier lugar del océano. 4 Lo que se pesca o ha pescado.
pescada *f.* Merluza (pez). 2 Cecial.
pescadera *f. Murc.* Caña de pescar, con todas sus artes. 2 *Amér. Central* y *Méj.* Pecera.
pescadería *f.* Establecimiento del pescadero.
pescadero, -ra *m. f.* Persona que tiene por oficio vender pescado, esp. por menor.
pescadilla *f.* Cría de la merluza.
SIN. **Pijota.**
pescado (l. *piscatu*) *m.* Pez comestible sacado del agua: ~ ***azul,*** el abundante en grasa, como la sardina; ~ ***blanco,*** el poco graso, como la merluza y el lenguado, que por esta razón, suele recomendarse para ciertos regímenes alimenticios. 2 Pez I, pescado de río, en algunas partes. 3 Abadejo salado.
pescador, -ra (l. *piscatore*) *adj.-s.* Que pesca. -2 *m. f.* Persona que se dedica a la pesca por oficio o modo de vida. -3 *m.* Pejesapo. 4 *Perú.* Picotijera, ave.
pescamar *com.* Persona que en los barcos pequeños desempeña indistintamente servicios de marinero y pescador.
pescante (de *pescar*) *m.* Pieza saliente sujeta a una pared, a un poste, al costado de un buque, etc., para sostener o colgar algo de ella. 2 En los coches, asiento exterior desde donde el cochero gobierna las caballerías. 3 Delantera de un automóvil, desde donde lo dirige el conductor. 4 En los teatros, tramoya para hacer bajar o subir en el escenario personas o figuras.
pescar (l. *piscare*) *tr.* Coger [peces] con redes, cañas u otros instrumentos. 2 p. anal. Sacar [alguna cosa] del fondo del mar o del río. 3 fig. Coger, agarrar o tomar [cualquier cosa]. 4 fig. Lograr o conseguir astutamente [lo que se pretendía]. 5 fig. Coger [a uno en las palabras o en los hechos] cuando no lo esperaba: *le he pescado; le he pescado una mala acción.* ◇ ** CONJUG. [1] como *sacar.*
SIN. *3, 4* y *5* **Agarrar, pillar, atrapar.** *4* y *5* **Cazar.**
pescocear *tr. Amér.* Dar pescozones [a alguien]. 2 *Chile.* Asir por el cuello [a una persona].
pescola *f. And.* Punta de la besana.
pescozada *f.* Golpe dado con la mano en el pescuezo o en la cabeza.
pescozón *m.* Pescozada. -2 *loc. adv. La Mancha.* ***De ~***, graciosamente, de balde.
pescozudo, -da *adj.* Que tiene muy grueso el pescuezo.
pescuecear *intr. Venez.* Entretener una lucha.
pescueceo *m. Venez.* Acción de ganar con maña.
pescuecero, -ra *adj. Argent.* [animal] Que hace gran fuerza con el pescuezo cuando se trata de sujetarle.
pescuecete (ir de ~) *loc. Chile.* Ir dos personas cogidas del cuello.
pescuezo (l. v. *post* + *cuezo,* de orig. incierto) *m.* Parte del cuerpo del animal, desde la nuca hasta el tronco. 2 Parte posterior del cuello humano. 3 fig. Altanería, vanidad o soberbia.
SIN. *1* v. **Cogote.**
pescuezón, -zona *adj. Amér.* Pescozudo.
pescuño (l. *post-,* detrás + *cuneu,* cuño) *m.* Cuña gruesa y larga que aprieta la esteva, reja y dental de la cama del arado.

pesebre (l. *præsepe*) ***m.*** Especie de cajón donde comen las bestias. 2 Lugar destinado para este fin. 3 Notable cúmulo de estrellas situadas en la constelación del Cangrejo. 4 Belén, nacimiento. -5 ***com.*** *Extr.* Persona que come mucho.
SIN. **Presepio,** es latinismo docto de raro uso.
pesebrejo ***m.*** Dim. de *pesebre*. 2 Alvéolo de las quijadas de las caballerías.
pesebrera ***f.*** Disposición de los pesebres en las caballerizas. 2 Conjunto de ellos. 3 *Amér.* Pesebre.
pesebrón ***m.*** Cajón que suelen tener debajo del suelo ciertos coches. 2 En los calesines y calesas, el mismo suelo.
I) pesero ***m.*** *Méj.* Automóvil de servicio público, con itinerario fijo, que cobraba un peso por cualquier trayecto en su recorrido.
II) pesero (de *pesa,* carnicería) ***m.*** *Venez.* Matarife.
peseta (dim. de *peso,* moneda) ***f.*** Moneda de peso y ley diversos según los tiempos; tiene 5 g. de una aleación de nueve partes de plata y una de cobre; es la unidad monetaria en España, representada actualmente por monedas de metal inferior. 2 ~ ***columnaria,*** la labrada en América, que tenía el escudo de las armas reales entre columnas (cinco reales de vellón). 3 *Méj.* Veinticinco céntimos o centavos. -4 ***adj.*** *Cuba.* Necio, majadero. -5 ***f. pl.*** fam. Dinero, riqueza.
pesetada ***f.*** *Amér.* Chasco.
pésete (de *pese,* tiempo del verbo *pesar* + *te,* pron.) ***m.*** Juramento, maldición o execración.
pesetear ***intr.*** *Ant.* y *Perú.* Sablear, pedir dinero.
peseteo ***m.*** *Ant.* y *Perú.* Acción de pesetear, sablear. 2 *Ant.* y *Perú.* Efecto de pesetear, sablear.
pesetero, -ra ***adj.*** [pers.] Muy aficionado al dinero; ruin, tacaño, avaricioso. 2 desus. Que cuesta o vale una peseta. 3 *Amér.* fam. Sablista. 4 *Cuba.* Tacaño, ruin.
pesgar (l. **pensicare*) ***tr.*** desus. Hacer peso o presión. 2 fig. Abrumar, agobiar. ◇ ** CONJUG. [7] como ***llegar.***
pesgo ***m.*** Peso, pesadez.
pesgoste ***m.*** *Venez.* Que estorba; pegote.
pesgua ***f.*** *Venez.* Árbol semejante al madroño, cuyas hojas secas son aromáticas y se usan para perfumar los templos esparciéndolas por el suelo, particularmente en Caracas *(Gautheria odorata).*
¡pesia! (contracción de *pese a*) Interjección con que se denota desazón o enfado. 2 ***¡Pesia tal!*** ¡pesia!
pesiar (de *pesia*) ***intr.*** Echar maldiciones y reniegos. ◇ ** CONJUG. [12] como ***cambiar.***
pésicos ***m. pl.*** Ant. habitantes de una parte de la reg. de los astures, en la España primitiva.
pesillo ***m.*** Dim. de *peso*. 2 Balanza pequeña y muy exacta para pesar monedas.
pésimamente ***adv. m.*** Muy mal.
pesimismo ***m.*** Doctrina metafísica según la cual el mundo es irremisiblemente malo y, por consiguiente, todo en la naturaleza y en la vida del hombre tiende a la producción y conservación del mal; sus condiciones de orden moral son el suicidio o una vida rigurosamente ascética y contemplativa para lograr la desaparición de la especie humana. Su principal representante es Schopenhauer (1788-1860). 2 Propensión a ver y a juzgar las cosas en su aspecto más desfavorable.
CONTR. **Optimismo.**
pesimista ***adj.*** Relativo al pesimismo. -2 ***adj.-com.*** Partidario del pesimismo (doctrina). 3 Persona que tiene pesimismo (propensión).
SIN. *2* **Derrotista.**
pésimo, -ma (l. *pessimu*) ***adj.*** Superl. de *malo*. 2 Sumamente malo.
CONTR. **Óptimo.**
pesnaga ***f.*** *Burgos.* Tierra pegajosa.
peso (v. *pienso* I) ***m.*** Pesantez. 2 Resultante de todas las acciones de la gravedad sobre las moléculas de un cuerpo, en virtud de la cual ésta ejerce mayor o menor presión sobre la superficie en que se apoya: ~ ***específico*** (o ***densidad***), FÍS., el de un cuerpo en comparación con el de otro de igual volumen tomado como unidad; ~ ***atómico,*** QUÍM., el correspondiente al átomo de cada cuerpo siempre referido al del oxígeno tomado como 16,00; ~ ***molecular,*** suma de los pesos atómicos que entran en la fórmula molecular de un compuesto. 3 El que por ley o convenio debe tener una cosa: ***de*** ~, con el peso (por ley o convenio) cabal. 4 El de la pesa o conjunto de pesas que se necesitan para equilibrar en la balanza un cuerpo determinado: ~ ***bruto,*** el de una mercancía con sus envases o embalajes; ~ ***neto,*** el de una mercancía quitados los envases o embalajes. 5 Balanza (instrumento): ~ ***de cruz,*** balanza de brazos iguales. 6 Cargazón o abundancia de humores. 7 Moneda americana de plata, de diversos valores según los países. 8 ~ ***sencillo,*** o simplte. ~, ant. moneda imaginaria española (quince reales de vellón). 9 ~ ***duro, fuerte,*** o simplte. ~, ant. moneda española de plata (ocho reales fuertes). 10 Duro (moneda). 11 fig. Entidad, substancia e importancia de una cosa. 12 fig. Fuerza y eficacia de las cosas no materiales. 13 fig. Carga o gravamen que uno tiene a su cuidado. 14 fig. Autoridad, influencia, prestigio, importancia: *es una persona de mucho* ~. 15 DEP. En boxeo y otros deportes, categoría y nivel de competición que se establece según el peso de los deportistas. 16 DEP. Esfera metálica con la que se efectúa la prueba atlética de lanzamiento de peso. 17 EQUIT. Carga adicional que se le pone a un caballo según su hándicap.
REL. *15* Las categorías establecidas, de inferior a superior, son: **minimosca, mosca, gallo, supergallo** (sólo categoría profesional), **pluma, superpluma** (sólo categoría profesional), **ligero, superligero, wélter, medio, semipesado** y **pesado.** SIN. *1* v. **Gravedad.** LOC. *A* ~ *de dinero, oro,* o *plata,* a precio muy subido. *De su* ~, naturalmente o de su propio movimiento. *En* ~, en el aire, sin que el cuerpo grave descanse sobre otro que el que lo sustenta; enteramente o del todo; en duda, sin inclinarse a una parte o a otra. *De* ~, díc. de la persona importante, juiciosa y sensata. FR. *Caerse una cosa de su* ~, evidenciar su mucha razón y verdad.
pésol (cat.) ***m.*** Guisante.
pesor ***m.*** *Amér. Central* y *Ant.* Gravedad (fuerza).
pespitear ***intr.*** *Guat.* Coquetear, callejear.
pespuntador, -ra ***adj.-s.*** Que pespunta.
pespuntar (forma disimilada de *pospuntar;* sobre *post,* dar puntos hacia atrás) ***tr.*** Coser o labrar de pespunte o hacer pespuntes: ~ *una tela.*
pespunte (l. *post,* detrás + *punctu,* punto) ***m.*** Labor de costura, con puntadas unidas, que se hacen metiendo la hebra, después de cada punto, en el mismo sitio por donde pasó antes.
pespuntear ***tr.*** Pespuntar. 2 Puntear [la guitarra]. 3 *Méj.* Zapatear, bailar.
pesquera ***f.*** Lugar donde frecuentemente se pesca. 2 *Murc.* Pesca.
pesquería ***f.*** Trato o ejercicio de los pescadores. 2 Acción de pescar. 3 Pesquera.
pesquero, -ra ***adj.*** Que pesca. 2 Relativo a la pesca. -3 ***m.*** Barco que se dedica a la pesca.
pesquis (der. popular de *pescar*) ***m.*** humor. Cacumen, caletre. ◇ Pl.: no se usa.
pesquisa (part. de *pesquerir;* disimilación de *perquirir,* del l. *perquirere*) ***f.*** Investigación que se hace de una cosa; esp. averiguación que hace la policía. -2 ***m.*** *Argent., Ecuad.* y *Parag.* Policía secreta.
pesquisar ***tr.*** Hacer pesquisa [de una cosa].
pesquisidor, -ra (l. *perquisitore*) ***adj.-s.*** Que pesquisa.
SIN. **Inquisidor.**
pestalociano, -na ***adj.*** Relativo a Pestalozzi (1746-1827), célebre pedagogo suizo, y a su método de enseñanza.
pestano, -na (l. *pœstanu*) ***adj.-s.*** [pers.] De Pesto, c. de la ant. Italia.
pestaña (orig. incierto, probl. prerrom.) ***f.*** Pelo que nace en los bordes de los párpados. 2 En las plantas, apéndice filiforme que, por su disposición al borde de una superficie, se parece a las pestañas. 3 ~ ***vibrátil,*** filamento fino de extrema pequeñez, que en gran número sirve para recubrir en todo o en parte la membrana celular de ciertos protozoos o el cuerpo de las larvas de ciertos animales y les sirven de aparato locomotor. 4 Parte saliente y angosta en el borde de una cosa, como en la llanta de una rueda de locomotora, en la orilla de un papel, etc. 5 Orilla del lienzo, que dejan las costureras para que no se vayan los hilos en la costura.
FR. *Quemarse las pestañas,* estudiar o escribir largamente en las horas nocturnas.
pestañar ***intr.*** *Amér. Central* y *P. Rico.* Pestañear.
pestañear ***intr.*** Mover los párpados. 2 fig. Tener vida.
FR. *No* ~, *sin* ~, denota la suma atención con que se está mirando una cosa o la serenidad con que se arrostra un peligro.
pestañeo ***m.*** Movimiento rápido y repetido de los párpados.
pestañoso, -sa ***adj.*** Que tiene grandes pestañas. 2 Que tiene pestañas, como algunas plantas.
pestazo ***m.*** fam. Hedor.
peste (l.) ***f.*** Enfermedad contagiosa que causa gran mortandad

en los hombres o en los brutos: ~ ***bubónica*** o ***levantina*** (también *tifo de Oriente*), enfermedad infecciosa caracterizada por septicemia y engrosamiento de ciertos ganglios linfáticos. 2 p. ext. Enfermedad, aunque no sea contagiosa, que causa gran mortandad. 3 Mal olor. 4 fig. Cosa mala o de mala calidad en su línea, o que puede ocasionar daño grave. 5 fig. Corrupción de las costumbres y desórdenes de los vicios. 6 fig. Excesiva abundancia de cosas en cualquier línea. -7 ***f. pl.*** Palabras de enojo o amenaza y execración: *echar pestes*. -8 ***f.*** *Colomb.* Catarro, romadizo. 9 *Chile.* Viruelas. 10 *Perú* y *P. Rico.* p. ant. La bubónica.
SIN. *1* **Epidemia,** en el hombre; **epizootia,** en los animales. *3* v. **Olor.**

pesticida (de *peste* + *-cida*) ***adj.-m.*** Plaguicida.

pestíferamente ***adv. m.*** Muy mal o de un modo dañoso.

pestífero, -ra (l. *-er*) ***adj.*** Que puede causar peste o daño grave, o que es muy malo. 2 Que tiene muy mal olor. -3 ***adj.-s.*** [pers.] Que padece la peste.

pestilencia (l. *-ntia*) ***f.*** Peste.

pestilencial ***adj.*** Pestífero.

pestilencialmente ***adv. m.*** Pestíferamente.

pestilencioso, -sa ***adj.*** Relativo a la pestilencia.

pestilente ***adj.*** Pestífero.

pestillera ***f.*** *Can.* Cerradura.

pestillo (l. v. **pestellu* < l. *pessulu*) ***m.*** Pasador, a modo de cerrojo, con que se asegura una puerta o ventana. 2 Pieza prismática que, por la acción de la llave o a impulso de un muelle, sale de la cerradura y entra en el cerradero: ~ ***de golpe,*** el de la puerta que se cierra dando un golpe y no se puede abrir sin llave. 3 *P. Rico.* fig. Novio, cortejador, festejante.

pestiño (ant. *prestiño,* del l. v. *pristiniu,* der. del l. *pistrinu,* pastelero; se hizo *pestiño* por influjo de *pisto*) ***m.*** Fruta de sartén, hecha de masa de harina y huevos batidos, y bañada con miel. -2 ***adj.-com.*** Persona pesada y aburrida o molesta.

pestorejazo ***m.*** Pestorejón.

pestorejo (l. *post auricula,* detrás de la oreja < *post-orejo,* luego disimilado) ***m.*** Cerviguillo.

pestorejón ***m.*** Golpe dado en el pestorejo.

pestoso, -sa ***adj.*** Que huele mal.

pestuga ***f.*** *And.* Varilla flexible, fusta.

pesuña ***f.*** Pezuña.

pesuño (de *pesuña*) ***m.*** Dedo, cubierto con su uña, de los animales de pata hendida.
SIN. **Carnicol.**

peta ***f.*** vulg. Porro, cigarrillo de hachís o marihuana. 2 *Bol.* Tortuga de río, con los dedos móviles unidos por membranas interdigitales; sus huevos se comen y son muy apreciados *(Emys rugosa).*

petaca (mej. *petlacalli,* baúl) ***f.*** Estuche de cuero, metal u otra materia adecuada, para llevar cigarros o tabaco picado. 2 Doblez que se hace en la sábana para que, por broma, una persona no pueda meterse en la cama. 3 *Murc.* Cuba o vasija para extraer agua o mineral de las minas. 4 *Amér.* Caja o baúl de cuero, madera o mimbres a propósito para formar el tercio de la carga de una caballería. 5 *Amér. Central.* Joroba, corcova. 6 *P. Rico* y *S. Dom.* Arca us. como artesa para lavar ropa. -7 ***f. pl.*** *Méj.* Nalgas. -8 ***adj.-s.*** *Amér.* desp. Holgazán.
SIN. *1* **Cigarrera, pitillera,** la que se emplea para cigarros y cigarrillos.

petacazo ***m.*** *Colomb.* y *S. Dom.* Trago de licor.

petacón, -cona ***adj.*** *Amér. Central.* Corcovado. 2 *Colomb.* Holgazán, remolón. 3 *Colomb.* Barrigudo. 4 *Perú.* Rechoncho.

petacudo, -da ***adj.*** *Amér. Central.* Corcovado. 2 *Bol.* De volumen y peso: *persona, cosa petacuda.* 3 *Colomb.* Barrigudo. 4 *Colomb.* Torpe, pesado.

petalismo (gr. *petalismós*) ***m.*** Especie de destierro usado entre los siracusanos.

pétalo (gr. *pétalon,* hoja) ***m.*** Hoja que forma la corola de la flor.
SIN. **Hoja** de la flor. REL. **Monopétala,** flor o corola que tiene un solo pétalo; **polipétala,** flor o corola que tiene más de uno; **gamopétala** o **monopétala,** que tiene los pétalos soldados en mayor o menor extensión; **dialipétala,** que no los tiene soldados.

petaloide ***adj.*** BOT. Parecido a un pétalo.

petanca ***f.*** Especie de juego de bochas.

petanque ***m.*** Mineral de plata nativa.

petaquear ***tr.*** *Colomb.* Embrollar. -2 ***intr.-prnl.*** *Colomb.* Desmayar.

petaquilla ***f.*** *Colomb.* Buhonería.

petaquita ***com.*** *Argent.* Persona de poca estatura y gruesa de cuerpo. -2 ***f.*** *Colomb.* Enredadera de flores rosadas.

I) petar ***tr.*** fam. Agradar, complacer.

II) petar ***intr.*** *Gal.* y *León.* Golpear en el suelo, llamar a la puerta.

petardear ***tr.*** MIL. Batir una puerta con petardos. 2 fig. Estafar, pedir algo de prestado con ánimo de no volverlo.
SIN. *2* **Sablear, dar un sablazo, pegar un petardo, trampear, truhanear.**

petardero ***m.*** Soldado que aplica y dispara el petardo. 2 fig. Petardista.

petardista ***com.*** Persona que petardea (estafa).
SIN. **Sablista.**

petardo (fr. *pétard*) ***m.*** Morterete que, afianzado en una plancha de bronce, se sujeta a una puerta después de cargado y se le da fuego para hacerla saltar con la explosión. 2 Hueso, cañuto, etc., lleno de pólvora y atado y ligado fuertemente para que prendiéndole fuego, produzca una gran detonación. 3 fig. Estafa, petición de una cosa con ánimo de no volverla: ***pegar un*** ~, petardear (estafar). 4 fig. *y* fam. Persona o cosa muy fea. 5 fig. *y* fam. Persona o cosa muy aburrida o de escasas cualidades. 6 En el lenguaje de la droga, porro. 7 *Colomb.* Bolsa pequeña de papel, cerrada y aplanada, que contiene pólvora y se coloca en el borde del bocín para que explosione al caer el tejo encima, en el juego del turmequé: ***ser uno un*** ~, ***Colomb., fr.,*** fig. *y* fam., ser uno causa de detención, embargo o suspensión de la acción. 8 *Méj.* Sablazo.
SIN. *3* **Sablazo.**

petaso (l. *-su;* gr. *pétasos*) ***m.*** Sombrero de copa baja y anchas alas que usaban los romanos para viaje.

petate (mej. *petlatl,* estera) ***m.*** Esterilla de palma usada en los países cálidos para dormir sobre ella. 2 Lío de la cama y la ropa: *el ~ de un marinero, de un soldado, de un penado.* 3 Equipaje del que navega. 4 fig. Hombre embustero, estafador o despreciable. 5 *Amér.* Persona de poco valer.
FR. *Liar uno el* ~, mudar de vivienda, esp. cuando es despedido; morir.

petatería ***f.*** *Amér.* Esterería.

petatero, -ra ***m. f.*** *P. Rico.* Persona de poco valer.

petatillo ***m.*** *Amér.* Tejido fino de esparto. 2 *C. Rica.* Ladrillo pequeño para embaldosar. 3 *Guat.* Rejilla de la silla.

petazol ***m.*** *Méj.* Petate usado y gastado.

peteco ***m.*** *Argent.* Hombre chico y pesado.

petenera (et. dud.; quizá alterac. de *paternera,* de Paterna, And.) ***f.*** Aire popular parecido a la malagueña.

petenero, -ra ***adj.-s.*** De El Petén, dep. de Guatemala.

petequia (probl. del it. *petecchia,* mancha de sarampión, der. del gr. *pittakia;* pl. de *pittakion*) ***f.*** Mancha roja viva, parecida a la picadura de la pulga, que no desaparece a la presión del dedo, debida a una hemorragia cutánea.

petequial ***adj.*** Relativo a la petequia. 2 Que tiene petequias.

petera ***f.*** fam. Pelotera. 2 fam. Obstinación, terquedad, rabieta. 3 *Extr.* Cabra que tiene vertical uno de los cuernos. 4 *Cuba.* Borrachera.

peteretes (de *petar*) ***m. pl.*** Golosinas, bocados apetitosos.

petete ***m.*** Calcetín con poca pierna, y gralte. doblada, que usan las mujeres. 2 Zapato de punto para niños que no andan.

peticano, -non (fr. *petit canon*) ***m.*** IMPR. Carácter de letra de veintiséis puntos.

petición (l. *-itione*) ***f.*** Acción de pedir: ~ ***de mano*** (también *pedida*), fig., ceremonia para solicitar en matrimonio a una mujer. 2 Cláusula u oración con que se pide. 3 DER. Pedimento (escrito). 4 LÓG. ~ ***de principio,*** sofisma que consiste en dar como cierto lo que se trata de probar.
SIN. *1* **Pedido, pedidura, petitoria.** *1* y *3* **Pedimento, demanda.**

peticionar (del fr. *pétitioner*) ***tr.*** *Amér.* Presentar una petición o súplica, especialmente a las autoridades.

peticionario, -ria ***adj.-s.*** Que pide o solicita oficialmente una cosa.

petifoque (fr. *petit foc*) ***m.*** Foque mucho más pequeño que el principal, que se orienta por fuera de él.

petigrís (fr. *petit-gris*) ***m.*** Entre peleteros, ardilla común; su piel.

petilín ***m.*** *Logr.* Dedo meñique de las manos o pies.

petillo (dim. de *peto*) ***m.*** Peto triangular que las mujeres usaron por adorno. 2 Joya de la misma figura.

petimetre, -tra (fr. *petit maître,* señorito) ***m. f.*** Persona que cuida demasiadamente de su compostura y de seguir las modas.
◇ INCOR.: *petrimetre.*
SIN. **Lechuguino, gomoso, pisaverde.**

petirrojo (de *peto* + *rojo*) ***m.*** Ave paseriforme de color verde oliva, con la frente, cuello, garganta y pecho de color rojo vivo *(Erithacus rubecula).*

petiseco, -ca *adj.* [planta, fruto] Raquítico, marchito, rugoso; apl. p. ext. a las personas.
petiso, -sa *adj. Amér. Merid.* Pequeño, bajo, rechoncho. -2 *adj.-s. Amér. Merid.* Caballo de poca alzada.
petisú (fr. *petit chou*) *m.* Pastelillo hueco relleno de crema. ◇ Pl.: *petisúes.*
petitoria *f.* fam. Petición (acción y oración).
petitorio, -ria (l. *-iu*) *adj.* Relativo a petición o súplica, o que la contiene: *carta petitoria; mesa petitoria.* -2 *m.* fam. Petición repetida e impertinente. 3 Cuaderno impreso de los medicamentos que debe haber en una farmacia.
peto (it. *petto,* pecho) *m.* Armadura del pecho: ~ ***volante,*** el que se llevaba sobre el principal. 2 Adorno o vestidura que se pone en el pecho para entallarse. 3 Parte de algunas herramientas opuesta a la pala y en el otro lado del ojo: *el ~ de una azada; el ~ de un hacha.* 4 Parte superior de un delantal o mono. 5 Pez marino de unos 35 cms. de longitud, con el hocico alargado, de colores distintos el macho de la hembra, y con una mancha oscura sobre el pedúnculo caudal *(Symphodus tinca).* 6 TAUROM. Protección almohadillada que se pone a los caballos de los picadores. 7 ZOOL. Parte inferior del caparazón de los quelonios. 8 *Bol.* Avispa melera. 9 *Colomb.* Mazamorra endulzada. 10 *Cuba.* Pez marino comestible que llega a pesar hasta cinco arrobas *(Cybium petus).*
petr-, v. petro-.
petra *f. Chile.* Pitra, planta.
petral (l. *pectorale*) *m.* Correa que ciñe y rodea el pecho de la cabalgadura.
SIN. **Pretal.**
petraria (l. *petra,* piedra) *f.* Balista.
petrarquesco, -ca *adj.* Propio y característico del poeta Petrarca (1304-1374) o parecido a cualquiera de sus dotes o calidades.
petrarquismo *m.* Estilo poético propio de Petrarca (1304-1374) o de sus seguidores.
petrarquista *adj.-com.* Admirador de Petrarca (1304-1374), o imitador de su estilo poético.
petrel (et. dud.) *m.* Ave procelariforme muy voladora, del tamaño de la alondra, común en todos los mares, que vive en bandadas entre las rocas y llega a enormes distancias de la tierra *(Procellaria pelagica).*
SIN. **Ave de las tempestades.**
petrencarse *prnl. Chile.* Subirse de un salto sobre algo. ◇ ** CONJUG. [1] como ***sacar.***
pétreo, -a (l. *-eu*) *adj.* De piedra, roca o peñasco. 2 Pedregoso. 3 De la calidad de la piedra.
petri-, v. petro-.
petrificación *f.* Acción de petrificar o petrificarse. 2 Efecto de petrificar o petrificarse.
SIN. **Lapidificación; fosilización,** si se trata de un animal o vegetal que se convierte en piedra.
petrificante *adj.* Que petrifica, que convierte en piedra.
petrificar (*petr-* + *-ificar*) *tr.-prnl.* Convertir en piedra, o dar [a una cosa] la dureza de la piedra. 2 fig. Dejar [a uno] inmóvil de asombro. ◇ ** CONJUG. [1] como ***sacar.***
SIN. *1* **Fosilizar,** si se trata de un ser orgánico.
petrífico, -ca *adj.* Que petrifica o tiene virtud de petrificar.
petro-, petri-, petr- (l. *petra,* piedra) Elemento prefijal que entra en la formación de palabras con el significado de piedra.
petrodólar (de *petróleo* + *dólar*) *m.* Unidad monetaria que designa las sumas de dinero que reporta a los países productores la venta de su petróleo.
petrogenético, -ca *adj.* Formador de rocas.
petroglifo *m.* Piedra antigua, grabada.
petrografía (*petro-* + *-grafía*) *f.* Parte de la geología que trata del estudio, descripción y clasificación de las rocas.
SIN. **Litología.**
petrográfico, -ca *adj.* Relativo a la petrografía: *microscopio ~.*
petrolear *intr.* Cargar un buque petróleo para su consumo. -2 *tr.* Pulverizar [algo] con petróleo. 3 Bañar [alguna cosa] en petróleo.
petróleo (l. med. *-eu* < *petro-* + l. *oleu,* aceite) *m.* Líquido oleoso, más ligero que el agua, de color oscuro y olor fuerte, que se encuentra nativo, formando a veces grandes manantiales, en los estratos superiores de la corteza terrestre; es una mezcla de hidrocarburos, arde con facilidad, y, sometido a una destilación fraccionada, da una gran cantidad de productos volátiles. 2 Queroseno.
SIN. *1* **Oro negro.**
petroleología (*petróleo* + *-logía*) *f.* Estudio del petróleo.
petroleoquímico, -ca *adj.* Petroquímico.
petrolero, -ra *adj.* Relativo al petróleo. 2 Que tiene motor de petróleo. -3 *adj.-s.* Incendiario que se sirve de petróleo. 4 Buque dedicado al transporte de petróleo. -5 *m. f.* Persona que tiene por oficio vender petróleo por menor.
SIN. *4* **Barco aljibe** o **cisterna.**
petrolífero, -ra (de *petróleo* + *-fero*) *adj.* Que contiene petróleo.
petrología (*petro-* + *-logía*) *f.* Estudio de las rocas, de su origen, composición, etc.
petrolquímico, -ca *adj.* Petroquímico.
petromizoniforme *adj.-m.* Animal del orden de los petromizoniformes. -2 *m. pl.* Orden de animales ciclóstomos parásitos; como la lamprea.
petroquímico, -ca (de *petróleo* + *químico*) *adj.* Que utiliza el petróleo o el gas natural como materias primas para la obtención de productos químicos. -2 *f.* Ciencia, técnica o industria de los productos químicos derivados del petróleo.
petroso, -sa *adj.* [paraje] Que tiene muchas piedras. 2 Relativo a la región del hueso temporal llamada también *peñasco.*
SIN. *1* **Pedregoso.**
petudo, -da *adj. Can.* Jorobado.
petulancia (l. *-ntia*) *f.* Insolencia, atrevimiento o descaro. 2 Vana y ridícula pretensión.
SIN. v. **Envanecimiento.**
petulante *adj.-com.* Que tiene petulancia.
petulantemente *adv. m.* Con petulancia.
petunia (de *petun,* en el Brasil, tabaco, der. del tupí *petyn*) *f.* Género de plantas solanáceas de jardín, de hojas alternas, aovadas y flores grandes, olorosas, de corola en forma de embudo y color blanquecino o púrpura violáceo *(gén. Petunia).*
peucédano (gr. *peukedanós,* amargo como la resina; hecho en l. *peucedanum*) *m.* Servato.
peuco (arauc.) *m. Chile.* Ave de rapiña semejante al gavilán, aunque el color que más domina es el gris ceniciento *(Buteo unicinctus).* 2 *Chile.* ~ ***blanco,*** o ***bailarín,*** ave de rapiña parecida al cernícalo hasta en el modo de mantenerse en el aire; pero el color es negro por el lomo y muy blanco por el vientre; por la cabeza es gris claro *(Buteo unicinctus).* 3 fig. *Chile.* Juego infantil en que se imita a la gallina defendiendo a sus polluelos del peuco o gavilán.
peúco (de *pie*) *m.* Calcetín o bolita de lana para los niños de corta edad.
peumo (arauc.) *m. Chile.* Árbol lauráceo de hoja siempre verde y medicinal y fruto rojizo de pulpa comestible *(Criptocarpa peumus).*
peuquino, -na *adj. Chile.* De color del peuco, gris ceniciento.
-pexia (gr. *pexis,* fijación) Elemento sufijal que entra en la formación de palabras con el significado de fijación: *gastropexia.*
peyorativo, -va (l. *peior,* peor) *adj.* Que empeora. Díc. pralte. de los conceptos morales. 2 ***Acepción peyorativa*** o ***sentido ~,*** el que connota menosprecio, p. ej. *tipo* en la frase *¿quién es ese tipo?*
peyote *m. Méj.* Planta de efectos narcóticos que usan los indios para soportar el hambre y las fatigas de una caminata *(Lophophora williamsii).*
I) pez (l. *pisce;* doble etim. *peje*) *m.* Animal de la clase de los peces: ~ ***ángel,*** pez marino seláceo que vive en los fondos blandos cerca de las costas, con las aletas pectorales muy desarrolladas *(Squatina oculata);* ~ ***ballesta,*** pez marino teleósteo tetraodontiforme, de cuerpo oval, elevado y comprimido, piel muy rugosa empleada para pulir, y de color pardusco, verdoso, amarillento o azulado en el dorso *(Balistes carolinensis);* ~ ***cinta,*** pez marino teleósteo, de cuerpo alargado en forma de cinta, sin escamas, cuerpo frágil y de color plateado *(Lepidopus cuadatus);* ~ ***clavo,*** oruga marina; ~ ***cofre*** (o simplte. *cofre*), pez teleósteo de aguas tropicales, de cuerpo poliédrico y recubierto de placas óseas *(gén. Ostracion);* ~ ***de pega,*** chafarrocas; ~ ***de San Pedro,*** gallo (pez marino); ~ ***erizo,*** pez marino teleósteo tetraodontiforme de color grisáceo o pardo amarillento, cubierto por largas espinas eréctiles y superficie ventral muy extensible *(Diodon hystrix);* ~ ***espada, espadarte, gáleo, jifia*** (o simplte. *espada*), pez marino teleósteo perciforme, que llega a tener 4 m. de largo, de carne muy estimada, piel áspera, sin escamas, negruzca por el lomo y blanca por el vientre; cuerpo rollizo, y cabeza apuntada con la mandíbula superior prolongada en forma de espada de dos cortes y como de un metro de largo *(Xiphias gladius);* ~ ***lanceta,*** anfioxo; ~ ***limón,*** pez marino de cuerpo alargado, co-

lor gris azulado o violáceo, con los flancos marcados de amarillo, que puede medir hasta 2 ms. y pesar 80 kgs. *(Seriola dumerilii);* ~ ***luna,*** pez marino teleósteo tetraodontiforme, propio del Mediterráneo, de hasta 1 m. de largo, de cuerpo muy comprimido y piel lisa, plateada y fosforescente *(Mola mola);* ~ ***martillo*** (o simplte. *martillo;* también *cornudilla*), pez seláceo escualiforme de unos tres a cuatro m. de largo, cuya cabeza muy ensanchada por los lados da a su cuerpo apariencia de martillo *(Zigaena malleus);* ~ ***piloto,*** pez marino teleósteo perciforme, de cuerpo ovoide y deprimido, que frecuentemente acompaña a grandes peces, como tiburones, y a tortugas *(Naucrates ductor);* ~ ***plata,*** argentina; ~ ***puerco,*** chafarrocas; ~ ***reverso,*** rémora (pez marino); ~ ***sierra*** (o simplte. *sierra;* también *priste*), pez seláceo rayiforme, de cuerpo fusiforme y cabeza pequeña con la mandíbula en forma de espada, como de un metro de largo, con espinas laterales, triangulares y muy fuertes *(Pristis pristis);* ~ ***verde,*** pez marino teleósteo, de cuerpo alargado y de color verdusco manchado de otros colores *(Thalassoma paco);* ~ ***volante,*** volador (pez); ~ ***zorro,*** zorro marino. 2 Pescado de río. 3 fig. Estudiante que ignora la asignatura, esp. en las frs.: *estar ~* o *ser un ~*. 4 fig. Montón prolongado de trigo en la era. 5 Bulto con esta figura. 6 fig. Cosa que se adquiere con utilidad y provecho, esp. cuando ha costado mucho trabajo o solicitud: *cayó el ~*. 7 ~ ***mujer,*** manatí. 8 ~ ***austral,*** constelación austral, situada cerca del polo. 9 Pieza de carne de ternera parecida al solomillo. -10 ***m. pl.*** Clase de vertebrados acuáticos, ovíparos, poiquilotermos, corazón con una aurícula y un ventrículo, circulación sencilla, respiración branquial, cuerpo protegido por escamas dérmicas y glándulas mucosas y miembros en forma de aleta; a esta clase pertenecen tres subclases: placodermos, elasmobranquios y osteíctios. 11 ASTRON. Piscis.

SIN. *1* **Peje,** hoy ant.; **pescado,** el comestible sacado del agua. REL. **Ictiología,** parte de la H. NAT. que trata de los peces; **ictiólogo,** especialista en ella; **piscicultura,** fomento y cría de los peces; **pisciforme,** de forma de pez. FR. *Estar como el ~ en el agua,* fig., disfrutar de comodidades y conveniencias *Picar el ~*, dejarse engañar una persona, cayendo en el ardid o trampa que se le preparó.

II) pez (l. *pice;* doble etim. *pece*) ***f.*** Substancia negra o de color oscuro, muy viscosa, residuo de la destilación del alquitrán. 2 Nombre de varias substancias resinosas o minerales: ~ ***blanca*** o ***de Borgoña,*** trementina desecada al aire; ~ ***elástica,*** mineral semejante al asfalto, pero menos duro y bastante elástico; ~ ***griega,*** colofonia; ~ ***naval,*** mixto de varios ingredientes, como pez común, sebo de vacas, etc., derretidos al fuego; ~ ***negra,*** la que resulta de la destilación de las trementinas impuras. 3 Alhorre (excremento).

REL. *1* **Peguero, empecinado,** el que la fabrica o la vende.

pezizal ***adj.-m.*** Hongo que presenta apotecios. -2 ***m. pl.*** Orden de dichos hongos.

pezolada (de *pezuelo*) ***f.*** Porción de hilos sueltos en los principios y fines de las piezas de paño.

pezón (l. *pecciolu;* contracción de *pediciolu,* der. de *pede,* pie) ***m.*** Rabillo que sostiene la hoja, la flor o el fruto de las plantas. 2 Protuberancia en las tetas de las hembras, por donde los hijos chupan la leche. 3 Extremo, cabo o parte saliente de algunas cosas: *el ~ de un limón; del eje de un carruaje.* 4 En los molinos de papel, extremo y remate del árbol.

SIN. *1* **Cabillo; pedúnculo, pedículo,** científicos. *2* **Teta.**

pezonera ***f.*** Pieza de hierro que atraviesa la punta del eje de los carruajes para que no salga la rueda. 2 Especie de dedal de goma elástica, boj, etc., que se ponen las mujeres en los pezones cuando empiezan a criar. 3 *Ecuad.* Aparato para succionar la leche de los pechos de las madres lactantes.

pezote ***m.*** *Amér.* Coatí, mamífero.

pezpalo ***m.*** Pejepalo.

pezpita (de *pizpireta,* voz descriptiva) ***f.*** Aguzanieves.

pezpítalo (como *pezpita*) ***m.*** Pezpita.

pezuelo (v. *pecíolo*) ***m.*** Principio del lienzo, que es una especie de fleco de muchos hilos, en los cuales se va atando la urdimbre de la tela que se va a tejer.

pezuña (l. *pedis* + *ungula*) ***f.*** Conjunto de los pesuños de una misma pata en los animales de pata hendida. 2 Casco de los équidos. 3 *Ecuad.* Vasito de chicha.

SIN. *1* y *2* **Pesuña, uña.** REL. *1* y *2* **Ungulado,** el animal que tiene pezuña.

pfennig ***m.*** Moneda fragmentaria alemana, centésima parte del marco. ◇ Pl.: *pfennigs.*

phi ***f.*** V. fi, letra griega.

philtrum ***m.*** ANAT. Surco subnasal.

pi ***f.*** Decimosexta letra del ** alfabeto griego equivalente a *p*. 2 MAT. Signo [π] usado para designar la relación entre la circunferencia y el diámetro, o sea el número inconmensurable 3,141592.

I) piache (gallego *piaste* < v. *piar* y el pron. *te*) Voz que sólo se usa en la expresión fam. *tarde piache,* que significa que uno llegó tarde para lograr su propósito.

II) piache (voz caribe) ***m.*** *Venez.* Curandero.

piada ***f.*** Acción o modo de piar. 2 fig. Expresión de uno, parecida a la que otro suele usar.

piador, -ra ***adj.*** Que pía.

piadosamente ***adv. m.*** Misericordiosamente, con piedad. 2 Según la piedad y las creencias cristianas.

piadoso, -sa (der. de *piadad;* var. de *piedad*) ***adj.*** Inclinado a la piedad y conmiseración. 2 Que mueve a compasión o se origina de ella. 3 Religioso, devoto.

SIN. *1* **Compasivo, misericordioso.** *3* **Pío.**

piafar (fr. *piaffer*) ***intr.*** Alzar el caballo cuando está parado, ya una mano, ya otra, dejándolas caer con fuerza.

pial ***m.*** *Amér.* Lazo. 2 *Amér.* Tiro de lazo que se lanza a las patas de un animal para derribarlo.

piala ***f.*** *Argent.* y *Chile.* Lazada que se dirige a las patas de un animal.

pialar (de *pial*) ***tr.*** *Amér.* Enlazar [un animal] por sus patas.

SIN. **Manear, manganear, apealar.**

pialera ***f.*** *Hond.* Cordel, lazo.

piamadre, -máter (l. *pia mater,* madre piadosa) ***f.*** Meninge interna, muy fina y rica en vasos, adaptada y en contacto con la superficie cerebral.

REL. v. **Meninge.**

píamente ***adv. m.*** Piadosamente.

piamontés, -tesa ***adj.-s.*** Del Piamonte, reg. de Italia.

pián ***m.*** Enfermedad contagiosa propia de países cálidos, caracterizada por erupciones en la piel.

pian, pian (*piano, piano,* despacio, despacio) ***loc. adv.*** Poco a poco, a paso lento.

piana ***f.*** *Chile.* Piano ya muy gastado.

pianísimo ***adv. m.*** MÚS. Muy suavemente.

pianista ***com.*** Persona que tiene por oficio fabricar o vender pianos. 2 Persona que profesa o ejercita el arte de tocar este instrumento.

pianístico, -ca ***adj.*** [composición musical] Creado esp. para piano.

pianito ***m.*** *Perú.* Tabla de madera para fregar la ropa.

I) piano (it., dulce, suave) ***m.*** Instrumento compuesto de una serie de cuerdas metálicas de diferente longitud y diámetro, ordenadas de mayor a menor en lo interior de una caja sonora; percutidas por macillos impulsados por un teclado, producen sonidos claros y vibrantes. Según su forma y dimensión los hay verticales, de cola y media cola, de mesa, etc. 2 ~ ***de manubrio,*** organillo.

II) piano ***adv. m.*** MÚS. Suavemente. 2 fam. Despacio, poco a poco.

pianoforte (it. v. *piano; forte,* fuerte) ***m.*** Piano.

pianola ***f.*** Piano que puede tocarse mecánicamente por pedales o por medio de corriente eléctrica. 2 Aparato que se une al piano y sirve para ejecutar mecánicamente las piezas preparadas al objeto.

piante ***adj.*** Que pía. -2 ***adj.-s.*** fam. Protestón.

piapoco ***m.*** *Venez.* Tucán, ave.

piar (de la onomat. *pi*) ***intr.*** Emitir su voz los polluelos y algunas otras aves. 2 fig. Llamar, clamar con anhelo, por una cosa. 3 fam. Protestar. ◇ ** CONJUG. [13] como ***desviar.***

SIN. **Piular.**

piara (orig. incierto) ***f.*** Manada de cerdos, y p. ext., la de yeguas, mulas, etc.

piarero ***m.*** *Extr.* Porquero.

piariego, -ga ***adj.*** [pers.] Que tiene piaras de ganado.

piasava ***f.*** Palmera americana *(Attalea funifera).*

piastra (it.) ***f.*** Moneda turca de plata (centésima parte de la libra). 2 Moneda de plata de diversos países.

pibe, -ba ***m. f.*** *R. de la Plata.* Pebete, chiquillo. En Chile sólo se usa el masc.

piberío ***m.*** *R. de la Plata.* Conjunto de pibes, chiquillos.

pibil ***adj.*** *Méj.* Asado en el horno.

I) pica (de *picar*) ***f.*** Especie de lanza larga compuesta de una asta con un hierro pequeño y agudo en el extremo superior, de que usaron los soldados de infantería. 2 Soldado armado de pica: ~ ***seca,*** el que servía en la milicia sin ventaja o grado; ~ ***suelta,***

el que servía en la guerra sin coselete; *a ~ seca,* con trabajo y sin utilidad o graduación. 3 Garrocha del picador de toros. 4 Acción de picar a los toros. 5 Efecto de picar a los toros. 6 Escoda de cantero con puntas piramidales en los cortes, propia para labrar piedra de poca dureza. 7 Medida para profundidades (3,89 m; catorce pies). 8 En la explotación de resinas, acto de refrescar, por finos cortes de azuela, las heridas que van formando la entalladura, por las que surge la miera. 9 *Amér.* Trocha, camino estrecho. 10 *Colomb.* Resentimiento, pique. 11 *Chile.* Impaciencia, fastidio. 12 *Perú.* Juego de chicos. 13 *P. Rico.* Juego de la ruleta. 14 *Venez.* Picada.
SIN. *3* **Vara.**

II) pica (l., urraca) *f.* Malacia.

pica y huye *m. P. Rico* y *Venez.* Piquijuye.

picabejero *m. Logr.* Abejaruco.

picacena *f. Perú.* fam. Resentimiento, pique.

picacero, -ra *adj.* [ave de rapiña] Que caza picazas. -2 *f.* Comezón. 3 *Amér.* Resentimiento.

picacho *m.* Punta aguda, a modo de pico, que tienen algunos montes y riscos.

picachón *m. Sant.* Zapapico.

picada *f.* Picotazo. 2 Picadura (mordedura). 3 Acto de picar el pez. 4 *Amér.* Camino estrecho abierto en un monte. 5 *Amér. Merid.* Vado estrecho. 6 *Bol.* Acción de llamar a la puerta. 7 *Colomb.* Punzada, dolor agudo y pasajero. 8 *Cuba* y *P. Rico.* Sablazo. 9 *Chile* y *Perú.* Enfermedad del ganado.

picadero *m.* Sitio donde los picadores doman y adiestran los caballos y las personas aprenden a montar. 2 Madero corto con una muesca en medio, donde los carpinteros aseguran las piezas que adelgazan con la azuela. 3 Madero corto, perpendicular al eje longitudinal de un dique o grada, sobre el cual descansa la quilla del buque en construcción o en carena. 4 Hoyo que en la época del celo hacen los gamos, escarbando el suelo con las manos, mientras se aguzan los cuernos contra los árboles. 5 fam. Vivienda de soltero. 6 *Colomb.* Matadero.

picadillo *m.* Guisado de carne picada con tocino, verduras y ajos, sazonado con especies y huevos batidos. 2 Lomo de cerdo, picado y adobado para hacer chorizos. 3 *And.* Ensalada de tomate, pimiento, pepino y cebolla.
SIN. *1* **Picado.**

picadito *m. R. de la Plata.* Tapa (pedazo).
SIN. **Batería, ingrediente, preparación, saladito.**

picado, -da *adj.* [patrón] Que se traza con picaduras para señalar el dibujo. 2 Que está labrado con picaduras o sutiles agujerillos puestos en orden. 3 [pers.] Que tiene huellas o cicatrices de viruelas. 4 [vino] Que comienza a avinagrarse. -5 *m.* Picadillo (guisado). 6 Acción de picar. 7 Efecto de picar. 8 En aviación, descenso rápido casi vertical de un aparato: *atacar en ~.* 9 CINEM. Toma efectuada por la cámara de arriba hacia abajo. 10 MÚS. Modo de ejecutar una serie de notas interrumpiendo momentáneamente el sonido entre unas y otras, por contraposición al ligado. -11 *adj. Amér.* Ebrio, achispado. -12 *m. Cuba* y *P. Rico.* Trocha o atajo. 13 *Cuba.* Intensidad en el choque de las bolas de billar. 14 *Cuba.* Juego de chicos.
LOC. ADV. *En ~,* rápida, irremediablemente.

picador, -ra *m. f.* Persona que tiene por oficio domar y adiestrar caballos. -2 *m.* Torero de a caballo que pica con garrocha a los toros. 3 Tajo de cocina. 4 MIN. El que tiene por oficio arrancar el mineral por medio del pico u otro instrumento semejante. -5 *f.* Aparato electrodoméstico con cuchillas, usado para trocear carne.
SIN. *2* **Varilarguero.**

picadura *f.* Acción de picar una cosa. 2 Efecto de picar una cosa. 3 Pinchazo. 4 En los vestidos o calzado, cisura hecha artificiosamente. 5 Mordedura o punzada de una ave o un insecto o de ciertos reptiles. 6 Tabaco picado para fumar, llamado en hebra o al cuadrado, según lo esté en filamentos o en partículas informes. 7 Principio de caries en la dentadura. 8 Agujero, grietas, etc., producidos por la herrumbre en una superficie metálica.
SIN. *5* **Picada.**

picafigo *m.* Papafigo (pájaro).

picaflor *m.* Ave apodiforme americana, parecida al colibrí, de unos 12 cms. de longitud; la coloración es vistosa, con predominio del verde metálico *(Oreotrochilus estella).* 2 *Amér.* fig. Tenorio, mariposón.

picagallina *f.* Álsine.

picagrega *f.* Alcaudón.

picajón, -jona *adj.-s.* fam. Picajoso.

picajoso, -sa *adj.-s.* Que fácilmente se pica o da por ofendido.
SIN. **Sentido, delicado, susceptible, quisquilloso.**

pical *m.* Confluencia o cruce de caminos vecinales.

picamaderos *m.* Pájaro carpintero. ◇ Pl.: *picamaderos.*

picamocho *m. Extr.* Zapapico.

picana (de *picar* + quechua *na,* sufijo instrumental) *f. Amér. Merid.* Aguijada, garrocha. 2 *Amér. Merid.* Porra de alto voltaje. 3 *Amér. Merid.* Forma de tortura con esta porra. 4 *Argent.* y *Bol.* Pechuga de ñandú. 5 *Argent.* y *Chile.* Carne del anca de las vacas. 6 *Bol.* y *Perú.* Ternero asado.

picanear *tr. Amér. Merid.* Aguijar.

picante *adj.* Que pica. 2 fig. Apl. a lo dicho con cierta mordacidad, a lo que expresa conceptos un tanto libres, pero que se suele escuchar con gusto por tener en el modo alguna gracia. -3 *m.* Acerbidad o acrimonia de algunas cosas que avivan el sentido del gusto. 4 Guiso que tiene mucho pimentón. 5 fig. Acrimonia o mordacidad en el decir. 6 *Colomb.* Encurtidos o pimientos encurtidos. 7 *Méj.* Pimentón hecho salsa.

picantemente *adv. m.* Con intención de picar o herir.

picantería *f. Amér.* Figón en el que casi no se guisan más que picantes.

I) picaño *m.* Remiendo que se echa al calzado.

II) picaño, -ña (de *picar*) *adj.* Pícaro, holgazán.

picapedrero *m.* Cantero (personal).

picapez *m. Extr.* Martín pescador.

picapica *f.* Polvos, hojas o pelusilla vegetales que, aplicados sobre la piel de las personas, causan una gran comezón.

picapinos (de *picar* + *pino*) *m.* Ave trepadora parecida al pájaro carpintero, con grandes manchas blancas en los hombros y píleo negro (*Dendrocopos major*). ◇ Pl. *picapinos.*

picapleitos (cat. *picaplets*) *com.* fam. Pleitista. 2 fam. Abogado sin pleitos que anda buscándolos. ◇ Pl.: *picapleitos.*

picaporte (de *picar* + *puerta*) *m.* Instrumento para cerrar de golpe las puertas y ventanas. 2 Llave para abrir el picaporte. 3 Llamador; aldaba.
SIN. *2* **Llavín,** muy us.

picaposte (de *picar* + *poste*) *m.* Pájaro carpintero.

picapuerco *m.* Ave trepadora, de plumaje negro brillante por encima, manchado de blanco en las alas, ceniciento en los lados de la cabeza y cuello, y rojo vivo en la nuca y el abdomen; se alimenta de insectos que saca del estiércol *(Dryobates medius).*

picar (voz descriptiva, golpear, etc.) *tr.* Punzar, morder [la piel] las aves, los insectos y ciertos reptiles con el pico, un aguijón, etc. 2 Herir levemente con un instrumento punzante. 3 TAUROM. Herir el picador [al toro] en el morrillo con la garrocha, procurando detenerle cuando acomete al caballo. 4 Tomar las aves [la comida] con el pico. 5 Morder el pez [el cebo puesto en el anzuelo]; p. ext., acudir [a un engaño] o caer en él. 6 Espolear; en gral., adiestrar el picador [al caballo]. 7 Herir con la punta del taco de suela [la bola de billar] de modo que tome determinado movimiento. 8 Agujerear [papel, tela, etc.] haciendo dibujos para estarcirlos y recortarlos. 9 En los ferrocarriles y otros vehículos, taladrar el revisor los billetes de los viajeros con un sacabocados especial. 10 Fichar un operario su hora de entrada o salida marcando su tarjeta en un reloj especial. 11 Golpear con pico, piqueta, etc., [la superficie de una piedra, pared, etc.] para labrarla, revocarla, etc. 12 Restablecer las asperezas de las caras [de la muela de molino]. 13 Cortar o dividir en trozos muy menudos: *~ la carne.* 14 DEP. Efectuar un remate en el juego del fútbol enviando el balón desde arriba hacia abajo. 15 INFORM. e IMPR. Teclear [un texto] en el aparato apropiado para su posterior tratamiento. 16 MAR. Cortar [una cosa] a golpes de hacha o de otro instrumento semejante. 17 MAR. Hacer funcionar [una bomba]. 18 MIL. Seguir [al enemigo que se retira] atacando la retaguardia de su ejército. 19 MÚS. Hacer sonar [una nota] de manera muy clara y distinta. 20 PINT. Concluir con algunos golpecitos oportunos [una cosa pintada]. -21 *tr.-intr.* Comer de una en una [cosas pequeñas]: *pica de este racimo de uvas; ~ aceitunas;* p. ext., tomar una ligera porción de un manjar o cosa comestible: *~ de,* o *en, todo;* picotear; esp., abrir un libro a la ventura para disertar sobre el punto que aparezca a la vista. 22 Causar o experimentar escozor [en alguna parte del cuerpo]: *esta ropa pica.* 23 esp. Enardecer [la boca] ciertas cosas excitantes: *la pimienta pica el paladar.* 24 fig. Mover, excitar o estimular: *sus palabras me han picado.* 25 esp. Enojar, provocar [a otro] con palabras o acciones; desazonar, inquietar, dicho regularmente de los juegos. -26 *intr.* Calentar mucho el sol. 27 Volar las aves veloz y verticalmente hacia tierra. 28 Descender un avión casi verticalmente. 29 fig. Empezar a obrar y tener su efecto algunas cosas no materiales: ~ *la peste.* 30 Junto con la prep. *en*, tocar, llegar, rayar: ~ *en valiente, en poeta.* 31 fig. *y* p. us. Tener noticias superficiales de las facultades, ciencias, etc.: *pica ligeramente en todo.* -32 *prnl.* Agujerearse la ropa por la acción de la polilla; cariarse los dientes. 33 Dañar o empezar a pudrirse una cosa; avinagrarse el vino; carcomerse las semillas. 34 Formarse en la superficie del mar, a impulso del viento, olas pequeñas. 35 Corroer, horadar un metal por efecto de la oxidación. 36 fig. Ofenderse o enojarse a causa de alguna palabra o acción ofensiva: *picarse con alguno, por una chanza; picarse en el juego.* 37 fig. Preciarse o jactarse de alguna cualidad o habilidad que se tiene: *picarse de caballero;* esp., dejarse llevar de la vanidad, creyendo poder ejecutar lo mismo o más que otro. 38 En el lenguaje de la droga, inyectársela. -39 *tr. Cuba.* Abrir un picado [en un monte]. -40 *intr. Ecuad.* Hablar dos enamorados, pelar la pava. 41 *P. Rico* Tener el primer turno. 42 *P. Rico.* Intervenir, arriesgarse. Más us. en sentido negativo: *no pico.* 43 *P. Rico.* Jugar a la ruleta. -44 *prnl. Amér.* Embriagarse. 45 *Argent.* fig. ***Picárselas,*** irse, por lo común rápidamente. ◇ ** CONJUG. [1] como ***sacar.***

SIN. *3* **Agarrochar, garrochear, varear.** *6* **Aguijar.** *24* y *25* **Pinchar.** *18* **Perseguir, seguir el alcance** (ant.). *19* **Desligar.** *36* v. **Sentirse.** *37* **Repicarse,** intensivo. FR ~ *más alto* o *muy alto,* jactarse en demasía de las cualidades o partes que tiene, o que pretende una cosa elevada, desigual a sus méritos.

pícaramente *adv. m.* Ruin e infamemente, con vileza y picardía.

picaraza (de *picaza*) *f.* Urraca.

picarazado, -da *adj. Cuba, P. Rico* y *Venez.* Picado de viruelas.

picardear *tr.* Enseñar [a alguno] a hacer o decir picardías. -2 *intr.* Decirlas o ejecutarlas. 3 Retozar, enredar, travesear. -4 *prnl.* Resabiarse, adquirir algún vicio o mala costumbre.

picardía (de *pícaro*) *f.* Acción baja, ruindad, vileza. 2 Bellaquería, astucia o disimulo. 3 Travesura de muchachos. 4 Intención o acción deshonesta e impúdica. 5 Picaresca (profesión). -6 *m.* Conjunto de camisón corto y bragas. -7 *f. pl.* Dichos injuriosos, denuestos.

picardihuela *f.* Dim. de *picardía.*

picardo, -da *adj.-s.* De Picardía, ant. prov. de Francia. -2 *m.* Dialecto de la lengua de oil.

picarel *m.* Pez marino teleósteo, de unos 20 cms. de largo, cuerpo ovoide con una mancha oscura rectangular a cada lado, y boca protáctil *(Maena chryselis).*

picaresca *f.* Junta de pícaros. 2 Profesión de pícaros.

picarescamente *adv. m.* De modo picaresco.

picaresco, -ca *adj.* Relativo a los pícaros. 2 Relativo a la producción literaria en que se pinta la vida de los pícaros, y a este género de literatura.

picareta *f. Can.* Zapapico.

picaril *adj.* Picaresco (de pícaros).

pícaro, -ra (orig. incierto, con intervención de voces jergales, *picar* y el n. geogr. de Picardía) *adj.-s.* Bajo, ruin, doloso, falto de honra y vergüenza. 2 Astuto, taimado. -3 *adj.* fig. Dañoso y malicioso en su línea. -4 *m.* Tipo de persona descarada, traviesa, bufona y de mal vivir, que figura en obras magistrales de la literatura española. P. ant. Guzmán de Alfarache.

SIN. **Sollastre,** intens.

picarón, -rona *adj.-s.* [pers.] Aum. de *pícaro.* -2 *m. Amér.* Especie de buñuelo.

picarote *adj.* Aum. de *pícaro.*

picarrelincho *m.* Pájaro carpintero.

picassiano, -na *adj.* Relativo al pintor español Pablo Ruiz Picasso (1881-1973).

picata *f. Bol.* Lección que toma el maestro al discípulo; repaso. 2 *Bol.* Conferencia, plática.

picatoste (de *picar* + *tostar*) *m.* Rebanada de pan mojada en leche o agua, y frita.

picatroncos *m. Logr.* Pájaro carpintero. ◇ Pl.: *picatroncos.*

picaza (es en l. *pica,* pero probl. es voz descriptiva indep.) *f.* Urraca. 2 ~ ***chillona*** o ***manchada,*** alcaudón. 3 ~ ***marina,*** flamenco (ave). 4 *Murc.* Azada o legón pequeño para cavar la tierra superficialmente y limpiarla de las hierbas. 5 *Argent.* Especie de zarigüeya.

I) picazo *m.* Golpe dado con la pica o con alguna cosa puntiaguda. 2 Señal que queda de este golpe.

II) picazo *m.* Picotazo. 2 Pollo de la picaza.

III) picazo, -za (de *picaza,* urraca) *adj.-m.* Caballería de color blanco y negro mezclados formando grandes manchas.

picazón *f.* Desazón que causa una cosa que pica en alguna parte del cuerpo. 2 fig. Enojo, disgusto.

SIN. *1* **Hormiguillo, picor, rascazón, comezón; prurito,** es voz docta o tecn. médico; **comezón, prurito,** en sentido figurado, significan deseo vehemente y la desazón que este deseo produce: *tener comezón* o *prurito de discutir una doctrina;* **quemazón,** intensivo.

picazuroba *f. Amér.* Ave gallinácea parecida en el tamaño, forma y plumaje a la tórtola *(Zenaida maculata).*

picea (l.) *f.* Árbol abietáceo parecido al abeto común del cual se distingue por tener las hojas puntiagudas y las piñas más delgadas y colgantes al extremo de las ramas superiores *(Abies excelsa).*

píceo, -a (der. cult. de *pix, picis,* pez) *adj.* De pez II o parecido a ella.

picha *f.* vulg. Pene. 2 *Méj.* Frazada o manta ordinaria.

pichacha *f. Guat.* Vasija agujereada con que se limpia el guarapo mientras se está cociendo.

pichagua *f. Venez.* Fruto del pichagüero. 2 *Venez.* Cuchara que se hace del pichagüero.

pichagüero *m. Venez.* Especie de calabaza. Árbol de la familia del totumo, de cuyo fruto o pichagua la gente pobre hace sus cucharas *(gén. Crescentia).*

pichana (quechua *pichana,* escoba, de *pichani,* barrer) *f. Amér.* Planta malvácea tropical perenne, cuyas fibras se usan en cordelería y en la fabricación de escobas *(Sida rhombifolia).* 2 *Argent., Chile* y *Perú.* Escoba rústica hecha de un manojo de ramos.

pichancha *f. Colomb.* y *Méj.* Cubo de madera con que se echa la lejía en las fábricas de jabón.

pichanga *f. Bol.* Bebida que se hace conservando dulce y sin fermentar la lagrimilla del vino por medio del alcohol. 2 *Colomb.* Pichana (escoba). 3 *Chile.* Combinación o juego que nada vale y sólo se realiza como práctica.

pichaque *m. Venez.* Lodazal.

piche *adj.-s.* Variedad de trigo candeal. -2 *m. Amér.* fam. Miedo. 3 Pequeño armadillo de Sudamérica *(Zaedyus pichiy).* 4 *Amér. Central.* Ave palmípeda muy bella *(Totanus flavipes).* 5 *Colomb.* Empujón. 6 *Colomb.* Parte caseosa de la leche desnatada. 7 *P. Rico.* fest. Plátano. -8 *adj. Amér. Central.* Ruin, mezquino, tacaño. 9 *Venez.* Todo aquello que no resulta bueno, alegre o sabroso. 10 *Venez.* Descompuesto, agrio, corrompido.

pichear (de *picher*) *intr.-tr.* Lanzar la pelota al bateador.

pichel (b. l. *picariu*) *m.* Vaso alto y redondo, ordinariamente de estaño, y con tapa engoznada en el remate del asa.

pichelería *f.* Oficio de pichelero.

pichelero, -ra *m. f.* Persona que tiene por oficio hacer picheles.

pichelingue *m.* p. us. Pirata.

SIN. **Pechelingue.**

pícher (v. *pitcher*) *m.* DEP. En el juego del béisbol, jugador que inicia cada jugada lanzando la pelota al bateador.

pichero *m. Venez.* Especie de crema de leche.

pichi (arauc.) *m. Chile.* Arbusto solanáceo medicinal de hermosas flores blancas *(Fabiana imbricata).* 2 *Chile.* Piche, armadillo.

pichica *f. Argent.* Hueso del tarso, esp. de las caballerías. 2 *Bol.* Trenza de pelo.

pichicate *adj.* Ruin, mezquino.

pichicatería *f. Amér. Central.* Cicatería.

pichicato *adj. Amér.* Cicatero.

pichichi *m.* DEP. En el juego del fútbol, máximo goleador de un torneo o campeonato.

pichicho, -cha (arauc.) *m. f. Amér. Merid.* Nombre cariñoso que se da a los perros.

pichiciego, -ga *m.* Armadillo. -2 *adj. Argent.* Corto de vista.

pichico (arauc.) *m. Amér. Merid.* Falange de los dedos de los animales. 2 *Argent.* Menudencias que coleccionan los niños.

pichicón *m. Chile.* Afeminado.

pichicote *adj. Bol.* Ruin, mezquino.

pichigrasa *f. Chile.* Porción aislada de grasa que se saca de ciertas partes del animal.

pichihuén (del araucano *pichi,* pequeño + *huenu,* arriba) *m. Chile.* Pez muy estimado por su carne *(Umbrina ophicephala).*

pichilingo, -ga (mej. *picilihui* o *picitlic,* delgado) *m. f. Méj.* Chipilingo.

pichillín, -llina *adj. Cuba.* Pequeño, apl. esp. a los perros.

pichín (it. *piccino,* pequeño) *m. Perú.* Dependiente de tienda de comestibles, y, p. ext., todo empleado subalterno. 2 *Perú.* Sobrenombre cariñoso que se da a los hijos de italianos nacidos en el Perú.

pichincha (port. *pechincha*) ***f.*** *Amér.* Suerte, ganga.
pichinchano, -na ***adj.-s.*** De Pichincha, prov. del Ecuador.
pichinchar ***intr.*** *Argent.* y *Urug.* Trapichear.
pichinchero, -ra ***adj.-s.*** *Argent.* Aficionado a las gangas.
pichinduca ***f.*** *Chile.* Pilintruca.
pichinga ***f.*** *Guat.* Vasija pequeña de barro. 2 *Guat.* Borrachera. 3 *Hond.* Muñeca.
pichinglis (de *petit english*) ***m.*** Jerga, especie de inglés empobrecido, mezclado con palabras de otras lenguas, que hablan los negros en los puertos de África como lengua franca.
pichingo ***m.*** *Amér. Central.* Bártulos.
pichinote (aum. de *pichín*) ***m.*** *Perú.* Mozo italiano, robusto y de maneras toscas.
pichiñique ***adj.*** *Chile.* Mezquino, tacaño. -2 ***m.*** *Chile.* Hombre chico un tanto ridículo, a veces afeminado.
pichiriuche ***m.*** *Perú.* Ente, pobre diablo.
pichiró, -ra ***adj.*** *Bol.* Ácido, agrio.
pichirre ***adj.*** *Venez.* Mezquino, cicatero.
pichiruche (arauc. *pichi,* pequeño + *rumen,* ser delgado + *che,* gente) ***adj.*** *Chile.* Mocoso, despreciable, ente.
pichisebear (arauc. *pichi,* pequeño + cast. *sebo*) ***intr.*** *Chile.* Operación para convertir la gordura de los animales vacunos en pedazos pequeños y formar las panzas de grasa.
pichisebo ***m.*** *Chile.* Partículas de grasa que se sacan de la carne antes de aprovecharlas para hervido o asado. 2 *Chile.* Acción de sacar estas partículas.
picho ***m.*** *Colomb.* Piche (parte caseosa) de la leche.
pichoa ***f.*** *Chile.* Planta euforbiácea que se usa como purgante *(Euphorbia portulacoides).*
pichocal (mej. *pitzotl,* cerdo, y *calli,* casa) ***m.*** *Méj.* Zahurda, pocilga.
pichol (arauc.) ***m.*** *Chile.* Palito usado para cerrar sacos o alforjas, pasándolo de un lado a otro, como cosiendo.
picholear ***intr.*** *Argent., Bol.* y *Hond.* Trapichear. 2 *Chile* y *Hond.* Jaranear. 3 *Guat.* Ganar en el juego, haciendo trampas. 4 *Hond.* Jugar con apuestas de poco valor.
picholeo ***m.*** *Argent.* Negocio de poca importancia. 2 *Chile.* fam. Juerga, zambra.
I) pichón (l. *pipione;* a través del it. *piccione*) ***m.*** Pollo de la paloma casera. 2 *Cuba.* Pollo de cualquier ave, excepto de la gallina.
II) pichón, -chona ***m. f.*** fig. Nombre que suele darse a las personas en señal de cariño.
pichonear ***tr.*** *Colomb.* y *Méj.* Ganar [a alguno] con facilidad en el juego. 2 *Colomb.* Sorprender en alguna falta o travesura. 3 *Colomb.* Matar, asesinar. -4 ***intr.*** *Ecuad.* Gozar momentáneamente de algo ajeno. 5 *Méj.* Permitir que en los salones de billar se juegue un rato sin pagar. 6 *Pan.* Acción de pedir ayuda, o la pareja en un baile. -7 ***prnl.*** *Colomb.* Ensuciarse, zurrarse.
pichoniento, -ta ***adj.*** *Perú.* [ropa] Sucio y con manchas.
pichopisque (mej. *pitzotl,* cerdo y *pixqui,* guardián) ***m.*** *Méj.* Porquerizo.
pichoso, -sa ***adj.*** *Colomb.* Cegajoso, legañoso. 2 *Colomb.* Tierno: *ojos pichosos.* 3 *Venez.* Sucio. 4 *Colomb.* [fruta] Dañado.
pichulear ***tr.*** *Chile.* Engañar. 2 *Amér. Central, Argent., Parag.* y *Urug.* Hacer negocios de poca importancia. 3 *C. Rica* y *Méj.* Jugar cantidades muy pequeñas.
pichurria ***f.*** *Colomb.* Pequeñez.
pichurriento, -ta ***adj.*** *Méj.* Cobarde.
pichusca (quechua) ***f.*** *Argent.* Flor en cierne, cuando derrama el polen.
picia ***f.*** vulg. Pifia, error.
piciforme ***adj.-m.*** Ave del orden de los piciformes. -2 ***m. pl.*** Orden de aves caracterizadas por presentar cuatro dedos, dos dirigidos hacia delante y dos hacia atrás, lo que, unido a la forma de las uñas, que parecen garfios, determina que sean unas magníficas trepadoras. Tienen el pico recto, fuerte y afilado y presentan costumbres arborícolas; como los picos.
Picio ***n. pr.*** Personaje proverbial, en la comparación corriente: *Más feo que Picio.*
piciústico, -ca ***adj.*** *Bol.* Cursi.
pick-up (ing.) ***m.*** ANGLIC. desus. Tocadiscos.
picnic (ing.) ***m.*** ANGLIC. Gira campestre.
pícnico ***adj.*** [pers.] De cuerpo rechoncho y miembros cortos.
picnidio ***m.*** BOT. Cuerpo globoso y hueco en cuyo interior se hallan los conidios.
picnogónido ***adj.-m.*** Artrópodo de la clase de los picnogónidos. -2 ***m. pl.*** Clase de artrópodos quelicerados marinos, con el cuerpo extraordinariamente reducido y los apéndices muy desarrollados; miden unos centímetros y se alimentan de esponjas y cnidarios.
picnómetro (gr. *pyknós,* espeso + *-metro*) ***m.*** Frasco que se emplea para determinar la densidad de los cuerpos.
I) pico (celta *beccu;* con influjo de *picar*) ***m.*** Conjunto de las dos mandíbulas de un ave, revestidas de un estuche córneo, que les sirve para tomar el alimento y como arma de ataque y defensa. 2 fig. Boca (abertura y parte de crustáceo). 3 Facundia, facilidad y soltura en el decir: ~ ***de oro,*** persona que habla bien. 4 Punta acanalada que en el borde de algunas vasijas permite verter cómodamente su contenido; la tienen también otros objetos para distintos fines: ~ *de jarro,* ~ *de candil, de velón;* ***a*** ~ ***de jarro,*** explica la acción de beber sin medida. 5 Pañal de niño de corta edad. 6 Parte puntiaguda que sobresale en la superficie o en el borde de una cosa. 7 Cúspide aguda de una montaña. 8 Montaña de cumbre puntiaguda. 9 fig. Intensidad máxima en desarrollo de una actividad o de un fenómeno. 10 Herramienta formada por una barra de hierro acerado, de forma curva y terminando en punta por ambos extremos, con un ojo en su parte central para enastarla en un mango de madera, usada para cavar, remover tierras duras y desbastar la piedra. 11 Herramienta parecida a la anterior pero con una sola punta. 12 Parte pequeña en que una cantidad excede a un número redondo; esta misma parte cuando es indeterminada: *mil pesetas y veinte de* ~*; cien pesetas y* ~. 13 Punta (de ganado). 14 ~ ***de cigüeña*** (también ***relojes***), planta geraniácea, de tallos ramosos, hojas recortadas en segmentos dentados, flores pequeñas amoratadas en glomérulos sobre un largo pedúnculo, y fruto seco con cinco semillas *(Erodium ciconium).* 15 En el lenguaje de la droga, inyección de droga. 16 *Cuba.* Árbol maderable *(Xilopia obtusifolia).* 17 *Chile.* Crustáceo muy estimado, de figura semejante al pico del loro *(Balanus psittacus).* 18 *Colomb., Guat.* y *Méj.* Beso.
SIN. *1* **Rostro.** FR. *Abrir el* ~, fig. fam., intentar hablar o replicar. Ú. m. en formas negativas. *Andar* o *ir de picos pardos,* fig. fam., ir de juerga o diversión. *Callar el* o *su* ~, callar; disimular o no darse por entendido de lo que se sabe. *De* ~, sin obras; esto es, no queriendo o no pudiendo ejecutar lo dicho o prometido. *Hacer el* ~ *a uno,* mantenerle de comida. *Limpiarle a uno el* ~, *Cuba, P. Rico,* matar a una persona. CONTR. *9* **Valle.** REL. *9* **Punta.**
II) pico (l. *-cu*) ***m.*** Pájaro carpintero. 2 ~ ***barreno*** o ***carpintero,*** pájaro carpintero. 3 ~ ***menor,*** ave piciforme, semejante al pájaro carpintero, pero de menor tamaño y con las partes superiores listadas de blanco y negro *(Dendrocopos minor).* 4 ~ ***picapinos,*** picapinos. 5 ~ ***verde,*** ave piciforme, semejante al pájaro carpintero, pero con el plumaje verdoso y el moño muy encarnado *(Picus viridis).* 6 *Venez.* ~ ***de frasco,*** tucán, ave.
SIN. *5* **Pito real.**
III) pico ***m.*** Peso usado en Filipinas.
picocha ***f.*** *Can.* y *Extr.* Zapapico.
picofaradio ***m.*** Billonésima parte de un faradio.
picofeo ***m.*** *Colomb.* Tucán, ave.
picogordo ***m.*** Ave paseriforme de plumaje pardo y franjas alares blancas, pico y cabeza robustas y cola corta *(Coccothraustes coccothraustes).*
picola ***f.*** Especie de pico (herramienta) pequeño que tiene uso especial.
picoleta ***f.*** *Murc.* Piqueta, alcotanilla.
picolete (fr. *picolet*) ***m.*** Grapa interior de la cerradura, para sostener el pestillo.
picón, -cona (de *picar*) ***adj.*** Relativo a la caballería cuyos dientes incisivos superiores sobresalen de los inferiores, por lo cual no puede cortar bien la hierba. 2 fam. Que se molesta fácilmente, picajoso. 3 *Can.* Picante. -4 ***m.*** Raya II de hocico largo y coloración grisácea con pequeñas manchas blanquecinas en el dorso *(Raia oxyrhinincus).* 5 Zumba o burla que se hace a uno para picarle e incitarle a hacer una cosa. 6 Carbón vegetal muy menudo usado sólo para braseros. 7 Arroz quebrantado. 8 *Extr.* Comiza (pez).
piconero, -ra ***m. f.*** Persona que tiene por oficio fabricar o vender picón (carbón). -2 ***m.*** Picador de toros.
picop (ing. *pick up car*) ***m.*** *Amér.* ANGLIC. Camioneta o furgoneta.
picopala ***f.*** *Can.* Zapapico.
picor (de *picar*) ***m.*** Escozor del paladar por haber comido alguna cosa picante. 2 Picazón (desazón).
picorro ***m.*** *Alcarria.* Pájaro carpintero.
picoso, -sa ***adj.*** Picado de viruelas. 2 Picante, que pica.

picota (de *pico*, con valor de punta) *f.* Rollo o columna a la entrada de algunos lugares donde se exponían las cabezas de los ajusticiados o los reos a la vergüenza. 2 Juego de muchachos en que cada jugador tira un palo puntiagudo para clavarlo en el suelo y derribar el del contrario. 3 fig. Parte superior en punta, de una torre o montaña muy alta. 4 Variedad de cerezo, que se caracteriza por su forma algo apuntada, consistencia carnosa y muy escasa adherencia al pedúnculo. 5 fam. Nariz. 6 MAR. Barra ahorquillada donde descansa el perno sobre el cual gira el guimbalete.
picotada *f.* Picotazo.
picotazo *m.* Golpe que dan las aves con el pico, o punzada de un insecto. 2 Señal que queda de ellos.
SIN. **Picada, picazo.**
picote (port.) *m.* Tela áspera de pelo de cabra. 2 Tela de seda muy lustrosa. 3 Saco (vestidura tosca).
picoteado, -da *adj.* Que tiene picos. 2 Cacarañado.
picoteadura *f. Argent.* Cacaraña.
picotear (frecuent.) *tr.* Golpear o herir las aves [alguna cosa] con el pico. -2 *intr.* fig. Mover de continuo la cabeza el caballo de arriba hacia abajo. 3 fig. Hablar mucho de cosas insubstanciales. 4 Comer de diversas cosas y en ligeras porciones. -5 *prnl.* fig. Contender y reñir las mujeres entre sí, diciéndose palabras desagradables. 6 *Argent.* Cacarañar.
picoteo *m.* Acción de picotear.
picotería (de *picotero*) *f.* fam. Prurito de hablar.
picotero, -ra (de *picotear*) *adj.-s.* fam. Que habla mucho y con imprudencia.
picotijera *m. Perú.* Ave lárida de mandíbulas muy largas y comprimidas lateralmente *(Rhynchops nigra).*
picotillo *m.* Picote de inferior calidad.
picotín (b. l. *-inu*) *f.* Medida catalana para áridos (unos 4,37 l; cuarta parte del cuartal).
picotón *m. Amér.* Picotazo.
picr-, v. picro-.
picrato (v. *picro-*) *m.* Sal o éster del ácido pícrico.
pícrico (v. *picro-*) *adj. Ácido* ~, substancia amarilla, venenosa y muy explosiva, que tiñe de amarillo la lana y la seda.
picro-, picr- (gr. *pikrós*, amargo) Elemento prefijal que entra en la formación de palabras con el significado de amargo, picante: *picrolita.*
picrolita (*picro-* + *-lito*) *f.* Variedad de serpentina (piedra) de color verde.
pictografía (l. *pictu* < *pingere*, pintar + *-grafía*) *f.* Escritura ideográfica que consiste en dibujar toscamente los objetos que han de explicarse con palabras.
pictográfico, -ca *adj.* Relativo a la pictografía.
pictograma *m.* Ideograma (signo).
pictórico, -ca (der. del l. *pictor*, pintor) *adj.* Relativo a la pintura. 2 Adecuado para ser representado en pintura.
picúa *f. Cuba* y *P. Rico.* Cometa (juguete) pequeño. 2 *Cuba* y *P. Rico.* Ramera vulgar. 3 *Cuba.* Persona de bajo nivel social. 4 *P. Rico.* Listo en los negocios. 5 *S. Dom.* Persona débil o cobarde.
picual *f.* Aceituna que produce un aceite de gran calidad.
picucho, -cha *adj. Chile.* Algo embriagado.
picuda *f.* Barracuda *(Sphraena picuda).*
picudilla (de *picudillo*) *f.* Agachadiza. 2 *Cuba.* Pez abdominal más pequeño que la picuda *(Sphyraena picudilla).*
picudillo, -lla *adj.* Dim. de *picudo.*
picudo, -da *adj.* Que tiene pico. 2 Hocicudo. 3 fig. Que habla mucho e insubstancialmente. -4 *m.* Espetón (hierro largo). 5 ~ ***del algodón,*** coleóptero que ocasiona enormes daños sobre los cultivos de algodón en América del Norte *(Anthonomus pomorum).* -6 *adj. Cuba.* Cursi. 7 *Méj.* Hábil.
picuí *m. Argent.* Urpila.
picure *m. Colomb.* Prófugo.
picurearse *prnl. Colomb.* y *Venez.* Fugarse, irse.
picuro *m. Amér.* Agutí, roedor.
picuta *f. Chile.* Azada puntiaguda.
picuyi *m. Argent.* Suciedad, mugre.
pidén (arauc.) *m. Chile.* Ave parecida a la gallareta o foja española. Es muy tímida, y se domestica por su canto, que es melodioso *(Ralus bicolor; antarcticus).*
pidgin-english *m.* Inglés corrompido que emplean los chinos en sus relaciones con los europeos.
pidiche *adj. Méj.* Pedigüeño.
pidientero (de *pedir*) *m.* Pordiosero.
pídola *f.* Salto (juego).
pidón, -dona (de *pedir*) *adj.-s.* fam. Pedigüeño.
piduye (arauc.) *m.* Gusano parásito del intestino humano, esp. en el niño *(Oxiurus vermicularis).*
pie (l. *pede*) *m.* Parte terminal de las extremidades abdominales del hombre, que comprende el tarso, el metatarso y los dedos. Sirve para sostener el cuerpo y andar. 2 Parte que cubre el pie en las medias, calcetines o botas. 3 Parte terminal de las patas de muchos animales, que corresponde anatómicamente al pie o a la mano del hombre; en los moluscos, porción del tronco con función locomotora, de forma variable según la clase. 4 Base o parte en que se apoya una cosa: *la mesa tenía un solo pie central;* ~ ***derecho,*** ARQ., madero que se usa en posición vertical para que cargue sobre él una cosa. 5 En algunas cosas, parte opuesta a la principal llamada cabecera: *los pies de la cama; pies de la iglesia.* 6 Tallo de las plantas; tronco del árbol. 7 Planta pequeña, mata. 8 Árbol joven. 9 Poso, hez, sedimento. 10 Masa cilíndrica de uva pisada, dispuesta para ser prensada de una vez. 11 Ocasión o motivo de hacerse una cosa: *dar,* o *tomar,* ~. 12 Parte final de un escrito y espacio en blanco que queda en la parte inferior después de terminado: *al* ~ *de la carta;* ~ ***de imprenta,*** expresión de la oficina, lugar y año de impresión, que suele ponerse al principio o fin de las publicaciones. 13 Nota explicativa, que se pone al final de una foto, grabado, etc. 14 En el juego, el último en orden de los que juegan. 15 Jugador que completa el número necesario para el juego. 16 Conjunto de dos, tres o más sílabas, de que se compone y con que se mide un verso en aquellas poesías que atienden a la cantidad prosódica: ~ ***quebrado,*** verso de cuatro o cinco sílabas que alterna con otros más largos en las coplas de pie quebrado; ~ ***forzado,*** verso o cada uno de los consonantes o asonantes en que necesariamente ha de acabar una composición o una rima de final prefijado; ** POESÍA. 17 desus. Metro usado para versificar la poesía castellana. 18 Medida de longitud de diversos países (en Castilla unos 28 cms., o sea, la tercera parte de la vara; en Inglaterra, 30,5 cms.; en Francia, 33 cms.): ~ ***cuadrado,*** medida de superficie (cuadrado de un pie de lado; 776 cm^2); ~ ***cúbico,*** medida de volumen (cubo de un pie de arista; 21,63 dm^3). 19 ~ ***de rey,*** calibrador que tiene una regla metálica con una rama de medición fija y un cursor corredizo para medir pequeñas longitudes y espesores así como diámetros exteriores e interiores. 20 ~ ***de burro,*** bálano (crustáceo). 21 ~ ***de cabra,*** percebe. 22 ~ ***de león,*** hierba rosácea de tallos ramosos, hojas plegadas y hundidas en cinco lóbulos dentados, algo parecidos al pie de león, y flores pequeñas y verdosas en corimbos terminales *(Alchemilla arvensis).* 23 ~ ***de lobo,*** hierba labiada, perenne, erecta, peluda, con hojas elíptico-lanceoladas y flores blancas *(Lycopus europaeus).* 24 ~ ***de paloma,*** especie de trébol muy común en los terrenos arenosos *(Trifolium lagopus);* onoquiles. 25 DEP. Falta que se comete en algunos juegos o deportes al tocar intencionadamente el balón con la pierna o el pie. 26 DEP. Sanción de dicha falta. 27 MAT. Punto en que se encuentra una perpendicular con una recta o un plano. 28 *Chile.* Arras. 29 *Chile.* Composición que se canta en el baile de la zamacueca. 30 *Chile.* Anticipo, parte que se paga en el momento de convenir una compra. ◇ Dim.; *piecezuelo* y *pecezuelo.*
REL. *1* Del l. *pede* proceden varias voces cultas, como *pedal, velocípedo, pediluvio*; otras provienen del gr. *poús*, como *artrópodo, podómetro.* SIN. *4* **Pata.** *22* **Alquimila, estela, estelaria, pata de león.** *23* **Menta de lobo.** FR. *A* ~, andando, sin caballería ni carruaje. *A* ~ *enjuto,* sin mojarse los pies al andar por sitio donde hay o debiera haber agua; fig., sin zozobras ni peligros; sin fatiga ni trabajo. *A* ~ *firme,* sin moverse o apartarse del sitio que se ocupaba; fig., constante, firmemente o con seguridad. *A* ~ *juntillas,* o *juntillo,* o *a pies juntillas,* con los pies juntos; fig., firmemente, con gran porfía y terquedad: *creer a* ~ *juntillas; negar a* ~ *juntillo. A* ~ *llano,* sin escalones; fig., fácilmente, sin impedimento. *Buscarle tres,* o *cinco pies al gato,* fig. y fam., empeñarse temerariamente en cosas que pueden acarrear daño; buscar soluciones o razones que no tienen sentido o faltas de fundamento. *Con buen,* o *mal,* ~, con felicidad, con dicha, o sin ellas. *Con* ~ *derecho,* con buen agüero o con buena fortuna. *De* ~, *de pies* o *en* ~, denota que uno se ha lavantado ya de la cama restablecido de una enfermedad, o que no hace cama por ella: *andar, estar de* ~, *de pies* o *en* ~; denota también la forma de estar o ponerse uno derecho, erguido o afirmado sobre los pies; fig., con permanencia y duración, sin destruirse o acabarse; constante y firmemente. ~ *con* ~, muy de cerca y como tocándose una persona a otra con los pies. *Caer de pies,* fig., tener felicidad en las cosas o negocios peligrosos. *Comer por los pies a uno,* ocasionarle gastos; serle muy gravoso. *Hacer* ~, hallar fondo en que sentar los pies el que entra en un río, lago, etc.; díc. del que se afirma o va con seguridad en una

especie o intento; pararse o estar de asiento en un lugar. *Perder* ~, no encontrar el fondo en el agua el que entra en un río, lago, etc.; confundirse y no hallar salida en el discurso. *Írsele los pies a uno*, resbalar; cometer por imprudencia una falta o desacierto. *Irse uno por los pies*, o *por sus pies*, escapar por la ventaja que hace en la carrera al que le sigue. *No irse una cosa por pies*, tenerla asegurada; no ser fácil que deje de lograrse. *Poner pies en polvorosa*, huir, escapar. *Ponerse de pies en un negocio*, entenderlo o comprenderlo; hacerse cargo de él. *Al* ~, cercano, próximo, inmediato a una cosa: *al* ~ *de la encina, del puente*; fig., cerca o casi: *al* ~ *de cien años. Al* ~ *de la letra*, a la letra. *Tomar* ~ *una cosa*, fig., arraigarse o coger fuerza.

piecezuela *f.* Dim. de *pieza*.

piecezuelo *m.* Dim. de *pie*.

piedad (l. *pietate*) *f.* Virtud que inspira, por el amor a Dios, devoción a las cosas santas, y por el amor al prójimo, actos de abnegación y compasión. 2 Respeto amoroso hacia los padres y objetos venerados. 3 Conmiseración, lástima, misericordia, compasión. 4 Pintura o escultura en que se representa el dolor de la Virgen al sostener el cadáver de Cristo descendido de la cruz.
REL. *1, 2* y *3* **Piadoso**, inclinado a la piedad, adj. *1* **Pío**.

piedra (l. *petra*) *f.* Material mineral que constituye las rocas; esp., porción de esta materia, de regular tamaño, desprendida naturalmente de una roca o extraída artificialmente de ella: ~ ***afiladera, aguzadera, amoladera, de afilar, de amolar*** o ***melodreña***, asperón; ~ ***berroqueña***, granito (roca); ~ ***de cal***, caliza; ~ ***de chispa, de lumbre, de escopeta*** o ***de fusil***, pedernal (variedad de cuarzo); ~ ***de la luna, de las Amazonas, del Labrador*** o ***del sol***, labradorita; ~ ***de Moca***, calcedonia con dentritas; ~ ***de toque***, jaspe granoso, gralte. negro, que emplean los plateros para toque; ~ ***dura***, la de la naturaleza del pedernal, como la calcedonia, el ópalo, etc.; ~ ***falsa***, piedra o producto industrial que imita las piedras preciosas; ~ ***fina*** o ***preciosa***, la dura, rara y, por lo común, transparente o al menos translúcida, que, tallada, se emplea en adorno de lujo; ~ ***jaspe***, jaspe; ~ ***litográfica***, mármol algo arcilloso de grano fino, en cuya superficie se dibuja o graba lo que se quiere estampar; ~ ***nefrítica***, jade, que antiguamente se empleaba como amuleto para curar el mal de riñones; ~ ***ollar***, variedad de serpentina, compuesta principalmente de talco y clorita, de la cual se tallan vasijas en algunos puntos; ~ ***oniquina***, ónique; ~ ***pómez*** (también *pumita*), la volcánica, esponjosa, frágil, de color agrisado y textura fibrosa; se usa para desgastar y bruñir; ~ ***rodada***, canto rodado. 2 p. ext. ~ ***alumbre***, alumbre; ~ ***azufre***, azufre; ~ ***calaminar***, calamina; ~ ***del águila***, etites; ~ ***imán***, imán; ~ ***infernal***, nitrato de plata, que se emplea en cirugía para quemar y destruir carnosidades; ~ ***lipis***, vitriolo azul; ~ ***meteórica***, aerolito. 3 Elemento mineral, más o menos duro y compacto, que se utiliza como material de construcción y en revestimientos decorativos: ~ ***seca***, la empleada en la mampostería en seco; ~ ***angular***, la que en los edificios hace esquina juntando y sosteniendo dos paredes; fig., base o fundamento principal de una cosa; ~ ***fundamental***, la primera que se pone en los edificios; fig., origen y principio de donde dimana una cosa, o que le sirve como de base y fundamento. 4 Cálculo (concreción sólida): ~ ***bezar***, bezoar. 5 Pedernal que da fuego en las armas de chispa. 6 Muela (disco de piedra): ~ ***voladora***, rueda de piedra, sujeta por un eje horizontal, que gira con movimientos de rotación y traslación alrededor del árbol del alfarje en los molinos de aceite. 7 Granizo grueso. 8 Lugar o sitio destinado para dejar los niños expósitos. 9 En ciertos juegos, tanto que se gana cada mano hasta que concluye el partido. 10 ~ ***filosofal***, la materia con que los alquimistas pretendían hacer oro artificialmente: ***hallar la*** ~ ***filosofal***, fig., hallar modo oculto de hacer caudal o ser rico. 11 ~ ***de rayo***, hacha de piedra pulimentada, que cree el vulgo proceder de la caída de un rayo. 12 En el lenguaje de la droga, pequeño trozo de hachís. 13 *Cuba* y *P. Rico*. fig. Plomo, persona majadera. 14 *Perú*. ~ ***huamanga***, variedad de alabastro del país con la que se hacen vidrieras, efigies, etc. ◇ Dim. *piedrezuela* y *pedrezuela*.
REL. Los tecnicismos y voces cultas se forman: del l. *petra* (*pétreo, petrificar*); del l. *lapis* (*lápida, lapidario*); del gr. *lithós* (*litografía, megalito*). SIN. *7* **Volandera.** LOC. *A* ~ *y lodo*, fig., completamente cerrado; díc. de puertas, ventanas, etc.

piedrezuela *f.* Dim. de *piedra*.

piedrín *m. Guat.* Grava o piedra triturada.

piejo (l. *pediculu*) *m.* vulg. Piojo.

piel (l. *pelle*) *f.* Membrana exterior que cubre el cuerpo del hombre y de los animales. 2 Cuero curtido, esp. cuando conserva su pelo natural: *cartera de* ~; *abrigo de* ~; ~ ***de Rusia***, la aromatizada mediante un aceite sacado de la corteza de abedul; *zapato de* ~. 3 Cubierta exterior de ciertas frutas.
SIN. *1* **Pelleja, pellejo; cutis**, en el hombre; **tez**, apl. esp. a la piel del rostro humano. REL. *1* Las voces relacionadas se forman, unas sobre el l. *pelle* o el romance *piel* (*pellejo, peletero, peletería*); otras sobre el l. *cutis* (*cutáneo, cutícula*), y algunos tecnicismos del gr. *derma, dérmatos* (*hipodérmico, dermatología*). FR. *Dar* o *soltar uno la* ~, fig., morir (dejar de vivir).

piélago (l. *pelagu* < gr. *pélagos*) *m.* Parte del mar muy distante de la tierra. 2 lit. Mar. 3 fig. Lo que por su abundancia es difícil de enumerar y contar.

pielero, -ra *m. f.* Persona que compra pieles crudas o comercia con ellas.

pielgo (v. *piezgo*) *m.* Piezgo.

pielitis *f.* Inflamación de la pelvis renal. ◇ Pl.: *pielitis*.

I) pienso (l. *pensu* < *pendere*, pesar; doble etim. *peso*) *m.* Porción de alimento seco que se da al ganado. 2 Alimento para el ganado, en general.
REL. **Pensar** (vb.), dar pienso.

II) pienso (de *pensar*) *loc. adv. **Ni por*** ~, ni por sueño.

piérido *adj.-m.* Lepidóptero de la familia de los piéridos. -2 *m. pl.* Familia de insectos lepidópteros de alas blancas o amarillentas con manchas negras; como la mariposa de la col y la limonera.

pierio, -ria (l. *pieriu*) *adj.* poét. Relativo a las musas.

pierna (l. *perna*) *f.* Parte del cuerpo entre el pie y la rodilla, o comprendiendo, además, el muslo. 2 Muslo de las aves y cuadrúpedos. 3 Pieza, aguda por uno de sus extremos, que junto con otra forma el compás. 4 Trazo vertical de algunas letras, como la M y la N. 5 ~ ***de nuez***, división que, en número de cuatro, tiene la pulpa de la nuez común. 6 En los tejidos, desigualdad en las orillas o en el corte. -7 *f. pl.* Usado como *m. s.* Títere, persona sin autoridad ni relieve. 8 *Argent.* y *Parag.* Persona que se reúne con otras para jugar a la baraja.
SIN. **Pata**, en los animales y objetos inanimados; **zanca**, pierna larga y delgada. LOC. ADV. *A* ~ *suelta* o *tendida*, fig., con descanso y quietud y sin cuidado: *dormir a* ~ *suelta*. FR. *Estirar la* ~, fig. irón., morir (dejar de vivir). *Estirar* o *extender las piernas*, pasear (por diversión). *Hacer piernas*, fig., afirmarse los caballos en ellas, y jugarlas bien; fig., presumir los hombres de galanes y bien formados; estar firme y constante en un propósito; fig., hacer ejercicio para fortalecer los músculos de las piernas.

piernitendido, -da *adj.* Extendido de piernas.

pierno *m.* Lantana.

piernón, -nona *adj. Perú.* Piernitendido.

pierrot (fr.) *m.* Máscara de traje completamente blanco.

pietismo (del al. *pietist*) *m.* Secta protestante, iniciada en el siglo XVII por el pastor J. Spener (1635-1705), cuyos miembros oponían a la frialdad derivada de la idea de la justificación por la fe, una religión del corazón, un sentimiento más sincero y emocional.

pietista *adj.* Relativo al pietismo. -2 *adj.-com.* Partidario del pietismo.

pieza (celta **pettia*, pedazo) *f.* Parte que, unida con otras, forma un objeto: *las piezas de una máquina; **hacer piezas una cosa***, fig., hacerla trozos. 2 Cosa que, unida con otras, forma una colección, un juego, etc.: *vajilla de 56 piezas; una* ~ *de ajedrez; una* ~ *del juego de damas*. 3 Espacio limitado por tabiques o paredes en que se divide una casa y que se comunica con otros directamente o por medio de corredores. 4 Cosa concebida independientemente de las otras de su misma especie: ~ ***de artillería***; ~ ***de orfebrería; una*** ~ ***de oro, de plata***, una moneda de oro, de plata. 5 Animal de caza o de pesca: *maté tres piezas*. 6 Tira de tejido o de papel continuo que se fabrica de una vez. 7 Obra dramática, esp. en un acto. 8 Ficha o figurilla utilizadas en ciertos juegos. 9 Trozo de tela con que se remienda una prenda de vestir. 10 BLAS. Figura de un escudo que no representa objetos naturales o artificiales. 11 MÚS. Composición suelta de música. ◇ Dim.: *pecezuela* y *piecezuela*.
SIN. *3* **Habitación, aposento, estancia, cuarto.** FR. *Quedarse uno en una* ~, o *hecho una* ~, fig., quedarse sorprendido, suspenso o admirado. ~ *por* ~, fig., detalladamente, con gran cuidado y exactitud.

piezgo (l. **pedicu* < *pedica*) *m.* Parte correspondiente a cualquiera de las extremidades del animal con cuyo cuero se ha hecho el odre. 2 fig. Cuero preparado para transportar líquidos.
SIN. **Pielgo.**

piezo- (gr. *piezo*, comprimir) Elemento prefijal que entra en la formación de palabras con el significado de comprimir.

piezoelectricidad (*piezo-* + *electricidad*) *f.* Conjunto de fenómenos eléctricos que se manifiestan en algunos cuerpos sometidos a presión u otra acción mecánica.

piezoeléctrico, -ca *adj.* Relativo a la piezoelectricidad.
piezógrafo (*piezo-* + *-grafo*) *m.* FÍS. Aparato para medir presiones o fuerzas vibratorias.
piezómetro (*piezo-* + *-metro*) *m.* Instrumento para medir el grado de compresibilidad de los líquidos.
pífano (al. ant. *pfifer,* der. de *pfîfen,* silbar; a través del it. *pìffero*) *m.* Flautín de tono muy agudo, usado en las bandas militares. 2 Persona que toca este instrumento.
pifia *f.* Golpe falso dado con el taco en la bola de billar o de trucos. 2 fig. *y* burl. Error, descuido. 3 *Amér.* Burla, escarnio.
SIN. v. **Error.**
pifiar (probl. del al. ant. *pfîfen,* silbar) *intr.* Dejar oír demasiado el soplo al tocar la flauta travesera. -2 *tr.* En el billar o en los trucos dar [golpe] en falso a una bola. 3 fam. Cometer una pifia. 4 *Amér.* Burlar. -5 *intr. Amér.* Burlarse mediante silbidos especiales. ◇ ** CONJUG. [12] como ***cambiar.***
pigargo (l. *pygargu;* gr. *pygargos*) *m.* Halieto. 2 Ave rapaz falcóniforme de unos 80 cms. de longitud, con el cuerpo de color pardo y la cola blanca *(Haliaetus albicilla).*
SIN. *2* **Melión.**
pigidio *m.* ZOOL. Último segmento de los anélidos y de los insectos. 2 p. ext. Porción terminal de algunos animales.
Pigmalión *n. pr.* V. Galatea.
pigmentación *f.* Acción de pigmentar. 2 Efecto de pigmentar.
pigmentar *tr.-prnl.* Colorear [algo] con un pigmento. 2 Producir coloración anormal y prolongada en la piel y otros tejidos, por diversas causas.
pigmentario, -ria *adj.* Relativo al pigmento.
pigmento (l. *-tu*) *m.* Materia colorante de las substancias orgánicas. 2 Compuesto químico pulverizable, insoluble en agua y en aceite, generalmente coloreado y que se usa en la fabricación de pinturas.
pigmeo, -a (l. *pygmaeus;* gr. *pygmaios* < *pygmé,* puño) ***adj.-s.*** Pueblo fabuloso cuyos individuos no tenían más de un codo de alto y eran muy belicosos. 2 Individuo de una raza africana de pequeña estatura. 3 fig. Muy pequeño. 4 fig. Hombre sin mérito, mequetrefe. 5 *Amér.* Especie de plátano o cambur.
pignoración *f.* Acción de pignorar. 2 Efecto de pignorar.
pignorar (l. *-are*) *tr.* Empeñar (dar o dejar) [una prenda].
pignoraticio, -cia *adj.* Relativo a la pignoración.
pigre *adj.* Calmoso, negligente, desidioso.
pigricia (l. *-itia;* doble etim. *pereza*) *f.* Pereza, negligencia, descuido.
pigro, -gra (l. *pigru*) *adj.* desus. Pigre.
piguatra (arauc.) *f. Chile.* Sonido producido al silbar con las manos huecas, por entre la raíz de los dedos pulgares unidos.
piguchén *m. Chile.* Piuchén.
pihua *f.* Romadizo.
pihuela (l. *pedulia* < *pede,* pie) *f.* Correa con que se aseguran los pies de los halcones y otras aves. 2 fig. Embarazo o estorbo. -3 *f. pl.* Grillos con que se aprisiona a los reos.
REL. **Empigüelar,** atar con pihuelas.
I) pihuelo *m. Chile.* Correa con que se ata la espuela.
II) pihuelo (arauc. *pudhuel*) *m. Chile.* Bebida compuesta de chicha y mosto mezclado con harina tostada.
pija *f.* vulg. Pene.
pijada *f.* vulg. Cosa insignificante. 2 Dicho o hecho inoportuno, impertinente o molesto.
pijama (ing. *pyjama* < indostánico *pai,* de las piernas, *jâama,* vestido) *m.* Traje de dormir y para casa, compuesto de pantalón y blusa de tela ligera. 2 fam. Copa de helados de varias clases, combinados con fruta en almíbar, flan, nata, etc.
SIN. **Piyama.**
pije *adj.-s. Chile* y *Perú.* Cursi.
pijibay *m. C. Rica* y *Hond.* Variedad del corojo, de fruta amarilla, de sabor muy dulce y de hojas que sirven para cubrir techos de edificios *(Guilelma utilis).*
pijije *m. Amér. Central.* Ave acuática de color acanelado, gran cantora y de carne comestible *(Totanus flavipes).*
pijirigua (de ~) *loc. adv. Cuba* y *P. Rico.* fam. Despreciable.
pijirruña *f. Chile.* Bicoca, nonada.
pijo, -ja *adj.-s.* fam. Cursi. -2 *m. f.* Pene. -3 *m.* Cosa insignificante, nadería.
pijojo (voz indígena) *m. Cuba.* Árbol silvestre de madera amarillenta, dura, pesada y de grano fino.
pijón *m. Méj.* Picuí, ave.
pijota (der. del l. *pisce,* pez) *f.* Pescadilla. 2 *Can.* Lorcha (pez).
pijotada *f.* Pijada. 2 *Cuba.* Pizca. 3 *Cuba.* vulg. Insignificante, tontería.
pijotazo *m. P. Rico.* Pizca, porción pequeña.
pijote *m.* Esmeril, pieza ant. de artillería. 2 Vástago a modo de espigón de unos 25 cms. de largo en el centro de la cabeza del eje, en la que se fijan las aspas del molino de viento.
pijotear *intr. Amér.* Demorar un pago, escatimar.
pijotería *f.* Menudencia molesta; dicho o pretensión desagradable.
pijotero, -ra *adj.* En numerosas regiones de España y de América, mezquino. 2 En otras, molesto, cargante.
pijuano *m. Ecuad.* Pincullo.
pijuinque *m. Colomb.* Taco, caballito.
pila (l. *pila,* mortero; pilar) *f.* Recipiente grande de piedra, fábrica, etc., donde cae o se echa el agua para varios usos: *baños de ~*. 2 El de piedra, provisto de pedestal y con tapa de madera, que hay en las iglesias parroquiales para administrar el bautismo: ***sacar de ~***, apadrinar; ***nombre de ~***, el de bautismo. 3 fig. Parroquia o feligresía. 4 Montón o rimero formado por piezas o porciones de una cosa: *~ de tocino, de lana.* 5 fam. Gran cantidad [de algo]: *tiene una ~ de juguetes.* 6 Conjunto de toda la lana que se corta cada año, perteneciente a un dueño. 7 Machón o pilar de puente. 8 Aparato que sirve para producir corrientes eléctricas continuas sin intervención de energía mecánica: *~* ***hidroeléctrica, galvánica*** o ***voltaica,*** aquella en que la corriente es producida por la reacción química de un líquido con dos metales; *~* ***seca,*** la galvánica en que el electrólito líquido se ha sustituido por una pasta; *~* ***termoeléctrica,*** aquella en que la corriente es debida a la diferencia de temperatura que se produce en las soldaduras de metales diferentes, al calentar uno de ellos. 9 *~* ***atómica,*** nombre que se dio originariamente a los reactores nucleares y que tiende a caer en desuso. Hoy se aplica únicamente a los reactores que emplean anhídrido carbónico como refrigerante y grafito como moderador. 10 BLAS. Pieza triangular cuya base, de dos tercios de la anchura del escudo, está en el jefe y el vértice en la parte inferior, muy cerca de la punta. 11 METAL. Receptáculo en la delantera de los hornos de fundición, en el cual cae el metal fundido. 12 *Cuba.* Grifo, llave. -13 *m. Argent.* Perro chino, sin pelos.
SIN. *2* **Fuente.** REL. *4* **Apilar,** formar pila; **apilamiento,** subst.
pilada *f.* Argamasa que se amasa de una vez. 2 Porción de paño que se abatana de una vez. 3 Pila (montón).
pilanca *f. Ecuad.* Rimero.
pilandería *f. Colomb.* Establecimiento donde se pila.
pilandero, -ra *adj. Colomb.* [pers.] Que pila granos en pilón.
pilapila *f. Chile.* Malvácea de tallo rastrero, usada como medicinal *(Mandiola caroliniana).*
I) pilar (l. v. *pilare*) *m.* Hito (poste). 2 Especie de pilastra, sin proporción fija entre su grueso y su altura, que se pone aislada en los edificios o sostiene otra fábrica o armazón. 3 *Argent.* Pila de puente.
II) pilar *m.* Pilón, fuente pública a veces adosada a la pared. 2 Abrevadero.
III) pilar (b. l. *-are* < *pila,* mortero) *tr.* Descascarar los granos en el pilón. 2 *Extr.* Limpiar castañas.
pilarejo *m.* Dim. de *pilar.*
pilarense *adj.-s.* De Pilar, cap. del dep. de Ñeembucú (Paraguay).
pilastra (it. *pilastro*) *f.* Columna de sección cuadrangular. 2 *Chile.* Ataire, moldura.
pilastrón (it. *pilastrone*) *m.* Aum. de *pilastra.*
pilatero, -ra *m. f.* Persona que trabaja en las pilas del batán de paños.
Pilatos (Gobernador de Judea cuando Jesucristo fue crucificado) *m.* ***Lavarse las manos, como ~***, desentenderse de algo; ***andar de Herodes a Pilatos,*** de un trabajo a otro.
pilatuna *f. Amér.* Acción indecorosa, jugarreta, pillería.
pilatuno, -na *adj. Colomb.* Usurero.
pilca *f. Amér. Merid.* Pirca.
pilcar *tr. Argent.* Pircar. ◇ ** CONJUG. [1] como ***sacar.***
pilcate (mej. *pilli,* hijo y *catzactic,* sucio) *m. Méj.* Muchacho sucio.
pilcha (arauc. *pulcha,* arruga) *f. Amér.* Prenda de uso. 2 *Chile.* Trozo de cuero que se cuelga del cuello del ganado, como marca.
pilchaje *m. Urug.* Conjunto de pilchas.
pilche *m. Amér.* Vasija hecha de madera o de cáscara dura de un fruto.

pilco (arauc.) *m. Chile.* Guiso de frijoles, maíz y zapallo. 2 *Chile.* Boca del poncho. 3 *Chile.* Grieta en los pies, o en las piernas.
píldora (l. *pilula*) *f.* Bolita que se hace mezclando un medicamento con un excipiente; antiguamente se cubrían con un pan de plata o de oro. 2 p. ext. Esteroide anovulatorio. 3 fig. Pesadumbre o mala nueva que se da a uno: ***dorar la ~,*** suavizar la mala noticia que se da a uno o la contrariedad que se le causa. REL. *1* **Bolo,** la de tamaño mayor que el ordinario; **pilular,** en forma de píldora o que entra en su composición. FR. *Tragarse uno la ~,* fig., creerse una patraña.
pildorero *m.* Aparato para hacer píldoras.
píleo (l. *-eu*) *m.* Especie de sombrero o gorra que usaban los romanos libres y los esclavos puestos en libertad. 2 Capelo de los cardenales.
pilero (de *pila*) *m.* El que tiene por oficio amasar [con los pies] el barro destinado a la fabricación de adobes y objetos de alfarería.
pileta *f.* Dim. de *pila*. 2 Pila pequeña que había en las casas y hoy suele haber en las iglesias para tomar agua bendita. 3 Paraje en que se recogen las aguas dentro de las minas. 4 Piscina. 5 *And.* y *R. de la Plata.* Pila de cocina de lavar o de abrevadero.
pilgaje *m. Guat.* Pilguaje.
pilgua (quechua *pirhua,* troje) *f. Chile.* Especie de bolsa para transportar frutos.
pilguaje *m. Guat.* y *Salv.* Tirón de la piel que queda colgando. 2 *Hond.* y *Méj.* Mequetrefe. 3 *Hond.* y *Salv.* Chiquillo andrajoso. -4 *m. pl. Guat.* y *Salv.* Andrajos.
pilguanejo (mej. *pilhuam,* hijos y la desinencia cast. *-ejo*) *m. Méj.* Pilguaje. 2 *Méj.* y *Hond.* Mequetrefe.
pilguarse *prnl. Chile.* Encanijarse.
pilgüete *adj. Hond.* Holgazán.
pilífero, -ra (l. *pilus,* pelo + *-fero*) *adj.* Que tiene pelos: ***capa pilífera,*** v. capa; *zona pilífera de la raíz.*
piliforme (l. *pilus,* pelo + *-forme*) *adj.* BOT. Parecido a un pelo largo y en zig-zag. 2 ZOOL. En forma de pelo o cabello.
piligüe *adj. Guat.* y *Hond.* Raquítico, díc. esp. del cacao menudo.
piligüije (mej. *pilihui,* arrugarse) *adj. Méj.* Mequetrefe, infeliz.
pilila *f.* fam. Pene. 2 *Murc.* Voz para llamar a la gallina.
pililo, -la *m. f. Argent.* y *Chile.* Persona andrajosa, sucia.
pilinque (mej. *pilihui,* arrugarse) *adj. Méj.* Arrugado.
pilintruca *f. Chile.* Muchacha harapienta.
pillada *f.* Acción propia de un pillo.
SIN. **Pillería.**
pillador, -ra *adj.-s.* Que hurta o roba.
pillaje *m.* Hurto, rapiña. 2 Robo o saqueo hecho por los soldados en país enemigo.
pillán *m. Chile.* El diablo.
pillar (it. *pigliare* < l. **piliare*) *tr.* Tomar por fuerza [una cosa]; hurtar, robar. 2 Coger, agarrar: *~ un resfriado; ~ una cuerda al vuelo.* 3 fam. Sorprender [a uno] en un descuido o mentira o averiguar lo que tenía secreto.
SIN. *2* y *3* **Atrapar, pescar.** *3* **Cazar.**
pillarse *m. Chile.* Cierto juego de niños.
pillastre (alterac. del ant. *pillarte,* saqueador, der. del fr. *pillard*) *m.* Pillo.
I) pillastrón *m.* Der. de *pillastre*. Según el tono y la situación puede sentirse como aumentativo o diminutivo.
II) pillastrón *m.* Dim. de *pillo*.
pillear *intr.* Hacer la vida de pillo o conducirse como tal.
pillería *f.* Conjunto de pillos. 2 Pillada.
pillete *m.* Dim. de *pillo*.
pillín *m.* Dim. gralte. cariñoso de *pillo* II.
I) pillo (araucano *pillu*) *m.* Ave zancuda, especie de ibis de color blanco con manchas negras, con el cuello y las patas muy largos; vive en lugares húmedos y se alimenta de reptiles *(Ciconia maguaria).*
II) pillo, -lla (sacado de *pillastre*) *adj.-m.* Pícaro sin crianza. 2 Sagaz, astuto, granuja.
pillopillo (arauc.) *m. Chile.* Especie de laurel de forma piramidal *(Daphne pillopillo).*
pilluelo, -la *adj.-m.* fam. Dim. de *pillo* II. Aplícase gralte. al de corta edad.
pillulo (arauc. *pillupillu*) *m. Chile.* Engañifa.
pilma (arauc.) *f. Bol.* y *Chile.* Juego de pelota al estilo araucano, lanzando la pelota por debajo de una pierna levantada. 2 *Bol.* y *Chile.* Pelota de paja o trapos usada para jugar.
pilmama (mej. *pilli,* niño y *mama,* que carga) *f. Méj.* Niñera.
pilme (arauc. *pulmi*) *m. Chile.* Coleóptero negro, cáustico, como la mosca de Milán, que causa mucho daño en las huertas *(Cantharis femoralis).* 2 *Chile.* fig. Persona muy flaca.
I) pilo (l. *-lu*) *m.* Ant. arma arrojadiza, a modo de lanza o venablo.
II) pilo *m. Chile.* Arbusto leguminoso de hojas menudas y flores amarillas, que vive en sitios húmedos, cuya cáscara es un vomitivo muy enérgico *(Sophora tetraptera sensus).*
III) pilo *m. Ecuad.* Cantidad, conjunto, rimero.
pilocarpina (l. moderno *pilocarpu,* jaborandi) *f.* Alcaloide que se obtiene de las hojas del jaborandi.
I) pilón *m.* Aum. de *pila*. 2 Receptáculo de piedra o de fábrica, que se construye en las fuentes para recoger el agua. 3 Especie de mortero de madera o de metal, propio para majar granos u otras cosas. 4 Pesa de la romana. 5 Piedra grande que en los molinos de aceite o en los algares se cuelga de los husillos de la prensa y sirve de contrapeso para que apriete la viga. 6 Pan cónico de azúcar refinado. 7 Montón o pila de cal mezclada con arena y amasada con agua. 8 *Cuba.* Depósito de productos agrícolas. 9 *Méj.* Adehala. 10 *Venez.* Medio centavo.
SIN. *2* **Pila.**
II) pilón (gr. *pylón,* portal) *m.* Pilono.
III) pilón, -lona (arauc. *pilun,* oreja) *adj. Argent.* y *Chile.* [ser u objeto] Con una sola oreja o con ninguna. -2 *m. Amér. Central.* Novia. También, muchacha ligera, o simplemente jovencita.
pilonar *tr. Chile.* Cortar una oreja.
piloncillo *m. Méj.* Azúcar morena que se suele vender en panes.
pilonero, -ra *adj.* fig. Vulgar: *noticia pilonera;* ***persona pilonera,*** quien las publica. -2 *f. Colomb.* Montón de trigo grande.
I) pilongo, -ga (de *pelar*) *adj.* Flaco, extenuado. 2 V. castaña pilonga.
II) pilongo, -ga (de *pila*) *adj.* [beneficio eclesiástico] Destinado a personas bautizadas en determinadas parroquias.
pilono *m.* Construcción maciza de cuatro caras en forma de talud, que servía de portada de los templos del ant. Egipto.
SIN. **Pilón II.**
pilórico, -ca *adj.* Relativo al píloro.
piloriza (l. *pilu,* pelo + *-rriza*) *f.* Envoltura resistente que, en forma de dedo de guante, protege el meristemo terminal de la raíz.
píloro (l. *pylorus;* gr. *pylorós,* portero) *m.* Abertura inferior del estómago, por donde éste comunica con el intestino.
SIN. **Portanario.**
pilosela *f.* Vellosilla.
piloso, -sa (l. *-su*) *adj.* Peludo.
I) pilotaje *m.* Ciencia y arte del piloto. 2 Derecho que pagan las embarcaciones cuando han de utilizar pilotos prácticos.
SIN. *2* **Practicaje.**
II) pilotaje *m.* Conjunto de pilotes.
pilotar *tr.* Dirigir [un buque]. 2 Dirigir [un globo, aeroplano, etc.].
pilote (l. *pila,* pilar) *m.* Madero rojizo hincado en tierra para consolidar los cimientos. 2 Pieza vertical que se utiliza en construcción, para transmitir la carga.
pilotear *tr.* Pilotar.
pilotín *m.* Dim. de *piloto*. 2 MAR. Persona que servía como ayudante del piloto.
piloto (it. del b. gr. *pedótes,* timonel, der. del gr. *pedón,* timón) *m.* Persona que gobierna, dirige o conduce un buque, aeronave o automóvil de carreras: *~* ***automático,*** equipo que, en una aeronave, suministra señales para mantenerla automáticamente en una determinada ruta; *~* ***de altura,*** el que dirigía la navegación en alta mar observando los astros. 2 El segundo de un buque mercante. 3 Persona que dirige un globo o un aeroplano. 4 Luz roja que se coloca en la parte posterior de un vehículo. 5 Lamparita que indica el funcionamiento de un aparato. 6 En los aparatos de gas, llama permanente que sirve para encenderlos. 7 fig. El que guía la acción o el discurso en una empresa o en investigaciones o estudios. 8 Lo que sirve de modelo o que tiene carácter experimental: *piso ~; empresa ~.* -9 *Chile.* Individuo generoso en agasajar, primo.
I) pilpil (arauc. *pulpul*) *m. Chile.* Bejuco de hojas trifoliadas y flores blancas, que produce el cóguil *(gén. Lardizabala).*
II) pilpil *m.* Guiso de pescados, gralte. bacalao u angulas, originario del País Vasco, que se hace con un sofrito de ajo y guindilla en aceite no muy caliente.
pilpilén (arauc.) *m. Chile.* Ave zancuda de pico rojo y largo *(Haematocus palliatus).*
pilpinto, -ta *adj. Argent.* Lleno de gusanos.

pilputra *f. Chile.* Piltrafa.
piltoncle *m. Méj.* Niño de corta edad. 2 *Méj.* Animal de cuerpo muy pequeño.
piltra *f.* vulg. Cama.
piltraca, -fa (ant. *peltraza;* probl. de *pertrazar,* der. del l. v. *pertractiare;* intensivo de *trahere*) *f.* Parte de carne flaca, que casi no tiene más que el pellejo. -2 *f. pl.* p. ext. Residuos menudos de cualquier cosa.
piltrafear *tr. Chile.* Sacar beneficio.
piltrafiento, -ta *adj. Chile* y *Méj.* Andrajoso. 2 *Chile.* Lacio, sin fuerza ni consistencia.
piltrafoso, -sa *adj. Perú.* Andrajoso.
piltrafudo, -da *adj. Perú.* Flaco, enfermizo.
piltre *adj.* Pitre. 2 *Chile.* Arrugado.
piltrín *m. Chile.* Caspa o mugre.
piltro, -tra *adj. Chile.* Arrugado.
pilucho, -cha *adj. Chile.* Desnudo, sin vestido.
pilular *adj.* Que tiene forma de píldora, o que entra en la composición de éstas.
pilvén (arauc.) *m. Chile.* Pez de agua dulce, que tiene unos 10 cms. de largo y anda siempre en cardumen *(gén. Trichomycterus).*
pimentada *f. Perú.* Guiso a base de pimientos.
pimental *m.* Terreno sembrado de pimientos.
pimentero (de *pimiento*) *m.* Arbusto piperáceo tropical, de tallo ramoso con raíces adventicias, hojas alternas aovadas, flores en espigas pequeñas y verdosas y fruto en baya redonda, carnosa, rojiza, de unos 4 mm. de diámetro, que cuando se seca toma un color negruzco y contiene una semilla esférica, blanca, aromática, ardiente, de sabor picante, muy usada como condimento *(Piper nigrum).* 2 ~ ***falso,*** turbinto. 3 Vasija en que se pone la pimienta molida, para servirse de ella en la mesa. 4 *Extr.* Petirrojo.
SIN. *1* **Pimiento.**
pimentón *m.* Aum. de *pimiento.* 2 Polvo que se obtiene moliendo pimientos encarnados secos. 3 Pimiento (fruto).
pimentonar *m. Murc.* Pimental.
pimentonero, -ra *m. f.* Cultivador o vendedor de pimentón. -2 *adj.-s.* [pers.] De la huerta murciana. -3 *m.* Pájaro castellano cuyas plumas son de color negruzco, salvo las del pecho, que son rojas.
pimienta (v. *pimiento*) *f.* Fruto del pimentero: ~ ***blanca,*** la cogida antes de madurar y despojada del pericarpio; ~ ***larga,*** fruto de un pimentero asiático, que tiene forma elipsoidal y algo mayor y de color más claro que la común; ~ ***negra,*** la que conserva el pericarpio. 2 Nombre de varios frutos parecidos a la pimienta por sus propiedades: ~ ***de Chiapa*** o ***de Tabasco,*** malagueta; ~ ***falsa,*** fruto del turbinto; ~ ***inglesa,*** malagueta seca y molida. 3 ~ ***loca*** o ***silvestre,*** sauzgatillo y su fruto. 4 Cosecha de pimientos. 5 ~ ***de muros,*** pampajarito. 6 *Logr.* Escapatoria o falta de asistencia a la escuela.
SIN. *1* **Pebre.** FR. *Ser uno como una ~,* fig. fam, ser muy vivo, agudo y pronto en comprender y obrar.
pimientilla *f. Hond.* Arbusto verbenáceo que segrega la cera vegetal *(Senecio* s.e.d.*).*
pimiento (l. *pigmenteu,* color para pintar) *m.* Planta solanácea hortense, de tallos ramosos, hojas lanceoladas y flores pequeñas y blancas; su fruto es una baya comestible, hueca, grande y alargada; primeramente verde, después roja o amarilla, con una multitud de pequeñas semillas, sujetas a una expansión interior del pedúnculo *(Capsicum annuum).* 2 Fruto de esta planta: ~ ***de bonete, de hocico*** o ***morrón,*** variedad de pimiento más grueso que el de las otras castas; ~ ***de cerecilla*** o ***de las Indias,*** guindilla (que pica); ~ ***de cornetilla,*** variedad de gusto picante, que tiene la forma de un cucurucho con la punta encorvada. 3 Pimentero (arbusto). 4 Roya (honguillo). 5 ~ ***loco, montano*** o ***silvestre,*** sauzgatillo. 6 Cosa de poco valor.
SIN. *2* **Pimentón.**
pimío, -mía *adj. Chile.* Mezquino.
pimpampum (onomat.) *m.* Juego en que se procura derribar a pelotazos muñecos en fila.
pimpante *adj.* Vestido elegantemente. 2 Garboso.
pimpi *m.* fam. Tonto.
pimpido *m.* Bocanegra.
pimpín (onomat.) *m.* Juego de muchachos, parecido al de la pizpirigaña. 2 Aguzanieves.
pimpina *f. Venez.* Botija de cuello largo.
pimpinela (l. m. *pimpinella;* a través del it. *pimpinella*) *f.* Planta rosácea, herbácea, de tallos rojizos, esquinados y ramosos, hojas compuestas de hojuelas elípticas y dentadas, flores sin corola, con el cáliz purpurino, y fruto elipsoidal con cuatro aristas, que encierra dos o tres semillas alargadas; se ha usado como tónica y diaforética. Llámase también ~ *menor (Poterium sanguisorba; Sanguisorba minor).* 2 ~ ***mayor,*** hierba rosácea, con hojas pinnales y cabezuelas florales oblongas de color carmesí *(Sanguisorba officinalis).* 3 Planta umbelífera, parecida en algunos de sus aspectos a las anteriores, con las flores hermafroditas y el cáliz negro y rojizo. Se ha usado como vulneraria y contra las hemorragias *(Pimpinella maior).*
SIN. *1* y *2* **Sanguisorba.**
pimplar (onomat.) *tr.* Beber vino.
pimpleo, -a (l. *-eu*) *adj.* Relativo a las musas.
pimpo, -pa *adj. P. Rico.* Repleto, harto.
pimpollada *f.* Pimpollar.
pimpollar *m.* Terreno poblado de pimpollos.
pimpollear *intr.* Brotar o echar renuevos o pimpollos.
SIN. **Apimpollarse.**
pimpollecer *intr.* Pimpollear. ◇ ** CONJUG. [43] como ***agradecer.***
pimpollejo *m.* Dim. de *pimpollo.*
pimpollo (l. *pinuspullu*) *m.* Pino nuevo. 2 Árbol nuevo. 3 Vástago de las plantas. 4 Capullo de rosa. 5 fig. Niño o niña, o persona joven de gran belleza: *es un ~ de oro.*
pimpolludo, -da *adj.* Que tiene muchos pimpollos.
pimpón (de *ping-pong*) *m.* Juego semejante al tenis, que se juega sobre una mesa con pelota pequeña y ligera y con palas pequeñas a modo de raquetas.
SIN. **Tenis de mesa.**
pimporro *m. And.* Botijo.
pin- (de *pino*) Elemento prefijal que entra en la formación de palabras con el significado de pino.
pina (orig. incierto) *f.* Mojón terminado en punta. 2 Pieza curva que forma el aro de madera de las ruedas de los carruajes. 3 BOT. Pinna. 4 *Sal.* Juego de la chueca.
SIN. *2* **Cama.**
pinabete (cat. *pinavet < pin- + avet,* abeto) *m.* Abeto (árbol).
pinacatada *f. Méj.* Conjunto de pinacates. 2 *Méj.* fig. Acción indecente; necedad.
pinacate (mej. *pinacatl*) *m. Méj.* Escarabajo de color negruzco y hediondo que suele criarse en lugares húmedos *(Elaeodes spinole).* 2 *Méj.* fig. *y* desp. Ente, quídam.
pináceo, -a *adj.-f.* Abietáceo. -2 *f. pl.* Abietáceas.
pinacoide (gr. *pinax, -acos,* cuadro + *-oide*) *m.* CRIST. Cara paralela y perpendicular a un eje que se presenta en ciertas formas cristalinas.
pinacología (gr. *pinax, -acos,* cuadro + *-logía*) *f.* Estudio científico de las pinturas antiguas por medio de los rayos X, los rayos ultravioletas u otras radiaciones.
pinacoteca (gr. *pinakotheke < pinax, -acos,* cuadro + *-teca*) *f.* Galería o museo de pinturas.
pináculo (l. *pinnaculu*) *m.* Parte superior de un edificio monumental o de un templo. 2 Juego de naipes. 3 fig. Parte más sublime de una ciencia o de otra cosa inmaterial.
pinar *m.* Terreno o lugar poblado de pinos.
SIN. **Pineda.**
pinarejo *m.* Dim. de *pinar.*
pinareño, -ña *adj.-s.* De Pinar del Río, c. y prov. de Cuba.
pinariego, -ga *adj.* Relativo al pino.
pinastro *m.* Pino rodeno.
pinatada *f. Murc.* Pinatar.
pinatar *m.* Pinar o plantío de pinos nuevos.
pinatero *m. Cuba.* Cao.
pinatífido, -da *adj.* Pinnatífido.
pinatisecto, -ta *adj.* Pinnatisecto.
pinato *m. Murc.* Pino joven y de poca altura, achaparrado.
pinatra *f. Chile.* Hongo comestible que crece en las ramas de varias especies de robles *(Cyttaria* s.e.d*).* 2 *Chile.* Fruto del roble.
pinaza (de *pino*) *f.* Embarcación pequeña de remo y vela.
pincarrasca *f.* Pincarrasco.
pincarrascal *m.* Terreno poblado de pincarrascos.
pincarrasco (*pin- + carrasco*) *m.* Especie de pino de tronco tortuoso, corteza resquebrajada y de color pardo rojizo, copa clara e irregular, hojas largas y poco rígidas y piñas de color canela, con piñones pequeños *(Pinus halepensis).*
SIN. **Pino carrasco** o **carrasqueño.**
pincel (l. *penicillu;* a través del cat. *pinzell*) *m.* Haz de pelos fijos en la extremidad de un mango de madera, de pluma, etc.,

para que el pintor asiente los colores sobre una superficie. 2 fig. Mano o sujeto que pinta. 3 fig. Modo de pintar. 4 fig. Obra pintada. 5 Planta ramificada de hojas coriáceas y lineares, y flores tubulares de color de lila *(Coris monspeliensis).* 6 MAR. Palo con una escobilla con que se da alquitrán a los costados y palos de la nave.
pincelada *f.* Trazo dado con el pincel. 2 fig. Expresión compendiosa de una idea o de un rasgo muy característico.
SIN. *1* **Toque,** pincelada ligera.
pincelar (de *pincel*) *tr.* Pintar (en color). 2 Retratar (a alguien).
pincelazo *m.* Pincelada.
pincelero, -ra *m. f.* Persona que tiene por oficio hacer o vender pinceles. -2 *m.* Brucero. 3 Caja en que los pintores al óleo guardan los pinceles.
pincelote *m.* Aum. de *pincel.*
pincerna (l.) *com.* Copero (pers.).
I) pincha *f.* Espina de plantas o pescados que pueden clavarse en el cuerpo. 2 *Murc.* Astilla pequeña.
II) pincha *f.* V. pinche.
pinchaco *m. Argent.* Tapir, mamífero.
pinchadiscos (de *pinchar* + *disco*) *com.* fam. Disc-jockey. ◇ Pl.: *pinchadiscos.*
pinchadura *f.* Acción de pinchar o pincharse. 2 Efecto de pinchar o pincharse.
pinchapez *m. Extr.* Martín pescador.
pinchar (probl. cruce de *punchar;* var. de *punzar* × *picar*) *tr.* Herir con una cosa aguda o punzante; picar, punzar [a alguien o algo]: *pincharse en un dedo; ~ un saco.* 2 fam. Poner inyecciones: *por su enfermedad, se pincha todos los días.* 3 fig. Picar (mover, excitar). 4 fig. Interferir la red telefónica con medios técnicos para escuchar las conversaciones mantenidas desde un determinado teléfono. -5 *intr.* Sufrir un pinchazo en una rueda del automóvil. 6 fig. Fallar, fracasar: *Juan pinchó en el examen más importante.* -7 *prnl.* En el lenguaje de la droga, inyectársela. -8 *tr. P. Rico.* Curiosear; observar.
SIN. *1* **Espichar.** *7* **Picar.** FR. *No ~ ni cortar,* aplicado [a cosas], tener poco valimiento en un asunto.
pinchaúvas *m.* fig. *y* fam. Hombre despreciable. 2 fig. Pillete que se dedica a robar uvas en los mercados. ◇ Pl.: *pinchaúvas.*
pinchazo *m.* Punzadura o herida causada al pinchar. 2 Perforación que produce la salida del aire de un balón, neumático, etc. 3 fig. Hecho o dicho con que se mortifica a uno o se le incita para que tome una determinación.
SIN. **Picadura.**
pinche, -cha (de *pinchar*) *m. f.* Mozo o moza ayudante de cocina. 2 Dependiente de menor importancia de un escritorio. 3 *Argent.* y *P. Rico.* Alfiler grande que usan las mujeres para sujetarse el sombrero. 4 *Colomb.* Gorrión. 5 *Colomb.* Cuartago, caballejo. 6 *Méj.* y *P. Rico.* Bribón.
SIN. *1* **Sollastre, pícaro, marmitón, galopillo;** modernamente se va generalizando el empleo del fem. *pincha.*
pinchito *m.* Tapa de aperitivo.
pincho *m.* Aguijón o punta aguda. 2 Varilla de acero con que los consumeros reconocen las cargas. 3 Conjunto de varios manjares que se sirven en los bares como tapas. 4 vulg. Guapo. 5 *Amér.* Alfiler de sombrero.
pinchón *m.* Pinzón (pájaro).
pinchonazo *m. Chile.* Pinchazo.
pinchorro *m.* Mielga (pez selacio).
pinchoso, -sa *adj. Murc.* Espinoso.
pinchoy *m. Chile.* Cerdo berrendo.
pinchudo, -da *adj.* Que tiene pinchos o fuertes púas. 2 *Can.* Magnífico. -3 *m.* Galludo.
pinchulear *tr.-prnl. Argent.* Adornar, emperejilar.
pinciano, -na (l. *pintianu* < *Pintia,* mansión romana que se creyó coincidía con la c. de Valladolid) *adj.-s.* Vallisoletano.
pincullo (quechua) *m. Amér.* Flauta indígena.
pindárico, -ca (l. *-cu*) *adj.* Relativo al poeta Píndaro (518-¿438? a. C.).
pindín *m. Pan.* Reunión vulgar. 2 *Pan.* Baile de negros.
pindonga *f.* fam. Mujer callejera.
pindonguear (de *pendón,* pender) *intr.* desp. Callejear.
SIN. **Pendonear.**
pineal (l. *pinea,* piña) *adj.* De forma parecida a la de una piña. 2 *Glándula ~,* cuerpo gris de forma de piña y del tamaño de un guisante que se halla delante del cerebelo.
I) pineda (l. *pinetum*) *f.* Pinar.
II) pineda *f.* Especie de cinta de hilo y estambre.
pinedo *m. Amér. Merid.* Pinar.
pineno *m.* QUÍM. Hidrocarburo que se halla en la esencia de trementina.
pinero *m.* Obrero portuario especializado en carga y descarga de madera en rollo. 2 Obrero que conduce por un río los troncos de árbol. 3 *Bol., Chile* y *Perú.* Entre carpinteros, obrero que trabaja el pino, labor que se considera de poco esmero o habilidad.
pínfano *m.* humor. Piano. 2 *Extr.* Mosquito.
pinga *f. Can.* Pene. 2 *Filip.* Percha que sirve para conducir al hombro toda carga que se puede llevar colgada en las dos extremidades del palo.
pingajo (de *pingo*) *m.* desp. Arrapiezo que cuelga de alguna parte. 2 Mujer despreciable. 3 *Extr.* Trapo viejo para fregar el suelo.
SIN. V. **Andrajo.**
pingajoso, -sa *adj.* Haraposo.
pinganello *m.* Canelón (carámbano).
pinganillo, -lla *m.* Carámbano colgante. -2 *adj. Bol.* y *Ecuad.* Elegante, bien trajeado. 3 *Colomb.* Rechoncho.
pinganitos (en ~) *loc. adv.* fam. En situación afortunada.
pingar (l. **pendicare* < *pendere,* colgar) *intr.* Gotear lo que está empapado en algún líquido. 2 Brincar, saltar. ◇ ** CONJUG. [7] como *llegar.*
I) pingo (de *pingar*) *m.* desp. Pingajo. 2 fam. Persona despreciable. -3 *m. pl.* fam. Vestidos femeninos de calidad inferior. -4 *m. Amér. Merid.* Caballo vivo y corredor. 5 *Chile* y *Perú.* Caballo malo. 6 *Méj.* El diablo.
FR. *Andar, estar, ir de ~,* callejear y estar de continuo visiteo una mujer.
II) pingo (quechua *pingu,* cumbre de una casa) *m. Ecuad.* Madera delgada y recta que se coloca en las cubiertas de las casas o a través de las tijeras.
pingopingo *m. Chile.* Arbusto conífero cuya frutilla y hojas son diuréticas y depurativas *(Ephedra andina).*
pingorota *f.* Parte más alta y aguda de las montañas y de otras cosas elevadas.
pingorote (cruce de *picorrota,* cúspide, der. de *pico* × *pingano,* monte agudo, der. de *pingar,* colgar) *m.* fam. Peruétano (porción).
pingorotudo, -da (de *pingorote*) *adj.* irón. Empinado, alto o elevado.
ping-pong (del fr. *ping-pong,* marca registrada) *m.* Pimpón.
pinguchita *f. Chile.* Mujer flaca.
pingucho, -cha *m. f. Chile.* Muchacho ordinario. 2 *Chile m.* Almuerzo ligero.
pingue (hol. *pink*) *m.* Embarcación de carga, cuyas medidas aumentan en la bodega.
pingüe (l.; doble etim. *pringue*) *adj.* Craso, gordo. 2 y fig. Abundante, fértil.
pingüedinoso, -sa (l. *pinguedine,* grasa) *adj.* Que tiene gordura.
pingüica *f. Méj.* Arbusto mejicano parecido a la gayuba *(Arctostaphylos pungens).*
pingüino (ing. *pinguin,* de orig. incierto) *m.* Pájaro bobo.
pingullo *m. Bol.* y *Ecuad.* Pincullo.
pinguosidad *f.* Grasa, crasitud.
pingurucho, -cha *m. f. Chile.* Pingucho.
pinífero, -ra *adj.* poét. Abundante en pinos.
pinillo (dim. de *pino* I) *m.* Planta labiada, herbácea, de tallos velludos y ramosos, hojas partidas en dos y tres lacinias y flores pequeñas, amarillas, solitarias y axilares; toda la planta es viscosa y despide un olor parecido al del pino *(Ajuga chamœpytis).* 2 Mirabel (planta).
SIN. **Ayuga.** *1* **Ajuga, búgula, hierba artética.**
pinito (dim. de *pino* II) *m.* Pino (paso): *hacer pinitos.*
pinjante (del ant. *pinjar,* colgar < l. **pendicare*) *adj.-s.* Joya que se trae colgando para adorno. 2 ARQ. Adorno que cuelga de lo superior de la fábrica.
SIN. *1* **Colgante, pendiente.**
pinna (l. *pinna* pluma) *f.* BOT. p. us. En las hojas compuestas, folíolo.
pinnado, -da (l. *pinnatu,* alado) *adj.* Ramificado en ángulo recto con respecto a un eje central, con todas las ramificaciones dispuestas sobre el mismo plano, como las barbas de la pluma.
pinnaticompuesto, -ta *adj.* V. hoja pinnaticompuesta.
pinnatífido, -da (de *pinnado* + l. *findere,* dividir) *adj.* BOT. [hoja] Con nervadura pinnada y con el borde hendido, pero sin alcanzar el nervio central.

pinnatisecto, -ta (de *pinnado* + l. *sectu,* partido) ***adj.*** BOT. [hoja] Con nervadura pinnada y con el borde hendido en divisiones largas y estrechas que llevan el nervio medio.

pinni- (l. *pinna* o *penna,* pluma, ala, aleta) Elemento prefijal que entra en la formación de palabras con el significado de pluma, ala o aleta.

pinnípedo (*pinni-* + *-pedo*) ***adj.-m.*** Mamífero del orden de los pinnípedos. -2 ***m. pl.*** Orden de mamíferos placentarios de vida anfibia, parecidos en muchos aspectos a los carnívoros, pero con los pabellones auditivos rudimentarios y las extremidades adaptadas a la natación; como la foca y la morsa.

I) pino (l. *-nu*) ***m.*** Nombre de varias plantas coníferas abietáceas del género *Pinus,* casi todas arbóreas, de madera fibrosa y bastante dura, hojas aciculares en pequeños haces, flores masculinas y femeninas en ramas distintas y fruto en piña: ~ ***albar,*** especie que alcanza hasta 30 m. de altura, de ramas gruesas, piñas pequeñas, hojas cortas y madera muy estimada en construcción *(P. sylvestris);* ~ ***alerce,*** alerce; ~ ***carrasco*** o ***carrasqueño,*** pincarrasco; ~ ***cascalbo, negral, pudio*** o ***salgareño,*** especie que alcanza hasta 40 m. de altura, hojas largas y fuertes, piñas pequeñas y madera bastante rica en resina *(P. laricio);* ~ ***doncel, manso*** o ***piñonero,*** y también *albar,* especie que alcanza hasta 30 m. de altura, de tronco derecho, copa ancha, hojas largas y piñas aovadas, con piñones comestibles *(P. pinea);* ~ ***marítimo*** o ***rodeno*** (también *pinastro*), especie de mediana altura, de corteza áspera, pardusca y a trechos rojiza, hojas largas, gruesas y rígidas, piñas grandes y puntiagudas, y madera abundante en resina *(P. pinaster);* ~ ***melis,*** variedad de cascalbo, muy estimado para entarimados y otras obras de carpintería *(P. laricio);* ~ ***negro,*** especie de 10 a 20 m. de altura, corteza bastante lisa, de color pardo oscuro, hojas cortas y piñas pequeñas *(P. montana);* ~ ***tea,*** especie de madera muy resinosa, compacta y dura, que se usa para suelos, puertas, etc. 2 Madera de este árbol: *muebles de* ~. 3 fig. *y* poét. Nave o embarcación. 4 fig. ~ ***de oro,*** especie de adorno que usaban antiguamente las mujeres en el tocado. 5 *Argent.* y *Chile* ~ ***araucano*** o ***del Neuquén,*** araucaria.

REL. **Pinar** o **pineda,** terreno poblado de pinos; **pinatar,** pinar o plantío de pinos nuevos; **pinocha,** hoja del ~; **piña,** fructificación; **piñón,** semilla.

II) pino, -na ***adj.*** Muy pendiente o muy derecho: *a* ~, ***loc. adv.,*** explica el modo de tocar las campanas levantándolas en alto y haciéndoles dar vueltas. -2 ***m.*** Primer paso que empiezan a dar los niños cuando se quieren soltar: *hacer pinos.* 3 *En* ~, en pie, derecho, sin caer.

SIN. *2* **Pinito.**

pinocha ***f.*** Hoja del pino. 2 *Can.* Piña del pino.

pinocho ***m.*** Pino nuevo. 2 Ramo de pino. 3 Piña de pino rodeno, negro y resinable.

pinol ***m.*** *Amér. Central* y *Méj.* Pinole. 2 *Guat.* y *Hond.* Especie de gofio hecho con harina de maíz tostado, miel y otros ingredientes.

pinolate ***m.*** *Amér. Central.* Pinole, bebida.

pinole (mej. *pinolli*) ***m.*** *Amér. Central.* Bebida hecha de maíz tostado y molido con azúcar y hielo. 2 ant. Mezcla de vainilla y otras especias, que servía para aromatizar el chocolate.

SIN. *2* **Polvo de Soconusco.**

pinolero, -ra ***m. f.*** *Amér. Central.* fam. Nicaragüense.

pinolillo ***m.*** *Amér. Central.* Especie de pinole mezclado con cacao y chocolate. 2 *Méj.* Larva parásita de un insecto diminuto (gén. *Leptus*), que parece polvo de pinole.

pinoso, -sa ***adj.*** Que tiene pinos.

pinote ***m.*** *Extr.* Salto de una cabalgadura. 2 *Extr.* Coz.

pinquillo ***m.*** *Bol.* Pincullo.

pinrel ***m.*** vulg. Pie.

pinsapar ***m.*** Terreno poblado de pinsapos.

pinsapo (*pin-* + prerrom. *sap,* abeto) ***m.*** Árbol abietáceo de adorno, monoico, de corteza blanquecina, hojas cortas, esparcidas y casi punzantes, y piñas derechas, más gruesas que las del abeto; crece espontáneo en una parte de la serranía de Ronda *(Abies pinsapo).*

I) pinta (de *pintar*) ***f.*** Manchada o señal pequeña en el plumaje, pelo o piel de los animales y en la masa de un mineral. 2 Adorno en forma de lunar o mota, en ciertas cosas. 3 Señal que en los extremos de los naipes permite conocer antes de descubrirlos, de qué palo son. 4 fig. Señal o muestra exterior que permite apreciar la calidad de personas o cosas; aspecto de una persona: *tiene* ~ *de torero, de sacristán.* 5 Tabardillo (fiebre). -6 ***f. pl.*** Juego de naipes en el que se vuelve a la cara toda la baraja junta, y la primera carta que se descubre es del contrario, y la segunda del que tiene la baraja; a continuación se sacan cartas hasta encontrar una de número igual al de cualquiera de las dos que salieron al principio, y gana aquel que encuentra con la suya tantos puntos cuantas cartas puede contar desde ella hasta dar con azar, que son el tres, el cuatro, el cinco y el seis. -7 ***f.*** *Amér.* Color de los animales. 8 *Amér.* Linaje, casta. 9 *Amér.* Juego de dados. 10 *Chile.* Clase de mineral que tiene ley más subida. 11 *S. Dom.* Nombre que se da a la raza negra. -12 ***f. pl.*** *Venez.* Aspecto de la atmósfera en cada uno de los doce primeros días del mes de enero, que representan los doce meses del año. 13 *Méj.* Carate.

II) pinta (probl. del fr. *pinte,* de orig. incierto) ***f.*** Medida para líquidos (media azumbre escasa), o para áridos. 2 *Extr.* Trago de vino.

pintacilgo (cruce de *pintadillo,* jilguero × *sirgo,* paño de seda) ***m.*** Jilguero.

pintacopas ***m.*** *Cuba.* Pisaverde. ◇ Pl.: *pintacopas.*

pintada ***f.*** Escrito de grandes dimensiones hecho a mano sobre la superficie de un muro, pared, etc. 2 Galliforme de plumaje negruzco con manchas blancas, cabeza pelada y cresta ósea *(Numidia maleagris).* 3 *Salv.* Mano de pintura.

SIN. *2* **Gallina de Guinea.**

pintadera ***f.*** Instrumento para adornar con labores la cara superior del pan y otras cosas.

SIN. **Carretilla.**

pintadilla ***f.*** *Cuba.* Enfermedad infecciosa de las aves de corral, que se caracteriza por un estado de flaqueza persistente, acompañada de tos y anorexia.

pintadillo ***m.*** Jilguero.

pintado, -da ***adj.*** Matizado naturalmente de diversos colores. 2 Pintojo. 3 [animal] Que tiene manchas de color en su pelo, esp. la vaca.

FRS. ~ o *como* ~, con los verbos *estar, venir* y otros, ajustado y medido; muy a propósito; *el más* ~, el más hábil, prudente o experimentado; el de más valer o mérito.

pintador, -ra ***m. f.*** *And.* Persona que pinta. 2 *And.* Persona que siembra a golpe.

pintalabios ***m.*** Barrita de pintura para los labios. ◇ Pl.: *pintalabios.*

SIN. **Barra, lápiz de labios.**

pintamonas ***com.*** fig. Pintor de corta habilidad. ◇ Pl.: *pintamonas.*

SIN. **Chafalmejas.**

pintar (l. *pinctu;* supino de *pingere,* pintar) ***tr.*** Cubrir [la superficie de una cosa] con una capa de color: ~ *la caja de azul.* 2 Representar o figurar [personas, objetos, paisaje, etc.] en una superficie por medio del color: ~ *una flor al pastel.* 3 Hacer labores con la pintadera. 4 fig. Describir o representar [pers. o cosas] por medio de la palabra. 5 fig. Fingir, ponderar, exagerar [una cosa]: *lo pintas demasiado.* -6 ***intr.-prnl.*** Empezar a tomar color y a madurar ciertos frutos: *las peras pintan* (o *se pintan*). -7 ***intr.*** fig. Mostrarse la pinta de las cartas cuando se talla. 8 fig. En frases negativas o interrogativas, importar, significar, valer: *¿Qué pintas tú aquí?* -9 ***prnl.*** Darse colores y afeites en el rostro.

FR. ~ *como querer,* denota que sin fundamento se lisonjea uno a sí mismo persuadiéndose de que una cosa tendrá el efecto que él se figura. *Pintarla,* fam., afectar uno en portes y modales autoridad, distinción o elegancia. *Pintarse uno solo para una cosa,* tener mucha habilidad para ella.

pintarrajar ***tr.*** desp. Pintorrear.

pintarrajear ***tr.*** Pintarrajar.

pintarrajo ***m.*** Pintura mal hecha.

pintarroja (de *pinta* I + *roja*) ***f.*** Lija (pez).

pintear ***impers.*** Lloviznar.

pintería ***f.*** *Chile.* Vetilla que corre contigua a la veta principal de una mina.

pintiparado, -da ***adj.*** Parecido, igual a otro: ~ *a alguno.* 2 Que viene justo y medido a otra cosa, o es a propósito para el fin propuesto: ~ *para el caso.* 3 Emperejilado, adornado. 4 *Bol., Perú* y *P. Rico.* Orgulloso, parado.

SIN. *2* **Clavado.**

pintiparar (de *pintado* + *parar*) ***tr.*** fam. Asemejar, hacer parecida [una cosa a otra]. 2 Comparar [una cosa con otra].

pinto, -ta ***adj.*** Adornado con pintas. 2 *Cuba.* Pillo, sagaz. 3 *Méj.* Cobarde, mísero. 4 *P. Rico* y *Venez.* Parecido, semejante. 5 *Venez.* Ebrio. -6 ***m.*** *Sant.* Salmón joven. 7 *Can.* Jilguero. 8 *Colomb.* y *Méj.* Enfermedad que se caracteriza por manchas en la piel.

pintojo, -ja ***adj.*** Que tiene pintas o manchas.

SIN. **Pintado.**

pintón, -tona (de *pintar*) ***adj.*** [fruto] Que va tomando color, esp. los granos del racimo de uvas. 2 [ladrillo] Que no está bien cocido. 3 [animal] Que tiene pintas (manchas). -4 ***m.*** Gusano que produce una enfermedad al maíz. 5 La misma enfermedad. -6 ***adj.*** *Argent.* Ebrio, chispa. -7 ***m.*** *Chile.* Jovencito que se mete en cosas superiores a su edad. 8 *Ecuad.* Plátano a medio madurar.

pintonear ***intr.*** Enverar las frutas.

pintor, -ra (l. v. *pinctor* < l. *pictor*) ***m. f.*** Persona que profesa o ejercita el arte de la pintura. -2 ***f.*** Mujer del pintor. -3 ***m. f.*** Persona que tiene por oficio pintar puertas, ventanas, paredes, etc. -4 ***adj.*** *Amér.* Pinturero, jactancioso.

SIN. **Orbaneja, pintamonas,** despectivos; **acuarelista, pastelista, fresquista, templista,** según los materiales que emplea; **paisajista, retratista, miniaturista, escenógrafo, decorador,** etc., según el género que cultiva.

pintoresco, -ca (it. *pittoresco* < *pittore,* pintor) ***adj.*** Que presenta una imagen agradable y deliciosa y digna de ser pintada. 2 fig. Que se utiliza para pintar viva y animadamente las cosas: *lenguaje, estilo* ~. 3 fig. Estrafalario, chocante.

pintoresquismo ***m.*** Calidad del pintoresco.

pintoretear ***tr.*** *Cuba.* Pintorrear.

pintorrear ***tr.*** desp. Manchar de varios colores y sin arte [una cosa].

SIN. **Pintarrajear.**

pintura (l. v. *pinctura;* por l. *pictura*) ***f.*** Arte de pintar. 2 Tabla, lámina o lienzo en que está pintada una cosa. 3 La misma obra pintada. 4 Color preparado para pintar. 5 Nombre que acompañado de una determinación específica designa diversos procedimientos con que se puede pintar una obra, o la obra pintada con cualquiera de ellos: ~ ***a dos visos,*** la que se forma artificialmente, de suerte que mirada de un modo representa una figura, y mirada de otro, otra distinta; ~ ***a la aguada,*** aguada (pintura); ~ ***a la chamberga,*** la que sirve para pintar esculturas de madera, paredes y otras cosas expuestas a la intemperie, usando colores preparados con barniz de pez griega y aguarrás; ~ ***al encausto,*** encausto (adustión); ~ ***al fresco,*** la que se hace en paredes y techos con colores disueltos en agua de cal y extendidos sobre una capa de estuco fresco; ~ ***al óleo,*** la hecha de colores desleídos en aceite secante; ~ ***al pastel,*** la hecha sobre papel con lápices blandos, pastosos y de colores variados; ~ ***al temple,*** la hecha con colores preparados con líquidos glutinosos y calientes, como agua de cola, etc.; ~ ***cerífera,*** la hecha al encausto con cera de varios colores; ~ ***de aguazo,*** aguazo; ~ ***de miniatura,*** miniatura; ~ ***de mosaico,*** mosaico II; ~ ***de porcelana,*** la hecha de esmalte, usando de colores minerales y uniéndolos y endureciéndolos con el fuego; ~ ***embutida,*** la que imita objetos de la naturaleza, embutiendo fragmentos de varias materias; divídese en *metálica, marmórea* o *lapídea, lignaria* y *plástica,* según la calidad de los fragmentos que se embuten; ~ ***figulina,*** la hecha con colores metálicos sobre vasijas de barro, perfeccionándolos con el fuego; ~ ***mural,*** mural; ~ ***rupestre,*** la prehistórica, que se encuentra en rocas o cavernas; ~ ***vítrea,*** la hecha con colores preparados, usando del pincel y endureciéndolos al fuego; ~ ***tejida,*** la que se hace en la tela, imitando objetos de la naturaleza por medio del tejido. 6 fig. Descripción de personas o cosas por medio de la palabra.

FR. *No poder ver a uno ni en* ~, tenerle gran aversión. REL. **Pictórico,** relativo a la pintura, adj.; **pinacoteca,** galería o museo de pintura.

pinturear ***intr.*** *Colomb.* Gallardear.

pinturería ***f.*** Calidad de pinturero.

pinturero, -ra (de *pintura*) ***adj.-s.*** fam. Persona que con afectación se jacta de bien parecida, fina o elegante.

pinturriento, -ta ***adj.*** *Méj.* Cobarde.

pinuca ***f.*** *Chile.* Marisco comestible de cerca de 1 dm. de largo y 2 cm. de ancho *(Pinuca edulis).*

pínula (l. *pinnula*) ***f.*** Tablilla con una abertura circular o longitudinal que en los instrumentos topográficos y astronómicos sirve para dirigir visuales. 2 BOT. Lóbulo de una hoja pinnada que a su vez está dividida en partes también pinnadas. 3 ZOOL. Aleta muy pequeña, sostenida por un radio y dispuesta, con otras semejantes, en serie detrás de la aleta dorsal y anal de algunos peces, como la caballa y el atún.

SIN. *1* **Dioptra.**

pinza (fr. *pince*) ***f.*** Instrumento de diversas formas y materias cuyos extremos se aproximan para sujetar o comprimir alguna cosa. 2 Órgano prensil en forma de pinza con que terminan ciertos apéndices de algunos animales artrópodos. 3 Pliegue de una tela terminada en punta. -4 ***f. pl.*** Instrumento de metal, a manera de tenacillas, que sirve para coger o sujetar cosas menudas. GRAM. Su uso en sing. o en pl. es vacilante en todas las acepciones (excepto la 3).

pinzar ***tr.*** Sujetar con pinza. 2 Plegar con algo muelle, con los dedos, etc., a manera de pinza, una cosa. ◇ ** CONJUG. [4] como ***realizar.***

pinzoleta ***f.*** *Murc.* Pinzón, pájaro.

I) pinzón ***m.*** Ave paseriforme insectívora, de 16 cms. de longitud, cuyos machos tienen el plumaje de color rojo oscuro en la cara, pecho y abdomen, y pardo en el lomo; la hembra es de color pardo *(Fringilla coelebs).* 2 ~ ***real,*** ave paseriforme de pico muy grueso y robusto, que se alimenta principalmente de piñones *(F. montifringilla).*

SIN. *1* **Pinchón.** *2* **Piñonero.**

II) pinzón ***m.*** Guimbalete.

pinzote ***m.*** MAR. Barra o palanca que se encajaba en la cabeza del timón para moverlo. 2 MAR. Hierro acodillado en forma de escarpia.

piña (l. *pinea*) ***f.*** Fructificación propia de las abietáceas, de forma cónica o globulosa, formada por un conjunto de carpelos lignificados, imbricados o soldados, que encierran las semillas: ~ ***de ciprés,*** gálbula del ciprés. 2 Racimo de plátanos. 3 Masa esponjosa de plata, de figura cónica, que queda en los moldes donde se destila en los hornos la pella sacada de los minerales argentíferos. 4 fig. Conjunto de personas o cosas unidas o agregadas estrechamente. 5 fig. Bofetada. 6 Tejido muy fino, que se fabrica en Filipinas. 7 ~ ***de América,*** ~ ***tropical,*** o simplte., ~, ananás. 8 ~ ***de incienso,*** figura de piña que, junto con otras cuatro, se clava en el cirio pascual. 9 MAR. Especie de nudo que se teje con los chicotes descolchados de un cabo. 10 *Can., Argent., Méj.* y *Urug.* Trompada, puñetazo. 11 *Ant.* ~ ***de ratón,*** maya (planta papilonácea). 12 *Ant.* y *Méj.* Pieza central en que se encajan los rayos de la rueda de un carruaje.

SIN. *1* **Cono, estróbilo.** REL. *1* **Pineal** (tecn.), adj., de figura parecida a una ~. *4* **Apiñar(se),** formar ~.

piñacha ***f.*** *Chile.* Cangrejo de agua dulce *(Aeglea laevis).* 2 *Chile.* Mujer chica y gorda.

piñal ***m.*** *Amér.* Plantío de piñas de América.

piñata (it. *pignatta*) ***f.*** Olla (vasija). 2 Vasija llena de dulces, que se cuelga del techo para romperla a palos con los ojos vendados. Es propio del baile de máscaras del primer domingo de cuaresma, llamado baile de piñata. 3 *Extr.* Collalba. 4 *Chile.* Arrebatiña. 5 *Chile.* Abundancia.

piñatería ***f.*** *Venez.* Robo a mano armada.

piñén (arauc. *pigen*) ***m.*** *Chile.* Suciedad del cuerpo.

piñimao ***m.*** *Chile.* Tira de carne delgada y blanca que tiene la res más abajo del lomo.

piñizcar ***tr.*** *Chile.* Pellizcar. ◇ ** CONJUG. [1] como ***sacar.***

piñizco ***m.*** *Chile.* Pellizco.

piño ***m.*** Diente. 2 *Chile.* Porción o hato de ganado.

I) piñón (de *piña*) ***m.*** Semilla del pino, que según las especies tiene tamaños diferentes, y es de forma elipsoidal, con tres aristas obtusas, cubierta leñosa muy dura y almendra blanca, dulce y comestible en el pino piñonero. *2* Almendra comestible de la semilla del pino piñonero. *3* Burro más trasero de la recua, en el cual suele ir montado el arriero. *4* En las armas de fuego, pieza en que estriba la patilla de la llave cuando está para disparar. *5* CETR. Huesecillo último de las alas del ave. *6 Amér.* Arbusto cuyas semillas se emplean como purgante *(Curcas purgans).* *7 Chile.* Hato de animales.

SIN. *4* **Punto.** FR. *Estar uno a partir un* ~ *con otro,* haber unidad de miras y estrecha unión entre ambos.

II) piñón (fr. *pignon* < l. *pinna,* almena) ***m.*** Rueda dentada que engrana con otra de igual o distinto tamaño. 2 Hastial.

III) piñón (l. *penna,* pluma) ***m.*** Pluma pequeña que los halcones tienen debajo de las alas.

piñonata ***f.*** Género de conserva ·echa de almendra raspada y azúcar.

piñonate ***m.*** Pasta dulce de piñones y azúcar. 2 Masa de harina fría cortada en pedacitos rebozados con miel o almíbar. 3 *S. Dom.* Dulce hecho con azúcar, batata y pulpa de coco rallado.

SIN. *1* **Empiñonado.**

piñoncillo ***m.*** Piñón III.

piñonear ***intr.*** Sonar el piñón y la patilla de la llave de las armas de fuego cuando éstas se montan. 2 Castañetear el macho de la perdiz cuando está en celo. 3 fig. Dar muestras el joven de que ha pasado ya de la niñez o mocedad; p. ext., se dice en tono burlesco de los hombres ya muy maduros que galantean a las mujeres.

piñoneo *m.* Acción de piñonear. 2 Efecto de piñonear.

piñonero *adj.* V. pino piñonero. -2 *m.* Pinzón real.

piñuela (dim. de *piña*) *f.* Tela o estofa de seda. 2 Nuez o fruto del ciprés. 3 *Amér.* Planta bromeliácea, con hojas flexibles, fibrosas, largas como espadas, y frutos comestibles *(Bromelia pinguin).*

SIN. *3* **Maya** (Cuba y P. Rico); **motate** (Hond.); **muta** (Guat.); **timbiriche** (Méj.).

piñuelo (de *piña*) *m.* Erraj.

piñufla *adj. Chile.* Despreciable.

piñufle *adj. Argent.* Mezquino.

piñusco *m. Argent.* Conjunto apiñado.

I) pío (de *piar*) *m.* Voz del pollo. 2 fam. Deseo vehemente de una cosa.

II) pío, -a (l. *piu*) *adj.* Devoto, piadoso. 2 Benigno, misericordioso, compasivo.

III) pío, -a (fr. *pie* < l. *pica,* urraca) *adj.* [animal] Que tiene el pelo blanco con manchas de otro color, esp. las caballerías.

pio-, pi- (gr. *pyon,* pus) Elemento prefijal que entra en la formación de palabras con el significado de pus: *piógeno, pioftalmía.*

I) piocha (it. *pioggia* < l. *pluvia,* lluvia) *f.* Joya que usan las mujeres para adorno de la cabeza. 2 Flor de mano, hecha de plumas delicadas de aves.

II) piocha (fr. *pioche*) *f.* Herramienta con una boca cortante, a manera de pico, para desprender los revoques de las paredes y para escafilar los ladrillos. 2 *Méj.* Zapapico, herramienta.

III) piocha (mej. *piochtli,* cabellos del cogote) *f. Méj.* Barba puntiaguda, perilla. 2 *Méj.* Buen mozo; hablando de cosas, excelente.

piocolo *m. Colomb.* Juego infantil parecido al peuco.

pioftalmía (*pi-* + *oftalmía*) *f.* PAT. Oftalmía purulenta.

piogenia (*pio-* + *-genia*) *f.* MED. Formación del pus.

piogénico, -ca *adj.* Piógeno.

piógeno, -na (*pio-* + *-geno*) *adj.* MED. Que produce pus.

piojar *m.* vulg. Pegujar.

piojento, -ta *adj.* Relativo a los piojos. 2 Que tiene piojos.

piojera *f.* Abundancia de piojos y lugar donde abundan. 2 ***Hierba*** **~**, estafisagria.

piojería *f.* Abundancia de piojos. 2 fig. Miseria, escasez, menudencia.

piojero *m. Amér.* Piojería.

piojillo *m.* Dim. de *piojo.* 2 Parásito diminuto, principalmente asociado con las aves, dotado de mandíbulas para rascar la piel y masticar plumas *(gén. Menopon; Columbicola).*

FR. Fig. *Matar uno el* ~, ir sacando adelante su negocio, mañosa y disimuladamente.

piojito *m. Argent.* Pájaro trepador *(Sercophaga nigricans).*

piojo (l. v. *peduculu;* por l. *pediculu,* der. de *pedis*) *m.* Nombre de varios insectos anopluros que viven parásitos sobre el hombre y los demás mamíferos, de cuya sangre se alimentan *(gén. Pediculus):* **~ *de los libros,*** nombre vulgar de varias especies de insectos psocópteros, de pequeño tamaño que viven entre materiales secos como los libros poco usados, alimentándose de los hongos que existen sobre el papel. 2 Piojillo (de las aves). 3 **~ *de mar,*** crustáceo malacostráceo isópodo, de tres a cuatro centímetros de largo, que vive parásito de los cetáceos *(Cyamus mysticeti).* 4 **~ *pegadizo,*** persona inoportuna y molesta que no puede uno apartar de sí. 5 fig. **~ *resucitado,*** persona de humilde origen, que logra elevarse por malos medios. 6 *Colomb.* Garito, casa de juego. 7 *Colomb.* Tiña del ganado caballar.

SIN. *1* **Cáncano; miseria,** eufemismo con que es frecuente designarlo en el habla popular. REL. *1* **Pedicular** (tecn.), **piojento,** relativo al piojo; **liendre,** huevecillo del piojo.

piojolisto *m. La Mancha.* Hombre pequeño y diligente.

piojoso, -sa *adj.-s.* Que tiene muchos piojos. 2 fig. Miserable, mezquino.

piojuelo *m.* Dim. de *piojo.* 2 Pulgón.

I) piola (de *pihuela*) *f.* MAR. Cabito formado de dos o tres filásticas. 2 *Murc.* Cuerda de enfardar.

II) piola (arauc. *piulu,* el hilo delgado) *f. Amér.* Cordel o hilo corto y delgado.

piolar *intr.* Pipiar los pollos o los pajaritos.

piolet *m.* Bastón de montañero. ◇ Se pronuncia *piolé.*

piolín *m. Amér.* Cordel delgado de cáñamo, algodón u otra fibra.

pión, -ona *adj.* Que pía mucho o con exceso. -2 *m.* Pez marino teleósteo perciforme, de cuerpo largo y delgado, y con una característica mancha negra en el hocico *(Hyperoplus lanceolatus; Ammodytes l.).*

pionco, -ca *adj. Chile.* Desnudo, esp. de medio cuerpo abajo.

pionero, -ra (del fr. *pionnier* < l. *pedo, -onis,* peón) *m. f.* Precursor, adalid, adelantado. 2 BIOL. Grupo de organismos animales o vegetales que inicia la colonización de un nuevo territorio.

pionía *f. Venez.* Peonía (planta leguminosa).

piononо (fr. *pied de nonne*) *m.* Bizcocho enrollado relleno de crema y cubierto de azúcar.

piopollo *m. And.* Instrumento músico semejante al birimbao.

piornal *m.* Piorneda.

piorneda *f.* Terreno poblado de piornos.

piorno (et. dud; quizá del l. *viburnu*) *m.* Retama negra o de escobas. 2 **~ *macho*** u ***oloroso,*** retama común. 3 Codeso.

piorrea (*pio-* + *-rrea*) *f.* MED. Flujo de pus.

I) pipa (originariamente caramillo, del l. *pipare,* piar) *f.* Lengüeta de las chirimías, por donde se echa el aire. 2 Pipiritaña. 3 Utensilio de distintos tamaños y materias para fumar tabaco picado; consiste en un cañón terminado en un recipiente en que se coloca el tabaco, encendido el cual se aspira el humo por una boquilla del extremo opuesto. 4 Tonel o candiota para transportar o guardar líquidos. 5 Espoleta (aparato). 6 Seta casi circular con surcos concéntricos que crece sobre troncos muertos *(Ganoderma lucidum).* 7 *And.* Espita. 8 *Amér.* vulg. Barriga, panza. 9 *C. Rica* y *Pan.* Fruto del coco verde y tierno. 10 *C. Rica.* fig. y fam. Cabeza.

SIN. *3* **Cachimba.**

II) pipa *f.* Pepita (semilla).

III) pipa *m.* Batracio anuro, sudamericano, que por su cuerpo rechoncho y feo parece más bien un sapo. Las hembras ponen los huevos y los colocan ordenadamente sobre la piel del dorso, quedando cada uno alojado en una depresión o alvéolo; cuando nacen los pequeños, rompen la cápsula y saltan de la espalda de la madre *(Pipa americana).*

pipar *intr.* Fumar en pipa.

pipe *m. C. Rica.* Nicaragüense. 2 *Hond.* fam. Hermano.

pipe-line (voz inglesa) *m.* Oleoducto.

piperáceo, -a (l. *piper,* pimiento) *adj.-f.* Planta de la familia de las piperáceas. -2 *f. pl.* Familia de plantas dicotiledóneas, tropicales, de hojas gruesas, flores sin corola, hermafroditas o unisexuales, dispuestas en espigas densas y fruto en baya; como el pimentero.

piperada *f.* Guiso hecho a base de pimientos, huevos y jamón.

piperal *adj.-f.* Planta del orden de las piperales. -2 *f. pl.* Orden de plantas dicotiledóneas tropicales de hojas simples y flores pequeñas, agrupadas en espigas y sin perianto; a este orden pertenece la familia de las piperáceas.

pipería *f.* Conjunto o provisión de pipas. 2 MAR. Conjunto de pipas en que se lleva la aguada y otros géneros.

SIN. *2* **Botamen, botería.**

piperina *f.* Alcaloide obtenido de la pimienta.

pipermín (ing. *peppermint*) *m.* ANGLIC. Licor de menta o, simplemente, menta.

pipeta (dim. de *pipa*) *f.* Tubo de cristal graduado, que sirve para transvasar pequeñas porciones de líquido. 2 Tubo de varias formas, cuyo orificio superior se tapa a fin de que la presión atmosférica impida la salida del líquido.

pipi *m.* vulg. Soldado de infantería. 2 fam. Tonto, bobo. 3 fam. Piojo, insecto hemíptero parásito de los mamíferos.

I) pipí *m.* Pitpit. ◇ Pl.: *pipíes.*

II) pipí *m.* En el habla infantil, orina: ***hacer*** **~**, orinar.

pipián *m.* Guiso americano de carne con almendra machacada o maní. 2 *Cuba.* Gandinga (guisado). 3 *Chile.* Caldo de orujo mezclado con agua y azúcar. 4 *Guat.* y *Méj.* Guisado a base de pepitas de calabaza, manteca y especias. 5 *Salv.* Planta trepadora *(Cucurbita pepo).*

SIN. *1* **Pepián.**

pipiana *f. P. Rico.* Guisado de papaya picada con leche de coco y especias.

pipiar (l. *-are*) *intr.* Dar voces las aves cuando son pequeñas. ◇ ** CONJUG. [13] como ***desviar.***

pipiciego, -ga *adj. Colomb.* Cegato.

pipil (del nahua *pipil,* niño) *m.* Individuo de las tribus precolombinas de Centroamérica emparentadas con los aztecas, habitantes del trifinio de Guatemala, El Salvador y Honduras. 2 Lengua de estas tribus. 3 *Amér. Central.* burl. Mejicano.

pípila *f. Méj.* Pava.

pipiliciego, -ga *adj. C. Rica, Hond.* y *Méj.* Cegato.

pípilo *m. Méj.* Pavipollo.
pipilol *m. Méj.* Hojuela de harina con azúcar que comen los niños de corta edad.
pipiola *f. Méj.* Especie de abeja muy pequeña.
pipiolera *f. Méj.* Chiquillería.
pipiolo (l. *pipio,* pichón, polluelo) *m.* fam. Niño, chiquillo. 2 fam. Hombre novato o inexperto. 3 *Argent.* y *Venez.* Bobo, mentecato. 4 *Chile.* fam. Liberal. 5 *Ecuad.* Persona de baja estatura. -6 *m. pl. Amér. Central.* Dinero.
pipiriciego, -ga *adj. Amér. Central.* Cegato.
pipirigallo (de *perigallo,* entendido como cresta de gallo, con influjo de la onomat. *quiquiriquí*) *m.* Planta leguminosa herbácea, pratense, de hojas compuestas de un número impar de hojuelas elípticas; flores encarnadas, olorosas, cuyo conjunto semeja la cresta y carúnculas del gallo, y legumbre con una sola semilla; una de sus variedades se cultiva en los jardines *(Onobrichys sativus).* 2 *Colomb.* Pizpirigaña.
SIN. **Esparceta.**
pipirigaña *f.* Pizpirigaña.
pipirigua *f. Chile.* Pizpereta.
pipirijaina *f.* fam. Compañía de cómicos de la legua.
pipiripao *m.* fam. Convite espléndido y magnífico.
pipiritaje *m. La Mancha* y *Murc.* fam. Desmayo, ataque nervioso.
pipiritaña (der. de *pipa*) *f.* Flautilla que suelen hacer los muchachos con las cañas del alcacer.
SIN. **Pipa, zampoña.**
pipiritos *m. pl. Colomb.* Confites, anises.
pipirrana *f.* Ensalada confeccionada a base de tomate, cebolla, huevo cocido y algún pescado de carne prieta.
pipisgallo *m. Cuba* y *Chile.* Pizpirigaña.
pipistrelo *m.* Murciélago de pequeño tamaño y pelaje pardo muy oscuro, con las orejas y las alas negras. Vive en las ciudades *(Pipistrellus pipistrellus).*
pipita *f. And.* Pajarita de las nieves, aguzanieves.
pipitaña *f.* Flautilla de alcacer, pipiritaña.
pipo (gr. *pipos*) *m.* Ave trepadora, de plumaje negro manchado de blanco; anida en los árboles y se alimenta de insectos *(Dryobates minor).* 2 *And.* Botijo. 3 *Extr.* Grano o semilla de ciertas legumbres. 4 *Colomb.* Porrazo, golpe. 5 *Colomb.* Aguardiente de ínfima calidad. -6 *adj. Ecuad.* Barrigudo. 7 *P. Rico* y *Venez.* Repleto, harto.
pipón, -pona *adj. Amér.* Lleno, harto. 2 *Amér.* Barrigón. -3 *adj. f. Argent.* Pipa grande. -4 *m. f.* Chiquillo de corta edad. -5 *m. Ecuad.* Empleado supuesto que figura en el presupuesto nacional. 6 *Argent.* Barril de vino de 250 a 600 litros.
piponcho, -cha *adj. Colomb.* Lleno, harto.
piporro (aum. desp. de *pipa* I) *m.* MÚS. fam. Bajón. 2 *And.* Botijo.
pipote *m.* Pipa pequeña para encerrar y transportar licores, pescados, etc. 2 *And.* Botijo. -3 *adj. La Mancha.* fig. *y* fam. Ligeramente ebrio.
pipra *f. Argent.* Ave de bellos colores *(Pipra longicauda).*
pipudo, -da *adj.* fam. Magnífico, formidable.
I) pique (de *picar*) *m.* Resentimiento o disgusto ocasionado de una disputa u otra cosa semejante. 2 Empeño en hacer una cosa por amor propio o por rivalidad. 3 Nigua. 4 Acción de picar poniendo señales en un libro, etc. 5 Efecto de picar poniendo señales en un libro, etc. 6 *A ~,* cerca, a riesgo, en contingencia. 7 MAR. Costa cuya orilla está cortada a plomo. 8 ***Echar a ~,*** hacer que un buque se sumerja en el mar; fig., destruir y acabar una cosa: *echar a ~ el matrimonio;* ***irse a ~,*** hundirse en el agua una embarcación u otra cosa flotante. 9 *Amér.* Ají. 10 *Argent.* Picada en un bosque. 11 *Chile* y *Hond.* Labor que se hace en un cerro para explorar o explotar minas.
II) pique (de *pica*) *m.* Varenga en forma de horquilla, que se coloca a la parte de proa.
piqué (fr. *picado*) *m.* Tela de algodón que forma grano u otro género de labrado en relieve. ◇ Pl.: *piqués.*
piquear *intr. Guat.* Hablar, chismear. 2 *Guat.* Besar.
piquel *m. Murc.* Tala III.
piquento, -ta *adj. Argent.* Que tiene pulgas.
piquera (de *pico*) *f.* Agujero hecho en las colmenas para el paso de las abejas. 2 Agujero en uno de los dos frentes de los toneles y alambiques, por el que sale el líquido. 3 Agujero en la parte inferior de los altos hornos para dar salida al metal fundido. 4 Mechero (canutillo). 5 Herida (rotura). 6 *La Mancha.* Ventana grande en la pared del pajar que da al campo, para entrar por ella la paja que se descarga de los carros. 7 *Chile.* Tinaja empotrada en la tierra para recoger el líquido que sale de los lagares portátiles. 8 *Cuba.* Larga parada de los automóviles de alquiler en La Habana. 9 *Méj.* Taberna de ínfima categoría.
piquería *f.* Tropa de piqueros.
piquero *m.* Soldado que servía con la pica. 2 *Chile, Ecuad.* y *Perú.* Palmípeda de pico recto y puntiagudo; anda en grandes bandadas y se alimenta de peces. De ella procede en gran parte el guano de las islas de Chincha *(gén. Sula).* 3 *Ecuad.* Minero que emplea la piqueta para arrancar el mineral. 4 *Ecuad.* Vendedor de cereales en pequeña cantidad. -5 *adj. Colomb.* [gallo de pelea] Que sabe usar el pico en el combate.
I) piqueta (dim. de *pico*) *f.* Zapapico. 2 Herramienta de albañilería con mango de madera y dos bocas opuestas, una plana como un martillo y la otra aguzada semejante a la punta de un pico. 3 Estaca cilíndrica o rectangular que lleva una punta de hierro en su extremo inferior, para facilitar su hinca. 4 Oficial auxiliar en trabajos de realización y aplome de minas, pozos y zanjas.
II) piqueta (fr. *piquette*) *f. Chile.* Aguapié, vino muy bajo.
piquetazo *m. Amér.* Pinchazo, picotazo.
piquete (de *pica*) *m.* Golpe o herida de poca importancia hecha con instrumento agudo o punzante. 2 Agujero pequeño. 3 Jalón pequeño. 4 Pequeño grupo de soldados, empleado en servicios extraordinarios. 5 Grupo de personas que con fines políticos se sitúan ante un edificio para impedir la entrada al mismo en señal de protesta. Ha sido tomado del ing., y es esp. usual en Amér. 6 desp. Elenco de una compañía teatral cuando está formado por intérpretes de calidad mediocre. 7 *Extr.* Cencerro de buey. 8 *Colomb.* Merienda campestre. 9 *Cuba.* Orquesta de muy reducido número de músicos.
piquetear *tr. Amér.* Formar piquetes o grupos con fines políticos [ante un edificio].
piquetero, -ra *m. f.* Persona que lleva de una parte a otra las piquetas a los mineros. -2 *adj. P. Rico* y *S. Dom.* Jactancioso, vanidoso.
piquetilla *f.* Piqueta pequeña de remate ancho y afilado, usada para hacer pequeños agujeros en paredes delgadas.
piquichento, -ta *adj. Perú.* Cojo.
piquichón, -chona *adj. Perú.* Cojo.
piquichonear *intr. Perú.* Andar casi cojeando.
piquijuye (de *pica + huye*) *m. P. Rico* y *Venez.* Insecto, especie de hormiga, de picadura dolorosa *(Anisolabis ambigua).*
SIN. **Pica y huye.**
piquilín *m.* Piquillín.
piquillí *m. Chile.* Chicha de algarroba.
piquillín *m. Argent.* y *Bol.* Arbusto rámneo, maderable, que da una frutilla con la cual se hace arrope *(Condalia lineata).*
piquín *m. Chile.* Pizca. 2 *Perú.* Novio, el que corteja a una joven.
piquiña *f. Colomb., P. Rico* y *S. Dom.* Picor, picazón. 2 *P. Rico.* Envidia, ojeriza.
piquiñoso, -sa *adj. P. Rico.* Enconoso, envidioso.
piquituerto (de *pico + tuerto*) *m.* Ave paseriforme de pico corto, encorvado por la parte superior, con el cual saca los piñones de las piñas y los parte *(Loxia curvirostra hispana).*
pir-, v. piro-.
I) pira (l. *pyra* < gr. *pyra,* hoguera) *f.* Hoguera en que antig. se quemaban los cuerpos de los difuntos y las víctimas de los sacrificios. 2 fig. Hoguera.
SIN. **Rogo,** poét.
II) pira *f.* vulg. ***Salir de ~,*** pirar o pirárselas.
pirado, -da *adj.* fam. Loco, chiflado.
piragón *m.* Pirausta.
piragua (voz caribe) *f.* Embarcación larga y estrecha, mayor que la canoa, hecha gralte. de una pieza o con bordas de tabla o cañas; la usan los indios de América y Oceanía. 2 *P. Rico.* Especie de artesa para lavar la ropa. 3 *P. Rico.* Hielo machacado con jarabe. 4 *Venez.* Planta trepadora de hojas grandes *(gén. Colocasia).*
piragüero *m.* El que gobierna la piragua.
piragüista *com.* Conductor de una piragua. Ús. esp. como término deportivo.
piragüismo *m.* Deporte olímpico consistente en navegar con kayaks, canoas o piraguas, tripulados por una o varias personas, por aguas mansas o bravas.
piral (gr. *pyrale*) *m.* Pirausta.
piramidal *adj.* De figura de pirámide. -2 *adj.-m.* ANAT. ***Músculo ~,*** nombre que se da a tres músculos pares del organismo:

el del abdomen, pequeño fascículo situado en la parte anterior y baja del recto abdominal, en relación directa con el pubis; el de la pelvis, pequeño y profundo, en la región glútea, que va del sacro al trocánter mayor del fémur y es rotador y abductor del fémur; el de la nariz, situado en el dorso de la nariz, en el entrecejo y por debajo del frontal. 3 Hueso colocado en el tercer lugar de la primera fila del carpo.

piramidalmente *adv. m.* En forma o figura de pirámide.

pirámide (l. *pyramis, -idis,* del gr. *pyramís* < *pyr,* fuego) *f.* Sólido que tiene por base un polígono cualquiera, siendo las demás caras triángulos que se juntan en un vértice común: ~ ***regular,*** la que tiene por base un polígono regular, siendo las demás caras triángulos isósceles iguales; ~ ***cuadrangular, pentagonal,*** etc., aquella cuya base es un cuadrilátero, un pentágono, etc.; ~ ***óptica,*** la que forman los rayos ópticos principales, que tienen por base el objeto y por vértice el punto impresionado en la retina; ~ ***de edades,*** diagrama que representa la distribución proporcional de los grupos de edades de una población según su sexo, por medio de escalones rectangulares y perpendiculares a un eje; su conjunto sugiere muchas veces la forma de una ~; ~ ***truncada,*** GEOM., parte de pirámide comprendida entre la base y el otro plano que corta la superficie piramidal. 2 ARQ. Edificio en forma de pirámide, esp. regular: *las pirámides de Gizeh.*

pirana *f. Amér.* Piraña.

piranchico (voz chibcha) *m. Colomb.* Espíritu de las tinieblas.

pirandelliano, -na *adj.* Relativo al escritor italiano Pirandello (1867-1936).

pirandón, -dona *m. f.* Persona aficionada a ir de parranda o fiesta.

pirante (de *pira* II) *m.* Golfante, sinvergüenza, bribón. Ú. m. en la frase *ser* uno *un pirante.*

piraña *f.* Pez teleósteo cipriniforme de agua dulce, que vive en las zonas tropicales de Sudamérica. Es ancho, chato y muy voraz *(Sercasalmo piraya).*

pirar *intr.-prnl.* vulg. Largarse, irse. Se usa pralte. en la expr. *pirárselas.*

pirargirita *f.* Mineral sulfuro cuyos cristales son de gran belleza; es una importante mena de la plata.

pirata (l. *pirata,* del gr. *peirates,* bandido) *adj.* Pirático. 2 Clandestino, fraudulento, ilegal: *edición ~; emisora ~.* -3 *m.* Ladrón que recorre los mares para robar: ~ ***del aire,*** persona que, utilizando cualquier tipo de amenazas, obliga a la tripulación de un avión a modificar su ruta. 4 fig. Sujeto cruel que no se compadece de los trabajos de otro. 5 fig. Persona que se apropia del trabajo de los demás; especialmente el que copia o plagia obras literarias ajenas.

SIN. *3* **Corsario.**

piratear *intr.* Apresar o robar embarcaciones, esp. cuando navegan. 2 fig. Robar, hurtar. 3 fig. Copiar o plagiar.

piratería *f.* Ejercicio de pirata. 2 Robo o presa del pirata. 3 fig. Robo o destrucción de los bienes de otro.

pirático, -ca *adj.* Relativo al pirata o a la piratería.

piratona *f. Bol.* Pillada, jugarreta.

pirausta (l. *pyrausta* < gr. *pyr,* fuego + *auo,* arder) *f.* Mariposilla que los ant. suponían vivía en el fuego, muriendo si se apartaba de él.

SIN. **Piragón, piral.**

piraya *f. Amér.* Piraña.

pirca (quechua) *f. Amér. Merid.* Pared de piedra en seco.

pircar *tr. Amér. Merid.* Cerrar con pared de pirca [un terreno, huerto, etc.]. ◇ ** CONJUG. [1] como ***sacar.***

pirco (arauc.) *m. Chile.* Guisado nacional de fríjoles tiernos; de choclo o maíz tierno y de zapallo.

pircún (arauc.) *m. Chile.* Arbustillo fitofiláceo muy conocido por su raíz en forma de nabo grueso, que es en extremo purgante y emética *(Anisomeria drastica).*

pire *m. Cuba.* Ofrecimiento falso.

pirén *m. Chile.* Masa de huevecillos de pescado.

pirenaico, -ca (l. *pyrenaicu*) *adj.* Relativo a los montes Pirineos. ◇ También *pirineo, -a.*

pireneíta *f.* Granate negro que se encuentra en los Pirineos.

pirético, -ca (gr. *pyretikos*) *adj.* MED. Febril.

pireto- (gr. *piretós,* fiebre) Elemento prefijal que entra en la formación de palabras con el significado de fiebre. ◇ V. -pirexia, -piria.

piretógeno, -na (*pireto-* + *-geno*) *adj.-s.* MED. Pirógeno, que produce fiebre.

piretología (*pireto-* + *-logía*) *f.* Parte de la patología que trata de las fiebres denominadas esenciales.

piretoterapia (*pireto-* + *-terapia*) *f.* Tratamiento de los estados patológicos, que consiste en aumentar la temperatura del paciente.

pírex (nombre comercial) *m.* Cristal poco fusible y muy resistente al calor.

pirexia (gr. *pyr,* fuego + *exis,* estado) *f.* MED. Estado febril.

-pirexia (de *pirexia*) Elemento sufijal que entra en la formación de palabras con el significado de pirexia: *apirexia.* ◇ V. pireto-, -piria.

pírgano *m. Can.* Tallo o nervio central de la hoja de la palmera.

pirgua (voz quechua) *f. Amér.* Troje.

pirgüin (arauc.) *m. Chile.* Especie de sanguijuela que vive en los remansos de los ríos y aguas dulces estancadas y penetra en el hígado e intestinos del ganado, al cual suele causar la muerte *(Fasciola hepatica).* 2 Enfermedad producida por este parásito. ◇ También *pirhuín.*

pirheliómetro (*pir-* + *heliómetro*) *m.* Aparato que se emplea para medir la radiación solar.

pirí *m. Argent.* Toldo. 2 *Argent.* Junco para esteras.

-piria (v. *piro-*) Elemento sufijal que entra en la formación de palabras con el significado de relacionado con la fiebre o el calor animal. ◇ V. -pirexia, piro-.

pírico, -ca *adj.* Relativo al fuego, y esp. a los fuegos artificiales.

piridina *f.* QUÍM. Base orgánica que se halla en el alquitrán y el aceite de huesos.

piriforme (l. *piru,* pera + *-forme*) *adj.* Que tiene figura de pera.

pirigallo *m. Cuba.* Cresta o penacho. 2 *Cuba.* Soporte en que se coloca la estrella en la espuela.

piriguala *f. Chile.* Mueca, gesticulación.

pirigullán *m. Ecuad.* Especie de granadilla.

pirincho (guaraní *piririta*) *m. Argent., Parag.* y *Urug.* Ave parecida a la urraca, trepadora, de plumaje ceniciento. Tiene las plumas del cuello y cabeza erguidas *(gén. Crotophaga; Guira).*

pirindola *f.* Perinola.

pirineo, -a *adj.* Pirenaico.

piringundín *m. Argent.* Baile popular de mala muerte.

piripi *adj.* fam. Algo ebrio, achispado.

pirita (gr. *pyrites* < *pyr,* fuego) *f.* Sulfuro de hierro, mineral brillante, de color amarillo de oro, empleado pralte. en la fabricación del ácido sulfúrico (también ~*de hierro* o *marcial*). 2 Mineral de brillo metálico en cuya composición entra el azufre y el hierro: ~ ***arsenical,*** la compuesta de azufre, hierro y arsénico; ~ ***cobriza*** o ***de cobre,*** la compuesta de azufre, hierro y cobre; ~ ***magnética,*** la compuesta de protosulfuro y bisulfuro de hierro, que tiene propiedades magnéticas.

SIN. **Piedra inga, marcasita, margajita, marquesita.**

piritoso, -sa *adj.* Que contiene pirita.

pirla (onomat. *pirl,* del giro) *f.* Perinola, clase de peonza pequeña.

pirlitero (port. *pirliteiro*) *m.* Majuelo (arbusto).

piro *m. Guat.* Residuos de la destilación del aguardiente, los cuales dan muy mal olor.

piro-, pir-, -piro (gr. *pyr, pyrós,* fuego) Elemento prefijal y sufijal que entra en la formación de palabras con el significado de fuego, calor o fiebre.

pirobolista (gr. *pyrobolos,* que lanza fuego) *m.* Ingeniero que construye esp. minas militares.

piroelectricidad (*piro-* + *electricidad*) *f.* FÍS. Carga eléctrica que aparece en un cristal cuando se varía convenientemente su temperatura.

pirofilacio (*piro-* + gr. *phylax,* guardia) *m.* Caverna dilatada, llena de fuego, que se supuso existía en lo interior de la Tierra.

pirofilita *f.* Mineral transparente o translúcido, de brillo nacarado o graso, a veces utilizado como talco, aunque menos apreciado.

pirofórico *adj.* V. hierro pirofórico.

piróforo (gr. *pyrophoros* < *piro-* + *-foro*) *m.* Cuerpo que se inflama al contacto del aire.

pirofosfato (*piro-* + *fosfato*) *m.* QUÍM. Sal del ácido pirofosfórico.

pirofosfórico (*piro-* + *fosfórico*) *adj.* QUÍM. ***Ácido*** ~, el que se obtiene al calentar el ácido fosfórico.

pirogálico, -ca (*piro-* + *gálico*) *adj.* Relativo al pirogalol.

pirogalol *m.* QUÍM. Fenol obtenido mediante la destilación en seco del ácido gálico. Se emplea esp. como revelador fotográfico.

pirogénico, -ca *adj.* Que resulta de la aplicación de una temperatura elevada.

pirógeno (*piro-* + *-geno*) *adj.* [terreno] Volcánico. -2 *adj.-s.* MED. Piretógeno.
pirognóstico (*piro-* + gr. *gnosis,* conocimiento) *adj.* QUÍM. Relativo a la investigación por medio del fuego.
pirograbado (*piro-* + *grabado*) *m.* Dibujo o talla en madera, que se hace mediante un instrumento incandescente.
pirograbar *tr.* Adornar [la madera] con pirograbado.
pirógrafo (*piro-* + *-grafo*) *m.* Aparato eléctrico que se usa para pirograbar.
piroláceo, -a *adj.-f.* Planta de la familia de las piroláceas. -2 *f. pl.* Familia de plantas dicotiledóneas reptantes, perennes, con tallos subterráneos o saprófitos y hojas incoloras reducidas a escamas.
piroleñoso, -sa *adj.* QUÍM. *Ácido* ~, el que se extrae de la madera, mediante destilación.
pirolisis (*piro-* + *-lisis*) *f.* Descomposición química que se obtiene por acción del calor. ◇ Pl.: *pirolisis.*
pirología (*piro-* + *-logía*) *f.* Ciencia dedicada al estudio del fuego y de sus aplicaciones.
pirolusita (*piro-* + gr. *lysis,* descomposición) *f.* Manganesa.
piromancia, -mancía (*piro-* + *-mancia*) *f.* Adivinación supersticiosa por el color, chasquido y disposición de la llama.
piromanía (*piro-* + *-manía*) *f.* Tendencia patológica a la provocación de incendios.
pirómano, -na (*piro-* + *-mano*) *adj.-s.* Que tiene la manía de incendiar.
piromántico, -ca *adj.* Relativo a la piromancia. -2 *m. f.* Persona que la profesa.
pirómetro (*piro-* + *-metro*) *m.* Instrumento para medir temperaturas muy elevadas.
pirón (port. *pirão*) *m. Amér.* Pasta de cazabe y caldo, que se suele comer con el puchero a guisa de pan.
piropear *tr.* Decir piropos.
SIN. **Requebrar, echar** o **decir flores, florear.**
piropisita *f.* Carbón residual de color pardo y brillo graso.
piropo (l. *pyropus,* del gr. *pyropos,* parecido al fuego) *m.* Variedad de granate, de color rojo de fuego, muy apreciada como piedra fina. 2 Carbúnculo. 3 Lisonja, requiebro.
piróscafo (*piro-* + gr. *skaphe,* barco) *m.* Buque de vapor.
piroscopio (*piro-* + *-scopio*) *m.* Termómetro diferencial, con una de sus bolas plateada, que se emplea en el estudio de los fenómenos de reflexión y de radiación del calor.
pirosfera (*piro-* + *esfera*) *f.* Masa candente que, según se suponía, ocupaba el centro de la Tierra.
pirosis (gr. *pirosis*) *f.* Sensación de quemadura, que sube desde el estómago hasta la faringe, producida por la regurgitación de líquido estomacal cargado de ácido. ◇ Pl.: *pirosis.*
SIN. **Rescoldera,** en el habla corriente. **Pirosis** es tecnicismo médico.
piroso, -sa *adj. Guat.* Que despide olor a piro o aguardiente.
pirostato (*piro-* + *-stato*) *m.* Dispositivo de seguridad, consistente en un termostato, que en caso de aumento anormal de la temperatura en un lugar, corta la alimentación de combustible e interrumpe el funcionamiento de las instalaciones por él protegidas.
pirotecnia (*piro-* + *-tecnia*) *f.* Arte que trata de toda clase de invenciones de fuego en máquinas militares y en otros artificios para diversión y festejo.
pirotécnico, -ca *adj.* Relativo a la pirotecnia. -2 *m. f.* Persona que la conoce y practica.
SIN. *2* **Cohetero,** término popular; **artificiero,** en la pirotecnia militar; **polvorista.**
piroxena (*piro-* + gr. *xenós,* huesped) *f.* Mineral de color blanco, verde o negruzco, brillo vítreo y fractura concoidea, que forma parte integrante de diversas rocas y es un silicato de hierro cal y magnesia.
piroxilina (*piro-* + gr. *xylina; lina,* hilo de algodón) *f.* Pólvora de algodón.
piróxilo (*piro-* + gr. *xylon,* madera) *m.* Producto de la acción del ácido nítrico sobre una materia celulósica, como madera o algodón.
pirquén (arauc.) *m. Chile.* ***Dar*** o ***trabajar al*** ~, trabajar en una mina sin condiciones ni sistema determinados, sino en la forma que el operario quiera, pagando lo convenido al dueño de la mina.
pirquín *m. Bol.* Contratista de caminos o de trabajos de zapa de minas.
pirquinear *intr. Chile.* Trabajar al pirquén.
pirquinero, -ra *adj.-s. Chile.* El que trabaja al pirquén. 2 *Chile.* Persona mezquina o ruin. 3 *Chile.* En el trabajo intelectual, el que va repitiendo lo que otros han expresado.
pirrarse (probl. es voz descriptiva) *prnl.* fam. Desear vehementemente una cosa. Úsase sólo con la preposición *por.*
I) pírrico, -ca (gr. *pyrriche*) *adj.-f.* Danza marcial de la ant. Grecia.
II) pírrico, -ca (de *Pirro,* 318-272 a. C.) *adj.* [triunfo o victoria] Que sale muy cara, por alusión a la que Pirro, rey de Epiro, obtuvo contra los romanos.
pirringo, -ga *adj. Colomb.* Pequeñuelo.
pirriquio (gr. *pyrrichios*) *m.* Pie de la versificación clásica formado por sílabas breves: ⏑ ⏑.
SIN. **Pariambo, periambo.**
pirrófitos *m. pl.* División de vegetales (algas) unicelulares, generalmente flagelados y marinos, o de agua dulce.
pirrol *m.* Substancia que se extrae del alquitrán de hulla.
pirroniano, -na *adj.-s.* Pirrónico.
pirrónico, -ca (de *Pirrón,* 365-¿275?, filósofo griego) *adj.-s.* [pers.] Escéptico.
pirronismo *m.* Escepticismo.
pirrotina *f.* Sulfuro de hierro que suele presentar magnetismo. Se halla en las rocas eruptivas y pizarras cristalinas.
pirú *m. Méj.* Turbinto.
pirua *f. Argent.* y *Bol.* Troje.
pirueta (fr. *pirouette*) *f.* Cabriola (brinco y voltereta). 2 Vuelta rápida que se hace dar al caballo, obligándole a alzarse de manos y a girar apoyado sobre los pies.
piruétano *m.* Peruétano.
piruetear *intr.* Hacer piruetas.
pirujo, -ja *adj.* Libre y desenvuelto. 2 *Amér. Central.* Escéptico, descreído. 3 *Hond.* Falso, con relación a la moneda de cuño legítimo.
piruleta *f.* Pirulí, caramelo. 2 *Extr.* Corcova de los animales.
pirulí *m.* Caramelo, gralte. de forma cónica, con un palillo que sirve de mango. 2 *Cuba* y *P. Rico.* Bombón acaramelado. ◇ Pl.: *pirulíes.*
pirulo *m.* Botijo.
piruro (quechua) *m. Perú.* Peso que obliga a girar la rueda de las mujeres hilanderas.
pis *m.* fam. Orina. ◇ Pl.: *pises.*
pisa *f.* Acción de pisar. 2 Porción de uva o aceituna que se estruja de una vez. 3 fam. Zurra de patadas o coces que se da a uno. 4 *Colomb.* Baile popular con canto.
pisada *f.* Acción de pisar. 2 Efecto de pisar. 3 Huella que deja el pie en la tierra. 4 Patada (golpe).
SIN. *3* v. **Huella.**
pisadera *f. Perú.* Alfombra.
pisador, -ra *adj.* Que pisa. 2 [caballo] Que pisa con violencia y estrépito. -3 *m. f.* Persona que pisa la uva. 4 *Colomb.* Ronzal, cabestro.
SIN. *3* **Pisaúvas.**
pisadura *f.* Pisada.
pisana (de *Pisa*) *f.* Tejido corriente de algodón, tupido, de colores muy sólidos.
pisano, -na *adj.-s.* De Pisa, c. de Italia.
pisapapeles (de *pisar* + *papel*) *m.* Utensilio que se pone sobre los papeles para sujetarlos con su peso. ◇ Pl.: *pisapapeles.*
pisar (l. v. *pinsare,* var. del l. *pinsere,* majar) *tr.* Poner el pie sobre [alguna cosa]: ~ *una alfombra, la tierra,* etc. 2 Apretar o estrujar [una cosa] con los pies o con un instrumento: ~ *las uvas, los paños, la tierra,* etc. 3 Apretar con los dedos [las cuerdas de los instrumentos de música]. 4 Cubrir en parte una cosa [a otra]. 5 Esp. en las aves, cubrir el macho [a la hembra] para la generación. 6 fig. Conculcar, infringir [una ley, orden, etc.]. 7 fig. Pisotear (humillar). 8 fig. Adelantarse a otro en la concepción de una idea, ejecución de una obra, etc. -9 *intr.* En los edificios, estar el piso o suelo de una habitación fabricado sobre otra. -10 *prnl. Argent.* Equivocarse.
SIN. *6* v. **Quebrantar.**
pisasfalto (gr. *pissásphaltos* < *pissa,* pez) *m.* Variedad de asfalto, de consistencia parecida a la de la pez.
pisatario, -ria *adj. Venez.* [labrador] Que paga arrendamiento al propietario del terreno que disfruta.
pisaúvas *com.* Pisador (de uva). ◇ Pl.: *pisaúvas.*
pisaverde (de *pisar* + *verde*) *m.* fig. Hombre presumido y afeminado, que sólo se ocupa de acicalarse para vagar en busca de galanteos.
SIN. **Gomoso, lechuguino, petimetre.**

pisca *f. Colomb.* y *Venez.* Hembra del pavo. 2 *Colomb.* Ramera. 3 *Méj.* Cosecha de maíz. 4 *Venez.* Parva, compuesta de caldo con huevos duros, que se toma una hora antes del almuerzo. 5 *Venez.* Borrachera.
piscacha *f. Hond.* y *Méj.* Pizca, nonada.
piscar *tr. Méj.* Recolectar [el maíz], pero precisamente arrancando la mazorca de las hojas en que está envuelta la planta. ◇ ** CONJUG. [1] como *sacar.*
piscardo *m.* Pez teleósteo cipriniforme fluvial, de pequeño tamaño, cuerpo fusiforme, alargado y grueso, y coloración variable según la edad y el sexo *(Phoxinus phoxinus).*
piscator (it.) *m.* Almanaque con pronósticos meteorológicos.
piscatorio, -ria (de *pescar*) *adj.* Relativo a la pesca o a los pescadores. 2 Relativo a la égloga o composición poética en que se pinta la vida de los pescadores.
pisci- (l. *piscis,* pez) Elemento prefijal que entra en la formación de palabras con el valor de pez.
piscícola (*pisci-* + *-cola*) *adj.* Relativo a la piscicultura.
piscicultor, -ra *m. f.* Persona dedicada a la piscicultura.
piscicultura (*pisci-* + *-cultura*) *f.* Técnica de dirigir y fomentar la reproducción de peces y mariscos.
piscifactoría (*pisci-* + *factoría*) *f.* Establecimiento de piscicultura.
pisciforme (*pisci-* + *-forme*) *adj.* De forma de pez.
piscina (l.) *f.* Estanque que se suele hacer en los jardines para tener peces. 2 Estanque destinado al baño, a la natación o a otros ejercicios y deportes acuáticos: ~ *climatizada;* ~ *cubierta;* ~ *olímpica.* 3 Lugar en que se echan y sumen algunas materias sacramentales, como el agua del bautismo.
FR. *Tirarse a la* ~, fig., DEP., en el juego del fútbol, simular un jugador una falta, dejándose caer dentro del área contraria, con la intención de que el árbitro señale penalti. SIN. *1* **Pecina.**
Piscis (l.) *n. pr.* Duodécimo signo o parte del Zodíaco que el Sol recorre aparentemente al terminar el invierno. 2 Constelación zodiacal situada entre Aries y Acuario.
SIN. **Peces.**
piscívoro, -ra (*pisci-* + *-voro*) *adj.-s.* Ictiófago.
piscle (mej. *pitztli,* cosa delgada) *m. Méj.* Caballo malo.
pisco *m. Amér.* Aguardiente de uva muy estimado que se fabrica en Pisco, c. del Perú. 2 *Amér.* Botija en que se exporta este aguardiente. 3 *Amér. Merid.* Pavo. 4 *Venez.* p. ext. Ave de corral. -5 *adj. Colomb., Chile, Perú* y *Venez.* Vano, presuntuoso. 6 *Chile.* Tramposo.
piscoiro, -ra (arauc. *pizcoytun,* jugar al trompo) *adj. Chile.* Enamorado. -2 *m. Chile.* Niño inteligente. 3 *Argent.* Amante I. -4 *f. Bol.* Mujer mala.
piscolabis (voz pintoresca pseudo-latina, formada sobre *pizca*) *m.* fam. Ligera refacción que se toma gralte. por regalo. 2 fig. En algunos juegos de naipes, acción de echar un triunfo superior al que ya está en la mesa. 3 *Amér.* Trago de aguardiente que sirve de aperitivo. ◇ Pl.: *piscolabis.*
piscología *f. Perú.* Entre criollos, afición al consumo de pisco.
piscote, -ta *m. f. Guat.* y *Hond.* Ser despreciable. -2 *f. Hond.* fam. Muchacha grandullona.
piscucha *f. Guat.* Cometa cuadrilátera.
pisgote, -ta *adj. Guat.* [pers.] De poco valer.
pisiforme (l. *pisu,* guisante + *-forme*) *adj.* Que tiene figura de guisante. 2 *Hueso* ~, el cuarto hueso de la primera fila del carpo.
pisingallo *m. Argent.* Variedad de maíz de grano pequeño, duro y puntiagudo *(Zea mays).*
pisiútico, -ca *adj. Chile.* Cursi.
piso *m.* Acción de pisar. 2 Efecto de pisar. 3 Superficie de un terreno. 4 Suelo o pavimento de las diversas habitaciones de las casas: *el* ~ *es de mosaico.* 5 Suela, o parte de ella que toca en el suelo: *zapatos con* ~ *de goma.* 6 Alto (suelo): *vivir en el tercer* ~. 7 p. ext. Vivienda de un edificio de varias plantas. 8 Habitación de un seglar en un monasterio mediante ciertos convenios con los superiores. 9 Convite que ha de pagar a los mozos del pueblo el forastero que corteja a una joven. 10 Infernáculo, juego. 11 MIN. Conjunto de labores subterráneas situadas a una misma profundidad. 12 *Amér.* Derecho a entrada. 13 *Chile* y *Perú.* Alfombra angosta y larga. 14 *Chile.* Taburete. 15 *Chile.* Pieza flexible, gralte. de madera, que se coloca sobre el mantel para servir de asiento a las fuentes que se van sirviendo.
pisolita *f.* Sedimento calcáreo pequeño.
pisón (de *pisar*) *m.* Instrumento pesado y grueso, para apretar la tierra, piedra, etc. 2 Mazo del batán. 3 p. ext. Batán. 4 *Murc.* Oficial de albañil que hacía tapias. 5 *Amér.* Pisotón.
pisonear *tr.* Apisonar.
pisotear (frecuent.) *tr.* Pisar repetidamente [una cosa] maltratándola o ajándola. 2 fig. Humillar, maltratar de palabra [a una pers.].
SIN. **Rehollar.**
pisoteo *m.* Acción de pisotear.
pisotón *m.* Pisada fuerte sobre el pie de otro.
pispajo *m.* Trapajo, pedazo roto de una tela o vestido. 2 Cosa despreciable de poco valor. 3 En sentido despectivo, se aplica a personas desmedradas o pequeñas, esp. niños.
pispar *tr. Amér.* Acechar [a alguien]. 2 *Bol.* Hurtar [algo]. -3 *prnl.* fam. Emborracharse. 4 *Logr.* Hartarse.
pispicia *f. Chile.* Perspicacia.
pispiciento, -ta *adj. Chile.* Minucioso.
pispo, -pa *adj. Colomb.* Remilgado, guapo. -2 *f. Colomb.* Muchachita vivaracha. 3 *Argent.* Mujer lista.
pisque (mej., guardar) *m. C. Rica.* Tamal que se conserva en buen estado durante muchos días.
pisqueña *f. Chile.* Botija para guardar manteca.
pista (it. *pista;* dial. por *pesta,* huellas) *f.* Huella o rastro que dejan los animales por la tierra por donde han pasado. 2 fig. Conjunto de indicios o señales que pueden conducir a la averiguación de un hecho. 3 Sitio dedicado a las carreras y otros ejercicios, en los hipódromos, circos, etc. 4 ~ ***de rodaje,*** la que conecta la pista de vuelo con la terminal de un aeropuerto. 5 Camino carretero que se construye provisionalmente para fines militares. 6 Autopista. 7 Terreno destinado al aterrizaje y despegue de aviones. 8 ~ ***sonora,*** banda estrecha, gralte. al borde de una película sonora, que lleva la grabación del sonido.
FR. *Seguir la* ~ *a uno,* fig., perseguirle, espiarle.
pistache (fr. *pistache,* del m. origen que *pistacho*) *m.* Dulce o helado que se prepara con pistachos. 2 *Méj.* Pistacho.
pistachero *m.* Alfóncigo (árbol).
pistacho (gr. *pistakion;* a través del it. *pistacchio*) *m.* Alfóncigo.
pistaco (quechua *pista,* matador) *m. Perú.* Personaje mítico asesino y profanador de cadáveres.
pistadero *m.* Instrumento para pistar.
pistar (l. v. *pistare;* intens. del l. *pinsere,* machacar) *tr.* Machacar, aprensar, sacar el jugo [a una cosa].
piste *m. Colomb.* Maíz preparado para hacer mazamorra.
pistera *f. Salv.* y *Nicar.* Portamonedas.
I) pistero *m.* Vasija en forma de jarro pequeño o taza, con un cañoncito que les sirve de pico, usada para dar de beber a los enfermos que no pueden incorporarse.
II) pistero, -ra *adj.-s. Amér. Central.* [pers.] Muy aficionada al dinero. -2 *m. Colomb.* fig. Hematoma alrededor del ojo, producido por un puñetazo.
pistilo (l. *pistillu,* mano de almirez, por la forma) *m.* Carpelo diferenciado en ovario, estilo y estigma; es propio de las plantas angiospermas.
pistiño *m. Chile.* Fruto de sartén, hecho en porciones pequeñas, de harina y huevos batidos.
pistiñoso, -sa *adj. Argent.* Legañoso.
pisto (l. *-tu,* machacado) *m.* Jugo sacado de la carne de ave; se administra caliente al enfermo que sólo puede tragar líquidos. 2 Fritada de diversos manjares picados y revueltos. 3 fig. Mezcla confusa de especies en un discurso o escrito. 4 fig. ***A pistos,*** poco a poco, con escasez y miseria. 5 *Amér. Central* y *Perú.* Dinero. 6 *Colomb.* Chimenea de las armas de fuego. 7 *Méj.* Bebida, licor.
FR. *Darse* ~, darse importancia.
pistola (alto al. *pistole,* der. del checo *pichtal,* arma de fuego corta) *f.* Arma de fuego corta, que se amartilla, apunta y dispara con una sola mano: ~ ***ametralladora,*** la de tiro automático y mayor alcance y dimensiones que la pistola normal; ~ ***de arzón,*** la que se lleva en las pistoleras del arzón de la silla de montar; ~ ***de cinto,*** la que se lleva enganchada en la cintura; ~ ***de bolsillo,*** cachorrillo. 2 Aparato para pintar. 3 Barra pequeña de pan. 4 TECN. Martillo neumático de pequeñas dimensiones y escasa potencia que usan los picapedreros y escultores. 5 *Extr.* Botella pequeña para vino.
pistolera *f.* Estuche de cuero en que se guarda la pistola.
pistolerismo *m.* Conjunto de acciones y modos de actuar propios de pistoleros. 2 Conjunto de pistoleros en una sociedad.
pistolero *m.* Delincuente que utiliza a menudo la pistola para atracar, asaltar o realizar mercenariamente atentados personales; en especial el del oeste americano.
pistoleta *f. Amér.* Pistolete.
pistoletazo *m.* Tiro de pistola. 2 Herida que resulta de él.

pistolete (fr. *pistolet*) ***m.*** Arma de fuego más corta que la pistola. 2 Cachorrillo.
I) pistón (it. *pistone;* var. de *pestone,* mano de almirez) ***m.*** Émbolo. 2 Parte central de la cápsula, donde está colocado el fulminante. 3 Llave en forma de émbolo que tienen diversos instrumentos músicos de viento. 4 *Amér.* Corneta de llaves.
II) pistón (mej. *pixton*) ***m.*** *Bol.* Última masa o tortilla que hace la molendera. 2 *Guat.* y *Hond.* Memela, tortilla gruesa y pequeña.
pistonudo, -da ***adj.*** vulg. Formidable, fantástico, imponente.
pistoresca (it. *pistolese,* de *Pistoya,* c. de Italia) ***f.*** Arma corta de acero, a manera de puñal o daga.
pistraje, -aque (desp. de *pisto*) ***m.*** fam. Licor, condimento o bodrio desabrido o de mal gusto.
pistura (l.) ***f.*** Acción de pistar. 2 Efecto de pistar.
I) pita ***f.*** Planta amarilidácea, de hojas radicales grandes, triangulares, carnosas, terminadas en un fuerte aguijón, y flores amarillentas en ramillete sobre un bohordo central; vive en terrenos secos y de sus hojas se extrae una fibra textil *(Agave americana).* 2 Hilo que se hace con fibra de las hojas de pita.
SIN. *1* **Acíbara, agave, azabara, cabuya, cardal, cardón, cordón, henequén, pitera.**
II) pita ***f.*** Voz que se usa repetida para llamar a las gallinas. 2 Gallina (hembra del gallo).
III) pita ***f.*** Bolita de cristal; cantillo. 2 Billalda o tala, juego de niños. 3 Palo pequeño que se emplea en el juego de la billalda o tala.
IV) pita ***f.*** Silba, pitada (silbidos).
pitaco ***m.*** Bohordo de la pita.
SIN. **Pitón, pitreo.**
pitada ***f.*** Sonido o golpe de pito. 2 Muestra general de desagrado con silbidos y pitos. 3 fig. Salida de tono, impertinencia: *dar una ~.* 4 *Argent.* y *Perú.* Chupada de cigarro.
pitadera ***f.*** *And.* Tallo de cebada usado como pito por los niños.
pitadora ***f.*** *Venez.* Moneda antigua que sirve de amuleto.
pitagórico, -ca ***adj.-s.*** Que sigue la escuela, opinión o filosofía de Pitágoras (580-¿500? a. C.). -2 ***adj.*** Relativo a ellas.
pitagorismo ***m.*** Doctrina de Pitágoras (580-¿500? a. C.). 2 Conjunto de principios y prácticas de los pitagóricos.
pitahaya ***f.*** *Amér.* Pitajaya.
pitajaya ***f.*** *Amér.* Planta cactácea ramosa, de flores blancas, grandes, que se abren de noche y despiden un olor muy fuerte parecido a la vainilla; de día se cierran las flores y pierden su olor *(Cactus grandiflorus).* 2 *Bol.* Mezquindad, bicoca.
pitancería ***f.*** Lugar donde se reparten o apuntan las pitanzas. 2 Distribución que se hace por pitanzas. 3 Lo destinado a ellas. 4 Empleo de pitancero.
pitancero ***m.*** El que reparte las pitanzas. 2 En algunas iglesias catedrales, ministro que cuida de apuntar o avisar las faltas en el coro. 3 En los conventos de las órdenes militares, religioso refitolero o mayordomo.
pitancista ***adj.*** *Chile.* Ganguero, ventajero.
pitandero, -ra ***adj.*** *Chile.* desp. Fumador.
pitanga ***f.*** *Argent.* Pitanguero. 2 *Can., Argent.* y *Urug.* Fruto de este árbol. 3 *Guat.* Feijoa.
pitanguero ***m.*** *Can.* y *Urug.* Árbol de dos a cuatro metros de altura con flores blancas y olorosas, el fruto es de color rojo, comestible, del tamaño de una guinda pequeña, y en su forma se asemeja a una calabaza redonda *(Eugenia uniflora).*
pitanza (contrac. de *pietanza,* dado por piedad) ***f.*** Distribución diaria de una cosa, comestible o pecuniaria. 2 Ración de comida distribuida a los que viven en comunidad o a los pobres. 3 Precio o estipendio dado por una cosa. 4 fam. Alimento cotidiano. 5 *Amér.* fam. Ventaja, ganga.
SIN. *3* v. **Comida.**
pitaña (orig. incierto, probl. prerrom.) ***f.*** Legaña.
pitañoso, -sa ***adj.*** Legañoso.
pitao (arauc. *pithau*) ***m.*** *Chile.* Árbol siempre verde, con flores blancas, dioicas, y fruto compuesto de cuatro drupas monospermas *(Pitavia punctata).*
I) pitar ***intr.*** Tocar el pito. 2 Tener situación de preeminencia o autoridad. -3 ***tr.*** desus. Pagar (dar). 4 Silbar como signo de desaprobación. 5 DEP. Arbitrar [un encuentro deportivo]. 6 *Amér.* Fumar. 7 *Chile.* Engañar [a uno], chasquearlo, burlarse de él.
FR. *Salir pitando,* fam., marcharse de prisa, huir.
II) pitar ***tr.*** desus. Distribuir las pitanzas.
pitarra (orig. incierto; probl. prerrom.) ***f.*** Legaña. 2 *Vasc.* Sidra obtenida de un segundo reprensado del orujo después de macerarlo durante doce horas en un tercio de su peso de agua. 3 *Extr.* y *Nav.* Vino de elaboración casera. 4 *Extr.* Cosecha de vino. 5 *La Mancha.* Tinaja pequeña.
pitarro ***m.*** Chorizo o embutido pequeño.
pitarroso, -sa ***adj.*** Legañoso.
pitay ***m.*** *Argent.* Erupción herpética. 2 *Bol.* Afección hepática.
pitayo ***m.*** *Méj.* Pitajaya.
pitcher (voz inglesa) ***m.*** DEP. Pícher.
pite (del quechua *piti,* cosa pequeña) ***m.*** *Colomb.* y *Ecuad.* Pizca. 2 *Colomb.* Hoyuelo, juego infantil. 3 *Pan.* Contrabando de sal. -4 ***m. pl.*** *Colomb.* Entresijos del cordero.
pitear ***intr.*** *Amér.* Pitar, tocar el pito.
pitecántropo (gr. *pithekos,* mono + *-ántropo*) ***m.*** Supuesto ser intermedio entre el hombre y el mono, según la teoría darvinista.
SIN. **Hombre de Java.**
-piteco (gr. *pithecos,* mono) Elemento sufijal que entra en la formación de palabras con el significado de mono: *antropopiteco.*
pítele ***m.*** Extremo de la pita de jugar con un palo.
pitera ***f.*** Pita (planta). 2 *Cuba.* Agujero o respiradero que se abre en el horno de carbón. 3 *Cuba.* Agujero en un tanque de hierro.
pitezna ***f.*** En los cepos de caza, pestillo que se dispara al tocar en él.
pitia (l. *Pythia*) ***f.*** Pitonisa.
pítico, -ca (l. *pythicu*) ***adj.*** Pitio.
pitido ***m.*** Silbido de pito o de los pájaros.
SIN. **Pitío.**
pitihue, -hua ***m.*** *Chile.* Variedad del pico, ave trepadora *(Colaptes pitigus).* -2 ***m. f.*** *Chile.* Niño pequeño y encanijado.
pitihuina (aimara) ***f.*** *Perú.* Cordoncillo de lana de diversos colores que usan las mujeres para sujetarse el cabello.
pitilla (de *pita* I) ***f.*** *Chile.* Especie de hilo muy delgado.
pitillera ***f.*** Mujer que tiene por oficio hacer pitillos. 2 Petaca para guardar pitillos.
pitillo (de *pito* I) ***m.*** Cigarrillo. 2 *Cuba.* Cañutillo, planta. 3 *Colomb.* y *Venez.* Paja para tomar bebidas.
pítima (l.-gr. *epithema,* a través del it.) ***f.*** Socrocio que se aplica sobre el corazón. 2 fig. Borrachera (efecto). 3 *Ecuad.* Bebida refrescante de hojas aromáticas.
pitiminí (fr. *petit,* pequeño + *menu,* menudo) ***adj. m.*** Variedad de rosal de tallos trepadores y flores pequeñas. 2 Rosa que produce dicho rosal. -3 ***loc. adj. De ~,*** de escaso tamaño o importancia; *Amér.,* quisquilloso, fútil. ◇ Pl.: *pitiminíes.*
pitio, -tia (l. *pythiu*) ***adj.*** Relativo a Apolo, considerado como vencedor de la serpiente Pitón. 2 ***Juego ~,*** el que se celebraba en Delfos en honra de Apolo.
SIN. **Pitico.**
pitío ***m.*** Pitido.
pitipié (fr. *petit pied,* pie pequeño) ***m.*** Escala (para medir). ◇ Pl.: *pitipiés.*
pitiriasis ***f.*** MED. Pediculosis. ◇ Pl.: *pitiriasis.*
pitirre (onomat. de su canto) ***m.*** *Ant.* Pájaro que tiene la parte superior gris, la inferior blanca, y las alas y la cola pardas; es algo menor que el gorrión y se alimenta de insectos *(Tyrannus dominicensis).*
pitirrear ***intr.*** *Cuba* y *P. Rico.* Piar los pájaros. 2 *Cuba* y *P. Rico.* fig. Pedir algo ansiosamente.
pitirrojo ***m.*** Petirrojo.
pitisco ***m.*** *Urug.* Cigarro.
pititín ***m.*** *Chile.* Especie de alzacuellos que usan las mujeres.
pitiyanqui (fr. *petit,* pequeño + ingl. *yanquee*) ***m.*** *P. Rico.* Imitador servil y bajo de los yanquis.
I) pito (voz imitativa) ***m.*** Flauta pequeña, como un silbato, de sonido agudo. 2 Persona que toca este instrumento. 3 p. ext. Claxon del automóvil. 4 Vasija de barro, a modo de cantarillo; llena de agua hasta cierta altura, se sopla por el pico y produce un sonido semejante al gorjeo de los pájaros. 5 fam. Pene, esp. el del niño. 6 Taba con que juegan los muchachos. 7 Cigarrillo de papel. 8 Pinza de la ropa. 9 *Amér.* Pipa de fumar. 10 *Amér. Central.* Botón del cafeto a punto de reventar. 11 *Amér. Merid.* Garrapata que ataca al hombre y le produce con su picadura una comezón insoportable *(Rhodnius* s.e.c.*).* 12 *Bol.* Cereal, esp. cebada, tostado y molido, mezclado con especias y disuelto en agua, que forma una bebida refrescante. 13 *Perú.* Maíz tostado y molido con azúcar.
SIN. *4* **Rejiñol.** FR. *Pitos flautos,* fig., devaneos, entretenimientos frívolos y vanos. *No dársele a uno un ~ de una cosa,* hacer desprecio de ella. *No tocar ~,* no tener parte en una dependencia o negocio. *Tomar a uno por*

el ~ del sereno, no concederle el menor interés o atención. *Por pitos o por flautas,* fam., por un motivo o por otro.

II) pito *m.* Pájaro carpintero. 2 *Pito real,* pico verde (ave); trompetero (pez). 3 *Guat.* y *Salv.* Bucare.

pitoflero, -ra (de *pito* + l. *flare,* soplar) *m. f.* fam. Persona que toca sin habilidad algún instrumento músico. 2 fig. Persona chismosa.

pitoitoy *m. Chile.* Ave zancuda de las costas, que al echar a volar lanza el grito especial de que proviene su nombre *(Gambeta melanoleuca).*

pitojear *intr. Colomb.* Obrar con mezquindad; economizar.

I) pitón (gr. *python,* serpiente mitológica) *m.* Nombre de varias serpientes no venenosas, pero de gran tamaño, propias de Asia y África, que atacan a los grandes animales y a veces al hombre; se caracterizan por tener rudimentos de miembros posteriores colocados exteriormente cerca del ano, en forma de uñas (gén. *Pyton).* 2 Adivino, mago, hechicero.

II) pitón (de *pito* I) *m.* Cuerno que empieza a salir a los animales; punta del cuerno del toro. 2 Tubo cilíndrico que arranca de la parte inferior del cuello en los botijos, porrones, etc., y modera la salida del líquido. 3 Renuevo del árbol cuando empieza a abotonar. 4 Pitaco. 5 Especie de clavo que se emplea en alpinismo. 6 fig. Bulto pequeño que sobresale en punta en la superficie de una cosa. 7 *Amér.* Lanza de riego. 8 *Hond.* Gotera saliente. 9 *Chile, Ecuad.* y *Hond.* Tubo de metal con que rematan las mangas de hierro. 10 *Méj.* Potros y potrancas destetados y separados de las madres.
SIN. *1* **Punzón.** *2* **Pitorro.**

III) pitón (arauc. *pithon*) *m. Chile.* Palo que se utiliza para abrir hoyuelos en las sementeras.

pitonazo *m.* Golpe dado con el cuerno.

pitongo, -ga *adj. Chile.* Ebrio, borracho.

pitonisa (gr. *pythónissa*) *f.* Sacerdotisa de Apolo, que daba los oráculos en el templo de Delfos. 2 Encantadora, hechicera.

pitorá *f. Colomb.* Macaurel.

pitorra (de *pita,* gallina) *f.* Chocha. 2 *Extr.* Aguzanieves.

pitorrearse (der. de *pito* I, propte. silbar) *prnl.* Guasearse o burlarse de otro.

pitorreo *m.* Acción de pitorrearse. 2 Efecto de pitorrearse.
SIN. v. **Burla.**

pitorro (de *pito* I) *m.* Pitón (tubo).

pitosporáceo, -a *adj.-f.* Planta de la familia de las pitosporáceas. -2 *f. pl.* Familia de plantas, dentro del orden de las saxifragales, leñosas perennifolias, con hojas alternas y coriáceas.

pitósporo (gr. *pitoo,* empegar + *-sporo*) *m.* Arbusto perennifolio cuyas flores de color blanco amarillento, olorosas, crecen en inflorescencias *(Pittosporum tobira).*

pitote *m.* Barullo, lío, pendencia.

pitpit (onomat.) *m.* Ave insectívora de plumaje en general ceniciento verdoso, con manchas pardas, amarillento en la garganta y el pecho y blanco en el abdomen *(Dacnis cayana).* ◇ Pl.: *pitpites.*
SIN. **Pipi.**

pitra (arauc.) *f. Chile.* Mirtácea arbórea medicinal, de bayas negras comestibles; el polvo de sus hojas y corteza se usa en agricultura como insecticida *(Myrceugenia pitra).* 2 *Chile.* Erupción de la piel.
SIN. *1* **Petra.**

pitraque *m. Venez.* Café hecho de maíz.

pitre *m. Amér.* Lechuguino, petimetre.

pitrel *m. Chile.* Corral de piedra para pececillos.

pitrén (arauc.) *m. Chile.* Tabaco.

pitreo *m.* Pitaco.

pitroca *f. Chile.* Niñita viva y ágil.

pitruca *f.* Legaña.

pitruntún *m. Chile.* Divieso o grano.

pituca *f. Bol.* India.

pituco, -ca *adj. Chile.* vulg. Flacucho, endeble. -2 *m. Argent.* Afeminado.

pituita (l.; doble etim. *pepita* II) *f.* Humor viscoso que segregan varios órganos del cuerpo animal, esp. las membranas de la nariz y los bronquios.

pituitario, -ria *adj.* Que contiene o segrega pituita. 2 ***Membrana pituitaria,*** o simplte. ***pituitaria,*** la que reviste la cavidad de las fosas nasales. 3 ***Cuerpo*** o ***glándula pituitaria,*** hipófisis.

pituquería *f. Argent.* Lo propio de un pituco.

piturria *f. Chile.* Legaña. 2 *Chile.* Pizca.

pituso, -sa *adj.-s.* Pequeño, gracioso, refiriéndose a niños. -2 *m. Cuba.* Pantalón vaquero.

piuchén (arauc. *pihuychen*) *m. Chile.* Animal fabuloso en forma de murciélago o vampiro. 2 *Chile.* Boliche o figón.

piular *intr.* Piar. 2 fig. Suspirar o clamar por una cosa.

piulido *m.* Acción de piular.

piune (arauc.) *m. Chile.* Arbolito de hojas grandes, vellosas por debajo, y flores amarillas *(Lomatia ferruginosa).*

piuquén (arauc.) *m. Chile.* Especie de avutarda mayor que la europea; se domestica con facilidad y su carne es más estimada que la del pavo, cuyo tamaño alcanza *(Bernicia melanoptera).*

piurano, -na *adj.-s.* De Piura, c. y dep. del Perú.

piure (arauc.) *m. Chile.* Molusco comestible muy estimado *(Pyura Molinea).*

piusa *f. Méj.* Querida, amante.

pivilca *f. Chile.* Especie de flauta o pito.

pivilcudo, -da *adj. Chile.* De piernas largas y flacas.

pívot (voz francesa) *com.* DEP. En el juego del baloncesto, jugador de ataque y defensa, cuya misión básica consiste en situarse en las cercanías del tablero para recoger rebotes o encestar.

pivotante *adj.* BOT. [raíz central] Que se introduce en la tierra perpendicularmente.

pivotar *intr.* Girar sobre un pivote (extremo). 2 DEP. En el juego del baloncesto, girar el jugador manteniendo un pie fijo en el suelo.

I) pivote *m.* MEC. GALIC. Gorrón.

II) pivote (del fr. *pivot*) *m.* MEC. Extremo cilíndrico o puntiagudo de una pieza, donde se apoya o inserta otra, bien con carácter fijo o bien de manera que una de ellas pueda girar u oscilar con facilidad respecto de la otra. -2 *com.* DEP. Pívot.

pivotear *intr.* Pivotar.

píxide (l. *pyxide*) *f.* Copón o cajita en que se guarda el Santísimo Sacramento o se lleva a los enfermos. 2 BOT. Especie de cápsula cuya parte superior puede levantarse.

pixidio (v. *píxide*) *m.* BOT. Cápsula que se abre transversalmente mediante un opérculo, como la del beleño.

piyama *m.* Pijama.

piyoica *f. Chile.* Mentira, embuste.

piza *f. Ecuad.* Tunda, zurra.

pizarra (vasc.) *f.* Roca homogénea de color negro azulado y grano muy fino, que se divide con facilidad en hojas planas y delgadas; procede de una arcilla metamorfoseada por acciones telúricas y se usa en construcción para cubiertas y solados. 2 Trozo de pizarra oscura, pulimentada, de forma rectangular y ordinariamente con marco de madera en que se escribe o dibuja con pizarrín, yeso o lápiz blanco. 3 p. ext. Encerado (hule, lienzo, etc.).
SIN. *1* **Esquisto.**

pizarral *m.* Terreno pizarroso (abundante en pizarra).

pizarreño, -ña *adj.* Relativo a la pizarra o parecido a ella.

pizarrería *f.* Terreno donde se extraen y labran pizarras.

pizarrero *m.* El que tiene por oficio labrar, pulir y asentar las pizarras en los edificios. 2 *Colomb.* y *P. Rico.* Pizarrín.

pizarrín *m.* Barrita de lápiz o de pizarra no muy dura, que se usa para escribir o dibujar en las pizarras. 2 *Méj.* Obsidiana.

pizarrón *m. Amér.* Cuadro de hule o encerado, muy usado en las escuelas.

pizarroso, -sa *adj.* Abundante en pizarra. 2 Que tiene apariencia de pizarra.

pizate *m.* Pazote.

pizca (de *pizco*) *f.* fam. Porción muy pequeña de una cosa. 2 *Méj.* Pisca, recolección.
SIN. **Ostugo.**

pizcar (voz descriptiva) *tr.* fam. Pellizcar. 2 Tomar una porción pequeña de algo. 3 *Méj.* Cosechar, recoger [el maíz]. ◇ ** CONJUG. [1] como ***sacar.***

pizco *m.* fam. Pellizco. 2 Porción mínima que se toma de una cosa.

pizmiento, -ta (de *pecininento,* de *pez,* der. del l. *pice,* pez) *adj.* Atezado, de color de pez II.

pizote (mej. *pizotli,* zorro) *m. Amér. Central* y *Méj.* Cuatí, mamífero. 2 *Méj.* y *Hond.* Mapache, mamífero. -3 *adj. Amér. Central.* Torpe, bruto.

pizpereta, -pireta (voces descriptivas) *adj.* fam. [mujer] Viva, pronta y aguda.

pizpilina *f. Hond.* Pizpereta.

pizpirigaña (voz descriptiva, basada en *pellizcar*) *f.* Juego con que se divierten los muchachos, pellizcándose suavemente en las manos unos a otros.

pizpirigua *adj.-f. Chile.* Pizpereta.
pizpita (voz descriptiva) *f.* Pizpitillo.
pizpitillo (voz descriptiva) *m.* Aguzanieves.
pizpo, -pa *adj. Venez.* Remilgado, amanerado. Ús. más el dim. *pizpito.*
pizque *adj. Guat.* y *Hond.* De color rojo encendido, esp. díc. del maíz cocido. 2 *Guat.* y *Hond.* Peliblanco. -3 *m. Salv.* Especie de tamal (empanada).
pizza (voz italiana) *f.* Comida de origen italiano consistente en una torta de harina sobre la que se colocan diversos ingredientes condimentados, cocido todo a la vez en el horno.
pizzería (voz italiana) *f.* Establecimiento donde se hacen y venden pizzas.
pizzicato (it.) *m.* Modo de producir el sonido en algunos instrumentos de cuerda, punteando simplte. las cuerdas con un plectro o con la punta de los dedos.
Pl, símbolo del *poiseville.*
placa (neer. *plack,* disco; a través del fr. *plaque*) *f.* Lámina, plancha o película, formada o superpuesta en un objeto. 2 Insignia de alguna de las órdenes caballerescas, bordada o sobrepuesta en el vestido. 3 Anuncio, letrero. 4 Insignia o distintivo de los agentes de la autoridad para acreditar que lo son. 5 Matrícula de los vehículos. 6 Fogón de las cocinas, en esp. de las eléctricas. 7 ~ ***giratoria,*** armazón circular de hierro, giratoria y con carriles, puesta en los cruces de los ferrocarriles para hacer que los carruajes cambien de vía. 8 Planchuela de metal yodurada, sobre la que se hacía la daguerrotipia. 9 Lámina de vidrio cubierta en una de sus caras de una substancia alterable por la luz y en la que puede obtenerse una prueba fotográfica negativa. 10 Radiografía (imagen). 11 Electrodo de un tubo electrónico: ~ ***de señal,*** la de metal que sostiene la lámina de mica del mosaico. 12 Ant. moneda de los Países Bajos, que corrió en los demás dominios españoles. 13 MED. Manchas en la garganta, boca, etc., producidas por una dolencia. 14 ~ ***solar,*** dispositivo destinado a almacenar energía solar para producir energía térmica o eléctrica.
placabilidad *f.* Calidad de placable.
placable (l. *-abile*) *adj.* Aplacable.
placador, -ra *m. f.* En rugby, persona que asalta al adversario.
placaje *m.* Sistema empleado en el juego de rugby, para detener al adversario, que consiste en abrazársele a la cintura o piernas.
placativo, -va *adj.* Capaz de aplacar.
placear (de *plaza*) *tr.* Destinar [algunos géneros comestibles] a la venta por menor en el mercado. 2 Publicar o hacer manifestar [una cosa]. 3 fig. Ejercitarse el torero en plazas para adquirir experiencia.
placebo *m.* Píldora de azúcar, de valor meramente psicológico; en gral., medicamento sin eficacia terapéutica.
placel (der. de *plaza;* a través del cat. *placer*) *m.* Placer I.
pláceme (de *place,* tiempo del verbo placer + pron. *me*) *m.* Felicitación. ◇ Pl.: *plácemes.*
placenta (l., torta) *f.* En los mamíferos, exceptuados los monotremas y marsupiales, masa carnosa esponjosa, adherida al útero, y de la cual nace el cordón umbilical. 2 Parte interna del ovario de la planta a la cual están unidos los óvulos.
SIN. *1* **Parias.** REL. **Secundinas,** placenta y membranas que envuelven el feto.
placentación *f.* BOT. Disposición de las placentas, y por consiguiente de los óvulos, en el ovario de los vegetales. 2 ZOOL. Modo de unión de los tejidos maternal y fetal en una placenta.
placentario, -ria *adj.* Relativo a la placenta. -2 *adj.-m.* Mamífero de la subclase de los placentarios. -3 *m. pl.* Subclase de mamíferos cuyas hembras tienen placenta, una sola vagina y un solo útero; pertenecen a esta subclase la mayoría de los mamíferos actuales incluidos en los siguientes órdenes: insectívoros, quirópteros, primates, edentados, folidotos, lagomorfos, roedores, hiracoideos, proboscídeos, sirenios, tubulidentados, perisodáctilos, artiodáctilos, carnívoros, pinnípedos y cetáceos.
SIN. *2* **Euterio.**
placenteramente *adv. m.* Alegremente y con placer.
placentero, -ra *adj.* Agradable, alegre.
placentín, placentino, -na (l. *-nu*) *adj.-s.* De Plasencia, c. de España o de Italia.
SIN. **Plasenciano.**
I) placer (de *placel*) *m.* Banco de arena o piedra en el fondo del mar, llano y de bastante extensión. 2 Arenal aurífero. 3 Pesquería de perlas en las costas de América. 4 *Colomb.* Terreno desmarañado y limpio, listo para la siembra. 5 *Cuba.* Campo yermo o terreno plano y descubierto, en el interior o en las inmediaciones de una ciudad.
SIN. **Placel.**
II) placer (de *placer* III) *m.* Contento del ánimo. 2 Sensación agradable. 3 Diversión, entretenimiento; lo que causa placer. 4 Voluntad, consentimiento, beneplácito: ***a*** ~, con todo gusto, sin impedimento.
SIN. *1* y *2* **Goce.**
III) placer (l. *-ere*) *tr.* Agradar o dar gusto: *me place verte bueno.* ◇ ** CONJUG. [76].
placero, -ra *adj.* Relativo a la plaza o propio de ella. -2 *adj.-s.* Que vende en la plaza. 3 Que anda en conversación por las plazas. 4 *Argent.* Coche de punto.
plácet (l.) *m.* Aprobación, beneplácito. Se utiliza en el lenguaje diplomático para dar asentimiento al nombramiento de un representante extranjero.
placeta *f.* Dim. de *plaza.* 2 *Chile.* Llano en un cerro o altura.
placetuela *f.* Dim. de *placeta.*
placibilidad *f.* Calidad de placible.
placible (l. *-ibile*) *adj.* Agradable.
plácidamente *adv. m.* Con sosiego y tranquilidad.
placidez *f.* Calidad de plácido.
plácido, -da (l. *-du*) *adj.* Quieto, sosegado. 2 Grato, apacible.
placiente *adj.* Agradable.
plácito (l. *-tu,* opinión) *m.* Parecer, dictamen, juicio.
placodermo *adj.-m.* Pez de la subclase de los placodermos. -2 *m. pl.* Subclase de peces fósiles que estaban cubiertos por una gruesa armadura ósea.
placozoo *adj.-m.* Animal del tipo de los placozoos. -2 *m. pl.* Tipo de parazoos que carecen de tejidos, órganos y simetría; son microscópicos y se desplazan por reptación sobre un substrato.
plafón (fr. *plafond,* cielo raso) *m.* Sofito. 2 Lámpara aplicada directamente, o encajada, en el sofito o en el techo.
I) plaga (l.; doble etim. *llaga*) *f.* Calamidad grande que aflige a un pueblo, a la agricultura, que sobreviene a una persona: *las siete plagas de Egipto; una ~ de langostas; su enfermedad es una ~.* 2 fig. Infortunio, pesar o contratiempo. 3 Abundancia de una cosa nociva o, dicho impropiamente, beneficiosa: *una ~ de bandidos; habrá ~ de trigo.* 4 MED. Úlcera.
II) plaga (l., clima, región) *f.* Clima (espacio). 2 Rumbo (dirección).
plagado, -da *adj.* Herido o castigado.
plagal *adj.* MÚS. Relativo al modo en el que la tercera por bajo de la tónica es la dominante.
plagar (l. *-are;* doble etim. *llagar*) *tr.-prnl.* Llenar o cubrir [a alguna pers. o cosa] de algo nocivo o no conveniente. ◇ ** CONJUG. [7] como ***llegar.***
plagi-, v. plagio-.
plagiar (l. *-are*) *tr.* Entre los ant. romanos, comprar [a un hombre libre] y retenerlo en servidumbre, o utilizar como propio [un siervo ajeno]. 2 Copiar en lo substancial [ideas, palabras, obras, etc., de un autor], dándolas como propias. 3 *Amér.* Apoderarse [de una persona] para obtener rescate por su libertad. ◇ ** CONJUG. [12] como ***cambiar.***
SIN. *2* **Copiar; fusilar,** burl.
plagiario, -ria *adj.-s.* Que plagia.
plagio (l. *-iu;* gr. *plagios,* engañoso) *m.* Acción de plagiar. 2 Efecto de plagiar.
plagio-, plagi- (gr. *plagios,* oblicuo) Elemento prefijal que entra en la formación de palabras con el significado de oblicuo.
plagioclasas *f. pl.* Grupo mineral que forman los feldespatos.
plagióstomo, -ma (*plagio-* + *-stoma*) *adj.-m.* Selacio.
plagiotrema (*plagio-* + gr. *trema,* agujero) *adj.-m.* Escamoso.
plagiotropismo (*plagio-* + *tropismo*) *m.* Forma de tropismo en que la planta o el órgano tiende a crecer en dirección oblicua o perpendicular a la del excitante.
plagiotropo, -pa *adj.* Que tiene plagiotropismo.
plagoso, -sa *adj. Guat.* [pers.] Lleno de llagas, úlceras, etc. 2 *S. Dom.* Necio, porfiado.
plaguero (de *plaga* I) *m.* Jefe de equipo en los tratamientos contra las plagas del campo.
plaguicida (de *plaga* I + *-cida*) *adj.-s.* Agente que combate las plagas del campo.
plan (de *plano*) *m.* Altitud o nivel. 2 Intento, proyecto que se tiene de realizar una cosa. 3 Programa detallado de una obra, acción, etc., y conjunto de disposiciones tomadas para llevarla a cabo: ~ ***económico,*** el que, a partir del conocimiento de las magnitudes de una economía, pretende establecer determinados

objetivos a corto, medio y largo plazo; ~ ***de estudios,*** conjunto de enseñanzas que han de cursarse para cumplir un ciclo de estudios u obtener un título; ~ ***de pensiones,*** método adoptado por una empresa u otra organización para el pago de la pensión al trabajador que contemple su equiparación con el índice del costo de la vida; ~ ***de trabajo,*** serie de materias o trabajos en los que se divide una actividad. 4 Extracto o escrito en que por mayor se apunta una cosa. 5 TOPOGR. Plano. 6 fig. *y* fam. Amistad frívola y banal. 7 MAR. Parte inferior y más ancha del fondo de un buque en la bodega. 8 MIN. Piso (labores subterráneas). 9 *Amér.* Planicie. 10 *Amér. Central* y *Venez.* Plano de las armas blancas. 11 *Méj.* Compromiso político de carácter revolucionario.

I) plana (l.) *f.* Llana (herramienta).

II) plana (l.; *planu,* llano; doble etim. *llana*) *f.* Cara o haz de una hoja de papel. 2 Escrito que hacen los niños en una cara del papel o en que aprenden a escribir. 3 IMPR. Conjunto de líneas ya ajustadas, de que se compone cada página. 4 Porción extensa de país llano: *la ~ de Vic.* 5 ~ ***mayor,*** en una escuadra, el conjunto de generales, jefes, oficiales y marinería que, sin formar parte de la dotación en ninguno de sus buques, está afecto al de la insignia; conjunto de los jefes y otros idividuos de un regimiento o batallón que no pertenecen a ninguna compañía.
SIN. *1* **Página, carilla, llana.** FR. *Corregir* o *enmendar la ~ a uno,* fig., advertir algún defecto en lo que otra persona ha ejecutado; exceder una persona a otra, haciendo una cosa mejor que ella. *Cerrar la ~,* finalizar una cosa.

planada *f.* Llanura (terreno).

planador (l. *-atore*) *m.* Oficial de platero que con el martillo aplana sobre el tas las piezas lisas. 2 El que tiene por oficio aplanar y pulir las planchas para grabar.

planazo *m. Amér.* Cintarazo, sablazo de plano. 2 *Cuba.* Trago de licor. 3 *Hond.* Batacazo.

plancha (fr. *planche*) *f.* Lámina de metal llana y delgada respecto de su tamaño: *carne a la ~;* ***pescado a la ~,*** el asado en ella; ~ ***de blindaje,*** la dura y resistente usada para blindar. 2 Utensilio de metal con forma triangular, cuya cara inferior, muy lisa y acerada, se calienta generalmente por una resistencia eléctrica; en la parte superior tiene un asa por donde se coge para planchar. 3 Acción de planchar la ropa. 4 Efecto de planchar la ropa. 5 Conjunto de ropa planchada. 6 Hoja de madera, delgada y de grueso uniforme. 7 Reproducción estereotípica o galvanoplástica preparada para la impresión. 8 Tejido hecho con hilos, ya teñidos, esp. los de algodón. 9 Postura horizontal del cuerpo en el aire, sin más apoyo que el de las manos asidas a un barrote. 10 Tablón con tojinos o travesaños clavados de trecho en trecho, puesto entre la tierra y una embarcación o entre dos embarcaciones. 11 fig. Desacierto o error que hace quedar en situación desairada o ridícula al que la comete: *hacer una ~.* 12 MAR. Andamio, tablón. 13 DEP. Plantillazo. 14 *Chile.* Placa fotográfica. 15 *Venez.* Espectáculo, esp. ridículo.

planchada *f.* Tablazón que, apoyada en la costa del mar o de un río, sirve de puente para el embarco y desembarco. 2 MAR. Entarimado que sirve para igualar la cubierta.

planchado, -da *m. f.* Acción de planchar. 2 Efecto de planchar. 3 Conjunto de ropa blanca por planchar o ya planchada. -4 *adj.* fam. Sin dinero. 5 *Guat.* y *Salv.* Muy elegante, peripuesto. 6 *Méj.* Valiente. 7 *Méj.* Competente.

planchador, -ra *m. f.* Persona que plancha o tiene por oficio planchar.

planchar *tr.* Pasar la plancha caliente [sobre la ropa blanca algo húmeda, o sobre otras prendas] para estirarlas, asentarlas o darles brillo. 2 Quitar las arrugas a la ropa por procedimientos mecánicos. 3 *Amér.* Adular. -4 *intr. Chile.* Meter la pata, hacer o cometer una plancha.
SIN. *1* **Alisar,** planchar ligeramente.

planchazo *m.* Planchado rápido. 2 Plancha, desacierto o error. 3 DEP. Plantillazo.

planchear *tr.* Cubrir [una cosa] con planchas de metal.

plancheta (dim. de *plancha*) *f.* Instrumento de topografía formado por un tablero montado horizontalmente sobre un trípode, y en cuya superficie se trazan con lápiz las visuales dirigidas por medio de una alidada a los diferentes puntos del terreno.

planchita *f.* Pez marino teleósteo perciforme de pequeño tamaño de color marrón o verdusco, con numerosas manchas más o menos bien definidas y alineadas *(Symphodus quinquemaculatus; Crenilabrus q.).*

plancho *adj. Colomb.* Plano, llano.

planchón *m. Colomb.* Gabarra, embarcación. 2 *P. Rico.* Adulador.

planchuela *f.* Dim. de *plancha.*

planco (l. *-cu,* que tiene los pies llanos) *m.* Planga.

plancton *m.* Conjunto de los seres pequeñísimos que se hallan en suspensión en el mar o en las aguas dulces.

planctónico, -ca *adj.* BIOL. Perteneciente o relativo al plancton.

planeador *m.* Avión sin motor, que vuela utilizando las corrientes de aire de la atmósfera: *~ deportivo; ~ de transporte.* 2 Vehículo de transporte submarino, ligero, y de forma hidrodinámica.

planear (de *plan*) *tr.* Trazar o formar el plan [de una obra]. 2 Hacer o forjar planes. -3 *intr.* Sostenerse en el aire o descender lentamente el avión con el motor parado; hacer lo mismo el planeador. 4 Volar las aves con las alas extendidas sin moverlas. -5 *tr. Ecuad.* y *Venez.* Dar cintarazos. -6 *prnl. Venez.* Caerse una bestia de medio lado.

planeo *m.* Vuelo de un planeador sin la acción del motor, o de un ave con las alas extendidas y sin moverlas.

planeta (l. *planeta;* gr. *planetés,* errante) *m.* Astro opaco que sólo brilla por la luz que refleja del Sol, alrededor del cual se mueve describiendo órbitas elípticas. Son los siguientes: Mercurio, Venus, la Tierra, Marte, los asteroides, Júpiter, Saturno, Urano, Neptuno y Plutón: ~ ***inferior*** o ***interior,*** aquel cuya órbita es menor que la de la Tierra; ~ ***menor,*** asteroide; ~ ***artificial,*** artefacto lanzado al espacio, por medio de cohetes, para hacerlo girar alrededor del sol. 2 En astrología, planeta dominante en el signo u horóscopo de una persona, y por ext. destino, sino, hado. En el habla popular suele usarse como femenino. -3 *f.* Especie de casulla que se diferencia de la ordinaria en ser más corta la hoja de delante, que no pasa de la cintura; la usan el diácono y el subdiácono en ciertas ceremonias y durante parte de ciertas misas.

planetario, -ria *adj.* Relativo a los planetas. 2 Mundial, relativo a toda la tierra. -3 *m.* Aparato que representa los planetas del sistema solar y reproduce sus movimientos respectivos. 4 Mecanismo del diferencial de automóvil. -5 *f.* ***Rueda ~,*** rueda dentada en cuya periferia engranan uno o más piñones satélites.

planetarium *m.* Planetario (aparato).

planetícola (de *planeta* + *-cola*) *com.* Supuesto habitante de cualquiera de los planetas, exceptuada la Tierra.

planetista *com.* desus. Astrólogo.

planetoides *m.* Asteroide. ◇Pl.: *planetoides.*

planga (de *planco*) *f.* Ave rapaz falconiforme diurna, especie de águila de color blanco negruzco con manchas blancas, de pico grueso, finamente dentado en los bordes *(Sula basana).*
SIN. **Clanga, planco, dango, pulla.**

plani- (l. *planus,* plano) Elemento prefijal que entra en la formación de palabras con el significado de plano.

planicie (l. *-tie*) *f.* Llanura (terreno).

planificación *f.* Elaboración de un plan general, científicamente organizado y frecuentemente de gran amplitud, para obtener un objetivo determinado, tal como el desarrollo económico, la investigación científica, el funcionamiento de una industria, etc. 2 ~ ***familiar,*** conjunto de medios empleados para fijar el número y cadencia de los hijos de una pareja.

planificador, -ra *m. f.* Persona que se ocupa de la planificación. -2 *adj.* Relativo a la planificación.

planificar *tr.* Someter a plan detallado el desarrollo de cualquier actividad: *economía planificada; ~ una explotación agrícola.* ◇ ** CONJUG. [1] como ***sacar.***

planilla *f. Amér.* Cuenta, liquidación, ajuste de pagos; esp., hoja de declaración que se llena para el pago de impuestos. 2 *Méj.* Patio de cemento para secar granos.

planimetría (*plani-* + *-metría*) *f.* Parte de la topografía que enseña a representar en una superficie plana una porción de la terrestre. 2 Arte de medir las superficies planas.
SIN. **Agrimensura.**

planímetro *m.* Instrumento para medir áreas de figuras planas.

planipenne *adj.-m.* Insecto del orden de los planipennes. -2 *m. pl.* Orden de insectos pterigotas de tamaño medio o grande y con el cuerpo alargado, similar al de las libélulas de las que se diferencian por presentar las alas sobre el abdomen; como la hormiga león.

planisferio (*plani-* + *esfera*) *m.* Carta en que la esfera celeste o la terrestre está representada por un plano.

planiza *f. Ecuad.* Carga de cintarazos.

plano, -na (l. *-nu*) *adj.* Llano, liso, sin estorbos ni tropiezos. 2 Relativo al plano: ***dar de ~,*** dar con lo ancho de un instru-

mento cortante o con la mano abierta. 3 ***Músculo*** **~**, el fino, delgado y aplanado. -4 ***m.*** Superficie plana: ~ ***coordenado***, GEOM., el que se corta con otros dos en un punto, determinando la posición de los demás puntos del espacio; ~ ***de nivel***, TOPOGR. el paralelo al nivel del mar, que se elige para contar desde él las alturas de los diversos puntos del terreno; ~ ***geométrico***, PERS., el paralelo al horizonte, colocado en la parte inferior del cuadro, donde se proyectan los objetos, para construir después su perspectiva; ~ ***horizontal***, el que, pasando por la vista, es perpendicular a la tabla y paralelo al horizonte; ~ ***oblicuo***, GEOM., el que se encuentra con otro y hace con él ángulo que no es recto; ~ ***óptico***, PERS., tabla; ~ ***vertical***, PERS., el que, pasando por la vista, es perpendicular a la vez al plano horizontal y a la tabla; ~ ***inclinado***, MEC; el resistente que forma ángulo agudo con el horizonte y por medio del cual se facilita la elevación de pesos o el descenso de pesos y otras cosas. 5 Elemento de una película cinematográfica, fotografiado de una vez. 6 TOPOGR. Representación gráfica en una superficie, de un terreno, o de la planta de un campamento, plaza, fortaleza, etc.: ***levantar un*** **~**, proceder a formarlo y dibujarlo; ***de*** **~**, enteramente, manifiestamente; dícese de la resolución judicial adoptada sin trámites.
REL. *5* **Mapa.**

plano-, -plano (l. *planus,* plano) Elemento prefijal y sufijal que entra en la formación de palabras con el significado de plano: *planoconvexo, aeroplano.*

planocóncavo, -va (*plano-* + *cóncavo*) ***adj.*** [cuerpo] Que presenta dos superficies opuestas, una plana y otra cóncava: *lente* ~.

planoconvexo, -xa (*plano-* + *convexo*) ***adj.*** [cuerpo] Que presenta dos superficies opuestas, una plana y otra convexa: *lente* ~.

planta (l.; doble etim. *llanta*) ***f.*** Parte inferior del pie, con que se pisa, y sobre la cual se sostiene el cuerpo. 2 Vegetal (ser orgánico). 3 Árbol u hortaliza que, sembrada y nacida en alguna parte, está dispuesta para trasplantarse en otra. 4 Plantío (terreno). 5 Diseño en que se da idea para la fábrica o formación de una cosa: *la ~ y alzada de un edificio.* 6 Proyecto o disposición hecha para asegurar el acierto y buen logro de un negocio o pretensión. 7 Plantilla (de oficina). 8 Central productora de energía. 9 Complejo o instalación industrial. 10 Piso de un edificio: ~ ***baja***, la que está al nivel de la entrada principal. 11 ARQ. Figura que forman sobre el terreno los cimientos de un edificio o la sección horizontal de las paredes en cada uno de los diferentes pisos. 12 ARQ. Diseño de esta figura. 13 PERS. Pie de la perpendicular bajada desde un punto al plano horizontal. 14 *Méj.* Estrofa con estribillo con que comienza la valona.
FRS. *De* ~, de nuevo, desde los cimientos; a ras de suelo o poco elevado sobre él. *Echar plantas*, echar bravatas y amenazas. *Fijar uno las plantas*, afirmarse en un concepto u opinión. *Buena ~, buena presencia.*

plantación ***f.*** Acción de plantar. 2 Conjunto de lo plantado. 3 Gran explotación agrícola o forestal.

plantador, -ra ***adj.-s.*** Que planta. -2 ***m.*** Instrumento pequeño de hierro que usan los hortelanos para plantar.

plantagináceo, -a (l. *plantagine,* llantén) ***adj.-f.*** Planta de la familia de las plantagináceas. -2 ***f. pl.*** Familia de plantas dicotiledóneas, herbáceas, con tallo aéreo o rizoma, hojas casi siempre estrechas, flores solitarias o en espiga, de corola gamopétala, y fruto en caja; como la zaragatona.

plantaína (l. *plantagine*) ***f.*** Llantén.

plantaje ***m.*** Conjunto de plantas. 2 *Colomb., Ecuad.* y *P. Rico.* Gesto o semblante.

I) plantar (l. *-are*) ***adj.*** Relativo a la planta del pie.

II) plantar (l. *-are*) ***tr.*** Meter en tierra [una planta, o un vástago o esqueje, etc.] para que arraigue. También se plantan los tubérculos y los bulbos. 2 Poblar de plantas [un terreno]. 3 fig. Fijar y poner enhiesta o derecha [una cosa]: ~ *una cruz.* 4 fig. intens. Colocar [una cosa] en el lugar que le corresponde o donde debe ser utilizada: ~ *un mueble.* 5 Plantear (trazar y ejecutar). 6 Dejar [a uno] aturdido a copia de dicterios e injurias. 7 Dejar [a uno] burlado, abandonarle. 8 Tratándose de golpes, darlos: ~ *un bofetón.* 9 fig. Fundar, establecer: ~ *la fe.* 10 fig. Poner [a uno] en alguna parte contra su voluntad: ~ *a uno en la calle, en la cárcel.* -11 ***prnl.*** fig. Ponerse uno de pie firme ocupando un lugar o sitio. 12 p. anal. Pararse un animal y resistirse a avanzar. 13 en gral. Resolverse a no hacer o a resistir alguna cosa. 14 En algunos juegos de cartas, no querer más de las que se tienen. 15 fig. Trasladarse a un lugar en poco tiempo: *plantarse en Cádiz; tr., le planté en Cádiz.* 16 fam. No confesar la edad, a partir de cierto número de años. 17 *Amér.* Arreglarse, ataviarse.
SIN. *3* **Implantar.** *7* **Dejar plantado.** *8* y *10* **Plantificar.**

plantario (l. *-iu*) ***m.*** Almáciga II.

plante (de *plantar,* resolverse) ***m.*** Concierto entre varias personas que hacen vida común para exigir o rechazar airadamente alguna cosa. 2 Falta a una cita o compromiso.

planteamiento ***m.*** Acción de plantear. 2 Efecto de plantear.

plantear (de *planta*) ***tr.*** Trazar o estudiar el plan [de una cosa] para alcanzar el acierto en ella. 2 Tratándose de sistemas, instituciones, reformas, etc., establecerlos o ponerlos en ejecución. 3 Tratándose de problemas o cuestiones, presentarlos, proponerlos. 4 fig. Enfocar la solución de un problema, lléguese o no a obtenerla. 5 *Extr.* Plantar.
SIN. *1* y *2* **Plantar.** *2* **Plantificar, implantar.**

plantel (de *plantar;* a través del cat. *planter*) ***m.*** Criadero (lugar). 2 fig. Lugar o reunión de gente en que se forman personas hábiles en algún ramo del saber, profesión, etc.

planteo ***m.*** Planteamiento. 2 *Argent.* Plante.

plantificación ***f.*** Acción de plantificar. 2 Efecto de plantificar.

plantificar ***tr.*** Plantear (ejecutar). 2 fig. *y* fam. Plantar (poner y golpear). -3 ***prnl.*** *Amér. Central* y *Méj.* Engalanarse, ataviarse.
◇ ** CONJUG. [1] como ***sacar.***

plantígrado, -da (l. *planta,* planta del pie + *-grado*) ***adj.-s.*** Cuadrúpedo que al andar apoya en el suelo toda la planta de los pies; como el oso.

plantilla (dim. de *planta*) ***f.*** Suela sobre la cual los zapateros arman el calzado. 2 Pieza de badana, corcho, palma, etc., con que interiormente se cubre la planta del calzado. 3 Soleta de tela que se echa en la parte inferior de los pies de las medias y calcetines cuando están rotos. 4 Pieza de hierro terminada en arco de círculo, para dar a las llantas de los carruajes la curvatura conveniente. 5 Tabla o plancha que ha de tener la misma supeficie de una pieza de la que sirve de patrón para cortarla y labrarla. 6 Plano reducido, o porción del plano total, de una obra. 7 Relación ordenada por categorías de las dependencias y empleados de una oficina, servicios públicos o privados, etc., cuya dotación está prevista en los presupuestos económicos. 8 Plan que determina y especifica las diversas dependencias y empleados de una oficina, universidad, cuerpo de funcionarios, etc. 9 ASTROL. Figura o tema celeste. 10 *Amér.* Especie de bizcocho delgado. 11 *Ant.* y *Venez.* Pies de cañas que nacen después de la primera cosecha. 12 *Cuba* y *Méj.* Fingimiento, afectada cortesía. -13 ***m.*** *Ecuad.* Fanfarrón.
SIN. *8* **Planta.**

plantillada ***f.*** *Ecuad.* Fanfarronada.

plantillar ***tr.*** Echar plantillas [al calzado]. -2 ***intr.*** *Ecuad.* Fanfarronear.

plantillazo ***m.*** DEP. En fútbol, colocación antirreglamentaria de la planta del pie delante del de otro jugador en el momento en que éste va a efectuar un chut.

plantillero, -ra ***adj.-s.*** Plantista (fam.). 2 *Cuba.* Que afecta excesiva cortesía.

plantiniano, -na ***adj.*** Perteneciente o relativo al famoso impresor de Amberes, Cristóbal Plantín (¿1520?-1589) y sus sucesores: *oficina plantiniana; edición plantiniana.*

plantío, -a ***adj.*** [tierra o sitio] Plantado o que se puede plantar. -2 ***m.*** Acción de plantar. 3 Terreno plantado recientemente de vegetales. 4 Conjunto de estos vegetales.
SIN. *3* **Planta.**

plantista ***m.*** En los jardines y sitios reales, el que cuida de la cría y plantío de los árboles y otras plantas. -2 ***com.*** fam. Persona que echa fieros o bravatas.

plantón ***m.*** Pimpollo o arbolito nuevo que ha de ser trasplantado. 2 Estaca o rama plantada para que arraigue. 3 Persona que guarda la puerta exterior de una casa, oficina, etc. 4 Soldado que está de guardia más tiempo del regular, por castigo de un exceso: ***estar uno de,*** o ***en*** **~**, estar parado en una parte por mucho tiempo; ***dar un*** **~**, retrasarse en acudir a una cita convenida. 5 Comisionado de apremio. 6 *Guat.* Semblante, facha.

plántula ***f.*** BOT. Embrión que nace.

planudo, -da ***adj.*** [buque] Que puede navegar en poca agua por tener adecuado su fondo.

plánula ***f.*** BIOL. Larva simple de los hidropólipos parecida a una pelota de células; por lo general ciliada y por tanto capaz de moverse.

plañidera ***f.*** Mujer que se contrataba para llorar en los entierros.
SIN. **Endechadera, llorona.**

plañidero, -ra *adj.* Lloroso y lastimero.
plañido *m.* Lamento, queja y llanto.
plañimiento *m.* Acción de plañir. 2 Efecto de plañir.
plañir (l. *plangere*) *intr.-tr.* Gemir y llorar sollozando o clamando: *plañía a su hijo; plañían sin cesar.* ◇ ** CONJUG. [40] como *muñir.*
plaqué (fr., chapeado) *m.* Chapa muy delgada, de oro o plata, que recubre la superficie de otro metal de menos valor. ◇ Pl.: *plaqués.*
plaqueta (fr. *plaquette;* dim. de *plaque*) *f.* Elemento en forma de disco oval o redondeado, constituyente de la sangre de los vertebrados, y que interviene en la coagulación de la sangre.
plaquín (de *placa*) *m.* Cota de armas, larga, ancha de cuerpo y de mangas.
plasenciano, -na *adj.-s.* Placentino.
I) plasma (gr., formación) *m.* BIOL. Parte líquida de la sangre, que contiene en suspensión los elementos sólidos componentes de ésta. 2 BIOL. Líquido que resulta de suprimir de la sangre sus elementos sólidos. 3 BIOL. Linfa privada de sus células.
II) plasma *f.* Prasma.
III) plasma *m.* FÍS. Estado gaseoso de la materia que contiene, prácticamente, el mismo número de electrones que de iones positivos; es un buen conductor eléctrico; constituye el estado de la materia que se presenta con más frecuencia en el universo. 2 INFORM. *Pantalla de* ~, v. pantalla.
-plasma (gr. *plasma,* formación) Elemento sufijal que entra en la formación de palabras con el significado de formación: *protoplasma.*
plasmador, -ra *adj.-s.* Creador, díc. esp. de Dios.
plasmar (l. *-are*) *tr.* Figurar, hacer o formar [una cosa], esp. de barro. 2 fig. Dar forma concreta [a un proyecto, idea, etc.] por medio de fórmulas, palabras, esquemas, etc.
plasmático, -ca *adj.* Relativo al plasma.
plasmocito *m.* MED. Leucocito.
plasmodesmo (de *plasma* + gr. *désma,* atadura) *m.* BIOL. Filamento citoplasmático que actúa de puente entre los protoplasmas de dos células vecinas.
plasmodio (de *plasma* + gr. *eidos,* forma) *m.* BOT. Talo capaz de deslizarse con una ameba y que capta materia alimenticia sólida.
plasmólisis (de *plasma* + *-lisis*) *f.* Disminución de volumen o pérdida de agua de una célula viva sumergida en una solución de presión osmótica superior. ◇ Pl.: *plasmólisis.*
plasta *f.* Cosa blanda, como barro, masa, etc. 2 Cosa aplastada. 3 fig. Lo que está hecho sin regla ni método. -4 *com.* fam. Persona pesada y fastidiosa.
plaste (gr. *plasté,* modelada) *m.* Masa de yeso mate y agua de cola, para llenar los agujeros y hendeduras de lo que se ha de pintar.
plastecer *tr.* Llenar, cerrar, cubrir con plaste. ◇ ** CONJUG. [43] como *agradecer.*
plastecido *m.* Acción de plastecer. 2 Efecto de plastecer.
-plastia (gr. *plastós,* modelado < *plasso,* formar, modelar) Elemento sufijal que entra en la formación de palabras con el significado de modelado.
plastia *f.* MED. Operación quirúrgica con la cual se pretende restablecer, mejorar o embellecer la forma de una parte del cuerpo, o modificar favorablemente una alteración morbosa subyacente a ella.
plástica (v. *plástico*) *f.* Arte de plasmar o formar cosas de barro, yeso, etc.
plasticidad *f.* Calidad de plástico. 2 Cualidad de algunos sólidos de cambiar de forma por presión o modelado. 3 Propiedad de ciertos líquidos orgánicos, como la sangre o la linfa, de alimentar los tejidos, originando su crecimiento.
plástico, -ca (l. *-cu* < gr. *-ikós* < *plasso,* formar) *adj.* Relativo a la plástica: *artes plásticas.* 2 Formativo: *fuerza plástica.* 3 V. alimento plástico. 4 Dúctil, blando, que se deja modelar fácilmente. 5 fig. [estilo o frase] Que por su concisión, exactitud y fuerza expresiva da mucho realce a las ideas o especies mentales. -6 *adj.-s.* Cuerpo químico, obtenido graIte. por síntesis, de estructura macromolecular, que sirve para distintos usos; fibras, objetos de cocina, medicina, etc.; como el plexiglás, nilón, celuloide, caucho, etc.
plastificación *f.* Acción de plastificar. 2 Efecto de plastificar.
plastificado, -da, p. p. de *plastificar.* 2 *m.* Acción de plastificar. 3 Efecto de plastificar.
plastificante *adj.-m.* Substancia que se añade a los plásticos, a fin de mejorar sus propiedades.
plastificar (de *plástico* + *-ificar*) *tr.* Recubrir, con una lámina de material plástico, papeles, documentos, telas, gráficos, etc. ◇ ** CONJUG. [1] como *sacar.*
plasto (gr. *plastós,* modelado) *m.* Orgánulo dotado de vitalidad propia, que se encuentra en la célula vegetal.
plastrón (fr. *plastron*) *m.* Corbata muy ancha que cubre el centro de la pechera de la camisa.
plata (b. l., lámina de metal < gr. *plattos,* llano) *f.* Metal blanco brillante, sonoro, dúctil y maleable, muy usado en la fabricación de monedas y objetos preciosos. Su símbolo es *Ag,* su peso atómico 107,8 y su número atómico 47: ~ ***de piña,*** masa esponjosa de plata; ~ ***nativa,*** la que se halla casi pura en algunos terrenos; ~ ***seca,*** mineral de plata que en la amalgamación no se junta con el azogue; ***en*** ~, fig., brevemente, sin circunloquios; en substancia, en resumen. 2 ~ ***labrada,*** conjunto de piezas de plata destinadas al uso doméstico, al servicio de un templo, etc.: ***como una*** ~, fig., limpio y reluciente. 3 Nombre de varios compuestos y aleaciones de plata: ~ ***córnea,*** mineral amarillento compuesto de cloro y plata; ~ ***gris,*** mineral cristalino, brillante, de color gris obscuro, compuesto de plata y azufre; ~ ***roja,*** o ***rosicler,*** mineral de color y brillo de rubí, compuesto de azufre, arsénico y plata. 4 ~ ***encantada,*** obsidiana de color verde aceitunado, algo translúcida por los bordes, con la superficie cubierta de una substancia vítrea de color blanco nacarado. 5 fig. Moneda de plata. 6 fig. Dinero, riqueza. 7 fig. Alhaja que conserva su valor intrínseco aunque pierda la hechura o adorno. 8 fig. Lo que sin ser gravoso es de valor o utilidad en cualquier tiempo. 9 BLAS. Metal que se significa por el fondo blanco del escudo o de la partición en que se pone. -10 *adj.* Plateado, de color semejante al de la plata.
REL. **Argénteo, argentino,** de plata, adjs.; **argentífero,** que contiene plata.
platabanda (fr. *plate-bande*) *f.* GALIC. Arriate. 2 ARQ. Moldura lisa.
plataforma (fr. *plate-forme*) *f.* Máquina para señalar y cortar los dientes de las ruedas de engranaje. 2 Tablero horizontal, descubierto y elevado sobre el suelo, donde se colocan personas o cosas. 3 Especie de azotea de las torres, reductos y otras obras. 4 Vagón descubierto y con bordes de poca altura en sus cuatro lados. 5 Parte anterior y posterior de los tranvías, autobuses, etc., en que van el conductor y, de pie, determinado número de viajeros. 6 Programa o conjunto de reivindicaciones o exigencias que presenta un partido político, sindicato, etc., o una personalidad política; conjunto de personas, normalmente representativas, que dirigen un movimiento reivindicativo. 7 fig. Apariencia, pretexto, colorido. 8 FORT. Obra interior que se levanta sobre el terraplén de la cortina. 9 GEOL. Estructura terrestre en la que las capas sedimentarias tienen una pendiente muy ligera y las ondulaciones del terreno un radio considerablemente grande ~ ***continental,*** zona marina de hasta 200 metros que bordea los continentes y se extiende desde el límite de la bajamar hasta la plataforma submarina; ~ ***submarina,*** conjunto de los fondos oceánicos de superficie casi horizontal, cubiertos de depósitos de lodos finos.
platal *m.* Dineral (cantidad).
platalea (l.) *f.* Pelícano.
platanáceo, -a *adj.-f.* Planta de la familia de las platanáceas. -2 *f. pl.* Familia de plantas dicotiledóneas que incluye árboles de hojas alternas, palmeadas y lobuladas, sin estípulas, flores monoicas agrupadas sobre receptáculos globosos y frutos en nuececilla coriácea; como el plátano (árbol).
platanal, -nar *m.* Terreno poblado de plátanos.
platanaria *f.* Planta acuática, erecta y perenne, cuyas hojas tienen sección triangular, y de flores amarillentas y verdosas *(Sparganium erectum).*
SIN. **Esparganio.**
platanazo *m. Amér. Central* y *Venez.* Batacazo. 2 *Amér. Central* y *Venez.* fig. Caída brusca de un gobierno.
platanero, -ra *m.* Plátano (planta). -2 *f.* Platanar. -3 *m. f. Colomb.* y *P. Rico.* Persona que cultiva plátanos o negocia con su fruto. -4 *adj. Ant.* [viento] Que sin ser muy fuerte llega a derribar las matas de plátano. 5 *Ecuad.* [caballo] De paso natural y grave. 6 *P. Rico.* burl. Típico, propio o genuino del país.
plátano (gr. *plátanos*) *m.* Árbol platanáceo, de tronco recto, corteza blanquecina que se desprende en placas irregulares, hojas partidas en lóbulos dentados, flores en cabezuelas unisexuales y frutos rodeados de largos pelos en su base y agrupados en bolas pendientes de un largo pedúnculo; se emplea para dar sombra en los jardines, calles y avenidas *(Platanus orientalis).* 2 Planta

musácea, de talla arbórea, grandes hojas divididas y el escapo terminado en un racimo de flores rojizas y olorosas, que dan un fruto largo, triangular, cubierto de una piel correosa, blando, por lo común sin semilla, de olor agradable y gusto delicado *(Musa paradisiaca)*. 3 Fruto de esta planta. 4 ~ ***falso***, árbol aceráceo, de copa ancha y flores en racimos colgantes *(Acer pseudoplatanus)*. 5 ~ ***grande***, fruto de otra especie, de origen indo-malayo, llamada *higuera de Adán*, mucho más grande, encorvado y verde al exterior; no se comen crudos, sino guisados, a modo de patatas. 6 ~ ***guineo***, fruto de otra musácea del mismo género que el anterior, procedente de una especie originaria de la India y muy cultivada en América Central; es más pequeño, dulce y aromático que el conocido y cultivado en España.

SIN. *2* **Banano** y **platanero.**

platea (orig. incierto, quizás del fr. *platée*, der. de *plat*, ancho) *f.* Patio del teatro. 2 Palco situado en la planta baja. 3 V. vagón ~. 4 *Argent.* Butaca, luneta.

plateado, -da ***adj.*** Bañado de plata. 2 De color parecido al de la plata. -3 ***m.*** Acción de platear. 4 *Cuba.* Desertor del ejército cubano durante las guerras de la Independencia. 5 *Méj.* Muy rico, adinerado.

plateador, -ra ***m. f.*** Persona que tiene por oficio platear.

plateadura *f.* Acción de platear. 2 Efecto de platear. 3 Plata que se emplea en esta operación.

platear *tr.* Dar o cubrir de plata [un retablo, un marco, etc.].

platel ***m.*** Especie de plato o bandeja.

platelminto (gr. *platys*, ancho + *hélmins, -inthos*, gusano) ***adj.-m.*** Gusano del tipo de los platelmintos. -2 ***m. pl.*** Tipo de gusanos, generalmente hermafroditas y parásitos, de cuerpo aplanado, desprovisto de apéndices, con la cavidad general rellena de una masa de tejido conjuntivo; está formado por tres clases: turbelarios, trematodos y cestodos.

platense ***adj.*** Relativo a la c. argentina de La Plata.

plateñismo ***m.*** Giro o expresión de los países del Río de la Plata.

platera *f. Murc.* Escurreplatos.

plateresco, -ca (de *platero*) ***adj.*** Propio o relativo al estilo español de ornamentación empleado por nuestros plateros del siglo XVI, aprovechando elementos de las arquitecturas clásica y ojival. -2 ***adj.-s.*** Estilo arquitectónico desarrollado en España en el s. XVI, de carácter híbrido y gran fastuosidad, a cuya formación contribuyeron elementos renacentistas italianos, góticos preciosistas, temas de arte popular y las innovaciones constructivas de la época.

platería *f.* Arte y oficio de platero. 2 Obrador o establecimiento de platero. 3 Plata labrada.

I) platero, -ra ***m. f.*** Artífice que labra la plata. 2 Persona que tiene por oficio vender objetos labrados de plata u oro, o joyas con pedrería.

SIN. **Percocero,** p. us.

II) platero ***m.*** Mueble gralte. de madera en el que se pone la vajilla.

plati- (gr. *platys*, ancho) Elemento prefijal que entra en la formación de palabras con el significado de ancho: *platirrino.*

plática (l. *practice*, del gr. *praktike;* en su var. *plática*) *f.* Conversación; acto de hablar entre sí dos o más personas. 2 Discurso o sermón breve para exhortar a los actos de virtud, instruir en la doctrina cristiana, etc.

SIN. *1* v. **Conversación.**

platicar (de *plática*) ***intr.-tr.*** Hablar unos con otros, conferir o tratar de un negocio o materia: *platicaban la madre y la hija; platiqué con él la cuestión.* ◇ ** CONJUG. [1] como ***sacar.***

platicelo (*plati-* + *-celo*) ***adj.*** Que es plano y cóncavo.

platija (l. *platissa*) *f.* Pez marino teleósteo pleuronectiforme semejante al lenguado, pero de escamas más fuertes y unidas y de color pardo con manchas amarillas en la parte superior *(Pleuronectes platessa)*. 2 Solla.

SIN. *1* **Acedía, platuja.**

platilla *f.* Bocadillo (lienzo).

platillero, -ra ***m. f.*** Persona que toca los platillos en las bandas de música.

platillo (dim. de *plato*) ***m.*** Pieza, esp. pequeña, de figura semejante al plato: ~ *para recoger limosna;* ~ *de una máquina; los platillos de una balanza.* 2 Chapa metálica circular que, junto a otra igual, forma un instrumento de percusión, usado para acompañamiento. Se hacen chocar una con otra sujetándolas, una en cada mano, mediante una correa en forma de anillo fija en el centro de cada uno de los platillos. 3 Guisado compuesto de carne y verduras picadas. 4 Extraordinario que comen los religiosos en sus comunidades los días festivos. 5 fig. Objeto o asunto de murmuración: *hacer*, o *ser, el* ~. 6 *Méj.* Plato, manjar preparado. 7 ~ ***volador*** o ***volante***, supuesto objeto volante, cuyo origen y naturaleza se desconoce, pero al que se atribuye con frecuencia procedencia extraterrestre.

SIN. *5* **Comidilla, plato.**

I) platina (de *plata*) *f.* Platino.

II) platina (fr. *-ine*) *f.* Parte del microscopio en que se coloca el objeto que se quiere observar. 2 Disco de vidrio deslustrado o de metal y perfectamente plano para que ajuste en su superficie el borde del recipiente de la máquina neumática. 3 Plato giradiscos provisto de un mecanismo de arrastre y de un brazo móvil. 4 Magnetófono de casetes que se conecta a una cadena de sonido. 5 IMPR. Mesa forrada de una plancha lisa de metal, para ajustar, imponer y acuñar las formas. 6 IMPR. Superficie plana de la prensa o máquina de imprimir, sobre la cual se coloca la forma.

platinado ***m.*** Acción de platinar. 2 Efecto de platinar.

platinar *tr.* Cubrir [un objeto] con una capa de platino.

platinífero, -ra (de *platino* + *-fero*) ***adj.*** Que contiene platino.

platinista ***com.*** Obrero que trabaja en platino.

platino (de *platina*) ***m.*** Metal muy pesado, de color de plata, muy duro, menos dúctil que el oro e inatacable por los ácidos, a excepción del agua regia. Su símbolo es *Pt*, su peso atómico 195, y su número atómico es 78. -2 ***m. pl.*** Contactos del ruptor, en los motores de automóvil.

platinoide (de *platino* + *-oide*) ***m.*** Aleación de cobre, níquel y cinc.

platinotipia (*platino* + *-tipia*) *f.* Procedimiento fotográfico que da imágenes positivas sobre papel sensibilizado con sales de platino. 2 Prueba así obtenida.

platirrinia *f.* Anchura exagerada de la nariz.

platirrino, -na (*plati-* + gr. *rhis, rhinós*, nariz) ***adj.-m.*** Primate del infraorden de los platirrinos. -2 ***m. pl.*** Infraorden de primates antropoides del Nuevo Continente, caracterizados por tener los orificios nasales separados por un ancho tabique membranoso; como el tití.

plato (l. v. *plattu*, aplanado, der. del gr. *platys*, ancho) ***m.*** Vasija baja y redonda, con una concavidad en medio y borde gralte. plano alrededor, empleada en las mesas para servir las viandas, comer en ellas y otros usos: ~ ***sopero***, el hondo en que se come la sopa. 2 Vianda o manjar que se sirve en los platos: ~ ***combinado***, el que tiene diversos manjares y se sirve en cafeterías o locales análogos a modo de comida entera. 3 Manjar preparado para ser comido. 4 fig. ~ ***de segunda mesa***, persona o cosa cuya posesión no lisonjea por pertenecer o haber pertenecido a otro; ***ser uno*** ~ ***de segunda mesa***, sentirse postergado o desconsiderado. 5 Comida u ordinario que cada día se gasta en comer. 6 Platillo (asunto). 7 Platillo de la balanza. 8 Ornato puesto en el friso del orden dórico sobre la métopa y entre los triglifos. 9 Gran piñón de bicicleta. 10 Dispositivo para sujetar la pieza en una máquina herramienta. 11 Giradiscos.

FR. *Comer en un mismo* ~, fig., tener dos o más personas grande amistad o confianza. *Ser o no ser,* ~ *del gusto de uno*, serle o no grata una persona o cosa. *No haber quebrado uno un* ~, no haber cometido ninguna falta.

plató (fr. *plateau*) ***m.*** Escenario de un estudio de cine o televisión. ◇ Pl.: *platós.*

platón ***m.*** *Amér.* Jofaina, palangana. 2 *Amér.* Fuente o plato grande. 3 *Colomb.* Artesa o vasija de madera, de una sola pieza, que sirve para lavar. 4 *Hond.* Cazuela grande.

platónicamente ***adv. m.*** Idealmente, honesta y desinteresadamente.

platónico, -ca ***adj.-s.*** Que sigue la escuela o filosofía de Platón (428-347 ó 348 a. C.). -2 ***adj.*** Relativo a esta escuela o filosofía. 3 Desinteresado, honesto, meramente ideal: *amor* ~.

platonismo ***m.*** Escuela y sistema filosófico de Platón (428-347 ó 348 a. C.), según la cual el conocimiento que proviene de la percepción de los sentidos es mudable y no da certeza; sólo los conceptos son inmutables, y su formación en el alma humana es un acto de recuerdo que demuestra la preexistencia y la inmortalidad del alma. En el orden moral, la virtud es apreciada por sí misma, como hermosura y salud del alma.

platudo, -da ***adj.*** *Amér.* Adinerado, que tiene plata.

platuja *f.* Platija.

plausibilidad *f.* Calidad de plausible.

plausible (l. *-ibile*) ***adj.*** Digno de aplauso. 2 Atendible, admisible, recomendable.

SIN. *1* **Laudable, loable.**

plausiblemente *adv. m.* Con aplauso.
plausivo, -va *adj.* Que aplaude.
plaustro (l. *-tru) m.* poét. Carro (carruaje).
plautino, -na (l. *-nu*) *adj.* Propio y característico del poeta Plauto (¿254?-184 a. C.), o parecido a cualquiera de sus dotes y calidades.
playa (b. l. *plagia,* playa) *f.* Ribera del mar o de un río grande, formada de arenales en superficie casi plana. 2 *Argent., Parag., Urug.* y *Venez.* Cancha o espacio ancho y despejado destinado a usos determinados en los poblados y en las industrias de mucha superficie. 3 *Argent.* Sitio donde acostumbra a pernoctar el ganado. 4 *Guat.* Llaga.
playado, -da *adj.* [río, mar, etc.] Que tiene playa.
playazo *m.* Playa grande y extendida.
play-back (voz inglesa) *m.* Grabación del sonido antes de impresionar la imagen.
play-boy (voz inglesa) *m.* Hombre joven de físico agradable que lleva una vida ociosa y de seductor.
playera (de *playa*) *f.* Cante flamenco, actualmente en desuso, que constituye la forma más antigua de la seguiriya: *cantar playeras.*
SIN. **Corridas.**
playero, -ra *m. f.* Persona que conduce de la playa el pescado para venderlo. -2 *adj.* [prenda] Usado en la playa. -3 *f.* Sandalia de material plástico que consta de una suela y dos tirillas unidas, en la parte delantera, entre el dedo gordo y los demás, y sujeta a cada uno de los lados del pie a la altura de los tobillos. -4 *adj.-s. Amér. Merid.* [toro] Corniabierto y mal armado. 5 *Cuba* y *P. Rico.* Que vive en la playa o cerca del mar. 6 *Cuba* y *P. Rico.* Que es de la plebe. -7 *m. Perú.* Gremio matriculado de trabajadores que en los puertos se ocupan en acarrear la carga de las embarcaciones a la aduana.
playo, -ya *adj.-s. Argent., Méj., Parag.* y *Urug.* Aplanado en su forma, en oposición a hondo. -2 *m. Ecuad.* Especie de tenazas pequeñas, gralte. con ranuras finas en sus extremos.
plaza (l. v. *plattea,* por l., *plaza,* der. del gr. *plateia*) *f.* Lugar ancho y espacioso dentro de un poblado: ~ ***mayor,*** la que constituye o constituyó el núcleo principal de la vida urbana en numerosos pueblos y ciudades. 2 ~ ***de abastos,*** lugar donde se venden los mantenimientos y se tiene el trato común de los vecinos y comarcanos, y donde se celebran las ferias, los mercados y fiestas públicas. 3 ~ ***de toros,*** circo donde lidian toros: ***romper*** ~, ser primero en la lidia un toro, o gozar de tal preferencia una divisa o ganadería. 4 Lugar fortificado con muros, reparos, baluartes, etc.: ~ ***de armas*** o ***fuerte,*** población fortificada según arte; lugar en que se acampa y forma el ejército en campaña, o en el que se forman y hacen el ejercicio las tropas de guardia en una plaza; fortaleza o ciudad, situada en zona de guerra, en que se ponen los pertrechos militares para el tiempo de la campaña; ***socorrer la*** ~, fig., socorrer a una persona necesitada. 5 Población en que se hacen operaciones considerables de comercio por mayor, y esp. de giro: ***correr la*** ~, fig., visitar un corredor a los comerciantes para propagar o vender mercancías determinadas. 6 Gremio o reunión de negociantes de una plaza de comercio. 7 Sitio determinado para una persona o cosa, en el que cabe con otras de su especie. 8 Espacio, sitio o lugar. 9 Zona de tiro de un cazador. 10 Suelo del horno. 11 Oficio, ministerio, puesto o empleo: *una ~ vacante.* 12 Asiento hecho en los libros acerca del que voluntariamente se presenta para servir de soldado: ***asentar,*** o ***sentar*** ~, entrar a servir de soldado. 13 ***Plaza montada,*** soldado u oficial que usa caballo. 14 *Colomb.* Medida de superficie de 50 metros por lado.
SIN. *2* **Mercado.** GRAM. Dim. **placeta, plazuela;** sobre ellos se han formado **placetuela** y **plazoleta, respectivamente.**
plazo (ant. *plazdo;* l. *placitu,* decreto, orden; abreviatura de *dies placitus*) *m.* Término o tiempo señalado para una cosa. 2 Vencimiento del término. 3 Parte de una cantidad pagadera en dos o más veces.
plazoleta *f.* Dim. de *plazuela.* 2 Espacio a manera de plazuela, que suele haber en jardines y alamedas.
plazuela *f.* Dim. de *plaza.*
ple (ingl. *play,* juego) *m.* Juego de pelota en que se arroja ésta contra la pared.
pleamar (port. *prea mar;* adaptación del fr. *pleine mer*) *f.* Fin de la marea creciente del mar. 2 Tiempo que ésta dura.
SIN. **Plenamar.** CONTR. **Bajamar.**
plébano, plebano *m.* En algunas partes, cura párroco.
plebe (l.) *f.* Estado llano. 2 Populacho.
plebeyez *f.* Calidad de plebeyo.
plebeyo, -ya (l. *plebeiu*) *adj.-s.* Propio de la plebe o relativo a ella. 2 [pers.] Que no es noble ni hidalgo. 3 Ordinario, grosero, soez.
REL. *3* **Aplebeyar,** vb., volver grosero; **plebeyez,** subst., ordinariez.
plebiscitar *tr.* Someter a plebiscito [una ley o decisión pública].
plebiscitario, -ria *adj.* Relativo al plebiscito.
plebiscito (l. *-tu*) *m.* Ley que la plebe de Roma establecía a propuesta de su tribuno. 2 Resolución tomada por todo un pueblo por mayoría de votos. 3 Consulta al voto popular directo para que apruebe la política de poderes excepcionales.
pleca *f.* IMPR. Filete pequeño y de una sola raya.
plecóptero *adj.-m.* Insecto del orden de los plecópteros. -2 *m. pl.* Orden de insectos pterigotas con las alas membranosas y más largas que el abdomen; sus larvas son acuáticas.
plecténquima *m.* BIOL. Conjunto de células con aspecto de tejido que realmente no lo es, propio de algunos vegetales.
plectro (gr. *plektron*) *m.* Púa o pequeña pieza de marfil, hueso, madera, etc., que sirve para tocar ciertos instrumentos de cuerda. 2 fig. En poesía, inspiración, estilo.
plegable *adj.* Capaz de plegarse.
plegadamente *adv. m.* Confusamente, por mayor.
plegadera *f.* Instrumento a manera de cuchillo, a propósito para plegar o cortar papel.
plegadizo, -za *adj.* Fácil de plegarse o doblarse.
plegado *m.* Plegadura.
plegador, -ra *adj.* Que pliega. -2 *m.* Instrumento con que se pliega algo. 3 En la industria sedera, madero grueso y redondo donde se revuelve la urdimbre para ir tejiendo la tela. -4 *f.* IMPR. Máquina para plegar con uno o más dobleces los pliegos impresos, según el formato o tamaño deseado.
plegadura *f.* Acción de plegar una cosa. 2 Efecto de plegar una cosa.
plegamiento *m.* GEOL. Deformación de los estratos de la corteza terrestre.
plegar (l. *plicare;* doble etim. *llegar*) *tr.* Hacer pliegues [en una cosa]: ~ *una falda; plegarse la tela.* 2 esp. Doblar [los pliegos] de que se compone un libro que se ha de encuadernar. 3 En el arte de la seda, revolver [la urdimbre] en el plegador. -4 *prnl.* fig. Doblarse, ceder, someterse. ◇ ** CONJUG. [48] como ***regar.***
plegaria (l. *precaria* < *precari,* rogar) *f.* Deprecación o súplica humilde y ferviente para pedir una cosa. 2 Señal que al mediodía se hace en las iglesias con la campana para que todos los fieles hagan oración.
SIN. **Oración, rezo.**
plegonero *m.* Pez marino teleósteo gadiforme semejante a la faneca, pero de mayor tamaño y con el cuerpo menos alto *(Merlangius merlangus).*
pleguería *f.* Conjunto de pliegues, esp. en las obras de arte.
pleguete (dim. de *pliegue*) *m.* Tijereta de las vides y de otras plantas.
pleistoceno, -na (gr. *pleiston,* lo más + *kainos,* nuevo) *adj.-m.* Período geológico base de la era cuaternaria y terreno a él correspondiente. 2 *adj.* Perteneciente o relativo a dicho período.
pleita (l. v. *plecta,* enrejado, del gr. *plehté,* cuerda tejida) *f.* Faja o tira de esparto entretejido, para hacer esteras, sombreros, etc.
SIN. **Empleita.**
pleiteador, -ra *adj.-s.* Que pleitea. 2 Pleitista.
pleiteante *adj.-s.* Pleitista. 2 Litigante.
pleitear (de *pleito*) *tr.* Litigar o contender judicialmente [sobre una cosa]: ~ *con,* o *contra, alguno.* 2 Discutir, disputar.
pleitesía (ant. *pleités,* der. de *pleito,* en la acep. ant. de homenaje) *f.* ant. Pacto, convenio, avenencia. 2 lit. Homenaje, cortesía que se debe a una persona: *tributar, rendir, hacer ~.*
pleitista *adj.-com.* Sujeto propenso a ocasionar contiendas y pleitos.
SIN. **Picapleitos, pleiteador.**
pleito (fr. ant. *plait,* del l. *placitu;* v. *plazo*) *m.* Discusión y resolución en juicio de una diferencia entre partes y, en general, proceso o cuerpo de autos sobre cualquier causa: ~ ***civil,*** aquel en que se litiga sobre materia propia del derecho civil; ~ ***criminal,*** causa (proceso); ~ ***de acreedores,*** concurso de acreedores. 2 Contienda, diferencia, esp. disputa o pendencia doméstica o privada: ***poner a*** ~, fig., oponerse con ardor y eficacia a una cosa sin tener razón o justo motivo para ello. 3 Contienda, lid o batalla que se determina por las armas. 4 ~ ***homenaje,*** homenaje (juramento).
SIN. *1* **Causa,** esp. si es criminal; **litigio; lite** y **litis,** latinismos pedantescos,

p. us. aun en DER. FR. *Conocer de un ~*, ser juez de él. *Contestar el ~*, contestar la demanda. *Poner ~ a uno*, entablarlo contra él. *Salir con el ~*, ganarlo. *Ver el ~*, hacerse relación de él hablando las partes o sus abogados ante los juzgadores. *Tener mal ~*, fig., no tener razón en lo que se pide, o carecer de medios competentes para conseguirlo. *Ver uno el ~ mal parado*, reconocer el riesgo o aprieto en que se halla o la inminencia de perderse una cosa.

-plejía (gr. *plegé*, golpe, de *plesso*, golpear, herir) Elemento sufijal que entra en la formación de palabras con el significado de parálisis.

plementería *f.* Conjunto de materiales que forman la cubierta de una bóveda de crucería, independientemente de los nervios.

plemento *m.* Paño formado por la plementería en una bóveda de crucería.

plena *f. P. Rico* y *S. Dom.* Baile cantado de ritmo binario, cuyo texto es una balada en verso libre de carácter narrativo y moralizante. 2 *S. Dom.* Sabana, llanura.

plenamar *f.* Pleamar.

plenamente *adv. m.* Llena y enteramente.

plenariamente *adv. m.* Plenamente. 2 DER. Con juicio plenario, o sin admitir las formalidades legales.

plenario, -ria (l. *-iu*) *adj.* Lleno, entero, completo, total. -2 *m.* DER. Parte del proceso criminal que sigue al sumario hasta la sentencia. 3 Pleno, reunión o junta general de una corporación.

pleni- (l. *plenu*, lleno) Elemento prefijal que entra en la formación de palabras con el significado de lleno.

plenilunio (l. *-iu*) *m.* Luna llena.

SIN. **Lleno.**

plenipotencia (l. *plenu*, pleno + *potentia*, poder) *f.* Poder pleno que se concede a otro para ejecutar, concluir o resolver una cosa.

plenipotenciario, -ria *adj.-s.* [pers.] Que cuenta con la plenipotencia conferida por un soberano o por la república, para tratar, concluir o ajustar intereses en un congreso o en un estado extranjero.

plenitud (l. *-udo*) *f.* Totalidad, integridad o calidad de pleno. 2 Abundancia o exceso de un humor en el cuerpo.

pleno, -na (l. *-nu;* doble etim. *lleno*) *adj.* Entero, completo. -2 *m.* Reunión o junta general de una corporación.

SIN. *1* v. **Lleno.**

pleocroísmo (gr. *pleon*, lleno + *chroa*, coloración) *m.* Propiedad que tienen ciertos minerales coloreados por transparencia de ofrecer colores distintos según la dirección en que se les observa.

SIN. **Policroísmo.**

pleomorfo *adj.* Polimorfo.

pleon *m.* ZOOL. Abdomen de los crustáceos, formado por varios segmentos.

pleonasmo (gr. *pleonasmós*, superabundancia) *m.* GRAM. Figura de construcción que consiste en emplear, enfáticamente, más palabras de las necesarias: *lo he visto con mis propios ojos.*

pleonasta *f.* Variedad de espinela de color pardo negruzco, a veces utilizada como piedra preciosa.

pleonásticamente *adv. m.* Cometiendo pleonasmo.

pleonástico, -ca *adj.* Relativo al pleonasmo; que lo encierra o incluye.

plepa (voz de origen incierto) *f.* Aquello que tiene muchos defectos en lo físico o en lo moral. 2 *Murc.* fam. Molestia, alifafe.

SIN. **Engarnio.**

pleque-pleque *m. Colomb.* y *Pan.* Confusión, desorden.

plesi- (gr. *plesso*, golpear) Elemento prefijal que entra en la formación de palabras con el significado de golpear.

plesímetro (*plesi-* + *-metro*) *m.* MED. Instrumento sobre el cual se golpea para explorar por percusión las cavidades naturales.

plesio- (gr. *plesíos*, próximo) Elemento prefijal que entra en la formación de palabras con el significado de próximo.

plesiosauro (*plesio-* + *-sauro*) *m.* Género de reptiles marinos gigantescos que vivieron en la era secundaria y de los cuales se han hallado algunos restos fósiles.

pletina *f.* Platina II, magnetófono.

pletismógrafo (gr. *plethismós*, aumento + *-grafo*) *m.* Aparato para registrar gráficamente las variaciones de volumen de una parte del organismo.

plétora (gr. *plethora*) *f.* Sobreabundancia de sangre o de otros humores en todo el organismo o en una parte de él. 2 fig. Abundancia excesiva de alguna cosa.

SIN. **Superabundancia.**

pletórico, -ca *adj.* Que tiene plétora.

SIN. v. **Lleno.**

pleur, v. pleuro-.

pleura (gr. *pleurá*) *f.* Membrana serosa, una a cada lado del pecho, que recubre las paredes de la cavidad torácica (*~ costal*) y los pulmones (*~ pulmonar*).

pleural *adj.* Pleurítico (relativo a la pleura).

pleuresía (del gr. *pleurá*, costado; a través del fr. *pleurésie*) *f.* Inflamación de la pleura. 2 *~ falsa*, pleurodinia.

pleurítico, -ca *adj.-s.* Que padece pleuresía. -2 *adj.* Relativo a la pleura.

pleuritis (*pleur-* + *-itis*) *f.* Inflamación crónica y seca de la pleura. ◇ Pl.: *pleuritis.*

pleuro-, pleur- (gr. *pleurá* o *pleurón*, costado, costilla) Elemento prefijal que entra en la formación de palabras denotando relación con la pleura o con un costado.

pleurocapsales *f. pl.* Orden de vegetales dentro de la clase de las cianofíceas, filamentosos, que viven sobre las rocas.

pleurodinia (*pleuro-* + gr. *odyne*, dolor) *f.* Reumatismo de los músculos de la pared torácica.

SIN. **Pleuresía falsa.**

pleuromeiales *f. pl.* Orden de plantas fósiles dentro de la división de los licopodófitos.

pleuronectiforme (*pleuro-* + gr. *nektos*, que nada + *-forme*) *adj.-m.* Pez del orden de los pleuronectiformes. -2 *m. pl.* Orden de peces teleósteos bentónicos con el cuerpo plano y asimétrico y los dos ojos en el mismo costado; como el lenguado y el rodaballo.

pleuroneumonía (*pleuro-* + *neumonía*) *f.* MED. Inflamación simultánea de la pleura y el pulmón.

pleuroto *m.* Seta relativamente grande, cuyo sombrero es de color variable según la edad, y de pie excéntrico y blanco *(Pleurotus ostreatus).*

plexi- (l. *plexus;* pp. de *plecto*, tejer, entrelazar) Elemento prefijal que entra en la formación de palabras con el significado de tejer, entrelazar: *plexiforme.*

plexiforme (*plexi-* + *-forme*) *adj.* En forma de plexo o red.

plexiglás (al. *Plexiglass*) *m.* Substancia plástica, transparente e incolora, formada por metacrilato de metilo. Erróneamente suele llamarse así a todos los plásticos transparentes o translúcidos.

plexo (l. *-xu*, tejido) *m.* Red formada por varios filamentos nerviosos o vasculares entrelazados: *~ sacro*, el constituido por la anastomosis que forman entre sí la mayoría de las ramas nerviosas sacras; *~ solar*, red nerviosa que rodea la arteria aorta ventral y procede especialmente del gran simpático y del nervio vago.

Pléyadas *n. pr.* Pléyades.

pléyade (v. *Pléyades*) *f.* fig. Grupo de personas señaladas, que florecen por el mismo tiempo: *~ literaria.*

Pléyades (gr. *Pleiades* + *pleo*, navegar) *n. pr.* Grupo estelar muy notable en la constelación de Tauro.

SIN. **Hespérides.**

plica (l.) *f.* Sobre cerrado y sellado en que se reserva algún documento que no debe publicarse hasta fecha u ocasión determinada. 2 Enfermedad del cabello en que éste se enreda y aglutina.

pliego (de *plegar*) *m.* Porción o pieza de papel de forma cuadrangular y doblada por medio, de lo cual toma nombre. En el papel impreso los dobleces son dos o más: *~ común*, el que tiene las dimensiones del papel sellado (435 mms. de largo por 315 de ancho); *~ prolongado*, aquel en que la proporción del largo con el ancho es diferente de la que corresponde a la marca ordinaria, resultando el pliego doblado, más largo que los comunes. 2 p. ext. Hoja de papel que no se expende ni se usa doblada. 3 Conjunto de páginas de un libro o folleto cuando, en el tamaño de fábrica, no forman más que un pliego. 4 *Pliegos cordel*, romances, novelas cortas, vidas de santos y obras populares, impresas en pliegos sueltos; suelen venderse colgados de unos bramantes puestos en los portales y tiendas. 5 Comunicación importante que se envía, cerrada, de una persona a otra; documento: *~ de cargos*, escrito que contiene una exposición de las faltas e infracciones de que se acusa a un funcionario sometido a expediente administrativo; *~ de condiciones*, documento en que figuran las condiciones a las que deben sujetarse las dos partes que formalizan un contrato; *~ de descargo*, documento en el que constan las alegaciones utilizadas por un funcionario público al que se le ha comunicado la incoación de un expediente. 6 Conjunto de papeles contenidos en un mismo sobre o cubierta.

pliegue *m.* Doblez que resulta en cualquiera de aquellas partes en que una cosa flexible deja de estar lisa o extendida. 2 Doblez hecho artificialmente por adorno: *los pliegues de una falda.* 3 GEOL. Ondulación del terreno, que consta de dos partes: anticlinal y sinclinal.

plieguecillo *m.* Dim. de *pliego.* 2 Medio pliego común doblado por la mitad a lo ancho.

plinto (l. *plinthu;* gr. *plinthos,* ladrillo) *m.* Cuadrado sobre el que se asienta la base de la columna. 2 Especie de taburete, usado en ejercicios gimnásticos, cuya superficie está almohadillada.

SIN. *1* **Latastro, orlo.**

plio- (gr. *pleión,* más) Elemento prefijal que entra en la formación de palabras con el significado de más.

plioceno, -na (*plio-* + gr. *kainós,* reciente) *adj.-m.* Período geológico que sigue al mioceno, con que finaliza el neógeno y, por tanto, la era terciaria, y terreno a él correspondiente. 2 *adj.* Perteneciente o relativo a dicho período.

plisado *m.* Acción de plisar. 2 Efecto de plisar.

plisar (fr. *plisser*) *tr.* Hacer por adorno cierto número de pliegues [en prendas de vestir, visillos, etc.].

plomada *f.* Estilo o barrita de plomo que usan los artífices para señalar o reglar una cosa. 2 Pesa de metal que, colgada de una cuerda, sirve para señalar la línea vertical. 3 Sonda (cuerda). 4 Conjunto de plomos puestos en la red para pescar. 5 Azote de correas en cuyo remate había unas bolas de plomo.

SIN. *2* **Perpendículo, plomo.**

plomar (l. *plumbare*) *tr.* Poner un sello de plomo pendiente de hilos [en un instrumento, privilegio o diploma].

plomazo *m.* Golpe o herida que causa el perdigón disparado con arma de fuego. 2 *Guat.* y *Méj.* Balazo.

plomazón (del ant. *plomazo,* colchón) *f.* Almohadilla de cuero, fija en una tabla y rellena de plumón, sobre la cual se cortan los panes para dorar o platear.

plombagina (fr. *-ine*) *f.* Grafito.

plomear *intr.* Cubrir el blanco los perdigones de un tiro con la amplitud, precisión y alcance correspondientes al arma que se dispara.

plomería *f.* Cubierta de plomo que se pone en los edificios. 2 Almacén o depósito de plomos. 3 Taller del plomero. 4 Arte del plomero. 5 *Amér.* Fontanería.

plomero *m.* El que trabaja o fabrica cosas de plomo. 2 *Amér.* Fontanero.

plomífero, -ra (de *plomo* + *-fero*) *adj.* Que contiene plomo. -2 *m. f.* Persona o cosa fastidiosa.

plomizo, -za *adj.* Que tiene plomo. 2 De color de plomo. 3 Parecido al plomo en alguna de sus cualidades.

I) plomo (l. *plumbu*) *m.* Metal pesado, dúctil, maleable, blando, fusible, de color gris ligeramente azulado, que al aire se empaña con facilidad y que con los ácidos forma sales venenosas. Su símbolo es *Pb,* peso atómico 207,2 y número atómico 82: ~ ***dulce,*** plomo refinado. 2 Nombre de varios compuestos o mezclas naturales o artificiales en que el elemento principal es el plomo: ~ ***blanco,*** carbonato de plomo; ~ ***corto,*** el mezclado con arsénico que se usa en la fabricación de perdigones; ~ ***de obra,*** el argentífero; ~ ***pobre,*** el argentífero escaso de plata; ~ ***rico,*** el argentífero abundante en plata. 3 Bala (proyectil). 4 Plomada (pesa): ***a*** ~, verticalmente. 5 Fusible. 6 Superabundante. 7 fig. Pieza o pedazo de plomo como los que se ponen en las redes y otras cosas para darles peso. 8 Persona pesada y molesta.

REL. *1* **Plúmbeo,** de plomo o que pesa como el plomo; **plúmbico, plumboso,** deriv. cultos o técnicos formados sobre el l. *plumbu;* **plomizo, plomero, plomada,** deriv. populares basados en la forma romance; **sal de Saturno,** acetato de plomo, porque entre los alquimistas este metal estuvo dedicado a Saturno; **saturnino,** adj., lo relativo al plomo, p. ej. la intoxicación producida por alguna de sus sales; **emplomar,** soldar con plomo; **peltre,** aleación de cinc, plomo y estaño.

II) plomo, -ma *adj. Amér.* Plomizo, aplomado.

plomoso, -sa *adj.* Plomizo. 2 *Amér. Central.* Plomo, enfadoso.

plotter (voz inglesa) *m.* Unidad periférica de un ordenador electrónico que hace gráficos y dibujos a partir de datos informatizados.

pluma (l.) *f.* Excrecencia epidérmica córnea de que está cubierto el cuerpo de las aves, formada por un cañón inserto en la piel y un astil guarnecido de barbas: ~ ***viva,*** la que se quita de las aves estando vivas, para rellenar almohadas, colchones, etc., porque siempre se mantiene hueca. 2 Conjunto de plumas: *una almohada de* ~. 3 Pluma que sirve de adorno o adorno hecho de pluma. 4 Pluma de ave que, cortada convenientemente en la extremidad del cañón, servía para escribir. 5 Instrumento análogo, hecho de una pequeña lámina de metal, colocada al extremo de un mango de madera, hueso, etc.: ~ ***electrónica,*** en un sistema de telescritura, dispositivo con el cual se escribe o se dibuja sobre un papel de medidas unificadas; ~ ***estilográfica,*** la de mango hueco lleno de tinta que fluye a las puntas de ella; ~ ***luminosa,*** o ~ ***óptica,*** dispositivo portador de una fotocélula en la extremidad, usado para individualizar informaciones alfanuméricas o gráficas sobre la pantalla de un visualizador óptico e interactivo; ***dejar correr la*** ~ o ***a vuela*** ~, muy de prisa, a merced de la inspiración, sin meditar; *escribir, componer a vuela* ~. 6 Instrumento con que se escribe, en forma de pluma. 7 Habilidad caligráfica. 8 Estilo o manera de escribir: *libro escrito con* ~ *elocuente, mordaz,* etc. 9 Escritor: *escribió el artículo la mejor* ~ *del país.* 10 Profesión de escritor: ***vivir de la*** ~, ganarse la vida escribiendo. 11 Concha del calamar. 12 Mosca, cebo para pescar. 13 Técnica de dibujo que emplea pluma y tinta, produciendo generalmente trazos muy finos; normalmente en negro. 14 ~ ***de agua,*** unidad para aforar las aguas; su equivalencia varía según los países. 15 ~ ***de mar,*** colonia de antozoos en forma de pluma, con un esqueleto córneo o calcáreo de color rojo; pólipos blancos *(Pennatula phosphorea).* 16 Mástil de una grúa. 17 fig. Palo que, sujeto al fraile, sostiene con otros 23 la cubierta del molino de viento. 18 MAR. Percha empleada como puntal en la formación de cabrias. 19 ***adj.-m.*** DEP. Peso (categoría) del boxeo, superior al supergallo en los profesionales y al gallo en los aficionados, que comprende a los deportistas que pesan hasta 57,152 kgs. (los profesionales) o 57 kgs. (los aficionados). -20 *f. Amér. Central.* Bola, patraña. 21 *Argent.* Ramera. 22 *Colomb.* Fuente, grifo. 23 *Chile.* Grúa, pescante. 24 *Ecuad.* y *Méj.* Escobilla de limpiaparabrisas. 25 *Méj.* Especie de plectro para tocar el banderín. -26 *adj. C. Rica.* Simpático.

SIN. *3* y *4* **Péndola.** *4* **Péñola.** REL. *19* v. **Peso.**

plumada *f.* Acción de escribir una cosa corta. 2 Rasgo o letra adornada, hecho sin levantar la pluma del papel.

SIN. *1* **Peñolada, plumazo.**

plumado, -da *adj.* Que tiene pluma.

plumaje *m.* Conjunto de plumas que adornan y visten al ave. 2 Penacho de plumas puesto por adorno en los sombreros, morriones y cascos. 3 CETR. Pluma con que se distinguen las diversas especies de aves de caza.

SIN. *2* **Plumero.**

plumajería *f.* Cúmulo de plumajes.

plumajero, -ra *m. f.* Persona que tiene por oficio hacer o vender plumas o plumajes.

plumaria (l.) *adj.* Propio o relativo al arte de recamar o bordar, figurando aves o plumas, en que se distinguieron varios pueblos de Oriente.

plumario, -ria *m. f.* Persona que ejercita el arte plumaria. -2 *m. Pan.* Portaplumas.

plumazo (l. *-aciu*) *m.* Colchón o almohada grande lleno de pluma. 2 Plumada. 3 Trazo fuerte de pluma, esp. el que se hace para tachar lo escrito: ***de un*** ~, fr. con que se denota el modo expeditivo de abolir o suprimir una cosa.

plumazón *f.* Plumajería. 2 Plumaje (de ave).

plumbado, -da *adj.* Con sello cancilleresco de plomo.

plumbagina *f.* Grafito.

plumbagináceo, -a (l. *plumbagine,* belesa) *adj.-f.* Planta de la familia de las plumbagináceas. -2 *f. pl.* Familia de plantas dicotiledóneas que incluye hierbas y matas de hojas alternas, vellosas a veces, flores actinomorfas, de cáliz persistente, solitarias en espiga y fruto seco monospermo; como la belesa.

plúmbeo, -a *adj.* De plomo. 2 fig. Que pesa como el plomo.

plúmbico, -ca *adj.* Relativo al plomo. Ús. esp. en química: *carbonato* ~.

plumeado *m.* Conjunto de rayas parecidas a las que se hacen con la pluma, para sombrear un dibujo.

plumear *tr.* PINT. Sombrear [un dibujo] formando líneas con el lápiz o la pluma.

plúmeo, -a *adj.* Que tiene pluma.

plumería *f.* Conjunto o abundancia de plumas.

plumerilla *f. R. de la Plata.* Mimosa de flor roja *(Calliandra bicolor).*

plumerío *m.* Plumería.

plumero *m.* Mazo de plumas, gralte. atadas a un mango de madera torneado, que sirve para quitar el polvo. 2 Plumaje (penacho). 3 Vaso o caja donde se ponen las plumas. 4 *Amér.* Portaplumas.

plumier *m.* GALIC. Estuche de lápices, plumas, etc., que usaban los estudiantes.
plumífero, -ra (de *pluma* + *-fero*) *adj.* poét. Que tiene o lleva plumas. -2 *m.* burl. Escritor, y esp. periodista.
plumilla *f.* Dim. de *pluma*. 2 Plúmula. 3 Plumín. 4 *Chile* y *Perú*. Escobilla del limpiaparabrisas.
plumín *m.* Pequeña lámina de metal que se pone en el extremo de las plumas para escribir.
plumión *m.* desus. Plumón (pluma).
plumista *com.* Persona que tiene por oficio escribir, y más regularmente escribano u otro curial. 2 El que tiene por oficio hacer o vender objetos de pluma.
plumo, -ma *adj. Venez.* Sereno, sosegado.
plumón *m.* Pluma delgada y sedosa que tienen las aves debajo del plumaje exterior. 2 Colchón lleno de esta pluma.
SIN. *1* **Pelo.**
plumoso, -sa *adj.* Que tiene pluma o mucha pluma.
plúmula (l., dim. de *pluma,* pluma) *f.* Parte del embrión de una planta, contenido en la semilla, que corresponde al rudimento del tallo.
SIN. **Plumilla.**
plural (l. *-le*) *adj.* Variado. -2 *adj.-s.* GRAM. V. número plural.
pluralidad (l. *-itate*) *f.* Multitud, número grande de algunas cosas. 2 Calidad de ser más de uno. 3 *A ~ de votos,* por mayoría.
pluralismo *m.* Multiplicidad. 2 Sistema por el cual se acepta o reconoce la pluralidad de doctrinas o métodos en materia política, económica, etc.
pluralización *f.* Acción de pluralizar. 2 Efecto de pluralizar.
pluralizar *tr.* y GRAM. Dar número plural [a palabras que ordinariamente no lo tienen]. 2 Atribuir a dos o más sujetos [una cosa que es peculiar de uno]. ◇ ** CONJUG. [4] como ***realizar.***
pluri- (l. *plus, pluris,* más) Elemento prefijal que entra en la formación de palabras expresando pluralidad.
plurianual (*pluri-* + *anual*) *adj.* Que se refiere o extiende a varios años.
pluricelular (*pluri-* + *celular*) *adj.* H. NAT. Formado por más de una célula.
CONTR. **Unicelular, monocelular.** SIN. **Multicelular.**
pluridisciplinar (*pluri-* + *disciplinar* I) *adj.* Que concierne o engloba a varias disciplinas.
pluriempleado, -da *adj.* [pers.] Que desempeña varios empleos u ocupaciones.
pluriempleo (*pluri-* + *empleo*) *m.* Ejercicio o desempeño de varios empleos u ocupaciones por una persona.
pluriglandular (*pluri-* + *glandular*) *adj.* MED. Relativo a varias glándulas, afectado por ellas o que las afecta.
plurilateral (*pluri-* + *lateral*) *adj.* Que interesa a varias partes.
CONTR. **Unilateral.** SIN. **Multilateral.**
plurilingüe (*pluri-* + l. *lingua,* lengua) *adj.* [pers.] Que habla varias lenguas. 2 [libro] Escrito en diversos idiomas.
CONTR. **Monolingüe.** SIN. **Multilingüe, poligíota.**
pluripartidismo *m.* Coexistencia de varios partidos.
pluripartidista *adj.* Propio o relativo al pluripartidismo. -2 *adj.-com.* Partidario del pluripartidismo.
plurivalencia (*pluri-* + *valencia*) *f.* Pluralidad de valores que posee una cosa.
plurivalente (*pluri-* + *-valente*) *adj.* Que tiene varios valores.
SIN. **Polivalente.**
plurivocidad *f* Calidad de lo plurívoco.
plurívoco, -ca *adj.* LING. [morfema] Que presenta, según los contextos, varios sentidos.
plus (l., más) *m.* Gratificación, remuneración adicional o sobresueldo. ◇ Pl.: *pluses.*
plus-, elemento prefijal que entra en la formación de palabras con el significado de más: *plusvalía.*
pluscuamperfecto (l. *plus quam perfectu,* más que perfecto) *adj.-s.* GRAM. Pretérito cuya acción es anterior a otra también pretérita. En español se llama así a las formas *había cantado* y *hubiera* o *hubiese cantado*. ◇ V. **VERBO (uso de los tiempos).
plusmarca *f.* En los deportes, marca.
plusmarquista *com.* Persona que obtiene una marca deportiva.
pluspetición (l. *plus,* más + *petición*) *f.* DER. Exceso cuantitativo de la demanda sobre lo exigible o debido, y excepción producida por tal causa.
plusvalía (l. *plus,* más + *valía*) *f.* Aumento de valor que por circunstancias ajenas recibe una cosa, independientemente de cualquier mejora hecha en ella. 2 Impuesto que grava este aumento de valor. 3 En la doctrina marxista, diferencia entre el salario del trabajador y el valor de los bienes producidos.
SIN. **Mayor valía.**
plúteo *m.* Cajón o tabla de un estante o armario de libros.
Pluto *n. pr.* MIT. Dios de las riquezas.
plutocracia (gr. *ploutokratia* < *Ploutus,* dios de las riquezas + *-cracia*) *f.* Gobierno del estado en que el poder está en manos de los ricos. 2 Clase más rica de un país, que goza de poder o influencia a causa de su riqueza.
plutócrata *com.* Individuo de la plutocracia.
plutocrático, -ca *adj.* Relativo a la plutocracia.
Plutón *n. pr.* Dios de las regiones infernales. 2 Planeta menor que la Tierra y distante del Sol cuarenta y nueve veces más que ella.
plutoniano, -na *adj.-s.* [pers.] Plutónico.
plutónico, -ca *adj.* Relativo al plutonismo.
plutonio *m.* QUÍM. Elemento radiactivo que no se encuentra en la naturaleza y se obtiene por reacción nuclear entre el isótopo 238 del uranio y los neutrones. Se emplea como combustible nuclear. Su símbolo es *Pu* y su número atómico 94.
plutonismo (gr. *Plouton,* Plutón, dios de las regiones subterráneas) *m.* Teoría geológica que atribuye la formación de la corteza terrestre a la acción del fuego interior, del cual son efecto los volcanes.
SIN. **Vulcanismo.**
plutonista *adj.-s.* Partidario del plutonismo.
SIN. **Vulcanista.**
pluvial (l. *-ale*) *adj.* V. agua, capa pluvial.
pluvímetro *m.* Pluviómetro.
pluviometría (l. *pluvia,* lluvia + *-metría*) *f.* METEOR. Ramo de la climatología que trata de la distribución geográfica de las lluvias y su medición en función del tiempo.
SIN. **Hietoscopia.**
pluviométrico, -ca *adj.* Relativo al pluviómetro.
pluviómetro (l. *pluvia,* lluvia + *-metro*) *m.* Aparato para medir la cantidad de agua de lluvia que cae en lugar y tiempo dados.
SIN. **Hietómetro, udómetro.**
pluviosidad *f.* Cantidad de lluvia que recibe un sitio en un período determinado de tiempo.
pluvioso, -sa *adj.* p. us. Lluvioso. -2 *m.* Quinto mes del año, según el calendario republicano francés.
Pm, símbolo químico del *prometio*.
-pnea (gr. *pneo,* respirar) Elemento sufijal que entra en la formación de palabras con el significado de respirar.
pneumo-, pneumato-, pneumat- (gr. *pneuma, -atos,* aliento, aire) Elemento prefijal que entra en la formación de palabras con el significado de aire, aliento, espíritu o pulmón: *pneumorrea.* ◇ También *neumo-, neumat-, neumato-.*
pneumorrea (*pneumo-* + *-rrea*) *f.* PAT. Flujo broncopulmonar.
¡po! *S. Dom.* Interjección ¡Puf!
Po, símbolo químico del *polonio*. 2 Símbolo del *poise*.
poa *f.* MAR. Seno o doble seno de cabo en el cual se hacen firmes las bolinas.
pobeda *f.* Terreno poblado de pobos.
poblacho *m.* despec. Pueblo ruin y destartalado.
población (v. *populación*) *f.* Acción de poblar. 2 Efecto de poblar. 3 Número de habitantes de un pueblo, provincia, nación, etc.: *~* ***flotante,*** la que no está avecindada en una ciudad determinada. 4 Conjunto de edificios y espacios de una ciudad. 5 Conjunto limitado de individuos o elementos de la misma especie sometidos a un estudio estadístico.
SIN. *1* **Populación.** REL. *3* **Demografía,** estudio estadístico de la población; adj. **demográfico.** *4* **Pueblo,** esp. si es pequeño.
poblacional *adj.* Propio o relativo a la población.
poblada *f. Amér.* Muchedumbre, gentío. 2 *Amér.* Motín.
poblado *m.* Población.
poblador, -ra *adj.-s.* Que puebla. 2 Fundador de una colonia.
poblano, -na *adj. Amér.* Lugareño, aldeano. 2 Lo característico de un pueblo. -3 *adj.-s.* De Puebla, c. y estado de Méjico.
poblar (l. *pŏpulu,* pueblo) *tr.* Fundar uno o más pueblos y, más propiamente, ocupar con gente un sitio para que habite en él; p. ext. se dice de animales y cosas: *~ una sierra de árboles.* -2 *intr.* Procrear mucho: *estas razas pueblan rápidamente.* -3 *prnl.* Recibir en gran cantidad; esp., llenarse los árboles de hojas y ramas: *poblarse de gente; los cauces se han poblado.* ◇ ** CONJUG. [31] como ***contar.***
poblazo *m.* Poblacho.
poblezuelo *m.* Dim. de *pueblo*.

pobo (l. *pòpulu*) ***m.*** Álamo blanco.

pobre (l. *paupere*) ***adj.-s.*** Que no tiene, o que tiene con mucha escasez, lo necesario para vivir: ~ ***de solemnidad,*** el que no es de notoriedad; ~ ***voluntario,*** el que voluntariamente se desapropia de todo lo que posee. -2 ***adj.*** [pers.] Que reúne las circunstancias exigidas por la ley para concederle los beneficios de la defensa gratuita en el enjuiciamiento civil o criminal. 3 Escaso, que carece de algo para su entero complemento: *un alimento ~ en vitaminas.* 4 fig. Humilde, de poco valor o entidad. 5 fig. Infeliz, desdichado y triste. 6 fig. Pacífico, quieto; corto de ánimo y espíritu. -7 ***m.*** Mendigo. ◇ En las acep. 4, 5 y 6 suele anteponerse al substantivo: *un ~ hombre; mi ~ espíritu; la ~ madre* ◇ Superl.: *pobrísimo* y *paupérrimo*. El primero predomina hoy en el habla usual; *paupérrimo* es propio de la lengua culta.
SIN. *1* **Indigente, necesitado, menesteroso, pelón, pelado, pelagatos,** burl.
REL. Del l. *pauper* se han formado varios deriv. y compuestos cultos: **pauperismo, depauperar.**

pobremente ***adv. m.*** Con pobreza.

pobrería ***f.*** Pobretería.

pobrerío ***m.*** *Colomb., Parag.* y *Urug.* Pobretería.

pobrero ***m.*** Encargado en las comunidades de dar limosna a los pobres.

pobrete, -ta ***adj.*** Dim. de *pobre*. -2 ***adj.-s.*** Desdichado, infeliz. 3 fam. Sujeto inútil y apocado, pero de buen natural.
SIN. *2* **Desventurado, cuitado.**

pobretear ***intr.*** Comportarse como pobre.

pobretería ***f.*** Conjunto de pobres. 2 Escasez o miseria en las cosas.

pobreto ***m.*** desus. Pobrete (desdichado).

pobretón, -tona ***adj.-s.*** Muy pobre.

pobreza ***f.*** Calidad de pobre (escaso). 2 Escaso haber de la gente pobre. 3 Dejación voluntaria de todo lo que se posee, de la cual hacen voto solemne los religiosos el día de su profesión. 4 fig. Falta de magnanimidad, de gallardía, de nobleza de ánimo.

pobrezuelo, -la ***adj.*** Dim. de *pobre*.

pobrismo ***m.*** Pobretería (conjunto de pobres).

I) pocero (l. *puteariu*) ***m.*** El que tiene por oficio fabricar pozos o trabajar en ellos. 2 El que tiene por oficio limpiar los pozos o depósitos de las inmundicias.
SIN. *2* **Privadero.**

II) pocero, -ra ***m. f.*** Persona que, en la industria pesquera, está encargada en tierra de la adquisición de víveres.
SIN. **Botero.**

poche ***m.*** *Guat.* Mazorca de cacao que empieza a sazonar.

pochequería ***f.*** *Perú.* Anemia infantil.

pochismo ***m.*** *Amér.* Modo peculiar de ser de los mejicanos de California, en Estados Unidos, que hablan inglés sin olvidar el castellano. 2 *Amér.* Giro bárbaro español hablado por los californianos de origen mejicano, debido a la fuerza atractiva del idioma dominante.

pocho, -cha (voz descriptiva) ***adj.*** Descolorido, quebrado de color. 2 fig. *y* fam. Débil, triste, sin ilusión. -3 ***f.*** *Ál., Ar., Nav.* y *Logr.* Judía blanca temprana. 4 *Chile.* Mentira, bola. -5 ***adj.*** *Chile.* Rechoncho. 6 *Chile.* Truncado, falto de la punta. 7 *Chile.* Torpe, cerrado de mollera. 8 *Chile.* Excesivamente maduro. -9 ***adj.-s.*** *Méj.* Estadounidense de ascendencia mejicana que entremezcla hablando el inglés y el español.

pochocho, -cha ***adj.*** *Chile.* Rechoncho. -2 ***m.*** *Guat.* La punta del racimo de plátanos en la cual no brota el fruto.

pocholada ***f.*** Cosa buena o bonita. 2 *Colomb.* Porción, conjunto.

pocholo, -la ***adj.*** Hermoso, guapo.

pochonga ***f.*** *Chile.* Mentira, bola.

pochote (mej. *pochotl*) ***m.*** *C. Rica, Hond.* y *Méj.* Ceiba (árbol). 2 *Méj.* Barrillo en la cara.

pocilga (ant. *porcilga,* tal vez comp. de *porcile + cortícula*) ***f.*** Establo para ganado de cerda. 2 fig. Lugar sucio y hediondo.
SIN. **Zahurda, cochitril, cuchitril, cochiquera, chiquero.**

pocillo (l. *-llu*) ***m.*** Tinaja o vasija empotrada en la tierra para recoger un líquido; como el aceite y vino en los molinos y lagares. 2 Jícara.
SIN. *1* **Pozal, pozuelo.**

pócima (l. gr. *apozema*) ***f.*** Cocimiento medicinal de materias vegetales. 2 fig. Bebida medicinal.
SIN. **Apócema, apócima,** ant. *2* **Bebedizo.** En FARM. se dice actualmente **cocimiento** en la acep. 1.

poción (l. *potione*) ***f.*** Bebida, esp. la medicinal preparada según prescripción médica.

poco, -ca (l. *paucu*) ***adj.-pron. indef.*** Denota, como indefinido cuantitativo, escaso, limitado, corto en cantidad: *hay poca gente; tengo pocos libros; pocos de los presentes lo sabían; tengo manzanas, pero pocas.* 2 Precedido del artículo indefinido *un*, hace el oficio de partitivo y significa cantidad corta o escasa: *un ~ de agua; tengo unas pocas manzanas; he tomado un ~, una poca, unas pocas.* -3 ***adv. c.*** Con escasez, en corto grado: *es ~ inteligente;* menos de lo regular o preciso: *escribe ~.* 4 Con verbos que expresan idea de tiempo, y similares, denota corta duración o espacio de tiempo transcurrido: *tardó ~ en llegar; hace ~ hablé con él.* 5 Antepónese a otros adverbios denotando idea de comparación: *~ antes; ~ menos.* ◇ GRAM. Como adjetivo precede al nombre, pero puede ponerse detrás del verbo: *tengo pocos libros* o *libros tengo pocos.*
LOC. *A ~,* a breve término; corto espacio de tiempo después. *En ~,* que estuvo muy a pique de suceder una cosa: *en ~ estuvo que riñésemos. ~ a ~,* despacio, de corta en corta cantidad. Se emplea también para contener o amenazar al que se va precipitando en obras o palabras. *~ más o menos o sobre ~ más o menos,* con corta diferencia. *Por ~,* denota que apenas faltó nada para que sucediese una cosa. *De ~ más o menos,* se aplica a persona o cosa de poca estimación. *Tener en ~ a una persona o cosa,* despreciarla, no hacer aprecio de ella.

pocotón (aum. de *poco*) ***m.*** *Amér.* Gran cantidad de algo.

pocotote ***m.*** *Perú.* Pocotón.

pocoyo ***m.*** *Nicar.* Ave nocturna inofensiva, que canta al borde de los caminos *(Antrostomus vociferus).*

pocte ***m.*** *Perú.* Potaje de carne, patatas y algunas legumbres.

póculo (l. *-lu*) ***m.*** Vaso para beber, latinismo culto p. us.

poda ***f.*** Acción de podar. 2 Efecto de podar. 3 Tiempo en que se ejecuta.

podadera ***f.*** Herramienta de corte curvo, para podar.
SIN. **Podón,** podadera grande.

podador, -ra ***adj.-s.*** Que poda.

podadura ***f.*** Poda.

podagra (gr. *poús, podós,* pies + *agreo,* agarrar) ***f.*** Gota (enfermedad), esp. la que se padece en los pies.

podálico, -ca ***adj.*** MED. [parto] Que se presenta con los pies por delante.

podar (l. *putare*) ***tr.*** Cortar o quitar las ramas superfluas [de los árboles, vides y otras plantas] para que fructifiquen con más vigor.
SIN. **Mondar, escamondar.**

podas ***m.*** Pez teleósteo marino, de cuerpo muy comprimido, y con los ojos situados sobre el mismo costado *(Bothus podas).*

podazón ***f.*** Tiempo o sazón de podar los árboles.

podenco, -ca (et. dud.) ***adj.-s.*** V. perro podenco.

podenquero ***m.*** Entre cazadores, el que cuida los podencos.

I) poder (v. *poder* II) ***m.*** Dominio, imperio, facultad y jurisdicción que uno tiene para mandar o ejecutar una cosa: ~ ***absoluto*** o ***arbitrario,*** despotismo (autoridad); ~ ***ejecutivo,*** en los gobiernos representativos, el que tiene a su cargo gobernar el estado y hacer observar las leyes; ~ ***espiritual,*** el que pertenece a la Iglesia; ~ ***legislativo,*** aquel en que reside la potestad de hacer y reformar las leyes; ~ ***judicial,*** la administración de justicia; ~ ***moderador,*** el que ejerce el jefe supremo del estado; ~ ***real,*** autoridad real; ~ ***temporal,*** gobierno civil de un estado; ***poderes públicos,*** conjunto de las autoridades que gobiernan un estado. 2 Fuerzas de un estado, esp. las militares. 3 Facultad que uno da a otro para que en su lugar y representándole pueda ejecutar una cosa, y acto o instrumento en que consta dicha facultad: *tengo poderes por escrito; revestido de plenos poderes.* 4 Posesión actual de una cosa: *obra en mi ~ su escrito.* 5 Fuerza, vigor, capacidad, poderío. 6 Suprema potestad rectora y coactiva del estado.
FRS. *A ~ de,* a fuerza de, con repetición de actos, con abundancia de una cosa. SIN. *1* **Potestad.** *2* y *5* **Potencia.** LOC. *A su ~ o a todo su ~,* con todo su poder (fuerza). *A todo ~,* con todo el vigor o esfuerzo posible. *De ~ a ~,* disputando o contendiendo ambas partes con todas las fuerzas disponibles para el caso; TAUROM., loc. adv. que sirve para expresar que en la suerte de banderillas, el diestro provoca la arrancada de la res, y avanza hacia ella para que el encuentro sea brusco y en un terreno equidistante de los lugares de partida.

II) poder (l. v. *potere*) ***tr.*** Tener expedita la facultad o potencia de hacer [una cosa]: *~ saber la verdad; intr., no puedo con la carga.* 2 Tener facilidad, tiempo, lugar, autorización, de hacer [una cosa]: *no puedo salir; ¿se puede pasar?; podré ir a las siete.* -3 ***unipers.*** Ser contingente o posible que suceda una cosa: *puede que llueva mañana.* ◇ **CONJUG. [77]. ◇ GRAM. Es vb. modal; v. querer.
FR. *A más no ~,* denota que uno ejecuta una cosa impelido o forzado; todo

lo posible mucho: *llovía a más no ~. Hasta más no ~,* todo lo posible. *No ~ con,* o *para con, uno,* no llegar a sujetarlo ni reducirlo a la razón. *No poderse valer,* hallarse uno impotente para evitar un daño, no tener expedito el uso de un miembro. *No ~ tragar a uno, no ~ ver a uno pintado* o *ni pintado,* aborrecerle, tenerle aversión en demasía. *Por lo que pudiere tronar,* por lo que sucediere o acaeciere; cuando uno trata de prevenirse contra un riesgo.

poderdante (*poder* + *dante,* p. a. de *dar*) ***com.*** Persona que da poder (facultad) a otro.

poderhabiente (*poder* + *habiente*) ***com.*** Persona que recibe poder (facultad) de otro.

poderío ***m.*** Facultad de hacer o impedir una cosa. 2 Vigor, facultad o fuerza grande. 3 Poder, dominio, imperio. 4 Hacienda, bienes y riquezas. 5 TAUROM. Fuerza del toro.

poderosamente ***adv. m.*** Vigorosa y fuertemente.

poderoso, -sa ***adj.-s.*** Que tiene poder: *~ a,* o *para, triunfar.* 2 Muy rico; colmado de bienes de fortuna: *~ en hacienda.* -3 ***adj.*** Grande, excelente en su línea. 4 Activo, eficaz: *un ~ reconstituyente.*

SIN. *1* **Potente.** *2* **Potentado.**

podestá ***m.*** En algunas ciudades italianas medievales, primer magistrado.

podiatra (de *podo-* + *-iatra*) ***m.*** *Amér.* Médico especializado en las enfermedades de los pies.

podicipitiforme ***adj.-m.*** Ave del orde de los podicipitiformes. -2 ***m. pl.*** Orden de aves acuáticas con la cola rudimentaria y las alas cortas aunque vuelan con facilidad; como el somormujo y el zampullín.

podio (l. *-iu* < gr. *podion;* doble etim. *poyo*) ***m.*** Pedestal largo en que estriban varias columnas. 2 En el circo romano, lugar destinado a los senadores y a los principales magistrados. 3 Pedestal al que sube el triunfador en las pruebas deportivas. 4 Tarima o pequeña plataforma: *~ de director de orquesta; ~ de piscina.*

SIN. **Podium.**

-podio (de *podio*) Elemento sufijal que entra en la formación de palabras con el significado de podio.

pódium ***m.*** Podio.

podo-, -podo, -poda (gr. *poús, podós,* pie) Elemento prefijal y sufijal que entra en la formación de palabras con el significado de pie: *cirrópodo.*

podocarpáceo, -a ***adj.-f.*** Planta de la familia de las podocarpáceas. -2 ***f. pl.*** Familia de plantas dentro del orden de las coniferales que incluye árboles o arbustos, con hojas escuamiformes o aciculares, propios de los bosques tropicales y subtropicales del hemisferio austral.

podofolio ***m.*** Hierba perenne de unos 30 cms. de altura, flores blancas y fruto en baya, de cuyos rizomas se extrae una substancia de propiedades medicinales *(Podophyllum peltatum).*

podología (*podo-* + *-logía*) ***f.*** Ciencia y técnica de las dolencias y deformaciones de los pies.

podólogo, -ga ***m. f.*** Persona que por profesión se dedica a la podología.

SIN. **Pedicuro, callista, podiatra** (Amér.).

podómetro (*podo-* + *-metro*) ***m.*** Aparato en forma de reloj de bolsillo para contar el número de pasos que da la persona que lo lleva.

SIN. **Cuentapasos, odómetro, hedómetro.**

podón, -dona ***m. f.*** Podadera grande.

podre (l. *putre*) ***f.*** Pus.

podrecer (l. *putrescere*) ***tr.-intr.-prnl.*** Pudrir. ◇ ** CONJUG. [43] como ***agradecer.***

podrecimiento ***m.*** Podredura.

podredumbre ***f.*** Calidad dañosa que pudre las cosas. 2 Pus. 3 fig. Sentimiento interior y no comunicado.

podredura ***f.*** Putrefacción, corrupción.

podrición ***f.*** Podredura.

podridero ***m.*** Pudridero.

podrigorio, -ria ***m. f.*** fam. Persona llena de achaques y dolencias. También *pudrigorio.*

podrimiento ***m.*** Pudrimiento.

podrir ***tr.-prnl.*** Pudrir. ◇ Sólo se usa en infinitivo y participio; todas las formas restantes se flexionan a partir del infinitivo *pudrir.*

podrostrabe ***m.*** Trampa de madera para coger ciervos apresados por las patas.

podzol (ruso) ***m.*** Suelo ceniciento, propio de países fríos y húmedos.

poe ***m.*** *Chile.* Planta bromeliácea de hojas espinosas, cuyo fruto es refrescante *(Bromelia bicolor).*

poema (l. < gr. *poíema*) ***m.*** Obra en verso, gralte. de alguna extensión: *un ~ épico, lírico.* 2 Obra en prosa, pero análoga a un poema por su fondo o estilo: *los poemas en prosa de Juan Ramón Jiménez.*

REL. **Poemático, -ca,** adj. deriv.

poemario ***m.*** Conjunto o colección de poemas.

poental ***m.*** *Chile.* Sitio abundante en poes.

****poesía** (l. *poesis* < gr. *poíesis*) ***f.*** Expresión artística de la belleza por medio de la palabra, sujeta a la medida y cadencia de que resulta el verso. 2 Género o subgénero de obras en verso: *~ anacreóntica, bucólica, ditirámbica, dramática, eclógica, elegíaca, épica, epigramática, epitalámica, erótica, genetlíaca, heroica, idílica, lírica, satírica.* 3 Arte de componer versos y obras en verso. 4 Obra en verso, y esp. la que pertenece al género lírico. 5 Producción de un poeta o poetas, o conjunto de obras en verso de una lengua: *la ~ de Villamediana; la ~ griega.* 6 Conjunto de cualidades que deben caracterizar el fondo de este género de producción, independientemente, de la forma externa. 7 Encanto indefinible que en personas, obras de arte, etc., halaga y suspende el ánimo: *la ~ de la vida, de una pintura.*

SIN. *4* **Poema.**

poeta (l. *poeta;* gr. *poietés*) ***com.*** Persona que hace poesías. 2 Persona que está dotado de las facultades necesarias para componerlas. ◇ Fem. *poetisa.*

SIN. **Vate, trovador, bardo.** Despectivos: **coplero, coplista, poetastro, rimador.**

poetastro ***m.*** Mal poeta.

poética (v. *poético*) ***f.*** Poesía (arte). 2 Ciencia que se ocupa del lenguaje poético y, en general, literario. 3 Obra o tratado sobre los principios y reglas de la poesía, en cuanto a su forma y esencia.

poéticamente ***adv. m.*** Con poesía, de manera poética.

poético, -ca (l. *-cu* < gr. *poietikós*) ***adj.*** Relativo a la poesía. 2 Propio o característico de la poesía; apto para ella.

poetisa (l. *-issa*) ***f.*** Poeta.

poetización ***f.*** Acción de poetizar. 2 Efecto de poetizar.

poetizar ***intr.*** Componer versos u obras poéticas. -2 ***tr.*** Embellecer [alguna cosa], con el encanto de la poesía; darle carácter poético. ◇ ** CONJUG. [4] como ***realizar.***

pogoniasis (gr. *pógon,* barba) ***f.*** Exceso de pelo en la barba. 2 Crecimiento de pelo en la barba de la mujer. ◇ Pl.: *pogoníasis.*

pogonóforo ***adj.-m.*** Gusano del tipo de los pogonóforos. -2 ***m. pl.*** Tipo de gusanos celomados marinos de aguas profundas y cuyas dimensiones oscilan entre 10 y 100 cms. de largo por sólo 1 mm. de ancho; viven en el interior de tubos quitinosos que fijan al sustrato.

pogromo (del ruso *pogrom,* motín) ***m.*** Saqueo y matanza contra los judíos, y en general contra gente indefensa.

poicar ***intr.*** *Chile.* Granar las legumbres y cereales. ◇ ** CONJUG. [1] como ***sacar.***

poico, -ca ***adj.*** *Chile.* Pasado: *fruta ~.* 2 *Chile.* [pers.] Pasado de edad.

poíno (de *poyo*) ***m.*** Codal que sirve de encaje y sustenta las cubas en las bodegas.

pointer ***adj.-m.*** V. perro ~.

poipa ***f.*** *Extr.* Abubilla.

poiquilotermo, -ma (gr. *poikilos,* variado + *-termo*) ***adj.-s.*** Animal que no puede regular la temperatura de su medio interno por lo que ésta es variable y semejante a la del medio en que vive.

SIN. **Heterotermo.** CONTR. **Homeotermo, homotermo.**

poise ***m.*** Unidad de viscosidad dinámica, décima parte de poiseville.

poiseville ***m.*** Unidad de viscosidad dinámica.

poja ***f.*** *Cuba.* fig. Ojo saltón.

pojado ***m.*** *Cuba.* Huella que deja el paso del ganado.

pojar ***tr.*** *Cuba.* Dar brillo con el bejuco. 2 *Cuba.* Aplastar [la hierba] con el tránsito de los animales.

póker ***m.*** V. *póquer.*

polacada (del partido *polaco* que hubo en España) ***f.*** Desafuero o favoritismo abusivo cometido por la autoridad.

SIN. v. **Exceso.**

polaco, -ca ***adj.-s.*** De Polonia, nación de Europa central. -2 ***adj.-m.*** Lengua perteneciente al grupo eslavo occidental, idioma oficial de Polonia. -3 ***adj.*** Individuo de uno de los bandos en que se dividían los aficionados madrileños al teatro, en el siglo XVIII y comienzos del XIX. 4 desp. Catalán. -5 ***f.*** Prenda de vestir

Exponemos en este breve cuadro las combinaciones métricas más frecuentes de la poesía castellana, en lo que a su versificación regular se refiere. La versificación amétrica, de la que usaron nuestros poetas hasta finales del s. XIV, ha resurgido posteriormente por obra de los modernistas, a los cuales han seguido numerosos poetas españoles y americanos. (Aquí nos referiremos únicamente a las combinaciones que entren de lleno en el sistema silábico.)

Los versos de una composición poética pueden carecer o no de rima, ser ésta consonante o asonante, tener igual o desigual número de sílabas, etc., pero para que las estrofas en que se divide una obra poética puedan recibir una denominación determinada, deben adoptar una invariable distribución de versos y rimas. En otro caso no se trataría de verdaderas estrofas, sino de series de número indefinido de verbos, enlazados del principio al fin de la composición por un artificio métrico continuado. Para mayor claridad agruparemos nuestros ejemplos con las denominaciones generales de *Series de número indefinido de versos y estrofas.*

La definición de las agrupaciones o combinaciones que siguen se halla en el léxico del diccionario, habiéndonos limitado en estos ejemplos a señalar con una cifra el número de sílabas de cada verso y con una letra, mayúscula o minúscula según sea el verso de arte mayor o menor, las rimas consonantes o asonantes.

Series de número indefinido de versos

ROMANCE

8 — Ya están las zarzas floridas
8 a y los ciruelos blanquean;
8 — ya la abejas doradas
8 a liban para sus colmenas,
8 — y en los nidos que coronan
8 a las torres de las iglesias
8 — asoman los garabatos
8 a ganchudos de las cigüeñas.

(Antonio Machado)

ROMANCE HEROICO

11 — Cada momento furibundo crece
11 A el temporal, el huracán arrecia,
11 — la mar sube a las nubes rebramando.
11 A Las sombras de la noche son más densas,
11 — ya resistir no pueden la constancia,
11 A ni el valor, ni el saber. Rotas, dispersas,
11 — las naves, anegadas, sin gobierno,
11 A sólo descanso en el abismo esperan.

(Duque de Rivas)

ENDECHA

7 — Quedad sobre la arena,
7 a inútiles escotas;
7 — que no ha menester velas
7 a quien a su bien no torna.
... ...

(Lope de Vega)

ENDECHA REAL

7 — Al pie de tu sepulcro
7 a te lloran como a padre
7 — con llanto de sus ojos,
11 A borrando los regueros de tu sangre.
... ...

(Martínez de la Rosa)

que usaron algunas clases militares. -6 *m. Guat.* Guardia o policía.
SIN. *1* y *2* **Polonés.**

polacra (et. dud.) *f.* Buque de cruz, de dos o tres palos enterizos y sin cofas.

polaina (fr. ant. *polaine* < *Polonia,* nación de la Europa central) *f.* Especie de media calza de paño o cuero, que cubre la pierna hasta la rodilla y a veces la abotona o abrocha por la parte de afuera. 2 *Hond.* Zapato muy grande o tosco. 3 *Argent., Bol.* y *Hond.* Contrariedad.
SIN. *1* **Sobrecalza.**

polar *adj.* Relativo a los polos, o situado en ellos.

polaridad *f.* Propiedad que tienen algunos agentes físicos de acumular sus efectos en puntos opuestos de ciertos cuerpos. 2 Condición de un cuerpo por la cual muestra propiedades opuestas en partes o direcciones opuestas.

polarimetría *f.* FÍS. Procedimiento analítico que utiliza el polarímetro.

polarímetro (de *polarización* + *-metro*) *m.* Instrumento para medir la desviación angular que experimenta el plano de polarización de la luz polarizada al atravesar ciertos medios.

polariscopio (de *polarización* + *-scopio*) *m.* Instrumento para estudiar las propiedades de la luz polarizada.

polarización *f.* Acción de polarizar o polarizarse. 2 Efecto de polarizar o polarizarse.

polarizador *m.* Parte de un polariscopio que polariza la luz.

polarizar (gr. *poleo,* girar) *tr.* FÍS. Acumular los efectos de un agente físico en puntos o direcciones opuestas de un cuerpo. 2 FÍS. Modificar [los rayos luminosos] por medio de refracción o reflexión, de tal manera que queden incapaces de refractarse o reflejarse en ciertas direcciones. 3 fig. Atraer, concentrar. 4 QUÍM. Separar las cargas positivas y negativas de una molécula. -5 *prnl.* Hablando de una pila eléctrica, disminuir la corriente que produce por aumentar la resistencia del circuito a consecuencia del depósito de ciertos productos sobre uno de los electrodos. 6 fig.

POESÍA (continuación)

SILVA

7 —	Tus umbrales ignora
7 a	la adulación, sirena
11 A	de reales palacios, cuya arena
7 b	besó, y a tanto leño
11 B	trofeos dulces de un canoro sueño,
11 C	no a la soberbia está aquí la mentira
11 C	dorándole los pies en cuanto gira
7 d	la esfera de sus plumas,
11 D	ni de los rayos bajas a las espumas
7 —	favor de cera alado.

(Luis de Góngora)

SERIES DE ENDECASÍLABOS LIBRES

Y a lo lejos, perdido en las tinieblas,
el germen de Atanasio contemplando
la luminosa obscuridad y viendo
creado al Creador, la acción paciente,
la infinitud finita, y humanando
Dios para hacernos dioses a los hombres.
Desde el cielo cayó sobre tu frente
una gota de sangre desprendida
del corvo pico de un ahíto buitre
que venía del Cáucaso, y tu sangre
con la de Prometeo se mezcló.

(Miguel de Unamuno)

Estrofas

PAREADOS EN SERIE

14 A	Y al Cid tiende la mano el siniestro mendigo,
14 A	y su escarcela busca y no encuentra Rodrigo.
14 B	«¡Oh Cid, una limosna!», dice el precito, «Hermano,
14 B	¡te ofrezco la desnuda limosna de mi mano!»,
14 C	dice el Cid; y quitando su férreo guante, extiende
14 C	la diestra al miserable, que llora y que comprende.

(Rubén Darío)

TERCERILLA

8 a	Yo le canto a Proserpina.
8 —	la que quema corazones
8 a	en su cálida piscina.

(Rubén Darío)

TERCETOS ENCADENADOS

11 A	Quiero imitiar al pueblo en el vestido,
11 B	en las costumbres sólo a los mejores,
11 A	sin presumir de roto y mal ceñido.
11 B	No resplandezca el oro y los colores
11 C	en nuestro traje, ni tampoco sea
11 B	igual al de los dóricos cantores.
11 C	Una mediana vida yo posea,
11 D	un estilo común y moderado,
11 C	que no lo note nadie que lo vea.

(Anónimo, *Epístola moral a Fabio*)

Concentrar la atención o el ánimo en una cosa. ◇ ** CONJUG. [4] como ***realizar.***

polaroid (marca registrada) ***m.*** Materia plástica transparente que polariza la luz. -2 ***f.*** Cámara fotográfica de revelado instantáneo. 3 Técnica de revelado instantáneo de películas en color.

polca (voz eslava; probl. del checo *pulka,* medio) ***f.*** Baile de origen polaco en compás de dos por cuatro, ejecutado por parejas, de movimiento moderado. 2 Música de este baile. 3 *Méj.* Juego de botellón y vaso para el tocador.

polcar *intr.* Bailar la polca. ◇ ** CONJUG. [1] como ***sacar.***

polcura (arauc.) ***f.*** *Chile.* Tierra amarillenta usada para teñir.

pólder ***m.*** En los Países Bajos, terreno pantanoso ganado al mar y que una vez desecado se dedica al cultivo.

polea (l. v. *polidia;* pl. del gr. *polidion,* gozne; dim. de *polos,* eje) ***f.*** Rueda móvil alrededor de un eje, con una canal o garganta en su circunferencia, por donde pasa una cuerda o cadena a cuyos extremos se aplican respectivamente una potencia y una resistencia; sirve para levantar y mover pesos: ~ ***combinada,*** la que forma parte de un sistema de poleas, como la de los cuadernales; ~ ***fija,*** la que no muda de sitio, y también la que, estando fija sobre un eje, gira con él; ~ ***móvil,*** la que cambia de sitio, bajando o subiendo; ~ ***simple*** (también *monopastos* y *monospastos),* la que funciona sola e independiente. 2 Rueda metálica de llanta que se usa en las transmisiones por correas: ~ ***de arrastre.*** 3 MAR. Motón doble, o sea de dos cuerpos, uno prolongación del otro, y cuyas roldanas están en el mismo plano. 4 *Extr.* Dulce compuesto de harina, miel y leche.

SIN. / **Garrucha, carrucha, carrillo,** esp. cuando es de pequeño tamaño. **Trocla.**

poleadas (der. del l. *polle,* harina posiblemente a través del ár. hispano) ***f. pl.*** Gachas o puches. -2 ***f.*** *Argent.* Sopa muy clara.

poleame ***m.*** MAR. Conjunto de poleas.

polemarca (gr. *polémarchos*) ***m.*** En la ant. Grecia, uno de los arcontes que era, a la vez, general del ejército.

POESÍA (continuación)

CUARTETA

8 a	Y todo el campo un momento
8 b	se queda mudo y sombrío,
8 a	meditando. Suena el viento
8 b	en los álamos del río.
	(Antonio Machado)

CUARTETO

11 A	Una onda no pasa de la nada,
11 B	que no se lleve de tu sombra abierta
11 B	la luz mejor. De noche, estás despierta
11 A	en tu estrella, a la vida desvelada.
	(Juan Ramón Jiménez)

SERVENTESIO

11 A	Álamos fríos en un claro cielo
11 B	—azul con timideces de cristal—
11 A	sobe el río la bruma como un velo,
11 B	y las dos torres de la catedral.
	(Ramón del Valle-Inclán)

REDONDILLA

8 a	Por necesidad batallo,
8 b	y una vez puesto en mi silla
8 b	se va ensanchando Castilla
8 a	delante de mi caballo.
	(Manuel Fernández)

CUADERNA VÍA

14 A	Mester trago fermoso, non es ioglaría,
14 A	mester es sen pecado, ca es de clerezía,
14 A	fablar curso rimado por la cuaderna vía
14 A	a sílabas cuntadas, ca es grant maestría
	(Anónimo)

ESTROFA SÁFICA

11 —	Miras a un lado, allende el Tormes lento,
11 —	de las encinas el follaje pardo,
11 —	cual el follaje de tu piedra, inmoble,
5 —	denso y perenne.
	(Miguel de Unamuno)

QUINTETO

11 A	Sólo la edad me explica con certeza
11 B	por qué un alma constante, cual la mía,
11 B	escuchando una idéntica armonía
11 A	de lo mismo que hoy saca la tristeza
11 B	sacaba en otro tiempo la alegría.
	(Campoamor)

QUINTILLA

8 a	Al pobre jamás le encoge
8 b	tocar la dorada orilla:
8 b	con mano desnuda coge
8 a	de la pura fuentecilla.
8 b	
	(Lope de Vega)

polémica (v. *polémico*) *f.* Arte que enseña los ardides con que se debe ofender (~ *ofensiva*) o defender (~ *defensiva*) cualquier plaza. 2 Teología dogmática. 3 Controversia por escrito sobre materias teológicas, políticas, literarias, etc. 4 fam. Disputa, querella. SIN. *3* **Lucha.**

polémico, -ca (gr. *polemikós* < *pólemos,* guerra) *adj.* Relativo a la polémica: *zona polémica.*

polemista *com.* Escritor que sostiene polémicas.

polemizar *intr.* Sostener o entablar una polémica. ◇ ** CONJUG. [4] como *realizar.*

polemoniáceo, -a *adj.-f.* Planta de la familia de las polemoniáceas. -2 *f. pl.* Familia de plantas dicotiledóneas que incluye hierbas o arbustos de hojas enteras o profundamente partidas, flores generalmente en corimbo, corola de cinco pétalos soldados por la base, y fruto capsular con tres divisiones y muchas semillas menudas; como el polemonio.

polemonio *m.* Planta herbácea polemoniácea de jardín, de tallos rojizos, asurcados y ramosos, hojas sentadas, partidas en gajos estrechos, y flores olorosas, azules, moradas o blancas; fue usada como sudorífica *(gén. Polemonium).*

polen (l. *pollen,* flor de la harina) *m.* Polvillo fecundante contenido en la antera de los estambres de las flores.

polenta (l.) *f.* Gachas de harina de maíz. 2 *Argent.* fam. Oro.

poleo (l. *puleium*) *m.* Planta herbácea labiada, de tallos ramosos, algo velludos y esquinados, hojas pequeñas descoloridas, y flores azuladas o moradas en verticilos; toda la planta tiene olor agradable y se usa en infusión como estomacal *(Mentha pulegium).* 2 fam. Jactancia y vanidad en el andar o hablar. 3 Viento frío y recio. 4 *Murc.* Pérdida, quebranto grande en el juego o en cualquier negocio.

poleví *m.* Ponleví. ◇ Pl.: *polevíes.*

poli- (gr. *polys*) Elemento prefijal que entra en la formación de palabras con el significado de abundante, mucho. SIN. **Pluri-, multi-.** CONTR. **Uni-, mono-.**

POESÍA (continuación)

LIRA

7 a	Las entrañas heladas
11 B	tornaron poco a poco en piedra dura;
7 a	por las venas cuitadas
7 b	la sangre su figura
11 B	iba desconociendo y su natura.
	(Garcilaso de la Vega)

SEXTINA

11 A	Mas no les falta con quietud segura
11 B	de varios bienes y sana vida;
11 A	los anchos campos, lagos de agua pura;
11 B	la cueva, la floresta divertida,
11 C	las presas, el balar de los ganados,
11 C	los apacibles sueños no inquietados.
	(Nicolás F. Moratín)

ESTROFA MANRIQUEÑA

8 a	Partimos cuando nacemos
8 b	andamos mientras vivimos,
4 c	y llegamos
8 a	al tiempo que fenecemos
8 b	así que cuando morimos
4 c	descansamos.
	(Jorge Manrique)

SEGUIDILLA

7 —	A bailar seguidillas
5 a	salió mi guapo.
7 —	Aunque son de la Mancha
5 a	no le mancharon.
5 b	Vaya moreno,
7 —	que ese garbo merece
5 b	su palmoteo.
	(Popular)

COPLA DE ARTE MAYOR

12 A	E rasga con uñas crueles su cara,
12 B	fiere sus pechos con mesura poca,
12 B	besando a su hijo la su fría boca
12 A	maldize las manos de quien lo matara,
12 A	maldize la guerra do se començara,
12 C	busca con yra crueles querellas,
12 C	e tal como muerta biuiendo se para.
	(Juan de Mena)

COPLA DE PIE QUEBRADO

8 a	Tanto tiempo los romanos
4 b	prosperaron
8 b	quanto creyeron ē onraron
4 a	los ançianos;
8 a	mas después que ā los tiranos
4 c	consiguieron,
8 c	muy pocos pueblos vençieron
4 a	ā sus manos.
	(Marqués de Santillana)

poli *f.* fam. Policía.
poliácido, -da (*poli-* + *ácido*) *adj.-s.* QUÍM. Cuerpo que posee varias funciones ácidas.
poliadelfo, -fa (*poli-* + *-adelfo*) *adj.* BOT. [flor, androceo] Que tiene los estambres soldados por los filamentos en varios hacecillos.
polialcohol (*poli-* + *alcohol*) *m.* QUÍM. Cuerpo que posee varias funciones alcohólicas.
poliandra *adj.-s.* Que tiene varios maridos.
poliandria (*poli-* + *-andria*) *f.* Régimen familiar en que se permite a la mujer la unión conyugal con varios hombres. 2 Estado o calidad de la mujer que practica la poliandria. 3 Condición de la flor que tiene veinte o más estambres hipóginos.
CONTR. *1* y *2* **Monogamia.**
poliantea (*poli-* + gr. *anthos,* flor) *f.* Colección o agregado de noticias en materias diferentes y de distinta clase.
poliarquía (gr. *polyarchia* < *poli-* + *-arquía*) *f.* Gobierno de muchos.
poliárquico, -ca *adj.* Relativo a la poliarquía.
polibásico *m.* Ácido que, en una molécula, contiene más de un átomo de hidrógeno ácido.
policarpelar (*poli-* + *carpelo*) *adj.* Formado por varios carpelos.
policárpico, -ca (*poli-* + gr. *karpós,* fruto) *adj.* [planta] Que da varias veces flores y fruto.
pólice (l. *pollice*) *m.* desus. Pulgar (dedo).
polichinela *m.* Pulchinela. 2 fig. Hombre muy cambiadizo.
policía (l. *-tia* < gr. *politeia*) *f.* Organización y reglamentación interna de un estado, y esp. leyes u ordenanzas establecidas para el mantenimiento del orden y de la seguridad públicas. 2 Cuerpo encargado de vigilar el cumplimiento de estas leyes a las órdenes de las autoridades políticas: ~ ***judicial,*** la que actúa a las órdenes de juzgados y tribunales para la averiguación de los delitos y persecución de los delincuentes; ~ ***militar,*** unidad que desempeña misiones de seguridad y mantenimiento de disciplina; ~

POESÍA (continuación)

OCTAVA REAL

11 A	Hay una voz secreta, un dulce canto,
11 B	que el alma sólo recogida entiende,
11 A	un sentimiento misterioso y santo
11 B	que del barro al espíritu desprende;
11 A	agreste, vago y solitario encanto
11 B	que en inefable amor el alma enciende,
11 C	volando tras la imagen peregrina
11 C	el corazón de su ilusión divina.

(José de Espronceda)

OVILLEJO

8 a	¿Quién mejorará mi suerte?
3 a	¡La muerte!
8 b	Y el bien de amor, ¿quién le alcanza?
3 b	¡Mudanza!
8 b	Y tus males, ¿quién los cura?
3 c	¡Locura!
8 c	De ese modo no es cordura
8 d	querer curar la pasión
8 d	cuando los remedios son
8 c	muerte, mudanza y locura.

(Miguel de Cervantes)

DÉCIMA

8 a	El pensar cómo pensar
8 b	dar alivio al pensamiento
8 b	es pensar en un tormento
8 a	pesado más que el pesar;
8 a	no en sus escollos el mar
8 c	tantas ondas rompe al año,
8 c	cuantos mi cuidado extraño
8 d	pensamientos rompe al día;
8 d	dirán que es melancolía,
8 c	y no es sino desengaño.

(Luis de Góngora)

SONETO

11 A	Un soneto me manda hacer Violante,
11 B	y en mi vida me he visto en tal aprieto;
11 B	catorce versos dicen que es soneto:
11 A	burla, burlando, van los tres delante.
11 A	Yo pensé que no hallara consonante,
11 B	y estoy en la mitad de otro cuarteto;
11 B	como me vea en el primer tercerto,
11 A	no hay cosa en los sonetos que me espante.
11 C	Por el primer terceto voy entrando...
11 D	y aun parece que entré con pie derecho,
11 C	pues fin con este verso le voy dando.
11 D	Ya estoy en el segundo, y aun sospecho
11 C	que estoy los trece versos acabando;
11 D	contad si son catorce, y ya está hecho.

(Lope de Vega)

urbana o ***municipal,*** la que cuida de la vía pública en general y está encomendada a los ayuntamientos. 3 Cortesía y urbanidad en el trato y costumbres. -4 ***com.*** Agente de policía.
SIN. *4* **Polizonte,** desp.

policíaco, -ca, -ciaco, -ca ***adj.*** Relativo a la policía. 2 [obra literaria o cinematográfica] Que narra delitos o crímenes y el procedimiento seguido por policías o detectives para su esclarecimiento: *género ~; novela policíaca.*

policial ***adj.*** Policíaco. Es de uso muy general en América. -2 ***com.*** Agente de policía.

policiano ***m.*** *Argent.* Agente de policía.

policitación (l. *pollicitatione*) ***f.*** Promesa que no ha sido aceptada todavía.

policivo, -va ***adj.*** *Colomb.* Policíaco.

policlínica (*poli-* + *clínica,* pero inicialmente parece se tomó de *polis,* ciudad) ***f.*** Consultorio de varias especialidades médicas.

policopia (*poli-* + *copia*) ***f.*** Multicopista.

policopiador ***adj.-s.*** *Bol.* Multicopista.

policopista ***adj.-s.*** *Bol.* Multicopista.

policotiledóneo, -a (*poli-* + *cotiledón*) ***adj.*** BOT. Que tiene más de dos cotiledones.

policroísmo (gr. *polychroia,* variedad de colores) ***m.*** Pleocroísmo.

policromar ***tr.*** Pintar de varios colores, esp. estatuas y relieves: *imágenes policromadas.*

policromía ***f.*** Calidad de polícromo.

policromo, -ma, polícromo, -ma (*poli-* + *-cromo*) ***adj.*** De varios colores.
SIN. **Multicolor.** CONTR. **Monocolor, monocromo, unicolor.**

polideportivo, -va (*poli-* + *deportivo*) ***adj.*** Que practica diversos deportes. -2 ***adj.-m.*** Lugar, instalaciones, etc., destinados al ejercicio de varios deportes.

polidésmido, -da ***adj.-m.*** ZOOL. Animal miriápodo diplópodo con el cuerpo estrecho y alargado, formado por veinte segmentos, que presentan en su parte dorsal expansiones laterales. -2 ***m. pl.*** Familia de estos animales.

polidipsia (gr. *polydipsios,* sediento) ***f.*** Necesidad de beber con frecuencia y abundantemente.

polidor ***m.*** *And.* Carozo.

poliédrico, -ca ***adj.*** Relativo al poliedro.

poliedro (gr. *polyedros* < *poli-* + *-edro*) ***adj.*** V. ángulo poliedro. -2 ***m.*** Sólido de más de tres caras.

polienta ***f.*** *Extr.* Vino recién hecho. 2 *Extr.* Cosecha pequeña de vino.

poliéster ***m.*** Cuerpo que forma parte de ciertas materias plásticas y de las fibras sintéticas.

polietileno ***m.*** QUÍM. Polímero termoplástico del etileno sólido y traslúcido.

polifacético, -ca ***adj.*** Que tiene varias facetas. 2 p. ext. [pers.] De variada condición o de múltiples aptitudes.

polifagia (gr. *polyphagia* < *poli-* + *-fagia*) ***f.*** Ingestión considerable de alimentos, debida a sensación imperiosa de hambre.

SIN. **Hambre canina.**

polífago, -ga ***adj.*** Que tiene polifagia.

polifarmacia (*poli-* + gr. *phármakon,* medicamento) ***f.*** Prescripción en gran número de medicamentos o abuso de ellos.

polifásico, -ca ***adj.*** De varias fases: ***corriente polifásica,*** la eléctrica alterna, formada por la combinación de varias corrientes monofásicas del mismo período, pero cuyas fases están retardadas unas respecto de otras una fracción alícuota de período.

Polifemo ***n. pr.*** MIT. Cíclope, hijo de Neptuno, que aprisionó a Ulises y a sus compañeros en una caverna. Diariamente devoraba a dos hombres, hasta que Ulises le abrasó su único ojo y consiguió libertarse.

polifobia (*poli-* + *-fobia*) ***f.*** Temor morboso a muchas cosas.

polifonía (gr. *polyphonía* < *poli-* + *-fonía*) ***f.*** MÚS. Conjunto de varias partes melódicas en que cada una expresa su idea musical y forma con las demás un todo armónico.

polifónico, -ca ***adj.*** Relativo a la polifonía.

polífono, -na ***adj.*** Polifónico.

polígala ***f.*** Hierba poligalácea, de tallos delgados, hojas ovaladas, flores azules, violáceas o róseas, en espiga; fruto capsular aplastado, con simientes alargadas, y raíz amarga y aromática, que se usa contra el reumatismo *(Polygala amara).*

SIN. **Lechera amarga.**

poligaláceo, -a ***adj.-f.*** Planta de la familia de las poligaláceas. -2 ***f. pl.*** Familia de plantas dicotiledóneas que incluye hierbas o arbustos de hojas sencillas, flores cigomorfas y fruto en cápsula o drupa; como la polígala.

poligáleo, -a ***adj.*** BOT. Poligaláceo.

poligalia ***f.*** MED. Exceso de secreción láctea.

poligamia (gr. *polygamia* < *poli-* + *-gamia*) ***f.*** Régimen familiar en que se permite al varón unirse a varias esposas legítimas. 2 Estado o calidad de polígamo.

CONTR. **Monogamia.**

polígamo, -ma ***adj.-s.*** Hombre que tiene a un tiempo varias mujeres en calidad de esposas. 2 p. ext. El que sucesivamente las tuvo. 3 Planta que tiene flores hermafroditas y unisexuales en un mismo pie. 4 Animal que se junta con varias hembras de su especie.

poligenismo (*poli-* + gr. *génesis,* generación) ***m.*** Doctrina que admite variedad de orígenes en la especie humana, en contraposición al monogenismo.

poligenista ***com.*** Persona que profesa el poligenismo.

poliginia (*poli-* + gr. *gyné,* mujer) ***f.*** Condición de la flor que tiene muchos pistilos.

políglota ***com.*** Políglota.

poliglotía ***f.*** Conocimiento práctico de varios idiomas.

poliglotismo ***m.*** Dominio de varios idiomas.

polígloto, -ta, poligloto, -ta (gr. *poliglottos* < *poli-* + *-gloto*) ***adj.-s.*** [pers.] Versado en varias lenguas. -2 ***adj.*** Escrito en varias lenguas.

SIN. **Plurilingüe, multilingüe.** CONTR. **Monolingüe.**

poligonáceo, -a (gr. *polygonon* < poli- + *gonu,* nudo) ***adj.-f.*** Planta de la familia de las poligonáceas. -2 ***f. pl.*** Familia de plantas dicotiledóneas que incluye hierbas o arbustos de tallos y ramos nudosos, hojas sencillas y alternas, flores hermafroditas o unisexuales por aborto y frutos en nuececilla o cariópside; como el ruibarbo.

poligonal ***adj.*** Relativo al polígono. 2 [prisma o pirámide] Que tiene por base un polígono.

poligonales ***f. pl.*** Orden de plantas dicotiledóneas de flores actinomorfas y fruto en núcula; incluye una sola familia: las poligonáceas.

polígono, -na (gr. *polygonos* < *poli-* + *-gono*) ***adj.*** Poligonal. -2 ***m.*** Porción de plano limitado por varias rectas, esp. por más de cuatro. 3 FORT. ~ ***exterior,*** el que se forma tirando líneas rectas de punta a punta de los baluartes de una plaza; ~ ***interior,*** el determinado por las líneas que forman las cortinas y semigolas. 4 Unidad constituida por una superficie de terreno, delimitada, para fines de valoración catastral, ordenación urbana, planificación industrial, comercial, residencial, etc.: ~ ***de tiro,*** campo de tiro destinado a experiencias de la artillería.

poligrafía (gr. *polygraphía* < *poli-* + *-grafía*) ***f.*** Arte de escribir por diferentes modos secretos, de suerte que lo escrito no sea inteligible sino para quien pueda descifrarlo. 2 Arte de descifrar los escritos de esta clase. 3 Ciencia del polígrafo.

poligráfico, -ca ***adj.*** Relativo a la poligrafía.

polígrafo, -fa ***m. f.*** Persona que se dedica al estudio y cultivo de la poligrafía. 2 Escritor que trata sobre materias diferentes. -3 ***m.*** *C. Rica.* Multicopista.

polilla ***f.*** Mariposa nocturna, cenicienta, con alas horizontales y estrechas, cabeza amarillenta y antenas casi verticales; su larva destruye los tejidos, papel, pieles, etc. *(Trichophaga trapetzella).* 2 Larva de este insecto. 3 ~ ***de la cera,*** insecto lepidóptero que, en estado de larva, ataca la cera de los panales *(Galleria mellonella).* 4 fig. Lo que menoscaba o destruye insensiblemente una cosa.

polillera ***f.*** Planta escrofulariácea anual, de hojas dentadas y arrugadas, flores amarillas o blancas, aisladas en las axilas de cada bráctea, y fruto capsular *(Vervascum blattaria).*

polillo ***m.*** *Ecuad.* Variedad de escorbuto.

polimatía (gr. *polymathía* < *poli-* + *mathesis,* ciencia) ***f.*** Multiplicidad de conocimientos.

polimería ***f.*** Calidad de polímero.

polimerización ***f.*** Acción de polimerizar o polimerizarse. 2 Efecto de polimerizar o polimerizarse.

polimerizar ***tr.-prnl.*** Convertir [una substancia] en otra de la misma composición, pero de un peso molecular doble, triple, etc. ◇ ** CONJUG. [4] como ***realizar.***

polímero (*poli* + *-mero*) ***m.*** Substancia obtenida de otra por polimerización.

polimetría ***f.*** Calidad de polimétrico.

polimétrico, -ca ***adj.*** [poema] Escrito con variedad de metros.

polímetro (*poli-* + *-metro*) ***m.*** Aparato para determinar el punto de rocío, formado por un termómetro y un higrómetro.

polímita ***adj.*** Tejido de hilos de varios colores.

polimorfismo ***m.*** QUÍM. Propiedad de los cuerpos que pueden cambiar de forma sin cambiar su naturaleza. 2 LING. Coexistencia en una misma época o lugar de formas pertenecientes a sistemas distintos. 3 ZOOL. Presencia de distintas formas individuales en una sola especie.

polimorfo, -fa (gr. *polymorphos* < *poli-* + *-morfo*) ***adj.*** Que puede tener varias formas.

SIN. **Multiforme.** CONTR. **Monomorfo, uniforme.**

polín (fr. *poulain,* der. de *pullus*) ***m.*** Rodillo (madero). 2 Trozo de madera prismática que sirve para levantar del suelo diversos objetos.

polinesio, -sia ***adj.-s.*** De las islas de Polinesia. 2 Perteneciente o relativo a la Polinesia. -3 ***m.*** Lengua hablada en la Polinesia.

REL. **Polinésico, -ca,** adj.

polinésico, -ca ***adj.-s.*** Polinesio.

polineuritis (*poli-* + *neuritis*) ***f.*** MED. Inflamación simultánea de varios nervios periféricos. ◇ Pl.: *polineuritis.*

polinia ***f.*** BOT. Masa de granos de polen unidos por una substancia pegajosa, y transportada como un todo en la polinización.

polínico, -ca ***adj.*** Relativo al polen. 2 ***Saco*** ~, el que, con otro igual, contiene el polen y que, a su vez, se halla encerrado en la teca de la antera de una flor.

polinización ***f.*** Transporte del polen desde el saco polínico de la antera hasta el estigma del pistilo.

polinomio (fr. *polynôme;* formado, según *binomio,* con gr. *polys,* mucho) ***m.*** Expresión algebraica que consta de varios términos.

REL. v. **Monomio.**

polinosis (del l. *polens, -inis,* polen y *-osis*) ***f.*** MED. Trastorno alérgico producido por el polen. ◇ Pl.: *polinosis.*

polinuclear (*poli-* + *nuclear*) ***adj.*** BIOL. [célula] Que tiene varios núcleos; esp. [leucocito] cuyo núcleo está muy lobulado.

SIN. **Multinuclear.** CONTR. **Mononuclear, uninucleado.**

I) polio (l. *poliu*) ***m.*** Zamarrilla.
II) polio ***f.*** fam. Poliomielitis.
poliomielítico, -ca ***adj.*** Relativo a la poliomielitis.
poliomielitis ***f.*** Enfermedad contagiosa originada por un virus que se fija en los centros nerviosos y produce atrofia de los músculos y parálisis. ◇ Se usa frecuentemente la forma abreviada *polio*. ◇ Pl.: *poliomielitis*.
poliorcética (gr. *poliorketikḗ*) ***f.*** Arte de atacar y defender las plazas fuertes.
polipasto ***m.*** Polispasto.
polípero ***m.*** Formación concrecionada calcárea, muchas veces arborescente, fija a las rocas, producida por colonias de pólipos que viven en ella.
SIN. **Madrépora.**
polipétalo, -la (*poli-* + *pétalo*) ***adj.*** [flor o corola] Que tiene varios pétalos.
poliplacóforo ***adj.-m.*** Molusco de la clase de los poliplacóforos. -2 ***m. pl.*** Clase de moluscos marinos de cuerpo elíptico cubierto por ocho placas imbricadas y móviles; como el quitón.
poliploide ***m.*** BIOL. Célula u organismo cuyas células presentan cada cromosoma diferente repetido más de dos veces.
pólipo (l. gr. *polypu;* comp. de *polloi,* muchos + *podes,* pies; doble etim. *pulpo*) ***m.*** Animal celentéreo, de cuerpo más o menos cilíndrico, hueco, cerrado por un extremo (por el cual está fijo a las rocas o al fondo del mar) y abierto por el otro en una boca rodeada de tentáculos; muchos viven formando colonias dentro de políperos, y algunos producen por gemación individuos libres que toman la forma de medusa. 2 MED. Tumor pediculado producido por la hipertrofia de la membrana mucosa en las fosas nasales, útero, etc.
polipodiáceo, -a ***adj.-f.*** Planta de la familia de las polipodiáceas. -2 ***f. pl.*** Familia de plantas que incluye helechos de rizoma cubierto de escamas, frondas ornamentales, arrolladas en espiral cuando jóvenes, soros protegidos por un indusio y esporangios que se abren mediante un anillo vertical incompleto; como el helecho común.
polipodio (gr. *polypodion* < *poli-* + *poús, podós,* pie) ***m.*** Helecho de rizoma reptante, cubierto de escamas pardas y frondes de 40 cms. de longitud, que se encuentra entre las rocas *(Polypodium vulgare)*.
poliporales ***m. pl.*** Orden de hongos homobasidiomicétidos, cuyos basidios se encuentran en la cara inferior del sombrero.
políptico ***m.*** Cuadro compuesto de varios tableros pintados.
poliptoton (l. *polyptoton* < gr. *polyptoton,* que tiene muchos casos.) ***f.*** RET. Traducción (figura).
poliqueto ***adj.-m.*** Gusano de la clase de los poliquetos. -2 ***m. pl.*** Clase de gusanos anélidos con el cuerpo cubierto de quetas, sexos diferenciados y fecundación externa; la mayoría de las especies son marinas y viven en el interior de tubos calcáreos o córneos; como el espirógrafo y el ratón de mar.
-polis (gr. *polis,* ciudad) Elemento sufijal que entra en la formación de palabras con el significado de ciudad: *cosmópolis*.
polisacáridos (*poli-* + *sacárido*) ***m. pl.*** Hidratos de carbono formados mediante la unión de varias moléculas de azúcar.
polisarcia ***f.*** MED. Obesidad.
polisemia (*poli-* + gr. *semeion,* signo) ***f.*** Pluralidad de significados en una palabra.
polisépalo, -la (*poli-* + *sépalo*) ***adj.*** [flor o cáliz] Que tiene varios sépalos.
polisílabo, -ba (gr. *polysillabos* < *poli-* + *sílaba*) ***adj.-s.*** Palabra que consta de más de una sílaba.
polisíndeton (gr. *polysyndeton*) ***m.*** GRAM. y RET. Figura que consiste en emplear repetidamente las conjunciones para dar fuerza o energía a la expresión de los conceptos.
CONTR. **Asíndenton,** supresión de conjunciones.
polisintético, -ca ***adj.*** [idioma] Que une diversas partes de la frase formando palabras de muchas sílabas.
polisón (quizás del m. orig. que *polizón*) ***m.*** Armazón que, atada a la cintura, se ponían las mujeres para que abultasen las faldas por detrás.
polispasto (l. gr. *polyspaston* < *poli-* + *spao,* tirar) ***m.*** Aparejo (de poleas).
SIN. **Polipasto.**
polispermo (*poli-* + gr. *sperma,* semilla) ***m.*** [fruto] Que contiene varias semillas.
I) polista ***com.-adj.*** Jugador de polo.
II) polista ***m.*** Indígena o mestizo de Filipinas, que presta servicio en los trabajos comunales.
polistilo, -la (gr. *plystylos* < *poli-* + *stylos,* columna) ***adj.*** Que tiene muchas columnas. 2 BOT. Que tiene muchos estilos.
politburó ***m.*** Presidium.
politécnico, -ca (*poli-* + *técnico*) ***adj.*** Que abraza muchas ciencias o artes.
politeísmo (*poli-* + gr. *theos,* dios) ***m.*** Religión o doctrina teológica que afirma la existencia de muchos dioses.
politeísta ***adj.*** Relativo al politeísmo. -2 ***adj.-com.*** Partidario del politeísmo.
política (v. *político*) ***f.*** Ciencia y arte de gobernar, que trata de la organización y administración de un estado en sus asuntos interiores y exteriores. 2 p. ext. Manera de conducir un asunto para alcanzar un fin determinado. 3 Actividad de los que rigen o aspiran a regir los asuntos públicos. 4 Actividad del ciudadano cuando interviene en los asuntos públicos con su opinión, su voto o de otro modo. 5 Cortesía y buen modo de portarse. 6 ~ ***de gestos,*** conjunto de actuaciones efectistas.
SIN. *2* v. **Tacto.**
políticamente ***adv. m.*** Conforme a la política.
politicastro ***m.*** desp. Político inepto o de ruines propósitos.
político, -ca (l. *politicus* < gr. *politikós*) ***adj.-s.*** Versado en la política y que se ocupa en ella: *los políticos de la oposición.* -2 ***adj.*** Relativo a la política: *un partido ~*. 3 Cortés, urbano. 4 Aplicado a un nombre significativo de parentesco por consanguinidad, denota el correspondiente parentesco por afinidad: ***padre ~,*** suegro; ***hermana política,*** cuñada, etc.
politicón, -cona ***adj.-s.*** desp. Que se distingue por su exagerada y ceremoniosa cortesía. -2 ***adj.*** Que muestra extremada atención a los asuntos públicos.
politiquear ***intr.*** desp. Inmiscuirse en cosas de política, o introducir fuera de sazón en la plática asuntos o noticias políticas. -2 ***tr.*** Bastardear [los fines] de la actuación política. -3 ***intr.*** *Amér.* Hacer política de intrigas y bajezas.
politiqueo ***m.*** desp. Politiquería.
politiquería ***f.*** desp. Acción de politiquear. 2 desp. Efecto de politiquear.
politiquero, -ra ***adj.-s.*** fam. Que politiquea. 2 *Amér.* Político marrullero e intrigante. 3 *P. Rico.* Politicón, demasiado cortés.
politización ***f.*** Acción de politizar. 2 Efecto de politizar.
politizar ***tr.-prnl.*** Dar una formación política [a alguien]. 2 Comprometer [a alguien] en la vida política. 3 Conferir un carácter político [a algo]. ◇ ** CONJUG. [4] como ***realizar.***
politólogo, -ga ***adj.-s.*** Comentarista político. 2 Especialista en ciencia política.
politraumatismo (*poli-* + *traumatismo*) ***m.*** Conjunto de varias lesiones graves causadas de manera simultánea.
poliuretano ***m.*** Materia plástica utilizada sobre todo en la preparación de barnices, adhesivos y aislantes térmicos.
poliuria (*poli-* + *-uria*) ***f.*** Excreción excesiva de orina.
poliúrico, -ca ***adj.*** MED. Relativo a la poliuria.
polivalencia ***f.*** Calidad de polivalente.
polivalente (*poli-* + *-valente*) ***adj.*** Que tiene varios valores. 2 Que tiene múltiples funciones. 3 Que puede ser utilizado con distintos fines: *una herramienta ~*. 4 [pers.] Capaz de desempeñar distintos cometidos o funciones. 5 MED. Dotado de varias valencias o eficacias; esp. los sueros y las vacunas. 6 QUÍM. Que tiene más de una valencia.
SIN. *1* **Plurivalente.** *6* **Multivalente.** CONTR. *6* **Monovalente, univalente.**
polivalvo, -va (*poli-* + *valva*) ***adj.*** [testáceo] Que tiene más de dos conchas.
polivinilo ***m.*** QUÍM. Producto de la polimerización del vinilo.
póliza (it. *polizza* < b. l. *apodixa,* der. del gr. *apódeixis,* prueba) ***f.*** Libranza en que se da orden para cobrar dinero. 2 Guía que acredita ser legítimos, y no de contrabando, los géneros que se llevan. 3 Documento justificativo del contrato en seguros, fletamentos, etc. 4 Sello suelto con que se satisface el impuesto del timbre en determinados documentos.
polizón (fr. *polisson,* der. del argot *polir,* robar) ***m.*** Sujeto ocioso que anda de corrillo en corrillo. -2 ***com.*** Persona que se embarca clandestinamente. -3 ***m.*** *Ecuad.* Aguja de oro que usan las mujeres para sujetar el pelo. 4 *Ecuad.* Borlita de perlas de los pendientes.
SIN. *2* **Llovido.**
polizonte (der. de *policía*) ***com.*** desp. Policía (agente).
polje ***m.*** Vasta depresión de forma ovalada, debida a la presencia de una fosa tectónica, que se encuentra en las regiones de relieve calcáreo.
polka ***f.*** Polca.

polla (l. *pulla*) *f.* Gallina nueva, medianamente crecida, que no pone huevos o que hace poco tiempo que ha empezado a ponerlos. 2 fig. *y* fam. Mocita. 3 ~ ***de agua,*** ave gruiforme de los parajes pantanosos, de plumaje rojizo y azulado, que se alimenta de animales acuáticos *(Gallinula chloropus).* 4 ~ ***de agua,*** focha. 5 ~ ***de agua,*** rey de codornices. 6 En algunos juegos de naipes, puesta. 7 vulg. Pene. 8 *Argent.* y *Bol.* Carrera entre tres o más caballos.

pollada *f.* Conjunto de pollos que de una vez sacan las aves, particularmente las gallinas. 2 Imbecilidad, tontería. 3 ARTILL. ant. Multitud de granadas disparadas de un mortero al mismo tiempo.

SIN. *1* **Parvada, pollazón.**

pollancón, -cona *m. f.* Pollastre. 2 fig. Joven, adolescente muy corpulento.

pollastre, pollastro, -tra (l. *pullaster* < *pullu,* pollo) *m. f.* Pollo o polla algo crecidos. -2 *m.* fig. Hombre muy astuto.

pollazón (l. *pullatione,* cría de pollos) *f.* Echadura de huevos que de una vez empollan las aves. 2 Pollada (de pollo).

pollear (de *pollo* y *polla*) *intr.* Empezar un muchacho o muchacha a hacer cosas propias de los jóvenes.

pollería *f.* Lugar donde se venden aves comestibles.

pollero, -ra *m. f.* Persona que tiene por oficio criar o vender pollos. 2 Lugar en que se crían los pollos. -3 *f.* Especie de cesto de mimbres o red, angosto de arriba y ancho de abajo, para criar y guardar los pollos. 4 Artificio de mimbres en forma de campana, en que los niños aprenden a andar sin caerse. 5 Falda que las mujeres se ponían sobre el guardainfante y encima de la cual se asentaba la basquiña o la saya. 6 ASTRON. Pléyades. 7 *Amér.* Falda externa del vestido femenino.

SIN. *4* **Andador, andaniño.**

pollerón *m. Argent.* Falda de amazona.

pollerona *adj. Perú.* [mujer] Que lleva faldas muy anchas.

pollez *f.* Tiempo que las aves de rapiña se mantienen sin mudar la pluma.

pollina (de *pollino, -na*) *f. P. Rico.* Flequillo.

pollinarmente *adv. m.* Asnalmente (cabalgando).

pollinejo, -ja *m. f.* Dim. de *pollino.*

pollino, -na (l. *pullinu* < *pullu,* pollo) *m. f.* Asno joven y cerril. 2 p. ext. Borrico. -3 *adj.-s.* fig. Persona necia o muy ignorante.

SIN. *1* **Rezno, ruche, rucho.**

pollito, -ta *m. f.* Niño o niña de corta edad.

I) pollo (l. *pullu*) *m.* Cría que sacan las aves, y esp. las gallinas, de cada huevo. 2 Cría de las abejas. 3 Ave que no ha mudado aún la pluma. 4 fig. Persona joven. 5 fig. *y* fam. Hombre astuto y sagaz. 6 *Colomb.* Torrezno. 7 *Colomb.* Gusano venenoso.

II) pollo *m.* fig. *y* fam. Escupitajo, esputo.

polluelo, -la *m. f.* Dim. de *pollo.* 2 ***Polluela chica,*** ave gruiforme de plumaje de color castaño vinoso veteado de blanco *(Porzana pusilla).*

I) polo (l. *-lu* < gr. *polos*) *m.* Extremidad del eje de rotación de una esfera o cuerpo redondeado dotado de este movimiento en realidad o imaginariamente, y esp., cualquiera de las dos intersecciones, sensiblemente fijas, del eje de rotación de la Tierra con la superficie de la misma, y cada uno de los dos extremos del eje imaginario alrededor del cual parece girar la bóveda celeste: ~ ***antártico, austral*** o ***sur,*** el opuesto al ártico; ~ ***ártico, boreal*** o ***norte,*** el de la esfera celeste inmediato a la Osa Menor, y el correspondiente del globo terráqueo; ~ ***de un círculo en la esfera,*** cualquiera de los dos extremos del diámetro perpendicular al plano del círculo del mismo. 2 En un círculo máximo de la esfera celeste, punto en el cual el diámetro perpendicular al plano del círculo considerado corta a la esfera celeste. 3 Punto opuesto a otro en un cuerpo, en los cuales se acumula en mayor cantidad la energía de un agente físico; como el magnetismo en los extremos de un imán, o la electricidad en los de una pila. 4 ~ ***magnético,*** punto situado en la región polar, adonde se dirige la aguja imantada. 5 En las coordenadas polares, punto escogido para trazar desde él los radios vectores. 6 ~ ***gnómico,*** punto determinado en la superficie del reloj de sol por la intersección con ella de la línea paralela al eje del mundo, tirada por la extremidad del gnomon. 7 fig. Aquello en que estriba una cosa y sirve como de fundamento a otra. 8 Centro de actividad o interés: *el ~ de la atención; un ~ de desarrollo.*

REL. **Polar,** adj., relativo al polo o situado en él; **circumpolar,** que está alrededor del polo.

II) polo *m.* Modalidad de cante flamenco similar a la soledad.

III) polo (ing., pero es voz de origen tibetano) *m.* Juego entre dos equipos formados por cuatro jinetes cada uno, que consiste en tratar de introducir la bola, valiéndose de mazas con astiles largos, en la portería contraria. 2 ~ ***acuático,*** waterpolo.

IV) polo *m.* Helado en forma de prisma, tronco de pirámide cuadrangular o cualquier otra, que se chupa cogiéndolo de un palillo hincado en su base. 2 Camisa deportiva de punto.

polodia *f.* Representación gráfica de las posiciones del polo con respecto a la Tierra.

polola *f. Chile* y *Ecuad.* fam. Muchacha coqueta. 2 *Chile* y *Ecuad.* Mujer impaciente.

pololear *tr. Amér.* Molestar, importunar [a alguien]. 2 *Amér. Merid.* Galantear, requebrar. 3 *Amér. Merid.* Coquetear.

pololo (arauc.) *m. Chile.* Coleóptero fitófago que al volar produce un zumbido como de moscardón *(Sulcipalpus elegans).* 2 *Chile.* Hombre que galantea a una mujer. 3 *Chile.* Persona impertinente y pesada. 4 *Chile.* Trabajo que se encomienda a uno para horas desocupadas.

polonés, -nesa *adj.-s.* Polaco.

polonesa *f.* Prenda de vestir femenina, a modo de gabán corto guarnecido con pieles. 2 Baile, de origen eslavo, de movimiento moderado y ritmo muy acentuado. 3 Música y canto de este baile. 4 Tejido con urdimbre de seda y trama de algodón, usado para forros de vestidos.

polonio (de *Polonia*) *m.* Elemento radiactivo que se halla en ciertos residuos de tierras raras, asociado a sales de bismuto.

polsaguera *f. La Mancha* y *Murc.* Polvareda.

poltrón, -trona (it. *-one*) *adj.* Perezoso, haragán. -2 *f.* Butaca ancha y cómoda. 3 desp. Cargo importante, sinecura.

SIN. *1* v. **Holgazán.**

poltronear *intr.* fam. Holgazanear.

poltronería *f.* Pereza, haraganería.

poltronizarse *prnl.* Hacerse poltrón. ◇ ** CONJUG. [4] como ***realizar.***

polución (l. *pollutione*) *f.* Efusión del semen. 2 Acto carnal deshonesto. 3 Impurificación, contaminación del agua, aire, etc. 4 En sentido moral, corrupción, profanación.

polucionar *tr.-intr.* Contaminar.

poluto, -ta (l. *pollutu*) *adj.* Sucio, inmundo.

Pólux (l. *Pollux,* héroe mitológico) *n. pr.* V. Cástor y Pólux. 2 Estrella de primera magnitud en la constelación de Géminis.

polvacera *f. Cuba.* Polvareda.

polvareda (l. v. *pulvereta;* colectivo de *pulvis, pulveris,* polvo) *f.* Cantidad de polvo que se levanta de la tierra. 2 Efecto causado entre las gentes por dichos o hechos que las alteran o apasionan.

polvazal *m. Amér. Central.* Polvareda.

polvazón *m. Guat.* Polvareda.

polvear *prnl. Amér.* Ponerse polvos [en la cara].

polvera *f.* Vaso de tocador, que sirve para contener los polvos y la borla con que suelen aplicarse. 2 Cajita portátil que usan las mujeres para el mismo fin. 3 Marco que encuadra el retablo, guardapolvo.

polvero *m. Amér.* Polvareda. 2 *Amér. Central.* Entre campesinos, pañuelo, moquero.

polveta *f. P. Rico.* Polvera.

polvificar *tr.* Pulverizar. ◇ ** CONJUG [1] como ***sacar.***

polvillo *m.* Dim. de *polvo.* 2 *Amér.* Nombre común de los hongos que atacan a los cereales, como el tizón. 3 *Argent.* Enfermedad de la caña de azúcar. 4 *Colomb.* Enfermedad del trigo. 5 *Chile* y *Perú.* Parte menuda que queda del tabaco. 6 *Chile.* Cierta clase de tierra amarillenta, infecunda. 7 *Ecuad.* Salvado de arroz con que se alimentan los animales domésticos. 8 *Guat.* y *Hond.* Piel curtida con que se hacen zapatos. 9 *Perú.* Plaga.

polvo (l. v. *pulvu* < l. *pulvis*) *m.* Masa de partículas de tierra seca y de otros sólidos que se levanta en el aire y se posa sobre los objetos. 2 Substancia sólida reducida artificialmente a partículas muy menudas: ~ ***de Soconusco,*** pinole. 3 vulg. Cópula sexual. 4 Porción de una cosa pulverizada, que se puede tomar de una vez con las yemas de los dedos pulgar e índice: *tomar un ~ de rapé.* -5 *m. pl.* Los del almidón, harina, talco, etc., usados como afeite.

SIN. *4* **Pulgarada.** FR. *Limpio de ~ y paja,* fig., dado o recibido sin trabajo o gravamen; producto líquido, descontadas las expensas. *Hacerle a uno ~,* fig., aniquilarle, arruinarle, vencerle en una contienda. *Hacer morder el ~ a uno,* rendirle, vencerle en la pelea, matándole o derribándole. *Sacudir el ~ a uno,* darle de golpes; impugnarle, rebatirle fuertemente.

pólvora (l. *pulvera;* pl. de *pulvis*) *f.* Mezcla, por lo común en forma de granos, que a cierto grado de calor se inflaman desprendiendo bruscamente gran cantidad de gases; en un principio estaba formada por salitre, azufre y carbón, pero actualmente las hay de composición muy diversa: ~ ***de algodón*** (también *piroxilina*), la obtenida tratando la borra de esta planta con una mezcla de partes iguales de los ácidos nítrico y sulfúrico; ~ ***de papel,*** la que consiste en hojas de papel bañadas de diversas composiciones; ~ ***detonante*** o ***fulminante,*** la que es inflamable por el choque y aún por el rozamiento de un cuerpo duro; ~ ***lenta*** o ***progresiva,*** la que necesita un tiempo apreciable, aunque siempre corto, para su inflamación total; ~ ***prismática,*** la lenta, de granos prismáticos, usada en artillería; ~ ***viva,*** aquella cuya inflamación total es casi instantánea. 2 Conjunto de fuegos artificiales que se disparan en una fiesta. 3 fig. Mal genio de uno que con ligero motivo u ocasión se irrita o enfada. 4 fig. Viveza, actividad y vehemencia. 5 fig. ~ ***sorda,*** sujeto que hace daño a otro u otros sin estrépito y con gran disimulo.

FR. *Correr la ~*, ejecutar varias maniobras a escape a caballo y disparando las armas, ejercicio usado como diversión por los moros. *Gastar ~ en salvas*, fig., poner medios inútiles y fuera de tiempo para un fin. *No haber inventado uno la ~*, ser muy corto de alcances. *Ser uno una ~*, ser muy vivo, pronto y eficaz.

polvoraduque (de *pólvoras de duque*) ***f.*** Salsa que se hacía de clavo, jengibre, azúcar y canela.

polvorazo ***m.*** *Chile.* Acción de pegar fuego a un barreno. 2 *Chile.* Efecto de pegar fuego a un barreno.

polvoreamiento ***m.*** Acción de polvorear.

polvorear ***tr.*** Esparcir polvo o polvos [sobre una cosa].

SIN. v. **Espolvorear.**

polvorera ***f.*** Nube de polvo. 2 *Chile.* Caja de polvos.

polvorero, -ra ***adj.-s.*** *Amér.* Polvorista, pirotécnico.

polvoriento, -ta ***adj.*** Lleno o cubierto de polvo.

polvorilla ***com.*** Persona irascible.

polvorín ***m.*** Pólvora muy menuda y otros explosivos para cebar las armas de fuego. 2 Cebador. 3 Lugar o edificio convenientemente dispuesto para guardar la pólvora, municiones, etc. 4 fig. Persona muy enojada o fácilmente irritable. 5 *Argent.* Garrapata.

polvorista ***m.*** Pirotécnico.

polvorizable ***adj.*** Pulverizable.

polvorización ***f.*** Pulverización.

polvorizar ***tr.*** Polvorear. 2 Pulverizar. ◇ ** CONJUG. [4] como ***realizar.***

polvorón ***m.*** Torta de harina, manteca y azúcar, que se deshace en polvo al comerla.

polvoroso, -sa ***adj.*** Polvoriento. -2 ***f.*** ***Poner pies en ~,*** huir.

polvoso, -sa ***adj.*** *Amér.* Polvoriento.

poma (de *pomo*) ***f.*** Manzana (fruto). 2 Casta de manzana pequeña y chata de color verdoso y de buen gusto. 3 Perfumador (vaso). 4 Bujeta (pomo y cajita). 5 ant. Especie de bola compuesta de varios simples, gralte. odoríferos. 6 *Logr.* Fruto del serbal.

SIN. *5* **Pomo.**

pomáceo, -a ***adj.*** Parecido a la manzana. 2 Relativo a la planta cuyo fruto es un pomo.

pomada (fr. *pommade*) ***f.*** Mixtura hecha con grasa y otros ingredientes, que se emplea como afeite o medicamento.

pomar (l. *-ariu*) ***m.*** Terreno o huerta donde hay árboles frutales, esp. manzanos. 2 *Logr.* Serbal.

pomarada ***f.*** Manzanar.

pomarrosa ***f.*** Fruto del yambo.

pombero ***m.*** *Argent.* y *Parag.* Duende imaginado de diversas formas, del que se dice que protege a los pájaros y a los coyuyos y rapta a los niños que los persiguen.

pomelo (ingl. *pommelo*) ***m.*** Árbol rutáceo, relativamente grande, de follaje denso, copa redondeada y fruto globoso amarillo pálido *(Citrus paradisi).* 2 Fruto de este árbol. 3 Toronjo.

pomerano, -na ***adj.-s.*** De Pomerania, prov. de Prusia.

pómez (l. *pumex;* en l. v. *pumice*) ***f.*** Piedra pómez.

pomífero, -ra (l. *-eru*) ***adj.*** poét. Que lleva o da pomas o manzanas.

pomiforme ***adj.*** En forma de manzana.

pomo (l. *-mu*) ***m.*** Fruto polispermo de mesocarpio carnoso, y endocarpio cartilaginoso que forma una cápsula o corazón de varias cámaras donde se alojan las semillas, como la pera y la manzana. 2 Poma (especie de bola). 3 Frasco o vaso pequeño de vidrio o metal, para contener y conservar los licores y confecciones olorosas. 4 Tirador redondo de metal, madera, etc., que se coloca en puertas y muebles. 5 Extremo de la guarnición de la espada que está encima del puño.

SIN. *5* **Manzana.**

pomol ***m.*** *Méj.* En Tampico, tortilla de harina de maíz.

pomología (l. *pomu,* fruto + *-logía*) ***f.*** Parte de la agricultura que trata de los frutos comestibles.

pomologista ***com.*** Especialista en pomología.

pomólogo, -ga ***m. f.*** Pomologista.

pompa (l. *pompa;* gr. *pompé,* escolta) ***f.*** Acompañamiento suntuoso y de gran aparato, que se hace en una ceremonia. 2 Fausto, vanidad y grandeza. 3 Procesión solemne. 4 Burbuja que forma el agua por el aire que se le introduce. 5 Hueco que se forma con la ropa cuando toma aire. 6 Rueda que hace el pavo real, extendiendo y levantando la cola. 7 MAR. Bomba (máquina).

pompático, -ca ***adj.*** Pomposo.

pompear ***intr.*** Hacer pompa u ostentación de algo. -2 ***prnl.*** fam. Tratarse con ostentación y vanidad; ir con grande comitiva y acompañamiento. 3 Pavonearse.

pompeyano, -na (l. *-iannu*) ***adj.-s.*** De Pompeya, c. de la ant. Italia. -2 ***adj.-s.*** Partidario de Pompeyo el Magno (106-48 a. C.) o de sus hijos. -3 ***adj.*** Relativo a aquél o a éstos. 4 Que pertenece al estilo, o que manifiesta el gusto artístico de los objetos hallados en Pompeya.

pompis ***m.*** fam. Culo. ◇ Pl.: *pompis.*

pompo, -pa ***adj.*** *Colomb.* Romo, sin filo.

pompón (fr.) ***m.*** Esfera metálica o bola de estambre o seda con que se adornaba la parte anterior y superior de los morriones y chacós militares. 2 Bola de lana, o de otro género, con que se adornan extremos de cordones, gorros de niño, de deportistas, etc. 3 *Cuba.* Pez comestible y muy estimado *(Haemulum oblusum).*

pomponearse ***prnl.*** fam. Pompearse.

pomposamente ***adv. m.*** Con pompa.

pomposidad ***f.*** Calidad de pomposo.

pomposo, -sa (l. *-su*) ***adj.*** Ostentoso, magnífico, grave y autorizado. 2 fig. [lenguaje, estilo] Exornado ostentosamente. 3 Hueco, hinchado y extendido circularmente.

SIN. *1* y *2* **Retumbante, rimbombante,** con sentido desp. e irón.

pómulo (l. *-lu,* manzanita) Hueso de la mejilla. 2 Parte del rostro correspondiente al pómulo.

SIN. *1* **Malar.**

pon (prob. del ing. *up on*) ***m.*** *P. Rico.* Asiento que se ofrece en un automóvil particular. Se usa pralte. en la fr. *dar* u *ofrecer ~.*

ponasi ***m.*** *Cuba.* Arbusto venenoso de hojas puntiagudas y flores de color rojo obscuro *(Hamelia patens).*

ponceño, -ña ***adj.-s.*** De Ponce, c. de Puerto Rico.

poncha ***f.*** *Chile.* Manta de bayeta que se usa en invierno.

I) ponchada ***f.*** Cantidad de ponche.

II) ponchada ***f.*** Lo que cabe en el poncho.

ponchazo ***m.*** *Amér.* Golpe con el poncho.

ponche (ing. *punch*) ***m.*** Bebida hecha mezclando ron u otro licor espiritoso con agua, limón y azúcar: ~ ***de huevo,*** el que se hace mezclando ron con leche, clara de huevo y azúcar.

ponchera ***f.*** Vasija en que se prepara el ponche. 2 *Amér.* Jofaina. 3 *Colomb.* Tina, baño.

I) poncho (voz descriptiva) ***m.*** Capote de monte. 2 Capote militar con mangas y esclavina. 3 *Amér.* Especie de capote para montar a caballo.

II) poncho, -cha (voz descriptiva) ***adj.*** Perezoso, negligente. 2 *Colomb.* Rechoncho. 3 *Venez.* Corto, refiriéndose a ciertas prendas de vestir.

poncí ***m.*** Cidro. ◇ Pl.: *poncíes.*

poncidre (l. *pomu citreu,* fruto del limonero) ***m.*** Cidro.

poncil (orig. incierto, quizás de *pomum syrium,* fruto de Siria) ***m.*** Cidro.

poncilero ***m.*** Cidro.

poncio (de *Poncio* Pilato, m. h. 39 d. C.) ***m.*** humor. Gobernador.

ponderable ***adj.*** Que se puede pesar. 2 Digno de ponderación.

ponderación ***f.*** Atención, reflexión y cuidado con que se dice o hace una cosa. 2 Exageración o encarecimiento de una cosa. 3 Acción de pesar una cosa. 4 Compensación o equilibrio entre dos pesos.

ponderadamente ***adv. m.*** Con ponderación.

ponderado, -da ***adj.*** [pers.] Que procede con tacto y prudencia.

ponderador, -ra ***adj.-s.*** Que pondera (exagera). 2 Que pesa o examina. -3 ***adj.*** Que compensa o favorece el equilibrio.

ponderal (der. del l. *pondus, ponderis*) ***adj.*** Relativo al peso.

ponderar (l. *-are* < *pondu,* peso) ***tr.*** Considerar, examinar detenidamente [una cosa]. 2 Contrapesar, equilibrar. 3 Exagerar, encarecer.

ponderativo, -va *adj.* Que pondera (exagera). 2 [pers.] Que tiene por hábito ponderar.

ponderosamente *adv. m.* Pesadamente. 2 Atenta y cuidadosamente.

ponderosidad *f.* Calidad de ponderoso.

ponderoso, -sa *adj.* lit. Pesado (que pesa). 2 fig. Serio, circunspecto.

pondo *m. Ecuad.* Tinaja.

ponedero, -ra *adj.* Que se puede poner o está para ponerse. 2 [ave] Que ya pone huevos. -3 *m.* Nidal (lugar y huevo). 4 Lugar en que se halla el nidal de la gallina.

ponedor, -ra *adj.* Que pone. 2 [caballería] Enseñado a levantarse de manos. 3 Ponedero (ave). -4 *m.* p. us. Postor.

ponencia *f.* Cargo de ponente. 2 Informe o dictamen dado por el ponente.

ponente (l.) *adj.-com.* Individuo de una asamblea o de un cuerpo colegiado a quien toca hacer relación de un asunto y proponer la resolución. 2 Autor de una ponencia.

ponentino, -na, -tisco, -ca *adj.-s.* Occidental.

poner (l. *-ere*) *tr.* Colocar en un sitio o lugar [a una persona o cosa]: *~ una joya en el estuche; ~ una coma; prnl., ponerse de rodillas.* 2 Representar [un espectáculo]; proyectar [una película]: *¿qué ponen hoy en el teatro?* 3 Apostar II: *~ cien pesetas a que no llega hoy.* 4 Escotar II: *~ cien pesetas a la subscripción.* 5 Disponer o prevenir [una cosa] con lo que ha menester para algún fin: *~ la mesa, la olla.* 6 Añadir voluntariamente [una cosa] a la narración: *eso lo pone de su cosecha.* 7 Dejar [una cosa] a la resolución, arbitrio o disposición de otro: *lo pongo en ti.* 8 Dedicar [a uno] a un empleo u oficio: *~ a uno de carpintero; ~ a oficio; ~ bajo tutela; prnl., ponerse a predicador.* 9 Deponer o soltar [el huevo] las aves: *abs., esta raza pone mucho.* 10 En algunos juegos de naipes, depositar un jugador [una cantidad igual a la que había de percibir si ganara]. 11 Tratándose [de motes o nombres], aplicarlos a personas o cosas. 12 Escribir una cosa en un papel. 13 Suponer (dar por sentado): *pongamos que esto es así.* 14 Exponer (arriesgar): *puse a mi amigo a un desaire; prnl., ponerse a un peligro.* 15 Contar o determinar: *de Madrid a Toledo ponen doce horas.* 16 Aplicar, adaptar. 17 Con la prep. *por* y algunos nombres, valerse o usar para algún fin: *~ por intercesor.* 18 Con los nombres *ley, contribución*, etc., establecer, imponer. 19 Reducir o precisar [a uno] a que ejecute una cosa. Ús. con la prep. *en: ~ a uno en empeño, en ocasión.* 21 Tratar a uno mal de palabra: *¡cómo se pusieron! ~ a uno de oro y azul.* 22 Con algunos nombres precedidos de una de las palabras *de, por, cual, como*, tratar [a uno] de cierta manera: *~ a uno de ladrón, por embustero, cual digan dueñas.* 23 Con ciertos adjetivos o expresiones calificativas, hacer adquirir [a una pers.] cierta condición o estado: *~ colorado a uno, ~ de mal humor; prnl., ponerse triste; ponerse bien con Dios.* 24 Preferir, anteponer una cosa; subordinar a ella otra u otras. 25 Con la prep. *a* y el infinitivo de otros verbos forma incoativos: *~ a asar; prnl., ponerse a escribir.* 26 Compararse, competir con otro: *me pongo con el más pintado.* -27 *prnl.* Oponerse a uno; hacerle frente o reñir con él: *ponerse en defensa, en guardia.* 28 Vestirse o ataviarse: *ponte bien, que es día de fiesta.* 29 Mancharse o llenarse: *ponerse de lodo, de tinta.* 30 Hablando de los astros, ocultarse bajo el horizonte. 31 Llegar a un lugar determinado: *se puso en Toledo en seis horas.* ◇ ** CONJUG. [78].

SIN. **Colocar, meter.** *30* **Transponerse.** FR. *~ por delante a uno alguna cosa,* suscitarle obstáculos o hacerle reflexionar para disuadirle de alguna cosa. *No ponérsele a uno nada por delante,* atropellar por todos los inconvenientes. *~ a uno a parir,* fam., estrecharle fuertemente; hablar muy mal de una persona. *~ como nuevo a uno,* maltratarle de obra o de palabra; sonrojarle; enemistarle, perjudicarle, hacerle perder la estimación. *~ bien a uno,* darle estimación y crédito, suministrarle bienes o empleo, deshacer la mala opinión que se tenía de él. *~ en duda,* dudar. *~ miedo,* amedrentar. *Ponerse al corriente,* enterarse. *Ponerse uno bien,* adelantarse en conveniencia y medios para mantener un estado; restablecerse. *Ponerse uno mal,* caer enfermo, enfermar; tener el período las mujeres. *Ponerse uno tan alto,* ofenderse, resentirse.

póngido *adj.-m.* Primate de la familia de los póngidos. -2 *m. pl.* Familia de primates catarrinos desprovistos de cola y de callosidades glúteas; presentan una gran capacidad craneal, tienen costumbres diurnas y son vegetarianos; como el orangután y el gorila.

I) pongo (malayo) *m.* Especie de mono antropomorfo.

II) pongo *m. Bol.* y *Perú.* Indio que hace oficios de criado. 2 *Ecuad.* y *Perú.* Paso angosto y peligroso de un río.

poni (ing. *poney*) *m.* Caballo de raza de poca alzada y pelo largo.

ponientada *f.* Viento duradero de poniente.

poniente (l. *ponente*) *m.* Occidente (punto cardinal). 2 Viento que sopla de la parte occidental.

SIN. *2* **Céfiro.**

ponimiento *m.* Acción de poner o ponerse. 2 Efecto de poner o ponerse.

ponina *f. Colomb.* y *Cuba.* Contribución que se da para costear alguna fiesta. 2 *Colomb.* y *Cuba.* Diversión en que sólo toman parte los que contribuyen con su cuota.

ponleví (fr. *pont-levis,* puente levadizo) *m.* Forma especial de calzado que arqueaba mucho el pie por tener el tacón muy alto. -2 *loc. A la ~,* decíase del tacón de esta clase de calzado. ◇ Pl.: *ponlevíes.*

SIN. **Poleví.**

ponor *m.* GEOGR. Formación propia de las regiones kársticas donde los ríos desaparecen de la superficie y se hacen subterráneos.

ponqué (ing. *pancake*) *m. Ant.* y *Venez.* Pasta muy delicada hecha de harina, mantequilla, huevos y azúcar.

pontaje *m.* Pontazgo.

pontana (l.) *f.* Losa que cubre el cauce de un arroyo o de una acequia.

pontazgo (l. *pontaticu*) *m.* Derechos que se pagan para pasar por algunos puentes.

pontazguero, -ra *m. f.* Persona encargada de cobrar el pontazgo.

pontear *intr.* Construir puentes: *hoy pontearemos.* -2 *tr.* Echar puentes [en un río o brazo de mar].

pontederiáceo, -a (de *Pontedera,* 1688-1757, botánico italiano) *adj.-f.* Planta de la familia de las pontederiáceas. -2 *f. pl.* Familia de plantas sapotáceas americanas formada por el gén. *Ponteria.*

ponteduro *m. Méj.* Maíz tostado y rebozado en miel caliente.

pontevedrés, -dresa *adj.-s.* De Pontevedra, c. de Galicia.

SIN. **Lerense.**

pontezuela *f.* Dim. de *puente.*

pontezuelo *m.* Dim. de *puente.*

póntico, -ca (l. *-cu*) *adj.* Relativo al Ponto Euxino, hoy mar Negro. 2 Relativo al Ponto, reg. de la ant. Asia.

pontificado *m.* Dignidad de pontífice. 2 Tiempo en que cada uno de los Sumos Pontífices obtiene esta dignidad. 3 Tiempo en que un prelado permanece en el gobierno de su iglesia.

SIN. *1* y *2* **Papado.**

pontifical *adj.* Relativo a un pontífice, y esp. al Sumo Pontífice. -2 *m.* Conjunto de ornamentos que sirven al obispo para la celebración de los oficios divinos. 3 Libro que contiene las ceremonias pontificias y las de las funciones episcopales. 4 fig. ***De ~,*** en traje de ceremonia o de etiqueta: *estar, ponerse de ~.*

pontificalmente *adv. m.* Según la práctica y estilos de los pontífices.

pontificar *intr.* Ser pontífice u obtener la dignidad pontificia. 2 Oficiar o celebrar de pontifical. ◇ ** CONJUG. [1] como ***sacar.***

pontífice (l.) *m.* Magistrado sacerdotal que presidía los ritos y ceremonias religiosas en la ant. Roma. 2 Obispo o arzobispo de una diócesis. 3 p. ant. Prelado supremo de la Iglesia católica romana: *Sumo Pontífice, Pontífice romano.*

SIN. *3* v. **Papa.**

pontificio, -cia *adj.* Relativo al pontífice.

pontín *m.* Embarcación filipina de cabotaje, mayor que el panco.

ponto (l. *-tu*) *m.* poét. Mar (masa de agua).

pontocón *m.* Puntapié. 2 *Colomb.* Empellón, empujón.

pontón (l. *pontone*) *m.* Barco chato para pasar los ríos, construir puentes y limpiar el fondo de los puertos con el auxilio de algunas máquinas. 2 Buque viejo que, amarrado en un puerto, sirve de almacén, hospital o cárcel. 3 Puente formado de maderas o de una sola tabla: *~* ***flotante,*** el formado por dos barcas o flotadores unidos con tablas.

pontonero *m.* El que está empleado en el manejo de los pontones. Apl. esp. a los ingenieros militares de esta especialidad.

ponzoña (l. v. *potionea < l. *potione,* bebida) *f.* Substancia venenosa o nociva para la salud. 2 fig. Doctrina perjudicial a las buenas costumbres.

SIN. **Veneno.**

ponzoñosamente *adv. m.* Con ponzoña.

ponzoñoso, -sa *adj.* Que tiene ponzoña. 2 fig. Perjudicial a las buenas costumbres.
pop *adj.-m.* Música popular derivada del rock y del folk. 2 ~ *art,* forma de creación plástica que emplea objetos cotidianos, carteles publicitarios, etc.
popa (l. *puppe*) *f.* Parte posterior de las naves. 2 fig. *De ~ a proa,* entera o totalmente.
popal *m. Méj.* Laguna cubierta de plantas acuáticas.
popamiento *m.* Acción de popar. 2 Efecto de popar.
popar (v. *palpar*) *tr.* Despreciar [a uno]; ejecutar con él acciones de desprecio. 2 Acariciar o halagar. 3 fig. Tratar con blandura o regalo.
pope (ruso *pop,* sacerdote; var. del l. *papa*) *m.* Sacerdote de la iglesia cismática griega. ◇ Pl.: *popes.*
popel *adj.* MAR. Que está situado más a popa que otra cosa con la que se compara.
popelín *m.* Popelina.
popelina (fr. *-ine*) *f.* Tela delgada de algodón, de seda o de una mezcla de algodón y seda o lana y seda.
popés *m.* MAR. Cabo que se colocaba en el palo mayor y en el trinquete.
popí *m. Argent.* Mandioca, pelada y seca al sol.
poplíteo, -a (l. *poplite,* la corva) *adj.* Relativo a la corva: *músculo ~; arteria poplítea.*
popo *m. Colomb.* Cañuto.
popocho, -cha *adj. Colomb.* Repleto, harto.
poporo *m. Colomb.* y *Venez.* Tumor, tolondro, chichón. 2 *Venez.* Porra de madera.
popote (mej. *popotl*) *m. Méj.* Gramínea de tallo hueco que se emplea para hacer escobas *(Arundinella brasiliensis).*
REL. **Popotal,** sitio en que se cría.
popotillo *m. Méj.* Planta gentácea (gén. *Ephedra).*
populachería *f.* desp. Popularidad alcanzada entre el vulgo halagando sus pasiones.
populachero, -ra *adj.* Relativo al populacho. 2 Propio para halagar al populacho y alcanzar populachería: *discurso ~.*
populacho (it. *popolaccio;* desp. de *pòpolo,* pueblo) *m.* desp. Lo ínfimo de la plebe.
populación (l. *-atione*) *f.* Población (acción y efecto).
popular (l. *-are*) *adj.* Relativo al pueblo. 2 Que es grato al pueblo. -3 *adj.-s.* Del pueblo o de la plebe.
popularidad *f.* Aceptación y aplauso que uno tiene en el pueblo.
popularismo *m.* Tendencia o afición a lo popular en formas de vida, arte, literatura, etc.
popularista *adj.-s.* Relativo o referente al popularismo.
popularización *f.* Acción de popularizar (dar carácter popular). 2 Efecto de popularizar (dar carácter popular).
popularizar *tr.* Extender la fama o el crédito de una [pers. o cosa] entre el público. 2 Dar carácter popular [a algo]. ◇ ** CONJUG. [4] como ***realizar.***
REL. *2* **Popularismo.**
popularmente *adv. m.* De manera grata a la multitud. 2 Tumultuosamente.
populazo *m.* Populacho.
populeón (der. del l. *populu,* álamo) *m.* Ungüento calmante hecho con manteca de cerdo, yemas de chopo, hojas de adormidera y otros ingredientes.
populetano, -na (l. *populetu,* alameda) *adj.* Relativo al monasterio de Poblet, en la prov. de Tarragona.
populismo *m.* Popularismo. 2 Movimiento político ruso de finales del siglo XIX, que aspiraba a la formación de un estado socialista de tipo campesino, contrario a la industrialización occidental. 3 Tendencia política defensora de los intereses y aspiraciones del pueblo.
populista *adj.* Relativo al pueblo. -2 Perteneciente o relativo al populismo (tendencia política): *gobierno ~.* -3 *com.* Partidario de esta tendencia.
pópulo *m.* Pueblo.
populoso, -sa *adj.* [provincia, ciudad, villa] Que abunda de gente.
popurrí (fr. *pot pourri*) *m.* MÚS. Composición formada de fragmentos o temas de obras de un mismo autor; de canciones populares, bailes, etc. 2 Miscelánea, mezcla confusa.
popusa *f. Bol., Guat.* y *Salv.* Pupusa.
poquedad *f.* Escasez, cortedad o miseria; corta porción de una cosa. 2 Timidez, pusilanimidad. 3 Cosa de ningún valor o de poca entidad.
SIN. *1* **Parvedad.** *3* **Nimiedad, bagatela, fruslería.**
póquer (ing. *poker*) *m.* Juego de envite en que cada jugador recibe cinco naipes; gana el que reúne la combinación superior entre las varias establecidas.
póquil (arauc. *pocull*) *m. Chile.* Planta herbácea cuyas flores se emplean para teñir de amarillo *(Cephalophora glauca).*
poquitero, -ra *m. f. Guat., Méj.* y *Nicar.* Comerciante que vende al menudeo cosas de poco valor. 2 *Guat., Méj.* y *Nicar.* Jugador que apuesta sumas ínfimas.
poquito, -ta *adj.* Dim. de poco. 2 *A ~,* poco a poco. 3 *A poquitos,* en pequeñas y repetidas porciones.
por (l. *pro;* en l. v. *por*) *prep.* Expresa substancialmente el movimiento, tanto real como figurado, en el momento del tránsito. Denota el lugar por donde se pasa: *ir a Toledo ~ Illescas.* 2 Lugar aproximado: *tiene una casa allá ~ el campo.* 3 Tiempo en que una acción se realiza: *~ la mañana; ~ San Juan.* 4 Tiempo aproximado: *nos mudaremos allá ~ mayo.* 5 Modo de ejecutar una acción: *~ señas; ~ poderes; ~ fuerza.* 6 Medio: *le mandaron el paquete ~ correo; paga los recibos ~ el banco.* 7 Causa: *~ mí se hizo; pecó ~ ignorancia.* 8 Elemento de relación que introduce el complemento agente en las oraciones de pasiva: *el mundo fue creado ~ Dios.* 9 Intercambio, sustitución o valor: *te lo doy ~ tres mil pesetas; ha cambiado la moto ~ otra mejor.* 10 Distribución: *a pichón ~ barba.* 11 Multiplicación: *tres ~ cuatro.* 12 Proporción: *a tanto ~ ciento.* 13 Finalidad: *salgo con gabán ~ ir más abrigado; me quedo para recuperar las horas del lunes.* 14 Búsqueda: *ir ~ leña ~ vino; vendrá ~ nosotros; vengo ~ el libro.* 15 Elección o parcialidad: *opté ~ callarme; voto por el progreso.* 16 Comparación entre dos términos idénticos: *casa ~ casa me quedo con la mía.* 17 Separación de los términos de una serie: *examiné las pruebas una ~ una.* 18 En orden o acerca de: *se alegaron varias razones ~ una y otra sentencia.* 19 En calidad de: *recibir ~ esposa.* 20 En favor, o a favor, o en defensa, de: *~ él daré la vida.* 21 En lugar de: *tiene a sus maestros ~ padres.* 22 Opinión, consideración: *tener ~ santo.* 23 Como: *dar ~ hecho.* 24 Precedida de *estar* y seguida de infinitivo, denota necesidad, disposición para un acto o la inminencia de una acción: *la casa está ~ barrer; estaba ~ decir; estoy ~ salir.* -25 ***loc. conj. ~ donde,*** por lo cual. 26 ***~ demás,*** muy (seguido de un adjetivo). 27 ***loc. adv. interr. Por qué,*** por cual razón, causa o motivo: *¿por qué has venido? no acierto a explicar por qué te amo.* 28 ***loc. conj. causal. Por que,*** porque. ◇ INCOR.: *ir a por, venir a por,* en vez de *ir, venir por.*
porcachón, -chona *adj.-s.* Aum. de *puerco.*
porcal (de *puerco*) *adj.* V. ciruela porcal.
porcallón, -llona *adj.-s.* Aum. de *puerco.*
porcelana (it. *porcellana*) *f.* Especie de loza fina, transparente y lustrosa. 2 Vasija de porcelana. 3 Esmalte blanco con una mezcla de azul, que usan los plateros. 4 Caurí. 5 Color blanco azulado. 6 *Guat.* Platillo de la taza de café. 7 *Méj.* Vaso de noche.
porcelanita *f.* Roca compacta, frágil, brillante y listada de diversos colores, que procede de arcillas o pizarras semivitrificadas.
porcelano, -na *adj. Amér.* [caballo] De pelo blanco y tinte azulado por tener el cuero oscuro.
porcentaje (ing. *percentage*) *m.* Tanto por ciento.
porcentual *adj.* Expresado o calculado en tanto por ciento: *proporción, cálculo ~.*
porche (v. *pórtico*) *m.* Soportal, cobertizo. 2 Atrio (espacio cubierto).
porcicultor, -tora *m. f.* Persona que se dedica a la porcicultura.
porcicultura (l. *porcus,* puerco, cerdo + *-cultura*) *f.* Arte de criar cerdos.
porciento *m. Amér.* Porcentaje.
porcino, -na (l. *nu*) *adj.* Relativo al puerco. -2 *m.* Puerco pequeño. 3 Chichón.
SIN. *3* **Brocino.**
porcinocultura *f.* Porcicultura.
porción (l. *tione*) *f.* Cantidad segregada de otra mayor. 2 En algunas catedrales, ración (prebenda). 3 Número considerable e indeterminado de personas o cosas. 4 Cuota individual en cosa que se distribuye entre varios partícipes. 5 fig. Cantidad de vianda que diariamente se da a uno para su alimento, esp. la que se da en las comunidades.
SIN. *1* v. **Pedazo.**
porcionero, -ra *adj.-s.* Partícipe.
porcionista *com.* Persona que tiene acción o derecho a una porción. 2 Pensionista (que paga).
porcipelo (de *puerco* + *pelo*) *m.* Cerda fuerte y aguda del puerco.

porciúncula (l. *portiuncula* < *portio,* porción) *f.* Primer convento de la orden de San Francisco. 2 Jubileo que se puede ganar el 2 de agosto, con indulgencia plenaria.
porcuno, -na *adj.* Relativo al puerco. 2 Cochinero.
pordiosear (paras. de la expr. *por Dios*) *intr.* Mendigar, pedir limosna de puerta en puerta. -2 *tr.* fig. Pedir porfiadamente y con humildad [una cosa].
SIN. *1* **Limosnear.**
pordioseo *m.* Acción de pordiosear.
pordiosería *f.* Pordioseo.
pordiosero, -ra (paras. de la expr. *por Dios*) *adj.-s.* Pobre mendigo que pide limosna, esp. implorando el nombre de Dios.
SIN. **Pidientero.**
porfía (v. *perfidia*) *f.* Acción de porfiar. 2 *A ~,* con emulación, en competencia.
porfiadamente *adv. m.* Con porfía.
porfiado, -da *adj.-s.* Sujeto obstinado y terco en su parecer. -2 *m. C. Rica, Ecuad.* y *Venez.* Dominguillo, muñeco.
SIN. **Inapeable;** v. terco.
porfiador, -ra *adj.-s.* Que porfía mucho.
porfiar (de *porfía*) *intr.* Disputar y altercar obstinadamente y con tenacidad: *~ con,* o *contra, alguno; ~ hasta morir; ~ sobre el mismo tema.* 2 Hacer instancia con repetición y porfía por el logro de una cosa; esp., continuar insistentemente una acción para el logro de un intento: *~ en un empeño.* ◇ ** CONJUG. [13] como ***desviar.***
porfídico, -ca *adj.* Relativo al pórfido o parecido a él.
pórfido (alterac. del gr. *pórphyros,* purpúreo) *m.* Roca formada por cristales de feldespato y cuarzo incluidos en una masa de color rojo obscuro. Es muy estimada para decoración de edificios.
porfioso, -sa *adj.* Porfiado.
porfirizar *tr.* FARM. Reducir [un cuerpo] a polvo finísimo, desmenuzándolo. ◇ ** CONJUG. [4] como ***realizar.***
porfirogeneto (gr. *porphyrogenetos,* nacido en la púrpura) *adj.-s.* Hijo de un emperador griego, mientras duraba el reinado de su padre.
porfolio *m.* Conjunto de fotografías o grabados de diferentes clases que forman un tomo o volumen encuadernable.
poricida (de *poro* I + *-cida*) *adj.* BOT. Que realiza la dehiscencia por poros.
porífero *adj.-m.* Parazoo del tipo de los poríferos. -2 *m. pl.* Tipo de parazoos que tienen el cuerpo cubierto por poros conectados a canales que atraviesan su cuerpo y por los que fluye el agua, haciendo las funciones respiratoria, circulatoria y digestiva; comprende cuatro clases: calcáreas, desmosponjas, esclerosponjas y hexactinélidas.
pormenor (*por* + *menor*) *m.* Conjunto de circunstancias menudas y particulares de una cosa: *refirió los pormenores del asunto.* 2 Cosa secundaria.
SIN. **Detalle, particularidad.**
pormenorizar *tr.* Describir o enumerar [una cosa] minuciosamente. ◇ ** CONJUG. [4] como ***realizar.***
porno *adj.* Pornográfico.
porno- (gr. *porné,* prostituido) Elemento prefijal que entra en la formación de palabras con el significado de pornografía o pornográfico.
pornografía (de *pornógrafo*) *f.* Tratado acerca de la prostitución. 2 Carácter obsceno de obras literarias o artísticas. 3 Obra pornográfica.
pornográfico, -ca *adj.* [autor] Pornógrafo. 2 Relativo a la pornografía.
pornógrafo, -fa (gr. *pornographos* < *porno-* + *-grafo*) *m. f.* Persona que escribe acerca de la prostitución. 2 Autor de obras pornográficas.
I) poro (l. *-ru* < gr. *poros,* vía) *m.* Intersticio entre las partículas o moléculas que constituyen un cuerpo. 2 Orificio, por su pequeñez invisible a simple vista, que hay en la superficie de los animales y vegetales, esp. el que en la piel de los mamíferos constituye la abertura de las glándulas sudoríparas.
II) poro *m. Amér. Merid.* Calabacilla para tomar el mate, esp. si no tiene asa.
poronga *f. Chile.* Burla, choteo.
porongo (del quechua *puruncu,* cantarillo de barro de cuello largo y angosto) *m. Argent., Perú* y *Urug.* Planta de la familia de las cucurbitáceas, herbácea anual de hojas grandes y frutos blancos o amarillentos, que se emplean como recipientes para diversos usos *(Logenaria vulgaris).* 2 *Amér.* Vasija hecha con el fruto de esta planta, o con barro cocido. 3 *Chile.* Cantimplora de barro. 4 *Chile.* fig. Tipo pequeño y despreciable. 5 *Perú.* Recipiente de hojalata, con cuello angosto, tapa y asa, que sirve para la venta de leche.
poronguero *m. Perú.* Vendedor de leche, que lleva en los porongos. 2 *Chile.* Persona que da bromas pesadas.
pororó (guaraní) *m. Amér. Merid.* Rosetas de maíz. 2 *Argent.* y *Parag.* Sucesión desordenada de ruidos estrepitosos por analogía con el estallido que producen las rosetas de maíz al reventar en la sartén.
pororoca (guaraní *pororoc*) *m. Amér. Merid.* Macareo.
porosidad *f.* Calidad de poroso.
poroso, -sa *adj.* Que tiene poros.
porotada *f. Chile.* Plato de porotos. 2 *Chile.* vulg. Comida.
porotero, -ra *adj. Chile.* Que come, esp. porotos. -2 *f. Chile.* Boca. 3 *Chile.* Redoble más o menos largo, tocado por una banda de música. 4 *Chile.* Juego de chicos.
poroto (quechua *purutu*) *m. Amér.* Especie de alubia de que se conocen muchas variedades *(gén. Phaseolus).* 2 *Amér.* Guiso que se hace con estas alubias. 3 *Amér.* Persona insignificante. -4 *m. pl. Chile.* Comida de todos los días.
porputa *f. Ar.* y *Murc.* Abubilla.
porque *conj. causal.* Por causa o razón de que: *no pude asistir ~ estaba ausente; ~ es rico no quiere estudiar.* -2 *conj. final.* Para que.
porqué (de *por qué*) *m.* Causa, razón o motivo: *te diré el ~ del asunto.* 2 Cantidad, porción, esp. de dinero: *tiene mucho ~.* ◇ Pl.: *porqués.*
porquecilla *f.* Dim. de *puerca.*
porquera (v. *porquero*) *adj.-s.* V. lanza porquera. -2 *f.* Lugar o sitio en que habitan los jabalíes en el monte.
porquería *f.* Suciedad, inmundicia o basura. 2 Acción sucia o indecente. 3 Grosería, desatención. 4 Cortedad o cosa de poco valor. 5 Golosina, fruta o legumbre dañosa a la salud.
porqueriza *f.* Pocilga de los puercos.
porquerizo *m.* El que guarda los puercos.
porquero (l. *porcariu*) *m.* Porquerizo.
porquerón *m.* ant. Corchete o ministro de Justicia.
porqueta *f.* Cochinilla (crustáceo).
porquezuelo, -la *m. f.* Dim. de *puerco.*
porra (l. *porru,* porro) *f.* Clava. 2 Cachiporra. 3 Macana: ***guardia de la ~,*** guardia o policía armado con ella. 4 Martillo de bocas iguales y mango largo y algo flexible, que se maneja con las dos manos a la vez. 5 Especie de churro grande. 6 fig. Vanidad, jactancia. 7 fig. Sujeto pesado, porfiado. 8 fig. Entre muchachos, el último en el orden de jugar. 9 *Argent.* y *Bol.* Mechón de pelos enredados. 10 *Méj.* Claque política.
FR. *Mandar a uno a la ~,* mandarlo a paseo, despedirlo con malos modos.
¡porra! Interjección con que se denota disgusto o enfado.
porráceo, -a (l. *-eu*) *adj.* De color verdinegro, parecido al del puerro: *vómito ~; cólera ~.*
porrada *f.* Porrazo. 2 Golpe dado con la mano. 3 Conjunto o montón muy abundante de cosas. 4 fig. Necedad, disparate.
porral *m.* Terreno plantado de puerros.
porrazo *m.* Golpe dado con la porra. 2 p. ext. Golpe dado con otro instrumento. 3 fig. El que se recibe por una caída, o por topar con un cuerpo duro. 4 *Ecuad.* Abundancia de algo.
SIN. **Trastazo.**
porrear (de *porra*) *intr.* Insistir con pesadez en una cosa; machacar, molestar a uno. -2 *prnl.* Golpearse, aporrearse.
porrección *f.* LITURG. Acto de presentar al ordenado los objetos relativos a su ministerio, para que los toque.
porredana *f.* Pez marino teleósteo perciforme, de cuerpo ovoide, ligeramente alargado, y coloración muy variable, cambiando con la edad y con otros factores fisiológicos *(Crenilabrus melops; Symphodus m.).*
porrería (de *porra*) *f.* fam. Necedad, tontería. 2 fam. Tardanza, pesadez.
I) porrero, -ra (der. de *porro* I) *m. f.* fam. Fumador de porro I.
II) porrero *m. Chile.* En las iglesias, el asistente de capa y coro.
porreta *f.* Conjunto de hojas verdes del puerro. 2 p. ext. Conjunto de las del ajo, la cebolla o las primeras que brotan de los cereales. -3 *com.* fam. Aficionado a fumar porros. 4 fr. *y* fam. *En ~,* en cueros.
porretada (de *porra*) *f.* Conjunto de cosas de una misma especie.
porrilla (dim. de *porra*) *f.* Martillo con que los herreros labran los clavos. 2 Tumor duro, de naturaleza huesosa, que se forma

en las articulaciones de los menudillos de las caballerías y bueyes. -3 *f. pl.* Gramarí.

I) porrillo *m.* Maza usadas por los canteros.

II) porrillo (a ~) *adv.* fam. En abundancia.

porrina (l.) *f.* Estado de las mieses o sembrados muy pequeños y verdes. 2 Porreta. 3 *And.* Líquido resultante de la cocción de la corteza del pino molida, y que se emplea como tinte para redes de pesca.

porrino (l. *-ina*) *m.* Simiente de los puerros. 2 Planta del puerro cuando está en disposición de trasplantarse.

I) porro (port. < l. *-rru*) *m.* Puerro. 2 Cigarrillo de hachís o marihuana mezclado con tabaco.
SIN. *2* **Petardo.**

II) porro, -rra (de *porra*) *adj.* fig. [pers.] Torpe y necio. -2 *m. Colomb.* Tambor de forma cónica, de un solo parche. 3 *Colomb.* Jarana en que se baila al son de dicho tambor.

I) porrón (cat. *porró*) *m.* Botijo. 2 Redoma de vidrio, con un pitón largo en la panza, para beber vino a chorro. 3 *Chile.* Puerro. 4 *Venez.* Vasija grande de hojalata.

II) porrón, -rrona (de *porro II*) *adj.* fam. Pelmazo, pachorrudo. -2 *m.* Ave anseriforme buceadora, de plumaje gris y negro el macho, y coloración parda la hembra *(Aythya ferina).*

porsiacaso *m. Argent.* y *Venez.* Alforja o saco pequeño en que se llevan provisiones de viaje.

porta *f.* Abertura practicada en los costados y la popa de los buques para dar luz y ventilarlos. 2 ARTILL. Mandilete.

portaaeronaves (de *portar* + *aeronave*) *m.* Buque de guerra destinado al transporte de aviones y helicópteros con cubierta dispuesta para que puedan aterrizar y despegar otros. ◇ Pl.: *portaaeronaves.*

portaalmizcle *m.* Almizclero (mamífero).

portaaviones (de *portar* + *avión*) *m.* Buque de guerra destinado a transportar aviones, con cubierta dispuesta para que de ella puedan despegar y aterrizar éstos. ◇ Pl.: *portaaviones.*

portabandera (de *portar* + *bandera*) *f.* Especie de banderola con un seno a manera de cuja, por donde se mete el regatón del asta de la bandera.

portabultos *m. Parag.* Baca I. ◇ Pl.: *portabultos.*

portacaja (de *portar* + *caja*) *f.* Correa a modo de tahalí, de donde se cuelga el tambor o caja para poderlo tocar.

portacarabina (de *portar* + *carabina*) *f.* Bolsa pequeña de vaqueta, pendiente de la silla, en donde entra y se afirma la boca de la carabina.

portacartas (de *portar* + *carta*) *m.* Bolsa, cartera o valija en que se llevan las cartas. ◇ Pl.: *portacartas.*

portachuelo (de *puerto*) *m.* Boquete abierto en la convergencia de dos montes.

portacomida *f. Amér.* Fiambrera. ◇ En *P. Rico* es voz masculina.

portacontenedores (de *portar* + *contenedor*) *m.* Buque destinado al transporte de contenedores. ◇ Pl.: *portacontenedores.*

portacruz (de *portar* + *cruz*) *m.* En las procesiones, el que lleva la cruz.

portada (de *puerta*) *f.* Ornato arquitectónico en las fachadas principales de los edificios suntuosos. 2 Primera plana de los libros impresos, en que se pone el título del libro, el nombre del autor y el pie de imprenta. 3 En el arte de la seda, división que de cierto número de hilos se hace para formar la urdimbre. 4 fig. Frontispicio o cara principal de cualquier cosa.
REL. *2* **Anteportada,** la hoja que precede a la portada de un libro.

portadera (de *portar*) *f.* Aportadera.

portadilla *adj.-s.* Tabla de madera de sierra, de 9 pies de longitud, con una escuadría de 20 dedos de ancho por 3 de canto. 2 Anteportada de un libro.
SIN. *1* **Portaleña.**

portado, -da *adj.* [con los adv. *bien* o *mal*]. Que se viste con decoro o al contrario.

portador, -ra *adj.-s.* Que lleva o trae una cosa de una parte a otra. -2 *m.* desus. Tabla redonda con un mango para cogerla, sobre la cual se llevan los platos de vianda u otra cosa. 3 Tenedor de efectos públicos o valores comerciales, transmisibles sin endoso, por estar emitidos a favor de quienquiera que los posea. 4 ELECTR. En un semiconductor, electrón o hueco móvil capaz de transportar cargas. -5 *f.* FÍS. Onda que sirve de soporte para transmitir una información.

portaequipajes (de *portar* + *equipaje*) *m.* Parte de un vehículo destinada a transportar los equipajes. ◇ Pl.: *portaequipajes.*

portaestandarte (de *portar* + *estandarte*) *m.* Oficial que lleva el estandarte de un regimiento de caballería.

portafirmas (de *portar* + *firma*) *m.* Carpeta donde se ponen los documentos que ha de firmar una persona. ◇ Pl.: *portafirmas.*

portafolio (de *portar* + *folio*) *m.* Carpeta o cubierta para guardar papeles. -2 *m. pl.* Maletín de mano rectangular y aplanado.

portafotos *m.* Portarretratos. ◇ Pl.: *portafotos.*

portafusil (de *portar* + *fusil*) *m.* Correa que pasa por dos anillos del fusil, y sirve para echarlo a la espalda.

portaguión (de *portar* + *guión*) *m.* Oficial que llevaba el guión en los regimientos de dragones.

portahelicópteros (de *portar* + *helicóptero*) *m.* Buque de guerra destinado al transporte de helicópteros, con cubierta dispuesta para que de ella puedan despegar y aterrizar éstos. ◇ Pl.: *portahelicópteros.*

portaherramientas (de *portar* + *herramienta*) *m.* En las máquinas de labrar metales, pieza que sujeta la herramienta. ◇ Pl.: *portaherramientas.*

portaje *m.* Portazgo.

portal (de *puerta*) *m.* Primera pieza de la casa, por donde se entra a las demás, y en la cual está la puerta principal. 2 Soportal (pórtico). 3 Pórtico (sitio). 4 Puerta de la ciudad. 5 Nacimiento, belén.

portalada *f.* Portada, gralte. monumental.

portalámparas (de *portar* + *lámpara*) *m.* Casquillo al que se sujetan las bombillas eléctricas. ◇ Pl.: *portalámparas.*

portalápiz (de *portar* + *lápiz*) *m.* Estuche o tubo de metal para resguardar la punta de los lápices.

portalejo *m.* Dim. de *portal.*

portaleña (de *portal*) *adj.-s.* Portadilla. -2 *f.* Portañola.

portalero *m.* Guarda que en la entrada de una población registra los géneros que entran y de que se deben pagar derechos.
SIN. **Consumero.**

portalibros (de *portar* + *libro*) *m.* Correas que usan los escolares para sujetar y llevar sus libros y cuadernos. ◇ Pl.: *portalibros.*

portaligas *m. Argent.* y *Chile.* Liguero. ◇ Pl.: *portaligas.*

portallaves *m. Méj.* y *Venez.* Llavero, anillo de metal para llevar las llaves. ◇ Pl.: *portallaves.*

portalón *m.* Puerta grande. 2 Portal grande. 3 Abertura a manera de puerta hecha en el costado del buque.

portamaletas (de *portar* + *maleta*) *m.* Maletero del automóvil. ◇ Pl.: *portamaletas.*

portamantas (de *portar* + *manta*) *m.* Par de correas enlazadas por un travesaño, con las que se sujetan y llevan a la mano las mantas o abrigos para viaje. 2 Armazón de hierro o aluminio para llevar la manta u otro abrigo en la bicicleta. ◇ Pl.: *portamantas.*

portamanteo *m.* Manga (maleta).

portaminas (de *portar* + *mina*) *m.* Lápiz de mina recambiable. ◇ Pl.: *portaminas.*

portamira (de *portar* + *mira*) *m.* El que en los trabajos topográficos de nivelación conduce la mira o regla graduada.

portamonedas (de *portar* + *moneda*) *m.* Bolsa pequeña o cartera para llevar dinero a mano. ◇ Pl.: *portamonedas.*
SIN. **Monedero.**

portanario (der. del l. *porta,* puerta) *m.* Píloro.

portante (de *portar,* pero a través del it.) *adj.* [pers.] Que en las procesiones lleva en andas imágenes. -2 *adj.-s.* Paso de las caballerías en el cual mueven a un tiempo la mano y el pie del mismo lado. 3 Manera de andar y piernas del hombre.
SIN. *2* **Paso de ambladura** o **andadura.** FR. fig. *Tomar uno el ~*, irse, marcharse.

portantillo (dim. de *portante*) *m.* Paso menudo y apresurado de un animal y particularmente del pollino.

portanuevas (de *portar* + *nueva*) *com.* Persona que trae o da noticias. ◇ Pl.: *portanuevas.*

portañica *f.* Portañuela.

portañola (dim. de *porta*) *f.* MAR. Cañonera, tronera.
SIN. **Portaleña.**

portañuela (dim. de *porta*) *f.* Tira de tela con que se tapaba la abertura anterior de los calzones o pantalones. 2 *Colomb.* y *Méj.* Puerta de carruaje. 3 *Chile.* Armazón en la parte posterior de ciertos vehículos para asegurar la carga.
SIN. *1* **Trampa, trampilla.**

portaobjeto, portaobjetos (de *portar* + *objeto*) *m.* Lámina rectangular de cristal en la cual se hacen las preparaciones que se han de examinar al microscopio.

portapaz (de *portar* + *paz*) ***amb.*** Lámina de metal, madera, marfil, etc., con alguna imagen o signos en relieve, que en las misas solemnes se besaba en la ceremonia de la paz.
portapliegos (de *portar* + *pliego*) ***m.*** Cartera pendiente del hombro o de la cintura, para llevar pliegos. ◇ Pl.: *portapliegos*.
portaplumas (de *portar* + *pluma*) ***m.*** Mango en que se coloca la pluma metálica para escribir. ◇ Pl.: *portaplumas*.
SIN. **Manguillero.**
portar (l. *-are*) ***tr.*** ant. Llevar o traer [una cosa]. 2 Traer el perro al cazador [la pieza cobrada]. -3 ***prnl.*** Conducirse, gobernarse. Ús. siempre acompañado de un adverbio o expr. equivalente que califican la conducta: *portarse bien; portarse con falsedad; portarse como rey; se portó como un héroe*. -4 ***intr.*** MAR. Recibir bien [las velas y el aparejo] el viento.
portarretratos (de *portar* + *retrato*) ***m.*** Marco de metal, madera, cuero u otro material que se usa para colocar retratos en él. ◇ Pl.: *portarretratos*.
portátil ***adj.*** Movible y fácil de transportarse.
portaventanero ***m.*** Carpintero que hace puertas y ventanas.
portaviandas ***m.*** Fiambrera (aparato). ◇ Pl.: *portaviandas*.
portaviones ***m.*** Portaaviones. ◇ Pl.: *portaviones*.
portavoz (de *portar* + *voz*) ***m.*** Bocina que usan los jefes para mandar la maniobra al tender los puentes militares. -2 ***com.*** fig. Persona que, por su autoridad, lleva la voz en una escuela, grupo, partido, etc. -3 ***m.*** fig. Periódico que expresa las opiniones de un partido, agrupación, etc. -4 ***com.*** Persona autorizada para difundir información y responder a ciertas preguntas.
SIN. *3* **Órgano.**
portazgar ***tr.*** Cobrar el portazgo [a una persona]. ◇ ** CONJUG. [7] como ***llegar***.
portazgo (l. *portaticu*) ***m.*** Derechos que se pagan por pasar por un sitio determinado de un camino. 2 Edificio donde se cobran.
SIN. **Portaje.**
portazguero ***m.*** Encargado de cobrar el portazgo.
portazo ***m.*** Golpe recio que da la puerta. 2 Acción de cerrar la puerta para desairar a uno y despreciarle.
porte (de *portar*) ***m.*** Acción de portear I. 2 Cantidad que se paga por el transporte de una cosa. 3 Conducta, modo de portarse. 4 Aspecto o disposición de una persona en cuanto al modo de vestirse, modales, etc. 5 Nobleza de sangre. 6 Grandeza o capacidad de una cosa. 7 *Chile*. Regalo, esp. el que se hace el día del santo de una persona.
SIN. *1* y *2* **Transporte, acarreo.**
porteador, -ra ***adj.-s.*** Que portea.
I) portear ***tr.*** Conducir o llevar [una cosa] de una parte a otra por el precio o porte convenido. -2 ***intr.*** *Argent*. Salir.
SIN. *1* **Transportar, acarrear.**
II) portear ***intr.*** Dar golpes las puertas o ventanas o darlos con ellas.
portearse ***prnl.*** Pasearse de una parte a otra, esp. las aves pasajeras.
portento (l. *-tu*) ***m.*** Cosa portentosa. 2 fig. Persona muy capaz: *Juan es un* ~.
portentosamente ***adv. m.*** De modo portentoso.
portentoso, -sa (l. *-su*) ***adj.*** Que por su extrañeza o novedad causa admiración o terror.
porteño, -ña ***adj.-s*** [pers.] De diversas ciudades de España y América, en la que hay puerto o se llaman Puerto, como Puerto de Santa María (Cádiz) o Buenos Aires.
porteo ***m.*** Acción de portear. 2 Efecto de portear.
porterejo ***m.*** desp. Dim. de *portero*.
I) portería ***f.*** Pieza del zaguán de algunos edificios, desde donde el portero vigila la entrada y salida de las personas, carruajes, etc. 2 Empleo de portero. 3 Su habitación. 4 DEP. Armazón de tamaño variable formada por tres palos, dos verticales y uno horizontal, por dentro o por encima de la que debe pasar el balón para marcar gol o ganar uno o más puntos en algunos juegos.
SIN. *1* **Garita.** *4* **Marco, meta, palos, puerta.**
II) portería ***f.*** Conjunto de todas las portas de un buque.
porteril ***adj.*** Relativo al portero o a la portería.
I) portero ***adj.*** [ladrillo] Poco cocido.
II) portero, -ra (b. l. *-ariu*) ***m. f.*** Persona que tiene por oficio guardar, cerrar y abrir las puertas del aseo, del portal, de las oficinas públicas, etc.: ~ ***automático*** o ***eléctrico***, mecanismo eléctrico para abrir las puertas o portales desde el interior de las viviendas. 2 Jugador que en algunos deportes, defiende la portería de su bando. -3 ***f.*** Puente del carruaje. 4 *Urug*. Puerta del campo, tranquera.
SIN. *2* **Guardameta.**
portezuela ***f.*** Dim. de *puerta*. 2 Puerta de un vehículo. 3 Entre sastres, cartera, golpe. 4 *Colomb*. y *Guat*. Puerta del automóvil.
portezuelo ***m.*** Dim. de *puerto*. 2 *Argent*. y *Chile*. Camino entre cerros.
porticado, -da ***adj.*** Que tiene soportales.
portichuelo ***m.*** Dim. de *puerto*. 2 Puerto bajo en las estribaciones de una montaña. 3 *And*. Capilla adosada al exterior de un edificio, gralte. con forma de atrio.
pórtico (l. *-cu*) ***m.*** Sitio cubierto y con columnas, construido delante de los edificios suntuosos. 2 Galería con arcadas o columnas a lo largo de un muro de fachada o de patio. 3 Escuela filosófica estoica, cuyo jefe, Zenón (s. IV a. C.), enseñaba en Atenas, bajo un pórtico.
SIN. *1* **Portal.**
portier (fr. *-ère*) ***m.*** Antepuerta. ◇ Pl.: *portiers*.
portilla (l. *-ella*) ***f.*** Paso, en los cerramientos de las fincas rústicas, para carros, ganados o peatones. 2 Abertura pequeña, cerrada con un cristal grueso, hecha en los costados de los buques para dar claridad y ventilación a pañoles, alojamientos, etc.
portillera ***f.*** Portilla (paso).
portillo (b. l. *-ellu*) ***m.*** Abertura que hay en las murallas, paredes o tapias. 2 Postigo o puerta chica en otra mayor. 3 En algunas poblaciones, puerta secundaria por donde no puede entrar cosa que haya de adeudar derechos. 4 Camino angosto entre dos alturas. 5 Entrada o salida que, para la consecución de alguna cosa, queda abierta por falta de cuidado o de medios. 6 Mella o hueco que queda en una cosa quebrada. 7 fig. Paso o entrada abierto en un muro, vallado, etc.
SIN. *6* **Desportilladura.**
portland, v. cemento de Portland.
portobaquericense ***adj.-s.*** De Baquerizo Moreno, cap. de la prov. de Colón (Islas Galápagos, Ecuador).
portón ***m.*** Aum. de *puerta*. 2 Puerta que divide el zaguán de lo demás de la casa. 3 *Can*. Casa de vecinos.
SIN. *2* **Contrapuerta.**
portorrica ***f.*** *Méj*. Cierto son del país.
portorriqueño, -ña ***adj.-s.*** Puertorriqueño.
portovejense ***adj.-s.*** De Portoviejo, cap. de la prov. de Manabí (Ecuador).
portuario, -ria ***adj.*** Relativo al puerto de mar: *obras portuarias; impuestos portuarios; tráfico* ~.
portuense (l.) ***adj.-s.*** De cualquiera población denominada Puerto. -2 ***adj.*** Del Puerto de Ostia, en Italia.
portugalujo, -ja ***adj.-s.*** De Portugalete, c. de la prov. de Vizcaya.
portugueño, -ña ***adj.-s.*** De Portuguesa, estado de Venezuela.
portugués, -guesa ***adj.-s.*** De Portugal, nación del oeste de Europa. -2 ***adj.-m.*** Lengua romance hablada en Portugal, Brasil, Angola, Cabo Verde y otras naciones. 3 Moneda de oro del s. XVI (diez ducados).
SIN. *1* **Lusitano, luso.**
portuguesada ***f.*** Dicho o hecho en que se exagera la importancia de una cosa.
portuguesismo ***m.*** Lusitanismo.
portuguesista ***com.*** Persona versada en la lengua y cultura portuguesas.
portulacáceo, -a ***adj.-f.*** Planta de la familia de las portulacáceas. -2 ***f. pl.*** Familia de plantas angiospermas dicotiledóneas, herbáceas o fruticosas.
portulano (it. < *portu*, puerto) ***m.*** Colección encuadernada de planos de varios puertos.
poruña (quechua *puruña*, fuente de barro para uso de cocina) ***f.*** *Argent*. y *Chile*. Asta recortada que se utiliza en las minas para enseñar minerales. 2 *Chile*. Cucharón que usan los tenderos para extraer y trasladar el arroz, azúcar, etc.
poruñazo ***m.*** *Chile*. Engaño que hace el poruñero.
poruñear ***tr.*** *Chile*. Engañar [a uno] mostrándole en la poruña un buen metal, para que compre la mina de donde se le dice que procede. 2 *Chile*. Engañar, estafar.
poruñero ***m.*** *Chile*. El que muestra en la poruña metales falsos para venderlos como buenos. 2 *Chile*. Engañador, estafador.
porvenir (*por* + *venir*) ***m.*** Suceso o tiempo futuro. ◇ Pl.: no se usa.
SIN. **Futuro, mañana.**

¡porvida! Interjección con que se denota ira o amenaza.
pos-, post- (l. *post,* detrás, después de) Prefijo que entra en la formación de palabras con el significado de detrás, después de: *posponer, posdata;* en esta última voz y en algunas otras suele escribirse como en latín: *postdata, postdiluviano.* 2 Ús. como adv. con igual significación en la loc. adv. *en pos: vamos en pos de una cierva.*
posa (de *posar*) *f.* Clamor de campanas por los difuntos. 2 Parada que hace el clero en los entierros para cantar el responso. -3 *f. pl.* Asentaderas.
posada (de *posar*) *f.* desus. Casa propia de cada uno, donde habita. 2 Antigua fonda para viajeros. 3 Hospedaje: ~ ***franca,*** el que se hace sin interés en alguna ocasión. 4 desus. Campamento. 5 Estuche compuesto de cuchara, tenedor y cuchillo, que se lleva cuando se va de camino. 6 *Amér. Central* y *Méj.* Fiesta típica cuya temporada comienza el 16 de diciembre y termina el 24. 7 *Hond.* y *Méj.* p. ext. Música que se lleva a un amigo, esp. en Navidad.
SIN. *2* v. **Hotel.**
posadeño, -ña *adj.-s.* De Posadas, cap. de la prov. de Misiones (Argentina).
posaderas (de *posar*) *f. pl.* Nalgas.
posadero, -ra *adj.* V. pendón posadero. -2 *m. f.* Mesonero. -3 *m.* Especie de asiento hecho de espadaña o de soga de esparto, de hechura cilíndrica y plana.
SIN. *3* **Posón.**
posante (de *posar*) *adj.* [buque] Quieto y descansado.
posar (v. *pausar*) *intr.* Alojarse u hospedarse en una posada o casa particular. 2 Descansar, asentarse, reposar. 3 Colocarse ante un pintor o máquina fotográfica. -4 ***intr.-prnl.*** Asentarse las aves u otros animales que vuelan en un sitio o lugar: *posar,* o *posarse en,* o *sobre, una rama;* por anal. se extiende a cosas: *posarse un avión en el suelo, el polvo sobre los muebles,* etc. -5 ***tr.*** Soltar [la carga que se trae a cuestas] para descansar. -6 ***prnl.*** Depositarse en el fondo las partículas sólidas que están en suspensión en un líquido; caer el polvo sobre las cosas o en el suelo.
SIN. *6* **Sedimentar(se), reposar(se).**
posavasos (de *posar* + *vaso*) *m.* Pieza de formas y materiales diversos, que se pone debajo de los vasos para proteger las mesas.
posaverga (de *posar* + *verga*) *f.* MAR. Palo largo que sirve para reemplazar o componer un mastelero o una verga.
posbélico, -ca *adj.* Posterior a una guerra.
posca (l.) *f.* Mezcla de agua y vinagre que empleaban los romanos como refresco y para otros usos.
poscafé (*pos-* + *café*) *m.* Licor o licores que suelen servirse con el café después de las comidas. ◇ Pl.: *poscafés.*
poscomunión (*pos-* + *comunión*) *f.* Oración que se dice en la misa después de la comunión.
posdata (*pos-* + *data*) *f.* Lo que se añade a una carta ya concluida y firmada.
SIN. Se emplea también la forma latina *post data* y en ambos casos se abrevia *P. D.* Igualmente se usa *post scriptum,* en abreviatura *P. S.*
pose (fr.) *f.* GALIC. Postura, actitud, afectación. 2 En fotografía, exposición.
poseedor, -ra *adj.-s.* Que posee.
poseer (l. *possidere*) *tr.* Tener uno en su poder [una cosa]. 2 Saber suficientemente [una cosa, como arte, doctrina, idioma, etc.]. 3 DER. Tener [una cosa] con ánimo de dueño y no a sabiendas de que pertenezca a otro ni por cesión del propietario. -4 ***prnl.*** Dominarse uno a sí mismo. ◇ ** CONJUG. [61] como ***leer;*** pp. reg.: ***poseído***; irreg., usado sólo como adj.-s: ***poseso.***
SIN. *2* **Dominar,** poseer o saber a fondo. FR. *Estar poseído uno,* estar penetrado de una idea o pasión.
poseído, -da *adj.-s.* Poseso: ~ *de temor.* 2 fig. Que ejecuta acciones furiosas o malas.
Poseidón *n. pr.* MIT. Nombre griego de Neptuno.
posesión (l. *possessione*) *f.* Acción de poseer o poseerse: ~ ***civil,*** la que uno tiene con causa justa y buena fe y con ánimo y creencia de señor; ~ ***clandestina,*** la que se toma o se tiene furtiva u ocultamente; ~ ***de buena fe,*** la que se tiene ignorando que sea vicioso el título o modo de adquirir la cosa; ~ ***de mala fe,*** la que se tiene careciendo a sabiendas de título o modo legítimo de adquisición de la cosa; ~ ***natural,*** real aprehensión o tenencia de una cosa corporal; ~ ***pretoria,*** la que era constituida por decisión judicial, con facultad de disfrute en pago de un crédito o alcance; ~ ***turbativa,*** la que uno adquiere violentando la que pacíficamente tenía otro; ~ ***vel cuasi,*** la que no es tan sólo real y corporal, sino, además, comprensiva de los derechos y demás bienes inmateriales, objeto de la cuasi posesión; ~ ***violenta,*** la viciada por el uso de fuerza, en oposición a la que se denomina pacífica. 2 Cosa poseída. 3 Apoderamiento del espíritu del hombre por otro espíritu que obra en él como agente interno y unido a él. 4 Finca rústica o hacienda.
FRS. *Aprehender la* ~, tomar posesión; *dar* ~ *a uno,* poner real y efectivamente a su disposición la cosa corporal, entregarle u otorgar un instrumento como símbolo de la tradición real, que se excusa, o bien dar señal con algún acto u objeto de transferirle derechos o cosas incorporales; *retener,* o *recobrar, la* ~, ser uno amparado judicialmente ante el peligro inminente de verse turbado en el goce de una cosa contra el despojo consumado de ella; *tomar* ~, ejecutar algún acto que muestre ejercicio del derecho, uso o libre disposición de la cosa que se entra a poseer.
posesional *adj.* Relativo a la posesión o que la incluye.
posesionar *tr.* Poner [a uno] en posesión de una cosa.
SIN. **Dar posesión,** tr.; **tomar posesión,** prnl.
posesionero *m.* Ganadero que ha adquirido la posesión de los pastos arrendados.
posesividad *f.* Actitud de posesión o dominación [de alguien].
posesivo (l. *possessivu*) *adj.* Que denota posesión. -2 ***adj.-m.*** GRAM. Apl. a las voces *mío, tuyo, suyo, nuestro, vuestro* y a las formas apocopadas *mi, tu, su,* tanto en la función adjetiva como en la pronominal. 3 Dominante, acaparador de la voluntad ajena.
poseso, -sa (l. *possessu*) Pp. irreg. de *poseer.* 2 ***adj.-s.*** Persona que padece posesión (apoderamiento del espíritu).
SIN. *2* v. **Endemoniado.**
posesor, -ra *adj.-s.* Poseedor.
posesorio, -ria *adj.* Relativo a la posesión o que la denota.
posfecha (*pos-* + *fecha*) *f.* Fecha posterior a la verdadera.
posfijo (*pos-* + *fijar*) *m.* p. us. Sufijo.
posguerra (*pos-* + *guerra*) *f.* Tiempo que sigue a una guerra, durante el cual se sienten sus consecuencias económicas, morales, etc.
posibilidad *f.* Calidad de posible. 2 Lo que es posible. 3 Medios, caudal o hacienda de uno. 4 Aptitud para hacer o no una cosa.
SIN. *1* **Potencia,** en lenguaje filosófico.
posibilismo *m.* Partido político fundado y dirigido por Castelar (1832-1899) en el último cuarto del s. XIX, que propugnaba una evolución democrática de la monarquía constitucional. 2 Tendencia a aprovechar, para la realización de determinados fines o ideales, las posibilidades existentes en doctrinas, instituciones, circunstancias, etc., aunque no sean afines a aquellos.
posibilista *adj.* Perteneciente o relativo al posibilismo. -2 ***adj.-com.*** Partidario de esta doctrina.
posibilitar *tr.* Facilitar o hacer posible [una cosa].
posible (l. *possibile*) *adj.* Que puede ser o suceder; que se puede ejecutar: ***¿es posible?,*** expr. de extrañeza y reprensión; ***hacer uno lo*** ~, o ***todo lo*** ~, no omitir diligencia alguna para el logro de lo que intenta. -2 ***m.*** Posibilidad, facultad, medios disponibles para hacer algo. -3 ***m. pl.*** Bienes, rentas o medios que uno posee.
SIN. *1* **Potencial,** en Fil., opuesto a actual. *3* **Recurso, medios.**
posiblemente *adv. m.* Equivale a las locs. «es posible»; «puede ser». -2 ***adv. de duda*** Quizás, acaso, tal vez.
posición (l. *-tione*) *f.* Postura (situación). 2 Situación o disposición. 3 Punto fortificado o naturalmente ventajoso para los lances de la guerra. 4 Categoría o condición social de cada persona respecto de las demás. 5 Acción de poner. 6 Suposición (acción y efecto): ***falsa*** ~, la que se hace con uno o más números para resolver una cuestión. 7 DER. Pregunta que cualquiera de los litigantes ha de contestar bajo juramento. 8 INFORM. Lugar en una memoria de un ordenador capaz de contener una unidad de información. ◇ Es ANGLIC. el empleo por *puesto, cargo, empleo, influencia,* etc.
posicional *adj.* Relativo a la posición, postura o actitud.
posicionamiento *m.* Acción de posicionar. 2 Efecto de posicionar.
posicionar ***intr.-prnl.*** Tomar una posición, actitud o postura, definirse. -2 ***tr.*** Colocar, situar [algo] en la posición adecuada. ◇ Es barbarismo innecesario.
posidonia *f.* Planta angiosperma marina perenne, con rizomas recios y recubiertos de escamas pardas y flores verdosas *(Posidonia oceanica).*
SIN. **Alga de los vidrieros.**
posímetro (gr. *poson,* qué cantidad + *-metro*) *m.* Aparato para medir la cantidad de luz globalmente reflejada por un sujeto.

posío (der. del l. *apausa*) ***m.*** *And.* y *Extr.* Erial. 2 *And.* y *Logr.* Barbecho pobre. 3 *Extr.* Paja o hierba que crece después del rastrojo.
positivar ***tr.*** Obtener un positivo a partir de un negativo. 2 Revelar los negativos de una filmación.
positivismo ***m.*** Calidad de positivo. 2 Demasiada afición a comodidades y goces materiales. 3 Sistema filosófico formulado por Comte (1798-1857), que desecha como imposible toda metafísica, es decir, toda investigación sobre la realidad última y sobre el origen y el fin de las cosas porque considera que todo nuestro conocimiento se deriva de los sentidos, es decir, de la experiencia, y que la ciencia humana es ciencia de los fenómenos, es decir, de lo relativo; por consiguiente, la filosofía tiende, con el positivismo, a confundirse con la ciencia, aunque le queda como propia la tarea de coordinar los resultados de las ciencias particulares, ofreciendo de esta manera a la humanidad el medio de dominar a la naturaleza y de instaurar el reinado de la libertad y la religión positiva.
positivista ***adj.*** Relativo al positivismo. -2 ***adj.-com.*** Partidario del positivismo.
positivo, -va (l. *-ivu*) ***adj.*** Cierto, verdadero, que no ofrece duda: ***de ~***, ciertamente, sin duda. 2 Que se atiene únicamente a los hechos, a los resultados de la experiencia; sujeto a comprobación científica: *ciencias positivas.* 3 [derecho, ley] Promulgado, en contraposición del natural. 4 [pers.] Que busca ante todo lo práctico y útil, esp. en cuanto a los goces y comodidades. 5 V. cantidad, electricidad positiva. 6 GRAM. [adjetivo] Que no está afectado por grados de comparación ni de intensidad. 7 FOT. Prueba que reproduce los claros y obscuros del original sin invertirlos; es la inversión del negativo. ◇ Es INCOR. su empleo como *sí, cierto.*
pósito (l. *-tu,* depósito) ***m.*** Instituto de carácter municipal destinado a mantener acopio de granos, prestándolos en condiciones módicas, durante los meses de escasez: *~ pío*, el que está erigido con cláusulas de carácter benéfico. 2 Casa en la que se guarda el grano de dicho instituto. 3 p. ext. Asociación formada para cooperación o mutuo auxilio entre personas de clase humilde.
positrón ***m.*** Electrón positivo.
positura (l.) ***f.*** Postura. 2 Estado o disposición de una cosa.
posliminio ***m.*** Postliminio.
posma (probl. alterac. de *pasmo*) ***f.*** fam. Pesadez, flema, cachaza. -2 ***com.-adj.*** fig. Persona lenta e importuna.
posmeridiano ***m.*** Postmeridiano.
posmodernidad (*pos-* + *modernidad*) ***f.*** Movimiento cultural de la década de los ochenta desarrollado en algunos países europeos, caracterizado por la atención a las formas, y la carencia de ideología y compromiso social.
posmoderno, -na ***adj.-s*** Perteneciente o relativo a la posmodernidad. 2 Miembro de este movimiento.
poso (de *posar*) ***m.*** Sedimento del líquido contenido en una vasija. 2 Quietud, reposo.
SIN. **Sedimento.**
posó ***m.*** Moño en forma de nudo, que se hacen las mujeres filipinas.
posología (gr. *poson,* qué cantidad + *-logía*) ***f.*** Parte de la terapéutica que trata de las dosis en que deben administrarse los medicamentos.
posón (de *posar*) ***m.*** Posadero (asiento).
pospalatal ***adj.-s.*** Postpalatal.
pospierna (*pos-* + *pierna*) ***f.*** En las caballerías, muslo.
posponer (l. *postponere*) ***tr.*** Poner o colocar [a una pers. o cosa] después de otra. 2 fig. Apreciar [a una pers. o cosa] menos que a otra. ◇ ** CONJUG. [78] como ***poner.***
SIN. *1* v. **Aplazar.**
posposición ***f.*** Acción de posponer.
pospositivo, -va ***adj.*** Que se pospone.
posproducción ***f.*** Conjunto de procedimientos seguidos a partir de la grabación hecha de una película de cine o vídeo, o de un programa de televisión o de radio para su realización final.
pospuesto, -ta, pp. irreg. de *posponer*.
posromanticismo (*pos-* + *romanticismo*) ***m.*** Calidad de posromántico.
posromántico, -ca ***adj.*** Posterior al romanticismo.
post-, v. pos-.
posta (it. *posta,* der. del partic. de *ponere,* poner) ***f.*** Conjunto de caballerías que se apostaban a distancia de dos o tres leguas para que, mudando los tiros, hicieran el viaje con más rapidez los viajeros y esp. los correos: ***por la ~***, corriendo la posta; fig., con prontitud. 2 Casa donde se apostaban estas caballerías. 3 Distancia de una posta a otra. 4 desus. Tajada de carne, pescado, etc. 5 Bala pequeña de plomo, que sirve de munición para cargar las armas de fuego. 6 En ciertos juegos de naipes, cantidad que se juega y se pone sobre la mesa. 7 desus. Tarjetón con un letrero conmemorativo. 8 *A ~*, adrede. 9 ARQ. Dibujo de ornamentación compuesto de líneas curvas en forma de ondas, volutas o eses unidas. -10 ***m.*** Persona que corría e iba por la posta a una diligencia propia o ajena.
SIN. *6* **Puesta.**
postabdomen (*post-* + *abdomen*) ***m.*** ZOOL. Parte estrecha y flexible del abdomen de los escorpiones, que acaba en el aguijón venenoso.
postal (de *posta*) ***adj.*** Relativo al ramo de correos. -2 ***adj.-f.*** Tarjeta postal.
postdata ***f.*** Posdata.
postdiluviano, -na (*post-* + *diluvio*) ***adj.*** Posterior al diluvio universal.
postdorsal (*post-* + *dorsal*) ***adj.-s.*** FON. Consonante cuya articulación se forma pralte. con la parte posterior del dorso de la lengua; como la *h* aspirada.
poste (l.) ***m.*** Madero, piedra o columna colocada verticalmente para servir de apoyo o señal. 2 Palo vertical de cada uno de los dos lados de la portería de fútbol y de otros deportes. 3 fig. Mortificación o castigo que se da a los colegiales poniéndolos en pie durante algún tiempo en un lugar aislado.
FRS. Fig. *Dar ~*, hacer que uno espere en sitio determinado más tiempo del convenido. *Llevar ~*, aguardar a uno que falta a la cita. *Ser uno un ~*, ser muy lerdo; estar muy sordo.
postear ***tr.*** *Colomb.* Asechar. 2 *Pan.* Clavar postes [en el suelo].
postelero (de *poste*) ***m.*** MAR. Puntal que sujeta las mesas de guarnición.
postema (l.-gr. *apóstema*) ***f.*** Absceso supurado. 2 fig. Persona pesada o molesta.
SIN. *1* **Apostema.** REL. **Apostemar,** formar *~*.
postemero ***m.*** CIR. Instrumento a manera de lanceta grande para abrir las postemas.
SIN. **Apostemero.**
póster (voz inglesa) ***m.*** Cartel decorativo.
postergación ***f.*** Acción de postergar. 2 Efecto de postergar.
postergar (l. *-are,* der. de la frase *post tergu,* detrás de la espalda) ***tr.*** Hacer sufrir atraso [a una pers. o cosa], ya sea en orden al espacio, ya en relación al tiempo. 2 Perjudicar [a un empleado] dando a otro más moderno el ascenso que correspondía a aquél. ◇ ** CONJUG. [7] como ***llegar.***
SIN. *1* v. **Aplazar.**
posteridad (l. *-itate*) ***f.*** Descendencia o generación venidera. 2 Fama póstuma.
posterior (l.) ***adj.*** Que fue o viene después, o está o queda detrás.
SIN. v. **Siguiente.**
posteriori (a ~) (l.) FIL. [conocimiento] Que proviene o depende de la experiencia. 2 En la filosofía escolástica, [razonamiento] que asciende del efecto a la causa o de las propiedades de una cosa a su esencia.
posterioridad ***f.*** Calidad de posterior.
posteriormente ***adv. o.-t.*** Después, detrás de.
postero- (de *posterior*) Elemento prefijal que entra en la formación de palabras con el significado de posterior.
postescolar (*post-* + *escolar*) ***adj.*** [actividad educativa] Que sigue a la escuela: *estudios postescolares.*
posteta ***f.*** Porción de pliegos que baten de una vez los encuadernadores. 2 Conjunto de pliegos de papel que los impresores meten unos dentro de otros para empaquetar las impresiones.
postfijo, -ja (*post-* + *fijo*) ***adj.-m.*** p. us. Sufijo.
postguerra ***f.*** Posguerra.
postigo (l. *-icu*) ***m.*** Puerta falsa en sitio excusado de la casa. 2 Puerta chica abierta en otra mayor. 3 Puerta de una sola hoja, la cual se asegura con llave, cerrojo, etc. 4 Puertecilla de una ventana o puertaventana. 5 Tablero sujeto con bisagras o goznes en el marco de una puerta o ventana, para cubrir cuando conviene la parte encristalada. 6 Puerta secundaria de una villa o ciudad.
SIN. *2* **Portillo.** *4* **Cuarterón.**
postila ***f.*** Apostilla.
postilación ***f.*** Acción de postilar.
postilador, -ra, ***f.,*** Persona que postila.
postilar ***m.*** - ***tr.*** Apostillar.

I) postilla (l. v. *postella* < l. *pustula*) *f.* Costra que al secarse forman las llagas o granos.

II) postilla (l. med.; l. *post,* después + *illa,* estas cosas) *f.* Apostilla.

postillón (it. *postiglione,* der. de *posta*) *m.* Mozo que iba a caballo delante de los que corrían la posta para guiarlos, o montado en una caballería de las delanteras del tiro de un carruaje, para dirigir el ganado.

postilloso, -sa *adj.* Que tiene postillas (costras).

postín (voz gitana, de orig. indostaní) *m.* fam. Vanidad, presunción, boato: ***dar(se)*** **~,** dar(se) tono.

postinear *intr.* Darse postín, presumir.

postinero, -ra *adj.* [pers.] Que se da postín.

postino *m. Chile.* Coche de punto.

postiza (v. *postizo*) *f.* Castañuela (instrumento) y por lo común, la más fina y pequeña que las regulares: *tocar las postizas.* 2 Obra muerta que se ponía exteriormente a las galeras y otras embarcaciones, en ambos costados, para colocar los remos en la posición más ventajosa.

postizo, -za (l. *appositiciu,* añadido falsificado) *adj.* Que reemplaza artificialmente una cosa natural; no propio, sino agregado, limitado, fingido o sobrepuesto. 2 *Amér. Merid.* desus. Ochavón. -3 *m.* Añadido o tejido de pelo que suple la falta de éste o permite ciertos peinados.

SIN. *1* **Pegadizo.**

postliminio (l. *-iu*) *m.* DER. Reintegración a sus derechos de ciudadano romano, del que había estado prisionero del enemigo. ◇ También *posliminio.*

postmeridiano, -na (*post- + meridiano*) *adj.* Relativo a la tarde; posterior al mediodía. -2 *m.* Punto del paralelo de declinación de un astro, a occidente del meridiano del observador. ◇ También *posmeridiano.*

postmodernismo (*post- + modernismo*) *m.* Movimiento literario o artístico posterior al modernismo.

postnominal (*post- + nominal*) *adj.-s.* GRAM. Palabra que se deriva de un substantivo o de un adjetivo.

postónico, -ca (*pos- + tónico*) *adj.* GRAM. Que está detrás de la sílaba tónica. V. sílaba.

CONTR. **Pretónico, protónico I.**

postoperatorio, -ria (*post- + operatorio*) *adj.* Que se produce o aplica después de una operación quirúrgica.

postor (l. *positore*) *m.* Licitador: ***mayor,*** o ***mejor,*** **~,** el que hace la postura más ventajosa en una subasta. También *ponedor.* 2 p. us. En cinegética, el que coloca a cada tirador en su puesto.

REL. **Rematante,** el postor que obtiene la adjudicación.

postpalatal (*post- + palatal*) *adj.-f.* FON. Consonante que se articula con la parte posterior de la lengua sobre la zona más interna del paladar, p. ej. *k* ante las vocales *e, i.* ◇ También *pospalatal.*

postración (l. *-atione*) *f.* Acción de postrar o postrarse. 2 Efecto de postrar o postrarse. 3 Abatimiento por enfermedad o aflicción.

postrador, -ra *adj.* Que postra. -2 *m.* Tarima baja de madera puesta al pie de una silla en el coro, para que el religioso se postre sobre ella.

postrar (b. l. *postrare,* der. del partic. *prostratu,* de *prosternare,* abatir, derribar) *tr.* Rendir, derribar [una cosa]: ~ *los árboles en la ribera.* -2 *tr.-prnl.* Debilitar, quitar el vigor y fuerzas [a uno]: *postrarse en cama; postrado con,* o *de, la enfermedad; postrado por el trabajo.* -3 *prnl.* Hincarse de rodillas; humillarse a los pies de otro en señal de respeto o de ruego: *postrarse de dolor; postrarse por el suelo.*

SIN. *1* y *2* **Derribar.** *3* **Prosternarse.**

postre (de *postrero*) *adj.* Postrero. -2 *m.* Fruta, dulce y otras cosas que se sirven al fin de las comidas. 3 ***A la*** **~,** o ***al*** **~,** a lo último, al fin.

postremero, -ra *adj.* Postremo.

postremo, -ma (l. *-mu*) *adj.* Postrero (último).

postrer *adj.* Apócope de *postrero.*

GRAM. Ús. sólo delante de s. masculinos: *el ~ día,* pero *la postrera vez* (no ~).

postreramente *adv. o.-t.* A la postre.

postrero, -ra (l. **postrariu* < *postremu;* por influjo de *primariu*) *adj.-s.* Último en orden. 2 Que está, se queda o viene detrás. -3 *f. Amér.* Última leche que se obtiene de la vaca al ordeñarla. 4 *Argent.* Figura del pericón terminada en aire de vals.

postrimer *adj.* Apócope de *postrimero.*

postrimeramente *adv. o.-t.* Postreramente.

postrimería (de *postrimero*) *m.* Último período o últimos años de la vida; p. ext., último período de la duración de una cosa (ús. pralte. en p.): *en las postrimerías de la Edad Media.* 2 TEOL. Novísimo.

postrimero, -ra (de *postremo*) *adj.* Postrero (último).

postsincronización *f.* Acción de postsincronizar. 2 Efecto de postsincronizar.

postsincronizar (*post- + sincronizar*) *tr.* Añadir [algo] a la imagen cinematográfica de la palabra y el sonido, después de filmada. ◇ ** CONJUG. [4] como ***realizar.***

póstula *f.* Postulación.

postulación *f.* Acción de postular. 2 Efecto de postular. 3 Colecta.

postulado *m.* Proposición que, sin ser evidente, se admite como cierta sin demostración.

postulador *m.* Capitular que postula. 2 El que por comisión legítima de parte interesada solicita en la curia romana la beatificación y canonización de una persona venerable.

postulanta *f.* Mujer que pide ser admitida en una comunidad religiosa.

postulante *adj.-s.* Que postula. -2 *com.* Persona que aspira ingresar en una congregación.

postular (l. *-are*) *tr.* Pedir, pretender [una cosa]; esp. [donativos] para fines benéficos o religiosos. 2 Proponer para prelado a un sujeto que, según derecho, no puede ser elegido.

póstumo, -ma (l. *-mu*) *adj.* Que sale a luz después de la muerte del padre o autor: *hijo ~; obra póstuma.*

postura (l. *positura*) *f.* Situación, actitud o modo en que está puesta una persona, animal o cosa. 2 ant. Precio puesto por la autoridad a las cosas comestibles. 3 Precio que el licitador ofrece por una cosa que se vende o arrienda en almoneda o subasta. 4 Cantidad que se atraviesa en una apuesta o en el juego. 5 Pacto o concierto, ajuste o convenio. 6 Acción de plantar árboles tiernos o plantas. 7 Planta o árbol tierno que se trasplanta. 8 Acción de poner huevos un ave. 9 Huevo del ave. 10 Puesto de cazador durante una batida. 11 ~ ***del Sol,*** ocaso del Sol. 12 *Ecuad.* Terno de vestido exterior, de hombre o de mujer.

SIN. *1* **Posición.** *2* **Tasa.** *3* **Oferta,** la que obtiene la adjudicación; **remate.**

postverbal *adj.-s.* GRAM. Palabra que se deriva de un verbo.

pota (cat. *pota,* pata) *f.* Molusco cefalópodo decápodo, parecido al calamar, aunque de mayor tamaño, pues puede medir hasta 1 m. y pesar unos 15 kgs. *(Todarodes sagittatus).*

potabilidad *f.* Calidad de potable.

potabilizador, -ra *adj.-s.* Que potabiliza.

potable (l. *-abile*) *adj.* Que se puede beber. 2 fam. Admisible, aceptable. ◇ Es voz culta apl. prlte. al agua. Corrientemente *bebedizo -za* y *bebible.*

potación *f.* Acción de potar (beber). 2 lit. Bebida.

potador, -ra *adj.-s.* Que pota.

SIN. **Potero.**

potaje (fr. *potage,* der. de *pot*) *m.* Caldo de olla u otro guisado. 2 p. ant. Legumbres guisadas para el mantenimiento en los días de abstinencia. 3 Legumbres secas. 4 Bebida en que entran muchos ingredientes. 5 fig. Mezcla de varias cosas inútiles.

potajería *f.* Conjunto de legumbres secas para potajes. 2 Despensa o almacén en que se guardan o distribuyen.

potajier (fr. *potagier*) *m.* Jefe de la potajería de algunas ant. casas reales.

potala *f.* Piedra que, atada a la extremidad de un cabo, sirve para hacer fondear los botes o embarcaciones menores. 2 Buque pesado y poco marinero.

potámico, -ca *adj.* BIOL. Que vive en ríos y arroyos.

potámide (l.) *f.* Ninfa de los ríos.

potamo- (gr. *potamós*) Elemento prefijal que entra en la formación de palabras con el significado de río: *potamofobia, potamología.*

potamofobia (*potamo- + -fobia*) *f.* PAT. Temor morboso al agua corriente y a atravesar ríos o corrientes.

potamología (*potamo- + -logía*) *f.* Estudio de los ríos.

potamogetonáceo, -a *adj.-f.* Planta de la familia de las potamogetonáceas. -2 *f. pl.* Familia de plantas acuáticas con una escama en la base de cada hoja y flores hermafroditas muy reducidas.

potamóquero *m.* Mamífero artiodáctilo parecido al jabalí, con dos prominencias o verrugas córneas a ambos lados de los ojos *(Potamochœrus porcus).*

SIN. **Jabalí de río.**

potamotoco, -ca *adj.* ZOOL. Que vive en el mar y freza en agua dulce, como el salmón, sábalo, etc.

potango *m. Argent.* Vasija ovalada.

I) potar (de *pote,* medida) *tr.* Igualar y marcar [las pesas y medidas].

II) potar (l. *-are*) *tr.* Beber (latinismo literario).

potasa (fr. *potasse,* del al. *Pottasche, pott,* puchero + *asche,* ceniza) *f.* Carbonato de potasio, que se obtiene pralte. de cenizas vegetales. 2 ~ *cáustica,* hidróxido de potasio, *KOH.*

potásico, -ca *adj.* Relativo al potasio.

potasio (de *potasa*) *m.* Metal de color argentino, blando, ligero e inflamable en contacto del aire y del agua. Su símbolo es *K,* su peso atómico 39,10 y su número atómico 19.

pote (l. v. *pottu;* probl. de orig. prerrom; a través del fr. *pot*) *m.* Vasija de barro u otro material de formas y usos diversos: *a* ~, abundantemente. 2 Vasija redonda, gralte. de hierro, con barriga, boca ancha, tres pies y un asa grande en forma de semicírculo, usada para cocer viandas. 3 Puchero de cocina, gralte. metálico. 4 En Galicia y Asturias, comida semejante al cocido de Castilla. 5 Maceta (vaso de barro) en forma de jarra. 6 Pesa o medida que sirve de patrón para arreglar otras. 7 *Méj.* Bote.

potencia (l. *-ntia*) *f.* Poder para hacer una cosa o producir un efecto. 2 Poder y fuerza de un estado: *la ~ militar y naval de Francia.* 3 Posibilidad (calidad de posible) o existencia posible: *en ~ y en acto.* 4 El que posee fuerza para imponer su autoridad: *las potencias infernales.* 5 esp. Estado soberano: *las potencias centroeuropeas;* ***de ~ a ~***, de igual a igual, como dos estados soberanos. 6 Grupo de rayos de luz que en número de tres se ponen en la cabeza de las imágenes de Nuestro Redentor, y en número de dos en la frente de las de Moisés. 7 FIL. Facultad del alma. 8 FÍS. Fuerza motora de una máquina; esp. fuerza que se aplica a una palanca, polea, torno, etc., para vencer la resistencia. 9 FÍS. Energía que suministra un generador en cada unidad de tiempo. 10 FÍS. Trabajo producido en la unidad de tiempo. 11 MAT. Producto que resulta de multiplicar un número por sí mismo una o varias veces: ***segunda ~***, cuadrado; ***tercera ~***, cubo; ***elevar a una ~***, multiplicar un número por sí mismo tantas veces como su exponente indica.

potenciación *f.* Acción de potenciar. 2 Efecto de potenciar. 3 MAT. Elevación a potencias.

potencial *adj.* Que tiene o encierra en sí potencia, o relativo a ella. 2 Posible, que existe en potencia, en contraposición a actual. 3 [cosa] Que tiene la virtud o eficacia de otra y equivale a ella. 4 Fuerza o poder disponibles de determinado orden. 5 FÍS. *Energía ~*, aptitud para realizar un trabajo. 6 FÍS. ~ ***de un punto en un campo de fuerzas,*** energía potencial que tiene la unida de masa colocada en este punto; ~ ***eléctrico,*** v. voltaje y voltio. 7 GRAM. *Modo ~*, v. modo; ** VERBO.

potencialidad *f.* Calidad de potencial.

potencialmente *adv. m.* Virtualmente, en potencia.

potenciar *tr.* Comunicar fuerza o vigor, aumentar o explotar las energías [en cualquier aspecto de la actividad humana]: *~ los desniveles de los ríos; ~ el entusiasmo juvenil.* 2 Aumentar la eficacia [de algo]. -3 *prnl.* Ganar en eficacia. ◇ ** CONJUG. [12] como ***cambiar.***

potenciómetro (de *potencia* + *-metro*) *m.* FÍS. Aparato que se emplea para medir las diferencias de potencial.

potentado (l. med. *-atu*) *m.* Príncipe o soberano que tiene dominio independiente en una provincia o estado, pero toma investidura de otro príncipe superior. 2 Persona poderosa y opulenta, esp. en riquezas.

SIN. *2* **Rico.**

potente (l.) *adj.* Que puede, esp. que puede mucho, que tiene fuerza para producir grandes efectos, poderoso.

potentemente *adv. m.* De una manera potente.

potenza (fr. *potence*) *f.* BLAS. Palo que, puesto horizontalmente sobre otro, forma con él la figura de una T.

potenzado, -da *adj.* V. cruz potenzada.

potera (de *pota*) *f.* Aparejo para la pesca del calamar y del atún.

potería *f. P. Rico.* Conjunto de potes o frascos.

poterna (fr. *poterne;* ant. *posterle,* del l. *posterula;* dim. de *posteru,* trasero) *f.* En las fortificaciones, puerta no principal que da al foso o al extremo de una rampa.

potero *m.* Potador.

potestad (l. *-ate*) *f.* Poder, facultad que se tiene sobre una cosa: ***patria ~***, la que legalmente tienen los padres sobre sus hijos no emancipados; ~ ***tuitiva,*** la del poder real, aplicada al amparo de los súbditos a quienes hacían agravio los jueces eclesiásticos. 2 desus. Potentado. 3 Gobernador o corregidor, en algunas ciudades italianas. 4 MAT. desus. Potencia. -5 *f. pl.* Espíritus bienaventurados que ejercen cierta ordenación en cuanto a las diversas operaciones que los espíritus superiores ejecutan en los inferiores. Forman el sexto coro.

potestativo, -va *adj.* Que está en la facultad o potestad de uno.

SIN. **Facultativo.**

potincar *tr.-prnl. Chile.* Apotincar. ◇ ** CONJUG. [1] como *sacar.*

potingue (prov. *pontingo* y cat. *potingues,* de *apontecaire,* boticario, der. del gr. *apotheke*) *m.* desp. Preparado de botica.

potísimo, -ma (l. *-issimu*) *adj.* Muy poderoso o principalísimo.

potista (de *potar II*) *com.* Bebedor de líquidos alcohólicos.

potito *m.* Alimento preparado y envasado para niños de corta edad. 2 *Chile.* Trasero, nalgas.

potiza (haitianismo) *f. S. Dom.* Botijo, alcarraza.

poto *m. Chile, Ecuad.* y *Perú.* Vasija para líquidos. 2 *Argent., Bol., Chile* y *Perú.* Trasero, nalgas.

potoco, -ca *adj. Bol.* y *Chile.* Rechoncho.

potolina *f. Chile.* Polisón.

potoncón *m. Cuba.* Gradilla en el camino.

potorillo *m. Amér.* Coral, planta arbórea oriunda de Asia, que produce una semilla de granos duros, rojos y lustrosos que se utilizan para hacer collares y otros adornos *(Adensuhera paronia).*

potosí (de *Potosí,* monte de Bolivia) *m.* fig. Riqueza extraordinaria. ◇ Pl.: *potosíes.*

potosino, -na *adj.-s.* De Potosí, dep. de Bolivia. 2 De San Luis Potosí, c. y estado de Méjico.

I) potra (v. *potro*) *f.* Yegua desde que nace hasta que muda los dientes de leche.

II) potra (port.) *f.* vulg. Hernia. 2 Hernia en el escroto.

FR. vulg. *Tener ~*, tener suerte, ser dichoso.

potrada *f.* Reunión de potros de una yeguada o de un dueño.

potranca *f.* Yegua que no pasa de tres años.

potranco, -ca *m. f.* Caballo que no tiene más de tres años.

potreador *m. R. de la Plata.* Palenque o vallado.

potrear *tr.* fig. *y* vulg. Molestar, mortificar [a una pers.]. 2 *Amér.* Domar [potros]. 3 *Guat.* y *Perú.* Pegar, zurrar [a alguien].

potrera *adj.-f.* Cabezada de cáñamo que se pone a los potros. -2 *f. Urug.* Correa que se coloca a los potros o caballos ariscos a fin de que no puedan patear.

I) potrero *m.* El que cuida de los potros en la dehesa. 2 Lugar destinado a la cría y pasto de ganado caballar. 3 *Amér.* Finca rústica dedicada a la cría y sostenimiento de toda especie de ganado. 4 *Argent.* Terreno inculto y sin edificar, donde suelen jugar los muchachos. 5 *Méj.* Llanura. 6 *P. Rico.* Sitio angosto, donde sólo cabe una res, para sellarla.

II) potrero (de *potra II*) *m.* vulg. Hernista.

potril *adj.-s.* Dehesa para criar potros.

potrilla (dim. de *potra II*) *m.* fig. Viejo que ostenta verdor y mocedad.

potrillo *m.* Potro que no pasa de tres años. 2 *Chile.* Vaso largo para beber licores.

potro (l. v. *pullitru;* probl. der. del l. *pullu,* cachorro) *m.* Caballo desde que nace hasta que muda los dientes de leche. 2 Aparato de madera en el cual se sentaba a los procesados para darles tormento. 3 fig. Todo lo que molesta o desazona gravemente. 4 Máquina de madera para sujetar a los caballos cuando se resisten a dejarse curar o herrar. 5 desus. Sillón para uso de las parturientas en el acto de alumbramiento. 6 Hoyo que los colmeneros abren en tierra para partir las colmenas. 7 DEP. Aparato de gimnasia formado por cuatro patas y un cuerpo paralelepípedo para efectuar diferentes saltos: ~ ***con arcos,*** el de gimnasia deportiva sobre el que se evoluciona apoyando las manos en dos aros fijados en su parte superior. 8 *Amér.* Hernia o tumor.

SIN. *3* **Caballete.**

potroso, -sa (de *potra II*) *adj.-s.* vulg. Hernioso. -2 *adj.* Dichoso y afortunado.

poya (de *poyo*) *f.* Derecho que se paga en pan o en dinero al horno común. 2 Residuo formado por las gárgolas del lino.

poyal *m.* Paño listado con que se cubren los poyos. 2 Poyo (banco). 3 *P. Rico.* Manglar.

poyar *intr.* Pagar la poya.

poyata (de *poyo*) *f.* Vasar, anaquel. 2 Repisa. 3 *Venez.* Banco de arena al pie del ribazo de un río.

poyete *m.* Dim. de *poyo.*

poyo (v. *podio*) ***m.*** Banco de piedra, yeso u otra materia que ordinariamente se fabrica arrimado a las paredes, junto a las puertas de las casas. 2 desus. Derecho que se abonaba a los jueces por administrar justicia. 3 Pez marino de pequeño tamaño, cuerpo oblongo, rechoncho, cabeza parcialmente acorazada, de color pardusco jaspeado con anchas bandas verticales obscuras *(Scorpaena maderensis)*. 4 *Ar.* Caballón (entre dos surcos).

poza (de *pozo*) ***f.*** Charca de agua. 2 Pozo de un río, lugar donde éste es más profundo. 3 Balsa o alberca para empozar y macerar el cáñamo o el lino. 4 *Ecuad.* Laguna de regular extensión, situada en medio de un tremedal.

pozal ***m.*** Cubo con que se saca agua del pozo. 2 Brocal del pozo. 3 Pocillo. 4 *Ar.* Cubo (vasija), en general.

pozanco ***m.*** Poza que queda en las orillas de los ríos después de una avenida.

pozo (l. *puteu*) ***m.*** Excavación vertical practicada en la tierra hasta encontrar una vena de agua: ~ ***artesiano,*** pozo que atraviesa una capa acuífera aprisionada entre dos capas impermeables, cuyas aguas, por proceder de un nivel más elevado, tienen la presión suficiente para emerger a un nivel superior a la superficie del suelo. 2 Excavación análoga para bajar a una mina, conservar nieve, etc.: ~ ***negro,*** el que sirve para depósito de las aguas inmundas de una casa; ~ ***airón,*** pozo o sima de gran profundidad; fig., según opinión vulgar, pozo sin fondo; ~ ***de petróleo,*** el excavado para extraer petróleo. 3 Hoyo profundo, aunque esté seco. 4 Sitio en donde los ríos tienen mayor profundidad. 5 Depósito para conservar vivos los peces en los barcos. 6 fig. Cosa llana, profunda o completa en su línea: *ser un ~ de ciencia.* 7 MAR. Parte de un buque que corresponde a la caja de bombas o verticalmente a cada escotilla. 8 MAR. Distancia desde el canto de la borda hasta la cubierta superior, en las embarcaciones sin combés. 9 *Colomb.* Lugar de un río apropiado para bañarse. 10 *Colomb.* y *Chile.* Poza, charca. 11 *Ecuad.* Nacimiento o manantial.

pozol (mej. *pozol,* cosa espumosa + *atl,* agua) ***m.*** *Amér. Central* y *Cuba.* Pozole. 2 *Guat.* Maíz quebrantado para alimentar las aves de corral. 3 *Guat.* Residuo, hez, sedimentos.

pozole (mej.) ***m.*** *Amér. Central.* Bebida refrescante hecha de maíz morado y azúcar. 2 *Méj.* Guisado hecho de chile colorado, maíz entero deshollejado y pedazos de carne de cerdo.

pozongo ***m.*** *Argent.* Instrumento parecido al tambor, pero relleno de granos, que se toca agitándolo.

pozuela ***f.*** Dim. de *poza.* 2 Pocillo (tinaja).

Pr, símbolo químico del *praseodimio.*

prácrito, pracrito (sáns. *prakritas,* común) ***adj.-m.*** Conjunto de lenguas y dialectos vulgares pertenecientes al grupo indoario, habladas principalmente en la India, en oposición al sánscrito o lengua culta; como el magadhi.

práctica (l. *practica,* del gr. *praktiké,* ciencia práctica) ***f.*** Ejercicio de cualquier arte o facultad, conforme a sus reglas. 2 Destreza adquirida con este ejercicio. 3 Ejercicio que bajo la dirección de un maestro tienen que hacer algunos para habilitarse y poder ejercer públicamente su profesión: *hacer dos años de prácticas en el Hospital Clínico.* 4 Aplicación de una idea, doctrina, enseñanza o pensamiento; contraste experimental de una teoría. 5 Uso continuado, costumbre o estilo de una cosa. 6 Modo o método que particularmente observa uno en sus operaciones. -7 ***loc. adv. En la ~,*** casi en realidad.

practicable ***adj.*** Que se puede practicar o poner en práctica. 2 Que se puede pasar por él, transitable; se aplica a caminos, pasos aberturas, etc.: *un sendero ~ en verano.*

practicador, -ra ***adj.-s.*** Que practica.

practicaje ***m.*** Ejercicio de la profesión de piloto práctico. 2 Pilotaje (derecho a pagar). 3 MAR. Fondo constituido en los puertos con el importe de arbitrios o derechos, destinado a las atenciones de personal y material.

prácticamente ***adv. m.*** Con uso y ejercicio de una cosa; experimentalmente. 2 fam. Casi, más o menos, aproximadamente.

practicanta ***f.*** Practicante (en hospital o botica).

practicante ***m.*** p. us. El que posee título para el ejercicio de la cirugía menor. 2 p. us. El que hace prácticas [ejercicios dirigidos] de cirugía y medicina. -3 ***com.*** p. us. Persona que en los hospitales hace las curaciones o propina a los enfermos las medicinas ordenadas por el facultativo de visita. 4 p. us. Persona encargada en las boticas, bajo la dirección del farmacéutico, de la preparación y despacho de los medicamentos.

SIN. *3* **Ministrante,** ant.

practicar ***tr.*** Poner en práctica [una cosa] que se ha aprendido o especulado. 2 Usar o ejercer continuadamente [una cosa]. -3 ***intr.-prnl.*** Ejercer algunos profesores la práctica de alguna materia o profesión, bajo la dirección de un maestro: ~ *en una escuela; practicarse en la enseñanza.* ◇ ** CONJUG. [1] como ***sacar.***

práctico, -ca (l. *-cu*) ***adj.*** Relativo a la práctica. 2 [facultad] Que enseña el modo de hacer una cosa. 3 Experimentado, versado y diestro en una cosa: ~ *en cirugía.* -4 ***m.*** El que por el conocimiento del lugar en que navega dirige a ojo el rumbo de las embarcaciones.

practicón, -cona ***m. f.*** desp. Persona diestra en una facultad, más por haberla practicado mucho que por ser muy docta en ella.

pradal ***m.*** Prado.

pradejón ***m.*** Prado de corta extensión.

pradeño, -ña ***adj.*** Relativo al prado.

SIN. **Pratense.**

pradera ***f.*** Pradería. 2 Prado grande.

pradería ***f.*** Conjunto de prados.

praderoso, -sa ***adj.*** Relativo al prado.

I) pradial (fr. *prairial*) ***m.*** Noveno mes del año según el calendario republicano francés.

II) pradial ***adj.*** Relativo a los prados.

prado (l. *pratu*) ***m.*** Tierra muy húmeda o de regadío, en la cual se deja crecer o se siembra la hierba para el pasto de los ganados: ~ ***de guadaña,*** el que se siega anualmente. 2 ***A ~,*** pastando el animal en el campo. 3 Sitio ameno que sirve de paseo en algunas poblaciones. 4 *Colomb.* Césped, superficie cultivada con grama de adorno.

REL. **Pratense,** que se produce en el prado; **praticultura,** ciencia y arte de cultivarlos; **praticultor,** el que lo cultiva.

pragmática (v. *pragmático*) ***f.*** desus. Ley emanada de competente autoridad que se diferenciaba de los reales decretos y órdenes generales en las fórmulas de su publicación. 2 Disciplina que estudia el lenguaje en su relación con los usuarios y las circunstancias de la comunicación.

pragmático, -ca (l. *cu* < gr. *-kós*) ***adj.*** Relativo a la acción y no a la especulación. -2 ***adj.-s.*** Autor jurista que interpreta o glosa las leyes nacionales. 3 Perteneciente o relativo a la pragmática (disciplina lingüística).

pragmatismo (gr. *pragma,* acción, asunto) ***m.*** Doctrina filosófica que considera al hombre, no como un ser pensante, sino como un ser práctico, como un ser de voluntad y de acción, a quien el intelecto le es dado, no para investigar y conocer la verdad pura, sino para orientarse en la realidad y actuar en la vida. En consecuencia, el pragmatismo abandona el concepto de la verdad como adecuación o concordancia entre el pensamiento y el ser, y afirma en cambio que la verdad está en la congruencia del pensamiento con los fines prácticos del hombre, en que aquél resulte útil y provechoso para la conducta práctica de éste. Verdadero significa, pues, para el pragmatismo, útil, provechoso, fomentador de vida. Sus principales representantes son W. James (1842-1910) y J. Dewey (1859-1952).

pragmatista ***adj.*** Relativo al pragmatismo. -2 ***adj.-com.*** Partidario del pragmatismo.

prángana ***f.*** *Méj.* y *P. Rico.* Pobreza extremada: ***estar en la ~,*** estar sin dinero.

prao ***m.*** Embarcación malaya de poco calado.

praseodimio ***m.*** Metal del grupo de las tierras raras, peso atómico 140, cuyo símbolo es *Pr* y su número atómico 59.

prasio (l. *-iu* < gr. *-ios,* de color verde) ***m.*** Variedad verdosa de cuarzo, poco conocida.

prasma (v. *prasio*) ***m.*** Ágata de color verde obscuro.

SIN. **Plasma.**

pratense (l.) ***adj.*** Que se produce o vive en el prado. 2 Pradeño.

praticultor, -ra ***m. f.*** Persona que cultiva el prado.

praticultura (l. *pratus,* prado + *-cultura*) ***f.*** Ciencia y arte del cultivo de los prados.

REL. **Praticultor.**

pravedad (l. *-itate*) ***f.*** Iniquidad, perversidad, inmoralidad.

praviana (de *Pravia*) ***f.*** Canción popular asturiana.

pravo, -va (l. *-vu*) ***adj.*** Perverso, malvado.

praxis ***f.*** Conjunto de actividades cuya finalidad es transformar el mundo. 2 p. ext. Actividad destinada a obtener un resultado. 3 Práctica, en oposición a teoría o teórica. ◇ Pl.: *praxis.*

pre (fr. *prêt,* préstamo) ***m.*** Prest. ◇ Pl.: *pres.*

pre- (l. *præ,* delante, delante de) Prefijo que entra en la formación de palabras con el significado de antelación: *prefijar;* prioridad: *preceder;* encarecimiento: *preclaro;* o superioridad o grado máximo: *prepotente.*

preacuerdo (*pre-* + *acuerdo*) *m.* Acuerdo entre varias partes aún no ultimado ni ratificado.
preadamismo *m.* Teoría que supone la existencia de preadamitas.
preadamita (de *pre-* + *Adán*) *m.* Supuesto antecesor de Adán.
preadamítico, -ca *adj.* Relativo al preadamita: *tiempo, época ~.*
preámbulo (l. *præambulu*) *m.* Exordio, prólogo, aquello que se dice antes de entrar en materia. 2 Rodeo o digresión impertinente antes de decir claramente una cosa.
SIN. *1* v. **Prólogo.**
preamplificador *m.* ELECTR. Amplificador de tensión situado entre la fuente de la señal y el amplificador de potencia.
prebélico, -ca *adj.* Anterior a una guerra.
prebenda (l. *præbenda*) *f.* Renta aneja a un canonicato u otro oficio eclesiástico. 2 Beneficio eclesiástico superior de las iglesias, catedrales y colegiatas. 3 Dote que se da por una fundación a una mujer para tomar estado, o a un estudiante para seguir los estudios. 4 fig. Oficio o ministerio lucrativo y poco trabajoso.
SIN. *4* v. **Sinecura.**
prebendado *m.* Dignidad, canónigo o racionero de alguna iglesia catedral o colegial. 2 Persona que disfruta de alguna prebenda.
prebendar *tr.* Conferir prebenda [a uno]. -2 *intr.-prnl.* Obtenerla.
prebostal *adj.* Relativo a la jurisdicción del preboste.
prebostazgo *m.* Oficio de preboste.
preboste (cat. *prebost,* del l. *praepositus;* v. *prepósito*) *m.* Sujeto que es cabeza de una comunidad. 2 Capitán que estaba encargado de velar sobre la observancia de los bandos, órdenes, etc., de entender en los casos criminales producidos en el ejército, de castigar a los malhechores, etc.
precámbrico, -ca *adj.-m.* Era geológica más antigua que abarca todos los tiempos anteriores al primario, y terreno correspondiente a ella. -2 *adj.* Perteneciente o relativo a dicha era.
REL. v. **Era.**
precampaña (*pre-* + *campaña*) *f.* Campaña que se inicia antes de lo normal o establecido: *ha comenzado la ~ electoral.*
precandidato, -ta (*pre-* + *candidato*) *m. f.* Posible o probable candidato en una elección o nombramiento.
precariamente *adv. m.* De modo precario.
precariedad *f.* Calidad de precario.
precario, -ria (l. *præcariu*) *adj.* De poca estabilidad o duración. 2 DER. Que se tiene sin título, por tolerancia o por inadvertencia del dueño.
precarista *adj.-com.* [pers.] Que posee, retiene o disfruta en precario cosas ajenas.
precarización *f.* Acción de convertir en precaria una situación social o política. 2 Efecto de convertir en precaria una situación social o política.
precaución (l. *præcautione*) *f.* Reserva, cautela para evitar o prevenir los inconvenientes.
SIN. **Prevención,** tiene sentido atenuado, a menudo eufemístico; **cautela,** sugiere mayor desconfianza, y por ello pasa fácilmente al significado de astucia, maña; **caución,** se emplea sólo como término bancario o jurídico (v. *garantía*); **cuidado, tiento, escama** (desconfianza), pueden ser sinónimos en algunas circunstancias.
precaucionarse *prnl.* Precaverse, guardarse, cautelarse.
precautelar (*pre-* + *cautelar*) *tr.* Poner los medios necesarios para evitar o impedir [un riesgo o peligro].
precautorio, -ria *adj.* Que sirve de precaución.
precaver (l. *præcavere*) *tr.-prnl.* Prevenir [un riesgo o peligro] para guardarse de él: *precaverse contra el mal; precaverse del aire.*
SIN. v. **Evitar.**
precavidamente *adv. m.* Con precaución.
precavido, -da *adj.* Que evita o sabe precaver los riesgos.
precedencia *f.* Acción de preceder; derecho a preceder.
precedente *adj.* Que precede. -2 *m.* Antecedente. 3 Resolución anterior en caso igual o semejante; ejemplo; práctica ya iniciada o seguida.
preceder (l. *præcedere*) *tr.* Ir delante [de una pers. o cosa] en tiempo, orden o lugar; anteceder. 2 fig. Tener una persona o cosa preferencia o superioridad [sobre otra]: *~ a otro en categoría.*
precelente *adj.* Muy excelente.
preceptista *adj.-s.* Que da o enseña preceptos y reglas; esp. de preceptiva literaria.
preceptivamente *adv. m.* De un modo preceptivo.
preceptivo, -va *adj.* Que incluye o cierra en sí preceptos. -2 *f.* Conjunto de preceptos aplicables a determinada materia. 3 ***Preceptiva literaria,*** conjunto de reglas concernientes al arte literario.
SIN. *3* **Retórica, poética,** son nombres utilizados antig. Hoy se llama gralte. **Teoría literaria.**
precepto (l. *præceptu*) *m.* Disposición, mandato: ***cumplir con el ~***, cumplir con la Iglesia; ***fiesta de ~***, la ordenada por la Iglesia. 2 Instrucción o regla establecida, junto a otras similares, para el conocimiento de un arte o facultad. 3 p. ant. Mandamiento del Decálogo. Se dicen *afirmativos* o *negativos*, según manden o prohíban hacer una cosa.
preceptor, -ra (l. *præceptore*) *m. f.* Persona que enseña, esp. como maestro privado.
preceptoril *adj.* desp. Relativo a un preceptor.
preceptuar *tr.* Dar o dictar preceptos: *~ el orden de colocación.* ◇ ** CONJUG. [11] como ***actuar.***
preces (l.) *f. pl.* Versículos tomados de la Sagrada Escritura y uso de la Iglesia, con las oraciones destinadas por ella para pedir a Dios socorro en las necesidades. 2 Oraciones dirigidas a Dios, a la Virgen o a los santos. 3 Ruegos, súplicas. 4 Súplicas o instancias con que se pide y obtiene una bula o despacho de Roma.
precesión (l. *præcessione*) *f.* Reticencia (RET.). 2 *~* ***de los equinoccios,*** movimiento retrógrado de los puntos equinocciales, en virtud del cual se anticipa un poco de año en año la época de los equinoccios. Se debe a un lento cambio de dirección del eje de la Tierra.
preciado, -da *adj.* Precioso, de mucha estima. 2 Jactancioso.
preciador, -ra *adj.-s.* Apreciador.
preciar (l. *pretiare*) *tr.* Apreciar. -2 *prnl.* Gloriarse, hacer vanidad de una cosa: *preciarse de valiente.* ◇ ** CONJUG. [12] como ***cambiar.***
SIN. *2* v. **Jactarse.**
precinta (v. *precinto*) *f.* Pequeña tira, gralte. de cuero o material plástico, que se pone para refuerzo en las esquinas de los cajones. 2 Tira estampada, de papel, que en las aduanas se aplica a las cajas de tabacos de regalía y hace de marchamo en los tejidos. 3 MAR. Tira de lona embreada, arrollada en espiral alrededor de un cabo antes de forrarlo con filástica o meollar.
precintado *m.* Acción de precintar. 2 Efecto de precintar.
precintar (de *precinto*) *tr.* Asegurar y afirmar [los cajones] poniéndoles precintas. 2 Poner precinto o precinta [a los bultos]. 3 MAR. Poner precintas [a los cabos].
precinto (l. *præcinctu*) *m.* Acción de precintar. 2 Efecto de precintar. 3 Ligadura sellada con que se atan baúles, cajones, fardos, etc., a fin de que no se abran, sino cuando y por quien corresponda. 4 Circunscripción de sufragantes.
precio (l. *-tiu;* doble etim. *prez*) *m.* Valor pecuniario en que se estima una cosa. 2 fig. Estimación, importancia o crédito. 3 fig. Esfuerzo, pérdida o sufrimiento que sirve de medio para conseguir una cosa o que se padece con ocasión de ella. 4 ant. Premio que se ganaba en las justas. ◇ Ant.: *en ~ de mis favores,* por en pago, o en recompensa, etc.
SIN. *3* v. **Costa.**
preciosamente *adv. m.* Rica o primorosamente; con precio y estimación.
preciosidad *f.* Calidad de precioso. 2 Cosa preciosa.
preciosismo *m.* Especie de culteranismo francés del s. XVII, que busca el efecto, la originalidad y el principio de la belleza en la sutileza de los pensamientos, el refinamiento de las imágenes y expresiones y en la amplitud de la frase, sirviéndose para ello de lo más selecto y precioso del lenguaje. 2 Exagerado atildamiento en el estilo.
preciosista *adj.* Relativo al preciosismo.
precioso, -sa (l. *pretiosu*) *adj.* Excelente, primoroso, digno de estimación y aprecio. 2 De mucho valor o de elevado coste: *metales preciosos; piedras preciosas.* 3 Chistoso, festivo. 4 fig. Hermoso. -5 *f.* En algunas iglesias catedrales, distribución que se da a los prebendados por asistir a la conmemoración que se dice por el alma de un bienhechor.
preciosura *f. Amér.* Preciosidad, hermosura.
precipicio (l. *præcipitiu*) *m.* Despeñadero o derrumbadero. 2 Caída precipitada y violenta. 3 fig. Ruina temporal o espiritual.
SIN. *1* **Voladero.**
precipitación *f.* Acción de precipitar o precipitarse. 2 Efecto de precipitar o precipitarse. 3 Prisa extremada. 4 QUÍM. Formación de un precipitado. 5 TECN. Lluvia o nieve: *las precipitaciones han sido abundantes este invierno.*
precipitadamente *adv. m.* Con precipitación.

precipitadero *m.* Precipicio.

precipitado, -da *adj.* Atropellado, alocado, irreflexivo. -2 *m.* Substancia que a consecuencia de un cambio físico o químico se separa del líquido en que estaba disuelta y se posa más o menos rápidamente: ~ ***blanco,*** protocloruro de mercurio obtenido por precipitación; ~ ***rojo,*** bióxido de mercurio obtenido por este metal en contacto del aire o por descomposición del nitrato mercúrico mediante el calor.

SIN. *2* **Magisterio,** en la ant. QUÍM. v. **Sedimento.**

precipitante *adj.* Que precipita. -2 *m.* QUÍM. Agente que produce la precipitación.

precipitar (l. *præcipitare*) *tr.* Despeñar o arrojar de un lugar alto: ~ *a uno al,* o *en, el foso; precipitarse de,* o *desde,* o *por las almenas.* 2 Atropellar, acelerar [una cosa]: ~ *la marcha.* 3 fig. Exponer [a uno] o incitarle a una ruina temporal o espiritual: *el vicio le precipita a la miseria.* 4 QUÍM. Producir en [una disolución] un precipitado. -5 *prnl.* Arrojarse inconsideradamente a ejecutar o decir una cosa.

precípite (l. *praecipite*) *adj.* Puesto en peligro o riesgo de caer o precipitarse.

precipitosamente *adv. m.* Precipitadamente.

precipitoso, -sa *adj.* Pendiente, resbaladizo. 2 fig. Precipitado (irreflexivo).

precipuamente *adv. m.* Principalmente.

precipuo, -pua (l. *præcipuu*) *adj.* Señalado o principal.

precisamente *adv. m.* De manera precisa.

precisar *tr.* Fijar o determinar [una cosa] de un modo preciso. 2 Obligar, forzar sin excusa a ejecutar una cosa: ~ *al reo a confesar la culpa.* 3 Necesitar [algo]. -4 *intr.-tr.* Ser necesario o imprescindible.

precisión *f.* Calidad de preciso: *tengo ~ de marchar; llegar con la ~ debida; instrumento de ~; la ~ de tus ideas; balanza de ~.*

preciso, -sa (l. *præcisu*) *adj.* Necesario, indispensable, que es menester para un fin. 2 Exactamente o estrictamente determinado o definido; puntual, fijo, cierto. 3 Distinto, claro y formal. 4 Conciso y rigurosamente exacto: *lenguaje, estilo ~.* 5 LÓG. Abstraído o separado por el entendimiento. 6 *Venez.* Engreído, presuntuoso. -7 *m. Ecuad.* Metedor (paño).

precitado, -da *adj.* Antes citado.

precito, -ta (l. *præscitu,* sabido de antemano) *adj.-s.* Réprobo.

SIN. **Prescito.**

preclaramente *adv. m.* Con mucho esclarecimiento.

preclaro, -ra (l. *præclaru*) *adj.* Esclarecido, ilustre, famoso.

preclásico, -ca (*pre-* + *clásico*) *adj.* Que antecede a lo clásico en artes y letras.

precocidad *f.* Calidad de precoz.

precocinado, -da (*pre-* + *cocinado*) *adj.-m.* Comida que se vende preparada y lista para consumirla.

precognición (l. *præcognitione*) *f.* Conocimiento anterior.

precolombino, -na (*pre-* + *Columbu,* Colón) *adj.* Relativo a América, antes de descubrirla Colón (1451-1506): *civilización ~.*

preconcebir (*pre-* + *concebir*) *tr.* Establecer previamente y con sus pormenores algún pensamiento o proyecto que ha de ejecutarse. ◇ ** CONJUG. [34] como ***servir.***

preconización *f.* Acción de preconizar. 2 Efecto de preconizar.

preconizador, -ra *adj.-s.* Que preconiza.

preconizar (b. l. *præconizare;* formado sobre *præconiu,* pregón) *tr.* Tributar elogios públicamente [a una pers. o cosa]. 2 esp. Hacer relación, en la curia romana, de los méritos [de un sujeto] que ha sido propuesto para prelado. 3 fig. Patrocinar [a una persona, proyecto, idea, etc.]. ◇ ** CONJUG. [4] como ***realizar.***

SIN. *1* **Encomiar, elogiar.**

preconocer (l. *præcognoscere*) *tr.* Prever o conocer anticipadamente [una cosa]. ◇ ** CONJUG. [44] como ***conocer.***

precordial (*pre-* + l. *cor, cordis,* corazón) *adj.* Región del pecho que corresponde al corazón.

precortesiano, -na *adj.* Anterior a Hernán Cortés (1485-1547) en Méjico.

precoz (l. *præcoce*) *adj.* [fruto] Temprano, prematuro. 2 fig. [pers.] Que en corta edad muestra cualidades morales o físicas gralte. más tardías; p. ant., que despunta en talento, agudeza, valor de ánimo u otra prenda estimable; y p. ext., se dice también de estas mismas cualidades.

precursor, -ra (l. *præcursore*) *adj.-s.* Que precede o va delante. -2 *m.* p. ant. San Juan Bautista, que anunció la venida de Cristo al mundo. 3 fig. El que profesa o enseña doctrinas o acomete empresas que no hallarán acogida sino en tiempo venidero.

predador, -ra (del l. *praedator, -oris*) *adj.-s.* Saqueador, que saquea. 2 Animal que apresa a otros de distinta especie para comérselos.

predatorio, -ria (ing. *predatory* < l. *praedatorius*) *adj.* Perteneciente o relativo al acto de hacer presa. 2 [pers., entidad, cosa] Que tiene relación con el pillaje, el merodeo, etc.: *proyectos predatorios.*

predecesor, -ra (l. *prædecessore*) *m. f.* Antecesor (persona). 2 Ascendiente (individuo).

predecir (l. *prædicere*) *tr.* Anunciar por revelación, ciencia o conjetura [algo que ha de suceder]. ◇ ** CONJUG. [79].

SIN. v. **Adivinar.**

predefinición *f.* TEOL. Decreto o determinación de Dios para la existencia de las cosas en un tiempo señalado.

predefinir (l. med. *prædefinere*) *tr.* TEOL. Determinar [el tiempo en que han de existir las cosas]. 2 Prefinir. 3 Definir provisionalmente o con anterioridad.

predela (del it. *predella,* tablita) *f.* Banco de un retablo.

predestinación *f.* Acción de predestinar.

predestinado, -da *adj.-s.* Elegido por Dios desde la eternidad para lograr la gloria. 2 Destinado para cualquier otra cosa. -3 *adj.* burl. Cornudo (marido).

SIN. *1* **Elegido.**

predestinar (l. *prædestinare*) *tr.* Destinar anticipadamente [una cosa] para un fin. 2 TEOL. p. ant. Elegir Dios *«ab æterno»* [a los que por medio de su gracia han de lograr la gloria].

SIN. **Preelegir.**

predeterminación *f.* Acción de predeterminar. 2 Efecto de predeterminar.

predeterminar (*pre-* + *determinar*) *tr.* Determinar o resolver con anticipación [una cosa]. 2 TEOL. Según ciertos teólogos, determinar Dios de antemano la voluntad humana.

predial *adj.* Relativo al predio.

prédica *f.* Sermón o plática del ministro de una secta o religión distinta de la católica. 2 p. ext. *y* desp. Perorata, discurso vehemente.

SIN. *2* v. **Discurso.**

predicable (l. *prædicable*) *adj.* Digno de ser predicado. Díc. de los asuntos propios de los sermones. -2 *m.* LÓG. Clase a que se reducen todas las cosas que se pueden decir del sujeto: *género, especie, diferencia, individuo y propio.*

predicación *f.* Acción de predicar. 2 Doctrina que se predica o enseñanza que se da con ella.

predicaderas *f. pl.* fam. Cualidad o dotes de un predicador.

predicado *m.* GRAM. Todo lo que se dice del sujeto en una oración: ~ ***nominal,*** el que enuncia una cualidad del sujeto; ~ ***verbal,*** el que denota una acción del sujeto. 2 LÓG. Lo que se afirma del sujeto en una proposición.

predicador, -ra *adj.-s.* Que predica. -2 *m.* Orador sagrado.

predicamental *adj.* Relativo al predicamento o a una cosa que es raíz de otra.

predicamento (l. *prædicamentu*) *m.* LÓG. Clase o categoría a que se reducen todas las cosas y entidades físicas. 2 Dignidad, opinión, lugar o grado de estimación en que se halla uno y que ha merecido por sus obras.

predicante *adj.-s.* Que hace prédicas.

predicar (l. *prædicare*) *tr.* inus. Publicar, hacer patente [una cosa]. 2 p. ant. Pronunciar [un sermón]: *¿quién predica hoy?* 3 Alabar con exceso: ~ *sus virtudes por todas partes.* 4 fig. Reprender agriamente [a alguien de un vicio o defecto]: *predicarle que no beba; abs.,* fam., amonestar o hacer observaciones: *le predico y no me hace caso.* 5 LÓG. y GRAM. Afirmar o negar [algo] del sujeto. ◇ ** CONJUG. [1] como ***sacar.***

SIN. *2* y *4* **Sermonar, sermonear.**

predicativo, -va *adj.* GRAM. Relativo al predicado o que tiene carácter de tal.

predicción *f.* Acción de predecir. 2 Efecto de predecir.

predicho -cha, pp. irreg. de *predecir.*

predilección *f.* Cariño especial y preferencia con que se distingue a una persona o cosa.

predilecto, -ta (*pre-* + l. *dilectu,* amado) *adj.* Preferido por amor o afecto especial.

predio (l *prædiu*) *m.* Heredad, hacienda, tierra o posesión inmueble: ~ ***dominante,*** DER., aquel en cuyo favor está constituida una servidumbre.

predisponer (*pre-* + *disponer*) *tr.* Disponer anticipadamente el ánimo [de las pers.] para un fin determinado. ◇ ** CONJUG. [78] como ***poner.***

predisposición *f.* Acción de predisponer o predisponerse. 2 Efecto de predisponer o predisponerse. 3 MED. Tendencia fisiológica, hereditaria o adquirida, a contraer determinadas enfermedades.
SIN. *3* **Propensión.**
predispuesto, pp. irreg. de *predisponer*.
predominación *f.* Acción de predominar. 2 Efecto de predominar.
predominancia *f.* Predominación.
predominante *adj.* Que predomina.
predominar (*pre-* + *dominar*) *tr.* Prevalecer, preponderar: *el dinero lo predomina todo* o *predomina en todo.* 2 fig. Exceder mucho en altura una cosa [de otra]: *esta casa predomina sobre aquella.*
SIN. v. **Prevalecer.**
predominio *m.* El hecho de predominar.
predorsal (*pre-* + *dorsal*) *adj.* ANAT. Situado en la parte anterior de la espina dorsal. -2 *adj.-s.* FON. Sonido articulado con la parte anterior del dorso de la lengua.
predorso *m.* GRAM. Parte anterior del dorso de la lengua.
predorso-, elemento prefijal que entra en la formación de palabras de gramática o medicina indicando carácter o situación predorsal.
preelectoral (*pre-* + *electoral*) *adj.* Anterior a unas elecciones.
preelegir (l. *prœligere*) *tr.* Elegir [a uno] con anticipación, predestinar. ◇ ** CONJUG. [55] como *elegir.*
preeminencia (l. *prœminentia*) *f.* Privilegio, exención, ventaja que goza uno por razón o mérito especial.
preeminente *adj.* Sublime, superior, honorífico, que está más elevado.
preénfasis *m.* Red colocada en el modulador de una emisora de frecuencia modulada que mejora la calidad de recepción. ◇ Pl.: *preénfasis.*
preescolar (*pre-* + *escolar*) *adj.* Anterior a la escolarización en la enseñanza primaria: *edad ~.*
preestablecido -da *adj.* Establecido con anterioridad.
preeuropeo, -a *adj.-s.* DEP. [competición] Que permite la clasificación para un campeonato deportivo europeo.
preexcelso, -sa (l. *prœxcelsu*) *adj.* Sumamente excelso.
preexistencia *f.* DER. Existencia real de una cosa o de un derecho antes del acto o momento en que haya de tratarse de ella. 2 FIL. Existencia anterior, con alguna de las prioridades de naturaleza u origen.
preexistente *adj.* Que preexiste o es anterior en el tiempo: *las circunstancias preexistentes favorecían la colonización de aquel país.*
preexistir (*pre-* + *existir*) *intr.* FIL. Existir antes o realmente, o con antelación de naturaleza y origen.
prefabricación *f.* Acción de prefabricar. 2 Efecto de prefabricar.
prefabricar (*pre-* + *fabricar*) *tr.* Fabricar en serie las piezas o partes [de un barco, una casa, etc.], de tal manera que su construcción consista sólo en el acoplamiento y ajuste de las piezas prefabricadas. ◇ ** CONJUG. [1] como *sacar.*
prefacio (l. *prœfatio*) *m.* Prólogo (escrito). 2 Parte de la misa que precede inmediatamente al canon.
prefación *f.* Prólogo (escrito).
prefecto (l. *prœfectu*) *m.* Entre los romanos, título de varios jefes militares o civiles: ~ ***del pretorio,*** o ***pretorio,*** magistrado que desde Constantino (entre 270 y 288-337) gobernaba cualquiera de las provincias en que se dividió el imperio; comandante de la guardia pretoriana de los emperadores. 2 Gobernador de un departamento francés. 3 Ministro que preside y manda en un tribunal, junta o comunidad eclesiástica. 4 Persona que cuida del debido desempeño de los cargos.
prefectoral *adj.* Relativo al prefecto o a la prefectura.
prefectura *f.* Cargo de prefecto. 2 Territorio gobernado por un prefecto. 3 Oficina del prefecto.
preferencia *f.* Primacía, ventaja o mayoría que una persona o cosa tiene sobre otra. 2 Elección de una persona o cosa entre varias; inclinación favorable, predilección hacia ella. 3 ***De ~***, preferentemente.
preferente *adj.* Que prefiere o se prefiere.
preferentemente *adv. m.* Con preferencia.
preferible *adj.* Digno de preferirse.
preferiblemente *adv. m.* Preferentemente.
preferir (l. *prœferre*) *tr.* Dar la preferencia a alguna persona o cosa: *preferido de alguno; preferido entre otros.* 2 Exceder, aventajar. ◇ Se construye con *a:* ~ *una persona* o *cosa a otra,* no con *que.* ◇ ** CONJUG. [35] como *hervir.*
SIN. *1* **Preponer, anteponer.**
prefiguración *f.* Acción de prefigurar.
prefigurar (l. *prœfigurare*) *tr.* Representar anticipadamente [una cosa].
prefijación *f.* Formación de palabras por medio de prefijos.
prefijal *adj.* GRAM. Con forma o función de prefijo. 2 Relativo a los prefijos.
prefijar (*pre-* + *fijar*) *tr.* Determinar o fijar anticipadamente una cosa: *se reunieron el día prefijado.* 2 GRAM. Anteponer un afijo a una palabra.
prefijo, -ja (l. *prœfixu*) pp. irreg. de *prefijar.* 2 *adj.-m.* GRAM. En la composición de palabras, afijo que se antepone a un vocablo: *antepuerta, reponer, premeditar.* 3 *m.* Cifras que indican zona, ciudad o país, y que, para establecer comunicación telefónica automática, se marcan antes del número del abonado a quien se llama.
prefijoide *adj.-m.* GRAM. Con forma y función similares a las de un prefijo.
prefilatelia (*pre-* + *filatelia*) *f.* Estudio y coleccionismo de las marcas postales anteriores a la creación del sello de correos adhesivo.
prefinición *f.* Acción de prefinir.
prefinir (l. *prœfinire*) *tr.* Señalar o fijar el término o tiempo para ejecutar [una cosa].
SIN. **Predefinir.**
prefloración (*pre-* + *floración*) *f.* Disposición de las partes de una flor, unas respecto de otras, antes de la florescencia.
prefoliación (*pre-* + *foliación*) *f.* Disposición de unas hojas respecto de otras, dentro de la yema, antes de abrirse ésta.
preformado, -da *adj.* Formado anticipadamente.
preformismo *m.* Doctrina filosófica que postula que el organismo humano constituido se halla ya en el germen del individuo.
prefulgente (l. *prœfulgente*) *adj.* Muy resplandeciente y lúcido.
pregón (l. *prœcone*) *m.* Promulgación que en voz alta se hace en los lugares públicos de una cosa interesante. 2 Discurso con que se inicia una fiesta o acontecimiento.
pregonar (b. l. *prœconari*) *tr.* Publicar en voz alta [una cosa] para que venga a noticia de todos. 2 esp. Anunciar a voces uno [la mercancía que lleva para vender]. 3 Alabar en público [los hechos o cualidades de una pers.]. 4 Proscribir. 5 fig. Publicar [lo que debía callarse].
SIN. *1* v. **Divulgar.**
pregonería *f.* Oficio o ejercicio del pregonero. 2 Cierto derecho o tributo.
pregonero, -ra *adj.-s.* Que publica o divulga una cosa que se ignoraba. -2 *m.* Oficial público que en voz alta da los pregones.
SIN. *2* **Voceador.**
preguerra *f.* Anteguerra.
pregunta *f.* Proposición con que expresamos a alguno lo que deseamos saber, rogándole o mandándole a la vez que nos informe de ello. 2 Tema o punto de un cuestionario o programa de exámenes.
SIN. *1* **Interrogación.** FR. *Andar, estar* o *quedar uno a la cuarta ~,* fig., estar escaso de dinero o no tener ninguno.
preguntador, -ra *adj.-s.* Que pregunta. 2 Molesto e impertinente en preguntar.
preguntar (l. v. *praecuntare;* por el l. *percontari*) *tr.* Hacer preguntas [a uno]: ~ *a uno por el ausente; preguntarse qué ha sucedido; pregunto para saber.* 2 Exponer en forma de interrogación una especie para significar duda o para dar énfasis a la expresión: *él se pregunta: ¿será verdad?* 3 *Colomb.* Buscar, llamar.
SIN. *1* **Interrogar.**
pregunteo *m.* Acción de preguntar. 2 Efecto de preguntar.
preguntón, -tona *adj.-s.* fam. Preguntador molesto.
pregustación *f.* Acción de pregustar. 2 Efecto de pregustar.
pregustar (l. *prœgustare*) *tr.* Hacer la salva [de la comida o bebida].
prehelénico, -ca *adj.* Anterior a la Grecia helénica o Grecia propiamente dicha.
prehistoria (*pre-* + *historia*) *f.* Ciencia que trata de la vida de los hombres con anterioridad a todo documento de carácter histórico. 2 Período en que se gesta un movimiento cultural, político, etc., antes de su plena manifestación.
prehistórico, -ca *adj.* Anterior a los tiempos históricos. 2 fig. Anticuado, viejo.

preincaico, -ca *adj.* En América, lo que es anterior a la dominación incaica.
preindustrial (*pre-* + *industrial*) *adj.* Anterior a la industrialización.
preinserto, -ta (*pre-* + *inserto*) *adj.* Que antes se ha insertado.
prejudicial (l. *præiudiciale*) *adj.* DER. Que requiere decisión anterior y previa a la sentencia de lo principal. 2 DER. [acción o excepción] Que ante todas las cosas se debe examinar y definir.
prejudicio *m.* Prejuicio.
prejuicio *m.* Acción de prejuzgar. 2 Efecto de prejuzgar.
prejuzgar (l. *præiudicare*) *tr.* Juzgar [de las cosas] antes de tener de ellas cabal conocimiento. ◇ ** CONJUG. [7] como *llegar.*
prelacía *f.* Dignidad u oficio de prelado.
prelación (l. *prælatione*) *f.* Antelación o preferencia con que una cosa debe ser atendida respecto de otra u otras.
prelada (v. *prelado*) *f.* Superiora de un convento de religiosas.
prelado (b. l. *prælatu,* puesto delante) *m.* Superior eclesiástico constituido en una de las dignidades de la Iglesia, como abad, obispo, etc. 2 Superior de un convento o comunidad eclesiástica. 3 ~ *doméstico,* eclesiástico de la familia del Papa.
prelaticio, -cia *adj.* Propio del prelado: *traje* ~.
prelatura *f.* Prelacía.
preliminar (*pre-* + l. *liminare,* umbral) *adj.* Que sirve de preámbulo o proemio para tratar sólidamente una materia. -2 *adj.-s.* fig. Que se antepone a una acción, a una empresa, a un litigio, etc. -3 *m.* Artículo general que sirve de fundamento para el ajuste y tratado de paz definitivo entre las potencias contratantes o sus ejércitos. Ús. en plural.
preliminarmente *adv. m.* Anticipadamente.
prelucir (l. *prælucere*) *intr.* Lucir con anticipación. ◇ ** CONJUG. [45] como *lucir.*
preludiar (de *preludio*) *intr.-prnl.* Ensayar la voz o un instrumento por medio de notas o escalas antes de comenzar una pieza. -2 *tr.* fig. Preparar o iniciar [una cosa]; darle entrada. -3 *intr.-tr.* esp. Ejecutar algún preludio. ◇ ** CONJUG. [12] como *cambiar.*
preludio (l. *prœludio* < *ludere,* jugar) *m.* Lo que precede y sirve de entrada, preparación o principio de una cosa. 2 Lo que se toca o canta para ensayar la voz o probar los instrumentos antes de comenzar la ejecución de una obra musical. 3 Composición musical independiente o que precede a una representación escénica o a otras obras: *un ~ de Chopin; el ~ de Lohengrin; un ~ y fuga de Bach.*
prelusión (l. *prœlusio*) *f.* p. us. Preámbulo.
SIN. **Prolusión.**
prematuramente *adv. t.* Antes de tiempo, fuera de sazón.
prematuro, -ra (l. *prœmaturu*) *adj.* Que no está en sazón. 2 Que ocurre antes de tiempo. 3 DER. [mujer] Que no ha llegado a edad de admitir varón.
SIN. *1* y *2* **Precoz,** esp. el fruto.
premeditación *f.* Acción de premeditar. 2 DER. Circunstancia que agrava la responsabilidad criminal de los delincuentes.
premeditadamente *adv. m.* Con premeditación.
premeditar (l. *prœmeditari*) *tr.* Pensar reflexivamente [una cosa] antes de ejecutarla. 2 DER. Proponerse de caso pensado perpetrar [un delito].
premiación (it. *premiazione*) *f. Amér.* Repartición de premios.
premiado, -da *adj.-s.* Que ha conseguido un premio.
premiador, -ra *adj.-s.* Que premia.
premiar (b. l. *prœmiari*) *tr.* Remunerar, galardonar [los méritos o servicios de otro]. ◇ ** CONJUG. [12] como *cambiar.*
premidera (der. del l. *premere,* apretar) *f.* Cárcola.
premier (ing. < fr.) *m.* Primer ministro británico.
premio (l. *prœmiu*) *m.* Recompensa o remuneración que se da por algún mérito o servicio. 2 Lote sorteado en la lotería nacional: ~ *gordo,* el mayor, y esp. el correspondiente al sorteo de Navidad. 3 Aumento de valor dado a algunas monedas o por el curso del cambio internacional. 4 Vuelta, demasía, cantidad añadida al precio o valor por vía de compensación o de incentivo.
SIN. *1* **Galardón,** cuando es de carácter honorífico; **lauro** (menos us.) alude pralte. al honor que se deriva de un galardón. **Remuneración** está más cerca del concepto de **paga. Recompensa** oscila entre **remuneración** y **premio,** según las circunstancias. *3* y *4* **Prima, sobreprecio.**
premiosamente *adv. m.* De manera premiosa.
premiosidad *f.* Calidad de premioso.
premioso, -sa (del ant. *premiar,* apremiar) *adj.* Tan ajustado o apretado que dificultosamente se puede mover. 2 Que apremia o estrecha. 3 Gravoso, molesto. 4 [pers.] Falto de expedición, embarazado por la acción o la expresión. 5 Que habla o escribe con mucha dificultad. 6 [lenguaje o estilo] Sin espontaneidad y soltura. 7 fig. Rígido, estricto.
premisa (v. *premiso*) *f.* LÓG. Proposición del silogismo de donde se infiere y saca la conclusión. 2 fig. Señal, indicio por donde se infiere una cosa. 3 Proposición probada anteriormente o dada como cierta, que sirve de base a un argumento.
REL. ~ *mayor,* la que contiene el término mayor. ~ *menor,* la que contiene el término menor.
premiso, -sa (l. *prœmissu* < *prœmitter,* enviar delante) *adj.* Prevenido o enviado con anticipación. 2 DER. Que precede: *premisa la venia necesaria.*
premoción (l. *praemotione*) *f.* Moción anterior, que inclina a un efecto u operación.
premolar (*pre-* + *molar*) *m.* Diente molar, primero y segundo, que se distingue de los restantes en tener solamente dos tubérculos en la corona.
premonición (l. *prœmonitione,* aviso anticipado) *f.* Presentimiento, presagio; advertencia moral.
premonitor, -ra (l. *prœmonitore*) *adj.* Que anuncia o presagia.
premonitorio, -ria (l. *prœmonitoriu,* que avisa anticipadamente) *adj.* Premonitor. 2 Que tiene carácter de premonición. 3 [fenómeno o síntoma] Precursor de alguna enfermedad: *estado* ~, el de la persona en que se manifiestan.
premonstratense (de *Prœmonstratu,* nombre de la casa madre) *adj.-s.* Orden de canónigos regulares fundada por San Norberto (1080-1134) en 1119. -2 *adj.-com.* Individuo que la profesa.
SIN. **Mostense.**
premoriencia *f.* DER. Muerte anterior a otra.
premoriente *adj.-s.* Que premuere.
premorir (l. *prœmori*) *intr.* DER. Morir una persona antes que otra. ◇ ** CONJUG. [33] como *dormir.*
premostrar *tr.* Mostrar [algo] con anticipación a otra condición o circunstancia. ◇ ** CONJUG. [31] como *contar.*
premostratense *adj.-s.* [pers.] Premonstratense.
premuerto, -ta, pp. irreg. de *premorir,* us. como substantivo.
premunir *tr.-prnl. Amér.* Proveer de alguna cosa como prevención o cautela para algún fin.
premura (it. *premura,* der. de *prêmere,* tener prisa, del l. *premere,* apretar) *f.* Aprieto, apuro, prisa, urgencia, instancia.
prenatal *adj.* Anterior al nacimiento.
prenda (l. *pignora* < *pignus,* prenda) *f.* Cosa mueble que se sujeta esp. a la seguridad o cumplimiento de una obligación: *en ~* o *en prendas,* en empeño o fianza. 2 Alhaja, mueble o enser de uso doméstico, esp. cuando se dan a vender. 3 Lo que se da o hace en señal o prueba de una cosa. 4 Lo que se ama intensamente; como hijos, mujer, etc. 5 Cualidad del cuerpo o del alma, con que la naturaleza adorna a un sujeto. 6 Parte que, junto a otras, compone el vestido y calzado del hombre o de la mujer. 7 fig. Cosa no material que sirve de seguridad y firmeza para un objeto. -8 *f. pl.* Juego de prendas. -9 *com.* Persona de dudosa reputación.
SIN. *1* **Garantía.**
prendador, -ra *adj.-s.* Que prenda o saca una prenda.
prendamiento *m.* Acción de prendar o prendarse. 2 Efecto de prendar o prendarse.
prendar (de *prenda*) *tr.* Sacar [una prenda o alhaja] como garantía de una deuda u obligación. 2 Ganar la voluntad o agrado [de uno]. -3 *prnl.* Aficionarse, enamorarse de una persona o cosa.
prendario, -ria *adj.* Relativo a la prenda.
prendedera *f. Colomb.* Camarera.
prendedero *m.* Instrumento para prender o asir una cosa. 2 Broche con que las mujeres prenden las sayas para enfaldarlas. 3 Cinta para asegurar el pelo.
prendedor *m.* El que prende. 2 Prendedero.
prendedura *f.* Galladura.
prender (l. v. *prendere,* del l. *prehendere*) *tr.* En estilo noble, asir, agarrar [una cosa]. 2 esp. Asegurar [a una pers.] privándola de la libertad, y pralte. ponerla en la cárcel. 3 Hacer presa una cosa [en otra], enredar: *las ramas prendieron el vestido; intr., el vestido prendió en un gancho.* 4 Cubrir (el macho). 5 Adornar, ataviar [a una mujer]: ~ *a la hija con alfileres; prenderse de veintiocho alfileres.* -6 *intr.* Arraigar la planta en la tierra. 7 Comunicarse el fuego a las cosas; en gral., comunicar su virtud una cosa a otra: ~ *la vacuna, un injerto.* ◇ CONJUG: pp. reg: *prendido*; irreg., us. sólo como adj.-s: *preso.*
SIN. *2* v. **Capturar.**
prendería *f.* Establecimiento del prendero.

prendero, -ra *m. f.* Persona que tiene por oficio comprar y vender prendas, alhajas o muebles usados.
prendido (de *prender*) *m.* Adorno de las mujeres, esp. el de la cabeza. 2 Patrón o dibujo picado para hacer los encajes. 3 Parte del encaje hecha sobre lo que ocupa el dibujo. -4 *adj. Chile.* Estreñido. 5 *Chile.* Que tiene parte del cuerpo dolorida y como oprimida a un tiempo. 6 *Méj.* Acicalado. 7 *P. Rico.* Ebrio.
prendidura *f.* Chalaza del huevo.
prendimiento *m.* Acción de prender; prisión, captura. 2 p. ant. El de Jesucristo en el huerto y la pintura que lo representa. 3 *Colomb.* y *Venez.* Irritación, calor interno, acaloramiento. 4 *Chile.* Dolor y opresión a un tiempo en cualquier parte del cuerpo. 5 *S. Dom.* Fiebre.
prendorio *m. Méj.* Costumbre de conducir a un muchacho o muchacha que baila por primera vez, y llevarlo a sus padres para que lo desempeñen, prometiendo un baile.
prenoción (l. **prænotione*) *f.* FIL. Anticipada noción o primer conocimiento de las cosas.
prenombrado, -da *adj. Amér.* Precitado, susodicho o sobredicho.
prenombre (l. **prænomine*) *m.* Nombre que entre los romanos precedía al de familia.
prenotar (l. *prænotare*) *tr.* Notar con anticipación [una cosa].
prensa (l. *pressa* < *premere*, oprimir) *f.* Máquina, compuesta de dos elementos rígidos que se aproximan por accionamiento mecánico o hidráulico de uno de ellos, que sirve para comprimir. Tiene muy diferentes aplicaciones, como imprimir, encuadernar libros, estrujar frutos, en metalurgia, en fotografía, etc. 2 fig. Imprenta. 3 Conjunto o generalidad de las publicaciones periódicas y esp. las diarias: ~ ***amarilla,*** la de tipo sensacionalista, dada a exagerar unilateralmente los acontecimientos y deformar su sentido; ~ ***del corazón,*** la dedicada a temas sentimentales (bodas, escándalos, etc.) de personajes famosos (actores, políticos, princesas, etc.). 4 Conjunto de personas que redactan y preparan los contenidos de estas publicaciones.
FRS. *Dar a la* ~, imprimir y publicar una obra; notificar a los periodistas. *Entrar,* o *meter, en* ~, comenzar la tirada del impreso. Fig. *Meter en* ~ *a uno,* estrecharle mucho para obligarle a ejecutar una cosa. *Tener buena,* o *mala,* ~, fig., gozar uno de buena o mala fama.
prensado *m.* Acción de prensar. 2 Efecto de prensar. 3 Lustre o labor que queda en los tejidos por efecto de la prensa.
prensador, -ra *adj.-s.* Que prensa.
prensadura *f.* Acción de prensar.
prensaestopas (de *prensar* + *estopa*) *m.* Pieza metálica roscada con que se aprieta la estopa alrededor del vástago movible de un grifo o llave de paso, para evitar la salida de líquidos o gases. ◇ Pl.: *prensaestopas.*
prensar *tr.* Apretar en la prensa [una cosa].
prensil *adj.* Que sirve para asir o coger.
prensión (l. *prehensione*) *f.* Acción de prender una cosa. 2 Efecto de prender una cosa.
prensista *m.* Oficial de imprenta que trabaja en la prensa.
SIN. **Tirador.**
prensor, -ra (l. *prehendere,* coger) *adj.* Que prende, que agarra. -2 *adj.-f.* Ave tropical, gralte. de bellos colores, que tiene las patas como las trepadoras y el pico muy robusto, con la mandíbula superior curvada desde la base; como el papagayo.
prenunciar (l. *prænuntiare*) *tr.* Anunciar [una cosa] de antemano. ◇ ** CONJUG. [12] como ***cambiar.***
prenuncio *m.* Anuncio anticipado, presagio.
prenupcial *adj.* Anterior al matrimonio.
preñado, -da (l. *prægnatu*) *adj.* [hembra] Que ha concebido y tiene el feto en el vientre. 2 fig. [pared] Desplomado, que forma como una barriga. 3 Lleno o cargado: *ojos preñados de amenazas.* 4 Que incluye en sí una cosa que no se descubre. -5 *m.* Estado de la hembra preñada. 6 Tiempo que lo está. 7 Feto en el vientre materno.
SIN. *5* y *6* **Embarazo; gestación,** científ.; **gravidez,** eufem.
preñar *tr.* Empreñar. 2 fig. Llenar, henchir.
preñez *f.* Preñado (estado y tiempo). 2 fig. Estado de un asunto que no ha llegado a su resolución. 3 Confusión, dificultad incluida en una cosa, que la da a conocer de algún modo.
preocupación *f.* Acción de preocupar o preocuparse. 2 Efecto de preocupar o preocuparse. 3 Ofuscación del entendimiento. 4 Idea preconcebida, gralte. falsa, que tenemos acerca de una cosa. 5 Anticipación proyectiva de una situación o de la vida en su conjunto, para orientar la conducta.
preocupadamente *adv. m.* Con preocupación.
preocupado, -da *adj.* Distraído, absorto.
preocupar (l. *præoccupare*) *tr.* Ocupar anticipadamente [una cosa] o anticiparse a uno en la adquisición [de ella]. 2 fig. fact. Prevenir el ánimo [de uno] con alguna especie. 3 En gral., poner [el ánimo de uno] con cuidado: *mis noticias le preocupan; prnl., se preocupa con,* o *por, la guerra.* -4 *prnl.* Estar prevenido en favor o en contra de una pers. o cosa.
preolímpico, -ca *adj.-s.* DEP. [competición] Que permite la clasificación para participar en unos juegos olímpicos.
preopinante (l. *præopinante*) *adj.-com.* [pers.] Que en una discusión ha expresado su opinión antes que otro.
preordinación *f.* Acción de preordinar. 2 Efecto de preordinar.
preordinadamente *adv. m.* Con preordinación.
preordinar (b. l. *præordinare*) *tr.* TEOL. Determinar Dios y disponer [todas las cosas] «ab æterno».
prepalatal (*pre-* + *palatal*) *adj.-s.* FON. Sonido articulado en la parte anterior del paladar duro.
preparación *f.* Acción de preparar o prepararse. 2 Efecto de preparar o prepararse. 3 BIOL. Porción de un tejido o de otra substancia orgánica, dispuesta sobre un portaobjeto para su observación microscópica. 4 FARM. Preparado farmacológico: ~ ***anatómica,*** parte del organismo especialmente disecada para su estudio anatómico. 5 *R. de la Plata* Tapa (pedazo).
SIN. **Batería, ingrediente, picadito, saladito.**
preparado, -da, pp. de *preparar*. 2 *adj.-m.* Droga o medicamento preparado.
preparador, -ra *m. f.* Persona que prepara.
preparamento, -miento *m.* Preparación.
preparar (l. *præparare*) *tr.* Prevenir, disponer [una cosa] para que sirva a un efecto. 2 Prevenir o disponer [a un sujeto] para una acción que se ha de seguir. 3 FARM. y QUÍM. Hacer [las operaciones necesarias] para obtener un producto. -4 *prnl.* Disponerse, aparejarse para algún fin determinado.
preparativo, -va *adj.* Preparatorio. -2 *m.* Cosa dispuesta y preparada.
preparatoriamente *adv. m.* Con preparación.
preparatorio, -ria *adj.* [cosa] Que prepara y dispone.
preparos *m. pl. Argent., P. Rico* y *Urug.* vulg. Avíos.
preponderancia *f.* Exceso del peso, o mayor peso, de una cosa respecto de otra. 2 fig. Superioridad de crédito, influencia, autoridad, etc.
preponderante *adj.* Que prepondera.
preponderar (l. *praeponderare*) *intr.* inus. Pesar más una cosa con respecto a otra. 2 Ejercer una pers. influjo dominante o decisivo. 3 fig. Prevalecer una opinión u otra cosa.
SIN. *3* v. **Prevalecer.**
preponer (l. *praeponere*) *tr.* Anteponer o preferir [una cosa] a otra. ◇ ** CONJUG. [78] como ***poner.***
preposición (l. gramatical *praepositione*) *f.* Palabra invariable que subordina unas palabras a otras dentro de la oración, significando la relación que existe entre los elementos por ella enlazados. Las que se usan como vocablos independientes son: a, ante, bajo, cabe, con, contra, de, desde, en, entre, hacia, hasta, para, por, según, sin, so, sobre, tras: ~ ***inseparable,*** prefijo.
preposicional, prepositivo, -va *adj.* Relativo a la preposición. 2 *Partícula* ~, prefijo.
prepósito (l. *praepositu;* doble etim. *preboste, prioste*) *m.* Primero y principal en una junta o comunidad.
SIN. **Pavorde,** en algunas comunidades.
prepositura *f.* Dignidad o cargo de prepósito.
preposteración *f.* Acción de preposterar. 2 Efecto de preposterar.
prepósteramente *adv. m.-t.* Fuera de tiempo u orden.
preposterar (l. *præposterare*) *tr.* Trastocar el orden [de alguna cosa] con relación a otra u otras.
prepóstero, -ra *adj.* Trastocado, hecho al revés y sin tiempo.
prepotencia (l. *præpotentia*) *f.* Poder superior al de otros, o gran poder.
prepotente *adj.* Más poderoso que otros.
prepucio (l. *præputiu*) *m.* Prolongación de la piel del pene, que cubre el bálano. 2 ~ ***del clítoris,*** pliegue musculoso formado por los labios menores que cubren el clítoris.
prepuesto, -ta, pp. irreg. de *preponer*.
prerrafaelismo (*pre-* + *Rafael*) *m.* Arte y estilo pictóricos anteriores a Rafael de Urbino (1483-1520). 2 Estilo pictórico que imita al anterior. 3 Movimiento plástico y literario nacido en Inglaterra en el s. XIX, caracterizado por la vuelta a los primitivos. Espiritualista, y en contra del academicismo predominante, que-

ría hallar la vida en lo medieval e ingenuo, aspirando a instaurar una especie de idealismo estilístico, en contraste con el realismo y el materialismo de la época.
SIN. *3* **Primitivismo.**

prerrafaelista *adj.* [arte y estilo pictórico] Anterior a Rafael de Urbino (1483-1520). 2 [estilo pictórico] Que imita al anterior. -3 *com.* Partidario del prerrafaelismo.

prerrogativa (l. *prœrrogativa*) *f.* Privilegio, gracia o exención que se concede a una persona, a un cuerpo político, etc. 2 fig. Atributo de excelencia o dignidad muy honrosa en cosa inmaterial.

prerromanticismo (*pre-* + *romanticismo*) *m.* Caracteres y condiciones de algunos escritores y sus obras semejantes a los de la escuela romántica, pero antes de su establecimiento y predominio.

prerromántico, -ca *adj.-s.* Autor o estilo anteriores al romanticismo.

presa (cat., der. del l. *praeda,* botín, ganancia) *f.* Acción de prender o tomar una cosa. 2 Cosa apresada o robada. 3 Acequia. 4 Muro grueso construido a través de un río, arroyo o canal, para conducir el agua fuera del cauce. 5 Conducto por donde se lleva el agua para mover las ruedas de los molinos, etc. 6 Porción pequeña de una cosa comestible. 7 Colmillo de algunos animales, con el cual agarran fuertemente lo que muerden. 8 Ave prendida por una de rapiña. 9 Uña de un ave de rapiña. 10 *P. Rico.* Entre galleros, el gallo que pierde. 11 *P. Rico.* Gallo lisiado con que se ejercitan los otros pegándole.
SIN. *4* **Represa.**

presada (de *presa*) *f.* Agua que se junta y retiene en el caz del molino para servir de fuerza motriz durante cierto tiempo.

presado, -da (l. *prasiu,* de color verde) *adj.* De color verde claro. -2 *m. S. Dom.* Queso sin sal, muy agrio, que se come con miel de abeja.

presagiar (l. *prœsagiare*) *tr.* Anunciar o prever [una cosa] induciéndola de presagios o conjeturándola. ◇ ** CONJUG. [12] como *cambiar.*
SIN. v. **Adivinar.**

presagio (l. *praesagiu*) *m.* Señal que anuncia un suceso futuro. 2 Especie de adivinación de sucesos futuros, por las señales que se han visto o por movimiento interior del ánimo que las previene.

presagioso, -sa *adj.* Que presagia o contiene presagio.

presago, -ga, présago, -ga *adj.* Que anuncia o presagia.

presbicia (fr. *presbytie,* del gr. *presbytes* < *presbys,* anciano) *f.* Hipermetropía.
REL. v. **Ametropía.**

présbita, -te (fr. *presbyte,* del gr. *présbys, -ytos,* viejo) *adj.-com.* [pers.] Que padece presbicia.

presbiterado *m.* Sacerdocio, dignidad u orden del sacerdote.

presbiteral *adj.* Relativo al presbítero.

presbiterato *m.* Presbiterado.

presbiterianismo *m.* Secta nacida en Escocia en el s. XVI, que sigue rígidamente el calvinismo, sosteniendo que la suprema autoridad eclesiástica reside en el sínodo, o presbiterio, de laicos y ministros delegados de las varias Iglesias.

presbiteriano, -na *adj.-s.* Partidario del presbiterianismo. -2 *adj.* Relativo a los presbiterianos.

presbiterio (l. ecl. *presbiteriu*) *m.* Área del altar mayor hasta el pie de las gradas por donde se sube a él, suele estar cercado con una reja o barandilla. 2 Reunión de los presbíteros con el obispo.

presbítero (l. *presbyter, -eri,* del gr. *presbyteros,* más anciano < *presbys,* anciano) *m.* Clérigo ordenado de misa, o sacerdote.

presciencia (l. *prœscientia*) *f.* Conocimiento de las cosas futuras.

prescindencia *f. Amér.* Abstracción.

prescindente *adj. Amér.* Independiente.

prescindible *adj.* De que se puede prescindir.

prescindir (l. *prœscindere,* cortar por delante) *tr.* Hacer abstracción [de una pers. o cosa]; no contar con ella; privarse de ella, evitarla.

prescito, -ta *adj.-s.* Precito.

prescribir (l. *prœscribere*) *tr.* Ordenar o determinar: *la ley prescribe nuestros derechos.* 2 Recetar, ordenar remedios: *le prescribió un reposo absoluto.* -3 *intr.-tr.* DER. Adquirir [una cosa o derecho] por virtud de posesión continuada, o caducar un derecho por lapso del tiempo señalado a este efecto. -4 *intr.* Concluir o extinguirse una obligación o deuda por el transcurso de cierto tiempo. 5 fig. Perderse o mermarse una cosa por el transcurso del tiempo. ◇ CONJUG. pp.: *prescrito.*
SIN. *1* **Recetar, formular,** tratándose de medicamentos que prescribe el facultativo.

prescripción *f.* Acción de prescribir. 2 Efecto de prescribir.

prescriptible *adj.* Que puede prescribir o prescribirse.

prescripto, -ta, pp. irreg. de *prescribir.*

prescrito, -ta, pp. irreg. de *prescribir.*

presea (l. *praesidia;* pl. de *praesidium,* protección) *f.* Alhaja o cosa preciosa.

preselección *f.* Selección previa. 2 Sistema automático que facilita la selección anticipada de las diversas funciones de un aparato eléctrico.

preseleccionar (*pre-* + *seleccionar*) *tr.* DEP. Seleccionar previamente.

preselector (*pre-* + *selector*) *m.* Circuito o dispositivo que permite la preselección automática.

presencia (l. *praesentia*) *f.* Estado de la persona o cosa que se halla delante de otra u otras o en el mismo paraje que ellas. 2 ~ *de Dios,* actual consideración de estar delante del Señor. 3 ~ *de ánimo,* serenidad o tranquilidad del ánimo. 4 Talle, figura y disposición del cuerpo. 5 Representación, pompa, fausto. 6 fig. Actual memoria de una especie, o representación de ella.

presencial *adj.* Relativo a la presencia: *testigo* ~, ocular o de vista.

presencialmente *adv. m.* Con actual presencia o personalmente.

presenciar *tr.* Hallarse presente [a un acontecimiento, espectáculo, etc.]. ◇ ** CONJUG. [12] como *cambiar.*

presenil *adj.* MED. [estado o fenómeno] De apariencia senil, pero ocurrido antes de la senectud.

presentable *adj.* Que está en condiciones de presentarse o ser presentado.

presentación *f.* Acción de presentar o presentarse. 2 Efecto de presentar o presentarse. 3 Aspecto exterior de algo. 4 Fiesta que celebra la Iglesia el día 21 de noviembre, en conmemoración de que fue María Santísima presentada a Dios por sus padres en el templo. 5 En las representaciones teatrales, el arte de hacerlas con propiedad y con la mayor perfección. 6 MED. Parte del feto que se encaja en la pelvis y aparece al exterior en el parto. 7 INFORM. Inscripción luminosa de los datos, dibujos y otras imágenes en la pantalla de un visual, una calculadora, etc.: ~ *digital;* ~ *lógica.* 8 *Amér.* Demanda, súplica, memorial.

presentado, -da *adj.-s.* En algunas órdenes religiosas, el teólogo que ha seguido su carrera y, acabadas sus lecturas, está esperando el grado de maestro. -2 *m.* Eclesiástico propuesto para una dignidad, un oficio o un beneficio en uso, del derecho de patronato. -3 *adj.-s. P. Rico.* Entremetido.

presentador, -ra *adj.-s.* Que presenta. -2 *m. f.* Persona que presenta un programa televisivo, un acto público, etc.

presentalla *f.* Exvoto.

presentáneamente *adv. t.* p. us. Luego, al punto, sin intermisión de tiempo.

presentáneo, -a *adj.* p. us. Eficaz por su sola presencia.

presentar (l. *prœsentare*) *tr.* Poner [una cosa] en la presencia de uno; mostrarla: ~ *un grabado; el coche se presentó con mal aspecto; presentarse por el lado favorable.* 2 p. anal. Regalar (dar). 3 Proponer [a un sujeto] para una dignidad, oficio o beneficio eclesiástico: ~ *de,* o *por, candidato.* 4 Introducir [a uno] en la casa o en el trato de otro, a veces recomendándole personalmente: ~ *en la corte.* -5 *prnl.* Comparecer en algún lugar o acto. 6 esp. Comparecer ante un jefe o autoridad: *presentarse al general.* 7 Ofrecerse voluntariamente para un fin. 8 DER. Comparecer en juicio.
SIN. *5* y *6* v. **Comparecer.**

presente *adj.* Que está en presencia de algo o alguien. -2 *adj.-m.* Tiempo en que actualmente está uno cuando se refiere a una cosa: ***al*** ~ o ***de*** ~, ahora, cuando se está diciendo o tratando; en la época actual; ***por el,*** o ***por lo,*** ~, por ahora, en este momento; ***mejorando lo*** ~, expr. de cortesía, cuando se alaba a una persona delante de otra; ***¡Presente!*** contestación que se da al pasar lista. -3 *m.* Don, alhaja o regalo que una persona da a otra. 4 Productos del cerdo que se obsequian tras la matanza. 5 Tiempo de **verbo que expresa la coincidencia de la acción con el momento en que se habla. ◇ En la expr. *tener* ~, *presente* concuerda con el substantivo a que se refiere: *ten* ~ *lo que te digo, ten presentes mis palabras.*
SIN. *3* v. **Regalo.**

presentemente *adv. t.* Al presente.
presentero *m.* El que presenta para prebendas o beneficios eclesiásticos.
presentimiento *m.* Acción de presentir. 2 Efecto de presentir.
SIN. **Corazonada, barrunto.**
presentir (l. *præsentire*) *tr.* Antever, por cierto movimiento interior del ánimo, o por indicios exteriores [lo que ha de suceder]. ◇ ** CONJUG. [35] como ***hervir.***
SIN. **Barruntar.**
presepio (l. *præsepiu*) *m.* Pesebre. 2 Caballeriza. 3 Establo.
presera *f.* Amor de hortelano.
presero *m.* Guarda de una acequia.
preservación *f.* Acción de preservar o preservarse. 2 Efecto de preservar o preservarse.
preservador, -ra *adj.-s.* Que preserva.
preservar (l. *præservare*) *tr.* Poner a cubierto [a una pers. o cosa] de algún daño o peligro. 2 ANGLIC. Conservar.
SIN. v. **Proteger.**
preservativamente *adv. m.* Con preservación, a fin de preservar.
preservativo, -va *adj.-m.* Que tiene virtud de preservar. -2 *m.* Envoltura muy fina de goma que, colocada sobre el pene, sirve para recoger el líquido espermático.
SIN. *2* **Profiláctico** (MED.); **condón.**
presi *m.* fam. Presidente.
presidario, -ria *m. f.* Presidiario.
presidencia *f.* Acción de presidir. 2 Dignidad, cargo de presidente. 3 Tiempo que dura el cargo. 4 Oficina, morada del presidente, lugar desde donde preside.
presidencial *adj.* Relativo a la presidencia.
presidencialismo *m.* Sistema en el que un presidente elegido por sufragio universal no comparte el poder ejecutivo.
presidencialista *adj.* Propio o relativo al presidencialismo. 2 Favorable al presidencialismo, o partidario de él.
presidente, -ta (l. *præsidente*) *m. f.* Persona que preside: ~ *de la República, de un Consejo, de una asamblea.* -2 *m.* Entre los romanos, juez gobernador de una provincia. 3 En algunas órdenes religiosas, el que sustituye al prelado. 4 Maestro que, puesto en la cátedra, asiste al discípulo que sustenta un acto literario. -5 *f.* Mujer del presidente.
presidiable *adj.* Que merece estar en presidio (cárcel).
presidiar (l. *præsidiari*) *tr.* ant. Guarnecer con soldados [un puesto, plaza, castillo, etc.]. ◇ ** CONJUG. [12] como ***cambiar.***
presidiario, -ria *m. f.* Penado que cumple en presidio su condena.
SIN. v. **Penado.**
presidio (l. *præsidiu*) *m.* ant. Guarnición de soldados que se pone en las plazas, castillos, etc., para su guarda y defensa. 2 ant. Ciudad o fortaleza que se puede presidiar. 3 Establecimiento penitenciario en que cumplen sus condenas los penados por graves delitos. **4** Conjunto de presidiarios de un mismo lugar. **5** Pena señalada por varios delitos, don diversos grados de rigor y de tiempo. **6** fig. Auxilio, ayuda, socorro.
SIN. *4* **Penal.**
presidir (l. *præsidere* < *sedere,* sentarse) *tr.* Tener el primer lugar [en una asamblea, junta, corporación, etc.]. 2 p. ext. Dirigir las deliberaciones [de una junta, asamblea, etc.]; ser por este motivo el jefe [de una empresa, sociedad, etc.]: ~ *un tribunal por antigüedad; presidido del,* o *por el, jefe; intr.,* ~ *en un tribunal.* 3 ant. Asistir el maestro desde la cátedra [al discípulo que sustenta un acto literario]. 4 fig. Tener una cosa principal influjo: *la justicia preside nuestros actos.*
presidium *m.* Comisión política del Comité Central del Partido Comunista de la U.R.S.S.
SIN. **Politburó.**
presierra *f.* Estribaciones de una sierra.
presilla (dim. de *presa*) *f.* Cordón pequeño, en forma de lazo, con que se asegura una cosa. 2 Cierta especie de lienzo. 3 Entre sastres, costurilla de puntos unidos. 4 *Amér.* Charretera.
presintonía (*pre-* + *sintonía*) *f.* Dispositivo de un receptor de radio capaz de memorizar la frecuencia de emisión. 2 Emisora de radio memorizada en un receptor.
presión (l. *pressione*) *f.* Acción de apretar o comprimir. 2 Efecto de apretar o comprimir. 3 Fuerza ejercida sobre la unidad de superficie de un cuerpo por un gas, un líquido o un sólido: ~ ***atmosférica,*** la ejerce la atmósfera sobre todos los puntos de la superficie terrestre; ~ ***osmótica,*** FÍS., la ejercida por una substancia disuelta en virtud del movimiento de sus moléculas; ~ ***sanguínea,*** la ejercida por la sangre circulante sobre las paredes de los vasos. 4 fig. Coacción ejercida sobre alguien. 5 ~ ***fiscal,*** porcentaje, individual o general, de los impuestos sobre los ingresos generales. 6 V. grupo de presión.
REL. *1* y *2* **Atmósfera,** unidad de medida; **manómetro,** instrumento con que se mide la presión de los gases encerrados en un recinto; **barómetro,** con el que se mide la atmosférica.
presionar *tr.* Oprimir, apretar [algo]. 2 fig. Hacer presión, coaccionar [a alguien]. 3 DEP. Atacar insistentemente [un deportista, equipo o jugador a otro].
preso, -sa (l. *prensu*) pp. irreg. de *prender*. 2 *adj.-s.* Que está preso.
SIN. *2* **Recluso;** v. **Penado.**
prest (fr. *prêt*) *m.* desus. Haber diario de los soldados. ◇ Pl.: *prestes.*
SIN. **Pre.**
prestación *f.* Acción de prestar. 2 Efecto de prestar. 3 Cosa o servicio exigido por una autoridad o conmutado por un pacto: ~ ***personal,*** la que exige la ley a los vecinos de un pueblo para servicios de utilidad común. 4 Cosa o servicio que un contratante da o promete a otro, en conmutación por lo que en el convenio le favorece. 5 Renta, tributo o servicio pagadero al señor, al propietario o a alguna entidad corporativa. 6 ~ ***social,*** servicio que el Estado, instituciones públicas o empresas privadas, deben dar a sus empleados. -7 *f. pl.* Rendimiento de una máquina: *los nuevos modelos de automóviles ofrecen excelentes prestaciones.*
SIN. *3* **Azofra,** prestación personal.
prestadizo, -za *adj.* Que se puede prestar.
prestado (de ~) *loc. adv.* De modo precario.
prestador, -ra *adj.-s.* Que presta.
prestamente *adv. m.* Pronta y ligeramente, con brevedad y prontitud.
SIN. **De presto.**
prestamera (de *préstamo*) *f.* Estipendio procedente de rentas eclesiásticas dado temporalmente a los que estudiaban para sacerdotes o a los que militaban por la Iglesia; ahora es una especie de beneficio eclesiástico.
prestamería *f.* Dignidad de prestamero. 2 Goce de prestamera.
prestamero, -ra *m. f.* Persona que goza de una prestamera.
prestamista *com.* Persona que da dinero a préstamo.
préstamo *m.* Acción de prestar o tomar prestado. 2 Efecto de prestar o tomar prestado. 3 Cantidad de dinero u otra cosa prestada. 4 Empréstito. 5 Prestamera. 6 Terreno de donde se excava la tierra necesaria para los terraplenes.
SIN. *1, 2* y *3* **Manlieva,** ant.
prestancia (l. *præstantia*) *f.* Excelencia (superior). 2 Gallardía en los movimientos; despejo en los modales.
prestante *adj.* p. us. Que tiene prestancia.
prestar (l. *præstare*) *tr.* Entregar a uno [dinero u otra cosa] para que por algún tiempo tenga el uso de ello, con la obligación de restituir igual cantidad o la cosa misma: ~ *dinero sobre prenda.* 2 Con una de las palabras *ayuda, auxilio,* etc., ayudar, asistir. 3 p. anal. Con substantivos como *atención, paciencia, silencio,* etc., tener, guardar lo que estas voces indican. 4 Dar, comunicar: *le presté la noticia.* -5 *intr.* Aprovechar, ser útil: *esta herramienta presta.* 6 p. anal. Dar de sí extendiéndose: *tu ropa presta mucho.* -7 *prnl.* Ofrecerse, allanarse a una cosa.
SIN. *1* **Emprestar,** vulg; **dejar,** ~ *un libro.*
prestatario, -ria *adj.-s.* Que toma dinero a préstamo.
preste (fr. ant. *prestre,* der. del l. *presbyter* y gr. *presbyteros*) *m.* Sacerdote que celebra la misa cantada asistido del diácono y del subdiácono, o el que con capa pluvial preside en función pública de oficios divinos. 2 ***Preste Juan,*** título del emperador de los abisinios. 3 *Bol.* Individuo que ha manifestado su voluntad de celebrar el aniversario de alguna fiesta religiosa.
SIN. *1* **Oficiante.**
presteza *f.* Prontitud, diligencia y brevedad.
prestidigitación *f.* Arte o habilidad para hacer juegos de manos y otros embelecos para distracción del público.
prestidigitador, -ra (compuesto por error, de l. *præestrus,* pronto + l. *digitus,* dedo; en vez de *praestigium*) *m. f.* Jugador de manos.
SIN. **Ilusionista.**
prestigiador, -ra *adj.* Que causa prestigio. -2 *m. f.* Persona que con habilidad y artificios engaña a la gente.
prestigiar *tr.* Dar prestigio o autoridad [a una asamblea, corporación, etc.]: *la presencia del ministro prestigiaba el acto.* ◇ ** CONJUG. [12] como ***cambiar.***

prestigio (l. *pr;oestigiu*) ***m.*** desus. Fascinación atribuida a la magia o causada por un sortilegio. 2 desus. Engaño con que los prestigiadores embaucan al pueblo. 3 Ascendiente, influencia, autoridad. 4 Realce, estimación, buen crédito.
SIN. *2* **Tropelía.**

prestigioso, -sa *adj.* Prestigiador (que causa). 2 Que tiene prestigio.

prestímano, -na *adj.* Prestidigitador.

prestimonio (b. l. *-iu*) ***m.*** desus. Préstamo.

prestín ***m.*** *And.* Pestiño.

prestiño ***m.*** Pestiño.

presto, -ta (l. *prœstu*) ***adj.*** Pronto, diligente, ligero en la ejecución de una cosa: ~ *a*, o *para, correr;* ~ *en obrar.* 2 Aparejado, dispuesto para ejecutar una cosa o para un fin. -3 ***adv. t.*** Luego, al instante, con gran prontitud y brevedad. 4 ***De*** ~, prestamente.

presumible ***adj.*** Que se puede presumir.

presumido, -da ***adj.-s.*** Que presume (se vanagloria).

presumir (l. *prœsumere*) ***tr.*** Sospechar, conjeturar [una cosa]. -2 ***intr.*** Vanagloriarse, tener alto concepto de sí mismo: ~ *de rico.* -3 ***tr.-prnl.*** *Amér.* Proveer de alguna cosa como prevención o cautela para algún fin.
SIN. *1* v. **Suponer.** *2* v. **Jactarse.**

presunción ***f.*** Acción de presumir. 2 Efecto de presumir. 3 DER. Cosa que por ministerio de la ley se tiene como verdad: ~ ***de hecho y de derecho,*** la que tiene carácter absoluto o preceptivo, en contra de la cual no vale ni se admite prueba; ~ ***de ley,*** o ***de sólo derecho,*** la que se reputa verdadera, en tanto que no exista prueba en contrario.

presuntamente ***adv. m.*** Por presunción.

presuntivamente ***adv. m.*** Con presunción.

presuntivo, -va ***adj.*** Que se puede presumir o está apoyado en presunción.

presunto, -ta (l. *prœsumptu*) pp. irreg. de *presumir* (sospechar). 2 ***adj.*** Supuesto. 3 Posible heredero de un trono.

presuntuosamente ***adv. m.*** Vanamente, con presunción.

presuntuosidad ***f.*** Presunción, vanagloria.

presuntuoso, -sa (l. *prœsumptuosu*) ***adj.-s.*** Lleno de presunción y orgullo.
SIN. **Vano, fantasioso; fantasmón,** desp. intens.

presuponer (*pre-* + *suponer*) ***tr.*** Dar por supuesta y notoria [una cosa] para pasar a tratar de otra. 2 Formar el cómputo [de los gastos o ingresos] en una empresa o negocio público o privado. ◇ ** CONJUG. [78] como ***poner.***

presuposición ***f.*** Suposición previa. 2 Presupuesto (motivo).

presupuestar ***tr.*** Establecer [un presupuesto].

presupuestario, -ria ***adj.*** Relativo al presupuesto (cómputo).

presupuesto, pp. irreg. de *presuponer*. 2 ***m.*** desus. Motivo o pretexto con que se ejecuta una cosa. 3 desus. Supuesto o suposición. 4 Cómputo anticipado del coste de una obra, y también de los gastos e ingresos para un período determinado, de una corporación u organismo público.

presura (l. *pressura*) ***f.*** Prisa, prontitud y ligereza.

presurización ***f.*** Acción de presurizar. 2 Efecto de presurizar.

presurizar ***tr.*** Mantener a presión constante [la cabina de un avión, de una nave espacial, etc.]. ◇ ** CONJUG. [4] como ***realizar.***

presurosamente ***adv. m.*** Con presura (prisa).

presuroso, -sa ***adj.*** Pronto, ligero, veloz.

pretal ***m.*** Petral. 2 *Hond.* Trincha que sujeta el pantalón. 3 *Méj.* Cuerda que a modo de cincha se pone a las bestias cerriles.

pretencioso, -sa ***adj.*** Pretensioso.

pretendencia ***f.*** Pretensión.

pretender (l. *prœtendere*) ***tr.*** Pedir [una cosa] a la cual uno aspira o cree tener cierto derecho; hacer las diligencias necesarias para la consecución de la misma. 2 Procurar (esforzarse): *mi madre pretende persuadirme.* 3 Cortejar a una mujer con la pretensión de mantener un noviazgo. ◇ CONJUG. pp. reg.: ***pretendido***; irreg.: ***pretenso***, inus. como adjetivo. ◇ Es impropio su uso por *suponer, afirmar: mi maestro pretende que no sé nada.*

pretendido, -da ***adj.*** GALIC. Supuesto, presunto.

pretendiente, -ta ***adj.-s.*** Que pretende (pide), esp. el que pretende a una mujer.

pretensión ***f.*** Acción de pretender. 2 Derecho que uno juzga tener sobre una cosa. 3 Vanidad, presunción (acep. moderna); ús. esp. en pl.: *tiene pretensiones de elegante, de orador.*

pretensioso, -sa ***adj.*** Que tiene pretensiones, presumido, presuntuoso.

pretenso, -sa (l. *prœtensu*) pp. irreg. de *pretender*. 2 ***m.*** inus. Pretensión.

pretensor, -ra ***adj.-s.*** Que pretende.

preter- (l. *praeter*) Elemento prefijal que entra en la formación de palabras con el significado de excepto, más allá de. Figura gralte. en voces doctas de origen latino.

preterición ***f.*** Acción de preterir. 2 Efecto de preterir. 3 DER. Omisión de los herederos forzosos en un testamento. 4 RET. Figura que consiste en aparentar que se quiere omitir o pasar por alto aquello mismo que se dice o expresa encarecidamente.
SIN. *4* **Pretermisión.**

preterintencionalidad (*preter-* + *intencionalidad*) ***f.*** DER. Condición del delito que produce un resultado más grave que el previsto o deseado por el delincuente.

preterir (l. *prœterire,* poner delante) ***tr.*** Hacer caso omiso [de una pers. o cosa]. 2 DER. Omitir en el testamento [a un heredero forzoso] sin desheredarlo expresamente. ◇ Verbo defectivo; se usa sólo en los tiempos y personas cuya desinencia contiene la vocal *i: pretería, preteriré, pretiriendo*, y lo hace siguiendo la **conjugación [35] como ***hervir.***

pretérito, -ta (l. *prœteritu;* pp. de *prœterire,* pasar, dejar atrás) ***adj.*** Que ya ha pasado o sucedió. -2 ***m.*** Tiempo del verbo que denota, en el juicio expresado por éste, la condición de pasado. V. perfecto, imperfecto, pluscuamperfecto, indefinido y anterior.
SIN. **Pasado.**

pretermisión ***f.*** p. us. Omisión (falta y descuido). 2 Preterición (figura).

pretermitir (l. *prœtermittere*) ***tr.*** Omitir.

preternatural (l. *prœternaturale*) ***adj.*** Que se halla fuera del ser y estado natural de una cosa.

preternaturalizar (de *preternatural*) ***tr.*** Trastornar el ser o estado natural de una cosa. ◇ ** CONJUG. [4] como ***realizar.***

preternaturalmente ***adv. m.*** De modo preternatural.

pretexta (l. *prœtexta*) ***f.-adj.*** Especie de toga o ropa rozagante, orlada por abajo con una lista de púrpura, de que usaban los magistrados romanos y, hasta salir de la edad pueril, los mancebos y doncellas nobles.

pretextar ***tr.*** Valerse de un pretexto: ~ *que se ha hecho tarde.*

pretexto (l. *prœtextu*) ***m.*** Motivo o causa simulada que se alega para hacer una cosa o para excusarse de no haberla ejecutado.
SIN. v. **Excusa.**

pretil (l. *pectorile,* der. del l. *pectore,* pecho) ***m.*** Murete o vallado que se pone en los puentes y otros parajes para preservar de caídas. 2 p. ext. Paso a lo largo de un pretil. 3 *Amér.* Atrio construido ante un templo o monumento. 4 *Venez.* Poyo de ladrillo o piedra.
SIN. *1* **Antepecho, guardalado.**

pretina (l. **pectorina*) ***f.*** Correa o cinta con hebilla y broche para sujetar en la cintura ciertas prendas de ropa. 2 Cintura donde se ciñe la pretina. 3 desus. Parte de los calzones, briales, basquiñas, etc., que se ciñe y ajusta a la cintura. 4 fig. Lo que ciñe o rodea una cosa.

pretinar ***tr.*** *Perú.* Apretinar.

pretinazo ***m.*** Golpe dado con la pretina.

pretinero, -ra ***m. f.*** Persona que tiene por oficio fabricar pretinas.

pretinilla ***f.*** Cinturón que usaban las mujeres, asegurado por delante con una hebilla.

pretónico, -ca (*pre-* + *tónico*) ***adj.*** Protónico.

I) pretor (l. *prœtore*) ***m.*** Magistrado romano, inferior al cónsul, que ejercía jurisdicción en Roma o en las provincias.

II) pretor (de *prieto,* negro) ***m.*** Negrura de las aguas en los sitios donde abundan los atunes.

pretoría ***f.*** Pretura.

pretorial ***adj.*** Relativo al pretor.

pretorianismo ***m.*** Influencia política abusiva ejercida por algún grupo militar.

pretoriano, -na (l. *prœtorius*) ***adj.*** Pretorial. -2 ***adj.-m.*** Soldado de la guardia de los emperadores romanos.

pretoriense ***adj.*** Relativo al pretorio.

pretorio, -ria (l. *prœtoriu*) ***adj.*** Pretorial. -2 ***m.*** Palacio de los emperadores romanos. 3 Tribunal de los pretores romanos.

pretura ***f.*** Empleo o dignidad de pretor.

preuniversitario, -ria (*pre-* + *universitario*) ***adj.-m.*** Enseñanza preparatoria para el ingreso en la Universidad.

prevalecer (l. *prœvalere;* en l. v. *prœvalescere*) ***intr.*** Sobresalir una persona o cosa; tener alguna superioridad entre otras: *la ver-*

dad prevalece sobre la mentira. 2 Conseguir, obtener en oposición de otros. 3 Arraigar las plantas o semillas; ir creciendo poco a poco. 4 fig. Crecer y aumentar una cosa no material. ◇ **CONJUG. [43] como ***agradecer.*** ◇ INCOR.: por prevalerse; *se prevaleció de su inexperiencia*, por se prevalió

SIN. Sugiere gralte. la idea de mayor o menor dificultad, oposición o lucha, contra las cuales ***prevalece*** algo. Este matiz no se halla necesariamente contenido en **predominar** y **preponderar**. P. ej., entre los árboles de un bosque *predominan* o *preponderan los robles*, si están en mayor número; pero no diremos que *prevalecen* si no queremos sugerir que este hecho se produce en oposición a otras especies arbóreas, o en lucha contra cualquier circunstancia adversa.

prevaleciente ***adj.*** Que prevalece.

prevaler (l. *prævalere*) ***intr.*** Prevalecer. -2 ***prnl.*** Valerse o servirse de una cosa. ◇ ** CONJUG. [89] como ***valer.***

prevaricación ***f.*** Acción de prevaricar. 2 Efecto de prevaricar.

prevaricador, -ra ***adj.-s.*** Que prevarica. 2 Que pervierte e incita a uno a faltar a las obligaciones de su oficio o religión.

prevaricar (l. *prævaricare*) ***intr.*** Faltar uno a sabiendas a la obligación del cargo que desempeña, quebrantando la fe, palabra, religión o juramento. 2 En gral., cometer uno una infracción en el ejercicio de sus deberes. 3 fam. Desvariar. 4 DER. Cometer el crimen de prevaricato. ◇ ** CONJUG. [1] como ***sacar.***

prevaricato ***m.*** Acción del que, de una manera análoga a la prevaricación, falta a los deberes de su cargo. 2 DER. Prevaricación.

prevención ***f.*** Acción de prevenir. 2 Efecto de prevenir. 3 Concepto, por lo común desfavorable, que se tiene de una persona o cosa, sin llegar a sospecha, recelo, inquina. 4 Puesto de policía o vigilancia de un distrito, donde se lleva preventivamente a las personas que han cometido algún delito o falta. 5 Preparación que se hace para evitar un riesgo o ejecutar una cosa. 6 MIL. Guardia del cuartel, que cela el orden y policía de la tropa. 7 MIL. Lugar donde está.

SIN. *3* v. **Desconfianza**; **precaución.**

prevenidamente ***adv. m.*** Anticipadamente, de antemano, con prevención.

prevenido, -da ***adj.*** Apercibido, dispuesto para una cosa. 2 Próvido, advertido, cuidadoso. 3 Provisto, abundante, lleno.

prevenir (l. *prævenire*) ***tr.*** Preparar, disponer con anticipación [las cosas necesarias para un fin]. 2 Prever, conocer de antemano [un daño o perjuicio]. 3 p. ext. Precaver, evitar o impedir [una cosa]. 4 en gral. Vencer [un inconveniente o dificultad]. 5 Advertir, informar a uno [de una cosa]: *te prevengo que ganaremos.* 6 p. ext. Impresionar, preocupar el ánimo [de uno] induciéndole a prejuzgar personalmente las cosas: *~ a uno contra alguien.* 7 Sobrevenir, acaecer: *previno una tempestad furiosa.* 8 DER. Ordenar y ejecutar un juzgado [las diligencias iniciales de un juicio], señaladamente las que son urgentes. 9 DER. Instruir las primeras diligencias para asegurar [los bienes y las resultas de un juicio]. -10 ***prnl.*** Prepararse de antemano para una cosa: *prevenirse al,* o *contra, el peligro; prevenirse de,* o *con, lo necesario para un viaje; prevenirse en la ocasión.* ◇ ** CONJUG. [90] como ***venir.***

SIN. *3* v. **Evitar.** FR. *Prevenírsele a uno una cosa,* venirle al pensamiento.

preventivamente ***adv. m.*** Con, o por, prevención.

preventivo, -va ***adj.*** Que previene.

preventorial ***adj.*** Relativo a un preventorio.

preventorio ***m.*** Sanatorio destinado a personas que, sin padecer una enfermedad, están predispuestas a contraerla, esp. la tuberculosis.

prever (l. *prævidere*) ***tr.*** Ver con anticipación; conjeturar [lo que ha de suceder]. ◇ ** CONJUG. [91] como ***ver.*** ◇ INCOR.: *prevee, preveyendo, preveyó*, etc. por prevé, previendo, previó, etc. Es también INCOR. su uso en lugar de *ordenar, disponer, establecer, estipular*, etc., como en *los estatutos prevén dos reuniones al año* en vez de *los estatutos establecen dos reuniones al año.*

previamente ***adv. m.*** Con anticipación o antelación. ◇ Es INCOR: la fórmula *~ a* por antes de.

previdencia (l. *prævidentia*) ***f.*** Calidad o condición de previdente. 2 Visión o conocimiento anticipados.

previdente (l. *prævidente*) ***adj.*** Que ve o conoce con anticipación.

previo, -via (l. *præviu*) ***adj.*** Anticipado, que va delante o que sucede primero. -2 ***m.*** Grabación de sonido realizada antes de impresionar la imagen.

previsible ***adj.*** Que puede ser previsto.

previsión (l. *prævisione*) ***f.*** Acción de prever. 2 Efecto de prever.

previsivo, -va ***adj.*** Previsor, que prevé.

previsor, -ra ***adj.-s.*** Que prevé.

previsto, -ta, pp. irreg. de *prever.*

prez (del prov. ant. *pretz,* valor; v. *precio*) ***amb.*** Estima, gloria, honor.

priado ***adv. t.*** desus. Pronto, presto, con rapidez.

Príamo ***n. pr.*** MIT. Último rey de Troya, padre de Héctor y Paris.

priapismo (gr. *priapismós,* der. de *Príapos,* dios de la fecundación) ***m.*** MED. Erección continua y dolorosa del miembro viril, sin apetito venéreo.

priapúlido ***adj.-m.*** Gusano del tipo de los priapúlidos. -2 ***m. pl.*** Tipo de gusanos marinos cilíndricos y de pequeño tamaño; son carnívoros y capturan sus presas con ayuda de una probóscide retráctil cubierta de espinas.

priesa (l. *pressu* < *premere,* estrechar) ***f.*** ant. Prisa.

prieto, -ta (de *apretar*) ***adj.*** De color muy obscuro o casi negro. 2 Apretado. 3 fig. Mísero, mezquino.

prietuzco, -ca ***adj.*** *Amér. Central.* Negruzco.

prima (l.) ***f.*** Respecto de una persona, hija de su tío o tía: *~* ***hermana,*** o ***carnal,*** hija de tío carnal; *~* ***segunda,*** hija de tío segundo. 2 Primera de las cuatro partes iguales en que los romanos dividían el día artificial; comprendida desde el principio de la primera hora temporal, a la salida del sol, hasta el fin de la tercera, a media mañana. 3 Una de las siete horas canónicas; se canta en la primera hora de la mañana, después de laudes. 4 En algunos instrumentos de cuerda, la que es primera en orden; es la más delgada de todas y produce un sonido muy agudo. 5 Precio que el asegurado paga al asegurador. 6 Suma que en ciertas operaciones de bolsa el comprador paga al vendedor por el derecho de rescindir el contrato. 7 Cantidad que el cesionario de un derecho o una cosa da al cedente por añadidura del coste originario. 8 Premio concedido por el estado, una empresa, etc., a fin de estimular operaciones que se reputan de conveniencia pública, que interesan al que lo concede, etc.: *la ~ a cada jugador por ganar el mundial es de un millón.* 9 Halcón hembra. 10 MIL. Cuarto en que, para los centinelas, se divide la noche; comprende desde las ocho a las once.

SIN. *7* y *8* **Premio.** FR. *Ser una cosa ~ hermana de otra,* fig, ser muy parecida a ella.

primacía ***f.*** Superioridad, ventaja o excelencia de una cosa sobre otra de su especie. 2 Dignidad o empleo de primado.

SIN. *1* **Prioridad.**

primacial ***adj.*** Relativo al primado o a la primacía.

primada (de *primo,* simple) ***f.*** fam. Engaño con que se chasquea al que es poco cauto.

I) primado (l. *-atu*) ***m.*** Primero y más preeminente de todos los arzobispos y obispos de un país o región. 2 Primacía.

II) primado, -da ***adj.*** Relativo al primado: *silla ~.*

primal, -la (de *primo,* primero) ***adj.-s.*** Res ovejuna o cabría que tiene más de un año y no llega a dos. -2 ***m.*** Cordón o trenza de seda.

I) primar (del fr. *primer*) ***intr.*** Prevalecer, predominar, sobresalir.

II) primar ***tr.*** Conceder o pagar una prima.

primariamente ***adv. m.*** Principalmente, en primer lugar.

primario, -ria (l. *-iu;* doble etim. *primero*) ***adj.*** Principal o primero en orden o grado. 2 Que debe ir primero como preparación o fundamento de algo más elevado: ***enseñanza primaria.*** 3 [pers.] De corto entendimiento, de pocas luces. 4 [color] Puro, que, mezclado con otro u otros, se utiliza para producir todos los colores. -5 ***adj.-m.*** En los transformadores eléctricos, arrollamiento por donde pasa la corriente inductora. 6 Era geológica que sigue a la precámbrica y precede a la secundaria o mesozoica, y terreno correspondiente a ella. 7 ***adj.*** Perteneciente o relativo a dicha era.

REL. v. **Era.** SIN. *6* **Paleozoico.**

primate (l.) ***m.*** Personaje distinguido; prócer: *los nobles primates.* 2 Mamífero del orden de los primates. -3 ***m. pl.*** Orden de mamíferos placentarios, en su mayoría arborícolas, caracterizados por tener las cuatro extremidades, o sólo las anteriores, con el pulgar oponible a los otros dedos, ojos en posición anterior, dentadura completa y mamas en situación pectoral; incluye dos subórdenes: prosimios y antropoides.

I) primavera (l. *prima,* primera + *vere,* primavera) ***f.*** Estación del año que, astronómicamente, principia en el equinoccio del mismo nombre y termina en el solsticio de estío. 2 Época templada del año; en nuestro hemisferio corresponde a los meses de marzo, abril y mayo, y en el austral, a nuestro otoño. 3 Cosa vistosamente varia y de hermoso colorido. 4 Tejido de seda matiza-

do de flores multicolores. 5 Planta primulácea, herbácea, de hojas anchas, largas, arrugadas y tendidas en tierra, de entre las cuales se elevan varios tallitos desnudos que llevan flores amarillas en figura de parasol *(Primula veris).* 6 fig. Tiempo en que una cosa está en su mayor hermosura y vigor. 7 fig. Período en el que parece que están a punto de realizarse grandes esperanzas de liberación económica, cambios políticos, progreso social, etc.: *la ~ de Praga.* -8 *pl.* fig. Año, período de doce meses: *Juan tiene quince primaveras.*
SIN. *5* **Prímula, vellorita.**

II) primavera (der. jocoso de *primo,* incauto) ***adj.-s.*** Persona incauta, que hace el primo.

primaveral ***adj.*** Relativo a la primavera.
SIN. **Vernal,** de uso restringido o lit.: *equinoccio vernal.*

primazgo ***m.*** Parentesco que tienen entre sí los primos. 2 Primacía (dignidad).

primearse ***prnl.*** fam. Darse tratamiento de primos el rey y los grandes, o éstos entre sí.

primer ***adj.*** Apóc. de *primero.*

primera ***f.*** ant. Juego de naipes en que se dan cuatro cartas a cada jugador; la mejor suerte, y con que se gana todo, es el flux. 2 Velocidad más desmultiplicada de un automóvil. -3 ***f. pl.*** Bazas bastantes para ganar la partida que hace un jugador antes que los demás hagan ninguna.

primeramente ***adv. o.-t.*** Previamente, anticipadamente, antes de todo.

primeriar ***intr.*** *Urug.* Ser el primero, o de los primeros. ◇ **CONJUG. [12] como ***cambiar.***

primerizo, -za ***adj.-s.*** Que hace por primera vez una cosa o es novicio en un arte, profesión o ejecución. 2 Hembra que pare por primera vez.
SIN. *2* **Primípara.**

primero, -ra (v. *primario)* ***adj.-s.*** Que precede a los demás de su especie en orden, tiempo, lugar, situación, clase o jerarquía: *~ de,* o *entre, todos.* -2 ***adj.*** Excelente, grande, que sobresale y excede a otros. 3 Antiguo, y que antes se ha poseído y logrado: *recobró su autoridad primera.* -4 ***adv. t.*** Primeramente. 5 Antes, más bien, de mejor gana, con más o mayor gusto: ***de ~,*** antes o al principio. -6 ***loc. adv. De primera,*** de primera clase o calidad.
REL. *1* En los compuestos cultos se usa el prefijo l. *primo -a (primogenitura)* o el gr. *proto, protero (prototipo, proterozoico).*

primevo, -va (l. *primœvu)* ***adj.*** [pers.] De más edad respecto de otros.

primicerio, -ria (l. *-iu)* ***adj.*** [pers.] Que es primero. -2 ***m.*** En algunas iglesias catedrales o colegiales, chantre.

primichón ***m.*** Madejuela de seda torcida.

primicia (l. *-tie)* ***f.*** Fruto primero de cualquier cosa. 2 Prestación de frutos y ganados que, además del diezmo, se daba a la Iglesia. 3 fig. Noticia hecha pública por vez primera. -4 ***f. pl.*** Principios o primeros frutos que produce cualquier cosa no material.
SIN. **Emprima,** p. us.

primicial ***adj.*** Relativo a primicias.

primigenio, -nia (l. *-iu)* ***adj.*** Primitivo, originario.

primilla ***f.*** Perdón de la primera falta que se comete.

primípara (l.) ***f.*** Mujer primeriza.

primita ***f.*** Pez marino teleósteo perciforme, de cuerpo deprimido, cabeza ancha con los ojos en su parte superior y piel desprovista de escamas; presenta dimorfismo sexual *(Callionymus lyra).*

primitivamente ***adv. m.*** Originariamente, al principio, en tiempo, anterior a cualquier otro.

primitivismo ***m.*** Condición o estado de primitivo. 2 Tosquedad, rudeza, elementalidad. 3 Prerrafaelismo.

primitivo, -va (l. *-vu)* ***adj.*** Primero en su línea; que no tiene ni toma origen de otra cosa. 2 Propio o relativo a los pueblos aborígenes o de civilización poco desarrollada, o a los individuos que los componen. 3 Rudimentario, elemental, tosco. 4 GRAM. [palabra] Que no se deriva de otra de la misma lengua. -5 ***adj.-s.*** ESC. y PINT. Artista y obra artística anteriores al renacimiento clásico.

primo, -ma (l. *-mu)* ***adj.*** Primero: *materias primas.* 2 Primoroso, excelente. -3 ***adj.-m.*** MAT. V. número ~. -4 ***adv. m.*** En primer lugar. -5 ***m.*** Respecto de una persona, hijo de su tío o tía: ***~ hermano*** o ***carnal,*** hijo de tío carnal; ***~ segundo,*** hijo de tío segundo. 6 Tratamiento que por escrito daba el rey a los grandes de España. 7 Persona incauta y simplona. 8 fam. Negro (individuo).

primogénito, -ta (l. *-tu)* ***adj.-s.*** Hijo que nace primero.

primogenitura ***f.*** Dignidad o derecho del primogénito.
SIN. **Mayorazgo, progenitura.**

primor (l. *primores,* cosas de primer orden) ***m.*** Habilidad, esmero o excelencia en hacer o decir una cosa. 2 Artificio y hermosura de la obra ejecutada con él.

primordial (l. *-le)* ***adj.*** Esencial, fundamental.

primorear ***intr.*** Hacer primores; dicho particularmente de los que tocan instrumentos. 2 Embellecer.

primorosamente ***adv. m.*** Diestra y perfectamente.

primoroso, -sa ***adj.*** Excelente, hecho con primor. 2 Diestro, hábil.

prímula ***f.*** Primavera (planta).

primuláceo, -a (l. mod. *primula,* primavera, planta) ***adj.-f.*** Planta de la familia de las primuláceas. -2 ***f. pl.*** Familia de plantas dicotiledóneas, herbáceas, de hojas radicales o sobre el tallo; flores hermafroditas, actinomorfas, de cáliz persistente y fruto capsular con muchas semillas; como la primavera.

primulales ***f. pl.*** Orden de plantas dicotiledóneas herbáceas cuyas flores tienen cinco pétalos soldados y el ovario es súpero.

princeps (l.) ***adj.*** Príncipe (primera edición). ◇ Pl.: *princeps.*

princesa (fr. *princesse,* der. de *prince,* del l. *princeps)* ***f.*** Mujer del príncipe. 2 La que tiene soberanía sobre un principado. 3 En España, hija del rey, inmediata sucesora del reino.

principada ***f.*** fam. Alcaldada que ejecuta cualquier persona.

principado ***m.*** Título o dignidad de príncipe. 2 Territorio o lugar sujeto a la potestad de un príncipe. 3 Primacía, ventaja o superioridad de una cosa en relación a otra con la cual se compara. -4 ***m. pl.*** Espíritus bienaventurados, príncipes de todas las virtudes celestiales, que cumplen los mandamientos divinos. Forman el séptimo coro.

principal (l. *-ale)* ***adj.*** Que tiene el primer lugar en estimación o importancia. 2 Ilustre, esclarecido en nobleza. 3 Esencial o fundamental. 4 Príncipe (primera edición). 5 p. us. [piso] Que en los edificios se halla entre la planta baja o entresuelo y el primer piso. 6 [pers.] Que es el primero en un negocio. 7 GRAM. [palabra u oración] Que rige o subordina a otra. V. oración principal. -8 ***m.*** Jefe de una casa de comercio, fábrica, etc. 9 Capital de una obligación o censo, en oposición a rédito, pensión o canon. 10 DER. Poderante, con respecto a su apoderado.
SIN. *1* **Primero.** *2* **Precipuo,** latinismo docto. *3* **Primordial.** *7* **Subordinante.**

principalía ***f.*** Colectividad de jefes en los pueblos de Filipinas.

principalidad ***f.*** Calidad de principal.

principalmente ***adv. m.*** Primeramente, antes que todo.
SIN. **Máxime.**

príncipe (l.) ***adj.*** V. edición príncipe. -2 ***m.*** El primero y más excelente, superior o aventajado en una cosa: *~ de,* o *entre, los poetas.* 3 p. ant. Hijo primogénito del rey, heredero de su corona: ***~ de Asturias,*** en España; ***~ de Gales,*** en Inglaterra. 4 Individuo de familia real o imperial: ***~ de la sangre,*** el que era de la familia real de Francia y podía suceder en el reino. 5 Soberano de un estado. 6 Título de honor que dan los reyes. 7 Grande de un reino. 8 Palma (planta). 9 Entre colmeneros, pollo de abeja que no se halla todavía en estado de procrear. -10 ***m. pl.*** Palma (aplausos).
SIN. *1* **Princeps.**

principela ***f.*** desus. Tejido de lana, parecido a la lamparilla, pero más fino.

principesco, -ca (it.) ***adj.*** Relativo al príncipe: *dignidad principesca.*

principiador, -ra ***adj.-s.*** Que principia.

principiante, -ta ***adj.-s.*** Que empieza a estudiar, aprender o ejercer un oficio, arte, facultad o profesión.

principiar (l. *-are)* ***tr.-prnl.*** Dar principio [a una cosa], empezar, comenzar: *~ un escrito con* o *en,* o *por, una palabra aguda.* ◇ ** CONJUG. [12] como ***cambiar.***

principio (l. *-iu)* ***m.*** Primer instante del ser de una cosa. 2 Punto considerado como primero en una extensión o cosa. 3 Fundamento, razón fundamental sobre la cual se procede discurriendo en cualquier materia. 4 Causa primitiva de una cosa o aquello de que otra cosa procede. 5 Primera proposición o verdad, rudimento o fundamento de una facultad o ciencia. 6 Cosa que entra con otra en la composición de un cuerpo: ***~ inmediato,*** QUÍM. substancia orgánica de composición definida, que entra en la constitución de los seres vivos o de algunos de sus órganos. 7 Idea o máxima particular que sirve para que uno se rija. 8 Plato que se sirve en la comida entre la olla o el cocido y los postres. 9 FIL. ~ ***de contradicción,*** enunciado lógico y metafísico que se formula en estos términos: ***una cosa no puede ser y dejar de ser***

al mismo tiempo, o *la afirmación y la negación no pueden ser verdades a la vez sobre el mismo asunto.* -10 ***m. pl.*** IMPR. Todo lo que precede al texto de un libro; como dedicatorias, licencias, etc.

FRS. *A los principios,* o *al ~,* al empezar una cosa; *a principios del mes, año,* etc., en sus primeros días; *del ~ al fin,* de todo en todo; *desde un principio,* loc. adv., desde los comienzos, desde el inicio de algo; *en ~,* que se acepta o acoge en esencia, sin que haya entera conformidad en la forma o en los detalles.

principote (de *príncipe*) ***m.*** fam. *y* desp. El que hace ostentación de una clase superior a la suya.

pringada ***f.*** Rebanada de pan empapada en pringue. 2 Trozos de carne, tocino y embutidos que se echan en el cocido.

SIN. *1* **Pampringada.**

pringamoza ***f.*** *Amér.* Chichicaste (arbusto).

pringar (l. v. *pendicare,* der. de *pendere,* colgar) ***tr.*** Empapar con pringue [el pan u otro alimento]; estrujar [pan] con algún alimento pringoso. 2 Echar [a uno] pringue hirviendo como castigo. 3 Manchar con pringue: *~ el papel;* ***prnl.****, pringarse con,* o *de, grasa.* 4 fam. Herir [a uno] haciendo sangre. 5 fig. *y* fam. Denigrar, poner mala fama [a uno]. -6 ***intr.*** fig. *y* fam. Tomar parte en un negocio o dependencia: *~ uno en todo.* 7 fam. Trabajar; trabajar en demasía. -8 ***impers.*** *Amér.* Lloviznar. -9 ***prnl.*** Apropiarse uno indebidamente parte del caudal que maneja: *pringarse en una miseria.* ◇ ** CONJUG. [7] como ***llegar.***

SIN. **Empringar,** vulg.

pringo ***m.*** *Guat.* Gota de agua. 2 *Guat.* Pizca.

pringón, -gona ***adj.*** fam. Sucio, lleno de grasa o pringue. -2 ***m.*** fam. Acción de mancharse con pringue. 3 fam. Mancha de pringue.

pringoso, -sa ***adj.*** Que tiene pringue.

pringote ***m.*** Amasijo que hacen algunos al comer, mezclando la carne, el tocino y el chorizo del cocido.

pringue (l. *pingue,* grasiento, adiposo) ***amb.*** Grasa que suelta el tocino u otra cosa semejante sometida a la acción del fuego. 2 fig. Suciedad que se pega a la ropa o a otra cosa. 3 Castigo consistente en pringar.

SIN. *2* **Mugre.**

prionodonte (gr. *príon,* sierra + *-odonte*) ***m.*** PALEONT. Especie de armadillo fósil de gran tamaño.

prior, -ra (l., el primero) ***adj.*** En lo escolástico, que precede a otra cosa en cualquier orden. -2 ***m. f.*** Superior de un convento. 3 En algunas comunidades, segundo prelado, después del abad. -4 ***m.*** *Gran ~,* dignidad superior a las demás de cada lengua en la religión de San Juan. 5 Dignidad de algunas iglesias catedrales. 6 En algunos obispados, párroco o cura.

REL. *2, 3, 4, 5* y *6* **Superior,** el que hace las veces del prior.

prioral ***adj.*** Relativo al prior o a la priora.

I) priorato ***m.*** Oficio, dignidad o empleo de prior o de priora. 2 Territorio de la jurisdicción de un prior. 3 En la religión de San Benito, casa en que habitan algunos monjes, regidos por un prior.

II) priorato ***m.*** Vino tinto del Priorato, comarca de Tarragona.

priorazgo ***m.*** Priorato I.

priori (a ~) (l. med., por lo que precede) ***loc. adv.*** FIL. [conocimiento] Independiente de la experiencia, es decir, que ésta supone pero no puede explicar, aunque sea necesario a la posibilidad de la experiencia; *a priori* no designa, pues, una anterioridad psicológica, sino una anterioridad lógica o de validez. 2 FIL. En la filosofía escolástica, [razonamiento] que desciende de la causa al efecto, o de la esencia de una cosa a sus propiedades.

REL. v. **Apriorismo.**

prioridad (de *prior*) ***f.*** Anterioridad de una cosa respecto de otra, en tiempo o en orden. 2 Anterioridad o precedencia de una cosa respecto de otra que depende o procede de ella: *~ de naturaleza,* FIL., anterioridad o preferencia de una cosa respecto de otra, precisamente en cuanto es causa suya, aunque exista un mismo instante de tiempo; *~ de origen,* TEOL. la que se considera en aquellas personas de la Santísima Trinidad que son principio de otra u otras, como el Padre, que es príncipio del Verbo, y ambos principio del Espíritu Santo.

prioritario, -ria ***adj.*** Preferente, que tiene prioridad respecto de algo.

prioste (v. *prepósito*) ***m.*** Mayordomo de una hermandad o cofradía.

prisa (v. *priesa*) ***f.*** Prontitud y rapidez con que sucede o se ejecuta una cosa. 2 Ansia, premura o precisión de hacer o de decir una cosa. 3 Rebato, escaramuza o pelea confusa. 4 Concurso grande al despacho de una cosa.

FR. *Correr,* o *dar, ~ una cosa,* ser urgente. *Darse uno ~,* apresurarse en la ejecución de una cosa. *Dar ~,* instar y obligar a uno a que ejecute una cosa con presteza y brevedad. *Meter uno ~,* apresurar las cosas. LOC. *A ~* o *de ~,* aprisa. *A toda ~* o *de ~ y corriendo,* con la mayor prontitud, sin pausa, aceleradamente.

priscal ***m.*** Lugar en el campo donde se recogen los ganados por la noche.

priscilianismo ***m.*** Herejía de Prisciliano (¿ - 385), heresiarca español, que profesaba algunos de los errores de los gnósticos y maniqueos.

priscilianista ***adj.-com.*** Sectario del priscilianismo.

prisciliano, -na ***adj.*** Priscilianista. -2 ***adj.*** Relativo a Prisciliano (¿ - 385).

prisco ***m.*** Albérchigo, variedad de melocotón.

prisión (l. *prehensione*) ***f.*** Acción de prender, asir o coger. 2 Cárcel o lugar donde se encierra y asegura a los presos: *~* ***de estado,*** la de los reos de estado; ***reducir a uno a ~,*** DER., encarcelarle. 3 Presa que hace el halcón volando a poca altura. 4 Atadura con que están presas las aves de caza. 5 Cosa que detiene físicamente. 6 fig. Lo que une estrechamente las voluntades y afectos. 7 DER. Pena de privación de libertad, inferior a la de reclusión y superior a la de arresto: *~* ***mayor,*** la que dura desde seis años y un día hasta doce años; *~* ***menor,*** la de seis meses y un día a seis años; *~* ***preventiva,*** la que sufre el procesado durante la substanciación del juicio. -8 ***f. pl.*** Grillos, cadenas, etc., para asegurar los delincuentes.

SIN. *7* **Reclusión,** puede significar además encierro voluntario.

prisionero, -ra ***m. f.*** Militar u otra persona que en campaña cae en poder del enemigo: *~* ***de guerra,*** el que se entrega al enemigo precediendo su capitulación. 2 fig. Persona que está como cautiva de un afecto o pasión.

prisma (l. y gr.) ***m.*** GEOM. Sólido terminado por dos caras paralelas e iguales llamadas bases, y por tantos paralelogramos cuantos lados tenga cada base: *~* ***triangular, pentagonal,*** etc., el que tiene triángulos, pentágonos, etc., por bases; *~* ***recto,*** el de caras laterales perpendiculares a la base; *~* ***oblicuo,*** el de caras laterales no perpendiculares a la base. 2 Prisma triangular de cristal, usado para producir la reflexión, la refracción y la descomposición de la luz. 3 fig. Lo que nos hace ver las cosas de distinto modo de como son. 4 fig. Punto de vista.

prismático, -ca ***adj.*** De figura de prisma. -2 ***m. pl.*** Anteojos que tienen en su interior una combinación de prismas para ampliar la visión.

priste ***m.*** Pez sierra.

prístino, -na (l. *-nu*) ***adj.*** Antiguo, primitivo. 2 Puro, sin igual.

pristiño ***m.*** *Ecuad.* Rosca o corona de masa con huevo, frita en manteca, que se sirve con miel en Nochebuena.

prisuelo ***m.*** Frenillo o bozo que se pone a los hurones para que no puedan chupar la sangre a los conejos al hacerles presa.

privacidad ***f.*** Intimidad.

privación (l. *-atione*) ***f.*** Acción de despojar, impedir o privar. 2 Pena con que se desposee a uno del empleo, derecho o dignidad que tenía, por un delito que ha cometido. 3 Carencia o falta de una cosa en sujeto capaz de tenerla. 4 fig. Ausencia del bien que se apetece y desea.

privada ***f.*** Letrina (lugar). 2 Plasta grande de suciedad o excremento echada en el suelo o en la calle. 3 *Méj.* Calle estrecha con una sola salida a otra calle principal.

privadamente ***adv. m.*** Familiar o separadamente, en particular.

privadero ***m.*** Pocero (limpia pozos).

privado, -da ***adj.*** Que se ejecuta a vista de pocos, familiar y domésticamente, sin formalidad ni ceremonia alguna. 2 Particular y personal de cada uno. -3 ***m.*** El que tiene privanza. -4 ***adj.*** *Can.* Muy contento, lleno de gozo: *estar ~.*

SIN. *3* **Valido, favorito.**

privador, -ra ***adj.*** *Chile.* [pers.] Que cambia de predilecciones con facilidad.

privanza ***f.*** Preferencia en el favor y confianza de un príncipe o alto personaje.

SIN. **Valimiento.**

privar (l. *-are*) ***tr.*** Despojar [a uno] de una cosa que poseía o de que gozaba: *~ de la capa al soldado; ~ del paseo a un preso.* 2 esp. Desposeer [a uno] de un empleo, ministerio, cargo, etc.: *~ a uno de la secretaría.* 3 Aplicado al sentido, al juicio, etc., suspenderlo o quitarlo [a uno]: *el golpe le privó de la vista.* 4

Complacer o gustar extraordinariamente. 5 Prohibir, vedar [una cosa] a uno: *le privaron la carne, el fumar.* -6 ***intr.*** Tener privanza: ~ *con el monarca.* 7 Tener general aceptación una persona o cosa: *esta moda es la que priva.* 8 vulg. Beber en demasía. -9 ***prnl.*** Renunciar voluntariamente a una cosa agradable o de utilidad: *privarse de ir al cine.*

privatista ***com.*** Persona que profesa el derecho privado, o tiene en él especiales conocimientos.

privativamente ***adv. m.*** Propia y singularmente.

privativo, -va (l. *-vu*) ***adj.*** Que causa privación o la significa. 2 Propio y especial de una cosa o persona.

privatización ***f.*** ECON. Acción de privatizar. 2 ECON. Resultado de privatizar.

privatizar ***tr.*** ECON. Confiar al sector privado una actividad del sector público. 2 ECON. Transferir al dominio privado bienes públicos: *se han privatizado muchas empresas estatales.* ◇ ** CONJUG. [4] como ***realizar.***

privilegiadamente ***adv. m.*** De un modo privilegiado.

privilegiado, -da ***adj.*** Que goza de un privilegio (gracia).

privilegiar ***tr.*** Conceder privilegio [a alguno]. ◇ ** CONJUG. [12] como ***cambiar.***

privilegiativo, -va ***adj.*** Que encierra o incluye en sí privilegio.

privilegio (l. *-iu*) ***m.*** Gracia o prerrogativa concedida a una persona o colectividad, libertándole de una carga o gravamen, concediéndole una exención, etc.: ~ ***convencional,*** el concedido mediante pacto con el privilegiado; ~ ***del canon,*** el que gozan las personas del estado clerical y religioso, de que quien les impusiere manos violentas, incurra *ipso facto* en la pena de excomunión reservada a Su Santidad; ~ ***del fuero,*** el que tienen los eclesiásticos para ser juzgados por sus tribunales; ~ ***personal,*** el concedido a una persona y que no pasa a los sucesores; ~ ***odioso,*** el que perjudica a tercero; ~ ***favorable,*** el que favorece al privilegiado, sin perjudicar a nadie; ~ ***real,*** el que está unido a la posesión de una cosa o al ejercicio de un cargo; ~ ***de introducción,*** el que concede el derecho de goce exclusivo, durante plazo fijo, de un procedimiento industrial o de una fabricación que se implanta de nuevo en un país; ~ ***de invención*** (también *patente*), el que concede el derecho de aprovechar exclusivamente, por tiempo determinado, una producción o un procedimiento industrial nuevo o no conocido. 2 Documento en que consta la concesión de un privilegio. 3 fig. Don natural.

privón, -vona ***adj.*** *S. Dom.* [pers.] Que tiene general aceptación o privanza.

pro (l. v. *prode;* extraído de formas lat. *prodest, proficit,* etc.) ***amb.*** Provecho. V. hombre de pro. -2 ***prep.*** En favor de. Se emplea delante de substantivos sin artículo. 3 ***El ~ y el contra,*** lo favorable y lo adverso de una cosa. 4 ***¡Buena pro!*** desus., fórmula de saludo al que está comiendo o bebiendo. 5 Ús. en los contratos y remates para demostrar que se han perfeccionado o son ya obligatorios.

pro- (l.-gr. *pro*) Prefijo que entra en la formación de palabras con el significado de por, en vez de o substitución: *pronombre, procónsul;* delante, en sentido figurado: *proponer, proclamar;* continuidad de acción o movimiento, hacia adelante: *procrear, promover;* negación o contradicción: *proscribir.*

proa (l. y gr. *prora;* disimilado en romance *proda*) ***f.*** Parte delantera de la nave, con la cual corta las aguas.

proal ***adj.*** Relativo a la proa.

probabilidad ***f.*** Calidad de probable (verosímil).

probabilismo ***m.*** TEOL. Doctrina según la cual en la calificación de la bondad o malicia de las acciones humanas se puede lícita y seguramente seguir la opinión probable, en contraposición de la más probable. El probabilismo defiende la licitud de una acción que tiene en favor suyo una opinión sólidamente probable, basada en razones intrínsecas y extrínsecas tales, que merezcan el asentimiento de toda persona prudente. 2 Doctrina filosófica que concede un grado relativo de probabilidad a toda opinión, y considera que ninguna es totalmente falsa, ni totalmente cierta.

probabilista ***adj.-com.*** [pers.] Que profesa el probabilismo. 2 Que se basa en el cálculo de probabilidades.

probabilístico, -ca ***adj.*** LÓG. [sistema lógico] En el que los enunciados pueden tomar infinitos valores de verdad asimilables a una probabilidad en sentido matemático.

probable (l. *-abile*) ***adj.*** Verosímil, o que se funda en razón prudente. 2 Que se puede probar. 3 Que hay buenas razones para creer que se verificará o sucederá.

probablemente ***adv. m.*** De manera probable.

probación (l. *-atione*) ***f.*** Prueba. 2 En las órdenes regulares, examen y prueba que debe hacerse de la vocación y virtud de los novicios antes de profesar.

probado, -da ***adj.*** Acreditado por la experiencia. 2 Que ha sufrido con paciencia grandes tribulaciones. 3 DER. Acreditado como verdad en los autos.

probador, -ra ***adj.-s.*** Que prueba. -2 ***m.*** En los talleres de costura y comercios de ropa confeccionada, aposento en que los clientes se prueban los vestidos.

probadura ***f.*** Acción de probar o gustar.
SIN. **Gustación, prueba, cata.**

probanza ***f.*** Averiguación o prueba jurídica. 2 Cosa o conjunto de ellas que acreditan una verdad o un hecho.

probar (l. *-are*) ***tr.*** Hacer examen y experimento [de las cualidades de pers. o cosas]: ~ *su valor.* 2 esp. Examinar si [una cosa] está arreglada a la medida o proporción de otra a que se debe ajustar: ~ *un vestido.* 3 p. anal. Gustar una pequeña porción [de un manjar, o líquido]: ~ *la carne;* ***intr.,*** ~ *de todo.* 4 Justificar o hacer patente la certeza [de un hecho] o la verdad [de una cosa]. -5 ***intr.*** Con la prep. ***a*** y el infinitivo de otros verbos, hacer prueba o intentar una acción: ~ *a levantarse.* 6 Ser a propósito o producir una cosa el efecto que se necesita. Regularmente se usa con los adverbios *bien, mal: le prueba bien el clima de montaña.* ◇ ** CONJUG. [31] como ***contar.***
SIN. *3* **Catar.**

probática ***adj. Piscina ~,*** la que se hallaba en Jerusalén, donde se lavaban los enfermos.

probativo, -va ***adj.*** Probatorio, que sirve para probar alguna cosa.

probatoria ***f.*** DER. Término concedido por la ley o por el juez para hacer las pruebas.

probatorio, -ria ***adj.*** Que sirve para probar la verdad de una cosa.

probatura ***f.*** fam. Ensayo, prueba.

probeta (de *probar*) ***f.*** Manómetro de mercurio de poca altura para conocer el grado de enrarecimiento del aire en la máquina neumática. 2 Máquina para probar la calidad y fuerza explosiva de la pólvora. 3 Tubo o vaso de cristal, gralte. graduado, que se usa en los laboratorios para medir líquidos o gases. 4 Vasija cuadrilonga y de poco fondo, usada por los fotógrafos en sus manipulaciones. 5 Muestra de cualquier substancia para probar su elasticidad, resistencia, etc.

probidad (l. *-itate*) ***f.*** Bondad, moralidad, integridad y honradez en el obrar.

problema (l. < gr. *próblema* < *proballo,* lanzar hacia delante) ***m.*** Cuestión (punto controvertible). 2 MAT. Proposición dirigida a averiguar el modo de obtener un resultado cuando ciertos datos son conocidos: ~ ***determinado,*** aquel que no puede tener sino una solución, o más que una en número fijo; ~ ***indeterminado,*** aquel que puede tener infinitas soluciones; ~ *por,* o *para, resolver.* 3 Conjunto de hechos o circunstancias que dificultan la consecución de algún fin. 4 Cosa difícil de explicar. 5 Asunto delicado, difícil, que puede admitir varias soluciones. -6 ***pl.*** Conjunto de dificultades de orden afectivo: *tiene problemas en su matrimonio.*

problemáticamente ***adv. m.*** De modo problemático.

problemático, -ca (l. *-cu* < gr. *-kós*) ***adj.*** Dudoso, incierto. -2 ***f.*** Conjunto de problemas relativos a una ciencia o actividad determinada.

problematismo ***m.*** Calidad de problemático.

probo, -ba (l. *-bu*) ***adj.*** Que tiene probidad.

probóscide (l. *proboscide*) ***f.*** ZOOL. Aparato bucal en forma de trompa o pico, dispuesto para la succión, propio de los insectos dípteros.

proboscídeo ***adj.-m.*** Mamífero del orden de los proboscídeos. -2 ***m. pl.*** ZOOL. Orden de mamíferos placentarios cuya trompa es prensil; como el elefante.

procacidad ***f.*** Desvergüenza, insolencia, atrevimiento.

procariota (*pro-* + gr. *karyon,* núcleo) ***adj.-s.*** BIOL. Célula de núcleo no diferenciado; es inferior a la eucariota.

procaz (l. *-ace*) ***adj.*** Desvergonzado, atrevido.

procedencia ***f.*** Aquello de que procede una cosa. 2 Punto de donde procede una nave, un tren, una persona, etc. 3 Conformidad con lo moral, la razón o el derecho. 4 DER. Fundamento legal y oportunidad de una demanda, petición o recurso.
SIN. *1* y *2* **Origen.** CONTR. *3* y *4* **Improcedencia.**

procedente ***adj.*** Que trae su origen de una persona, cosa o lugar. 2 Arreglado a la prudencia, a la razón o al fin que se per-

sigue. 3 Conforme a derecho, mandato, práctica o conveniencia.
CONTR. *2* y *3* **Improcedente.**

I) proceder ***m.*** Modo, forma y orden de proceder (comportarse).
SIN. **Comportamiento, conducta.**

II) proceder (l. *-ere*) ***intr.*** Ir [algunas personas o cosas] unas tras otras guardando cierto orden: *los soldados procedieron a tres de fondo.* 2 Seguirse, originarse una cosa de otra: *su enfermedad procedía de la mala alimentación;* tener por punto de partida, venir: *el barco procede de Génova.* 3 Pasar o poner en ejecución una cosa: *~ a la elección de papa.* 4 Continuar, seguir adelante en la ejecución de las cosas: *mi amigo procede en su empeño; ~ con,* o *sin, acuerdo; ~ en justicia; ~ de oficio.* 5 Portarse y gobernar uno sus acciones bien o mal: *~ con método.* 6 Ser conforme a razón, derecho, uso o conveniencia: *tu instancia no procede.* ◇ En la acep. 2 lleva siempre la prep. *de.*
FRS. *~ contra uno,* iniciar o seguir procedimiento judicial contra él. *~ en infinito,* ponderar lo dilatado e interminable de una cosa. SIN. *5* **Comportarse, conducirse.**

procedimiento ***m.*** Acción de proceder. 2 Método de ejecutar algunas cosas. 3 DER. Actuación por trámites judiciales o administrativos.
SIN. *2* v. **Método.**

procela (l. *-ella*) ***f.*** poét. Borrasca, tormenta.

procelariforme ***adj.-m.*** Ave del orden de los procelariformes. -2 ***m. pl.*** Orden de aves marinas con las alas largas y afiladas que les permiten volar con facilidad; como el albatros.

proceleusmático ***m.*** Pie de la poesía griega y latina.

proceloso, -sa (l. *-osu*) ***adj.*** Borrascoso, tormentoso.

prócer (l.) ***adj.*** Alto, eminente o elevado. -2 ***m.*** Persona de la primera distinción o constituida en alta dignidad.
SIN. *2* **Optimate, primate.**

procerato ***m.*** Dignidad de prócer.

proceridad ***f.*** Calidad de prócer (eminente). 2 Vigor, lozanía.

prócero,-ra, procero,-ra (l. *-ru*) ***adj.*** Prócer (eminente).

proceroso, -sa (de *prócer*) ***adj.*** [pers.] De alta estatura y de aspecto respetable.

procesado, -da ***adj.*** Relativo al escrito y letra del proceso. -2 ***adj.-s.*** Declarado y tratado como presunto reo en un proceso criminal.

procesador ***m.*** Elemento de un ordenador capaz de efectuar el tratamiento completo de una serie de datos.

procesal ***adj.*** Relativo al proceso.

procesamiento ***m.*** Acto de procesar.

procesar ***tr.*** Formar autos y procesos [contra alguno]. 2 Someter alguna cosa a un proceso de elaboración, transformación, etc. 3 DER. Declarar y tratar [a una pers.] como presunto reo de delito.
SIN. *1* y *3* **Encartar, empapelar** (fam.), **encausar.**

procesión (l. *-essione*) ***f.*** Acción de proceder una cosa de otra. 2 Acción de ir ordenadamente de un lugar a otro muchas personas con algún fin público y solemne, gralte. religioso. 3 Conjunto de estas personas. 4 fig. Una o más hileras de personas o animales que van de un lugar a otro.
SIN. *2* y *4* Etimológicamente **teoría,** sólo us. en estilo docto o tratando de la antigua Grecia.

procesional ***adj.*** Ordenado en forma de procesión. 2 Relativo a ella.

procesionalmente ***adv. m.*** En forma de procesión.

procesionaria ***f.*** Larva de diferentes especies de lepidópteros; suelen caminar reunidas en filas de gran longitud y constituyen una plaga para el arbolado.

procesionario ***adj.-s.*** Libro que contiene los cánticos de las procesiones.

proceso (l. *-essu*) ***m.*** Progreso (acción). 2 ~ ***en infinito,*** acción de seguir una serie de cosas que no tienen fin. 3 Transcurso del tiempo. 4 Conjunto de las fases sucesivas de un fenómeno o de una serie de fenómenos. 5 Conjunto de los autos y demás escritos en cualquier causa criminal o civil. 6 Causa criminal.

Proción (gr. *Prokyon* < *pro,* delante + *kyon,* perro) ***n. pr.*** Estrella de primera magnitud en la constelación del Can Menor.

prociónido ***adj.-m.*** Mamífero de la familia de los prociónidos. -2 ***m. pl.*** Familia de mamíferos carnívoros a la que pertenecen los pandas y mapaches.

proclama ***f.*** Notificación pública: ***correr las proclamas,*** correr las amonestaciones. 2 Alocución política o militar, de viva voz o por escrito.

proclamación ***f.*** Acción de proclamar. 2 Alabanza pública y común.

proclamar (l. *-are*) ***tr.*** Publicar en alta voz [una cosa]. 2 Declarar solemnemente el principio de un reinado, etc. 3 Aclamar (dar voces y conferir). 4 fig. Dar señales inequívocas de un afecto o pasión. -5 ***prnl.*** Declararse uno investido de un cargo, autoridad, o mérito.

proclisis ***f.*** GRAM. Unión de una palabra proclítica a la que la sigue. ◇ Pl.: *proclisis.*

proclítico, -ca (gr. *proklino,* inclinarse hacia adelante) ***adj.-m.*** GRAM. Palabra que, por no tener acento propio, se une en la pronunciación a la palabra siguiente, aunque en lo escrito se mantenga separada: *la casa, mi padre, en tren.* V. enclítico.

proclive (l.) ***adj.*** Que está inclinado hacia adelante o hacia abajo. 2 Propenso a una cosa, esp. a lo malo.

proclividad ***f.*** Calidad de proclive.

proco (l. *procu,* galán, pretendiente) ***m.*** p. us. El que aspira a los favores de una mujer. 2 p. us. El que la demanda en matrimonio o la apadrina en su profesión religiosa.

procomún (*pro-* + *común*) ***m.*** Utilidad pública.

procomunal ***m.*** Procomún.

procónsul (l.) ***m.*** Gobernador de una provincia entre los romanos, con jurisdicción e insignias consulares.

proconsulado ***m.*** Oficio, dignidad o empleo de procónsul. 2 Tiempo que duraba esta dignidad.

proconsular ***adj.*** Relativo al procónsul.

procordado ***adj.-m.*** Animal del grupo de los procordados. -2 ***m. pl.*** Grupo, sin categoría taxonómica, de animales cordados de organización intermedia entre los invertebrados y los vertebrados; comprende los cefalocordados y los tunicados.

procreación ***f.*** Acción de procrear. 2 Efecto de procrear.

procreador, -ra ***adj.-s.*** Que procrea.

procrear (l. *-are*) ***tr.*** Engendrar (dar origen).

proctitis ***f.*** Inflamación del ano o de la última porción del intestino recto. ◇ Pl.: *proctitis.*

proctología (gr. *proctos,* ano + *-logía*) ***f.*** MED. Rama de la medicina que estudia las enfermedades del recto.

proctológico, -ca ***adj.*** MED. Perteneciente o relativo a la proctología.

proctólogo, -ga ***m. f.*** MED. Especialista en proctología.

proctoscopia ***f.*** MED. Rectoscopia.

proctoscopio ***m.*** MED. Rectoscopio.

procumbente ***adj.*** BOT. Tendido.

procura ***f.*** Procuración (poder). 2 Procuraduría. 3 Cuidado asiduo en los negocios. 4 *Argent.* Seguimiento, busca.

procuración ***f.*** Cuidado o diligencia con que se trata o maneja un negocio. 2 Poder que uno da a otro para que, en su nombre, haga o ejecute alguna cosa. 3 Oficio o cargo de procurador. 4 Procuraduría (oficina). 5 Contribución que los prelados exigen de las iglesias que visitan, para el hospedaje y mantenimiento suyo y de sus familiares durante el tiempo de la visita.
SIN. *2* **Procura.**

procurador, -ra (l. *-atore*) ***adj.-s.*** Que procura. -2 ***m. f.*** Persona que obra por procuración (poder). 3 Persona que, con la necesaria habilitación legal, ejerce ante los tribunales la representación de cada interesado en un juicio civil o criminal. 4 En las comunidades, sujeto por cuya mano corren las dependencias económicas de la casa, o los negocios y diligencias de su provincia. 5 ~ ***en, a, de, Cortes,*** en ciertas épocas, persona elegida o designada para representar distintas comunidades en las Cortes.

procuradora ***f.*** En las comunidades religiosas, la que tiene a su cargo el gobierno económico del convenio.

procuraduría ***f.*** Cargo de procurador o procuradora. 2 Oficina del procurador.
SIN. **Procura.** *2* **Procuración.**

procurar (l. *-are*) ***tr.*** Hacer diligencias y esfuerzos para conseguir [lo que se desea]. 2 Ejercer el oficio de procurador: *procuro las casas de mi tío.* -3 ***prnl.*** Conseguir.
SIN. *1* **Pretender, tratar de, intentar.**

procurrente (l.) ***m.*** desus. Gran pedazo de tierra que se adelanta y avanza mar adentro como lo es toda Italia.

prodición (l. *-itione*) ***f.*** Alevosía, traición.

prodigalidad ***f.*** Profusión, desperdicio, consumo de la propia hacienda, gastando excesivamente. 2 Copia, abundancia o multitud.

pródigamente ***adv. m.*** Abundante y copiosamente; con prodigalidad.

prodigar (de *pródigo*) ***tr.*** Disipar, gastar con exceso y desperdicio [una cosa]. 2 en gral. Dar con profusión y abundancia. 3 fig. Dispensar profusamente [elogios, favores, etc.]. -4 *prnl.* Excederse indiscretamente en la exhibición o trabajo personal. ◇ ** CONJUG. [7] como *llegar.*

prodigio (l. *-iu*) *m.* Hecho, suceso sobrenatural. 2 Cosa rara o primorosa. 3 Milagro.

SIN. **Portento.** REL. **Taumaturgo,** autor de prodigios.

prodigiosamente *adv. m.* De un modo prodigioso.

prodigiosidad *f.* Calidad de prodigioso.

prodigioso, -sa (l. *-osu*) *adj.* Maravilloso, que encierra en sí prodigio. 2 Excelente, primoroso, exquisito.

pródigo, -ga (l. *-gu*) *adj.-s.* Disipador, gastador, manirroto; que desperdicia y consume su hacienda en gastos inútiles, sin medida ni razón. -2 *adj.* Que desprecia generosamente la vida u otra cosa estimable. 3 Muy dadivoso; que produce o da en abundancia una cosa: ~ *de,* o *en, ofertas.*

SIN. Es voz culta o del lenguaje jurídico. **Derramado, malgastador, manilargo, derrochador, despilfarrador** y los sinónimos arriba indicados son términos corrientes.

proditorio, -ria *adj.* Traicionero, alevoso.

prodrómico, -ca *adj.* Relativo al pródromo.

pródromo (gr. *pródromos* < *pro,* delante + *drameo,* correr) *m.* MED. Malestar que precede a una enfermedad. 2 fig. Principio de una cosa.

producción *f.* Acción de producir. 2 Cosa producida, producto. 3 Acto o modo de producirse. 4 Suma de los productos del suelo o de la industria. 5 Realización material de una película de cine o de un programa de radio y televisión. 6 p. ext. Esta película o programa. 7 Organización o departamento encargado de su realización.

SIN. *2* **Creación,** tratándose de arte.

producibilidad *f.* Calidad de producible.

producible *adj.* Que se puede producir.

producidor, -ra *adj.-s.* desus. Productor.

producir (l. *-ere*) *tr.* Engendrar, procrear. 2 p. ext. Crear, elaborar [obras del entendimiento]. 3 Dar, rendir [frutos] los terrenos, árboles, etc. 4 Rentar, residuar [interés o beneficio anual] una cosa. 5 Fabricar, elaborar [cosas útiles]. 6 fig. Procurar, originar, ocasionar: *los cambios de temperatura producen enfermedades.* 7 Patrocinar, subvencionar. 8 Proporcionar el equipo y personal necesario para realizar una película de cine o vídeo, de un programa de radio y televisión. 9 DER. Exhibir, manifestar uno [las razones o pruebas] que pueden apoyar su justicia o derecho. -10 *prnl.* Explicarse, manifestarse, por medio de la palabra: *el orador se produjo en forma violenta.* ◇ ** CONJUG. [46] como ***conducir.***

productibilidad *f.* Producibilidad.

productible *adj.* Producible.

productividad *f.* Calidad de productivo. 2 Capacidad de producción por unidad de trabajo, superficie de tierra cultivada, etc.

productivismo *m.* Sistema económico en el que predomina el interés por producir.

productivista *adj.* Relativo al productivismo. 2 Partidario del productivismo. 3 Inspirado en el productivismo.

productivo, -va *adj.* Que tiene virtud de producir. 2 ECON. Que arroja un resultado favorable de valor entre precios y costes.

producto (l. *-tu*) *m.* Producción (cosa producida). 2 Caudal que se obtiene de una cosa que se vende o el que ella reditúa. 3 Beneficio. 4 MAT. Cantidad que resulta de la multiplicación.

productor, -ra *adj.* Que produce. -2 *m. f.* En la organización sindical del trabajo, persona que interviene en la producción. 3 El que organiza la realización de una obra cinematográfica. -4 *f.* Sociedad financiera para la producción de programas de radio y televisión, o películas de cine.

proejar (cat. *de proa*) *intr.* Remar contra la corriente o la fuerza del viento: ~ *contra las olas.*

proel (cat. *proer,* de *proa*) *adj.* Que está cerca de la proa. -2 *m.* Marinero que va en la proa.

proemial *adj.* Relativo al proemio.

proemio (l. *prœmiu,* del gr. *proóimion,* preámbulo) *m.* Prólogo (escrito).

proeza *f.* Hazaña, acción valerosa o heroica.

profanación *f.* Acción de profanar. 2 Efecto de profanar.

SIN. **Sacrilegio,** profanación de lo sagrado.

profanador, -ra *adj.-s.* Que profana.

profanamente *adv. m.* Con profanidad.

profanamiento *m.* Profanación.

profanar (l. *-are*) *tr.* Tratar [una cosa sagrada] sin el debido respeto o aplicarla a usos profanos. 2 fig. Deslucir, deshonrar, prostituir, hacer uso indigno [de cosas respetables].

profanidad *f.* Calidad de profano. 2 Exceso en el fausto o pompa exterior, que gralte. degenera en vicio o en deshonestidad.

profano, -na (l. *-nu*) *adj.* Que no es sagrado ni sirve a usos sagrados, sino puramente secular. 2 Que es contra la reverencia debida a las cosas sagradas. 3 Inmodesto, deshonesto en el atavío o compostura. -4 *adj.-s.* Libertino o muy dado a las cosas del mundo. 5 Que carece de conocimientos y autoridad en una materia.

profase *f.* Fase primera de la división de la célula por mitosis.

profazar (*pro-* + *faz,* cara) *tr.* ant. Abominar, decir mal [de una persona o cosa]. ◇ ** CONJUG. [4] como ***realizar.***

profe *com.* fam. Profesor.

profecía (l. *prophetia* < gr. *propheteia*) *f.* Predicción de un profeta (inspirado por Dios). 2 Don sobrenatural de un profeta (inspirado por Dios). 3 Libro canónico del Antiguo Testamento, en que se contiene los escritos de cualquiera de los profetas mayores. 4 fig. Conjetura que se forma de una cosa por las señales que se observan en ella. -5 *f. pl.* Libro canónico del Antiguo Testamento, en que se contienen los escritos de los doce profetas menores.

profecticio, -cia (l. *-itiu*) *adj.* V. bienes profecticios. 2 V. peculio profecticio.

proferir (l. *proferre*) *tr.* Pronunciar, decir [palabras]. ◇ **CONJUG. [35] como ***hervir.*** ◇ Es INCOR. su uso en lugar de asestar, propinar, etc.

profesar (de *professus;* partic. del l. *profiteri,* declarar) *tr.* Ejercer [una ciencia, arte u oficio]. 2 esp. Enseñar en la cátedra [una ciencia o arte]. 3 Cultivar [una inclinación, sentimiento o creencia]: ~ *amistad.* 4 Hablando [de principios, doctrinas, etc.], adherirse a ellos: ~ *los principios de Platón.* 5 Creer, confesar [algo]. -6 *intr.* Obligarse en una orden religiosa a cumplir los votos propios de su instituto: ~ *en los Carmelitas; hoy ha profesado.*

SIN. *6* **Tomar el velo,** tratándose de una monja.

profesión (l. *professione*) *f.* Acción de profesar. 2 Efecto de profesar. 3 Ceremonia eclesiástica en que alguien profesa en una orden religiosa. 4 Empleo, facultad y oficio que cada uno tiene y ejerce públicamente: ~ ***liberal,*** la que no tiene carácter o reglamentación oficial.

profesional *adj.* Relativo a la profesión en gral., y esp. al magisterio de ciencias y artes. -2 *adj-com.* Persona que realiza un trabajo con rapidez y eficacia. -3 *com.* Persona que hace hábito o profesión de alguna cosa. 4 V. enfermedad ~.

profesionalidad *f.* Calidad de profesional. 2 Capacidad para realizar el trabajo con rapidez y eficacia.

profesionalismo *m.* Espíritu, ideas, inclinaciones, etc., propias de una profesión. 2 Solidaridad o compañerismo entre los que ejercen la misma profesión. 3 desp. Cultivo de ciertas disciplinas, artes o deportes como medio de lucro.

profesionalizar *tr.-prnl.* Ejercer habitual y remuneradamente una determinada actividad intelectual o manual. 2 Convertir en profesión lucrativa una actividad intelectual o manual. -3 *tr.* Hacer profesional [a alguien]. 4 Desarrollar con profesionalidad [una actividad]. ◇ ** CONJUG. [4] como ***realizar.***

profesionista *com. Méj.* Profesional con título académico.

profeso, -sa (l. *-essu*) *adj.-s.* Religioso que ha profesado. -2 *adj.* Relativo al colegio o casa de los profesos.

profesor, -ra (b. l. *-essore*) *m. f.* Persona que ejerce o enseña una ciencia o arte.

profesorado *m.* Cargo de profesor. 2 Cuerpo de profesores.

profesoral *adj.* Relativo al profesor o al ejercicio del profesorado.

profeta (l. *propheta* < gr. *prophetes*) *m.* El que, inspirado por Dios, habla en su nombre anunciando sucesos futuros. 2 fig. El que por algunas señales conjetura y anuncia sucesos futuros.

SIN. **Vidente.**

profetal *adj.* Profético.

proféticamente *adv. m.* Con espíritu profético, a modo de profeta.

profético, -ca *adj.* Relativo a la profecía o al profeta.

profetisa *f.* Mujer profeta.

profetismo *m.* Tendencia de algunos filósofos y escritores de religión, pralte. antiguos, a profetizar.

profetizador, -ra *adj.-s.* Que profetiza.

profetizar (l. ecl. *prophetizare*) *tr.* Anunciar o predecir [las cosas] distantes o futuras en virtud del don de profecía. 2 fig. Conjeturar. ◇ ** CONJUG. [4] como ***realizar.***

SIN. V. **Adivinar.**

proficiente (l.) *adj.* Que va aprovechando en una cosa.
proficuo, -cua (l. *-uu*) *adj.* Provechoso.
profiláctica *f.* Higiene.
profiláctico, -ca *adj.-m.* MED. Preservativo.
profilaxis (gr. *prophylaxis* < *phylasso,* velar, guardar) *f.* Tratamiento o régimen que preserva de una enfermedad. 2 p. ext. Conjunto de medidas preventivas. ◇ Pl.: *profilaxis.*
profligar (l. *profligare*) *tr.* desus. Vencer, destruir, desbaratar. ◇ ** CONJUG. [7] como *llegar.*
prófugo, -ga (l. *-gu*) *adj.-s.* Fugitivo, esp. el que huye de la autoridad legítima. -2 *m.* Mozo que se ausenta o se oculta para eludir el servicio militar.
SIN. *2* **Desertor,** aunque éste en rigor es el que abandona las filas en que sirve, y el ~ huye por no incorporarse a ellas; **tornillero,** burl., se aplica al soldado desertor.
profundamente *adv. m.* Con profundidad. 2 fig. De lo íntimo del ánimo.
profundar *tr.* Profundizar.
profundidad *f.* Calidad de profundo. 2 Hondura. 3 Dimensión de los cuerpos perpendicular a una superficie dada.
profundizar (de *profundo*) *tr.* Cavar [una cosa] para que esté más honda. 2 fig. Discurrir y examinar detenidamente [una cosa] para llegar a su perfecto conocimiento: ~ *un tema; intr., mi compañero profundiza mucho.* ◇ ** CONJUG. [4] como *realizar.*
SIN. **Ahondar.**
profundo, -da (l. *-du*) *adj.* Que tiene el fondo muy distante de la boca o borde de la cavidad. 2 Que penetra mucho o va hasta muy adentro: *estocada profunda. 3* Más cavado y hondo que lo regular. 4 Difícil de penetrar o comprender: *doctrina profunda.* 5 Intenso, muy vivo y eficaz: *dolor ~; sopor ~.* 6 Extendido a lo largo, o que tiene gran fondo: *bosque ~.* 7 fig. Que penetra o ahonda mucho: *pensamiento ~; filósofo ~; entendimiento ~.* 8 fig. Humilde en sumo grado: *salutación profunda.* -9 *m.* Profundidad. 10 poét. Mar. 11 Infierno.
SIN. *1* y *9* **Hondo.**
profusamente *adv. m.* Con profusión.
profusión (l. *-ione*) *f.* Copia, abundancia excesiva.
profuso, -sa (l. *-su*) *adj.* Abundante con exceso. 2 Superfluo.
progenie (l.) *f.* Casta o familia de que desciende una persona.
SIN. v. **Casta.**
progenitor, -ra (l. *-ore*) *m. f.* Pariente en línea recta ascendente. -2 *m. pl.* Padre y madre.
progenitura *f.* Progenie. 2 Calidad de primogénito. 3 Derecho de primogénito.
SIN. *2* y *3* **Primogenitura.**
progesterona *f.* Hormona sexual femenina.
progimnasma (gr. *progymnasma*) *m.* RET. Ejercicio preparatorio, como el de un orador al prepararse para hablar en público.
proglotis (*pro-* + *-glotis*) *m.* Segmento de una tenia, a excepción del escólex. ◇ Pl.: *proglotis.*
prognatismo *m.* Calidad de prognato.
prognato, -ta (*pro-* + gr. *gnathos,* mandíbula) *adj.-s.* [pers.] Que tiene salientes las mandíbulas. 2 ZOOL. Que tiene las partes bucales prominentes.
progne (gr. *Prokne,* personaje mitológico) *f.* poét. Golondrina (pájaro). V. Filomela.
prognosis (gr. *prógnosis*) *f.* Conocimiento anticipado de algún suceso; esp. de la previsión meteorológica del tiempo. ◇ Pl.: *prognosis.*
progradación *f.* Proceso por el que el continente gana terreno al mar por deposición de materiales en la región costera.
programa (gr. *prógramma* <*prographo,* anunciar por escrito) *m.* Edicto, bando o aviso público. 2 Previa declaración de lo que se piensa hacer en alguna materia u ocasión. 3 Anuncio o exposición de las partes de que se han de componer ciertas cosas. 4 Tema que se da para un discurso, cuadro, etc. 5 Sistema y distribución de las materias de un curso o asignatura, que forman y publican los profesores encargados de explicarlas. 6 Proyecto ordenado de actividades. 7 Serie ordenada de operaciones para llevar a cabo un proyecto. 8 En radio y televisión, unidad temática independiente dentro de una emisión: *programas informativos, musicales, culturales,* etc. 10 Conjunto de instrucciones para la realización de operaciones por parte de una computadora.
SIN. *5* **Cuestionario.**
programación *f.* Acción de programar. 2 Efecto de programar. 3 Planificación de los programas de radio o televisión. 4 Establecimiento de programas para una computadora.
programador, -ra *adj.-s.* Que programa. -2 *m.* Aparato que ejecuta un programa automáticamente. -3 *adj.-s.* Especialista en la elaboración de programas de computadora.
programar *tr.* Fijar o establecer el programa [de una serie de actividades conducentes a un fin determinado]. 2 Elaborar programas.
programático, -ca *adj.* Relativo al programa (previa declaración).
progre *adj.-com.* fam. Progresista.
progresar *tr.* Hacer progresos o adelantamientos en una materia.
progresía *f.* fam. Conjunto de progres.
progresión (l. *-essione*) *f.* Acción de avanzar o de proseguir. 2 Serie no interrumpida. 3 MAT. Serie de números o de términos algebraicos en la cual cada tres consecutivos forman proporción continua: ~ ***aritmética*** o ***por diferencia,*** aquella en que cada dos términos consecutivos se diferencian en una misma cantidad, llamada diferencia de la progresión; ~ ***geométrica*** o ***por cociente,*** aquella en que cada dos términos consecutivos dan un mismo cociente, llamado cociente de la progresión; ~ ***ascendente,*** o ***creciente,*** aquella en que cada término tiene mayor valor que el antecedente; ~ ***descendente*** o ***decreciente,*** aquella en que cada término tiene menor valor que el antecedente. 4 MÚS. Repetición de una marcha armónica hecha a la segunda o tercera superior o inferior de un modelo dado.
CONTR. *1* **Regresión.**
progresismo *m.* Ideas y doctrinas progresivas. 2 Partido político que pregona estas ideas.
progresista *adj.* Que procura el progreso político de la sociedad. 2 Relativo a un partido liberal de España, que tenía por mira principal el más rápido desenvolvimiento de las libertades públicas. -3 *adj.-com.* [pers.] Perteneciente a este partido. 4 [pers.] De ideas políticas y sociales avanzadas.
progresivamente *adv. m.* Con progresión.
progresivo, -va *adj.* Que procura el avance. 2 Que progresa. 3 Que aumenta continuamente.
progreso (l. *-essu*) *m.* Acción de ir hacia adelante. 2 Adelantamiento, perfeccionamiento. 3 Movimiento de avance de la civilización y de las instituciones políticas y sociales. 4 Desarrollo gradual e indefinido de la sociedad, de sus condiciones materiales de existencia y de sus aptitudes o capacidades intelectuales y morales, no siempre correlativas.
SIN. *1* **Proceso.**
prohibición *f.* Acción de prohibir. 2 Efecto de prohibir.
prohibicionista *com.* Partidario de la prohibición.
prohibir (l. *-ere*) *tr.* Vedar o impedir el uso o ejecución [de alguna cosa]. ◇ ** CONJUG. [21].
SIN. **Privar, impedir, vedar,** pueden tener por sujeto personas o cosas. El sujeto de ***prohibir*** es una persona, ley, orden, etc. P. ej., *el temporal impide* (no *prohíbe*) *la salida del vapor.*
prohibitivo, -va, *adj.* Que prohíbe. 2 Muy costoso, de difícil alcance para la economía de una persona o de la mayoría de los individuos: *la vivienda tiene precios prohibitivos; es un automóvil ~.*
prohibitorio, -ria *adj.* Prohibitivo.
prohijación *f.* Prohijamiento.
prohijador, -ra *adj.-s.* Que prohíja.
prohijamiento *m.* Acción de prohijar. 2 Efecto de prohijar.
prohijar (paras. de *hijo*) *tr.* Recibir como hijo, con los requisitos legales [al que no lo es naturalmente]. 2 Adoptar (admitir). ◇ **CONJUG. [15] como *aislar.*
prohombre (*pro-* + *hombre*) *m.* En los gremios de los artesanos, maestro de un oficio, que por su probidad y conocimientos se elegía para presidir y gobernar el gremio correspondiente. 2 El que goza de especial consideración entre los de su clase.
proindivisión *f.* Estado y situación de los bienes pro indiviso.
proís (cat., del l. v. *prodesiu;* adaptac. del gr. *prymnesio,* der. de *prymna,* proa) *m.* Cosa en tierra en la cual se amarra la embarcación. 2 Cabo que se amarra en tierra para asegurar la embarcación.
SIN. *1* **Noray.**
prójima *f.* fam. Mujer de dudosa conducta o de poca estimación pública.
prójimo (l. *proximu*) *m.* Cualquier hombre respecto de otro. 2 desp. Individuo, sujeto: *¿quién es ese ~?*
SIN. *1* **Semejante.**
prolapso (l. *-su* < *prolabi,* deslizarse) *m.* MED. Descenso de una parte interna del cuerpo.

prole (l.) *f.* Hijos o descendencia de uno.
SIN. **Familia.**

prolegómeno (gr. *prolegómena,* preámbulos) *m.* Escrito preliminar en que se exponen los fundamentos generales de la materia que se ha de tratar después: *los prolegómenos de Kant.* 2 fig. Preparación, introducción excesiva o innecesaria de algo. 3 fig. Momentos inmediatamente anteriores o iniciales de un acontecimiento: *lo prolegómenos de la guerra, de un encuentro deportivo.*

prolepsis (gr. *prólepsis*) *f.* RET. Anticipación (figura). ◇ Pl.: *prolepsis.*

proletariado *m.* Clase social constituida por los obreros proletarios.

proletario, -ria (l. *-iu*) *adj.-m.* desus. Que carece de bienes y no está comprendido en las listas vecinales del pueblo en que habita sino por su persona y familia. -2 *adj.* fig. Plebeyo vulgar. 3 Perteneciente o relativo al proletariado. -4 *m. f.* Obrero, persona que no dispone de medios propios de producción y vende su fuerza de trabajo por un salario; p. ext., individuo de la clase pobre de la sociedad. -5 *m.* En la ant. Roma, ciudadano pobre que servía al estado únicamente con su prole.

proletarización *f.* Acción de proletarizar.

proletarizar *tr.* Reducir [a alguien] al estado proletario. ◇ **CONJUG. [4] como *realizar.*

proliferación (l. *proles,* prole + *ferre,* llevar) *f.* Multiplicación muy activa de elementos orgánicos similares, esp. células y tejidos. 2 p. ext. Multiplicación en general.

proliferante *adj.* Que se reproduce o multiplica en formas similares.

proliferar *intr.* Reproducirse en formas similares. 2 Multiplicarse.

prolífero, -ra *adj.* Que se multiplica.

prolífico, -ca (l. *proles,* prole + *facere,* hacer) *adj.* Que tiene virtud de engendrar. 2 Que se multiplica rápidamente. 3 fig. [artista] Que tiene una extensa producción; apl. esp. a los escritores.

prolijamente *adv. m.* Con prolijidad.

prolijear *tr.* Extenderse en demasía en explicaciones, digresiones, etc.

prolijidad *f.* Calidad de prolijo.

prolijo, -ja (l. *-ixu*) *adj.* Largo, dilatado con exceso. 2 Demasiadamente esmerado. 3 Impertinente, pesado.

prologal *adj.* Relativo al prólogo.

prologar *tr.* Escribir el prólogo [de una obra]. ◇ ** CONJUG. [7] como *llegar.*

prólogo (gr. *prólogos* < *pro,* antes, *logos,* discurso) *m.* Escrito antepuesto al cuerpo de la obra en un libro. 2 Discurso que solía preceder al poema dramático y se recitaba ante el público. 3 Primera parte de algunas obras dramáticas y novelas, en la cual se representaba una acción de que es consecuencia la principal, que se desarrolla después. 4 fig. Lo que sirve como de exordio o principio para ejecutar una cosa.
SIN. *1* **Proemio, prefacio, introducción, preámbulo,** se aplican a los libros o a los discursos; **exordio,** se usa esp. tratándose de discursos.

prologuista *com.* Persona que ha escrito uno o más prólogos para libros ajenos.

prolonga (de *prolongar*) *f.* ARTILL. Cuerda que une el avantrén con la cureña cuando se suelta la clavija para salvar un mal paso.

prolongable *adj.* Que se puede prolongar.

prolongación *f.* Acción de prolongar o prolongarse. 2 Efecto de prolongar o prolongarse. 3 Parte prolongada de una cosa.

prolongadamente *adv. m.-t.* Dilatadamente, largamente.

prolongado, -da *adj.* Más largo que ancho.

prolongador, -ra *adj.-s.* Que prolonga.

prolongamiento *m.* Prolongación.

prolongar (l. *-are*) *tr.* Alargar o extender [una cosa] a lo largo. 2 Hacer que dure [una cosa] más tiempo de lo regular. ◇ **CONJUG. [7] como *llegar.*

proloquio (l. *-iu*) *m.* Proposición, sentencia.

prolusión (l. *-ione*) *f.* Prelusión.

promanar (l. *-are*) *intr.* Provenir.

promediar (de *promedio*) *tr.* Repartir [una cosa] en dos mitades o partes iguales. -2 *intr.* Mediar (interceder). 3 Llegar a su mitad un espacio de tiempo determinado: *antes de ~ el mes de julio.* ◇ ** CONJUG. [12] como *cambiar.*
SIN. 1 **Comediar,** p. us. *1* y *3* **Demediar.**

promedio (*pro-* + *medio*) *m.* Punto en que una cosa se divide por mitad o casi por la mitad. 2 MAT. Término medio.

promesa (l. *-issa*) *f.* Expresión de la voluntad de dar a uno o hacer por él una cosa. 2 Ofrecimiento hecho a Dios, a la Virgen o a los santos de ejecutar una obra piadosa: *simple ~,* la que no se confirma con voto o juramento. 3 Cantidad estampada en los pagarés de la lotería primitiva, como premio correspondiente a la suma jugada. 4 fig. Augurio, señal que hace esperar algún bien. 5 DER. Ofrecimiento solemne de cumplir bien los deberes de un cargo o función.
SIN. *1* **Prometido, prometimiento,** ambos menos usados; **promisión,** es de uso lit. restringido: *los israelitas iban a la tierra de promisión.*

promesante *adj.-s. Argent.* vulg. Peregrino.

promesar *tr. Argent.* Hacer promesas, por lo general piadosas.

promesero, -ra *adj.-s. Argent., Colomb.* y *Parag.* Peregrino.

prometedor, -ra *adj.-s.* Que promete.

prometer (l. *promittere*) *tr.* Obligarse [a hacer, decir o dar alguna cosa]: *~ a su hija por esposa; ~ en casamiento.* 2 Asegurar (afirmar). -3 *intr.* Dar una persona o cosa buenas muestras de sí para lo futuro: *este chico promete.* -4 *prnl.* Esperar una cosa o mostrar gran confianza de lograrla: *prometerse buen resultado de un negocio.* 5 Ofrecerse uno al servicio de Dios o de sus santos. -6 *rec.* Darse mutuamente palabra de casamiento.
SIN. *1* **Ofrecer.** FR. *Prometérselas uno felices,* tener, con poco fundamento, halagüeña esperanza de conseguir una cosa.

prometido, -da *m. f.* Futuro (novio). -2 *m.* Promesa (expresión). 3 Talla que en los arriendos se ponía de premio a los ponedores o pujadores.

prometimiento *m.* Promesa (expresión).

prometio *m.* Elemento químico que pertenece al grupo de los lantánidos. Su símbolo es *Pm* y su número atómico 61.

prominencia (l. *-ntia*) *f.* Elevación de una cosa sobre lo que está alrededor.

prominente *adj.* Que se eleva sobre lo que está a su alrededor. 2 *Amér.* Ilustre, conspicuo.

promiscuación *f.* Acción de promiscuar.

promiscuamente *adv. m.* Con promiscuidad.

promiscuar (de *promiscuo*) *intr.* Comer, en los días en que la Iglesia lo prohíbe, carne y pescado en una misma comida. 2 fig. Participar indistintamente en cosas heterogéneas u opuestas. ◇ ** CONJUG. [10] como *adecuar.*

promiscuidad *f.* Mezcla, confusión. 2 Convivencia de personas de sexos y procedencias distintas.

promiscuo, -cua (l. *-uu*) *adj.* Mezclado confusa o indiferentemente. 2 Que tiene dos sentidos o usos equivalentes.

promisión (l. *-issione*) *f.* Promesa (expresión). 2 DER. Oferta o promesa de dar o de hacer, acerca de la cual no ha mediado estipulación o pacto con la persona a quien favorece o interesa.

promisorio, -ria *adj.* Que encierra en sí promesa.

promitente *m. And.* y *Amér.* Que promete.

promoción (l. *-otione*) *f.* Acción de promover. 2 Conjunto de individuos que obtienen un grado o empleo al mismo tiempo. 3 Elevación o mejora de las condiciones de vida, de productividad, intelectuales, etc. 4 Actividad que tiene como fin el dar a conocer o hacer sentir la necesidad de un producto. 5 Venta favorable: *un artículo en ~.*
SIN. *2* **Hornada,** fam.

promocional *adj.* Que favorece el incremento de las ventas.

promocionar *tr.-prnl.* Proporcionar [a alguien] un nivel profesional o cultural, superior al que tenía. 2 Elevar o hacer valer artículos comerciales, cualidades, personas, etc. -3 *intr.* DEP. Jugar un equipo unos partidos en una competición en la que se disputa un ascenso o descenso de categoría.

promocionista *adj.* DEP. [equipo] Que promociona.

promontorio (l. *-iu*) *m.* Altura muy considerable de tierra. 2 fig. Cosa que por su gran volumen causa mucho estorbo. 3 Altura considerable de tierra que avanza dentro del mar.

promotor, -ra (*pro-* + *motor*) *adj.-s.* Que promueve una cosa, haciendo las diligencias conducentes para su logro: *~ de la fe,* individuo de la sagrada Congregación de Ritos, de la clase de consultores natos, que en las causas de beatificación y en las de canonización tiene el deber de suscitar dudas y oponer objeciones, sin perjuicio de votar después en pro con arreglo a su conciencia; *~ fiscal,* funcionario que estuvo encargado en los juzgados de defender la observancia de las leyes, de acusar a los responsables de delitos públicos y de sostener los derechos generales.

promovedor, -ra *adj.-s.* Promotor.

promover (l. *-ere*) *tr.* Iniciar o adelantar [una cosa] procurando su logro: *~ un pleito, un alboroto.* 2 Elevar [a una pers.] a

PRONOMBRE PERSONAL

1) Clasificación de formas por el acento.

Persona	FORMAS TÓNICAS singular	FORMAS TÓNICAS plural	FORMAS ÁTONAS singular	FORMAS ÁTONAS plural
1.ª	*yo, mí conmigo*	*Nos, nosotros -as*	*me*	*nos*
2.ª	*tú, ti contigo*	*Vos, vosotros -as*	*te*	*os*
3.ª	*él, ella, ello*	*ellos, ellas*	*le, la lo, se*	*les, las los, se*
reflexivo	*sí, consigo*	*sí, consigo*	*se*	*se*

2) Clasificación de las formas tónicas por su oficio en la oración.

SUJETO	COMPLEMENTO CON PREPOSICIÓN
Yo, tú él, ella; nosotros, vosotros, ellos, ellas.	*Mí, ti, sí, nosotros -as, vosotros, -as, él, ella, ellos, ellas, ello* y los compuestos *conmigo, contigo, consigo: Trabaja para mí. Voy con ellos. Pienso en vosotros.*

3) Clasificación de las formas átonas por su oficio en la oración.

Sólo con función de complemento directo	Con función de complemento directo o complemento indirecto	Sólo con función de complemento indirecto
lo, la, los, las. Lo he buscado = He buscado el libro.	*me, te, nos, os, se* (reflexivo). *Me quiere* (compl. dir.). *Me compra un anillo* (compl. ind.)	*le, les.* En las combinaciones de dos pronombres *le-lo; le-la; les-lo; les-la; les-los; les-las,* se emplea el *se* personal *se-lo; se-la; se-los; se-las.* — *Se lo mandaré* (*el libro*), en vez de: *le lo mandaré.* = Mandaré el libro a mi hermano.

una dignidad o empleo: ~ *a uno a jefe.* 3 Convocar, fomentar. ◇ ** CONJUG. [32] como ***mover.***
SIN. 1 **Suscitar.**

promulgación *f.* Acción de promulgar. 2 Efecto de promulgar.

promulgador, -ra ***adj.-s.*** Que promulga.

promulgar (l. *-are*) ***tr.*** Publicar [una cosa] solemnemente. 2 esp. Publicar formalmente [una ley u otra disposición de la autoridad]. 3 fig. Hacer que [una especie] se divulgue mucho. ◇ **CONJUG. [7] como ***llegar.***
SIN. **Pervulgar,** p. us.

pronación (de *prono*) ***f.*** Movimiento del antebrazo que hace girar la mano de fuera a dentro, de modo que la palma quede hacia abajo.

pronador (b. l. *-atore*) ***adj.*** [músculo] Que sirve para hacer la pronación.

pronaos (gr.) ***m.*** En los templos ant., pórtico que había delante del santuario. ◇ Pl.: *pronaos.*

prono, -na (l. *-nu*) ***adj.*** Muy inclinado a una cosa. 2 Que está echado sobre el vientre: *decúbito* ~.
CONTR. *2* **Supino,** echado sobre el dorso.

****pronombre** (l. *pronomine*) ***m.*** Parte de la oración que sustituye al substantivo y desempeña sus funciones. Divídese en *demostrativo, indeterminado, personal, posesivo* y *relativo*. V. los artículos correspondientes.

pronominado ***adj.*** p. us. ***Verbo*** ~, v. verbo.

pronominal (b. l. *-ale*) ***adj.*** Relativo al pronombre. 2 Pronominado.

pronosticación ***f.*** Pronóstico (acción y efecto).

pronosticador, -ra ***adj.-s.*** Que pronostica.

pronosticar (de *pronóstico*) ***tr.*** Conocer por algunos indicios [lo futuro]. ◇ ** CONJUG. [1] como ***sacar.***
SIN. v. **Adivinar.**

pronóstico (l. *prognosticu;* gr. *prognostikon,* der. de *progignosko,* conocer de antemano) ***m.*** Acción de pronosticar. 2 Efecto de pronosticar. 3 Juicio que el médico forma acerca del curso, duración y terminación de una enfermedad, por el estudio de los síntomas: ~ ***reservado,*** el que se reserva el médico forense a causa de las contingencias que prevé en los efectos de una lesión. 4 Señal por donde se conjetura o adivina una cosa futura. 5 Calendario en que se anuncian los fenómenos astronómicos y meteorológicos.

pronoto ***m.*** ZOOL. Protórax de algunos insectos.

prontamente ***adv. t.*** Con prontitud.
SIN. **Al punto, sin dilación.**

prontitud ***f.*** Calidad de pronto (veloz). 2 Viveza de ingenio o de imaginación. 3 Viveza de genio, precipitación.

pronto, -ta (l. *promptu,* rápido) ***adj.*** Veloz, rápido, acelerado, que ejecuta las cosas sin retraso: ~ *a enfadarse;* ~ *en las*

PRONOMBRE PERSONAL (continuación)

4) **Laístas, leístas y loístas.** V. artículos respectivos.

5) **El pronombre** SE. Aparte de los oficios de reflexivo y dativo, puede usarse como impersonal: *se dice,* y en voz pasiva: *se leyó la carta = la carta fue leída.*

6) **Colocación de los pronombres personales** ÁTONOS **en la frase:**
a) **Se posponen** con imperativo, gerundio e infinitivo: *dame, diciéndole, observarnos.* En las formas compuestas del gerundio y del infinitivo, se posponen al verbo auxiliar: *habiéndole visto, haberos complacido.* Cuando el infinitivo y el gerundio están subordinados a otro verbo, los pronombres enclíticos pueden separarse de ellos y pasar, atraídos, al verbo principal: *quieren molestarte,* o *te quieren molestar; iban diciéndole* o *le iban diciendo.*

b) Pueden **anteponerse** o **posponerse** con las demás formas verbales: *lo veía,* o *veíalo; me encontró* o *encontróme.* Pero, en general, la posposición se siente como afectada en la lengua hablada, sobre todo en las formas compuestas del verbo (*habíamos dicho*) y en las de los tiempos y futuro (*paréceme, verémoslo*).

7) **Metaplasmos en la afijación de pronombres.** Se dice *unámonos* (no *unámosnos*), *hagámoselo* (no *hagámosselo*), *sentaos* (no *sentados*), *suplicámoos* (no *suplicámosos*).

8) **Orden de colocación.** Cuando concurren varios pronombres, tiene la prioridad el de segunda persona, luego el de primera y por último el de tercera: *te me quieren arrebatar; nos lo dirá; te lo llevarán.* El reflexivo precede a todos: *se les escapó.* Son extremadamente vulgares las expresiones *me se ha caído el pañuelo; te se conoce en la cara* por *se me, se te.*

9) V. el artículo **usted,** y los artículos dedicados a cada pronombre en el DICCIONARIO.

respuestas. 2 Dispuesto, aparejado para la ejecución de una cosa: ~ *de genio;* ~ *para trabajar.* -3 ***m.*** fam. Movimiento repentino a impulsos de una pasión u ocurrencia inesperada. -4 ***adv. m.*** Presto, prontamente.
FRS. *Al* ~, en el primer momento o a primera vista; *de* ~, apresuradamente, sin reflexión; de repente; *por de,* o *lo,* ~, interinamente, provisionalmente.

prontoalivio ***m.*** *Perú.* Veneno que, según el vulgo, se da a los enfermos incurables y a los presos incorregibles para que mueran.

prontuario (l. *promptuariu,* despensa) ***m.*** Resumen en que se anotan varias cosas a fin de tenerlas presentes cuando se necesiten. 2 Agenda. 3 Compendio de las reglas de una ciencia o arte. 4 *Amér.* Cédula judicial de la persona detenida.

prónuba (l.) ***f.*** poét. Madrina de boda.

pronunciable ***adj.*** Que se pronuncia fácilmente.

pronunciación ***f.*** Acción de pronunciar. 2 Efecto de pronunciar.
SIN. **Dicción.** REL. **Ortofonía** (V. **Fonética**), arte de corregir la pronunciación defectuosa.

pronunciado, -da ***adj.*** GALIC. Abultado, saliente, fuerte.

pronunciador, -ra ***adj.-s.*** Que pronuncia.

pronunciamiento ***m.*** Rebelión militar. 2 DER. Declaración, condena o mandato del juzgador: ***de previo y especial*** ~, loc. que califica el asunto judicial que se ha de resolver por separado y antes del fallo principal.
SIN. *1* **Cuartelada,** desp; v. **sublevación.**

pronunciar (l. *-tiare*) ***tr.*** Emitir y articular [sonidos] para hablar. 2 p. ext. Hablar públicamente: *pronunció palabras malsonantes;* ~ *un discurso.* 3 Determinar, resolver: *hemos pronunciado tu venida.* 4 DER. Publicar la sentencia o auto. -5 ***prnl.*** p. ext. Levantarse, sublevarse: *pronunciarse un regimiento.* 6 Adherirse a una opinión, doctrina, etc.: *me pronuncio en favor de esta tesis.* ◇**CONJUG. [12] como ***cambiar.***
SIN. *1* y *2* **Proferir.**

pronuncio (*pro-* + *nuncio*) ***m.*** Eclesiástico investido transitoriamente de las funciones del nuncio apostólico.

propagación ***f.*** Acción de propagar. 2 Efecto de propagar. 3 FÍS. Forma de transmisión de la luz y el sonido.

propagador, -ra ***adj.-s.*** Que propaga.

propaganda (l., que ha de ser propagada, sacado de la loc. *de propaganda fide*) ***f.*** Congregación de cardenales nominada *De propaganda fide*, para difundir la religión católica. 2 p. ext. Asociación cuyo fin es propagar doctrinas, opiniones, productos comerciales, etc. 3 p. ext. Trabajos y medios empleados con este fin.

propagandista ***adj.-com.*** Que hace propaganda, esp. en materia política.

propagandístico, -ca ***adj.*** Relativo a la propaganda.

propagante ***adj.*** Que propaga.

propagar (l. *-are*) ***tr.-prnl.*** Multiplicar por reproducción u otra vía de generación: ~ *una casta.* 2 fig. Difundir o extender [una cosa o los efectos de ella]: ~ *el tifus en,* o *por, la comarca.* 3 en gral. Extender el conocimiento [de una cosa] o la afición a ella: ~ *unas ideas, un juego,* etc.; ~ *una especie entre los suyos.* ◇ ** CONJUG. [7] como ***llegar.***
SIN. *3* v. **Divulgar, propalar.**

propagativo, -va ***adj.*** Que tiene virtud de propagar.

propalador, -ra ***adj.*** Que propala.

propalar (l. *-are*) ***tr.*** Divulgar [una cosa oculta].
SIN. Supone mala intención por parte del sujeto: ~ *un rumor tendencioso,* a diferencia de **difundir, propagar** y **divulgar,** que pueden aplicarse a lo bueno y a lo malo.

propano ***m.*** QUÍM. Hidrocarburo saturado gaseoso, que se utiliza como combustible. Se halla en el petróleo en bruto.

propao (port. *prepau* < cat. *perpal,* palanca de madera o de hierro) ***m.*** MAR. Pieza gruesa de madera que sirve para amarrar algunos cabos de maniobra y para sujeción de los retornos por donde aquéllos laborean.

proparoxítono, -na (gr. < *pro-* + *paroxítono*) ***adj.*** Esdrújulo.

propartida (*pro-* + *partida*) ***f.*** Tiempo que antecede inmediatamente a la partida.

propasar ***tr.*** Pasar [una cosa] más adelante de lo debido. -2 ***prnl.*** Excederse uno de lo razonable en lo que hace o dice: *propasarse en la comida.* 3 Cometer un atrevimiento, faltar al respeto; especialmente un hombre a una mujer.

propedéutico, -ca (gr. *pro,* antes + *paideutikós,* docente) ***adj.*** Relativo a la propedéutica. -2 ***f.*** Enseñanza preparatoria para el estudio de una disciplina.

propender (l. *-ere*) ***intr.*** Inclinarse uno a una cosa por especial afición u otro motivo. ◇ CONJUG: pp. reg: ***propendido***; irreg., usado sólo como adj.: ***propenso.***
SIN. v. **Tender.**

propensamente ***adv. m.*** Con propensión a un objeto.

propensión ***f.*** Inclinación de una persona o cosa a lo que es de su gusto o naturaleza. 2 Predisposición a contraer una enfermedad.

propenso, -sa (l. *-su*) pp. irreg. de *propender*. 2 ***adj.*** Con inclinación a lo que es natural a uno.

propergol ***m.*** Materia cuya reacción química sirve para mantener el movimiento de un cohete espacial, por medio de gases calientes.

propi ***f.*** fam. Propina.

propiamente ***adv. m.*** Con propiedad.

propiciación (l. *propitiatione*) ***f.*** Acción agradable a Dios, con que se le mueve a piedad y misericordia. 2 Sacrificio ofrecido en la ley ant. para aplacar la justicia divina y tener a Dios propicio.

propiciador, -ra *adj.-s.* Que propicia.
propiciamente *adv. m.* Benigna, favorablemente.
propiciar (l. *-tiare*) *tr.* Ablandar, aplacar [la ira o la opinión de uno] haciéndole propicio. 2 Atraer o ganar el favor o beneficencia de alguno. 3 Favorecer la ejecución de algo. 4 *Amér.* Patrocinar, proponer. ◇ ** CONJUG. [12] como *cambiar.*
propiciatorio, -ria *adj.* Que tiene virtud de hacer propicio. -2 *m.* Lámina cuadrada de oro, que en la ley ant. se colocaba sobre el arca del Testamento. 3 Reclinatorio (mueble).
propicio, -cia (l. *-itiu*) *adj.* Benigno, inclinado a hacer bien. 2 Oportuno. 3 Favorable [para que algo se logre].
propiedad (l. *proprietate*) *f.* Derecho o facultad de disponer de una cosa, con exclusión del ajeno arbitrio y de reclamar la devolución de ello si está en poder de otro. 2 Cosa que es objeto del dominio, esp. si es inmueble o raíz: ~ ***horizontal,*** la que recae sobre uno o varios pisos, viviendas o locales de un edificio, adquiridos separadamente por diversos propietarios, con ciertos derechos y obligaciones comunes. 3 Cualidad peculiar de una persona o cosa. 4 fig. Defecto contrario a la pobreza religiosa, en que incurre el profeso que usa de una cosa como propia. 5 fig. Semejanza o imitación perfecta. 6 DER. ***Nuda*** ~, la privada del usufructo. 7 FIL. Propio. 8 GRAM. Significado o sentido peculiar y exacto de las voces o frases.
SIN. *3* v. **Cualidad.** CONTR. *5* y *8* **Impropiedad.**
propienda *f.* Tira de lienzo que se fija en los banzos del bastidor para bordar.
propietariamente *adv. m.* Con derecho de propiedad.
propietario, -ria (l. *proprietariu*) *adj.-s.* Que tiene derecho de propiedad sobre una cosa, esp. sobre bienes inmuebles. -2 *adj.* Que tiene cargo u oficio que le pertenece. 3 [religioso] Que incurre en el defecto de propiedad. 4 DER. ***Nudo*** ~, el que tiene la nuda propiedad de una cosa.
propileo (gr. *propylaion* < *pro* + *pyle,* puerta) *m.* Vestíbulo de un templo; peristilo de columnas.
propílico, -ca *adj.* QUÍM. Relativo al propilo.
propilo *m.* QUÍM. Radical monovalente del propano.
propina (b. l. *propina,* dádiva) *f.* Colación o agasajo que se repartía entre los concurrentes a una junta; después se redujo a dinero. 2 Agasajo que sobre el precio convenido se da por algún servicio. 3 Gratificación pequeña con que se recompensa un servicio eventual. 4 ***De*** ~, por añadidura.
propinación *f.* Acción de propinar. 2 Efecto de propinar.
propinar (l. *-are,* del gr. *propino,* beber, regalar) *tr.* Dar a beber. 2 p. ext. Ordenar, administrar [una medicina]. 3 fig. *y* irón. Dar algo desagradable: ~ *una paliza, un mal rato.*
propincuidad *f.* Calidad de propincuo.
propincuo, -cua (l. *-inquu*) *adj.* lit. Allegado, cercano, próximo.
propio, -pia (l. *propriu*) *adj.* Perteneciente al que tiene la facultad exclusiva de disponer de ello. 2 Característico, peculiar de cada persona o cosa: ***nombre*** ~, v. nombre. 3 Conveniente y a propósito para un fin: ~ *al,* o *del,* o *para, el caso.* 4 Natural, en contraposición a postizo o accidental. 5 Mismo: *el* ~ *interesado debe firmar.* -6 *adj.-s.* FIL. [accidente] Que se sigue necesariamente o es inseparable de la esencia y naturaleza de las cosas. -7 *m. f.* Persona que se envía de un punto a otro con carta o recado. -8 *m.* Hacienda que tiene una ciudad, villa, etc., para satisfacer los gastos públicos.
FR. *Al* ~, con propiedad, justa e idénticamente.
propóleos (gr. *própoleos;* genitivo de *própolis,* propóleos, propte. entrada de una ciudad) *m.* Substancia cérea con que las abejas bañan las colmenas o vasos antes de empezar a obrar. ◇ Pl.: *propóleos.*
SIN. **Tanque.**
proponedor, -ra *adj.-s.* Que propone.
proponente *adj.* Que propone alguna cosa.
proponer (l. *-ere*) *tr.* Manifestar con razones [una cosa] para conocimiento de uno o para inducirle a adoptarla: ~ *un plan;* hacer una propuesta. 2 p. ext. Consultar o presentar [a uno] para un empleo o beneficio: ~ *a uno en primer lugar para una vacante;* ~ *por árbitro.* 3 En las escuelas, presentar [los argumentos en pro y en contra] de una proposición. 4 MAT. p. anal. Hacer [una proposición]: ~ *problema.* 5 En el juego del ecarté, invitar [a uno] a tomar nuevas cartas. -6 *tr.-prnl.* Determinar o hacer propósito de ejecutar o no [una cosa]. ◇ ** CONJUG. [78] como *poner.*
SIN. *2* **Presentar,** si se trata de cargos eclesiásticos; **consultar,** es hoy p. us. y se aplica a toda clase de cargos.
proporción (l. *-tione*) *f.* Relación o correspondencia debida a las partes con el todo, o de una cosa con otra, en cuanto a magnitud, cantidad o grado: *las proporciones del cuerpo humano; la* ~ *entre el delito y la pena; a* ~, según, conforme a. 2 Disposición u oportunidad para hacer o lograr una cosa. 3 Coyuntura, conveniencia. 4 Tamaño. 5 MAT. Igualdad de dos razones, que se llama *aritmética* o *geométrica,* según sean las razones de una u otra especie: ~ ***continua,*** aquella en que los dos términos medios o los dos extremos son iguales; ~ ***discreta,*** la que no es continua.
SIN. *2* y *3* v. **Ocasión.**
proporcionable *adj.* Que puede proporcionarse.
proporcionablemente *adv. m.* Proporcionadamente.
proporcionadamente *adv. m.* Con proporción.
proporcionado, -da *adj.* Regular, competente o apto para lo que es menester. 2 Que guarda proporción.
SIN. *1* v. **Conveniente.**
proporcional *adj.* Relativo a la proporción o que la incluye en sí. 2 ***Adjetivo numeral*** ~, v. adjetivo.
proporcionalidad *f.* Proporción.
proporcionalmente *adv. m.* Proporcionadamente.
proporcionar *tr.* Disponer y ordenar [una cosa] con la debida proporción: ~ *la carga;* ~ *las aspiraciones a las fuerzas;* ~ *sus gastos a sus ingresos.* 2 Poner a disposición de uno [lo que necesita o le conviene]: *proporcionarle dinero.* -3 *prnl.* Conseguir.
proposición (l. *-itione*) *f.* Acción de proponer. 2 Efecto de proponer. 3 GRAM. Oración. 4 LÓG. Expresión verbal de un juicio. 5 MAT. Enunciación de una verdad demostrada o que se trata de demostrar. 6 RET. Parte del discurso en que se anuncia o expone aquello de que se quiere convencer.
NOMENCLATURA. *4* Por su cantidad pueden ser: **universales,** cuando el sujeto se toma en toda su extensión, p. ej., *todo animal es mortal;* **particulares,** cuando se toma en alguna parte de su extensión, p. ej., *algunos animales son cuadrúpedos.* Por su cualidad las proposiciones pueden ser: **afirmativas,** las que anuncian la conveniencia entre el predicado y el sujeto, p. ej., *el río es ancho,* y **negativas,** las que anuncian lo contrario, p. ej., *el río no es ancho.* Las proposiciones universales y afirmativas se simbolizan con la letra *a: Todo hombre es mortal.* Las proposiciones universales y negativas se simbolizan con la letra *e: Ningún hombre es inmortal.* Las proposiciones particulares y afirmativas se simbolizan con la letra *i: Algunos hombres son europeos.* Las proposiciones particulares y negativas se simbolizan con la letra *o: Algunos hombres no son cuerdos;* v. Silogismo. ~ ***disyuntiva*** es la que expresa incompatibilidad de dos o más predicados en un sujeto: *el animal es racional o irracional.* ~ ***hipotética*** es la que afirma o niega condicionalmente: *si trabajas te premiarán.* V. Juicio. FRS. DER. *Absolver las proposiciones de un interrogatorio,* absolver posiciones. *Barajar una* ~, desecharla o no tomarla en consideración. *Recoger una* ~, darla por no dicha.
propositar *intr. Méj.* Tener el propósito.
propósito (l. *-itu*) *m.* Ánimo o intención de hacer o de no hacer una cosa. 2 Objeto, mira. 3 Materia de que se trata o en que se está entendiendo.
SIN. *2* v. **Fin.** LOC. *A* ~, proporcionada u oportunamente para lo que se desea o para el fin a que se destina. *A* ~ *de,* sobre, acerca de. *De* ~, con intención determinada; voluntaria y deliberadamente. *Fuera de* ~, sin venir al caso, sin oportunidad o fuerza de tiempo.
propretor (l. *proprætore*) *m.* Magistrado romano a quien por una razón particular, después del año de la pretura, le volvían a nombrar pretor. 2 Pretor que, acabado el tiempo de su pretura, pasaba a gobernar una provincia pretorial.
propretura *f.* Dignidad y cargo de propretor. 2 Tiempo que duraba.
propuesta *f.* Proposición o idea que se manifiesta y ofrece a uno para un fin. 2 Consulta de uno o más sujetos hecha al superior para un empleo o beneficio. 3 Consulta de un asunto o negocio a la persona, junta o cuerpo que lo ha de resolver.
propuesto, -ta (l. *propositu*) pp. irreg. de *proponer.*
propugnación *f.* Acción de propugnar. 2 Efecto de propugnar.
propugnáculo (l. *-lu*) *m.* desus. Fortaleza o lugar murado capaz de ser defendido peleando desde él. 2 fig. Cosa que defiende a otra, aunque no sea material, contra los que intentan destruirla o menoscabarla.
propugnar (l. *-are*) *tr.* Defender, amparar [a una pers. o cosa].
propulsa *f.* Repulsa (acción).
propulsar (l. *-are*) *tr.* Repulsar. 2 Impeler [una cosa] hacia adelante.
SIN. *2* v. **Empujar.**
propulsión *f.* Repulsa (acción). 2 Acción de propulsar. 3 ~ ***a chorro,*** sistema para hacer avanzar en el espacio un avión, co-

hete o proyectil, mediante la reacción producida por una corriente de fluido que sale de la parte posterior del aparato.
SIN. *2* v. **Empujón.**
propulsor, -ra *adj.-s.* Que propulsa; esp. mecanismo que mueve un barco, avión, guía, etc.
prora (l. y gr.) *f.* poét. Proa.
prorrata (l. *pro rata parte,* a parte o porción fija) *f.* Cuota o parte proporcional que toca a uno de lo que se reparte entre varios: *a* ~, mediante prorrateo.
prorratear *tr.* Repartir [una cantidad] a prorrateo.
SIN. **Ratear,** hoy p. us.
prorrateo *m.* Repartición proporcional de una cantidad entre varios. 2 DER. Procedimiento de jurisdicción voluntaria para distribuir entre varias fincas forales la carga de la pensión de todas.
SIN. *1* **Rateo,** hoy p. us.
prórroga *f.* Prorrogación.
prorrogable *adj.* Que se puede prorrogar.
prorrogación *f.* Continuación de una cosa por un tiempo determinado.
prorrogar (l. *prorogare*) *tr.* Continuar, dilatar [un plazo u otra cosa] por tiempo determinado. 2 en gral. Suspender, aplazar. ◇ ** CONJUG. [7] como *llegar.*
SIN. v. **Aplazar.**
prorrogativo, -va *adj.* Que prorroga.
prorrumpir (l. *prorumpere*) *intr.* Salir con ímpetu una cosa: *el agua prorrumpió de la roca.* 2 fig. Manifestarse uno repentinamente y con violencia por medio de lágrimas, voces, etc.: ~ *en suspiros.*
SIN. **Romper.**
prosa (l.) *f.* Forma que toma naturalmente el lenguaje para expresar los conceptos, no sujetos a la medida y cadencia del verso. 2 Lenguaje prosaico en la poesía. 3 Demasía de palabras para decir cosas poco o nada importantes. 4 fig. Aspecto de las cosas que se opone al ideal y a la perfección de ellas: *la ~ del amor.* 5 *Amér.* Prosopopeya. 6 *Chile.* Altanería, arrogancia.
prosado, -da *adj.* Que está en prosa, por oposición a lo que está en verso.
prosador, -ra *m. f.* Prosista. 2 fig. Hablador impertinente.
prosaicamente *adv. m.* De manera prosaica.
prosaico, -ca *adj.* Relativo a la prosa, o escrito en prosa. 2 Que adolece de prosaísmo (defecto). 3 fig. Falto de idealidad o elevación; insulso, vulgar: *una existencia ~; una persona ~; de pensamientos prosaicos.*
prosaísmo *m.* Defecto de la obra en verso, o de cualquiera de sus partes, que consiste en la falta de armonía o de entonación poéticas, o en la demasiada llaneza de la expresión, o en la insulsez y trivialidad del concepto. 2 fig. Insulsez y trivialidad en el fondo de las obras en prosa.
prosapia (l.) *f.* Ascendencia o linaje de una persona.
SIN. v. **Casta.**
proscenio (l. *-iu* < gr. *proskenion* < *skené,* escena) *m.* En el ant. teatro griego y latino, lugar entre la escena y la orquesta. 2 Parte anterior del escenario, desde el borde de éste hasta el primer orden de bastidores.
proscribir (l. *-ere*) *tr.* Echar [a uno] del territorio de su patria, por causas políticas. 2 fig. Excluir, prohibir el uso [de una cosa]. ◇ CONJUG.: pp.: *proscrito* o *proscripto.*
proscripción *f.* Acción de proscribir. 2 Efecto de proscribir.
SIN. v. **Destierro.**
proscripto, -ta (l. *-tu*) pp. irreg. de *proscribir.* 2 *m. f.* Persona proscripta.
proscriptor, -ra *adj.-s.* Que proscribe.
proscrito, -ta, pp. irreg. de *proscribir.* 2 *m. f.* Persona proscrita.
prosear *intr. Urug.* Conversar.
prosector *m.* En los cursos de anatomía, el encargado de preparar las disecaciones.
prosecución (l. *-utione*) *f.* Acción de proseguir. 2 Seguimiento, persecución.
proseguible *adj.* Que se puede proseguir.
proseguimiento *m.* Prosecución.
proseguir (l. *prosequi*) *tr.-intr.* Continuar, llevar adelante [lo que se tenía empezado]: ~ *con,* o *en, la tarea.* ◇ ** CONJUG. [56] como *seguir.*
SIN. v. **Seguir.**
proselitismo *m.* Celo de ganar prosélitos.
proselitista *adj.* Que practica el proselitismo o lo incluye.
prosélito (l. *proselytus;* gr. *prosélytos,* convertido) *m.* Gentil, mahometano o sectario convertido a la religión católica. 2 fig. Partidario ganado para una colectividad, partido o doctrina.
SIN. *2* v. **Neófito.**
prosémica *f.* Estudio del espacio y de las distancias como sistema significativo.
prosénquima (gr. *pros,* hacia + *énchymos,* lleno de jugo) *m.* Tejido orgánico, de células alargadas, sin espacios intercelulares.
proseo *m. Urug.* Acción de prosear, conversación.
Proserpina *n. pr.* MIT. Nombre romano de Perséfone.
prosificación *f.* Acción de prosificar. 2 Efecto de prosificar.
prosificador, -ra *adj.* Que prosifica.
prosificar *tr.* Poner en prosa [una composición poética]. ◇ ** CONJUG. [1] como *sacar.*
prosimio (*pro-* + l. *simia,* mono) *adj.-m.* Primate del suborden de los prosimios. -2 *m. pl.* Suborden de primates primitivos dotados de hocico prominente y olfato muy desarrollado; incluye tres familias: lemúridos, daubentónidos y társidos.
prosista *com.* Escritor o escritora de obras en prosa.
SIN. **Prosador.**
prosístico, -ca *adj.* Relativo a la prosa literaria.
prosita *f.* Discurso o trozo corto de una obra en prosa.
prosodema *m.* GRAM. Unidad prosódica.
prosodia (gr. *prosodía*) *f.* Parte de la gramática que estudia la pronunciación. En las lenguas clásicas comprende, además, las leyes de la cantidad silábica aplicable a la versificación.
SIN. v. **Fonética.**
prosódico, -ca *adj.* Relativo a la prosodia. 2 *Acento ~,* v. acento.
prosopo- (gr. *prósopon,* aspecto, cara) Elemento prefijal que entra en la formación de palabras con el significado de cara, figura.
prosopografía (*prosopo-* + *-grafía*) *f.* RET. Descripción del exterior de una persona o de un animal.
prosopopeya (gr. *prosopopoiía* < *prosopo-* + *poieo,* hacer) *f.* RET. Figura que consiste en atribuir a las cosas inanimadas, incorpóreas o abstractas, acciones y cualidades propias del ser animado y corpóreo, o las de hombre al irracional, o bien en poner palabras en boca de personas verdaderas o fingidas, vivas o muertas. 2 fam. Afectación de gravedad y pompa.
SIN. *1* **Personificación.**
prospección *f.* Exploración y sondeos previos de un terreno para reconocer sus posibilidades mineras. 2 p. ext. En el comercio, estudio del mercado y búsqueda de clientes. 3 *Cuba.* MED. Reconocimiento general que se hace para descubrir enfermedades latentes o incipientes.
prospectar *tr.* Realizar prospecciones en un terreno.
prospectivo, -va (ing. *prospective*) *adj.* Que está en perspectiva. -2 *f.* Conjunto de investigaciones para prever la evolución social.
prospecto (l. *-tu* < *prospicere,* mirar, examinar) *m.* Exposición o anuncio breve de un espectáculo, libro, mercancía, etc.
prosperado, -da *adj.* Rico, poderoso.
prósperamente *adv. m.* Con prosperidad.
prosperar (l. *-are*) *tr.* Ocasionar prosperidad [a uno]: *Dios te prospere.* -2 *intr.* Tener o gozar prosperidad: *el negocio prospera.* 3 Triunfar, ser aprobado: *la propuesta española prosperó en la comisión.*
prosperidad *f.* Curso favorable de las cosas; éxito feliz. 2 Bienestar material.
próspero, -ra (l. *-ru*) *adj.* Favorable, propicio, venturoso.
prostaféresis (gr. *prosthen,* delante + *aféresis*) *f.* ASTRON. Diferencia entre la anomalía media y la verdadera de un astro. ◇ Pl.: *prostaféresis.*
próstata (gr. *prostates*) *f.* Glándula pequeña, que tienen los machos de los mamíferos unida al cuello de la vejiga de la orina y a la uretra, y que segrega un líquido blanquecino y viscoso.
prostático, -ca *adj.* Relativo a la próstata. -2 *adj.-m.* Hombre que padece afección morbosa de la próstata.
prostatitis (*próstata* + *-itis*) *f.* Inflamación de la próstata. ◇ Pl.: *prostatitis.*
prosternación *f.* Acción de prosternarse. 2 Efecto de prosternarse.
prosternarse (l. *-ernere;* a través del fr. *prosterner*) *prnl.* Postrarse: ~ *a,* o *para, suplicar;* ~ *ante Dios;* ~ *en tierra.* ◇ INCOR.: *posternarse, postrernarse.*
próstesis (gr.) *f.* Prótesis (metaplasmo). ◇ Pl.: *próstesis.*
prostético, -ca (gr.) *adj.* Protético.
prostibulario, -ria *adj.* Relativo al prostíbulo.

prostíbulo (l. *-iu*) *m.* Mancebía (burdel).
próstilo (gr. *prostylon* < *pro-* + *stylos,* columna) *adj.* ARQ. V. templo próstilo.
prostitución *f.* Acción de prostituir o prostituirse. 2 Efecto de prostituir o prostituirse.
prostituir (l. *-ere*) *tr.-prnl.* Exponer [a uno] públicamente a todo género de torpeza. 2 Prestar una relación sexual por dinero. 3 fig. Deshonrar, vender uno su [empleo, autoridad, etc.]; abusar bajamente de ellos. ◇ ** CONJUG. [62] como ***huir***; pp. reg.: ***prostituido***; irreg.: ***prostituto.***
prostituta (l.) *f.* Ramera.
prostituto, -ta, pp. irreg. desus. de *prostituir.*
prosudo, -da *adj. Chile* y *Ecuad.* Que habla con arrogancia.
protactinio *m.* Metal radiactivo de número atómico 91 y símbolo *Pa.*
protagonismo *m.* Condición de protagonista. 2 Tendencia a estar a toda costa en el primer plano de una actividad.
protagonista (gr. *protagonistés* < *proto-* + *agonistós,* actor) *com.* Persona principal de cualquier obra literaria, película cinematográfica, programa de radio o televisión, etc., esp. de carácter dramático. 2 p. ext. Persona que en un suceso cualquiera tiene la parte principal.
SIN. **Héroe.** REL. **Protagonista,** se llamó en la primitiva tragedia griega al personaje único que dialogaba con el coro y con el corifeo. Esquilo añadió un segundo personaje **(deuteragonista)**, y Sófocles un tercero **(tritagonista)**. En el teatro moderno se ha conservado sólo la primera denominación con el significado que queda definido.
protagonizar *intr.* Actuar como protagonista. ◇ ** CONJUG. [4] como ***realizar.***
prótalo *m.* Gametofito de las plantas pteridofitas, pequeña lámina verde, de forma acorazonada, fijada al suelo por pelos rizoides, y en cuyo envés se forman los arquegonios y los anteridios.
protandro, -dra (*proto-* + *-andro*) *adj.* [planta o flor hermafrodita] De estambres maduros antes que los carpelos.
protargol *m.* FARM. Sal de plata medicinal.
prótasis (gr.) *f.* Primera parte del poema dramático; exposición. 2 GRAM. En las oraciones condicionales, oración que expresa la condición, a diferencia de la *apódosis* o consecuencia: *si me lo pagan bien* (prótasis), *venderé mi caballo* (apódosis). 3 RET. Primera parte del período en que queda pendiente el sentido, que se completa en la segunda, llamada apódosis. ◇ Pl.: *prótasis.*
protático, -ca *adj.* Relativo a la prótasis. Apl. esp. al personaje que sólo figura en ella para hacer la exposición de la obra.
proteáceo, -a (l. *proteaceae*) *adj.-f.* Planta de la familia de las proteáceas. -2 *f. pl.* Familia de plantas dicotiledóneas del hemisferio austral, generalmente árboles y arbustos, de hojas dentadas y coriáceas; flores hermafroditas, bracteadas, en espiga o racimo, y fruto con semilla sin albumen.
protección (l. *-ctione*) *f.* Acción de proteger. 2 Efecto de proteger. 3 Socorro. 4 Conjunto de las medidas empleadas por el sistema protector.
SIN. v. **Auxilio.**
proteccionismo *m.* Doctrina o sistema de política económica, opuesto al librecambismo, que protege la producción de un país, excluyendo con prohibición directa, el acceso de determinados productos extranjeros, gravando su importación o favoreciendo por otros medios a los nacionales. 2 Régimen aduanero fundado en esta doctrina y en el trato gubernativo que se da a la producción y al tráfico.
proteccionista *adj.-com.* Partidario del proteccionismo. -2 *adj.* Relativo al proteccionismo.
protector, -ra *adj.-s.* Que protege. 2 Que cuida de los derechos o intereses de una comunidad. -3 *m.* En algunos deportes, como rugby, boxeo, hockey, etc., aparato o prenda de forma y materia variada utilizado para proteger determinadas partes del cuerpo. 4 Cárter, pantalla u otro dispositivo que rodea los engranajes, poleas, correas, etc., de ciertas maquinarias para preservar de accidentes. 5 *Pan.* Quitasol del automóvil.
SIN. *1* **Padrino, valedor.**
protectorado *m.* Dignidad, cargo o función de protector. 2 Parte de soberanía que un estado ejerce en territorio no incorporado plenamente al de su nación y en el cual existen autoridades propias de los pueblos autóctonos. 3 Territorio en que se ejerce esta soberanía compartida. 4 Alta dirección e inspección que se reserva el poder público sobre las instituciones de beneficencia particular. 5 Conjunto de autoridades que ejercen tal potestad.
protectoría *f.* Empleo o ministerio de protector.
protectorio, -ria *adj.* Relativo a la protección.
protectriz *adj.-f.* Protectora.
proteger (l. *-ere*) *tr.-prnl.* Amparar, favorecer, defender [a una pers. o cosa]: ~ *a uno en sus designios;* ~ *una planta del frío con cristales.* ◇ ** CONJUG. [5].
SIN. **Amparar, defender, escudar, resguardar, salvaguardar, respaldar, preservar,** proteger de algún peligro material, fig. ayudar a una persona, empresa o idea. **Favorecer, apoyar; apadrinar, auspiciar, patrocinar,** implican alta jerarquía o importancia del protector.
protegido, -da *m. f.* Favorito, ahijado.
proteico, -ca (de *Proteo,* personaje mitológico) *adj.* Que cambia de formas o de ideas. 2 De la naturaleza de las proteínas.
proteína (der. de *prôtos,* primero) *f.* Nombre genérico de ciertos albuminoides sencillos, de cuya descomposición resultan únicamente aminoácidos. Son constituyentes esenciales de la célula viva y deben figurar en el alimento para compensar el desgaste de los tejidos y permitir el crecimiento.
proteínico, -ca *adj.* Relativo a las proteínas.
Proteo *n. pr.* MIT. Dios marino que, para librarse de los que le acosaban, cambiaba de forma a voluntad. 2 fig. El que cambia frecuentemente de opiniones y afectos.
protero- (gr. *próteros,* primero) Elemento prefijal que entra en la formación de palabras con el significado de primero: *proterozoico.*
proterozoico (*protero-* + *-zoico*) *adj.-s.* Subdivisión del precámbrico que comprende las rocas menos antiguas de este sistema.
protervamente *adv. m.* Con protervia.
protervia (l.) *f.* Obstinación en la maldad, perversidad.
protervidad *f.* Protervia.
protervo, -va (l. *-vu*) *adj.-s.* Que tiene protervia.
protésico, -ca *adj.* Perteneciente o relativo a la prótesis. -2 *m. f.* Mecánico dentista.
prótesis (del gr. *próthesis* < *protithemi,* colocar delante) *f.* CIR. Operación que consiste en reparar artificialmente la falta de un órgano o parte de él, como un diente, una pierna. 2 Órgano reparado artificialmente o insertado. 3 GRAM. Metaplasmo que consiste en añadir una o más letras al principio de un vocablo: *amatar* por *matar.* 4 Sala o ábside lateral de la basílica paleocristiana oriental, situado al lado opuesto del diaconicón, a la izquierda del ábside central, destinada a guardar las ofrendas y a la bendición del pan y del vino. ◇ Pl.: *prótesis.*
SIN. *3* **Próstesis.**
protesta *f.* Acción de protestar. 2 Efecto de protestar. 3 Promesa con aseveración de ejecutar una cosa. 4 DER. Declaración jurídica hecha para asegurar el derecho que uno tiene.
protestación *f.* Protesta: ~ ***de la fe,*** la que uno hace de la religión o creencia que profesa. 2 Fórmula dispuesta por el Concilio de Trento y sumos pontífices para enseñar en público las verdades de la fe católica.
protestante *adj.-com.* [pers.] Que sigue cualquiera de las sectas del protestantismo. -2 *adj.* Relativo a los protestantes o al protestantismo: *culto* ~.
SIN. *1* **Religionario.**
protestantismo *m.* Movimiento religioso nacido en el s. XVI, que se separó de la Iglesia católica y romana, originando gran número de sectas, como el luteranismo, el calvinismo, etc. 2 Conjunto de los protestantes. 3 Doctrina de los protestantes.
SIN. *1* **Reforma** o **Religión reformada.** REL. **Pastor,** sacerdote de esta religión; **servicio religioso,** culto.
protestar (l. *-ari*) *tr.* Declarar uno [su intención en orden a ejecutar una cosa]: ~ *los deseos de trabajar.* 2 Confesar uno públicamente [la fe o creencia] que profesa: *protesto mi cristianismo.* -3 *intr.* p. ext. Con la prep. *de,* aseverar con ahínco y con firmeza: ~ *de mi inocencia.* -4 *intr.* Con la prep. *contra,* negar la validez de un acto; tacharlo de vicioso: ~ *contra la calumnia.* 5 en gral. Mostrar disconformidad vehemente: *protesto de, contra,* o *por, estas palabras.* -6 *tr.* COM. p. ext. Hacer protesto [de una letra de cambio].
protestatario, -ria *adj.-s.* Disconforme vehemente.
protestativo, -va *adj.* Que protesta o declara una cosa o da testimonio de ella.
protesto *m.* Protesta. 2 Diligencia que, por no ser aceptada una letra de cambio, se practica bajo fe notarial para que no se perjudiquen los derechos y acciones entre los que han intervenido en el giro o en los endosos de él. 3 Testimonio por escrito del mismo requerimiento.
protético, -ca *adj.* Que se añade por prótesis. ◇ También *prostético.*

prótido (del gr. *proteion,* preeminencia, primer premio) ***m.*** QUÍM. y BIOL. Tipo de substancia componente de los seres vivos, que forma la parte fundamental de las células, de los órganos y de los líquidos orgánicos, como la sangre, la leche o los jugos vegetales. Sus moléculas se componen únicamente de proteínas, o bien de proteína y otro componente que les confiere carácter químico y biológico peculiar, como la hemoglobina.

proto- (gr. *protos,* primero) Elemento prefijal que entra en la formación de palabras con el sentido de prioridad, preeminencia o superioridad: *prototipo; protomédico.*

protoalbéitar (*proto-* + *albéitar*) ***m.*** Primero entre los albéitares. 2 Vocal del protoalbeiterato.

protoalbeiterato ***m.*** Tribunal en que se examinaban y aprobaban los albéitares para poder ejercer su facultad.

protocloruro (*proto-* + *cloruro*) ***m.*** QUÍM. Cuerpo resultante de la combinación del cloro con un radical simple o compuesto, en la proporción menor en que aquel puede combinarse con estos.

I) protocolar ***tr.*** Protocolizar.

II) protocolar ***adj.*** Relativo al protocolo.

protocolario, -ria ***adj.*** fig. Que se hace con solemnidad no indispensable, pero usual.

protocolización ***f.*** Acción de protocolizar. 2 Efecto de protocolizar.

protocolizar ***tr.*** Incorporar el protocolo [una escritura matriz] y, en gral. [cualquier documento] que requiera esta formalidad. ◇ ** CONJUG. [4] como ***realizar.***

protocolo (l. *protocollum;* gr. *protókollon* < *proto-* + *kollao,* pegar) ***m.*** Ordenada serie de escrituras matrices y otros documentos que un notario o escribano autoriza y custodia con ciertas formalidades. 2 Acta o cuaderno de actas relativas a un acuerdo, conferencia o congreso diplomático. 3 p. ext. Regla ceremonial diplomática o palatina. 4 INFORM. Instrucciones de cualquier tipo que se dan al ordenador.

SIN. *1* **Registro.**

protocormófito, -ta (*proto-* + *cormófito*) ***adj.-m.*** [vegetal] De organización superior a los talófitos, pero sin alcanzar la de los cormófitos.

protoctistas ***m. pl.*** Reino que agrupa los microorganismos eucariotas y afines; como las algas, los hongos inferiores y los protozoos.

protofito ***adj.-m.*** Protoctista del grupo de los protofitos. -2 ***m. pl.*** Grupo de protoctistas vegetales, es decir, todos los protoctistas excepto los protozoos.

protógina (*proto-* + *-gina*) ***adj.*** [planta o flor hermafrodita] De carpelos maduros antes que los estambres.

protohistoria (*proto-* + *historia*) ***f.*** Período de la historia en que faltan la cronología y el documento, y que se basa únicamente en la tradición; constituye la transición entre la prehistoria y la historia propiamente dicha. 2 Estudio de ese período. 3 Obra que versa sobre él.

protohistórico, -ca ***adj.*** Relativo a la protohistoria.

protolisis ***f.*** BOT. Descomposición de la clorofila por la luz. ◇ Pl.: *protolisis.*

protomártir (*proto-* + *mártir*) ***m.*** El primero de los mártires: *San Esteban ~.*

protomedicato ***m.*** Tribunal que reconocía la suficiencia de los futuros médicos y concedía las licencias necesarias para el ejercicio de dicha facultad. 2 Empleo de protomédico.

protomédico (*proto-* + *médico*) ***m.*** Médico del rey que, junto a otros, componía el protomedicato.

protón (neutro del adj. gr. *prôtros,* primero) ***m.*** Núcleo del átomo de hidrógeno. Lleva carga eléctrica positiva, a diferencia del *electrón*, que la lleva negativa.

protonema (*proto-* + gr. *nemo,* distribuir) ***m.*** Órgano filamentoso, que nace de las esporas de las plantas briofitas y sobre el cual se desarrollan los gametofitos.

I) protónico, -ca (*pro-* + *tónico*) ***adj.*** GRAM. Que precede a la sílaba tónica. V. sílaba. ◇ También *pretónico.*

CONTR. **Postónico.**

II) protónico, -ca ***adj.*** Relativo al protón.

protonosfera (*proto-* + *esfera*) ***f.*** Zona exterior de la atmósfera terrestre que se encuentra casi totalmente ionizada y donde los protones son más abundantes que el hidrógeno neutro.

protonotario (*proto-* + *notario*) ***m.*** Primero y principal de los notarios, o el que despachaba con el príncipe y refrendaba sus despachos, cédulas y privilegios. 2 ~ ***apostólico,*** dignidad eclesiástica, con honores de prelacía, que el Papa concede a algunos clérigos para que puedan conocer las causas delegadas por él.

protoplaneta (*proto-* + *planeta*) ***m.*** Planeta recién formado.

protoplasma (*proto-* + *-plasma*) ***m.*** Materia organizada y viviente que es la substancia fundamental de la célula.

protoplasmático, -ca ***adj.*** Relativo al protoplasma.

protoplásmico, -ca ***adj.*** Protoplasmático.

protórax (*pro-* + *tórax*) ***m.*** Primer segmento del tórax de los insectos. ◇ Pl.: *protórax.*

protosol ***m.*** Masa cósmica que dio origen a un sistema planetario.

protosulfuro (*proto-* + *sulfuro*) ***m.*** QUÍM. Primer grado de combinación de un radical con el azufre.

prototerio ***adj.-m.*** Mamífero de la subclase de los prototerios. -2 ***m. pl.*** Subclase de mamíferos primitivos que junto a caracteres de mamíferos presentan otros propios de reptiles o de aves; son ovíparos, e incluye un solo orden con representantes actuales: los monotremas.

prototípico, -ca ***adj.*** Perteneciente o relativo al prototipo.

prototipo (*proto-* + *-tipo*) ***m.*** Original ejemplar o primer molde en que se fabrica una figura u otra cosa. 2 fig. El más perfecto ejemplar de una virtud, vicio o cualidad.

SIN. **Arquetipo.**

protóxido (*proto-* + *óxido*) ***m.*** QUÍM. Cuerpo que resulta de la combinación del oxígeno con un radical simple o compuesto, en su primer grado de oxidación.

protozoario, -ria ***adj.-m.*** Protozoo.

protozoo (*proto-* + *-zoo*) ***adj.-m.*** Animal del subreino de los protozoos. -2 ***m. pl.*** Subreino animal que comprende organismos unicelulares y sin diferenciación de tejidos; incluye varios tipos, entre los que destacan: rizópodos, zoomastiginos, actinópodos, foraminíferos, ciliados y esporozoos.

protráctil ***adj.*** [lengua] Que puede proyectarse mucho hacia afuera.

protrombina (*pro-* + *trombina*) ***f.*** Globulina precursora de la trombina en el proceso de coagulación de la sangre.

protrusión ***f.*** Desplazamiento de un órgano o estructura hacia adelante.

protuberancia (l. *protuberare,* sobresalir) ***f.*** Prominencia más o menos redonda. -2 ***f. pl.*** Grandes masas de vapores incandescentes, que salen del sol.

protuberante ***adj.*** Que sobresale.

proturo ***adj.-m.*** Insecto del orden de los proturos. -2 ***m. pl.*** Orden de insectos apterigotas de menos de 2 mms. de longitud y desprovistos de antenas; viven entre el humus.

protutor (*pro-* + *tutor*) ***m.*** Cargo familiar establecido por el código civil para intervenir las funciones de la tutela y asegurar su recto ejercicio.

proustita ***f.*** Mineral sulfuro de color rojo y brillo adamantino; es una importante mena de la plata.

provecho (l. *profectu*) ***m.*** Beneficio o utilidad. 2 Aprovechamiento o adelantamiento en las ciencias, artes o virtudes. 3 *Extr.* Eructo. -4 ***m. pl.*** ant. Emolumentos que se adquieren fuera del sueldo.

SIN. *1* v. **Ganancia.**

provechosamente ***adv. m.*** Con provecho.

provechoso, -sa ***adj.*** Que causa provecho: *~ al,* o *para, el vecindario.*

SIN. v. **Conveniente. Proficuo,** es latinismo culto p. us.

provecto, -ta (l. *-tu*) ***adj.*** Antiguo, adelantado. 2 Maduro, entrado en días.

SIN. *2* v. **Viejo.**

proveedor, -ra ***m. f.*** Persona que tiene por oficio proveer de todo lo necesario a una colectividad o casa de gran consumo.

SIN. v. **Abastecedor.**

proveeduría ***f.*** Oficio de preveedor. 2 Casa donde se guardan y distribuyen las provisiones.

proveer (l. *providere*) ***tr.-prnl.*** Prevenir, juntar [las cosas necesarias] para un fin: *~ lo más conveniente;* ***intr.,*** *~ a la necesidad pública.* 2 p. anal. Suministrar lo necesario para un fin: *~ la plaza de,* o *con, víveres; proveerse de libros.* 3 Disponer, resolver, dar salida [a un negocio]: *~ una cuestión en justicia; ~ entre partes.* 4 Dar o conferir [una dignidad, empleo, etc.]: *~ el cargo en el más digno.* 5 DER. Dictar un juez [una resolución que no sea definitiva]. -6 ***prnl.*** ant. Desembarazar, exonerar el vientre. ◇ ** CONJUG. [61] como ***leer;*** pp. reg. inus.: ***proveído***; irreg.: ***provisto.***

SIN. *2* **Surtir.**

proveído *m.* Resolución judicial interlocutoria o de trámite.
proveimiento *m.* Acción de proveer.
provena (l. *propagine,* vástago, esqueje) *f.* Mugrón de la vid.
proveniente *adj.* Que proviene. 2 Procedente. ◇ INCOR.: *proviniente, provinente.*
provenir (l. *-ire*) *intr.* Nacer, originarse una cosa de otra como de su principio. ◇ ** CONJUG. [90] como ***venir.***
SIN. **Dimanar, promanar** (lit. p. us.), **venir de. obedecer a,** cuando se señala la causa.
provento, -ta (l. *-tu*) *m.* Producto, renta.
provenzal *adj.-s.* De Provenza, región del sur de Francia. -2 *adj.-m.* Dialecto de la lengua de oc, hablado principalmente en esta región. 3 p. ext. Lengua de oc.
provenzalismo *m.* Vocablo, giro o modo de hablar propio de los provenzales.
provenzalista *com.* Persona que cultiva la lengua o literatura provenzal.
provenzalizante *adj.* Que tiene influencia provenzal; apl. esp. al lenguaje.
proverbiador *m.* Libro o cuaderno donde se anotan máximas y otras cosas dignas de recordar.
proverbial *adj.* Relativo al proverbio o que lo incluye. 2 Muy notorio y conocido.
proverbialmente *adv. m.* En forma de proverbio o como proverbio.
proverbiar *intr.* Usar mucho de proverbios. ◇ ** CONJUG. [12] como ***cambiar.***
proverbio (l. *-iu*) *m.* Sentencia, adagio o refrán. 2 Obra dramática cuyo objeto es poner en acción esta sentencia. -3 *m. pl.* Libro de la Biblia que contiene varias sentencias de Salomón.
SIN. *1* v. **Refrán; paremia,** sólo tiene uso lit. REL. **Paremiología,** es el estudio de los proverbios; der.: **paremiológico, paremiólogo.**
proverbista *com.* Persona aficionada a decir proverbios o a coleccionarlos o estudiarlos.
provicero *m.* Vaticinador.
próvidamente *adv. m.* De manera próvida.
providencia (l. *-ntia*) *f.* Disposición anticipada o prevención que mira o conduce al logro de un fin. 2 Disposición que se toma en un lance sucedido para componerlo, o remediar el daño que pueda resultar. 3 fig. Previsión y cuidado que Dios tiene de sus criaturas. 4 Dios considerado como gobernando todas sus criaturas con su sabiduría: ***a la Providencia,*** sin más amparo que el de Dios. 5 DER. Resolución judicial en que no van expresos los motivos.
SIN. *1* **Provisión.**
providencial *adj.* Relativo a la Providencia.
providencialismo *m.* Tendencia a explicar los hechos como designio de la Providencia divina, prestando poca atención a sus causas inmediatas; p. ús. esp. en Historiografía.
providencialista *adj.* Que profesa la doctrina del providencialismo.
providencialmente *adv. m.* Provisionalmente, por inmediata providencia. 2 De manera providencial.
providenciar *tr.* Dictar o tomar providencia: ~ *un conflicto.* ◇ ** CONJUG. [12] como ***cambiar.***
providente (l.) *adj.* Avisado, prudente. 2 Próvido (prevenido).
próvido, -da (l. *-du*) *adj.* Prevenido, cuidadoso y diligente. 2 Propicio, benévolo.
provincia (l.) *f.* En la antigüedad romana, territorio conquistado fuera de Italia, administrado por un gobernador. 2 Gran división de un territorio o estado gralte. sujeta a una autoridad administrativa. 3 Conjunto de casas de religiosos que ocupan determinado territorio. -4 *f. pl.* Todo un país, menos la capital.
provincial *adj.* Relativo a una provincia. -2 *m.* Religioso superior de todas las casas de una provincia.
provinciala *f.* Religiosa superiora que en ciertas órdenes gobierna las casas de una provincia.
provincialato *m.* Dignidad u oficio de provincial o provinciala. 2 Tiempo que dura esta dignidad.
provincialismo *m.* Predilección que gralte. se da a los usos, costumbres, etc., de la provincia en que se ha nacido. 2 Voz o giro que únicamente tiene uso en una provincia.
provincianismo *m.* Manera de ser u obrar propia de un provinciano.
provinciano, -na *adj.-s.* Habitante de una provincia, en contraposición al de la corte. 2 desus. Relativo a cualquiera de las provincias vascongadas, y esp. a la de Guipúzcoa.
provisión *f.* Acción de proveer. 2 Efecto de proveer. 3 Prevención de mantenimientos caudales y otras cosas que se guardan para que no hagan falta ni se echen de menos. 4 Mantenimientos o cosas que se previenen y tienen prontas para un fin: ~ ***de boca,*** víveres, vituallas. 5 ~ ***de fondos,*** existencia en poder del pagador del valor de una letra, cheque, etc. 6 Despacho que expedían algunos tribunales para que se ejecutase lo que por ellos se ordenaba. 7 Providencia (disposición anticipada).
provisional (de *provisión*) *adj.* Dispuesto o mandado interinamente.
SIN. v. **Interino.**
provisionalmente *adv. m.* De manera provisional.
proviso (al ~) *loc. adv.* desus. Al instante.
provisor (l.) *m.* Proveedor. 2 Juez eclesiástico en quien el obispo delega su autoridad. 3 *Colomb.* Garrafón de lata.
provisora *f.* Religiosa que cuida de la provisión de un convento.
provisorato *m.* Provisoría.
provisoría *f.* Empleo de provisor. 2 Tribunal y oficinas del mismo. 3 En algunas comunidades, paraje destinado a guardar y distribuir las provisiones.
provisorio, -ria *adj. Amér.* Provisional.
provisto, -ta, pp. irreg. de *proveer.* 2 *f. R. de la Plata.* Conjunto de comestibles.
provitamina (*pro-* + *vitamina*) *f.* MED. Substancia que no es una vitamina pero que se transformará en ésta dentro de un organismo.
provocación *f.* Acción de provocar. 2 Efecto de provocar. 3 Insulto, desafío.
provocador, -ra *adj.-s.* Que provoca (excita, irrita): ***agente*** ~, espía que se introduce en una organización, partido, etc., con el fin de provocar conflictos.
provocante *adj.* Que provoca.
provocar (l. *-are,* fact.) *tr.* Excitar, inducir [a uno] a que ejecute una cosa: ~ *a uno con malas palabras.* 2 esp. Irritar, enojar [a uno] con palabras u obras. 3 desus. Facilitar, ayudar: *esta medicamento provoca el sueño.* 4 en gral. Mover o incitar: ~ *a risa, a lástima.* 5 vulg. *y* fam. Vomitar. 6 *Colomb.* fam. Incitar, apetecer, gustar. ◇ ** CONJUG. [1] como ***sacar.***
provocativo, -va *adj.* Que provoca (excita, irrita).
proxeneta (l., der. del gr. *proxeneo,* ser mediador, de *próxenos,* patrono) *com.* Persona que, con móviles de lucro, interviene para favorecer relaciones sexuales ilícitas.
proxenético, -ca *adj.* Relativo al proxeneta.
proxenetismo *m.* Acto u oficio de proxeneta.
SIN. v. **Alcahuetería.**
proximal *adj.* ANAT. Que está más próximo al eje o línea media del organismo o del arranque de un miembro u otro órgano, por oposición a distal.
próximamente *adv. t.* Pronto, en un futuro próximo, dentro de poco tiempo. -2 *adv. m.-l.-t.* Con proximidad. -3 *adv. c.* Aproximadamente.
proximidad *f.* Calidad de próximo. 2 Contorno, cercanías.
próximo, -ma (l. *-mu*) *adj.* Cercano, que dista poco en el espacio o en el tiempo: ~ *a mi casa;* ~ *a morir.* 2 ***De*** ~, con proximidad.
proyección *f.* Acción de proyectar. 2 Efecto de proyectar. 3 Rayos proyectados por un foco. 4 Acción de proyectar una película. 5 fig. Influjo poderoso, influencia.
proyectante *adj.* Que proyecta. 2 GEOM. Línea recta que sirve para proyectar un punto en una superficie.
proyectar (l. *proiectare*) *tr.* Lanzar o dirigir [una cosa] hacia adelante o a distancia. 2 Idear, trazar, disponer el plan y los medios para ejecutar [algo]: ~ *una casa;* ~ *un viaje.* 3 Hacer visible por medio de la luz sobre un cuerpo o una superficie plana [la figura o la sombra de otro]: ~ *una fotografía; **prnl.**, la sombra se proyecta en el lienzo.* 4 GEOM. Determinar la intersección con una superficie de las rectas o de la serie de rectas trazadas en una dirección determinada desde [un punto o los distintos puntos de una figura].
SIN. *2* **Planear, planificar.**
proyectil *m.* Cuerpo arrojadizo; como saeta, bala, bomba.
REL. **Balística,** ciencia que estudia el movimiento de los proyectiles lanzados al espacio.
proyectista *com.* Persona dada a hacer proyectos y a facilitarlos.
SIN. **Calculista.**
proyectividad *f.* Transformación del plano o del espacio, que consiste en la composición de un número finito de proyecciones o secciones.

proyectivo, -va *adj.* Referente al proyecto o a la proyección. 2 MAT. [propiedad] Que conserva la figura cuando se la proyecta sobre un plano.

proyecto, -ta (l. *proiectu*) *adj.* GEOM. Representado en perspectiva. -2 *m.* Designio o pensamiento de ejecutar algo. 3 Plan y disposición que se forma para un tratado, o para la ejecución de una cosa de importancia. 4 Conjunto de escritos, cálculos y dibujos, hechos para dar idea de la realización y coste de una obra de arquitectura o de ingeniería.

proyector, -ra *adj.* Que sirve para proyectar la luz. -2 *m.* Reflector. 3 Aparato que sirve para proyectar imágenes ópticas: ~ *de diapositivas.* 4 CINEM. Foco eléctrico.

proyectura *f.* Vuelo (en arquitectura).

pru *m. S. Dom.* Bebida fermentada hecha con bejuco indio y melado.

prudencia (l. *-ntia*) *f.* Virtud cardinal que consiste en discernir y distinguir lo que es bueno o malo para seguirlo o huir de ello. 2 Discernimiento, buen juicio. 3 Templanza, moderación.
SIN. *2* y *3* **Cordura, seso, medida, juicio, aplomo, sabiduría, sensatez, buen sentido.**

prudencial *adj.* Relativo a la prudencia. 2 Prudente.

prudencialmente *adv. m.* Según las reglas y preceptos de la prudencia.

prudenciarse *prnl. Amér.* Reprimirse, moderarse: *es preciso prudenciarnos en los gastos.* ◇ ** CONJUG. [12] como ***cambiar.***

prudente *adj.* Que tiene. prudencia.

prudentemente *adv. m.* Con prudencia.

prueba (de *probar*) *f.* Acción de probar. 2 Efecto de probar. 3 Razón, argumento, etc., con que se pretende hacer patente la verdad o falsedad de una cosa. 4 Indicio, señal o muestra que se da de una cosa. 5 Ensayo o experiencia de una cosa. 6 Muestra de la composición tipográfica, sacada para corregir en ella las erratas que tiene. 7 p. ext. Muestra del grabado y de la fotografía. 8 DEP. Competición. 9 DER. Justificación de la verdad de los hechos controvertidos en un juicio, hecha por lo medios que autoriza y reconoce por eficaces la ley: ~ ***de indicios*** o ***indiciaria,*** la que se obtiene de los indicios relacionados con un hecho, gralte. criminal, que se pretende esclarecer. 10 MAT. Operación que se ejecuta para averiguar la exactitud de otra ya hecha. -11 *f. pl.* DER. Probanzas, esp. las hechas de la limpieza o nobleza del linaje de uno. 12 Ejercicios acrobáticos. 13 *Amér.* Juego de manos.
SIN. **Probación,** p. us. *4* v. **Indicio.** *5* **Probatura,** en gral.; si se trata de comida o bebida, **probatura, gustación, catas.** *9* **Probanza.** FRS. *A* ~, hecho a toda ley, con perfección; entre vendedores significa que permiten al comprador probar aquello que se le vende, antes de efectuar la compra; *a* ~ *de agua, de bomba,* etc., construido con firmeza y solidez, capaz de resistir al agua, a las bombas, etc.; *de* ~, con consistencia y firmeza en lo físico o en lo moral; adecuado para probar el límite de la paciencia de uno.

pruebista *com. Amér.* Volatinero, gimnasta.

pruina (l. *pruina*) *f.* Tenue recubrimiento céreo que presentan las hojas, tallos o frutos de algunos vegetales.

pruinoso, -sa (l. *pruinosu*) *adj.* Cubierto de pruina.

pruna (l. *pruna*) *f.* En algunas partes, ciruela.

prunero *m. Murc.* Ciruelo.

pruniforme *adj.* BOT. En forma de ciruela.

pruno (l. *prunu*) *m.* En algunas partes, ciruelo.

pruriginoso, -sa *adj.* Que escuece.

prurigo (l., picor) *m.* MED. Afección cutánea que ocasiona picazón, caracterizada por pápulas que, al marchitarse, forman costras negruzcas.

prurito (l. *-tu*) *m.* Comezón, picor. 2 fig. Deseo vehemente.
SIN. v. **Picazón.**

prusiano, -na *adj.-s.* De Prusia, antiguo país de Europa.

prusiato *m.* QUÍM. Cianuro.

prúsico, -ca (de azul de *Prusia*) *adj.* Cianhídrico.

psaligrafía *f.* Especialidad de retrato en silueta, caracterizado porque los motivos o escenas se recortan en papel o tela, generalmente negro, y se pegan sobre un fondo monocolor.

psatirela *f.* Género de setas pequeñas con el sombrero convexo y de color castaño.

pseudo (gr. *pseudos,* falsedad) *adj.* Seudo.

pseudo- (gr. *pseudos,* falsedad) Elemento prefijal que entra en la formación de palabras con el significado de falso. ◇ También *seudo-*. La Academia parece preferir las formaciones sin *p* inicial.

pseudología (*pseudo-* + *-logía*) *f.* MED. Trastorno mental que consiste en creer sucesos fantásticos como realmente sucedidos.

pseudomalaquita (*pseudo-* + *malaquita*) *f.* Mineral de la clase de los fosfatos, que cristaliza en el sistema monoclínico, de brillo vítreo.

pseudomonadales *f. pl.* Orden dentro de la clase esquizomicetes, bacterias acuáticas.

pseudomorfismo (*pseudo-* + *-morfismo*) *m.* Estado de un mineral que afecta la forma característica de un animal o vegetal; puede deberse a diversas causas, entre ellas, la sustitución, molécula por molécula, de la materia de un cuerpo por otra.

pseudomorfo, -fa *adj.* Que presenta pseudomorfismo.

pseudoparénquima *m.* BOT. Plecténquima.

pseudoscopia (*pseudo-* + *-scopia*) *f.* ÓPT. Visión estereoscópica invertida, de modo que se observa en hueco lo que tiene relieve, y viceversa.

pseudoscopio (*pseudo-* + *-scopio*) *m.* ÓPT. Estereoscopio en el cual se invierte la posición de dos clisés, de modo que se vea en hueco lo que tiene relieve.

psi (gr.) *f.* Vigésima tercera letra del **alfabeto griego equivalente a *ps.* ◇ Pl.: *psíes.*

psicagogia (*psico-* + *-agogia*) *f.* Arte de conducir y educar el alma.

psicastenia (*psico-* + *astenia*) *f.* Enfermedad mental en forma de depresión, atonía o inercia general de las facultades espirituales.

psicasténico, -ca *adj.* Perteneciente o relativo a la psicastenia. -2 *adj.-s.* Que la padece.

psico- (gr. *psyché,* alma) Elemento prefijal que entra en la formación de palabras con el significado de alma. Toma en algunos casos la forma *psiqui-*. ◇ También *sico-*. La Academia parece preferir las formaciones con *p* inicial.

psicoanálisis (*psico-* + *análisis*) *m.* Según Freud (1856-1939), médico vienés, método basado en el análisis de las tendencias afectivas reprimidas que lleva al más exacto conocimiento de la personalidad psíquica del enfermo. Al poner de manifiesto ante éste la génesis y la intención de cada síntoma (y de toda su psiconeurosis en general), le proporciona un medio de dominar la situación sin perjuicio de su salud mental. Del método de Freud se han derivado dos tendencias representadas por Adler (1870-1937) y Jung (1875-1961). ◇ Pl.: *psicoanálisis.*
REL. **Psicoanalítico,** (adj.), referente al *psicoanálisis.*

psicoanalista *adj.-com.* Persona que se dedica al psicoanálisis.

psicoanalítico, -ca *adj.* Perteneciente o relativo al psicoanálisis. -2 *adj.-s.* Psicoanalista.

psicodélico, -ca (*psico-* + gr. *delon,* mostrar, manifestar, de *delos,* visible, patente) *adj.* Perteneciente o relativo a la manifestación de elementos psíquicos que en condiciones normales están ocultos, o en la estimulación intensa de potencias psíquicas. 2 Causante de esta manifestación o estimulación, esp. las drogas como la marihuana y otros alucinógenos.

psicodelismo *m.* Estado provocado por el consumo de alucinógenos.

psicodrama (*psico-* + *drama*) *m.* Representación teatral de fines psicoterapéuticos.

psicofármaco (*psico-* + *fármaco*) *m.* Fármaco con efectos psíquicos.

psicofísica (*psico-* + *física*) *f.* Rama de la psicología que estudia experimentalmente las relaciones entre los fenómenos psíquicos y los fisiológicos.

psicofísico, -ca *adj.* Perteneciente o relativo a la psicofísica.

psicogénico, -ca *adj.* Engendrado u originado en la psique.

psicógeno, -na (*psico-* + *-geno*) *adj.* MED. Psicogénico.

psicogeriatría (*psico-* + *geriatría*) *f.* MED. Ciencia que trata de las funciones mentales de los ancianos.
SIN. **Geropsiquiatría.**

psicognostia (*psico-* + gr. *gnostós,* que se puede conocer) *f.* Rama de la psicología práctica que se propone conocer por medios científicos y precisos la manera de ser psicológica de un sujeto, estudiando las diversas aptitudes científicas o profesionales del mismo.

psicolingüística (*psico-* + *lingüística*) *f.* Estudio científico de los comportamientos verbales en sus aspectos psicológicos.

psicología (*psico-* + *-logía*) *f.* Disciplina filosófica que estudia el alma y sus manifestaciones o actividades (hechos psíquicos): ~ ***racional*** o ***filosófica,*** parte de la psicología que trata de la existencia y naturaleza del alma, de sus atributos, de su manera de unión con el cuerpo y de su inmortalidad; constituye una metafísica especial; ~ ***empírica,*** o ***experimental,*** parte de la psicología que estudia los hechos psíquicos utilizando como métodos la observación, la experimentación y la introspección, y tra-

tando de inferir inductivamente las formas y leyes generales de actuación del alma. 2 p. ext. Todo lo que atañe al espíritu. 3 Manera de sentir de una persona o de un pueblo. 4 Síntesis de los caracteres espirituales y morales de un pueblo o nación.
psicológico, -ca ***adj.*** Relativo al alma o a la psicología. 2 *Momento* ~, momento oportuno. 3 ***Guerra psicológica,*** guerra de propaganda.
psicologismo ***m.*** Doctrina filosófica que concede importancia preferente a la psicología.
psicólogo, -ga ***m. f.*** Persona que por profesión o estudio se dedica a la psicología. 2 Persona que observa y comprende el carácter de los hombres.
psicometría (*psico-* + *-metría*) ***f.*** Medida o apreciación de las facultades morales e intelectuales del hombre. 2 Medición de la duración de las reacciones del alma a los estímulos del exterior.
psicomotor, -ra ***adj.*** Relativo a la motilidad y los factores psicológicos que intervienen en ella, condicionando su desarrollo.
psiconeurosis (*psico-* + *neurosis*) ***f.*** Conjunto de perturbaciones funcionales psíquicas y somáticas, cuyas causas determinantes son de naturaleza psíquica, aunque pueden coadyuvar otras orgánicas, y actúan siempre que se origina un persistente conflicto mental entre varias tendencias de reacción, o entre éstas y sus posibilidades de realización. ◇ Pl.: *psiconeurosis.*
psicópata ***com.*** Persona que padece psicopatía.
psicopatía (*psico-* + *-patía*) ***f.*** Enfermedad mental.
REL. **Psicopático,** adj.
psicopático, -ca ***adj.*** Perteneciente o relativo a la psicopatía. -2 ***adj.-s.*** Que padece alguna psicopatía.
psicopatología ***f.*** Psiquiatría.
psicopedagogía (*psico-* + *pedagogía*) ***f.*** Rama de la psicología que se ocupa de los fenómenos psicológicos capaces de mejorar los sistemas didácticos y pedagógicos.
psicopedagógico, -ca ***adj.*** Perteneciente o relativo a la psicopedagogía.
psicopediatría (*psico-* + *pediatría*) ***f.*** MED. Rama de la pediatría que se ocupa de las funciones mentales de los niños.
psicoquinesia (*psico-* + *-quinesia*) ***f.*** Supuesta acción del psiquismo en la modificación de un sistema físico en evolución, sin causa mecánica observable. 2 En parapsicología, coincidencia significativa y no atribuible al azar o a acciones mecánicas, que se comprueba estadísticamente entre un fenómeno subjetivo perteneciente a una serie psíquica y otro objetivo perteneciente a otra serie física, coincidencia que puede atribuirse a una acción directa del psiquismo sobre la materia.
psicosis (v. *psico-*) ***f.*** Enfermedad mental, en general. 2 p. ext. Obsesión pertinaz y constante. ◇ Pl.: *psicosis.*
psicosociología (*psico-* + *sociología*) ***f.*** Estudio psicológico de la vida social.
psicosomático, -ca ***adj.*** Relativo a cuerpo y alma al mismo tiempo.
psicotecnia (*psico-* + *-tecnia*) ***f.*** Rama de la psicología práctica que, teniendo en cuenta los resultados conocidos por medio de la psicognostia, pretende tratar y orientar convenientemente a los hombres, acomodándose a sus aptitudes psíquicas individuales.
psicotécnico, -ca ***adj.*** Relativo a la psicotecnia.
psicoterapeuta (*psico-* + *terapeuta*) ***com.*** MED. Especialista en psicoterapia.
psicoterapéutico, -ca (*psico-* + *terapéutico*) ***adj.*** Perteneciente o relativo a la psicoterapia.
psicoterapia (*psico-* + *-terapia*) ***f.*** Tratamiento de las enfermedades, esp. nerviosas y mentales, por medios psíquicos, como sugestión, persuasión, hipnotismo, etc.
psicoterápico, -ca ***adj.*** MED. Perteneciente o relativo a la psicoterapia.
psicotónico, -ca ***adj.*** [substancia] Que produce acción estimulante de las facultades psíquicas.
psicótropo, -pa (*psico-* + *-tropo* II) ***adj.*** [medicamento] Que actúa sobre el psiquismo.
psicrometría ***f.*** Sicrometría.
psicrómetro ***m.*** Sicrómetro.
psilotales ***f. pl.*** Orden de plantas vasculares con tallos subterráneos y rizomas aéreos.
psique ***f.*** Espíritu humano, alma.
psiqui-, v. psico-.
psiquiatra (*psiqui-* + *-iatra*) ***com.*** MED. Médico especialista en psiquiatría; alienista.
psiquiatría (*psiqui-* + *-iatría*) ***f.*** Parte de la medicina que estudia las alteraciones morbosas de los estados de conciencia y de la conducta humana, con el fin de corregirlas.
psíquico, -ca ***adj.*** Relativo al alma.
SIN. **Anímico.**
psiquis ***f.*** Psique. ◇ Pl.: *psiquis.*
psiquismo ***m.*** Conjunto de los caracteres psíquicos de un individuo.
psitaciforme (gr. *psittakós,* papagayo + *-forme*) ***adj.-m.*** Ave del orden de los psitaciformes. -2 ***m. pl.*** Orden de aves de cabeza grande, pico fuerte, lengua gruesa, con dos dedos de las patas dirigidos hacia delante y otros dos hacia atrás, y plumaje muy vistoso; como el loro y el papagayo.
psitacismo (gr. *psittakós,* papagayo) ***m.*** Estado del espíritu en que uno habla sin saber lo que dice. 2 Método de enseñanza basado exclusivamente en el ejercicio de la memoria verbal.
SIN. *2* **Memorismo.**
psitacosis (gr. *psittakós,* papagayo) ***f.*** MED. Enfermedad infecciosa que padecen los loros y papagayos, de los que puede transmitirse al hombre. ◇ Pl.: *psitacosis.*
psoas (gr. *psoa*) ***m.*** Músculo abdominal, que, unido a otro, se inserta en la parte anterior de las vértebras lumbares. ◇ Pl.: *psoas.*
psocóptero (gr. *psócho,* rascar + *-ptero*) ***adj.-m.*** Insecto del orden de los psocópteros. -2 ***m. pl.*** Orden de insectos pterigotas, alados o ápteros, de pequeño tamaño, con antenas largas y ojos compuestos grandes; como el piojo de los libros.
psoriasis ***f.*** Enfermedad de la piel que se manifiesta por manchas y descamación. ◇ Pl.: *psoriasis.*
Pt, símbolo químico del *platino.*
-ptera, v. -ptero.
pterido- (gr. *pterys,* helecho) Elemento prefijal que entra en la formación de palabras con el significado de helecho.
pteridofito, -ta (*pterido-* + *-fita*) ***adj.-f.*** Planta del tipo de las pteridofitas. -2 ***f. pl.*** Tipo de plantas criptógamas de generación alternante bien manifiesta, con el esporofito diferenciado en raíz y brote y el gametofito en forma de talo; como los helechos.
-pterigio (gr. *pteryx,* aleta) Elemento sufijal que entra en la formación de palabras con el significado de aleta: *acantopterigio.*
pterigodio ***m.*** Órgano masculino de fecundación interna de los selácios.
pterigoideo, -a ***adj.*** Perteneciente o relativo a la pterigoides.
pterigoides ***adj.-f.*** ANAT. Apófisis de la parte inferior de las alas mayores del esfenoides.
pterigota ***adj.-m.*** Insecto de la subclase de los pterigotas. -2 ***m. pl.*** Subclase de insectos alados, o que, aunque no tienen alas, descienden de antepasados alados; como las pulgas y los piojos.
ptero-, -ptero, -ptera (gr. *pteron,* ala) Elemento prefijal y sufijal que entra en la formación de palabras con el significado de ala: *pterodáctilo, hemíptero.*
pterodáctilo (*ptero-* + *-dáctilo*) ***m.*** Reptil volador de gran tamaño, cuyos restos fósiles se encuentran pralte. en el terreno jurásico.
pterófitos ***m. pl.*** División de plantas criptógamas vasculares de grandes frondes, a la que pertenecen los helechos.
ptialina (gr. *ptyâlon,* saliva) ***f.*** Diastasa de la saliva.
SIN. **Tialina.**
ptialismo ***m.*** Secreción excesiva de saliva.
SIN. **Tialismo, salivación, sialismo, sialo rrea.**
ptolemaico, -ca ***adj.*** Relativo a la geografía de Ptolomeo (s. II), la cual consideraba la Tierra como centro del universo; alrededor de ella se movían todos los astros.
ptomaina (gr. *ptoma,* cadáver) ***f.*** Alcaloide que resulta de la putrefacción de las substancias nitrogenadas. ◇ También *tomaína.*
-ptosis (gr. *ptosis,* caída) Elemento sufijal que entra en la formación de palabras con el significado de caída.
¡pu! Interjección ¡Puf!
Pu, símbolo químico del *plutonio.*
púa (etim. dud.; parece haber una base *puga;* en relac. con el l. *pugio,* puñal, daga) ***f.*** Cuerpo delgado y rígido que acaba en punta aguda. 2 Pincho o espina del erizo, puerco espín, etc. 3 Diente de un peine. 4 Chapa triangular de carey, usada para tocar la bandurria y otros instrumentos de cuerda. 5 Ganchito o diente de alambre de la carda. 6 Hierro del trompo. 7 Vástago de un árbol introducido en otro para injertarlo. 8 fig. Causa no material de sentimiento y pesadumbre. 9 fig. Persona sutil y astuta: *¡Buena ~ estás hecho!* 10 *Argent.* Espolón de ave.
SIN. *9* **Peine,** se toma gralte. a mala parte, lo mismo que *púa.*

puado *m.* Conjunto de púas.
puar *tr.* Hacer púas [a un objeto, esp. a un peine]. ◇ ** CONJUG. [11] como *actuar.*
pub *m.* ANGLIC. Establecimiento público donde se consumen bebidas alcohólicas, en general con música de fondo, y cuya decoración intenta crear un ambiente de tipo inglés.
púber (l.) *adj.-s.* Que ha llegado a la pubertad.
púbero, -ra *adj.-s.* Púber.
pubertad (l. *-ate*) *f.* Edad en que el hombre y la mujer se manifiestan aptos para la reproducción.
pubes (l.) *m.* Pubis.
pubescencia *f.* Pubertad. 2 BOT. Vellosidad.
pubescente (l.) *adj.* BOT. Velloso.
pubescer (l. *-ere*) *intr.* Llegar a la pubertad. ◇ ** CONJUG. [43] como *agradecer.*
pubiano, -na *adj.* Relativo al pubis.
pubis (l.) *m.* Parte inferior del vientre. 2 El anterior de los tres huesos que forman el coxal. ◇ Pl.: *pubis.*
SIN. **Pubes.** *1* **Verija, vedija.**
publicación *f.* Acción de publicar. 2 Efecto de publicar. 3 Obra publicada.
publicador, -ra *adj.-s.* Que publica.
públicamente *adv. m.* De un modo público.
SIN. **En público.**
publicano (l. *-anu*) *m.* Entre los romanos, arrendador de los impuestos o rentas públicas y de las minas del estado.
publicar (l. *-are*) *tr.* Hacer [que una cosa] llegue a noticia de todos. 2 esp. Hacer manifiesta al público [una cosa]: ~ *una sentencia.* 3 Correr [las amonestaciones] para el matrimonio y las órdenes sagradas. 4 Revelar o decir [lo que estaba secreto y se debía callar]. 5 Dar a luz, poner a la venta [un diario, libro o un impreso cualquiera]. ◇ ** CONJUG. [1] como *sacar.*
SIN. *1* **Divulgar; promulgar,** tratándose de una ley. *4* **Pregonar.** *5* **Dar** o **sacar al público.**
publicata (l.) *f.* Despacho dado para que se publique, a uno que se ha de ordenar. 2 Certificación de haberse publicado.
publicidad *f.* Calidad o estado de público: *la ~ del caso avergonzó al autor; en ~,* públicamente. 2 Conjunto de medios empleados para divulgar o extender la noticia de las cosas o de los hechos. 3 Divulgación de noticias o anuncios de carácter comercial para atraer a posibles compradores, espectadores, usuarios, etc.
publicista *com.* Autor que escribe del derecho público, o persona muy versada en esta ciencia. 2 Persona que escribe para el público, esp. en diarios y periódicos. 3 Agente o especialista en la publicidad comercial.
publicitar *tr.* Dar a la publicidad. -2 *intr.* Hacer publicidad.
publicitario, -ria *adj.* Relativo a la publicidad, utilizada con fines comerciales, políticos, etc. -2 *adj.-s. Argent., Chile* y *Urug.* Agente de publicidad.
público, -ca (l. *-cu*) *adj.* Notorio, patente, visto o sabido por todos. 2 Del común de la sociedad, en contraposición a privado: *potestad, jurisdicción, autoridad pública, teléfono ~.* 3 Relativo a todo el pueblo: *el bien ~; la vida pública.* -4 *m.* Común del pueblo o ciudad: *aviso al ~.* 5 Conjunto de los que participan de unas mismas aficiones, o concurren con preferencia a determinado lugar. 6 Conjunto de los reunidos en determinado lugar para asistir a un espectáculo o con otro fin semejante. 7 Colectivo de personas no matizado.
FR. *De ~,* notoriamente, públicamente. *En ~,* públicamente, a la vista de todos. *Hacer ~,* dar a conocer. *Dar al ~,* publicar (dar a luz). *Sacar al ~ una cosa,* fig., publicarla.
publirreportaje *m.* Reportaje publicitario.
pucallpeño, -ña *adj.-s.* De Pucallpa, c. del dep. de Loreto (Perú).
pucará (quechua y aimara *pukara,* fortaleza) *m. Amér.* Fortín prehistórico.
pucaraniense *adj.-s.* De Pucarani, c. de la prov. de los Andes, del dep. de La Paz (Bolivia).
pucelana *f.* Puzolana.
pucelano, -na *adj.* Vallisoletano.
pucha *f.* eufem. Puta. -2 *f. Colomb.* Medida para granos, la cuarta parte del cuartillo. 3 *Cuba* y *P. Rico.* Ramillete de flores. 4 *Méj.* Pieza de pan en forma de rosquilla. -5 *f. pl. Murc.* Puches, gachas.
¡pucha! Interjección con que se denota sorpresa, disgusto, etc.
puchada *f.* Cataplasma de harina desleída. 2 Especie de gachas para cebar los cerdos.
puchar *tr. Colomb.* En el juego de trompos, servir el que ha de sufrir los miretes. -2 *prnl. Colomb.* Humillarse. 3 *Colomb.* Arrimarse al enemigo en la lucha o arriesgar la vida.
pucheada *f. Bol.* Segunda hoja de la coca.
púcher *m.* vulg. Traficante de drogas en grandes cantidades.
puchera *f.* fam. Olla (guiso).
pucherazo *m.* Golpe dado con un puchero. 2 fam. Fraude electoral que consiste en computar votos no emitidos en una elección.
pucherear *intr. Chile.* Hacer pucheros.
puchero (l. *pultariu*) *m.* Vasija de barro, o de hierro fundido y esmaltado, con asiento pequeño, panza abultada, cuello ancho y una sola asa junto a la boca; sirve gralte. para cocer la comida. 2 Olla (guiso). 3 fig. Alimento diario y regular. 4 Gesto que precede al llanto verdadero o fingido: *hacer pucheros.* 5 *Perú.* Buscador de puchos o colillas.
FR. *Volcar el ~,* dar pucherazo (fraude).
puches (l. *pultes*) *amb. pl.* Gacha (comida).
puchiche *m. Bol.* Fangal. 2 *Bol.* Tumor, furúnculo. 3 *Bol.* Persona o cosa que molesta.
puchingajos *m. pl.* Adornos ridículos.
pucho (quechua *puchu,* sobrante) *m. Amér.* Pizca, desperdicio, residuo. 2 *Amér. Merid.* Colilla de cigarro. 3 *Chile* y *Ecuad.* Hijo menor de una familia. Us. gralte. en diminutivo *puchito* y *puchusco.* 4 *Chile.* Cabo de vela. 5 *Hond.* Fardo de añil de menos de 150 libras.
puchuel *adj.-s. Méj.* desus. Descendiente de español y castiza. 2 *Méj.* desus. Descendiente de blanco y mestiza. 3 *Méj.* desus. Quinterón de mestiza.
puchuela (de *pucho*) *f. Ecuad.* y *Perú.* Residuo, pizca, mínima cantidad de dinero.
puchuelada *f. Colomb.* Porción, conjunto.
puchuelo, -la *adj.-s. Perú.* y *Venez.* desus. Descendiente de europeo y ochavona. 2 *Méj.* desus. ~ ***de negro,*** descendiente de blanco y ochavona negra.
puchuncay *adj. Ecuad.* Último hijo que nace bastantes años después que el inmediato anterior.
puchusco, -ca *m. f. Chile.* Pucho (hijo menor).
pucia *f.* Vaso farmacéutico, ancho por abajo y estrecho por arriba, que se tapa con otro semejante, pero más pequeño, y servía para elaborar ciertas infusiones y cocimientos que habían de hacerse en vaso cerrado.
puck *m.* ANGLIC. DEP. Disco cilíndrico de goma vulcanizada que se impulsa en el juego del hockey sobre hielo.
puco *m. Amér.* Escudilla de barro. 2 *Amér.* Plato de madera.
pucón *m. Ecuad.* Chala del maíz.
pucucho, -cha *adj. Ecuad.* Hueco, vacío. 2 *Ecuad.* Falto de razón.
pudelación *f.* Acción de pudelar. 2 Efecto de pudelar.
pudelado, pudelaje *m.* Pudelación.
pudelar (ing. *to puddle,* enlodar) *tr.* Hacer dulce [el hierro colado] quemando su carbono en hornos de reverbero.
pudendo, -da (l. *-du*) *adj.* Torpe, feo, indecente. 2 V. partes pudendas.
pudibundez *f.* Afectación o exageración del pudor.
pudibundo, -da (l. *-du*) *adj.* Pudoroso.
pudicicia (l. *-itia*) *f.* Honestidad, pudor.
púdico, -ca (l. *-cu*) *adj.* Honesto, pudoroso, casto.
pudiente (de *poder*) *adj.-s.* Poderoso, rico.
SIN. **Opulento, potentado,** ambos intensivos.
pudín *m.* Budín.
pudinga (ing. *pudding,* budín) *f.* Roca formada por fragmentos redondeados de varios tamaños unidos entre sí por un cemento cuarzoso o calcáreo.
pudio (l. *putidu*) *adj.* V. pino pudio.
pudor (l.) *m.* Honestidad, recato. 2 fig. Vergüenza.
pudoroso, -sa *adj.* Lleno de pudor.
pudrición *f.* Putrefacción. 2 ~ ***roja,*** tabaco (enfermedad).
pudridero *m.* Lugar en que se pone una cosa para que se pudra. 2 Cámara destinada a los cadáveres antes de colocarlos en el panteón.
SIN. **Podridero.**
pudridor *m.* En las fábricas de papel, pila en que se ponía en remojo el trapo desguinzado.
pudriera *f.* Cerecino.
pudrigorio *m.* fam. Podrigorio.
pudrimiento *m.* Putrefacción, corrupción.
SIN. **Podrimiento.**

pudrir (l. *putrire*) *tr.-prnl.* Corromper [una materia orgánica], dañarla. 2 fig. Molestar, consumir, causar [a uno] suma impaciencia o demasiado sentimiento. -3 *intr.* Haber muerto, estar sepultado: *tu amigo pudre en el cementerio.* ◇ En infinitivo puede usarse *pudrir* o *podrir*; el participio debe ser *podrido*; las restantes formas se flexionan a partir del infinitivo *pudrir.*
SIN. *1* **Podrecer, empodrecer, corromper.**

pudú (arauc.) *m. Chile.* Ciervo de menor tamaño que el huemul *(Cervus humilis).*

puebla (de *poblar*) *f.* Siembra que hace el hortelano. 2 Posesión del arrendador de una hacienda.

pueblada *f. Amér.* Tumulto, motín.

pueblano, -na *adj. Guat.* y *S. Dom.* desp. Lugareño.

pueble (de *poblar*) *m.* Conjunto de operarios de una mina.

pueblerino, -na *adj.* Lugareño.

pueblero, -ra *adj. Amér.* No habituado a las costumbres campesinas. 2 *Argent.* y *Urug.* Petimetre.

pueblo (l. *populu*) *m.* Población (ciudad). 2 Población pequeña: ~ *joven, Perú,* eufem., barrio de chabolas. 3 Gente común y humilde de una población. 4 Conjunto de personas de un lugar, región o país. 5 Nación (conjunto).

puelche (arauc. *puel,* oriente y *che,* persona) *m. Chile.* Indígena que vive en la parte oriental de la cordillera de los Andes. 2 *Chile.* Viento que sopla de la cordillera de los Andes hacia poniente.

puente (l. *ponte*) *amb.* Fábrica de cemento, madera, hierro, etc., que se construye sobre ríos, fosos, etc., para poder pasarlos: ~ *atirantado,* el que no tiene estructuras intermedias y se halla suspendido de tirantes; ~ *colgante,* el sostenido por cables o cadenas de hierro; ~ *de barcas,* el provisional formado por un suelo de tablas apoyadas sobre barcas, odres, etc.; ~ *elevador,* el que consta de una plataforma que se eleva verticalmente mediante poleas siguiendo unas guías fijas en sendas torres construidas en dos pilas contiguas; ~ *levadizo,* el móvil que antiguamente era defensa de castillos y plazas fuertes, pudiendo levantarse o bajarse sobre el foso a voluntad por medio de poleas y cuerdas o cadenas, y actualmente está formado por dos tableros independientes que giran alrededor de ejes horizontales, para permitir el paso de embarcaciones; ~ *giratorio,* el que por medio de mecanismos apropiados puede tomar un movimiento de giro alrededor de un eje vertical; ~ *transbordador,* el que soporta un carro del cual va colgada la barquilla transbordadora; ~ *aéreo,* comunicación frecuente y continua que, por medio de aviones, se establece entre dos lugares, para facilitar el desplazamiento de personas y mercancías del uno al otro; conjunto de instalaciones que, en un aeropuerto, están al servicio de dicha comunicación; ~ *volante,* andamio colgado. 2 Plataforma estrecha y con baranda que, colocada a cierta altura sobre cubierta, va de banda a banda, y desde la cual puede el oficial de guardia comunicar sus órdenes a los diferentes puntos del buque. 3 Cubierta que lleva batería en los buques de guerra. 4 Tablilla sobre la cual se apoyan las cuerdas en los instrumentos de cuerda y arco, y que comunica las vibraciones de éstas a la caja de resonancia. 5 Cordal (pieza). 6 Palo horizontal que en las galeras y carros aseguran por la parte superior las estacas verticales de uno y otro lado. 7 Conjunto de los dos maderos horizontales en que se sujeta el peón de la noria. 8 Pieza metálica usada por los dentistas para sujetar los dientes artificiales, sirviéndose de los naturales. 9 Contacto que se provoca para poner en marcha un circuito eléctrico. 10 Día o días laborables que entre dos festivos se aprovechan para vacación; esta misma vacación: *aprovecharon el ~ de San José; hacer ~,* considerar como festivo el día intermedio entre dos que lo son realmente. 11 ARQ. Nudillo (de la armadura). 12 DEP. Ejercicio gimnástico consistente en curvar el cuerpo hacia atrás dejándolo sostenido por pies y manos. ◇ Ant. el género era *amb.* En la lengua culta y lit. se usa hoy como masculino; su empleo femenino se mantiene entre el pueblo de algunas regiones, y fue general en los clásicos. ◇ Dim.: *pontezuelo.* V. puentecilla y puentezuela.
SIN. *4* **Alzaprima.**

puentear *tr.* Colocar un puente en un circuito eléctrico. 2 Saltar [un escalón jerárquico o un orden lógico].

puentecilla *f.* Puente (tablilla, cordal).

puentezuela *f.* Dim. de *puente.*

puer-, v. pueri-.

puerca (l. *porca*) *f.* Cochinilla I. 2 Escrófula. 3 Pieza del pernio o gozne en que está el anillo. ◇ Dim.: *porquecilla, porquezuela* y *puerquezuela.*

puercada *f. Amér.* Porquería, acción indigna.

puercamente *adv. m.* fam. Con suciedad. 2 Con grosería.

puerco, -ca (l. *porcu*) *m. f.* Cerdo (mamífero). 2 ~ *espín* o *espino,* mamífero roedor del norte de África, de cuerpo rechoncho y cabeza pequeña, que tiene el cuello cubierto de fuertes crines y el lomo y costados de púas córneas y gruesas de unos 20 cms. de largo *(Hystrix cristata).* 3 ~ *espín marino,* erizo de mar, con el caparazón de unos 6 cms. de diámetro y color rojo pardusco, y púas largas, delgadas, listadas de pardo y blanco *(Centrostephanus longispinus).* 4 ~ *jabalí, montés* o *salvaje,* jabalí. 5 ~ *marino,* delfín (mamífero). -6 *adj.* Sucio, desaseado. -7 *adj.-s.* fig. Cerdo (persona). -8 *adj.-f.* Mujer ruin, interesada, venal. ◇ Dim.: *porquezuelo* y *puerquezuelo.* Aum.: *porcachón, porcallón*
SIN. *2* **Espín I.**

pueri-, puer- (l. *puer, -eris,* niño) Elemento prefijal que entra en la formación de palabras con el significado de niño.

puericia (l. *-itia*) *f.* Edad del hombre que media entre la infancia (siete años) y la adolescencia (catorce).

puericultor, -ra *m. f.* Persona dedicada al estudio y práctica de la puericultura.

puericultura (*pueri-* + *-cultura*) *f.* Crianza y cuidado de los niños, en lo físico, durante los primeros años de la infancia.

pueril (l. *-le*) *adj.* Relativo a la puericia. 2 fig. Fútil, infundado.
SIN. **Infantil.**

puerilidad *f.* Calidad de pueril. 2 Dicho o hecho propio de niño. 3 fig. Cosa insignificante.
SIN. **Niñería.**

puerilismo *m.* Comportamiento pueril.

puerilmente *adv. m.* De modo pueril.

puérpera (l.) *f.* Mujer recién parida.

puerperal *adj.* Relativo al puerperio.

puerperio *m.* Sobreparto (tiempo).

puerro (l. *porru*) *m.* Planta liliácea hortense, de cebolla alargada y sencilla, hojas planas, largas y estrechas y flores en umbela de color blanco rojizo; se come cocida y su bulbo es apreciado como condimento *(Allium porrum).* 2 ~ *silvestre* o *agreste,* cebollino (planta liliácea).
SIN. **Ajo porro, ajo puerro, cebollín, porro.** REL. **Porrino,** semilla de ~, o planta en disposición de trasplantarse.

puerta (l. *porta*) *f.* Vano de forma regular abierto en pared, cerca o verja, desde el suelo hasta la altura conveniente, para entrar y salir. 2 Agujero que sirve para entrar y salir por él, esp. en las cuevas. 3 Armazón de madera, hierro u otra materia, engoznada o puesta en el quicio y asegurada con llave, cerrojo u otro instrumento para impedir la entrada y salida: ~ *accesoria,* la que sirve en el mismo edificio que tiene otra u otras principales; ~ *cochera,* aquella por donde pueden entrar y salir vehículos; ~ *de escape,* la pequeña y disimulada, distinta de la principal de un aposento; ~ *excusada* o *falsa,* la accesoria que sale a un paraje excusado; ~ *reglar,* aquella por donde se entra a la clausura de las religiosas; ~ *secreta,* la falsa, la muy oculta o construida de tal modo que sólo pueden utilizarla los que sepan donde está y cómo se abre y se cierra; ~ *vidriera,* la que tiene vidrios en lugar de tableros, para dar luz a las habitaciones. 4 Tributo de entrada que se paga en las ciudades y otros lugares. 5 *La Sublime Puerta,* nombre oficial del gobierno de Turquía. 6 DEP. Portería. 7 fig. Camino, principio o entrada para entablar una pretensión u otra cosa. 8 *Ver ~,* DEP. fig., tener un jugador la posibilidad de disparar a la portería contraria; lograr un tanto. 9 *Argent.* ~ *cancel,* cancel, cancela, verja que separa del zaguán el vestíbulo del patio. ◇ Dim.: *portezuela* y *puertezuela.*
FRS. *3 A las puertas de la muerte,* en cercano peligro de morir; *a ~ cerrada,* en secreto; *a puertas cerradas,* hablando de testamentos, apl. a los que mandan la herencia a uno sin reservar o exceptuar nada; *a puertas* o *por puertas,* en extrema pobreza: *dejar, quedarse por puertas; de ~ en ~,* mendigando; *fuera de puertas,* extramuros. *A esotra,* o *a la otra,* o *a otra ~,* díc. para reprender la terquedad con que uno se mantiene en un dictamen, o para explicar que uno no ha oído lo que se le dice; *abrir ~* o *la ~,* dar motivo para una cosa; *cerrar uno la ~,* hacer imposible o dificultar mucho una cosa; *cerrársele a uno todas las puertas,* faltarle todo recurso; *coger entre puertas a uno,* sorprenderle para obligarle a hacer una cosa; *coger,* o *tomar, uno la ~,* irse de una casa o de otro local; *detrás de la ~,* díc. para ponderar la facilidad de hallar una cosa; *dar a uno con la ~ en la cara, en las narices,* etc., desairarle negarle bruscamente lo que dice o desea; *enseñarle a uno la ~ de la calle,* echarle de casa; *echar las puertas abajo,* llamar muy fuerte; *estar,* o *llamar, a la ~ una cosa,* estar muy próxima a suceder; *llamar a las puertas de uno,* implorar su favor; *entrársele a uno por las puertas una persona o cosa,* venírsele a su casa u ocurrirle

cuando menos lo esperaba; *salir uno por la ~ de los carros o de los perros,* huir precipitadamente por temor de un castigo; ser despedido con malas razones.

puertaventana *f.* Contraventana.

puertear *intr. Argent.* vulg. Salir, portar.

puertezuela *f.* Dim. de *puerta.*

puertezuelo *m.* Dim. de *puerto.*

puerto (l. *portu*) *m.* Lugar en la costa, defendido de los vientos y dispuesto para seguridad de las naves y para las operaciones de tráfico y armamento: ~ ***de depósito*** o ***franco,*** el habilitado para el depósito de mercancías, sin pagar derecho de aduana ínterin no se introduzcan; ~ ***habilitado,*** el que lo está para ciertas importaciones y exportaciones; el que tiene prevenida la seguridad, carga y descarga de los buques; ~ ***fluvial,*** el de un río. 2 Garganta o boquete que da paso entre montañas. 3 p. ext. Montaña o cordillera con una o varia de estas gargantas: ***de puertos allende*** o ***aquende,*** territorio situado más allá o más acá de una cordillera. 4 ~ ***seco,*** lugar de las fronteras en donde está establecida una aduana. 5 Ciudad o barriada construida junto a un puerto. 6 fig. Asilo, amparo, refugio. -7 ***m. pl.*** En el Concejo de la Mesta, pastos de verano. ◇ Dim.: *portezuelo* y *puertezuelo.*

REL. **Portuario,** adj., relativo al ~; **portulano,** colección de planos de varios puertos. FR. *Agarrar un barco el ~,* fig., llegar a él después de muchas dificultades y trabajos. *Arribar,* o *salir, a ~ de claridad, de salvación* o *de salvamento,* concluirse, conseguir felizmente una cosa difícil. *Naufragar uno en el ~,* ver arruinados o trastornados sus proyectos cuando más seguros los creía. *Tomar ~,* arribar a él; refugiarse huyendo de una persecución o desgracia.

puertocarreño, -ña *adj.-s.* De Puerto Carreño, cap. de la comisaría de Vichada (Colombia).

puertomonttino, -na *adj.-s.* De Puerto Montt, cap. de la prov. de Llanquihue (Chile).

puertorriquense, -sa *adj.-s.* De Puerto Rico, c. de la prov. de Manuripe, del dep. de Pando (Bolivia).

puertorriqueño, -ña *adj.-s.* De Puerto Rico, isla del archipiélago de las Antillas.

SIN. **Portorriqueño; boricua** y **borinqueño** se aplican esp. al indígena primitivo de la isla.

pues (l. *post*) ***conj. causal.*** Denota gralte. causa, motivo o razón: *sufre la pena, ~ cometiste la culpa.* 2 Sin perder totalmente el sentido fundamental toma carácter de conj. condicional: *~ el mal es irremediable, llévalo con paciencia;* continuativa: *repito, ~, que hace lo que debe;* ilativa: *¿no quieres oir mis consejos? ~ tú lo llorarás algún día.* 3 Empléase a principio de cláusula, ya para apoyarla, ya para encarecer o esforzar lo que en ella se dice: *~ como iba diciendo; ¡~ no faltaba más!* 4 Con interrogación se emplea también sola para preguntar lo que se duda equivaliendo a *¿cómo?* o *¿por qué?: esta noche no iré a la tertulia -¿pues?* 5 Equivale al adv. *sí* empleada como respuesta: *¿conque habló mal de mí? - pues.* -6 ***loc. conj. ~ que,*** equivale a la forma simple *~ con carácter de conj. causal o condicional.* 7 expr. *y* fam. ¿Y pues?, ¿Pues?; ¿Cómo?; ¿Por qué? -8 ***loc. conj. continuativa ~ bien,*** se coloca al principio de la oración y va seguida de pausa: *acabas de oír mis advertencias. ~ bien, dime ahora qué piensas hacer.*

¡pues! fam. Interjección con que se denota la certeza del juicio anteriormente formado o de cosa que se esperaba: *¡~ se salió con la suya!*

puesta (v. *puesto*) *f.* Acción de ponerse un astro: *a ~,* o ***puestas, del Sol,*** al ponerse el Sol. 2 En algunos juego de naipes, cantidad que pone la persona que pierde, para que se dispute en la mano o manos siguientes. 3 En el juego de la banca y otros de naipes, cantidad que apunta cada uno de los jugadores. 4 Posta. 5 Acción de poner huevos las aves. 6 MIL. ***Primera ~,*** conjunto de prendas del vestuario militar que se dan al quinto al ingresar en el cuartel. 7 *Argent.* y *Parag.* En las carreras de caballos, empate.

SIN. *1* **Ocaso.** *3* **Apunte, postura.**

puestear *intr. Colomb.* Acechar.

puestero, -ra *m. f. Murc.* Cazador con reclamo. 2 *Amér.* Persona que tiene o atiende un puesto (tiendecilla). 3 *R. de la Plata.* Persona que tiene animales que cría y beneficia por su cuenta. 4 *R. de la Plata.* El que se encarga de cierta porción, dentro de la hacienda. 5 *R. de la Plata.* Peón encargado del rebaño en una estancia.

puesto, -ta (l. *positu*) pp. irreg. de *poner.* 2 ~ ***en,*** resuelto, empeñado, determinado. 3 ***adj.*** [con los adv. *bien* o *mal*] Bien o mal vestido, ataviado o arreglado. -4 ***m.*** Sitio o espacio que ocupa una cosa. 5 Lugar o paraje señalado para la ejecución de una cosa: ~ ***de control,*** lugar donde una o varias personas, en misión de vigilancia, inspeccionan las gentes y vehículos que pasan. 6 Tiendecilla, gralte. ambulante, o lugar en que se vende al por menor. 7 Acaballadero. 8 Empleo, dignidad, oficio o ministerio. 9 Sitio que se dispone con ramas o cantos para ocultare el cazador y tirar desde él a la caza. 10 Destacamento permanente de guardia civil o de carabineros cuyo jefe inmediato tiene grado inferior al de oficial. 11 MIL. Lugar ocupado por tropa o policías en actos del servicio. 12 fig. Estado o disposición en que se halla una cosa, física o moralmente. 13 ~ ***que, loc. conj. concesiva,*** ant., aunque: *y así como la víbora no merece ser culpada por la ponzoña que tiene, ~ que con ella mata;* ***loc. conj. causal,*** pues: *hagáseme la cura, ~ que no hay otro remedio;* ***loc. conj. continuativa,*** *~ que temes ser mal recibido, no vayas.* -14 ***f. Puesta al día,*** acción de actualizar o poner al día; efecto de actualizar o poner al día. -15 ***m. Argent.*** Lugar del puestero en la hacienda.

puf (fr. *pouf*) *m.* Asiento en forma de almohadón.

¡puf! Interjección con que se denota asco o repugnancia. ◇ También *¡pu!*

pufo (fr. *pouf*) *m.* fam. Petardo (estafa).

puga *f.* p. us. Púa.

púgil (l.) *m.* Gladiador que contendía a puñadas. 2 Boxeador.

pugilar (l. *pugillar,* tablilla para escribir) *m.* Volumen manual en que tenían los hebreos las lecciones de la Santa Escritura que se leían con más frecuencia en sus sinagogas.

pugilato *m.* Contienda a puñadas. 2 Boxeo. 3 fig. Disputa en que se extrema la porfía.

pugilístico, -ca *adj.* Relativo al púgil o al pugilato.

pugna (l.) *f.* Batalla, pelea. 2 Oposición de persona a persona o entre naciones, bandos o parcialidades.

SIN. v. **Lucha.**

pugnacidad *f.* Calidad de pugnaz.

pugnante *adj.* Contrario, opuesto, enemigo. 2 Que pugna.

pugnar (l. *-are*) *intr.* Batallar, contender: *~ con,* o *contra, uno; ~ en defensa de otro.* 2 fig. Solicitar con ahínco; procurar con eficacia. 3 en gral. Porfiar con tesón para el logro de una cosa: *~ para,* o *por, escaparse.*

pugnaz (l. *-ace*) *adj.* Belicoso.

puiño (quechua) *m. Bol.* Tinaja.

I) puja *f.* Acción de pujar. 2 *Pan.* Acción de tocar el pujador (tambor).

II) puja *f.* Acción de pujar II: ~ ***a la llana,*** v. llano. 2 Efecto de pujar II. 3 Cantidad que un licitador ofrece.

SIN. *2* **Mejora.** REL. v. **Subasta.**

pujador, -ra *m. f.* Persona que hace puja en una subasta. -2 *m. Pan.* Tambor de sonido grave.

pujaguante *m. Hond.* Azadón.

pujame, -men (cat. *pujament,* de *pujar,* der. de *podiare,* subir) *m.* MAR. Orilla inferior de una vela.

pujamiento *m.* ant. Abundancia de humores, y más comúnmente de sangre.

pujante (fr. *puissant,* der. del l. v. *possiens, -tis*) *adj.* Que tiene pujanza.

pujantemente *adv. m.* Con pujanza.

pujanza (fr. *puissance*) *f.* Fuerza grande o robusta para ejecutar una acción.

I) pujar (v. *pulsar*) *tr.* Hacer fuerza para pasar adelante o proseguir [una acción]: *~ un proyecto con,* o *contra, los obstáculos.* -2 *intr.* Tener dificultad para hablar; no llegar a explicar una cosa. 3 Vacilar en la ejecución de una cosa: *~ por lo largo de la cuesta.* 4 fam. Hacer gestos y ademanes para prorrumpir en llanto. 5 *Perú.* Rechazar, despedir.

II) pujar (cat. *pujar,* der. de *podiare,* subir; formado sobre *podiu,* colina) *tr.* Aumentar los licitadores [el precio puesto a una cosa que se arrienda o se vende]. -2 *intr.* ant. Subir, ascender.

SIN. **Mejorar.**

pujavante (*pujar I + avante;* a imitación del cat. *botavant*) *m.* Instrumento de herrador para cortar el casco a las bestias.

puje *m. Perú.* Reprimenda, regaño.

pujido *m. Amér.* Pujo, queja, lamento.

pujo (de *pujar I*) *m.* Sensación muy penosa que consiste en la gana continua o frecuente de hacer cámaras o de orinar, con gran dificultad de lograrlo y acompañada de dolores: ~ ***de sangre,*** pujo en deposiciones sanguinolentas. 2 Deseo eficaz o ansia de lograr un propósito. 3 Conato (propensión). 4 fig. Gana violenta de prorrumpir en un afecto exterior, como risa o llanto.

SIN. *1* **Tenesmo.**

pujón, -jona *adj. Ecuad.* Refunfuñador.
pujozó *m. Bol.* Moho o cardenillo.
I) pul (ing. *pull*) *m. Amér.* ANGLIC. Influencia, valimiento, privanza, aldabas, padrinos.
II) pul (ing. *pool*) *m. P. Rico.* Con relación a las carreras de caballos, la mayor apuesta, o la apuesta total.
puladiño (port.) *m. Perú.* Baile popular muy alegre.
pulchen *m. Chile.* Ceniza fina en las brasas.
pulchinela (it. *pulcinella,* personaje de la comedia napolitana, del it. *pulcino,* polluelo, der. del l. *pullicenus*) *m.* Personaje burlesco de las farsas y pantomimas italianas.
SIN. **Polichinela.**
pulcritud (l. *pulchritudo*) *f.* Calidad de pulcro.
pulcro, -cra (l. *pulchru*) *adj.* Aseado, esmerado en el adorno de su persona, en la ejecución de las cosas, en la conducta, etc. 2 Ejecutado o arreglado con pulcritud. ◇ Super.: *pulquérrimo.*
pulenta *f. Amér.* Polenta, guiso.
pulga (l. *pulice*) *f.* Insecto sifonáptero, de metamorfosis complicada, ojos sencillos, boca chupadora, cuerpo comprimido y patas saltadoras, que vive de la sangre de otros animales; especialmente el que chupa la sangre del hombre *(Pulex irritans).* 2 ~ *de agua,* crustáceo cladócero, diminuto, que pulula en las aguas estancadas y nada como a saltos *(Daphnia pulex).* 3 Peón muy pequeño con que juegan los muchachos.
FR. *No aguantar,* o *no sufrir, pulgas,* fig., no tolerar ofensas o vejámenes. *Sacudirse uno las pulgas,* rechazar las ofensas o vejámenes. *Tener malas pulgas,* ser impaciente o resentirse con facilidad.
pulgada (l. v. *pollicata,* de *pollicare*) *f.* Medida de longitud (unos 23 mms.; duodécima parte del pie).
SIN. **Pulgarada.**
pulgar (l. *pollicare,* der. del l. *pollex, -cis,* pulgar) *adj.-m.* Dedo pulgar. 2 *m.* Parte de sarmiento que con algunas yemas se deja en las vides al podarlas, para que por ellas broten los vástagos.
SIN. *1* **Pólice, dedo gordo.** FR. *Por sus pulgares,* fig., sin ayuda de otro, por su mano. *Menear los pulgares,* brujulear las cartas; darse prisa en ejecutar una cosa que se hace con los dedos.
pulgarada *f.* Golpe dado apretando el dedo pulgar. 2 Polvo (porción). 3 Pulgada.
pulgón, -gona (de *pulga*) *m.* Nombre de varias especies de insectos hemípteros, de cuerpo ovoide, negro o verdoso, cuyas hembras son ápteras y viven, lo mismo que sus larvas, apiñadas en gran número sobre las hojas y partes tiernas de ciertas plantas, a las que causan grave daño. -2 *adj. S. Dom.* Vividor.
SIN. *1* **Piojuelo.**
pulgonear *tr.-intr. S. Dom.* Vivir a costa ajena.
pulgoso, -sa *adj.* Que tiene pulgas.
I) pulguera *f.* Lugar donde hay muchas pulgas. 2 Zaragatona.
II) pulguera *f.* Empulguera.
pulguerío *m. P. Rico* y *Urug.* Multitud de pulgas.
pulguero, -ra *adj.* Pulgoso. -2 *m.* Pulguera. 3 *C. Rica* y *Venez.* Cárcel.
pulguiento, -ta *adj. Amér.* Pulgoso.
pulguillas (de *pulga*) *m.* fig. Hombre bullicioso e irritable. ◇ Pl.: *pulguillas.*
pulicán (fr. ant. *polican;* hoy *pélican,* pelícano) *m.* Gatillo (tenazas).
pulicaria *f.* Hierba compuesta, de tallos rastreros, hojas alternas, pubescentes y oblongas, y cabezuelas florales amarillas en corimbos. Se utiliza en medicina como astringente *(Pulicaria dysenterica).*
SIN. **Cunilago.**
pulidamente *adv. m.* Curiosamente, con adorno y delicadeza.
pulidero *m.* Pulidor (trapo).
pulidez *f.* Calidad de pulido.
pulido, -da (l. *politu*) *adj.* Agraciado, bello; pulcro, primoroso.
pulidor, -ra (l. *politore*) *adj.-s.* Que pule, compone y adorna una cosa. -2 *m.* Instrumento para pulir. 3 Pedacito de trapo o de cuero suave que se tiene entre los dedos para que no se lastimen cuando se devana. 4 Lienzo o papel para el aseo del trasero. 5 *And.* Carozo.
pulimentar *tr.* Pulir (alisar).
pulimento (it.) *m.* Acción de pulir (alisar). 2 Efecto de pulir (alisar).
pulique *m. Guat.* Guiso de chile.
pulir (l. *polire*) *tr.* Alisar o dar tersura y lustre [a una cosa]: ~ *la suela de un zapato.* 2 Perfeccionar [una cosa] dándole la última mano. 3 Adornar, aderezar, componer: *pulirse para ir de paseo.* 4 fig. Quitar [a uno] la rusticidad instruyéndole en el trato civil y cortés.
I) pulla *f.* Palabra o dicho obsceno. 2 Dicho con que indirectamente se zahiere a una persona. 3 Expresión aguda y picante. 4 *Colomb.* Machete estrecho.
II) pulla *f.* Planga.
pullés, -llesa *adj.-s.* De la Pulla, reg. de Italia.
pullista *com.* Persona amiga de decir pullas.
pullo (quechua *phullu*) *m. Argent.* y *Bol.* Frazada indígena de tejido grueso.
pullover (ing.) *m.* Jersey ligero cerrado y con el escote en pico.
pullucata (quechua *phullu*) *f. Perú.* Manta que usan los indios en la sierra para cargar a la espalda.
pulmón (l. *pulmone*) *m.* Órgano de la respiración, gralte. doble, de los vertebrados que viven o pueden vivir fuera del agua. En el hombre los pulmones son dos masas esponjosas y extensibles, situadas en la cavidad torácica, una a la izquierda y otra a la derecha, cada una suspendida en la extremidad de un bronquio, el cual se ramifica dentro del pulmón hasta terminar en una multitud de vesículas donde tiene lugar el intercambio de gases entre el aire inspirado y la sangre venosa. 2 ~ *de acero,* cámara metálica donde se provocan los movimientos respiratorios del paciente mediante alternativas de la presión del aire reguladas mecánicamente. 3 Órgano respiratorio en forma de cámara o saco, propio de algunos arácnidos y moluscos. 4 ~ *marino,* medusa.
SIN. *1* **Bofe, chofe; livianos,** esp. en los animales. REL. *1* **Neumo-,** elemento prefijal a partir del que se forman numerosos tecnicismos: *neumonía, neumococo, neumotórax.*
pulmonado *adj.-m.* Animal de la subclase de los pulmonados. -2 *m. pl.* Subclase de gasterópodos adaptados a la vida terrestre que respiran por medio de un saco o pulmón; como el caracol y la babosa.
pulmonar *adj.* Relativo a los pulmones: *arteria* ~, o *vena,* ~.
pulmonaria *f.* Hierba boraginácea, de tallos vellosos, hojas ovales, ásperas, de color verde con manchas blancas; flores rojas en racimos terminales y fruto múltiple, formado por cuatro nuececillas; su cocimiento se emplea como pectoral *(Pulmonaria officinalis).* 2 Liquen coriáceo, de color pardo y superficie con ampollas, semejante a un pulmón cortado; vive parásito sobre el tronco de diversos árboles *(Sticta pulmonacea).*
pulmonía *f.* Inflamación del pulmón o de una parte de él.
SIN. **Neumonía, perineumonía.**
pulmoníaco, -ca *adj.* Relativo a la pulmonía. -2 *adj.-s.* Que padece pulmonía.
SIN. **Neumónico, perineumónico.**
pulpa (l.) *f.* Parte mollar de las carnes o carne pura. 2 Carne de la fruta. 3 Medula de las plantas leñosas. 4 Tejido, con numerosos nervios y vasos sanguíneos, contenido en el interior de los dientes. 5 En la industria conservera, la fruta fresca, una vez deshuesada y triturada. 6 En la industria azucarera, residuo de la remolacha después de extraer el jugo azucarado, y que, bien en fresco, bien disecado, sirve para piensos. 7 *Cuba.* Parte carnosa del fruto del tamarindo amasada con azúcar y presentada en pasta.
pulpaya *f. Perú.* Pulpería.
pulpejo *m.* Parte carnosa y mollar de un miembro pequeño del cuerpo humano. 2 Sitio blando y flexible que tienen los cascos de las caballerías.
SIN. *2* **Talón I.**
pulpería (de *pulpa*) *f.* Tienda, en América, donde se venden bebidas, comestibles, mercería y otros géneros muy variados.
I) pulpero *m.* El que tiene pulpería.
II) pulpero *m.* Pescador de pulpos.
III) pulpero *m.* Artefacto para obtener pulpas.
pulpeta *f.* Tajada que se saca de la pulpa de la carne.
pulpetón *m.* Pulpeta.
pulpitis *f.* MED. Inflamación de la pulpa dental. ◇ Pl.: *pulpitis.*
púlpito (l. *-tu*) *m.* Plataforma pequeña con antepecho y tornavoz, que hay en las iglesias en lugar adecuado, para desde ella predicar, cantar la epístola y el evangelio, etc.
pulpo (v. *pólipo*) *m.* Molusco cefalópodo octópodo, de carne comestible, muy voraz, con el cuerpo oval, sin vestigio de concha interior *(Octopus vulgaris).*
pulposo, -sa *adj.* Que tiene pulpa.
pulque (voz mejicana) *m.* Bebida fermentada usada en América.
pulquería *f.* Tienda donde se vende pulque.
pulquero, -ra *m. f. Méj.* Vendedor de pulque.

pulquérrimo, -ma (l. *pulcherrimu*) *adj.* Superl. de *pulcro*.
pulsación *f.* Acción de pulsar. 2 Latido de una arteria. 3 Movimiento periódico de un fluido.
pulsada *f.* Pulsación (latido).
pulsador, -ra *adj.-s.* Que pulsa. -2 *m.* Botón que, al ser pulsado, pone en función un aparato o mecanismo, como el del timbre eléctrico.
pulsar (l. *-are,* empujar; doble etim. *pujar I*) *tr.* Tocar, golpear. 2 Tocar, tañer cualquier instrumento de teclado o de cuerda (a excepción de los de arco). 3 Reconocer el estado del pulso: ~ *a un enfermo.* 4 fig. Tantear [un asunto] para descubrir el medio de tratarlo. -5 *intr.* Latir la arteria o el corazón y, en gral., cualquier cosa que tenga movimiento sensible.
SIN. *3* y *4* **Tomar el pulso.**
púlsar (del ing. *pulsating star*) *f.* ASTRON. Objeto astronómico de pequeñas dimensiones y relativamente cercano a la Tierra que emite radiaciones muy breves y de gran regularidad.
pulsátil *adj.* Pulsativo.
pulsatila (l. científ. *pulsatilla*) *f.* Anémona (planta medicinal).
pulsativo, -va *adj.* Que pulsa o golpea. 2 MED. Caracterizado por pulsaciones.
pulseada *f. Argent., Parag.* y *Urug.* Acción de pulsear. 2 *Argent., Parag.* y *Urug.* Efecto de pulsear.
pulsear *intr.* Probar dos personas, asida mutuamente la mano derecha y puestos los codos en lugar firme, quién de ellas logra derribar el brazo de la otra.
pulsera *f.* Venda con que se sujeta en el pulso de un enfermo algún medicamento confortante. 2 Guedeja que cae sobre la sien. 3 Brazalete que se pone en la muñeca.
SIN. *3* **Manilla, puñete.**
pulsímetro (de *pulso* + *-metro*) *m.* Esfigmómetro.
pulsista *adj.* desus. Relativo al médico que sobresale en el conocimiento del pulso.
pulso (l. *-su*) *m.* Serie de pulsaciones que se perciben en una parte del cuerpo: ~ *débil;* ~ *fuerte;* ~ *febril;* ***tomar el*** ~, comprimir con el dedo una arteria para reconocerlo. 2 Parte del cuerpo donde se percibe el pulso, esp. la muñeca. 3 Seguridad o firmeza en la mano para ejecutar una acción con acierto. 4 fig. Tiento o cuidado en un negocio. 5 *Colomb.* y *Cuba.* Brazalete, pulsera.
FRS. *A* ~, haciendo fuerza con la muñeca y la mano y sin apoyar el brazo en parte alguna, para levantar o sostener una cosa. *Tomar a* ~ *una cosa,* probar su peso levantándola o suspendiéndola con la mano. *De* ~, apl. a la persona que obra juiciosa y prudentemente: *tomar el* ~ *a un negocio* (también *pulsar*), tantearlo; *sacar a* ~, llevar a término un negocio, venciendo dificultades a fuerza de perseverancia. REL. *1* **Esfigmógrafo, -metro, pulsímetro,** aparato para observar y medir el pulso arterial.
pulsorreactor *m.* Motor de reacción cuya entrada está provista de válvulas móviles, constituido por una sola tobera.
pultáceo, -a (der. del l. *pultes,* puches) *adj.* Que es de consistencia blanda. 2 Que tiene apariencia de podrido o gangrenado o que lo está.
pululación *f.* Acción de pulular.
pululante *adj.* Que pulula.
pulular (l. *pullulare*) *intr.* Empezar a brotar y echar renuevos y vástagos un vegetal. 2 Provenir o nacer una cosa de otra. 3 Abundar, multiplicarse brevemente en un paraje los insectos, sabandijas, etc. 4 en gral. Abundar o bullir en un paraje personas o cosas.
pululo, -la *adj. Guat.* Rechoncho. -2 *m. Bol.* Cuerno que tocan los indios en sus fiestas.
puluzate *m. Guat.* Dulce de toronja.
pulverizable *adj.* Que se puede pulverizar. ◇ También *polverizable.*
pulverización *f.* Acción de pulverizar. 2 Efecto de pulverizar.
pulverizador *m.* Aparato para pulverizar un líquido.
pulverizar (l. *-are*) *tr.-prnl.* Reducir a polvo [una cosa sólida]. 2 Reducir [un líquido] a partículas muy tenues, a manera de polvo. 3 fig. Aniquilar, matar. 4 fig. Sobrepasar en mucho: ~ *un record.* ◇ ** CONJUG. [4] como ***realizar.***
SIN. *1* y *2* **Polvificar, polverizar.**
pulverulento, -ta (l. *-tu*) *adj.* Que tiene aspecto de polvo.
pulviniforme (l. *pulvinus,* almohada + *-forme*) *adj.* BOT. [planta] Con aspecto de almohadilla.
¡pum!, voz onomat. usada para expresar ruido, explosión o golpe.
I) puma *f. La Mancha.* Ciruela estropeada por la picadura de un insecto.
II) puma (quechua) *m.* Mamífero carnívoro de América, parecido al tigre, pero de pelo suave y leonado *(Felis concolor).*
pumarada *f.* Pomarada.
¡pumba! Voz que remeda la caída ruidosa. 2 *m.* Juego de naipes que gana el jugador que antes logre descartarse de los que le hayan correspondido, habiendo obligación de avisar cuando sólo queda una carta.
pumita *f.* Piedra pómez.
pumpá *m. Venez.* Sombrero de copa.
pumpo, -pa *adj. Amér. Central.* Mofletudo.
puna (quechua) *f. Amér. Merid.* Tierra alta próxima a la cordillerra de los Andes. 2 *Amér. Merid.* Soroche. 3 *Amér. Merid.* Páramo.
punateño, -ña *adj.-s.* De Punata, c. y prov. del dep. de Cochabamba (Bolivia).
punch *m.* DEP. En boxeo, pegada.
puncha (de *punchar*) *f.* Púa, espina, punta delgada y aguda. 2 *Ar., Murc.* y *La Mancha.* Pique.
punchada *f. Murc.* Punzada.
punchar (var. de *punzar,* der. de. *punctio, -onis,* acción de punzar) *tr.* Picar, punzar. -2 *prnl. Hond.* Agrietarse algunas cosas por efecto del calor.
punches *m. pl. Hond.* Rosetas de maíz.
punchón *m. Murc.* Arpón de pescador de un solo gancho.
punchoso, -sa *adj. Murc.* Espinoso, punzante.
punción (l. *punctione*) *f.* CIR. Operación consistente en atravesar con un instrumento los tejidos hasta llegar a una cavidad, para reconocer o vaciar el contenido de ésta.
puncionar *tr.* CIR. Hacer punciones [a alguien].
punco, -ca *adj. Guat.* [pers.] Que tiene siempre los pies hinchados.
pundonor (de *punto de honor*) *m.* Estado en que, según la común opinión de los hombres, consiste la honra o crédito de uno. 2 Sentimiento de la dignidad personal, delicado en extremo y susceptible.
SIN. *2* **Puntillo** cuando es extremado y se basa en motivos nimios. **Punto, punto de honra.**
pundonorosamente *adv. m.* Con pundonor.
pundonoroso, -sa *adj.* Que incluye en sí pundonor o lo causa. -2 *adj.-s.* Que lo tiene.
SIN. *2* **Puntoso.**
puneño, -ña *adj.-s.* De Puno, c. y dep. del Perú.
punga *m. f. Chile.* Ratero, ladrón.
pungimiento *m.* Acción de pungir. 2 Efecto de pungir.
pungir (l. *-ere*) *tr.* Punzar. 2 fig. Herir las pasiones [el ánimo o el corazón]. ◇ ** CONJUG. [6] como ***dirigir.***
pungitivo, -va *adj.* Que punge o es capaz de pungir.
punguista *com. Argent.* Ratero, ladrón.
punible *adj.* Que merece castigo.
punición (l. *-itione*) *f.* Castigo (pena).
púnico, -ca (l. *-cu*) *adj.* Cartaginés.
punilla *f. Bol.* Remate posterior del rancho; desván y alacena del ranchero.
punir (l. *punire*) *tr.* desus. Castigar [a alguien].
punitivo, -va *adj.* Relativo al castigo: *justicia* ~.
punitorio, -ria *adj. Amér.* Aplicado como castigo.
punk (voz inglesa) *adj.-s.* Perteneciente o relativo a un movimiento contracultural juvenil de carácter violento de la segunda mitad de los años setenta y principios de los ochenta; propugnaba lo antiestético y los placeres inmediatos como respuesta a las frustraciones provocadas por la crisis económica. -2 *com.* Miembro de dicho movimiento.
punta (b. l. *puncta* < *pungere,* picar) *adj.-com.* Puntero (lo más avanzado o destacado): ***velocidad*** ~, la mayor que puede alcanzar un vehículo. -2 *f.* Extremo agudo de un arma u otro instrumento con que se puede herir. 3 Extremo de una cosa: ~ *de un arco (varilla, instrumento).* 4 Extremo de cualquier madero, opuesto al raigal. 5 Lengua de tierra, gralte. baja y de poca extensión, que penetra en el mar. 6 Pequeña porción de ganado que se separa del hato. 7 Cantidad considerable e indeterminada de personas, animales o cosas. 8 Espacio de tiempo durante el cual una actividad o fenómeno adquiere su mayor intensidad: *hora* ~. 9 Colilla. 10 Sabor que va tirando a agrio en una cosa. 11 Parada del perro ante la caza. 12 fig. Tratándose de cualidades morales o intelectuales, algo, muy poco: *tiene una* ~ *de tonto; tener sus puntas de artista.* 13 ARQ. Madero que corresponde a la extremidad del árbol, y queda después de cortados los que han de servir para vigas, pies, derechos, etc. 14 BLAS. Tercio inferior

de la superficie del campo del escudo. 15 BLAS. Parte media de este tercio. 16 BLAS. Pieza honorable inversa a la pila. 17 DEP. ~ ***de lanza,*** fig., jugador o deportista que ocupa la posición más avanzada. 18 IMPR. Instrumento a modo de punzón, para sacar de la composición letras o palabras. 19 MONT. Protuberancia que tiene la asta del ciervo. 20 TAUROM. Asta de toro. 21 ~ ***de diamante,*** diamante pequeño engastado en una pieza de acero para cortar el vidrio y labrar en cosas muy duras. 22 ~ ***de París,*** clavo de cabeza plana y punta piramidal, hecho con alambre de hierro. -23 ***f. pl.*** Encaje que forma ondas o puntas en una de sus orillas. 24 Primeras vertientes o parajes en donde tiene origen un caudal de agua. -25 *f. Amér.* Multitud: *una ~ de pillos, de yeguas.* 26 *Argent.* Cabecera de un río. 27 *Argent.* Nombre que se da a varios instrumentos de artes y oficios. 28 *Colomb.* Pequeña crecida del río. 29 *Cuba* y *P. Rico.* Hoja de tabaco de superior calidad. 30 *Perú.* Bufanda grande, pañoleta para abrigar la espalda. 31 *P. Rico.* En los bailes, repetición de una pieza de música, o parte de ella. 32 *Venez.* Pulla, indirecta, sátira. ◇ GRAM. Construido en la primera acepción como aposición actúa como adjetivo posterior.

FRS. *A ~ de lanza,* con todo rigor; *a torna ~,* mutua o recíprocamente; *de ~,* de puntillas; *de ~ a cabo,* de cabo a cabo; *armar de ~ en blanco,* con todas las piezas de la armadura; *de ~ en blanco;* vestido de uniforme, de etiqueta o con el mayor esmero: *estar, ir, ponerse de ~ en blanco; andar en puntas,* fig., andar en diferencias; *estar de ~ uno con otro,* estar encontrado o reñido con él; *estar uno hasta la ~ de los pelos,* estar hasta los pelos; *sacar ~ a una cosa,* atribuirle malicia o significado que no tiene; aprovecharla para fin distinto del que le corresponde; *tener uno una cosa en la ~ de la lengua,* estar a punto de decirla; estar a punto de acordarse de una cosa y no dar con ella; *tocar a uno en la ~ de un cabello,* ofenderle en una cosa muy leve. REL. *8* **Pico.** SIN. *6* **Pico.** 22 **Alfiler de París.**

puntación *f.* Acción de poner puntos sobre las letras.

puntada (de *punto*) *f.* Agujero hecho con la aguja, lezna, etc., cuando se va cosiendo. 2 Acción de pasar la aguja o instrumento análogo, a través de un tejido, cuero, etc., por cada uno de estos agujeros. 3 Efecto de pasar la aguja o instrumento análogo, a través de un tejido, cuero, etc., por cada uno de estos agujeros. 4 Espacio que media entre dos de estos agujeros próximos entre sí. 5 Porción de hilo que ocupa este espacio. 6 Dolor penetrante. 7 Pinchazo producido por asta de toro. 8 fig. Palabra dicha como al descuido para recordar una especie o hablar de ella. -9 *f. pl. Méj.* Ideas tontas, descabelladas.

SIN. **Pasada, paso,** ~ larga en el cosido.

puntador *m.* Apuntador.

puntal (de *punta*) *m.* Madero hincado en firme, para sostener la pared desplomada, o el edificio o parte de él que amenaza ruina. 2 Prominencia de un terreno, que forma como punta. 3 Madero grueso que se utiliza en la entibación de las minas. 4 fig. Elemento principal. 5 fig. Apoyo, fundamento. 6 MAR. Altura de la nave desde su parte inferior hasta la cubierta superior. 7 *Amér.* fig. Merienda ligera. -8 *adj. Amér. Central.* [toro] Que tiene los cuernos sin despuntar o desmochar.

SIN. *1* **Tornapunta.** REL. *1* y *5* **Apuntalar,** vb., poner puntales.

puntalear *tr. Colomb.* Apuntalar.

puntano, -na *adj.-s.* De San Luis, c. y prov. de Argentina.

puntapié *m.* Golpe dado con la punta del pie.

SIN. **Puntocón, puntillón, puntera, puntillazo.**

puntar *tr.* Apuntar [las faltas] de los eclesiásticos en el coro. 2 Poner en las escrituras de las lenguas hebrea y árabe, los puntos o signos con que se representan [las vocales]. 3 Poner sobre las letras los puntos [del canto del órgano].

puntarenense *adj.-s.* De Punta Arenas, cap. de la prov. de Magallanes (Chile).

puntas *f. pl. Méj.* Esgrima de puñal, por deporte, no en riña.

puntazo *m.* Herida hecha con la punta de un arma o de otro instrumento punzante. 2 Herida penetrante menor que una cornada, causada por una res vacuna al cornear. 3 fig. Pulla, indirecta con que se zahiere a una persona. 4 *And.* Barreno poco profundo. 5 *Colomb.* y *P. Rico.* Puntada.

punteada *f.* Punteado.

punteado *m.* Acción de puntear (marcar). 2 Efecto de puntear (marcar).

puntear *tr.* Marcar puntos [en una superficie]. 2 esp. Dibujar, pintar o grabar con puntos. 3 Trazar la trayectoria de un móvil a partir de alguno de sus puntos. 4 Coser o dar puntadas: *~ un vestido.* 5 Tocar [la guitarra u otro instrumento semejante] hiriendo las cuerdas con un dedo. 6 Compulsar [una cuenta] partida por partida. -7 ***intr.*** MAR. Ir orzando para aprovechar el viento escaso: *hoy punteamos; tr., ~ el viento.* 8 TAUROM. Embestir una res vacuna con derrotes cortos y repetidos. -9 ***tr. Argent.*** y *Urug.* Levantar la tierra con la punta de la pala. 10 *Argent.* y *Urug.* Marchar a la cabeza de un grupo de personas o animales. 11 *C. Rica.* Tomar el gusto [a un licor]. -12 ***intr. Colomb.*** Crecer un poco el río.

puntel *m.* Cañón de hierro con que en las fábricas de vidrio se saca del horno la masa.

punteo *m.* Acción de puntear. 2 Efecto de puntear.

puntera *f.* Remiendo, en el calzado, y renovación, en las medias y calcetines, de la parte que cubre la punta del pie. 2 Sobrepuesto o contrafuerte de piel que se coloca en la punta de la pala del calzado. 3 Punta del pie. 4 fam. Puntapié. 5 *And.* Tralla.

SIN. *2* **Bigotera, capellada.**

punterazo *m.* Golpe dado con el puntero.

puntería *f.* Acción de apuntar un arma arrojadiza o de fuego. 2 Dirección del arma apuntada. 3 Destreza del tirador para dar en el blanco.

I) puntero, -ra (l. *punctariu*) ***adj.*** Que tiene buena puntería (destreza). -2 ***m.*** Punzón, palito o vara con que se señala una cosa para llamar la atención sobre ella. 3 Cañita para ungir a los que se confirman y olean, unida a la tapa de las crismeras por la parte interior. 4 Estaca del carro. 5 Instrumento de acero de boca cuadrangular, con el cual se abren en las herraduras, a golpes de martillo, los agujeros para los clavos. 6 Cincel de boca puntiaguda y cabeza plana, con el cual labran los canteros y escultores las piedras muy duras. 7 Aguja del reloj. 8 DEP. Persona o equipo que aventaja a los otros. 9 *Argent.* y *Urug.* Persona o animal que va delante de los demás componentes de un grupo. 10 *Argent.* y *Colomb.* Animal que corre delante de las manadas. 11 *S. Dom.* Práctico de la ruta fluvial.

II) puntero, -ra ***adj.-s.*** Que es el más avanzado o destacado entre los de su género o especie: *industria puntera.*

punterola (de *puntero*) *f.* MIN. Barrita de hierro que lleva hacia su mitad un ojo en el que se enasta el mango para sostenerla fija mientras se le dan golpes con el martillo.

puntiagudo, -da ***adj.*** Que tiene aguda la punta.

puntiles *m. pl. Ecuad.* Trapos o cueros lanudos en la frente de los bueyes para que la atadura contra el yugo no la lastime.

puntilla *f.* Encaje muy angosto hecho en puntas, para guarnecer pañuelos, escotes, etc. 2 Instrumento que, en lugar de lápiz, usan los portaventaneros para trazar. 3 Cachetero (puñal): ***dar la ~,*** clavarla; fig., rematar, causar finalmente la ruina de una persona o cosa. 4 Tachuela, clavo pequeño. 5 *Can.* Navaja de bolsillo. 6 *Venez.* Cortaplumas.

LOC. *De puntillas,* tocando en el suelo únicamente con la punta de los pies. FR. *Ponerse uno de puntillas,* persistir tercamente en su dictamen, aunque le contradigan.

puntillado, -da ***adj.*** BLAS. Pieza o figura sembrada de puntos para indicar el metal oro, cuando no se emplean colores.

puntillanto *m. P. Rico.* Baile campesino sin orquesta.

puntillazo *m.* fam. Puntapié.

puntillero *m.* Cachetero (torero).

puntillismo *m.* Sistema de pintura usado por los neoimpresionistas, consiste en descomponer los tonos por pinceladas separadas.

puntillista ***adj.*** Relativo al puntillismo. -2 ***com.*** Partidario de este sistema.

puntillo (dim. de *punto*) *m.* Cosa, leve por lo regular, en que una persona nimiamente pundonorosa repara o hace consistir el honor o estimación. 2 MÚS. Signo que consiste en un punto que, puesto a la derecha de una nota o una pausa, aumenta en la mitad su duración o valor: ***doble ~,*** el que sirve para indicar que una nota aumenta tres cuartas partes su valor.

puntillón *m.* fam. Puntapié.

puntilloso, -sa ***adj.*** [pers.] Que tiene mucho puntillo.

SIN. **Puntoso, puntuoso.**

puntisecar ***tr.-prnl.*** Secar [las puntas de un vegetal]. ◇ **CONJUG. [1] como ***sacar.***

puntiseco, -ca ***adj.*** [vegetal] Seco por las puntas.

puntista *m.* Jugador de pelota, en la especialidad de cesta punto.

puntizón (de *punto*) *m.* IMPR. Agujero que deja en el pliego de prensa las puntas que lo sujetan al tímpano. -2 ***m. pl.*** Rayas horizontales y transparentes en el papel de tina.

REL. *2* **Corondeles,** las rayas verticales.

punto *m.* Señal de dimensiones poco o nada perceptibles que se hace natural o artificialmente en una superficie. 2 Nota ortográfica que se pone sobre la *i* y la *j*. 3 Signo ortográfico con que se indica el fin de un período o de una sola oración; también se pone después de las abreviaturas. Llámase también ~ *final* o *redondo*; **PUNTUACIÓN. 4 ~ ***interrogante,*** interrogación (signo); **PUNTUACIÓN. 5 ~ ***y coma,*** signo ortográfico (;) con que se indica pausa mayor que con la coma y menor que con los dos puntos; **PUNTUACIÓN. 6 ***Puntos suspensivos,*** signo ortográfico (...) con que se denota quedar incompleto el sentido de una oración o cláusula. Ús. también después de oración o cláusula de sentido cabal, para indicar temor o duda, o lo inesperado y extraño de lo que ha de expresarse después, y, por último, cuando se copia algún texto o autoridad que no hace al caso insertar íntegros, para indicar las omisiones; **PUNTUACIÓN. 7 ***Dos puntos,*** signo ortográfico (:) con que se indica haber terminado completamente el sentido gramatical, pero no el lógico. Pónese también antes de toda cita de palabras ajenas intercaladas en el texto; **PUNTUACIÓN. 8 ~ ***musical,*** nota (signo). 9 Parte en que se divide el pico de la pluma de escribir por efecto de la abertura o aberturas que tiene a lo largo. 10 Agujero que tienen a trechos ciertas piezas para sujetarlas, como los de la correa de un cinturón, etc. 11 Puntada de una obra de costura; p. ext., en cirugía, las de una sutura. 12 Lazadilla o nudito del tejido de las medias, elásticos, etc.: ***de*** ~, [tela, prenda] hecha con estas lazadillas: *géneros, tejidos, de* ~. 13 Rotura en un tejido de punto por soltarse algunas de dichas lazadillas: ***coger puntos,*** enlazar los que se han soltado. 14 Manera de enlazar entre sí los hilos que forman ciertas telas: ~ *de aguja, de malla, de encaje;* ~ ***de tafetán,*** el que imita el tejido de esta clase de tela. 15 Granito de metal que situado cerca de la boca de ciertas armas de fuego, sirve de mira. 16 Piñón (en las armas de fuego). 17 Unidad de tanteo en algunos juegos y en otros ejercicios, como exámenes, oposiciones, etc. 18 Valor de un naipe o de una cara del dado. 19 En ciertos juegos de naipes, as de cada palo. 20 Grado de una escala, esp. aquel en que tiene lugar alguna cosa; en física, temperatura a que empieza a producirse un cambio de estado o un fenómeno: ~ *de fusión, de solidificación;* ~ *de ebullición.* 21 Hablando de calidades morales buenas o malas, extremo o grado a que éstas pueden llegar. 22 Parte alícuota de ciertas medidas, como la duodécima de la línea y la duodécima del cícero (se mide con el *tipómetro*); longitud del calzado, etc. 23 Límite mínimo de la extensión que se considera sin longitud, latitud ni profundidad: ~ *de intersección de dos rectas;* ~ ***céntrico,*** centro; en perspectiva: ~ ***accidental,*** aquel en que parecen concurrir todas las rectas paralelas a determinada dirección, que no son perpendiculares al plano óptico; ~ ***de la vista, de vista*** o ***principal,*** aquel en que el rayo principal corta la tabla o plano óptico y al cual parecen concurrir todas las líneas perpendiculares al mismo plano; ~ ***de vista,*** aspecto con que puede ser considerado un asunto; ~ ***cardinal,*** el que con otros tres divide el horizonte en cuatro partes iguales; su posición está determinada por la del polo septentrional (Norte), por la del sol a la hora de mediodía (Sur), y por la salida y puesta de este astro en los equinoccios (Este y Oeste); ~ ***equinoccial,*** ASTRON. y GEOGR., aquel en que la elíptica corta al ecuador; tiene lugar en primavera y otoño; ~ ***visual,*** el término de la distancia necesaria para ver los objetos con toda claridad; suele ser el de 24 cms., aproximadamente. 24 ~ ***de apoyo,*** lugar fijo sobre el cual estriba una palanca u otra máquina, para que la potencia pueda vencer a la resistencia. 25 Cosa muy corta, parte mínima de una cosa. 26 La menor cosa, la parte o la circunstancia más menuda de una cosa. 27 Sitio o lugar: ~ *de reunión;* ~ *de partida;* fig., lo que se toma como antecedente y fundamento para tratar o deducir una cosa: *el* ~ *de partida de una conferencia.* 28 Paraje público determinado donde se sitúan los coches por alquilar: *coche de* ~. 29 Lugar señalado en la carta de marear, que indica la situación de la nave: ~ ***de escuadría,*** el que se deduce del rumbo seguido y de la latitud observada; ~ ***de estima*** o ***de fantasía,*** el que se deduce del rumbo seguido y la distancia andada en un tiempo determinado; ~ ***de longitud*** o ***fijo,*** el que resulta de observaciones de longitud; ~ ***de observación,*** el que resulta de observaciones astronómicas; ~ ***radiante,*** ASTRON., lugar de la esfera celeste de donde parecen irradiar, como de su centro, las estrellas fugaces cuando aparecen en gran cantidad. 30 Porción pequeñísima de tiempo, momento. 31 Vacación. 32 Ocasión oportuna, momento favorable: *llegó a* ~ *de conseguir el empleo.* 33 Estado actual de cualquier especie o negocio. 34 Estado perfecto que llega a tomar cualquier cosa que se elabora al fuego: *el almíbar está al* ~. 35 ~ ***de caramelo,*** grado de concentración que se da al almíbar por medio de la cocción y en virtud del cual al enfriarse se convierte en caramelo. 36 En los instrumentos músicos, tono determinado de consonancia para que estén acordes. 37 Cuestión que con otras sale sacada a la suerte o picando en un libro, para que elija el que ha de leer en la oposición. 38 Asunto o materia de que se trata en cada una de las partes de un sermón, discurso, conferencia, etc. 39 Parte o cuestión de una ciencia: ~ *filosófico;* ~ *histórico.* 40 Lo substancial o principal en un asunto. 41 Pundonor (díc. también ~ *de honra*): ***hacer*** ~ ***de una cosa,*** tomarla por cosa de honra y no desistir de ella hasta conseguirla. 42 Fin o intento de cualquier acción. 43 En ciertos juegos de azar, el que apunta contra el banquero. 44 ~ ***de costado,*** dolor con punzadas al lado del corazón. 45 ARQ. ~ ***de fábrica,*** trozo de muro que se rehace por el pie, dejando lo demás intacto. 46 ARQ. ***Medio*** ~, arco o bóveda cuya curva está formada por un semicírculo exacto; GRAM. nombre que solía darse a la coma. 47 vulg. Hombre listo. 48 ~ ***muerto,*** punto de la circunferencia descrita por la manivela de un motor, en el cual la manivela y la biela están en línea recta. 49 MED. ~ ***neurálgico,*** aquel en que el nervio se hace superficial o en donde nacen las ramas cutáneas del mismo fig. parte de un asunto, esp. delicado, importante y difícil de tratar. LOC. ADVS. *A buen* ~, a punto. *Al* ~, prontamente, sin dilación. *A* ~, con la prevención y disposición necesarias para que una cosa pueda servir al fin que se destina; a tiempo, oportunamente. *A* ~ *fijo,* cabalmente o con certidumbre. *A* ~ *largo,* fig., sin esfuerzo, groseramente. *De todo* ~, enteramente, sin que falte nada. *En* ~, sin sobra ni falta: *las dos en* ~. *Por puntos,* por instantes; de un momento a otro. ~ *por* ~, fig., expresa el modo de referir una cosa muy por menor y sin omitir circunstancia. LOCUCIONES. *Bajar de* ~, fig., declinar o decaer del estado anterior; bajar el punto. *Levantar de* ~, realzar, elevar. *Subir de* ~ *una cosa,* crecer o agravarse. *Bajar el* ~, MÚS., descender de un signo a otro; díc. también cuando se baja la cuerda o se transporta un tono en uno o más puntos bajo; fig. y apl. a una cosa, moderarla. *Calzar uno muchos* o *pocos puntos,* fig., ser persona aventajada en alguna materia, o al contrario. *Estar a,* o *en,* ~, estar próxima a suceder una cosa. *Meter en puntos,* ESC., desbastar una pieza de madera, piedra, etc., hasta tocar en aquellos parajes adonde ha de llegar el contorno de la figura que se intenta esculpir. *Sacar de puntos,* reproducir con precisión matemática un modelo escultural ejecutado en barro o yeso, trasladándolo a un bloque de piedra o mármol por medio de compases de proporción. *Poner los puntos,* fig., dirigir la mira, intención o conato a un fin que se desea. ~ *menos,* denota que una cosa es igual a otra con la que se compara. SIN. ***46 Formalete.***

I) puntoso, -sa ***adj.*** Que tiene muchas puntas.

II) puntoso, -sa ***adj.*** Que tiene pundonor. 2 Puntilloso. SIN. **Puntuoso.**

puntuable ***adj.*** Que es o puede ser calificado con puntos o unidades de tanteo en juegos, deportes, exámenes, etc.

****puntuación** ***f.*** Acción de puntuar. 2 Efecto de puntuar. 3 Conjunto de los signos que sirven para puntuar.

puntual (de *punto*) ***adj.*** Pronto, diligente, exacto en la ejecución de las cosas; esp. lo que se cumple a la hora o plazo convenidos. 2 Indubitable, cierto. 3 Conforme, conveniente. 4 Que sólo concierne a un elemento de un conjunto. 5 Aislado, concreto, específico: *una decisión* ~. ◇ En las aceps. 4 y 5 es barbarismo innecesario.

puntualidad ***f.*** Calidad de puntual.

puntualizar (de *puntual*) ***tr.*** Grabar con exactitud [una cosa] en la memoria. 2 Referir [un suceso] o describir [una cosa] sin olvidar detalle. 3 Dar la última mano [a una cosa], perfeccionarla. ◇ ** CONJUG. [4] como ***realizar.***
REL. *2* El pp. **puntualizado** equivale a **circunstanciado:** *un relato puntualizado* o *circunstanciado.*

puntualmente ***adv. m.*** Con puntualidad. 2 Con diligencia y exactitud, pormenorizadamente.

puntuar ***tr.*** Poner [en un escrito] los signos ortográficos necesarios para señalar las pausas y otros matices de sentido y entonación que el lector ha de tener en cuenta para interpretar debidamente el texto. 2 Sacar puntos en una competición, etc. ◇ **CONJUG. [11] como ***actuar.***

puntudo, -da ***adj.*** *Amér.* Puntiagudo.

puntuoso, -sa ***adj.*** Puntoso.

puntura (l. *punctura*) ***f.*** Herida con instrumento o cosa que punza. 2 IMPR. Punta de hierro afirmada en una prensa de imprimir, en la cual se clava y sujeta el pliego que ha de tirarse: ***ajustar punturas,*** colocarlas de modo que el blanco coincida con la retiración. 3 VETER. Sangría hecha en el punto de unión de la palma y de la tapa del casco de las caballerías.

PUNTUACIÓN

Coma (,)	
a) *Todos, Señor, invocamos tu nombre. Todos invocamos tu nombre, Señor. Señor, todos invocamos tu nombre*	Nombres en vocativo.
b) *Juan, Pedro, Antonio y Tomás son hermanos.*	Enumeración sin conjunción. Excepto entre los dos últimos elementos, si llevan *y (e), o (u), ni.*
c) *Todos debemos morir, bien seamos ricos, bien seamos pobres.*	Oraciones enumerativas: distributivas, copulativas.
d) *La verdad, dice un político, siempre se abre paso.*	Oración intercalada.
e) *Los Alpes, que son las montañas más altas de Europa, separan Suiza de Italia.*	Oración explicativa de relativo; coma antes y después.
f) *Los alumnos, abrumados por los exámenes, se deprimen.*	Proposición de participio explicativa.
g) *Después de haber llovido, el tiempo refrescó.*	La subordinada, antes de la principal. Excepto si son cortas.
h) *Pienso, luego existo.*	Adversativas o consecutivas cortas.
i) *Con un hierro en la punta de un largo bastón, llegó a la ventana.*	Complemento circunstancial largo al principio de la frase.
j) *Galdós, autor de innumerables obras, murió ciego.*	Nombre en aposición a otro nombre.
k) *El juez, íntegro como siempre, dictó sentencia. Airada, cerró violentamente.*	Adjetivos en aposición.
l) *Mentía tantas veces, que ya nadie confiaba en él.*	Antes de *que* (precedido por *tanto, tal, tan*) en proposiciones consecutivas.
m) *Si lo compras, no te arrepientas después.*	Detrás, generalmente, de la proposición condicional encabezada por *si*.
n) *Antonio estudia primero; Fernando, tercero.*	Por elisión de un verbo común a varias oraciones.
ñ) *Estudiando desde el principio, los resultados son mejores.*	Oraciones de gerundio en construcción absoluta.
o) *Yo, naturalmente, me negué. Nosotros, sin embargo, admitimos otras opiniones. Por último, no venga más por aquí. Dime, entonces, qué es lo que hago.*	Expresiones enfáticas.
p) *Imbécil, ¡dámelo!*	Los insultos o increpaciones.

punzada ***f.*** Herida o picada de punta. 2 fig. Dolor agudo, repentino y pasajero, pero que suele repetirse de tiempo en tiempo. 3 fig. Sentimiento interior que causa una cosa que aflige el ánimo. 4 *Cuba.* Tontería, necedad.

punzador, -ra ***adj.-s.*** Que punza.

punzadura ***f.*** Punzada (herida).

punzante ***adj.*** Que punza.

punzar (l. *punctiare*) ***tr.*** Herir sutilmente con un alfiler, espina, etc. 2 fig. Pinchar, zaherir. 3 fig. Avivarse un dolor de cuando en cuando. 4 fig. Hacerse sentir interiormente [una cosa que aflige el ánimo]. ◇ ** CONJUG. [4] como ***realizar.***

SIN. *1* ***Picar, pinchar, punchar; pungir*** es lit. y se usa gralte. en sentido figurado.

punzó (fr. *ponceau,* amapola silvestre) ***adj.-m.*** Color rojo muy vivo, parecido al de la amapola. -2 ***adj.*** De color rojo punzó.

punzón (l. *punctione,* punzada) ***m.*** Instrumento de hierro que remata en punta. 2 Buril. 3 Instrumento de acero durísimo, que en la boca tiene de realce una figura, la cual, hincada por presión o percusión, queda impresa en el troquel de medallas, monedas, botones, etc. 4 Pitón (cuerno).

punzonería ***f.*** Colección de todos los punzones necesarios para una fundición de letra.

puñada ***f.*** Puñetazo.

puñado ***m.*** Porción de cualquier cosa que se puede contener en el puño. 2 fig. Cortedad de una cosa de que debe o suele haber cantidad. 3 ***A puñados,*** larga o abundantemente, cuando debe ser con escasez y cortedad o al contrario.

SIN. **Puño.**

puñal (de *puño*) ***m.*** Arma corta, de acero, ofensiva, que sólo hiere de punta.

puñalada ***f.*** Golpe dado de punta con el puñal u otra arma semejante: fig., ***coser a puñaladas a uno,*** darle muchas. 2 Herida que resulta de este golpe. 3 fig. Pesadumbre grande dada de repente. 4 ~ ***trapera,*** la que se da a traición; herida, lesión o

PUNTUACIÓN (continuación)

Comas incorrectas	
a) La coma no debe colocarse entre el sujeto y su verbo.	* *Los alumnos de primero, son los más revoltosos.*
b) Entre el verbo y su atributo (predicativo).	* *Los alumnos de primero son, los más revoltosos.*
c) Antes del primer elemento de una serie.	*Los escritores, Unamuno, Azorín, Baroja pertenecen a la generación del 98.*
Punto y coma (;)	
a) *Durante la primavera, el cielo está siempre claro y sereno; el campo se llena de mil variadas y olorosas flores; los árboles se cubren de verde follaje.*	Entre oraciones de un período largas y sin enlace.
b) *Los expedicionarios buscaron por todas partes; pero no hallaron el camino.*	Adversativas largas.
c) *Sopla el viento del norte; por consiguiente, tendremos algunos días muy fríos.*	Consecutivas largas.
d) *Los niños, en la plazoleta, a la sombra de unos grandes árboles, jugaban sin preocupación alguna; y desde el balcón la madre, con el cesto de la ropa al lado, los miraba embelesada.*	Entre dos partes completas de un período, vayan o no enlazadas por conjunción.
e) *La ley considera: primero, la vida de la madre; segundo, la vida del que va a nacer.*	Entre los términos de una enumeración que ya tienen comas.
f) *El profesor explica; los alumnos no dejan de hablar.*	Entre oraciones que se oponen.
g) *El colegio es de todos; cuida, pues, de él. / ¡Llueve; llévate el paraguas. / Fui a su casa; la encontré mala.*	Regularmente, entre las proposiciones yuxtapuestas.
h) *Debes pintarlo de varios colores, por ejemplo: la cabeza, las alas y la cola, verdes; el pico y las patas, marrones; el vientre blanco; y el resto, rojo.*	Entre los elementos de una enumeración o serie compleja de ejemplos introducidos por expresiones como *por ejemplo* (p. ej.), *verbigracia* (v.gr.), etc., más los dos puntos (o simplemente tras los dos puntos).
Dos puntos (:)	
a) *No aflige a los mortales vicio más pernicioso que el juego: por él gentes muy acomodadas han dado en la mayor miseria; por él las más grandes reputaciones,* etc.	Ampliación o desarrollo de una proposición general.
b) *Colón, aquel que regaló a España un Mundo; aquel que fue amigo de reyes y poseyó tantas riquezas y títulos, murió perseguido y en el mayor abandono: ¡cuán inconstante es la fortuna de los hombres! No fui: no lo aguanto.*	Sentencia final que resume una exposición. Causa y consecuencia.
c) *Jesús dijo: «Mi reino no es de este mundo».*	Cita textual.
d) *Expone: ruega: suplica: ordeno y mando: vengo en decretar: fallo:*	En exposiciones, instancias, sentencias, edictos, etcétera.
e) *Muy Sr. mío: Distinguido Sr.:*	Salutación de las cartas.

desgarrón grande, hechos con puñal, cuchillo o algo semejante.

puñalear *tr. Colomb., Guat.* y *P. Rico.* Apuñalar.

puñalejo *m.* Dim. de *puñal.*

puñalón *m. P. Rico.* Puñalada. 2 *P. Rico.* Espolonazo particular de un gallo en su pelea.

puñera (de *puño*) *f.* Almorzada. 2 Medida para cobrar la maquila en los molinos (tercera parte del celemín).

puñeta *f.* Bocamanga bordada de las togas. 2 Persona o cosa molesta: ***hacer la ~***, molestar.

¡puñeta! Interjección con que se denota admiración, sorpresa, enojo.

puñetazo (de *puñete*) *m.* Golpe dado con el puño (mano cerrada).

SIN. **Trompada, puñada.**

puñete *m.* Puñetazo. 2 Pulsera (brazalete). 3 *Murc.* Juego infantil en que los jugadores se golpean los carrillos que hinchan reteniendo el aire en la boca.

puñetería *f.* Cosa que sin ser provechosa produce molestias o dificultades.

puñetero, -ra *adj.-s.* Que causa molestias o dificultades.

puñimiento *m.* Dolor punzante.

puño (l. *pugnu*) *m.* Mano cerrada. 2 Puñado. 3 Parte de las prendas de vestir que rodea la muñeca. 4 Adorno que se pone en la bocamanga. 5 Mango de algunas armas blancas. 6 Parte por donde suele cogerse el bastón, el paraguas o la sombrilla, generalmente guarnecida de una pieza de materia diferente. 7 Esta misma pieza. 8 fig. Cortedad o estrechez en lo que no debe haberla. 9 fig. Fuerza, valor. 10 MAR. Vértice de los ángulos de las velas. 11 *Ant.* y *Colomb.* Puñetazo.

LOC. *A ~ cerrado,* tratándose de golpes, con el puño. *Por sus puños,* fig., con su propio trabajo o mérito personal. *De propio ~,* de mano propia. *Como un ~,* fig., ús. para ponderar que una cosa es muy grande entre las que regularmente son pequeñas, o al contrario; en el primer sentido, apl. a cosas inmateriales: *una ciruela como un ~; una barca como un ~; un*

PUNTUACIÓN (continuación)

f) *Por ejemplo: verbigracia: a saber: son las siguientes: como sigue:*	Ejemplos o casos que se anuncian.
g) *Asistieron cuatro representantes: dos profesores y dos alumnos.*	Precede a una enumeración que explica un término anterior.
h) *Le dije: espere un momento.*	En las construcciones de estilo directo.

Según la Real Academia Española, tras los dos puntos se escribe indistintamente con letra mayúscula o minúscula el vocablo que sigue. No obstante, la mayúscula se reservará para el apartado c) si la cita comienza con mayúscula, y para el apartado e); en los demás casos se aplican las normas para el uso de las mayúsculas.

Punto (.)

a) *Estudiad. La Experiencia es madre de la cienca. Algunos hombres poseen grandes riquezas; no son, sin embargo, felices.*	Después de oración, cláusula o período que tiene sentido completo.
b) *Sr. D. Excmo. Sr.*	En las abreviaturas.
c) 1.000 / 20.000 / 300.000 / 3.000.000 / 400.532.200.000 / 7.000.000.000.000	Tras las unidades de millar, millón, billón, etc.
d) 1936 / 1968 / 1975 / 1985	No se coloca punto en los números de los años compuestos por cuatro cifras.
e) *Don Gonzalo: Yo soy Ulloa.* *Don Juan: Yo iré sin falta.* *Don Gonzalo: Yo lo creo, adiós.*	En los diálogos, las intervenciones de los personajes en estilo directo van en línea separada y acaban en punto y aparte.

El punto y seguido se usa al final de la oración u oraciones que desarrollan una idea. Se continúa en el mismo renglón, o en el siguiente sin el espaciado del punto y aparte. El punto y aparte se usa para separar parágrafos (el texto continúa en otro renglón más entrado o más saliente que el resto de la página. El punto final es el que marca el fin de un escrito o de un apartado importante del texto (parte, capítulo, etc.).

Puntos suspensivos (...)

a) *¿Le diré que ha muerto su padre?... No tengo valor para tanto.*	Suspensión por el temor, la duda, etc.
b) *A buen entendedor...*	Suspensión enfática.
c) *...es el arte de hablar y escribir correctamente. Un quintal tiene... / Es una p... / Por c...*	Omisión de palabras innecesarias o fáciles de sobreentender. Para evitar palabras malsonantes.
d) *Él es un cínico, falso, hipócrita...*	En una enumeración, para señalar que podrían añadirse más términos (en este caso, los puntos alternan su uso con *etc.*).
e) *«En un lugar de la Mancha* [...] *no ha mucho tiempo que vivía un hidalgo* [...]»	Se usan entre corchetes para indicar la supresión de fragmentos en la copia de algún texto.

embuste como un ~. FR. *Apretar los puños,* fig., poner mucho conato para ejecutar o concluir una cosa. *Creer a ~ cerrado,* creer firmemente. *Jugarla, o pegarla, de ~ a uno,* engañarle enteramente en cosa substancial. *Meter en un ~ a uno,* confundirlo, intimidarlo, oprimirlo, avergonzarlo de suerte que no se atreva a responder.

puñu (quechua) *m. Ecuad.* Tinaja, cántaro grande.

puñusco *m. Guat.* y *P. Rico.* vulg. Conjunto apiñado de gente, animales, etc. 2 *Pan.* y *P. Rico.* Puñado.

puones *m. pl. Argent.* Púas huecas de metal que se adaptan a los espolones de los gallos de pelea para hacerlos más mortíferos.

pupa (de *buba*) *f.* Erupción en los labios. 2 Postilla de grano. 3 Lesión cutánea bien circunscrita, que puede ser de muy variado origen. 4 Voz infantil que indica dolor, herida, etc. 5 Crisálida.

pupar *intr.* Convertirse en pupa, crisálida.

pupén *m. Colomb.* fam. Comida.

pupila (l. *pupilla*) *f.* Huérfana menor de edad, respecto de su tutor. 2 Mujer de la mancebía. 3 Orificio situado en el centro del iris, por donde penetra la luz en la cámara posterior del ojo.

pupilaje *m.* Estado o condición del pupilo o de la pupila. 2 Estado del que está sujeto a la voluntad de otro porque le da de comer. 3 Estancia prolongada en una pensión. 4 Cuidado de vehículos de motor.

SIN. *3* v. **Hotel.**

pupilar *adj.* Relativo al pupilo o a la menor edad. 2 Relativo a la pupila (del ojo).

pupilero, -ra *m. f.* Persona que recibe pupilos.

pupilo, -la (l. *pupillu*) *m. f.* Persona que se hospeda en casa particular por precio ajustado: ***medio ~***, el que sólo come al mediodía en una casa de huéspedes. 2 Alumno o alumna que permanece en el colegio hasta la noche, haciendo en él la comida del mediodía. 3 DEP. fig. Deportista, en relación con su entrenador. -4 *m.* Huérfano menor de edad respecto de su tutor.

SIN. *2* **Mediopensionista.** LOC. ADV. *A ~,* alojado y mantenido por precio.

Interrogación (¿ ?)

Los signos de interrogación se ponen al principio y al final de la frase que deba llevarlos

a) *¿Volverás mañana? ¿Dónde vas? ¿Qué has hecho estos días?*	Signo de interrogación en estilo directo. Énfasis.
b) *Dicho esto, ¿qué más queréis? Al verlo, ¿no sentiste miedo?*	Abarcan la parte interrogativa del período.
c) *Y yo me pregunto: ¿Quién va a pagar la expropiación? ¿Cuánto va a costar a cada uno de los españoles? ¿Piensa el gobierno en nuevas expropiaciones? / ¿Quién será elegido?, ¿cómo?, ¿por quién? / ¿Quién lo ha hecho?, preguntó el profesor. / Si la vida sigue subiendo, ¿quién podrá comprar un piso?*	Las interrogativas no difieren de otras oraciones en la puntuación. Según sea ésta, se pondrá mayúscula o minúscula. Si son varias, breves y seguidas, excepto la primera, se escriben con minúscula; al igual que si son elementos no iniciales de una oración.
d) *Dicen que nació en 1978 (?) / Gengis Kan (¿1155-1227?). / David, rey hebreo (1015 a.J.C.-¿975?).*	Incertidumbre de un dato.

OBSERVACIONES:

1.ª No se emplean los signos de interrogación en las interrogativas indirectas: *me gustaría saber más de usted; averigua quién fue* (V. **acento, 4**).

2.ª No se escribe punto tras el segundo signo de interrogación.

3.ª No sobra insistir en que la lengua española exige el uso de los dos signos.

Exclamación (¡ !)

a) *¡Fuego! ¡Bendito seas! ¡Cuán inconstante es la fortuna de los hombres!*	En toda clase de frases exclamativas, ponderativas, etc.
b) *¿Qué persecución, Dios mío! ¡Por favor, quieren callarse?*	Interrogación y admiración combinadas.
c) *Es tan valiente (!) que a sí mismo se causa pavor.*	Ironía.

En cuanto a la puntuación y al uso de mayúscula o minúscula en las exclamativas, sirve, igualmente, el apartado c) de la interrogación y las advertencias 2.ª y 3.ª; amén de que hay que tener en cuenta que los determinantes y pronombres exclamativos llevan siempre tilde.

pupitre (fr. < l. *pulpitu*) *m.* Mueble de madera, con tapa en forma de plano inclinado, para escribir sobre él.

I) pupo *m. Sal.* Abubilla.

II) pupo (quechua *pupu*) *m. Amér.* Ombligo.

puposo, -sa *adj.* Que tiene pupas. -2 *f.* Pupusa, tortilla.

pupusa *f. Amér. Central.* Empanada de maíz y queso.

pupuso, -sa *adj. Guat.* Rechoncho. 2 *Guat.* Hinchado. 3 *Guat.* Orgulloso, engreído. 4 *Guat.* Muy rico.

puque (maya *puk*, pobre) *adj. Méj.* Huevo huero.

puquial *m. Perú.* Fuente, manantial. -2 *adj. Argent.* Relativo al agua del puquio.

puquio (quechua y aimara) *m. Amér. Merid.* Manantial de agua.

puramente *adv. m.* Con pureza. 2 Meramente, estrictamente. 3 DER. Sin condición, excepción, restricción ni plazo.

purana (sáns.) *m.* Poema sánscrito que, junto con otros diecisiete, contiene la teogonía y cosmogonía de la ant. India. Su filosofía religiosa es monoteísta y panteística, pero su concepción popular es politeísta; en cuanto a su doctrina, prevalece la de la metempsícosis, como consecuencia de las acciones humanas.

puraqué *m. Argent.* Temblador (pez).

purasangre *adj.-s.* Animal que desciende de individuos de la misma raza, en especial los caballos de carreras.

puré (fr. *purée*) *m.* Pasta de legumbres u otras cosas comestibles, cocidas y pasadas por colador. 2 Sopa de esta pasta desleída en caldo. ◇ Pl.: *purés.*

purear *intr.* Fumar cigarro puro.

purera *f.* Cigarrera.

pureza *f.* Calidad de puro. 2 fig. Virginidad, doncellez. 3 fig. Casticismo en el lenguaje.

SIN. / **Puridad,** lit.

purga (de *purgar*) *f.* Medicina que se toma para descargar el vientre. 2 fig. Residuos de algunas operaciones industriales. 3 fig. Eliminación de aquellas personas consideradas sospechosas o in-

PUNTUACIÓN (continuación)

Paréntesis [( )]

Avellaneda, queriendo competir con Cervantes (a tanto llega la locura de los hombres), sólo consiguió remedarle.	Aclaración intercalada sin conexión gramatical con el resto de la frase.
b) *Perdió Boabdil a Granada el año de la héjira 897 (1492). Dicen los ingleses que el tiempo es oro (Time is money).*	Datos complementarios, textos en lengua original, etc.
c) *Imp(eratori) Caes(ari); B.U.P. (Bachillerato Unificado polivalente)*	Indicación de lo que falta. Explicación de abreviaturas, siglas, acrónimos, etc.
d) *DON ROSARIO. — (Ya junto a la puerta del foro, para salir.)* *BUBY. — (Golpeando.)*	En las acotaciones en el teatro o similares.
e) (*1*) (*)	Para remitir a una nota a pie de página.

La puntuación dentro del paréntesis es independiente del resto del período en que va inserto. Los signos de puntuación correspondientes a la frase en la que se intercala una frase parentética se colocan detrás del paréntesis. El punto final de los apartes va colocado dentro del paréntesis.

Corchetes ([ ])

De función esencialmente análoga a los paréntesis, se utilizan en casos especiales.

a) *«En un lugar de la Mancha* [...] *no ha mucho tiempo que vivía un hidalgo* [...]»	Para enmarcar los puntos suspensivos que indican supresión de algún fragmento en la copia de un texto.
b) *Los orígenes de la crisis (subida del precio del petróleo, regreso de los emigrantes, muerte de Franco [1975]).*	Para intercalar dentro de un período parentético otro elemento del mismo tipo.
c) *Nervae Aug(usto) Firmana infas, an[ima] dulcis.*	Para indicar en la copia de códices o inscripciones lo que falta y se suple conjeturalmente.
d) *«Lo terrible históricamente es que tan altas empresas [las del siglo XVIII] quedaran truncadas casi como las del siglo XVI.» (Américo Castro).*	Para hacer una aclaración en la cita de un texto.
e) [*sic*] *La ley prohibe* [*sic*] [*prohíbe*]. Era muy soberbio e de seso libiano. [*sic*] [*liviano*]. *El director detenta* [*sic*] *el cargo.* [*Lo ocupa ilegalmente, no queremos decir simplemente que lo ocupa* (*V. detentar*)].	Se utiliza esta palabra latina, que significa *así,* cuando se copia un texto con errores o con vocablos antiguos de diferente grafía a la actual. También para indicar que se emplea intencionadamente una palabra de una determinada forma o significado.
f) *porque preveen* [*prevén*] *una tirada.*	Para señalar correcciones.

g) La Real Academia Española recomienda que, en las obras de teatro, se encierre entre corchetes lo que los actores dicen aparte. El punto final de los apartes va colocado dentro de los corchetes. Pero lo más frecuente es verlo entre paréntesis, o con indicaciones como Aparte, [Ap.] o semejantes. En cuanto a la puntuación, sirve lo dicho para el paréntesis.

deseables por ciertos partidos políticos. 4 *Perú* y *P. Rico.* vulg. Miel.

SIN. *1* **Purgante; drástico,** si es de acción muy enérgica; **laxante,** si es suave.

purgable *adj.* Que se puede o debe purgar.

purgación (l. *-atione*) *f.* Acción de purgar o purgarse. 2 Efecto de purgar o purgarse. 3 Líquido purulento que se produce en la uretra. 4 ~ ***vulgar,*** prueba judicial de la inocencia o culpa del reo mediante juicio de Dios. 5 DER. Refutación de notas o indicios inculpadores contra una persona. 6 DER. ~ ***canónica,*** prueba que los cánones establecen para el caso que uno fuere infamado o notado por un delito que no se puede plenamente probar, reducida a que se purgue la nota o infamia del acusado por su juramento y el de los compurgadores. -7 *f. pl.* Blenorragia.

SIN. *4* y *5* **Compurgación.**

purgador, -ra *adj.-s.* Que purga.

SIN. v. **Purga.**

purgamiento *m.* Purgación (acción y efecto).

purgante *adj.-m.* Que purga.

purgaperros *m. La Mancha.* Salsilla de tomate con un poco de aceite crudo, sal y agua.

purgar (l. *-are*) *tr.* Limpiar, purificar [una cosa] quitándole todo aquello que no le conviene. 2 p. anal. Dar [al enfermo] una medicina para exonerar el vientre: *purgarse con acíbar.* 3 Evacuar [un humor]: ~ *una llaga; la llaga purga,* o *se purga.* 4 Satisfacer con una pena lo que uno merece [por su culpa o delito]: ~ *una fechoría; intr.,* ~ *por un robo.* 5 esp. Padecer el alma las penas del purgatorio para purificarse [de las reliquias del pecado] y poder entrar en la gloria: ~ *los pecados; intr.,* ~ *por los pecados.* 6 fig. Purificar, acrisolar [una cosa no material]: ~ *el estilo.* 7 fig. Corregir, moderar [las pasiones]. 8 DER. Desvanecer [los indicios o sospecha] que hay contra una persona. -9 *prnl.* Libertarse de cualquier cosa no material que causa gravamen. ◇ **CONJUG. [7] como ***llegar.***

SIN. *1* v. **Purificar.** *4* y *5* **Expiar.**

PUNTUACIÓN (continuación)

Comillas (« »)

a) *Dijo Américo Castro: «¡Vulgarismo, popularismo! [...], son dos pestes embutidas en los flancos de nuestro pueblo.»*	Para citar palabras textuales.
b) *El «flirt» de la princesa fue el «boom» del año. Se consideró «contrarrevolucionaria» la campaña antiturística.*	Palabras extranjeras, que se quieren destacar o se usan irónicamente.
c) *Lope de Vega, «Monstruo de la Naturaleza»; el perro «Nerón»; la finca «Villa Ulia»; Luis «el Gitano»; «La información hoy»; «Sobre los ángeles».*	En sobrenombres, en nombres propios de animales o cosas, en apodos. Temas de conferencias, artículos.

OBSERVACIONES:

1.ª No se utilizan las comillas en el estilo indirecto, en los resúmenes o síntesis de un autor.

2.ª Si el nombre del autor o fuente no se coloca al principio, se intercala entre guiones o comas.

3.ª Las comillas simples ('' o ') se usan dentro de un texto entrecomillado. También para señalar que una palabra se emplea en su valor conceptual o como definición de otra: *«Expirar» 'morir'* no significa lo mismo que ''espirar'' el aire. V. el artículo **comilla** para los distintos tipos de comillas.

4.ª Cuando se mezclan palabras de un autor con palabras propias, se encierran entre comillas las palabras ajenas.

5.ª Si el texto que se reproduce es muy extenso, se colocan comillas invertidas (») al comienzo del segundo parágrafo y siguientes.

6.ª En la letra impresa existe la tendencia a usar la cursiva para los nombres o títulos de obras literarias y artísticas, periódicos, programas científicos, entidades comerciales, formaciones políticas, calles, plazas, esto es, cuando una mayúscula sirve como signo diferenciador. Pero no deja de verse también la solución de las comillas.

7.ª En cuanto a la puntuación, las opiniones son diversas; pero las más generales son: el punto se pone dentro de las comillas finales cuando el texto entrecomillado comienza parágrafo o va después de un punto; la coma, el punto y coma y los dos puntos se escriben siempre después de las comillas; en resumen, la estructura de la frase es la que obliga a una determinada puntuación. Todos estos pequeños problemas de las comillas se resuelven, como es hoy práctica común en tipografía, componiendo el texto citado en cuerpo menor que el empleado en el resto del texto, es decir, dejando más margen a derecha e izquierda de la página; pues esta forma de transcripción no emplea las comillas.

purgativo, -va *adj.* Que purga o tiene virtud de purgar.

purgatorio, -ria (l. *-iu,* que purifica) *adj.* Purgativo. -2 *m.* En la religión católica, lugar donde las almas no condenadas al infierno purgan sus pecados antes de ascender al cielo. 3 fig. Lugar donde se vive con trabajo y penalidad. 4 fig. Esta misma penalidad.

purgo *m. Venez.* Balata (árbol).

purguera *f. Venez.* Departamento en las haciendas de caña donde el azúcar purga la miel, o se purifica.

purguero *m. P. Rico.* Purguera.

purguó *m. Venez.* Balata (árbol).

puridad (l. *-itate*) *f.* Pureza (calidad). 2 Secreto. 3 *En ~,* desus., sin rebozo, claramente; en secreto.

purificación (l. *-atione*) *f.* Acción de purificar o purificarse. 2 Efecto de purificar o purificarse. 3 Fiesta que el día 2 de febrero celebra la Iglesia en memoria de que Nuestra Señora presentó a su Hijo en el templo a los cuarenta días de su parto. 4 Lavatorio con que en la misa se purifica el cáliz después de consumido el sanguis.

purificadero, -ra *adj.* desus. Que purifica.

purificador, -ra *adj.-s.* Que purifica. -2 *m.* Paño de lino o cáñamo, del que se sirve el sacerdote para purificar el caliz, los dedos y los labios en la misa después de la ablución. 3 Lienzo con que el sacerdote se limpia los dedos en el altar.
SIN. *3* **Cornijal.**

purificante *adj.* Que purifica.

purificar (l. *-are*) *tr.* Quitar [de una cosa] lo que es extraño, lo que se opone a su pureza; dejarla en estado de pureza o perfección. 2 Limpiar de toda imperfección [una cosa no material]: *purificarse de la mancha.* 3 esp. Acrisolar Dios [las almas] por medio de las aflicciones y trabajos. 4 En la ley antigua, practicar las ceremonias para dejar libres de impurezas [a pers. o cosas]. 5 En otro tiempo, rehabilitar para el servicio [a los impurificados por causas políticas]. 6 fig. Limpiar de toda mancha moral. 7 DER. Cumplirse o suprimirse la condición [de que un derecho dependía o que lo modificaba]. ◇ ** CONJUG. [1] como *sacar.*
SIN. *1* Serie intensiva: **purgar, depurar, purificar.** Sin que haya separación absoluta entre los tres verbos, el primero significa quitar las impurezas más gruesas y visibles, p. ej. en ciertas industrias se *purga* una masa de sus escorias. En cambio las aguas de la ciudad se *depuran* o *purifican.* **Purificar** con respecto a **depurar** sugiere mayor grado de perfección. En el ejemplo anterior, se prefiere decir que las aguas se *depuran* por sedimentación de la tierra que las enturbiaba; pero se *purifican* con la destrucción de los gérmenes patógenos.

¡purifícate! *Méj.* Interjección con que se ordena a una persona pagar.

purificatorio, -ria *adj.* Que sirve para purificar una cosa.

purín *m. And.* Parte líquida que rezuma del estiércol.

purina *f.* Compuesto orgánico que abunda en los núcleos de las células y constituyen la base de ciertos alcaloides.

purisca *f. C. Rica.* Época en que florecen los frijolares.

puriscar *intr. C. Rica.* Comenzar a floriscar los frijoles. ◇ **CONJUG. [1] como *sacar.*

purisco *m. C. Rica.* Flor del frijol o judía.

Purísima *n. pr.* Nombre antonomástico de la Virgen María en el misterio de su Inmaculada Concepción.

purismo *m.* Calidad de purista.

purista (fr. *puriste*) *adj.-com.* Que escribe o habla con pureza. 2 Extremadamente riguroso en evitar o censurar toda palabra o giro de origen extranjero. 3 Exigente sobre la calidad técnica de algo.
SIN. **Casticista.**

puritanismo *m.* Secta y doctrina protestante, separada de la iglesia anglicana, por lo cual sus adeptos son llamados también no conformistas. Intentaban dar al anglicanismo un contenido más de acuerdo con el principio reformador, esp. el propugnado por Calvino (1509-1564). Entre las sectas protestantes, el puritanismo representa el rigorismo extremo, oponiéndose a cualquie-

PUNTUACIÓN (continuación)

Guión mayor o raya (—)

a) *—¿De quién es la imagen que hay en la moneda?* *—Del César.* *—Vengo a ver mi examen. —Ahora no puedo.*	En los diálogos, tanto si las intervenciones van en renglones distintos, como si van seguidos. En las obras teatrales no se usa la raya, porque el nombre del personaje que habla la hace innecesaria.
b) *—He sido yo —dijo Ana—. Y lo haré más.* *—Yo te creo, Ana. —Coge sus manos—. ¿Me crees tú a mí?* *—No te creo, Juan —repuso Ana al instante.*	Separa los diálogos de los comentarios de autor.
c) *«Mi historiografía —dijo Américo Castro— aspira a ser explicativa y no demoledora.»*	En las citas textuales para separar la expresión que indica el autor.
d) *La revista Juvenalia —su mismo título lo anuncia— está pensada para los jóvenes. Los nuevos medios —vídeos, computadoras, bancos de datos, etc.— están cambiando la vida.*	Para insertar incisos, aclaraciones o aposiciones a un término ya nombrado.
e) *Padecer del riñón. —de vesícula. —de hígado* *Verbos: irregulares Pérez Galdós: Marianela* *— regulares — Misericordia*	Para indicar la palabra que se ha de entender suplida en un mismo renglón o en renglones diferentes.

OBSERVACIONES:

1.ª No hay que abusar de este signo, por moda, en detrimento de las comas y el paréntesis: la raya traba más que las comas y el paréntesis más que las rayas; además, las rayas, a la vez que aíslan, realzan la expresión que encierran, pero si no se abusa de ellas.

2.ª Cuando en una frase entre comillas se hace un inciso se usan las rayas.

3.ª Hay que procurar que no quede al final o principio de línea, ni dividir palabras con guiones cerca de las rayas.

4.ª Las rayas —como el paréntesis— no guardan espacio con lo se escribe dentro de ellas, sí lo guardan con la palabra que le antecede y le sigue (si la hay).

5.ª Para la puntuación dentro y fuera de las rayas es válido lo dicho para el paréntesis. No obstante, se suele suprimir la segunda raya («por razones estéticas»), cuando sigue punto y aparte o punto final. Si hay punto antes del inciso, éste comienza con mayúscula (V. el apartado *b*).

Igual o dos rayas (=)

a) Se usa en las copias para señalar que en el original se pasa a párrafo distinto.

b) Es el símbolo matemático de igualdad.

c) Puede encontrarse fuera de textos matemáticos con valor de igualdad: *El Brocense* (= *Francisco Sánchez de las Brozas*); *Un duro* (= *cinco pesetas*).

d) Para aclarar enmiendas: *lo raspado* = *Insuficiente; lo interlineado* = *a veces.*

ra interposición material entre Dios y el hombre aceptando la Biblia inglesa como norma de fe, pero con la libre interpretación según el juicio individual. 2 p. ext. Escrupulosidad exagerada en el proceder. 3 Calidad de puritano.

puritano, -na (ing. *puritan*) *adj.-s.* Partidario del puritanismo. 2 fig. [pers.] Que real o afectadamente profesa con rigor las virtudes públicas o privadas y hace alarde de ello; rígido, austero. -3 *adj.* Relativo a los puritanos.

purna *f. Ar.* Chispa.

purnear *intr. Cuenca* Lloviznar.

puro, -ra (l. *-ru*) *adj.* Libre y exento de toda mezcla de otra cosa. 2 Casto. 3 fig. Libre y exento de imperfecciones. 4 [lenguaje o estilo] Correcto, exacto, que sigue las leyes gramaticales, exento de voces o construcciones extrañas o viciosas; [pers.] que se ajusta a ellos: *prosa ~; escritor ~*. 5 Mero, solo, no acompañado de otra cosa. 6 Que no incluye ninguna condición, excepción o restricción ni plazo. 7 Que procede con desinterés en el desempeño de un empleo o en la administración de justicia. 8 ***De puro, loc. adv.***, acompaña a un adj., con el significado de *tan, mucho, muy: la casa se cayó de ~ vieja.* -9 ***adj.-s.*** V. cigarro puro. -10 ***m. La Mancha.*** Pez (montón prolongado de trigo en la era). FRS. *A ~*, a fuerza de; *de ~*, sumamente, excesivamente, a fuerza de.

púrpura (l. *purpura;* gr. *porphy'ra*) *f.* Molusco gasterópodo marino, de branquias pectiniformes, el cual segrega un líquido amarillento que, por oxidación, se transforma en rojo o violado, muy usado antig. en tintorería y pintura (gén. *Murex; Purpura).* 2 Tinte que los antig. preparaban con la tinta de este molusco o de otros parecidos. 3 Tela, comúnmente de lana, que formaba parte de las vestiduras propias de sumos sacerdotes, cónsules, reyes, emperadores, etc. 4 fig. Prenda de vestir del color de la púrpura que forma parte del traje característico de emperadores, reyes, cardenales, etc. 5 Dignidad imperial, real, consular, cardenalicia, etc. -6 ***adj.-m.*** Color rojo subido que tira a violado. 7 BLAS. Color heráldico que en pintura se representa por el violado y en dibujo

Guión (-)

Se usa este signo cuando al final de un renglón no cabe una palabra entera. Dado este caso, se observan estas reglas:

1. No se pueden separar las letras que forman sílaba (V. **sílaba**). Hay que tener presente:
   a) Una consonante entre vocales forma sílaba con la que le sigue: *a-le-ro, bo-ca.*
   b) Un grupo de dos consonantes entre vocales: cada consonante se junta con la vocal inmediata: *al-ma, in-me-dia-to.*
   c) Los grupos de consonantes formados por *p, b, c, g, f,* seguidos de *l* o *r,* y *d, t* agrupadas con *r,* forman sílaba con la vocal siguiente: *plo-mo, pron-to.*
   d) Si hay tres o cuatro consonantes entre dos vocales, las dos primeras van con la vocal precedente: *ins-tan-te, ins-trucción.* Pero téngase en cuenta el apartado *c.*
   e) No deben separarse las letras que forman un diptongo o triptongo: *tiem-po, a-ve-ri-güéis.* Igualmente no deben separarse dos vocales, aunque formen sílaba diferente: *atraer, poesía,* ni las vocales iniciales y finales de palabra que constituyan sílaba por sí solas: *á-gui-la, e-clip-se, i-lu-so, o-cho, u-ña.*
   f) Es recomendable no separar las palabras de forma que se produzcan «voces malsonantes» o resulten enunciados impropios: *puta-/ tivo, ex-/ pedito; El malestar causado por la pro-/ vocación de los ladrones; Las in-/ justicias del paro.*
   g) Las palabras que tienen una *h* precedida de una consonante se dividen, a final de renglón, separándolas: *in-humano, Al-hambra.*
   h) Los dígrafos *ch, ll* y *rr* no se separan.
2. Separación de compuestos:
   a) Cuando un compuesto está formado de palabras que por sí solas tienen uso en la lengua o de un prefijo y una de estas palabras, se puede separar el compuesto separando sus componentes, o bien por sílabas: *nos-otros/no-sotros; des-aliento/de-saliento.*
   b) Se unen con guión los gentilicios de dos pueblos o territorios en que los elementos componentes aparecen en oposición o contraste: *guerra franco-prusiana; convenio postal hispano-luso-americano.* Cuando el compuesto designa una realidad geográfica o política en que los componentes se integran con nuevo significado, se escribirá sin guión: *hispanoamericano, checoeslovaco* o *checoslovaco.* Si el segundo elemento de un compuesto comienza por sílaba formada por una sola vocal, no debe quedar esta sílaba al final de la línea.

Barra diagonal (/)

Es un signo emparentado en su utilización con el guión.

Principales usos:

1) La barra contrasta o une palabras y conceptos, a la vez que ofrece varias posibilidades de lectura:

   un sobrino natural/intelectual del escritor
   el cadáver está verde/hígado
   lo demás es fascismo de derecha/izquierda

2) Para separar los versos escritos en línea, y para señalar el final de línea cuando se copia o transcribe un texto:

   en tu jardín,/ planté claveles,/ y ortigas se volvieron/ por tus desdenes./

3) Equivale a *por* en la expresión *km/h* y similares.

4) En Fonología se emplea para encerrar las transcripciones.

5) Separa los números de las publicaciones, decretos, leyes, etc., del año de publicación: *20/1982.* También separa los capítulos o apartados de un libro de las páginas de referencia: *7/4.*

OBSERVACIONES:

Es incorrecto el uso de la barra en la combinación *y/o.*

odinario por medio de líneas diagonales que, partiendo del cantón siniestro del jefe, bajan hasta el opuesto de la punta. -8 ***adj.*** De color púrpura. -9 ***f.*** Sangre; MED., estado morboso caracterizado por hemorragias, petequias o equimosis. 10 ~ ***de Casio,*** oro en polvo finísimo, de color rojo pardusco, que se hace precipitar de las disoluciones de sus sales por medio de ciertas substancias.
SIN. *2* **Ostro.** *7* **Mixtión.**

purpurado ***m.*** Cardenal (prelado).

purpurar (l. *-are*) ***tr.*** Teñir de púrpura [una cosa]. 2 Vestir de ella [a una persona].

purpúrea (l.) ***f.*** Lampazo (planta).

purpurear ***intr.*** Mostrar una cosa el color de púrpura que en sí tiene. 2 Tirar a purpúreo.

purpúreo, -a ***adj.*** De color de púrpura. 2 Relativo a la púrpura.
SIN. *1* **Coccíneo,** p. us.

purpurina ***f.*** Substancia colorante roja, extraída de la raíz de la rubia. 2 Polvo finísimo de bronce o de metal blanco, usado en la pintura.

purpurino, -na ***adj.*** Purpúreo.

purrela (voz descriptiva) ***f.*** Vino último e inferior de los llamados aguapié.

purrete ***m. Argent.*** Chicuelo, arrapiezo.

purria ***f.*** desp. Gentuza, chusma.

purriela ***f.*** desp. Cosa despreciable o de mala calidad.

purrón ***m. P. Rico.*** Redoma o vasija de vidrio, lata, etc.

purrú ***m. S. Dom.*** Voz que se usa repetida para llamar a los cerdos.

purulencia ***f.*** Supuración.

purulento, -ta (l. *-tu*) ***adj.*** Que tiene pus.
SIN. **Virulento.**

puruña ***f. Argent.*** Tinaja.

pururú ***m. Argent.*** Pororó, rosetas de maíz.

¡pus! *Argent.* Interjección ¡Puf!

PUNTUACIÓN (continuación)

La diéresis o crema (¨)

Se colocan estos dos puntos sobre la *u* en las combinaciones *gue, gui,* para indicar que se pronuncia esa vocal: *lingüística, argüir, sinvergüenza.*

En la poesía se emplea para dar al verso una sílaba más. Se coloca la diéresis sobre la primera vocal de un diptongo: *rüido, fïel.*

Asterisco (*)

Es una estrellita que se pone sencilla, doble o triple en ciertas palabras de un texto, como llamada a nota que va encabezada también por ese signo. Para la misma función se emplean números, letras o cualquier otro signo, en lugar del asterisco.

Se emplea en filología para indicar formas o estructuras hipotéticas.

En este DICCIONARIO se emplea según se explica en la lista de ABREVIATURAS.

Apóstrofo (')

Antiguamente se empleaba en la poesía para indicar la omisión o elisión de una vocal: *d'aquel,* por *de aquel; qu'es,* por *que es.*

Recientemente, y para evitar dudas al lector, se ha restablecido en algunas reimpresiones de textos antiguos, donde aparecen palabras de este tipo como si de una sola se tratara: *ques, deste.*

Calderón (¶)

Tenía antiguamente los mismos oficios que el párrafo. Ahora se emplea en la imprenta para hacer alguna observación especial.

Párrafo (§)

En otros tiempos sirvió para distinguir los distintos apartados de un texto, y como signatura de pliegos impresos. Actualmente se utiliza en lo impreso, seguido del número que le corresponda, para indicar divisiones internas de los capítulos: § 2, § 19.

Llave ({ })

Se emplea en las fórmulas matemáticas y para abrazar miembros de un cuadro sinóptico o similar que deben considerarse agrupados y unidos para determinado fin.

Manecilla (☞)

Este signo, puesto al margen o en el texto, indica que lo señalado es útil o interesante. Actualmente se suele sustituir por otros signos.

pus (l.) ***m.*** Humor espeso, blanco amarillento, que secretan accidentalmente los tejidos inflamados y fluye con más o menos abundancia de los diviesos, llagas, etc. ◇ Se usa mucho como f. ◇ Pl.: *puses.*

SIN. **Materia, podre, podredumbre.** REL. En el tecnicismo médico se forman derivados del gr. *pyon: piogenia, piorrea, pioftalmía.*

puscallo ***m.*** *Bol.* Flor de cactus.

pusilánime (l. *pusillanime*) ***adj.-s.*** Falto de ánimo, cobarde o tímido.

SIN. v. **Medroso.**

pusilanimidad ***f.*** Calidad de pusilánime.

pusinesco, -ca (fr. *poussinesque,* de *Poussin,* 1594-1665, pintor francés) ***adj.*** [pintura] Que representa a las personas en un tercio de su tamaño natural.

puspo, -pa ***adj.*** *Guat.* Hinchado; rechoncho. -2 ***m.*** *Perú.* En algunas regiones, habas tostadas y sancochadas con sal.

pústula (l.) ***f.*** Vejiguilla de la piel, llena de pus.

pustuloso, -sa ***adj.*** Relativo a la pústula.

pusuca ***f.*** *Argent.* Costumbre de pusuquear.

pusunque ***m.*** *Guat.* Brebaje más o menos espeso. 2 *Guat.* Sedimento, residuo de algunos líquidos.

pusuquear ***intr.*** *Argent.* Vivir de gorra.

puta (l., muchacha) ***f.*** Ramera.

putada ***f.*** vulg. Faena, mala pasada.

putaísmo ***m.*** Vida, ejercicio de mujer perdida. 2 Reunión de estas mujeres. 3 Casa de prostitución.

putanismo ***m.*** Putaísmo.

putañear (de *putaña;* ant. *puta*) ***intr.*** fam. Darse al vicio de la torpeza buscando las mujeres perdidas.

putañero ***adj.*** [hombre] Que putañea.

putativo, -va (l. *putativu*) ***adj.*** Reputado o tenido por padre, hermano, etc., no siéndolo.

SIN. **Existimativo.**

putear (de *puta*) ***intr.*** Putañear. -2 ***tr.*** Fastidiar, jorobar.

putería ***f.*** Putaísmo. 2 fig. Arrumaco, roncería de que usan algunas mujeres.

putero ***adj.*** Putañero.

putesco, -ca ***adj.*** Relativo a las mujeres perdidas.

puto, -ta ***adj.*** Calificación denigratoria: *no tengo una puta peseta,* aunque por antífrasis puede resultar encarecedor. 2 Necio, tonto. -3 ***m.*** Sodomita.

putrefacción (l. *-ctione*) ***f.*** Acción de pudrir o pudrirse. 2 Efecto de pudrir o pudrirse. 3 Podredumbre.

SIN. **Podredura, pudrimiento, corrupción, pudrición,** son denominaciones más populares; **putrefacción,** es término docto.

putrefactivo, -va ***adj.*** Que puede causar putrefacción.

putrefacto, -ta ***adj.*** Podrido, corrompido.

putrescencia (del l. *putrescere,* corromperse) ***f.*** Estado en que se encuentra un cuerpo en vías de putrefacción.

putrescente ***adj.*** Que se halla en estado de putrefacción.

putrescible ***adj.*** Que se pudre o puede pudrirse fácilmente.

putridez ***f.*** Calidad de pútrido. 2 Putrefacción.

pútrido, -da (l. *-du*) ***adj.*** Putrefacto. 2 Acompañado de putrefacción.

putrílago ***m.*** MED. Materia pultácea producida por la necrosis de los tejidos gangrenados.
putt ***m.*** DEP. En el juego del golf, golpe dado a la pelota desde el green para intentar embocar. 2 Palo de golf con el que se efectúa este golpe. ◇ Se pronuncia *pat.*
putuca ***f.*** *Bol.* Instrumento músico de repercusión, especie de bomba.
putumaense ***adj.-s.*** Putumayo.
putumayense ***adj.-s.*** Putumayo.
putumayo, -ya ***adj.-s.*** De Putumayo, comisaría de Colombia.
pututo (aimara) ***m.*** *Bol.* y *Perú.* Cuerno de buey que sirve para tocar.
pututu ***m.*** *Bol.* Rancho de viaje hecho de charqui, arroz y sal.
I) puya (var. de *púa*) ***f.*** Punta acerada en una extremidad de las varas o garrochas, para estimular o castigar a las reses. 2 *Pan.* Machete. -3 ***adj.*** *P. Rico.* Relativo a la bebida del café sin azúcar.
II) puya (quechua *puuya*) ***f.*** *Chile.* Nombre de varias especies de plantas bromeliáceas medicinales. De una de ellas se obtiene la goma de chagual *(Puya chilensis; P. coarctata).*
puyada ***f.*** *Hond.* Corrida de toros.
puyador ***m.*** *Guat.* y *Hond.* Picador de toros.
puyar ***tr.*** *Amér. Central.* Molestar, cucar. -2 ***tr.-prnl.*** *Amér.* Herir [al animal] con puya. -3 ***tr.*** *Colomb.* Incitar con ahínco. -4 ***intr.*** *Chile* y *Salv.* Luchar, bregar. 5 *Venez.* Despuntar, nacer un vegetal.
puyazo ***m.*** Herida hecha con puya.
puyeño, -ña ***adj.-s.*** De El Puyo, cap. de la prov. de Pastaza (Ecuador).
puyero, -ra ***adj.*** *Cuba.* Pullista. 2 *Cuba.* [pers.] Que tiene la punta de los pies hacia dentro.
puynga ***f.*** *Bol.* Colmena subterránea.
puyo, -ya ***adj.*** *Guat.* Pobre, sin dinero. -2 ***m.*** *Argent.* Especie de poncho o capote basto de lana.
puyón ***m.*** *And., Amér. Central* y *Venez.* Lleta. 2 *Amér. Central* y *Venez.* Púa o puya del trompo. 3 *Bol.* Corta suma de dinero. 4 *Bol.* Espolón del gallo. 5 *Colomb., Guat.* y *P. Rico.* Puyazo, pinchazo.
puzle ***m.*** Rompecabezas (pasatiempos).
puzol (de *Puzol,* pueblo de Italia) ***m.*** Puzolana.
puzolana ***f.*** Roca silícea de origen volcánico que, molida y mezclada con cal, forma un mortero hidráulico.
puzungo ***m.*** *Amér. Central.* Pozole (bebida).
puzunque ***m.*** *Guat.* Pusunque, brebaje.

Q

Q, q *f.* Cu, decimoctava letra del **alfabeto español que con la *u* constituye el dígrafo *qu*, utilizado delante de *e, i* para representar gráficamente la consonante oclusiva, velar y sorda. 2 ELECTR. *Q*, factor de calidad de un circuito sintonizado o sistema resonante.

quántico, -ca *adj.* Cuántico.

quantum (l.) *m.* FÍS. Cuanto (cantidad de energía). ◇ Pl.: *quanta.*

quásar (del ing. *quasi star*) *f.* ASTRON. Sistema aparentemente estelar, a una enorme distancia de la Tierra, que emite una gran cantidad de energía, y que se mueve a una velocidad casi igual a la de la luz.

I) que (l. *quem*, acusativo de *qui*) *pron. relat.* Equivale a *él, la,* o *lo, cual* y *los*, o *las, cuales*; tiene como antecedente, expreso o callado, un nombre o pronombre y conviene a todos los géneros y números; puede ir precedido de artículo, construcción necesaria en los casos de **anfibología. 2 Cuando no va precedido de prep. hace el oficio de sujeto o complemento directo y alguna vez de complemento circunstancial de tiempo: *el muchacho ~ escribe; la casa ~ compras; el día ~ llegó Pedro...* (pero *el año en ~ murió*). 3 Precedido de prep. hace el oficio de complemento indirecto o circunstancial: *el oficio a ~ te destinan; la casa en ~ vives; el perro sin el ~*, o *el cual, no salgo nunca.* ◇ Sólo puede substituirse por *el, la cual* en las proposiciones adjetivas explicativas; **SINTAXIS y PUNTUACIÓN.

II) que (l. *quid*) *conj.* Sirve principalmente para enlazar oraciones substantivas (enunciativas, desiderativas, dubitativas y de temor) en función de sujeto, complemento directo o de término de una preposición; **SINTAXIS: *se dice ~ no llegarán; deseo ~ vengas; dudo ~ venga; acostúmbrale a ~ se lave; no salgo nunca sin ~ le encuentre;* el verbo de la oración principal se sobreentiende en expresiones como: *~ vengas pronto; ~ buena ventura os dé Dios; vive Dios ~ no puedo sufrirlo; ¿~ tú eres la hermosa Dorotea?* 2 En oraciones coordinadas puede hacer los oficios de conjunción copulativa: *justicia pido, ~ no gracia;* disyuntiva: *~ sea el Rey, ~ sea el Papa;* causal: *lo hará sin duda, ~ ha prometido hacerlo.* 3 En oraciones adverbiales puede hacer el oficio de conjunción final: *dio voces al huésped ~ le ensillase el caballo;* condicional: *la verdad ~ diga, las narices de aquel escudero me tienen atónito;* concesiva: *a mí me hizo llorar, ~ no suelo ser muy llorón;* comparativa en correlación con *más, menos, mejor, menor, diferente, distinto,* etc.: *es más bueno ~ el pan; acaban de comer con diferentes costumbres ~ empiezan;* consecutiva en correlación con *tanto, tan, tal, así,* etc.: *tal me habló, ~ no supe qué responder;* y en las formas *de modo que, de manera que*, expresas o elípticas: *yo le castigaré de modo ~ no se desmande; toca la guitarra ~ la hace hablar.* 4 Deja de pedir verbo en loc. familiares como: *uno ~ otro; otro ~ tal.* 5 Tiene sentido frecuentativo de encarecimiento equivaliendo a *y más* en *dale ~ dale*, y denota el progreso y eficacia de la acción del verbo en *corre ~ corre.* 6 Llevando como antecedente una preposición, adverbio, participio u otra palabra o grupo de palabras, forma parte de muchos modos conjuntivos: *antes ~, después ~, hasta ~, para ~, visto ~, a pesar de ~,* etc. ◇ INCOR.: *te prometo de ~ nadie lo sabrá*, por te prometo ~ nadie lo sabrá (pues *te prometo un libro* no lleva prep.). En cambio es buena construcción: *me alegro de ~ vengas* (pues *me alegro de la noticia*, lleva prep.). ◇ INCOR.: *¡qué bien que estás!* por ¡qué bien estás!

qué (l. *quid*) *pron. interr.* Solo o precedido de prep. equivale a *cuál, cuán* o *cuánto*, esp. en frases interrogativas o admirativas; precede a la palabra a que se refiere: *¿~ gente es ésa?; ¡~ de pobres!; ¿con ~ hombres alternas?* 2 Como neutro equivale a *qué cosa: ¿~ haré?* 3 Une oraciones con el valor de la conjunción *que* en su primera acepción denotando interrogación indirecta: *dime ~ camino he de seguir; mira ~ triste viene; no sé ~ hacer.* 4 *¡Pues ~!*, expr. que se emplea precediendo frase interrogativa pronunciada con reticencia: *¡Pues ~! ¿ha de hacer siempre su gusto?* 5 *¡Pues y ~!*, expr. que se usa para denotar que no tiene inconveniente o que no es legítimo el cargo que se hace. 6 *¡~!* interj. de sentido negativo y ponderativo. 7 *¿Y ~?*, expr. con que se denota que lo dicho o hecho por otro no convence. -8 *m. adv.* ***Sin ~ ni para,*** o ***por, ~***, sin motivo, causa ni razón alguna.

quebracho (contrac. de *quiebrahacha;* comp. de *quebrar* + *hacha*) *m. Argent.* y *Bol.* Árbol de gran altura y madera muy dura *(Aspidosperma quebracho).*

quebracía *f. And.* Hernia.

quebrada (de *quebrado*) *f.* Abertura estrecha y áspera entre montañas. 2 Quiebra (pérdida). 3 *Amér.* Arroyo o riachuelo.

quebradero *m.* desus. Quebrador. 2 ***~ de cabeza,*** cosa que inquieta el ánimo. 3 *And.* Torna.

quebradillo *m.* Movimiento especial que se hace con el cuerpo y suele usarse en la danza.

quebradizo, -za *adj.* Fácil de quebrarse, frágil. 2 fig. Delicado en la salud. 3 [voz] Ágil para hacer quiebros en el canto. 4 fig. Quisquilloso: *humor ~.*

quebrado, -da *adj.-s.* Que ha hecho quiebra (en el pago). 2 Que padece quebradura o hernia. -3 *adj.* Quebrantado, debilitado: *~ de color.* 4 [terreno o camino] Desigual y tortuoso. 5 V. línea quebrada. 6 MAT. V. número quebrado. 7 MÉTR. Pie quebrado. -8 *m. pl.* Trechos rayados y trechos sin rayas que hay en una de las diferentes clases de papel pautado en que aprenden a escribir los niños. -9 *adj. Logr.* [animal] Castrado defectuosamente. -10 *m. Logr.* Cauce natural que se aprovecha para llevar las aguas de un río o acequia principal a otro o a los regadíos alejados de ésta. -11 *adj.-s. Cuba.* Hoja de tabaco de superior calidad, pero agujereada. -12 *m. Cuba.* Paso navegable entre dos grupos de arrecifes.

SIN. *1* **Fallido.** *2* v. **Hernioso.** *3* **Fraccionario.**

quebrador, -ra *adj.-s.* Que quiebra algo. 2 Que quebranta una ley o estatuto.

quebradura (de *quebrado*) *f.* Hendedura, rotura o abertura. 2 Hernia.

quebraja (de *quebrajar*) *f.* Grieta, rendija, raja.

quebrajar *tr.* Resquebrajar.

quebrajoso, -sa *adj.* Quebradizo. 2 Lleno de quebrajas.

quebramiento *m.* Quebrantamiento.

quebrancía *f. And.* y *La Mancha.* Hernia.

quebrantable *adj.* Que se puede quebrantar.

quebrantado, -da *adj.* Roto, dolorido.

quebrantador, -ra *adj.* Que quebranta. -2 *m.* Máquina que se emplea para quebrantar minerales, raíces, etc.

quebrantadura (de *quebrantar*) *f.* Quebrantamiento.

quebrantahuesos (de *quebrantar + hueso*) *m.* Ave rapaz falconiforme, la mayor de Europa, de color pardo obscuro y leonado, con la cabeza blanca, pico rodeado de cerdas y tarsos cortos y emplumados; persigue a los mamíferos pequeños *(Gypœtus barbatus).* 2 Halieto. 3 Juego de muchachos en que dos de ellos se agarran por la cintura, uno de pie y otro de cabeza abajo, volteándose mutuamente. 4 fig. Sujeto impertinente, pesado y molesto. 5 *La Mancha.* Ungüento hecho con cera virgen y aceite de alacranes, de color verdoso, que se aplica en las picaduras de tábanos, avispas, etc. ◇ Pl.: *quebrantahuesos.*

SIN. *1* **Osífraga, osífrago.**

quebrantamiento *m.* Acción de quebrantar o quebrantarse. 2 Efecto de quebrantar o quebrantarse.

quebrantaolas (de *quebrantar + ola*) *m.* MAR. Navío inservible que, lleno de piedras, se echa a pique delante de una obra hidráulica para quebrantar la marejada. 2 Boya pequeña asida a otra mayor cuando el orinque de ésta no llega a la superficie del agua. ◇ Pl.: *quebrantaolas.*

quebrantapiedras (de *quebrantar + piedra*) *f.* Planta paroniquiácea que se ha usado contra el mal de piedra *(Herniaria cinerea).* ◇ Pl.: *quebrantapiedras.*

quebrantar (frecuent. de *quebrar*) *tr.-prnl.* Cascar o hender [una cosa] poniéndola en estado de que se rompa. -2 *tr.* Romper, separar con violencia [las partes de un todo]; esp. moler, machacar [una cosa]. 3 fig. Violar o profanar [algún sagrado, seguro o coto]. 4 fig. Forzar, romper [los impedimentos que embarazan para la libertad]: *quebrantó la prisión.* 5 fig. Traspasar, violar [una ley, palabra u obligación]. 6 fig. Suavizar, templar el exceso [de una cosa, esp. del calor o del frío]. 7 fig. Causar lástima, mover a piedad: *me quebrantó el corazón;* p. anal., molestar, fatigar, causar pesadumbre: *me quebranta los huesos.* 8 fig. Persuadir, mover; ablandar [el rigor o la ira]: *quebrantó sus intenciones; quebrantó su furor.* 9 DER. Anular, revocar [un testamento]. -10 *prnl.* Experimentar las personas algún malestar a causa de accidente, enfermedad, fatiga, etc.: *quebrantarse con,* o *por, el esfuerzo; quebrantarse de angustia.* 11 Arquearse la quilla de un buque perdiendo su figura. -12 *tr. Amér.* Domar [un potro].

SIN. *2* **Quebrar.** *5* **Conculcar, contravenir, infringir, vulnerar, transgredir,** términos cultos preferidos en el lenguaje jurídico; **traspasar, violar, incumplir, pisar, quebrar, hollar, romper,** más ús. en el habla corriente.

quebranto *m.* Acción de quebrantar o quebrantarse. 2 Efecto de quebrantar o quebrantarse. 3 fig. Descaecimiento, desaliento. 4 fig. Lástima, conmiseración. 5 fig. Grande pérdida o daño. 6 fig. Aflicción, dolor o pena grande. 7 fig. *y* ant. ***Duelos y quebrantos,*** huevos con torreznos. 8 ~ ***de moneda,*** indemnización o gratificación que se concede a los habilitados, cajeros y pagadores.

quebrar (l. *crepare,* estallar) *tr.* Quebrantar (romper y violar). 2 fig. Estorbar [la continuación de una cosa no material]: ~ *el curso de las ideas.* 3 fig. Quebrantar, templar, moderar la fuerza o rigor de una cosa: ~ *el color.* 4 fig. Vencer [una dificultad material o limitación]. 5 DEP. Esquivar [a un jugador contrario] haciendo un quiebro con el cuerpo. -6 *tr.-prnl.* Doblar o torcer: ~ *el cuerpo.* 7 fig. Ajar, deslustrar [el color natural del rostro]. -8 *intr.* fig. Romper la amistad de uno; disminuirse la relación o correspondencia: ~ *con un amigo.* 9 fig. Ceder, flaquear: *los muelles del coche quiebran.* 10 fig. Cesar en el comercio por sobreseer en el pago corriente de las obligaciones y no alcanzar el activo a cubrir el pasivo: ~ *en un millón de pesetas.* -11 *prnl.* Formársele hernia a uno. 12 Interrumpirse la continuidad en alguno de los aspectos de la superficie de la tierra: *la cordillera se quiebra a pocos quilómetros.* 13 fig. Flaquear, ceder moralmente: *quebrarse el ánimo con,* o *por, las desgracias.* -14 *tr. Argent.* Domar [un potro]. -15 *prnl. Argent.* Hacer quiebros al andar o bailar. ◇ ** CONJUG. [27] como ***acertar.***

FR. *Antes ~ que doblar,* no rendirse uno para cumplir su deber. *~ una cosa por uno,* frustrarse, descomponerse por faltar uno a ejecutar lo que le tocaba. *~ por lo más delgado,* sufrir el más pobre y más desvalido las malas consecuencias de algo de que no es responsable.

quebrazas *f. pl.* Hendeduras muy sutiles que suelen formarse en las hojas de las espadas.

quebrazón *f. Amér.* Destrozo grande de objetos de vidrio y loza. 2 *Colomb.* Quebrantamiento hecho con violencia. 3 *Chile.* Contienda, disputa. 4 *Chile* y *Méj.* Quebradura.

quecha *f. Chile.* Aporcadura de la patata.

queche (fr. *caiche,* del ing. *ketch*) *m.* Embarcación pequeña, de igual figura por la proa que por la popa, usada en los mares del Norte.

quechemarín (fr. *caiche marine*) *m.* Barquito de dos palos.

SIN. **Chamarín, cachemarín.**

quécher (ing. *catcher*) *m.* En el juego de béisbol, jugador que se coloca detrás del bateador.

quechera (quechua *quechay*) *f. Perú.* Diarrea.

quechol *m. Méj.* Quechole.

quechole (mej. *quecholli,* pavo real) *m. Méj.* Flamenco (ave).

quechua *adj.-m.* Lengua precolombina hablada principalmente en Perú. ◇ También *quichua.*

quechuismo *m.* Vocablo, giro o modo de expresión propio de la lengua quechua. ◇También *quichuismo.*

queco *m. Argent.* Mancebía.

queda (l. *quieta;* f. de *-tu,* sosegado) *f.* Hora de la tarde o de la noche, a partir de la cual la población civil tiene prohibido el libre tránsito; es una medida propia del estado de guerra o excepción. 2 Campana destinada en algunos pueblos a anunciar esta hora. 3 Toque dado con ella; v. toque de queda.

quedada *f.* Acción de quedarse en un sitio o lugar. 2 Acción de quedarse el viento. 3 Efecto de quedarse el viento. 4 Golpe flojo que se da a la pelota para que no vaya lejos. 5 fam. Tomadura de pelo, burla.

quedado, -da *adj.* Desprovisto de iniciativa.

quedamente *adv. m.* Quedo (voz baja).

quedar (l. *quietare,* descansar, sosegar) *intr.* Detenerse, permanecer o subsistir algo real o figurado, por entero o parcialmente, o en un aspecto determinado. 2 Detenerse realmente en un paraje, no partir: *quedó en el teatro;* ***prnl.,*** *se quedó en Toledo;* hacer mansión, hospedarse: *nos quedaremos en esta fonda.* 3 fig. Cesar, terminar, una actividad o un propósito; convenir: *la conversación quedó aquí; quedamos conformes; ~ con un amigo en volver luego.* 4 Subsistir en un aspecto o en una posición o forma determinados: *~ la carta sin* o *por, contestar; ~ por cobarde;* ***prnl.,*** *quedarse en pie; ~ de pies;* ***prnl.,*** *quedarse sin blanca; ~ para contarlo;* ***prnl.,*** *quedarse para tía; ~ a deber una cantidad; ~ uno bien* o *mal.* 5 Rematarse o dejar a favor de uno algo que se subasta o vende: *los muebles quedaron por Juan.* 6 Subsistir o permanecer parte de alguna cosa, restar: *me quedan tres pesetas; sólo quedan cenizas; quitando seis quedan cuatro.* -7 ***prnl.*** Retener alguna cosa propia o ajena: *quedarse con los libros.* 8 Faltar (tiempo o una acción): *queda mucho que hacer; quedaba una deuda importante sin saldar.* 9 Permanecer, suceder: *~ heredero; ~ de alcalde.* 10 Disminuir el viento su fuerza o el mar su oleaje, ponerse quietos. -11 ***auxiliar.*** Seguido de participio, forma frases de significado perfectivo: *~ convencido, satisfecho, establecido, enterado.* -12 *tr.* En el billar, dejar [la bola] fácil. ◇ En algunas provincias de Castilla la Vieja y León se usa impropiamente como tr. en vez de *dejar: aquí lo quedo,* por lo dejo.

FR. *~ una cosa por uno,* fig., no verificarse por dejar uno de ejecutar lo que debía. *¿En qué quedamos?,* ¿te decides o no?; *~ uno por otro,* fiarle, abonarle. *~* o *quedarse uno atrás,* fig., no adelantar o medrar tanto como otro. *~ uno limpio,* quedar enteramente sin dinero. *Quedarse uno a obscuras* o *a buenas noches,* perder uno lo que poseía, o no lograr lo que pretendía o no comprender lo que ha visto u oído. *Quedarse uno fresco* o *lucido,* no lograr aquello de que tenía esperanza. *Quedarse uno frío,* salirle una cosa al contrario de lo que deseaba o sorprenderse de ver u oir lo que no esperaba. *Quedarse uno in albis* o *en blanco,* no comprender lo que se ve u oye. *Quedarse uno muerto,* sorprenderse mucho de algo que causa pesar. *Quedarse uno tieso,* quedarse muerto, o sentir mucho frío. *Quedarse uno yerto,* asustarse en grado sumo. *No ~ a deber nada a uno,* corresponderle cumplidamente. *No ~ por corta ni mal educada,* poner o emplear todos los medios para conseguir una cosa. *Quedarse con uno,* fig., engañarle o abusar diestramente de su credulidad.

quedito *adv. m.* Muy quedo, pasito.

quedo, -da (v. *quieto*) *adj.* Quieto. -2 *adv. m.* Con voz baja o que apenas se oye. 3 Con tiento. 4 *De ~,* o *~ a ~,* poco a poco, despacio. 5 *~ que ~,* muy reacio en ejecutar una cosa.

quehacer (*que* + *hacer*) *m.* Ocupación, negocio: *tener muchos quehaceres.*

SIN. **Faena,** esp. si es manual.

queilitis *f.* Inflamación aguda o crónica de los labios. ◇ Pl.: *queilitis.*

queimada *f.* Bebida caliente originaria de Galicia, que se prepara quemando aguardiente de orujo con limón y azúcar.

queipa *f. Venez.* Cesto en que se pone el maíz remojado para la siembra.

queipero *m. Venez.* Especie de taparrabo.

queja (de *quejar*) *f.* Expresión de dolor, pena o sentimiento. 2 Resentimiento, desazón. 3 DER. Querella.

SIN. *1* **Lamento, lamentación.**

quejadera *f. Colomb.* Quejumbre.

quejambre *f. Colomb.* Quejumbre.

quejambroso, -sa *adj. Ecuad.* Quejumbroso.

quejar (l. v. *quassiare,* der. del l. *quassare,* golpear con fuerza) *tr.* Aquejar. -2 *prnl.* Expresar con palabras o gritos el dolor que se siente. 3 Manifestar uno su resentimiento: *quejarse a uno de otro.* 4 DER. Querellarse. 5 *Chile.* Pedir que se devuelva el cogollo de una tonada.

quejica *adj.-s.* Que se queja con frecuencia. También *quejitas.*

quejicón, -ona *adj.-s.* Quejicoso, quejumbroso.

quejicoso, -sa *adj.* Que se queja mucho, inmotivadamente y con afectación.

quejido (de *quejar*) *m.* Exclamación lastimosa motivada por un dolor o pena.

SIN. **Gemido.**

quejigal, -gar *m.* Terreno poblado de quejigos.

SIN. **Cajigal.**

quejigo (de una raíz prerrom. *caxicos,* roble) *m.* Árbol cuprífero de tronco grueso y copa recogida que da bellotas parecidas a las del roble *(Quercus lusitanica).* 2 Roble que aún no ha alcanzado su desarrollo regular.

SIN. **Cajigo.**

quejigueta (de *quejigo*) *f.* Arbusto cupulífero de poca altura *(Quercus humilis).*

quejilloso, -sa *adj.* Quejicoso.

quejique *adj. La Mancha.* Quejica.

quejitas *com. Guat.* fam. Quejica. ◇ Pl.: *quejitas.*

quejo (l. v. **capsen*) *m.* Mandíbula, quijada. 2 *Extr.* Soga con que se ata la mandíbula de un animal.

quejón, -ona *adj.* Quejumbroso.

quejosamente *adv. m.* Con queja.

quejoso, -sa *adj.* Que tiene queja de otro.

quejumbrar *intr.* Quejarse con frecuencia y con poco motivo.

quejumbre (de *quejar,* forma dial. leonesa) *f.* Queja frecuente y sin gran motivo.

quejumbroso, -sa (de *quejumbre*) *adj.* Que se queja con poco motivo, o por hábito.

quela *f.* ZOOL. En los artrópodos, apéndice cuya penúltima articulación está ensanchada y modificada, formando un órgano prensil.

quelado, -da *adj.* ZOOL. [artrópodo] Que tiene quela.

quelato *m.* QUÍM. Estructura molecular en la que los iones metálicos se hallan unidos a un compuesto orgánico bidentado por valencias residuales.

quelenquelén (arauc. *quelu-lahuén*) *m. Chile.* Planta poligalácea de flores pequeñas, rosadas y en racimos. Sus raíces se usan para varias enfermedades digestivas *(gén. Polygala).*

quelicerado *adj.-m.* Artrópodo del subtipo de los quelicerados. -2 *m. pl.* Subtipo de artrópodos caracterizados por carecer de antenas y apéndices masticadores y presentar un par de quelíceros al lado de la boca; su cuerpo está dividido en cefalotórax y abdomen; a este grupo pertenecen tres clases: picnogónidos, merostomas y arácnidos.

quelícero (gr. *chele,* garra, pinza + *keras,* cuerno) *m.* Órgano que en los arácnidos y algunos artrópodos sustituye a las antenas y tiene generalmente forma de uña, con dos artejos, uno fijo y otro movible.

quelite (náhu *quiliti,* legumbre) *m. Amér.* Amaranto. 2 *Amér. Central.* Brote comestible de la chayotera y de la ayotera. 3 *Méj.* fig. Amante.

quelonio (gr. *chelone,* tortuga) *adj.-m.* Reptil del orden de los quelonios. -2 *m. pl.* Orden de reptiles con cuatro extremidades cortas, mandíbulas córneas y sin dientes, y cuerpo protegido por una concha dura que cubre la espalda y el pecho, dentro de la cual pueden retraer la cabeza, las extremidades y la cola; a este orden pertenecen doscientas especies conocidas por tortugas y galápagos.

queltehué *m. Chile.* Tero, ave zancuda.

quelvacho *m.* Especie de tiburón de color gris pardusco o violáceo, ojos grandes y pupilas verdes, desprovisto de aleta anal, y de una longitud de 1.50 m *(Centrophorus granulosus).*

quema (gr. *kaina,* quemadura) *f.* Acción de quemar o quemarse. 2 Efecto de quemar o quemarse. 3 Incendio, fuego, combustión. 4 *S. Dom.* Borrachera.

SIN. *1* **Quemazón; cremación,** es voz docta. FR. *Huir de la ~,* fig., apartarse de un peligro; esquivar compromisos.

quemada *f.* Quemado (rodal de monte). 2 *Cuba* y *P. Rico.* Chasco. 3 *Méj.* Incendio, quemadura.

quemadero, -ra *adj.* Que ha de ser quemado. -2 *m.* Lugar donde se quemaba a los condenados a la pena de fuego. 3 Paraje destinado a la quema de animales muertos y comestibles averiados.

quemado, -da *adj.* Que ha sido consumido o afectado por el fuego, o que se quema: *huele a ~.* -2 *m.* Rodal de monte consumido por un incendio. -3 *m. Cuba.* Juego de chicos, dele. 4 *Chile* y *Ecuad.* Licor que se prepara inflamando ron o coñac con azúcar. 5 *Ecuad.* Ponche. -6 *adj. S. Dom.* y *Venez.* Borracho.

quemador, -ra *adj.-s.* Que quema. 2 Incendiario (que incendia). -3 *m.* Aparato que facilita la combustión del carbón o de los carburantes líquidos en el hogar de las calderas, mechero. 4 *Amér.* Mechero.

quemadura (de *quemado*) *f.* Descomposición de un tejido orgánico, producida por el contacto del fuego o de una substancia cáustica o corrosiva. 2 Señal, llaga o ampolla que causa este contacto. 3 Desprendimiento de la corteza y decaimiento de las hojas y partes tiernas de las plantas, debidos a cambios grandes y repentinos de temperatura. 4 Tizón (hongo).

quemajoso, -sa *adj.* Que pica o escuece como quemado.

quemante *adj.* Ardiente.

quemar (alterac. del l. *cremare,* en *caimare*; por influjo del gr. *kaima,* quemadura) *tr.* Consumir, destruir con fuego: *~ un leño.* 2 Calentar con mucha actividad: *el sol quema.* 3 Abrasar (secar). 4 Causar algo una sensación ardiente, hacer señal o ampolla o destruir como el fuego: *esta lejía quema la ropa; el pimiento quema la boca.* 5 Destilar [vinos]. 6 fig. Malbaratar [una cosa] o venderla a menos de su precio. -7 *tr.-prnl.* fig. Impacientar o desazonar: *quemarse con, de,* o *por, alguna palabra.* -8 *intr.* Estar demasiadamente caliente una cosa: *esta sopa quema.* -9 *prnl.* Padecer o sentir mucho calor. 10 fig. Padecer la fuerza de una pasión o afecto. 11 fig. Estar muy cerca de acertar o hallar una cosa. 12 fig. Deteriorarse el prestigio [de una persona o colectividad] por el continuado ejercicio de una actividad pública. -13 *tr. Cuba.* Engañar, estafar [a alguien]. 15 *P. Rico.* Condenar [a uno]. 16 *Cuba.* En el juego del quemado, tocar la bolilla del adversario. 17 *Amér. Central.* Denunciar o delatar. 18 *Chile.* En el juego, quedar el tejo o la moneda tocando la raya. 19 *Méj.* Herir con bala. -20 *prnl. Perú.* Ensuciarse un pie con excrementos. 21 *S. Dom.* Emborracharse.

REL. **Quema, quemazón,** acción de quemar; **cremación, combustión,** cultos o lit.; **combustible,** adj., que puede quemarse. *~ los libros,* fig., abandonarlos. *~ los papeles,* dar por terminado un asunto. *Quemarse las cejas,* no cejar estudiando. *Quien se quemare que sople,* quien se crea aludido que se sincere. *~ las naves, como Cortés,* tomar una resolución extrema, en circunstancias apremiantes, de la cual ya no se puede volver atrás.

quemarropa (a ~) (*quemar* + *ropa*) *loc. adv.* A poca o ninguna distancia: *disparar a ~*; fig., de improviso, inopinadamente. ◇ También *A quema ropa.*

quemasangres *adj.-com.* [pers.] Proclive a causar disgusto a otra hasta exasperarla. ◇ Pl.: *quemasangres.*

quemazo *m. La Mancha.* Quemadura.

quemazón (de *quemar*) *f.* Quema (acción y efecto). 2 Calor excesivo. 3 fig. Comezón. 4 fig. Dicho picante con que se zahiere a uno para sonrojarle, y sentimiento que causa. 5 fest. Liquidación de géneros a bajo precio. 6 MIN. Espuma de metal ligera, hoyosa y chamuscada, que es una de las señales de la veta. 7 *Argent.* Espejismo observado en la Pampa. 8 *Bol.* y *Chile.* Metal de poca ley que se halla en una mina a flor de tierra.

quemón *m. Méj.* Herida hecha por un arma de fuego. 2 *Guat.* Quemadura (llaga).
SIN. **Salsoláceo.**
quena (quechua) *f. Amér.* Flauta de caña que usan los indios.
quenado, -da *adj. Bol.* Apasionado.
quenchachear *tr. Bol.* Traer mala suerte.
quenepa *f. P. Rico.* Fruta del quenepo, y color de encarnación de esta fruta.
quenepo *m. P. Rico.* Árbol frutal *(Melicoca bijuga).*
quenista *com. Perú.* Persona que toca la quena.
quenopodiáceo, -a (gr. *chaíno,* abrirse + *pous, podós,* pie + *-áceo*) *adj.-f.* Planta de la familia de las quenopodiáceas. -2 *f. pl.* Familia de plantas dicotiledóneas, herbáceas o fruticosas, de hojas alternas u opuestas, flores generalmente en racimo y fruto monospermo con pericarpio de consistencia muy variada; como la acelga y la barrilla.
quenopodiales *f. pl.* Orden de plantas dicotiledóneas, de hojas enteras y alternas.
quenua *f.* Planta quenopodiácea ecuatoriana *(Chenopodium guinoa).*
quepis (fr. *képi,* der. del suizo-al. *käppi;* dim. de *kappe,* gorra) *m.* Gorra militar, ligeramente cónica y con visera horizontal. ◇ También *kepí, kepis.* ◇ Pl.: *quepis.*
quera (l. *carie*) *m. Ál., Ar., Nav.* y *Sor.* Carcoma. 2 Polvo de la madera roída por ella. 3 fig. Hombre pesado y molesto.
quera-, v. querato-.
querandí *com.* Indio americano que habitaba en la margen derecha del río Paraná. -2 *m.* Lengua de estos indios. -3 *adj.* Relativo a los indios querandíes o a su lengua. ◇ Pl.: *querandíes.*
querargirita *f.* Mineral translúcido o transparente y mate, importante mena de la plata.
querat-, v. querato-.
queratina (gr. *keratine,* de cuerno) *f.* Albuminoide existente en gran cantidad en las formaciones epidérmicas de los vertebrados terrestres.
queratinización *f.* ZOOL. Formación de tejido córneo; producción de queratina.
queratitis (*querat-* + -itis) *f.* Inflamación de la córnea transparente. ◇ Pl.: *queratitis.*
querato-, querat-, quera- (gr. *keras, -atos,* cuerno) V. cerato-.
queratófido *m.* Roca magmática efusiva de color gris verdoso.
queratoma (*querat-* + *-oma*) *m.* MED. Tumor en la piel de naturaleza congénita en el cual predomina la hipertrofia de la capa córnea.
queratoplastia (*querato-* + *-plastia*) *f.* MED. Intervención quirúrgica consistente en practicar un injerto de córnea.
queratosis (*querat-* + *-osis*) *f.* MED. Espesamiento anormal de la capa córnea de la epidermis. ◇ Pl.: *queratosis.*
queratotomía (*querato-* + *-tomía*) *f.* CIR. Ceratotomía.
queratótomo (*querato-* + *-tomo*) *m.* CIR. Ceratótomo.
querella (l. v. *querella;* por l. *querela,* der. de *queri,* quejarse) *f.* Queja (lamento). 2 Discordia, pendencia. 3 DER. Acusación ante el juez o tribunal competente contra una persona a la que se acusa de un delito cuyo castigo se pide. 4 DER. Reclamación que los herederos forzosos hacen ante el juez, pidiendo la invalidación de un testamento.
SIN. *3* **Queja.**
querellado, -da *m. f.* Persona contra la que se presenta una querella.
querellador, -ra *adj.-s.* Que se querella.
querellante *adj.-s.* DER. Que se querella.
querellarse *prnl.* Quejarse (manifestar dolor y resentimiento). 2 DER. Presentar querella contra uno.
querellosamente *adv. m.* Con queja o resentimiento.
querelloso, -sa (de *querella*) *adj.-s.* Querellante. -2 *adj.* Quejoso.
querencia *f.* Acción de querer (amar). 2 Tendencia del hombre y de ciertos animales a volver al sitio donde se han criado o tienen costumbre de acudir. 3 Este mismo sitio. 4 Tendencia hacia alguna cosa. 5 TAUROM. En la plaza, lugar adonde el toro se dirige más frecuentemente.
REL. **Aquerenciarse,** tomar querencia.
querencioso, -sa *adj.* [animal] Que tiene mucha querencia; [sitio] a que la tienen los animales.
querendón, -dona *adj.* [pers.] Muy cariñoso, afectivo. 2 *Amér.* Favorito, esp. de los niños.
querepe *m. Venez.* Arco para disparar el dardo de pluma. 2 *Venez.* Sífilis.
querequere *m. Colomb.* Carriquí (pájaro).
I) querer *m.* Cariño, amor.
II) querer (l. *quærere,* buscar, desear) *tr.* Tener voluntad o determinación de obtener [alguna cosa] para sí o para otro; desear, pretender, procurar: *quiere un traje; quiere un traje para su hijo.* 2 p. anal. Amar, tener cariño o voluntad [a una persona o cosa]: *te quiero, Ana.* 3 Tener voluntad o determinación [de realizar algo o de que otro realice algo]; resolver, determinar: *quiero salir; quiero que vengas;* ***abs.,*** ejercitar la voluntad pura: *yo quiero.* 4 Conformarse [al intento de otro] o aceptar [su parecer]: *quiero que haya sucedido de esta manera.* 5 Ser conveniente [una cosa] a otra; pedirla, requerirla: *estas plantas quieren más agua.* 6 Dar uno ocasión [para que se ejecute algo contra él]: *éste quiere que le rompan la cabeza.* 7 Aceptar [el envite del juego]. -8 ***impers.*** Estar próxima a ser o verificarse una cosa: *quiere llover.* 9 ***Do quiera,*** doquiera; ***cuando quiera,*** en cualquier tiempo. -10 ***loc. conj. Como quiera que*** o ***cuanto quiera que,*** de cualquier modo que: *como quiera que sea, lo hecho no merece disculpa;* supuesto que, dado que: *como quiera que nadie sepa cuando ha de morir, es gran locura no enmendarse.* ◇ ** CONJUG. [80]. ◇ GALIC.: *quiero bien que seamos amigos*, consiento que seamos amigos; *ruégole quiera bien acompañarme*, se digne o tenga a bien acompañarme.
GRAM. Forma, con *deber, poder* y algunos más, el grupo de los llamados verbos modales, caracterizados principalmente porque en oraciones independientes el potencial y el imperfecto de subjuntivo en *-ra* pueden substituirse entre sí, sin que la construcción parezca arcaica: *querría trabajar* o *quisiera trabajar; estos alumnos quisieran*, o *querrían, pedirle un favor*. El significado de estos verbos da a las oraciones en que figuran un matiz semejante al modo subjuntivo. SIN. *1* **Desear. Dar la gana,** expr. vulgar o descortés. *2* **Amar.** *7* **Topar.** FR. *¿Qué más quieres?,* fig., ya no mereces más, ya tienes bastante. ~ *bien a uno,* amarle. *¡Que si quieres!,* fig., expr. que se emplea para rechazar una pretensión o para ponderar la dificultad de lograr una cosa. ~ *es poder,* con voluntad firme se consigue todo lo posible. *Sin* ~, por acaso o contingencia, sin intención deliberada. *Que quiera, que no quiera,* sin atender la voluntad de uno, convenga o no convenga con ello. ~ *decir,* fig., significar deduciendo lo significado, indicar, dar a entender una cosa. *¿Qué quiere decir eso?,* expr. con que se avisa o amenaza para que uno corrija lo que haya dicho. *Como así me lo quiero,* ha sucedido a medida de mi deseo. *¡Qué quieres que le haga o que le hagamos!,* expr. de conformidad o de excusa. *No así como,* o *no como, quiera,* ser más que regular: *la mentira es un vicio, no como quiera, sino muy odioso y despreciable.*
queresa *f.* Cresa.
queretano, -na *adj.-s.* De Querétaro, c. y estado de Méjico.
querido, -da *m. f.* Hombre, respecto de la mujer, o mujer, respecto del hombre, con quien tiene relaciones amorosas ilícitas.
querihuela *f.* Brezo.
querindango, -ga *m. f.* desp. Amante.
quermes (ár. *quermez,* grana) *m.* Insecto hemíptero que vive en la coscoja, produciendo unas agallas que dan un color rojo *(gén. Quermes).* 2 Mezcla de óxido y sulfuro de antimonio, de color rojizo, que se emplea como medicamento en las enfermedades del aparato respiratorio. 3 MINERAL. Substancia pulverulenta de color rojo, cuyo componente esencial es el sulfuro de antimonio. ◇ También *kermes.* ◇ Pl.: *quermes.*
SIN. **Alkermes, alquermes, carmes.** *1* **grana.** REL *1* **Carmesí,** color del quermes.
quermesse *f.* Kermés.
querocha *f.* Cresa.
querochar *intr.* Poner las abejas y otros insectos la cresa.
queroseno (gr. *keros,* cera + *-eno,* sufijo usual en nombres técnicos de hidrocarburos) *m.* Fracción de petróleo natural, obtenida por refinación y destilación, que se destina al alumbrado y se usa como combustible. ◇ También *keroseno* y *kerosén.*
querosín *m. Amér.* Queroseno.
querquera *f.* Mariposa diurna diminuta, de color pardo con puntos marginales rojos en el reverso de las alas posteriores *(Nordmannia esculi).*
querqués, querrequerre *m. Colomb.* y *Venez.* Carriquí (pájaro).
quersoneso *m.* Península: *el* ~ *Címbrico.*
querub, -be (hebr. *kerub*) *m.* poét. Querubín.
querúbico, -ca *adj.* Relativo o parecido al querubín.
querubín (l. *cherubin,* del hebr. *kerubim;* pl. de *kerub*) *m.* Ángel caracterizado por la plenitud de ciencia con que contempla

la belleza divina. Forma el segundo coro de la suprema jerarquía angélica. 2 fig. Serafín; persona, especialmente niño, de gran hermosura.

querusco, -ca *adj.-s.* De cierto pueblo de Germania.

querva (v. *cherva*) *f.* Ricino.

quesadilla *f.* Pastel de queso y masa. 2 Pastelillo relleno de almíbar, conserva u otro manjar. 3 *Amér.* Tortilla de maíz rellena de queso y azúcar, cocida en comal.

quesear *intr.* Hacer quesos.

quesera *f.* Sitio donde se fabrica el queso. 2 Mesa a propósito para hacerlo. 3 Vasija en que se guarda. 4 Plato para servirlo a la mesa.

quesería *f.* Tiempo a propósito para hacer queso. 2 Quesera (fábrica). 3 Sitio en que se vende queso.

quesero, -ra *adj.* Caseoso. 2 Relativo al queso: *comercio ~; industria ~.* -3 *m. f.* Persona que tiene por oficio hacer o vender queso. -4 *m. Extr.* Molde para hacer queso.

quesillo *m. Murc.* Cuajada, requesón. 2 *Venez.* Confitura de yema de huevo y azúcar a la que se da consistencia de flan.

quesiqués *m.* Quisicosa. ◇ Pl.: *quesiqueses.*

queso (l. *caseu*) *m.* Masa que se obtiene cuajando la leche, exprimiéndola para que deje suero y echándole sal para que se conserve: *~ de Gruyère; agere; ~ de Roquefort; ~ **de bola**,* el de tipo holandés, de forma esférica; *~ **de hierba**,* el que se hace cuajando la leche con hierba a propósito; *~ **manchego**,* el de pasta compacta, algo dura, crudo, de leche de oveja. 2 *~ **de cerdo**,* manjar hecho con carne de cerdo o jabalí, picada y prensada. 3 *~ **helado**,* helado compacto hecho en molde. 4 ***Medio*** *~,* tablero grueso, semicircular, que usan los sastres para planchar cuellos y solapas y para sentar costuras curvas. 5 fam. Pie. 6 *Venez. ~ **frito**,* estafa.

REL. Del l. *caseu* derivan numerosos tecn. como **caseína, cáseo, caseificar, caseico, caseoso.**

quesquémil *m. Méj.* Especie de pañoleta que cubre la espalda y pecho de la mujer. ◇ También *quisquémil.*

queta *f.* Seda de algunos anélidos.

quetoforales *f. pl.* Orden de plantas dentro de la clase de las clorofíceas; son algas provistas de apéndices sedosos.

quetognato *adj.-m.* Animal del tipo de los quetognatos. -2 *m. pl.* Tipo de metazoos celomados marinos con aspecto de saeta y dimensiones comprendidas entre 0,5 y 15 cms.; se caracterizan por presentar uno o dos pares de aletas laterales además de una caudal, pero carecen de aparato circulatorio, respiratorio y excretor.

quetro (arauc. *quetho,* cosa desmochada) *m. Chile.* Pato muy grande sin plumas en las alas *(gén. Anas).*

I) quetzal *m.* Unidad monetaria de Guatemala, que en una de sus caras lleva grabada la imagen de esa ave.

II) quetzal (mej. *quetzalli,* hermosa pluma) *m.* Ave trogoniforme de América Central, de unos 42 cms. de longitud, de plumaje suave, verde tornasolado y muy brillante, rojo en el pecho y abdomen *(Pharomacrus mocinno).*

SIN. **Caluro, curucú; Coa** (Méj. y Salv.), **Cururú** (Nicar.).

queule (arauc. *queul*) *m. Chile.* Hermoso árbol de hoja perenne, fruto comestible, parecido al del lúcuma, pero amarillo *(Adenostemon nitidum).*

quevedesco, -ca *adj.* Relativo a Quevedo (1580-1645) o a sus obras.

quevedos (del escritor español *Quevedo,* 1580-1645) *m. pl.* Anteojos que se sujetan solamente en la nariz.

SIN. v. **Anteojos.**

quezalteco, -ca *adj.-s.* De Quezaltenango, c. y dep. de Guatemala.

¡quia! Interjección con que se denota incredulidad o negación.

SIN. **¡Ca!**

quiaca *f. Chile.* Árbol de ramas largas y flexibles *(Caldeluvia paniculata).*

SIN. **Tiaca.**

quianti (de *Chianti,* localidad de Italia) *m.* Vino común, muy estimado, que se elabora en la Toscana. ◇ También *chianti.*

quiapí (guaraní) *m. Argent.* Vestimenta semejante al chamal.

quiaquia *f. Amér. Central.* Especie de matraca hecha comúnmente de un caparazón de tortuga.

quiasma *m.* ANAT. Entrecruzamiento en forma de equis, de dos estructuras anatómicas: *~ de los nervios ópticos.*

quiasmo *m.* GRAM. Inversión del orden de las partes simétricas de dos oraciones o de dos elementos de una oración.

quibdoano, -na *adj.-s.* De Quibdó (Colombia).

quibdoense *adj.-s.* Quibdoano.

quibey *m.* Planta de las Antillas, lobeliácea, anual, de hojas agudas y espinosas y jugo lechoso acre y cáustico *(Lobelia lingiflora).*

SIN. **Revientacallos,** *Cuba.*

quibla *f.* Punto del horizonte o muro de la mezquita orientado hacia La Meca, al cual se dirigen las oraciones de los fieles musulmanes. ◇ También *alquibla.*

quibombo *m.* Quingombó.

quiche (voz chibcha) *m. Colomb.* Hollejo de plátano.

quiché *adj.-com.* Indígena de Guatemala. -2 *adj.* Perteneciente o relativo a estos indios y a su idioma. -3 *m.* Lengua de estos indígenas.

quichelense *adj.-s.* De El Quiché, dep. de Guatemala.

quichua *m.* Quechua.

quichuismo *m.* Quechuismo.

quicial (de *quicio*) *m.* Madero que asegura las puertas y ventanas, por medio de pernios y bisagras. 2 Quicio.

quicialera *f.* Quicial (madero).

quicio (probl. sacado de *resquicio*) *m.* Parte de las puertas y ventanas en que entra el espigón del quicial.

FR. *Fuera de ~,* fig., fuera del orden o estado regular. *Sacar de ~,* exasperar.

I) quico *m.* Grano de maíz tostado y salado.

II) quico, -ca *adj.-s.* desp. De Huesca.

Quico *n. pr.* ***Ponerse como el ~,*** hartarse de comer.

quid (l. *quid,* qué cosa) *m.* Esencia, razón, porqué de una cosa: *el ~ de la cuestión.*

quídam (l. *quidam,* uno, alguno) *m.* desp. Sujeto designado indeterminadamente. 2 Sujeto despreciable de quien se omite o ignora su nombre: *es un ~.* ◇ No tiene plural.

quiebra (de *quebrar*) *f.* Rotura de una cosa. 2 Hendedura de la tierra en los montes o causada en los valles por demasiadas lluvias. 3 Pérdida o menoscabo. 4 Efecto de quebrar (cesar en el pago; quebrantar, romper). 5 Acción de quebrar (cesar en el pago; quebrantar, romper): *~ **culpable**,* COM., la que se produce por imprudencia, desorden o lujo; *~ **fraudulenta**,* COM., la que se produce con engaño o falsedad. 6 Riesgo. 7 DER. Juicio universal para liquidar y calificar la situación del comerciante quebrado. -8 *adj. Ecuad.* Pobre, inútil.

SIN. *3* **Quebrada.** *4* y *5* **Bancarrota,** esp. si es fraudulenta.

quiebracajete *m. Guat.* Planta de linda flor *(gén. Convolvulus).*

quiebrahacha (de *quebrar + hacha*) *m.* Quebracho.

quiebres *m. pl. Pan.* Desquites, quiebros.

quiebro (de *quebrar*) *m.* Ademán hecho con el cuerpo, como quebrándolo por la cintura. 2 MÚS. Inflexión acelerada, dulce y graciosa de la voz. 3 TAUROM. Lance en que el torero hurta el cuerpo, con rápido movimiento de la cintura, al embestirle el toro.

SIN. *2* **Mordente.**

I) quien (l. *quem;* acusativo de *qui*) ***pron. relat.*** Se refiere a persona concertando en número con el antecedente; pero puede referirse también a cosas más o menos personificadas. Conviene a ambos géneros y no puede construirse con el artículo: *los hombres a quien te diriges; los siete sabios a quien tanto venera Grecia.* 2 Con carácter indefinido, equivale a *la persona que, aquel que,* careciendo de antecedente expreso y rara vez se usa en plural; puede ser sujeto y complemento: *yo le traeré ~ se las diga; yo te diré a ~ te has de dirigir, con ~ has de hablar.* ◇ V. **ACENTO y ** CONCORDANCIA. ◇ Pl.: *quienes.* ◇ El plural *quienes* se formó en el el siglo XVI, pero aún hoy quedan supervivencias de *quien* con antecedente plural.

II) quién (v. quien) ***pron. interr.*** En frases interrogativas directas o indirectas y admirativas equivale a *cuál,* pero, a diferencia de éste, no puede adquirir valor adjetivo: *¿quién llama?, ¡quién lo hubiera dicho!; ¿quién de ellos o entre tantos lo hará? Dime a quién buscas.* 2 Se usa con valor distributivo y con carácter de indefinido en la fórmula *quién... quién,* equivaliendo a *uno... otro: quién aconseja la retirada, quién morir peleando.* ◇ V. **ACENTO y ** CONCORDANCIA. ◇ Pl.: *quiénes.*

quienquiera (compuesto de *quien* y una forma verbal de *querer*) ***pron. indef.*** Persona indeterminada, alguno, sea el que fuere: *~ que seas; dilo a ~.* ◇ Antepuesto al verbo va acompañado del relativo *que.* ◇ Pl.: poco usado: *quienesquiera.*

quiescencia (l. *quiescentĭa*) *f.* Calidad de quiescente.

quiescente (l.) *adj.* Que está quieto, pudiendo tener movimiento propio.

quietación (l. *-atione*) *f.* Acción de quietar o quietarse. 2 Efecto de quietar o quietarse.

quietador, -ra (l. *-atore*) ***adj.-s.*** Que quieta.
quietamente ***adv. m.*** Pacíficamente, con quietud y sosiego.
quietar ***tr.*** Aquietar.
quiete ***f.*** Tiempo que en algunas comunidades se da para recreación después de comer.
quietismo (de *quieto*) ***m.*** Inacción, quietud, inercia. 2 Doctrina religiosa que hace consistir la suma perfección del alma humana en el puro amor y contemplación de Dios, con lo que aquélla se inunda de luz divina que hace inútiles todos los actos religiosos e incluso toda vida activa.
quietista ***adj.-com.*** Partidario del quietismo. -2 ***adj.*** Relativo a él.
quieto, -ta (l. *-tu;* doble etim. *quedo, quito*) ***adj.*** Que no tiene o no hace movimiento. 2 fig. Pacífico, sosegado. 3 fig. No dado a los vicios, esp. al de la lujuria.
SIN. **Quedo.**
quietud (l. *-udo*) ***f.*** Falta de movimiento. 2 fig. Sosiego, reposo.
quif ***m.*** En el lenguaje de la droga, hachís. ◇ También *kif*.
quijada (der. del l. v. *capseu,* semejante a una caja, de *capsa,* caja) ***f.*** Hueso de la cabeza del animal en que están encajados los dientes y muelas.
SIN. **Carrillera,** en algunos animales. **Mandíbula.** REL. **Maxilar,** relativo a la ~, *adj.*
quijal, -jar ***m.*** Quijada. 2 Muela (diente).
quijarudo, -da ***adj.*** De quijadas grandes y abultadas.
quijera ***f.*** Hierro que guarnece el tablero de la ballesta. 2 Correa de la cabezada del caballo que va de la frontalera a la muserola. 3 CARP. Rama de la horquilla que se forma en el extremo de un madero al hacer una caja para que entre la garganta de otro.
SIN. 2 **Tentemozo.**
quijero ***m.*** Lado en declive de la acequia o brazal.
quijo ***m.*** *Chile* y *Perú.* Cuarzo que en los filones sirve regularmente de matriz al mineral de oro o plata.
quijones ***m.*** Hierba umbelífera, aromática, de flores blancas y fruto seco *(Scandix australis).* ◇ Pl.: *quijones.*
SIN. **Ahogaviejas.**
quijongo ***m.*** *C. Rica.* Instrumento músico de cuerda que sirve de bajo o acompañante.
quijotada (de *quijote* II) ***f.*** Acción propia de un quijote.
I) quijote (ant. *cuxot,* der. del l. *coxa,* cadera, muslo) ***m.*** Pieza del arnés que cubre y defiende el muslo. 2 Parte superior de las ancas de las caballerías.
II) quijote (de *Don Quijote de la Mancha,* el héroe de Cervantes, 1547-1616) ***m.*** fig. Hombre exageradamente grave y serio o puntilloso. 2 fig. Hombre que pugna con los usos corrientes, que quiere ser juez o defensor de cosas que no le atañen, por excesivo amor a lo ideal.
quijotería (de *quijote* II) ***f.*** Modo de proceder quijotescamente.
quijotescamente ***adv. m.*** Con quijotismo.
quijotesco, -ca ***adj.*** Que obra con quijotería. 2 Que se ejecuta con quijotería.
quijotil ***adj.*** Relativo al Quijote.
quijotismo ***m.*** Condición de quijote II.
quila ***f.*** *Amér. Merid.* Especie de bambú, más fuerte y de usos más variados que el malayo *(Chusquea quila).*
quilamutano, -na ***adj.*** *Chile.* Relativo a cierta raza caballar considerada la mejor del país.
quilatador ***m.*** El que quilata el oro, la plata y las piedras preciosas.
quilatar ***tr.*** Aquilatar.
quilate (ár. *quirat,* der. del gr. *keration,* unidad de peso) ***m.*** Unidad de peso para las perlas y piedras preciosas, equivalente a 205 mgs.; ciento cuarenteava parte de una onza. 2 Pesa de un quilate. 3 Unidad en que se expresa la riqueza en oro en una aleación del mismo, equivalente a una parte de oro puro en veinticuatro de aleación. 4 fig. Grado de perfección en cualquier cosa no material: *su conciencia vale muchos quilates.* 5 Antigua moneda castellana (medio dinero).
quilatera ***f.*** Instrumento para apreciar los quilates de las perlas.
quilbo (arauc.) ***m.*** *Chile.* Listón o larguero del telar chileno en que se tejen mantas.
quilcacama ***m.*** *Ecuad.* Abogado de secano.
quilche ***m.*** *Chile.* Tripa de res.
quilco (arauc. *culco*) ***m.*** *Chile.* Canasta grande.
quilde ***m.*** *Chile.* Anzuelo para pescar cangrejos.
quildear ***intr.*** *Chile.* Pescar con quilde.
quildón ***m.*** *Chile.* Cordel, pralte. el de huiras, de maquí, o de otras plantas.
quilele ***m.*** *Cuba.* Gofio de harina de maíz.
quileta (del célt. *kleta*) ***f.*** *Ar.* Cancilla.
I) quili-, v. kili-.
II) quili-, v. quilo- I y II.
quiliárea ***f.*** Kiliárea.
quilífero, -ra (*quili-* II + *-fero*) ***adj.*** Vaso linfático que absorbe el quilo de los intestinos y lo conduce al canal torácico.
quilificación ***f.*** Acción de quilificar o quilificarse. 2 Efecto de quilificar o quilificarse.
quilificar (*quili-* II + *-ificar*) ***tr.-prnl.*** Convertir en quilo [el alimento]. ◇ ** CONJUG. [1] como ***sacar.***
quiligua (mej. *quilitl,* legumbre y *huacalli,* cesto) ***f.*** *Méj.* Cesto para llevar verduras, guardar ropa, etc.
quilín ***m.*** *Chile.* Cerda, crin.
quilina ***f.*** *Chile.* Conjunto de quilines.
quilla (fr. *quille,* de orig. germ.) ***f.*** Pieza de madera o hierro, que va de popa a proa por la parte inferior del barco y en que se asienta toda su armazón: ***dar de ~*** o ***la ~*** (también ***tumbar***), inclinar o escorar un barco para descubrir todo el costado hasta la quilla y poderlo limpiar o componer. 2 AEROSTACIÓN. Elemento longitudinal que forma el largo del costado inferior del casco de un dirigible. 3 Parte saliente y afilada que tiene la cola de algunos peces. 4 Esternón de las aves o parte saliente del mismo. 5 Parte de la corola de las papilionáceas formada por los dos pétalos inferiores. 6 Constelación austral situada entre el Centauro y el Pez volador. 7 ZOOL. Carina.
quillacolleño, -ña ***adj.-s.*** De Quillacollo, c. y prov. del dep. de Cochabamba (Bolivia).
quillalla ***f.*** *Perú.* Quiyaya.
quillango ***m.*** *Argent., Chile* y *Urug.* Manta de pieles cosidas que usan los indios. 2 *Bol.* Conjunto de las piezas o enjalmas del recado.
quillay ***m.*** *Argent., Bol.* y *Chile.* Jaboncillo (árbol rosáceo).
quillazo ***m.*** *Chile.* Preparación líquida de quillay. 2 *Chile.* Bebida mala u ordinaria.
quillón ***m.*** *S. Dom.* Numeral imaginario con que se expresa una unidad exorbitante.
quillotrador, -ra ***adj.*** ant. Que quillotra.
quillotranza ***f.*** ant. Trance, conflicto, amargura.
quillotrar (de *quillotro*) ***tr.-intr.*** ant. Verbo rústico de significación indeterminada, que servía para designar toda clase de acciones cuya denominación exacta no se recordaba.
quillotro (de *aquello otro*) ***m.*** ant. Voz rústica con que se daba a entender aquello que no se sabía o no se acertaba a expresar de otro modo. 2 Excitación, estímulo, incentivo. 3 Indicio, síntoma, señal. 4 Devaneo, quebradero de cabeza. 5 Amorío, enamoramiento. 6 Requiebro, galantería. 7 Adorno, gala. 8 Amigo favorito.
quillpa ***f.*** *Bol.* Época de marcar el ganado.
quilma ***m.*** *Costal* (saco).
quilmay ***m.*** *Chile.* Planta trepadora apocinácea, de raíz medicinal *(Echites chilensis).*
quilmo ***m.*** *Chile.* Palo grueso usado como tranca.
quilmole (mej. *quilitl,* hierba y *molli,* guisado) ***m.*** *Méj.* Potaje de verduras cuyo principal ingrediente es el quelite.
I) quilo (gr. *chylós,* jugo) ***m.*** Líquido que el intestino elabora con el quimo formado en el estómago con los alimentos, y que es llevado a la sangre por los vasos quilíferos y el canal torácico.
◇HOMÓF.: *kilo.*
FR. *Sudar uno el ~,* fig., trabajar con gran fatiga y desvelo.
II) quilo (arauc. *quelu,* colorado) ***m.*** *Chile.* Arbusto frutal de ramas trepadoras y fruto comestible, del cual se hace una chicha *(Muehlenbeckia chilensis).*
III) quilo ***m.*** Kilo.
I) quilo-, quili- (gr. *chylos,* jugo) Elemento prefijal que entra en la formación de palabras con el significado de quilo I: *quilología.*
II) quilo-, quili- (gr. *cheilos,* labio) Elemento prefijal que entra en la formación de palabras con el significado de labio: *quilocarpo.*
III) quilo-, v. kilo-.
quilocarpo (*quilo-* II + *-carpo*) ***adj.*** BOT. De frutos labiados.
quilográmetro ***m.*** Kilográmetro.
quilogramo ***m.*** Kilogramo.
quilolitro ***m.*** Kilolitro.
quilología (*quilo-* I + *-logía*) ***f.*** MED. Tratado referente al quilo (líquido).
quilombear ***intr.*** *Argent.* y *Urug.* Frecuentar quilombos (lupanares).

quilombera *f. Argent.* Ramera.
quilombo *m. Chile* y *R. de la Plata.* Lupanar. 2 *Venez.* Choza, cabaña campestre. -3 *m. pl. Venez.* fam. Andurriales.
quilométrico, -ca *adj.* Kilométrico.
quilómetro *m.* Kilómetro.
quilomicrón *m.* MED. Gota diminuta resultante de la emulsión y transformación de las grasas que llegan al intestino.
quilópodo (*quilo-* III + *-podo*) *adj.-m.* Miriápodo de la clase de los quilópodos. -2 *m. pl.* Clase de miriápodos con el tronco formado por numerosos segmentos, provistos cada uno de un par de apéndices acabados en una uña; presentan además un par de uñas venenosas junto a la boca; como la escolopendra y el ciempiés.
quiloso, -sa *adj.* Que tiene quilo I o participa de él.
quilquil (arauc. *culcul,* mata) *m. Chile.* Helecho arbóreo *(Lomaria chilensis).*
quiltrear (de *quiltro*) *tr. Chile.* Importunar.
quiltro (arauc.) *m.* fig. *Chile.* Quídam.
quima *f. Ast.* y *Sant.* Rama de un árbol.
quimachi *m. Bol.* Rizo de pelo.
quimba *f. Amér.* Contoneo, garbo. 2 *Amér.* Calzado rústico. 3 *Colomb.* Conflicto. 4 *Pan.* Cierta arepa de maíz.
quimbalete *m. Bol.* Aparato de hierro o piedra en forma de media luna destinado a la molienda del mineral.
quimbámbaras *f. pl.* vulg. *y* fest. Quimbambas.
quimbambas *f. pl.* burl. Lugar indeterminado y muy lejano: *se marchó a las ~; un pueblo de las ~.*
quimbáncharo *m. Colomb.* Armatoste.
quimbear *intr. Ecuad.* Caracolear, serpentear.
quimbo *m. Ant.* fest. Machete. 2 *Ecuad.* y *Perú.* Contoneo. -3 *adj. Argent.* Chimbo.
quimbombó *m. Colomb., Cuba, Méj.* y *Venez.* Quingombó.
quimboso, -sa *adj. Perú.* Que hace quimbos (contoneos).
quimbumbia *f. Cuba.* Cumbumba.
quimera (l. *chimœra;* gr. *chimaira,* animal fabuloso) *f.* MIT. Monstruo fabuloso que vomitaba llamas, y tenía cabeza de león, vientre de cabra y cola de dragón. 2 Creación imaginaria del espíritu tomada como realidad. 3 Pendencia. 4 Organismo cuyos tejidos son de dos o más clases genéticamente distintas. 5 Pez marino elasmobranquio. Habita los mares templados o más bien fríos y vive en profundidades bastante considerables *(Chimaera monstrosa).* 6 *La Mancha* y *Murc.* fig. *y* fam. Terquería, cabezonería.
SIN. *2* **Hircocervo,** lit., esp. tratando de la antigüedad; **imaginación.**
quimérico, -ca, quimerino, -na (de *quimera*) *adj.* Fabuloso, fingido o imaginario sin fundamento.
SIN. **Imaginario.**
quimerista *adj.-com.* Amigo de cosas quiméricas. 2 Que mueve quimeras (pendencias).
quimerizar *intr.* Fingir quimeras (recreaciones imaginarias). ◇ ** CONJUG. [4] como ***realizar.***
quimi-, v. quimo-.
quimia *f.* ant. Química.
química (b. l. *ars chimica,* del l. med. *chimia* < ár. *kimiya,* piedra filosofal) *f.* Ciencia que estudia la composición íntima de las substancias y sus transformaciones recíprocas: *~* ***biológica*** *(o bioquímica),* la que se aplica al estudio de los seres vivos; *~* ***orgánica,*** la que estudia los derivados de los hidrocarburos y de los hidratos de carbono; *~* ***mineral*** o ***inorgánica,*** la que estudia todos los demás cuerpos simples y compuestos.
químicamente *adv. m.* Según los principios de la química.
químico, -ca *adj.* Relativo a la química. 2 Por contraposición a físico, concerniente a la composición de los cuerpos. -3 *m. f.* Persona que por profesión o estudio se dedica a la química.
quimificación *f.* Acción de quimificar o quimificarse. 2 Efecto de quimificar o quimificarse.
quimificar (*quimi-* + *-ificar*) *tr.* Convertir en quimo [el alimento]. ◇ ** CONJUG. [1] como ***sacar.***
quimil (mej. *quimilli,* lío de ropa) *m. Méj.* Lío de ropa. 2 *Méj.* Cantidad de cosas.
quimio- (de *química*) Elemento prefijal que entra en la formación de palabras con el significado de químico.
quimioluminiscencia (*quimio-* + *luminiscencia*) *f.* QUÍM. Producción de luz sin acompañamiento de calor en algunas reacciones químicas.
quimiorreceptor (*quimio-* + *receptor*) *m.* ANAT. Terminación del sistema nervioso en forma de receptor, sensible a los cambios de la concentración de ciertos productos químicos.
quimioterapia (*quimio-* + *-terapia*) *f.* Método curativo o profiláctico de las enfermedades infecciosas por medio de productos químicos desinfectantes o paralizadores de los microbios.
quimismo *m.* Conjunto de transformaciones químicas que se producen en un fenómeno: *~ de la digestión, de la función clorofílica.*
quimista *m.* desus. Alquimista.
quimo (gr. *chymós,* jugo) *m.* Masa que resulta de la digestión estomacal de los alimentos.
quimo-, quimi-, (de *quimo*) Elemento prefijal que entra en la formación de palabras con el significado de quimo.
quimocho *m. Venez.* Pasta muy blanda obtenida del cocimiento del tabaco y la ceniza del carbón vegetal.
quimón (japonés *quimono*) *m.* Tela de algodón, estampada y pintada, que se fabrica en el Japón.
quimono (voz japonesa) *m.* Túnica japonesa, o hecha a su semejanza, que usan las mujeres. 2 Tela de algodón, de fabricación japonesa. ◇ También *kimono.*
quimosina *f.* QUÍM. Cuajo, materia para cuajar la leche.
quimpo *m. Chile.* Rama poblada de hojas.
quin *m. Colomb.* Quiñazo, cachada.
I) quina (l. *quina;* neutro de *quini,* cada cinco) *m.* Quinterno (en lotería). 2 En ciertos juegos de dados, dos cincos cuando salen de una tirada. -3 *f. pl.* Armas de Portugal, que son cinco escudos azules en cruz, que llevan cada uno cinco dineros en aspa.
II) quina (voz del Perú; pero de et. dud.) *f.* Corteza del quino, muy usada en medicina. La hay gris, roja y amarilla: *~* ***de Loja,*** quina gris. 2 Líquido confeccionado con la corteza de dicho árbol.
FR. *Tragar ~,* aguantar, sufrir.
quinacha (quechua) *f. Bol.* Casta de gallina copetuda, de pluma crespa y espolón como el gallo.
quinado, -da *adj.* [vino u otro líquido] Que se prepara con quina y se usa como medicamento.
quinal (b. l. *-ale* < l. *quini,* de cinco en cinco) *m.* MAR. Cabo encapillado en los palos para aliviar los obenques.
quinao (l. *quin autem,* más en contra) *m.* Enmienda concluyente que al error de su contrario hace el que argumenta.
quinaquina (de *quina* II, en forma de pl. indígena) *f.* Quina (corteza del quino). 2 *Argent., Ecuad.* y *Parag.* Árbol grande, frondoso y aromático *(Myrosperma sereipo).*
quinar *tr. Cuba.* fam. Vencer [a alguien] por medio de argumentos.
quinario (l. *-iu*) *adj.-m.* Compuesto de cinco elementos, unidades o guarismos. -2 *m.* Ant. moneda romana de plata (cinco ases). 3 Espacio de cinco días dedicados a una determinada devoción.
quinasa *f.* QUÍM. Substancia de origen biológico, como el jugo intestinal o pancreático, que actúa como activador de las enzimas.
quincajú *m. Amér. Merid.* Mamífero úrsido del tamaño de un gato, con larga cola; permanece oculto de día y sale a cazar de noche *(Cercoleptes caudivolvulus).*
quincalla (fr. *quincaille;* var. de *clincaille,* onomat.) *f.* Conjunto de objetos de metal de escaso valor.
quincallería *f.* Fábrica de quincalla. 2 Establecimiento donde se vende. 3 Comercio de quincalla.
SIN. **Quinquillería.**
quincallero, -ra *m. f.* Persona que tiene por oficio fabricar o vender quincalla.
SIN. **Quinquillero, tirolés.**
quince (l. *quindecim*) *adj.* Diez y cinco; **NUMERACIÓN. 2 Decimoquinto. -3 *m.* Guarismo del número quince. 4 Juego de naipes, cuyo fin es hacer quince puntos con las cartas que se reparten una a una, y si no se hacen, gana el que tiene más puntos sin pasar de los quince. 5 DEP. En el juego del tenis y otros juegos de pelota, primer tanto de un juego ganado por un jugador o pareja.
FR. *Dar ~ y raya,* superar, aventajar mucho.
quincena (de *quince*) *f.* Espacio de quince días. 2 Paga recibida cada quince días. 3 Detención gubernativa durante quince días. 4 Avefría. 5 MÚS. Intervalo que corresponde a la doble octava. 6 MÚS. Registro del órgano que corresponde a este intervalo. 7 *Extr.* Día en que los obreros del campo descansan de sus faenas y van a la ciudad, aunque no sea cada quince días.
quincenal *adj.* Que se repite cada quincena. 2 Que dura una quincena.
quincenario, -ria *adj.* Quincenal. -2 *m. f.* Persona que sufre en la cárcel una o más quincenas.

quinceno, -na (de *quince*) *m. f.* Muleto o muleta de quince meses.
quincha (probl. quechua) *f. Amér.* Trama o enrejado de juncos, cañas, varillas, etc., que suele recubrirse de barro o cemento, con que se afianza una construcción. Empléase en los techos de los ranchos, en la armazón de sus paredes, en cercas, etc. 2 *Colomb.* Colibrí. 3 *Colomb.* Cerco hecho con tiras flexibles de gradua entretejidas en estacas.
quinchamalí *m. Chile.* Planta santalácea medicinal de flores amarillas *(Quinchamalium chilense).*
quinchar *tr. Amér. Merid.* Cubrir o cercar con quinchas [un recinto].
quinche *m. Urug.* Quincha, encañado.
quinchihué *m. Amér. Merid.* Planta medicinal, anual, de color verde claro, olorosa y de flores amarillas *(*gén. *Tagetes).*
quinchinela *f. Venez.* Cantilena, yaraví.
quincho *m.* Quincha.
quinchoncho *m.* Arbusto leguminoso, procedente de la India y cultivado en América; produce una vaina linear con dos o tres semillas alimenticias *(Cajanus indicus).*
quincineta *f.* Ave fría.
quincuagena (l. *quinquagena*) *f.* Cincuentena.
quincuagenario, -ria *adj.* Que consta de cincuenta unidades. -2 *adj.-s.* Cincuentón.
quincuagésima (de *quinquagesima dies,* en relac. con la Pascua de Resurrección) *f.* Domínica que precede a la primera de cuaresma. Llámase así por ser el quincuagésimo día antes de la Pascua de Resurrección.
quincuagésimo, -ma (l. *quinquagesimu*) *adj.-s.* Parte que, junto a otras cuarenta y nueve iguales, constituye un todo; **NUMERACIÓN. 2 *adj.* Que ocupa el último lugar en una serie ordenada de cincuenta.
SIN. **Cincuentésimo, cincuenteno, cincuentavo.**
quincunce *m.* Disposición semejante a la figura de un cinco de dados, con cuatro puntos que forman rectángulo o cuadrado, y otro punto en el centro.
quinde *m. Amér.* Colibrí.
quindécimo, -ma (l. *-mu*) *adj.-s.* Quinzavo.
quindembo *m. Cuba.* Baile afrocubano que se ejecuta al son de tres tambores. 2 *Cuba.* Música y canto de este baile.
quindenial *adj.* Que se repite cada quindenio. 2 Que dura un quindenio.
quindenio (l. *quindecennium,* de *quindecim*) *m.* Espacio de quince años.
quinear *tr. Colomb.* Acornear.
quines-, v. quinesi-.
quinescopado, -da *adj.* Grabado mediante quinescopio. ◇ También *kinescopado* y *cinescopado.*
quinescopar *tr.* Convertir en imágenes de televisión los impulsos electrónicos de las cintas de vídeo. ◇ También *kinescopar* y *cinescopar.*
quinescopio (*quines-* + *-scopio*) *m.* Tubo de rayos catódicos que sirve para la reproducción de las imágenes de televisión. ◇ También *kinescopio* y *cinescopio.*
quinesi-, quinesio-, quineso-, quines- (gr. *kínesis,* movimiento) Elemento prefijal que entra en la formación de palabras con el significado de movimiento: *quinesiterapia, quinesiología, quinesofobia, quinescopio.* ◇ También *cinesi-* y *kinesi-.*
quinesia *f.* Trastorno orgánico pasajero originado por los movimientos de un barco, avión, etc. ◇ También *cinesia.*
-quinesia, v. -quinesis.
quinésica *f.* Disciplina que estudia el significado de los movimientos y gestos. ◇ También *kinésica* y *cinésica.*
quinesio-, v. quinesi-.
quinesiología (*quinesio-* + *-logía*) *f.* Disciplina que estudia la actividad muscular del cuerpo humano. 2 MED. Conjunto de procedimientos terapéuticos para restablecer la normalidad de los movimientos del cuerpo humano, y conocimiento científico de ellos. ◇ También *kinesiología* y *cinesiología.*
quinesiológico, -ca *adj.* Relativo a la quinesiología. ◇ También *kinesiológico* y *cinesiológico.*
quinesiólogo, -ga (*quinesio-* + *-logo*) *m. f.* Especialista en quinesiología. ◇ También *kinesiólogo* y *cinesiólogo.*
-quinesis, -quinesia (gr. *kínesis,* movimiento) Elemento sufijal que entra en la formación de palabras con el significado de movimiento: *telequinesia.* ◇ También *-cinesis, -cinesia.*
quinesiterapeuta *com.* Masajista. ◇ También *kinesiterapeuta* y *cinesiterapeuta.*
quinesiterapia (*quinesi-* + *-terapia*) *f.* MED. Método terapéutico para el tratamiento de ciertas deformaciones del esqueleto o de la parálisis mediante movimientos activos o pasivos. ◇ También *kinesiterapia* y *cinesiterapia.*
quinesiterápico, -ca *adj.* Relativo a la quinesiterapia. ◇ También *kinesiterápico* y *cinesiterápico.*
quineso-, v. quinesi-.
quinesofobia (*quineso-* + *-fobia*) *f.* Temor morboso al movimiento.
quinete (fr. *quinette*) *m.* Estameña ordinaria de Amiens y del Mans.
quinfa *f. Colomb.* Sandalia, calzado de los campesinos.
quingentésimo, -ma (l. *-mu*) *adj.-s.* Parte que, junto a otras cuatrocientas noventa y nueve iguales, constituye un todo; **NUMERACIÓN. -2 *adj.* Que ocupa el último lugar en una serie ordenada de quinientos.
SIN. *2* **Quinientos.**
quingombó *m.* Planta malvácea originaria de África y cultivada en América, cuyo fruto se emplea en algunos guisos, dando una especie de gelatina que los espesa. La planta, que es filamentosa, se emplea como textil *(Hibiscus esculentus).*
SIN. **Quimbombó.**
quingos (quechua) *m. pl. Amér.* Zigzag.
quinguear *intr. Colomb.* y *Ecuad.* Hacer quingos.
quiniela *f.* Juego de pelota que gana el pelotari que vence a sus cinco contrarios en partidos sucesivos, al que se llama *ganador de la* ~; el que queda en segundo término se llama *colocado.* En las apuestas de este juego, ganan la quiniela los que aciertan la suerte del triunfador y del colocado. 2 p. ext. Juego público de apuestas en que se premian con diversas cantidades los boletos que aciertan los resultados de una determinada competición deportiva. 3 Boleto para efectuar dichas apuestas.
quinielero, -ra *m. f. Argent.* y *Urug.* Capitalista u organizador de quinielas. 2 *Argent.* y *Urug.* Persona que recibe las apuestas de quinielas.
quinielista *adj.-s.* Que hace quinielas, apuestas.
quinientista *adj.* Relativo al siglo XVI.
quinientos, -tas (l. *quingenti*) *adj.* Cinco veces ciento; **NUMERACIÓN. 2 Quingentésimo (lugar). -3 *m.* Guarismo del número quinientos.
quinilla *f. Perú.* Balata (árbol).
quinina *f.* Alcaloide que se extrae de la quina, algunas de cuyas sales se emplean como antisépticas y febrífugas.
quinismo *m.* MED. Conjunto de fenómenos generales que produce en el organismo el uso o abuso de quinina.
quino *m.* Árbol rubiáceo de América e Indonesia, de hojas opuestas ovales y apuntadas, flores en panoja y fruto capsular, cuya corteza es la quina *(Cinchona officinalis).* 2 Zumo solidificado que se obtiene de varios vegetales exóticos y se usa como astringente. 3 Quina, corteza del quino.
SIN. *2* **Goma quino.**
quínoa (quechua) *f. Amér.* Planta de uno a dos metros de altura, de flor roja y espiga feculenta muy alimenticia *(Chenopodium quinoa).*
quínola (l. *quina;* fem. de *quini,* de cinco en cinco) *f.* En cierto juego de naipes, lance principal que consiste en reunir cuatro cartas de un palo. 2 fig. *y* fam. Rareza, extravagancia. -3 *f. pl.* Juego de naipes cuyo lance principal es la quínola.
quinolear *tr.* Disponer la baraja para el juego de las quínolas.
quinoleína *f.* QUÍM. Producto del alquitrán que se utiliza en medicina y fotografía.
quinolillas *f.* Quínolas.
quinolina *f.* QUÍM. Compuesto heterocíclico aromático de carácter básico, en el que un núcleo bencénico está condensado con otro de piridina.
SIN. **Benzopiridina.**
quinonas *f. pl.* QUÍM. Dicetonas obtenidas por oxidación de ciertos hidrocarburos aromáticos.
quinoquino *m. Perú.* Bálsamo de Tolú.
quinorrinco *adj.-m.* Gusano del tipo de los quinorrincos. -2 *m. pl.* Tipo de gusanos marinos de reducido tamaño, menos de 1 mm., y vida libre; tienen la cabeza cubierta de espinas y el cuerpo cilíndrico.
quinque- (l. *quinque,* cinco) Elemento prefijal que entra en la formación de palabras con el significado de cinco.
quinqué (de *Quinquet,* 1745-1803, fabricante francés) *m.* Lámpara, generalmente alimentada con petróleo, que consta de de-

pósito, mecha, tubo de cristal y, a menudo, también pantalla; la llama y su luz pueden graduarse. ◇ Pl.: *quinqués.*
quinquecahue ***m.*** *Chile.* Instrumento musical de los indios mapuches o araucanos consistente en dos arcos con crines de caballo.
quinquefolio (*quinque-* + l. *foliu,* hoja) ***m.*** Cincoenrama.
quinquelingüe (*quinque-* + l. *lingua,* lengua) ***adj.*** Que habla cinco lenguas. 2 Escrito en cinco idiomas, como la Biblia impresa por Plantín (¿1520?-1589).
quinquenal (l. *-ale*) ***adj.*** Que se repite cada quinquenio. 2 Que dura un quinquenio.
quinquenervia (*quinque-* + l. *nervu,* nervio) ***f.*** Llantén menor.
quinquenio (l. *-enniu*) ***m.*** Período de cinco años.
quinqui (de *quincalla,* metáfora por arma) ***com.*** Delincuente.
quinquillería ***f.*** Quincallería.
quinquillero ***m.*** Quincallero.
quinquina ***f.*** Quino (árbol).
quinta (l. *quinta;* f. de *-tu,* quinto) ***f.*** Casa de recreo en el campo cuyo arriendo solía ser la quinta parte de los frutos. 2 Acción de quintar. 3 Efecto de quintar. 4 Reemplazo o conjunto de hombres que ingresan cada año en el servicio militar. 5 En el juego de los cientos, cinco cartas de un palo, seguidas en orden. 6 Intervalo musical que consta, si es mayor, de tres tonos y un semitono.
SIN. *1* **Quintana.** *2, 3* y *4* **Reclutamiennto.**
quintacolumnista ***adj.-com.*** [pers.] Perteneciente a la quinta columna. V. columna (de tropa).
quintada ***f.*** Novatada que se hace a los nuevos soldados.
quintador, -ra ***adj.-s.*** Que quinta.
quintaesencia ***f.*** Última esencia de una cosa.
quintaesenciar ***tr.*** Refinar, apurar, alambicar [una cosa]. ◇ ** CONJUG. [12] como ***cambiar.***
quintal (ár. *quintar;* probl. sacado del l. *centenariu,* que tiene cien libras) ***m.*** Medida de peso, equivalente en Castilla a 46 kgs. cien libras, o sea cuatro arrobas. 2 Pesa de cien libras, o sea cuatro arrobas. 3 ~ ***métrico,*** medida de peso, equivalente a 100 kgs.
quintalada (de *quintal*) ***f.*** Cantidad que se sacaba del importe de los fletes para repartirla a la gente de mar que más había trabajado en el viaje.
quintaleño, -ña ***adj.*** Capaz de un quintal, o que lo contiene.
quintalero, -ra ***adj.*** Que tiene el peso de un quintal.
quintamiento ***m.*** Acción de quintar.
quintana (l.) ***f.*** Quinta (casa). 2 Calle transversal del campamento romano, donde tenía lugar el mercado. 3 *Logr.* Cauce de agua dentro de una heredad.
quintante ***m.*** Instrumento astronómico para las observaciones marítimas, consistente en un sector de círculo graduado de 72 grados con dos reflectores y un anteojo.
quintañón, -ñona (de *quintal,* por alusión a las 100 libras de que éste se compone) ***adj.-s.*** fam. Centenario (pers.).
quintar (de *quinto*) ***tr.*** Sacar por suerte [uno] de cada cinco. 2 Sacar por suerte los nombres [de los que han de ser soldados]. 3 Pagar el derecho llamado quinto. 4 Dar la quinta y última vuelta de arado [a las tierras]. -5 ***intr.*** Llegar al número de cinco, esp. la Luna cuando llega al quinto día. 6 Pagar la quinta parte en los remates de arrendamientos o compras.
quinte ***m.*** ZOOL. Gamo.
quintería (de *quinta*) ***f.*** Casa de campo o cortijo.
quinterna ***f.*** Quinterno (lotería).
quinterno ***m.*** Cuaderno de cinco pliegos. 2 Suerte de cinco números en el ant. juego de la lotería.
SIN. *2* **Cinquina, quina.**
quintero ***m.*** El que tiene arrendada una quinta o cultiva las heredades de la misma. 2 Mozo o criado de labrador.
quinterón, -rona ***m. f.*** *Cuba., Méj.* y *Perú.* desus. Descendiente de blanco y cuarterona. 2 *Perú.* desus. Descendiente de blanco y tercerona negra. 3 *Perú.* desus. ~ ***de mestizo,*** descendiente de español y cuarterona de mestizo. 4 *Perú.* desus. ~ ***de mulato,*** descendiente de español y cuarterona de mulato. 5 *Perú.* desus. ~ ***saltatrás,*** descendiente de negro y cuarterona.
quinteto (it. *-etto*) ***m.*** Combinación métrica de cinco versos de arte mayor aconsonantados y ordenados como los de la quintilla; **POESÍA. 2 En el lenguaje deportivo, conjunto de cinco individuos. 3 MÚS. Composición a cinco voces o instrumentos. 4 MÚS. Conjunto de estas voces o instrumentos.
quintil (l. *-ile*) ***m.*** Quinto mes del año en el primitivo calendario romano.
quintilla (de *quinta*) ***f.*** Combinación métrica de cinco versos octosílabos aconsonantados; riman generalmente el primero y cuarto, y el segundo, tercero y quinto; **POESÍA. 2 Toda combinación de cinco versos de arte menor con dos consonancias.
quintillizo, -za ***m. f.*** Persona nacida en un parto de cinco.
quintillo ***m.*** Juego del hombre entre cinco. 2 MÚS. Grupo irregular de cinco notas de igual duración que ocupan un tiempo o un compás, y que no se puede dividir en mitades o tercios iguales.
quintillón ***m.*** Quinta potencia del millón.
quintín ***m.*** Tela de hilo muy fina y rala que se fabrica en Quintín, c. de Bretaña.
Quintín (la de San ~), fr. pendencia, riña, desbarajuste, por alusión a la batalla de este nombre, ganada por las tropas de Felipe II (1527-1598) el 10 de agosto de 1557.
quinto, -ta (l. *-tu*) ***adj.-s.*** Parte que, junto a otras cuatro iguales, constituyen un todo. -2 ***adj.*** Que ocupa el último lugar en una serie ordenada de cinco. -3 ***m.*** Derecho de veinte por ciento. 4 Parte de dehesa o tierra, aunque no sea la quinta. 5 Soldado, mientras recibe la instrucción militar. 6 Botellín de cerveza de 20 cls. 7 *Chile* y *Méj.* Moneda de cinco centavos. 8 *Perú.* Moneda de oro.
SIN. *5* **Caloyo,** humor; **recluta.**
quintové ***m.*** *Argent.* Bienteveo (pájaro).
quintral (arauc.) ***m.*** *Chile.* Muérdago de flores rojas, de cuyo fruto se extrae liga y sirve para teñir *(Loranthus tetrandrus).* 2 *Chile.* Enfermedad que sufren algunas plantas como las sandías y porotos.
quíntuple ***adj.-s.*** Quíntuplo.
quintuplicación ***f.*** Acción de quintuplicar o quintuplicarse. 2 Efecto de quintuplicar o quintuplicarse.
quintuplicar (l. *-are*) ***tr.*** Multiplicar por cinco [una cantidad]. 2 Hacer [una cosa] cinco veces mayor. ◇ ** CONJUG. [1] como ***sacar.***
quíntuplo, -pla (l. *-plu*) ***adj.-m.*** Que contiene un número cinco veces exactamente. -2 ***adj.-s.*** Nacido en un parto de cinco.
quinua (quechua) ***f.*** *Amér.* Quínoa.
quinuza ***f.*** *Venez.* Melancolía.
quinzal ***m.*** Madero en rollo, de quince pies de largo según el marco de Valladolid.
quinzavo, -va ***adj.-s.*** Parte que, junto a otras catorce iguales, constituye un todo.
SIN. **Quindécimo.**
quiñado, -da ***adj.*** *Perú.* Agujereado, señalado. 2 *Perú.* Picado de viruelas.
quiñador ***m.*** *Colomb.* Trompo que se pone en el suelo para que reciba quiñazos.
quiñadura ***f.*** Quiño, huella de púa.
quiñar (quechua *quiñú,* agujerear) ***tr.*** *Amér.* Herir con la punta del trompo [la cabeza de otro]. 2 *Amér.* Dar empellones. 3 *Amér.* Chocar, resbalando, una cosa con otra. 4 *Amér. Merid.* Dar golpes con un trompo [a otro], mientras baila. 5 *Colomb.* Pelear con los puños. -6 ***prnl.*** *Perú.* Mellarse. 7 *P. Rico.* Llevarse un chasco.
quiñazo ***m.*** *Amér.* Encontronazo. 2 *Amér.* Cachada (golpe del trompo).
quiñe ***m.*** *Bol.* Espolón del gallo. 2 *Bol.* y *Perú.* Punta del trompo.
I) quiño ***m.*** *Amér.* Cachada (golpe del trompo). 2 *Amér.* Huella que deja el golpe de una púa de hierro. 3 *Colomb.* Juego de chicos que consiste en dar quiñazos a un trompo. 4 *Colomb.* Puñetazo que se da dirigiendo el brazo de frente. 5 *Ecuad.* Copa de licor.
II) quiño (arauc. *cúñal,* red) ***m.*** *Chile.* Bolsa tejida de fibras vegetales que los pescadores usan para recoger mariscos.
quiñón (l. *quinione*) ***m.*** Parte que uno tiene con otros en algo productivo. 2 Porción de tierra de labor. 3 *Logr.* Barrio, colación o sector de una ciudad. 4 *Filip.* Medida agraria.
quiñonero ***m.*** Dueño de un quiñón.
quío, -a (l. *-chiu*) ***adj.-s.*** De Quío, isla del Egeo.
quiosco (del turco *kyöxk,* der. del persa *kuxk;* a través del fr.) ***m.*** Templete o pabellón de estilo oriental y gralte. abierto por todos lados, que se construye en azoteas, jardines, etc. 2 Pabellón pequeño construido en parajes públicos: *un ~ de periódicos, de refrescos.* ◇ También *kiosco.*
quiote (mej. *quiotl,* tallo) ***m.*** *Méj.* Bohordo del maguey.
SIN. **Mequiote.**
quipa ***f.*** *Ecuad.* Caracola guerrera de los indios.

quipe (quechua) ***m.*** *Bol.* y *Ecuad.* Morral que se lleva a cuestas. 2 *Perú.* Atado de cosas muy diversas que llevan los indios a la espalda.
quipo (quechua *quipu,* nudo) ***m.*** *Chile* y *Perú.* Ramal de cuerda con nudos por medio de la cual llevaban sus cuentas los aborígenes.
quique (arauc.) ***m.*** *Chile.* Especie de comadreja *(Galictis vitatta).* 2 *Chile.* Persona colérica.
quiqui ***m.*** Peinado que se hace a los niños, componiendo el pelo en forma semejante a la cresta de un gallo.
quiquiriquí ***m.*** Onomatopeya del canto del gallo. 2 fig. Persona que quiere sobresalir y gallear. ◇ Pl.: *quiquiriquíes.*
quiragra (l. *chiragra;* gr. *cheiragra;* comp. de *cheir,* mano + *agra,* presa) ***f.*** Gota de las manos.
quirate ***m.*** NUMIS. Moneda de plata usada por los almorávides españoles.
quirguiz ***adj.-s.*** De un pueblo de raza tártara que vive entre el Ural y el Irtich. -2 ***m.*** Idioma quirguiz.
quirico ***m.*** *Venez.* Mandadero. 2 *Venez.* Ladronzuelo.
quirie ***m.*** Kirie.
quirigalla ***f.*** Cabra, molusco.
quirinal (l. *-ale*) ***adj.*** Relativo a Quirino, nombre dado a Rómulo (753-715 a. C.) después de muerto, y a una de las siete colinas de la antigua Roma. -2 ***m.*** Por contraposición a Vaticano, el Estado italiano.
quirinca ***f.*** *Chile.* Vaina de las semillas del espino.
quiritario, -ria ***adj.*** Relativo a los quirites.
quirite (l.) ***m.*** Caballero o ciudadano de la antigua Roma.
quirneja ***f.*** *Bol.* Cimba, trenza.
quiro- (gr. *cheir, -ós,* mano) Elemento prefijal que entra en la formación de palabras con el significado de mano.
quirófano (*quiro-* + gr. *phaino,* mostrar) ***m.*** Recinto destinado a operaciones quirúgicas.
quirografario, -ria ***adj.*** Relativo al quirógrafo, o en esta forma acreditado: *crédito ~.*
quirógrafo, -fa (*quiro-* + *-grafo*) ***adj.-s.*** [documento contractual] Que no está autorizado por notario, ni lleva otro signo oficial. -2 ***m.*** Diploma autorizado por la firma de un elevado personaje.
quiromancia, -mancía (*quiro-* + *-mancia*) ***f.*** Adivinación supersticiosa por medio de las rayas de la mano.
quiromántico, -ca ***adj.*** Relativo a la quiromancia. -2 ***m. f.*** Persona que la profesa.
quiróptero (*quiro-* + *-ptero*) ***adj.-m.*** Mamífero del orden de los quirópteros. -2 ***m. pl.*** Orden de mamíferos placentarios voladores, de miembros anteriores muy desarrollados, con el pulgar oponible a los cuatro dedos restantes, que son muy largos y sirven de soporte a una membrana aliforme que se extiende por ambos lados del cuerpo y abarca los miembros posteriores y la cola.
quiroteca (*quiro-* + gr. *theca,* estuche, bolsa) ***f.*** p. us. Guante (prenda).
quirqui ***m.*** *Bol.* Guitarrillo de los indígenas.
quirquinchar ***tr.*** *Argent.* Cazar quirquinchos.
quirquincho (quechua) ***m.*** *Argent., Bol., Chile* y *Perú.* Armadillo. 2 *Argent.* y *Chile.* fig. Persona de mal genio.
quirúrgico, -ca ***adj.*** Perteneciente o relativo a la cirugía.
quirurgo (gr. *cheirougós* < *cheir,* mano + *ergon,* obra) ***m.*** p. us. Cirujano.
quisa ***f.*** *Bol.* Plátano maduro y secado al sol. 2 *Méj.* Especie de pimienta.
quisadilla ***f.*** *Argent.* Postre de miel y harina.
quisca (quechua) ***f.*** *Chile.* Quisco, árbol. 2 Espina larga y dura de este árbol. 3 *Argent.* Cabello duro y grueso.
quisco (de *quisca*) ***m.*** *Chile.* Especie de cacto que crece en forma de cirio cubierto de espinas, que alcanzan más de 30 cms. de largo (gén. *Cereus).*
quiscudo, -da ***adj.*** *Amér.* De pelo cerdoso y duro. 2 *Chile.* Que tiene quiscas.
quisicosa (fórmula inicial de las adivinanzas populares: *¿qué es cosa y cosa..?*) ***f.*** fam. Enigma u objeto de pregunta muy dudosa y difícil de averiguar. 2 Cosa extraña.
SIN. **Cosicosa, quesiqués.**
quisneado, -da, quisneto, -ta ***adj.*** *Hond.* Que está torcido.
quisque (l. *quisque,* cada uno) ***pron. indef. Cada ~, loc.,*** cada cual. ◇ Es vulgar *quisqui.*
quisquémil ***m.*** *Méj.* Quesquémil.
quisquido, -da (quechua *quixqui,* estrecho) ***adj.*** *Argent.* Estreñido.
quisquilla (l. *quisquiliœ,* menudencias) ***f.*** Reparo o dificultad de poco momento. 2 Camarón.
quisquillar ***intr.*** *Chile.* fam. Sentir desazón, disgusto.
quisquilloso, -sa (por *cosquilloso,* der. de *cosquillas;* con influjo de *quisquilla*) ***adj.-s.*** Que se para en quisquillas. 2 Demasiado delicado en el trato común.
SIN. **Caramilloso.** *2* **Cosquilloso, sentido, susceptible, picajoso.**
quistarse (de *quisto*) ***prnl.*** Hacerse querer, o llevarse bien con los demás.
quiste (gr. *kystis*) ***m.*** Vejiga membranosa que se desarrolla anormalmente en distintas regiones del cuerpo y contiene una substancia líquida de distinta naturaleza: *~* ***sebáceo,*** v. sebáceo. 2 BIOL. Membrana resistente e impermeable que envuelve a un animal o vegetal de pequeño tamaño, manteniéndolo completamente aislado del medio. 3 BIOL. Cuerpo formado por una membrana resistente e impermeable y el pequeño animal o vegetal encerrado en ella.
quístico, -ca ***adj.*** Perteneciente o relativo a los quistes.
quisto, -ta (l. *quœsitu*) pp. irreg. de *querer* usado sólo en las loc. *bien ~* y *mal ~.*
I) quita (de *quitar*) ***f.*** DER. Liberación que de la deuda o parte de ella hace el acreedor al deudor. 2 *~* ***y espera,*** petición que un deudor no comerciante puede hacer judicialmente a todos sus acreedores, bien para que aminoren los créditos y aplacen el cobro, o bien para una u otra de ambas cosas.
SIN. **Quitamiento.**
II) quita (arauc. *quitha*) ***f.*** *Chile.* Pipa de fumar, esp. la de los indios, tallada en piedra o hecha de greda y madera.
quitacamisa ***f.*** *Cuba.* Arrancacamisa.
quitación ***f.*** ant. Renta, salario. 2 DER. Quita.
quitador, -ra ***adj.-s.*** Que quita.
quitaguas ***m.*** p. us. Paraguas. ◇ Pl.: *quitaguas.*
quitagusto ***m.*** *Ecuad.* y *Perú.* Inoportuno, intruso.
quitaipón ***m.*** Quitapón. ◇ Pl.: *quitaipones.*
quitamanchas (de *quitar* + *mancha*) ***com.*** Persona que tiene por oficio quitar manchas de la ropa. 2 Substancia empleada para ello. 3 *La Mancha.* Tinte, tintorería. ◇ Pl.: *quitamanchas.*
SIN. **Sacamanchas.**
quitameriendas ***f.*** Cólquico. ◇ Pl.: *quitameriendas.*
quitamiedos (de *quitar* + *miedo*) ***m.*** Protección vertical colocada a lo largo de algunas carreteras para dar seguridad en lugares peligrosos. ◇ Pl.: *quitamiedos.*
quitamiento ***m.*** Quita.
quitamotas ***com.*** fig. *y* fam. Persona lisonjera y aduladora. ◇ Pl.: *quitamotas.*
SIN. **Quitapelillos.**
quitanda (voz afro-brasileña) ***f.*** *Urug.* Especie de comercio ambulante, reducido a comidas camperas muy simples.
quitanieves (de *quitar* + *nieve*) ***adj.-s.*** Máquina que sirve para limpiar de nieve las calles, carreteras, ferrocarriles, etc. ◇ Pl.: *quitanieves.*
quitanza (de *quitar*) ***f.*** Finiquito, liberación o carta de pago.
quitapelillos ***com.*** fig. *y* fam. Quitamotas. ◇ Pl.: *quitapelillos.*
quitapenas ***f.*** vulg. Navaja. ◇ Pl.: *quitapenas.*
quitapesares (de *quitar* + *pesar*) ***m.*** fam. Consuelo o alivio de una pena. ◇ Pl.: *quitapesares.*
quitapón ***m.*** Adorno con borlas que suele ponerse a las caballerías. 2 ***De*** *~*, de quita y pon. ◇ Pl.: *quitapones.*
quitar (der. del l. *quietu,* tranquilo; v. *quieto*) ***tr.*** Libertar [de cargas], redimir [empeños o deudas], desembarazar a uno [de una obligación]: *~ un censo.* 2 Separar o apartar [una cosa] de un sitio: *quita este libro del medio; quita un párrafo a lo escrito.* 3 Hurtar: *nos ha quitado el dinero.* 4 Despojar, privar [de una cosa]: *~ la vida.* 5 Impedir, obstar o estorbar: *me quitó ir al teatro; lo cortés no quita lo valiente;* prohibir, vedar: *les quitaré el trasnochar.* 6 Derogar, abrogar [una ley, sentencia, etc.]; librar a uno [de una pena o cargo]; suprimir [un empleo u oficio]: *la orden ha sido quitada; le quitaron la plaza.* 7 fig. Apartar, separar, en general: *~* ***de la cabeza,*** hacer desistir; *~* ***trabajo a uno,*** ahorrárselo; ***prnl., quitarse años de encima,*** rejuvenecerse; ***prnl., quitarse de enredos,*** librarse de ellos. 8 ESGR. Defenderse de un tajo o apartar la espada del contrario. -9 ***prnl.*** Dejar una cosa o apartarse totalmente de ella. 10 Irse, separarse de un lugar.
FRS. *Quitarse de encima a alguno* o *alguna cosa,* librarse de algún enemigo o de alguna importunidad; *quita,* o *quite, allá,* expr. que sirve para reprobar o rechazar; *vender al ~*, enajenar una cosa con pacto de rescate o retroventa. *Al ~*, de poca duración; *de quita y pon,* que se puede quitar

y poner. SIN. *2* **Sacar,** en la idea gral. se opone a **meter,** como **quitar** se opone a **poner** (v. *meter*). **Sacar** es extraer una cosa del sitio en que está metida, mientras que **quitar** es apartarla o separarla del lugar en que está puesta o situada. Cuando ambos vbs. pueden usarse en la misma frase, **sacar** da la idea de mayor dificultad o esfuerzo, y **quitar** sugiere un matiz atenuativo. Compárese, p. ej., *sacar* y *quitar el tapón de una botella; sacar* y *quitar una muela, una mancha.*

quitasol (de *quitar + sol*) ***m.*** Objeto plegable parecido a un gran paraguas y fijado a un soporte, que se instala en un lugar para protegerse del sol: *~ de una terraza de café; ~ de jardín, de playa.*
SIN. **Parasol, sombrilla.**

quitasolillo ***m.*** *Cuba.* Casabe, hongo comestible.

quitasueño (de *quitar + sueño*) ***m.*** fam. Lo que causa preocupación o desvelo. -2 ***m. pl.*** *Perú.* Adorno pueblerino en el que unos fragmentos de vidrio sujetos a un aro de hierro producen ruido por efecto del viento.

quite ***m.*** Acción de quitar o estorbar. 2 ESGR. Movimiento defensivo con que se detiene o evita el ofensivo. 3 Suerte que ejecuta un torero, gralte. con el capote, para librar a otro de la acometida del toro. 4 *Colomb.* ESGR. Acción de hurtar el cuerpo, regate.
SIN. *2* **Parada.** FR. *Estar al ~* o *a los quites,* fig., estar preparado para defender a alguno.

quiteño, -ña ***adj.-s.*** De Quito, c. del Ecuador.

quitina (gr. *chitón,* concha) ***f.*** Substancia de que está formado gralte. el revestimiento exterior del cuerpo de los artrópodos, así como ciertos órganos de otros invertebrados.

quitinoso, -sa ***adj.*** Formado por quitina. 2 De la naturaleza de la quitina.

quito, -ta (v. *quieto*) ***adj.*** Libre, exento.

quitón ***m.*** Molusco marino poliplacóforo cuyo tronco y cabeza se hallan cubiertos dorsalmente por el manto que forma un pliegue marginal, el perinoto, provisto de cutícula y de placas calcáreas *(Chiton* sp.*).*
SIN. **Chitón.**

quitrín ***m.*** *Amér.* Carruaje abierto, de dos ruedas, con una sola fila de asientos, y cubierta de fuelle.

quitupán (*Quitupán,* pueblo del estado de Jalisco) ***m.*** *Méj.* Vino de olla, hecho de maguey.

quitusco (aimara *kichusko*) ***m.*** *Perú.* Pasta de yuca y chancaca, envuelta en pancas.

quiut (ing. *cute*) ***adj.*** ANGLIC. Lindo, gracioso.

quivevé ***m.*** *R. de la Plata.* Guisado a base de zapallo cocido.

quiyá ***m.*** *R. de la Plata.* Mamífero roedor *(Myopotamus coipu).*

quiyapí (guaraní, piel de nutria) ***m.*** *Argent.* Vestimenta de los indios guaraníes, hecha de pieles, con la que se cubren las espaldas.

quiyaya ***f.*** *Perú.* Vara llena de colgajos y cascabeles con que se baila cierta danza, y también la misma danza. ◇ También *quillalla.*

quizá, quizás (ant. *qui sabe, qui sab*) ***adv. d.*** Denota la posibilidad de aquello de que se habla: *~ llueva mañana.* 2 *~ y sin ~, **loc.,*** se emplea para dar por segura o cierta una cosa.

quórum (l.) ***m.*** Número mínimo de votos necesarios en casos determinados para dar validez a una elección o a un acuerdo. ◇ Pl.: *quórum.*

R, r *f.* Erre, decimonona letra del **alfabeto español que representa gráficamente a la consonante fricativa, alveolar, vibrante simple y sonora cuando se escribe una sola *r*, salvo si va al principio de palabra o tras una sílaba terminada en *b, l, n* o *s*. Representa a la consonante fricativa, alveolar, vibrante múltiple y sonora cuando la *r* va al principio de palabra: *roncar*; tras una sílaba terminada en *b, l, n* o *s*: *subrepticio, malrotar, enredo, Israel;* y cuando se escribe *rr*. 2 Símbolo del *roentgen*.
Ra, símbolo químico del *radio*.
raba *f.* Cebo que emplean los pescadores, hecho con huevas de bacalao. 2 *Sant.* Calamar frito.
rabada (de *rabo*) *f.* Cuarto trasero de las reses después de matarlas. 2 fig. Tiempo que dura una fiesta tras su normal celebración.
rabadán (ár. *rabedan*, señor de los carneros) *m.* Mayoral que cuida todos los hatos de ganado de una cabaña, y manda a los pastores. 2 Pastor que gobierna uno o más hatos de ganado, a las órdenes del rabadán (mayoral).
rabadilla (dim. de *rabada*) *f.* Extremidad del espinazo, formada por la última vértebra del sacro y todas las del cóccix. 2 En las aves, extremidad movible en donde están las plumas de la cola. 3 *Logr.* Páncreas.
SIN. **Curcusilla.** *2* **Obispillo.**
rabal *m.* Arrabal.
rabaleño, -ña *adj. Logr.* Arrabalero.
rabalero, -ra *adj.-s.* Habitante del barrio del Rabal, de Zaragoza. 2 Arrabalero.
rabanal *m.* Terreno plantado de rábanos.
rabanera *f.* La que vende rábanos. 2 Vasija de mesa para colocar rábanos. 3 fig. Verdulera (mujer grosera).
rabanero, -ra *adj.* fig. *y* desus. [vestido] Corto, esp. el de las mujeres. 2 fig. [ademán, modo de hablar] Desvergonzado. -3 *adj.-s.* De Argamasilla de Calatrava (Ciudad Real). -4 *m. f.* Persona que vende rábanos.
rabaneta *f. Ar.* Rabanete.
rabanete *m.* Dim. de *rábano*.
rabanillo *m.* Dim. de *rábano*. 2 Hierba crucífera, dañosa y muy común en los sembrados, de hojas ásperas y partidas en lóbulos dentados, flores blancas o amarillas con las venas casi negras, y raíz fusiforme, de color blanco rojizo *(Raphanus raphanistrum)*. 3 fig. Sabor del vino repuntado. 4 fig. *y* fam. Desdén y esquivez del genio, esp. en el trato. 5 fig. *y* fam. Deseo vehemente e inquieto de hacer una cosa.
SIN. *1* **Rábano silvestre.** *2* **Rábano.**
rabaniza *f.* Simiente del rábano. 2 Hierba crucífera de los terrenos incultos, de tallo ramoso, hojas radicales, partidas en lóbulos agudos, flores blancas y silicuas ensiformes *(Diplotaxis erucoides)*.
rábano (l. *raphanu;* gr. *rháphanos*) *m.* Hierba crucífera hortense, de tallo ramoso y velludo, hojas ásperas y grandes, flores blancas, amarillas o purpurinas en racimos terminales, silícua estriada y raíz carnosa, casi redonda, roja *(Raphanus sativus)*. 2 Raíz de esta planta. 3 fig. Rabanillo (hierba). 4 ~ ***silvestre,*** planta crucífera perenne y lampiña, con panículas de flores blancas, cuyas raíces se usan como condimento *(Armoracia rusticana)*. 5 fig. Cosa de poca importancia: *me importa un* ~. 6 vulg. Pene. 7 *¡Un ~!* fam., forma despectiva de negación absoluta.
FR. fig. *Tomar el ~ por las hojas*, equivocarse de medio a medio en la ejecución o interpretación de una cosa.
rabárbaro *m.* Ruibarbo.
rabasquiento, -ta *adj. Can.* Fácil a la irritación.
rabasquiña *f. Can.* Comezón dentaria, especialmente de los niños, que los malhumora al romperles las encías. 2 *Can.* Enfado.
rabazuz (ár. *robaçuç*) *m.* Extracto del jugo de la raíz del regaliz.
rabdo- (gr. *rhabdós*, varilla) Elemento prefijal que entra en la formación de palabras con el significado de varilla: *rabdología*.
rabdología (*rabdo-* + *-logía*) *f.* Aritmética que consiste en hacer cálculos por medio de varillas sobre las que se han inscrito números dígitos.
rabdomancia, -mancía (*rabdo-* + *-mancia*) *f.* Adivinación, valiéndose de una varita mágica.
rabear (frecuent.) *intr.* Menear el rabo. 2 MAR. Mover con exceso un buque su popa a uno y otro lado.
SIN. *1* **Colear.**
I) rabel (ár. *rabeb*) *m.* Ant. instrumento músico parecido al laúd, pero con sólo tres cuerdas, que se tocan con arco. 2 Juguete que consiste en una caña y un bordón, entre los cuales se coloca una vejiga llena de aire. Se hace sonar con un arco.
II) rabel (de *rabo*) *m.* fig. Nalgas, asentaderas, esp. las de los muchachos.
rabelejo *m.* Dim. de *rabel*.
rabelero, -ra *m. f.* Tañedor de rabel.
rabelesiano, -na *adj.* Relativo al humanista y escritor francés Rabelais (¿1494?-1553). 2 Que tiene la afición a los placeres de la mesa o la alegría libre y satírica, incluso cínica y grosera, que caracterizaron la vida y los escritos de este autor.
rabeo *m.* Acción de rabear. 2 Efecto de rabear.
rabera (de *rabo*) *f.* Parte posterior de cualquier cosa. 2 Zoquete de madera que se pone en los carros de labranza, con que se une y traba la tablazón de su asiento. 3 Tablero de la ballesta, de la nuez abajo. 4 Lo que queda sin apurar después de aventado y acribado el trigo y otras semillas. 5 *And.* Tralla. 6 *La Mancha.* Parte posterior de la reja del arado. 7 *Cuba.* Atacola.
rabero *m. And.* y *Extr.* Timón del arado. 2 *Extr.* Punta, asidero, extremo. 3 *Extr.* Desperdicios.

raberón (de *rabera*) ***m.*** Extremo superior del tronco de un árbol separado del resto.
rabí (hebr. *rabbí*, grande, maestro) ***m.*** Entre los judíos, sabio de su ley. 2 Rabino. ◇ Pl.: *rabíes.*
rabia (l. *rabies;* hecho en el l. v. *rabia*) ***f.*** Enfermedad infecciosa que ataca a algunos animales, esp. al perro, y se transmite por mordedura a otros o al hombre, al inocularse en ellos el virus contenido en la baba del animal enfermo. Uno de sus síntomas es la dificultad de tragar que antig. se interpretó como horror al agua, por lo cual esta enfermedad se llama también *hidrofobia*. 2 fig. Ira, enojo, enfado grande: ***tener ~ a una persona,*** tenerle odio o mala voluntad. 3 Roya que padecen los garbanzos y que suele desarrollarse cuando, después de haber llovido, calienta fuertemente el sol.
SIN. *2* v. **Antipatía, ira.**
rabiacana ***f.*** Arísaro.
rabiada ***f.*** *Hond.* fam. Movimiento de cólera. 2 *Méj.* Movimiento de dar las espaldas rápidamente a una persona.
rabiadero ***m.*** *Colomb.* Continuo rabiar.
rabiamarillo ***m.*** *Amér.* Gulungo, ave.
rabiar (l. *rabere*) ***intr.*** Padecer o tener el mal de rabia. 2 fig. Impacientarse o enojarse con muestras de cólera y enfado: *~ con,* o *contra, alguno.* 3 fig. Padecer uno vehemente dolor que obliga a prorrumpir en quejidos: *~ de hambre.* 4 fig. Exceder en mucho a lo usual u ordinario: *pica que rabia; rabiaba de tonto.* 5 fig. Con la preposición *por*, desear una cosa con vehemencia: *~ por un libro.* -6 ***loc. adv.*** *A ~*, mucho; con exceso; vehementemente, con fuerza. ◇ ** CONJUG. [12] como ***cambiar.***
FR. *~ de verse juntos,* fig. y fam., encarece la oposición o desavenencia entre personas o cosas; *hacer ~ a alguien,* exasperar, sacar de sus casillas.
rabiasca ***f.*** *Cuba* y *P. Rico.* Rabieta.
rabiatar ***tr.*** Atar por el rabo [a dos animales].
rabiazorras ***m.*** Solano (viento). ◇ Pl.: *rabiazorras.*
rabicán ***adj.*** Apócope de rabicano.
rabicandil ***m.*** Aguzanieves.
rabicano, -na (de *rabo + cano*) ***adj.*** Colicano.
rábico, -ca ***adj.*** Relativo a la enfermedad de la rabia.
rabicorto, -ta (de *rabo + corto*) ***adj.*** Que tiene corto el rabo. 2 fig. [pers.] Que usa faldas más cortas de lo regular.
rábida (ár. *rábita*) ***f.*** En Marruecos, convento, ermita. ◇ También *rápita.*
rábido, -da ***adj.*** Rabioso.
rabieta ***f.*** Dim. de *rabia*. 2 fig. *y* irón. Impaciencia o enfado grande y de poca duración.
SIN. *2* **Perra, perrera,** *~ de niño.*
rabihorcado (de *rabo + horcado*) ***m.*** Ave pelecaniforme de los países tropicales, de cola ahorquillada, alas grandes, pico largo y encorvado por la punta, buche grande y saliente, tarsos cortos y dedos gruesos con uñas fuertes y encorvadas *(Fregata aquila).* 2 *Colomb.* Planta ciclantácea frutal cuyas hojas se emplean para cubrir techos *(Carludovica latifolia).*
SIN. *1* **Pájaro burro.**
rabijunco ***m.*** Ave pelecaniforme cuyas dos timoneras centrales sumamente largas y estrechas, le dan el aspecto de tener la cola terminada en juncos o largas briznas de paja *(Phæton aethereus).*
rabil ***m.*** Pez marino teleósteo perciforme de gran tamaño e interés pesquero *(Germo albacora; Thynnus a.).* 2 *Ast.* Cigüeña o manubrio. 3 *Ast.* Molino que se mueve a brazo y sirve para quitar el cascabillo a la escanda.
rabilar ***tr.*** *Ast.* Quitar el cascabillo a la escanda por medio del rabil. 2 *Ast.* Accionar un rabil o manubrio.
rabilargo, -ga (de *rabo + largo*) ***adj.*** [animal] Que tiene largo el rabo. 2 fig. [pers.] Que usa las vestiduras tan largas que le arrastran y parece que van barriendo el suelo. -3 ***m.*** Ave paseriforme de costumbres parecidas a las de la urraca, de unos 40 cms. de largo, con plumaje negro brillante en la cabeza, azul claro en las alas y la cola, y leonado en el resto del cuerpo *(Pica cyanea).*
SIN. *3* **Mohíno.**
rabillo ***m.*** Dim. de *rabo*. 2 Pecíolo. 3 Pedúnculo (en las plantas). 4 Cizaña (planta). 5 Mancha negra en las puntas de los granos de los cereales cuando empieza a atacarlos el tizón. 6 Tira resistente de tela doble, para apretar o aflojar la cintura de los pantalones. 7 *~* ***de conejo,*** planta gramínácea, de caña corta, con dos hojas de vaina vellosa, blanca o rojiza. 8 *~* ***del ojo,*** rabo del ojo.
rabimocho, -cha ***adj.*** Rabón.
rabincho, -cha ***adj.*** *Argent.* y *Ecuad.* Desprovisto de mango.
rabínico, -ca ***adj.*** Relativo a los rabinos o a su lengua o doctrina; esp. a la literatura hebrea posterior a la dispersión del pueblo judío.
rabinismo ***m.*** Doctrina de los rabinos.
rabinista ***com.*** Partidario del rabinismo.
rabino (de *rabí*) ***m.*** Maestro hebreo que interpreta la Sagrada Escritura. 2 Remigio, juego de naipes.
SIN. *1* **Rabí.**
rabioles ***m. pl.*** Raviolis.
rabión (der. del l. *rapidu*) ***m.*** Corriente impetuosa del río en los parajes estrechos o de mucho declive.
SIN. **Rápido.**
rabiosamente ***adv. m.*** Con ira.
rabioso, -sa ***adj.-s.*** Que padece rabia. -2 ***adj.*** fig. Colérico, airado. 3 fig. Vehemente, excesivo. 4 fam. [sabor] Muy picante.
SIN. *1* **Hidrófobo.**
rabirrubia ***f.*** *Cuba.* Pez de cola rubia, ahorquillada, de carne apreciada *(Ocyrus chrysurus).*
rabisalsera (de *rabo + salsa*) ***adj.-f.*** fam. Mujer muy viva y desenvuelta.
rabiza ***f.*** Punta de la caña de pescar, en la que se pone el sedal. 2 Terreno arenoso y falso. 3 Ramera. 4 MAR. Cabo corto y delgado unido por un extremo a un objeto cualquiera, para mejor manejarlo o sujetarlo. 5 *And.* Timón del arado. 6 *Ant.* Trencilla de correa que pende de uno de los extremos de la fusta; p. ext. la parte inferior y más estrecha de algo.
rabo (v. *rapo*) ***m.*** Cola [parte del cuerpo], esp. la de los cuadrúpedos. 2 Rabillo (pecíolo y pedúnculo). 3 fig. Cosa que cuelga a semejanza de la cola de un animal. 4 vulg. Pene. 5 Maza (que se ata). 6 *~* o ***rabillo del ojo,*** ángulo que forma el ojo en el extremo donde se unen ambos párpados: ***mirar a uno con el ~ del ojo*** o ***de ~ de ojo,*** dispensarle trato cauteloso o severo; quererle mal. 7 *~* ***de zorra,*** carricera. 8 ***Rabos de gallo,*** cirro (nube). 9 *And.* Astil.
FRS. fig. *Asir por el ~*, alcanzar con dificultad al que con alguna ventaja huye o va logrando su intento; tener poca esperanza de lograr una cosa inmaterial; *aún le ha de sudar el ~*, aún debe hacer lo más difícil y trabajoso para lograr alguna cosa; *estar,* o *quedar, el ~ por desollar,* restar mucho que hacer en una cosa, y aún lo más duro y difícil; *ir uno al ~ de otro,* seguirle o acompañarle continuamente por adulación o servilismo; *ir,* o *salir uno con el ~ entre piernas,* quedar vencido y abochornado.
rabón, -bona ***adj.*** [animal] Que tiene el rabo más corto de lo regular o que carece de él. 2 *Argent.* y *Venez.* [cuchillo] Que ha perdido las cachas o que no tiene mango. 3 *Chile.* [pers.] Que anda con sólo la camisa, o enteramente desnudo. -4 ***f.*** Liebre. 5 *Amér.* Mujer que suele acompañar a los soldados en las marchas y en campaña. -6 ***m.*** *Ecuad.* Machete corto no despojado del mango. 7 ***Hacer rabona,*** hacer novillos.
rabonear ***intr.*** fam. Hacer novillos.
rabonero, -ra ***adj.-s.*** *Argent., Parag.* y *Urug.* Muchacho que hace rabona.
rabopelado (*rabo + pelado*) ***m.*** Zarigüeya.
raboseada ***f.*** Acción de rabosear. 2 Efecto de rabosear.
raboseado, -da ***adj.*** [papel impreso] Que se presenta sucio, debido al exceso de tinta, o defectuoso por manchas durante la tirada.
raboseadura ***f.*** Raboseada.
rabosear (de *raboso*) ***tr.*** Ajar, deslucir, rozar levemente [una cosa].
raboso, -sa ***adj.*** Que tiene rabos o partes deshilachadas en la extremidad.
rabotada ***f.*** fam. Expresión destemplada o injuriosa con ademanes groseros.
rabotar ***intr.*** *Venez.* Menear el rabo.
rabotazo ***m.*** Rabotada.
rabotear (de *rabo*) ***tr.*** Desrabotar.
raboteo ***m.*** Acción de rabotear. 2 Tiempo en que se rabotea. 3 Época del año, que suele ser el menguante de la luna de marzo, en que los pastores rabotean.
rabuchón ***m.*** *Logr.* Porción que se arranca o arrebata de alguna cosa.
rabudo, -da ***adj.*** Que tiene grande el rabo.
rabuja ***f.*** *Can.* Enfermedad de animales, esp. de gatos y perros, a los que despelecha y enteca. 2 *Can.* Persona de pequeña estatura, insignificante. 3 *Can.* Borrachera. 4 *Cuba.* Conjunto de boniatos en mal estado que se da a los cerdos.
rábula (l.) ***m.*** desp. Abogado indocto y charlatán.

rabusco *m. Can.* Trozo de pan.
raca *f.* MAR. Racamento.
racacha *f. Chile.* Planta bulbosa comestible *(gén. Conium).* 2 *Bol.* y *Perú.* Arracacha.
racahut *m.* Pasta alimenticia parecida al chocolate, muy usada entre los árabes.
racamenta *f.* Racamento.
racamento (fr. ant. *racquement,* de orig. germ.) *m.* MAR. Guarnimiento, especie de anillo que sujeta las vergas a sus palos o masteleros respectivos, para que puedan correr fácilmente a lo largo de ellos.
racanear *intr.* Gandulear, rehuir el trabajo. 2 vulg. Actuar como tacaño.
racaneo *m.* Acción de racanear. 2 Efecto de racanear.
racanería *f.* fam. Vaguería. 2 fam. Tacañería.
rácano, -na *adj.-s.* Poco trabajador, vago, gandul, perezoso. 2 Tacaño, avaro, mezquino. 3 Artero, taimado.
racel *m.* MAR. Parte de los extremos de popa y de proa, en la cual se estrecha el pantoque.
racemiforme (l. *racemu,* racimo + *-forme*) *adj.* En forma de racimo.
racer (ing.) *m.* Caballo de carreras, muy veloz. 2 Barco de vela muy rápido.
I) racha *f.* Ráfaga (movimiento). 2 fig. Período breve de fortuna.
II) racha *f.* Raja I. 2 Astilla grande de madera.
rachar *tr. Ast., León* y *Sal.* Rajar.
racheado, -da *adj.* [viento] Que sopla por rachas I.
rachear *impers.* Ventar a rachas.
racial *adj.* Étnico (de una nación o raza).
racima *f.* Conjunto de cencerrones.
racimado, -da *adj.* Arracimado.
racimal *adj.* Relativo al racimo.
racimar (l. *racemari*) *tr.* Rebuscar la racima: ~ *la viña.* -2 *prnl.* Arracimarse.
racimo (l. *racemu;* hecho en l. v. *racimu*) *m.* Grupo formado por las uvas (fruto) unidas a los pedicelos resultantes de la ramificación de un eje principal, que pende del sarmiento; por ext., grupo análogo de otras frutas: ~ *de ciruelas.* 2 fig. Conjunto de cosas menudas dispuestas con alguna semejanza de racimo. 3 fig. Conjunto de cosas o personas. 4 BOT. Inflorescencia racimosa de ejes secundarios más o menos largos sobre un eje principal alargado.
racimoso, -sa *adj.* Que echa o tiene racimos. 2 BOT. ***Inflorescencia racimosa,*** aquella en que el eje principal crece indefinidamente y los ejes secundarios son todos brotes de primer orden nacidos directamente del principal.
racimudo, -da *adj.* Que tiene racimos grandes.
racinguista *adj.-com.* Partidario del Racing de Santander, club de fútbol. -2 *adj.* Perteneciente o relativo a dicho club.
raciocinación *f.* Acción de raciocinar. 2 Efecto de raciocinar.
raciocinar (l. *ratiocinari*) *intr.* Usar de la razón sacando argumentos de una premisa o principio para conocer y juzgar una cosa.
raciocinio *m.* Facultad de raciocinar. 2 Raciocinación. 3 Argumento o discurso.
SIN. *3* **Razonamiento.**
ración (l. *ratione;* doble etim. *razón*) *f.* Parte que se da para alimento en cada comida a personas o a animales. 2 Asignación diaria en especie o dinero dada a cada soldado, marinero, etc., para su alimento. 3 Porción de comida que se sirve en bares, tabernas, restaurantes, etc., y que tiene precio fijo en cada establecimiento. 4 Prebenda en alguna iglesia catedral o colegial; tiene su renta en la mesa del cabildo. 5 Copa, medida.
SIN. *4* **Porción,** en algunas catedrales.
racionabilidad *f.* Facultad intelectiva que juzga de las cosas por medio de la razón.
racionado, -da *adj.* Relativo a lo que se distribuye dando cierta cantidad a cada persona y no se puede adquirir libremente.
racional *adj.-s.* Dotado de razón. -2 *adj.* Relativo a la razón. 3 Arreglado a ella. 4. -4 *adj.-m.* MAT. Número racional. -5 *m.* Ornamento sagrado que llevaba en el pecho el sumo sacerdote de la ant. ley.
racionalidad *f.* Calidad de racional.
racionalismo *m.* Doctrina epistemológica, opuesta al empirismo, que considera a la razón como la fuente principal y única base de valor del conocimiento humano en general, y sólo considera como verdadero conocimiento el que se funda únicamente en la razón, porque sólo él tiene necesidad lógica y validez universal. Según el racionalismo los principios fundamentales de la razón son *a priori* y, por consiguiente, irreductibles a la experiencia. 2 Sistema de teología natural en oposición a la teología revelada.
racionalista *adj.-com.* [pers.] Que profesa el racionalismo. -2 *adj.* Perteneciente o relativo a él.
racionalización *f.* Acción de racionalizar. 2 Efecto de racionalizar.
racionalizar *tr.* Organizar [algo] según razonamientos o cálculos. 2 Obtener mayor rendimiento con menor trabajo. 3 MAT. Operación de eliminar raíces del denominador de una fracción. ◇ ** CONJUG. [4] como ***realizar.***
racionalmente *adv. m.* De manera racional.
racionamiento *m.* Acción de racionar o racionarse. 2 Efecto de racionar o racionarse.
racionar *tr.* Distribuir raciones o proveer de ellas, esp. [a las tropas]. 2 Limitar las autoridades la cantidad [de algún artículo, combustible, etc.] que puede adquirirse.
racionero *m.* Prebendado que tenía ración (renta). 2 El que distribuye las raciones en una comunidad.
racionista *com.* Persona que goza sueldo o ración para mantenerse de ella. 2 En el teatro, parte de por medio o actor de ínfima clase.
racismo *m.* Exaltación de la superioridad de la raza propia; programa o doctrina de dominación y diferenciación étnica. 2 fig. Hostilidad hacia un grupo profesional o social.
racista *adj.* Relativo al racismo. -2 *adj.-com.* Partidario de él.
rack (voz inglesa) *m.* Armario para equipos electrónicos.
racleta *f.* GALIC. Raedera.
racor *m.* Accesorio que se emplea en las instalaciones eléctricas para conectar aparatos a la red. 2 Pieza que se enchufa sin rosca para unir dos tubos.
racuana *f. Perú.* Instrumento de labranza.
rad *m.* Unidad de dosis absorbida de radiación ionizante, equivale a la energía de cien ergios por gramo de materia irradiada.
rada (fr. *rade,* del anglosajón *rad*) *f.* Bahía, ensenada.
radal (arauc. *raral*) *m. Chile.* Arbolito proteáceo, siempre verde, de hojas medicinales y bonita madera, no muy durable *(Lomatia obliqua).*
radar (iniciales de la palabras inglesas *Ra*dio *D*etection *A*nd *R*ange) *m.* Dispositivo, o conjunto de dispositivos, que, por medio de la emisión de ondas especiales de altísima frecuencia reflejadas en un obstáculo (avión, costas, edificios, astros, etc.), descubre su presencia juntamente con su contorno, y fija su distancia. Las ondas de radar se propagan con la misma velocidad que las de la luz. ◇ Pl.: *radares.*
radarista *com.* Especialista encargado del funcionamiento, conservación y reparación de las instalaciones de radar.
radi-, v. radio-.
radiación *f.* Acción de radiar. 2 Efecto de radiar. 3 FÍS. Emisión de partículas de energía. 4 FÍS. Elemento de una onda electromagnética o luminosa.
radiactinio (*radi-* + *actinio*) *m.* QUÍM. Isótopo radiactivo del torio.
radiactividad *f.* Calidad de radiactivo. 2 Energía de los cuerpos radiactivos.
radiactivo, -va (*radi-* + *activo*) *adj.* [cuerpo] Que emite radiaciones invisibles e impalpables, procedentes de la desintegración espontánea del átomo y dotadas de una actividad particular.
REL. **Rayos alfa, beta, gamma,** las diferentes radiaciones que emiten los cuerpos radiactivos
radiado, -da *adj.* Formado por rayos divergentes. 2 BOT. Que tiene sus diversas partes situadas simétricamente alrededor de un punto o un eje. 3 BOT. [planta compuesta] De cabezuela formada por flósculos en el centro y por semiflósculos en la circunferencia. -4 *adj.-m.* Celentéreo.
radiador *m.* Aparato de calefacción compuesto de uno o más cuerpos para facilitar la radiación, a través de los cuales pasa una corriente de agua o vapor a elevada temperatura. 2 Serie de tubos por los cuales circula el agua destinada a refrigerar los cilindros de algunos motores de explosión. 3 Aparato que se usa para aumentar la superficie de radiación de un tubo.
radial *adj.* Relativo al radio, esp. al hueso de este nombre: *arteria, vena* ~. 2 De disposición análoga a la de los radios de una rueda.
radián *m.* GEOM. Unidad angular que corresponde a un arco de longitud igual a su radio.

radiante *adj.* FÍS. Que radia. 2 FÍS. fig. Brillante, resplandeciente. 3 fig. Que siente y manifiesta gozo o alegría grandes.

radiar (l. *-are*) *intr.* Irradiar. -2 *tr.* Emitir [sonidos, música, noticias, etc.] por radio. 3 FÍS. Emitir energía en forma de ondas electromagnéticas. 4 MED. Tratar [una lesión] con Rayos X. 5 *Amér.* Echar o eliminar a alguien de un empleo, sociedad, agrupación, etc. ◇ ** CONJUG. [12] como ***cambiar.***
SIN. 2 **Radiodifundir.**

radic-, v. radici-.

radicación *f.* Acción de radicar o radicarse. 2 Efecto de radicar o radicarse. 3 fig. Establecimiento, práctica y duración de un uso, costumbre, etc. 4 BOT. Conjunto de caracteres generales del sistema de raíces de una planta. 5 MAT. Extracción de raíces.

radicado, -da *adj.* BOT. Provisto de raíces.

radical (l. *radicale;* doble etim. *raigal*) *adj.* Relativo a la raíz. 2 [parte de una planta] Que nace inmediatamente de la raíz: *hoja ~*. 3 fig. Fundamental. 4 fig. Que afecta a la raíz o al principio de una cosa. 5 fig. Extremoso, tajante, intransigente. -6 *adj.-m.* GRAM. Parte de una palabra variable que se conserva en todas las formas de la misma: *am-*, *ced-*, son radicales de los verbos *amar* y *ceder.* V. tema, terminación, desinencia, raíz. 7 MAT. Signo $\sqrt{\ }$ con que se indica la operación de extraer raíces. 8 QUÍM. Cuerpo que, combinado con el oxígeno, da un óxido básico o un anhídrido. 9 QUÍM. Grupo de átomos que permanece intacto en toda una serie de reacciones, pero que normalmente es incapaz de existencia separada.

radicalismo *m.* Conjunto de ideas y doctrinas de los que pretenden reformar total o parcialmente el orden político, científico, moral o religioso. 2 p. ext. Modo extremado de tratar los asuntos.

radicalista *adj.-com.* Partidario del radicalismo. -2 *adj.* Perteneciente o relativo a él.

radicalización *f.* Acción de radicalizar. 2 Efecto de radicalizar.

radicalizar *tr.-prnl.* Hacer que alguien adopte una actitud radical. 2 Hacer más radical una postura o tesis. ◇ ** CONJUG. [4] como ***realizar.***

radicalmente *adv. m.* De raíz; fundamentalmente. 2 Con radicalismo, con vehemencia radical.

radicando *m.* MAT. Número del que se ha de extraer la raíz.

radicante *adj.* BOT. Que tiene la propiedad de generar raíces.

radicar (l. *-ari*) *intr.-prnl.* Arraigar. -2 *intr.* Estar o encontrarse ciertas cosas en determinado lugar: *la escritura radica en la notaría.* -3 *prnl.* Establecerse, domiciliarse. ◇ ** CONJUG. [1] como ***sacar.***

radici-, radic- (l. *radix, -icis,* raíz) Elemento prefijal que entra en la formación de palabras con el significado de raíz.

radicícola (*radici-* + *-cola*) *adj.* [animal, vegetal] Que vive parásito sobre las raíces de una planta.

radiciforme (*radici-* + *-forme*) *adj.* En forma de raíz.

radicoma *f.* BOT. Conjunto de las raíces de un vegetal.

radicoso, -sa *adj.* Que participa de la naturaleza de las raíces.

radícula *f.* Rejo (de la planta).

radicular *adj.* Relativo a las raíces.

radiestesia (*radi-* + *-estesia*) *f.* Facultad de percibir las radiaciones electromagnéticas. 2 Prospección geofísica.

radiestesista *com.* Persona que se dedica a la radiestesia.

I) radio (l. *-iu;* doble etim. *rayo*) *m.* Segmento rectilíneo comprendido entre el centro de un círculo o una esfera y cualquier punto de la circunferencia del círculo o de la superficie de la esfera. 2 Rayo (de la rueda). 3 Espacio circular definido por su radio: *en un ~ de 300 metros.* 4 Espacio a que se extiende la eficacia o influencia de una cosa: *~ de acción; ~* ***de la plaza,*** la mayor distancia a que se extiende la eficacia defensiva de una fortaleza; *~* ***de población,*** espacio que media desde los muros o última casa del casco de una población hasta una distancia de 1600 m. medidos por la vía más corta. 5 *~* ***vector,*** en ciertas curvas, segmento rectilíneo comprendido entre un foco y un punto de la curva. En las coordenadas polares, distancia de un punto cualquiera a un polo. 6 Distancia máxima que un vehículo puede cubrir regresando al lugar de partida sin repostarse. 7 Pieza que sostiene la parte membranosa de las aletas de los peces. 8 Hueso contiguo al cúbito con el cual forma el antebrazo. 9 BOT. Pedicelo de la umbela. 10 *~* ***medular,*** BOT., banda radical de tejido parenquimatoso que en la sección transversal del tallo o de la raíz aparece situada entre los hacecillos conductores.

II) radio (v. *radio* I) *m.* Metal muy raro intensamente radiactivo, descubierto en Francia por los esposos Curie (1859-1906, 1867-1934) y conocido principalmente por sus sales. Su símbolo es *Ra*, su peso atómico 226.4 y su número atómico 88. Es un metal blanco que se parece al bario en sus propiedades químicas. Se encuentra en la pechblenda.

III) radio *f.* Radiodifusión. 2 Aparato radiorreceptor. -3 *m.* Radiotelegrama. 4 Radiotelegrafista y radionavegante. 5 *~* ***macuto,*** fam., emisora imaginaria de donde parten las noticias oficiosas y los bulos.

radio-, radi- (v. *radio* I) Elemento prefijal que entra en la formación de palabras con el significado de antebrazo: *radiohumeral;* conexión con los rayos X: *radiología;* perteneciente al metal radio, la radiación o la radiactividad: *radiactivo;* conexión con la emisión de ondas hertzianas y radio III: *radiotelefonía.*

radioactividad *f.* Radiactividad.

radioactivo, -va *adj.* Radiactivo.

radioaficionado, -da (*radio-* + *aficionado*) *adj.-s.* Persona que se pone en comunicación con otras, por medio de una emisora de radio privada.

radioastronomía (*radio-* + *astronomía*) *f.* Estudio de los astros, basándose en las ondas electromagnéticas por ellos emitidas.

radioaudición (*radio-* + *audición*) *f.* Escucha de los programas de radio.

radiobaliza (*radio-* + *baliza*) *f.* Señalización de una ruta marítima o aérea, por medio de un procedimiento radioeléctrico.

radiobiología (*radio-* + *biología*) *f.* Parte de la biología que estudia la incidencia de la radiactividad en los organismos.

radiocanal (*radio-* + *canal*) *m.* Banda de frecuencia asignada a una emisora de radio.

radiocasete (*radio-* + *casete*) *m.* Conjunto combinado de magnetófono de casetes y receptor de radio del que se puede grabar directamente el sonido.

radiocirugía (*radio-* + *cirugía*) *f.* Combinación de la radiología y la cirugía en la diagnosis y la terapia.

radiocompás (*radio-* + *compás*) *m.* Radiogoniómetro que permite conservar el rumbo previsto, por medio de señales emitidas desde tierra.

radiocomunicación (*radio-* + *comunicación*) *f.* Telecomunicación realizada por medio de las ondas radioeléctricas.
SIN. **Radiocomunicación.**

radioconductor (*radio-* + *conductor*) *m.* FÍS. En la telegrafía sin hilos, receptor de las ondas.

radiocontrol (*radio-* + *control*) *m.* Control a distancia por medio de ondas radioeléctricas.

radiocrónica (*radio-* + *crónica*) *f.* Crónica emitida por radio.

radiodermatitis (*radio-* + *dermatitis*) *f.* Dermatitis ocasionada por la manipulación de substancias radioactivas o rayos X. ◇ Pl.: *radiodermatitis.*

radiodetección (*radio-* + *detección*) *f.* Detección por medio de radiaciones.

radiodiagnóstico (*radio-* + *diagnóstico*) *m.* Conjunto de técnicas radiológicas encaminadas a establecer un diagnóstico.

radiodifundir (*radio-* + *difundir*) *tr.* Radiar (emitir sonidos).

radiodifusión (*radio-* + *difusión*) *f.* Emisión radiotelefónica destinada al público. 2 Conjunto de procedimientos o instalaciones destinados a esta emisión.
SIN. **Radioemisión.**

radiodirector (*radio-* + *director*) *m.* Sistema de ondas radioeléctricas utilizado para dirigir objetos.

radiodirigir (*radio-* + *dirigir*) *tr.* Dirigir [un objeto] mediante ondas radioeléctricas. ◇ ** CONJUG. [6] como ***dirigir.***

radioelectricidad (*radio-* + *electricidad*) *f.* Energía eléctrica manifestada en forma de ondas hertzianas. 2 Ciencia que estudia las ondas hertzianas y los fenómenos que de ellas se originan.

radioeléctrico, -ca *adj.* Relativo a la radioelectricidad.

radioelemento *m.* Radioisótopo.

radioemanación *f.* Radón.

radioemisión *f.* Radiodifusión.

radioemisora (*radio-* + *emisora*) *f.* Estación transmisora de radiocomunicaciones.

radioenlace (*radio-* + *enlace*) *m.* Sistema de transmisión de señales de radio o de televisión desde los centros de producción de programas hasta los centros de emisión. 2 Sistema de enlace entre dos emisoras, o entre una unidad móvil de radio o televisión y el centro emisor.

radioescucha (*radio-* + *escucha*) *com.* Radioyente.

radioespectro (*radio-* + *espectro*) *m.* Gama de que puede captar un receptor de radio.

radiofaro (*radio-* + *faro*) *m.* Emisora que en la navegación marítima o aérea, señala la ruta.
SIN. **Radioguía.**

radiofonía (*radio-* + *-fonía*) *f.* Parte de la física que trata de los fenómenos acústicos producidos por la energía radiante. 2 Radiotelefonía.

radiofónico, -ca *adj.* Relativo a la radiofonía.

radiofonismo *m.* Conjunto de elementos ligados al mundo de la radio.

radiofonista *com.* Persona que practica la radiofonía.

radiófono (*radio-* + *-fono*) *m.* Aparato que transforma la energía radiante en energía mecánica sonora. 2 Radioteléfono.

radiofoto *f.* Radiofotografía; radiofotograma.

radiofotografía (*radio-* + *fotografía*) *f.* Procedimiento de transmisión de fotografías a través de ondas radioeléctricas. 2 Fotografía así transmitida.
SIN. **Radiotelefotografía.**

radiofotograma (*radio-* + *fotograma*) *m.* Fotografía transmitida a través de ondas radioeléctricas.
SIN. **Radiotelefotograma.**

radiofrecuencia (*radio-* + *frecuencia*) *f.* ELECTR. Frecuencia que supera los 10.000 ciclos por segundo.

radiogoniometría *f.* Método que sirve para determinar la dirección de una emisora de radio.

radiogoniómetro (*radio-* + *goniómetro*) *m.* Aparato que sirve para determinar la posición de una emisora fija o móvil.

radiografía (*radio-* + *-grafía*) *f.* Obtención de una imagen, esp. de un órgano interior o de un objeto oculto a la vista, por la impresión de una superficie sensible mediante los rayos X. 2 Imagen así obtenida.

radiografiar *tr.* MED. Obtener radiografías [de cuerpos ocultos a la vista]. ◇ CONJUG. [13] como ***desviar.***

radiográfico, -ca *adj.* Relativo a la radiografía.

radiograma (*radio-* + *-grama*) *m.* Telegrama transmitido por medio de la radiotelegrafía.

radiogramola (*radio-* + *gramola*) *f.* Mueble cerrado en forma de armario, que contiene un aparato receptor de radio y un gramófono eléctrico sin bocina exterior, y les sirve de caja acústica.

radioguía (*radio-* + *guía*) *m.* Radiofaro.

radioisótopo (*radio-* + *isótopo*) *m.* Elemento radiactivo artificial que se obtiene al someter los elementos químicos ordinarios al bombardeo de neutrones en las pilas o reactores nucleares o de partículas cargadas en los aceleradores.
SIN. **Radioelemento.**

radiola *f. Colomb.* Radiogramola.

radiolario *adj.-m.* Protozoo del orden de los radiolarios. -2 *m. pl.* Orden de protozoos actinópodos, dotados de un esqueleto interno generalmente silícico, formado por espículas o por una serie de encajes, y con los seudópodos finos y radiantes, sostenidos a veces por espículas especiales.

radiolarita *f.* Roca sedimentaria de origen bioquímico, formada por caparazones de radiolarios.

radiología (*radio-* + *-logía*) *f.* Estudio de las aplicaciones médicas de los rayos X.

radiológico, -ca *adj.* Relativo a la radiología.

radiólogo, -ga *adj.-s.* Especialista en radiología.

radiomensaje (*radio-* + *mensaje*) *m.* Mensaje radiado.

radiometría (*radio-* + *-metría*) *f.* FÍS. Parte de la física que trata de la medición de la intensidad de las radiaciones. 2 Técnica para determinar las dimensiones de estructuras y órganos del cuerpo por procedimientos radiológicos.

radiómetro (*radio-* + *-metro*) *m.* Ballestilla (instrumento ant.). 2 Aparato que se creyó demostrativo de la acción mecánica de la luz.

radionavegación (*radio-* + *navegación*) *f.* Navegación en la que se dirigen y detectan los barcos y aviones, por medio de las ondas radioeléctricas.

radionavegante (*radio-* + *navegante*) *m.* En la tripulación de un barco o avión, operador de radio.

radionovela (*radio-* + *novela*) *f.* Narración de tipo melodramático especialmente concebida para ser emitida a través de la radio en forma seriada.

radioonda (*radio-* + *onda*) *f.* Onda radioeléctrica.

radiopaco, -ca (*radi-* + *opaco*) *adj.* [substancia, elemento] Opaco a la radiación, especialmente la de los rayos X.

radioprograma (*radio-* + *programa*) *m.* Programa de radio.

radioquímica (*radio-* + *química*) *f.* Química de los elementos radiactivos.

radiorreceptor (*radio-* + *receptor*) *m.* En radiotelegrafía o radiotelefonía, aparato que recoge y transforma en señales o sonidos las ondas emitidas por el radiotransmisor.

radiorreportaje (*radio-* + *reportaje*) *m.* Reportaje transmitido por radio.

radioscopia (*radio-* + *-scopia*) *f.* Examen del interior del cuerpo humano y, en gral., de los cuerpos opacos mediante la imagen que proyectan en una pantalla al ser atravesados por los rayos X.

radioscópico, -ca *adj.* Relativo a la radioscopia.

radioseñal (*radio-* + *señal*) *f.* Señal de radiofrecuencia emitida por una emisora de radio u otra fuente de ondas radioeléctricas.

radioseñalización (*radio-* + *señalización*) *f.* Señalización de la ruta de barcos y aviones por medio de la radio.

radioso, -sa *adj.* Que despide rayos de luz.

radiosonda (*radio-* + *sonda*) *f.* Globo sonda que transporta un conjunto de aparatos registradores automáticos que transmiten informaciones meteorológicas.

radiotaxi (*radio-* + *taxi*) *m.* Taxi provisto de un emisor y receptor de radio conectado con una central que transmite las informaciones pertinentes.

radiotecnia (*radio-* + *-tecnia*) *f.* Técnica relativa a la radio.

radiotécnico, -ca *adj.* Relativo a la técnica radioeléctrica. -2 *f.* Esta técnica. -3 *m. f.* Persona experta en radiotecnia.

radiotelecomunicación *f.* Radiocomunicación.

radioteledifusión *f.* Radiotelevisión.

radiotelefonear *intr.* Comunicar mediante radioteléfono.

radiotelefonema *m.* Mensaje transmitido por radioteléfono.

radiotelefonía *f.* Sistema de comunicación telefónica por medio de ondas hertzianas.
SIN. **Radiofonía.**

radiotelefónico, -ca *adj.* Relativo a la radiotelefonía.

radiotelefonista *com.* Persona que se ocupa en el servicio de instalaciones de radiotelefonía.

radioteléfono (*radio-* + *teléfono*) *m.* Teléfono sin hilos. 2 Conjunto de transmisor y receptor de radiotelefonía provisto de un microteléfono.
SIN. **Radiófono.**

radiotelefotografía *f.* Radiofotografía.

radiotelefotograma *m.* Radiofotograma.

radiotelegrafía (*radio-* + *telegrafía*) *f.* Sistema de comunicación telegráfica por medio de ondas hertzianas.
SIN. **Telegrafía sin hilos.**

radiotelegráfico, -ca *adj.* Relativo a la radiotelegrafía.

radiotelegrafista *com.* Persona ocupada en el servicio radiotelegráfico, esp. el que manipula los aparatos transmisores y receptores.

radiotelégrafo (*radio-* + *telégrafo*) *m.* Aparato para transmitir y recibir señales de radiotelegrafía.

radiotelegrama (*radio-* + *telegrama*) *m.* Telegrama cuyo origen o destino es una estación móvil, transmitido por las vías de radiocomunicación.

radiotelemecánica (*radio-* + gr. *tele,* lejos + *mecánica*) *f.* Disciplina que estudia los sistemas accionados por ondas radioeléctricas para el control de aparatos electromecánicos.

radiotelémetro (*radio-* + *telémetro*) *m.* Aparato radioeléctrico que sirve para determinar la distancia de un obstáculo desde un punto de observación.

radiotelescopio (*radio-* + *telescopio*) *m.* Aparato para captar las radiaciones de los cuerpos celestes.

radioteletipo (*radio-* + *teletipo*) *m.* Teletipo que funciona al recibir señales transmitidas por ondas electromagnéticas.

radiotelevisado, -da *adj.* Transmitido al mismo tiempo por radio y televisión.

radiotelevisión (*radio-* + *televisión*) *m.* Radio y televisión. 2 Transmisión y recepción de imágenes y sonidos a distancia mediante ondas electromagnéticas.
SIN. *2* **Radioteledifusión.**

radioterapeuta *com.* Persona especializada en radioterapia.

radioterapéutico, -ca *adj.* Perteneciente o relativo a la radioterapia.

radioterapia (*radio-* + *-terapia*) *f.* Empleo terapéutico de los rayos X y del radio.

radioterápico, -ca *adj.* Perteneciente o relativo a la radioterapia.

radiotransmisión (*radio-* + *transmisión*) *f.* Transmisión efectuada por ondas radioeléctricas.

radiotransmisor (*radio-* + *transmisor*) *m.* En radiotelefonía y radiotelegrafía, aparato que produce y envía las ondas portadoras de señales y sonidos.

radiotransmitir (*radio-* + *transmitir*) ***tr.*** Transmitir [algo] por radio.
radiotransparente (*radio-* + *transparente*) ***adj.*** [substancia o elemento] Transparente a la radiación, especialmente de los rayos X.
radioyente (*radio-* + *oyente*) ***com.*** Persona que oye lo que se transmite por la radiotelefonía.
SIN. **Radioescucha.**
radón ***m.*** Elemento químico radiactivo; es el más pesado de los gases nobles. Símbolo *Rn*, número atómico 86 y peso atómico 222. Es un gas incoloro que se forma por desintegración del radio y se usa en el tratamiento quirúrgico del cáncer.
SIN. **Radioemanación.**
rádula (l. *raedera*) ***f.*** Cutícula provista de numerosos dientes quitinosos que recubre la lengua de ciertos moluscos.
raedera ***f.*** Instrumento para raer. 2 Tabla con que el peón de albañil rae el yeso amasado que se pega en los lados del cuezo. 3 MIN. Azada pequeña muy usada para recoger el mineral, los escombros, etc. 4 Herramienta empleada en la explotación de resinas; consiste en una lámina de hierro, encorvada en gancho y provista de un largo mango, con la que se rae y recoge, al final de la campaña, la miera solidificada que recubre la entalladura.
raedizo, -za ***adj.*** Fácil de raerse.
raedor, -ra ***adj.-s.*** Que rae. -2 ***m.*** Rasero.
raedura ***f.*** Acción de raer. 2 Efecto de raer. 3 Parte menuda que se rae de una cosa: *las raeduras del pellejo.*
SIN. **Raimiento, rasura, raspadura.** *1* y *2* **Rasuración.**
raer (l. *radere*) ***tr.*** Raspar [la superficie de una cosa] con un instrumento cortante; esp., quitar [los pelos, vello, etc.]. 2 Rasar (igualar). 3 fig. Extirpar enteramente [una cosa no material: *un vicio, una costumbre, etc.* ◇ ** CONJUG. [81].
SIN. *1* **Raspar,** raer ligeramente.
raf-, v. rafi-.
rafa ***f.*** Raza (grieta). 2 Cortadura hecha en el quijero de la acequia o brazal a fin de sacar agua para el riego. 3 Macho que se injiere en una pared para reforzarla o reparar una grieta. 4 MIN. Plano inclinado que se labra en la roca para apoyar un arco de la fortificación.
Rafael ***n.pr.*** BIBL. Arcángel que condujo a Tobías al país de los medos.
rafaelesco, -ca ***adj.*** Relativo al pintor Rafael (1483-1520). 2 Parecido a las obras realizadas por él.
ráfaga (et. dud.; quizá de *refriega,* der. de *refregar;* a través del cat. *rafagar*) ***f.*** Movimiento violento del aire, gralte. de poca duración, que hiere repentinamente. 2 desus. Nubecilla de poco cuerpo o densidad, que aparece esp. cuando varía o debe variar el tiempo. 3 Golpe de luz vivo e instantáneo. 4 Serie de disparos que hace sin interrupción una ametralladora o arma análoga. 5 *Guat.* Plazo, parte de una cantidad.
SIN. *1* **Racha, jugada.**
rafania (l. *raphanu,* rábano) ***f.*** MED. Ergotismo de carácter convulsivo.
rafañoso, -sa ***adj.*** *Argent.* Sucio; ordinario.
I) rafe (ár. *raf,* cornisa) ***m.*** En algunas regiones, alero (parte del tejado). 2 *Ar., Murc.* y *Nav.* Borde, límite externo o superior de algunas cosas.
II) rafe (gr. *raphé,* costura) ***m.*** Línea prominente que, situada en la parte media del cuerpo, parece formada por la unión de dos mitades laterales de un órgano. 2 Línea que forma en la semilla la soldadura de ésta con el funículo.
rafear ***tr.*** Hacer, asegurar con rafas [un edificio].
rafi-, raf- (gr. *raphis,* aguja) Elemento prefijal que entra en la formación de palabras con el significado de aguja: *rafidio.*
rafia ***f.*** Género de palmeras de África y América, que dan una fibra muy resistente y flexible *(gén. Raphia).* 2 Esta misma fibra.
rafidio ***m.*** BOT. Largo cristal en forma de aguja, comúnmente de oxalato de calcio, que se encuentra solo o más a menudo en masas redondeadas o en haces, en las células vegetales.
rafidióptero (gr. *rhaphidion,* agujita + *-ptero*) ***adj.-m.*** Insecto del orden de los rafidiópteros. -2 ***m. pl.*** Orden de insectos pterigotas y depredadores, de pequeño tamaño, con la cabeza y el tórax muy alargados.
raflesiáceo, -a ***adj.-f.*** Planta de la familia de las raflesiáceas. -2 ***f. pl.*** Familia de plantas parásitas sin hojas ni clorofila, que viven de los alimentos que toman de las raíces de otros vegetales mediante haustorios.
raga ***f.*** *Bol.* Chanza, burla.
ragadía ***f.*** desus. Resquebradura, grieta.
raglán ***adj.*** [abrigo, chaqueta, etc.] De mangas cortadas y clavadas de modo que su arranque por la parte superior llega hasta el cuello. 2 [manga] De dicha forma.
ragtime ***m.*** Género de música negra bailable, muy popular a principios del s. XX, de ritmo binario sincopado, precursor del jazz. ◇ Se pronuncia *ragtaim.*
ragú (voz francesa) ***m.*** GALIC. Guiso de carne cortada en trozos regulares, gralte. con patatas y alguna verdura.
ragua (ár. *rágwa,* espuma, esponja) ***f.*** Remate superior de la caña de azúcar.
raguay (arauc.) ***m.*** *Chile.* Raíz comestible del pangue. 2 *Chile.* fig. Canilla de una muchacha grande.
raguseo, -a ***adj.-s.*** De Ragusa, c. de Austria.
rahalí (ár. *rahlí,* campesino) ***adj.*** Rehalí. ◇ Pl.: *rahalíes.*
rahez (ár. *rahiç,* blando, barato) ***adj.*** Vil, despreciable.
raíble ***adj.*** Que se puede raer.
raicear ***intr.*** *Amér. Central* y *Venez.* Arraigar, echar raíces.
raiceja ***f.*** Dim. de *raíz.*
raicero ***m.*** *Amér.* Raigambre, conjunto de raíces.
raicilla ***f.*** Dim. de *raíz.* 2 Fibra o filamento que nace del cuerpo principal de una raíz (de plantas). 3 Rejo (del embrión).
raicita (dim. de *raíz*) ***f.*** Rejo (del embrión).
raid (ing.) ***m.*** Incursión, irrupción armada: *las tropas efectuaron un ~ contra las tribus rebeldes.* 2 En el lenguaje deportivo, vuelo a gran distancia; viaje atrevido y peligroso.
raido ***m.*** *Parag.* Tipo popular campesino característico del país.
raído, -da ***adj.*** Muy deteriorado por el uso, esp. el vestido o la tela. 2 fig. Desvergonzado, descarado.
raigal (v. *radical*) ***adj.*** Relativo a la raíz. 2 Extremo del madero que corresponde a la raíz del árbol.
raigambre ***f.*** Conjunto de raíces de los vegetales, unidas y trabadas entre sí. 2 fig. Conjunto de antecedentes, intereses, hábitos o afectos que hacen firme y estable una cosa o impiden su reemplazo o su enmienda aunque tenga defectos.
raigón ***m.*** Aum. de *raíz.* 2 Raíz de las muelas y los dientes. 3 ***~ del Canadá,*** árbol leguminoso de hojas bipinnadas, flores en racimos y legumbre gruesa, oblonga y pulposa interiormente, que se cría en el Canadá y se cultiva en los paseos de Europa *(Gymnocladus canadiensis).* 4 *Murc.* Esparto.
raigrás ***m.*** Ballico. ◇ Pl.: *raigrás.*
raiguero ***m.*** *Murc.* Falda o ladera de un monte.
raíl, rail (ing.) ***m.*** Carril (barras paralelas).
raimar ***tr.*** *Ecuad.* Cortar el follaje de [una caña].
raimiento ***m.*** Raedura. 2 Descaro, desvergüenza.
raíz (l. *radice*) ***f.*** En las plantas cormofitas, parte del aparato vegetativo, desprovista de hojas, que crece en dirección inversa a la del tallo y sirve para fijar la planta al suelo o a otros cuerpos y absorber de aquél o de éstos las substancias nutritivas. 2 ***~ del moro,*** helenio. 3 ***~ rodia,*** raíz muy olorosa parecida a la del costo. 4 Parte de la nariz situada entre las cejas. 5 fig. Parte inferior o pie de cualquier cosa. 6 Parte oculta de una cosa de la cual procede lo que está manifiesto; esp., porción de un órgano por la cual se implanta en otro. 7 Origen o principio de que procede una cosa. 8 Finca. V. bienes raíces. 9 ANAT. Parte de los dientes de los vertebrados que está engastada en los alveolos. 10 GRAM. Parte históricamente irreductible de una palabra, de la cual proceden otras voces. La raíz se refiere siempre a la lengua originaria y a sus antepasadas. V. tema, radical, terminación, desinencia. 11 MAT. Valor que puede tener la incógnita de una ecuación. 12 MAT. Cantidad que, tomada como factor cierto número de veces, da como producto una cantidad determinada: ***~ cuadrada,*** la que, tomada dos veces como factor, da una cantidad determinada; ***~ cúbica,*** la que, tomada tres veces como factor, da una cantidad determinada; ***~ irracional*** o ***sorda,*** la que no puede expresarse exactamente con números enteros ni fraccionarios. 13 *Amér.* ***~ del diablo,*** acónito.
REL. **Radical,** relativo a la *~;* **raigón,** aument.; **rizo-,** elemento prefijal con el que se forman algunas voces técn.: *rizoma, rizófago.* LOC. *A ~*, loc. adv., fig., con proximidad, inmediatamente; por la raíz o junto a ella; *de ~*, enteramente, o desde el principio hasta el fin de una cosa. FRS. figs. *Cortar de ~* o *la ~*, atajar y prevenir desde los principios y del todo algún mal o inconveniente, extirpando las causas de donde provienen; *echar raíces,* fijarse o establecerse en algún lugar; afirmarse o arraigarse una pasión u otra cosa.
raizal (de *raíz*) ***adj.*** *Colomb.* [pers.] Que no abandona casi nunca su ciudad.
raizalismo ***m.*** *Colomb.* Apego al suelo natal.
I) raja (ant. *racha;* et. dud., probl. de *re-* + *acha,* der. de *acha,*

raja, astilla < l. *assula;* vulg. *ascla*) *f.* Parte de un leño que resulta de abrirlo al hilo con hacha, cuña, etc. 2 Hendedura, abertura o quiebra de una cosa. 3 vulg. Genitales externos de la mujer. 4 vulg. Culo. 5 Pedazo que se corta a lo largo o a lo ancho de un melón, sandía, queso, etc.
SIN. **Racha II.**

II) raja (de *Rascia,* n. medieval de Serbia) *f.* Especie de paño grueso y de baja calidad, usado antiguamente.

rajá (sáns. *raja,* rey) ***m.*** Soberano índico. ◇ Pl.: *rajaes.*

rajable ***adj.*** Que se deja rajar fácilmente.

rajaboca ***m.*** *Amér.* Lazo de soga que se hace a la quijada inferior de la caballería muy dura de boca, para regirla y sujetarla.

rajabroqueles (de *rajar + broquel*) ***m.*** fig. Matón, perdonavidas. ◇ Pl.: *rajabroqueles.*

rajada *f. Méj.* Cobardía.

rajadera *f.* Utensilio destinado a rajar alguna cosa.

rajadillo ***m.*** Confitura de almendras rajadas y bañadas de azúcar.

rajadizo, -za ***adj.*** Fácil de rajarse.

rajado, -da ***adj.-s.*** Persona que falta a su palabra. -2 ***adj.*** *P. Rico.* vulg. Borracho. 3 *S. Dom.* De primera.

rajador ***m.*** El que raja madera o leña.

rajadura *f.* Acción de rajar o rajarse. 2 Efecto de rajar o rajarse. 3 Raja, grieta, hendidura.

rajamacana (cast. *raja + macana*) ***m.*** *Venez.* Trabajo duro y agotador. 2 *Venez.* Cosa difícil de hacer. 3 *Venez.* Persona tiesa de carácter. 4 *Venez.* Hombre de gran competencia en ciertas ramas del saber.

rajante ***adj.*** *Argent.* Rápido, inmediato.

rajar (de *raja* I) ***tr.*** Dividir [una cosa] al hilo. 2 en gral. Hender o partir [una cosa]. 3 fam. Herir con arma blanca. -4 ***intr.*** fig. Jactarse de valiente contando muchas mentiras. 5 en gral. Hablar mucho. 6 Hablar mal [de alguien], desacreditar [a alguien]. -7 ***prnl.*** Desistir de un empeño; desdecirse de lo prometido. 8 fam. Acobardarse. -9 ***tr.*** *Colomb.* Vencer, fastidiar, apabullar [a alguien]. -10 ***prnl.*** *Amér.* Gastar excesivamente. 11 *Amér.* Escapar. 12 *Colomb.* Equivocarse. 13 *P. Rico.* vulg. Emborracharse.

rajatabla (a ~) (*rajar + tabla*) ***loc. adv.*** Por completo, con todo rigor. ◇ También *A raja tabla.*

rajatablas ***m. pl.*** *Colomb.* Represión, reprimenda.

raje ***m.*** *Argent.* Huida.

rajeta *f.* Paño parecido a la raja, pero de menos cuerpo.

rajetear ***tr.*** *Argent.* Agrietar la superficie [de algunos cuerpos duros].

rajo ***m.*** *Amér. Central.* Rasgadura, rasgón.

rajón, -jona ***adj.-s.*** *Amér. Central* y *Méj.* Que no mantiene su palabra. 2 *Amér. Central.* Fanfarrón, valentón. 3 *Amér. Central.* Ostentoso, espléndido.

rajonada *f. Amér. Central.* Fanfarronada.

rajuela *f.* Dim. de *raja.* 2 Piedra delgada y sin labrar.

rajuñadora *f. Chile.* Rastro o rastrillo de labradores.

rajuñados ***m. pl.*** *Colomb.* Golosinas que hay costumbre de aderezar por Semana Santa.

rala *f. Colomb.* Excremento de las aves.

ralá *f. And.* Boñiga.

ralada *f. Cuba.* Excremento de los animales. 2 *Chile.* Plasta grande de suciedad.

ralea (orig. incierto; quizá del fr. ant.) *f.* Especie, género, calidad. 2 desp. Apl. a personas, raza, casta o linaje. 3 Ave a que es más inclinado el halcón, el gavilán o el azor: *la ~ del halcón son las palomas.*

ralear ***intr.*** Hacerse rala una cosa. 2 No granar enteramente los racimos de las vides. 3 Descubrir uno en su porte su mala ralea. -4 ***intr.-prnl.*** Separarse los individuos de un grupo de personas o cosas.
SIN. *2* **Ardalear, arralar.**

ralentí (fr.) ***m.*** En cinematografía, cámara lenta. 2 En automovilismo, marcha con el mínimo de gases en el motor.

ralentización *f.* Acción de ralentizar. 2 Efecto de ralentizar.

ralentizar ***tr.*** Lentificar. ◇ ** CONJUG. [4] como ***realizar.***

raleón, -leona ***adj.*** [ave de cetrería] Muy diestro en determinada ralea.

ralerita *f. Can.* Amasijo de gofio con vino, miel, leche, etc.

raleza *f.* Calidad de ralo.

rallador ***m.*** Utensilio de cocina con el cual se frota o raspa el pan, el queso, etc., para desmenuzarlos.

ralladura *f.* Surco que deja el rallador; p. ext., cualquier surco menudo. 2 Lo que queda rallado.

rallante (de *rallar*) ***adj.*** [pers.] Fastidioso, molesto o cargante.

rallar (de *rallo*) ***tr.*** Desmenuzar [una cosa] restregándola con el rallador. 2 fig. *y* fam. Molestar, fastidiar [a uno] con importunidad.

rallo (l. *-llu*) ***m.*** Rallador. 2 p. ext. Chapa con iguales agujeros, que sirve para otros usos. 3 Alcarraza. 4 Lima de dientes muy gruesos.

I) rallón (prov. *ralhó*) ***m.*** Arma que termina en un hierro transversal afilado, la cual se disparaba con la ballesta.

II) rallón, -llona (de *rallar,* molestar) ***adj.*** *Ecuad.* Fastidioso, cargante.

rally (ing.) ***m.*** Competición deportiva consistente en una carrera, con cualquier medio de locomoción, en la cual se han de realizar además diversas pruebas. ◇ Pl.: *rallys.* Se pronuncia *rali, ralis.*

ralo, -la (v. *raro*) ***adj.*** Muy separado: *cabello ~.*

I) rama (l. v.) *f.* Parte en que se divide y subdivide el tronco o tallo principal de la planta, esp. la que nace del mismo tronco. 2 fig. Serie de personas que traen su origen de un mismo tronco. 3 Parte secundaria de una cosa que se deriva de otra principal. 4 Parte de una ciencia. 5 ***En ~,*** materia que aún no ha recibido su última aplicación o manufactura; ejemplar por encuadernar de una obra impresa. 6 ARQ. Porción de circunferencia de un arco con varios centros
FR. *De ~ en ~,* fig., sin fijarse en objeto determinado; variando continuamente; *andarse uno por las ramas,* fig., detenerse en lo menos sustancial de un asunto, dejando lo más importante; *asirse uno a las ramas,* buscar excusas frívolas para disculparse de algo.

II) rama (al. *Rahmen*) *f.* IMPR. Cerco de hierro cuadrangular con el que se ciñe el molde que se ha de imprimir. 2 Bastidor para secar y estirar las piezas de tela.

ramada *f.* Ramaje. 2 Enramada.

ramadán (ár.) ***m.*** Noveno mes del año lunar de los mahometanos; durante su curso observan riguroso ayuno.

ramaje (cat. *ramatge*) ***m.*** Conjunto de ramas o ramos.

ramajear ***tr.*** *Colomb.* y *Cuba.* Ramonear, desramar. -2 ***intr.*** *Colomb.* Regatear.

ramajeo ***m.*** *Amér.* Acción de ramajear. 2 *Amér.* Efecto de ramajear. 3 *S. Dom.* Movimiento de las ramas de los árboles.

ramal ***m.*** Cabo de que se componen las cuerdas, sogas, pleitas y trenzas. 2 Ronzal asido al cabezón de una bestia. 3 Tramo de una escalera que concurre junto con otros en un mismo rellano. 4 Parte que arranca de la línea principal de un camino, acequia, mina, cordillera, etc. 5 fig. División que resulta de una cosa con relación y dependencia de ella, como rama suya. -6 ***m. pl.*** *Argent.* Bolas de enlazar.
SIN. *1* **Liñuelo.**

ramalazo ***m.*** Golpe dado con el ramal. 2 Señal que deja. 3 fig. Señal que sale al cuerpo por un golpe o por enfermedad. 4 fig. Dolor que, aguda e improvisamente, acomete a lo largo de una parte del cuerpo. 5 fig. Adversidad que sobrecoge y sorprende, dimanada gralte. de una culpa de que no se recelaba pena, o por causa de otro. 6 fig. Enajenación repentina, ataque pasajero de locura. 7 fig. Vena, chispazo. 8 fig. Apariencia de homosexual.

ramalear (de *ramal*) ***intr.*** Cabestrear.

ramazón *f.* Conjunto de ramas separadas de los árboles.

rambla (ár. *ramla,* arenal) *f.* Lecho natural de las aguas pluviales, cuando caen copiosamente. 2 Suelo por donde corren éstas. 3 Artefacto en que se colocan los paños para enramblarlos. 4 Avenida o paseo de ciertos lugares, que tiene su origen en una rambla arenosa. 5 *Amér.* Andén a orillas del mar, muelle.

ramblar ***m.*** Lugar donde confluyen varias ramblas.

ramblazo ***m.*** Lugar por donde corren las aguas de los turbiones y avenidas.

ramblizo ***m.*** Ramblazo.

rambulera ***m.*** *Pan.* Pendenciero.

rameado, -da ***adj.*** [dibujo o pintura] Que representa ramos, esp. en tejidos, papeles, etc.

rameal, rámeo, -a ***adj.*** Relativo a la rama: *hojas rámeas.*

ramera (de *ramo*) *f.* Mujer que, por oficio, mantiene relaciones sexuales con hombres a cambio de dinero o intereses materiales. 2 Mujer lasciva.
SIN. *1* **Meretriz, mujer pública** o **de vida airada, prostituta, puta, rabiza,** vulg.

ramería *f.* Casa donde las rameras ejercen su oficio. 2 Este mismo oficio.

ramfo-, ramf- (gr. *rhamphos,* pico ganchudo) Elemento prefijal que entra en la formación de palabras con el significado de curvado, ganchudo como un pico.
ramial *m.* Terreno poblado de ramio.
ramificación *f.* Acción de ramificarse. 2 Efecto de ramificarse. 3 fig. Conjunto de consecuencias necesarias de algún hecho. 4 División y extensión de las venas, arterias o nervios. 5 fig. Subdivisión en general.
ramificarse *prnl.* Esparcirse y dividirse en ramas una cosa. 2 fig. Extenderse las consecuencias de un hecho o suceso. ◇ **CONJUG. [1] como *sacar.*
ramilla *f.* Rama de tercer orden; nace del ramo. 2 fig. Cosa ligera de que uno se vale para su intento.
ramillete (cat. *ramellet;* dim. de *ramell*) *m.* Ramo pequeño formado artificialmente. 2 fig. Plato de dulces, que forman un conjunto vistoso. 3 Adorno compuesto de piezas de mármol o metales labrados en varias formas, que se ponen sobre la mesa en donde se sirven comidas suntuosas. 4 fig. Colección de especies exquisitas y útiles en una materia. 5 BOT. Inflorescencia que forma una cima o copa contraída.
SIN. *2* **Colineta.**
ramilletero, -ra *m. f.* Persona que tiene por oficio hacer o vender ramilletes. -2 *m.* Florero (vaso y maceta).
ramillón *m. Colomb.* y *Venez.* Vasija provista de mango, que se usa para sacar agua de una tinaja.
ramina *f.* Hilaza del ramio.
ramio (malayo *rami*) *m.* Planta urticácea de la India, de tallos herbáceos y ramosos que crece hasta 3 m. de altura, de los cuales se obtienen fibras textiles muy tenaces y resistentes a la humedad *(Bœhmeria nivea).*
REL. **Ramial,** terreno poblado de ramios.
ramito *m.* Dim. de *ramo.* 2 BOT. Subdivisión de los ramos de una planta.
ramiza *f.* Conjunto de ramas cortadas. 2 Lo que se hace de ramas.
ramnáceo, -a (gr. *rhamnos,* espino cerval) *adj.-f.* Planta de la familia de las ramnáceas. -2 *f. pl.* Familia de plantas dicotiledóneas, de hojas simples y estipuladas, flores solitarias o en racimo y fruto capsular o drupáceo; como la aladierna.
ramnal *adj.-f.* Planta del orden de las ramnales. -2 *f. pl.* Orden de plantas leñosas de flores pentámeras o polímeras y actinomorfas.
rámneo, -a *adj.* Ramnáceo.
ramo (l. *-mu*) *m.* Rama de segundo orden, que nace de la principal. 2 Rama cortada del árbol. 3 Conjunto natural o artificial de flores, ramas o hierbas. 4 Ristra (de ajos o cebollas). 5 Entre pasamaneros, conjunto de hilos de seda con que se hacen las labores o figuras de las cintas. 6 fig. Parte en que se considera dividida una ciencia, arte, industria, etc. 7 fig. Enfermedad incipiente o poco determinada.
ramojo *m.* Conjunto de ramas cortadas de los árboles, esp. las pequeñas y delgadas.
SIN. **Ramulla.**
ramón *m.* Ramojo con que se apacentan los ganados en tiempo de muchas nieves. 2 Ramaje que resulta de la poda. 3 *La Mancha.* Rama y hoja del olivo.
ramonear (de *ramón*) *intr.* Cortar las puntas de las ramas de los árboles: *hoy ramoneamos.* 2 p. ext. Pacer los animales las hojas y las puntas de las ramas de los árboles.
ramoneo *m.* Acción de ramonear. 2 Temporada en que se ramonea.
ramoso, -sa *adj.* Que tiene muchos ramos o ramas.
I) rampa (medio alto al. *krampf*) *f.* Calambre.
II) rampa (fr. *rampe*) Plano inclinado dispuesto para subir y bajar por él. 2 *Bol.* Silla de manos, litera.
rampaina *f.* Crustáceo parecido a la langosta, pero sin antenas y cabeza algo acorazada, propio del Mediterráneo. -2 *com. Murc.* Persona despreciable, chisgarabís.
rampante (fr. *rampant*) *adj.* BLAS. [animal] Que está en el campo del escudo con la mano abierta y las garras tendidas. 2 GALIC. Rastrero. 3 ARQ. [arco] Que tiene sus arranques a distinta altura.
SIN. *1* **Rapante.**
rampiñete *m.* ARTILL. Aguja de hierro, grande, con la punta en figura de tirabuzón, para reconocer y limpiar el fogón de las ant. piezas de artillería.
rampla *f. Ál., Burg.* y *Logr.* Argaya del trigo.
ramplón, -plona (ant. *rampón;* probl. del it. *rampone,* gancho; aum. de *rampa* y de *rampo,* de orig. germ.) *adj.* [calzado] Tosco, de suela muy gruesa y ancha. 2 fig. Tosco, vulgar, desaliñado. -3 *m.* Piececita piramidal de hierro que, puesta en la lumbre y en los callos de las herraduras, penetra el hielo, pudiendo las caballerías caminar por él sin resbalar. 4 Especie de taconcillo que se forma en la cara inferior de las herraduras.
ramplonería *f.* Calidad de ramplón, tosco o chabacano.
ramplús *m.* Taco (pieza de madera o de plástico).
rampojo *m.* Raspajo.
rampollo (it., vástago) *m.* Rama que se corta del árbol para plantarla.
ramulla *f.* Chasca. 2 Ramojo.
rana (l.) *f.* Género de anfibios anuros de piel lisa, cabeza grande, ojos prominentes, cuerpo algo deprimido y patas traseras largas, a propósito para saltar; esp. el de lomo verde con manchas negras y tres rayas longitudinales pajizas, que vive en agua dulce y se mantiene de insectos, y cuya carne se considera manjar delicioso *(Rana sculenta).* 2 Juego que consiste en introducir desde cierta distancia una chapa o moneda por la boca abierta de una rana de metal. 3 ~ ***de zarzal,*** anfibio anuro, parecido a un sapillo, con el cuerpo lleno de verrugas, cuatro dedos en los pies delanteros y cinco, muy separados, en los traseros. 4 ~ ***marina*** o ***pescadora,*** pejesapo. -5 *f. pl.* Ránula.
REL. *1* **Renacuajo,** larva de la ~ mientras conserva la cola y respira por branquias; **croar,** cantar la ~; **ranero,** terreno en que abundan. SIN. *3* **Rubeta.** FR. fig. *No ser ~ uno,* ser hábil y apto en una materia o sobresaliente en otro concepto cualquiera; *salir ~ una persona o cosa,* fig. y fam., defraudar; frustrarse la confianza que se había depositado en esa persona o cosa, dar mal resultado.
ranaco, -ca *adj. Cuba.* Rechoncho.
ranada *f. Argent.* Astucia, picardía.
ranal *adj.-f.* Planta del orden de las ranales. -2 *f. pl.* Orden de plantas que agrupa hierbas de hojas alternas y flores hermafroditas.
rancagüino, -na *adj.-s.* De Rancagua, cap. de la prov. de O 'Higgins (Chile).
rancajada (del ant. *rancar,* arrancar) *f.* Desarraigo, acción de desarraigar (arrancar de raíz).
rancajado, -da *adj.* Herido de un rancajo.
rancajo (del ant. *rancar,* arrancar) *m.* Punta o astilla que se clava en la carne.
ranchada *adj. Colomb.* [embarcación] Cubierto con un techo de hojas.
ranchar *intr. Colomb.* Pernoctar, ranchear. -2 *prnl.* Ranchearse, quedarse en un lugar.
rancheadero *m.* Lugar donde se ranchea.
ranchear (fr. *se ranger,* der. de *rang,* hilera, del fráncico *hring*) *intr.-prnl.* Formar ranchos o acomodarse a ellos.
ranchera *f.* Baile popular de ritmo ternario originario de Argentina. 2 Música y canto de este baile. 3 Automóvil cuyo espacio interior está diseñado para aumentar la capacidad, de personas o carga. 4 desp. *P. Rico.* Rancho, cabaña.
ranchería *f.* Conjunto de ranchos o chozas que forman como un lugar. 2 En los cuarteles, cocina donde se guisa el rancho. 3 *Cuba.* Acción de ranchear; saqueo. 4 *Cuba.* Efecto de ranchear; saqueo. 5 *Perú.* Casa de peones en las haciendas.
rancherío *m. Amér.* Ranchería, toldería.
ranchero, -ra *m. f.* Persona que guisa el rancho y cuida de él. 2 El que gobierna un rancho. -3 *adj. Méj.* Entendido en las faenas del campo. 4 *Méj.* Apocado, cerril. 5 *Méj.* Ridículo, charro.
ranchita *f. Méj.* Habitación pequeña en la parte trasera de un rancho o cortijo.
ranchito *m. Venez.* Chabola.
rancho (de *ranchearse*) *m.* Comida hecha para muchos en común; gralte. se reduce a un solo guisado: ~ *de la tropa, de los presos.* 2 Conjunto de personas que toman a un tiempo esta comida. 3 Lugar fuera de poblado donde se albergan diversas familias o personas. 4 fig. Unión familiar de algunas personas que se juntan para tratar algún negocio particular. 5 fig. Choza fuera de poblado, con techumbre de ramas o paja. 6 MAR. Provisión de comida que embarca el comandante o los individuos que forman rancho o están arranchados. 7 MAR. División que se hace de la marinería para el buen orden y disciplina de los buques de guerra. 8 ~ ***de Santa Bárbara,*** división debajo de la cámara principal de la nave donde estaba la caña del timón. 9 *Can.* Familia. 10 *Amér.* Finca rústica, granja de caballos y otros cuadrúpedos.

11 *Argent.* Sombrero de paja. 12 *Cuba.* En la jerga comercial, factura de poca monta. 13 *Venez.* Chabola.

ranchón *m. P. Rico.* Casa de vecindad.

ranciar *tr.-prnl.* Enranciar. ◇ ** CONJUG. [12] como ***cambiar.***

rancidez *f.* Ranciedad.

ranciedad *f.* Calidad de rancio (vino). 2 Cosa anticuada.

rancio, -cia (l. *-idu*) *adj.* [vino y comestible grasiento] Que con el tiempo adquiere sabor y olor más fuerte, mejorándose o echándose a perder. 2 fig. [cosa] Antiguo; [pers.] apegado a cosas antiguas: *de rancia nobleza.* -3 *m.* Ranciedad. 4 Tocino rancio. 5 Suciedad grasienta de los paños mientras se trabajan o cuando se han trabajado mal. 6 *Can.* Suciedad humana, especialmente localizada en rodillas, codos, tobillos, etc.

rancioso, -sa *adj.* Rancio.

rancla *f. Ecuad.* fam. Escapatoria, fuga. 2 *Ecuad.* Evasiva.

ranclarse *prnl. Ecuad.* Escaparse, fugarse. 2 *Ecuad.* Excusarse.

ranclón, -clona *adj. Ecuad.* Que está de rancla, escapatoria.

rancontán (fr. *argent comptant*) *adv. Amér.* Al contado.

rancor *m.* p. us. Rencor.

randa (et. dud.; probl. del céltico *randa,* límite, a través del prov. y cat.) *f.* Especie de encaje, labrado con aguja o tejido; es más grueso y de nudos más apretados que los hechos con palillos. -2 *m.* fam. Ratero, granuja.

randado, -da *adj.* Adornado con randas.

randera *f.* La que tiene por oficio hacer randas.

ranear *intr. Méj.* Leer coreando y en alta voz, desordenadamente. 2 *Méj.* Calumniar, infamar. 3 *Méj.* Hablar de lo que no se entiende. 4 *S. Dom.* Apabullar, confundir. -5 ***prnl. S. Dom.*** Demostrar ignorancia en algún asunto.

ranero *m.* Terreno en que se crían muchas ranas.

ranfañote *m. Perú.* Dulce de cocos, nueces, pan frío y queso.

ranfla *f. Amér.* Rampa, plano inclinado.

rangalido, -da *adj. Ecuad.* y *Perú.* Mugriento. 2 *Ecuad.* [caballo] Flaco y de mal aspecto.

ranga-ranga *f. Bol.* Tripicallos de vaca condimentados con ají y otros ingredientes.

rangífero (b. l. *-feru* < fr. ant. *rangier;* probl. del islandés *hreindejri*) *m.* Reno.

SIN. **Rengífero.**

ranglán *m.* Raglán.

rango (fr. *rang*) *m.* Jerarquía, clase, categoría, calidad. 2 TECN. Amplitud de la variación de un fenómeno entre un límite menor y uno mayor claramente especificados. 3 *Amér.* Situación social elevada. 4 *Amér.* Rumbo, esplendidez. 5 *Argent.* Juego de chicos en que uno de los jugadores se inclina y los demás saltan sobre él. 6 *Colomb.* y *Ecuad.* Ranga, rocín. -7 *m. -pl. Colomb.* y *Ecuad.* GALIC. Filas, listas, hileras.

rangosidad *f. Chile.* Liberalidad. 2 *Chile.* Opulencia, generosidad.

rangoso, -sa *adj. Amér. Central* y *Chile.* Rumboso, generoso.

rangua *f.* MEC. Tejuelo.

ranilla (v. *ránula*) *f.* Parte del casco de las caballerías, de forma piramidal, más blanda y flexible que el resto, situada entre los dos pulpejos o talones. 2 VETER. Enfermedad del ganado vacuno.

ranina *adj.* ZOOL. Arteria y vena de la lengua.

ranita *f.* ZOOL. Batracio anuro de pequeño tamaño. Este nombre se aplica a varias especies, sobre todo las del género *Hyla:* **~ *de san Antón,*** rana pequeña que se caracteriza por poseer ventosas en la terminación de los dedos *(Hyla arborea).*

ranking *m.* ANGLIC. Clasificación, rango.

rano *m.* En algunas partes, macho de la rana.

ranquel (del mapuche *ranquelche,* gente del cañaveral, de *ranquel,* carrizo de las pampas + *che,* gente) *adj.-com.* Indio americano, perteneciente a las parcialidades que habitaron, en los siglos XVIII y XIX, en las llanuras del noroeste de la Pampa, al sudeste de San Luis y al sur de Córdoba, República Argentina. -2 *adj.* Perteneciente o relativo a estos indios o a su idioma. -3 *m.* Lengua de estos indios.

ranquelino, -na *adj.-s.* Perteneciente o relativo a los indios ranqueles.

ránula (l.; doble etim. *ranilla*) *f.* Tumor blando, lleno de un líquido glutinoso, que suele formarse debajo de la lengua. 2 Tumor carbuncoso que se forma debajo de la lengua al ganado caballar y vacuno.

SIN. **Ranas, sapillo.**

ranún *m. Argent., Parag.* y *Urug.* Pillo, taimado, vivaracho.

ranunculáceo, -a *adj.-f.* Planta de la familia de las ranunculáceas. -2 *f. pl.* Familia de plantas dicotiledóneas, de hojas alternas, simples y cortadas de varios modos, flores de colores brillantes, actinomorfas o cigomorfas, solitarias o en racimo o en panoja, y fruto seco o carnoso con semillas de albumen córneo; como la peonia.

ranúnculo (l. *-lu,* ranita) *m.* Planta ranunculácea de los terrenos húmedos, de tallo hueco y ramoso, hojas partidas entres lóbulos, flores amarillas y fruto seco *(Ranunculus acris).*

SIN. **Apio de ranas, botón de oro, hierba belida.**

ranura (fr. *rainure;* antig. *roisneüre,* der. de *roisne* < l. v. **rucina* < gr. *ryhkane*) *f.* Canal estrecha y larga que se abre en un madero, piedra u otro material, para hacer un ensamble, guiar una pieza movible, etc.

ranurar *tr.* Hacer una o más ranuras [en una cosa].

ranzal *m.* Tela blanca antigua de hilo para sábanas, camisas, etc.

ranzón (fr. *rançon*) *m.* Rescate (dinero).

I) raña (de *raño*) *f.* Instrumento para pescar pulpos, formado por una cruz de madera o hierro erizada de garfios.

II) raña *f.* Terreno de monte bajo.

raño (l. *araneu*) *m.* Cabracho (pez). 2 Garfio de hierro con mango largo de madera, usado para arrancar de las peñas las ostras, lapas, etc.

SIN. *1* **Baila, perca, percha, trucha de mar.**

rañoso, -sa *adj. Can.* Sucio, puerco.

raó *m.* Pez marino teleósteo perciforme, de cuerpo muy comprimido de color rosa más o menos marcado de verde y de gris. Se esconde en la arena. Su carne es suculenta *(Xyrichtys novacula).*

rapa (cat.) *f.* Flor del olivo.

rapabarbas *m.* desp. Barbero. ◇ Pl.: *rapabarbas.*

I) rapacejo, -ja *m. f.* Dim. de *rapaz* II.

II) rapacejo *m.* Alma de hilo, cáñamo o algodón, sobre la cual se tuerce estambre, seda o metal para formar los cordoncillos de los flecos. 2 Fleco liso.

I) rapacería *f.* Rapacidad.

II) rapacería *f.* Muchachada.

rapacidad *f.* Calidad de *rapaz* I.

rapador, -ra *adj.-s.* Que rapa. -2 *m.* desp. Barbero (que afeita).

rapadura *f.* Acción de rapar o raparse. 2 Efecto de rapar o raparse. 3 *Can.* Dulce de miel o azúcar y gofio. 4 *Amér.* Raspadura, chancaca. 5 *Bol.* Dulce de leche y miel de caña. 6 *Urug.* Sabroso ticholo de azúcar sin refinar.

rapaduritas *f. pl. Guat.* Dulce de azúcar envuelto en hojas de maíz.

rapagón (de *rapaz* II) *m.* Mozo joven a quien todavía no ha salido la barba.

rapamiento *m.* Rapadura.

rapante *adj.* Rampante. 2 Rémol.

rapapiés *m.* Buscapiés. ◇ Pl.: *rapapiés.*

rapapolvo (de *rapar* + *polvo*) *m.* fam. Reprensión severa. ◇ Pl.: *rapapolvos.*

SIN. **Reconvención.**

rapar (got. **hrapon,* sacar, arrancar) *tr.-prnl.* Afeitar. 2 p. anal. Cortar el pelo al rape: *~ la cabeza.* -3 *tr.* fig. *y* fam. Hurtar o quitar con violencia [alguna cosa].

rapavelas *m.* vulg. Sacristán, monaguillo u otro dependiente de una iglesia. ◇ Pl.: *rapavelas.*

I) rapaz (l. *rapace*) *adj.* Inclinado al robo o a la rapiña. 2 Adaptado para coger y sujetar una presa, como las patas anteriores de una mantis. -3 *adj.-f.* Ave depredadora con los rasgos anatómicos perfectamente adaptados a este tipo de dieta; tiene la vista muy aguda, el pico y las garras fuertes y afilados, y vuela a gran velocidad. Algunas tienen hábitos diurnos (rapaces diurnas); como las falconiformes, y otras nocturnos (rapaces nocturnas); como las estrigiformes.

SIN. *3* **Ave de rapiña.**

II) rapaz, -za *m. f.* Muchacho de corta edad.

rapazada *f.* Muchachada.

rapazuelo, -la *m. f.* Dim. de *rapaz* II.

I) rape (de *rapar*) *m.* fam. Rasura o corte de la barba hecho de prisa y sin cuidado: *dar un ~.* 2 ***Al ~,*** a la orilla o casi a raíz.

II) rape (cat. *rap*) *m.* Pez marino teleósteo lofiforme, comestible, de cabeza enorme, redonda y aplastada, con tres apéndices superiores largos y movibles; boca grandísima, cuerpo pequeño y fusiforme, aletas pectorales muy grandes y pequeñas las del doso y cola; carece de escamas y es de color oscuro por el lomo y blanco por el vientre *(Lophius piscatorius).*

rapé (fr., rallado) ***adj.-s.*** Tabaco de polvo más grueso y oscuro que el ordinario, elaborado con hoja cortada algún tiempo después de madurar. 2 Tabaco en polvo para tomarlo por las narices.
rápidamente ***adv. m.*** Con prontitud. 2 Con brevedad, en un instante.
rapidez ***f.*** Movimiento acelerado o velocidad impetuosa.
rápido, -da (l. *-du;* doble etim. *raudo*) ***adj.*** Veloz, pronto, acelerado. V. tren rápido. -2 ***m.*** Rabión. -3 ***adj.*** *Amér.* [campo] Calmo y monótono, sin sombra ni edificios. 4 *Venez.* Completamente despejado; esp. el estado de la atmósfera.
SIN. *1* **Raudo,** lit.
rapiega (l. *rapere,* arrebatar) ***adj.*** [ave] Rapaz.
rapingacho ***m.*** *Ecuad.* y *Perú.* Tortilla pequeña y redonda de papas con queso y manteca o mantequilla.
rapiña (l. *rapina*) ***f.*** Robo o saqueo que se ejecuta violentamente.
rapiñar (de *rapiña*) ***tr.*** fam. Hurtar o quitar [una cosa] como arrebatándola.
rapista ***m.*** desp. El que rapa. 2 Barbero (que afeita).
rápita ***f.*** Rábida.
rapo (l. *pu;* doble etim. *rabo*) ***m.*** Naba (raíz).
rapón ***m.*** *Argent.* Lana de los corderos de dos a tres meses de edad.
rapónchigo (et. dud.; probl. del it. *raponzo;* dim. desp. de *rapa,* nabo redondo < l. *rapa*) ***m.*** Planta campanulácea, de tallos estriados, hojas oblongas, flores azules en panojas terminales, fruto capsular y raíz blanca fusiforme, carnosa y comestible *(Campanula rapunculus).*
SIN. **Ruiponce.**
rapóntico ***m.*** Ruipóntico.
raposa ***f.*** Zorra (mamífero). 2 *Cuba.* Envase que suele contener papas, cebollas, etc.
raposear ***intr.*** Usar de ardides o trampas como la raposa.
raposeo ***m.*** Acción de raposear.
raposera ***f.*** Zorrera (cueva).
raposería ***f.*** Zorrería. 2 Raposeo.
raposero, -ra ***adj.-m.*** V. perro raposero.
SIN. **Zorrero, jateo.**
raposía ***f.*** Raposería.
raposino, -na ***adj.*** Zorruno.
raposo, -sa (probl. de *rabo*) ***m.*** Zorro (mamífero y pers. afectada). 2 ~ ***ferrero,*** zorro azul. -3 ***adj.*** *Ecuad.* y *P. Rico.* desp. Rapazuelo.
raposuno, -na ***adj.*** Zorruno.
rappel ***m.*** ANGLIC. En alpinismo, técnica de descenso rápido en paredes verticales mediante el deslizamiento por una cuerda enlazada al cuerpo en forma de 8 o S.
rapsoda (gr. *rhapsodós*) ***m.*** En la antigua Grecia, persona que iba de pueblo en pueblo recitando poemas.
rapsodia (gr. *rhapsodia*) ***f.*** Fragmento de un poema épico que se suele recitar de una vez. 2 Centón (obra literaria). 3 Pieza musical formada con fragmentos de otras obras o con trozos de aires populares.
rapsódico, -ca ***adj.*** Propio del rapsoda o de la rapsodia.
raptada ***adj.-f.*** Mujer a quien lleva un hombre por fuerza o con ruegos engañosos.
raptar (l. *-are*) ***tr.*** Cometer el delito de rapto: ~ *a una mujer.*
SIN. **Robar.**
rapto (l. *-tu*) ***m.*** Impulso, acción de arrebatar. 2 Delito que consiste en llevarse de su domicilio por el engaño, la violencia o la seducción a alguien, especialmente a una mujer, a un niño. 3 DER. Impedimento dirimente o causa de nulidad del matrimonio celebrado entre el raptor y la raptada que permanece en poder de aquél y no confirma su voluntad después de libertada. 4 Éxtasis (estado del alma). 5 MED. Accidente que priva del sentido.
raptor, -ra ***adj.-s.*** Que comete el delito de rapto.
rapuzar ***tr.*** Desmochar [una planta] arrancando algunas hojas o frutos. ◇ ** CONJUG. [4] como ***realizar.***
raque (orig. incierto, quizá germ.) ***m.*** Acto de recoger los objetos perdidos en las costas por algún naufragio o echazón. 2 *Cuba.* Ganga o venta muy ventajosa para el comprador. 3 *Colomb.* Jamelgo. -4 ***adj.*** *Venez.* Delgado.
raquear ***intr.*** Andar al raque; buscar restos de naufragios. -2 ***tr.*** *Cuba.* Hurtar.
Raquel ***n. pr.*** Esposa de Jacob.
raquero, -ra ***adj.*** [barco] Que va pirateando o robando por las costas. -2 ***m.*** El que raquea. 3 El que hurta en puertos o costas.
raqueta (fr. *raquette*) ***f.*** Bastidor de madera, con mango, que sujeta una red o pergamino, o ambas cosas; se emplea como pala en el juego del volante, de la pelota, del tenis, etc. 2 Juego de pelota en que se emplea la pala. 3 Calzado parecido al cuerpo de una raqueta, que sirve para andar por la nieve. 4 Utensilio de madera en forma de raqueta, que se usa en las mesas de juego para mover el dinero de las posturas. 5 Jaramago.
SIN. *1* **Pala.**
raquetazo ***m.*** Golpe dado con la raqueta.
raquetero, -ra ***m. f.*** Persona que tiene por oficio hacer o vender raquetas.
raqui- (v. *raquis*) Elemento prefijal que entra en la formación de palabras con el significado de raquis, columna vertebral.
raquialgia (*raqui-* + *-algia*) ***f.*** Dolor a lo largo del raquis.
raquianestesia (*raqui-* + *anestesia*) ***f.*** MED. Anestesia producida por la inyección de un anestésico en el conducto raquídeo.
raquídeo, -a ***adj.*** Relativo al raquis: *bulbo* ~.
raquila ***f.*** BOT. Eje que brota del raquis principal, con flores o folíolos.
raquis (gr. *rhachis*) ***m.*** Columna vertebral. 2 Nervio principal de una hoja. 3 Pecíolo común de una inflorescencia o de una hoja compuesta. 4 BOT. Raspa. ◇ Pl.: *raquis.*
raquítico, -ca ***adj.-s.*** Que padece raquitismo. 2 fig. Exiguo, mezquino, débil, endeble.
raquitis (*raqui-* + *-itis*) ***f.*** Afección inflamatoria del raquis. 2 Raquitismo. ◇ Pl.: *raquitis.*
raquitismo ***m.*** Enfermedad de la nutrición ósea, que se manifiesta pralte. en la infancia, caracterizada por deformaciones óseas, localizadas sobre todo en los miembros y en el tronco.
raquitomía (*raqui-* + *-tomía*) ***f.*** CIR. Abertura del raquis.
raquítomo (*raqui-* + *-tomo*) ***m.*** Instrumento para abrir el conducto vertebral sin interesar la medula.
rara (onomat., quizá del arauc.) ***f.*** *Amér. Merid.* Ave del tamaño de la codorniz, con el pico grueso y dentado *(Phytotoma rara).*
raramente ***adv. m.*** Por maravilla, rara vez. 2 Con rareza, de un modo extravagante.
rarear ***tr.-intr.*** Espaciar, hacer menos frecuente.
rarefacción ***f.*** Acción de rarefacer o rarefacerse. 2 Efecto de rarefacer o rarefacerse.
rarefacer (l. *-ere*) ***tr.*** Enrarecer. ◇ ** CONJUG. [73] como ***hacer;*** pp. irreg. usado sólo como adjetivo: *rarefacto.*
rarefacto, -ta, pp. irreg. de *rarefacer.*
rareza ***f.*** Calidad de raro. 2 Cosa rara. 3 Acción de la persona rara o extravagante.
raridad (l. *-itate*) ***f.*** Rareza (calidad de raro).
rarificar ***tr.*** Enrarecer. ◇ ** CONJUG. [1] como ***sacar.***
rarificativo, -va ***adj.*** Que tiene virtud de rarificar.
raro, -ra (l. *-ru;* doble etim. *ralo*) ***adj.*** Que tiene poca densidad y consistencia, esp. los gases enrarecidos. 2 Poco común o frecuente: *un fenómeno* ~. 3 Escaso en su clase o especie: *un libro* ~. 4 Insigne, excelente en su línea: *sus raras dotes literarias.* 5 Extravagante de genio, propenso a singularizarse. -6 ***loc. adv. De ~ en ~,*** raramente, de tarde en tarde.
SIN. *2* y *3* **Contado, poco,** en pl. y antepuesto al substantivo: *raras veces; en raras, contadas, pocas, ocasiones.*
I) ras (de *rasar*) ***m.*** Igualdad en la superficie o altura de las cosas: ***a ~,*** casi tocando, casi al nivel de una cosa; ***~ con ~*** o ***~ en ~,*** a un mismo nivel, a una misma línea; ús. también cuando un cuerpo pasa tocando ligeramente a otro. -2 ***loc. adv. ~ con ~,*** en el instante preciso, al tiempo justo.
II) ras ***m.*** Título de los jefes o soberanos particulares de territorios que formaban el imperio abisinio.
rasa (l. *rasu,* raso) ***f.*** Abertura o raleza que, al menor esfuerzo, se hace en las telas endebles sin que se rompan la trama ni la urdimbre. 2 Llano alto y despejado de un monte.
rasadura ***f.*** Acción de rasar. 2 Efecto de rasar.
SIN. **Arrasadura.**
rasamente ***adv. m.*** Clara y abiertamente.
rasante ***f.*** Línea de una calle o camino considerada en su inclinación respecto del plano horizontal: ***cambio de ~,*** en una carretera, horizonte que marca un cambio de pendiente. -2 ***adj.*** Que pasa rasando: *tiro ~; vuelo ~,* cercano al suelo.
rasar (de *raso*) ***tr.*** Igualar con el rasero [las medidas de trigo, cebada, etc.]. 2 Pasar rozando ligeramente un cuerpo [con otro]: *la bala rasó la pared.* -3 ***prnl.*** Ponerse rasa y limpia una cosa, como el cielo sin nubes.
SIN. *1* **Raer.** *2* **Raspar.**
rasca ***f.*** fam. Hambre. 2 fam. Frío. 3 fam. Borrachera. 4 Conversación, palique. 5 fig. Persona de trato áspero y desagradable. 6 fam. Limpiabotas. 7 *Logr.* Bebedero y comedero de piedra

para los animales de corral. 8 *Argent.* ***adj.-com.*** [pers.] Sin recursos.

rascabarriga ***m.*** *Cuba.* Arbusto *(Cassia calophylla* y también la especie *Randa calophylla).* -2 ***f.*** *Cuba.* Rama flexible propia para látigos.

rascabuchar ***tr.*** *Cuba* y *Méj.* Curiosear.

rascabuche ***m.*** *Pan.* Adulador.

rascacielos (según el ing. *skyscraper)* ***m.*** Edificio muy alto y de muchos pisos. ◇ Pl.: *rascacielos.*

rascacio (de *rascar)* ***m.*** Pez marino teleósteo perciforme, de cabeza gruesa y espinosa, vientre grande, de color gris parduzco o rojizo, y de unos 30 cms. de longitud *(Scorpaena porcus).*

SIN. **Escorpena, escorpina, diablo marino, rescacio, rescasa.**

rascacuartos ***com.*** fam. Persona que gana dinero por muchos medios distintos. ◇ Pl.: *rascacuartos.*

rascadera ***f.*** Rascador (para rascar). 2 Almohaza.

rascadillar ***tr.*** *Ecuad.* Escardar [la tierra].

rascado, -da ***adj.*** *Can.* Pesaroso, disgustado por haber fallado algo. -2 ***adj.-s.*** *Amér.* Borracho. -3 ***adj.*** *Amér. Central.* Irritable. 4 *Amér. Central.* Arriscado, atrevido. -5 ***m.*** Operación de quitar de una superficie la pintura vieja o papel.

rascador ***m.*** Instrumento para rascar la superficie de un metal, de una piel, etc. 2 Instrumento de hierro para desgranar el maíz y otros frutos. 3 Especie de aguja, guarnecida de piedras, que las mujeres se ponían en la cabeza por adorno.

rascadulce ***f.*** *Perú.* Dermatosis, enfermedad de la piel.

rascadura ***f.*** Acción de rascar o rascarse, o de raer. 2 Efecto de rascar o rascarse, o de raer.

rascalino ***m.*** Tiñuela (cuscuta).

rascamiento ***m.*** Rascadura.

rascamoño ***m.*** Rascador (adorno). 2 Fruto del abrojo, del cardillo y otras plantas semejantes.

rascar (l. v. **rasicare,* der. de *radere)* ***tr.*** Refregar [la piel] con una cosa aguda o áspera y por lo regular con las uñas. 2 Arañar (rasgar). 3 Limpiar con rascador o rasqueta [alguna cosa]. 4 Producir sonido estridente al tocar con el arco un instrumento de cuerda. 5 *Cuba.* En las riñas de gallos, vencer. -6 ***prnl.*** *Amér.* Emborracharse. ◇ ** CONJUG. [1] como ***sacar.***

FR. *Llevar* o *tener uno con que ~,* haber recibido algún daño que no puede remediarse pronto.

rascarrabias ***com.*** fam. Cascarrabias. ◇ Pl.: *rascarrabias.*

rascaso ***m.*** *Cuba.* Pez marino de las Antillas.

rascatripas ***com.*** desp. Mal tocador de instrumento de arco, esp. de violín. ◇ Pl.: *rascatripas.*

rascazón ***f.*** Comezón o picazón. 2 *Venez.* Orgía.

rascle (de *rascar)* ***m.*** Arte para la pesca del coral.

rascón, -cona ***adj.*** Áspero o raspante al paladar. -2 ***m.*** Ave gruiforme de pico largo rojo y plumaje pardo oliváceo con flancos listados de blanco y negro, parecida a la fúlica y a la polla de agua *(Rallus aquaticus).*

rascoso, -sa (de *rasca,* borrachera) ***adj.*** *Venez.* [pers.] Bebedor consuetudinario.

rascuache ***adj.*** *Méj.* Cursi, ridículo. 2 *Guat.* Pobre, sin dinero.

rascuñar ***tr.*** Rasguñar.

rascuño ***tr.*** Arañazo.

rasear ***tr.*** En el juego del fútbol, lanzar [la pelota] a ras de tierra.

rasel ***m.*** MAR. Racel.

raseo ***m.*** En el juego del fútbol, acción de rasear la pelota, juego con la pelota a ras de tierra.

rasera ***f.*** Rasero. 2 Paleta de metal, gralte. con agujeros, que se emplea en la cocina. 3 *Murc.* Paleta de amasar. 4 *Murc.* Badila.

rasero ***m.*** Palo cilíndrico para rasar las medidas de los áridos.

SIN. **Raedor.**

rasete ***m.*** Raso muy sencillo.

rasgado, -da ***adj.*** Que se abre mucho y tiene mucha luz, especialmente el balcón o la ventana. 2 fig. V. boca, ojos rasgados. 3 fam. Desenvuelto. -4 ***m.*** Rasgón.

rasgador, -ra ***adj.*** Que rasga.

rasgadura ***f.*** Acción de rasgar. 2 Efecto de rasgar. 3 Rasgón.

rasgar (probl. *rascar* x ant. *resgar* < l. *resecare,* cortar) ***tr.-prnl.*** Romper o hacer pedazos sin el auxilio de ningún instrumento [cosas de poca consistencia, tejidos, papel, etc.]: *~ un pergamino; rasgarse las ropas.* -2 ***tr.*** Rasguear. 3 *Ecuad.* Lanzar el jinete al caballo a toda fuerza o con violencia. ◇ ** CONJUG. [7] como ***llegar.***

SIN. *1* **Desgarrar.**

rasgo ***m.*** Línea de adorno trazada con la pluma, esp. la hecha para adornar las letras al escribir. 2 Facción del rostro: *sus rasgos me son familiares.* 3 Carácter, peculiaridad: *los rasgos distintivos de un estilo artístico.* 4 fig. Acción notable en cualquier concepto, propia del afecto o disposición de ánimo de que se origina: *un ~ caritativo, de heroísmo.* 5 *~* ***pertinente, distintivo*** o ***diferencial,*** LING., el que sirve para distinguir un fonema de otro u otros de la misma lengua.

SIN. *1* **Trazo.**

rasgón ***m.*** Rotura de un vestido o tela. 2 *Colomb.* Fuerte espolazo en los ijares del caballo.

SIN. *1* **Rasgado, desgarro, desgarrón, rasgadura; siete,** si tiene forma angular.

rasgueado ***m.*** Rasgueo.

rasgueador, -ra ***adj.-s.*** Que rasguea con gusto y delicadeza al escribir.

rasguear (de *rasgar)* ***tr.*** Tañer [la guitarra] rozando con cierta velocidad varias cuerdas a la vez con las puntas de los dedos. -2 ***intr.*** Hacer rasgos con la pluma.

rasgueo ***m.*** Acción de rasguear. 2 Efecto de rasguear.

rasguñar (ant. *rascuñar* < *rascañar,* der. de *rascar uña;* alterado por *rasgar)* ***tr.*** Arañar o rascar [una cosa] con las uñas o con algún instrumento cortante. 2 PINT. Dibujar [una cosa] en apuntamiento o tanteo.

SIN. **Rascuñar.**

rasguño ***m.*** Arañazo. 2 Dibujo en apuntamiento o tanteo.

rasguñuelo ***m.*** Dim. de *rasguño.*

rasí (de las iniciales de *Rabbi Shelomo Ishaki,* 1040-1105, cuyos comentarios se imprimieron con este tipo de letra) ***m.*** Alifato hebreo de tipos semicursivos, utilizado frecuentemente para escribir textos sefardíes aljamiados. ◇ Pl.: *rasíes.*

rasilla (de *raso)* ***f.*** Tela de lana delgada. 2 Ladrillo delgado.

rasillón ***m.*** Ladrillo delgado y largo.

rasión (l. *-one)* ***f.*** Rasuración.

rasmillado, -da ***m. f.*** *Amér. Merid.* Rasguño, arañazo.

rasmillar ***tr.*** *Chile* y *Ecuad.* Rasguñar [a alguien].

rasmillón ***m.*** *Chile* y *Ecuad.* Arañazo, rasguño.

raso, -sa (l. *-su)* ***adj.-s.*** Plano, liso, sin estorbos. -2 ***adj.*** Que no tiene un título u otro adherente que le distinga: *soldado ~.* 3 [asiento] Que no tiene respaldar. 4 Que pasa o se mueve a poca altura del suelo. 5 [atmósfera] Libre de nubes y nieblas: ***al ~,*** en el campo, a cielo descubierto. -6 ***m.*** Tela de seda lustrosa, de cuerpo entre el tafetán y el terciopelo. Tiene muchas variedades.

SIN. *6* **Satén.**

rasoliso ***m.*** Tela de raso.

raspa ***f.*** Arista (filamento). 2 Pelo (de la pluma). 3 Espina de algunos pescados, esp. la esquena. 4 fam. Espina dorsal. 5 En algunos frutos, zurrón (cáscara). 6 Zuro I. 7 BOT. Eje principal o pedúnculo común de las flores y frutos de un racimo o una espiga. 8 *Amér.* fam. Reproche, reprimenda. 9 *Cuba.* Residuo que queda pegado a la cazuela. 10 *Cuba, Méj.* y *P. Rico.* Raspadura (azúcar moreno). 11 *Méj.* Chanza, burla. 12 *Venez.* Vocablo us. en señal de exhortación o instigación. -13 ***m.*** *Argent.* y *Urug.* Ratero. -14 ***com.*** Persona desabrida, malhumorada y protestona. -15 ***adj.*** *Méj.* Soez.

SIN. *7* **Raquis.**

raspacanilla ***m.*** *Colomb.* Baile de gente inferior en que se introducen abusivamente bailadores de clase superior que se adueñan del campo.

raspada ***f.*** *Méj.* Reprimenda. 2 *Méj.* Perjuicio sufrido.

raspadera ***f.*** *And.* Almocafre. 2 *Can.* Azada.

raspadilla ***f.*** *Perú.* Mezcla formada por hielo picado y jarabe.

raspado, -da ***m.*** Acción de raspar. 2 MED. Operación que consiste en legrar ciertos tejidos enfermos, esp. el útero. -3 ***adj.*** *C. Rica* y *Venez.* Descarado.

raspador ***m.*** Instrumento para raspar, esp. el usado para raspar lo escrito.

raspadura ***f.*** Acción de raspar. 2 Efecto de raspar. 3 Lo que raspando se quita de la superficie. 4 fam. Rapadura. 5 *Amér.* Chancaca. 6 *Amér.* Azúcar moreno que va quedando pegado a la paila en los trapiches de caña.

raspaduritas ***f. pl.*** *Guat.* Dulce de azúcar, envuelto gralte. en hojas de maíz.

raspahilar ***intr.*** fam. Moverse rápida y atropelladamente. No se emplea, por lo común, sino en el gerundio y con verbos de movimiento, como *ir, venir, salir, llegar* ◇ ** CONJUG. [15] como ***aislar.***

raspajo (de *raspar)* ***m.*** Escobajo de uvas.

SIN. **Rampojo.**

raspalengua ***m.*** *Cuba.* Árbol de 25 a 30 m. de altura, de madera poco dura, de color amarillento *(Casseatia hirsuta).*

raspallón *m.* Pez marino teleósteo perciforme, pequeño, de cuerpo oval comprimido de color gris amarillento con brillo plateado y labios finos, parecido al sargo *(Diplodus annularis).*
raspamiento *m.* Raspadura (acción y efecto).
ráspano *m. Sant.* Arándano.
raspante *adj.* Que raspa, especialmente el vino que pica al paladar.
raspar (probl. de un germ. occidental **hraspon*) *tr.* Raer ligeramente la superficie [de una cosa]. 2 Picar el vino u otro licor [al paladar]; *abs.: este vino raspa.* 3 Hurtar, quitar [una cosa]. 4 Rasar (pasar rozando). 5 *Amér.* Reprender [a alguien]. 6 *Cuba* y *P. Rico.* Despedir [a un empleado subalterno]. -7 *intr. Venez.* Irse, largarse.
raspasayo *m.* Planta perenne y pubescente, cuyas hojas superiores y medias son lanceoladas y las inferiores pecioladas, con capítulos de color amarillo *(Picris echioides).*
raspear *tr.* Reprender, reconvenir [a alguien]. -2 *intr.* Correr con aspereza o dificultad la pluma por tener un pelo o raspa.
raspetón (de ~) *loc. adv. Amér.* De refilón.
raspilla (dim. de *raspa*) *f.* Planta boraginácea, de tallos casi tendidos, angulares, con espinitas revueltas hacia abajo, hojas ásperas, estrechas por la base, aovadas por la parte opuesta, y flores azules, llamadas *nomeolvides (Asperugo procumbens; Myosotis arvensis).*
SIN. **Miosota.**
raspín (de *raspar*) *m.* Cincel de dientes, usado en las artes.
raspón *m. Can.* Arañazo. 2 *Amér.* Desolladura. 3 *Amér.* Reprensión áspera. 4 *Colomb.* Sombrero de paja que usan los campesinos. 5 ***De ~,*** de soslayo, de raspetón.
rasponazo *m.* Lesión o erosión superficial causada por un roce violento. 2 En béisbol, cierto tiro de la pelota.
rasponear *tr. Colomb.* Reprender.
rasponera *f. Sant.* Arándano.
rasposo, -sa *adj.* Que es áspero al tacto. 2 Que tiene abundantes raspas. 3 fig. De trato desapacible. 4 *Argent.* y *Urug.* Deteriorado, esp. las prendas de vestir. 5 *Argent.* y *Urug.* [pers.] Desaliñado. 6 *Argent.* y *Urug.* Tacaño. 7 *Méj.* Bromista.
raspudo *adj.* V. trigo raspudo.
rasquera *f. Can.* Malestar, desazón por algún dicho o hecho ofensivo o por perder algo. 2 *Cuba.* Picazón, comezón.
rasqueta *f.* Planchuela de hierro, de cantos afilados y con mango de madera, para raer y limpiar los palos, cubiertas y costados de las embarcaciones. La usan también los albañiles. 2 *Amér.* Almohaza.
rasquetear *tr. Amér.* Almohazar.
rasquiña *f.* Comezón. 2 *Ecuad.* y *P. Rico.* Sarna.
rasquiñoso, -sa *adj. P. Rico* y *S. Dom.* Sarnoso. 2 *P. Rico* y *S. Dom.* Enconoso, envidioso. 3 *S. Dom.* De escaso o ningún valor. 4 *S. Dom.* [fruto] Raquítico.
rastel (cat. *rastell* < *rastellu,* rastrillo) *m.* Barandilla.
rastillar *tr.* Rastrillar.
rastra *f.* Rastro (instrumento y vestigio). 2 Grada (instrumento). 3 Recogedor (de labranza). 4 Cosa que va colgando y arrastrando: ***A la ~, a ~,*** o ***a rastras,*** arrastrando; fig., de mal grado, obligado. 5 Narria (cajón). 6 Seno de cabo que se arrastra por el fondo del mar para buscar y sacar cierta clase de objetos sumergidos. 7 Persona que con su presencia hace presumir la de otra a quien suele acompañar. 8 Sarta de fruta seca. 9 Resulta de una acción que obliga a restitución del daño causado o a la pena del delito, u otros inconvenientes. 10 Entre ganaderos, cría de una res, y esp. la que mama aún y sigue a su madre.
rastral *m.* Rastro (mosca).
rastrallar *tr.* Restallar [el látigo].
rastreado *m.* Baile español del siglo XVII.
rastreador, -ra *adj.* Que rastrea.
rastrear *tr.* Seguir el rastro o buscar [alguna cosa] por él. 2 Llevar arrastrando [por el fondo del agua] una rastra o arte de pesca. 3 Inquirir, averiguar [una cosa] discurriendo por conjeturas o señales. 4 Vender [la carne] en el rastro al por mayor. -5 *intr.* Hacer alguna labor con el rastro. 6 Ir por el aire, pero casi tocando el suelo.
rastrel *m.* Ristrel.
rastreo *m.* Acción de rastrear.
rastrera *f.* Arrastradera.
rastreramente *adv. m.* De un modo rastrero, baja y ruinmente.
rastrero, -ra *adj.* Que va arrastrando. 2 fig. Bajo, vil y despreciable. 3 Que va por el aire, pero casi tocando el suelo. 4 BOT. [tallo] Que crece tendido por el suelo y echa raicillas de trecho en trecho. -5 *m.* ant. El que trabaja en el rastro (matadero). 6 ant. El que trae ganado para el rastro.
SIN. *1, 2* y *3* **Ratero.**
rastrilla *f.* Rastro que tiene el mango en una de las caras estrechas del travesaño.
rastrillada *f.* Todo lo que se recoge de una vez con el rastrillo o rastro. 2 *Amér.* Huella de hombre o animal en el campo. 3 *Argent.* Camino señalado por rastros de animales o caballerías.
rastrillado *m.* Acción de rastrillar. 2 Efecto de rastrillar.
rastrillador, -ra *adj.-s.* Que rastrilla.
SIN. **Rastillador.**
rastrillaje *m.* Maniobra que se ejecuta con la rastra o rastrillo.
rastrillar *tr.* Limpiar [el lino o cáñamo] de la arista o estopa. 2 Recoger con el rastro [la parva en las eras o la hierba segada en los prados]. 3 p. anal. Limpiar [de hierba] con el rastrillo [las calles de los parques y jardines]. 4 *Amér.* Descerrajar, hacer jugar el rastrillo de un arma de fuego. 5 *Argent.* Preparar el fusil para disparar. -6 *intr. Colomb.* y *Cuba.* Marrar un arma de fuego; no salir el tiro.
SIN. **Rastillar.**
rastrillazo *m. Guat.* y *Hond.* Sueño ligero. 2 *Guat.* y *Hond.* Comida muy ligera.
rastrillo (l. *rastellu*) *m.* Tabla con muchos dientes de alambre grueso, a manera de carda, sobre los que se pasa el lino o cáñamo para apartar la estopa y separar bien las fibras. 2 Compuerta levadiza formada con una reja fuerte y espesa, que defiende las puertas de las plazas de armas. 3 Estacada, verja o puerta de hierro que defiende la entrada de una fortaleza o de un establecimiento penal. 4 Pieza de las armas de chispa en que hería el pedernal para que saltara el fuego a la cazoleta. 5 Guarda perpendicular a la tija de la llave; sólo penetra hasta la mitad del paletón. 6 Planchita encorvada dentro de la cerradura; al girar la llave entra por el rastrillo (guarda). 7 Rastro (instrumento, azada). 8 *Murc.* Especie de manga o nasa que gralte. se aplica a las pesqueras de agua dulce.
rastro (l. *rastru*) *m.* Instrumento para recoger hierba, paja, broza, etc., compuesto de un mango largo y delgado cruzado en un extremo por un travesaño armado de púas. 2 Especie de azada para extender piedra partida, etc., que en vez de pala tiene dientes fuertes y gruesos. 3 Vestigio o indicio que deja una cosa de haber acontecido o pasado por un lugar cualquiera. 4 fig. Señal, reliquia, vestigio que queda de una cosa. 5 Mosca que, en la pesca, se pone atada al flotador de la cuerda. 6 Mugrón (sarmiento). 7 ant. Matadero (sitio). 8 ant. Lugar destinado en las poblaciones para vender en ciertos días de la semana la carne al por mayor. 9 p. ext. Mercadillo periódico de objetos, generalmente usados.
SIN. *1* y *3* **Rastra.** *1* y *2* **Rastrillo.** REL. *3* y *4* **Rastrear,** seguir el rastro. SIN. *3* **Ida,** rastro que hace la caza con los pies. 4 v. **Indicio.**
rastrojal *m.* Rastrojera. 2 *Ecuad.* Hierbas que crecen en un terreno agotado.
rastrojar *tr.* Arrancar el rastrojo [de un campo].
rastrojear *intr.* Pastar [el ganado] entre rastrojos, o andar rebuscando en ellos.
rastrojera *f.* Conjunto de tierras que han quedado de rastrojo. 2 Temporada en que los ganados pastan los rastrojos. 3 Estos mismos pastos o rastrojos.
SIN. **Rastrojal.**
rastrojo (ant. *restrojo* < l. v. **restuculu,* de **restupulu,* der. de **restupulare,* arrancar el rastrojo, del l. *stipula,* vulg. *stupula*) *m.* Residuo de las cañas de la mies, que queda en la tierra después de segar. 2 Campo después de segada la mies y antes de recibir nueva labor. 3 *Colomb.* Bosque de arbustos.
rasura (l.) *f.* Acción de rasurar. 2 Efecto de rasurar. 3 Raedura. -4 *f. pl.* Tártaro (substancia).
rasuración *f.* Rasura (acción y efecto). 2 Raedura (acción y efecto).
rasurar (de *rasura*) *tr.* Afeitar (raer el pelo). 2 Raspar, raer.
I) rata (orig. incierto) *f.* Mamífero roedor, de unos 36 cms. de largo desde la punta del hocico a la extremidad de la cola; de cabeza pequeña, hocico puntiagudo, orejas tiesas, patas cortas, cola delgada y rala, y pelaje gris obscuro; es muy fecundo, destructor y voraz, y vive, por lo común, en los edificios y embarcaciones *(Rattus rattus).* 2 Nombre común a varias especies de roedores de la misma familia que el anterior: ~ ***almizclada,*** rata acuática grande, de cola larga, patas traseras anchas, con cinco dedos y las delanteras con cuatro, provistos de uñas fuertes y grue-

sas. En la región perineal lleva un par de glándulas oleosas, que segregan un líquido claro, de fuerte olor a almizcle. Su piel tiene valor en peletería *(Ondrata zibethica)*; ~ ***blanca,*** variedad más pequeña que la común, con ojos afectados de albinismo y cola pelosa; ~ ***de agua,*** roedor del tamaño de la rata común, pero con la cola corta y de costumbres acuáticas *(Arvicola sapidus)*; ~ ***de alcantarilla,*** especie transmisora de la peste, que gusta de vivir en sótanos, alcantarillas, etc. *(Rattus norvegicus)*; ~ ***de campo,*** variedad de rata común que vive predominantemente en los campos *(Rattus rattus frugivorus)*. 3 Hembra del ratón. 4 En las aldeas, coleta de pelo pequeña y muy delgada. 5 Juego de muchachos. 6 fig. *y* fam. ~ ***de sacristía,*** beata. 7 Pez marino teleósteo perciforme, de cuerpo alargado de color gris pardusco marcado de claro, cabeza fuerte, acorazada y la boca casi vertical; caza al acecho enterrado hasta los ojos. Produce débiles descargas eléctricas *(Uranoscopus scaber)*. -8 ***m.*** Ratero.

II) rata (l. *rata pars*) ***f.*** Tasa, precio; salario. 2 Proporción. 3 fam. Tacaño. -4 ***loc. adv.*** ~ ***por cantidad,*** mediante prorrateo. -5 ***f.*** *Colomb.* y *Pan.* Porcentaje.

ratafía (fr. < orig. incierto) ***f.*** Rosoli en que entra zumo de frutas, pralte. de cerezas o de guindas.

ratania ***f.*** Arbusto americano poligaláceo, con tallos ramosos y rastreros; su raíz se usa en medicina como astringente *(Krameria triandra)*. 2 Raíz de esta planta.

rataplán ***m.*** Voz onomatopéyica con que se imita el sonido del tambor.

ratatouille (voz francesa) ***f.*** Especie de pisto de origen francés.

I) ratear (der. del l. *ratu,* proporcionado) ***tr.*** Disminuir o rebajar la proporción o prorrata [de una cosa]. 2 Distribuir, repartir proporcionalmente [una cosa].
SIN. *2* **Prorratear.**

II) ratear (de *rata*) ***tr.*** Hurtar con destreza [cosas pequeñas].

III) ratear (l. *reptare,* arrastrar) ***intr.*** Andar arrastrando con el cuerpo pegado a la tierra.
SIN. **Reptar.**

ratel ***m.*** Mamífero mustélido africano, parecido al tejón, de pelaje gris claro en el dorso y negro en el resto del cuerpo, que devora la miel de las colmenas *(Mellivora capensis)*.

rateo ***m.*** p. us. Prorrateo.

rateramente ***adv. m.*** Con ratería, con vileza.

I) ratería ***f.*** Hurto de cosas de poco valor. 2 Acción de hurtarlas con maña y cautela.

II) ratería ***f.*** Vileza, ruindad en los tratos.

I) ratero, -ra ***adj.-s.*** Ladrón que hurta con maña y cautela cosas de poco valor, o de los bolsillos.
SIN. **Gato, randa, rata, carterista,** el que hurta de los bolsillos.

II) ratero, -ra ***adj.*** Rastrero.

raticida (de *rata* + *-cida*) ***adj.-s.*** [producto] Que se emplea para exterminar las ratas.

ratificación ***f.*** Acción de ratificar o ratificarse. 2 Efecto de ratificar o ratificarse.

ratificador, -ra ***adj.-s.*** Que ratifica.

ratificar (b. l. *ratificare*) ***tr.-prnl.*** Aprobar o confirmar una cosa [que se ha dicho o hecho]. ◇ ** CONJUG. [1] como ***sacar.***
SIN. **Reafirmar, refirmar, confirmar, roborar, corroborar.**

ratificatorio, -ria ***adj.*** Que ratifica o denota ratificación.

ratigar ***tr.*** Atar con una soga el rátigo después que se ha colocado [en el carro]. ◇ ** CONJUG. [7] como ***llegar.***

rátigo ***m.*** Conjunto de cosas diversas que lleva un carro.

ratihabición (l. *-itione*) ***f.*** DER. Declaración de la voluntad de uno aprobando o confirmando un acto que otro hizo por él.

ratilla ***f.*** *Logr.* Páncreas.

ratimago ***m.*** *And.* y *La Mancha.* Engaño, artimaña.

ratimagueo ***m.*** *Pan.* Coqueteo estudiado.

ratímetro (de *rata* II + *-metro*) ***m.*** En radiología, aparato que mide la rata (proporción) o velocidad de dosis.

ratina (orig. descon.; fr. *ratine;* it. *rattina*) ***f.*** Tela de lana delgada y con granillo.

ratinado, -da ***adj.*** Semejante a la ratina. -2 ***m.*** Operación que se practica con géneros de pelo largo para formar dibujos o imitar la piel de ciertos animales.

ratinadora ***f.*** Máquina usada en la industria textil para obtener cierto tipo de acabados en los tejidos de lana y algodón.

ratinar ***tr.*** Someter a un tejido a la operación de ratinado.

ratino, -na ***adj.*** *Ast.* y *Sant.* De pelo gris, semejante al de la rata, esp. en el ganado vacuno.

ratio (del l. *ratio,* tomado a través del inglés) ***f.*** Relación entre dos magnitudes.

I) rato (l. *-tu,* confirmado) ***adj.*** V. matrimonio rato.

II) rato (probl. del l. *raptu*) ***m.*** Espacio de tiempo, esp. cuando es corto: *hace un ~ que lo espero;* ***ratos perdidos,*** aquellos en que uno se ve libre de ocupaciones obligatorias; *estudiar a ratos perdidos;* ***a ratos,*** de rato en rato, a veces; ***de ~ en ~,*** con algunas intermisiones de tiempo. 2 Trecho o distancia: *de Málaga a Barcelona hay un buen ~.* 3 Gusto o disgusto; en este sentido va siempre acompañado de los adjetivos ***bueno, malo*** u otros análogos. 4 fam. ***Buen ~,*** mucho o gran cantidad de una cosa.
FR. *Pasar el ~,* no aprovecharse del tiempo; trabajar en vano.

III) rato (de *rata*) ***m.*** En algunas partes, ratón (mamífero). 2 Macho de la rata.

ratón (v. *rata*) ***m.*** Mamífero roedor, semejante a la rata, pero más pequeño, que vive en las casas, donde es muy perjudicial por lo que roe y destruye; hay especies que viven en el campo *(Mus musculus)*. 2 ~ ***almizclero,*** desmán II. 3 fig. ~ ***de biblioteca,*** persona muy erudita y estudiosa. 4 Dispositivo que tienen algunos terminales de ordenador para hacer dibujos y dar ciertas órdenes. 5 ~ ***de mar,*** gusano poliqueto marino de gran tamaño y cuerpo de forma oval cubierto de quetas de color pardo grisáceo *(Aphrodite aculeata)*. 6 MAR. Piedra puntiaguda y cortante que está en el fondo del mar y roza los cables. 7 *La Mancha.* fig. Zagalillo al servicio del molinero. 8 *C. Rica.* Molledo del brazo. 9 *Venez.* Buscapiés, cohete. 10 *Venez.* Estado postalcohólico caracterizado por jaqueca, náuseas y sed.

ratona ***f.*** Hembra del ratón. -2 ***f.*** *Argent.* Ave pequeña, cuyo plumaje tiene coloración pardusca, parecida a la de los ratones de campo. Tiene menos de diez centímetros de longitud. Es muy vivaz e inquieta. Se alimenta de insectos y anida en huecos de paredes y cornisas *(Troglodytes furvus)*.

ratonar ***tr.*** Morder o roer los ratones [pan, queso, ropa, etc.]. -2 ***prnl.*** Ponerse enfermo el gato de comer muchos ratones.
SIN. *2* **Enratonarse.**

ratoncito ***m.*** *Bol.* Juego de la gallina ciega.

ratonera ***f.*** Trampa en que se cogen o cazan los ratones. 2 Agujero que hace el ratón en las paredes, arcas, etc., para entrar y salir por él. 3 Madriguera de ratones. 4 fig. Local, reunión, campo de deportes, etc., con un ambiente manifiestamente hostil. 5 Arbusto perenne pequeño, de hojas dentadas alternas, lanudas y con los bordes espinosos, cuyas inflorescencias son axilares blancas o rosáceas *(Forsskahlea angustifolia)*. 6 *Argent.* Ratona. 7 *Argent.* Cuchitril, casucha. 8 *P. Rico* y *Venez.* burl. Tenducho. 9 *P. Rico.* Tienda de una hacienda donde los peones gastan su jornal.
FR. *Caer uno en la ~,* fig., ser engañado con un ardid o artificio.

ratonero, -ra ***adj.*** Relativo a los ratones. -2 ***m.*** Perro para cazar ratones. 3 Ave falconiforme de unos 55 cms. de longitud, alas anchas, cuello corto y cola amplia y redondeada; el plumaje es oscuro con la parte inferior manchada de blanco *(Buteo buteo)*.

ratonesco, -ca ***adj.*** Relativo a los ratones.

ratonil ***adj.*** Ratonesco.

rauco, -ca (l. *-cu*) ***adj.*** poét. Ronco.

rauda (ár.) ***f.*** Cementerio árabe.

raudal (de *raudo*) ***m.*** Copia de agua que corre arrebatadamente. 2 fig. Abundancia de cosas que de golpe concurren o se derraman.

raudamente ***adv. m.*** lit. Rápidamente (con prontitud).

raudo, -da (probl. del l. **rapitu < raptus × rapidus*) ***adj.*** lit. Rápido, violento, precipitado.

raulí (arauc. *raylin*) ***m.*** *Chile.* Árbol de gran altura, cuya madera se emplea mucho en la construcción *(Notophagus procera)*.

rauma ***f.*** *Perú.* Operación de entresacar de determinadas plantas de cultivo las hojas mal desarrolladas.

raumear ***tr.*** *Perú.* Efectuar la rauma.

rauta (fr. *route* < l. *[via] rupta*) ***f.*** fam. Ruta, camino. Ús. sólo con los verbos *coger* y *tornar.*

ravenala ***f.*** BOT. Árbol de la familia de las musáceas, originario de Madagascar, de bello follaje y vistosas flores *(Ravenala madagascariensis)*.

ravenés, -nesa ***adj.-s.*** [pers.] De Ravena, c. de Italia.

ravioles (it. *ravioli*) ***m. pl.*** Raviolis.

raviolis (it. *ravioli*) ***m. pl.*** Emparedados de masa con carne picada que se sirven con salsa y queso rallado.

I) raya (l. v. *radia.* V. *radio;* doble etim. *raza* II) ***f.*** Señal larga y estrecha que se hace o forma natural o artificialmente en un cuerpo cualquiera: *las rayas del pentagrama; señaló una ~ con el estilete; una corbata a rayas azules y blancas.* 2 GRAM. Guión largo usado para separar oraciones incidentales o indicar el diálogo en los escritos. 3 Señal que resulta en la cabeza de dividir los cabellos con el peine. 4 Estría que se hace en el ánima de las armas de fuego para que el proyectil corra forzado por ellas y tenga mayor alcance. 5 Tanto que se gana en ciertos juegos; gralte. se apunta con una raya. 6 Término, límite de una nación, región, provincia, distrito o predio extenso. 7 Término que en lo físico o moral, se pone a una cosa. 8 Variedad de vino de Jerez, de color obscuro, sabor ligeramente dulce, buen aroma y paladar. 9 Pliegue del pantalón. 10 En el lenguaje de la droga, dosis de cocaína. 11 *Amér.* Rayuela, juego. 12 *Chile.* Especie de rompiente en los mares. 13 *Méj.* Jornal, sueldo. 14 *Argent.* Persona que falla el resultado de una carrera de caballos.

SIN. *1* **Línea.** *3* **Crencha, carrera, partidura.** FRS. *Dar quince y ~ a uno*, excederle mucho en cualquier habilidad o mérito; *echar ~*, competir; *hacer ~*, aventajarse, sobresalir en una cosa; *pasar de la ~* o *de ~*, propasarse, excederse, tocar en los términos de la descortesía. *A ~*, dentro de los justos límites: *poner, tener a ~ al enemigo.*

II) raya (l. *raja*) *f.* Pez marino seláceo rayiforme, comestible, de cuerpo aplastado, romboidal, liso o armado de aguijones y cola larga y delgada *(Raja clavata).* 2 Seláceo de la familia de los ráyidos, en general.

rayada *f. Argent.* Acción de rayar o detener el caballo.

rayadillo *m.* Tela de algodón rayada parecida al dril.

rayado *m.* Conjunto de rayas o listas de una tela, papel, etc. 2 Acción de rayar. 3 *Ast.* Bonito (pez).

SIN. *1* **Renglonadura,** tratándose de papel para escribir.

rayador *m. Amér. Merid.* Ave que tiene el pico muy aplanado y delgado y la mandíbula superior mucho más corta que la inferior. Debe su nombre a que, cuando vuela sobre el mar, parece que va rayando el agua que roza con su cuerpo *(Rhynchops melanura).* 2 *Méj.* Pagador, el que paga el jornal. 3 *Méj.* Coime.

rayano, -na *adj.* Que confina o linda con una cosa. 2 Que está en la raya que divide dos territorios. 3 fig. Cercano, con semejanza que se aproxima a igualdad.

rayar (l. *radiare*) *tr.* Hacer o tirar rayas: *~ un papel.* 2 p. anal. Tachar [lo manuscrito o impreso] con rayas. 3 Subrayar. 4 Estropear o deteriorar una superficie lisa o pulida con rayas o incisiones. -5 *intr.* Confinar una cosa con otra: *~ con Aragón; ~ en lo sublime.* 6 p. anal. *y* fig. Asemejarse una cosa a otra, acercarse a igualarla: *~ con los primeros.* 7 fig. Sobresalir entre otros en prendas o acciones: *~ a gran altura.* 8 Con las voces *alba, día, luz*, etc., amanecer, alborear. 9 *Amér. Central.* Espolear. 10 *Argent.* Parar el caballo de golpe. 11 *Chile.* Pedir fiado. 12 *Méj.* Pagar a los operarios. -13 ***prnl.*** *Colomb.* Colmar los deseos; enriquecerse.

SIN. *5* v. **Lindar.**

rayeo *m. Venez.* Acción de rallar la yuca para hacer el cazabe.

rayero *m. Argent.* y *Urug.* Juez de raya.

ráyido (de *raya* II) *adj.-m.* Pez de la familia de los ráyidos. -2 *m. pl.* Familia de peces rayiformes que presentan el cuerpo dividido en disco y cola; como la raya.

rayiforme *adj.-m.* Pez del orden de los rayiformes. -2 *m. pl.* Orden de peces seláceos con el cuerpo aplanado en forma de escudo o disco dada su adaptación a la vida bentónica; como la raya y el torpedo.

rayo (v. *radio*) *m.* FÍS. Línea recta, normal a las ondas de propagación del medio transmisor, según la cual se propaga una forma cualquiera de energía radiante: *~ de luz, de calor; ~* ***incidente,*** parte del rayo que va desde el punto de origen a la superficie de un cuerpo que lo refleja o refracta; *~* ***reflejo,*** *~* ***refracto,*** parte del rayo que, después de ser respectivamente reflejado o refractado, sigue una dirección distinta de la del rayo incidente. 2 Línea de luz que procede de un cuerpo luminoso, y esp. las que vienen del Sol: *~* ***verde,*** destello vivo e instantáneo que a veces se observa al trasponer el Sol el horizonte del mar; *~* ***de luz,*** fig., especie que se ofrece repentinamente a la inteligencia, con que se aclara o explica alguna duda o ignorancia. 3 Chispa eléctrica de gran intensidad producida entre dos nubes o entre una nube y la tierra. 4 fig. Cosa que tiene gran fuerza o eficacia en la acción. 5 fig. Sentimiento intenso y pronto de un dolor en parte determinada del cuerpo. 6 fig. Persona muy viva y pronta de ingenio. 7 fig. Persona pronta y ligera en sus acciones. 8 fig. Estrago, infortunio o castigo improviso y repentino. 9 Pieza que a modo de radio de un círculo une el cubo a las pinas de la rueda. 10 *~* ***de Júpiter,*** ensambladura en pico de flauta con redientes o escalones, apretada con llaves o cuñas de madera que se introducen por fuerza entre los mismos. 11 *~* ***láser,*** haz luminoso constituido por la radiación coherente emitida por un láser. 12 *~* ***textorio,*** lanzadera (instrumento del tejedor). -13 *m. pl.* ***Rayos catódicos,*** emisión de electrones libres con carga negativa que parte del cátodo, cuando se produce una descarga disruptiva a través del vacío o de un gas sumamente enrarecido. 14 ***Rayos X*** o ***Roentgen,*** ondas electromagnéticas de corta longitud de ondas derivadas de los rayos catódicos, cuando éstos, en su propagación, inciden sobre la materia. Tienen entre otras propiedades, la de atravesar los cuerpos opacos a la luz ordinaria, con mayor o menor facilidad, según sea la materia de que éstos están formados, produciendo detrás de ellos, en superficies convenientemente preparadas, imágenes o impresiones, que son utilizadas para la exploración médica y para otros fines. 15 ***Rayos alfa, beta*** y ***gamma,*** v. cada una de estas palabras y radiactividad. 16 *Colomb.* Enfermedad de algunos animales que los hace morir rápidamente.

SIN. *3* **Centella,** esp. cuando es de poca intensidad; **exhalación.** REL. *3* **Ceraunografía,** parte de la meteorología que lo estudia. SIN. *9* **Radio.** REL. *13* v. **Radiografía, radiología, radioscopia.**

rayón (ingl.) *m.* Seda artificial.

El Instituto de la Organización Internacional de Standards ha aprobado la siguiente definición; «Fibra regenerada de origen celuloso absoluto o primordial». Este término incluye las fibras de viscosa, cupramonio, acetato y otras de éster, celulosa o de éter.

¡rayos! Interjección con que se denota sorpresa o admiración.

rayoso, -sa *adj.* Que tiene rayas.

rayuela *f.* Dim. de *raya.* 2 Juego en el que, tirando monedas o tejos a una raya hecha en el suelo y a cierta distancia, gana el que la toca o se acerca más a ella. 3 Juego de muchachos que consiste en empujar un tejo a la pata coja por los dibujos geométricos trazados en el suelo, sin pisar las rayas y sin que el tejo se detenga en ellas.

rayuelo *m.* Agachadiza, ave.

I) raza (it. *razza*) *f.* Casta. 2 Calidad del origen o linaje; hablando de los hombres, se toma a veces en mala parte. 3 Calidad de algunas cosas, esp. la que contraen en su formación. 4 Grupo en que se subdividen algunas especies zoológicas y cuyos caracteres diferenciales, que son muy secundarios, se perpetúan por generación: ***razas humanas,*** grupos de seres humanos que por el color de la piel y otros caracteres se distinguen en raza blanca, amarilla, cobriza y negra.

REL. *4* **Etnografía** y **etnología,** parte de la Antropología que estudia las razas; **racial** o **étnico,** relativo a la raza, adj.

II) raza (v. *raya*) *f.* Rayo de luz que penetra por una abertura. 2 Grieta, hendedura. 3 Grieta que se forma a veces en la parte superior del casco de las caballerías. 4 Lista de la tela en que el tejido está más claro que en el resto.

SIN. *3* **Rata.**

razado, -da *adj.* [tejido] Que tiene razas.

rázago (der. de *raza* II) *m.* Harpillera.

razano, -na *adj. Colomb.* y *Ecuad.* De raza, esp. el caballo.

razia (ár. argelino *rhazzia*) *f.* Incursión o correría sin más objeto que el botín. 2 Redada de policía.

razón (v. *ración*) *f.* Facultad de discurrir: *~* ***natural,*** potencia discursiva del hombre, desnuda de toda especie científica que la ilustre. 2 Acto de discurrir el entendimiento. 3 Palabras con que se expresa el discurso. 4 Argumento o demostración que se aduce en apoyo de alguna cosa: *~* ***de cartapacio,*** fig., la que se da estudiada y de memoria sin venir al caso; *~* ***de pie de banco,*** la que es conocidamente disparatada o inaplicable al caso. 5 Motivo o causa. 6 Orden y método en una cosa. 7 Justicia, rectitud en las operaciones, o derecho para ejecutarlas. 8 Equidad en las compras y ventas: ***ponerse en*** *~* o ***en la*** *~*, en los ajustes y conciertos, venir a términos equitativos. 9 Cuenta, relación, cómputo: *a ~*, ***loc. adv.,*** al respecto; ús. en las imposiciones de censos y dinero a intereses: *a ~ de diez por ciento.* 10 fam. Recado, mensaje, aviso. 11 MAT. Resultado de la comparación entre dos cantidades: *~* ***aritmética*** o ***por diferencia,*** aquella en que se trata de averiguar el exceso de un término sobre el otro; *~* ***geométrica*** o ***por cociente,*** aquella en que se comparan dos términos para saber cuántas veces el uno contiene al otro. 12 *~* ***de estado,*** política y regla con que se dirigen y gobiernan las cosas pertenecientes al interés y utilidad de la república. 13 *~* ***social,*** nombre y firma por los cuales es conocida una compañía mercantil de forma colectiva o comanditaria. 14 *Chile.* Entre poetas populares, el pie forzado de una cuarteta.

FRS. *En ~ a*, o *de*, por lo que pertenece o toca a alguna cosa. *Dar ~*, informar de un negocio; *dar uno ~ de sí* o *de su persona*, corresponder a lo que se le ha encargado, ejecutándolo exactamente; *meter a uno en*

~, obligarle a obrar razonablemente; *tomar* ~, o *la* ~, asentar una partida o hacer constar en un registro lo que en él debe copiarse, inscribirse o anotarse. SIN. *13* **Sociedad.**

razonable *adj.* Arreglado, justo, conforme a razón. 2 fig. Mediano, regular, bastante en calidad o en cantidad.

razonablemente *adv. m.* De manera razonable.

razonadamente *adv. m.* Por medio de razones.

razonado, -da *adj.* Fundado en razones o documentos: *análisis* ~; *cuenta razonada.*

razonador, -ra *adj.-s.* Que explica y razona.

razonamiento *m.* Acción de razonar. 2 Efecto de razonar. 3 Serie de conceptos encaminados a demostrar una cosa.

razonar *intr.* Discurrir, manifestando lo que se discurre, o hablar dando razones para probar una cosa: ~ *sobre un punto.* 2 en gral. Hablar de cualquier modo que sea: ~ *con alguno.* 3 esp. Tratándose de dictámenes, cuentas, etc., exponer las razones o documentos en que se apoyan.

razzia *f.* Razia.

razziar *tr.* Hacer una razzia [en una comarca, pueblo, etc.]. ◇ ** CONJUG. [12] como ***cambiar.***

Rb, símbolo químico del *rubidio.*

re (v. *ut*) *m.* Nota musical; segundo grado de la escala fundamental. ◇ Pl.: *res.*

re- (l.) Prefijo que unido a verbos denota reintegración o repetición: *recaer, reelegir;* aumento: *recargar;* oposición o resistencia: *repugnar, rechazar;* movimiento hacia atrás: *refluir;* negación o inversión del significado del simple, como el prefijo *des-*: *reprobar;* encarecimiento: *realegrarse, repudrirse;* unido a adjetivos refuerza la significación de los primitivos: *rebueno, reguapa;* añadiéndole las sílabas *-te* o *-quete* encarece superlativamente esta significación: *retebueno, requetebueno.*

Re, símbolo químico del *renio.*

rea (l.) *f.* Mujer acusada de un delito.

Rea *n. pr.* MIT. Hija de Urano y Gea, esposa de Cronos y madre de Zeus, Hades, Poseidón, Hera, Hestia y Deméter; por esto se la llama *madre de los dioses.*

reabrir (*re-* + *abrir*) *tr.-prnl.* Volver a abrir lo que estaba cerrado. ◇ Pp. irreg.: *reabierto.*

reabsorber (*re-* + *absorber*) *tr.* Absorber [algo] de nuevo. 2 MED. Absorber el organismo [un líquido, tumor, etc.] que él mismo había producido.

reabsorción *f.* Acción de reabsorber. 2 Efecto de reabsorber.

reacción (*re-* + *acción*) *f.* FÍS. Acción que un cuerpo sujeto a la acción de otro ejerce en sentido opuesto. 2 fig. Acción en sentido contrario provocada por otra en el terreno personal, literario, religioso, político, etc. 3 fig. En política, tendencia tradicionalista opuesta a las innovaciones. 4 fig. Conjunto de sus valedores y partidarios. 5 MED. Acción orgánica que tiende a contrarrestar la de un agente morbífico o que responde a la aplicación de un remedio. Depresión o agotamiento que sigue a un estado de excitación. Aumento de actividad que sigue a un estado de depresión. 6 QUÍM. Acción recíproca entre dos o más cuerpos, de la cual resultan otro u otros diferentes de los primitivos: ~ ***nuclear,*** aquella en que hay modificación de los núcleos de los átomos.

reaccionar *intr.* Responder una persona o animal a un estímulo: *ejercer una reacción.* 2 Modificarse un cuerpo por la acción de un reactivo. 3 Mejorar uno en su salud o funciones vitales. 4 Defenderse. 5 Oponerse a algo. 6 Producir un cuerpo fuerza igual y contraria a la que sobre él actúa.

reaccionario, -ria *adj.* Opuesto a las innovaciones. 2 Que propende a establecer lo abolido, a operar una reacción política. -3 *adj.-s.* Partidario de la reacción.

reacio, -cia (orig. incierto) *adj.* Terco, porfiado, inobediente. SIN. V. **Desobediente.**

reactancia *f.* FÍS. Oposición al paso de una corriente alterna que ofrece una inductancia pura o una capacidad en un circuito, expresada en ohmios.

reactante *adj.-s.* Substancia que participa en una reacción química produciendo otra u otras diferentes de las primitivas.

reactivación *f.* Acción de reactivar. 2 Efecto de reactivar.

reactivar *tr.* Dar más actividad [a algo].

reactivo, -va (*re-* + *activo*) *adj.-m.* Que produce reacción. 2 Substancia que, por su capacidad de provocar determinadas reacciones, sirve en los ensayos y análisis químicos para revelar la presencia o medir la cantidad de otra substancia.

reactor *m.* Motor de reacción. 2 Avión que usa motor de reacción. 3 Lugar o dispositivo donde se efectúa una reacción química; 4 Sistema o estructura en que se puede mantener y controlar una reacción de fisión en cadena.

reacuñación *f.* Acción de reacuñar. 2 Efecto de reacuñar.

reacuñar *tr.* Resellar [la moneda].

readal *adj.-f.* Hierba del orden de las readales. -2 *f. pl.* Orden de hierbas con flores hermafroditas reunidas en racimos, y cuyo fruto casi siempre es seco.

readaptación *f.* Acción de readaptar o readaptarse.

readaptar *tr.-prnl.* Adaptar de nuevo [a una persona o cosa].

readmisión *f.* Admisión por segunda o más veces.

readmitir *tr.* Volver a admitir [a alguien].

reafirmar *tr.* Afirmar de nuevo; ratificar. REL. **Reafirmación,** f.

reagravación *f.* Acción de reagravar o reagravarse. 2 Efecto de reagravar o reagravarse.

reagravar (*re-* + *agravar*) *tr.-prnl.* Volver a agravar o agravar más [una cosa].

reagrupamiento *m.* Acción de reagrupar. 2 Efecto de reagrupar.

reagrupar *tr.* Agrupar de nuevo.

reagudo, -da (*re-* + *agudo*) *adj.* Extremadamente agudo.

reajustar (*re-* + *ajustar*) *tr.* Ajustar de nuevo. 2 eufem. Aumentar la cuantía, subir [precios, salarios, impuestos, etc.].

reajuste *m.* Acción de reajustar. 2 Efecto de reajustar. 3 Ajuste, acuerdo. 4 Reorganización.

I) real (b. l. *reale*) *adj.* Que tiene existencia verdadera y efectiva. 2 Que se refiere a las cosas: *v. derechos reales.* -3 *adj.-m.* MAT. V. número ~

SIN. *1* **Verdadero.** CONTR. *1* **Aparente, falso, ficticio, imaginario, nominal.** En fís. se opone a **virtual,** *imagen real e imagen virtual.*

II) real (l. *regale*) *adj.* Relativo al rey o a la realeza. 2 fig. Regio (suntuoso). 3 Muy bueno. -4 *adj.-com.* [pers.] Realista II. -5 *m.* Sitio donde está la tienda del rey o del general; p. ext., sitio donde está acampado un ejército: ***alzar el*** ~, o ***los reales,*** ponerse en movimiento el ejército, dejando el campo que ocupaba; ***asentar los reales,*** acampar un ejército. 6 Campo donde se celebra una feria. 7 Antigua moneda española de níquel, equivalía a 0,25 ptas. 8 Antigua moneda española de plata de diferentes valores. 9 ~ ***de a ocho,*** maría (moneda). 10 ~ ***de ardite,*** ant. moneda catalana (dos sueldos). 11 ~ ***valenciano,*** moneda valenciana del s. XVIII (doce cuartos y tres maravedís de vellón de Castilla). 12 ~ ***fuerte,*** moneda americana de plata o de níquel (diez centavos de peso). 13 *Murc.* Huerto, cercado, jardín. 14 *Perú.* Moneda de un décimo de sol. -15 ***loc. adv.*** fig. ***Un*** ~ ***sobre otro,*** al contado y completamente.

reala *f.* Rehala.

realce *m.* Adorno o labor que sobresale en la superficie de una cosa: *bordar de* ~. 2 fig. Lustre, estimación, grandeza sobresaliente. 3 PINT. Parte del objeto iluminado, donde más activa y directamente tocan los rayos luminosos.

REL. *1* **Recamar,** bordar de ~; **recamado,** bordado de ~.

realdad *f.* p. us. Realeza.

realegrarse (*re-* + *alegrarse*) *prnl.* Sentir alegría extraordinaria.

realejo *m.* Dim. de *real.* 2 Órgano pequeño y manual.

realengo, -ga (de *real* II) *adj.* [pueblo] Que no era de señorío ni de las órdenes, sino que dependía directamente del rey. 2 [terreno] Perteneciente al estado. 3 *Perú.* [fundo] Sin hipoteca ni censo. 4 *P. Rico* y *S. Dom.* Que no tiene dueño, esp. los animales. -5 *m. Argent.* Carga, gravamen.

realeo *m. Hond.* Estipendio que los empresarios dan el sábado a los jornaleros.

realera (de *real* II) *f.* Maestril. 2 *C. Rica* y *Pan.* Especie de machete corto y recto.

realero *m. Venez.* Riqueza, caudal.

realeza *f.* Dignidad o soberanía real.

realidad (b. l. *realitate*) *f.* Existencia real de una cosa. 2 Verdad, sinceridad, ingenuidad. -3 ***loc. adv. En*** ~, efectivamente, sin duda alguna.

realillo *m.* Real de vellón.

realimentación *f.* FÍS. Transmisión de corriente o tensión desde la salida de un circuito o dispositivo a su entrada, en la que con la señal de entrada modifica el funcionamiento del dispositivo. 2 FÍS. Retorno de una fracción de la salida de un circuito o dispositivo a su propia entrada.

I) realismo *m.* Doctrina epistemológica y ontológica, que afirma la existencia de objetos reales independientes de la conciencia y asequibles a nuestras facultades cognoscitivas. En la filosofía medieval, esp., doctrina opuesta al nominalismo, que afirma la existencia real, objetiva de los universales, es decir, los considera como la verdadera esencia de los objetos pensados: ~ ***ingenuo***, actitud filosófica desprovista de toda reflexión crítica acerca del conocimiento y que, al no hacer distinción entre los contenidos de la conciencia y los objetos percibidos, identifica unos con otros y atribuye a estos últimos todas las propiedades encerradas en aquellos; las cosas son, pues, tales como las percibimos; ~ ***natural***, doctrina influida ya por reflexiones epistemológicas que la conducen a distinguir los objetos percibidos de los contenidos de la conciencia, pero sostiene que éstos corresponden exactamente a aquéllos; por consiguiente, las propiedades percibidas son también propiedades objetivas de las cosas; ~ ***crítica***, doctrina epistemológica que se apoya totalmente en reflexiones críticas sobre el conocimiento y distingue en los contenidos de la conciencia las cualidades primarias de las secundarias; estas últimas son las que percibimos por un solo sentido y representan reacciones de nuestra conciencia, es decir, son enteramente subjetivas aunque suponen algo real, pero distinto, en los objetos mismos que las determinan; ~ ***volitivo***, doctrina epistemológica que funda la existencia de los objetos de la percepción en la resistencia que éstos ofrecen a nuestras voliciones y deseos; es decir, según el realismo volitivo, el intelecto se enfrenta con la esencia de las cosas, pero es la voluntad la que nos hace vivir su existencia, porque los objetos se nos presentan como factores adversos en nuestra vida volitiva. Sus principales representantes son Maine de Biran (1766-1824) y Dilthey (1833-1911). 2 Doctrina estética que hace consistir la belleza artística en la imitación de la naturaleza. 3 Conducta o manera de ser del que se atiene a los hechos más que a los principios o razones, en oposición a idealismo.

II) realismo ***m.*** Doctrina u opinión favorable a la monarquía. En España se dijo con aplicación a la pura o absoluta. 2 Partido que profesa esta doctrina.

I) realista ***adj.*** Relativo al realismo filosófico o estético. -2 ***adj.-com.*** Partidario de este realismo o que lo practica. 3 Persona o colectividad que se ajusta a la realidad más que a la abstracción.

II) realista ***adj.*** Relativo al realismo o monarquismo. -2 ***adj.-com.*** Partidario del rey o de la monarquía.

realístico, -ca ***adj.*** ANGLIC. Realista.

realizable ***adj.*** Que se puede realizar.

realización ***f.*** Acción de realizar o realizarse. 2 Efecto de realizar o realizarse. 3 Trabajo, rendimiento o funcionamiento efectivo de un motor, máquina, etc., en relación con lo que se desea o espera de ellos. Ús. a menudo en pl.: *las realizaciones de este avión son: techo 9.500 m., velocidad 400 kms., etc.* 4 ANGLIC. Comprobación. 5 LING. Manifestación concreta de un fonema.

realizador, -ra ***m. f.*** Director de cine o de una emisión televisada.

realizar ***tr.-prnl.*** Hacer real o efectiva [una cosa]: ~ *una promesa.* 2 COM. Vender, convertir en dinero [mercaderías o cualesquiera otros bienes]; esp., venta a bajo precio. 3 ANGLIC. Percatarse, darse cuenta, comprobar. -4 ***prnl.*** Alcanzar la plenitud física o moral [una persona]. ◇ ** CONJUG. [4].

realmente ***adv. m.*** Efectivamente, en realidad, de verdad.

realquilado, -da ***adj.*** Subarrendador de una vivienda.

realquilar (*re-* + *alquilar*) ***tr.*** Subarrendar [un inmueble, etc.].

realzar (*re-* + *alzar*) ***tr.*** Levantar o elevar [un cosa] más de lo que estaba. 2 fig. Ilustrar o engrandecer [a una pers.]. 3 Labrar de realce. 4 PINT. Tocar de luz [una cosa]. ◇ ** CONJUG. [4] como ***realizar.***

reamar ***tr.*** Amar mucho.

reanimación ***f.*** Acción de reanimar. 2 Efecto de reanimar. 3 MED. Técnica terapéutica destinada a reanimar [a una persona].

reanimar ***tr.*** Confortar, restablecer las fuerzas: *el aire nos reanima.* 2 Hacer que vuelva la actividad respiratoria o cardíaca normal de una persona asfixiada, ahogada, desmayada, etc. 3 fig. Infundir ánimo y valor [al que está abatido]. 4 fig. Rejuvenecer.

reanudación ***f.*** Acción de reanudar. 2 Efecto de reanudar.

reanudar (imitado del fr. *renouer*) ***tr.-prnl.*** fig. Renovar o continuar después de interrumpido [trato, estudio, conferencia, trabajo, etc.].

reaños ***m. pl.*** vulg. Redaños.

reaparecer (*re-* + *aparecer*) ***intr.*** Volver a aparecer o mostrarse. ◇ ** CONJUG. [43] como ***agradecer.***

reaparición ***f.*** Acción de reaparecer. 2 Efecto de reaparecer.

reapertura ***f.*** Acción de abrir de nuevo un establecimiento, una actividad, etc.

reapretar (*re-* + *apretar*) ***tr.*** Volver a apretar o apretar mucho [una cosa]. ◇ ** CONJUG. [27] como ***acertar.***

rearar (*re-* + *arar*) ***tr.*** Volver a arar.

reargüir ***tr.*** Argüir de nuevo sobre [el mismo asunto]. ◇ **CONJUG. [62] como ***huir.***

rearmar (*re-* + *armar*) ***tr.*** Equipar o reforzar con nuevo armamento [un ejército, país, etc.].

rearme ***m.*** Acción de rearmar o rearmarse. 2 Efecto de rearmar o rearmarse. 3 Actividad creciente de un país en la adquisición de armas para sus fuerzas armadas.

reasegurar ***tr.*** Hacer un reaseguro [a alguien].

reaseguro ***m.*** Contrato por el cual un asegurador toma a su cargo, total o parcialmente, un riesgo ya cubierto por otro asegurador, sin alterar lo convenido entre éste y el asegurado.

reasumir (l. *reassumere*) ***tr.*** Volver a tomar [lo que antes se tenía o se había dejado]: ~ *el cargo.* 2 Tomar una autoridad superior [las facultades de las demás]. ◇ CONJUG.: pp. reg.: ***reasumido***; irreg.: ***reasunto***. ◇ INCOR.: por resumir, concretar: ~ *la cuestión.*

reasunción ***f.*** Acción de reasumir. 2 Efecto de reasumir.

reasunto, -ta, pp. irreg. de *reasumir.*

reata (de *reatar*) ***f.*** Cuerda o correa que ata y une dos o más caballerías para que vayan en hilera una detrás de otra. 2 Hilera de caballerías que van de reata. 3 Mula tercera que se añade al carro o coche de camino para tirar delante. 4 fig. Que sigue a otro incondicionalmente. 5 MAR. Conjunto de vueltas espirales y contiguas que se da a un palo o a un cable, con otro cabo de grueso proporcionado al intento. 6 *Ant.* y *Colomb.* Arriate. 7 *Ecuad.* Cinta de algodón.

reatadura ***f.*** Acción de reatar. 2 Efecto de reatar.

reatar (*re-* + *atar*) ***tr.*** Volver a atar o atar apretadamente [una cosa]. 2 Atar [dos o más caballerías] para que vayan de reata.

reatino, -na (l. *-nu*) ***adj.-s.*** De Rietti, c. de Italia.

reato (l. *-tu*) ***m.*** Obligación que queda a la pena correspondiente al pecado, aun después de perdonado.

reaventar (*re-* + *aventar*) ***tr.*** Volver a aventar o echar al viento [una cosa]. ◇ ** CONJUG. [27] como ***acertar.***

reavivar (*re-* + *avivar*) ***tr.*** Volver a avivar o avivar intensamente: ~ *el fuego.*

SIN. V. **Vivificar.**

rebaba (*re-* + *baba*) ***f.*** Porción de materia sobrante que forma resalto en los bordes o en la superficie de un objeto cualquiera; como la argamasa que sobresale de los ladrillos al sentarlos en obra. 2 IMPR. Espacio entre la línea del ojo de una letra y el borde inferior del cuerpo del tipo.

rebabador, -dora ***m. f.*** Operario que rebaba.

rebabar ***tr.*** Quitar la rebaba.

rebaja ***f.*** Disminución o descuento de una cosa, esp. en la cantidad o precio.

rebajado ***adj.*** ARQ. V. arco rebajado. -2 ***m.*** MIL. Soldado rebajado del servicio activo.

rebajador, -ra ***adj.*** FOT. Baño que se usa para rebajar las imágenes muy intensas.

rebajamiento ***m.*** Acción de rebajar o rebajarse. 2 Efecto de rebajar o rebajarse.

rebajar (*re-* + *bajar*) ***tr.*** Hacer más bajo el nivel o la altura [de una cosa]. 2 Disminuir, descontar [parte de una cantidad o precio]. 3 Añadir agua u otro líquido a un preparado culinario para disminuir su sazonamiento, densidad o color. 4 ARQ. Disminuir la altura [de un arco o bóveda] a menos de lo que corresponde al semicírculo. 5 PINT. Declinar [el claro] hacia el oscuro. -6 ***tr.-prnl.*** fig. Humillar, abatir. -7 ***prnl.*** En algunos hospitales, darse por enfermo alguno de los asistentes. 8 Quedar dispensado de algún servicio militar.

rebaje ***m.*** MIL. Dispensa de algún servicio.

rebajo ***m.*** Entalladura practicada en una superficie de madera.

rebalaje ***m.*** Corriente de las aguas.

rebalgar ***intr.*** *Ast.* Abrir mucho las piernas al dar los pasos. ◇ ** CONJUG. [7] como ***llegar.***

rebalsa ***f.*** Porción de agua que, detenida en su curso, forma balsa. 2 Porción de humor detenido en una parte del cuerpo.

SIN. *1* V. **Embalse.**

rebalsar (paras. de *re-* + *balsa*) ***tr. -intr. -prnl.*** Recoger [el agua u otro líquido] de modo que haga balsa: ~ *una corriente; esta corriente rebalsa,* o *se rebalsa.*

SIN. **Embalsar.**

rebalse ***m.*** Acción de rebalsar o rebalsarse. 2 Efecto de rebalsar o rebalsarse. 3 Estancamiento de aguas que son corrientes de ordinario.

rebambaramba *f. Cuba.* fest. Correcorre.
rebanada (probl. alterac. de *rabanada,* der. de *rábano*) *f.* Porción delgada, ancha y larga que se saca de una cosa, esp. del pan. 2 *Méj.* Picatoste.
rebanar *tr.* Hacer rebanadas [de alguna cosa, esp. el pan]. 2 en gral. Cortar [una cosa] de una parte a otra.
rebanco *m.* ARQ. Segundo banco o zócalo que se pone sobre el primero.
rebanear *tr.* fam. Rebanar.
rebañadera (de *rebañar*) *f.* Instrumento de hierro, compuesto de un arco del cual penden varios garabatos, que sirve para sacar fácilmente lo que se cayó en un pozo.
rebañador, -ra *adj.-s.* Que rebaña.
rebañadura *f.* Acción de rebañar. -2 *f. pl.* Residuos que se recogen rebañando.
SIN. **Arrebañadura.**
rebañar (quizá der. de *rebaño*) *tr.* Recoger [alguna cosa] sin dejar nada. 2 Apurar los residuos de comida [de un plato].
SIN. **Arrebañar.**
rebañego, -ga *adj.* Relativo al rebaño de ganado.
rebaño (ant. *rabaño,* de orig. incierto) *m.* Hato grande de ganado, esp. del lanar. 2 fig. Congregación de los fieles respecto de sus pastores espirituales. 3 *Extr.* Palo para varear la encina.
SIN. *1* **Manada;** según la clase de ganado: **boyada, vacada, torada, piara, yeguada, pavada.**
rebañuelo *m.* Dim. de *rebaño.*
rebarba (de *rebaba;* con influencia de *barba* o *desbarbar*) *f.* Rebaba. 2 Acción de rebabar o quitar la rebaba.
rebarbador, -dora *m. f.* Rebabador.
rebarbar *tr.* Rebabar.
rebarbo, -ba *adj.-s.* Toro o vaca de piel obscura y hocico blanco.
rebasadero *m.* Paraje por donde un buque puede rebasar un peligro.
rebasar (quizá var. de *rebalsar*) *tr.* Pasar o exceder [de ciertos límites]. -2 *tr.-intr.* MAR. Pasar navegando más allá [de un buque, cabo, etc.]: *~ un escollo; intr., rebasó del punto previsto.*
rebascada *f. P. Rico.* Gesto de enfado.
rebate (v. *rebato*) *m.* Reencuentro, combate.
rebatible *adj.* Que se puede rebatir.
rebatimiento *m.* Acción de rebatir. 2 Efecto de rebatir.
rebatinga *f. Hond.* Arrebatiña.
rebatiña *f.* Arrebatiña.
rebatir (*re-* + *batir*) *tr.* Rechazar o contrarrestar [la fuerza o violencia de uno]. 2 Impugnar, rechazar [las razones de otro]. 3 Volver a batir [una cosa]; batir mucho. 4 Redoblar, reforzar [una cosa]. 5 Rebajar de una suma [una cantidad] que no debió comprenderse en ella. 6 ESGR. Desviar [la espada o sable del contrario], haciéndole bajar la punta.
rebato (ár. *rebat,* acometida súbita) *m.* MIL. Acometimiento repentino que se hace al enemigo. 2 Convocatoria de los vecinos de uno o más pueblos, hecha por medio de campana u otra señal, con el fin de defenderse de un peligro. 3 fig. Alarma o conmoción ocasionada por un acontecimiento repentino y temeroso.
rebautizar (*re-* + *bautizar*) *tr.* Reiterar el sacramento del bautismo. ◇ ** CONJUG. [4] como ***realizar.***
rebaza *f. And.* Acemite.
rebeca (del n. pr. *Rebeca,* título de un filme de A. Hitchcock, 1899-1980, basado en una novela de D. du Maurier, 1907) *f.* Jersey de manga larga, que se cierra por medio de botones.
Rebeca *n. pr.* BIBL. Esposa de Isaac, madre de Esaú y Jacob.
rebeco (prerrom.) *m.* Gamuza (rumiante).
rebecú *m. Bol.* Guitarrillo con cuerdas de alambre.
rebelarse (l. *rebellare*) *prnl.* Levantarse faltando a la obediencia debida a un superior o a la autoridad legítima. 2 Retirarse o extrañarse de la amistad o correspondencia que se tenía. 3 fig. Oponer resistencia. ◇ HOMÓF.: *revelar* (v.).
rebelde (l. *rebelle*) *adj.-s.* Que se rebela (levanta). 2 DER. Persona que por no comparecer en el juicio, después de llamado en forma, o por tener incumplida alguna orden o intimación del juez, es declarado por éste en rebeldía. 3 Indócil, desobediente. 4 fig. Que no se rinde a los obsequios o que no cede a la razón: *corazón, voluntad ~; pasiones rebeldes.*
SIN. *2* **Contumaz.**
rebeldía *f.* Calidad de rebelde. 2 Acción propia de rebelde. 3 DER. Estado procesal del rebelde (no comparecido en juicio). -4 *loc. adv.* DER. *En ~,* en situación jurídica de rebelde.
SIN. *3* **Contumacia.**
rebelión (l. *rebellione*) *f.* Acción de rebelarse. 2 Efecto de rebelarse. 3 DER. Delito contra el orden público, penado por la ley ordinaria y por la militar.
SIN. v. **Sublevación.**
rebelón, -lona (de *rebelar*) *adj.* [caballería] Que rehúsa volver a uno o a ambos lados.
rebencazo *m.* Golpe dado con el rebenque.
rebencudo, -da *adj. Cuba.* Testarudo.
rebenque (fr. *raban* < voz germ. de *ra,* verga + *band,* lazo, atadura) *m.* Látigo de cuero o cáñamo embreado, con el cual se castigaba a los galeotes. 2 MAR. Cuerda o cabo cortos. 3 *Can.* Hombre torpe. 4 *Amér.* Látigo recio de jinete. 5 *Cuba.* Mal humor. -6 *adj. Cuba* y *P. Rico.* Cascarrabias.
SIN. *1* **Anguila de cabo.**
rebenquear *tr. Amér. Merid.* Pegar [al caballo] con el rebenque.
rebién *adv.* Muy bien.
rebina (*re-* + *bina*) *f.* Tercia (tercera cava).
rebinar *tr.* Cavar por tercera vez [las viñas].
rebisabuelo, -la *m. f.* Tatarabuelo.
rebisnieto, -ta *m. f.* Tataranieto.
reblagar *intr. Ast.* Rebalgar. ◇ ** CONJUG. [7] como ***llegar.***
reblandecedor, -ra *adj.-s.* Que reblandece.
reblandecer (paras. de *re-* + *blando*) *tr.* Ablandar [una cosa]; ponerla tierna. ◇ ** CONJUG. [43] como ***agradecer.***
SIN. En el uso prnl. **lentecer** y **relentecer(se).** v. **Ablandar.**
reblandecimiento *m.* Acción de reblandecer o reblandecerse. 2 Efecto de reblandecer o reblandecerse. 3 MED. Lesión de los tejidos orgánicos, caracterizada por la disminución de su consistencia natural.
rebobinado *m.* Acción de rebobinar. 2 Efecto de rebobinar.
rebobinador, -ra *m. f.* Aparato o máquina que sirve para rebobinar.
rebobinar *tr.* Volver a enrollar el hilo de una bobina. 2 Arrollar hacia atrás [el carrete de una película o de una cinta].
rebocillo, -ciño (de *rebozo*) *m.* Mantilla o toca corta usada por las mujeres para rebozarse. 2 Toca de lienzo blanco, ceñida a la cabeza y al rostro de las mujeres.
SIN. *1* **Rebozo.**
rebojo (l. *repudiu,* desecho) *m.* Regojo.
rebolera *f. Murc.* Nube roja, arrebolada.
rebollar, rebolledo *m.* Terreno poblado de rebollos.
rebollidura *f.* ARTILL. Bulto en el alma de un cañón mal fundido.
rebollo (orig. incierto; probl. de l. v. **repullu,* der. del l. *pullu,* retoño) *m.* Árbol cupulífero de tronco grueso, copa ancha, corteza cenicienta, hojas caedizas, oblongas y sinuosas y, por fruto, bellotas solitarias y sentadas, o dos o tres sobre un pedúnculo corto *(Quercus cerris).* 2 Brote de las raíces del melojo.
SIN. *1* **Mesto.**
rebolludo, -da *adj.* Rehecho y doble.
rebombar (paras. de *re-* + *bomba*) *intr.* Sonar ruidosa o estrepitosamente.
reboño *m.* Suciedad o fango depositado en el cauce del molino.
reborde *m.* Faja estrecha y saliente a lo largo del borde de alguna cosa.
rebordeador *m.* Instrumento para formar el reborde que han de tener algunas cosas.
rebordear *tr.* Formar un reborde [en alguna cosa].
reborujar *tr. Méj.* Mezclar [algo] con desorden.
rebosadero *m.* Orificio de desagüe que llevan las bañeras, lavabos, fregaderos, piscinas, etc., para evacuar el agua cuando alcance el nivel en donde está practicado. 2 Aliviadero. 3 *Chile* y *Hond.* Depósito natural de metales que corren en diversas direcciones.
rebosadura *f.* Acción de rebosar. 2 Efecto de rebosar.
rebosamiento *m.* Rebosadura.
rebosar (et. dud.; probl. de ant. *revessar* < l. *reversare,* volver lo de dentro afuera) *intr.-prnl.* Derramarse un líquido por los bordes de un recipiente en que no cabe: *~ la leche;* no poder un recipiente contener un líquido: *~ una jarra de cerveza.* 2 fig. Dar a entender de algún modo y con viveza algún sentimiento: *~ de alegría.* -3 *intr.-tr.* fig. Abundar con demasía una cosa: *le rebosan los bienes; ~ de,* o *en, agua.* 4 desus. Vomitar.
SIN. *1* **Reverter, trasverter.** *1* y *3* **Redundar, sobreabundar.**
reboso *m. Amér.* Conjunto de inmundicia que la marea arrastra a la playa.

rebotación *f.* Acción de rebotar o rebotarse. 2 Efecto de rebotar o rebotarse. 3 *Colomb.* Derrame de bilis y otros humores.
rebotadera *f.* Peine de hierro con que se levanta el pelo del paño que se ha de tundir.
rebotado, -da *adj.-s.* Sacerdote o religioso que ha abandonado sus hábitos. 2 p. ext. Persona que llega a alguna profesión después de haber fracasado en otras.
rebotador, -ra *adj.-s.* Que rebota.
rebotadura *f.* Acción de rebotar.
rebotar *intr.* Botar repetidamente un cuerpo elástico al chocar con otro cuerpo. 2 esp. Botar la pelota en la pared después de haber botado en el suelo. -3 *tr.* Rechazar (un cuerpo). 4 Redoblar o volver la punta [de una cosa aguda]: ~ *un clavo.* 5 Levantar con la rebotadera [el pelo del paño que se va a tundir]. -6 *tr.-prnl.* Alterar el color o calidad [de una cosa]. 7 Conturbar, poner fuera de sí [a una pers.], dándole motivos de agravio, pesar, temor, etc. -8 *tr. Colomb.* Enturbiar [el agua]. 9 *Méj.* Embotar. ◇ HOMÓF.: *revotar* (v.).
SIN. *1* **Resaltar,** p. us.; **resurtir.**
rebotazo *m. P. Rico.* Rebote.
rebote *m.* Acción de rebotar (botar repetidamente). 2 Efecto de rebotar (botar repetidamente). 3 Bote que después del primero da el cuerpo que rebota. 4 Desviación de la trayectoria de un proyectil cuando éste tropieza oblicuamente con un obstáculo. 5 DEP. En el juego del baloncesto, bote que da el balón en el aro o el tablero. 6 DEP. En el juego del baloncesto, acción de coger el balón después de dicho bote. 7 ***De*** ~, fig., de rechazo, de resultas.
SIN. *1* y *2* v. **Retroceso.**
reboteador, -ra *adj.-s.* En baloncesto, jugador encargado de buscar la pelota tras los rebotes.
rebotica *f.* Pieza que está detrás de la principal de la botica, y le sirve de desahogo. 2 Trastienda (aposento).
rebotín (*re-* + *brotar*) *m.* Segunda hoja que echa la morera.
rebozado *m.* Masa con que se reboza o está rebozada una vianda.
rebozar (paras. de *re-* + *bozo*) *tr.-prnl.* Cubrir [casi todo el rostro] con la capa o el manto. -2 *tr.* fig. Bañar [una vianda] en huevo batido, harina, miel, etc. 3 fig. Disimular un propósito, una idea, etc. ◇ ** CONJUG. [4] como ***realizar.***
SIN. **Arrebozar.**
rebozo *m.* Modo de llevar la capa o manto cuando con él se cubre casi todo el rostro. 2 Rebociño (mantilla). 3 fig. Simulación, pretexto.
FRS. *De* ~, de oculto, secretamente; *sin* ~, franca, sinceramente. SIN. *3* v. **Excusa.**
rebozuelo *m.* Seta de color amarillo vivo, en forma de embudo con el borde del sombrero ondulado, y de carne excelente *(Cantharellus cibarius).*
rebramar *intr.* Volver a bramar o bramar fuertemente. 2 MONT. Responder a un bramido con otro.
rebramo *m.* Bramido con que un animal responde al de otro o al reclamo.
rebrillar *intr.* Brillar mucho.
rebrincar *intr.* Brincar con reiteración y alborozo. ◇ ** CONJUG. [1] como ***sacar.***
rebrotar *tr.* Retoñar.
rebrote *m.* Retoño.
rebú *m. S. Dom.* Entre jugadores, sustracción ruidosa y violenta de las monedas que hay en la mesa. 2 *S. Dom.* Reyerta, trifulca.
rebudiar *intr.* MONT. Roncar el jabalí cuando siente gente. ◇ ** CONJUG. [12] como ***cambiar.***
rebudio *m.* Ronquido del jabalí.
rebufar *intr.* Volver a bufar o bufar con fuerza.
rebufe *m.* Bufido, en el toro.
rebufo *m.* Expansión del aire alrededor de la boca del arma de fuego al salir el tiro.
rebujado, -da *adj.* Enmarañado, enredado; en desorden.
rebujal (der. del l. *repudiu*) *m.* Número de cabezas que en un rebaño exceden de cincuenta o de un múltiplo de cincuenta. 2 Terreno de inferior calidad, que no llega a media fanega.
rebujar (de *reburujar*) *tr.-prnl.* Arrebujar.
rebujido *adj. Cuba.* [tabaco] Que se da muy raquítico.
rebujina, -jiña *f.* fam. Alboroto, bullicio popular.
I) rebujo (de *rebujar*) *m.* Embozo usado por las mujeres para no ser conocidas. 2 Envoltorio hecho con desaliño.
SIN. *2* **Reburujón.**
II) rebujo *m.* Rebojo.
rebullicio *m.* Bullicio grande.
rebullir (*re-* + *bullir*) *intr.-prnl.* Empezar a moverse lo que estaba quieto. ◇ ** CONJUG. [41] como ***mullir.***
rebullón *m. Venez.* Pájaro fantástico de mal agüero.
rebultado, -da *adj.* Abultado.
rebumbar (onomat.) *intr.* Zumbar la bala de cañón.
rebumbio *m.* fam. Barullo.
reburujar (paras. de *re-* + *burujo*) *tr.* fam. Cubrir o revolver [una cosa] haciéndola un burujón. -2 *tr.-prnl.* Mezclar, confundir.
reburujiña *f. Cuba* y *S. Dom.* Rebujo; mezcla.
reburujón *m.* Rebujo (envoltorio).
rebús *m.* Rehús. ◇ Pl.: *rebús.*
rebusca *f.* Acción de rebuscar. 2 Efecto de rebuscar. 3 Fruto que queda en los campos después de alzada la cosecha. 4 fig. Desecho, desperdicio. 5 *Colomb.* Provecho accesorio. 6 *Ecuad.* Negocio ilícito practicado con cautela. 7 *Ecuad.* Actividad muy modesta. 8 *Ecuad.* Segunda cosecha de cacao, que se hace en diciembre.
rebuscado, -da *adj.* Afectado.
rebuscador, -ra *adj.-s.* Que rebusca.
rebuscamiento *m.* Rebusca (acción y efecto). 2 Exceso de atildamiento que degenera en afectación, en las maneras y porte de las personas o en el lenguaje y estilo.
rebuscar *tr.* Escudriñar o buscar [una cosa] repetidamente o con mucha minuciosidad. 2 Recoger [el fruto que queda en los campos] después de alzadas las cosechas. ◇ ** CONJUG. [1] como ***sacar.***
rebusco *m.* Rebusca.
rebuscón, -cona *adj. Colomb.* Rebuscador. 2 *Pan.* Buscavidas.
rebutir *tr.* Embutir, rellenar [una cosa].
rebuznador, -ra *adj.* Que rebuzna.
rebuznar (probl. l. *re-* + *bucinare,* tocar la bocina) *intr.* Dar rebuznos. 2 desp. Hablar de modo necio y estúpido.
SIN. **Roznar.**
rebuzno *m.* Voz del asno.
SIN. **Roznido.**
recabar (de *cabo*) *tr.* Alcanzar, conseguir con instancias o súplicas [lo que se desea]: ~ *una cosa con,* o *de, alguno.* 2 Pedir, solicitar. ◇ HOMÓF.: *recavar.*
recabita *adj.-com.* Israelita, descendiente de Recab. -2 *adj.* Relativo a los recabitas, que por mandato de Jonadab, hijo de Recab, se abstenían de beber vino.
recadero, -ra *m. f.* Persona que tiene el oficio de llevar recados.
recado (del ant. *recabdar* < l. v. *recapitare*) *m.* Mensaje o respuesta que de palabra se da o se envía a otro. 2 Memoria o recuerdo de la estimación que se tiene a una persona. 3 p. us. Regalo, presente: ***con*** ~, nota que se pone en la carta que lo acompaña. 4 Provisión que para el surtido de las casas se lleva diariamente del mercado o de las tiendas. 5 Conjunto de objetos necesarios para hacer ciertas cosas: ~ *de escribir.* 6 Documento que justifica las partidas de una cuenta. 7 Precaución, seguridad. 8 IMPR. Conjunto de tipos, signos, etc., que se aprovechan de un pliego para otro. 9 *Amér.* Conjunto de piezas que componen la montura de los campesinos. 10 *Nicar.* Picadillo para rellenar las empanadas. -11 ***m. pl.*** *Méj.* y *P. Rico.* Saludos.
SIN. *1* **Mensaje,** tiene mayor solemnidad que *recado,* bien sea por la importancia de su contenido o de la persona a quien se envía, bien por el mayor énfasis de la expresión; **misiva,** es mensaje escrito.
recaer (*re-* + *caer*) *intr.* Volver a caer. 2 Caer nuevamente enfermo de la misma dolencia el que estaba convaleciendo. 3 Reincidir en los vicios, errores, etc.: ~ *en la falta.* 4 Venir a parar en uno o sobre uno beneficios o gravámenes: ~ *la elección en el más digno;* ~ *sobre uno la responsabilidad.* ◇ ** CONJUG. [67] como ***caer.***
recaída *f.* Acción de recaer. 2 Efecto de recaer.
recalada *f.* MAR. Acción de recalar (un buque).
recalar (*re-* + *calar*) *tr.-prnl.* Penetrar poco a poco un líquido por los poros [de un cuerpo seco] dejándolo húmedo o mojado. -2 *intr.* MAR. Llegar un buque a la vista de un punto de la costa como fin de viaje o para continuar después su navegación. 3 Llegar el viento o la mar a un lugar determinado. 4 Bucear. 5 fig. Aparecer por algún sitio una persona.
recalcada *f.* MAR. Acción de recalcar (un buque).
recalcadamente *adv. m.* Muy apretadamente. 2 Con énfasis, lentitud o reiteración, especialmente el lenguaje.

recalcadura *f.* Acción de recalcar o apretar.

recalcar (b. l. *-are* < l. *calcare,* pisar) ***tr.*** Apretar mucho [una cosa] con otra o sobre otra. 2 Llenar mucho [de una cosa] un receptáculo, apretándola para que quepa más cantidad de ella. 3 fig. Decir [las palabras] con lentitud y énfasis exagerado. -4 ***intr.*** MAR. Aumentar el buque su inclinación o escora sobre la máxima de un balance. -5 ***prnl.*** fig. *y* fam. Repetir una cosa muchas veces saboreándose en las palabras. 6 Arrellanarse. ◇ ** CONJUG. [1] como ***sacar.***

recalce *m.* Acción de recalzar. 2 Efecto de recalzar. 3 Recalzo.

recalcificar *tr.* Aumentar por medios terapéuticos las sales de calcio [en el organismo]. ◇ ** CONJUG. [1] como ***sacar***

REL. **Recalcificación**, acción de ~; **recalcificador** o **recalcificante**, adj.-s., medicamento que se emplea para este fin.

recalcitrante (l.) ***adj.*** Terco, obstinado en la resistencia.

recalcitrar (l. *-are*) ***intr.*** Retroceder, volver atrás los pies. 2 fig. Resistir con tenacidad a quien se debe obedecer.

recalentador, -ra *adj.-s.* Que recalienta. -2 ***m.*** Aparato para recuperar parte del calor que escapa del hogar de una caldera.

recalentamiento *m.* Acción de recalentar o recalentarse. 2 Efecto de recalentar o recalentarse.

recalentar (*re-* + *calentar*) ***tr.*** Volver a calentar o calentar demasiado [una cosa]. -2 ***tr.-prnl.*** Excitar el apetito venéreo [en las pers. o los animales]. -3 ***prnl.*** Echarse a perder el tabaco, el trigo, las aceitunas, etc., por el excesivo calor. 4 Tomar una cosa más calor del que conviene para su uso. ◇ ** CONJUG. [27] como ***acertar.***

recalescencia *f.* FÍS. Aumento súbito de la temperatura durante el resfrío del hielo, debido al calor de transformación liberado al pasar por los puntos de formación de diversos estados alotrópicos.

recaliente *adj.* Recalentado.

recalmón (paras. de *re-* + *calma*) ***m.*** Súbita disminución en la fuerza del viento y, en ciertos casos, de la marejada.

recalvastro, -tra (l. *-tru*) ***adj.*** desp. Calvo desde la frente a la coronilla.

recalzar (l. *recalceare*) ***tr.*** AGR. Arrimar tierra alrededor [de las plantas y árboles]. 2 ARQ. Hacer un recalzo [en un edificio]. 3 PINT. Pintar [un dibujo]. ◇ ** CONJUG. [4] como ***realizar.***

recalzo *m.* Recalzón. 2 Reparo que se hace en los cimientos de un edificio ya construido.

SIN. **Recalce.**

recalzón *m.* Pina de refuerzo para suplir en la rueda a la llanta de hierro.

recamado (de *recamar*) ***m.*** Bordado de realce.

SIN. **Recamo.**

recamador, -ra *m. f.* Bordador de realce.

recamar (it. *ricamare* < ár. *racam,* bordar) ***tr.*** Bordar de realce.

recámara *f.* Cuarto después de la cámara, destinado para guardar los vestidos o alhajas. 2 Repuesto de alhajas o muebles en las casas ricas. 3 Sitio en el interior de una mina, destinado a contener los explosivos. 4 Hornillo (de mina). 5 En las armas de fuego, lugar del ánima del cañón opuesto a la boca, en el cual se coloca el cartucho. 6 fig. Cautela, reserva, segunda intención. 7 *Amér. Central* y *Méj.* Alcoba, dormitorio. 8 *C. Rica* y *Venez.* Fuego de artificio. 9 *Colomb., C. Rica, Méj.* y *Pan.* Sala de la casa.

recamarera *f. Méj.* Criada, doncella.

recambiable *adj.* [pieza] Que puede ser cambiado.

recambiar *tr.* Hacer segundo cambio o trueque [de una cosa]. 2 Reemplazar en una máquina, aparato o instrumento alguna de sus piezas o componentes por otra igual o semejante. 3 COM. Girar [letra] de resaca. ◇ ** CONJUG. [12] como ***cambiar.***

recambio *m.* Acción de recambiar. 2 Efecto de recambiar. 3 Pieza o componente que puede sustituir a otro igual en una máquina, motor, aparato, instrumento, etc.: *ruedas de* ~

SIN. *3* **Repuesto.**

recamo *m.* Recamado. 2 Especie de alamar hecho de galón, cerrado con una bolita al extremo.

recancamusa *f.* fam. Cancamusa.

recancanilla (*re-* + ant. *cancanilla*) ***f.*** fam. Modo de andar los muchachos como cojeando. 2 fig. Fuerza de expresión dada a las palabras para que las note y comprenda bien el que las escucha.

recantación (der. del l. *recantare,* desdecirse) ***f.*** Palinodia.

recantón *m.* Guardacantón (poste en la esquina).

recapacitar (probl. b. l. alterado *recapacitare,* recordar; con influjo de *capaz*) ***tr.*** Recorrer en la memoria [los distintos puntos de un asunto], reflexionar acerca [de los mismos]: ~ *la cuestión,* o *sobre la cuestión.*

recapitulación *f.* Acción de recapitular. 2 Efecto de recapitular.

recapitular (l. *-are*) ***tr.*** Recordar sumaria y ordenadamente [lo que se ha manifestado con alguna extensión].

SIN. v. **Resumir.**

recapitulativo, -va *adj.* Relativo a la recapitulación.

recargable *adj.* Que se puede recargar: *encendedor* ~.

recargado, -da *adj.* Cargado otra vez o en exceso. 2 Puesto encima. 3 fig. Exagerado, excesivo.

recargamiento *m.* Acumulación excesiva de elementos en literatura y en las artes plásticas.

recargar *tr.* Volver a cargar. 2 Aumentar la carga, cargar demasiado. 3 Hacer nuevo cargo o reconvención. 4 Agravar [una cuota de impuesto]. 5 fig. Adornar con exceso [a una persona o cosa]. -6 ***prnl.*** MED. Tener recargo. ◇ ** CONJUG. [7] como ***llegar.***

recargo *m.* Nueva carga o aumento de carga. 2 Nuevo cargo que se hace a uno. 3 Aumento de calentura. 4 MIL. Tiempo de servicio suplementario.

recata *f.* Acción de recatar II.

recatadamente *adv. m.* Con recato.

recatado, -da *adj.* Circunspecto, cauto. 2 Honesto, modesto.

I) recatar (v. *recaudar*) ***tr.-prnl.*** Encubrir u ocultar [lo que no se quiere que se vea o se sepa]: *recataba su pobreza, recatarse de las gentes.* -2 ***prnl.*** Mostrar recelo en tomar una resolución.

II) recatar *tr.* Catar por segunda vez [una cosa].

recatear *tr.* Regatear.

recatería *f.* Regatonería.

recato *m.* Cautela, reserva. 2 Honestidad, modestia.

I) recatón *m.* Regatón I. 2 *Extr.* Parte trasera de la albarda. 3 *Colomb.* Barretón.

II) recatón, -tona *adj.-s.* Regatón II.

recatonazo *m.* Golpe dado con el regatón I de la lanza.

recatonear *tr.* Regatonear.

recatonería, recatonía *f.* ant. Regatonería.

recauchar *tr.* Recauchutar.

recauchutado *m.* Acción de recauchutar. 2 Efecto de recauchutar.

recauchutar *tr.* Reparar el desgaste [de un neumático, cubierta, etc.] recubriéndolo con una disolución de caucho.

recaudación *f.* Acción de recaudar. 2 Cantidad recaudada. 3 Oficina para la entrega de caudales públicos.

SIN. *1* y *2* **Colecta**, si se trata de donativos voluntarios para fines benéficos, religiosos, etc.

recaudador *m.* Encargado de la cobranza de caudales, y esp. de los públicos.

SIN. **Colector** y **recolector**, tienen hoy uso más restringido y no se aplican tratándose de fondos públicos o de empresas importantes; **cobrador**, el que recibe inmediatamente el dinero de manos del público: *cobrador de tranvías, del gas*; es oficio más humilde que *recaudador.*

recaudamiento *m.* Recaudación (acción). 2 Cargo de recaudador. 3 Territorio en que éste recauda.

recaudar (b. l. *recaptare* < l. *receptare;* doble etim. *recatar* I) ***tr.*** Cobrar o percibir [caudales o efectos]. 2 Asegurar, poner o tener en custodia [una cosa].

SIN. *1* v. **Cobrar.**

recaudatorio, -ria *adj.* Relativo a la recaudación.

recaudería *f. Méj.* Pequeño comercio donde se venden verduras y frutas.

recaudo (de *recaudar;* doble etim. *recado*) ***m.*** Recaudación (acción). 2 Precaución, cuidado. 3 Caución, fianza. 4 ***A buen*** ~, o ***a*** ~, bien custodiado, con seguridad. 5 *Amér.* Legumbres surtidas.

recavar *tr.* Volver a cavar [una tierra]. ◇ HOMÓF.: *recabar.*

recazo (*re-* + *cazo*) ***m.*** Guarnición o parte intermedia comprendida entre la hoja y la empuñadura de la espada y de otras armas blancas. 2 Parte del cuchillo opuesta al filo. 3 Taza de la candileja.

SIN. *2* **Cazo.**

recebar (*re-* + *cebar*) ***tr.*** Echar recebo [sobre un firme].

recebo *m.* Arena o piedra muy menuda que se extiende sobre el firme de una carretera. 2 Cantidad de líquido que se echa en los toneles que han sufrido alguna merma.

recechar *tr.* MONT. Acechar.

rececho *m.* MONT. Acecho.

recedente *adj.* Recesivo.

recejar (*re-* + *cejar*) ***intr.*** Recular.
recela ***adj.-s.*** Caballo recelador.
recelador ***adj.*** [caballo] Destinado para incitar a las yeguas.
recelamiento ***m.*** Recelo.
recelar (*re-* + *celar*) ***tr.-prnl.*** Temer, desconfiar, sospechar: *recelo vuestros pasos;* ~, o *recelarse, de la suerte.* -2 ***tr.*** Poner el caballo frente [a la yegua] para incitarla a que admita el burro garañón.
recelo ***m.*** Acción de recelar. 2 Efecto de recelar.
SIN. V. **Desconfianza** y **miedo.**
receloso, -sa ***adj.*** Que tiene recelo.
recensión (l. *recensione,* revista, enumeración) ***f.*** Reseña (narración; exposición crítica).
REL. (Vb.) **Recensionar.**
recensor, -ra ***m. f.*** Persona que hace una recensión.
recentadura (v. *recentar*) ***f.*** Porción de levadura que se reserva para otra fermentación.
recental ***adj.-s.*** V. cordero y ternero recentales.
recentar (l. v. *-are*) ***tr.*** Poner [en la masa del pan] la porción de levadura. -2 ***prnl.*** Renovarse. ◇ ** CONJUG. [27] como *acertar.*
SIN. *1* **Leudar.**
recentín ***adj.*** Recental.
recentina ***adj.*** *Ant.* [hembra] De pocos días de parida. 2 [leche] Que da dicha hembra.
recentísimo, -ma ***adj.*** Superl. de *reciente.*
receñir (*re-* + *ceñir*) ***tr.*** Volver a ceñir [una cosa]. ◇ ** CONJUG. [36] como ***ceñir.***
recepción (l. *-ptione*) ***f.*** Acción de recibir. 2 Efecto de recibir. 3 Admisión en un empleo, oficio o sociedad. 4 Fiesta palatina en que desfilaban delante de las personas reales los representantes de cuerpos o clases y los dignatarios que acudían para rendirles acatamiento; p. ext., la misma fiesta ante cualquier autoridad. 5 Reunión con carácter de fiesta que se celebra en algunas casas particulares. 6 Lugar destinado en un establecimiento de hostelería para recibir a los huéspedes. 7 Escucha, copia, grabación, o visualización de cualquier forma de emisión. 8 DER. Hablando de testigos, examen que se hace judicialmente de ellos para averiguar la verdad.
SIN. *1* y *2* **Recibimiento, recibo.**
recepcionar ***tr.*** Recibir [a alguien].
recepcionista ***com.*** Persona encargada de atender al público en una oficina de recepción.
recepta (l. *receptu,* recibido; doble etim. *receta*) ***f.*** Libro en que se llevaba la razón de las multas impuestas por el Consejo de Indias.
receptación ***f.*** Acción de receptar. 2 Efecto de receptar. 3 DER. Delito cometido por los que, teniendo conocimiento de la comisión de un delito contra la propiedad, aprovechan para sí los efectos del mismo.
receptáculo (l. *-lu*) ***m.*** Cavidad en que se contiene o puede contenerse cualquier substancia. 2 Extremo del pedúnculo de la flor donde se asientan los verticilos florales. 3 Dilatación del eje de la inflorescencia de las plantas compuestas, donde se asientan las flores. 4 Acogida, asilo, refugio.
SIN. *1* **Recipiente.** *2* **Tálamo.**
receptador, -ra (v. *receptar*) ***m. f.*** DER. Persona que oculta o encubre delincuentes o cosas que son materia de delito.
receptar (l. *-are*) ***tr.*** Ocultar o encubrir [delincuentes o cosas que son materia de delito]. 2 desus. Recibir, acoger.
receptividad ***f.*** Cualidad de receptivo. 2 Estado o condición del organismo que no dispone de suficientes defensas orgánicas contra la invasión de un agente morbífico.
receptivo, -va ***adj.*** Que recibe o es capaz de recibir.
recepto (l. *-tu*) ***m.*** Retiro, asilo, lugar de seguridad.
receptor, -ra (l. *-ore*) ***adj.-s.*** Que recepta o recibe. 2 [motor] Que recibe la energía de un generador instalado a distancia. 3 [aparato] Que, en telegrafía, con hilos o sin ellos, telefonía o televisión, recibe la corriente eléctrica y la convierte en señales visibles o sonidos. -4 ***m. f.*** Persona que recibe el mensaje en un acto de comunicación. 5 MED. Persona a la que se le ha transplantado un órgano. -4 ***m.*** DER. Escribano comisionado por un tribunal para hacer cobranzas, recibir pruebas u otros actos judiciales: ~ ***general,*** el que recibía o recaudaba las multas impuestas por los tribunales superiores.
receptoría ***f.*** Recetoría. 2 Oficio u oficina del receptor. 3 DER. Despacho o comisión del receptor.
recercador, -ra ***adj.-s.*** Que recerca.
recercar (*re-* + *cercar*) ***tr.*** Volver a cercar: ~ *un campo.* 2 Cercar. ◇ ** CONJUG. [1] como ***sacar.***
recesar ***intr.*** *Bol., Cuba, Méj.* y *Nicar.* Cesar temporalmente en sus actividades una corporación.
recesión (l. *recessione*) ***f.*** Acción de retroceder. 2 ECON. Aminoramiento de la actividad económica, con la consiguiente falta de dinero.
recésit (l., retrocedió) ***m.*** Recle. ◇ Pl.: *recésit.*
recesivo, -va (de *recesión*) ***adj.*** ECON. Que tiende a la recesión o la provoca. 2 BIOL. ***Carácter*** ~, el hereditario que se manifiesta en el fenotipo del individuo que lo posee, pero que puede aparecer en la descendencia de éste.
receso (l. *-essu*) ***m.*** Separación, apartamiento, desvío. 2 Intermedio, pausa en un espectáculo. 3 Suspensión, cesación temporal de actividades en los cuerpos colegiados, asambleas, etc. 4 Tiempo que dura esta suspensión. 5 Descanso momentáneo que uno se toma. 6 ~ ***del Sol,*** movimiento aparente con que el Sol se aparta del ecuador.
receta (v. *recepta*) ***f.*** Prescripción o fórmula facultativa. 2 Nota escrita de esta prescripción. 3 Relación de partidas que se pasa de una contaduría a otra para tomar la cuenta al asentista o arrendador. 4 fig. Nota que comprende la fórmula de composición de un producto y el modo de prepararlo. 5 fig. Memoria de cosas que se piden.
SIN. *1* **Récipe.**
recetador, -ra ***m. f.*** Persona que receta.
recetar (de *receta*) ***tr.*** Prescribir [un medicamento] con expresión de su dosis, preparación y uso: ~ *una droga;* ***abs.,*** ~ *con acierto.* 2 fig. *y* fam. Pedir [alguna cosa] de palabra o por escrito: *mi hijo receta una cosa difícil;* ***abs.,*** ~ *largo;* ~ *contra su amigo;* ~ *sobre la bolsa ajena.*
SIN. **Formular, ordenar.**
recetario ***m.*** Apuntamiento de lo que el médico ordena que se suministre al enfermo. 2 En los hospitales, libro para poner estos asientos. 3 Libro en que los farmacéuticos asientan las recetas despachadas. 4 Farmacopea. 5 Libro que contiene fórmulas para la preparación de diversos productos: ~ *doméstico, de cocina, de barnices y pinturas.*
SIN. *5* **Formulario.**
recetor ***m.*** Receptor. 2 Tesorero que recibe caudales públicos.
recetoría ***f.*** Tesorería donde entran los caudales cobrados por los recetores. 2 Tesorería adonde acuden los prebendados de algunas iglesias a cobrar sus emolumentos.
SIN. **Receptoría.**
rechace ***m.*** DEP. Golpe dado por el portero a la pelota para evitar que ésta entre en la portería.
rechanque ***m.*** *Chile.* Minerales molidos por efecto de la trituradora.
rechazador, -ra ***adj.-s.*** Que rechaza.
rechazamiento ***m.*** Acción de rechazar. 2 Efecto de rechazar.
rechazar (fr. ant. *rechacier,* der. de *chacier,* perseguir, dar caza) ***tr.*** Resistir un cuerpo [a otro] obligándole a retroceder en su curso o movimiento. 2 p. anal. Resistir [al enemigo] obligándole a ceder. 3 fig. Contradecir [lo que otro expresa] o no admitir [lo que propone u ofrece]. 4 MED. Reaccionar [el organismo] en contra de un órgano transplantado de otro individuo. ◇ ** CONJUG. [4] como ***realizar.***
SIN. *1* **Rebotar, repeler.** *3* v. **Rehusar.**
rechazo ***m.*** Acción de rechazar. 2 Efecto de rechazar. 3 Retroceso que hace un cuerpo por encontrarse con alguna resistencia. 4 MED. Reacción de intolerancia de un organismo respecto a un trasplante. 5 fig. ***De*** ~, de una manera incidental.
SIN. v. **Retroceso.**
rechenchén ***m.*** *Cuba.* fest. Aguardiente.
rechifla ***f.*** Acción de rechiflar.
SIN. v. **Burla.**
rechiflar (*re-* + *chiflar I*) ***tr.*** Silbar con insistencia: ~ *a un autor, una comedia.* -2 ***prnl.*** Burlarse con extremo de uno, ridiculizarle.
rechín ***m.*** *Colomb.* Tostón, cosa tostada.
rechinador, -ra ***adj.*** Que rechina.
rechinamiento ***m.*** Acción de rechinar. 2 Efecto de rechinar.
rechinante ***adj.*** Rechinador.
rechinar (onomat.) ***intr.*** Hacer una cosa un sonido desapacible por frotar con otra. 2 fig. Aceptar o hacer una cosa con repugnancia. -3 ***prnl.*** *Amér.* Requemarse.
SIN. *1* **Chirriar.** *1* y *2* **Gruñir.**
rechinido, rechino ***m.*** Rechinamiento.

rechistar *intr.* Intensivo de *chistar.*
recholata *f. Cuba.* Holgorio, regocijo.
rechoncho, -cha (orig. incierto) *adj.* fam. [pers., animal] Grueso y de poca altura.
rechonchón, -chona *adj. P. Rico.* Coquetón.
rechupado, -da *adj.* Flaco, enjuto.
rechupe *m.* METAL. Oquedad producida en la porción última que se solidifica en las piezas colocadas, a consecuencia de la contracción de volumen que experimentan en el cambio de estado.
rechupete (de ~) (de *chupar*) *loc. adj.* fam. Muy exquisito y agradable.
recial (de *recio* I) *m.* Corriente recia o impetuosa de los ríos. 2 *Logr.* Acequia de desagüe en los molinos.
reciamente *adv. m.* Fuertemente, con vigor y violencia.
reciario (l. *retiariu*) *m.* Gladiador que lanzaba una red sobre su adversario a fin de envolverle e impedirle cualquier movimiento.
recibí *m.* Expresión con que en los recibos u otros documentos se declara haber recibido aquello de que se trata.
recibidero, -ra *adj.* Que tiene condiciones para ser recibido o tomado.
recibidor, -ra *adj.-s.* Que recibe. -2 *m.* Recibimiento (antesala, pieza que da entrada). -3 *f. Perú.* Comadrona sin título.
recibimiento *m.* Recepción (acción y efecto). 2 Acogida buena o mala hecha al que viene de fuera. 3 Antesala. 4 Sala principal. 5 Pieza que da entrada a cada uno de los cuartos habitados por una familia. 6 Visita general en que una persona recibe a todas las de su amistad y estimación con algún motivo.
recibir (l. *recipere*) *tr.* Tomar uno [lo que le dan o le envían]: *~ un regalo;* esp., llegarle a las manos [lo que le envían]: *recibí tu carta.* 2 Percibir: *~ una cantidad a,* o *en, cuenta.* 3 Admitir dentro de sí una cosa [a otra]: *el mar recibe los ríos.* 4 Aprobar, aceptar [una especie]: *~ una opinión.* 5 Padecer uno [algún daño]: *~ una estocada.* 6 Admitir uno [a otro] en su compañía o comunidad: *~ a uno de criado; ~ por esposa.* 7 esp. Admitir visitas una persona, gralte. en día determinado: *hoy le ha recibido; abs., recibe los martes.* 8 Salir a encontrarse [con uno] cuando viene de fuera: *voy a ~ a mi esposo.* 9 Sustentar, sostener un cuerpo [a otro]: *el mástil recibe las velas.* 10 Asegurar con yeso u otro material [un cuerpo que se introduce en la fábrica]: *~ un marco de ventana.* 11 Esperar o hacer frente [al que acomete]. 12 TAUROM. esp. Esperar el matador la acometida [del toro] sin mover los pies al dar la estocada. -13 *prnl.* Tomar uno la investidura o el título para ejercer alguna facultad o profesión: *recibirse de abogado.*
SIN. *2* v. **Cobrar.**
recibo *m.* Recepción (acción y efecto). 2 Recibimiento. 3 Escrito o resguardo firmado en que se declara haber recibido dinero u otra cosa.
FRS. *Acusar ~*, avisar o declarar haber recibido cartas, paquetes, etc.; *acuse de ~*, este aviso o declaración; *ser de ~*, tener algo las cualidades necesarias para administrarse según la costumbre, ley o contrato.
reciclable *adj.* Que se puede reciclar.
reciclado *m.* Acción de reciclar. 2 Efecto de reciclar.
reciclaje *m.* Reciclamiento.
reciclamiento *m.* Acción de reciclar. 2 Efecto de reciclar.
reciclar (paras. de *re-* + *ciclo*) *tr.* Someter repetidamente una materia a un mismo ciclo, para ampliar o incrementar los efectos de éste. 2 Transformar o aprovechar algo para un nuevo uso o destino: *~ el vidrio, el papel.* -3 *tr.-prnl.* Proporcionar una formación complementaria o nueva para mejorar o cambiar la situación [de alguien]: *~ a los profesionales de más de cuarenta años.*
recidiva (l. *-ivu,* que se renueva) *f.* Repetición de una enfermedad poco después de terminada la convalecencia.
reciedumbre *f.* Fuerza o vigor.
recién (apóc. de *reciente*) *adv. t.* Inmediatamente antes. -2 *adv. m.* Solamente. ◇ Ús. siempre antepuesto a los participios pasivos: *~ llegado.* ◇ Es INCOR. el uso vulgar americano con otras formas verbales, en frs. como *~ venga; lo vi ~ que llegó.*
reciente (l. *recente*) *adj.* Nuevo, fresco o acabado de hacer. ◇ Superl.: *recentísimo.*
recientemente *adv. t.* Poco tiempo antes.
recientísimo, -ma *adj.* Muy reciente.
recinchar *tr.* Fajar [una cosa] con otra ciñéndola.
recinto (probl. del it. *recinto,* der. del l. *cingere*) *m.* Espacio comprendido dentro de ciertos límites.
I) recio, -cia (et. dud.; quizá del l. *rigidu*) *adj.* Fuerte, robusto, vigoroso. 2 Grueso, gordo o abultado. 3 Áspero, duro de genio. 4 Duro, grave, difícil de soportar. 5 [terreno] Grueso, substancioso, de mucha miga. 6 [tiempo] Riguroso, rígido. 7 De mucho cuerpo, sin elegancia, esp. el vino. 8 Veloz, impetuoso.
II) recio, -cia *adj.-s.* De Recia, país de la ant. Europa.
récipe (l., toma) *m.* Palabra que solía ponerse en abreviatura a la cabeza de la receta. 2 Receta (prescripción). 3 fig. *y* hum. Desazón, disgusto dado a uno. ◇ Pl.: *récipes.*
recipiendario, -ria (der. del l. *recipiendu,* que debe ser recibido) *m. f.* El que es recibido solemnemente en una corporación para formar parte de ella. ◇ INCOR.: *recipendario, recipiendiario.*
recipiente (l.) *adj.* Que recibe. -2 *m.* Utensilio que puede hacerse de diversas materias, destinado a guardar o conservar algo. 3 Vaso donde se reúne el líquido que destila un alambique. 4 Campana de vidrio o cristal que, colocada sobre la platina de la máquina neumática, cierra el espacio en que se hace el vacío.
reciprocación *f.* Reciprocidad. 2 GRAM. inus. Manera de ejercerse la acción de los verbos recíprocos.
recíprocamente *adv. m.* Mutuamente, con igual correspondencia.
reciprocar (l. *-are*) *tr.-prnl.* Hacer que [dos cosas] se correspondan. -2 *tr.* Responder a [una acción] con otra semejante. ◇ ** CONJUG. [1] como ***sacar.***
reciprocidad *f.* Correspondencia mutua.
recíproco, -ca (l. *-cu*) *adj.* Igual en la correspondencia de uno a otro. 2 LÓG. Relativo a la proposición cuyo sujeto es atributo de otra, el sujeto de la cual es, a su vez, atributo de la primera. 3 GRAM. ***Verbo*** *~*, v. verbo.
SIN. *1* **Mutuo.**
recisión (l. *recisione*) *f.* DER. desus. Rescisión.
recitación *f.* Acción de recitar.
recitáculo *m.* Lugar donde antig. se recitaba, esp. en el templo.
recitado *m.* Forma musical que es un medio entre la declamación y el canto.
recitador, -ra *adj.-s.* Que recita, esp. poesías.
recital *m.* Concierto en que un artista ejecuta varias obras musicales con un solo instrumento; p. ext., lectura o recitación de composiciones poéticas. 2 en gral. *y* fig. Actuación plena de maestría y destreza.
recitante, -ta *m. f.* Comediante o farsante.
recitar (l. *-are;* doble etim. *rezar*) *tr.* Referir o decir en voz alta [versos, discursos, lecciones, etc.]. 2 Pronunciar [una cosa] que se sabe de memoria.
SIN. **Declamar,** implica mayor énfasis.
recitativo, -va *adj.* Que tiene forma de recitado. 2 Que emplea el recitado: *estilo ~.*
reciura *f.* Calidad de recio. 2 Rigor del tiempo o de la estación.
recizalla *f.* Segunda cizalla.
reclamación *f.* Acción de reclamar. 2 Efecto de reclamar. 3 Oposición o impugnación que se hace a una cosa.
SIN. *3* DER. **Reclamo.**
reclamador, -ra *adj.-s.* El que reclama.
reclamante *adj.-s.* Que reclama.
I) reclamar (l. *-are*) *intr.* Clamar contra una cosa; oponerse a ella de palabra o por escrito: *~ contra un fallo, un pariente,* etc. *; ~ ante un tribunal; ~ en juicio; ~ por bien.* 2 poét. Resonar. -3 *tr.* Clamar o llamar [a uno] con repetición y mucha instancia. 4 Pedir o exigir con derecho o con instancia [una cosa]: *~ una deuda a,* o *de, un amigo; ~ una cosa para sí; ~ atención; ~ el precio de un trabajo.* 5 Llamar [a las aves] con el reclamo. 6 DER. Llamar una autoridad [a un prófugo] o pedir el juez competente [el reo o la causa] en que otro entiende indebidamente. -7 *tr.-rec.* Llamarse [unas a otras] ciertas aves de la misma especie.
II) reclamar (a ~) *loc. adv.* MAR. Izar una vela o halar un aparejo hasta que las relingas de aquélla o los guarnes de éste queden muy tiesos.
reclame *m.* MAR. Cajera con sus roldanas, que está en los cuellos de los masteleros, por donde pasan las ostagas en las gavias.
reclamista *adj.-com.* [pers.] Que practica el reclamo (propaganda) en favor de algo o alguien.
reclamo *m.* Ave amaestrada que se lleva a la caza para que con su canto atraiga otros de su especie. 2 Voz con que una ave llama a otra de su especie. 3 Instrumento para llamar a las aves de caza imitando su voz. 4 Sonido de este instrumento. 5 Voz o grito con que se llama a uno. 6 Llamada (en un escrito). 7 Propaganda, anuncio, publicidad, especialmente tratando de espectáculos, artistas o artículos comerciales. 8 fig. Cosa que atrae o

convida. 9 Propaganda, anuncio, publicidad, esp. tratando de espectáculos, artistas o artículos comerciales. 10 Palabra o sílaba que solía ponerse en lo impreso al fin de cada plana, y era la misma con que debía empezar la plana siguiente. 11 DER. Reclamación (impugnación).

recle (de *recre*) ***m.*** Tiempo que se permite a los prebendados no asistir al coro, para su descanso y recreación.
SIN. **Recésit, recre.**

reclinable ***adj.*** Que se puede reclinar: *un asiento ~*.

reclinación ***f.*** Acción de reclinar o reclinarse. 2 Efecto de reclinar o reclinarse.

reclinar (l. *-are*) ***tr.-prnl.*** Inclinar [el cuerpo o parte de él] apoyándolo sobre alguna cosa: *reclinarse en, o sobre, la almohada.* 2 Inclinar [una cosa] apoyándola sobre otra.
SIN. *2* **Recostar(se).**

reclinatorio ***m.*** Cosa dispuesta para reclinarse. 2 Mueble acomodado para arrodillarrse y orar.
SIN. *2* **Propiciatorio.**

recluir (b. l. *-udere*) ***tr.*** Encerrar o poner en reclusión. ◇ ** CONJUG. [62] como ***huir***; pp. reg.: ***recluido***; irreg., usado como adj. y s.: ***recluso.***

reclusión ***f.*** Encierro o prisión voluntaria o forzada. 2 Lugar en que uno está recluso.

recluso, -sa, pp. irreg. de *recluir*. 2 ***m. f.*** Preso.

reclusorio ***m.*** Reclusión (lugar).

recluta ***f.*** Reclutamiento. -2 ***m.*** El que libre o voluntariamente sienta plaza de soldado. 3 p. ext. Mozo alistado para el servicio militar obligatorio. 4 p. ext. Soldado muy bisoño. 5 *Argent.* Acción de recluir el ganado disperso.
SIN. *2, 3* y *4* **Quinto, sorche** (fam.).

reclutador ***m.*** Que recluta.

reclutamiento ***m.*** Acción de reclutar. 2 Efecto de reclutar. 3 Conjunto de los reclutas de un año.
SIN. *3* **Reemplazo, quinta.**

reclutar (fr. *recruter*) ***tr.*** Alistar reclutas: *~ un reemplazo.* 2 p. ext. Alistar personas para algún fin: *~ obreros; ~ prosélitos.* 3 *Argent.* Reunir el ganado disperso.

recobrar (v. *recuperar*) ***tr.*** Volver a tomar o adquirir [lo que antes se tenía o poseía]: *~ las alhajas, la salud.* -2 ***prnl.*** Repararse de un daño recibido. 3 Desquitarse, reintegrarse de lo perdido. 4 Volver en sí de la enajenación del ánimo o de los sentidos o de una enfermedad.
SIN. **Recuperar(se),** esp. en las aceps. 1 y 4; **rescatar,** recobrar por precio o a la fuerza.

recobro ***m.*** Acción de recobrar o recobrarse. 2 Efecto de recobrar o recobrarse.
SIN. **Recuperación.**

recocer (l. *recoquere*) ***tr.*** Volver a cocer o cocer mucho [una cosa]. 2 Caldear [los metales] para que adquieran ductilidad o el temple que suelen perder al trabajarlos. 3 Calentar un cuerpo y enfriarlo después lentamente. -4 ***prnl.*** Cocerse mucho una cosa. 5 fig. Atormentarse interiormente por la vehemencia de una pasión. ◇ ** CONJUG. [54] como ***cocer.***

recochinearse ***prnl.*** vulg. Regodearse.

recochineo ***m.*** vulg. Regodeo.

recocho, -cha (l. *recoctu*) ***adj.-s.*** Muy cocido: *ladrillo ~*.

recocida ***f.*** Recocido.

recocido, -da ***adj.*** fig. Muy experimentado y práctico. -2 ***m.*** Acción de recocer o recocerse los metales. 3 Efecto de recocer o recocerse los metales.

recocina ***f.*** Cuarto contiguo a la cocina para desahogo de ella.

recodadero ***m.*** Mueble o sitio acomodado para recodarse.

I) recodar (paras. de *re-* + *codo*) ***intr.-prnl.*** Recostarse o descansar sobre el codo.

II) recodar (de *recodo*). ***intr.*** p. us. Formar recodo un río, un camino, etc.

recodo (*re-* + *codo*) ***m.*** Ángulo que forman las calles, caminos, ríos, etc., torciendo notablemente la dirección que traían. 2 Lance del juego de billar, en que la bola herida toca sucesivamente a dos bandas contiguas.

recogeabuelos (de *recoger* + *abuelo*) ***m.*** Abrazadera en la base del peinado, con que las mujeres se sujetan los tolanos o abuelos. ◇ Pl.: *recogeabuelos.*

recogedero ***m.*** Parte en que se recogen algunas cosas. 2 Instrumento con que se recogen.

recogedor, -ra ***adj.*** Que recoge o da acogida a uno. -2 ***m.*** Instrumento de labranza consistente en una tabla inclinada, arrastrada por una caballería, para recoger la parva de la era; 3 Utensilio para recoger del suelo la basura que se amontona al barrer.
SIN. *2* **Rastra.**

recogemigas (de *recoger* + *miga*) ***m.*** Juego compuesto de cepillo y pala para recoger las migas que quedan sobre el mantel. ◇ Pl.: *recogemigas.*

recogepelotas (de *recoger* + *pelota*) ***com.*** Muchacho encargado de recoger las pelotas que salen fuera de un terreno de juego. ◇ Pl.: *recogepelotas.*

recoger (l. *recolligere*) ***tr.*** Volver a coger; tomar por segunda vez [una cosa]. 2 Reforzando la significación de coger, hacer la recolección [de los frutos]; coger la cosecha. 3 Guardar, alzar o poner en cobro [una cosa]: *recoge esta plata.* 4 Suspender el uso o curso [de una cosa]: *~ una publicación.* 5 Juntar o congregar [pers. o cosas dispersas]. 6 Ir juntando o guardando poco a poco, esp. [el dinero]. 7 Encoger, estrechar o ceñir: *~ las velas, una cortina.* 8 Dar asilo, acoger [a uno]. 9 esp. Encerrar [a uno] por loco o insensato. 10 Disponer con orden [los objetos]. 11 Reunir ordenadamente [cualquier objeto]. 12 Retirar la correspondencia. 13 Remangarse las prendas que cuelgan cercan del suelo. 14 Ceñirse o peinarse. -15 ***prnl.*** Retirarse, acogerse a una parte. 16 p. anal. Separarse de la demasiada comunicación y comercio de las gentes. 17 Retirarse a dormir o descansar. 18 Retirarse a casa: *Juan se recoge temprano.* 19 fig. Abstenerse el espíritu de todo lo terreno para entregarse a la meditación o contemplación: *recogerse en sí mismo.* 20 Moderarse o reformarse en los gastos. ◇ ** CONJUG. [5] como ***proteger.***
SIN. *2* **Recolectar.** *6* **Acopiar.**

recogida ***f.*** Acción de recoger (alguna cosa). 2 Efecto de recoger (alguna cosa). 3 Acción de recoger la correspondencia de los buzones, para darle curso. 4 Recolección: *la ~ de la aceituna.* 5 *Chile.* En el juego de la cometa, acto de tirar con presteza del hilo.

recogidamente ***adv. m.*** Con recogimiento.

recogido, -da ***adj.*** Que tiene recogimiento y vive retirado del trato y comunicación de las gentes. 2 [animal] Que es corto de tronco. -3 ***adj.-f.*** Mujer que vive retirada en determinada casa, con clausura voluntaria o forzosa.

recogimiento ***m.*** Acción de recoger o recogerse. 2 Efecto de recoger o recogerse. 3 Casa de recogidas. 4 *Can.* Embarazo.

recolar (l. *-are*) ***tr.*** Volver a colar [un líquido]. ◇ ** CONJUG. [31] como ***contar.***

recolección ***f.*** Acción de recolectar. 2 Efecto de recolectar. 3 Recopilación, resumen o compendio. 4 Cosecha de los frutos. 5 Cobranza, recaudación. 6 En algunas religiones, observancia más estrecha de la regla que la que comúnmente se guarda. 7 Convento o casa recoleta. 8 fig. Casa particular en que se observa recogimiento. 9 TEOL. Recogimiento y atención a Dios y a las cosas divinas.
SIN. *7* v. **Monasterio.**

recolectar (l. *recolligere,* reunir, escoger) ***tr.*** Recoger [la cosecha]. 2 *Colomb.* Entre campesinos, descollar o cortar en haz [las cerdas] de la cola de los caballos.
SIN. *1* **Cosechar.**

recolector, -ra ***adj.-s.*** Que recolecta. -2 ***m. f.*** Recaudador.

recolegir (l. *recolligere*) ***tr.*** desus. Colegir (juntar). ◇ ** CONJUG. [55] como ***elegir.***

recoleto, -ta (l. *recollectus,* recogido) ***adj.-s.*** Religioso que guarda recolección. 2 Que vive con retiro y abstracción o viste modestamente. -3 ***adj.*** Relativo al convento o casa en que se observa la recolección.

recomendable ***adj.*** Digno de recomendación o estimación.

recomendablemente ***adv. m.*** De modo recomendable.

recomendación ***f.*** Acción de recomendar o recomendarse. 2 Efecto de recomendar o recomendarse. 3 Encargo o súplica hecha a otro. 4 Consejo. 5 Alabanza de un sujeto para introducirlo con otro. 6 Autoridad, representación o calidad por que se hace más apreciable y digna de respeto una cosa.

recomendado, -da ***m. f.*** Persona en cuyo favor se ha hecho una recomendación.

recomendante ***adj.-s.*** Que recomienda.

recomendar (*re-* + ant. *comendar*) ***tr.*** Encomendar o pedir a uno que tome a su cargo [una pers. o negocio]. 2 Hablar o empeñarse [por uno] elogiándole. -3 ***tr.-prnl.*** Hacer recomendable a uno. ◇ ** CONJUG. [27] como ***acertar.***

recomendatorio, -ria ***adj.*** Que recomienda.

recomenzar ***tr.*** Volver a comenzar [algo]. ◇ ** CONJUG. [4] como ***realizar.***

recomerse ***prnl.*** Concomerse.

recompensa *f.* Acción de recompensar. 2 Efecto de recompensar. 3 Lo que sirve para recompensar.
SIN. v. **Premio.**
recompensable *adj.* Que se puede recompensar. 2 Digno de recompensa.
recompensación *f.* Recompensa.
recompensar (*re-* + *compensar*) *tr.* Compensar. 2 Retribuir o remunerar [un servicio]. 3 Premiar [un beneficio, favor o mérito]: ~ *un beneficio con otro.*
recomponer (l. *-ere*) *tr.* Componer de nuevo, reparar. ◇ ** CONJUG. [78] como *poner.*
SIN. v. **Reparar.**
recomposición *f.* Acción de recomponer. 2 Efecto de recomponer.
recompuesto, -ta, pp. irreg. de *recomponer.*
reconcentración *f.* Acción de reconcentrar o reconcentrarse. 2 Efecto de reconcentrar o reconcentrarse.
reconcentramiento *m.* Reconcentración.
reconcentrar (*re-* + *concentrar*) *tr.* Introducir, internar [una cosa] en otra. 2 Reunir en un punto [las personas o cosas] que estaban esparcidas. 3 fig. Disimular o callar profundamente un sentimiento o afecto: *reconcentrarse el odio en el corazón.* -4 *prnl.* Fijar intensamente la atención en la conciencia o pensamientos propios; ensimismarse.
SIN. *2, 3* y *4* **Concentrar.**
reconciliable *adj.* Que puede reconciliarse.
reconciliación *f.* Acción de reconciliar o reconciliarse. 2 Efecto de reconciliar o reconciliarse.
reconciliador, -ra *adj.-s.* Que reconcilia.
reconciliar (l. *-are*) *tr.-prnl.* Restablecer la concordia entre [los que estaban desunidos]. 2 Restituir al gremio de la Iglesia [a uno que se había separado de sus doctrinas]. 3 Oír el confesor [al penitente] en una ligera y breve confesión. 4 Bendecir [un lugar sagrado] por haber sido violado. -5 *prnl.* Confesarse de algunas culpas ligeras u olvidadas en otra confesión reciente. ◇ ** CONJUG. [12] como *cambiar.*
reconcomerse *prnl.* Concomerse en demasía.
reconcomio *m.* fam. Acción de reconcomerse. 2 Prurito, deseo. 3 fig. Recelo o sospecha. 4 fig. Movimiento del ánimo que inclina a un afecto. 5 fam. Ira y rencor ocultos. 6 fam. Pesar I, remordimiento.
recondenar *tr.-prnl.* Condenar de nuevo o hacerlo con más eficacia.
reconditez *f.* Cosa recóndita.
recóndito, -ta (l. *-tu* < *recondere,* ocultar) *adj.* Muy escondido, reservado y oculto.
reconducción *f.* Acción de reconducir. 2 Efecto de reconducir.
reconducir (l. *-ere*) *tr.* DER. Prorrogar tácita o expresamente [un arrendamiento]. ◇ ** CONJUG. [46] como *conducir.*
reconfortante *adj.-m.* Que reconforta.
reconfortar *tr.* Confortar de nuevo o con energía y eficacia [a alguien].
reconocedor, -ra *adj.-s.* Que reconoce.
reconocer (l. *recognoscere*) *tr.* Distinguir, confesar que [una pers. o cosa] es la misma que por cualquier circunstancia uno tenía ya olvidada o confundida. 2 p. ext. Examinar con cuidado [a una pers. o cosa] para establecer su identidad, para completar el juicio sobre ella, etc. 3 esp. Examinar el médico [al paciente] para averiguar su estado de salud. 4 Registrar el contenido [de un baúl o lío] como se hace en las aduanas. 5 Aplicado al acto mental de conocer, confesar [la certeza de lo que otro dice o la obligación de gratitud que se le debe por sus beneficios]. 6 Confesar [la dependencia o vasallaje] en que se está respecto a otro o [la legitimidad de la jurisdicción] que ejerce; construido con la preposición *por*, acatar esa jurisdicción o superioridad: ~ *por presidente.* 7 Dar uno por suya, confesar que es legítima [una obligación en que suena su nombre]: ~ *una firma, una deuda,* 8 Construido con la preposición *por*, conceder [a uno], con la conveniente solemnidad, la relación de parentesco que tiene con el que hace la declaración: ~ *a uno por hijo;* p. anal., ~ *por amigo.* 9 Dar la palabra [a un orador] en un acto público. 10 En las relaciones internacionales, aceptar [un nuevo estado de cosas]. 11 MIL. Examinar de cerca [un campamento o posición]. 12 MIL. Considerar, advertir o contemplar. -13 *prnl.* Dejarse comprender por ciertas señales una cosa. 14 Confesarse culpado de un error, falta, etc. 15 Hablando de mérito, fuerzas, etc., tenerse uno a sí propio por lo que es en realidad. ◇ ** CONJUG. [44] como *conocer.*
reconocible *adj.* Que puede ser reconocido.
reconocidamente *adv. m.* Con reconocimiento o gratitud.
reconocido, -da *adj.* [pers.] Que reconoce el beneficio o favor recibido. 2 Agradecido.
reconocimiento *m.* Acción de reconocer o reconocerse. 2 Efecto de reconocer o reconocerse. 3 Gratitud, agradecimiento.
reconquista *f.* Acción de reconquistar. 2 Efecto de reconquistar. 3 p. ant. Lucha de los cristianos contra los moros en la Península Ibérica, hasta la expulsión total de éstos en 1492.
reconquistar *tr.* Volver a conquistar [una plaza, un reino]. 2 fig. Recuperar [la opinión, el afecto, etc.].
reconsiderar *tr.* Volver a considerar [un asunto, proposición, tema, etc.]. 2 Someter [algo] a un examen crítico; tratarlo según nuevos puntos de vista.
reconstitución *f.* Acción de reconstituir o reconstituirse. 2 Efecto de reconstituir o reconstituirse.
reconstituir (*re-* + *constituir*) *tr.* Volver a constituir, rehacer [una cosa]. 2 MED. Dar o volver [al organismo] sus condiciones normales. ◇ ** CONJUG. [62] como *huir.*
reconstituyente *adj.-m.* Remedio que tiene virtud de reconstituir.
reconstrucción *m.* Acción de reconstruir. 2 Efecto de reconstruir.
reconstructivo, -va *adj.* Relativo a la reconstrucción.
reconstruir (l. *-ere*) *tr.* Volver a construir [una cosa]. 2 fig. Unir, allegar en la memoria [todas las circunstancias de un hecho] para completar su conocimiento. ◇ ** CONJUG. [62] como *huir.*
recontamiento *m.* Acción de recontar o referir.
recontar (*re-* + *contar*) *tr.* Contar o volver a contar (notar, tener). 2 Referir (expresar). ◇ ** CONJUG. [31] como *contar.*
SIN. v. **Contar.**
recontento, -ta *adj.* Muy contento. -2 *m.* Contento grande.
reconvalecer (l. *-escere*) *intr.* Volver a convalecer. ◇ ** CONJUG. [43] como *agradecer.*
reconvención *f.* Acción de reconvenir. 2 Cargo o argumento con que se reconviene. 3 DER. Demanda que al contestar entabla el demandado contra el que promovió el juicio.
SIN. *1* y *2* **Admonición, monición** (p. us.), **amonestación, reprensión, reproche, cargo, recriminación,** serie intensiva; **regaño, regañina, peluca, recorrido, repasata, repaso, reprimenda, repulsa, rociada, sermón,** fam.; **bronco, serretazo, sofrenada, felpa, rapapolvo, zurrapelo,** fam.
reconvenir (*re-* + *convenir*) *tr.* Hacer cargo [a uno] arguyéndole gralte. con su propio hecho o palabra: ~ *al hijo con,* o *de,* o *por,* o *sobre, alguna cosa.* 2 DER. Ejercitar el demandado, cuando contesta, acción [contra el promovedor del juicio]. ◇ **CONJUG. [90] como *venir.*
reconversión *f.* Adapatación [de alguien o algo] a una situación nueva: ~ *industrial.*
reconvertir (*re-* + *convertir*) *tr.* Hacer que vuelva a su ser, estado o creencia [lo que había sufrido un cambio]: ~ *a un renegado;* ~ *la economía de guerra.* 2 Proceder a la reconversión. 3 Reestructurar. ◇ ** CONJUG. [35] como *hervir.*
recopilación *f.* Compendio, resumen o reducción breve de una obra o un discurso. 2 Colección de escritos diversos. 3 Colección y ordenamiento oficial de las leyes de España publicada por mandato de Felipe II (1527-1598). 4 *Novísima* ~, libro en que aparecían ordenadas, después de revisadas, corregidas y enumeradas, cuantas disposiciones de carácter legal no habían caído en desuso y estaban incluidas en la *Recopilación* o corrían en pliegos sueltos. Fue mandada promulgar y ejecutar como ley del reino a 15 de julio de 1805.
SIN. *1* v. **Compendio.** *2* **Compilación.**
recopilador, -ra *m. f.* Persona que recopila.
recopilar (*re-* + *copilar*) *tr.* Juntar en compendio, recoger o unir [diversas cosas, esp. escritos literarios].
SIN. **Compilar.**
recoquín *m.* fam. Hombre pequeño y gordo.
récord (ing.) *m.* Hazaña deportiva que excede a las realizadas anteriormente en el mismo género: ~ *de velocidad; establecer un* ~, alcanzar en una prueba el mejor resultado obtenido hasta el momento en iguales condiciones. 2 p. ext. Hecho que sobrepasa todo lo registrado hasta entonces referente a un aspecto determinado.
recordable *adj.* Que se puede recordar. 2 Digno de recordación.
SIN. *2* **Memorable.**

recordación *f.* Acción de recordar (traer a la memoria). 2 Recuerdo (imagen).
recordador, -ra *adj.* Que recuerda.
recordar (l. *-ari*) *tr.* Traer a la memoria [una cosa]: ~ *la juventud.* 2 p. ext. Excitar a uno a que tenga presente [una cosa que tomó a su cuidado]: *recuérdele usted que escriba; recuerde usted con qué interés trabajaba.* -3 *intr.-prnl. Amér., Ast., León* y *Extr.* desus. Despertar al que está dormido: *mañana recuérdeme; ya no recordaré tan temprano.* -4 *intr.* Volver en sí el que está desmayado. ◇ ** CONJUG. [31] como ***contar.***
SIN. *1* **Memorar** y **rememorar,** ambos de uso lit.; v. **recuerdo.**
recordativo, -va *adj.* Que hace o puede hacer recordar. -2 *m.* Recordatorio.
recordatorio *m.* Aviso, comunicación u otro medio para hacer recordar alguna cosa; esp., estampa religiosa con motivo de primera comunión, fallecimiento o aniversario.
recordman *m.* GALIC. Hombre que ha conseguido realizar un récord deportivo.
recordwoman *f.* GALIC. Mujer que ha conseguido realizar un récord deportivo. ◇ Se pronuncia *recordguoman.*
recorrer (v. *recurrir*) *tr.* Atravesar de un cabo a otro [un espacio determinado]: *recorrió doce kilómetros;* ~ *la distancia de Madrid a Alcalá;* andar, transitar [por una región, provincia, etc.]: *recorrió toda España.* 2 p. ext. Registrar, reconocer [una cosa] para averiguar algo: *hemos recorrido toda la biblioteca.* 3 Repasar o leer ligeramente [un escrito]. 4 Reparar [lo que estaba deteriorado]. 5 IMPR. Justificar [la composición] pasando letras de una línea a otra, gralte. a consecuencia de enmienda. -6 *intr.* inus. Recurrir (acogerse).
recorrido *m.* Espacio que recorre o ha de recorrer una persona o cosa. 2 Acción de reparar lo que está deteriorado. 3 Reprensión. 4 fam. Tunda, paliza. 5 IMPR. Disposición de un texto tipográfico al lado de una ilustración.
SIN. *1* **Trayecto.** *3* v. **Reconvención.**
recortado, -da (de *recortar*) *adj.* [hoja o parte de una planta] Que tiene muchas y muy señaladas desigualdades en los bordes. -2 *m.* Figura recortada de papel. 3 *Argent.* Pistola, trabuco. -4 *adj. Cuba.* Rechoncho.
SIN. *2* **Cortadura.**
recortadura *f.* Recorte (acción y efecto). -2 *f. pl.* Recorte (porciones).
recortar (*re-* + *cortar*) *tr.* Cortar o cercenar [lo que sobra de una cosa]. 2 Cortar con arte [el papel u otra cosa en varias figuras]: ~ *la tela* o ~ *figuras en una tela.* 3 PINT. Señalar los perfiles [de una figura].
recorte *m.* Acción de recortar. 2 Efecto de recortar. 3 Suelto o noticia breve de un periódico. 4 Disminución: ~ *de las pensiones, del presupuesto,* etc. 5 TAUROM. Regate para evitar la cogida del toro. -6 *m. pl.* Porciones o cortaduras excedentes de cualquier materia recortada.
SIN. *1* y *2* **Recortadura.** *6* **Cortaduras, recortaduras.**
recorvar (l. *recurvare*) *tr.* Encorvar.
recorvo, -va *adj.* Corvo.
recoser (*re-* + *coser*) *tr.* Volver a coser: ~ *un vestido.* 2 Zurcir o remendar [la ropa y esp. la blanca].
recosido *m.* Acción de recoser. 2 Efecto de recoser.
recostadero *m.* Paraje o cosa para recostarse. 2 Silla baja, reclinatorio.
recostar (paras. de *re-* + l. *costa,* costado) *tr.-prnl.* Reclinar [la parte superior del cuerpo] el que está de pie o sentado: ~ *a uno en,* o *sobre, la cama.* 2 Reclinar [una cosa]. ◇ ** CONJUG. [31] como ***contar.***
recotín, -tina *adj. Chile.* Inquieto, movedizo.
recova (de orig. ár. relac. con *recua*) *f.* Comercio de huevos, gallinas y otras cosas semejantes. 2 Paraje público en que se venden las gallinas y demás aves domésticas. 3 Cubierta que resguarda cosas. 4 MONT. Cuadrilla de perros de caza. 5 *Amér.* Mercado de comestibles. 6 *Argent.* Corredor cubierto frente a una casa; portal.
recovar *tr.* Comerciar con [gallinas, huevos, o cosas semejantes].
recoveco (der. de *cueva*) *m.* Vuelta y revuelta de un callejón, pasillo, arroyo, etc. 2 fig. Fingimiento o rodeo de que uno se vale para conseguir un fin. 3 *Méj.* Adorno muy complicado y excesivo.
recovero, -ra *m. f.* Persona que anda a la recova.
recre (de *recreo*) *m.* Recle.
recreable *adj.* Que produce recreo.
recreación *f.* Acción de recrear o recrearse. 2 Efecto de recrear o recrearse. 3 Diversión para alivio del trabajo.
SIN. **Recreo, solaz, expansión, esparcimiento, asueto.**
I) recrear (l. *-are,* reparar las fuerzas) *tr.* Divertir, alegrar o deleitar: ~ *a los presentes; recrearse con el dibujo; recrearse en leer.*
II) recrear *tr.* Crear o producir de nuevo [alguna cosa].
recreativo, -va *adj.* Que recrea o es capaz de causar recreación.
recrecer (l. *-scere*) *tr.-intr.* Aumentar, acrecentar [una cosa]: ~ *el caudal de agua; el caudal recrece.* -2 *intr.* Ocurrir u ofrecerse una cosa de nuevo: *recreció su encuentro con la fiera.* -3 *prnl.* Reanimarse, cobrar bríos. ◇ ** CONJUG. [43] como ***agradecer.***
recrecimiento *m.* Acción de recrecer o recrecerse. 2 Efecto de recrecer o recrecerse.
recreído, -da *adj.* desus. [ave de caza] Que perdiendo su docilidad se vuelve a su natural indómito.
recrementicio, -cia *adj.* Relativo al recremento.
CONTR. **Excrementicio.**
recremento (l. *-tu*) *m.* Humor que después de ser segregado vuelve a ser absorbido por el organismo para ciertos fines de la vida.
SIN. **Secreción interna** o **endocrina.**
recreo *m.* Recreación. 2 Lugar dispuesto para diversión.
recría *f.* Acción de recriar. 2 Efecto de recriar.
recriador, -ra *m. f.* Persona que recría.
recriar *tr.* Fomentar el desarrollo [de caballerías u otros animales] nacidos y criados en región distinta. Cebar, engordar ganado que no ha nacido en casa. En gral. dar [a un ser] nuevos elementos de vida y fuerza para su completo desarrollo. 2 fig. Aplicado [a la especie humana], el acto de redimirla por la pasión y muerte de Nuestro Señor Jesucristo. ◇ ** CONJUG. [13] como ***desviar.***
recriminación *f.* Acción de recriminar o recriminarse. 2 Efecto de recriminar o recriminarse.
SIN. v. **Reconvención.**
recriminador, -ra *m. f.* Persona que recrimina.
recriminar (*re-* + *criminar*) *tr.* Responder [a cargos y acusaciones] con otros u otras. 2 Reprender, censurar [a una persona su comportamiento], echarle en cara [su conducta]. -3 *prnl.* Acriminarse dos o más personas, hacerse cargos las unas a las otras.
recriminatorio, -ria *adj.* Que implica recriminación.
recristalizar *intr.* Formar cristales por disolución de los existentes y posterior concentración de la disolución. Se efectúa para purificar substancias. ◇ ** CONJUG. [4] como ***realizar.***
recrucetado, -da *adj.* V. cruz recrucetada.
recrudecer (l. *-scere*) *intr.-prnl.* Tomar nuevo incremento un mal físico o moral o un afecto o cosa desagradable. ◇ ** CONJUG. [43] como ***agradecer.***
recrudecimiento *m.* Acción de recrudecer o recrudecerse. 2 Efecto de recrudecer o recrudecerse.
recrudescencia *f.* Recrudecimiento.
recrudescente *adj.* Que recrudece.
recrujir *intr.* Crujir mucho.
recruzado, -da *adj.* V. cruz recruzada.
recruzar *tr.* Cruzar de nuevo [algún lugar]. ◇ ** CONJUG. [4] como ***realizar.***
rectal *adj.* Relativo al intestino recto.
rectamente *adv. m.* Con rectitud.
rectangular *adj.* Relativo al ángulo recto: *coordenadas rectangulares.* 2 Relativo al rectángulo: *una cara* ~. 3 Que tiene uno o más ángulos rectos. 4 Que contiene uno o más rectángulos.
SIN. *2* **Cuadrilongo.**
rectángulo, -la (l. *-lu*) *adj.* Rectangular: *triángulo ~; paralelepípedo* ~. -2 *m.* GEOM. Paralelogramo que tiene los cuatro ángulos rectos y los lados contiguos desiguales.
rectar *tr.* p. us. Rectificar.
rectificable *adj.* Que se puede rectificar.
rectificación *f.* Acción de rectificar. 2 Efecto de rectificar. 3 FÍS. Conversión de una corriente alterna en continua.
rectificador, -ra *adj.* Que rectifica. -2 *adj.-s.* Máquina que sirve para transformar una fuerza electromotriz alternativa en corriente de dirección constante. -3 *f.* Máquina que se emplea para el ajuste de piezas de precisión.
rectificar (l. *rectu,* recto + *-ificar*) *tr.* Corregir [una cosa] para que sea más exacta o perfecta. 2 Procurar uno corregir [los dichos y hechos que se le atribuyen] para reducirlos a la conveniente exactitud y certeza. 3 Contradecir [a otro] en lo que ha dicho, por considerarlo erróneo. 4 ELECTR. Convertir [la corriente]

alterna en continua. 5 GEOM. Determinar la longitud [de una línea curva]. 6 MEC. Revestir la superficie de [una pieza] que está gastada. 7 QUÍM. Purificar [los líquidos] por medio de una destilación. -8 *prnl.* Enmendar uno sus actos o su proceder. ◇ **CONJUG. [1] como *sacar.*

rectificativo, -va *adj.-m.* Que rectifica o puede rectificar.

rectilíneo, -a (l. *-eu*) *adj.* Que se compone de líneas rectas: *arco* ~. 2 fig. [pers.] De caracter recto, a veces con exageración.

rectinervio, -a (de *recto* + *nervio*) *adj.* V. hoja rectinervia.

rectitis *f.* MED. Inflamación del recto. ◇ Pl.: *rectitis.*

rectitud (l. *-udo*) *f.* Distancia más breve entre dos puntos. 2 fig. Calidad de recto o justo. 3 Recta razón o conocimiento práctico de lo que debemos hacer o decir. 4 Exactitud o justificación de las operaciones.

recto, -ta (l. *-tu*) *adj.* Que no se inclina a un lado ni a otro. 2 V. ángulo, caso, cilindro, cono y seno rectos. 3 V. ascensión, línea recta. 4 fig. Justo, severo y firme en sus resoluciones. 5 fig. Relativo al sentido primitivo y literal de las palabras, a diferencia del traslaticio o figurado. 6 fig. [folio o plana de un libro o cuaderno] Que, abierto, cae a la derecha del que lee. El opuesto se llama verso o vuelto. -7 *adj.-m.* ANAT. Última porción del intestino grueso que empieza en el colon y termina en el ano. 8 ~ ***abdominal,*** ANAT., músculo de la pared abdominal anterior cuya función es la de flexor del tronco, espirador y compresor de las vísceras abdominales. 9 ~ ***anterior,*** ANAT., músculo de la pierna cuya función es la flexión y la abducción del muslo. -10 *f.* Línea recta.

rector, -ra (l.) *adj.-s.* Que rige o gobierna. -2 *m. f.* Superior encargado del gobierno y mando de una comunidad, hospital o colegio. 3 Superior académico de una universidad y su distrito. -4 *m.* Párroco o cura propio.

rectorado *m.* Oficio y oficina del rector. 2 Tiempo que se ejerce.

rectoral *adj.* Relativo al rector: *sala* ~. 2 Habitación del párroco en algunos lugares.

rectorar *intr.* Llegar a ser rector.

rectoría *f.* Oficio o jurisdicción del rector. 2 Oficina del rector.

rectoscopia (l. *rectu,* recto + *-scopia*) *f.* MED. Examen visual del intestino por vía rectal.

SIN. **Proctoscopia.**

rectoscopio (l. *rectu,* recto + *-scopio*) *m.* MED. Instrumento para practicar la rectoscopia.

SIN. **Proctoscopio.**

rectriz *f.* Pluma fuerte de la cola de las aves, usada como timón con otras iguales. ◇ Pl.: *rectrices.*

recua (ár. *rekba,* cabalgata, der. de *rakab,* montar a caballo) *f.* Conjunto de animales de carga, que sirve para trajinar. 2 fig. Muchedumbre de personas o cosas que van o siguen unas detrás de otras.

SIN. *1* **Arria,** p. us.

recuadrar *tr.* PINT. Cuadrar o cuadricular.

recuadro *m.* Compartimiento o división en forma de cuadro o cuadrilongo, en un paramento u otra superficie. 2 En los periódicos, espacio encerrado por líneas para hacer resaltar una noticia.

recuaje *m.* Tributo pagado por razón del tránsito de las recuas.

recuarta *f.* Cuerda de la vihuela; la segunda, que se pone en el cuarto lugar cuando se doblan las cuerdas.

recubrimiento *m.* Acción de recubrir. 2 Efecto de recubrir.

recubrir *tr.* Volver a cubrir: ~ *una casa.* ◇ CONJUG.: pp. *recubierto.*

recudimento, -miento (de *recudir*) *m.* Despacho y poder que se da al fiel o arrendador para cobrar las rentas que están a su cargo.

recudir (b. l. *recutere*) *tr.* Pagar o entregar a uno [lo que le toca y debe percibir]. -2 *intr.* Volver o regresar una cosa al paraje de donde salió primero: *la pelota ha recudido.*

recuelo *m.* Lejía muy fuerte, según sale del cernedero. 2 Café cocido por segunda vez. 3 *Venez.* Alcohol obtenido por la redestilación de la pita (planta) hasta marcar 28 grados Cartier.

recuento *m.* Segunda cuenta que se hace de una cosa. 2 Escrutinio.

recuentro *m.* Reencuentro.

I) recuerdo *m.* Imagen o complejo de imágenes a través de las cuales se reiteran en nuestra mente personajes, cosas, situaciones o escenas que hemos percibido con anterioridad, con alusión al tiempo de su percepción. 2 fig. Cosa que se regala en testimonio de buen afecto. -3 *m. pl.* Memorias (saludo). -4 *m. Colomb.* Enredadera.

SIN. *1* **Memoria,** equivale a *recuerdo,* pero se usa menos que él en esta acep.: *tener memoria,* o *recuerdo, de algo;* **conmemoración,** se usa muy poco en este sentido, porque predomina su signif. de acto o solemnidad con que se recuerda algo importante; **rememoración,** es lit. o se emplea como término psicológico; **remembranza,** es ant.; lo emplean los escritores por su mismo sabor arcaico; **reminiscencia,** fuera del lenguaje filosófico, significa recuerdo incompleto o poco definido.

II) recuerdo, -da *adj. Colomb.* Despierto.

recuero *m.* Persona a cuyo cargo está la recua.

recuesta *f.* Requerimiento, intimación.

recuestar (l. *qœsitare,* rogar) *tr.* Demandar o pedir [una cosa].

recuesto (*re-* + *cuesta*) *m.* Sitio o paraje que está en declive. 2 *Argent.* Cuesta arriba.

recula *f.* MONT. Retranca.

reculada *f.* Acción de recular.

SIN. v. **Retroceso.**

recular (probl. del fr. *reculer*) *intr.* Cejar o retroceder. 2 fig. y fam. Ceder uno en su dictamen u opinión.

SIN. **Recejar;** v. **Retroceder.**

reculillo *m. Cuba.* Acción de recular precipitadamente. 2 *P. Rico.* fest. Miedo.

reculo, -la *adj.* [ave de corral] Que no tiene cola.

reculón *m.* Reculada.

reculones (a ~) *loc. adv.* fam. Reculando.

recuñar (paras. de *re-* + *cuña*) *tr.* Poner cuñas en las grietas o hendeduras [de las minas o canteras] para arrancar piedra o mineral.

recuperable *adj.* Que puede o debe recuperarse.

recuperación *f.* Acción de recuperar o recuperarse. 2 Efecto de recuperar o recuperarse.

recuperador, -ra *adj.-s.* Que recupera.

recuperar (l. *-are;* doble etim. *recobrar*) *tr.* Recobrar. Aplícase esp. a la recogida [de materiales usados] para someterlos de nuevo a operaciones industriales. -2 *prnl.* Recobrar (volver en sí).

recuperativo, -va *adj.* Que recupera o tiene virtud de recuperar.

recura *f.* Cuchillo para recurar, con hoja de dos cortes en forma de sierra.

recurar (l. *-are,* limpiar con cuidado) *tr.* Formar y aclarar [las púas de los peines] con la recura.

recurrente (l.) *adj.* Que recurre. 2 [fenómeno] Que vuelve a su punto de partida. -3 *com.* Persona que entabla o tiene entablado un recurso.

recurrible *adj.* DER. [acto de la administración] Contra el cual cabe entablar recurso.

recurrido, -da *adj.-s.* DER. [parte] Que sostiene o a quien favorece la sentencia de que se recurre.

recurrir (l. *-ere;* doble etim. *recorrer*) *intr.* Acudir a un juez o autoridad con una demanda o petición. 2 Acogerse, en caso de necesidad, al favor de uno; emplear medios no comunes para el logro de un objeto. 3 Volver una cosa al lugar de donde salió: *la pelota ha recurrido al agujero.* 4 Entablar recurso contra una resolución. 5 MED. Reaparecer después de intermisiones.

SIN. *2* **Recorrer,** p. us. *4* **Apelar.**

recursividad *f.* Propiedad de lo que puede repetirse indefinidamente.

recursivo, -va *adj. Amér.* Que tiene muchos recursos, toma iniciativas, sabe defenderse en situaciones difíciles.

recurso (l. *-su*) *m.* Acción de recurrir. 2 Efecto de recurrir. 3 Vuelta y retorno de una cosa al lugar de donde salió. 4 Memorial, solicitud, petición por escrito. 5 Medio para conseguir algo en caso de apuro. 6 DER. Acción que concede la ley al interesado en un juicio o en otro procedimiento para reclamar contra las resoluciones, ora ante la autoridad que las dictó, ora ante alguna otra: ~ ***contencioso administrativo,*** el que se interpone contra las resoluciones de la administración activa que reúnen determinadas condiciones establecidas en las leyes; ~ ***de amparo,*** recurso contra resoluciones sindicales por causa de lesión económica a afiliado sindical. Entiende de este recurso un Tribunal del mismo nombre; ~ ***de apelación,*** el que se entabla a fin de que una resolución sea revocada, por tribunal o autoridad superior al que la dictó; ~ ***de casación,*** el que se interpone ante el Tribunal Supremo contra fallos definitivos o laudos, en los cuales se suponen infringidas leyes o doctrina legal, o quebrantada alguna garantía esencial del procedimiento; ~ ***de fuerza,*** el que se interpone ante tribunal secular reclamando la protección real con-

tra agravios que se reputan inferidos por tribunal eclesiástico. -7 *m. pl.* Bienes, medios de subsistencia. 8 Conjunto de elementos disponibles para resolver una necesidad o llevar a cabo una empresa. 9 fig. Expedientes, arbitrios para salir airoso de una empresa.
SIN. *7* **Posibles.**
recurvado, -da *adj.* Curvado hacia atrás.
recurvar *intr. Cuba.* Retroceder recorriendo una curva.
recusable *adj.* Que se puede recusar.
recusación *f.* Acción de recusar. 2 Efecto de recusar.
recusar (l. *-are*) *tr.* Rechazar, negarse a admitir [una cosa]. 2 DER. Poner tacha legítima [al juez, perito, etc.], que interviene en un procedimiento, para que no actúe en él. 3 p. ext. Negarse a admitir [a una pers.], tachándola de inepta o parcial.
SIN. *2* **Declinar.**
red (l. *rete*) *f.* Aparejo hecho con hilos, cuerdas o alambres trabados en forma de mallas, dispuesto para pescar, cazar, cercar, etc.: ~ ***barredera,*** aquella cuya relinga inferior es arrastrada por el fondo del agua para que lleve consigo todos los peces que encuentre; ~ ***del aire,*** la que se arma colgándola de un árbol a otro, de modo que las aves, al pasar, queden presas en ella. 2 Labor o tejido de mallas. 3 Redecilla (para el pelo). 4 Verja o reja. 5 fig. Ardid o engaño con que uno atrae a otro. 6 fig. Conjunto de calles afluentes a un mismo punto. 7 fig. Conjunto sistemático de caños, hilos conductores, vías de comunicación, agencias, etc.: *~ de ferrocarriles; ~ telefónica; ~ de agencias de transporte.* 8 fig. *y* desus. Paraje donde se vendía pan u otras cosas que se daban por entre verjas. 9 fig. Conjunto y trabazón de cosas que obran en favor o en contra de un fin o de un intento. 10 DEP. Malla que cierra por detrás la portería en ciertos juegos, como el fútbol, balonmano, hockey, etc. 11 DEP. Malla que separa el terreno en dos partes iguales en ciertos juegos, como el tenis, balonvolea, pimpón, etc. 12 *La Mancha.* Corral hecho con leña en el campo para el ganado.
redacción (l. *redactione,* de *redigere*) *f.* Acción de redactar. 2 Efecto de redactar. 3 Lugar u oficina donde se redacta. 4 Conjunto de redactores de un periódico, casa editorial, libro, etc.
redactar (del l. *redactus;* partic. de *redigere,* compilar, poner en orden) *tr.* Poner por escrito [relatos, noticias o una cosa pensada o acordada].
redactor, -ra *adj.-s.* Que redacta. -2 *m. f.* Persona que forma parte de una redacción en una revista, periódico, casa editorial, etc.
redada *f.* Lance de red. 2 fig. Conjunto de personas o cosas cogidas de una vez: *una ~ de contrabandistas, de contrabando.* 3 fig. Batida (allanamiento).
SIN. **Bol** II.
redaje *m. Ecuad.* Intrincamiento, red.
redaño (de *red*) *m.* Mesenterio. 2 vulg. Testículo. -3 *m. pl.* Fuerzas, brío, valor.
redar *tr.* Echar la red (aparejo).
redargución *f.* Acción de redargüir. 2 Argumento convertido contra el que lo hace.
redargüir (l. *-ere*) *tr.* Convertir [el argumento] contra el que lo hace. 2 DER. Impugnar [una cosa] por algún vicio que contiene. ◇ ** CONJUG. [63] como ***argüir.***
redaya *f.* Red para pescar en los ríos.
redecilla *f.* Dim. de *red*. 2 Tejido de mallas de que se hacen las redes. 3 desus. Prenda de malla, en figura de bolsa, y con cordones o cintas, usada para recoger el pelo o adornar la cabeza. 4 Segunda de las cuatro cavidades del estómago de los rumiantes.
redecir *tr.* desus. Repetir porfiadamente [un vocablo o una expresión]. ◇ ** CONJUG. [69] como ***decir.***
rededor (probl. der. del l. *retro,* detrás) *m.* Contorno (líneas): ***al,*** o ***en,*** ~, alrededor.
SIN. **Derredor; redor,** poét.
redejón *m.* Redecilla de mayor tamaño que la ordinaria.
redel *m.* Cuaderna que se coloca en los puntos en que comienzan los delgados del buque.
SIN. **Almogama.**
redención (l. *redemptione*) *f.* Acción de redimir o redimirse. 2 Efecto de redimir o redimirse. 3 p. ant. La que Jesucristo hizo del género humano por medio de su pasión y muerte. 4 fig. Remedio, recurso, refugio.
redendija *f.* Rendija.
redentor, -ra (l. *redemptore*) *adj.-s.* Que redime. -2 *m.* p. ant. Jesucristo. 3 En algunas órdenes, religioso nombrado para rescatar a los cautivos cristianos.
redentorista *adj.-com.* [pers.] De la Orden del Santo Redentor, fundado por San Alfonso María de Ligorio (1696-1787), para instruir a los campesinos.
redeña (de *red*) *f.* Salabardo.
redero, -ra *adj.* Relativo a las redes. -2 *m. f.* Persona que tiene por oficio hacer redes. 3 Persona que arma las redes para formar las artes de pesca. 4 Persona que caza con redes.
redescuento *m.* Nuevo descuento de valores o efectos mercantiles adquiridos por operación análoga.
redhibición *f.* Acción de redhibir. 2 Efecto de redhibir.
redhibir (l. *-ere*) *tr.* Deshacer el comprador [la venta] por no haberle manifestado el vendedor el vicio o gravamen de la cosa vendida.
redhibitorio, -ria *adj.* Relativo a la redhibición; que da derecho a ella.
redicho, -cha *adj.* [pers.] Que habla pronunciando las palabras con una perfección afectada.
redición *f.* Repetición de lo que se ha dicho.
rediente *m.* FORT. Obra de fortificación, en forma de ángulo saliente, compuesta de dos caras de igual longitud. 2 Adorno en forma de diente, usado en la Edad Media.
¡rediez! Interjección ¡rediós!
rediezmar *tr.* Cobrar el rediezmo: *~ a los vecinos.*
rediezmo *m.* Segundo diezmo o porción que legítimamente se extraía del acervo. 2 Novena parte de los frutos ya diezmados, u otra cualquier porción que se exigía después de pagado el diezmo.
redil (de *red*) *m.* Aprisco circuido con un vallado de estacas y redes, o de trozos de barrera armados con listones.
redilar, redilear (de *redil*) *tr.* Amajadar.
redileo *m.* Acción de redilar o redilear. 2 Efecto de redilar o redilear.
redimensionamiento *m.* Acción de redimensionar. 2 Efecto de redimensionar.
redimensionar *tr.* Volver a dimensionar; reestructurar.
redimible *adj.* Que se puede redimir.
redimir (l. *-ere*) *tr.* Rescatar o sacar de esclavitud [al cautivo] mediante precio. 2 Comprar de nuevo [una cosa que se había poseído y vendido]. 3 Dejar libre [una cosa hipotecada, empeñada o sujeta a otro gravamen]; cancelar su derecho; conseguir su liberación. 4 Librar, en gral. [de una obligación] o extinguirla. 5 fig. Poner término [a un vejamen, dolor u otra adversidad o molestia].
redingote (ing. *ridingcoat,* traje para montar) *m.* Capote de poco vuelo y con mangas ajustadas.
¡rediós! Interjección con que se denota asombro, sorpresa, enfado, dolor, etc.
redisolución *f.* Acción de volver a disolverse un compuesto que se había depositado o precipitado. 2 Efecto de volver a disolverse un compuesto que se había depositado o precipitado.
redistribución *f.* Acción de redistribuir. 2 Efecto de redistribuir.
redistribuir *tr.* Distribuir algo de nuevo. 2 Distribuir algo de forma diferente a como estaba. ◇ ** CONJUG. [62] como ***huir.***
rédito (l. *-tu*) *m.* Renta, utilidad o beneficio renovable que rinde un capital.
SIN. **Interés.**
reditable *adj.* Que reditúa.
reditual *adj.* Redituable.
redituar (de *rédito*) *tr.* Rendir o producir [una cosa] utilidad periódica o renovadamente. ◇ ** CONJUG. [11] como ***actuar.***
redivivo, -va (l. *-vu*) *adj.* Aparecido, resucitado.
redoblado, -da *adj.* [pers.] Fornido y no muy alto. 2 [cosa] Más grueso o resistente que de ordinario.
redobladura *f.* Acción de redoblar o redoblarse. 2 Efecto de redoblar o redoblarse.
SIN. **Redoble.**
redoblamiento *m.* Redobladura.
redoblante *m.* Tambor de caja prolongada y sin bordones, por cuyo motivo su sonoridad es algo velada. 2 Músico que toca este instrumento.
redoblar (*re-* + *doblar*) *tr.-prnl.* Doblar (aumentar). -2 *tr.* Volver [la punta del clavo o cosa semejante] en dirección opuesta a la de su entrada. 3 Repetir, volver a hacer [una cosa]. -4 *intr.* Tocar redobles en el tambor.
SIN. *1* y *3* **Reduplicar.**
redoble *m.* Redoblamiento. 2 Toque vivo y sostenido que se produce hiriendo rápidamente el tambor con los palillos.

redoblegar *tr.* Doblegar o redoblar [una cosa]. ◇ ** CONJUG. [7] como *llegar.*
redoblón *adj.-s.* Clavo, perno o cosa parecida que ha de redoblarse.
redola (del vulg. *redol* < *redolar* < l. *rotulare,* rodar) *f.* Círculo, redor, contorno.
redolada (v. *redola*) *f.* Comarca de varios pueblos o lugares que tienen alguna unidad natural o de intereses.
redolente *adj.* Que tiene redolor.
redolo *m. Ast.* Círculo de personas o cosas.
redolón *m. Ar.* Caída en que se rueda por el suelo.
redolor *m.* Dolorcillo tenue y sordo que queda después de un padecimiento.
redoma (et. dud.; quizá del ár.) *f.* Vasija de vidrio, ancha en su fondo, que va angostándose hacia la boca. 2 *Chile.* Pecera. 3 *Hond.* Fruto de una balsamina. 4 *Venez.* Fanal. 5 *Venez.* Arco que cierra una calle.
redomado, -da (de *re-* + *domar*) *adj.* Muy cauteloso y astuto.
redomazo *m.* Golpe dado con una redoma.
redomón, -mona *adj. Amér.* [caballería] No domado por completo.
redomonear *tr. Argent.* Domar un poco [caballos, novillos o toros].
redonda (l. *rotunda*) *f.* Comarca: *el labrador más rico de la ~.* 2 ***A la ~,*** en torno, alrededor. 3 Dehesa o coto de pasto. 4 MAR. Vela cuadrilátera que se larga en el trinquete de las goletas y en el único palo de las balandras. 5 MÚS. Figura musical que equivale a cuatro tiempos en un compás menor. 6 *Guat.* Tienda que no tiene comunicación con el interior de la casa en que se halla.
SIN. *5* **Semibreve.**
redondamente *adv. m.* En circunferencia, alrededor. 2 Claramente, categóricamente: *se lo negó ~.*
SIN. *2* **Rotundamente.**
redondeado, -da *adj.* De forma que tira a redondo.
redondear *tr.* Poner redonda [una cosa]. 2 fig. Sanear [un caudal, un negocio, una finca], liberándolos de gravámenes, deudas, etc. 3 Quitar o añadir [a una cantidad, a una cifra] las fracciones o unidades que sobren o falten para un número determinado. -4 *prnl.* fig. Adquirir uno bienes o rentas que le permitan vivir holgadamente. 5 p. anal. Descargarse de toda deuda o cuidado, limitándose a vivir de lo propio.
redondel (fr. ant. *reondel*) *m.* Círculo (porción de plano; circunferencia). 2 Espacio destinado a la lidia en las plazas de toros. 3 Especie de capa sin capilla y redonda por la parte inferior.
SIN. *2* **Ruedo, arena.**
redondeo *m.* Acción de redondear. 2 Efecto de redondear.
redondez *f.* Calidad de redondo: 2 Circuito de una figura curva. 3 Superficie de un cuerpo redondo: ***~ de la Tierra,*** toda su extensión o superficie.
redondilla (dim. de *redonda*) *f.* Combinación métrica de cuatro octosílabos; riman el primero y cuarto y el segundo y tercero. A veces se ha llamado así al serventesio (cuarteto); **POESÍA -2 *adj.-f.* V. letra redonda.
redondillo *m. Venez.* Ruedo, redondel. 2 *Venez.* Rollo de carne.
redondo, -da (v. *rotundo*) *adj.* De figura circular o esférica o semejante a ellas. 2 [terreno] Adehesado y que no es de propiedad comunal. 3 fig. [pers.] De calidad originaria igual por sus cuatro costados. 4 fig. Claro, sin rodeo. 5 fig. Perfecto, completo, bien logrado. -6 *adj.-m.* ANAT. Músculo, mayor y menor, del borde externo del homoplato cuya función es desplazar hacia atrás y hacia adentro el brazo. 7 MAT. Número redondo. -8 *adj.-f.* V. letra redonda. -8 *m.* Cosa de figura circular o esférica. 9 fig. Moneda corriente. 10 Carne del cuarto trasero de buey o ternera. 11 ***Mesa redonda,*** v. mesa.
SIN. *1* y *4* **Rotundo,** muy p. us. en la acep. 1 fuera del estilo literario. En cambio se usa mucho en la 4: *una negativa rotunda* o *redonda.*
redondón *m.* fam. Círculo o figura orbicular muy grande.
redopelo (de *redro* + *pelo*) *m.* Pasada que a contrapelo se hace con la mano al paño u otro tejido. 2 fig. Riña entre muchachos con palabras u obras.
SIN. **Redropelo, rodapelo.**
redor (probl. del l. *retro,* detrás) *m.* Esterilla redonda. 2 poét. Rededor.
redorar *tr.* Volver a dorar.
redova *f.* Baile popular eslavo, parecido a la mazurca, de movimiento moderado. 2 Música de este baile.
redro (v. *retro*) *adv. l.* fam. Atrás o detrás. -2 *m.* Anillo que se forma cada año, excepto en el primero, en las astas del ganado lanar y del cabrío.
redrojo (de *redro*) *m.* Racimo pequeño que van dejando atrás los vendimiadores. 2 Fruto o flor tardía que echan las plantas y que, por ser fuera de tiempo, no suele llegar a sazón. 3 fig. Muchacho desmedrado.
SIN. **Redruejo.** / **Cencerrón.**
redrojuelo *m.* Dim. de *redrojo.*
redropelo *m.* Redopelo.
redroviento (*redro* + *viento*) *m.* Viento que la caza recibe del sitio del cazador.
redruejo *m.* Redrojo.
reducción *f.* Acción de reducir o reducirse. 2 Efecto de reducir o reducirse. 3 Pueblo de indios convertidos al cristianismo.
reducible *adj.* Que se puede reducir.
SIN. **Reductible.**
reducido, -da *adj.* Estrecho, pequeño.
reducidor, -ra *m. f. Argent., Colomb.* y *Chile.* Perista, persona que comercia con objetos robados.
reducimiento *m.* Reducción (acción y efecto).
reducir (l. *-ere,* llevar hacia atrás) *tr.* Volver [una cosa] al lugar o al estado que tenía. 2 Mudar [una cosa] en otra: *el fuego redujo el edificio a cenizas.* 3 Dividir [un cuerpo] en partes menudas: *~ el grano a polvo.* 4 Comprender, incluir bajo cierto número o cantidad: *lo hemos reducido a dos palmos; se reducirá a cuatro pesetas.* 5 Disminuir o minorar; estrechar o ceñir: *~ un jubón.* 6 p. anal. Resumir [un discurso, narración, etc.]. 7 Hervir una salsa, un caldo, etc., para hacerlo más sustancioso por la evaporación producida. 8 Persuadir o atraer [a uno] con razones o argumentos. 9 fig. Sujetar a la obediencia [al que se había separado de ella]. 10 p. us. Cambiar (moneda). 11 CIR. Restablecer en su situación natural [los huesos dislocados, las partes que componen los tumores herniosos, etc.]. 12 DIAL. Convertir en perfecta la figura imperfecta [de un silogismo]. 13 FÍS. Cambiar el estado [de un cuerpo]. 14 MAT. Expresar el valor [de una cantidad] en unidades de especie distinta de la dada: *~ pesetas a reales.* 15 PINT. Hacer [una figura o dibujo] proporcionalmente más pequeño. 16 QUÍM. Hacer que en una reacción un compuesto pierda electrones. -17 *tr.-intr.* Disminuir la fuerza o potencia de un vehículo o máquina, dándole menos gas, poniendo una marcha menor, etc. -18 *prnl.* Moderarse o ceñirse en el modo de vida o porte: *reducirse a lo más preciso; reducirse en los gastos.* 19 Resolverse por motivos poderosos a ejecutar una cosa: *me he reducido a callar.* ◇ ** CONJUG. [46] como ***conducir.***
reductible *adj.* Reducible.
reducto (castellanización del it. *ridotto*) *m.* Obra de campaña, cerrada, que ordinariamente consta de parapeto y una o más banquetas. 2 fig. País, lugar o grupo social que conserva una ideología o tradición en desuso. 3 fig. Paraje natural en el que se conservan especies raras o en extinción.
reductor, -ra *adj.-s.* Que reduce o sirve para reducir.
redundancia (l. *-ntia*) *f.* Sobra o demasiada abundancia de cualquier cosa o en cualquier línea; esp. exceso de palabras.
SIN. v. **Exceso.**
redundante, p. a. de *redundar.* 2 Sobrante; que redunda.
redundantemente *adv. m.* Con redundancia.
redundar (l. *-are*) *intr.* Rebosar, salirse una cosa de sus bordes por demasiada abundancia. 2 Resultar, venir a parar una cosa en beneficio o daño de alguno.
SIN. *2* **Refluir, refundir,** ambos p. us.
reduplicación *f.* Acción de reduplicar. 2 Efecto de reduplicar. 3 GRAM. En griego y otras lenguas arias, repetición de la sílaba radical en el pretérito y tiempos derivados. 4 RET. Figura que consiste en repetir consecutivamente un mismo vocablo en una cláusula o miembro del período: *Río verde, río verde, más negro vas que la tinta.*
reduplicar (l. *-are*) *tr.* Redoblar (doblar; repetir). 2 Repetir [la sílaba radical] en el pretérito de los verbos arios. ◇ ** CONJUG. [1] como ***sacar.***
reduplicativo, -va *adj.* Que reduplica.
reduvio *m.* Insecto hemíptero que se cría en las casas sucias y da caza a las chinches y otros insectos *(Reduvius personatus).*
reedición *f.* Nueva edición de una obra.
SIN. **Reimpresión.**
reedificación *f.* Acción de reedificar. 2 Efecto de reedificar.
reedificador, -ra *adj.-s.* Que reedifica o hace reedificar.
reedificar (*re-* + *edificar*) *tr.* Volver a edificar o construir de nuevo: *~ un palacio.* ◇ ** CONJUG. [1] como ***sacar.***

reeditar (*re-* + *editar*) *tr.* Volver a editar [una obra].
SIN. **Reimprimir.**
reeducación *f.* Acción de reeducar. 2 Efecto de reeducar.
reeducar (*re-* + *educar*) *tr.* Volver a enseñar el uso [de los órganos o miembros] perdido o viciado. Aplícase esp. [a los mutilados] que han de llevar aparatos ortopédicos. ◇ ** CONJUG. [1] como *sacar.*
reelección *f.* Acción de reelegir. 2 Efecto de reelegir.
reelecto, -ta, pp. irreg. de *reelegir.*
reelegible *adj.* Que puede ser reelegido.
reelegir (*re-* + *elegir*) *tr.* Volver a elegir: ~ *a uno diputado por un distrito;* ~ *un diputado.* ◇ ** CONJUG. [55] como ***elegir.***
reembarcar *tr.* Volver a embarcar. ◇ ** CONJUG. [1] como *sacar.*
reembarque *m.* Acción de reembarcar. 2 Efecto de reembarcar.
reembolsable *adj.* Que puede o debe reembolsarse.
reembolsar (de *re-* + *embolsar*) *tr.* Volver [una cantidad] a poder del que la había desembolsado o causahabiente suyo. -2 *prnl.* COM. Cobrar.
reembolso *m.* Acción de reembolsar o reembolsarse. 2 Efecto de reembolsar o reembolsarse. 3 ***A,*** o ***contra*** ~, envío de una mercancía cuyo importe debe pagar el destinatario en el momento de recibirla.
reemisor *m.* ELECTR. Emisor que repite o aumenta las señales debilitadas procedentes de otro emisor.
reemplazable *adj.* Que puede ser reemplazado.
reemplazar (fr. *remplacer*) *tr.* Poner en lugar [de una cosa] otra que haga sus veces. 2 Suceder [a uno] en el cargo o empleo que tenía, o hacer accidentalmente sus veces: ~ *a una persona con otra;* ~ *a uno en un empleo.* ◇ ** CONJUG. [4] como ***realizar.***
SIN. **Substituir, suplir.** *2* **Revelar, revezar, suplir,** significan sustitución temporal o accidental; **suplantar,** reemplazar fraudulentamente; v. **representar.**
reemplazo *m.* Acción de reemplazar. 2 Efecto de reemplazar. 3 Substitución de una persona o cosa por otra. 4 Hombre que entra a servir en lugar de otro en la milicia. 5 Renovación parcial de contingente del ejército activo en los plazos establecidos por la ley. 6 MIL. ***De*** ~, sin plaza efectiva en un cuerpo, pero con opción a ella.
SIN. *5* **Quinta, reclutamiento.**
reemprender *tr.* Reanudar.
reencarnación *f.* Acción de reencarnar o reencarnarse. 2 Efecto de reencarnar o reencarnarse.
reencarnar *intr.-prnl.* Volver a encarnar.
reencauchadora *f. Colomb.* Instalación industrial para reencauchar llantas o cubiertas de automóviles, camiones, etc.
reencauchar *tr. Colomb.* Recauchar, recauchutar.
reencauche *m. Colomb.* Acción de reencauchar, recauchutado. 2 *Colomb.* Efecto de reencauchar, recauchutado.
reencontrar (*re-* + *encontrar*) *tr.-prnl.* Volver a encontrar. -2 *prnl.* Recobrar una persona cualidades, facultades, hábitos, etc., que había perdido.
reencuadernación *f.* Acción de reencuadernar. 2 Efecto de reencuadernar.
reencuadernar (*re-* + *encuadernar*) *tr.* Volver a encuadernar [un libro].
reencuentro (*re-* + *encuentro*) *m.* Acción de reencontrar o reencontrarse. 2 Efecto de reencontrar o reencontrarse. 3 Encuentro de dos cosas que chocan una con otra. 4 Choque o combate de tropas enemigas en corto número.
SIN. *3* y *4* **Recuentro, refriega.**
reenganchado *m.* Soldado que, antes de su licenciamiento, obtiene el permanecer más tiempo en el ejército.
reenganchamiento *m.* Reenganche.
reenganchar (*re-* + *enganchar*) *tr.-prnl.* MIL. Volver a enganchar (atraer y como soldado).
reenganche *m.* MIL. Acción de reenganchar o reengancharse. 2 MIL. Efecto de reenganchar o reengancharse. 3 Dinero dado al que se reengancha.
reengendrador, -ra *adj.-s.* Que reengendra.
reengendrar (*re-* + *engendrar*) *tr.* Volver a engendrar; esp. fig., dar nuevo ser espiritual o de gracia: *te he reengendrado en Cristo.*
reensayar (*re-* + *ensayar*) *tr.* Volver a ensayar [una cosa].
reensaye *m.* Acción de reensayar un metal. 2 Efecto de reensayar un metal.
reensayo *m.* Segundo o ulterior ensayo.
reenviar (*re-* + *enviar*) *tr.* Enviar alguna cosa [que se ha recibido]. ◇ ** CONJUG. [13] como ***desviar.***
reenvidar (*re-* + *envidar*) *tr.* Envidar sobre [lo envidado].
reenvío *m.* Acción de reenviar. 2 Efecto de reenviar.
reenvite *m.* Envite que se hace sobre otro.
reestrenar (*re-* + *estrenar*) *tr.* Volver a representar una obra teatral o cinematográfica pasado algún tiempo de su estreno.
reestreno *m.* Acción de reestrenar. 2 Efecto de reestrenar.
reestructuración *f.* Acción de reestructurar o reestructurarse. 2 Efecto de reestructurar o reestructurarse.
reestructurar *tr.* Modificar la estructura [de algo]. 2 Reorganizar la utilización [de algo]: ~ *el campus universitario.* -3 *tr.-prnl.* Reorganizar [algo]: ~ *el consejo de dirección.*
reexamen *m.* Nuevo examen.
reexaminación *f.* Reexamen.
reexaminar (*re-* + *examinar*) *tr.* Volver a examinar [una cosa].
reexpedición *f.* Acción de reexpedir. 2 Efecto de reexpedir.
reexpedir *tr.* Expedir [una cosa que se ha recibido]. ◇ ** CONJUG. [34] como ***servir.***
reexportación *f.* Acción de reexportar. 2 Efecto de reexportar.
reexportar *tr.* COM. Exportar [lo que se había importado].
refacción (de *refección*) *f.* Alimento moderado que se toma para reparar las fuerzas. 2 fam. Lo que en una venta se da al comprador sobre la medida exacta, por añadidura. 3 Refección (compostura). 4 *Cuba, Perú* y *P. Rico.* Gasto que origina al propietario el sostenimiento de una finca.
refaccionar *tr. Amér.* Reparar [un edificio]. 2 *Amér.* Facilitar a un agricultor lo necesario para el cultivo de [su finca].
refaccionario, -ria *adj.* Relativo a la refacción. 2 DER. [crédito] Que procede de dinero invertido en fabricar o reparar una cosa, con provecho para el sujeto a quien pertenece y para otros acreedores o interesados en ella.
SIN. *2* **Refeccionario.**
refajo (de *re-* + *fajar*) *m.* Falda que usan las mujeres, unas veces como prenda interior y otras encima de las enaguas.
SIN. **Faldellín.**
refalar *tr.-prnl. Chile* y *R. de la Plata.* Quitar, despojar.
refalosa *f.* Baile popular argentino.
refalsado, -da *adj.* Falso, engañoso.
refanfinflarse *prnl.* desp. No importar nada [algo].
refección (l. *refactione*) *f.* Refacción (alimento). 2 Compostura, reparación.
refeccionario, -ria *adj.* DER. Refaccionario.
refectolero (der. del l. *refectore,* el que restaura) *m.* Refitolero.
refectorio (l. ecl. *-ium;* l. *refectus,* refección) *m.* Habitación destinada en las comunidades y en algunos colegios para reunirse a comer.
referencia (der. del l. *referente*) *f.* Narración o relación de una cosa. 2 Relación, dependencia o semejanza de una cosa respecto de otra. 3 Remisión (indicación). 4 Informe que acerca de la probidad, solvencia, etc., de tercero, da una persona a otra: *tenemos buenas referencias de los clientes.* ◇ En la acepción 4 se usa generalmente en plural.
referendario *m.* Refrendario.
referendo *m.* Referéndum.
referéndum (l., lo que debe referirse; doble etim. *refrendo*) *m.* Consulta por voto directo que se hace al pueblo sobre asuntos de interés común. 2 Despacho en que un agente diplomático pide a su gobierno nuevas instrucciones sobre algún punto importante. ◇ Pl.: *referéndums.*
referente *adj.* Que hace referencia a una cosa.
referible *adj.* Que se puede referir.
referir (l. *-erre*) *tr.* Expresar de palabra o por escrito [un hecho verdadero o ficticio]. 2 Dirigir o encaminar [una cosa] a cierto fin u objeto: *lo referiremos a tu asunto.* 3 Relacionar (poner en relación). 4 ANGLIC. En lenguaje administrativo o judicial, dar traslado. -5 *prnl.* Remitir (indicar). 6 Aludir. 7 *Amér. Central.* Decir una injuria. 8 *Méj.* Echar en cara [algo]. ◇ ** CONJUG. [35] como ***hervir.***
SIN. *1* v. **Contar.**
refertero, -ra (del ant. *refertar,* reyertar) *adj.* desus. Quimerista, amigo de reyertas.
refigurar *tr.* Representar de nuevo en la imaginación [una cosa o especie].
refilón (de ~) (de *re-* + *filo*) *loc. adv.* Oblicuamente. 2 fig. De paso.
refinación *f.* Acción de refinar. 2 Efecto de refinar.
refinadera (de *refinar*) *f.* Piedra que sirve para labrar a brazo el chocolate después de hecha la mezcla.
refinado, -da *adj.* fig. Sobresaliente, muy fino. 2 fig. Astuto, malicioso. -3 *m.* Aguardiente de calidad refinada. 4 Refinación.

refinador *m.* El que refina, esp. metales y licores.
refinadura *f.* Acción de refinar.
refinamiento *m.* Esmero, buen gusto. 2 Ensañamiento.
refinar *tr.* Hacer [una cosa] más fina y pura: ~ *el azúcar, el alcohol.* 2 fig. Perfeccionar [una cosa]: ~ *un escrito.* -3 *prnl.* Pulirse, perder la rudeza o vulgaridad.
refinería *f.* Complejo industrial donde se refina un producto: ~ *de azúcar;* ~ *de petróleo.*
refino, -na *adj.* Muy fino y acendrado. -2 *m.* Refinación. 3 p. us. Lonja donde se vende cacao, azúcar, chocolate y otras cosas. 4 *Méj.* Aguardiente refinado.
refirmar (l. *-are*) *tr.* Apoyar [una cosa] sobre otra; estribar. 2 Confirmar, ratificar [una especie].
refistolear *intr. Logr.* Fisgar, curiosear. 2 *Logr.* Tocar sin ton ni son reiteradamente. 3 *Ecuad.* Presumir, afectar.
refistolería *f. Cuba, Ecuad.* y *P. Rico.* Pedantería. 2 *Cuba, Ecuad.* y *P. Rico.* Afectación, zalamería.
refistolero, -ra *adj. Cuba, Ecuad.* y *P. Rico.* Pedante. 2 *Venez.* Embrollón.
refitolería *f.* Palabra o acción afectada, mimosa o algo cursi.
refitolero, -ra (del ant. *refitor,* refectorio) *adj.-s.* Que cuida del refectorio. 2 [pers.] Afectado, redicho. 3 fig. Entremetido, cominero. 4 *Cuba.* fam. Zalamero.
SIN. **Refectolero.**
reflectante *adj.* Que refleja.
reflectar (l. *-ere,* volver hacia atrás) *tr.* FÍS. Reflejar (la luz, el calor, etc.).
reflector, -ra *adj.-s.* Cuerpo que refleja. -2 *m.* Aparato para reflejar los rayos luminosos: ~ ***de imagen,*** foco que ilumina el escenario de un teatro. 3 ~ ***de antena,*** superficie parabólica que se coloca detrás de una antena para concentrar las ondas muy cortas en un haz estrecho y dirigirlas en determinada dirección. 4 ASTRON. Telescopio.
SIN. *2* **Proyector.**
refleja *f.* Reflexión de la luz, calor, etc.
reflejar (de *reflejo*) *tr.-prnl.* Hacer retroceder o cambiar de dirección [la luz, el calor, el sonido, etc.], oponiéndoles una superficie lisa: *el espejo refleja los rayos del sol; la luz se refleja en,* o *sobre, el espejo.* -2 *tr.* Manifestar o hacer patente [una cosa]: ~ *los sentimientos.* -3 *prnl.* Dejarse ver una cosa en otra: *reflejarse el alma en el semblante.*
SIN. *1* **Reflectar,** tecn.
reflejo, -ja (l. *-exu*) *adj.* Que ha sido reflejado. 2 V. rayo reflejo. 3 GRAM. ***Verbo*** ~, v. verbo; ***pasiva refleja,*** v. pasiva. 4 [acto] Que obedece a excitaciones no percibidas por la conciencia: *movimientos reflejos.* 5 [conocimiento o consideración] Que se forma de una cosa para reconocerla mejor. -6 *m.* Luz reflejada. 7 Representación, imagen, muestra. 8 Acto o movimiento reflejos: ~ ***condicionado,*** aquel en que el excitante normal ha sido substituido por otro. 9 p. ext. Reacción rápida ante un suceso imprevisto.
SIN. *3* **Reflexivo.**
réflex (voz inglesa) *m.* ÓPT. Sistema de visor de algunas cámaras que corrige el error de paralaje. -2 *f.* Cámara con dicho sistema. ◇ Pl.: *réflex.*
reflexible *adj.* Que puede reflejarse.
reflexión (l. *-ione*) *f.* Acción de reflejar (hacer retroceder). 2 Efecto de reflejar (hacer retroceder). 3 V. círculo, cuadrante de reflexión. 4 Acción de reflexionar. 5 Efecto de reflexionar. 6 fig. Advertencia o consejo con que uno intenta persuadir o convencer a otro. 7 GRAM. Manera de efectuarse la acción de los verbos reflexivos.
REL. *1* **Catóptrica,** parte de la óptica que trata de la reflexión de la luz.
reflexionar (de *reflexión*) *tr.* Considerar nueva o detenidamente [una cosa]: ~ *en,* o *sobre, la materia.*
SIN. v. **Pensar.**
reflexivamente *adv. m.* Con reflexión.
reflexivo, -va *adj.* Que refleja o reflecta. 2 Acostumbrado a hablar y a obrar con reflexión. 3 GRAM. ***Verbo*** ~, v. verbo.
SIN. *3* **Reflejo.**
reflorecer (l. *-scere*) *intr.* Volver a florecer los campos o a echar flores las plantas. 2 fig. Recobrar una cosa inmaterial el lustre que tuvo. ◇ ** CONJUG. [43] como *agradecer.*
reflorecimiento *m.* Acción de reflorecer. 2 Efecto de reflorecer.
reflotamiento *m.* Acción de reflotar. 2 Efecto de reflotar.
reflotar *tr.* Volver a poner a flote [una nave sumergida o encallada]. 2 fig. Sanear la economía de una empresa con dificultades financieras para que vuelva a funcionar con normalidad.
refluente *adj.* Que refluye.
refluir (l. *-ere*) *intr.* Volver hacia atrás o hacer retroceso un líquido. 2 fig. Redundar (resultar). ◇ ** CONJUG. [62] como *huir.*
reflujo (*re-* y *flujo*) *m.* Movimiento de descenso de la marea. 2 Retroceso, acción de refluir.
REL. **Flujo,** movimiento de ascenso.
refocilación *f.* Acción de refocilar o refocilarse. 2 Efecto de refocilar o refocilarse.
refocilar (l. *-illare*) *tr.* Recrear, alegrar: ~ *a la gente.* 2 Dar calor o rigor [una cosa]. -3 *prnl.* Regodearse, recrearse en algo grosero. -4 *impers. Argent.* y *Urug.* Relampaguear.
refocilo *m.* Refocilación. 2 *Argent.* y *Urug.* vulg. Relámpago.
reforma *f.* Acción de reformar. 2 Efecto de reformar. 3 Lo que se propone, proyecta o ejecuta como innovación o mejora en alguna cosa. 4 Religión reformada o protestantismo.
reformable *adj.* Que se puede reformar. Digno de reforma.
reformación *f.* Reforma (acción y efecto).
reformado, -da *adj.* ant. [militar] Que no está en el ejercicio actual de su empleo. -2 *adj.-s.* Partidario de la Religión reformada, protestante.
reformador, -ra *adj.-s.* Que reforma o pone en debida forma una cosa.
reformar (l. *-are*) *tr.* Volver a formar, rehacer. 2 p. ext. Reparar, restaurar, reponer: ~ *un mueble.* 3 Arreglar, corregir, poner en orden: ~ *las costumbres.* 4 esp. Restituir a su primitiva disciplina [una orden religiosa u otro instituto]. 5 Extinguir, deshacer [un establecimiento o cuerpo]. 6 Privar [del ejercicio de un empleo]. 7 Cercenar, rebajar [una cosa] en el número o cantidad. -8 *prnl.* Enmendarse, corregirse en las costumbres o porte: *reformarse en el vestir.* 9 Contenerse, moderarse uno en lo que dice o ejecuta.
reformativo, -va *adj.* Reformatorio.
reformatorio, -ria *adj.* Que reforma o arregla. -2 *m.* Establecimiento penitenciario en donde, por medios educativos especiales, se trata de recuperar socialmente a delicuentes menores de edad.
reformismo *m.* Tendencia o doctrina que procura el cambio y las mejoras de una situación política, social, religiosa, etc., sin cambios radicales.
reformista *adj.-com.* Partidario de reformas o ejecutor de ellas. -2 *adj.* Relativo al reformismo.
REL. **Reformismo.**
reforzado, -da *adj.* Que tiene refuerzo. esp. las piezas de artillería y maquinaria. -2 *adj.-s.* Listón o cinta, cosida sobre una prenda de vestir. 3 ant. Listón o cinta de un dedo de ancho aproximadamente.
reforzador, -ra *adj.* Que refuerza. -2 *m.* FOT. Baño que sirve para reforzar o hacer más clara una imagen débil.
reforzar (l. v. *refortiare*) *tr.* Engrosar o añadir nuevas fuerzas [a una cosa]. 2 Fortalecer o reparar [lo que padece ruina o detrimento]. -3 *tr.-prnl.* Animar, alentar, dar espíritu. ◇ ** CONJUG. [50] como *forzar.*
refracción (b. l. *-actione*) *f.* Acción de refractar o refractarse. 2 Efecto de refractar o refractarse. 3 ***Doble*** ~, propiedad que poseen algunos cristales de dar origen con un solo rayo incidente a dos refractados. 4 V. índice de refracción.
REL. **Dióptrica,** parte de la óptica que trata de la refracción de la luz.
refractar (de *refracto*) *tr.-prnl.* FÍS. Hacer que cambie de dirección [un rayo de luz o una radiación cualquiera] que pasa oblicuamente de un medio a otro de diferente densidad.
SIN. **Refringir.**
refractario, -ria (l. *-iu*) *adj.* [pers.] Que rehúsa cumplir una promesa u obligación. 2 Opuesto, rebelde a aceptar una idea, opinión o costumbre. 3 [cuerpo] Que resiste la acción del fuego sin cambiar de estado ni descomponerse: *arcilla refractaria.*
refractivo, -va *adj.* Que produce refracción.
SIN. **Refringente.**
refracto, -ta (l. *-tu* < *refringere,* romper) *adj.* Que ha sido refractado.
refractómetro (*refracto* + *-metro*) *m.* Aparato para medir el índice de refracción.
refractor *m.* ASTRON. Anteojo (instrumento óptico).
refrán (prov. *refranh,* estribillo) *m.* Dicho agudo y sentencioso de uso común.
SIN. **Dicho,** en gral. Es esencial en el *refrán* su carácter popular y tradicional. **Proverbio,** comprende además las frases sentenciosas de autor conocido; es voz más lit., lo mismo que **adagio. Aforismo,** encierra gralte. la idea

de aplicación a alguna ciencia o arte: *los aforismos de Hipócrates.* **Apotegma,** voz gr. aplicada a dichos o anécdotas de hombres célebres de la antigüedad clásica, y a imitación suya, del Renacimiento: *un apotegma de Temístocles.* **Máxima,** dicho sentencioso que se erige en norma intelectual o de conducta. **Sentencia,** sugiere gravedad de tono, y contenido moral o doctrinal. REL. v. **Proverbio.**

refranero ***m.*** Colección de refranes.

refranesco, -ca ***adj.*** [frase o concepto] Que se expresa a manera de refrán.

refrangibilidad ***f.*** Calidad de refrangible.

refrangible ***adj.*** Que puede refractarse.

refranista ***com.*** Persona que con frecuencia cita refranes.

refregadura ***f.*** Refregamiento. 2 Señal que queda de haber o haberse refregado una cosa.
SIN. *2* **Restregadura.**

refregamiento ***m.*** Acción de refregar o refregarse.

refregar (l. *refricare*) ***tr.*** Estregar [una cosa] con otra. 2 fig. *y* fam. Dar en cara a uno [con una cosa que le ofende], insistiendo en ella. ◇ ** CONJUG. [48] como ***regar.***
SIN. *1* **Frisar.**

refregón ***m.*** Refregadura, estregadura. 2 MAR. Ráfaga de viento.

refreír (l. *refrigere*) ***tr.*** Volver a freír, o freír mucho o bien [una cosa]. 2 Freírla demasiado. ◇ ** CONJUG. [37] como ***reír***; pp. reg.: ***refreído***; irreg., usado sólo como adj. y s.: ***refrito.***

refrenable ***adj.*** Que se puede refrenar.

refrenada ***f.*** Sofrenada.

refrenamiento ***m.*** Acción de refrenar (reprimir) o refrenarse. 2 Efecto de refrenar (reprimir) o refrenarse.

refrenar (l. *-are*) ***tr.*** Sujetar o reducir [al caballo] con el freno. -2 ***tr.-prnl.*** Contener, reprimir o corregir: ~, o *refrenarse, las pasiones.*
SIN. v. **Frenar.**

refrenda ***f.*** *Ecuad.* Refrendación.

refrendación ***f.*** Acción de refrendar. 2 Efecto de refrendar.
SIN. **Refrendo.**

refrendador ***m.*** *Perú.* Refrendario.

refrendar (de *refrendo*) ***tr.*** Autorizar [un despacho u otro documento] por medio de la firma de persona hábil para ello; esp., poner un ministro su firma debajo de la del jefe del estado. 2 Revisar [un pasaporte] y anotar su presentación. 3 fig. *y* fam. Volver a ejecutar o repetir [la acción que se había hecho]: ~ *una comida* o *bebida.*

refrendario ***m.*** El que con autoridad pública refrenda (autoriza).
SIN. **Referendario.**

refrendata ***f.*** Firma del refrendario.

refrendo (v. *referendum*) ***m.*** Refrendación. 2 Testimonio que acredita haber sido refrendada una cosa.

refrescador, -ra ***adj.*** Que refresca.

refrescadura ***f.*** Acción de refrescar o refrescarse. 2 Efecto de refrescar o refrescarse.

refrescamiento ***m.*** Refresco.

refrescante ***adj.*** Que refresca.

refrescar (paras. de *re-* + *fresco*) ***tr.*** Moderar o rebajar el calor [de una cosa]. 2 fig. Renovar, reproducir [una acción]: ~ *la lid.* 3 Renovar [un sentimiento, recuerdo, costumbre, etc.]. -4 ***intr.*** Tomar fuerzas o aliento: *refrescamos un poco con el descanso.* 5 Templarse, moderarse el calor del aire: *el tiempo refresca.* -6 ***intr.-prnl.*** Tomar el fresco. 7 Beber alguna cosa refrescante. 8 MAR. Hablando del viento, aumentar su fuerza. -9 ***intr.*** *Colomb.* Merendar. ◇ ** CONJUG. [1] como ***sacar.***

refresco ***m.*** Alimento moderado que se toma para fortalecerse y continuar en el trabajo. 2 Bebida fría o del tiempo; esp., la no alcohólica elaborada con extractos vegetales. 3 Agasajo de bebidas, dulces, etc., que se da en las visitas u otras concurrencias.

refresquería ***f.*** *Amér. Central.* Tienda en la que se venden refrescos.

refriante ***m.*** Refrigerante.

refriarse ***prnl.*** Enfriarse, acatarrarse. ◇ ** CONJUG. [13] como ***desviar.***

refriega (de *refregar*) ***f.*** Reencuentro o combate de menos importancia que la batalla.

refrigeración ***f.*** Acción de refrigerar o refrigrarse. 2 Efecto de refrigerar o refrigerarse. 3 Refrigerio (alimento).

refrigerador, -ra ***adj.-s.*** Que refrigera. 2 Aparato e instalación para refrigerar. -3 ***m.*** Nevera.

refrigerante ***adj.-s.*** Que refrigera. -2 ***m.*** Corbato. 3 QUÍM. Recipiente con agua o hielo para rebajar la temperatura de un fluido.

refrigerar (l. *-are*) ***tr.-prnl.*** Refrescar (moderar o moderarse el calor; tomar fuerzas). ◇ Usado especialmente en lenguaje técnico o culto.

refrigerativo, -va ***adj.*** Que tiene virtud de refrigerar.

refrigerio (l. *-iu*) ***m.*** Beneficio o alivio que se siente con lo fresco. 2 fig. Alivio en cualquier apuro, incomodidad o pena. 3 fig. Corto alimento que se toma para reparar las fuerzas.
SIN. *3* **Tentempié.**

refringencia ***f.*** Calidad de refringente.

refringente, p. a. de *refringir.* 2 ***adj.*** [cuerpo] Que refringe la luz.
SIN. **Refractivo.**

refringir (l. *-ere*) ***tr.-prnl.*** FÍS. Refractar. ◇ ** CONJUG. [16] como ***dirigir.***

refrito, -ta, pp. irreg. de *refreír.* 2 ***m.*** Aceite frito con ajo, cebolla y otros ingredientes, que se añade caliente a algún guisado. 3 fig. Cosa rehecha o de nuevo aderezada; especialmente refundición de una obra dramática u otro escrito.

refucilar ***intr.*** *Ecuad.* Relampaguear.

refucilo (l. *focile,* de fuego) ***m.*** Relámpago.

refuerzo (de *reforzar*) ***m.*** Mayor grueso dado a una cosa, como a los cañones de las armas de fuego, cilindros de máquinas, etc., para hacerla más resistente. 2 Reparo para fortalecer una cosa que puede flaquear o amenazar ruina. 3 Ayuda que se presta en ocasión o necesidad. 4 Acción de reforzar un cliché que resultaba excesivamente claro. -5 ***m. pl.*** Tropas que se suman a otras para aumentar su fuerza.

refugiado, -da ***adj.-s.*** Persona que a causa de guerras, revoluciones, etc., busca asilo en país extranjero.
REL. v. **Expatriado.**

refugiar (de *refugio*) ***tr.-prnl.*** Acoger o amparar [a uno]: *refugiarse a,* o *bajo* o *en, sagrado.* ◇ ** CONJUG. [12] como ***cambiar.***

refugio (l. *-iu*) ***m.*** Asilo, acogida o amparo. 2 Andén situado en medio de la calzada, de una calle o plaza, donde los peatones pueden detenerse al resguardo de los vehículos. 3 Hermandad dedicada al servicio y socorro de los pobres. 4 Abrigo situado en la montaña. 5 Construcción, generalmente subterránea, destinada a proteger de las bombas: ~ ***atómico,*** construcción preparada para permanecer largo tiempo en su interior, destinada a proteger de la radiactividad producida por una explosión atómica.
SIN. *1* v. **Auxilio.**

refulgencia (l. *-ntia*) ***f.*** Resplandor.

refulgente ***adj.*** Que emite resplandor.
SIN. v. **Brillante.**

refulgir (l. *-ere*) ***intr.*** Resplandecer, emitir fulgor. ◇ ** CONJUG. [6] como ***dirigir.***
SIN. v. **Resplandecer.**

refundar ***tr.*** fig. Reorganizar la estructura [de una institución, asociación, organización, partido político, etc.] para que vuelva a funcionar con normalidad.

refundición ***f.*** Acción de refundir o refundirse. 2 Efecto de refundir o refundirse. 3 La obra refundida.

refundidor, -ra ***m. f.*** Persona que refunde.

refundir (l. *-ere*) ***tr.*** Volver a fundir o liquidar [los metales]. 2 fig. Dar nueva forma o disposición [a una obra de ingenio, comedia, discurso, etc.]. 3 fig. Comprender o incluir: ~ *una poesía en un texto; refundirse dos obras.* -4 ***intr.*** fig. Redundar: *el trabajo refundió a su favor.* -5 ***prnl.*** *Amér.* Extraviarse, perderse. 6 *Guat.* y *Méj.* Guardar algo con mucho ahínco.

refunfuñador, -ra ***adj.*** Que refunfuña.

refunfuñadura ***f.*** Acción de refunfuñar. 2 Efecto de refunfuñar.

refunfuñar (onomat.) ***intr.*** Emitir voces confusas o palabras mal articuladas en señal de enojo o desagrado.

refunfuño ***m.*** Refunfuñadura, rezongo.

refunfuñón, -na ***adj.*** Refunfuñador.

refutable ***adj.*** Que se puede refutar.

refutación ***f.*** Acción de refutar. 2 Efecto de refutar. 3 Argumento o prueba cuyo objeto es destruir las razones del contrario. 4 RET. Parte del discurso comprendida en la confirmación y cuyo objeto es rebatir los argumentos aducidos en contra de lo que se quiere probar.

refutar (l. *-are*) ***tr.*** Contradecir, impugnar con argumentos o razones [lo que otros dicen].
SIN. v. **Contradecir.**

refutatorio, -ria ***adj.*** Que sirve para refutar.

reg *m.* Desierto de piedras formado por la desaparición de los fragmentos de pequeño tamaño como consecuencia de la acción eólica.
regable *adj.* Que se puede regar.
regacear *tr.* Arregazar.
regadera *f.* Vasija portátil a propósito para regar. 2 Reguera. -3 *f. pl.* Tablillas por donde viene el agua a los ejes de las grúas para que no se enciendan. -4 *f. Colomb.* Aparato para dar duchas. 5 *Colomb.* Ducha.
SIN. *1* **Rociadera.** FR. *Estar como una ~*, fr. fig. y fam., estar algo loco, ser de carácter extravagante.
regadero *m.* Reguera.
regadío, -a *adj.-m.* Terreno que se puede regar. -2 *m.* Terreno dedicado a cultivos que se fertilizan con riego.
CONTR. **Secano.**
regadizo, -za *adj.* Regadío.
I) regador *m.* Punzón de hierro, con punta curva, que se usaba para marcar las púas de los peines.
II) regador, -ra *adj.-s.* Que riega. 2 *Murc.* Persona que tiene derecho a regar con agua comprada o repartida para ello. -3 *m. Can.* y *Colomb.* Regadera. 4 *Chile.* Unidad de medida para aforar las aguas de riego.
regadura *f.* Riego que se hace por una vez.
regaifa (ár.) *f.* Torta, hornazo. 2 Piedra circular y con un canal en su contorno, por donde, en los molinos de aceite, corre el líquido que sale de la prensa.
regajal (de *regar*) *m.* Charco que se forma de un arroyuelo. 2 Arroyuelo.
regajo *m.* Regajal. 2 *Logr.* Terreno pantanoso surcado de zanjas para su desagüe.
SIN. **Regato.**
regala (cat. v. *galón,* [listón]) *m.* Tablón que forma el borde de las embarcaciones.
regalada *f.* Caballeriza real donde están los caballos de regalo. 2 Conjunto de caballos que la componen.
regaladamente *adv. m.* Con regalo y delicadeza.
regalado, -da *adj.* Suave o delicado. 2 Agradable, deleitoso.
regalador, -ra *adj.-s.* Que regala o es amigo de regalar. -2 *m.* Palo forrado de esparto que usan los boteros para alisar por fuera las corambres.
regalamiento *m.* Acción de regalar o regalarse I.
I) regalar (probl. del fr. *regaler,* der. de *galer,* divertirse, agasajar, probl. de orig. germ.) *tr.* Dar a uno graciosamente [una cosa] en muestra de afecto, consideración, etc. 2 Halagar, acariciar [a uno]. 3 Recrear o deleitar: *~ a uno con buenos vinos; regalarse en dulces memorias.* -4 *prnl.* Tratarse bien, procurando tener toda suerte de comodidades.
SIN. *1* y *2* v. **Halagar.**
II) regalar (cat., caer a gotas) *tr.* Derretir.
SIN. v. **Liquidar.**
regalejo *m.* Dim. de *regalo.*
regalero *m.* Empleado que en los sitios reales llevaba las frutas o flores al rey.
regalía (l. *regale,* regio) *f.* Preeminencia, prerrogativa o excepción particular y privativa que, en virtud de suprema potestad, ejerce un soberano en su estado. 2 Privilegio que la Santa Sede concede a los soberanos en algún punto relativo a la disciplina de la Iglesia: *las regalías de la corona.* 3 fig. Privilegio o excepción privativa o particular. 4 Gajes que, además del sueldo, perciben los empleados en algunas oficinas. 5 Tributo que se paga al Estado o al dueño de un terreno por el derecho de explotar fuentes de petróleo u otros yacimientos minerales. 6 Derechos de autor.
regalicia *f.* Regaliz.
regalillo *m.* Dim. de *regalo.* 2 Manguito (rollo de piel).
regalismo *m.* Sistema de los que defienden las regalías de la corona.
regalista *adj.-com.* [pers.] Partidario del regalismo.
regaliz (b. l. *liquiritia* < gr. *glykyriza,* de *glykys,* dulce + *rhiza,* raíz) *m.* Planta leguminosa, de tallos casi leñosos, hojas puntiagudas, flores pequeñas azuladas y fruto con pocas semillas; de su rizoma se extrae un jugo dulce y mucilaginoso, usado como pectoral y emoliente *(Glycyrrhiza glabra).* 2 Zumo de la raíz de esta planta.
SIN. **Alcazuz, orozuz, palo dulce, paloduz, regalicia, regaliza.** REL. **Rabazuz,** extracto del jugo de su raíz.
regaliza *f.* Regaliz.
regalo (de *regalar*) *m.* Dádiva hecha voluntariamente o por costumbre. 2 Gusto o complacencia. 3 Conveniencia, comodidad, descanso que se procura en orden a la persona. 4 Comida o bebida delicada y exquisita.
SIN. *1* **Fineza, agasajo, obsequio,** envuelven idea de halago o cortesía. **Presente,** sugiere magnificencia. **Ofrenda,** es término solemne, religioso, aplicable p. ext. a otros casos: *ofrenda a la Iglesia; dio la vida como ofrenda a su Patria.* **Don,** modernamente, gracia o merced sobrenatural, o procedente de alta dignidad: *el don de la penitencia; un don de Su Majestad.* **Donativo,** sugiere filantropía, beneficencia, y puede acercarse al concepto de limosna: *donativos para un hospital.* **Donación,** es voz legal. **Dádiva,** es liberalidad; a veces se aproxima a la idea de propina, y aun de soborno: *dádivas quebrantan peñas.*
regalón, -lona *adj.* fam. Que vive con mucho regalo.
regalonear *tr. Argent.* y *Chile.* Mimar [a alguien]. -2 *intr. Chile.* Aprovecharse uno del cariño que se le dispensa.
regalonería *f. Argent.* y *Chile.* Halago, mimo.
regante *m.* El que tiene derecho de regar con agua comprada o repartida para ello. 2 Obrero encargado del riego de los campos.
regañadientes (a ~) *loc. adv.* De mala gana, refunfuñando.
regañado, -da *adj.* Entreabierto por constitución, esp. la boca o el ojo. 2 [pan] Que se abre en el horno. 3 [fruta] Que al madurar se rasga. 4 *Can.* Rajado, cuarteado, medio roto. -5 *f.* Torta de pan muy delgada y recocida. 6 *Amér. Central* y *Méj.* Regaño.
regañadura *f.* Regañamiento.
regañamiento *m.* Acción de regañar. 2 Efecto de regañar.
regañar (orig. incierto; quizá relac. con l. *gannire,* regañar) *intr.* Demostrar el perro su saña gruñendo sin gritar y mostrando los dientes. 2 p. anal. Dar muestras de enfado una persona con palabras y gestos. 3 Reñir (contender). 4 fig. Abrirse el hollejo o corteza de algunas frutas, castañas, ciruelas, etc., cuando maduran. -5 *tr.* fam. Reprender, reconvenir.
regañina *f.* Regaño, reprensión.
SIN. v. **Reconvención.**
regañir *intr.* Gañir reiteradamente. ◇ ** CONJUG. [40] como *mullir.*
regaño *m.* Descomposición del rostro, generalmente acompañada de palabras ásperas, con que se muestra enfado o disgusto. 2 fam. Reprensión. 3 fam. Parte del pan que está tostada del horno y sin corteza, por la abertura que ha hecho al cocerse.
SIN. *1* v. **Reconvención.**
regañón, -ñona *adj.-s.* fam. Persona que suele regañar por cualquier cosa. -2 *m.* fam. Viento noroeste.
regar (l. *rigare*) *tr.* Esparcir agua sobre una superficie [de tierra o plantas] para beneficiarla; [de una calle o sala] para limpiarla o refrescarla. 2 Atravesar un río o canal [un territorio]. 3 Humedecer las abejas [los vasos] en que está el pollo. 4 fig. Esparcir, desparramar [alguna cosa] a semejanza de la siembra. 5 fam. Beber con [la comida]. 6 *P. Rico.* Dar, pegar [a uno]. ◇ ** CONJUG. [48].
I) regata (de *regar*) *f.* Reguera pequeña en las huertas y jardines. 2 Ranura abierta sobre un muro de ladrillo para ajustarle el borde de una chapa de plomo.
II) regata (dial. de Venecia, desafío) *f.* Competición deportiva en la que un grupo de embarcaciones de la misma clase, vela, motor o remo, deben recorrer un itinerario preestablecido en el menor tiempo posible.
regate (de *recatar*) *m.* Movimiento rápido que se hace hurtando el cuerpo. 2 fig. Escape o efugio hábilmente buscado en una dificultad. 3 DEP. En algunos deportes, movimiento rápido que hace un jugador apartando el balón del contrario.
SIN. *1* v. **Esguince.**
regateador, -ra *adj. Amér.* Regatón.
I) regatear (orig. incierto; quizá del l. v. **recaptare,* adquirir, comprar) *tr.* Debatir el comprador y el vendedor [el precio de una cosa puesta en venta]. 2 Vender por menor [los comestibles que se han comprado por mayor]. 3 fig. Escasear o rehusar [la ejecución de una cosa]. -4 *intr.* Hacer regates.
SIN. *1, 2* y *3* **Recatear.**
II) regatear *intr.* Hacer regatas las embarcaciones. 2 *Colomb., Cuba* y *P. Rico.* p. ext. Contender dos o más caballos o carruajes en la carrera.
regateo *m.* Acción de regatear. 2 Efecto de regatear.
regatería *f.* Regatonería (venta por menor).
regatero, -ra *adj.-s.* Regatón II. -2 *f. Extr.* Arroyo muy pequeño, reguera, canal para el riego.
regato (de *regar*) *m.* Regajo.
I) regatón (orig. incierto) *m.* Especie de contera que se pone en el extremo inferior de las lanzas, bastones, etc., para mayor

firmeza. 2 Hierro de figura de ancla que tienen los bicheros en uno de sus extremos.

SIN. *1* **Cuento, recatón, regatero.**

II) regatón, -tona ***adj.-s.*** Que regatonea. 2 Que regatea mucho.

regatonear (de *regatón* II) ***tr.*** Comprar [comestibles] por mayor para vender por menor.

SIN. **Recatonear.**

regatonería ***f.*** Venta por menor de los géneros que se han comprado por junto. 2 Oficio del regatón.

SIN. **Recatería, recatonería, recatonía** (ant.), **regatería.**

regazar ***tr.*** Arregazar. ◇ ** CONJUG. [4] como ***realizar.***

regazo (de *regazar;* probl. del l. v. **recaptiare,* der. de *captare,* coger) ***m.*** Enfaldo de la saya, que hace seno desde la cintura hasta la rodilla. 2 Parte del cuerpo correspondiente a ese enfaldo. 3 fig. Cosa que acoge a otra, dándole amparo o consuelo.

SIN. *1* y *2* **Falda,** fig. *3* **Seno.**

regencia (de *regente*) ***f.*** Acción de regir o gobernar. 2 Empleo de regente. 3 Gobierno de un estado durante la menor edad, ausencia o incapacidad de su legítimo príncipe. 4 Tiempo que dura tal gobierno. 5 ant. Nombre de ciertos estados musulmanes vasallos de Turquía. 6 *Colomb.* y *P. Rico.* Tela de algodón para vestidos femeninos; cierta clase de zaraza fina.

regeneración ***f.*** Acción de regenerar o regenerarse. 2 Efecto de regenerar o regenerarse.

regeneracionismo ***m.*** Movimiento ideológico que tuvo lugar en España a fines del siglo XIX y principios del XX, motivado por la pérdida de las colonias en 1898. Su finalidad era el mejoramiento de la vida nacional en todos los terrenos.

regenerado, -da ***adj.*** Que ha sufrido regeneración. Gralte. se aplica a los productos industriales susceptibles de ser tratados de nuevo.

regenerador, -ra ***adj.-s.*** Que regenera. -2 ***m.*** Estufa que alternativamente es calentada por los gases de salida de un proceso industrial y que calienta a su vez los gases de entrada.

regenerar (l. *-are*) ***tr.-prnl.*** Dar nuevo ser [a una cosa que degeneró]; restablecerla, mejorarla.

regenta ***f.*** Mujer del regente. 2 Profesora en algunos establecimientos de educación.

regentar (de *regente*) ***tr.*** Desempeñar temporalmente [ciertos cargos o empleos]. 2 esp. Ejercer un cargo de mando u honor. 3 Dirigir sin ser el dueño [una farmacia, imprenta, etc.].

regente (l.) ***com.*** Persona que desempeña una regencia (gobierno). 2 Persona que, sin ser dueña, rige una farmacia, imprenta, etc. -3 ***m.*** Magistrado que presidía una audiencia territorial. 4 En las órdenes religiosas, el que gobierna o rige los estudios. 5 Sujeto que estaba habilitado para regentar ciertas cátedras. 6 Pastelillo de hojaldre, relleno de mermelada de fruta, crema pastelera, etc., con forma de media luna.

regentear ***tr.*** Regentar (mandar).

regiamente ***adv. m.*** Con grandeza real. 2 fig. Suntuosamente.

regicida (l. < *rex, regis,* rey + *-cida*) ***adj.-com.*** El que mata a un rey o reina, o que atenta contra la vida del soberano, aunque no consume el hecho.

regicidio (l. < *rex, regis,* rey + *-cidio*) ***m.*** Acto y crimen del regicida.

regidor, -ra ***adj.*** Que rige (gobierna). -2 ***m. f.*** Concejal. 3 Persona que en el teatro cuida del orden y realización de los movimientos y efectos escénicos dispuestos por la dirección.

regidora ***f.*** Mujer del regidor. 2 Concejala.

regidoría, -duría ***f.*** Oficio de regidor.

regiego, -ga ***adj.*** *Méj.* Rebelde, indómito; especialmente las bestias equinas.

régimen (l.) ***m.*** Modo de gobernarse en una cosa, de regir algo: *un severo ~ de educación; el ~ de un hospicio.* 2 Forma de gobierno: *~ monárquico, republicano.* 3 Constituciones, reglamentos o prácticas de un gobierno en general o de una de sus dependencias. 4 Condiciones regulares y duraderas que provocan o acompañan una sucesión de fenómenos determinados: *~ tormentoso, de lluvias.* 5 GRAM. Relación de dependencia que guardan entre sí las personas en la oración; esp. preposición que pide un verbo o adjetivo, o caso que pide una preposición. 6 MEC. Funcionamiento de un motor, en las mejores condiciones de rendimiento. 7 MED. Uso metódico de todos los medios necesarios para el sostenimiento de la vida: *~* ***alimenticio,*** dieta. ◇ Pl.: *regímenes.*

regimental ***adj.*** Relativo al regimiento.

regimentar ***tr.*** Reducir a regimientos [varias compañías o partidas sueltas]. ◇ ** CONJUG. [27] como ***acertar.***

regimiento (l. *regimentu*) ***m.*** Acción de regir o regirse. 2 Efecto de regir o regirse. 3 Cuerpo de regidores en el concejo de una población. 4 Oficio de regidor. 5 Unidad orgánica de una misma arma, cuyo jefe es un coronel.

regio, -gia (l. *-iu*) ***adj.*** Relativo al rey o a la realeza, real. 2 fig. Suntuoso, magnífico.

regiomontano, -na ***adj.-s.*** De Monterrey, cap. del estado de Nuevo León (Méjico).

región ***f.*** Porción de territorio determinado por caracteres étnicos o circunstancias especiales de clima, producción, topografía, gobierno, etc. 2 Espacio que, según la filosofía ant., ocupaba cada uno de los cuatro elementos. 3 fig. Espacio que se imagina ser de mucha capacidad. 4 Espacio determinado del cuerpo. 5 Circunscripción militar, aérea o naval, a cuyo mando hay un oficial general. 6 fig. Meta a la que se llega en el estudio de una ciencia.

regional ***adj.*** Relativo a una región.

regionalismo ***m.*** Doctrina política, según la cual cada región de un estado debe ser administrada y gobernada, atendiendo esp. a su modo de ser, a sus aspiraciones, etc. 2 Palabra, giro o modo de expresión de carácter o empleo regional. 3 Amor o apego a las cosas características de la propia región. 4 Características propias de la obra de un escritor regionalista.

regionalista ***adj.-com.*** Partidario del regionalismo. 2 Escritor que sitúa sus obras en una región determinada de un país. -3 ***adj.*** Relativo al regionalismo o a los regionalistas.

regionalización ***f.*** Descentralización mediante la transferencia de competencias a organismos de carácter regional. 2 Limitación en el espacio: *la ~ del hambre.*

regionalizar ***tr.*** Organizar en regiones mediante un programa de regionalización. ◇ ** CONJUG. [4] como ***realizar.***

regionario, -ria (de *región*) ***adj.-s.*** Oficial eclesiástico que, esp. en Roma, administraba algunos negocios en determinado distrito.

regir (l. *-ere*) ***tr.*** Dirigir, gobernar: *~ un estado, una industria, una imprenta.* 2 p. anal. Guiar o conducir: *~ un navío.* 3 GRAM. Expresar la subordinación de unas palabras a otras dentro de la oración; esp., pedir una palabra [determinada preposición, caso o modo verbal, etc.]. -4 ***intr.*** Estar vigente: *esta ley rige en Francia.* 5 Funcionar bien un artefacto u organismo. 6 MAR. Obedecer la nave al timón: *la nave rige.* -7 ***intr.-prnl.*** Traer bien gobernado [el vientre]; descargarlo; p. us. ◇ ** CONJUG. [55] como ***elegir.***

SIN. *1* **Dirigir, gobernar,** aunque a menudo se sustituyen entre sí, hay en su uso ciertas preferencias según los complementos. **Regir,** es el más apto para sus aceps. abstractas: *la gravitación universal rige los movimientos de los astros; las leyes que regían el Estado.* Tiene gralte. cierta solemnidad: *~ los destinos de la Nación.* En sus usos concretos *(una farmacia, una imprenta)* se halla en competencia con **regentar** o desempeñar el cargo de regente. **Dirigir,** es el de aplicación concreta más general: *dirigir una empresa industrial, una construcción, una escuela.* **Gobernar,** se usa esp. tratándose del Estado o de corporaciones públicas, y también *gobernar una casa* o *una hacienda rústica.*

registrado, -da ***adj.*** [marca o modelo] Que ha pasado por la formalidad del registro para preservarlo de imitaciones o falsificaciones.

registrador, -ra ***adj.*** Que registra. -2 ***adj.-s.*** Aparato destinado a señalar o inscribir determinados fenómenos físicos, operaciones, etc.: *~ de la corriente eléctrica; cilindro ~ de un movimiento ondulatorio; caja registradora; barómetro ~.* -3 ***m. f.*** Funcionario encargado de algún registro público, esp. el de la propiedad. 4 Persona que está a la entrada de un lugar para reconocer los géneros que entran o salen.

registrar (de *registro*) ***tr.*** Mirar, examinar [una persona o cosa] con cuidado y diligencia para encontrar algo que pueda estar oculto: *el coche sospechoso fue registrado en la aduana; la policía registró las casas del barrio en busca de los secuestradores.* 2 p. ext. Copiar y notar a la letra en los libros de registro [despachos, cédulas, privilegios y, en gral., toda clase de documentos oficiales o públicos]. 3 Poner una señal o registro [entre las hojas de un libro]; en general, anotar, señalar. 4 fig. Tener un edificio vistas [sobre un predio vecino]. 5 Inscribir o señalar los instrumentos adecuados [determinados fenómenos físicos]: *el sismógrafo registra un terremoto a 2.000 kms. de distancia; se registran depresiones atmosféricas.* 6 Fijar la imagen o el sonido en un soporte material. -7 ***prnl.*** Presentarse, matricularse. 8 Producirse, suceder ciertas cosas que pueden catalogarse o cuantificarse: *se han registrado intensas lluvias.*

SIN. *1* **Cachear.**

registrero *m. Argent.* y *Bol.* Importador y almacenista de telas y tejidos.

registro (b. l. *regesta,* der. de *regerere,* transcribir) ***m.*** Acción de registrar. 2 Libro, cuaderno, etc., en que se anotan regularmente cierto orden de cosas: ~ ***civil,*** aquel en que se hacen constar por autoridades competentes los nacimientos, matrimonios, defunciones y demás hechos relativos al estado civil de las personas; ~ ***de la propiedad,*** aquel en que se inscriben por el registrador todos los bienes raíces de su partido judicial, con expresión de sus dueños, y se hacen constar los cambios y limitaciones de derecho que experimentan ciertos bienes; ~ ***de la propiedad industrial,*** el que sirve para registrar patentes de invención o de introducción, marcas de fábrica, nombres comerciales, etc., y para obtener el amparo legal de los derechos relativos a todo ello; ~ ***de la propiedad intelectual,*** el que tiene por objeto inscribir y amparar los derechos de autores, traductores o editores de obras científicas, literarias o artísticas. 3 Lugar, edificio en donde se registra. 4 Asiento que queda de lo que se registra. 5 Cédula o albalá en que consta haberse registrado una cosa. 6 Protocolo (documentos). 7 Padrón y matrícula. 8 Correspondencia igual de las planas de un pliego impreso con las del dorso. 9 Lugar desde donde se puede registrar o ver algo. 10 Pieza en el reloj u otra máquina para disponer o modificar su movimiento. 11 Pieza movible del órgano, próxima a los teclados, por medio de la cual se modifica el timbre o la intensidad de los sonidos. 12 Género de voces del órgano. 13 En el clave, piano, etc., mecanismo para esforzar o apagar los sonidos. 14 Abertura con su tapa, para reparar, conservar o examinar lo que está subterráneo o empotrado. 15 Señal, cinta puesta entre las hojas de algunos libros para manejarlos y consultarlos con facilidad en los lugares convenientes. 16 Agujero del hornillo que en las operaciones químicas sirve para dar fuego e introducir el aire. 17 MAR. V. arqueo. 18 *Argent.* y *Bol.* Almacén de tejidos al por mayor.

regitivo, -va *adj.* Que rige.

regla (l. *regula*) *f.* Instrumento de materia rígida, gralte. delgado y de sección rectangular, usado principalmente para trazar líneas rectas: ***echar la*** ~, examinar con ella si están rectas las líneas. 2 Pauta. 3 ~ ***magnética,*** instrumento de materia firme que no sea hierro, con dos pínulas, a que se ajusta una cajita con una brújula, y el círculo graduado. Sirve para varias operaciones de geometría práctica, esp. para orientar los planos levantados con la plancheta. 4 ~ ***de cálculo,*** artificio que sirve para realizar mecánicamente ciertas operaciones aritméticas, por ejemplo multiplicar y dividir. 5 Razón que debe servir de medida y a que se han de ajustar las acciones para que resulten rectas. 6 Moderación, templanza, medida, tasa. 7 Ley universal que comprende lo substancial que debe observar un cuerpo religioso: *la ~ de San Benito.* 8 Ley básica, estatuto, constitución de una cosa: *la ~ de un colegio.* 9 Precepto, principio o máxima en las ciencias o artes; modo de ejercer o de ejecutar una cosa: *las reglas de la lógica, de la arquitectura, de la pintura; reglas de urbanidad;* ***las cuatro reglas,*** las cuatro operaciones de sumar, restar, multiplicar y dividir. 10 MAT. Método de hacer una operación: ~ ***de oro, de proporción*** o ***de tres,*** la que enseña a determinar una cantidad desconocida por medio de una proporción de la cual se conocen dos términos entre sí homogéneos y otro tercero de la misma especie que el cuarto que se busca; cuando los términos conocidos y entre sí homogéneos resultan de la combinación de varios elementos es *compuesta;* ~ ***de aligación,*** la que enseña a calcular el promedio de varios números, atendiendo a la proporción en que cada uno entra a formar un todo; ~ ***de compañía,*** la que enseña a dividir una cantidad en partes proporcionales a otras dadas; ~ ***de falsa posición,*** la que enseña a resolver un problema por tanteos. 11 Orden inmutable de las cosas naturales. 12 Menstruación.

FRS. *A ~*, hablando de obras artificiales, justificado o comprobado con la regla; fig., con arreglo, con sujeción a la razón; fig, *en ~*, como es debido. SIN. *5, 9* y *10* v. **Método.** *7* **Canon.** *11* **Ley.**

regladamente *adv. m.* Con medida, con regla.

reglado, -da *adj.* Parco en comer o beber. 2 Sujeto a precepto, ordenación o regla.

SIN. *1* **Moderado.** *2* **Reglamentado.**

reglador *m.* Utensilio utilizado por los guarnicioneros para rayar el cuero.

reglaje *m.* Reajuste que se efectúa en las piezas de un mecanismo, a fin de conservarlo en buen estado de funcionamiento. 2 Operación de reglar el papel.

reglamentación *f.* Acción de reglamentar. 2 Efecto de reglamentar. 3 Conjunto de reglas.

reglamentar *tr.* Sujetar a reglamento [un instituto o materia determinada].

reglamentariamente *adv. m.* Por virtud de los reglamentos o de acuerdo con ellos.

reglamentario, -ria *adj.* Relativo al reglamento.

reglamento (de *reglar*) ***m.*** Colección ordenada de reglas o preceptos dada por autoridad competente para la ejecución de una ley, para el régimen de una corporación, etc.

I) reglar *adj.* Relativo a una regla o instituto religioso.

II) reglar *tr.* Tirar o hacer líneas o rayas derechas valiéndose gralte. de una regla: ~ *un papel.* 2 Sujetar a reglas [una cosa]. 3 Medir u ordenar [las acciones] conforme la regla. -4 ***prnl.*** Templarse, moderarse, reducirse: *reglarse a lo justo; reglarse por lo que se ve en otro.*

SIN. *2* y *3* **Regular.**

reglazo *m.* Golpe dado con la regla.

reglero *m.* Aparato para reglar papel.

regleta (dim. de *regla*) *f.* IMPR. Planchuela de metal que sirve para regletear.

regletear *tr.* IMPR. Espaciar [la composición] poniendo regletas entre los renglones.

reglón *m.* Aum. de *regla.* 2 Regla grande que usan los albañiles y soladores.

regnícola (l. *regnu,* reino + *-cola*) ***adj.-com.*** Natural de un reino. 2 Escritor de las cosas especiales de su patria; como leyes, usos, etc.

rego *m. Can.* Surco.

regocijadamente *adv. m.* Alegremente, con regocijo.

regocijado, -da *adj.* Que causa o incluye regocijo.

regocijador, -ra *adj.-s.* Que regocija.

regocijar (de *regocijo*) *tr.* Alegrar, festejar [a uno]. -2 ***prnl.*** Recrearse, recibir gusto o júbilo interior.

regocijo (paras. de *re-* + *gozo*) ***m.*** Júbilo. 2 Acto con que se manifiesta la alegría.

SIN. v. **Alegría.**

regodear *tr. Chile.* Escatimar [algo].

regodearse (der. de *godo,* rico, persona principal) ***prnl.*** fam. Deleitarse, complacerse, deteniéndose en lo que se goza: ~ *con,* o *en, alguna cosa.* 2 fam. Hablar o estar de chacota. 3 *Amér.* Mostrarse descontentadizo y delicado.

regodeo *m.* Acción de regodearse. 2 Efecto de regodearse. 3 fam. Diversión, fiesta.

SIN. *1* y *2* **Escorrozo,** fam.

regodeón, -deona *adj. Amér.* Delicado, difícil de contentar.

regodiento, -ta *adj. Amér.* Regodeón.

regojo *m.* Pedazo de pan que queda de sobra en la mesa. 2 fig. Muchacho pequeño de cuerpo.

SIN. **Rebujo II, rebojo.**

regola *f. S. Dom.* Canal de riego.

regolaje *m.* Buen humor, alegría.

regoldano, -na *adj.* Relativo al regoldo.

regoldar (et. dud.; quizá del l. v. **regurgitare*, der. del l. *gurges, itis*, garganta) ***intr.*** vulg. Eructar. ◇ ** CONJUG. [31] como ***contar.***

regoldo *m.* Castaño borde o silvestre.

regoldón, -dona *adj.* Que regüelda.

regolfar (paras. de *re-* + *golfo*) ***intr.-prnl.*** Retroceder el agua contra su corriente haciendo un remanso. 2 p. anal. Cambiar la dirección del viento por el choque con algún obstáculo.

regolfo *m.* Vuelta o retroceso del agua o del viento contra su curso. 2 Seno o caída en el mar entre dos puntas de tierra.

regolito, -ta *m. f.* GEOL. Manto superficial de productos de alteración de la roca viva.

regona (de *regar*) *f.* Reguera grande.

regordete, -ta (paras. de *re-* + *gordo*) ***adj.*** fam. [pers. o parte de su cuerpo] Pequeño y grueso.

regorgaya *f. Venez.* Plato popular de hígado y riñones de res.

regostarse (l. *regustare*) ***prnl.*** Arregostarse.

regosto (de *regostarse*) ***m.*** Engolosinamiento, deseo de volver a gozar lo que se gustó o gozó alguna vez.

regraciar (paras. de *re-* + *gracia*) ***tr.*** Mostrar uno su agradecimiento: ~ *un favor.* ◇ ** CONJUG. [12] como ***cambiar.***

regresar (de *regreso*) ***intr.*** Volver al lugar de donde se partió. 2 DER. Volver a entrar en posesión canónica del beneficio que se había cedido o permutado.

GRAM. En Amér. también se emplea como prnl.

regresión (l. *-essione*) *f.* Retroceso (acción y efecto).

regresivo, -va *adj.* Que hace volver hacia atrás.
CONTR. **Progresivo.**

regreso (l. *-essu*) *m.* Acción de regresar.
SIN. v. **Retroceso.**

regruñir *intr.* Gruñir mucho. -2 *tr. La Mancha.* Reñir [a uno], reprenderle con rigor o amenaza. ◇ ** CONJUG. [40] como ***muñir.***

regüeldo *m.* vulg. Acción de regoldar. 2 vulg. Efecto de regoldar. 3 fig. Cardencha imperfecta que sale en el tallo de la principal.
SIN. *1* y *2* **Eructo,** más us. que ~ a causa de la ínfima vulgaridad de este vocablo.

reguera *f.* Canal hecho en la tierra a fin de conducir el agua para el riego. 2 *Amér. Merid.* Cable o ancla de un buque.
SIN. *1* **Regadera, reguero, regadero; regata,** si es pequeña; **regona,** si es grande.

reguerete *m. P. Rico.* vulg. Confusión, desorden en algo. 2 *P. Rico* y *S. Dom.* Retahíla, serie desordenada.

reguereteear *tr. P. Rico.* vulg. Esparcir.

reguero (de *regar*) *m.* Corriente, a modo de chorro o de arroyo pequeño, de una cosa líquida. 2 Reguera. 3 Señal continuada que queda de una cosa que se va vertiendo.

reguilete *m.* Rehilete.

regulable *adj.* Que puede ser regulado.

regulación *f.* Acción de regular. 2 Efecto de regular. -3 *f. pl.* ANGL. Reglamento.

regulado, -da *adj.* Regular (conforme a la regla).

regulador, -ra *adj.* Que regula. -2 *m.* Mecanismo para ordenar o normalizar el movimiento o los efectos de una máquina o de alguna de sus piezas. 3 MÚS. Signo en figura de ángulo agudo que, colocado horizontalmente, indica, según la dirección de su abertura, que la intensidad del sonido se ha de aumentar o disminuir gradualmente.

I) regular (l. *-are*) *adj.* Ajustado y conforme a regla: ***por lo*** *~*, común o regularmente. 2 Ajustado, medido, arreglado en las acciones y modo de vivir. 3 GEOM. [figura] En la cual todos los elementos de la misma categoría, lados, ángulos, etc., son iguales entre sí. 4 Mediano. 5 GRAM. [vocablo] Derivado, o formado de otro vocablo, según la regla de formación seguida gralte. por los de su clase. 6 GRAM. [forma de expresión] Que se ajusta a una regla general: *verbo ~; plural ~; femenino ~; construcción ~.* -7 *adj.-com.* [pers.] Que vive bajo una regla o instituto religioso; que pertenece a su estado: *clero ~.* -8 *m. pl.* Unidad del ejército español originaria de los cuerpos militares integrados por marroquíes durante el protectorado. -9 *adj.* ANGLIC. Asiduo, habitual, puntual.
SIN. *1* **Regulado, regularizado.**

II) regular (l. *-are*) *tr.* Medir, ajustar o poner en orden [una cosa] según ciertas reglas: *~ un caudal de agua; ~ los gastos.*
SIN. **Reglar, regularizar.**

regularidad *f.* Calidad de regular. 2 Exacta observancia de la regla o instituto religioso. 3 Puntualidad. 4 Justa proporción.

regularización *f.* Acción de regularizar. 2 Efecto de regularizar. 3 Conjunto de operaciones que se aplican a una cuenta bancaria para determinar su saldo.

regularizador, -ra *adj.-s.* Que regulariza.

regularizar *tr.* Regular [algo]. ◇ ** CONJUG. [4] como ***realizar.***

regularmente *adv. m.* Comúnmente, ordinariamente. 2 Medianamente.

regulativo, -va *adj.-s.* Que regula.

régulo (l. *-lu < rege,* rey) *m.* Dominante o señor de un estado pequeño. 2 ASTRON. Corazón de León. 3 Parte más pura de los minerales, después de separadas las impuras. 4 Basilisco. 5 Reyezuelo (pájaro).

regumbio *m. Méj.* vulg. Barullo.

regurgitación *f.* Acción de regurgitar. 2 Efecto de regurgitar.

regurgitar (b. l. *-are*) *intr.* Expeler por la boca, sin vómito, lo contenido en el esófago o en el estómago. 2 MED. Salirse un licor o humor, etc., de un vaso, por la mucha abundancia.

regustado, -da *adj. Cuba.* fam. Que ha quedado muy complacido de algo.

regusto *m.* Gusto o sabor que queda de la comida o bebida. 2 Sensación o evocación que producen las vivencias pasadas. 3 Impresión de analogía, semejanza, etc. que evocan algunas cosas. 4 fig. Dejo (acento).

rehabilitación *f.* Acción de rehabilitar o rehabilitarse. 2 Efecto de rehabilitar o rehabilitarse.

rehabilitar *tr.-prnl.* Habilitar de nuevo o restituir [una pers. o cosa] a su antiguo estado.

rehacer (l. *refacere*) *tr.* Volver a hacer [lo que se había deshecho]. 2 Reponer, reparar [lo disminuido o deteriorado]. -3 *prnl.* Reforzarse o tomar nuevo brío. 4 fig. Serenarse, dominar una emoción. ◇ ** CONJUG. [73] como ***hacer.***
SIN. *2* v. **Reparar.**

rehacimiento *m.* Acción de rehacer o rehacerse. 2 Efecto de rehacer o rehacerse.

rehala (ár. *rehal,* rebaño) *f.* Rebaño de ganado lanar formado por el de diversos dueños y conducido por un solo mayoral. 2 Jauría o agrupación de perros de caza mayor. 3 *A ~*, admitiendo ganado ajeno en el rebaño propio. ◇ También *reala.*

rehalero *m.* Mayoral de la rehala.

rehalí (ár. *rahlí,* campesino) *adj.-s.* desus. [labrador] De las tribus árabes de Marruecos. ◇ También *rahalí.* ◇ Pl.: *rehalíes.*

rehartar *tr.* Hartar mucho [a uno]. ◇ CONJUG.: pp. reg. ***rehartado***; irreg., usado sólo como adj.: ***reharto.***

reharto, -ta, pp. irreg. de *rehartar.*

rehecho, -cha, pp. irreg. de *rehacer.* 2 *adj.* De estatura mediana, grueso o robusto.

rehelear (paras. de *re-* + *hiel*) *intr.* Ahelear.

reheleo *m.* Efecto de rehelear.

rehén (ár. vulg.) *m.* Persona de estimación y calidad que como prenda queda en poder del enemigo mientras está pendiente un ajuste. 2 Persona capturada por alguien para obligar a cumplir a un tercero determinadas exigencias. 3 Lo que se pone por fianza o seguro.

rehenchido, -da, pp. de *rehenchir.* 2 *m.* Lo que sirve para rehenchir.

rehenchimiento *m.* Acción de rehenchir o rehenchirse. 2 Efecto de rehenchir o rehenchirse.

rehenchir *tr.* Volver a henchir [una cosa]. 2 Rellenar de cerda, pluma, lana, etc. [algún colchón, almohada o mueble de tapicería]. ◇ ** CONJUG. [34] como ***servir.***

rehendija *f.* Rendija.

reherimiento *m.* Acción de reherir. 2 Efecto de reherir.

reherir (l. *referire,* herir a su vez) *tr.* Rebatir, rechazar [a una pers. o cosa]. ◇ ** CONJUG. [35] como ***hervir.***

reherrar *tr.* Volver a herrar [una caballería] con la misma herradura. ◇ ** CONJUG. [27] como ***acertar.***

rehervir (l. *refervere*) *intr.-prnl.* Volver a hervir. 2 fig. Enardecerse o cegarse a causa de una pasión. -3 *prnl.* Fermentarse las conservas, agriarse. ◇ ** CONJUG. [35] como ***hervir.***

rehielo *m.* Resolidificación del agua procedente del hielo fundido.

rehiladillo *m.* Hiladillo (cinta).

rehilado, -da *adj.* Rehilante.

rehilamiento (de *rehilar*) *m.* GRAM. Vibración que se produce en el lugar de articulación de algunas consonantes y que suma su sonoridad a la originada por la vibración de las cuerdas vocales.

rehilandera *f.* Molinete (juguete).

rehilante *adj.* GRAM. [consonante] Que se articula con rehilamiento.

rehilar *tr.* Hilar demasiado o torcer mucho [lo que se hila]. -2 *intr.* Moverse una persona o cosa como temblando. 3 Zumbar por el aire ciertas armas arrojadizas, como la flecha. -4 *tr.-intr.* GRAM. Pronunciar con rehilamiento ciertas consonantes sonoras: mismo, esbelto, juzgar, Luzbel, etc. ◇ ** CONJUG. [15] como ***aislar.***

rehilero *m.* Rehilete.

rehilete (de *rehilar,* zumbar) *m.* Flechilla con púa para tirar al blanco. 2 Banderilla (palo). 3 Volante (zoquetillo). 4 fig. Dicho malicioso, pulla.
SIN. **Reguilete.** *1* **Garapullo, repullo.**

rehiletero *m.* TAUROM. Banderillero.

rehílo (de *rehilar,* moverse) *m.* Temblor ligero de una cosa.

rehíncho *m. Cuba.* Acción de rehenchir el suelo con tierra u otro material. 2 *Cuba.* Efecto de rehenchir el suelo con tierra u otro material.

rehogar (del l. *focu,* fuego) *tr.* Sazonar [una vianda] a fuego lento, sin agua y muy tapada, en manteca o aceite y otros condimentos. ◇ ** CONJUG. [7] como ***llegar.***

rehollar *tr.* Volver a hollar o pisar [una cosa]. 2 Pisotear. ◇ ** CONJUG. [31] como ***contar.***

rehoya *f.* Rehoyo.
rehoyar (paras. de *re-* + *hoyo*) *intr.* Renovar el hoyo hecho antes para plantar árboles.
rehoyo *m.* Barranco u hoyo profundo.
rehuida *f.* Acción de rehuir.
rehuir (l. *refugere*) *tr.* Evitar o apartar [una cosa] por algún temor, sospecha o recelo: ~ *la lucha; mi hermano rehúye (o se rehúye) ante el peligro.* 2 Repugnar o excusar [el admitir algo]. -3 *intr.* MONT. Volver a correr la res por las mismas huellas. ◇ ** CONJUG. [62] como *huir*. V. ** ACENTUACIÓN (hiato) para la tilde de *rehuí, rehúye, rehúya.*
SIN. *1* v. **Evitar.**
rehumedecer *tr.* Humedecer bien [una cosa]. ◇ ** CONJUG. [43] como *agradecer.*
rehundido *m.* ARQ. Vaciado. 2 Cuerpo o parte de un edificio que sirve de fondo a un resalto.
I) rehundir *tr.-prnl.* Hundir o sumergir [una cosa] a lo más hondo de otra. 2 Ahondar (hacer más honda). 3 *Urug.* Degollar (rehundir las juntas de una fábrica).
II) rehundir (l. *refundere*) *tr.* Refundir (volver a fundir). 2 fig. Gastar sin provecho ni medida: ~ *la hacienda.*
rehurtarse *prnl.* MONT. Echar la caza por diferente rumbo del que desea el cazador.
rehús *m.* Desecho, desperdicio.
rehusar (l. v. ***refusare*) *tr.* Rechazar o no aceptar [una cosa]. ◇ **CONJUG. [18].
SIN. **Declinar,** es la forma más cortés de rehusar; por esto se declina un ofrecimiento importante u honorífico, pero no sería propio *declinar una oferta comercial.* **Renunciar,** significa dejar un derecho o cargo que se posee. **Dimitir,** renunciar a un cargo. **Rechazar** y **repudiar,** suponen repulsa, despego. CONTR. **Aceptar, admitir.**
Reichstag *n. pr.* Asamblea legislativa de Alemania.
reidero, -ra *adj.* fam. Que produce risa y algazara.
reidor, -ra *adj.-s.* Que ríe con frecuencia. 2 Risueño.
reiforme *adj.-m.* Ave del orden de los reiformes. -2 *m. pl.* Orden de aves americanas incapaces de volar pero buenas corredoras; como el ñandú.
reimplantación *f.* Acción de reimplantar. 2 Efecto de reimplantar.
reimplantar *tr.* Volver a implantar.
reimplante *m.* Reimplantación.
reimportación *f.* Acción de reimportar. 2 Efecto de reimportar.
reimportar *tr.* Importar en un país [lo que se había exportado de él].
reimpresión *f.* Acción de reimprimir. 2 Efecto de reimprimir. 3 Conjunto de ejemplares reimpresos de una vez.
reimpreso, -sa, pp. irreg. de *reimprimir.*
reimprimir *tr.* Volver a imprimir o repetir la impresión [de una obra o escrito]. ◇ pp. irreg.: *reimpreso.*
SIN. **Reeditar.**
reina (l. *regina*) *f.* Esposa del rey. 2 La que ejerce la potestad real por derecho propio. 3 En el juego de ajedrez, pieza más importante después del rey y única en su bando que puede moverse como cualquiera de las demás, exceptuando el caballo. 4 fig. Mujer, animal o cosa del género femenino que por su excelencia sobresale entre las demás de su clase. 5 En los insectos sociales, hembra fecunda: *abeja* ~. 6 ~ *luisa,* luisa. 7 ~ *de los prados,* hierba rosácea de adorno, de hojas alternas divididas en segmentos aovados, blancos y flores blancas o rosáceas en umbela; su raíz es tónica y febrífuga *(Filipendula ulmaria).* 8 ~ *de los bosques,* asperilla. 9 ~ *mora,* infernáculo.
SIN. *3* **Dama,** menos us. *7* **Filipéndula, ulmaria.**
reinado *m.* Espacio de tiempo en que gobierna un rey o una reina. 2 p. ext. Espacio de tiempo en que predomina alguna cosa: *el* ~ *de los miriñaques.*
reinador, -ra *m. f.* Persona que reina.
reinal *m.* Cuerdecita muy fuerte de cáñamo compuesta de dos ramales retorcidos.
reinante *adj.* Que reina.
reinar (l. *regnare*) *intr.* Regir un rey o príncipe un estado: ~ *sobre muchos pueblos;* ~ *en España.* 2 Dominar o tener predominio una persona o cosa sobre otras. 3 fig. Prevalecer o persistir continuándose o extendiéndose una cosa: ~ *una costumbre, una enfermedad;* ~ *el terror entre las gentes.*
reincidencia (de *reincidir*) *f.* Reiteración de una misma culpa o defecto. 2 DER. Circunstancia agravante de la responsabilidad criminal, que consiste en haber sido el reo condenado antes por delito análogo al que se le imputa.
reincidente *adj.* Que reincide.
reincidir (*re-* + *incidir*) *intr.* Volver a caer o incurrir en un error, falta o delito. 2 Recaer en una enfermedad.
reincorporación *f.* Acción de reincorporar o reincorporarse. 2 Efecto de reincorporar o reincorporarse.
reincorporar (l. *-are*) *tr.-prnl.* Volver a incorporar: ~ *a uno a su trabajo.*
reineta (fr. *reinette*) *f.* *Manzana* ~, variedad de manzana gruesa, aromática, de color dorado y carne amarillenta, jugosa y de muy buen sabor.
reingresar *intr.* Volver a ingresar.
reingreso *m.* Acción de reingresar. 2 Efecto de reingresar.
reiniciar *tr.* Reanudar. ◇ Es barbarismo innecesario. ◇ **CONJUG. [12] como *cambiar.*
reino (l. *regnu*) *m.* Territorio o estados con sus habitantes sujetos a un rey. 2 Provincia de un estado que antiguamente tuvo su rey propio y privativo. 3 ~ *de los Cielos,* cielo (mansión celeste). 4 Diputados o procuradores que con poderes del reino lo representaban. 5 fig. Campo (espacio). 6 Denominación taxonómica que incluye a todos los seres naturales: protoctistas, hongos, animales, vegetales y minerales.
reinoso, -sa *m. f. Colomb.* Habitante del interior del país.
reinserción *f.* Acción de reinsertar. 2 Efecto de reinsertar.
reinsertar *tr.-prnl.* Reintegrar, dar [a alguien] los medios necesarios para adaptarse a la vida social: ~ *a un criminal, drogadicto,* etc.
reinstalación *f.* Acción de reinstalar. 2 Efecto de reinstalar.
reinstalar *tr.* Volver a instalar.
reintegrable *adj.* Que se puede o se debe reintegrar.
reintegración *f.* Acción de reintegrar o reintegrarse. 2 Efecto de reintegrar o reintegrarse.
reintegrar *tr.* Restituir o satisfacer íntegramente [una cosa]: ~ *a un huérfano en sus bienes.* 2 Reconstituir la mermada integridad [de una cosa]. 3 Poner a un documento las pólizas que legalmente son obligatorias. -4 *prnl.* Recobrarse enteramente de lo que se había perdido o dejado de poseer. 5 Volver a ejercer una actividad, incorporarse de nuevo a una colectividad o situación socioeconómica.
reintegro *m.* Reintegración. 2 Pago (entrega). 3 En la lotería, premio igual a la cantidad jugada.
reír (l. *ridere*) *intr.-prnl.* Manifestar alegría y regocijo mediante ciertos movimientos de la boca, la mirada y otras partes del rostro, acompañados de la emisión de una serie de sonidos explosivos e inarticulados. 2 fig. Hacer burla o zumba de una persona o cosa: *ríe, o se ríe, de vosotros.* 3 fig. Mostrar [algo] una expresión o aspecto alegre, festivo o gracioso capaz de infundir alegría: *el alba, el agua, el prado ríen.* -4 *tr.* Celebrar con risa [alguna cosa]: ~ *unos chistes.* -5 *prnl.* fig. *y* fam. Empezar a romperse la tela de una pieza de vestir por muy usada o por mala calidad del tejido. ◇ ** CONJUG. [37].
FR. *Reírse uno de una persona,* despreciarla. SIN. *3* **Sonreír.**
reis (port., pl.: de *real,* real II) *m. pl.* Moneda portuguesa y brasileña imaginaria.
reiteración *f.* Acción de reiterar o reiterarse. 2 Efecto de reiterar o reiterarse. 3 DER. Circunstancia que puede ser agravante, derivada de anteriores condenas del reo.
reiteradamente *adv. m.* Con reiteración.
reiterar (l. *-are*) *tr.* Volver a decir o ejecutar; repetir [una cosa].
reiterativo, -va *adj.* Que tiene la propiedad de reiterarse. 2 Que denota reiteración.
SIN. *2* GRAM. **Frecuentativo.**
reitre (al. *reiter,* jinete) *m.* Ant. soldado de caballería alemana.
reivindicable *adj.* Que puede ser reivindicado.
reivindicación *f.* Acción de reivindicar. 2 Efecto de reivindicar.
reivindicar (l. *res, rei,* cosa + *vindicare,* reclamar) *tr.* DER. Recuperar uno [lo que de derecho le pertenece]. 2 en gral. Reclamar, exigir uno [aquello a que tiene derecho]. ◇ ** CONJUG. [1] como *sacar.*
SIN. DER. **Vindicar.**
reivindicatorio, -ria *adj.* DER. Que sirve para reivindicar, o atañe a la reivindicación.
I) reja (l. *regula,* barra de hierro plana) *f.* Pieza de hierro del arado, para romper y revolver la tierra. 2 fig. Labor o vuelta dada a la tierra con el arado.
II) reja (probl. b. l. *porta regia,* puerta de la casa del Señor × ár. *rixa,* pluma y vulgarmente rayo de rueda) *f.* Red formada de barras de hierro de varios tamaños y figuras, que se pone en diversas aberturas para seguridad o adorno. 2 *Méj.* Zurcido en la ropa.

rejacar (de *reja* I) *tr.* Arrejacar. ◇ ** CONJUG. [1] como *sacar.*
rejada (de *reja* I) *f.* Aguijada.
rejado (de *reja* II) *m.* Verja.
rejal (de *reja* II) *m.* Pila de ladrillos colocados de canto y cruzados unos sobre otros.
rejalgar (ár. *rehchalgar,* arsénico) *m.* Sulfuro de arsénico, muy venenoso, de color rojo, lustre resinoso y fractura concoidea; ús. en pirotecnia y en tenería. 2 fig. Substancia desagradable y nociva.
SIN. *1* **Sandáraca.**
rejeada *f. Amér. Central* y *Colomb.* Zurra, paliza.
rejego, -ga *adj. Amér.* Remiso, manso, especialmente el ganado vacuno. 2 *Amér. Central* y *Méj.* Indomable. 3 *Méj.* Enojadizo. -4 *f. Cuba.* Vaca ordeñable. -5 *m. Guat.* y *Nicar.* Toro semental.
rejera *f.* Calabrote, cable, boya o ancla con que se procura mantener fijo o en posición conveniente un buque. 2 *Cuba* y *Ecuad.* Vaca ordeñable. 3 *Pan.* Azotaina.
rejería *f.* Arte de construir rejas o verjas. 2 Conjunto de obras de rejero.
I) rejero, -ra *m. f.* Persona que tiene por oficio hacer rejas II.
II) rejero, -ra *adj. Colomb.* [ganado] Que cabestrea con facilidad, cogido con la soga.
rejilla (dim. de *reja* II) *f.* Celosía, red de alambre, tela metálica, tabla calada, etc., que suele ponerse en las ventanillas de los confesionarios, en el ventanillo de la puerta exterior de las casas, etc. 2 p. ext. Abertura pequeña cerrada con rejilla (celosía). 3 Tejido claro hecho con tiritas de los tallos de ciertas plantas, como el bejuco, para respaldos y asientos de sillas y para otros usos. 4 Rejuela (braserito). 5 Armazón de barras de hierro que sostiene el combustible en el hogar de las hornillas, hornos, etc. 6 Tejido en forma de red que se coloca sobre los asientos en el ferrocarril. 7 Tejido metálico que se utiliza en los vagones de ferrocarril, para poner el equipaje. 8 Pantalla que se coloca entre el cátodo y el ánodo de la televisión, para regular el flujo electrónico. 9 *Chile* y *P. Rico.* Calandra del automóvil.
rejiñol *m.* Pito (vasija).
rejitar (relacionado con *ahitar*) *tr.* MONT. Vomitar (por la boca).
rejo (de *reja* I) *m.* Punta o aguijón: *un ~ de hierro; el ~ de una abeja.* 2 Tentáculo de los cefalópodos. 3 Clavo o hierro redondo con que se juega al herrón. 4 Hierro puesto en el cerco de las puertas. 5 Tira de cuero. 6 Soga, cuerda. 7 Parte del embrión de la planta que al desarrollarse constituye la raíz. 8 fig. Robustez o fortaleza. 9 *Amér.* Látigo, azote. 10 *Colomb.* Tiento (tira de cuero crudo). 11 *Cuba.* Soga que se emplea para atar el ternero a la vaca. 12 *Ecuad.* Acción de ordeñar las vacas. 13 *Ecuad.* Conjunto de vacas lecheras.
SIN. *6* **Raicilla, raicita. Radícula,** tecn. botánico.
rejón (de *rejo*) *m.* Barra o barrón de hierro cortante que remata en punta. 2 Asta de madera para rejonear, de metro y medio de largo aproximadamente, con una moharra en la punta y una muesca cerca de ella. 3 Especie de puñal. 4 Púa del trompo. 5 *S. Dom.* Jaula individual para gallos de pelea.
rejonazo *m.* Golpe y herida de rejón.
rejoncillo *m.* Rejón (asta).
rejoneador, -ra *m. f.* Persona que rejonea.
rejonear *tr.* En el toreo de a caballo, herir con el rejón [al toro] quebrándolo en el cuerpo del animal por la muesca que tiene cerca de la punta.
rejoneo *m.* Acción de rejonear.
rejudo, -da *adj. Colomb.* y *Venez.* Correoso, como la melcocha.
rejuego *m. Cuba.* Embrollo, enredo. 2 *Méj.* Algazara.
rejuela *f.* Dim. de *reja* II. 2 Braserito con rejilla en la tapa, para calentarse los pies.
SIN. *2* **Librete, maridillo, rejilla.**
rejugado, -da *adj. Amér.* Astuto, taimado.
rejuntar *tr.* Escoger [algo], juntarlo. -2 *prnl.* Amancebarse.
rejuvenecedor, -ra *adj.* Que rejuvenece.
rejuvenecer (*re-* + l. *iuvenescere*) *tr.-intr.-prnl.* Remozar, dar [a uno] la fortaleza y el vigor propios de la juventud: *ha rejuvenecido a sus compañeros; mi padre rejuvenece,* o *se rejuvenece.* -2 *tr.* Renovar, dar actualidad [a lo desusado o postergado]. ◇ ** CONJUG. [43] como *agradecer.*
rejuvenecimiento *m.* Acción de rejuvenecer o rejuvenecerse. 2 Efecto de rejuvenecer o rejuvenecerse.
relabra *f.* Acción de relabrar. 2 Efecto de relabrar.
relabrar *tr.* Volver a labrar [una piedra, madera, etc.].
relación (l. *-atione*) *f.* Acción de referir o referirse (expresar; dirigir). 2 Efecto de referir o referirse (expresar; dirigir). 3 Fragmento largo que dice el personaje de un poema dramático. 4 Lista de personas o cosas. 5 DER. Informe que un auxiliar *(relator)* hace de lo substancial de un proceso o de alguna incidencia en él ante un tribunal o juez. 6 ~ *jurada,* razón o cuenta que con juramento en ella expreso se da a quien tiene autoridad para exigirla. 7 Conexión, correspondencia, de una cosa con otra. 8 Conexión, correspondencia, trato de una persona con otra: *mantener buenas relaciones con los amigos; las relaciones comerciales; relaciones amorosas* o simplte. ***relaciones,*** noviazgo. 9 ***Relaciones públicas,*** actividad profesional cuyo fin es informar sobre personas, instituciones, empresas, tratando de aumentar su prestigio y ganar partidarios. 10 GRAM. Enlace entre oraciones o entre palabras de una misma oración. 11 MAT. Resultado de comparar dos cantidades expresadas en números. 12 ***Con ~ a, en ~ con,*** con respecto a. 13 *Argent.* y *Urug.* Versos que se dicen las parejas en cierto momento del baile. 14 *Méj.* Tesoro escondido.
relacional *adj.* Perteneciente o relativo a la relación o correspondencia entre cosas.
relacionar *tr.* Hacer relación [de un hecho], referirlo o relatarlo. 2 Poner en relación [pers. o cosas]. -3 *prnl.* fig. Hacer amistad con alguien.
SIN. *1* **Contar.**
relacionero, -ra *m. f.* Persona que tiene por oficio hacer o vender coplas o relaciones.
relacionista *com.* Persona que trabaja en relaciones públicas. 2 Experto en dichas relaciones.
reláfica *f. Venez.* Relación, relato largo.
relajación *f.* Acción de relajar o relajarse. 2 Efecto de relajar o relajarse. 3 Hernia. 4 Dominio de las funciones y actividades psicológicas. 5 Terapia activa de reposo muscular y nervioso. 6 FÍS. Fenómeno en el que es necesario un tiempo perceptible para que un sistema reaccione ante cambios bruscos de las condiciones físicas a que está sometido. 7 METAL. Pérdida de tensiones que sufre un material que ha estado sometido a una deformación constante.
relajadamente *adv. m.* Con relajación.
relajado, -da *adj. Pan.* Propenso a tomar las cosas por su lado burlesco y chistoso.
relajador, -ra *adj.-s.* Que relaja.
relajamiento *m.* Relajación.
relajante *adj.* Que tiene la virtud de relajar (aflojar). -2 *adj.-s.* Medicamento que relaja. 3 *Chile.* Alimento o bebida con mucha azúcar.
relajar (l. *-axare*) *tr.* Aflojar, laxar, ablandar: *~ una cuerda.* 2 fig. Hacer menos severa y rigurosa [la observancia de leyes, estatutos, etc.]. 3 fig. Esparcir o divertir [el ánimo] con algún descanso. 4 DER. Aliviar o disminuir a uno [la pena o castigo]. 5 DER. Relevar [de un voto, juramento u obligación]. 6 DER. Entregar el juez eclesiástico al secular [un reo digno de pena capital]. 7 GRAM. Aflojarse la tensión muscular con que se pronuncian los sonidos: *vocales relajadas.* -8 *tr.-prnl.* Descansar, reposar. -9 *prnl.* Laxarse o dilatarse una parte del cuerpo por debilidad o por una violencia que se hizo: *relajarse del lado izquierdo.* 10 p. us. Formársele a uno hernia. 11 fig. Viciarse o estragarse en las costumbres: *relajarse en la conducta.* 12 *Cuba* y *P. Rico.* Burlarse de alguien. -13 *intr. Chile* y *P. Rico.* Tener alguna cosa sabor desagradable por el mucho azúcar que contiene.
relajear *tr. Pan.* Faltar al decoro, al respeto [a alguien].
relajo *m.* Holganza, laxitud en el cumplimiento de las normas. 2 Degradación de costumbres. 3 *Cuba, Méj.* y *P. Rico.* Alboroto, desorden, barullo, escándalo: *la fiesta terminó con el gran ~.* 4 *Cuba* y *P. Rico.* Burla, broma, escarnio que se hace de una persona o cosa: ***echarlo a ~***, echarlo a broma. 5 *S. Dom.* Entre campesinos, empacho gástrico. -6 *adj. Méj.* Fogoso, arisco.
relajón, -jona *adj. Cuba* y *P. Rico.* vulg. Bromista. 2 *Cuba* y *P. Rico.* Depravado.
relamer (l. *relambere*) *tr.* Volver a lamer [una cosa]. -2 *prnl.* Lamerse los labios una y muchas veces. 3 fig. Afeitarse o componerse demasiadamente el rostro. 4 fig. Gloriarse o jactarse de lo que se ha ejecutado. 5 fig. Saborear una cosa por anticipado.
relamido, -da *adj.* Afectado, demasiadamente pulcro. 2 *Amér. Central.* Descarado.
SIN. *1* **Lamido.**
relámpago (b. l. *lampare* < gr. *lampo,* brillar, probl. a través de un l. v. **lampicare*) *m.* Resplandor muy vivo e instantáneo producido en las nubes por una descarga eléctrica. 2 fig. Fuego o resplandor repentino. 3 fig. Cosa que pasa ligeramente o es

pronta en sus operaciones. 4 fig. Especie viva e ingeniosa. 5 VETER. Especie de nube que se forma a los caballos en los ojos.

relampagueante *adj.* Que relampaguea.

relampaguear *impers.* Haber relámpagos. -2 *intr.* fig. Arrojar luz, o brillar mucho con algunas intermisiones, esp. los ojos muy vivos e iracundos.

relampagueo *m.* Acción de relampaguear.

relampuso, -sa *adj. Cuba.* Descarado.

relance *m.* Segundo lance, redada o suerte. 2 En los juegos de envite, suerte o azar que se sigue o sucede a otros. 3 Acción de relanzar o sortear. 4 Suceso casual y dudoso: ***de ~, loc. adv.,*** casualmente, cuando no se esperaba.

relancina *f. Ecuad.* Casualidad.

relancino, -na *adj. Venez.* Perspicaz, astuto.

relanzamiento *m.* Acción de relanzar [una actividad]. 2 Efecto de relanzar [una actividad].

relanzar *tr.* Dar nuevos impulsos a una actividad. 2 Repeler, rechazar [una cosa]. 3 esp. Volver a echar en el cántaro [las cédulas] en las elecciones que se hacen por insaculación. ◇ **CONJUG. [4] como ***realizar.***

relanzón *m.* Paparda.

relapso, -sa (l. *-su < relabi,* volver a caer) ***adj.-s.*** Que reincide en un pecado de que ya había hecho penitencia, o en una herejía de que había abjurado. -2 ***m.*** Recaída en una enfermedad tras una cura aparente.

relatador ***adj.-s.*** Que relata.

relatar (de *relato*) *tr.* Referir (expresar). 2 DER. Hacer relación [de un proceso o pleito].

SIN. *1* v. **Contar.**

relativamente *adv. m.* Con relación a una persona o cosa.

relatividad *f.* Calidad de relativo. 2 FÍS. ***Teoría de la ~,*** conjunto de teorías formuladas por el físico alemán Alberto Einstein (1879-1955), sobre la imposiblidad de encontrar un sistema de referencia absoluto, lo que hace a los conceptos de tiempo y espacio relativos.

relativismo *m.* Doctrina epistemológica que, como el subjetivismo, niega la existencia de toda verdad absoluta, universalmente válida, pero hace depender la validez del conocimiento de determinados lugares, tiempos, épocas históricas, ciclos de cultura u otras condiciones externas en las cuales este conocimiento se efectuó. Es decir, mientras el subjetivismo, general o individual, hace depender la validez del conocimiento humano de factores que residen en el sujeto cognoscente, el relativismo subraya la dependencia de todo conocimiento respecto de factores externos.

relativista *adj.* Concerniente a la relatividad o al relativismo. -2 ***adj.-com.*** Partidario de alguna de estas doctrinas.

relativización *f.* Acción de relativizar. 2 Efecto de relativizar.

relativizar *tr.* Conceder [a algo] un valor o importancia menor. ◇ ** CONJUG. [4] como ***realizar.***

relativo, -va (l. *-ivu*) ***adj.*** Que hace relación a una persona o cosa: *~ a la guerra; ~ al Papa.* 2 No absoluto: *valor ~; felicidad relativa.* -3 ***adj.-m.*** GRAM. Palabra que enlaza o relaciona una oración subordinada que califica o determina a un elemento de la oración principal, el cual se llama antecedente. Realizan esta función siempre los pronombres relativos *que, el cual, quien, cuyo* y en determinadas circunstancias los adverbios relativos *donde, cuando, cuanto, como.* 4 GRAM. Elemento sintáctico que hace referencia a algo ajeno a sí mismo: *pronombre ~; oración de ~.*

relato (l. *-tu*) *m.* Acción de relatar (referir). 2 Narración, cuento.

relator, -ra (l.) ***adj.-s.*** Que relata o refiere una cosa. -2 ***m.*** Letrado que hace relación de los autores o expedientes en los tribunales superiores.

relatoría *f.* Empleo u oficina de relator.

relauchar *intr. Chile.* Vacar por breve espacio y como a escondidas de un trabajo para descansar.

relavar (l. *-are*) *tr.* Volver a lavar o purificar más [una cosa].

relave *m.* Acción de relavar. 2 MIN. Segundo lave. -3 ***m. pl.*** Partículas de mineral que el agua del lave arrastra y mezcla con el barro estéril, y que para ser aprovechados necesitan un nuevo lave.

relax (voz inglesa, del l. *relaxare,* relajar) ***m.*** Relajamiento físico o psíquico producido por ejercicios adecuados o por comodidad, bienestar u otra causa. ◇ Pl.: *relax.*

relazar *tr.* Enlazar o atar [una cosa] con varios lazos o vueltas. ◇ ** CONJUG. [4] como ***realizar.***

relé (fr. *relais*) *m.* Relevador.

releer (l. *relegere*) *tr.* Leer de nuevo [una cosa]. ◇ ** CONJUG. [61] como ***leer.***

relegación *f.* Acción de relegar. 2 Efecto de relegar. 3 DER. Pena que ha de cumplirse en el lugar destinado por el gobierno.

SIN. *3* v. **Destierro.**

relegar (l. *-are*) *tr.* Entre los antiguos romanos, desterrar [a un ciudadano] sin privarle de los derechos de tal. 2 en gral. Desterrar (expulsar). 3 fig. Apartar, posponer: *~ una cosa.* ◇ **CONJUG. [7] como ***llegar.***

relej *m.* Releje.

relejar *intr.* ARQ. Formar releje la pared. 2 ARTILL. Dejar un resalte en el interior del cañón. -3 ***tr.*** DER. Relajar [una pena].

releje (cat. *relleix*) ***m.*** Rodada o carrilada. 2 Sarro que se cría en los labios o en la boca. 3 Faja brillante que dejan los afiladores a lo largo del corte de las navajas. 4 ARQ. Lo que la parte superior de un paramento en talud dista de la vertical que pasa por su pie. 5 ARTILL. Resalte interior que estrecha la recámara de algunas piezas de artillería, para que la parte donde está la pólvora sea más angosta que lo restante del cañón.

relente (emparentado con *liento* < l. *lentu* < *lentescere,* hacer viscoso) ***m.*** Humedad que en noches serenas se nota en la atmósfera. 2 fig. Sorna, frescura.

relentecer ***intr.-prnl.*** Lentecer. ◇ ** CONJUG. [43] como ***agradecer.***

relevación *f.* Acción de relevar. 2 Efecto de relevar. 3 Alivio o liberación de la carga que se debe llevar o de la obligación que se debe cumplir. 4 DER. Exención de una obligación o un requisito.

relevador *m.* Dispositivo electromagnético que, estimulado por una corriente eléctrica muy débil, abre o cierra un circuito en el cual se disipa una potencia mucho mayor que en el circuito estimulador. 2 En radiodifusión y televisión, estación repetidora que recoge la señal procedente de otra estación y la retransmite automáticamente con una potencia mucho mayor que la recibida.

relevancia *f.* Calidad o condición de relevante, importancia, significación.

relevante *adj.* Sobresaliente, excelente. 2 Importante o significativo.

relevar (l. *-are*) *tr.* Hacer de relieve o saliente [una cosa]. 2 fig. Exaltar, engrandecer [una cosa]: *~ demasiadamente una novela.* 3 Exonerar [de un peso o gravamen y también de un empleo o cargo]. 4 en gral. Reemplazar o sustituir [a una pers.] con otra en cualquier empleo. 5 Remediar o socorrer: *~ a uno con dinero.* 6 Absolver, perdonar: *~ a uno de sus culpas.* 7 MIL. esp. Mudar [un centinela o cuerpo de tropa] que da una guardia o guarnece un puesto. 8 PINT. esp. Pintar [una cosa] de manera que parezca que sale fuera o tiene bulto. -9 ***intr.*** ESC. Resaltar una figura fuera del plano. -10 ***rec.*** Trabajar alternativamente, reemplazarse mutuamente.

relevista ***adj.-com.*** DEP. Persona que practica algún deporte de relevos.

relevo *m.* MIL. Acción de relevar (reemplazar). 2 Persona o grupo que releva. 3 MIL. Cambio de guardia. 4 MIL. Soldado o guardia que releva. 5 DEP. Distancia recorrida por un deportista en una carrera de relevos. 6 DEP. Deportista que participa en dicha carrera. -7 ***m. pl. Carrera de relevos,*** o simplemente ***relevos,*** DEP., competición deportiva por equipos, generalmente formados por cuatro componentes, los cuales se suceden a cada tramo prefijado del recorrido.

relicario *m.* Lugar donde están guardadas las reliquias. 2 Caja o estuche, gralte. precioso, para custodiar reliquias. 3 *Amér.* Medallón.

SIN. *2* **Teca II.**

relicto (l. *-tu* < *relinquere,* dejar) ***adj.*** [caudal o hacienda] Que dejó alguno o quedó de él a su fallecimiento.

relievar (de *relieve*) *tr.* Exaltar, engrandecer. 2 *Colomb.* Hacer de relieve algo.

relieve (it. *rilievo*) *m.* Labor o figura que resalta sobre el plano. 2 Conjunto de los diferentes niveles que se hallan en la superficie de un país. 3 fig. Mérito, renombre. 4 ***Alto, medio,*** o ***bajo ~,*** ESC., aquel en que la figuras salen del plano más de la mitad, la mitad, o menos de la mitad de su bulto, respectivamente. 5 PINT. Realce o bulto que aparentan algunas cosas pintadas. -6 ***m. pl.*** Residuos de lo que se come: *relieves de la mesa.*

religa *f.* Porción de metal que se añade en una liga.

religación *f.* Acción de religar. 2 Efecto de religar.

religar (l. *-are*) *tr.* Volver a atar o ceñir más estrechamente [una cosa]. 2 Volver a ligar un metal con otro. ◇ ** CONJUG. [7] como ***llegar.***

religión (l. *-ione*) *f.* Conjunto de creencias o dogmas, normas éticas y morales de comportamiento social e individual, y prácticas rituales de oración o sacrificio que relacionan al hombre con la divinidad: ~ ***inferior,*** la animista en sus varias formas de fetichismo, totemismo, etc.; ~ ***superior,*** la que posee teología, liturgia y moral; ~ ***natural,*** la fundada en el reconocimiento del hombre de su dependencia de la divinidad; ~ ***revelada,*** la fundada en una manifestación directa de la divinidad al hombre; ~ ***politeísta,*** la fundada en la creencia en una pluralidad de divinidades (mitología, mazdeísmo, budismo, brahmanismo, confucianismo, etc.); ~ ***monoteísta,*** la que reconoce un único Dios (hebraísmo, islamismo, cristianismo); ~ ***católica,*** la revelada por Jesucristo y conservada por la Santa Iglesia Romana; ~ ***reformada,*** protestantismo. 2 Virtud que nos mueve a dar a Dios el culto debido. 3 Profesión y observancia de la doctrina religiosa. 4 Obligación de conciencia, cumplimiento de un deber. 5 Orden, instituto religioso: ***entrar en ~ una persona,*** tomar el hábito en un instituto religioso.

religionario ***m.*** Sectario del protestantismo.

religiosamente ***adv. m.*** Con religión. 2 Con puntualidad y exactitud: *pagó ~ cuanto debía.*

religiosidad ***f.*** Práctica y esmero en cumplir las obligaciones religiosas. 2 Puntualidad, exactitud en hacer, observar o cumplir una cosa.

religioso, -sa ***adj.-s.*** Que ha tomado hábito en una orden religiosa regular. -2 ***adj.*** Relativo a la religión o a los que la profesan. 3 Que tiene religión y particularmente que la profesa con celo. 4 Fiel y exacto en el cumplimiento del deber. 5 Moderado, parco. -6 ***f.*** Pastel compuesto de dos lionesas superpuestas.
SIN. *1* **Fraile, monje.**

relimar ***tr.*** Volver a limar: ~ *un eje.*

relimpiar ***tr.*** Volver a limpiar o limpiar mucho [a una pers. o cosa]. ◇ ** CONJUG. [12] como ***cambiar.***

relimpio, -pia ***adj.*** fam. Muy limpio.

relinchador, -ra ***adj.*** Que relincha frecuentemente.

relinchar (l. v. **rehinnitulare* < l. *hinnire*) ***intr.*** Emitir con fuerza su voz el caballo.

relinchido ***m.*** Relincho.

relincho ***m.*** Voz del caballo. 2 fig. Grito de fiesta o de alegría en algunos lugares.

relinchón ***m.*** Planta crucífera de tallo rígido con ramas muy abiertas y flores pequeñas de color amarillo *(Hirschfeldia incana).*

relindo, -da ***adj.*** Muy lindo o hermoso.

relinga (fr. *ralij* < neerl. ant. *ralij*) ***f.*** Cuerda o soga en que van colocados los plomos y corchos de las redes. 2 Cabo con que se refuerzan las orillas de las velas.

relingar ***tr.*** MAR. Coser o pegar la relinga [a una red]. 2 MAR. Izar [una vela] hasta poner tirantes sus relingas de caída. -3 ***intr.*** MAR. Moverse la relinga con el viento o empezar a flamear los primeros paños de la vela. ◇ ** CONJUG. [7] como ***llegar.***

reliquia (l. *-iœ*) ***f.*** Residuo que queda de un todo. 2 Parte del cuerpo de un santo, o lo que por haberle tocado es digno de veneración: ~ ***insigne,*** porción principal del cuerpo de un santo. 3 fig. Vestigio de cosas pasadas. 4 Dolor o achaque habitual que resulta de una enfermedad o accidente.
SIN. *3* v. **Indicio.**

rellanar (l. *replanare*) ***tr.*** Volver a allanar [una cosa]. -2 ***prnl.*** Arrellanarse.

rellano ***m.*** Descansillo. 2 Llano que interrumpe la pendiente de un terreno.

rellena ***f.*** *Colomb.* y *Méj.* Moronga, morcilla. 2 *Nicar.* Tortilla de maíz cocida.

rellenar ***tr.*** Volver a llenar o llenar enteramente [una cosa]. 2 Llenar de carne picada u otros ingredientes [un ave u otro manjar]. -3 ***tr.-prnl.*** fig. *y* fam. Dar de comer hasta la saciedad.
SIN. *1* **Rehenchir.** *2* y *3.* **Rebutir** y **embutir,** añaden la idea de apretar la masa con que se rellena. Por esto son intensivos e hiperbólicos, festivamente, cuando se usan en la acep. 3. *3* **Atracar, atiborrar.**

relleno, -na ***adj.*** Muy lleno. -2 ***m.*** Acción de rellenar o rellenarse. 3 Efecto de rellenar o rellenarse. 4 Picadillo sazonado de carne, hierbas, etc., con que se llenan aves, hortalizas, o se acompaña el cocido. 5 fig. Parte superflua que alarga una oración o escrito.

reló ***m.*** Reloj. ◇ Pl.: *relojes.*

reloj (l. *horlogiu* < gr. *horologion*) ***m.*** Instrumento para medir el tiempo o dividir el día en horas, minutos y segundos; un peso o un muelle produce, por lo común, el movimiento, que se regula con un péndulo o volante, y se transmite a unas manecillas indicadoras movidas sobre un disco o esfera por medio de varias ruedas dentadas. Se denomina ~ *de torre, de pared, de bolsillo, de péndulo*, etc., según sus dimensiones, colocación, uso, etc.: ~ ***analógico,*** el tradicional de manecillas, con prestación analógica de la hora; ~ ***de campana,*** el que da las horas con campana; ~ ***de cuco,*** cucú; ~ ***de música,*** aquel que al dar la hora hace sonar una música; ~ ***de pulsera,*** el que se lleva en la muñeca formando parte de una pulsera; ~ ***despertador,*** despertador; ~ ***magistral,*** aquel cuya marcha sirve de norma a la de otros; ~ ***de repetición,*** el que suena o puede sonar la hora repetidamente; ~ ***de cuarzo,*** el que funciona mediante un oscilador de cuarzo e impulsos eléctricos; ~ ***atómico,*** el de gran precisión regido por la frecuencia de resonancia atómica o molecular; ~ ***eléctrico,*** aquel cuyo mecanismo es accionado y regulado por electricidad; ~ ***digital,*** el electrónico con pantalla de cristal líquido, que indica el tiempo mediante cifras; ~ ***de pesas,*** aquel cuyo movimiento se regula por las oscilaciones de un péndulo. 2 Artificio en general ideado para medir el tiempo o señalar las horas: ~ ***de agua*** (o *clepsidra*), el que mide el tiempo por medio del agua que va cayendo de un vaso a otro; ~ ***de arena,*** el compuesto de dos ampolletas unidas por el cuello y en que se mide el tiempo por medio de la arena que va cayendo de una a otra; ~ ***de sol*** o ***solar,*** el que señala las diversas horas del día, por medio de la variable iluminación de un cuerpo expuesto al sol, o por medio de la sombra que un gnomon arroja sobre una superficie, o con auxilio de un simple rayo de luz, directo, reflejado o refracto, proyectado sobre aquella superficie. 3 ~ ***de longitudes*** o ***marino,*** cronómetro arreglado a la hora de un determinado meridiano para calcular las diferencias de longitud en la navegación de altura. 4 ~ ***de Flora,*** tabla de las diferentes horas del día en que abren sus flores ciertas plantas. 5 fig. ~ ***desconcertado,*** persona desordenada. 6 ~ ***de péndulo,*** constelación austral situada entre Erídano y Buril. 7 ***Contra ~***, [hacer una cosa o resolver un asunto] en un plazo de tiempo perentorio o demasiado corto; en ciclismo, carrera en que los participantes van tomando la salida uno tras otro con determinado intervalo. 8 Pez marino teleósteo, pelágico, de cuerpo comprimido de color pardo plateado con reflejos irisados y aletas rojizas *(Hoplostethus mediterraneus).* 9 INFORM. Dispositivo electrónico situado en el interior de un ordenador que emite señales periódicas usadas en el control del tiempo de duración de las operaciones de dicho ordenador. -10 ***m. pl.*** Pico de cigüeña.
REL. *1* **Tictac,** onomat. del ruido acompasado que produce.

relojera ***f.*** Mueblecillo o bolsa para el reloj de bolsillo. 2 Mujer del relojero.

relojería ***f.*** Arte de hacer relojes. 2 Establecimiento del relojero.

relojero, -ra ***m. f.*** Persona que tiene por oficio hacer, componer o vender relojes.

reluchar (l. *reluctari*) ***intr.*** fig. Luchar mutua y porfiadamente.

reluciángano ***m. f.*** *And.* Luciérnaga.

relucir (l. *-ere*) ***intr.*** Despedir o reflejar luz una cosa resplandeciente, o lucir o resplandecer mucho una cosa. 2 fig. Resplandecer uno en alguna cualidad excelente o por hechos loables. ◇ ** CONJUG. [45] como ***lucir.***
FR. *Salir* o *sacar a relucir*, mentar o alegar por modo inesperado algún hecho o razón.

reluctancia ***f.*** ELECTR. Resistencia que ofrece un circuito al flujo magnético.

reluctante (l. *reluctari,* resistir) ***adj.*** Reacio, opuesto.
SIN. v. **Desobediente.**

reluga ***f.*** *Sant.* Margen de un campo.

relujado, -da ***adj.*** *Méj.* Bien aderezado en su atavío.

relujar ***tr.*** *Méj.* Embetunar, lustrar [algo].

relumbrante ***adj.*** Que relumbra.

relumbrar (l. *reluminare*) ***intr.*** Dar una cosa viva luz o alumbrar con exceso.
SIN. v. **Resplandecer.**

relumbre ***m.*** Brillo, esplendor, destello.

relumbrera ***f.*** *Murc.* Luciérnaga.

relumbro, -brón ***m.*** Golpe de luz vivo y pasajero. 2 Oropel.
LOC. *De relumbrón*, de mejor apariencia que calidad. SIN. *1* **Destello.**

relumbroso, -sa ***adj.*** Que relumbra.

reluzángano, -na ***m. f.*** *Ál., Cuen., Gran., La Mancha* y *Murc.* Luciérnaga.

relva ***f.*** *And.* Posío.

rem (del inglés, *R*oentgen *E*quivalent *M*an) ***m.*** Unidad de medida de los efectos de emisiones radioactivas.

remachado ***m.*** Acción de remachar. 2 Efecto de remachar. -3 ***adj.*** *Colomb.* Cazurro, callado.

remachador, -ra ***adj.*** Que remacha. -2 ***f.*** Máquina que sirve para remachar.

remachar *tr.* Machacar la punta o la cabeza [del clavo ya clavado]; esp., percutir el extremo [del roblón colocado en el correspondiente taladro] hasta que forme cabeza. 2 Sujetar con remaches (roblones). 3 fig. Confirmar, robustecer [lo que se ha dicho o hecho]. -4 *prnl. Colomb.* Guardar silencio.

remache *m.* Acción de remachar. 2 Efecto de remachar. 3 Roblón (clavija). 4 En el juego del billar, lance que consiste en impeler una bola sobre otra que está pegada a la banda. 5 *Colomb.* fig. Tenacidad.

remador, -ra *m. f.* Remero.

remadura *f.* Acción de remar. 2 Efecto de remar.

remajear *tr. And.* Poner [el ganado] alrededor de la majada antes de encerrarlo.

remallar (paras. de *re-* + *malla*) *tr.* Componer, reforzar [las mallas viejas o rotas]: ~ *una red.*

remamiento *m.* Remadura.

remandar (l. *-are*) *tr.* Mandar [una cosa] muchas veces.

remanecer (b. l. *manescere,* amanecer) *intr.* Aparecer de nuevo e inopinadamente. ◇ ** CONJUG. [43] como *agradecer.*

remanencia *f.* En el hierro en proceso de imantación, conservación de una parte del magnetismo.

remanente (l. < *remanere,* quedar) *m.* Residuo de una cosa.

remanga (*red* + *manga*) *f.* Arte especial para la pesca del camarón.

remangar (paras. de *re-* + *manga*) *tr.-prnl.* Arremangar(se). ◇ ** CONJUG. [7] como *llegar.*

remango *m.* Arremango.

remanguillé (a la ~) *loc.* fam. Dañado, estropeado, en mal estado. 2 En completo desorden, revuelto, patas arriba.

remansarse (de *remanso*) *prnl.* Detenerse o suspenderse el curso o la corriente de un líquido.

remanso (l. *remanere,* detenerse) *m.* Detención de la corriente de un líquido. 2 Lugar tranquilo. 3 fig. Pachorra, lentitud.

remante *adj.-s.* Que rema.

remar *intr.* Mover convenientemente el remo para impeler la embarcación. 2 fig. Trabajar con grande afán en una cosa.

remarcable *adj.* GALIC. Notable, sobresaliente.

remarcar *tr.* Volver a marcar [una cosa]. 2 GALIC. Notar, darse cuenta [de algo]. ◇ ** CONJUG. [1] como *sacar.*

remasa *f.* Recogida de la miera segregada por los pinos, durante la campaña de resinación.

rematadamente *adv. m.* Totalmente.

rematado, -da *adj.* [pers.] Que se halla en tan mal estado, que es imposible, o punto menos, su remedio. 2 Condenado por fallo ejecutorio a alguna pena.

rematador, -ra *adj.-s.* Que remata. -2 *m.* Subastador. 3 *Argent.* y *Bol.* Rematista.

rematamiento *m.* Remate.

rematante *m.* Persona a quien se adjudica la cosa subastada.

rematar *tr.* Poner fin a la vida [de la persona o del animal] que está en trance de muerte: ~ *al toro;* ~ *en cruz;* esp., dejar el cazador [la pieza] enteramente muerta. 2 Acabar, concluir o finalizar [una cosa]: ~ *con una copla;* esp., entre sastres o costureras, afianzar la última puntada [de un trabajo]. 3 Hacer remate [de un objeto] en una subasta. 4 En el juego del fútbol, tirar a gol. 5 Terminar o fenecer. -6 *prnl.* Perderse, acabarse o destruirse una cosa. -7 *tr. Chile.* Parar en firme [un caballo]. 8 *Chile.* Entre colegiales, disputarse [el primer lugar de la clase].
SIN. *2* v. **Terminar.**

remate *m.* Fin o cabo, extremidad o conclusión de una cosa. *Por* ~, por fin, por último. 2 Lo que en las construcciones arquitectónicas, muebles, etc., se sobrepone para coronarlos o adornar su parte superior. 3 Postura que logra la adjudicación en subasta para compraventas, arriendos, obras o servicios. 4 Adjudicación de los bienes vendidos en subasta al comprador de mejor puja y condición. 5 ***De*** ~, absolutamente, sin remedio: *tonto de* ~. 6 DEP. En el juego del fútbol, disparo a gol. 7 *Méj.* Hirma, orillo del paño.

rematista *m. Amér.* Rematante. 2 *Perú* y *P. Rico.* Encargado de vender los bienes en remate.

rembolsar *tr.* Reembolsar.

rembolso *m.* Reembolso.

remecedero *m. And.* Columpio.

remecedor, -ra (de *remecer*) *m. f.* Persona que varea y menea los olivos para que suelten la aceituna.

remecer (l. *remiscere*) *tr.* Mover reiteradamente [una cosa] de un lado a otro. ◇ ** CONJUG. [2] como *mecer.*

remedable *adj.* Que se puede remedar.

remedador, -ra *adj.-s.* Que remeda.

remedar (l. v. **reimitari,* der. del l. *imitari*) *tr.* Imitar o contrahacer [una cosa]. 2 Seguir uno las mismas huellas y ejemplos [de otro] o llevar el mismo método [que él]. 3 esp. Hacer uno, por burla, las mismas acciones o visajes [que otro].

remediable *adj.* Que se puede remediar.

remediador, -ra *adj.-s.* Que remedia (repara un daño).

remediar (l. *-are*) *tr.-prnl.* Poner remedio [al daño], repararlo. 2 en gral. Corregir o enmendar [una cosa]. 3 Socorrer [una necesidad o urgencia]. 4 Librar, apartar de un riesgo [a una pers. o cosa]. 5 Evitar o estorbar [que se ejecute una cosa de que se sigue daño]: *no he podido* ~ *que se fugara.* ◇ ** CONJUG. [12] como *cambiar.*
SIN. *1* **Subsanar** un defecto.

remediavagos (de *remediar* + *vago*) *m.* Libro o manual que resume una materia en poco espacio, para facilitar su estudio. 2 Procedimiento destinado a hacer una cosa con el mínimo esfuerzo. ◇ Pl.: *remediavagos.*

remedición *f.* Acción de remedir. 2 Efecto de remedir.

remedio (l. *-iu*) *m.* Medio que se toma para reparar un daño o inconveniente: *poner* ~ *a las preocupaciones.* 2 Cosa que en las enfermedades sirve para producir un cambio favorable: ~ *casero,* el que se hace empíricamente, sin recurrir a las boticas; ~ *heroico,* el de acción muy enérgica, que sólo se aplica en casos extremos; fig., medida extraordinaria tomada en circunstancias graves. 3 Enmienda o corrección. 4 Recurso, auxilio o refugio. 5 DER. Recurso.
SIN. *2* **Medicamento, medicina,** substancia empleada como remedio.

remedión (aum. de *remedio*) *m.* desus. Función con que en el teatro se suplía la anunciada.

remedir (l. *-etiri*) *tr.* Volver a medir: ~ *un terreno.* ◇ ** CONJUG. [34] como *servir.*

remedo *m.* Imitación, esp. imperfecta, de una cosa.

remellado, -da *adj.* Que tiene mella, especialmente los labios y los ojos. -2 *adj.-s.* [pers.] Que tiene uno de estos defectos.

remellar *tr.* Raer el pelo [de las pieles] en las tenerías.

remellón, -llona *adj.-s.* fam. [pers.] Remellado.

remembranza *f.* Recuerdo de una cosa pasada.
SIN. v. **Recuerdo.**

remembrar *tr.* Rememorar. ◇ ** CONJUG. [27] como *acertar.*

rememoración *f.* Acción de rememorar. 2 Efecto de rememorar.
SIN. v. **Recuerdo.**

rememorar (l. *-are;* doble etim. *remembrar*) *tr.* Recordar, traer a la memoria [una cosa].

rememorativo, -va *adj.* Que recuerda o es capaz de hacer recordar una cosa.

remendado, -da *adj.* fig. Que tiene manchas como recortadas.

remendar (l. *emendare,* corregir) *tr.* Reforzar con remiendo [lo que está viejo o roto]. 2 en gral. Corregir, enmendar: ~ *un escrito.* 3 Aplicar una cosa [a otra] para suplir lo que le falta: *remendó el guiso con una salsa.* ◇ ** CONJUG. [27] como *acertar.*
SIN. v. **Reparar.**

remendón, -dona *adj.-s.* Que tiene por oficio remendar; esp. los sastres y zapateros de viejo.

remenearse *prnl.* Contonearse.

remeneo *m.* Movimientos rápidos y continuos en ciertos bailes y otros esparcimientos públicos.

remeneón *m. P. Rico* y *S. Dom.* vulg. Sacudida violenta.

remense *adj.-s.* De Reims, c. de Francia.

remera (v. *remero*) *f.* Pluma larga y rígida con que terminan las alas de las aves.

remero, -ra *m. f.* Persona que rema. -2 *m.* ZOOL. Insecto hemíptero acuático.
SIN. *1* **Remador.**

remesa (l. *remissa,* remitida) *f.* Envío que se hace de una cosa de una parte a otra. 2 La cosa enviada en cada vez.

I) remesar *tr.-prnl.* Mesar repetidas veces [la barba o el cabello].

II) remesar *tr.* Hacer remesas [de dinero o de género].
SIN. v. **Enviar.**

I) remesón (de *remesar* I) *m.* Acción de arrancar el cabello o la barba. 2 Porción de pelo arrancado.

II) remesón (v. *remisión*) *m.* Carrera corta que el jinete hace dar al caballo, parándolo cuando va con más violencia. 2 ESGR. Treta que se forma corriendo la espada del contrario desde los últimos tercios hasta el recazo, para echarle fuera del ángulo recto y poder herirle libremente.

remesonero, -ra (de *remecer*) ***adj.*** *Argent.* [caballería] De galope irregular.
remeter ***tr.*** Volver a meter o meter más adentro [una cosa]. 2 Hablando [de los niños], ponerles un metedor limpio sin quitarles los pañales.
remezón (de *remecer*) ***m.*** *Amér.* Terremoto ligero.
remiche (cat. *remig* < l. *remigiu,* hilera de remos) ***m.*** Espacio entre banco y banco que ocupaban los forzados en las galeras. 2 Galeote destinado esp. al remo del costado de la nave.
remichero, -ra ***adj.*** *Guat.* Revoltoso.
remiel ***m.*** Segunda miel que se saca de la caña dulce.
remiendo ***m.*** Pedazo de tela que se cose a lo que está viejo o roto. 2 Obra de corta entidad que se hace en reparación de un desperfecto parcial. 3 fig. Composición, enmienda o añadidura que se introduce en una cosa. 4 fig. Insignia de las órdenes militares, que acostumbra a coserse en el lado izquierdo del traje. 5 IMPR. Obra de corta entidad o extensión. 6 fig. En la piel de los animales, mancha de distinto color que el fondo. 7 ***A remiendos,*** obra hecha a pedazos y con intermisión de tiempo.
SIN. *2* v. **Compostura.**
rémige ***f.*** Pluma mayor de las alas.
remigio ***m.*** Juego de naipes consistente en combinar diez cartas antes que ningún otro jugador, y exponerlas de una sola vez, de acuerdo con unas determinadas jugadas.
remilgadamente ***adv. m.*** Con remilgo.
remilgado, -da ***adj.*** Que afecta suma pulidez, delicadeza y gracia.
SIN. v. **Melindroso.**
remilgarse (ant. *remelgarse;* probl. der. de *mellar*) ***prnl.*** Repulirse y hacer gestos y ademanes con el rostro. 2 *And.* Remangarse, alzarse [una prenda de vestir]. ◇ ** CONJUG. [7] como ***llegar.***
remilgo (de *remilgarse*) ***m.*** Acción y ademán de remilgarse. 2 Melindre (afectado).
remilgoso, -sa ***adj.*** Remilgado.
remillón ***m.*** *Colomb.* y *Venez.* Ramillón, vasija.
remineralizar ***tr.*** MED. Compensar las pérdidas minerales que ha sufrido [el organismo].
rémington ***m.*** Fusil que se carga por la recámara, inventado por el norteamericano Remington (1816-1889). ◇ Pl.: *remingtones.*
reminiscencia (l. *-ntia*) ***f.*** Acción de representarse u ofrecerse a la memoria la especie de una cosa casi olvidada. 2 Aquello que en una obra recuerda algo de otras obras, esp. en literatura y música. 3 Lo que sobrevive de una cosa y sirve para recordarla: *el carnaval es una ~ de las Saturnales.* 4 FIL. Facultad del alma con que traemos a la memoria aquellas especies que no tenemos presentes.
SIN. v. **Recuerdo.**
remirado, -da ***adj.*** Que reflexiona escrupulosamente sobre sus acciones.
SIN. **Cauto, circunspecto, reflexivo.** Es intensivo de **mirado.**
remirar ***tr.*** Volver a mirar o reconocer con reflexión [lo que se había visto]. -2 ***prnl.*** Esmerarse mucho en lo que se hace o resuelve: *remirarse en la copia.* 3 Mirar o considerar una cosa complaciéndose en ella: *remirarse los libros; remirarse en el espejo.*
remisamente ***adv. m.*** Flojamente, con remisión.
remisible ***adj.*** Que se puede remitir o perdonar.
remisión (l. *-issione;* doble etim. *remesón* II) ***f.*** Acción de remitir o remitirse. 2 Efecto de remitir o remitirse. 3 Indicación en un escrito, del lugar del mismo o de otro escrito a que se remite al lector.
remisivamente ***adv. m.*** Con remisión a una persona, lugar o tiempo.
remisivo, -va ***adj.*** Que remite o sirve para remitir.
remiso, -sa (l. *-issu* < *remittere,* aflojar) ***adj.*** Flojo, irresoluto, tímido. 2 [calidad física] Que tiene escasa actividad.
remisor, -ra ***adj.-s.*** *Amér.* Remitente.
remisoria ***f.*** Despacho con que el juez remite la causa o el preso a otro tribunal.
SIN. **Letra ~.**
remisorio, -ria ***adj.*** Que tiene virtud o facultad de remitir o perdonar.
remite ***m.*** Nota que suele ponerse en el sobre, paquete, etc., para indicar el nombre y señas del remitente. Se abrevia *Rte.*
remitente ***adj.-s.*** Que remite.
remitido ***m.*** Artículo o noticia que un particular envía a un periódico para su publicación.
remitir (l. *-ittere*) ***tr.*** Enviar (dirigir). 2 esp. Indicar en un mismo o en otro escrito [un lugar que tenga relación con lo que se trata]: *el texto remite a la página siguiente.* 3 Perdonar, alzar [la pena], libertar [de una obligación]. 4 en gral. Diferir o suspender. 5 Ceder o perder [una cosa] parte de su intensidad: *remitiremos el ataque; el ataque remite,* o *se remite.* 6 Dejar al juicio o dictamen de otro la solución [de una cosa]: *~ una cuestión al juez; remitirse al juez.* -7 ***prnl.*** Atenerse a lo dicho o hecho o a lo que ha de decirse o hacerse por uno mismo o por otra persona: *remitirse a su propio acuerdo.*
SIN. *2* **Referirse.** *3* v. **Perdonar.**
remo (l. *-mu*) ***m.*** Instrumento de madera en forma de pala larga y estrecha, que sirve para mover las embarcaciones haciendo fuerza en el agua. 2 Brazo o pierna, en el hombre y en los cuadrúpedos. 3 En las aves, ala, en número de dos. 4 fig. Pena de remar en las galeras. 5 fig. Trabajo grande y continuado. 6 ***A ~, al ~,*** remando, o por medio del remo. 7 ***A ~, al ~,*** fig., sufriendo penalidades y trabajos: ***a ~ y sin sueldo,*** trabajando mucho y sin utilidad; ***a ~ y vela,*** con presteza. 8 DEP. Modalidad deportiva con embarcaciones impulsadas con remo (instrumento). 9 *Can.* Columpio.
Remo ***n. pr.*** V. Rómulo.
remoción (l. *-otione*) ***f.*** Acción de remover o removerse. 2 Efecto de remover o removerse.
SIN. **Removimiento.**
remodelación ***f.*** Acción de remodelar. 2 Efecto de remodelar.
remodelar ***tr.*** Modificar, transformar, mejorar: *~ la fachada de un edificio.* 2 Reorganizar, reestructurar: *el presidente remodeló el gobierno.*
remojadero ***m.*** Lugar donde se echa alguna cosa en remojo.
remojar ***tr.*** Empapar en agua [una cosa]. 2 fig. Celebrar uno [cualquier asunto feliz] convidando a beber a sus amigos: *remojaremos el estreno del traje;* ***abs.,*** *si venís, remojaremos.* 3 *Amér.* Dar propina.
remojo ***m.*** Acción de remojar. 2 Convidar con motivo de algún estreno o festejo. 3 *Amér.* Propina. 4 *Amér.* Regalo que hace una persona, esp. cuando estrena algo.
remojón ***m.*** Mojadura.
rémol ***m.*** Pez marino teleósteo pleuronectiforme, parecido al rodaballo aunque de menor tamaño, más alargado, y de color gris amarillento o pardusco *(Scophthalmus rhombus).*
remolacha (probl. it. *ramolaccio* < l. *armoraciu*) ***f.*** Planta herbácea quenopodiácea, de tallo derecho, grueso y ramoso; hojas grandes, enteras, ovales, con el nervio central rojizo; flores pequeñas y verdosas en espiga terminal; fruto seco, y raíz grande, carnosa, fusiforme, gralte. encarnada, comestible y de la cual se extrae azúcar *(Beta vulgaris):* ***~ forrajera,*** la que se cultiva esp. para alimento del ganado *(Beta vulgaris crassa).* 2 Raíz de la remolacha.
SIN. *1* **Betarraga** y **betarrata,** p. us.
remolachero, -ra ***adj.*** Relativo a la remolacha.
remolada ***f.*** Salsa a base de mayonesa con pepinillos, perejil, cebolleta, estragón, etc., perfumada con esencia de anchoas.
remolar (cat.) ***m.*** El que tiene por oficio hacer remos. 2 Taller en que se hacen remos.
remolcador, -ra ***adj.-s.*** Que sirve para remolcar. 2 Embarcación potente que se usa para ayudar a los navíos en sus maniobras: *~* ***de puerto,*** el que efectúa su cometido en el puerto y sus inmediaciones; *~* ***de altura,*** el que se utiliza para trasladar buques averiados o accidentados en alta mar.
remolcar (b. l. *remulcare,* der. de *remulcum* < gr. *rhymulkéo,* de *rhyma,* cable de remolcar y *ólkos,* acción de tirar de algo) ***tr.*** MAR. Llevar una embarcación [a otra] sobre el agua tirando de ella con un cable, cadena, etc. 2 p. anal. Llevar por tierra un vehículo [a otro]. 3 fig. Arrastrar, convencer. ◇ ** CONJUG. [1] como ***sacar.***
SIN. **Llevar a remolque.**
remoler ***tr.*** Moler mucho [una cosa]. 2 *Chile* y *Perú.* Parrandear. 3 *Perú.* Fastidiar, incomodar, moler demasiado. ◇ ** CONJUG. [32] como ***mover.***
remolido ***m.*** Mineral menudo que ha de someterse al lavado para purificarlo.
remolienda ***f.*** *Chile* y *Perú.* fam. Juerga, jarana.
remolimiento ***m.*** Acción de remoler. 2 Efecto de remoler.
remolinar (de *re-* + *molino*) ***intr.-prnl.*** Hacer o formar remolinos una cosa; arremolinarse: *el agua remolina* o *se remolina.* 2 fig. Apiñarse, amontonarse.

remolinear (paras. de *re-* y *molino*) *tr.* Mover [una cosa] alrededor en forma de remolino: ~ *el agua.* -2 *intr.-prnl.* Remolinar: *el agua remolinea* o *se remolinea.*
remolino (de *remolinar*) *m.* Movimiento giratorio y rápido del aire, el agua, el polvo, el humo, etc. 2 Retorcimiento del pelo en redondo, que se forma en una parte del cuerpo del hombre o del animal. 3 fig. Amontonamiento de gente, confusión de unos con otros. 4 fig. Disturbio, inquietud o alteración. -5 *com.* fam. Persona inquieta.
SIN. *1* **Manga de viento, torbellino, vórtice,** ~ *de viento;* v. **huracán,** cuando es muy grande; **vorágine,** el de las aguas, cuando es muy impetuoso; **tolvanera,** el de polvo.
I) remolón (paras. de *re-* + *muela*) *m.* Colmillo de la mandíbula superior del jabalí. 2 Punta con que termina la corona de las muelas de las caballerías.
II) remolón, -lona (de *remorare,* tardar, diferir) *adj.-s.* Flojo, perezoso y que huye del trabajo maliciosamente.
SIN. v. **Holgazán.**
remolonear (de *remolón* II) *intr.-prnl.* Resistirse a hacer o admitir una cosa por flojedad y pereza.
remolque (de *remolcar*) *m.* Acción de remolcar. 2 Efecto de remolcar. 3 Cabo que se da a una embarcación para remolcarla. 4 Cosa que se lleva remolcada. 5 Vehículo remolcado por otro.
remondar (l. *-undare*) *tr.* Limpiar o quitar por segunda vez lo perjudicial o inútil; esp. de los árboles y las vides.
remonta *f.* Compostura del calzado cuando se le pone de nuevo el pie o las suelas. 2 Parche de paño o de cuero que, puesto al pantalón de montar, evita su desgaste en el roce con la silla. 3 Rehenchido de las sillas de las caballerías. 4 MIL. Compra, cría y cuidado de los caballos para proveer al ejército. 5 MIL. Establecimiento destinado a la remonta. 6 MIL. Conjunto de los caballos o mulas destinados a cada cuerpo.
remontamiento *m.* Acción de remontar (proveer de caballos).
remontar (paras. de *re-* + *montar*) *tr.* Ahuyentar o espantar [esp. la caza que se retira al monte]. 2 Elevar [una cosa] por el aire. 3 fig. Elevar, encumbrar: ~ *a un poeta; prnl., remontarse en alas de la poesía; remontarse sobre todos.* 4 Rehenchir o recomponer [una silla de montar]. 5 Echar nuevos pies o suelas [al calzado]. 6 Remendar [el pantalón] en la culera y muslos. 7 Proveer de nuevos caballos [a la tropa]. 8 Subir una pendiente, sobrepasarla. 9 Navegar aguas arriba. 10 Superar algún obstáculo o dificultad. -11 *prnl.* Enojarse, irritarse. 12 Subir o volar muy alto las aves: *remontarse al,* o *hasta el, cielo; remontarse por los aires.* 13 fig. Subir hasta el origen de una cosa: *el historiador se remonta hasta el siglo X.* 14 Refugiarse en los montes los esclavos de América o los indios de Filipinas. 15 Alterarse la calidad del vino por oxidación a causa de llevar mucho tiempo embotellado. ◇ INCOR.: *remontar a tal época,* por remontarse.
remonte *m.* Acción de remontar o remontarse. 2 Efecto de remontar o remontarse. 3 Especialidad en el juego de pelota vasca.
remontista *m.* Militar empleado en un establecimiento de remonta. 2 Jugador de remonte (pelota).
remontuar (fr. *remontoir*) *m.* Reloj de bolsillo al cual se da cuerda sin llave.
remoque *m.* fam. Palabra picante.
remoquete (de *moquete*) *m.* Moquete o puñada. 2 fig. Dicho agudo y satírico. 3 fam. Cortejo o galanteo. 4 fam. Apodo.
rémora (l.) *f.* Pez marino teleósteo, de cuerpo fusiforme, que tiene sobre la cabeza un disco oval provisto de láminas cartilaginosas movibles, con el cual hace el vacío para adherirse fuertemente a otros peces y a objetos flotantes *(Echeneis remora; Remora remora).* 2 fig. Obstáculo que se opone al progreso de alguna cosa o lo dificulta.
SIN. *1* **Gaicano, pega, pegador, pegatimón, pez reverso, tardanaos.** *2* v. **Estorbo.**
remordedor, -ra *adj.* Que remuerde (inquieta).
remorder (l. *-ere*) *tr.* Volver a morder o morderse [uno a otro]: *el perro nos ha remordido; los dos perros remuerden uno a otro.* 2 Exponer por segunda vez a la acción del ácido [partes determinadas de la lámina que se graba al agua fuerte]. 3 fig. Inquietar, desasosegar interiormente una cosa [a uno]; punzar un escrúpulo: *le remuerde la conciencia; esta acción me remuerde.* -4 *prnl.* Descubrir o revelar con una acción algún sentimiento interior reprimido. ◇ ** CONJUG. [32] como *mover.*
remordimiento *m.* Pesar interno que queda después de ejecutar una mala acción.
remosquearse *prnl.* fam. Mostrarse receloso a causa de lo que se oye o advierte. 2 IMPR. Aparecer borroso el pliego recién tirado por haberse corrido o haberlo pisado dos veces.
remostar (paras. de *re-* + *mosto*) *tr.* Echar mosto [en el vino añejo]: *abs., hoy remostamos.* -2 *prnl.* Mostear los racimos de uvas antes de llegar al lagar. 3 Pudrirse [las frutas en contacto unas con otras]. 4 Estar dulce el vino o saber a mosto.
SIN. *1* **Mostear.**
remostecerse (paras. de *re-* + *mosto*) *prnl.* Remostarse. ◇ ** CONJUG. [43] como *agradecer.*
remosto *m.* Acción de remostar o remostarse. 2 Efecto de remostar o remostarse.
remotamente *adv. l. t.* Lejanamente, apartadamente. 2 fig. Sin verosimilitud ni probabilidad de que exista o sea cierta una cosa; sin proximidad de que se verifique. 3 Confusamente.
remotidad *f. Amér. Central.* Lugar remoto, lejanía. 2 *Amér. Central.* Caso muy remoto.
remoto, -ta (l. *-tu* < *removere,* apartar) *adj.* Distante, apartado o lejano. 2 fig. Que no es verosímil, o está muy distante de suceder.
SIN. *1* v. **Lejano.**
remover (l. *-ere*) *tr.* Trasladar [una cosa de un lugar a otro]: ~ *una cosa de su puesto.* 2 Conmover, alterar [alguna cosa o asunto]: *lo ha removido todo.* 3 Quitar, apartar [un obstáculo]. 4 Destituir [a uno] de su empleo o destino. ◇ ** CONJUG. [32] como *mover.* ◇ Es ANGLIC. INCOR. el uso con el significado de extraer o sacar.
SIN. *4* **Amover.**
removimiento *m.* Remoción.
remoyuelo *m. Extr.* y *Logr.* Moyuelo.
remozamiento *m.* Acción de remozar o remozarse. 2 Efecto de remozar o remozarse. 3 Limpieza y nuevo retoque de una fachada.
remozar (paras. de *re-* + *mozo*) *tr.-prnl.* Dar o comunicar cierta lozanía propia de la juventud: *le has remozado; se remoza.* ◇ ** CONJUG. [4] como *realizar.*
SIN. **Rejuvenecer(se).**
remplazar *tr.* Reemplazar. ◇ ** CONJUG. [4] como *realizar.*
remplazo *m.* Reemplazo.
rempujar *tr.* vulg. Empujar.
rempujo *m.* fam. Fuerza hecha con cualquier cosa. 2 Disco plano, estriado, que aplican los veleros a la palma de la mano para empujar la aguja al coser las velas.
rempujón *m.* vulg. Empujón.
remuda *f.* Acción de remudar o remudarse. 2 Efecto de remudar o remudarse. 3 Muda (ropa).
remudamiento *m.* Remuda (ropa).
remudar (l. *-utare*) *tr.* Reemplazar [a una pers. o cosa con otra]. 2 Trasplantar. -3 *prnl.* Mudarse de ropa interior.
remugar (l. *rumigare*) *tr.* Rumiar. ◇ ** CONJUG. [7] como *llegar.*
remullir (l. *remollire*) *tr.* Mullir mucho [una cosa]. ◇ ** CONJUG. [41] como *mullir.*
remunerable *adj.* Que puede o debe ser remunerado.
remuneración *f.* Acción de remunerar. 2 Efecto de remunerar. 3 Lo que se da o sirve para remunerar.
SIN. *3* v. **Sueldo.**
remunerador, -ra *adj.-s.* Que remunera; esp. el trabajo, gasto, etc., que produce beneficio suficiente.
remunerar (l. *-ari,* der. de *munus, -eris,* regalo) *tr.* Recompensar, premiar, pagar [a uno por alguna cosa]: ~ *un trabajo;* ~ *a su ayudante.*
remunerativo, -va *adj.* Remunerador.
remuneratorio, -ria *adj.* Que se hace o da en premio o remuneración.
remusgar *intr.* Barruntar o sospechar. ◇ ** CONJUG. [7] como *llegar.*
remusgo *m.* Barrunto (acción). 2 Vientecillo frío y penetrante.
renacentista *adj.* Relativo al Renacimiento. -2 *adj.-com.* Persona que cultiva los estudios propios del Renacimiento.
renacer (l. *renasci*) *intr.* Volver a nacer: *las flores renacen en el jardín;* ~ *a la vida.* 2 fig. Adquirir por el bautismo la vida de la gracia: ~ *con,* o *por, la gracia;* ~ *en Jesucristo.* 3 fig. Recobrar fuerzas. ◇ ** CONJUG. [42] como *nacer.*
renacimiento *m.* Acción de renacer. 2 Movimiento cultural que comenzó a mediados del s. XV y finalizó con el s. XVI, que despertó en Occidente un vivo entusiasmo por el estudio de la antigüedad clásica griega y latina, y llevó a su máximo desarrollo los gérmenes vitales del humanismo. El Renacimiento tuvo

como base una concepción libre y activa de la vida, un sentido prepotente del hombre considerado como personalidad creadora, el renacer de los valores terrenos y una revalorización del arte desnuda de preocupaciones moralizadoras y de postulados teológicos. Paralelamente al desarrollo de las clases burguesas y a la gran época de los descubrimientos, el Renacimiento abre el paso a la edad moderna revalorizando la ciencia y rompiendo los moldes de la metafísica medieval. 3 Época en que se produce dicho movimiento. 4 Nueva actividad dada a las artes, a las letras, a las ciencias, a la economía, etc.

renacuajo (der. del ant. *ranueco;* proc. del l. *rana*) ***m.*** Larva de la rana, mientras conserva la cola y respira por branquias. 2 Larva de cualquier batracio. 3 fig. Muchacho contrahecho o enclenque y a la vez antipático o molesto.

SIN. *1* **Girino.**

renadío (*re-* + l. *nativu*) ***m.*** Sembrado que retoña después de cortado en hierba.

renal (l. *-ale*) ***adj.*** Relativo al riñón: *arteria, vena* ~.

SIN. **Nefrítico.**

renano, -na ***adj.*** [territorio] Situado en las orillas del río Rin. 2 Relativo a ellos.

rencilla (de **rencir;* var. fonética del l. *ringi*) ***f.*** Cuestión o riña de que queda algún encono. 2 *Logr.* Remordimiento.

rencillar ***intr.*** *And.* Regañar.

rencilloso, -sa ***adj.*** Inclinado a rencillas o cuestiones.

renco, -ca (probl. der. de un gót. **Wranks* < germ. *wrankjan,* torcer) ***adj.-s.*** Cojo por lesión de las caderas.

SIN. **Rengo.**

rencojo ***m.*** *And.* y *La Mancha.* Ciclán.

rencollo ***m.*** *Ast.* y *Extr.* Ciclán.

rencor (l. *rancore*) ***m.*** Resentimiento tenaz.

rencorosamente ***adv. m.*** Con rencor.

rencoroso, -sa ***adj.*** Que tiene rencor.

renculillo ***m.*** *Cuba.* Rabieta, mal humor.

renda ***f.*** Bina. 2 p. us. Renta.

rendaje ***m.*** Conjunto de riendas y demás correas de que se compone la brida de las cabalgaduras.

rendajo ***m.*** Arrendajo.

rendar (l. *reddita,* bina) ***tr.*** Binar (las tierras o viñas).

rendibú (fr. *rendez-vous,* cita) ***m.*** Acatamiento, agasajo. ◇ Pl.: *rendibúes.*

rendición ***f.*** Acción de rendir o rendirse. 2 Efecto de rendir o rendirse. 3 Rendimiento o utilidad. 4 Cantidad de moneda que no ha obtenido aún del gobierno la autorización para su circulación.

rendidamente ***adv. m.*** Con sumisión y rendimiento.

rendido, -da ***adj.*** Sumiso, obsequioso, galante. 2 Muy cansado.

rendidor, -ra ***adj.*** Que rinde, que produce buen rendimiento. 2 *R. de la Plata.* ***Yerba rendidora,*** aquella cuya cebadura proporciona mayor número de mates de buen sabor.

rendija (ant. *rehendija* < l. *fendicula*) ***f.*** Hendedura que se produce naturalmente en cualquier cuerpo sólido y lo atraviesa de parte a parte.

SIN. **Rehendija, redendija.**

rendimiento ***m.*** Rendición, cansancio, debilidad. 2 Sumisión, humildad. 3 Expresión obsequiosa de acatamiento. 4 Producto o utilidad que da una cosa. 5 Trabajo útil: ~ *de un motor;* ~ *de una jornada de trabajo.*

SIN. *4* **Rendición.**

rendir (l. v. **rendere* < *reddere* × *prendere*) ***tr.*** Vencer, obligar [a las tropas, plazas fuertes enemigas, etc.] a que se entreguen. 2 Sujetar, someter [una cosa] al dominio de uno: ~ *el caballo a mi voluntad;* ***prnl.,*** *rendirse el caballo a la destreza.* 3 MIL. Hacer [con ciertas cosas] actos de sumisión o respeto: ~ *armas;* ~ *la bandera.* 4 MAR. Terminar [una bordada, un crucero, etc.]. 5 Cansar, fatigar: ~ *a uno de tanto correr;* ~ *al caballo con la carga;* ***prnl.,*** *rendirse de tanto trabajar.* 6 Dar a uno [lo que le toca]; restituirle [aquello de que se le había desposeído]: *le rendiremos el sueldo entero;* en gral., dar o entregar: ~ *las llaves.* 7 p. anal. Dar [fruto o utilidad] una cosa: *esta hacienda rinde mucho trigo;* ***abs.,*** *es un trabajo que no rinde.* 8 esp. Vomitar o volver [la comida]. 9 MIL. Entregar, hacer pasar [una cosa] al cuidado de otro: ~ *la guardia.* 10 Con ciertos nombres forma perífrasis verbales que duplican con eufemismo los verbos en que la significación de aquellos nombres está contenida: ~ ***gracias,*** agradecer; ~ ***obsequios,*** obsequiar. -11 ***prnl.*** Romperse un palo, mastelero o verga. 12 Someterse, entregarse al vencedor. -13 ***intr.*** *Amér.* Cundir, durar una cosa más de lo regular. ◇ ** CONJUG. [34] como ***servir.*** ◇ INCOR. y GALIC. por traducir: ~ *un libro al castellano*; despedir: *las flores rinden buen olor*; llevar: *las malas costumbres rinden a la perdición*; trasladarse: *se rindió a la calle de Alcalá*; hacerse: *se rinde diestro en el manejo de las armas.*

rene (l.) ***f.*** p. us. Riñón.

renegado, -da ***adj.-s.*** Que renuncia la ley de Jesucristo. 2 p. ext. Que renuncia (hacer dejación, despreciar) sus creencias o ideología. 3 fig. Persona desabrida y maldicente. -4 ***m.*** Tresillo (juego).

SIN. *1* **Elche,** entre los moros; **apóstata.**

renegador, -ra ***adj.-s.*** Que reniega o jura frecuentemente.

renegar (l. *-are*) ***tr.*** Negar con instancia [una cosa]. 2 Detestar, abominar: ~ *de un antiguo amigo.* -3 ***intr.*** Pasarse de una religión o culto a otro; esp. el que, apostatando de la fe de Jesucristo, abraza el islamismo. 4 Blasfemar. 5 fig. *y* fam. Decir injurias y baldones contra uno. 6 *Ar.* Protestar, enfadarse, refunfuñar. ◇ ** CONJUG. [48] como ***regar.***

SIN. *3* v. **Apostatar.**

renegociación ***f.*** Acción de renegociar. 2 Efecto de renegociar.

renegociar ***tr.*** Negociar con el fin de introducir modificaciones [en algo ya acordado]: ~ *un convenio.* ◇ ** CONJUG. [12] como ***cambiar.***

renegón, -gona ***adj.-s.*** Que reniega con frecuencia.

SIN. **Blasfemador.**

renegrear ***intr.*** Negrear intensamente.

renegrido, -da ***adj.*** [color] Cárdeno muy obscuro, esp. hablando de contusiones. -2 ***m.*** Ave paseriforme de América del Sur, de color negro con la cabeza amarilla el macho; la hembra es parda *(Molothrus cericeus).*

rengífero ***m.*** Rangífero.

rengle (cat.) ***m.*** Renglera.

renglera ***f.*** Ringlera.

renglón (de *reglón;* aum. de *regla* × *ringlera*) ***m.*** Serie de palabras o caracteres escritos o impresos en línea recta. 2 fig. Parte de renta, utilidad o beneficio que uno tiene, o del gasto que hace. -3 ***m. pl.*** fig. Escrito o impreso.

FRS. Fig. *A* ~ *seguido*, a continuación, inmediatamente; *dejar*, o *quedarse, entre renglones una cosa*, olvidarse de ella cuando se la debía tener presente; *leer entre renglones*, penetrar la intención de un escrito, suponiendo, por lo que dice, lo que intencionadamente calla. SIN. *1* **Línea.**

renglonadura ***f.*** Conjunto de líneas señaladas en el papel, para escribir sobre ellas los renglones.

SIN. **Rayado.**

rengo, -ga ***adj.-s.*** Renco.

rengue ***m.*** *Cuba* y *Venez.* Tela ordinaria, transparente.

renguear ***intr.*** Renquear. 2 *Argent.* fig. Andar tras de una mujer.

renguera ***f.*** *Amér.* Renquera. 2 *Colomb.* Enfermedad del caballo cuyo síntoma predominante es la parálisis de los cuartos traseros.

reni- (l. *ren,* riñón) Elemento prefijal que entra en la formación de palabras con el significado de riñón: *reniforme.*

reniego ***m.*** Blasfemia. 2 fig. Execración, dicho injurioso. 3 *Logr.* Reprensión.

SIN. **Derreniego,** rúst., **voto, juramento.**

reniforme ***adj.*** De forma de riñón.

renil ***adj.*** V. oveja renil.

renio ***m.*** Elemento muy raro, que se encuentra en los minerales de platino, hierro, molibdeno, etc. Su símbolo es *Re*, su peso atómico 186,31 y su número atómico 75.

I) renitencia (b. l. < *renitere,* brillar mucho) ***f.*** Estado de la piel, cuando se halla tersa y lustrosa.

II) renitencia (v. *renitente*) ***f.*** Repugnancia (aversión).

renitente (l. < *reniti,* resistir) ***adj.*** Que se resiste a hacer o admitir una cosa.

reno (fr. *renne,* proc. del fino-lapón, a través del escand. y al.) ***m.*** Mamífero rumiante cérvido, propio de los países septentrionales; de astas ramosas, lo mismo el macho que la hembra, pelaje espeso y pezuñas gruesas y curvadas; se domestica con facilidad y sirve como animal de tiro *(Rangifer tarandus).*

SIN. **Rangífero, rengífero, tarando.**

renombrado, -da ***adj.*** Célebre, famoso.

renombre (l. *renomen*) ***m.*** Apellido o sobrenombre propio. 2 Epíteto de gloria. 3 Celebridad que adquiere uno por sus hechos gloriosos o por haber dado muestras de ciencia y talento.

SIN. *3* v. **Fama.**

renovable ***adj.*** Que puede renovarse.

renovación *f.* Acción de renovar o renovarse. 2 Efecto de renovar o renovarse.

renovador, -ra *adj.-s.* Que renueva.

renoval *m.* Terreno poblado de renuevos. 2 *Argent.* y *Chile.* Terreno de árboles recientes, nacidos espontáneamente. 3 *Méj.* Monte bajo, de cuatro años, en los huamiles.

renovar (l. *-are*) *tr.-prnl.* Hacer como de nuevo [una cosa] o volverla a su primer estado: ~ *un vestido; la primavera renueva el verdor de los campos.* 2 Restablecer o reanudar [una relación u otra cosa] que se había interrumpido: ~ *el trabajo;* ~ *una amistad.* -3 *tr.* Remudar o reemplazar [una cosa]. 4 Trocar [una cosa vieja o que ya ha servido] por otra nueva: ~ *la cera, la plata.* 5 Reiterar o publicar de nuevo: ~ *la expresión de un afecto.* 6 Consumir el sacerdote [las formas antiguas] y consagrar otras de nuevo. ◇ ** CONJUG. [31] como ***contar.***

renovero, -ra (de *renovar*) *m. f.* ant. Usurero, logrero.

renquear *intr.* Andar como renco, meneándose a un lado y a otro; cojear. 2 fig. No acabar de decidirse el que ejecuta un acto o toma una resolución. 3 fig. Tener dificultades en alguna empresa, negocio, quehacer, etc.

renquera *f. Amér.* Cojera.

renta (l. v. **rendita* < l. *reddita*) *f.* Utilidad o beneficio que rinde anualmente una cosa, o lo que de ella se cobra: ~ ***estancada,*** la que procede de un artículo cuya venta exclusiva se reserva el gobierno; ~ ***rentada,*** la que no es eventual, sino fija y segura. 2 Lo que paga en dinero o en frutos un arrendatario. 3 Deuda pública o títulos que la representan.

FR. *A* ~, en arrendamiento. *Constituir* ~ *vitalicia,* enajenar una cantidad a favor de persona natural o jurídica que se obliga al pago de la cantidad y durante el tiempo que se estipula. SIN. *1* **Rédito, interés,** la que produce un capital prestado. *1* y *2* **Quitación,** ant. *2* **Arrendamiento, alquiler; rento,** se usa sólo tratándose de fincas rústicas.

rentabilidad *f.* Calidad de rentable. 2 Capacidad de rentar.

rentabilizar *tr.* Hacer rentable, beneficioso, ventajoso [algo]. ◇ ** CONJUG. [4] como ***realizar.***

rentable *adj.* Que produce renta suficiente o remuneradora.

rentado, -da *adj.* Que tiene renta para mantenerse.

rentar *tr.* Producir [una cosa] renta o beneficio. 2 ANGLIC. Alquilar o arrendar.

rente *adv. l. Urug.* Junto a, cerca de.

rentero, -ra *adj.* Tributario. -2 *m. f.* Colono que tiene en arrendamiento una finca rural. -3 *m.* El que hace postura a la renta o la arrienda.

rentilla *f.* Juego de naipes semejante al de la treinta y una. 2 Juego con seis dados numerados en una sola de sus caras.

rentista *com.* Persona que tiene conocimiento o práctica en materias de hacienda pública. 2 Persona que recibe renta procedente de papel del estado. 3 Persona que pralte. vive de sus rentas.

rentístico, -ca *adj.* Relativo a las rentas públicas.

rento *m.* Renta que paga anualmente el labrador o el colono.

rentoso, -sa *adj.* Que produce o da renta.

rentoy (probl. del fr. *rends-toi,* entrégate) *m.* Juego de naipes entre dos, cuatro, seis u ocho personas, a cada una de las cuales se dan tres cartas; se vuelve otra para muestra del triunfo y el dos o malilla del palo correspondiente gana a todas las demás; se roba y hacen bazas como en el tresillo, y se permiten señas entre los compañeros. 2 Muestra del triunfo en este juego. 3 Seña que se hacen los compañeros en este juego, y p. ext. seña o indirecta para entenderse con otra persona. ◇ Pl.: *rentoyes.* La Academia en el *Esbozo de una nueva gramática de la lengua española* indica que el pl. es *rentóis.*

renuencia *f.* Repugnancia a hacer una cosa.

renuente (l.) *adj.* Indócil, remiso.

renuevo *m.* Vástago que echa el árbol después de podado o cortado. 2 Renovación.

SIN. *1* **Tallo; vestugo,** el del olivo.

renuncia *f.* Acción de renunciar. 2 Documento que contiene la renuncia.

renunciable *adj.* Que se puede renunciar. 2 [oficio] Que se adquiere con facultad de transferirse a otro por renuncia.

renunciación *f.* Renuncia. 2 DER. ~ ***simple,*** la hecha sin reservar frutos ni títulos.

renunciamiento *m.* Renuncia. 2 esp. Hábito de apartarse de goces y bienes temporales. Abnegación.

renunciante *adj.-s.* Que renuncia.

renunciar (l. *-tiare*) *tr.* Hacer dejación voluntaria [de una cosa que se tiene o del derecho o acción que se puede tener]: ~ *una herencia en su hermano.* 2 p. anal. No querer admitir o aceptar [una cosa]: ~ *un ofrecimiento.* 3 Despreciar, abandonar: ~ *a un proyecto;* ~ *al mundo.* 4 Faltar a las leyes de algunos juegos de naipes por no servir el palo que se juega. 5 fr. ***Renunciarse uno a sí mismo,*** privarse en servicio de Dios o para bien del prójimo de su propia voluntad. ◇ ** CONJUG. [12] como ***cambiar.***

SIN. *1* y *2* v. **Rehusar.**

renunciatario, -ria *m. f.* Persona a cuyo favor se ha hecho una renuncia.

renuncio *m.* Falta que se comete renunciando (en los juegos). 2 fig. Mentira o contradicción en que se coge a uno.

renvalsar (orig. incierto; quizá der. del fr. *évaser*) *tr.* CARP. Hacer el renvalso [a una puerta, ventana, etc.].

renvalso *m.* CARP. Rebajo hecho en el canto de las hojas de puertas y ventanas para que encajen en el marco o unas con otras.

reñidamente *adv. m.* Con riña o porfía.

reñidero *m.* Lugar destinado a la riña de algunos animales, esp. a la de los gallos.

SIN. **Gallera,** el destinado a las riñas de gallos.

reñido, -da, p. p. de *reñir.* 2 *adj.* Que está enemistado con otro. 3 De mucha rivalidad, con poca diferencia entre contrincantes: *un encuentro de fútbol* ~; *unas oposiciones reñidas; unas elecciones reñidas.*

reñidor, -ra *adj.* Que suele reñir con frecuencia.

SIN. **Pendenciero, quimerista.**

reñidura *f.* fam. Regaño, reprensión.

reñir (l. *ringi,* regañar) *intr.* Contender o disputar de obra o de palabra. 2 Pelear (batallar). 3 Desavenirse, enemistarse. -4 *tr.* Reprender o corregir [a uno] con algún rigor. 5 Ejecutar, llevar a efecto [una batalla, desafío, pelea, etc.]. ◇ ** CONJUG. [36] como ***ceñir.***

SIN. *1* y *4* **Regañar.**

I) reo (l. *reu*) *com.* Persona que, por haber cometido una culpa, merece castigo: ~ ***de estado,*** el que ha cometido un delito contra la seguridad del estado; ~ ***contra la sociedad.*** 2 DER. El demandado en juicio civil o criminal, a distinción del actor: ~ *de muerte.*

II) reo *m.* Trucha que desde los ríos llega al mar y se aclimata a las aguas saladas, adquiriendo el color y aspecto de los salmones.

III) reo (del cat. *reu* y éste del gót. *reds,* vez, turno) *m.* Vez, turno.

IV) reo, -a (de *reo*) *adj.* Criminoso, culpado. 2 *Argent.* Vagabundo.

reo-, rrea (gr. *rheos,* corriente) Elemento prefijal y sufijal que entra en la formación de palabras con el significado de corriente: *reóforo.*

reobrar (*re-* + *obrar*) *intr.* Obrar o actuar favorable o desfavorablemente frente a una acción o estímulo anteriores.

reoca *f.* fam. Extraordinario: *es la* ~. ◇ Se usa con el verbo *ser.*

reoctava *f.* Impuesto que por consumos se cobraba antig. en las ventas por menor y era de medio cuartillo por cada azumbre de vino, aceite o vinagre.

SIN. **Octavilla.**

reoctavar *tr.* Sacar la octava.

reóforo (*reo-* + *-foro*) *m.* Conductor que establece la comunicación entre un aparato eléctrico y un generador de corriente.

reojo, v. mirar de reojo.

reómetro (*reo-* + *-metro*) *m.* Aparato para medir la cantidad de agua que lleva una corriente. 2 Instrumento para medir corrientes eléctricas, que luego, perfeccionado, se llamó galvanómetro.

reordenación *f.* Acción de reordenar. 2 Efecto de reordenar.

reordenar (*re-* + *ordenar*) *tr.* Ordenar de nuevo.

reorganización *f.* Acción de reorganizar. 2 Efecto de reorganizar.

reorganizador, -ra *adj.* Relativo a la reorganización. -2 *m. f.* Persona que reorganiza.

reorganizar (*re-* + *organizar*) *tr.* Volver a organizar [una cosa]. ◇ ** CONJUG. [4] como ***realizar.***

reorientación *f.* Acción de reorientar. 2 Efecto de reorientar.

reorientar (*re-* + *orientar*) *tr.* fig. Dar una orientación nueva: ~ *las negociaciones;* ~ *a los estudiantes hacia otras carreras.*

reóstato (*reo-* + *-stato*) *m.* Instrumento para hacer variar la resistencia en un circuito eléctrico. También se usa para medir la resistencia eléctrica de los conductores. ◇ INCOR.: *reostato.*

repacer (l. *repascere*) *tr.* Pacer el ganado [la hierba] hasta apurarla. ◇ ** CONJUG. [43] como ***agradecer.***

repagar (*re-* + *pagar*) *tr.* Pagar cara o con exceso [una cosa]. ◇ ** CONJUG. [7] como *llegar.*
repajo (l. *repagulu*) *m.* Terreno cerrado con arbustos o matas.
repajolero, -ra *adj.* Pajolero. 2 fam. Pícaro, gracioso, divertido.
repanchigarse (paras. de *re-* + *pancho*) *prnl.* Repantigarse. ◇ ** CONJUG. [7] como *llegar.* ◇ INCOR.: *repanchingarse*, aunque está muy extendido.
repanocha *f.* Reoca.
repantigarse (l. v. **repanticare*, der. de *pantex, -icis,* panza) *prnl.* Arrellanarse. ◇ ** CONJUG. [7] como *llegar.* ◇ También *repanchigarse.*
repapilarse (paras. de *re-* + *papar*) *prnl.* Rellenarse de comida, relamiéndose con ella.
reparable *adj.* Que se puede reparar (remediar). 2 Digno de reparo o atención.
reparación *f.* Acción de reparar (remediar). 2 Efecto de reparar (remediar). 3 Desagravio, satisfacción completa de una ofensa, daño o injuria.
SIN. *1* y *2* v. **Compostura.**
reparada *f.* Movimiento inesperado y brusco que hace el caballo.
reparado, -da *adj.* Reforzado, proveído. 2 Bizco o que tiene otro defecto en los ojos.
reparador, -ra *adj.-s.* Que repara (remedia). 2 Que propende a notar defectos frecuentemente y con nimiedad. -3 *adj.* Que repara (desagravia y da aliento).
SIN. *2* **Reparón,** desp.
reparamiento *m.* Reparo. 2 Reparación.
I) reparar (l. *-are*) *tr.* Componer o enmendar el menoscabo que ha sufrido [una cosa]. 2 en gral. Enmendar o corregir: ~ *los errores del libro.* 3 Desagraviar, satisfacer al ofendido: ~ *una injuria.* 4 Remediar o precaver [un daño o perjuicio]: ~ *las pérdidas con la victoria; prnl., repararse del daño.* 5 Restablecer [las fuerzas]; dar aliento y vigor: ~ *el ánimo.* 6 esp. Quitar el vaciador los defectos [de la obra que saca del molde]. 7 Mirar con cuidado, notar, advertir [una cosa]: ~ *un barco en el horizonte; intr., repare usted en esto.* 8 en gral. Atender, considerar, reflexionar: *repáralo bien.* 9 *Bol.* Imitar, remedar.
SIN. *1* y *2* **Arreglar, componer, remendar, adobar, restaurar, recomponer, rehacer, enmendar;** en sus aceps. materiales, **reparar, arreglar** y **componer** son los de significado más gral., y pueden llevar cualquier complemento. **Remendar** una prenda u objeto viejo o roto: *calzado, vestido.* **Adobar** es ant. **Restaurar** se aplica pralte. a obras artísticas antiguas para volverlas a su estado o esplendor primitivo: *un cuadro, una iglesia, un salón.* **Recomponer** y **rehacer** lo descompuesto o desarmado; suponen una reparación total muy grande: *una máquina, un puente.* **Enmendar** tiene pocas aplicaciones a lo material (p. ej.: *poner enmiendas a las tierras);* en cambio es el de más uso en el orden intelectual y moral: *un error, agravio, daño, comportamiento, defecto. 3* y *4* **Resarcir,** remediar un daño material o moral, indemnizar un gasto o pérdida.
II) reparar (*re-* + *parar*) *tr.* Oponer una defensa [contra el golpe] para librarse de él. -2 *intr.-prnl.* Detenerse por razón de algún inconveniente o embarazo: *reparó (o se reparó) a la mitad del camino.* -3 *intr.* en gral. Pararse o hacer alto en alguna parte. -4 *prnl.* Contentarse o reportarse. 5 *Amér.* Encabritarse el caballo.
reparativo, -va *adj.* Que repara o tiene virtud de reparar.
reparista *adj. Amér.* Reparador.
reparo *m.* desus. Restauración o remedio. 2 Obra hecha para componer una fábrica o edificio deteriorado. 3 Advertencia, nota, observación sobre una cosa. 4 Duda, dificultad o inconveniente. 5 desus. Confortante que se ponía al enfermo en la boca del estómago, para darle vigor. 6 Cosa que se pone por defensa o resguardo. 7 Mancha o señal en el ojo o en el párpado. 8 ESGR. Parada o quite. 9 *Guat., Méj.* y *Salv.* Movimiento brusco del caballo, reparada.
reparón, -rona *adj.-s.* desp. Reparador (que nota defectos).
repartible *adj.* Que se puede o se debe repartir.
repartición *f.* Acción de repartir. 2 *Argent., Chile* y *Parag.* Departamento que forma parte de la administración pública.
repartidamente *adv. m.* Por partes, en diversas porciones.
repartidero, -ra *adj.* Que se ha de repartir.
repartidor, -ra *adj.-s.* Que reparte (distribuye). -2 *m.* Partidor (lugar). 3 DER. Persona diputada para repartir los negocios en los tribunales.
repartija *f. Argent., Parag.* y *Urug.* Repartimiento, esp. en un robo.
repartimiento *m.* Acción de repartir. 2 Efecto de repartir. 3 Contribución con que se agrava a los que voluntariamente la aceptan o consienten: ~ ***vecinal,*** derrama entre los vecinos para completar los ingresos del municipio. 4 Instrumento en que consta lo que a cada uno se ha repartido (dado). 5 Sistema de repoblación por el que se distribuían las casas y heredades de las poblaciones reconquistadas entre los que habían tomado parte en su conquista. 6 ~ ***de indios,*** sistema seguido en América por el que repartían grupos de indios entre los colonizadores para que fueran mano de obra en los campos y minas. 7 DER. Oficio y oficina del repartidor (pers.).
repartir *tr.* Distribuir entre varios [una cosa] dividiéndola por partes: ~ *una cosa a,* o *entre, algunos;* ~ *en porciones iguales.* 2 esp. Cargar [una contribución o gravamen] por partes. 3 Dar [a cada cosa] su colocación o destino conveniente. 4 Clasificar, ordenar. 5 Señalar o atribuir partes a un todo. 6 Extender o distribuir una materia sobre una superficie. 7 Adjudicar los papeles de una obra dramática a los actores. 8 fig. *y* fam. Golpear.
SIN. *1* **Partir, dividir; compartir,** puede tener el mismo sentido que los anteriores, pero en este vb. predomina el significado de poseer en común. **Impartir,** es hacer partícipe a otro de lo que uno posee, comunicárselo: *impartir la gloria, el bienestar.* Sólo puede uno *impartir* lo que es suyo propio, pero puede uno *compartir* lo que originariamente es propio o ajeno.
reparto *m.* Repartimiento. 2 Distribución de papeles entre actores teatrales o cinematográficos.
SIN. *1* **Partición, repartición, distribución, división.**
repasadera *f.* Garlopa para sacar perfiles en la madera.
repasador (de *repasar*) *m. Argent., Parag.* y *Urug.* Paño de cocina, lienzo para secar la vajilla.
repasadora *f.* La que tiene por oficio repasar (lana).
repasar *tr.* Volver a pasar por un mismo sitio o lugar: ~ *un camino; intr.,* ~ *por un camino.* 2 Volver a mirar o registrar [una cosa]: ~ *las habitaciones.* 3 esp. Esponjar y limpiar [la lana] para cardarla después de teñida. 4 Examinar [una obra] para corregir sus imperfecciones. 5 Recoser, dar pasos [a la ropa] que lo necesita. 6 Reconocer muy por encima [un escrito]. 7 Volver a explicar [la lección]. 8 Releer [lo que se ha estudiado] para retenerlo mejor en la memoria: ~ *un examen.* 9 MIN. Mezclar [el mineral de plata] con azogue y magistral y pisarlo todo hombres y caballerías, hasta obtener la amalgamación.
repasata (it. *ripassata*) *f.* fam. Reprensión, corrección.
SIN. v. **Reconvención.**
repaso *m.* Acción de repasar. 2 Efecto de repasar: *el* ~ *de las asignaturas; el* ~ *de una transcripción, de sus errores.* 3 fam. Repasata.
I) repastar *tr.* Añadir harina o agua u otro líquido [a una pasta] para amasarla de nuevo. 2 Añadir agua [al mortero] para volver a amasarlo.
II) repastar *tr.* [fact.] Volver [el ganado] a pastar. 2 Volver a dar pasto [al ganado].
repasto *m.* Pasto añadido al ordinario o regular.
repatear *tr.* fam. Fastidiar, molestar, desagradar mucho.
repatriación *f.* Acción de repatriar o repatriarse. 2 Efecto de repatriar o repatriarse.
repatriado, -da *adj.-s.* Que regresa a su patria.
repatriar (paras. de *re-* + *patria*) *tr.* Hacer [que uno] regrese a su patria: ~ *a los soldados; los soldados se repatrían.* ◇ **CONJUG. [14] como ***auxiliar.***
repe *m. Ecuad.* Plato preparado con plátano verde, aplastado y cocido con leche y queso.
repechar *intr.* Subir por un repecho.
repecho (*re-* + *pecho*) *m.* Cuesta bastante pendiente y no larga. -2 *loc. adv. A* ~, cuesta arriba. 3 *Cuba.* Antepecho.
SIN. **Pecho:** *pecho arriba,* a repecho.
repeinado, -da *adj.* Peinado de nuevo. 2 fig. [pers.] Aliñado con afectación y exceso, esp. de rostro y cabeza.
repeinar *tr.* Volver a peinar, o peinar por segunda vez [a alguien]. -2 *prnl.* Peinarse con mucho esmero.
repela *f. Amér. Central.* Recolección de los últimos granos de café después de la cosecha.
repeladura *f.* Segunda peladura.
repelar *tr.* Tirar del pelo [a uno] o arrancarlo. 2 Hacer dar al caballo [una carrera corta]. 3 Cortar las puntas [a la hierba]. 4 fig. Cercenar, disminuir: ~ *las uñas.* 5 *Ecuad.* Pacer por completo el ganado [la hierba de una dehesa]. 6 *Méj.* Exasperar. 7 *Méj.* Regañar. -8 *prnl. Chile.* Sentir desazón o arrepentimiento. 9 *Méj.* Murmurar, rezongar.
SIN. *1* **Carmenar,** fig. humor.
repelencia (de *repelente*) *f.* Acción de repeler. 2 Efecto de re-

peler. 3 Condición de repelente. 4 *Amér.* Asco, repugnancia. 5 *Colomb.* Chocarrería, impertinencia.
repelente *adj.* Que repele (arroja). 2 Que produce repulsión. 3 Impertinente. 4 fam. Persona que resulta antipática por creerse superior a los demás.
SIN. **Repulsivo.**
repeler (l. *-ellere*) *tr.* Arrojar, echar de sí [una cosa] con impulso o violencia. 2 Rechazar, contradecir [una idea o aserto]. 3 Causar repugnancia o aversión.
repelillo *m. P. Rico.* Temor.
repellar (paras. de *re-* + *pella*) *tr.* Arrojar pelladas [de yeso o cal] a la pared.
repello *m.* Acción de repellar. 2 Efecto de repellar.
repelo (*re-* + *pelo*) *m.* Lo que no va al pelo. 2 Parte pequeña de cualquier cosa que se levanta contra lo natural. 3 Conjunto de fibras torcidas de una madera. 4 fig. Riña o encuentro ligero. 5 fig *y* fam. Repugnancia, desabrimiento que se muestra al ejecutar una cosa. 6 ~ *de frío,* escalofrío. 7 *Ecuad.* y *Méj.* Harapo, andrajo. 8 *Ecuad.* Dehesa despojada a medias de pastos.
repelón *m.* Tirón que se da del pelo. 2 En las medias, hebra que, saliendo, encoge los puntos que están inmediatos. 3 fig. Porción que se toma de una cosa, como arrancándola. 4 fig. Carrera impetuosa que da el caballo. -5 *m. pl.* MIN. Llamas que salen por las hendeduras que accidentalmente se abren en la camisa de los hornos. -6 *m. Méj.* Regaño, soflón. -7 *adj. Méj.* Respondón.
repeloso, -sa *adj.* [madera] Que levanta repelo. 2 fig. Quisquilloso, irritable.
repelús *m.* Escalofrío producido por temor, desagrado o repugnancia.
repeluzno *m.* fam. Escalofrío.
repensar (*re-* + *pensar*) *tr.* Volver a pensar [una cosa] con reflexión. ◇ ** CONJUG. [27] como ***acertar.***
repente (l.) *m.* fam. Movimiento súbito de personas o animales. Si lo impulsa la pasión, arrebato; si es obra de ingenio, improvisación. 2 *De* ~, prontamente, sin preparación.
repentinamente *adv. m.* De repente.
repentino, -na (l. *-inu*) *adj.* Pronto, impensado, no prevenido.
repentista *com.* Improvisador. 2 Persona que repentiza.
repentización *f.* Improvisación (acción y cosa).
repentizar *intr.* Ejecutar a la primera lectura piezas de música. 2 Improvisar en general. ◇ ** CONJUG. [4] como ***realizar.***
repentón *m.* fam. Aum. de *repente.*
repeor *adj. adv.* fam. Mucho peor.
repepena *f. Guat.* Rebusca.
repepenar *tr. Guat.* Rebuscar.
repercudida *f.* Repercusión.
repercudir *intr.-tr.* Repercutir.
repercusión *f.* Acción de repercutir. 2 Efecto de repercutir.
SIN. v. **Resonancia.**
repercusivo, -va *adj.-m.* Medicamento que repercute.
repercutir (l. *-ere* < *percutere,* herir, chocar) *intr.* Retroceder o mudar de dirección un cuerpo al chocar con otro. 2 Reflejarse el sonido. 3 Trascender, causar efecto una cosa en otra ulterior: *el valor del dólar ha repercutido en los precios.* -4 *prnl.* Reverberar. -5 *tr.* MED. Repeler, hacer que [un humor] refluya a otra parte.
SIN. *2* v. **Resonar.**
reperiquete *m. Méj.* fam. Adorno que resulta cursi, de escaso gusto. 2 *Méj.* Bravata.
reperpero *m. P. Rico* y *S. Dom.* Motín, revuelta.
repertorio (l. *-iu*) *m.* Libro en que sucintamente se hace mención de cosas notables, remitiéndose a lo que se expresa más latamente en otros escritos. 2 Lista de obras teatrales o musicales que una persona, compañía o empresa tiene estudiadas y preparadas para representar o ejecutar. 3 Colección de obras o de noticias de una misma clase.
repesar *tr.* Volver a pesar [una cosa].
repesca *f.* Acción de repescar. 2 Efecto de repescar.
repescar *tr.* fig. Admitir nuevamente al que ha sido eliminado en un examen, en una competición, etc. 2 fig. Recuperar [a una persona o cosa] que se había dejado a un lado, u olvidado. ◇ ** CONJUG. [1] como ***sacar.***
repeso *m.* Acción de repesar. 2 Efecto de repesar. 3 fig. Con toda la fuerza de la persuasión. 4 Lugar para repesar. 5 Encargo de repesar. 6 *De* ~, con todo el peso de un cuerpo. 7 *Colomb.* Adehala.
repetición (l. *-itione*) *f.* Acción de repetir o repetirse. 2 Efecto de repetir o repetirse. 3 Disposición del arma que, apoyándose en un muelle, puede hacer varios tiros sin necesidad de recargarse. 4 Mecanismo que sirve en el reloj para que dé la hora siempre que se toca un muelle. 5 Reloj de repetición. 6 Discurso que sobre una materia determinada componían los catedráticos en las universidades. 7 Acto literario que en algunas universidades precedía al ejercicio secreto, necesario para recibir el grado mayor; lección de hora en dicho acto. 8 DER. Acción del que ha sido desposeído, obligado o condenado, contra tercera persona que haya de reintegrarle o responderle. 9 ESC. y PINT. Obra o parte de ella, repetida por el mismo autor. 10 RET. Figura que consiste en repetir de propósito palabras o conceptos.
SIN. *10* **Epanáfora.**
repetidamente *adv. m.* Con repetición.
repetidor, -ra *adj.* Que repite. -2 *m.* ant. El que repasa a otro la lección que dio el maestro, o el que toma primero a otro la lección que le fue señalada. 3 Amplificador de señal utilizado en las telecomunicaciones. 4 Relevador de radio o televisión.
repetir (l. *-ere*) *tr.* Volver a hacer [lo que se había hecho] o decir [lo que se había dicho]. 2 DER. Reclamar contra tercero a consecuencia de evicción o quebranto que padeció el reclamante. -3 *intr.* Venir a la boca el sabor de lo que se ha comido o bebido. 4 ant. Efectuar la repetición en las universidades. 5 Volver al mismo curso, por no haberlo aprobado. -6 *prnl.* Insistir un artista en sus obras, en las mismas actitudes, perspectivas, grupos, etc. ◇ ** CONJUG. [34] como ***servir.***
SIN. *1* **Iterar, reiterar,** en estilo elevado o lit.; **segundar** o **asegundar,** en el habla usual; otros sin. dependen del complemento directo, p. ej. la culpa o delito, **reincidir;** un trozo musical o escénico, **bisar;** una labor de arado, **binar,** etc.
repetitividad *f.* Cualidad de lo que se repite.
repetitivo, -va *adj.* Que se repite.
repicador *m. Pan.* Tambor de un solo parche.
repicar *tr.* Picar [una cosa]; reducirla a partes muy menudas. 2 Volver a picar o punzar. 3 Tañer o sonar repetidamente [las campanas] en señal de fiesta o regocijo; p. ext. [otros instrumentos]: *las campanas repican muy alegres; repica el tambor.* 4 En el juego de cientos, contar el jugador [noventa puntos] antes que cuente uno el contrario. 5 Copiar de una casete o una cinta de vídeo a otra. -6 *prnl.* Preciarse, presumir de una cosa. Es intensivo de *picarse.* -7 *tr. Hond.* Castigar [a alguien]. ◇ ** CONJUG. [1] como ***sacar.***
repicoteado, -da *adj.* Adornado o dotado de picos, ondas o dientes.
repicotear *tr.* Adornar [un objeto] con picos, ondas o dientes.
repinaldo *m.* Variedad de manzana de gran tamaño, forma alargada y mucho olor.
repinarse (paras. de *re* + *pina,* pieza) *prnl.* Remontarse, elevarse.
repintar *tr.* Pintar [sobre lo ya pintado]: ~ *un cuadro, una pared.* -2 *prnl.* Pintarse o usar de afeites con esmero o cuidado. 3 IMPR. Señalarse la letra de una página en otra por estar reciente la impresión.
repinte *m.* Segunda pintura hecha en parte de un cuadro.
repipi *adj.* fam. Cursi, afectado.
repique *m.* Acción de repicar o repicarse. 2 Efecto de repicar o repicarse. 3 fig. Quimera, altercación ligera. 4 *Méj.* Insulto, bravata.
repiqueo *m. Perú* y *P. Rico.* Repiqueteo.
repiquete *m.* Repique vivo y rápido de campanas. 2 Lance o reencuentro. 3 MAR. Bordada corta. 4 *Extr.* Entierro de niño. 5 *Colomb.* Disgusto, resentimiento. -6 *m. pl. Chile.* Trinos, gorgeos.
repiquetear (frecuent.) *tr.-intr.* Repicar con mucha viveza [las campanas u otro instrumento sonoro]: *intr., las castañuelas repiquetean.* -2 *rec.* fig. *y* fam. Reñir dos o más personas diciéndose mutuamente palabras picantes o de enojo.
repiqueteo *m.* Acción de repiquetear o repiquetearse. 2 Efecto de repiquetear o repiquetearse.
repisa (de *re-* + *piso*) *f.* Especie de ménsula de más longitud que vuelo, para sostener un objeto de utilidad o adorno, o servir de piso a un balcón. 2 Estante, anaquel.
repisar *tr.* Volver a pisar [una cosa]. 2 Apisonar. 3 fig. Encomendar ahincadamente una cosa a la memoria.
repiso, -sa (partic. ant. de *repisar*) *adj. La Mancha.* Arrepentido, pesaroso. -2 *m.* Vino de inferior calidad hecho de la uva repisada.
repitajo *m. Murc.* Trozo diminuto. -2 *m. pl. Murc.* Sobras de la comida.

repitiente *adj.-s.* ant. Que repite y sustenta en escuelas la repetición.
repizcar *tr.* Pellizcar. ◇ ** CONJUG. [1] como *sacar.*
repizco *m.* Pellizco.
replana *f.* Lenguaje popular peruano.
replanar *intr. Perú.* Hablar en replana.
replantación *f.* Acción de replantar. 2 Efecto de replantar.
replantar *tr.* Volver a plantar [en sitio que ha estado plantado]. 2 Trasplantar.
replantear (*re-* + *plantear*) *tr.* Trazar en el suelo o sobre el plano de cimientos [la planta de una obra ya proyectada]. 2 Volver a plantear [un problema o asunto].
replanteo *m.* Acción de replantear o replantar. 2 Efecto de replantear o replantar.
replay (voz inglesa) *m.* Repetición de imágenes, gralte. en televisión. ◇ Se pronuncia *repléi.*
repleción (l. *-tione*) *f.* Calidad de repleto.
replegar (v. *replicar*) *tr.* Plegar o doblar muchas veces [una cosa]. -2 *tr.-prnl.* Retirarse en buen orden las tropas avanzadas. 2 DEP. Retroceder en sus líneas un equipo. ◇ ** CONJUG. [48] como *regar.*
repletar (de *repleto*) *tr.* Rellenar, colmar. -2 *prnl.* Ahitarse, hartarse.
repleto, -ta (l. *-tu*) *adj.* Muy lleno; esp., [pers.] muy lleno de comida.
SIN. v. **Lleno; harto, ahíto,** tratándose de comida.
réplica *f.* Acción de replicar. 2 Expresión, argumento con que se replica. 3 Copia de una obra artística que reproduce con igualdad la original. 4 DER. Segundo escrito del autor, en el juicio de mayor cuantía.
SIN. *1* y *2* v. **Objeción.**
replicador, -ra *adj.-s.* Que replica frecuentemente.
replicar (l. *-are;* doble etim. *replegar*) *intr.* Instar o argüir contra la respuesta o argumento. 2 DER. Impugnar el actor la contestación del demandado. -3 *intr.-tr.* Poner objeciones a lo que se dice o manda: *los niños no replican; no repliques mis órdenes.* ◇ ** CONJUG. [1] como *sacar.*
replicato *m.* Réplica con que uno repugna lo que otro dice o manda. 2 DER. Réplica del acto a la respuesta del reo.
SIN. *1* v. **Objeción.**
replicón, -cona *adj.-s.* fam. Replicador.
SIN. **Respondón,** añade el matiz de actitud o falta de respeto.
repliegue *m.* Pliegue doble. 2 Acción de replegarse las tropas. 3 Efecto de replegarse las tropas.
repo (arauc.) *m. Chile.* Arbusto verbenáceo, especie de arrayán de gran tamaño, que llega a alcanzar seis metros de altura. De su madera, que es muy dura, hacían los indios el palito del cual sacaban fuego por frotación con otro *(Ramphithamnus cyanocarpus).*
repoblación *f.* Acción de repoblar o repoblarse. 2 Efecto de repoblar o repoblarse. 3 Conjunto de árboles o especies vegetales en terrenos repoblados. 4 ~ ***forestal,*** servicio público de repoblar y conservar los bosques.
repoblador, -ra *adj.-s.* Que repuebla.
repoblar *tr.* Volver a poblar: ~ *un país.* 2 Poblar los lugares de los que se ha expulsado a los pobladores anteriores, o que han sido abandonados. 3 Plantar árboles: ~ *un monte.* ◇ ** CONJUG. [31] como *contar.*
repodar (*re-* + *podar*) *tr.* Recortar [los troncos y ramas de los árboles o plantas] que al podar no quedan bien cortados.
repodrir *tr.-prnl.* Repudrir. ◇ CONJUG. como *pudrir.*
repollar (l. *repullulare,* arrojar hojas) *intr.-prnl.* Formar repollo; esp. ciertas plantas y sus hojas.
repollo *m.* Grumo o cabeza más o menos redonda que forman, apiñándose o apretándose unas contra otras, las hojas de algunas plantas, como la lombarda y cierta especie de lechugas. 2 Variedad de col, de hojas firmes, comprimidas y abrazadas tan estrechamente, que forman entre todas, antes de echar el tallo, a manera de una cabeza *(Brassica oleracea capitata).* 3 *Perú.* Repullo.
SIN. *2* **Lombarda.**
repolludo, -da *adj.* [planta] Que forma repollo. 2 De figura de repollo. 3 fig. [pers.] Grueso y bajo.
SIN. *1* y *2* **Arrepollado, repollado.**
reponer (l. *-ere*) *tr.* Volver a poner, colocar [a una pers. o cosa] en el empleo, lugar o estado que antes tenía. 2 p. ext. Completar [lo que falta o lo que se había sacado] de alguna parte. 3 Replicar, oponer [alguna razón o especie]. 4 Repetir en otra temporada la representación [de una obra teatral] o la proyección [de una película]. 5 DER. Retrotraer [la causa] a un estado determinado. -6 *prnl.* Recobrar la salud o la hacienda. 7 Serenarse, tranquilizarse. ◇ ** CONJUG. [78] como *poner.* En la acepción 3 es verbo defectivo; se usa sólo en los tiempos y personas que contienen la vocal *u;* como *repuse, repusiera* o *repusiese,* etc.
reportación (de *reportar*) *f.* Sosiego, serenidad, moderación.
reportaje (fr.) *m.* Reporte, información o conjunto de noticias, más o menos glosadas, que se publica en los periódicos, en el cine o en la televisión.
reportamiento *m.* Acción de reportar o reportarse. 2 Efecto de reportar o reportarse.
I) reportar (l. *-are*) *tr.-prnl.* Refrenar o moderar [una pasión del ánimo o al que la tiene]. 2 Alcanzar, lograr [una cosa] o sacar provecho de ella: *reportaron con su trato grandes ventajas.* 3 Traer o llevar: ~ *una noticia.* 4 Retribuir, proporcionar, recompensar. 5 IMPR. Pasar [una prueba litográfica] a la piedra para multiplicar las tiradas.
II) reportar *tr. Amér. Central.* ANGLIC. Denunciar, acusar; informar, notificar. -2 *prnl. P. Rico.* ANGLIC. Presentarse una persona en alguna parte a determinada hora obedeciendo órdenes superiores.
reporte *m.* Noticia (suceso). 2 Chisme (noticia). 3 Prueba de litografía para estampar de nuevo un dibujo en otras piedras y multiplicar las tiradas.
reportear *tr.* ANGLIC. Entrevistar.
reporteril *adj.* desp. Relativo al reportero o a los reportes periodísticos.
reporterismo *m.* Oficio de reportero.
reportero, -ra *adj.-s.* Periodista que tiene por oficio reunir reportes o noticias.
reportista *com.* Litógrafo práctico en reportar.
reposacabezas *m.* Dispositivo que sirve para apoyar la cabeza en determinados asientos. ◇ Pl.: *reposacabezas.*
reposadamente *adv. m.* Con reposo.
reposadera *f. Guat.* y *Hond.* Sumidero.
reposadero *m.* Pileta en la parte exterior de los hornos; recibe el metal fundido que sale por la piquera.
reposado, -da *adj.* Sosegado, quieto, tranquilo.
reposapiés *m.* Banquillo o tarima pequeña que se coloca delante de quien está sentado para que descanse los pies. 2 Especie de estribo situado a ambos lados de las motocicletas para apoyar los pies. ◇ Pl.: *reposapiés.*
reposaplancha *m.* Utensilio donde se coloca la plancha de la ropa.
reposar (b. l. *repausare*) *intr.* Descansar: ~ *después de comer; tr.,* ~ *la comida.* 2 Descansar, durmiendo un breve sueño. 3 Permanecer en quietud y paz una persona o cosa. 4 Estar enterrado, yacer. -5 *intr.-prnl.* Tratándose de líquidos, posarse.
reposera (de *reposo*) *f. Argent.* y *Parag.* Tumbona, silla de tijera con asiento y respaldo de lona.
reposición (l. *-itione*) *f.* Acción de reponer o reponerse. 2 Efecto de reponer o reponerse.
repositorio *m.* Lugar donde se guarda una cosa.
reposo *m.* Acción de reposar o reposarse. 2 Efecto de reposar o reposarse.
SIN. v. **Descanso.**
repostada *f. And.* y *Amér.* Respuesta descortés y áspera.
repostar *tr.-prnl.* Reponer [provisiones, combustible, etc.].
repostería *f.* Establecimiento del repostero. 2 Conjunto de provisiones e instrumentos del repostero. 3 Gente empleada en este oficio. 4 Despensilla en que se guardan provisiones de repostería. 5 Lugar donde se guarda lo perteneciente al servicio de mesa. 6 Empleo de repostero mayor. 7 Arte del repostero.
repostero, -ra (l. **repositoriu*) *m. f.* Persona que tiene por oficio hacer o vender pastas, dulces, fiambres y algunas bebidas. 2 Persona encargada, en los palacios de los ant. reyes y señores, del orden y custodia de los objetos pertenecientes a un ramo de servicio: ~ ***mayor,*** el que antig., en la casa real de Castilla, cuidaba de todo lo relativo al ramo de repostería y de los empleados en ella; era persona de las principales familias de la monarquía. -3 *m.* Paño cuadrado, con las armas del príncipe o señor, que se pone sobre la carga de las acémilas o se cuelga en las antecámaras y balcones.
repregunta *f.* DER. Segunda pregunta que hace al testigo el litigante contrario al que lo presenta para contrastar o apurar su veracidad, o bien para completar la indagación.
repreguntar *tr.* DER. Proponer o hacer preguntas al testigo: ~ *algo;* ~ *al testigo.*

reprehender (l. *-ere*) *tr.* Reprender.
reprehensible *adj.* Reprensible.
reprehensión *f.* Reprensión.
reprendedor, -ra *adj.-s.* Reprensor.
reprender (l. *reprendere*) *tr.* Corregir, amonestar [a uno] vituperando lo que ha dicho o hecho.
SIN. **Increpar, recriminar,** reprender severamente.
reprensible *adj.* Digno de reprensión.
reprensión (l. *-nsione*) *f.* Acción de reprender. 2 Expresión o razonamiento con que se reprende. 3 DER. Pena, grave o leve, que se ejecuta amonestando al reo.
SIN. v. **Reconvención.**
reprensor, -ra *adj.-s.* Que reprende.
represa *f.* Acción de represar o recobrar. 2 Detención o estancación, que se hace de una cosa, esp. del agua. 3 fig. Detención de algunas cosas no materiales.
SIN. *2* **Presa.**
represalia (l. med. < l. *reprendere,* coger, retener) *f.* Derecho que se arrogan los enemigos para causarse recíprocamente igual o mayor daño que el que han recibido: *las represalias contra la población civil.* 2 Retención de los bienes de una nación con la cual se está en guerra, o de sus individuos. 3 Medida o trato de rigor que adopta un Estado contra otro, sin llegar a ruptura violenta de relaciones. 4 p. ext. Mal que un particular causa a otro en venganza o satisfacción de un agravio.
represaliado, -da *adj.* [pers. o colectividad] Que ha sufrido represalias: *obreros represaliados.*
represaliar *tr.-intr.* Tomar represalias. ◇ ** CONJUG. [12] como ***cambiar.***
represar (l. *reprehensare*) *tr.* Detener o estancar [el agua corriente]. 2 fig. Contener, reprimir: *~ la multitud.* 3 Recobrar de los enemigos [la embarcación que habían apresado].
representable *adj.* Que se puede representar o hacer visible.
representación *f.* Acción de representar o representarse. 2 Efecto de representar o representarse. 3 Antiguo nombre de la obra dramática; número de veces que se presenta al público: *la comedia ha logrado cincuenta representaciones.* 4 Figura, imagen o idea que substituye a la realidad. 5 Derecho de una persona a ocupar, para la sucesión de una herencia o mayorazgo, el lugar de otra difunta. 6 Autoridad, dignidad, carácter de la persona: ***gastos de ~***, los que tiene asignados una autoridad para desempeñar su cargo con la dignidad y ostentación necesarias. 7 Conjunto de personas que representan a una entidad, colectividad o corporación: *~* ***mayoritaria,*** procedimiento electoral por el que se eligen representantes a quienes obtienen mayoría de votos; *~* ***proporcional,*** procedimiento electoral que establece una proporción entre el número de votos obtenidos por cada partido o tendencia y el número de sus representantes elegidos. 8 Súplica o proposición apoyada en razones o documentos que se dirige a un príncipe o superior.
FR. *En ~ de,* en sustitución de una persona y haciendo sus veces: *asistió el gobernador en ~ del Jefe del Estado.*
representador, -ra *adj.* Que representa. -2 *m. f.* Actor.
representante *com.* Persona que representa a otra o a un cuerpo o comunidad. 2 Agente que representa a una casa comercial fuera de la localidad donde aquélla está establecida. 3 Actor.
representar (l. *repræsentare*) *tr.-prnl.* Hacer presente [una pers. o cosa] en la imaginación por medio de palabras o figuras: *les representé el peligro que corrían; se representó a su madre; se representó el cuadro en la imaginación.* -2 *tr.* Informar, declarar, referir: *me representó el incidente con todos sus detalles.* 3 esp. Manifestar uno [el afecto de que está poseído]: *representaba su dolor con los ademanes.* 4 Ser imagen o símbolo [de una cosa] o imitarla perfectamente: *la paloma representa a la paz; este cuadro representa la batalla de Lepanto.* 5 p. ext. Recitar o ejecutar en público [una obra dramática]. 6 Substituir [a uno] o hacer sus veces: *~ al rey.* 7 Aparentar una persona [determinada edad]: *representa 40 años.*
SIN. *3* **Significar, patentizar, mostrar.** *6* Ús. esp. tratándose de autoridades que delegan sus funciones para determinados actos, o de personas que actúan en nombre o por poder de otros. Si no es así, v. **Reemplazar.**
representatividad *f.* Calidad de representación: *la ~ social de los sindicatos.*
representativo, -va *adj.* Que representa o sirve para representar [a alguien o algo]. 2 Que tiene condición ejemplar o de modelo.
represión (de *reprimir*) *f.* Acción de represar o represarse. 2 Efecto de represar o represarse. 3 Acción de reprimir o reprimirse. 4 Efecto de reprimir o reprimirse. 5 Acto, o conjunto de actos, ordinariamente desde el poder, para contener, detener o castigar con violencia actuaciones políticas o sociales.
represivo, -va *adj.* Que reprime. 2 fig. Autoritario.
represor, -ra *adj.-s.* Que reprime.
reprimenda (l., cosa que debe reprimirse) *f.* Reprensión vehemente y prolija.
SIN. v. **Reconvención.**
reprimir (l. *-ere*) *tr.-prnl.* Contener, refrenar o templar: *~ el alboroto; ~ una pasión; reprimirse sin cesar.*
reprís *m.* Capacidad de aceleración del motor de un automóvil desde la posición de parado: ***tener ~***, fig., ser ágil mentalmente, ser agudo.
reprivatización *f.* Acción de reprivatizar. 2 Efecto de reprivatizar.
reprivatizar *tr.* Transferir de nuevo al sector privado lo que anteriormente se había expropiado. ◇ ** CONJUG. [4] como ***realizar.***
reprobable *adj.* Digno de reprobación o que puede reprobarse.
reprobación *f.* Acción de reprobar. 2 Efecto de reprobar.
reprobadamente *adv. m.* Con reprobación.
reprobado, -da *adj.-s.* Réprobo. -2 *m.* Nota de haber sido suspendido un examinando.
reprobador, -ra *adj.-s.* Que reprueba.
reprobar (l. *-are*) *tr.* No aprobar [a una pers. o cosa], dar por malo. ◇ ** CONJUG. [31] como ***contar.***
SIN. v. **Desaprobar.**
reprobatorio, -ria *adj.* Que reprueba o sirve para reprobar.
réprobo, -ba (l. *-bu*) *adj.-s.* Condenado a las penas eternas. 2 [pers.] Condenado por su heterodoxia religiosa. 3 p. ext. [pers.] Apartado de la convivencia por razones distintas de las religiosas. 4 Malvado.
SIN. **Precio, prescito.**
reprochable *adj.* Que puede reprocharse o es digno de reproche.
reprochador, -ra *m. f.* Persona que reprocha; que tiene por costumbre reprochar.
reprochar (fr. *reprocher*) *tr.* Reconvenir, echar en cara [una cosa]: *~ a uno una mala acción.*
reproche *m.* Acción de reprochar. 2 Expresión con que se reprocha.
SIN. v. **Reconvención.**
reproducción *f.* Acción de reproducir o reproducirse. 2 Efecto de reproducir o reproducirse. 3 Cosa reproducida.
reproducibilidad *f.* Capacidad de reproducirse o ser reproducido.
reproducible *adj.* Que se puede reproducir.
reproducir *tr.-prnl.* Volver a producir o producir de nuevo [una cosa]. 2 En los seres vivos, propagarse o conservarse las especies. 3 Imitar, copiar: *reproduce sus ademanes; ~ un cuadro de Velázquez.* 4 Volver a hacer presente [lo que antes se dijo o alegó]. ◇ ** CONJUG. [46] como ***conducir.***
SIN. *2* **Multiplicar(se).** *4* **Repetir.**
reproductivo, -va *adj.* Que produce beneficio o provecho.
reproductor, -ra *adj.-s.* Que reproduce. -2 *m. f.* Animal destinado a mejorar su raza. -3 *m.* Aparato utilizado para reproducir escritos por cualquiera de los procedimientos conocidos.
reprografía (de *reproducción* + *-grafía*) *f.* Técnica de reproducción mediante procedimientos lumínicos, caloríficos, eléctricos, etc. 2 Conjunto de medios utilizados en dicha técnica.
reprográfico, -ca *adj.* Perteneciente o relativo a la reprografía.
reprógrafo, -fa *m. f.* Persona que tiene por oficio la reprografía.
repromisión (l. *-issione*) *f.* Promesa repetida.
repropiarse (de *repropio*) *prnl.* Resistirse la caballería a obedecer al que la rige. ◇ ** CONJUG. [12] como ***cambiar.***
repropio, -pia *adj.* [caballería] Que se repropia.
reprueba *f.* Nueva prueba sobre la que ya se ha dado.
reps (fr.) *m.* Tela de seda o de lana fuerte y bien tejida, usada en obras de tapicería. ◇ Pl.: *reps.*
reptación *f.* Acción de reptar. 2 Efecto de reptar. 3 GEOL. Movimiento de deslizamiento de los materiales situados en una pendiente.
reptador, -ra *adj.-s.* Que repta.
reptante *adj.* Que repta o anda arrastrándose.
reptar (l. *reptare,* der. de *repere*) *intr.* Andar arrastrándose como

los reptiles. 2 Adular, cometer bajezas para congraciarse con los poderosos.
SIN. *1* **Ratear III.**
reptil (l. *reptile,* que se arrastra) ***adj.-m.*** Animal de la clase de los reptiles. -2 ***m. pl.*** Clase de vertebrados ovíparos, poiquilotermos, con el corazón dividido en dos aurículas y un ventrículo, circulación doble pero incompleta, respiración pulmonar, piel cubierta de escamas y escudos córneos y miembros atrofiados o dispuestos de tal modo que obligan al animal a caminar casi rozando el suelo con el vientre; comprende cinco órdenes: quelonios, cocodrilos, rincocéfalos, saurios y ofidios. -3 ***adj.-s.*** fig. Persona rastrera, vil. ◇ La Academia admite la acentuación *réptil.*
REL. **Herpetología,** tratado de los reptiles.
república (l. *res publica,* cosa pública) ***f.*** Estado (cuerpo político). 2 Forma de gobierno representativo en que la soberanía reside en una asamblea del pueblo o en un senado; el poder ejecutivo, no hereditario, reside en un presidente. 3 ~ ***bananera,*** desp., país, especialmente de América, políticamente inestable, gobernado por una dictadura militar, y sometido a los intereses de empresas multinacionales. 4 desus. Municipio (habitantes y ayuntamiento). 5 p. us. Causa pública de interés común. 6 ***República de las letras,*** conjunto de los hombres sabios y eruditos.
republicanismo ***m.*** Condición de republicano. 2 Sistema político de los republicanos (partidos). 3 Amor a la república (forma de gobierno).
republicanizar ***tr.*** Dar carácter republicano [a algo o alguien]. ◇ ** CONJUG. [4] como ***realizar.***
republicano, -na ***adj.*** Relativo a la república (forma de gobierno). -2 ***adj.-s.*** Ciudadano de una república. 3 Partidario de la república (gobierno). -4 ***m.*** Repúblico (buen patricio). 5 Pájaro insectívoro de África meridional de color pardo obscuro, garganta negra y parte inferior rojiza, que vive en grandes comunidades de individuos *(Philetairus socius).*
repúblico ***m.*** Hombre de representación, capaz de los oficios públicos. 2 Estadista (hombre). 3 Buen patricio.
repudiable ***adj.*** Que es digno de repudiarse.
repudiación ***f.*** Acción de repudiar o desechar. 2 Efecto de repudiar o desechar.
repudiar (l. *-are*) ***tr.*** Desechar, repeler [la mujer propia]. 2 Renunciar (no admitir). ◇ ** CONJUG. [12] como ***cambiar.***
SIN. *2* v. **Rehusar.**
repudio ***f.*** Acción de repudiar. 2 Efecto de repudiar. 3 Renuncia. 4 Afrenta, oprobio.
repudrir ***tr.-prnl.*** Pudrir mucho. -2 ***prnl.*** fig. *y* fam. Consumirse mucho interiormente de callar o disimular un sentimiento o pesar. ◇ ** CONJUG. como ***pudrir.*** ◇ También *repodrir.*
repuesto, -ta (l. *repositu*) pp. de *reponer.* 2 ***adj.*** Apartado, retirado, escondido. -3 ***m.*** Prevención de cosas para cuando sean necesarias: ***de*** ~, de prevención. 4 Aparador o mesa en que está preparado lo necesario para el servicio de la comida o cena. 5 Pieza o cuarto donde se pone el aparador. 6 Recambio.
SIN. *3* **Respeto.**
repugnancia (l. *-ntia*) ***f.*** Oposición o contradicción entre dos cosas. 2 FIL. Incompatibilidad de dos atributos o cualidades de una misma cosa. 3 Asco, aversión. 4 Aversión que se siente o resistencia que se opone a consentir o hacer una cosa.
SIN. *3* v. **Antipatía.** *4* **Renitencia, renuencia, repelo.**
repugnante ***adj.*** Que repugna. 2 Que causa repugnancia (aversión).
repugnantemente ***adv. m.*** Con repugnancia.
repugnar (l. *-are*) ***tr.*** Ser opuesta una cosa [a otra]. 2 FIL. Entrañar contradicción o no concertar una cosa o cualidad [con otra]. 3 Contradecir o negar [una cosa]: *repugnaba todo lo que yo decía.* 4 Rehusar, admitir, con dificultad o hacer de mala gana [una cosa]: *repugna toda clase de trabajo.* -5 ***intr.*** Causar asco o disgusto una cosa: *este manjar repugna; me repugna el juego.*
repujado ***m.*** Acción de repujar. 2 Efecto de repujar. 3 Obra de repujado.
repujar (cat.) ***tr.*** Labrar a martillo [chapas metálicas] de modo que en una de las caras resulten figuras de relieve. 2 p. ext. Hacer resaltar figuras [en cuero u otra materia adecuada].
repulgado, -da ***adj.*** fig. *y* fam. Afectado con exceso.
repulgar (*re-* + *pulgar*) ***tr.*** Hacer repulgos: ~ *una tela.* ◇ **CONJUG. [7] como ***llegar.***
repulgo ***m.*** Dobladillo (pliegue). 2 Borde labrado que hacen a las empanadas o pasteles alrededor de la masa. 3 Excrecencia en las heridas de los árboles. 4 *Extr.* Borde superior de la tinaja. -5 ***m. pl.*** Melindres, miramientos, escrúpulos ridículos.
SIN. *5* v. **Melindre.**
repulido, -da ***adj.*** Acicalado, peripuesto.
repulir ***tr.*** Volver a pulir [una cosa]. -2 ***tr.-prnl.*** Acicalar, componer [a una persona] con demasiada afectación.
repullo ***m.*** Rehilete (flechilla). 2 Movimiento violento del cuerpo, especie de salto dado por sorpresa o susto. 3 fig. Demostración exterior y violenta de la sorpresa que causa una cosa inesperada.
repulsa (l.) ***f.*** Acción de repulsar. 2 Efecto de repulsar. 3 Reprimenda.
SIN. *1* y *2* **Propulsa, repulsión.**
repulsar (l. *-are*) ***tr.*** Desechar o despreciar [una cosa]. 2 Denegar [lo que se pide o pretende].
SIN. **Propulsar.**
repulsión ***f.*** Acción de repeler. 2 Efecto de repeler. 3 Repulsa. 4 Repugnancia, aversión.
repulsivo, -va ***adj.*** Que tiene acción o virtud de repulsar.
repunta ***f.*** Punta o cabo de tierra más saliente que otros inmediatos. 2 fig. Indicio o primera manifestación de alguna cosa. 3 fig. *y* fam. Desazón, contienda. 4 *Colomb.* y *Perú.* Creciente de un río.
repuntar (paras. de *re-* + *punta*) ***intr.*** MAR. Empezar la marea para creciente o para menguante. -2 ***prnl.*** Empezar a volverse el vino; tener punta de vinagre. 3 fig. Indisponerse levemente una persona con otra. -4 ***intr.*** *Amér.* Empezar a manifestarse alguna cosa, como enfermedad, cambio de tiempo, etc. 5 *Amér.* Volver a subir un río que estaba bajando. -6 ***tr.*** *Amér.* Reunir los animales que están dispersos en un campo. 7 *Ecuad.* Revisar las vacadas, a fin de saber si están completas.
repunte ***m.*** MAR. Acción de repuntar la marea. 2 MAR. Efecto de repuntar la marea. 3 *Argent., Parag.* y *Urug.* Alza de precios. 4 *Argent.* Acción de repuntar ganado. 5 *Argent.* Aumento del río que estaba bajando.
repurgar (l. *-are*) ***tr.*** Volver a limpiar o purificar [una cosa]. ◇ ** CONJUG. [7] como ***llegar.***
reputación ***f.*** Fama (opinión y gloria).
reputar (l. *-are;* doble etim. *retar*) ***tr.*** Estimar o hacer concepto de las calidades o estado [de una pers. o cosa]: ~ *a alguno por honrado.* 2 Apreciar (estimar): *reputo en mucho tus luces.*
requebrador, -ra ***adj.-s.*** Que requiebra.
requebrajo ***m.*** Desp. de *requiebro* (acción y dicho).
requebrar (l. *recrepare,* hacer resonar) ***tr.*** Volver a quebrar en piezas más menudas [lo que estaba ya quebrado]. 2 fig. Lisonjear [a una mujer] alabando sus atractivos. 3 en gral. Adular, lisonjear. ◇ ** CONJUG. [27] como ***acertar.***
SIN. *2* **Piropear, echar** o **decir flores, florear.**
requechete ***m.*** *Guat.* Rechoncho.
requemado, -da ***adj.*** De color obscuro denegrido por haber estado al fuego o a la intemperie. -2 ***m.*** desus. Género de tejido delgado, muy negro, con cordoncillo y sin lustre, de que se hacían mantos.
requemamiento ***m.*** Resquemo.
requemar (de *re-* + *quemar*) ***tr.-prnl.*** Volver a quemar o tostar con exceso [una cosa]. 2 Privar de jugo [a las plantas] haciéndoles perder su verdor: *el sol requema los sembrados.* 3 Resquemar (causar calor). 4 fig. Hablando [de la sangre], encenderla excesivamente. -5 ***prnl.*** Sentirse o resentirse interiormente sin darlo a conocer.
SIN. *5* v. **Sentirse.**
requemazón ***f.*** Resquemo.
requena ***m.*** Vino de la zona de Requena (Valencia).
requenense ***adj.-s.*** De Requena (Valencia).
requenete ***adj.*** *Venez.* Rechoncho.
requeneto, -ta ***adj.*** *Colomb.* y *Venez.* Rechoncho.
requeridor, -ra ***adj.-s.*** Que requiere.
requerimiento ***m.*** Acción de requerir (intimar). 2 Efecto de requerir (intimar). 3 DER. Acto judicial por el que se intima que se haga o se deje de hacer una cosa. 4 DER. Aviso, manifestación o pregunta que se hace a alguien.
SIN. *1* y *2* **Intimación.**
requerir (l. *-irere*) ***tr.*** Intimar [a uno] o hacerle saber una cosa con autoridad pública: ~ *a los revoltosos que se presenten.* 2 en gral. Solicitar, pretender: ~ *el auxilio de alguno.* 3 p. anal. Reconocer o examinar [una cosa] con cierta autoridad: *requirió las cuentas una a una.* 4 Inducir, persuadir: *nos requirió con mucha elocuencia y bondad.* 5 Necesitar o ser necesaria [una cosa]:

esta lucha requiere mucho tacto; **prnl.**, *requerirse algo en,* o *para, un negocio.* ◇ ** CONJUG. [35] como ***hervir.***

requesón (paras. de *re-* + *queso*) ***m.*** Masa blanda y mantecosa de la leche cuajada. 2 Cuajada que se saca de la leche después de hecho el queso.

SIN. *2* **Naterón; názula,** en algunas partes; **morrión,** en And.

requete-, v. re-.

requeté (quizá abreviación de *requete-valiente;* o *requete-beato*) ***m.*** Agrupación militar del partido tradicionalista. 2 Individuo que pertenece a esta agrupación.

requetebién ***adv. m.*** Muy bien.

requibeques ***m. pl.*** *P. Rico.* Requilorios.

requiebro ***m.*** Acción de requebrar. 2 Efecto de requebrar. 3 Dicho con que se requiebra. 4 Mineral vuelto a quebrantar para reducirlo a trozos de tamaño próximamente igual.

SIN. *3* **Piropo, flor, lisonja, terneza, ternura.**

réquiem (l., descanso) ***m.*** V. misa de réquiem. 2 Composición musical que se canta con el texto litúrgico de la misa de difuntos, o parte de él. ◇ Pl.: *réquiems.*

requilorio (de *requerir*) ***m.*** Formalidad nimia o rodeo innecesario en que suele perderse el tiempo antes de hacer o decir lo que es obvio, fácil y sencillo: *hablar con requilorios.*

requindollas ***f. pl.*** *Venez.* Remilgos, melindres.

requintador, -ra ***m. f.*** Persona que requinta en los remates de los arrendamientos.

requintar ***tr.*** Pujar la quinta parte [de los arrendamientos] después de rematados y quintados. 2 Sobrepujar, aventajar mucho: *tu hermano requinta a los demás.* 3 Terciar [la carga] en una caballería. 4 MÚS. Subir o bajar cinco puntos [una cuerda o tono]. 5 *Can.* Sobrecargar [a una bestia]. 6 *Can.* Provocar [a alguien] con indirectas, pullas o bromas. 7 *Amér.* Apretar mucho, atirantar. 8 *Perú.* Insultar, mandar enhoramala. -9 ***intr.*** *P. Rico.* Parecerse, semejarse. -10 ***prnl.*** *Hond.* Dar principio a una acción que nos causa molestia.

requintear ***tr.*** *Ecuad.* Regañar [a alguien].

requinterón, -rona ***m. f.*** desus. Descendiente de español y quinterona. 2 *Perú.* desus. Descendiente de español y saltatrás. 3 *Perú.* desus. ~ ***de mestizo,*** descendiente de español y quinterona de mestizo, o al revés, o de quinterón de mestizo y requinterona de mestizo. 4 *Perú.* desus. ~ ***de mulato,*** descendiente de español y quinterona de mulato o de quinterón de mulato y requinterona de mulato.

requintilla ***f.*** *Venez.* Cuerda del cuatro, apareada con la cuarta baja y en octava agudísima respecto de ésta.

requinto ***m.*** Segundo quinto que se saca de una cantidad de que se había extraído ya la quinta parte. 2 MÚS. Clarinete pequeño y de tono agudo. 3 Músico que toca este instrumento. 4 MÚS. Guitarrillo.

requirente, p. a. irreg. de *requerir.* 2 ***adj.-s.*** DER. Que requiere.

requisa (adaptación del fr. *réquisition*) ***f.*** Revista o inspección de las personas o de las dependencias de un establecimiento. 2 Requisición.

requisar ***tr.*** Hacer requisición [de caballos, vehículos, alimentos, etc.] para el servicio militar. 2 fam. Apropiarse de cosa ajena.

requisición (l. *-itione*) ***f.*** Recuento y embargo de caballos, vehículos, alimentos, etc., para el servicio militar.

SIN. **Requisa,** hoy más us. que *requisición.*

requisicionar ***tr.*** desus. INCOR. por requisar.

requisito (l. *-tu*) ***m.*** Condición necesaria para una cosa.

requisitorio, -ria (de *requisito*) ***adj.-s.*** DER. Despacho en que un juez requiere a otro, para que ejecute un mandamiento del requirente.

requive (ár. *raquib*) ***m.*** Arrequive.

res (probl. del l. *res,* cosa) ***f.*** Animal cuadrúpedo de ciertas especies domésticas, como el ganado vacuno, lanar, etc., o de los salvajes, como venados, jabalíes, etc. 2 *Méj.* Gallo muerto en la pelea.

res- (l. *re-* + *ex-*) Prefijo que entra en la formación de palabras atenuando la significación de las voces simples a que se halla unido: *resquemar, resquebrar;* denota algunas veces encarecimiento: *resguardar.*

resaber (*re-* + *saber*) ***tr.*** Saber muy bien [una cosa]. ◇ ** CONJUG. [83] como ***saber.***

resabiado, -da ***adj.*** Que da muestras de resabios.

resabiar (de *resabio*) ***tr.*** Hacer, tomar un vicio o mala costumbre: *sus amigos lo han resabiado.* -2 ***prnl.*** Disgustarse un alimento, desazonarse: *resabiarse un guiso.* 3 Saborear (percibir y apreciar). ◇ ** CONJUG. [12] como ***cambiar.***

resabido, -da ***adj.*** Que se precia de muy sabio y entendido.

resabio (l. *resapere,* tener sabor) ***m.*** Sabor desagradable que deja una cosa. 2 Vicio, mala costumbre o inclinación que perdura o reaparece.

SIN. *1* **Dejo.**

resabioso, -sa ***adj.*** Resabiado. 2 *S. Dom.* Inestable, inseguro.

resaca (del ant. *resacar,* sacar) ***f.*** Movimiento en retroceso de las olas después que han llegado a la orilla. 2 Limo o residuos que el mar o los ríos después de la crecida dejan en la orilla. 3 Letra de cambio que el tenedor de otra que ha sido protestada gira a cargo del librador o de uno de los endosantes, para reembolsarse de su importe y de los gastos de protesto y recambio. 4 Malestar que se sufre al día siguiente de la borrachera. 5 fig. Persona de baja condición o moralmente despreciable. 6 *Amér. Central* y *Colomb.* Aguardiente de la mejor calidad. 7 *Cuba.* y *P. Rico.* Paliza muy grande. 8 *Méj.* irón. Quintaesencia de una cosa.

resacado, -da ***adj.*** *Méj.* Tacaño. 2 *Méj.* Que regatea. -3 ***m.*** *Bol.* Resaca. 4 *Colomb.* Aguardiente de contrabando. 5 *Colomb.* y *Ecuad.* Aguardiente rectificado.

resacar ***tr.*** MAR. Halar [de un cabo] para facilitar su laboreo. 2 *Colomb.* y *Ecuad.* Destilar [un líquido]. ◇ ** CONJUG. [1] como ***sacar.***

resalado, -da ***adj.*** fig. Que tiene mucha sal, gracia y donaire.

resalar ***tr.*** Salar [algo] de nuevo.

resalga (de *re-* + *salgar*) ***f.*** Caldo que resulta en la pila donde se salan los pescados.

resalir ***intr.*** ARQ. Resaltar (sobresalir). ◇ ** CONJUG. [84] como ***salir.***

resallar ***tr.*** Volver a sallar: ~ *un campo;* ~ *los tablones.*

resallo ***m.*** Acción de resallar. 2 Efecto de resallar.

resaltar ***intr.*** Rebotar (botar repetidamente). 2 Saltar (botar). 3 Sobresalir en parte un cuerpo de otro, esp. en los edificios. 4 fig. Distinguirse o sobresalir mucho una cosa entre otras: *este color resalta más que el otro.*

resalte ***m.*** Resalto (de una casa).

resalto ***m.*** Acción de resaltar (sobresalir). 2 Efecto de resaltar (sobresalir). 3 Parte que sobresale de la superficie de una casa. 4 Modo de cazar al jabalí, disparándole en el momento en que se para a reconocer de quién huye.

resaludar (l. *-utare*) ***tr.*** Corresponder a la salutación o cortesía [de otra persona].

SIN. **Devolver el saludo.**

resalutación ***f.*** Acción de resaludar.

resalvo (de *re-* + *salvar*) ***m.*** Vástago que al rozar un monte se deja en cada mata como el mejor para formar un árbol.

resanar (l. *-are,* volver a curar) ***tr.*** Cubrir con oro las partes [de un dorado] que han quedado defectuosas. 2 Restaurar [algo] que estaba dañado. 3 *Amér.* Tapar [los agujeros de la pared]. 4 *Méj.* Casarse con [mujer] que ya no es doncella y que pasa por tal.

resaque ***m.*** *Venez.* Resaca (aguardiente).

resaquero, -ra ***adj.*** *Amér. Central.* Remolón, perezoso.

resarcible ***adj.*** Que se puede o se debe resarcir.

resarcimiento ***m.*** Acción de resarcir o resarcirse. 2 Efecto de resarcir o resarcirse.

resarcir (l. *-ire*) ***tr.*** Indemnizar, reparar [un daño o agravio]. ◇ ** CONJUG. [3] como ***zurcir.***

SIN. **Subsanar** un daño.

resbalada ***f.*** *Argent.* Resbalón.

resbaladero, -ra ***adj.*** Resbaladizo. -2 ***m.*** Lugar resbaladizo. -3 ***f.*** Corredera. 4 *Pan.* Refresco de cebada.

resbaladizo, -za ***adj.*** Que resbala fácilmente. 2 [paraje] Que puede provocar un resbalón. 3 fig. [cosa] Que expone a incurrir en algún desliz.

resbalador, -ra ***adj.*** Que resbala.

resbaladura ***f.*** Señal de haber resbalado.

resbalamiento ***m.*** Resbalón.

resbalar (alterac. de *resvarar,* de orig. incierto; probl. der. del l. *varus,* patizambo) ***intr.-prnl.*** Escurrirse, deslizarse: ~ *con,* o *en,* o *sobre, el hielo; resbalarse de,* o *de entre, las manos; resbalarse por la pendiente.* 2 fig. Incurrir en un desliz.

SIN. **Irse los pies.**

resbalavieja ***f.*** Planta anual de hojas lanceoladas dispuestas en roseta basal, de la que salen los tallos florales con las flores dispuestas en espiga cilíndrica *(Plantago bellardii).* ◇ Pl.: *resbalaviejas.*

resbalera ***f.*** Lugar resbaladizo.

resbalón *m.* Acción de resbalar o resbalarse. 2 Efecto de resbalar o resbalarse.
SIN. **Traspié.**
resbalosería *f. Cuba.* vulg. Informalidad.
resbaloso, -sa *adj.* Resbaladizo. -2 *f. Argent.* y *Perú.* Baile parecido al de la zamacueca, del que se distingue especialmente porque en los intermedios en que cesa el canto suena sólo la guitarra, la pareja sigue escobillando.
rescacio *m.* Rascacio.
rescaldar *tr.* Escaldar.
rescaño *m.* Resto o parte de alguna cosa. 2 *Extr.* Mendrugo, cantero de pan.
rescatador, -ra *adj.-s.* Que rescata.
rescatante *m. Colomb.* Trajinero, traficante.
rescatar (der. del l. *captare;* quizá a través del cat. *rescatar;* o del it. *riscattare*) *tr.* Recobrar por precio o por fuerza [una pers. o cosa], esp. [lo que el enemigo ha cogido]. 2 Trocar oro u otros objetos preciosos [por mercaderías ordinarias]. 3 fig. Recobrar [el tiempo o la ocasión perdidos]. 4 fig. Librar [a uno] de trabajo, vejación o contratiempo. 5 *Amér.* Traficar yendo de un lado para otro. 6 *Méj.* Revender.
rescate *m.* Acción de rescatar. 2 Efecto de rescatar. 3 Dinero con que se rescata, o que se pide para ello. 4 *Argent.* Marro, juego.
SIN. *3* **Ranzón.**
rescatín *m. Amér. Merid.* El que compra partidas pequeñas de mineral.
rescaza *f.* Rascacio.
rescindible *adj.* Que se puede rescindir.
rescindir (l. *-ere; scindere,* rasgar) *tr.* Dejar sin efecto [un contrato, obligación, etc.].
SIN. v. **Abolir.**
rescisión *f.* Acción de rescindir. 2 Efecto de rescindir.
rescisorio, -ria *adj.* Que rescinde, sirve para rescindir o dimana de la rescisión.
rescoldera (de *rescoldo*) *f.* Pirosis.
rescoldo (de *rescaldo,* der. del ant. *caldo* × **rescodo,* var. vulg.) *m.* Brasa menuda resguardada por la ceniza. 2 fig. Escozor, recelo o escrúpulo.
SIN. *1* **Borrajo.**
rescontrar (paras. de *res-* + *contra*) *tr.* Compensar en las cuentas [una partida] con otra. ◇ ** CONJUG. [31] como ***contar.***
rescripto (l. *-tu*) *m.* Decisión del Papa o de cualquier soberano para resolver una consulta o responder a una petición (bula). 2 ***Rescripto pontificio,*** breve (bula).
rescriptorio, -ria *adj.* Relativo a los rescriptos.
rescuentro *m.* Acción de rescontrar. 2 Efecto de rescontrar. 3 Papeleta provisional manuscrita que se expedía a los jugadores de la lotería primitiva y que después se canjeaba por un pagaré impreso.
resecación *f.* Acción de resecar o resecarse. 2 Efecto de resecar o resecarse.
I) resecar *tr.-prnl.* Secar mucho [una cosa]. ◇ ** CONJUG. [1] como ***sacar.***
II) resecar (l. *resecare,* cortar) *tr.* Efectuar la resección [de un órgano]. ◇ ** CONJUG. [1] como ***sacar.***
resección (l. *-ctione*) *f.* CIR. Operación que consiste en separar el todo o parte de uno o más órganos.
reseco, -ca *adj.* Demasiadamente seco. 2 Seco (flaco). -3 *m.* Parte seca del árbol o arbusto. 4 Entre colmeneros, parte de cera que queda sin melar. 5 Sensación de sequedad en la boca.
SIN. *1* **Desequido,** p. us.
reseda (l.) *f.* Planta resedácea de jardín, de tallos ramosos, hojas alternas, enteras o partidas en tres gajos, y flores amarillentas y olorosas *(Reseda odorata).* 2 Flor de esta planta. 3 Gualda. ◇ INCOR.: *resedá.*
resedáceo, -a *adj.-f.* Planta de la familia de las resedáceas. -2 *f. pl.* Familia de plantas dicotiledóneas, herbáceas, de hojas alternas, enteras o hendidas, con estípulas glandulosas, flores cigomorfas en racimo o espiga, y fruto capsular; como la reseda.
resegar *tr.* Volver a segar [lo que dejaron los segadores de heno]. 2 Recortar [los tocones] a ras del suelo. ◇ ** CONJUG. [48] como ***regar.***
reseguir *tr.* Quitar [a los filos de las espadas], las ondas, resaltes o torceduras. ◇ ** CONJUG. [56] como ***seguir.***
resellar *tr.* Volver a sellar [la moneda u otra cosa]. -2 *prnl.* fig. Pasarse de uno a otro partido.
resello *m.* Acción de resellar o resellarse. 2 Efecto de resellar o resellarse. 3 Segundo sello que se echa.
resembrar (l. *reseminare*) *tr.* Volver a sembrar [un terreno] por haberse malogrado la primera siembra. ◇ ** CONJUG. [27] como *acertar.*
resentido, -da *adj.-s.* Persona que guarda algún resentimiento, esp. cuando ello influye en el conjunto de su vida moral.
resentimiento *m.* Acción de resentirse. 2 Efecto de resentirse.
SIN. Serie intensiva: **queja, escozor, resquemor, rencor.**
resentirse *prnl.* Empezar a flaquear o sentirse una cosa: ~ *del,* o *en el, costado.* 2 fig. Tener sentimiento o enojos por una cosa: ~ *con,* o *contra, alguno; de,* o *por, alguna cosa.* ◇ **CONJUG. [35] como ***hervir.***
SIN. *2* v. **Sentirse.**
reseña *f.* Revista que se hace de la tropa. 2 Nota que se toma de las señales más distintivas del cuerpo de una persona, de un animal o de otra cosa, para conocerlo fácilmente. 3 Narración sucinta. 4 Exposición crítica o literaria en un periódico o revista.
SIN. *3* y *4* **Recensión.**
reseñador, -ra *m. f.* Persona que reseña una obra literaria o científica. 2 Persona que reseña los rasgos distintivos de una persona, animal o cosa.
reseñar (v. *resignar*) *tr.* Hacer la reseña [de una cosa].
resequido, -da *adj.* Que se ha vuelto seco por accidente; esp. lo naturalmente húmedo.
resero, -ra *m. f.* Persona que cuida de las reses. 2 Persona que las compra. -3 *m. Amér.* El que arrea un rebaño.
reserva *f.* Guarda, custodia o prevención que se hace de una cosa. 2 Cautela para no descubrir algo: ***sin*** ~, abierta o sinceramente, con franqueza. 3 Discreción, circunspección, comedimiento. 4 Parte del ejército o armada de una nación que no está en servicio activo. 5 Cuerpo de tropas que no toma parte en una campaña o en una batalla hasta que se considera conveniente su auxilio. 6 Reservación o excepción. 7 Acción de reservar [plaza en un hotel, tren, avión, etc.]. 8 Efecto de reservar [plaza en un hotel, tren, avión, etc.]. 9 Acción de reservar solemnemente el Santísimo Sacramento. 10 Reservado (sacramento). 11 En juntas o asambleas, observación explícita que hace alguno de sus miembros para condicionar o restringir el significado y alcance de su voto: *el delegado de los trabajadores se adhirió, con reservas, a la proposición.* 12 Vino que posee una crianza mínima de tres años en envase de roble y botella. 13 Parque nacional. 14 En ciertos países, territorio reservado a los indígenas. 15 DER. Declaración del juez. 16 DER. Obligación impuesta por la ley al viudo que se vuelve a casar. 17 ECON. Conjunto de fondos o valores guardados por un agente económico en previsión de eventuales necesidades o por razones legales. 18 ~ ***mental,*** intención restrictiva del juramento o promesa que no se declara al tiempo de hacerlo; ***a*** ~ ***de,*** con el propósito, con la intención de. -19 ***f. pl.*** Recursos, elementos disponibles para resolver una necesidad o realizar una empresa. -20 ***com.*** DEP. Jugador suplente de un equipo.
SIN. *2* **Recato.**
reservable *adj.* Sometido a reserva.
reservación *f.* Acción de reservar. 2 Efecto de reservar.
reservadamente *adv. m.* Con reserva o bajo sigilo.
reservado, -da *adj.* Cauteloso, reacio en manifestar su interior. 2 Comedido, discreto, circunspecto. 3 Que se reserva o debe reservarse. -4 *m.* Sacramento de la Eucaristía que se guarda en el sagrario. 5 Compartimiento de un coche, ferrocarril, estancia de un edificio, etc., destinado a personas o a usos determinados. 6 *Ecuad.* Prado cerrado, que queda vedado temporalmente al ganado, a fin de que críe pasto.
SIN. *4* **Reserva.**
reservar (l. *-are*) *tr.* Guardar para más adelante o para cuando sea necesaria [una cosa]: ~ *un pan para mañana.* 2 p. anal. Dilatar para otro tiempo [lo que se podía o se debía ejecutar al presente]: ~ *una venganza.* 3 Destinar [un lugar o una cosa] de un modo exclusivo para uso o persona determinados: ~ *una mesa en un restaurante.* 4 p. anal. Separar uno [algo de lo que se distribuye] reteniéndolo para sí o para otro: ~ *un pan.* 5 esp. Conservar discrecionalmente en los juegos de naipes [algunas cartas] que no hay obligación de servir. 6 Exceptuar, dispensar [a uno] de una ley común: *mi hijo fue reservado del servicio militar.* 7 Retener o no comunicar [una cosa] o el ejercicio o conocimiento de ella: *reservó la noticia para sí.* 8 en gral. Encubrir, ocultar, callar [una cosa]: *los vecinos reservaron el robo.* 9 Retener con anticipación [plaza en un hotel, tren, avión, etc.]. 10 esp. Encu-

brir [el Santísimo Sacramento] que está manifiesto. -11 *prnl.* Conservarse o irse deteniendo para mejor ocasión. 12 Cautelarse, guardarse, desconfiar de uno.
SIN. *10* **Ocultar.**

reservativo, -va *adj.* Relativo a la reserva.

reservista *adj.-com.* Militar perteneciente a la reserva.

reservón, -vona *adj.* desp. [pers.] Que guarda excesiva reserva, por cautela o malicia. 2 TAUROM. [toro] Que no muestra codicia en acudir a las suertes.

reservorio *m.* Vasija, cavidad, embalse, etc. donde se almacena un líquido. 2 PAT. Ser vivo o medio que alberga gran cantidad de microorganismos infecciosos. 3 En una planta de separación de isótopos, volumen destinado a almacenar material o a asegurar un funcionamiento regular.

resfriadera *f.* Fresquera. 2 *Cuba.* Especie de artesa de hierro en que se hace la batición del guarapo para que se enfríe.

resfriado *m.* Catarro, constipado. 2 Destemple general del cuerpo, ocasionado por interrumpirse la transpiración. 3 Riego que se da a la tierra cuando está seca y dura, para poderla arar.

resfriador, -ra *adj.* Que resfría.

resfriadura *f.* VETER. Resfriado (catarro).

resfriamiento *m.* Enfriamiento.

resfriante *m.* Corbato.

resfriar (de *re-* + ant. *esfriar*) *tr.* Enfriar. 2 fig. Entibiarse, templar el ardor o fervor: ~ *el entusiasmo.* 3 *Can.* Regar la tierra después de la primera arada. -4 *intr.* Empezar a hacer frío. -5 *prnl.* Contraer resfriado. 6 fig. Entibiarse, disminuirse el amor o la amistad: *resfriarse con alguno; resfriarse en la amistad.* ◇ ** CONJUG. [13] como ***desviar.***
SIN. *5* **Acatarrarse, constiparse.**

resfrío *m.* Resfriado.

resgoso, -sa *adj. Amér. Central.* Peligroso. 2 *Venez.* Arriesgado.

resguardar (*res-* + *guardar*) *tr.* Defender o reparar [una cosa]. -2 *prnl.* Cautelarse o prevenirse contra un daño: *resguardarse con el muro; resguardarse de los fríos.*
SIN. v. **Proteger.**

resguardo *m.* Guardia, seguridad que se pone en una cosa. 2 Custodia de un paraje para que no se introduzca contrabando. 3 Cuerpo destinado a este servicio. 4 Seguridad que por escrito se hace en las deudas o contratos. 5 Documento donde consta esta seguridad. 6 MAR. Distancia prudencial que por precaución toma el buque al pasar cerca de un punto peligroso.

residencia *f.* Acción de residir. 2 Efecto de residir. 3 Lugar en que se reside. 4 Casa de jesuitas, no profesos, donde residen algunos individuos formando comunidad. 5 Casa donde viven en comunidad individuos de otras órdenes religiosas. 6 Tiempo que debe residir el eclesiástico en el lugar de su beneficio. 7 Cargo de ministro residente. 8 Acción de residenciar. 9 Efecto de residenciar. 10 Proceso o autos formados al residenciado. 11 Edificio donde una autoridad o corporación tiene su domicilio o donde ejerce sus funciones. 12 Casa donde, sujetándose a determinada reglamentación, residen y conviven personas afines por la ocupación, el sexo, la edad, etc.
SIN. *3* v. **Habitación.**

residencial *adj.* Reservado para viviendas de gran calidad y bienestar: *zona, barrio* ~.

residenciar (de *residencia*) *tr.* Tomar cuenta un juez [a otro o a otra persona que ha ejercido cargo público] de la conducta que ha observado en el ejercicio de su cargo. 2 p. ext. Pedir cuentas o hacer cargo en otras materias. ◇ ** CONJUG. [12] como ***cambiar.***

residente *adj.* Que reside.

residentemente *adv. m.* Con ordinaria residencia o asistencia.

residir (l. *-ere*) *intr.* Estar de asiento en un lugar. 2 esp. Hallarse uno personalmente en determinado lugar por razón de su empleo, dignidad, etc.: *los reyes residen en la capital.* 3 fig. Estar, hallarse en una persona cualquier cosa inmaterial: ~ *mucha inteligencia en uno.* 4 fig. Radicar en un punto o en una cosa el quid de la cuestión: *en el cálculo reside la dificultad.*
SIN. *1* **Habitar, vivir; morar,** es literario.

residual *adj.* Relativo al residuo. 2 Que sobra o queda como residuo. 3 Remanente de un condensador eléctrico después de una descarga rápida.

residuo (l. *-uu*) *m.* Parte o porción que queda de un todo. 2 Lo que resulta de la descomposición o destrucción de una cosa: ~ ***nuclear*** o ***radiactivo,*** objeto radiactivo inutilizable que queda tras la fisión nuclear. 3 MAT. Resultado de la resta (substracción).
SIN. *1* **Resto, remanente, restante.** *3* **Diferencia, resto, resta.**

resiembra *f.* Acción de resembrar. 2 Efecto de resembrar. 3 Siembra que se hace en un terreno sin dejarlo descansar.

resigna *f.* Acción de resignar (renunciar). 2 Efecto de resignar (renunciar).

resignación *f.* Entrega voluntaria que uno hace de sí poniéndose en las manos de otro. 2 Resigna. 3 Conformidad (tolerancia).

resignadamente *adv. m.* Con resignación.

resignar (l. *-are;* doble etim. *reseñar*) *tr.* Renunciar [un beneficio eclesiástico] a favor de un sujeto determinado. 2 en gral. Entregar una autoridad el mando a otra en circunstancias excepcionales. -3 *prnl.* Conformarse, entregar su voluntad, condescender: *resignarse con su suerte.*

resignatario *m.* Sujeto en cuyo favor se hacía la resigna.

resina (l.) *f.* Substancia orgánica, pralte. de origen vegetal, sólida o semisólida, transparente y translúcida, soluble en el alcohol y en los aceites esenciales, insoluble en el agua, que arde produciendo humo. 2 esp. La que se obtiene del pino.
SIN. *2* **Zopisa.**

resinación *f.* Acción de resinar. 2 Efecto de resinar.

resinar *tr.* Sacar resina [a ciertos árboles] haciendo incisiones en el tronco.
SIN. **Sangrar.**

resinero, -ra *adj.* Relativo a la resina: *industria resinera.* 2 Resinoso: *pino* ~. -3 *m.* El que tiene por oficio resinar.

resinífero, -ra *adj.* Resinoso (que tiene resina).

resinificar *tr.-prnl.* Transformar en resina. ◇ ** CONJUG. [1] como *sacar.*

resinoso, -sa *adj.* Que tiene resina. 2 Que participa de alguna de las cualidades de la resina.

resisa *f.* Reoctava.

resisar *tr.* Achicar más [las medidas de capacidad ya sisadas] rebajando de ellas lo correspondiente a la resisa.

resistencia (l. *-ntia*) *f.* Acción de resistir o resistirse. 2 Efecto de resistir o resistirse. 3 Capacidad para resistir. 4 Causa que se opone a la acción de una fuerza: ~ ***eléctrica,*** oposición que presenta un conductor al paso de la corriente eléctrica. Su unidad de medida es el *ohmio*; ~ ***pasiva,*** aquella que en una máquina dificulta su movimiento y disminuye su efecto útil. 5 Fuerza que se opone a la acción de una máquina y ha de ser vencida por la potencia, como el peso del cuerpo que se quiere mover mediante una palanca, una polea, un torno, etc. 6 Cuerpo poco conductor, o conductor de mucha longitud, que se intercala en un circuito para que obre por su resistencia eléctrica: ~ ***de carga,*** la conectada en paralelo con una carga de alta impedancia, de forma que el circuito de salida pueda proporcionar, en la carga, la mínima corriente requerida para la operación en cuestión. 7 fig. Renuncia en hacer alguna cosa.
REL. *4* **Reóstato,** aparato para medir la ~ eléctrica de los conductores. SIN. *7* **Resistencia pasiva;** v. **Repugnancia.**

resistente *adj.* Que resiste o se resiste.

resistero (alterac. de **resiestero* < ant. *resetero*) *m.* Siesta (tiempo caluroso). 2 Calor causado por la reverberación del sol. 3 Lugar en que esp. se nota este calor.

resistible *adj.* Que puede ser resistido.

resistidero *m.* Resistero.

resistidor, -ra *adj.* Que resiste.

resistir (l. *-ere*) *intr.-prnl.* Oponerse un cuerpo o una fuerza a la acción o violencia de otra. 2 en gral. Rechazar, repeler: ~ *a la violencia.* 3 Rechazar, contradecir: *el muchacho resiste a mis razones.* -4 *tr.* Tolerar, aguantar [una cosa]: *la columna resiste mucho peso.* 5 Combatir las pasiones, apetitos, etc.: ~ *la tentación de comer.* -6 *prnl.* Bregar, forcejar: *se resiste con ímpetu.*

resistividad *f.* ELECTR. Resistencia de un material de longitud y sección unidad.

resistivo, -va *adj.* Que resiste o tiene virtud para resistir.

resma (ár. *rezma,* paquete) *f.* Conjunto de 20 manos de papel: ~ ***sucia,*** la de papel de hilo, que tiene sus dos costeras correspondientes.

resmilla *f.* Paquete de 20 cuadernillos de papel de cartas.

resobado, -da *adj.* [tema o asunto] Muy trillado; esp. el de conversación o literario.

resobar *tr.* Sobar mucho.

resobrar *intr.* Sobrar mucho.

resobrino, -na *m. f.* Hijo de sobrino carnal.

resol *m.* Reverberación del sol.

resolano, -na *adj.-f.* Lugar donde se toma el sol sin que ofenda el viento. 2 Resol. 3 *Cuba.* Regaño.

resolgar *intr.* p. us. Resollar. ◇ **CONJUG. [52] como ***colgar.***

resoli *m.* Bebida típica de Cuenca hecha con aguardiente, café, plantas aromáticas y azúcar.
resolladero *m. Cuba.* Paraje por donde vuelve a salir a la superficie el río que fluía subterráneo. 2 *P. Rico.* Respiradero.
resollar (*re-* + l. *suplare,* soplar) *intr.* Respirar. 2 Respirar fuertemente y con algún ruido. 3 fig. *y* fam. Dar señales de vida la persona que estaba en silencio o ausente. ◇ ** CONJUG. [31] como ***contar.***
resoltarse *prnl. Colomb.* Descomedirse, insolentarse. ◇ ** CONJUG. [31] como ***contar.***
resoluble *adj.* Que se puede resolver.
resolución *f.* Acción de resolver o resolverse. 2 Efecto de resolver o resolverse. 3 Ánimo, valor, arresto. 4 Actividad, prontitud, viveza. 5 Decreto, providencia, auto o fallo de autoridad gubernativa o judicial. 6 Fidelidad [del sonido reproducido al original]. 7 Definición [de una imagen]. 8 Paso de un acorde disonante a otro consonante; y también este último con relación al anterior.
SIN. **Determinación, decisión.** *1* y *2* **Partido,** en la fr. *tomar partido.*
resolutivamente *adv. m.* Con decisión.
resolutivo, -va *adj.* [método] Analítico. -2 ***adj.-m.*** MED. Que tiene virtud de resolver.
resoluto, -ta *adj.* Resuelto. 2 Versado, diestro, expedito. 3 Compendioso, abreviado, resumido.
resolutoriamente *adv. m.* Con resolución.
resolutorio, -ria *adj.* Que tiene, motiva o denota resolución.
resolvente *adj.-s.* Que resuelve.
resolver (l. *-ere,* desligar) *tr.* Tomar una resolución decisiva: *el rey resolvió la paz.* 2 Dar solución [a una dificultad o duda]. 3 Hallar la solución [a un problema]. 4 Deshacer, destruir; esp., deshacer un agente natural [alguna cosa]: *las aguas resuelven los cantos en arenas;* ***prnl.,*** *el agua se resuelve en oxígeno e hidrógeno.* 5 Analizar, dividir física o mentalmente [un compuesto] en sus elementos: *Tales resolvía todos los seres en agua.* 6 Resumir, recapitular: *el autor resuelve sus puntos de vista en una página.* 7 FÍS. y MED. Hacer que se disipe o desvanezca poco a poco [una cosa]: ~ *un tumor; el tumor se resuelve por sí mismo.* -8 ***prnl.*** Atreverse a decir o hacer una cosa: *resolverse por tal partido.* 9 Reducirse, venir a parar una cosa en otra: *el agua se resuelve en vapor.* 10 MED. Terminar las enfermedades y con especialidad las inflamaciones quedando los órganos en estado normal. ◇ ** CONJUG. [32] como ***mover.*** Participio: ***resuelto.***
SIN. *1* **Determinar, decidir.** *2* **Solucionar; solventar,** se aplica gralte. tratándose de un asunto difícil o embrollado; **zanjar,** cortarlo o resolverlo expeditivamente.
resonación *f.* Acción de resonar. 2 Efecto de resonar.
resonador, -ra *adj.* Que resuena. -2 *m.* FÍS. Cuerpo sonoro que entra en vibración cuando recibe ondas de determinada frecuencia y amplitud. Se usa pralte. para aislar los sonidos secundarios que acompañan al fundamental.
resonancia (l. *-ntia*) *f.* Prolongación del sonido, que se va disminuyendo por grados: ~ ***magnética nuclear,*** MED., técnica para la obtención de imágenes en medicina, basada en la reconstrucción tomográfica, mediante ordenador, de la señal de relajación producida por los núcleos de los átomos de hidrógeno que previamente se han hecho entrar en resonancia excitándolos por la interacción de un campo magnético estático y uno oscilante. 2 Sonido producido por repercusión de otro. 3 Sonido elemental que acompaña al principal y le comunica un timbre particular. 4 fig. Gran divulgación que adquiere un hecho o las cualidades de una persona.
SIN. *1* **Repercusión, tornavoz** y **eco,** significan resonancia que se produce por reflexión del sonido. *3* **Hipertono, armónico.**
resonante *adj.* Que resuena. 2 fig. Importante.
resonar (l. *-are*) *intr.* Hacer sonidos por repercusión, o sonar mucho; ús. en poesía como transitivo. 2 Ser muy sonoro. 3 fig. Divulgarse. ◇ ** CONJUG. [31] como ***contar.***
SIN. **Repercutir; retumbar** y **rimbombar,** son intensivos y se aplican gralte. tratándose de ruido o estruendo; **retiñir,** es durar en el oído la sensación que produce un sonido agudo.
resondrar *tr. Perú.* Deshonrar, denostar.
resoplar *intr.* Dar resoplidos.
resoplido, resoplo *m.* Resuello fuerte.
resorber (l. *-ere*) *tr.* Recoger dentro de sí una persona o cosa [un líquido que ha salido de ella misma].
resorcina *f.* QUÍM. Fenol que procede de la bencina.
resorción *f.* Acción de resorber. 2 Efecto de resorber.
resorte (fr. *ressort*) *m.* Muelle (pieza elástica). 2 Fuerza elástica de una cosa. 3 fig. Medio para lograr un fin. 4 *Amér.* Incumbencia.
respahilar *intr.* Raspahilar. ◇ ** CONJUG. [15] como ***aislar.***
I) respaldar *m.* Respaldo (parte del asiento). 2 Derrame de jugos producido en el tronco de los árboles por golpes violentos.
II) respaldar (de *espalda*) *tr.* Apuntar [algo] en el respaldo de un escrito. 2 Proteger, guardar: *sus amigos le respaldan.* -3 ***prnl.*** Inclinarse de espaldas o arrimarse al respaldo de un asiento: *respaldarse en la silla; respaldarse con,* o *contra, la pared.* 4 VETER. Despaldarse una caballería. -5 *tr. Amér.* Afianzar el cumplimiento [de una obligación].
SIN. 2 v. **Proteger.**
respaldo *m.* Parte de la silla o banco en que descansan las espaldas. 2 Espaldera para apoyar una planta. 3 Vuelta del papel o escrito en que se anota una cosa. 4 Lo que allí se escribe. 5 fig. Apoyo, amparo, protección.
SIN. *1* **Espaldar, respaldar,** ambos menos us. que *respaldo.*
respe *m.* Résped (lengua).
respectar (l. *-are;* doble etim. *respetar*) *intr.* Tocar, decir relación, atañer: *por lo que respecta a la guerra...* -2 *intr.* Respetar. ◇ Verbo defectivo; se usa sólo en las terceras personas del singular.
respectivamente *adv. m.* Con relación, proporción o consideración a una cosa. 2 Según la relación o conveniencia necesaria a cada caso.
respective (l.) *adv. m.* lit. Respectivamente. ◇ Vulg. la expr. *al ~: al ~ de tu hermano,* por *respecto a tu hermano,* o *con respecto a.*
respectivo, -va *adj.* Relativo a persona o cosa determinada. 2 Dicho de los miembros de una serie, que tienen correspondencia, por unidades o grupos, con los miembros de otra serie.
respecto (l. *-tu;* doble etim. *respeto*) *m.* Razón, relación o proporción de una cosa con otra. -2 ***loc. adv. Al*** ~, a proporción, a correspondencia, respectivamente: ***con*** ~ ***a,*** o ~ ***a,*** o ***de,*** respectivamente, por lo que se refiere a, con relación a.
résped, réspede *m.* Lengua de la culebra o de la víbora. 2 Aguijón de la abeja o de la avispa. 3 fig. Intención malévola de las palabras.
respeluzar (de *res-* + *pelo*) *tr.* Despeluzar. ◇ ** CONJUG. [4] como ***realizar.***
respetabilidad *f.* Calidad de respetable.
respetable *adj.* Digno de respeto. 2 Considerable en número, en tamaño. -3 *m.* Público que asiste a un espectáculo.
respetador, -ra *adj.-s.* Que respeta.
respetar (v. *respectar*) *tr.* Tener respeto: ~ *a su padre;* ~ *las leyes.*
SIN. **Venerar** y **reverenciar,** respetar en sumo grado.
respetivo, -va *adj.* Respetuoso.
respeto (v. *respecto*) *m.* Consideración sobre la excelencia de alguna persona o cosa, sobre la superior fuerza de algo, que nos conduce a no faltar a ella, a no afrontarla: *el ~ a las leyes, a la religión; el ~ a la palabra dada; infundir ~ por la fuerza.* 2 Miramiento, atención, deferencia: *el ~ a los ancianos.* 3 Cosa de prevención o repuesto: *carroza de ~.*
respetuosamente *adv. m.* Con respeto y veneración.
respetuosidad *f.* Calidad de respetuoso.
respetuoso, -sa *adj.* Que causa veneración y respeto. 2 Que observa veneración y respeto.
réspice (l., impers. de *respicere,* mirar) *m.* Respuesta desabrida. 2 fam. Reprensión corta, pero fuerte. ◇ Pl.: *réspices.*
respigador, -ra *adj.-s.* Que respiga.
respigar *tr.* Espigar (recoger espigas). ◇ **CONJUG. [7] como ***llegar.***
respigo *m. Sant.* Semilla de la berza.
respigón (*re-* + l. *spiculu,* punta) *m.* Padrastro (pellejo de los dedos). 2 Enfermedad en los pechos propia de la mujer que está criando. 3 Llaga que se hace a las caballerías en los pulpejos.
respingar (ant. *respendar,* echar coces × asturiano *respigar,* erizarse) *intr.* Sacudirse la bestia y gruñir. 2 fam. Elevarse el borde de la chaqueta o la falda, por estar mal hecha la prenda. 3 fig. Resistir, hacer gruñendo lo que se manda. ◇ **CONJUG. [7] como ***llegar.***
respingo *m.* Acción de respingar. 2 Efecto de respingar. 3 Sacudida violenta del cuerpo. 4 fig. Expresión o ademán con que uno muestra repugnancia a ejecutar lo que se le manda. 5 *Amér.* Frunce en la falda de las mujeres.
respingón, -gona *adj.* [animal] Que se sacude y gruñe. -2 *f.* V. nariz respingona.

respingoso, -sa *adj.* Respingón.

respirable *adj.* Que se puede respirar sin daño de la salud.

respiración *f.* Acción de respirar. 2 Efecto de respirar. 3 Aire que se respira. 4 Entrada y salida del aire en un lugar cerrado. SIN. *1* y *2* **Resuello,** esp. si es violento o ruidoso. **Jadeo, acezo,** cuando es anheloso a causa del cansancio. REL. **Aspiración** o **inspiración,** acción de entrar el aire en las vías respiratorias; **espiración,** salida del aire.

respiradero *m.* Abertura por donde entra y sale el aire. 2 Lumbrera, tronera. 3 Ventosa de una cañería. 4 fig. Respiro, descanso. 5 fam. Órgano o conducto de la respiración.

respirador, -ra *adj.* Que respira. 2 [músculo] Que sirve para la respiración.

respirar (l. *-are*) *intr.* Absorber el aire los seres vivos y expelerlo sucesivamente para mantener las funciones vitales de la sangre. -2 *tr.* Absorber cualquier clase [de substancia gaseosa] por los pulmones: ~ *el aire viciado, cloroformo,* etc. 3 Realizar el organismo aeróbico la absorción del oxígeno propia de la respiración seguida de la expulsión de anhídrido carbónico. 4 p. anal. Vivir: *aún respira.* 5 fig. Tener salida o comunicación con el aire externo o libre un fluido que está encerrado: *el aire del balón,* o *el balón, respira.* 6 fig. Despedir de sí un olor: *sus vestidos respiran, y no a ámbar.* 7 fig. Animarse, cobrar aliento: *al oír al doctor hemos respirado.* 8 esp. Descansar, cobrar aliento después de un trabajo: *al concluir respiraremos un poco.* 9 fig. *y* fam. Hablar (darse a entender), esp. con negación: *el chico no respiró.* 10 esp. Dar noticia de sí la persona ausente. 11 fig. Manifestar una pasión que rebosa: ~ *saña.* 12 fig. Gozar de un ambiente más fresco, cuando en un lugar o tiempo hace mucho calor. -13 *loc. adv. Sin* ~, sin descanso ni intermisión de tiempo. SIN. *1, 7, 8* y *9* **Resollar.**

respiratorio, -ria *adj.* Que sirve para la respiración o la facilita.

respiro *m.* Respiración (acción y efecto). 2 fig. Rato de descanso en el trabajo. 3 Alivio de una fatiga, pena o dolor. 4 Prórroga que obtiene el deudor.

resplandecer (l. *resplendescere*) *intr.* Despedir rayos de luz o lucir mucho una cosa. 2 fig. Sobresalir, aventajarse. ◇ ** CONJUG. [43] como ***agradecer.*** SIN. *1* Serie intensiva: **lucir, relucir, brillar, cabrillear, rielar** (con luz trémula; poét.). **Esplender** (lit.), **resplandecer, relumbrar, refulgir, fulgurar, rutilar** (poét.), todos pueden referirse a luz propia o reflejada. **Reverberar** (intens.), **espejear,** sólo a luz reflejada.

resplandeciente, p. a. de *replandecer.* V. brillante.

resplandecimiento *m.* Resplandor.

resplandina *f.* fam. Reprensión fuerte.

resplandor (l. *resplendor*) *m.* Luz muy clara que despide un cuerpo luminoso. 2 fig. Brillo de algunas cosas. 3 fig. Esplendor o lucimiento. SIN. *1* **Refulgencia, fulgor.**

resplendente *adj.* desus. Resplandeciente, esplendente.

respondedor, -ra *adj.-s.* Que responde.

responder (l. *-ere*) *tr.* Contestar, satisfacer a lo que se pregunta: ~ *algo; no sé qué* ~; *abs., tu hermano no responde.* 2 esp. Contestar uno [al que le llama o toca a la puerta]: *tu hermano no me responde.* 3 Contestar [al billete o carta que se ha recibido]. 4 Satisfacer [al argumento, duda, dificultad, etc.]: *el profesor responderá a tu duda.* 5 Replicar [a un pedimento o alegato]. 6 Cantar o recitar en correspondencia [con lo que otro canta o recita]. 7 Corresponder con su voz los animales, esp. las aves [a la de los otros de su misma especie]. -8 *intr.* Corresponder, repetir el eco. 9 Corresponder, mostrarse agradecido. 10 fig. Dicho de las cosas inanimadas, surtir el efecto que se desea o pretende. 11 esp. Rendir o fructificar: *este campo responde.* 12 Corresponder con una acción a la realizada por otros. 13 esp. Replicar, ser respondón. 14 Estar uno obligado a la pena y resarcimiento correspondientes a un daño causado: *tú responderás con tu cabeza.* 15 p. anal. Asegurar una cosa como garantizando de la verdad de ella: *respondo de su buen comportamiento.* 16 esp. Garantizar el valor de una cosa: ~ *de una operación de banca;* fr., ~ ***por uno,*** abonarle, salir fiador por él. 17 Corresponder, guardar proporción una cosa con otra: *la silla responde a la mesa.* 18 esp. Mirar, estar situado, un lugar, edificio, etc., hacia una parte determinada: *esta sala responde más al norte.* ◇ CONJUG. INDIC.: Pret. indef.: ***respondí*** o ***repuse.*** Partic.: ***respondido***; ant.: ***respuesto.***

respondiente *adj.* Que responde.

respondón, -dona *adj.-s.* Que tiene el vicio de replicar irrespetuosamente.

responsabilidad *f.* Calidad de responsable; obligación de responder de una cosa. 2 Cargo u obligación moral que resulta para uno del posible yerro en cosa o asunto determinado.

responsabilizar *tr.* Hacer a una persona responsable de alguna cosa. -2 *prnl.* Asumir la responsabilidad de alguna cosa, responder por ella. ◇ ** CONJUG. [4] como ***realizar.***

responsable *adj.* Que responde [está obligado; garantiza; sale fiador]. 2 Serio, eficaz [en el comportamiento o en el trabajo]: *una persona* ~. -3 *com.* Persona que ocupa un puesto de responsabilidad: *el* ~ *del personal del ayuntamiento.*

responsablemente *adv. m.* Con sentido o conciencia de la propia responsabilidad.

responsar, -sear *intr.* fam. Decir o rezar responsos.

responseo *m.* fam. Acción de responsear. 2 fam. Efecto de responsear.

responsivo, -va *adj.* Relativo a la respuesta. -2 *f. Méj.* Fianza, garantía.

responso (l. *-su*) *m.* Responsorio que, separado del rezo, se dice por los difuntos. 2 fam. Reprensión, reprimenda.

responsorio (l. *-iu*) *m.* Oración que se reza después de los maitines y las capítulas de otras horas.

respuesta *f.* Acción de responder. 2 Aquello con que se responde a una pregunta, objeción, acusación, etc.: *la* ~ *a su carta; su ingenio tiene respuestas para todo; preguntas y respuestas.* 3 Réplica. 4 Refutación (acción y efecto; argumento). 5 Acción con que uno corresponde a la de otro. SIN. *1, 2* y *3* **Contestación.**

resquebradura *f.* Hendedura, grieta.

resquebrajadizo, -za *adj.* Resquebrajoso.

resquebrajadura *f.* Resquebradura.

resquebrajamiento *m.* Resquebrajadura.

resquebrajar (*res-* + *quebrajar*) *tr.-prnl.* Hender ligeramente [algunos cuerpos duros]; producir grietas. SIN. **Esquebrajar, quebrajar.**

resquebrajo *m.* Resquebrajadura.

resquebrajoso, -sa *adj.* Que se resquebraja fácilmente.

resquebrar (*res-* + *quebrar*) *tr.-prnl.* Empezar a quebrarse o henderse [alguna cosa]. ◇ ** CONJUG. [27] como ***acertar.***

resquemar (*res-* + *quemar*) *tr.* Causar algunas substancias [en la boca] calor picante y mordaz: *la guindilla resquema la lengua; abs., esta salsa resquema.* 2 fig. Escocer (el ánimo). -3 *tr.-prnl.* Requemar (privar de jugo).

resquemazón *f.* Resquemo.

resquemo *m.* Acción de resquemar o resquemarse. 2 Efecto de resquemar o resquemarse. 3 Sabor y olor desagradables que adquieren los alimentos por la acción del fuego. SIN. **Requemamiento, requemazón.**

resquemor *m.* Escozor (sentimiento). 2 Resentimiento.

resquicio (l. c. *excrepitiare,* der. de *crepitus;* part. de *crepare,* reventar) *m.* Abertura entre el quicio y la puerta. 2 p. ext. Hendedura pequeña. 3 fig. Coyuntura u ocasión que se proporciona para un fin. 4 *Amér.* Huella, vestigio. 5 *Cuba* y *Venez.* Pedazo, pizca.

resta *f.* MAT. Operación de restar. 2 MAT. Residuo (resultado). SIN. *1* **Substracción.**

restablecer *tr.* Volver a establecer [una cosa]; ponerla en el estado que antes tenía. -2 *prnl.* Recobrar la salud, repararse de cualquier daño. ◇ ** CONJUG. [43] como ***agradecer.*** SIN. **Reponer.**

restablecimiento *m.* Acción de restablecer. 2 Efecto de restablecer.

restado, -da *adj.* Arrestado (audaz).

restador *m.* Jugador, de dos, en el juego de pelota.

restalladera *f. And.* Tralla.

restallar (de *estallar*) *intr.* Chasquear la honda o el látigo. 2 Crujir, hacer fuerte ruido. SIN. **Rastrallar, restañar.**

restallido *m.* Ruido que produce una cosa al restallar.

restampar *tr.* Volver a imprimir o estampar [una cosa].

restante (l.) *m.* Residuo de una cosa.

restañadero (de *restañar*) *m.* Estuario (terreno junto a la ría).

restañadura *f.* Acción de restañar I. 2 Efecto de restañar I.

restañamiento *m.* Restañadura.

I) restañar *tr.* Volver a estañar [una plancha u objeto].

II) restañar (der. del l. *stagnare,* inmovilizar, der. de *stagnum,* agua estancada) *tr.-intr.-prnl.* Estancar, detener el curso [de un líquido, especialmente la sangre]: ~ *la herida,* o *la sangre de la herida; la sangre restaña,* o *se restaña.*

III) restañar *intr.* Restallar.
restañasangre *f.* Cornalina.
I) restaño (de *restañar* I) *m.* Especie de tela ant. de plata u oro parecida al glasé.
SIN. **Lama, duende.**
II) restaño *m.* Acción de restañar II. 2 Efecto de restañar II. 3 Remanso o estancamiento de las aguas.
restar (l. *-are*) *tr.* Separar o sacar [una parte] de un todo y hallar el residuo que queda. 2 MAT. esp. Sustraer [un cantidad *(sustraendo)*] de otra *(minuendo)* hallando la diferencia entre las dos. 3 Disminuir, cercenar: ~ *fuerzas al enemigo.* 4 Devolver el resto [la pelota] al saque. -5 *intr.* Faltar o quedar: *en todo lo que resta de año.*
REL. *2* **Diferencia, resta, resto, residuo,** resultado de la operación de restar.
SIN. *4* **Volver.**
restauración *f.* Acción de restaurar. 2 Efecto de restaurar. 3 Restablecimiento en un país del régimen político que existía y que había sido substituido por otro. 4 Período histórico que comienza con este restablecimiento.
restaurador, -ra *adj.-s.* Que restaura.
restaurante *adj.-s.* Que restaura. -2 *m.* Establecimiento donde se sirven comidas.
restaurar (l. *-are*) *tr.* Recuperar o recobrar: *mi hijo restauró su confianza en los estudios.* 2 Reparar, volver a poner [una cosa] en aquel estado o estimación que antes tenía: ~ *el prestigio, las costumbres, la fe.* 3 esp. Reparar [una pintura, escultura, etc.] del deterioro que haya sufrido. 4 GALIC. Suministrar comidas.
SIN. *2* v. **Reparar.**
restaurativo, -va *adj.-m.* Que restaura o tiene virtud de restaurar.
restauro *m.* desus. Restauración.
resteado *adj. Venez.* [jugador de dados] Que se ha quedado sólo con el saldo a la vista.
restiforme *adj.* En forma de cordón.
restinga (et. dud.; quizá del ingl. *rock string,* cordón de rocas) *f.* Banco de arena de situación muy superficial, que en algunos casos emerge formando islotes.
SIN. **Restringa, arricete.**
restingar *m.* Paraje en que hay restingas.
restirarse *prnl. Méj.* vulg. Morirse.
restitución *f.* Acción de restituir. 2 Efecto de restituir.
restituible *adj.* Que se puede restituir.
restituidor, -ra *adj.-s.* Que restituye.
restituir (l. *-ere*) *tr.* Volver [una cosa] a quien la tenía antes. 2 p. anal. Restablecer [una cosa] en el estado que antes tenía: ~ *una cosa por entero; restituido en sus estados.* -3 *prnl.* Volver uno al lugar de donde había salido: *restituirse a su casa.* ◇ **CONJUG. [62] como *huir.*
SIN. *1* **Devolver, retornar,** (lit.).
restitutorio, -ria (l. *-iu*) *adj.* Que restituye, o se da, o se recibe, por vía de restitución. 2 DER. Que incluye o dispone la restitución.
resto *m.* Residuo (parte; diferencia). 2 Cantidad consignada en los juegos de envite para jugar y envidar: ~ ***abierto,*** el ilimitado en algunos juegos. 3 Jugador que devuelve la pelota al saque. 4 Sitio desde donde se resta (la pelota). 5 Acción de restar (la pelota). -6 *m. pl.* ***Restos mortales,*** el cuerpo humano después de muerto. ◇ GALIC. por *lo demás, lo restante.*
FR. *Echar el* ~, fig., hacer todo el esfuerzo posible.
restojo (l. v. **restuculu* < **restupulu,* der. del l. *stipula,* rastrojo) *m.* Rastrojo.
restorán *m.* Restaurante.
restregadura *f.* Acción de restregar o restregarse. 2 Efecto de restregar o restregarse. 3 Refregadura (señal).
restregamiento *m.* Restregadura.
restregar *tr.* Estregar mucho y con ahínco [una cosa]. ◇ **CONJUG. [48] como *regar.* Se considera vulgar la conjugación regular.
restregón *m.* Estregón.
restrellar *tr. P. Rico.* Estrellar, hacer pedazos [algo].
restreñimiento *m.* Estreñimiento.
restribar *intr.* Estribar o apoyarse con fuerza.
restricción (l. *-ictione*) *f.* Limitación o modificación.
restrictivamente *adv. m.* De manera restrictiva, con restricción.
restrictivo, -va *adj.* Que tiene virtud o fuerza para restringir y apretar. 2 Que restringe, limita o coarta.
restricto, -ta (l. *-tu*) *adj.* Limitado, ceñido o preciso.
restrillar *tr. Perú* y *P. Rico.* Hacer chasquear el látigo. -2 *intr. Perú* y *P. Rico.* Restallar, crujir.
restrillazo *m. P. Rico.* Chasquido, crujido.
restringa *f.* Restinga.
restringente *adj.-m.* Que restringe.
restringible *adj.* Que se puede restringir.
restringir (l. *-ere;* doble etim. *restriñir*) *tr.* Ceñir, circunscribir, reducir a menores límites [generalmente cosas no materiales]: ~ *la libertad, los gastos, el sentido.* 2 Astringir. ◇ ** CONJUG. [6] como *dirigir.*
SIN. *1* **Acortar, reducir, limitar.**
restriñidor, -ra *adj.* Que restriñe.
restriñimiento *m.* Acción de restriñir. 2 Efecto de restriñir.
restriñir (v. *restringir*) *tr.* Astringir. ◇ ** CONJUG. [40] como *muñir.*
restrojo (v. *rastrojo*) *m.* Rastrojo.
resucitación *f.* MED. Acción de volver a la vida a los seres vivos en estado de muerte aparente.
resucitador, -ra *adj.-s.* Que hace resucitar.
resucitar (l. *resuscitare*) *tr.* Volver la vida [a un muerto]. 2 fig. Restablecer, dar nuevo ser a una cosa. -3 *intr.* Volver uno a la vida: *Cristo resucitó.*
SIN. *3* **Revivir, resurgir.**
resudación *f.* Acción de resudar. 2 Resudor.
resudar (l. *-are*) *intr.* Sudar ligeramente. 2 Perder los troncos tendidos de los árboles el exceso de humedad antes de ser sometidos a la labra. -3 *intr.-prnl.* Rezumar (transpirar).
SIN. *1* v. **Sudar.**
resudor *m.* Sudor ligero y tenue.
resuello *m.* Respiración, esp. la violenta.
resueltamente *adv. m.* De manera resuelta, con resolución.
resuelto, -ta (l. *resolutu*) pp. irreg. de *resolver.* 2 *adj.* Audaz, arrojado y libre. 3 Pronto, diligente, expedito.
SIN. **Resoluto.** *2* y *3* **Decidido.** CONTR. **Irresoluto, indeciso.**
resulta *f.* Efecto, consecuencia: ***de resultas,*** por consecuencia, por efecto. 2 Lo que últimamente se resuelve en una deliberación o conferencia. 3 Vacante que queda de un empleo, por ascenso o traslado del que lo tenía. -4 *f. pl.* Consignaciones que no habiéndose pagado durante un ejercicio pasan en concepto especial a otro presupuesto.
resultado *m.* Efecto y consecuencia de un hecho, operación o deliberación.
resultancia *f.* Resultado.
resultando *m.* DER. Fundamento de hechos enumerados en sentencias o autos.
REL. v. **Considerando.**
resultante *adj.* Que resulta. -2 *adj.-f.* MEC. Fuerza que equivale al conjunto de otras varias.
resultar (l. med. *-are,* l., rebotar) *intr.* inus. Resaltar o rebotar. 2 Nacer, originarse, ser consecuencia una cosa de otra: *esto resulta de las operaciones realizadas.* 3 p. anal. Aparecer, manifestarse o comprobarse una cosa: *la casa resulta pequeña.* 4 Salir (venir a ser; tener éxito): *resultó vencedor; los esfuerzos resultaron vanos.* 5 p. ext. Redundar, venir a parar una cosa en provecho o daño de una persona o de algún fin: *el negocio resultó bien, o resultó.* 6 fam. Agradar: *el libro no me resulta.*
resultón, -tona *adj.-s.* Que tiene buena presencia física, agradable: *fulano es* ~; *una casa resultona.*
resuma *f.* Operación matemática mediante la cual varias cantidades componen un total que es comprobado durante dicha operación.
resumbruno (de *roso en* + *bruno*) *adj.* [plumaje del halcón] Entre rubio y negro.
resumen *m.* Acción de resumir o resumirse. 2 Efecto de resumir o resumirse. 3 Exposición resumida de un asunto o materia: ***En resumen,*** resumiendo, recapitulando.
SIN. *3* v. **Compendio.**
resumidamente *adv. m.* En resumen. 2 Brevemente, en pocas palabras.
resumidero *m. Amér.* Rezumadero, sumidero.
resumir (l. *-ere,* volver a tomar) *tr.* Reducir a términos breves y precisos lo esencial [de un asunto o materia]: ~ *un libro; la cuestión se resume en estas líneas.* 2 Repeler el actuante [el silogismo del contrario]. -3 *prnl.* Convertirse, resolverse una cosa en otra: *resumirse el azúcar en alcohol.* ◇ INCOR. por *reasumir.*
SIN. *1* **Recapitular,** es resumir lo que se ha manifestado antes; en tanto que se puede *resumir* una doctrina, ciencia, etc., que uno no ha expuesto antes

con mayor extensión. *Resumir* puede sustituir siempre a *recapitular*, pero no viceversa.

resunta *f. Colomb.* desus. Resumen. 2 *Colomb.* Discurso universitario, que se pronuncia en la sesión inaugural o terminal del curso.

resurgencia *f.* Reaparición de un curso subterráneo de agua.

resurgimiento *m.* Acción de resurgir. 2 Efecto de resurgir.

resurgir (l. -ere) *intr.* Surgir de nuevo, volver a aparecer. 2 Resucitar (revivir). ◇ ** CONJUG. [6] como ***dirigir.***

resurrección (l. *-ctione*) *f.* Acción de resucitar. 2 Efecto de resucitar: ~ ***de la carne,*** la de todos los muertos, en el día del juicio final. 3 p. excel. La de Nuestro Señor Jesucristo. 4 Pascua (fiesta cristiana).

resurtida *f.* Rechazo o rebote de una cosa.
SIN. v. **Retroceso.**

resurtir *intr.* Retroceder un cuerpo de resultas del choque con otro.
SIN. v. **Retroceder.**

resurtivo, -va *adj.* Que resurte.

retabillo *m. Ar.* Rastro para recoger la paja en las eras.

retablero *m.* Artífice que construye retablos.

retablo (adaptación del cat. *retaule;* antig. *reataula* < del l. med. *retrotabulum*) *m.* Conjunto o colección de figuras pintadas o de talla, que representan en serie una historia o suceso. 2 Obra de arquitectura que compone la decoración de un altar.

retacado *m.* MIN. Revestimiento de un barreno con arcilla para impedir que se humedezca.

retacar (de *retaco*) *tr.* Herir dos veces [la bola] con el taco en el juego de trucos y de billar. -2 ***prnl. Chile.*** Plantarse una bestia, empacarse. 3 *Chile.* p. ext. Mostrarse reacio. ◇ ** CONJUG. [1] como ***sacar.***

retacear (de *retazo*) *tr.* Retazar. 2 Recortar. 3 Hacer de retazos alguna cosa. 4 *Argent., Parag.* y *Urug.* Escatimar, disminuir con intención mezquina lo que se da a otros material o moralmente.

retaceo *m.* Acción de retacear. 2 Efecto de retacear.

retacería *f.* Conjunto de retazos.

retachar *intr. Guat.* Rebotar un cuerpo elástico.

retacitos *m. pl. Guat.* Confeti.

retaco (*re-* + *taco*) *m.* Escopeta corta muy reforzada en la recámara. 2 En el juego de trucos y billar, taco más corto que los regulares. 3 fig. Persona rechoncha.

retacón, -cona *adj.-s.* Persona rechoncha.

retador, -ra *adj.-m.* Que reta (desafía).

retaguarda *f.* desus. Retaguardia.

retaguardia (cat. *reraguarda* × it. *retroguardia*) *f.* Último cuerpo de tropa, que cubre el movimiento de un ejército en marcha o en operaciones: ***a retaguardia,*** en la retaguardia; rezagado, postergado. 2 DEP. Línea de defensa de un equipo.
SIN. / **Regaza.**

retahíla (quizá del l. *recta fila*) *f.* Serie de muchas cosas que van una tras otra. Suele usarse con sentido desp. o irónico: *citó una ~ de autores.* 2 *Venez.* Composición versificada en la que la última palabra de cada uno de los versos se repite en el siguiente.

retajar *tr.* Cortar en redondo [una cosa]. 2 Volver a cortar [la pluma de ave para escribir]. 3 ant. Circuncidar.

retajo *m.* Acción de retajar. 2 Cosa retajada.

retal (cat. *retall* < *retallar,* cortar) *m.* Pedazo sobrante de una tela, piel, chapa, etc. 2 Desperdicio de piel, que sirve para hacer la cola que usan los pintores.
SIN. **Maula, retazo.**

retaliación *f. Amér.* Pena del talión, represalia. Ús. pralte. en el derecho internacional.

I) retallar *tr.* Volver a pasar el buril por las rayas [de una lámina ya gastada]. 2 ARQ. Dejar o hacer retallos [de un muro].

II) retallar (de *re-* + *tallo*) *intr.* inus. Retallecer.

retallecer *intr.* Volver a echar tallos las plantas. ◇ ** CONJUG. [43] como ***agradecer.***

I) retallo *m.* Resalto que queda en el paramento de un muro por la diferencia de espesor de dos de sus partes sobrepuestas.

II) retallo *m.* Nuevo tallo.

retallón *m. Venez.* Sobras de la comida. Más us. en *pl.*

retalteco, -ca *adj.-s.* De Retalhuleu, c. y dep. de Guatemala.

retama (ár.) *f.* Mata leguminosa papilionácea con muchas ramas delgadas, largas, flexibles, de color verde ceniciento; hojas pequeñas lanceoladas, muy escasas; flores amarillas en racimos, y legumbre oval con una sola semilla *(Spartium junceum).* También ~ *macho* o *de olor:* ~ ***blanca,*** papilionácea parecida a la retama, pero con el cáliz rojizo y los pétalos blancos; ~ ***negra*** o ***de escabas,*** escobón (arbusto); ~ ***de tintes*** o ***de tintoreros,*** la de ramas estriadas y angulosas, hojas sentadas, de margen velloso, y flores grandes, amarillas, en racimos, cuya raíz contiene una substancia empleada en tintorería *(Genista tinctoria).*
SIN. / **Escobera, gayomba, genista, ginesta, hiniesta, piorno.**

retamal *m.* Terreno poblado de retama.

retamero, -ra *adj.* Relativo a la retama.

retamilla *f. Chile* y *Méj.* Agracejo, planta.

retamo *m. Amér.* Retama.

retamón *m.* Gayomba.

retar (v. *reputar*) *tr.* Desafiar, provocar a duelo, batalla o contienda: ~ *a uno de muerte;* ~ *de traidor.* 2 fam. Reprender, echar en cara. 3 *Argent.* y *Chile.* Insultar, denostar.

retardación *f.* Retardo.

retardador, -ra *adj.-s.* Que retarda. -2 ***adj.-m.*** Catalizador negativo, usado para evitar una reacción violenta. -3 ***adj.-f.*** Substancia que retarda el fraguado del cemento.

retardar (l. *-are*) *tr.* Diferir, detener, entorpecer: ~ *la marcha; los obreros retardan su trabajo.*
SIN. v. **Atrasar.**

retardatario, -ria *adj.* Que tiende a producir retraso o retardo en la ejecución de alguna cosa.

retardativo, -va *adj.* Que sirve para retardar.

retardatriz *adj.-f.* MEC. Retardadora.

retardo *m.* Acción de retardar. 2 Efecto de retardar. 3 MÚS. Sonido de un acorde que no se resuelve con éste, sino que se prolonga hasta el acorde siguiente y se resuelve en él.

retartalillas *f. pl.* Retahíla de palabras, charlatanería.

retasa, retasación *f.* Acción de retasar. 2 Efecto de retasar.

retasar *tr.* Tasar por segunda vez [una cosa]. 2 Rebajar el justiprecio [de las cosas puestas en subastas y no rematadas].

retazar *tr.* Hacer piezas o pedazos [de una cosa]. 2 Dividir [el rebaño] en hatajos. ◇ ** CONJUG. [4] como ***realizar.***

retazo (et. dud.; quizá de **retrazar* < l. v. **tractiare,* der. del l. *trahere*) *m.* Retal de una tela. 2 fig. Fragmento de un discurso, escrito, etc. 3 *Amér.* Piltrafa.

rete-, v. re-.

retejado *m.* Acción de recorrer un tejado. 2 Efecto de recorrer un tejado.

retejador, -ra *m. f.* Persona que tiene por oficio retejar.

retejar *tr.* Recorrer [los tejados] poniendo las tejas que les faltan. 2 fig. Proveer de vestido y calzado [al que lo necesita].
SIN. **Trastejar.**

retejer *tr.* Tejer unida y apretadamente: ~ *una tela.*

retejo *m.* Acción de retejar. 2 Efecto de retejar.

retel *m.* Arte usado para la pesca de cangrejos de agua dulce, que consiste en un aro con una red que forma bolsa.

retemblar *intr.* Temblar con movimiento repetido; vibrar. ◇ ** CONJUG. [27] como ***acertar.***

retemplar *tr.-prnl. Amér.* Dar vigor, templar.

retén *m.* Prevención que se tiene de una cosa. 2 Tropa que se tiene dispuesta para reforzar uno o más puestos militares.

retención *f.* Acción de retener. 2 Efecto de retener. 3 Parte o totalidad retenida de un haber. 4 MED. Detención en el cuerpo humano de un humor que debiera expelerse: ~ *de orina.*
SIN. **Retenimiento.**

retenedor, -ra *adj.* Que retiene.

retener (l. *retinere*) *tr.* Conservar, guardar en sí, no devolver [una cosa]: ~ *un libro;* no dejar que se separe [una pers.]: ~ *a un amigo.* 2 p. anal. Conservar en la memoria [una cosa]: ~ *una poesía;* ***abs.,*** *esto es fácil de ~.* 3 Conservar el empleo [que se tenía] cuando se pasa a otro. 4 Suspender el rey el uso [de un rescripto que proceda de la autoridad eclesiástica]. 5 Suspender en todo o en parte el pago [del haber que uno ha devengado] y reservar la cantidad para el pago de alguna deuda. 6 Imponer prisión preventiva, arrestar. 7 DER. Asumir un tribunal superior [la jurisdicción] para ejercitarla por sí con exclusión del inferior. ◇ ** CONJUG. [87] como ***tener.***
SIN. / v. **Conservar.**

retenida *f.* Cabo, palo, etc., que sirve para contener o guiar un cuerpo en su caída.

retenidamente *adv. m.* Con retención.

retenimiento *m.* Retención.

retentado, -da *adj. And.* y *Hond.* Colérico, irascible.

retentar (l. *-are,* reproducir) *tr.* Volver a amenazar la enfermedad o accidente [que el enfermo padeció ya]. 2 TAUROM. Practicar la retienta. ◇ **CONJUG. [27] como ***acertar.***

retentiva (de *retentivo*) *f.* Memoria, facultad de acordarse.
retentivo, -va *adj.-s.* Que tiene virtud de retener.
I) reteñir (l. *retingere*) *tr.* Volver a teñir [alguna cosa]. ◇ ** CONJUG. [36] como *ceñir*; pp. reg.: ***reteñido***; irreg., usado sólo como adj.: ***retinto.***
II) reteñir *intr.* Retiñir. ◇ ** CONJUG. [36] como ceñir.
retesamiento *m.* Acción de retesar. 2 Efecto de retesar.
retesar *tr.* Atiesar o endurecer [una cosa].
reteso *m.* Retesamiento. 2 Teso pequeño.
reticencia (l. *-ntia*) *f.* Efecto de no decir sino en parte, o de dar a entender que se oculta algo que pudiera decirse. 2 RET. Figura que consiste en dejar incompleta una frase, dando, sin embargo, a entender el sentido de lo que se calla.
SIN. *1* v. **Retintín;** *2* **Precesión.**
reticente *adj.* Que usa reticencias. 2 Que incluye reticencia.
rético, -ca (l. *rhœticu*) *adj.-s.* De Retia, antigua región de los Alpes centrales. -2 *adj.-m.* Retorrománico.
SIN. *2* **Retorromano, ladino, rumanche.**
retícula *f.* Retículo. 2 Constelación austral situada cerca del polo.
reticulado, -da *adj.* Reticular.
reticular *adj.* De figura de redecilla o de red: *aparejo* ~.
retículo (l. *-lu* < *rete,* red; doble etim. *ridículo* I) *m.* Tejido en forma de red. 2 Conjunto de dos o más hilos cruzados o paralelos que se ponen en el foco de ciertos instrumentos ópticos y sirve para precisar la visual o para efectuar mediciones delicadas. 3 Redecilla (en los rumiantes).
retienta *f.* TAUROM. Repetición de la tienta en las reses vacunas.
retín *m.* Retintín.
retina (l. med. < l. *rete,* red) *f.* Membrana interior del ojo, que cubre la coroides hasta el iris, formada esencialmente por expansiones del nervio óptico y en la cual se reciben las impresiones luminosas.
retinar *tr.* Manipular con [la lana] en las fábricas de paños.
retiniano, -na *adj.* Relativo a la retina.
retinita *f.* Resina fosilizada con gran contenido en agua y de color gris o pardo.
retinitis *f.* MED. Inflamación de la retina. ◇ Pl.: *retinitis.*
retinopatía *f.* MED. Enfermedad que afecta a la retina.
I) retinte *m.* Segundo tinte.
II) retinte, -tintín *m.* Sensación persistente en el oído del sonido de una campana u otro cuerpo de sonido agudo. 2 fig. Tonillo y modo de hablar, por lo común para zaherir a uno o dar a entender más de lo que se dice. ◇ Es una manera de *reticencia* caracterizada pralte. por la inflexión de la voz.
retintinear *intr.* Hablar con retintín.
retinto, -ta (l. *-tu*) pp. irreg. de *reteñir*. 2 *adj.-m.* Color castaño muy obscuro como el de ciertos animales. -3 *adj.* De color retinto.
retiñir (l. *retinnire,* resonar) *intr.* Durar el retintín. ◇ ** CONJUG. [40] como ***muñir.*** ◇ También *reteñir.*
retío, -ía *m. f. Venez.* Tío de segundo grado.
retiración *f.* Acción de retirar. 2 Efecto de retirar. 3 IMPR. Molde para retirar II.
retirada *f.* Acción de retirarse. 2 Efecto de retirarse. 3 Acción de retroceder en orden apartándose del enemigo. 4 Terreno que va quedando en seco cuando cambia el cauce natural de un río. 5 Lugar que sirve de acogida segura. 6 Retreta (toque militar).
retiradamente *adv. m.* Escondidamente, de secreto.
retirado, -da *adj.* Distante, apartado, desviado. -2 *adj.-s.* Militar que deja oficialmente el servicio, conservando algunos derechos.
retiramiento *m.* Retiro.
I) retirar *tr.* Apartar o separar [una pers. o cosa] de otra o de un sitio. 2 Obligar [a uno] a que se retire, expulsarle. 3 esp. Apartar de la vista [una cosa]; ocultarla. -4 *prnl.* Apartarse o separarse del trato o amistad: *retirarse del mundo; retirarse a la soledad.* 5 Jubilarse.
SIN. *4* **Recogerse.**
II) retirar (*re-* + *tirar,* imprimir) *tr.* IMPR. Estampar por el revés [el pliego que ya lo está por la cara].
retiro *m.* Acción de retirarse. 2 Efecto de retirarse. 3 Situación del militar retirado. 4 Haber que disfruta. 5 Lugar distante del concurso de la gente. 6 Ejercicio piadoso que consiste en practicar ciertas devociones retirándose de las ocupaciones ordinarias. 7 Recogimiento, apartamiento.
reto *m.* Acción de retar. 2 Efecto de retar. 3 Amenaza. 4 *Amér.* Regaño, insulto.
SIN. *1* y *2* **Desafío.**
retobado, -da *adj. Amér.* Respondón, rezongón. 2 *Amér.* Indómito, obstinado. 3 *Amér.* Taimado, redomado, socarrón.
retobar (metátesis de *rebotar*) *tr. Amér.* Forrar o cubrir con cuero. -2 *prnl. Amér.* Enojarse, enfadarse con reserva taimada.
retobear *intr. Guat.* fam. Porfiar.
retobo *m. Amér. Central.* Resabio. 2 *Colomb.* y *Hond.* Desecho, cosa inútil. 3 *Colomb.* Jamelgo. 4 *Chile.* Harpillera o encerado con que se retoba. 5 *Méj.* Refunfuñadura.
retocado *m.* Acción de retocar. 2 Efecto de retocar.
retocador, -ra *m. f.* Persona que retoca, esp. las fotografías.
retocar (*re-* + *tocar*) *tr.* Volver a tocar o tocar repetidamente [una cosa]. 2 fig. Dar [a un dibujo, cuadro o fotografía] ciertos toques para quitarle imperfecciones. 3 esp. Restaurar [las pinturas] deterioradas. 4 en gral. Dar la última mano [a cualquier obra]. ◇ ** CONJUG. [1] como ***sacar.***
retoñar (*re-* + der. de *toñar;* por *otoñar*) *intr.* Volver a echar vástagos la planta. 2 fig. Reproducirse lo que había dejado de ser o estaba amortiguado.
SIN. **Rebrotar, serpollar.**
retoñecer *intr.* Retoñar. ◇ ** CONJUG. [43] como ***agradecer.***
retoño *m.* Vástago que echa de nuevo la planta. 2 fig. *y* fam. Hablando de personas, hijo, especialmente el de corta edad.
SIN. *1* **Hijuelo, rebrote, serpollo, renuevo.**
retoque *m.* Pulsación repetida y frecuente. 2 Última mano dada a cualquier obra. 3 Amago de un accidente o de ciertas enfermedades.
retor (fr. *retors,* retorcido) *m.* Tela de algodón fuerte y ordinaria, en que la trama y urdimbre están muy torcidas.
retorcedura *f.* Retorcimiento.
retorcer (l. *retorquere*) *tr.* Torcer mucho [una cosa] dándole vueltas alrededor, esp. el hilo cuando se fabrica. 2 fig. Redargüir o dirigir [un argumento] contra el mismo que lo hace. 3 Interpretar siniestramente [una cosa]. ◇ ** CONJUG. [54] como ***torcer***; pp. reg.: ***retorcido***; irreg.: ***retuerto.***
SIN. *1* **Retortijar,** es intensivo.
retorcido *m.* desus. Especie de dulce de frutas. -2 *adj.* fig. [persona] Que tiene malas intenciones.
retorcijo *m.* desus. Retorcimiento.
retorcijón *m.* En algunas regiones de Amér. y de España, retortijón.
retorcimiento *m.* Acción de retorcer o retorcerse. 2 Efecto de retorcer o retorcerse.
SIN. **Contorsión, torcijón, retorsión.**
retórica (l. *rhetorica* < gr. *rhetoriké*) *f.* Arte de bien decir, de dar al lenguaje eficacia bastante para deleitar, persuadir o conmover. 2 Estudio de las propiedades de los discursos. 3 desp. Artificio excesivo, rebuscamiento en el lenguaje. -4 *f. pl.* Sofisterías o razones que no son del caso.
SIN. *1* Aunque originariamente equivale a **oratoria**, se llama gralte. **retórica** a la enseñanza del arte oratorio.
retoricadamente *adv. m.* En forma retoricada.
retóricamente *adv. m.* Según las reglas de la retórica.
retoricar *intr.* Hablar según las leyes o usos de la retórica. -2 *intr.-tr.* fam. Usar de retóricas: *todo lo retoricas; siempre retoricas.* ◇ ** CONJUG. [1] como ***sacar.***
retoricismo *m.* Afición a la retórica y uso excesivo de sus recursos de expresión.
retórico, -ca *adj.* Relativo a la retórica. -2 *adj.-s.* Versado en retórica.
retornable *adj.* Recuperable.
retornamiento *m.* Retorno (acción y efecto).
retornar *tr.* Devolver, restituir. 2 Volver a torcer [una cosa]. 3 esp. Hacer que [una cosa] vuelva atrás: ~ *el carro.* -4 *intr.-prnl.* Volver al lugar o a la situación en que se estuvo: *retornó,* o *se retornó, a sus costumbres; retornó,* o *se retornó,* o *volvió, a su país.*
retorneado *m.* Acción de retornear.
retornear *tr.* Dar mayor finura y exactitud a las piezas torneadas, después de dejarlas secar durante algún tiempo.
retornelo (it. *ritornello*) *m.* MÚS. Frase que sirve de preludio a una composición y que después se repite en medio de ésta o al final.
SIN. **Vuelta.**
retorno *m.* Acción de retornar. 2 Efecto de retornar. 3 Cambio o trueque. 4 Pago o recompensa del beneficio recibido. 5 Carruaje, caballería o acémila que vuelve hacia el pueblo de donde salió. 6 MAR. Motón colocado accidentalmente en determinado lugar para variar la dirección en que trabaja un cabo de labor.
SIN. *1* y *2* v. **Retroceso.**

retorromance *adj.-m.* Retorrománico.

retorrománico, -ca *adj.-m.* Conjunto de dialectos romances hablados en Suiza, Austria e Italia, que se divide en tres grupos: occidental o grisón, central o ladino y oriental; como el romanche, el trentino y el friulano, respectivamente.

SIN. **Ladino, retorromance, retorromano, rético.**

retorromano, -na *adj.* Retorrománico.

retorsión *f.* Acción de retorcer. 2 Efecto de retorcer. 3 Acción de devolver o inferir a uno el mismo daño o agravio que de él se ha recibido.

SIN. v. **Retorcimiento.**

retorsivo, -va *adj.* Que incluye retorsión.

retorta (fr. *retorte*) *f.* Vasija con cuello largo encorvado usado en la destilación. 2 Tela de hilo, con la trama y urdimbre muy torcidas.

SIN. *1* **Cucúrbita,** ant.

retortero (l. v. **retertoriu*) *m.* Vuelta alrededor. 2 *Al ~*, alrededor. 3 *Murc.* Grano, divieso. ◇ Usado en la primera acepción generalmente en la locución adverbial *al ~*.

FRS. *Andar al ~*, fig., andar sin sosiego de aquí para allí; *traer a uno al ~*, traerle a vueltas de un lado a otro, darle continuas y perentorias ocupaciones, engañarle con falsas promesas y fingidos halagos.

retortijar (der. del l. *retortu,* retorcido) *tr.* Ensortijar o retorcer mucho [el cabello, el hilo, etc.].

retortijón *m.* Ensortijamiento de una cosa. 2 Demasiado torcimiento de ella. 3 *~ de tripas,* dolor breve y vehemente que se siente en ellas.

SIN. *3* **Torcijón.**

retostado, -da *adj.* De color obscuro.

retostar *tr.* Volver a tostar o tostar mucho [una cosa]. ◇ ** CONJUG. [31] como *contar.*

retozador, -ra *adj.* Que retoza frecuentemente.

retozadura *f.* Retozo.

retozar (del cast. ant. *tozo,* burla, voz de et. dud.; quizá prerrom.) *intr.* Saltar y brincar alegremente. 2 Travesear unos con otros, personas o animales. 3 fig. Excitarse en lo interior algunas pasiones. ◇ ** CONJUG. [4] como *realizar.*

SIN. *3* **Bailar.**

retozo *m.* Acción de retozar. 2 Efecto de retozar. 3 fig. *~ de la risa,* ímpetu de la risa, que se reprime.

retozón, -zona *adj.* Inclinado a retozar o que retoza con frecuencia.

retrabar *intr. Colomb.* Amblar.

retracción (l. *-ctione*) *f.* Acción de retraer. 2 Efecto de retraer. 3 Reducción persistente de volumen en ciertos tejidos orgánicos.

retractable *adj.* Que se puede o debe retractar.

retractación (l. *-atione*) *f.* Acción de retractarse.

retractar (l. *-are;* doble etim. *retrechar*) *tr.-prnl.* Revocar expresamente [lo que se ha dicho]; desdecirse de ello. 2 DER. Retraer.

SIN. **Retratar,** ant.

retráctil (de *retractar*) *adj.* Que puede avanzar o adelantarse y, después, retraerse o esconderse: *pieza ~*. 2 ZOOL. Que puede encogerse o retroceder quedando oculto al exterior: *órgano ~; uñas retráctiles.*

retractilidad *f.* Calidad de retráctil.

retracto (l. *-tu,* retirado) *m.* DER. Derecho que compete a ciertas personas para quedarse, por el tanto de su precio, con la cosa vendida a otro. 2 *~ arrendaticio,* el concedido en ciertos casos al arrendatario del predio vendido para favorecer su acceso a la propiedad.

retraducir *tr.* Traducir de nuevo, o volver a traducir al idioma primitivo [una obra] sirviéndose de una traducción. ◇ ** CONJUG. [46] como *conducir.*

retraer (l. *retrahere*) *tr.* Volver a traer [una cosa]. 2 Echar en cara, reprochar: *~ una falta.* 3 desus. Retratar (en dibujo). 4 DER. Ejercer el derecho de retracto. -5 *tr.-prnl.* Apartar o disuadir [a uno] de un intento: *le retrajimos; se retrajo del empeño.* -6 *prnl.* Acogerse, guarecerse: *se retraen a nuestra casa.* 7 Retirarse, retroceder: *se retrajo al ver al enemigo.* 8 Hacer vida retirada: *se retrae mucho.* 9 esp. Apartarse deliberadamente un partido de sus funciones políticas. ◇ ** CONJUG. [88] como *traer.*

SIN. *4* **Retractar.**

retraído, -da *adj.-s.* desus. [pers.] Refugiado en lugar sagrado o de asilo. -2 *adj.* Que gusta de la soledad. 3 fig. Poco comunicativo, corto, tímido.

retraimiento *m.* Acción de retraerse. 2 Efecto de retraerse. 3 Habitación interior y retirada. 4 Lugar de refugio. 5 Cortedad, reserva, poca comunicación con los demás.

retranca (abreviación de *redro-tranca*) *f.* Correa ancha, a manera de ataharre. 2 MONT. En la batida, línea de puestos situada a espaldas de los que se baten. 3 fig. Intención disimulada, oculta. 4 *Amér.* Galga, freno de un carruaje.

retrancar (de *retranca*) *tr.* Frenar una caballería [el carruaje] a que está enganchada. ◇ ** CONJUG. [1] como *sacar.*

retranquear *tr.* ARQ. Bornear II.

retranqueo *m.* ARQ. Acción de retranquear. 2 Efecto de retranquear.

retranquero *m. Cuba* y *P. Rico.* Guardafrenos.

retransmisión *f.* Acción de retransmitir. 2 Efecto de retransmitir.

retransmitir *tr.* Volver a transmitir [algo]: *~ un telegrama.* 2 Transmitir desde una emisora de radiodifusión [lo que se ha transmitido a ella desde otro lugar].

retrasar (paras. de *re-* + *tras* I) *tr.-prnl.* Diferir o suspender la ejecución [de una cosa]: *~ la paga, el viaje.* 2 esp. Hablando del reloj, quedarse atrás las agujas; tocar el registro para que marche más despacio; hacer que señale un tiempo ya pasado. -3 *intr.-prnl.* Andar menos aprisa que lo debido. -4 *intr.* Ir atrás o a menos en alguna cosa: *~ en la hacienda, en los estudios.* -5 *tr.* DEP. Enviar un jugador [la pelota, el balón, la bola, etc.] hacia la defensa o el portero de su propio equipo.

SIN. v. **Atrasar.**

retraso *m.* Acción de retrasar o retrasarse. 2 Efecto de retrasar o retrasarse.

retratable *adj.* desus. Retractable.

retratación *f.* Retractación.

retratador, -ra *m. f.* Retratista.

retratar (it. *ritrattare*) *tr.* Hacer el retrato [de una pers. o cosa] por medio del dibujo, fotografía, escultura, etc. 2 p. anal. Hacer el retrato por medio de la descripción y, en gral., describir con fidelidad [una pers. o cosa]: *Cervantes retrata magistralmente; prnl., con estas palabras se retrata.* 3 Imitar, asemejarse: *retrata siempre a su hermano.* -4 *tr.-prnl.* ant. Retractar. -5 *prnl.* fam. Pagar la factura o lo adeudado.

retratería *f. Amér.* Fotografía, establecimiento del fotógrafo.

retratista *com.* Persona que tiene por oficio hacer retratos.

SIN. **Fotógrafo,** cuando los hace por medio de la fotografía.

retrato (l. *ritratto*) *m.* Representación de una persona o cosa mediante la pintura, el dibujo, la fotografía, la escultura, etc.: *~ robot,* imagen de un individuo realizada a través de la descripción de otra u otras personas; p. ext., imagen ideal o conjunto de rasgos de un individuo o de una categoría de personas, de acuerdo con ciertas características: *el retrato robot de un político español.* 2 Descripción de la figura o carácter de una persona. 3 fig. Lo que se asemeja mucho a una persona o cosa.

FR. *Ser el vivo ~ de alguien,* parecérsele mucho.

retrayente *adj.* Que retrae.

retrechar (v. *retractar*) *intr.* Retroceder, recular el caballo.

retrechería *f.* fam. Artificio mañoso para eludir un deber. 2 *Venez.* Cicatería.

SIN. v. **Excusa.**

I) retrechero, -ra (de *retrechar*) *adj.* fam. Que con artificios mañosos trata de eludir algo. 2 Que tiene mucho atractivo. 3 *Venez.* Tacaño.

II) retrechero, -ra *adj.-s.* desp. De Daroca, provincia de Zaragoza.

retrepado, -da *adj.* Que está inclinado hacia atrás.

SIN. **Trepado.**

retreparse *prnl.* Echar hacia atrás la parte superior del cuerpo. 2 Recostarse en la silla de tal modo que ésta se incline hacia atrás.

SIN. **Treparse.**

retreta (fr. *retraite*) *f.* Toque militar para marchar en retirada, y para avisar a la tropa que se recoja por la noche al cuartel. 2 Fiesta nocturna en la cual recorren las calles tropas con faroles, músicas, etc. 3 *Amér.* fig. y fam. Tanda, serie, retahíla: *le dio una ~ de palos, le contestó con una ~ de insultos.* 4 *Amér.* Función de música al aire libre.

SIN. *1* **Retirada.**

retrete (cat. *retret,* retraído) *m.* desus. Cuarto pequeño destinado para retirarse. 2 Recipiente de loza esmaltada en forma de taza para orinar y evacuar el vientre. 3 Habitación donde está instalado.

SIN. *2* **Común, evacuatorio, excusado, inodoro, lavabo, sanitario, servicio, wáter,** y otras muchas voces originariamente eufemísticas, que al generalizarse pierden su carácter atenuativo, y son reemplazadas por otras más suaves en cada época, territorio, medio social, etc.

retribución *f.* Recompensa o pago de una cosa.
retribuir (l. *-uere*) *tr.* Recompensar o pagar [un servicio o favor, etc.]. 2 *Amér.* Corresponder [al favor o al obsequio] que uno recibe. ◇ ** CONJUG. [62] como ***huir.***
retributivo, -va *adj.* Que tiene virtud de retribuir.
retribuyente *adj.* Que retribuye.
retril *m.* desus. Atril.
retrillar *tr.* Volver a trillar [lo ya trillado].
retro- (doble etim. *redro,* del l. *retro,* hacia atrás) Prefijo que entra en la formación de palabras con el significado de hacia atrás. En español denota también tiempo anterior: *retrotraer, retrovender.* 2 ***Pacto de retro,*** v. retrovender.
retro *adj.* Que se inspira en el pasado, o lo recuerda: *moda ~.* -2 *adj.-s.* fam. Retrógrado.
retroacción *f.* Regresión.
retroactividad *f.* Calidad de retroactivo.
retroactivo, -va *adj.* Que obra o tiene fuerza sobre lo pasado.
retrocar *tr.* desus. Trocar. ◇ ** CONJUG. [49] como ***trocar.***
retrocarga (de ~) *loc. adj.* [arma de fuego] Que se carga por la parte inferior de su mecanismo, y no, como antes, por la boca del cañón.
retroceder (l. *-ere*) *intr.* Volver hacia atrás: *~ a,* o *hacia, tal parte; ~ de un sitio a otro; ~ en el camino.*
SIN. **Recular, recejar; rebotar, resurtir,** cuando el retroceso está producido por el choque con otro cuerpo; **retrechar,** tratándose de una caballería.
retrocesión *f.* Retroceso (acción y efecto). 2 DER. Acción de ceder a uno el derecho o cosa que él había cedido antes. 3 DER. Efecto de ceder a uno el derecho o cosa que él había cedido antes.
retrocesivo, -va *adj.* Que implica retrocesión.
retroceso *m.* Acción de retroceder. 2 Efecto de retroceder. 3 Golpe que da un arma de fuego al dispararla. 4 Recrudescencia de una enfermedad que declinaba. 5 Lance del juego de billar.
SIN. *1* y *2* **Reculada; rechazo, rebote** y **resurtida,** si el retroceso se produce por choque con algún otro cuerpo. *1, 2* y *4* **Regresión,** es voz culta que indica el movimiento hacia atrás, contrario a *progresión.* **Regreso, vuelta, venida, retorno,** se oponen a *ida,* e implican movimiento hacia o hasta el punto de partida. *3* **Coz.**
retrocohete *m.* Cohete que se utiliza para frenar a otro.
retrocuenta (*retro* + *cuenta*) *f.* Acción de contar de número mayor a menor.
retrodatar *tr.* Poner [en un documento] una fecha anterior a la real.
retroflejo, -ja *adj.* Doblado hacia dentro. -2 *adj.-s.* FON. Sonido que se articula levantando el dorso lingual hacia el paladar duro.
retrogradación *f.* ASTRON. Acción de retrogradar (los planetas).
retrogradar (b. l. *-are*) *intr.* inus. Retroceder. 2 ASTRON. Retroceder, aparentemente los planetas en su órbita.
retrógrado, -da (l. *-du*) *adj.* Que retrograda. -2 *adj.-s.* fig. Partidario de instituciones políticas o sociales propias de tiempos pasados.
retrogresión *f.* Retroceso.
retrogusto (*retro-* + *gusto*) *m.* Residuo característico de sabor que se percibe en un vino después de haberlo tomado.
retronar (l. *retonare*) *intr.* Producir un estruendo retumbante. ◇ ** CONJUG. [31] como ***contar.***
retrónica *f.* vulg. Retórica.
retropié (*retro-* + *pié*) *m.* ANAT. Parte posterior del pie, formada por el astrágalo y el calcáneo.
retropilastra (*retro-* + *pilastra*) *f.* Pilastra que se pone detrás de una columna.
retropropulsión *f.* Producción de un movimiento por reacción.
retroproyector (*retro-* + *proyector*) *m.* Proyector que reproduce una imagen sobre una pantalla colocada detrás de la persona que lo maneja.
retropulsión *f.* MED. Variedad de metástasis consistente en la desaparición de un exantema, inflamación o tumor agudo, que se reproduce en un órgano distante.
retrospección *f.* Mirada retrospectiva.
retrospectivo, -va (del l. *retrospicere,* mirar atrás) *adj.* Que se refiere a tiempo pasado. -2 *f.* Exposición que muestra las obras antiguas de un artista, una escuela o una época.
retrotracción *f.* Acción de retrotraer. 2 Efecto de retrotraer.
retrotraer (l. *retro trahere*) *tr.* Fingir, especialmente para efectos legales, que [una cosa] sucedió en un tiempo anterior a aquel en que realmente ocurrió. ◇ ** CONJUG. [88] como ***traer.***
retrovender *tr.* DER. Volver el comprador [una cosa] al mismo de quien la compró, devolviéndole éste el precio.
REL. **Pacto de retro,** compromiso de retrovender.
retrovendición *f.* DER. Retroventa.
retroventa *f.* DER. Acción de retrovender.
retroversión *f.* MED. Desviación hacia atrás de algún órgano del cuerpo.
retrovertido, -da *adj.* Que se encuentra en estado de retroversión.
retrovisor (*retro-* + *visor*) *m.* Espejo pequeño que llevan algunos vehículos, esp. los automóviles, para que el conductor pueda ver lo que está detrás de él.
retrucar *intr.* En los juegos de billar y de trucos, retroceder la bola rechazada por la banda y herir a la otra que le causó el movimiento. 2 En el juego del truque, envidar en contra sobre el primer envite. 3 fig. Replicar, redargüir. ◇ ** CONJUG. [1] como ***sacar.***
retruco *m.* Retruque.
retruécano (et. dud.; quizá del it.; ant. *rintrònico;* con influjo de los cast. *trocar* + *retrucar*) *m.* Inversión de los términos de una proposición o cláusula en otra subsiguiente para que el sentido de esta última forme contraste o antítesis con el de la anterior. 2 Juego de palabras. 3 RET. Figura que consiste en aquella inversión de términos: *ni dice lo que siente, ni siente lo que dice.*
SIN. **Conmutación.**
retruque *m.* En el juego de trucos o billar, golpe que la bola herida, dando en la banda, vuelve a dar en la bola que hirió. 2 Segundo envite en contra del primero, en el juego del truque. 3 *Argent.* Réplica dura y firme. 4 *Chile.* ***De ~,*** de rechazo, de resultas.
retuerto, -ta, pp. irreg. de *retorcer.*
retumbante *adj.* fig. Ostentoso, pomposo.
retumbar (onomat.) *intr.* Resonar mucho o hacer gran estruendo una cosa.
retumbo *m.* Acción de retumbar. 2 Efecto de retumbar. 3 *Hond.* Retobo.
retundir (l. *-ere,* despuntar, embotar) *tr.* Igualar [el paramento] de una obra de fábrica. 2 MED. Repeler, repercutir [un humor].
reucliniano, -na *adj.-s.* Que sigue la pronunciación griega de Reuchlín (1455-1522), fundada en el uso de los griegos modernos.
reuma, reúma (l. y gr. *rheuma*) *amb.* Reumatismo. 2 Corrimiento (fluxión). ◇ Entre gente culta es mayoritario el uso como m.
reumat-, v. reumato-.
reumatalgia (*reumat-* + *-algia*) *f.* MED. Dolor reumático.
reumático, -ca *adj.-s.* Que padece reuma. -2 *adj.* Relativo a este mal.
reumátide *f.* Dermatosis de carácter reumático.
reumatismo (gr. *rheumatismós*) *m.* en gral. Conjunto de afecciones articulares o musculares caracterizadas por dolor y, a veces, tumefacción, con incapacidad funcional o sin ella.
reumato-, reumat- (gr. *rheuma, -matos,* flujo) Elemento prefijal que entra en la formación de palabras con el significado de reúma.
reumatología (*reumato-* + *-logía*) *f.* Parte de la medicina referente a las afecciones reumáticas.
reumatológico, -ca *adj.* Perteneciente o relativo a la reumatología.
reumatólogo, -ga *m. f.* Especialista en reumatología.
reunificación *f.* Acción de reunificar. 2 Efecto de reunificar.
reunificar (*re-* + *unificar*) *tr.-prnl.* Volver a unir [algo o alguien]. ◇ ** CONJUG. [1] como ***sacar.***
reunión *f.* Acción de reunir o reunirse. 2 Efecto de reunir o reunirse. 3 Conjunto de personas reunidas.
reunir *tr.-prnl.* Volver a unir: *~ las familias.* 2 en gral. Juntar, congregar: *reunió muchos libros.* ◇ ** CONJUG. [19].
SIN. v. **Juntar.**
reuntar *tr.* Volver a untar [una cosa].
reusense *adj.-s.* De Reus, c. de Tarragona.
revacadero *m.* *Cuba.* Lugar donde en los potreros sestea el ganado.
revacunación *f.* Acción de revacunar o revacunarse. 2 Efecto de revacunar o revacunarse.
revacunar *tr.* Vacunar [al que ya fue antes vacunado].
reválida *f.* Acción de revalidar; esp., examen final para obtener un grado académico. 2 Efecto de revalidar; esp., examen final para obtener un grado académico.
revalidación *f.* Acción de revalidar. 2 Efecto de revalidar.

revalidador, -ra *adj.* Que revalida.
revalidar *tr.* Ratificar, dar nuevo valor y firmeza [a una cosa]. -2 *prnl.* Sufrir el examen para obtener un grado académico.
SIN. *1* **Confirmar, convalidar.**
revalorización *f.* Acción de revalorizar. 2 Efecto de revalorizar. 3 Procedimiento de regulación económica en situaciones de inestabilidad monetaria.
revalorizar *tr.* Aumentar el valor [de una cosa]: ~ *las tierras con el riego.* 2 Conceder su justo valor [a algo o alguien]. ◇ ** CONJUG. [4] como ***realizar.***
revaluación *f.* Acción de hacer una nueva estimación o avalúo.
revaluar (de *re-* + *evaluar*) *tr.* Volver a evaluar. 2 Elevar el valor de una moneda o de otra cosa. ◇ ** CONJUG. [11] como ***actuar.***
CONTR. *2* **Devaluar.**
revancha (del fr. *revanche*) *f.* GALIC. Desquite.
revanchismo *m.* Actitud agresiva provocada por un deseo de revancha o venganza.
revanchista *adj.* Relativo al revanchismo. -2 *adj.-com.* Partidario del revanchismo.
revecero, -ra *adj.* Que alterna o se remuda. -2 *m. f.* Persona que cuida el ganado de revezo.
reveedor *m.* ant. Revisor.
reveillón (voz francesa) *m.* Cena y fiesta de nochevieja.
revejecer *intr.-prnl.* Avejentarse antes de tiempo. ◇ ** CONJUG. [43] como ***agradecer.***
revejido, -da *adj. Murc.* Envejecido antes de tiempo. 2 *Murc.* y *Colomb.* Flacucho, enteco.
revejirse *prnl. Colomb.* Envejecerse, avejentarse.
revelable *adj.* Que puede revelarse.
revelación (l. *-atione*) *f.* Acción de revelar. 2 Efecto de revelar. 3 Manifestación de una verdad oculta. 4 p. ant. Manifestación divina. 5 Religión revelada.
revelado, -da *adj.* Comunicado por la revelación. -2 *m.* Operación de revelar una fotografía.
revelador, -ra *adj.-s.* Que revela. -2 *m.* Líquido para revelar la placa fotográfica.
revelamiento *m.* Revelación.
revelandero, -ra *m. f.* Persona que falsamente pretende haber tenido revelaciones divinas.
revelar (l. *-are*) *tr.* Descubrir, manifestar [un secreto]. 2 Proporcionar indicios o certidumbre de algo. 3 esp. Manifestar Dios a los hombres por inspiración sobrenatural [lo futuro u oculto]. 4 Hacer visible la imagen impresa [en la placa fotográfica]. ◇ HOMÓF.: *rebelar* (v.).
reveler (l. *-ellere,* sacar por fuerza) *tr.* MED. Separar [lo que causa una enfermedad] en cualquier órgano importante, llamándola hacia otro órgano.
revellín (orig. incierto; quizá del l. *rebellis,* rebelde) *m.* Obra exterior que cubre la cortina de un fuerte. 2 Saliente que sirve de vasar en la campana de la chimenea. 3 *Cuba.* Dificultad. 4 *Cuba.* Atractivo de una mujer.
revenar *intr.* Echar brotes los árboles por la parte en que han sido desmochados.
revendedera *f.* Revendedora.
revendedor, -ra *adj.-s.* Que revende.
SIN. **Mangón.**
revender (l. *-ere*) *tr.* Vender uno [lo que otra persona le ha vendido].
revendón, -dona *m. f. And.* y *P. Rico.* Revendedor.
revenguecha *f. Sor.* Venganza.
revenido *m.* Operación que consiste en calentar el acero templado a cualquier temperatura por debajo de la crítica, con el objeto de disminuir su dureza.
revenimiento *m.* Acción de revenir o revenirse. 2 Efecto de revenir o revenirse. 3 Hundimiento parcial del terreno de una mina.
revenir *intr.* Volver a retornar algo a su estado propio. -2 *prnl.* Encogerse, consumirse una cosa poco a poco: *la madera se ha revenido.* 3 Acedarse o avinagrarse: *se ha revenido la compota.* 4 Escupir una cosa hacia afuera la humedad que tiene: *revenirse la pared; revenirse la pintura; revenirse la sal.* 5 Ponerse una masa o pasta blanda y correosa con la humedad y el calor: *revenirse el pan.* 6 fig. Ceder en lo que se afirmaba con tesón y porfía: ~ *uno de sus principios.* ◇ ** CONJUG. [90] como ***venir.***
SIN. *3* v. **Acedar.**
reveno *m.* Brote de los árboles que revenan.
reventa *f.* Acción de revender. 2 Efecto de revender. 3 Centro autorizado para vender con recargo, gralte. entradas para espectáculos. 4 Conjunto de revendedores no autorizados. -5 *m.* Revendedor no autorizado.
reventadero *m.* Aspereza de un terreno dificultoso. 2 fig. Trabajo penoso. 3 *Colomb.* Hervidero o manantial en que brotan las aguas haciendo burbujas. 4 *Chile.* Paraje donde revientan las olas del mar.
reventador *m.* fam. Persona que va al teatro, u otro espectáculo, dispuesta a mostrar desagrado de modo ruidoso.
reventar (orig. incierto; quizá del l. **repentare,* der. del l. *repente,* repentinamente) *intr.-prnl.* Abrirse una cosa por impulso interior. 2 esp. Deshacerse en espuma las olas del mar. 3 en gral. Brotar o salir con ímpetu: *reventó una fuente en la roca.* 4 fig. Estallar (una pasión). 5 fig. Tener deseo vehemente de una cosa: ~ *de risa;* ~ *por hablar.* 6 fig. Sentir un afecto del ánimo, gralte. la ira. 7 fam. Cansarse, fatigarse. 8 fam. Morir violentamente: *tu enemigo ha reventado.* -9 *tr.* Deshacer, romper o abrir [una cosa con violencia]. 10 fig. *y* fam. Causar gran daño [a una pers.]. 11 en gral. Molestar, cansar: *tu amigo me revienta.* 12 Hacer enfermar o morir [a un caballo] por exceso de carrera. 13 p. anal. *y* fig. Fatigar mucho [a uno], con exceso de trabajo. ◇ ** CONJUG. [27] como ***acertar.***
reventazón *f.* Acción de reventar (abrirse; deshacerse). 2 Efecto de reventar (abrirse; deshacerse). 3 *Argent.* Estribo, contrafuerte de una sierra. 4 *Méj.* fam. Inflación en el estómago o en los intestinos.
reventón *adj.* Que revienta o parece que va a reventar, esp. cosas muy repletas: *claveles reventones.* -2 *m.* Acción de reventar una cosa. 3 Efecto de reventar una cosa. 4 fig. Cuesta muy pendiente y dificultosa de subir. 5 fig. Fatiga que se da o se toma en un caso urgente o por un trabajo excesivo. 6 fig. Aprieto grave en que uno se halla. 7 *Argent.* y *Chile.* Filón metálico a flor de tierra, afloramiento. 8 *Bol.* Gradería natural de peñascos en las laderas de los cerros. 9 *C. Rica.* Empujón. 10 *Chile.* Explosión violenta del ánimo. 11 *Chile.* Recaída, reincidencia. 12 *Chile.* Pasaje obsceno en alguna obra literaria.
SIN. *5* v. **Cansancio.** *6* v. **Conflicto.**
rever *tr.* Volver a ver. o examinar con cuidado [una cosa]. 2 DER. Ver por segunda vez un tribunal superior [el pleito] visto y sentenciado en otra sala del mismo. -3 *prnl.* Mirarse en una persona o cosa complaciéndose en ella. ◇ ** CONJUG. [91] como ***ver.***
SIN. **Revisar.**
reverberación (l. *-atione*) *f.* Acción de reverberar. 2 Efecto de reverberar. 3 Prolongación del tiempo de duración de un sonido, a consecuencia de las reflexiones del mismo. 4 Calcinación hecha en el horno de reverbero.
reverberante *adj.* Que reverbera.
reverberar (l. *-are*) *intr.* Hacer reflexión la luz en un cuerpo bruñido.
SIN. v. **Resplandecer.**
reverbero *m.* Reverberación. 2 Cuerpo de superficie bruñida en que la luz reverbera. 3 Farol que hace reverberar la luz. 4 V. Horno de reverbero. 5 *Amér.* Cocinilla, infiernillo.
reverdecer (l. *reviridescere*) *intr.-tr.* Cobrar nuevo verdor los campos: *la tierra reverdece; la lluvia reverdece la pradera.* 2 fig. Renovarse o tomar nuevo vigor. ◇ ** CONJUG. [43] como ***agradecer.***
SIN. *1* **Verdecer, verdear.**
reverdecido *m.* Primera operación a que es sometido el cuero en verde, antes del curtido.
reverdecimiento *m.* Acción de reverdecer. 2 Efecto de reverdecer.
reverencia (l. *-ntia*) *f.* Respeto que tiene una persona a otra. 2 Inclinación del cuerpo en señal de respeto. 3 Tratamiento dado a los religiosos condecorados.
reverenciable *adj.* Digno de reverencia.
reverenciador, -ra *adj.* Que reverencia.
reverencial *adj.* Que incluye reverencia.
reverenciar *tr.* Respetar o venerar [a Dios, a los santos, cosas sagradas, o a una persona, ideal, etc.]. ◇ ** CONJUG. [12] como ***cambiar.***
reverencioso, -sa *adj.* [pers.] Que hace muchas inclinaciones o reverencias. 2 [pers.] Afectado y demasiado protocolario.
reverendas (de *reverendo*) *f. pl.* Cartas dimisorias en las cuales un prelado da facultad a su súbdito para recibir órdenes de otro. 2 Prendas del sujeto, que le hacen digno de estimación y reverencia.

reverendísimo, -ma *adj.* Superl. de *reverendo*. Se aplica como tratamiento a los cardenales, arzobispos y otras personas constituidas en alta dignidad eclesiástica.
reverendo, -da (l. *-du*) *adj.* Digno de reverencia. 2 fam. Demasiadamente circunspecto. 3 fam. Enorme, muy grande. -4 *adj.-s.* Se aplica como tratamiento a las dignidades eclesiásticas y a los prelados y graduados de las órdenes religiosas.
reverente *adj.* Que muestra reverencia.
reversa *f. Pan.* Vuelta de un río y corriente de agua que en ella se forma.
reversible *adj.* Que puede volver a un estado o condición anterior. 2 DER. Que puede o debe revertir. 3 MEC. [transmisión] Que puede ponerse en movimiento actuando sobre uno cualquiera de los cuerpos enlazados por ella. 4 [reacción] Que, variando ciertas circunstancias, puede volver atrás y regenerar los cuerpos que entraron en ella. -5 *m.* Prenda de abrigo que puede usarse por ambos lados.
reversión (l. *-ione*) *f.* Restitución de una cosa al estado que tenía. 2 Acción de revertir. 3 Efecto de revertir.
reversionario, -ria *adj.* Relativo a la reversión o que es de su naturaleza.
reverso, -sa (l. *-su*) *m.* Revés (parte opuesta). 2 En las monedas y medallas, haz opuesta al anverso. 3 fig. ***El ~ de la medalla,*** persona que es la antítesis de otra con quien se compara. -4 *m. f. Colomb.* Marcha atrás en los vehículos automóviles; dispositivo para hacer que retrocedan.
SIN. *2* **Cruz.** CONTR. **Cara.**
reverter (l. *-ere*) *intr.* Rebosar o salir una cosa de sus términos o límites. ◇ ** CONJUG. [28] como ***entender.***
revertir (l. *reverti*) *intr.* DER. Volver una cosa a la propiedad del dueño que antes tuvo. 2 Volver una cosa al estado o condición que tuvo antes. 3 Venir a parar una cosa en otra. ◇ ** CONJUG. [35] como ***hervir.***
revés (l. *reverse*) *m.* Espalda o parte opuesta de una cosa: ***al ~,*** al contrario o invertido el orden regular; a la espalda o a la vuelta. 2 Golpe dado a otro con la mano vuelta. 3 Golpe que con la mano vuelta da el jugador a la pelota para volverla. 4 Golpe dado con la espada de izquierda a derecha. 5 fig. Infortunio, desgracia o contratiempo. 6 fig. Vuelta o mudanza en el trato o en el genio. 7 fig. Derrota. 8 *Cuba.* Gusano que ataca al tabaco.
SIN. *1* **Contrahaz,** en las ropas; **reverso,** en monedas y medallas; **verso** o **vuelto,** en folios de libros; **envés,** en gral.
revesa (l. *reversa*) *f.* Corriente derivada de otra principal y de distinta dirección a la de ésta.
SIN. **Reveza.**
revesado, -da *adj.* Intrincado, enrevesado o difícil de entender. 2 fig. Travieso, indomable.
revesar (l. *reversare,* retornar) *tr.* Vomitar (por la boca).
revesero, -ra *adj. Colomb.* Desleal. 2 *Colomb.* [pers.] Que satiriza.
revesina *f. Pan.* Modo de expresión festivo consistente en formar las palabras a la inversa.
revesino *m.* Juego de naipes en que gana el que hace todas las bazas o, en su defecto, el que hace menos. 2 Jugada que consiste en hacer todas las bazas en este juego.
revestido, -da *adj.* Que está cubierto [con algo].
revestimiento *m.* Capa o cubierta con que se resguarda o adorna una superficie.
revestir (l. *-ire*) *tr.* Cubrir con un revestimiento [una cosa]: *~ una caja.* 2 fig. Vestir con galas poéticas [una relación, un escrito, etc.]. 3 Disfrazar, disimular [una cosa o acción]. 4 Atribuir, conceder: *~ a uno con,* o *de, facultades;* ***prnl.,*** *revestirse con,* o *de,* etc. 5 fig. Presentar una cosa [determinado aspecto, cualidad o carácter]: *~ importancia, gravedad.* -6 ***tr.-prnl.*** Vestir [una ropa] sobre otra: *revestirse el sacerdote.* -7 ***prnl.*** Poner a contribución en trance difícil aquella condición del ánimo que viene al caso: *revestirse de paciencia, de resignación, de valor,* etc. 8 fig. Imbuirse o dejarse llevar con fuerza de una especie. 9 Engreírse o envanecerse. ◇ **CONJUG. [34] como ***servir.***
reveza *f.* Revesa.
revezar (de *re-* + *vez*) *intr.* Reemplazar, sustituir a otro. ◇ ** CONJUG. [4] como ***realizar.***
revezo *m.* Acción de revezar. 2 Cosa que reveza. 3 Par de bestias con que se releva el par que trabaja.
reviejo, -ja *adj.* Muy viejo. -2 *m.* Rama reseca e inútil de un árbol.
revientabuey *m.* Bupresto, insecto. ◇ Pl.: *revientabueyes.*
revientacaballos *m. Cuba.* Quibey, planta. ◇ Pl.: *revientacaballos.*
revientalobos *m. La Mancha.* Guiso compuesto de pescado con cebollas, tomates secos, aceite y vinagre. ◇ Pl.: *revientalobos.*
reviernes *m.* Viernes siguiente a la Pascua de Resurrección, junto a otros seis. ◇ Pl.: *reviernes.*
revigorar *tr.* Dar [a algo] nuevo vigor.
revigorizar *tr.* Revigorar. ◇ ** CONJUG. [4] como ***realizar.***
revinar *tr.* desus. Añadir vino viejo [al nuevo].
revirado, -da *adj.* Que está retorcido, esp. la fibra de los árboles.
revirar *tr.-prnl.* Desviar una cosa de su posición o dirección habitual. 2 Replicar, sublevar. 3 *Colomb.* y *Méj.* En ciertos juegos, doblar la apuesta del contrario. -4 *prnl. Cuba.* Desobedecer, rebelarse. -5 *intr.* MAR. Volver a virar.
revirón, -rona *adj. Cuba.* Propenso a revirarse o rebelarse. -2 *m. Amér. Central.* Acción de revirar. 3 *Amér. Central.* Efecto de revirar.
revisable *adj.* Que se puede revisar.
revisación *f. Argent.* y *Urug.* Revisión.
revisada *f. Amér.* Revisión.
revisador, -ra *adj.* Revisor.
revisar (l. *revisare*) *tr.* Ver con atención y cuidado [una cosa]. 2 Rever. 3 Someter una cosa a nuevo examen para corregirla, enmendarla o repararla.
revisión *f.* Acción de revisar.
revisionismo *m.* Actitud de los que propugnan la revisión de una doctrina, ley, estatuto político, etc.
revisionista *adj.* Relativo al revisionismo. -2 ***adj.-com.*** Partidario de él.
revisita *f.* Nuevo reconocimiento o registro.
revisor, -ra *adj.* Que revé o examina con cuidado una cosa. -2 *m.* El que tiene por oficio revisar o reconocer; esp. en los ferrocarriles, el que comprueba los billetes de los viajeros.
SIN. **Reveedor,** ant.
revisoría *f.* Oficio de revisor.
revista (de *revistar*) *f.* Segunda vista, o examen hecho con cuidado. 2 Inspección que un jefe hace de las personas o cosas sometidas a su autoridad o cuidado: ***~ de comisario,*** la que a principios de mes hace el comisario de guerra para comprobar el número de individuos de cada clase que componen un cuerpo militar y abonarles su paga. 3 Formación de las tropas para que un jefe las inspeccione. 4 DER. Nuevo juicio criminal ante segundo jurado, cuando el tribunal de derecho aprecia error evidente o deficiencia grave no subsanada en el veredicto del primero. 5 Examen que se hace y publica de producciones literarias, representaciones teatrales, etc. 6 Publicación periódica por cuadernos, con escritos sobre varias materias, o esp. sobre una sola. 7 Publicación ilustrada de información general. 8 Espectáculo teatral de carácter frívolo, en el que alternan números dialogados y musicales.
FR. *Pasar ~,* hacer un jefe las visitas de inspección que le corresponden; presentarse las personas ante el jefe que ha de inspeccionar su número y condición; examinar con cuidado una serie de cosas. SIN. *2* y *3* **Alarde, muestra,** en la lengua clásica. *3* v. **Desfile.**
revistar (l. *revisitare*) *tr.* Pasar revista a la tropa.
revistero, -ra *m. f.* Persona encargada de escribir revistas en un periódico. 2 Persona que actúa en una revista teatral. -3 *m.* Mueble para colocar revistas.
revisto, -ta, pp. irreg. de *rever.*
revitalización *f.* Acción de revitalizar. 2 Efecto de revitalizar.
revitalizante *adj.* Que revitaliza: *un producto ~ del cabello.*
revitalizar *tr.* Dar nueva vida [a algo o alguien]. ◇ ** CONJUG. [4] como ***realizar.***
revival (voz inglesa) *m.* Movimiento que trata de revalorizar estilos y modas pasados.
revividero *m.* Lugar en que se aviva la simiente de los gusanos de seda.
revivificación *f.* Acción de revivificar. 2 Efecto de revivificar.
revivificar *tr.* Vivificar, reavivar: *~ a un enfermo.* ◇ ** CONJUG. [1] como ***sacar.***
revivir (l. *-ere*) *intr.* Resucitar. 2 Volver en sí el que parecía muerto. 3 fig. Renovarse o reproducirse una cosa: *revivió la discordia.* 4 fig. Volver a cocer a fuego lento una vianda.
revocabilidad *f.* Calidad de revocable.
revocable *adj.* Que se puede o se debe revocar.
revocablemente *adv. m.* De manera revocable.

revocación *f.* Acción de revocar. 2 Efecto de revocar. 3 Acto jurídico que deja sin efecto otro anterior por la voluntad del otorgante.
revocador, -ra *adj.* Que revoca. -2 *m.* Oficial que revoca las paredes.
revocadura *f.* Revoque (acción y efecto). 2 PINT. Porción del lienzo tapada por el grueso del marco.
revocante *adj.* Que revoca o anula.
revocar (l. *-are*) *tr.* Dejar sin efecto [una concesión, un mandato, una resolución]. 2 Apartar, disuadir [a uno] de un designio. 3 Hacer retroceder [ciertas cosas]: *el viento revoca el humo; intr., el humo revoca.* 4 Enlucir o pintar de nuevo [las paredes exteriores] de un edificio. ◇ ** CONJUG. [1] como ***sacar.***
SIN. *1* v. **Abolir.** *4* **Guarnecer.**
revocatorio, -ria *adj.* Que revoca o invalida. -2 *f. Amér.* Revocación.
revoco *m.* Acción de revocar (hacer retroceder). 2 Efecto de revocar (hacer retroceder). 3 Revoque. 4 Cubierta de retama que suele ponerse en las seras del carbón.
revolada *f.* Vuelo en círculo de ciertas aves antes de posarse. 2 Primer vuelo que hacen las perdices al amanecer.
revolar (l. *-are*) *intr.-prnl.* Dar segundo vuelo el ave. 2 Revolotear. ◇ ** CONJUG. [31] como ***contar.***
revolcadera *f.* Grupo confuso, barullo, polvareda formado por personas o animales que se revuelcan.
revolcadero *m.* Lugar donde habitualmente se revuelcan los animales.
SIN. **Envolvimiento, revolvedero.**
revolcado *m. Guat.* Guiso compuesto de pan tostado, tomate, chile y otros condimentos.
revolcar (l. v. **revolvicare,* der. de *revolvi,* caer de nuevo) *tr.* Derribar [a uno] y darle vueltas por el suelo. 2 fig. Vencer [al adversario] en controversia; esp. reprobar, suspender en un examen. -3 *prnl.* Echarse sobre una cosa refregándose en ella: *revolcarse en el fango; revolcarse por el suelo.* 4 fig. Obstinarse en una especie. ◇ ** CONJUG. [49] como ***trocar.***
revolcón *m.* fam. Revuelco. 2 fam. Suspenso en un examen. 3 pop. Retozo, escarceo sexual.
revolear *intr.* Volar haciendo tornos y giros. 2 *Amér.* Hacer girar a rodeabrazo una correa, lazo, etc.
revoleo *m. And.* Revuelo (turbación).
revolero, -ra *adj.* Que revuela o revolea. -2 *f.* TAUROM. Larga en cuyo remate el torero hace girar el capote por encima de su cabeza. 3 fig. Modo de sortear una dificultad.
revoletear *intr. Amér.* Revolotear.
revolico, -ca *m. f. La Mancha, Murc., Cuba* y *Hond.* Revolisco.
revolisco *m. Cuba* y *P. Rico.* Barullo, revoltillo, confusión.
revolisquear *intr. Cuba.* fest. Hacer revolisco, barullo.
revolotear *intr.* Revolear en poco espacio. 2 Venir una cosa por el aire dando vueltas. -3 *tr.* Arrojar [una cosa] a lo alto con ímpetu de modo que parezca que dé vueltas.
SIN. *1* y *2* **Revolar, volitar** (lit.).
revoloteo *m.* Acción de revolotear. 2 Efecto de revolotear.
revoltijo *m.* Conjunto de muchas cosas desordenadas. 2 Conjunto de tripas de alguna res. 3 fig. Confusión o enredo. 4 fig. Guiso a manera de pisto.
revoltillo *m.* Revoltijo.
revoltina *f.* Revoltijo.
revoltón (de *revuelto*) *adj.-s.* V. gusano revoltón. -2 *m.* Bovedilla (del techo). 3 Lugar en que una moldura cambia de dirección.
revoltoso, -sa *adj.-s.* Sedicioso, alborotador. -2 *adj.* Travieso, enredador, revuelto. 3 Que tiene muchas vueltas y revueltas; intrincado.
revoltura *f. Amér.* Revoltijo.
revolú *m. Pan.* y *P. Rico.* Revolisco.
revolución (l. *-utione*) *f.* Acción de revolver y revolverse. 2 Efecto de revolver y revolverse. 3 Movimiento de un cuerpo que describe una trayectoria cerrada alrededor de otro cuerpo, de un centro o de un eje; esp. el de un astro alrededor de otro. 4 Movimiento de rotación de un cuerpo alrededor de un eje, y vuelta completa que da un cuerpo con este movimiento: ***superficie, cuerpo de*** ~, los engendrados por la rotación de una línea o una superficie alrededor de un eje. 5 Cambio violento en las instituciones políticas de la nación. 6 p. ext. Inquietud, alboroto, sedición. 7 fig. Mudanza o nueva forma en el estado o gobierno de las cosas. 8 fig. Conmoción y alteración del estado fisiológico.
SIN. *5* y *6* v. **Sublevación.**
revolucionar *tr.* Sublevar, soliviantar; esp., alterar, perturbar el orden [de un país] como consecuencia de una subversión de las ideas. 2 Producir una alteración [en las ideas]. 3 MEC. Imprimir más o menos revoluciones [a un motor].
revolucionario, -ria (fr. *revolutionnaire*) *adj.* Relativo a la revolución. -2 *adj.-s.* Partidario de ella. 3 Alborotador, turbulento.
revoluta *f. Amér. Central.* Revuelta, revoltina.
revoluto, -ta *adj.* BOT. Enrollado hacia la cara inferior: *hoja revoluta.* -2 *m. Hond.* Alarma grande.
revolvedero *m.* Revolcadero.
revolvedor, -ra *adj.-s.* Que revuelve o inquieta. 2 *Cuba.* En los ingenios, recipiente donde se resuelve y hace pasta el guarapo.
revolver (l. *-ere*) *tr.* Menear, agitar [una cosa] de un lado a otro, alrededor o de arriba abajo. 2 Mirar o registrar, moviendo y separando [algunas cosas]. 3 en gral. Alterar el buen orden [de las cosas]. 4 p. ext. Inquietar, causar disturbios: ~ *una familia.* 5 Producir náuseas. 6 Meter [a uno] en pendencia, pleito, etc.: ~ *a uno con otro.* 7 Discurrir [en varias cosas] reflexionándolas: ~ *algo en la mente;* ~ *algo entre sí.* -8 *tr.-prnl.* Envolver [una cosa] en otra. 9 Volver [la cara] al enemigo: *revolverse al,* o *contra,* o *sobre, el enemigo.* 10 en gral. Dar [una cosa] vuelta entera. 11 Hacer su carrera un astro, retornando a un punto de su órbita. -12 *tr.-intr.-prnl.* Volver el jinete [al caballo] en poco terreno y con rapidez: ~ *el caballo; el jinete revolvió,* o *se revolvió.* 13 p. anal. Volver a andar [lo andado]. -14 *prnl.* Moverse de un lado a otro: *no nos podíamos* ~ *en aquella habitación tan pequeña.* 15 Hacer mudanza el tiempo, ponerse borrascoso. -16 *tr. Colomb.* Sachar. -17 *prnl. Cuba.* Procurar lícitamente la prosperidad personal. ◇ ** CONJUG. [32] como ***mover***; pp.: ***revuelto.***
revólver (ing. < l. *revolvere,* revolver) *m.* Pistola de cilindro giratorio con varias recámaras, que pasan sucesivamente por delante del cañón del arma. ◇ Pl.: *revólveres.*
revolvimiento *m.* Revolución (acción y efecto).
revoque *m.* Acción de revocar (enlucir). 2 Efecto de revocar (enlucir). 3 Capa de cal y arena u otro material análogo con que se revoca.
SIN. **Revoco, guarnecido, revocadura.**
revotarse *prnl.* Votar lo contrario de lo que se había votado antes. ◇ HOMÓF.: *rebotar* (v.).
revuelco *m.* Acción de revolcar. 2 Efecto de revolcar.
SIN. **Revolcón,** intensivo.
revuelo *m.* Segundo vuelo que dan las aves. 2 Vuelta y revuelta del vuelo. 3 fig. Turbación de algunas cosas o agitación e inquietud entre las personas. 4 ***De*** ~, pronta y ligeramente. 5 *Amér.* Golpe que da el gallo en la pelea a su adversario asestándole el espolón y sin usar el pico. 6 *Salv.* Salto, brinco, vuelo corto.
SIN. *3* **Revoleo,** And.
I) revuelta *f.* Segunda vuelta o repetición de la vuelta.
II) revuelta (v. *revuelto*) *f.* Revolución (cambio; inquietud). 2 Riña, pendencia. 3 Punto en que una cosa empieza a cambiar su dirección, y este mismo cambio: *las revueltas de un camino, del río.* 4 Vuelta o mudanza de un estado a otro, o de un parecer a otro. 5 *Colomb.* y *Venez.* Escarda.
revueltamente *adv. m.* Con desorden.
revuelto, -ta (l. *revolutu*) pp. irreg. de *revolver.* 2 *adj.* [caballo] Que se vuelve en poco terreno. 3 Revoltoso (travieso). 4 Intrincado, revesado.
revuelvepiedras (de *revolver* + *piedra*) *m.* Vuelvepiedras. ◇ Pl.: *revuelvepiedras.*
revulsión (l. *-ione*) *f.* MED. Irritación local provocada mediante un agente físico o químico con objeto de descongestionar un órgano profundo.
revulsivo, -va, revulsorio, -ria *adj.-s.* [medicamento] Que produce la revulsión. 2 Que provoca un cambio o reacción brusca: *el nuevo jugador fue el* ~ *del equipo.*
SIN. 1 v. **Rubefaciente.**
rexistasia (gr. *rhexis,* rotura + *-stasia*) *f.* GEOL. Período de fuerte erosión por falta de cubierta vegetal.
rey (l. *rege*) *m.* Monarca o príncipe soberano de un reino: ***Reyes magos,*** los que, guiados por una estrella, fueron de Oriente a adorar al Niño Jesús. 2 ~ ***de armas,*** cortesano medieval encargado de transmitir mensajes de importancia, ordenar las grandes ceremonias y llevar los registros de la nobleza de la nación; persona que tiene cargo y oficio de conocer y ordenar los blasones de las familias nobles. 3 ~ ***de Romanos,*** título dado en el imperio alemán a los emperadores nuevamente elegidos; fig., el que ha de suceder a otro en algún oficio o cargo. 4 En el juego del ajedrez, pieza principal y única en su banda, que se mueve

en todas direcciones, pero sólo de un escaque a otro contiguo. 5 Carta de la baraja que tiene pintada la figura de un rey. 6 fig. Hombre, animal o cosa del género masculino, que por su excelencia sobresale entre los demás de su clase o especie. 7 El que en un juego o por fiestas, manda a los demás. 8 fam. Porquerizo. 9 Abeja maesa. 10 ~ ***de banda*** o ***de bando,*** perdiz que guía a las demás cuando forman bando. 11 ~ ***de codornices,*** ave zancuda gruiforme, del tamaño de una codorniz, que acompaña a las codornices en sus emigraciones *(Crex pratensis).* 12 ~ ***de los arenques,*** pez teleósteo marino de hasta 6 cms. de longitud, con el cuerpo comprimido y terminado en punta *(Regalecus glesne).*
REL. *1* **Real, regio,** relativo al rey. **Majestad** (abreviatura **S. M.** o **V. M.**), tratamiento del rey. **Señor,** en el encabezamiento de escritos o discursos. SIN. *11* **Polla de agua.** FR. *Servir al ~*, ser soldado. *El rey que rabió*, personaje proverbial, símbolo de antigüedad remota: *en tiempo del ~ que rabió.*

reyar ***intr.*** *P. Rico.* Salir en época de Navidad a pedir aguinaldo.

reyerta (probl. del l. *refertu*) ***f.*** Contienda, disputa.
SIN. v. **Lucha.**

reyezuelo ***m.*** Rey de poca importancia. 2 Ave paseriforme insectívora, de plumaje vistoso por la variedad de sus colores *(Regulus regulus).* 3 Pez marino teleósteo perciforme, nocturno, de pequeño tamaño, pero con la boca y los ojos muy grandes; de color rojo, habita en zonas oscuras, como entradas de cuevas y debajo de grandes rocas *(Apogón imberbis).*
SIN. *1* y *2* **Régulo.** *2* **Abadejo** (pájaro). *3* **Salmonete real.**

reyunar ***tr.*** *Argent.* Cortar [a un cuadrúpedo] la punta de una oreja.

reyuno, -na ***adj.*** *Argent.* Tronzo.

rezado ***m.*** Rezo (oficio eclesiástico). 2 *Guat.* Procesión que por Navidad celebran los indios.

rezador, -ra ***adj.-s.*** Que reza mucho. -2 ***f.*** Santateresa. 3 *Urug.* Mujer que tiene por oficio rezar en los velorios.

rezaga (de *zaga*) ***f.*** desus. Retaguardia.

rezagar (paras. de *re-* y *zaga*) ***tr.*** Dejar atrás [una cosa]. 2 Atrasar, suspender la ejecución [de una cosa]. -3 ***prnl.*** Quedarse atrás. ◇ ** CONJUG. [7] como ***llegar.***
SIN. v. **Atrasar.**

rezago ***m.*** Atraso o residuo que queda de una cosa. 2 Reses débiles que se apartan del rebaño para procurar mejorarlas.

rezandero, -ra ***adj.-s.*** *Amér.* Que reza mucho. -2 ***f.*** Santateresa.

rezar (v. *recitar*) ***tr.*** Orar vocalmente pronunciando [oraciones usadas o aprobadas por la Iglesia]: *~ un padrenuestro;* ***abs.,*** *~ a los santos; ~ por los difuntos.* 2 esp. Leer [el oficio divino o las horas canónicas]. 3 Recitar [la misa, una oración, etc.], en contraposición a cantarla. 4 fam. Decir o decirse en un escrito [una cosa]: *el calendario reza agua; el libro lo reza.* -5 ***intr.*** fig. *y* fam. Gruñir, refunfuñar. ◇ ** CONJUG. [4] como ***realizar.***
FR. *~ una cosa con uno,* tocarle o pertenecerle: *esto no reza conmigo.*

rezno (v. *ricino*) ***m.*** Garrapata. 2 Larva del estro desarrollada en el estómago de los rumiantes o solípedos. 3 Ricino.
SIN. **Rosón.**

rezo ***m.*** Acción de rezar. 2 Oficio eclesiástico que se reza diariamente. 3 Conjunto de los oficios particulares de cada festividad.
SIN. *1* **Oración, plegaria.** *2* **Rezado.**

rezón (fr. *hérisson*) ***m.*** Ancla pequeña, de cuatro uñas y sin cepo.

rezondrar ***tr.*** *Perú.* Resondrar.

rezongador, -ra ***adj.-s.*** Que rezonga.

rezongar (probl. onomat.) ***intr.*** Gruñir, refunfuñar a lo que se manda o propone. -2 ***tr.*** *Amér. Central.* Reprender [a alguien]. ◇ ** CONJUG. [7] como ***llegar.***

rezonglar ***intr.*** Rezongar.

rezonglón, -glona ***adj.-s.*** fam. Rezongador.

rezongo ***m.*** Refunfuño.

rezongón, -gona ***adj.-s.*** Rezongador habitual.

rezongueo ***m.*** *Amér.* Acción de rezongar. 2 Efecto de rezongar.

rezonguero, -ra ***adj.*** Relativo al rezongo. 2 Que rezonga.

rezumadero ***m.*** Lugar por donde se rezuma una cosa. 2 Lo rezumado. 3 Lugar donde se recoge lo rezumado.

rezumar (de *re-* + *zumo*) ***intr.-prnl.*** Transpirar un líquido por los poros de un recipiente: *el cántaro rezuma,* o *se rezuma; el agua rezuma,* o *se rezuma, por la cañería.* -2 ***prnl.*** Translucirse o divulgarse una especie.
SIN. *1* **Resudar, sudar, exudar, trazumar.**

rezumbador ***m.*** *Cuba.* Especie de trompo que zumba al girar.

rezumbar ***intr.*** *Méj.* vulg. Beber licor.

rezumo ***m.*** *And.* Acción de rezumar un recipiente. 2 *And.* Efecto de rezumar un recipiente. 3 *And.* Lo rezumado.

Rh, símbolo químico del *rodio.* 2 ***Factor*** ~, antígeno de la superficie de los glóbulos rojos que permite la clasificación de los tipos de sangre.

rho ***f.*** Ro II.

ría ***f.*** Parte del río próxima a su entrada en el mar hasta donde llegan las mareas y se mezcla el agua dulce con la salada. 2 Ensenada amplia en la que vierten al mar aguas profundas.

¡riá!, voz que usan los carreteros para guiar las caballerías hacia la izquierda.

riacho, -chuelo ***m.*** Río pequeño y de poco caudal.

riada ***f.*** Avenida, inundación. 2 fig. Bandada, multitud.
SIN. v. **Avenida.**

rial ***m.*** Unidad monetaria del Irán.

riba (l. *ripa*) ***f.*** Ribazo.

ribacera ***f.*** Margen en talud que hay en los canales.

ribagorzano, -na ***adj.-s.*** De Ribagorza, ant. condado de Aragón. -2 ***m.*** Variedad dialectal hablada en este condado.

ribaldería ***f.*** ant. Acción propia del ribaldo.

ribaldo, -da (medio alto al. *ribe,* prostituta) ***adj.-s.*** ant. Pícaro, bellaco. 2 Rufián.

ribazo ***m.*** Porción de tierra con alguna elevación y declive. 2 Talud entre dos fincas que están a distinto nivel. 3 Caballón que divide dos fincas o cultivos. 4 Caballón que permite dirigir los riegos, y andar sin pisar la tierra de labor.
SIN. *1* **Riba.**

ribazón (de *arribar*) ***f.*** Arribazón.

ribeiro ***m.*** Vino de la comarca de Ribeiro (Orense).

ribera (v. *ribero*) ***f.*** Margen y orilla del mar o río. 2 p. ext. Tierra cercana a los ríos. 3 Ribero. 4 Huerto cercado que linda con un río. 5 fig. Ser dado a la vida aventurera. ◇ HOMÓF.: *rivera* (f.).

riberano, -na ***adj.*** *Amér.* Ribereño.

riberateño, -ña ***adj.-s.*** De Ciudad de Riberalta, c. de la prov. de Vaca Díez del dep. de El Bení (Bolivia).

ribereño, -ña ***adj.*** Relativo a la ribera o propio de ella. -2 ***adj.-s.*** Dueño o morador de un predio contiguo al río.

riberiego, -ga ***adj.*** [ganado] Que no es trashumante. -2 ***adj.-s.*** Dueño de este género de ganado. -3 ***adj.*** Ribereño.

ribero (l. *ripariu* < *ripa,* riba) ***m.*** Vallado hecho a la orilla de las presas para que no se derrame el agua.

ribesiáceo, -a (del ár. *ribes,* ruibarbo) ***adj.-f.*** Saxifragáceo.

ribete (orig. incierto; quizá del ár. *ribat,* lazo, atadura) ***m.*** Cinta o cosa análoga con que se guarnece la orilla del vestido, calzado, etc. 2 Añadidura, acrecentamiento. 3 Entre jugadores, interés que pacta el que presta a otro una cantidad de dinero. 4 fig. Adorno que en la conversación se añade a algún caso, refiriéndolo con alguna circunstancia de reflexión o de gracia. -5 ***m. pl.*** fig. Asomo, indicio: *tiene ribetes de artista.*

ribeteado, -da ***adj.*** fig. Que tiene los párpados irritados: *ojos ribeteados.* -2 ***m.*** Acción de ribetear. 3 Efecto de ribetear.

ribeteador, -ra ***adj.-s.*** Que ribetea.

ribetear ***tr.*** Echar ribetes: *~ un vestido.*

ribo ***m.*** *Colomb.* Orilla.

ribonucleico, -ca ***adj.*** ***Ácido*** ~, ácido nucleico que forma parte de la célula viva, constituido por el ácido fosfórico en forma de éster y ribosa.

ribosa ***f.*** QUÍM. Hidrato de carbono que se encuentra en ciertos ácidos nucleicos.

ribota (fr. *ribote,* exceso al comer o beber) ***f.*** *Cuba* y *P. Rico.* Diversión. 2 *P. Rico.* Paseo campestre o por el mar.

ricacho, -cha, -chón, -chona (de *rico*) ***m. f.*** fam. *y* desus. Persona acaudalada, vulgar en su trato.

ricadueña ***f.*** ant. Hija o mujer de grande o de ricohombre. ◇ Pl.: *ricasdueñas.*

ricahembra ***f.*** ant. Ricadueña. ◇ Pl.: *ricashembras.*

ricamente ***adv. m.*** Opulentamente, con abundancia. 2 Preciosamente. 3 Muy a gusto.

ricial ***adj.*** [terreno] Que vuelve a retoñar después de cortado el pan en verde. 2 [terreno] Sembrado de verde para pasto del ganado.
SIN. **Rizal.**

riciforme ***adj.*** Que tiene forma de grano de arroz.

ricino (l. *-nu;* doble etim. *rezno*) ***m.*** Planta euforbiácea, de cuyas semillas se extrae un aceite purgante y lubricante *(Ricinus communis).*
SIN. **Cherva, querva, higuera del infierno** o **infernal; higuereta, higuerilla, palmacristi, rezno.**

ricinúleo ***adj.-m.*** Arácnido del orden de los ricinúleos. -2 ***m. pl.*** Orden de arácnidos tropicales sin ojos y de aspecto similar a las arañas.
ricno- (gr. *rhiknós,* encorvado) Elemento prefijal que entra en la formación de palabras con el significado de encorvado.
rico, -ca (gót. *reiks,* poderoso) ***adj.-s.*** desus. Noble, de alto linaje, de conocida y estimable bondad. 2 Adinerado, acaudalado: *~ con,* o *por, su fortuna;* ***nuevo*** *~,* persona recientemente enriquecida que no tiene la educación, maneras, etc., propias del que ha sido siempre rico. Equivale a menudo a *advenedizo.* 3 Abundante, opulento, pingüe: *país ~ en cereales, ~ en ganados.* 4 Gustoso, sabroso. 5 Muy bueno en su línea: *mineral ~; ~ de virtudes.* 6 fig. Guapo, agradable, simpático. -7 ***m.*** *Murc.* vulg. Grillo.
SIN. *2* serie intensiva: **acomodado, adinerado, acaudalado, pudiente, potentado, opulento,** los cinco primeros se refieren a personas; **rico** y **opulento** a personas, colectividades, países, etc.: *una ciudad rica, opulenta.* REL. De **Pluto,** dios de las riquezas, se han formado **plutocracia, plutócrata, plutocrático.**
ricohombre ***m.*** El que pertenecía a la primera nobleza de España. ◇ Pl.: *ricoshombres.*
rictus (l., abertura de la boca < *ringi,* abrir la boca enseñando los dientes) ***m.*** Gesto de aquel cuyos labios se abren dejando ver los dientes; es manifestación de dolor y también se observa en ciertos espasmos nerviosos. 2 fig. Aspecto del rostro que manifiesta un estado de ánimo gralte. penoso o desagradable. ◇ Pl.: *rictus.*
ricura ***f.*** fam. Calidad de rico (gustoso; muy bueno; apl. a pers).
ridi ***m.*** fam. Ridículo II.
ridículamente ***adv. m.*** De manera ridícula.
ridiculez ***f.*** Dicho o hecho extravagante. 2 Nimia delicadeza.
ridiculizar ***tr.*** Burlarse [de una pers. o cosa] por las extravagancias o defectos que tiene. ◇ ** CONJUG. [4] como ***realizar.***
I) ridículo (v. *retículo*) ***m.*** Bolsa manual que usaban las señoras.
II) ridículo, -la (l. *-lu* < *ridere,* reír) ***adj.*** Que por grotesco, raro, extravagante, etc., mueve a risa: *~ en su porte; ~ por su traza;* ***en*** *~,* expuesto a la burla o al menosprecio de las gentes; *estar, poner, quedar en ~.* 2 Escaso, de poca estimación. 3 Extraño y de poco aprecio. 4 Nimiamente delicado o reparón. -5 ***m.*** Situación ridícula en que cae una persona.
SIN. *1* **Risible.** *1* y *2* **Irrisorio.**
riega ***f.*** *Sant.* Margen de un campo.
riego ***m.*** Acción de regar: *~* ***por aspersión,*** el que mediante mangueras y bocas giratorias dispersa el agua a modo de lluvia artificial. 2 Efecto de regar. 3 Agua disponible para regar. 4 *~* ***sanguíneo,*** cantidad de sangre que nutre los órganos o la superficie del cuerpo. 5 *Colomb.* Conjunto de flores y hojas que se esparcen por la calle al paso de las procesiones.
Riego ***n. pr.*** Rafael del Riego (1785-1823), caudillo liberal. Quedó en proverbio la comparación *más liberal que ~.* 2 ***Himno de*** *~,* canto pop. de los liberales, adoptado como himno nacional por la segunda República española.
riel (der. del l. *regula*) ***m.*** Barra pequeña de metal en bruto. 2 Carril (de tren). 3 Varilla metálica sobre la cual corre una cortina.
rielar (metátesis de *rehilar*) ***intr.*** poét. Brillar con luz trémula. 2 Temblar.
SIN. *1* v. **Resplandecer.**
rielera ***f.*** Molde para hacer rieles.
rienda (l. v. **retina* < l. *retinere,* retener) ***f.*** Correa que, unida por uno de sus extremos a las camas del freno, lleva asida por el otro el que gobierna la caballería. 2 ***Falsa*** *~,* conjunto de dos correas unidas por el extremo que lleva el jinete en la mano, y fijas por el otro en el bocado o en el filete, para poder contener el caballo en el caso de que falten las riendas, y para alternar con éstas cuando calientan el asiento. 3 fig. Sujeción, moderación en acciones o palabras. -4 ***f. pl.*** fig. Gobierno, dirección de una cosa: *lleva las riendas del negocio.*
FRS. *A ~ suelta,* con violencia o celeridad; sin sujeción y con toda libertad; *correr a ~ suelta,* soltar el jinete las riendas al caballo para que corra cuanto pueda; fig., entregarse sin reserva a una pasión o al ejercicio de una cosa; fig.: *dar ~ suelta,* dar libre curso; *aflojar las riendas,* aliviar el trabajo, cuidado y fatiga en la ejecución de una cosa, o ceder en el cuidado de lo que está a cargo de uno. REL. **Rendaje,** conjunto de las riendas y demás correas de que se compone la brida.
riente ***adj.*** Que ríe. 2 fig. Alegre.
riera (de *ribera*) ***f.*** *Ar.* Rambla, lecho natural de las aguas pluviales.
riesgo (et. dud.) ***m.*** Contingencia o proximidad de un daño. 2 Contingencia que puede ser objeto de un contrato de seguro.
SIN. **Exposición. Peligro,** es una contingencia inminente o muy probable, en tanto que **riesgo** y **exposición** pueden expresar desde la mera posibilidad a diversos grados de probabilidad.
riesgoso, -sa ***adj.*** *Amér.* Arriesgado, aventurado.
rifa (probl. voz descriptiva) ***f.*** Juego que consiste en sortear una cosa entre varios. 2 ant. Contienda, pendencia. 3 *Colomb.* Tiendecilla ambulante.
SIN. *1* v. **Sorteo.**
rifador ***m.*** El que rifa.
rifadura ***f.*** MAR. Acción de rifar (la vela). 2 MAR. Efecto de rifar (la vela).
rifar ***tr.*** Efectuar el juego de la rifa, sortear: *~ un objeto.* -2 ***intr.*** ant. Reñir, enemistarse con uno. -3 ***prnl.*** MAR. Romperse una vela. 4 fig. *y* fam. Tener éxito una mujer. -5 ***intr.*** *Méj.* Sobresalir, distinguirse.
rifeño, -ña ***adj.-s.*** Del Rif, región montañosa del norte de Marruecos. -2 ***adj.-m.*** Dialecto beréber hablado en esta región.
rifirrafe ***m.*** fam. Contienda o bulla ligera.
rifle (ing. < *to rifle,* estriar) ***m.*** Fusil de alma rayada de origen americano.
riflero ***m.*** *Amér.* Soldado armado de rifle.
Rigel ***n. pr.*** Estrella de primera magnitud en la constelación de Orión.
rigente (l.) ***adj.*** poét. Rígido.
rígidamente ***adv. m.*** Con rigidez.
rigidez ***f.*** Calidad de rígido. 2 fig. Rectitud, integridad.
rígido, -da (l. *-du*) ***adj.*** Inflexible, tieso. 2 fig. Riguroso, severo: *~ con,* o *para,* o *para con, su familia; ~ de carácter; ~ en sus acciones.*
SIN. *1* v. **Tieso.**
rigodón (fr. *rigodon,* de origen incierto) ***m.*** Contradanza de movimiento vivo, ejecutada por cuatro o más parejas. 2 Música de esta contradanza.
rigola ***f.*** *S. Dom.* Acequia, canal de riego.
rigor (l.) ***m.*** Severidad nimia y escrupulosa. 2 Aspereza, dureza en el genio o trato. 3 Intensión, vehemencia: *el ~ del invierno.* 4 Último término a que pueden llegar las cosas. 5 Propiedad y precisión. 6 MED. Frío intenso que entra de improviso en el principio de ciertas enfermedades. 7 MED. Tiesura o rigidez de los músculos, tendones, etc., que impide los movimientos del cuerpo. 8 *And.* y *Sal.* Fuerza física.
FRS. *En ~,* en realidad, estrictamente; *ser de ~ una cosa,* ser indispensable por requerirlo así la costumbre, la moda o la etiqueta.
rigorismo ***m.*** Exceso de severidad, esp. en materias morales o legales. 2 Sistema o doctrina en que domina la moral rigorista.
rigorista ***adj.-s.*** Extremadamente severo.
rigorosamente ***adv. m.*** Rigurosamente.
rigüe ***m.*** *Hond.* Tortilla de elote.
riguridad ***f.*** *Ar., Sal.* y *Chile* Rigor.
rigurosamente ***adv. m.*** Con rigor.
rigurosidad ***f.*** Rigor.
riguroso, -sa (l. *rigorosu*) ***adj.*** Áspero y acre. 2 Muy severo. 3 Austero, rígido. 4 Extremado, inclemente.
SIN. *2* y *3* Intensivos: **inflexible, inexorable.** *4* **Rigoroso.**
I) rija (ár. *rixa*) ***f.*** Fístula que se hace debajo del lagrimal.
II) rija (l. *rixa*) ***f.*** Pendencia o alboroto.
rijador, -ra ***adj.*** Rijoso.
rijo (v. *rijoso*) ***m.*** Conato o propensión a lo sensual.
rijoso, -sa (l. *rixosu*) ***adj.*** Pendenciero. 2 Lujurioso. 3 Inquieto y alborotado a la vista de la hembra.
rila ***f.*** *Colomb.* Ternilla. 2 *Colomb.* Excremento de las aves de corral.
rilar (de *rehilar*) ***intr.*** Temblar, tiritar. -2 ***prnl.*** Estremecerse.
rilkiano, -na ***adj.*** Relativo al escritor austríaco Rilke (1875-1926).
I) rima (prov. ant., der. de *rim* < l. *rhythmu,* ritmo) ***f.*** Semejanza o igualdad entre los sonidos finales del verso, a contar desde la última vocal acentuada: *~* ***perfecta,*** la consonante; *~* ***imperfecta*** o ***media*** *~,* la asonante. 2 Composición en verso, del género lírico: *Rimas de Espinel, de Góngora.* 3 Conjunto de consonantes de una lengua, o el de los consonantes y asonantes empleado en una composición: *diccionario de la ~; la ~ de esta composición es pobre, variada, fácil,* etc. 4 ***Octava*** *~,* forma de composición poética en que cada estrofa es una octava real. 5 ***Sexta*** *~,* sextina. 6 ***Tercia*** *~,* forma de composición poética en que cada estrofa es un terceto. 7 *~* ***leonina,*** la de un verso leonino. ◇ En la segunda acepción suele usarse en plural.

II) rima (orig. incierto) *f.* Rimero.
III) rima (l.) *f.* Hendidura.
rimador, -ra *adj.-s.* Que se distingue por sus rimas. 2 desp. Poeta sólo preocupado por la rima.
rimar (de *rima* I) *intr.* Componer en verso. 2 Hacer rima, encontrarse en una poesía haciendo rima: *riman las palabras frío y albedrío; el primer verso rima con el tercero.* -3 *tr.* Hacer el poeta [una palabra asonante o consonante de otra].
rimaya *f.* Grieta vertical profunda que aparece en la superficie de las lenguas glaciares por fusión parcial del hielo.
rimbombancia *f.* Calidad de rimbombante.
rimbombante *adj.* irón. *y* desp. Ostentoso, llamativo.
rimbombar (it. *rimbombare*) *intr.* Retumbar, resonar mucho.
SIN. v. **Resonar.**
rimbombe, -bo *m.* Retumbo o repercusión de un sonido.
rímel (de la marca comercial *rimmel*) *m.* Cosmético que usan las mujeres para embellecer los ojos.
rimero (de *rima* II) *m.* Conjunto de cosas puestas unas sobre otras.
SIN. **Rima II.**
rimú (arauc.) *m. Chile.* Planta oxalídea de flores amarillas *(Oxalis lobata).*
rin (ing. *rim*) *m.* Pieza circular con que se ajustan las llantas desmontables sobre las ruedas del automóvil.
rinalgia (*rino-* + *-algia*) *f.* MED. Dolor que se localiza en la nariz.
rinanto (*rino-* + *-anto*) *m.* Gallocresta (planta labiada).
rinche, -cha *adj. Chile.* Lleno hasta el borde.
rinchola *f. Ar.* Canto rodado.
rincocéfalo, -la (gr. *rynchos,* pico + *-céfalo*) *adj.* De cabeza prolongada en forma de pico. -2 *ad.-m.* Reptil del orden de los rincocéfalos. -3 *m. pl.* Orden de reptiles con forma de lagarto pero de organización muy primitiva; como el tuatara.
rincón (ár. vulg. *rukún*) *m.* Ángulo entrante formado en el encuentro de dos superficies, esp. de dos paredes. 2 Espacio pequeño. 3 Escondrijo o lugar retirado. 4 fig. Domicilio de cada uno con abstracción del trato de las gentes. 5 fig. Residuo de alguna cosa que queda en un lugar apartado de la vista. 6 *Argent.* Lengua de tierra formada en un recodo de río o en la confluencia de dos. 7 *Perú.* Valle angosto que se encuentra entre dos cerros.
rinconada *f.* Ángulo entrante que se forma en la unión de dos casas, calles, etc. 2 *Argent.* Rincón.
rinconera *f.* Mesita, armario o estante pequeños, que se colocan en un rincón. 2 Parte de la pared comprendida entre un ángulo de la fachada y el hueco más próximo.
SIN. *1* **Cantonera.**
rinde *m. Argent.* Rendimiento, producto que da una cosa.
ring (voz inglesa) *m.* DEP. En el boxeo, cuadrilátero de lona rodeado de tres filas de cuerdas, donde se disputan los combates.
ringla (v. *ringlera*) *f.* Ringlera. 2 *Cuba. En ~*, perfectamente, muy bien.
ringle *m.* Ringlera.
ringlera (del fráncico *hring,* probl. a través del cat. *renglera*) *f.* Fila de cosas puestas unas tras otras.
SIN. **Rengle** y **renglera.**
ringlero *m.* Línea de papel pautado en que aprenden a escribir los niños.
ringlete *m. Amér.* Persona muy activa. 2 *Colomb.* Rehilete, molinete.
ringletear *intr. Colomb.* y *Chile.* Corretear, callejear.
ringorrango (onomat.) *m.* fam. *y* irón. Rasgo de pluma exagerado e inútil: *un escrito lleno de ringorrangos.* 2 fig. Adorno superfluo y extravagante.
ringuelete *m.* Ringlete. 2 *Colomb.* y *Chile.* Callejero.
ringueletear *intr. Colomb.* y *Chile.* Callejear.
rinitis (*rino-* + *-itis*) *f.* MED. Inflamación de la mucosa nasal. ◇ Pl.: *rinitis.*
rino-, -rrino (gr. *rhis, rhinós,* nariz) Elemento prefijal y sufijal que entra en la formación de palabras con el significado de nariz: *rinología.*
rinoceronte (*rino-* + gr. *keras,* cuerno) *m.* Mamífero perisodáctilo ungulado, de Asia y África, de piel muy gruesa y rígida, muy corpulento, de patas cortas y terminadas en tres dedos, cabeza estrecha con el hocico puntiagudo y uno o dos cuernos sobre la línea media de la nariz *(Rhinoceros unicornis. Diceros bicornis).*
SIN. **Bada, abada.**
rinoceróntido *adj.-m.* Animal de la familia de los rinocerontidos. -2 *m. pl.* Familia de ungulados perisodáctilos formada por los rinocerontes.
rinofaringe (*rino-* + *faringe*) *f.* Parte de la faringe contigua a las fosas nasales.
rinología (*rino-* + *-logía*) *f.* Especialidad médica en enfermedades de la nariz.
rinólogo, -ga *m. f.* Médico que se dedica a la rinología.
rinoplastia (*rino-* + *-plastia*) *f.* Operación quirúrgica para restaurar la nariz.
rinoscopia (*rino-* + *-scopia*) *f.* Exploración de las cavidades nasales.
riña *f.* Pendencia, cuestión.
SIN. v. **Lucha.**
riñón (l. v. **renione* < l. *ren*) *m.* Órgano glandular situado en la región lumbar, uno a cada lado de la columna vertebral, el cual segrega la orina. 2 fig. Interior o centro de un terreno, sitio, asunto, etc. 3 ARQ. En un arco o bóveda, zona comprendida entre el primer y el segundo tercio de su flecha o altura. 4 MIN. Trozo redondeado de mineral contenido en otro de distinta naturaleza. -5 *m. pl.* Parte del cuerpo que corresponde a los lomos.
SIN. *1* **Rene,** p. us. REL. *1* **Nefrítico, renal,** relativo al riñón, adjs. FR. *Tener uno cubierto,* o *bien cubierto el ~,* ser rico.
riñonada *f.* Tejido adiposo que envuelve los riñones. 2 Lugar del cuerpo en que están los riñones. 3 Guisado de riñones.
río (l. *rivu*) *m.* Corriente natural de agua continua que va a desembocar en otra o en el mar. 2 fig. Riolada. 3 fig. Grande abundancia de una cosa.
REL. *1* **Riacho, riachuelo, arroyo, reguero, regato,** río pequeño; **fluvial,** relativo al río, adj.: *pesca fluvial;* **hidrografía,** el estudio de los ríos forma parte de ella; **caudal,** cantidad de agua de un río. FRS. *Pescar en ~ revuelto,* aprovecharse de alguna confusión o desorden.
riobambeño, -ña *adj.-s.* De Riobamba, cap. de la prov. de Chimborazo (Ecuador).
riograndense *adj.-s.* De Río Grande del Sur, estado del Brasil.
riohachero, -ra *adj.-s.* De Riohacha, cap. del dep. de Guajira (Colombia).
rioja *m.* Vino de La Rioja. 2 fig. *y* fam. *~ libre,* bebida refrescante a base de vino tinto y cola.
riojano, -na *adj.-s.* De la Rioja, región de Logroño y ciudad de Argentina.
riolada (de *río*) *f.* fam. Afluencia de muchas cosas o personas.
SIN. **Río.**
rionegrense *adj.-s.* De Río Negro, dep. del Uruguay.
rionegrino, -na *adj.-s.* De Río Negro, prov. de Argentina.
rioplatense *adj.-s.* Del Río de la Plata, o relativo a la región que abarca su cuenca.
riostra *f.* Pieza que, puesta oblicuamente, asegura la invariabilidad de forma de una armazón.
riostrar *tr.* ARQ. Poner riostras [en una armazón].
SIN. **Arriostrar.**
ripa *f. Ar.* Ribazo alto.
ripear *tr. P. Rico.* Recoger los últimos granos de [una cosecha].
ripia (probl. gót. **ribjo*) *f.* Tabla delgada, desigual y sin pulir. 2 Costero tosco del madero aserrado.
ripiado, -da *adj. Cuba.* Pobrete. 2 *Colomb.* Andrajoso.
ripiar *tr.* Enripiar. 2 *Colomb., Cuba* y *P. Rico.* Desmenuzar, hacer trizas [algo]. 3 *Colomb.* Quitar la parte verde de las plantas textiles, a fin de que queden los hilos limpios. 4 *Colomb.* Confundir [a una persona]. 5 *Colomb.* y *Cuba.* Malgastar, dilapidar. 6 *P. Rico* y *S. Dom.* Pegar con una cosa dura. 7 *S. Dom.* Dar golpes fuertes [a alguien]. ◇ ** CONJUG. [12] como ***cambiar.***
ripiera *adj.-s. Cuba.* Plebeyo, villano.
ripiería *f. Cuba.* Chusma, gente soez.
ripio (orig. incierto) *m.* Residuo que queda de una cosa. 2 Desecho de materiales de obra de albañilería, usados para rellenar huecos. 3 Palabra superflua usada con el solo objeto de completar un verso. 4 Conjunto de palabras inútiles en discursos o escritos. 5 Guijarro. 6 *Amér.* Casquijo que se usa para pavimentar. 7 *S. Dom.* Tira larga y estrecha. 8 *S. Dom.* fig. Mujer flaca y fea.
ripioso, -sa *adj.* Que abunda en ripios. 2 *Cuba* y *S. Dom.* Andrajoso.
ripofobia (gr. *rypos,* suciedad + *-fobia*) *f.* Misofobia.
riqueza (de *rico*) *f.* Calidad de rico. 2 Abundancia de bienes. 3 Abundancia relativa de cualquier cosa: *~ de anécdotas.* 4 Copia de cualidades o atributos excelentes.
SIN. *2* **Bienestar, holgura, riqueza, opulencia,** serie intensiva.
riquiña *f. Venez.* Cestillo de junco que hace de costurero.

riquiñeque *m. Colomb.* Disgusto, pelea.
riquirriqui *m. Venez.* Canturria y juego infantil.
risa (l. *risu*) *f.* Acción de reír (manifestar alegría): ~ ***falsa,*** la que uno hace fingiendo agrado; ***la ~ del conejo,*** la del que se ríe sin ganas; ***caerse, descalzarse, desternillarse, morirse, reventar de ~ uno,*** fig., reír con vehemencia y con movimientos descompasados. 2 Lo que mueve a reír. 3 ***Morirse de ~***, estar intacta alguna cosa, no tocarla nadie por descuido. 4 MED. ~ ***sardesca, sardonia*** o ***sardónica,*** contracción de los músculos de la cara, de que resulta un gesto como cuando uno se ríe; fig., risa afectada y que no nace de alegría interior.
SIN. *1* **Sonrisa,** la leve y sin ruido que sólo se manifiesta por los movimientos de los labios. **Carcajada,** es ímpetu de risa ruidosa; **risotada, risada,** si por cualquier motivo la consideramos con desdén u hostilidad. REL. **Risueño,** propenso a la risa; **jocoso, hilarante** intens., lo que produce risa cuando lo consideramos gracioso; **ridículo, risible, irrisorio,** si lo consideramos con burla por lo extravagante, nimio, etc.
risada *f.* Risotada.
risca *f. Sant.* Grieta, hendidura. 2 *And.* y *La Mancha.* Risco, peñasco.
riscadillo *m. Amér.* Lienzo de algodón.
riscal *m.* Sitio de muchos riscos.
risco (et. dud.) *m.* Peñasco alto y escarpado. 2 Fruta de sartén, hecha con pedacitos de masa rebozados en miel. 3 Riesgo. 4 *And.* Rescaño de pan. 5 *La Mancha.* Piedra pequeña arrojadiza. 6 *Can.* Caserío revuelto en la parte alta de un casco urbano.
riscoso, -sa *adj.* Que tiene muchos riscos. 2 Relativo a ellos.
risibilidad *f.* Facultad de reír.
risible *adj.* Capaz de reírse. 2 Que causa risa.
SIN. *2* **Ridículo.**
risiblemente *adv. m.* De modo digno de risa.
risica, -lla, -ta *f.* Dim. de *risa.* 2 Risa falsa.
riso (l. *risu*) *m.* ant. *y* poét. Sonrisa apacible.
risorio *m.* ANAT. Músculo pequeño, que se halla fijo en las comisuras de los labios.
risotada *f.* Carcajada.
SIN. v. **Risa.**
rispar *intr. Guat.* y *Hond.* Salir de estampía.
rispidez *f.* Aspereza.
ríspido, -da (de *re-* + *híspido*) *adj.* Áspero (desabrido).
rispo, -pa *adj.* Ríspido. 2 Arisco, intratable.
risquería *f. Chile.* Riscal, sitio en que abundan los riscos.
ristra (l. *reste*) *f.* Trenza hecha de los tallos de ajos o cebollas con un número de ellos o de ellas. 2 fig. Conjunto de cosas colocadas en fila.
SIN. *1* **Horca, horco, ramo.**
ristre (cat. *rest,* der. de *restar* < l. *restare*) *m.* Hierro del peto de la armadura, donde se afianzaba el cabo de la manija de la lanza.
SIN. **Apoyalanzas.**
ristrel *m.* Listón grueso de madera.
SIN. **Rastrel.**
risueño, -ña (l. v. **risoneu*) *adj.* Que muestra risa en el semblante. 2 Que con facilidad se ríe. 3 fig. De aspecto deleitable, o capaz de infundir gozo o alegría: *campo ~.* 4 fig. Próspero, favorable: *un porvenir ~.*
SIN. *1* y *2* **Carialegre, reidor.**
Rita *n. pr.* ***¡Que lo haga Rita!*** expr. con que nos negamos a hacer algo: *¡Que vaya, estudie, trabaje,* etc., *Rita!*
¡rita!, voz con que los pastores llaman al ganado menor.
¡rite!, ¡rita!
ritidoma (gr. *rhytido,* arrugar) *m.* En el tallo de las plantas leñosas, conjunto de tejidos muertos que forman parte exterior de la corteza que se resquebraja y desprende.
ritmar *tr.* Sujetar a ritmo.
rítmico, -ca *adj.* Relativo al ritmo.
ritmo (l. *rhythmu* < gr. *rhytmós*) *m.* En una sucesión de sonidos, sílabas, latidos, etc., forma de sucederse y alternar fuertes y débiles, largas y breves, esp. cuando se produce de manera periódica en una frase musical, verso, pulsación, etc.: *el ~ de unas seguidillas; ~ anapésico; el ~ del corazón.* 2 Metro o verso: *mudar de ~.* 3 fig. Orden acompasado en la sucesión o acaecimiento de las cosas. 4 MÚS. Proporción guardada entre el tiempo de un movimiento y el de otro diferente.
I) rito (l. *-tu*) *m.* Costumbre o ceremonia. 2 Conjunto de reglas establecidas para el culto y ceremonias religiosas.
II) rito (arauc.) *m. Chile.* Manta gruesa de hilo burdo.
III) rito *m. Murc.* Cerdo.
ritón (gr. *rhytion*) *m.* Vaso griego en forma de cuerno.
ritornelo (it. *ritornello*) *m.* MÚS. Trozo instrumental, situado antes o después de uno de canto. 2 fam. Repetición, estribillo.
ritual (l. *-ale*) *adj.* Relativo al rito. -2 *m.* Conjunto de ritos de una religión o de una iglesia. 3 Libro litúrgico que contiene las plegarias y las ceremonias para la administración de los Sacramentos, las bendiciones y otras funciones. 4 fig. Ceremonial.
SIN. *2* **Liturgia.**
ritualidad *f.* Observancia de las formalidades prescritas para hacer una cosa.
ritualismo *m.* Secta de algunos anglicanos que practican ciertos actos rituales de la Iglesia, gralte. abandonados por los protestantes. 2 Apego a los ritos en general.
ritualista *com.* Partidario del ritualismo.
rival (l. *-ale* < *rivu,* río) *com.* Competidor.
rivalidad *f.* Oposición entre dos o más personas que aspiran a obtener una misma cosa. 2 Competencia (disputa). 3 Enemistad.
rivalizar (de *rival*) *intr.* Competir. ◇ ** CONJUG. [4] como ***realizar.***
rivense *adj.-s.* De Rivas, c. y dep. de Nicaragua.
rivera (der. del l. *rivu,* río) *f.* Arroyo. ◇ HOMÓF.: *ribera* (f.).
riverense *adj.-s.* De Rivera, c. y dep. del Uruguay.
riza *f.* Rastrojo del alcacer. 2 Residuo que, por estar duro, dejan en los pesebres las caballerías. 3 Destrozo o estrago hecho en una cosa.
rizado, -da *m.* Acción de rizar o rizarse. 2 Efecto de rizar o rizarse. -3 *adj.* Que forma rizos.
rizador *m.* Moldeador.
rizadura *f.* GEOL. Ondulación o surco producido en arenas, barro o nieve, por el agua corriente o por el viento.
rizal *adj.* Ricial.
rizaleño, -ña *adj.-s.* Rizalino.
rizalino, -na *adj.-s.* De Rizal, prov. de Filipinas.
rizar (alterac. de *erizar*) *tr.* Formar artificialmente rizos [en el pelo]. 2 p. anal. Hacer [en las telas, papel, etc.] dobleces menudos. 3 Mover el viento [la mar] formando olas pequeñas. -4 *prnl.* Ensortijarse el pelo naturalmente. ◇ ** CONJUG. [4] como ***realizar.***
SIN. *1* **Engarzar, enrizar, ensortijar.**
I) rizo (fr. *ris* < escand. ant. *rif*) *m.* Pedazo de cabo que pasa por los ollaos de las velas para acortarlas.
II) rizo, -za *adj.* Ensortijado o hecho rizos naturalmente. -2 *adj.-s.* Terciopelo no cortado en el telar, que forma cordoncillo. -3 *m.* Mechón de pelo que artificial o naturalmente tiene forma de sortija, bucle o tirabuzón. 4 Tejido de algodón que forma unos anillos largos que sobresalen por una o ambas caras; con él se fabrican toallas, albornoces de baño, etc. -5 *pl.* En el avión, vuelta de campana.
rizo-, -rrizo (gr. *rhiza,* raíz) Elemento prefijal y sufijal que entra en la formación de palabras con el significado de raíz.
rizófago, -ga (*rizo-* + *-fago*) *adj.* [animal] Que se alimenta de raíces.
rizófito, -ta, rizofito, -ta (*rizo-* + *-fito*) *adj.-s.* Vegetal provisto de raíces. -2 *f. pl.* Orden de estas plantas. -3 *adj.-f.* Cormofita.
rizófora *f.* Mangle, árbol.
rizoforáceo, -a (v. *rizo-* y *-fero*) *adj.-f.* Planta de la familia de las rizoforáceas. -2 *f. pl.* Familia de plantas dicotiledóneas que incluye árboles o arbustos intertropicales con muchas raíces aéreas, hojas simples, opuestas y estipuladas, flores de cáliz persistente y fruto indehiscente con una sola semilla; como el mangle.
rizofóreo, -a *adj.* Rizoforáceo.
rizoide (*rizo-* + *-oide*) *adj.-s.* Pelo o filamento que hace las veces de raíz en ciertas plantas que carecen de ella.
rizólisis (*rizo-* + *-lisis*) *f.* MED. Destrucción de la raíz de un diente. ◇ Pl.: *rizólisis.*
rizoma (gr. *rhizoma*) *m.* Tallo horizontal y subterráneo que por un lado echa ramas aéreas verticales, y por el otro raíces.
rizón *m.* Ancla de tres uñas.
rizópodo (*rizo-* + *-podo*) *adj.-m.* Protozoo del tipo de los rizópodos. -2 *m. pl.* Tipo de protozoos capaces de emitir seudópodos; pueden estar cubiertos por una teca o desnudos; como las amebas
SIN. **Sarcodario.**
rizoso, -sa *adj.* [pelo] Que tiende a rizarse naturalmente.
Rn, símbolo químico del *radón.*
I) ro, voz que se usa, repetida, para arrullar a los niños.
II) ro, decimoséptima letra del **alfabeto griego, equivalente a la *r.*

roa *f.* Roda II.
roanés, -nesa *adj.-s.* De Ruán, c. de Francia.
SIN. **Ruanés.**
roano, -na (probl. del gót. *raudan,* rojo) *adj.* [caballería] Que tiene el pelo mezclado de blanco, gris y bayo.
SIN. **Ruano.**
roatense *adj.-s.* De Roatán, cap. del dep. de Islas de la Bahía (Honduras).
rob (ár.) *m.* FARM. Arrope o zumo de frutos maduros, mezclado con miel o azúcar cocido. ◇ Pl.: *robes.*
robadera *f.* Traílla (aparato agrícola).
robadizo *m.* Tierra que el agua roba fácilmente. 2 Arroyada que resulta donde ha sido robada la tierra por el agua.
robador, -ra *adj.-s.* Que roba.
robaesteras *m. La Mancha.* Hombre pobre y sin ocupación ni oficio. ◇ Pl.: *robaesteras.*
robaliza *f.* Hembra del róbalo.
róbalo, robalo (metátesis de **lobarro,* der. de *lobo*) *m.* Lubina. .
robaperas (de *robar* + *pera*) *com.* Persona que no tiene un modo honrado de ganarse la vida. 2 Persona sin importancia, de condición social irrelevante. ◇ Pl.: *robaperas.*
robar (germ. *raubón*) *tr.* Tomar para sí con violencia [lo ajeno] o hurtar de cualquier modo que sea. 2 esp. Raptar. 3 Llevarse las corrientes de agua [parte de la tierra] por donde pasan. 4 Redondear [una punta] o achaflanar [una esquina]. 5 Tomar del monte [naipes] en ciertos juegos de cartas, y [fichas] en el del dominó. 6 Entre colmeneros, sacar del peón partido todas las abejas y ponerlas en otro desocupado. 7 fig. Captar la voluntad o afecto: ~ *el corazón, el alma.*
robda *f.* Robla.
robellón (cat. *rovelló*) *m.* Especie de hongo comestible.
robezo (var. de *rebeco*) *m.* Gamuza (rumiante).
robín (l. *rubigine*) *m.* Orín o herrumbre de los metales.
SIN. **Rubín.**
robinia (de Juan *Robin,* s. XVI, botánico francés) *f.* Acacia falsa.
Robinson *n. pr.* Protagonista de la novela de Defoe (¿1660?-1731) titulada *Robinsón Crusoe.* Vivió largo tiempo en una isla desierta. De aquí que se aplique el nombre de Robinsón al que en cualquier aspecto de la vida permanece aislado de los demás.
REL. **Robinsonismo,** deriv.
robla (de *roblar*) *f.* Tributo en especies que, además del arriendo, pagaban los ganaderos trashumantes al dejar a fin de verano los pastos de las sierras. 2 ***Echar la*** **~,** tomar un vaso de vino los ganaderos en señal de cerrar un trato. V. robra.
SIN. **Ribra, robda, roda.** REL. **Rodero,** el que cobraba este tributo.
robladero, -ra *adj.* Hecho de modo que pueda roblarse.
robladura *f.* Redobladura de la punta de un clavo, perno, etc.
roblar (v. *roborar*) *tr.* Robrar. 2 Doblar o remachar [una pieza de hierro] para que esté firme.
roble (l. *robore*) *m.* Árbol cupulífero, de hojas caedizas, flores masculinas en amentos largos y femeninas en amentos reducidos; bellotas por fruto, y madera dura, muy apreciada para construcciones *(Quercus robur):* ~ ***albar,*** variedad que se distingue por tener las hojas pecioladas y las bellotas sin rabillo *(Quercus sessilis).* 2 Árbol cupulífero parecido al roble: ~ ***borne, negral, negro*** o ***vilano,*** melojo; ~ ***carrasqueño,*** quejigo. 3 Madera de roble. 4 fig. Persona o cosa muy fuerte y resistente. 5 BLAS. Figura heráldica que representa un roble.
SIN. **Carvajo, carvallo.**
robleda *f.* Robledal.
robledal *m.* Robledo de gran extensión.
SIN. **Carvajal.**
robledo *m.* Terreno poblado de robles.
roblería *f. Chile.* Robledal.
roblizo, -za (de *roble*) *adj.* Fuerte, duro.
roblón (de *roblar*) *m.* Clavija de metal dulce con cabeza en un extremo, que después de pasada por los taladros de las piezas que ha de asegurar, se remacha por el extremo opuesto. 2 Clavo especial destinado a roblarse. 3 Lomo que en el tejado forman las tejas por su parte convexa. 4 *Colomb.* Cobija, o tela, que cubre y asegura las dos canales sobre las cuales se coloca.
SIN. *1* **Remache.**
roblonado *m.* Acción de roblonar. 2 Efecto de roblonar.
roblonar *tr.* Sujetar con roblones [alguna cosa].
I) robo *m.* Acción de robar. 2 Efecto de robar. 3 Cosa robada. 4 En algunos juegos de naipes o en el dominó, número de cartas o de fichas que se toman del monte o baceta.
II) robo *m. Nav.* Medida de trigo y otros áridos, equivalente a 28 litros y 13 centilitros.
III) robo *m. Chile.* Cieno.
roboración *f.* Acción de roborar. 2 Efecto de roborar.
roborar (l. *-are;* doble etim. *roblar, robrar*) *tr.* Dar fuerza y firmeza [a una cosa]. 2 fig. Corroborar (un argumento).
roborativo, -va *adj.* Que sirve para roborar.
robot (del checo *róbota,* trabajo; a través del ing.) *m.* Autómata. ◇ Pl.: *robots.*
robótico, -ca *adj.* Propio o relativo al robot. -2 *f.* Ciencia que estudia la construcción de robots.
robotizar *tr.* Dotar de robots: ~ *una cadena de producción.* ◇ ** CONJUG. [4] como ***realizar.***
robra *f.* Alboroque.
robrar *tr.* ant. Autorizar y asegurar con escrituras [las compras y ventas].
SIN. **Roblar.**
robre *m.* Roble.
robredal *m.* Robledal.
robustamente *adv. m.* Con robustez.
robustecedor, -ra *adj.* Que robustece.
robustecer *tr.* Dar robustez [a una cosa]. ◇ ** CONJUG. [43] como ***agradecer.***
robustecimiento *m.* Acción de robustecer. 2 Efecto de robustecer.
robustez, -za *f.* Calidad de robusto.
SIN. **Carnadura,** vulg.
robusto, -ta (l. *-tu*) *adj.* Fuerte, vigoroso. 2 Que tiene fuertes miembros y firme salud.
roca (orig. incierto; probl. prerrom.) *f.* Materia mineral que en cantidades considerables forma parte de la corteza terrestre. 2 Masa concreta, muy sólida, de esta materia, esp. la que se levanta en la superficie de la tierra o en el fondo del mar. 3 fig. Cosa muy dura, firme y constante.
REL. *1* y *2* **Petrografía, litología,** parte de la Geología que estudia las rocas; **roqueda** o **roquedal,** lugar en que abundan.
rocada (de *rueca*) *f.* Copo que se pone de cada vez en la rueca.
rocadero *m.* Coroza (capirote). 2 Armazón en forma de piña que en la parte superior de la rueca sirve para poner el copo que se ha de hilar. 3 Envoltura con que en esta parte se asegura el copo.
SIN. *3* **Capillo.**
rocador *m.* Rocadero (armazón).
rocalla (fr. *rocaille*) *f.* Conjunto de piedrecillas desprendidas de las rocas. 2 Abalorio grueso.
rocalloso, -sa *adj.* Abundante en rocalla.
rocambola *f.* Planta liliácea hortense que se usa como condimento *(Allium controversum).*
SIN. **Ajo cañete, ajo castañete, ajo castañuelo.**
rocambolesco, -ca *adj.* Inverosímil, fantástico: *una aventura rocambolesca.*
rocambor *m. Amér. Merid.* Juego de naipes muy parecido al tresillo.
rocamborear *intr. Amér.* Jugar al rocambor.
rocano, -na *adj. Salv.* Viejo, anciano.
roce *m.* Acción de rozar o rozarse. 2 Efecto de rozar o rozarse. 3 fig. Disensión leve. 4 fig. Trato frecuente con algunas personas.
SIN. *1* y *2* **Rozamiento; rozadura,** se refiere más bien al efecto de rozar y a la señal que deja.
rocera *adj.* [leña] Que produce la roza.
rocería *f. Colomb.* Roza, desmonte.
rocha *f.* Roza (tierra).
rochar *tr. Chile.* Sorprender [a alguien] en alguna cosa ilícita.
rochela *f. Amér.* Bullicio, algazara. 2 *Venez.* Reunión de ganado inquieto y lugar donde se reúne.
rochelear *intr. Colomb.* y *Venez.* Juguetear. 2 *P. Rico.* Estar de jolgorio.
rochelero, -ra *adj. Colomb.* y *Venez.* Juguetón. 2 *P. Rico.* Dado a fiestas nocturnas. 3 *Venez.* Querencioso.
rochelés, -lesa *adj.-s.* De La Rochela, c. de Francia.
rochense *adj.-s.* De Rocha, c. y dep. del Uruguay.
rocho (v. ruc) *m.* Ave fabulosa a la cual se atribuye desmesurado tamaño y extraordinaria fuerza.
SIN. **Ruc.**
rociada *f.* Acción de rociar. 2 Efecto de rociar. 3 Rocío. 4 Hierba con el rocío, dada por medicina a las bestias caballares. 5 fig. Conjunto de cosas que se esparcen al arrojarlas. 6 fig. Murmuración en que se zahiere a muchos. 7 fig. Reprensión áspera.
SIN. *7* v. **Reconvención.**

rociadera *f.* Regadera (vasija).
rociado, -da *adj.* Mojado por el rocío, o que participa de él.
rociador *m.* Brocha o escobón para rociar la ropa. 2 Instrumento, utensilio o dispositivo para rociar, regar o pulverizar. 3 *Murc.* Regadera.
rociadura *f.* Rociamiento.
rociamiento *m.* Rociada (acción y efecto).
rociar (l. v. **roscidare,* der. de *roscidus,* lleno de rocío) ***impers.*** Caer sobre la tierra el rocío o la lluvia menuda. -2 ***tr.*** Esparcir en menudas gotas un líquido [sobre alguna cosa]. 3 en gral. *y* fig. Arrojar [cosas] de manera que se dispersen al caer. 4 fig. Gratificar el jugador [a quien le prestó dinero] en la casa de juego. ◇ ** CONJUG. [13] como ***desviar.***
SIN. *2* **Salpicar.**
rociero, -ra *adj.-s.* Romero al Rocío, en Huelva.
rocín (etim. dud; quizá germ **rottja,* der. de *rotjan,* pudrirse) ***m.*** Caballo de mala raza y de poca alzada. 2 Caballo de trabajo. 3 fig. Hombre tosco e ignorante.
rocina *f. Bol.* Mula diestra para la carga.
rocinal *adj.* Relativo al rocín.
rocinante (alusión al caballo de don Quijote) ***m.*** fig. Rocín, matalón.
rocino *m.* Rocín.
rocío (de *rociar*) ***m.*** Vapor que con la frialdad de la noche se condensa en la atmósfera en gotas muy menudas. 2 Las mismas gotas perceptibles a la vista. 3 Lluvia corta y pasajera. 4 fig. Gotas menudas esparcidas sobre una cosa para humedecerla.
SIN. **Rociada.**
roción (de *rociar*) ***m.*** Salpicadura violenta del agua del mar, producida por el choque de las olas contra un obstáculo.
rock *m.* rock and roll.
rock and roll *m.* Estilo musical fundamentado en un ritmo binario, robusto y reiterativo creado en la década de los cincuenta.
rococó (fr. < *rocaille,* rocalla) ***adj.-s.*** Estilo arquitectónico y decorativo que floreció esp. en Francia bajo el reinado de Luis XV (1710-1774), siguiendo al período del estilo barroco. El rococó se caracteriza por sus frisos leves, casi siempre dispuestos en línea curva, esp. en la decoración de interiores y en el mobiliario. Por otra parte, es muy frecuente la aplicación de dorados y tintas claras, además de guirnaldas, festones y conchas, consiguiendo con todo ello una gran elegancia.
rocódromo *m.* Construcción artificial para practicar el alpinismo.
rocoso, -sa *adj.* Roqueño (paraje).
rocote (quechua) ***m.*** *Colomb.* Rocoto (especie de ají muy grande).
rocotín *m. Colomb.* y *Ecuad.* Juego infantil en el que uno se agacha y debe adivinar cuántos dedos extendidos tiene sobre su espalda otro de los que juegan.
rocoto (quechua) ***m.*** *Colomb.* y *Perú* Especie de ají muy grande *(Capsicum pubescens).* 2 desp. *y* fig. Indio.
I) roda *f.* Robla. ◇ También *robda* y *robra.*
II) roda (cat. < l. *rota*) ***f.*** Pieza gruesa y curva que forma la proa de la nave.
SIN. **Roa.**
rodaballo (orig. incierto; probl. célt. **rotoballos,* de *rota,* rueda y *ballos,* miembro) ***m.*** Pez marino teleósteo pleuronectiforme, de cuerpo aplanado y carne muy estimada *(Scophthalmus maximus).* 2 fig. Hombre taimado y astuto.
SIN. *1* **Rombo.**
rodachina *f. Colomb.* Girándula. 2 *Colomb.* Rueda pequeña.
rodada *f.* Señal que deja la rueda en la tierra por donde pasa. 2 *Argent.* Acción de rodar o resbalar el caballo.
SIN. *1* **Releje, carril, carrilada, carrilera, rodera.**
rodadero, -ra *adj.* Rodadizo. 2 Que está en disposición o figura para rodar. -3 ***m.*** *Ecuad.* Precipicio, despeñadero.
rodadizo, -za *adj.* Que rueda con facilidad.
rodado, -da (de *rueda*) ***adj.*** [caballería] Que tiene manchas más obscuras que el color general de su pelo. 2 [vehículo] Que tiene ruedas. 3 [transporte] que se hace con vehículo con ruedas: *tráfico* ~; *tránsito* ~, circulación de vehículos por calles, carreteras, etc. 4 [piedra] Que ha adquirido una forma redondeada por desgaste: *canto* ~. 5 Que se distingue por su fluidez o facilidad: *período* ~; *cláusula rodada; frase rodada.* 6 Que ya ha pasado su período de prueba. 7 fig. [pers.] Acostumbrado [a algo], experimentado: *Juan está muy* ~ *en esas cuestiones.* -8 ***adj.-s.*** Pedazo de mineral desprendido de la veta y esparcido natualmente por el suelo. -9 ***m.*** *Argent.* y *Chile.* Vehículo de ruedas.
SIN. *1* **Empedrado.**
rodador, -ra *adj.* Que rueda o cae rodando. -2 ***m.*** Rueda, pez. 3 DEP. Llaneador, corredor en terreno llano. -4 ***f.*** *Cuba.* Especie de mosquita, así nombrada porque, cuando se llena de la sangre chupada, rueda y cae como la sanguijuela.
rodadura *f.* Acción de rodar.
rodaja (de *rueda*) ***f.*** Pieza circular y plana, de madera, metal, etc. 2 Rueda (tajada). 3 Estrella de la espuela. 4 fam. Rosca (carnosidad).
rodaje *m.* Conjunto de ruedas. 2 Acción de rodar una película cinematográfica. 3 Impuesto o arbitrio sobre los carruajes. 4 Situación de un automóvil en período de prueba. 5 *Argent.* Medida de la rueda de un automóvil.
rodal (de *rueda*) ***m.*** Lugar o espacio pequeño que por alguna circunstancia se distingue de lo que le rodea. 2 Mancha (terreno). 3 Carro de ruedas que no tiene rayos.
rodalán *m. Chile.* Planta onagrariea, con tallos rastreros y flores grandes y blancas que se abren al ponerse el sol *(Lavauxia mutica).*
rodamiento *m.* MEC. Cojinete que consta de dos cilindros entre los que se coloca un juego de rodillos o de bolas, que pueden girar libremente.
rodamina *f.* Materia colorante roja.
rodanizado *m.* Revestimiento de superficies metálicas con sodio, efectuada gralte. por galvanizado.
rodante, p. a. de *rodar.* Que rueda o puede rodar. 2 ***adj.*** *Chile.* Volante, que anda de un lado para otro, sin asiento fijo.
rodapelo *m.* Redopelo.
rodapié (de *rodear* + *pie*) ***m.*** Paramento con que se cubren alrededor los pies de las camas, mesas y otros muebles. 2 Friso (faja). 3 Tabla, celosía o enrejado que se pone en la parte inferior de la barandilla de los balcones. 4 *La Mancha.* Andén de la noria.
rodaplancha *f.* Abertura que divide el paletón de la llave hasta la tija.
rodar (l. *rotare;* doble etim. *rotar*) ***intr.*** Dar vueltas un cuerpo alrededor de su eje. 2 esp. Moverse una cosa por medio de ruedas: ~ *un coche.* 3 Caer dando vueltas por una pendiente, escalera, etc.: ~ *de lo alto;* ~ *por tierra.* 4 fig. No tener una cosa colocación fija. 5 fig. Ir una persona de un lado para otro sin fijarse en sitio determinado. 6 esp. Andar inútilmente en pretensiones: *he rodado por todas las tiendas.* 7 fig. Suceder unas cosas a otras: *los acontecimientos van rodando.* 8 fig. Abundar: *en aquella casa rueda el dinero.* -9 ***tr.*** Hacer que rueden [ciertas cosas]: ~ *un aro.* 10 Filmar o impresionar [una película cinematográfica]. 11 Pasar o proyectar [la película] por medio del proyector. 12 Hacer que [un automóvil] marche sin rebasar las velocidades prescritas para el rodaje. 13 *Hond.* Hacer caer, por medio de un golpe o tiro. 14 *Venez.* Aprehender, aprisionar. ◇ ** CONJUG. [31] como ***contar.***
FR. *Rodar uno por otro,* estar pronto a servile en cuanto mandare. REL. *1* **Rotación, revolución,** acción de rodar; cada una de las vueltas o giros se llama en MEC. **revolución.**
rodea *f.* Bayeta de cocina.
rodeabrazo (a ~) ***loc. adv.*** Dando una vuelta al brazo para arrojar una cosa con él.
rodeador, -ra *adj.* Que rodea.
rodeadura *f. And.* Llave de la siega.
rodear (de *rueda*) ***intr.*** Andar alrededor: *rodead por la carretera nueva.* 2 esp. Ir por camino más largo que el ordinario: *rodearon por el bosque; el camino rodea por el bosque.* 3 fig. Usar de rodeos en lo que se dice: *no rodees con tus argumentos.* 4 *Sal.* Sestear el ganado vacuno. -5 ***tr.*** Cercar [una cosa]: ~ *la ciudad; las murallas rodean la ciudad.* 6 Hacer dar vuelta [a una cosa]: *no pudo rodear la mula ni a un lado ni a otro.* -7 ***prnl.*** Revolverse, rebullirse: *se rodea en su lecho sin cesar.* -8 ***tr.*** *Amér.* Recoger [un hato de ganado], circundándolo y dirigiéndolo.
SIN. *5* **Cercar, circuir, circundar, circunvalar.**
rodela (adaptac. del it. *rotella*) ***f.*** Escudo redondo y delgado. 2 *Chile.* Rodaja.
rodelero *m.* Soldado que usaba rodela. 2 Mozo que rondaba de noche con espada y rodela.
rodenal *m.* Terreno poblado de pinos rodenos.
rodeno, -na *adj.* Rojo (color de sangre). Díc. de las tierras, rocas, etc. 2 V. pino rodeno.
rodeo *m.* Acción de rodear. 2 Camino más largo o desvío del

camino derecho. 3 Vuelta o regate para librarse de quien persigue. 4 fig. Manera indirecta de hacer alguna cosa, a fin de eludir las dificultades que presenta. 5 fig. Manera de decir una cosa, valiéndose de circunloquios. 6 fig. Efugio para disimular o para eludir algo. 7 Sitio donde se reúne el ganado mayor para sestear, pasar la noche, ser vendido, contado, etc. 8 Reunión del ganado mayor para reconocerlo, contarlo, etc. 9 *Sal.* Siesta del ganado vacuno en el campo.
SIN. *2* **Desviación.** *5* **Circunloquio; circunlocución,** en RET.; **perífrasis,** en GRAM. *6* v. **Efugio.**

ródeo *m.* Bermejuela (pez fluvial).

rodeón *m.* Aum. de *rodeo.* 2 Vuelta en redondo.

rodera (de *rueda*) *f.* Carril (huella). 2 Camino abierto por el paso de los carros a través de los campos. 3 Rueda que encaja en el eje, sin tener el cubo guarnecido con buje de hierro.

rodericense *adj.-s.* De Ciudad Rodrigo (Salamanca).

I) rodero *m.* El que cobraba el tributo de la robla.

II) rodero, -ra *adj.* Relativo a la rueda. -2 *m.* desus. Mozo encargado en las imprentas de mover la rueda de las máquinas.

rodete (de *rueda*) *m.* Rosca que con las trenzas del pelo se hacen las mujeres en la cabeza. 2 Rosca de lienzo, paño, etc., que se pone en la cabeza para llevar un peso. 3 Chapa circular de la cerradura, que permite girar únicamente la llave cuyas guardas se ajustan a ella. 4 Rueda horizontal donde gira el juego delantero del coche. 5 Pieza giratoria cilíndrica achatada y de canto plano, sobre la cual pasan las correas sin fin en diferentes maquinarias. 6 Rueda hidráulica horizontal, con paletas planas. 7 BLAS. Trenza o cordón que rodea la parte superior del yelmo y que sirve de cimera.
SIN. *2* **Rodilla.**

rodezno (l. v. **roticinu* < l. *rota*) *m.* Rueda hidráulica con paletas curvas y eje vertical. 2 Rueda dentada que engrana con la que está unida a la muela de la tahona.

rodezuela *f.* Dim. de *rueda.*

rodil *m.* Prado situado entre tierras destinadas al cultivo.

rodilla (l. **rotella;* dim. de *rota,* rueda) *f.* Región constituida por la rótula y la articulación del fémur con la tibia, junto con las partes blandas circunyacentes: ***de rodillas,*** con las rodillas dobladas y apoyadas en el suelo y descansando el cuerpo sobre ellas. 2 En los cuadrúpedos, unión del antebrazo con la caña. 3 Rodete (rosca de lienzo). 4 Paño basto que sirve para limpiar. 5 *P. Rico.* Cojín que se pone a las bestias bajo el aparejo.
SIN. *1* **Hinojo,** hoy sólo ús. en la fr. *de hinojos* = de rodillas.

rodillada *f.* Rodillazo. 2 Golpe recibido en la rodilla. 3 Colocación de la rodilla en tierra.

rodillazo *m.* Golpe dado con la rodilla.

rodillera *f.* Lo que se pone para comodidad, defensa o adorno de la rodilla. 2 Pieza de la armadura que cubre y defiende la rodilla. 3 Remiendo en la parte de los calzones que cubre la rodilla. 4 Convexidad que llega a formar el pantalón en la parte que cae sobre la rodilla. 5 Herida que se hacen las caballerías al caer de rodillas. 6 Cicatriz de esta herida.

rodillero, -ra *adj.* Relativo a las rodillas.

rodillo (l. v. **rotellu* < l. *rotulu*) *m.* Madero redondo y fuerte que se hace rodar por el suelo para llevar sobre él una cosa de mucho peso. 2 Cilindro muy pesado que se hace rodar para trillar, allanar, apretar la tierra y para otros usos. 3 Cilindro que se emplea para dar tinta en las imprentas. 4 Pieza de metal, cilíndrica y giratoria, que forma parte de diversos mecanismos. 5 Cilindro de madera con pequeño mango en cada uno de sus extremos, que se usa en la cocina para estirar la masa. 6 Cilindro giratorio de tela o esponja y provisto de un mango, que se usa para pintar. 7 fig. Actuación prepotente de un ejército, partido, grupo, etc., que no da posibilidad de oposición a su adversario.
SIN. *2* y *6* **Rulo.**

rodillona *f. Venez.* Solterona, jamona.

rodilludo, -da *adj.* Que tiene abultadas las rodillas.

I) rodio (gr. *rhodon,* rosa) *m.* Metal raro, de color blanco de plata, difícilmente fusible y al que no atacan los ácidos. Su símbolo es *Rh*, su peso atómico 102,9 y su número atómico 45. Se alea con el platino para tomar un par termoeléctrico.

II) rodio, -dia *adj.-s.* De Rodas, isla griega del sudeste del mar Egeo, y ciudad del norte de esta isla. -2 *adj.-m.* Dialecto dórico hablado antiguamente en esta isla.

rodiota *adj.-s.* Rodio.

rodo (de *rodar*) *m.* Rodillo. 2 *A* ~, en abundancia. 3 *Extr.* Legón, batidera.

rodo- (gr. *rhodon,* rosa) Elemento prefijal que entra en la formación de palabras con el significado de rosa.

rodocrosita *f.* Mineral de color rosado, rojizo o pardo, con brillo vítreo, explotado como mena del manganeso.

rododafne (gr. *rhododaphne* < *rodo-* + *daphne,* laurel) *f.* Adelfa.

rododendro (gr. *rhodódendron* < *rodo-* + *-dendro*) *m.* Arbolillo ericáceo de hojas coriáceas persistentes y flores sonrosadas o purpúreas en corimbos terminales *(gén. Rhododendron).*

rodofíceo, -a (*rodo-* + gr. *phykos,* alga) *adj.-f.* Alga de la clase de las rodofíceas. -2 *f. pl.* Clase de algas del tipo de los rodófitos, de color rojo, violeta o púrpura.

rodófitos *m. pl.* Tipo de algas que comprende la clase de las rodofíceas.

rodomiel (gr. *rhodómeli* < *rodo-* + *méli,* miel) *m.* Miel rosada.

rodomontada (it. *rodomontata* < *Rodomonte,* jactancioso personaje de las novelas de Orlando) *f.* LIT. Bravata, fanfarronada.

rodón *m. Chile.* Moldura a modo de junquillo, y guillame o cepillo con que se hace la misma moldura. 2 *Chile.* IMPR. Rodillo de hierro empleado para sacar pruebas.

rodona *adj. And.* [mujer] Que anda rodando de un lado a otro.

rodonita *f.* Mineral de color rosado, rojizo o castaño, con brillo vítreo, utilizado como piedra semipreciosa y para fabricar objetos de adorno.

rodriga *f.* Rodrigón (vara).

rodrigar *tr.* Poner rodrigones [a las plantas]. ◇ ** CONJUG. [7] como ***llegar.***
SIN. **Arrodrigar** y **arrodrigonar,** esp. si se trata de vides. **Enrodrigar, enrodrigonar.**

rodrigazón *f.* Tiempo de poner rodrigones.

Rodrigo *n. pr.* Último rey visigodo de España. A la muerte de Witiza se negó a reconocer por rey a Agila, hijo del rey difunto. Los descendientes de Witiza huyeron a África junto al gobernador bizantino de Ceuta, D. Julián, y facilitaron la invasión árabe (709). Rodrigo murió en una batalla (713). V. Julián y Cava.

rodrigón (l. v. **rudica* < l. *ridica,* rodrigón × *rudicula,* varita) *m.* Vara o caña que se clava al pie de una planta para sostener sus tallos y ramas. 2 fig. Criado anciano que acompañaba a las señoras.
SIN. *1* **Rodriga, tutor.**

rodríguez *m.* fig. *y* fam. Hombre que permanece en su domicilio y lugar de trabajo habituales, mientras su mujer e hijos pasan las vacaciones en otro sitio.

roedor, -ra *adj.* Que roe. 2 fig. Que conmueve o tortura el ánimo. -3 *adj.-m.* Mamífero del orden de los roedores. -4 *m. pl.* Orden de mamíferos placentarios, generalmente de pequeño tamaño, unguiculados, vegetarianos, desprovistos de caninos, con dos largos incisivos curvos en cada mandíbula con los cuales roen moviendo la mandíbula inferior de delante atrás y viceversa, que es el más numeroso dentro de los mamíferos; como la rata.

roedura *f.* Acción de roer. 2 Porción que se corta royendo. 3 Señal que queda en la parte roída.

roel (fr. *roelle,* disco) *m.* BLAS. Pieza redonda en los escudos de armas.

roela *f.* Disco de oro o de plata en bruto.

Roentgen (n. del inventor, 1845-1923) V. rayos X.

roentgen *m.* Unidad de radiación de los rayos X. Símbolo *R.*

roentgenoterapia (de *roentgen* + *-terapia*) *f.* Tratamiento médico por medio de los rayos X.

roer (l. *rodere*) *tr.* Cortar, descantillar menuda y superficialmente con los dientes [una cosa dura]: *los ratones roen la madera;* fig., *~ el hierro con la lima.* 2 esp. Quitar con los dientes [a un hueso] la carne que se le quedó pegada. 3 Comerse las abejas [las realeras] después de haberlas cerrado. 4 fig. Gastar, desgastar superficialmente y poco a poco [una cosa]: *el agua roe las rocas.* 5 fig. Molestar o atormentar interiormente: *~ un crimen la conciencia.* ◇ ** CONJUG. [82].
SIN. *4* **Corroer,** esp. si se trata de acción química: *la humedad corroe el hierro;* **desgastar,** tratándose de acción mecánica. *5* **Corroer** u otros verbos que expresen metáfora parecida, como **aguijonear, pinchar,** etc.

roete (l. *rhoites*) *m.* Vino medicinal hecho con zumo de granadas.

rogación (l. *-atione*) *f.* Acción de rogar. -2 *f. pl.* Letanías en procesiones públicas que se hacen en determinados días del año.

rogado, -da *adj.* [pers.] Que se hace de rogar.

rogador, -ra *adj.-s.* Que ruega.

rogar (l. *-are*) ***tr.*** Pedir por gracia [una cosa]. 2 Instar con súplicas: *~ por los pecadores.* ◇ ** CONJUG. [52] como ***colgar.***
SIN. **Solicitar, instar, suplicar, implorar, impetrar** y **deprecar,** serie de matices que formamos a partir de **rogar** entre los diferentes modos de **pedir** lo que no podemos exigir o puede sernos negado: **solicitar** sugiere diligencia, continuidad, y es el más us. en lenguaje administrativo; **instar** añade matiz de reiteración o urgencia; **suplicar,** de humildad; **implorar,** de llanto y vehemencia; **impetrar** y **deprecar,** de ahínco y rendimiento grandes.

rogativa ***f.*** Oración pública para implorar de Dios el remedio de una grave necesidad: *rogativas para pedir lluvia.* ◇ Úsase gralte. en plural.

rogativo, -va ***adj.*** Que incluye ruego.

rogatorio, -ria ***adj.*** Que implica ruego.

rogelio ***adj.*** Rojo (en política).

rogo (l. *-gu*) ***m.*** poét. Hoguera, pira.

rogón, -gona ***adj.*** *Méj.* Rogador. -2 ***f.*** *Méj.* Mujer coqueta o que manifiesta interés por un hombre.

roído, -da (de *roer*) ***adj.*** fig. Corto, dado con miseria.

rojal ***adj.*** Que tira a rojo. 2 [pers.] Que tiene el pelo rojizo. 3 *Uva ~*, variedad que se da en Albacete. -4 ***m.*** Terreno cuyo color tira a rojo.

rojear ***intr.*** Mostrar una cosa el color rojo que en sí tiene. 2 Tirar a rojo. 3 fig. *y* fam. Desarrollar ideas políticas de izquierda o simpatizar con ellas.

rojerío ***m.*** fig. *y* fam. Conjunto de personas de ideología política izquierdista.

rojete ***m.*** Colorete, arrebol.

rojez ***f.*** Calidad de rojo.

rojizo, -za ***adj.*** Que tira a rojo.

rojo, -ja (l. *russeu*) ***adj.-m.*** Color parecido al de la sangre arterial; es el primero del espectro solar: *al ~*, [materia] que toma el color rojo por efecto de una alta temperatura: del más obscuro al más claro se distinguen los matices de *~ cereza, ~ vivo, ~ blanco.* -2 ***adj.-s.*** fig. Partidario de las tendencias de izquierda en política, radical, revolucionario. -3 ***adj.*** De color rojo, ***4,*** Rubio (color). 5 [pelo] Rubio, casi colorado.
SIN. *1* Dentro de la denominación general de **rojo** o **colorado,** se halla gran variedad de matices que se expresan por los nombres de cosas concretas que los poseen, o por derivados de ellos, tales como **rosa, salmón, coral, encarnado, bermejo, grana** o **carmesí, granate, púrpura,** etc.

rojura ***f.*** Rojez.

rol (fr. *rôle* < b. l. *rotulu,* cilindro, después manuscrito enrollado) ***m.*** Nómina o catálogo, en la cual consta la lista de la marinería que lleva. 2 GALIC. Papel: *desempeñar un gran ~ en una representación teatral, en la política, en la sociedad,* etc. ◇ Pl.: *roles.*

rola ***f.*** *Venez.* Estación de policía.

rolandiano, -na ***adj.*** Relativo al héroe francés Roldán y a su leyenda.

rolar (del l. **rotulāre*) ***intr.*** MAR. Dar vueltas en círculo. 2 MAR. Ir variando la dirección del viento. 3 *Cád.* Rodar, dar vueltas. 4 *Amér.* Alternar, relacionarse, tener trato o relaciones. 5 *Bol.* y *Chile.* Conversar.

Roldán ***n. pr.*** Nombre español de Roland (it. Orlando), héroe principal de la épica francesa, que figura en numerosos romances y libros de caballerías del ciclo carolingio. V. Roncesvalles.

roldana (cat. ant. *rotlana,* der. de *rotle* < l. *rotulu,* rodillo) ***f.*** Rodaja de un motón o garrucha.

roldar (l. *rotulāre*) ***intr.-tr.*** Rondar, circular.

rolde (l. *rotulu*) ***m.*** Rueda (corro).

roleo (de *rolar* < bajo l. *rotulāre,* dar vueltas, de *rotulus,* cilindro, de *rota,* rueda) ***m.*** Motivo decorativo en forma de voluta o epiral; frecuentemente referido a vegetales.

roleta ***f.*** *Amér.* Ruleta.

roletear ***intr.-tr.*** En béisbol, pegar de manera que la pelota ruede por el suelo.

roliverio ***m.*** *Venez.* fest. Garrote. 2 *Venez.* p. ext. Cosa deforme.

I) rolla ***f.*** Trenza de espadaña forrada con que se ajusta el yugo a las colleras de las caballerías.

II) rolla (de *arrullar*) ***f.*** Niñera.

rollar ***tr.*** Arrollar (envolver).

rollista ***adj.-com.*** Persona que es latosa, pesada y suele dar rollo. 2 Persona fantasiosa o cuentista.

rollizo, -za ***adj.*** Redondo, cilíndrico. 2 Robusto y grueso. -3 ***m.*** Madero en rollo.

rollo (l. *rotulu,* rodillo) ***m.*** Objeto que toma forma cilíndrica por rodar (dar vueltas). 2 Canto rodado casi cilíndrico. 3 Porción de tejido, papel, etc., dispuesta dando, o como dando, una o más vueltas alrededor de un eje central: *~ de la pianola, de película.* 4 Bollo o pan en forma de rosca. 5 Carne picada con ajo, perejil, etc., amasada con leche, huevo y harina, y guisado en salsa después de frito. 6 Rodillo que se emplea para triturar alimentos, alisar masas en cocina, pastelería, etc. 7 Madero redondo descortezado, pero sin labrar. 8 Película fotográfica enrollada en forma cilíndrica. 9 Actuación escrita ante un tribunal superior. 10 Rolla I. 11 fam. Persona o cosa que resulta pesada, fastidiosa. 12 fam. Cuento, patraña, embuste. 13 fig. *y* vulg. Ambiente en que se desenvuelve una persona. 14 vulg. Asunto, tema. 15 fig. *y* vulg. ***Tener un ~***, tener relaciones más o menos estables con alguien.

rollón, -llona (de *rollo,* cilindro) ***adj.*** [criatura] Envuelto en pañales. -2 ***m.*** Acemite (salvado).

rollona (de *rolla II*) ***f.*** fam. Niñera.

rolo (fr. *rouleau*) ***m.*** *Can.* Tallo de la platanera. 2 *Colomb.* GALIC. Rodo, rodillo de imprenta. 3 *Venez.* Garrote. 4 *Venez.* Mazamorra; polvo de maíz tostado, leche y papelón. 5 *P. Rico.* ***Pasar el ~***, desaprobar: *pasaron el ~ al proyecto de ley.*

Roma ***n. pr.*** fig. Autoridad del Papa y de la curia romana; Santa Sede.

romadizarse (de *romadizo*) ***prnl.*** Arromadizarse. ◇ ** CONJUG. [4] como ***realizar.***

romadizo (l. v. *rheumaticiu* < gr. *rheuma, -atos,* flujo) ***m.*** Inflamación de la mucosa de la nariz.
SIN. **Coriza, blenorrinia** (PAT.). REL. **Arromadizar(se).**

romaico, -ca (b. gr. *rhomaikós*) ***adj.-m.*** Variedad hablada del griego moderno.

romana (orig. incierto) ***f.*** Instrumento para pesar, compuesto de una palanca de primer género, de brazos muy desiguales, con el fiel sobre el punto de apoyo; un pilón o peso constante puede correr sobre el brazo mayor, donde se halla trazada la escala de los pesos.

romanador ***m.*** Fiel de romana.

romanar (de *romana*) ***tr.*** Romanear.

romanato ***m.*** Especie de alero volteado que cubre las buhardas.

romance (l. *romanice,* al modo de los romanos; escrito en lengua vulgar) ***adj.-m.*** Lengua derivada del latín vulgar. -2 ***m.*** Idioma español. 3 Libro de caballerías. 4 Combinación métrica que consta de una serie indefinida de versos, gralte. octosílabos, asonantados los pares y sin rima los impares: *~* ***heroico*** o ***real,*** el compuesto de endecasílabos; *~* ***corto,*** el compuesto de versos de arte menor; **POESÍA. 5 Composición poética escrita en romance. -6 ***m. pl.*** fig. Bachillerías, excusas. ◇ ANGL. por aventura amorosa, idilio. GALIC. por novela.
SIN. *1* **Románico, neolatino.** REL. *1* y *2* **Arromanzar, romanzar** o **romancear,** poner un texto en romance. NOMENCLATURA *4* y *5* Se llaman *viejos* los romances compuestos hasta el año 1500; desde este año en adelante son *modernos.* Los que pertenecen a la tradición oral son *populares*; los compuestos por escritores más o menos conocidos se llaman *artísticos.* Por sus asuntos pueden ser: *heroicos* o *de gesta,* cuando tratan de temas históricos o legendarios emparentados con los cantares de gesta; *caballerescos* los relacionados con los libros de caballerías, o procedentes de ellos; *fronterizos* los que tratan de hazañas realizadas en la frontera del reino moro de Granada; si se han producido después de la conquista de esta ciudad (1492) se llaman *moriscos, novelescos, religiosos* y *líricos.*

romanceador, -ra ***adj.-s.*** Que romancea.

romancear ***tr.*** Traducir al romance: *~ un libro latino.* -2 ***intr.*** *Chile.* Gastar el tiempo en asuntos ajenos a los que deben tratarse.
SIN. *1* **Arromanzar** y **romanzar.**

romanceresco, -ca ***adj.*** Novelesco (que lo parece).

romancerista ***com.*** Persona que escribe o publica romances.

romancero, -ra ***m. f.*** Persona que canta romances. -2 ***m.*** Colección de romances.

romancesco, -ca ***adj.*** Novelesco.

romanche ***adj.-m.*** Dialecto perteneciente al grupo retorrománico occidental, hablado oficialmente en Suiza.
SIN. **Rumanche.**

romancillo ***m.*** Romance formado por versos de menos de ocho sílabas.

romancista ***adj.-com.*** Persona que escribía en lengua romance, por contraposición a la que escribía en latín. 2 Autor de romances (composiciones poéticas).

romanear ***tr.*** Pesar [una cosa] con la romana. 2 MAR. Trasladar pesos de un lado a otro [del buque] para equilibrar la estiba. 3 Hablando de cornúpetas, levantar o sostener en vilo [a una persona, animal o cosa]. -4 ***intr.*** Hacer una cosa contrapeso. -5 ***tr.***

Méj. Evitar, por medio de tirones de la reata, que [un animal] derribado se levante.

SIN. **Romanar.**

romaneo *m.* Acción de romanear. 2 Efecto de romanear.

romanero *m.* Fiel de romana.

romanesco, -ca *adj.* Relativo a los romanos. 2 Romancesco.

romaní *com.* Gitano. ◇ Pl.: *romaníes.*

romanía (de ~) *loc. adv.* desus. De golpe.

románico, -ca (l. *-cu,* romano) *adj.-s.* Estilo arquitectónico que dominó en Europa desde los s. IX al XIII, así llamado por reaparecer, después del largo dominio del arte bizantino, y a través de éste, un arte que en su forma y espíritu recordaba el romano, puesto al servicio de la nueva mentalidad cristiana, de la que fue la más sincera y genuina manifestación. Preocupados por aliviar las paredes y contrarrestar el empuje de las bóvedas sobre aquéllas, dan los arquitectos gran importancia a la columna y al arco, inventan el triforio y toman a los bizantinos la bóveda de pechinas. Las paredes, enormes y con pocas luces, se estriban con sólidos contrafuertes. Las naves son estrechas y el plan de la basílica romana se modifica, tomando la forma de cruz, que aún conserva hoy. Los arcos, puertas y aberturas adoptan, gralte., el medio punto. 2 Neolatino: ***lengua románica,*** romance.

romanilla *f. Venez.* Cancel corrido, a manera de celosía, que se usa en las casas.

romanillo, -lla *adj.* Dim. de *romano.* -2 *adj.-f.* V. letra redonda.

romanina *f.* Juego en que una peonza derriba ciertos bolos colocados en una mesa larga y angosta.

romanismo *m.* Conjunto de instituciones, cultura o tendencias políticas de Roma.

romanista *adj.-com.* [pers.] Que por profesión o estudio se dedica al derecho romano. 2 [pers.] Versado en las lenguas romances y en sus correspondientes literaturas.

romanística *f.* Estudio del derecho romano. 2 Estudio de las lenguas romances y sus correspondientes literaturas.

romanización *f.* Acción de romanizar o romanizarse. 2 Efecto de romanizar o romanizarse.

romanizar *tr.-prnl.* Difundir [en un país] o adoptar la civilización romana o la lengua latina. ◇ ** CONJUG. [4] como ***realizar.***

SIN. **Latinizar.**

romano, -na (l. *-nu*) *adj.-s.* De Roma, ciudad de Italia, o de cada uno de los estados antiguos y modernos de que ha sido metrópoli: *escudo ~*. 2 De uno de los países que componía el antiguo imperio romano. -3 *adj.-m.* Lengua latina. -4 *adj.* Relativo a la religión católica.

romanticismo (v. *romántico*) *m.* Cambio en la orientación general de la cultura, principalmente en toda Europa, desde fines del s. XVIII al primer tercio del XIX y que dura gran parte de este siglo. Comienza en Inglaterra y Alemania, y desde allí se propaga a los demás países. Sus caracteres son: subjetivismo, exaltación de la personalidad individual, oposición a las normas clásicas, valoración de la Edad Media y de las tradiciones nacionales. En general, se opone a *clasicismo.* 2 Época de la cultura occidental en que prevaleció la escuela literaria surgida de este cambio. 3 vulg. Sentimentalismo, predominio de la fantasía y ausencia de espíritu práctico.

romántico, -ca (fr. *romantique* < probl. ing. *romantic*) *adj.-s.* Escritor que en sus obras refleja los caracteres del romanticismo. 2 Partidario del romanticismo. -3 *adj.* Relativo al romanticismo o que participa de sus calidades. 4 Sentimental, generoso, fantaseador.

romantizar *tr.* Dar un aspecto o carácter romántico [a algo o a alguien]. ◇ ** CONJUG. [4] como ***realizar.***

romanza (it.) *f.* Aria de carácter sencillo y tierno. 2 Composición instrumental del mismo carácter.

romanzador, -ra *adj.-s.* Romanceador.

romanzar *tr.* Romancear. ◇ ** CONJUG. [4] como ***realizar.***

romaza (**rumathia* < l. *rumex, -icis* × *lapathium;* pl. *lapathia*) *f.* Hierba poligonácea cuyas hojas se comen como potaje *(Rumex patientia).*

rombal *adj.* De figura de rombo.

rómbico, ca *adj.* CRIST. [sistema cristalino] De forma holoédrica con tres ejes binarios rectangulares y no equivalentes, tres planos de simetría y centro. 2 Perteneciente o relativo a este sistema.

romblonense *adj.-s.* De Romblón, prov. de Filipinas.

rombo (l. *rhombu* < gr. *rhombos*) *m.* GEOM. Paralelogramo de lados iguales y ángulos oblicuos. 2 Rodaballo (pez).

rombododecaedro (*rombo* + *dodecaedro*) *m.* CRIST. Forma cristalina perteneciente al sistema cúbico, limitada por rombos en número de doce.

romboédrico, -ca *adj.* Perteneciente o relativo al romboedro.

romboedro (*rombo* + *-edro*) *m.* GEOM. Paralelepípedo cuyas caras son rombos.

romboidal *adj.* De figura de romboide.

romboide (gr. *rhomboeidés* < *rombo* + *-oide*) *m.* GEOM. Paralelogramo de ángulos oblicuos cuyos lados contiguos son desiguales.

romboideo, -a *adj.* Romboidal.

Romeo *n. pr.* En la tragedia de Shakespeare (1564-1616), *Romeo y Julieta,* joven de la familia de los Montescos, enamorado de Julieta, hija de Capuleto. La rivalidad entre las dos familias conduce a la muerte de los amantes.

I) romeo *adj.-m.* Galán enamoradizo.

II) romeo, -a (b. gr. *rhomaios*) *adj.-s.* Griego bizantino.

romeraje *m.* Romería (peregrinación).

romeral *m.* Terreno poblado de romeros.

romereante *adj. Ecuad.* y *P. Rico.* vulg. Romero, peregrino.

romería *f.* Viaje o peregrinación, esp. la hecha por devoción a un santuario. 2 Fiesta popular que se celebra en el campo inmediato a un santuario el día de la festividad religiosa del lugar. 3 fig. Gran número de gentes que afluyen a un sitio.

romeriego, -ga *adj.* Amigo de andar en romerías.

I) romerillo (de *romero* I) *m. Amér.* Nombre de varias especies de plantas; la mayor parte de ellas se utilizan en medicina casera.

II) romerillo (de *romero* II) *m.* Pez marino teleósteo perciforme, grande, de cuerpo oblongo y color negro azulado o pardusco, marcado por manchas oblongas, y con las aletas más obscuras que el cuerpo *(Centrolophus niger).*

I) romero (de una base **romariu* < l. *ros maris*) *m.* Arbusto labiado de hojas aromáticas, lineares, con los márgenes doblados y flores azules; se usa en medicina, perfumería y como condimento *(Rosmarinus officinalis).*

SIN. **Rosmarino.**

II) romero, -ra (b. l. *romaeu* < gr. *romaios*) *adj.-s.* Peregrino que va en romería con bordón y esclavina. -2 *adj.* [caballo] Tordillo de matiz sonrosado.

III) romero *m.* Pez piloto. 2 *Can.* Tordo (pez).

romesco *m.* Salsa catalana, especie de sofrito de cebolla, tomate, pimiento, sal, laurel, hinojo, orégano, tomillo y pimienta.

romí, -mín (ár. *romí,* de nación cristiana) *adj.* V. azafrán romí. ◇ Pl.: *romíes, romines.*

romo, -ma (orig. incierto) *adj.* Obtuso y sin punta. 2 De nariz pequeña y poco puntiaguda. 3 *La Mancha.* fig. [pers.] Torpe, tardo de comprensión. 4 *Murc.* vulg. [pers.] De pequeña estatura.

REL. *1* **Arromar,** poner roma una cosa. SIN. *1* **Boto.**

rompebarrigas *m.* Lastón. ◇ Pl.: *rompebarrigas.*

rompecabezas (de *romper* + *cabeza*) *m.* Arma ofensiva compuesta de dos bolas de metal sujetas a los extremos de un mango corto y flexible. 2 fig. Problema o acertijo de difícil solución. 3 fig. Pasatiempo que consiste en componer determinada figura combinando cierto número de pedacitos en cada uno de los cuales hay una parte de la figura. ◇ Pl.: *rompecabezas.*

SIN. *3* **Puzle.**

rompecoches *m.* Sempiterna (tela). ◇ Pl.: *rompecoches.*

rompedera (de *romper*) *f.* Punzón grande enastado como un martillo; a golpe de macho abre agujeros en el hierro candente. 2 Criba de piel usada en las fábricas de pólvora.

rompedero, -ra *adj.* Fácil de romperse.

rompedizo *adj.* Quebradizo, que se rompe fácilmente con un golpe.

rompedor, -ra *adj.-s.* Que rompe.

rompedura *f.* Rompimiento (acción y efecto).

rompegalas *com.* fig. Persona desaliñada. ◇ Pl.: *rompegalas.*

rompehielos (de *romper* + *hielo*) *m.* Buque acondicionado para navegar por mares donde abunda el hielo. 2 Espolón que hay en algunos barcos y que les ayuda a abrirse paso entre el hielo. ◇ Pl.: *rompehielos.*

rompehuelgas (de *romper* + *huelga*) *com.* Obrero que no se suma a una huelga o que se presta a ocupar el puesto de un huelguista. ◇ Pl.: *rompehuelgas.*

SIN. **Esquirol, revientahuelgas.**

rompenecios *com.* fig. *y* desus. Persona que se aprovecha egoísta y desagradecidamente de los demás. ◇ Pl.: *rompenecios.*

rompenueces *m.* Cascanueces. ◇ Pl.: *rompenueces.*
rompeolas (de *romper + ola*) *m.* Dique avanzado en el mar para proteger a un puerto o rada. ◇ Pl.: *rompeolas.*
rompepoyos *com.* fig. *y* desus. Persona holgazana. ◇ Pl.: *rompepoyos.*
romper (l. *rumpere*) *tr.* Separar con violencia las partes [de un todo] deshaciendo su unión: ~ *una rama; una cuerda.* 2 en gral. Quebrar o hacer pedazos [una cosa]: ~ *un vaso.* 3 p. ext. Gastar, destrozar: ~ *unos pantalones.* 4 Hacer una abertura [en un cuerpo] o causarla hiriéndolo: ~ *las carnes.* 5 Roturar. 6 Desbaratar o deshacer [un cuerpo de gente armada]: ~ *un batallón por medio.* 7 fig. Abrir espacio suficiente [en una cosa] para pasar por un sitio obstruido: ~ *el cerco.* 8 esp. Dejarse ver la luz venciendo [la niebla, la nube, etc.]. 9 fig. Traspasar [el coto o límite] que está puesto: ~ *la frontera.* 10 fig. Quebrantar la observación [de la ley, contrato u otra obligación]. 11 fig. Cortar la continuidad [de un fluido] en el acto de pasar por él un cuerpo: ~ *el aire, el agua.* 12 p. anal. Interrumpir la continuidad [de algo no material]: ~ *el silencio, el hilo de un discurso;* ~ ***filas,*** deshacer la formación militar. 13 fam. ~ ***la cabeza, la crisma,*** matar. -14 *intr.* Reventar las olas. 15 fig. Prorrumpir o brotar: ~ *en llanto.* 16 esp. Abrirse las flores. 17 en gral. Intensivo de empezar (tener principio): ~ *el día;* ~ *a hablar;* ~ *la marcha;* ~ ***las hostilidades,*** comenzar la guerra; ~ ***el fuego,*** MIL. iniciar el tiro. 18 fig. Resolverse a la ejecución de una cosa en que se halla dificultad. 19 fig. Cesar de pronto un impedimento físico. 20 esp. Salirse la caza del ojeo o del camino que se esperaba había de llevar. 21 ~ ***el servicio,*** DEP., en el juego del tenis, ganar en el juego que no se tiene el saque. 22 ***Tirar a*** ~, DEP., disparar a portería con fuerza. -23 ***prnl.*** DEP. Lesionarse de gravedad un jugador. 24 inus. Despejarse uno en el porte y en las acciones. 25 *P. Rico.* Gastar dinero, derrocharlo. ◇ CONJUG.: pp. reg. inus.: ***rompido***; irreg.: ***roto***, el cual hace todos los oficios propios del partic. reg.
FRS. *De rompe y rasga,* de ánimo resuelto y gran desembarazo. *Romper con uno,* manifestarle la queja que de él se tiene, separándose de su trato y amistad. SIN. *2* **Quebrar, quebrantar; fracturar,** es voz culta de aplicación limitada, p. ej. *fracturarse un hueso por una caída,* pero *romperse un plato*; en el lenguaje judicial se dirá que *el ladrón fracturó una cerradura,* pero en el habla ordinaria se dice *he roto la cerradura porque no podía abrir la puerta.*
rompesacos *m.* Planta gramínácea que produce granos bermejos, puntiagudos por ambas extremidades *(Aegilops triuncia-les).* ◇ Pl.: *rompesacos.*
SIN. **Egílope.**
rompesquinas *m.* fig. Valentón que se pone en las esquinas de las calles como en espera. ◇ Pl.: *rompesquinas.*
rompetechos *com.* fig. *y* fam. Persona baja de estatura. ◇ Pl.: *rompetechos.*
rompezaragüelles *m.* Planta americana compuesta, aromática y medicinal, de flor blanca y semillas negras, con vilano *(Versonia remotiflora).* ◇ Pl.: *rompezaragüelles.*
rompible *adj.* Que se puede romper.
rompido, -da *adj.* inus. Roto. -2 *m.* Tierra que se rompe a fin de cultivarla.
rompiente *m.* Bajo, escollo o costa donde, cortado el curso de la corriente de un río o el de las olas, rompe y se levanta el agua.
rompilón, -lona *adj.* [pers.] Que rompe fácilmente las cosas.
rompimiento *m.* Acción de romper. 2 Efecto de romper. 3 Telón recortado que en una decoración de teatro deja ver otro u otros en el fondo. 4 Porción del fondo de un cuadro, donde se pinta una abertura que deja ver un objeto lejano. 5 Espacio abierto en un cuerpo sólido, o quiebra que se reconoce en él. 6 MIN. Comunicación entre dos excavaciones subterráneas. 7 fig. Desavenencia o riña.
SIN. *1* y *2* **Rompedura, rotura, ruptura.** *5* **Rotura, fractura.** *5* y *7* **Ruptura.**
rompope, rompopo *m. C. Rica, Ecuad.* y *Hond.* Bebida que se confecciona con aguardiente, leche, huevos, azúcar y canela.
Rómulo *n. pr.* Fundador legendario y primer rey de Roma. En unión de su hermano gemelo Remo, fue abandonado a poco de nacer a orillas del Tíber y amamantado por una loba.
ron (ing. *rum* < origen incierto) *m.* Licor alcohólico sacado de una mezcla fermentada de melazas y zumo de caña de azúcar. ◇ Pl.: *rones.*
I) ronca (de *roncar*) *f.* Grito del gamo encelado. 2 Brama, tiempo en que está en celo el gamo. 3 fam. Amenaza con jactancia de valor propio en competencia con otro.
II) ronca (l. *runca*) *f.* Arma parecida a la partesana.
roncadera *f. Bol.* y *Ecuad.* Roncadora.
roncador, -ra *adj.-s.* Que ronca. -2 *m.* Pez marino teleósteo perciforme, de color gris negruzco, con veinte o más líneas obscuras que corren desde las agallas hasta la cola *(Pomadasis incisus).* 3 *Murc.* Brecha que se abre en el cimiento de una presa, y por la cual se escapa el agua que se había de atajar y rebalsar.
roncadora *f. Amér.* Espuela vaquera de rodaja grande y sonante.
I) roncal *m.* Ruiseñor.
II) roncal *m.* Queso procedente del valle pirenaico del Roncal (Navarra).
roncamente *adv. m.* Tosca o groseramente.
roncar (l. *rhonchare,* de *rhonchus* < gr. *rhonchos,* ronquido) *intr.* Hacer ruido bronco con el resuello cuando se duerme. 2 esp. Llamar el gamo a la hembra cuando está en celo. 3 fig. Hacer un ruido sordo o bronco el mar, el viento, etc. 4 fam. Echar roncos amenazando. ◇ ** CONJUG. [1] como ***sacar.***
ronce (ár. vulg. *romz,* guiño) *m.* fam. Roncería (halago).
roncear (orig. incierto; probl. der. de *ronce*) *intr.* Entretener la ejecución de alguna cosa por hacerla de mala gana. 2 fam. Halagar para lograr un fin. 3 MAR. Ir tarda y perezosa la embarcación. 4 *Amér.* Espiar con cautela. -5 *tr. Argent.* y *Chile.* Voltear, ronzar, mover una cosa pesada ladeándola con las manos o por medio de palancas.
roncería (de *roncero*) *f.* Tardanza o lentitud en hacer lo que se manda. 2 fam. Expresión de halago para conseguir un fin. 3 Movimiento tardo y perezoso de la embarcación.
SIN. *2* **Ronce, soflama.**
roncero, -ra (de *roncear*) *adj.* Lento y perezoso en ejecutar lo que se manda. 2 Regañón, desabrido. 3 Que usa de roncerías. 4 [embarcación] Tardo y perezoso en el movimiento.
Roncesvalles *n. pr.* Desfiladero de Navarra donde se dio la batalla de su nombre. En ella murieron Roldán y los doce Pares de Francia, según los numerosos cantares de gesta y romances que se refieren a este asunto
FR. *Ser un Roncesvalles,* una gran batalla, un desastre memorable.
I) roncha (orig. incierto) *f.* Lesión cutánea sobreelevada y pruriginosa, característica de la alergia inmediata o provocada por picaduras de un insecto. 2 Bultillo que se eleva en figura de haba en el cuerpo del animal. 3 Equimosis. 4 fig. Daño recibido en materia de dinero cuando se lo sacan a uno con engaño.
SIN. *2* **Haba.**
II) roncha (der. del l. *rota,* rueda) *f.* Tajada delgada, cortada en redondo.
SIN. **Rueda, rodaja.**
I) ronchar (fr. *ronger,* roer < l. *rumigare,* rumiar) *tr.* Ronzar (mascar). -2 *intr.* Crujir un manjar cuando se masca, por estar falto de sazón: ~ *las patatas.*
II) ronchar *intr.* Hacer o causar ronchas en el cuerpo. 2 *Ál.* Rodar. 3 *Sal.* Resbalar, deslizarse.
ronchón *m.* Aum. de *roncha.* 2 Roncha, lesión cutánea y bultillo.
I) ronco *m.* Pez que abunda en el mar de las Antillas *(gén. Haemulon).*
II) ronco, -ca (l. *raucu* × *roncar*) *adj.* Que padece ronquera. 2 [voz o sonido] Áspero y bronco.
SIN. **Afónico,** es térm. científico o culto. **Rauco,** poét., esp. en la acep. 2.
roncón *m.* Tubo de la gaita gallega unido al cuero; forma el bajo del instrumento. -2 *adj. Colomb.* y *Venez.* Que echa roncas, fanfarrón, jaque.
ronda (ant. *arrobda, robda* < ár. *rubt;* pl. de *rubita*) *f.* Acción de rondar. 2 Grupo de personas que andan rondando. 3 Espacio entre la parte interior del muro y las casas de una plaza fuerte. 4 Camino inmediato al límite de una población. 5 Paseo o calle que, en conjunto, circunda una ciudad o la parte antigua de ella. 6 En varios juegos de naipes, vuelta o suerte de todos los jugadores. 7 Reunión nocturna de mozos para tocar y cantar por las calles. 8 fam. Distribución de copas de bebida o tabaco a personas reunidas en corro. 9 DEP. Carrera ciclista en etapas. 10 MIL. Patrulla destinada a rondar las calles o a recorrer los puestos exteriores de una plaza. 11 MIL. Vigilancia efectuada por la patrulla anterior: ~ ***mayor,*** la efectuada por un jefe, en la plaza o en el campo; ~ ***ordinaria,*** la mandada por un oficial o un sargento en iguales condiciones; ~ ***volante,*** rondín. 12 MONT. Caza mayor practicada de noche, a pie o a caballo. 13 *Chile.* Juego del corro.
SIN. *4* **Rondalla.**

rondador *m.* El que ronda. 2 *Colomb.* y *Ecuad.* Instrumento músico a modo de flauta, formado de una serie de canutos de carrizo.
rondalla *f.* Cuento, patraña o conseja. 2 Ronda (reunión nocturna).
rondana *f.* Rodaja de plomo o cuero engrasado, agujereada en el centro, que se utiliza para asiento de tuercas y cabezas de tornillos. 2 *Amér.* Roldana.
rondar (ant. *robdar;* v. *ronda*) *intr.-tr.* MIL. Visitar los diferentes puestos de una plaza fuerte o campamento para vigilar el servicio. 2 Andar de noche vigilando una población. 3 en gral. Andar de noche paseando por las calles. 4 esp. Pasear los mozos las calles donde viven las mozas a quienes galantean. -5 *tr.* Dar vueltas alrededor [de una cosa]: *la mariposa ronda la luz.* 6 fig. Andar [tras de uno] para conseguir de él una cosa. 7 fig. Amagar, retentar [a uno] una cosa: *me anda rondando un catarro.*
SIN. *6* **Hacer la rosca** o **la rueda,** fam.
rondel *m.* Composición poética corta. 2 Disco metálico que refuerza algunas partes de la armadura.
SIN. *2* **Varaescudo.**
rondeña (v. *rondeño*) *f.* Canción parecida al fandango.
rondeño, -ña *adj.-s.* De Ronda, c. de Málaga.
SIN. **Arundense.**
rondín *m.* Ronda que hace regularmente un cabo para celar la vigilancia de los centinelas. 2 Sujeto destinado en los arsenales de marina para vigilar e impedir los robos. 3 *Gran.* Guardia municipal. 4 *Bol.* y *Chile.* Capataz que vigila o ronda de noche. 5 *Ecuad.* y *Perú.* Instrumento músico de viento, trabajado en madera, con lengüetas metálicas para producir sonido.
rondis, -diz (probl. del fr. *rondies,* der. de *rond,* redondo) *m.* Mesa (de una piedra preciosa).
rondó (fr. *rondeau*) *m.* Composición musical cuyo tema principal se repite varias veces alternando con otros secundarios. ◇ Pl.: *rondoes.*
rondón (de ~) *loc. adv.* Intrépidamente y sin reparo. Suele usarse con los vbs. *entrar, aparecer, presentarse*, u otros semejantes.
rongacatonga *f. Argent.* Juego del corro.
I) ronquear *intr.* Estar ronco. -2 *tr.* Echar roncas, amenazar jactanciosamente.
II) ronquear *tr.* Trocear, partir [atunes y otros animales parecidos].
ronquedad *f.* Aspereza o bronquedad de la voz o del sonido.
ronquera *f.* Afección de la laringe que cambia el timbre de la voz haciéndolo bronco.
SIN. MED. **Afonía; enronquecimiento; tajada,** fam.; **carraspera,** es aspereza de la garganta que enronquece la voz.
ronquez *f.* p. us. Ronquera.
ronquido *m.* Ruido que se hace roncando. 2 fig. Ruido bronco.
ronquillo *m. P. Rico.* vulg. Ronquido, ronquera.
ronrón *m. Amér. Central.* Escarabajo pelotero. 2 *Amér. Central.* Bramadera, juguete. 3 *Amér. Central.* Árbol ulmáceo de madera de excelente calidad *(Astronium graveolens).* 4 *Amér. Central.* fig. Rumor, runrún.
ronronear (onomat.) *intr.* Producir el gato una especie de ronquido en demostración de contento. 2 p. anal. Producir ruido la hélice de los aviones, la trepidación de los motores, etc.
ronroneo *m.* Acción de ronronear. 2 Efecto de ronronear.
SIN. **Runrún.**
ronsoco *m. Perú.* Capibara, roedor.
ronza (ir a la ~) MAR. fr. Sotaventarse una embarcación por tener mucho abatimiento.
I) ronzal (ár. *rasán,* cabestro) *m.* Cuerda que se ata al pescuezo o a la cabeza de las caballerías para sujetarlas.
II) ronzal (de *ronzar* II) *m.* MAR. Palanca, palanquín.
I) ronzar (l. **rhonchizare,* roncar) *tr.* Mascar [las cosas duras] quebrantándolas con ruido. ◇ ** CONJUG. [4] como ***realizar.***
SIN. **Ronchar** y **roznar.**
II) ronzar *tr.* MAR. Mover [una cosa pesada] por medio de palancas. ◇ ** CONJUG. [4] como ***realizar.***
SIN. **Arronzar.**
roña (relac. con el b. l. *aranea,* sarna) *f.* Moho de los metales. 2 Sarna del ganado lanar. 3 Porquería pegada fuertemente. 4 fig. Daño moral que se comunica de unos en otros. 5 Roñería. -6 *com.* Persona roñosa (tacaña). -7 *f.* Farsa, treta, maula. 8 Corteza del pino. 9 Enfermedad de la vid. 10 *Colomb.* Zanguanga, achaque para no trabajar, maula. 11 *Colomb.* Aspereza, rugosidad. 12 *Cuba.* Irritación, rabia. 13 *Cuba.* y *P. Rico.* Rencor. 14 *Ecuad.* Trampa en el juego. 15 *P. Rico* y *Salv.* Tirria, ojeriza.
roñada *f.* MAR. Rodete para proteger las maderas de una embarcación contra roces, golpes, etc. 2 Anillo para diversos fines formado por un trozo de cable.
roñal *m. Sal.* y *Zam.* Sitio en que se almacenan en el monte las cortezas de árboles para después transportarlas.
roñar *intr.-prnl. Ar., Logr.* y *Nav.* Tomarse de orín. 2 *Ar.* y *Ast.* Gruñir, refunfuñar. 3 *Ast.* Tacañear.
roñería *f.* fam. Miseria, tacañería.
roñero, -ra *adj. Venez.* Perezoso.
roñía *f. Sal.* Roña u ojeriza, tirria.
roñica *com.* fam. Persona roñosa.
roñosería *f.* Roñería.
roñoso, -sa *adj.* Oxidado o cubierto de orín. 2 Que tiene o padece roña. 3 Puerco, sucio. 4 fig. Miserable, tacaño. 5 *Colomb.* y *Ecuad.* Áspero, sin pulimento. 6 *Ecuad.* Fullero, tramposo.
ropa (germ. **rauba* < germ. *raubôn* × *raupjan*) *f.* Todo género de tela, con variedad de hechuras, para el uso o adorno de las personas o las cosas: ~ ***blanca,*** la de hilo o algodón sin teñir empleada en el uso doméstico o usada por las personas debajo del vestido exterior; ~ ***hecha,*** la que para vender se hace sin medidas de persona determinada; ~ ***interior,*** la de uso personal que no es visible exteriormente. 2 Vestido (conjunto de piezas). 3 ~ ***vieja,*** guisado de la carne que ha sobrado de la olla. -4 ***loc. adv.*** ***A quema*** ~, a quemarropa.
FRS. *Poca* ~, persona pobre o mal vestida. *No tocar la* ~ *al cuerpo* a uno, tener miedo. *Palparse* o *tentarse la* ~, tener mucho cuidado antes de hacer algo, meditarlo bien. *Guardar la ropa* o *nadar y guardar la* ~, proceder con gran cautela en lo que se hace o dice.
ropaje *m.* Vestido u ornato exterior del cuerpo. 2 Vestidura larga de gala o de autoridad. 3 Conjunto de ropas. 4 fig. Forma de expresión, lenguaje.
ropálico (gr. *rhopalikós* < *rhópalon,* masa) *adj.* V. verso ropálico.
ropavejería *f.* Tienda de ropavejero.
ropavejero, -ra (paras. de *ropa* + *viejo*) *m. f.* Persona que tiene por oficio vender ropas, baratijas y otras cosas usadas.
ropería *f.* Oficio de ropero. 2 Tienda del ropero: ~ ***de viejo,*** ropavejería. 3 Habitación donde se guarda la ropa de una comunidad. 4 Empleo de guardar la ropa y cuidar de ella. 5 Casa donde los pastores trashumantes guardan el hato.
ropero, -ra *m. f.* Persona que tiene por oficio vender ropa hecha. 2 Persona que cuida de la ropa de una comunidad. -3 *m.* Armario o cuarto donde se guarda la ropa. 4 Asociación benéfica destinada a distribuir ropas entre los necesitados. 5 Zagal que hace los recados de la ropería de los pastores. 6 Persona encargada de la quesería de una cabaña de ovejas.
ropeta, ropilla *f.* Dim. de *ropa.* 2 Vestidura corta con mangas y brahones, que se vestía sobre el jubón. 3 *Venez.* Toga usada por los magistrados.
ropo (ing. *rope*) *m. Hond.* Cuerda, cabo, cordel.
ropón *m.* Aum. de *ropa.* 2 Ropa larga puesta gralte. sobre los demás vestidos. 3 Acolchado que se hace cosiendo unas telas gordas sobre otras, o poniéndolas dobladas. 4 *And.* Mandil (paño). 5 *Amér.* Amazona, traje de mujer para montar a caballo.
roque (ár. *ruhh,* carro) *m.* Torre de ajedrez. 2 BLAS. Torre figurada. 3 *Can.* Prominencia en las cumbres.
FR. *Ni rey ni* ~, con que se significa no temer nada ni a nadie.
Roque *n. pr.* V. tócame Roque.
roqueda *f.* Lugar abundante en rocas.
roquedal *m.* Roqueda.
roquedo *m.* Peñasco o roca.
roquefort (fr.) *m.* Queso francés de aspecto y sabor particulares, hecho con leche de oveja y pan enmohecido.
roqueño, -ña *adj.* [paraje] Lleno de rocas. 2 Duro como una roca.
SIN. *1* **Rocoso.**
roquería *f. Argent.* Lugar de la costa en el que se encuentran lobos marinos en abundancia.
I) roquero, -ra *adj.* Relativo a las rocas o edificado sobre ellas: *castillo* ~.
II) roquero, -ra *m. f.* Cantante de rock and roll. 2 Aficionado al rock and roll.
roqueta (de *roque*) *f.* Atalaya construida dentro del recinto de una plaza fuerte. 2 Oruga (planta).

I) roquete (cat. o prov. *roquet;* dim. *roc* < fráncico **rok*) ***m.*** Sobrepelliz de mangas estrechas que visten los obispos y ciertos dignatarios eclesiásticos.

II) roquete ***m.*** Hierro de la lanza de torneo, que terminaba con tres o cuatro puntas separadas. 2 ARTILL. Atacador (instrumento). 3 Figura del escudo en forma de triángulo.

rorar ***tr.*** p. us. Cubrir [algo] de rocío.

rorcual (noruego *royrkual,* del escand. ant. *reydr* y el danés *hval*) ***m.*** Cetáceo mistacoceto con pliegues epidérmicos en la garganta, aleta dorsal pequeña y cabeza aplanada *(Balaenoptera physalus).* SIN. **Músculo.**

rorro (de *ro*) ***m.*** fam. Niño pequeñito. 2 *Méj.* Muñeca.

ros (del general *Ros de Olano,* 1808-1886) ***m.*** Especie de chacó pequeño, de fieltro, y más alto por delante que por detrás. ◇ Pl.: *roses.*

rosa (l.) ***f.*** Flor del rosal: ~ ***de té,*** la de color amarillo o algo anaranjado cuyo olor se parece al del té. 2 Lazo de cinta o cosa semejante que se forma en hojas con la figura de rosa. 3 Cosa formada con alguna semejanza a esta figura. 4 Mancha redonda de color rosado, que suele salir en el cuerpo. 5 Diamante rosa. 6 Cometa crinito. 7 Fruta de sartén hecha con masa de harina. 8 Flor del azafrán. 9 ~ ***de los vientos*** o ~ ***náutica,*** círculo que tiene marcados alrededor los 32 rumbos en que se divide la vuelta al horizonte. 10 ~ ***albardera de rejalgar*** o ***montés,*** peonía. 11 ~ ***arvense,*** arbusto rosáceo trepador o rastrero, de tallos provistos de espinas, y flores blancas *(Rosa arvensis).* 12 ~ ***de China,*** planta malvácea originaria de China, de flores muy grandes y vistosas, de color rojo, amarillo o blanco, cultivada como ornamental *(Hibiscus rosa-sinensis).* 13 ~ ***de Gueldres,*** mundillo (planta). 14 ~ ***de Jericó,*** planta crucífera de flores pequeñas y blancas en espigas terminales *(Anastalica hierochuntica).* 15 ~ ***del desierto,*** variedad de yeso formado por cristales en forma de lámina dispuestos como los pétalos de una rosa. 16 ARQ. Rosetón. -17 ***f. pl.*** Rosetas de maíz. -18 ***adj.-s.*** Color encarnado parecido al de la rosa. -19 ***adj.*** De color rosa. -20 ***f.*** *La Mancha.* Época de la recolección del azafrán. 21 *Amér. Merid.* Rosal, planta. SIN. *12* **Francesilla, hibisco, marimoña.**

rosáceo, -a ***adj.*** De color parecido al de la rosa. -2 ***adj.-f.*** Planta de la familia de las rosáceas. -3 ***f. pl.*** Familia de plantas dicotiledóneas que incluye árboles, arbustos y hierbas de hojas alternas con estípulas, flores completas actinomorfas y fruto de diversa forma con semillas sin albumen; como el almendro y el rosal.

rosacruz ***com.*** Orden o fraternidad de carácter gnóstico, que se dice fundada al parecer en el s. XIII por Cristian Rosenkreuz, quizá figura mítica, que pretende unir ciertas concepciones religiosas orientales con otras derivadas del cristianismo. 2 Persona perteneciente a esa orden. ◇ Pl.: *rosacruces.*

rosada ***f.*** Escarcha.

rosadelfa ***f.*** Azalea.

I) rosado, -da ***adj.*** Del color de la rosa. 2 Compuesto con rosas: *miel rosada.* -3 ***adj.-s.*** Vino procedente de uvas tintas o de mezcla de uvas tintas y blancas, cuyos mostos han fermentado sin los orujos. -4 ***adj.*** *Amér.* Rubicán.

II) rosado, -da ***adj.*** [bebida helada] Que está a medio cuajar.

rosal ***m.*** Arbusto rosáceo de tallo ramoso, provisto de aguijones, hojas imparipinnadas, flores hermosas de colores muy variados, receptáculo concrescente y fruto carnoso *(gén. Rosa).* 2 *Amér.* Rosaleda.

rosaleda, -ra ***f.*** Lugar en que hay muchos rosales.

rosamaría ***f.*** *Méj.* Mariguana, cáñamo índico.

rosar ***impers.*** *Ast., Gal., Sant.* y *Rioja.* Rociar, caer rocío.

rosariera ***f.*** Cinamomo (árbol meliáceo).

rosariero, -ra ***m. f.*** Persona que tiene por oficio hacer o vender rosarios. -2 ***m.*** Estuche para guardar el rosario.

rosarino, -na ***adj.-s.*** Del Rosario, c. de Argentina. -2 ***adj.*** Relativo a esta ciudad o al departamento de su nombre.

rosario (l. *-iu,* sitio plantado de rosas) ***m.*** Rezo de la iglesia católica, en que se conmemoran los quince misterios de la Virgen Santísima, recitando después de cada uno un padrenuestro, diez avemarías y un gloria patri, seguido todo de la letanía. 2 Sarta de cuentas, separadas de diez en diez por otras de distinto tamaño (*dieces*) para hacer ordenadamente el rezo del mismo nombre. 3 fig. Sarta, serie: *un ~ de penas.* 4 Junta de personas que rezan el rosario. 5 Este mismo acto colectivo de devoción. 6 Máquina para elevar agua, especie de noria. 7 fig. Columna vertebral. 8 *Cuba* y *P. Rico.* fig. Cuento, chisme; ús. más en pl. SIN. *1* **Salterio.** REL. Consta de tres **partes** o **tercios;** en cada parte se celebran cinco misterios: **de gozo, de dolor** y **de gloria.**

rosarse ***prnl.*** Sonrosarse.

rosbif (ing. *roastbeef*) ***m.*** Carne de vaca soasada. ◇ Pl.: *rosbifs.*

rosca (et. dud.; quizá prerrom. * *rosca,* ruedecita) ***f.*** Máquina compuesta de tornillo y tuerca. 2 Vuelta de una espiral, o el conjunto de ellas. 3 Resalto helicoidal de un tornillo, o estría helicoidal de una tuerca. 4 ~ ***de Arquímides,*** aparato para elevar agua, que consiste en un cilindro giratorio sobre su eje, oblicuo al horizonte, cuya base se sumerge en el depósito y en cuyo interior hay un helicoide. 5 Faja de material que, sola o con otras concéntricas, forma un arco o bóveda. 6 Cosa redonda y rolliza que, cerrándose, forma un círculo u óvalo, dejando en medio un espacio vacío: ***hacer la ~*** o ***la ~ del galgo,*** fig., echarse a dormir en cualquier parte. 7 Pan o bollo en forma de rosca (cosa redonda). 8 Carnosidad que rebosa a las personas gruesas, esp. a los niños, alrededor del cuello, las muñecas y las piernas. 9 DEP. En el juego del futbol, efecto dado a la pelota con la parte interior del pie: *pase de ~; remate de ~.* 10 *Chile.* Discusión, pelea. 11 *Argent.* y *Chile.* Pelea, discusión entre muchos. 12 *Bol.* y *Colomb.* Camarilla, grupo político o social, que obra en beneficio propio. 13 *Chile.* Rodete para llevar pesos en la cabeza. 14 *Chile.* Rueda o carro de jugadores. 15 *Méj.* ***Hacerse ~,*** obstinarse en no hacer una cosa.
FRS. *Hacer la ~ a uno,* rondar, andar tras alguien. *Pasarse de ~* o *trasroscarse,* no entrar bien un tornillo en la rosca o no encajar bien las vueltas de ambos. *En ~,* [barco] que no lleva carga. SIN. *4* **Cóclea.** *8* **Rodaja.**

roscadero ***m.*** Cesto grande de mimbre con dos o cuatro asas en el borde.

roscado, -da ***adj.*** En forma de rosca.

roscador, -ra ***adj.*** Que rosca. -2 ***f.*** Máquina herramienta para roscar piezas mecánicamente.

roscar ***tr.*** Labrar roscas (resaltos de tornillos). ◇ ** CONJUG. [1] como ***sacar.***

I) rosco ***m.*** Roscón o rosca de pan. 2 fam. Nota desfavorable, cero.

II) rosco, -ca ***adj.*** *Guat.* Anciano, viejo.

roscón ***m.*** Aum. de *rosca.* 2 Bollo en forma de rosca grande. 3 fam. Rosco, cero.

rosear ***intr.*** Mostrar color parecido al de la rosa.

rosedal ***m.*** *Argent.* y *Urug.* Rosaleda.

rosellonés, -nesa ***adj.-s.*** Del Rosellón, comarca del sur de Francia. -2 ***adj.-m.*** Dialecto perteneciente al grupo catalán oriental, hablado principalmente en esta comarca francesa, en el norte de Gerona y en el nordeste de Lérida.

róseo, -a (l. *-eu*) ***adj.*** De color de rosa.

roséola ***f.*** Erupción cutánea, caracterizada por pequeñas manchas rosáceas.

rosero, -ra ***m. f.*** Persona que trabaja en la recolección de rosas del azafrán. -2 ***m.*** *Ecuad.* Postre típico del día de Corpus.

roset ***m.*** Pez marino muy pequeño, parecido al chanquete, con una mancha roja negruzca en la base de la aleta caudal *(Pseudaphya ferreri).*

roseta ***f.*** Dim. de *rosa.* 2 Objeto en forma de rosa. 3 Chapeta (mancha). 4 Costra de cobre puro, de color de rosa, que se forma en las pilas de los hornos de afino echando agua fría sobre el metal fundido. 5 Arete o zarcillo adornado con una piedra preciosa a la que rodean otras pequeñas. 6 Rallo de la regadera. 7 Pieza de metal fija en el extremo de la barra de la romana. 8 Ensanchamiento de los cuernos de los cérvidos en forma de anillo rugoso más ancho que aquéllos. -9 ***f. pl.*** Granos de maíz que al tostarse se abren en forma de flor. -10 ***f.*** *Amér.* Rodaja movediza con púas de hierro en que remata la espuela. SIN. *8* **Cepa.** *9* **Rosas** y **rositas.**

rosetón ***m.*** Aum. de *roseta.* 2 Ventana circular calada, con adornos. 3 Adorno circular que se coloca en los techos. SIN. *2* **Rosa.**

rosicler (fr. *rose clair*) ***m.*** Color rosado de la aurora. 2 Plata roja.

rosigar (cat. *rosegar*) ***tr.*** *Ar., La Mancha* y *Murc.* Roer. 2 *Ar., La Mancha* y *Murc.* fig. Murmurar entre dientes. ◇ ** CONJUG. [7] como ***llegar.***

rosigón ***m.*** *Cuenca* y *La Mancha.* Mendrugo de pan.

rosillo, -lla (l. v. **rosellu* < l. *roseu*) ***adj.*** Dim. de *roso.* 2 Rojo claro. 3 [caballería] De pelo mezclado de blanco, negro y castaño. 4 *Argent.* Canoso. SIN. *3* **Sabino.**

rosita ***f.*** Dim. de *rosa.* -2 ***f. pl.*** Rosetas de maíz. -3 ***f.*** *Chile.*

Arete para las orejas. -4 *adj.* *C. Rica.* Melindroso, delicado, afeminado.
FR. *De rositas,* de balde, sin esfuerzo alguno.
rosjo *m. Sal.* Hoja de la encina.
I) rosmarino (l. *-nu*) *m.* Romero I.
II) rosmarino, -na (*roso* II + *marino*) *adj.* Rojo claro.
rosmaro *m.* Manatí.
I) roso (l. *-su*) *adj.* Raído, sin pelo. -2 *loc. adv.* fig. *A ~ y velloso,* totalmente, sin excepción.
II) roso, -sa (l. *rossu*) *adj.* Rojo.
rosol, rosolí (probl. l. mod. *ros solis*) *m.* Licor compuesto de aguardiente, azúcar, canela, anís, etc.
I) rosón (de *roso* II) *m.* Rezno.
II) rosón, -sona *adj. P. Rico.* [gallo] Que tiene la cresta gruesa y abierta.
rosqueado, -da *adj.* Que hace o forma roscas.
rosquero *m. Chile.* Individuo amigo de originar disgustos.
rosquete *m.* Rosquilla de masa, algo mayor que las regulares. 2 *Hond.* Pastelito compuesto de maíz, leche y manteca.
rosquilla (dim. de *rosca*) *f.* Especie de masa dulce y delicada formada en figura de roscas pequeñas: *~ tonta,* la que tiene anís y poco azúcar. 2 Larva de varias especies de insectos, dañinos para los vegetales, que se enrosca con facilidad y al menor peligro; esp. el gusano revoltón.
FR. *1 Saber a rosquillas una cosa,* fig., producir gusto o satisfacción.
rosquillero, -ra *m. f.* Persona que tiene por oficio hacer o vender rosquillas.
rosquituerto, -ta *adj. Colomb.* y *Ecuad.* Rostrituerto.
rosticería *f. Méj.* y *Nicar.* Establecimiento donde se asan y venden carnes.
rostrado, -da (l. *-tu*) *adj.* Que remata en una punta semejante al pico del pájaro o al espolón de la nave. V. columna rostrada.
rostral (l. *-le*) *adj.* Rostrado. V. columna rostral.
rostri- (l. *rostrum,* pico) Elemento prefijal que entra en la formación de palabras con el significado de rostro (cara y pico).
rostriforme (*rostri-* + *-forme*) *adj.* En forma de pico.
rostrillo *m.* Dim. de *rostro.* 2 Adorno que se ponían las mujeres alrededor de la cara y hoy se suele poner a las imágenes de la Virgen y de algunas santas. 3 Especie de aljófar.
rostritorcido, -da, rostrituerto, -ta *adj.* fig. Que en el semblante manifiesta enojo o pesadumbre.
rostrizo *m.* Tostón, cochinillo asado.
rostro (l. *-tru*) *m.* Pico del ave. 2 p. ext. Cosa en punta, parecida a él. 3 Espolón (remate). 4 Cara (cabeza). 5 fam. Caradura, aprovechado: *echarle ~,* atreverse a hacer algo, venciendo reparos y timidez.
FRS. *A ~ firme,* cara a cara, sin empacho; *conocer de ~ a uno,* conocerle personalmente; *dar en ~ una cosa,* causar enojo y pesadumbre, chocar; *dar en ~ a uno con una cosa,* echarle en cara los beneficios que ha recibido o las faltas que ha cometido; *hacer ~,* resistir al enemigo; oponerse al dictamen y opinión de uno; tolerar con constancia las adversidades y trabajos; admitir o dar señales de aceptar una cosa; *volver uno el ~,* inclinar el rostro hacia un sujeto para mirarlo atenta y cariñosamente, o apartar la vista de él con desprecio; huir (alejarse).
I) rota (l. *rupta,* rota, camino abierto) *f.* Derrota.
II) rota (l., rueda) *f.* Tribunal de la curia romana donde se deciden en apelación las causas eclesiásticas de todo el orbe católico. 2 Tribunal eclesiástico de última apelación en España.
III) rota (malayo *rotan*) *f.* Palma pequeña de cuyo tallo, delgado, sarmentoso y fuerte, se hacen bastones *(Calamus caesius).*
SIN. **Caña de Bengala** o **de Indias, junco de Indias, junquillo, palasán, rotén.**
rotáceo, -a *adj.* De forma de rueda.
rotación (l. *-atione*) *f.* Acción de rodar. 2 Efecto de rodar. 3 *~ de cultivo,* variedad de siembras alternativas o simultáneas.
rotacismo *m.* Conversión de la *s* en *r,* frecuentemente en la fonética indoeuropea; p. ext., transformación en *r* de otras consonantes, como la *l* o la *d.*
rotada *adj.-s.* Consonante vibrante, según algunas escuelas lingüísticas.
rotador *adj.-s.* ANAT. Músculo que provoca rotación.
rotal *adj.* Relativo al Tribunal de la Rota.
rotamente *adv. m.* Con desenvoltura.
rotámetro (de *rotación* + *-metro*) *m.* Dispositivo para medir el gasto de fluidos.
I) rotar (l. *-are*) *intr.* p. us. Rodar.
II) rotar *intr. Ar.* y *Ast.* Eructar.
rotario, -a *adj.-s.* [pers.] De una sociedad internacional denominada *Rotary Club.*
REL. **Rotarismo,** deriv.
rotativo, -va (de *rotar*) *adj.* Que da vueltas. -2 *adj.-f.* Máquina que con movimiento seguido y a gran velocidad imprime los ejemplares de un periódico. -3 *m.* p. ext. Periódico impreso en estas máquinas.
rotatorio, -ria *adj.* Que tiene movimiento circular.
roten *m.* Rota (planta). 2 *P. Rico.* Bastón hecho del tallo de la rota.
rotenazo *m. P. Rico.* Golpe dado con un roten.
rotería *f. Chile.* Conjunto de rotos, plebe. 2 *Chile.* Dicho o hecho propio del roto.
Rothschild (n. de una familia de grandes capitalistas) *adj.-s.* Hombre muy rico.
rotífero (l. *rota,* rueda + *-fero*) *adj.-m.* Animal del tipo de los rotíferos. -2 *m. pl.* Tipo de animales acuáticos, de cuerpo pequeñísimo, equivalente a un solo metámero, con una corona de pestañas vibrátiles en su parte anterior, y en la posterior una especie de cola terminada en pinza.
roto, -ta (l. *ruptu*) pp. irreg. de *romper.* 2 *adj.-s.* Andrajoso. -3 *adj.* [pers.] Licencioso, de costumbres y vida licenciosa. -4 *m. Chile.* Individuo de la clase ínfima del pueblo. 5 *Ecuad.* Mestizo de español e indígena. 6 *Méj.* Petimetre del pueblo. 7 fam. *y* desp. *Argent.* y *Perú.* Chileno.
rotonda (it.) *f.* Edificio o sala de planta circular. 2 Departamento último de algunas diligencias. 3 Plaza circular.
rotor *m.* FÍS. Parte giratoria de una máquina electromagnética o de una turbina. 2 Aspas giratorias de un helicóptero.
rotoso, -sa *adj. Amér.* Roto, desharrapado.
rótula (l., *ruedecilla*) *f.* Trocisco de que se hacen las píldoras. 2 Hueso flotante, de forma discoidal, situado delante de la articulación del fémur con la tibia y destinado a impedir que la pierna se doble hacia atrás.
SIN. *2* **Choquezuela,** nombre pop.; **rótula** es científico.
rotulación *f.* Acción de rotular. 2 Efecto de rotular.
rotulado, -da *adj.-s.* Rotulación.
rotulador, -ra *adj.-s.* Que rotula o sirve para rotular. -2 *f.* Máquina para rotular. -3 *m.* Instrumento para escribir o dibujar con tinta grasa cuya punta es de fibra.
I) rotular *tr.* Poner un rótulo [en alguna cosa o en alguna parte].
II) rotular *adj.* Relativo a la rótula.
rotulata *f.* Colección de rótulos. 2 Rótulo (título).
rotuliano, -na *adj.* Rotular II.
rotulista *com.* Persona que diseña y confecciona rótulos y carteles.
rótulo (l. *-lu*) *m.* Título, encabezamiento, letrero, etiqueta. 2 Letrero con que se indica el contenido, objeto o destino de una cosa. 3 Cartel público para dar aviso o noticia de una cosa. 4 Despacho que libra la curia romana acerca de las virtudes de un sujeto antes de proceder a la beatificación.
SIN. *1* **Marbete; epígrafe,** en los libros; **rúbrica,** en los antiguos.
rotunda (l.) *f.* Rotonda (edificio).
rotundamente *adv. m.* De un modo claro y terminante.
rotundez *f.* Rotundidad.
rotundidad *f.* Calidad de rotundo.
rotundidez *f.* Rotundidad.
rotundo, -da (l. *-du;* doble etim. *redondo*) *adj.* Redondo. 2 fig. [lenguaje] Lleno y sonoro. 3 fig. Completo, preciso y terminante.
rotuno, -na *adj. Chile.* Propio de rotos o gente plebeya.
rotura (v. *ruptura*) *f.* Rompimiento (acción y espacio). 2 Contrarrotura.
roturación *f.* Acción de roturar. 2 Efecto de roturar. 3 Terreno recien roturado.
roturador, -ra *adj.* Que rotura. -2 *f.* Máquina para roturar las tierras.
roturar (de *rotura*) *tr.* Arar por primera vez [las tierras eriales o los montes descuajados].
SIN. **Romper.**
rouge (fr.) *m.* GALIC. Rojo o carmín de labios. ◇ Se pronuncia *rush.*
rough (voz inglesa) *m.* DEP. En el juego del golf, zona del campo con hierba alta y árboles que, como obstáculo natural, bordea la calle y dificulta el recorrido del jugador. ◇ Se pronuncia *raf.*
roulotte (voz francesa) *f.* Caravana (remolque): *una ~ de circo.* ◇ Se pronuncia *rulot.*

round (voz inglesa) ***m.*** DEP. Asalto de boxeo. 2 DEP. Eliminatoria de una competición: *el tercer ~ de la copa de Europa.* 3 fig. Etapa [de una negociación]: *el primer ~ de las conversaciones sobre desarme.* ◇ Se pronuncia *raund.*
rousseauniano, -na ***adj.*** Relativo al escritor Juan Jacobo Rousseau (1712-1778).
roya (l. *rubea*) ***f.*** Honguillo parásito a manera de polvo amarillento, que se cría en varios cereales y en otras plantas (gén. *Puccinia).* 2 Tabaco (enfermedad).
SIN. *1* **Alheña, pimiento, herrumbre, sarro.** REL. **Arroyarse,** contraer roya las plantas; **añubio** o **niebla,** enfermedad de los cereales producida por ella.
royal ***f.*** *Nav.* Variedad de uva rojiza.
royalty (voz inglesa) ***m.*** Derecho pagado al titular de una patente por utilizarla y explotarla comercialmente. ◇ Pl.: *royalties.* ◇ Se pronuncia *royalti, royaltis.*
royo, -ya (l. *rubeu*) ***adj.*** *Ar.* Rubio o rojo.
roza ***f.*** Acción de rozar. 2 Efecto de rozar. 3 Tierra rozada para sembrar en ella. 4 Surco o canal abierto en una pared o techo para empotrar tuberías, cables, etc. 5 *Ast., Viz.* y *Chile.* Hierbas o matas que se obtienen de rozar un campo.
SIN. *3* **Rocha.**
rozable ***adj.*** Que está en disposición de ser rozado.
rozadera ***f.*** Rozón.
rozadero ***m.*** Lugar o cosa en que se roza.
rozador, -ra ***m. f.*** Persona que roza las tierras. -2 ***m.*** *Venez.* Machete.
rozadura ***f.*** Acción de ludir una cosa con otra y señal que deja. 2 Efecto de ludir una cosa con otra y señal que deja. 3 Enfermedad de los árboles por desprenderse del líber la corteza. 4 Herida superficial de la piel.
SIN. *1* y *2* **Roce.**
rozagante (port. *roçagante*) ***adj.*** [vestido] Vistoso y muy largo. 2 fig. Vistoso, ufano.
rozamiento ***m.*** Roce. 2 Resistencia que se opone a la rotación o al resbalamiento de un cuerpo sobre otro.
rozar (l. v. **ruptiare,* desgarrar, der. de *rumpere*) ***tr.*** Limpiar [la tierra] de las matas y hierbas inútiles. 2 en gral. Raer la superficie [de las paredes, del suelo, etc.]. 3 Cortar [leña menuda o hierba] para aprovecharse de ella. 4 Cortar los animales con los dientes [la yerba para comerla]. 5 ALBAÑ. Abrir algún hueco o canal [en un paramento]. -6 ***intr.-tr.*** Pasar una cosa tocando la superficie [de otra]. -7 ***prnl.*** Tropezarse o herirse un pie con otro. 8 fig. Tratarse o tener entre sí dos o más personas familiaridad y confianza. 9 fig. Embarazarse en las palabras pronunciándolas con dificultad: *rozarse en las palabras.* 10 fig. Tener una cosa semejanza o conexión con otra. ◇ ** CONJUG. [4] como ***realizar.***
SIN. *6* Intensivos y reiterativos, v. **frotar.**
I) roznar ***tr.*** Ronzar (mascar).
II) roznar ***intr.*** Rebuznar.
I) roznido (de *roznar* I) ***m.*** Ruido hecho roznando.
II) roznido (de *roznar* II) ***m.*** Rebuzno.
rozno (de *roznar* II) ***m.*** Borrico pequeño.
rozo ***m.*** Roza (acción). 2 Leña menuda hecha en la corta de ella.
rozón ***m.*** Especie de guadaña, corta y gruesa, para rozar árgoma, zarzas, etc. 2 *Méj.* Chasponazo.
SIN. *1* **Címbara, rozadera.**
-rragia (gr. *rhégnumi,* romper, brotar) Elemento sufijal que entra en la formación de palabras con el significado de romper, brotar: *hemorragia.*
-rrea (gr. *rheo,* fluir) V. reo-.
-rrino (gr. *rhis, rhinós,* nariz) V. rino-.
-rrizo (gr. *rhiza,* raíz) V. rizo-.
-rro, -rra, sufijo de origen ibérico que entra en la formación de voces como *pizarra, cerro, cazurro, guijarro*; se ha propagado a palabras romances: *abejorro, cacharra, chicharro, ventorro, ceburro.* El mismo origen parece tener el despectivo *-orrio: aldeorrio, villorio.*
Ru, símbolo químico del *rutenio.*
rúa (l. *ruga,* arruga, en l. v., camino) ***f.*** Calle de un pueblo. 2 Camino carretero.
SIN. **Calle.**
ruaco, -ca ***adj.*** *Venez.* Albino, referido a personas.
ruán (de *Ruán,* ciudad de Francia) ***m.*** Tela de algodón estampada en colores.
ruana ***f.*** Tejido de lana. 2 Manta raída. 3 *Colomb.* y *Venez.* Especie de capote de monte o poncho.
ruanada ***f.*** *Venez.* Rusticidad, simpleza.
ruanés, -nesa ***adj.-s.*** Roanés.
I) ruano, -na ***adj.*** Roano. 2 *Colomb.* [caballo] Bayo y gralte. cuatralbo.
II) ruano, -na (der. de *rota*) ***adj.*** Que tiene forma de rueda o la hace.
ruar (de *rúa*) ***intr.*** ant. Andar por las calles y otros sitios públicos. 2 Pasear la calle con objeto de cortejar a las damas. ◇ ** CONJUG. [11] como ***actuar.***
rubefacción (l. *rubefacere,* poner rojo) ***f.*** Enrojecimiento de la piel.
rubefaciente ***adj.-m.*** MED. Que produce rubefacción.
SIN. **Epispástico, revulsivo; vesicante,** cuando llega a producir vejigas.
rubelana ***f.*** Mica de color pardo rojizo que se encuentra asociada con rocas efusivas.
rúbeo, -a (l. *-eu*) ***adj.*** Que tira a rojo.
rubéola (de *rúbeo*) ***f.*** Enfermedad parecida al sarampión, que provoca erupciones cutáneas, pero más benigna y de menor duración.
rubescente ***adj.*** Rúbeo.
rubeta (l.) ***f.*** Rana de zarzal.
rubí (l. med. *rubinu* < l. *ruber,* rojo) ***m.*** Piedra preciosa, variedad roja del corindón. ◇ Pl.: *rubíes.*
SIN. **Carbunclo, carbúnculo, piropo, rubín.**
rubia (l.) ***f.*** Planta rubiácea, cuya raíz sirve para preparar una materia colorante roja muy usada en tintorería *(Rubia tinctorum; R. cordifolia).* 2 Raíz de esta planta. 3 Pececillo, muy común en los ríos y arroyos de España. 4 Moneda árabe de oro. 5 fam. Peseta que no es de plata, sino de metal dorado. 6 Camioneta con caja de madera en su color natural.
SIN. *1* **Granza.**
rubiáceo, -a (de *rubia*) ***adj.-f.*** Planta de la familia de las rubiáceas. -2 ***f. pl.*** Familia de plantas dicotiledóneas de hojas enteras, opuestas, con estípulas; flores actinomorfas, hermafroditas o unisexuales por aborto, y fruto en cápsula, baya o drupa; como la rubia.
rubial ***m.*** Tierra donde se cría la rubia. -2 ***adj.*** [tierra, planta] Que tira al color rubio.
rubiales ***adj.-s.*** fam. Persona rubia. ◇ Pl.: *rubiales.*
rubicán, -cana (de *rubio* + *cano*) ***adj.*** [caballería] De pelaje mezclado de blanco y rojo.
rubicela ***f.*** Espinela de color vinoso más bajo que el del balaje. 2 Cuarzo hialino al que se da un color rojo artificial.
Rubicón ***n. pr.*** Río situado entre Italia y la Galia Cisalpina, el cual cruzó César (101-44 a. C.) al frente de sus tropas para dirigirse a Roma y proclamarse dictador. De aquí la frase ***pasar el Rubicón*** por tomar una decisión atrevida.
rubicundez ***f.*** Calidad de rubicundo. 2 MED. Color rojo o sanguíneo que se presenta en la piel o en las membranas mucosas.
rubicundo, -da (l. *-du*) ***adj.*** Rubio que tira a rojo. 2 [pers.] De buen color y aspecto saludable. 3 [pelo] Que tira a colorado.
rubidio (l. *rubidu,* rubio) ***m.*** Metal parecido al potasio, aunque más blando y más pesado. Su símbolo es *Rb*, su peso atómico 85,48 y su número atómico 37. Muy extendido en la naturaleza.
rubiel ***m.*** *Ast.* Pagel.
rubiera ***f.*** *P. Rico.* Diversión, jarana. 2 *Venez.* Calaverada, travesura, fechoría.
rubificar (l. *ruber,* rojo + *facere,* hacer) ***tr.*** Poner colorada [una cosa] o teñirla de color rojo. ◇ ** CONJUG. [1] como ***sacar.***
rubilla ***f.*** Asperilla.
rubín ***m.*** Rubí. 2 Robín.
rubinejo ***m.*** Dim. de *rubí.*
rubio, -bia (l. *rubeu*) ***adj.-m.*** Color rojo claro parecido al del oro. -2 ***adj.-s.*** [pers.] De cabellos rubios. -3 ***adj.*** De color rubio. -4 ***m.*** Pez marino teleósteo perciforme de cabeza fuerte, lisa en la garganta, de cuerpo alargado acorazado con placas óseas y armado de fuertes espinas, de color rosa carmín *(Trigla lastoviza).* -5 ***m. pl.*** Centro de la cruz en el lomo del toro de lidia. -6 ***adj.*** *Bol.* Ebrio.
SIN. *1, 2* y *3* **Blondo,** lit. *4* **Escarcho.**
rubioca ***f.*** Zurriaga (pez).
rubión ***adj.-s.*** Alforfón.
rublo (ruso *rubl; rubitj,* cortar) ***m.*** Moneda rusa de plata (décima parte del chervonetz; cien copecks). Es la unidad monetaria de Rusia.
rubor (l. *-re*) ***m.*** Color encarnado o rojo muy encendido. 2 Color que la vergüenza saca al rostro y que lo pone encendido. 3 fig. Empacho y vergüenza.
SIN. *2* y *3* v. **Vergüenza.**

ruborizado, -da *adj.* Rojo de vergüenza, que siente rubor.
ruborizarse *prnl.* Teñirse de rubor el semblante. 2 Sentir vergüenza. ◇ ** CONJUG. [4] como *realizar.*
SIN. **Enrojecer** (intr.).
ruborosamente *adv. m.* fig. Con rubor.
ruboroso, -sa *adj.* Que tiene rubor.
rúbrica (l.) *f.* desus. Señal encarnada o roja. 2 Rasgo o rasgos de figura determinada, que como parte de la firma pone cada cual después de su nombre o título. 3 Epígrafe o rótulo; se dijo porque en los libros antiguos solía escribirse con tinta roja. 4 Regla que enseña la ejecución y práctica de las ceremonias y ritos de la Iglesia. 5 Conjunto de estas reglas. 6 ~ ***fabril,*** almagre con que los carpinteros hacen las líneas en la madera que han de aserrar. 7 ~ ***lemnia,*** bol arménico. 8 ~ ***sinópica,*** minio; bermellón.
FRS. *Ser de ~ una cosa,* en estilo eclesiástico, ser conforme a ella; en el habla corriente, ser conforme a la costumbre o práctica establecida.
rubricante *adj.* Que rubrica. -2 *m.* desus. Ministro más moderno, a quien tocaba rubricar los autos del Consejo.
rubricar (b. l. *-are,* poner rojo) *tr.* Poner uno su rúbrica [en un escrito], vaya o no precedida del nombre de la persona que la hace. 2 Subscribir [un despacho o papel] y ponerle el sello. 3 fig. Subscribir o dar testimonio [de una cosa]. ◇ ** CONJUG. [1] como *sacar.*
rubriquista *m.* El que está versado en las rúbricas (de la Iglesia).
rubro, -bra (l. *-bru*) *adj.* Encarnado, rojo. Se usa como tecnicismo, y esp. como calificativo específico de seres naturales. -2 *m. Amér.* Título o rótulo. 3 *Chile.* Asiento, partida, en lenguaje comercial.
ruc (ár. roc) *m.* Rocho. ◇ Pl.: *ruques.*
I) ruca (arauc.) *f. Chile.* Choza de los indios, y p. ext. cualquier cabaña que sirve de refugio.
II) ruca *f.* BOT. Oruga (hierba). 2 ~ ***marina,*** planta crucífera de hojas y tallos carnosos y flores purpúreas, frecuente en las costas españolas *(Calkile maritima).*
rucaneado, -da *adj. Venez.* Zafio, vulgar.
rucanear *tr. Venez.* Vulgarizar.
rucanito, -ta *adj. Méj.* fam. Viejo, anciano.
rúcano *m. Venez.* Objeto voluminoso. 2 *Perú.* fam. Sol (moneda).
I) ruche, -cho (de *rucio*) *m.* Pollino (asno). 2 *Áv.* Dinero.
II) ruche *m. S. Dom.* Entendido, secreto.
ruchique *m. Hond.* Mancerina de madera.
rucho, -cha *adj. Colomb.* Áspero, rugoso. 2 *Colomb.* Pasado, esp. la yuca, ñame y otros vegetales.
ruciadera *f.* desus. Vasija pequeña, destinada a contener aceite, vinagre, etc.
rucio, -cia (l. *roscidu,* cubierto de rocío) *adj.-s.* Bestia de color pardo claro, blanquecino o canoso. -2 *adj.* [pers.] Entrecano. -3 *m. f.* Asno.
ruco, -ca *adj. Amér. Central.* Viejo, inútil; esp. las caballerías.
rucre *m. Perú.* Terreno que se gana al cultivo cavando un cerro o avanzando sobre un álveo.
ruda (l. *ruta*) *f.* Planta rutácea, de hojas muy divididas, con numerosas glándulas esenciales y flores amarillas en corimbo; se usa en medicina *(Ruta graveolens).* 2 ~ ***cabruna,*** galega.
rudamente *adv. m.* Con rudeza.
rudeza *f.* Calidad de rudo.
rudimental *adj.* Rudimentario.
rudimentario, -ria *adj.* Relativo al rudimento o a los rudimentos.
rudimento (l. *-tu,* principio) *m.* Embrión o estado primordial informe de un ser orgánico. 2 Parte de un ser orgánico imperfectamente desarrollada. -3 *m. pl.* Primeros elementos de un arte o ciencia.
SIN. *3* v. **Compendio.**
rudo, -da (l. *-de*) *adj.* Tosco, sin pulimento. 2 Descortés, grosero. 3 Que no se ajusta a las reglas del arte. 4 Que tiene dificultad grande para percibir o aprender lo que estudia. 5 Riguroso, violento, impetuoso.
rueca (l. v. **rocca* < germ. común **rokko*) *f.* Instrumento para hilar, compuesto de una vara delgada con un rocadero en la extremidad superior. 2 fig. Vuelta o torcimiento de una cosa.
I) rueda (l. *rota*) *f.* Máquina elemental, en forma circular y de poco grueso respecto a su radio, que puede girar sobre un eje: *~ de bicicleta; ~ del automóvil; ~ de apoyo; ~* ***catalina*** o ***de Santa Catalina,*** la de dientes agudos y oblicuos que hace mover el volante de ciertas clases de relojes; ~ ***de molino,*** muela (disco); ~ ***hidráulica,*** la de álabes, cangilones o paletas, que transforma en energía mecánica la energía disponible de un pequeño salto de agua. 2 Círculo o corro. 3 Tajada circular de ciertas frutas, carnes o pescados. 4 Despliegue en abanico que hace el pavo con las plumas de la cola. 5 Signo rodado. 6 Círculo hecho con los rimeros de los distintos pliegos de una obra impresa, a fin de ir sacándolos por su orden para formar cada tomo. 7 Partida de billar que se juega entre tres, y en que cada uno de los jugadores va cada mano contra los otros dos. 8 Turno, vez, orden sucesivo. 9 Pez luna. 10 ~ ***de prensa*** o ***informativa,*** coloquio que una personalidad sostiene con periodistas convocados por ella para informarles de algún asunto o responder a las preguntas que le hagan. 11 fig. ~ ***de la fortuna,*** inconstancia y poca estabilidad de las cosas humanas en lo próspero y en lo adverso: ***clavar la ~ de la fortuna,*** fijar, hacer estable su prosperidad ◇ Dim.: *rodezuela* y *ruedecilla.*
FRS. *Deshacer la ~,* conocerse y humillarse; *hacer la ~ a uno,* rondar (persuadir); *comulgar uno con ruedas de molino* o *tragárselas como ruedas de molino,* creer las cosas más inverosímiles o los mayores disparates. SIN. *3* **Rodaja, roncha.** *9* **Rodador, troco.**
II) rueda *m.* Vino procedente de la región de Rueda (Valladolid).
ruedero, -ra *m. f.* Persona que tiene por oficio hacer ruedas.
ruedo *m.* desus. Acción de rodar. 2 Parte colocada alrededor de una cosa. 3 Contorno, límite, término. 4 Círculo o circunferencia de una cosa. 5 Redondel en las plazas de toros. 6 Esterilla redonda. 7 Esterilla afelpada o de pleita lisa. 8 Forro con que se guarnecen por la parte inferior los vestidos talares. 9 Corro, juego de muchachos. 10 *Argent.* Suerte en el juego.
SIN. *6* **Panero.** *7* **Baleo** y **felpudo.**
ruego *m.* Súplica, petición.
ruejo *m.* Rueda de molino.
ruezno *m.* Corteza exterior del fruto del nogal.
rufa *f. Parag.* Coatí. 2 *Perú.* Traílla, instrumento agrícola.
rufar *intr.* MONT. Gruñir sordamente [el jabalí acosado].
rufeta *f. Sal.* Uva negra, de sabor dulce y hollejo fino.
I) rufián (it. *ruffiano,* de orig. incierto) *m.* El que hace tráfico de mujeres públicas. 2 fig. Hombre sin honor, perverso.
SIN. *1* **Chulo.**
II) rufián, -ana *adj. Cuba.* fam. Burlón, gracioso. 2 *S. Dom.* Alegre, contento.
rufianada *f.* Acción propia de un rufián. 2 *Cuba.* Chiste, gracia, burla.
rufianear *tr.-intr.* Alcahuetear.
rufianería *f.* Alcahuetería. 2 Dichos o hechos propios de rufián.
rufianesca *f.* Conjunto de los rufianes. 2 Costumbres de rufianes.
rufianesco, -ca *adj.* Relativo a los rufianes.
rufianismo *m.* Rufianería.
rufo, -fa (l. *-fu*) *adj.* Rubio, rojo o bermejo. 2 Que tiene el pelo ensortijado. 3 Achulado, rufianesco.
rugar (l. *-are*) *tr.-prnl.* Arrugar. ◇ ** CONJUG. [7] como ***llegar.***
rugbístico, -ca *adj.* Relativo al rugby.
rugby (ing.) *m.* Juego entre dos equipos formados por quince jugadores cada uno, que consiste en tratar de lograr un ensayo, o de introducir un balón ovoide, valiéndose de pies y manos, en la portería contraria.
rugeo *m. Sal.* Bureo, jarana.
rugible *adj.* Capaz de rugir.
rugido (l. *-itu;* doble etim. *ruido*) *m.* Voz del león. 2 fig. Bramido. 3 fig. Estruendo, retumbo. 4 fig. Ruido que hacen las tripas.
rugidor, -ra *adj.* Que ruge.
rugiente *adj.* Rugidor.
ruginoso, -sa (l. *oeruginosu*) *adj.* Mohoso, o con orín.
SIN. **Eruginoso.**
rugir (l. *-ire*) *intr.* Bramar el león. 2 p. anal. Dar bramidos (gritos). 3 Crujir o rechinar o hacer ruido fuerte. -4 ***unipers.*** Sonar una cosa: *durante la tempestad el mar ruge.* 5 Empezarse a decir o saberse lo que estaba ignorado. 6 fig. *y* fam. Oler mal. ◇ **CONJUG. [6] como ***dirigir.***
rugosidad *f.* Calidad de rugoso. 2 Arruga.
rugoso, -sa (l. *-su*) *adj.* Que tiene arrugas.
ruibarbo (l. *rheubarbaru* < l. *rheu barbaru*) *m.* Planta poligonácea, de hojas anchas y rizoma grueso que se usa como purgante *(Rheum rhabarbarum).* 2 Raíz de esta planta.
SIN. **Rabárbaro.**
ruido (v. *rugido*) *m.* Sonido inarticulado y confuso. 2 fig. Liti-

gio, pendencia, alboroto: ***querer uno*** ~, ser amigo de contiendas o disputas. 3 fig. Apariencia grande en cosas sin substancia: ***ser más el*** ~ ***que las nueces***, tener poca substancia una cosa que aparece como grande. 4 fig. Novedad o extrañeza que inmuta el ánimo: ***hacer***, o ***meter***, ~ ***una persona*** o ***cosa***, causar admiración o extrañeza. 5 Señales extrañas y no deseadas que surgen en cualquier parte de un sistema de transmisión.

ruidosamente ***adv. m.*** De manera ruidosa.

ruidoso, -sa ***adj.*** Que causa mucho ruido. 2 fig. [acción o lance] Notable y de que se habla mucho.

ruin (de *ruina*) ***adj.*** Vil. 2 [pers.] De malas costumbres y procedimientos. 3 [costumbre y procedimiento] Malo. 4 [animal] De malas mañas. 5 Mezquino y avariento. 6 Pequeño, desmedrado y humilde. -7 ***m.*** Extremo de la cola de los gatos. -8 ***adj.*** *Cuba.* [hembra] Salido. ◇ Dim.: *ruincillo.*

SIN. *1* y *2* v. **Malo.**

ruina (l.) ***f.*** Acción de caer o destruirse una cosa. 2 fig. Pérdida grande de los bienes de fortuna. 3 fig. Destrozo, perdición, decadencia. 4 fig. Causa de esta caída, decadencia o perdición, así en lo físico como en lo moral. -5 ***f. pl.*** Restos de uno o más edificios arruinados.

ruinar (de *ruina*) ***tr.*** Arruinar.

ruindad ***f.*** Calidad de ruin. 2 Acción de ruin.

SIN. *2* **Villanía.**

ruinera ***f.*** *And., Áv., Murc.* y *Sant.* Ruina, decaimiento producido en una persona por una enfermedad.

ruinmente ***adv. m.*** Con ruindad.

ruinoso, -sa ***adj.*** Que se empieza a arruinar o amenaza ruina: *edificio* ~. 2 Pequeño, desmedrado. 3 Que arruina y destruye: *negocio* ~.

ruiponce ***m.*** Rapónchigo.

ruipóntico (l. *rheu ponticu*) ***m.*** Planta poligonácea de raíz semejante y con propiedades análogas a las del ruibarbo *(Rheum rhaponticum).*

SIN. **Rapóntico.**

ruiseñor (prov. ant. *rosinhol* < l. v. **lusciniolu;* dim. de *luscinia* o *lusciniu*) ***m.*** Ave paseriforme de plumaje pardo rojizo, notable por la belleza de su canto *(Luscinia megarhynchos).*

SIN. **Filomela, filomena,** poét.; **silvarronco.**

rujar ***tr.*** *Ar.* Rociar.

rula ***f.*** *Ar.* Juego parecido a la chueca I. 2 *Ar.* Palo encorvado en uno de sus extremos, con el que se juega a la rula. 3 *La Mancha.* Aro I, juguete. 4 *Ast.* y *Mál.* Lonja de contratación del pescado. 5 *Ast.* y *Mál.* Rueda o grupo de pescadores que forman una compañía para la compra o venta del pescado. 6 *Extr.* Tórtola. 7 *Colomb.* y *Pan.* Cuchillo de monte, machete recto y angosto.

rular (fr. *rouler* < l. *rotulare*) ***intr.-tr.*** Rodar. 2 Marchar, funcionar, ir bien. 3 Deambular sin rumbo fijo. 4 Liar un cigarrillo de hachís o marihuana.

rulenco, -ca, rulengo, -ga ***adj.*** *Chile.* Enclenque, desmedrado.

rulero ***m.*** *Argent.* y *Urug.* Rulo, cilindro para rizar el cabello.

ruleta (fr. *roulette*) ***f.*** Juego de azar en el que se lanza una bola pequeña sobre una rueda horizontal que gira en sentido contrario, dividida en 36 casillas radiales, numeradas y pintadas alternativamente de negro y rojo, y colocada en el centro de una mesa, en cuyo tablero están pintados los mismos números; decide el resultado de la apuesta el número y color del compartimiento en que finalmente se para la bola y, por consiguiente, ganan los que en la mesa han apuntado al mismo: ~ ***rusa***, juego suicida que se practica con un revólver cargado con una sola bala, disparándose alternativamente los jugadores hasta que uno de ellos reciba el tiro; acción suicida en la que el conductor de un automóvil circula intencionadamente por el carril de la izquierda en un cambio de rasante. 2 *Amér. Central* y *Argent.* Cinta métrica que se arrolla dentro de una cajita de cuero.

ruletero, -ra ***adj.-s.*** *And.* y *Amér.* Dueño o explotador de una ruleta en las ferias. 2 *P. Rico.* Juerguista, parrandero.

rulo (de *rular*) ***m.*** Bola gruesa u otra cosa redonda que rueda fácilmente. 2 Piedra de figura de cono truncado, que gira con movimientos de rotación y traslación en los molinos de aceite y en los de yeso. 3 Rodillo: ~ *de allanar la tierra, para pintar.* 4 Rodillo para dar forma al pelo, cuando está húmedo. 5 Rizo de pelo. 6 *Chile.* Secano, tierra de labor, sin riego.

ruma ***f.*** *Amér. Merid.* Montón, rimero.

rumanche (l. *romanice*) ***m.*** Romanche.

rumano, -na ***adj.-s.*** De Rumanía, nación del sudeste de Europa. -2 ***adj.-m.*** Lengua romance, hablada oficialmente en Rumanía.

rumantela ***f.*** *Can.* y *Sant.* Francachela, parranda.

rumazo ***m.*** *Colomb.* Rimero, montón.

rumazón ***f.*** Arrumazón (nubes).

rumba (de *rumbo,* pompa) ***f.*** Baile cubano, de origen africano, de ritmo binario y complejo, en el que abundan los contratiempos y las síncopas. 2 Música y canto de este baile. 3 *Cuba* y *P. Rico.* Parranda, francachela. 4 *Chile.* Montón, ruma.

rumbada ***f.*** Arrumbada.

rumbador ***m.*** *Colomb.* Bramadera (juguete).

rumbancha ***f.*** *Cuba.* Cumbancha.

rumbanchear ***intr.*** *Cuba.* Cumbanchar, divertirse.

rumbantela (de *rumbo,* pompa) ***f.*** *Cuba.* Rumantela.

rumbar ***intr.*** *La Mancha, Murc.* y *Sal.* Ser rumboso. 2 *La Mancha* y *Murc.* Gruñir. 3 *Colomb.* Zumbar, hacer ruido bronco. 4 *Chile.* Seguir un rumbo, orientarse. -5 ***tr.*** *Hond.* Tirar, arrojar [una cosa].

rumbático, -ca ***adj.*** Rumboso, ostentoso.

rumbeador ***m.*** *Argent.* Baquiano, que rumbea.

rumbear ***intr.*** *Amér. Central.* Tomar un rumbo, orientarse. 2 *Amér. Central.* Andar de rumba o parranda. 3 *Amér. Central.* Bailar la rumba. 4 *Bol.* Abrirse camino por el monte.

rumbero, -ra ***adj.-s.*** Aficionado a bailar la rumba; experto en esta danza. 2 Relativo a la rumba. 3 *Colomb.* Que sabe orientarse. 4 *Colomb.* Que va de juerga.

I) rumbo (de *rombo* × *rumo* < germ. *rûm,* espacio o sitio en un navío) ***m.*** Dirección considerada o trazada en el plano del horizonte, y esp. cualquiera de las comprendidas en la rosa náutica: ***abatir el*** ~, hacer declinar su dirección hacia sotavento, arribando para ello lo necesario al fin propuesto; ***corregir el*** ~, reducir a verdadero el que se ha hecho por la indicación de la aguja, sumándole o restándole la variación de ésta en combinación con el abatimiento cuando lo hay; ***hacer*** ~, ponerse a navegar con dirección a punto determinado. 2 Camino que uno se propone seguir en lo que intenta o procura. 3 Abertura hecha artificialmente en el casco de la nave. 4 BLAS. Losange con un agujero redondo en el centro. -5 ***adj.*** [gallo] Que no es de pelea. -6 ***m.*** *Argent.* Tajo en la cabeza.

SIN. *1* **Plaga,** p. us. *1* y *2* **Derrota, ruta.** *2* **Derrotero.** *3* **Rustro.**

II) rumbo ***m.*** fig. *y* fam. Pompa, ostentación y aparato costoso. 2 fig. *y* fam. Garbo, desinterés, desprendimiento. 3 *Murc.* Gruñido del perro. 4 *Guat.* y *Hond.* Rumba, francachela.

rumbón, -bona ***adj.*** fam. Rumboso, desprendido.

rumbosamente ***adv. m.*** fam. De manera rumbosa.

rumboso, -sa (de *rumbo*) ***adj.*** fam. Pomposo y magnífico. 2 fam. Desprendido, dadivoso.

SIN. *2* **Generoso.**

rumeliota ***adj.-s.*** De Rumelia, reg. de Bulgaria.

rumen ***m.*** Nombre técnico de la panza o primer estómago de los rumiantes.

rumí (ár.) ***m.*** Entre los moros, cristiano ◇ Pl.: *rumíes.*

rumia ***f.*** Acción de rumiar. 2 Efecto de rumiar.

rumiador, -ra ***adj.-s.*** Que rumia.

rumiadura ***f.*** Rumia.

rumiante ***adj.-m.*** Mamífero del suborden de los rumiantes. -2 ***m. pl.*** Suborden de mamíferos ungulados artiodáctilos, herbívoros, que rumian los alimentos y tienen el estómago dividido en cuatro cavidades.

rumiar (l. *rumigare,* de *rumar,* primer estómago de los rumiantes; doble etim. *remugar*) ***tr.*** Masticar por segunda vez los animales herbívoros, volviendo a la boca [el alimento] que estuvo en una de las cavidades del estómago. 2 fig. *y* fam. Considerar despacio y pensar con madurez [una cosa]. 3 fig. *y* fam. Rezongar, refunfuñar. ◇ ** CONJUG]. [12] como *cambiar.*

SIN. *1* **Remugar.** *2* v. **Pensar.**

rumión, -miona ***adj.*** fam. Que rumia mucho.

rummy ***m.*** Juego de naipes muy parecido al remigio, con la diferencia de que los jugadores pueden ir exponiendo sus combinaciones.

rumo (ant. al. *ruimo,* cerco) ***m.*** Primer aro de los cuatro con que se aprietan las cabezas de los toneles o cubas.

rumor (l. *-re*) ***m.*** Voz que corre entre el público. 2 Ruido confuso de voces. 3 Ruido sordo y continuado: ~ *del río.* 4 fig. Noticia no confirmada y sin fuente precisa.

SIN. *1* y *2* **Runrún, tole tole.** *2* y *3* **Murmullo, murmurio.**

rumoreante ***adj.*** Rumoroso.

rumorear ***unipers.*** Circular un rumor (voz): *se rumorea que*

este año no habrá aumento de sueldo. -2 ***intr.*** Producir rumor (ruido).
SIN. *1* **Runrunear(se), susurrar(se).**
rumorología ***m.*** Difusión tendenciosa de rumores (noticias).
rumoroso, -sa ***adj.*** Que causa rumor.
rumpero ***m.*** *Bol.* Ayudante de barretero.
rumpiata ***f.*** *Chile.* Arbusto sapindáceo *(Bridgesia incisifolia).*
rumrum (voz onomatopéyica) ***m.*** Runrún.
I) runa (sueco; noruego *rune*) ***f.*** Carácter de escritura que empleaban los antiguos escandinavos.
II) runa (voz quechua) ***adj.*** *Ecuad.* Bajo, vulgar, ordinario. -2 ***m.*** *Ecuad.* Hombre indio. -3 ***f.*** *Bol.* y *N. Argent.* Patata de cáscara gruesa y cocción lenta.
runazambo, -ba ***adj.-s.*** *Ecuad.* Hijo de negro e india.
runcha ***f.*** *Venez.* Bramadera (juguete).
runchera ***f.*** *Colomb.* Simpleza, tontería.
I) runcho ***m.*** *Colomb.* Especie de zarigüella (gén. *Didelphis).*
II) runcho, -cha ***adj.*** *Colomb.* Ignorante, necio. 2 *Pan.* Miserable, tacaño.
rundir ***tr.*** *Méj.* Guardar, esconder.
rundún ***m.*** *Argent.* Pájaro mosca. 2 *Argent.* Juguete parecido a la bramadera.
runfla, -flada (cat. < origen incierto) ***f.*** fam. Multitud de cosas de una misma especie. 2 *Amér.* fam. Multitud de personas.
rungo, -ga ***adj.*** *Hond.* Rechoncho, pequeño. -2 ***m.*** *Sal.* Cerdo de menos de un año.
rungue (arauc.) ***m.*** *Chile.* Manojo de palos para revolver el grano que se tuesta en la callana. -2 ***m. pl.*** *Chile.* Troncos y tronchos despojados de sus hojas.
rúnico, -ca ***adj.*** Relativo a las runas, o escrito en ellas: *poesía rúnica; caracteres rúnicos.*
runo, -na ***adj.*** Rúnico.
runrún (onomat.) ***m.*** Zumbido, ruido o sonido continuado y bronco. 2 fam. Rumor (voz y voces). 3 Ronroneo. 4 *Amér.* Bramadera, juguete. 5 *Chile.* Pájaro de plumaje negro, con las remeras blancas *(Lichenops perspiciallatus).*
runrunear ***unipers.*** Rumorear.
runruneo ***m.*** Acción de runrunear o runrunearse. 2 Runrún, ruido confuso e insistente de algo.
ruñar (fr. *rogner,* roer) ***tr.*** Labrar por dentro [la muesca circular] en que se encajan las tiestas de los toneles.
rupescente ***adj.*** Que crece sobre paredes y rocas.
rupestre (l., der. de *rupes,* roca) ***adj.*** Relativo a las rocas: *plantas rupestres;* ***pinturas, dibujos rupestres,*** los prehistóricos existentes en algunas rocas y cavernas.
rupi- (l. *rupes, -eris,* roca) Elemento prefijal que entra en la formación de palabras con el significado de roca: *rupícola.*
I) rupia (sáns. *rúpya*) ***f.*** Unidad monetaria de la India, Indonesia, Nepal y otros países de Asia y África. 2 fig. *y* fam. Peseta.
II) rupia (ingl., a través del gr. *rhŷpos,* suciedad) ***f.*** MED. Enfermedad de la piel, de curso lento.
rupicabra, -pra (l.) ***f.*** Gamuza (rumiante).
rupícola (*rupi-* + *-cola*) ***adj.*** Que se cría en las rocas.
rupofobia ***f.*** Ripofobia.
ruptor ***m.*** Dispositivo de ruptura. 2 Dispositivo electromagnético o mecánico que cierra y abre sucesivamente un circuito eléctrico. 3 Dispositivo que, al funcionar, produce la chispa en la bujía de un motor de explosión.
ruptura (l.; doble etim. *rotura*) ***f.*** fig. Rompimiento (acción; espacio; riña). 2 CIR. Rotura.
ruqueta (l. *eruca*) ***f.*** Oruga (hierba). 2 Jaramago.
rural (l. *-ale,* der. de *rus,* el campo) ***adj.*** Relativo al campo y a las labores de él. 2 fig. Tosco, rústico.
SIN. *1* **Campesino.**
ruralmente ***adv. m.*** De un modo rural.
rurrupata ***f.*** *Chile.* Nana (canto).
rus (l. *rhus*) ***m.*** Zumaque (arbusto). ◇ Pl.: *ruses.*
rusalca ***f.*** En la mitología eslava, ninfa acuática que atrae a los hombres para darles muerte.
rusco (l. *-cu*) ***m.*** Brusco, planta.
rusel ***m.*** Tejido de lana asargado.
rusentar ***tr.*** Poner rusiente. ◇ **CONJUG. [27] como ***acertar.***
rusia ***f.*** *Cuba.* Lienzo grueso y tosco que se emplea para forros de catres, hamacas, etc.
rusiente (l. *russu,* rojo) ***adj.*** Que se pone rojo o candente con el fuego.
rusificar (de *ruso* + *-ificar*) ***tr.*** Comunicar las costumbres rusas: ~ *la música.* -2 ***prnl.*** Tomar estas costumbres. ◇ ** CONJUG. [1] como ***sacar.***
ruso, -sa ***adj.-s.*** De Rusia, antiguo imperio zarista, cuyo territorio coincide con el de la actual Unión Soviética. 2 De Rusia, república de la Unión Soviética. 3 Soviético. -4 ***adj.-m.*** Lengua perteneciente al grupo eslavo oriental, idioma oficial de la Unión Soviética. -5 ***adj.*** desp. Judío. -6 ***m.*** Gabán de paño grueso.
SIN. *1* **Moscovita.**
rusófilo, -la (*ruso* + *-filo* I) ***adj.-s.*** Aficionado a lo ruso.
rusticación (l. *-atione*) ***f.*** Acción de rusticar. 2 Efecto de rusticar.
rustical ***adj.*** lit. Rural.
rústicamente ***adv. m.*** De manera rústica. 2 Con tosquedad y sin cultura.
rusticano, -na (l. *-nu*) ***adj.*** Silvestre: *rábano ~.*
rusticar (l. *-are*) ***intr.*** Salir al campo o habitar en él. ◇ **CONJUG. [1] como ***sacar.***
rusticidad ***f.*** Calidad de rústico.
rústico, -ca (l. *-cu,* der. de *rus,* el campo) ***adj.*** Relativo al campo: *finca rústica.* 2 fig. Tosco, grosero: *modales rústicos.* -3 ***m.*** Hombre del campo.
FR. *A la ~, o en ~,* tratándose de encuadernaciones de libros, con cubierta de papel. SIN. *1* v. **Campesino.**
rustiquez, -za ***f.*** Rusticidad.
rustir ***tr.*** *Ar., Ast.* y *León.* Asar, tostar. 2 *Ar.* Roer. 3 *Venez.* Soportar con paciencia [trabajos y penas].
rustro (fr. *rustre*) ***m.*** BLAS. Rumbo (losange).
ruta (fr. *route,* rota, camino abierto) ***f.*** Derrota de un viaje. 2 Itinerario para él. 3 fig. Derrotero (camino).
rutáceo, -a (l. *ruta,* ruda) ***adj.-f.*** Planta de la familia de las rutáceas. -2 ***f. pl.*** Familia de plantas dicotiledóneas que incluye árboles, arbustos o hierbas, casi todos glandulosos, de hojas alternas u opuestas, flores generalmente actinomorfas y fruto muy variado; como la ruda y el naranjo.
I) rutar (onomat.) ***intr.*** *Ast., Burg., Pal.* y *Sant.* Murmurar, rezongar. 2 *Burg., Pal.* y *Sant.* Susurrar, zumbar.
II) rutar ***intr.*** *Bad.* y *Pal.* Rodar, dar vueltas.
III) rutar (l. *ructare*) ***intr.*** *Ast.* y *La Mancha.* Eructar los gases del estómago.
rute ***m.*** *Sant.* Rumor.
rutenio (de *Ruthenia,* nombre medieval de Rusia) ***m.*** Metal muy parecido al osmio. Su símbolo es *Ru,* su peso atómico 101,7 y su número atómico 44.
ruteno, -na (v. *rutenio*) ***adj.-s.*** De un pueblo eslavo, llamado también pequeño ruso o ruso rojo, que forma parte del pueblo ucraniano. -2 ***m.*** Lengua rutena.
rutero (fr. *routier*) ***m.*** En ciclismo, corredor de carretera.
rutiar ***intr.*** *León.* Corretear, callejear. -2 ***tr.*** *Sor.* Atar en reata las caballerías. ◇ ** CONJUG. [12] como ***cambiar.***
rutilación ***f.*** Acción de rutilar. 2 Efecto de rutilar.
rutilante ***adj.*** Que rutila.
rutilar (l. *-are*) ***intr.*** poét. Brillar como oro, o resplandecer y despedir rayos de luz.
SIN. v. **Resplandecer.**
rútilo, -la (l. *-lu*) ***adj.*** De color rubio subido, o de brillo como el oro; resplandeciente.
rutilo ***m.*** Mineral de color rojo, castaño o negro, con brillo adamantino, explotado como mena del titanio.
rutina (fr. *routine* < *route,* ruta) ***f.*** Costumbre inveterada, hábito adquirido de hacer las cosas por mera práctica y sin razonarlas. 2 Habilidad que es únicamente producto de la costumbre. 3 INFORM. Bloque de programa de ordenador independiente que puede utilizarse en distintos momentos.
rutinario, -ria ***adj.*** Que se hace o practica por rutina. -2 ***adj.-s.*** Rutinero.
rutinero, -ra ***adj.-s.*** Que procede por mera rutina.
rutón, -tona ***adj.*** *Sant.* Gruñón.
rutucu (quechua) ***m.*** *Bol.* Corte de cabello de los niños, motivo para una fiesta de familia.
rútulo (l. *-lu*) ***adj.-s.*** De un ant. pueblo del Lacio, del que habla Virgilio (h. 70-19 a. C.) en la «Eneida».
rutuna ***f.*** *Perú.* Entre los indios, segadera.
ruyir ***tr.*** *P. Rico.* Roer.
ruzafa (ár. *ruçafa*) ***f.*** Entre los árabes, jardín.
SIN. **Arrizafa.**

S, s *f.* Ese, vigésima letra del **alfabeto español que representa gráficamente a la consonante fricativa, linguoalveolar y sorda. 2 Símbolo químico del *azufre*. 3 Símbolo del segundo. 4 Abreviatura de Sur. 5 Abreviatura de san o santo. 6 Abreviatura de siglo.
sabaco *m. Cuba.* Pez parecido al *cochino* y al *jurel*, de boca muy chica *(Balistes sabaco; macrops).*
sabacú *m. Argent.* Ave zancuda *(Cancroma cochlearia).*
sabadellense *adj.-s.* De Sabadell, c. de Barcelona, y de su comarca.
sabadeño, -ña *adj.-s. Logr., Pal.* y *Vallad.* Embutido hecho con la asadura y carne de inferior calidad del cerdo.
sábado (l. *sabbatu* < hebr. *shabbath*) *m.* Séptimo y último día de la semana: ~ ***de gloria,*** Sábado Santo.
FR. *Hacer* ~, limpiar la casa en este día con más esmero que el resto de la semana.
sabalar *m.* Red para pescar sábalos.
sabalera (de *sabalar*) *f.* Rejilla de hierro, o bóveda calada, donde se coloca el combustible en los hornos de reverbero. 2 Arte de pesca, parecido a la jábega, para pescar sábalos.
sabalero *m.* Pescador de sábalos.
sabaleta *f. Colomb.* Pez de río semejante al sábalo *(Paca lineatus).*
sábalo (probl. de orig. célt.) *m.* Pez teleósteo clupeiforme que vive en el mar y remonta los cursos de agua bastante arriba para la freza; de cuerpo en forma de lanzadera, azulado verdoso por el dorso, y plateado en el resto, con una mancha obscura junto a las aberturas branquiales *(Clupea alosa; Alosa a.).*
REL. **Almona**, pesquería de ~. SIN. **Alosa.**
sabana (voz caribe) *f.* Llanura dilatada de América y África cuya vegetación está formada fundamentalmente por hierbas y algunas plantas leñosas aisladas.
sábana (l. *-nu* < gr. *sábanon,* toalla, de origen semítico) *f.* Pieza de lienzo que se pone en la cama: ~ ***santa,*** aquella en que envolvieron a Cristo para ponerle en el sepulcro; ***pegársele a uno las sábanas,*** fr. fig., levantarse más tarde de lo que debe o acostumbra. 2 Sabanilla (lienzo). 3 Manto que usaban los hebreos y otros pueblos de Oriente. 4 fig. *y* fam. Billete de mil pesetas. 5 *And.* y *Murc.* Sarria o red de esparto para transportar paja, hierba, etc.
sabanal *m. P. Rico.* Sabana, llanura.
sabanalamar *m. Cuba.* Sabana en un litoral.
sabanazo *m. Cuba.* Sabana o pradera de reducidas proporciones.
sabandija (probl. voz prerrom. **seuandilia*) *f.* Reptil pequeño o insecto, esp. los asquerosos y molestos. 2 fig. Persona despreciable.
sabanear *intr. Amér.* Recorrer una sabana vigilando el ganado. 2 *Amér. Central.* Coger, prender, asir. 3 *Amér. Central.* Lisonjear. 4 *Guat.* y *Venez.* Seguir o perseguir una persona [a otra].
sabanero, -ra *adj.* Relativo a la sabana. -2 *adj.-s.* Habitante de una sabana. -3 *m.* Pájaro semejante al estornino que vive en las praderas de América del Norte y en las Antillas *(Tiaris olivacea).* 4 *Amér.* Hombre encargado de sabanear. 5 *Amér. Central.* Matón, espadachín. 6 *Amér. Central, Colomb., Venez. f.* Culebra de vientre amarillo y lomo salpicado de negro, verde y pardo que vive en la sabana y limpia el terreno de sabandijas.
sabaneta *f. Bol.* Sabana pequeña.
sabanetón *m. Cuba.* Sabana pequeña.
sabanilla *f.* Dim. de *sábana*. 2 Pieza pequeña de lienzo; como pañuelo, toalla, etc. 3 El más exterior de los lienzos con que se cubre la mesa del altar. 4 *Chile.* Tejido de lana muy fino que se usa en la cama, sobre la sábana, a manera de cobertor.
SIN. *3* **Sábana.**
sábano *m. León.* Sábana de estopa.
sabañón (orig. incierto, quizá prerrom.) *m.* Rubicundez, hinchazón o ulceración de la piel, gralte. de los pies, manos y orejas, con ardor y picazón, causada por el frío excesivo. 2 *Cuba.* Arbusto silvestre, bignoniáceo, de flores blancas *(gén. Tecoma).*
SIN. *1* **Friera.**
sabara *f. Venez.* Niebla muy diáfana.
sabatario, -ria *adj.-s.* ant. Hebreo. 2 desus. Judío converso de los primeros siglos que continuaba guardando el sábado.
sabateño *m. Venez.* Hito, mojón.
sabático, -ca *adj.* Relativo al sábado. -2 *adj.-s.* Séptimo año, en que los hebreos dejaban descansar sus tierras, viñas y olivares. 3 p. ext. Año de licencia con sueldo que algunas universidades conceden a su personal docente y administrativo.
sabatina *f.* Oficio divino propio del sábado. 2 Lección compuesta de todas las de la semana, que los estudiantes solían dar el sábado. 3 Ejercicio literario que se usaba el sábado entre los estudiantes a fin de acostumbrarse a defender conclusiones. 4 *Chile.* Zurra, felpa.
sabatino, -na *adj.* Relativo al sábado o ejecutado en él.
sabatismo *m.* Acción de sabatizar. 2 Descanso tomado después de un trabajo asiduo.
sabatizar *intr.* Guardar el sábado, cesando en los trabajos. ◇ ** CONJUG. [4] como ***realizar.***
SIN. **Hacer semana inglesa,** es hoy la expr. usual por descansar el sábado o parte de él.
sabaya *f. Ar.* Desván.
sabayón (it. *zabaione*) *m.* Crema a base de vino blanco seco, yemas de huevo y licor. Se utiliza dulce en repostería, y sin azúcar para salsear arroz, ostras, etc.
sabedor, -ra *adj.* Instruido o noticioso de una cosa.
sabeísmo *m.* Religión de los sabeos, que daban culto a los astros.

sabela *f.* Género de gusanos anélidos marítimos, con las branquias situadas en la región cefálica y extendidas en forma de abanico *(Sabella pavonina).*
sabelección *amb. Cuba.* Planta crucífera silvestre, especie de mastuerzo *(gén. Lepidium).*
sabelianismo *m.* Doctrina del heresiarca Sabelio (s. III), que negaba el misterio de la Santísima Trinidad.
sabeliano, -na *adj.-s.* Sectario de Sabelio (s. III). -2 *adj.* Relativo al sabelianismo.
sabélico, -ca (l. *-cu*) *adj.* Relativo a los sabinos o samnitas.
sabelotodo *com.* fam. Sabidillo. ◇ Pl.: *sabelotodo.*
sabeo, -a (l. *-œu*) *adj.-s.* De Saba, antiguo reino del sur de la península de Arabia. -2 *adj.-m.* Lengua perteneciente al grupo semítico occidental meridional, hablada antiguamente en el sur de la península arábiga.
SIN. *2* **Sudarábigo, yemenita.**
I) saber (de *saber* II) *m.* Sabiduría (conocimiento). 2 Ciencia o facultad.
II) saber (l. *sapere,* tener saber, tener juicio, entender) *tr.* Tener conocimiento o noticia [de una cosa]: ~ *lo que ha pasado;* ~ *dónde está el libro;* ~ *quién hay;* ~ *de trabajos.* 2 Ser docto [en alguna cosa]: ~ *latín, matemáticas,* etc. 3 esp. Haber aprendido de memoria [una cosa]: *ya sé la lección.* 4 en gral. Tener habilidad [para una cosa]: *sabe coser, barrer,* etc. -5 *intr.* Ser muy sagaz y advertido: *sabe más que Merlín* o *que Lepe.* 6 Tener una cosa proporción o aptitud para lograr un fin. 7 Estar al tanto de la existencia, paradero o estado de una persona o cosa: *no sé de mi hermano.* 8 esp. Sujetarse o acomodarse a una cosa: *yo sabré economizar.* 9 Conocer el camino para ir a alguna parte: *sé ir a su casa.* 10 Tener sapidez una cosa: *esto sabe a café.* 11 fig. Tener una cosa semejanza con otra: *esto sabe a revolución.* -12 *prnl.* Con los advs. *bien, mal* y otros, gustar, agradar o no algo. -13 *intr. Amér.* Soler, acostumbrar. ◇ ** CONJUG. [83]. ◇ En las acepciones 10, 11 y 13 se construye con la preposición *a*: ~ *a menta, a gloria.*
LOC. *A* ~, esto es. Exclamativamente equivale a vete a saber, cualquiera sabe. FR. *No sé que te diga,* indica desconfianza o incertidumbre de lo que a uno le dicen; *No sé cuántos,* además de su sentido recto, se usa en vez de *fulano* para indicar persona indeterminada; *no sé qué,* denota algo que no se acierta a explicar; *¡y qué se yo!,* se usa para no proseguir una enumeración, etc., y muchos más, y muchas más cosas; *no* ~ *uno lo que se pesca, no* ~ *uno por dónde anda* o *se anda,* andar descaminado o hallarse ignorante de los negocios o asuntos que trata; *vete a* ~ o *vaya usted a* ~, indica que una cosa es difícil de averiguar: *vete a* ~ *quién lo habrá traído; sabérselas todas,* ser muy hábil o espabilado.
sabiá *m. Argent.* Especie de zorzal *(gén. Turdus).*
sabiamente *adv. m.* Con sabiduría.
sabichoso, -sa *adj. Ant.* Sabidillo, sabihondo.
sabicú (voz indígena) *m. Cuba.* Árbol leguminoso parecido a la acacia *(Acacia formosa).*
sabidillo, -lla *adj.-s.* desp. Que presume de docto o enterado sin serlo y sin venir a cuento.
SIN. **Sabelotodo; marisabidilla,** si se trata de una mujer.
sabido, -da *adj.* Que sabe o entiende mucho. -2 *m. Ar.* Sueldo o jornal fijo. -3 *adj. Colomb.* Vivaracho, despabilado.
sabidor, -ra *adj.-s.* ant. Sabedor, que sabe.
sabiduría (de *sabidor*) *f.* Prudencia. 2 Conocimiento profundo en ciencias, letras o artes. 3 Noticia, conocimiento.
SIN. **Sapiencia,** latinismo docto. *2* **Saber, ciencia.**
sabiendas (a ~) *loc. adv.* De un modo cierto. 2 Con conocimiento y deliberación.
sabihondez *f.* fam. Calidad de sabihondo.
sabihondo, -da (*sabio* + *hondo*) *adj.-s.* desp. e irón. Que presume de sabio sin serlo.
sábila *f. Amér.* Áloe.
sabina (l.) *f.* Género de plantas arbustivas cupresáceas, de hojas menudas, escamosas e imbricadas, gálbula pequeña de color negro azulado, y madera encarnada y olorosa *(gén. Juniperus):* ~ ***de Grecia,*** especie arbórea cónica de joven y más tarde formando una pirámide ancha y abierta de hasta 20 m. de altura *(Juniperus excelsa);* ~ ***fétida,*** árbol con ramas dispuestas de forma irregular y cuyas hojas, al frotarlas, despiden un olor fétido *(Juniperus foetidissima);* ~ ***negra,*** arbusto verde oscuro de hojas ovales y frutos al principio negros, después amarillo-grisáceos y finalmente rojos. Su madera es muy resistente *(Juniperus phoenicea);* ~ **turífera** o **española,** especie arbórea de hojas y fruto algo mayores, y ramitas dispuesta regularmente en dos filas *(Juniperus thurifera).* -2 *com. Cuba.* Dado a enterarse de lo que no le importa.
SIN. *1* **Cedro de España.**
sabinar *m.* Terreno poblado de sabinas.
sabinilla *f. Chile.* Arbusto rosáceo, de fruto carnoso comestible *(Margyricarpus setosus).*
I) sabino, -na (l. *-nu*) *adj.-s.* De cierto pueblo de Italia ant. que habitaba entre el Tíber y los Apeninos. -2 *m.* Dialecto de los sabinos.
II) sabino, -na (de *sabina*) *adj.* Rosillo (caballería).
sabio, -bia (l. *sapidu* < *sapere,* saber; doble etim. *sápido*) *adj.-s.* Persona que posee la sabiduría: ~ *en su profesión.* 2 Cuerdo. -3 *adj.* [cosa] Que instruye o que contiene sabiduría. 4 [animal] Que tiene muchas habilidades. -5 *m.* p. ant. Salomón. ◇ HOMÓF.: *savia* (f.).
SIN. *1* **Sapiente,** latinismo docto p. usual. REL. **Los siete sabios de Grecia,** fueron: Thales, Bías, Pitaco, Solón, Quilón, Cleóbulo y Periandro.
sabiondo, -da *adj.* fam. Sabihondo.
sablazo *m.* Golpe dado con sable. 2 Herida hecha con él. 3 fig. *y* fam. Acto de sacar dinero a uno pidiéndoselo, por lo general, con habilidad o insistencia y sin intención de devolverlo.
I) sable (al. ant. *sabel;* a través del fr.) *m.* Arma blanca parecida a la espada, pero algo corva y por lo común de un solo corte. 2 fig. Habilidad para sacar dinero a otro o vivir a su costa. 3 *Cuba* y *P. Rico.* Pez de cuerpo largo y aplastado como la hoja de un sable *(Trichiurus lepturus).*
SIN. *1* **Charrasco, charrasca, chafarote,** burl.
II) sable (fr.) *adj.* BLAS. Color negro.
III) sable (l. *sabŭlum*) *m. Ast.* y *Sant.* Arenal formado por las aguas del mar o de un río en sus orillas.
sableador, -ra *m. f.* Persona hábil en manejar el sable.
sablear *intr.* fig. Dar sablazos, sacar dinero con maña, esp. pidiéndolo prestado y sin intención de devolverlo.
SIN. **Petardear, pegar un petardo.**
sablista *adj.-com.* Que tiene por hábito sablear.
SIN. **Parchista, petardista.**
sablón (l. *sabŭlone*) *m.* Arena gruesa.
saboga (probl. de orig. célt.) *f.* Pez teleósteo que vive en el mar y remonta los cursos de agua bastante arriba para la freza; es de color pardusco, con los flancos plateados, más delgado y pequeño que el sábalo *(Alosa fallax).*
SIN. **Alosa, trancho.**
sabogal *adj.-m.* Red de pescar sabogas.
sabonera *f.* Sayón (planta).
saboneta (it. *savonetta,* de Savona, c. de Italia) *f.* Reloj de bolsillo, cuya esfera se cubre con una tapa articulada.
sabor (l. *sapore*) *m.* Propiedad que tienen ciertos cuerpos de afectar el órgano del gusto. 2 Sensación que producen estos cuerpos mediante el órgano del gusto. 3 fig. Impresión que una cosa produce en el ánimo. 4 fig. Propiedad que tienen algunas cosas de parecerse a otras con las cuales se las compara: *una novela de* ~ *romántico.* 5 Cuenta que se pone en el freno, junto al bocado, para refrescar la boca del caballo.
SIN. *1* **Sapidez.** *2* **Gusto, paladar,** tratándose de manjares o bebidas; **embocadura,** de vinos.
saborea *f.* Ajedrea. 2 *Ar.* Hisopillo (mata).
saboreador, -ra *adj.* Que saborea. 2 Que da sabor.
saboreamiento *m.* Acción de saborear. 2 Efecto de saborear.
saborear *tr.* Dar sabor y gusto [a las cosas]. 2 fig. *y* p. us. Cebar, atraer [a uno] con halagos o interés. -3 *tr.-prnl.* Percibir detenidamente y con deleite el sabor [de una cosa]: ~ *un dulce; saborearse con el dulce.* 4 fig. Apreciar con deleite [aquello que causa placer]: ~ *la música; saborearse con la música.*
saboreo *m.* Acción de saborear.
saborete *m.* Dim. de *sabor.*
sabotaje (fr. *sabotage*) *m.* Destrucción intencionada de máquinas y medios de trabajo. 2 p. ext. Entorpecimiento malicioso de cualquier actividad.
saboteador, -ra *adj.-s.* Que sabotea.
sabotear *tr.* Realizar un sabotaje.
saboteo *m.* Sabotaje.
saboyana (de *saboyano*) *f.* Especie de basquiña abierta por delante, que usaban las mujeres. 2 Pastel empapado en almíbar y rociado con ron.
saboyano, -na *adj.-s.* De Saboya, reg. de Francia y de Italia.
sabrosamente *adv. m.* Con sabor y gusto; de manera sabrosa.
sabrosearse *prnl. Amér. Central.* Relamerse de gusto.

sabrosera *f. Amér. Central.* Cosa muy grande y deliciosa. 2 *Hond.* Sabrosura.
sabroso, -sa (l. *saporosu*) *adj.* Sazonado y grato al sentido del gusto. 2 fig. Delicioso, agradable. 3 fam. Algo salado. 4 *Amér.* Sabrosón, hablador.
SIN. *1* y *2* **Gustoso, rico.**
sabrosón, -sona *adj. Amér.* [pers.] Hablador, expresivo, simpático.
sabrosura *f. Amér.* Calidad de lo sabroso; dulzura, fruición, deleite.
sabucal *m.* Terreno poblado de sabucos.
sabucán *m. Colomb.* Especie de sebucán.
sabuco (l. *sambucu*) *m.* Saúco.
sabueso, -sa (b. l. *segusiu*) *adj.-s.* V. perro sabueso. -2 *m.* fig. Pesquisidor, persona que sabe indagar.
sabugal *m.* Sabucal.
sabugo *m.* Sabuco.
sabúlico, -ca *adj.* Que vive en arenales.
sábulo (l. *-lu*) *m.* Arena gruesa y pesada.
sabuloso, -sa *adj.* Que tiene arena.
saburra (l., lastre; doble etim. *sorra, zahorra*) *f.* Secreción mucosa, espesa, que en ciertos trastornos gástricos se acumula en las paredes del estómago. 2 Capa blanquecina que cubre la región dorsal de la lengua, por efecto de dicha secreción.
SIN. *2* **Sarro.**
saburral *adj.* Relativo a la saburra; que la contiene: *lengua ~.*
saburroso, -sa *adj.* Que indica la existencia de la saburra gástrica.
I) saca *f.* Acción de sacar. 2 Efecto de sacar. 3 Exportación de frutos o géneros. 4 Acción de sacar los estanqueros de la tercena los efectos que después venden al público. 5 Copia autorizada de un documento protocolizado. 6 MIN. Parte rica de una veta. 7 *Ar.* Retracto o tanteo. 8 *And.* y *Extr.* Época de recolección de cereales u otros productos. 9 *Amér.* Parte que corresponde al dueño del gallo, de la cantidad que se ajustó para la riña. 10 *Amér. Central* y *Colomb.* Movilización del ganado. 11 *C. Rica.* Saque.
SIN. *1* y *2* **Extracción.**
II) saca (de *saco*) *f.* Costal muy grande de tela fuerte, más largo que ancho.
sacabala *f.* Especie de pinzas que usaban los cirujanos.
sacabalas (de *sacar + bala*) *m.* Sacatrapos más resistente que los ordinarios. 2 Instrumento de hierro para extraer los proyectiles ojivales del ánima del los cañones rayados. ◇ Pl.: *sacabalas.*
sacabarros *m.* MIN. Cuchara para limpiar agujeros de barrenos. ◇ Pl.: *sacabarros.*
sacabasura *m. Chile.* Recogedor de basura.
sacabeño, -ña *adj.-s.* De Sacaba, c. de la prov. de Chapare, del dep. de Cochabamba (Bolivia).
sacabera *f. Ast.* Salamandra (batracio).
sacabocado, -dos *m.* Instrumento con boca hueca y cortes afilados, que sirve para taladrar. 2 fig. Medio eficaz con que se consigue una cosa.
sacabotas (de *sacar + bota*) *m.* Tabla con una muesca en la cual se encaja el talón de la bota para descalzarse. ◇ Pl.: *sacabotas.*
sacabrocas *m.* Herramienta que usan los zapateros para desclavar las brocas. ◇ Pl.: *sacabrocas.*
sacabuche (fr. ant. *saquebute* x cast. *buche*) *m.* MÚS. Ant. instrumento de viento, parecido al trombón de varas. 2 Músico que tocaba este instrumento. 3 MAR. Bomba de mano para extraer líquidos. 4 *Hond.* Instrumento a modo de zambomba. 5 *Méj.* Cuchillo de punta.
sacacera *com. Venez.* Alumno que falta a la escuela.
sacaclavos *m.* Desclavador. ◇ Pl.: *sacaclavos.*
sacacorchos (de *sacar + corcho*) *m.* Instrumento para quitar los tapones de corcho a los frascos y botellas. ◇ Pl.: *sacacorchos.*
SIN. **Descorchador, sacatapón, tirabuzón.**
sacacuartos *m.* fam. Sacadineros. ◇ Pl.: *sacacuartos.*
sacada (de *sacar,* apartar) *f.* Partido o territorio que se ha separado de una merindad, provincia o reino. 2 En el tresillo, jugada en que el hombre ha hecho más bazas que ninguno de los contrarios. 3 *Murc.* y *Amér.* Saca, sacamiento.
sacadera *f. Guat.* Destilación de aguardiente clandestino.
sacadilla *f.* Dim. de *sacada.* 2 Batida corta que coge poco terreno.
sacadinero, -ros *m.* fam. Espectáculo o cosa de poco valor, pero de buena apariencia. -2 *com.* fam. Persona que tiene arte para sacar dinero al público con cualquier engañifa o artificio.
sacadizo, -za *adj.-s. Sant.* Res delantera de las carretas tiradas por tres bueyes.
sacador, -ra *adj.-s.* Que saca. -2 *m.* Tablero de la máquina para ir colocando el papel impreso.
sacadura *f.* Corte que hacen los sastres en sesgo para que siente bien una prenda. 2 *Chile.* Saca o sacamiento.
sacafilásticas (de *sacar + filástica*) *f.* MAR. Aguja de fogón terminada en un arponcillo, para sacar la clavellina del oído de los cañones. ◇ Pl.: *sacafilásticas.*
sacafondos *m.* Instrumento utilizado para colocar en su asiento la última duela de la cuba o tonel. ◇ Pl.: *sacafondos.*
sacalagua *com. Perú.* Mulato de la costa que tiene piel clara, cabello castaño y ensortijado, ojos claros, pero facciones de ascendencia africana.
sacaleches *m.* Instrumento con el que se saca la leche de la glándula mamaria. ◇ Pl.: *sacaleches.*
sacalíneas *m.* IMPR. Regleta de latón de la altura del tipo que emplea el cajista para interponer entre las líneas que compone, y para extraerlas del componedor. ◇ Pl.: *sacalíneas.*
sacaliña (de *sacar* y *liña,* línea) *f.* Garrocha. 2 fig. Socaliña.
sacamanchas *com.* Quitamanchas. ◇ Pl.: *sacamanchas.*
sacamantas *m.* fig. Comisionado de apremio. ◇ Pl.: *sacamantas.*
sacamantecas *com.* fam. Criminal que despanzurra a sus víctimas. ◇ Pl.: *sacamantecas.*
sacamiento *m.* Acción de sacar.
sacamolero *m.* Sacamuelas.
sacamuelas (de *sacar + muela*) *com.* Persona que tiene por oficio sacar muelas. 2 fig. Charlatán. ◇ Pl.: *sacamuelas.*
SIN. *1* **Dentista.**
sacanabo *m.* Vara de hierro con un gancho para sacar del mortero la bomba.
sacanete (al. *Landsknecht*) *m.* Juego de envite y azar, en que se juntan y mezclan hasta seis barajas, y después de cortar, el banquero vuelve una carta, que será la suya, y la coloca a la izquierda; vuelve otra, que sirve para los puntos, y la pone a la derecha, y sigue volviendo nuevos naipes hasta que salga alguno igual a uno de los primeros, perdiendo aquel a quien le pertenece.
sacaniguas *m. Colomb.* Buscapiés, cohete. ◇ Pl.: *sacaniguas.*
sacapelotas *m.* Instrumento para sacar balas de los arcabuces. -2 *com.* fig. Persona despreciable. ◇ Pl.: *sacapelotas.*
sacapliegos (de *sacar + pliego*) *m.* IMPR. Mecanismo que extrae el pliego recién impreso y lo coloca en la mesa receptora. ◇ Pl.: *sacapliegos.*
sacapotras *m.* desp. *y* desus. Mal cirujano. ◇ Pl.: *sacapotras.*
sacapuntas *m.* Cortalápices. ◇ Pl.: *sacapuntas.*
sacar (probl. del gót. *sakan,* pleitear) *tr.* Extraer [una cosa]; ponerla fuera de otra en que estaba metida: *~ una muela, ~ maderas de un bosque, ~ una cosa a pulso.* 2 esp. Desenvainar: *~ la espada.* 3 Volver a lavar [la ropa] después de pasarla [por la colada]: *~ la ropa* o *la colada.* 4 Alargar, adelantar [una cosa]: *~ el pecho al andar.* 5 Mostrar, manifestar [una cosa]: *por último ha sacado el libro.* 6 Copiar o trasladar [lo que está escrito]: *~ una copia en limpio.* 7 Apuntar aparte [las citas o notas] de un texto. 8 Citar, nombrar: *los pedantes sacan cuanto saben.* 9 Elegir por sorteo o por pluralidad de votos. 10 Ganar por suerte [una cosa]: *~ un premio de la lotería.* 11 Quitar [a una pers. o cosa] del sitio o condición en que se halla: *~ al niño de la escuela; ~ las gavillas de la era; ~ de un apuro; ~ una cosa a plaza* o *a la plaza; ~ de entre infieles.* 12 Con la prep. *de* y los pronombres personales, hacer perder el juicio: *esta pasión te saca de ti.* 13 Con la misma preposición y un substantivo o adjetivo, librar a uno de lo que éstos significan: *~ de apuros.* 14 Extraer de una cosa [algunos de los principios o parte que la componen]: *~ aceite de almendras.* 15 en gral. Conseguir, obtener [una cosa]: *he sacado lo que quería.* 16 Producir, inventar, imitar [una cosa]: *~ una máquina, una moda, un bordado.* 17 Aplicar, atribuir [motes, apodos, faltas, etc.]. 18 Exceptuar, excluir, restar: *saca a los jóvenes de veinte años; de siete, sacando tres, quedan cuatro.* 19 Quitar, separar: *~ una mancha.* 20 Averiguar, resolver [una cosa] por medio del estudio: *~ la cuenta; ~ el resultado por consecuencia.* 21 Conocer, descubrir [una cosa] por señales e indicios: *~ la verdad por el rostro.* 22 Hacer con fuerza o maña que uno diga o dé [una cosa]: *~ dinero.* 23 DEP. Poner en movimiento [la pelota, el balón, la bola, etc.] después de ha-

berse cometido una falta. 24 DEP. Arrojar [la pelota] desde el rebote que da en el saque hacia los contrarios que la han de volver, en el juego de la pelota. ◇ ** CONJUG. [1].

SIN. *1, 11, 18, 20, 21* v. **Quitar.** FR. ~ *adelante,* dicho de persona, protegerla en su crianza, educación o empresas; dicho de asuntos o negocios, llevarlos a feliz término; ~ *a volar a uno,* presentarlo en público, quitarle la cortedad; ~ *en limpio* o *en claro,* deducir claramente, en substancia, en conclusión.

sacar-, sacari-, sacaro- (l. *saccharum;* proc. del gr. *sákcharon,* azúcar, de origen índico) Elemento prefijal que entra en la formación de palabras con el significado de azúcar.

sacárido *m.* QUÍM. Nombre genérico de los azúcares y sus derivados.

sacarífero, -ra (*sacari-* + *-fero*) *adj.* [planta] Que contiene azúcar.

sacarificación *f.* Acción de sacarificar. 2 Efecto de sacarificar.

sacarificar (*sacari-* + *-ificar*) *tr.* Convertir por hidratación [las substancias sacarígenas] en azúcar. ◇ ** CONJUG. [1] como *sacar.*

sacarígeno, -na (*sacari-* + *-geno*) *adj.* [substancia] Capaz de convertirse en azúcar mediante la hidratación.

sacarimetría (*sacari-* + *-metría*) *f.* Procedimiento para determinar la proporción de azúcar contenido en un líquido.

sacarímetro (*sacari-* + *-metro*) *m.* Instrumento con que se determina la proporción de azúcar contenido en un líquido. ◇ También *sacarómetro.*

sacarina *f.* Substancia blanca, pulverulenta, que puede endulzar tanto como 234 veces su peso de azúcar.

sacarino, -na *adj.* Que tiene azúcar. 2 Que se asemeja al azúcar.

SIN. **Zucarino.**

sacaro-, v. sacar.

sacaroideo, -a (*sacar-* + *-oide*) *adj.* Parecido en la estructura al azúcar de pilón: *mármol* ~.

sacaromicetales *m. pl.* Endomicetales.

sacarómetro *m.* Sacarímetro.

sacarosa *f.* científ. Azúcar.

sacaruro *m.* FARM. Preparado de azúcar en polvo con alguna substancia aromatizante: ~ *de anís, de menta.*

sacarracacha *f. Colomb.* Arracacha.

sacasebo *m. Cuba.* Planta herbácea que sirve de pasto *(Paspalum notatum).*

sacasillas *m.* fam. Metemuertos. ◇ Pl.: *sacasillas.*

sacatacos *m.* Especie de sacacorchos que se pone enroscado en la punta de las baquetas para extraer los tacos en las escopetas de antecámara. ◇ Pl.: *sacatacos.*

sacatapón *m.* Sacacorchos.

sacatepesano, -na *adj.-s.* De Sacatepequez, dep. de Guatemala.

sacatinta *m. Amér. Central.* Arbusto de cuyas hojas se extrae un tinte azul violeta *(Jacobinia tinctoria).*

sacatrapos (de *sacar* + *trapo*) *m.* Espiral de hierro atornillado en el extremo de la baqueta, para sacar los cuerpos blandos del ánima de las armas de fuego. 2 Pieza de hierro de dos ramas, en forma de espiral, firme en el extremo de un asta, para extraer tacos, saquetes de pólvora, etc., del ánima de los cañones que se cargan por la boca. ◇ Pl.: *sacatrapos.*

SIN. **Descargador; sacabolas,** es un sacatrapos más resistente que los ordinarios.

sacayán *m. Filip.* Especie de baroto.

sacciforme (l. *saccu,* saco + *-forme*) *adj.* ANAT. Que tiene forma de saco.

sacerdocio (l. *-tiu*) *m.* Dignidad y estado del sacerdote. 2 Ejercicio y ministerio del sacerdote. 3 Conjunto de sacerdotes. 4 fig. Consagración activa y celosa al desempeño de una profesión o ministerio elevado y noble.

SIN. *1* **Presbiterado.**

sacerdotal *adj.* Relativo al sacerdote.

sacerdote (l.) *m.* Hombre dedicado y consagrado a ofrecer sacrificios. 2 En la ley de gracia, hombre consagrado a Dios, ungido y ordenado para celebrar y ofrecer el sacrificio de la misa.

SIN. *2* **Cura, presbítero, eclesiástico, tonsurado, clérigo.**

sacerdotisa *f.* Entre los gentiles, mujer dedicada a ofrecer sacrificios a ciertas deidades y cuidar de sus templos.

sácere *m.* Arce.

sachadura *f.* Acción de sachar.

sachaguasca *f. Argent.* Enredadera del género *Bignonia.*

sachar (l. *sarculare;* doble etim. *sallar*) *tr.* Escardar [la tierra] sembrada para quitar las malas hierbas.

SIN. v. **Escardar.**

sacho (l. *sarculu*) *m.* Especie de azada pequeña para sachar. 2 *Can.* Azada grande, azadón. 3 *Chile.* Instrumento formado por una armazón de madera con una piedra, que se usa en lugar de ancla.

SIN. *1* v. **Almocafre.**

saciable *adj.* Que se puede saciar.

saciar (l. *satiare* < *satis,* bastante) *tr.-prnl.* Hartar y satisfacer de comida y de bebida: ~ *de viandas; saciarse un poco.* 2 fig. Hartar y satisfacer en las cosas del ánimo: *saciarse de poesía.* ◇ ** CONJUG. [12] como ***cambiar.***

saciedad (l. *satietate*) *f.* Hartura producida por satisfacer con exceso el deseo de una cosa.

saciña *f.* Sargatillo.

sacio, -cia (l. *satiu*) *adj.* Saciado, harto.

saco (l. *saccu* < gr. *sákkos,* de orig. fenicio) *m.* Receptáculo de tela, cuero, papel, etc., por lo común de forma rectangular, abierto por uno de sus lados: ~ ***terrero,*** el que se llena de tierra y sirve de defensa contra los proyectiles. 2 Lo que cabe en él. 3 Cavidad orgánica, a veces muy pequeña o microscópica, de los vegetales: ~ ***polínico,*** en los antófitos, recipiente en el que se contienen los granos de polen. 4 Medida inglesa para áridos. 5 Vestidura tosca de paño burdo. 6 Vestido corto que usaban los romanos en tiempo de guerra. 7 Especie de gabán grande, y, en gral., vestidura holgada que no se ajusta al cuerpo. 8 Saqueo: ***entrar*** o ***meter a*** ~, saquear. 9 fig. Cosa que en sí incluye muchas otras. Tómase por lo común en mala parte: *es un ~ de mentiras.* 10 fig. *y* fam. Billete de mil pesetas. 11 fig. *y* fam. Cárcel. 12 ~ ***de noche*** o ***de mano,*** especie de maleta sin armadura, que suele llevarse a mano en los viajes. 13 ~ ***lagrimal,*** porción superior dilatada del conducto lacrimonasal; sirve de depósito a las secreciones que son recogidas por los conductos lagrimales. 14 DEP. Saque, en el juego de la pelota. 15 MAR. Bahía, ensenada y, en gral., entrada del mar en la tierra. -16 ***loc. adv. A sacos,*** a montones, en gran cantidad. -17 *m. Can.* y *Amér.* Chaqueta (prenda). 18 *Amér.* Bolso femenino.

SIN. *5* **Picote.** FR. *No echar en ~ roto una cosa,* fig., no olvidarla, tener en cuenta para sacar de ella algún provecho; *tener en el ~*, haber conquistado la voluntad de una persona, o haber conseguido una cosa.

sacoleva, sacolevita *m. Colomb.* Chaqué.

sacomano (it. *saccomanno* < med. alto. al. *sackmann,* salteador) *m.* Saqueo.

sacón, -cona *adj. Amér. Central.* Acusón, soplón. 2 *Amér. Central.* Adulador.

saconería *f. Amér. Central.* Adulación.

sacra (l.) *f.* Hoja que en su correspondiente tabla se suele poner en el altar para que el sacerdote pueda leer algunas partes de la misa sin recurrir al misal.

sacralización *f.* Acción de sacralizar. 2 Efecto de sacralizar. 3 PAT. Fusión de la quinta vértebra lumbar con el hueso sacro.

sacralizar (fr. *sacraliser*) *tr.* Atribuir carácter sagrado [a alguien o algo]. ◇ ** CONJUG. [4] como ***realizar.***

sacramentación *f.* Acción de sacramentar (a un enfermo). 2 Efecto de sacramentar (a un enfermo).

sacramentado, -da *adj. **Jesús*** ~, Jesucristo en el sacramento de la Eucaristía. -2 *m. f.* Persona que ha recibido la extremaunción.

sacramental *adj.* Relativo a los sacramentos. 2 Relativo a los remedios que tiene la Iglesia (agua bendita, indulgencias y jubileo) para sanar el alma. 3 Consagrado por la ley o la costumbre: *palabras sacramentales.* -4 *m.* Individuo de una especie de cofradía. -5 *f.* Cofradía dedicada a dar culto al Sacramento del altar. 6 Cofradía que tiene por principal fin enterrar a sus cofrades en terreno de su propiedad.

sacramentalmente *adv. m.* Con realidad de sacramento. 2 En confesión sacramental.

sacramentar *tr.* En la religión católica, convertir totalmente [el pan] en el cuerpo de Nuestro Señor Jesucristo en el sacramento de la Eucaristía. 2 Administrar a un enfermo el viático y la extremaunción. 3 fig. *y* p. us. Ocultar, disimular, esconder.

sacramentario, -ria *adj.-s.* Secta protestante e individuo de esta secta que al nacer la Reforma negó la presencia real de Nuestro Señor Jesucristo en el sacramento de la Eucaristía.

sacramente *adv. m.* Sagradamente.

sacramentino, -na *adj.-s. Chile.* [pers.] De la orden religiosa de la adoración perpetua del Santísimo Sacramento.

sacramento (l. *-tu*) *m.* En la religión católica, signo sensible de un efecto espiritual que Dios obra en nuestras almas y es causante de la gracia. Los sacramentos son siete: bautismo, confirmación, penitencia, eucaristía, extremaunción, orden y matrimonio: ~ ***del altar,*** el de la Eucaristía; ***últimos sacramentos,*** los de la penitencia, eucaristía y extremaunción, que se administran a un enfermo en peligro de muerte. 2 Cristo sacramentado en la hostia.
sacratísimo, -ma ***adj.*** Superl. de *sagrado.*
sacre (orig. incierto; probl. del ár. *sacr,* halcón; quizá de orig. l.) ***m.*** Ave rapaz falconiforme, muy parecida al gerifalte (gén. *Falco*). 2 Antigua pieza de artillería. 3 fig. Ladrón. 4 ***adj.-com.*** *Perú.* Gorrón, sablista.
sacrificadero ***m.*** Lugar donde se hacían los sacrificios. 2 Matadero.
sacrificador, -ra ***adj.-s.*** Que sacrifica.
sacrificante ***adj.*** Sacrificador.
sacrificar (l. *-are*) ***tr.*** Ofrecer o dar [una cosa] en reconocimiento de la divinidad: ~ *el cordero pascual;* ***abs.,*** hacer sacrificios: ~ *a los ídolos.* 2 fig. Matar, degollar [las reses] para el consumo. 3 Poner [a alguna pers. o cosa] en algún riesgo o trabajo para algún fin elevado. -4 ***prnl.*** Dedicarse, ofrecerse a Dios. 5 Sujetarse con resignación a una cosa violenta o repugnante: *sacrificarse por un compañero.* ◇ ** CONJUG. [1] como ***sacar.***
SIN. *1* **Inmolar.** *3* **Crucificar.**
sacrificio (l. *-iu*) ***m.*** Ofrenda a una deidad en señal de homenaje o expiación. 2 En el culto cristiano, acto del sacerdote al ofrecer en la misa el cuerpo de Cristo bajo las especies de pan y vino. 3 fig. Peligro o trabajo graves a que se somete a una persona. 4 fig. Acto de abnegación inspirado por la vehemencia de un ideal o de un afecto. 5 fig. Acción a que uno se sujeta con gran repugnancia por razones que a ello le mueven. 6 fig., fam. *y* desus. Operación quirúrgica muy cruenta y peligrosa.
sacrílegamente ***adv. m.*** De modo sacrílego.
sacrilegio (l. *-iu*) ***m.*** Profanación de cosa, persona o lugar sagrados.
sacrílego, -ga (l. *-egu,* ladrón de objetos sagrados) ***adj.*** Que comete o contiene sacrilegio. 2 Relativo al sacrilegio.
sacris ***m.*** fam. Abreviación de sacristán.
sacrismoche, -cho ***m.*** fam. El que anda con vestiduras negras, como los sacristanes.
sacrista ***m.*** Sacristán (dignidad).
sacristán, -tana (b. l. **sacristane*) ***m. f.*** Persona que en las iglesias tiene a su cargo ayudar al sacerdote en el servicio del altar y cuidar de los ornamentos y de la limpieza y aseo de la iglesia y sacristía. -2 ***m.*** Dignidad eclesiástica a cuyo cargo estaba la custodia y guarda de los vasos, vestiduras y libros sagrados. 3 Tontillo. 4 Pastelito de hojaldre con almendras tostadas, propio para acompañar el té. 5 *And.* Carraleja. 6 *Venez.* fam. Entremetido. -7 ***f.*** Mujer del sacristán. 8 Religiosa destinada en su convento a cuidar de las cosas de la sacristía y proveer lo necesario para el servicio de la iglesia.
sacristanía ***f.*** Empleo de sacristán. 2 Dignidad de sacristán en algunas iglesias.
sacristía (der. del l. *sacra,* objetos sagrados) ***f.*** Lugar, en las iglesias, donde se revisten los sacerdotes y están guardados los objetos pertenecientes al culto. 2 Sacristanía.
sacro, -cra (l. *sacru*) ***adj.*** Sagrado. -2 ***adj.-m.*** Hueso formado por la extremidad de la columna vertebral, antes del cóccix.
sacrolumbar ***adj.*** Perteneciente o relativo al sacro y a las vértebras lumbares: *aponeurosis* ~.
sacrón, -crona ***adj.*** *Ecuad.* Sablista, que pide prestado.
sacronería ***f.*** *Perú.* Codeo, familiaridad excesiva.
sacrosantamente ***adv. m.*** De manera sacrosanta.
sacrosanto, -ta (l. *-anctu*) ***adj.*** Que reúne las calidades de sagrado y santo.
sacuara ***f.*** *Perú.* Güin, bohordo.
sacudida ***f.*** Sacudimiento.
sacudidamente ***adv. m.*** Con sacudida.
sacudido, -da ***adj.*** fig. Áspero, indócil e intratable. 2 fig. Desenfadado, resuelto.
sacudidor, -ra ***adj.-s.*** Que sacude. -2 ***m.*** Instrumento con que se sacuden y limpian colchones, alfombras, etc.
sacudidura ***f.*** Acción de sacudir una cosa, esp. para quitarle el polvo.
sacudimiento ***m.*** Acción de sacudir. 2 Efecto de sacudir.
SIN. **Sacudida,** es cada uno de los movimientos o golpes de la acción de sacudir; el *sacudimiento* se compone de una o varias sacudidas; **concusión,** (lit.) es de empleo muy raro en sentido material.
sacudión ***m.*** Sacudidura rápida y brusca.
sacudir (l. *succutere*) ***tr.*** Mover violentamente [una cosa] a una y otra parte. 2 esp. Golpear [una cosa] o agitarla en el aire para quitarle el polvo, enjugarla, etc. 3 en gral. Golpear, dar golpes: ~ *a uno;* ~ *un palo, un latigazo.* 4 p. ext. Arrojar [una cosa] o apartarla violentamente de sí. -5 ***prnl.*** Apartar de sí con aspereza a una persona o rechazar una acción o proposición con astucia o despego. 6 fam. Dar dinero.
sacudón ***m.*** *Amér.* Sacudión, sacudida violenta.
sáculo (l. *sacculu,* saquito) ***m.*** Parte en que se halla dividida la sección del laberinto membranoso del oído que corresponde al vestíbulo; comunica con el caracol.
sádico, -ca ***adj.-s.*** Con caracteres de sadismo.
sadismo (del marqués de *Sade,* 1740-1814) ***m.*** Deleite anormal en la crueldad. 2 fig. Crueldad refinada, con placer de quien la ejecuta.
sadoca ***adj.-com.*** fam. Sádico.
sadomasoquismo ***m.*** Coexistencia del sadismo y del masoquismo en una persona.
saduceísmo ***m.*** Doctrina de los saduceos.
saduceo, -a (l. ecl. *sadducœu* < hebr. *sadduk,* justo) ***adj.-s.*** Individuo de cierta secta de judíos que negaba la inmortalidad del alma y la resurreción del cuerpo. -2 ***adj.*** Relativo a los saduceos.
saeta (v. *sagita*) ***f.*** Arma arrojadiza consistente en un asta delgada y ligera, con punta afilada en uno de sus extremos y que se dispara con un arco. 2 Manecilla del reloj. 3 Brújula (aguja). 4 Punta del sarmiento que queda en la cepa cuando se poda. 5 Planta anual y acuática, de tallos florales áfilos emergidos con verticilos de flores blancas y hojas ovales la mayoría flotantes *(Damasonium alisma).* 6 Quetognato de cuerpo estrecho y transparente, de 1 ó 2 cms. de longitud, con un par de aletas laterales. Se encuentra en el plancton en alta mar *(Sagitta).* 7 Copla breve y devota que se canta en Andalucía en la iglesia o en las calles durante ciertas solemnidades religiosas. 8 Flecha (constelación boreal). 9 Jaculatoria.
SIN. *1* **Flecha.** REL. *1* **Sagitado, sagital,** BOT., de forma de ~.
saetada ***f.*** Saetazo.
saetar (de *saeta*) ***tr.*** Saetear.
saetazo ***m.*** Acción de tirar o herir con la saeta. 2 Herida hecha con ella.
saetear ***tr.*** Asaetar.
saetera ***f.*** Aspillera para disparar saetas. 2 fig. Ventanilla estrecha.
SIN. *2* **Saetía.**
saetero, -ra ***adj.*** Relativo a las saetas. -2 ***m.*** El que pelea con arco y saetas.
SIN. *2* **Sagitario.**
saetí ***m.*** Tejido de raso.
saetía (de *saeta*) ***f.*** Embarcación latina ant. de tres palos y una sola cubierta. 2 Saetera. 3 *Cuba.* Planta gramínea parecida al espartillo *(Gramen saetia).*
saetilla ***f.*** Dim. de *saeta.* 2 Saeta (de reloj, brújula y copla). 3 Sagitaria.
saetín ***m.*** Dim. de *saeta.* 2 Clavito delgado y sin cabeza. 3 En los molinos, canal por donde se precipita el agua desde la presa a la rueda hidráulica.
saetón ***m.*** Aum. de *saeta.* 2 Lance de ballesta, con casquillo puntiagudo y un travesaño en el asta, para que en la caza de conejos el animal herido con él no pudiese entrar en el vivar.
safagina ***f.*** *Colomb.* Barahúnda, jaleo.
safari (del suahili; deriv. del ár. *safara,* viajar) ***m.*** Cacería, expedición de caza mayor: ~ ***fotográfico,*** expedición a un lugar con muchos animales para fotografiarlos en su ambiente natural. 2 Lugar donde se produce.
safena (ár. *safin*) ***adj.*** ***Vena*** ~, la que va a lo largo de la pierna, una por la parte interior y otra por la exterior.
sáfico, -ca (gr. *sapphikós* < *Sappho,* Safo, 612-570, poetisa griega) ***adj.-m.*** Verso de la versificación clásica. 2 Endecasílabo de la poesía española acentuado en la cuarta y octava sílaba. -3 ***adj.*** Relativo a la estrofa compuesta de tres sáficos y un adónico y a la composición que consta de estrofas de esta clase. 4 fam. Relativo a la homosexualidad femenina.
safío ***m.*** *And.* Congrio. 2 *Cuba.* Pez parecido al congrio *(Uranichthys brachycephalus).*
Safira ***n. pr.*** BIB. V. Ananías.
safranina ***f.*** Substancia artificial empleada como colorante de tono azafranado.

safre *m.* Colorante utilizado en vidriería, que se obtiene por tostación de los minerales de cobalto.
I) saga (al. *Sage,* leyenda) *f.* Leyenda poética basada sobre las primitivas tradiciones heroicas y mitológicas de Escandinavia.
II) saga (l. *saga*) *f.* Mujer que se finge adivina y hace encantos o maleficios.
sagacidad *f.* Calidad de sagaz.
SIN. v. **Astucia, perspicacia, olfato; tacto.**
sagallino *m. Sant.* Sábana basta que se usa para transportar la hierba.
sagapeno (l. *-nu* < gr. *sagapenon*) *m.* Gomorresina obtenida de una planta de Persia, que se ha usado en medicina como antiespasmódico.
SIN. **Serapino.**
sagardúa *f. Guip., Nav.* y *Vizc.* Sidra.
sagarrera *f. Colomb.* Pelotera, gresca.
sagatí *m.* Especie de estameña, tejida como sarga. ◇ Pl.: *sagatíes.*
sagato *m. La Mancha.* Paja trillada que se amontona bajo la chimenea con tocones de madera encendidos y pasados del fuego para conservación de las brasas.
sagaz (l. *-ace,* der. de *sagire,* oler la pista) *adj.* Avisado, astuto, prudente. 2 [perro] Que saca por el rastro la caza.
sagazmente *adv. m.* Astutamente, con sagacidad.
sagita (l. *sagitta;* doble etim. *saeta*) *f.* GEOM. Porción de radio comprendida entre el punto medio de un arco de circunferencia y el de su cuerda.
SIN. **Flecha; montea,** (ARQ.) la sagita de un arco o bóveda.
sagitado, -da *adj.* De figura de saeta: *hoja sagitada.*
sagital *adj.* De figura de saeta.
sagitaria *f.* Planta alismácea, propia de los terrenos aguanosos, de hojas sagitadas y flores blancas *(Sagittaria sagittifolia).*
SIN. **Saetilla.**
sagitario (l. *sagittariu;* doble etim. *saetero*) *m.* Saetero (que pelea). 2 Noveno signo o parte del Zodíaco que el Sol recorre aparentemente en el último tercio del otoño. 3 Constelación zodiacal situada entre Capricornio y Escorpión.
ságoma (it. *sagoma*) *f.* ARQ. Escantillón.
sagradamente *adv. m.* Con respeto a lo divino.
SIN. **Sacramente.**
sagrado, -da (l. *sacratu*) *adj.* Que, según rito, está dedicado a Dios o al culto divino. 2 Que por alguna relación con lo divino es venerable. 3 fig. Que por su destino o uso es digno de veneración y respeto. 4 desus. A veces, como en latín, detestable, execrado. -5 *m.* Asilo (lugar seguro). 6 Recurso o sitio que asegura de un peligro. ◇ Superl. *sacratísimo.*
SIN. *1, 2* y *3* **Sacro,** es voz más escogida.
sagrario (l. *sacrariu*) *m.* Parte interior del templo en que se reservan o guardan las cosas sagradas. 2 Lugar donde se guarda y deposita a Cristo sacramentado. 3 En algunas iglesias catedrales, capilla que sirve de parroquia.
SIN. *2* **Custodia, tabernáculo.**
sagú (malayo *çagú*) *m.* Planta palmácea tropical cuya medula es abundante en fécula *(Metroxylon rumphii).* 2 Fécula amilácea que se obtiene de esta planta. 3 p. ext. Nombre que se da a varias féculas obtenidas de los tubérculos de otras plantas. 4 *Amér.* Cica (planta cicadal). ◇ Pl.: *sagúes.*
saguaipé (guaraní) *m. Amér.* Gusano parásito que causa grandes estragos en el ganado lanar *(Fasciola hepatica).* 2 *Amér.* Enfermedad producida por este parásito.
saguaro *m.* Cacto de las regiones desérticas de América, que tiene un tronco, solitario o con ramas, de hasta 18 m. de alto, con flores blancas *(Carnegiea gigantea).*
sagüero, -ra *adj.-s.* De Sagua la Grande, c. de la prov. de Las Villas (Cuba).
ságula (l. *sagulu* < *sagu,* sayo) *f.* Sayuelo.
sagumenta *f.* Pasta alimenticia elaborada con fécula de sagú.
saguntino, -na *adj.-s.* De Sagunto, c. de Valencia.
sah *m.* Rey de Persia o del Irán.
saharaui (ár. *sahrawi*) *adj.-s.* Del Sáhara Occidental, territorio del noroeste de África, administrado por Marruecos.
sahariana *f.* Prenda de vestir semejante a una chaqueta, de tela ligera, con bolsillos sobrepuestos y cinturón.
sahariano, -na *adj.-s.* Del Sáhara, desierto del norte de África. -2 *adj.-m.* Familia de lenguas del tronco negroafricano, habladas en Níger y Chad; como el kanuri y el tubu.
sahárico, -ca *adj.* Sahariano.
sahína *f.* Zahína (planta).
sahinar *m.* Zahinar.
saho *adj.-m.* Lengua perteneciente al grupo cusita, hablada en el norte de Etiopía.
sahornarse (de **so-hornarse,* der. de *horno*) *prnl.* Escocerse o excoriarse una parte del cuerpo.
sahorno *m.* Efecto de sahornarse.
sahumado, -da *adj.* fig. [cosa] Que, siendo buena por sí, resulta más estimable por la adición de otra que la mejora. 2 *Amér.* fam. Ahumado, achispado.
sahumador *m.* Perfumador (vaso). 2 Enjugador (camilla).
sahumadura *f.* Sahumerio.
sahumar (l. *suffumare* < *sub-* + l. *fumu,* humo) *tr.-prnl.* Dar humo aromático [a una cosa]. -2 *tr. And.* Sacar humo. 3 *Chile.* Dar a un objeto un baño de oro o de plata. ◇ **CONJUG. [16] como *aunar.*
sahumerio *m.* Acción de sahumar o sahumarse. 2 Efecto de sahumar o sahumarse. 3 Humo con que se sahúma. 4 Substancia que produce humo aromático.
sahúmo *m.* Sahumerio.
saibó, saibor (ing. *sideboard*) *m. Amér.* ANGLIC. Aparador, mueble.
saica *f.* MAR. Embarcación de dos palos y sin juanetes, usada en el siglo XV por turcos y griegos.
saiga *m.* ZOOL. Único antílope europeo que vive en las estepas del Volga y del Ural, así como en el país de los Kirguises. Tiene los cuernos de color de caramelo y el hocico muy hinchado con las narices tubulares y abiertas hacia abajo *(Saiga tatarica).*
saimirí *m.* Mono pequeño de América Central *(Saimiris sciureus).*
saín (l. v. **saginu* < l. *sagina,* crasitud) *m.* Grosura de un animal. 2 Grasa de pescado que se usa para el alumbrado. 3 Grasa y suciedad de los sombreros y otras cosas.
sainar (l. *saginare*) *tr.* Engordar [a los animales]. ◇ **CONJUG. [15] como *aislar.*
sainete *m.* Dim. de *saín.* 2 Salsa que se pone a ciertos manjares para hacerlos más apetitosos. 3 Pieza dramática jocosa en un acto y, por lo común, de carácter popular. 4 fig. Bocadito delicado y gustoso. 5 fig. Sabor suave y delicado de un manjar. 6 fig. Lo que aviva o realza el mérito de una cosa. 7 fig. Adorno especial en los vestidos y otras cosas.
sainetear *intr.* Representar sainetes. 2 desus. Dar gusto, agradar con algún sabor delicado.
sainetero, -ra *m. f.* Escritor de sainetes.
sainetesco, -ca *adj.* Relativo al sainete o propio de él.
sainetista *com.* p. us. Sainetero.
saíno (de *saín*) *m. Amér.* Pecarí.
saisi *m. Bol.* Especie de ajacho.
I) saja *f.* Sajadura.
II) saja (voz tagala) *f.* Pecíolo del abacá, del cual se extrae el filamento textil.
sajado, -da *adj.* CIR. [ventosa] Que se aplica sobre una sajadura.
sajador *m.* Sangrador (pers.). 2 CIR. Escarificador.
sajadura *f.* Cortadura hecha en la carne.
sajar (probl. del fr. ant. *jarser,* de orig. incierto) *tr.* Hacer sajaduras: *~ un músculo.*
sajelar *tr.* Limpiar de chinas u otros cuerpos extraños [el barro] que preparan los alfareros.
sajía *f.* Sajadura.
sajín *m. Amér. Central.* Sobaquina.
sajino *m. Amér. Central.* Sobaquina.
sajón, -jona (l. *saxones*) *adj.-s.* De un ant. pueblo germánico que habitaba en la desembocadura del Elba y parte del cual se estableció en Inglaterra en el s. V. 2 De Sajonia, vasta reg. de Alemania.
sajornar *tr. Cuba.* Fastidiar, molestar.
sajú *m. Amér. Merid.* Caí.
sajumaya *f. Cuba.* Enfermedad peculiar de los cerdos.
sajuriana *f. Chile* y *Perú.* Baile antiguo que se bailaba entre dos, zapateando y escobillando el suelo.
sake *m.* Aguardiente hecho a base de arroz, originario de Japón.
sakí *m.* Mono platirrino americano de unos 80 cms. de longitud, la mitad de los cuales corresponden a la cola; su colaboración varía con la edad, y los machos viejos son negros, con la cara blanca *(Pithecia* sp.).
sal (l.) *f.* Cloruro de sodio, substancia blanca, cristalina, muy soluble en el agua, que abunda en la naturaleza, formando grandes masas sólidas o disueltas en las aguas del mar y en las de algunas lagunas y manantiales; se usa como condimento, para

conservar los manjares, para la obtención del sodio y sus compuestos, etc.: ~ *gema,* la que se halla en las minas o procede de ellas. 2 fig. Lo que preserva de la corrupción o del error. 3 Agudeza, chiste en el habla. 4 Garbo, gentileza en los ademanes. 5 Lo que rompe la monotonía o aridez de una cosa. 6 Lo que se hace respirar a alguien, a fin de reanimarlo. 7 Substancia cristaloide perfumada que se mezcla con el agua del baño. 8 ~ *ática,* aticismo. 9 ~ *amoníaca* o *amoníaco,* cloruro de amonio. 10 QUÍM. Compuesto formado por la substitución parcial o total del hidrógeno de un ácido por un metal o un radical básico: ~ *de la Higuera* (o *epsomita*), sulfato de magnesia natural; ~ *de nitro,* nitrato de potasio; ~ *de perla,* acetato de cal; ~ *de plomo* o *de Saturno* (también *azúcar de Saturno*), acetato neutro de plomo; ~ *infernal,* nitrato de plata. 11 *C. Rica* y *Guat.* Desgracia, infortunio.
SIN. *4* **Salero.** *9* **Almocrate.** NOM. *10* Las sales formadas por hidrácidos (v. Ácido) terminan en *-uro* o en *-hidrato,* p. ej., del ácido clorhídrico, *cloruro* o *clorhidrato.* Las formadas por oxácidos terminan en *-ato* cuando el ácido termina en *-ico,* p. ej., de los ácidos nítrico, sulfúrico, acético, se llamarán respectivamente *nitrato, sulfato, acetato;* si el nombre del ácido termina en *-oso,* la sal lleva la terminación en *-ito,* p. ej., de los ácidos sulfuroso, arsenioso, hipofosforoso, *sulfito, arsenito, hipofosfito,* respectivamente.
sala (germ. *sal*) *f.* Pieza principal de la casa, donde se reciben las visitas de cumplimiento. 2 Mobiliario de dicha pieza. 3 Aposento de grandes dimensiones. 4 Pieza donde se constituye un tribunal de justicia para celebrar audiencia. 5 Conjunto de los jueces que forman un tribunal de jurisdicción especial. 6 Local destinado a un espectáculo o a un servicio público: ~ *de fiestas,* local recreativo donde se sirven bebidas, y a veces comidas, dotado de pista de baile y en el que se exhiben espectáculos ligeros. 6 Público que está en este local. 7 En los hospitales, dormitorio. 8 En un buque, espacio acotado destinado al personal de dotación o aparatos que se expresen: ~ *de máquinas.*
SIN. *1* y *3* **Salón,** el salón se distingue de la sala por su mayor tamaño relativo, o por su suntuosidad, categoría social, etc.
salabardear *intr.* Sacar la pesca de las redes con el salabardo.
salabardo (orig. incierto quizá ár.) *m.* Saco o manga de red, empleado para sacar la pesca de las redes grandes.
SIN. **Redeña.**
salabre *m.* Arte de pesca menor, individual, que consiste en un bolso de red sujeto a una armadura con mango.
salacenco, -ca *adj.-s.* Del valle de Salazar (Navarra).
salacidad (l. *-itate*) *f.* Calidad de salaz.
salacot (tagalo *salacsac*) *m.* Sombrero de forma elipsoidal, usado en los países orientales, hecho de un tejido de tiras de palma, caña, etc. ◇ Pl.: *salacots.*
saladamente *adv. m.* fig. Chistosamente, con agudeza y gracejo.
saladar *m.* Lagunajo en que se cuaja la sal en las marismas. 2 Terreno estéril por abundar en él las sales.
SIN. *2* **Salobral.**
saladería *f. Argent.* Industria de salar carnes.
saladeril *adj. Argent.* Relativo a la saladería.
saladero *m.* Lugar destinado para salar carnes o pescados. 2 *Colomb.* Lugar donde se da sal al ganado. 3 *R. de la Plata.* Matadero grande.
SIN. *1* **Salador.**
saladilla *f.* Planta quenopodiácea, que crece en terrenos salobreños.
saladillo, -lla *adj.* Dim. de *salado.* -2 *adj.-s.* Tocino fresco poco salado. 3 Almendra, avellana, garbanzo, etc., tostados y salados. -4 *m.* Pastita salada para el té.
saladito *m. Río de la Plata.* Tapa (pedazo).
SIN. **Ingrediente, picadito, preparación, batería.**
salado, -da *adj.* [terreno] Estéril por demasiado salitroso. 2 [manjar] Con más sal de la necesaria. 3 fig. Gracioso, agudo o chistoso. 4 *Amér.* Desgraciado, infortunado. 5 *Argent.* y *Chile.* Caro, costoso: *precios salados.* -6 *m.* Caramillo (planta). 7 ~ *negro,* zagua.
SIN. *3* **Resalado, salero, saleroso,** intensivos.
salador, -ra *adj.-s.* Que sala. -2 *m.* Saladero.
saladura *f.* Acción de salar. 2 Efecto de salar. 3 Acción de añadir sal común al mosto de la uva, a fin de dar al vino aspecto más límpido, conferirle estabilidad y favorecer la precipitación de las materias albuminoides.
salamanca *f. Argent.* Salamandra de cabeza chata, que se encuentra en cuevas y minas, y mide unos 35 cms. de largo *(Plethodon platense).* 2 *Argent.* y *Chile.* Cueva donde las brujas practican sus hechicerías. 3 *Argent.* y *Chile.* Brujería, hechicería. 4 *Cuba.* Lagartija. 5 *Filip.* Juego de manos.
salamandra (l. < gr.) *f.* Anfibio urodelo, de forma parecida a la de un lagarto, y piel lisa, negra con manchas amarillas *(Salamandra salamandra).* 2 Ser fantástico considerado como el espíritu elemental del fuego. 3 ~ *acuática,* tritón (anfibio). 4 Estufa de combustión lenta en que suele quemarse antracita.
salamandria *f.* Salamanquesa.
salamándriga *f. Extr.* Salamandra.
salamandrino, -na *adj.* Relativo a la salamandra o parecido a ella.
salamanqueja *f. Amér.* Salamanquesa, reptil.
salamanquero, -ra *m. f. Filip.* Prestidigitador.
salamanqués, -quesa *adj.-s.* Salmantino.
salamanquesa (de *salamandra* × *Salamanca*) *f.* Reptil saurio, de cuerpo comprimido y ceniciento, piel tuberculosa y dedos terminados en discos; vive en las grietas de los edificios y se alimenta de insectos *(Tarentola mauritanica).*
SIN. **Estelión, salamandria.**
salamanquina *f. Chile.* Lagartija.
salamanquino, -na *adj.-s.* Salmantino.
salamántiga *f. Extr.* y *Sal.* Salamandra.
salamateco, -ca *adj.-s.* De Salamá, cap. del dep. de Baja Verapaz (Guatemala).
salame (del it. *salami*) *m. Amér.* Embutido hecho con carne vacuna y carne grasa de cerdo, picadas y mezcladas. 2 *Argent.* y *Parag.* fig. Tonto, persona de escaso entendimiento.
salamín *m. Argent., Parag.* y *Urug.* Salame delgado.
sálamo *m. Can.* Bozal de alambre entrecruzado.
salamunda (alterac. de *sanamunda*) *f.* Sanamunda.
salangana *f.* Ave apodiforme, propia del Extremo Oriente, insectívora, de 13 cms. de longitud, y plumaje pardusco con reflejos metálicos, alas grandes y cola corta y rectangular *(Collocalia fuciphaga).*
I) salar *m. Amér.* Salina, saladar.
II) salar (l. *-ere*) *tr.* Echar en sal, curar con sal [carnes, pescados, etc.]. 2 Sazonar con sal [un manjar]. 3 esp. Echar más sal de la necesaria. 4 MIN. Depositar fraudulentamente mineral para disimular en un filón una riqueza de yacimiento superior a la real. 5 *Colomb.* Dar sal [al ganado]. 6 *Cuba* y *Hond.* Manchar, deshonrar. 7 *Amér.* Desgraciar, echar a perder [algo]; dar mala suerte.
salariado *m.* Organización del pago del trabajo del obrero por medio del salario exclusivamente.
salarial *adj.* Relativo a los salarios o a los asalariados: *compensación ~ por familia numerosa; aumento ~.*
salariante *adj. Pan.* Jornalero.
salariar *tr.* Asalariar. ◇ ** CONJUG. [12] como ***cambiar.***
salario (l. *-iu* < *sale,* sal) *m.* Estipendio, remuneración de un servicio o trabajo. 2 p. ext. Estipendio con que se retribuyen servicios personales. Aplíc. preferentemente a los obreros manuales, que cobran por jornadas o semanas, mientras el *sueldo* suele valorarse por mensualidades.
SIN. **Quitación,** ant.
salaz (l. *-ace*) *adj.* Muy inclinado a la lujuria.
salazón *f.* Acción de salar (echar en sal). 2 Efecto de salar (echar en sal). 3 Acopio de carnes o pescados salados. 4 Industria y tráfico hecho con estas conservas. 5 *Amér. Central.* fam. Mala suerte.
salazonero, -ra *adj.* Relativo a la salazón.
salbanda (al. *Salband,* orilla) *f.* Capa que separa el filón de la roca estéril.
salce (l. *salice*) *m.* Sauce.
salceda *f.* Salcedo.
salcedo *m.* Terreno poblado de salces.
SIN. **Sauceda, saucedal, saucera, sauzal.**
salchicha (it. *salciccia;* probl. del b. l. *farta salsicia,* embutidos salados) *f.* Embutido, en tripa delgada, de carne de cerdo magra y gorda, bien picada; se consume en fresco. 2 FORT. fig. Fajina larga usada para abrazar y cruzar las demás. 3 MIL. Cilindro de tela muy largo y delgado, relleno de pólvora, que se empleaba para dar fuego a las minas. 4 MIL. Globo dirigible usado por el ejército francés durante la guerra de 1914 a 1918.
salchichería *f.* Establecimiento del salchichero.
salchichero, -ra *m. f.* Persona que tiene por oficio hacer o vender embutidos y otros productos del cerdo.
salchichón *m.* Aum. de *salchicha.* 2 Embutido de jamón, tocino y pimienta en grano, prensado y curado. 3 FORT. Fajina grande formada con ramas gruesas.

salchucho *m. Ál., Logr.* y *Nav.* Estropicio, trastorno.
salcinar *m. Ál.* y *Ar.* Salceda.
salcochar (paras. de *sal* + *cocho;* pp. irreg. de *cocer*) *tr.* Cocer [carnes u otras viandas] sólo con agua y sal.
salcocho *m. Amér. Merid.* Preparación de un alimento cociéndolo en agua y sal para después condimentarlo. 2 *Cuba.* Desperdicios de comida destinados a la ceba de cerdos.
saldar (de *saldo*) *tr.* Liquidar enteramente [una cuenta] satisfaciendo el alcance o recibiendo el sobrante que resulte de ella. 2 Vender a bajo precio [una mercancía] para despacharla pronto.
salderita *f. Ál.* Lagartija.
saldista *com.* Persona que compra y vende géneros procedentes de saldos. 2 Persona que salda (vende).
I) saldo (it. *saldo* < *soldo,* sueldo < l. *solidus,* sólido) *m.* Pago o finiquito de deuda u obligación. 2 Cantidad que de una cuenta resulta a favor (~ *acreedor*) o en contra (~ *deudor*) de uno. 3 fig. Resultado final favorable a alguien o a algo, una vez hechas ciertas comparaciones, deliberaciones, etc. 4 Resto de mercancías que el fabricante o el comerciante venden a bajo precio. 5 fig. Cosa de poco valor, por haberlo perdido o por ser lo que queda después de que se ha escogido lo mejor. 6 Diferencia entre el *debe* y el *haber* de una cuenta.
SIN. *4* **Almoneda.**
II) saldo, -da *adj. Amér.* Liquidado, saldado.
saldorija *f. Murc.* Ajedrea, mata olorosa de la familia de las labiadas.
saldubense *adj.-s.* De Sálduba, ant. nombre de Zaragoza.
salea *f.* Acción de salearse. 2 Efecto de salearse.
salearse *prnl.* Pasear por el mar en una embarcación pequeña.
saledizo *adj.-s.* Saliente; que sobresale. -2 *m.* Salidizo.
salega *f.* Salegar I.
I) salegar *m.* Lugar en que se da sal a los ganados en el campo.
SIN. **Salero.**
II) salegar (v. *salgar*) *intr.* Tomar [el ganado] la sal que se le da. ◇ ** CONJUG. [7] como ***llegar.***
salema *f.* Pez marino perciforme de cuerpo ovoide, con rayas doradas curvilíneas, de carne blanca y poco sabrosa *(Sarpa salpa).*
SIN. **Salpa, pámpano.**
salentino, -na (l. *-nu*) *adj.-s.* De un pueblo de la Italia ant. en la Mesapia.
saleo, -a *m. f. S. Dom.* Cría de la burra.
salep (ár.) *m.* Hierba orquidácea, de hojas oblongas con manchas carmesíes longitudinalmente, y flores carmesíes en racimos *(Orchis mascula).* 2 Fécula que se extrae de los tubérculos de varias especies de orquídeas. ◇ Pl.: *salepes.*
salera *f.* Piedra o recipiente en que se echa la sal al ganado. 2 *Sal.* Especiero que se usa en las cocinas para tener sal y especias. 3 *Chile.* Salina.
salernitano, -na *adj.-s.* De Salerno, c. de Italia.
salero *m.* Vaso para servir la sal en la mesa. 2 Lugar donde se guarda la sal. 3 Salegar (lugar). 4 fig. Gracia, donaire. 5 fig. Persona salerosa. 6 Base sobre que se arman los saquetes de metralla. 7 Zoquete de madera sobre el cual se colocan y aseguran las granadas esféricas. 8 *Chile.* Salina.
SIN. *2* **Salín.** *4* **Sal.**
salerón *m. And.* Probeta destinada a medir la densidad del vino.
saleroso, -sa *adj.* fig. Que tiene salero y gracia.
SIN. v. **Salado.**
salesa *adj.-f.* Religiosa de la orden de la Visitación de Nuestra Señora, fundada en el s. XVII, en Francia, por san Francisco de Sales (1567-1622) y santa Juana Francisca Fremiot de Chantal (1572-1641).
salesiano, -na *adj.-s.* [pers.] Del oratorio de san Francisco de Sales (1567-1622), congregación fundada por san Juan Bosco (1815-1888) en el s. XIX, para la educación de la juventud.
saleta *f.* Dim. de *sala.* 2 Sala de apelación. 3 Habitación que antecede a la antecámara del rey o de las personas reales. -4 *com. Cuba.* Persona voluble, informal.
salgada, -dera (de *salgar*) *f.* Orzaga.
salgar (l. **salicare;* doble etim. *salegar*) *tr.* Dar sal [a los ganados]. ◇ ** CONJUG. [7] como ***llegar.***
salgareño *adj.* [pino] Negral.
salguera *f.* Sauce. 2 ~ ***blanca,*** mimbrera (arbusto).
salguero (l. **salicariu*) *m.* Sauce.
salic-, v. salici-.
salicáceo, -a (v. *salici-*) *adj.-f.* Planta dicotiledónea, árbol o arbusto dioico, de hojas sencillas y alternas, flores en amento y fruto capsular con muchas semillas sin albumen; como el álamo. -2 *f. pl.* Familia de estas plantas.
salical *adj.-f.* Planta dicotiledónea, árbol o arbusto dioico, de hojas sencillas con estípulas y flores unisexuales. -2 *f. pl.* Orden de estas plantas.
salicaria (v. *salici-*) *f.* Planta herbácea litrácea, usada en medicina como astringente *(Lythrum salicaria).*
SIN. **Arroyuela.**
salici-, salic- (l. *salix, -icis*) Elemento prefijal que entra en la formación de palabras con el significado de sauce.
salicilato *m.* Sal o éster del ácido salicílico.
salicílico (v. *salici-*) *adj.-s.* Ácido sólido cristalino, antiséptico, que se obtiene de la salicina y cuyas sales se emplean contra el reumatismo.
salicina *f.* Glucósido cristalizable, de color blanco y sabor amargo, que se extrae de la corteza del sauce.
salicíneo, -a *adj.-f.* Salicáceo.
sálico, -ca *adj.* Relativo a los salios II. V. ley sálica.
salicor (fr. < b. l. *salicorneu*) *m.* Arbusto quenopodiáceo erecto, de ramas opuestas cortas, que vive en los saladares *(Salicornia europaea).*
SIN. **Sapina.**
salicornia *f.* Género de plantas quenopodiáceas, de tallos articulados, hojas enteras y sésiles y flores, imperceptibles a primera vista, dispuestas en espigas. Sus cenizas se usaban para hacer jabón (gén. *Salicornia*).
salicultura (de *sal* + *-cultura*) *f.* Explotación de las salinas; industria salinera.
salida *f.* Acción de salir. 2 Efecto de salir. 3 Acción de salir un astro, cuerpo celeste. 4 Instante en que se produce dicha acción. 5 Parte por donde se sale fuera de un lugar. 6 Campo contiguo a las puertas de los pueblos. 7 Parte que sobresale en alguna cosa. 8 Despacho de los géneros. 9 Partida de data o de descargo en una cuenta. 10 Resultados producidos por un ordenador. 11 fig. Escapatoria, pretexto. 12 fig. Medio o razón con que se vence un argumento, dificultad o peligro: ~ ***de pie de banco,*** despropósito, disparate; ~ ***de tono,*** dicho destemplado e inconveniente. 13 fig. Ocurrencia (pensamiento). 14 fig. Fin o término de un negocio o dependencia. 15 En algunos juegos de naipes, y en los de billar, damas, etc., acción de salir o derecho de un jugador a empezar el juego. 16 DEP. En algunos deportes, punto o lugar desde el que se inicia una carrera, competición, etc. 17 ECON. Transferencia por parte de una empresa de una cantidad de dinero al exterior. 18 MAR. Primer empuje de un buque al emprender la marcha. 19 MAR. Velocidad con que navega un buque, en especial la remanente que le queda al parar la máquina. 20 MIL. Acometida repentina de tropas de una plaza sitiada contra los sitiadores. 21 TAUROM. Dirección que toma el toro cuando el torero remata un lance o pase. 22 TECNOL. Parte de una máquina, canalización, circuito eléctrico, horno, etc., por donde salen las piezas o productos, los fluidos, las corrientes eléctricas, etc.
SIN. *11* v. **Efugio.** *8* v. **Pedido.** *7* **Saliente.** *6* **Ejido, campillo.**
salidero, -ra *adj.* Amigo de salir, andariego. -2 *m.* Salida, espacio para salir.
salidizo (de *salido*) *m.* Parte del edificio que sobresale fuera de la pared maestra en la fábrica.
SIN. **Desplome, saledizo, voladizo.**
salido, -da *adj.* Que sobresale en un cuerpo más de lo regular. 2 Relativo a la hembra de algunos animales cuando está en celo.
salidor, -ra *adj. Chile* y *Venez.* Salidero, andariego. 2 *Méj.* Brioso, animoso.
saliente *m.* Oriente (este). 2 Salida (parte que sobresale). 3 Voladizo.
salífero, -ra *adj.* Salino.
salificable *adj.* [substancia] Capaz de combinarse con un ácido o una base para formar una sal.
salificación *f.* Acción de salificar. 2 Efecto de salificar.
salificar (de *sal* + *-ificar*) *tr.* QUÍM. Convertir en sal [una substancia]. ◇ ** CONJUG. [1] como ***sacar.***
salima *f.* Salvia (mata).
salimiento *m.* Salida (acción y efecto).
salín *m.* Salero (lugar).
salina (l.) *f.* Mina de sal. 2 Establecimiento donde se beneficia la sal de las aguas.
salinero, -ra *adj.* Perteneciente o relativo a la salina. 2 [toro] Que tiene el pelo jaspeado de colorado y blanco. -3 *m. f.* Persona que fabrica, extrae, transporta o trafica con sal. -4 *f.* Salina.
salinidad *f.* Calidad de salino. 2 En oceanografía, cantidad re-

lativa de sales disueltas en el agua del mar. Se determina por el peso de las sales que contiene un kilo de agua.
salino, -na ***adj.*** Que naturalmente contiene sal. 2 Que participa de los caracteres de la sal. 3 [res vacuna] Manchado de pintas blancas.
I) salio, -lia (l. *-iu*) ***adj.*** Relativo a los sacerdotes de Marte, en la ant. Roma. -2 ***m.*** Sacerdote de Marte.
II) salio, -lia ***adj.-s.*** Individuo de uno de los ant. pueblos francos establecidos a orillas del río Sala, hoy Yssel, en la Germania interior.
salipirina ***f.*** Salicilato de antipirina.
salir (l. *-ire,* saltar, brotar) ***intr.*** Pasar de la parte de adentro a la de afuera: *~ a la calle.* 2 p. anal. Desembarazarse o librarse de algún lugar estrecho o peligroso: *salimos del barrizal.* 3 Libertarse, desembarazarse de algo que ocupa o molesta: *~ de dudas, de apuros.* 4 Cesar en un oficio o cargo: *pronto saldré de tutor.* 5 Acabarse las estaciones y otras partes del tiempo: *hoy sale el verano.* 6 Ir a parar: *esta calle sale a la plaza.* 7 Desaparecer [una mancha]. 8 Con la prep. *de* y algunos nombres como *juicio, sentido,* etc., perder el uso de lo que los nombres significan. 9 Con la misma prep., apartarse de una cosa o faltar a ella: *~,* o *salirse, de la regla.* 10 Deshacerse de una cosa vendiéndola o despachándola: *ya he salido de todo mi grano.* 11 Aparecer, manifestarse, descubrirse: *~ el sol.* 12 Descubrir, mostrar uno su índole, carácter, utilidad, etc.: *~ muy travieso, muy juicioso.* 13 Demostrarse los sentimientos, esp. las culpas: *~ a,* o *en, la cara.* 14 Manifestarse, a favor o en contra: *~ contra alguno; ~ a favor de alguno.* 15 Darse al público, publicarse [algo] periódicamente: *~ el periódico.* 16 p. anal. Nacer, brotar [algo]: *empieza a ~ el trigo.* 17 Proceder, traer su origen [una cosa de otra]: *de su conducta salió la idea de alejarle.* 18 Acaecer, surgir, presentarse de nuevo una ocasión, oportunidad, etc.: *~ un empleo.* 19 Venir a ser, quedar: *~ vencedor; la sospecha salió falsa.* 20 Ser elegido o sacado por suerte: *Antón ha salido alcalde.* 21 Aparecer [alguien] citado en una publicación o en una obra propia. 22 Aparecer [alguien] en una película, obra, etc. 23 ***abs.*** En ciertos juegos, ser uno el primero que juega. 24 Partir de un lugar a otro: *los reyes salieron de Madrid para Barcelona; el tren sale a las seis.* 25 Sobresalir: *esta cornisa sale demasiado.* 26 Tratándose de cuentas, resultar que están bien ajustadas. 27 Tener buen o mal éxito una cosa. 28 Costar una cosa que se compra: *me sale a,* o *por, veinte pesetas.* 29 Parecerse, asemejarse: *este niño ha salido a su padre.* Se usa con la prep. *a.* 30 Con la prep. *con,* decir o hacer una cosa inesperada o intempestiva: *¿ahora sale usted con eso?* 31 Con la misma prep. y ciertos nombres, lograr o conseguir lo que los nombres significan: *~,* o *salirse, con la pretensión.* 32 Con las prep. *a* o *por,* obligarse a satisfacer algún gasto u otra responsabilidad, esp. pecuniaria: *~ a uno en una cosa; ~ por fiador.* 33 DEP. Adelantar momentaneamente su posición habitual un jugador, generalmente un defensa. 34 MAR. Adelantarse una embarcación a otra cuando navegan juntas. -35 ***prnl.*** Derramarse por una rendija o rotura el contenido de un receptáculo: *el agua se sale;* dícese también del receptáculo: *el cántaro se sale.* 36 Rebosar un líquido al hervir: *la leche se ha salido.* 37 En algunos juegos, hacer los tantos o las jugadas necesarias para ganar. ◇ ** CONJUG. [84]. ◇ GRAM. Como verbo de movimiento, admite construcción seudorrefleja para denotar enfáticamente la participación del sujeto, en especial en la lengua hablada: *luego te saldrás a dar un paseo; se ha salido del convento; se salió con la suya; salirse de quicio.*
FRS. *No ~ de uno una cosa,* callarla, ser sugerida por otro; *salga lo que saliere,* denota la resolución de hacer una cosa sin preocuparse del resultado; *~ uno pitando,* salir o echar a correr impetuosa y desconcertadamente; manifestar cólera o acaloramiento súbito en una discusión; *~ adelante,* vencer una gran dificultad o peligro; ir superando las adversidades de la vida; *salirse con la suya,* hacer su voluntad contra el parecer de otros. SIN. *1* **Saltar,** salir con ímpetu: *el toro salió al redondel. 19* y *27* **Resultar.** *30* **Descolgarse.** *24* **Arrancar,** tratándose de vehículos, alude al primer empuje de la partida; **zarpar, levar anclas, hacerse a la mar,** tratándose de barcos.
salisipan ***m.*** Embarcación del sur del archipiélago filipino.
salitrado, -da ***adj.*** Compuesto o mezclado con salitre.
salitral ***adj.*** Salitroso. -2 ***m.*** Paraje donde se cría y halla el salitre.
SIN. *2* **Nitral, salitrera.**
salitre (cat. *salnitre* < l. *sal nitru*) ***m.*** Nitro, nitrato potásico. 2 Substancia salina, esp. la que aflora en tierras y paredes. 3 *Chile.* Nitrato de Chile.
salitrera ***f.*** Salitral. 2 *Chile.* Salitrería.
salitrería ***f.*** Casa o lugar donde se fabrica o beneficia el salitre.
SIN. **Nitrería.**
salitrero, -ra ***adj.*** Relativo al salitre. -2 ***m. f.*** Persona que tiene por oficio trabajar en salitre o venderlo. -3 ***adj.*** *Chile.* Relativo al nitrato de Chile.
salitroso, -sa ***adj.*** Que tiene salitre.
saliva (l.) ***f.*** Humor alcalino, acuoso, algo viscoso, segregado por glándulas, cuyos conductos secretores se abren en la cavidad de la boca; sirve para humedecer la membrana mucosa y preparar los alimentos para la digestión: ***gastar ~,*** hablar inútilmente; ***tragar ~,*** soportar sin protestar una determinación, palabra o acción que ofende o disgusta.
salivación ***f.*** Acción de salivar. 2 Ptialismo.
SIN. **Sialismo.**
salivadera ***f.*** *And.* y *Amér.* Escupidera.
salivajo ***m.*** Salivazo.
salival, salivar ***adj.*** Relativo a la saliva: *glándulas salivales.*
salivar (l. *-are*) ***intr.*** Arrojar saliva.
salivazo ***m.*** Porción de saliva escupida de una vez.
salivera ***f.*** Sabor unido al freno del caballo. 2 *Amér.* Escupidera.
salivoso, -sa ***adj.*** Que expele mucha saliva. 2 Semejante a la saliva.
salladura ***f.*** Acción de sallar.
sallar (v. *sachar*) ***tr.*** Sachar. 2 Tender sobre polines [las grandes piezas de madera] para conservarlas.
SIN. *1* v. **Escardar.**
sallete ***m.*** Instrumento para sallar.
salma (l. *sagma,* albarda) ***f.*** Tonelada. 2 *Logr.* y *Sor.* Jalma.
salmanticense (l.) ***adj.-com.*** Salmantino.
salmantino, -na ***adj.-s.*** De Salamanca.
SIN. **Salamanqués, salamanquino,** p. us. actualmente. **Salmanticense,** se usa pralte. tratándose de instituciones, estudios, etc.: *Universidad ~; bibliografía ~; colegios salmanticenses.*
salmar ***tr.*** *Logr.* y *Sor.* Enjalmar.
salmear ***intr.*** Rezar o cantar los salmos.
SIN. **Salmodiar.**
salmer (fr. *sommier* < b. l. *sagmariu,* mulo de carga) ***m.*** ARQ. Piedra del machón o muro, cortada en plano inclinado, de donde arranca un arco adintelado o escarzano.
salmera ***adj.*** Relativo a la aguja de enjalmar.
salmerón ***adj.*** [trigo] Que tiene la espiga grande.
salmista ***m.*** El que compone salmos. 2 p. ant. El profeta David. 3 El que tiene por oficio cantar los salmos y las horas canónicas en las catedrales.
salmo (l. *psalmu* < gr. *psallo,* pulsar un instrumento de cuerda) ***m.*** Composición o cántico que contiene alabanzas a Dios: ***~ gradual,*** cualquiera de los quince que el Salterio comprende desde el 119 al 133. -2 ***m. pl.*** p. ant. Los de David.
salmodia (gr. *psalmodia*) ***f.*** Canto usado en la Iglesia para los salmos. 2 fig. Canto monótono. ◇ INCOR.: *salmodía.*
salmodiar ***intr.*** Salmear. -2 ***tr.*** Cantar [algo] con cadencia monótona. ◇ ** CONJUG. [12] como ***cambiar.***
salmón (l. *salmone*) ***m.*** Pez teleósteo clupeiforme, de carne muy estimada, que vive cerca de las costas y remonta los ríos en la época de la cría *(Salmo salar).* -2 ***adj.-m.*** Color rojizo como el de la carne de este pez. -3 ***adj.*** De color salmón.
SIN. *1* **Becal,** el salmón macho.
salmonado, -da ***adj.*** [pescado] Que se parece en la carne al salmón. 2 De color semejante al del salmón.
SIN. **Asalmonado.**
salmonelosis ***f.*** Infección causada por microorganismos del género *Salmonella;* su entrada en el organismo se efectúa siempre por el aparato digestivo mediante la ingestión de alimentos y líquidos contaminados. ◇ Pl.: *salmonelosis.*
salmonero, -ra ***adj.*** Relativo o perteneciente al salmón. -2 ***m.*** Espinel corto de flote que se larga a popa de una embarcación y se deja arrastrar por la corriente. -3 ***f.*** Red para la pesca del salmón. 4 Rampa que se construye en las cascadas de los ríos para facilitar la subida de los salmones.
salmonete (fr. *surmulet* × cast. *salmón*) ***m.*** Pez marino teleósteo perciforme, comestible, de color rojizo, con dos barbillas en la mandíbula inferior *(Mullus barbatus; M. surmuletus).*
SIN. **Barbo de mar, trigla, trilla.**
salmónido ***adj.-m.*** ZOOL. Pez de la familia de los salmónidos. -2 ***m. pl.*** Familia de peces clupeiformes de cuerpo alargado, cubierto de escamas muy adherentes; viven en el mar aunque se trasladan a las aguas frías de los ríos para desovar; como el salmón.

salmorear *tr. Venez.* Sermonear, reprender.
salmorejo (de *salmuera*) *m.* Salsa de agua, vinagre, aceite, sal y pimienta. 2 fig. Reprimenda, escarmiento. 3 *And.* Especie de gazpacho que se hace con pan, huevo, tomate, pimiento, ajo, sal, agua, vinagre y aceite; todo ello muy desmenuzado y batido para que resulte un puré.
salmuera (l. v. *salemuria < l. *muria*) *f.* Agua cargada de sal. 2 Agua que sueltan las cosas saladas. 3 Líquido preparado con sal y, a veces, otros condimentos en el que se conservan pescados, carne, etc. 4 En la refrigeración, disolución de cloruro de calcio u otras sales, empleada por su bajo punto de congelación en instalaciones frigoríficas.
salmuerarse *prnl.* Enfermar los ganados de comer mucha sal.
salobral *adj.-s.* Salobreño, saladar.
salobre (orig. incierto) *adj.* Que por su naturaleza tiene sabor de sal: *aguas salobres.*
salobreño, -ña *adj.* [tierra] Que es salobre o tiene mezcla de alguna sal.
salobridad *f.* Calidad de salobre.
salol *m.* Combinación de los ácidos salicílico y fénico, usada como antipirético y antiséptico.
saloma (l. y gr. *celeusma*) *f.* Canto cadencioso con que acompañan los marineros y otros operarios su faena. ◇ También *zaloma.*
salomar *tr.* Acompañar [una faena] con la saloma.
Salomé *n. pr.* BIBL. Hija de Herodías que, inducida por su madre, pidió a Herodes la cabeza de san Juan Bautista en recompensa de sus danzas.
salomeo *m. Pan.* Son cadencioso de los trabajadores.
salomón (de *Salomón,* rey de Judá e Israel) *m.* fig. Hombre de gran sabiduría.
salomónico, -ca *adj.* Relativo a Salomón. V. columna salomónica.
I) salón *m.* Aum. de *sala*. 2 Pieza de grandes dimensiones para visitas y fiestas en las casas particulares. 3 p. ext. Mobiliario de esta pieza. 4 Pieza donde celebra sus actos públicos una corporación. 5 Comedor de gala en hoteles, restaurantes, etc. 6 Casa o local donde se proporcionan ciertos servicios al público: *~ de té; ~ de belleza.* 7 Galería destinada a exponer obras de arte. 8 Exposición. -9 ***loc. adj. De ~,*** TAUROM., [toreo] que se ejercita frente a un toro imaginario; y por extensión, bonito o plausible externamente, pero sin arriegarse o comprometerse a la hora de la verdad: *toreo de ~, político de ~.* 10 *Amér.* Establecimiento lujoso donde se venden dulces, licores y refrescos.
SIN. v. **Sala.**
II) salón *m.* p. us. Carne o pescado salado para que se conserve. 2 *Sal.* Cebo de salvado con sal que se da a los cerdos.
saloncillo *m.* Dim. de *salón*. 2 En los establecimientos públicos, sala reservada para algún uso especial.
salpa (l.) *f.* Salema. 2 ZOOL. Animal procordado, tunicado, de cuerpo cilíndrico y con sólo dos hendiduras branquiales (gén. *Salpa*).
SIN. *2* **Moco.**
salpafuera *m. Cuba.* Correcorre.
salpicaderas *f. pl. Méj.* Guardabarros.
salpicadero *m.* Tablero que llevan algunos carruajes para preservar de salpicaduras de lodo al conductor. 2 Tablero situado en los vehículos automóviles delante del conductor, en el que se hallan algunos mandos y aparatos indicadores.
salpicadura *f.* Acción de salpicar. 2 Efecto de salpicar. -3 ***f. pl.*** Consecuencias indirectas de algún suceso: *las salpicaduras de la guerra entre los neutrales.*
SIN. *1* y *2* **Salpicón; salpique,** intensivo.
salpicar (orig. incierto) *tr.* Rociar, esparcir en gotas [una cosa líquida]: *~ el aceite.* 2 Caer gotas de un líquido [en una pers. o cosa]: *le salpicó el barro la ropa; le salpicó la ropa de,* o *con, barro.* 3 fig. Esparcir, diseminar como rociando [cosas materiales o inmateriales]: *~ de chistes la conversación; ~ el valle de árboles.* 4 Pasar de unas cosas a otras sin orden, dejando otras en medio o sin acabar: *~ la lectura de un libro.* ◇ ** CONJUG. [1] como ***sacar.***
salpicón *m.* intens. Salpicadura. 2 Fiambre de carne, pescado o marisco desmenuzado y condimentado con pimienta, sal, aceite, vinagre y cebolla. 3 fig. Cosa hecha pedazos. 4 *Ast.* Pasta de nueces. 5 *Ecuad.* Bebida fría hecha de zumo de frutas.
salpimentar (paras.) *tr.* Adobar [una cosa] con sal y pimienta. 2 fig. Amenizar, hacer sabrosa [una cosa] con palabras o hechos. ◇ ** CONJUG. [27] como ***acertar.***
salpimienta *f.* Mezcla de sal y pimienta.
salpingitis (*salping-* + *-itis*) *f.* MED. Inflamación aguda o crónica de las trompas del útero o de Falopio; generalmente es de causa infecciosa crónica, a menudo tuberculosa. ◇ Pl.: *salpingitis.*
salpingo-, salping-, elemento prefijal que entra en la formación de palabras con el significado de trompa de Falopio o trompa de Eustaquio.
salpingografía (*salpingo-* + *-grafía*) *f.* MED. Examen radiográfico de las trompas uterinas, mediante la introducción de una substancia opaca a los rayos X a través de la vagina y el útero. Es una exploración que se efectúa en casos de esterilidad para conocer si las trompas están obstruidas o libres.
salpingoplastia (*salpingo-* + *-platia*) *f.* MED. Intervención quirúrgica destinada a restablecer la permeabilidad de las trompas del útero en caso de que éstas estén obstruidas.
salpique *m.* Salpicadura.
salpiquear *tr. Colomb.* y *P. Rico.* Salpicar.
salpresamiento *m.* Acción de salpresar. 2 Efecto de salpresar.
salpresar (b. l. *salspersare,* de *spersus,* esparcido) *tr.* Aderezar con sal [una cosa] prensándola para que se conserve. ◇ CONJUG.: pp. reg.: *salpresado*; irreg., usado sólo como adjetivo: *salpreso.*
salpreso, -sa, pp. irreg. de *salpresar*.
salpullido (ant. *sarpullo;* probl. del l. v. *serpuculu, der. del l. *serpere,* propagarse) *m.* Erupción cutánea leve y pasajera. 2 Señales que dejan en el cutis las picaduras de las pulgas.
SIN. **Sarpullido.**
salpullir *tr.* Levantar salpullido. -2 ***prnl.*** Llenarse de salpullido. ◇ ** CONJUG. [41] como ***mullir.***
SIN. **Sarpullir.**
salsa (l., salada) *f.* Mezcla de varias substancias comestibles desleídas, que se hace para aderezar o condimentar la comida: ***~ blanca,*** la hecha con harina y manteca que no se han dorado al fuego; ***~ mahonesa*** o ***mayonesa*** (gal.), la hecha batiendo yema de huevo con aceite crudo; ***~ mayordoma,*** la hecha batiendo manteca de vaca con perejil y otros condimentos; ***~ rubia,*** la hecha rehogando harina en manteca o aceite hasta que toma color. 2 fig. Cosa que excita el gusto. 3 fam. Sal, gracia. 4 Baile surgido entre los inmigrantes caribeños de Nueva York. 5 Música y canto de este baile.
FRS. *~ de San Bernardo,* el hambre, que hace buenos todos los manjares. *Vale más la ~ que los perdigones,* vale más lo accesorio que lo principal; *en su propia ~,* hallarse una persona o cosa rodeada de todas aquellas circunstancias que más realzan lo característico que hay en la misma.
salsamentaría *f. Colomb.* Tienda donde se venden al público embutidos, carnes curadas, etc.
salsear *tr.* Cubrir de salsa una vianda. -2 ***intr.*** *Murc.* y *Nav.* fam. Curiosear, entremeterse.
salsedumbre *f.* Calidad de salado.
salsera *f.* Vasija en que se sirve salsa. 2 Salserilla (taza).
salsereta, salserilla *f.* Dim. de *salsera*. 2 Taza pequeña y de poco fondo.
salsero, -ra *adj.* [tomillo] Que sirve para condimento. 2 [pers.] Aficionado a hacer salsas, o condimentar la comida con ellas. 3 fam. Entremetido. 4 Perteneciente o relativo a la salsa (baile). -5 ***m.*** *Gal.* Salpicadura de agua de mar, roción ligero. 6 *Chile.* El que vende sal, salinero.
salserón *m.* Medida para grano y maquila.
salseruela *f.* Salserilla.
salsifí (fr. *salsifis* < it. *sassifrica* < l. *saxifraga*) *m.* Planta compuesta, de raíz fusiforme, blanca y comestible *(Tragopogon pratense).* 2 ***~ de España,*** o ***negro,*** escorzonera. ◇ Pl.: *salsifíes.*
salsoláceo, -a (l. *salsu,* salado) *adj.-f.* Quenopodiáceo.
saltabanco, -cos (it. *saltimbanco*) *com.* Charlatán que en la vía pública expone y vende drogas, confecciones, etc. 2 Jugador de manos, titiritero. 3 fig. Zascandil.
SIN. **Saltimbanqui, saltimbanco, saltaembanco.** *2* **Prestidigitador.**
saltabardales *com.* fig. Persona traviesa y alocada. ◇ Pl.: *saltabardales.*
SIN. **Saltaparedes.**
saltabarrancos *com.* fig. Persona que anda, corre y salta por todas partes. ◇ Pl.: *saltabarrancos.*
saltable *adj.* Que se puede saltar.
saltacaballo *m.* Parte de una dovela, que monta sobre la hilada horizontal inmediata.
saltacercas *f.* Mariposa diurna de color leonado vivo, con un enrejado negro característico *(Lasiomnata megera).* ◇ Pl.: *saltacercas.*

saltacharquillos *com.* fig. Persona que va pisando de puntillas, con afectación. ◇ Pl.: *saltacharquillos.*
saltación (l. *-atione*) *f.* Arte de saltar. 2 Baile o danza.
saltadero *m.* Lugar a propósito para saltar. 2 Surtidor (chorro). 3 Salto de agua que forma un arroyo en una garganta estrecha.
saltadizo, -za *adj.* Que salta (se rompe).
saltado, -da *adj.* Saltón, díc. esp. de los ojos.
saltador, -ra *adj.* Que salta. -2 *m. f.* Persona que salta por oficio o ejercicio. -3 *m.* Comba (cuerda).
saltadura *f.* Defecto en la superficie de una piedra por haber saltado una lasca al labrarla.
saltaembanco, -cos (de *saltar + en + banco*) *com.* Saltabanco.
saltaembarca (de *saltar + en + barca*) *f.* Especie de ropilla que se vestía por la cabeza. ◇ Pl.: *saltaembarcas.*
saltagatos *m. Colomb.* Saltamontes. ◇ Pl.: *saltagatos.*
saltamontes *m.* Insecto ortóptero saltador, de 5 a 6 cms. de largo, color verde amarillento o pardo y patas posteriores muy robustas; es una de las langostas de España *(Stauronotus maroccanus).* ◇ Pl.: *saltamontes.*
SIN. **Caballeta, cigarrón; saltón,** esp. cuando tiene las alas rudimentarias.
saltana *f. Argent.* Pasadera.
saltaneja *f. Amér.* Gradilla (zanja) en los caminos.
saltanejal *m. Colomb.* Cenagal, pantano, lugar donde abundan los saltanejos.
saltanejo *m. Colomb.* En los caminos, zanja o carril, producidos por el paso frecuente de los ganados.
saltanejoso, -sa *adj. Cuba.* [terreno] Que tiene ligeras ondulaciones.
saltante *adj. Chile* y *Perú.* Sobresaliente, notable, visible. -2 *f. Cuba.* En el juego del monte, carta primera del albur.
saltaojos *m.* Peonía. ◇ Pl.: *saltaojos.*
saltapajas *m. Logr.* y *Pal.* Saltamontes. ◇ Pl.: *saltapajas.*
saltaparedes *com.* fig. Saltabardales. ◇ Pl.: *saltaparedes.*
saltaperico *m. Cuba.* Hierba silvestre, acantácea, con flores azules *(Ruellia tuberosa).* 2 *Cuba.* Cohete estrepitoso, rastrero y saltarín. 3 *Méj.* Tira de papel con manchas de fósforo que al prenderlas saltan. 4 *Venez.* Bullicio, algazara.
saltapericos *m. La Mancha.* Saltamontes. ◇ Pl.: *saltapericos.*
saltaprados *m. Ast.* Saltamontes. ◇ Pl.: *saltaprados.*
saltapurriche *m. Méj.* Jinete de poca habilidad que gusta de andar presumiendo.
saltar (l. *-are*) *intr.* Levantarse del suelo con el impulso de las piernas, ya verticalmente para dejarse caer en el mismo sitio, ya oblicuamente pasando a otro. 2 Arrojarse desde una altura para caer de pie: ~ *en tierra.* 3 Arrojarse al agua desde un trampolín. 4 Lanzarse con paracaídas desde una aeronave. 5 Perder el contacto, levantarse una cosa por propio impulso y con violencia, pasando de un lugar a otro: ~ *una pelota, una chispa.* 6 Salir un líquido hacia arriba con ímpetu. 7 Cambiar rápida o bruscamente la dirección del viento. 8 en gral. Romperse o quebrarse violentamente una cosa. 9 Desprenderse una cosa de donde estaba unida y fija. 10 fig. Hacerse reparable o sobresalir mucho [una cosa]: *la moldura salta demasiado;* ~ ***a la vista,*** ser evidente, ser comprensible. 11 fig. Ofrecerse repentinamente una especie a la imaginación o a la memoria. 12 fig. Demostrar o dar a entender [alguien] vivamente que está picado o resentido, o que siente gran alegría: *está que salta;* ~ *de gozo.* 13 esp. *y* fig. Decir una cosa que no viene al intento de lo que se trata, o responder intempestivamente aquel con quien no se habla: ~ *con una simpleza.* 14 Dejar uno contra su voluntad el puesto o cargo que desempeñaba: ~ *del ministerio.* 15 Ascender a un puesto más alto que el inmediatamente superior sin haber ocupado éste. 16 Hacerse notar una cosa por su extremada limpieza. -17 *tr.* Salvar de un salto un espacio: ~ *la corriente, la pared; intr.,* ~ *por la cerca.* 18 Cubrir el macho a la hembra, en ciertas especies de cuadrúpedos. 19 Pasar de una cosa a otra dejando [las que debían suceder por orden]: ~ *las cuestiones; hemos saltado varias puertas.* 20 esp. *y* fig. Omitir voluntariamente o por inadvertencia [parte de un escrito]. 21 En algunos juegos como el ajedrez, mover una pieza por encima [de las figuras que están sentadas]. 22 En el juego del monte, apuntar a una de las cuatro cartas contra las otras tres: ~ *un duro al rey.* 23 MAR. Arriar un poco [un cabo] para disminuir su tensión y trabajo. -24 *prnl.* Infringir una ley, un precepto, etc.
SIN. *1* **Brincar.** *10* **Resaltar.** *19* y *20* **Pasar por alto, dejar, omitir.**
saltarel, -lo (it. *saltarella*) *m.* Antiguo baile de origen italiano, de ritmo ternario y movimiento vivo. 2 Música de este baile.
saltarén *m.* Son de guitarra a cuyo compás se bailaba. 2 Saltamontes.
saltarín, -rina *adj.-s.* Que danza o baila. 2 fig. [mozo] Inquieto y de poco juicio. -3 *m.* Colémbolo. 4 Pez marino teleósteo perciforme, de unos 20 cms. de longitud, con las aletas pectorales en forma de patas que le sirven para desplazarse; se pasa la mayor parte del tiempo con el cuerpo fuera del agua, respirando aire atmosférico *(Periophthalmus barbarus).*
saltarregla *f.* Falsa escuadra.
saltarrocas *m.* Antílope pequeño de pelaje grisáceo con el vientre blanco. Sólo los machos poseen cuernos, que son rectos y cortos y anillados en la base *(Oreotragus oreotragus).* ◇ Pl.: *saltarrocas.*
saltarrostro *m. Extr.* Salamanquesa.
saltaterandate *m.* Especie de bordado.
saltatorio, -ria *adj.* Empleado o adaptado para saltar.
saltatrás *com.* Descendiente de mestizos que ofrece por atavismo caracteres de una sola raza originaria, tornatrás. 2 Hijo de piel más obscura que la de la madre, en las castas coloniales. 3 Descenciente de tercerón y mulata. 4 Descenciente de morisco y blanca. 5 *Colomb.* Descendiente de cuarterón o quinterón y mulata o tercerona. 6 *Méj.* Descendiente de blanco y albina. 7 *Méj.* Descendiente de chino e india. 8 *Méj.* Descendiente de morisco y mulata. 9 *Méj.* Descendiente de tentenelaire y mulata. 10 *Méj.* ~ ***cuarterón,*** descendiente de negro y tercerona. 11 *Méj.* ~ ***quinterón,*** quinterón saltatrás. 12 *Venez.* Descendiente de mestizo e india. ◇ Pl.: *saltatrás.*
saltatriz (l. *-ice*) *f.* desus. Mujer que tiene por profesión saltar y bailar.
saltatumbas (de *saltar + tumba*) *m.* fig., desp. *y* fam. Clérigo que se mantiene pralte. de lo que gana asistiendo a los entierros. ◇ Pl.: *saltatumbas.*
salteador, -ra *m. f.* Persona que saltea (roba); esp. la que asaltaba a los viajeros por los caminos. -2 *f.* Mujer que vivía con salteadores.
salteamiento *m.* Acción de saltear.
saltear *tr.* Salir [a los caminos] y robar [a los pasajeros]. 2 en gral. Asaltar, acometer. 3 Hacer [una cosa] con interrupciones o dejarla comenzada y pasando a otra. 4 fig. Sorprender [el ánimo] con una impresión fuerte y viva. 5 en gral. Asaltar [ocurrir]. 6 Sofreír [un manjar] a fuego vivo en manteca o aceite hirviendo. 7 Tomar una cosa anticipándose [a otro].
salteño, -ña *adj.-s.* De Salta, c. y prov. de Argentina. 2 De Salto, c. y dep. de Salto (Uruguay).
salteo *m.* Salteamiento. 2 Práctica de caza mayor en mano a caballo y con perro.
salterio (l. *psalteriu* < gr. *psalterion*) *m.* Libro de la Biblia. 2 Libro de coro que contiene sólo los salmos. 3 Parte del breviario que contiene las horas canónicas de toda la semana, menos las lecciones y oraciones. 4 Rosario de Nuestra Señora, por componerse de 150 avemarías. 5 Instrumento músico que consiste en una caja prismática de madera, provista de cuerdas metálicas.
SIN. *5* **Dulcémele.**
saltero, -ra (l. *saltuariu* < *saltu,* bosque) *adj.* Montaraz (del monte).
saltigallo *m. Sal.* y *Zam.* Saltamontes.
saltígrado, -da (de *salto + -grado*) *adj.* [animal] Que anda a saltos.
saltimbanco *com.* fam. Saltabanco.
saltimbanqui *com.* Saltabanco.
salto (l. *-tu*) *m.* Acción de saltar: ~ ***de carnero,*** el que da el caballo encorvándose, para tirar al jinete; ~ ***de campana,*** vuelta que da en el aire el torero volteado por el toro; ~ ***de la garrocha,*** el que da el torero apoyado en la garrocha de frente y por encima del toro; ~ ***mortal,*** el que se da lanzándose de cabeza y tomando vuelta en el aire para caer de pie; ~ ***de agua*** o simplte ~, caída de agua donde hay un desnivel repentino; p. ext., dase este nombre al conjunto de construcciones y artefactos destinados a aprovechar el agua del salto. 2 Lugar que se ha de pasar saltando. 3 Despeñadero muy profundo. 4 Trecho salvado al saltar. 5 fig. Omisión de una parte de un escrito, leyéndolo o copiándolo. 6 Tránsito de una cosa a otra sin tocar las intermedias. 7 Ascenso a puesto superior sin pasar por los del medio. 8 fig. Diferencia acusada de intensidad, cantidad, etc. 9 Palpitación vio-

lenta del corazón. 10 Juego de muchachos, en el cual uno se pone encorvado para que los otros salten por encima de él. 11 Acción de lanzarse con paracaídas desde una aeronave. 12 desus. Asalto (acción y efecto). 13 ~ ***de cama,*** bata casera de mujer. 14 fig. ~ ***de mata,*** huida o escape por temor al castigo: ***a salto de mata, loc. adv.,*** huyendo y ocultándose; sin previsión, viviendo y actuando según las circunstancias. 15 DEP. Prueba de atletismo consistente en saltar determinada altura o longitud: ~ *de altura;* ~ *de pértiga;* ~ *de longitud.* 16 DEP. En natación, acción de lanzarse al agua, gralte. desde un trampolín o palanca. 17 DEP. En esquí, prueba en la que se realiza un vuelo en longitud mediante el impulso tomado desde una pista en trampolín. 18 MAR. Pequeña porción de cabo que se arría o salta. 19 METEOR. Cambio rápido de la dirección del viento.

FR. *A saltos,* dando saltos, o saltando de una cosa a otra, omitiendo las de en medio; *en un* ~, con prontitud, rápidamente. *Al* ~ (Cuba), al contado.
SIN. *1* **Brinco, bote; cascada, catarata,** si el salto de agua es natural. *10* **Pídola.** *13* **Negligé.**

saltómetro (*salto* + *-metro*) ***m.*** Barra o cuerda horizontal utilizada en atletismo para medir los saltos. Se coloca entre dos postes verticales, graduados en centímetros.

saltón, -tona ***adj.*** Que anda a saltos o salta mucho. 2 Que sobresale más de lo regular: *ojos saltones.* -3 ***adj.-f.*** Primera mosca de la cuerda de pescar. -4 ***m.*** Saltamontes. 5 Cresa que suele criar el tocino y el jamón. 6 Aguacioso. 7 ~ ***de playa,*** pequeño crustáceo que se desplaza dando unos saltos característicos con ayuda de la cola *(Orchestia gammarella).* -8 ***adj.*** *Amér.* Sancochado, medio crudo. 9 *Ecuad.* Vivaz, avispado.

saltuario (de *salto*) ***adj.*** DER. [mayorazgo] Que, sin atender a la línea, busca para la sucesión al sujeto que tiene las calidades prevenidas en los llamamientos.

saltuñate (de *salto* y *uña*) ***m.*** *Cuba.* Jugada que hacen los niños colocando una bola sobre la uña del pulgar apoyada en el índice, y haciéndola saltar con fuerza.

salubérrimo, -ma (l. *-mu*) ***adj.*** Superl. de *salubre.*

salubre (l.) ***adj.*** Saludable (salutífero); relativo al clima, estación, lugar, aguas, etc. ◇ Superl.: *salubérrimo.*

salubridad ***f.*** Calidad de salubre. 2 Estado gral. de la salud pública: *la* ~ *ha mejorado en los últimos meses.*

SIN. *2* **Sanidad.**

salud (l. *salute*) ***f.*** Estado del ser orgánico que ejerce normalmente todas las funciones: ~ ***mental,*** estado de equilibrio psíquico en que las funciones de percepción e interpretación de las sensaciones propias y del mundo exterior se realizan de forma adecuada. 2 Estado de gracia espititual. 3 Salvación. 4 Libertad o bien público o particular de cada uno. ◇ Pl.: no se usa.

¡salud! fam. Interjección con que se saluda a uno o se le desea un bien.

saluda ***m.*** Impreso redactado en tercera persona que empieza con el nombre o cargo de quien lo envía y la palabra *saluda*, y van sin firma.

REL. **Besalamano.**

saludable ***adj.*** Que sirve para conservar o restablecer la salud corporal. 2 [pers.] Que goza de buena salud. 3 fig. Provechoso para un fin.

SIN. *1* **Salutífero.** *1* y *2* **Sano.** CONTR. *1* **Insalubre.** *2* **Enfermizo.** *3* **Perjudicial.**

saludablemente ***adv. m.*** De manera saludable.

saludación ***f.*** p. us. Salutación.

saludador, -ra ***adj.-s.*** Que saluda. -2 ***m. f.*** Embaucador que cura por medio de ensalmos.

saludar (l. *salutare*) ***tr.*** Dirigir [a otro] palabras de cortesía, deseándole salud, o hacerle alguna demostración de benevolencia o respeto gralte. aceptada por la costumbre. 2 esp. Enviar saludos. 3 ant. Proclamar [a uno] rey, emperador, etc. 4 Usar de fórmulas supersticiosas para curar [ciertos males]. 5 fig. Adquirir las primeras nociones de una materia. 6 MAR. Arriar los buques un poco sus banderas en señal de bienvenida o buen viaje: ~ *a una autoridad.* 7 MIL. Dar señales de obsequio o acatamiento mediante descargas, toques de instrumentos, etc., o bien llevándose la mano con los dedos juntos y extendidos hacia la visera de la gorra: ~ *una victoria.*

saludo ***m.*** Acción de saludar. 2 Efecto de saludar. 3 Palabra, gesto o fórmula para saludar: ~ *con,* o *sin, armas.* 4 ***m. pl.*** Saludes, expresiones corteses.

salumbre ***f.*** Espuma rojiza que produce la sal; antig. tuvo uso en medicina.

SIN. **Flor de la sal.**

salutación (l. *-atione*) ***f.*** Saludo: ~ ***angélica,*** la que hizo el arcángel san Gabriel a la Virgen, forma la primera parte de la oración del *Ave María.* 2 Esta misma oración. 3 Parte del sermón en la cual se saluda a la Virgen.

salutíferamente ***adv. m.*** Saludablemente.

salutífero, -ra ***adj.*** Saludable.

salva (de *salvar,* en la comida o bebida) ***f.*** Prueba que se hace de los manjares servidos a los reyes y señores. 2 Saludo, bienvenida. 3 Serie de cañonazos consecutivos y sin bala disparados en señal de honores o saludos: ~ ***entera,*** MAR., la de ceremonial, pero con bala, como mayor honor; ~ ***fría,*** MAR., la primera de un buque, cuando los cañones están aún fríos. 4 Prueba temeraria que hacía uno de su inocencia exponiéndose a un grave peligro, p. ej., poner la mano en el fuego. 5 Juramento, promesa solemne. 6 Salvilla. 7 ~ ***de aplausos,*** aplausos nutridos en que prorrumpe una concurrencia.

salvabarros ***m.*** Alero (guardalodos). ◇ Pl.: *salvabarros.*

salvable ***adj.*** Que se puede salvar.

salvachia ***f.*** MAR. Estrobo.

salvación ***f.*** Acción de salvar o salvarse. 2 Efecto de salvar o salvarse. 3 Consecución de la gloria y bienaventuranza eternas.

SIN. **Salud.**

salvadera (de *salvado*) ***f.*** Vaso en que se tiene la arenilla para enjugar lo escrito. 2 *Cuba.* Jabillo, árbol. 3 *Colomb.* Arenilla.

SIN. *1* **Arenillero.**

salvado (et. dud.: quizá de *salvar*) ***m.*** Cáscara del grano desmenuzada por la molienda.

SIN. **Afrecho; moyuelo,** el muy fino. REL. **Furfuráceo** (tecn.), parecido al salvado.

salvador, -ra ***adj.-s.*** Que salva. -2 ***m.*** p. ant. Jesucristo.

salvadoreñismo ***m.*** Locución, giro o modo de hablar propio de los salvadoreños. 2 Amor o apego a las cosas características de El Salvador.

salvadoreño, -ña ***adj.-s.*** De El Salvador, estado de la América Central.

SIN. **Cuscatleco.**

salvaguarda ***f.*** Salvaguardia.

salvaguardar ***tr.*** Defender, proteger. 2 INFORM. Registrar un conjunto de informaciones contenidas en la memoria del ordenador sobre un soporte magnético (disco, cinta, disquete, etc.). 3 INFORM. Realizar una copia de seguridad.

salvaguardia (probl. adaptación del fr. *sauvegarde*) ***m.*** Guarda que se pone para la custodia de una cosa. 2 Señal puesta en tiempo de guerra a la entrada de los pueblos o de las casas, para que los soldados los respeten. -3 ***f.*** Papel o señal dado a uno para que no sea detenido o estorbado en lo que va a hacer. 4 fig. Custodia, amparo, garantía. 5 DER. Protección indispensable a determinados establecimientos que se desea poner al abrigo de las leyes de guerra, como son hospitales, comunidades religiosas, bibliotecas, museos, etc.

SIN. *3* **Aseguramiento, seguro,** en gral.; **salvoconducto,** cuando es para viajar dentro de la nación.

salvajada ***f.*** Dicho o hecho propio de un salvaje.

salvaje (prov. y cat. *salvatge* < l. *silvaticu*) ***adj.*** [planta] Silvestre. 2 [terreno] Montuoso, inculto. 3 [animal] Que no es doméstico. 4 fig. *y* fam. [pers.] Que se porta sin consideración con los demás, o de manera cruel e inhumana. 5 fig. *y* fam. Violento, incontenible, o que hace ostentación de fuerza. 6 fig. Que se desarrolla al margen de las normas o reglas preestablecidas: *la edificación* ~ *en la costa.* 7 fig. Incontrolado, indisciplinado: *huelga* ~. -8 ***adj.-com.*** Natural de un país no civilizado. -9 ***m.*** *Ecuad.* Planta bromeliácea *(Tillandsia usneoides; T. recurvata).*

salvajería ***f.*** Salvajada.

salvajez ***f.*** p. us. Calidad de salvaje.

salvajina ***f.*** Conjunto de fieras monteses. 2 Carne o pieles de esos animales. 3 Animal montaraz.

salvajino, -na ***adj.*** Salvaje (planta, animal). 2 Relativo a la carne de los animales monteses. 3 Relativo a los salvajes o semejante a ellos.

salvajismo ***m.*** Modo de ser o de obrar propio de los salvajes. 2 Salvajez.

salvamano (a ~) ***loc. adv.*** Sin peligro, a mansalva.

salvamanteles (de *salvar* + *mantel*) ***m.*** Pieza que se pone en la mesa debajo de las fuentes, botellas, vasos, etc. ◇ Pl.: *salvamanteles.*

salvamente ***adv. m.*** Con seguridad y sin riesgo.

salvamento, -miento ***m.*** Acción de salvar o salvarse. 2 Efecto de salvar o salvarse. 3 fig. *y* p. us. Lugar en que uno se asegura de un peligro.

salvante *adv. m.* p. us. Salvo (excepto).

salvar (b. l. *-are*) *tr.* Librar de un riesgo o peligro; poner en seguro: *~ a los náufragos; ~ un objeto del incendio; salvarse a nado* o *en el esquife; salvarse por pies.* 2 esp. Dar Dios la gloria y bienaventuranza eterna. 3 Evitar [un inconveniente, dificultad o riesgo]. 4 Vencer [un obstáculo] pasando por encima de él: *la avenida salvó el pretil del puente; ~ una montaña;* recorrer [la distancia] que media entre dos lugares. 5 Rebasar una altura elevándose por encima de ella: *la torre salva las copas de los árboles.* 6 Exceptuar [una cosa] de lo que se dice o se hace: *mis compañeros, salvando a los presentes, me han abandonado.* 7 Poner al fin de lo escrito una nota para que valga [lo enmendado]; indicar al fin de un libro [las erratas que contiene] y su corrección. 8 Probar jurídicamente la inocencia o libertad [de una persona o cosa]. -9 *intr.* Hacer la salva a la comida o bebida de los reyes y grandes señores. -10 *prnl.* Alcanzar la gloria eterna, ir al cielo. -11 *tr.* INFORM. ANGLIC. Salvaguardar. 12 ANGLIC. Economizar, ahorrar: *~ fuerzas.* ◇ CONJUG.: pp. reg.: *salvado;* irreg., usado sólo como adjetivo y adverbio: ***salvo.***

FR. *¡Sálvese quien pueda!*, expr. que incita a huir a la desbandada de un peligro inevitable e inminente.

salvariego *m.* Pez marino perciforme venenoso, parecido a la araña, aunque más pequeño, de color amarillento o pardusco, con numerosas manchas en el dorso *(Trachinus vipera).*

salvaterreño, -ña *adj.-s.* p. us. De Salvaterra, c. del estado de Guanajuato (Méjico).

salvatiqueza *f.* p. us. Selvatiquez.

salvavidas (de *salvar + vida*) *m.* Aparato insumergible o embarcación empleados en el salvamento de náufragos, capaces de mantenerlos a flote: *bote, chaleco ~; al caer al agua le echaron un ~.* 2 Aparato colocado delante de las ruedas de los tranvías, con la intención de evitar desgracias en casos de atropello. 3 *Pal.* Par de palos inclinados hacia adelante que se colocan en la parte delantera del carro para evitar que el ganado dé con el hocico en el suelo. ◇ Pl.: *salvavidas.*

salve (l., te saludo) *f.* Oración que se reza a la Virgen.

¡salve! poét. Interjección usada para saludar.

salvedad (de *salvo*) *f.* Advertencia que excusa o limita el alcance de lo que se dice o hace. 2 Nota por la cual se salva una enmienda en un documento.

salvia (l.) *f.* Mata labiada, común en los terrenos áridos, de hojas oblongas o lanceoladas y flores grandes, violáceas; el cocimiento de sus hojas se usa como tónico y estomacal; se utiliza también como condimento preferentemente de carnes *(Salvia officinalis): ~ **de los prados,*** la de hojas ovales, rugosas y dentadas o lobuladas, y flores viscosas de color azul *(Salvia pratensis).* 2 *Amér.* Nombre que se da en diferentes países a plantas muy distintas entre sí, y diferentes también de la salvia europea, entre ellas: *Neurolena lobata* (Cuba), *Eupatorium salvia, Salvia sagittata.* (Perú).

SIN. *1* **Salima.**

salvilla *f.* Bandeja con una o varias encajaduras para asegurar las copas o tazas. 2 *Chile.* Angarillas, vinagreras.

SIN. **Salva, tocasalva.**

salvilora *f. Argent.* Arbusto loganiáceo *(Rudleia cordobensis).*

salviniales *f. pl.* Orden de plantas dentro de los pteróﬁtos, helechos heterósporos que flotan en estanques de agua dulce.

salvo, -va (l. *-vu*) Pp. irreg. de *salvar*. 2 *adj.* Ileso, librado de un peligro: ***a ~,*** sin detrimento, fuera de peligro; ***en ~,*** en libertad, en seguridad, fuera de peligro. 3 Exceptuado, omitido: ***dejar a ~,*** exceptuar, sacar aparte; ***salva sea la parte,*** eufemismo por *culo.* -4 *adv. m.* Excepto.

SIN. *4* **Salvante,** p. us.

salvoconducto *m.* Documento expedido por una autoridad para que el que lo lleva pueda transitar sin riesgo por donde aquélla es reconocida. 2 fig. Libertad para hacer algo sin temor de castigo.

SIN. *1* v. **Pasaporte** y **salvaguarda.**

salvohonor *m.* fam. Culo.

salzmimbre *m. Ar.* Especie de sauce cuyos vástagos se aprovechan en cestería *(Salix fragilis).*

Sam *n. pr. **El tío Sam,*** personificación de los Estados Unidos y de su gobierno.

sama *m.* Pagel. 2 *Can.* Pescado salado propio para el sancocho.

sámago *m.* Albura o parte más blanda de las maderas, que no es conveniente para la construcción. 2 Interior del cuerpo de los animales.

samán *m.* Árbol americano corpulento, parecido al cedro *(Calliandra saman).*

samanta *f. Logr.* y *Nav.* Haz de leña. 2 *Logr.* Somanta.

samaquear *tr. Venez.* Zamarrear.

sámara (l., simiente del olmo) *f.* Aquenio alado.

samaramuja *f.* Malvavisco.

samareño, -ña *adj.-s.* De Samar, prov. de Filipinas.

samarillo *m.* Serpol.

I) samario *m.* Elemento químico perteneciente al grupo de tierras raras, de peso atómico 150,4 y número atómico 62; símbolo *Sm.*

II) samario, -ria *adj.-s.* De Santa Marta, cap. del dep. de Magdalena (Colombia).

samarita *adj.-s.* Samaritano.

samaritano, -na (l. *-nu*) *adj.-s.* De Samaria, antigua ciudad y actual región del centro de Palestina. 2 Sectario del cisma de Samaria. -3 *adj.-m.* Lengua perteneciente al grupo araneo occidental, hablada en Samaria.

samartinense *adj.-com.* De San Martín, dep. del Perú.

samaruco *m. Chile.* Morral de cazador.

samarugo *m.* Pez de pequeño tamaño que vive en la albufera, charcas y acequias del levante español; el macho tiene el cuerpo con bandas transversales obscuras y la hembra presenta bandas longitudinales grises *(Valencia hispanica).* 2 desus. Jaramugo, pececillo nuevo. 3 *Ar.* Renacuajo. 4 *Ar.* fig. Persona torpe, zote.

samaruguera (der. del ant. *samarugo,* de orig. incierto) *f.* Red de mallas pequeñas.

samba *f.* Baile típico de Brasil, de origen africano, compás binario y acompañamiento obligatoriamente sincopado. 2 Música y canto de este baile.

sambambé *m. S. Dom.* Trifulca, disputa.

sambé *m. Colomb.* Apuesta concertada entre dos personas que habrán de llevar una señal distintiva; pierde el que omite esta formalidad.

sambenitar *tr.* Ensambenitar. 2 fig. Infamar, poner mala nota.

sambenito *m.* Capotillo o escapulario que se ponía a los penitentes reconciliados por el tribunal de la Inquisición. 2 Letrero que se ponía en las iglesias con el nombre y castigo de los penitenciados. 3 fig. Mala nota que queda de una acción. 4 fig. Difamación, descrédito.

sambeque *m. Cuba.* Zambeque.

sambeta *f. S. Dom.* Cortaplumas de hoja larga.

sambí *m. Cuba.* Instrumento de cuerda africano.

samblaje *m.* Ensambladura.

sambrano *m. Hond.* Planta leguminosa cuya raíz se usa como sudorífico.

sambuca (l.) *f.* Ant. instrumento músico de cuerda, parecido al arpa. 2 Máquina ant. de guerra usada para asaltar los muros.

sambucucú *m. Colomb.* Convenio sospechoso.

sambumbe *m. Colomb.* Comida rústica a base de plátano, sal, vinagre y cebolla. 2 *Colomb.* Mescolanza, revoltijo.

sambumbia *f. Cuba.* Bebida que se hace con miel de caña, agua y ají. 2 *Colomb.* Mazamorra, cosa disgregada. 3 *Colomb.* y *P. Rico.* Bebida o cosa mal preparada. 4 *Méj.* Refresco hecho de piña, agua y azúcar. 5 *Perú.* Bebida hogareña preparada con agua, hielo, azúcar, limón y galletas duras. 6 *Venez.* Hervido con pocos ingredientes.

sambumbiería *f. Cuba* y *Méj.* Lugar donde se hace sambumbia y tienda donde se vende.

sambumbiero, -ra *m. f. Cuba* y *Méj.* Persona que fabrica o vende sambumbia.

samio, -mia (l. *-iu*) *adj.-s.* De Samos, isla del archipiélago griego.

samnita, -te (l.) *adj.-com.* De Samnio, región de la ant. Italia.

samnítico, -ca *adj.* Relativo a los samnitas.

samosateno, -na *adj.-s.* De Samosata, c. de la ant. Asia.

samotana *f. Amér. Central.* Zambra, jaleo, bulla.

samotracio, -cia (l. *samothraciu*) *adj.-s.* De Samotracia, isla del mar Egeo.

samovar (transcripción francesa de una voz rusa) *m.* Utensilio de origen ruso para preparar el té, gralte. de cobre, provisto de hornillo para calentar agua y de chimenea interior.

samoyedo, -da *adj.-s.* De un pueblo mogol que habita el norte y el oeste de Siberia. -2 *adj.-m.* Conjunto de lenguas urálicas, habladas en este territorio, que se divide en dos grupos: septen-

trional y meridional; como el yurak y el selkup, respectivamente. 3 V. perro samoyedo.
sampa *f. Argent.* Arbusto ramoso, copudo, que se cría en lugares salitrosos *(Oblone pamparum).*
sampablera *f. Venez.* Pleito ruidoso. 2 *Venez.* Bronca.
sampaguita (ár. *zanbac,* jazmín blanco) *f. Amér.* Jazmín de Arabia.
sampán *m.* Embarcación pequeña propia de las costas de China, provista de una vela y un toldo, propulsada a remo y empleada para pesca, navegación fluvial y, a veces, como habitación flotante.
sampedrada *f. Ar.* y *Logr.* Fiesta que se celebra en el campo el día de San Pedro Apóstol.
sampedrano, -na *adj.-s.* De San Pedro, c. y dep. del Paraguay. 2 De San Pedro, cap. del dep. de Cortés (Honduras).
sampedrillo *m. S. Dom.* Negro muy feo.
sampedrito *m. Extr.* Mariquita, vaca de San Antón.
sampianito *m. Colomb.* Baile de origen español que estuvo en uso en Bogotá durante la época colonial.
samplegorio *m. Venez.* Jaleo, diversión.
sampsuco (l. *sampsuchu*) *m.* Mejorana.
samsonita *f.* Mineral muy poco frecuente de la clase de los sulfuros, que cristaliza en el sistema monoclínico, de color negro y brillo metálico.
Samuel *n. pr.* Profeta israelita. Nombre de dos libros del Ant. Testamento.
samuga *f.* Jamuga.
samugo, -ga *m. f. Ar.* y *La Mancha.* Persona terca y poco locuaz.
samuhú *m. Argent.* Palo borracho rosado.
samura *f. Venez.* Cometa de figura romboidal con frenillo de dos cabos.
samurái *m.* En la primitiva organización feudal del Japón, clase noble y militar; miembro de esta clase. ◇ Pl.: *samurais.*
samurear *intr. Venez.* Caminar con el cuerpo inclinado.
samurgar *tr. Logr.* Columpiar. ◇ ** CONJUG. [7] como ***llegar.***
samuro *m. Colomb.* y *Venez.* Aura (ave). 2 *S. Dom.* Gallo que no es castizo. 3 *Venez.* Excremento de gallina.
san *adj.* Apóc. de *santo.* -2 *m. S. Dom.* Juego de azar en el que los componentes ingresan periódicamente una suma de dinero, y el total corresponde a uno de ellos, por turno, según el número que se le haya adjudicado.
sanable *adj.* Que puede ser sanado.
sanabrés, -bresa *adj.-s.* De la comarca de La Sanabria (Zamora).
sanaco, -ca *adj. Cuba* y *S. Dom.* fam. Sandio, mentecato.
sanador, -ra *adj.-s.* Que sana.
sanagoria *adj. Argent.* Memo, necio.
sanagustín *m. Murc.* vulg. Saltamontes, langosta.
sanalotodo (de *sanar + lo + todo*) *m.* Emplasto de color negro. 2 fig. Medio que se intenta aplicar a todo. ◇ Pl.: *sanalotodo.*
SIN. **Curalotodo.**
sanamente *adv. m.* Con sanidad. 2 fig. Sinceramente, sin malicia.
sanamunda (l. mod.) *f.* Nombre de varias plantas timeleáceas, del género *Thymelœa.* ◇ También *salamunda.*
sanandresano, -na *adj.-s.* De San Andrés (Colombia).
sananería *f. P. Rico.* Bobería, sandez.
sananica *f. León.* Mariquita, vaca de San Antón.
sanano, -na *adj. P. Rico.* Tonto, mentecato.
sanantona *f. Sal.* Aguzanieves (ave).
sanapudio *m. Sant.* Arraclán (árbol).
sanar (l. *-are*) *tr.* Restituir [a uno] la salud que había perdido. -2 *intr.* Recobrar la salud: *~ de la enfermedad; ~ por ensalmo.*
SIN. **Curar(se), restablecer(se).**
sanate *m. Amér.* Quiscal (ave).
sanativo, -va *adj.* Que sana o tiene virtud de sanar.
sanatorial *adj.* Relativo al sanatorio.
sanatorio *m.* Establecimiento dispuesto para que en él residan los enfermos sometidos a cierto régimen curativo.
sanavirón, -rona *adj.-s.* Indio americano que, en la época de la conquista española, habitaba al nordeste de los comechingones, en el sur de Santiago del Estero, y en el norte de la hoy provincia de Córdoba (Argentina). -2 *adj.* Perteneciente o relativo a dichos indios o a su lengua. -3 *m.* Lengua de estos indios.
sancarlino *adj.-s.* De San Carlos (Chile).
sanchecia *f. Perú.* Planta escrofulariácea, de hojas opuestas, grandes y pecioladas, y flores de color amarillo, agrupadas en espigas terminales *(gén. Sanchezia).*
sanchina *f. Sal.* Garrapata, arácnido.
sanchito *m. Méj.* Animal que no está criado por la madre.
sancho, -cha *m. Ar.* y *La Mancha.* Puerco, cerdo. -2 *m. f. Méj.* Carnero, cualquiera que sea su edad.
sanchomo (de *San Jerónimo*) *m. Guat.* Variedad de ron llamado antiguamente San Jerónimo.
sanchopancesco, -ca (paras.) *adj.* Propio de Sancho Panza. 2 Falto de idealidad.
sanción (l. *sanctione,* der. de *sancire,* consagrar) *f.* Estatuto o ley. 2 Acto solemne por el que el jefe del estado confirma una ley. 3 Aprobación dada a cualquier acto, uso o costumbre. 4 Pena que la ley establece para el que la infringe. 5 Mal dimanado de una culpa. 6 En ética, recompensa o consecuencia placentera que dimana de una determinada acción, sea moral, natural o jurídica. 7 En ética, estímulo de la conducta.
SIN. *4* **Penalidad.**
sancionable *adj.* Que merece sanción.
sancionador, -ra *adj.-s.* Que sanciona.
sancionar (de *sanción*) *tr.* Dar fuerza de ley [a una disposición]. 2 Aprobar cualquier acto, uso o costumbre. 3 Penar, imponer pena [a alguien o a un acto].
sancirole *m.* Sansirolé.
sanco (quechua *zancu*) *m. Amér.* Guiso hecho de harina de maíz o trigo con sangre de res, sal y algún condimento. 2 *Chile.* Gachas de harina tostada. 3 *Chile.* fig. Barro muy espeso.
sancochado *m. Perú.* Sancocho. 2 *Chile.* Especie de chicha (bebida).
sancochar *tr.* Cocer a medias [la vianda] sin sazonar. 2 *Can.* Cocer total y plenamente alimentos, esp. patatas y batatas. 3 *Amér.* Salcochar.
sancocho (l. **subcoctu*) *m.* Vianda a medio cocer. 2 *Can.* Alimento cocido en agua y sal. 3 *Can.* y *Amér.* Cocido hecho con carne, yuca, plátano u otros ingredientes. 4 *Amér. Central.* fig. Embrollo, lío.
sancta (l.) *m.* Parte anterior del tabernáculo de los judíos: ***non sancta,*** mala, depravada: ***gente, casa, palabra,*** etc., ***non ~***, mala, depravada.
sanctasanctórum (l., más santo de los santos) *m.* Parte interior y más sagrada del tabernáculo de los judíos. 2 fig. Lo que para una persona es de singularísimo aprecio. 3 fig. Lo muy reservado y misterioso. ◇ Pl.: *sanctasanctórum.*
sanctus (l.) *m.* Parte de la misa, después del prefacio y antes del canon. ◇ Pl.: *sanctus.*
sandalia (l. *-ía;* pl. de *-iu* < gr. *sandalion*) *f.* Calzado compuesto de una suela que se asegura con correas o cintas. 2 p. ext. Zapato ligero y muy abierto, usado en tiempo de calor.
sandalino, -na *adj.* Relativo al sándalo.
sándalo (gr. *sántalon*) *m.* Árbol santaláceo de madera olorosa empleada en ebanistería *(Santalum album).* 2 Madera de este árbol. 3 En perfumería, esencia obtenida por destilación de la madera de dicho árbol. 4 ~ ***de jardín,*** hierba labiada olorosa de tallo ramoso, hojas ovales y lanceoladas y flores rosáceas *(Mentha aquatica).* 5 ~ ***rojo,*** árbol leguminoso tropical, de tronco recto y copa amplia; su madera de color rojo es tintórea *(Pterocarpus santalinus).*
SIN. *4* **Almoraduj,** entre jardineros.
sándara *f. Can.* Alsándara.
sandáraca (l. < gr. *-áke* o *-áche*) *f.* Resina amarillenta que se usa pralte. para hacer barnices y se obtiene del enebro y otras coníferas. 2 Rejalgar.
REL. *1* **Grasa** o **grasilla,** polvo de sandáraca.
sandez (del ant. *sandéo,* sandio) *f.* Calidad de sandio. 2 Despropósito, necedad, vaciedad, simpleza.
sandía (ár. *cindia,* índica) *f.* Planta cucurbitácea, de tallo tendido, flores amarillas y fruto grande, casi esférico, de pulpa encarnada comestible, con muchas pepitas *(Citrullus lanatus).* 2 Fruto de esta planta.
SIN. **Albudeca, badea, melón de agua, pepón, zandía.**
sandial *m. Amér.* Sandiar.
sandialahuen *m. Chile.* Planta verbenácea que se usa como aperitivo y diurético *(Verbena erionides).*
sandiar *m.* Terreno sembrado de sandías.
sandiego *m. Cuba.* Planta amarantácea de jardín, con flores moradas y blancas *(Gomphrena globosa).*
sandinismo *m.* Movimiento político nicaragüense de carácter

populista, partidario de las ideas de Augusto César Sandino (1895-1934).

sandinista *adj.-com.* Partidario del sandinismo.

sandio, -dia (ant. *sandío,* de orig. incierto; probl. de *sancte Deus,* santo Dios) *adj.-s.* Necio o simple.

sanducero, -ra *adj.-s.* De Paysandú, c. y dep. del Uruguay.

sandullo *m. S. Dom.* Embutido con tripas de cerdo.

sandunga (orig. incierto; quizá de *sandunguero,* der. de *zagandungo,* hombre ocioso) *f.* fam. Gracia, donaire. 2 *Extr.* Puntilla pequeña, de picos redondos, haciendo ondas, que sirve de adorno en las ropas y vestidos. 3 *Amér.* Bureo, zambra, jolgorio. 4 *Méj.* Baile regional de Tehuantepec.

sandunguero, -ra *adj.* fam. Que tiene sandunga.

sandwich (ing.) *m.* ANGLIC. Emparedado, bocadillo.

saneado, -da *adj.* Que está libre de cargas, descuentos, etc.; p. ext., que produce buenos beneficios: *economía saneada; bienes saneados.*

saneamiento *m.* Acción de sanear. 2 Efecto de sanear. 3 Conjunto de obras, técnicas y dispositivos encaminados a establecer, mejorar o mantener las condiciones de salubridad de las poblaciones, edificios, etc.

sanear (de *sano*) *tr.* Asegurar o garantizar [el reparo] del daño que puede sobrevenir. 2 Reparar o remediar [una cosa]: ~ *la hacienda.* 3 esp. Dar condiciones de salubridad [a un terreno, edificio, etc.]. 4 Cuidar de que la economía, bienes y rentas den beneficios. 5 DER. Indemnizar al comprador por la evicción o por el vicio oculto de la cosa vendida.

sanedrín (rabínico *sanhedrín* < gr. *synedrion* < *hedra,* asiento) *m.* Consejo supremo de los judíos. 2 Sitio donde se reunía este consejo. 3 Junta o reunión para tratar de algo que se quiere dejar oculto.

SIN. **Sinedrio.**

saneras *com.* fig. *y* fam. Persona abierta y de buen carácter.

Sanes (¡Voto a ~!) Expr. eufemística por no mencionar a un santo determinado.

sanfaina *f.* Chanfaina, especie de sofrito.

sanfasón (fr. *sans façon*) *m.* GALIC. Descaro, desfachatez. -2 *com.* Persona de malos modales.

sanfelipeño, -ña *adj.-s.* De San Felipe, cap. de la prov. de Aconcagua (Chile).

sanfermines *m. pl.* Festejos que se celebran en Pamplona durante una semana, que se inicia el 7 de julio, festividad de San Fermín.

sanfernandino, -na *adj.-s.* De San Fernando, cap. de la prov. de Colchagua (Chile).

sanfor *m.* Procedimiento empleado para sanforizar los tejidos.

sanforizar (ing. *to sanforize,* de *Sanford,* inventor del procedimiento en 1932) *tr.* Tratar [las telas de hilo o de algodón] con un procedimiento industrial que evita el encogimiento al ser lavadas. ◇ ** CONJUG. [4] como ***realizar.***

sanfrancia *f.* fam. Pendencia, trifulca.

sanfrancisco *m.* Combinado de grosella y otras frutas, gralte. sin acompañamiento de licor.

sangacho *m.* Faja obscura situada longitudinalmente en el cuerpo del atún, producida por sangre coagulada.

sangarete *adj. Colomb.* [trompo] Que se mueve mal.

sangaretear *intr. Colomb.* Moverse a saltos el trompo.

sangley (del chino *siăng-lay,* mercader viajero) *adj.-com.* Ant. mercader chino que comerciaba en Filipinas. 2 p. ext. Chino residente en Filipinas.

sango *m. Amér.* Sanco (guiso).

sangochado *m. Murc.* Sancocho (cocido).

sangonera *f. Ar.* Sanguijuela.

sangordilla *f. Nav.* Lagartija.

sangraco *m. Perú.* Indio curandero que practica la sangría.

sangradera *f.* Lanceta. 2 Vasija para recoger la sangre de una sangría. 3 fig. Caz o acequia secundaria de riego. 4 fig. Compuerta por donde se da salida al agua sobrante de un caz. 5 *And.* y *Amér.* Sangría del brazo.

sangrado *m.* IMPR. Acción de sangrar. 2 IMPR. Efecto de sangrar.

sangrador, -ra *m. f.* Persona que tenía por oficio sangrar. -2 *m.* fig. Abertura hecha para dar salida a los líquidos. 3 *Extr.* Carraleja.

SIN. *1* MED. **Flebotomiano; sajador.**

sangradura *f.* Sangría (articulación). 2 Cisura de la vena. 3 fig. Salida que se da a las aguas de un río o canal.

sangrar *tr.* Abrir una vena [a un enfermo] y dejar salir determinada cantidad de sangre. 2 p. anal. Dar salida al líquido contenido [en un recipiente] abriendo conducto por donde corra. 3 Resinar. 4 En las turbinas de gas, extraer el aire [de un compresor]. 5 fig. Hurtar, sisar: ~ *un costal de trigo.* 6 IMPR. Empezar [un renglón] más adentro que los otros de la plana. -7 *intr.* Arrojar sangre. -8 *prnl.* Hacerse dar una sangría.

FRS. *Sangrarse en salud,* fig., prevenirse antes de que ocurra algún mal. *Estar sangrando una cosa,* estar muy reciente; estar clara y patente.

sangraza *f.* Sangre corrompida.

SIN. **Sanguaza.**

sangre (l. *sanguine*) *f.* Líquido coagulable que lleva en suspensión células de distintas formas y funciones y circula por un sistema de vasos que se extiende por todas partes del cuerpo de los animales, sirviendo de intermediario entre los elementos anatómicos y el medio exterior, en los cambios nutritivos del organismo: ~ ***arterial*** o ***roja,*** la que después de oxigenarse en los pulmones se distribuye por todo el organismo; ~ ***negra*** o ***venosa,*** la que impurificada por los cambios orgánicos se dirige de los órganos al corazón y de éste a los pulmones. 2 fig. Linaje o parentesco. 3 ~ ***de Cristo,*** fumaria. 4 fig. ~ ***azul,*** sangre o linaje noble. 5 fig. ~ ***fría,*** serenidad, tranquilidad de ánimo: ***a ~ fría,*** serenamente, con premeditación y cálculo, o una vez pasado el arrebato de cólera. 6 fig. ~ ***de horchata,*** flema o abulia. 7 ***Mala ~,*** carácter avieso o vengativo. 8 ~ ***y leche,*** mármol encarnado con grandes manchas blancas. 9 *Amér. Central* y *Amér. Merid.* ~ ***ligera,*** sangriligero. 10 *Amér. Central* y *Amér. Merid.* ~ ***pesada,*** sangripesado

REL. Los derivados y compuestos cultos se forman, en gral., sobre el l. *sanguine: sanguinolento, sanguíneo*; algunos sobre el nominativo *sanguis: exangüe, sanguificar.* Los populares, sobre el romance *sangre: sangriento, ensangrentar.* En el tecnicismo médico predominan los formados sobre el gr. *hema, hemat, hemato, hemo: hemorragia, hematología, hemático.* Cuando es segundo elemento del compuesto, se escribe sin *h: anemia, hiperemia.*

LOC. *Encenderse la ~, quemar la ~,* irritarse; *a ~ y fuego,* con todo rigor, sin dar cuartel, talándolo o destruyéndolo todo; *sudar ~,* fig. y fam., alude al gran esfuerzo necesario para lograr algo.

sangredo *m. Sant.* Arraclán. 2 *Ast.* Aladierna, arbusto.

sangregorda *adj.-com.* Persona cachazuda.

sangrentar *tr.* desus. Ensangrentar. ◇ ** CONJUG. [27] como ***acertar.***

sangría (quizá imitación del fr. ant. *saignie*) *f.* Acción de sangrar: ~ ***suelta,*** aquella en que no se restaña la sangre, fig., gasto continuo sin compensación. 2 Efecto de sangrar. 3 Sangradura (cisura). 4 Corte somero hecho en un árbol para que fluya la resina. 5 En los hornos de fundición, chorro de metal al que se da salida. 6 fig. Hurto de una cosa por pequeñas partes. 7 Regalo que se solía hacer al que se sangraba. 8 fig. Bebida refrescante a base de vino, limón y trozos de fruta, con un poco de ron, coñac y especias. 9 Parte de la articulación del brazo opuesta al codo. 10 IMPR. Acción de sangrar. 11 IMPR. Efecto de sangrar.

SIN. *1* y *2* MED. **Flebotomía.** *9* **Sangradura.**

sangricio *m. Sant.* Aladierna.

sangrientamente *adv. m.* De modo sangriento.

sangriento, -ta (l. v. *sanguinentu*) *adj.* Que echa sangre. 2 Teñido en sangre o mezclado con sangre. 3 Sanguinario. 4 Que causa efusión de sangre. 5 fig. Que ofende gravemente. 6 De color de sangre.

SIN. *1* y *2* **Sanguinolento.** *6* **Sanguíneo.**

sangrigordería *f. P. Rico.* Impertinencia.

sangrigordo, -da *adj. Ant.* Fastidioso.

sangriligero, -ra *adj. Amér.* [pers.] Simpático, agradable o bien parecido.

sangriliviano, -na *adj. Amér.* fam. Sangriligero.

sangripesado, -da *adj. Amér.* [pers.] Antipático, repugnante.

sangriza *f.* Purgación. 2 p. us. Menstruo de la hembra.

sangrón, -grona *adj. Amér.* Sangripesado.

sangruno, -na *adj. P. Rico.* Antipático.

sanguaraña *f. Perú.* Baile popular parecido a la jota aragonesa. 2 *Amér.* Circunloquio, rodeo de palabras; ús. gralte. en plural.

sanguaza *f.* Sangraza. 2 fig. Líquido rojizo de algunas legumbres o frutas.

sangüeño *m.* Cornejo.

sangüesa *f.* Frambuesa.

sangüeso *m.* Frambueso.

sanguífero, -ra *adj.* Que contiene sangre.

sanguificación *f.* Conversión de la sangre negra o venosa en roja o arterial.

sanguificar (l. *sanguis*, sangre + *-ificar*) ***tr.*** Hacer que se críe sangre [en un organismo]. ◇ ** CONJUG. [1] como ***sacar.***
sanguijolero, -ra ***adj.*** Sanguijuelero.
sanguijuela (l. v. **sanguisuiola;* dim. de *sanguisugia*, del l. *sanguisuga*) ***f.*** Gusano hirudíneo de boca chupadora que vive en las aguas dulces y se utilizaba en medicina para conseguir evacuaciones sanguíneas *(Hirudo medicinalis).* 2 fig. Persona que va poco a poco sacando a uno el caudal.
SIN. **Sanguisuela, sanguja.**
sanguijuelero, -ra ***m. f.*** Persona que se dedica a coger, vender o aplicar sanguijuelas.
sanguina (del l. *sanguis*, sangre) ***f.*** Lápiz rojo oscuro fabricado con hematites. 2 Dibujo hecho con este lápiz. 3 Variedad de naranja.
sanguinaria ***f.*** Piedra semejante al ágata, de color de sangre. 2 ~ ***mayor,*** centinodia. 3 ~ ***menor,*** aladierna.
sanguinariamente ***adv. m.*** De un modo sanguinario.
sanguinario, -ria (l. *-iu*) ***adj.*** Feroz, vengativo, cruel.
SIN. **Sangriento, sanguinoso.**
sanguíneo (l. *-eu*) ***adj.*** De sangre. 2 Que contiene sangre o abunda en ella. 3 [temperamento o complexión] Que tiene caracteres fisiológicos definidos. 4 Sangriento (color). 5 Relativo a la sangre.
sanguino, -na ***adj.*** Sanguíneo. 2 De color parecido al de la sangre: *naranja sanguina.* 3 *León.* Que se distingue por su extremado afecto a las personas de su sangre y linaje. -4 ***m.*** Aladierna. 5 Cornejo.
sanguinolencia ***f.*** Calidad de sanguinolento.
sanguinolento, -ta (l. *-tu*) ***adj.*** Sangriento.
sanguinoso, -sa ***adj.*** Que participa de la naturaleza o cualidades de la sangre. 2 Sanguinario.
sanguiñuelo ***m.*** Cornejo.
sanguis (l.) ***m.*** La sangre de Cristo bajo los accidentes del vino. ◇ Pl.: *sanguis.*
sanguisorba ***f.*** Pimpinela (mayor y menor).
sanguisuela ***f.*** Sanguijuela.
sanguja (l. *sanguisuga*) ***f.*** Sanguijuela.
sanícula ***f.*** Género de plantas umbelíferas, común en los sitios frescos, algunas de cuyas especies son medicinales *(Sanicule europaea).*
sanidad (l. *-itate*) ***f.*** Calidad de sano. 2 Salubridad. 3 Conjunto de servicios ordenados para preservar la salud pública de una comunidad: ~ *militar, marítima; cuerpo de* ~.
sanidina (gr. *sanís -idos*, tablita) ***f.*** Silicato, variedad de ortosa, del grupo de los tectosilicatos, que cristaliza en el sistema monoclínico, de color blanquecino, amarillento, gris o bien incoloro; con brillo vítreo.
sanie, -es (l.) ***f.*** Icor.
sanioso, -sa (l. *-su*) ***adj.*** Icoroso.
sanitación ***m.*** ANGLIC. Saneamiento.
sanitar ***tr.*** ANGLIC. Sanear.
sanitario, -ria ***adj.*** Perteneciente o relativo a la sanidad. 2 MAR. Perteneciente o relativo a las instalaciones de agua de mar empleada para limpieza y usos higiénicos. -3 ***m. f.*** Individuo del cuerpo de Sanidad Militar. 4 Persona que trabaja en la Sanidad Civil. -5 ***m.*** Retrete. -6 ***m. pl.*** Aparatos de higiene instalados en cuartos de baño, como la bañera, el lavabo, etc.
sanjacado, -to ***m.*** Territorio del imperio turco, gobernado por un sanjaco.
sanjaco (turco *sanchac*, bandera, provincia) ***m.*** Gobernador de un territorio del imperio turco.
sanjosense ***adj.-s.*** De San José (Uruguay).
sanjosino, -na ***adj.-s.*** Sanjosense.
sanjuanada ***f.*** Fiesta campestre que se celebra el día de San Juan Bautista o los días próximos a éste. 2 Días próximos al de San Juan.
sanjuaneada ***f.*** *Méj.* Zurra, tunda.
sanjuanear ***tr.*** *Méj.* Zurrar, golpear.
sanjuaneño, -ña ***adj.*** Sanjuanero, apl. a algunas frutas. -2 ***adj.-s.*** De Río San Juan (Nicaragua).
sanjuanero, -ra ***adj.*** [fruta] Que madura por San Juan; [árbol] que la produce. -2 ***adj.-s.*** De San Juan Bautista, cap. del dep. de Las Misiones (Paraguay).
sanjuanista (paras.) ***adj.-m.*** De la orden militar de San Juan de Jerusalén.
sanjuanito ***m.*** *Ecuad.* Baile aborigen ecuatoriano. 2 Música de este baile.
sanjueña ***f.*** Arbusto caprifoliáceo, de hojas opuestas y pilosas, flores blancas, dispuestas por parejas, y bayas rojas, no comestibles *(Lonizera xylosteum).*
sanlorenzano, -na ***adj.-s.*** De San Lorenzo, c. de la prov. de Méndez, del dep. de Tarifa (Bolivia).
sanluiseño, -ña, sanluisero, -ra ***adj.-s.*** De San Luis (Argentina).
sanlunero, -ra ***adj.*** *Chile.* Lunero.
sanluqueño, -ña ***adj.-s.*** De Sanlúcar.
sanmartín ***m.*** Época próxima a la fiesta de San Martín, 11 de noviembre, en que suele hacerse la matanza del cerdo. 2 Dicha matanza: ***llegarle,*** o ***venirle*** a uno ***su*** ~, fr. fig. *y* fam., con que se da a entender que al que vive en placeres le llegará un día en que tenga que padecer.
san Martín ***m.*** *Ecuad.* y *Perú.* Zurriago.
sanmartinada ***f.*** Sanmartín, época de la matanza del cerdo.
sanmartiniano, -na ***adj.*** Relativo al general argentino José de San Martín (1778-1850).
sanmiguelada (paras.) ***f.*** Últimos días de septiembre próximos a la fiesta de San Miguel, en que tradicionalmente terminan ciertos contratos de arrendamiento, trabajo, etc.
sanmigueleño, -ña (paras.) ***adj.*** [fruta] Que madura por San Miguel; [árbol] que la produce.
sano, -na (l. *-nu*) ***adj.*** Que goza de perfecta salud. 2 Saludable. 3 Seguro, sin riesgo. 4 fig. Entero, no roto ni estropeado. 5 Sin daño o corrupción. 6 Libre de error o vicio. 7 Sincero, de buena intención.
sanroqueño, -ña (paras.) ***adj.*** [fruta] Que madura por San Roque, a mediados de agosto; [árbol] que la produce.
sansa ***f.*** *Ar.* Orujo de aceituna.
sanscritismo ***m.*** Conjunto de las ciencias relativas al estudio y conocimiento del sánscrito.
sanscritista ***com.*** Persona versada en la lengua y literatura sánscritas.
sánscrito, -ta, sanscrito, -ta (sáns. *sánskrita*, perfecto) ***adj.-m.*** Lengua culta perteneciente al grupo indoario, de larga tradición religiosa y literaria: ~ ***védico*** o simplemente *védico*, forma más arcaica del sánscrito, en que fueron escritos los textos sagrados del brahmanismo indio; ~ ***épico,*** el de carácter más popular y menos rígido, en que fueron escritos antiguamente los textos épicos; ~ ***clásico,*** el codificado por los gramáticos indios en el s. IV a. C., en que fueron escritos antiguamente los textos históricos y los dramas; ~ ***medieval,*** el mantenido actualmente como lengua de cultura en la India.
sanseacabó, expr. fam. con que se da por terminado un asunto.
sansevieria ***f.*** Planta rizomatosa ornamental de hojas radicales lanceoladas *(Sansevieria trifasciata).*
sansimoniano, -na ***adj.-s.*** [pers.] Partidario del sansimonismo. -2 ***adj.*** Relativo a esta doctrina.
sansimonismo ***m.*** Doctrina de tendencias reformadoras liberales de Saint-Simon (1760-1825), sobre la cual sus discípulos construyeron el socialismo. Conforme a esta doctrina, cada uno debe ser clasificado según su capacidad y remunerado según sus obras.
sansirolé ***com.*** fam. Bobalicón, papanatas.
sansón (de *Sansón*, personaje bíblico) ***m.*** fig. Hombre muy forzudo.
santabárbara (de *Santa Bárbara*, patrona de los artilleros) ***f.*** Pañol destinado en las embarcaciones para custodiar la pólvora y municiones. 2 Cámara por donde se comunica a este pañol.
santabarbarense ***adj.-s.*** De Sta. Bárbara, c. y dep. de Honduras.
santacruceño, -ña ***adj.-s.*** De Santa Cruz de Tenerife (Canarias). 2 De Santa Cruz (Argentina).
santacrucero, -ra ***adj.-s.*** De Santa Cruz de Tenerife (Canarias).
santacruzano, -na ***adj.-s.*** De Sta. Cruz de Quiché, cap. del dep. de El Quiché (Guatemala).
santafecino, -na ***adj.-s.*** Santafesino.
santafereño, -ña ***adj.-s.*** De Santa Fe de Bogotá, hoy Bogotá (Colombia).
santafesino, -na ***adj.-s.*** De Santa Fe (Argentina).
santaláceo, -a (gr. *sántalon*, sándalo) ***adj.-f.*** Planta dicotiledónea, herbácea o leñosa, de hojas gruesas, sin estípulas, gralte. alternas; flores pequeñas apétalas, con el cáliz petaloideo y fruto en drupa; como el gordolobo. -2 ***f. pl.*** Familia de estas plantas.
santalales ***f. pl.*** Orden de plantas dentro de las dicotiledóneas, la mayoría formas leñosas con hojas coriáceas y flores unisexuales de una sola envoltura.

santalucense *adj.-s.* De Santa Lucía (Uruguay).
santamente *adv. m.* Con santidad. 2 Sencillamente.
santana *f. La Mancha.* Carraleja, insecto coleóptero.
santandereano, -na *adj.-s.* De Santander Norte, dep. de Colombia. 2 De Santander, dep. de Colombia.
santanderiense *adj.-s.* p. us. Santanderino.
santanderino, -na *adj.-s.* De Santander (España).
santaneco, -ca *adj.-s.* De Santa Ana, c. y dep. de El Salvador.
santanica *f. Cuba.* Variedad de hormiga.
santanita (de *Santa Ana*) *f.* Mariquita, insecto coleóptero.
santantón *m. Colomb.* Lepra mutilante.
santarroseño, -ña *adj.-s.* De Santa Rosa, dep. de Guatemala.
santateresa *f.* Insecto dictióptero muy voraz, de coloración verde, pajiza o achocolatada, según donde se posa. El fémur y la tibia del primer par de patas están provistos de fuertes espolones y espinas, entre los cuales quedan cogidas las víctimas *(Mantis religiosa).*
SIN. **Campanero.**
santear *tr.* fam. Informar a los delincuentes para facilitar la comisión de sus delitos.
santelmo *m.* Fuego de San Telmo. 2 fig. Salvador, favorecedor en algún apuro.
santeño, -ña *adj.-s.* De Los Santos, prov. de Panamá.
santería *f.* Calidad de santero; santurronería, beatería. 2 *Argent.* Tienda en que se venden imágenes de santos y otros objetos religiosos. 3 *Cuba.* Brujería.
santero, -ra *adj.* Que tributa a las imágenes un culto supersticioso. -2 *m. f.* Persona que cuida de un santuario. 3 Persona que pide limosna, llevando de casa en casa la imagen de un santo. 4 Persona que pinta o esculpe santos, y también la que los vende. 5 fam. Persona que informa a los ladrones sobre el lugar donde van a robar. 6 *Cuba.* Auxiliar del ladrón, encargado de vigilar para que éste no sea sorprendido.
Santiago, grito de guerra de los ant. españoles. 2 *m.* Acometimiento en la batalla: *dar un Santiago.* 3 Lienzo de mediana calidad fabricado en Santiago (Galicia).
santiaguense *adj.-s.* De Santiago de los Caballeros (República Dominicana) o su provincia.
santiagueño, -ña *adj.* [fruta] Que madura por Santiago; [árbol] que la produce. -2 *adj.-s.* De Santiago de la Espada (Jaén), de Santiago del Estero (Argentina), o de Santiago de Veraguas (Panamá).
santiaguero, -ra *adj.-s.* De Santiago de Cuba, cap. de la prov. de Oriente. 2 *P. Rico.* Curandero que cura o dice curar, santiguando.
santiagués, -guesa *adj.-s.* De Santiago de Compostela, c. de Galicia.
santiaguino, -na *adj.-s.* De Santiago, cap. de Chile. 2 De Santiago, prov. de Chile.
santiaguiño *m.* Crustáceo decápodo marchador que carece de pinzas y tiene el cuerpo de color rojo pardo. Su carne es muy apreciada *(Scyllarus arctus).*
santiaguista *adj.-m.* [pers.] De la orden militar de Santiago.
santiamén (en un ~) (de *santo* y *amén*) *loc. adv.* fig. En un instante.
santidad *f.* Calidad de santo. 2 Tratamiento honorífico dado al Papa.
SIN. *1* **Santimonia.**
santificable *adj.* Que merece o puede santificarse.
santificación *f.* Acción de santificar o santificarse. 2 Efecto de santificar o santificarse.
santificador, -ra *adj.* Que santifica.
santificante *adj.* Santificador.
santificar (l. *sanctificare;* doble etim. *santiguar*) *tr.-prnl.* Hacer [a uno] santo por medio de la gracia. -2 *tr.* Dedicar a Dios [una cosa]: *~ las fiestas.* 3 Hacer venerable [una cosa] por la presencia o contacto de lo que es santo. 4 Honrar [a un santo]. 5 fig. *y* fam. Abonar, disculpar [a uno]. ◇ ** CONJUG. [1] como ***sacar.***
santificativo, -va *adj.* Que tiene virtud o facultad de santificar.
santiguada *f.* Acción de santiguar. 2 Efecto de santiguar.
santiguadera *f.* Acción de santiguar (hacer cruces). 2 Santiguadora.
santiguador, -ra *m. f.* Persona que santigua (supersticiosamente).
santiguamiento *m.* Santiguada.
santiguar (v. *santificar*) *tr.-prnl.* Hacer con la mano la señal de la cruz desde la frente al pecho y desde el hombro izquierdo al derecho. -2 *tr.* Hacer supersticiosamente cruces [sobre uno] diciendo ciertas oraciones. 3 fig. *y* fam. Castigar o maltratar [a uno] de obra: *le santiguó las espaldas con el palo.* -4 *prnl.* fig. Persignarse, hacerse cruces. ◇ ** CONJUG. [22] como ***averiguar.***
SIN. *1* **Persignar(se),** signar y santiguar a continuación.
santigüero, -ra *adj.-s. P. Rico.* [curandero] Que cura, o dice curar, santiguando.
santiguo *m.* Acción de santiguar. 2 *León.* Santiamén.
santimonia (l. *sanctimonia*) *f.* Santidad (calidad). 2 Planta compuesta erecta, muy olorosa, con cabezuelas florales de color amarillo dorado *(Chrysanthemum segetum).*
santísimo, -ma *adj.* Superl. de *santo.* Tratamiento honorífico dado al Papa. -2 *m.* ***El Santísimo,*** Cristo en la Eucaristía.
santo, -ta (l. *sanctu*) *adj.* Perfecto y libre de toda culpa. Con toda propiedad apl. sólo a Dios, que lo es esencialmente; por gracia, privilegio y participación, apl. a los ángeles y los hombres. -2 *adj.-s.* [pers.] A quien la Iglesia declara tal, y manda que se le dé culto universalmente. 3 [pers.] De especial virtud y ejemplo. -4 *adj.* Consagrado especialmente a Dios. 5 Venerable por algún motivo de religión. 6 Conforme a la ley de Dios. 7 Sagrado, inviolable. 8 [cosa] Que trae al hombre especial provecho. 9 Con ciertos nombres, encarece el significado de éstos: *recibió una santa bofetada; hace su santa voluntad;* úsase también en superlativo: *esperé toda la santísima tarde.* 10 ***Santa Iglesia,*** Iglesia católica. 11 ***Semana Santa,*** v. semana. -12 *m.* Imagen de un santo. 13 fam. Viñeta, grabado, estampa: *mirar los santos de un libro.* 14 Respecto de una persona, festividad del santo cuyo nombre lleva. -15 *adj.* CONSTR. [ladrillo] Vitrificado o muy duro, que no absorbe agua, empleado en obras hidráulicas. ◇ Ante los nombres propios de santos se usa la forma apocopada *san,* excepto ante los de Tomás, o Tomé, Toribio y Domingo.
FRS. *A ~ de,* con motivo de, a fin de, con pretexto de. *Dar el ~,* señalar el jefe superior de la milicia el nombre de un santo para que sirva de seña a las guardias y puestos de las plazas o ejércitos durante la noche; decir el nombre del santo señalado al que por ordenanza debe exigirlo; comunicar cada jefe a su inmediato inferior el santo señalado por el general. *~ y bueno,* expr. con que se aprueba una proposición o especie. REL. *2* **Hagiografía,** biografía de santos; **hagiógrafo, hagiográfico,** derivados; **santoral, flos sanctorum,** colección hagiográfica; **santoral,** lista de los santos que la Iglesia celebra en determinados días. SIN. *14* **Onomástico** o **fiesta onomástica.**
santolina *f.* Abrótano hembra.
santolio *m.* vulg. Santo Óleo.
santomadero *m. Méj.* Tina de madera donde se echa el pulque.
I) santón *m.* El que profesa vida austera y penitente fuera de la religión cristiana, esp. si es mahometano. 2 fig. Hombre hipócrita o que aparenta santidad. 3 Persona muy autorizada e influyente en una colectividad determinada.
SIN. *2* **Santurrón.**
II) santón, -tona *adj.-s.* De un ant. pueblo de raza céltica, del cual tomó nombre la Santonia, hoy Santoña, comarca de la Galia, donde habitaba.
santónico, -ca *adj.* Relativo a los santones o a la Santonia. -2 *m.* Planta compuesta, olorosa y amarga, cuyas cabezuelas tienen propiedades vermífugas *(Artemisia cina).* 3 Cabezuela de esta planta y de otras del mismo género, de las que se extrae la santonina.
SIN. *2* **Tomillo blanco.** *3* **Semencontra.**
santonina (de *santónico*) *f.* Substancia neutra blanca, cristalina, amarga y acre, usada en medicina como vermífugo.
santoñés, -ñesa *adj.-s.* De Santoña, villa de Santander. 2 De Santoña, ant. prov. de Francia.
santoral *m.* Libro que contiene vidas de santos. 2 Libro de coro que contiene los introitos y antífonas de los oficios de los santos. 3 Lista de los santos cuya festividad se conmemora en cada uno de los días del año.
SIN. *1* **Hagiografía; flos sanctorum,** nombre que reciben también las colecciones hagiográficas.
santuario (l. *sanctuariu*) *m.* Templo o lugar en que se venera la imagen o reliquia de un santo de especial devoción, una divinidad pagana o un espíritu de los antepasados o de la naturaleza. 2 Sancta del templo de Jerusalén. 3 fig. Asilo, lugar sagrado e inviolable. 4 fig. Lugar que se utiliza de protección o asilo: *el ~ de los terroristas.* 5 fig. Lugar que se defiende a toda costa. 6 fig. Intimidad. 7 *Colomb.* y *Venez.* Ídolo de indio. 8 *Colomb.* Tesoro enterrado.

santucho, -cha *adj.-s.* Santurrón.
santurrón, -rrona (fr. ant. *santeron,* beato, pronunciación fr. del l. *sanctorum*) *adj.-s.* Nimio en los actos de devoción. -2 *adj.* Gazmoño, hipócrita que aparenta ser devoto.
SIN. **Misticón, santón I.**
santurronería *f.* Calidad de santurrón.
saña (orig. incierto; probl. del l. *insania,* locura furiosa) *f.* Furor, enojo ciego. 2 Intención rencorosa y cruel. 3 vulg. Cartera, billetera.
sañero *m.* vulg. Carterista.
sañosamente *adv. m.* Sañudamente.
sañoso, -sa *adj.* Sañudo.
sañudamente *adv. m.* Con saña.
sañudo, -da *adj.* Propenso a la saña, o que tiene saña.
sao *m.* Labiérnago. 2 *Cuba* y *S. Dom.* Sabana pequeña con grupos de árboles aislados.
sapa (tagalo, buyo) *f.* Residuo de la masticación del buyo.
sapada *f. León* y *Sal.* Caída de bruces. 2 *Sant.* Postema en la planta del pie.
sapajú *m. Amér.* Saimirí, mono.
sapan (malayo *sápang*) *m. Filip.* Sibucao.
sapance (n. de una tribu india) *adj. C. Rica.* Cerril, montaraz.
sapaneco, -ca *adj. Amér. Central.* Bajo, rechoncho.
sapelli *m.* Árbol meliáceo cuyo tronco alcanza hasta 30 m. de altura, de madera muy apreciada en ebanistería *(Entandrophragma cylindricum).* 2 Madera de este árbol.
sapenco *m.* Caracol terrestre con rayas pardas transversales; alcanza una pulgada de longitud y es muy común en la Europa meridional. Es útil como alimento de aves de corral *(Cepaea nemoralis; C. arvensis).*
sapero, -ra *adj. Chile.* Chiripero.
sapidez *f.* Calidad de sápido.
sápido, -da (l. *-du.* doble etimología *sabio*) *adj.* [substancia] Que tiene algún sabor.
CONTR. **Insípido.**
sapiencia (l. *-ntia*) *f.* Sabiduría. 2 Libro de la Sabiduría contenido en la Biblia.
sapiencial *adj.* Relativo a la sabiduría.
sapiente *adj.-s.* Sabio.
sapillo *m.* Dim. de *sapo.* 2 Ránula. 3 *Amér.* Afta que padecen en la boca los niños de pecho. 4 *And.* Salicor (planta).
sapina (der. del l. *sapo,* jabón) *f.* Salicor.
sapindáceo, -a (der. culto del l. mod. *sapindus,* der. del l. *sapo,* jabón) *adj.-f.* Planta dicotiledónea exótica, arbórea o sarmentosa, de hojas casi siempre alternas, agrupadas de tres en tres, flores en espiga con un anillo nectarífero entre los estambres y la corola, y fruto capsular, como el jaboncillo. -2 *f. pl.* Familia de estas plantas.
sapino (l. *-nu*) *m.* Abeto (árbol).
sapituntún *m. C. Rica.* Juego de chicos en el que los jugadores saltan, puestos en cuclillas, imitando a los sapos.
I) sapo (orig. incierto) *m.* Anfibio anuro, parecido a la rana, pero de cuerpo más grueso, y con la piel llena de verrugas *(Bufo* sp.*).* 2 fam. Bicho cuyo nombre se ignora. 3 ~ *marino,* pejesapo. 4 *Zam.* Hilo gordo que en un tejido desdice de los otros. 5 *Argent., Bol., Chile, Parag., Perú* y *Urug.* Juego de la rana. 6 *Cuba.* Pez pequeño, de cabeza grande y boca muy hendida, que vive en la desembocadura de los ríos *(Batracus tau).* 7 *Chile.* En las piedras preciosas, mancha que se observa en su interior, por defecto en la cristalización. 8 *Chile.* Chiripa, acto casual.
II) sapo, -pa *adj. Amér.* Astuto, disimulado. -2 *adj.-s.* fig. [pers.] Que se mueve con torpeza. -3 *m. Amér.* Juego consistente en introducir una moneda por la boca abierta de una figura en forma de rana, puesta sobre la mesa. 4 *Colomb., P. Rico* y *S. Dom.* Sapillo (especie de afta). 5 *Pan.* Soplón.
saponáceo, -a (der. del l. *sapone,* jabón) *adj.* científ. Jabonoso.
saponaria *f.* Jabonera (hierba).
saponificable *adj.* Que se puede saponificar.
saponificación *f.* Acción de saponificar. 2 Efecto de saponificar. 3 QUÍM. Reacción de un éster y el agua obteniéndose un ácido y un alcohol.
saponificar (l. *sapone,* jabón + *-ificar*) *tr.-prnl.* Convertir en jabón [un cuerpo graso]. ◇ ** CONJUG. [1] como *sacar.*
saponina *f.* Substancia vegetal que, al ser disuelta en el agua, la vuelve espumosa como los jabones, y capaz de emulsionar las grasas. Se contiene en el palo de Panamá, la jabonera, etc.
saponita *f.* Silicato del grupo de los filosilicatos, que cristaliza en el sistema monoclínico, de tacto untoso y color blanco gris, amarillo, pardo, rojizo o verde y brillo graso.
saporífero, -ra (l. *sapore,* sabor + *-fero*) *adj.* Que causa sabor.
sapotáceo, -a (der. culto del náhu. *tzápotl,* fruta de zapote) *adj.-f.* Planta dicotiledónea, árbol y arbusto tropical, provista de tubos lacticíferos, con hojas alternas enteras y coriáceas, flores pequeñas axilares y fruto en baya o drupa con semillas oleosas; como el zapote. -2 *f. pl.* Familia de estas plantas.
sapote *m.* Zapote.
sapro- (gr. *saprós,* perdido) Elemento prefijal que entra en la formación de palabras con el significado de podrido.
saprobio, -bia *adj.* Saprófito.
saprófago, -ga (*sapro-* + *-fago*) *adj.* [animal o planta] Que se alimenta de materiales orgánicos en putrefacción.
saprófito, -ta (*sapro-* + *-fito*) *adj.* [animal o planta] Que vive sobre materia orgánica en descomposición. 2 MED. [microbio] Que vive en el organismo, esp. en el tubo digestivo a expensas de las materias en putrefacción.
saprógeno, -na (*sapro-* + *-geno*) *adj.* [organismo] Capaz de pudrir la materia orgánica.
sapropel (*sapro-* + gr. *pelós,* lodo) *m.* GEOL. Sedimento rico en materia orgánica procedente de los restos de organismos planctónicos. Es la materia prima del petróleo o de algunos tipos de carbón.
saque *m.* Acción de sacar. 2 Raya o sitio desde el cual se saca la pelota. 3 El que saca la pelota. 4 DEP. Jugada en la que el jugador pone la pelota en movimiento en un lugar determinado: ~ *de banda,* el que se efectúa desde uno de los lados más largos de un campo deportivo; ~ *de esquina,* córner (sanción). 5 *Tener buen* ~, ser buen comedor o bebedor. 6 *Colomb.* Lugar donde se destila el aguardiente.
SIN. *1, 2* y *3* **Saco.**
saqueador, -ra *adj.-s.* Que saquea.
saqueamiento *m.* Saqueo.
saquear (it. *saccheggiare*) *tr.* Apoderarse violentamente los soldados u otras gentes [de lo que hallan en un paraje]: ~ *una casa;* ~ *los muebles, el ganado,* etc., *de una casa;* esp, entrar los soldados en [una plaza o lugar] robando cuanto se halla. 2 fig. Apoderarse de todo o la mayor parte [de aquello de que se habla]: ~ *un texto.*
saqueo *m.* Acción de saquear. 2 Efecto de saquear.
SIN. **Saco,** *entrar a saco;* **sacomano, saqueamiento.**
saquera *adj.* [aguja] Que sirve para coser sacos.
saquería *f.* Fabricación de sacos. 2 Conjunto de ellos.
saquerío *m.* Saquería (conjunto).
saquero, -ra *adj.* Perteneciente o relativo a los sacos. -2 *m. f.* Persona que tiene por oficio hacer o vender sacos. 3 fig. *y* fam. Funcionario, vigilante de prisiones.
saquete *m.* Dim. de *saco.* 2 ARTILL. Envoltura en que se empaqueta la carga del cañón.
saquí *m. Ecuad.* Agave.
saquilada *f.* Cantidad que se lleva en un saco no lleno.
Sara *n. pr.* BIBL. Mujer de Abraham y madre de Isaac.
sarabaíta (l. *sarabaita*) *adj.-m.* desus. Monje relajado que vivía en las ciudades sin regla ni superior.
saracacha *f. Ant.* y *Clomb.* Arracacha.
saraguate *m. Amér. Central.* Especie de mono *(Stentor villosus).*
saraguato *m. Méj.* Saraguate.
saragüete *m.* Sarao casero.
sarampión (l. hispánico *sirimpione*) *m.* Enfermedad febril contagiosa que se manifiesta por síntomas catarrales, seguidos de la aparición de una multitud de manchitas rojas en la piel.
sarandí (guaraní) *m. Argent.* Arbusto euforbiáceo, de ramas largas y flexibles *(Cephalantus sarandi).*
sarandisal *m. Argent.* Terreno plantado de sarandíes.
sarango *m. P. Rico.* vulg. Sarampión.
sarantontón *m. Can.* Mariquita, vaca de San Antón.
sarao (gall. *serao,* anochecer, der. del l. *sero,* tarde) *m.* Reunión nocturna cuyo objeto es divertirse con baile y música. 2 vulg. Jaleo, follón.
sarape *m. Guat.* y *Méj.* Especie de frazada de lana o colcha de algodón tejida en forma de cordoncillo, de colores muy vivos, que suele tener una abertura en el centro.
sarapia *f.* Árbol leguminoso de América Meridional. Su madera se emplea en carpintería y su semilla para aromatizar el rapé

y preservar la ropa de la polilla *(Dipteryx odorata)*. 2 Fruto de este árbol.
SIN. **Sarrapia.**
sarapico *m.* Zarapito. 2 *Ast.* y *Vizc.* Sarampión.
Sarapis *n. pr.* MIT. V. Serapis.
sararí *adj.-m. Venez.* Color salpicado de pintas menudas en las aves. -2 *adj.* De color sararí.
sarasa *m.* fam. Hombre afeminado, marica.
saratano, -na *adj. Colomb.* [ave] De pintas amarillas y blancas o negras.
saratauca (quechua) *f. Bol.* Juego infantil.
saraviado, -da *adj. Colomb.* y *Venez.* Pintado, manchado, mosqueado: *ave saraviada.*
sarazo, -za *adj. And.* y *Amér.* Que empieza a madurar, esp. el maíz y algunos otros frutos. 2 *Amér.* Calamocano. 3 *P. Rico.* Relativo al agua de coco maduro, y, p. ext., a todo éste. 4 *Colomb., Guat.* y *Venez.* Casi borracho.
sarcasmo (l. *-mu* < gr. *sarkasmós*) *m.* Burla sangrienta, ironía mordaz. 2 RET. Figura que consiste en emplear esta especie de ironía o burla.
SIN. v. **Burla.**
sarcásticamente *adv. m.* Con sarcasmo.
sarcástico, -ca *adj.* Que denota sarcasmo; relativo a él. 2 [pers.] Propenso a emplearlo.
sarcia (v. *sarcina*) *f.* Carga, fardaje.
sarcillo *m. Sant.* Azada con dos ganchos.
sarcina (l.; doble etim. *sarcia*) *f.* Pequeño conjunto o masa en que se presentan ciertos cocos (bacteria).
sarco-, -sarco (gr. *sarx, sarkós,* carne) Elemento prefijal y sufijal que entra en la formación de palabras con el significado de carne.
sarcocarpio (*sarco-* + *-carpo*) *m.* BOT. Mesocarpio carnoso.
sarcocele (*sarco-* + *-cele*) *m.* MED. Tumor duro y crónico del testículo.
sarcocola (gr. *sarkokolla*) *f.* Goma aromática y amarga que se obtiene de un arbusto de Arabia parecido al espino negro.
sarcodario, -ria *adj.-m.* Rizópodo.
sarcófago (gr. *sarkophágos* < *sarco-* + *-fago*) *m.* Sepulcro (monumento).
sarcolema (*sarco-* + gr. *lemma,* corteza) *m.* Vaina transparente de un haz primitivo estriado de fibras musculares.
sarcoma (gr. *sarkoma, -atos* < *sarco-* + *-oma*) *m.* Tumor del tejido conjuntivo que tiende a proliferar abundantemente.
sarcomatosis (de *sarcoma* + *-osis*) *f.* MED. Estado patológico del organismo, en que se presenta un conjunto de lesiones sarcomatosas de forma generalizada. ◇ Pl.: *sarcomatosis.*
sarcomatoso, -sa *adj.* MED. Perteneciente o relativo al sarcoma. 2 Parecido en su estructura o naturaleza a un sarcoma.
sarcopto *m.* ZOOL. Género de ácaros que incluye la especie *S. scabiei,* agente productor de la sarna.
sarcótico, -ca (*sarco-*) *adj.* Que favorece la regeneración del tejido muscular.
I) sarda (l., especie de sardina) *f.* Caballa.
II) sarda *f.* Matorral. 2 Monte bajo, matorral. 3 *Ar.* Erial. 4 *Ast.* Sardo, tejido de mimbres.
sardana (cat. *sardana;* probl. de *cerdana,* típica de Cerdaña) *f.* Baile en corro, popular de Cataluña. 2 Música de este baile.
sardanapalesco, -ca *adj.* fam. Disoluto, propio de Sardanapalo.
sardanés, -nesa *adj.-s.* De Cerdaña, comarca de Cataluña.
sardanista *com.* Bailador de sardanas.
sardesco, -ca (de *sardo* II) *adj.-s.* Caballo o asno pequeño. -2 *adj.* fig. [pers.] Áspero y sacudido.
sardiano, -na *adj.-s.* De Sardes, capital de Lidia, ant. c. del Asia Menor.
sardicense *adj.-s.* De Sárdica, c. de Tracia.
sardina (l.) *f.* Pez marino teleósteo clupeiforme, comestible, de hasta 26 cms. de longitud; presenta las aletas ventrales por detrás del inicio de la dorsal, lo que la diferencia del boquerón *(Sardina pilchardus).* 2 ~ **arenque,** arenque.
SIN. **Parrocha, sardineta,** sardina pequeña.
sardinal *m.* Red para pescar sardinas.
sardinel (cat. *sardinell,* de *sardina*) *m.* ARQ. Obra hecha de ladrillos sentados de canto y de modo que coincida en toda su extensión la cara de uno con la de otro. 2 *And.* Escalón de entrada de una casa o habitación. 3 *Colomb.* Escalón que forma el borde exterior de la acera. -4 *adj.* ARQ. V. citarilla sardinel.
sardinero, -ra *adj.* Relativo a las sardinas. -2 *m. f.* Persona que vende sardinas o trata en ellas. -3 *m.* Arte de pesca que tiene la forma de una gran herradura.
sardineta *f.* Dim. de *sardina.* 2 Adorno formado por dos galones apareados y terminando en punta. 3 Porción que se corta al queso en todo lo que sobresale del molde donde se hace. 4 Papirotazo que por juego da un muchacho a otro en la mano, con los dedos mojados en saliva.
sardio (l. *sardiu* [*lapis*]) *m.* Sardónice.
I) sardo, -da *adj.* Relativo al ganado vacuno cuya capa tiene mezcla de negro, blanco y colorado; p. ext., que tiene manchas o pecas de diverso color. -2 *m.* Sardónice. 3 *Ast.* Tejido de mimbres que se coloca sobre el llar.
II) sardo, -da (l. *-du*) *adj.-s.* De Cerdeña, isla del oeste de Italia. -2 *adj.-m.* Conjunto de dialectos romances hablados en Cerdeña; como el campidanés.
III) sardo *m. Extr.* Cama de vegetales, escobas o retamas, en donde se colocan los quesos recién hechos para que se curen.
sardón *m. León* y *Zam.* Mata achaparrada de encina. 2 *Ast.* Monte bajo, terreno lleno de maleza.
sardonal *m. León* y *Zam.* Sitio poblado de sardones.
sardonia (der. del gr. *sardónios,* de Cerdeña) *adj.* V. risa sardonia. -2 *f.* Ranúnculo de hojas lampiñas y flores cuyos pétalos apenas son más largos que el cáliz; su jugo produce en los músculos de la cara una contracción que imita la risa *(Ranunculus sceleratus).*
sardónica, -ce (l. *sardonyche* < gr. *sardónyx, -ónychos*) *f.* Ágata de color amarillento con zonas más o menos oscuras.
SIN. **Sardio, sardo, sardonio, sardónique.**
sardónico, -ca (v. *sardonia*) *adj.* V. risa sardónica. 2 Relativo a la sardonia. 3 *Amér.* Irónico, sarcástico.
sardonio *m.* Sardónique.
sardónique *f.* Sardónice.
I) sarga (l. *serica,* de seda) *f.* Tela de lana o estambre, cuyo tejido forma unas líneas diagonales. 2 Tela pintada para adornar o decorar las paredes.
II) sarga (vasc. ant. **sarika* < célt. *salicos*) *f.* Arbusto salicáceo de ramas mimbreñas que crece a orillas de los ríos *(Salix triandra).*
sargadilla *f.* Planta quenopodiácea, de tallo rojizo y ramoso, y hojas carnosas, agudas y terminadas por un pelo blanquecino *(Chenopodium splendens).*
sargado, -da *adj.* Asargado.
sargal *m.* Terreno poblado de sargas.
sargantana *f. Ar.* y *Nav.* Lagartija.
sargantesa *f. Ar.* y *Sor.* Lagartija.
sargatillo (de *sarga* II) *m.* Especie de sauce.
SIN. **Saciña.**
sargazo (port. *sargaço* < probl. del l. *salicastru*) *m.* Género de algas feofíceas de tallo diferenciado en falsos tallos y falsas hojas que flotan en los mares cálidos y cubren una gran superficie del Atlántico llamada el mar de los Sargazos (gén. *Sargassum).*
sargenta *f.* Sergenta. 2 Sargentona. 3 Mujer del sargento. 4 Alabarda que llevaba el sargento.
sargentear *tr.* Gobernar [gente militar] haciendo el oficio de sargento. 2 fig. Capitanear. -3 *abs.* fig. Mandar con afectado imperio. -4 *intr. Colomb.* Bandearse, ingeniárselas.
sargentería *f.* Ejercicio de sargento.
sargentía *f.* Empleo de sargento. 2 Oficina en que el sargento mayor despacha los negocios de un cargo.
sargento (fr. *sergent* < l. *serviente* < *servire,* servir) *m.* Militar del cuerpo de suboficiales con empleo superior al de cabo; bajo la inmediata dependencia de los oficiales, cuida del orden, administración y disciplina de una compañía o parte de ella: ~ ***primero,*** suboficial con grado superior al de sargento e inferior al de brigada. 2 fig. *y* fam. Persona autoritaria y de modales bruscos.
sargentona *f.* desp. Mujer hombruna y de dura condición.
SIN. **Sargenta.**
sargo (l. *-gu*) *m.* Pez marino teleósteo perciforme, de color plateado con fajas transversales negras *(Diplodus sargus).*
I) sarguero *m.* Pintor de sargas.
II) sarguero, -ra *adj.* Relativo a la sarga II.
sari *m.* Traje femenino us. en la India. 2 Tela ligera de algodón con la cual se confeccionan estos vestidos.
sariá *f. Argent.* Chuña.
sariama *f. Argent.* Ave zancuda, de color rojo sucio, con un copete pequeño *(Sariama cristata).*
sariga *f. Argent.* Zarigüeya.

sarilla (ár. *çatriya* < l. *satureia*) *f.* Mejorana.
I) sarillo *m.* Sarrillo I.
II) sarillo *m. Can.* y *Gal.* Devanadera.
sarita (*Sarah Bernhardt*, 1844-1923, lo introdujo en el país) *f. Perú.* Sombrero de paja, de ala y copa planas.
sarito, -ta *adj. La Mancha.* [niño] De carácter vivo.
sármata (l.) *adj.-s.* De Sarmacia, reg. de la ant. Europa. -2 *adj.* Sarmático.
sarmático, -ca *adj.* Relativo a Sarmacia.
sarmentador, -ra *m. f.* Persona que sarmenta.
sarmentar *intr.* Coger los sarmientos podados. ◇ ** CONJUG. [27] como *acertar.*
sarmentazo *m.* Aum. de *sarmiento*. 2 Golpe dado con un sarmiento.
sarmentera *f.* Lugar donde se guardan los sarmientos. 2 Acción de sarmentar.
sarmenticio, -cia *adj.* desus. Cristiano; decíase de éstos por ultraje, porque se dejaban quemar con sarmientos.
sarmentoso, -sa *adj.* Que tiene semejanza con los sarmientos: *tallo ~; dedos sarmentosos.*
sarmiento (l. *sarmentu*) *m.* Vástago de la vid, largo, delgado, flexible y nudoso. 2 Tallo leñoso, largo, delgado y flexible, capaz de apoyarse o enredarse en un soporte.
sarna (l. hisp., de orig. incierto) *f.* Enfermedad cutánea debida al arador y caracterizada por una multitud de vesículas y pústulas diseminadas por el cuerpo, las cuales producen una viva picazón.
FRS. Fig. *~ con gusto no pica*, díc. para dar a entender que las molestias ocasionadas por cosas voluntarias no incomodan. SIN. **Roña,** la del ganado lanar.
sarnambí *m. Perú.* Goma elástica que deja la preparación del jebe fino.
sarnoso, -sa *adj.-s.* Que tiene sarna.
sarpullido *m.* Salpullido.
sarpullir *tr.-prnl.* Salpullir. ◇ ** CONJUG. [41] como ***mullir.***
sarraceniáceo, -a *adj.-f.* Planta dicotiledónea, herbácea, carnívora, con las hojas basales plegadas a modo de tonel provisto de un opérculo a modo de tapa; en su interior quedan atrapados los insectos. -2 *f. pl.* Familia de estas plantas.
sarraceniales *f. pl.* Orden de plantas dentro de las dicotiledóneas, hierbas anuales o perennes que se caracterizan por ser carnívoras (o insectívoras).
sarracénico, -ca *adj.* Relativo a los sarracenos.
sarraceno, -na (l. *saracenu* < ár. *xarquiín,* oriental) *adj.-s.* De la Arabia Feliz, u oriundo de ella. 2 Mahometano. -3 *m.* V. trigo sarraceno.
SIN. *1* **Agareno, ismaelita.**
sarracín, sarracino, -na *adj.-s.* Sarraceno.
sarracina (del ant. *sarracino,* sarraceno) *f.* Pelea entre muchos, esp. la confusa o tumultuaria. 2 p. ext. Riña o pendencia en que hay heridas o muertes. 3 fam. Destrozo o escabechina grandes.
sarrapia *f.* Sarapia.
sarreta *f.* Plegonero.
sarria (cat.) *f.* Género de red basta para transportar paja. 2 *Ar., La Mancha* y *Murc.* Espuerta grande. 3 *Murc.* Serón de dos senos para conducir productos a lomos de una caballería.
sarrieta *f.* Dim. de *sarria*. 2 Espuerta honda y alargada en que se echa de comer a las bestias.
SIN. **Soturno.**
I) sarrillo (probl. onomat.) *m.* desus. Estertor del moribundo.
II) sarrillo *m.* Aro (planta).
sarrinar *tr. Extr.* Extraer la resina de los pinos, sangrarlos.
sarrio *m. Ar.* Rebeco.
sarro (probl. de orig. prerrom.) *m.* Sedimento que dejan en las vasijas algunos líquidos que llevan substancias en suspensión o disueltas. 2 Substancia amarillenta, de naturaleza calcárea, que se adhiere al esmalte de los dientes. 3 Saburra (capa). 4 Roya (honguillo).
SIN. *2* **Limosidad, tártaro, toba.**
sarroso, -sa *adj.* Que tiene sarro.
sarruján *m. Sant.* Zagal, criado del pastor.
sarrumas *f. pl. S. Dom.* Residuos de ciertos manjares como queso, chicharrones, etc.
sarta (l. v. *sarta* < l. *serta,* enlazada) *f.* Serie de cosas metidas por orden en un hilo, cuerda, etc. 2 fig. Porción de gentes o de cosas que van unas tras otras. 3 Serie de sucesos o cosas no materiales, iguales o análogas.
SIN. **Sartal.** *1* **Rastra,** la sarta de fruta seca. v. **ristra.** *2* y *3* **Rosario.**
sartal *m.* Sarta.
sartanejas *f. pl. Bol.* Montones de tierra que las hormigas levantan.
sartén (l. *sartagine*) *f.* Vasija circular, más ancha que honda, de fondo plano y con mango largo. 2 Sartenada. -3 *m. Hond.* Cajete con asas y vidriado. ◇ Dim: *sartenilla* y *sartencilla.* ◇ INCOR.: su uso como masculino, aunque se usa así en Colombia y Chile.
FR. *Tener uno la ~ por el mango*, fig., asumir el manejo y autoridad en una dependencia o negocio.
sartenada *f.* Lo que de una vez se fríe en la sartén; lo que cabe en ella.
sartenazo *m.* Golpe dado con la sartén. 2 fig. Golpe recio dado con una cosa cualquiera.
sarteneja *f.* Dim. de *sartén*. 2 Grieta que se forma con la sequía en algunos terrenos; hoyo o depresión que dejan las aguas al evaporarse en las marismas y vegas bajas.
sartenejal *m. Ecuad.* Parte de la sabana en que abundan las sartenejas y donde la vegetación es escasa.
sartenero, -ra *m. f.* Persona que tiene por oficio hacer o vender sartenes.
sartorio (der. del l. *sartor,* sastre) *adj.-m.* ANAT. Músculo del muslo que se extiende oblicuamente a lo largo de sus caras anterior e interna, cuya función es la de flexionar la pierna sobre el muslo, éste sobre la pelvis y efectuar la abducción y rotación del muslo.
sartriano, -na *adj.* Relativo al escritor francés Jean-Paul Sartre (1905-1980).
sasafrás (l. *saxifraga,* a través del moz.) *m.* Árbol lauráceo americano, de corteza lisa y pardusca, hojas lanceoladas, flores amarillas y fruto en forma de baya. La infusión de sus partes leñosas se emplea como sudorífico *(Sassafras officinale).* ◇ Pl.: *sasafrases.*
sasánida *adj.* Relativo a la dinastía que estuvo al frente de los destinos de Persia durante los últimos siglos preislámicos (226-641). 2 Relativo a Persia durante el período que reinó dicha dinastía.
saso *m. Logr., Nav.* y *Argent.* Terreno pedregoso y seco algo elevado en oposición al regadío de los valles.
sastre, -tra (l. *sartore,* probl. a través del cat.) *m. f.* Persona que tiene por oficio cortar y coser trajes. 2 En un teatro, la que ayuda a los actores a vestirse y cuida de sus trajes. -3 *m.* Crustáceo decápodo cuyo primer par de patas se ha transformado en gandes pinzas; las demás patas están cubiertas de espinas y son de color pardo; el cuerpo es rojo con líneas azules transversales *(Galathea strigosa).* -4 *f.* Mujer del sastre.
SIN. *1* **Alfayate** (ant.).
sastrería *f.* Oficio y obrador de sastre.
sastresa *f.* Sastra.
Satán, -tanás (l. ecl. < hebr. *satán*) *m.* Lucifer (diablo).
satandera *f. Ál.* Comadreja, mamífero.
satanelo *m.* Mamífero marsupial del N. de Australia de unos 30 cms. de longitud, parecido al gato *(Satanellus hallucatus).*
satánico, -ca *adj.* Relativo a Satanás; propio y característico de él. 2 fig. Extremadamente perverso.
SIN. *2* v. **Malo.**
satanismo *m.* fig. Perversidad, maldad satánica.
satélite (l. *satellite,* soldado de guardia de un príncipe) *m.* Cuerpo celeste opaco que gira alrededor de un planeta primario. 2 irón. Persona o cosa que depende de otra y la sigue o acompaña de continuo. 3 Alguacil. 4 *~ **artificial,*** vehículo, tripulado o no, que se coloca en órbita alrededor de la Tierra o de otro astro, y que lleva aparatos apropiados para recoger información y retransmitirla: *~ de comunicación; ~ de exploración; ~ espía,* el equipado con sistemas electrónicos y fotográficos de alta precisión para la vigilancia del enemigo. 5 MEC. Rueda dentada de un engranaje que gira libremente sobre un eje para transmitir el movimiento de otra rueda dentada. -6 *adj.-s.* Estado dominado política y económicamente por otro Estado más poderoso.
satén (fr. *satin* < ár. vulg. *zaituni,* aceituní) *m.* Raso. 2 *~ **liberti,*** v. liberti.
satería *f. S. Dom.* Frescura, coquetería.
I) satín *m.* Madera americana semejante al nogal.
II) satín *m.* Raso.
satinado *m.* Acción de satinar. 2 Efecto de satinar.
satinador, -ra *adj.* Que satina. -2 *f.* IMPR. Calandria utilizada para satinar el papel.
satinar (fr. *-er* < *satin,* satén) *tr.* Dar [al papel o a la tela] tersura y lustre por medio de la presión.

sátira (l. < l. *satura,* olla podrida de manjares varios) *f.* Composición poética o en prosa para censurar acremente o poner en ridículo. 2 Discurso o dicho agudo y mordaz, dirigido a igual fin.
REL. Puede afectar todos los tonos: festivo y ligero (**epigrama, humorada**); el reposado de las sátiras de Horacio, vehemente e indignado (**diatriba, invectiva**).
satirear *tr.* vulg. Requebrar con lascivia [a una mujer].
satiriasis (gr. *satyriasis*) *f.* MED. Estado de exaltación morbosa de las funciones genitales, propia del sexo masculino. ◇ Pl.: *satiriasis.*
satíricamente *adv. m.* De modo satírico.
satírico, -ca *adj.* Relativo a la sátira. 2 Relativo al sátiro. 3 Inclinado a la mordacidad.
satirio (de *sátiro*) *m.* Mamífero roedor, que habita a orillas de los arroyos y nada muy bien.
satirión (gr. *satyrion*) *m.* Nombre de algunas orquídeas europeas, de cuyas raíces se extrae salep (gén. *Dactylorchis;* el satirio manchado es el *D. maculata).*
satirismo *m.* MED. Anomalía sexual en que el sujeto se siente impulsado a cometer agresiones, generalmente nocturnas, contra mujeres solas que se encuentran en inferioridad de condiciones.
satirizante *adj.* Que satiriza.
satirizar *intr.* Escribir sátiras. -2 *tr.* Zaherir o motejar [a uno]. ◇ ** CONJUG. [4] como *realizar.*
sátiro (l. *satyru* < gr. *sátyros*) *m.* FAB. Monstruo o semidiós silvestre, con el cuerpo velludo y patas de macho cabrío, muy dado a la lascivia. 2 fig. Hombre lascivo. 3 desus. Composición escénica lasciva. 4 Mariposa diurna de color pardo grisáceo, cuyas larvas se alimentan de varias gramíneas *(Hipparchia semele).*
satis (l. *satis,* bastante) *m.* Asueto. ◇ Pl.: *satis.*
satisdación (l. *-atione*) *f.* DER. Fianza (obligación).
satisfacción (l. *-ctione*) *f.* Acción de satisfacer. 2 Efecto de satisfacer. 3 Pago, con obras de penitencia, de la pena debida por nuestras culpas. 4 Razón o acción con que se responde enteramente a una queja. 5 Presunción, vanagloria. 6 Confianza o seguridad del ánimo. 7 Cumplimiento del deseo o del gusto. 8 Reparación de una acción injusta o punible, cumpliendo absolutamente las obligaciones que pesan sobre el deudor.
LOC. *A ~*, a gusto de uno, cumplidamente.
satisfacer (l. *-ere* < *satis,* bastante + *facere,* hacer) *tr.* Pagar enteramente [lo que se debe]: *he satisfecho mis deudas.* 2 p. anal. Hacer una obra que merezca el perdón [de la pena debida]: *he satisfecho la penitencia por mis pecados; abs., he satisfecho por mis pecados.* 3 Premiar con equidad [los méritos] que se tienen hechos. 4 Deshacer [un agravio u ofensa]; ser suficiente [lo que se hace para ello]. 5 Aquietar [las pasiones del ánimo]: *~ la ira.* 6 Saciar [un apetito, pasión, etc.]: *~ la sed de sabiduría.* 7 Dar solución [a una duda o a una dificultad]; cumplir, llenar [ciertos requisitos o exigencias]. 8 MAT. Ser alguna cantidad, magnitud, etc., la que hace que se cumplan las condiciones expresadas en un problema, y ser, por tanto, su solución. -9 *intr.* Gustar, agradar a una persona algo o alguien. -10 *prnl.* p. us. Vengarse de un agravio; volver por el propio honor el que está ofendido. 11 Aquietarse o persuadirse con una razón eficaz. 12 Estar conforme uno con algo o alguien. ◇ ** CONJUG. [85]. ◇ INCOR.: *sastifacer, satisfaciera, satisfaciese, satisfacieron, satisfacería,* etc.
satisfactoriamente *adv. m.* De modo satisfactorio.
satisfactorio, -ria *adj.* Que puede satisfacer una cosa debida. 2 Que puede satisfacer una duda o una queja, o deshacer un agravio. 3 Grato, próspero. 4 Que es suficiente o bastante bueno para lo que se pretende.
satisfecho, -cha, pp. irreg. de *satisfacer.* 2 *adj.* Presumido o pagado de sí mismo: *~ consigo; ~ de sí.* 3 Complacido, contento. 4 Harto de comida.
sativo, -va (l. *-vu,* de *satus,* sembrado) *adj.* Que se cultiva, a distinción de lo silvestre.
sato, -ta (l. *-tu* < *serere,* sembrar) *adj. Can.* Oligofrénico, imbécil. 2 *Colomb.* [ganado] De baja estatura. 3 *Cuba.* De mala casta, de mala intención. 4 *S. Dom.* Fresco, zalamero. -5 *m.* lit. Sembrado. 6 *Cuba* y *P. Rico.* Perro pequeño de raza fina, de pelo corto y muy ladrador. -7 *f. Cuba* y *P. Rico.* Mujer coqueta y extremosa con los hombres.
sátrapa (gr. *satrapes*) *m.* Gobernador de una prov. de la ant. Persia. -2 *adj.-m.* fig. Hombre ladino. 3 fig. *y* fam. Hombre que lleva una vida fastuosa.
satrapía *f.* Dignidad de sátrapa. 2 Territorio gobernado por un sátrapa.
saturable *adj.* Que puede saturarse.
saturación *f.* Acción de saturar o saturarse. 2 Efecto de saturar o saturarse. 3 p. ext. Exceso en el mercado de alguna mercancía, hasta el punto de impedir la admisión del mismo artículo. 4 En la televisión cromática, proporción en la que un color está mezclado con el blanco.
saturado, -da *adj.* QUÍM. [compuesto químico orgánico] De enlaces, por lo general entre átomos de carbono, de tipo sencillo.
saturar (l. *-are*) *tr.* Saciar. 2 Hacer que [una cosa] llegue a estar completamente penetrada o impregnada por otra. 3 Disolver hasta el límite de capacidad una substancia en otra. 4 QUÍM. Satisfacer la afinidad [de una substancia] o combinar [dos o más cuerpos] en las proporciones atómicas máximas en que pueden unirse. -5 *tr.-prnl.* Impregnar de otro cuerpo [un fluido] hasta el punto de no poder éste admitir mayor cantidad de aquél.
saturnal (l. *-ale*) *adj.* Relativo a Saturno. -2 *f.* Fiesta en honor del dios Saturno: *las saturnales, celebradas a mediados de diciembre, duraban siete días.* 3 fig. Orgía desenfrenada.
saturnilismo *m.* Herejía de Saturnilio (s. II), partidario del dualismo de Zoroastro (¿660-583? a. C.).
saturnino, -na (de *Saturno*) *adj.* [pers.] De genio triste y taciturno. 2 Relativo al plomo. 3 [enfermedad] Que se produce por intoxicación con una sal de plomo.
saturnio, -nia *adj.* Saturnal.
saturnismo *m.* Enfermedad saturnina crónica.
Saturno (l. *-nu*) *n. pr.* MIT. Entre los romanos, dios de la agricultura. Su reinado fue la edad de oro del mundo. Se le identifica con el gr. *Cronos.* 2 Planeta algo menor que Júpiter, cuya órbita está comprendida entre la de este último y la de Urano; tiene ocho satélites y está rodeado por un doble anillo luminoso. 3 QUÍM. Plomo (metal).
FR. *Ser un ~*, ser de carácter melancólico.
sauale *m. Filip.* Tejido hecho con tiras de caña que sirve para hacer toldos.
sauce (v. *salce*) *m.* Árbol salicáceo, de ramas erectas, hojas angostas, lanceoladas y sedosas, flores en amento y fruto capsular *(Salix alba).* También *~ blanco*: *~* ***de Babilonia*** o ***llorón*** (también *desmayo*), especie que tiene las ramillas muy largas y flexibles y péndulas, y se cultiva como planta de adorno *(Babylonica).* ◇ También *salce, sauz* y *saz,* que tienen la misma etimología.
SIN. **Salguera, salguero.**
sauceda *f.* Salceda.
saucedal *m.* Salceda.
saucera *f.* Salceda.
saucillo *m.* Centinodia.
saúco (l. *sabucu*) *m.* Arbolillo caprifoliáceo, de hojas imparipinnadas; flores olorosas, blancas o amarillentas en cimas corimbiformes, cuyo cocimiento se usa en medicina *(Sambucus nigra).* 2 Segunda tapa de que se componen los cascos de las caballerías.
SIN. *1* **Sabuco, sabugo.** REL. **Sabucal, sabugal,** lugar poblado de saúcos.
saudade (port.) *f.* Nostalgia, añoranza.
saudí *adj.* Relativo a la dinastía de Ibn Saud (1880-1953) y al territorio sobre el que gobierna. -2 *adj.-s.* De Arabia Saudí, país de Oriente Medio. ◇ Pl.: *saudíes.*
saudita *adj.* Saudí.
saudoso, -sa (port.) *adj.* Que tiene saudade.
saúgo *m. Can.* Piña del maíz cuando es pequeña.
Saúl *n. pr.* BIBL. Primer rey de Israel.
sauna *f.* Baño de calor, a muy alta temperatura, que produce una rápida y abundante sudoración, y que se toma con fines higiénicos y terapéuticos. 2 Local en que se pueden tomar esos baños.
sauquillo *m.* Mundillo (arbusto).
saurio (gr. *sauros,* lagarto) *adj.-m.* Reptil del orden de los saurios. -2 *m. pl.* Orden de reptiles escamosos, generalmente de cuatro patas y con cola larga, párpados libres, boca no dilatable y esternón; como el lagarto y la lagartija.
sauro-, -sauro (gr. *sauros,* lagarto) Elemento prefijal y sufijal que entra en la formación de palabras con el significado de lagarto.
sausería (fr. *saucerie*) *f.* Oficina de palacio para el reparto de la vianda.
sausier (fr. *saucier,* salsero) *m.* Jefe de la sausería, que tiene a su cargo el servicio de mesa.
sautor (fr. *sautoir*) *m.* BLAS. Sotuer.
sauz (v. *salce*) *m.* Sauce. ◇ Pl.: *sauces.*

sauzal *m.* Salceda.
sauzgatillo (*sauz* + *gatillo;* dim. de *gato*) *m.* Arbusto verbenáceo, propio de los lugares frescos, de ramas abundantes, mimbreñas y flores pequeñas, azules y en racimos *(Vitex agnuscastus).*
SIN. **Agnocasto, pimienta loca, silvestre** o **montés,** la planta y su fruto.
savarín *m.* Pastel en forma de corona, de pasta de levadura, empapado en jarabe de ron.
savia (del l. *sapa,* jugo, zumo; probl. a través del gall.-port.) *f.* Líquido que circula por los elementos conductores de las plantas: ~ ***ascendente*** o ***bruta,*** la que asciende por los vasos leñosos, formada por el agua absorbida que lleva en disolución materias minerales; ~ ***descendente*** o ***elaborada,*** la ascendente que, después de sufrir determinados cambios químicos, se transforma en jugo nutricio, que se distribuye a toda la planta por medio del tejido liberiano. 2 fig. Energía, elemento vivificador. ◇ HOMÓF.: *sabia* (adj.).
sávica *f.* Fase de máxima intensidad de la orogenia alpina que transcurrió entre el Oligoceno y el Mioceno.
saxafrax *f.* Saxífraga. ◇ Pl.: *saxafrax.*
saxátil (l. *-ile* < *saxu,* peña) *adj.* H. NAT. Que se cría entre peñas o adherido a ellas.
sáxeo, -a *adj.* De piedra.
saxífraga (l.) *f.* Planta saxifragácea, propia de los lugares frescos, de tallo ramoso y velludo, flores grandes en corimbo, de pétalos blancos con nervios verdosos, fruto capsular y raíz bulbosa (gén. *Saxifraga*). 2 Sasafrás, árbol lauráceo.
saxifragáceo, -a *adj. f.* Planta dicotiledónea, herbácea o leñosa, de hojas alternas u opuestas, flores hermafroditas de cinco pétalos y fruto en cápsula o baya; como la saxífraga o la hortensia. -2 *f. pl.* Familia de estas plantas.
SIN. **Grosulariáceo, ribesiáceo.**
saxifragales *f. pl.* Saxifragáceas.
saxifragia *f.* Saxífraga.
saxofón *m.* Saxófono. 2 Músico que toca este instrumento.
saxófono (ing. *saxophone,* de *Sax,* 1814-1894, nombre del inventor y el gr. *phoné,* sonido) *m.* Instrumento de viento compuesto de un tubo cónico de metal encorvado en forma de U de palos desiguales, varias llaves y una boquilla de madera y caña.
saya (l. v. **sagia,* der. del l. *sagum,* especie de manto de orig. galo) *f.* Falda que usan las mujeres. Se usa con frecuencia en plural. 2 Vestidura talar ant., especie de túnica.
SIN. **Halda,** hoy p. usado.
sayagués, -guesa *adj.-s.* De Sayago, territorio de la prov. de Zamora. 2 fig. *y* desus. [pers.] Tosco, grosero. -3 *m.* En el teatro clásico español, habla rústica. ◇ INCOR.: *sayagües.*
sayal (de *sayo*) *m.* Tela de lana burda.
sayalería *f.* Oficio de sayalero.
sayalero, -ra *m. f.* Persona que tiene por oficio tejer sayales.
sayalesco, -ca *adj.* De sayal o relativo a él.
sayalete *m.* Dim. de *sayal.* 2 Sayal delgado, usado para túnicas inferiores.
sayama *f. Ecuad.* Especie de culebra.
sayo (de *saya*) *m.* Casaca hueca, larga y sin botones. 2 Vestido amplio y de hechura simple, en general.
FR. *Cortar a uno un* ~, murmurar de él en su ausencia. SIN. *2* v. **Vestido.**
I) sayón (b. l. **sagione,* de orig. germ.) *m.* En la Edad Media, ministro de justicia que hacía las citaciones y ejecutaba los embargos. 2 Verdugo que ejecutaba las penas a que eran condenados los reos. 3 fig. Hombre de aspecto feroz. 4 Cofrade que en las procesiones de Semana Santa va vestido con una túnica larga.
II) sayón *m.* Mata quenopodiácea, ramosa, de color ceniciento, hojas lanceoladas, flores en espiga y brácteas fructíferas soldadas, simulando una cápsula *(Obione portulacoides).*
SIN. **Sabonera.**
sayona *f. Venez.* Fantasma nocturno.
sayuela *adj.* Relativo a cierto género de higuera. -2 *f.* Dim. de *saya.* 3 Camisa de estameña de que usan en algunas regiones. 4 Funda de bayeta, generalmente de color verde, con la que se cubre la jaula del perdigón cuando se saca al campo. 5 *Cuba.* Especie de camisa larga de mujer, ajustada a la cintura y con medias mangas.
sayuelo *m.* Dim. de *sayo.* 2 *León.* Manga rajada que llevaban en su vestido las maragatas.
SIN. *1* **Ságula.**
saz (v. *salce*) *m.* Sauce.
sazón (l. *satione,* acción de sembrar) *f.* Punto o madurez de las cosas, o estado de perfección en su línea. 2 Ocasión, tiempo oportuno o coyuntura: ***a la*** ~, entonces; ***en*** ~, oportunamente, a tiempo. 3 Estado conveniente de la tierra para sementeras y labores. 4 Gusto y sabor que se percibe en los manjares. -5 *m. Amér.* Buen gusto, buena manera de cocinar. -6 *adj. Amér.* Sazonado; [fruto] ya maduro.
SIN. *1* y *2* v. **Ocasión;** v. **Tempero,** la sazón que adquiere la tierra con la lluvia.
sazonadamente *adv. m.* Con sazón.
sazonado, -da *adj.* [dicho] Substancioso y expresivo.
sazonador, -ra *adj.* Que sazona.
sazonar *tr.* Dar sazón [al manjar, a la tierra, a los frutos]. -2 *tr.-prnl.* Poner [las cosas] en el punto y madurez que deben tener. -3 *prnl.* Adquirir sazón la tierra. -4 *tr. P. Rico.* Endulzar, azucarar.
SIN. *1* **Condimentar,** tratándose de la comida.
Sb, símbolo químico del *antinomio.*
Sc, símbolo químico del *escandio.*
-sca, v. -sco.
scanner (ing.) *m.* Escáner.
-scele, -scelia, -scelio (gr. *skelos,* pierna) Elemento sufijal que entra en la formación de palabras con el significado de pierna.
scherzo (voz italiana) *m.* Canción profana a varias voces, o pieza instrumental de forma libre en el s. XVI. 2 Movimiento en tres tiempos, que entró a formar parte de la sinfonía, de la sonata y del cuarteto. ◇ Se pronuncia *esquerzo.*
scheuchzeriáceo, -a *adj.-f.* Planta monocotiledónea, acuática, con las hojas radicales, largas y estrechas; las flores son muy pequeñas, con seis estambres y de tres a seis carpelos. -2 *f. pl.* Familia de estas plantas.
schottisch *m.* Chotis.
schucuy (ing. *shoe* y el sufijo quechua *cuy*) *m. Perú.* Calzado rústico de piel sin curtir.
-scio, -scia (gr. *skiá,* sombra) Elemento sufijal que entra en la formación de palabras con el significado de sombra: ***heteroscio, -cia.***
-sclerosis (de *esclerosis*) Elemento sufijal que entra en la formación de palabras con el significado de esclerosis.
-sco, -sca (l. *-scu*) Sufijo que entra en la formación de palabras con el significado de pertenencia o relación con respecto al primitivo. Adopta las formas *-asco: peñasco, nevasca, hoj[ar]asca; -esco: picaresco, sainetesco, soldadesca; -isco: obelisco, marisco, arenisca; -usco: pedrusco, pelandusca;* en algunos casos cambia la *s* en *z: blanquizco, negruzco, blancuzco;* en los de carácter adjetivo es frecuente el matiz de burla o menosprecio: *oficinesco, verdusco.*
scooter (voz inglesa) Motocicleta ligera, con ruedas pequeñas, en la que el conductor va sentado y no a horcajadas.
-scopio, -scopia, -scopo (gr. *scopeo,* observar, examinar) Elemento sufijal que entra en la formación de palabras con el significado de observar, examinar: *microscopio, crioscopia, ceóscopo.*
score *m.* DEP. ANGLIC. p. us. Tanteo.
scout *adj.-s.* ANGLIC. Miembro de una organización juvenil cuyo fin es la formación por medio de actividades al aire libre; explorador. ◇ Pl.: *scouts.* Se pronuncia *escaut.*
I) se (l. *se;* acusativo del pron. *sui*) *pron. pers.* Forma reflexiva y recíproca de 3ª persona en ambos géneros para el objeto directo e indirecto. No admite preposición y puede usarse proclítico o enclítico: *se peina el cabello; se viste con tiento; se quieren; se mandan avisos; se cae; cáese;* sirve, además, para formar oraciones impersonales y de pasiva: *se dice; se llenó el local.* ◇ V. **PRONOMBRE PERSONAL.
II) se (ant. *lle, ge* < l. *illi*) *pron. pers.* Forma de 3ª persona para el objeto indirecto en combinación con el directo en género masculino o femenino y número singular o plural: *dióselo, se las dio.*
Se, símbolo químico del *selenio.*
seba *f.* Molusco gasterópodo marino, provisto de una concha ovalada de color amarillo; vive en grupos y constituye una grave plaga en los fondos ostreros *(Crepidula unguiformis).*
SIN. **Zueco.**
sebáceo, -a *adj.* Perteneciente o relativo al sebo: ***glándula sebácea,*** la que, situada junto a los folículos pilosos, segrega la grasa que lubrica el pelo y el cutis; ***quiste*** ~, tumor benigno de la piel, originado por la obliteración de una glándula sebácea y la acumulación de su secreción.
sebastianismo *m.* Creencia popular en el regreso del rey don Sebastián (1554-1578), del que se perdió todo rastro, y p. ext., de cualquier otro que ha desaparecido en tales circunstancias.

sebastiano *m.* Sebestén.
sebe (l. *sæpe*) *f.* Cercado de estacas altas entretejidas con ramas largas. 2 *Ast.* Seto vivo. -3 *Vizc.* Matas de monte bajo.
sebera *f. Chile.* Cartera de cuero que llevan los campesinos en la montura para echar sebo.
sebesta *f.* Sebestén (fruto).
sebestén (ár. *cebeçten,* ciruela) *m.* Arbolito borragináceo, de flores blancas y fruto amarillento, semejante a una ciruela, de cuya pulpa se extrae un mucílago, usado como emoliente y pectoral *(Cordia myxa).* 2 Fruto de esta planta.
SIN. **Sebastiano.**
sebesto *m.* Sebestén, arbolito.
sebil *m. Argent.* Curupay (árbol).
sebillo *m.* Sebo suave y delicado. 2 ant. Especie de jabón para suavizar las manos.
sebista *m. Argent.* Curupay (árbol).
sebiya *f. Cuba.* Ave zancuda, de plumaje rosado, patas negras y pico ensanchado en forma de espátula *(Platalea ajaja).*
sebo (l. *-bu*) *m.* Grasa sólida y dura que se saca de los animales herbívoros. 2 Substancia de naturaleza grasa o cérea, incluso mineral, que presenta un punto de fusión igual al del sebo animal. 3 Gordura. 4 Suciedad grasienta. 5 fig. Borrachera. 6 *Perú.* Bolo (en un bautizo).
sebón, -bona *adj. Argent.* y *Guat.* Holgazán.
seboro *m. Bol.* Cangrejo de agua dulce.
seborrea (l. *sebum,* sebo + *-rrea*) *f.* Aumento patológico de la secreción de las glándulas sebáceas de la piel.
seborreico, -ca *adj.* Perteneciente o relativo a la seborrea. 2 Que padece seborrea.
seborucal *m. Cuba.* Superficie de considerable extensión cubierta de seboruco. 2 *P. Rico.* Seboruco.
seboruco *m. Cuba.* Molejón, piedra porosa que se extiende pralte. por las costas.
seboso, -sa (de *sebo*) *adj.* Que tiene sebo. 2 Untado de sebo o de otra cosa mantecosa o grasa. 3 fig. Portugués; decíase de éstos por lo muy derretidos que eran en sus enamoramientos. 4 fam. Mugriento, sucio.
sebucán *m. Cuba, P. Rico* y *Venez.* Colador cilíndrico en que se echa la yuca rallada para hacer el cazabe.
seca (l. *sicca*) *f.* Sequía. 2 Período en que se secan las pústulas de ciertas erupciones cutáneas. 3 Infarto de una glándula. 4 Secano (banco de arena). 5 *And.* Especie de torta delgada y extendida. 6 *Argent.* Cantidad de humo que aspira el fumador.
secácul (persa *xecácul*) *m.* Raíz muy aromática de una planta de Oriente parecida a la chirivía.
secadal *m.* Sequedal. 2 Secano. 3 Era en que se orea la obra modelada en los tejares, antes del cocido.
secadero, -ra *adj.* Apto para conservarse seco. -2 *m.* Lugar destinado a secar natural o artificialmente ciertos frutos u otros productos. 3 Aparato o instalación utilizados para el secado de sólidos: ~ *de tabaco.* -4 *m. f. Amér.* Enfermedad de ciertas plantas, esp. del tabaco. -5 *f. P. Rico.* Caja grande de madera que se desliza sobre ruedas o correderas, us. para secar café y otros granos.
SIN. *2* **Sequero.**
secadillo *m.* Dulce hecho de almendras machacadas, corteza de limón, azúcar y clara de huevo.
secadío, -a *adj.* Que puede secarse o agotarse: *arroyo* ~.
secado *m.* Secamiento, acción y efecto de secar. 2 Operación que consiste en separar total o parcialmente, por diversos medios, el líquido que acompaña a un sólido.
secador, -ra *m. f.* Nombre de diversos aparatos y máquinas destinados a secar las manos, el cabello, la ropa, etc. 2 *m. Amér.* Enjugador de ropa. 3 *Argent.* Toalla. 4 *Salv.* y *Nicar.* Paño de cocina para secar la vajilla.
secafirmas (de *secar* + *firma*) *m.* Utensilio de escritura provisto de papel secante, para secar lo escrito. ◇ Pl.: *secafirmas.*
secamente *adv. m.* Con pocas palabras, o sin pulimento o adorno. 2 Ásperamente, sin atención ni urbanidad.
secamiento *m.* Acción de secar. 2 Efecto de secar.
secano (l. *siccanu*) *m.* Tierra de labor que no tiene riego. 2 Banco de arena que no está cubierto por el agua, o islita árida próxima a la costa. 3 Cosa que está muy seca.
CONTR. *1* **Regadío.** SIN. *1* **Secadal, sequero, sequío.** *2* **Seca.** *3* **Sequero.**
secansa (fr. *séquence,* secuencia < l. *sequentia*) *f.* Juego de naipes parecido al de la treinta y una. 2 Reunión, en este juego, de dos cartas de valor correlativo. 3 Reunión, en el juego de los cientos, de las tres cartas del mismo palo y de valor correlativo.
I) secante (l. *siccante*) *adj.-s.* Que seca. V. aceite secante. 2 Fastidioso, molesto. -3 *m.* Papel secante. 4 Jugador deportivo que intercepta el juego de un contrario. 5 Substancia que, añadida a las pinturas, acelera su desecación.
II) secante (l. *secante* < *secare* cortar) *adj.* [línea o superficie] Que corta a otra línea o superficie: *circunferencias secantes.* -2 *f.* GEOM. Recta que corta a una curva o a una superficie en uno o más puntos; TRIG., ~ ***de un ángulo,*** la del arco que sirve de medida al ángulo; ~ ***de un arco,*** parte de la recta secante que pasa por el centro del círculo y por un extremo del arco, comprendido entre dicho centro y el punto donde encuentra a la tangente tirada por el otro extremo del mismo arco.
secapelos *m.* Secador, aparato para secar el pelo. ◇ Pl.: *secapelos.*
secar (l. *siccare*) *tr.* Extraer [la humedad] o hacer que se exhale [de un cuerpo mojado]: ~ *el sudor,* o *el rostro, con un paño.* 2 Ir consumiendo el jugo [en los cuerpos]: ~ *higos al aire.* 3 fig. Fastidiar, aburrir: *está secando a sus compañeros.* 4 DEP. Interceptar el juego [de un contrario]. -5 *prnl.* Enjugarse la humedad de una cosa evaporándose. 6 esp. Perder una planta su verdor o lozanía. 7 Quedarse sin agua un río, una fuente, etc. 8 Enflaquecer y extenuarse una persona o animal. 9 fig. Tener mucha sed: *secarse de sed.* 10 Dicho del corazón o del ánimo, embotarse, hacerse insensible. 11 Cerrarse, por haberse curado, una herida, úlcera, etc. ◇ ** CONJUG. [1] como ***sacar.***
SIN. *1* **Resecar,** es intensivo; **desecar,** se aplica pralte. a quitar el agua que cubre un terreno: *desecar una marisma.*
secaral *m.* Sequeral.
secarral *m.* Sequedad, terreno muy seco.
secarrón, -rrona *adj.* Aum. de *seco.* Díc. gralte. del carácter.
secativo, -va *adj.* Que seca.
secatón, -tona *adj.* p. us. Sin gracia, soso.
secatura (it.) *f.* p. us. Insulsez, fastidio.
secayó *m. La Mancha* y *Murc.* Juego de naipes parecido a la brisca.
sección (l. *sectione*) *f.* Cortadura (división). 2 GEOM. Figura que resulta de la intersección de una superficie o de un sólido con otra superficie: *secciones cónicas; elipse, parábola* e *hipérbola.* 3 Figura que resultaría si se cortara un cuerpo por un plano: ~ *horizontal de una máquina;* ~ *vertical de un terreno.* 4 Parte o grupo distinto en que se divide un todo continuo o un conjunto de cosas o personas: ~ *de camisería en un almacén.* 5 En las empresas, conjunto homogéneo de unidades de trabajo. 6 BIOL. Corte delgado de materia vegetal o animal, para ser examinado al microscopio. 7 BIOL. Unidad intermedia entre el género y la especie. 8 IMPR. Juego completo de blancos o imposiciones de igual longitud pero de todos los gruesos. 9 MIL. Grupo mandado por un oficial en que se divide la compañía o escuadrón.
SIN. *3* **Corte.** *4* v. **Sector.**
seccionador, -ra *adj.-s.* Que secciona. 2 ELECTR. Aparato que sirve para abrir y cerrar un circuito eléctrico sin carga.
seccionar *tr.* Fraccionar, cortar, dividir en secciones.
secentismo *m.* Movimiento barroco italiano del siglo XVII.
secesión (l. *secessione*) *f.* Acto de separarse de una nación parte de su pueblo y territorio. 2 Apartamiento de los negocios públicos. 3 Separación de un grupo de personas, de una corriente artística, literaria, etc., o de un organismo político.
secesionismo *m.* Tendencia u opinión favorable a la secesión pública.
secesionista *adj.-com.* [pers.] Partidario de la secesión. -2 *adj.* Relativo a ella.
seceso (l. *-essu*) *m.* desus. Deposición de vientre.
seco, -ca (l. *siccu*) *adj.* Que carece de jugo o humedad. 2 Falto de agua. 3 Sin caldo: *guiso* ~. 4 Sin lluvia: *tiempo, país, clima* ~. 5 [fruto] De cáscara dura. 6 [fruto] Al que se ha quitado la humedad para que se conserve. 7 Falto de verdor o lozanía. 8 [vegetal] Muerto, marchito. 9 Flaco o de muy pocas carnes. 10 fig. Riguroso, estricto. 11 fig. Sin adornos ni cosas superfluas. 12 fig. Poco abundante, falto de lo necesario para la vida y trato humano. 13 fig. [entendimiento] Árido, estéril. 14 fig. Áspero, poco cariñoso en el modo o trato. 15 fig. [vino] Que tiene escasos azúcares reductores residuales. 16 fig. En sentido místico, poco fervoroso en la virtud y falto de devoción en los ejercicios del espíritu. 17 fig. [sonido] Ronco, áspero. 18 fig. [golpe] Fuerte, rápido y que no resuena. 19 MÚS. [sonido] Brevísimo y cortado. -20 *m. Amér.* Golpe que se da en un trompo con la púa de otro. 21 *Amér.* Coscorrón, puñetazo. 22 *Pan.* Aguardiente blanco de

caña. 23 *Perú.* Vianda criolla, hecha con carne o pescado, patatas, etc.

FRS. *A secas,* solamente, sin otra cosa alguna; *en ~,* fuera del agua o de un lugar húmedo; fig., sin causa ni motivo; sin medios o sin lo necesario para realizar algo; *dejar ~,* matar; *parar en ~,* de repente. SIN. **Reseco,** intensivo.

secoya *f.* Secuoya.

secreción (l. *-tione*) *f.* Apartamiento, separación. 2 FISIOL. Elaboración de un producto específico por actividad de una glándula. 3 FISIOL. Substancia producida por secreción: *~ **externa,*** la que se vierte por medio de un conducto en la superficie externa del cuerpo, o en una cavidad del mismo; *~ **interna,*** la que no es vertida por un conducto, sino que pasa directamente a la sangre o a la linfa.

REL. *2* y *3* v. **Glándula.**

secreta (v. *secreto*) *f.* Examen que se hacía en algunas universidades para tomar el grado de licenciado. 2 Sumaria o pesquisa secreta que se hace a los residenciados. 3 fam. Policía secreta. 4 Oracion que se dice en la misa después del ofertorio y antes del prefacio. 5 desus. Letrina.

secretamente *adv. m.* De manera secreta.

secretar (de *secreción*) *tr.* Segregar (las glándulas).

secretaría *f.* Destino o cargo de secretario. 2 Oficina donde despacha los negocios. 3 Cargo del máximo dirigente de un partido político. 4 Lugar donde despacha. 5 En algunos Estados, cargo de ministro. 6 Lugar o Ministerio donde despacha. 7 DER. Sección administrativa adjunta a un jefe de administración o de empresa, con objeto de descongestionar a la dirección de las operaciones de carácter más usual, sin poder tomar decisiones.

secretariado *m.* Secretaría, destino o cargo de secretario. 2 Conjunto de personas que desempeñan la función de secretarios. 3 Secretaría, oficina donde despacha el secretario. 4 Organismo central de un movimiento artístico, cultural, social, etc., que coordina y dirige la acción de las diversas entidades que dependen de él. 5 Estudios para ser secretario o secretaria.

secretarial *adj.* Relativo al secretario o al secretariado: *estudios secretariales.*

secretario, -ria (l. *-iu*) *adj.* desus. [pers.] A quien se comunica algún secreto para que lo calle. -2 *m. f.* Persona encargada de escribir la correspondencia, extender las actas, custodiar los documentos, etc., en una oficina, asamblea o corporación. 3 Persona que está al servicio de otra persona para redactarle la correspondencia, custodiar sus documentos, etc. 4 Persona que se halla al frente de una secretaría o despacho ministerial. 5 Máximo dirigente de algunos partidos políticos. 6 En algunos países, ministro, jefe de los departamentos de Estado. 7 Amanuense. 8 Escribano. 9 Serpentario. -10 *f.* Mujer del secretario.

secretear *intr.* Hablar en secreto una persona a otra.

secreteo *m.* Acción de secretear.

secreter (fr. *secretaire*) *m.* GALIC. Escritorio (para papeles).

secretina *f.* Hormona estimulante de la secreción de los jugos pancreático e intestinal, producida por la mucosa del duodeno.

secretista *adj.-s.* Que trata de los secretos de la naturaleza. -2 *adj.* Que habla mucho en secreto.

I) secreto (l. *-tu*) *m.* Lo que cuidadosamente se tiene reservado y oculto: *~ **de Estado,*** el que no puede revelar un funcionario sin incurrir en delito, y p. ext., cualquier grave asunto político o diplomático no revelado todavía; ***de ~,*** en secreto; sin solemnidad ni ceremonia pública; ***en ~,*** secretamente. 2 Reserva, sigilo. 3 Conocimiento que exclusivamente alguno posee de la virtud o propiedades de una cosa. 4 Escondrijo que tienen algunos muebles. 5 Misterio. 6 En algunas cerraduras, mecanismo cuyo manejo es preciso conocer de antemano para poder abrirlas. 7 MÚS. Tabla armónica del órgano, del piano, etc.

SIN. *1* y *2* **Puridad,** ant.

II) secreto, -ta *adj.* Oculto, ignorado. 2 Callado, reservado.

secretor, -ra *adj.* Secretorio.

secretorio, -ria *adj.* Que segrega.

secta (l.) *f.* Conjunto de seguidores de una parcialidad religiosa o política. 2 Doctrina religiosa o ideológica que se diferencia e independiza de otra. 3 Conjunto de creyentes en una doctrina particular o de fieles a una religión que el hablante considera falsa. 4 Sociedad secreta, en especial política.

sectador, -ra (l. *-atore*) *adj.-s.* Sectario.

sectario, -ria (l. *-iu*) *adj.-s.* Que profesa y sigue una secta. 2 Secuaz, fanático e intransigente de un partido o de una idea.

sectarismo *m.* Celo propio de sectario.

sector (l. *-re*) *m.* Porción de círculo comprendida entre un arco y los dos radios que pasan por sus extremidades: *~ **esférico,*** cuerpo engendrado por un sector de círculo que gira sobre uno de los radios que lo limitan. 2 fig. Parte de una clase o colectividad que presenta caracteres peculiares: *un ~ de la opinión pública; ~ **terciario,*** el que proporciona servicios a la sociedad; *~ **privado,*** ECON., conjunto de las unidades de producción que en un país determinado son propiedad de particulares y están gestionadas por ellos; *~ **público,*** ECON., conjunto de las unidades de producción que en una nación son propiedad del Estado y son gestionadas por éste. 3 Conjunto de escaños del hemiciclo parlamentario donde se sientan individuos de una misma ideología. 4 Parte de una ciudad o de un sitio y sus ocupantes. 5 Parte o sección en que se considera dividido un conjunto importante o complejo: *la avería dejó a oscuras un ~ de la ciudad; en la Bolsa estuvo encalmado el ~ de valores mineros.* 6 Sección interconectada con otras en que se subdivide una red de distribución de energía eléctrica. 7 Línea de distribución de energía eléctrica de baja tensión.

SIN. Entre **sección** y **sector** no hay más diferencia que la de atribuir a éste mayor importancia, lo cual hace más apto para lo abstracto, complejo y multiforme. P. ej., *sección de sedería en un almacén,* pero *~ sedero en el ramo de tejidos en general.*

sectorial *adj.* Perteneciente o relativo a un sector o sección de una colectividad con caracteres particulares. 2 Organizado a través de sectores. 3 Que se refiere o pertenece al sector.

secua *f. Cuba, P. Rico* y *Venez.* Cabalonga.

secuano, -na (l. *sequanu*) *adj.-s.* De un pueblo de la Galia Transalpina, que habitó entre el Secuana, hoy Saona, el Ródano y el Rin.

secuaz (l. *sequace*) *adj.-com.* [pers.] Que sigue el partido, doctrina u opinión de otro. Tómase con frecuencia en sentido peyorativo.

secuela (l. *sequela*) *f.* Consecuencia o resulta de una cosa. 2 PAT. Trastorno o lesión que persiste tras la curación de una enfermedad o un traumatismo, y que es consecuencia de los mismos. 3 *Chile.* DER. Prosecución de una cosa.

secuencia (l. *sequentia*) *f.* Himno litúrgico que se dice en ciertas misas después del gradual. 2 En cinematografía, serie de imágenes o escenas que forman un conjunto. 3 Continuidad, sucesión ordenada. 4 Serie o sucesión de cosas que guardan entre sí cierta relación. 5 LING. Orden que siguen las palabras en la frase. 6 MAT. Conjunto de cantidades u operaciones ordenadas de tal modo que cada una determina la siguiente. 7 MÚS. Progresión o marcha armónica.

secuencial *adj.* Relativo a la secuencia. 2 Dividido en secuencias. 3 Relativo al sistema de televisión en color en el cual las tres imágenes de colores fundamentales se transmiten sucesivamente y no al mismo tiempo.

secuenciar (de *secuencia*) *tr.* Establecer una serie o sucesión de cosas que guardan entre sí cierta relación. ◇ ** CONJUG. [12] como ***cambiar.***

secuestración *f.* Secuestro (acción y efecto).

secuestrador, -ra *adj.-s.* Que secuestra.

secuestrar (l. *sequestrare*) *tr.* Depositar judicial o gubernativamente [un objeto] en poder de un tercero hasta que se decida a quién pertenece. 2 Embargar (retener). 3 Aprehender [a una persona] exigiendo dinero o el cumplimiento de determinadas condiciones para su rescate. 4 Tomar por las armas vehículos (aviones, barcos, etc.) con violencia sobre la tripulación y pasaje, a fin de exigir como rescate una suma de dinero, la concesión de ciertas reivindicaciones políticas, etc.

secuestrario, -ria *adj.* Relativo al secuestro.

secuestro (l. *sequestru*) *m.* Acción de secuestrar. 2 Efecto de secuestrar: *~ **aéreo,*** modificación del vuelo de un avión mediante amenazas. 3 Bienes secuestrados. 4 CIR. Porción de hueso mortificada que subsiste en el cuerpo separada de la parte viva. 5 DER. Depósito judicial por embargo de bienes o, como medida de aseguramiento en cuanto a los litigiosos. 6 desus. Juez árbitro o mediador.

secular (l. *sæculare;* doble etim. *seglar*) *adj.* Seglar. 2 Que sucede o se repite cada siglo. 3 Que dura un siglo, o desde hace siglos. -4 *adj.-s.* Clero o sacerdote que vive en el siglo, a distinción del que vive en clausura.

CONTR. *4* **Regular.**

secularidad *f.* Condición de vida de los individuos que componen un instituto secular. 2 Condición común del hombre que vive en el mundo.

secularización *f.* Acción de secularizar. 2 Efecto de secularizar. 3 Fenómeno cultural caracterizado por la desaparición de los paradigmas mítico-religiosos.

secularizado, -da ***adj.*** [bien] Que fue eclesiástico y que se ha desamortizado.

secularizar ***tr.*** Hacer secular [lo que era eclesiástico]; esp., incautarse el estado de los bienes eclesiásticos. 2 esp. Autorizar [a un religioso] para que pueda vivir fuera de la clausura. ◇ **CONJUG. [4] como ***realizar.***

SIN. *1* **Temporalizar.**

secularmente ***adv. m.*** De forma secular o seglar. -2 ***adv. t.*** Repetido o contado por siglos.

secundar (l. *-are*) ***tr.*** Ayudar, favorecer: ~ *una empresa;* ~ *a uno en sus empresas.*

secundariamente ***adv. m.*** En segundo lugar.

secundario, -ria (l. *-iu*) ***adj.*** Segundo en orden: *enseñanza secundaria.* 2 No principal, accesorio. -3 ***adj.-m.*** En los transformadores eléctricos, arrollamiento por donde pasa la corriente inducida. 4 Era geológica que sigue a la era primaria o paleozoica y precede a la terciaria o cenozoica, y terreno correspondiente a ella. 5 ***adj.*** Perteneciente o relativo a dicha era. 6 MED. [fenómenos patológico] Que se halla en calidad de subordinado con respecto a otros. 7 QUÍM. Relativo a cada uno de los átomos de carbono y nitrógeno que en una molécula orgánica se hallan unidos a dos átomos de carbono.

SIN. **Segundario,** de uso restringido en las acepciones 1 y 2. SIN. *4* y *5* **Mesozoico.** REL. *4* y *5* v. **Era.**

secundinas (l. *secundina*) ***f. pl.*** Placenta y membranas que envuelven el feto.

secundípara (l. *secundus,* segundo + *-para*) ***adj.*** [mujer] Que pare por segunda vez.

secuoya (ing. *sequoia* < *Sequoiah,* nombre de un indio cheroquí) ***f.*** Árbol cupresáceo gigantesco, de América, que alcanza hasta 150 m. de altura *(gén. Sequoia).*

secura ***f.*** p. us. Sequedad.

sed (l. *siti*) ***f.*** Gana y necesidad de beber: ***apagar o matar la ~,*** fig., aplacarla bebiendo. 2 fig. Necesidad de agua o de humedad que tienen ciertas cosas. 3 Apetito o deseo ardiente de una cosa: ~ *de justicia.* ◇ Pl.: *sedes,* poco usado.

REL. *1* Varios tecn. médicos se forman del gr. *dipsa,* sed: *adipsia, dipsomanía, dipsómano.*

seda (orig. incierto; probl. del l. *seta* < l. *saeta,* cerda) ***f.*** Secreción viscosa en forma de hebras muy flexibles, con que forman sus capullos diferentes larvas de insectos. 2 Hilo fino, suave y lustroso, formado por varias de estas hebras producidas por el gusano de seda y a propósito para coser o tejer: ~ ***artificial,*** designación vulgar del rayón; ~ ***azache,*** la de inferior calidad, hilada de las primeras capas del capullo; ~ ***ocal*** o ***redonda,*** la de inferior calidad, pero fuerte, sacada del capullo ocal; ~ ***conchal,*** la de clase superior, hilada de los capullos escogidos; ~ ***de candongo*** o ***de candongos,*** la más delgada que la conchal, usada esp. en tejidos; ~ ***cruda,*** la que conserva la goma que naturalmente tiene; ~ ***cocida,*** la que, cocida en una agua alcalina, ha perdido la goma; ~ ***verde,*** la que se hila estando vivo el gusano dentro del capullo. 3 Obra o tela hecha de seda. 4 Cerda de algunos animales, esp. del jabalí. 5 *Córd.* Enfermedad de algunos frutales, que consiste en una especie de tela de araña que sofoca la flor. 6 *Ant.* Arbusto exótico de las asclepiadáceas *(Calotropis procera).*

FR. *Como una ~,* perfectamente, con gran facilidad: *el negocio marchaba como una ~.* REL. **Sericicultura, sericultura,** industria de la producción de la seda; **sericultor,** deriv. SIN. *4* **Seta.**

sedación ***f.*** Acción de sedar. 2 Efecto de sedar.

sedadera ***f.*** Instrumento para asedar el cáñamo.

sedal (de *seda*) ***m.*** Hilo o cuerda que se ata por un extremo al anzuelo y por el otro a la caña de pescar. 2 CIR. Cordón que se hace pasar por debajo de la piel a fin de excitar una supuración.

sedalina ***f.*** Algodón mercerizado.

sedán ***m.*** Vehículo automóvil de carrocería cerrada.

sedancia ***f.*** Calidad de sedante.

sedano ***m.*** Cordón o cinta estrecha de seda.

sedante ***adj.-m.*** [fármaco] Que calma los dolores o disminuye la excitación nerviosa. 2 fig. Que calma o sosiega el ánimo: *esta música es un ~ para mí.*

SIN. *1* **Anodino, sedativo.**

sedar (l. *-are*) ***tr.*** Apaciguar, sosegar: ~ *a los contrincantes;* ~ *la disputa.* 2 Suministrar un sedante (fármaco) [a alguien]. 3 *Ast.* y *León.* Quebrar, rajar, hender una cosa quebradiza.

sedativo, -va ***adj.*** MED. Sedante.

sede (l., silla, asiento) ***f.*** Asiento o trono de un prelado que ejerce jurisdicción. 2 Capital de una diócesis. 3 Diócesis. 4 Jurisdicción y potestad del Papa, llamada también Santa Sede. 5 fig. Lugar donde se halla la dirección o el núcleo principal de cualquier actividad, doctrina, etc.: *Atenas, ~ del saber antiguo; Barcelona, ~ del sindicalismo.*

SIN. *1, 2* y *3* **Silla.**

sedear ***tr.*** Limpiar [una cosa] con la sedera.

sedentario, -ria (l. *-iu* < *sedere,* estar sentado) ***adj.*** [oficio, vida] De poco movimiento. 2 [especie animal o grupo humano] Cuyos individuos no salen de la región donde han nacido.

CONTR. *2* **Nómada.**

sedente (l.) ***adj.*** Que está sentado.

sedeña ***f.*** Estopilla segunda sacada del lino al rastrillarlo. 2 Hilaza o tela que se hace de ella. 3 *Ast.* y *Sant.* Sedal, para pescar.

sedeño, -ña ***adj.*** De seda o semejante a ella. 2 Que tiene sedas o cerdas.

sedera ***f.*** Escobilla o brocha de cerdas.

sedería ***f.*** Mercadería de seda. 2 Conjunto de ellas. 3 Su tráfico. 4 Tienda donde se venden géneros de seda.

sedero, -ra ***adj.*** Relativo a la seda. -2 ***m. f.*** Persona que labra la seda o trata en ella.

sedicente, sediciente (l. *se dicente*) ***adj.*** Pretenso, que se titula o llama a sí mismo: *algunos sedicentes filósofos.*

sedición (l. *-itione*) ***f.*** Tumulto, levantamiento popular contra autoridad que gobierna. 2 fig. Sublevación de las pasiones.

SIN. v. **Sublevación.**

sediciosamente ***adv. m.*** De manera sediciosa.

sedicioso, -sa ***adj.-s.*** Que promueve una sedición o toma parte en ella. -2 ***adj.*** [acto o palabra] Realizado o dicho por la persona sediciosa.

sedientes (del l. *sedere*) ***adj.*** DER. V. bienes sedientes.

sediento, -ta ***adj.-s.*** [pers.] Que tiene sed. 2 fig. [campo, tierra o planta] Que necesita de humedad o riego. 3 fig. Que desea una cosa con ansia.

SIN. **Sitibundo,** lit.

sedimentación ***f.*** Acción de sedimentar. 2 Efecto de sedimentar.

sedimentar ***tr.*** Depositar sedimento un líquido: *el agua sedimenta el limo.* -2 ***prnl.*** Formar sedimento las materias suspendidas en un líquido: *el limo se sedimenta en el fondo del mar.* 3 Sosegarse [el ánimo o los ánimos].

SIN. **Depositar(se), posar(se), reposar(se), precipitar(se).**

sedimentario, -ria ***adj.*** Relativo al sedimento. 2 GEOL. [terreno] Formado por sedimentación: ***rocas sedimentarias,*** rocas secundarias que se forman a partir de otras rocas que entran en contacto con la superficie terrestre.

sedimentívoro, -ra (*sedimento* + *-voro*) ***adj.-s.*** Que se alimenta de sedimentos: *peces sedimentívoros.*

sedimento (l. *-tu*) ***m.*** Materia que, habiendo estado suspensa en un líquido, se posa en el fondo. 2 Depósito natural de origen lacustre o continental, que se halla en el fondo del mar. 3 fig. Huella, marca que deja una cosa al pasar de un estado a otro.

SIN. *1* **Poso, solada** o **suelo,** en gral.; **precipitado,** el que se obtiene por reacción química; **hez, lías, pie,** tratándose del vino, sidra, aceite; **zupia, madre** y **solera,** sólo del mosto, vino o vinagre; **turbios,** esp. del aceite.

sedimentología (*sedimento* + *-logía*) ***f.*** Rama de la geología que estudia la génesis y procesos de la sedimentación.

sedoso, -sa ***adj.*** Parecido a la seda.

seducción ***f.*** Acción de seducir. 2 Efecto de seducir.

seducir (l. *-ere*) ***tr.*** Persuadir suavemente al mal: *el diablo nos seduce con sus mañas.* 2 Cautivar, atraer la voluntad: ~ *a una mujer.* ◇ ** CONJUG. [46] como ***conducir.***

seductivo, -va ***adj.*** Seductor.

seductor, -ra ***adj.-s.*** Que seduce.

sefardí (hebr. < *Sefard*) ***adj.-com.*** Judío oriundo de España, o que acepta las prácticas religiosas especiales que en el rezo mantienen los judíos españoles. -2 ***m.*** Dialecto judeoespañol. ◇ Pl.: *sefardíes.*

sefardita ***adj.-com.*** Sefardí.

sega ***adj.*** fam. En algunos juegos, el segundo en orden de los que juegan.

segable ***adj.*** Que está en sazón para ser segado.

segada ***f.*** Siega.

segadera ***f.*** Hoz para segar. 2 desus. Segadora (mujer).

segadero, -ra ***adj.*** Segable.

segador, -ra ***adj.*** Que siega. -2 ***m. f.*** Persona que siega. -3 ***m.*** Araña pequeña, de patas muy largas, con el cuerpo redondeado y el vientre aovado y comprimido (gén. *Phalangium*). -4 *f.* Máquina para segar.

segallo *m. Ar.* Cabrito antes de llegar a primal.

segaña *f. And.* Legaña.

segar (l. *secare,* cortar) *tr.* Cortar [mieses o hierbas] con la hoz, la guadaña o con máquina a propósito. 2 Cortar [cualquier cosa] de un golpe y esp. lo que está más alto y sobresale: ~ *la cabeza.* 3 fig. Cortar, impedir desconsiderada o bruscamente el desarrollo [de algo]: ~ *las vidas humanas.* ◇ ** CONJUG. [48] como *regar.*

segazón *f.* Siega.

Segismundo *n. pr.* Protagonista de *La vida es sueño*, de Calderón de la Barca (1600-1681).

seglar (v. *secular*) *adj.* Relativo a la vida, estado o costumbre del siglo o mundo. -2 *adj.-com.* Lego (sin órdenes clericales).

SIN. *1* **Secular.**

seglarmente *adv. m.* De modo seglar.

segmentación *f.* Acción de segmentar o segmentarse. 2 Efecto de segmentar o segmentarse. 3 División en fragmentos. 4 Técnica de división de un programa en partes denominadas segmentos a fin de no requerir la presencia simultánea de la totalidad del programa a la memoria del ordenador. 5 BIOL. División de la célula huevo de animales y plantas, en virtud de la cual se constituye un cuerpo pluricelular, que es la primera fase del embrión.

segmentado, -da *adj.* ZOOL. Relativo al animal cuyo cuerpo consta de partes dispuestas en serie lineal.

segmentar *tr.-prnl.* Hacer segmentos [algo], dividirlo.

segmento (l. *-tu*) *m.* Pedazo o parte cortada de una cosa. 2 Parte de una recta comprendida entre dos puntos. 3 Parte del círculo comprendida entre un arco y su cuerda: ~ ***esférico,*** porción de la esfera limitada por un plano secante o comprendida entre dos planos secantes paralelos. 4 fig. Parte de un todo. 5 Parte del cuerpo de ciertos animales que se halla separada por un surco profundo, como en los insectos, crustáceos y miriópodos. 6 LING. Signo o conjunto de signos que pueden aislarse en la cadena oral mediante una operación de análisis. 7 MEC. Aro elástico de metal que encaja en ranuras circulares del émbolo, y se ajusta a las paredes del cilindro.

SIN. *5* ZOOL. **Anillo.**

segobrigense (l.) *adj.-s.* De Segóbriga, hoy Segorbe, ant. c. de los edetanos, en Castellón.

segorbino, -na *adj.-s.* De Segorbe, c. de Castellón.

segote *m. Ast.* Guadaña pequeña para segar.

segoviano, -na *adj.-s.* De Segovia (España). 2 De Nueva Segovia, dep. de Nicaragua.

segoviense *adj.-s.* Segoviano.

segregación *f.* Acción de segregar. 2 Efecto de segregar. 3 En la vida social, acción de segregar o apartar de la convivencia común determinados grupos raciales, religiosos, etc. 4 En la vida social, efecto de segregar o apartar de la convivencia común determinados grupos raciales, religiosos, etc. 5 CONSTR. Separación de los elementos integrantes del hormigón, cemento, árido grueso y arena, a consecuencia del transporte o de la manuntención inadecuada. 6 METAL. Separación de componentes heterogéneos en el proceso de solidificación de una aleación metálica.

segregacionismo *m.* Régimen jurídico o práctica consuetudinaria de la segregación racial, religiosa, etc., en determinados países.

segregacionista *adj.* Perteneciente o relativo al segregacionismo. -2 *adj.com.* Partidario de él.

segregar (l. *-are*) *tr.* Separar o apartar [una cosa]: ~ *un pueblo del distrito a que antes pertenecía, de una provincia.* 2 FISIOL. Elaborar y despedir ciertos órganos de los animales y plantas (*glándulas*) [determinadas substancias, como saliva, sudor, jugo gástrico, etc.]. ◇ ** CONJUG. [7] como *llegar.*

SIN. *2* **Secretar.** REL. v. **Glándula.**

segregativo, -va *adj.* Que segrega o tiene virtud de segregar.

segrí (orig. incierto; probl. del it. *sagrí*, de orig. turco) *m.* Ant. tela de seda. ◇ Pl.: *segríes.*

segueta (it. *seghetta;* dim. de *sega,* sierra) *f.* Sierra de marquetería.

seguetear *intr.* Trabajar con la segueta.

seguida *f.* Acción de seguir. 2 Efecto de seguir. 3 Serie, orden, continuación.

LOC. *De* ~, consecutiva o continuamente; inmediatamente; *en* ~, o *enseguida*, acto continuo.

seguidamente *adv. m.* De seguida. 2 En seguida, o enseguida. ◇ Es INCOR. la construcción ~ *a* por *después de, a continuación de, tras.*

seguidero *m.* Pauta para escribir.

seguidilla (dim. de *seguida*) *f.* Estrofa formada por versos heptasílabos y pentasílabos, muy usual en la poesía popular y en el género festivo. Tiene dos variedades principales: la de cuatro versos, rimados y pentasílabos el 2 y 4, y la de siete versos, a la cual suele llamarse seguidilla con estribillo; ••POESÍA. 2 *f. pl.* Aire popular español. 3 Baile de este aire. 4 fig. *y* fam. Cámaras o flujo de vientre.

seguido, -da *adj.* Continuo, sucesivo, sin intermisión de lugar o tiempo. 2 Que está en línea recta. -3 *adv. m.* De seguida. -4 *m.* Punto que se va menguando en el pie de las calcetas, medias, etc., para cerrarlo.

seguidor, -ra *adj.-s.* Que sigue a una persona o cosa. -2 *m.* Seguidero.

seguimiento *m.* Acción de seguir. 2 Efecto de seguir.

seguir (l. *sequi*) *tr.* Ir después o detrás [de uno]. 2 Dirigir la vista hacia [un objeto] que se mueve y mantener la visión de él. 3 p. anal. Ir en busca [de una pers. o cosa]. 4 Perseguir, acosar [a uno]: ~ *una fiera de cerca.* 5 Ser del dictamen o parcialidad [de una pers.]: *sigo a mi hermano en su intento.* 6 Imitar o hacer una cosa por el ejemplo [de otro]: ~ *a los buenos autores.* 7 Ir una persona o cosa [por un camino]: ~ *la carretera;* con el compl. dir. implícito: *sigo para Cádiz.* 8 Dirigir la conducta [por un método o procedimiento adecuado]: *sigo mis inspiraciones;* ~ *un consejo;* ~ *el método de Cajal.* 9 Proseguir [lo empezado]: ~ *el viaje;* ***intr.,*** ~ *con la empresa.* 10 esp. Tratar o manejar [un negocio o pleito]: ~ *una causa.* 11 Profesar o ejercer [una ciencia, arte o estado]: ~ *las matemáticas.* -12 *tr.-prnl.* Inferirse o ser consecuencia una cosa de otra: *seguirse una cosa a,* o *de, otra.* 13 Suceder una cosa a otra por orden, o ser continuación de ella. ◇ ••CONJUG. [56].

SIN. *1* **Suceder** *9* **Continuar; proseguir,** pertenece al estilo lit. o al habla escogida. *12* y *13* v. **Deducir.**

seguiriya (der. de *seguida*) *f.* Cante flamenco con copla de cuatro versos, el tercero de los cuales es de once sílabas, de contenido triste.

según (l. *secundu*) *prep.* Expresa en general conformidad, acuerdo entre los términos que relaciona: ~ *la ley;* ~ *arte.* 2 Precediendo inmediatamente a nombres o pronombres personales significa con arreglo a lo que opinan las personas de que se trata: ~ *él;* ~ *Aristóteles.* 3 Toma carácter de adverbio conjuntivo, denotando relaciones de conformidad, correspondencia o modo. Equivale más comúnmente a: como, con arreglo, en conformidad a lo que: ~ *veamos,* ~ *se encuentre el enfermo;* con correspondencia a: *se te pagará* ~ *lo que trabajes;* de la misma suerte que: *todo queda* ~ *estaba;* por el modo en que: *sus cabellos parecían sortijas de oro,* ~ *eran rubios y rizados.* 4 Expresa progresión simultánea de dos acciones: ~ *se va haciendo viejo se está volviendo más irascible.* 5 Con carácter adverbial y en frases elípticas indica eventualidad: *iré o me quedaré,* ~. 6 ~ ***loc. conj.*** ~ ***y como,*** ~ ***y conforme,*** expresan también eventualidad: *¿vendrás mañana?* ~ *y como* (o ~ *y conforme*), o equivalen a igual manera o suerte que: *se lo diré* ~ *y como tú me lo dices.* 7 ***loc. conj.*** ~ ***que,*** con arreglo a lo que: *la suerte del cultivo fue más o menos próspera,* ~ *que las leyes agrarias animaban o desalentaban el interés de las gentes;* puede ser suplido por *según lo que:* ~ *lo que las leyes agrarias,* etc. ◇ En la acepción *3* puede tener como correlativo el adverbio *así:* ~ *sean las ocasiones, así serán los documentos.*

segunda (l. *secunda*) *f.* En las cerraduras y llaves, vuelta doble. 2 Segunda intención: *me lo dijo con* ~.

segundar (de *segundo*) *tr.* Asegundar. -2 *intr.* Ser segundo o seguirse al primero.

segundariamente *adv. m.* Secundariamente.

segundario, -ria *adj.* Secundario.

segundero, -ra *adj.* Relativo al segundo fruto que da una planta dentro del año. -2 *m.* Manecilla que señala los segundos en el reloj.

segundilla *f.* Dim. de *segunda.* 2 Campana pequeña con que en ciertos conventos se avisa a la comunidad para algunos actos de su obligación. 3 *Ál.* Lagartija. 4 *Argent.* Segundo brote del trigo o de la cebada. 5 *Colomb.* Corta porción de alimento, refrigerio.

segundillo *m.* Dim. de *segundo.* 2 Segunda porción de pan, menor que la primera, que suele darse en las comidas de ciertas comunidades. 3 Segundo principio que suele darse en las mismas. 4 *Colomb.* Segundilla (campana).

segundino *m. Chile.* Bebida mezclada con yema de huevo.

segundo, -da (l. *secundu*) *adj.* Que ocupa el último lugar en una serie ordenada de dos;** NUMERACIÓN: *sin* ~, fig., sin par. -2 *m. f.* Persona que en una institución sigue en jerarquía al principal. -3 *m.* ASTRON. y GEOM. Sexagésima parte del minuto. 4 *Ant.* Pez de cuerpo aplastado y de color blancuzco *(Caranx secundus).* -5 *f.* MÚS. Intervalo de una nota a su inmediata inferior o superior.

segundogénito, -ta (*segundo* + *-génito*) *adj.-s.* Hijo o hija nacido después del primogénito.

segundogenitura *f.* Dignidad o derecho del segundogénito.

segundón *m.* Hijo segundo de la casa. 2 p. ext. Hijo no primogénito.

seguntino, -na (l. *-nu*) *adj.-s.* De Sigüenza, c. de Guadalajara.

segur (l. *secure*) *f.* Hacha que formaba parte de cada una de las fasces de los lictores romanos. 2 Hacha grande para cortar. 3 Hoz (instrumento).

segurador *m.* Fiador (persona).

seguramente *adv. m.* De modo seguro. 2 Probablemente, acaso.

seguranza *f. And., Ast., Gal.* y *P. Rico.* Seguridad.

seguridad (l. *securitate*) *f.* Calidad de seguro. 2 Fianza u obligación de indemnidad a favor de uno. 3 Garantía o conjunto de ellas que se da a alguien sobre el cumplimiento de un acuerdo. 4 ~ ***social,*** conjunto de instituciones jurídicas y sociales destinadas a la prevención y remedio de los riesgos que puedan presentarse para la salud y la economía individual. -5 ***loc. adj. De*** ~, [mecanismo] que asegura algún buen funcionamiento; que evita, en caso de fallo de otros, que se produzca un accidente o daño: *válvula de* ~; *cerradura de* ~. 6 ***De*** ~, perteneciente a un ramo de la administración pública cuyo fin es asegurar el orden: *agente de* ~. -7 ***loc. adv. Con*** ~, sin riesgo; seguramente, con certeza.

seguro, -ra (l. *securu*) *adj.* Exento de todo peligro o riesgo. 2 Cierto, que no admite duda: *corre a una muerte segura.* 3 Firme (estable). 4 Relativo a la persona o cosa en que se puede confiar en absoluto. 5 Que cree poder confiar en alguno o en alguna cosa: *estoy* ~ *de que vendrá.* -6 *m.* Sitio exento de todo peligro: ***sobre*** ~, sin aventurarse a ningún riesgo; ***en*** ~, a, o en, salvo. 7 Seguridad, certeza, confianza: ***a buen*** ~ o ***de*** ~, ciertamente, de verdad. 8 Contrato por el cual se garantiza a una persona o cosa contra algún riesgo: ~ *sobre la vida;* ~ *de incendios; compañía de seguros.* 9 Aseguramiento. Salvoconducto, licencia o permiso especial. 10 Muelle en algunas armas de fuego para evitar que se disparen por el juego de la llave. 11 Dispositivo que impide que un objeto, utensilio o máquina se abra involuntariamente o con facilidad. -12 *adv. m.* Ciertamente, sin duda.
SIN. *8* Aseguración. REL. *8* **Póliza,** contrato de seguro; **prima,** cantidad que el asegurado paga al asegurador.

seíbo, seibo *m. R. de la Plata.* Bucare, árbol.

seibó (ing. *sideboard*) *m.* ANGLIC. Aparador.

seico *m. Ál.* Conjunto de seis haces de mies.

seis (l. *sex*) *adj.* Cinco y uno; **NUMERACIÓN. 2 Sexto (lugar). -3 *m.* Guarismo del número seis. 4 Naipe que tiene seis señales. 5 Baile popular puertorriqueño.
REL. Muchas voces cultas relacionadas con este número se forman del gr. *hex: hexágono, hexasílabo, hexámetro,* etc. Otras, del l. *seni: sena, senario;* del l. *sex: sexagonal.*

seisavar *tr.* Dar [a una cosa] figura de hexágono regular.
SIN. **Sextavar.**

seisavo, -va *adj.-m.* Sexto (parte). -2 *adj.-s.* Hexágono.

seiscientos, -tas *adj.* Seis veces ciento; **NUMERACIÓN. 2 Sexcentésimo (lugar). -3 *m.* Guarismo del número seiscientos. 4 Arte, literatura, historia y, en general, cultura del siglo XVII.

seise (de *seis*) *m.* Niño de coro que, vestido con traje de seda azul y blanca, baila y canta en algunas catedrales, en determinadas festividades.

seisén *m.* Sesén.

seiseno, -na *adj.* Sexto (parte).

seisillo *m.* MÚS. Conjunto de seis notas iguales que se deben cantar o tocar en el tiempo correspondiente a cuatro de ellas.
SIN. **Sextillo.**

seísmo (gr. *seismós,* agitación) *m.* científ. Temblor de tierra, terremoto.
SIN. **Sismo.**

seje *m. Amér.* Árbol de la familia de las palmas, muy semejante al coco *(Bambusia latifolia).*

sel (voz prerromana) *m. Ast., Sant.* y *Vizc.* Pradería en que suele sestear el ganado vacuno.

seláceo *adj.-m.* Pez de la infraclase de los seláceos. -2 *m. pl.* Infraclase de peces elasmobranquios que incluye dos órdenes: escualiformes y rayiformes. ◇ También *selacio.*
SIN. **Plagiostomo.**

selacio (gr. *selachion*) *adj.-m.* Seláceo.

selaginelales *f. pl.* Orden de plantas dentro de los licopodófitos, pequeñas y, gralte., con los tallos rastreros ramificados dicotómicamente y las hojas espinosas.

selección *f.* Elección de una persona o cosa entre otras. 2 Conjunto de cosas escogidas. 3 En la radio, separación de las ondas parásitas recibidas por una antena. 4 ~ ***natural,*** teoría de Darwin (1809-1882) que pretende explicar la desaparición de determinadas especies animales y vegetales y su sustitución por otras de condiciones superiores; ~ ***artificial,*** elección de los reproductores que presentan los caracteres adecuados para la obtención de una descendencia deseada. 5 DEP. Conjunto de deportistas escogidos para participar en una competición en representación de una federación, región, país, etc.

seleccionable *adj.* DEP. [deportista] Que puede ser escogido para participar en una competición en representación de una federación, región, país, etc.

seleccionado, -da *adj.-s.* DEP. Deportista integrante de una selección. -2 *m.* DEP. Selección (conjunto de deportistas).

seleccionador, -ra *adj.* Que selecciona o escoge. -2 *m.* En las agrupaciones deportivas, el encargado de escoger los jugadores que han de formar un equipo. -3 *f.* Máquina que sirve para clasificar fichas perforadas siguiendo un orden determinado.

seleccionar (de *selección*) *tr.* Elegir, escoger: ~ *las aves.*
SIN. v. **Escoger.**

selectas *f. pl.* Analectas.
SIN. v. **Crestomatía.**

selectavisión *f.* Sistema de grabación y reproducción en videodisco mediante rayo láser.

selectividad *f.* Función de seleccionar o elegir. 2 Conjunto de pruebas mediante las cuales se seleccionan los alumnos que pueden acceder a la Universidad. 3 Capacidad que tienen los aparatos radiorreceptores para aislar una banda de frecuencia alternando todas las demás. 4 ELECTR. Calidad de selectivo. 5 FOT. Propiedad que tienen los filtros coloreados de absorber más o menos ciertos colores.

selectivo, -va *adj.* Que implica selección. 2 [aparato radiorreceptor] Que permite escoger una onda de longitud determinada sin interferencias de otras ondas próximas. 3 [curso] Que precede a una carrera técnica especial.

selecto, -ta (l. *-tu*) *adj.* Lo mejor entre otras cosas de su especie.
SIN. **Escogido.**

selector, -ra *adj.* Que selecciona o escoge. -2 *m.* Dispositivo de contacto que al mover el disco de llamada, efectúa la conexión entre dos teléfonos. 3 En las motocicletas, pedal para accionar el cambio de velocidades. 4 Dispositivo de sintonía empleado principalmente para la recepción de canales en los receptores de televisión.

Selene (gr., la luna) *n. pr.* MIT. Diosa de la Luna. V. Endimión.

selénico, -ca *adj.* ASTRON. Referente a la Luna o a sus movimientos.

selenio (gr. *selenion,* resplandor de la luna) *m.* Metaloide de color pardo rojizo y brillo metálico, de propiedades parecidas a las del azufre. Su símbolo es *Se*, su peso atómico 79,2 y su número atómico 34.

selenita (gr. *selenites,* de la luna) *com.* Habitante de la Luna. -2 *adj.* Relativo a la Luna. -3 *f.* Espejuelo (yeso).

selenitoso, -sa *adj.* Que contiene yeso.

seleniuro *m.* Compuesto de selenio y otro elemento.

seleno- (gr. *selene,* luna) Elemento prefijal que entra en la formación de palabras con el significado de luna.

selenografía (*seleno-* + *grafía*) *f.* Parte de la astronomía que trata de la descripción de la Luna.

selenográfico, -ca *adj.* Perteneciente o relativo a la selenografía.

selenógrafo, -fa *m. f.* Persona que por profesión o estudio se dedica a la selenografía.

selenosis (*seleno-* + *-osis*) *f.* Mentira (manchita blanca). ◇ Pl.: *selenosis.*

selfservice (voz inglesa) *m.* Autoservicio.

selkup *adj.-m.* Lengua perteneciente al grupo samoyedo meridional, hablada en el oeste de Siberia.

sellador, -ra *adj.-s.* Que sella o pone el sello. -2 *m.* Utensilio para sellar.
SIN. **Sello.**

selladura *f.* Acción de sellar. 2 Efecto de sellar.
sellar (v. *sigilar*) *tr.* Imprimir el sello [a una cosa]. 2 fig. Dejar señalada [una cosa] en otra o comunicar determinado carácter. 3 Cerrar, tapar, cubrir: ~ *un pozo.* 4 fig. Concluir, poner fin [a una cosa].
SIN. *1* **Sigilar,** p. us.; **timbrar.**
sello (v. *sigilo*) *m.* Utensilio para estampar las armas, divisas o cifras en él grabadas. 2 Lo que queda estampado, impreso y señalado con el mismo sello. 3 Disco de metal o de cera que, estampado con un sello, se ponía pendiente de ciertos documentos de importancia. 4 Trozo pequeño de papel, con timbre oficial, que se pega a ciertos documentos y a las cartas para franquearlas o certificarlas. 5 Oficina donde se estampa y pone el sello a algunos escritos para autorizarlos. 6 Barro que se adhiere a las patas de las reses y al desprendérsele lleva impresa en él la pezuña. 7 Sellador. 8 Carácter distintivo comunicado a una cosa. 9 Conjunto de dos obleas redondas entre las cuales se cierra una dosis de medicamento, para poderlo tragar sin percibir su sabor. 10 Anillo ancho que lleva como adorno una placa en la que van grabadas las iniciales de una persona o el escudo de su apellido. 11 ~ ***de oro,*** planta esmilacoidea cuyo rizoma se ha usado como vulnerario y astrigente *(Hydrastis canadensis).* 12 ~ ***de Salomón,*** estrella de seis puntas formada por dos triángulos equiláteros cruzados; hierba perenne liliácea con las hojas sentadas y las flores, que son olorosas y blancas, con la punta verde dispuestas en racimos unilaterales; el fruto es en baya casi negra *(Polygonatum odoratum).* 13 *Colomb., Chile* y *Perú.* Cruz o reverso de las monedas. 14 ANGLIC. Firma, marca comercial: ~ ***discográfico,*** INCOR. por marca, casa discográfica.
SIN. *1* y *2* **Sigilo,** p. us. *1, 2* y *4* **Timbre,** esp. el que se estampa en seco. REL. **Sigilografía,** estudio de los sellos antiguos, esp. en la acep. 3; **sigilográfico,** adj. **Filatelia,** conocimiento de los sellos de correos como objeto de colección; **filatélico** adj.
Seltz (agua de ~) *n. pr.* Agua mineral de Nieder-Selters, en Wiesbaden (Alemania). 2 p. ext. Agua carbónica artificial.
selva (l. *silva*) *f.* Terreno extenso, inculto y muy poblado de árboles. 2 fig. Abundancia desordenada de alguna cosa; confusión, cuestión intrincada.
SIN. v. **Bosque.** REL. **Silvicultura** o **selvicultura,** cuidado y aprovechamiento de las selvas y ciencia que trata de ello.
selvático, -ca (l. *silvaticu*) *adj.* Relativo a las selvas. 2 fig. Rústico, falto de cultura.
SIN. **Silvático.**
selvatiquez *f.* Calidad de selvático.
selvicultura *f.* Silvicultura.
selvoso, -sa *adj.* Propio de la selva. 2 Relativo al país o territorio en que hay muchas selvas.
SIN. **Silvoso.**
sema- (gr. *sema,* signo) Elemento prefijal que entra en la formación de palabras con el significado de signo. ◇ V. semasio- y semio-.
sema (gr.) *m.* FILOL. Unidad mínima de significación.
semafórico, -ca *adj.* Relativo al semáforo.
semáforo (*sema-* + *-foro*) *m.* Poste indicador con luces verde, naranja o roja que regula el tránsito en las vías públicas. 2 Aparato de señales de ferrocarril. 3 Telégrafo óptico de las costas para comunicarse con los buques.
semana (l. *septimana*) *f.* Serie de siete días naturales consecutivos, comenzando por el domingo y acabando por el sábado: ~ ***grande, mayor*** o ***Santa,*** la última de la Cuaresma desde el domingo de Ramos hasta el de Resurrección; ~ ***inglesa,*** régimen de trabajo en el que se suspende toda labor durante el sábado o parte de él, para reanudarla el lunes; ***entre*** ~, en cualquier día de ella, menos el primero y el último. 2 fig. Salario ganado en una semana. 3 Período septenario de tiempo, sea de días, meses, años o siglos. 4 ***Semana Santa,*** libro en que está el rezo propio de la Semana Santa, y los oficios que se celebran en ella.
SIN. *1* **Hebdómada,** lit.
semanada *f.* Estipendio que cobra el trabajador por su trabajo semanal.
semanal *adj.* Que sucede o se repite cada semana. 2 Que dura una semana o a ella corresponde.
SIN. **Hebdomadario,** lit.; **semanario.**
semanalmente *adv. t.* Por semanas, en todas las semanas o en cada una de ellas.
semanario, -ria *adj.* Semanal. -2 *m.* Periódico que se publica semanalmente. 3 Juego de siete navajas de afeitar.
SIN. *1* **Hebdomadario,** lit.
semanería *f.* Cargo u oficio de semanero.
semanero, -ra *adj.-s.* Persona que ejerce un cargo u oficio por semanas.
semanilla *f.* Libro de la Semana Santa.
semanista (de *semana*) *com.* Asistente a congresos, reuniones, juntas, etc., que duran una semana.
semantema *m.* FILOL. En algunas escuelas lingüísticas, unidad léxica provista de significación.
semántica (fr. *-ique* < gr. *semantikós*) *f.* Parte de la lingüística que estudia la significación de las palabras.
SIN. **Semasiología.**
semanticista *adj.* FILOL. Relativo a la teoría o investigación que, para el análisis de los elementos, utiliza criterios basados en el significado de las unidades.
semántico, -ca (*sema-*) *adj.* Que atañe a la significación de las palabras: *cambio* ~. 2 Relativo a la semántica.
semasio- (gr. *semasía,* significación) Elemento prefijal que entra en la formación de palabras con el significado de significación. ◇ V. sema- y semio-.
semasiología (*semasio-* + *-logía*) *f.* Semántica. 2 Estudio semántico de las designaciones que parte del signo y de sus relaciones, para llegar a la determinación del concepto.
semasiológico, -ca *adj.* Relativo a la semasiología.
semblante (l. *similante;* p. a. de *similare,* semejar) *m.* Conjunto de las facciones en cuanto revelan el estado de ánimo de la persona. 2 p. ext. Cara. 3 fig. Apariencia o aspecto de las cosas, sobre el cual formamos el concepto de ellas.
SIN. v. **Cara.**
semblantear *tr. Amér.* Mirar [a uno] cara a cara para penetrar sus intenciones. 2 *Méj.* Observar, examinar.
semblanza *f.* Bosquejo biográfico.
sembrada *f.* Sembrado.
sembradera *f.* Máquina para sembrar.
sembradero *m. Colomb.* Haza, porción de tierra labrantía o de sembradura.
sembradío, -a *adj.* [terreno] Propio para sembrar.
sembrado, -da *adj.* Cubierto de cosas esparcidas. -2 *m.* Tierra sembrada. 3 loc. fig. ***Estar*** ~, estar ingenioso, ocurrente.
SIN. *2* **Soto,** latinismo lit.; **siembra.**
sembrador, -ra *adj.-s.* Que siembra.
sembradora *f.* Sembradera.
sembradura *f.* Acción de sembrar. 2 Efecto de sembrar.
sembrar (l. *seminare*) *tr.* Esparcir [las semillas en la tierra] preparada para este fin: ~ *trigo;* ~ *un campo;* ***abs.,*** ~ *en la arena;* ~ *entre piedras;* ~ ***a chorrillo,*** ir echando la semilla en forma de chorro en el surco; ~ ***a golpe,*** introducir la semilla o la planta en un hoyo; ~ ***a voleo*** o ***al voleo,*** arrojar la semilla a puñados esparciéndola al aire. 2 fig. Desparramar, esparcir: ~ *dinero.* 3 Colocar sin orden una cosa para adorno [de otra]: ~ *el camino con, o de, flores.* 4 fig. Dar motivo o principio [a una cosa]: ~ *la discordia.* 5 fig. Preparar o hacer [algunas cosas] de que se ha de seguir fruto: ~ *la fe en los corazones;* ***abs.,*** ~ *con provecho.* 6 esp. Esparcir o divulgar [una especie]. ◇ ** CONJUG. [27] como ***acertar.***
SIN. *1* **Sementar.** *2* **Diseminar.** *6* v. **Divulgar.**
sembrío *m. Amér.* Sembrado.
semeja *f.* Semejanza (calidad). 2 Señal, muestra, indicio.
semejable *adj.* Capaz de asemejarse a una cosa.
semejado, -da *adj.* Semejante (parecido).
semejante (de *semejar*) *adj.-s.* Parecido, análogo a una persona o cosa: *un libro* ~ *a otro en todo; éste es el* ~. 2 GEOM. esp. [figura] Que tiene la misma forma, pero es de diferente magnitud: *polígonos semejantes.* 3 Denota ponderación o comparación: *no es lícito valerse de semejantes medios.* 4 Con carácter demostrativo equivale a *tal: no he visto a* ~ *hombre.* -5 *m.* Semejanza, imitación. 6 Prójimo.
SIN. *1* **Parecido** y **semejante** se aplican a personas o cosas. **Similar** y **análogo,** a cosas; **análogo,** se prefiere tratándose de lo abstracto: *ideas, sentimientos análogos*; **afín,** aplicado a cosas, denota una proximidad o semejanza más o menos vaga: *palabras, ideas afines*. Apl. a personas, significa parcial, allegado, pariente; **parejo** y **parigual,** indican igualdad o semejanza, y pertenecen al habla popular; **igual** e **idéntico,** son intensivos y denotan gran semejanza.
semejantemente *adv. m.* Con semejanza.
semejanza *f.* Calidad de semejante. 2 GEOM. Transformación geométrica que conserva la alineación y los ángulos, alterando la distancia según un factor de proporcionalidad. 3 RET. Símil (figura).
SIN. *1* **Parecido, semejante, similitud.**

semejar (l. v. *similare < similis, semejante) *intr.-prnl.* Parecerse una cosa a otra.
Sémele *n. pr.* MIT. Madre de Dionisos. ◇ Es preferible esta acentuación a la de *Semele.*
semema *m.* LING. En algunas escuelas lingüísticas, significado que corresponde a cada morfema en una lengua determinada.
semen (l.) *m.* Fluido producido por los órganos reproductores masculinos de los animales, que contienen los espermatozoos. 2 Simiente, semilla.
SIN. *1* **Esperma, simiente.**
semencera *f.* Sementera.
semencontra (l. *semen contra vermes < vermes,* lombrices) *m.* Santónico (cabezuela).
semental *adj.* Relativo a la siembra o sementera. -2 *adj.-s.* Animal macho que se destina a padrear.
sementar *tr.* Sembrar (las semillas). ◇ ** CONJUG. [27] como *acertar.*
sementera *f.* Acción de sembrar. 2 Efecto de sembrar. 3 Tierra sembrada. 4 Cosa sembrada. 5 Tiempo a propósito para sembrar. 6 fig. Semillero (origen). 7 *And.* Mies.
SIN. *1, 2* y *5* **Siembra.** *3* **Senara.**
sementero *m.* Saco en que se llevan los granos para sembrar. 2 Sementera.
sementino, -na *adj.* Relativo a la simiente.
semestral *adj.* Que sucede o se repite cada semestre. 2 Que dura un semestre o a él corresponde.
semestralmente *adv. t.* Por semestres.
semestre (l.) *adj.* Semestral. -2 *m.* Espacio de seis meses. 3 Renta, sueldo, etc., que se cobra o que se paga al fin de cada semestre. 4 Conjunto de los números de un periódico o revista publicado durante un semestre.
semi- (l.) Elemento prefijal que entra en la formación de palabras con el significado de medio o casi: *semicírculo, semidifunto.*
SIN. Equivale al prefijo gr. **hemi-.**
semianticadencia *f.* FON. Ligero descenso de la entonación al final de un período.
semibreve (*semi- + breve*) *f.* MÚS. Redonda.
semicabrón *m.* Semicapro.
semicadencia (*semi- + cadencia*) *f.* FON. Ligero ascenso de la entonación al final de un período. 2 MÚS. Paso sencillo de la nota tónica a la dominante.
semicapro (*semi-* + l. *capra,* cabra) *m.* Monstruo fabuloso, medio cabra o cabrón y medio hombre.
semicilíndrico, -ca *adj.* Relativo al semicilindro. 2 De figura de semicilindro o semejante a ella.
semicilindro (*semi- + cilindro*) *m.* Mitad del cilindro limitada por un plano que pase por su eje.
semicircular *adj.* Relativo al semicírculo. 2 De figura de semicírculo o semejante a ella.
semicírculo (*semi- + círculo*) *m.* Mitad del círculo separada por un diámetro. 2 ~ ***graduado,*** lámina de metal o madera, de forma semicircular, que lleva indicada la división en grados o sus fracciones. Se usa para trazar o medir ángulos en el dibujo.
SIN. *1* **Hemiciclo.**
semicircunferencia (*semi- + circunferencia*) *f.* Mitad de la circunferencia.
sémico, -ca *adj.* Concerniente al sema, o al significado.
semiconductor, -ra (*semi- + conductor*) *adj.-s.* ELECTR. Material de resistencia apreciablemente más alta que la de los buenos conductores e inferior a la de los aisladores, la cual decrece al aumentar la temperatura. -2 *m.* Cuerpo dotado de una débil conductividad eléctrica, considerablemente inferior a la de los metales.
semiconserva (*semi- + conserva*) *f.* Alimento envasado en recipientes cerrados, sin previa esterilización, que se conserva por tiempo limitado.
semiconsonante (*semi- + consonante*) *adj.-s.* Vocal *i* o *u* que forma diptongo con una vocal siguiente. Su articulación es entonces tan cerrada, que se acerca a la de una consonante fricativa: *sabio, tiempo, guapo, bueno.*
semicopado, -da *adj.* MÚS. Sincopado.
semicoque (*semi- + coque*) *m.* Combustible de gran porosidad que se obtiene destilando la hulla a temperatura poco elevada.
semicorchea (*semi- + corchea*) *f.* MÚS. Nota musical cuyo valor es la mitad de una corchea.
semicristal (*semi- + cristal*) *m.* Vidrio compuesto de sílice, barita, sosa, cal y óxido de plomo.
semicromático, -ca (*semi- + cromático*) *adj.* MÚS. [género de música] Que participa del diatónico y del cromático.
semicultismo (*semi- + cultismo*) *m.* FILOL. Palabra influida por el latín, o por la lengua culta, que no ha realizado por completo su evolución fonética normal.
semiculto, -ta (*semi- + culto*) *adj.-s.* [pers.] Que sólo tiene una mediana cultura general. -2 *adj.* Perteneciente o relativo al semicultismo.
semicupio *m.* *Cuba* y *Guat.* Bañera para tomar baños de asiento.
semidea *f.* poét. Semidiosa.
semideo *m.* poét. Semidiós.
semidiámetro (*semi- + diámetro*) *m.* GEOM. Mitad de un diámetro.
semidifunto, -ta (*semi- + difunto*) *adj.* Casi difunto.
semidiós, -diosa (*semi- + dios*) *m. f.* FAB. Ser medio divino, por ser hijo de una deidad y un mortal. 2 Deidad inferior. 3 Ser humano divinizado, gralte. por sus actos heroicos.
SIN. **Héroe.**
semidítono (*semi- + dítono*) *m.* MÚS. Intervalo de un tono y un semitono mayor.
semidormido, -da (*semi- + dormido*) *adj.* Casi dormido.
semidragón (*semi- + dragón*) *m.* Monstruo fabuloso, mitad hombre y mitad dragón.
semidulce (*semi- + dulce*) *adj.* [vino] Con algunos azúcares reductores residuales.
semieje (*semi- + eje*) *m.* Árbol que transmite el movimiento del diferencial a cada una de las ruedas motrices. 2 GEOM. Mitad de un eje.
semiesfera *f.* Hemisferio.
semiesférico, -ca *adj.* Hemisférico. 2 De forma de semiesfera. 3 ARQ. ***Bóveda semiesférica,*** v. bóveda esférica.
semifinal (*semi- + final*) *f.* Penúltima competición del campeonato deportivo que se gana por eliminación del contrario y no por puntos.
semifinalista *adj.-s.* Que toma parte en una semifinal.
semiflósculo (*semi- + flósculo*) *m.* Flor ligulada de una cabezuela de compuestas.
semifluido, -da *adj.* [líquido] Medianamente espeso.
semiforme *adj.* A medio formar.
semifusa (*semi- + fusa*) *f.* MÚS. Nota musical cuyo valor es la mitad de una fusa.
semigola (*semi- + gola*) *f.* FORT. Línea recta que pasa del ángulo de un flanco del baluarte a la capital.
semihilo (*semi- + hilo*) *m.* Tela de hilo mezclada con otra fibra textil.
semihombre (*semi- + hombre*) *m.* Pigmeo (individuo de cierto pueblo fabuloso).
semiínfero *adj.* V. ovario ~;
semilla (l. *seminia;* pl. *seminium,* semilla) *f.* Parte del fruto que, puesto en condiciones adecuadas, da origen a una nueva planta; es el óvulo fecundado y maduro. 2 fig. Cosa que es causa u origen de que procedan otras. -3 *f. pl.* Granos que se siembran, exceptuados el trigo y la cebada. 4 p. ext. Fragmento de vegetal provisto de yemas, como tubérculos, bulbos, etc.
SIN. **Simiente.** REL. *1* BOT. Fruto sin simiente, adj. **aspermo; monospermo,** con una sola simiente; **dispermo,** con dos; **polispermo,** con más.
semillero *m.* Lugar donde se siembran los vegetales que después han de trasplantarse. 2 Lugar donde se conservan, para estudio, colecciones de diversas semillas. 3 fig. Origen de que nacen o se propagan algunas cosas: ~ *de mentiras.*
SIN. *1* y *3* **Seminario,** sólo usado como voz docta. *2* **Sementera, sementero, vivero.**
semilunar *adj.* Que tiene figura de media luna. -2 *adj.-m.* Segundo hueso de la primera fila del carpo;
semilunio (l. *semilunium*) *m.* Mitad de una lunación.
semimembranoso, -sa (*semi- + membranoso*) *adj.-m.* ANAT. Músculo de la cara interna del muslo cuya parte superior es tendinosa y sólo es carnosa la inferior; su principal función es la flexión de la pierna.
seminal (l. *-ale*) *adj.* Relativo al semen o a la semilla.
seminario (l. *-iu*) *m.* Semillero (de vegetales y origen). 2 Casa o lugar destinado para educación de niños y jóvenes: ~ ***conciliar,*** el de los jóvenes que se dedican al estado eclesiástico. 3 En las universidades, trabajo de investigación científica anejo a las cátedras, y local donde se realiza. 4 Reunión de especialistas consagrada al estudio de un problema concreto.
seminarista *m.* Alumno de un seminario eclesiástico.

seminegro, -gra *adj.* V. letra seminegra.
seminífero, -ra (l. *semen, -inis,* semen + *-fero*) *adj.* ZOOL. Que produce o contiene semen. 2 BOT. Que produce o contiene semillas.
semínima (de *semi-* + *mínima*) *f.* Figura musical que equivale a la mitad de una mínima. -2 *f. pl.* fig. Menudencias, minucias.
seminívoro, -ra (l. *semen, -inis,* semen + *-voro*) *adj.-s.* ZOOL. Animal que come semillas.
seminternado (*semi-* + *internado*) *m.* Media pensión, medio internado; régimen educativo en que los escolares pasan el día y hacen algunas de sus comidas, pero no duermen en él. 2 Establecimiento docente con régimen de seminternado.
semio- (gr. *semeion,* signo) Elemento prefijal que entra en la formación de palabras con el significado de signo. ◇ V. sema- y semasio-.
semiología (*semio-* + *-logía*) *f.* Semiótica. 2 Ciencia que estudia los sistemas de signos; como lenguas, códigos de señales, señalización vial, etc. 3 Estudio de los signos dentro de la vida social. 4 MED. ~ *clínica,* conjunto de métodos utilizados para establecer un diagnóstico o evaluar el curso de un proceso patológico.
semiológico, -ca *adj.* Perteneciente o relativo a la semiología.
semionda (*semi-* + *onda*) *f.* FÍS. Parte de una onda comprendida entre dos ceros consecutivos de la amplitud. 2 En radiotecnia, antena emisora que presenta un nodo de corriente en sus extremos, y un vientre en el centro.
semiotecnia (*semio-* + *-tecnia*) *f.* Conocimiento de los signos gráficos que sirven para la notación musical.
semiótica *f.* Teoría general de los signos. 2 Semiología, estudio de los signos en la vida social. 3 Estudio de todos los signos que sirven para la comunicación. 4 Parte de la medicina, que trata de los signos de las enfermedades.
SIN. *4* **Sintomatología.**
semiótico, -ca (gr. *semeiotiké* < *semio-*) *adj.* Perteneciente o relativo a la semiótica. -2 *m. f.* Especialista en semiótica.
semipedal *adj.* De medio pie de largo.
semipelagianismo (*semi-* + *pelagianismo*) *m.* Doctrina herética sustentada en el s. V por Fausto (h. 400-h. 485) y Casiano (h. 350-h. 433), quienes pretendían conciliar las ideas de los pelagianos con la doctrina ortodoxa. 2 Conjunto de los sectarios de esta doctrina.
semipelagiano, -na *adj.-s.* Sectario del semipelagianismo. -2 *adj.* Relativo al semipelagianismo.
semiperíodo (*semi-* + *período*) *m.* ELECTR. Mitad del período correspondiente a un sistema de corrientes bifásicas.
semipermeable (*semi-* + *permeable*) *adj.* Parcialmente permeable. 2 ***Membrana*** ~, aquella que sólo puede pasar el agua de una disolución, pero no los cuerpos en ella disueltos.
semipesado *adj.-m.* DEP. Peso (categoría) del boxeo, superior a medio, que comprende a los deportistas que pesan hasta 79,378 kgs. (los profesionales) ó 81 kgs. (los aficionados).
REL. V. **Peso.**
semiplano (*semi-* + *plano*) *m.* GEOM. Parte de un plano cortado o dividido en dos por una recta.
semiplena *adj.* DER. Relativo a la prueba o probanza imperfecta que resulta de la deposición de un solo testigo.
semiplenamente *adv. m.* DER. Con probanza semiplena.
semirrecto *adj.* V. ángulo semirrecto.
semirrefinado, -da (*semi-* + *refinado*) *adj.* ***Azúcar*** ~, el que se produce directamente en las fábricas que elaboran la caña o la remolacha, de color blanco, aunque de menor pureza que el refinado.
semis (l.) *m.* Ant. moneda romana (medio as). ◇ Pl.: *semis.*
semisótano (*semi-* + *sótano*) *m.* Conjunto de locales situados en parte bajo el nivel de la calle.
semisuma (*semi-* + *suma*) *f.* Resultado de dividir por dos una suma.
I) semita *adj.-com.* De una familia etnográfica y lingüística que comprende los diversos pueblos que hablan o hablaron lenguas de flexión de caracteres especiales: arameo, siríaco, caldeo, asirio, hebreo, árabe y otras. -2 *adj.* Semítico.
II) semita (de *acemita*) *m.* Especie de bollo o galleta.
semitendinoso, -sa (*semi-* + *tendinoso*) *adj.-m.* ANAT. Músculo de la cara posterior e interna del muslo, más superficial que el semimembranoso y de similares funciones que éste.
semítico, -ca *adj.* Relativo a los semitas. -2 *adj.-m.* Familia de lenguas del tronco camitosemítico, habladas principalmente en el sudoeste de Asia y en el norte de África, que se divide en dos grupos: oriental y occidental; como el acadio y el árabe, respectivamente.
semitismo *m.* Conjunto de las tendencias, instituciones, etc., de los pueblos semíticos. 2 Vocablo, giro o modo de hablar propio de las lenguas semíticas. 3 Estudio o ciencia de los semitistas.
semitista *com.* Erudito que estudia las lenguas, literaturas, instituciones, etc., de los pueblos semíticos.
semitono (*semi-* + *tono*) *m.* MÚS. Mitad del intervalo de un tono: ~ ***cromático*** o ***menor,*** el que comprende dos comas ; ~ ***diatónico*** o ***mayor,*** el que comprende tres comas.
semitransparente (*semi-* + *transparente*) *adj.* Casi transparente.
semitrino *m.* MÚS. Trino de corta duración, que comienza por la nota superior.
semivida *f.* Tiempo en que tardan en quedar reducidos a la mitad los átomos de un nucleido radioactivo.
semivivo, -va *adj.* Medio vivo o que no tiene vida perfecta.
semivocal (*semi-* + *vocal*) *adj.-s.* Vocal *i* o *u* que forma diptongo con una vocal precedente. Su articulación es entonces más cerrada que la que les corresponde cuando son vocales plenas: *aire, peinar, maula, Europa.*
semnopiteco *m.* Género de monos *(Semnopithecus).* 2 Mono sagrado de la India *(Semnopithecus entellus).*
sémola (it. < l. *simila,* flor de la harina) *f.* Trigo candeal desnudo de su corteza. 2 Trigo quebrantado a modo del farro. 3 Pasta para sopa, de harina de flor reducida a granos muy menudos.
semolete *adj.-com.* desp. [pers.] De Alcañiz, prov. de Teruel.
semoviente (l. *se movens,* que se mueve a sí mismo) *adj.-s.* V. bienes semovientes.
sempervirente (l. *semper,* siempre + *virente,* verdeante) *adj.* Relativo a la vegetación cuyo follaje se conserva verde todo el año.
sempiterna (v. *sempiterno*) *f.* Tela de lana, basta y muy tupida. 2 Perpetua.
SIN. *1* **Perdurable, rompecoches.**
sempiternamente *adv. m.* Perpetua, eternamente.
sempiterno, -na (l. *-nu*) *adj.* Que durará siempre; que, habiendo tenido principio, no tendrá fin.
I) sen (l. farmacéutico *sene* < ár.) *f.* Casia.
II) sen *m.* Moneda japonesa de cobre.
I) sena (ár.) *f.* Casia.
II) sena (l. < *seni,* seis) *f.* Conjunto de seis puntos señalados en una de las caras del dado. -2 *f. pl.* En el juego de tablas reales y otros, suerte consistente en salir apareados los dos lados de los seis puntos.
senada *f.* Porción de cosas que caben en el seno, o en el hueco del delantal.
senado (l. *-tu*) *m.* Asamblea de patricios que formaba el Consejo supremo de la ant. Roma. 2 En ciertos estados modernos que cuentan con dos cuerpos legislativos, el formado por personas cualificadas, elegidas por sufragio directo o bien designadas por razón de su cargo, posición, título, experiencia, etc. 3 Edificio o lugar donde los senadores celebran sus sesiones. 4 fig. Junta o concurrencia de personas graves y respetables. 5 ant. Público, auditorio, pralte. el que acudía a una representación dramática.
senadoconsulto (l. *senatuconsultu*) *m.* Decreto o determinación del senado (de Roma).
senador, -ra *m. f.* Persona que es miembro del senado.
SIN. **Padre conscripto,** entre los romanos.
senaduría *f.* Dignidad de senador.
senara (l. *seminaria*) *f.* Porción de tierra que dan los amos a ciertos servidores para que la labren por su cuenta, como aditamento de su salario. 2 Producto de esta labor. 3 Sementera (tierra sembrada). 4 Tierra concejil. 5 *Extr.* Cosecha.
senario, -ria (l. *-iu*) *adj.* Compuesto de seis elementos, unidades o guarismos. -2 *adj.-m.* Verso de la versificación clásica.
senatorial, senatorio, -ria *adj.* Relativo al senado o al senador.
sencido, -da *adj.* Cencido. 2 *Logr.* Oloroso, florido, aromático.
sencillamente *adv. m.* Con sencillez y lisura. 2 Con naturalidad y espontaneidad.
sencillero, -ra *adj. Ecuad.* y *Perú.* Buhonero que vende a plazos.
sencillez *f.* Calidad de sencillo. 2 *S. Dom.* Tontería, bobada.
sencillo, -lla (l. v. *singellu < l. *singulu,* uno, único) *adj.* Que no tiene artificio ni composición. 2 Que tiene menos cuerpo que otras cosas de su especie. 3 Que carece de ostentación y ador-

nos. 4 fig. Incauto, sin malicia. 5 Ingenuo en el trato. -6 *m. Ant.* y *Chile.* Menudo, dinero suelto.
SIN. *3* **Llano.** *4* y *5* v. **Sincero.**
senda (l. *semita*) *f.* Camino más estrecho que la vereda. 2 fig. Camino (modo de obrar).
sendecho *m. Méj.* Bebida de maíz hervido y colado, con azúcar.
senderar, senderear *tr.* Guiar o encaminar [a uno] por el sendero. 2 Abrir senda: ~ *un bosque.* -3 *intr.* fig. Echar por caminos extraordinarios en el obrar o el discurrir.
senderista *com.* Seguidor del movimiento guerrillero peruano Sendero Luminoso, de inspiración maoísta.
sendero (l. *semitariu*) *m.* Senda.
sendos, -das (l. *singulos;* acus. de *-li*) *adj. pl.* Uno o una para cada cual de dos o más personas o cosas. ◇ INCOR. por *grande, extraordinario, ambos: recibió ~ disgustos; tuve dos accidentes, de ~ accidentes salí ileso.*
séneca (de *Séneca, 4-65,* el filósofo de Córdoba) *m.* fig. Hombre de mucha sabiduría.
senectud (l. *-ute*) *f.* Edad senil, que comúnmente empieza a los sesenta años.
SIN. **Vejez, ancianidad.**
senegalés, -lesa *adj.-s.* Del Senegal, nación de África Occidental.
senequismo *m.* Norma de vida ajustada a los dictados de la moral y la filosofía de Séneca (4-65).
senescal (germ. *siniskalk,* el criado más antiguo) *m.* En algunos países, mayordomo mayor de la casa real. 2 Jefe o cabeza principal de la nobleza, que la gobernaba, esp. en la guerra.
senescalado *m.* Territorio sujeto a la jurisdicción de un senescal. 2 Senescalía.
senescalía *f.* Dignidad, cargo o empleo del senescal.
senescencia *f.* Calidad de senescente.
senescente (l. *senescente*) *adj.* Que empieza a envejecer.
senil (l. *-le*) *adj.* Relativo a los viejos o a la vejez.
senilidad *f.* Disminución natural y progresiva de las facultades físicas y mentales, propio de la vejez. 2 Calidad de senil.
sénior (l. *senior,* anciano) *adj* [pers.] De más edad de las dos que llevan el mismo nombre. Se escribe a continuación del apellido. -2 *adj.-s.* DEP. Categoría que engloba a deportistas que han pasado de la edad límite para los juniores (21 años). -3 *com.* Deportista perteneciente a esta categoría. ◇ Pl.: *seniores.*
seno (l. *sinu*) *m.* Concavidad o hueco. 2 Parte interna de alguna cosa: *el ~ de la tierra; en el ~ de una sociedad.* 3 Pecho humano; eufem., teta de la mujer. 4 Espacio hueco que queda entre el vestido y el pecho: *llevaba una medalla en el ~.* 5 Matriz (órgano). 6 fig. Regazo (que acoge). 7 Pequeña cavidad que se forma en una llaga. 8 Parte de mar que se recoge entre dos puntas o cabos de tierra. 9 Golfo (porción de mar). 10 ~ ***de Abraham,*** lugar donde estaban detenidas las almas de los fieles que esperaban la llegada del Redentor. 11 ANAT. Cavidad o espacio hueco existente en el espesor de un hueso o formado entre las superficies articulares de dos o más huesos: ~ ***frontal,*** el excavado en la porción inferior del frontal, sobre el dorso de la nariz; ~ ***maxilar,*** el contenido en el maxilar superior y en comunicación con las fosas nasales; ~ ***etmoidal,*** el formado en el espesor de las masas laterales del etmoides; ~ ***esfenoidal,*** el formado en el espesor del cuerpo del esfenoides. 12 ARQ. Espacio comprendido entre los trasdoses de dos arcos o bóvedas contiguas. 13 MAR. Curvatura que hace una vela o cuerda cuando no está tirante. 14 TRIG. ~ ***de un ángulo,*** el del arco que le sirve de medida. 15 TRIG. ~ ***de un arco,*** en la perpendicular tirada al radio que pasa por un extremo del arco desde el otro extremo de éste, parte comprendida entre este punto y dicho radio. 16 TRIG. ~ ***verso,*** parte del radio comprendido entre el pie del seno de un arco y el arco mismo.
SIN. *1* **Sinuosidad.**
senojil *m.* Henojil.
senología *f.* Estudio interdisciplinar de los tumores de la mama.
senoniense *m.* GEOL. Período del Cretácico caracterizado por una transgresión marina que dio lugar a la máxima expansión de los mares cretácicos.
sensación (b. l. *-atione*) *f.* Impresión que las cosas producen en el alma por medio de los sentidos. 2 Emoción producida en el ánimo por un suceso o noticia de importancia.
sensacional *adj.* Que causa sensación. 2 fig. Que llama poderosamente la atención.
sensacionalismo *m.* Condición de sensacional. 2 Práctica publicitaria, encaminada a producir sensación entre el público.
sensacionalista *adj.-s* Que causa gran sensación.
sensatamente *adv. m.* Con sensatez.
sensatez *f.* Calidad de sensato.
SIN. V. **Prudencia.**
sensato, -ta (l. med. *-tu*) *adj.* Prudente, de buen juicio.
SIN. V. **Sesudo.**
senserina *f. Sal.* Tomillo.
sensibilidad (l. *-itate*) *f.* Facultad de sentir, propia de los seres animados. 2 Propensión natural del hombre a dejarse llevar de los afectos de compasión, humanidad y ternura. 3 Calidad de sensible (que cede). 4 Grado o medida de la eficacia de ciertos aparatos científicos, ópticos, etc. 5 Capacidad de respuesta a muy pequeñas excitaciones, estímulos o causas: ~ ***artística,*** la especialmente dotada para la percepción de valores estéticos en las obras de arte. 6 FIL. Fuente primera de todo conocimiento, cuyo contenido se reduce íntegramente al material aportado por ella. 7 FOT. Calidad de una película para ser impresionada por la luz.
REL. *1* Las formas prefijas **estesio- estesi-** y la sufija **-estesia,** procedentes del gr. *aisthesis,* originan numerosas voces relacionadas con la sensibilidad, p. ej., *estesiómetro, anestesia, cenestesia.* Todas ellas son técnicas.
sensibilización *f.* Acción de sensibilizar. 2 Efecto de sensibilizar. 3 Proceso por el cual un organismo se vuelve sensible y reacciona visiblemente frente a una determinada agresión física, química o biológica.
sensibilizado, -da *adj.* Que ha sido sometido a sensibilización y reacciona positivamente.
sensibilizador, -ra *adj.* Que hace sensible, o aumenta la sensibilidad. 2 Que hace sensibles ciertas materias a la acción de la luz. -3 *m.* Producto químico con el que se obtienen emulsiones sensibles a la luz. 4 FÍS. Impureza cuya presencia en la substancia luminiscente tiene por efecto modificar sus espectros de absorción o de excitación. 5 FOT. Obrero especializado que realiza las operaciones de laboratorio necesarias para preparar las placas.
sensibilizar *tr.* Hacer sensible; representar de forma sensible. 2 Hacer sensibles a la acción de la luz [ciertas materias] usadas en fotografía. 3 en gral. Aumentar o excitar la sensibilidad física o moral; hacer sensible: *la música sensibiliza el oído.* 4 Atraer la atención [con un fin determinado]: ~ *la opinión pública.* 5 MED. Producir reacciones de hipersensibilidad. ◇ ** CONJUG. [4] como ***realizar.***
sensible (l. *-ile*) *adj.* Capaz de sentir física o moralmente: ~ *a la injuria.* 2 Que puede ser percibido por los sentidos. 3 Perceptible, manifiesto, patente al entendimiento. 4 Que causa sentimiento de pena o de dolor. 5 [pers.] Que se deja llevar fácilmente del sentimiento. 6 [cosa] Que cede fácilmente a la acción de ciertos agentes naturales. 7 [aparato] Que puede acusar, registrar o medir fenómenos de muy leve intensidad, o diferencias muy pequeñas. 8 MÚS. Relativo a la séptima nota de la escala diatónica. 9 ANGLIC. Prudente, sensato.
sensiblemente *adv. m.* De modo sensible.
sensiblería *f.* Sentimentalismo exagerado, trivial o fingido.
sensiblero, -ra *adj.* Que muestra sensiblería.
sensitiva *f.* Planta mimosácea, originaria del Brasil, llamada así por la sensibilidad que manifiesta doblando y abatiendo las hojas al recibir un golpecito o al chamuscarla. A menudo cultivada como planta de adorno *(Mimosa pudica).*
sensitivo, -va *adj.* Relativo a los sentidos corporales. 2 Capaz de sensibilidad. 3 Que excita la sensibilidad. -4 *adj.-s.* [pers.] Extraordinariamente sensible o impresionable. -5 *adj.* ANGLIC. Sensible.
SIN. *1* **Sensual.**
sensitometría (de *sensible* + *metría*) *f.* Medición de los efectos de la luz sobre materiales fotográficos.
sensitómetro (de *sensible* + *-metro*) *m.* FOT. Instrumento para medir la sensibilidad de las emulsiones.
sensor *m.* Aparato que sirve para determinar los valores de una dimensión física, tal como temperatura, sonido o intensidad de luz. 2 ELECTR. Dispositivo que por medio del tacto gobierna la acción de un circuito, como la selección de canales en un receptor de televisión.
sensorial (imitado del fr. e ing.) *adj.* Sensorio (de la sensibilidad). 2 Relativo a la sensibilidad (facultad). -3 *m.* Centro común de todas las sensaciones.
sensorio, -ria (l. *-iu*) *adj.* Relativo a la sensibilidad (facultad).

-2 *m.* Centro común de todas las sensaciones. 3 Imagen teórica del cerebro, considerado como centro de las funciones sensitivas.

sensual (l. *-ale*) *adj.* Sensitivo (de los sentidos). 2 Propio o relativo a los gustos y deleites de los sentidos, a las cosas que los incitan o satisfacen y a las personas aficionadas a ellos. 3 Relativo al apetito carnal.

SIN. *2* **Sibarítico,** esp. si es refinado.

sensualidad *f.* Calidad de sensual. 2 Propensión excesiva a los placeres de los sentidos.

sensualismo (der. del l. *sensu,* sentido) *m.* Empirismo radical que, no descubriendo en la experiencia interna más que sensaciones brutas o transformadas, rechaza como inútil y superficial la división de la experiencia en interna y externa, afirmada por los empiristas propiamente dichos, y sitúa a la sensación exterior como fuente única del conocimiento humano. Su principal representante es Condillac (1715-1780). 2 Sensualidad.

sensualista *adj.* Perteneciente o relativo a la doctrina del sensualismo. -2 *adj.-s.* Persona que profesa esta doctrina.

sensualmente *adv. m.* Con sensualidad.

sensuntepecano, -na *adj.-s.* Sensuntepequense.

sensuntepequense *adj.-s.* De Sensuntepeque, cabecera del dep. de Cabañas (El Salvador).

sentada *f.* Asentada. 2 Acción de protesta o en apoyo de una petición, que consiste en permanecer sentadas en el suelo un grupo de personas, en un lugar determinado y por un largo período de tiempo. 3 *Colomb.* Remesón, sofrenada.

sentadera *f. Amér.* Parte de los asientos donde descansan y se apoyan las nalgas. -2 *f. pl. Ar.* Nalgas.

sentadero *m.* Piedra, tronco, etc., que puede servir para sentarse.

sentadillas (a ~) *loc. adv.* A mujeriegas. ◇ También *a asentadillas.*

sentado, -da *adj.* Juicioso, quieto. 2 V. hoja sentada. 3 [órgano animal o vegetal] Que posee una amplia base de implantación. 4 [pan] Que se mastica con dificultad. 5 BLAS. [animal] Que aparece quieto o con las patas encogidas.

SIN. *1* v. **Sosegado.** *2* y *3* **Sésil,** tecn.

sentador, -ra *adj. Argent., Chile* y *Parag.* [prenda de vestir] Que sienta bien.

sentamiento *m.* ARQ. Asiento (descenso).

sentar (l. v. **sedentare*) *tr.* Colocar [a uno] en silla, banco, etc., de manera que quede apoyado sobre las nalgas. 2 fig. Dar por supuesta o por cierta alguna cosa. 3 Alisar una cosa, apisonándola o planchándola. 4 fig. Fundamentar una teoría, doctrina, etc., en un razonamiento, expresión de datos, etc. -5 *intr.* fig. *y* fam. Tratándose de la comida y la bebida, recibirlas bien el estómago, digerirlas sin molestia; en gral., hacer provecho o daño: *le sentará una ducha; no le sentará el baño,* o *le sentará bien* (o *mal*) *una ducha, el baño.* 6 Cuadrar, convenir una cosa a otra o a una persona: *esta levita no sienta* o *sienta mal; el hablar modesto le sienta bien.* 7 Agradar [a uno] una cosa: *tu consejo no le sentó,* o *le sentó mal; la poesía le ha sentado bien.* -8 *prnl.* Asentarse, en todas las acep.: *sentarse a la mesa; sentarse de cabecera; sentarse en la silla; sentarse sobre un cofre.* 9 Hacer a uno huella en la carne una cosa, macerándosela: *se le ha sentado una costura.* 10 Posarse un líquido. 11 Con referencia a ciertas cosas, como por ej. el tiempo, estabilizarse después de haber estado revuelto o variable. -12 *tr. Argent., Colomb., Chile* y *Ecuad.* Refrenar [el caballo], pararlo en firme. 13 *Colomb.* Apabullar a uno. ◇ ** CONJUG. [27] como ***acertar.***

SIN. *1* y *8* **Asentar(se),** es hoy de uso vulgar. Comp. *siéntese usted* con *asiéntese usted.*

sentazón *f. Chile.* MIN. Derrumbamiento súbito de una labor; hundimiento de un mineral.

sentencia (l. *-ntia*) *f.* Dictamen o parecer que uno tiene o sigue. 2 Opinión, esp. filosófica o teológica, expresada dogmáticamente. 3 Dicho grave y sucinto que encierra doctrina o moralidad. 4 Declaración del juicio y resolución del juez: *~* ***firme,*** la que por estar confirmada, por no ser apelable o por haberla consentido las partes, causa ejecutoria; *~* ***definitiva,*** la que termina el asunto o impide la continuación del juicio, aunque contra ella sea admisible recurso extraordinario. 5 Decisión de cualquier controversia que da la persona a quien se ha hecho árbitro de ella. 6 FILOL. Oración gramatical. 7 INFORM. Instrucción para el desarrollo de una o varias operaciones.

SIN. *3* v. **Refrán.** *4* y *5* **Fallo.**

sentenciador, -ra *adj.* Que sentencia o tiene competencia para sentenciar.

sentenciar *tr.* Dar o pronunciar sentencia [contra uno]: *~ un condenado a destierro, ~ a uno por estafa; abs., ~ en justicia; ~ según la ley.* 2 en gral. *y* fig. Expresar el dictamen [sobre una cuestión] a favor de una de las partes contendientes. 3 fig. Destinar [una cosa] para un fin: *~ un libro a la hoguera.* 4 fig. Intimidar a uno anunciándole venganza. ◇ ** CONJUG. [12] como ***cambiar.***

SIN. *1* y *2* **Fallar.**

sentención *f.* fam. Sentencia rigurosa o excesiva.

sentenciosamente *adv. m.* De modo sentencioso.

sentencioso, -sa *adj.* Que encierra una sentencia: *dicho, escrito ~.* 2 [tono] De afectada gravedad.

senteneja *f. P. Rico.* Charco de agua a la orilla del mar.

senticar (l. *sentice,* zarza) *m.* Espinar.

sentidamente *adv. m.* Con sentimiento.

sentido, -da *adj.* Que incluye o explica un sentimiento: *un pésame muy ~.* 2 Que se ofende con facilidad; que se resiente o es muy sensible a una prueba de falta de estimación. -3 *m.* Facultad de recibir estímulos externos e internos mediante los órganos receptores que los transmiten al sistema nervioso central: *los sentidos son cinco: el de la vista, el del oído, el del gusto, el del olfato y el del tacto;* ***sexto*** *~,* intuición o sensibilidad especial que tiene una persona para una determinada actividad o asunto. 4 Entendimiento o razón, en cuanto discierne las cosas: *tener ~ de la estética;* ***buen*** *~,* cordura, sensatez; *~* ***común,*** facultad interior en la cual se reciben e imprimen todas las especies e imágenes de los objetos que envían los sentidos exteriores; facultad atribuida a la generalidad de las personas, de juzgar razonablemente de las cosas. 5 Modo particular de entender una cosa. 6 Significación cabal de una proposición o cláusula. 7 Significado o acepción de las palabras. 8 Interpretación que puede admitir un escrito. 9 fig. Expresión, realce de su finalidad. 10 Inteligencia o conocimiento con que se ejecutan algunas cosas. 11 Razón de ser, finalidad. 12 GEOM. Dirección opuesta a otra en que puede suponerse descrita una línea, superficie, etc., por el movimiento de un punto, de una línea, etc. 13 *Amér.* Sien. -14 *adj. Guat.* y *Méj.* [utensilio de barro o vidrio] Que tiene una ligera rajadura.

SIN. *2* Serie intensiva: **delicado, susceptible, cosquilloso, quisquilloso, picajoso.** *6* y *7* **Significación.** FRS. fig. *Con todos mis, tus, sus, cinco sentidos,* con toda atención, advertencia y cuidado; con suma eficacia; *poner uno* o *tener puestos, sus cinco sentidos en una persona* o *cosa,* dedicarle extraordinaria atención; profesarle entrañable afecto o singular estimación; *costar una cosa un ~,* costar excesivamente cara; *perder uno el ~,* privarse, desmayarse.

sentimental *adj.* Que expresa o excita sentimientos tiernos. 2 Propenso a ellos. 3 Que afecta sensibilidad de un modo ridículo o exagerado.

SIN. **Sensiblero.**

sentimentalismo *m.* Doctrina ética, según la cual sólo los sentimientos mueven la voluntad moral. 2 Calidad de sentimental.

sentimentalmente *adv. m.* De manera sentimental.

sentimentero, -ra *adj. Méj.* y *P. Rico.* Sensiblero.

sentimiento *m.* Acción de sentir o sentirse. 2 Efecto de sentir o sentirse. 3 Impresión que causan en el ánimo las cosas espirituales. 4 Estado del ánimo afligido por un suceso triste.

sentina (l.) *f.* Cavidad inferior de la nave, en la que se reúnen las aguas que se filtran por los costados y cubiertas. 2 fig. Lugar lleno de inmundicias. 3 Lugar donde abundan los vicios.

I) sentir (v. *sentir* II) *m.* Sentimiento. 2 Dictamen, parecer.

II) sentir (l. *-ire*) *tr.* Experimentar la sensación corporal [de una cosa]: *~ el frío; ~ el contacto de un hierro.* 2 p. ant. Percibir con el sentido del oído, oír: *siento pasos.* 3 Experimentar [los movimientos afectivos] del ánimo: *~ miedo.* 4 p. ant. Experimentar aflicción [por alguna cosa]: *~ una desgracia.* 5 esp. Hermanar en la expresión [la palabra] con el ademán, el gesto, la entonación, etc.: *~ una poesía.* 6 p. anal. Juzgar, opinar: *digo lo que siento.* 7 Presentir, barruntar: *~ un cambio en las costumbres.* -8 *prnl.* Experimentar uno la sensación física o moral de hallarse de una manera determinada; juzgarse, considerarse: *sentirse enfermo; sentirse feliz; sentirse obligado.* 9 esp. Con la prep. *de,* experimentar una sensación física desagradable en alguna parte del cuerpo: *sentirse de la cabeza.* 10 p. anal. Formar queja una persona de alguna cosa: *sentirse de unas palabras.* 11 Empezar a abrirse o rajarse una pared, un vidrio, etc. 12 Empezar a corromperse o pudrirse una cosa. ◇ ** CONJUG. [35] como ***hervir.*** ◇ Impropio por *oler: sentí un olor desagradable.*

SIN. *10* **Amoscarse, mosquearse, picarse, escocerse, sentirse, resentirse, re-**

quemarse, agraviarse, serie intensiva, si predomina el sentimiento de enojo; **sentirse, dolerse, lastimarse,** con predominio de la aflicción. LOC. *Sin ~,* inadvertidamente, sin darse cuenta. *Que ~,* denota o augura consecuencias lamentables de una cosa.

sentón *m. Ecuad., Guat.* y *Salv.* Remesón, sofrenada que se da al caballo. 2 *Amér. Central* y *Méj.* Tamborilada, golpe.

senuelero *m. Argent.* Novillo componente del señuelo.

senufo *adj.-m.* Lengua sudanesa perteneciente al grupo voltaico, hablada en el oeste de Alto Volta.

seña (l. *signa;* pl. de *signum*) *f.* Nota o indicio para dar a entender una cosa: ***señas mortales,*** indicios vehementes de alguna cosa. 2 Lo que de concierto está determinado entre dos o más personas para entenderse: ***hacer señas,*** indicar uno con gestos o ademanes lo que piensa o quiere. 3 Señal (signo y vestigio). 4 MIL. Palabra que, acompañada del santo, se da en la orden del día para que sirva de reconocimiento al recibir las rondas. -5 *f. pl.* Indicación del lugar y el domicilio de una persona. -6 *f. Chile.* Repique que, con otros dos, se da con ciertos intervalos para llamar a misa.

SIN. *1, 2* y *3* **Signo.** *5* **Dirección.**

señal (l. *signale*) *f.* Marca que se pone o hay en una cosa para darla a conocer y distinguirla de otras. 2 Hito (poste). 3 Signo usado para acordarse después de una especie: *poner una ~ en un libro.* 4 Signo en que la orden de representación es de orden natural. 5 Signo, imagen o representación de una cosa: *bandera a media asta en ~ de duelo.* 6 Vestigio, impresión que queda de una cosa. 7 Cicatriz. 8 Parte de precio que se adelanta en algunos contratos y autoriza para rescindirlos, perdiéndola el que la dio, o devolviéndola duplicada el que la había recibido: ***en ~,*** en prueba o prenda de una cosa. 9 Prodigio o cosa extraordinaria. 10 Aviso, comunicación que se da, de cualquier modo que sea, según convenio, costumbre o ley: *~ de marcha; el faro hacía señales; código de señales en la Marina.* 11 FÍS. Onda eléctrica para transmitir información: ***~ de salida,*** la emitida por un elemento bajo el efecto de una o varias señales de entrada. 12 FÍS. Alteración que se introduce o que aparece en el valor de una magnitud cualquiera y que sirve para transmitir información: ***~ analógica,*** la formada por una cantidad de una magnitud cuyo valor numérico no se utiliza, aunque se conozca. 13 MAR. Boya o baliza flotante que sirve para indicar el emplazamiento de redes o artes de pesca. 14 MED. Accidente, mutación o especie que induce a hacer juicio del estado de la enfermedad. 15 MIL. Mensaje por medio de signos convencionales.

SIN. *1, 4, 5* y *6* **Signo.** *6* v. **Huella.** *4* **Icono, indicio.** *8* v. **Garantía.**

señala *f. Chile.* Señal o marca que se hace al ganado y que consiste en hacerle cortes en las orejas.

señalada *f. Argent.* Señala. 2 *Argent.* Época en que se señala el ganado. 3 *Argent.* Fiesta que se celebra con tal motivo.

señaladamente *adv. m.* Con especialidad o singularidad. 2 Con expresión determinada.

señalado, -da *adj.* Insigne, famoso.

señalamiento *m.* Acción de señalar (nombrar). 2 DER. Designación de día para un juicio oral o una vista.

señalar *tr.* Poner marca o señal [en una cosa] para hacerla visible y distinguirla de otras: *~ con la marca de frágil;* fig., *señalado de la mano de Dios.* 2 esp. Rubricar (un despacho o papel). 3 Hacer una herida que deje cicatriz: *le ha señalado con la espada.* 4 Llamar la atención [sobre una persona o cosa], esp. designándola con la mano. 5 Hacer el amago [de una cosa] sin ejecutarla: *~ una estocada.* 6 Hacer señal para dar noticia [de alguna cosa]: *~ unos barcos en el horizonte.* 7 En algunos juegos de naipes, tantear [los puntos] que cada uno va ganando. 8 Nombrar o determinar [persona, lugar, día, hora, etc.] para algún fin. 9 *Argent., Chile, Parag.* y *Urug.* Hacer un señal en la oreja de las reses. -10 *prnl.* Distinguirse o singularizarse: *señalarse en la guerra; señalarse por discreto.*

señalero *m. Parag.* Piloto intermitente del automóvil.

señalización *f.* Acción de señalizar. 2 Efecto de señalizar. 3 Conjunto de señales.

señalizar *tr.* Colocar señales para regular la circulación [en una calle, carretera, vía férrea, etc.]. ◇ ** CONJUG. [4] como ***realizar.***

señera (cat. *senyera*) f. Bandera oficial de Cataluña.

I) señero (l. *signariu*) *adj.* [territorio] Que tenía facultad de levantar pendón en las proclamaciones de los reyes.

II) señero, -ra (b. l. *singulariu*) *adj.* Solo, solitario. 2 Único, sin par.

seño *f.* fam. Abreviatura de *señorita,* maestra.

señolear *intr.* Cazar con señuelo.

señor, -ra (l. *seniore;* comparativo de *senex,* anciano) *adj.-s.* Dueño de una cosa. -2 *adj.* Noble y propio de señor. 3 Antepuesto a algunos nombres, encarece el significado de los mismos: *tiene un ~ edificio.* -4 *m.* p. ant. Dios (Ser Supremo): *casa del Señor, ministro del Señor; Señor de los ejércitos;* ***descansar,*** o ***dormir, en el Señor,*** morir (dejar de vivir). Apl. a la muerte de los justos. 5 Jesús en el sacramento eucarístico: ***Nuestro Señor,*** Jesucristo. 6 Amo (de los criados): ***~ natural,*** el señor de vasallos, o el que por su linaje tenía derecho al señorío. 7 Poseedor de estados y lugares: *~ feudal;* ***~ de horca y cuchillo,*** el que tenía jurisdicción para castigar hasta con pena capital. 8 Título nobiliario: ***el gran ~,*** el emperador de los turcos. 9 Término de cortesía que se aplica a cualquier hombre. 10 Varón respetable que ya no es joven. 11 Suegro.

GRAM. *9* Su empleo supone distinción o respeto por parte del que habla: *ha pasado un ~; ¡venga ~!* (v. *Caballero*). Como tratamiento se antepone al nombre común (*Sr. Cura, Sr. Profesor*) o al apellido (*Sr. Martínez*); al *don* que precede al nombre, *Sr. D. Luis;* en Amér., al nombre seguido de apellido, *Sr. Luis Martínez;* y en el uso pop. al nombre solo, *Sr. Luis.* En las direcciones de cartas y documentos con nombre y apellido, se usa siempre acompañado de *don: Sr. D. Juan López.* Las mismas observaciones son aplicables al tratamiento de *señora.*

¡señor! Interjección con que se denota sorpresa o enojo.

señora *f.* Mujer del señor. 2 La que de por sí posee un señorío. 3 ***Nuestra Señora,*** la Virgen María. 4 Ama (de los criados). 5 Mujer (esposa). 6 Suegra (madre política). 7 Mujer respetable que ya no es joven. 8 Término de cortesía que se aplica a una mujer: ***~ mayor,*** mujer respetable y de avanzada edad; ***~ de compañía,*** la que tiene por oficio acompañar a señoras o señoritas cuando salen de su casa; burl., trotona, carabina.

GRAM. *8* Se antepone al apellido de una mujer casada o viuda, *Sra. Jiménez;* a *doña* seguido del nombre, *Sra. Da. María;* al nombre seguido de apellido *Sra. María Jiménez;* y en el uso pop. al nombre solo *Sra. María.*

señorada *f.* Acción propia de señor.

señoreador, -ra *adj.-s.* Que señorea.

señorear *tr.* Dominar o mandar [en una cosa] como dueño de ella. 2 en gral. Mandar uno imperiosamente. 3 esp. Apoderarse [de una cosa]; sujetarla a su dominio: *~ una ciudad;* ***prnl.,*** *señorearse de una ciudad.* 4 fam. Dar [a uno] importunamente el tratamiento de señor. 5 fig. Sujetar uno [las pasiones] a la razón. 6 Estar una cosa en situación superior [a otra]. -7 *prnl.* Usar de gravedad y mesura en el porte.

señoría *f.* Tratamiento dado a las personas a quienes compete por su dignidad. 2 Persona a quien se da este tratamiento. 3 Señorío (dominio). 4 Soberanía de ciertos estados particulares que se gobernaban como repúblicas: *la ~ de Venecia.* 5 Senado que gobernaba ciertos estados independientes.

señorial (imitado del fr. *seigneurial*) *adj.* Relativo al señorío. 2 Majestuoso, noble. 3 Dominical.

señoril *adj.* Relativo al señor.

señorilmente *adv. m.* De modo señoril.

señorío *m.* Dominio o mando sobre una cosa. 2 Territorio perteneciente al señor. 3 Dignidad de señor. 4 fig. Gravedad y mesura en el porte o en las acciones. 5 Dominio y libertad en obrar, sujetando las pasiones a la razón. 6 Conjunto de personas de distinción.

señorita *f.* Hija de un señor. 2 Término de cortesía que se aplica a la mujer soltera. 3 fam. Ama (de los criados). 4 Tratamiento de cortesía que se da a maestras de escuela, profesoras, o también a otras mujeres que desempeñan algún servicio, como secretarias, empleadas de la administración o del comercio, etc. 5 Cigarro puro estrecho y delgado. 6 Aguzanieves.

GRAM. *2* Como tratamiento puede anteponerse al nombre de pila o al apellido *Srta. María, Srta. Juana; Srta. Sanz.* FR. *~ de pan pringado,* la que alardeando de distinción, muestra a menudo su ordinariez.

señoritingo, -ga *m. f.* desp. Señorito (de los criados).

señoritismo *m.* desp. Conjunto de hábitos propios de un señorito.

señorito *m.* Hijo de un señor. 2 fam. Amo (de los criados). 3 desp. Joven acomodado y ocioso.

señorón, -rona *adj.-s.* aum. y desp. Muy señor o muy señora.

señuelo (de *señal*) *m.* Cosa que sirve para atraer a las aves. 2 Cimbel (ave). 3 fig. Cosa para atraer o inducir, con alguna falacia. 4 *Argent.* y *Bol.* Grupo de cabestros para conducir el ganado.

SIN. *1* y *3* **Añagaza.**

seo (cat. *seu* < l. *sede*) *f. Ar.* Iglesia Catedral.

seó *m.* fam. *y* desus. Apóc. de *seor.*

GRAM. **So,** forma sincopada. También se ha usado la forma contracta *sor.*

seor *m.* Síncopa de *señor*.
seora *f.* Síncopa de *señora*.
sépalo (l. *separ* + la terminación de *pétalo*) *m.* Hoja que forma el cáliz de una flor. ◇ HOMÓF.: *sépalo* (v. *saber* y pronombre *lo*).
sepaloide *adj.* BOT. [órgano vegetal] Parecido a un sépalo.
sepancuantos (de *sepan cuantos*, primeras palabras de ciertos edictos, cartas reales, etc.) *m.* fam. *y* ant. Castigo, reprensión, zurra. ◇ Pl.: *sepancuantos.*
separable *adj.* Capaz de separarse o de ser separado.
separación *f.* Acción de separar. 2 DER. Interrupción de la vida conyugal por conformidad de las partes o fallo judicial, sin extinguirse el vínculo matrimonial. 3 DER. ~ ***de bienes***, sistema o régimen de bienes en el matrimonio, en virtud del cual cada uno de los cónyuges conserva sus bienes propios, usándolos y administrándolos sin intervención del otro. 4 MIN. Operación consistente en separar el carbón de piedra u otros minerales de la ganga que los acompaña.
separadamente *adv. m.* Con separación.
separador, -ra *adj.-s.* Que separa. -2 *m.* Aparato para separar por medios físicos una materia de otra.
separar (l. *-are*) *tr.* Poner [a una pers. o cosa] fuera del contacto o proximidad de otra. 2 Formar grupos homogéneos de cosas que estaban mezcladas con otras. 3 Considerar aisladamente cosas que estaban juntas o fundidas. 4 Distinguir unas de otras [cosas o especies]: ~ *los buenos de los malos;* ~ *los conceptos.* 5 Destituir de un empleo o cargo [al que lo servía]. 6 Forzar a dos o más personas o animales que riñen, para que dejen de hacerlo. -7 ***prnl.*** Tomar caminos distintos personas, animales o vehículos que iban juntos o por el mismo camino. 8 Dejar de convivir los esposos. 9 Renunciar a la asociación que se mantenía con otra u otras personas y que se basaba en una actividad, creencia o doctrina común. 10 Dicho de una comunidad política, hacerse autónoma respecto de otra a la cual pertenecía. 11 Retirarse uno de algún ejercicio u ocupación. 12 DER. Desistir (abandonar un derecho).
separata *f.* Tirada aparte de un artículo publicado en una revista.
separatismo *m.* Doctrina política que propugna la separación de algún territorio, comunidad u organización, para alcanzar su independencia o anexionarse a otros. 2 Tendencia o movimiento político favorable a esta doctrina.
separatista *adj.-com.* [pers.] Partidario del separatismo. -2 *adj.* Relativo al separatismo.
separativo, -va *adj.* Que separa o tiene virtud de separar.
sepe *m. Bol.* Comején, insecto.
sepedón (gr.) *m.* Eslizón.
sepelio (l. *sepelire*, enterrar) *m.* Acción de inhumar la Iglesia a los fieles. 2 en gral. Entierro.
SIN. **Entierro,** (v. esta palabra) corrientemente. Se usa *sepelio* en la lengua escrita y en estilo elevado.
sepia (l.) *f.* Jibia. 2 Materia colorante sacada de la jibia. -3 ***adj.-m.*** Color de esa materia, marrón tirando a rojo claro.
sepiola *f.* Molusco cefalópodo decápodo, pequeño, de cuerpo rechoncho, con las aletas redondeadas y grandes *(Sepiola rondeleti).*
sepiolita *f.* Silicato del grupo de los filosilicatos, que cristaliza en el sistema rómbico, clase bipiramidal. Es mate y de tacto jabonoso.
sepsia (gr. *sepsis*, putrefacción) *f.* Alteración en el organismo por introducción en él de gérmenes patógenos.
-sepsia (de *sepsia*) Elemento sufijal que entra en la formación de palabras con el significado de sepsia. ◇ V. *-séptico.*
sept-, v. septi- I.
septembrino, -na *adj.* Relativo a septiembre, o que ocurre o se produce durante este mes.
septembrista *adj.-com.* [pers.] Que preparó el asesinato de Bolívar (1783-1830) en septiembre del año 1828.
septena (l.) *f.* Conjunto de siete cosas por orden. ◇ También *setena.*
septenario, -ria *adj.* Que consta de siete elementos, unidades o guarismos. -2 *m.* Tiempo de siete días. También *setenario.* 3 Verso latino que consta de siete pies.
septenio *m.* Período de siete años.
septeno, -na *adj.* Séptimo.
septentrión (l. *-ione*) *m.* Osa Mayor. 2 Norte. 3 Viento del norte.
septentrional (l. *-ale*) *adj.* Relativo al septentrión. 2 Que cae al norte.
REL. **Ártico, hiperbóreo,** muy septentrional.

septeto *m.* MÚS. Composición para siete instrumentos o siete voces. 2 Conjunto de estos siete instrumentos o voces.
I) septi-, sept- (l. *septem*) Elemento prefijal que entra en la formación de palabras con el significado de siete. ◇ Toman también la forma *septu-*.
SIN. **Hepta-,** es el equivalente en gr.: *heptasílabo, heptágono.*
II) septi- (gr. *septikós*, que corrompe) Elemento prefijal que entra en la formación de palabras con el significado de que produce putrefacción. ◇ V. *-sepsia* y *-séptico.*
III) septi- (l. *saeptum*, vallado, cerca) Elemento prefijal que entra en la formación de palabras con el significado de tabique.
septicemia (*septi-* II + *-emia*) *f.* Infección general del organismo con circulación de gérmenes patógenos en la sangre.
septicémico, -ca *adj.* Relativo a la septicemia.
septicida (*septi-* III + *-cida*) *adj.* BOT. Que anula o deshace los disepimentos: ***dehiscencia*** ~, la que se produce en el fruto cuando sus disepimentos se hienden por un plano paralelo a los mismos, que los divide en dos y que separa los carpelos conservando su integridad.
septicidad *f.* Calidad de séptico.
séptico, -ca (v. *septi-* II) *adj.* Relativo a la sepsia. 2 Producido por la putrefacción o por gérmenes patógenos. 3 Que produce putrefacción.
-séptico (v. septi- II) Elemento sufijal que entra en la formación de palabras con el significado de que produce putrefacción: *antiséptico, aséptico.* ◇ V. *-sepsia* y *septi-* II.
septiembre (l. *september, -bris*) *m.* Noveno mes del año. ◇ También *setiembre.*
septifraga (*septi-* III + l. *frangere*, romper) *adj.* BOT. Que rompe los disepimentos: ***dehiscencia*** ~, aquella en la que se produce la fractura de los disepimentos según planos paralelos al eje del fruto.
septillo (*septi-* I) *m.* Conjunto de siete notas iguales que se deben cantar o tocar en el tiempo correspondiente a seis de ellas.
séptima (v. *séptimo*) *f.* Reunión, en el juego de los cientos, de siete cartas de valor correlativo: ~ ***mayor***, la que comienza por el as; ~ ***menor***, la que comienza por el rey. 2 MÚS. Intervalo entre una nota y la séptima superior o inferior de la escala: ~ ***aumentada***, la que consta de cinco tonos y dos semitonos; ~ ***diminuta***, la que consta de tres tonos y tres semitonos; ~ ***mayor***, la que consta de cinco tonos y un semitono; ~ ***menor***, la que consta de cuatro tonos y dos semitonos mayores. 3 Nota sensible (nota).
séptimo, -ma (l. *-mu*) *adj.-s.* Parte que, junto a otras seis iguales, constituye un todo; ** NUMERACIÓN. -2 *adj.* Que ocupa el último lugar en una serie ordenada de siete.
SIN. **Septeno.**
septingentésimo, -ma (l. *-mu*) *adj.-s.* Parte que, junto a otras seiscientas noventa y nueve iguales, constituye un todo; ** NUMERACIÓN. -2 *adj.* Que ocupa el último lugar en una serie ordenada de setecientos.
SIN. *2* **Setecientos.**
septisílabo, -ba (*septi-* I + *sílaba*) Heptasílabo.
septo (l. *sæptu*, muro o cerca; doble etim. *seto*) *m.* H. NAT. Pared que separa dos cavidades o dos masas de tejido.
septotomía (*septo* + *-tomía*) *f.* MED. Incisión quirúrgica efectuada en un septo, esp. el nasal, para corregir su desviación.
septu- V. septi- I.
septuagenario, -ria (l. *-iu*) *adj.-s.* Que tiene setenta años de edad y no ha llegado a los ochenta.
SIN. **Setentón.**
septuagésima (l.) *f.* Domínica que celebra la Iglesia tres semanas antes de la primera de Cuaresma.
septuagésimo, -ma (l. *-mu*) *adj.-s.* Parte que, junto a otras sesenta y nueve iguales, constituye un todo; ** NUMERACIÓN. -2 *adj.* Que ocupa el último lugar en una serie ordenada de setenta.
SIN. *1* **Setentavo.** *2* **Setenta.**
septuplicación *f.* Acción de septuplicar. 2 Efecto de septuplicar.
septuplicar (*septu-* I + l. *plicare*, doblar) *tr.* Multiplicar por siete [una cantidad]. ◇ ** CONJUG. [1] como ***sacar.***
séptuplo, -pla (l. *-plu*) *adj.-m.* Cantidad que incluye en sí siete veces a otra.
sepulcral *adj.* Relativo al sepulcro. 2 fig. Fúnebre, sombrío.
sepulcro (l. *-cru*) *m.* Obra que se construye levantada del suelo, para dar en ella sepultura al cadáver de una persona. 2 Urna o andas cerradas, con una imagen de Jesucristo difunto. 3 Hueco del ara donde se depositan las reliquias.
SIN. *1* **Enterramiento, losa, sarcófago, tumba, túmulo.** FR. *Ser uno un* ~, guardar con fidelidad un secreto.

sepultación *f. Chile.* Sepultura (acción y efecto).

sepultador, -ra *adj.-s.* Que sepulta.

sepultar (b. l. *-are*) *tr.* Poner en la sepultura [a un difunto]; enterrar [un cuerpo]. -2 *tr.-prnl.* fig. Ocultar [alguna cosa] como enterrándola. 3 Sumergir, abismar, dicho del ánimo: *sepultarse en el dolor.* ◇ CONJUG.: pp. reg: *sepultado*; irreg., usado sólo como adj.: *sepulto.*

SIN. v. **Enterrar.**

sepulto, -ta, pp. irreg. de *sepultar.*

sepultura (l.) *f.* Acción de sepultar: *dar ~*, sepultar (enterrar). 2 Efecto de sepultar. 3 Hoyo hecho en tierra para enterrar un cadáver. 4 Lugar en que está enterrado un cadáver. 5 Lugar que en la iglesia tiene una familia para colocar la ofrenda por sus difuntos.

SIN. *3* **Cárcava.** *3* y *4* **Enterramiento, huesa, fosa, hoya** u **hoyo; hoyanca,** fosa común en los cementerios; **yacija.**

sepulturero *m.* El que tiene por oficio abrir las sepulturas y sepultar a los muertos.

SIN. **Enterrador.**

sequedad (l. *siccitate*) *f.* Calidad de seco. 2 Dicho o ademán áspero y duro.

sequedal, -ral *m.* Terreno muy seco.

SIN. **Secadal, secaral.**

sequero (l. *siccariu*) *m.* Secano (cosa seca). 2 Secadero (lugar).

sequeroso, -sa *adj.* Falto del jugo o humedad que debiera tener.

sequete *m.* Pedazo de pan o bollo seco y duro. 2 Golpe seco dado a una cosa para ponerla en movimiento o detenerla. 3 fig. Aspereza en el trato.

sequía *f.* Tiempo seco de larga duración. 2 Sed.

SIN. *1* **Seca.**

sequiar *intr. Argent.* Inhalar el humo del cigarro al fumar.

sequillo (de *seco*) *m.* Bollo o rosquilla de masa azucarada.

sequío *m.* Secano (tierra y cosa seca).

séquito (it. *sèguito*) *m.* Agregación de gente que acompaña y sigue a una persona.

SIN. v. **Acompañamiento.**

sequizo, -za *adj.* Que propende a secarse.

I) ser *m.* Esencia o naturaleza. 2 Ente (que existe). 3 Valor o estimación de las cosas: *en eso está todo el ~ del negocio.* 4 Modo de existir.

REL. *1* y *2* **Ontología** o **metafísica general,** ciencia filosófica del ser.

II) ser (l. *sedere,* estar sentado; tiene formas procedentes del l. *esse*) *v. copulativo.* Simple nexo entre el sujeto y el atributo, atribuye cualidades consideradas como permanentes: *Sócrates era filósofo; es soltero; es moreno; es carpintero; es ágil.* 2 El atributo puede llevar la prep. *de: este jardín es de mi padre; este proceder no es de caballero; es de la Academia; es de Madrid.* -3 *v. auxiliar.* Con los participios sirve para formar la voz pasiva de los verbos: *es querido por todos; el discurso fue muy aplaudido; la noticia ha sido comentada en la ciudad.* 4 Con la prep. *de* y algunos verbos de percepción y entendimiento en infinitivo forma a menudo frases verbales pasivas que denotan generalmente disposición, inclinación, proximidad relativa de la acción expresada por el infinitivo: *es de creer; es de ver; era de esperar.* -5 *intr.* Existir, tener realidad: *Dios es; esto no es.* 6 Suceder, acontecer: *¿cómo fue ese caso?; ¿qué ha sido de él?* 7 Con la prep. *para,* servir, aprovechar, contentar: *no soy para eso; la seriedad no era para aquella ocasión.* 8 Valer: *¿a cómo es la merluza?* ◇ HOMÓF.: *sé* (v. *saber*), *se* (pron.), *fui, fuiste,* etc., y sus derivados (v. *ir*). ◇ ** CONJUG. [86]. ◇ Concurre en este uso copulativo con el verbo *estar,* del cual se diferencia en su carácter imperfectivo, que lo hace apto para atribuir cualidades consideradas como permanentes, a diferencia del carácter transitorio de las atribuidas con *estar* (v. estar). Compárese *~ guapa* con *estar guapa.* Los pormenores de estas diferencias entre los dos verbos copulativos se explican en las gramáticas.

FRS. *¡Cómo es eso!,* se emplea para reprender. *¡Cómo ha de ~!,* denota resignación, conformidad. *Es a saber, es decir, esto es,* dan a entender que se va a explicar mejor o de otro modo lo ya expresado. *No ~ para menos,* asevera que es fundada la vehemencia con que se admira o celebra una cosa. *~ de lo que no hay,* no tener igual en su clase. *~ uno para poco,* valer poco. *Soy contigo, con usted,* etc., se usa para prevenir a uno que espere un poco para hablarle. *Un si es, no es,* denota cortedad o pequeñez.

sera (de una base *saria,* de orig. incierto, pero europeo) *f.* Espuerta grande, gralte. sin asas.

serado *m.* Seraje.

seráficamente *adv. m.* De modo seráfico.

seráfico, -ca *adj.* Relativo o parecido al serafín. 2 Suele darse este epíteto a san Francisco de Asís (1182-1226) y a la orden religiosa que fundó. 3 fig. Pobre, humilde. 4 fig. *y* fam. Pacífico, bondadoso, plácido.

serafín (l. ecl. *seraphim* < hebr.) *m.* Espíritu bienaventurado que se distingue por el perenne ardor con que ama las cosas divinas; forma el segundo coro. 2 fig. Persona de singular hermosura. 3 *~ de platanar,* mamífero edentado de América del Sur, arborícola y de costumbres nocturnas, que se alimenta de termes, hormigas y abejas; su cola es prensil y el pelaje de color castaño amarillento *(Cyclopes didactilus).* 4 *Venez.* Corchete, broche.

serafina *f.* Tela de lana semejante a la bayeta.

seraje *m.* Conjunto de seras.

SIN. **Serado.**

seranear *intr. Extr.* y *Sal.* Estar de tertulia nocturna.

serano *m. Sal.* Tertulia nocturna que se celebra en los pueblos.

serapia *f.* Yape.

serapino *m.* Sagapeno.

Serapis *n. pr.* Dios egipcio de la época de los Tolomeos, con atributos mezclados de Osiris, Apis y otros dioses extraños a Egipto. Su culto se introdujo en Grecia y Roma.

SIN. **Sarapis.**

serasquier (persa *ser asquier*) *m.* General de ejército entre los turcos.

serba (alterac. del l. *sorba;* pl. de *sorbum*) *f.* Fruto del serbal.

serbal, -bo *m.* Árbol rosáceo, de hojas imparipinnadas, flores blancas en corimbo y fruto en pomo, comestible cuando está pasado *(Sorbus domestica).* 2 Madera de este árbol.

serbio, -bia *adj.-s.* Servio.

serbocroata *adj.* Servocroata.

I) serena *f.* Composición poética o musical de los trovadores, que solía cantarse de noche. 2 Sereno (humedad).

II) serena *f.* Queso extremeño, elaborado con leche de oveja en el valle del mismo nombre (Badajoz) y zona de Castuera, de pasta compacta y sabor agradable.

serenar (l. *-are*) *tr.-prnl.* Aclarar, sosegar [una cosa]: *el viento serena la tarde; la tarde ha serenado,* o *se ha serenado.* 2 fig. Apaciguar [disturbios]. 3 fig. Templar o cesar en el enojo: *~ el corazón.* 4 Enfriar [agua] al sereno. 5 Sentar o aclarar [los licores] que están turbios. -6 *prnl.* Sosegarse, tranquilizarse. -7 *impers. And.* Lloviznar.

serenata (it.) *f.* Música al aire libre y durante la noche, para festejar a una persona. 2 Composición poética o musical destinada a este objeto. 3 fig. Molestia, lata. 4 *P. Rico.* Ensalada de plátano, patata y bacalao con aceite, vinagre y cebolla.

SIN. *2* MÚS. **Nocturno.**

serendengue *m. Venez.* Aire popular bailable.

serenense *adj.-s.* De La Serena, cap. de la prov. de Coquimbo (Chile).

serenera *f. Amér.* Abrigo contra el sereno. 2 *Colomb.* Sereno.

serenero *m.* Toca que usaban las mujeres como defensa contra el sereno (humedad). 2 *Argent.* Pañuelo que se ponen las mujeres a la cabeza atándolo debajo de la barba.

serení *m.* Bote pequeño que llevaban los ant. bajeles de guerra. 2 Juego de niñas. 3 *Cuba.* Aleluya, planta malvácea. ◇ Pl.: *serenís.*

serenidad (l. *-itate*) *f.* Calidad de sereno (apacible). 2 Título de honor de algunos príncipes.

SIN. *1* **Sangre fría,** tranquilidad de ánimo ante el peligro.

serenísimo, -ma *adj.* Superl. de *sereno.* 2 Ant. tratamiento aplicado en España a los príncipes hijos de reyes.

I) sereno (de *sereno* II) *m.* Humedad de que durante la noche está impregnada la atmósfera: *al ~*, a la intemperie de la noche. 2 Guarda encargado de rondar de noche para velar por la seguridad del vecindario. 3 *Logr.* Lugar descubierto donde se amontona el estiércol. 4 *Ecuad.* Serenata, música nocturna y al aire libre para festejar a alguna persona.

SIN. *1* **Serena.**

II) sereno, -na (l. *-nu*) *adj.* Claro, despejado de nubes o nieblas. 2 fig. Apacible, sosegado.

sereta, serete *m.* Serijo.

sergas (de la *sarga,* o tela en que se pintaban < l. *serica*) *f. pl.* ant. Proezas, hazañas.

sergenta (fr. *sergente* < l. *servente*) *f.* Religiosa lega de la orden de Santiago. V. sargento.

SIN. **Sargenta.**

serial *m.* Novela radiofónica o televisada por episodios.

seriamente *adv. m.* Con seriedad.
seriar *tr.* Poner en serie, formar series. ◇ ** CONJUG. [12] como *cambiar.*
seríceo, -a *adj.* De seda.
serici- (l. *sericus,* de seda) Elemento prefijal que entra en la formación de palabras con el significado de seda.
sericícola (*serici-* + *-cola*) *adj.* Relativo a la sericicultura.
sericicultor, -ra (*serici-* + *-cultor*) *m. f.* Persona que se dedica a la sericicultura.
sericicultura (*serici-* + *cultura*) *f.* Industria que tiene por objeto la producción de la seda.
sericígeno, -na (*serici-* + *-geno*) *adj.* Que origina la seda.
sérico, -ca (l. *-cu*) *adj.* De seda.
sericultor, -ra *m. f.* Sericicultor.
sericultura *f.* Sericicultura.
serie (l.) *f.* Conjunto de cosas relacionadas entre sí y que se suceden unas a otras. 2 Conjunto de cosas sin considerar si están relacionadas entre sí. 3 Relato dividido en partes concebidas para su emisión por radio o televisión. 4 En filatelia, conjunto de sellos u otros valores postales que forman parte de una misma emisión. 5 ELECTR. Sistema de conexión de dos o más elementos de un circuito eléctrico, de forma tal que por todos ellos circule la misma corriente. 6 FON. Conjunto de fonemas de una lengua caracterizados por un mismo modo de articulación. 7 MAT. Sucesión de cantidades que se derivan unas de otras: ~ *convergente,* sucesión convergente. -8 *loc. adv. En* ~, mediante una técnica de producción de muchos objetos iguales, según un mismo patrón; sin originalidad.
seriedad *f.* Calidad de serio.
serifio, -fia (l. *-phiu*) *adj.-s.* De Serifo, isla del mar Egeo.
serigrafía (de *serici-* + *-grafía*) *f.* Sistema de impresión por medio de una pantalla de seda o tela metálica muy fina.
serijo *m.* Sera pequeña. 2 Asiento para una persona, sin patas, ni brazos, ni respaldo, de forma cilíndrica, hecho de esparto abierto con una piel por encima.
SIN. *1* **Serete, serillo.**
serillo *m.* Serijo. 2 *And.* Sera rectangular en que se echa el pienso a la yunta en el campo.
seringa *f. Amér.* Siringa, árbol.
serio, -ria (l. *-iu*) *adj.* Que en sus acciones y maneras da importancia a las cosas. 2 Que obra reflexiva y concienzudamente, sin bromear, sin tratar de engañar. 3 Severo en el semblante, en el modo de mirar o hablar. 4 Grave, importante, que preocupa. 5 Contrapuesto a jocoso o bufo.
sermón (l. *sermone*) *m.* Discurso pronunciado en público por un sacerdote, para edificación de los asistentes: ***Sermón de la Montaña,*** el que pronunció Cristo (Mat. V-VII y Luc. VI, 20-49). 2 fig. Amonestación o reprensión.
SIN. *1* v. **Discurso.** *2* v. **Reconvención.**
sermonar (l. *-are,* platicar) *intr.* Predicar, echar sermones.
sermonario, -ria *adj.* Relativo al sermón. -2 *m.* Colección de sermones.
sermoneador, -ra *adj.* Que sermonea.
sermonear (frecuent.) *intr.* Sermonar. -2 *tr.* Amonestar o reprender [a uno].
sermoneo *m.* fam. Acción de sermonear.
serna (et. dud; probl. de un célt. * *senara*) *f.* Porción de tierra de sembradura.
sernambí *m. Amér.* Caucho de mala calidad.
sero- (l. *serum,* suero) Elemento prefijal que entra en la formación de palabras con el significado de suero.
seroatenuación (*sero-* + *atenuación*) *f.* MED. Atenuación de los síntomas de una enfermedad infecciosa, mediante la inyección de un suero inmune específico.
serodiagnóstico (*sero-* + *diagnóstico*) *m.* MED. Diagnóstico de algunas enfermedades infecciosas por reacciones provocadas por la presencia de anticuerpos en el suero sanguíneo.
seroja (l. *serotinu,* tardío; doble etim. *serondo, serótino*) *f.* Hojarasca seca que cae de los árboles. 2 Residuo o desperdicio de la leña.
SIN. **Borusca.**
serojo *m.* Seroja.
serología (*sero-* + *-logía*) *f.* Tratado de los sueros.
serón *m.* Sera más larga que ancha.
serondo, -da (v. *serojo*) *adj.* [fruto] Tardío.
seronero *m.* El que tiene por oficio hacer o vender serones.
serosidad (v. *sero-*) *f.* Líquido albuminoideo que lubrica ciertas membranas. 2 Humor que se acumula en las ampollas de la epidermis.
seroso, -sa *adj.* Relativo al suero o a la serosidad. 2 Que produce serosidad: ***membrana serosa,*** la delgada que reviste ciertas cavidades del cuerpo incomunicadas con el exterior y envuelve los órganos en ellas contenidos, como la pleura.
SIN. *1* **Sueroso.**
seroterapia (*sero-* + *-terapia*) *f.* Sueroterapia.
serótino, -na (v. *serojo*) *adj.* Serondo.
serovacunación (*sero-* + *vacunación*) *f.* MED. Tratamiento mixto de una enfermedad infecciosa en que se emplean conjuntamente un suero inmune y una vacuna.
serpa (l. *serpere,* arrastrarse) *f.* Jerpa.
serpear (l. *serpere*) *intr.* Serpentear.
serpentaria *f.* Dragontea. 2 ~ ***virginiana,*** planta aristoloquiácea americana de rizoma medicinal *(Aristolochia serpentaria).*
serpentario *m.* Ave rapaz falconiforme de hasta 1 m. de longitud, plumaje blanco y negro, y patas muy largas que le permiten ser una buena corredora; se alimenta de reptiles *(Serpentarius serpentarius).*
SIN. **Secretario.**
Serpentario (l. *serpentariu*) *n. pr.* Constelación boreal situada entre la Serpiente y Hércules.
SIN. **Ofiuco.**
serpenteado, -da *adj.* Que tiene ondulaciones.
serpentear *intr.* Moverse o extenderse formando vueltas y tornos como las serpientes.
SIN. **Serpear.**
serpenteo *m.* Acción de serpentear. 2 Efecto de serpentear. 3 Movimiento anormal de los vehículos ferroviarios, consistente en una rotación de oscilación alrededor de un eje vertical.
serpentígero, -ra (l. *-eru*) *adj.* poét. Que lleva o tiene serpientes.
serpentín (dim. de *serpiente*) *m.* Tubo largo en espiral, para facilitar el enfriamiento de la destilación en los alambiques. 2 Ant. pieza de artillería. 3 Instrumento de hierro en que se ponía la mecha para disparar el mosquete. 4 Pieza de acero en las llaves de las armas de fuego y chispa. 5 Serpentina (piedra).
SIN. *1* **Culebra,** p. us.
serpentina (v. *serpentino*) *f.* Serpentín (instrumento y pieza). 2 Ant. venablo cuyo hierro forma ondas como la serpiente cuando se arrastra. 3 Tira de papel arrollada que en días de carnaval se arrojan unas personas a otras, sujetándola por un extremo. 4 Piedra de color verdoso con manchas o venas que le dan una semejanza con la piel de una serpiente; es un silicato de magnesia teñido por óxidos de hierro.
serpentinamente *adv. m.* A modo de serpiente.
serpentino, -na (l. *-nu*) *adj.* Relativo a la serpiente. 2 poét. Que serpentea. 3 Con bordes sinuosos y redondeados en forma de dientes: *tela, cinta de encaje* ***serpentina.***
serpentón *m.* Aum. de *serpiente.* 2 Instrumento músico de viento de tonos graves; consiste en un tubo de madera delgada forrado de cuero, encorvado en forma de S, más ancho por el pabellón que por la boca. 3 Instrumento músico de viento compuesto de un tubo de madera encorvado en forma de U y de un pabellón de metal que figura una cabeza de serpiente.
serpezuela *f.* Dim. de *sierpe.*
serpiente (l. *serpente* < *serpere,* arrastrarse) *f.* Reptil ofidio, esp. el de gran tamaño: ~ ***de anteojos,*** cobra de anteojos; ~ ***de cascabel,*** crótalo; ~ ***ciega,*** especie de color amarillento con los ojos ocultos por escamas; es subterránea y se alimenta de hormigas y termes *(Typlops vermicularis);* ~ ***toro,*** especie que se alimenta de huevos de mucho mayor diámetro que ella, los traga enteros y una vez en su interior los rompe por contorsiones del cuerpo *(Pituophis catenifer).* 2 ~ ***de mar,*** culebra de mar. 3 fig. Diablo (ángel rebelde). 4 Constelación boreal situada entre Bootes y Serpentario. 5 ~ ***de verano,*** noticia intrascendente o sin fundamento real. 6 ~ ***monetaria,*** fluctuación, dentro de unos límites establecidos, del valor de las monedas europeas.
SIN. *1* **Sierpe.** REL. **Silbo,** voz de la ~; **reptar,** andar de la ~.
serpiginoso, -sa *adj.* Relativo al serpigo.
serpigo (b. l. < *serpere,* arrastrarse) *m.* Llaga que se cicatriza por un extremo y se extiende por el otro.
serpillo *m.* Serpol.
serpol (cat. *serpoll* < l. *serpyllum*) *m.* Tomillo de tallos rastreros *(Thymus serpyllum).*
SIN. **Samarillo, tomillo salsero.**
serpollar *intr.* Echar serpollos un árbol, retoñar.

serpollo (l. *serpullu,* der. de *serpere,* arrastrarse) ***m.*** Rama nueva que brota al pie de un árbol o en la parte por donde se le ha podado. 2 Retoño de una planta.

sérpula ***f.*** Género de anélidos marinos *(gén. Serpula).*

serradizo, -za ***adj.*** Aserradizo.

serrado, -da ***adj.*** Que tiene dientecillos semejantes a los de la sierra.

serrador, -ra ***adj.-s.*** Que sierra; que tiene por oficio serrar.

serraduras ***f. pl.*** Serrín.

serrallo (it. *serraglio,* del turco *serai,* palacio, de origen persa) ***m.*** Lugar en que los mahometanos tienen sus mujeres. 2 fig. Sitio donde se cometen graves desórdenes obscenos.
SIN. *1* **Harem** o **harén.**

serrana ***f.*** Composición poética parecida a la serranilla. V. cántica de serrana. 2 Canción andaluza, variedad del cante hondo, originaria de la serranía de Ronda.

serranía ***f.*** Terreno compuesto de montañas y sierras.

serraniego, -ga ***adj.*** Serrano.

serranil ***m.*** Puñal.

serranilla ***f.*** Composición lírica del siglo XV, gralte. en versos cortos, derivada de las antiguas cánticas de serrana.

serrano, -na ***adj.-s.*** Que habita en una sierra o nacido en ella. 2 Relativo a las sierras o a sus moradores. 3 fam. Hermoso: *cuerpo ~.* -4 ***m.*** Pez marino teleósteo perciforme, hermafrodita, de cuerpo oblongo y cabeza en forma de cuña, con opérculos armados por tres espinas *(Serranus scriba; Paracentropristis s.).*

serrar (l. *-are*) ***tr.*** Cortar [madera u otras materias] con la sierra. ◇ ** CONJUG. [27] como ***acertar.***
SIN. **Aserrar.**

serrátil (der. del l. *serra,* sierra) ***adj.*** [pulso] Frecuente y desigual. 2 [juntura de dos huesos] Que tiene figura de dientes de sierra.

serrato (l. *-tu,* serrado) ***adj.-m.*** ANAT. Músculo de la cara anterior del tórax con forma de dientes de sierra cuya función es elevar el muñón del hombro.

serreño, -ña ***adj.*** *And.* Perteneciente a la sierra.

serrería ***f.*** Taller mecánico para aserrar maderas.
SIN. **Aserradero.**

serreta ***f.*** Dim. de *sierra.* 2 Mediacaña de hierro, con dentecillos, que se sujeta al cabezón sobre la nariz de las caballerías. 3 Galón de oro o plata dentado por uno de sus bordes. 4 Ave anseriforme de cuerpo delgado, cabeza y cuello negros con reflejos verdes metálicos; el dorso también es negro y el vientre blanco rosado. Se alimenta de peces *(Mergus merganser).*

serretazo ***m.*** Tirón dado a la serreta para castigar al caballo. 2 fig. Sofrenada, reprensión violenta.
SIN. *2* **Reconvención.**

serrijón ***m.*** Sierra de montes de poca extensión.

serrín (l. *serragine*) ***m.*** Conjunto de partículas desprendidas de la madera cuando se sierra.
SIN. **Aserrín.**

serrino, -na ***adj.*** Relativo a la sierra (carpintería).

serrón ***m.*** Aum. de *sierra* (carpintería). 2 Tronzador. 3 *León.* Serrucho.

serrote ***m.*** *And.* y *Méj.* Serrucho.

serruchar ***tr.*** *Amér.* Aserrar con el serrucho. 2 *Colomb.* Entre maleantes, repartir el fruto de [una ganancia].

serruche ***m.*** *And.* Serrucho (sierra).

serrucho (desp. de *sierra*) ***m.*** Sierra de hoja ancha y con sólo una manija. 2 *Cuba* y *P. Rico.* Pez de cuerpo prolongado y con un rostro en forma de sierra muy cortante *(Pristis pectinatus).* -3 ***loc. adv.*** *Cuba. Al ~,* a medias, por mitad.

servador (l. *-tore*) ***adj.*** Guardador o defensor. ◇ Úsase únicamente en poesía como epíteto de Júpiter.

serval ***m.*** Gato salvaje africano de largas patas, cola corta y piel moteada *(Leptailurus serval).*

servato (ár. *herbat*) ***m.*** Planta umbelífera, cuyos frutos se han usado como carminativo *(Peucedanum officinale).*
SIN. **Ervato, hierba de Túnez, peucédano.**

serventesio (prov. *serventés*) ***m.*** Composición moral, política o satírica de la poética provenzal. 2 Cuarteto en que riman el primer verso con el tercero, y el segundo con el cuarto; ** POESÍA.
SIN. **Sirventés.**

serventía ***f.*** *Ast., Can., Cuba* y *Méj.* Camino de herradura que pasa por terrenos de propiedad particular, y que utilizan los habitantes de otras fincas.

servia ***f.*** *Sant.* Pez limón.

servible ***adj.*** Que puede servir.

serviciador ***m.*** ant. El que cobraba el servicio y montazgo.

servicial ***adj.*** Que sirve con cuidado y diligencia. 2 Pronto a complacer y servir a otros. -3 ***m.*** Ayuda, lavativa. 4 *Bol.* Criado, sirviente.

servicialmente ***adv. m.*** De manera servicial.

serviciar ***tr.*** desus. Pagar, cobrar o percibir [el servicio y montazgo]. ◇ ** CONJUG. [12] como ***cambiar.***

servicio (l. *-tiu*) ***m.*** Acción de servir: *~* ***militar*** o simplte *~,* el que se presta siendo soldado. 2 Efecto de servir. 3 Organización y personal destinados a cuidar intereses o satisfacer necesidades del público o de alguna entidad oficial o privada: *~ telefónico.* 4 Prestación desempeñada por estas organizaciones y su personal: *~* ***discrecional,*** el que una empresa, autorizada para prestar un determinado servicio público, realiza en función de sus propios intereses y los de los usuarios. 5 Obsequio en beneficio de alguien. 6 Hablando de beneficios o prebendas eclesiásticas, residencia y asistencia personal. 7 Mérito que se hace sirviendo. 8 Estado de criado o sirviente. 9 Servidumbre (criados). 10 Culto que se debe a Dios. 11 Utilidad o provecho que a uno resulta de lo que otro hace en su favor. 12 Ayuda (medicamento). 13 Cubierto (servicio de mesa). 14 Conjunto de viandas que se ponen a un mismo tiempo en la mesa. 15 Conjunto de vajillas y otras cosas, para servir la comida, el café, el té, etc. 16 En el juego del tenis, saque de pelota. 17 Urinario. 18 Retrete, cuarto de aseo o baño. 19 *Argent.* Letrina (lugar). ◇ En las acepciones 18 y 19 se usa también en plural.

servidero, -ra ***adj.*** Apto o a propósito para servir o ser utilizado. 2 Que pide o requiere asistencia personal.

servidor, -ra (l. *-tore*) ***m. f.*** Persona que sirve como criado. 2 Persona adscrita al manejo de un arma, de una maquinaria o de otro artefacto. 3 Nombre que por cortesía y obsequio se da a sí misma una persona respecto de otra. -4 ***m.*** desus. El que corteja a una dama. 5 Servicio (utilidad).
SIN. *1* v. **Criado.**

servidumbre (b. l. *servitudine*) ***f.*** Trabajo propio del siervo. 2 Condición de siervo. 3 Conjunto de criados de una casa. 4 Sujeción grave u obligación inexcusable. 5 fig. Sujeción causada por las pasiones o afectos, que coarta la libertad. 6 DER. Derecho en predio ajeno que limita el dominio de éste.
SIN. *3* **Servicio.**

servil (l. *-le*) ***adj.*** Relativo a los siervos y criados. 2 Humilde y de poca estimación. 3 Rastrero, que obra con servilismo.
SIN. *3* v. **Adulador.**

servilismo ***m.*** Ciega y baja adhesión a los poderosos. 2 Orden de ideas de los denominados serviles.
SIN. *1* v. **Adulación.**

servilla (l. *servilia calceamenta,* calzado de esclavas) ***f.*** Zapatilla (zapato ligero).

servilleta (probl. del fr. *serviette*) ***f.*** Pedazo de tela o papel que sirve en la mesa para aseo de cada persona. 2 *And.* Paño, mantel.
SIN. *1* **Toalleta,** desus.

servilletero ***m.*** Aro, bolsa o utensilio que sirve para guardar la servilleta.

servilmente ***adv. m.*** A manera de siervo. 2 Indecorosamente, con bajeza o desdoro. 3 A la letra, sin quitar ni poner nada.

servilón, -lona ***adj.-s.*** Conservador, conformista en sentido político.

servinacuy ***m.*** *Perú.* Sirvinacuy.

servio, -via ***adj.-s.*** De Servia, república de Yugoslavia. -2 ***adj.-m.*** Servocroata. ◇ También *serbio.*

serviola (probl. cat., dim. del cat. ant. *cérvia,* cierva) ***f.*** MAR. Pescante muy robusto instalado en las proximidades de la amura. 2 Vigía establecido de noche cerca de este pescante. 3 Alballada.

servir (l. *-ire*) ***intr.*** Aprovechar, valer, ser de utilidad: *tus palabras servirán de consuelo; tu hijo sirve para el caso.* 2 esp. Ser un instrumento o máquina a propósito para un fin: *mis tijeras no sirven.* 3 Estar al servicio de otro o sujeto a él: *muchos esclavos sirven en aquella casa; ~ con armas y caballo; sirvió en palacio; ~ por la comida; ~ sin sueldo; ~ a un amo benévolo.* 4 esp. Asistir a la mesa trayendo los manjares o las bebidas. 5 p. ext. Ejercer un cargo o empleo: *~ en hacienda;* ***tr.,*** *~ una portería, o el cargo de portero.* 6 Hacer las veces de otro en un oficio u ocupación: *~ de mayordomo.* 7 Ser soldado en activo: *~ en infantería;* ***tr.,*** *~ al rey o a la patria;* ***abs.,*** *estar sirviendo.* 8 Asistir con naipes del mismo palo a quien ha jugado primero. 9 En determinados juegos o deportes, sacar o restar la pelota para que se pueda jugar. 10 Entre panaderos y alfareros, calentar el horno. -11 *tr.* Dar culto o adoración [a Dios o a los santos]. 12 Obsequiar [a uno] o hacer una cosa en su favor. 13 Hacer plato o llenar el vaso [al que va a comer o beber]: *le serviré a usted; prnl., sírvase usted mismo.* 14 desus. Cortejar [a una dama]. 15 Suministrar alguna mercancía a un cliente. 16 Atender a los clientes en un comercio. -17 *prnl.* Tener a bien hacer alguna cosa: *se ha servido venir.* 18 Valerse de una persona o cosa para el uso propio de ella: *servirse de alguno en,* o *para, un lance.* ◇ **CONJUG. [34].

SIN. *14* v. **Galantear.** *17* v. **Dignarse.** FR. *Para servirte, servir a usted,* etc., fórmula de cortesía con que se ofrece uno a la disposición u objeto de otro.

servita *adj.-s.* Que profesa la orden tercera fundada por San Felipe Benicio en el siglo XIII. -2 *adj.* Perteneciente o relativo a esta orden.

servo *m.* Servomecanismo. 2 Servomotor.

I) servo- (de *servio*) Elemento prefijal que entra en la formación de palabras con el significado de servio: *servocroata.*

II) servo- (l. *servus,* sirviente) Elemento prefijal que entra en la formación de palabras con el significado de sistema o mecanismo auxiliar.

servoamplificador (*servo-* II + *amplificador*) *m.* ELECTR. y MEC. Amplificador que forma parte de un servomecanismo.

servoasistido, -da (*servo-* II + *asistido*) *adj.* Accionado mediante un servosistema.

servocroata (*servo-* I + *croata*) *adj.-m.* Lengua perteneciente al grupo eslavo meridional, hablada principalmente en las repúblicas yugoslavas de Servia, Croacia, Bosnia-Herzegovina y Montenegro.

servodirección (*servo-* II + *dirección*) *f.* MEC. Mecanismo auxiliar que sirve al conductor de un vehículo para multiplicar su esfuerzo en el manejo de la dirección.

servofreno (*servo-* II + *freno*) *m.* Mecanismo auxiliar que sirve al conductor de un vehículo para multiplicar su esfuerzo en el manejo del freno.

servomando (*servo-* II + *mando*) *m.* Mecanismo auxiliar que, accionado por una fuerza débil, la amplifica hasta conferirle la magnitud necesaria para hacer funcionar un aparato, máquina, etc., a veces a distancia.

servomecanismo *m.* Servosistema.

servomotor (*servo-* II + *motor*) *m.* MAR. Aparato para dar movimiento al timón. 2 MEC. Motor auxiliar para aumentar la energía disponible cuando conviene.

servorregulación (*servo-* II + *regulación*) *f.* Regulación por medio de un servosistema.

servosistema (*servo-* II + *sistema*) *m.* MEC. Dispositivo de mando y regulación que, introduciendo en él el valor que se desea dar a una variable, la corrige automáticamente hasta que se mantiene en el valor deseado. La característica fundamental de tales dispositivos consiste en que la potencia empleada en la regulación es mucho mayor que la suministrada al aparato para señalar el valor deseado de la variable.

sesada *f.* Fritada de sesos. 2 Sesos de un animal.

SIN. *2* v. **Encéfalo.**

sesámeo, -a *adj.-f.* Planta dicotiledónea, por lo común cubierta de polvillo, de raíz blanca y fusiforme, hojas gralte. simples, opuestas o alternas; flores axilares solitarias, de cáliz persistente y corola tubular, y fruto en cápsula; como el ajonjolí. -2 *f. pl.* Familia de estas plantas.

sésamo (l. *sesamu* < gr. *sésamon*) *m.* Alegría (ajonjolí y nuégado). 2 Simiente de esta planta. 3 Pasta de nueces, almendras o piñones con ajonjolí.

sesamoideo, -a (de *sésamo* + *-oideo*) *adj.* De forma parecida a la semilla del sésamo.

sescuncia (l. < *sesqui,* mitad + *uncia,* onza) *f.* Ant. moneda romana de cobre.

sesear *intr.* Pronunciar la *c* ante *e, i,* o la *z,* como *s.*

sesén (l. *sex,* seis) *m.* Sesena.

sesena *f.* ant. Moneda aragonesa (seis maravedís burgaleses).

SIN. **Seisén.**

sesenta (l. *sexaginta*) *adj.* Seis veces diez; **NUMERACIÓN. 2 Sexagésimo (lugar). -3 *m.* Guarismo del número sesenta.

sesentavo, -va *adj.-s.* Sexagésimo (parte).

sesentón, -tona *adj.-s.* fam. Sexagenario.

seseo *m.* Acción de sesear. 2 Efecto de sesear.

sesera *f.* Parte de la cabeza del animal en que están los sesos. 2 Seso (cerebro). 3 fam. Cabeza. 4 fam. Inteligencia, entendimiento.

sesga *f.* Nesga.

I) sesgadamente *adv. m.* Al sesgo.

II) sesgadamente *adv. m.* p. us. Sosegadamente.

sesgado, -da (de *sesgo* II) *adj.* p. us. Sosegado.

sesgadura *f.* Acción de sesgar. 2 Efecto de sesgar.

I) sesgamente (de *sesgo* I) *adv. m.* Sesgadamente (al sesgo).

II) sesgamente (de *sesgo* II) *adv. m.* p. us. Sosegadamente.

sesgar (l. **sesecare,* despedazar, cortar) *tr.* Cortar o partir en sesgo [una cosa]. 2 Torcer a un lado o atravesar [una cosa] hacia un lado. 3 *Argent.* Renunciar a un propósito. ◇ ** CONJUG. [7] como ***llegar.***

I) sesgo (probl. de *sesgo* II) *adj.* Torcido, cortado o situado oblicuamente: ***al ~,*** oblicuamente, al través. 2 fig. Grave o torcido en el semblante. -3 *m.* Oblicuidad o torcimiento de una cosa hacia un lado. 4 fig. Medio término tomado en los negocios dudosos. 5 p. ext. Curso o rumbo que toma un negocio.

SIN. *1* **Soslayado, oblicuo.**

II) sesgo, -ga (ant. *sesgar* < l. **sessicare,* hacer reposar) *adj.* p. us. Sosegado.

sesí (voz indígena) *m. Cuba* y *P. Rico.* Pez de un pie de longitud, color rosado, y con una característica mancha negra sobre el tronco branquial *(Mesoprion buccanella).*

sésil (l. *sessile*) *adj.* 2 Sentado (planta y animal). 2 [organismo] Que vive fijado a una estructura, como una roca, una concha u otro organismo.

sesión (l. *sessione*) *f.* Junta de una corporación: ***abrir la ~,*** comenzarla; ***levantar la ~,*** concluirla. 2 fig. Conferencia o consulta entre varios para determinar una cosa. 3 p. us. Acción de sentarse. 4 p. us. Efecto de sentarse. 5 Acto, proyección, representación, etc., que se realiza para el público en cierto espacio de tiempo. En especial cada proyección del programa completo de un cinematógrafo: *~ numerada, ~ de tarde;* ***~ continua,*** aquella en que se proyecta repetidamente el mismo programa de cine, de tal modo que el espectador puede presenciarlo de principio a fin, o completar la parte que no ha visto aguardando a la proyección siguiente, sin tener que abandonar la sala ni pagar otra vez por ello.

sesionar *intr.* Celebrar sesiones una corporación. 2 Asistir a una sesión participando en sus debates.

sesma *f.* desus. Sexma. 2 *Colomb.* Octava parte de una vara.

sesmero *m.* desus. Sexmero.

sesmo *m.* Sexmo.

I) seso (l. *sensu,* sentido) *m.* Cerebro. 2 fig. Prudencia, madurez: ***perder uno el ~,*** fig., perder el juicio. -3 *m. pl.* Masa encefálica. V. tapa de los sesos.

FR. fig. *Calentarse* o *devanarse uno los sesos,* fatigarse meditando mucho una cosa; *Cuba, Guat.* y *P. Rico,* devanear, decir disparates; *tener sorbido el ~,* o *sorbidos los sesos, a uno,* ejercer sobre él influjo incontrastable.
SIN. *3* v. **Encéfalo.**

II) seso (l. *sessu,* asentamiento; doble etim. *sieso*) *m.* Piedra o hierro con que se calza la olla.

sesqui- (l. *sesqui,* una mitad más) Elemento prefijal que entra en la formación de palabras con el significado de una mitad más. Denota una unidad y media en peso, medida, etc.: ***sesquihora,*** hora y media. 2 Unido a un ordinal denota una fracción cuyo numerador es la unidad y el denominador el número ordinal: ***sesquitercio,*** un tercio. 3 QUÍM. Denota que tres átomos de un elemento se combinan con dos de otro: *sesquisulfuro.*

sesquiáltero, -ra (l. *sesquialter*) *adj.* Que contiene la unidad y una mitad de ella.

sesquicentenario, -ria (*sesqui-* + *centenario*) *adj.* Perteneciente o relativo a lo que tiene una centena y media. -2 *m.* Día o año en que se cumple siglo y medio de un acontecimiento.

sesquidoble (*sesqui-* + *doble*) *adj.* Que contiene dos veces y media un número o cantidad.

sesquimodio (l. *sesquimodius*) *m.* Medida de capacidad (modio y medio).

sesquióxido (*sesqui-* + *óxido*) *m.* QUÍM. Óxido que contiene la mitad más de oxígeno que el protóxido.

sesquipedal (l. *sesquipedalis*) *adj.* De pie y medio de largo. 2 [palabra] Excesivamente larga.

sesquiplano (*sesqui-* + *-plano*) *m.* Biplano con una de las alas mucho menor que la otra.

sesteadero *m.* Lugar para sestear (el ganado).

SIN. **Sestero, sestil.**

sestear (de *siesta*) *intr.* Pasar la siesta durmiendo o descansando. 2 Recogerse el ganado durante el día en paraje sombrío. 3 fam. Vaguear.

sesteo *m.* Acción de sestear. 2 Efecto de sestear. 3 *C. Rica.* Sesteadero, lugar en que se sestea.
sestercio (l. *sestertiu*) *m.* Antigua moneda romana de plata, equivalente a dos ases y medio.
sestero, sestil *m.* Sesteadero.
sesudamente *adv. m.* De manera sesuda.
sesudez *f.* Calidad de sesudo.
sesudo, -da *adj.* Que tiene seso; prudente, sensato. 2 Inteligente. 3 Sabio; sabihondo. 4 *Chile.* Testarudo.
SIN. En comparación con **sensato**, sugiere **sesudo** cierto matiz de pesadez que lo hace propender a teñirse más o menos de ironía.
set (ing.) *m.* En algunos juegos, fase principal en que, junto a otras, se divide un partido; como en el tenis, el pimpón y el balonvolea. 2 Plató cinematográfico.
I) seta (l.) *f.* Seda (cerda).
II) seta (orig. incierto; probl. del gr. *septa,* cosas podridas) *f.* Hongo (aparato esporífero): ~ ***de cardo,*** la de sombrero de color gris rojizo con las láminas gruesas y de color blanco. Es comestible *(Pleorotus eryngii);* ~ ***de carrerilla,*** la de sombrero de color blanquecino primero y después castaño. Es comestible *(Tricholoma gambosa);* ~ ***de cura,*** la de sombrero de color verde amarillento; las láminas y el pie son blancos. Es comestible *(Russula virescens);* ~ ***de chopo,*** la de sombrero pardo con grietas. Es comestible y cultivada *(Agrocybe cylindracea);* ~ ***de olivo,*** la de sombrero en embudo de color anaranjado, sus láminas son fosforescentes en la oscuridad. Es venenosa *(Pleurotus olearius);* ~ ***del chopo,*** la de sombrero de color pardo y con escamas lanosas. No es comestible *(Pholiota destruens);* ~ ***de los caballeros,*** la de sombrero de color amarillo. Es comestible *(Tricholoma flavovirens);* ~ ***de París,*** champiñón; ~ ***engañosa,*** la de sombrero gris amarillento, sus láminas son de color salmón. Es venenosa *(Rhodophillus sinuatus);* ~ ***mortal,*** v. oronja. 2 fig. Moco (pabilo de la luz).
setabense *adj.-s.* De la ant. Setabis, hoy Játiva. -2 *adj.* Jatibés.
setabitano, -na *adj.-s.* Jatibés.
setal *m.* Terreno donde abundan las setas.
setazo *m. La Mancha.* fig. Golpe fuerte dado con la mano abierta.
setecientos, -tas *adj.* Siete veces ciento; **NUMERACIÓN. 2 Septingentésimo (lugar). -3 *m.* Guarismo del número setecientos.
setena *f.* Septena. -2 *f. pl.* Pena con que antig. se obligaba a pagar el séptuplo de una cantidad determinada.
setenado, -da *adj.* Castigado con pena superior a la culpa. -2 *m.* Período de siete años.
seteno, -na *adj.* desus. Séptimo.
setenta (l. *septuaginta*) *adj.* Siete veces diez; **NUMERACIÓN. 2 Septuagésimo (lugar). -3 *m.* Guarismo del número setenta.
setentavo, -va *adj.-m.* Septuagésimo (parte).
setentón, -tona *adj.-s.* Septuagenario.
setero, -ra (de *seta* II) *adj.-s.* [pers.] Que acostumbra a coger setas. -2 *adj.* V. cardo corredor.
sética *f. Perú.* Planta morácea *(Cecropia).*
setiembre *m.* Septiembre.
sétimo, -ma *adj.-s.* Séptimo.
seto (v. *septo*) *m.* Cercado hecho de palos o varas entretejidas. 2 *P. Rico* y *S. Dom.* Pared o tabique de una casa.
setter *m.* V. perro setter.
setuní *m.* Aceituní. ◇ Pl.: *setuníes.*
seudo *adj.* Supuesto, falso.
seudo-, v. pseudo-.
seudoescorpión *adj.-m.* Arácnido del orden de los seudoescorpiones. -2 *m. pl.* Orden de arácnidos de tamaño muy reducido y aspecto similar al de los escorpiones, pero desprovistos de cola.
seudohermafrodita (*seudo-* + *hermafrodita*) *adj.-com.* Individuo que tiene la apariencia, más o menos completa, del sexo contrario, conservando la gónada de su sexo verdadero: ~ ***femenino,*** el que tiene tejido ovárico y apariencia de varón; ~ ***masculino,*** el que tiene tejido testicular y apariencia de mujer.
seudohermafroditismo *m.* Calidad de seudohermafrodita.
seudónimo, -ma (*seudo-* + *-ónimo*) *adj.* [autor]. Que oculta con un nombre falso el suyo verdadero. 2 Relativo a la obra de este autor. -3 *m.* Nombre empleado por un autor en vez del suyo verdadero.
seudópodo (*seudo-* + *-podo*) *m.* Prolongación protoplásmica que emiten ciertos protozoos y células libres, mediante la cual efectúan su locomoción y capturan sus alimentos.
severamente *adv. m.* Con severidad.
severidad *f.* Calidad de severo.
severo, -ra (l. *-ru*) *adj.* Que no tiene indulgencia por las faltas o por las debilidades: *un maestro ~ con, para,* o *para con, los alumnos; ~ de semblante; ~ en sus juicios.* 2 Exacto, puntual en la observancia de una ley o regla: *un juez muy ~.* 3 Grave, serio: *estilo ~; porte ~.*
SIN. *1* Serie intensiva: **rígido, rigoroso** o **riguroso, inflexible, inexorable.**
seviche *m. Ecuad., Pan.* y *Perú.* Ceviche.
sevicia (l. *sævitia*) *f.* Crueldad excesiva. 2 Malos tratos.
sevilla *f. Cuba.* Ave zancuda, de pico largo en forma de espátula y hábitos nocturnos *(Ajeja rosea).*
sevillanas *f. pl.* Modalidad de baile flamenco propia de Andalucía, adaptación de la seguidilla tradicional castellana. 2 Música y canto de este baile.
sevillano, -na *adj.-s.* De Sevilla.
SIN. **Hispalense.**
sevillista *adj.-com.* Defensor de lo concerniente a Sevilla. 2 Partidario del Sevilla C.F. -3 *adj.* Propio o relativo a dicho club.
sex- (l. *sex,* seis) Elemento prefijal que entra en la formación de palabras, gralte. de origen latino, con el significado de seis.
sexagenario, -ria (l. *-iu*) *adj.-s.* Que tiene sesenta años de edad y no ha llegado a los setenta.
SIN. **Sesentón.**
sexagésima (l.) *f.* Domínica segunda de las tres que se cuentan antes de la primera de Cuaresma.
sexagesimal *adj.* [sistema] Que cuenta o subdivide de 60 en 60.
sexagésimo, -ma (l. *-mu*) *adj.-s.* Parte que, junto a otras cincuenta y nueve iguales, constituye un todo; **NUMERACIÓN. -2 *adj.* Que ocupa el último lugar en una serie ordenada de sesenta.
SIN. *1* **Sesentavo.** *2* **Sesenta.**
sexagonal *adj.* Hexagonal.
sexángulo, -la (l. *-lu*) *adj.-m.* Hexágono.
sex-appeal (voz inglesa) *m.* Atractivo físico y sexual de una persona. ◇ Se pronuncia *sexapil.*
sexcentésimo, -ma (l. *-mu*) *adj.-s.* Parte que, junto a otras quinientas noventa y nueve iguales, constituye un todo; **NUMERACIÓN. -2 *adj.* Que ocupa el último lugar en una serie ordenada de seiscientos.
sexenal *adj.* Que se repite cada seis años. 2 Que dura un sexenio.
sexenio (l. *sexenniu*) *m.* Período de seis años.
sexi (ing. *sexy*) *adj.* [pers.] Físicamente atractivo, erótico, sensual. 2 [cosa] Que hace resaltar dicho atractivo.
sexismo *m.* Tendencia a valorar a las personas según su sexo. 2 Actitud discriminatoria en materia sexual.
REL. **Machismo.**
sexista *com.* Partidario del sexismo. 2 Machista.
sexma *f.* Sexta parte, esp. la de la vara. 2 Sexmo. 3 Séxtula.
sexmero *m.* Encargado de los negocios y derechos de un sexmo. 2 *Extr.* Encargado de vigilar y recoger las mieses.
sexmo (l. *sex,* seis) *m.* División territorial que comprende cierto número de pueblos asociados para la administración de bienes comunes. 2 *And.* Camino estrecho que se aparta de uno principal. 3 *Extr.* Camino que va entre dos propiedades pequeñas, por donde apenas puede pasar un carro. 4 *Extr.* Servidumbre de paso para una finca.
sexo (l. *-xu*) *m.* Condición orgánica que distingue al macho de la hembra. 2 Conjunto de los individuos de uno u otro sexo: *el ~ femenino; el ~ masculino;* ***el ~ débil*** o ***bello ~,*** las mujeres; ***el ~ feo*** o ***fuerte,*** los hombres. 3 Órganos sexuales.
sexología (*sexo* + *-logía*) *f.* Disciplina que estudia los fenómenos relacionados con la vida sexual.
sexólogo, -ga *m. f.* Especialista en sexología.
sexta (l.; doble etim. *siesta*) *f.* Tercera de las cuatro partes iguales en que dividían los romanos el día artificial. 2 En el rezo eclesiástico, hora menor que se dice después de la tercia. 3 Reunión, en el juego de los cientos, de seis cartas de valor correlativo: ~ ***mayor,*** la que comienza por el as. 4 Superdominante. 5 MÚS. Intervalo entre una nota y la sexta superior o inferior de la escala: ~ ***aumentada,*** la que consta de cuatro tonos y dos semitonos; ~ ***diminuta,*** la que consta de dos tonos y tres semitonos.
sextaferia *f. Ast.* y *Sant.* Prestación vecinal para la reparación de caminos u otras obras de utilidad pública a que los vecinos tenían la obligación de concurrir los viernes en ciertas épocas del año.
sextaferiar *intr. Ast.* y *Sant.* Trabajar en la sextaferia. ◇ ** CONJUG. [12] como ***cambiar.***

sextantario, -ria (l. *-iu*) *adj.* Que tiene el peso de un sextante.
sextante (l.) *m.* Ant. moneda romana de cobre de dos onzas de peso (sexta parte del as). 2 Instrumento parecido al quintante y destinado a los mismos usos, cuyo sector es de sesenta grados. 3 Constelación situada entre la Hidra y el León.
sextario (l. *-iu*) *m.* Ant. medida de capacidad para áridos y líquidos (sexta parte del congio; decimosexta del modio).
sextavado, -da *adj.* [figura] Hexagonal.
sextavar *tr.* Dar figura sextavada [a una cosa].
SIN. **Seisavar.**
sexteto *m.* Composición para seis instrumentos o seis voces. 2 Conjunto de estos instrumentos o voces. 3 Composición poética de seis versos de arte mayor.
sextil *adj.* ASTRON. Relativo a la distancia angular de 60°, que media entre dos astros.
sextilla *f.* Combinación métrica de seis versos de arte menor.
sextillo *m.* Seisillo.
I) sextina *f.* Composición poética que consta de seis estrofas de a seis versos endecasílabos cada una, y de otra que sólo se compone de tres. 2 Esta estrofa de seis versos. 3 Combinación métrica de seis endecasílabos, formada por un serventesio y un pareado; ** POESÍA.
II) sextina *f.* Especie de carta de excomunión que se fulminaba para descubrir delincuentes.
sexto, -ta (l. *-tu*) *adj.-s.* Parte que, junto a otras cinco iguales, constituye un todo; **NUMERACIÓN. -2 *adj.* Que ocupa el último lugar en una serie ordenada de seis. -3 *m.* Libro que contiene algunas constituciones y decretos canónicos. 4 fam. Sexto mandamiento de la ley de Dios.
SIN. *1* **Seisavo, seiseno.**
séxtula (l.) *f.* Ant. moneda romana de cobre.
SIN. **Sexma.**
sextuplicación *f.* Acción de sextuplicar. 2 Efecto de sextuplicar.
sextuplicar (l. *sextu,* sexto + *plicare,* doblar) *tr.* Hacer séxtupla [una cosa]; multiplicar por seis [una cantidad]. ◇ ** CONJUG. [1] como *sacar.*
séxtuplo, -pla (l. *-plu*) *adj.-s.* Que incluye en sí seis veces una cantidad.
sexuado, -da *adj.* BIOL. [planta o animal] Que tiene órganos sexuales bien desarrollados y aptos para funcionar.
sexual (l. *-le*) *adj.* Relativo al sexo. 2 H. NAT. [modo de reproducción] Que consiste en la fusión íntima de dos células procedentes de órganos distintos y especiales en una sola célula cuya multiplicación da origen al nuevo individuo.
sexualidad *f.* Conjunto de condiciones anatómicas y fisiológicas que caracterizan a cada sexo. 2 Actividad sexual, propensión al placer carnal.
shakesperiano, -na *adj.* Relativo a Shakespeare (1564-1616) o a sus obras.
shérif (voz inglesa) *m.* En Norteamérica y ciertas regiones o condados británicos, representante de la justicia o del poder central, que se encarga de hacer cumplir la ley. ◇ Pl.: *shérifs.* Se pronuncia *chérif, cheris.*
sherry (voz inglesa) *m.* Vino de Jerez.
shock (voz inglesa) *m.* MED. Choque, colapso, conmoción. ◇ Se pronuncia *choc.*
short (voz inglesa) *m.* Pantalón muy corto usado para hacer deporte, o en tiempo de calor. ◇ Se pronuncia *chort.*
show (voz inglesa) *m.* Número de un espectáculo de variedades que se representa en un cabaret, teatro, etc. ◇ Se pronuncia *chou.*
Shylock *n. pr.* Personaje de *El Mercader de Venecia*, de Shakespeare (1564-1616); judío prestamista y vengativo que intentó cobrar una deuda arrancando una libra de carne a su deudor. Es la personificación del usurero.
I) si (l. *si*) *conj. condic.* Introduce la condición o suposición necesaria (prótasis) para que se verifique algo (apódosis): *si corres le alcanzarás.* 2 En ciertos casos introduce una aseveración terminante: *si ayer lo aseguraste aquí mismo, ¿cómo lo niegas hoy?* 3 En otros, una circunstancia dudosa: *ignoro si es soltero o casado.* 4 Puede usarse en expresiones de ponderación o encarecimiento: *es atrevido, si los hay.* 5 A principio de frase refuerza las expresiones de duda, deseo o aseveración: *¿si será verdad lo del testamento?* 6 Empléase a menudo con elipsis de verbo anteriormente expresado: *si hay ley, si razón, si justicia, no sucederá lo que temes;* algunas veces la elipsis puede ser de una frase entera: *te lo digo por si te interesa* (*por si lo que te digo,* etc.). 7 Precedido del adv. *como* o la conj. *que*, se emplea en conceptos comparativos cuando constituyen oración: *andaba Rocinante como si fuera asno de gitano* (*como asno de gitano*)*; se quedó más contento que si le hubieran dado un millón* (*que con un millón*). 8 Toma carácter de conjunción distributiva cuando se emplea repetida para contraponer una cláusula a otra: *malo, si uno habla; si no habla, peor.* 9 Con el adverbio de negación *no*, forma expresiones elípticas que equivalen a de otra suerte, en caso diverso: *pórtate como hombre de bien; si no, deja de frecuentar mi casa.* 10 ant. Equivale a la conjunción concesiva *aunque: no, no lo haré, si me matan.* -11 *loc. conj.* ***Si bien,*** aunque, pero: *las letras tienen amargas las raíces, si bien son dulces los frutos.* ◇ Es afectado: *si que también*, por *pero también.*
II) si (v. *ut*) *m.* MÚS. Nota musical; séptimo grado de la escala fundamental. ◇ Pl.: *sis.*
I) sí (l. *sibi;* dativo de *sui*) *pron. pers.* Forma reflexiva de 3ª persona en ambos géneros y números que, siempre precedido de preposición, se usa para todos los complementos: *habla de sí mismo; en sí hallarán la paz.* 2 Usado con la preposición *con* forma la voz *consigo*. 3 En el objeto directo e indirecto con la preposición *a* es a veces pleonástico: *se quiere a sí mismo; se lee la carta a sí mismo.* ◇ INCOR.: *apenas volví en sí* por *apenas volví en mí.*
FRS. *De por sí*, separadamente, cada cosa. *De sí*, de suyo. *Para sí*, mentalmente y sin dirigir a otro la palabra. *Por sí y ante sí*, por propia deliberación. *Sobre sí*, con atención, cautela o cuidado; con entereza o altivez.
II) sí (l. *sic,* así) *adv. afirm.* Respondiendo a una pregunta equivale a una oración afirmativa: *¿has leído el periódico? -Sí.* 2 En ciertos casos da especial énfasis a las aseveraciones, siendo como una repetición de las mismas: *conozco a tu protector, sí; iré, sí, aunque pierda la vida; esto sí que es portarse bien.* -3 *m.* Consentimiento, permiso: *tengo el sí de mi padre.* ◇ Pl.: *síes.*
FRS. *Por sí o por no*, por si ocurre o no, por si puede o no lograrse una cosa contingente: *por sí o por no, bueno es esperarle. Sí tal*, sirve para esforzar la afirmación: *¿volverás? sí tal.*
Si, símbolo químico del *silicio.*
¡siai! *Can.* Interjección ¡so!
sial (de *si*licio + *al*uminio) *m.* En la corteza terrestre, parte superficial y sólida, formada esp. por rocas cristalinas, y que tiene unos 100 kms. de espesor.
sial-, v. sialo-.
sialagogo, -ga (*sial-* + *-agogo*) *adj.-m.* MED. Que provoca la secreción salival, como el tabaco.
sialis *f.* Insecto neuróptero con alas de color ahumado y sin bifurcación notoria en su borde *(Sialis lutaria).* ◇ Pl.: *sialis.*
sialismo (v. *sialo-*) *m.* MED. Salivación.
sialo-, sial- (del gr. *sialon,* saliva) Elemento prefijal que entra en la formación de palabras con el significado de saliva: *sialorrea.*
sialoadenitis (*sialo-* + *adenitis*) *f.* MED. Inflamación aguda o crónica de una glándula salival mayor. ◇ Pl.: *sialodenitis.*
sialografía (*sialo-* + *-grafía*) *f.* MED. Técnica radiológica que permite conocer la morfología y el funcionamiento de una glándula salival mayor.
sialorrea (*sialo-* + *-rrea*) *f.* Ptilismo.
siamés, -mesa *adj.-s.* De Siam, actual Tailandia, nación del sudeste de Asia. 2 Hermano mellizo unido al otro por alguna parte de su cuerpo debido a una segmentación imperfecta del óvulo fecundado. 3 Raza de gatos, procedente de Siam, de aspecto rollizo y pelaje suave de color marrón, que goza de gran prestigio y cotización. -4 *adj.-m.* Lengua taichina, hablada en Tailandia.
sibanco *m. P. Rico.* vulg. Rincón, lugar lejano.
sibarita (l. *sybarita* < gr. *sybarites*) *adj.-s.* De Síbaris, ant. c. de Italia. 2 Muy dado a regalos y placeres.
sibarítico, -ca *adj.* Sibarita (de Síbaris). 2 fig. Sensual (deleite).
sibaritismo *m.* Género de vida del sibarita (dado a regalos).
siberiano, -na *adj.-s.* De la Siberia, reg. de Asia.
sibí *m. Cuba.* Cibi.
sibil *m.* Pequeña despensa en las cuevas, para conservar frescas las provisiones. 2 Concavidad subterránea.
sibila (l. < gr. *síbylla*) *f.* Mujer sabia a quien los ant. atribuyeron espíritu profético.
sibilante (l.) *adj.* Que silba o suena a manera de silbo. 2 [consonante] Que se pronuncia produciendo una especie de silbido, como la *s.*
SIN. **Silbante.**
sibilino, -na, sibilítico, -ca *adj.* Relativo a la sibila. 2 fig. Misterioso, obscuro, con apariencia de importante. 3 Relativo a

las expresiones a las que se atribuye un sentido profético o que encierran un sentido oculto.

siboney *m.* El más antiguo pueblo habitante de Cuba. 2 Miembro de esta colectividad. ◇ Pl.: *siboneyes.*

sibucao *m.* BOT. Árbol papilionáceo de Filipinas, de tronco delgado, hojas paripinnadas, flores amarillas y fruto leguminoso; su madera es muy dura y tintórea *(Caesalpinia sappan).*

sic, adv. lat. que se usa en impresos y manuscritos para dar a entender que una palabra es textual aunque pueda parecer inexacta.

sicalipsis (gr. *sygnalypsis,* acción de ocultar) *f.* Pornografía. ◇ Pl.: *sicalipsis.*

sicalíptico, -ca *adj.* Obsceno, erótico.

sicambro, -bra (l. *-bri*) *adj.-s.* De un pueblo que habitó antig. en la Germania septentrional, y después pasó a la Galia Belga, donde se unió con los francos.

sicamor *m.* Ciclamor.

sicano, -na (l. *-nu*) *adj.-s.* Individuo que se dice haber pasado en tiempos heroicos de España a Italia; se estableció en el país que, del nombre de este pueblo, se llamó Sicania. 2 De Sicania, hoy Sicilia, isla de la ant. Italia.

sicario (l. *-iu*) *m.* Asesino asalariado.

sicasica (voz quechua) *f. Bol.* Especie de oruga vellosa *(Rhinchis eruca).*

sicasiqueño, -ña *adj.-s.* De Sicasica, c. de la prov. de Arama, dep. de La Paz (Bolivia).

sicastenia *f.* Psicastenia.

sicigia (gr. *syzygía,* unión) *f.* Punto de la órbita de la Luna en que ésta se halla en conjunción o en oposición con el Sol.

siciliano, -na *adj.-s.* De Sicilia, isla italiana del Mediterráneo.
SIN. **Sículo.**

sicionio, -nia (l. *sicyoniu*) *adj.-s.* De Sición, c. del Peloponeso.

siclo (l. *siclu* < hebr. *séquel*) *m.* Unidad de peso usada entre babilonios, fenicios y judíos. 2 Moneda hebrea de plata, con peso de media onza.

sico-, v. psico-.

sicoanálisis *m.* Psicoanálisis. ◇ Pl.: *sicoanálisis.*

sicoanalista *adj.-com.* Psicoanalista.

sicodélico, -ca *adj.* Psicodélico.

sicodelismo *m.* Psicodelismo.

sicofanta, -te (gr. *sykophantes* < *sykon,* higo + *phaino,* descubrir) *m.* Impostor, calumniador.

sicofármaco *m.* Psicofármaco.

sicofísica *f.* Psicofísica.

sicognostia *f.* Psicognostia.

sicolingüística *f.* Psicolingüística.

sicología *f.* Psicología.

sicológico, -ca *adj.* Psicológico.

sicologismo *m.* Psicologismo.

sicólogo, -ga *m. f.* Psicólogo.

sicometría *f.* Psicometría.

sicomoro (l. *sycomoru* < *sykon,* higo) *m.* Árbol moráceo de Egipto; especie de higuera con las hojas parecidas a las de la morera *(Ficus sycomorus).* 2 Falso plátano.

sicón *m.* Porífero de organización intermedia entre la del ascón y el leucón.

siconeurosis *f.* Psiconeurosis. ◇ Pl.: *siconeurosis.*

sicono (gr. *sykon,* higo) *m.* Fruto compuesto resultante de una inflorescencia comprimida que se desarrolla dentro de un receptáculo carnoso y hueco; como el higo.

sicópata *com.* Psicópata.

sicopatía *f.* Psicopatía.

sicopatología *f.* Psicopatología.

sicopedagogía *f.* Psicopedagogía.

sicoquinesia *f.* Psicoquinesia.

I) sicosis *f.* Psicosis. ◇ Pl.: *sicosis.*

II) sicosis (gr. *sycon,* higo + *-osis*) *f.* MED. Enfermedad inflamatoria de la piel que afecta a los folículos pilosos, esp. de la barba, y da lugar a la formación de pápulas, pústulas o tubérculos. ◇ Pl.: *sicosis.*

sicosociología *f.* Psicosociología.

sicosomático, -ca *adj.* Psicosomático.

sicote (orig. incierto, quizá del nahú) *m. Amér.* Mal olor de los pies.

sicotecnia *f.* Psicotecnia.

sicotécnico, -ca *adj.* Psicotécnico.

sicotera *f. Cuba* y *P. Rico.* Sicote.

sicoterapeuta *com.* Psicoterapeuta.

sicoterapéutico, -ca *adj.* Psicoterapéutico.

sicoterapia *f.* Psicoterapia.

sicotónico, -ca *adj.* Psicotónico.

sicótropo, -pa *adj.* Psicótropo.

sicotudo, -da *adj. Cuba* y *P. Rico.* [pers.] Que tiene sicote.

sicrometría (gr. *psychrós,* frío + *-metría*) *f.* METEOR. Medición de la humedad atmosférica con el sicrómetro.

sicrómetro (gr. *psychrós,* frío + *-metro*) *m.* Higrómetro formado por dos termómetros ordinarios, uno de los cuales tiene la bola humedecida con agua. Por la comparación de las temperaturas indicadas en ellos se calcula el grado de humedad del aire.

sículo, -la (l. *-lu*) *adj.-s.* Siciliano.

sida (de *S.I.D.A.,* siglas de síndrome de inmunodeficiencia adquirida) *m.* Enfermedad de transmisión sexual o por vía intravenosa, que afecta al sistema inmunológico y propicia la aparición de enfermedades diversas.

sidafobia (de *S.I.D.A.,* siglas de síndrome de la inmunodeficiencia adquirida y *-fobia*) *f.* Temor morboso al síndrome de la inmunodeficiencia adquirida.

sidecar (ing.) *m.* Cochecillo que algunas motocicletas llevan unido al lado. 2 Cóctel a base de armagnac, cointreau y zumo de limón. ◇ Pl.: *sidecares.*

sider-, v. sidero-.

sideración *f.* Abolición brusca y total de la actividad de un organismo, como consecuencia, gralte., de un accidente.

sideral (l. *-ale*) *adj.* Relativo a los astros.
SIN. **Estelar, astral.**

sidéreo, -a (l. *-eu*) *adj.* Sideral.

siderita (l. < gr. *sideritis*) *f.* Mineral de la clase de los carbonatos, que cristaliza en el sistema trigonal, clase ditrigonal escalenoédrica; de color blanco amarillento, verde, gris o pardo amarillento y de brillo vítreo o nacarado. 2 Planta labiada con flores amarillas con el labio superior blanco *(gén. Sideritis).*
SIN. *1* **Hierro espático, siderosa.**

sidero-, sider- (gr. *sideros,* hierro) Elemento prefijal que entra en la formación de palabras con el significado de hierro.

sideronatrita (*sidero-* + *natrita*) *f.* Mineral de la clase de los sulfatos, que cristaliza en el sistema rómbico; de color anaranjado claro, amarillo o pardo.

siderosa (v. *sidero-*) *f.* Siderita (mineral).

siderosis (*sider-* + *-osis*) *f.* Afección pulmonar producida por la inhalación de hierro. ◇ Pl.: *siderosis.*

siderotecnia (*sidero-* + *tecnia*) *f.* Arte de extraer y labrar el hierro.

siderurgia (*sidero-* + gr. *érgon,* trabajo) *f.* Arte de extraer el hierro y de trabajarlo.

siderúrgico, -ca *adj.* Relativo a la siderurgia.

sidonio, -nia *adj.-s.* De Sidón, c. de Fenicia. 2 Fenicio.

sidra (l. *sicera,* de orig. hebr.) *f.* Bebida alcohólica, obtenida por la fermentación del zumo de las manzanas.

sidrería *f.* Despacho en que se vende sidra.
SIN. **Chigre,** Ast.

sidrero, -ra *adj.* Perteneciente o relativo a la sidra.

sidrícola (de *sidra* + *-cola*) *adj.* Perteneciente o relativo a la fabricación de la sidra.

sidrificación *f.* Fabricación de la sidra.

siega *f.* Acción de segar las mieses. 2 Efecto de segar las mieses. 3 Tiempo en que se siegan. 4 Mieses segadas.
SIN. **Segada.** *1, 2* y *3* **Segazón.**

siembra *f.* Acción de sembrar. 2 Efecto de sembrar. 3 Tiempo en que se siembra. 4 Sembrado. 5 Técnica de laboratorio, consistente en la colocación de microorganismos en medios de cultivo y ambiente adecuado para su crecimiento.
SIN. *1, 2* y *3* **Sementera.**

siemens *m.* FÍS. Unidad física de conductancia eléctrica en el sistema internacional de unidades, equivalente al producto del amperio por el recíproco del voltio.

siempre (l. *semper*) *adv. t.* En todo o cualquier tiempo. 2 En todo caso o cuando menos: *quizá no logre mi intento, pero ~ me quedará la satisfacción de haber hecho lo que debía.* 3 ***Para ~***, por todo tiempo o por tiempo indefinido. 4 ***Por ~***, perpetuamente o por tiempo sin fin: *por ~ sea alabado y bendito.* 5 ***~ jamás***, siempre, con sentido reforzado. -6 ***loc. conj. condic. ~ que*** o ***~ y cuando que***, con tal de que: *comeré en tu casa que tú comas en la mía.* 7 *Amér.* Sin duda alguna. ◇ INCOR.: por *todavía, aún: ¿vives ~ en la misma casa?*

siempretieso *m.* Dominguillo.

siempreviva *f.* Perpetua amarilla. 2 ~ ***mayor,*** planta crasulácea de flores con escamas carnosas, que no se marchitan *(Sempervivum tectorum).* 3 ~ ***menor,*** uva cana. 4 ~ ***azul,*** planta plumbaginácea erecta y perenne, de hojas con el borde ondulado y dispuestas en roseta, y flores de color azul con una mancha amarilla en el centro *(Limonium sinuatum).* 5 ~ ***de montaña,*** planta crasulácea perenne con las hojas glandulosas y viscosas y las flores de color rojizo *(Sempervivum montanum).* 6 ~ ***de telarañas,*** planta perenne de tallos floríferos con una red de pelos entre las hojas; las flores son de color carmín claro *(Sempervivum arachnoideum).*

SIN. *2* **Hierba puntera.**

sien (quizá del germ. *sinn,* sentido) *f.* Parte lateral de la cabeza, comprendida entre la frente, la oreja y la mejilla.

SIN. **Templa II.**

siena *adj.-m.* Color amarillo obscuro. -2 *adj.* De color siena.

sienita (de *Siena,* ciudad de Toscana) *f.* Roca compuesta de feldespato, anfíbol y algo de cuarzo.

sierpe (l. *serpe*) *f.* Serpiente. 2 fig. Persona muy fea o muy feroz. 3 Cosa que se mueve con rodeos a manera de sierpe. 4 Vástago que brota de las raíces leñosas. 5 *Ast.* Cometa. 6 ~ ***volante,*** chinchintor. ◇ Dim.: *serpezuela.*

sierra (l. *serra*) *f.* Herramienta que consiste en una hoja de acero con dientes agudos y triscados en el borde, sujeta a un mango o a una armazón adecuada; sirve para dividir madera y otros cuerpos duros: ~ ***de ballesta*** o ***de bastidor,*** la de hoja sostenida por dos listones unidos por una cuerda cuya tensión se regula por medio de una tarabilla; ~ ***circular,*** la movida mecánicamente cuya hoja es un disco de borde dentado que da vueltas a gran velocidad; ~ ***continua*** o ***de cinta,*** la movida mecánicamente cuya hoja tiene la forma de una correa sin fin; ~ ***eléctrica,*** la que incorpora un motor y no exige esfuerzo humano. 2 Herramienta para dividir piedras duras con el auxilio de arena y agua. 3 Cordillera de montes o peñascos cortados. 4 Pez sierra. 5 *Sant.* Loma o colina. 6 *Pan.* Cresta de ave.

REL. *3* **Serrano,** relativo a la ~ o habitante de ella; **serranía,** terreno formado por sierras y montañas; **serrijón,** ~ de montes poco extensos.

siervo, -va (l. *servu*) *m. f.* Esclavo; DER., ~ ***de la gleba,*** esclavo afecto a una heredad y que no se desligaba de ella al cambiar de dueño. 2 Nombre que una persona se da a sí misma respecto de otra para mostrarle obsequio y rendimiento. 3 Persona profesa en orden o comunidad religiosa de las que por humildad se denominan así: ~ *de María.* 4 fig. Persona mandada despóticamente por otra o enteramente sometida a ella. 5 ~ ***de los siervos de Dios,*** nombre que por humildad se da a sí mismo el Papa. 6 ~ ***de Dios,*** persona que sirve a Dios y guarda sus preceptos; persona muy cuitada, pobre hombre.

siésigo *m. Extr.* Ano.

I) sieso, -sa (v. *seso* I) *adj.* fam. Bobo, tonto. 2 fam. Antipático, desagradable. 3 fam. Sucio.

II) sieso (v. *seso* II) *m.* Parte inferior del intestino recto.

siesta (l. *sexta hora,* la hora de sexta) *f.* Tiempo después del mediodía en que aprieta más el calor. 2 Tiempo destinado para dormir o descansar después de comer. 3 Sueño después de comer. 4 Música que en las iglesias se canta o toca por la tarde.

SIN. *1* **Resistero, resistidero.** REL. *2* y *3* **Sestear,** dormir o descansar durante la ~. SIN. *3* **Meridiana.**

siete (l. *septe*) *adj.* Seis y uno; **NUMERACIÓN. 2 Séptimo (lugar). -3 *m.* Guarismo del número siete. 4 Naipe que tiene siete señales. 5 ~ ***y media,*** juego de naipes consistente en sumar un número determinado de puntos, sin sobrepasarlo. 6 fam. Rasgón de forma angular. 7 Barrilete (carpintería). 8 *Amér.* Ano.

REL. En muchos compuestos de orig. culto se emplea el gr. *hepta-: heptágono, heptasílabo.* Otros se forman del l. *septem: septisílabo, septuplicar.*

sietecolores *m. Burg.* y *Pal.* Jilguero. 2 *Argent., Chile* y *Ecuad.* Pajarillo con el plumaje de colores variados *(Regulus omnicolor).* ◇ Pl.: *sietecolores.*

sietecueros *m. Amér.* Tumor que se forma en el talón del pie, y también panadizo de los dedos. ◇ Pl.: *sietecueros.*

sieteenrama *m.* Tormentilla. ◇ Pl.: *sieteenrama.*

sietelevar *m.* En el juego de la banca, suerte en que se va a ganar siete tantos.

sietemachos *com.* irón. Persona muy pequeña. ◇ Pl.: *sietemachos.*

sietemesino, -na *adj.-s.* Criatura que nace a los siete meses de engendrada. 2 fam. Jovencito que presume de persona mayor. 3 fig. Raquítico, enclenque, esmirriado.

sieteñal *adj.* Que tiene siete años.

sifaca *m.* Primate prosimio de unos 50 cms. de longitud, larga cola, y costumbres diurnas y arborícolas *(Propithecus* sp.*).*

sifilicomio (de *sífilis* + gr. *komio,* cuidar) *m.* Hospital para sifilíticos.

sifílide *f.* MED. Dermatosis originada o sostenida por la sífilis.

sífilis (de *Siphylo,* personaje de un poema) *f.* Enfermedad venérea infecciosa. ◇ Pl.: *sífilis.*

SIN. **Gálico, lúes, avariosis.**

sifilítico, -ca *adj.* Relativo a la sífilis. -2 *adj.-s.* Que la padece.

sifilografía (de *sífilis* + *-grafía*) *f.* Parte de la medicina que trata de las enfermedades sifilíticas.

sifilográfico, -ca *adj.* Relativo a la sifilografía.

sifilógrafo, -fa *m. f.* Especialista en sifilografía.

sifiloma *m.* Goma sifilítica, tumor de este origen.

sifón (l. *siphone* < gr. *siphon*) *m.* Tubo encorvado para trasegar líquidos. 2 Tubo doblemente acodado en que el agua detenida dentro de él impide la salida de los gases de las cañerías al exterior. 3 Botella cerrada herméticamente con un sifón, cuyo tubo tiene una llave para abrir o cerrar el paso del agua cargada de ácido carbónico que aquélla contiene. 4 ARQ. Canal cerrado o tubo para hacer pasar el agua por un punto inferior a sus dos extremos. 5 ZOOL. Tubo largo que tienen ciertos moluscos lamelibranquios.

SIN. *1* **Cantimplora.**

sifonado, -da *adj.-s.* ZOOL. Provisto de uno o más sifones; esp. en ciertos moluscos bivalvos.

sifonales *f. pl.* Orden de plantas dentro de las clorofíceas, algas unicelulares gralte; su célula es gigantesca (0,5 m. de long.) y consta de muchos núcleos y demuestra su organización cenocítica.

sifonáptero *adj.-m.* Insecto del orden de los sifonápteros. -2 *m. pl.* Orden de insectos pterigotas de tamaño muy pequeño y que han perdido las alas; son ectoparásitos y hematófagos; como la pulga.

sifonocladales (gr. *siphon, onos,* sifón, tubo + *klados,* rama) *f. pl.* Orden de plantas dentro de las clorofíceas, algas que tienen las células provistas de varios núcleos; pueden ser unicelulares o coloniales.

sifonóforo (gr. *siphon, onos,* sifón, tubo + *-foro*) *adj.-m.* ZOOL. Animal de la subclase de los sifonóforos. -2 *m. pl.* Subclase de cnidarios hidrozoos que forman colonias complejas con pólipos y medusas.

sifonógamo, -ma *adj.-s.* Fanerógamo.

sifosis (gr. *siphon*) *f.* científ. Corcova. ◇ Pl.: *sifosis.*

sifué (fr. *surfaix*) *m.* Sobrecincha de las caballerías. ◇ Pl.: *sifués.*

siga *f. Amér.* Seguimiento.

Sigfredo *n. pr.* Héroe germánico que ganó el tesoro de los Nibelungos; mató un dragón y se hizo invulnerable bañándose en su sangre. Ayudó a Gunter a vencer a Brunilda y se casó con Crimilda, hermana de Gunter.

sigilación *f.* Acción de sigilar. 2 Efecto de sigilar.

sigilar (b. l. *sigillare;* doble etim. *sellar*) *tr.* p. us. Sellar (imprimir el sello). 2 fig. *y* p. us. Callar u ocultar [una cosa].

sigilo (l. *sigillu;* doble etim. *sello*) *m.* p. us. Sello (utensilio y lo impreso). 2 Secreto que se guarda de una cosa o noticia: ~ ***profesional,*** el que guarda el abogado, el médico, etc., acerca de lo que le comunican con ocasión de su profesión; ~ ***sacramental,*** el inviolable que guarda el confesor, de lo que oye en la confesión sacramental.

sigilografía (*sigilo* + *-grafía*) *f.* Estudio de los sellos empleados para autorizar documentos, cerrar pliegos, etc.

sigilosamente *adv. m.* Con sigilo.

sigiloso, -sa *adj.* Que guarda sigilo.

sigla (b. l., cifras, abreviaturas) *f.* Letra inicial usada como abreviatura: ***S.A.,*** siglas de *S*ociedad *A*nónima. 2 Rótulo o denominación que se forma con varias siglas. 3 Abreviatura formada por las letras iniciales de nombres propios.

SIN. v. **Abreviatura.**

siglo (l. *sæculu*) *m.* Espacio de cien años. 2 Muy largo tiempo indeterminado: *hace un ~ que te escribí;* ***en,*** o ***por, los siglos de los siglos,*** eternamente. 3 Seguido de la preposición *de* y un nombre de persona o cosa, tiempo en que floreció o en que sucedió o se inventó algo notable: *el ~ de César; el ~ de las luces;* fig., ~ (o ***edad***) ***de oro,*** tiempo de paz y de ventura que imaginaron los poetas de la antigüedad, tiempo en que las letras, las artes, etc., han tenido mayor esplendor en un pueblo. 4 Comer-

cio y trato de los hombres en cuanto a la vida común y política: *María deja el ~ para hacerse monja.*
REL. **Secular**, adj. de las aceps. 1 y 2; **secular** y **seglar**, de la acep. 4; **secularizar, aseglararse** (vbs.) y **secularización** (subst.), también responden a la acep. 4.
sigma *f.* Decimoctava letra del **alfabeto griego equivalente a la *s*.
sigmoideo, -a (*sigma* + *-oideo*) *adj.* De forma parecida a la sigma.
sigmoides *adj.* Sigmoideo.
signáculo (l. *-lu*) *m.* Sello o señal en lo escrito.
signar (l. *-are*) *tr.* Hacer, poner o imprimir el signo: ~ *unos ladrillos;* ~ *un documento el notario.* 2 Firmar (poner la firma). -3 *tr.-prnl.* Hacer la señal de la cruz [sobre una pers. o cosa]. 4 Hacer con los dedos índice y pulgar de la mano derecha, cruzados, tres cruces, la primera en la frente, la segunda en la boca y la tercera en el pecho.
SIN. *3* y *4* **Persignar(se).**
signatario, -ria *adj.-s.* Firmante.
signatiforme *adj.-m.* Pez del orden de lo signatiformes. -2 *m. pl.* Orden de peces teleósteos de aspecto atípico; tienen hocico tubular y placas óseas por el cuerpo; como el caballito de mar.
signatura (l.) *f.* Señal (marca), esp. la de números y letras puesta a un libro o documento para indicar su colocación dentro de una biblioteca o archivo. 2 Tribunal supremo de casación con respecto a la rota, compuesto por seis cardenales dirigidos por un cardenal prefecto. 3 Acto de signar o firmar algún documento importante o solemne, y firma que se estampa en él: *mañana se efectuará la ~ del concordato.* 4 IMPR. Señal, gralte. puesta en números, al pie de la primera página de cada pliego, para gobierno del encuadernador.
signífero, -ra (l. *-eru*) *adj.* poét. Que lleva una señal o insignia.
significación *f.* Acción de significar. 2 Efecto de significar. 3 Sentido de una palabra o frase. 4 Objeto que se significa. 5 Importancia.
SIN. *3* **Significado, sentido; acepción**, es cada una de las significaciones que una voz puede tener. REL. *3* **Semántica** o **semasiología**, parte de la lingüística que estudia la significación de las palabras; **semántico** y **semasiológico**, adjs.
significado, -da *adj.* Conocido, importante, reputado. -2 *m.* Significación (sentido y objeto). 3 FILOL. Concepto que, como tal, o asociado con determinadas connotaciones, se une al significante para constituir un signo lingüístico. 4 FILOL. Complejo significativo que se asocia con las diversas combinaciones de significantes lingüísticos. 5 ~ ***gramatical,*** el que en una lengua dada es común a todas las unidades capaces de desempeñar una misma función.
significador, -ra *adj.-s.* Que significa.
significante *adj.* Significador. -2 *m.* FILOL. Fonema o secuencia de fonemas que, asociados con un significado, constituyen un signo lingüístico.
significar (l. *-are*) *tr.* Ser una cosa signo, representación o indicio [de otra]. 2 esp. Ser una palabra o frase expresión o signo [de una idea o de una cosa material]. 3 p. ext. Manifestar o hacer saber [una cosa]. -4 *intr.* Representar, tener importancia. -5 *prnl.* Hacerse notar o distinguirse por alguna cualidad o circunstancia. 6 Manifestar una persona ciertas ideas, generalmente políticas o religiosas. ◇ ** CONJUG. [1] como ***sacar.***
significativamente *adv. m.* De un modo significativo.
significativo, -va *adj.* Que da a entender con propiedad una cosa. 2 Que tiene importancia por representar o significar algún valor.
signo (l. *-gnu;* doble etim. *sino* I) *m.* Cosa que evoca en el entendimiento la idea de otra. 2 Elemento representante de algo, con independencia de su relación con lo representado: ~ ***lingüístico,*** unidad mínima de la oración, constituida por un significante y un significado. 3 Carácter empleado en la escritura y en la imprenta. 4 Carácter con que se escribe la música, esp. el que indica el tono natural de un sonido. 5 Figura que los notarios agregan a su firma en los documentos públicos: ***signo rodado***, o ***rueda,*** figura circular dibujada o pintada al pie de un privilegio rodado y que solía llevar en el centro una cruz y las armas reales, alrededor el nombre del rey y a veces los de los confirmantes. 6 Señal hecha por modo de bendición. 7 Parte que, junto a otras once iguales, constituye el Zodíaco. 8 Sino. 9 Seña (marca, imagen, vestigio e indicio). 10 Alteración objetiva que produce una enfermedad en el organismo, que se puede poner de manifiesto durante la exploración médica. 11 MAT. Señal usada en los cálculos para indicar la naturaleza de las cantidades o las operaciones que se han de ejecutar con ellas.
REL. *2* **Icono, indicio, señal, símbolo, síntoma.**
sigse *m. Ecuad.* Caña que sirve para techar.
sigua *f.* Cigua.
siguán *m. Guat.* Hoyo, esp. el profundo.
siguanaba *f. Amér. Central.* Ciguanaba.
siguapa (voz indígena) *f. C. Rica* y *Cuba.* Ave de rapiña nocturna, semejante a la lechuza y menor que ella *(Otus siguapa).* 2 *S. Dom.* Fantasma, aparición.
SIN. *1* **Ciguapa.**
siguaraya (voz indígena) *f. Cuba.* Árbol a cuyas hojas se atribuyen propiedades medicinales, esp. contra la erisipela *(Trichilia glabra; T. Havanensis).*
SIN. **Ciguaraya.**
siguemepollo *m.* Cinta que, como adorno, llevaban las mujeres, dejándola pendiente a la espalda.
siguetear *tr. Perú.* fest. Seguir [a alguien].
siguiente (l. *sequente*) *adj.* Ulterior, posterior en orden, calidad, espacio o tiempo.
SIN. Suele decirse de lo que sigue inmediatamente, en tanto que **ulterior** y **posterior** aluden sólo al hecho de ir o estar detrás. Por esto decimos *el día siguiente*, y no *posterior* ni *ulterior.* Aun en los casos en que pueden sustituirse, sentimos *siguiente* como más próximo que los otros. Comp. *las noticias siguientes fueron más agradables*, con *posteriores, ulteriores.*
sijú *m. Ant.* Ave rapaz nocturna, de color tabaco con alas algo más oscuras y cola con manchas claras; las plumas de la garganta, vientre y piernas, blancas *(Noctua siju).* ◇ Pl.: *sijúes.*
sil (l.) *m.* Ocre (mineral).
****sílaba** *f.* Sonido o conjunto de sonidos articulados que constituyen un solo núcleo fónico entre dos depresiones sucesivas de la emisión de voz: ~ ***abierta,*** sílaba libre; ~ ***aguda,*** aquella en que carga el acento prosódico; ~ ***átona,*** la que no tiene acento prosódico; ~ ***breve,*** la que no es larga, o sea, la de menos duración; ~ ***cerrada,*** sílaba trabada; ~ ***larga,*** la que no es breve, o sea, la de mayor duración; ~ ***libre,*** la que termina en vocal, como las dos de *paso*; ~ ***postónica,*** la átona que viene detrás de la tónica; ~ ***protónica*** o ***pretónica,*** la átona que precede a la tónica; ~ ***tónica,*** sílaba aguda; ~ ***trabada,*** la que termina en consonante, como las dos de *postor*. 2 MÚS. Nombre de notas que se añaden a las siete primeras letras del alfafabeto para designar los diferentes modos musicales.
silabación *f.* FILOL. División en sílabas, tanto en la pronunciación como en la escritura. 2 Pronunciación lenta y clara de una palabra, con pausas entre las sílabas.
silabar *intr.* Silabear.
silabario *m.* Libro que enseña a deletrear presentando sílabas sueltas y palabras divididas en sílabas.
silabear *intr.-tr.* Ir pronunciando separadamente cada sílaba: ~ *un párrafo.*
silabeo *m.* Acción de silabear. 2 Efecto de silabear.
silábico, -ca *adj.* Relativo a la sílaba. 2 Que puede formar sílaba o que puede ser centro de una sílaba.
sílabo (l. *syllabu*) *m.* p. us. Índice, catálogo.
silampa *f. Amér. Central.* Llovizna, lluvia menuda.
silanga *f. Filip.* Brazo de mar largo y estrecho que separa dos islas.
silba *f.* Acción de silbar; esp. cuando lo hacen muchas personas en señal de protesta. 2 Efecto de silbar; esp. cuando lo hacen muchas personas en señal de protesta. ◇ HOMÓF.: *silva* (f.).
SIN. **Pita, pitada.**
silbador, -ra *adj.-s.* Que silba.
silbante *adj.* Sibilante. -2 *m.* fam. Señorito pobre.
silbar (l. *sibilare*) *intr.* Dar o producir silbos o silbidos. 2 Agitar el aire produciendo un sonido como el silbo: ~ *las balas.* -3 *intr.-tr.* fig. Manifestar desagrado el público con silbidos u otras manifestaciones ruidosas: ~ *a un actor, una comedia.*
SIN. *3* **Pitar.**
silbatina *f.* Silba, rechifla.
silbato *m.* Instrumento pequeño y hueco que produce un silbo agudo soplando en él. 2 Rotura pequeña por donde escapa el aire o se rezuma un líquido. 3 Silbido, silbo.
SIN. *1* **Chiflato, pito.**
silbido *m.* Silbo: ~ ***de oídos,*** el que se percibe en los oídos por diversas causas. 2 Oscilación continua de frecuencia acústica, producida en un circuito telefónico.
SIN. **Pitido, pitío.**
silbín *m. Guat.* y *P. Rico.* Faro del automóvil.

SÍLABA

La sílaba se llama *abierta* o *libre* cuando termina en vocal; p. ej.: todas las de las palabras *sólido, remedio, apremiaba.* Si termina en consonante, se llama *cerrada* o *trabada;* p. ej.: todas las sílabas de *antes, marfil, observar.*

LEYES DE LA AGRUPACIÓN SILÁBICA

I. Sílabas formadas por vocales y consonantes

Una sola consonante entre vocales forma sílaba con la segunda vocal: *re-ba-ño, me-cá-ni-ca.*

Los grupos *pr, pl, br, bl, fr, fl, tr, dr, cr, cl, gr* y *gl* forman sílaba con la vocal que les sigue: *re-pri-mir, co-pla, pue-blo, a-tre-vi-do, re-cla-ma, a-grio, bra-mi-do, frí-o, fla-co, dra-ma, cre-ma, si-gla.*

En cualquier otra combinación de dos consonantes, iguales o diferentes, la primera se agrupa con la vocal anterior y la segunda con la siguiente: *res-pi-ra, ob-ser-var, in-na-to, hon-ra.*

Entre tres consonantes, las dos primeras forman sílaba con la vocal que precede y la tercera con la que sigue: *ins-tin-to, obs-tá-cu-lo, pers-pi-caz.*

Si en el grupo de tres o más consonantes las dos últimas son *pr, pl, br, bl, fr, fl, tr, dr, cr, cl, gr, gl,* éstas se juntan a la vocal siguiente y las demás a la precedente: *com-pra, tem-plo, en-tre, ins-tru-men-to, abs-trac-to, cons-crip-to.*

II. Diptongos

Cuando dos vocales se pronuncian en una sola sílaba, forman un *diptongo.* Los diptongos pueden estar constituidos por toda clase de vocales; pero en sentido estricto suele darse esta denominación a las agrupaciones en que entra una de las vocales *cerradas* (también llamadas *extremas* o *débiles*): *i, u.*

Las vocales, *a, e, o* se llaman *abiertas, intermedias,* o *fuertes.*

Si empieza por vocal abierta el diptongo es *decreciente: peine, pausado.* En este caso la *i* y la *u* son *semivocales.*

Si comienza por vocal cerrada, el diptongo es *creciente: bien, guapo.* La *i* y la *u* son *semiconsonantes.*

Decrecientes		*Crecientes*	
Vocal abierta tónica o átona + vocal cerrada átona		Vocal cerrada átona + vocal abierta tónica o átona	
ai o *ay*	*aire, hay, caimán*	*ia*	*diablo, rabia*
au	*causa, aurora*	*ua*	*cual, guapeza*
ei o *ey*	*veis, ley, peinar*	*ie*	*pie, cambie*
eu	*feudo, Europa*	*ue*	*fuerza, huevero*
oi u *oy*	*sois, soy, boicot*	*io*	*rubio, axioma*
ou	*bou*	*ou*	*cuota, cuotidiano*

Los diptongos *iu, ui* se pronuncian con acento en la primera o en la segunda vocal, según los casos. En general domina la tendencia a acentuar prosódicamente la segunda. Para la ortografía, la combinación *ui* en sílaba tónica solamente llevará tilde, que se pondrá sobre la *i,* cuando sean palabras agudas de más de una sílaba y terminen en vocal o consonante *s: huí, fluí, huís, construí;* o esdrújulas: *lingüístico, casuístico.*

silbo (l. *sibilu*) ***m.*** Sonido agudo que hace el aire. 2 Sonido agudo que resulta de hacer pasar con fuerza el aire por la boca con los labios fruncidos o con los dedos colocados en ella convenientemente. 3 Sonido de igual clase que se hace soplando con fuerza en un cuerpo hueco. 4 Voz aguda y penetrante de algunos animales, como la de la serpiente.

silbón (de *silbar*) ***m.*** Ave palmípeda semejante a la cerceta *(Anas penelope).*

silboso, -sa ***adj.*** Que silba o forma el ruido de silbido.

silenciador ***m.*** Dispositivo que se aplica a los tubos de escape de los automóviles, o al cañón de algunas armas de fuego, para amortiguar el ruido. 2 Circuito empleado en los receptores de radio para eliminar los ruidos parásitos que perturban la recepción.

silenciar ***tr.*** Guardar silencio [sobre algo]. 2 Pasar por alto intencionadamente [alguna cosa] en la conversación o escrito. 3 Hacer cesar el fuego de [las armas enemigas]. 4 *Amér.* Acallar, imponer silencio. ◇ ** CONJUG. [12] como ***cambiar.***

SIN. *1* **Callar, reservar.** *2* **Omitir.**

silenciario, -ria (l. *-tiariu*) ***adj.*** Que guarda continuo silencio. -2 ***m.*** Persona destinada a cuidar del silencio en la casa o templo.

silenciero, -ra ***adj.-s.*** Que cuida de que se observe silencio.

silencio (l. *-ntiu*) ***m.*** Abstención de hablar: ***imponer uno ~,*** hacer callar a las personas; fig., reprimir las pasiones; fig., ***en ~,*** sin protestar, sin quejarse. 2 fig. Efecto de no hablar por escrito: *el ~ de los periódicos ante el crimen; ~* ***administrativo,*** DER., desestimación tácita de una petición o recurso por el mero vencimiento del plazo que la administración pública tiene para resolver. 3 Falta de ruido. 4 MÚS. Pausa.

silenciosamente ***adv. m.*** Con silencio. 2 Secreta o disimuladamente.

silencioso, -sa ***adj.*** Que calla. 2 Que no hace ruido. 3 [lugar o tiempo] En que hay o se guarda silencio.

SIN. *1* **Callado, reservado, taciturno,** tratándose de persona habitualmente silenciosa.

silene ***f.*** Planta perenne cariofilácea de flores blancas con el cáliz globular y los nervios muy marcados *(Silene vulgaris).*

sileno ***m.*** Macaco, de pelo espeso, largo en el dorso y de color oscuro en la parte superior; la melena y la barba son claras. Es el más vistoso de los macacos *(Macaca silenus).*

silente ***adj.*** lit. Silencioso, tranquilo, sosegado.

silepsis (gr. *syllepsis,* comprensión) ***f.*** Figura de construcción que consiste en quebrantar la concordancia gramatical atendiendo al significado más que a las palabras: *acudieron a la ciudad*

SÍLABA (continuación)

III. Triptongos

Vocal cerrada + vocal abierta tónica + vocal cerrada átona.

iai	*apreciáis*
iei	*despreciéis*
uai, uay	*amortiguáis, guay*
uei, uey	*amortiguéis, buey*

Hiato. — Cuando dos vocales están juntas y no forman sílaba, se dice que están en *hiato.*

a) Se produce hiato en la combinación vocal cerrada + vocal abierta y viceversa: *ve-ní-a, ba-úl.* Este hiato se distingue ortográficamente por el acento.

b) Fuera de las condiciones del párrafo anterior, la lengua española tiende al diptongo de un modo general; pero hay numerosos casos de hiato que dependen de la tradición particular de cada palabra y no pueden encerrarse en normas fijas. Las principales causas de estas vacilaciones son:

1. La pronunciación lenta favorece el hiato: *ru-i-na, ru-i-do, cru-el,* frente a *rui-na, rui-do, cruel,* del habla rápida.
2. La analogía con formas acentuadas; p. ej.: *fi-a-dor, cri-a-tu-ra,* por analogía con *fi-ar, cri-ar* (*fía, cría*).
3. La etimología: *a-nu-al, pri-or, gra-tu-i-to, di-ur-no.*
4. Las exigencias de la versificación pueden favorecer el diptongo o el hiato: V. Sinalefa, Sinéresis y Diéresis en los correspondientes artículos.

OBSERVACIONES:

1. Las palabras en español terminan de un modo casi exclusivo en vocal o en *d, z, s, n, l, r.* En palabras extranjeras, onomatopéyicas, antiguas, etc., se pueden dar otras terminaciones: *club, rosbif, zigzag, boj, álbum.*
2. La Real Academia Española simplificó en 1956 ciertos grupos de consonantes: *gn-, mn-* y *ps-: gneis* y *neis, mnemotecnia* y *nemotecnia, psíquico* y *síquico.* Da como válidas las dos, pero prefiere la primera.
3. El español antepone una *-e* a toda palabra que comienza con un grupo de dos consonantes si la primera es *s,* cualquiera que sea su procedencia y fecha de incorporación: *escena, esmoquin, esplín.* En otras no se ha producido ortográficamente (sí fonéticamente): *snob* (pero *esnobismo*), *slógan.*
4. Es una grave falta de prosodia decir *ad-erir, ad-esión* en lugar de *a-derir, a-desión,* porque se piense o se vea la *h* (*adherir, adhesión*) presente en la grafía de estas palabras y otras semejantes.
5. En casos de palabras como *deshierba* o *deshuesar,* la consonante *s* en que termina la primera sílaba de una y otra palabra precede a las semiconsonantes [*j*] y [*w*], escritas como *hi* y *hu,* respectivamente.

multitud de gentes, por *acudió...* 2 RET. Tropo que consiste en usar a la vez una misma palabra en sentido recto y figurado: *poner a uno más* SUAVE *que un guante.* ◇ Pl.: *silepsis.*

siléptico, -ca *adj.* Relativo a la silepsis.

silería *f.* Lugar donde están los silos.

silero *m.* Silo.

silesiano, -na, silesio, -sia *adj.-s.* De Silesia, región de Europa que forma parte de Polonia y Checoslovaquia.

sílex (l. *-ex*) *m.* Piedra muy dura constituida esencialmente por sílice. 2 Utensilio prehistórico confeccionado con esa piedra. ◇ Pl.: *sílex.*

sílfide (v. *silfo*) *f.* Ninfa del aire. 2 fig. Joven esbelta y graciosa.

silfo (l. *sylphu,* de orig. galo) *m.* Ser fantástico, espíritu elemental del aire.

silga *f.* Sirga.

silgado, -da *adj. Ecuad.* Cenceño, enjuto, delgado.

silgar *tr.* MAR. Sirgar. -2 *intr.* MAR. Hacer que avance una embarcación moviendo a uno y otro lado un remo que se coloca en el punto medio de la popa. ◇ ** CONJUG. [7] como ***llegar.***

silguero *m.* Jilguero.

silicato *m.* Sal o éster del ácido silícico.

sílice (l.) *f.* Anhídrido de silicio, SiO_2, que entra en la composición de diversos minerales.

REL. Si es anhidro forma el **cuarzo;** si es hidratado, el **ópalo.**

silíceo, -a *adj.* De sílice o semejante a ella.

silícico, -ca *adj.* Relativo a la sílice: *Ácido* ~, $Si(OH)_4$, sílice hidratada.

silicio *m.* Metaloide que se obtiene por reducción del cuarzo. Su símbolo es *Si,* su peso atómico 28,3 y su número atómico 14. Es el segundo elemento en abundancia.

siliciuro *m.* Compuesto de silicio y de un metal.

silico- (de *silicio*) Elemento prefijal que entra en la formación de palabras con el significado de silicio. Se usa especialmente en química.

silicona *f.* QUÍM. Nombre que se aplica a varios compuestos de carácter orgánico que contienen átomos de silicio reemplazando los de carbono. Los más simples son aceites de bajo punto de fusión y viscosidad; los más complejos son sólidos y muy buenos aisladores eléctricos.

silicosis *f.* Enfermedad respiratoria producida por el polvo de la sílice. ◇ Pl.: *silicosis.*

silicua (l. *siliqua*) *f.* Peso antiguo que era de cuatro gramos. 2 Fruto en caja, alargado, bicarpelar, entre cuyas placentas se desarrolla un falso tabique membranoso; en la dehiscencia se separan los carpelos, dejando en medio las zonas de sutura, que forman un marco portador del falso tabique y las semillas.

silícula (l.) *f.* Fruto en caja análogo a la silicua, pero tan ancho como largo.

silingo, -ga (l. *-gi*) *adj.-s.* De un pueblo de raza germánica que antig. habitó entre el Elba y el Óder.

silla (l. *sella*) *f.* Asiento individual con respaldo y, por lo común, con cuatro patas: ~ ***curul,*** aquella en que se sentaban los ediles patricios romanos; ~ ***de tijera,*** la que tiene el asiento por lo común de tela, y las patas cruzadas en aspa de manera que pueda plegarse; ~ ***gestatoria,*** la portátil que usa el Papa en ciertos actos de gran ceremonia; ~ ***eléctrica,*** la empleada en algunos estados norteamericanos para ejecutar mediante electrocución a los condenados a muerte; condena consistente en dicha ejecución. 2 fig. *y* fam. Ano. 3 Sede de un prelado. 4 Dignidad de papa y otras eclesiásticas. 5 Aparejo para montar a caballo: ~ ***jineta,*** la que sirve para montar a la jineta. 6 Pieza de carne de ternera que va desde las costillas hasta la punta del anca. 7 ~ ***de la reina,*** asiento que forman entre dos con las cuatro manos, asiendo cada uno su muñeca y la del otro. 8 ~ ***de manos,*** ant. vehículo con asiento para una persona, a manera de caja de coche, el cual era llevado por hombres, sostenido en dos varas largas. 9 ~ ***de posta,*** coche en que se corría la posta. 10 ~ ***turca,*** escotadura en forma de silla que presenta el hueso esfenoides.

SIN. 7 **Silla de manos,** en Extr. y Amér.; **silleta,** en Albac. y Ar.

sillada *f.* Rellano en la ladera de un monte.

sillar (de *silla*) *m.* Piedra labrada que forma parte de una construcción. 2 Parte del lomo de la caballería donde sienta la silla.

sillarejo *m.* Dim. de *sillar*. 2 Sillar pequeño sin labrar, o toscamente labrado; esp. el que no atraviesa todo el grueso del muro y no tiene sino un paramento o dos.
sillazo *m.* Silletazo.
I) sillería *f.* Conjunto de sillas iguales o de sillas, sillones y canapés de una misma clase con que se amuebla una habitación. 2 Conjunto de asientos unidos a otros, como los del coro de las iglesias. 3 Taller donde se fabrican sillas. 4 Tienda donde se venden. 5 Oficio de sillero.
II) sillería *f.* Fábrica hecha de sillares (piedras). 2 Conjunto de estos sillares.
sillerilla *f.* Arbusto cistáceo de hojas alternas, largas y gruesas, y cuyas flores, de color amarillo, se utilizan en infusión como diurético *(Fumana ericoides)*.
sillero, -ra *m. f.* Persona que tiene por oficio hacer o vender sillas. 2 Persona que cuida de las sillas en las iglesias. -3 *f.* desus. Sitio donde se guardaban las sillas de manos. -4 *m. Murc.* y *Méj.* Guadarnés. 5 *Argent.* Mula o caballo de silla.
silleta *f.* Dim. de *silla*. 2 Silla, asiento. 3 Silla de caza. 4 Prominencia de terreno. 5 Recipiente de forma plana para excretar en la cama los enfermos. 6 Piedra sobre la cual se labra o muele el chocolate. 7 *Albac.* y *Argent.* Silla de la reina. -8 *f. pl. Ar.* Jamugas.
silletazo *m.* Golpe dado con una silla.
sillete *m. Logr.* Banquillo de anea o paja con cuatro patas unidas por travesaños.
silletería *f. Perú.* Taller o fábrica de sillas.
silletero *m.* Portador de una silla de manos. 2 *León.* y *Amér.* Sillero.
silletín *m.* Dim. de *silleta*. 2 *León* y *Zam.* Escabel para apoyar los pies.
sillico *m.* Bacín (vaso).
sillín *m.* Jamuga cómoda y lujosa. 2 Silla de montar más ligera que la común. 3 Especie de silla muy pequeña que lleva la caballería de varas. 4 Asiento de la bicicleta y otros vehículos análogos.
sillón *m.* Aum. de *silla*. 2 Silla de brazos, mayor y más cómoda que la ordinaria. 3 Silla de montar en que una mujer puede ir sentada como en una silla común. 4 *Colomb.* y *Perú.* Silla de tijeras que se pone a los asnos y a los bueyes. 5 *Cuba, Perú* y *P. Rico.* Mecedora (mueble). -6 *adj. Argent.* Ensillado, dicho de una caballería.
sillonero, -ra *adj. Amér.* [animal] Que admite fácilmente la silla de montar, esp. el buey educado para montar en él.
silo (orig. incierto; probl. *silon,* semilla) *m.* Lugar convenientemente seco y preparado para guardar el trigo u otras semillas o forrajes; antiguamente los silos eran subterráneos, pero modernamente se construyen también sobre la superficie del suelo. 2 fig. Lugar subterráneo, profundo y oscuro. 3 fig. Base de misiles balísticos. 4 *Chile.* Alfalfa, trébol u otro pasto prensado que se guarda para alimento del ganado.
SIN. *1* y *2* **Silero.**
silogismo (gr. *syllogismós*) *m.* LÓG. Razonamiento que consta de tres proposiciones, la última de las cuales se deduce necesariamente de las otras dos.
NOMENCLATURA. Las dos primeras proposiciones se llaman *premisas*; la tercera se denomina *conclusión*. Los dos términos que entran en las premisas y en la conclusión se llaman *extremos* (*mayor* y *menor*), y el que sólo entra en las premisas recibe el nombre de *medio*. V. *Término*. *Figuras* son las distintas combinaciones que pueden hacerse en la colocación del término medio en relación con los extremos. Son cuatro: 1.ª El término medio es sujeto en la premisa mayor y predicado en la menor, p. ej.: «Todo *animal* es mortal; todo hombre es *animal*; luego todo hombre es mortal». 2.ª El término medio es predicado en las dos premisas, p. ej.: «Todo espíritu es *inmortal*; ningún hombre es *inmortal*; luego ningún hombre es espíritu». 3.ª El término medio es sujeto en ambas premisas, p. ej.: «Todo *hombre* es animal; todo *hombre* es mortal; luego algún mortal es animal». 4.ª El término medio es predicado en la mayor y sujeto en la menor, p. ej.: «Todo cuerpo es *ser*; todo *ser* es substancia; luego alguna substancia es cuerpo». *Modos* son las combinaciones que pueden hacerse con las proposiciones de los silogismos atendiendo a la cantidad y a la cualidad (v. *Proposición*). En LÓG. se expresan los modos del silogismo por medio de las siguientes palabras mnemotécnicas, cuyas vocales dan a conocer la cantidad de las proposiciones que forman el silogismo. 1.ª figura: *Barbara, Celarent, Darii, Ferio;* 2.ª figura: *Cesare, Camestres, Festino, Baroco;* 3.ª figura: *Darapti, Felapton, Disamis, Datisi, Bocardo, Ferison;* 4.ª figura: *Baralipton, Camentes, Dimatis, Fesapno, Fresisomorum.*
silogístico, -ca *adj.* Relativo al silogismo.
silogizar (gr. *syllogizo*) *intr.* Argüir con silogismos o hacerlos. ◇ ** CONJUG. [4] como ***realizar.***
silueta (fr. *silhouette,* del n. pr. de un inspector del tesoro, célebre en 1574; de él tomaron nombre muchas monedas de su tiempo) *f.* Dibujo sacado siguiendo los contornos de la sombra de un objeto. 2 Forma que presenta a la vista la masa de un objeto más oscuro que el fondo sobre el cual se proyecta. 3 PINT. Perfil.
siluetar *tr.* Siluetear.
siluetear *tr.* Dibujar [un objeto, persona, etc.] en silueta.
silúrico, -ca (de *Silures,* nombre latino de un pueblo celta de la Gran Bretaña) *adj.-m.* Período geológico de la era primaria o paleozoica que sigue al ordovícico y precede al devónico, y terreno a él correspondiente. 2 *adj.* Perteneciente o relativo a dicho período.
siluriano, -na *adj.-s.* Silúrico.
siluriforme *adj.-m.* Pez del orden de los siluriformes. -2 *m. pl.* Orden de peces teleósteos, por lo general de agua dulce, con la piel desnuda o cubierta por placas óseas, y la boca rodeada de barbillas; como el siluro.
siluro (l. *-uru* < gr. *siluros*) *m.* Pez teleósteo siluriforme de agua dulce parecido a la anguila (gén. *Silurus; Malopterurus*). 2 MAR. Torpedo automóvil.
silva (l., selva) *f.* Colección de varias materias o especies, escritas sin método. 2 Combinación métrica que consta de una serie indefinida de versos heptasílabos y endecasílabos, aconsonantados al arbitrio del poeta; ** POESÍA. 3 Composición poética escrita en silva. 4 *Sal.* Zarza. 5 *León.* Serba. ◇ HOMÓF.: *silba* (f.).
silvano (l. *Silvanu*) *m.* FÁB. Semidiós de las selvas. -2 *adj.* Selvático, propio de las selvas o que pertenece a ellas.
silvarronco *m.* Ruiseñor.
silvático, -ca *adj.* Selvático.
silvestre (l.) *adj.* Que se cría naturalmente en selvas y campos. 2 Inculto, agreste y rústico.
CONTR. *1* **Cultivado, sativo.**
silvi- (l. *silva,* selva) Elemento prefijal que entra en la formación de palabras con el significado de selva.
silvícola (*silvi-* + *-cola*) *adj.* Que habita en la selva.
silvicultor, -ra *m. f.* Persona que por profesión se dedica a la silvicultura.
silvicultura (*silvi-* + *-cultura*) *f.* Cultivo de los bosques y montes. 2 Ciencia que trata de este cultivo. ◇ También *selvicultura.*
silvina *f.* Cloruro potásico, muy parecido a la sal común, usado para preparar abonos potásicos.
silvoso, -sa *adj.* Selvoso.
sim-, v. sin- I.
I) sima (orig. incierto; probl. prerrom.) *f.* Cavidad grande y muy profunda en la tierra. 2 Escocia II.
II) sima (de silicio y magnesio) *m.* En el globo terrestre, parte comprendida entre el nife y el sial, formada esp. por silicatos ferromagnésicos.
simarruba *f. Amér.* Simaruba.
simaruba (del caribe; a través del fr.) *f. Amér.* Árbol rutáceo corpulento (gén. *Simaruba*).
simarubáceo, -a *adj.-f.* BOT. Planta angiosperma dicotiledónea, árbol o arbusto, con las hojas alternas o pinnadas y las flores pequeñas y unisexuales. -2 *f. pl.* Familia de estas plantas.
simba *f. Bol.* Cable trenzado de cuero duro. 2 *Perú.* Cinta con que las indias atan sus trenzas.
simbionte *adj.* BIOL. [individuo] Asociado en simbiosis.
simbiosis (gr. *symbiosis* < *sim-* + *biosis,* medios de subsistencia) *f.* H. NAT. Asociación íntima de organismos de especies diferentes que se favorecen mutuamente en su desarrollo. 2 fig. Mezcla. 3 fig. Asociación de personas, entidades, etc., que se apoyan o ayudan mutuamente. 4 fig. Fusión, unión. ◇ Pl.: *simbiosis.*
simbiótico, -ca *adj.* Que tiene carácter de simbiosis: *agrupación simbiótica.*
simbol *m. Argent.* Gramínea de tallos flexibles que se usan para hacer cestos (*Pennisetum rigidum*).
simbólicamente *adv. m.* De manera simbólica. 2 Por medio de símbolos.
simbólico, -ca (gr. *symbolikós*) *adj.* Relativo al símbolo o expresado por medio de él.
simbolismo *m.* Conjunto de símbolos con que se representan creencias, ideas, etc.: ~ *egipcio;* ~ *patriótico.* 2 En sentido lato, toda forma de arte que se expresa mediante símbolos. 3 Estricta-

tamente, escuela literaria iniciada en Francia y propagada a otros países, la cual, como reacción contra la impersonalidad de la poesía parnasiana, aspira a una expresión más alusiva (y por lo tanto simbólica) que representativa. Figuraron en ella pralte. Verlaine (1844-1896), Mallarmé (1842-1898) y Rimbaud (1854-1891).

simbolista *adj.* Relativo al simbolismo. -2 *com.* Partidario del simbolismo.

simbolizable *adj.* Propio para expresarse con un símbolo.

simbolización *f.* Acción de simbolizar. 2 Efecto de simbolizar.

simbolizar *tr.* Servir una cosa como símbolo de otra: *la bandera simboliza la patria.* -2 *intr.* inus. Parecerse una cosa a otra. ◇ ** CONJUG. [4] como ***realizar.***

símbolo (l. *-olu* < gr. *symbolon*) *m.* Cosa sensible que se toma como representación de otra, en virtud de una convención o por razón de alguna analogía que el entendimiento percibe entre ambas. 2 Signo en que la relación de representación es de carácter convencional: ~ ***de la fe*** o ***de los apóstoles,*** credo. 3 Dicho sentencioso. 4 FIL. Representación simbólica de una realidad inaccesible al intelecto. 5 INFORM. Grupo de caracteres utilizado para identificar una unidad de información. 6 LING. Signo que representa su objeto por convención y funciona basado en un enlace arbitrario entre el significante y el concepto; en la gramática generativa, signo que representa una categoría sintáctica o gramatical. 7 NUMIS. Emblemas o figuras accesorias que se añaden al tipo en las monedas y medallas. 8 QUÍM. Letra o letras convenidas con que se designa el átomo o átomo-gramo de un elemento químico.

REL. *1* **Atributo, divisa, emblema, empresa, jeroglífico,** son representaciones gráficas de símbolos; v. **emblema.** SIN. *1* **Alegoría,** significa gralte. una serie o grupo de símbolos, mientras que **símbolo** suele ser singular.

simbología *f.* Conjunto o sistema de símbolos.

simbombo *m. Cuba.* Tonto, necio.

simetría (gr. *symmetría*) *f.* Proporción adecuada de las partes de un todo. 2 Correspondencia de posición, forma y dimensiones de las partes de un cuerpo o una figura a uno y otro lado de un plano transversal (~ *bilateral*) o alrededor de un punto o un eje (~ *radial*).

simétricamente *adv. m.* Con simetría.

simétrico, -ca *adj.* Relativo a la simetría. 2 Que la tiene.

simetrizar *tr.* Hacer simétrica [una cosa]. ◇ ** CONJUG. [4] como ***realizar.***

simia *f.* Hembra del simio.

símico, -ca *adj.* Relativo al simio.

simiente (l. *semente*) *f.* Semilla. 2 Semen. 3 ~ ***de papagayos,*** alazor.

simienza *f.* Sementera.

simiesco, -ca *adj.* Que se asemeja al simio o es propio de él.

símil (l. *-le*) *adj.* Semejante, parecido a otro. -2 *m.* Comparación, semejanza entre dos cosas. 3 RET. Figura consistente en comparar expresamente una cosa con otra, para dar idea viva y eficaz de una de ellas.

SIN. *3* **Comparación, semejanza.**

similar (imitado del ingl. *similar* y del fr. *similaire*) *adj.* Que tiene semejanza o analogía con una cosa.

SIN. v. **Semejante.**

simili-, simil- (de *símil*) Elemento prefijal que entra en la formación de palabras con el significado de símil.

similicadencia (*simili-* + *cadencia*) *f.* RET. Figura que consiste en emplear al fin de dos o más cláusulas, o miembros del período, nombres en el mismo caso de la declinación, verbos en igual modo o tiempo y persona, o palabras de sonido semejante: *los pensamientos van volando como mariposas que se queman tras hermosas, de gran lumbre, por rodar por alta cumbre* (Guevara).

similigrabado (*simili-* + *grabado*) *m.* Sistema de fotograbado destinado a obtener reproducciones fotográficas en medias tintas.

similitud (l. *-udo*) *f.* Semejanza.

similitudinario, -ria *adj.* Que tiene similitud con otra cosa.

similor (fr. *similor,* del l. *similis,* semejante, y fr. *or,* oro) *m.* Aleación de cinc y cobre que tiene el color y el brillo del oro. 2 fig. ***De*** ~, falso, fingido.

simiñoca *f. Cuba.* Enredo, cosa complicada.

simio (l. *-iu*) *m.* Primate antropoide. -2 *m. pl.* Antropoides.

simón (de *Simón,* alquilador de coches) *adj.-s.* En Madrid, coche de plaza y cochero que lo guía.

simonía (b. l., der. del n. de *Simón el Mago,* personaje del Nuevo Testamento) *f.* Compra o venta de cosas espirituales o de temporales inseparablemente anejas a las espirituales. 2 Propósito de efectuar dicha compraventa.

simoníacamente *adv. m.* Con simonía.

simoníaco, -ca, -ático, -ca *adj.* Relativo a la simonía. -2 *adj.-s.* Que comete simonía.

simpa (de *cimba* II) *f. Argent.* y *Perú.* Trenza.

simpar *tr. Argent.* Hacer simpas, trenzas [en los cabellos u otra materia].

simpat-, v. simpatico-.

simpatectomía (*simpat-* + *-ectomía*) *f.* MED. Intervención quirúrgica consistente en efectuar la extirpación de un ganglio con el fin de inhibir su acción predominante.

simpatía (gr. *sympátheia,* comunidad de sentimientos) *f.* Conformidad o analogía de sentimientos. 2 Inclinación instintiva que atrae una persona hacia otra. 3 Modo de ser y carácter de una persona que la hacen atractiva y agradable a las demás. 4 Relación de actividad fisiológica o patológica de algunos órganos que no tienen entre sí conexión directa. 5 FÍS. Fenómeno por el que un sonido debido a una onda vibratoria o explosiva provoca otra vibración o explosión de similares características.

CONTR. *1* y *2* **Antipatía.**

simpáticamente *adv. m.* Con simpatía.

simpático, -ca *adj.* Que inspira simpatía (inclinación). 2 MÚS. [cuerda] Que resuena por sí sola cuando se hace sonar otra. -3 *m.* ***Gran*** ~, conjunto de ganglios y nervios situados delante de la columna vertebral, a derecha e izquierda de ella, y que constituyen parte importante del sistema nervioso de la vida vegetativa.

simpatico-, simpat- (gr. *sympathetimós,* simpático) Elemento prefijal que entra en la formación de palabras con el significado de nervio o ganglio simpático.

simpaticolítico (*simpatico-* + gr. *lysis,* disolución) *m.* MED. Medicamento que tiene por misión inhibir la acción del sistema simpático, de lo que resulta un predominio de la acción del sistema parasimpático.

simpaticomimético (*simpatico-* + *mimético*) *m.* MED. Fármaco que tiene los efectos similares a los que se obtienen estimulando las estructuras del sistema simpático.

simpaticón, -na *m. f.* Persona que provoca fácilmente una simpatía superficial.

simpaticotonía (*simpatico-* + gr. *tonos,* tono) *f.* MED. Estado de excitación general, opuesto a la vagotonía, provocado por el predominio de los influjos del sistema simpático sobre el parasimpático.

simpatizador, -ra *adj.* Que simpatiza.

simpatizante *adj.-s.* Simpatizador. 2 En política, que se siente atraído por un partido sin pertenecer a él.

simpatizar *intr.* Sentir simpatía. ◇ ** CONJUG. [4] como ***realizar.***

simpátrico, -ca (*sim-* + gr. *patrikós,* patriota) *adj.* ZOOL. Que vive en la misma zona que otro.

simpétalo, -la (*sim-* + *pétalo*) *adj.* BOT. [flor] De corola formada por pétalos soldados en un tubo corolino único, como la petunia.

simplada *f. Amér.* Simpleza, bobería.

simplaina, -nas *m.* fam. Necio, poco inteligente.

simple (l. *-ex*) *adj.* Sin composición. Se opone a múltiple, vario, compuesto: *hoja* ~. 2 GRAM. V. oración, palabra, tiempo ~. 3 Que no está doblado ni reforzado, sencillo. 4 esp. [copia de una escritura] Que se saca sin firmar ni autorizar. 5 fig. Desabrido, falto de sazón. -6 *adj.-s.* fig. Manso, apacible. 7 esp. Mentecato y de poco discurso. -8 *m.* Materia que sirve por sí sola a la medicina o que entra en la composición de un medicamento. 9 Partido de tenis entre dos jugadores. ◇ Superl.: *simplicísimo.* En las acepciones 6 y 7 suele emplearse *simplísimo.*

GRAM. Puede ponerse antes del nombre y en este caso significa sin importancia ni calidad: *un ~ soldado; una ~ pregunta.* En la acep. 7, y tratándose de personas, va detrás del nombre: *un soldado ~.* SIN. *7* **Bobo; pazguato; paparote; simple; tonto,** serie intensiva.

simplemente *adv. m.* Con simpleza o sencillez. 2 Absolutamente, sin condición alguna. 3 Solamente.

símplex *m.* En telecomunicación, sistema de transmisión que da paso, en cada momento, a un solo mensaje, en un sentido o en otro. 2 Operación de transmitir o recibir dicho mensaje. 3 Mensaje transmitido o recibido por este procedimiento. ◇ Pl.: *símplex.*

simpleza *f.* Calidad de simple (mentecato). 2 Dicho o hecho simple. 3 fam. Cosa insignificante o de poco valor.

simplicidad (l. *-itate*) *f.* Sencillez, candor. 2 Calidad de sim-

ple (sin composición). 3 ANGLIC. Referido a personas, llaneza, sencillez.
SIN. *1* **Parvulez; ingenuidad.**
simplicísimo, -ma (l. *-issimu*) ***adj.*** Superl. de *simple*.
simplicista ***adj.-s.*** Simplista (que simplifica).
simplificable ***adj.*** Susceptible de simplificación.
simplificación ***f.*** Acción de simplificar. 2 Efecto de simplificar.
simplificador, -ra ***adj.*** Que simplifica.
simplificar (de *simple* + *-ificar*) ***tr.*** Hacer más sencilla o más fácil [una cosa]. 2 MAT. ~ ***un quebrado,*** reducir su expresión dividiendo el numerador y el denominador por un mismo número. ◇ ** CONJUG. [1] como ***sacar.***
simplísimo ***adj.*** Superl. de *simple*, esp. para las aceps. de manso y mentecato.
simplismo ***m.*** Calidad de simplista.
simplista ***adj.-s.*** Que simplifica o tiende a simplificar; esp., persona que reduce sus razonamientos o motivos a fórmulas demasiado elementales. -2 ***com.*** MED. Persona que trata de los simples.
SIN. *1* **Simplicista.**
simplocáceo, -a ***adj.-f.*** Planta ebenal dicotiledónea, árbol o arbusto, con flores hermafroditas y frutos carnosos (bayas). -2 ***f. pl.*** Familia de estas plantas.
simplón, -plona ***adj.-s.*** Aum. de *simple* (mentecato). 2 Sencillo, ingenuo.
simplote ***adj.*** fam. Simplón.
simposio (gr. *symposion,* banquete) ***m.*** Reunión de un grupo de personas, que se proponen estudiar un tema determinado, o exponer asuntos relativos a él.
simulación ***f.*** Acción de simular. 2 DER. Alteración aparente de la causa, la índole o el objeto verdaderos de un acto o contrato.
SIN. *1* v. **Ficción.**
simulacro (l. *-cru*) ***m.*** Imagen hecha a semejanza de una cosa o persona. 2 Especie que forma la fantasía. 3 Acción de guerra fingida para adiestrar las tropas. 4 *Venez.* Modelo, dechado.
simuladamente ***adv. m.*** Con simulación.
simulado, -da ***adj.*** Engañoso, ficticio.
simulador, -ra ***adj.-s.*** Que simula. -2 ***m.*** Dispositivo o programa que realiza simulación. 3 Aparato que permite representar el comportamiento [de algo]: ~ ***de vuelo,*** reproducción del puesto de pilotaje de un avión que sirve para la instrucción de los pilotos.
simular (l. *are*) ***tr.*** Representar [una cosa] fingiendo lo que no es: ~ *un ataque de nervios.*
SIN. **Fingir.**
simultáneamente ***adv. m.*** Con simultaneidad.
simultanear (de *simultáneo*) ***tr.*** Realizar en el mismo espacio de tiempo [dos operaciones o propósitos]. 2 esp. Cursar al mismo tiempo [asignaturas correspondientes a distintos años académicos o a diferentes facultades].
simultaneidad ***f.*** Calidad de simultáneo.
simultáneo, -a (l. med. *-eu* < l. *simultas,* rivalidad × el sentido de *simul,* juntamente) ***adj.*** Que se hace u ocurre al mismo tiempo que otra cosa.
SIN. v. **Contemporáneo.** CONTR. **Sucesivo.**
simún (ár. *simum,* a través del fr.) ***m.*** Viento abrasador que suele soplar en los desiertos de África y de Arabia.
sin (l. *sine*) ***prep.*** Denota privación o carencia de alguna cosa: *estamos ~ pan.* 2 Fuera de, o además de: *llevo tanto en dinero, ~ las alhajas.* 3 Con el infinitivo de un verbo equivale a *no* y al gerundio o participio de dicho verbo: ***partió ~ comer,*** no habiendo comido. 4 Cuando acompaña a palabras negativas significa afirmación más o menos atenuada: ***entré, no ~ miedo,*** con algún miedo.
I) sin- (prep. gr. *syn,* con) Prefijo que entra en la formación de palabras con el significado de unión o simultaneidad: *sincrónico;* aparece generalmente en voces de origen culto: *síntesis, síndico;* delante de *p* y *b* toma la forma *sim-*.
II) sin- (l. *sine*) Prefijo que entra en la formación de palabras con los valores de la preposición *sin: sinrazón.*
sinagoga (l. < gr. *synagogé* < *synago,* reunir) ***f.*** Congregación o asamblea religiosa de los judíos. 2 fig. Conciliábulo (junta). 3 Templo de los judíos; casa en que se reúnen para orar y oír la doctrina de Moisés.
sinalagmático, -ca (gr. *synallagmatikós,* relativo al contrato) ***adj.*** DER. Relativo al contrato bilateral.
sinalefa (l. *synalœpha* < gr. *synaloiphé*) ***f.*** Pronunciación en una sola sílaba de la última vocal de una palabra y la primera de la palabra siguiente: *l(a e)strella, est(e ho)mbre.*
sinalgia (*sin-* I + *-algia*) ***f.*** PAT. Dolor en un lugar alejado del punto en que se encuentra la lesión que lo provoca.
sinaloense ***adj.-s.*** De Sinaloa, estado de Méjico.
sinamay ***m.*** Tela muy fina que se fabrica en Filipinas.
sinamayera ***f.*** La que vende sinamay y otras telas en Filipinas.
sinandrales ***f. pl.*** Orden de plantas dentro de las dicotiledóneas, con las flores completas y pentámeras, actinomorfas o zigomorfas.
sinapismo (l. *-ismu* < gr. *sinapismós* < *sinapis,* mostaza) ***m.*** MED. Tópico hecho con polvo de mostaza. 2 fig. *y* fam. Persona o cosa que molesta o exaspera. 3 fig. *y* fam. Solución o remedio drástico para estimular a alguien.
sinapsis (gr. *synapsis,* unión, enlace) ***f.*** Relación funcional de contacto entre las dendritas de las células nerviosas. ◇ Pl.: *sinapsis.*
sinarca ***com.*** Gobernante o miembro de una sinarquía.
sinario ***m.*** p. us. Sino, pronóstico.
sinarquía (gr. *synarchía* < *sin-* I + *-arquía*) ***f.*** Gobierno constituido por varios príncipes, cada uno de los cuales administra una parte del Estado. 2 p. ext. Influencia, gralte. decisiva, de un grupo de empresas comerciales o de personas poderosas en los asuntos políticos y económicos de un país.
sinárquico, -ca ***adj.*** Perteneciente o relativo a la sinarquía. 2 Que tiene caracteres de una sinarquía.
sinartrosis (gr. *synárthrosis*) ***f.*** Articulación no movible, como la de los huesos del cráneo. ◇ Pl.: *sinartrosis.*
sincárpico, -ca ***adj.*** BOT. [gineceo de la flor] Que tiene los carpelos entresoldados por sus bordes.
sincarpio, sincarpo (*sin-* I + *-carpo*) ***m*** BOT. Conjunto de frutos soldados entre sí, procedentes de una sola flor, o de frutos concrescentes originados en flores distintas.
sincerador, -ra ***adj.-s.*** Que sincera.
sinceramente ***adv. m.*** Con sinceridad.
sincerar (b. l. *-are,* purificar) ***tr.-prnl.*** Justificar la inculpabilidad [de uno]: *sincerarse de la culpa ante un juez.* -2 ***prnl.*** Hablar sinceramente: *sincerarse con otro.*
sinceridad ***f.*** Calidad de sincero.
sincero, -ra (l. *-ru*) ***adj.*** Que siente o piensa realmente. 2 Veraz, exento de hipocresía o simulación.
SIN. *2* **Veraz, verdadero, verídico, de buena fe,** que habla o procede con verdad; **abierto** y **franco,** sugieren cierta decisión o energía de carácter; **sencillo, candoroso,** con más o menos claro sentido irónico, cuando la sinceridad proviene de falta de malicia; **cándido** e **ingenuo,** se aplican al que fácilmente se deja engañar, al incauto.
sinclinal ***m.*** GEOL. En un terreno dispuesto en capas paralelas, pliegue hundido.
sincolotes (mej. *sintli,* maíz y *kolotli,* troje) ***m. pl.*** Cestos altos para almacenar el maíz.
síncopa (l. *syncopa* < gr. *synkopé* < *syncopto,* cortar) ***f.*** Figura de dicción que consiste en abreviar una palabra suprimiendo una o más letras en medio de ella: *Navidad* por *Natividad.* 2 MÚS. Enlace de dos sonidos iguales, de los cuales el primero se halla en el tiempo o parte débil del compás y el segundo en el fuerte, o al contrario.
sincopadamente ***adv. m.*** Con síncopa.
sincopado, -da ***adj.*** [ritmo o canto] Que tiene notas sincopadas. 2 [voz] Que ha sufrido síncopa.
SIN. **Semicopado.**
sincopal ***adj.*** MED. [fiebre] Que se junta con el síncope.
sincopar ***tr.*** GRAM. y MÚS. Hacer síncopa: ~ *una palabra; ~ dos notas.* 2 fig. Abreviar (acortar).
síncope (l. *syncope* < gr. *synkopé*) ***m.*** GRAM. Síncopa. 2 MED. Suspensión repentina de los movimientos del corazón y de la respiración, con pérdida del conocimiento.
SIN. *2* **Desmayo, congoja,desvanecimiento, patatús, soponcio** (fam.), **telele** (fam.).
sincopizar ***tr.-prnl.*** Causar síncope [a una persona]. ◇ ** CONJUG. [4] como ***realizar.***
sincrético, -ca ***adj.*** Relativo al sincretismo.
sincretismo (gr. *synkretismós,* unión de los cretenses) ***m.*** Sistema filosófico que trata de conciliar doctrinas diferentes. 2 FILOL. Concentración de dos o más funciones gramaticales en una sola forma.
sincretista ***adj.*** Relativo al sincretismo. -2 ***adj.-com.*** Partidario de él.
sincrociclotrón (de *sicronía* + *ciclotrón*) ***m.*** Aparato derivado del ciclotrón que se usa para acelerar partículas electrizadas.

sincronía *f.* Serie de acontecimientos en una época determinada de la historia. 2 FILOL. Método de análisis lingüístico que considera a la lengua en su aspecto estático, en un momento dado de su existencia histórica. Se opone a *diacronía*, que la considera desde el punto de vista histórico, evolutivo.

sincrónicamente *adv. m.* Con sincronismo.

sincrónico, -ca *adj.* Que ocurre o se verifica a la vez que otra cosa. 2 Propio o relativo a la sincronía.
SIN. **Contemporáneo,** v. para matices de signif.

sincronismo (gr. *synkronismós*) *m.* Circunstancia de ocurrir o verificarse dos o más cosas al mismo tiempo. 2 FÍS. Igualdad de fase y período entre los movimientos vibratorios.

sincronización *f.* Acción de sincronizar. 2 Efecto de sincronizar. 3 ELECTR. Operación que se realiza antes de conectar un alternador a la red para asegurar una correcta puesta en fase.

sincronizador, -ra *adj.-s.* Que sincroniza, o que sirve para sincronizar.

sincronizar *tr.* Regularizar dos o más fenómenos para que se produzcan al mismo tiempo: ~ *las imágenes con los sonidos en una película;* ~ *dos relojes.* 2 ELECTR. y MEC. Regular o acoplar dos aparatos o máquinas para que funcionen en sincronismo. 3 Ajustar la apertura del obturador de una cámara con respecto al momento de disparo del flash. ◇ ** CONJUG. [4] como ***realizar.***

sincrotrón *m.* Acelerador de partículas, de características similares a las del ciclotrón, que sirve para restablecer el sincronismo que anula el incremento de la masa relativa de las partículas, originado por la velocidad de las mismas.

sindáctilo (*sin-* I + *-dáctilo*) *adj.-s.* ZOOL. Pájaro que tiene el dedo externo unido al medio hasta la penúltima falange, y el pico largo y ligero. -2 *m. pl.* Suborden de estos animales.

sindéresis (gr. *syntéresis* < *syntereo,* observar) *f.* Capacidad natural para juzgar rectamente. ◇ Pl.: *sindéresis.*

sindesmo- (gr. *syndesmos,* lazo, ligamento) Elemento prefijal que entra en la formación de palabras con el significado de lazo, ligamento: *sindesmografía.*

sindesmofito (*sindesmo-* + *-fito*) *m.* PAT. Calcificación en un ligamento articular o en parte de él.

sindesmografía (*sindesmo-* + *-grafía*) *f.* Descripción de los ligamentos.

sindesmología (*sindesmo-* + *-logía*) *f.* ANAT. Parte de la anatomía que estudia los ligamentos articulares.

sindesmopexia (*sindesmo-* + *-pexia*) *f.* CIR. Intervención quirúrgica con el objeto de fijar un ligamento.

sindesmotomía (*sindesmo-* + *-tomía*) *f.* CIR. Sección quirúrgica de un ligamento.

sindhi *adj.-m.* Lengua perteneciente al grupo indoario, hablada principalmente en el sudoeste de Paquistán.

sindicable *adj.* Que puede sindicarse.

sindicación *f.* Acción de sindicar o sindicarse. 2 Efecto de sindicar o sindicarse.

sindicado, -da *adj.-s.* Que pertenece a un sindicato. 2 *Colomb., Ecuad., Perú* y *Venez.* Persona acusada de infracción de las leyes penales. -3 *m.* p. us. Junta de síndicos.

sindicador, -ra *adj.-s.* Que sindica.

sindical *adj.* Relativo al síndico o al sindicato.

sindicalismo *m.* Sistema de organización obrera o social por medio del sindicato.

sindicalista *adj.* Sindical (del sindicato). -2 *com.* Partidario del sindicalismo.

sindicalizar *tr.-prnl.* Hacer adeptos de un sindicato. 2 Organizar en sindicatos. 3 Proporcionar una conciencia sindical. ◇ ** CONJUG. [4] como ***realizar.***

sindicar (de *síndico*) *tr.* desus. Acusar o delatar: ~ *a un compañero.* 2 en gral. *y* desus. Poner una tacha o sospecha [a una persona]. 3 Sujetar [una cantidad de dinero o cierta clase de valores o mercancías] a compromisos especiales. 4 Considerar, incluir. -5 *tr.-prnl.* Sindicalizar. ◇ ** CONJUG. [1] como ***sacar.***

sindicato *m.* Sindicado. 2 Asociación formada para la defensa de intereses económicos comunes a todos los asociados; esp. las asociaciones obreras y agrarias.

sindicatura *f.* Oficio o cargo de síndico. 2 Oficina del síndico.

síndico (l. *syndicu* < gr. *syndikós* < *sin-* I + *dike,* justicia) *m.* En un concurso de acreedores o en una quiebra, el encargado de liquidar el activo y el pasivo del deudor. 2 El que tiene el dinero de las limosnas que se dan a los religiosos mendicantes. 3 Persona elegida por una corporación para cuidar de sus intereses.

sindiós (*sin-* II + *dios*) *adj.-com.* Ateo. ◇ Pl.: *sindiós.*

síndrome (gr. *syndromé,* concurso) *m.* Conjunto de síntomas característicos de una enfermedad: ~ ***de abstinencia,*** conjunto de alteraciones que se presentan en un sujeto habitualmente adicto a una droga, cuando deja bruscamente de tomarla; ~ ***de Estocolmo,*** identificación del secuestrado con las ideas de sus secuestradores. 2 Síntoma que concurre con otros.

sinécdoque (l. < gr. *synekdoché*) *f.* RET. Tropo que consiste en extender, restringir o alterar la significación de las palabras tomando el todo por la parte, o viceversa; el género por la especie, o al contrario, etc.: *el hombre,* por *el género humano.*

sineclisa *f.* Abombamiento negativo (cóncavo) de la corteza terrestre originado por mecanismos térmicos que afectan al manto.
CONTR. **Anteclisa.**

sinecura (l. *sine cura,* sin cuidado) *f.* Cargo retribuido que ocasiona poco o ningún trabajo.
SIN. **Poltrona; enchufe; prebenda; momio.**

sinedrio *m.* Consejo supremo de los antiguos judíos.

sinéresis (gr. *synáiresis*) *f.* GRAM. Pronunciación en una sola sílaba de dos vocales de una palabra que ordinariamente se pronuncian separadas: *crea-dor* por *cre-a-dor; fae-na* por *fa-e-na;* en verso se considera como licencia poética: ***Áurea corona,*** verso pentasílabo, que sin la sinéresis sería hexasílabo. 2 Fenómeno que se observa en la coagulación de las disoluciones coloidales, la cual es seguida durante un tiempo, más o menos prolongado, de una exudación del líquido contenido por el coágulo o jalea, y éste, al mismo tiempo que endurece, disminuye progresivamente de volumen. ◇ Pl.: *sinéresis.*
SIN. *1* **Compresión, contracción.**

sinergia (gr. *synergia,* cooperación) *f.* FISIOL. Acción concertada de varios órganos para realizar una función. 2 Incremento de la acción de diversas substancias, cuando actúan conjuntamente. 3 Exaltación recíproca del poder patógeno de dos parásitos, cuando coexisten en un mismo organismo parasitado.

sinestesia (gr. *synesthesis,* percepción simultánea < *sin-* I + *-estesia*) *f.* FISIOL. Sensación secundaria o asociada que se produce en una parte del cuerpo a consecuencia de un estímulo aplicado en otra. 2 RET. Imagen o sensación subjetiva propia de un sentido, determinada por otra sensación que afecta a un sentido diferente: *amarillo chillón.*

sínfilo *adj.-m.* Miriápodo de la clase de los sínfilos. -2 *m. pl.* Clase de artrópodos miriápodos de sólo unos milímetros de longitud y doce pares de patas.

sinfín (*sin-* II + *fin*) *m.* Infinidad, sinnúmero. 2 *Cuba.* Arrancacamisa.

sinfisandrio *adj.* BOT. [estambre de una flor] Que está soldado a los demás por sus filamentos y por sus anteras.

sínfisis (gr. *symphysis,* unión) *f.* Articulación de ciertos huesos en el plano medio del cuerpo. 2 Articulación en que los huesos están unidos por una masa fibrocartilaginosa que no les permite más que pequeños movimientos. 3 Adherencia de dos órganos o tejidos a consecuencia de una inflamación. ◇ Pl.: *sínfisis.*

sínfito (gr. *symphyton*) *m.* Consuelda.

sinfonía (gr. *symphonía*) *f.* Conjunto de voces, de instrumentos o de ambas cosas que suenan a la vez. 2 Composición instrumental en forma de sonata, para orquesta u orquesta y voces. 3 Pieza instrumental que precede a algunas óperas y obras teatrales. 4 ant. Instrumento músico. 5 fig. Colorido acorde, armonía de los colores. 6 *Sant.* Acordeón.
SIN. *3* **Introducción, obertura.**

sinfónico, -ca *adj.* Relativo a la sinfonía.

sinfonista *com.* Persona que compone sinfonías. 2 Persona que toma parte en su ejecución.

singa *f.* MAR. Acción de singar. 2 MAR. Efecto de singar.

singalés, -sa *adj.* Cingalés. -2 *m.* Lengua hablada en la isla de Ceilán.

singamia *f.* BIOL. Fusión o soldadura de gametos.

singani *m. Bol.* Aguardiente de uva muy apreciado.

singar *intr.* MAR. Remar con un remo armado en la popa de una embarcación. ◇ ** CONJUG. [7] como ***llegar.***

singenésico, -ca (*sin-* I + *genésico*) *adj.* BOT. [planta, flor, androceo] Que tiene los estambres soldados por las anteras.

singladura *f.* MAR. Distancia recorrida por una nave en 24 horas. 2 En las navegaciones, intervalo de 24 horas, contadas por lo común de medianoche a medianoche.

singlar (fr. *cingler* < escand. ant. *sigla,* navegar) *intr.* Navegar la nave con rumbo determinado.

single (ing., < *singulu*) ***adj.*** MAR. [cabo] Que se emplea sencillo cuando uno de sus extremos está atado al penol de una verga. -2 ***m.*** MÚS. Disco de corta duración. ◇ Se pronuncia *sínguel.*
singlón ***m.*** Penol.
singuisarra ***f.*** *Colomb.* Trapisonda, disputa.
singular (l. *-are*) ***adj.*** Único, solo. 2 fig. Extraordinario, raro, excelente. -3 ***m.*** GRAM. Número singular. -4 ***adj.-m.*** *Ar.* Particular, individuo, vecino.
FR. *En* ~, en particular.
singularidad ***f.*** Calidad de singular. 2 Particularidad, distinción de lo común.
singularizar ***tr.*** Distinguir o particularizar [una cosa] entre otras. 2 GRAM. Dar número singular a palabras que ordinariamente no lo tienen, como de *rehenes* decir *el rehén.* -3 ***prnl.*** Distinguirse o apartarse del común: *singularizarse con alguno; singularizarse entre los suyos por su traje.* ◇ ** CONJUG. [4] como ***realizar.***
singularmente ***adv. m.*** Separada, particularmente. 2 De manera singular, destacada o distinta.
singulto (l. *singultu*) ***m.*** Sollozo. 2 MED. Hipo I.
sinhuesa ***f.*** fam. Sinhueso.
sinhueso ***f.*** fam. Lengua, en cuanto es órgano de la palabra.
sínico, -ca (gr. *Sina,* China) ***adj.*** p. us. [cosa] De China.
siniestra (l. *sinistra*) ***f.*** Izquierda.
siniestrado, -da ***adj.*** Que ha sufrido siniestro (avería): *el buque* ~; *la casa siniestrada.* 2 BLAS. [pieza o figura] Que tiene otra a su izquierda. 3 BLAS. ***Escudo*** ~, aquel cuya quinta parte izquierda en sentido vertical es de distinto esmalte que el resto del campo.
siniestralidad ***f.*** Propensión a sufrir siniestro (avería): ***índice de*** ~, cómputo estadístico de accidentes en una determinada actividad o medio de transporte.
siniestramente ***adv. m.*** De manera siniestra.
siniestro, -tra (l. v. **sinextru* < l. *sinistru*) ***adj.*** [parte o sitio] Que está a la mano izquierda. 2 fig. Avieso y mal intencionado. 3 Infeliz, funesto. -4 ***m.*** Propensión o inclinación a lo malo; resabio o vicio que tiene el hombre o la bestia. 5 Avería grave, destrucción fortuita o pérdida importante que sufren las personas o la propiedad; esp. incendio.
sinistrocardia (l. *sinistro,* izquierda + *-cardia*) ***f.*** PAT. Desplazamiento del corazón hacia la izquierda.
sinistrorso (del l.) ***adj.*** BOT. Que trepa girando hacia la izquierda.
CONTR. **Dextrorso.**
sinjusticia ***f.*** vulg. Injusticia.
sinnúmero (*sin-* II + *número*) ***m.*** Número incalculable de personas o cosas.
SIN. **Infinidad, sinfín.**
I) sino (v. *signo*) ***m.*** Destino, hado determinado por el influjo de los astros.
SIN. v. **Hado.**
II) sino (de *si* + *no*) ***conj. advers.*** Contrapone a un concepto negativo otro positivo con elisión de determinados elementos de la oración: *no lo hizo Juan,* ~ *Pedro* (~ *que lo hizo,* etc.). 2 Denota idea de excepción: *nadie lo sabe* ~ *Antonio.* 3 Suele ir seguida de la conjunción *que* cuando la segunda oración lleva un verbo: *no quiero* ~ *que me oigan; no sólo respetaré tu interés,* ~ *que respetaré tus deseos.* 4 Ús. a veces reforzada por la loc. adv. *al contrario: no quiero que vuelva,* ~ *al contrario, que se vaya más lejos.* 5 Precedido de la loc. adv. *no sólo,* denota la adición de otro u otros miembros a la cláusula: *no sólo por entendido,* ~ *por afable, merece ser estimado.* ◇ INCOR.: *sinó.*
GRAM. No debe confundirse con *si no. No come si no trabaja,* es muy distinto de: *no come,* ~ *trabaja. I* El empleo de *pero* por *sino* en estas condiciones fue frecuente en la lengua clásica; hoy es extremadamente raro.
sinoble ***adj.-s.*** BLAS. Sinople.
sinocal, sínoco, -ca (gr. *synochos,* continuo) ***adj.-s.*** Fiebre sin remisiones bien definidas y que no es grave.
sinodal ***adj.*** Relativo al sínodo. -2 ***f.*** Decisión de un sínodo.
sinodático ***m.*** Tributo anual que pagaban al obispo los eclesiásticos seculares cuando iban al sínodo.
sinódico, -ca ***adj.*** Relativo al sínodo.
sínodo (gr. *synodos* < *sin-* I + *odós,* camino) ***m.*** Concilio (junta). 2 Junta de eclesiásticos que nombra el ordinario para examinar a los ordenandos y confesores. 3 ~ ***diocesano,*** junta del clero de una diócesis, convocada y presidida por el obispo para tratar asuntos eclesiásticos. 4 Junta de ministros protestantes encargados de decidir sobre asuntos eclesiásticos. 5 ***Santo*** ~, asamblea de la iglesia rusa. 6 Conjunción de dos planetas en el mismo grado de la eclíptica o en el mismo círculo de posición.
sinología (gr. *Sina,* China + *-logía*) ***f.*** Estudio de la lengua, la literatura y las instituciones de China.
sinólogo, -ga ***m. f.*** Persona que por profesión se dedica a la sinología.
sinonimia (gr. *synonymia* < *sin-* I + *-onimia*) ***f.*** Circunstancia de ser sinónimos dos o más vocablos. 2 RET. Figura consistente en usar adrede voces sinónimas para reforzar la expresión de un concepto.
sinonímico, -ca ***adj.*** Perteneciente o relativo a la sinonimia o a los sinónimos.
sinónimo, -ma (gr. *synónymos* < *sin-* I + *-ónimo*) ***adj.*** [vocablo o expresión] Que tiene una misma o muy parecida significación, o alguna acepción equivalente; como *voz, vocablo, palabra, dicción, término.* V. antónimo.
REL. **Datismo,** acumulación de sinónimos en el habla.
sinopense ***adj.-s.*** De Sínope, c. de la Turquía asiática. 2 Sinópico.
sinopia ***f.*** Dibujo realizado sobre la preparación de un muro que se ha de pintar al fresco.
sinópico, -ca (l. *-cu*) ***adj.*** Relativo a Sinope.
sinople (l. *sinopis,* tierra de Sinope) ***adj.*** BLAS. Color verde. ◇ También *sinoble.*
sinopsis (gr. *synopsis*) ***f.*** Compendio de una ciencia expuesto en forma sinóptica. 2 Resumen. ◇ Pl.: *sinopsis.*
SIN. *I* **Compendio.**
sinóptico, -ca ***adj.*** Que a primera vista presenta con claridad las partes principales de un todo: *cuadro* ~.
sinoptizar ***tr.*** Hacer una sinopsis [de algo]. ◇ ** CONJUG. [4] como ***realizar.***
sinovia (l. med. *synovia*) ***f.*** Líquido transparente y viscoso que lubrica las articulaciones de los huesos.
sinovial ***adj.*** Relativo a la sinovia. 2 Que segrega sinovia: *glándula* ~.
sinovitis (*sinovia* + *-itis*) ***f.*** Inflamación de una membrana sinovial. ◇ Pl.: *sinovitis.*
sinquehacer ***m.*** *Venez.* Carencia de trabajo. ◇ Pl.: *sinquehaceres.*
sinrazón (*sin-* II + *razón*) ***f.*** Acción hecha contra justicia y fuera de lo razonable y debido.
sinsabor ***m.*** Desabor. 2 fig. Pesar, desazón.
sinsilico, -ca ***adj.*** *Méj.* Tonto, necio.
sinsonte (mej. *centzontle,* que tiene cuatrocientas voces) ***m.*** Ave paseriforme americana algo mayor que el ruiseñor, de un color gris parduzco con algo de blanco sobre las alas. Imita las voces de las demás aves e incluso el silbido del hombre y el maullido del gato *(Mimus polyglottus).* 2 *Cuba.* Tonto.
sinsorgo, -ga (vasc. *zenzurgue*) ***adj.-s.*** *Ál., Murc., Nav.* y *Vizc.* Persona insubstancial y frívola.
sinsubstancia (*sin-* II + *substancia*) ***com.*** fam. Persona insubstancial o frívola.
sintáctico, -ca (gr. *syntaktikós*) ***adj.*** Relativo a la sintaxis.
sintagma ***m.*** FILOL. Secuencia de elementos que constituyen una unidad aislable dentro de la oración. Para algunos lingüistas, la oración misma es un *sintagma.* Se denomina *nominal, adjetival* o *verbal,* cuando su núcleo respectivo es un nombre, un adjetivo o un verbo; y *preposicional,* cuando es un *sintagma* nominal inserto en la oración mediante una preposición.
sintagmático, -ca ***adj.*** Perteneciente o relativo al sintagma. 2 FILOL. Relativo a las relaciones que se establecen entre dos o más unidades que aparecen en la oración.
****sintaxis** (l. *syntaxis* < gr. *syntasso,* coordinar) ***f.*** Ordenación de las palabras en el discurso. 2 Parte de la Gramática que estudia la ordenación y relaciones mutuas de las palabras en la oración y el enlace de unas oraciones con otras: ~ ***regular,*** la que obedece a las leyes sintácticas generales del idioma; ~ ***figurada,*** la que se aparta de dichas leyes por motivos expresivos. V. figuras de construcción.
sinterizar (del al. *sinter,* escoria, ceniza) ***tr.*** METAL. Producir piezas de gran resistencia y dureza calentando, sin llegar a la temperatura de fusión, conglomerados de polvo, gralte. metálicos, a los que se ha modelado por presión. ◇ ** CONJUG. [4] como ***realizar.***
síntesis (gr. *synthesis*) ***f.*** Composición de un todo por la reunión de sus partes. 2 Suma y compendio de una materia. 3 BIOL. Proceso biológico en el que, a partir de moléculas simples, se producen conjuntos y materias más complejas. 4 CIR. Unión quirúr-

SINTAXIS

ORACIÓN SIMPLE

Estructura

SUJETO SIMPLE	PREDICADO SIMPLE	
	nominal o de complemento predicativo	verbal
Juan	*es bueno.*	
	llega contento.	
	....	*escribe.*

SUJETO CON COMPLEMENTOS	PREDICADO CON COMPLEMENTOS	
	nominal	verbal
Los tripulantes del barco averiado......................	*están enfermos de escorbuto.*	
	....	*pidieron auxilio a los del otro barco con una gran bandera.*

COMPLEMENTOS DEL VERBO EN EL PREDICADO VERBAL

VERBO	COMPLEMENTO DIRECTO	INDIRECTO	CIRCUNSTANCIAL
pidieron	*auxilio*	*a los del otro barco*	*con una gran bandera*

Clasificación

1. Según la actitud subjetiva del hablante, o «modus» oracional:

Enunciativas:
Eso es verdad. Eso no tiene gracia.
Exclamativas
¡Viva la vida! ¡Qué felices son!
De posibilidad:
Habrán llegado ya.
Dubitativas:
Quizá no vuelvan jamás.
Interrogativas:
¿Recibiste mi carta?
Exhortativas:
Cierra la ventana.
Podrías cerrar la ventana.
Desiderativas:
Que Dios te oiga.
¡Ojalá se muera!

2. Según la naturaleza de los elementos que constituyen el predicado, o forma gramatical del «dictum» oracional.

De verbo copulativo:
Juan es pintor.
Intransitivas:
El jefe murió en un accidente.
Transitivas:
Mi hermana escribe una carta.
Pasivas:
La casa fue invadida por los soldados.
Reflexivas:
El niño se lavó la cara en el baño.
Recíprocas:
Juan y Carlos se pegan.
Impersonales:
Se vive como se puede.
Llueve a cántaros. (unipersonal)

gica de los fragmentos de una estructura lesionada. 5 FIL. Operación mental que consiste en la acumulación de datos diversos que llevan a un resultado de tipo intelectual. 6 FIL. Actividad intelectual mediante la cual se realiza la unión de sujeto y predicado en el juicio. 7 QUÍM. Formación de una substancia compuesta mediante la combinación de elementos químicos o de substancias más sencillas. ◇ Pl.: *síntesis.*
FR. *En* ~, en resumen. CONTR. / **Análisis.**

sintéticamente *adv. m.* De manera sintética.

sintético, -ca *adj.* Relativo a la síntesis. 2 Que procede componiendo o que pasa de las partes al todo. 3 Obtenido por síntesis.

sintetismo *m.* PINT. Estilo pictórico que plasma la forma esencial de los objetos, reduciendo su volumen a dos dimensiones y empleando colores puros y tintes violentos. Fue cultivado por Van Gogh (1835-1890). Quedó pronto englobado bajo la denominación de *simbolismo.*

sintetizable *adj.* Que se puede sintetizar.

sintetizador, -ra *adj.* Que sintetiza. -2 *m.* Dispositivo mediante el que se opera una síntesis electrónica. 3 Aparato electrónico de composición musical capaz de producir un sonido a partir de sus distintos componentes.

sintetizar *tr.* Hacer síntesis: ~ *un discurso.* ◇ ** CONJUG. [4] como ***realizar.***

sintoísmo *m.* Religión primitiva y popular de los japoneses.

sintoísta *adj.* Relativo al sintoísmo. -2 ***adj.-com.*** Partidario de él.

síntoma (gr. *symptoma*) *m.* Fenómeno revelador de una enfermedad. 2 Indicio que está ligado a su productor: *gritar es ~ de enfado.* 3 p. ext. Indicio de una cosa que está sucediendo o va a suceder.
REL. / **Semiótica** o **sintomatología**, estudio de los síntomas de las enfermedades.

sintomático, -ca *adj.* Relativo al síntoma.

sintomatología (gr. *symtoma, -atos,* síntoma + *-logía) f.* Semiótica. 2 Conjunto de síntomas.

sintonema *m.* FILOL. Curva de la inflexión del tono en un grupo fónico, considerado como unidad melódica.

sintonía (*sin-* I + *tono*) *f.* Circunstancia de estar el aparato receptor de oscilaciones eléctricas adaptado a la misma longitud de onda que la estación emisora. 2 Música que precede siempre a una emisión de radio o televisión. 3 FÍS. Igualdad de frecuencia o tono entre dos sistemas de vibraciones.

SINTAXIS (continuación)

ORACIÓN COMPUESTA

Clasificación general

GRUPOS	SUBGRUPOS	
De coordinación	Copulativas	*Juan escribe y Pedro dibuja. Ni come ni deja comer. Cada día se inventan e idean nuevas armas.*
	Disyuntivas	*Estudia o vete. Siempre están matando u hostigando sin razón.*
	Distributivas	*Unos entran, otros salen. La mujer, bien está contenta, bien se enfurece.*
	Adversativas	*No lo hizo Pedro, sino Juan. Podéis ver, pero no tocar. Eran valientes, mas no pudieron sostenerse contra tantos enemigos.*

sintónico, -ca *adj.* Sintonizado.
sintonismo *m.* Cualidad de sintónico.
sintonización *f.* Acción de sintonizar. 2 Efecto de sintonizar.
sintonizador, -ra *adj.* Que sintoniza. -2 *m.* En un receptor de oscilaciones eléctricas, sistema que permite aumentar o disminuir la longitud de onda propia del aparato para ponerlo en sintonía con una estación determinada.
sintonizar (paras. de *sin-* 1 + *tono*) *tr.* En radiotelegrafía y radiotelefonía, poner [el aparato receptor] en sintonía con una estación emisora. 2 En radio, adaptar convenientemente las longitudes de onda de dos o más aparatos. -3 *intr.* Coincidir en gustos, carácter, ideas, etc., dos o más personas. ◇ ** CONJUG. [4] como ***realizar.***
sinuosidad *f.* Calidad de sinuoso. 2 Seno (hueco).
sinuoso, -sa (l. *-su*) *adj.* Que tiene senos, ondulaciones o recodos. 2 fig. Tortuoso, poco claro.
sinusitis *f.* Inflamación de los senos del cráneo. ◇ Pl.: *sinusitis.*
sinusoidal *adj.* Que se refiere a la sinusoide.
sinusoide (l. *sinu,* seno + *-oide*) *f.* Curva cuyas ordenadas son proporcionales a los senos de las abscisas correspondientes.
sinventura *f.* Desventura. -2 *adj.* Desventurado.
sinvergonzón, -zona *adj.* Aumentativo de *sinvergüenza.*
sinvergonzonada *f.* Sinvergüencería.
sinvergonzonería (de *sinvergonzón,* aum. de *sinvergüenza*) *f.* Sinvergüencería.
sinvergüencería *f.* fam. Desfachatez.
sinvergüenza *adj.-com.* Pícaro, bribón. 2 Persona que comete actos ilegales o que incurre en inmoralidades. -3 *adj.* Descarado, desvergonzado.
-sión, sufijo que entra en la formación de nombres abstractos, gralte. de origen latino: *admisión, concesión;* o formados de radicales latinas a las cuales se añade la sílaba -ión: *emulsión, diversión.*
sionismo (de *Sión,* ant. barrio de Jerusalén) *m.* Movimiento favorable al Estado de Israel y a la colonización judía de territorios árabes.
sionista *adj.* Relativo al sionismo. 2 Partidario de él.
sipedón *m.* Sepedón.
sipo, -pa *adj. Ecuad.* Picado de viruelas.
sipón *m. S. Dom.* Enaguas almidonadas.
sipotazo *m. Amér. Central.* Manotada.
sipuncúlido *adj.-m.* Gusano del tipo de los sipuncúlidos. -2 *m. pl.* Tipo de gusanos celomados marinos, de cuerpo cilíndrico u ovoide; carecen de segmentos y a menudo presentan tentáculos alrededor de la boca. La región anterior del cuerpo está formada por una trompa retráctil; como la tita.
siquiatra, siquíatra *m.* Psiquiatra.
siquiatría *f.* Psiquiatría.
síquico, -ca *adj.* Psíquico.
siquier, siquiera (*si* + *quiera,* del verbo *querer*) *conj. advers.* Equivale a *bien que, aunque: hazme este favor, siquiera sea el último.* 2 Como conj. distributiva equivale a *o, ya* u otra semejante: *siquiera venga, siquiera no venga.* -3 *adv. c. m.* Por lo menos, tan sólo: *déme usted media paga siquiera;* después de *ni* equivale a *aun: ni siquiera asiento les ofrecieron.* 4 *Colomb.* Con tal que. ◇ La forma *siquier* se emplea sólo en estilo literario arcaizante.
siquis *f.* Psiquis. ◇ Pl.: *siquis.*
siquismo *m.* Psiquismo.
sir *m.* Señor, caballero, título inglés reservado a caballeros y baronets; también se emplea como tratamiento de cortesía. ◇ Pl.: *sires.*
siracusano, -na *adj.-s.* De Siracusa, c. de Sicilia.
sirca (voz quechua y aimara) *f. Chile.* Veta de una mina.
sircar *tr. Chile.* Dejar [la veta] de metal limpia de broza. ◇ ** CONJUG. [1] como ***sacar.***
sire *m.* Majestad, tratamiento propio de los reyes en algunos países.
sirena (b. l. < l. *siren -enis* < gr. *seirén*) *f.* Ninfa marina con busto de mujer y cuerpo de pez o ave que extraviaba a los navegantes, atrayéndolos con su canto. 2 fig. Mujer que cautiva con sus encantos. 3 Instrumento que sirve para contar el número de vibraciones de un cuerpo sonoro en un tiempo determinado. 4 Alarma que se oye a mucha distancia y se emplea en los buques, fábricas, etc., para avisar.
sirenio, sirénido (de *sirena*) *adj.-m.* Mamífero del orden de los sirenios. -2 *m. pl.* Orden de mamíferos placentarios marinos y herbívoros, de aspecto pisciforme, con las mamas en posición pectoral, sin extremidades posteriores y con los dedos de las anteriores englobados en una piel común; como el manatí.
sirga (origen incierto; quizá del ant. *sirga,* cera) *f.* Maroma que sirve para tirar las redes, para llevar las embarcaciones desde tierra, principalmente en la navegación fluvial, y para otros usos. 2 *A la ~,* embarcación que navega tirada de una sirga desde la orilla.
SIN. **Silga.**
sirgar (v. *sirga*) *tr.* Llevar a la sirga [una embarcación]. ◇ ** CONJUG. [7] como ***llegar.***
SIN. **Silgar.**
sirgo (b. gr. *sirikós* < gr. *serikós*) *m.* Seda torcida. 2 Tela hecha o labrada de seda.
sirguero *m.* Jilguero.
siriaco, -ca, siríaco, -ca *adj.-s.* De Siria, antigua región y actual nación del oeste de Asia. -2 *adj.-m.* Lengua perteneciente al grupo arameo oriental, hablada principalmente en esta región.
SIN. **Sirio; siro,** esp. cuando entra en composición: *sirocaldeo.*
sírice *m.* Insecto himenóptero de color negro con manchas amarillas en el macho y rojas en la hembra. Las larvas se alimentan de madera de coníferas, por lo que son muy perjudiciales *(Urocerus gigas).*
sirimba *f. Cuba.* Síncope, patatús.
sirimbo, -ba *adj. Cuba.* Tonto, mentecato.
sirimbombo, -ba *adj. Cuba.* Apocado, débil.
sirimiri *m.* Llovizna.
siringa (b. l. *syringa* < gr. *syrinx,* flauta) *f.* Instrumento músi-

SINTAXIS (continuación)

GRUPOS	SUBGRUPOS	PRINCIPAL	SUBORDINADA
De subordinación adverbial	Finales		
	Vengo para que me ayudes.	*Vengo*	*para que me ayudes.*
	De lugar		
	El país de donde viene la canela está muy lejos.	*El país está muy lejos.*	*de donde viene la canela*
	Temporales		
	Así como entró en la venta, conoció a Don Quijote.	*conoció a Don Quijote.*	*Así como entró en la venta,*
	De modo		
	Según sean las ocasiones, así serán los documentos.	*así serán los documentos.*	*Según sean las ocasiones,*
	Comparativas de modo		
	Salen los hombres de la ciudad como las hormigas de un agujero.	*Salen los hombres de la ciudad*	*como las hormigas de un agujero.*
	Comparativas de cantidad		
	Cuantos fueren mis años tantos serán mis tormentos.	*tanto serán mis tormentos.*	*Cuantos fueren mis años,*
	Consecutivas		
	Pienso, luego existo.	*Pienso,*	*luego existo.*
	Condicionales		
	Yo te perdono, con tal que te enmiendes.	*Yo te perdono,*	*con tal que te enmiendes.*
	Si hace buen tiempo saldré.	*saldré,*	*Si hace buen tiempo*
	Concesivas		
	Aunque no estoy fatigado, quiero descansar.	*quiero descansar.*	*Aunque no estoy fatigado,*
	Causales		
	Lo hizo porque quiso.	*Lo hizo*	*porque quiso.*

co de viento compuesto de varios tubos que forman escala musical, sobre cuyo orificio superior se aplican directamente los labios. 2 *Amér. Merid.* Árbol que produce la goma elástica *(gén. Stphonia, Hevea).*
SIN. / **Flauta de Pan.**
siringe (v. *siringa*) *f.* Órgano de la voz en las aves, situado en el extremo inferior de la tráquea, donde ésta se bifurca dando nacimiento a los bronquios.
siringo-, siring- (gr. *syrigx, -iggos,* tubo, fístula) Elemento prefijal que entra en la formación de palabras con el significado de fístula, canal.
siringomielia (*siringo-* + gr. *myelós,* médula) *f.* MED. Enfermedad crónica del sistema nervioso caracterizada por el desarrollo progresivo de cavidades en la sustancia gris de la médula espinal y que se manifiesta por trastornos de la sensibilidad al tacto y al calor, y atrofia muscular y de la piel.
siringuera *f. Bol.* y *Perú.* Leche de los árboles de siringa. 2 *Bol.* y *Perú.* Terreno poblado de siringas.
siringuero, -ra *m. f.* Persona que pica las siringas de la goma.

I) Sirio (l. *-iu* < gr. *seírios,* ardiente) ***n. pr.*** Estrella de primera magnitud en la constelación del Can Mayor.
II) sirio, -ria (l. *syriu*) ***adj.-s.*** Siríaco. -2 ***adj.-m.*** Dialecto del árabe moderno, hablado en Siria.
siripa *f. S. Dom.* Patatús, accidente.
siripi *m. Bol.* Maíz cernido para hacer chicha.
siripita (aimara) *f. Bol.* Grillo (insecto). 2 fig. Persona pequeña y entremetida.
sirla *f.* Atraco en que el delincuente amenaza con una navaja u objeto contundente. 2 fam. Paliza. 3 fam. Navaja.
sirle (voz prerrom.) ***m.*** Excremento del ganado lanar y cabrío. 2 *La Mancha.* Excremento de los conejos.
SIN. **Chirle, sirria.**
sirmiense (l.) ***adj.-s.*** De Sirmio, ant. c. metrópoli de la Panonia.
siro, -ra (l. *syru*) ***adj.-s.*** Siríaco. Ús. esp. en composición: *sirocaldeo.*
siroco (orig. incierto) ***m.*** Viento sudeste.
sirope (fr. *sirop*) ***m.*** Jarabe para endulzar bebidas refrescantes.
sirria *f.* Sirle.

SINTAXIS (continuación)

GRUPOS	SUBGRUPOS	PRINCIPAL	SUBORDINADA
De suborinación sustantiva	*Es necesario que salgas.*	*Es necesario*	*que salgas* (sujeto de la oración compuesta).
	Digo que no irás.	*Digo*	*que no irás* (complemento directo de la oración compuesta).
	El temor de que le vean le obliga a esconderse.	*El temor le obliga a esconderse.*	*de que le vean* (complemento del substantivo *temor*).
	Juan estaba cansado de subir la escalera.	*Juan estaba cansado*	*de subir la escalera* (complemento del adjetivo *cansado*).
	Interrogativas indirectas y dubitativas:		
	Dime quién viene.	*Dime*	*quién viene* (compl. dir. de la or. compuesta).
	Ignoro si ha ocurrido algo.	*Ignoro*	*si ha ocurrido algo* (compl. dir. de la or. compuesta).
De subordinación adjetiva o de relativo	Explicativa		
	Los Alpes, que son las montañas más altas de Europa, está cubiertos de nieve.	*Los Alpes están cubiertos de nieve.*	*que* (*los Alpes*) *son las montañas más altas de Europa* (*que,* sujeto).
	Especificativas		
	Los hombres que no cumplen con sus deberes merecen ser despreciados.	*Los hombres merecen ser despreciados.*	*que* (*los hombres*) *no cumplen con sus deberes* (*que,* sujeto).
	El libro que me has mandado me gusta.	*El libro me gusta.*	*que me has mandado,* igual a: *me has mando el libro* (*que,* complemento directo).
	El libro de que me hablas me gusta.	*El libro me gusta.*	*de que me hablas,* igual a: *me hablas de un libro* (*de que,* complemento de *libro*).

sirte (gr. *syrtis*) *f.* Bajo de arena.
sirventés (prov. ant.) ***m.*** Serventesio (composición).
sirvienta (v. *sirviente*) *f.* Mujer dedicada al servicio doméstico.
SIN. v. **Criada.**
sirviente (l.) ***adj.-s.*** Que sirve. -2 ***adj.*** DER. [predio] Gravado con cualquier servidumbre. -3 ***m.*** Criado (empleado).
sirvinaco ***m.*** *Bol.* Sirvinacuy.
sirvinacuy ***m.*** *Perú.* Entre algunos indígenas, institución prematrimonial en virtud de la cual el novio y la novia hacen vida matrimonial como época de prueba.
sisa (fr. ant. *assise,* tributo que se imponía al pueblo) *f.* Parte que se defrauda o se hurta en la compra diaria y de otras cosas menudas. 2 Impuesto que se cobraba sobre géneros comestibles, menguando las medidas. 3 esp. Corte curvo correspondiente a la parte de los sobacos. 4 Mordente que usan los doradores.
sisador, -ra ***adj.-s.*** Que sisa.
sisal (de *Sisal,* puerto de Yucatán) ***m.*** Pita (planta). 2 Fibra vegetal extraída de la pita (planta).
sisallo ***m.*** Caramillo (planta).
sisar ***tr.*** Cometer el hurto llamado sisa: ~ *dinero en la compra;* ~ *parte de la tela;* ***intr.***, ~ *de la tela.* 2 Hacer sisas [en las prendas de vestir]. 3 Rebajar [las medidas] en proporción al impuesto de la sisa. 4 Preparar con la sisa (mordente) [lo que se ha de dorar]. 5 *Bol.* y *Ecuad.* Pegar, adherir [esp. fragmentos de cristal, loza, etc.]. 6 *C. Rica.* Degollar (rehundir).
sisardo ***m.*** Gamuza de los Pirineos.
sisear (onomat.) ***intr.-tr.*** Emitir repetidamente el sonido inarticulado de *s* y *ch* para manifestar desagrado o para llamar: ~ *a un autor.*
SIN. **Chichear.**
sisella *f.* Paloma torcaz.
siseo ***m.*** Acción de sisear: *le acogieron con siseos.* 2 Efecto de sisear. 3 FILOL. Timbre específico de la consonante *s* en oposición a otras consonantes semejantes, en particular a la Θ, gráficamente *z, ce, ci.*
SIN. *1* y *2* **Chicheo.**
sisero ***m.*** Empleado en la cobranza de la sisa.
Sísifo ***n. pr.*** MIT. Rey de Corinto, famoso por sus robos y crueldades. Fue condenado en los infiernos a empujar una enorme piedra hacia lo alto de una colina. La piedra vuelve a rodar hacia abajo. La *piedra de Sísifo* es el trabajo penoso indefinidamente renovado.
sisimbrio (gr. *sisymbrion*) ***m.*** Jaramago.
sisique ***m.*** *Méj.* Alcohol de aguamiel de pita.
sismar ***intr.*** *Urug.* Cavilar.
sismatiquerías ***f. pl.*** *Colomb.* Remilgos, caprichos.

sísmico, -ca (v. *sismo) adj.* Relativo al terremoto. 2 De su naturaleza o debido a él.
sismo (gr. *seismós,* agitación) *m.* Seísmo.
sismo- (de *sismo)* Elemento prefijal que entra en la formación de palabras con el significado de sismo: *sismómetro.*
sismógrafo (*sismo-* + *-grafo*) *m.* Instrumento para registrar, durante un terremoto, la intensidad, duración y otras características de los sacudimientos y oscilaciones de la tierra.
sismograma (*sismo-* + *-grama*) *m.* Gráfica que proporcionan los sismógrafos, cuyas líneas de mayor o menor amplitud señalan la intensidad del seísmo, el momento en que se produce y la duración del mismo.
sismología (*sismo-* + *-logía*) *f.* Parte de la geología que trata de los terremotos.
sismológico, -ca *adj.* Relativo a la sismología.
sismólogo, -ga *m. f.* Especialista en sismología.
sismómetro (*sismo-* + *-metro*) *m.* Instrumento similar al sismógrafo, pero sin registro, utilizado para observaciones directas de la intensidad de un terremoto.
I) sisón (cat. *sisó*) *m.* Ave zancuda gruiforme, de carne comestible, con el plumaje blanco en el vientre y pardo rayado de negro en el resto del cuerpo *(Otis tetrax).*
SIN. **Gallarón.**
II) sisón, -sona *adj.-s.* fam. Que sisa con frecuencia.
sistema (gr. *systema*) *m.* Conjunto de reglas, principios o medidas, enlazados entre sí: ~ ***métrico*** o ***métrico decimal,*** el de pesas y medidas que tiene por base el metro; ~ ***cegesimal,*** el que tiene por unidades fundamentales el centímetro, el gramo y el segundo. Se expresa con la abreviatura C.G.S. 2 Conjunto de cosas o partes coordinadas según una ley, o que, ordenadamente relacionadas entre sí, contribuyen a determinado objeto o función: ~ ***planetario*** o ***solar,*** el formado por el Sol y los demás astros que giran a su alrededor; ~ ***periódico,*** ordenación de los elementos químicos por su número atómico y propiedades; ~ ***montañoso,*** conjunto de montañas, apreciable como una unidad; ~ ***telefónico automático,*** el que permite la conexión directa y automática entre dos abonados al teléfono. 3 Medio o manera usados para hacer una cosa. 4 Manera de estar dispuesto un aparato o utensilio. 5 Conjunto de órganos que intervienen en alguna de las principales funciones vegetativas y animales: ~ *respiratorio;* ~ *nervioso.* 6 Norma de conducta. 7 FILOL. La lengua en su totalidad, así como cada uno de sus sectores (fonológico, gramatical, léxico) considerados como conjuntos organizados y relacionados entre sí. 8 MAT. Colección de definiciones y reglas operativas que se introducen con un objetivo definido: ~ *de coordenadas.* -9 ***loc. adv. Por*** ~, procurando obstinadamente hacer siempre cierta cosa, o hacerla de cierta manera sin razón o justificación.
SIN. *6* v. **Método.**
sistemar *tr. Amér.* Sistematizar [una cosa].
sistemática *f.* Ciencia de la clasificación.
sistemáticamente *adv. m.* De modo sistemático. 2 Invariablemente, como obedeciendo a una norma.
sistemático, -ca *adj.* Que sigue o se ajusta a un sistema. 2 [pers.] Que procede por principios.
sistematización *f.* Acción de sistematizar. 2 Efecto de sistematizar.
sistematizado, -da *adj.* Que está ordenado siguiendo una estructuración lógica.
sistematizar *tr.* Reducir a sistema: ~ *una ciencia.* ◇ ** CONJUG. [4] como ***realizar.***
sistémico, -ca *adj.* Relativo a la totalidad de un sistema general, por oposición a local. 2 MED. Relativo a la circulación general de la sangre. 3 MED. Perteneciente o relativo al organismo en su conjunto.
sístilo (gr. *systylos*) *adj.* [edificio] Cuyos intercolumnios tienen cuatro módulos.
sístole (gr. *systolé*) *f.* Contracción rítmica del corazón y de las arterias, que alterna con la diástole. 2 Licencia poética que consiste en usar como breve una sílaba larga.
REL. *1* **Asistolia,** insuficiencia de la sístole.
sistólico, -ca *adj.* Relativo a la sístole del corazón.
sistro (l. *-tru*) *m.* Antiguo instrumento músico de metal en forma de aro o de herradura, atravesado por varillas.
sitácida *adj.* ZOOL. Psitácida.
sitacismo *m.* Psitacismo.
sitacosis *f.* MED. Psitacosis. ◇ Pl.: *sitacosis.*
I) sitar *m.* Instrumento de cuerdas indio parecido al laúd, con mango muy alargado. Se tañe con plectro y puede tener hasta siete cuerdas.
II) sitar *tr. Venez.* Silbar para llamar a una persona.
sitatunga *m.* Antílope grande, anfibio, que vive en África central *(Tragelaphus spekei).*
sitiado, -da *adj.-s.* Que está sitiado: ~ *de los enemigos.*
sitiador, -ra *adj.-s.* Que sitia (cerca).
sitial (de *sitio* I) *m.* Asiento de ceremonia.
sitiar (de *sitio* I) *tr.* Cercar [un lugar enemigo] para impedir que salgan los que están en él o que reciban socorro: ~ *por mar y tierra.* 2 fig. Acosar [a uno] para cogerle o rendir su voluntad. ◇ ** CONJUG. [12] como ***cambiar.***
REL. *1* v. **Asediar.**
sitibundo, -da (l. *sitire,* estar sediento) *adj.* lit. Sediento.
sitiería *f. Cuba.* Ranchería.
sitierío *m. Cuba.* Ranchería.
sitiero, -ra *m. f. Cuba.* El que posee un sitio (caserío) o habita en él.
I) sitio (origen incierto; probl. der. del l. *situ*) *m.* Lugar. 2 Paraje o terreno a propósito para alguna cosa. 3 Hacienda de recreo. 4 *Amér.* En las poblaciones, terreno apto para edificaciones. 5 *Cuba.* Caserío o finca rústica pequeña.
FRS. *Dejar a uno en el* ~, dejarle muerto en el acto; *quedarse uno en el* ~, morir súbitamente por herida o accidente.
II) sitio *m.* Acción de sitiar. 2 Efecto de sitiar.
SIN. **Asedio, cerco.**
sitios *adj. pl.* DER. V. bienes sitios.
sito, -ta (l. *-tu*) *adj.* Situado o fundado.
sitogoniógrafo (de *sitio* I + *goniógrafo*) *m.* Instrumento de puntería que se fija en los cañones antiaéreos y que determina en el mismo una ligera diferencia angular entre la línea de fuego y la línea de mira, de modo que mientras el apuntador sigue con el visor al avión, el cañón apunta no ya en su dirección actual, sino en la que ocupará instantes después, al llegar el proyectil.
sitogoniómetro (de *sitio* I + *goniómetro*) *m.* Instrumento para medir el ángulo que forma el horizonte con la línea de tiro de una pieza de artillería.
¡sitón! *S. Dom.* Voz para llamar a los perros.
situación *f.* Acción de situar. 2 Efecto de situar. 3 Disposición de una cosa respecto del lugar que ocupa. 4 Situado. 5 Estado o constitución de las cosas y personas: ~ ***activa,*** la del funcionario que presta servicio al estado; ~ ***pasiva,*** la del que se encuentra cesante, excedente, jubilado, de reemplazo, etc. 6 Conjunto de las realidades cósmicas, sociales e históricas en cuyo seno ha de ejecutar un hombre los actos de su existencia personal.
SIN. *3* **Colocación.**
situado, -da *adj.* [pers.] Que disfruta de una buena situación estable, tanto económica como socialmente. -2 *m.* Salario, sueldo o renta señalados sobre algunos bienes productivos.
situar (b. l. *situare* < l. *situ,* sitio) *tr.* Poner [a una persona o cosa] en determinado sitio o situación: ~ *tropas en un lugar; la casa está bien situada.* 2 Asignar [fondos] para algún pago o inversión. -3 *prnl.* Lograr una posición social, económica o política privilegiada. ◇ ** CONJUG. [11] como ***actuar.***
síu *m. Chile.* Pájaro muy semejante al jilguero.
siútico, -ca *adj. Chile.* Cursi.
siutiquería, siutiquez *f. Chile.* Cursilería.
siux *adj.-com.* Individuo de una tribu india en el Estado de Iowa (Estados Unidos). ◇ Pl.: *siux.*
skay (voz inglesa) *m.* Materia sintética que imita la piel.
sketch (voz inglesa) *m.* Bosquejo. 2 Pequeña escena o cuadro intercalado en una obra de teatro, cine, radio, televisión.
skett *m.* Modalidad de tiro al plato que, a diferencia del foso, no sale de frente, sino que, lanzado desde unas casetas, se cruza ante el tirador desde muy diversas posiciones, ya que éste tiene que disparar desde varios puntos de la cancha.
skibob *m.* Esquibob.
slalom (voz noruega) *m.* DEP. Carrera de habilidad en esquí alpino, disputada a lo largo de un trazado en el que están señalados unos pasos obligados.
slip (voz inglesa) *m.* Eslip.
slogan (voz inglesa) *m.* Eslogan.
Sm, símbolo químico del *samario.*
smithsonita *f.* Mineral de la clase de los carbonatos, de color blanco, verde o azul, con brillo vítreo; es translúcido.
smog (voz inglesa) *m.* Niebla baja con hollines, humos y polvos en suspensión que cubre grandes extensiones por encima de las urbes industriales.

smoking (ing.) ***m.*** Esmoquin.
Sn, símbolo químico del *estaño.*
snack bar (voz inglesa) ***m.*** Establecimiento que posee bar y restaurante, donde se sirven platos rápidos.
snob (ing.) ***com.*** Esnob.
I) so (contracción de *seó*) ***m.*** fam. Se usa solamente seguido de adjetivos despectivos para reforzar su significación: ~ *asno.*
II) so (l. *sub*) ***prep.*** Bajo, debajo de. Ús. con los substantivos *capa, color, pena:* ~ *capa,* ~ *pena;* fuera de estos casos, su empleo es lit. arcaizante: ~ *las aguas del mar.*
so-, v. sub-. En algunos casos raros, *sobre: sosobrejuanete;* generalmente entra en composición con el significado de *so* II: *socavar, soterrar;* otras veces denota la realización ligera del acto expresado por la voz con la cual se compone: *soalzar, sofreír, soasar.*
¡so! (voz descriptiva) Interjección que se emplea para hacer que se paren las caballerías. 2 *Amér.* Voz insultante para imponer silencio. 3 *P. Rico.* Voz para ahuyentar las aves de corral.
SIN. **¡Jo!**
soalzar (*so-* + *alzar*) ***tr.*** inus. Alzar ligeramente: ~ *un mueble.* ◇ ** CONJUG. [4] como ***realizar.***
soasar (*so-* + *asar*) ***tr.*** Medio asar o asar ligeramente: ~ *un cabrito.*
soata ***f.*** *Colomb.* Guiso de maíz y calabaza.
soba ***f.*** Acción de sobar. 2 Efecto de sobar. 3 fig. Represión dura; zurra, paliza.
SIN. **Sobo.** *3* **Sobado, sobadura.**
sobacal ***adj.*** Relativo al sobaco. 2 Axilar.
sobaco (orig. incierto; quizá del l. *subalax* × l. *subhircus*) ***m.*** Concavidad que forma el arranque del brazo con el cuerpo. 2 Axila (punto de unión). 3 Sabaco (pez). 4 ARQ. Enjuta.
SIN. *1* y *2* **Axila,** es voz culta o usada como término científico; *sobaco* es más gral. y popular; **islilla,** es p. us.
sobacuno ***adj.-s.*** Mal olor procedente de los sobacos u olor que lo parece.
sobadero, -ra ***adj.*** Que se puede sobar. -2 ***m.*** Sitio destinado a sobar las pieles en las fábricas de curtidos.
sobado, -da ***adj.*** Manido, muy usado. -2 ***adj.-s.*** Bollo o torta a cuya masa se ha agregado aceite o manteca. -3 ***m.*** Soba (acción). 4 *C. Rica.* Especie de melcocha.
sobador ***m.*** Aparato que se usa para sobar las pieles.
sobadura ***f.*** Soba (acción).
sobaja ***f.*** fam. Alcahueta.
sobajadura ***f.*** Sobajamiento.
sobajamiento ***m.*** Sobajeo.
sobajar (de *sobar*) ***tr.*** Manosear [una cosa] ajándola. 2 *Amér.* Humillar, abatir, rebajar. 3 *Cuba.* Sugestionar.
sobajear ***tr.*** Sobar, manosear, sobajar.
sobajeo ***m.*** Acción de sobajar. 2 Efecto de sobajar.
sobanda (*so-* + *banda*) ***f.*** Superficie curva del tonel que está más distante respecto del que lo labra o mira.
sobandero ***m.*** *Colomb.* y *Venez.* Curandero que concierta los huesos dislocados.
sobaquera ***f.*** Abertura que se deja en algunos vestidos en la parte del sobaco. 2 Pieza con que se refuerza el vestido por la parte correspondiente al sobaco. 3 Pieza de tela impermeable con que se resguarda del sudor la parte del vestido correspondiente al sobaco. 4 *Extr.* Cruz que forman los brazos del alcornoque, al separarse del tronco. 5 *Amér.* Sobaquina. -6 ***adj.-f.*** Aceituna que, en el olivo, está al alcance de la mano.
sobaquillo (de ~) ***loc. adv.*** Modo de lanzar piedras por debajo del brazo contrario. 2 TAUROM. Modo de poner banderillas dejando pasar la cabeza del toro y clavándola el diestro hacia atrás al mismo tiempo que emprende la huida.
sobaquina ***f.*** Sudor de los sobacos.
sobar (orig. incierto; quizá del l. v. *subagere* < *subigere*) ***tr.*** Manejar y oprimir [una cosa] repetidamente a fin de que se ablande. 2 fig. Palpar, manosear [a una pers.]. 3 Castigar dando algunos golpes. 4 fam. Molestar con trato impertinente. 5 *Amér.* Ensalmar, componer [un hueso dislocado]. 6 *Amér.* Halagar [a alguien] interesadamente. 7 *Colomb.* Excoriar, desollar. 8 *Chile.* Vencer en una lucha. 9 *Ecuad.* Frotar [algo] fuertemente.
sobarba (*so-* + *barba*) ***f.*** Muserola. 2 Papada, abultamiento carnoso debajo de la barba.
sobarbada (de *sobarba*) ***f.*** Sofrenada. 2 fig. Reprensión áspera.
sobarbo (l. *sub arbore,* debajo del árbol) ***m.*** Álabe de una rueda hidráulica.
sobarcar (l. v. **subbracchicare,* der. de *bracchium*) ***tr.*** Poner o llevar debajo del sobaco [una cosa que abulta]. 2 Subir hacia los sobacos [los vestidos]. ◇ ** CONJUG. [1] como ***sacar.***
SIN. **Asobarcar.**
sobejos (der. del l. *super,* sobre) ***m. pl.*** Sobras de la mesa.
sobeo (l. *subiugiu,* probl. a través de un l. v. * *subigiu*) ***m.*** Correa con que se ata al yugo la lanza del carro o el timón del arado. 2 fam. Acción de sobar. 3 fam. Efecto de sobar. 4 *Urug.* Lazo corto que sirve de maneador y utiliza el paisano para atar su caballo.
SIN. *1* **Subeo.**
soberado ***m.*** *And.* y *Amér.* Sobrado, desván.
soberanamente ***adv. m.*** Con soberanía. 2 Extremadamente, altamente.
soberanear ***intr.*** Mandar o dominar a modo de soberano.
soberanía ***f.*** Calidad de soberano (con autoridad). 2 Autoridad suprema del poder público: ~ ***nacional,*** la que reside en el pueblo y se ejerce por medio de sus órganos constitucionales representativos. 3 Alteza o excelencia no superada en cualquier orden inmaterial. 4 Orgullo, soberbia.
soberano, -na (l. v. **superianu* < *superius*) ***adj.*** [pers. o cosa] Que ejerce o posee la autoridad suprema e independiente: *el* ~ *de una nación; los poderes soberanos.* 2 Elevado, excelente y no superado. -3 ***m.*** Moneda de oro inglesa.
soberbia (l. *superbia*) ***f.*** Estimación excesiva de sí mismo con menosprecio de los demás. 2 Apetito desordenado de ser preferido a otros. 3 Exceso de magnificencia o suntuosidad, esp. hablando de edificios. 4 Cólera o ira expresadas de manera descompuesta.
SIN. *1* **Soberbia, engreimiento** y **orgullo,** entre los sentimientos de estimación excesiva de sí mismo, denotan menosprecio de los demás; pero el *orgullo* puede ser a veces legítimo, en tanto que los dos primeros son siempre pecaminosos, repelentes. **Arrogancia, altivez, hinchazón, ínfulas** y **altanería,** hacen pensar más bien en el porte, ademanes, palabras, con que el orgullo se manifiesta; **vanidad,** no supone precisamente desprecio de los demás, sino simple egolatría, sobreestimación de las prendas propias; **envanecimiento, presunción, humos** y **fatuidad,** son matices de *vanidad.* v. **Envanecimiento.**
soberbiamente ***adv. m.*** Con soberbia. 2 Muy bien.
soberbiar ***tr.*** *Ecuad.* Despreciar, rechazar [algo] por orgullo. ◇ ** CONJUG. [12] como ***cambiar.***
soberbio, -bia (l. *superbu*) ***adj.*** Que tiene soberbia o se deja llevar de ella: ~ *con, para,* o *para con, los inferiores;* ~ *de índole;* ~ *en palabras.* 2 Altivo, arrogante. 3 fig. Fogoso, orgulloso y violento. 4 Alto, fuerte o excesivo en las cosas inanimadas. 5 Grandioso, magnífico.
soberbiosamente ***adv. m.*** Soberbiamente.
soberbioso, -sa ***adj.*** Soberbio.
sobermejo, -ja ***adj.*** Bermejo oscuro.
soberna ***f.*** *Ecuad.* Sobernal.
sobernal ***m.*** *Colomb.* Sobornal, sobrecarga.
sobijo, sobijón ***m.*** *Amér.* Soba. 2 *Colomb.* Excoriación.
sobina (l. *supinu*) ***f.*** Clavo de madera.
sobo ***m.*** Soba.
sobón, -bona (de *sobar*) ***adj.-s.*** fam. Que por sus excesivas caricias y halagos se hace fastidioso. 2 [pers.] Taimado que elude el trabajo. 3 *Perú.* Adulón, servil, adulador.
SIN. *1* **Pegajoso.**
sobordo (*so-* + *bordo*) ***m.*** Revisión de la carga de un buque para confrontar las mercancías con la documentación. 2 Libro o documento en que el capitán del barco anota las mercancías del cargamento. 3 Remuneración adicional que, en tiempo de guerra, se paga a los tripulantes y equivale a un tanto por ciento del valor de los fletes.
sobornable ***adj.*** Que se deja sobornar.
SIN. **Venal.**
sobornación ***f.*** Soborno.
sobornado, -da ***adj.*** Relativo al pan que en el tendido se pone en el hueco de dos hileras.
sobornador, -ra ***adj.-s.*** Que soborna.
sobornal (l. *subornare,* equipar) ***m.*** Sobrecarga (añadida). -2 ***m. pl.*** *Chile.* Bultos sueltos que se cargan en vagones especiales de ferrocarril.
sobornar (l. *subornare*) ***tr.*** Corromper [a uno] con dádivas.
SIN. **Untar, corromper; cohechar,** tratándose de la administración de justicia. REL. **Venal,** el que se deja sobornar, adj.
soborno ***m.*** Acción de sobornar. 2 Efecto de sobornar. 3 Dádiva con que se soborna. 4 fig. Cosa que mueve el ánimo para inclinarle a complacer a otro. 5 *Amér.* Sobornal, sobrecarga. 6 *Bol.* ***De*** ~, de añadidura, de suplemento.

sobra *f.* Exceso de cualquier cosa sobre su justo ser, peso o valor. *De ~*, abundantemente, con exceso o sin necesidad. 2 Demasía, injuria, agravio. -3 *f. pl.* Lo que queda de la comida al levantarse la mesa, y, p. ext., lo que sobra o queda de otras cosas. 4 Desperdicios o desechos. 5 Parte del haber del soldado que se le entrega en metálico.
SIN. *1* y *2* v. **Exceso.**
sobradamente *adv. c.* De sobra.
sobradar *tr.* Poner sobrado [a los edificios].
sobradero *m. Ál., Ar.* y *Logr.* Desaguadero por donde se facilita la salida del agua sobrante de una acequia.
sobradillo *m.* Guardapolvo de un balcón.
sobrado, -da *adj.* Demasiado, que sobra. 2 Audaz y licencioso. 3 Rico y abundante en bienes. -4 *adv. c.* Sobradamente. -5 *m.* Desván. 6 *And.* y *Chile.* Sobras de la mesa; ús. esp. en pl. 7 *Argent.* Vasar. -8 *adj. Chile.* Se usa con significación de ponderativo: *tamaño ~*, colosal, enorme.
sobrancero, -ra (de *sobrar*) *adj.-s.* Persona que está sin trabajar y sin oficio determinado. 2 *Murc., Cuba* y *Venez.* Que sobra o excede. 3 *Can.* Abundante, sin falta de nada, que tiene de sobra. 4 *Murc.* Mozo de labranza que está para suplir.
sobrante *adj.-s.* Que sobra. -2 *adj.* Sobrado (que sobra).
SIN. *1* **Excedente, sobrero.**
sobrar (v. *superar*) *tr.* desus. Exceder o sobrepujar: *esto sobra a aquello.* -2 *intr.* Haber más de lo que se necesita: *la cosecha de trigo sobrará.* 3 Estar de más: *tu hermano sobra; este adorno sobra.* 4 Quedar, restar: *sobran estos pasteles.* -5 *tr. Chile.* Dejar sobrante [algo].
sobrasada (cat. *sobrassada,* salpresada, compuesta con sal) *f.* Embuchado grueso de carne de cerdo muy picada y sazonada con sal y pimiento molido, que se hace en Mallorca. ◇ INCOR.: *sobreasada.*
sobrasar *tr.* Poner brasas [al pie de la olla] para que cueza mejor.
sobrayo *m.* Tiburón de color gris claro o rojizo, manchado de negro, muy agresivo y que puede ser peligroso *(Odontaspis ferox).*
sobre- (de *sobre* I) Prefijo que entra en la formación de palabras con los valores de la preposición *sobre* o aumentando la significación del nombre o verbo a que se une.
I) sobre (l. *super*) *prep.* Encima: *está ~ la mesa.* 2 Cerca de otra cosa con más altura que ella: *la torre del campanario está ~ el palacio.* 3 Con dominio y superioridad: *el capitán está ~ el teniente.* 4 En prenda de una cosa: *~ esta alhaja préstame diez mil pesetas.* 5 Denota aproximación en una cantidad o número: *vendré ~ las once.* 6 En el comercio se usa para denotar la pers. contra quien se gira una cantidad, o la plaza donde ha de hacerse efectiva. 7 Asunto o materia de que se trata: *~ esto no hay nada escrito.* 8 Posterioridad: *~ siesta.* 9 Exceso de vigilancia: *siempre hay que estar ~ ella para que estudie.* 10 Precedida y seguida de un mismo substantivo, denota idea de reiteración: *crueldades ~ crueldades.* 11 Ús. precediendo al nombre de la finca o fondo que tiene afecta una carga o gravamen. 12 A o hacia: *están ~ Madrid.* 13 Además de: *~ la ruina, la enfermedad.*
II) sobre *m.* Cubierta de papel en que se incluyen las cartas o documentos que han de enviarse de una parte a otra. 2 Sobrescrito. 3 fig. *y* fam. Cama: *se echó a dormir en el ~.* 4 *Sal.* y *Zam.* Escondite, juego.
SIN. *1* **Cubierta.**
sobreabundancia *f.* Acción de sobreabundar. 2 Efecto de sobreabundar.
SIN. **Superabundancia, plétora.**
sobreabundante *adj.* Que sobreabunda.
sobreabundantemente *adv. m.* Con sobreabundancia.
sobreabundar (*sobre-* + *abundar*) *intr.* Abundar mucho.
sobreaguar (*sobre-* + *aguar*) *intr.-tr.* p. us. Andar o estar sobre la superficie del agua: *~ un río.* ◇ ** CONJUG. [22] como ***averiguar.***
sobreagudo, -da (*sobre-* + *agudo*) *adj.-s.* Sonido más agudo del sistema musical.
sobrealiento *m.* Respiración difícil y fatigosa.
sobrealimentación *f.* Acción de sobrealimentar. 2 Efecto de sobrealimentar. 3 Régimen dietético en el que hay un aporte continuo de alimentos excesivamente ricos en calorías, lo que es causa de obesidad.
sobrealimentar (*sobre-* + *alimentar*) *tr.* Dar [a un individuo] más alimento del que ordinariamente toma o necesita.
sobrealimento *m.* Comida que se da o se toma para sobrealimentar o sobrealimentarse.
sobrealzar (*sobre-* + *alzar*) *tr.* Alzar demasiado [una cosa] o aumentar su elevación. ◇ ** CONJUG. [4] como ***realizar.***
sobreañadir (*sobre-* + *añadir*) *tr.* Añadir con exceso o con repetición: *~ una cresta.*
sobreañal *adj.* [animal] De poco más de un año.
sobreaño *adj. La Mancha.* [becerro o cordero] De un año, más o menos.
sobrearar *tr.* Repetir [en una tierra] la labor del arado.
SIN. **Binar.**
sobrearco *m.* V. arco de descarga.
sobreasar *tr.* Volver a poner a la lumbre [lo que está asado o cocido] para que se tueste.
sobreático *m.* Piso situado encima del ático.
sobrebarato, -ta *adj.* Muy barato.
sobrebarrer *tr.* Barrer ligeramente: *~ un patio.*
sobrebeber *intr.* Beber de nuevo o con exceso.
sobrebota *f. Amér. Central.* Polaina de cuero.
sobrecalentamiento *m.* Acción de sobrecalentar o sobrecalentarse.
sobrecalentar (*sobre-* + *calentar*) *tr.-prnl.* Calentar de manera excesiva. 2 METAL. Recalentar. ◇ ** CONJUG. [27] como ***acertar.***
sobrecalva *f.* Parte de algunos cascos antiguos, particularmente del almete, que cubre y defiende la parte superior de la cabeza.
sobrecalza *f.* Polaina.
sobrecama *f.* Colcha. 2 *Ecuad.* Cierto ofidio, especie de boa.
sobrecaña *f.* Tumor óseo que sobresale en la caña de las extremidades anteriores de las caballerías.
sobrecarga *f.* Lo que se añade a una carga regular. 2 Inscripción suplementaria impresa sobre un sello. 3 Soga o lazo que se echa por encima de la carga para asegurarla. 4 fig. Molestia que sobreviene y se añade al sentimiento o pasión del ánimo. 5 INFORM. Efecto de saturación de la capacidad del ordenador central para tratar mensajes, al producirse la transmisión de datos simultáneamente por todas, o casi todas, las líneas de transmisión a él conectadas. 6 TECNOL. Carga suplementaria que puede soportar una construcción, máquina o aparato cualesquiera en algún caso excepcional y que debe haber sido prevista al calcular la resistencia de sus elementos.
SIN. *1* **Sobornal.**
sobrecargar (*sobre-* + *cargar*) *tr.* Cargar con exceso [una cosa]. 2 Coser por segunda vez [una costura] redoblando un borde sobre el otro. ◇ ** CONJUG. [7] como ***llegar.***
sobrecargo *m.* El que en los buques mercantes lleva a su cuidado el cargamento. 2 p. ext. Oficial de misión semejante en buques de pasaje. 3 Miembro de la tripulación que en los aviones de pasajeros lleva a su cuidado pasaje y tripulación de cabina.
sobrecaro, -ra *adj.* Muy caro.
sobrecarta *f.* Sobre de una carta.
sobrecebadera *f.* MAR. p. us. Verga que se cruzaba sobre el botalón de foque, y la vela que se envergaba en ella.
sobrecédula *f.* ant. Segunda cédula real o despacho del rey para la observancia de lo ya prescrito.
sobreceja (*sobre-* + *ceja*) *f.* Parte de la frente inmediata a las cejas.
sobrecejo (l. *superciliu*) *m.* Ceño (fruncimiento).
sobrecelestial (*sobre-* + *celestial*) *adj.* Relativo al más alto cielo.
sobrecenar *intr.-tr.* Cenar por segunda vez: *~ un pichón.*
sobreceño *m.* Ceño muy sañudo.
sobrecerco (*sobre-* + *cerco*) *m.* Cerco o guarnición con que se refuerza otro.
sobrecerrado, -da *adj.* Muy bien cerrado.
sobrecielo *m.* fig. Dosel, toldo.
sobrecincha *f.* Sobrecincho.
sobrecincho *m.* Faja o correa que pasa por debajo de la barriga de la cabalgadura y por encima del aparejo.
SIN. **Sifué.**
sobreclaustra *f.* Sobreclaustro.
sobreclaustro (*sobre-* + *claustro*) *m.* Pieza o vivienda que hay encima del claustro.
sobrecogedor, -ra *adj.* Que sobrecoge.
sobrecoger *tr.* Coger de repente y desprevenido [a uno]. -2 *prnl.* Sorprenderse, intimidarse. ◇ ** CONJUG. [5] como ***proteger.***
sobrecogimiento *m.* Acción de sobrecogerse. 2 Efecto de sobrecogerse.
sobrecomida *f.* Postre de una comida.

sobrecopa *f.* Tapadera de la copa.
sobrecorrida *f. Can.* Tercer riego que recibe la labranza, ya en sazón lo plantado.
sobrecoser *tr. Amér.* Sobrecargar [una costura].
sobrecosido *m.* Un punto de costura especial.
sobrecostillas *f. pl.* Jerguilla (carne).
sobrecostura *f.* Sobrecosido.
sobrecrecer (*sobre-* + *crecer*) *intr.* Exceder en crecimiento o crecer excesivamente. ◇ ** CONJUG. [43] como ***agradecer.***
sobrecruz *m.* Brazo o rayo que, en número de cuatro, lleva la rueda de la azuda en los lados de las cruces.
sobrecubierta (*sobre-* + *cubierta*) *f.* Segunda cubierta. 2 IMPR. Cubierta que se pone sobre las tapas de un libro. 3 MAR. Cubierta de un barco, situada sobre la principal.
sobrecuello *m.* Segundo cuello sobrepuesto al de una prenda de vestir. 2 Collarín (alzacuello).
sobrecumbrera *f. Ant.* y *Colomb.* En los edificios rústicos, palo que va al igual y sobre la cumbrera, pero por afuera de la techumbre.
sobrecurar *tr.* Curar a medias o descuidadamente: ~ *una herida.* 2 Cicatrizar una herida sólo superficialmente.
sobredezmero *m.* ant. Interventor o acompañado del dezmero.
sobredicho, -cha *adj.* Dicho arriba o antes.
SIN. **Antedicho, supradicho, susodicho.**
sobrediente *m.* Diente que nace encima de otro.
sobredimensionar (*sobre-* + *dimensionar*) *tr.* Hacer que algo tenga o parezca tener un tamaño o una importancia superior a los que debería poseer.
sobredorar *tr.* Dorar [los metales], esp. [la plata]. 2 fig. Disculpar y abonar [algo reprensible].
sobredosificación *f.* FARM. Administración de un fármaco en dosis superior a la normal.
sobredosis (*sobre-* + *dosis*) *f.* FARM. Dosis excesiva de medicamento. 2 Dosis muy fuerte de substancias alucinógenas que provoca trastornos físicos y mentales, incluso una intoxicación grave y hasta la muerte. ◇ Pl.: *sobredosis.*
sobreedificar *tr.* Construir [sobre otra edificación]. ◇ **CONJUG. [1] como ***sacar.***
sobreempeine *m.* Parte inferior de la polaina que cae sobre el empeine del pie.
sobreentender *tr.* Sobrentender. ◇ ** CONJUG. [28] como ***entender.***
sobreesdrújulo, -la *adj.* Sobresdrújulo.
sobreestadía *f.* Sobrestadía.
sobreestimación *f.* Acción de sobreestimar. 2 Efecto de sobreestimar.
sobreestimar (*sobre-* + *estimar*) *tr.* Estimar [a una persona o cosa] en más de lo que merece o vale.
CONTR. **Subestimar.**
sobreexceder *tr.* Sobrexceder.
sobreexcitación *f.* Acción de sobreexcitar o sobreexcitarse. 2 Efecto de sobreexcitar o sobreexcitarse. ◇ También *sobrexcitación.*
sobreexcitar (*sobre-* + *excitar*) *tr.-prnl.* Aumentar o exagerar la energía vital [de todo el organismo o de una de sus partes]; excitar con exceso. ◇ También *sobrexcitar.*
sobreexponer *tr.* FOT. Exponer en exceso a la luz una superficie sensible. ◇ ** CONJUG. [78] como ***poner.***
sobrefalda *f.* Falda corta que se coloca como adorno sobre otra.
sobrefaz *f.* Superficie o cara exterior de las cosas. 2 FORT. Distancia que hay entre el ángulo exterior del baluarte y el flanco prolongado.
SIN. **Sobrehaz.**
sobreflor *f.* Flor que nace del centro de otra.
sobrefrenada *f.* Sofrenada.
sobrefusión *f.* Permanencia de un cuerpo en estado líquido a temperatura inferior a la de fusión. 2 Estado de un líquido que presenta dicho fenómeno.
sobreganar (*sobre-* + *ganar*) *tr.* Ganar con ventaja o con exceso: ~ *a uno;* ~ *una partida.*
sobregirar *tr.* Exceder en un giro del crédito disponible.
sobregiro *m.* Giro o libranza que excede de los créditos o fondos disponibles.
sobreguarda *m.* Jefe inmediato de los guardas. 2 Segundo guarda que suele ponerse para más seguridad.
sobrehaz *f.* Sobrefaz. 2 Cubierta de una cosa. 3 fig. Apariencia somera.
sobreherido, -da *adj.* Herido leve o superficialmente.
sobrehilado *m.* Puntadas en la orilla de una tela cortada, para que no se deshilache.
sobrehilar *tr.* Dar puntadas sobre el borde [de una tela cortada] para que no se deshilache. ◇ **CONJUG. [15] como ***aislar.***
sobrehilo *m.* Sobrehilado.
sobrehueso (*sobre-* + *hueso*) *m.* Tumor duro que está sobre un hueso. 2 fig. Cosa que molesta o sirve de embarazo o carga. 3 Trabajo, molestia.
sobrehumano, -na (*sobre-* + *humano*) *adj.* Que excede a lo humano.
sobrehúsa *f. And.* Guiso de pescado en salsa con cebolla, ajo, pimentón y otras especias. 2 *And.* fig. Apodo, mote.
sobreimpresión *f.* Acción de sobreimprimir. 2 Efecto de sobreimprimir.
sobreimprimir (*sobre-* + *imprimir*) *tr.* Imprimir dos o más imágenes en el mismo lugar.
sobreintendencia *f.* Superintendencia.
sobrejalma *f.* Manta que se pone sobre la jalma. ◇ También *sobrenjalma.*
sobrejuanete *m.* MAR. Verga que se cruza sobre los juanetes, y vela que se larga en ella.
sobrelecho *m.* ARQ. Superficie inferior de la piedra que descansa sobre el lecho superior de la que está debajo.
sobrellavar *tr.* Poner sobrellave [a una puerta].
sobrellave *f.* Segunda cerradura que se añade a la puerta, además de la ordinaria. 2 Llave de esta cerradura. -3 *m.* Oficio del que tiene esta segunda llave.
sobrellenar *tr.* Llenar en abundancia [una cosa].
sobrelleno, -na *adj.* Superabundante, rebosante.
sobrellevar (*sobre-* + *llevar*) *tr.* Llevar uno encima [una carga] para aliviar a otro. 2 fig. Ayudar a sufrir [los trabajos o molestias de la vida]. 3 Resignarse [a ellos] con paciencia. 4 Disimular o sufrir [los defectos] de otro.
sobreltado *m.* BLAS. Escusón.
sobremanera (*sobre-* + *manera*) *adv. m.* Sobre manera, mucho más allá de lo corriente, con exceso.
sobremano *f.* Tumor óseo que en las caballerías se desarrolla sobre la corona de los cascos delanteros.
sobremesa (*sobre-* + *mesa*) *f.* p. us. Tapete que se pone sobre la mesa. 2 Tiempo que se está a la mesa después de haber comido. -3 ***loc. De*** ~, [objeto] a propósito para ser colocado sobre una mesa u otro mueble: *teléfono de* ~; inmediatamente después de comer, y sin levantarse de la mesa; esp. la conversación o entretenimiento después de comer.
sobremesana *f.* Gavia del palo mesana.
sobremodo *adv.* Sobre modo, sobremanera.
sobremuñonera *f.* ARTILL. Banda semicilíndrica de hierro que sujeta la pieza montada e impide que se descabalgue en los disparos.
sobrenadar *intr.* Mantenerse encima de un líquido sin hundirse.
SIN. v. **Nadar.**
sobrenatural (*sobre-* + *natural*) *adj.* Que excede los términos de la naturaleza. 2 p. ext. Extraordinario, sobrecogedor.
sobrenaturalismo *m.* Sistema o doctrina en que se da capital importancia a lo sobrenatural.
sobrenaturalizar *tr.* Hacer que sea sobrenatural [una cosa]; atribuirle existencia o poder sobrenatural. ◇ ** CONJUG. [4] como ***realizar.***
sobrenaturalmente *adv. m.* De modo sobrenatural.
sobrenjalma *f.* Sobrejalma.
sobrenoche *f.* p. us. Altas horas de la noche.
sobrenombre (*sobre-* + *nombre*) *m.* Apodo. 2 Nombre calificativo que se añade al nombre de una persona: *Fernando el Católico, Plinio el Viejo.*
sobrentender (de *sobre-* + *entender*) *tr.-prnl.* Entender [una cosa] que no está expresa, pero que se deduce. ◇ ** CONJUG. [28] como ***entender.*** ◇ También *sobreentender* y *subentender.*
sobreño, -ña *adj. Sal.* [res vacuna] Sobreañal.
sobrepaga *f.* Aumento de paga, ventaja en ella.
sobrepaño *m.* Lienzo o paño que se pone encima de otro paño.
sobreparto (*sobre-* + *parto*) *m.* Tiempo que inmediatamente sigue al parto. 2 Estado delicado de salud que suele ser consiguiente al parto.
SIN. / MED. **Puerperio.**
sobrepasar (fr. *surpasser*) *tr.* Exceder, aventajar: ~ *a un compañero.*

sobrepaso *m. Amér.* Paso de andadura peculiar al caballo andador.
sobrepeine *adv. m.* fam. Sobre peine.
sobrepelliz (l. *pelliciu,* vestimenta de piel) *f.* Vestidura litúrgica de lienzo fino, blanca, con mangas largas, que llega hasta las rodillas y se lleva por encima de la sotana.
sobrepelo *m. Argent.* y *Urug.* Sudadero.
sobrepeso (*sobre-* + *peso*) *m.* Lo que se añade a la carga. 2 Excesiva acumulación de grasa en el cuerpo.
sobrepié *m.* Tumor óseo que en las caballerías se desarrolla sobre la corona de los cascos traseros.
sobrepintarse *prnl.* Repintar, usar de afeites.
sobreplán *f.* MAR. Ligazón que se coloca sobre el forro interior del buque.
sobreponer (*sobre-* + *poner*) *tr.* Añadir [una cosa] o ponerla encima de otra. -2 *prnl.* fig. Dominar los impulsos del ánimo o hacerse superior a las adversidades. 3 Obtener o afectar superioridad una persona respecto de otra. ◇ ** CONJUG. [78] como ***poner.***
SIN. *1* **Superponer.**
sobreprecio (*sobre-* + *precio*) *m.* Recargo en el precio ordinario.
SIN. v. **Premio.**
sobreprima (*sobre-* + prima) *f.* Recargo en la cantidad que cobra el asegurador por el seguro.
sobreproducción *f.* Superproducción.
sobrepuerta *f.* Pieza de madera que se coloca sobre las puertas interiores de los aposentos, y de la cual penden las cortinas. 2 Cenefa o cortinilla que se pone sobre las puertas. 3 Pintura, tela, talla, etc., más larga que alta, que se pone por adorno sobre las puertas.
sobrepuesto, -ta *adj.* [bordado] Que se hace suelto y luego se aplica sobre la tela. -2 *m.* Aplicación (detalle). 3 Panal que forman las abejas después de llena la colmena, encima de la obra que hacen primero. 4 Vasija de barro o cesto de mimbres que se pone boca abajo y ajusta sobre los vasos de las colmenas, para que allí trabajen las abejas el panal antedicho. 5 *R. de la Plata.* Pieza del recado de montar, que va sobre el cojinillo.
sobrepujamiento *m.* Acción de sobrepujar. 2 Efecto de sobrepujar.
sobrepujanza *f.* Pujanza excesiva.
sobrepujar (cat.) *tr.* Exceder una cosa o pers. [a otra] en cualquier línea.
sobrequilla *f.* Madero formado de piezas, colocado de popa a proa por encima de la trabazón de las varengas.
I) sobrero *m. Sal.* Alcornoque, árbol.
II) sobrero, -ra *adj.* Sobrante. 2 [toro] Que se tiene de más por si se inutiliza algún otro de los destinados a una corrida.
III) sobrero, -ra *m. f.* Persona que tiene por oficio hacer sobres.
sobrerrealismo *m.* Superrealismo.
sobrerrienda *f. Amér.* Correas de que se vale el jinete para gobernar el caballo cuando no puede usar la rienda.
sobrerronda *f.* Contrarronda.
sobrerropa *f.* p. us. Sobretodo.
sobresalienta *f.* Comedianta que suple la falta de otra.
sobresaliente *adj.-s.* Que sobresale. -2 *m.* En la calificación de exámenes, nota superior a la de notable. -3 *com.* fig. Persona destinada a suplir la falta o ausencia de otra.
sobresalir *intr.* Salir, formar un saliente, resaltar, abultar con relación a un plano: *esta cornisa sobresale mucho.* 2 Exceder una persona o cosa a otras en figura, tamaño, etc. 3 Aventajarse uno a otros; distinguirse entre ellos: *~ en mérito; ~ entre todos; ~ por su elocuencia.* ◇ ** CONJUG. [84] como ***salir.***
SIN. **Campar, campear, dominar, descollar, destacarse, distinguirse, escollar, sobrepasar, sobrepujar; requintar, aventajar(se).**
sobresaltar *tr.* Saltar, venir a acometer de repente: *~ una fortaleza.* -2 *tr.-prnl.* Asustar, alterar [a uno] profundamente: *sobresaltarse con, de, o por, la noticia.* -3 *intr.* Venirse una cosa a los ojos.
sobresalto *m.* Emoción que proviene de un acontecimiento repentino. 2 Temor o susto repentino. 3 ***De*** *~*, de improviso o impensadamente.
SIN. *1* y *2* v. **Susto.**
sobresanar *intr.* Cerrarse una herida sólo por la superficie. 2 fig. Disimular un defecto de una manera superficial.
sobresano *adv. m.* Con curación falsa o superficial. 2 fig. Afectada, fingida, disimuladamente. -3 *m.* Pedazo de madera que se embute en la mortaja de cualquier tablón del casco del buque.
sobresaturación *f.* Efecto de sobresaturar una solución.
sobresaturar (*sobre-* + *saturar*) *tr.* Hacer que [una solución] tenga mayor concentración que la saturada.
sobrescribir *tr.* Escribir un letrero sobre [una cosa]. 2 esp. Poner el sobrescrito en la cubierta de las cartas. ◇ CONJUG.: pp.: ***sobrescrito.***
sobrescripto, -ta, pp. irreg. Sobrescrito.
sobrescrito, -ta (l. *superescriptu*) Pp. irreg. de *sobrescribir.* 2 *m.* Lo que se escribía en el sobre o en la parte exterior de un pliego cerrado para darle dirección. 3 p. ext. El mismo sobre con la dirección.
SIN. *2* y *3* **Sobre.**
sobresdrújulo, -la *adj.-m.* Voz que lleva un acento en la sílaba anterior a la antepenúltima, como *devuélvamelo.* ◇ También *sobreesdrújulo.*
sobreseer (l. *supersedere*) *intr.* Desistir de la pretensión que se tenía. 2 Cesar en el cumplimiento de una obligación. -3 *intr.-tr.* DER. Cesar en una instrucción sumaria; p. ext., dejar sin curso ulterior un procedimiento: *~ en la causa; ~ un proceso.* ◇ **CONJUG. [61] como ***leer.***
sobreseimiento *m.* Acción de sobreseer. 2 Efecto de sobreseer.
sobresellar *tr.* Poner un sobresello [en un documento].
sobresello *m.* Segundo sello que se pone para dar mayor firmeza o más autoridad.
sobresembrar *tr.* Sembrar [sobre lo ya sembrado]. ◇ **CONJUG. [27] como ***acertar.***
sobreseñal *f.* Divisa que en lo antiguo tomaban los caballeros armados.
sobresolar *tr.* Coser una suela nueva [en los zapatos] ya gastados. 2 Echar un segundo suelo [sobre lo solado]. ◇ ** CONJUG. [31] como ***contar.***
sobrestadía *f.* COM. Día que pasa después de las estadías, o segundo plazo que se prefija algunas veces para cargar o descargar un buque. 2 Cantidad que por tal demora se paga.
sobrestante *m.* Capataz mayor de una obra.
sobrestantía *f.* Empleo de sobrestante. 2 Oficina del sobrestante.
sobrestimar *tr.* Sobreestimar.
sobresueldo (*sobre-* + *sueldo*) *m.* Salario o consignación que se añade al sueldo fijo.
SIN. **Plus.**
sobresuelo *m.* Segundo suelo que se pone sobre otro.
sobretarde *f.* Lo último de la tarde, antes de anochecer.
sobretendón *m.* Tumor que suele formarse en las caballerías en los tendones flexores de las piernas.
sobretensiómetro *m.* ELECTR. Instrumento de medida de sobretensiones en circuitos de alta frecuencia.
sobretensión (*sobre-* + *tensión*) *f.* ELECTR. Tensión anormal superior a la de servicio.
sobretercero *m.* Sujeto nombrado, a más del tercero, para llevar cuenta de los diezmos y tener una llave de la tercia.
sobretiro *m.* Separata, tirada aparte.
sobretodo *m.* Prenda de vestir ancha, larga y con mangas, que se lleva sobre el traje ordinario.
SIN. **Sobrerropa,** p. us.; **abrigo, gabán.**
sobreveedor *m.* Superior de los veedores.
sobrevega *f. P. Rico.* Parte más alta de una vega.
sobrevenida *f.* Venida repentina e imprevista.
sobrevenir (l. *supervenire*) *intr.* Suceder una cosa además o después de otra. 2 en gral. Venir improvisamente. 3 Venir a la sazón, al tiempo de, etc. ◇ ** CONJUG. [90] como ***venir.***
SIN. **Supervenir.**
sobreventa *f.* Contratación de más plazas de las disponibles, generalmente en hoteles y aviones.
SIN. **Overbooking.**
sobreverterse *prnl.* Verterse con abundancia. ◇ ** CONJUG. [28] como ***entender.***
sobrevesta, -veste *f.* Túnica que se usaba sobre la armadura o el traje.
sobrevestir (l. *supervestire*) *tr.* Poner [un vestido] sobre el que se lleva. ◇ ** CONJUG. [34] como ***servir.***
sobrevidriera *f.* Alambrera con que se resguarda una vidriera. 2 Segunda vidriera que se pone para mayor abrigo.
sobrevienta (v. *sobreviento*) *f.* Golpe de viento impetuoso. 2 fig. Furia, ímpetu. 3 Sobresalto, sorpresa: ***a*** *~*, de repente, impensadamente.

sobreviento (l. *superventu,* venida inesperada) ***m.*** Sobrevienta (golpe de viento).
sobrevirar ***intr.*** Tender un vehículo automóvil a deslizarse hacia el exterior de la curva cuando se inicia un viraje.
sobrevista ***f.*** Visera fija al borde del morrión.
sobreviviente ***adj.-s.*** Que sobrevive.
SIN. **Superviviente.** DER. **Supérstite.**
sobrevivir (l. *supervivere*) ***intr.*** Vivir uno más que otro, o después de determinado suceso o plazo.
sobrevolar (*sobre-* + *volar*) ***tr.*** Volar sobre un lugar, ciudad, territorio, etc. ◇ ** CONJUG. [31] como ***contar.***
sobrexceder (de *sobre-* + *exceder*) ***tr.*** Exceder, aventajar [a otro]. ◇ También *sobreexceder.*
sobrexcitación ***f.*** Sobreexcitación.
sobrexcitar ***tr.-prnl.*** Sobreexcitar.
sobreyugo ***m.*** MAR. Madero del mismo ancho que el yugo y colocado sobre éste.
sobriamente ***adv. m.*** Con sobriedad.
sobriedad (l. *-etate*) ***f.*** Calidad de sobrio.
SIN. v. **Concisión** y **templanza.**
sobrinazgo ***m.*** Parentesco de sobrino. 2 p. us. Nepotismo.
sobrino, -na (l. *-nu*) ***m. f.*** Respecto de una persona, hijo o hija de su hermano o hermana, o de su primo o prima. Los primeros se llaman *carnales,* y los otros, *segundos, terceros,* etc.
sobrio, -ria (l. *-iu*) ***adj.*** Moderado, esp. en el comer y el beber: *~ de palabras; ~ en comer.* -2 ***adj.-s.*** Que no está borracho. 3 [estilo] Conciso, en oposición a redundante, ampuloso, etc.
sobros ***m. pl.*** *Amér. Central.* Sobras, sobrajas.
soca ***f.*** *Amér.* Retoño de la caña de azúcar de la tercera cosecha en adelante. 2 *Amér. Central.* fig. Borrachera. 3 *Bol.* Brote de la cosecha del arroz. 4 *Colomb.* Renuevo que echa el tabaco después de florecer. 5 *Ecuad.* Tabaco de calidad extra.
socaire (port. *socairo*) ***m.*** MAR. Abrigo o defensa que ofrece una cosa en su lado opuesto a aquel de donde sopla el viento. 2 fig. ***Estar*** o ***ponerse al ~***, esquivar o rehuir el trato; rehuir el trabajo.
socairero ***adj.*** Entre marineros, remolón que procura eludir el cumplimiento de sus obligaciones.
socalce ***m.*** En la construcción, refuerzo en la parte inferior de un muro de edificio, puente, etc.
socaliña (de *sacaliña*) ***f.*** Ardid o artificio con que se saca a uno lo que no está obligado a dar. -2 ***com.*** fam. Socaliñero.
SIN. **Sacaliña.**
socaliñar ***tr.*** Sacar a uno con socaliña [alguna cosa].
socaliñero, -ra ***adj.-s.*** Que usa de socaliñas (ardid).
socalzar (*so-* + *calzar*) ***tr.*** Reforzar por la parte inferior [un edificio o muro]. ◇ ** CONJUG. [4] como ***realizar.***
socapa (*so-* + *capa*) ***f.*** p. us. Pretexto que se toma para disfrazar la verdadera intención de una cosa: ***a ~*** o ***de ~***, p. us., disimuladamente o con cautela. ◇ También *so capa.*
SIN. v. **Excusa.**
socapar ***tr.*** *Amér.* Encubrir faltas ajenas [a alguien].
socapiscol ***m.*** Sochantre.
socar ***tr.-prnl.*** *Amér. Central.* Azocar, apretar [una cosa, una amarra, etc.]. 2 *Amér. Central.* Molestar, cansar. -3 ***prnl.*** *Amér. Central.* Emborracharse. ◇ ** CONJUG. [1] como ***sacar.***
socarra ***f.*** Acción de socarrar. 2 Efecto de socarrar. 3 Socarronería.
socarrar (vasc. *sua,* fuego + *carra,* llama) ***tr.-prnl.*** Quemar o tostar superficialmente [una cosa].
SIN. **Chamuscar; sollamar,** cuando se hace con llama.
socarrén (de *socarrena*) ***m.*** Parte del alero del tejado que sobresale de la pared.
socarrena (l. v. *suggurundia* < l. *suggrundia*) ***f.*** Hueco, concavidad. 2 ARQ. Hueco entre cada dos maderos de un suelo o tejado.
socarrina ***f.*** fam. Chamusquina (acción y efecto).
socarro, -rra ***adj.*** *Hond.* Socarrón, taimado.
socarrón, -rrona (de *socarrar*) ***adj.-s.*** Astuto, bellaco, disimulado. 2 intens. Burlón, guasón.
socarronamente ***adv. m.*** Con socarronería.
socarronería ***f.*** Astucia, bellaquería con que uno procura su interés o disimula su intento. 2 Calidad de socarrón o burlón.
SIN. **Socarra.** *2* **Burlonería.**
socava ***f.*** Acción de socavar. 2 Efecto de socavar. 3 Alcorque II.
SIN. **Descalce.**
socavación ***f.*** Socava (acción).
socavar (*so-* + *cavar*) ***tr.*** Excavar por debajo [alguna cosa] dejándola en falso. 2 fig. Debilitar una cosa, sobre todo moralmente.
SIN. *1* **Descalzar.**
socavón ***m.*** Cueva que se excava en la ladera de un cerro o monte. 2 Bache que se produce por hundimiento del subsuelo. 3 MIN. Labor o galería inclinada que en las minas de carbón parte de la superficie.
socaz (*so-* + *caz*) ***m.*** Trozo de cauce que hay debajo del molino o batán hasta la madre del río.
sochantre (*so-* + *chantre*) ***m.*** Director del coro en los oficios divinos. 2 p. ext. Cantor de una parroquia.
SIN. **Capiscol,** en algunas provincias; **veintenero,** en otras; **socapiscol,** en gral.
soche ***m.*** *Colomb.* y *Ecuad.* Especie de ciervo llamado también *loche* en Colombia y *guazubirá* en Argentina. 2 *Colomb.* Piel sin pelo y curtida, de borrego, venado o chivo.
sociabilidad ***f.*** Calidad de sociable.
sociable (l. *bile*) ***adj.*** Naturalmente inclinado a la sociedad.
social (l. *-ale*) ***adj.*** Relativo a la sociedad, o a las relaciones entre unas y otras clases. 2 Relativo a una compañía o sociedad, a los socios, aliados o confederados.
socialdemocracia ***f.*** Tendencia moderada dentro de la ideología socialista que acepta la democracia y la economía mixta, y rechaza los métodos revolucionarios.
socialismo ***m.*** Teoría político-económica que propugna la propiedad y la administración de los medios de producción por parte de las clases trabajadoras con el fin de lograr, mediante una nueva organización de la sociedad, la igualdad política, social y económica de todas las personas. 2 Movimiento político que intenta establecer, con diversos matices, este sistema.
socialista ***adj.*** Relativo al socialismo. -2 ***adj.-com.*** Partidario del socialismo.
socialización ***f.*** Acción de socializar. 2 Efecto de socializar.
socializador, -ra ***adj.*** Que socializa.
socializante ***adj.*** Socializador.
socializar ***tr.*** Transferir al Estado u otro organismo colectivo [las propiedades, industrias, etc.] particulares. 2 Promover las condiciones sociales que, independientemente de las relaciones con el Estado, favorezcan en las personas su desarrollo integral. ◇ ** CONJUG. [4] como ***realizar.***
sociata ***adj.-com.*** fam. *y* desp. Socialista.
sociedad (l. *-tate*) ***f.*** Conjunto de seres vivos entre los cuales existen relaciones durables y organizadas, especialmente las del hombre, establecidas en instituciones y garantizadas por sanciones: ***~ de consumo,*** la que estimula la adquisición y consumo desmedido de bienes cuando no existe todavía la necesidad de substituir otros en uso. 2 Agrupación de individuos, con el fin de cumplir, mediante la cooperación, todos o algunos de los fines de la vida: ***~ conyugal,*** la constituida por el marido y la mujer durante el matrimonio, por ministerio de la ley. 3 Agrupación de personas con fines deportivos, recreativos, culturales, benéficos, etc. 4 COM. Asociación de personas para el ejercicio o explotación de un comercio o industria: ***~ anónima (S. A.),*** la que se forma por acciones con responsabilidad circunscrita al capital que éstas representan; ***~ comanditaria*** o ***en comandita (S. en C.),*** aquella en que unos socios tienen derechos y otros, llamados comanditarios, tienen limitada a una cierta cuantía sus beneficios y responsabilidad; ***~ de responsabilidad limitada (S. L.),*** la formada por reducido número de socios con derechos en proporción a las aportaciones de capital y en que sólo se responde de las deudas por la cuantía del capital social; ***~ cooperativa,*** la que se forma para un objeto de utilidad común de los asociados; ***~ instrumental,*** la constituida con el capital de una empresa mayor para el desarrollo específico de un proyecto determinado; ***~ regular colectiva,*** la que se ordena bajo pactos comunes a los socios y participando todos de los mismos derechos y obligaciones con responsabilidad indefinida. 5 ***Buena ~***, o simplte. ~, conjunto de personas que se distinguen por su cultura y buenos modales: *vida de ~; hallarse en ~; pertenecer a la buena ~.*
SIN. *1* **Asociación,** en gral. *2* y *3* **Agrupación, colectividad,** en general; **entidad** o **corporación,** cuando se las considera como unidad, esp. si tienen algún carácter público. Según sus fines, las diversas agrupaciones humanas suelen darse denominaciones especiales, como *círculo, peña, casino* (recreativas); *ateneo* (culturales); *hermandad* (benéficas o cooperativas); *cofradía, archicofradía* (religiosas); las profesionales, *gremio* (oficios o ramas de la producción), *colegio* (profesiones liberales), *sindicato* (obreros o agricultores). *4* **Compañía; razón social,** es el nombre y firma con que es conocida una sociedad; **empresa,** esp. si es importante.

societario, -ria *adj.* Relativo a las asociaciones, esp. a las obreras.

socinianismo *m.* Herejía de Socino (1525-1562), que negaba la Trinidad y la divinidad de Jesucristo.

sociniano, -na *adj.* Relativo al socinianismo. -2 *adj.-s.* Adepto al socinianismo.

socio, -cia (l. *-iu*) *m. f.* Persona asociada con otra para algún fin: ~ ***capitalista,*** el que aporta capital a una compañía o empresa, poniéndolo a ganancias y pérdidas; ~ ***industrial,*** el que no aporta capital a la compañía o empresas, sino servicios o pericia personales, para tener participación en las ganancias. 2 desp. Sujeto, individuo, prójimo: *¿quién es ese ~?, ¡vaya una socia!* 3 fam. Compañero, amigo. -4 *f.* Ramera.

REL. *1* **Consocio,** socio de una agrupación con respecto a otro u otros.

socio-, elemento prefijal que entra en la formación de palabras con el significado de social o sociedad.

sociocultural (*socio- + cultural*) *adj.* Perteneciente o relativo al estado cultural de una sociedad o grupo social.

socioeconómico, -ca (*socio- + económico*) *adj.* Perteneciente o relativo a lo económico y social a la vez.

sociofobia (*socio- + -fobia*) Temor morboso a la sociedad.

sociolecto (*socio- +* gr. *lógos,* palabra < *lego,* decir) *m.* FILOL. Conjunto de los usos lingüísticos que caracterizan a un grupo de hablantes con algún elemento social en común.

sociolingüística (*socio- + lingüística*) *f.* FILOL. Rama de la lingüística que estudia las relaciones entre las condiciones sociales y los usos lingüísticos de los hablantes.

sociolingüístico, -ca *adj.* Relativo a la sociolingüística.

sociología (*socio- + -logía*) *f.* Disciplina filosófica que estudia la constitución y desarrollo de las sociedades humanas.

sociológico, -ca *adj.* Relativo a la sociología.

sociólogo, -ga *m. f.* Persona que por profesión o estudio se dedica a la sociología.

sociometría (*socio- + -metría*) *f.* Estudio de las formas o tipos de interrelación existentes en un grupo de personas mediante métodos estadísticos.

sociométrico, -ca *adj.* Perteneciente o relativo a la sociometría.

soco, -ca *adj. Amér.* [pers. o animal] Que le falta un miembro del cuerpo. 2 *Amér. Central.* Borracho. 3 *Argent.* [caballería] Inútil. -4 *m. Colomb.* Muñón. 5 *Colomb.* Tocón de árbol. 6 *Colomb.* Machete corto y desgastado.

socobe *m. Amér. Central.* Totuma, vasija de calabaza.

I) socola *f. Logr.* Ataharre.

II) socola *f. Amér. Central, Colomb., Ecuad., Hond.* y *Nicar.* Acción de socolar. 2 *Amér. Central, Colomb., Ecuad., Hond.* y *Nicar.* Efecto de socolar.

socolar *tr. Amér. Central, Colomb., Ecuad., Hond.* y *Nicar.* Desmontar, desmalezar [un terreno]. ◇ **CONJUG. [31] como ***contar.***

socollada (*so- + cuello*) *f.* MAR. Estirón o sacudida que dan las velas. 2 MAR. Caída brusca de la proa de un buque.

SIN. **Estrechón.**

socollar *m.* Paño que se pone bajo el collarín de los animales.

socollón *m. Amér. Central* y *Cuba.* Sacudida violenta, estremecimiento. 2 *Cuba.* Animal de tiro que no hala parejo.

socollonear *tr. Amér. Central* y *Cuba.* Sacudir con violencia.

socolor (*so- + color*) *m.* Pretexto para disimular el motivo de una acción. -2 *adv. m.* So color. ◇ También se escribe *so color.*

SIN. v. **Excusa.**

soconusco *m.* V. polvo de Soconusco, región mejicana. 2 *Cuba.* Chocolate. 3 *Cuba.* fig. Negocio sucio.

socoro (*so- + coro*) *m.* Sitio que está debajo del coro.

SIN. **Sotacoro.**

socorredor, -ra *adj.-s.* Que socorre.

socorrer (l. *succurrere*) *tr.* Ayudar [a uno] en un peligro o necesidad: *~ a uno con algo; ~ de víveres.* 2 Dar [a uno] a cuenta parte de lo que se le debe, o de lo que ha de devengar.

SIN. *1* **Remediar.**

socorrido, -da *adj.* Que con facilidad socorre la necesidad de otro. 2 Práctico; que abastece abundantemente de lo necesario: *la plaza de Madrid es muy socorrida.* 3 Gastado, trillado, vulgar: *un tema muy ~; excusa socorrida.*

socorrismo *m.* Organización y adiestramiento para prestar socorro en casos de accidente.

socorrista *com.* Persona especialmente adiestrada para prestar socorro en caso de accidente.

socorro *m.* Acción de socorrer: *nave, casa de ~.* 2 Efecto de socorrer. 3 Cosa con que se socorre, como dinero, víveres, etc. 4 Provisión de municiones de boca o de guerra que se lleva a un cuerpo de tropa o a una plaza que la necesita. 5 Tropa que acude en auxilio de otra.

SIN. *1* y *2* v. **Auxilio.**

socorva *f. Ecuad.* Esparaván, tumor que padecen las caballerías.

socoyote *m. Méj.* Jocoyote.

socrático, -ca *adj.-s.* Que sigue la doctrina o el método de Sócrates (470-399 a. C.). -2 *adj.* Relativo a la filosofía de Sócrates.

socratismo *m.* Influencia de las doctrinas de Sócrates (470-399 a. C.) en la filosofía y pensamiento posteriores.

socrocio (*so- +* l. *croceu,* de azafrán) *m.* Emplasto en que entra azafrán. 2 *Ecuad.* Azucarillo ordinario. 3 *Ecuad.* Picoso.

socucha *f. Méj.* Sucucho (tabuco).

socucho *m. Amér.* Sucucho (tabuco).

soda (ár. vulg. *sáuda;* por conducto del it.) *f.* Sosa. 2 Bebida hecha con agua que contiene ácido carbónico y está aromatizada con un jarabe.

sódico, -ca *adj.* Relativo al sodio.

sodio (de *soda*) *m.* Metal blando como la cera, de color y brillo argentinos, muy ligero, que descompone el agua a la temperatura ordinaria. Su símbolo es *Na,* su peso atómico 23 y su número atómico 11.

Sodoma *n. pr.* BIBL. Ciudad que, a la vez que su vecina Gomorra, fue destruida por sus vicios (Gén. XVIII y XIX).

sodomía (de *Sodoma,* ciudad bíblica) *f.* Concúbito entre personas de un mismo sexo, o pecado contra natura.

SIN. **Pederastia, pecado nefando.**

sodomita *adj.-s.* De Sodoma, ant. c. de Palestina. 2 Que comete sodomía.

SIN. *2* **Pederasta.**

sodomítico, -ca *adj.* Relativo a la sodomía.

sodomizar *tr.* Someter a sodomía. ◇ ** CONJUG. [4] como ***realizar.***

soez (de *so + hez*) *adj.* Bajo, grosero.

sofá (ár. *çóffa,* banco; por conducto del fr.) *m.* Asiento cómodo, con respaldo y brazos, para dos o más personas: ~ ***cama,*** el que puede transformarse en cama. ◇ Pl.: *sofás.*

sofaldar (paras. de *so- + falda*) *tr.* Alzar [las faldas]. 2 fig. Levantar [cualquier cosa] para descubrir otra.

sofaldo *m.* Acción de sofaldar. 2 Efecto de sofaldar.

I) sofí (persa *safawi*) *m.* Título de dignidad con que antig. se denominaba a los soberanos de Persia. ◇ Pl.: *sofíes.*

II) sofí *adj.-s.* Sufí. ◇ Pl.: *sofíes.*

-sofía (gr. *sophía*) Elemento sufijal que entra en la formación de palabras con el significado de saber, ciencia.

sofía *f.* Planta crucífera, anual o bienal, de hojas divididas y grisáceas, y flores pequeñas de color amarillo pálido *(Descurainia sophia).* 2 Mariposa diurna de color naranja que presenta en la parte inferior de las alas unas vistosas manchas plateadas *(Issoria lathonia).*

sofión (it. *soffione* < *soffiare,* soplar) *m.* Bufido (de enfado). 2 Trabuco (arma). 3 GEOL. Emisión natural de vapor de agua a elevada temperatura y presión, el cual contiene ácido bórico, anhídrido carbónico, amoníaco y gases raros.

sofisma (gr. *sophísma*) *m.* Silogismo vicioso o argumento capcioso con que se pretende hacer pasar lo falso por verdadero.

sofismo *m.* Sufismo.

sofista (gr. *sophistés*) *adj.-s.* Que se vale de sofismas. -2 *m.* En la Grecia antigua, el que se dedicaba a la enseñanza de la filosofía.

sofistería *f.* Uso de raciocinios sofísticos. 2 Estos mismos raciocinios. 3 Engaño, falsificación en general.

sofística *f.* Doctrina de los sofistas.

sofisticación *f.* Acción de sofisticar. 2 Efecto de sofisticar.

sofisticado, -da *adj.* [pers.] Que se muestra afectado en sus gustos, modales y lenguaje. 2 [cosa] Desprovisto de naturalidad y sencillez. 3 ANGLIC. Refinado, sutil, de compleja mecánica, de extraordinaria precisión.

sofisticar *tr.* Adulterar, falsificar con sofismas: *~ una deducción.* 2 Falsificar en gral.: *~ un producto químico.* 3 ANGLIC. Complicar; utilizar criterios o métodos muy avanzados. ◇ **CONJUG. [1] como ***sacar.***

sofístico, -ca *adj.* Relativo al sofisma. 2 Que incluye uno o más sofismas. 3 Aparente, fingido.

sofistiquez *f.* p. us. Calidad de sofístico.

sofito (it. *soffitto*) ***m.*** ARQ. Plano inferior del saliente de una cornisa o de otro cuerpo voladizo.
SIN. **Paflón.**
soflama (*so-* + *flama*) ***f.*** p. us. Llama tenue o reverberación del fuego. 2 Bochorno o ardor que suele subir al rostro. 3 fig. Expresión artificiosa con que uno intenta engañar. 4 fig. *y* p. us. Roncería (halago). 5 fig. *y* desp. Discurso, perorata. 6 *La Mancha.* fig. Zurra.
SIN. *5* v. **Discurso.**
soflamar (de *soflama*) ***tr.*** p. us. Fingir, usar de palabras afectadas para engañar [a uno]. 2 fig. *y* p. us. Dar [a uno] motivo para que se abochorne. -3 ***prnl.*** Tostarse, requemarse con la llama.
soflamería ***f.*** fam. Exceso de palabras.
soflamero, -ra ***adj.-s.*** fig. Que usa de soflamas. 2 *Méj.* fam. Que concede a las cosas una importancia exagerada.
sofocación ***f.*** Acción de sofocar. 2 Efecto de sofocar. 3 Disgusto importante. 4 MED. Asfixia causada por dificultad respiratoria. 5 PAT. Sofoco.
sofocador, -ra ***adj.*** Que sofoca.
sofocante ***adj.*** Sofocador.
sofocar (l. *suffocare*) ***tr.*** Ahogar, impedir la respiración: *el fuego le sofocó.* 2 Apagar, dominar, extinguir: ~ *el incendio.* 3 fig. Acosar, importunar demasiado [a uno]. -4 ***tr.-prnl.*** fig. Avergonzar, abochornar [a uno]. -5 ***prnl.*** Excitarse, irritarse o disgustarse por algo. ◇ ** CONJUG. [1] como ***sacar.***
sofocleo, -a ***adj.*** Propio y característico de Sófocles (entre 496 y 494-406 a. C.), o que tiene semejanza con algunas de las calidades por que se distinguen sus obras.
sofoco ***m.*** Efecto de sofocar o sofocarse. 2 Grave disgusto que se da o recibe. 3 PAT. Sensación de calor muchas veces acompañada de sudor y enrojecimiento de la piel.
SIN. *1* v. **Vergüenza.**
sofocón ***m.*** fam. Desazón, disgusto que sofoca o aturde.
sofometría (gr. *psóphos,* ruido + *-metría*) ***f.*** FÍS. Técnica de medición de ruidos.
sofómetro (gr. *psóphos,* ruido + *-metro*) ***m.*** En telecomunicación, instrumento para medir las tensiones parásitas en las líneas telefónicas o telegráficas que son origen de perturbaciones o ruidos.
Sofonías ***n. pr.*** BIBL. Profeta israelita y libro del Ant. Testamento que contiene sus profecías. Se abrevia *Soph* o *Sof.*
sofoquina ***f.*** fam. Sofoco, por lo común intenso.
sófora (l. mod. *Sophora;* probl. del ár. *sofera*) ***f.*** Árbol leguminoso de jardín, originario de Oriente, de flores pequeñas amarillas en panojas colgantes (*Sophora japonica*).
sofreír (*so-* + *freír*) ***tr.*** Freír un poco o ligeramente [una cosa]. ◇ ** CONJUG. [37] como ***reír***; pp. reg.: ***sofreído***; irreg., usado sólo como adjetivo: ***sofrito.***
sofrenada ***f.*** Acción de sofrenar. 2 Efecto de sofrenar.
SIN. **Refrenada, sobarbada, sobrefrenada.**
sofrenar (l. *suffrenare*) ***tr.*** Reprimir el jinete [a la caballería] tirando violentamente de las riendas. 2 fig. *y* p. us. Reprender con aspereza [a uno]. 3 p. us. Refrenar [una pasión del ánimo].
SIN. v. **Frenar.**
sofrito, -ta, pp. irreg. de *sofreír.* 2 ***m.*** Condimento que se añade a un guiso, compuesto por diversos ingredientes fritos en aceite.
sofrología (gr. *sofron,* prudente, tranquilo + *-logía*) ***f.*** Práctica de la relajación psicológica combinando palabras y música.
sofrosine (gr., cordura, sensatez) ***f.*** Sabiduría, inteligencia.
software (voz inglesa) ***m.*** Conjunto de programas de ordenador y técnicas informáticas. ◇ Se pronuncia *softuor.*
SIN. **Logicial.**
soga (b. l. *soca,* de orig. incierto) ***f.*** Cuerda gruesa de esparto. 2 Medida de tierra cuya extensión varía según las zonas. 3 ARQ. Parte de un sillar o ladrillo que queda descubierta en el paramento de la fábrica: ***a*** ~, colocación de las piedras o ladrillos de modo que su mayor dimensión quede en la línea horizontal del paramento del muro o paralelo a ella. -4 ***m.*** fig. Hombre socarrón.
FR. fig. *Con la ~ a la garganta* o *al cuello,* amenazado de un riesgo grave; en situación muy apurada; *echar la ~ tras el caldero,* dejar perder lo accesorio, perdido lo principal.
sogalinda ***f.*** *Vizc.* Lagartija.
sogdiano, -na ***adj.-s.*** De Sogdiana, antigua región del Asia central. -2 ***adj.-m.*** Lengua perteneciente al grupo iranio medio oriental, hablada antiguamente en esta región.
soguear (de *soga*) ***tr.*** AGR. Pasar una cuerda tirante por encima [de las espigas] a fin de que se desprenda el rocío que las baña. 2 *Ar.* Medir con soga. 3 *Amér.* Atar con soga [un animal]. 4 *Colomb.* Dar soga, burlarse [de alguien]. 5 *Cuba.* Amansar [a una persona o animal].
soguería ***f.*** Oficio y trato de soguero. 2 Sitio donde se hacen o venden sogas.
soguero, -ra ***m. f.*** Persona que hace sogas o las vende. -2 ***m.*** Mozo de cordel. 3 Soga con que se sujetan los bueyes al yugo. -4 ***adj.*** *Murc.* Que tiene más de catorce días y menos de seis meses de edad.
soguilla ***f.*** Trenza delgada de esparto. 2 Trenza delgada hecha con el pelo. -3 ***m.*** Mozo que se dedica a transportar objetos de poco peso.
soja (japonés *soy,* probl. a través del hol.) ***f.*** Planta leguminosa procedente de Asia, con fruto comestible parecido a la judía (*Glycine soja; G. max; Soja hispida*).
sojuzgar (l. *subiugare;* con influjo de *juzgar*) ***tr.*** Dominar, mandar con violencia: ~ *a un pueblo; sojuzgado de los poderosos; sojuzgado por la plebe.* ◇ ** CONJUG. [7] como ***llegar.***
I) sol (l. *sole*) ***m.*** Estrella luminosa, centro de nuestro sistema planetario; ***a*** ~ ***puesto,*** al crepúsculo de la tarde; fig., tarde, a deshora; ***de*** ~ ***a*** ~, desde que nace el sol hasta que se pone; ***arrimarse al*** ~ ***que más calienta,*** servir y adular al poderoso. 2 Luz, calor o influjo directo del sol: *estar al ~; tomar el ~.* 3 Sitio donde da el sol, por oposición a sombra. 4 fig. Día. 5 fig. Estrella fija. 6 Moneda peruana de plata (décima parte de la libra). 7 fig. *y* fam. Tratamiento afectuoso que se da a una persona o a un animal o cosa que se aprecia, o que es muy amable. 8 ~ ***de las Indias,*** girasol. 9 ~ ***y sombra,*** combinado de anís con coñac. 10 QUÍM. Líquido que contiene una materia dispersada en su masa pero cuyas moléculas no se hallan separadas y disueltas en el mismo. 11 TAUROM. Parte de la plaza que no está protegida del sol.
SIN. *1* **Febo,** poét. REL. **Helios,** gr., de donde proceden numerosos tecnicismos, como **perihelio, helioterapia, heliógrafo; febeo,** adj. poét. derivado de *Febo*; **solar, solana, resol, asoleador, girasol, insolación,** voces formadas a partir de la palabra sol. FR. *No dejar a ~ ni a sombra a uno,* fig., perseguirle con importunidad.
II) sol (v. *ut*) ***m.*** MÚS. Nota musical, quinto grado de la escala fundamental. ◇ Pl.: *soles.*
III) sol ***m.*** QUÍM. Coloide dispersado. Si el agente dispersante es el aire, el agua, etc., toma el nombre de aerosol, hidrosol, etc.
solacear ***tr.*** Solazar.
solada ***f.*** Poso (sedimento). 2 *And.* Conjunto de cosas esparcidas por el suelo, esp. de frutos caídos de un árbol.
SIN. *1* v. **Sedimento.**
solado ***m.*** Acción de solar. 2 Revestimiento de un piso con ladrillos, losas u otro material.
SIN. v. **Pavimento.**
solador ***m.*** El que tiene por oficio solar pisos.
soladura ***f.*** Acción de solar pisos. 2 Efecto de solar pisos. 3 Material que sirve para solar.
solaje ***m.*** *And.* Heces del vino.
solamente ***adv. m.*** De un solo modo, en una sola cosa, o sin otra cosa. -2 ***loc. adv.*** ~ ***que,*** con sólo que, con la única condición de que.
SIN. **Sólo.**
solana ***f.*** Paraje donde el sol da de lleno. 2 Corredor o pieza destinada en la casa para tomar el sol.
SIN. **Carasol.** *1* **Solejar.**
solanáceo, -a (l. *solanu,* hierba mora) ***adj.-f.*** Planta de la familia de las solanáceas. -2 ***f. pl.*** Familia de plantas dicotiledóneas, de hojas simples y alternas, y fruto en cápsula o baya; como la tomatera y el tabaco.
solanar ***m.*** *Ar.* Solana.
solanera ***f.*** Efecto que produce en una persona el tomar mucho sol. 2 Paraje expuesto sin resguardo a los rayos solares. 3 Solana, parte de la casa destinada a tomar el sol. 4 Exceso de sol en un sitio.
solanero, -ra ***adj.*** Expuesto al sol.
solanina ***f.*** Glucósido alcaloide tóxico contenido en algunas solanáceas.
I) solano ***m.*** Viento que sopla de donde sale el sol. 2 *Ál.* y *Burg.* Viento cálido y sofocante.
SIN. *1* **Rabiazorras.**
II) solano (l. *-nu*) ***m.*** Hierba mora.
solapa (der. de *lapa* I) ***f.*** Parte del vestido correspondiente al pecho, y que suele ir doblada hacia fuera sobre la misma prenda de vestir. 2 Prolongación lateral de la cubierta o camisa de un

libro. 3 En los sobres de carta, parte que sirve para cerrarla. 4 Cartera, tapa de tela, cuero, etc., que cubre la abertura de un bolsillo. 5 en gral. Cosa o parte de ella montada sobre otra, a la que cubre total o parcialmente. 6 fig. Ficción para disimular una cosa: *de ~*, a solapo. 7 VETER. Cavidad que hay en algunas llagas que presentan un orificio pequeño.

solapadamente *adv. m.* fig. Con cautela o ficción.

solapado, -da *adj.* fig. [pers.] Que por costumbre oculta maliciosa y cautelosamente sus pensamientos.

solapar *tr.* Poner solapas [a los vestidos]. 2 Traslapar. 3 fig. Ocultar cautelosamente [la verdad o la intención]. -4 *intr.* Caer cierta parte del cuerpo de un vestido doblado sobre otra: *este chaleco solapa bien.*

SIN. *3* v. **Ocultar.**

solape *m.* Solapa.

solapo *m.* Solapa. 2 Parte de un cosa que queda cubierta por otra, como las tejas del tejado. 3 fig. Sopapo (golpe). -4 *loc. adv. A ~*, ocultamente, a escondidas.

SIN. *2* **Traslapo.**

solaque *m. Bol.* y *Colomb.* Cemento de polvo de ladrillo.

SIN. **Zolaque.**

solaquear *tr. Bol.* y *Colomb.* Pavimentar con solaque.

I) solar (der. del l. *solu,* suelo) *adj.-m.* Casa más antigua y noble de una familia. -2 *m.* Casa, descendencia, linaje noble. 3 Terreno donde se ha edificado o que se destina a edificar en él. 4 Suelo de la era de trillar. 5 *Amér.* Lugar cercado y descubierto que hay en algunas casas, tras el corral. 6 *Cuba* y *Perú.* Casa de vecindad.

II) solar (l. *solare*) *adj.* Relativo al sol: *luz ~; sistema ~.*

III) solar (l. *solu,* suelo) *tr.* Pavimentar. 2 Echar suelas al calzado. 3 Limpiar la solada al olivo. ◇ ** CONJUG. [31] como *contar.*

solariego, -ga *adj.-s.* Relativo al solar de antigüedad y nobleza. 2 Antiguo y noble.

solario *m.* En las piscinas, lugar destinado a tomar el sol. 2 Local donde se tratan ciertas afecciones, por medio de la luz solar.

solárium *m.* Solario. 2 ARQUEOL. Parte de la casa romana, formada por una galería abierta al sol.

solarización *f.* FOT. Procedimiento para obtener efectos artísticos, que consiste en exponer con exceso a la luz las superficies sensibles mientras se están revelando.

solarizar *tr.* FOT. Exponer con exceso una superficie sensible a la luz, de modo que se presente el fenómeno de la solarización. ◇ ** CONJUG. [4] como *realizar.*

solaz (prov. ant. *solatz* < l. *solatium*) *m.* Esparcimiento, alivio de los trabajos. -2 *loc. adv. A ~*, con gusto y placer.

SIN. v. **Recreación.**

solazar *tr.-prnl.* Dar solaz: *~ a los niños.* ◇ ** CONJUG. [4] como *realizar.*

SIN. **Solacear,** como tr., pero no tiene uso prnl.

solazo (aum. de *sol*) *m.* Sol fuerte y ardiente.

solazoso, -sa *adj.* Que causa solaz.

soldabilidad *f.* Propiedad que tienen algunos cuerpos de la misma especie de soldarse entre sí.

soldada (de *sueldo*) *f.* Sueldo, salario o estipendio. 2 Haber del soldado. 3 Pez marino teleósteo, similar al lenguado, pero de menor tamaño; de cuerpo grueso, cubierto de ocelos oscuros y piel muy áspera al tacto (*Microchirus ocellatus*).

SIN. *1* y *2* v. **Sueldo.** *3* **Tambor real.**

soldadesca *f.* Ejercicio y profesión de soldado. 2 desp. Conjunto de soldados. 3 Tropa indisciplinada.

soldadesco, -ca *adj.* Relativo a los soldados.

soldadito *m.* Jilguero.

soldado (it. *soldato* < *soldare,* pagar el sueldo) *m.* El que sirve en la milicia. 2 Militar sin graduación: *~ de primera,* el que puede desempeñar funciones de cabo en caso de necesidad. 3 fig. Mantenedor, servidor, partidario. 4 fig. El que es esforzado o diestro en la milicia. 5 Peluda (pez). 6 fig. *~ de pavía,* tajada de bacalao frito rebozado con huevo y harina. 7 ZOOL. En algunos insectos sociales, forma con cabeza especialmente grande y mandíbulas adaptadas para defender la comunidad, para luchar y para triturar partículas duras de alimento. 8 *Logr.* Arenque en salazón.

soldador, -ra *m. f.* Persona que tiene por oficio soldar. 2 Instrumento con que se suelda.

soldadote *m.* Desp. de *soldado*; esp. militar de alta graduación que se caracteriza por la brusquedad de sus modales.

soldadura *f.* Acción de soldar: *~ autógena,* la que se hace sin empleo de materia extraña, fundiendo los bordes de lo que se suelda. 2 Efecto de soldar. 3 Lugar de unión de dos cosas soldadas. 4 Material que sirve y está preparado para soldar. 5 fig. Enmienda o corrección de una cosa.

soldán (ár. *çoltán,* soberano) *m.* ant. Sultán, esp. de Persia y Egipto.

soldanela *f.* Planta convolvulácea, reptante, con hojas reniformes y flores en forma de trompeta de color rosa con listas blancas *(Calystegia soldanella).*

SIN. **Berza marina.**

soldar (v. *solidar*) *tr.* Pegar sólidamente [dos cosas] o partes de una misma cosa. 2 esp. Unir entre sí [dos partes o piezas de metal] por medio de una soldadura. 3 fig. Enmendar [un desacierto] con acciones o palabras. ◇ ** CONJUG. [31] como *contar.*

soldeo *m.* Acción de soldar.

soleá (and.) *f.* Soledad (baile, música y canto). ◇ Suele usarse el pl.: *soleares.*

soleamiento *m.* p. us. Acción de solear o solearse.

solear *tr.-prnl.* Tener [una cosa] al sol por algún tiempo.

SIN. **Asolear.**

solecismo (l. *soloecismu* < gr. *soloikismós,* hablar defectuoso; de la ciudad de Soli, en Cilicia) *m.* Vicio de dicción que consiste en alterar la sintaxis normal de un idioma.

soledad (l. *solitate*) *f.* Carencia de compañía. 2 Pesar y melancolía que se siente por la ausencia, muerte o pérdida de alguna persona o cosa. 3 Lugar desierto o tierra no habitada. 4 Modalidad de baile flamenco en compás de tres por ocho. 5 Música y canto melancólico de este baile.

SIN. *2* Modernamente ús. **nostalgia,** y también **añoranza, morriña,** de origen cat. y gall. respectivamente; *soledad* en esta acep. es ant. *4* y *5* Suele pronunciarse y escribirse a la andaluza **soleá,** pl. **soleares.**

soledoso, -sa *adj.* Solitario. 2 Que siente soledad (pesar).

soledumbre *f.* desus. Paraje solitario y estéril, desierto.

solejar *m.* Solana (paraje).

solemne (l.) *adj.* Celebrado o hecho públicamente con pompa o ceremonias extraordinarias: *procesión, exequias solemnes; sesión ~.* 2 Formal, válido, acompañado de todos los requisitos necesarios: *declaración, promesa, juramento ~.* 3 Crítico, interesante, de mucha entidad: *ocasión ~.* 4 Majestuoso, imponente. 5 Encarece en sentido peyorativo la significación de algunos nombres: *~ tontería.*

solemnemente *adv. m.* Con solemnidad.

solemnidad *f.* Calidad de solemne. 2 Acto o ceremonia solemne. 3 Festividad eclesiástica. 4 Formalidad de un acto solemne. 5 DER. Conjunto de requisitos legales para la validez de ciertos instrumentos calificados de públicos o solemnes. 6 V. Pobre de solemnidad.

solemnizador, -ra *adj.-s.* Que solemniza.

solemnizar *tr.* Celebrar de manera solemne [un suceso]. 2 Engrandecer o encarecer [una cosa]. ◇ ** CONJUG. [4] como *realizar.*

REL. Está también en uso el s. **solemnización.**

solen *m.* Género de moluscos lamelibranquios, llamados vulgarmente navajas *(Solen).*

soleno- (gr. *solén -enos,* tubo, canal) Elemento prefijal que entra en la formación de palabras con el significado de tubo, canal.

solenodonte *m.* Mamífero insectívoro de hocico muy largo (*Solenodon cubanus*).

solenoide (*soleno* + *-oide*) *m.* Alambre arrollado en forma de hélice, que se emplea en varios aparatos eléctricos. Cuando circula una corriente continua se comporta como un imán.

sóleo (l. *solea,* suela) *adj.-m.* ANAT. Músculo de la pantorrilla que termina en el tendón de Aquiles, cuya función es la elevación del talón y la extensión del pie.

soleo *m.* Limpieza del suelo del olivar antes de la recogida de la aceituna. 2 *And.* Recolección de la aceituna caída del árbol.

I) soler (l. *solariu* < *solu,* suelo) *m.* Entablado que tienen las embarcaciones en lo bajo del plan.

II) soler (l. *-ere*) *intr.* Acostumbrar (tener costumbre): *tu padre suele venir los sábados.* 2 Ser frecuente una cosa: *suele llover mucho en este país.* ◇ ** CONJUG. [32] como *mover*. Es defectivo; no se usa en los futuros de indicativo y subjuntivo, ni en el potencial ni en el imperativo

SIN. v. **Acostumbrar.**

solera (der. del l. *solu,* suelo) *f.* Madero sobre el que descansan o se ensamblan otros. 2 Madero de sierra de dimensiones varias. 3 Piedra plana para sostener pies derechos. 4 Disco de piedra fijo sobre el que gira la muela del molino. 5 Suelo del horno. 6 Superficie del fondo en canales y acequias. 7 Madre o lía del vino.

8 V. vino de solera. 9 fig. Tradición. 10 ARQ. Madero de una armadura de cubierta asentado horizontalmente en el muro, y en el que apoyan las cabezas inferiores de los pares. 11 MIN. Parte inferior de una galería de mina. 12 *Chile.* Encintado de las aceras. 13 *Méj.* Baldosa, ladrillo.
SIN. *4* **Concha.** *7* v. **Sedimento.** FR. fig. *De ~*, apl. para elogio de lo antiguo, rancio o excelente: *noble de ~; un torero de ~.*
solercia (l. *-tia*) *f.* Habilidad y astucia para hacer o tratar una cosa.
I) solería *f.* Material que sirve para solar. 2 Suelo, solado.
II) solería *f.* Conjunto de cueros para hacer suelas.
solerte (l.) *adj.* Sagaz, astuto.
soleta (de *suela*) *f.* p. us. Pieza con que se remienda la planta del pie de la media o calceta. 2 fam. *y* p. us. Mujer descarada. 3 *Méj.* Bizcocho a base de huevo y harina. 4 *S. Dom.* Sandalia rústica de cuero.
FR. *Tomar ~*, huir, escapar.
soletar, soletear *tr.* p. us. Echar soletas [a las medias].
soletero, -ra *m. f.* p. us. Persona que tiene por oficio soletar.
soletilla *f.* Bizcocho por lo general en forma de soleta.
solevación *f.* Solevamiento.
solevamiento *m.* Acción de solevar o solevarse. 2 Efecto de solevar o solevarse.
solevantado, -da *adj.* Soliviantado.
solevantamiento *m.* Acción de solevantar. 2 Efecto de solevantar.
solevantar (der. de *solevar*) *tr.-prnl.* Levantar [una cosa] empujando de abajo arriba. 2 Soliviantar.
solevar (v. *sublevar*) *tr.-prnl.* Sublevar. 2 Solevantar (levantar).
solfa (de *sol* II + *fa*) *f.* Arte de solfear. 2 Conjunto de signos con que se escribe la música. 3 fig. Música. 4 fig. Zurra de golpes.
FR. fig. *Poner una cosa en ~*, presentarla bajo un aspecto ridículo.
solfatara (it.) *f.* Abertura en los terrenos volcánicos, por donde salen vapores sulfurosos.
solfeador, -ra *adj.-s.* Que solfea.
solfear *tr.* Cantar marcando el compás y pronunciando los nombres de las notas: *~ una lección; abs., está solfeando.* 2 fig. Zurrar [a uno], golpearle. 3 Censurar [algo] con insistencia.
solfeo (imitado del it. *solfeggio*) *m.* Acción de solfear. 2 Efecto de solfear. 3 fig. *y* fam. Solfa (zurra). 4 fig. *y* fam. Tono de voz.
solferino, -na (de *Solferino,* batalla ganada por Napoleón III en 1869) *adj.* p. us. De color morado rojizo.
solfista *com.* Persona que practica el solfeo.
solicitación *f.* Acción de solicitar.
solicitador, -ra *adj.-s.* Que solicita. -2 *m.* p. us. Agente.
solícitamente *adv. m.* De manera solícita.
solicitante *adj.-s.* Que solicita.
solicitar (l. *sollicitare,* de *solus,* entero y *citus,* movido) *tr.* Pretender, pedir o buscar [una cosa] con diligencia: *~ un negocio con el ministro; ~ una gracia del rey.* 2 Gestionar [los negocios propios o ajenos]. 3 Requerir de amores [a una pers.]. 4 FÍS. Atraer una o más fuerzas [a un cuerpo].
SIN. *1* v. **Rogar.**
solícito, -ta *adj.* Diligente, afanoso por servir o atender a una persona o cosa: *~ con otro; ~ en,* o *para, pretender.*
solicitud (l. *sollicitudo*) *f.* Cualidad de solícito. 2 Diligencia o instancia cuidadosa. 3 Documento oficial en que se solicita algo.
SIN. *3* **Instancia; memorial,** ant.; **demanda** o **pedimento,** cuando va dirigida al juez.
sólidamente *adv. m.* Con solidez. 2 fig. Con razones firmes y verdaderas.
solidar (l. *-are;* doble etim. *soldar*) *tr.* Consolidar. 2 fig. Establecer o afirmar [una cosa] con razones fundamentales.
solidariamente *adv. m.* De una manera solidaria. 2 In sólidum.
solidaridad *f.* Entera comunidad de intereses y responsabilidades. 2 Modo de derecho u obligación in sólidum. 3 Adhesión circunstancial a la causa o a la empresa de otros. 4 En sociología, característica de la sociabilidad que inclina al hombre a sentirse unido a sus semejantes y a la cooperación con ellos.
solidariedad *f.* Solidaridad.
solidario, -ria *adj.* Ligado a otros por una comunidad de intereses y responsabilidades. 2 Perteneciente o relativo a la obligación contraída in sólidum y a la persona que la contrae. 3 Adherido circunstancialmente a la causa o empresa de otros.
solidarizarse *prnl.* Hacerse solidario. ◇ ** CONJUG. [4] como ***realizar.***
solideo (l. *soli Deo,* a sólo Dios) *m.* Casquete que usaban los eclesiásticos para cubrirse la corona.
solidez *f.* Calidad de sólido. 2 GEOM. Volumen.
solidificación *f.* Acción de solidificar. 2 Efecto de solidificar.
solidificar (l. *solidum,* sólido + *-ificar*) *tr.-prnl.* Hacer sólido [un fluido]. ◇ **CONJUG. [1] como ***sacar.***
sólido, -da (l. *-du;* doble etim. *sueldo*) *adj.* Firme, macizo, denso, fuerte. 2 fig. Establecido con razones fundamentales. -3 *adj.-m.* Cuerpo que, a diferencia de los líquidos y los gases, presenta forma propia y opone resistencia a ser dividido. -4 *m.* GEOM. Cuerpo (figura). 5 Ant. moneda romana de oro (veinticinco denarios de oro).
sólidum (in ~) *loc. adv.* DER. Por entero, por el todo. Expresa la facultad u obligación que, siendo común a dos o más personas, puede ejercerse o debe cumplirse por entero por cada una de ellas: *deudores in sólidum.*
SIN. **Solidariamente.**
solifacio *m. Perú.* fam. Sol, moneda nacional peruana.
solifluxión (l. *solum,* suelo + fluxión) *f.* GEOL. Corrimiento de los materiales de una ladera debido a que éstos son blandos y poco coherentes y además están impregnados de agua.
solífugo *adj.-m.* Arácnido del orden de los solífugos. -2 *m. pl.* Orden de arácnidos con los quelíceros muy desarrollados y los pedipalpos terminados en ventosas; son depredadores y propios de regiones cálidas.
soliloquiar (de *soliloquio*) *intr.* fam. Hablar a solas. ◇ **CONJUG. [12] como ***cambiar.***
soliloquio (l. *soliloquiu*) *m.* Habla o discurso de una persona que no dirige a otra la palabra. 2 Lo que habla de este modo un personaje de obra dramática.
SIN. *2* **Monólogo.**
solimán (l. *sublimatu,* sublimado) *m.* Sublimado corrosivo.
solimitano, -na *adj.-s.* [pers.] Aféresis de *jerosolimitano.*
solingo, -ga *adj. S. Dom.* fest. [pers]. Que está solo.
solio (l. *-iu*) *m.* Trono, silla real con dosel.
solípedo, -da (l. *solidipes,* de *solidus,* sólido + *pes, pedis,* pie) *adj.-m.* Équido.
solipsismo (l. *solus ipse,* sólo yo) *m.* Doctrina ontológica, exageración del idealismo subjetivo, según la cual, puesto que la existencia de las cosas se reduce a su ser percibido, el sujeto pensante no puede afirmar ninguna existencia salvo la suya propia, ni siquiera la existencia de algún otro ser pensante que no sea una percepción o representación de su conciencia.
SIN. **Egoísmo metafísico.**
solista *com.* Persona que ejecuta un solo de una pieza musical.
solitaria *f.* Tenia (gusano). 2 Silla de posta capaz para una sola persona.
solitariamente *adv. m.* En soledad.
solitario, -ria (l. *-riu*) *adj.* Desamparado, desierto. 2 Solo (sin compañía). -3 *adj.-s.* Que ama la soledad o vive en ella. -4 *m.* Diamante grueso que se engasta solo en una joya. 5 Juego que ejecuta una sola persona. 6 Ermitaño (crustáceo).
SIN. *1* y *2* **Soledoso,** lit. *5* **Solo.**
solito *m. Colomb.* y *P. Rico.* Pinito de los niños.
sólito, -ta (l. *-tu*) *adj.* Acostumbrado; que se suele hacer ordinariamente.
soliviadura *f.* Acción de soliviar. 2 Efecto de soliviar.
soliviantado, -da *adj.* Inquieto, perturbado, solícito. ◇ También *solevantado.*
soliviantar (fact. de *solevantar*) *tr.* Inducir [a otro] a adoptar una actitud rebelde. 2 Inquietar, alterar el ánimo. 3 Hacer concebir a alguien ilusiones infundadas y deseos insensatos. ◇ También *solevantar.*
SIN. **Solventar, incitar, sublevar.**
soliviar (l. *sublevare;* influido por *aliviar*) *tr.* p. us. Ayudar a levantar [una cosa] por debajo. 2 *Argent.* Hurtar. -3 *prnl.* p. us. Alzarse un poco el que está sentado o echado sin acabarse de levantar. ◇ ** CONJUG. [12] como ***cambiar.***
solivio *m.* p. us. Soliviadura.
solivión *m.* Aum. de *solivio.* 2 p. us. Tirón grande para sacar una cosa oprimida por otra que tiene encima.
solivo *m.* Madero que se emplea en la construcción.
solla *f.* Pez marino teleósteo pleuronectiforme, muy parecido al rodaballo, pero se distingue por las manchas anaranjadas que cubren su dorso, por ser de mayor tamaño y peso, y muy ligero. Su carne no es tan apreciada como la de aquél *(Platichthy flessus).*
sollado (port. *solhado* < *soalho* < l. *solu,* suelto) *m.* Cubierta inferior del buque.

sollamar (l. *suflammare*) ***tr.*** Socarrar [una cosa] con la llama. -2 ***prnl.*** *La Mancha.* fig. Ruborizarse.
sollastre (prov. *solhart,* der. de *solhar,* manchar) ***m.*** Pinche de cocina. 2 fig. Pícaro redomado.
sollastría ***f.*** Acción y ministerio del sollastre.
sollate ***m.*** *Cuba.* Piel, pellejo.
solleta ***f.*** Pez marino teleósteo pleuronectiforme, parecido al lenguado, de color claro amarillento. Su carne no es muy apreciada *(Citharus linguatula).*
sollo (orig. incierto; quizá del l. *suculu,* cerdito) ***m.*** Esturión.
sollozar (l. v. *sugglutiare* < l. *singultiare,* tener hipo) ***intr.*** Producir por un movimiento convulsivo varias inspiraciones bruscas, entrecortadas, seguidas de una espiración. ◇ ** CONJUG. [4] como ***realizar.***
sollozo ***m.*** Acción de sollozar. 2 Efecto de sollozar.
SIN. **Singulto,** latinismo docto.
solo, -la (l. *-lu*) ***adj.*** Único en su especie. 2 Que está sin otra cosa o que se mira separado de ella. 3 [pers.] Sin compañía; sin familia o sin amigos. -4 ***m.*** Paso de danza que se ejecuta sin pareja. 5 Juego de naipes parecido al tresillo, y en el cual gana el que hace por lo menos 36 tantos, contando por cinco la malilla de cada palo, que es el siete, por cuatro el as, por tres el rey y por dos las demás cartas, excepto los doses, ochos y nueves, que se han quitado previamente de la baraja. 6 En el juego del tresillo y otros, lance en que se hacen todas las bazas necesarias para ganar sin ayuda de robo ni de compañero. 7 Solitario (juego). 8 Composición o parte de ella que canta o toca una persona sola: ***a solas,*** sin ayuda ni compañía de otro; ***a mis, a tus, a sus, solas,*** en soledad o retiro, fuera del trato social. 9 Café servido sin leche.
SIN. *1, 2* y *3* **Singular, señero.** *3* **Solitario.**
sólo, solo *adv.* Solamente. ◇ Únicamente se escribe con **acento cuando se quiere evitar una anfibología.
sololateco, -ca ***adj.-s.*** De Sololá, c. y dep. de Guatemala.
solomillo (dim. de *solomo*) ***m.*** En los animales de matadero, capa muscular que se extiende por entre las costillas y el lomo.
SIN. **Entrecuesto, filete.**
solomo (de *so-* + *lomo*) ***m.*** Solomillo. 2 p. ext. Lomo de cerdo adobado.
solón ***m.*** *Venez.* Luz solar fortísima; bochorno.
solrayo ***m.*** Pez marino, especie de tiburón, de gran tamaño y peso, muy agresivo, de color gris claro o rojizo, manchado de negro *(Carcharias ferox; Odontapsis f.).*
solsonense ***adj.-s.*** De Solsona, c. de Lérida.
solsticial ***adj.*** Relativo al solsticio.
solsticio (l. *solstitiu* < *stare,* pararse) ***m.*** ASTRON. Punto de la eclíptica más alejado del ecuador. 2 ASTRON. Momento del año en que el Sol, en su movimiento aparente, pasa por uno de estos puntos: ~ ***de estío,*** hacia el 21 de junio; ~ ***de invierno,*** hacia el 21 de diciembre.
soltadero ***m.*** *Méj.* Potrero, dehesa.
soltadizo, -za ***adj.*** desus. Que se suelta con maña o con disimulo.
soltador, -ra ***adj.-s.*** Que suelta una cosa que tenía asida. -2 ***m.*** *Guat.* y *Méj.* Encargado de soltar un gallo para la pelea y atenderlo hasta la terminación de ella. 3 *Can., Guat.* y *Méj.* El que azuza a hombres.
soltaní (ár. *sultaní,* del sultán) ***m.*** Moneda turca de oro fino. ◇ Pl.: *soltaníes.*
SIN. **Zoltaní.**
soltar (l. v. *solutare* < l. *solvere*) ***tr.-prnl.*** Desatar o desceñir: ~ *el pelo.* 2 en gral. Desasir [lo que estaba sujeto]: ~ *la cuerda; soltarse los puntos de una media.* 3 Dar salida [a lo que estaba detenido o confinado]. 4 esp. Dar libertad [al que estaba detenido o preso]. 5 Evacuar [el vientre] con frecuencia. -6 ***tr.*** Romper en una señal de afecto interior, como [la risa, el llanto]. 7 fam. Decir, esp. palabras necias o injuriosas: ~ *un juramento.* 8 desus. Explicar, dar solución a [una dificultad o a un argumento]. -9 ***prnl.*** fig. Adquirir agilidad en la ejecución de las cosas. 10 p. ext. Abandonar el encogimiento, dándose a la desenvoltura. 11 Con la prep. *a,* empezar a hacer algunas cosas, como andar, hablar, etc. ◇ ** CONJUG. [31] como ***contar***; pp. reg.: ***soltado***; irreg., usado sólo como adjetivo o substantivo: ***suelto.***
soltería ***f.*** Estado de soltero.
SIN. **Celibato,** voz culta. Ús. esp. en *celibato eclesiástico.*
soltero, -ra (der. del l. *solutu,* desatado, suelto) ***adj.-s.*** Persona que no ha contraído matrimonio. -2 ***adj.*** Suelto o libre.
SIN. *1* **Célibe,** culto; **mancebo,** p. us.; **mozo.**
solterón, -rona ***adj.-s.*** Soltero ya entrado en años.
soltura ***f.*** Acción de soltar. 2 Efecto de soltar. 3 Agilidad, prontitud, expedición. 4 fig. Facilidad y lucidez de dicción. 5 Disolución, libertad o desgarro. 6 DER. Libertad acordada por el juez para un preso. 7 *Amér.* Diarrea.
SIN. *3* **Desenvoltura.**
solubilidad ***f.*** Calidad de soluble.
solubilizar ***tr.*** Volver [algo] soluble. ◇ ** CONJUG. [4] como ***realizar.***
soluble (l. *-bile*) ***adj.*** Que se puede disolver o desleír. 2 fig. Que se puede resolver: *un problema* ~.
SIN. *1* **Disoluble.** *2* **Resoluble.**
solución (l. *-utione*) ***f.*** Acción de desatar o disolver. 2 Efecto de desatar o disolver. 3 Acción de resolver una duda o dificultad. 4 Efecto de resolver una duda o dificultad. 5 En el drama y poema épico, desenlace. 6 p. us. Paga, satisfacción. 7 Desenlace o término de un proceso, negocio, etc. 8 Mezcla resultante de disolver un sólido, un líquido o un gas, en un líquido. 9 Estado del cuerpo disuelto en un líquido. 10 FÍS. y QUÍM. ~ ***sólida,*** fase, gralte. cristalina, de composición química variable. 11 Cantidad que satisface las condiciones de un problema o una ecuación. 12 ~ ***de continuidad,*** interrupción o falta de continuidad.
solucionar ***tr.*** Resolver [un asunto], hallar solución o término [a un negocio].
solutivo, -va (der. del l. *solutu;* supino de *solvere,* desatar) ***adj.-m.*** Laxante.
soluto ***m.*** Substancia que está disuelta en otra.
solutrense ***m.*** Paleolítico superior.
solvatación ***f.*** QUÍM. Fenómeno en virtud del cual las moléculas de un cuerpo disuelto pueden combinarse con las del solvente para formar hidratos u otros compuestos.
solvencia ***f.*** Acción de solventar. 2 Efecto de solventar. 3 Calidad de solvente.
solventar (de *solvente*) ***tr.*** Arreglar [cuentas] pagando la deuda a que se refieren. 2 Dar solución [a un asunto difícil].
SIN. v. **Resolver.**
solvente (l.) ***adj.*** Que desata o resuelve. 2 Desempeñado de deudas. 3 Capaz de satisfacerlas. 4 Capaz de cumplir debidamente un cargo, obligación, etc. -5 ***adj.-s.*** QUÍM. Substancia que puede disolver; que produce una mezcla homogénea con otra.
-soma (gr. *soma,* cuerpo) Elemento sufijal que entra en la formación de palabras con el significado de cuerpo: *cromosoma.*
I) soma (v. *suma*) ***f.*** Cabezuela (harina). 2 *Ál.* y *Logr.* Pan hecho con cabezuela (harina).
II) soma ***f.*** BIOL. Conjunto de las células de un organismo, con excepción de las germinales.
somalí ***adj.-s.*** De Somalia, nación del este de África. -2 ***adj.-m.*** Lengua perteneciente al grupo cusita, hablada oficialmente en esta nación.
somanta (*so-* + *manta*) ***f.*** Tunda, zurra.
SIN. **Zamanca.**
somarro (der. de *socarrar*) ***m.*** *And., Cuen., Sal., Seg.* y *Zam.* Trozo de carne fresca, gralte. de cerdo, sazonada con sal y asada en las brasas.
somatada ***f.*** *Amér. Central.* Batacazo.
somatar ***tr.*** *Amér. Central.* Dar una tunda, zurrar. -2 ***prnl.*** *Amér. Central.* Darse un fuerte golpe, como para matarse.
somatén (cat. de *so metent,* metiendo ruido) ***m.*** Cuerpo de gente armada no perteneciente al ejército, que se reunía a toque de campana en un momento dado para perseguir a los criminales o defenderse del enemigo; actualmente no desempeña ninguna función y sólo se mantiene por tradición en algunos pueblos de Cataluña. 2 fig. *y* fam. Bulla, alarma, alboroto.
somatenista ***m.*** Individuo que forma parte de un somatén.
somático, -ca (v. *somato-*) ***adj.*** Relativo a lo que es material y corpóreo en un ser animado, en oposición a psíquico. 2 [célula] Que se diferencia y forma los tejidos y órganos del cuerpo de un individuo, a diferencia de las que están destinadas a dar origen a un nuevo ser.
SIN. *1* v. **Corporal.**
somatizar ***tr.*** Transformar los trastornos psíquicos en síntomas orgánicos y funcionales. ◇ ** CONJUG. [4] como ***realizar.***
somato- (gr. *soma, -atos,* cuerpo) Elemento prefijal que entra en la formación de palabras con el significado de cuerpo.
somatología (*somato-* + *-logía*) ***f.*** Estudio comparativo de la estructura y desarrollo del cuerpo humano.
somatón ***m.*** *Amér. Central.* Batacazo, porrazo.
sombra (alterac. del l. *umbra,* probl. por influjo de *sol*) ***f.*** Oscuridad, falta de luz: *las sombras de la noche;* ***a la*** ~, fig., en

la cárcel. 2 Porción de espacio a la cual la interposición de un cuerpo opaco impide que lleguen los rayos de luz procedentes de un cuerpo luminoso. 3 Imagen oscura que sobre una superficie cualquiera proyecta un cuerpo opaco, al interceptar los rayos directos de la luz: *la ~ de una casa; la ~ de un árbol;* ***sombras chinescas,*** espectáculo que consiste en unas figurillas que se mueven detrás de una cortina de papel o lienzo blanco, iluminadas por la parte opuesta a los espectadores. 4 Espectro o aparición de la imagen de una persona ausente o difunta. 5 fig. Oscuridad (en el alma). 6 fig. Asilo, favor, defensa. 7 fig. Apariencia o semejanza de una cosa. 8 fig. Mácula, defecto. 9 fig. Persona que sigue a otra por todas partes. 10 fam. Suerte (circunstancia). 11 fam. Gracia, donaire. 12 fig. Cantidad o parte pequeña de una cosa. 13 fig. Clandestinidad, desconocimiento público. 14 En radiodifusión, lugar en que, a causa de algún obstáculo, no se recibe la señal procedente de una emisora determinada. 15 ~ ***de ojos,*** producto cosmético de diversos colores que se aplica sobre el párpado. 16 PINT. Color oscuro con que se representa la falta de luz. 17 TAUROM. Parte de la plaza que está protegida del sol. 18 *Amér.* Falsilla. 19 *Amér. Central.* Guardapolvo de ventanas o puertas. 20 *Chile.* Sombrilla, quitasol. 21 *Méj.* Toldo ligero que protege del sol los puestos a la intemperie.

FRS. *Hacer ~*, impedir uno a otro prosperar o lucir; favorecer y amparar a uno para que sea respetado. *Tener uno buena o mala ~*, ser simpático o antipático; tener o no tener chiste; ser de buen o mal agüero su presencia o compañía.

sombraje *m.* Sombrajo (resguardo).

sombrajo (l. *umbraculu*) *m.* Resguardo de ramas, mimbres, etc., para hacer sombra. 2 fam. Sombra que hace uno poniéndose ante la luz y moviéndose de modo que estorbe al que la necesita: *hacer sombrajos.*

sombrar (l. *subumbrare*) *tr.* desus. Asombrar (hacer sombra).

sombreado *m.* Efecto de sombras que se obtiene en los dibujos de ciertos tejidos gracias a una trama de un color y la urdimbre de otro. 2 ÓPT. Técnica que se emplea en microscopia electrónica para hacer visibles los objetos transparentes y que consiste en proyectar oblicuamente sobre los mismos un chorro de vapor metálico que los metaliza de frente, dejando detrás de ellos una sombra.

sombreador, -ra *adj.* Que sombrea.

sombrear *tr.* Dar o producir sombra: *~ un jardín.* 2 PINT. Poner sombra [en una pintura o dibujo]. -3 *tr.-prnl.* Maquillar con sombra los párpados.

sombrera *f. Bol.* Sombrero us. por las mujeres del campo.

sombrerada *f.* Lo que cabe en un sombrero.

sombrerazo *m.* Aum. de *sombrero.* 2 Golpe dado con el sombrero. 3 fam. Saludo precipitado que se hace quitándose el sombrero.

sombrerería *f.* Oficio de hacer sombreros. 2 Establecimiento del sombrerero.

sombrerero, -ra *m. f.* Persona que tiene por oficio hacer o vender sombreros. -2 *f.* Caja para guardar el sombrero. 3 Fárfara (planta). 4 fig. *y* fam. Cabeza de una persona. 5 *Ecuad., Perú* y *P. Rico.* Mueble con perchas para poner sombreros.

sombrerete *m.* Dim. de *sombrero.* 2 Caperuza de una chimenea. 3 Sombrerillo de los hongos.

sombrerillo *m.* Dim. de *sombrero.* 2 Capacho que los presos colgaban de la reja del calabozo para recoger las limosnas de los transeúntes. 3 BOT. Disco de formas variadas, sostenido por un pedicelo y que constituye el aparato esporífero de muchos hongos. 4 Ombligo de Venus (planta). 5 ~ ***de agua,*** planta umbelífera perenne de hojas redondeadas y peltadas, y flores pequeñas de color verde rosado *(Hydrocotyle vulgaris).* -6 *m. pl.* Planta crasulácea perenne, parecida al ombligo de Venus *(Umbilicus horizontalis).*

SIN. 3 **Sombrero** y **sombrerete.**

sombrero (de *sombra*) *m.* Prenda de vestir, para cubrir la cabeza, que consta de copa y ala: ~ ***a la chamberga*** o ***chambergo,*** el de copa más o menos acampanada y de ala ancha levantada por un lado y sujeta con presilla; ~ ***calañés*** o ***de Calañas,*** el de ala vuelta hacia arriba y copa baja y más estrecha por la parte superior que por la inferior, usado por labriegos y gente del pueblo; ~ ***de catite,*** el calañés, con copa alta; ~ ***castoreño,*** el fabricado con el pelo del castor u otra materia parecida como el fieltro; sombrero calañés; ~ ***cordobés,*** el de fieltro, de ala ancha y plana, con copa baja cilíndrica; ~ ***de canal, de canoa*** o ***de teja,*** el que tiene levantadas y abarquilladas las dos mitades laterales de su ala en forma de teja. Úsanlo los eclesiásticos; ~ ***de candil, de tres candiles*** o ***tricornio,*** el que teniendo levantada y abarquillada el ala por terceras partes, forma en su base un triángulo con tres picos a modo de los que sirven de mecheros en las candilejas; ~ ***encandilado,*** el de candil que tiene muy levantado el pico por delante; ~ ***de tres picos,*** el que está armado en forma de triángulo; sombrero de candil; ~ ***de copa, de copa alta*** o ***redondo,*** (también *chistera*), el de ala estrecha y copa alta, casi cilíndrica y plana por encima, gralte. forrado de felpa de seda negra; ~ ***de muelles,*** clac; ~ ***flexible,*** el de fieltro sin apresto; ~ ***gacho,*** el de copa baja y ala ancha y tendida hacia abajo; ~ ***hongo,*** el de fieltro o castor, de copa aovada o chata; ~ ***jíbaro,*** el hecho con hoja de palma, que usan los campesinos de P. Rico. 2 fig. Privilegio que tenían los grandes de España de cubrirse ante el rey. 3 Techo que cubre el púlpito. 4 Sombrerillo de hongos. 5 Capa formada por hollejos y escobajos en la superficie del mosto en fermentación. 6 Pieza circular de madera, que forma la parte superior del cabrestante.

SIN. *1* **Gorro.**

sombría *f.* Umbría.

sombrilla (alterac. del fr. *ombrelle* < it. *ombrello*) *f.* Quitasol. 2 Pequeño quitasol de mujer. 3 *And.* Paraguas.

sombrillazo *m.* Golpe dado con una sombrilla.

sombrío, -a *adj.* Poco iluminado. 2 En pintura, apl. a la parte del lienzo donde se ponen las sombras. 3 fig. Tétrico, melancólico.

SIN. *1* **Umbrío, sombroso, umbroso, umbrátil.**

sombroso, -sa *adj.* Que hace mucha sombra. 2 Sombrío (lugar).

somera (l. *sagmariu,* bestia de carga) *f.* Pieza fuerte de madera en que se apoya todo el juego de la máquina antigua de imprimir.

someramente *adv. m.* De forma somera.

somero, -ra (v. *sumario*) *adj.* Que está casi encima o muy inmediato a la superficie. 2 fig. Ligero, superficial.

someter (l. *submittere*) *tr.-prnl.* Hacer que una persona o cosa reciba o soporte cierta acción. 2 Sujetar, rendir, subyugar [a una pers., tropa o facción]. 3 Subordinar [su voluntad] a la de otra persona. -4 *tr.* Proponer a la consideración de uno [razones, reflexiones, etc.]. 5 esp. Encomendar a uno la resolución [de un negocio].

SIN. *2* v. **Dominar.** *5* v. **Encargar.**

sometimiento *m.* Acción de someter. 2 Efecto de someter.

somier (fr.) *m.* Colchón de tela metálica. ◇ Pl.: *somieres.*

SIN. **Colchón de muelles.**

somnambulismo, p. us. Sonambulismo.

somnámbulo, -la *adj.-s.* p. us. Sonámbulo.

somnífero, -ra (l. *-feru*) *adj.-m.* Que causa sueño; esp. los medicamentos.

SIN. **Hipnótico,** MED.

somnílocuo, -cua (l. *somnu,* sueño + *loqui,* hablar) *adj.-s.* Persona que habla durante el sueño.

somnolencia (l. *-ntia*) *f.* Pesadez y torpeza de los sentidos, motivada por el sueño. 2 Gana de dormir. 3 fig. Pereza, falta de actividad.

SIN. **Soñolencia, adormecimiento.** *1* v. **Sueño.**

somnoliento, -ta *adj.* Que tiene somnolencia.

somontano, -na (*so-* + *montano*) *adj.-s.* Terreno o región situados al pie de una montaña. 2 De la reg. del Alto Aragón situada en la vertiente de los Pirineos.

somonte (v. *so-* y *monte*) *m.* Terreno situado en la falda de una montaña. -2 *adj.* [mosto] Que aún no se ha convertido en vino. -3 *loc. adj. De ~*, basto, burdo, sin pulimento: *paño de ~*.

somorgujador *com.* ant. Buzo (pers.).

SIN. v. **Submarinista.**

somorgujar (l. **submerguculare* < *submergere*) *tr.* Sumergir, chapuzar [a uno]. -2 *intr.* Bucear.

somorgujón *m.* Somormujo.

somormujar *tr.* Somorgujar.

somormujo *m. - m.* Ave podicipitiforme de pico recto y alas cortas que puede mantener por mucho tiempo la cabeza sumergida bajo el agua *(Podiceps cristatus).*

FRS. *A lo ~ o a ~*, por debajo del agua; fig., ocultamente, con cautela.

SIN. **Zaramagullón.**

somorrar (der. de *socarrar*) *tr.* Quemar, chamuscar.

somoteño, -ña *adj.-s.* De Somoto, cap. del dep. de Madriz (Nicaragua).

sompesar *tr.* Sopesar.

sompopo *m. Hond.* y *Nicar.* Zompopo. 2 *Hond.* y *Nicar.* Guiso de carne rehogada en manteca.

son-, v. sub-.

I) son (probl. prov. ant. < l. *sonu*) ***m.*** Sonido que afecta agradablemente al oído, esp. el hecho con arte. 2 fig. Noticia, fama. 3 Pretexto. 4 Tenor, modo o manera.

FR. *A ~ de un instrumento,* con acompañamiento de tal instrumento; fig., *en ~ de,* de tal modo o a manera de; a título de, con ánimo de; *sin ~,* sin razón, sin fundamento; *¿a ~ de qué?* o *¿a qué ~?,* ¿con qué motivo? *Bailar uno a cualquier ~,* mudar fácilmente de afecto o pasión; *bailar uno al ~ que le tocan,* acomodar la conducta propia a los tiempos y circunstancias.

II) son ***m.*** Sonio.

sonable ***adj.*** Sonoro o ruidoso. 2 Famoso (que tiene fama).

sonada ***f.*** desus. Sonata.

sonadera ***f.*** Acción de sonarse las narices.

sonado, -da ***adj.*** Famoso (que tiene fama). 2 Divulgado con mucho ruido y admiración. 3 [boxeador] Que ha perdido facultades mentales como consecuencia de los golpes recibidos en los combates. 4 fig. *y* fam. Chiflado, majareta, que no coordina bien las ideas.

FR. *Hacer una que sea sonada,* promover un escándalo, dar que hablar.

sonador, -ra ***adj.-s.*** Que suena o hace ruido.

sonaja ***f.*** Par o pares de chapas de metal que, atravesados por un alambre, se colocan en algunos juguetes o instrumentos para hacerlas sonar agitándolas. 2 Regleta transversal de la ballestilla. -3 ***f. pl.*** Instrumento rústico formado por un aro de madera delgada con varias sonajas colocadas en otras tantas aberturas. 4 *And.* Sonajero. 5 *Ar.* Espantalobos.

sonajas ***com.*** fig. *y* fam. Persona sin importancia, de condición social irrelevante; se usa frecuentemente como insulto. ◇ Pl.: *sonajas.*

sonajera ***f.*** *Chile.* Sonaja. 2 *Chile.* Sonajero.

sonajero ***m.*** Juguete con sonajas y cascabeles para entretener a los niños de pecho.

SIN. **Cascabelero.**

sonambulismo ***m.*** Sueño anormal durante el cual el paciente se levanta, anda y a veces habla. ◇ También *somnambulismo.*

SIN. **Hipnobasia.**

sonámbulo, -la (l. *somnu,* sueño + *ambulare,* andar) ***adj.-s.*** Persona que padece sonambulismo. ◇ También *somnámbulo.*

sonanta ***f.*** fam. Guitarra.

sonante ***adj.*** Sonoro.

I) sonar (l. *-are*) ***intr.*** Hacer ruido una cosa: *~ a hueco; ~ en,* o *hacia, tal parte.* 2 esp. Producir una letra un sonido. 3 Mencionarse, citarse: ***su nombre no suena en aquella escritura.*** 4 Tener una cosa visos o apariencia de algo: ***la proposición sonaba a interés.*** 5 Ofrecerse vagamente al recuerdo alguna cosa como ya oída anteriormente: ***este nombre me suena.*** 6 *Argent., Chile* y *Urug.* Morir o padecer una enfermedad mortal. 7 *Argent., Chile* y *Parag.* Fracasar. 8 *Argent.* y *Chile.* Perder una posición o empleo, perder en el juego, etc. 9 *Argent.* y *Chile.* Sufrir las consecuencias de algún hecho o cambio. -10 ***tr.*** Tocar [un instrumento] con arte y armonía. 11 Limpiar las narices con una espiración violenta: *~ las narices;* ***prnl. abs.,*** *sonarse.* -12 ***impers.-prnl.*** Susurrarse, esparcirse rumores de una cosa: ***por ahí suena,*** o ***se suena, que te casas.*** ◇ ** CONJUG. [31] como ***contar.***

FR. *Como suena,* literalmente, con arreglo al sentido estricto de las palabras. SIN. *10* **Tañer.** *11* **Mocar.** *12* **Rumorear(se); runrunear(se).**

II) sonar (del inglés *S*ound *N*avigation and *R*anging) ***m.*** Equipo que, merced a la transmisión, reflexión y recepción de ondas sonoras o ultrasonoras, permite la detección y localización de objetos sumergidos, y sirve así de ayuda a la navegación.

sonata (it.) ***f.*** Composición musical para varios instrumentos que comprende varias partes de diferente carácter y movimiento.

SIN. **Sonada.**

sonatina ***f.*** Sonata corta.

soncle (náhu. *tzontli,* cuatrocientos) ***m.*** *Méj.* Medida de leña equivalente a 400 leños.

sonco ***m.*** *Argent.* Hígado de los animales, esp. de la res.

sonda ***f.*** Acción de sondar. 2 Efecto de sondar. 3 Instrumento mecánico o eléctrico, que se usa para explorar zonas inaccesibles o de acceso difícil. 4 Cohete o globo provistos de instrumentos de medida, que se emplean en el estudio de la atmósfera libre: *~* ***espacial,*** ingenio lanzado con cohetes en el espacio interplanetario y provisto de un equipo instrumental y de radiocomunicaciones que permite efectuar investigaciones científicas en dicho espacio y en los astros del sistema solar. 5 Barreno que sirve para abrir en los terrenos agujeros de gran profundidad. 6 MAR. Cuerda con un peso de plomo, que sirve para medir la profundidad de las aguas y explorar el fondo. 7 MAR. Instrumento propio para medir la profundidad del fondo del mar, o la profundidad a que se hallan los objetos sumergidos en él por medio de ondas sonoras o ultrasonoras. 8 MAR. Paraje del mar cuyo fondo es comúnmente sabido. 9 MED. Algalia (sonda). 10 MED. Instrumento largo y delgado, a veces hueco, de material rígido o flexible, usado para explorar cavidades y conductos, para evacuar líquidos o para alimentar artificialmente.

SIN. *6* **Plomada.** REL. *6* **Batometría,** medición de la profundidad del mar. *10* **Tienta, catéter.**

sondable ***adj.*** Que se puede sondar.

sondaleza ***f.*** Maroma que se cruza de una a otra orilla de un río, dividida con señales para determinar los lugares en que se han verificado los diferentes sondeos. 2 Cuerda larga y delgada que, junto con el escandallo, se usa para sondar.

sondar (fr. *sonder,* probl. de orig. anglosajón) ***tr.*** Echar el escandallo [al agua] para averiguar la profundidad y la calidad [del fondo]. 2 Averiguar la naturaleza [del subsuelo] con una sonda. 3 fig. Inquirir con cautela la intención o discreción [de uno], o las circunstancias o estado [de una cosa]. 4 CIR. Introducir [en alguna parte del cuerpo] la sonda.

sondear ***tr.*** Sondar.

sondeo ***m.*** Acción de sondar o sondear. 2 Efecto de sondar o sondear. 3 Extracción de muestras de un terreno, mediante máquinas perforadoras, para su posterior examen. 4 Investigación de la atmósfera por medio de globos, aviones o cohetes. 5 Método estadístico de encuesta. 6 TECNOL. Verificación del estado interno de una pieza por medio de ultrasonidos, campo eléctrico, radiaciones, etc., efectuando las mediciones convenientes para localizar los defectos existentes en su interior.

sondista ***com.*** Técnico especializado en perforaciones y sondeos. 2 Operario experto en el manejo de máquinas dedicadas a estas operaciones.

sondógrafo (de *sonda* + *-grafo*) ***m.*** Instrumento que sirve para registrar los desniveles del fondo de los ríos y de las costas.

sonduro ***m.*** *P. Rico.* Baile parecido al zapateado.

sonecillo ***m.*** Dim. de *son* I. 2 Son que se percibe poco. 3 Son alegre y ligero.

SIN. **Soniquete.**

sonería ***f.*** Conjunto de mecanismos que sirven para hacer sonar un reloj.

sonetear ***intr.*** Componer sonetos.

sonetico ***m.*** Dim. de *son* I. 2 Dim. de *soneto.* 3 Sonecillo que suele hacerse con los dedos sobre la mesa o cosa semejante.

sonetillo ***m.*** Dim. de *soneto.* 2 Soneto de versos de ocho o menos sílabas.

sonetista ***com.*** Autor de sonetos.

sonetizar ***intr.*** Sonetear. ◇ ** CONJUG. [4] como ***realizar.***

soneto (it. *sonetto*) ***m.*** Composición poética de catorce versos, gralte. endecasílabos, distribuidos en dos cuartetos que repiten sus rimas y dos tercetos, por lo común encadenados: *~* ***caudato,*** soneto con estrambote.

songay ***adj.-s.*** De un pueblo negroafricano que habita en el sudoeste de Níger. -2 ***adj.-m.*** Lengua sudanesa hablada en esta región.

songo, -ga ***adj.*** *Colomb.* Disimulado, tonto. 2 *Méj.* Taimado. -3 ***f.*** *Amér.* Burla disimulada y cazurra, ironía solapada. 4 *Méj.* Broma grosera. -5 ***m.*** *Colomb.* vulg. Sonido.

sónico, -ca ***adj.*** Relativo a la velocidad del sonido: ***explosión sónica,*** estampido que se percibe en tierra cuando un avión pasa de una velocidad subsónica a otra supersónica, o viceversa; ***muro ~,*** aumento brusco y considerable de la resistencia del aire al avance de un avión, cuando éste, al aumentar su velocidad, alcanza la misma velocidad que tiene el sonido en la atmósfera.

sonido (l. *sonitu*) ***m.*** Sensación producida en el órgano del oído por el movimiento vibratorio de los cuerpos, transmitido por un medio elástico, como el aire. 2 Hablando de las palabras, significación y valor literal que tienen en sí. 3 fig. Noticia, fama. 4 GRAM. Vocal y consonante que se pronuncia. Las letras son representaciones gráficas de los sonidos.

SIN. *1* **Ruido,** el inarticulado, desagradable y confuso; **son,** el agradable, esp. producido con arte; **tañido,** el que se toca en algún instrumento. REL. Del gr. *fonos* (sonido) se han formado muchas voces como *teléfono, fonética, fonendoscopio, afonía,* etc.; **acústica,** parte de la física que estudia el sonido. SIN. *4* **Fonema.**

sonio ***m.*** FÍS. Unidad acústica usada para medir la sonoridad (sensación auditiva del sonido). ◇ También *son* II.

soniquete *m.* Desp. de *son*. 2 Sonecillo. 3 Sonsonete.
sonitonto, -ta *adj. P. Rico.* Embobado, atontado.
sonlocado, -da *adj.* Alocado.
sono- (l. *sonus,* sonido) Elemento prefijal que entra en la formación de palabras con el significado de sonido.
sonochada *f.* p. us. Principio de la noche. 2 p. us. Acción de sonochar. 3 p. us. Efecto de sonochar.
sonochar (paras. de *so-* + *noche*) *intr.* p. us. Velar en las primeras horas de la noche.
sonógrafo (*sono-* + *-grafo*) *m.* Aparato que analiza los sonidos y los representa gráficamente.
sonoluminiscencia (*sono-* + *luminiscencia*) *f.* FÍS. Emisión de luz por ciertas disoluciones salinas cuando son excitadas por vibraciones ultrasonoras.
sonometría *f.* Estudio comparativo de los sonidos por medio del sonómetro.
sonómetro (*sono-* + *-metro*) *m.* Monocordio. 2 FÍS. Instrumento destinado a medir y comparar los sonidos e intervalos musicales.
sonoramente *adv. m.* De forma sonora.
sonorense *adj.-s.* De Sonora, estado de Méjico.
sonoridad *f.* Calidad de sonoro. 2 FÍS. Sensación auditiva del sonido.
sonorización *f.* GRAM. Acción de sonorizar o sonorizarse. 2 GRAM. Efecto de sonorizar o sonorizarse.
sonorizador, -ra *adj.-s.* Que sonoriza. -2 *m. f.* Persona que ambienta o dispone los sonidos y efectos sonoros en una emisión radiofónica o televisiva. -3 *m.* Equipo técnico utilizado para sonorizar ese espacio.
sonorizar *tr.* Convertir [algo] en sonoro. 2 Colocar [una instalación] para amplificar los sonidos. 3 Instalar equipos sonoros en lugar cerrado o abierto, necesarios para obtener una buena audición. 4 Ambientar una escena, un programa, etc. mediante los sonidos adecuados. 5 Incorporar sonidos, ruidos, etc., a la banda de imágenes de cine, televisión o vídeo, previamente dispuesta. 6 GRAM. Convertir [una consonante sorda] en sonora; p. ej. la *s* se sonoriza en la palabra *mismo*; la *t* del latín *rota* se ha sonorizado en *d, rueda.* ◇ **CONJUG. [4] como ***realizar.***
sonoro, -ra (l. *-ru*) *adj.* Que suena o puede sonar. 2 Que suena bien: *voz, período, instrumento ~*. 3 Que refleja el sonido de modo que se oiga bien: *bóveda, sala sonora.* 4 [cine, película] Que tiene sonido incorporado. 5 GRAM. [sonido] Que se produce con vibración de las cuerdas vocales.
sonoroso *adj.* poét. Sonoro.
sonoteca *f.* Fonoteca.
sonreír (l. *subridere*) *intr.-prnl.* Reírse levemente. 2 fig. Reír (ante algo). 3 Mostrarse favorable o halagüeño para uno algún asunto, suceso, etc. ◇ ** CONJUG. [37] como *reír.*
sonriente *adj.-s.* Que sonríe.
sonrisa *f.* Acción de sonreír o sonreírse.
SIN. v. **Risa.**
sonriso *m.* desus. Sonrisa.
sonrisueño, -ña *adj.-s.* desus. Que se sonríe.
sonrodarse (*son-* + *rueda*) *prnl.* Atascarse las ruedas de un carruaje. ◇ ** CONJUG. [31] como ***contar.***
sonrojar, sonrojear (*son-* + *rojo*) *tr.-prnl.* Hacer salir [a uno] los colores al rostro de vergüenza.
sonrojo *m.* Acción de sonrojar. 2 Efecto de sonrojar. 3 Improperio que obliga a sonrojarse.
SIN. *1* y *2* v. **Vergüenza.**
sonrosar (paras. de *son-* + *rosa*) *tr.* Dar, poner o causar color como de rosa: *el rubor sonrosó su cara.*
SIN. **Rosarse,** en su uso prnl.
sonrosear (*son-* + *rosear*) *tr.* Sonrosar. -2 *prnl.* Sonrojarse.
sonroseo *m.* Color rosado que sale al rostro.
sonsaca *f.* Acción de sonsacar. 2 Efecto de sonsacar.
sonsacador, -ra *adj.-s.* Que sonsaca.
sonsacamiento *m.* Acción de sonsacar. 2 Efecto de sonsacar.
sonsacar (*son-* + *sacar*) *tr.* Sacar rateramente [algo] por debajo del sitio en que está. 2 Solicitar secretamente [a uno] para que deje el servicio que tiene y pase a otro. 3 fig. Procurar con maña que uno diga [lo que sabe y reserva]: *le he sonsacado el secreto.* ◇ ** CONJUG. [1] como ***sacar.***
SIN. *3* **Tirar de la lengua.**
sonsaque *m.* Sonsaca.
sonsear *intr. Amér.* Tontear.
sonsera *f. Amér.* Sosera, insulsez.
sonso, -sa *adj. Can.* y *Amér. Merid.* Zonzo.
sonsonateco, -ca *adj.-s.* De Sonsonate, c. y dep. de El Salvador.
sonsonete (de *son son* repetido) *m.* Sonido que resulta de los golpecitos repetidos que se dan en alguna parte, imitando un son de música. 2 fig. Ruido, gralte. poco intenso y continuado, y por lo común desapacible. 3 Tonillo o modo especial en la risa o en las palabras, que denota desprecio o ironía. 4 Tonillo monótono del que habla o lee sin expresión.
SIN. **Soniquete.**
sonsonetear *intr. Colomb.* y *Méj.* Cantaletear.
sonsoniche *m. Cuba.* desp. Sonsonete.
sonsorito *m. Cuba.* Baile popular.
sonto, -ta *adj. Amér. Central.* Tronzo, desorejado. 2 Desparejado, sin pareja.
soñación (ni por ~) *loc. adv.* fig. *y* fam. Ni por sueño.
soñador, -ra *adj.* Que sueña mucho. -2 *adj.-s.* Que cuenta patrañas o les da crédito fácilmente. 3 fig. Que discurre sin tener en cuenta la realidad.
soñar (l. *somniare*) *tr.* Representar en la fantasía [cosas o sucesos] durante el sueño; *intr.*: *~ con ladrones; ~ en un viaje.* 2 fig. Discurrir fantásticamente; dar por cierto lo que no lo es. 3 fig. ***Ni soñarlo,*** denota estar lejos de una especie. 4 *~* ***despierto,*** soñar (discurrir). -5 *intr.* fig. Anhelar persistentemente una cosa: *~ con grandezas.* ◇ ** CONJUG. [31] como ***contar.***
SIN. *2* y *4* **Ensoñar.**
soñarrera *f.* fam. Acción de soñar mucho. 2 Sueño pesado. 3 Soñera.
soñera *f.* Propensión a dormir.
soñolencia *f.* Somnolencia.
soñolientamente *adv. m.* Con soñolencia.
soñoliento, -ta *adj.* Acometido del sueño o muy inclinado a él. 2 Que está dormitando. 3 Que causa sueño. 4 Tardo o perezoso.
sopa (germ. *suppa*) *f.* Pedazo de pan empapado en cualquier líquido. 2 Plato compuesto de un líquido alimenticio y rebanadas de pan: *~ de leche.* 3 Plato compuesto de rebanadas de pan, fécula, arroz, fideos, etc., y el caldo de la olla u otro análogo en que se han cocido: *~* ***juliana*** o ***de hierbas,*** la que se hace de verduras cortadas en tiritas y consevadas secas; *~* ***de letras,*** la que se hace de pedacitos de pasta (masa de harina) con forma de letras; fig., entretenimiento que consiste en descubrir una serie de palabras colocadas horizontal, vertical u oblicuamente en un cuadrado relleno de letras en aparente desorden; ***sopas de ajo,*** las que se hacen de rebanadas de pan, aceite frito con ajos, y, a veces, pimentón. 4 Pasta, fécula o verduras que se mezclan con el caldo en el plato de este mismo nombre. 5 Comida que dan a los pobres en los conventos: *~* ***boba; comer la ~ boba, andar a la ~ boba,*** llevar vida holgazana y a expensas de otro. -6 *f. pl.* Rebanadas de pan que se cortan para echarlas en el caldo. -7 *f. Méj.* Pedazo de tortilla con que la gente vulgar forma una especie de cuchara para recoger en ella la porción de comida.
REL. *1* **Ensopar, sopear,** empapar el pan en un líquido; **sopetear,** frecuent.
FRS. *Estar,* o *quedar, hecho una ~*, mojarse mucho, empaparse el vestido; *como una ~*, empapado; fig., borracho.
sopada *f. Murc.* Natillas.
sopaipa (ár. hispano *xupaipa;* dim. de moz. *xúppa*) *f.* Masa frita y enmelada.
sopalancar (de *so-* + *palanca*) *tr.* Meter la palanca debajo [de una cosa] para moverla. ◇ ** CONJUG. [1] como ***sacar.***
sopalanda *f.* Hopalanda.
sopalmo *m. And.* Saliente o voladizo de rocas.
sopanda (relacionado con l. *pender,* colgar) *f.* Madero horizontal, apoyado por ambos extremos en jabalcones, para fortificar otro que está encima de él. 2 Correa empleada para suspender la caja de los coches antiguos. 3 *Chile.* Colchón de muelles.
SIN. *2* **Correón.**
sopapear *tr.* fam. Dar sopapos. 2 fig. *y* fam. Sopetear II.
sopapina *f.* fam. Tunda de sopapos.
sopapo (*so-* + *papo*) *m.* Golpe que se da con la mano debajo de la papada. 2 fam. Bofetón (bofetada).
SIN. *1* **Solapo.**
I) sopar *tr.* Sopear.
II) sopar *m.* CARP. Pieza adosada a la cara inferior de un par de cubierta con el fin de reforzarla.
I) sopear *tr.* Ensopar. 2 *Argent.* Introducir [una cosa] en un líquido. 3 *Bol.* Mojar [la pluma] en el tintero. -4 *prnl. Argent.* Meterse en conversación ajena, entrometerse. -5 *intr. Méj.* Comer a sopas (especie de cuchara).

II) sopear (de *so-* + *pie*) *tr.* p. us. Pisar, hollar: ~ *un vestido.* 2 fig. *y* p. us. Supeditar o maltratar [a uno].
sopeña (*so-* + *peña*) *f.* Concavidad que forma una peña por su parte inferior.
sopeo *m.* Acción de sopear (ensopar).
sopera *f.* Vasija honda en que se sirve la sopa.
sopero, -ra *adj.-m.* Plato hondo en que se come la sopa. -2 *adj.-f.* Cuchara grande que sirve para tomar la sopa. -3 *adj.* [pers]. Aficionado a la sopa. 4 *Murc.* y *Colomb.* Curioso, chismoso.
sopesar (*so-* + *pesar*) *tr.* Levantar [una cosa] como para tantear el peso que tiene. 2 fig. Examinar con atención el pro y el contra de un asunto.
SIN. **Sompesar** y **sospesar.**
I) sopetear (frecuent.) *tr.* Mojar repetidas veces [el pan] en el caldo.
II) sopetear (frecuent. de *sopear* II) *tr.* fig. Maltratar o ultrajar [a uno].
SIN. **Sopapear.**
sopeteo *m.* Acción de sopetear.
I) sopetón (de *sopa*) *m.* Pan tostado que en los molinos se moja en aceite.
II) sopetón (relac. con *súbito*) *m.* Golpe fuerte y repentino dado con la mano. 2 *De* ~, de improviso.
sopicaldo *m.* Caldo con muy pocas sopas.
sopicón, -na *adj.-s.* desp. De Sos de Rey Católico, villa de Zaragoza.
sopié (*so* + *pie*) *m.* Somonte.
sopista *com.* Persona que anda a la sopa. -2 *m.* Estudiante que seguía su carrera sin otros recursos que la caridad.
SIN. **Sopón.**
sopitipando *m.* fam. Accidente, desmayo.
¡sopla! Interjección con que se denota admiración o ponderación.
sopladero *m.* Abertura por donde sale con fuerza el aire de las cavidades subterráneas.
SIN. **Soplador.**
soplado, -da *adj.* fig. *y* fam. Demasiadamente pulido y compuesto. 2 Estirado, engreído, entonado. 3 fam. Ebrio. -4 *m.* Acción de soplar en la pasta de vidrio. 5 Efecto de soplar en la pasta de vidrio. 6 MIN. Grieta muy profunda.
soplador, -ra *adj.* Que sopla. 2 fig. [pers]. Que excita, mueve o enciende una cosa. -3 *m.* Aventador (ruedo). 4 Sopladero. 5 Soplillo, abanico. 6 Obrero que tiene como trabajo soplar en la pasta de vidrio para obtener las formas previstas. 7 *Ecuad.* y *Guat.* Apuntador de teatro.
sopladura *f.* Acción de soplar. 2 Efecto de soplar.
soplagaitas *adj.-com.* Tonto, estúpido, majadero. ◇ Pl.: *soplagaitas.*
soplamocos *m.* fam. Golpe que se da a uno en la cara, esp. tocándole las narices. ◇ Pl.: *soplamocos.*
soplapitos *m.* fig. *y* fam. Mal árbitro. 2 *Cuba.* Azotacalles.
soplapollas *adj.-s.* Tonto, estúpido, majadero.
soplapollez *f.* vulg. Tontería, estupidez, majadería.
soplar (l. *sufflare;* vulg. **suplare*) *intr.-tr.* Despedir aire con violencia por la boca estrechando los labios: *no sople usted.* 2 p. anal. Despedir los fuelles u otros artificios adecuados el aire que han recibido. -3 *intr.* Correr el viento, haciéndose sentir. -4 *tr.* Apartar con el viento [una cosa]: ~ *el polvo.* 5 Insuflar aire en la pasta de vidrio a fin de obtener las formas previstas. 6 Hinchar (dilatar). 7 fig. Hurtar o quitar [una cosa] a escondidas. 8 Inspirar o sugerir [especies]: *sopla la musa sus versos.* 9 esp. Sugerir o apuntar a uno [la especie que debe decir y no acierta]: *le soplaron una pregunta en el examen.* 10 Acusar, delatar: ~ *lo ocurrido.* -11 *intr.-prnl.* En el juego de damas y otros, quitar al contrario [la pieza] con que debió comer y no comió. -12 *prnl.* fig. *y* fam. Beber mucho y a veces también comer. 13 Hincharse, engreirse. -14 *tr. Amér. Central.* Apuntar [a los actores] en las representaciones dramáticas. -15 *prnl. Can.* Enfadarse, enojarse.
SIN. *10* **Soplonear.**
sopleque *m. Argent.* Presumido, engreído.
soplete (imitado del fr. *soufflet*) *m.* Instrumento constituido esencialmente por un tubo que aplica una corriente gaseosa a una llama para dirigirla sobre objetos que se han de someter a muy elevada temperatura: ~ ***oxhídrico,*** el que emplea como combustible oxígeno e hidrógeno puros. 2 Canuto de boj por donde se hincha de aire la gaita gallega. 3 *Argent.* y *Chile.* Estudiante que sopla o apunta a otro la lección.
soplido *m.* Soplo.
soplillo *m.* Dim. de *soplo.* 2 Aventador (ruedo). 3 Cosa muy delicada o leve. 4 Tela de seda muy ligera. 5 Bizcocho de pasta muy esponjosa. 6 *And.* fig. *y* fam. Correveidile. 7 *Cuba.* Una especie de hormiga. 8 *Chile.* Harina de trigo que se ha tostado antes de madurar.
soplo *m.* Acción de soplar. 2 Efecto de soplar. 3 Instante o brevísimo tiempo. 4 Aviso dado en secreto y con cautela. 5 Delación. 6 Soplón. 7 fig. Ruido de fondo de una grabación sonora. 8 MED. Ruido peculiar que se aprecia en la auscultación de distintos órganos y que puede ser normal o patológico.
soplón, -plona *adj.-s.* fam. Persona que acusa en secreto y cautelosamente. 2 *Amér. Central.* Apuntador. 3 *Méj.* desp. Gendarme. 4 *Perú.* Policía secreto.
SIN. *1* v. **Espía, delator.**
soplonear *tr.* fam. Soplar (acusar).
soplonería *f.* Hábito propio del soplón.
sopón, -pona *m.* Aum. de *sopa.* 2 fam. Sopista. -3 *adj. Venez.* Entremetido.
soponcio (orig. incierto; probl. *sopetón* × salmantino *arreponcio,* ataque de un mal) *m.* fam. Desmayo, congoja. 2 burl. Sopón (sopa).
SIN. *1* v. **Síncope; telele, patatús,** *(fam.).*
sopor (l.) *m.* Estado morboso parecido a un sueño profundo. 2 fig. Adormecimiento, somnolencia.
SIN. v. **Sueño.** REL. **Soporífero,** lo que produce sopor, en ambas aceps. **Narcótico, estupefaciente,** en la acep. 1, medicamento o droga que lo produce.
soporífero, -ra (l. *sopor, -i,* sopor + *-fero*) *adj.-s.* Que inclina al sueño o que es propio para causarlo. 2 fig. Cargante, enfadoso.
soporífico, -ca *adj.* Soporífero.
soporoso, -sa *adj.* Que tiene o padece sopor. 2 Caracterizado por el sopor (estado): *fiebre soporosa.*
soportable *adj.* Que se puede soportar.
soportador, -ra *adj.-s.* Que soporta.
soportal (*so-* + *portal*) *m.* Espacio cubierto que en algunas casas precede a la entrada principal. 2 Pórtico a manera de claustro que tienen algunos edificios o manzanas de casas en sus fachadas y delante de las puertas y tiendas que hay en ellas: *los soportales de la plaza.*
SIN. **Porche.** *2* **Portal.**
soportar (l. *supportare*) *tr.* Sostener o llevar sobre sí [una carga o peso]. 2 fig. Sufrir, tolerar, padecer, aguantar.
soporte *m.* Apoyo o sostén. 2 Utensilio de laboratorio, que consiste en una varilla metálica vertical, con pie suficientemente estable, sobre la cual pueden atornillarse pinzas, aros, etc., para sostener tubos y vasijas diversas. 3 Medio de difusión capaz de poner en conocimiento del público un mensaje. 4 BLAS. Figura que sostiene el escudo. 5 TEC. Material recubierto de una gelatina fotosensible o una substancia ferromagnética para el registro de la imagen o el sonido.
sopórtico *m.* desus. Cobertizo, pórtico.
soprano (it., < *sopra,* encima) *m.* MÚS. La más aguda de las voces humanas, propia de las mujeres y niños. -2 *com.* Persona que tiene voz de soprano. 3 Registro superior de algunas familias instrumentales.
sopuntar (paras. de *so-* y *punto*) *tr.* Poner uno o varios puntos debajo de [una letra, palabra o frase].
soquear *intr. Colomb.* Echar renuevos el tabaco.
soquete (fr. *socquette*) *m. Amér.* Escarpín, calcetín corto.
soquetear *tr. Colomb.* y *P. Rico.* Mortificar.
I) sor (contracción de *sóror*) *f.* Precediendo al nombre de ciertas religiosas, hermana: ~ *María.* ◇ Pl.: *sores.*
SIN. **Sóror.**
II) sor *m.* ant. Seor. ◇ Pl.: *sores.*
-sor, sufijo propio de nombres latinos como *defensor, precursor,* a los cuales ha dado el español terminación femenina: *defensora, precursora.*
sora *f. Amér. Merid.* Bebida alcohólica que se hace con maíz fermentado en agua.
sorateño, -ña *adj.-s.* De Sorata, c. de la prov. de Larecaja, dep. de La Paz (Bolivia).
sorbedor, -ra *adj.-s.* Que sorbe.
sorber (l. *-ere*) *tr.* Beber aspirando: ~ *una horchata.* 2 fig. Atraer hacia dentro de sí [algunas cosas] aunque no sean líquidas: *la ciudad ha sorbido a los extranjeros.* 3 Recibir o esconder una cosa hueca o esponjosa [a otra] dentro de sí o en concavidad: *el pan sorbe mucho vino; este cántaro sorbe mucha agua.*

4 Absorber, tragar: *el mar sorbe los restos del naufragio.* 5 Apoderarse el ánimo con avidez [de alguna especie apetecida].
sorbete (it. *sorbetto* < turco *xerbet* < ár. *xarbat,* sorbos, bebidas) ***m.*** Refresco azucarado de zumo de frutas, agua, leche, yemas de huevo, etc., al que se da cierto grado de congelación pastosa. 2 *Méj.* Sombrero de seda, de copa alta. 3 *P. Rico* y *Urug.* Paja que se utiliza para tomar refrescos.
SIN. *1* **Helado; mantecado,** el que se hace con yema de huevo, leche y azúcar.
sorbetón *m.* fam. Aum. de *sorbo.*
sorbible *adj.* Que se puede sorber.
sorbición *f.* desus. Sorbo (acción).
I) sorbo *m.* Acción de sorber. 2 Porción de líquido que se puede tomar de una vez en la boca. 3 fig. Cantidad pequeña de un líquido.
SIN. *2* **Buche, buchada, bocanada.**
II) sorbo (l. *sorbus*) *m.* Árbol rosáceo, de hojas lobadas, flores blancas en panículas umbeliformes y frutos ovados pardos *(Sorbus torminalis).*
sorche *m.* Recluta. 2 *Extr.* Persona traviesa o vivaracha.
I) sorda (l. *surda*) *f.* Agachadiza. 2 Becada.
II) sorda (ant. veneciano) *f.* Guindaleza sujeta a la roda de un barco.
sordamente *adv. m.* fig. Secretamente y sin ruido.
sordera *f.* Privación o disminución de la facultad de oír.
sordez *f.* GRAM. Calidad de las consonantes sordas o ensordecidas.
sórdidamente *adv. m.* Con sordidez.
sordidez *f.* Calidad de sórdido.
sórdido, -da (l. *-du*) *adj.* Sucio (con manchas). 2 fig. Impuro, indecente. 3 Mezquino, avariento. 4 [úlcera] Que produce supuración icorosa.
sordina (probl. del it.) *f.* Pieza que puesta en un instrumento músico disminuye la intensidad de su sonido o modifica su timbre. 2 Pieza que para el mismo fin se pone en otros instrumentos. 3 Muelle que sirve en los relojes para impedir que suene la campana.
FR. *A la ~,* silenciosamente y con disimulo.
sordino *m.* Instrumento músico de cuerda parecido al violín.
sordo, -da (l. *surdu*) *adj.-s.* Persona que no oye o no oye bien: *~ a las voces; ~ de un oído.* 2 Callado, silencioso: ***a la sorda, a lo ~,*** o ***a sordas,*** sin ruido, sin sentir. 3 Que suena poco o sin timbre claro: *ruido ~.* 4 fig. Que no hace caso de las persuasiones y consejos. 5 GRAM. Sonido que se produce sin vibración de las cuerdas vocales; se opone a sonoro. 6 MAR. Mar o marejada que se experimenta en dirección diversa de la del viento reinante. 7 [piedra preciosa] Que no es perfectamente transparente. 8 *Méj.* Animal que no obedece a la rienda.
SIN. *1* **Teniente,** algo sordo, o duro de oído.
sordomudez *f.* Calidad de sordomudo.
sordomudo, -da *adj.-s.* Persona que, por ser sordo de nacimiento, no ha aprendido a hablar.
REL. **Dactilología,** alfabeto de los sordomudos.
sordón *m.* Bajón antiguo semejante al fagot.
soreque *adj. Méj.* Sordo.
sorgo (it. < probl. del l. *syricum;* vulg. *suricum,* de Siria) *m.* Zahína (planta).
soria *m.* Queso de cabra, elaborado en la región de Olvega y Villar de Ala (Soria), de pasta compacta, aroma láctico y sabor salado.
sorianense *adj.-s.* De Soriano, dep. del Uruguay. 2 De Palma Soriano, c. de la prov. de Oriente (Cuba).
soriano, -na *adj.-s.* De Soria. -2 *m.* Variante regional del castellano, con influencias riojanas y vascas, hablada en Soria. 3 *Logr.* Viento que sopla del sudoeste hacia La Rioja.
soriasis *f.* Psoriasis. ◇ Pl.: *soriasis.*
sorimba *f. Can.* Lluvia menuda, acompañada de viento. 2 *Can.* Miedo, temor.
-sorio, v. -orio.
sorites (gr. *soreites*) *m.* LÓG. Serie de proposiciones encadenadas de modo que el predicado de cada una de ellas pasa a ser sujeto de la siguiente, hasta que en la conclusión se une el sujeto de la primera con el predicado de la última: *la virtud es un hábito bueno; el hábito bueno perfecciona al hombre; lo que perfecciona al hombre es un progreso; el progreso es un gran bien; un gran bien debe ser apetecido por todos; luego la virtud debe ser apetecida por todos.* ◇ Pl.: *sorites.*
sorna (probl. del prov. ant. *sorn,* de origen desconocido) *f.* Espacio o lentitud con que se hace una cosa. 2 fig. Disimulo y burla con que se hace o dice una cosa con alguna tardanza voluntaria.
I) soro, -ra (b. l. *sauru*) ***m.*** Halcón cogido antes de la primera muda. -2 ***adj.*** *Ar.* Rubio, rojizo.
II) soro (gr. *sorós,* montón). ***m.*** Pequeño grupo de esporangios que se forma en el envés de las frondas de los helechos.
sorocharse *prnl. Chile.* Sufrir de soroche. 2 *Chile.* Ruborizarse, sofocarse por calor, vergüenza, etc.
soroche (quechua) *m. Amér. Merid.* Mal de la montaña, causado por la rarefacción del aire en las grandes alturas. 2 *Bol.* Chile. Galena. 3 *Chile.* Rubor, congestión del rostro.
SIN. *1* **Puna.**
sorocho, -cha *adj. Venez.* Fruto no maduro. 2 *Colomb.* Que está a medio asar.
soroco, -ca *adj. P. Rico.* Mutilado.
sorocontil *m. Nicar.* Acapulco (arbusto).
sóror (l.) *f.* desus. Sor I.
sororal *adj.* Perteneciente o relativo a la hermana o religiosa.
sororato *m.* Institución matrimonial de algunas sociedades por la que el hombre tiene acceso al matrimonio con alguna hermana de su esposa difunta.
REL. v. **Levirato.**
sororidad *f. Ant.* Asociación de mujeres.
sorosis (gr. *sorós,* montón) *f.* Fruto compuesto, resultante de una inflorescencia comprimida sobre un receptáculo convexo; como la mora. ◇ Pl.: *sorosis.*
sorprendente *adj.* Que sorprende o admira. 2 Peregrino, desusado, extraordinario.
sorprender (adaptación del fr. *surprendre*) *tr.* Coger desprevenido [a uno]: *~ a uno con alguna noticia; ~ en el hecho.* 2 fig. Descubrir [lo que otro ocultaba o disimulaba]: *~ un secreto.* -3 *tr.-prnl.* fig. Conmover o maravillar [a uno] con algo imprevisto o raro: *sorprenderse de la bulla.*
sorpresa *f.* Acción de sorprender: ***coger a uno de ~,*** hallarse desprevenido, sorprenderle. 2 Efecto de sorprender. 3 Cosa que da motivo para que alguien se sorprenda: *en este sobre encontrarás una ~.* 4 Pequeña figura que, introducida en el interior del roscón de Reyes, se cree que da suerte al que le toca en el reparto del roscón.
sorpresivamente *adv. m.* De manera sorpresiva.
sorpresivo, -va *adj. Amér.* Que envuelve o implica sorpresa.
sorquín *m. Bol.* Pescozón, golpe.
sorra (v. *saburra*) *f.* Arena gruesa que sirve de lastre. 2 Costado del vientre del atún.
sorrajar *tr. Méj.* Golpear; herir.
sorrasear *tr.-prnl. And.* y *Méj.* Asar a medias en las brasas [algún alimento, esp. carne].
sorregar (*so-* + *regar*) *tr.* Regar accidentalmente [un bancal] el agua que pasa del inmediato que se está regando. 2 *And.* Regar varias veces [un terreno duro]. ◇ ** CONJUG. [48] como ***regar.***
sorriba *f. Can.* Roturación (acción y efecto). 2 *Logr.* Ribazo. 3 *Logr.* Repecho en las calles empinadas.
sorribar *tr. Can.* Poner en pie, en producción, etc., lo que estaba descuidado.
sorriego *m.* Acción de sorregar. 2 Efecto de sorregar. 3 Agua que sorriega.
sorrongar *intr. Colomb.* Refunfuñar. ◇ ** CONJUG. [7] como ***llegar.***
sorrongo, -ga *adj. Colomb.* Refunfuñador.
sorrostrada (de *so-* + *rostro*) *f.* Insolencia, descaro. 2 *Logr.* Castigo contundente. 3 *Logr.* Afrenta, injuria, grosería afrentosa.
sorrostricar *tr. Colomb.* Mortificar, importunar. ◇ ** CONJUG. [1] como ***sacar.***
sorsogueño, -ña *adj.-s.* De Sorsogón, prov. de Filipinas.
sortario, -ria *adj. Venez.* Afortunado.
sorteable *adj.* Que se puede o se debe sortear.
sorteador, -ra *adj.-s.* Que sort.
sorteamiento *m.* Sorteo.
sortear (der. del l. *sorte,* suerte) *tr.* Someter [a pers. o cosas] a la decisión de la suerte. 2 Lidiar a pie y hacer suertes [a los toros]. 3 fig. Evitar con maña o eludir [un compromiso, riesgo o dificultad].
SIN. *3* v. **Evitar.**
sorteo *m.* Acción de sortear.
SIN. **Rifa,** es el sorteo de uno o más objetos entre varias personas; tiene carácter pop. o familiar. **Sorteo,** es voz más escogida y de aplicación gral. Toda rifa es un sorteo, pero no viceversa. La lotería nacional o la designación de títulos que han de amortizarse son sorteos, no rifas.

sortero, -ra *m. f.* Agorero, adivino. 2 Persona a la que se reparte por sorteo alguna cosa.
sortiaria *f.* Adivinación supersticiosa por cédulas o naipes.
sortija (l. v. hispánico **sortícula* < *sorte,* suerte) *f.* Anillo (joya). 2 Anilla. 3 Rizo del cabello en figura de anillo. 4 Juego de muchachos que consiste en adivinar a quién ha dado uno de ellos una sortija que hace ademán de dejar entre las manos de cada uno de los que juegan. 5 Pez marino parecido al lenguado, de color gris amarillento *(Pegusa lascaris).* 6 *And.* y *P. Rico.* Aro que en los carros refuerza los cubos de las ruedas.
sortijero *m.* Platillo o cajita en que se depositan o guardan las sortijas.
sortijilla *f.* Dim. de *sortija.* 2 Sortija (rizo).
sortilegio (der. del l. *sortilegius* < *sorte,* suerte + *legere,* leer) *m.* Adivinación que se hace por suertes supersticiosas. 2 Encantamiento. 3 Acción realizada por arte de magia. 4 fig. Atractivo irresistible que una persona o cosa ejerce sobre alguien.
sortílego, -ga *adj.-s.* Que practica el sortilegio.
sorullo *m. P. Rico.* Masa de harina de maíz asada o frita.
sos-, v. sub-.
sos *m* Petición de auxilio o socorro hecha por un barco o avión en peligro. 2 p. ext. Petición de auxilio o socorro, en general.
sosa (cat. < ár. vulg. *sauda*) *f.* Barrilla. 2 Óxido de sodio, base salificable muy cáustica.
SIN. **Soda.**
sosaina *com.-adj.* fam. Persona sosa.
sosal *m.* Terreno donde abunda la sosa.
sosamente *adv. m.* Con sosería.
sosañar *tr.* Denostar, reprender.
sosar *m.* Sosal.
sosco *m. Colomb.* Pedazo, trozo.
sosedad *f.* Sosería, insulsez.
sosegadamente *adv. m.* Con sosiego.
sosegado, -da *adj.* Quieto, pacífico por naturaleza o por su genio.
SIN. **Reposado; sesgo,** p. us.; **sentado.**
sosegador, -ra *adj.-s.* Que sosiega.
sosegar (ant. *sessegar* < l. v. **sessicare,* der. de *sedere,* estar sentado) *tr.* Aplacar, tranquilizar: ~ *el tumulto.* 2 fig. Aquietar [las alteraciones del ánimo]. -3 *intr.-prnl.* Descansar, aquietarse: *el mar sosiega,* o *se sosiega.* -4 *intr.* Dormir, descansar. ◇ **CONJUG. [48] como *regar.* ◇ También *asosegar,* p. us.
sosegate *m. Argent.* y *Urug.* Reprimenda, de palabra o de obra, con que se corrige a una persona para que no continúe en lo que estaba haciendo o no lo repita.
sosera, -ría (de *soso*) *f.* Insulsez, falta de gracia y de viveza. 2 Dicho o hecho insulso o sin gracia.
SIN. **Zoncería.**
soseras *adj.-s.* Soso, sin gracia. ◇ Pl.: *soseras.*
sosero, -ra *adj.* Que produce sosa.
sosia (de *Sosia,* personaje de la comedia *Anfitrión,* de Plauto, ¿254?-184 a. C.) *m.* Persona que tiene parecido con otra hasta el punto de poder ser confundida con ella.
sosiega *f.* Sosiego o descanso después de una faena. 2 Trago de vino o aguardiente que se toma durante la sosiega o antes de acostarse.
sosiego *m.* Quietud, tranquilidad, serenidad, reposo.
soslayar (ant. *deslayar,* alterac. del fr. ant. y prov. ant. *d'eslais,* impetuosamente) *tr.* Poner [una cosa] ladeada para pasar una estrechura. 2 fig. Evitar con un rodeo [alguna dificultad]: ~ *la cuestión.*
SIN. *2* **Evitar.**
soslayo, -ya *adj.* Soslayado, oblicuo.
FRS. *Al ~,* oblicuamente. *De ~, al ~,* de costado y perfilando bien el cuerpo para pasar por alguna estrechura; fig., de pasada o por encima, para esquivar una dificultad. SIN. **Sesgo** o **sesgado.**
soso, -sa (v. *insulso*) *adj.* Que no tiene sal o tiene poca. 2 fig. [persona, acción o palabra] Que carece de gracia o viveza.
SIN. *2* **Inexpresivo,** es más gral. y abstracto. Todo lo soso es inexpresivo, pero no viceversa. Un símbolo puede ser inexpresivo para el que no lo entiende, pero no soso; **zonzo,** se aplica a personas; **zonzorrión,** intensivo.
sosobrejuanete (*so-* + *sobrejuanete*) *m.* Verga que se cruza sobre los sobrejuanetes y vela que se larga en ella.
sospecha *f.* Acción de sospechar. 2 Efecto de sospechar.
SIN. v. **Desconfianza.**
sospechable *adj.* Sospechoso (que da motivo).
sospechar (b. l. *suspectare* < l. *suspicere,* mirar de abajo arriba) *tr.* Aprehender o imaginar [una cosa] por conjeturas: ~ *infidelidad en alguno.* -2 *intr.* Desconfiar, dudar: ~ *de un criado.*
SIN. *1* **Barruntar, remusgar, presumir, conjeturar, imaginar, suponer,** serie intensiva.
sospechosamente *adv. m.* De un modo sospechoso.
sospechoso, -sa *adj.* Que da motivo para sospechar: ~ *a alguno;* ~ *de herejía;* ~ *en la fe;* ~ *por su comportamiento.* 2 desus. Que sospechaba. -3 *m. f.* Individuo de conducta o antecedentes sospechosos.
sospesar *tr.* Sopesar.
sosquín *m.* Golpe que se da a traición. 2 *Cuba.* Esquina en ángulo obtuso.
sosquinar *tr. And.* Ladear, sesgar. 2 *Cuba.* Hacer sosquines. 3 *Cuba.* Dar un golpe a traición [a alguien].
sostén *m.* Acción de sostener. 2 Persona o cosa que sostiene. 3 Apoyo moral, protección. 4 Prenda de vestir interior que usan las mujeres para ceñir el pecho. 5 MAR. Resistencia que ofrece el buque al esfuerzo que hace el viento sobre sus velas para escorarlo.
sostenedor, -ra *adj.-s.* Que sostiene.
sostener (l. *sustinere*) *tr.-prnl.* Sustentar, mantener firme [una cosa]: ~ *la pared.* -2 *tr.* Sustentar o defender [una proposición]. 3 fig. *y* p. us. Sufrir, tolerar: ~ *los trabajos.* 4 Prestar apoyo o auxilio [a alguno]. 5 esp. Dar [a uno] lo necesario para su manutención: ~ *una familia numerosa.* 6 Realizar una acción durante cierto tiempo, hacerla de determinada manera, tomar una actitud y no variarla. -7 *prnl.* Mantenerse un cuerpo en un medio sin caer o haciéndolo muy lentamente. ◇ ** CONJUG. [87] como *tener.*
SIN. *2* y *5* v. **Mantener.**
sostenido, -da *adj.* [nota] Cuya entonación es un semitono más alta que la de su sonido natural. 2 fig. Persistente: *esfuerzos sostenidos.* 3 [pieza o figura] Que lleva debajo una pieza o figura unida a ella. -4 *m.* MÚS. Figura de alteración que indica que la nota a la que precede queda elevada un semitono cromático durante todo el compás en que se encuentra dicha nota: ***doble*** ~, el que aumenta de un tono la nota a la que afecta. 5 Movimiento de la danza española, que se hace levantando el cuerpo sobre las puntas de los pies y que puede ser más o menos rápido según el compás.
SIN. *4* **Diesi.**
sostenimiento *m.* Acción de sostener. 2 Efecto de sostener. 3 Mantenimiento o sustento.
sostre *m. Murc.* Desván, camaranchón.
sota (l. v. **subta* < *subtus,* hacia abajo, abajo) *f.* Carta décima de cada palo de la baraja española. 2 Mujer insolente y desvergonzada. -3 *m. Extr.* Criado que ocupa el segundo lugar en una casa de labor. 4 *Murc.* Cortador en las fábricas de calzado. 5 *Chile.* Sobrestante o manigero.
FR. *~, caballo y rey,* designa los tres platos de la comida, compuesta de sopa, cocido y principio.
sota- (de la voz ant. *sota,* debajo, bajo) Prefijo que entra en la formación de palabras con el significado de debajo, bajo: *sotabanco.* Además de esta significación indica el subalterno inmediato o sustituto en algunos oficios. Toma en algún caso la forma *soto- : sotoministro.*
sotabanco (*sota-* + *banco*) *m.* Piso habitable colocado por encima de la cornisa general de la casa. 2 ARQ. Hilada colocada encima de la cornisa para levantar los arranques de un arco o bóveda.
sotabarba (*sota-* + *barba*) *f.* Barba que se deja crecer por debajo de la barbilla. 2 Papada (abultamiento carnoso).
sotacola *f.* Ataharre.
sotacoro *m.* Socoro.
sotacura *m. Amér.* Coadjutor, eclesiástico.
sotalugo *m.* Segundo arco con que se aprietan los extremos o tiestas de los toneles.
sotaministro *m.* Sotoministro.
sotamontero (*sota-* + *montero*) *m.* El que hace las veces de montero mayor.
sotana (it. *sottana* < *sotto,* debajo) *f.* Vestido talar que usan los eclesiásticos y los legos que sirven en las funciones de la iglesia. 2 fig. Estado clerical. 3 fig. *y* fam. Somanta, zurra.
SIN. *1* **Loba,** hoy p. us.
sotanear *tr.* fam. Dar una sotana o zurra.
sotaní (it. *sottanino*) *m.* Especie de zagalejo corto y sin pliegues. ◇ Pl.: *sotanís.*
sótano (ant. *sótalo* < l. v. **subtulu* < l. *subtus,* debajo) *m.* Pieza subterránea entre los cimientos de un edificio: ~ *de un teatro*
REL. **Asotanar,** excavar el suelo para construir sótanos.

sotaventarse, sotaventearse *prnl.* MAR. Irse o caer el buque a sotavento.
sotavento (it., < *sota* + *vento*) *m.* MAR. Costado de la nave opuesto al barlovento. 2 MAR. Parte que cae hacia aquel lado.
sote (chibcha) *m. Amér. Central* y *Colomb.* Nigua (insecto).
sotechado (*so-* + *techado*) *m.* Cobertizo, techado.
soteño, -ña *adj.* Que se cría en sotos. -2 *adj.-s.* De Soto, nombre de diversas poblaciones.
sotera *f. Ar.* Azada que se emplea ordinariamente para entrecavar.
soteriología (gr. *sotería,* salvación + *-logía*) *f.* Doctrina referente a la salvación en el sentido de la religión cristiana.
soteriológico, -ca *adj.* Perteneciente o relativo a la soteriología.
soterramiento *m.* Acción de soterrar. 2 Efecto de soterrar.
soterraño, -ña *adj.-m.* desus. Subterráneo.
soterrar (paras. de *so-* y *tierra*) *tr.* Enterrar (bajo tierra). 2 fig. Esconder o guardar [una cosa] de modo que no aparezca. ◇ **CONJUG. [27] como ***acertar.*
sotileza (v. *sutileza*) *f.* desus. Parte más fina del aparejo de pescar donde va el anzuelo. 2 desus. Sutileza.
sotillo *m.* Dim. de *soto.*
sotnia (ruso) *f.* Unidad de caballería cosaca, formada por unos cien jinetes.
soto (l. *saltu,* bosque) *m.* Terreno poblado de árboles y arbustos en las riberas o vegas. 2 Terreno poblado de malezas, matas y árboles. 3 *Ecuad.* Nudo de un hilo o cuerda. 4 *Ecuad.* Prominencia en la piel.
REL. **Ensotarse,** meterse en un ~.
soto-, v. sota-.
sotobosque (*sota-* + *bosque*) *m.* Vegetación formada por matas y arbustos que crece bajo los árboles de un bosque.
sotol *m. Méj.* Planta liliácea con la cual se prepara una bebida del mismo nombre *(Dasilyrion cedrocanum).*
sotole *m. Méj.* Sotol.
sotoministro (*soto-* + *ministro*) *m.* En la Compañía de Jesús, coadjutor superior que está a las órdenes del padre ministro. ◇ También *sotaministro.*
sotreta *f. Argent., Bol.* y *Urug.* Persona, animal o cosa que tiene muchos defectos; plepa. 2 Persona desmañada y holgazana. -3 *adj. Amér. Merid.* [caballo] De mal andar; p. ext., [pers.] que no es de fiar.
sotrozo *m.* ARTILL. Pasador de hierro que atraviesa el pezón del eje para que no se salga la rueda de la cureña. 2 MAR. Pedazo de hierro hecho firme en las jarcias y en el cual se sujetan las jaretas.
sotuer (fr. *sautoir*) *m.* BLAS. V. escudo en ~
SIN. **Sautor.**
soturno, -na *adj.* Saturno, saturnino.
sotuto *m. Bol.* Sote o nigua.
soufflé (voz francesa) *m.* Plato de origen francés, hecho a base de claras de huevo montadas y algún otro ingrediente, como queso, pescado, chocolate, etc. ◇ Se pronuncia *suflé.*
soul (voz inglesa) *m.* Conjunto de las formas musicales negras norteamericanas.
souvenir (voz francesa) *m.* Objeto de recuerdo de algún lugar determinado. ◇ Se pronuncia *subenir.*
soviet (ruso, consejo) *m.* Institución política fundamental del régimen comunista ruso, que consiste en una asamblea comunal de todos los ciudadanos que viven de su propio trabajo, quienes eligen su representante para el soviet local; éste, a su vez, nombra un delegado para el soviet principal, y así sucesivamente hasta formar el Congreso Nacional de los Soviets, que fija la dirección de la política general. 2 Agrupación de obreros y soldados durante la revolución rusa. 3 fig., fam. *y* desus. Servicio o colectividad en que no se obedece a la autoridad jerárquica. ◇ Pl.: *soviets.*
soviético, -ca *adj.* Relativo a los soviets. -2 *adj.-s.* p. ext. De la Unión Soviética, nación del nordeste de Europa.
SIN. **Ruso.**
sovietización *f.* Acción de sovietizar. 2 Efecto de sovietizar.
sovietizar *tr.* Someter [un país, una región, etc.] al régimen soviético. ◇ ** CONJUG. [4] como ***realizar.*
sovietología (de *soviético* + *-logía*) *f.* Estudio del sistema sociopolítico soviético, y de su historia.
sovietólogo, -ga *m. f.* Especialista en sovietología.
sovoz (*so-* + *voz*) *loc. adj. A* ~, en voz baja y suave.
soya *f. Amér.* Soja.
soyacal *m. Guat.* Especie de capa rústica hecha de hojas de palma que usan los indios para librarse de la lluvia.
soyanza *f. Ecuad.* Uyanza.
sparring (voz inglesa) *m.* DEP. Púgil que entrena a otro boxeador.
spin (voz inglesa) *m.* FÍS. y QUÍM. Momento angular intrínseco de una partícula o grupo de partículas.
sponsor *m.* ANGLIC. DEP. Patrocinador.
-spora, -sporio, -sporo (gr. *spora,* semilla; o *speiro,* sembrar) Elemento sufijal que entra en la formación de palabras con el significado de semilla, espora o sembrar.
sport *m.* ANGL. Deporte: ***de ~, loc. adj.,*** se utiliza para designar un tipo de indumentaria de material y hechuras muy cómodos.
sportman *m.* ANGLIC. desus. Deportista.
spot (voz inglesa) *m.* Espacio publicitario televisivo.
spray (voz inglesa) *m.* Envase de algunos líquidos mezclados con un gas a presión, de manera que al oprimir una válvula salga el líquido pulverizado.
sprint *m.* DEP. ANGLIC. Aceleración rápida del corredor o deportista en la carrera.
sprintar (der. de *sprint*) *tr.* Realizar un sprint.
sprinter (voz inglesa) *com.* Deportista especialista en el sprint.
squash *m.* DEP. ANGLIC. Deporte que se practica en un recinto cerrado entre dos jugadores que deben golpear con sus raquetas una pequeña pelota para que rebote contra cualquier pared y, tras botar en el suelo, quede fuera del alcance del adversario.
stábat (l., estaba, palabra con que empieza el himno) *m.* Himno dedicado a los dolores de la Virgen al pie de la cruz. 2 Composición musical para este himno. ◇ No admite plural.
staccato (it.) *adj.* MÚS. Palabra que indica que en una serie de notas se ha de dar mayor intensidad a algunas de ellas.
stádium *m.* Estadio.
staff (voz inglesa) *m.* Conjunto de personas que forman un cuerpo o gabinete de estudio e información.
stand (voz inglesa) *m.* ANGLIC. Pabellón, instalación montada en una exposición, feria, etc., para la venta o exhibición de productos.
standing (voz inglesa) *m.* Nivel de vida; lujo, bienestar social.
stage *m.* ANGLIC. DEP. Fase o etapa de preparación de un deportista o equipo, previa a su participación en una competición.
stárter (voz inglesa) *m.* Dispositivo de arranque del carburador del automóvil.
-stasia (gr. *stasis,* parada, detención) Elemento sufijal que entra en la formación de palabras con el significado de parada, detención.
-stática, -stático, (de *estático*) Elemento sufijal que entra en la formación de palabras con el significado de estático o estática: *hidrostática, aerostático.*
-stato (*statós,* parado) Elemento sufijal que entra en la formación de palabras con el significado de parado: *aeróstato.*
status (voz latina, a través del ing.) *m.* Posición social que una persona ocupa dentro de un grupo o en la sociedad. ◇ Pl.: *status.*
-stenia (*asthéneia,* debilidad) Elemento sufijal que entra en la formación de palabras con el significado de debilidad: *neurastenia.*
-stenosis (de *estenosis*) Elemento sufijal que entra en la formación de palabras con el significado de estenosis.
stick (anglic.) *m.* DEP. Bastón curvo con el que se practican ciertos deportes, como el hockey. ◇ Se pronuncia *estic.*
stock (ing.) *m.* ANGLIC. Almacenamiento, existencias, reservas, surtido.
-stoma, -stomo (gr. *stoma,* boca) Elemento sufijal que entra en la formación de palabras con el significado de boca.
-stomía (v. *-stoma*) Elemento sufijal que entra en la formación de palabras con el significado de boca.
stop (voz inglesa) *m.* Parada. Se utiliza en los telegramas para indicar punto. 2 Señal de tráfico para expresar la detención.
stradivarius *m.* Violín de gran valor, fabricado por el italiano Antonio Stradivarius (¿1643?-1737).
strip-tease (voz inglesa) *m.* Espectáculo durante el que se desnuda una persona. 2 Lugar donde se desarrolla dicho espectáculo. ◇ Se pronuncia *estriptís.*
su (apóc. de *suyo, suya,* etc.) *adj. poses.* Apócope de los posesivos *suyo, suya,* usado únicamente antes del nombre: *su padre; su madre; sus padres; sus tías;* a veces tiene carácter de indeterminado: *distará sus dos kilómetros;* ◇ Pl.: *sus.*

su-, v. sub-.
suadir *tr.* desus. Aconsejar, persuadir.
suahili *adj.-m.* Lengua perteneciente al grupo bantú oriental, hablada oficialmente en Kenia.
suampo (ing. *swamp*) *m. Amér. Central.* Ciénaga.
suarda (l. *sorde*) *f.* Juarda.
suarismo *m.* Sistema escolástico contenido en las obras del jesuita español Francisco Suárez (1548-1617).
suarista *com.* Partidario del suarismo. -2 *adj.* Perteneciente o relativo al suarismo.
suasorio, -ria (l. *-iu*) *adj.* lit. Relativo a la persuasión, o propio para persuadir.
SIN. **Persuasivo, convincente.**
suástica *f.* Esvástica. ◇ También *svástica.*
suato, -ta *adj. Méj.* Tonto, necio.
suave (l.) *adj.* Liso y blando al tacto. 2 Dulce, grato a los sentidos. 3 fig. Tranquilo, manso. 4 Lento, moderado. 5 Dócil, apacible.
suavemente *adv. m.* De manera suave.
suavidad *f.* Calidad de suave.
suavización *f.* Acción de suavizar. 2 Efecto de suavizar.
suavizador, -ra *adj.* Que suaviza. -2 *m.* Pedazo de cuero para suavizar el filo de las navajas de afeitar.
SIN. *2* **Asentador.**
suavizante *adj.* Que suaviza: *crema ~.* -2 *m.* Líquido que se echa a las lavadoras automáticas durante el último aclarado para que la ropa quede perfumada y esponjosa.
suavizar *tr.* Hacer suave [una cosa]. ◇ ** CONJUG. [4] como ***realizar.***
SIN. **Molificar,** MED.
suaza *m. Colomb.* Sombrero hecho en el pueblo de Suaza.
sub- (l. *sub,* bajo, debajo) Prefijo que entra en la formación de palabras con el significado de bajo, debajo. Toma también las formas *sa-: sahumar; cha-: chapodar; za-: zabullir; zam-: zambullir; so-: solomo; son-: sonsacar; sor-: sorprender; su-: suponer; sus-: suspender;* además de debajo, puede denotar: acción secundaria: *subarrendar;* interioridad: *subdirector;* atenuación: *soasar;* en orden posterior: *subseguir.*
suba *f. Argent.* y *Urug.* Alza, subida de precio.
subacetato *m.* Acetato básico de plomo.
subacuático, -ca *adj.* Que se realiza debajo del agua: *actividades subacuáticas.*
subafluente *m.* Río o arroyo que desagua en un afluente.
subalar *adj.* Situado debajo de las alas de un avión.
subalcaide *m.* Sustituto o teniente de alcalde.
subalpino, -na *adj.* Que está al pie de los Alpes.
subalternar (de *subalterno*) *tr.* Sujetar o supeditar [a una pers. o cosa].
subalterno, -na (l. *-nu*) *adj.* Inferior, o que está debajo de una persona o cosa. -2 *m.* Empleado de categoría inferior. 3 MIL. Oficial cuyo empleo es inferior al de capitán. 4 TAUROM. Torero que forma parte de la cuadrilla de un matador.
subálveo, -a *adj.-m.* Que está debajo del álveo de un río o arroyo.
subarrendador, -ra *m. f.* Persona que da en subarriendo alguna cosa.
subarrendamiento *m.* Subarriendo.
subarrendar *tr.* Tomar en arriendo [una cosa] de otro arrendatario de la misma o darla éste en arriendo. ◇ ** CONJUG. [27] como ***acertar.***
subarrendatario, -ria *m. f.* Persona que toma en subarriendo alguna cosa.
subarriendo *m.* Acción de subarrendar. 2 Efecto de subarrendar. 3 Contrato por el cual se subarrienda una cosa. 4 Precio en que se subarrienda.
subasta (l. *sub hasta,* bajo la lanza) *f.* Venta pública de bienes o alhajas que se hace al mejor postor. 2 Adjudicación de una contrata, gralte. de servicio público, hecha en la misma forma.
SIN. v. ***Almoneda.*** REL. **Remate,** adjudicación al mejor postor, y postura que la obtiene; **rematante** (vb. **rematar**), el que consigue el remate; **pujar** (s. **puja**), aumentar el precio los licitadores.
subastación (l. *subhastatione*) *f.* p. us. Subasta.
subastar *tr.* Vender [efectos] o contratar [servicios, arriendos, etc.] en pública subasta.
subatómico, -ca (*sub-* + *atómico*) *adj.* Que tiene dimensiones inferiores a las del átomo: ***partícula subatómica,*** la constituyente del átomo.
subcampeón, -na (*sub-* + *campeón*) *adj.-s.* DEP. Deportista o equipo que queda en segundo lugar de una competición.
subcampeonato (*sub-* + *campeonato*) *m.* DEP. Segunda posición en una competición deportiva.
subcinericio (l. *-iu*) *adj.* [pan] Cocido en el rescoldo o debajo de la ceniza.
subclase *f.* Grupo de animales o plantas que forman una categoría de clasificación entre la clase y el orden.
subclavero *m.* Teniente de clavero en algunas órdenes militares.
subclavio, -via *adj.* Situado debajo de la clavícula: *arteria, vena subclavia.*
subcolector *m.* El que hace las veces de colector y sirve a sus órdenes.
subcomendador *m.* Teniente comendador en las órdenes militares.
subcomisión (*sub-* + *comisión*) *f.* Grupo de individuos de una comisión que tiene cometido aparte.
subconjunto (*sub-* + *conjunto*) *m.* Conjunto de elementos integrados en otro conjunto más amplio. 2 Parte de un conjunto.
subconsciencia *f.* Actividad mental que escapa a la introspección.
subconsciente *adj.* Que no es consciente. -2 *m.* Subconsciencia.
subconservador *m.* Juez delegado por el conservador.
subcontinente *m.* Parte amplia y delimitada de un continente con características propias.
subcontratación *f.* Acción de subcontratar. 2 Efecto de subcontratar.
subcontratar (*sub-* + *contratar*) *tr.-intr* Hacer un contrato para llevar a cabo lo pactado en contrato previo.
subcostal *adj.* Que está debajo de las costillas.
subcultura *f.* Cultura decadente, inferior.
subcutáneo, -a *adj.* Que está o se desarrolla inmediatamente debajo de la piel. 2 Que se introduce debajo de la piel: *inyección subcutánea.*
SIN. *1* **Intercutáneo.** *1* y *2* **Hipodérmico.**
subdelegable *adj.* Que se puede subdelegar.
subdelegación *f.* Acción de subdelegar. 2 Efecto de subdelegar. 3 Distrito, oficina y empleo de subdelegado.
subdelegado, -da (*sub-* + *delegado*) *adj.-s.* Que sirve inmediatamente a las órdenes del delegado o le sustituye en sus funciones.
subdelegar (l. *-are*) *tr.* DER. Trasladar o dar el delegado [su jurisdicción] a otro. ◇ ** CONJUG. [7] como ***llegar.***
subdelirio *m.* MED. Delirio tranquilo, caracterizado por palabras incoherentes, compatible con una conciencia normal cuando el enfermo es interrogado.
subdesarrollado, -da (*sub-* + *desarrollo*) *adj.* [país] De economía pobre y atrasada, organización primaria y bajo nivel de vida.
subdesarrollo *m.* Desarrollo incompleto o deficiente con relación a las propias posibilidades o al desarrollo alcanzado por otros. 2 ECON. Situación económica y social propia de los países subdesarrollados.
subdesértico, -ca *adj.* Que se encuentra o manifiesta en los márgenes del desierto. 2 Que presenta características atenuadas de lo desértico.
subdiaconado *m.* Orden de subdiácono o de epístola.
subdiaconal *adj.* Relativo al subdiácono.
subdiaconato *m.* Subdiaconado.
subdiácono (l. *-nu*) *m.* Clérigo ordenado de epístola.
subdialecto *m.* LING. Modalidad adoptada por un dialecto en un cierto territorio.
subdirección *f.* Cargo y oficina del subdirector.
subdirector, -ra *m. f.* Persona que sirve inmediatamente a las órdenes del director o le sustituye en sus funciones.
subdistinción *f.* Acción de subdistinguir. 2 Efecto de subdistinguir.
subdistinguir (l. *-ere*) *tr.* Distinguir en lo ya distinguido. ◇ ** CONJUG. [8] como ***distinguir.***
súbdito, -ta (l. *-tu*) *adj.-s.* Sujeto a la autoridad de un superior, con obligación de obedecerle. -2 *m. f.* Natural o ciudadano de un país en cuanto sujeto a las autoridades políticas de éste.
SIN. **Vasallo.**
subdividir (l. *-ere*) *tr.-prnl.* Dividir [una parte de lo que ya ha sido dividido anteriormente].
subdivisión *f.* Acción de subdividir. 2 Efecto de subdividir. 3 Tabique o cosa semejante que divide un espacio, o separa una parte de él.

subdominante *f.* MÚS. Cuarta nota de la escala diatónica.
subducción *f.* GEOL. Proceso por el que la corteza oceánica se hunde bajo la continental.
subduplo, -pla (l. *-lu*) *adj.* MAT. [número o cantidad] Que es mitad exacta de otro u otra.
subecuatorial *adj.* Que se halla entre el ecuador y los trópicos. 2 Propio o relativo a dicha zona.
subejecutor, -ra *m. f.* Persona que con la delegación o dirección de otra ejecuta una cosa.
subemplear *tr.-prnl.* Emplear en unas condiciones inferiores a las normales.
subempleo *m.* ECON. Falta de empleo (de una parte de la mano de obra).
subentender *tr.-prnl.* Sobrentender. ◇ ** CONJUG. [28] como ***entender.***
subeo *m.* Sobeo.
súber *m.* BOT. Variedad de tejido protector o epidérmico, formado por células muertas, que cubre externamente a los vegetales de más de un año.
suberificación *f.* Acción de suberificarse. 2 Efecto de suberificarse.
suberificarse (l. *subex,* corcho + *-ificar*) ***prnl.*** Convertirse en corcho la parte externa de la corteza de los árboles. ◇ ** CONJUG. [1] como ***sacar.***
suberina *f.* Substancia impermeable de naturaleza grasa, característica del corcho.
suberoso, -sa (der. del l. *suber,* corcho) ***adj.*** Parecido al corcho.
SIN. **Corchoso.**
subespecie *f.* Nueva división de la especie.
subestación (*sub-* + *estación*) *f.* Conjunto de transformadores, convertidores, interruptores, etc., destinados a la alimentación de una red de distribución de energía eléctrica. 2 Edificio o ubicación al exterior donde la energía eléctrica de un sistema de potencia se transforma, convierte, controla, etc.
subestimación *f.* Acción de subestimar. 2 Efecto de subestimar.
subestimar (*sub-* + *estimar*) ***tr.*** Estimar [a una pers. o cosa] en menos de lo que merece o vale.
CONTR. **Sobreestimar.**
subfebril *adj.* MED. Que tiene una temperatura anormal, comprendida entre 37,5 y 38 grados.
subfiador *m.* Fiador subsidiario.
subfilo *m.* BIOL. Serie evolutiva derivada de un filo.
subforo *m.* DER. Contrato por el cual el forero cede el dominio útil de la finca a otro.
subfusil (*sub-* + *fusil*) ***m.*** Arma de fuego y automática, de culata plegable y uso individual.
subgénero *m.* Grupo de animales o plantas que forman una categoría de clasificación entre el género y la especie.
subgobernador, -ra (*sub-* + *gobernador*) ***m. f.*** Empleado que ayuda al gobernador y que le sustituye en sus funciones.
subida *f.* Acción de subir. 2 Efecto de subir. 3 Lugar en declive, que va subiendo. 4 fig. Efecto producido tras el consumo de droga; en gral., pronto (movimiento repentino).
SIN. *3* **Cuesta.**
subidero, -ra *adj.* [instrumento] Que sirve para subir en alto. -2 ***m.*** Lugar por donde se sube. -3 ***f.*** *And.* Palo largo, delgado y cimbreante, para varear la aceituna de las ramas superiores del olivo.
subido, -da *adj.* Relativo a lo más fino y acendrado en su especie. 2 [color u olor] Que impresiona fuertemente la vista o el olfato. 3 Muy elevado, que excede el término ordinario. 4 [planta] Espigado. 5 fig. *y* fam. Envanecido, creído. 6 fig. [vino seco] De muchos grados. -7 ***m.*** *Colomb.* Dulce de azúcar esponjado.
subidor *m.* El que tiene por oficio llevar una cosa de un lugar bajo a otro alto. 2 DEP. En ciclismo, escalador.
subienda *f.* *Colomb.* Cardumen, abundancia de peces.
subiente *m.* Follaje que sube adornando un vaciado de pilastras o cosa semejante.
subigüela *f.* *Sal.* Alondra.
subilla (l. *subella*) ***f.*** Lezna.
subilón, -lona *adj.* *Perú.* [licor] Que embriaga fácilmente.
subimiento *m.* Subida (acción y efecto).
subín *m.* *Guat.* y *Hond.* Aromo (árbol leguminoso).
subíndice (*sub-* + *índice*) ***m.*** MAT. Letra o número que se añade a un símbolo para distinguirlo de otros semejantes. Se coloca a la derecha de aquél y algo más abajo.

subinspección *f.* Cargo y oficina del subinspector.
subinspector, -ra *m. f.* Jefe inmediato después del inspector.
subintendencia *f.* Cargo de subintendente. 2 Oficina o despacho del subintendente.
subintendente (*sub-* + *intendente*) ***com.*** Persona que sirve inmediatamente a las órdenes del intendente o le sustituye en sus funciones.
subintración *f.* CIR. y MED. Acción de subintrar. 2 CIR. y MED. Efecto de subintrar.
subintrar (l. *-are*) ***intr.*** p. us. Entrar uno después o en lugar de otro. 2 CIR. Colocarse un hueso o fragmento de él debajo de otro. 3 MED. Comenzar una acción febril antes de terminar la anterior.
subir (l. *-ire*) ***intr.*** Pasar de un sitio o lugar a otro superior o más alto: ~ *a un árbol;* ~ *a,* o *en, lo alto de una montaña;* ~ *a,* o *en, el coche;* ~ *de la bodega;* ~ *sobre la mesa;* (como tr.-prnl. v. acep. 11). 2 Cabalgar, montar: ~ *a caballo; sube en un caballo alazán.* 3 Colocarse en un vehículo. 4 Crecer en altura ciertas cosas: *ha subido el río; va subiendo la pared;* (como tr. v. acep. 12); ponerse el gusano en las ramas para hilar el capullo. 5 Importar una cuenta: *la deuda sube a mil pesetas.* 6 fig. Ascender en dignidad o empleo, o crecer en hacienda. 7 Agravarse o difundirse ciertas enfermedades: ~ *la fiebre;* ~ *la epidemia.* 8 fig. Ir en aumento el efecto de la droga. 9 MÚS. Elevar la voz o el sonido de un instrumento de un tono a otro más agudo. -10 ***tr.*** Recorrer [un espacio] yendo hacia arriba; remontar: ~ *una cuesta, una escalera.* 11 Trasladar [a una pers. o cosa] a un lugar más alto que el que ocupaba: ~ *a un niño en el coche;* ~ *las pesas del reloj;* ***prnl.****, el niño se sube en el coche; las pesas del reloj se suben;* (como intr. v. acep. 1). 12 Hacer más alta [una cosa]; irla aumentando hacia arriba: ~ *una pared;* (como intr. v. acep. 4). 13 Enderezar o poner vertical [una cosa que estaba inclinada]: *sube esa cabeza; sube esos brazos.* 14 fig. Dar a las cosas más precio o estimación de la que tenían: *el cosechero ha subido el vino; el vino sube.*
SIN. *1, 2, 3, 4, 5, 6, 7* y *9* **Ascender,** en el conjunto de sus aceps. tr., esp. en 1, 5, 6; en 2 es extremadamente forzado, y en las demás es lit. o propio del estilo elevado. *4* y *5* v. **Crecer.** *12* y *13* v. **Levantar.** *14* **Elevar, aumentar, encarecer.**
súbitamente, -táneamente *adv. m.* De manera súbita.
subitáneo, -a (l. *-neu*) ***adj.*** Que sucede súbitamente.
súbito, -ta (l. *-tu*) ***adj.*** Improviso, repentino. 2 Precipitado o violento en las obras o palabras. -3 ***adv. m.*** Súbitamente.
SIN. *1* y *2* **Súpito.**
subjefe (*sub-* + *jefe*) ***com.*** Persona que hace las veces de jefe y sirve a sus órdenes.
subjetividad *f.* Calidad de subjetivo.
CONTR. **Objetividad.**
subjetivismo *m.* Doctrina epistemológica que limita la validez del conocimiento al sujeto que conoce y juzga, ya sea éste el sujeto individual o el individuo humano, ya sea el sujeto general o el género humano. Para este último, o ~ ***general,*** no hay verdades universalmente válidas, sino tan sólo verdades supraindividuales, de todos los hombres, pero que tal vez no lo son para individuos no pertenecientes a la especie humana. 2 Doctrina ética que declara como fin de la acción moral la realización de un estado subjetivo, del placer o de la felicidad (hedonismo, eudemonismo).
subjetivista *com.* Persona partidaria del subjetivismo. -2 ***adj.*** Perteneciente o relativo al subjetivismo.
subjetivo, -va (l. *subiectivu*) ***adj.*** Relativo al sujeto. 2 Relativo a nuestro modo de pensar o de sentir, y no al objeto en sí mismo. 3 GRAM. y LÓG. Relativo al sujeto, o que tiene la función de sujeto (gramatical o lógico).
CONTR. **Objetivo.**
subjuntivo, -va (del l. gramatical *subiuntivu*) ***adj.*** Que se adjunta como elemento subordinado. V. modo subjuntivo; **VERBO (USO DE LOS MODOS).
sublevación (l. *-atione*) ***f.*** Sublevamiento.
sublevamiento *m.* Acción de sublevar o sublevarse. 2 Efecto de sublevar o sublevarse.
SIN. **Sublevamiento** es p. us. Cuando una **sublevación** colectiva es considerada con estimación o respeto por parte del que habla, se llama **levantamiento** o **alzamiento.** Si inspira antipatía o es mirada como delito: **sedición** (menos grave) o **rebelión** (más grave). **Motín, tumulto, algarada, asonada, revuelta** son alteraciones colectivas del orden público, más o menos localizadas y desordenadas. **Facción** es grupo de gente o tropas en rebeldía contra la autoridad constituida. **Revolución** y **subersión** aluden al trastorno violento que produce el cambio político que de ellas se origina.

sublevar (factitivo; l. *-are,* levantar, aliviar; doble etim. *solevar*) *tr.-prnl.* Alzar en sedición o motín: ~ *al pueblo; sublevarse los soldados.* -2 *tr.* fig. Excitar indignación, ira o protesta: *el hecho le sublevó.*
SIN. *1* **Solear, solevantar; soliviantar.**
sublimable *adj.* Que puede ser sublimado.
sublimación *f.* Acción de sublimar. 2 Efecto de sublimar.
sublimado (l. *-tu;* doble etim. *solimán*) *m.* QUÍM. Substancia obtenida por sublimación. 2 ~ ***corrosivo,*** o simplemente ~, compuesto tóxico de dos átomos de cloro con uno de mercurio. Úsase como desinfectante.
sublimador *m.* Aparato donde se produce la sublimación en los equipos de refrigeración que utilizan este procedimiento.
sublimar (l. *-are*) *tr.* Engrandecer, ensalzar. 2 Volatilizar un cuerpo sólido y volverlo sólido otra vez sin pasar aparentemente por el estado líquido. 3 En el psicoanálisis, resolver un estado o sedimento morboso en una actividad moral o intelectualmente generosa o superior.
sublimatorio, -ria *adj.* Relativo a la sublimación.
sublime (l.) *adj.* Excelso, eminente. -2 *adj.-s.* Emoción estética que nos produce lo bello cuando va acompañado de grandiosidad o elevación inabarcables para el entendimiento. ◇ GALIC.: *el sublime,* por lo sublime.
SIN. *1* **Elevado, levantado.**
sublimemente *adv. m.* De manera sublime.
sublimidad *f.* Calidad de sublime.
subliminal (de *sub-* + l. *limen, -inis,* umbral) *adj.* Carácter de aquellas percepciones sensoriales, u otras actividades psíquicas, de las que el sujeto no llega a tener conciencia. 2 Que está por debajo de las posibilidades de percepción visual o sonora del hombre.
sublimizar *tr.* Sublimar, engrandecer, exaltar, ensalzar ◇ **CONJUG. [4] como ***realizar.***
sublingual *adj.* Situado debajo de la lengua: *glándula* ~.
sublunar (l. *-are*) *adj.* Que está debajo de la Luna. Suele decirse de la Tierra: *el mundo* ~.
submarinismo *m.* Conjunto de las actividades que se realizan bajo la superficie del mar, con fines científicos, deportivos, militares, etc. 2 Conjunto de conocimientos y técnicas necesarios para practicar tales actividades.
submarinista *adj.-s.* Que practica el submarinismo. -2 *adj.* Perteneciente o relativo al submarinismo. -3 *m.* Individuo de la armada especializado en el servicio de submarinos.
SIN. *1* **Buceador, hombre rana** y **submarinista** usan equipo autónomo: bombona de oxígeno, aletas, etc.; **buzo** y **escafandrista,** requieren un equipo respiratorio asistido desde la superficie; **somormujador** (ant.).
submarino, -na (*sub-* + *marino*) *adj.* Que está bajo la superficie del mar. 2 Perteneciente o relativo a lo que está o se efectúa debajo de la superficie del mar. -3 *m.* Buque submarino. 4 fig. Infiltrado.
submaxilar (*sub-* + *maxilar*) *adj.* Situado debajo de la mandíbula inferior.
subministración *f.* Suministración.
subministrador, -ra *adj.-s.* Suministrador.
subministrar *tr.* Suministrar.
submúltiplo, -pla (l. *-plu*) *adj.-s.* MAT. Número o cantidad que otro u otra contiene exactamente dos o más veces.
SIN. **Divisor, factor.**
subnesosilicatos *m. pl.* Grupo de silicatos caracterizado por presentar sus tetraedros aislados y por intervenir en su estructura interna aniones extraños.
subnormal (*sub-* + *normal*) *adj.* Inferior a lo normal. -2 *adj.-com.* Persona afectada de una deficiencia mental de carácter patológico.
subnota *f.* Nota puesta a otra nota de un escrito o impreso.
suboficial (*sub-* + *oficial*) *m.* Categoría militar que comprende los grados superiores a los de tropa e inferiores a los de oficial.
suborbital *adj. Astronave* ~, vehículo espacial cuya trayectoria es inferior a la necesaria para poner un cuerpo en órbita.
suborden *m.* Grupo de animales o plantas que forman una categoría de clasificación entre el orden y la familia.
subordinación *f.* Sujeción a la orden o dominio de uno. 2 GRAM. Dependencia en que se hallan ciertos elementos gramaticales con respecto a otros.
SIN. *2* **Hipotaxis,** esp. tratándose de oraciones.
subordinadamente *adv. m.* Con subordinación.
subordinado, -da *adj.-s.* [pers.] Sujeto a otra. 2 GRAM. [palabra u oración] Que depende gramaticalmente de otra. V. oración subordinada.
SIN. *2* **Hipotáctico.**
subordinante *adj.-f.* GRAM. Principal (oración). 2 GRAM. ***Conjunción*** ~, la que enlaza la oración principal con la subordinada e indica el carácter de esta subordinación.
subordinar (b. l. *-are*) *tr.-prnl.* Sujetar [pers. o cosas] a la dependencia de otras. 2 Clasificar [algunas cosas inferiores en orden] respecto de otras. 3 GRAM. Supeditar unos elementos gramaticales a otros: *el verbo subordina a los complementos; los complementos se subordinan al verbo.*
subpolar *adj.* Que se encuentra o manifiesta en los márgenes de las zonas polares.
subprefecto (l. *subpræfectu*) *m.* Jefe o magistrado inmediatamente inferior al prefecto.
subprefectura *f.* Cargo y oficina del subprefecto.
subproducto (*sub-* + *producto*) *m.* Producto que se obtiene en una operación además del principal.
subproletariado (*sub-* + *proletariado*) *m.* Proletariado de condiciones económicas ínfimas.
subranquial *adj.* Situado debajo de las branquias.
subrayable *adj.* Que se puede o merece ser subrayado.
subrayado *m.* Acción de subrayar. 2 Efecto de subrayar. -3 *adj.* Que va en letra cursiva en un impreso.
subrayar *tr.* Señalar por debajo con una raya en lo escrito [una letra, palabra, etc.]. Sirve esp. para indicar que en lo impreso [lo subrayado] se ha de poner en cursiva. 2 fig. Recalcar [las palabras].
SIN. *1* **Rayar.**
subregión *f.* Área geográfica con características propias en el interior de una región más amplia.
subreino *m.* ZOOL. Grupo taxonómico que forma una categoría de clasificación entre el reino y el tipo: protozoos, parazoos y metazoos.
subrepción (l. *-tione*) *f.* p. us. Acción oculta y a escondidas. 2 DER. Ocultación de un hecho para obtener lo que de otro modo no se conseguiría.
subrepticiamente *adv. m.* De manera subrepticia, a escondidas.
subrepticio, -cia (l. *-iciu*) *adj.* Que se pretende u obtiene con subrepción. 2 Que se hace o toma ocultamente y a escondidas.
subrigadier *m.* Oficial que desempeña las funciones de sargento segundo en el cuerpo de guardias de la persona del rey. 2 En las escuelas navales, aspirante distinguido subordinado y auxiliar del brigadier.
subrogación *f.* Acción de subrogar. 2 Efecto de subrogar.
subrogar (l. *-are*) *tr.-prnl.* DER. Sustituir o poner una persona o cosa en lugar [de otra]. ◇ ** CONJUG. [7] como ***llegar.***
subrutina *f.* INFORM. Parte de un programa que ejecuta una parte o sección lógica de las funciones generales del programa.
subsanable *adj.* Que se puede subsanar.
subsanación *f.* Acción de subsanar. 2 Efecto de subsanar.
subsanar *tr.* p. us. Disculpar [un desacierto o delito]. 2 Remediar [un defecto] o resarcir [un daño]. 3 Resolver o solucionar [una dificultad].
subscapular *adj.-m.* Músculo situado debajo del omóplato.
subscribir (l. *-ere*) *tr.* Firmar al fin [de un escrito]. 2 Obligarse uno a pagar [una parte de un empréstito] o a adquirir [un número de acciones u obligaciones] de una sociedad mercantil. 3 fig. Convenir [con el dictamen] de otro. -4 *prnl.* Obligarse uno a contribuir como otros al pago de una cantidad para cualquier obra. -5 *prnl.-tr.* Abonarse para recibir alguna publicación periódica. ◇ CONJUG.: pp.: ***subscrito.*** ◇ También *suscribir.*
subscripción *f.* Acción de subscribir o subscribirse. 2 Efecto de subscribir o subscribirse. ◇ También *suscripción.*
subscripto, -ta, pp. irreg. de *subscribir.*
subscriptor, -ra *m. f.* Persona que subscribe o se subscribe.
subscrito, -ta, pp. irreg. de *subscribir.*
subscritor, -ra *m. f.* Subscriptor. ◇ También *suscriptor* y *suscritor.*
subsecretaría *f.* Empleo y oficina del subsecretario. 2 Conjunto de servicios y funciones de un Ministerio dirigidos por un subsecretario.
subsecretario, -ria (*sub-* + *secretario*) *m. f.* Persona que hace las veces de secretario. -2 *m.* En España, jefe superior de un departamento ministerial, después del ministro.
subsecuente (l. *subsequente*) *adj.* Subsiguiente.
subseguir *intr.-prnl* Seguir una cosa inmediatamente a otra. ◇ ** CONJUG. [56] como ***seguir.***

subsidencia *f.* Proceso de hundimiento vertical de una cuenca sedimentaria que se colmata de sedimentos y en virtud del peso de los mismos.
subsidiar *tr.* Conceder subsidio (socorro) [a una persona o corporación]. ◇ ** CONJUG. [12] como ***cambiar.***
subsidiariamente *adv. m.* Por vía de subsidio. 2 DER. De un modo subsidiario.
subsidiario, -ria *adj.* Que se da en socorro o subsidio a uno. 2 DER. [acción o responsabilidad] Que suple o robustece a otra principal. 3 ANGL. Auxiliar.
subsidio (l. *-iu;* doble etim. *susidio*) *m.* Socorro o auxilio extraordinario de carácter económico. 2 Contribución impuesta al comercio y a la industria. 3 Auxilio concedido por la Sede apostólica a los reyes de España sobre las rentas eclesiásticas de sus reinos. 4 Ayuda económica, generalmente de carácter oficial, que se otorga para satisfacer determinadas necesidades: ~ ***familiar,*** suplemento salarial que, generalmente con carácter temporal, concede el Estado en concepto de ayuda, a las familias numerosas; ~ ***de paro*** o ***de desempleo,*** aportación económica sustitutiva del salario que el estado entrega a la población activa, o parte de ella, que no tiene trabajo remunerado. 5 *Colomb.* y *Ecuad.* Zozobra.
subsiguiente (v. *subsecuente*) adj. Que sigue inmediatamente. 2 Después del siguiente.
subsistencia (l. *-ntia*) *f.* El hecho de subsistir. 2 Conjunto de medios necesarios para el sustento de la vida humana: *las subsistencias escasean.* 3 FIL. Complemento último de la substancia o acto por el cual una substancia se hace incomunicable a otra.
subsistente *adj.* Que subsiste.
subsistir (l. *-ere*) *intr.* Permanecer, durar una cosa o conservarse. 2 Vivir, mantener la vida: ~ *con,* o *del auxilio ajeno.* 3 FIL. Existir con todas las condiciones propias de su ser o de su naturaleza.
subsolador *m.* Apero para subsolar.
subsolano (l. *-nu*) *m.* Viento del este.
subsolar (de *subsuelo*) *tr.* Remover [el suelo] por debajo de la capa arable, o roturar a bastante profundidad, sin voltear la tierra. ◇ **CONJUG. [31] como ***contar.***
subsónico, -ca *adj.* Relativo a la velocidad inferior a la del sonido.
substancia (l. *-ntia*) *f.* Lo que hay de permanente en un ser, a lo cual son inherentes las cualidades, estados y actividades perceptibles. 2 Materia de que están formados los cuerpos; constituyen diversas clases que se distinguen entre sí por un conjunto de propiedades: *una ~ mineral, una ~ medicinal;* ~ ***blanca,*** una de las dos de que se compone el encéfalo y la medula espinal, la que tiene este color; ~ ***gris,*** la que con la blanca forma el encéfalo y la medula espinal; en ésta, la gris ocupa el centro, y en aquél, la periferia. 3 Cosa con que otra se alimenta y nutre y sin la cual se acaba. 4 Parte nutritiva de los alimentos. 5 Jugo que se extrae de ciertas materias alimenticias. 6 p. us. Hacienda, caudal. 7 Valor y estimación que tienen las cosas: *trabajo de ~.* 8 fig. *y* fam. Juicio, madurez: *hombre sin ~.* 9 En el juego del peón, golpe que se da con la púa, dejándolo caer desde la palma de la mano mientras se mantiene girando. 10 FIL. Entidad o esencia que subsiste o existe por sí. 11 LING. Conjunto de elementos materiales de una lengua, tanto en el plano de la expresión como en el del contenido, estudiados, respectivamente, por la fonética y la semántica. ◇ También *sustancia.*
FRS. *En ~,* en compendio. *Convertirlo uno todo en ~,* interpretar a su favor; sacar partido, así de lo favorable como de lo adverso. SIN. *1* y *2* **Substrato.** *3* **Materia.**
substanciación *f.* Acción de substanciar. 2 Efecto de substanciar. ◇ También *sustanciación.*
substancial *adj.* Relativo a la substancia. 2 Substancioso. 3 Relativo a lo esencial y más importante de una cosa. ◇ También *sustancial.*
substancialidad *f.* Calidad de substancial. 2 ***Teoría de la ~ del alma,*** doctrina psicológica, opuesta a la teoría de la actualidad, según la cual el alma es un ser real, inmutable, unitario, diferente e independiente de los hechos psíquicos, que son sus manifestaciones. Sus principales representantes son los escolásticos Descartes (1596-1650), Leibnitz (1646-1716), Herbart (1776-1841) y Lotze (1817-1881). ◇ También *sustancialidad.*
substancialismo *m.* Realismo epistemológico. ◇ También *sustancialismo.*
substancialmente *adv. m.* En substancia. ◇ También *sustancialmente.*
substanciar *tr.* Compendiar, extractar: ~ *un expediente.* 2 DER. Conducir [un asunto o juicio] por la vía procesal adecuada hasta ponerlo en estado de sentencia. ◇ ** CONJUG. [12] como ***cambiar.*** ◇ También *sustanciar.*
substancioso, -sa *adj.* Que tiene substancia (jugo o valor), o que la tiene abundante. 2 Que tiene virtud nutritiva. ◇ También *sustancioso.*
SIN. **Jugoso; suculento** (intens.).
substantivación *f.* Acción de substantivar o substantivarse. 2 Efecto de substantivar o substantivarse. ◇ También *sustantivación.*
substantivamente *adv. m.* A manera de substantivo. ◇ También *sustantivamente.*
substantivar *tr.* GRAM. Dar función y significado de substantivo [a palabras y frases que ordinariamente tienen otro valor]. ◇ También *sustantivar.*
substantividad *f.* Calidad de substantivo. 2 Existencia real, independencia, individualidad. ◇ También *sustantividad.*
****substantivo, -va** (b. l. *-ivu*) *adj.* Que tiene existencia real, independiente, individual. -2 ***adj.-s.*** GRAM. ***Nombre ~,*** v. nombre. 3 ***Verbo ~,*** el verbo *ser.* 4 ***Oración ~,*** la que tiene predicado nominal y contiene verbo copulativo (*ser, estar, existir*, etc.). ◇ También *sustantivo.*
substitución *f.* Acción de substituir. 2 Efecto de substituir. 3 DER. Nombramiento de heredero o legatario hecho en reemplazo de otro nombramiento de la misma índole. -4 ***f. pl.*** MAT. Operación que consiste en, dado un conjunto de *n* elementos de un cierto orden, cambiar el orden de colocación de los mismos. ◇ También *sustitución.*
substituible *adj.* Que se puede o debe substituir. ◇ También *sustituible.*
substituidor, -ra *adj.-s.* Que substituye. ◇ También *sustituidor.*
substituir (l. *-uere*) *tr.* Poner [a una pers. o cosa] en lugar de otra: *~ a uno; ~ por alguno; ~ una cosa con otra; ~ un poder en alguno.* ◇ ** CONJUG. [62] como ***huir***; pp. reg.: ***substituido;*** irreg., usado sólo como nombre: ***substituto.*** ◇ También *sustituir.*
SIN. v. **Reemplazar.**
substitutivo, -va *adj.-m.* Substancia que puede reemplazar a otra en el uso. ◇ También *sustitutivo.*
SIN. **Sucedáneo.**
substituto, -ta, pp. irreg. de *substituir.* 2 ***m. f.*** Persona que hace las veces de otra en empleo o servicio. 3 DER. Heredero o legatario designado para cuando falta la sucesión del nombrado con prioridad a él, o para suplir con causa legítima el nombramiento. 4 GRAM. Término que desempeña la función gramatical de representante de otra palabra. ◇ También *sustituto.*
substracción *f.* Acción de substraer o substraerse. 2 Efecto de substraer o substraerse. 3 MAT. Resta. ◇ También *sustracción.*
substractivo, -va (de *substracción*) *adj.* [término de un polinomio] Que va precedido del signo menos. ◇ También *sustractivo.*
substraendo *m.* MAT. Cantidad que ha de restarse de otra. ◇ También *sustraendo.*
substraer (l. *substrahere*) *tr.* Apartar, separar, extraer: ~ *una parte del todo.* 2 Hurtar, robar fraudulentamente. 3 MAT. Restar. -4 ***prnl.*** Faltar al cumplimiento de un deber, de una palabra, desistir de lo que se tenía proyectado, etc.: *substraerse a,* o *de, la obediencia.* ◇ ** CONJUG. [88] como ***traer.*** ◇También *sustraer.*
substrato (l. *-tu*) *m.* BIOL. Lugar que sirve de asiento a una planta o animal fijo. 2 BIOL. En microbiología, medio de cultivo. 3 ELECTR. Soporte en forma de lámina sobre el que se efectúa la deposición de películas delgadas, en la fabricación de circuitos integrados. 4 FIL. Substancia (lo permanente y entidad o esencia). 5 FILOL. Lengua que, hablada en un territorio sobre el cual se ha implantado otra lengua, se ha extinguido pero ha legado algunos rasgos a esta última. 6 FILOL. Acción por la cual una lengua que se ha extinguido al implantarse en su territorio otra lengua, ha legado, sin embargo, a ésta algunos de sus rasgos. 7 FILOL. Influencia que ha quedado en un idioma de la lengua que con anterioridad se habló en un mismo territorio: *~ ibérico; ~ celta.* 8 FOT. Baño aplicado al soporte para permitir la adherencia entre la capa sensible a la luz y el vidrio o las materias plásticas. 9 GEOL. Terreno que se halla bajo una capa sobrepuesta. 10 QUÍM. Substancia sobre la que se ejerce la acción de un fermento. ◇ También *sustrato.*
REL. *5, 6* y *7* **Adstrato, superestrato.**

SUBSTANTIVO

Oficios	Construcción	Ejemplos
SUJETO	Sin signo gramatical	*El niño en el jardín.*
ATRIBUTO (*)	Sin signo gramatical	*Mi hermano es médico.*
COMPLEMENTO DE VERBO:		
a) directo	Sin preposición. V. **complemento directo**	He comprado este libro.
	Con la preposición *a*	*He visto a tu padre.*
b) indirecto	Con las preposiciones *a* o *para*	Pondremos un collar al perro.
c) circunstancial	Con cualquier preposición A veces sin preposición	*Trabaja con entusiasmo.* *Mi hijo ha llegado esta tarde.*
COMPLEMENTO DE OTRO SUBSTANTIVO:		
a) aposición	Explicativa (yuxtaposición con pausa) Especificativa (yuxtaposición sin pausa)	*Madrid, capital de España.* El profeta rey.
b) complemento preposicional.	Con cualquier preposición	*Amor de madre. Viaje en tren.*
COMPLEMENTO DE UN ADJETIVO	Con las preposiciones que exige cada adjetivo	*Apto para el mando. Deseoso de dinero. Obsequioso con las damas.*
VOCATIVO	Al principio, en medio o al final de la oración, separado por pausa. Puede llevar interjección	*Le aseguro, amigo, que no fue así. ¡Oh, cielos!, amparadme.*

OBSERVACIONES:

1. El substantivo en aposición puede tener género y número distintos: *Vivía con sus tres hijas, báculo de su vejez.*

2. Los objetos que se designan con nombre genérico y nombre específico van en oposición especificativa: *el rió Guadalquivir, los montes Pirineos.* Cuando se trata de islas, cabos, estrechos, etc., y de ciudades, calles, plazas, meses, años, o de edificios e instituciones, es muy española la construcción del nombre específico con la prep. de: *la isla de Cuba, el estrecho de Gibraltar, la ciuda de Sevilla, la calle de Alcalá, mes de mayo, año de 1952, teatro de Apolo.* En la actualidad hay tendencia a suprimir la preposición en algunos de esos casos: *año 1952, teatro Calderón.*

3. En la oración *La llegada de la madre me conmovió,* el sujeto de *la llegada* es *la madre* (genitivo subjetivo; en *La contemplación de la madre me conmovió, la madre* es el objeto de la contemplación, cuyo sujeto es *yo* (genitivo objetivo).

(*) También se llama COMPLEMENTO PREDICATIVO.

subsuelo ***m.*** Terreno que está debajo de la capa laborable o, en gral., debajo de una capa de tierra. 2 Parte profunda del terreno a la cual no llegan los aprovechamientos superficiales de los predios. 3 *Chile.* Sótano.
subsumir (del lat. *sub,* bajo y *sumĕre,* tomar) ***tr.*** Incluir algo como componente en una síntesis o clasificación más abarcadora. 2 Considerar algo como parte de un conjunto más amplio o como caso particular sometido a un principio o norma general.
subtender (l. *-are*) ***tr.*** GEOM. Unir una línea recta los extremos [de un arco de curva o de una línea quebrada]. ◇ ** CONJUG. [28] como ***entender***; pp. reg.: ***subtendido***; irreg., usado sólo como adjetivo: ***subtenso.***
subtenencia ***f.*** Empleo de subteniente.
subteniente ***m.*** *MIL.* Empleo superior del cuerpo de suboficiales.
subtensa (v. *subtenso*) ***f.*** GEOM. Cuerda (segmento de recta).
subtenso, -sa (l. *-su*) Pp. irreg. de *subtender.*
subterfugio (b. l. *-iu*) ***m.*** Efugio, escapatoria.
SIN. V. **Efugio.**
subterráneamente ***adv. m.*** Por debajo de tierra.
subterráneo, -a (l. *-eu;* doble etim. *soterraño*) ***adj.*** Que está debajo de tierra. -2 ***m.*** Lugar o espacio que está debajo de tierra. 3 *Argent.* y *Urug.* Ferrocarril subterráneo. 4 *Argent.* y *Urug.* p. ext. Conjunto de instalaciones que posibilitan su funcionamiento.
SIN. **Soterraño.** *2* **Sótano,** si está entre los cimientos de un edificio.
subtipo ***m.*** Grupo taxonómico de animales y plantas que forma una categoría de clasificación entre el tipo y la clase.
subtitular ***tr.*** Poner subtítulo [a una cosa].
subtítulo (*sub-* + *título*) ***m.*** Título secundario puesto a veces después del principal. 2 En las películas cinematográficas en versión original, escrito superpuesto a las imágenes que traduce los diálogos de los actores.
subtropical ***adj.*** Que se halla bajo los trópicos.
subungueal ***adj.*** MED. Situado debajo de la uña.
suburbano, -na (l. *-nu*) ***adj.-s.*** Edificio, terreno o campo próximo a la ciudad. -2 ***adj.*** Relativo a un suburbio. -3 ***m.*** Habitante de un suburbio.
suburbial ***adj.*** Suburbano.
suburbicario, -ria (l. *-iu*) ***adj.*** Relativo a las diócesis que componen la prov. eclesiástica de Roma.
suburbio (l. *-iu*) ***m.*** Barrio, arrabal o aldea cerca de una gran ciudad y dentro de su jurisdicción; esp, el habitado por gente de débil condición económica.

suburense *adj.-s.* De Subur, ant. población española, hoy Sitges.
subutilizado, -da *adj.* Utilizado por debajo de sus posibilidades.
subutilizar *tr.* Infrautilizar.
subvalorar (*sub-* + *valorar*) *tr.-prnl* Dar o atribuir a una cosa menos valor o importancia de la que en realidad tiene.
subvención (l. *-ntione*) *f.* Acción de subvenir. 2 Efecto de subvenir. 3 Cantidad con que se subviene; esp. en lenguaje administrativo, cantidad con que el Estado u otra corporación pública dota una institución, servicio, etc., que no administra directamente.
subvencionar *tr.* Favorecer con una subvención: ~ *una publicación.*
subvenir (l. *-ire*) *tr.* Auxiliar, socorrer: ~ *a las necesidades de uno.* 2 Costear, sufragar el pago de cierta cosa. ◇ ** CONJUG. [90] como ***venir.***
subversión *f.* Acción de subvertir. 2 Efecto de subvertir.
SIN. V. **Sublevación.**
subversivo, -va *adj.* Capaz de subvertir, especialmente el orden social o moral establecido, o que tiende a ello.
subversor, -ra *adj.-s.* Que subvierte.
subvertir (l. *-ere*) *tr.* Trastornar, revolver, destruir. Úsase gralte. en sentido moral: ~ *las costumbres.* ◇ ** CONJUG. [35] como ***hervir.***
subyacente *adj.* Que yace o está debajo de otra cosa.
subyacer *intr.* Yacer o estar echado debajo de otra cosa. ◇ ** CONJUG. [92] como ***yacer.***
subyugable *adj.* Que se puede subyugar.
subyugación *f.* Acción de subyugar. 2 Efecto de subyugar.
subyugador, -ra *adj.-s.* Que subyuga.
subyugante *adj.* Que subyuga.
subyugar (l. *subiugare* < *iugum,* yugo) *tr.-prnl.* Avasallar, dominar poderosa o violentamente: ~ *a un país.* ◇ ** CONJUG. [7] como ***llegar.***
SIN. V. **Dominar.**
succínico, -ca *adj.-m.* QUÍM. Ácido que se halla gralte. en el ámbar amarillo.
succino (l. *-nu*) *m.* Ámbar.
succión (l. *-ctione*) *f.* Acción de chupar (sacar).
SIN. **Chupada.**
succionar *tr.* Chupar, extraer algún jugo o cosa análoga con los labios. 2 Absorber.
sucedáneo, -a (l. *succedaneu*) *adj.-m.* Substancia que, por tener propiedades parecidas a las de otra, puede reemplazarla.
SIN. **Substitutivo.**
suceder (l. *succedere*) *intr.* Estar una persona o cosa en lugar de otra o seguirse a ella: ~ *a Pedro en el empleo.* 2 Entrar como heredero o legatario en posesión de los bienes de un difunto. 3 Descender, proceder. -4 ***unipers.*** Efectuarse un hecho: *sucedió con Pedro lo que con Juan.*
I) sucedido *m.* Suceso, hecho, caso. 2 *Chile.* Persona que de continuo experimenta contratiempos inesperados; ús. con el adv. apocopado *tan.*
SIN. *1* v. **Acontecimiento.**
II) sucedido, -da *adj. Chile.* Ensuciado, sucio.
sucesible *adj.* Relativo a aquello que se puede suceder.
sucesión *f.* Acción de suceder. 2 Efecto de suceder. 3 Conjunto de bienes, derechos y obligaciones que, al morir una persona, son transmisibles a sus herederos o a sus legatarios. 4 Prole, descendencia directa. 5 Entrada o continuación de una persona o cosa en lugar de otra. 6 Prosecución, continuación ordenada de personas, cosas, sucesos, etc. 7 MAT. Conjunto ordenado de términos, que cumplen una ley determinada: ~ ***convergente,*** aquella que tiene límite. 8 H. NAT. Proceso ordenado de desarrollo del ecosistema en que las comunidades se van substituyendo a lo largo del tiempo.
sucesivamente *adv. m.* Sucediéndose o siguiéndose una persona o cosa a otra.
sucesivo, -va *adj.* Que sucede o se sigue a otra cosa.
CONTR. Se opone a **anterior** y a **simultáneo.**
suceso (l. *successu*) *m.* Cosa que sucede, esp. si es de alguna importancia. 2 Transcurso del tiempo. 3 ant. Éxito, resultado de un negocio. 4 Hecho delictivo o accidente desgraciado.
SIN. *1* v. **Acontecimiento.**
sucesor, -ra *adj.-s.* Que sucede a uno o sobreviene en su lugar.
SIN. En pl. equivale a veces a **venideros**; puede tener el significado de **descendientes**, y en este caso se opone a ascendientes, antepasados.
sucesorio, -ria *adj.* Relativo a la sucesión.
suche (quechua *suchi*) *adj. Venez.* Agrio, áspero, sin madurar. -2 *m. Ecuad.* y *Perú.* Súchil. 3 *Argent.* Barro, espinilla. 4 *Chile* y *Nicar.* desp. Empleado de última categoría, subalterno. 5 *Chile.* Rufián. -6 *m. pl. Colomb.* Caracolillos usados como adorno por algunos indios.
súchel *m. Cuba.* Súchil (planta).
súcheles *m. pl. Guat.* Conjunto de especias, como anís, clavo, etc.
súchil (mej. *xochitl,* flor) *m.* Árbol apocináceo de buena madera y de flores hermosas y aromáticas *(Talauma plumieri).* 2 *Guat.* Bebida compuesta que se toma como refresco.
suchitepesano, -na *adj.-s.* De Suchitepéquez, dep. de Guatemala.
suciamente *adv. m.* Con suciedad.
suciedad *f.* Calidad de sucio. 2 Inmundicia, porquería. 3 Basura, polvo, manchas o cualquier cosa que ensucia. 4 fig. Dicho o hecho sucio.
sucintamente *adv. m.* Brevemente, sumariamente.
sucintarse *prnl.* Ceñirse, ser sucinto.
sucinto, -ta (l. *succintu*) *adj.* Recogido o ceñido por abajo. 2 Breve, compendioso.
sucio, -cia (l. *succidu,* húmedo, jugoso) *adj.* Que tiene manchas o impurezas. 2 Que se ensucia fácilmente. 3 Que produce suciedad. 4 fig. Manchado con pecados o con imperfecciones. 5 Deshonesto u obsceno. 6 [color] Confuso y turbio. 7 Con daño, infección o impureza. -8 *adv. m.* fig. Hablando de algunos juegos, sin la debida observancia de sus reglas.
SIN. **Inmundo, puerco, cochino,** intensivos. *1* **Sórdido.**
suco, -ca (l. *succu*) *m.* Jugo. -2 *adj. Ecuad.* De pelo rubio rojizo. 3 *Perú.* De color naranja. -4 *m. Bol., Chile* y *Venez.* Terreno fangoso.
sucoso, -sa *adj.* p. us. Jugoso.
sucotrino (ár. *suqutri,* de Socótora) *adj.* ***Áloe*** ~, árbol de esta especie que proviene de la isla de Socótora.
sucre (de Antonio José de *Sucre, 1795-1830,* general venezolano) *m.* Moneda ecuatoriana de plata.
sucrense *adj.-s.* De Sucre (Colombia, Venezuela). 2 Sucreño.
sucreño, -ña *adj.-s.* De Sucre, c. y departamento de Bolivia.
sucu *m. Vizc.* Gachas de harina de maíz con leche.
súcubo (l. *succubu*) *adj.-s.* Demonio que, según la opinión vulgar, tiene trato pecaminoso con un hombre, bajo la apariencia de mujer.
sucuchear *tr. Bol.* vulg. Ocultar [algo].
sucucho (orig. incierto; quizá del vasc. *zokotxo;* dim. de *zoko,* rincón) *m.* Rincón, ángulo entrante que forman dos paredes. 2 MAR. Rincón estrecho que queda en las partes más cerradas de las ligazones de un buque. 3 *Amér.* Chiribitil, tabuco. ◇ También *socucho.*
súcula (l.) *f.* Torno (máquina simple).
suculencia *f.* Condición de suculento.
suculentamente *adv. m.* De modo suculento.
suculento, -ta (l. *-tu*) *adj.* Substancioso, muy nutritivo.
¡suculum! *Can.* Interjección con que se denota punto final, no se hable más de ello, se acabó.
sucumbé *m. Bol.* Bebida hecha de yema de huevos, batida con leche y licor.
sucumbir *intr.* Ceder, rendirse, someterse. 2 Morir, perecer. 3 DEP. Ser derrotado un deportista o un equipo. 4 DER. Perder el pleito.
sucursal *adj.-f.* Establecimiento que sirve de ampliación a otro central del cual depende.
sucurucú *m.* Serpiente muy venenosa del Brasil *(Lachesis mutus).*
sud- (gr. *sur*) Elemento prefijal que entra en la composición de palabras con el significado de sur: *sudoeste, sudamericano.*
sudaca *com.* fam. Sudamericano.
sudación (l. *sudatione*) *f.* Exudación. 2 Exhalación del sudor, esp. la abundante, provocada con fines terapéuticos.
sudadera *f.* Sudadero. 2 fam. Sudor copioso. 3 Prenda, habitualmente de tejido plástico, que usan ciertos deportistas para favorecer la sudación.
sudadero *m.* Lienzo con que se limpia el sudor. 2 Mandil (paño). 3 Lugar en el baño destinado para sudar. 4 Lugar por donde se rezuma el agua a gotas. 5 *And., Ar.* y *Extr.* Bache II.
SIN. *1* **Sudario.**
sudador *m. And.* y *S. Dom.* Mandil (paño).
sudafricano, -na *adj.-s.* Del África del Sur. 2 De la República de Sudáfrica.

sudamericano, -na *adj.-s.* De la América del Sur.
sudamina *f.* PAT. Erupción benigna de muchas vejigas en la piel, aparecida después de una copiosa transpiración.
sudanés, -nesa *adj.-s.* Del Sudán, región del centro de África, desde el sur del desierto del Sáhara hasta el ecuador, y nación del este de África. -2 *adj.-m.* Familia de lenguas del tronco negroafricano, habladas en el centro y el oeste de esta región, que se divide en nueve grupos: atlántico, nigerosenegalés, songay, voltaico, guineo, nigerocamerunés, ubangui, chadiano y central.
sudante *adj.-s.* Que suda.
sudar (l. *-are*) *intr.-tr.* Exhalar el sudor: ~ *como un esclavo;* ~ *el agua que se ha bebido.* 2 p. ext. *y* fig. Destilar las plantas [algunas gotas de jugo]: ~ *las castañas después de tostadas;* ~ *agua y miel.* -3 *intr.* fig. Destilar agua algunas cosas impregnadas de humedad: ~ *la pared.* 4 fam. Trabajar con fatiga y desvelo: ~ ***la camiseta,*** DEP., competir con total entrega. -5 *tr.* Empapar en sudor: ~ *la ropa.* 6 fig. *y* fam. Dar [una cosa], esp. a disgusto: *me ha hecho* ~ *cien pesetas.* 7 fig. *y* fam. Conseguir una cosa con mucho esfuerzo.
SIN. *1, 2* y *3* **Transpirar,** como palabra escogida, o tecnicismo que designa esta función fisiológica; **resudar, trasudar,** sudar ligeramente. *3* **Rezumar, exudar.**
sudarábigo, -ga *adj.-s.* Del sur de la península de Arabia. -2 *adj.-m.* Sabeo (lengua).
sudario (l. *-iu*) *m.* p. us. Sudadero (lienzo). 2 Lienzo que se pone sobre el rostro de los difuntos o en que se envuelve el cadáver: ***santo*** ~, aquel con que José de Arimatea cubrió el cuerpo de Cristo, cuando lo bajó de la Cruz.
sudatorio, -ria *adj.* Sudorífico.
sudestada *f. Argent.* y *Urug.* Viento con lluvia persistente que viene del sudeste.
sudeste *m.* Punto del horizonte entre el sur y el este, a igual distancia de ambos. 2 Viento que sopla de esta parte.
SIN. *1* **Sueste.** *2* **Siroco.**
sudista *com.* Persona que, en la guerra de Secesión estadounidense, era partidaria del Sur.
sudoeste *m.* Punto del horizonte entre el sur y el oeste, a igual distancia de ambos. 2 Viento que sopla de esta parte.
sudón, -dona *adj. Amér.* Sudoroso.
sudor (l. *-ore*) *m.* Serosidad clara y transparente secretada por las glándulas sudoríparas de la piel. 2 fig. Jugo que sudan las plantas. 3 Gotas que salen y se destilan de las cosas que contienen humedad. 4 Trabajo y fatiga. -5 *m. pl.* Curación que se hace en los enfermos aplicándoles medicinas que les obliguen a sudar copiosa o frecuentemente.
SIN. *1* **Transpiración; resudor, trasudor,** sudor ligero. *2* y *3* **Exudación.**
sudoriento, -ta *adj.* Sudado, humedecido con el sudor.
sudorífero, -ra (l. *-eru* < *sudor* + *-fero*) *adj.-m.* Sudorífico.
sudorificación *f.* FISIOL. Proceso de formación del sudor.
sudorífico, -ca (l. *sudor,* sudor + *-fico*) *adj.-m.* Medicamento que hace sudar.
SIN. **Diaforético,** med.
sudoríparo, -ra (*sudor* + *-paro*) *adj.* Que segrega el sudor: *glándulas sudoríparas.*
sudoroso, -sa *adj.* Que está sudando mucho. 2 Muy propenso a sudar.
sudoso, -sa *adj.* p. us. Que tiene sudor.
sudras *m. pl.* Casta religiosa de la India, a la que pertenecen los obreros y labradores.
sudsudeste *m.* Punto del horizonte que media entre el sur y el sudeste. 2 Viento que sopla de esta parte.
sudsudoeste *m.* Punto del horizonte que media entre el sur y el sudoeste. 2 Viento que sopla de esta parte.
sudueste *m.* MAR. Sudoeste.
suecia *f.* Piel de calidad muy fina, empleada esp. para hacer guantes.
sueco, -ca (l. *-cu*) *adj.-s.* De Suecia, nación del norte de Europa. -2 *adj.-m.* Lengua perteneciente al grupo germánico nórdico, idioma oficial de esta nación europea.
FR. Fig. *Hacerse uno el* ~, desentenderse de una cosa; fingir que no se entiende.
suegra (l. v. *soera* < l. *socrus*) *f.* Madre del marido respecto de la mujer, o de la mujer respecto del marido. 2 Parte, en la rosca del pan, que corresponde a los extremos del rollo de masa y suele ser lo más delgado y cocido.
SIN. *1* **Madre política, señora.**
suegro (de *suegra*) *m.* Padre del marido respecto de la mujer, o de la mujer respecto del marido.
SIN. **Padre político, señor.**
suela (l. v. **sola* < l. *solea*) *f.* Parte del calzado que toca al suelo: ***media*** ~, pieza de cuero con que se remienda el calzado y que cubre la planta desde el enfranque a la punta. 2 Planta de las pezuñas de las reses. 3 Cuero vacuno curtido. 4 Pedazo de cuero que se pega a la punta del taco con que se juega al billar. 5 Pedazo de cuero que se pone en la espiga de los grifos para cerrar herméticamente el paso del agua. 6 Lenguado. 7 Zócalo (de un edificio). 8 Madero puesto debajo de un tabique para levantarlo. 9 fig. *y* fam. Filete de carne seco y duro. 10 En el lenguaje de la droga, tableta de hachís. 11 VETER. Palma del casco de los animales. -12 *f. pl.* En algunas órdenes religiosas, sandalias.
suelada *f. Colomb.* Batacazo.
suelazo *m. Amér.* Batacazo, costalada.
suelda *f.* Consuelda.
sueldacostilla *f.* Leche de gallina.
SIN. **Vicarios.**
sueldo (v. *sólido*) *m.* Ant. moneda de diversos países (vigésima parte de la libra respectiva): ~ ***bueno*** o ***burgalés,*** ant. moneda castellana; ~ ***de oro,*** ant. moneda bizantina; ~ ***menor,*** ochosén. 2 Remuneración asignada a un individuo por el desempeño de un cargo o servicio profesional: ***a*** ~, mediante retribución fija. 3 Sólido (moneda).
SIN. *2* **Remuneración, retribución, estipendio,** en su sentido más gral. Tratándose de empleados, **haber** o **haberes, sueldo; paga** es cada una de las entregas que percibe, gralte. cada mes, por lo cual se llama también **mensualidad.** El sueldo periódico que reciben criados y obreros manuales, **salario;** entre campesinos, **soldada;** si es por semanas, **semanal;** si es por días, **jornal.** En las profesiones liberales, **honorarios,** esp. si no son periódicos. En el lenguaje administrativo, **gratificación** y **emolumentos** son sueldos o utilidades accesorios.
suelear *tr. Argent.* Tirar, arrojar.
suelo (l. *solu*) *m.* Superficie de la tierra: ~ ***natal,*** patria. 2 fig. Tierra o mundo. 3 Territorio (de una nación). 4 Sitio o solar de un edificio. 5 Pavimento. 6 Piso de un cuarto o vivienda. 7 p. us. Casco de las caballerías. 8 fig. Superficie inferior de algunas cosas: *el* ~ *de una vasija.* 9 Poso (sedimento). 10 fig. *y* p. us. Término, fin. 11 DEP. En gimnasia deportiva y rítmica, superficie tapizada de doce metros cuadrados donde se efectúan diversos ejercicios. 12 *And.* Cava que se da alrededor de un olivo. -13 *m. pl.* Grano que, recogida la parva, queda en la era. 14 Paja o grano que queda de un año a otro en los pajares o en los graneros. 15 DER. Terreno destinado a siembra o producciones herbáceas.
suelta *f.* Acción de soltar: ~ *de palomas.* 2 Efecto de soltar. 3 Traba o maniota de las caballerías. 4 Conjunto de bueyes que se llevan desuncidos en una carretería para suplir a los que van tirando. 5 Sitio a propósito para soltar los bueyes y darles pastoreo.
sueltamente *adv. m.* Con soltura. 2 Espontánea, voluntariamente.
suelto, -ta (l. *solutu*) Pp. irreg. de *soltar*. 2 *adj.* Ligero, veloz. 3 Expedito, ágil. 4 Tratándose del lenguaje, estilo, etc., fácil, corriente. 5 Libre, atrevido. 6 [pers.] Que padece diarrea. 7 Poco compacto, disgregado. 8 Separado y que no hace juego ni forma con otras cosas la unión debida: *piezas sueltas de una máquina.* 9 Holgado, no ceñido: *un vestido* ~. 10 No envasado o no empaquetado. -11 *adj.-m.* Conjunto de monedas fraccionarias de plata o calderilla. -12 *m.* Escrito inserto en un periódico que no tiene la extensión del artículo ni es mera gacetilla. -13 *adj.* TAUROM. [toro] Que sale de la lidia por su propia iniciativa, sin fijarse en el engaño.
sueñera *f. Amér.* vulg. Sueño, modorra.
sueño (l. *somnu*) *m.* Acto de dormir. 2 Gana de dormir. 3 Acto de representarse en la fantasía de uno, mientras duerme, sucesos o especies. 4 Estos mismos sucesos o especies que se representan. 5 Cosa fantástica y sin fundamento o razón. 6 ~ ***dorado,*** anhelo ilusión halagüeña, desiderátum. 7 ~ ***de las plantas,*** posición que adoptan las hojas, folíolos, pétalos, etc., en relación con las alternativas de día y noche, o con luz y calor muy intensos.
SIN. *1* **Dormida.** CONTR. *1* **Vigilia.** REL. Del l. *somnu* se forman compuestos y derivados cultos como *insomne, somnífero, sonámbulo.* Algunos tecnicismos provienen del gr. *hypnós: hipnótico, hipnotismo.* Medicamento o droga que produce sueño, *somnífero, hipnótico* (v. *sopor*). SIN. *2* **Adormecimiento, somnolencia,** predisposición al sueño o estado intermedio entre el sueño y la vigilia; **sopor,** puede tener el mismo significado (intensivo), o el de sueño morboso y profundo. CONTR. *2* **Desvelo, insomnio.** SIN. *4* **Ensueño.** REL. *4* **Oniromancía,** arte de interpretar los sueños o ensueños; adj. **onírico.** SIN. *5* **Ensueño, quimera, ilusión, fantasía.** FR. *Estar en siete sueños,* dormir profundamente. *A* ~ *suelto,* con sueño profundo.

suero (relac. con el l. *seru*) ***m.*** Parte acuosa de la sangre y otros líquidos animales que se separa del coágulo de estos humores cuando salen del organismo. 2 ~ ***de la leche,*** parte líquida que se separa al coagularse la leche. 3 MED. Disolución en agua de ciertas sales, o suero del hombre, o de ciertos animales, preparado convenientemente, que se administra en inyecciones.
REL. Los compuestos y derivados se forman unas veces sobre *sero-* (l. *serum*), como *serosidad*, y otras tienen formas dobles: *seroso* y *sueroso, seroterapia* y *sueroterapia*.
sueroso, -sa ***adj.*** Seroso (del suero).
sueroterapia (*suero* + *terapia*) ***f.*** Tratamiento de las enfermedades por medio de sueros. ◇ También *seroterapia.*
suerte (l. *sorte*) ***f.*** Encadenamiento de los sucesos, considerado como fortuito o casual: *lo que la ~ dispone.* 2 Circunstancia de ser, por mera casualidad, favorable o adverso lo que sucede: *tuve mala ~.* 3 Suerte favorable: *que la ~ te acompañe.* 4 Aquello que ocurre o puede ocurrir para bien o para mal de personas o cosas: *qué nos depara la ~.* 5 Medio casual empleado para adivinar lo por venir, p. ej., abrir un libro al azar e interpretar las primeras palabras. 6 Casualidad a que se fía la resolución de una cosa: *elegir por ~ a uno.* 7 esp. Sorteo hecho para elegir los mozos destinados a cubrir el cupo del servicio militar. 8 Lance de la lidia taurina: *~ de varas, de banderillas, de matar.* 9 Estado, condición. 10 Género o especie de una cosa: *toda ~ de vinos.* 11 Manera de hacer una cosa: *hay que guardarlo de ~ que no se estropee.* 12 Parte de tierra de labor separada de otras por sus lindes. 13 Con los números ordinales *primera, segunda, tercera*, etc., calidad respectiva de los géneros o de otra cosa. 14 IMPR. Conjunto de tipos fundidos en una misma matriz. 15 *Argent.* y *Urug.* Medida de superficie. 16 *Argent.* Carne (en el juego de la taba). 17 *Perú.* Billete de lotería.
FRS. *De ~ que*, loc. conj. que indica consecuencia y resultado. *Por ~*, afortunadamente. SIN. *1, 2* y *3* **Fortuna.** *2* **Sombra.** *10* **Clase.**
suertero, -ra ***adj.*** *Amér.* vulg. Afortunado, dichoso. -2 ***m.*** *Perú.* Vendedor de billetes de lotería.
suertudo, -da ***adj.*** vulg. Afortunado.
suestada ***f.*** *Argent.* Sudestada.
sueste ***m.*** Sudeste. 2 MAR. Sombrero impermeable de ala estrecha y levantada por delante y muy ancha y caída por detrás.
suéter (ing. *sweater*) ***m.*** Especie de jersey de lana. ◇ Pl.: *suéteres.*
suévico, -ca ***adj.*** Relativo a los suevos.
suevo, -va (l. *-vu*) ***adj.-s.*** De Suevia. 2 Individuo de unas tribus germánicas que en el siglo v invadieron las Galias y parte de España.
sufete, sufetas (l. *suffete*) ***m.*** Magistrado supremo de Cartago y de otras repúblicas fenicias.
sufí (ár. *cufí*) ***adj.-com.*** Partidario del sufismo. ◇ Pl.: *sufíes.* ◇ También *sofí.*
suficiencia (l. *sufficientia*) ***f.*** Capacidad, aptitud. 2 fig. *y* desp. Presunción, engreimiento.
suficiente ***adj.*** Bastante para lo que se necesita. 2 Apto o idóneo. 3 fig. Pedante, que habla con afectación de magisterio.
suficientemente ***adv. m.*** De un modo suficiente.
sufijación ***f.*** Añadidura de sufijos.
REL. **Sufijar(se)**, vb.
sufijal ***adj.*** GRAM. Con forma o función de sufijo. 2 Relativo a los sufijos.
sufijar ***tr.-prnl.*** GRAM. En la derivación de palabras, añadir sufijos.
sufijo, -ja (l. *suffixu*) Pp. irreg. de *sufijar.* 2 ***adj.-m.*** GRAM. Afijo que se coloca detrás de las palabras para formar derivados.
SIN. *2* **Posfijo, postfijo,** ambos p. us.; v. **Derivación.**
sufijoide ***adj.-m.*** GRAM. Con forma y función similares a las de un sufijo.
sufismo ***m.*** Doctrina mística que profesan ciertos mahometanos. ◇ También *sofismo.*
sufista ***adj.-com.*** [pers.] Que profesa el sufismo.
sufocación ***f.*** Sofocación.
sufocador, -ra ***adj.-s.*** Sofocador.
sufocante ***adj.*** Que sufoca.
sufocar ***tr.-prnl.*** Sofocar. ◇ **CONJUG. [1] como ***sacar.***
sufra (v. *azofra*) ***f.*** Correón que sostiene las varas, apoyado en el sillín de las caballerías de tiro. 2 *Córd.* y *Pal.* Azofra, prestación personal.
SIN. *1* **Zafra,** en algunas partes.
sufragáneo, -a (b. l. *suffraganeu*) ***adj.*** Que depende de la jurisdicción y autoridad de alguno. 2 Relativo a la jurisdicción del obispo sufragáneo. -3 ***adj.-s.*** V. obispo sufragáneo.
sufragar (l. *suffragare*) ***tr.*** Ayudar o favorecer [a uno]. 2 Costear, satisfacer: *~ los gastos.* -3 ***intr.*** *Amér.* Dar el voto a un candidato; ús. seguido de la prep. *por.* ◇ **CONJUG. [7] como ***llegar.***
SIN. *2* v. **Pagar.**
sufragio (l. *suffragiu*) ***m.*** Apreciación por la cual uno se muestra favorable a alguien o a algo. 2 Voto (en una asamblea). 3 Sistema electoral para la provisión de cargos: *~* ***restringido,*** aquel en que se reserva el voto para los ciudadanos que reúnan ciertas condiciones; *~* ***universal,*** aquel en que con contadas excepciones tienen derecho a votar todos los ciudadanos. 4 Obra buena que se aplica para las almas del purgatorio. -5 ***m. pl.*** Consuetas.
sufragismo ***m.*** Movimiento de los sufragistas.
sufragista ***com.*** Persona que, en Inglaterra a principios de siglo, se manifestaba a favor de la concesión del sufragio femenino. 2 Persona partidaria del sufragio femenino.
sufrible ***adj.*** Que se puede sufrir.
sufridera ***f.*** Pieza de hierro, con agujero en medio, que los herreros ponen debajo de la que quieren penetrar con el punzón.
sufridero, -ra ***adj.*** Sufrible.
sufrido, -da ***adj.*** Que sufre con resignación: *~ en la adversidad.* 2 [color] Que disimula lo sucio. -3 ***adj.-m.*** Marido consentidor.
SIN. *1* **Pasible, paciente, resignado.**
sufridor, -ra ***adj.-s.*** Que sufre. -2 ***m.*** *Colomb.* y *Venez.* Sudadero de la caballería.
sufrimiento ***m.*** Hecho de padecer un dolor, físico o moral, más o menos prolongado. 2 Paciencia, conformidad con que se sufre una cosa.
sufrir (l. *sufferere*) ***tr.*** Padecer. 2 Recibir con resignación un daño moral o físico: *~ los males con paciencia; ~ por amor de Dios; ~ las impertinencias de uno; prnl., estas impertinencias no se sufren.* 3 p. anal. Aguantar, tolerar: *~ a,* o *de, uno lo que no se sufre a,* o *de, otro.* 4 Permitir, consentir. 5 Sostener, resistir: *la viga sufre todo el peso.* 6 Pagar (un delito con una pena). 7 Oprimir [la parte de una pieza de madera o de hierro] opuesta a aquello en que se golpea. 8 Ser el objeto en que se produce un cambio, acción o fenómeno. 9 Someterse a una prueba o examen.
SIN. *2* **Resignarse.** *3* y *5* **Soportar.**
sufumigación (l. *suffumigatione*) ***f.*** MED. Sahumerio que se hace recibiendo el humo.
sufusión (l. *suffusione*) ***f.*** Imbibición en los tejidos orgánicos de líquidos extravasados. 2 Especie de cataratas en los ojos.
sugerencia ***f.*** Acción de sugerir. 2 Lo sugerido.
sugerente ***adj.*** Que sugiere.
sugeridor, -ra ***adj.*** Que sugiere.
sugerir (l. *suggerere*) ***tr.*** Hacer entrar o despertar en el ánimo de alguno [una idea o especie]. ◇ ** CONJUG. [35] como ***hervir.***
SIN. **Insinuar,** significa sugerir indirectamente o de modo muy ligero.
sugestión ***f.*** Acción de sugerir. 2 Especie sugerida. 3 Acción de sugestionar. 4 Efecto de sugestionar.
SIN. En la actualidad suele reemplazársele por **sugerencia** en las aceps. 1 y 2.
sugestionable ***adj.*** Fácil de ser sugestionado.
sugestionador, -ra ***adj.*** Que sugestiona.
sugestionar ***tr.*** Inspirar una persona [a otra] palabras o actos involuntarios, esp. cuando es para un fin concreto. 2 en gral. Dominar la voluntad [de una persona] llevándola a obrar en determinado sentido. -3 ***prnl.*** Experimentar sugestión.
sugestivo, -va ***adj.*** Que sugiere o sugestiona. 2 Que se presenta como muy emocionante, atrayente o prometedor.
suicida (l. *sui,* de sí mismo + *-cida*) ***com.*** Persona que se suicida. -2 ***adj.*** fig. [acto o conducta] Que daña o destruye al propio agente.
suicidarse (de *suicida*) ***prnl.*** Quitarse violenta y voluntariamente la vida.
suicidio (l. *sui,* de sí mismo + *-cidio*) ***m.*** Acción de suicidarse. 2 Efecto de suicidarse.
súido (der. del l. *sus,* cerdo) ***adj.-m.*** Mamífero de la familia de los súidos. -2 ***m. pl.*** Familia de artiodáctilos suiformes de pequeño tamaño y patas delgadas; como el cerdo y el jabalí.
suiforme ***adj.-m.*** Mamífero del suborden de los suiformes. -2 ***m. pl.*** Suborden de mamíferos artiodáctilos con las extremidades cortas y tetradáctilas, que incluye tres familias: súidos, tayásidos e hipopótamidos.
suindá ***m.*** *Argent., Parag.* y *Urug.* Ave rapaz nocturna *(Scops brasiliensis).*

suirirí *m. Argent.* Especie de pato *(Anas torquata).*
suita *f. Hond.* Planta gramínea que se utiliza como forraje y para cubrir la techumbre de las casas.
suite (fr.) *f.* MÚS. Obra en la que se reúnen varias composiciones parecidas para formar un conjunto. 2 En los hoteles, serie de varias habitaciones unidas que se alquilan a una sola persona. 3 Séquito.
suiza *f.* Antigua diversión militar, imitación de simulacros y ejercicios bélicos. 2 Soldadesca festiva de a pie, armada y vestida a semejanza de los ant. tercios de infantería. 3 fig. *y* p. us. Contienda, riña entre dos bandos. 4 *Amér. Central* y *Cuba.* Juego de la comba. 5 *Amér.* Zurra, felpa.
SIN. **Zuiza.** *3* **Zuriza.**
suizo, -za *adj.-s.* De Suiza, nación de la Europa central. -2 *m.* El que formaba parte de la suiza (soldadesca). 3 desus. Persona muy adicta, que secunda ciegamente las iniciativas de otro. 4 Bollo especial de harina, huevo y azúcar. 5 Chocolate con nata.
SIN. *1* **Esguízaro, helvecio, helvético.** *2* **Zoizo.**
suizón *m.* Chuzo, pica, arcabuz.
sujeción *f.* Acción de sujetar. 2 Unión con que una cosa está sujeta. 3 RET. Figura que consiste en hacer el orador o el escritor preguntas a que él mismo responde. 4 RET. Anticipación o prolepsis.
SIN. *2* **Amarro, ligadura, atadura, traba.**
sujetador, -ra *adj.-s.* Que sujeta. -2 *m.* Sostén, prenda interior femenina. 3 Pieza del biquini que sujeta el pecho.
sujetapapeles (de *sujetar* + *papel*) *m.* Pinza para sujetar papeles. 2 Instrumento de otra forma, destinado al mismo objeto. ◇ Pl.: *sujetapapeles.*
sujetar (l. *subiectare*) *tr.* Someter al dominio de alguno: ~ *a uno con maña;* ~ *por los brazos; sujetarse a alguno.* 2 Afirmar o contener [una cosa] con la fuerza. 3 Aplicar [a alguna cosa] un objeto para que no se caiga, desordene, etc.: ~ *el pelo con horquillas.* 4 TAUROM. Obligar al toro a mantener la vista fija en el engaño. ◇ CONJUG.: pp. reg.: ***sujetado***; irreg., usado sólo como adjetivo y substantivo: ***sujeto.***
SIN. v. **Dominar.**
sujeto, -ta (l. *subiectu*) Pp. irreg. de *sujetar.* 2 *adj.* Expuesto o propenso a una cosa. -3 *m.* ant. Asunto o materia sobre que se habla o escribe. 4 Persona innominada, esp. cuando se alude a ella despectivamente. 5 ~ ***activo,*** ECON., el que puede exigir el cumplimiento de obligaciones tributarias; únicamente el Estado. 6 ~ ***pasivo,*** ECON., la persona natural o jurídica obligada a tributar. 7 FIL. El espíritu humano considerado en oposición al mundo externo. 8 GRAM. En la oración, persona o cosa de la cual se dice algo, a diferencia del predicado. 9 LÓG. Ser del cual se predica o anuncia alguna cosa.
SIN. *4* **Prójimo,** es aún más desp. **Individuo, socio.**
sujo, -ja *m. f. Chile.* desp. Sujeto, un cualquiera.
sula *f.* Pez marino pequeño, de color plateado y ojos grandes *(Argentina silus).* 2 *Sant.* Abichón.
suletino *m.* Grupo de dialectos del vasco extendidos por el valle del Roncal y Tardets.
sulf-, v. sulfo-.
sulfamida *f.* Substancia química derivada de la sulfonamida, que por su poderosa acción bacteriostática se emplea en el tratamiento de diversas enfermedades infecciosas.
sulfatación *f.* Sulfatado. 2 Formación de sulfato de plomo blanco en las placas de un acumulador.
sulfatado *m.* Acción de sulfatar. 2 Efecto de sulfatar.
sulfatador, -ra *adj.-s.* Que sulfata. -2 *m. f.* Máquina para sulfatar.
sulfatar *tr.* Impregnar o bañar con un sulfato [alguna cosa]; esp. [las vides y otras plantas] con sulfato de cobre.
sulfatillo *m. Amér. Central.* BOT. Planta de la familia de las melastomatáceas, de flores moradas, pequeñas, en panoja. Es amarga, y su cocimiento se usa como febrífugo *(Schwackaca cupheoides).*
sulfato (l. *sulphur,* azufre) *m.* Sal o éster del ácido sulfúrico.
sulfhidrato *m.* Sal del ácido sulfhídrico.
sulfhídrico, -ca (*sulfo-* + *-hídrico*) *adj.* Relativo a las combinaciones del azufre con el hidrógeno. 2 ***Ácido*** ~, hidrácido de fórmula H_2S, gaseoso, incoloro, inflamable y tóxico, que huele a huevos podridos.
sulfito *m.* Sal o éster del ácido sulfuroso.
sulfo-, sulf- (l. *sulphur,* azufre) Elemento prefijal que entra en la formación de palabras denotando la presencia de azufre en un compuesto.
sulfonal (*sulfo-*) *m.* Substancia blanca, cristalina, usada como hipnótico.
sulfonamida *f.* Substancia química en cuya composición entran el azufre, el oxígeno y el nitrógeno, que forma el núcleo de la molécula de las sulfamidas.
sulfovínico, -ca *adj.-m.* Ácido conseguido sobre el alcohol, mediante la acción del ácido sulfúrico.
sulfurado, -da *adj.* QUÍM. [cuerpo] Que se halla en estado de sulfuro. 2 fig. Irascible.
sulfurar (l. *sulphur,* azufre) *tr.* Combinar [un cuerpo] con el azufre. -2 *tr.-prnl.* fig. Irritar, encolerizar.
sulfúreo, -a *adj.* Relativo al azufre. 2 Que tiene azufre.
sulfúrico, -ca *adj.* Sulfúreo. 2 ***Ácido*** ~, SO_4H_2, líquido oleoso, muy cáustico, de muchas aplicaciones industriales de acción deshidratante. 3 *Ecuad.* Irascible.
SIN. *2* **Aceite de vitriolo.**
sulfuro *m.* Compuesto de azufre y otro elemento o radical derivados del ácido sulfhídrico.
sulfuroso, -sa *adj.* Sulfúreo. 2 Que contiene azufre. 3 ***Compuesto*** ~, aquel en que este elemento tiene una valencia más baja que los compuestos sulfúricos.
sulla (l. *sylla,* de orig. desconocido) *f.* Planta leguminosa que se cultiva para forraje *(Dysarum coronarium).*
sullo (quechua *sullu*) *m. Argent.* y *Bol.* Animal nonato.
sulpiciano, -na *adj.-s.* [pers] Que pertenece a la congregación de clérigos regulares de San Sulpicio. 2 Relativo a dicha congregación.
sultán (ár. *çoltán,* soberano) *m.* Emperador de los turcos. 2 Príncipe o gobernador mahometano.
SIN. **Soldán,** ant.
sultana *f.* Mujer del sultán, o que goza consideración de tal. 2 Embarcación principal que usaban los turcos en la guerra. 3 Pasta o tortita en cuya composición entra el coco. 4 *Bol.* Infusión preparada con la película del café.
sultanado, sultanato *m.* Sultanía.
sultanía *f.* Territorio sujeto a un sultán o a la potestad del mismo.
sultánico, -ca *adj.* Relativo al sultán o a la potestad del mismo.
sulú *m.* Palma propia del archipiélago de Joló y aclimatada en América *(Marantha arundinacea).* 2 Fécula alimenticia que se extrae del parénquima de esta planta. ◇ Pl.: *sulúes.*
suma (l. *summa;* doble etim. *soma*) *f.* Agregado de muchas cosas, y más comúnmente de dinero. 2 Acción de sumar. 3 Resultado de sumar. 4 Lo más substancial e importante de una cosa. 5 Recopilación de todas las partes de una ciencia o facultad. 6 MAT. Cantidad equivalente a dos o más homogéneas.
FR. *En* ~, en resumen. SIN. *2* **Adición,** es la operación de sumar. *5* v. **Compendio.** *6* **Total.**
sumaca (neerl. *smak*) *f.* Embarcación pequeña de dos palos para la navegación de cabotaje, usada en América del Sur.
sumado, -da *adj.* BLAS. [pieza o figura] Que en su parte superior tiene otra pieza o figura unida a ella.
sumador, -ra *adj.-s.* Que suma. -2 *f.* Máquina utilizada para sumar o restar.
sumamente *adv. m.* En sumo grado.
sumando *m.* MAT. Cantidad parcial que ha de añadirse a otra u otras para formar la suma.
sumar (l. *summare*) *tr.* Recopilar, compendiar [una materia]. 2 MAT. Reunir en una sola [varias cantidades homogéneas]. 3 Componer [varias cantidades] una total. -4 *prnl.* Adherirse uno a una doctrina u opinión, o agregarse a un grupo.
SIN. *2* **Adicionar,** es añadir una cantidad a otra u otras. *3* **Ascender a, subir a, elevarse a, montar a, importar, totalizar,** tratándose de facturas, cuentas, etc.
sumaria (de *sumario*) *f.* DER. Proceso escrito. 2 En el procedimiento militar criminal, sumario (conjunto de actuaciones).
sumarial *adj.* DER. Relativo al sumario o a la sumaria.
sumariamente *adv. m.* De un modo sumario. 2 DER. De plano o por trámites abreviados.
sumariar *tr.* DER. Someter [a uno] a sumario. ◇ ** CONJUG. [12] como ***cambiar.***
sumario, -ria (l. *summariu;* doble etim. *somero*) *adj.* Reducido a compendio; breve, sucinto. 2 ***Juicio civil*** ~, aquel en que se procede brevemente y se prescinde de algunos trámites del juicio ordinario. -3 *m.* Resumen, compendio o suma. 4 Inscripción al principio de un capítulo, en que se indican los temas a desarrollar. 5 DER. Conjunto de actuaciones encaminadas a preparar

el juicio criminal, haciendo constar la perpetración de los delitos con las circunstancias que puedan influir en su calificación, determinar la culpabilidad y prevenir el castigo de los delincuentes.

SIN. *3* v. **Compendio.** *5* **Sumaria,** en el procedimiento militar.

sumarísimo, -ma ***adj.*** Superl. de *sumario.* 2 DER. [juicio] Que tiene una tramitación brevísima según señala la ley.

sumergible ***adj.*** Que se puede sumergir. -2 ***m.*** Buque sumergible.

sumergimiento ***m.*** Sumersión.

sumergir (l. *submergere*) ***tr.*** Meter [una cosa] debajo del agua o de otro líquido. 2 fig. Abismar, hundir: *se sumergió en sus meditaciones.* -3 ***prnl.*** fig. Abstraerse, concentrarse. ◇ ** CONJUG. [6] como ***dirigir.***

sumerio, -ria ***adj.-s.*** De Sumeria, antigua región de la baja Mesopotamia. -2 ***m.*** Lengua sumeria.

sumersión ***f.*** Acción de sumergir. 2 Efecto de sumergir.

SIN. **Inmersión,** es el acto de introducir algo en un líquido, total o parcialmente; la **sumersión,** es inmersión total hasta quedar cubierto por el líquido. Ambos sinónimos equivalen a **baño,** esp. tratándose del cuerpo.

sumidad (l. *summitate*) ***f.*** Ápice o extremo más alto de una cosa.

sumidero ***m.*** Conducto o canal por donde se sumen las aguas. 2 Rejilla para el desagüe, que se coloca en patios y azoteas. 3 *P. Rico.* Pozo negro. 4 *P. Rico.* Tremedal.

sumiller (fr. *sommelier,* chambelán) ***m.*** Jefe o superior en varias oficinas y ministerios de palacio. 2 Persona encargada del servicio de licores en los grandes hoteles, restaurantes, etc.

sumillería ***f.*** Oficina del sumiller. 2 Ejercicio y cargo de sumiller.

suministrable ***adj.*** Que puede o debe suministrarse.

suministración ***f.*** Suministro.

suministrador, -ra ***adj.-s.*** Que suministra.

SIN. v. **Abastecedor.**

suministrar (l. *subministrare*) ***tr.*** Proveer a uno [de algo que necesita].

suministro ***m.*** Acción de suministrar. 2 Efecto de suministrar. 3 Provisión de víveres y utensilios para la población, clientela, tropas, penados, etc.

sumir (l. *sumere*) ***tr.-prnl.*** Hundir o meter debajo de la tierra o del agua: *se sumió en el agujero.* -2 ***tr.*** Consumir (el sacerdote). -3 ***prnl.*** Hundirse o formar una concavidad anormal alguna parte del cuerpo como la boca, el pecho, etc. 4 fig. Abatirse.

sumisamente ***adv. m.*** Con sumisión.

sumisión ***f.*** Acción de someter. 2 Efecto de someter. 3 Rendimiento u obsequiosa urbanidad con palabras o acciones. 4 DER. Acto por el cual uno se somete a otra jurisdicción, renunciando o perdiendo su domicilio y fuero.

sumiso, -sa (l. *submissu*) ***adj.*** Obediente, subordinado. 2 Rendido, subyugado.

sumista ***adj.*** Relativo a la suma o compendio. -2 ***com.*** Persona práctica y diestra en contar o hacer sumas. -3 ***m.*** Autor que escribe sumas, o compendios de alguna o algunas materias. 4 El que sólo ha aprendido por sumas la teología moral.

súmmum (voz latina) ***m.*** El colmo, lo sumo.

I) sumo (l. *summu*) ***adj.*** Supremo (altísimo y sin superior). 2 fig. Muy grande, enorme.

FRS. *A lo* ~, a lo más, al mayor grado, número, cantidad, etc., a que puede llegar una persona o cosa; cuando más, si acaso; *de* ~, entera y cabalmente.

II) sumo ***adj.-s.*** Grupo indígena americano, que habitaba en la región baja de las planicies sobre la costa caribe de Honduras y Nicaragua. 2 Perteneciente o relativo a dicho grupo.

III) sumo ***m.*** Modalidad de lucha japonesa, de profundo sentido religioso, consistente en que un luchador derribe o saque de un círculo trazado en el suelo a su adversario.

sumonte (de ~) ***expr.*** De somonte.

sumoscapo (l. *summu,* elevado + *scapu,* tallo) ***m.*** ARQ. Parte superior del fuste de las columnas.

súmulas (l. *summula;* dim. de *summa,* suma) ***f. pl.*** Sumario que contiene los principios elementales de la lógica.

sumulista ***m.*** El que enseña súmulas. 2 El que las estudia.

sumulístico, -ca ***adj.*** Relativo a las súmulas.

suna ***f.*** Sunna.

sunchar ***tr.*** *Bol.* Pinchar.

suncho ***m.*** Zuncho. 2 *Amér.* Arbusto de flores amarillas con largos pétalos colocados en forma de estrellas, como la margarita *(Aster).* 3 *Argent.* y *Chile.* Chilca.

sunción ***f.*** Acción de sumir o consumir el sacerdote.

sunco, -ca ***adj.*** *Chile.* [pers]. Falto de un brazo o una mano.

suncuán ***m.*** *Hond.* Bobo, tonto.

sundín ***m.*** *Argent.* Baile de candil.

sungo, -ga ***adj.*** *Colomb.* Negro, de raza negra. 2 *Colomb.* [pers]. Que tiene la piel abrillantada por la acción del sol.

sunicho ***m.*** *Bol.* Caballo de poca alzada.

sunita ***com.*** Sunnita.

sunna ***f.*** Conjunto de preceptos que se atribuyen a Mahoma (570-632), y a los cuatro califas ortodoxos. 2 p. ext. Religión musulmana.

sunnita ***com.*** Musulmán que observa solamente las sunnas.

suntuario, -ria (l. *sumptuariu*) ***adj.*** Relativo al lujo.

suntuosamente ***adv. m.*** Con suntuosidad.

suntuosidad ***f.*** Calidad de suntuoso.

suntuoso, -sa (l. *sumptuosu*) ***adj.*** Magnífico, grande y costoso. 2 [pers.] Magnífico en su gesto y porte.

SIN. *1* **Real, regio.**

suomi ***adj.-m.*** Finés (lengua baltofinesa).

supe ***m.*** *Venez.* Carne hervida aderezada con salsa.

supedáneo (l. *suppedaneu*) ***m.*** Peana, estribo o apoyo, como el que suelen tener algunos crucifijos.

supeditación ***f.*** Acción de supeditar. 2 Efecto de supeditar.

supeditar (l. *supeditare*) ***tr.*** p. us. Sujetar, oprimir con vigor o violencia: *supeditado de,* o *por, los contrarios.* 2 Avasallar. 3 Subordinar [una cosa a otra]. 4 Condicionar [una cosa al cumplimiento de otra]. -5 ***prnl.*** Someterse alguien a una persona o cosa.

SIN. *1* y *2* v. **Dominar.**

super- (l. *super*) Elemento prefijal que entra en la formación de palabras con el significado de sobre. Denota además preeminencia: *superintendente;* grado sumo: *superfino;* exceso o demasía: *superabundancia.*

súper ***adj.*** fam. Superior, magnífico, muy bueno o muy completo: *un vino ~; ese vestido es ~.* -2 ***m.*** fam. Supermercado. -3 ***f.*** Gasolina de calidad superior. -4 ***adv.*** Estupendamente, muy bien.

superable ***adj.*** Que se puede superar o vencer.

superabundancia ***f.*** Abundancia muy grande.

SIN. **Sobreabundancia, plétora.**

superabundante ***adj.*** Que superabunda.

superabundantemente ***adv. m.*** Con superabundancia.

superabundar (l. *-are*) ***intr.*** Abundar con extremo o rebosar.

superación ***f.*** Acción de superar. 2 Efecto de superar.

superádito, -ta (l. *superadditu*) ***adj.*** p. us. Añadido a una cosa.

superado, -da ***adj.*** BLAS. [pieza o figura] Que tiene otra pieza o figura por encima, pero sin tocarla.

superalimentación ***f.*** Acción de sobrealimentar. 2 Efecto de sobrealimentar.

superalimentar ***tr.*** Dar [a alguien] más alimento de lo normal.

SIN. **Sobrealimentar.**

superar (l. *-are;* doble etim. *sobrar*) ***tr.*** Sobrepujar, exceder. 2 Vencer obstáculos o dificultades. -3 ***prnl.*** Hacer alguien una cosa mayor que en ocasiones anteriores.

superávit (l., excedió < *superare,* exceder) ***m.*** En el comercio, exceso del haber o caudal sobre el debe u obligaciones de la caja. 2 En la administración pública, exceso de los ingresos sobre los gastos. 3 p. ext. Abundancia o exceso de algo que se considera necesario. ◇ Pl.: *superávit.*

superbo, -ba (l. *superbu*) ***adj.*** desus. Soberbio.

superbombardero (*super-* + *bombardero*) ***adj.-s.*** Bombardero que tiene gran capacidad de carga, y un extenso campo de acción.

supercarburante ***m.*** Gasolina comercial de elevada resistencia a la detonación de un carburante.

supercheria (it. dial. *soperchieria*) ***f.*** Engaño, dolo, fraude.

SIN. v. **Mentira.**

superchero, -ra ***adj.-s.*** Que usa de supercherías.

superciliar (l. *superciliu,* sobreceja) ***adj.*** Situado encima de las cejas: *arco ~,* reborde en forma de arco que tiene el hueso frontal en la parte correspondiente a la sobreceja. 2 Perteneciente o relativo a la región de las cejas.

superclase ***f.*** H. NAT. Grupo de animales que forma una categoría de clasificación entre el subtipo y la clase.

superconducción ***f.*** ELECTR. Conducción de la corriente eléctrica cuando se presenta el fenómeno de la superconductividad.

superconductividad ***f.*** FÍS. Desaparición brusca y total de la resistencia de algunos materiales cuando su temperatura desciende por debajo de un cierto límite.

superconductor (*super-* + *conductor*) ***m.*** FÍS. [material] Que presenta el fenómeno de la superconductividad.
supercostal ***adj.*** ANAT. Que está situado sobre las costillas.
supercross (*super-* + ing. *cross*) ***m.*** DEP. Modalidad de motocross que se disputa en un circuito con obstáculos artificiales.
superdominante ***f.*** MÚS. Sexta nota de la escala diatónica.
SIN. **Sexta.**
superdotado, -da (*super-* + *dotado*) ***adj.-s.*** Persona que posee cualidades que exceden de lo normal, esp. las condiciones intelectuales.
supereminencia (l. *-ntia*) ***f.*** Elevación o eminente grado.
supereminente ***adj.*** Muy elevado.
superentender (l. *superintendere*) ***tr.*** p. us. Inspeccionar, gobernar: ~ *una región.* ◇ ** CONJUG. [28] como ***entender.***
supererogación (l. *-atione*) ***f.*** Acción ejecutada sobre o además de los términos de la obligación.
supererogatorio, -ria ***adj.*** Relativo a la supererogación.
superestimar ***tr.*** Sobreestimar.
superestrato (*super-* + *estrato*) ***m.*** FILOL. Lengua que se extiende por el territorio de otra lengua, y cuyos hablantes la abandonan para adoptar esta última, legando, sin embargo, algunos rasgos a la lengua adoptada. 2 Acción por la cual una lengua que se ha difundido por el territorio de otra, comunica a ésta algunos de sus rasgos, si bien desaparece al adoptar sus hablantes la lengua que se hablaba en aquel territorio. 3 Rasgo que una lengua invasora lega a otra sobre cuyo territorio se ha extendido, cuando la abandonan sus hablantes para adoptar la que se hablaba en aquel territorio.
superestructura ***f.*** Parte de una construcción que está por encima del suelo. 2 MAR. Conjunto de construcciones que están sobre la cubierta de un barco.
superferolítico, -ca (*super* + der. de *firuléstico,* de pronunciación rebuscada) ***adj.*** hum. *y* fam. Sutil, rebuscado: *palabras superferolíticas; elegancia superferolítica.*
superfetación (*super* + l. *fetu,* feto) ***f.*** Concepción de un segundo feto durante el embarazo. 2 fig. Repetición inútil de un concepto.
superficial (l. *-ale*) ***adj.*** Relativo a la superficie: *extensión* ~. 2 Que está o se queda en ella: *herida* ~. 3 fig. Aparente, sin solidez. 4 Frívolo, sin fundamento.
superficialidad ***f.*** Calidad de superficial, frivolidad.
superficialmente ***adv. m.*** fig. De modo superficial.
superficiario, -ria (l. *-ius*) ***adj.*** DER. [pers]. Que tiene el uso de la superficie o percibe los frutos del fundo ajeno, pagando cierta pensión anual al señor de él.
superficie ***f.*** Parte externa de un cuerpo que lo limita por todos lados. 2 fig. Apariencia externa. 3 GEOM. Extensión en que sólo se consideran dos dimensiones: ~ ***asférica,*** superficie de una lente no esférica, p. ej., que tiene sección parabólica o elíptica; ~ ***cilíndrica,*** superficie curva engendrada por una recta que se mueve quedando siempre paralela a una misma dirección; ~ ***cónica,*** la engendrada por una línea recta que se mueve pasando constantemente por un punto fijo y teniendo por directriz una curva; ~ ***curva,*** la que no es plana ni compuesta de superficies planas; ~ ***de onda,*** en un movimiento ondulatorio, la formada por los puntos que, en un momento dado, se hallan a igual distancia de sus respectivas posiciones de equilibrio; ~ ***esférica,*** la de la esfera; ~ ***plana*** (o *plano),* la que puede contener una línea recta en cualquier posición.
superfino, -na ***adj.*** Muy fino; apl. esp. a artículos de comercio.
superfluamente ***adv. m.*** Con superfluidad.
superfluencia ***f.*** Abundancia grande.
superfluidad ***f.*** Calidad de superfluo. 2 Cosa superflua.
SIN. V. **Exceso.**
superfluo, -flua (l. *-uu*) ***adj.*** No necesario, que está de más.
superfosfato ***m.*** Fosfato ácido de cal que se emplea como abono.
supergallo (*super-* + *gallo*) ***adj.-m.*** DEP. Peso (categoría) del boxeo, superior al gallo, que comprende a los deportistas profesionales que pesan hasta 55'221 kg.
REL. V. **Peso.**
superheterodino ***adj.-m.*** Aparato radiorreceptor en que la detección se produce en dos etapas.
superhombre (*super-* + *hombre*) ***m.*** Ser superior al hombre actual y a cuyo tipo debe tender la humanidad, según ciertos filósofos.
superhumeral (l. ecl. *-ale*) ***m.*** Efod. 2 Banda que usa el sacerdote para tener la custodia, la patena o las reliquias.
superintendencia ***f.*** Suprema administración en un ramo. 2 Empleo, cargo y jurisdicción del superintendente. 3 Oficina del superintendente.
SIN. **Sobreintendencia.**
superintendente (*super-* + *intendente*) ***com.*** Persona a cuyo cargo está la dirección superior de una cosa.
I) superior (l.) ***adj.*** Situado encima de otra cosa o más alto que ella: *el tejado de mi casa es* ~ *al de la tuya; los pisos superiores de un edificio.* 2 [lugar o país] Situado en la parte superior de la cuenca de los ríos: *el Egipto* ~. 3 fig. Que es más que otra persona o cosa en calidad, cantidad, rango, importancia, etc.: ~ *a sus enemigos;* ~ *en luces;* ~ *por su ingenio.* 4 Excelente, muy bueno: *paño de calidad* ~. -5 ***m.*** Persona que tiene autoridad sobre otra: *mis superiores.*
II) superior, -ra ***m. f.*** Persona que dirige una congregación o comunidad. 2 Persona que manda y dirige cualquier cosa.
SIN. *1* **Prior, priora.**
superiorato ***m.*** Empleo o dignidad de superior o superiora. 2 Tiempo que dura.
superioridad ***f.*** Preeminencia, excelencia o ventaja en una persona o cosa respecto de otra. 2 Persona o conjunto de personas de superior autoridad: *elevar una instancia a la* ~.
superiormente ***adv. m.*** De modo superior.
superlación ***f.*** Calidad de superlativo.
superlativamente ***adv. m.*** En sumo grado; con exceso.
superlativo, -va (b. l. *-ivu* < l. *superferre,* llevar sobre) ***adj.*** [cualidad o modificación] Que tiene un grado muy alto o el grado más alto. -2 ***adj.-m.*** Adjetivo y adverbio que expresa esta cualidad o modificación. Distinto de los grados positivo y comparativo.
REL. *2* **Absoluto** o **elativo,** cuando indica la cualidad en grado muy alto: *muy bondadoso, bondadosísimo*; se llama **relativo,** cuando implica comparación: *el más bondadoso de mis amigos.*
superligero (*super-* + *ligero*) ***adj.-m.*** DEP. Peso (categoría) del boxeo, superior al ligero, que comprende a los deportistas que pesan hasta 63'503 kgs., los profesionales, o 63'5 kgs., los aficionados.
REL. V. **Peso.**
supermalia ***f.*** BIOL. Grupo taxonómico, inferior al orden y superior a la familia.
supermercado (*super-* + *mercado*) ***m.*** Tienda donde el cliente puede servirse a sí mismo los diversos productos.
supermillonario, -ria ***adj.*** Multimillonario.
superministro ***m.*** Ministro con unas competencias más amplias o superiores a las de cualquier otro.
superno, -na ***adj.*** p. us. Superior o supremo.
GRAM. Es voz docta, sólo empleada en estilo elevado.
supernova ***f.*** Etapa final explosiva de la vida de una estrella.
supernumerario, -ria ***adj.*** Que excede o está fuera del número establecido. 2 [militar] En situación análoga a la de excedencia. -3 ***m. f.*** Empleado que trabaja en una oficina pública sin figurar en la plantilla.
supero- (de *superior*) Elemento prefijal que entra en la formación de palabras con el significado de superior.
súpero, -ra ***adj.*** BOT. V. ovario ~.
superorden ***m.*** H. NAT. Grupo de animales que forma una categoría de clasificación entre la infraclase o subclase y el orden.
superorticón ***m.*** Tubo captador de imágenes de las cámaras de televisión con una extraordinaria sensibilidad.
superpetrolero ***m.*** Petrolero de más de 70.000 toneladas de desplazamiento.
superpluma (*super-* + *pluma*) ***adj.-m.*** DEP. Peso (categoría) del boxeo, superior al pluma, que comprende a los deportistas profesionales que pesan hasta 58'967 kgs.
REL. V. **Peso.**
superpoblado, -da ***adj.*** Poblado en demasía.
superponer (l. *-ere*) ***tr.-prnl.*** Sobreponer (poner encima). ◇ ** CONJUG. [78] como ***poner.***
superponible ***adj.-s.*** Que se puede superponer. 2 Que es igual o equivalente.
superposición ***f.*** Acción de superponer. 2 Efecto de superponer.
superpotencia ***f.*** País dotado de una fuerte industria y ejército, en especial con armamento atómico.
superproducción (*super-* + *producción*) ***f.*** Exceso de producción. 2 Obra cinematográfica o teatral que se presenta como

excepcionalmente importante y de gran costo. 3 Proceso económico en el que se obtienen cantidades superiores a las necesarias de un determinado producto.
superrealismo (fr. *-me*) ***m.*** Movimiento artístico que se desarrolló en Francia después de la guerra de 1914-1918. Tiende a representar, abandonando toda preocupación por el estilo, la vida profunda del subconsciente, la labor del instinto que se desarrolla más allá de los límites de la razón. El arte superrealista es inmediato, irreflexivo, y está despojado de toda referencia a lo real.
SIN. **Surrealismo.**
superrealista ***adj.*** Relativo al superrealismo. -2 ***com.*** Partidario del superrealismo.
SIN. **Surrealista.**
supersaturar (*super-* + *saturar*) ***tr.*** QUÍM. Saturar [un líquido] por encima de su solubilidad máxima.
supersónico, -ca ***adj.*** De velocidad superior a la del sonido: *avión ~*, el que se mueve a velocidad superior a la del sonido; *onda supersónica,* la sonora de frecuencia superior a la que puede percibir el oído humano.
superstición (l. *-itione;* propte. *supervivencia*) ***f.*** Propensión, causada por temor o ignorancia, a atribuir carácter sobrenatural u oculto a determinados acontecimientos. 2 Creencia en vanos presagios producidos por acontecimientos puramente fortuitos.
supersticiosamente ***adv. m.*** Con superstición.
supersticioso, -sa ***adj.*** Relativo a la superstición. 2 [pers.] Que tiene superstición.
supérstite (l.) ***adj.*** DER. Superviviente.
supervacáneo, -a (l. *supervacaneu*) ***adj.*** p. us. Superfluo.
supervaloración ***f.*** Acción de supervalorar. 2 Efecto de supervalorar.
supervalorar (*super-* + *valorar*) ***tr.-prnl.*** Otorgar [a cosas o personas] mayor valor del que realmente tienen.
supervención ***f.*** DER. Acción de sobrevenir nuevo derecho. 2 DER. Efecto de sobrevenir nuevo derecho.
superveniencia ***f.*** Acción de supervenir. 2 Efecto de supervenir.
supervenir (l. *-ire*) ***intr.*** Sobrevenir. ◇ ** CONJUG. [90] como *venir.*
supervigilar ***tr.*** ANGLIC. Vigilar, inspeccionar, supervisar.
supervisar ***tr.*** Inspeccionar [un trabajo, una empresa, etc.].
supervisión ***f.*** Acción de supervisar. 2 Efecto de supervisar.
supervisor, -ra ***adj.-s.*** Que supervisa, o inspecciona.
supervivencia ***f.*** Acción de sobrevivir. 2 Efecto de sobrevivir. 3 Gracia concedida a uno para gozar una renta o pensión después de haber fallecido el que la obtenía. 4 fig. Lo que queda de algo que ya no existe.
superviviente ***adj.-s.*** Sobreviviente.
supervivir ***intr.*** Sobrevivir.
superwélter (*super-* + *wélter*) ***adj.-m.*** DEP. Peso (categoría) del boxeo, superior al wélter, que comprende a los deportistas que pesan hasta 69'853 kgs., los profesionales, o 71 kgs., los aficionados.
REL. v. **Peso.**
superyó (*super-* + *yo*) ***m.*** En la doctrina psicoanalítica freudiana, parte más o menos inconsciente del yo, formada por lo que este último considera su ideal.
supinación ***f.*** Posición de una persona tendida sobre el dorso, o de la mano con la palma hacia arriba. 2 Movimiento del antebrazo que hace volver la mano hacia arriba.
supinador, -ra ***adj.-m.*** Músculo del brazo que produce la supinación.
supino, -na (l. *-nu*) ***adj.*** Que está tendido sobre el dorso: *decúbito ~*. 2 Referente a la supinación. 3 Aplicado a ciertos estados de ánimo, acciones o cualidades, necio, estólido. V. ignorancia supina. -4 ***m.*** Forma nominal del verbo, propia de algunas lenguas indoeuropeas antiguas, esp. del latín y, entre las actuales, del rumano.
CONT. *1* **Prono,** echado sobre el vientre.
súpito, -ta ***adj.*** Súbito. 2 *Amér.* Alelado, atolondrado, atontado.
suplantable ***adj.*** Que puede ser suplantado.
suplantación ***f.*** Acción de suplantar. 2 Efecto de suplantar.
suplantador, -ra ***adj.-s.*** Que suplanta.
suplantar (l. *supplantare*) ***tr.*** Falsificar [un escrito] con palabras o cláusulas que alteren el sentido que antes tenía. 2 Ocupar con malas artes el lugar [de otro].
suple ***m.*** *Chile.* Suplemento, aditamento, añadido de un madero que quedó corto. 2 *Chile.* Cantidad que a cuenta del salario se anticipa a un operario.
supleción (l. *suppletione*) ***f.*** p. us. Suplemento (acción y efecto).
suplefaltas (*suplir* + *falta*) ***com.*** fam. Persona que suple las faltas de otro. ◇ Pl.: *suplefaltas.*
suplemental ***adj.*** Suplementario.
suplementario, -ria ***adj.*** Que sirve para suplir una cosa o completarla. 2 V. ángulo, arco ~.
suplementero ***m.*** *Chile.* Vendedor ambulante de periódicos.
suplemento (l. *supplementu*) ***m.*** Acción de suplir. 2 Efecto de suplir. 3 Complemento (lo que falta añadir). 4 Capítulo o tomo que se añade a un libro. Número u hoja adicional de un periódico o revista: *~ ilustrado.* 5 Ángulo, arco suplementario.
suplencia ***f.*** Acción de suplir una persona a otra. 2 Efecto de suplir una persona a otra. 3 Tiempo que dura esta acción.
suplente ***adj.-s.*** Que suple: *juez ~; jugador ~ de un equipo.*
supletorio, -ria ***adj.*** Que suple una falta. 2 Suplementario. -3 ***adj.-m.*** Aparato telefónico conectado a uno principal.
súplica ***f.*** Acción de suplicar. 2 Efecto de suplicar. 3 Memorial o escrito en que se suplica. 4 DER. Cláusula final de un escrito dirigido a la autoridad administrativa o judicial en solicitud de una resolución.
suplicación (l. *supplicatione*) ***f.*** Súplica. 2 ant. Barquillo estrecho en forma de canuto. 3 Hoja muy delgada de la masa que, cocida en un molde, sirve para hacer barquillos.
suplicacionero, -ra ***m. f.*** Persona que vendía suplicaciones (barquillos).
suplicante ***adj.-s.*** Que suplica: *ademán, tono, actitud ~.*
suplicar (l. *supplicare*) ***tr.*** Rogar o pedir [una cosa] con humildad: *~ una cosa por alguno.* 2 DER. Recurrir contra el auto del tribunal superior [ante el mismo]: *~ al tribunal de la sentencia; ~ en revista; ~ para ante el consejo.* ◇ ** CONJUG. [1] como ***sacar.***
SIN. v. **Rogar.**
suplicatoria ***f.*** Carta u oficio que pasa un tribunal o juez a otro superior.
suplicatorio ***adj.*** Que contiene súplica. -2 ***m.*** DER. Suplicatoria. 3 Instancia que un juez o tribunal eleva al Senado o al Congreso de los Diputados, pidiendo permiso para proceder en justicia contra algún miembro del respectivo cuerpo colegislador. 4 Escrito dirigido a un órgano superior por otro jerárquicamente inferior, para que, en virtud del auxilio judicial, realice las diligencias necesarias que éste no puede realizar por quedar fuera de su margen de competencia.
suplicio (l. *suppliciu*) ***m.*** Lesión corporal o muerte infligida como castigo. 2 fig. Lugar donde el reo padece este castigo. 3 Grave tormento físico o moral.
SIN. *1* y *2* **Tormento, tortura.** *3* v. **Dolor.**
suplido ***m. pl.*** Anticipo que se hace por cuenta y cargo de otra persona, con ocasión de mandato o trabajos profesionales.
suplidor, -ra ***adj.-s.*** Suplente.
suplir (l. *supplere*) ***tr.*** Completar [lo que falta en una cosa], o remediar la carencia [de ella]. 2 Ponerse en lugar [de uno] para hacer sus veces: *~ a uno en actos de servicio.* 3 Disimular uno [un defecto] de otro. 4 GRAM. Dar por supuesto [lo que sólo se contiene implícitamente] en la oración o frase. -5 ***prnl.*** *And.* Aguantarse, conformarse.
SIN. *2* v. **Reemplazar.**
suponedor, -ra ***adj.-s.*** Que supone una cosa que no es.
I) suponer (de *suponer* II) ***m.*** fam. Suposición, conjetura: *un ~.*
II) suponer (l. *supponere*) ***tr.*** Dar por sentada o existente [una cosa]. 2 Traer consigo, importar: *la reforma supone desmedidos gastos.* 3 Conjeturar, calcular [algo] por las señales e indicios que se tienen. -4 ***intr.*** desus. Tener autoridad o representación en una comunidad: *su padre supone mucho en el mundo universitario.* ◇ ** CONJUG. [78] como ***poner.***
SIN. *1* **Presumir,** de uso gralte. culto o lit; **creer, conjeturar, figurarse, pensar;** v. **sospechar.** *2* **Implicar.**
suportación ***f.*** desus. Acción de suportar. 2 desus. Efecto de suportar.
suportar ***tr.*** Soportar [alguna cosa].
suposición ***f.*** Acción de suponer. 2 Efecto de suponer. 3 Lo que se supone. 4 p. us. Autoridad, distinción: *una persona de ~.* 5 p. us. Impostura, falsedad. 6 DER. Delito cometido por

quienes fingen que un niño ha nacido de una mujer que no es su madre. 7 LÓG. Acepción de un término en lugar de otro.
SIN. *3* **Hipótesis, supuesto,** en el terreno científico; **presunción, conjetura,** en la vida corriente.
supositicio, -cia (l. *supposititiu*) *adj.* p. us. Fingido, supuesto.
supositivo, -va *adj.* Que implica o denota suposición.
supositorio (l. *suppositoriu*) *m.* Cilindro, cono u ovoide de una materia medicamentosa sólida para ser introducida en el ano, vagina, uretra, etc.
SIN. **Óvulo,** óvulo vaginal; **cala.**
supra- (adv. l. *supra,* sobre, arriba, más allá) Elemento prefijal que entra en la formación de palabras con el significado de sobre, arriba, más allá: *suprarrenal, supradicho, suprasensible.*
CONTR. **Infra-.**
supraclavicular *adj.* [región] Situado encima de las clavículas.
supraconductividad *f.* FÍS. Superconductividad.
supradicho, -cha (*supra-* + *dicho*) *adj.* Sobredicho.
supranacional *adj.* Relativo a un poder u organismo superiores al gobierno de cada nación.
suprarrealismo *m.* Superrealismo.
suprarrenal *adj.* Situado encima de los riñones; v. cápsula suprarrenal.
suprasensible (*supra-* + *sensible*) *adj.* Que está más allá de los sentidos.
supraspina (*supra-* + l. *spina,* espinazo) *f.* Fosa alta del omóplato.
suprema *f.* Consejo supremo de la Inquisición.
supremacía (ingl. *supremacy*) *f.* Grado supremo en cualquier línea. 2 Preeminencia, superioridad jerárquica.
supremamente *adv. m.* De una manera suprema. 2 Últimamente, hasta el fin.
supremo, -ma (l. *-mu*) *adj.* Altísimo. 2 Que no tiene superior en su línea. 3 Último. 4 [momento, instante] De vital importancia, decisivo. -5 *m.* por elipsis. Tribunal supremo. -6 *f.* Pechuga de pollo o de otras aves cocinada con salsa bechamel y servida fría.
SIN. *1* y *2* **Sumo.**
supresión *f.* Acción de suprimir. 2 Efecto de suprimir.
supreso, -sa (l. *suppressus*) Pp. irreg. de *suprimir.*
supresor, -ra *adj.* Que suprime.
suprimir (l. *supprimere*) *tr.* Hacer cesar, hacer desaparecer: ~ *un empleo;* ~ *un impuesto.* 2 Omitir, pasar por alto: ~ *versos en una comedia.* ◇ CONJUG.: pp. reg.: ***suprimido***; irreg., usado sólo como adjetivo: ***supreso.***
SIN. *1* v. **Abolir.** *2* v. **Omitir.**
suprior, -ra *m. f.* Persona que hace las veces del prior (o de la priora).
supriorato *m.* Cargo de suprior o supriora.
supuesto, -ta (l. *suppositu*) Pp. irreg. de *suponer.* 2 *adj.* Pretendido, falso, pseudo: *el* ~ *rey.* -3 *m.* Objeto que no se expresa en la proposición, pero es aquello de que depende la verdad de ella. 4 Hipótesis. 5 DER. Presupuesto en que se explican las operaciones de una partición. 6 FIL. Todo ser que es principio de sus acciones. -7 ***loc. adv. Por*** ~, ciertamente. -8 ***loc. conj. caus.*** ~ ***que,*** puesto que. 9 ***loc. conj. condic.*** Una vez que, dado que: *y que te importa a tí,* ~ *que ya no tienes relación con ellos.*
supuración *f.* Acción de supurar. 2 Efecto de supurar.
SIN. **Purulencia.**
supurante *adj.* Que supura o hace supurar.
supurar (l. *suppurare*) *intr.* Formar o echar pus.
supurativo, -va *adj.-m.* Que tiene virtud de hacer supurar.
supuratorio, -ria *adj.* Que supura.
suputación *f.* p. us. Cómputo o cálculo.
suputar (l. *supputare*) *tr.* inus. Computar, calcular: ~ *los años de un eclipse.*
suque *m. Colomb.* Entre campesinos, puñetazo que se da de izquierda a derecha.
suquinay *m. Amér. Central.* Arbusto tropical de flores muy aromáticas; tiene propiedades medicinales *(*gén. *Vernonia; Pluchea).*
sur (anglosajón *suth*) *m.* Punto cardinal diametralmente opuesto al norte. 2 Viento que sopla de esta parte. 3 Lugar de la Tierra o de la esfera celeste que cae del lado del polo antártico, respecto de otro con el cual se le compara. ◇ Puede escribirse con letra mayúscula. ◇ No se usa en plural.
SIN. **Mediodía.** *1* y *2* **Austro, noto, ostro.** REL. **Meridional,** perteneciente o relativo al sur.
sura (ár. *çura*) *m.* Lección o capítulo en que se divide el Alcorán.
surá (del ing. *súrah,* o del fr. *surah*) *m.* Tejido de seda flexible y fino.
surada *f.* Golpe de viento sur.
sural (der. del l. *sura,* pantorrilla) *adj.* ANAT. Relativo a la pantorrilla: *arteria* ~.
suramericano, -na *adj.-s.* Sudamericano.
surata *f.* Capítulos del Alcorán ordenados atendiendo a su longitud.
surazo *m. Argent.* y *Urug.* Viento frío y fuerte del sur.
súrbana *f. Cuba.* Gramínea que come el ganado *(Hanicum coloratum).*
surcador, -ra *adj.-s.* Que surca.
surcar (l. *sulcare*) *tr.* Hacer surcos [en la tierra]. 2 en gral. Hacer rayas [en alguna cosa] parecidas a los surcos que se hacen en la tierra. 3 fig. Ir o caminar por un fluido cortándolo: ~ *la nave el mar;* ~ *el ave el viento.* ◇ ** CONJUG. [1] como *sacar.*
SIN. *2* **Asurcar,** menos us.
surco (l. *sulcu*) *m.* Hendedura que se hace en la tierra con el arado: *a* ~, haza que está contigua a otra o sólo surco por medio; ***echarse al*** ~, desistir de la empresa o trabajo. 2 Señal o hendedura prolongada que deja una cosa que pasa sobre otra. 3 Arruga profunda o prolongada sobre una superficie o tegumento. 4 Huella que se graba en la superficie de un disco. 5 *Colomb.* Lomo o caballón.
SIN. *1* **Carril; sulco,** ant.
surcoreano, -na *adj.-s.* De Corea del Sur.
surculado, -da (de *súrculo*) *adj.* [planta] Que no echa más que un tallo.
súrculo (l. *-lu*) *m.* BOT. Vástago de que no han brotado otros.
surculoso, -sa *adj.* Surculado.
surdir (l. *surgere*) *intr.* MAR. Adrizarse la embarcación después de haberse ido a la banda por algún golpe de mar que la hizo beber agua por la borda.
sureño, -ña *adj.* Habitante del Sur de un país.
surero, -ra *adj.-s. Argent.* y *Bol.* Del Sur. -2 *m.* Viento que sopla de esta parte.
surestada *f. Argent.* y *Urug.* Suestada.
sureste *m.* Sudeste.
surf (voz inglesa) *m.* Deporte náutico consistente en dejarse llevar por la cresta de una ola sobre una tabla especial.
surfista *adj.-com.* [pers.] Que practica el surf.
surgidero *m.* Paraje donde dan fondo las naves.
surgidor, -ra *adj.-s.* Que surge.
surgir (l. *-ere*) *intr.* Surtir, brotar el agua. 2 Dar fondo la nave: ~ *en el puerto.* 3 fig. Alzarse, manifestarse, salir: *entre los reunidos surgió la idea de hacerle un homenaje.* ◇ ** CONJUG. [6] como ***dirigir;*** pp. irreg. para la 2ª acep., ***surto.***
SIN. *1* v. **Manar.**
suri (quechua) *m. Argent.* y *Bol.* Avestruz. 2 *Perú.* Lana de superior calidad.
suriano, -na *adj.-s. Méj.* Natural del Sur.
suricacina *f. Bol.* Huevo del avestruz. 2 *Bol.* Persona cobarde.
suricato *m.* Mamífero carnívoro de pequeño tamaño y pelaje pardo grisáceo con bandas obscuras en la parte superior. Se alimenta de insectos, reptiles y vegetales *(Suricata suricata).*
surigauense *adj.-com.* De Surigao, prov. de Filipinas.
surimbo, -ba *adj. Méj.* Tonto, necio. -2 *f. Colomb.* Azotaina, zurra.
suripanta (voz humorística tomada de una zarzuela) *f.* Mujer corista en un teatro. 2 desp. Mujer vulgar, moralmente despreciable.
surmenaje (fr. *surmenage*) *m.* Exceso de trabajo intelectual que pesa sobre alguien. 2 Sobrefatiga, agotamiento.
suroeste *m.* Sudoeste.
surplus (voz francesa) *m.* COM. GALIC. Excedente (cantidad).
surquearse *prnl. Venez.* Recibir una impresión desagradable.
surra *f.* MED. Tripanosomiasis de los animales domésticos, causada por el *Trypanosoma Evansi.*
surrealismo *m.* Superrealismo.
surrealista *adj.-com.* Superrealista.
surribe *m. Extr.* Golpe, azote.
sursudoeste *m.* Viento medio entre el sur y el sudoeste. 2 Región situada hacia el sitio de donde sopla este viento.
sursuncorda (aplic. hum. del l. *sursum corda,* arriba los corazones) *m.* fig. *y* fam. Supuesto personaje anónimo de mucha importancia: *no me levanto aunque venga el* ~.
surtida (de *surtir*) *f.* p. us. Salida oculta que hacen los sitiados contra los sitiadores. 2 Paso o puerta pequeña que se hace en

las fortificaciones por debajo del terraplén del foso. 3 fig. *y* p. us. Puerta falsa. 4 Rampa o plano inclinado hacia el mar en algunos muelles. 5 Varadero.

surtidero *m.* Buzón (conducto). 2 Surtidor (chorro).

surtido, -da *adj.-s.* Artículo de comercio que se ofrece como mezcla de diversas clases: *botones surtidos; un ~ de galletas.* -2 *m.* Acción de surtir o surtirse. 3 Efecto de surtir o surtirse. 4 Lo que se previene o sirve para surtir (proveer).

surtidor, -ra *adj.-s.* Que surte o provee. -2 *m.* Chorro de agua que brota, esp. hacia arriba. 3 Aparato vaporizador de un automóvil. 4 Aparato que distribuye gasolina.

SIN. *2* **Saltadero, surtidero.**

surtimiento *m.* Surtido (acción y efecto).

surtir (orig. incierto) *tr.-prnl.* Proveer [a alguno] de una cosa: *surtirse de ropa.* -2 *intr.* Brotar, salir el agua, y más en particular hacia arriba.

SIN. *2* v. **Manar.**

surto, -ta, pp. irreg. de *surgir* (la nave). 2 *adj.* fig. *y* p. us. Tranquilo, en reposo, en silencio.

surtuba *f. C. Rica.* Helecho gigantesco cuya medula se come asada.

surubí *m.* Suruví.

suruco, -ca *adj. P. Rico.* fest. Calamocano. -2 *m. Chile.* Excremento humano. -3 *f. P. Rico.* fest. Algazara; escándalo. 4 *P. Rico.* Borrachera.

surucucú *m.* Serpiente de América del Sur que se caracteriza porque la cola termina en un aguijón; es la serpiente venenosa más grande que existe *(Lachesis muta).*

surullo *m. P. Rico.* Sorullo.

surumbo, -ba *adj. Guat.* y *Hond.* Aturdido.

surumpe *m. Bol.* y *Perú.* Oftalmía producida por la reverberación del sol en la nieve.

surupí (voz guaraní) *m. Bol.* Surumpe.

suruví (voz guaraní) *m. Amér. Merid.* Pez de río, enorme bagre sin escamas, de aspecto atigrado a causa de sus pintas negras; su carne amarilla es compacta, gustosa y sin espinas *(Platystoma aigranum).* ◇ También *surubí.*

sus-, v. sub-.

sus *m.* fig. *y* fam. **~ *de gaita,*** cosa aérea o sin substancia.

¡sus! (quizá de *suso*) Interjección que se emplea para infundir ánimo.

Susana *n. pr.* BIBL. Joven célebre por su castidad. Fue falsamente acusada de adulterio, por dos jueces a cuyos deseos no había querido acceder, y condenada a muerte. El profeta Daniel demostró su inocencia.

suscepción (l. *susceptione*) *f.* p. us. Acción de recibir uno algo en sí mismo.

susceptibilidad *f.* Calidad de susceptible.

susceptible (der. de *suscipere,* tomar, asumir) *adj.* Capaz de recibir modificación o impresión. 2 Picajoso, quisquilloso, sentido, delicado.

susceptivo, -va *adj.* Susceptible.

suscitación *f.* Acción de suscitar. 2 Efecto de suscitar.

suscitar (l. *-are*) *tr.* Levantar, promover: *~ una contienda.*

suscribir *tr.-prnl.* Subscribir.

suscripción *f.* Subscripción.

suscripto, -ta, suscrito, -ta, pp. irreg. de *suscribir.*

suscriptor, -ra, suscritor, -ra *m. f.* Subscriptor.

susexita *f.* MIN. Borato del grupo de los soroboratos que cristaliza en el sistema rómbico. Se presenta en fibras blancas de color sedoso.

suso (l. *sursum,* arriba) *adv. l.* ant. Asuso.

CONTR. **Yuso.**

susoayá *m. Argent.* Planta sudamericana de efectos medicinales.

susodicho, -cha *adj.* Sobredicho.

suspendedor, -ra *adj.-s.* Que suspende.

suspender (l. *-ere*) *tr.* Levantar o sostener [una cosa] en alto: *~ un bastón en el aire; ~ un saco de una argolla; ~ al náufrago por los cabellos.* 2 Detener por algún tiempo [una acción u obra]: *~ un trabajo; prnl., suspenderse un trabajo.* 3 esp. *y* fig. Privar temporalmente [a uno del sueldo o empleo] que tenía: *~ el sueldo; ~ a uno de empleo y sueldo.* 4 Negar la aprobación [de una disciplina a un examinando] hasta nuevo examen. 5 Causar admiración: *nos suspendía el ánimo.* -6 *prnl.* Asegurarse el caballo sobre las piernas con los brazos al aire. ◇ CONJUG.: pp. reg.: ***suspendido***; irreg., usado sólo como adjetivo y substantivo: ***suspenso***. Recientemente se generaliza la significación pasiva de ser suspendido, tanto con valor intransitivo: *el estudiante suspendió en junio*; como con valor transitivo: *el estudiante suspendió las matemáticas*. No es aconsejable este uso.

SIN. *1* **Colgar.** *2* **Interrumpir.** *4* **Desaprobar, reprobar; calabacear, dar calabazas, catear, colgar, revolcar,** entre estudiantes.

suspense (ing.) *m.* ANGLIC. Detención momentánea de la acción dramática. 2 Sentimiento angustioso de espera o curiosidad: *película de ~; novela de ~.*

suspensión *f.* Acción de suspender. 2 Efecto de suspender. 3 Aquello con que está suspendida alguna cosa. 4 Conjunto de las piezas y mecanismos destinados a hacer elástico el apoyo de la carrocería de un automóvil sobre los ejes de las ruedas. 5 Censura eclesiástica o corrección gubernativa que priva del uso del oficio, beneficio o empleo de sus emolumentos. 6 Tensión continuada que se produce en el ánimo del espectador o lector, ante el desarrollo de un argumento. 7 Admiración, asombro. 8 FON. Mantenimiento de la entonación al final de un período. 9 MÚS. Prolongación de una nota que forma parte de un acorde, sobre el siguiente, produciendo disonancia. 10 QUÍM. Estado de un cuerpo, cuyas partículas se mezclan con el fluido, sin deshacerse en él. 11 RET. Figura consistente en diferir la declaración del concepto a que va encaminado lo dicho, a fin de avivar el interés del lector u oyente.

SIN. *11* **Sustentación.**

suspensivo, -va *adj.* Que tiene virtud o fuerza de suspender: *puntos suspensivos.*

suspenso, -sa (l. *-su*) Pp. irreg. de *suspender*. 2 *adj.* Admirado, perplejo. -3 *m.* Nota de haber sido suspendido en examen. -4 *adj.-s.* Alumno suspendido. -5 *m. Amér.* Suspense.

FR. En ~, diferida la resolución o su cumplimiento. SIN. *2* v. **Atónito.** *3* **Calabazas, cate,** entre estudiantes.

suspensores *m. pl. Amér.* Tirantes para suspender de los hombros el pantalón.

suspensorio, -ria *adj.* Que sirve para suspender o levantar en alto. -2 *m.* Vendaje para sostener el escroto. 3 ANAT. Ligamento situado entre el diafragma y la porción media de la cara superior del hígado.

suspicacia *f.* Calidad de suspicaz. 2 Especie sugerida por la sospecha o desconfianza.

SIN. v. **Desconfianza.**

suspicaz (l. *suspicace*) *adj.* Propenso a concebir sospechas.

SIN. v. **Desconfiado.**

suspicazmente *adv. m.* De modo suspicaz.

suspirado, -da *adj.* fig. Deseado con ansia.

suspirar (l. *-are*) *intr.* Dar suspiros: *~ de pena; ~ de amor.* 2 fr. **~ *uno por una cosa,*** desearla con ansia: *~ por el mando.*

SIN. *2* v. **Desear.**

suspiro *m.* Aspiración profunda seguida de una espiración audible que gralte. es expresión de pena, anhelo, fatiga, alivio, etc. 2 *Último ~*, el de la muerte. 3 Golosina que se hace de harina, azúcar y huevo. 4 fig. Instante (momento). 5 Pito pequeño de vidrio. 6 MÚS. Pausa breve y signo que la representa. 7 *And.* y *Chile.* Trinitaria (flor). 8 *Argent.* y *Chile.* Nombre que se da a varias especies de enredaderas convolvuláceas *(gén. Ipomoca).*

suspirón, -rona *adj.* Que suspira mucho.

suspiroso, -sa *adj.* Que suspira con dificultad.

susquinear *intr. P. Rico.* vulg. Soslayar, evadir.

sustancia *f.* Substancia.

sustanciación *f.* Substanciación.

sustancial *adj.* Substancial.

sustancialidad *f.* Substancialidad.

sustancialismo *m.* Substancialismo.

sustancialmente *adv. m.* Substancialmente.

sustanciar *tr.* Substanciar. ◇ ** CONJUG. [12] como ***cambiar.***

sustancioso, -sa *adj.* Substancioso.

sustantivación *f.* Substantivación.

sustantivamente *adv. m.* Substantivamente.

sustantivar *tr.-prnl.* GRAM. Substantivar.

sustantividad *f.* Substantividad.

sustantivo, -va *adj.* Substantivo.

sustentable *adj.* Que se puede sustentar o defender con razones.

sustentación *f.* Acción de sustentar. 2 Efecto de sustentar. 3 Sustentáculo. 4 RET. Suspensión.

sustentáculo (l. *-lu*) *m.* Apoyo o sostén de una cosa.

sustentador, -ra *adj.-s.* Que sustenta.

sustentamiento *m.* Acción de sustentar. 2 Efecto de sustentar.

sustentante *adj.* Que sustenta. -2 *m.* Parte que sustenta un edificio. 3 El que defiende conclusiones en acto público de una facultad. 4 MAR. Barra de hierro clavada en el costado del buque, que sirve para colocar las vergas.

sustentar (l. *-are*) ***tr.-prnl.*** Mantener: ***sustentarse de esperanzas,*** mantener una opinión. 2 Conservar una cosa en su ser o estado. 3 Sostener una cosa para que no se caiga o tuerza. 4 Defender o sostener una cierta opinión. -5 ***prnl.*** Nutrirse, alimentarse. 6 Mantener un cuerpo en un medio, sin caer o haciéndolo muy lentamente.

sustento ***m.*** Mantenimiento, alimento. 2 Lo que sirve para dar permanencia o vigor a una cosa. 3 Sostén o apoyo.

sustitución ***f.*** Substitución.

sustituible ***adj.*** Substituible.

sustituidor, -ra ***adj.*** Substituidor.

sustituir ***tr.*** Substituir. ◇ ** CONJUG. [62] como ***huir.***

sustitutivo, -va ***adj.-m.*** Substitutivo.

sustituto, -ta, pp. irreg. de *sustituir*. 2 ***m. f.*** Substituto (persona).

susto (origen incierto; quizá voz descriptiva) ***m.*** Impresión repentina de miedo o pavor. 2 fig. Preocupación vehemente por alguna adversidad o daño que se teme. 3 *Perú.* Fuerte crisis nerviosa.
SIN. *1* **Sobresalto, susto, espanto,** serie intensiva; v. **miedo.**

sustracción ***f.*** Substracción.

sustractivo, -va ***adj.*** Substractivo.

sustraendo ***m.*** Substraendo.

sustraer ***tr.*** Substraer. ◇ ** CONJUG. [88] como ***traer.***

sustrato ***m.*** Substrato.

susubano, -na ***adj.*** *P. Rico.* vulg. Alelado, pasmado.

susunga (quechua) ***f.*** *Colomb.* Cucharón lleno de agujeros con que se saca la espuma.

susunguear ***tr.*** *Colomb.* Acribillar.

susurración (l. *-atione*) ***f.*** Murmuración secreta.

susurrador, -ra ***adj.-s.*** Que susurra.

susurrante ***adj.*** Susurrador.

susurrar (l. *-are*) ***intr.*** Hablar quedo produciendo un murmullo sordo. 2 fig. Moverse con ruido suave el aire, el agua, etc. -3 ***unipers.*** Empezarse a divulgar una cosa secreta: *la noticia se susurra.*
SIN. *2* **Murmurar.** *3* **Rumorear(se), runrunear(se), sonar(se).**

susurrido ***m.*** Susurro (de cosas).

susurro (l. *-rru*) ***m.*** Ruido suave que resulta de hablar quedo. 2 fig. Ruido suave que naturalmente hacen algunas cosas.

susurrón, -rrona ***adj.-s.*** fam. Que suele murmurar secretamente.

sutape ***m.*** *Venez.* Residuo de cacao en la piedra después que se muele, recogido con agua y luego hervido.

sutás (fr. *soutache* < húngaro *súitas*) ***m.*** Cordoncillo doble que se usa para adorno en los vestidos. ◇ Pl.: *sutás.*

sute ***adj.*** *Colomb.* y *Venez.* Enteco, canijo. -2 ***m.*** *Colomb.* Lechón, gorrino. 3 *Hond.* Especie de aguacate.

sutil (l. *subtile*) ***adj.*** Delgado, delicado, tenue. 2 fig. Agudo, perspicaz. ◇ INCOR. la pronunciación *sútil.*

sutileza ***f.*** Calidad de sutil. 2 Dicho o concepto excesivamente agudo y falto de profundidad o exactitud. 3 fig. Instinto de los animales. 4 TEOL. Dote del cuerpo glorioso, que consiste en poder penetrar por otro cuerpo.
SIN. *2* **Argucia.**

sutilidad ***f.*** Sutileza.

sutilizador, -ra ***adj.-s.*** Que sutiliza.

sutilizar ***tr.*** Adelgazar, atenuar una cosa. 2 esp. Limar, perfeccionar: ~ *una plancha.* 3 fig. Discurrir ingeniosamente: ~ *los argumentos.* ◇ ** CONJUG. [4] como ***realizar.***

sutilmente ***adv. m.*** Con sutileza.

sutorio, -ria (l. *sutoriu*) ***adj.*** p. us. Perteneciente o relativo al arte de hacer zapatos.

sutura (l. < *suere*, coser) ***f.*** ANAT. Línea de unión de dos huesos del cráneo. 2 BOT. Línea de unión de dos márgenes adyacentes. 3 CIR. Costura con que se reúnen los labios de una herida.

suturar ***tr.*** Efectuar una sutura.

suyo, suya (l. *suu*) ***adj.-pron. poses.*** Forma de 3ª persona que expresa que la cosa no es poseída ni por el que habla ni por el que escucha. Como adjetivo se usa siempre detrás del nombre o se apocopa en *su* si lo precede: *tengo el libro ~; tengo su libro;* como pronombre puede usarse en forma absoluta o precedido del artículo: *este libro es ~; este libro es el ~;* con la terminación del masculino singular se usa también como pronombre neutro: *lo ~ me interesa.* 2 ***La suya,*** intención o voluntad determinada: *salirse con la suya.* 3 ***Los suyos,*** personas propias y unidas a otra por parentesco, amistad, servidumbre, etc. -4 ***loc. adv. De suyo,*** naturalmente, sin ayuda ajena. ◇ V. posesivo. INCOR.: *delante suyo, detrás suya* por delante de él, detrás de ella. ◇ Pl.: *suyos, suyas.*

suzón ***m.*** Zuzón.

svástica (voz sánscrita) ***f.*** Esvástica.

swing (voz inglesa) ***m.*** DEP. En boxeo, movimiento semicircular del brazo de abajo arriba, de modo que pueda golpear al adversario con el dorso de la mano en el momento de ascender. 2 DEP. Movimiento del jugador del golf al ir a golpear la pelota. 3 MÚS. Cualidad rítmica característica y primordial en la música de jazz.

switch (voz inglesa) ***m.*** *Amér.* Conmutador eléctrico.

syllabus ***m.*** Decreto condenatorio de doctrinas heréticas, promulgado por el Papa.

symposium (l.) ***m.*** Simposio.

T, t *f.* Te, vigésima primera letra del **alfabeto español que representa gráficamente a la consonante oclusiva, dental y sorda.

¡ta! (voz descriptiva) Interjección ¡tate! esp. repetida. 2 Onomat. de los golpes dados en una puerta para llamar.

Ta, símbolo químico del *tantalio*.

I) taba (probl. del ár. *tab,* juego parecido al de la taba) *f.* Astrágalo (hueso). 2 Juego en que se tira al aire una taba de carnero, y se gana, se pierde o no hay juego según el lado que al caer quede hacia arriba. 3 En este mismo juego, lado de la taba opuesto a la chuca. 4 *Amér. Merid.* fig. Lata, discurso o conversación fastidiosa. 5 *Méj.* Charla.
SIN. *1* **Taquín.** REL. Los cuatro lados de la taba son: **chuca** u **hoyo,** el cóncavo; **taquín, tripa** o **taba,** el convexo; **liso** y **carnero,** los laterales.

II) taba *Colomb.* Atabe.

tabacal *m.* Terreno sembrado de tabaco.

tabacalero, -ra *adj.* Relativo al cultivo, fabricación y venta del tabaco. -2 *adj.-s.* Cultivador de tabaco. 3 Tabaquero.

tabaco (voz de orig. incierto) *m.* Planta solanácea, narcótica, de olor fuerte, originaria de América *(Nicotiana tabacum).* 2 Hoja de esta planta, curada y preparada para ser fumada, masticada o aspirada en polvo: ~ ***canario,*** el producido y elaborado en las Islas Canarias; ~ ***capero,*** el apropiado para capas de cigarros; ~ ***colorado,*** cigarro puro que por la calidad o incompleta madurez de la hoja, es de color claro y menos fuerte que el maduro; ~ ***maduro,*** el de hoja perfectamente madura y de gran calidad, de color oscuro y muy fuerte; ~ ***cucarachero,*** el de polvo; ~ ***de barro,*** el de polvo aromatizado con barro oloroso; ~ ***de pipa,*** el cortado en forma de hebra para fumarlo en pipa; ~ ***de vena,*** picadura que se emplea para los cigarrillos de papel, utilizando las venas y tallos de las plantas; ~ ***holandés*** u ***holandilla,*** el flojo y de poco aroma que se cría y elabora en Holanda; ~ ***moruno,*** el que se cría en Europa y África, y que se distingue por su fortaleza y lo poco grato del aroma; ~ ***negro,*** el que, aderezado con miel, se elabora en forma de mecha retorcida y flexible, para picarlo y fumarlo en papel o pipa; ~ ***peninsular,*** el que se elabora en fábricas de la Península Ibérica; ~ ***rapé,*** el de polvo más oscuro y grueso que el ordinario; ~ ***rubio,*** el que resulta de la mezcla de las variedades de color amarillo y cobrizo del estado norteamericano de Virginia y Oriente; el que, aun siendo de otras procedencias, se prepara para que se asemeje al anterior; ~ ***turco,*** el picado en hebras, muy suave y aromático; ~ ***verdín,*** el de polvo, elaborado con las hojas cortadas antes de madurar; ~ ***vinagrillo*** o ***de vinagrillo,*** el de polvo, aderezado con cierta especie de vinagre flojo y aromático. 3 Polvo a que se reducen las hojas secas de esta planta: ***tomar*** ~, usar de él, sorbiéndolo por las narices. 4 Cigarro. 5 Enfermedad de algunos árboles por la que se descompone la parte interior del tronco, convirtiéndose en un polvo rojo pardusco o negro. 6 ~ ***borde*** o ***de montaña,*** árnica. 7 ~ ***gordo,*** planta solanácea, parecida a la belladura, de flores embudiformes amarillas; su fruto es una baya negra *(Atropa baetica).* 8 ~ ***menor,*** planta solanácea aromática con las hojas glandulosas y las flores de color amarillo verdoso *(Nicotiana rustica).* -9 ***adj.-m.*** Color parecido al de las hojas de tabaco. -10 ***adj.*** De color tabaco. -11 ***m.*** *Cuba.* fest. Bofetada. 12 *Chile.* ~ ***del diablo,*** tupa, planta.
REL. *1* **Nicotina,** alcaloide del tabaco; **nicotismo, tabaquismo,** intoxicación producida por el tabaco. SIN. *1* **Nicociana.** *3* **Rapé.** *5* **Roya.**

tabacón *m. P. Rico.* Árbol de 12 metros de altura, de madera rosada, bastante fuerte y resistente pero floja, empleada para tablas y cuartones en casas de campo *(Solanum lœvigatum; micranthum).*

tabacoso, -sa *adj.* ant. *y* fam. Que toma mucho tabaco en polvo. 2 Manchado de tabaco. 3 Atacado de tabaco (enfermedad).

tabaiba *f.* Arbusto euforbiáceo con el tallo nudoso y hojas arrosetadas en las puntas de las ramas, de florecillas amarillentas, y con látex lechoso *(Euphorbia balsamifera).* 2 *Can.* desp. Desgraciado, pendejo. 3 *Cuba* y *P. Rico.* Árbol de las costas, de 9 a 10 metros de altura, de madera bastante apreciada *(Plumeria alba).*

tabal *m.* Tambor, tamboril, atabal. 2 Barrica de poca altura en que se conservan las sardinas arenques.

tabalada (de *atabal*) *f.* fam. Manotada. 2 Tamborilazo (golpe en asentaderas).

tabalario (de *atabal*) *m.* fam. Asentaderas.

tabalear (de *atabal*) *tr.* Menear o agitar [una cosa] de una parte a otra. -2 *intr.* Golpear, acompasadamente con los dedos en una tabla o cosa semejante, imitando el toque del tambor.
SIN. **Atabalear.** *2* **Tamborilear, tamborear, tocar.**

tabaleo *m.* Acción de tabalear o tabalearse. 2 Efecto de tabalear o tabalearse.

tabaná *f. S. Dom.* Pescozada, tabanazo.

tabanazo *m.* fam. Manotada. 2 Bofetada.

tabanco *m.* Puesto o cajón para la venta de comestibles. 2 *Các.* Tajo de una cuadrilla de obreros. 3 *Amér. Central.* Desván, buhardilla.

tabanera *f.* Sitio abundante en tábanos.

tábano (l. *-u*) *m.* Insecto díptero parecido a la mosca, que pica a las caballerías, bueyes, etc., para chuparles la sangre *(gén. Tabanus).* 2 fig. *y* fam. Hombre pesado y molesto. 3 *Cuba.* Planta malvácea de flores blancas *(Urena typhalea).*

tabanque *m.* Rueda que mueve con el pie el alfarero para hacer girar el torno. 2 Tingladillo. 3 Tiendecilla de vendedor ambulante.

tabaola *f.* Batahola.

I) tabaque (ár. *tabac,* bandeja) *m.* Cestillo de mimbres.
SIN. **Altabaque.**

II) tabaque *m.* Clavo poco mayor que la tachuela.
tabaqueada *f. Bol.* y *Perú.* Carnada preparada con carne descompuesta, impregnada con tabaco y us. como cebo para el cóndor. 2 *Méj.* Tunda de puñetazos.
tabaquear *intr. Colomb.* vulg. Fumar tabaco.
tabaquera *f.* Caja para tabaco en polvo. 2 Caja o pomo con agujeros en su parte superior, para sorber el tabaco en polvo. 3 Receptáculo del tabaco en la pipa de fumar. 4 Petaca o bolsa para llevar en el bolsillo tabaco picado. 5 Erizo de mar, con caparazón esférico cubierto de púas de color rojo pardusco *(Cidaris cidaris).*
tabaquería *f.* Tienda donde se vende tabaco. 2 *Amér.* Fábrica de tabaco.
SIN. *1* **Estanco,** en España.
tabaquero, -ra *adj.-s.* Persona que tuerce el tabaco, y que lo vende o comercia con él. -2 *adj.* Perteneciente o relativo al tabaco. -3 *m. Bol.* Pañuelo, moquero.
SIN. *1* **Tabacalero.**
tabaquillo *m. Argent.* Planta solanácea de flor blanca *(Petunia propinqua).*
tabaquismo *m.* Intoxicación crónica producida por el abuso del tabaco.
SIN. **Nicotismo.**
tabaquista *com.* Persona entendida en tabacos. 2 Persona que toma mucho tabaco.
tabardete *m.* Tabardillo.
tabardillo (b. l. *-iliu*) *m.* Fiebre grave, con síntomas nerviosos y alteración de la sangre. 2 Insolación (enfermedad). 3 fig. Persona alocada o bulliciosa. 4 fig. Persona pesada, pesadumbre.
SIN. *1* **Pinta.**
tabardo (etim. dud.; probl. del fr. *tabart,* quizá de orig. germ.) *m.* Prenda de abrigo ancha y larga, de paño tosco. 2 Ropón blasonado, usado antes por los heraldos y hoy por algunos maceros. 3 Especie de gabán sin mangas, de paño o de piel. 4 Chaquetón militar, que formaba parte del uniforme de invierno del soldado.
tabarra (de *tabarro,* variante de tábano) *f.* Lata (todo lo que cansa).
tabarrera *f.* fam. Tabarra grande. 2 fig. Persona o cosa molesta. 3 *And.* Avispero (nido de avispas). 4 *Murc.* Moscón, avispón.
tabarro *m.* Tábano (insecto).
tabasco *m.* Salsa muy picante preparada con pimienta del estado mejicano de Tabasco o con ají muy picante.
tabasqueño, -ña *adj.-s.* De Tabasco, estado de Méjico.
tabea *f. Burg.* y *Pal.* Chorizo hecho con la asadura del cerdo.
tabear *intr. Argent.* y *Guat.* Jugar a la taba. 2 *Argent.* y *Parag.* Charlar, estar de palique.
tabefe *m. And.* y *Can.* Requesón.
tabellar (l. *tabella,* tablilla) *tr.* Doblar [las piezas de paño y demás tejidos], de modo que queden sueltos los orillos. 2 Marcar [las telas] o ponerles los sellos de fábrica. 3 Plegar el papel destinado a la confección de abanicos.
taberna (l. *taberna,* tienda) *f.* Establecimiento público de carácter popular, donde se venden bebidas, principalmente alcohólicas, al por menor y, a veces, se sirven comidas para ser consumidas en el mismo local.
SIN. **Tasia,** desp.
tabernáculo (l. *-lu,* tienda de campaña, tienda augural) *m.* Lugar donde los hebreos tenían colocada el arca del Testamento. 2 Sagrario (altar). 3 Tienda en que habitaban los ant. hebreos. 4 fam. Taberna.
tabernario, -ria (l. *-iu*) *adj.* Propio de la taberna. 2 fig. Bajo, grosero.
tabernería *f.* Oficio de tabernero.
tabernero, -ra *m. f.* Persona que vende vino en la taberna. -2 *m.* Pez marino teleósteo, de pequeño tamaño, con un característico color pardo rojizo y una mancha negra en el pedúnculo caudal *(Ctenolabrus rupestris; C. suillus).* -3 *f.* Mujer del tabernero.
tabernizado, -da *adj.* Propio de la taberna, tabernario.
tabernucho, -cha *m. f.* desp. Taberna pequeña y de mal aspecto.
tabes (l.) *f.* MED. Consunción (enflaquecimiento). 2 ~ ***dorsal,*** enfermedad de los cordones posteriores de la médula espinal, de origen sifilítico. ◇ Pl.: *tabes.*
tabí (de *Atabí,* barrio de Bagdad; a través del it. *tabí*) *m.* Tela ant. de seda, parecida al muaré. ◇ Pl.: *tabíes.*
tabica (ár. *tatbica,* chapa) *f.* ARQ. Tablilla con que se cubre un hueco. 2 Contrahuella.
tabicado, -da *adj.* ARQ. Dividido mediante tabiques. 2 ELECTR. Devanado de bobinas, condensadores, etc., dispuesto de tal forma que cada capa de espiras del conductor está separada de las capas contiguas por una tira o membrana aislante.
tabicar *tr.* Cerrar con tabique. 2 fig. Cerrar o tapar [una cosa que debía estar abierta]: *tabicarse las narices.* ◇ ** CONJUG. [1] como *sacar.*
tabicón *m.* Aum. de *tabique.* 2 ARQ. Espesor de muro igual al ancho de los ladrillos puestos a soga. 3 *And.* y *Bad.* Tabla gruesa. 4 *Tol.* Adobe, ladrillo sin cocer.
tábido, -da (l. *-du*) *adj.* Podrido o corrompido. 2 Extenuado por consunción.
tabífico, -ca (l. *-cu*) *adj.* p. us. Que produce la consunción.
tabina *f. Ál., Sal.* y *Vallad.* Vaina y semilla de las leguminosas, cuando están verdes.
tabinete *m.* Tela arrasada, que se usa para el calzado femenino.
tabique (ár. *taxbic,* pared de ladrillo) *m.* Pared delgada. 2 Separación, división. 3 ANAT. Estructura, parte de tejido que separa completa o incompletamente dos cavidades: ~ *nasal.* 4 *Ecuad.* BARB. Alero de un tejado. 4 *Méj.* Ladrillo que tiene caras cuadrangulares planas.
tabiquería *f.* Conjunto o serie de tabiques.
tabiquero *m.* p. us. Operario que se dedica a hacer tabiques.
tabla (l. *tabula*) *f.* Pieza de madera, plana, mucho más larga que ancha y de poco grueso: ~ ***de cocina,*** la que sirve para cortar y picar sobre ella la carne y otros manjares; ~ ***de lavar,*** la que sirve para restregar sobre ella la ropa al enjabonarla; ~ ***de planchar,*** la que sirve para planchar la ropa sobre ella, generalmente provista de patas; ~ ***de salvación,*** fig., último recurso para salir de un apuro, por analogía con la tabla a que se agarra un náufrago. 2 Pieza plana y de poco espesor de alguna otra materia rígida. 3 Cara más ancha de un madero. 4 Plancha de madera u otro material preparada para poder fijar o colocar sobre ella cualquier cosa. 5 Dimensión mayor de una escuadría. 6 Doble pliegue ancho y plano que se hace en una tela; se forma con dobleces simétricos, que tienden a encontrarse por la parte interior, dejando en la exterior un trozo liso entre doblez y doblez. 7 Pieza plana de madera, corcho, u otro material, de tamaño no muy grande en que se exponen anuncios, avisos, listas, etc. 8 Índice de materias. 9 Lista o catálogo de cosas puestas en determinado orden. 10 Diamante no muy grueso, y de forma plana. 11 Parte algo plana de ciertos miembros del cuerpo: ~ *del pecho.* 12 Faja de tierra comprendida entre dos filas de árboles. 13 Cuadro de tierra en que se siembran verduras. 14 Bancal de un huerto. 15 Aduana en los puertos secos. 16 Mostrador de carnicería. 17 Puesto público de carne. 18 Pintura hecha sobre madera. 19 ~ ***de agua*** o ***de río,*** parte por donde éste corre más extendido y plano, de modo que casi no se percibe su corriente. 20 fig. *y* fam. Borrachera. 21 fig. *y* fam. Homosexual. 22 DEP. Esquí (plancha). 23 INFORM. Conjunto de informaciones almacenadas unas a continuación de otras, en el cual se puede identificar cada una de ellas por su posición relativa. 24 MAT. Cuadro de números de especie determinada, dispuestos en forma adecuada para facilitar los cálculos: ~ *de multiplicar;* ~ *de logaritmos;* ~ ***pitagórica,*** la de multiplicación de los números dígitos, dispuesta en forma de cuadro. 25 PERSP. Superficie del cuadro donde deben representarse los objetos y que se considera siempre como vertical. 26 *Murc.* Recaudación por el impuesto de acequiaje. -27 *f. pl.* Estado en el juego de damas, o en el de ajedrez, en el cual ninguno de los jugadores puede ganar la partida. 28 Empate o estado de cualquier asunto que queda indeciso: *hacer tablas un asunto; quedar tablas.* 29 Escenario del teatro. 30 fig. Soltura en cualquier actuación ante el público. 31 Barrera de la plaza de toros. 32 ***Tablas reales*** o sólo ***tablas,*** juego muy parecido al chaquete. 33 ***Tablas de la Ley,*** los mandamientos que recibió Moisés en el Sinaí. 34 ***Ley de las XII Tablas,*** en la ant. Roma, fundamento del Derecho romano. -35 ***loc. adv. A raja*** ~, a rajatabla.
FRS. *Hacer ~ rasa de algo,* prescindir o desentenderse de ello, por lo común arbitrariamente. *La Tabla Redonda,* en los libros de caballerías, GALIC. con que se designa a los caballeros que tenían asiento a la *Mesa Redonda* del rey Artús (v. Arturo). SIN. *2* **Tablero.** *7* **Tablilla; tablón,** si es grande y destinada al mismo fin. *19* **Tablar.** *25* **Plano óptico.**
tablachina (de *tablacho*) *f.* Broquel o escudo de madera.
tablacho (de *tabla*) *m.* Compuerta (portón).
tablada *f. Can.* Montaña baja, alargada, y con la cima plana. 2 *Pal.* Espacio en que se divide una huerta para su riego. 3 *And.* y *Amér. Merid.* Lugar despejado en las afueras de una población, donde se reconoce el ganado que se destina al matadero.

tablado (l. *tabulatu*) *m.* Entarimado. 2 Suelo de tablas formado en alto sobre un armazón. 3 Pavimento del escenario. 4 Escenario. 5 Tablao. 6 Armazón de tablas que cubre la escalera del carro. 7 Conjunto de tablas de la cama sobre las que se tiende el colchón. 8 Patíbulo.
SIN. *5* **Tablao.**
tablaje *m.* Conjunto de tablas. 2 Casa de juego.
tablajería *f.* Vicio de jugar en los tablajes. 2 Garito (ganancia). 3 Carnicería (sitio).
tablajero *m.* Carpintero que hace tablados. 2 Cobrador de los tablados para fiestas públicas. 3 Antiguo cobrador de los derechos reales. 4 Garitero (que juega). 5 Carnicero (que vende carne). 6 *Ar.* desp. Practicante.
tablao (vulgarismo por *tablado*) *m.* Tarima o escenario usado para un espectáculo flamenco. 2 p. ext. Local donde se desarrolla este espectáculo.
I) tablar *m.* Conjunto de tablas (cuadro de tierra; bancal de un huerto). 2 Tabla de río. 3 Adral.
SIN. **Tablero.**
II) tablar *tr.* Dividir un terreno, principalmente huertas y jardines, en partes rectangulares para su cultivo, de forma que se facilite el riego.
tablazo *m.* Golpe dado con una tabla. 2 Pedazo de mar o de río, extendido y de poco fondo. 3 *Sal.* Meseta, planicie elevada.
tablazón *f.* Agregado de tablas. 2 Conjunto de tablas con que se hacen las cubiertas de las embarcaciones.
tableado, -da *m.* Conjunto de tablas que se hacen en una tela. -2 *adj.* Que tiene pliegues.
tablear *tr.* Dividir [un madero] en tablas o reducir [las barras cuadradas de hierro] a figura de llanta, pletina o fleje. 2 Hacer tablas [en la tela]. 3 Dividir en tablas [el terreno de una huerta]. 4 Igualar [la tierra] con la atabladera. 5 *Chile.* Dar forma plana [a los trozos de masa] para hacer pan.
SIN. *4* **Atablar.**
tableño, -ña *adj.-s.* De Las Tablas, cap. de la prov. de Los Santos (Panamá).
tableo *m.* Acción de tablear. 2 Efecto de tablear.
tablera *f.* Mujer que pide limosna con las tablillas de San Lázaro.
tablerazo *m.* TAUROM. Golpe contra las tablas de la barrera.
tablería *f.* Comercio que se dedica a la venta de tablas. 2 CARP. Conjunto de tablas.
tablero *adj.* Relativo al madero a propósito para hacer tablas serrándolo. -2 *m.* Tabla o conjunto de tablas unidas por el canto, con una superficie plana y alisada. 3 Tabla (pieza plana rígida). 4 Plancha de material aislante, empleada como soporte de indicadores y controles eléctricos. 5 Tabla cuadrada dividida en cuadritos de dos colores para el ajedrez, las damas y otros juegos. 6 Mostrador (en tiendas). 7 Garito (lugar). 8 Mesa grande en que cortan los sastres. 9 Tablar. 10 Suelo bien cimentado de una represa en un canal. 11 Cuadro de madera pintado de negro que se usa en las escuelas en lugar de encerado. 12 Especie de petrel, muy parecido a la gaviota. 13 ARQ. Plano resaltado para ornato de algunas partes del edificio. 14 ARQ. Ábaco (del capitel). 15 CARP. Tablazón de cuadros de una puerta o ventana. 16 CARP. ~ ***contador,*** ábaco (cuadro de madera). 17 DEP. Tabla, plancha de madera o de cualquier otro material en la que se fija la canasta del juego del baloncesto. 18 ~ ***de damas,*** planta liliácea venenosa, perenne, de hasta 50 cms. de altura con cuatro o cinco hojas lineares y acanaladas; las flores, solitarias y acampanadas, de color rojizo con manchas blancas recuerdan el dibujo de un tablero de damas *(Fribillaria meleagris).* -19 *m. pl.* En la plaza de toros, barrera. -20 *m. Amér.* Salpicadero del automóvil. 21 *Cuba.* Caja de madera de poca altura en que los vendedores ambulantes llevan dulces y otros artículos.
tablestaca *f.* Tablón que se clava en el suelo, provisto de bordes labrados a fin de encajar con otros.
tablestacado *m.* Conjunto de tablestacas que forman una pared hermética, destinada a la protección de muelles fluviales o marítimos.
tableta *f.* Dim. de *tabla.* 2 Madera de sierra de distintas medidas, según la región. 3 Pastilla de chocolate. 4 Pastilla (medicinal). -5 *f. pl.* Tablillas de San Lázaro. -6 *f. Argent.* Alfajor.
SIN. *2* **Tabloncillo.**
tableteado *m.* Efecto de tabletear.
tabletear *intr.* Producir ruido igual o semejante al choque de tablas o tabletas: *el carro tabletea en el camino; tableteaban las ametralladoras.*
tableteo *m.* Acción de tabletear. 2 Efecto de tabletear.
tablilla (dim. de *tabla*) *f.* Tableta. 2 Tabla (para anuncios). 3 Trozo de baranda de la mesa de billar comprendido entre dos troneras. 4 ***Tablillas de San Lázaro,*** tres tablillas unidas por un cordel, que hacían sonar los que pedían limosna para los hospitales de San Lázaro. 5 Llave basculante para el mando de registros en un órgano. 6 *Guat.* Cancha destinada al juego de gallos. 7 *P. Rico.* Matrícula del automóvil.
tabloide (ing. *tabloid* < *tablet*) *m. Amér.* Periódico de pequeño formato, de carácter sensacionalista e información breve, ilustrado con fotografías.
tablón *m.* Aum. de *tabla.* 2 Tabla gruesa: ~ ***de anuncios,*** tabla o tablero, a veces protegido por un cristal o por tela metálica, en que se fijan anuncios, avisos, noticias, etc.; ~ ***de aparadura,*** MAR., el primero del fondo del buque, que va encajado en el alefriz. 3 Tabla de anuncios. 4 fig. Borrachera. 5 *Amér.* Tabla o pedazo de tierra preparado para sembrar.
tablonaje *m.* Conjunto de tablones.
tablonazo *m. Cuba.* Fullería.
tabloncillo *m.* Dim. de *tablón.* 2 Tableta (madera de sierra). 3 Asiento de la fila más alta de las gradas y tendidos de la plaza de toros. 4 Tabla que forma el asiento del retrete. 5 *Cuba* y *P. Rico.* Madera cortada propia para pisos.
tabloza (de *tabla*) *f.* desus. Paleta de pintor.
tabo *m.* Vasija filipina hecha con la cáscara de coco.
tabobo *m. Can.* Abubilla.
taboca *f. Bol.* Canuto que sirve de recipiente.
tabolango *m. Chile.* Insecto díptero que despide un olor fétido *(Paradoxomorpha crassa).*
tabón *m. Burg.* y *Pal.* Terrón, masa compacta de tierra.
tabonuco *m. P. Rico.* BOT. Árbol corpulento de 25 m. de altura de cuyo tronco fluye una resina de olor alcanforado y fuerte; su madera es de textura fibrosa y de regular dureza. Su resina se usa en las iglesias para incienso *(Dacryodes hexandra; D. excelsa).*
tabor (ár. *tabur,* de orig. turco, batallón, escuadrón) *m.* En el antiguo Protectorado Español en Marruecos, unidad de tropa regular indígena perteneciente al ejército español, y compuesta de varias mías o compañías.
tabora *f. Sant.* Charco cenagoso, pantano.
taborga *f. Bol.* Café hervido, sin colar.
tabre *m. Chile.* Tahur.
tabú (voz polinesia que significa sagrado, prohibido) *m.* Prohibición de comer o tocar algún objeto, impuesta por algunas religiones polinesias. 2 p. ext. Cosa que no se puede tocar o decir. -3 *adj.* LING. [palabra] Que no se puede decir debido a una serie de causas de naturaleza psicológica o social. ◇ Pl.: *tabúes.*
REL. *3* **Eufemismo.**
tabuco (orig. incierto; quizá del ár. *tabac,* prisión subterránea) *m.* desp. Aposento pequeño. 2 *S. Dom.* Maleza; matorral.
SIN. *1* **Chiscón, cuchitril,** igualmente desp.
tabulador, -ra *adj.-s.* Que tabula. -2 *m.* Dispositivo que en las máquinas de escribir sirve para formar columnas de cifras o de palabras. -3 *f.* Máquina automática capaz de leer una serie de tarjetas perforadas, contarlas, realizar si es preciso una serie de operaciones elementales, e imprimir directamente lo que ha leído, o el resultado de las operaciones que ha realizado.
I) tabular (l. *-are*) *adj.* De forma de tabla.
II) tabular *tr.* Expresar [valores, magnitudes, conceptos, etc.] por medio de tablas (índices; listas). 2 Acumular los totales de grupos de datos, identificados mediante un indicador común. 3 INFORM. Introducir fichas debidamente perforadas en la tabuladora. 4 INFORM. En una tabuladora, imprimir los totales parciales de los diferentes grupos de tarjetas, así como sus indicadores respectivos.
tabulario *m.* En la ant. Roma, archivos públicos.
tabuquino *m. Extr.* Suero de cabra.
taburete (fr. *tabouret* < fr. ant. *tabour*) *m.* Asiento sin brazos ni respaldo. 2 Asiento con respaldo muy estrecho y guarnecido de vaqueta, terciopelo, etc. 3 Banquillo. -4 *m. pl.* Media luna que había en el patio de los teatros, cerca del escenario, con asiento y respaldo de tabla.
tac *m.* Onomat. de ciertos ruidos acompasados como el latido del corazón; esp. repetido. ◇ No se usa en plural.
I) taca (l. v. **tacca;* probl. del germ. *taikn,* señal) *f. Ar.* y *Ast.* Mancha. 2 *Ar.* y *Ast.* Parte de una cosa con distinto color del general.
II) taca (ár. *taca* < gr. *theke,* armario) *f.* Alacena pequeña. 2 Armario pequeño.

III) taca (fr. *taque,* del bajo al. *tak*) *f.* MIN. Placa del crisol de una forja.
IV) taca (arauc. *thaca*) *f. Chile.* Marisco comestible de concha casi redonda *(Venus dombeyi).*
tacaco *m. C. Rica.* Planta cucurbitácea trepadora *(Cyclanthera Pittieri).*
tacada *f.* Golpe dado con el taco a la bola de billar. 2 Serie de carambolas seguidas sin soltar el taco. 3 Conjunto de tacos de madera que sirven para un uso determinado.
tacalote *m. Méj.* Especie de haba americana *(Entada scandens).*
tacamaca, tacamacha, tacamanaca (probl. náhu.) *f. Méj.* Caraña.
tacamazo *m. Argent.* Empellón, golpe fuerte.
tacana (quechua) *f.* Mineral rico en plata, de color negro. 2 Escalón cultivado en las laderas de la cordillera de los Andes.
tacanear *tr. Argent.* Apisonar, majar, aplastar [algo o a alguien].
tacañamente *adv. m.* Con tacañería.
tacañear *intr.* Obrar como tacaño.
tacañería *f.* Calidad de tacaño. 2 Acción propia del tacaño.
tacaño, -ña (orig. incierto; probl. del hebr. *taqanáh,* reglamento, convenio) *adj.-s.* ant. Astuto, engañoso. 2 Miserable, ruin, mezquino, roñoso.
tacar (de *taca I;* doble etim. *tachar*) *tr.* Señalar [algo] haciendo hoyo, mancha u otro daño. 2 *Colomb.* Atacar un arma de fuego. 3 *Colomb.* Herir [la bola] con el taco en el juego de billar. 4 *Colomb.* Apretar. 5 *Colomb.* Rellenar, repletar. -6 *prnl.* Hartarse. ◇ ** CONJUG. [1] como *sacar.*
tacarigua *f. Salv.* y *Venez.* Nombre vulgar de la palma real. -2 *f. pl. Venez.* Flotadores de madera fofa que se ponen a ciertas embarcaciones en la borda para impedir que zozobren.
tacarpo (quechua *takallpu*) *m. Perú.* Puntal para ahoyar la tierra.
tacatá *m.* Andador de niños.
tacataca *m.* Tacatá.
tacazo *m.* Golpe dado con el taco.
taceta (dim. de *taza*) *f.* Calderito de cobre para el trasiego del aceite en los molinos.
I) tacha (fr. *tache*) *f.* Falta o defecto en una persona o cosa. 2 Clavo mayor que la tachuela común. 3 DER. Motivo legal para desestimar en un pleito la declaración de un testigo.
II) tacha *f.* En la fabricación de azúcar, aparato donde se evapora en vacío el jarabe hasta obtener una masa cristalizada. 2 *Venez.* Tacho.
tachable *adj.* Que merece tacha. 2 Que puede ser tachado o borrado.
tachador, -ra *adj.-s.* [pers.] Que pone tacha.
tachadura *f.* Acción de tachar lo escrito. 2 Efecto de tachar lo escrito.
tachar (v. *tacar*) *tr.* Poner [en una cosa] falta o tacha. 2 Borrar [lo escrito]. 3 Alegar [contra un testigo] alguna incapacidad legal. 4 Culpar, censurar: ~ *a alguno de ligero;* ~ *por su mala conducta.*
SIN. *2* **Rayar, testar, tildar.**
tachero *m. Amér.* Operario que maneja los tachos en la fabricación del azúcar. 2 *Amér.* Hojalatero.
tachigual *m. Méj.* Tejido de algodón.
tachines *m. pl.* fam. Zapatos. 2 vulg. Testículos.
tachirense *adj.-s.* De Táchira, estado de Venezuela.
tachismo *m.* Corriente de arte no figurativo generada en París, de postulados semejantes al expresionismo abstracto estadounidense.
tacho (probl. voz port., de orig. incierto) *m. And.* Cubo para fregar los suelos. 2 *And.* Vasija para lavar la ropa. 3 *Can.* Gallo de pelea pequeño y de patas cortas. 4 *Amér.* Paila grande en que se acaba de cocer el melado y se le da el punto de azúcar. 5 *Amér.* Vasija de metal de fondo redondeado, que se usa gralte. para calentar agua. 6 *Amér.* Hoja de lata. 7 *Argent., Ecuad., Perú* y *Urug.* Cubo de la basura. 8 *Chile.* Cacerola grande de metal.
I) tachón (de *tachar*) *m.* Raya con que se tacha lo escrito. 2 Golpe de galón, cinta, etc., sobrepuesto en la ropa para adornarla.
SIN. *1* **Tildón.**
II) tachón (metátesis del ant. *chatón* < l. v. **plattus;* por influencia de *tacha*) *m.* Tachuela grande, de cabeza dorada o plateada.
tachonar *tr.* Adornar [una cosa], y esp. clavetear [los cofres] con tachones: ~ *de,* o *con, florones de oro.* 2 fig. Salpicar: *el cielo se tachona de estrellas.*
tachonería *f.* Labor de tachones.
tachoso, -sa *adj.* Que tiene tacha o defecto.
I) tachuela (dim. de *tacha,* clavo) *f.* Clavo corto y de cabeza grande. 2 Berruenda (pez). 3 DEP. Lugar empinado del itinerario de una carrera ciclista que constituye un obstáculo poco importante. 4 *Amér.* fig. *y* fam. Tacuaco.
II) tachuela *f. Colomb.* y *Cuba.* Taza de metal que se usa para calentar algunas cosas. 2 *Méj.* y *Venez.* Taza de metal que se tiene en el tinajero para beber agua.
tachuelo *m. Colomb.* Nombre de las especies arbóreas *Berberis glauca* y *Xanthoxylum rigidum.*
tacifiro *m. Guat.* Puñal, cuchillo.
tacís *m. Venez.* Calabozo, especie de hacha corva.
tacita *f.* Dim. de *taza.*
tácitamente *adv. m.* De modo tácito, sin expresión o declaración formal. 2 Secretamente, en silencio.
tácito, -ta (l. *-tu*) *adj.* Callado, silencioso. 2 Que no se oye o dice formalmente, sino que se supone.
CONTR. *2* **Explícito, expreso.** SIN. *2* **Implícito.**
taciturnidad (l. *-itate*) *f.* Calidad de taciturno.
taciturno, -na *adj.* [pers.] Habitualmente callada, silenciosa. 2 Triste, melancólico.
tacizo *m. Colomb.* Calabozo estrecho.
taclia *f. Perú.* Instrumento de labranza indígena que consiste en un palo con puntas de metal o piedra que sirve para romper el terreno.
taclobo *m.* Molusco lamelibranquio de gran tamaño, que abunda en Filipinas y en otras islas del océano Pacífico y cuya concha tiene hermoso aspecto *(Tridacna gigas).*
tacneño, -ña *adj.-s.* De Tacna, c. y dep. del Perú.
I) taco (orig. incierto) *m.* Pedazo de madera, metal u otra materia, corto y grueso: ~ *de alisar.* 2 Pieza de madera o de plástico, de forma más o menos alargada, que se empotra en la pared para clavar en ella clavos o tornillos con el fin de sostener alguna cosa. 3 Cilindro de trapo, estopa, etc., que se colocaba entre la pólvora y el proyectil en las armas de fuego, para que el tiro saliese con fuerza. 4 Cilindro de trapo, estopa, etc., con que se aprieta la carga del barreno. 5 Baqueta (barra). 6 Vara de madera dura con que se impelen las bolas del billar. 7 Canuto de madera con que los muchachos lanzan, por medio del aire comprimido, tacos de papel, bellotas, etc. 8 Volumen de papel formado por las hojas del calendario de pared. 9 fam. Bocado que se toma fuera de las horas de comer. 10 fam. Pedazo de queso, jamón, etc., corto y grueso, que se corta para un aperitivo o una merienda. 11 fam. Trago de vino. 12 fam. Embrollo, lío: *hacerse un* ~. 13 fam. Palabrota, grosería: *soltar tacos.* 14 Lanza usada en el juego del estafermo y en el de la sortija. 15 IMPR. Botador. 16 MAR. Pieza de madera que afianza y reúne dos o más elementos del casco. -17 *m. pl.* fam. Años de edad: *tiene veinte tacos.* -18 *m. Logr.* Trozo grande de pan. 19 *Amér. Merid.* y *P. Rico.* Tacón del calzado. 20 *Amér. Central* y *P. Rico.* Preocupación, temor, inquietud. 21 *Chile* y *P. Rico.* Atasco, impedimento. 22 *Chile.* fig. Persona pequeña, retaco. 23 *Méj.* Tortilla de maíz enrollada con sólo unos granos de sal.
SIN. *2* **Ramplús.** *7* **Tirabala, tiratacos.** *13 v.* **Voto.** REL. *6* **Larga,** el taco más largo del billar.
II) taco, -ca *adj. Cuba* y *P. Rico.* Currutaco. 2 *Cuba* y *P. Rico.* Desenfadado, guapo.
tacógrafo (gr. *táchos,* velocidad + *-grafo*) *m.* Tacómetro que registra la distancia recorrida y la velocidad de un vehículo.
tacómetro (gr. *táchos,* velocidad + *-metro*) *m.* Aparato que indica la velocidad de rotación de un órgano mecánico, gralte. expresada en revoluciones por minuto: *el* ~ *del automóvil.*
SIN. **Cuentavueltas.**
tacón (aum. de *taco*) *m.* Pieza semicircular, más o menos alta, unida exteriormente a la suela del calzado en la parte correspondiente al calcañar. 2 Portamonedas. 3 IMPR. Cuadro formado por unas barras a las cuales se ajusta el pliego al colocarlo en la prensa para ser impreso. 4 MAR. Talón, corte oblicuo en la quilla.
taconazo *m.* Golpe dado con el tacón.
taconear *intr.* Pisar causando ruido, haciendo fuerza con el tacón. 2 fig. Pisar con arrogancia. -3 *tr. Chile.* Henchir, rellenar, recalcar.
taconeo *m.* Acción de taconear, esp. en el baile. 2 Efecto de taconear, esp. en el baile.
tacotal (mej. *tlacotl*) *m. C. Rica* y *Nicar.* Matorral espeso. 2 *Hond.* Lodazal, ciénaga.
tactación *f.* MED. Tacto, exploración de una superficie orgánica con las yemas de los dedos.

táctica *f.* Arte de poner las cosas en orden. 2 Conjunto de reglas a que se sujetan las operaciones militares en el combate. 3 fig. Sistema o habilidad que se emplea para lograr un fin.
REL. *2* v. **Estrategia.** SIN. *3* v. **Tacto.**
táctico, -ca (gr. *tatktikós,* táctico, de *tasso,* poner en orden) *adj.* Relativo a la táctica. -2 *m. f.* Persona que sabe o practica la táctica. -3 *m.* Perito en la táctica militar.
táctil (l. *-ile*) *adj.* Relativo al tacto.
tactismo *m.* Movimiento de la célula en respuesta a un excitante anterior. El tactismo es positivo cuando el movimiento se realiza en dirección al excitante, y negativo en el caso contrario.
SIN. **Taxia.**
tacto (l. *tactu*) *m.* Sentido corporal con el cual percibimos la presión o tracción ejercida sobre la piel o una mucosa y conocemos la forma y extensión de los objetos, su aspereza o suavidad, su dureza o blandura, etc. 2 Ejercicio de este sentido. 3 fig. Habilidad para hablar u obrar con acierto, según la oportunidad, conveniencia, etc. 4 MED. Exploración de una superficie orgánica con las yemas de los dedos, oprimiendo suavemente la parte explorada.
SIN. *2* **Tiento.** *4* v. **Habilidad, tiento, mano izquierda, táctica, política, diplomacia, mundología, sagacidad.**
tacú *m. Bol.* Mortero grande de madera.
tacuacha *f. Cuba.* Mentira, embuste, acción poco correcta.
tacuache *m. Amér.* Aire (mamífero). 2 *Méj.* Zarigüeya. 3 fig. *Cuba.* Mentira.
tacuacín (mej. *tlacuatzin*) *m. Amér.* Zarigüeya.
tacuaco, -ca *adj.-s. Chile.* Rechoncho, grueso y de poca altura. 2 *Chile.* [animal] Que tiene las patas cortas.
tacuara (guaraní) *f. R. de la Plata.* Planta gramínea, especie de bambú americano, de cañas largas y resistentes *(Bambusa tuldoides).*
tacuaral *m. R. de la Plata.* Terreno poblado de tacuaras.
tacuarembó *m. Argent.* Caña larga, delgada y flexible.
tacuaremboense *adj.-s.* De Tacuarembó, c. y dep. del Uruguay.
tacuazín *m. Méj.* Tacuacín.
tacuro *m. Venez.* Cubilete para jugar a los dados.
tacurú (guaraní) *m. Argent., Parag.* y *Urug.* Hormiguero en forma de montículo cónico de tierra arcillosa, que construye en terrenos húmedos y anegadizos una especie particular de termita. 2 *Argent., Parag.* y *Urug.* Insecto que construye este hormiguero *(Bambusa guadua).*
tacuruzal *m.* Lugar donde abundan los tacurúes.
-tad (l. *-tate*) Sufijo que entra en la formación de voces de influencia culta con significación abstracta: *amistad, lealtad, facultad;* su forma vulgar es *-dad* (*bondad*).
tadorna *f.* Ave anátida rara, cuya mandíbula superior es muy cóncava, de pecho blanco, siendo anaranjado el plumaje por debajo de aquél *(Tadorna tadorna).*
taekwondista *com.* Deportista que practica el taekwondo. ◇ Se pronuncia *taecuondista.*
taekwondo *m.* Deporte de lucha coreano. ◇ Se pronuncia *taecuondo.*
tael *m.* Moneda china de plata. 2 Peso us. en Filipinas. ◇ Pl.: *taeles.*
tafanario (ár. *tafar,* ataharre) *m.* fam. *y* p. us. Asentaderas.
tafetán (persa *tafta,* tejido) *m.* Tela delgada de seda, muy tupida: ~ ***inglés,*** o ***de heridas,*** el preparado para servir como aglutinante en la cura de heridas. -2 *m. pl.* fig. Banderas. 3 Galas de mujer.
tafia *f. Amér.* Aguardiente de caña.
tafilete (bereber *tafilelt*) *m.* Cuero bruñido y lustroso, mucho más delgado que el cordobán.
SIN. **Marroquí.**
tafiletear *tr.* Adornar o componer [algo] con tafilete.
tafiletería *f.* Arte de adobar el tafilete. 2 Oficina donde se adoba. 3 Tienda donde se vende. 4 Conjunto de artículos hechos de tafilete.
tafite *m. Méj.* Papirote.
tafo (por metátesis del vulg. *fato,* de *olfato;* por influjo de *tufo*) *m. Ál., León, Logr.* y *Zam.* Tufo, olor fuerte y desagradable.
tafón *m.* Molusco gasterópodo marino *(Taphon striatum).*
tafrinales *f. pl.* Orden de plantas dentro de las hemiascomicétidas, hongos parásitos de vegetales superiores.
tafurea (ár. *taifurea*) *f.* Embarcación muy planuda, para el transporte de caballos.
tagalo, -la *adj.-s.* De una raza indígena que vive en la isla de Luzón y otras inmediatas del archipiélago filipino. -2 *adj.-m.* Lengua indonesia, oficial de esta nación.
tagarino, -na (ár. *tagrí,* fronterizo) *adj.-s.* Morisco antiguo que vivía entre cristianos.
tagarnia *f. Amér. Central* y *Colomb.* fam. Hartazgo, atracón. 2 *Amér. Central* y *Colomb.* Borrachera.
tagarnina (voz bereber) *f.* Cardillo. 2 fam. Cigarro puro muy malo. 3 *Colomb., Guat.* y *Méj.* Borrachera. 4 *Méj.* Escarcela de cuero.
tagarnioso, -sa *adj. Colomb.* Corrillero, alborotado.
tagarote (ár. *tahorí,* de *Tahort,* en Berbería) *m.* Baharí. 2 fig. Escribiente de notario o escribano. 3 fam. Hidalgo pobre que vive de gorra. 4 Hombre alto y desgarbado. 5 *Amér. Central.* Hombre de pro. 6 *Amér. Central.* Mañoso, abusivo.
tagarotear *intr.* Escribir con letra airosa y rápida.
tagasaste *m. Can.* Arbusto leguminoso, de madera muy dura *(Cytisus pullilans).*
tagllo *m. Perú.* Arado indígena.
I) tagua *f. Amér. Merid.* Corozo, palma. 2 *Amér. Merid.* Palmera que da el marfil vegetal *(Phytelephas macrocarpa).*
II) tagua (arauc. *tahua*) *f. Chile.* Ave acuática de color negro azulado *(Fulica chilensis).*
taguán *m. Filip.* Guiguí.
taguar *tr. Ecuad.* Recoger tagua (marfil vegetal).
taguara *f. Venez.* Taberna de ínfima clase.
taha (ár. *taa,* obediencia, jurisdicción) *f.* Comarca, distrito.
tahalí (ár. *tahlil,* caja para amuletos) *m.* Tira de cuero que, cruzada desde el hombro derecho hasta el lado izquierdo de la cintura sostiene la espada. 2 p. ext. Pieza de cuero que, pendiente del cinto, sostiene la vaina del puñal, cuchillo, etc. 3 Caja de cuero pequeña para reliquias. ◇ Pl.: *tahalíes.*
SIN. *1* **Tiracol, tiracuello.**
taharal *m.* Tarayal.
tahelí *m.* desus. Tahalí.
taheño, -ña (ár. *thana,* acción de teñir de alheña) *adj.* [pelo] Bermejo. 2 Barbitaheño.
tahitiano, -na *adj.-s.* De Tahití, isla de Oceanía. -2 *adj.-m.* Lengua de Polinesia, que pertenece a la familia maya.
tahona (ár. *atahona,* molino) *f.* Molino de harina movido con caballería. 2 Panadería (establecimiento). 3 *Cuba.* Tajona, tambor africano. 4 *Ecuad.* Especie de báculo largo del que se sirven los viajeros, esp. para surcar los ríos.
SIN. **Atahona,** muy usado en los clásicos, pero hoy inusitado.
tahonero, -ra *m. f.* Persona que tiene tahona. -2 *f.* Mujer del tahonero.
tahuanacota *adj.-s.* De Tahuamanu, prov. del dep. de Pando (Bolivia).
tahúlla *f. Alm., Gran.* y *Murc.* Medida agraria, equivale a 11 áreas y 18 centiáreas.
tahúr, -hura (orig. incierto; quizá armenio) *adj.-s.* Jugador, fullero. -2 *m.* El que frecuenta las casas de juego.
SIN. **Cuco, chamarillero.**
tahurería *f.* Casa de juego. 2 Vicio del tahúr. 3 Modo de jugar con trampas y engaños.
tahuresco, -ca *adj.* Propio de tahúres.
taibola *f. La Mancha.* Huronera.
taichino, -na *adj.-m.* Familia de lenguas chinotibetanas, habladas en el sudeste de Asia.
taifa (ár. *taifa,* destacamento) *f.* Bandería, parcialidad: *reyes de taifas.* 2 fam. Reunión de personas de mala vida. 3 *Can.* Baile populachero en local cerrado y no de mucha etiqueta, en el que se cobra un estipendio.
taiga (ruso) *f.* En fitogeografía, selva del norte de Rusia y Siberia, de subsuelo helado y formada en su mayor parte de coníferas. 2 Vegetación característica de esta selva.
tailandés, -desa *adj.-s.* De Tailandia, nación de la península asiática de Indochina.
taima *f.* Taimería. 2 *Chile.* Murria, emperramiento.
taimado, -da (port.) *adj.-s.* Astuto, bellaco, pícaro, disimulado, ladino. 2 *Chile.* Amorrado, temoso. 3 *Argent.* y *Ecuad.* Perezoso.
taimarse *prnl. Argent.* y *Chile.* Amorrarse, obstinarse. 2 *Argent.* y *Chile.* Hacerse taimado. ◇ **CONJUG. [15] como ***aislar.***
taimería *f.* Picardía, malicia, astucia.
SIN. **Cuquería.**
taina *f. Guadal.* y *Sor.* Tinada para el ganado. 2 *Áv., Pal., Sal., Seg.* y *Vallad.* Coz o patada. 3 *Áv., Pal., Sal., Seg.* y *Vallad.* Daño producido por la coz. 4 *Áv., Pal., Sal., Seg.* y *Vallad.* Patada que da una persona moviendo el pie hacia atrás.
tainada *f. Guad., Murc.* y *Sor.* Tenada o tinada.

taíno, -na *adj.-s.* De una de las tribus que habitaron en el Alto Orinoco y en las Antillas. -2 *adj.-m.* Lengua de estos indígenas. -3 *adj. Ecuad.* Zaino, color castaño.

taira *f.* Mustélido del Paraguay *(Mustela galera).*

taire *m. Jaén, La Mancha* y *Sor.* Cachete, bofetón.

taita (l. *tata,* padre) *m.* Nombre infantil con que el niño designa o acaricia a sus padres, etc. 2 *Can.* Idiota, sinvergüenza. 3 *Ant.* Tratamiento que suele darse a los negros ancianos. 4 *Argent., Chile* y *Parag.* Tratamiento que se da al padre o jefe de familia o a los seres que merecen tal consideración. 5 *Argent.* Entre los gauchos, matón. 6 *Venez.* Padre o jefe de la familia.

taitabuico *m. Cuba.* Plátanos verdes fritos, machacados con chicharrones de puerco.

taitetú *m. Bol.* Variedad del pécari o jabalí que anda en tropa *(Dicotyles* sp.*).*

taitón, -tona *m. f. Cuba.* Nombre que se da a los abuelos, en el interior de la isla.

I) taja *f.* Armazón que se pone sobre el basto para sujetar mejor la carga. 2 *León.* Tabla de lavar.

II) taja *f.* Cortadura o repartimiento. 2 Tarja.

tajá (voz indígena) *m. Cuba.* Ave trepadora, especie de pájaro carpintero *(Xiphidiopicus percussus).*

tajada *f.* Porción cortada de una cosa. 2 Trozo de carne en un guisado. 3 fam. Ronquera, tos ocasionada por un resfriado. 4 fam. Borrachera. 5 fig. *Sacar ~,* conseguir alguna ventaja.

tajadera *f.* Cuchilla a modo de medialuna. 2 Herramienta parecida al cortafrío provista de un mango, que sirve para trabajar o allanar una superficie plana. 3 Cortafrío. 4 Tajito o trozo de madera que suelen tener las horteras, y sobre el cual se coloca la carne que se ha de cortar. -5 *f. pl. Ar.* Compuerta para detener la corriente del agua.

tajadero *m.* Tajo (pedazo de madera) en que se pica o corta la carne.

tajadilla *f.* Dim. de *tajada.* 2 Plato compuesto de tajadas de livianos guisados. 3 *And.* Porción pequeña de limón o naranja que se vende para los bebedores de aguardiente.

tajado, -da *adj.* Cortado verticalmente: *costa tajada.* 2 BLAS. V. escudo ~.

tajador, -ra *adj.-s.* Que taja. -2 *m.* Tajo (pedazo de madera). 3 Cuchilla, semejante a un raspador, que se utiliza para cortar materias laminadas blandas, tales como el cuero, cartón, chapa de plomo, etc. 4 *Áv.* Plato de madera con tajadera para picar la carne.

tajadura *f.* Acción de tajar. 2 Efecto de tajar.

tajalán, -lana *adj. Cuba.* fam. Holgazán.

tajaleo *m. Cuba.* Comida. 2 *Cuba.* Confusión, escándalo.

tajalón, -lona *m. f. S. Dom.* Muchacho muy crecido.

tajamanil *m. Méj.* Tejemani.

tajamar *m.* Tablón curvo, ensamblado en la parte exterior de la roda, para hender el agua cuando el buque marcha. 2 ARQ. Parte de fábrica que se adiciona a las pilas de los puentes para que corte el agua de la corriente. 3 *Amér. Central* y *Chile.* Malecón, dique. 4 *Amér.* Presa, balsa, jagüel. 5 *Argent.* Zanjón en las riberas de los ríos para amenguar el efecto de las crecidas.

SIN. *2* **Espolón.**

tajamiento *m.* Tajadura.

tajante *m.* Carnicero (que vende carne). -2 *adj.* Cortante. 3 fig. Completo, total, sin término medio: *separación, diferencia ~ entre dos ideas, sistemas.*

tajaplumas *m.* Cortaplumas. ◇ Pl.: *tajaplumas.*

tajar (l. v. *taleare,* cortar < *talea,* tallito que se raja y trasplanta) *tr.* Dividir, cortar [una cosa] en dos o más partes. 2 Cortar [la pluma de ave] para escribir. -3 *prnl.* fam. Embriagarse.

tajaraste *m.* Baile popular canario.

tajarría *f. Cuba* y *P. Rico.* Ataharre, pellica.

tajea *f.* Atarjea. 2 Obra de fábrica, pequeña, para dar paso al agua por debajo de un camino.

tajeadura *f. Amér.* Cicatriz grande.

tajear *tr. Amér.* Hacer tajos con un instrumento cortante.

tajero *m.* Tarjador.

tajibo (guaraní *tayí*) *m. Argent.* y *Bol.* Tayuyá.

tajo *m.* Corte hecho con instrumento adecuado. 2 Filo (arista). 3 Escarpa alta y cortada casi a plomo. 4 Pedazo grueso de madera, por lo regular afirmado sobre tres pies, para partir y picar la carne sobre él. 5 Trozo de madera sobre el cual se decapitaba a los condenados. 6 Tarea. 7 Tajuelo (asiento). 8 Sitio hasta donde llega en su faena la cuadrilla de operarios que trabaja avanzando sobre el terreno. 9 ESGR. Corte que se da con la espada llevando el brazo de derecha a izquierda. 10 *Zam.* Tabla de lavar. 11 *Colomb.* y *Venez.* Camino de herradura. 12 *P. Rico.* Caballo que, siendo de inferior categoría, suele ganar por casualidad o por medio de algún ardid. 13 *P. Rico.* fig. Estafa, engaño. 14 *S. Dom.* Pedazo de carne.

SIN. *5* **Picador, tajadero, tajador, tajón.**

tajón (aum. de *tajo*) *m.* Tajo (pedazo de madera). 2 Madero de menor longitud que la que por el marco le corresponde. 3 Mesón. 4 *And.* Vena de piedra de que se hace la cal.

tajona *f. Cuba.* Canto popular, variante del danzón.

tajonear *intr. C. Rica.* Callejear.

tajoneo *m. Cuba.* Impaciencia de un caballo para arrancar.

tajonero *adj. P. Rico.* [gallo] Que en la pelea mueve de un lado a otro la cabeza, mientras la sostiene muy baja, para evitar que el contrario la pique.

tajú *m. Filip.* Cocimiento de té, jengibre y azúcar que sirve de desayuno a los indígenas.

tajuela (l. *taleola*) *f.* Tajuelo. 2 *Extr.* y *Zam.* Pieza de madera donde se arrodillan las mujeres para lavar y fregar.

tajuelo *m.* Dim. de *tajo.* 2 Asiento rústico, gralte. de tres pies. 3 Tejuelo (en mecánica).

SIN. *2* **Tajo.**

tajugo *m. Ar.* Tejón, mamífero.

tajurear *intr. P. Rico.* Traficar con malas mañas.

tajureo *m. P. Rico.* Treta, engaño.

tal (l. *tale*) *adj. pron.* Se aplica indefinidamente a las cosas para determinar en ellas lo que por su correlativo se denota: *~ fin será ~ cual ha sido su principio.* 2 Tanto, tan grande, expresando algún matiz ponderativo o despectivo: *~ falta no la puede cometer un varón.* 3 Igual, semejante [conteniendo siempre una significación implícita de manera]: *~ cosa jamás se ha visto;* tiene también carácter de adj. o pron. demostrativo: *~ origen tuvo su ruina;* como demostrativo neutro equivale a semejante cosa: *no haré yo ~.* 4 Especifica lo no especificado: *haced tales y tales cosas y acertaréis;* aplicado a un nombre propio equivale a poco conocido: *un ~ Cárdenas.* -5 ***pron. indef.*** Alguno: *~ habrá que lo sienta así.* -6 ***adv. m.*** Así, de esta manera, de tal suerte: *~ estaba con la lectura de estos libros.* 7 Precedido de los adverbios *sí* o *no* en la réplica, refuerza la afirmación o la negación. -8 ***conj.*** En correlación con *cual, como, así como,* etc., sirve para enlazar oraciones comparativas de cantidad y equivale a *tanto, tantos,* etc.: *tales riquezas dará, cual nunca un padre dió para sus hijos;* o comparativas de modo en concurrencia con *así* y significando *de igual modo o asimismo: cual suele Marte marchar a la guerra, tales iban ellos al combate; ~ como me lo contaron te lo cuento.* 9 En correlación con la conj. *que* enlaza oraciones consecutivas significando *de ~ manera: ~ me habló que no supe qué responder.* 10 ***Con ~ que, conj. condic.,*** en el caso de que: *te acompañaré con ~ que no llueva.* 11 ***~ cual,*** epxr. concesiva: *esta casa, ~ cual es, la prefiero a la otra;* significa también uno que otro, en corto número: *no acude más que ~ cual arriero;* pasadero, mediano: *es un muchacho ~ cual;* como m. adv. significa así así, medianamente: *trabaja ~ cual.* 12 ***~ para cual,*** expr. con que se denota igualdad o semejanza entre dos personas: *ambos son ~ para cual.*

I) tala *f.* Acción de talar. 2 Efecto de talar. 3 MIL. Defensa formada con árboles cortados por el pie y colocados a modo de barrera. 4 *Chile.* Acción de pacer los ganados la hierba que no se alcanza a cortar con la hoz. 5 *P. Rico.* Huerta o huerto. 6 *Venez.* Hacha.

II) tala (probl. del quechua *tára*) *f. Argent., Bol., Parag.* y *Urug.* Árbol de la familia de las ulmáceas, de madera blanca y fuerte. La raíz sirve para teñir, y las hojas, en infusión, tienen propiedades medicinales. Su fruto es comestible *(Martensis tala).*

III) tala (orig. incierto; probl. del port.) *f.* Juego de muchachos, en el que se hace saltar con un palo un husillo de madera. 2 Este husillo.

SIN. *4* **Toña,** muy usado.

talabarte (prov. ant. *talabart,* escudo grande que cubre todo el cuerpo) *m.* Cinturón de que cuelgan los tirantes de la espada o el sable.

talabartería *f.* Tienda o taller de talabartero.

talabartero *m.* Guarnicionero que hace talabartes y otros correajes.

talabricense (l. *Talabriga*) *adj.-s.* De Talavera de la Reina, c. de Toledo.

talache (mej. *tlalli,* tierra, y *hacha*) *m. Méj.* Talacho.

talacho *m. Méj.* Instrumento para escarbar la tierra de forma muy semejante al zapapico.
talador, -ra *adj.-s.* Que tala.
taladrado *m.* Acción de taladrar. 2 Efecto de taladrar.
taladrador, -ra *adj.-s.* Que taladra. -2 *m. f.* Máquina o aparato fijo o portátil usado para hacer agujeros en materiales duros mediante una broca.
taladrar *tr.* Horadar [una cosa] con taladro u otra herramienta. 2 fig. Herir [los oídos] un sonido muy agudo. 3 Penetrar o desentrañar [una materia oscura o dudosa]. 4 fig. Causar [un dolor agudo] un gran sufrimiento [a alguien]. 5 *Colomb.* Robar [a alguien].
SIN. *1* v. **Horadar.**
taladrilla *f.* Barrenillo que ataca al olivo.
taladro (celt. l. *taratru*) *m.* Instrumento agudo o cortante para taladrar. 2 Taladrado. 3 Agujero hecho con el taladro. 4 Broma (molusco). 5 Taladradora.
talaje *m. Argent., Chile* y *Méj.* Pasturaje, lugar destinado a pacer los ganados. 2 *Argent.* Potrero, extensión de campo donde, por haber pastado los ganados en abundancia, sólo quedan las raíces del pasto. 3 *Chile.* Acción de pacer los ganados la hierba en los campos o potreros y precio que por esto se paga.
talama *f.* Especie de cebo animal.
talamate *m. Méj.* Planta medicinal, especie de amate, que crece en los lugares planos.
talamera *f.* Árbol en que se coloca el cimbel (ave).
talamete (dim. de *tálamo*) *m.* MAR. Cubierta que alcanza sólo a la parte de proa.
talamifloro, -ra (de *tálamo*) *adj.-f.* Planta de la subclase de las talamifloras. -2 *f. pl.* Subclase de plantas dicotiledóneas en que los pétalos y estambres aparecen claramente insertos en el receptáculo.
talamite *m.* En las naves antiguas, remero de la fila interior.
tálamo (l. *thalamu* < gr. *thálamos*) *m.* Lugar donde antiguamente los novios celebraban sus bodas y recibían los parabienes. 2 Lecho conyugal y de los desposados. 3 Receptáculo de la flor. 4 BIOL. Parte del encéfalo situada en la base del cerebro.
talamoco, -ca *adj. Ecuad.* Albino.
talán *m.* Sonido de la campana: *¡talán, talán!*
talanquera (ant. *taranquera,* der. de *tranca*) *f.* Valla, pared, o cualquier lugar que sirve de defensa o reparo. 2 fig. Seguridad y defensa. 3 *Colomb.* y *Venez.* Cerca de maporas, cañas o guaduas entretejidas de una manera especial. 4 *P. Rico.* Entre galleros, palanqueta.
talante (gr. *tálanton,* a través del l. v.) *m.* Modo de ejecutar una cosa. 2 Semblante o disposición personal, o estado o calidad de las cosas. 3 Voluntad, deseo, gusto.
talantoso, -sa *adj.* p. us. Que está de buen talante.
I) talar (l. *-are*) *adj.* [vestidura] Que llega hasta los talones. -2 *adj.-m.* Ala que tenía Mercurio en los talones: *los talares de Mercurio.*
II) talar (probl. del germ. **talon,* saquear) *tr.* Cortar por el pie [los árboles]. 2 Destruir o quemar a mano airada [campos, edificios o poblados]. 3 *And.* y *Extr.* Podar [olivos o encinas]. 4 *P. Rico.* Hacer talas o huertos.
III) talar (de *tala* II) *m. Argent.* Terreno plantado de talas.
talas-, v. talaso-.
talasemia (*talas-* + *-emia*) *f.* PAT. Anemia hemolítica hereditaria, que se presenta de modo preferente en individuos de países mediterráneos y se debe a un trastorno cuantitativo en la producción de hemoglobina.
talaso-, talas- (gr. *thálassa,* mar) Elemento prefijal que entra en la formación de palabras con el significado de mar.
talasocracia (*talaso-* + *-cracia*) *f.* Dominio de los mares, o preponderancia que en un país ejercen los marinos sobre las demás clases sociales: *la ~ ateniense.*
talasoterapia (*talaso-* + *-terapia*) *f.* Técnica de curación de ciertas enfermedades mediante el clima y los baños marinos.
talavera *m.* Porcelana que procede de Talavera.
talaverano, -na *adj.-s.* De cualquiera de las poblaciones que tienen por nombre Talavera.
talaya *f. León.* Roble joven. 2 *And.* Atalaya, cerro alto.
talayano, -na *adj.-s.* De Talayán, c. de Filipinas.
I) talayote (mallorquín *talaiot*) *m.* Megalito baleárico semejante a una torre de poca altura.
II) talayote (mej. *tlalli,* tierra + *ayotli,* calabaza) *m. Méj.* Nombre de numerosas plantas asclepiadáceas y sus frutos.
talchocote *m. Hond.* Aceituno (árbol).
talco (ár. *talc*) *m.* Silicato de magnesia, blando, suave al tacto, de textura hojosa, que, reducido a polvo, se usa en farmacia. 2 Lámina metálica muy delgada que se emplea en bordados.
talcoso, -sa *adj.* Compuesto de talco o abundante en él.
talcosquisto *m.* Roca metamórfica formada a partir de rocas magmáticas y dolomías; es de color verde o blanco.
talcualillo, -lla (dim. de *tal cual*) *adj.* fam. Que sale poco de la medianía. 2 fam. Que va experimentando alguna mejoría.
tálea (l.) *f.* Estacada usada en los campamentos romanos.
taled (hebreo *tal-leth* < *tal-let,* cubrir) *m.* Pieza de lana, con que se cubren los judíos la cabeza y el cuello en sus ceremonias religiosas. ◇ Pl.: *taledes.*
talega (ár. *talica,* saco que se cuelga) *f.* Bolsa de tela para llevar o guardar las cosas. 2 Lo que se guarda o se lleva en ella. 3 Bolsa con que las mujeres se preservan el peinado. 4 Culero (bolsa). 5 Cantidad de mil duros en plata. 6 Caudal monetario: *tener muchas talegas.* 7 fig. *y* fam. Pecados que uno tiene que confesar.
talegada *f.* Lo que cabe en una talega. 2 *Ál., And., Logr.* y *Nav.* Costalada.
talegallo *m.* Ave de Australia cuyo nido es una verdadera incubadora *(Catethurus lathami).*
talegazo *m.* Golpe dado con una talega. 2 fam. Caída.
talego (de *talega*) *m.* Saco largo y angosto de lienzo basto. 2 fig. Persona muy ancha de cintura. 3 vulg. Cárcel. 4 fig. *y* vulg. Billete de mil pesetas.
taleguilla *f.* Dim. de *talega.* 2 Calzón usado por los toreros en la lidia. 3 ~ ***de la sal,*** gasto diario de la casa.
talento (l. *-tu* < gr. *tálanton,* plato de la balanza, peso) *m.* Antigua moneda imaginaria, equivalía en Grecia a sesenta minas y en Roma a cien ases. 2 Peso que usaron ant. los griegos. 3 fig. Especial aptitud intelectual, capacidad natural o adquirida para ciertas cosas: *hombre de gran ~.* 4 p. ant. Entendimiento.
talentoso, -sa, talentudo, -da *adj.* Que tiene talento.
talerazo *m. Argent.* Golpe de talero.
talero *m. Amér.* Látigo.
tálero (al. *Táler*) *m.* Ant. moneda alemana de plata, de valor variable.
SIN. **Táller.**
talgo (de *Tren Articulado Ligero Goicoechea Oriol*) *m.* Tren ligero con un solo par de ruedas, independientes, por vagón y con el centro de gravedad bajo, lo cual le permite alcanzar velocidades elevadas.
talguate *m. Guat.* Papada del ganado vacuno; p. ext., piel fláccida de las personas.
talguatudo, -da *adj. Guat.* De carnes pellejosas o fláccidas.
talgüén *m. Chile.* Arbusto rámneo de madera colorada, fuerte e incorruptible *(Talguenea costata).*
talidad *f.* Condición de ser tal, con las determinaciones que caracterizan a una persona.
taliforme *adj.* De forma de talo.
talingo *m.* Pájaro de color negro *(Crotophaga sulcirostris).* 2 *Pan.* Hombre negro.
talio (gr. *thallós*) *m.* Elemento metálico poco común, de color blanco de plata, que se vuelve gris en presencia del aire. Su símbolo es *Tl,* su número atómico es 81 y su peso atómico 204,39.
talión (l. *talione*) *m.* Pena en que el delincuente sufre un daño igual al que causó.
talionar *tr.* Castigar con la pena del talión.
talisayo *adj. Cuba* y *Venez.* [gallo indio] Que tiene plumas amarillas en las alas y el cuello, y negra la pechuga.
talismán (a través del fr., del persa *tilismat;* pl. de *tilism* < gr. bizantino *télesma,* rito) *m.* Carácter, figura o imagen a la cual se atribuye una virtud sobrenatural. 2 Objeto al que se atribuye un pretendido poder sobrenatural.
SIN. **Amuleto,** talismán que se lleva encima.
talizardo, -da *adj.-s. S. Dom.* Ave gallinácea de un determinado color.
I) talla *f.* Obra de escultura, esp. en madera. 2 Estatura del hombre: *tiene poca ~.* 3 Marca (instrumento). 4 Cantidad ofrecida por el rescate de un cautivo o la prisión de un delincuente. 5 En ciertos juegos de naipes, mano (lance entero). 6 Operación para extraer los cálculos de la vejiga. 7 Cantidad de moneda que ha de ser producida por cierta unidad de peso del metal que se acuñe. 8 fig. Altura moral o intelectual. 9 En joyería, acción o efecto de tallar o labrar piedras preciosas. 10 IMPR. Incisión que hace el grabador en la plancha con el buril. 11 METAL. Procedimiento

para labrar los dientes de las ruedas y piñones dentados. 12 TECN. Labra del vidrio. 13 *Ar.* Tara o tarja para ajustar cuentas.
SIN. *4* **Tallón.**

II) talla (it. *taglia,* polea) ***f.*** MAR. Polea o aparejo que sirve para ayudar ciertas faenas.

III) talla *f. And.* Alcarraza. 2 *Can.* Vasija grande de barro. 3 *Amér. Central.* Mentira. 4 *Argent.* y *Chile.* Charla, palique. 5 *Colomb.* Zurra, paliza. 6 *S. Dom.* Monte, juego de naipes.

I) tallado, -da ***adj.*** [con los adv. *bien* o *mal*] De buen o mal talle. -2 ***m.*** Acción de tallar. 3 Efecto de tallar. 4 Técnica escultórica de trabajar la madera o cualquier otra materia leñosa.

II) tallado, -da ***adj.*** BLAS. [ramo y flor] Con tallo de diferente esmalte.

tallador ***m.*** Grabador en hueco o de medallas. 2 El que talla a los quintos. 3 *Argent.* En las jugadas de naipes, el que talla la baraja o la lleva.

talladura ***f.*** Entalladura.

I) tallar (der. del l. *talea,* vástago) ***adj.*** Que puede ser talado o cortado: *monte ~*. -2 ***m.*** Soto o bosque en que se puede hacer la primera talla. 3 Monte que se está renovando. 4 Clase de peine pequeño.

II) tallar (probl. del it. *tagliare*) ***tr.*** Dar forma [a alguna cosa] o elaborarla cortando en ella; hacer obras de talla o escultura: *~ una imagen;* labrar piedras preciosas: *~ un diamante;* abrir metales, grabar en hueco: *~ un grabado.* 2 Tasar, apreciar, valuar: *~ la cosecha.* 3 Medir la estatura [de un hombre]. 4 Llevar [la baraja] en determinados juegos. -5 ***intr.*** Cargar de tallas o impuestos. 6 fam. Llevar la parte principal en una conversación o debate y, p. ext., en cualquier asunto. 7 *Argent.* Charlar, conversar. 8 *Colomb.* Molestar [a alguien]. 9 *Chile.* Cortejar, hablar de amores un hombre y un mujer.
SIN. *1* **Entallar.** *2* v. **Valorar.**

tallarín (de *tallar,* cortar) ***m.*** Tira larga y estrecha de pasta de macarrones cocidos, que se emplean para preparar diversos platos: *tallarines a la cazuela.*

tallarola ***f.*** Cuchilla muy fina para cortar la urdimbre de la tela del terciopelo.

talle (de *tallar* II) ***m.*** Disposición del cuerpo humano. 2 Cintura y parte del vestido que le corresponde. 3 Forma que se da al vestido, cortándolo y proporcionándolo al cuerpo. 4 Medida tomada para un vestido o traje, comprendida desde el cuello a la cintura, tanto por delante como por detrás. 5 fig. Traza, apariencia. 6 *Chile.* Justillo, almilla interior sin mangas que usan las mujeres.

tallecer ***tr.-prnl.*** Entallecer. 2 Echar tallos las semillas, bulbos o tubérculos de las plantas. ◇ ** CONJUG. [43] como ***agradecer.***

I) taller (fr. *atelier*) ***m.*** Oficina donde se hace un trabajo manual. 2 Departamento o sección de una industria donde se realizan determinadas operaciones, generalmente auxiliares, del proceso de fabricación. 3 Estudio del pintor o escultor. 4 ***Taller del escultor,*** constelación austral situada entre el Aparato Químico y el Pez austral. 5 Conjunto de colaboradores de un maestro pintor o escultor. 6 fig. Escuela o seminario de ciencias.
SIN. *1* **Obrador.**

II) taller (fr. *tailloir*) ***m.*** Vinagreras.

táller ***m.*** Tálero.

tallerina ***f.*** Molusco bivalvo de concha pequeña con forma de triángulo isósceles. Posee dos sifones largos que utiliza para tantear el fondo y recoger las partículas alimenticias *(gén. Tellina).*

tallero, -ra ***m.*** *Can.* Mueble donde se pone la talla (vasija). -2 ***adj.*** *Chile.* Mentiroso.

talleta ***f.*** *Amér.* Especie de alfajor.

tallista ***com.*** Persona que hace obras de talla.

tallo (l. *thallu* < gr. *thallós*) ***m.*** Parte del aparato vegetativo de las plantas cormofitas que crece en sentido contrario al de la raíz y lleva las hojas y los órganos reproductores. 2 Parte aérea de la planta cuando empieza a brotar de la semilla, el bulbo o el tubérculo. 3 Renuevo (vástago). 4 Trozo confitado de calabaza, melón, etc. 5 *And.* y *Murc.* Churro, tejeringo. 6 *Colomb.* Bretón o col. 7 *Chile.* Bohordo o tallo floral de los cardos.
SIN. *1* **Tronco,** el ~ de los árboles y arbustos; **troncho,** el de las hortalizas.

tallón ***m.*** Talla (cantidad). 2 *Colomb.* Señal que deja una zurra, un golpe o roce.

talludo, -da ***adj.*** Que tiene tallo grande. 2 fig. Crecido y alto. 3 fig. [pers.] Que va pasando de la juventud. 4 fig. [pers.] Que, por estar acostumbrado a una cosa, tiene dificultad en dejarla.

talma (de *Talma,* 1763-1826, trágico francés) ***f.*** Especie de esclavina usada como abrigo.

talmente ***adv. m.*** De tal manera, así.

talmud (voz hebrea) ***m.*** Libro que contiene una vasta compilación de la doctrina tradicional de los judíos.

talmúdico, -ca ***adj.*** Relativo al Talmud.

talmudista ***com.*** Persona que profesa la doctrina del Talmud.

I) talo (gr. *thallós,* rama corta, retoño) ***m.*** Cuerpo de una planta de estructura homogénea indiferenciada o con diferencias muy secundarias.

II) talo ***m.*** *Ál., Nav., Sant.* y *Vizc.* Torta de masa de harina de maíz sin fermentar, cocida sobre ascuas.

talofítica ***adj.*** Arrizofita.

talofito, -ta (*talo* + *-fito*) ***adj.-m.*** Planta del grupo de los talofitos. -2 ***m. pl.*** Grupo de plantas que poseen talo, es decir, las que tienen un conjunto de células sin diferenciar en tejidos; como algas, líquenes y hongos.

I) talón (l. v. *talone* < l. *talus,* talón) ***m.*** Calcañar: ***apretar los talones,*** fig., echar a correr; ***pisarle a uno los talones,*** fig., seguirle de cerca, emularle con buena fortuna; *~* ***de Aquiles,*** fig., punto vulnerable o débil de algo o de alguien. 2 Parte del calzado que cubre el calcañar. 3 Pulpejo. 4 Parte inferior del arco del violín e instrumentos parecidos. 5 Borde reforzado de la cubierta del neumático, que encaja en la llanta de hierro de la rueda. 6 Documento cortado de un talonario; cheque. 7 En la navaja albaceteña, parte de la hoja inmediata al mango. 8 Mesón. 9 ARQ. Moldura sinuosa convexa por arriba y cóncava por abajo. 10 MAR. Corte oblicuo en la extremidad posterior de la quilla. 11 MAR. Ángulo de inclinación de un buque, respecto de la vertical. 12 *Murc.* Añadidura en las medidas de trigo.

II) talón (fr. *étalon*) ***m.*** Patrón monetario.

talonada ***f.*** Golpe dado en la cabalgadura con los talones.

talonado, -da ***adj.*** *Amér.* Relativo al libro talonario.

talonario, -ria ***m.*** Libro que sólo contiene recibos, cédulas o documentos, de los cuales, cuando se cortan, queda una parte encuadernada para comprobar su legitimidad y para otros efectos. 2 Bloque de hojas impresas, en las que constan determinados datos que a veces han de ser completados por quien las expide, y que pueden separarse de una matriz para entregarlas a otra persona. -3 ***adj.*** p. us. [documento] Que se corta de un talonario.

talonazo ***m.*** Golpe dado con el talón.

taloneador ***m.*** DEP. En el juego del rugby, jugador encargado de talonear el balón en la melé.

talonear ***intr.*** Andar a pie con mucha prisa. -2 ***tr.*** DEP. En el juego del rugby, dar con los talones [al balón] para sacarlo de la melé. 3 *And.* y *Amér.* Incitar el jinete [a la caballería] picándola con el talón.

talonera ***f.*** Refuerzo que se coloca en la parte baja del pantalón. 2 *Colomb.* Parte del calzado que cubre el calcañar. 3 *Chile, Guat.* y *Perú.* Pieza de cuero que se pone en el talón de la bota para asegurar la espuela.

talonesco, -ca ***adj.*** fam. Relativo a los talones.

talpa, talparia (l. *talpa,* topo) ***f.*** Absceso que se forma en lo interior de los tegumentos de la cabeza.

talpetate (náhu *tlalli,* tierra, y *petatl,* estera) ***m.*** *Guat.* Capa terrestre del subsuelo compuesta de barro amarillo y arena fina.

talpetatoso, -sa ***adj.*** *Guat.* [terreno] Abundante en talpetate.

talpuja ***f.*** *Guat.* Terreno talpetatoso usado para el afirmado de las carreteras.

talque (ár. *talc,* talco) ***m.*** Tierra talcosa muy refractaria, usada para hacer crisoles.
SIN. **Tasconio.**

talqueza ***f.*** *C. Rica.* Hierba empleada para cubrir las chozas.

talquino, -na ***adj.-s.*** De Talca, c. y prov. de Chile.

talquita ***f.*** Roca pizarrosa compuesta pralte. de talco.

taltuza ***f.*** *Amér. Central.* Mamífero roedor del tamaño de la rata; es minador y pasa la mayor parte de su vida bajo tierra *(Geomys heterodus).*

talud (fr. *talus* < probl. galo **taluton* < **talos,* frente) ***m.*** Inclinación de un terreno o del paramento de un muro.
REL. **Ataludar,** dar talud a un muro o terreno.

taludín ***m.*** *Guat.* Reptil, especie de caimán.

talvina (ár. *atalbina,* composición de leche) ***f.*** Gachas hechas con leche de almendras. 2 *Can.* Mezcla de agua o leche con gofio o afrecho.
SIN. **Atalvina.**

tamagás ***f.*** *Amér. Central.* Víbora venenosa *(Vipera nigra).*

tamahaq ***adj.-m.*** Tuareg (dialecto).

tamajagua ***m.*** *Ecuad.* Damajagua.

tamal (náhu. *tamalli*) ***m.*** *Amér.* Especie de empanada de harina de maíz envuelta en hojas de plátano o de mazorca del maíz. Su preparación varía según los países. 2 *Amér.* fig. Lío, embrollo, pastel, intriga. 3 *Chile.* fig. Bulto grande, mal formado.

tamalada *f. Méj.* Merienda de tamales; comida en que se sirven esp. tamales, gralte. en reuniones familiares.

tamalayote (náhu *tamalli*, tamal, y *ayotli*, calabaza) *m. Méj.* Calabaza confitera.

tamalear *tr. Méj.* fam. Sobar, manosear [a alguien].

tamalera *f. Bol.* Pañuelo o venda que envuelve la cara cuando se tiene algún dolor en ella. 2 *Méj.* Grupo de gente amante del chismorreo.

tamalería *f. Amér.* Lugar donde se hacen o venden tamales.

tamalero, -ra *m. f. Amér.* Persona que hace o vende tamales. -2 *m. Chile.* El que hace trampas en el juego.

tamanaco, -ca *adj.-s.* De una tribu que habita en las orillas del Orinoco, cerca de la Misión Encaramada. -2 *adj.-m.* Lengua tamanaca.

tamandúa (voz tupí) *m.* Oso hormiguero.

tamango (port. *tamanco*, zueco) *m. Amér.* Calzado rústico de cuero. 2 *Argent., Chile, Parag.* y *Urug.* Calzado viejo deformado. 3 *Argent., Chile, Parag.* y *Urug.* Calzado, en gral.

tamangudo, -da *adj. Argent., Chile, Parag.* y *Urug.* [pers.] Que usa tamangos demasiado grandes.

tamañamente *adv. m.* Tan grande como otra cosa con que se compara.

tamañito, -ta *adj.* Dim. de *tamaño*. 2 fig. Achicado, confuso: *dejar a uno, quedar uno,* ~.

tamaño, -ña (l. *tam*, tan + *magnu*, grande) *adj. comp.* Tan grande o tan pequeño como: ~ *una catedral.* -2 *adj. superl.* p. us. Muy grande o muy pequeño: *es un árbol* ~. 3 Semejante, tal, usado en sentido ponderativo: *le contó tamañas mentiras.* -4 *m.* Volumen o dimensión de una cosa: ~ ***natural,*** el de la imagen de una persona o cosa cuando se representa con las mismas dimensiones del modelo; p. ext., de grandes dimensiones. 5 ~ ***crítico,*** en química nuclear, dimensiones mínimas que debe tener una masa para que pueda producirse una reacción de fisión en cadena.
SIN. *4* **Magnitud, grandor.**

támara (ár. *tamr*, dátiles) *f.* Palmera de Canarias. 2 Terreno poblado de palmeras. -3 *f. pl.* Dátiles en racimo. 4 Leña muy delgada.

tamarao (voz malaya) *m. Filip.* Especie de búfalo más pequeño que el carabao, pero más bravo *(Bubalus mindoreusis).*

tamarear *intr.* Hacer ruido al andar o moverse uno entre la maleza.

tamareo *m.* Movimiento que hace el monte al pasar por él una pieza.

tamaricáceo, -a (l. *tamariscu*, taray) *adj.-f.* Planta de la familia de las tamaricáceas. -2 *f. pl.* Familia de plantas dicotiledóneas que incluye árboles o arbustos de hojas alternas escamosas y enteras; flores pequeñas, blancas o róseas, en racimo, y fruto capsular.

tamarilla *f.* Mata leñosa de la familia de las cistáceas *(Cistus clusti).*

tamarindillo *m. Amér.* Arbusto tropical de la familia de las leguminosas, que se cultiva para forraje *(Aeschynomene americana).*
SIN. **Antejuela** *(Salv.);* **hierba rosario** *(P. Rico);* **huevo de rana** *(Nicar.);* **moriviví bobo** *(P. Rico);* **pegapega** *(Cuba).*

tamarindo (ár. vulg. *tamr hindi*, dátil índico) *m.* Árbol leguminoso, de hasta 30 m. de altura, cuyo fruto, de sabor agradable, se usa como laxante *(Tamarindus indica).* 2 Fruto de este árbol.

tamarino *m.* Mono platirrino de pelaje de color gris, con la cabeza gris clara y el vientre rojizo, y con unos larguísimos bigotes blancos alrededor de la boca *(Tamarinus imperator).*

tamariscáceo, -a, tamariscíneo, -a *adj.-s.* Tamaricáceo.

tamarisco (l. *-cu*) *m.* Taray.

tamaritano, -na *adj.-s.* De Tamarite de Litera, villa de Huesca.

tamariz (l. *-rice*) *m.* Taray.

tamarrazquito, -ta, tamarrusquito, -ta *adj.* fam. Muy pequeño.

tamarugal *m. Chile.* Terreno poblado de tamarugos.

tamarugo *m. Chile.* Árbol leguminoso, especie de algarrobo *(Prosopis juliflora).*

tamaulipeco, -ca *adj.-s.* De Tamaulipas, estado de Méjico.

tamazul (náhu. *tamazulin*) *m. Méj.* Sapo de gran tamaño.

tamba *f. Ecuad.* Paño que usan los indios para cubrirse de la cintura abajo.

tambachi *m. Méj.* Bulto, lío de ropa.

tambal *m. Ecuad.* Carandaí.
SIN. **Tamban.**

tambaleante *adj.* Que se tambalea.

tambalear (de *bambalear* × *temblar*, o *temblequear*) *intr.-prnl.* Menearse una cosa por falta de estabilidad.
SIN. **Trastabillar.**

tambaleo *m.* Acción de tambalear o tambalearse.

tambalisa *f. Cuba.* Planta leguminosa de flores amarillas *(Sophora tomentosa).*

tamban *m. Ecuad.* Carandaí.

tambanillo (de *timpanillo*, dim. de *tímpano*) *m.* ARQ. Frontón sobrepuesto a una puerta o ventana.

tambar *tr. Colomb.* y *Ecuad.* Engullir, tragar [algo].

támbara *f. Burg.* y *Sal.* Rodrigón o tutor que se pone a una planta. 2 *Burg., Logr.* y *Sal.* Támara, leña menuda. 3 *Can.* Támara (palmera y dátil).

tambarilla *f.* Arbusto ericáceo perennifolio de flores, de color púrpura, dispuestas en racimos de dos a diez flores, y hojas alargadas con pubescencia por el envés *(Daboecia cantabrica).*

tambarillo *m.* Arca pequeña o caja con tapa redonda y combada.

tambarria *f. Amér.* Holgorio, parranda. 2 *Colomb.* Acto de acosar o maltratar sin interrupción.

tambau *m. Ecuad.* Tambal.

tambero, -ra (de *tambo*) *adj. Amér. Merid.* Relativo al tambo. 2 *Argent.* Manso, en oposición a bravo; esp. el ganado vacuno. -3 *m. f. Amér.* Dueño del tambo. 4 *Argent.* y *Chile.* Persona que tiene vacas lecheras en una población para vender leche.

también (*tan* + *bien*) *adv. m.* De la misma manera, asimismo, igualmente, que otra cosa ya expresada: *la casa es ~ blanca; nosotros ~ trabajamos;* además: *hay ~ una puerta; yo llegaré* ~.

tambo (quechua *tampu*) *m. Amér.* Venta, parador, que se encuentra en los caminos. 2 *Argent.* y *Urug.* Vaquería. 3 *Parag.* Estaca para amarrar animales.

tambobón *m. Filip.* Panera de piedra para guardar el arroz.

tambocha *f. Colomb.* Hormiga de cabeza roja, muy venenosa.

tambor (ár. *tanbor*, de orig. persa) *m.* MÚS. Instrumento músico de percusión, formado por una caja cilíndrica hueca, con ambas bases cubiertas con piel atirantada y que se toca con dos palillos. 2 Músico que toca el tambor: ~ ***mayor,*** jefe de una banda de tambores. 3 Objeto que por su forma y proporciones recuerda un tambor. 4 Cilindro hueco de hierro para tostar café. 5 Aro de madera sobre el cual se tiende una tela para bordarla. 6 Muro cilíndrico que sirve de base a una cúpula. 7 Tímpano (del oído). 8 Tamiz por donde pasan el azúcar los reposteros. 9 Cilindro giratorio donde van las cápsulas de un revólver. 10 fam. Recipiente de forma cilíndrica que se emplea como envase de diversos productos. 11 Pez marino teleósteo, parecido al lenguado, de color pardo dorado y tamaño pequeño *(Buglossidium luteum).* 12 ~ ***real,*** soldada (pez). 13 ARQ. Aposentillo que se hace de tabiques dentro de otro aposento. 14 ARQ. Cuerpo central del capitel, más abultado que el fuste de la columna. 15 ARQ. Pieza del fuste de una columna cuando no es monolítica. 16 FORT. Pequeña plaza cerrada que forma una especie de cancel delante de las puertas. 17 INFORM. ~ ***magnético,*** cilindro metálico, cuya superficie lateral está cubierta por una capa sensible que le permite almacenar información en forma de polarizaciones magnéticas. 18 MAR. Cilindro de madera en que se arrollan los guardines del timón. 19 MAR. Cajón o cubierta de las ruedas en los vapores. 20 MEC. Rueda de canto liso, ordinariamente de más espesor que la polea. 21 MEC. Disco de acero acoplado a la cara interior de las ruedas. 22 MEC. Rotor de una turbina de reacción. 23 *Argent.* Bombona, recipiente de metal, cilíndrico y de poca altura, en el que se guardan gasas y algodones, por lo común esterilizados. 24 *Cuba.* Pez plectognato que tiene las mandíbulas cubiertas de placas de esmalte, y que puede inflar el cuerpo introduciendo aire en una dilatación del esófago (gén. *Tetrodron).* 25 *Cuba* y *Méj.* Tejido grosero de yute. 26 *Ecuad.* Especie de tamal, de yuca con dulce. 27 *Méj.* Colchón de muelles.
SIN. *1* **Parche; caja,** es ant., de uso gral. en los clásicos. REL. *1* **Rataplán,** onomatopeya de su sonido.

tambora *f.* Bombo o tambor grande. 2 Tambor (instrumento). 3 *Cuba.* Mentira, bola.

tamborear *intr.* Tabalear (golpear).

tamboreo *m.* Acción de tamborear. 2 Efecto de tamborear.

tamborete *m.* Dim. de *tambor*. 2 MAR. Trozo de madera que sujeta dos palos sobrepuestos.

tamboril *m.* MÚS. Tambor pequeño que se toca con un solo palillo. 2 Pez marino teleósteo tetraodontiforme, de color gris o azulado con puntos negros sobre los flancos, de cuerpo oblongo, fusiforme. Puede hinchar su estómago hasta convertirse en hemiesférico *(Lagocephalus lagocephalus).*
SIN. / **Atabal,** hoy p. us.; **tímpano,** evoca la antigüedad clásica o es poét.; **tamborín, tamborino, timbal.**
tamborilada *f.* Tamborilazo.
tamborilazo *m.* fig. *y* fam. Golpe dado al caer en el suelo, esp. el lado con las asentaderas. 2 fig. Manotazo en la cabeza o en las espaldas.
tamborilear *intr.* Tocar el tamboril. 2 Tabalear (golpear). -3 *tr.* Celebrar mucho [a uno]. 4 IMPR. Igualar las letras [del molde] con el tamborilete.
tamborileo *m.* Acción de tamborilear. 2 Efecto de tamborilear.
tamborilero *m.* El que ejerce el arte de tocar el tamboril.
tamborilete *m.* Dim. de *tamboril.* 2 IMPR. Tablita para nivelar las letras de un molde.
tamborín *m.* Tamboril.
tamborino *m.* Tamboril. 2 Tamborilero.
tamboritear *intr.* Tamborilear.
tamboritero *m.* Tamborilero.
tamborito *m.* *Pan.* Baile típico.
tamborrada *f.* *Nav.* Comparsa callejera que desfila al son de varios tambores. 2 *Nav.* Redoble insistente y prolongado de estas comparsas en determinadas festividades y localidades.
tambre *m.* *Colomb.* Presa, azud.
tambú (voz guaraní) *m.* *Argent.* Larva de insecto que los campesinos comen frita.
tambucho *m.* MAR. Escotilla protegida que da acceso a las habitaciones de la tripulación de los barcos. 2 Caja situada encima de las ventanas dentro de la cual se enrollan las persianas.
tamegua *f.* *Guat.* y *Salv.* Acción de limpiar las milpas.
tameme (mej. *tlamama,* el que lleva carga a cuestas) *m.* *Amér.* desus. Cargador indio que acompañaba a los viajeros. 2 *Salv.* Mozo de cuerda.
tamilleo *m.* *Bol.* Operación de raspar del tronco del árbol de la coca el musgo que humedece la hoja.
tamínea, taminia (l. *taminia*) *adj.* V. uva taminia.
tamiz (fr. priv. *tamis*) *m.* Cedazo muy tupido.
tamización *f.* Separación mecánica, mediante tamices, de substancias pulverizadas de diferentes tamaños.
tamizador, -ra *adj.* Que tamiza. -2 *m. f.* Persona que tamiza.
tamizar *tr.* Pasar [una cosa] por tamiz. 2 p. ext. Transparentar. 3 p. ext. Escoger, elegir con cuidado y minuciosidad. ◇ ** CONJUG. [4] como ***realizar.***
tamo (probl. de orig. prerrom.) *m.* Pelusa desprendida del lino, algodón o lana. 2 Polvo o paja menuda de semillas trilladas. 3 Pelusilla que, por falta de aseo, se cría debajo de los muebles. 4 *Ecuad.* Paja de cualquier clase.
tamojal *m.* Terreno poblado de tamojos.
tamojo (metátesis de *matojo*) *m.* Matojo.
tampiqueño, -ña *adj.-s.* De Tampico, c. del estado de Veracruz (Méjico).
tampoco (*tan* + *poco*) *adv. n.* Sirve para negar una cosa después de haberse negado otra.
tampón (fr.) *m.* Caja de tamaño reducido, que contiene un trozo de tela u otro material empapado con tinta, usada para entintar sellos. 2 Rollo de algodón o celulosa absorbente que se introduce en la vagina para que absorba el flujo de la hemorragia menstrual.
tam-tam *m.* Especie de tambor africano. 2 Gongo, batintín.
tamuga *f.* *Amér. Central.* Morral, talego, fardo, red. 2 *C. Rica* y *Salv.* Envoltorio de azúcar, plátano, etc., en hoja de maíz o en corteza de plátano.
tamuja *f.* Hojarasca de los pinos.
tamujal *m.* Terreno poblado de tamujos.
tamujo (de *tamojo*) *m.* Mata euforbiácea, con cuyas ramas se hacen escobas *(Colmetroa buxifolia).*
tamunango *m.* *Venez.* Baile de negros.
I) tan *m.* Sonido o eco de golpear el tambor: *¡tan, tan!*
II) tan (apóc. de *tanto*) *adv. c.* Encarece la significación del adjetivo, adverbio o locución adverbial al que precede: *no seas ~ malo.* -2 ***adv. correlat.*** En correlación con *como* compara denotando igualdad de grado, equivalencia: *~ duro como el hierro.* 3 En oraciones comparativas se usa en correlación con *cuan* o *como: ~ piadoso seréis para querer dar salud, cuan generoso para darla;* en las consecutivas es correlativo de *que: era ~ bueno, que me lo comí todo.* -4 ***loc. adv.*** ***~ siquiera,*** siquiera, por lo menos.
GRAM. Antes de *mejor, peor, mayor, menor, más* y *menos,* se usa el adv. *tanto*, que refuerza la comparación de desigualdad.
III) tan (fr. *tan,* de orig. célt.) *m.* Corteza de encina.
tana *m.* Mamífero insectívoro de las selvas de Borneo y Sumatra, de pequeño tamaño y de color castaño oscuro; se alimenta de insectos y fruta *(Tupaia tana).* -2 *f.* *Méj.* Bolsa de palma tejida.
tanaca (quechua) *f.* *Bol.* Mujer desaliñada.
tanaceto *m.* Hierba lombriguera.
tanagra *f.* Estatuita de arcilla cocida semejante a las halladas en Tanagra, ciudad de Grecia. 2 Ave paseriforme cantora y de plumaje vistoso, que habita en América *(Pyranga* sp.*).*
tanate (mej. *tanatli*) *m.* *Amér. Central* y *Méj.* Zurrón de cuero. -2 *m. pl.* *Amér. Central.* Cachivaches, trastos: ***cargar con los tanates,*** mudarse, marcharse.
tanatear *tr.* *Amér. Central.* Mudarse, marcharse.
tanato- (gr. *thánatos,* muerte) Elemento prefijal que entra en la formación de palabras con el significado de muerte: *tanatofobia, tanatología.*
tanatofobia (*tanato-* + *-fobia*) *f.* Temor morboso a la muerte.
tanatología (*tanato-* + *-logía*) *f.* BIOL. Parte de la biología que estudia la muerte, sus causas y sus fenómenos.
tanatorio *m.* Local destinado a servicios funerarios.
tanay *m.* *Perú.* Zapateo, baile.
tancal *m.* *Colomb.* Bote pequeño con dos proas que manejan con espadilla, gralte. las mujeres, en el pasaje de los ríos.
tancolote *m.* *Méj.* Cesto para transportar mercancías.
tancredismo (de *Don Tancredo,* quinta esencia del torero) *m.* Acción o comportamiento intrépido, arrojado.
tancredístico, -ca *adj.* Perteneciente o relativo al tancredismo.
tanda (orig. incierto; quizá ár.) *f.* Turno. 2 Grupo en que se dividen o alternan las personas o bestias empleadas en algún trabajo. 3 Período de días en que alternativamente se trabaja o descansa en las minas. 4 Número determinado de ciertas cosas de un mismo género: *~ de azotes.* 5 Capa. 6 Tarea (obra). 7 Partida de juego, esp. de billar. 8 *Murc.* Caudal de agua de una acequia. 9 *Amér.* Sección de una representación teatral. 10 *Argent.* Resabio, mala maña.
tandariola *f.* *Méj.* Ruido, escándalo.
tandear *intr.* Distribuir una cosa en o por tandas.
tándem (voz inglesa < l. *tandem,* al fin) *m.* Bicicleta para dos personas. 2 Tiro de una caballería entre las limoneras y delante otra con los tirantes enganchados a las puntas de ellas. 3 fig. Unión de dos personas que tienen una actividad común o que combinan sus esfuerzos. 4 p. ext. *y* fig. Conjunto de dos elementos que se complementan. 5 ELECTR. Conjunto formado por dos o más condensadores variables montados sobre un mismo eje. ◇ Pl.: *tándemes.*
tandeo *m.* Distribución de tandas del agua de riego.
tandero, -ra *m. f.* *Chile.* Persona chancera.
tandilense *adj.-s.* De Tandil (Argentina).
tandista *com.* *Amér.* Persona aficionada al teatro por tandas.
tanela *f.* *C. Rica.* Pasta de hojaldre adobada con miel.
I) tanga *f.* Chito I. 2 *Colomb.* Tunda, zurra.
II) tanga (voz tupí) *m.* Bañador femenino de dos piezas, o sólo la inferior, de dimensiones muy reducidas.
tangado, -da *adj.* fam. Engañado. -2 *f.* fam. Engaño.
tangalear (quechua *tancállay,* enredar) *tr.* *Colomb.* Retardar, demorar. 2 *Colomb.* Embrollar.
tangán *m.* *Ecuad.* Tablero cuadrado suspendido del techo, que se sube y se baja con una cuerda y sirve para colocar en él comestibles.
tángana *f.* Chito I. 2 Alboroto, escándalo. 3 Engaño, fraude.
tanganazo *m.* *Amér.* Garrotazo. 2 *Colomb.* y *P. Rico.* fest. Trago grande de licor.
tanganear *tr.* *Ecuad.* Zurrar, pegar. -2 *intr.-prnl.* *Venez.* Contonear.
tanganillas (en ~) *loc. adv.* Con poca seguridad y firmeza.
tanganillo *m.* Dim. de *tángano*. 2 Objeto para sostener o apoyar una cosa provisionalmente. 3 Palo que se cuelga del cuello de los perros para que no corran tras la caza durante la época de veda. 4 *Pal., Seg.* y *Vallad.* Longaniza pequeña. 5 *Ál.* Juego de la rayuela.
tángano (de *tango,* chito) *m.* Chito I. -2 *adj.* *Méj.* Bajo, achaparrado.

tangar *tr.* fam. Engañar, encubrir. -2 *prnl.* fam. Escaquearse. ◇ ** CONJUG. [7] como *llegar.*
tangará *m. Argent.* Tanagra, pájaro.
tangencia *f.* Calidad de tangente. 2 Contacto entre dos líneas, o entre un plano o línea y una superficie cuando son tangentes.
tangencial *adj.* [línea o superficie] Que es tangente a otra. 2 fig. [idea, cuestión, problema, etc.] Que toca o atañe al asunto de que se trata sin ser esencial a él.
tangente (l., < *tangere,* tocar) *adj.* [línea o superficie] Que toca o tiene puntos comunes con otra sin cortarse: *circunferencias tangentes.* -2 *f.* GEOM. Recta que toca en un punto a una curva o a una superficie: TRIG., ~ ***de un ángulo,*** la del arco que sirve de medida al ángulo; ~ ***de un arco,*** parte de la tangente trazada por uno de los extremos del arco que está comprendida entre este extremo y la prolongación del radio que pasa por el otro extremo.
FR. fig. *Escapar, escaparse* o *irse uno, por la* ~, valerse de un subterfugio o evasiva para salir de un apuro.
tangerino, -na *adj.-s.* De Tánger, c. de Marruecos.
SIN. **Tingitano.**
tangible (b. l. *-bile*) *adj.* Que se puede tocar. 2 fig. Que se puede percibir de manera precisa.
SIN. **Tocable,** se refiere pralte. a las cosas materiales; **palpable** o **tangible,** a lo material o figurado.
tangidera *f.* MAR. Cabo grueso que se da a la reguera para tesarla por la otra banda de donde sale dicha reguera.
tango *m.* Chito I. 2 Baile de origen argentino en compás de dos por cuatro, de movimiento lento y diversidad de pasos, ejecutado por una pareja enlazada, generalmente con acompañamiento de bandoneón. 3 Música y canto de este baile. 4 *Amér.* desus. Fiesta y baile de negros o de gente de pueblo. 5 *Amér.* Música y canto de este baile. 6 *Hond.* Instrumento músico de percusión que usan los indígenas. 7 *Colomb.* Rollo de tabaco.
tangón (fr.) *m.* MAR. Botalón colocado en el costado de proa.
tanguarniz *m. Méj.* Trago de licor.
tanguear *intr. Ecuad.* Caminar ebrio o haciendo eses. 2 *Ant.* y *Colomb.* Bailar el tango. -3 *tr. Colomb.* Hacer rollos de [tabaco].
tanguillo *m.* Variante flamenca del tango; esp., la que tiene su origen en las fiestas de carnaval de Cádiz. 2 *And.* Peonza que se hace bailar con un látigo.
tanguista *com.* Cantor o bailarín en ciertas salas de fiesta. -2 *f.* Bailarina contratada para que baile con los clientes de un local de esparcimiento.
tánico, -ca *adj.* Que contiene tanino. 2 Propio o relativo al tanino.
tanificar (de *tanino* + *-ificar*) *tr.* Añadir tanino al vino. 2 Curtir las pieles con tanino. 3 TECNOL. Tratar alguna cosa con tanino. ◇ ** CONJUG. [1] como *sacar.*
tanilla *f. Ar.* Palo que se pone en las colleras para sujetarlas al yugo.
tanino (fr. *tanin;* relac. con b. l. *tannare,* curtir, de origen desconocido) *m.* Substancia ácida, muy astringente, que se extrae de algunos vegetales y sirve para curtir las pieles y otros usos.
taninole *m. Méj.* Alimento de batata cocida, o bien de calabaza, con leche.
tano, -na *adj. Argent.* desp. Aféresis de napolitano.
tanobia *f. Ast.* Tablón que se coloca al terminar la escalera del hórreo, pero separado de ésta.
tanor, -ra (tagalo *tanor*) *adj.-s.* desus. Filipino indígena que prestaba el servicio de tanoría.
tanoría *f.* Servicio doméstico que prestaban gratuitamente los indígenas de Filipinas.
I) tanque *m.* Propóleos.
II) tanque (ing. *tank*) *m.* Carro de combate. 2 Depósito de agua u otro líquido transportable en un vehículo. 3 Recipiente de gran tamaño, normalmente cerrado, destinado a contener líquidos o gases. 4 MAR. Aljibe (barco). 5 MAR. Recipiente metálico en que se conserva agua a bordo. 6 fig. *y* fam. ~ ***de cerveza,*** jarra grande de dicha bebida. 7 vulg. Persona gruesa o voluminosa. 8 *Can., Gal.* y *Amér.* Estanque, depósito de agua.
SIN. *1* **Carro de combate.**
tanqueta *f.* Tanque de guerra, generalmente dotado de mayor velocidad que éste y mejor movilidad, movido por ruedas y no por cadenas.
tanta (voz quechua y aimara) *m.* Mamífero primate que se caracteriza por presentar una especie de horquilla negra en la cabeza. Es arborícola y nocturno. Se alimenta de frutas e insectos *(Phaner furcifer).* -2 *f. Bol.* y *Perú.* Pan de maíz, borona.
tantalio (de *Tántalo,* personaje mitológico) *m.* Elemento metálico poco común, que se presenta en general unido al niobio. Su símbolo *Ta,* su número atómico 73 y su peso atómico 181,4. Se usa como sustituto del platino en la fabricación de material electrónico y de laboratorio.
tantalita *f.* MIN. Mineral del que se obtiene tantalio.
tántalo *m.* Ave ciconiforme de unos 4 ms. de longitud, de patas delgadas, cuello muy largo, cabeza pequeña y casi desnuda, pico alargado y coloración muy vistosa *(gén. Ibis).*
Tántalo *n. pr.* MIT. Rey de Lidia o de la Paflagonia. Por haber revelado un secreto de Zeus, fue condenado a un suplicio que ha quedado como proverbial: permanecer en medio de un lago, cuya agua le llegaba a la barba y se escapaba de su boca cada vez que acosado por la sed quería beber de ella.
tantán *m.* Batintín.
tantarán, tantarantán *m.* Sonido del tambor o atabal. 2 fig. Golpe violento dado a uno.
tanteada *f. Méj.* Acción mala e inesperada.
tanteado, -da *adj. Méj.* Que sabe distribuir.
tanteador, -ra *m. f.* Persona que tantea, esp. en el juego. -2 *m.* DEP. Aparato en que se marcan los tantos de cada bando o jugador. 3 DEP. fig. Resultado de un partido.
tantear (de *tanto*) *tr.* Medir o parangonar [una cosa] con otra para ver si viene bien. 2 fig. Considerar con reflexión [las cosas] antes de ejecutarlas. 3 fig. Examinar con cuidado [a una persona] para conocer sus cualidades o explorar su ánimo. 4 Calcular aproximadamente [una cantidad, un precio, etc.]. 5 Comenzar un dibujo, trazar sus primeras líneas. 6 Señalar o apuntar los tantos en el juego. 7 DER. Dar [por una cosa], en virtud de cierto derecho, el precio con que se remató en favor de otro en pública subasta. -8 *intr.* Titubear, andar a tientas. -9 *prnl.* DER. fig. Convenirse a pagar la cantidad en que una renta o alhaja está arrendada o se ha rematado en venta.
tanteo *m.* Acción de tantear. 2 Efecto de tantear. 3 Número determinado de tantos que se ganan en el juego. 4 DER. Facultad que, por ley o costumbre jurídica, tiene una persona para adquirir alguna cosa con preferencia a los compradores y por el mismo precio que éstos.
tantico, dim. de *tanto.*
tanto, -ta (l. *tantu*) *pron.-adj. relat.* En correlación con *cuanto* se aplica a la cantidad de una cosa indeterminada o indefinida. -2 *adj. pron. indef. adv. c.* Comparando y en correlación con *como,* significa la misma cantidad: *tengo tantos libros como tú; dame tantos como ayer; trabajamos ~ como tú.* 3 Comparando implícitamente y en correlación con la conj. *que,* significa tal cantidad, en tal cantidad: *tiene tantos libros que no los llega a leer; pide tantos que no sé cómo dárselos; trabajamos ~ que apenas podemos dormir;* como pron. y adv. y con el mismo significado puede usarse en forma absoluta: *no me des tantos; no trabajes ~.* 4 Como pronombre equivale a *eso,* dándole sentido ponderativo: *a ~ arrastra la codicia.* -5 *adv. relat. c.* En correlación con *cuanto* significando la misma cantidad: *~ vales cuanto tienes;* y reforzando la comparación de desigualdad, precede a los adjetivos *mejor, peor, mayor, menor* y a los adverbios *más, menos: es ~ mejor que el otro.* 6 Se usa en oraciones comparativas y consecutivas en correspondencia con *cual, cuanto* (que algunas veces substituye a *como*) y *que: tantas riquezas le dará cual nunca un padre dio a sus hijos; cuantos fueron mis años, tantos serán mis tormentos; menudearon sobre don Quijote aventuras tantas, que no se daban vagar unas a otras* (consecutiva). 7 ***loc. conj.*** ~ ***más (o menos) que,*** con tanto mayor (o menor) motivo que. 8 ~ ***que,*** luego que. 9 ***Por*** ~, por lo que, en atención a lo cual. 11 ***Por lo*** ~, por consiguiente. -12 ***m.*** Cantidad determinada de una cosa: *¿cuánto vale? - Tanto.* 13 Copia que se da de un escrito. 14 En los juegos, fichas con que se señalan los puntos o unidad de cuenta. 15 Cantidad que se estipula respecto de otra: *el ~ por ciento, por docena,* etc. 16 p. us. Pospuesto a un numeral sirve para formar múltiplos y equivale a *veces tanto: seis ~ más de lo que había recibido* por *seis veces ~ más;* ***adj.*** *cal mezclada con tres tanta arena.* 17 *And.* Mojón. -18 ***m. pl.*** Número que se ignora o no se quiere expresar: *a tantos de julio.* 19 DER. ~ ***de culpa,*** testimonio que se libra de una parte de un pleito o expediente cuando resultan pruebas o indicios de responsabilidad criminal, para que acerca de ella se instruya proceso.
FRS. *Al ~ de una cosa,* al corriente, enterado de ella. Por el mismo precio o coste; con tal motivo. *En ~; entre ~,* mientras, ínterin. *En su ~,* guardada proporción, proporcionalmente. *Otro ~,* loc. que se usa para encarecer comparativamente una cosa; *más grave que otro ~,* lo mismo, cosa igual.

Y ~, expresión elíptica con que se manifiesta ponderativamente el asentimiento propio a lo que otro ha dicho. *Apuntarse uno un ~*, dar por averiguado un acierto o un mérito. *Tantos a tantos*, expr. con que se demuestra la igualdad de número dentro de una especie. *Las tantas*, expr. con que se designa cualquier hora muy avanzada. *¡Y tanto!* expr. elíptica con que se manifiesta ponderativamente el asentimiento propio a lo que otro ha dicho.

tantum ergo ***m.*** Estrofa quinta del himno *Pange lingua*, que suele cantarse al reservar solemnemente el Santísimo Sacramento.

tanza ***f.*** Hilo o cuerda que se pone en la caña de pescar.

tañar ***tr.*** Adivinar o descubrir las intenciones o cualidades de una persona; comprender, darse cuenta.

tañedor, -ra ***m. f.*** Persona que tañe un instrumento músico.

tañer (l. *tangere*, tocar, golpear) ***tr.*** Tocar (hacer sonar). -2 ***intr.*** Tabalear (golpear). ◇ ** CONJUG. [38].

tañido ***m.*** Son que se toca en un instrumento. 2 Sonido de la cosa tocada: *el ~ de la campana.*

SIN. **Toque.**

tañimiento ***m.*** Acción de tañer. 2 Efecto de tañer.

taño (emparentado con *tanino*) ***m.*** Casca (corteza).

tao (de *tau*, la *t* gr.) ***m.*** Insignia de los comendadores de la orden de San Antonio Abad y de los familiares de la de San Juan. V. cruz tao.

SIN. **Tau.**

taoísmo ***m.*** Religión de la China, inspirada en los libros del filósofo Lao-Tsé (s. VI a. C.). Se basa en una concepción panteísta del mundo y estimula en sus adeptos un quietismo ideológico.

taoísta ***com.*** Que profesa el taoísmo. -2 ***adj.*** Perteneciente o relativo a este sistema religioso.

I) tapa (probl. del gót. **tappa*, tapón) ***f.*** Pieza que cierra por la parte superior las cajas, cofres, arcas, etc.: *~* ***de los sesos,*** fig., parte superior del cráneo. 2 Cubierta córnea que rodea el casco de las caballerías. 3 Capa de suela del tacón. 4 Cubierta de un libro encuadernado. 5 Compuerta de una presa. 6 Pedazo de jamón, salchichón o chorizo que se sirve con el vino; p. ext., pequeña porción de manjares variados que se sirven como acompañamiento de la bebida: *una ~ de queso.* 7 Carne de ternera que corresponde al medio de la pierna trasera. 8 *Filip.* Tasajo, cecina. 9 *Argent., Chile, Parag.* y *Urug.* Tapón de una vasija. 10 *Bol.* Colmena de avispa cartonera. 11 *Bol.* Nido. 12 *Bol.* p. ext. Habitación desordenada. 13 *Cuba.* Peseta, moneda. 14 *Chile* y *P. Rico.* Pechera de la camisa. 15 *Pan.* Capó.

SIN. *6* **Pincho.**

II) tapa ***f.*** *Hond.* Estramonio, planta.

III) tapa ***m.*** En la Polinesia, tela obtenida a partir de cortezas de árboles.

tapabalazo ***m.*** MAR. Cilindro de madera envuelto en estopa, que se usaba en los barcos de guerra para cerrar los agujeros abiertos por las balas. 2 *Amér.* Bragueta, portañuela. 3 *Pan.* Trencilla ancha que lleva la camisa de la pollera por todo el derredor de la escotadura.

tapabarro ***m.*** *Chile* y *Perú.* Guardabarros.

tapaboca ***m.*** Golpe dado en la boca. 2 Bufanda. 3 fig. Dicho o hecho con que se hace callar a uno.

tapabocas ***m.*** Bufanda. 2 Taco cilíndrico de madera con que se cierra y preserva el ánima de las piezas de artillería. ◇ Pl.: *tapabocas.*

tapacamino ***m.*** *Argent.* y *Bol.* Ave, especie de chotacabras *(Hydropalis segmentata).* 2 *Cuba.* Planta que se extiende mucho *(Psychotria* s.e.d.*).*

tapacete ***m.*** Toldo corredizo que cubre la carroza de un buque. 2 *Amér.* Cortinilla que preserva del sol en los carruajes.

tapachiche ***m.*** *C. Rica.* Insecto, especie de langosta grande, de alas rojas.

tapacosturas (de *tapar + costura*) ***m.*** Cinta de algodón, empleada en la confección de vestidos, para disimular las costuras, al propio tiempo que como motivo ornamental. ◇ Pl.: *tapacosturas.*

tapacubos (de *tapar + cubo*) ***m.*** MEC. Tapa metálica que se adapta exteriormente al cubo de la rueda para cubrir el buje de la misma. ◇ Pl. *tapacubos.*

tapaculo ***m.*** Escaramujo (fruto). 2 *Cád.* y *Cuba.* Pez parecido al lenguado *(Monochir lineatus).* 3 *Argent.* y *Chile.* Pájaro pequeño de color terroso, con una gran mancha blanca en el pecho *(Pteroptochus albicollis).* 4 *Colomb.* Fruto del papayuelo que produce obstrucciones intestinales.

SIN. *3* **Turca.**

tapada ***f.*** Mujer que se tapa con el manto para no ser conocida.

tapadera ***f.*** Parte movible que cubre la boca de alguna cavidad. 2 fig. Persona o cosa que encubre algo de otra.

tapadero ***m.*** Instrumento con que se tapa un agujero o boca de una cosa.

tapadillo ***m.*** desus. Acción de taparse la cara las mujeres con el manto. 2 Registro del órgano. 3 fam. Disimulo con que se disfraza la verdad. 4 ***De ~***, fig., a escondidas.

tapadizo ***m.*** Cobertizo.

tapado, -da ***adj.-s.*** *Amér.* [animal] Sin mancha ni señal alguna en su capa. -2 ***m.*** *Colomb.* y *Hond.* Comida de plátano y carne, asados en un hoyo hecho en la tierra. 3 *Amér.* Abrigo o capa de señora o de niño. 4 *Amér.* Tesoro enterrado. 5 *Colomb.* y *Perú.* Corto de ingenio. 6 *Amér.* Pelea de gallos cuando éstos se llevan tapados a la gallera. 7 *Hond.* En los bailes, última pieza que bailan las mujeres.

tapador, -ra ***adj.-s.*** Que tapa. -2 ***m.*** Tapadera (parte). -3 ***adj.-f.*** Máquina de tapar botellas.

tapadura ***f.*** Acción de tapar. 2 Efecto de tapar.

tapafunda ***f.*** Cubierta de cuero que cierra la boca de las pistoleras. 2 *Argent.* y *Colomb.* Cubierta de la silla de montar.

tapagujeros (de *tapar + agujero*) ***m.*** fig. *y* fam. Albañil de poca habilidad. 2 fig *y* fam. Persona de quien se echa mano para que supla a otra. ◇ Pl.: *tapagujeros.*

tapajuntas (de *tapar + junta*) ***m.*** Listón que tapa la unión de una puerta o ventana con la pared. ◇ Pl.: *tapajuntas.*

tapalcate ***m.*** *Guat.* y *Salv.* Trasto inútil.

tápalo ***m.*** *Méj.* Chal o mantón.

tapalodo ***m.*** *Perú* y *P. Rico.* Guardabarros.

tapamiento ***m.*** Tapadura.

tapanca ***f.*** *Amér.* Gualdrapa de caballo. 2 *Chile.* Nalgas.

tapanco ***m.*** *Filip.* Toldo abovedado hecho con tiras de caña de bambú. 2 *Méj.* Plataforma en lo alto para almacenar trastos, semillas, etc. 3 *Guat.* y *Méj.* Sobrado que tienen las casas con tejado a dos aguas y que se utiliza como depósito.

tapaojo ***m.*** *Amér.* Quitapón, adorno de la cabezada del ganado. 2 *Colomb.* Anteojera que se pone a las caballerías. 3 *Colomb.* fig. Ficción, enredo.

tapapiés ***m.*** Brial (vestido). ◇ Pl.: *tapapiés.*

tapar (v. tapón) ***tr.*** Poner algo para cubrir o llenar [un agujero o cavidad] o para cerrar la comunicación o impedir la salida [en algún objeto o paraje]: *~ una grieta, una botella, un paso.* 2 Poner algo encima [de un objeto] para abrigarlo o protegerlo: *~ los muebles; taparse las espaldas.* 3 fig. Encubrir, ocultar [un defecto]: *~ una fechoría.* -4 ***prnl.*** Cubrir un caballo algún tanto la huella de una mano con la de otra. -5 ***tr.*** *Chile.* Empastar [las muelas].

SIN. *1* **Obturar,** tratándose de una abertura o conducto. *3* v. **ocultar.**

tapara ***f.*** *Argent.* y *Venez.* Fruto del taparo y vasija que se hace de este fruto. 2 *Venez.* fig. ***Vaciarse uno como una ~***, decir todo lo que quiere.

tápara (gr. *kápparis*) ***f.*** Alcaparra.

taparear (de *tapara*) ***tr.*** *Venez.* Ocultar. 2 *Venez.* Curar [a una persona] del vicio de la embriaguez.

taparero ***m.*** *Venez.* Chisme, embrollo.

taparo ***m.*** *Venez.* Güira, árbol. 2 *Venez.* Hombre muy inteligente.

táparo ***m.*** *Colomb.* Yesquero. -2 ***adj.-s.*** *Colomb.* Tuerto. 3 *Colomb.* Torpe, testarudo.

taparrabo, taparrabos (de *tapar + rabo*) ***m.*** Pedazo de tela u otra cosa, a modo de falda, con que se cubren los salvajes. 2 Calzón muy corto usado como traje de baño.

SIN. *1* y *2* **Pampanilla.**

tapasol ***m.*** *Perú* y *Venez.* Quitasol del automóvil.

tapate (mej. *tlapatl* < *patli*, medicina) ***m.*** *C. Rica* y *Hond.* Tapa, planta.

tapatío, -a ***adj.-s.*** De Guadalajara, cap. del estado de Jalisco (Méjico). -2 ***m.*** *Méj.* Termo de tortillas.

tapayagua ***f.*** *Amér. Central* y *Méj.* Llovizna. 2 *Amér. Central* y *Méj.* Nube, esp. la tempestuosa.

tapayagüe ***f.*** *Amér. Central.* Tapayagua.

tape ***com.*** *Argent.* y *Urug.* Indio guaraní. 2 *Argent.* y *Urug.* Persona de tipo aindiado. -3 ***adj.*** *Argent.* y *Urug.* Perteneciente o relativo a los indios guaraníes.

tapegua ***f.*** *Hond.* Trampa o armadijo de caza.

tápena ***f.*** *Murc.* Alcaparra. 2 *Murc.* Botón o flor de esta planta, que se usa como encurtido y entremés.

tapenera ***f.*** *Murc.* Mata de la alcaparra.

tapeque *m. Bol.* Avíos de viaje.
tapequearse *prnl. Bol.* Proporcionarse avíos de viaje.
tapera (guaraní) *f. Amér. Merid.* Ruinas de un pueblo, y habitación en ruinas.
taperujarse *prnl.* Arrebujarse, esp. con desaliño.
taperujo *m.* fam. Tapón o tapador mal hecho o mal puesto. 2 fam. Modo desaliñado de arrebujarse.
tapescle *m. Méj.* Angarillas.
tapesco (mej. *tlapechtli,* cama) *m. Amér. Central* y *Méj.* Especie de zarzo que sirve de cama.
tapeste *m. Méj.* Batea que usan las molenderas para recibir la masa. 2 *Salv.* Variante común del tapesco.
tapestle *m. Méj.* Tapesco.
tapetado, -da (de *tapido*) *adj.-m.* Color oscuro. -2 *adj.* De color tapetado.
tapete (l. *tapete,* de orig. gr.) *m.* Alfombra pequeña. 2 Paño que se pone, por adorno, encima de algún mueble, especialmente de una mesa. 3 fig. ~ ***verde,*** mesa de juego de naipes.
FR. *Estar* o *poner sobre el* ~ *una cosa,* estar discutiéndose o someterla a resolución.
tapeteado, -da *adj. Ecuad.* Caprichoso, terco.
tapetí *m.* Lepórido de Argentina y Brasil parecido al conejo europeo *(Lepus brasiliensis).*
tapetusa *m. Colomb.* Aguardiente de contrabando.
tapia (probl. de un prerrom. **tapia* < onomat. *¡tap!*) *f.* Trozo de pared que de una sola vez se hace con tierra amasada, apisonada en una horma y secada al aire. 2 Pared formada de tapias. 3 Muro de cerca. 4 ALBAÑ. Medida superficial de 50 pies cuadrados.
FR. *Más sordo que una* ~, expr. fig. fam., muy sordo.
tapiador *m.* El que tiene por oficio hacer tapias.
tapial *m.* Molde compuesto de dos tableros, en que se hacen las tapias. 2 Tapia (pared o trozo de pared).
tapialar *tr. Ecuad.* Tapiar, echar tapias, cerrar con tapia.
tapialera *f. Ecuad.* Tapia, tapial.
tapialero *m. Colomb.* El que hace tapias.
tapiar *tr.* Cerrar [algo] con tapias. 2 fig. Cerrar [un hueco, una abertura] con un muro o tabique. ◇ ** CONJUG. [12] como ***cambiar.***
tapicería *f.* Juego de tapices. 2 Oficina donde se guardan. 3 Arte, obra y tienda del tapicero.
tapicero, -ra *m. f.* Persona que tiene por oficio tejer, aderezar o componer tapices. 2 El que tiene por oficio tapizar (con tela).
tapichí *m. Argent.* y *Bol.* Ternero nonato.
tapido, -da *adj.* Tupido, esp. tela.
tapiería *f.* Conjunto de tapias.
tapiero *m. Colomb.* Tapiador.
tapín *m.* Tapa metálica que cierra la boquilla del chifle. 2 MAR. Taquito de madera con que se cubre la cabeza de los pernos o clavos que sujetan a los baos de las tablas de las cubiertas, después de bien embutidas en ellas. 3 *Ast.* y *León.* Tepe, césped.
tapina *f. Extr.* Grifo de madera en las cubas.
tapinga *f. Chile.* Cincha que sujeta el caballo de tiro a las varas del carro.
tapiñar *tr.* vulg. Comer.
tapioca (tupí *tipiog*) *f.* Fécula blanca y granillosa que se extrae de la raíz de la mandioca o yuca, y se usa para sopa. 2 Esta misma sopa.
SIN. **Mañoco.**
tapir (tupí *tapira;* a través del port. o del fr.) *m.* Mamífero ungulado perisodáctilo, con cuatro dedos en las patas anteriores, tres en las posteriores, cola rudimentaria y hocico prolongado en forma de pequeña trompa del que hay varias especies *(gén. Tapirus):* ~ ***americano,*** de unos 2 m. de longitud y 1,40 m. de altura, el pelaje es de color castaño con una crin muy desarrollada; vive en América Central y Meridional *(Tapirus terrestris);* ~ ***asiático*** o ***malayo,*** de unos 2 m. de longitud, de pelaje negro con la parte posterior blanco grisácea *(Tapirus indicus).*
SIN. **Beorí, danta,** ~ americano.
tapírido *adj.-m.* Mamífero de la familia de los tapíridos. -2 *m. pl.* Familia de ungulados perisodáctilos que sólo comprende el tapir.
tapirujarse *prnl.* fam. Taperujarse.
tapirujo *m.* fam. Taperujo.
tapis *m. Filip.* Faja ancha de color oscuro que usan las mujeres filipinas. ◇ Pl.: *tapis.*
tapisca (voz náhu.) *f. Amér. Central* y *Méj.* Recolección del maíz. 2 *Méj.* Cosecha del café.
tapiscar *tr. Amér. Central.* Cosechar el maíz, desgranando la mazorca. ◇ ** CONJUG. [1] como ***sacar.***
tapiz (fr. ant. *tapiz* < gr. bizantino *tapiti;* dim. del gr. *tapes, -etos*) *m.* Paño de lana o seda, con grandes dibujos, con que se adornan gralte. las paredes de las habitaciones. 2 Alfombra.
tapizado *m.* Acción de tapizar. 2 Efecto de tapizar.
tapizar *tr.* Forrar con tela [los muebles o las paredes]. 2 p. ext. Cubrir [la pared o el suelo] con algo que parezca un tapiz. 3 fig. Forrar [una superficie] con algo que se adapte perfectamente a ella. ◇ ** CONJUG. [4] como ***realizar.***
SIN. *3* **Entapizar.**
tapoatafa *m.* Mamífero marsupial parecido a una rata, de larga cola. Se caracteriza por su agilidad y ferocidad, y por mostrar una clara preferencia por la sangre de sus víctimas *(Phascogale tapoatafa).*
tapolcate *m. Guat.* y *Salv.* Tepalcate.
I) tapón (fráncico **tappo,* probl. a través del fr.) *m.* Pieza de corcho, madera, etc., que introducida o adaptada al gollete o boca de ciertas vasijas, intercepta la comunicación de su contenido con el exterior. 2 Acumulación de cerumen en el oído, que puede dificultar la audición y producir otros trastornos. 3 Persona u cosa que produce entorpecimiento u obstrucción. 4 Embotellamiento de vehículos. 5 Pieza colocada en una toma de corriente eléctrica, normalmente a rosca o a bayoneta, que contiene en su interior un fusible; extrayéndola o aflojándola, se interrumpe el paso de corriente por el circuito. 6 fig. *y* fam. Persona muy gruesa y pequeña. 7 CIR. Masa de hilas o algodón con que se obstruye una herida o cavidad del cuerpo. 8 DEP. En el juego del baloncesto, interceptación (acción y efecto) del balón lanzado a canasta, mientras su trayectoria es ascendente. 9 MIN. Obstrucción por materiales de desecho de una canalización. 10 En radiotecnia, circuito resonante constituido por un condensador y una bobina; se utiliza para eliminar o absorber señales de una frecuencia determinada. 11 *Pan.* Trampa enrejillada para cazar pájaros.
II) tapón, -pona *adj. Pan.* Rabón, sin cola.
taponador, -ra *m. f.* Persona que se encarga de taponar botellas en algunas industrias. -2 *f.* Máquina de taponar botellas.
taponamiento *m.* CIR. Acción de taponar. 2 CIR. Efecto de taponar. 3 CONSTR. Obturación de un pozo mediante un tapón de cemento.
taponar *tr.* Cerrar [un orificio, una herida o una cavidad del cuerpo] con tapón. 2 Atascar [algo].
taponazo *m.* Golpe dado con el tapón de una botella al destaparla. 2 Estampido que este acto produce.
taponería *f.* Conjunto de tapones. 2 Establecimiento donde se fabrican o venden tapones. 3 Industria taponera.
taponero, -ra *adj.* Relativo a la taponería: *industria taponera.* -2 *m. f.* Persona que tiene por oficio fabricar o vender tapones.
tapora *f. Bol.* Gallina copetuda.
tapsia (gr. *thapsía*) *f.* Planta umbelífera de cuyas raíces se extrae un jugo usado como revulsivo *(Thapsia garganica).*
SIN. **Zumillo.**
tapucho, -cha *adj. Chile.* Rabón, reculo.
tapujarse *prnl.* fam. Embozarse.
tapujero *m. Guat.* Contrabandista.
tapujo (de *tapa*) *m.* Embozo con que uno se tapa para no ser conocido. 2 fig. Reserva o disimulo con que se disfraza la verdad.
tapujón, -jona *adj.* Que usa de tapujos (disimulos).
tapuso, -sa *adj. P. Rico.* Rabón, reculo.
tapuya *adj.-s.* De unas tribus indígenas americanas que ocupaban casi todo el actual Brasil. -2 *adj.* Perteneciente o relativo a estas tribus.
taque (voz onomat.) *m.* Golpe de una puerta al cerrarse con llave. 2 Ruido del golpe con que se llama a una puerta.
taqué (fr. *taquet*) *m.* MEC. Vástago que transmite la acción del árbol de levas a las válvulas de admisión y de escape del motor.
taquear *intr. Argent.* y *Chile.* Taconear. 2 *Amér.* Jugar al billar. 3 *Cuba.* Vestir con afectada elegancia. 4 *Méj.* Comer tortillas de maíz. -5 *tr. Amér.* Atacar [un arma de fuego]. -6 *tr.-prnl. Amér.* Llenar, atestar, atiborrar. -7 *prnl. Colomb.* Enriquecerse.
taquera *f.* Estante para los tacos del billar.
taquería *f. Cuba.* Desenfado, descaro. 2 *Cuba.* Charranada.
taquero *m. Chile.* Pocero o fontanero que desatasca las alcantarillas.
taqui- (gr. *tachys,* rápido) Elemento prefijal que entra en la formación de palabras con el significado de rápido.
taquia *f. Bol.* y *Perú.* Bosta de llama que suele usarse en las mesetas de los Andes como combustible.

taquiara *f. Colomb.* Pañuelo que usa el guajiro.
taquicardia (*taqui-* + *-cardia*) *f.* MED. Frecuencia excesiva del ritmo de las contracciones cardíacas.
taquichuela *f. Parag.* Juego de los cantillos.
taquigrafía (*taqui-* + *-grafía*) *f.* Arte de escribir tan deprisa como se habla, valiéndose de signos especiales.
SIN. **Estenografía.**
taquigrafiar *tr.* Escribir taquigráficamente [un discurso]. ◇ ** CONJUG. [13] como ***desviar.***
taquigráficamente *adv. m.* Por medio de la taquigrafía.
taquigráfico, -ca *adj.* Relativo a la taquigrafía.
taquígrafo, -fa (*taqui-* + *-grafo*) *m. f.* Persona que por profesión se dedica a la taquigrafía. -2 *m.* Aparato registrador de velocidad.
SIN. / **Estenógrafo.**
taquilla (dim. de *taca* II) *f.* Armario para guardar papeles. 2 Casillero para los billetes de teatro, ferrocarril, etc. 3 p. ext. Despacho de billetes. 4 Recaudación obtenida en este despacho. 5 *C. Rica, Chile, Ecuad.* y *Perú.* Clavillo pequeño, estaquilla. 6 *C. Rica.* Bodega.
taquillaje *m.* Venta de billetes.
taquillero, -ra *m. f.* Persona encargada de un despacho de billetes. -2 *adj.* fig. [espectáculo o artista] Que consigue atraer gran cantidad de público. -3 *m. Amér. Central.* Tabernero.
taquillo *m. Méj.* Barquillo.
taquillón *m.* Aum. de *taquilla.* 2 Mueble popular de diversos estilos, bajo y de mayor longitud que anchura, con puertas y cajones combinados.
taquimeca *f.* fam. Taquimecanógrafa.
taquimecanografía *f.* Arte del taquimecanógrafo.
taquimecanógrafo, -fa (*taqui-* + *mecanógrafo*) *m. f.* Persona que por profesión se dedica a la taquigrafía y a la mecanografía.
taquimetría *f.* Parte de la topografía que enseña a levantar planos por medio del taquímetro.
taquimétrico, -ca *adj.* Relativo a la taquimetría o al taquímetro.
taquímetro (*taqui-* + *-metro*) *m.* Instrumento semejante al teodolito, que sirve para medir rápidamente distancias y ángulos. 2 Velocímetro. 3 Aparato que indica la velocidad, generalmente en revoluciones por minuto, de la máquina en que va instalado.
taquín (dim. de *taco*) *m.* Taba.
taquinero, -ra *m. f. Ar.* Jugador de taba.
taquipnea (*taqui-* + *-pnea*) *f.* MED. Aceleración del ritmo respiratorio, generalmente por encima de 30 respiraciones por minuto.
taquirari (quechua *taqui,* cantar) *m. Bol.* Baile con acompañamiento de tambor y flauta.
I) tara (ár. *tarha,* deducción) *f.* Parte de peso que se rebaja en las mercancías por razón de los embalajes en que están incluidos. 2 Peso sin calibrar que se coloca en un platillo de la balanza para calibrar la misma, o para realizar determinadas pesadas. -3 *f.* Defecto físico o moral, tacha: ~ *fisiológica.* 4 Defecto o mancha que disminuye el valor de algo.
II) tara *f.* Tarja (palo).
III) tara (probl. quechua *tára*) *f. Venez.* Langostón. 2 *Venez.* Mariposa negra y grande que tiene fama de fatídica y siniestra. Hay varias especies *(Morpho menelaus; Pieris brassica).* 3 *Chile* y *Perú.* Arbusto cuyos frutos y hojas sirven para teñir *(Coulteria tinctoria).* 4 *Colomb.* Equis (serpiente).
taraba *f. Colomb.* Estribera, esp. la de aro o el estribo mismo.
tarabilla (orig. incierto) *f.* Cítola. 2 Zoquetillo clavado al marco de una puerta o ventana de forma que las asegure al girar. 3 Listón que mantiene tirante la cuerda del bastidor de una sierra. 4 Telera del arado. 5 fig. Persona que habla mucho y atropelladamente. 6 fig. Tropel de palabras dichas de este modo. 7 Ave paseriforme cantora, de plumaje negro con el pecho rojizo, que se alimenta de insectos y nidifica entre las hierbas *(Saxicola torquata).* 8 *Sal.* Matraca o carraca pequeña. 9 *Argent.* Bramadera, juguete.
tarabita *f.* Palito al extremo de la cincha, por donde se aprieta la correa. 2 *Amér. Merid.* Maroma por la cual corre la oroya en que van personas o carga para atravesar un río. 3 *Colomb.* y *Ecuad.* Andarivel para pasar ríos y hondonadas que no tienen puente.
tarabuqueño, -ña *adj.-s.* De Tarabuco, c. de la prov. de Jamparáez, dep. de Chuquisaca (Bolivia).
taracea (ár. *tarcia,* incrustación) *f.* Labor de incrustación hecha con madera, concha, nácar, etc. 2 Entarimado hecho con maderas finas de diversos colores formando dibujo.
SIN. **Ataracea, marquetería, mosaico de madera.** REL. **Embutido, encaje, incrustación,** obra de ~.
taracear *tr.* Adornar con taracea: ~ *una consola.*
SIN. **Ataracear.**
taraco (quechua) *m. Bol.* Antifaz de lana us. para impedir que el frío dañe la cara.
taracol *m. Ant.* Crustáceo parecido al cangrejo.
taracú *m. Bol.* Cinta que las mujeres se ciñen alrededor de la frente para sujetar el cabello.
tarado, -da *adj.* Que tiene alguna tara o defecto físico o psíquico. 2 fig. Tonto, bobo; loco, alocado.
taragallo, -lla *m.* Trangallo. -2 *adj. Cuba.* Grandullón.
taragontía *f.* Dragontea.
tarajal *m. Can.* Taray.
tarajallo *adj.-s.* Grandullón. -2 *m. Cuba.* Bohordo de algunas plantas.
taraje *m.* Taray.
tarama *f. And.* y *Extr.* Hojarasca de encina, o de cualquier otro árbol, para la lumbre; leña menuda. 2 *Venez.* Empuñadura del sable, provista de guardas.
taramba *f. Hond.* Instrumento músico que consiste en un arco de madera con su cuerda de alambre, la cual se golpea con un palito.
tarambana *com.-adj.* fam. Persona alocada, de poco juicio. -2 *f. Ál.* Tarabilla de una puerta. 3 *Ál.* Trozo de tabla que se pone al ganado en una pata para que no se aleje.
tarambuco *m.* fig. *y* fam. Celda acolchada de los manicomios.
taramela *f. Can.* Tarabilla para cerrar puertas y ventanas.
taramellita *f.* Silicato del grupo de los ciclosilicatos que cristaliza en el sistema rómbico. Los cristales son alargados, de color rojo o pardo y brillo sedoso.
tarando (l. *du,* especie de ciervo) *m.* Reno.
tarangallo *m.* Trangallo.
tarángana *f.* Morcilla muy ordinaria.
taranta *f. And.* y *Murc.* Canto popular. 2 *Argent.* y *Ecuad.* Tarántula. 3 *Argent., C. Rica* y *Ecuad.* Repente, locura, vena. 4 *Hond.* Desvanecimiento. 5 *Méj.* Borrachera. -6 *com.-adj. Can.* Persona liviana, frívola, de poco seso.
tarantear *intr. Argent.* Sorprender, actuar de manera imprevista. 2 *Argent.* Variar a menudo de amistades, trabajos, etc.
tarantela (it. *-ella*) *f.* Baile de origen italiano de ritmo ternario y movimiento muy vivo, ejecutado por parejas acompañadas de sonajas y panderetas. 2 Música de este baile.
tarantera *f. Venez.* Vértigo, desvanecimiento.
tarantín *m. Amér. Central* y *Cuba.* Cachivache, trasto. 2 *Venez.* Tenducho. 3 *Cuba.* Andamio.
tarantinear *tr. Guat.* Trastear, registrar.
taranto, -ta *adj. Colomb.* Alelado, necio.
tarántula (it. *tarantola,* de *Tarento,* c. de Italia) *f.* Araña grande de picadura venenosa, aunque no para el hombre; tiene el cuerpo de color gris rojizo con manchas negras *(Lycosa tarantula).*
tarantulado, -da (de *tarántula*) *adj.* Atarantado.
tarapaqueño, -ña *adj.-s.* De Tarapacá, prov. de Chile.
tarapé *m.* Taropé, planta.
tarar (de *tara* I) *tr.* Equilibrar en la balanza el peso [del envase]. 2 Señalar la tara o parte del peso que corresponde al envase.
tarara *f.* Señal o toque de trompeta.
tarará *m.* Toque de trompeta.
tararaco *m. Cuba.* Planta liliácea que echa las hojas o pencas desde el suelo *(Amryllis punicea).*
tarabases *m. pl. Urug.* Individuos que viven al margen de la ley.
tararear (de *ta-ra-ra,* sílabas que suelen formar la letra del tarareo) *tr.* Cantar [una canción] sin articular palabras.
tarareo *m.* Acción de tararear.
tararí *m.* Toque de trompeta.
I) tararira (de *tarara*) *f.* fam. Chanza, alegría bulliciosa. -2 *com.* Botarate.
II) tararira (tupí o guaraní) *f. Argent.* y *Urug.* Pez de río, redondeado, negruzco y de carne estimada *(Macrodom trahira).*
¡tararira! Interjección con que se denota incredulidad o desconfianza.
tarasa *f. Chile* y *Perú.* Planta de la familia de las malváceas *(Malvastrum plumosum).*
I) tarasca (fr. y prov. *tarasque* < *Tarascón,* ciudad de Francia) *f.* Figura de sierpe monstruosa que en algunas partes se saca

en la procesión del Corpus. 2 fig. Gomia. 3 fig. Mujer fea y desenvuelta. 4 Trasca (correa). 5 *Argent.* Cometa o pandorga con que juegan los muchachos. 6 *C. Rica* y *Chile.* Boca grande.
SIN. *1* **Tazaña,** en algunas partes.

II) tarasca *f.* Hembra del cerdo.

tarascada (de *tarascar*) *f.* Mordedura, dentellada. 2 fig. *y* fam. Respuesta áspera o grosera.

tarascar (de *tarazar*) *tr.* Morder (con los dientes): *el perro le ha tarascado.* ◇ ** CONJUG. [1] como ***sacar.***

tarasco *m. Ecuad.* Mordisco.

tarascón, -cona *m. f.* Aum. de *tarasca*. -2 *m. Amér.* Tarascada, mordedura.

tarasí *m.* Sastre.

taratana *f. Méj.* Acapulco (arbusto).

taratántara (l.) *m.* Tarará.

tarateño, -ña *adj.-s.* De Tarata, c. y prov. del dep. de Cochabamba (Bolivia).

taray (ár. vulg. *taraf* < ár. *tarfe*) *m.* Arbusto tamaricáceo que crece a orillas de los ríos, con flores pequeñas, en espigas, de cáliz encarnado y pétalos blancos *(Tamarix gallica).* 2 Fruto de este árbol. ◇ Pl.: *tarayes.*
SIN. **Tamarisco, tamariz, tarajal** *(Can.),* **taraje.**

tarayal *m.* Terreno poblado de tarayes.
SIN. **Taharal.**

taraza *m.* ZOOL. Broma, molusco.

tarazana *f.* Tarazanal.

tarazanal *m.* Atarazana.

tarazar (de *taracea*) *tr.* Atarazar. 2 fig. Molestar, mortificar [a una persona]. ◇ ** CONJUG. [4] como ***realizar.***

tarazón (de *tarazar*) *m.* Trozo, tajada: *arrancar un ~.*

tarbea (ár. *tarbí,* cuadrado) *f.* desus. Sala grande.

tarca (quechua *tarka*) *f. Bol.* Flauta cuadrada de los indios.

tarco *m. Argent.* Árbol saxifragáceo maderable *(Weimmannia paullinifolia).*

tardador, -ra *adj.-s.* Que tarda o se tarda.

tardanaos *m.* Rémora (pez). ◇ Pl.: *tardanaos.*

tardanaves *m.* Pez marino teleósteo muy parecido a la rémora, aunque de tamaño más pequeño, de color pardo rosado *(Remora brachyptera).* ◇ Pl.: *tardanaves.*

tardanza *f.* Detención, demora.

tardar (l. *-are* < *tardus,* lento) *intr.-prnl.* Pasar más tiempo del que es necesario: *el tren tarda en llegar; tarda en contestar.* -2 *tr.* Emplear un tiempo determinado: *tardaré dos días en arreglar este trabajo.*
FR. *A más ~,* loc. adv. de que se usa para señalar un plazo máximo.

tarde (l. *tarde,* tardíamente, fuera de tiempo) *f.* Parte del día comprendida entre mediodía y anochecer. 2 Últimas horas del día. -3 *adv. t.* A hora avanzada del día o de la noche: *levantarse, cenar ~.* 4 Después del tiempo considerado oportuno: *llegar ~ al tren.*

tardear *intr.* Detenerse más de la cuenta en hacer algo por mera complacencia o entretenimiento.

tardecer *impers.* Empezar a caer la tarde. ◇ ** CONJUG. [43] como ***agradecer.***

tardecica, -ta (dim. de *tarde*) *f.* Caída de la tarde, cerca del anochecer.

tardecito *adv. t. Amér. Central* y *Argent.* Algo tarde.

tardíamente *adv. t.* Tarde.

tardígrado (l. *-du*) *adj.* Que anda despacio. -2 *adj.-m.* Metazoo del tipo de los tardígrados. -3 *m. pl.* ZOOL. Tipo de metazoos celomados de tamaño microscópico, cuerpo cilíndrico y segmentado y cuatro pares de patas provistas de uñas; son herbívoros.

tardinero, -ra *adj.* Tardo.

tardío, -a *adj.* Que tarda en venir a sazón: *melocotones tardíos.* 2 Que sucede fuera de tiempo. 3 Pausado, lento. 4 Que se encuentra en la última fase de su existencia: *latín ~.* 5 fig. *y* vulg. Ligeramente sordo. -6 *m.* Sembrado o plantío de fruto tardío: *la lluvia ha favorecido los tardíos.*
CONTR. *1* **Temprano** o **tempranero.**

tardísimo *adv. t.* Muy tarde.

tardo, -da (l. *-du*) *adj.* Lento (pausado). 2 Que sucede después del tiempo oportuno. 3 No expedito en la comprensión o explicación. 4 ASTRON. [planeta] Que tiene su movimiento diurno verdadero menor que el medio.

tardón, -dona *adj.-s.* Que tarda mucho y gasta mucha flema. 2 Que comprende tarde las cosas.

tarea (ár. *tareja*) *f.* Obra, trabajo. 2 Trabajo que debe hacerse en tiempo limitado. 3 fig. Afán, penalidad por un trabajo continuo. 4 *And.* Conjunto de 15 fanegas de aceitunas recolectadas. 5 *Guat.* Medida equivalente a 576 ó 900 varas cuadradas. 6 *S. Dom.* Medida equivalente a unos 629 metros cuadrados.
SIN. *1* **Tanda, labor.** *2* **Tajo.**

tareche *m. Bol.* Ave de rapiña, especie de aura.

tareco *m. Amér.* Trasto, trebejo, cachivache.
SIN. **Tereque,** en algunos países.

tarefero (port. *tarefa,* tarea) *m. Parag.* Hombre que trabaja por tarea.

tarentino, -na *adj.-s.* De Tarento, c. de Italia.

targuí *m.* fam. Cárcel. -2 *adj.* Relativo a ella.

tárgum (caldeo *thargum,* interpretación) *m.* Libro judío que contiene las glosas y paráfrasis caldeas de la Escritura. ◇ Pl.: autorizado: *tárgumes.*

tarida (ár. *tarida,* barco de transporte) *f.* Embarcación usada en el Mediterráneo desde el siglo XII. Se utilizaba para conducir caballos y máquinas militares en las expediciones marítimas.

tarifa (ár.) *f.* Tabla de precios, derechos o impuestos. 2 DER. Precio unitario fijado por el Estado para los servicios públicos realizados a su cargo.
SIN. *1* **Arancel,** si es oficial y se refiere a derechos que hay que pagar.

tarifar *tr.* Fijar o aplicar una tarifa [a una cosa o trabajo]. -2 *intr.* Reñir con uno.

tarifeño, -ña *adj.-s.* De Tarifa, c. de Cádiz.

tarificar *tr.* Tarifar: *~ una carta.* ◇ ** CONJUG. [1] como ***sacar.***

tarijeño, -ña *adj.-s.* De Tarija, dep. de Bolivia.

tarilongo (arauc. *tharin,* atar + *lonco,* cabeza) *m. Chile.* desus. Cinta con que los indios se ceñían la cabeza.

tarima (ár.) *f.* Entablado movible. 2 *And.* Escaño con asiento de madera.

tarimaco *m. Cuba.* Trasto, cachivache.

tarimador, -ra *m. f.* Persona que tiene por oficio construir tarimas.

tarimón *m.* Aum. de *tarima.* 2 *La Mancha* y *Murc.* Banco largo de madera con respaldo.

tarina (del fr. *terrine*) *f.* desus. Fuente de mediano tamaño en que se servía la vianda a la mesa.

-tario, v. -atario.

tarja (germ. *targa,* escudo) *f.* Escudo grande que cubre y defiende todo el cuerpo. 2 Chapa que sirve de contraseña. 3 Palo partido en dos, donde se marca lo que se vende fiado, haciendo una muesca en ambas mitades y llevándose una el comprador y otra el vendedor. 4 Golpe o azote. 5 Moneda española de vellón del s. XVI (un cuartillo de plata). 6 *Murc.* Tanto en repartos o derramas por riegos. 7 *Murc.* y *Amér.* p. us. Tarjeta. 8 *Cuba.* Entre agrimensores, medida de 10 unidades.
SIN. *3* **Tara.**

tarjador, -ra *m. f.* Persona que tarja.
SIN. **Tajero, tarjero.**

tarjar *tr.* Señalar en la tarja [lo que se compra fiado]. 2 *And.* En alfarería, calcular con acierto el espesor que ha de tener una pieza. 3 *Chile* y *Perú.* Tachar [lo escrito].

tarjear *tr. P. Rico.* Dividir [hojas de palma] en secciones o fibras para tejer sombreros.

tarjero, -ra *m. f.* Tarjador.

tarjeta (fr. ant. *targette;* dim. de *targe,* escudo, de origen germ.) *f.* Dim. de *tarja.* 2 Adorno plano y oblongo que se figura sobrepuesto a un miembro arquitectónico y que lleva inscripciones, empresas o emblemas. 3 Membrete de los mapas y cartas. 4 Pedazo de cartulina rectangular con el nombre, título o cargo y dirección de una persona, con una invitación o con cualquier aviso: *~ de visita; ~* ***postal,*** pieza rectangular de cartulina resistente que se expide por correo sin sobre, cuyo texto va al descubierto; *~* ***de crédito,*** medio de pago que permite la compra de bienes y servicios sin necesidad de desembolsar en el acto dinero efectivo, y con la posibilidad, en algunos casos, de diferir el pago mediante la obtención de un crédito automático por un plazo normalmente inferior a un año; *~* ***de embarque,*** billete con el número de asiento, que debe poseer un pasajero cuando embarca en un avión o en un barco; *~* ***de identidad,*** la que sirve para acreditar la personalidad del titular y gralte. va provista de su retrato y firma; *~* ***amarilla, roja,*** DEP., la que utiliza el árbitro para amonestar y expulsar, respectivamente, a los jugadores en un encuentro de fútbol; *~* ***perforada,*** INFORM., la de cartulina delgada y resistente, de formato normalizado, que contiene datos, representados en forma de perforaciones y puede ser leída por máquinas diversas en el curso del proceso de esos datos.
SIN. *2* **Cartucho.**

tarjetearse *rec.* Mantener correspondencia con alguien, por medio de tarjetas.
tarjeteo *m.* Cambio frecuente de tarjetas.
tarjetera *f.* Tarjetero. Ús. pralte. en América.
tarjetero *m.* Cartera para tarjetas de visita. -2 *adj.-m.* DEP. desp. [árbitro] Que emplea con frecuencia las tarjetas para amonestar o expulsar a los jugadores.
tarjetón *m.* Tarjeta de tamaño mayor que el corriente.
tarlaqueño, -ña *adj.-s.* De Tarlao, prov. de Filipinas.
tarlatán *m. Venez.* Tarlatana.
tarlatana (fr. *-ane,* de orig. incierto) *f.* Tejido de algodón, ligero y ralo.
tarmacadam *m.* Pavimentado de carretera formado por piedra machacada que ha sido cubierta con alquitrán, esparcido en una capa de grueso uniforme y bien alisado.
taro *m. Argent.* Aura, ave.
taropé (guaraní) *m. Argent.* y *Parag.* Irupé.
tarot (del fr. *tarot* < it. *tarocco)* *m.* Naipe más largo que los corrientes, portador de una figura diferente en cada una de las setenta y ocho cartas de que consta la baraja, la cual se utiliza en cartomancia. 2 Juego que se efectúa con estas cartas.
tarpán *m.* Mamífero perisodáctilo, ya desaparecido, que se considera uno de los antepasados de los actuales caballos domésticos *(Equus caballus gmelini).*
Tarpeya *n. pr.* Joven romana que entregó a los sabinos la ciudadela de Roma; los mismos sabinos le dieron muerte. 2 ***Roca Tarpeya,*** peña elevada desde la cual se precipitaba en Roma a los criminales.
tarquín (orig. incierto; quizá ár.) *m.* Cieno, légamo que las riadas depositan en los campos que inundan.
SIN. V. **Barro.** REL. **Atarquinar(se),** llenar de tarquín un campo, estanque, etc.
tarquina (it. *tarchia,* de orig. incierto) *adj.-f.* MAR. Vela trapezoidal que es muy alta de baluma y baja de caída.
tarquinada *f.* fig. *y* fam. Violencia contra la honestidad de una mujer.
tarquino, -na *adj. Argent.* [animal vacuno] Que es de raza fina.
tarra *com.* vulg. Persona vieja.
tarrabasquiña *f. Venez.* Rabieta o cólera.
tarraconense (l., de *Tarraco) adj.-s.* De la antigua Tarraco, hoy Tarragona, y de Tarragona. -2 *adj.* Relativo a la antigua provincia Tarraconense, de que Tarraco fue capital.
tárraga *f.* Baile español de mediados del siglo XVII, parecido a la jácara y a la zarabanda.
tarragillo *m.* Hierba rutácea parecida al díctamo pero de menor tamaño *(Dictamnus hispanicus).*
tarrago *m.* Amaro.
tarragona *m.* Vino procedente de la provincia española de Tarragona.
tarraja *f.* Terraja. 2 *Venez.* Tarja para llevar cuentas que se hace con una tira de cuero.
tarrajazo *m. Ecuad.* Tajarrazo. 2 *Ecuad.* y *P. Rico.* Desgracia inesperada. 3 *Guat.* Golpe.
tarralí *m. Colomb.* Planta cucurbitácea trepadora, cuyos frutos no son comestibles *(*gén. *Posadea).*
tarramenta *f. Cuba.* Cornamenta.
tarranquera *adj.-s. La Mancha.* Mula de tiro que por su pujanza saca prontamente el carro atascado.
tarrañuela *f.* Tarreña, castañuela.
tarrañuelo *m. Logr.* Vencejo II; avión I.
tarrasbaquiña *f. Venez.* Rabieta.
tarrasense *adj.-s* De Tarrasa, c. de Barcelona.
SIN. **Egarense.**
tarraya *f.* Atarraya, esperavel (red). 2 *Can.* Vieja (pez) pequeña.
tarrayazo *m. Amér.* Redada, natural o figuradamente. 2 *P. Rico* y *Venez.* Golpe contundente.
tarraza *f.* desus. Vasija de barro. 2 *Venez.* Grupa.
tarreña (de *tarro) f.* Tejuela que, metida entre los dedos y batiendo con otra, hace un ruido como el de las castañuelas.
SIN. **Tejoleta.**
tarria *f. Logr.* Ataharre.
tarribroco, -ca *adj. Cuba.* [animal] Que tiene muy próximos entre sí las puntas de los cuernos.
tarrico *m.* Caramillo (planta).
tarriza *f. Ar.* y *Sor.* Barreño, lebrillo.
I) tarro (orig. incierto; probl. ant. *tarrazo,* tarro) *m.* Vasija cilíndrica, gralte. más alta que ancha. 2 fam. Cabeza. 3 Asta o cuerno de algunos cuadrúpedos. 4 *Sal.* Borra de los panales de miel. 5 *Amér.* fam. Sombrero de copa. 6 *Argent., Chile, Parag., Perú* y *Urug.* Lata para aceite, petróleo o cualquier otro producto. 7 *Cuba.* Asunto intrincado.
II) tarro *m.* Pato grande parecido al ganso, de plumaje blanco con la cabeza y cuello negros *(Tadorna tadorna).*
tarsana, társana *f. Amér.* Corteza de un árbol sapindáceo, que se usa para lavar.
tarsectomía (de *tarso* + *-ectomía) f.* Amputación de uno o varios huesos del tarso.
tarsero *m.* Prosimio társido arborícola e insectívoro, de pequeño tamaño y ojos muy grandes; existen varias especies en Filipinas y Malasia *(Tarsius* sp.*).*
társido *adj.-m.* Primate de la familia de los társidos. -2 *m. pl.* Familia de primates prosimios arborícolas y nocturnos, con los tarsos muy alargados, lo que les permite efectuar grandes saltos. Viven en Filipinas y Sumatra; como el tarsero.
tarso (gr. *tarsós*) *m.* Parte posterior del pie, entre el metatarso y la pierna. 2 Parte más delgada de la pata de las aves, que une los dedos con la tibia. 3 Corvejón (articulación). 4 Artejo terminal de las patas de los insectos, dividido en varios artejos secundarios. 5 MED. Lámina fibrosa resistente, extendida de una a otra comisura en el espesor de los párpados.
tarsorrafia (de *tarso* + gr. *raphé,* sutura) *f.* CIR. Intervención quirúrgica consistente en suturar los párpados entre sí, generalmente para proteger temporalmente el globo ocular.
tarta (fr. *tarte*) *f.* Tartera (fiambrera). 2 Torta rellena con dulces de frutas, crema, etc.
tártago (b. l. *tartaricu* < l. *Tartaru,* Tártaro) *m.* Planta euforbiácea, de tallos ramificados, hojas de color verde azulado y frutos venenosos; tiene propiedades purgantes y eméticas *(Euphorbia lathyris).* 2 fig. Suceso infeliz. 3 fig. Chasco pesado. 4 fam. Sofocón producido por cansancio o disgusto. 5 fam. Indisposición.
SIN. *1* **Lecherina.**
tartaja *adj.-com.* fam. Tartajoso.
tartajal *m.* Arbusto muy parecido al tamarisco, pero de menor altura, flores mayores y blancas *(Tamarix africana).*
tartajear (onomat.) *intr.* Hablar pronunciando las palabras con torpeza o trocando sus sonidos.
tartajeo *m.* Acción de tartajear. 2 Efecto de tartajear.
tartajoso, -sa *adj.-s.* Que tartajea.
SIN. **Tartaja** (fam.), **zazo, zazoso.**
tartalear (onomat.) *intr.* Moverse sin orden o trémulamente. 2 Turbarse uno de modo que no acierte a hablar.
tartaleta (fr. *tartelette,* tartita) *f.* Moldecillo de pasta. 2 p. ext. Pastelillo que se hace con él.
tartamudear *intr.* Hablar con pronunciación entrecortada y repeticiones espasmódicas de sílabas y sonidos.
tartamudeo *m.* Acción de tartamudear. 2 Efecto de tartamudear.
tartamudez *f.* Calidad de tartamudo.
tartamudo, -da (de *tart,* onomat. + *mudo*) *adj.-s.* Que tartamudea.
SIN. **Farfalloso.**
I) tartán (fr.) *m.* Tela de lana con cuadros y listas cruzadas de diferentes colores.
II) tartán *m.* Conglomerado de amianto, caucho y materias plásticas, muy resistente, con que se pavimentan las pistas deportivas para mantenerlas en perfectas condiciones de elasticidad.
tartana (prov. *tartano*) *f.* Embarcación menor de vela latina y con un solo palo. 2 Carruaje de dos ruedas, con cubierta abovedada y asientos laterales. 3 fig. Cosa vieja e inútil, esp. los automóviles. 4 MAR. Red de pesca para rastreo a la vela. 5 *Murc.* Zarzos cubiertos con ropa donde se cría el gusano de seda.
tartancho, -cha *adj. Bol.* Tartamudo.
tartanero *m.* Conductor de la tartana (carruaje).
tartano *m. Ál.* y *Vizc.* Panal de miel.
tartáreo, -a (l. *-eu*) *adj.* poét. Relativo al tártaro (infierno).
tartarí *m.* Tela lujosa usada antiguamente.
tartárico, -ca *adj.* Tártrico.
tartarización *f.* Acción de tartarizar. 2 Efecto de tartarizar. 3 Procedimiento de adición de tártaro a los mostos para acidular el vino y darle más frescor.
tartarizar *tr.* Impregnar o combinar [una cosa] con tártaro (ácido). ◇ ** CONJUG. [4] como ***realizar.***
I) tártaro (b. l. *-ru*) *m.* Substancia que forma costra cristalina en el fondo y paredes de la vasija donde fermenta el mosto. 2 Tartrato, ácido de potasio que se obtiene recristalizando esta subs-

tancia: ~ *emético*, tartrato de potasa y antimonio. 3 Sarro de los dientes. 4 Depósito sólido que queda en las paredes interiores de las calderas y demás elementos de calefacción. 5 *Amér.* Tártago.
SIN. *1* **Rasura.**
II) tártaro (gr. *Tártaros*) *m.* poét. El infierno.
III) tártaro, -ra (turco *tatar*) *adj.-s.* De Tartaria, antigua región del centro de Asia, que comprende zonas de Afganistán, Unión Soviética, Mongolia y China. -2 *adj.-m.* Lengua turca, hablada en este territorio.
tartaroso, -sa *adj.* [materia] Que tiene tártaro; [vasija] que la contiene.
tartera *f.* Tortera (cazuela). 2 Fiambrera (cacerola).
SIN. *2* **Tarta.**
tartesio, -sia (l. *-ssiu*) *adj.-s.* De la Tartéside, región de la antigua España.
tarto, -ta *adj. Ecuad.* Tartajoso.
tartracina *f.* Substancia colorante de tono amarillento empleada en la cocina en lugar del azafrán.
tartrato (del fr.) *m.* Sal o éster del ácido tártrico.
tártrico, -ca *adj.* Relativo al tártaro. 2 *Ácido* ~, el que se encuentra en el tártaro. Se emplea en medicina y en la industria.
SIN. **Tartárico.**
tartufo (fr. *Tartufe,* protagonista de esta comedia de Molière, 1622-1673) *m.* Persona hipócrita y falsa.
REL. **Tartufismo,** hipocresía.
taruga (quechua) *f. Amér.* Venado o ciervo *(Cervus antisinensis).*
tarugada *f. Méj.* Jugada, diablura, mala acción.
tarugo (orig. incierto; probl. prerrom. relac. con celt. **tarinaca,* estaca) *m.* Clavija gruesa de madera. 2 Zoquete. 3 Trozo de madera, gralte. en forma de paralelepípedo, que se emplea para formar pavimento. 4 *Cuba.* Desazón, mal rato. 5 *Cuba* y *S. Dom.* Mozo sirviente en escenarios y circos. 6 *S. Dom.* Adulón.
tarugueo *m.* vulg. Corrupción entre funcionarios públicos. 2 Soborno aceptado por éstos.
taruguista *com.* vulg. Médico que practica el tarugueo.
tarumá (guaraní) *m. Argent.* Árbol frondoso, maderable, que produce un fruto muy aceitoso del tamaño de una ciruela *(Vitex taruma).*
tarumba (voz descriptiva) fam. *Volver ~ a uno*, atolondrarle, confundirle. Ús. también en forma reflexiva.
tarusa *f.* Chito I.
tárzano *m. Ast.* Poste fijo colocado verticalmente en el hogar, provisto de varios agujeros, en los que se introduce una clavija para colgar la olla sobre la lumbre.
tas (voz francesa) *m.* Yunque pequeño de los plateros. ◇ Pl.: *tases.*
tasa *f.* Acción de tasar. 2 Efecto de tasar. 3 Documento en que consta la tasa. 4 Precio puesto por la autoridad a las mercancías. 5 Medida, regla.
SIN. *4* **Postura.**
tasación *f.* Valoración. 2 ECON. Fijación de los precios máximos y mínimos de determinados productos por parte del Estado.
tasadamente *adv. m.* Con tasa. 2 Limitada y escasamente.
tasador, -ra *adj.-s.* Que tasa. -2 *m. f.* Persona que ejerce el oficio público de tasar.
tasaigo *m. Can.* Arbusto polimorfo de base leñosa, cuyas hojas lanceoladas tienen los bordes muy espinosos, con las flores de color amarillo pálido en racimos, y fruto en baya globosa *(Rubia fructicosa).*
tasajear *tr. Amér.* Atasar, hacer tasajos.
tasajera *f. Cuba.* Sitio donde se guarda tasajo.
tasajería *f. Amér.* Local donde se prepara o venden tasajos.
tasajito *m. Cuba.* Carne de cerdo ahumada o curada en trozos.
tasajo (orig. incierto) *m.* Pedazo de carne acecinado. 2 p. ext. Tajada de carne. 3 *Colomb.* Hombre largo y flaco. 4 *Cuba.* Guiso de carne de caballo.
tasajón, -jona *adj. Amér. Central.* Larguirucho.
tasajudo, -da *adj. Amér.* Tasajón.
tasaña *f. Can.* Almocafre.
tasar (l. *taxare* < gr. *tásso*) *tr.* Poner tasa (precio) [a las cosas vendibles]. 2 en gral. Graduar el valor [de las cosas]. 3 Regular [lo que uno merece] por su trabajo. 4 fig. Poner medida: ~ *la comida, el trabajo;* conceder con limitaciones: ~ *la libertad.* 5 fig. Restringir con mezquindad [lo que hay obligación de dar].
SIN. *2* v. **Valorar.**
tasarte *m.* Pez marino teleósteo, de gran tamaño, flancos plateados y cuerpo relativamente alto y bastante comprimido *(Orcynopsis unicolor).*
tasca (de *tascar*) *f.* Garito de mala fama. 2 Taberna. 3 fam. Disputa. 4 Prado o hierba seca, en los Pirineos. 5 *Perú.* Punto, a la orilla del mar, en donde revientan las olas. 6 *Perú.* Oleaje fuerte que hace difícil el desembarqueen las costas.
tascador *m.* Espadilla (machete).
tascalate (mej. *taxcalatl*) *m. Guat.* Bebida de pinole hecha de tortilla muy tostada.
tascar (orig. incierto; probl. de *tasca,* espadilla para el lino, de origen célt.) *tr.* Espaldar. 2 fig. Quebrantar con ruido [la hierba las bestias cuando pacen]. 3 V. tascar el freno. 4 *Ecuad.* Mascar, mascullar, ronzar. ◇ ** CONJUG. [1] como *sacar.*
tasco (de *tascar*) *m.* Agramiza.
tasconio (l. *-iu*) *m.* Talque.
tascucio, -cia *m. f.* vulg. *y* desp. Taberna.
tasi *m. Argent.* y *Bol.* Planta trepadora, de cuyo fruto se hace un dulce exquisito *(Phisianthus albens).*
tasín (quechua) *m. Ecuad.* Nido, nidal. 2 *Ecuad.* Rodete para cargar pesos en la cabeza. 3 *Ecuad.* Aro en que se asientan las ollas de barro.
tasio, -sia (l. *thasiu*) *adj.-s.* De Taso, isla del Egeo.
taso *m.* Arbusto asclepiadáceo de hojas enteras y acorazonadas, y flores blancas y olorosas en forma acorazonada *(Araujia albens).*
taspito, -ta *adj. Nicar.* De poco fondo.
tasquear *intr.* Frecuentar tascas o tabernas. 2 *Perú.* Trabajar en la tasca (orilla del mar).
tasquera (de *tasca*) *f.* fam. Pendencia.
tasquero, -ra *adj. Perú.* Relativo a las labores de tasquear. -2 *m. Perú.* Peón dedicado a ayudar a desembarcar en las costas en que hay tascas.
tasquil (de *tascar*) *m.* Fragmento que salta de la piedra al labrarla.
tastabillar *intr. Chile* y *Urug.* Trastabillar.
tastana *f.* Costra producida por la sequía en las tierras de cultivo. 2 Membrana que separa los gajos de ciertas frutas, como la nuez, la naranja, la granada, etc.
tástara (del ant. *tastar,* golpear) *f. Ar.* Salvado gordo.
tastarazo *m. P. Rico.* Testarada (golpe).
tastaz *m.* Polvo de crisoles viejos usado para limpiar las piezas de azófar.
tastazo *m. Guat.* Capirotazo.
taste *m.* Tasto.
tasto (del ant. *tastar,* gustar) *m.* Sabor desagradable de algunas viandas revenidas.
tasugo (gót. **thahsuks,* dim. de **thansus*) *m.* Tejón (mamífero).
tata (l.) *f.* fam. Nombre infantil con que se designa a la niñera. -2 *m. Murc.* y *Amér.* Padre, papá.
SIN. *1* **Chacha.**
tatabro, -bra *m. f. Colomb.* Báquiro.
tatagua (voz indígena) *f. Cuba.* Mariposa nocturna de gran tamaño *(Erebus odora).*
tataibá (guaraní) *f. Argent.* y *Parag.* Moral silvestre de fruto amarillo y áspero *(Morus tataiba).*
tatami (voz japonesa) *m.* Tapiz acolchado sobre el que se ejecutan algunos deportes como el judo y el kárate.
tatarabuelo, -la (imitación de *tataranieto*) *m. f.* Tercer abuelo.
SIN. **Rebisabuelo.**
tataradeudo, -da *m. f.* Pariente muy antiguo; antepasado.
tataranieto, -ta (ant. *trasnieto;* formado con el l. *trans,* más allá de) *m. f.* Tercer nieto.
SIN. **Rebisnieto.**
tatarata *m. Guat.* Trompo saltón.
tataratear *intr. Amér. Central* y *Venez.* Hacer algo con dificultad.
tataratero, -ra *adj. Guat.* [trompo] Que salta.
tataré (guaraní) *m. Argent.* y *Parag.* Árbol grande de excelente madera amarilla y jaspeada *(Pithecolobium tortum).*
tatarear (onomat. *tar,* repetida) *tr.* Tararear.
tataretas *m. pl. C. Rica.* Trompo saltador.
tatareto, -ta *adj. Venez.* [pers]. Que hace algo con dificultad.
tatarrete *m.* desp. Tarro.
¡tate! (voz descriptiva) Interjección equivalente a ¡detente! o poco a poco. 2 Denota sorpresa por haber venido en conocimiento de algo que antes no se ocurría.
tatemar *tr. Méj.* Asar [carnes, raíces o frutas].
tatetí *m. Argent.* y *Urug.* Tres en raya, juego de niños.

tato, -ta *adj.* Tartamudo que vuelve la *c* y *s* en *t*.
tatole *m. Méj.* fam. Convenio, acuerdo, arreglo entre dos o más personas.
tatú (guaraní) *m.* Peludo (armadillo).
tatuaje (fr. *tatouage*) *m.* Acción de tatuar o tatuarse. 2 Efecto de tatuar o tatuarse.
tatuar (ing. *to tattoo,* de una voz polinesia) *tr.-prnl.* Grabar [dibujos indelebles] en la piel, introduciendo materias colorantes bajo la epidermis: *tatuarse el pecho, tatuarse una flecha en el pecho.* ◇ ** CONJUG. [11] como *actuar.*
tatuco *m. Venez.* Vasija grande.
tature *m. Venez.* Cesto casi redondo y ancho de boca.
taturo *m. Venez.* Calabazo de boca más o menos estrecha. 2 *Venez.* Objeto de forma indecisa o extraña.
tatusia *f. Parag.* y *Urug.* Especie de armadillo.
tau (gr.) *f.* Decimonovena letra del **alfabeto griego equivalente a *t*. -2 *m.* Última letra del alfabeto hebreo. 3 Tao. 4 fig. Divisa, distintivo.
tauca *f. Chile.* Bolsa grande para guardar dinero.
taúca (del quechua *tauqa,* montón) *f. Bol., Ecuad.* y *Perú.* Montón, gran cantidad de cosas agrupadas. 2 *Bol.* Plegadillo que se hace en la ropa.
taucar (de *tauca*) *tr. Bol., Ecuad.* y *Perú.* Colocar unas cosas sobre otras, apilar. ◇ ** CONJUG. [1] como *sacar.*
taujel *m.* Listón de madera, reglón.
taujía *f.* Ataujía.
taula (cat. *mesa*) *f.* Construcción megalítica en forma de mesa, integrada por una gran piedra vertical hincada en el suelo, otra, asimismo enorme, depositada plana sobre aquella.
taulaga *f.* Arbusto papilionáceo espinoso y pubescente con las hojas simples y lanceoladas y las flores de color amarillo *(Genista hispanica).*
taumaturgia *f.* Facultad de realizar prodigios.
taumatúrgico, -ca *adj.* Relativo a la taumaturgia.
taumaturgo, -ga (gr. *thaumatourgós* < *thauma,* maravilla + *ergon,* obra) *m. f.* Persona admirable en sus obras; autor de cosas prodigiosas, o autor de milagros.
taunachi *m. Bol.* Rodajas de cascabeles que se hacen sonar ciñéndolos a las piernas.
tauquear *tr. Bol.* Amontonar, apilar.
taurino, -na (l. *-nu*) *adj.* Relativo al toro, o a las corridas de toros.
taurios *adj.-s. pl.* Juegos de la antigüedad en que luchaban los hombres con los toros.
Tauro (l. *tauru*) *n. pr.* Segundo signo o parte del Zodíaco que el Sol recorre aparentemente al mediar la primavera. 2 Constelación zodiacal situada entre Aries y Géminis, cuya estrella principal es Aldebarán, y de la cual forman parte las Pléyades.
SIN. **Toro.**
tauro- (l. *taurus,* toro) Elemento prefijal que entra en la formación de palabras con el significado de toro.
taurófilo, -la (*tauro-* + *-filo* I) *adj.* Aficionado a las corridas de toros.
taurofobia (*tauro-* + *-fobia*) *f.* Temor morboso a los toros.
taurófobo, -fa (*tauro-* + *-fobo*) *adj.* Que padece taurofobia. 2 Que desaprueba y se muestra disconforme con la celebración de corridas de toros.
taurómaco, -ca *adj.* Tauromáquico. -2 *adj.-s.* Persona entendida en tauromaquia.
tauromaquia (*tauro-* + gr. *máchomai,* luchar) *f.* Arte de lidiar toros. 2 Obra o libro que trata de este arte.
tauromáquico, -ca *adj.* Relativo a la tauromaquia.
tauteo *m. And.* Gañido peculiar del zorro.
tauto- (gr. *tautó,* lo mismo) Elemento prefijal que entra en la formación de palabras con el significado de lo mismo.
tautología (*tauto-* + *-logía*) *f.* RET. Repetición inútil de un mismo pensamiento expresado en dos o más palabras, una de las cuales define o califica otra que tiene el mismo significado: *reincidir por segunda vez.*
tautológico, -ca *adj.* Relativo a la tautología.
tautomería (*tauto-* + *-mería*) *f.* QUÍM. Propiedad de los cuerpos en los cuales los mismos átomos dan lugar a la formación de moléculas diferentes que se hallan en el mismo, en estado de equilibrio real o hipotético.
tavgui *adj.-m.* Lengua perteneciente al grupo samoyedo septentrional, hablada en el norte de Siberia.
tax-, v. taxi-.
taxáceo, -cea *adj.-f.* Planta de la familia de las taxáceas. -2 *f. pl.* Familia de plantas arbóreas, gimnospermas, coníferas; como el tejo.
taxativamente *adv. m.* De un modo taxativo.
taxativo, -va (l. *taxatu;* supino de *taxare,* tasar) *adj.* Que limita y reduce un caso a determinadas circunstancias.
taxi *m.* Abreviación de taxímetro (coche). -2 *f.* fig. *y* vulg. Prostituta que mantiene a un proxeneta.
taxi-, tax-, taxo- (gr. *taxis,* orden, colocación) Elemento prefijal que entra en la formación de palabras con el significado de orden, colocación.
taxia *f.* Tactismo.
taxidermia (*taxi-* + *-dermia*) *f.* Arte de disecar los animales.
taxidermista *com.* Persona que tiene por oficio disecar los animales.
taxímetro (fr. *taximêtre*) *m.* Aparato que en los automóviles marca automáticamente la distancia recorrida y la cantidad devengada. 2 Coche de alquiler provisto de un taxímetro. 3 MAR. Instrumento semejante al círculo acimutal.
SIN. *1* **Odómetro, hodómetro.** *2* **Taxi,** se dice abreviadamente.
taxis *f.* BIOL. Respuesta constante por la cual un organismo se orienta hacia un estímulo, o se aparta de él. 2 CIR. Reducción manual de un tumor o hernia.
taxista *com.* Conductor de un taxímetro (coche). -2 *m.* fig. *y* vulg. Proxeneta mantenido por una prostituta.
taxo-, v. taxi-.
taxodiáceo, -a *adj.-f.* BOT. Planta de la familia de las taxodiáceas. -2 *f. pl.* Familia de plantas gimnospermas, coníferas, de hojas esparcidas, con los estróbilos lignificados.
taxón *m.* Grupo de cualquier clasificación científica.
taxonomía (*taxo-* + *-nomía*) *f.* Ciencia que trata de los principios, métodos y fines de la clasificación, en esp. dentro de la biología. 2 p. ext. Clasificación.
taxonómico, -ca *adj.* Relativo a la taxonomía.
taxonomista *com.* Taxónomo.
taxónomo, -ma *m. f.* Persona especialmente versada en el conocimiento de la taxonomía y en sus usos y procedimientos.
taya *f. Colomb.* Equis (serpiente). 2 *Perú.* Amuleto de cazadores y pescadores.
tayacán (mej. *tayacana,* jefe, guía) *m. Amér. Central.* Mozo que guía el arado. 2 *Amér. Central.* Persona de confianza que sirve a otra.
tayásido *adj.-m.* Mamífero de la familia de los tayásidos. -2 *m. pl.* Familia de artiodáctilos suiformes americanos; como el pécari.
taylorismo, *m.* Taylorización.
taylorización *f.* Organización del trabajo según los principios señalados por el ingeniero y economista norteamericano Frederick Taylor (1856-1915).
tayote *m.* Fruto del *Sechium edule.*
tayú *m. Chile.* Árbol siempre verde, de corteza vulneraria *(Flotovia diacanthoides).*
tayuyá (guaraní) *f. Argent., Parag.* y *Urug.* Planta cucurbitácea parecida a la sandía, de raíz medicinal *(Cayaponia tayuya).*
SIN. **Tajibo.**
tayuyo *m. Cuba* y *Guat.* Tamal.
taz a taz *loc. adv.* Sin añadir precio alguno en una permuta.
taza (ár. *taça*) *f.* Vasija pequeña, con asa, para tomar líquidos: *una ~ de porcelana.* 2 Lo que cabe en ella: *una ~ de caldo.* 3 Receptáculo redondo donde vacían el agua las fuentes. 4 Receptáculo del retrete. 5 Pieza cóncava de metal que forma parte de la guarnición de algunas espadas: *espada de ~.* 6 *Colomb.* Excusabarajas en que la gente pobre guarda ropa y otras cosas. 7 *Chile.* Palangana para lavarse.
tazaña *f.* Tarasca (figura).
tazar (l. **tactiare,* tocar) *tr.-prnl.* Rozar [la ropa] por los dobleces. -2 *tr.* desus. Cortar, partir [algo]. ◇ ** CONJUG. [4] como *realizar.*
tazcal (mej. *tlaxcalli*) *m. Méj.* Tortilla de maíz, y p. ext. cesto en que se van colocando las tortillas al quitarlas del comal.
tazmía (ár. *tazmía,* denominación) *f.* Porción de granos que cada cosechero llevaba al acervo decimal. 2 Distribución de los diezmos. 3 Cálculo aproximado de una cosecha en pie, esp. de la caña de azúcar.
tazol *m. Amér. Central.* Tiazole.
tazón (aum. de *taza*) *m.* Vasija algo mayor que la taza y, generalmente, sin asa. 2 *And.* Jofaina, palangana.
Tb, símbolo químico del *terbio.*
Tc, símbolo químico del *tecnecio.*

I) te *f.* Nombre de la letra *t*. 2 Regla que se emplea para dibujar, y que tiene la forma de esta letra. 3 CONSTR. Elemento de tubería, en forma de la letra T, utilizado para instalar una derivación en una canalización principal. 4 METAL. Laminado metálico cuya sección transversal tiene la forma de la letra T. ◇ Pl.: *tes.*
II) te (l.) *pron. pers.* Forma de 2 persona para el objeto directo e indirecto sin preposición en género masculino y femenino y en número singular. Puede usarse como enclítico: *te oyó, te mandó la carta; búscate un libro para instruirte;* **PRONOMBRE PERSONAL.
té (voz dialectal china) *m.* Arbolillo teáceo, propio de Asia, de hojas coriáceas, flores blancas axilares y fruto capsular *(Camellia sinensis).* 2 Hojas de esta planta convenientemente desecadas. 3 Infusión que se hace con estas hojas. 4 Reunión de personas que se celebra por la tarde y en la cual se toma el té como bebida. 5 ~ ***borde, de España, de Europa*** o ***de Méjico,*** pazote. 6 ~ ***de Europa,*** verónica. 7 ~ ***de los jesuitas*** o ***del Paraguay,*** mate. 8 ~ ***de milpa,*** acahualillo. ◇ Pl.: *tés.*
REL. *2* Variedades: *verde, negro* y *perla.* Otras denominaciones proceden del país de origen: *de China, de Ceilán.*
Te, símbolo químico del *telurio.*
tea (l. *tæda*) *f.* Astilla o raja de madera impregnada en resina que sirve para dar luz. 2 Borrachera. 3 MAR. Cable con el que se leva desde una lancha. 4 *Can.* Madera de pino.
SIN. *1* **Cuelmo.** REL. **Tedero,** pieza de hierro en que se ponían teas para alumbrar.
teáceo, -ea *adj.-f.* Planta de la familia de las teáceas. -2 *f. pl.* Familia de plantas que incluye árboles o arbustos angiospermos dicotiledóneos, de fruto capsular o indehiscente; como la camelia y el té.
team *m.* ANGLIC. desus. Equipo (deportivo).
teame, teamide (l. *theamede*) *f.* Piedra a la cual se atribuía propiedad contraria a la del imán.
I) teatina *f. Chile.* Planta gramínea cuya paja se usa para tejer sombreros *(Avena hirsuta).*
II) teatina *adj.-s.* Religiosa de la orden fundada en 1583 por la Venerable Úrsula Benincasa (1547-1618). -2 *adj.* Relativo a esta orden.
teatino (de *Teate,* de donde era obispo el fundador) *adj.-s.* Miembro de la congregación de clérigos regulares fundada en el s. XVI por san Cayetano (1480-1547) y Juan Pedro Caraffa (1476-1559) (después Papa con el nombre de Paulo IV). -2 *adj.* Relativo a esta congregación.
teatral (l. *theatrale*) *adj.* Relativo al teatro. 2 Amplificado, exagerado: ***adoptar una actitud*** ~, acto, manera, etc., de la vida real, estudiados para llamar la atención.
teatralidad *f.* Calidad de teatral.
teatralizar *tr.* Dar forma teatral o representable a un tema o asunto. 2 fig. Dar carácter espectacular o efectista a una actitud o expresión. ◇ ** CONJUG. [4] como ***realizar.***
teatralmente *adv. m.* De modo teatral.
teátrico, -ca *adj.* p. us. Teatral.
teatro (l. *theatru* < gr. *théatron*) *m.* Edificio destinado a la representación de obras dramáticas. 2 p. ext. Público que asiste a una representación: *los aplausos de todo el* ~. 3 Profesión de actor: *dedicarse al* ~. 4 Arte de componer o representar obras dramáticas: *las reglas del* ~. 5 Conjunto de obras dramáticas de un pueblo, época o autor: *el* ~ *griego; el* ~ *de Calderón.* 6 fig. Literatura dramática. 7 fig. Lugar en que ocurren acontecimientos notables: *el* ~ *de la guerra.*
tebaico, -ca (l. *thebaicu*) *adj.* Relativo a Tebas, ant. c. de Egipto.
tebaida (de *Tebaida,* reg. donde se retiraban los anacoretas) *f.* fig. Soledad, desierto.
tebaína *f.* FARM. Alcaloide cristalino y tóxico, contenido en el opio, que produce efectos convulsionantes.
tebaísmo *m.* PAT. Intoxicación por opio.
tebano, -na *adj.-s.* De Tebas, c. de la ant. Grecia.
SIN. **Dirceo.**
tebenque *m. Cuba.* Planta herbácea de flores amarillas aromáticas *(Pectis ciliaris).*
I) tebeo, -a (l. *thebœus*) *adj.-s.* Tebano.
II) tebeo (nombre de una publicación barcelonesa) *m.* Revista infantil recreativa e ilustrada.
tebete *m. Can.* Matorral de zonas costeras y barrancos; su infusión es muy laxante *(Patellifolia patellaris).*
SIN. **Cagalerona.**
I) teca (tagalo *ticla*) *f.* Árbol verbenáceo, cuyas hojas, grandes y enteras, dan un colorante encarnado; su madera, muy dura, se usa en la construcción de naves *(Tectona grandis).* 2 Madera de este árbol. 3 *Chile.* Cereal que cultivaban los araucanos precolombinos, y que ha desaparecido hoy.
II) teca (gr. *theke,* caja) *f.* Cajita donde se guarda una reliquia. 2 BOT. Mitad de una antera que lleva los sacos polínicos. 3 Asca. 4 Esqueleto en forma de copa de un hidroideo o de un pólipo de coral. 5 Caparazón en forma de copa de una comátula.
SIN. *1* **Relicario.**
-teca (gr. *theke,* caja, depósito) Elemento sufijal que entra en la formación de palabras con el significado de depósito: *biblioteca; hemeroteca.*
tecali *m. Méj.* Alabastro oriental de colores muy vivos que se halla en Tecali, población del estado de Puebla.
techado *m.* Techo.
techador *m.* El que se dedica a techar.
techar *tr.* Cubrir [un edificio] formando el techo.
techo (l. *tectu*) *m.* Parte interior y superior que cubre o cierra un edificio o habitación. 2 Cara inferior del mismo, superficie que cierra en lo alto una habitación o espacio cubierto. 3 fig. Casa: *acoger a uno bajo su* ~. 4 En aviación, altura máxima que puede alcanzar un aparato determinado: *el* ~ *de aquellos aviones era de 8.000 metros.* 5 fig. Altura o límite máximo a que puede llegar y del que no puede pasar un asunto, negocio, evolución, etc. 6 MIN. Terreno situado encima de una capa o vena de material.
techumbre *f.* Techo (de un edificio). 2 Conjunto de la estructura y elementos de cierre de los techos.
tecina *f. Hond.* Criada cuyo principal oficio es ocuparse de los trabajos más duros de la casa.
tecla (orig. incierto; quizá del ár. vulg.) *f.* Pieza que, por la presión de los dedos, hace sonar ciertos instrumentos músicos o hace funcionar otros aparatos: *una* ~ *de piano, de la máquina de escribir;* ~ *de pie.* 2 fig. Materia delicada que debe tratarse con cuidado.
FRS. *Dar en la* ~, acertar. *Tocar una* ~, mover de intento un asunto.
teclado *m.* Conjunto ordenado de teclas de un instrumento: ~ *de naturales;* ~ *de sostenidos.*
tecle (ing. *tachkle*) *m.* MAR. Especie de aparejo con un solo motón. 2 MAR. Piso desde donde se maniobran e inspeccionan las máquinas y calderas. -3 *adj. Chile.* Enclenque, tiritón, tembleque.
SIN. *1* **Andarivel.**
tecleado *m.* Acción de teclear con los dedos.
teclear *intr.* Mover las teclas. 2 fig. Menear los dedos como el que toca las teclas. 3 fig. Intentar diversos caminos o medios para la consecución de algún fin. 4 *Amér.* Estar dando las boqueadas. 5 *Argent., Colomb., Chile, Parag.* y *Urug.* Andar muy mal un negocio.
tecleño, -ña *adj.-s.* De Nueva San Salvador (popularmente Sta. Tecla).
tecleo *m.* Acción de teclear. 2 Efecto de teclear.
teclista *com.* Persona que teclea.
tecnecio *m.* Elemento químico obtenido artificialmente. Muy raro; se encuentra en los elementos radioactivos. Su símbolo es *Tc,* su número atómico 43 y su peso atómico 99.
-tecnia (gr. *techne*) Elemento sufijal que entra en la formación de palabras con el significado de arte manual, industria, técnica.
técnica *f.* Conjunto de procedimientos de que se sirve una ciencia o arte. 2 Habilidad para usar de estos procedimientos. 3 fig. Habilidad para ejecutar cualquier cosa, o para conseguir algo.
técnicamente *adv. m.* De manera técnica.
tecnicidad *f.* Calidad de técnico.
tecnicismo *m.* Tecnología (terminología). 2 Término técnico.
técnico, -ca (l. *technicu* < gr. *technikós* < *techne,* arte manual) *adj.* Relativo a las aplicaciones de las ciencias y las artes. 2 Propio del lenguaje de un arte, ciencia u oficio: ***expresión técnica.*** -3 *m. f.* Persona que posee los conocimientos especiales de una ciencia, arte u oficio.
tecnicolor *m.* Procedimiento que permite reproducir en la pantalla cinematográfica los colores de los objetos.
tecno- (v. *-tecnia*) Elemento prefijal que entra en la formación de palabras con el significado de industria, técnica.
tecnocracia (*tecno-* + *-cracia*) *f.* Intervención o influencia que los técnicos ejercen en la dirección política de un país. 2 Grupo de técnicos que ejercen este poder.
tecnócrata *com.* Persona que pertenece a la tecnocracia de un país.
tecnocrático, -ca *adj.* Relativo a la tecnocracia.

tecnografía (*tecno-* + *-grafía*) *f.* Descripción de las artes industriales y de sus procedimientos.
tecnología (*tecno-* + *-logía*) *f.* Conjunto de los conocimientos propios de una técnica. 2 Tratado de los términos técnicos. 3 Terminología exclusiva de una ciencia o arte.
tecnológico, -ca *adj.* Relativo a la tecnología.
tecnólogo, -ga *m. f.* Persona que se dedica a la tecnología.
teco, -ca *adj. Guat.* Borracho.
tecol *m. Méj.* Gusano que se cría en el maguey.
tecolero (mej. *tecolli,* carbón) *m. Méj.* Carbonero. 2 *Méj.* Ayudante de establo.
tecolines *m. pl. Méj.* fam. Dinero, en general los pesos.
tecolio *m. Méj.* Bebida fermentada con gusanos de maguey.
tecolota *f. Méj.* vulg. Colilla de cigarro.
tecolote (mej. *tecolotl*) *m. Amér. Central* y *Méj.* Búho, ave. 2 *Méj.* Lance del juego de albures. 3 *Méj.* fam. Gendarme, quizás porque hace vida nocturna.
tecomal *m. C. Rica.* Tecomate.
tecomate (mej. *tecomatl*) *m. Amér. Central* y *Méj.* Especie de calabaza de cuello estrecho y corteza dura de la cual se hacen vasijas *(Crescentia alata).* 2 *Amér. Central.* Vasija tosca formada con el pericarpio de algunos frutos como cocos, jícaros, etc. 3 *Méj.* Vasija ordinaria de barro, en forma de jícara.
tecorral (mej. *tetl,* piedra + *corral*) *m. Méj.* Albarrada, pared de piedra seca.
tectita *f.* Cuerpo redondeado de color negruzco y apariencia meteorítica, de pocos centímetros de diámetro y superficie rugosa y áspera, de probable origen extraterrestre.
tectología (gr. *tekton,* estructura + *-logía*) *f.* BIOL. Parte de la biología que estudia la morfología y la estructura de los organismos vivos agrupados en colonias.
tectónico, -ca (gr. *tektonikós,* relativo a la construcción) *adj.* Relativo a los edificios u obras de arquitectura. 2 Relativo a la estructura de la corteza terrestre. -3 *f.* Parte de la Geología que trata de dicha estructura.
tectriz *adj.* BOT. [hoja o pelo de las plantas] Que cubre otros órganos del vegetal o los protege de algún modo.
tecuco, -ca *adj. Méj.* Avaro, mezquino, roñoso.
tecuil (mej. *tetl,* fuego) *m. Méj.* Hornillo de tres piedras.
teda (l. *tœda*) *f.* Tea.
tedero (l. *tœda,* tea) *m.* Pieza de hierro en que se ponen teas para alumbrar.
tedéum (de *Te Deum,* primeras palabras de este canto) *m.* Cántico litúrgico católico que se usa para alabar y dar gracias a Dios. ◇ Pl.: *tedéum.*
tediar (l. *tœdiare*) *tr.* Aborrecer [una cosa] o tener tedio de ella. ◇ ** CONJUG. [12] como ***cambiar.***
tedio (l. *tœdiu*) *m.* Aburrimiento, hastío.
SIN. **Aburrimiento, desgana, hastío.**
tedioso, -sa *adj.* Aburrido.
tee (voz inglesa) *m.* DEP. En el juego del golf, zona del campo desde la que el jugador golpea por primera vez la pelota en el recorrido de cada hoyo.
tefe *m. Colomb.* y *Ecuad.* Tira o jirón de piel o de tela.
teflón *m.* QUÍM. Tetrafluoretileno.
tefrita *f.* GEOL. Roca volcánica básica con feldespatoides.
tegenaria *f.* Género de arañas de patas muy largas, cefalotórax rojizo y abdomen gris con manchas *(gén. Tegenaria).*
tegeo, -a (l. *tegœu*) *adj.-s.* De Tegea, ant. c. de Arcadia.
tegmen *m.* ZOOL. Ala anterior correosa de los saltamontes e insectos similares, como la cucaracha.
tegua *m. Colomb.* Curandero. -2 *adj.-s. Colomb.* Profesional o artesano inhábil.
tegual (ár. *tsecal,* carga) *m.* Impuesto sobre el pescado, en el ant. reino de Granada.
tegucigalpense *adj.-s.* De Tegucigalpa, cap. del dep. de Morazán (Honduras).
tegue *m. Venez.* Planta tuberosa, de jugo lechoso *(Caladium arboreum).*
tegui *m.* vulg. Ladrón de coches.
teguillo *m.* Especie de listón para la construcción de cielos rasos.
tegumentario, -a *adj.* Relativo al tegumento o que consiste en un tegumento.
tegumento (l. *-tu*) *m.* Tejido orgánico que recubre ciertas partes de las plantas y de los animales.
tehuacán, -cana *adj.-s.* De Tehuacán, c. del estado de Puebla (Méjico).
tehuelche *adj.-s.* De una de las parcialidades indígenas que habitaron principalmente en la Patagonia, entre los ríos Negro y Colorado. -2 *adj.- m.* Lengua que hablaban los miembros de dichas parcialidades.
teína (de *té*) *f.* Principio activo del té, químicamente idéntico a la cafeína.
teinada *f.* Tinada (cobertizo). 2 *Logr.* Montón de sarmientos.
teísmo (gr. *Theós,* Dios) *m.* Doctrina teológica que afirma la existencia de un Dios personal, creador del universo y gobernador de su evolución gracias a su influencia constante y viviente. A diferencia, pues, del deísmo, admite la providencia divina y la religión revelada. Sus principales representantes son Platón (428-347 ó 348 a. C.), Aristóteles (384-322 a. C.), san Agustín (354-430), santo Tomás (1225-1274), Descartes (1596-1650), Leibnitz (1646-1716) y Kant (1724-1804).
CONTR. **Ateísmo.**
teísta *adj.-com.* Que profesa el teísmo.
CONTR. **Ateo.**
I) teja (l. *tegula* < *tegere,* cubrir) *f.* Pieza de barro cocido en forma de canal, para cubrir por fuera los techos. 2 Pastita curvada hecha de harina, azúcar y otros ingredientes, cocida al horno. 3 Sombrero de teja. 4 Hoja de acero que envuelve el alma de la espada. 5 Peineta de gran tamaño. 6 Segmento metálico destinado a sostener los proyectiles o las cargas de proyección, antes de que sean introducidos en el ánima del cañón. 7 IMPR. Plancha curvada de plomo, grabada en negativo y relieve por su parte convexa, que por la cóncava se adapta a un cilindro de las máquinas rotativas. 8 MAR. Concavidad semicircular hecha en un palo para empalmar otro.
LOCS. *A ~ vana*, sin otro techo que el tejado; fig., a la ligera, sin reparo. *De tejas abajo*, no contando con las causas sobrenaturales; en la tierra. *De tejas arriba*, según orden sobrenatural; en el cielo. *A toca ~*, a tocateja.
II) teja (l. *tilia*) *f.* Tilo.
tejadillo *m.* Dim. de *tejado.* 2 Cubierta de la caja de un coche. 3 Manera de coger los naipes, mediante la cual puede el fullero, con la misma mano que los tiene, sacar del monte disimuladamente los que necesita para ganar el juego. 4 CONSTR. Tejado de una sola vertiente adosado a un edificio.
tejado (l. *tegulatu*) *m.* Cubierta hecha gralte. con tejas. 2 MIN. Afloramiento, gralte. ferruginoso, que forma la parte alta de las vetas o filones metalíferos.
tejamaní, tejamanil *m. Amér.* Tabla delgada que se coloca como teja en los techos de las casas.
tejano, -na *adj.-s.* De Tejas, estado de los Estados Unidos de América. -2 *m. pl.* Pantalón al estilo de Tejas.
I) tejar *m.* Fábrica de tejas, ladrillos y adobes.
SIN. **Tejería, tejera.**
II) tejar *tr.* Cubrir de tejas [un edificio].
tejaroz (de *teja*) *m.* Alero (parte).
tejavana *f.* Edificio techado a teja vana. 2 Cobertizo.
tejazo *m.* Golpe dado con una teja.
tejedera *f.* Tejedora. 2 Escribano del agua.
tejedor, -ra *adj.* Que teje. 2 *Chile* y *Perú.* fig. Intrigante, enredador. -3 *m. f.* Persona que tiene por oficio tejer. -4 *m.* Insecto embióptero de tamaño pequeño o mediano, de cuerpo blando, pardusco, y que vive debajo de las piedras, construyendo redes y túneles sedosos *(Haplohembia solieri*; *Embia amadorae).* 5 Ave paseriforme de África y Arabia, que se caracteriza por la forma peculiar de su nido, semejante a una bolsa colgante, cónica por arriba y esférica en la parte inferior, con un tubo o corredor en cuyo extremo libre está la entrada *(gén. Ploceus).* -6 *f.* Máquina de hacer punto.
tejedura *f.* Acción de tejer. 2 Efecto de tejer. 3 Textura (disposición).
tejeduría *f.* Arte de tejer. 2 Taller en que trabajan los tejedores.
tejemaneje (de *tejer* + *manejar*) *m.* fam. Afán y destreza con que se hace una cosa. 2 fam. Manejos enredosos para algún asunto turbio. ◇ Pl.: *tejemanejes.*
tejer (l. *texere*) *tr.* Entrelazar hilos [de seda, lana, algodón, etc.], o los nudos o anillos de un solo hilo para formar [telas, trencillas, esteras, etc.]: *~ la seda; ~ una tela; ~ unas medias con,* o *de, seda;* esp., entrelazar, cruzándolos en el telar, los hilos de las dos series llamadas la trama y la urdimbre. 2 Hacer punto a mano o con máquina tejedora; hacer labor de punto. 3 Formar ciertas orugas [su capullo] y las arañas [su tela]. 4 fig. Discurrir o maquinar: *~ una intriga.* 5 Cruzar o mezclar con orden: *~ una danza.* 6 fig. Componer, ordenar y colocar con método y

disposición una cosa. 7 ~ *y destejer,* cambio de resolución, hacer y deshacer una cosa. 8 *Chile* y *Perú.* Intrigar, enredar.
REL. *1* **Textorio, textil**, relativo al arte de tejer o al tejido. **Textura, tejido,** operación de tejer.
tejería *m.* Tejar (fábrica).
tejeringo *m. And.* y *Bad.* Churro, fruta de sartén.
tejero, -ra *m. f.* Persona que tiene por oficio fabricar tejas y ladrillos. -2 *f.* Tejar (fábrica).
tejido, -da *adj.* V. pintura tejida. -2 *m.* Textura: *el ~ de esta tela es flojo.* 3 Cosa tejida: *~ de algodón.* 4 Asociación de células diferenciadas de un ser orgánico que tienen la misma estructura y análoga función: ~ ***adiposo,*** el que se encuentra en el interior de los huesos largos y formando una capa continua debajo de la piel, y se caracteriza porque sus células fijas son redondeadas y poseen la propiedad de almacenar gotas de grasa en su interior; ~ ***conjuntivo,*** el que sirve de unión a los demás tejidos y para rellenar huecos orgánicos y está formado por células de dos clases, fijas y emigrantes, separadas por una substancia fundamental; ~ ***cartilaginoso,*** el que forma los cartílagos, parecido al conjuntivo, pero con la substancia intercelular sólida, resistente y elástica; ~ ***óseo,*** el que forma los huesos y está constituido por células especiales y una substancia fundamental formada por haces conjuntivos entre los cuales hay otra substancia petrificada por la incrustación de sales calcáreas; ~ ***epitelial,*** el que forma la piel y las mucosas, formado por células poco modificadas unidas unas a otras por un cemento; ~ ***linfático,*** el formado por un estroma, en parte celular y en parte fibroso, y numerosas células, la mayoría de las cuales son linfocitos; ~ ***muscular,*** el que forma los músculos y está constituido por células contráctiles transformadas en largas fibras asociadas en haces; ~ ***nervioso,*** el formado esencialmente por células y fibras especiales encargadas de las funciones propias del sistema nervioso; ~ ***aerífero,*** el que permite la circulación de aire por dentro de una planta.
REL. *2* y *3* **Textil**, referente al tejido. En la acep. 4 varias voces relacionadas se forman sobre el gr. *histós*, tejido: **histología**, ciencia que los estudia; **histólogo**, el que la profesa; **histoquimia**, estudio de los reactivos usados en histología.
tejillo *m.* Trencilla de que usaban las mujeres como ceñidor.
I) tejo *m.* Pedazo redondo de teja que sirve para jugar. 2 Juego de la chita o el chito. 3 Disco metálico grueso. 4 Pedazo de oro en pasta. 5 Cospel. 6 Tejuelo. 7 fig. Duro, moneda de cinco pesetas. 8 Juego de muchachos en que ponen botones sobre una lata u otro objeto y con el tejo tiran para derribarlos por su base. 9 MAR. Plancha metálica sobre la cual gira la lanceta del cabestrante.
FR. fig. fam. *Tirar los tejos a alguien*, insinuar a una persona lo que de ella se espera; insinuarse amorosamente. SIN. *4* **Tejón.**
II) tejo (l. *taxu*) *m.* Árbol taxáceo, dioico, siempre verde; sus hojas y semillas son venenosas, aunque éstas tienen un arilo carnoso comestible *(Taxus baccata).*
tejocote (mej. *texocotl*) *m. Méj.* Planta rosácea de fruta amarilla, parecida a la ciruela *(Crataegus mexicana).*
tejoleta (dim. de *tejuela*) *f.* Pedazo de teja. 2 Pedazo de barro cocido. 3 Tarreña.
tejolote *m. Méj.* Mazo o cilindro macizo de piedra con que se machaca en el mortero.
I) tejón (b. l. *taxone,* de orig. germ.) *m.* Mamífero carnívoro mustélido de unos 7 dms. de largo, patas y cola cortas, orejas pequeñas y pelaje espeso; habita en madrigueras profundas *(Meles meles).* 2 Piel curtida de este animal.
SIN. **Tasugo.**
II) tejón *m.* Aum. de *tejo*. 2 Tejo (pedazo de oro).
tejonera *f.* Madriguera de los tejones.
tejú *m.* Reptil saurio de Sudamérica de color muy vistoso, negro azulado con manchas amarillas y blancas. Se alimenta de insectos y pequeños vertebrados *(Tupinambis teguixin).*
tejuela *f.* Dim. de *teja*. 2 Tejoleta (pedazo). 3 Pieza de madera del fuste de la silla de montar.
tejuelo *m.* Dim. de *tejo* I. 2 Cuadrito de piel o de papel pegado al lomo de un libro para poner el rótulo, o el rótulo mismo, aunque no sea sobrepuesto. 3 Hueso corto y muy resistente que sirve de base al casco de las caballerías. 4 MEC. Pieza donde se apoya el gorrón de un árbol.
SIN. *4* **Rangua, tajuelo, tejo.**
tela (l.) *f.* Obra hecha de muchos hilos, que, entrecruzados en toda su longitud, forman como una lámina: ~ ***de punto,*** la formada por series alineadas de lazaditas hechas con un mismo hilo; ~ ***metálica,*** malla hecha con alambre. 2 fig. Asunto, materia: *hay ~ para rato.* 3 Valla de tela en las antiguas justas y torneos. 4 Tejido que forman algunos animales: *~ de araña.* 5 Membrana: *las telas del corazón; las telas de la cebolla.* 6 Flor o nata que se cría en la superficie de un líquido. 7 vulg. Dinero. 8 Sitio cerrado dispuesto para lides públicas y otros espectáculos o fiestas. 9 Túnica, en algunas frutas, después de la cáscara o corteza que las cubre. 10 Nubecilla que se empieza a formar sobre la niña del ojo. 11 fig. Enredo, maraña o embuste. 12 desus. Examen, disputa o controversia para dilucidar algo. 13 ***En ~ de juicio,*** sujeto a maduro examen, en duda sobre el éxito o certeza de una cosa: *estar en ~ de juicio.* 14 IMPR. Tejido de franela, dril, raso, etc., utilizado para revestir los cilindros de presión de las prensas de imprimir. 15 MONT. Plaza o recinto formado con lienzos, para encerrar la caza y matarla con seguridad. 16 PINT. Lienzo, cuadro, pintura.
SIN. *1* **Paño.** *6* **Telilla.**
telabrejo *m. Amér. Merid.* Cachivache.
telamón (gr.) *m.* Atlante.
telar (l. *telariu*) *m.* Máquina para tejer. 2 Fábrica de tejidos. 3 Aparato en que cosen los libros los encuadernadores. 4 Parte del escenario de un teatro de donde suben o bajan los telones y bambalinas. 5 En un estudio de cine o televisión, estructura elevada donde se instalan los focos y desde donde se manipulan las cuerdas del escenario o plató. 6 Parte del vano de una puerta o ventana, más próxima al paramento exterior de la pared. 7 En automovilismo, disco de chapa embutida que sujeta la llanta al cubo, en las ruedas desprovistas de radios.
SIN. *6* **Mocheta.**
telaraña (l. v. *tela aranea*) *f.* Tela que forma la araña segregando un hilo muy tenue. 2 fig. ***Tener telarañas en los ojos,*** no percibir bien la realidad, tener ofuscado el ánimo. 3 fig. Cosa sutil, de poca entidad.
telarañoso, -sa *adj.* Cubierto de telarañas.
telaspio *m.* Carraspique.
tele *f.* fam. Televisión. -2 *m.* fam. Televisor. 3 Teleobjetivo.
tele- (gr. *tele,* lejos) Elemento prefijal que entra en la formación de palabras con el significado de a distancia, lejos: *teléfono, televisión, teleférico;* televisión: *teleclub, teledebate;* teleférico: *telecabina, telesquí;* telefotografía: *teleobjetivo.*
teleadicto, -ta (*tele-* + *adicto*) *adj.* Fiel al seguimiento constante de los programas de televisión.
telebrejo *m. Méj.* Cachivache.
telecabina (*tele-* + *cabina*) *f.* Teleférico de cable único para la tracción y la suspensión, dotado de cabina.
telecinematógrafo (*tele-* + *cinematógrafo*) *m.* Aparato que se usa para retransmitir por televisión películas cinematográficas.
teleclinómetro (*tele-* + *clinómetro*) *m.* Instrumento que se introduce en los pozos de sondeo para medir su inclinación.
teleclub (*tele-* + *club*) *m.* Lugar de reunión para ver programas de televisión.
telecomunicación (*tele-* + *comunicación*) *f.* Sistema de comunicación telegráfica, telefónica, radiotelegráfica y demás análogos. 2 Conjunto de dichos medios de comunicación a distancia.
telecontrol (*tele-* + *control*) *m.* Gobierno de aparatos mecánicos a distancia, ya sea por radio, ondas sonoras o haces luminosos.
teledebate (*tele-* + *debate*) *m.* Debate transmitido por televisión.
teledetección (*tele-* + *detección*) *f.* ASTRON. Detección a distancia, esp. por medio de satélites y sondas artificiales, de informaciones sobre la superficie de la Tierra y otros astros.
telediario (*tele-* + *diario*) *m.* Noticiario televisivo.
teledifusión (*tele-* + *difusión*) *f.* Transmisión de imágenes de televisión mediante ondas electromagnéticas.
teledinamia (*tele-* + gr. *dynamis,* fuerza) *f.* Acción de comunicar la fuerza a distancia.
teledinámico, -ca *adj.* Que comunica una fuerza o movimiento a distancia.
teledirección *f.* Telemando.
teledirigido, -da *adj.* Que se dirige desde lejos, esp. por medio de ondas hertzianas.
teledirigir (*tele-* + *dirigir*) *tr.* Dirigir [un vehículo] desde lejos, gralte. por medio de ondas hertzianas que impulsan un sistema de servomotores, que actúan sobre los órganos de dirección. ◇ ** CONJUG. [6] como ***dirigir.***
telefacsímil (*tele-* + *facsímil*) *m.* Sistema de transmisión telefónica de facsímiles. 2 Facsímil así transmitido.
telefax *m.* Telefacsímil. ◇ Pl.: *telefax.*

teleférico (*tele-* + gr. *phero,* llevar) ***m.*** Transbordador o sistema de transportes en el que los vehículos van suspendidos de un cable de tracción.
telefilme (*tele-* + *filme*) ***m.*** Filme especialmente concebido y realizado para ser transmitido por televisión.
telefio (gr. *telephion*) ***m.*** Hierba callera.
telefonazo ***m.*** fam. Llamada telefónica.
telefonear ***intr.*** Llamar [a alguien] por teléfono, para comunicar con él. -2 ***tr.*** Hablar por teléfono. 3 Transmitir mensajes por teléfono.
telefonema ***m.*** Despacho telefónico.
telefonía ***f.*** Arte de construir, instalar y manejar teléfonos. 2 Servicio de comunicaciones telefónicas. 3 Sistema de telecomunicación para la transmisión de sonidos con o sin hilo de conexión entre el emisor y el receptor.
telefónicamente ***adv. m.*** Por medio del teléfono.
telefónico, -ca ***adj.*** Relativo al teléfono o a la telefonía.
telefonillo ***m.*** Interfono.
telefonista ***com.*** Persona ocupada en el servicio de teléfonos.
teléfono (*tele-* + *-fono*) ***m.*** Conjunto de aparatos e hilos conductores con que se transmite a distancia el sonido: ~ ***sin hilos,*** aquel en que la transmisión tiene lugar por medio de ondas hertzianas. 2 Aparato para hablar según ese sistema. 3 Número que se asigna a cada uno de esos aparatos. -4 ***m. pl.*** Administración de la que depende este sistema de comunicación. 5 Edificio destinado a este servicio.
telefonómetro (*tele-* + *fonómetro*) ***m.*** Contador empleado en las centrales telefónicas para registrar el número y la duración de las comunicaciones efectuadas por los abonados, con objeto de poder establecer sus facturas.
teléfora ***f.*** Hongo irregular, de aspecto deshilachado y de color pardo, frecuente en los bosques de coníferas *(Thelephora terrestris)*.
telefoto ***f.*** Telefotografía.
telefotografía (*tele-* + *fotografía*) ***f.*** Arte de tomar y transmitir fotografías a distancia mediante sistemas electromagnéticos. 2 Fotografía así transmitida. 3 Técnica de la fotografía de objetos lejanos, gralte. por medio de teleobjetivos. 4 Fotografía así tomada.
REL. **Telefotográfico, -ca,** deriv. SIN. *1* **Fototelegrafía.**
telegenia (*tele-* + *-genia*) ***f.*** Dote natural de algunas personas gracias a la cual resultan muy favorecidas al ser televisadas.
telegénico, -ca ***adj.*** De buena presencia en la televisión.
telegospia ***f.*** Transmisión de la escritura por televisión.
telegrafía (*tele-* + *-grafía*) ***f.*** Arte de construir, instalar y manejar los telégrafos. 2 Servicio de comunicaciones telegráficas. 3 Sistema de telecomunicación que permite la transmisión de información entre dos puntos mediante impulsos eléctricos, y utilizando un código preestablecido.
telegrafiar ***tr.*** Comunicar [algo] por medio del telégrafo. 2 Dictar [comunicaciones] para su expedición telegráfica. 3 [abs.] Manejar el telégrafo. ◇ ** CONJUG. [13] como ***desviar.***
telegráficamente ***adv. m.*** Por medio del telégrafo.
telegráfico, -ca ***adj.*** Relativo al telégrafo o a la telegrafía. 2 fig. Conciso, restringido: *estilo* ~.
telegrafista ***com.*** Persona ocupada en la instalación o servicio de los telégrafos.
telégrafo (*tele-* + *-grafo*) ***m.*** Conjunto de aparatos destinados a transmitir despachos a larga distancia mediante señales convenidas: ~ ***eléctrico,*** el que funciona por la acción de la electricidad, efectuándose la transmisión por medio de hilos conductores; ~ ***sin hilos,*** aquel en que la transmisión tiene lugar por medio de ondas hertzianas; ~ ***marino,*** conjunto de banderas y señales con que los buques se comunican entre sí y con las estaciones de tierra; ~ ***óptico,*** el que se vale de señales visibles a distancia. -2 ***m. pl.*** Administración de la que depende este sistema de comunicación. 3 Edificio destinado a este servicio. 4 fig. ***Hacer telégrafos,*** hablar por señas.
telegrama (*tele-* + *-grama*) ***m.*** Despacho telegráfico. 2 Papel normalizado en que se recibe escrito el mensaje telegráfico. ◇ INCOR.: *telégrama.*
teleguiado, -da ***adj.*** Teledirigido.
teleguiar ***tr.*** Teledirigir. ◇ ** CONJUG. [13] como ***desviar.***
teleimpresor ***m.*** Teletipo.
teleindicador (*tele-* + *indicador*) ***m.*** Instrumento utilizado para indicar a distancia cantidades eléctricas.
teleinformática (*tele-* + *informática*) ***f.*** Técnica que utiliza los medios de las telecomunicaciones para la transmisión de datos informatizados.
telejuego (*tele-* + *juego*) ***m.*** Sistema electrónico que permite desarrollar diversos juegos en la pantalla de un televisor.
telekinesia ***f.*** Telequinesia.
telele ***m.*** fam. Patatús, soponcio.
Telémaco ***n. pr.*** Hijo de Ulises y de Penélope. Fue en busca de su padre, guiado por Minerva (que tomó la figura del sabio Mentor), y llegó a tiempo para ayudar a la matanza de los pretendientes de Penélope.
telemando (*tele-* + *mando*) ***m.*** Aparato que se utiliza para dirigir una maniobra mecánica a distancia.
SIN. **Teledirección.**
telemanía (*tele-* + *-manía*) ***f.*** Afición excesiva a la televisión.
telemática (de *tele*comunicación + informá*tica*) ***f.*** Servicio de telecomunicaciones que permite la transmisión de datos informatizados a través del teléfono.
telemedicina (de *tele*mática + *medicina*) ***f.*** Aplicación de la telemática a la medicina.
telemetría ***f.*** Medición de distancias por medio del telémetro.
telemétrico, -ca ***adj.*** Relativo al telémetro.
telémetro (*tele-* + *-metro*) ***m.*** TOPOGR. Aparato para medir la distancia a que uno se encuentra de un objeto y que consiste esencialmente en un anteojo provisto de un micrómetro.
telendo, -da ***adj.*** Vivo, airoso, gallardo.
teleneurona (*tele-* + *neurona*) ***f.*** ANAT. Neurona más alejada de la médula en una vía determinada.
telengues ***m. pl.*** *Amér. Central.* Trebejos, instrumentos.
telenovela (*tele-* + *novela*) ***f.*** Narración de tipo melodramático especialmente concebida para ser emitida por televisión en forma seriada.
telenque ***adj.*** Bobo, memo. 2 *Chile.* Temblón, enclenque. 3 *Salv.* Torcido, patojo. -4 ***m.*** *Guat.* Cachivache.
teleobjetivo (*tele-* + *objetivo*) ***m.*** Objetivo que permite tomar fotografías a distancia.
teleología (gr. *teleos,* fin + *-logía*) ***f.*** Parte de la metafísica que estudia las causas finales. 2 Doctrina metafísica que considera el Universo, no como una sucesión de causas y efectos, sino como un orden de fines que las cosas tienden a realizar. Se opone al mecanicismo en que mientras éste afirma el dominio de la ciega necesidad, la teleología sostiene el dominio de la razón y de la finalidad.
SIN. *2* **Finalismo.**
teleológico, -ca ***adj.*** Relativo a la teleología.
teleósteo (gr. *téleios,* acabado + *osteón,* hueso) ***adj.-m.*** Pez del superorden de los teleósteos. -2 ***m. pl.*** Superorden de peces actinopterigios de esqueleto óseo; con escamas y opérculo branquial osificados; vejiga natatoria, línea lateral y cola homocerca o dificerca, que incluye la mayoría de los peces actuales.
telepate ***m.*** *Amér. Central.* Insecto áptero muy molesto (gén. *Cimex*).
telepatía (*tele-* + *-patía*) ***f.*** Coincidencia de pensamientos o sensaciones entre personas gralte. distantes entre sí, que tiene lugar fuera del alcance de los sentidos. 2 Transmisión de contenidos psíquicos entre personas, sin intervención de agentes físicos conocidos.
SIN. **Telestesia.**
telepático, -ca ***adj.*** Relativo a la telepatía.
teleperiodismo (*tele-* + *periodismo*) ***m.*** Periodismo televisivo.
teleprocesamiento ***m.*** INFORM. Teleproceso.
teleprocesar (*tele-* + *procesar*) ***tr.*** INFORM. Emplear un ordenador a distancia, mediante terminales conectados a él.
teleproceso ***m.*** INFORM. Acción de teleprocesar. 2 INFORM. Efecto de teleprocesar. 3 INFORM. Técnica de utilización de ordenadores a distancia.
teleproyectil (*tele-* + *proyectil*) ***m.*** MIL. Proyectil autopropulsado y dirigido a distancia.
telequinesia (*tele-* + *-quinesia*) ***f.*** En parapsicología, desplazamiento de objetos sin causa física observable, por lo general en presencia de un médium. ◇ También *telekinesia.*
telera (probl. del l. *telu,* pica, venablo) ***f.*** Travesaño que sujeta el dental a la cama del arado o al timón. 2 Madero paralelo a otro igual de las prensas de carpinteros, encuadernadores, etc. 3 Redil formado por tablas. 4 Travesaño con que se enlaza el pértigo con los largueros de la escalera del carro. 5 Pieza utilizada para reforzar la unión de otras dos a fin de que el conjunto resulte indeformable. 6 Mecanismo auxiliar empleado en las hilaturas para transportar automáticamente, en una especie de cinta

sin fin, las fibras entre dos puntos de trabajo. 7 ARTILL. Tabla que en las cureñas une y afirma las gualderas. 8 MAR. Palo con una fila de agujeros, que sirve para mantener separados los cabos de una araña. 9 *La Mancha.* En el molino de viento, bastidor formado por cabrios que sirve para sujetar en las aspas la lona receptora del aire. 10 *And., Extr., Chile* y *Méj.* Pan bazo grande que suelen comer los trabajadores. 11 *Cuba.* Galleta delgada y cuadrilonga.

telero (v. *telera*) ***m.*** Palo o estaca de las barandas de los carros. 2 fam. Vendedor ambulante, buhonero.

telerón ***m.*** ARTILL. Pieza fuerte de madera o acero con que se unen y aseguran entre sí las gualderas por la parte anterior del montaje.

telerradiodifusión ***f.*** Radioteledifusión.

telerradiografía (*tele-* + *radiografía*) ***f.*** Radiografía que se obtiene alejando el tubo de rayos x varios metros de la persona o cosa que se radiografía.

telerradioscopia (*tele-* + *radioscopia*) ***f.*** Técnica consistente en reproducir con una cámara de televisión las imágenes de una pantalla de aparato de radiografía para hacer que sean visibles en los televisores instalados en otros lugares.

telescópico, -ca ***adj.*** Relativo al telescopio. 2 Que sólo es visible con el telescopio: *planetas telescópicos.* 3 Hecho con auxilio del telescopio: *observaciones telescópicas.*

telescopio (*tele-* + *-scopio*) ***m.*** Instrumento óptico para observar objetos lejanos, esp. los cuerpos celestes, que consiste esencialmente en un espejo o lente que concentra los rayos luminosos y produce una imagen del objeto, y una lente que amplía esta imagen: ~ ***de refracción,*** ÓPT., el que tiene como objetivo un sistema de lentes. También *anteojo.* 2 Constelación austral, situada entre el Indio y la Ara.

telescritura (*tele-* + *escritura*) ***f.*** Sistema basado en el enlace telefónico entre dos o más grupos de personas que pueden comunicar entre ellos disponiendo al mismo tiempo de un espacio gráfico común para escribir y dibujar.

telesilla (*tele-* + *silla*) ***m.*** Teleférico aéreo formado por sillas suspendidas de un cable único.

telespectador, -ra (*tele-* + *espectador*) ***m. f.*** Espectador de televisión.

telesquí (*tele-* + *esquí*) ***m.*** Teleférico que se utiliza para que suban los esquiadores. ◇ Pl.: *telesquís.*

telestesia ***f.*** Telepatía.

telestudio (*tele-* + *estudio*) ***m.*** Recinto acondicionado acústicamente, que se emplea para realizar programas de televisión o radiotransmisión.

teleta (dim. de *tela*) ***f.*** Hoja de papel secante. 2 Red de las pilas de los molinos de papel para que salga el agua y no el material.

teleteatro (*tele-* + *teatro*) ***m.*** Teatro que se transmite por televisión.

teleteca (*tele-* + *-teca*) ***f.*** Colección de registros clasificados de emisiones de televisión ya efectuadas.

teletermografía (*tele-* + *termografía*) ***f.*** Técnica de reproducción fotográfica de las zonas calientes y frías del cuerpo mediante una cámara de televisión y rayos infrarrojos.

teletex (ingl.) ***m.*** Transmisión de textos informatizados a través del teléfono. ◇ Pl.: *teletex.*

teletipia (de *teletipo*) ***f.*** Sistema de comunicación telegráfico o radiotelegráfico que permite la transmisión de un texto mecanografiado. 2 Composición tipográfica a distancia, por medio del acoplamiento de un teletipo y una máquina de componer.

teletipiadora ***f.*** Teletipo.

teletipo (ingl. *teletype*) ***m.*** Aparato telegráfico para transmitir y recibir mensajes en tipos comunes, por medio de un teclado parecido al de la máquina de escribir.

SIN. **Teleimpresor.**

teletón ***m.*** desus. Tela de seda parecida al tafetán.

teletonta (de *televisión* + *tonta*) ***f.*** fest. Televisión.

televidente ***com.*** Espectador de televisión.

televisar ***tr.*** Transmitir [imágenes] por televisión.

televisión (*tele-* + *visión*) ***f.*** Visión de cosas lejanas obtenida mediante las ondas hertzianas. 2 fam. Televisor. 3 Empresa dedicada a transmitir por este medio.

televisivo, -va ***adj.*** Que tiene buenas condiciones para ser televisado. 2 Propio o relativo a la televisión.

televisor ***m.*** Aparato receptor de televisión.

televisual (*tele-* + *visual*) ***adj.*** Televisivo.

télex (del ing. *telex* y éste de *tele*printer *ex*change) ***m.*** Servicio mecanográfico que se efectúa a distancia, por medio de teletipos. 2 Mensaje transmitido mediante dicho servicio. ◇ Pl.: *télex.*

telilla ***f.*** Dim. de *tela.* 2 Tejido delgado de lana. 3 Tela (flor o nata). 4 Capa que cubre la masa fundida de la plata cuando se copela.

telina (gr. *telline*) ***f.*** Almeja.

tellina (gr. *telline*) ***f.*** Almeja.

telliz (ár. *tillis,* tapiz basto < l. *trilix, -icis,* de tres lizos) ***m.*** Caparazón.

telliza (ár. *tillisa*) ***f.*** Colcha.

telofase (gr. *telos,* extremo, último + *fase*) ***f.*** Última fase de la cariocinesis, en que se forman los dos nuevos núcleos y el citoplasma se divide en dos.

telolecito (gr. *telos,* extremidad + *lékithos,* yema de huevo) ***adj.*** [huevo] Muy abundante en substancias de reserva; como el de las aves.

telón (aum. de *tela*) ***m.*** Lienzo grande que puede subirse y bajarse en el escenario de un teatro: ~ ***de boca,*** el que cierra la embocadura del escenario; ~ ***de fondo*** o ***de foro,*** el que cierra la escena formando el frente de la decoración; ~ ***corto,*** el que se coloca inmediatamente detrás de la embocadura, mientras se representa delante, y permite mudar, a su espalda, la decoración. 2 fig. ~ ***de acero,*** frontera política e ideológica que separa los países del bloque de influencia soviética de los occidentales.

telonero, -ra ***adj.-s.*** Artista que, en un espectáculo musical o de variedades, actúa en primer lugar, como menos importante. 2 p. ext. El primero de los oradores que intervienen en un acto público, cuando su importancia es menor que la de quienes han de seguirle en el uso de la palabra. 3 fig. Persona de escasa calidad o mérito dentro de su profesión. -4 ***m. f.*** Persona que hace telones o los maneja en un espectáculo.

telonio (gr. *-onion* < *telós,* impuesto) ***m.*** desus. Oficina pública donde se pagaban los tributos.

telson (gr. *telson,* extremo) ***m.*** ZOOL. Último segmento del cuerpo de los crustáceos que suele ser laminar y está situado a continuación del pleón.

telúrico, -ca (l. *Tellus, -uris,* la Tierra) ***adj.*** Relativo a la Tierra como planeta. 2 Relativo al telurismo. 3 PAT. [tipo de enfermedad] Relacionado con el suelo en su etiología o patogenia; esp. [infección] adquirido por gérmenes existentes en determinados terrenos.

telurio (l. *Tellus, -uris,* la Tierra) ***m.*** Metaloide cristalino, muy escaso, de aspecto metálico y color parecido al del estaño. Su símbolo es *Te,* su peso atómico 127,5 y su número atómico 52.

telurismo ***m.*** Influjo de la configuración del terreno sobre la vida de sus habitantes.

teluro ***m.*** QUÍM. Telurio.

tema (gr. *thema*) ***m.*** Proposición, texto o asunto sobre que versa un discurso, discusión, escrito, etc. 2 Asunto de un trabajo escolar, esp. el texto, para traducir al idioma que se estudia; v. versión. 3 GRAM. En las lenguas de flexión, parte del vocablo que recibe las desinencias del caso en la declinación, y las de persona en la conjugación: *temas en A,* ~ *de presente, de perfecto,* etc.; se diferencia de la radical en que ésta es primitiva, mientras que el tema es la radical modificada: la radical del verbo *decir* es *dec-;* el tema del perfecto es *dij-;* la raíz es el elemento históricamente irreductible de la palabra: *dic-* es la raíz del verbo *decir* (l. *dicere).* V. radical y raíz. 4 MÚS. Idea principal de una composición con arreglo a la cual se desarrolla el resto de ella. -5 ***f.*** Porfía, obstinación. 6 Idea fija en un demente. 7 Oposición caprichosa a una persona: *tener una* ~ *rara contra uno.* ◇ HOMÓF.: *tema* (v. *temer*). ◇ Se abusa del empleo de esta palabra en lugar de *problema, asunto, cuestión,* etc.

SIN. *1* **Lema.** GRAM. Aunque en las aceps. 5, 6 y 7 es tradicionalmente femenino, se encuentra a menudo usado como masculino entre los escritores modernos.

temario ***m.*** Repertorio, programa, lista de temas o asuntos que se tratan en un libro, asamblea, reunión, curso académico, etc.

temascal ***m.*** *Amér.* Baño de los antiguos indios, en piezas cerradas y a vapor, que todavía se usa en muchas haciendas de campo. 2 *Guat.* y *Méj.* Lugar muy caliente.

temático, -ca (gr. *thematikós*) ***adj.*** Relativo al tema de cualquier materia; ús. esp. en gramática con referencia al tema de las palabras. 2 Que se ejecuta o dispone según un tema. 3 desus. Temoso. -4 ***f.*** Conjunto de temas relativos a una ciencia o actividad determinada.

tembetá (guaraní) ***m.*** *Argent., Bol., Parag.* y *Perú.* Barbote.

tembladal (de *temblor*) ***m.*** Tremedal.

tembladera *f.* Acción de temblar. 2 Efecto de temblar. 3 Vaso ancho con dos asas a los lados, de metal o vidrio y de una hoja tan delgada que fácilmente vibra. 4 Tembleque (joya). 5 Torpedo (pez). 6 Planta gramínácea con panoja terminal compuesta de ramitos capilares y flexuosos de las cuales penden unas espigas aovadas *(Briza maxima).* 7 *Can.* Hilo que sirve para trabar la cometa. 8 *Amér.* Tremedal. 9 *Argent.* Enfermedad que ataca a los animales en ciertos parajes de los Andes.
SIN. *6* **Zarcillitos.**
tembladeral *m. Argent.* y *Urug.* Tremedal.
tembladerilla *f. Chile.* Planta de la familia de las papilionáceas, que produce temblor en los animales que la comen *(Astragalus ovallensis; A. ochroleucus; A. flavus).* 2 *Chile.* Planta herbácea de la familia de las umbelíferas *(Hydrocotile bonaeriensis).*
tembladero, -ra (de *temblar*) *adj.-s.* Que tiembla. -2 *m.* Tremedal.
temblador, -ra *adj.-s.* Que tiembla. -2 *m. f.* Cuáquero. -3 *m.* Pez teleósteo cipriniforme de Sudamérica, alargado y sin escamas, de color de aceituna, capaz de producir descargas por medio de cuatro órganos eléctricos que posee *(Electrophorus electricus).*
temblante *m.* Especie de ajorca o manilla que usaban las mujeres.
temblar (l. v. *tremulare* < l. *tremulus,* tembloroso) *intr.* Agitarse una persona con pequeños movimientos rápidos, continuos e involuntarios: ~ *de frío;* ~ *con el susto;* moverse o vacilar un cuerpo de una manera semejante. 2 fig. Tener mucho miedo: ~ *por su vida.* ◇ ** CONJUG. [27] como ***acertar.***
SIN. **Tremer,** lit. *1* **Rilar, titiritar; tiritar,** cuando es de frío; **estremecerse,** es temblar con movimiento agitado y súbito, a causa de un sobresalto, escalofrío, etc.; **trepidar, estremecerse,** aplicado a cosas inanimadas que tiemblan por impulso exterior, p. ej. el suelo, los cristales, máquinas, etc.
tembleque *adj.* p. us. Tembloroso. -2 *m.* Temblor. 3 Persona o cosa que tiembla mucho. 4 Joya que, montada sobre una hélice de alambre, tiembla con facilidad. 5 *Colomb.* y *P. Rico.* Dulce que se prepara con coco, leche, azúcar y arroz.
temblequear *intr.* fam. Temblar con frecuencia. 2 fam. Afectar temblor.
temblequera *f.* fam. Temblor. 2 *Perú* y *P. Rico.* Cobardía.
temblequeteo *m.* fam. Tembloreo.
tembletear *intr.* fam. Temblequear.
tembliquear *intr.* fam. Temblequear.
temblón, -blona *adj.* fam. Temblador. -2 *m.* Álamo temblón. 3 Torpedo (pez).
temblor (l. *tremore*) *m.* Agitación de lo que tiembla. 2 ~ ***de tierra,*** terremoto.
SIN. **Tremor,** lit.
tembloreo *m.* Temblor leve y continuado.
tembloroso, -sa, tembloso, -sa *adj.* Que tiembla mucho.
SIN. **Tembleque, trémulo, tremulante, tremulento.**
temblotear *intr.* Temblar leve y continuadamente.
tembloteo *m.* Acción de temblotear.
SIN. **Tembloreo.**
tembo, -ba *adj. Colomb.* Aturdido, bobo.
temedero, -ra *adj.* Digno de ser temido.
temedor, -ra *adj.-s.* Que teme.
temer (l. *timere*) *tr.* Tener [a una persona o cosa] por objeto de temor. 2 Recelar [un daño]: *temo que vendrán mayores males.* 3 Sentir [por alguno] temor reverencial parecido al que se siente por Dios. 4 Sospechar, creer: *temo que sea muy antiguo.* -5 *intr.* Sentir temor: ~ *por sus hijos.* ◇ Sobre la construcción con *que* o con *que no,* véase el artículo no.
temerariamente *adv. m.* De modo temerario.
temerario, -ria (l. *-iu*) *adj.* Imprudente. 2 Que se piensa, dice o hace sin fundamento: *juicio* ~.
temeridad (l. *-itate*) *f.* Calidad de temerario. 2 Acción temeraria. 3 Juicio temerario.
temerón, -rona (de *temer*) *adj.-s.* fam. Persona que afecta valentía. 2 *And.* Cobarde.
temerosamente *adv. m.* Con temor.
temeroso, -sa *adj.* Que causa temor. 2 Medroso, irresoluto. 3 Que recela un daño.
SIN. *2* y *3* v. **Medroso.**
temible *adj.* Digno de ser temido.
temolín *m. Méj.* Escarabajo grande, de color castaño rojizo.
temor (l. *timore*) *m.* Pasión del ánimo que incita a rehusar las cosas que se consideran dañosas o arriesgadas. 2 Presunción, recelo, esp. de un daño futuro. 3 ~ ***de Dios,*** miedo reverencial y respetuoso que se debe tener a Dios; es uno de los dones del Espíritu Santo.
SIN. *2* v. **Miedo.**
temoso, -sa (de *tema*) *adj.* Tenaz, porfiado. 2 *Can.* [pers.] Pesado, aburrido. 3 *Can.* [pers.] Miedoso, tembloroso.
SIN. *1* **Temático;** v. **terco.**
tempanador *m.* Cuchillo para abrir las colmenas quitando los témpanos.
tempanar *tr.* Poner témpanos (tapa; corcho): ~ *una cuba;* ~ *una colmena.*
tempanil *m. Ar.* Pernil delantero del cerdo.
témpano (v. *tímpano*) *m.* Timbal (tambor). 2 Piel extendida del pandero, tambor, etc. 3 Bloque o pedazo de hielo. 4 Hoja de tocino, quitados los perniles. 5 Tapa de cuba o tonel. 6 Corcho que tapa la colmena. 7 ARQ. Tímpano (espacio triangular).
tempate *m. C. Rica* y *Hond.* Piñón, euforbiácea medicinal (gén. *Jatropha).*
temperación (l. *-atione*) *f.* Acción de temperar. 2 Efecto de temperar.
temperadamente *adv. m.* Templadamente.
temperado, -da *adj.* Templado.
temperamental *adj.* Que es propio del temperamento o producido por él. 2 [pers.] Que presenta una alternancia de estados de ánimo e intensidades de reacción.
temperamento (l. *-tu*) *m.* Temperie. 2 Arbitrio para terminar las contiendas o para obviar dificultades. 3 Carácter (modo de ser). 4 Antig. proporción relativa de los diferentes humores del cuerpo humano. 5 fig. *y* fam. Vocación, aptitud particular para un oficio o arte. 6 FISIOL. Constitución particular de cada individuo, que resulta del predominio fisiológico de un sistema orgánico. 7 MÚS. Ligera modificación que se hace en los sonidos rigurosamente exactos de ciertos instrumentos al templarlos. 8 *Colomb.* y *Méj.* Clima, temperatura.
REL. *3* **Sanguíneo, nervioso, linfático** y **bilioso,** temperamentos que suelen distinguirse.
temperancia (l. *-ntia;* doble etim. *templanza*) *f.* Templanza.
temperante *adj.* Que posee la virtud de la templanza. 2 Sobrio, frugal. 3 Conciliador. 4 *Amér.* Abstemio.
temperar (l. *-are;* doble etim. *templar*) *tr.* Atemperar. 2 MED. Templar o calmar el exceso [de acción o excitación]. -3 *intr. Amér.* Mudar de aires. -4 *intr.-prnl. And.* Adquirir tempero los campos, las tierras, etc.
temperatísimo, -ma (l. *-issimu*) *adj.* Superl. Muy templado.
temperatura (abreviación del l. *temperatura cœli,* propte. composición del cielo) *f.* Grado de calor en los cuerpos, relacionado con la energía cinética de las moléculas de los mismos: ~ ***crítica,*** la temperatura máxima en que pueden coexistir las fases líquida y gaseosa de un fluido. 2 Temperie: ~ ***ambiente,*** la de la atmósfera que rodea un cuerpo; ~ ***máxima*** o ~ ***mínima,*** la mayor o menor observada en la atmósfera o en un cuerpo durante un período determinado. 3 fam. Estado de calor del cuerpo humano o de los animales.
SIN. **Temple.** REL. **Termómetro,** instrumento para medirla.
temperie (l.) *f.* Estado de la atmósfera, según los diversos grados de calor o humedad. 2 Temperamento, aspecto de la personalidad.
SIN. *1* **Temperamento, temperatura, temple.**
tempero (l. v. **-erium* < l. *-erie*) *m.* Sazón que adquiere la tierra con la lluvia.
tempestad (l. *-state,* lapso de tiempo, condiciones del tiempo, mal tiempo) *f.* Fuerte perturbación de la atmósfera acompañada de variaciones en la presión ambiente y de lluvia, nieve o granizo, y frecuentemente de rayos, truenos y relámpagos. 2 Fuerte agitación del mar causada por la violencia de los vientos. 3 fig. Conjunto de palabras ásperas o injuriosas dichas con grande enojo.
SIN. **Temporal, tormenta; tronada,** de truenos.
tempestear *impers.* Descargar la tempestad. -2 *intr.* fig. Manifestar enojo grande.
tempestivamente *adv. m.* De modo tempestivo.
tempestividad (l. *-itate*) *f.* Calidad de tempestivo.
tempestivo, -va (l. *-vu*) *adj.* Oportuno.
tempestuosamente *adv. m.* Con tempestad.
tempestuoso, -sa (l. *-osu*) *adj.* Que causa o constituye una tempestad. 2 Expuesto o propenso a tempestades. 3 [ambiente] Tenso y propenso para que se produzca una discusión o altercado.
SIN. **Tormentoso.**
tempisque *m. Amér. Central.* Árbol sapotáceo de fruto comestible *(Achras capiri).*

I) templa (de *templar*) *f.* Mezcla de agua caliente y malta triturada, que se utiliza en el proceso de fabricación de la cerveza. 2 PINT. Agua con cola fuerte para desleír los colores de la pintura al temple.
II) templa (l. *tempora*) *f.* Sien. Ús. en plural.
III) templa *f. Can., Cuba* y *P. Rico.* Porción de guarapo o meladura contenida en un tacho.
templabilidad *f.* METAL. Cualidad del acero u otro metal, que permite templarlos en un gran espesor.
templadamente *adv. m.* Con templanza.
SIN. **Temperadamente.**
templadero *m.* Sitio destinado para templar, esp. en las fábricas de cristales.
templado, -da *adj.* Moderado en sus apetitos. 2 [estilo] Entre elevado y vulgar. 3 Ni frío ni caliente. 4 Valiente con serenidad. 5 METAL. Que ha sido sometido al temple. 6 *Can., Colomb.* y *P. Rico.* Borracho. 7 *Amér.* Severo, riguroso, duro. 8 *Amér. Merid.* Enamorado, amartelado. 9 *Amér. Central* y *Méj.* Listo, competente. ◇ Superl.: *templadísimo* y *temperatísimo.*
SIN. *3* **Tibio.**
templador, -ra *adj.* Que templa. -2 *m.* Llave o martillo con que se templan algunos instrumentos de cuerda, arpas, planos, etc., o con que se regula la tensión de alambres, cables, etc. 3 *Colomb.* El que maneja los fondos en los trapiches y hace la panela. 4 *Perú.* Lugar que sirve de refugio a los toreros, situado en el centro de las plazas de grandes proporciones.
SIN. *2* **Martillo.**
templadura *f.* Acción de templar o templarse. 2 Efecto de templar o templarse.
templamiento *m.* desus. Templanza.
templanza (v. *temperancia*) *f.* Virtud cardinal que induce a refrenar la sensualidad y a usar de todas las cosas con moderación. 2 Sobriedad y continencia. 3 Benignidad del clima de un país. 4 PINT. Armonía y buena disposición de los colores.
SIN. *1* y *2* **Temperancia; morigeración,** en las costumbres; **frugalidad,** en comer y beber; **abstinencia, continencia,** de todo lo material. CONTR. **Intemperancia.**
templar (v. *temperar*) *tr.* Moderar o suavizar la fuerza [de una cosa]. 2 Quitar el frío [de una cosa], calentarla ligeramente: *intr., el tiempo ha templado.* 3 Enfriar bruscamente en agua, aceite, etc., un material calentado por encima de determinada temperatura, con el fin de mejorar ciertas propiedades suyas. 4 Poner en tensión moderada [una cosa]: ~ *una cuerda.* 5 fig. Mezclar [una cosa] con otra para moderar su fuerza: ~ *el vino.* 6 fig. Sosegar [la cólera o enojo], mitigar [el dolor]. 7 Preparar [el halcón] para la caza. 8 MAR. Proporcionar [las velas] al viento. 9 MAR. Dar igual grado de tensión a varios cables, o hacer que empiece a trabajar uno de ellos. 10 MÚS. Disponer un [instrumento] para que dé las notas con exactitud. 11 PINT. Disponer [los colores] de manera que no desdigan. 12 TAUROM. Ajustar el movimiento de la capa o la muleta a la embestida del toro, para moderarla o alegrarla. -13 *prnl.* Contener, evitar el exceso: *templarse en comer.* -14 *tr. And., La Mancha* y *C. Rica.* Azotar, zurrar [a uno]. 15 *Can.* Sazonar [la comida]. 16 *Colomb.* Tener [a uno] en el suelo. 17 *Colomb.* y *Ecuad.* Derribar [a alguien]. 18 *Ecuad.* y *Perú.* Matar. -19 *tr.-prnl. Ecuad.* y *Hond.* Arrostrar un peligro. -20 *intr. Amér. Merid.* Enamorarse. -21 *prnl. Can., Colomb.* y *Perú.* Emborracharse. 22 *Cuba* y *Méj.* Escapar, huir. 23 *Ecuad., Guat.* y *Hond.* Morirse. 24 *Chile.* Propasarse.
SIN. *10* **Afinar, entonar.**
templario (del *templo* de Salomón, en Jerusalén) *m.* Individuo de una orden religiosa y militar fundada hacia el año 1118 y cuyo fin era asegurar los Santos Lugares de Jerusalén.
I) temple (de *templar*) *m.* Temperie. 2 Temperatura. 3 Punto de dureza o elasticidad dado a un metal, cristal, etc., templándolos: *al* ~, v. pintura al temple. 4 Acción de templar el metal, cristal u otras materias. 5 Efecto de templar el metal, cristal u otras materias. 6 fig. Calidad o estado del genio: *estar de buen, o mal,* ~. 7 fig. Arrojo, valentía. 8 fig. Término medio entre dos cosas. 9 MAR. Igualdad en la tensión de varios cables, o en el grado de tensión de uno de ellos. 10 MÚS. Disposición y acuerdo armónico de los instrumentos. 11 *Chile.* Enamoramiento.
II) temple (fr.) *m.* Orden de los templarios. 2 Nombre de algunas iglesias que fueron suyas.
templén (l. *templum,* especie de viga) *m.* Pieza del telar para regular el ancho de la tela que se teje.
templero *adj.-m. Can.* Hombre de talla aventajada.
templete *m.* Dim. de *templo.* 2 Armazón pequeña en figura de templo que sirve para cobijar una imagen. 3 Pabellón o quiosco.
SIN. V. **Dosel.**
templista *com.* Persona que pinta al temple.
templo (l. *templu*) *m.* Edificio destinado públicamente a un culto: ~ *próstilo,* ARQ., el de segunda especie entre los ant., el cual, además de dos columnas, tenía otras dos enfrente de las pilastras angulares. 2 fig. Lugar real o imaginario en que se rinde culto al saber, la justicia, etc.
SIN. *1* **Iglesia.**
tempo (it.) *m* MÚS. Tiempo. 2 p. anal. Velocidad relativa con que se habla y mayor o menor rapidez con que sucede la acción novelesca o teatral. 3 fig. Ritmo de una acción.
témpora (l. *tempora,* tiempos) *f.* Tiempo de ayuno en el comienzo de cada una de las cuatro estaciones del año.
temporada (der. del l. *tempora,* tiempos) *f.* Espacio de tiempo formando un conjunto: ~ *de nieves; la mejor* ~ *de mi vida.* 2 Tiempo durante el cual se realiza habitualmente alguna cosa: ~ *del balneario;* ~ *de ferias.*
FR. *De* ~, durante algún tiempo, pero no permanentemente.
I) temporal (l. *-ale*) *adj.* Relativo al tiempo, en oposición a perpetuo, eterno. 2 Que dura por algún tiempo. 3 Seglar, profano: *poder* ~. -4 *adj.-f.* GRAM. ***Oración*** ~, la compuesta enlazada por una conjunción temporal. 5 GRAM. ****Conjunción*** ~, la que denota en la subordinada idea de tiempo respecto a la principal; como *cuando, mientras que.* -6 *m.* Tempestad. -7 *adj.-s. And.* Trabajador rústico que sólo trabaja por ciertos tiempos del año.
SIN. *2* **Temporáneo, temporario.**
II) temporal (l. *-ale* < *tempora,* sienes) *adj.* Relativo a las sienes: *músculos temporales.* -2 *adj.-m.* ANAT. Hueso irregular y par, que forma la parte lateral e inferior del cráneo y está situado entre el occipital y el esfenoides.
temporalear *intr. Guat.* Hacer mal tiempo, haber temporal.
temporalidad (b. l. *-itate*) *f.* Calidad de temporal (seglar). 2 FIL. Calidad de lo que es en el tiempo. -3 *f. pl.* Frutos que los eclesiásticos perciben de sus beneficios.
temporalizar *tr.* Convertir [lo eterno] en temporal. ◇ **CONJUG. [4] como *realizar.*
SIN. **Secularizar,** tratándose de lo eclesiástico.
temporalmente *adv. t.* Por algún tiempo. -2 *adv. m.* En el orden de lo temporal (que dura un tiempo) y terreno.
temporáneo, -a (l. *-eu*) *adj.* Temporal (que dura un tiempo).
temporario, -a (l. *-iu*) *adj.* Temporáneo.
temporejar *intr.* MAR. Aguantarse a la capa en un temporal. 2 MAR. Mantenerse con poca vela sin alejarse de un punto o lugar determinado.
temporero, -ra (l. *-ariu*) *adj.-s.* Persona destinada temporalmente al ejercicio de un oficio o empleo. 2 Obrero del campo que se contrata en la temporada de recolección de determinados frutos o cosechas. -3 *m. f.* Trabajador contratado por un tiempo determinado.
temporil *m. And.* Temporero, trabajador del campo.
temporizador *m.* ELECTR. Reloj formado esencialmente por una escala que cuenta los impulsos de un oscilador cuya frecuencia es un múltiplo exacto del hertzio.
temporizar *intr.* Contemporizar. 2 Ocuparse de alguna cosa por mero pasatiempo. ◇ ** CONJUG. [4] como *realizar.*
temporo- (l. *tempora,* sienes) Elemento prefijal que entra en la formación de palabras con el significado de hueso temporal: *temporomaxilar.*
temporomaxilar (*temporo-* + *maxilar*) *adj.* ANAT. Perteneciente o relativo al temporal y maxilar. 2 ANAT. Articulación de la rama del maxilar con la cavidad glenoidea del temporal.
tempranal *adj.-m.* Tierra y plantío de fruto temprano.
tempranamente *adv. t.* Temprano (anterior).
tempranear *intr.* Madrugar. 2 *Murc.* Adelantarse la cosecha, fructificar prematuramente los vegetales, dar los primeros frutos las plantas.
tempranero, -ra *adj.* Temprano (adelantado). 2 Madrugador. 3 *Logr.* Que se cosecha antes que otros frutos, temprano.
tempranilla (dim. de *temprana*) *adj.-s.* Uva temprana.
tempranillo *m.* Especie apreciada de uva que produce vino tinto.
SIN. **Cencibel.**
tempranito (dim. de *temprano*) *adv. t.* fam. Muy temprano.
temprano, -na (l. v. **temporanu* < *temporaneu*) *adj.* Adelantado, que es antes del tiempo ordinario. -2 *m.* Sembrado o

plantío de fruto temprano: *la recogida de los tempranos.* -3 ***adv. t.*** En las primeras horas del día o de la noche. 4 En tiempo anterior al señalado.

SIN. *1* **Precoz, prematuro.** CONTR. **Tardío.**

temu (arauc.) ***m.*** *Chile.* Árbol mirtáceo de madera dura *(Temus moschata).*

temucano, -na ***adj.-s.*** De Temuco, c. de la prov. de Cautín (Chile).

temulencia ***f.*** Embriaguez.

temulento, -ta (l. *-u*) ***adj.*** Borracho, embriagado.

temuquense ***adj.s.*** De Temuco, cap. de la prov. de Cautín (Chile).

ten ***m.*** *Venez.* Pinito del niño.

ten con ten, ***m.*** fam. Tiento, moderación.

tena (l. *tegmina;* pl. de *tegmen,* cubierta) ***f.*** Tinada (cobertizo).

tenace ***adj.*** poét. *y* desus. Tenaz.

I) tenacear (de *tenaza*) ***tr.*** Atenacear.

II) tenacear (de *tenaz*) ***intr.*** Insistir o porfiar con pertinacia.

tenacero ***m.*** El que tiene por oficio hacer o vender tenazas o el que las maneja.

tenacidad (l. *-itate*) ***f.*** Calidad de tenaz. 2 MIN. Propiedad vectorial mecánica definida como la resistencia que opone un mineral a la rotura.

tenacillas ***f. pl.*** Dim. de *tenazas.* 2 Despabiladeras. 3 Nombre de varios instrumentos a manera de tenazas pequeñas: *~ de rizar el pelo; ~ de coger el cigarro, los terrones de azúcar, dulces,* etc.

SIN. *3* **Mediacaña,** las que se usan para rizar el pelo; **pinzas,** las que sirven para coger alguna cosa.

tenáculo (l. *-lu*) ***m.*** CIR. Instrumento en forma de aguja encorvada, para sostener las arterias que deben ligarse.

tenada ***f.*** Tinada (cobertizo).

tenado ***m.*** *Can.* Tenada.

tenallón (fr. *tenaillon,* de *tenaille,* tenaza) ***m.*** FORT. Especie de falsabraga.

tenamaste ***m.*** *Guat.* fam. Trasto, cachivache, trebejo. 2 *Amér. Central* y *Méj.* Piedra del fogón. -3 ***adj.*** *Amér. Central* y *Méj.* Testarudo.

tenante ***m.*** BLAS. Figura que sostiene el escudo.

tenar (gr. *thenar*) ***m.*** ANAT. Eminencia formada en la parte anterior y externa de la mano por los músculos especiales propios del pulgar.

tenate ***m.*** *Méj.* Zurrón de cuero.

tenaz (l. *tenace*) ***adj.*** Que se pega o prende con fuerza a una cosa. 2 Que opone mucha resistencia a romperse o deformarse. 3 fig. Firme, terco.

SIN. *3* v. **terco.**

tenaza (ant. *las tenaces* < *tenaz*) ***f.*** Instrumento de metal, compuesto de dos brazos movibles trabados por un eje o enlazados por un muelle semicircular: *arrancar clavos con las tenazas; coger carbón de la lumbre con las tenazas.* 2 Pinzas (órgano prensil). 3 Extremo libre de la viga de los antiguos molinos de aceite. 4 fig. Par de cartas con las cuales se hacen dos bazas en algunos juegos de naipes. 5 Herramienta para clavar sillares, en la que el propio peso del sillar tiende a cerrar los brazos de aquella, apretándolos contra la piedra. 6 FORT. Obra exterior con uno o dos ángulos retirados, situada delante de la cortina. ◇ En las aceps. 1 y 2 se usa graIte. en plural.

tenazada ***f.*** Acción de agarrar con la tenaza y ruido que produce al manejarla. 2 fig. Acción de morder fuertemente.

tenazazo ***m.*** Golpe dado con las tenazas.

tenazmente ***adv. m.*** Con tenacidad.

tenazón (a o **de ~)** ***loc. adv.*** Sin fijar la puntería. 2 fig. Con los vbs. *ocurrir* o *acertar*, de pronto.

tenazuelas ***f. pl.*** Dim. de *tenazas.* 2 Pinzas depilatorias.

I) tenca (b. l. *tinca*) ***f.*** Pez teleósteo cipriniforme de agua dulce, de unos 35 cms. de longitud y coloración verde o parda; presenta dos barbillones junto a la boca *(Tinca tinca).*

II) tenca (arauc.) ***f.*** *Argent.* y *Chile.* Calandria americana *(Mimus thenca).* 2 *Chile.* Mentira, filfa.

tencal ***m.*** *Méj.* Conjunto de cestos de carrizo para transportar gallos de pelea. 2 *Méj.* Caseta para almacenar maíz.

tencha ***f.*** *Guat.* Penitenciaría.

tención ***f.*** Acción de tener.

tencolote ***m.*** *Méj.* Cesto que usan los indígenas para transportar mercancías y también a los niños. 2 *Méj.* Jaula para aves.

tencua (mej. *tentli,* labio, y *cualo,* comido) ***adj.-s.*** *Méj.* Que tiene labio leporino.

tencuanete ***m.*** Planta euforbiácea mejicana *(Euphorbia caliculata).*

tendajo (desp. de *tienda*) ***m.*** Tendejón.

tendada ***f.*** ARQ. *C. Rica* y *Perú.* Doga II.

tendal (de *tenda,* tienda) ***m.*** Toldo (cubierta de tela). 2 Trozo de lienzo en que se recogen las aceitunas al caer de los olivos. 3 En algunas partes, tendedero. 4 Conjunto de cosas extendidas para que se sequen. 5 Secadero de frutos. 6 *Extr.* Madero lateral del lecho de la carreta. 7 *Amér.* Espacio solado donde se ponen el café y otros granos para que se sequen. 8 *Amér.* Tendalera o multitud de cosas tiradas en desorden. 9 *Argent.* y *Urug.* Lugar cubierto en donde se esquila el ganado. 10 *Chile.* Puesto, tiendecilla, gralte. ambulante. 11 *Ecuad.* Armazón o barbacoa us. en las haciendas para asolear las almendras de cacao.

tendalada ***f.*** *Amér.* Tendalera.

tendalera ***f.*** fam. Desorden de las cosas tendidas por el suelo.

SIN. **Tenderete.**

tendalero, tendedero ***m.*** Sitio donde se tiende algo: *~ de ropa.*

tendedera ***f.*** *Cuba, Guat.* y *Méj.* Cordel para tender la ropa. 2 *Colomb.* Tendalera.

tendedor, -ra ***m. f.*** Persona que tiende. 2 Tendedero.

tendedura ***f.*** Acción de tender o tenderse. 2 Efecto de tender o tenderse.

tendejón ***m.*** Cobertizo. 2 Tienda pequeña y pobre.

tendel ***m.*** ALBAÑ. Cuerda horizontal que sirve de guía para sentar con igualdad las hiladas. 2 ALBAÑ. Capa de mortero que se extiende sobre cada hilada.

SIN. **Tortada.**

tendencia (de *tender*) ***f.*** Inclinación, propensión de orden físico o espiritual: *~ hereditaria, sentimental, política.* 2 Idea religiosa, económica, política, artística, etc., que se orienta en determinada dirección. 3 Fuerza por la cual un cuerpo se inclina hacia otro o hacia alguna cosa.

tendencial ***adj.*** Que indica o revela una tendencia deducida de una serie de hechos o circunstancias significativas.

tendenciosamente ***adv. m.*** De manera tendenciosa.

tendenciosidad ***f.*** Calidad de tendencioso.

tendencioso, -sa ***adj.*** Que manifiesta o implica tendencia hacia un fin determinado, en especial los escritos, discursos, noticias, etc.

tendente ***adj.*** Que tiende a algún fin.

tender (l. *-ere*) ***tr.*** Desdoblar, extender [esp. la ropa mojada] para que se seque; por anal., desplegar [ropa arrugada, doblada, etc.]: *~ unas cortinas.* 2 Esparcir [una cosa que estaba amontonada]. 3 Echar [a alguien o algo] por el suelo de golpe. 4 Alargar, extender. 5 Suspender, colocar o construir una cosa apoyada entre dos o más puntos: *~ un puente.* 6 Propender a algún fin, tener una tendencia. 7 Tener alguien o algo una cualidad o característica no muy definida, pero sí aproximada a otra. 8 ALBAÑ. Aplicar [una capa delgada de cal, yeso o mortero] sobre las paredes o techos. 9 MAT. Aproximarse progresivamente una variable o función a un valor determinado, sin llegar nunca a alcanzarlo. -10 ***prnl.*** Tumbarse a lo largo. 11 Presentar el jugador sus cartas dando la partida por resuelta. 12 Extenderse en la carrera el caballo aproximando el vientre al suelo. 13 Abandonar por negligencia la solicitud de un asunto. 14 Encamarse las mieses y otras plantas. 15 *Ecuad.* Hacer la cama. ◇ ** CONJUG. [28] como ***entender.***

SIN. *6* **Tirar a, inclinarse a:** *el tiempo tiende, propende, se inclina, tira a mejorar.*

ténder (ing.) ***m.*** Vagón enganchado a la locomotora, que lleva el combustible y agua para alimentarla.

tendereta ***f.*** *Pan.* Cantidad de animales o cosas.

tenderete (de *tender*) ***m.*** Juego de naipes en que, repartiendo tres o más cartas a los que juegan, y poniendo en la mesa algunas otras descubiertas, procura cada uno por su orden emparejar en puntos o figuras sus cartas con las de la mesa; y acabada la mano, gana el que más cartas ha recogido. 2 Tendalera. 3 Puesto de venta al por menor, instalado al aire libre. 4 *Can.* Jaleo, festival, juerga, trifulca.

tendero, -ra ***m. f.*** Persona que tiene tienda. 2 Persona que vende por menor. -3 ***m.*** El que tiene por oficio hacer tiendas de campaña o que cuida de ellas.

tendidamente ***adv. m.*** Extensa o difusamente.

tendido, -da (de *tender*) ***adj.*** Relativo al galope del caballo cuando éste se tiende, o a la carrera violenta del hombre o de cualquier animal. 2 TAUROM. [estocada] Que penetra más horizontalmente de lo adecuado en el cuerpo de la res. -3 *m.* Acción de tender: *el ~ de un cable.* 4 Efecto de tender. 5 Conjunto de cables que constituye una conducción eléctrica. 6 Gradería próxima a la barrera en las plazas de toros. 7 Parte del tejado entre el caballete y el alero. 8 Capa de yeso o cal que se tiende en paredes o techos. 9 Ropa que tiende para secar. 10 Porción de encaje hecha sin levantarla del patrón. 11 Masa en panes, puesta en el tablero para que se venga, antes de meterla en el horno. 12 *Logr.* Cielo despejado, raso. 13 *Amér.* Ropa de cama. 14 *Cuba.* Soga torcida hecha de majagua, de unas 25 brazas de largo. 15 *Pan.* Soga de unos doce metros de largo. -16 *m. f. And.* Paño, mantel.

tendinitis (rad. l. *tendinis + -itis*) *f.* MED. Inflamación aguda o crónica de un tendón, que aparece generalmente después de un golpe. ◇ Pl.: *tendinitis.*

tendinoso, -sa *adj.* ZOOL. Que tiene tendones o se compone de ellos. 2 ZOOL. Relativo al tendón.

tendón (l. mod. *tendone*) *m.* ZOOL. Haz de fibras conjuntivas que unen los músculos a los huesos: *~ **de Aquiles,*** ANAT., el que une el talón con la pantorrilla. 2 En el caballo y otros animales, parte de los tendones flexores del pie que pasa por detrás de la caña. 3 *Colomb.* Faja de tierra de cierta extensión.

SIN. *1* **Nervio**, en el habla popular; *tendón* es científ.; **tendón de Aquiles**, en sentido fig., v. Aquiles.

tenducho, -cha (desp. de *tienda*) *m. f.* Tienda de mal aspecto, pobremente abastecida.

tenebrario (l. *-iu* < *tenebræ*, tinieblas, noche) *m.* Candelabro triangular, con 15 velas, que se enciende en los oficios de tinieblas de la Semana Santa. 2 ASTRON. Hiades.

tenebrio *m.* Insecto coleóptero cuyas larvas son los gusanos de la harina *(Tenebrio molitor).*

tenebrismo *m.* Escuela pictórica barroca, que extremaba los contrastes entre luz y sombra.

tenebrista *adj.* Perteneciente o relativo al tenebrismo. -2 *adj.-com.* Pintor que practica el tenebrismo.

tenebrosamente *adv. m.* Con tenebrosidad.

tenebrosidad (l. *-itate*) *f.* Calidad de tenebroso.

tenebroso, -sa (l. *-osu*) *adj.* Obscuro, cubierto de tinieblas. 2 fig. Oculto y malévolo.

tenedero (de *tener*) *m.* MAR. Paraje del mar donde puede afirmarse el ancla.

tenedor, -ra *m. f.* Persona que tiene una cosa: *el ~ de una letra de cambio.* -2 *m.* Utensilio de mesa que consiste en un astil con tres o cuatro púas iguales para pinchar o recoger los alimentos sólidos y llevarlos a la boca. 3 Signo de figura de este utensilio que en España sirve para indicar la categoría de los restaurantes o comedores según el número de ellos representado: *restaurante de cuatro tenedores.* 4 Sirviente que en el juego de pelota detiene la que va rodando por el suelo. 5 *~ **de libros,*** el que tiene a su cargo los libros de contabilidad. 6 *Venez.* Especie de trípode donde se coloca la vasija para ordeñar las vacas. 7 *Venez.* Marca que los ganaderos imprimen en la oreja de las reses.

tenedora *f. Guat.* Baticola, grupera.

teneduría *f.* Cargo y oficina del tenedor de libros. 2 *~ **de libros,*** arte de llevar los libros de contabilidad.

tenejal (náhu *tenexalli*) *m. Méj.* Arena de cal; cal sin apagar con que se hace el mixtamal.

tenencia (de *tener*) *f.* Ocupación y posesión de una cosa. 2 Cargo de teniente (también *tenientazgo*) y oficina en que lo ejerce: *~ de alcaldía.*

teneño, -ña *adj.-s.* De Tena, cap. de la prov. de Napo (Ecuador).

tener (l. *-ere*) *tr.* Estar [lo expresado por el complemento directo] en ciertas relaciones, esp. de posesión, pertenencia o afección con la persona o cosa designada por el sujeto: *~ una casa; ~ padres y abuelos; ~ una pierna rota; ~ un negocio próspero; ~ invitados; ~ a mano un objeto; ~ algo a la vista; ~ algo en,* o *entre, manos; ~ a uno con,* o *en cuidado; ~ a uno sin sosiego; ~ sobre sí una responsabilidad; ~ para sí un beneficio; ~ calor; ~ dolor de muelas; ~ mal día; ~ razón; ~ uso de razón.* 2 Asir, mantener asida [una cosa]: *tiene el cabo de la cuerda; tiene el sombrero en la mano.* 3 desus. Detener, parar: *~ el caballo.* 4 Mantener, sostener: *~ el freno; ~ **una promesa,*** fig., guardarla. 5 Estar en precisión de hacer una cosa u ocuparse en ella: *~ consejo; ~ junta.* -6 *tr.-prnl.* Considerarse, juzgar, reputar: *~* o *tenerse por sabio, por diligente.* 7 Estimar, apreciar: *~* o *tenerse en poco; **~ en menos*** o ***a menos hacer una cosa,*** desdeñarse de hacerla por considerarla humillante; *~ **a bien,*** estimar conveniente. -8 *prnl.* Afirmarse para no caer: *tente tieso; tenerse bien; tenerse fuerte,* fig., resistir y contradecir fuertemente una oposición, tratándose de cuerpos, hacer asiento uno sobre otro: *tener en el estante.* 9 Atenerse, estar por uno o por una cosa: *me tengo a lo dicho.* -10 ***Auxiliar.*** Con la conj. *que* o la prep. *de* e infinitivo, estar obligado o precisado a: *tengo que ir; tengo que hacer algo;* usado sólo en 3.ª pers., ser importante: *tiene que ver; tiene que oír.* 11 Con la prep. *de* y sólo en 1.ª pers. toma un sentido de amenaza: *tengo de avergonzarle;* en las demás personas, *tener de* + infinitivo es antiguo. 12 Seguido de participio de verbo transitivo, expresa acción perfectiva: *tengo estudiada esta cuestión.* ◇ ** CONJUG. [87]. ◇ INCOR. y GALIC. *~ efecto,* por efectuarse, tener lugar, suceder; *~ en mira,* por llevar la mira, tener a la vista; *~ una cosa de otra persona,* por saberla de ella; *~ por objeto,* por intentar, pretender, buscar, tratándose de personas.

FRS. Esp.: *~ en cuenta,* por atender, reparar, tener en consideración; *tenga la bondad,* sírvase usted, sea usted servido, tenga a bien; *~ mucho de uno,* parecerse a él; fig., *no ~ uno nada suyo,* ser muy liberal o manirroto; *no ~ sobre qué caer muerto,* estar en la suma pobreza; *no tenerlas uno todas consigo,* sentir recelo o temor; *tenérselas uno tiesas con otro* o *a otro,* mantenerse firme contra él en contienda o instancia.

teneres *m. pl. S. Dom.* Caudales, bienes.

tenería (fr. *tannerie*) *f.* Curtiduría.

tenesmo (gr. *-mós*) *m.* Pujo (sensación).

tengue *m. Cuba.* Árbol leguminoso, de madera dura, compacta y rojiza *(Acacia arborea).*

tenguerengue (en ~) (de **en tanganengue* < *tángano*) *loc. adv.* Sin estabilidad, en equilibrio inestable. -2 *m. Cuba.* Bohío de mal aspecto.

tenia (gr. *tainía,* cinta) *f.* Gusano cestodo, de cabeza pequeña y cuerpo largo y segmentado; es parásito del intestino del hombre y de algunos animales *(Tœnia* sp.*).* 2 ARQ. Filete (de moldura).

SIN. *1* **Solitaria.**

teniasis *f.* MED. Infestación por tenias. ◇ Pl.: *teniasis.*

tenida *f.* Sesión de una logia masónica. 2 *Argent.* y *Chile.* Traje, librea, determinado uniforme.

tenientazgo *m.* Tenencia (cargo).

teniente, -ta (de *tener*) *adj.* [fruto] No maduro. 2 Algo sordo. 3 p. us. Miserable y escaso. -4 *m. f.* El que ejerce el cargo o ministerio de otro: *~ **de alcalde,*** concejal encargado de ciertas funciones de alcaldía. -5 *m.* MIL. Oficial inmediatamente inferior al capitán: *~ **coronel,*** inmediato jefe después del coronel; *~ **general,*** oficial general superior al general de división e inferior al capitán general; *~ **de navío,*** en la armada, empleo equivalente a capitán del ejército. -6 *f.* Mujer del teniente.

tenífugo, -ga (de *tenia + -fugo*) *adj.* [medicamento] Eficaz para la expulsión de la tenia.

tenilla *f. And.* y *Murc.* Telera.

tenique (del bereber) *m. Can.* Piedra que, con otras dos, forma un hogar rústico. 2 *Can.* fig. Bruto, zoquete.

tenis (ing. *tennis* < probl. del fr. ant. *tenez,* tened) *m.* Deporte que se practica entre dos o cuatro jugadores, consistente en impulsar con una raqueta una pelota por encima de la red que divide en dos una pista rectangular. 2 Espacio convenientemente dispuesto para este juego. 3 *~ **de mesa,*** pimpón. 4 Calzado de tipo deportivo. ◇ Pl.: *tenis.* ◇ INCOR.: *lawn tennis.*

tenista *com.* Jugador de tenis.

tenístico, -ca *adj.* Relativo al tenis.

tenita *f.* MIN. Mineral, aleación natural de hierro y niquel, que cristaliza en el sistema cúbico, y que sólo se ha encontrado en meteoritos.

teníu *m. Chile.* Árbol saxifragáceo de buena madera y corteza medicinal *(Weinmannia trichosperma).*

I) tenor (l. *tenor* < *tenere,* tener) *m.* Constitución de una cosa. 2 Contenido literal de un escrito: ***a ~ de,*** según, conforme a.

II) tenor (it. *tenore*) *m.* MÚS. La más aguda de las voces usuales del hombre adulto. 2 Voz media entre la de contralto y la de barítono. 3 Persona que tiene esta voz. 4 p. ext. Instrumento cuyo ámbito corresponde a la tesitura de esta voz.

tenora (de *tenor*) *f.* Instrumento de viento, de lengüeta doble como el oboe, de mayor tamaño que éste y con la campana o pabellón de metal. Forma parte de los instrumentos que componen la típica cobla de sardanas.

tenorio (de *Tenorio,* el protagonista de *El Burlador de Sevilla*) *m.* fig. Galanteador audaz y pendenciero.

REL. **Tenoriesco** y **donjuanesco,** adjs. deriv.

tenorita *f.* MIN. Mineral de la clase de los óxidos, que cristaliza en el sistema monoclínico, de brillo metálico y color pardo.

tenotomía (gr. *ténon, -ontos,* tendón + *-tomía*) *f.* MED. Operación que consiste en cortar un tendón e incluso un músculo.
tenrec *m.* Mamífero insectívoro de la isla de Madagascar con el cuerpo cubierto de espinas; su tamaño es algo menor que el erizo europeo. Carece de cola *(Tenrec ecaudatus).*
tensar *tr.* Atirantar, aumentar la tensión o tirantez [de una cuerda, cable, etc.].
tensiómetro (de *tensión* + *-metro*) *m.* FÍS. Instrumento para medir las tensiones superficiales.
I) tensión (l. *tensione*) *f.* Estado de un cuerpo sometido a la acción de fuerzas que lo estiran. 2 Reacción que un cuerpo elástico opone a las fuerzas que tienden a deformarlo. 3 Intensidad de la fuerza con que los gases tienden a dilatarse. 4 Tendencia de una carga eléctrica a pasar de un cuerpo a otro de menor potencial. 5 *Alta* ~, la superior a los 650 voltios. 6 ~ ***arterial,*** presión circulatoria de la sangre. 7 ~ ***disruptiva,*** FÍS., voltaje máximo capaz de producir descarga disruptiva. 8 ~ ***superficial,*** propiedad que poseen las superficies de los líquidos, por la que parecen estar recubiertos de una delgada membrana elástica. 9 fig. Estado de oposición u hostilidad latente entre personas o grupos humanos; como naciones, clases, razas, etc. 10 fig. Estado anímico de excitación, impaciencia, esfuerzo o exaltación producido por determinadas circunstancias o actividades; como la atención, la espera, la creación intelectual o artística, etc. 11 LING. Segunda fase de la articulación de un sonido, durante la cual los órganos de fonación permanecen inmóviles y tensos una fracción de segundo.
SIN. *1* **Tirantez.** *3* **Presión.**
II) tensión *f.* p. us. Tensón.
tenso, -sa (l. *tensu,* tendido; doble etim. *teso* y *tieso*) ***adj.*** Que se halla en tensión. 2 LING. Que se articula con un alto grado de tensión muscular.
CONTR. *2* **Relajado.**
tensón (prov.) *f.* Composición poética provenzal que consiste en una controversia, gralte. de amores, entre dos o más poetas.
SIN. **Tenzón.**
tensor, -ra (l. *tensore*) ***adj.-s.*** Que tensa u origina tensión. -2 ***adj.-m.*** Músculo que sirve para desdoblar o extender. -3 ***m.*** Mecanismo que se emplea para estirar algo. 4 FÍS. y MAT. Magnitud fisicomatemática que tiene asociada una dirección y un sentido y descubre un conjunto de propiedades que tiene una cantidad física en un punto determinado.
tensorial ***adj.*** Peteneciente o relativo a los tensores.
tentabuey ***m.*** *Ál.* Gatuña, planta.
tentación (l. *-atione*) *f.* Persona o cosa que induce a una cosa mala. 2 Estado del que se siente impulsado a hacer una cosa: *caer en la* ~. 3 fam. Picardía (camisón). -4 ***f. pl.*** *Cuba.* Dulce de plátanos con vino tinto, en almíbar de buen punto.
tentaculado, -da ***adj.*** [animal] Provisto de tentáculos.
tentacular ***adj.*** Relativo a los tentáculos: *movimientos tentaculares.*
tentáculo (l. *-lu* < *tentare,* palpar) ***m.*** Apéndice largo y flexible que tienen ciertos animales invertebrados y que les sirve como órgano del tacto y para la presión.
SIN. **Tiento.**
tentadero ***m.*** Sitio cerrado en que se hace la tienta (de becerros).
tentador, -ra (l. *-atore*) ***adj.-s.*** Que tienta o que hace caer en la tentación. 2 p. ant. *El* ~, el diablo. -3 ***m.*** TAUROM. Encargado de picar las reses en la tienta.
tentadura *f.* Ensayo que se hace del mineral de plata tratándolo con el azogue. 2 Muestra necesaria para dicho ensayo. 3 fig. Zurra (castigo).
tentalear *tr.* Tentar repetidas veces [una cosa]; reconocerla a tientas.
tentar (l. *temptare*) *tr.* Palpar o tocar [una cosa]; reconocerla por medio del tacto. 2 Instigar, inducir: *el diablo nos tienta.* 3 Intentar, procurar: *tentaré el viaje.* 4 Examinar, probar: *tentemos el teorema.* 5 CIR. Reconocer con la tienta [la cavidad de una herida]. ◇ ** CONJUG. [27] como ***acertar.***
SIN. *1* v. **Tocar.**
tentaruja *f.* fam. Manoseo, sobajadura.
tentativa (l.) *f.* Acción con que se intenta o tantea una cosa. 2 DER. Principio de ejecución de un delito que no llega a realizarse.
tentativo, -va (l. *-vu*) ***adj.*** Que sirve para tantear.
tentemozo ***m.*** Puntal que se aplica a una cosa expuesta a caerse. 2 Palo colgado del carro y que, puesto de punta contra el suelo, impide que aquél caiga hacia adelante. 3 Quijera (correa). 4 Dominguillo.
tentempié ***m.*** fam. Refrigerio (alimento). 2 Dominguillo (muñeco). ◇ Pl.: *tentempiés.*
tentenelaire ***com.*** desus. Descendiente de cuarterón y mulata. 2 *Amér.* desus. Descendiente de jíbaro y albarazada. 3 *Colomb.* desus. Descendiente de tercerón y mulata. 4 *Colomb.* desus. Descendiente de cuarterón y tercerona. 5 *Méj.* desus. Descendiente de español y tornatrás. 6 *Méj.* desus. Descendiente de español y requinterona. 7 *Méj.* desus. Descendiente de calpamulato y cambuja (albarazado y negra). 8 *Méj.* desus. Descendiente de cambujo (albarazado e india) e india. 9 *Méj.* desus. Descendiente de calpamulato y zamba. 10 *Méj.* desus. Descendiente de albarazado (coyote y mestiza) y saltatrás. 11 *Méj.* desus. Descendiente de indio y loba, grifo. 12 *Méj.* y *Venez.* desus. Descendiente de mestizo y mestiza. -13 ***m.*** *Argent.* Colibrí. ◇ Pl.: *tentenelaires.*
tentenublo ***m.*** *Logr.* Toque de campanas a la hora de oración.
tentetieso ***m.*** Dominguillo.
tentón ***m.*** fam. Acción de tentar brusca y rápidamente. 2 *Guat.* Herida grave. -3 ***adj.-s.*** TAUROM. Caballo que se utiliza en la tienta. -4 ***adj.*** *And.* [pers]. Muy apocado e irresoluto.
tenue (l.) ***adj.*** Delicado, delgado. 2 De poca importancia. 3 Sencillo (sin ostentación).
tenuemente ***adv. m.*** Con tenuidad.
tenuidad (l. *-itate*) *f.* Calidad de tenue. 2 Cosa de poca importancia.
tenuta (it., acción de tener) *f.* DER. Posesión de los frutos, rentas, etc., de una cosa en litigio hasta que se decide a quién pertenece.
tenutario, -ria ***adj.*** Relativo a la tenuta.
tenuto (it.) ***adv.*** MÚS. Sostenido, esp. el acorde o nota.
tenzón *f.* Tensón.
teñible ***adj.*** Que puede ser teñido.
SIN. **Tingible,** tecn.
teñido ***m.*** Acción de teñir o teñirse. 2 Efecto de teñir o teñirse.
teñidura *f.* Teñido.
teñir (l. *tingere*) *tr.* Dar [a una cosa] un color diferente de su color natural o del que puede tener accidentalmente: ~ *una cosa con, de,* o *en, negro.* 2 fig. Imbuir [a alguno] de una opinión o afecto. 3 PINT. Rebajar [un color] con otro. ◇ ** CONJUG. [36] como ***ceñir;*** pp. reg.: ***teñido;*** irreg., usado sólo como adjetivo: ***tinto.***
SIN. *1* **Entintar** o **tintar,** si se trata de colores artificiales; **teñir,** sólo se usa tratándose del color que naturalmente adquieren las cosas: *entintar, tintar* o *teñir un traje; a fines de primavera los sembrados se tiñen* (no *tintan* ni *entintan*) de amarillo; **tinturar,** es p. us.
teo- (gr. *theós,* dios) Elemento prefijal que entra en la formación de palabras con el significado de dios.
teobroma (*teo-* + gr. *broma,* alimento) ***m.*** Cacao (arbolillo).
teobromina (de *teobroma*) *f.* Alcaloide existente en el cacao.
teocali (mej. *totl,* dios + *calli,* casa) ***m.*** Templo de los antiguos aztecas.
SIN. **Teucali.**
teocentrismo ***m.*** Doctrina que considera a Dios como centro y fin de todo el pensamiento y actividad del hombre.
teocinte *f.* *Amér. Central.* Gramínea de dos a siete metros de alto y muy frondosa; se la considera como originaria del maíz, y es buen forraje *(Euchœna mexicana).*
teocracia (*teo-* + *-cracia*) *f.* Gobierno ejercido directamente por Dios o por los sacerdotes, como representantes suyos.
teocráticamente ***adv. m.*** De modo teocrático.
teocrático, -ca ***adj.*** Relativo a la teocracia.
teocratismo ***m.*** Clericalismo político, ultramontanismo.
teodicea (*teo-* + gr. *díke,* justicia) *f.* Parte de la teología natural que se ocupa en la defensa de la suprema sabiduría de Dios contra las acusaciones lanzadas por la razón en vista de los desórdenes del mundo. Trata de la santidad divina con relación al mal físico, y de su justicia con relación a la desarmonía existente entre el bien y la virtud. Comprende, además, las pruebas de la existencia de Dios, la demostración de sus atributos y la investigación de sus relaciones con el alma humana y con la humanidad. 2 Teología natural.
teodolito (de origen obscuro) ***m.*** Instrumento topográfico de precisión para medir ángulos de distintos planos.
teodosiano, -na ***adj.*** Relativo a Teodosio el Grande (347-395), o a su nieto Teodosio II (410-450).
teofanía *f.* Manifestación divina, epifanía.

teofilantropía (*teo-* + *filantropía*) *f.* Caridad, amor a Dios y a los hombres. 2 Sociedad francesa de finales del siglo XVIII basada en la creencia en un Dios bueno y poderoso, pero sin culto.

teofilántropo, -pa *m. f.* Partidario de la teofilantropía. 2 Miembro de la sociedad francesa de este nombre.

teofilina *f.* Compuesto que se encuentra en el té y es un fuerte diurético.

teogonía (gr. *theogonia*) *f.* Tratado sobre el origen y descendencia de los dioses paganos.

teogónico, -ca *adj.* Relativo a la teogonía.

teologal *adj.* Teológico: ***virtudes teologales,*** Fe, Esperanza y Caridad. 2 Que tiene a Dios por objeto.

teología (*teo-* + *-logía*) *f.* Doctrina sobre la esencia, existencia y atributos de Dios: ~ ***natural*** o ***racional*** (también *teodicea),* la que, en sus especulaciones, hace uso de la sola razón y cuyas verdades deben ser demostradas (constituye, pues, una metafísica especial); ~ ***positiva*** o ***revelada,*** aquellas cuyas verdades han sido reveladas por Dios; ~ ***dogmática*** (también *polémica),* la que trata de Dios y de sus atributos y perfecciones a la luz de los principios revelados; ~ ***de la liberación,*** movimiento teológico cristiano surgido en Sudamérica que propugna una lectura más vivencial que intelectual del Evangelio y la lucha contra la opresión.

teológicamente *adv. m.* En términos teológicos. 2 Según principios teológicos.

teológico, -ca *adj.* Relativo a la teología.
SIN. **Teologal, teólogo.**

teologizar *intr.* Discurrir sobre cuestiones teológicas. ◇ **CONJUG. [4] como ***realizar.***

teólogo, -ga *adj.* Teológico. -2 *m. f.* Persona que por profesión o estudio se dedica a la teología. 3 Estudiante de teología.

teomanía (*teo-* + *-manía*) *f.* Manía consistente en creerse Dios.

teomaníaco, -ca *adj.-s.* Que sufre teomanía.

teorema (gr. *theórema*) *m.* Proposición que afirma una verdad demostrable. 2 esp. Enunciado de una propiedad o proposición seguida de su demostración. 3 MAT. Resultado de un estudio matemático.

teoremático, -ca *adj.* Perteneciente o relativo a los teoremas.

teorético, -ca *adj.* Intelectual, especulativo. 2 Relativo al teorema. 3 ANGLIC. Teórico. -4 *f.* Estudio del conocimiento.

teoría (gr. *theoría* < *theoreo,* examinar) *f.* Síntesis comprensiva de los conocimientos que una ciencia ha obtenido en el estudio de un determinado orden de hechos: ~ *de los colores;* principios generales de un arte: ~ *de la música.* 2 Conjunto de razonamientos ideados para explicar provisionalmente un determinado orden de fenómenos: ~ *atómica;* ~ ***del conocimiento,*** epistemología. 3 Procesión religiosa en la ant. Grecia.
SIN. *3* **Fila, serie, desfile,** usos lit. provenientes de esta acep. etimológica: *una hermosa teoría de muchachas.*

teórica *f.* Teoría (síntesis).

teóricamente *adv. m.* De manera teórica.

teórico, -ca *adj.* Relativo a la teoría. -2 *m. f.* Versado en el conocimiento de la teoría de algún arte o ciencia.

teorizante *adj.* Que teoriza.

teorizar *tr.* Tratar [un asunto] sólo en teoría. -2 ***intr.*** Formular una teoría o teorías. ◇ ** CONJUG. [4] como ***realizar.***

teoso, -sa *adj.* Relativo a la tea. 2 [madera] Abundante en resina.

teosofía (*teo-* + *-sofía*) *f.* Doctrina según la cual el hombre podría alcanzar el conocimiento directo de Dios sin necesidad de la revelación. 2 Movimiento religioso moderno fundado en la doctrina oriental de la evolución panteísta y la transmigración, y en la práctica del ocultismo.

teosófico, -ca *adj.* Relativo a la teosofía.

teósofo, -fa *m. f.* Persona que profesa la teosofía.

tepache *m. Méj.* Bebida que se hace con pulque, agua, piña y clavo. 2 *Hond.* fig. Contrabando, venta clandestina de licor.

tepalcate *m. Guat.* y *Méj.* Cacharro, trasto, chisme inútil, esp. de barro. 2 *Guat., Méj.* y *Salv.* Tiesto, fragmento de un trasto de barro.

tepalcatero *m. Méj.* Alfarero.

tépalo (voz analógica de *pétalo* y *sépalo*) *m.* Pieza del periantio de una flor haploclamídea u homoclamídea.

tepanche *m. Méj.* Reptil escamoso saurio, de la familia de los iguánidos *(Iguana rhinolopha).*

tepate *m.* Estramonio, planta.

tepatero (mej. *patli,* hierba medicinal) *m. Méj.* Herbolario.

tepe (orig. onomat.) *m.* Pedazo de tierra cubierto de césped y muy trabado por las raíces de esta hierba, el cual, cortado gralte. en forma prismática, sirve para hacer paredes.
SIN. **Césped, gallón.**

tepeaqués, -esa *adj.-s.* De Tepeaca (Méjico).

tepeizcuinte *m. C. Rica, Guat.* y *Méj.* Tepescuincle.

tepemechín (mej. *tepetl,* monte + *michin,* pez) *m. Amér. Central, C. Rica* y *Méj.* Pececillo de agua dulce, de carne estimada, que se encuentra donde hay cascadas *(Agonostoma,* s.e.c.*).*

teperete *adj. Guat.* Alocado.

tepescuincle (mej. *tepetl,* mente + *itzcuintli,* perro) *m. C. Rica* y *Salv.* Paca, roedor.

tepetate *m. Hond.* y *Méj.* Tierra de mina que no tiene metal. 2 *Méj.* Roca formada por un conglomerado plomoso que se emplea en la fabricación de casas.

tepeterepe *m. Cuba.* Patatús, soponcio.

tepidario (l. *-iu* < *tepidu,* tibio) *m.* En las termas romanas, sala para tomar baños tibios.

tepiqueño, -ña *adj.-s.* De Tepic, cap. del estado de Nayarit (Méjico).

tepocate *m. Guat.* Renacuajo. 2 *Guat.* Apodo que se aplica a las personas cabezonas. -3 *adj. Méj.* Rechoncho.

teponascle *m. Méj.* Árbol de la familia de las burseráceas, cuya madera se emplea en construcciones rurales *(*gén. *Bursera).* 2 *Méj.* Instrumento músico, especie de tamboril.

tepozán *m. Méj.* Arbusto escrofuláceo medicinal *(Budleia americana).*

tepú (arauc.) *m. Chile.* Árbol mirtáceo de buena madera *(Tepualia stipularis).*

tequense *adj.-s.* De Los Teques, cap. del estado de Miranda (Venezuela).

tequeño, -ña *adj.-s.* Tequense.

teque-que-teque *Cuba* y *P. Rico.* expr. *y* fam. Dale que dale, charla que charla.

tequiar (mej. *tequitl,* trabajo personal que se imponía a los indios) *tr. Amér. Central.* Dañar, perjudicar, molestar pidiendo o recibiendo servicios. ◇ ** CONJUG. [12] como ***cambiar.***

tequiche *m. Méj.* y *Venez.* Manjar hecho de masa de maíz tostado, leche de coco, mantequilla y papelón.

tequila *f. Méj.* Bebida semejante a la ginebra que se destila de una especie de maguey.

tequio (mej.) *m. Méj.* ant. Trabajo personal que se imponía como tributo a los indios. 2 *Amér. Central* y *Méj.* Molestia, daño, perjuicio. 3 *Amér.* Porción de mineral que forma el destajo de un barretero.

tequioso, -sa *adj. Amér. Central* y *Méj.* Gravoso, pesado, molesto.

ter, adverbio numeral latino que significa tres veces, y que añadido a cualquier número entero indica que tal número se ha repetido por tercera vez.

tera-, elemento prefijal que entra en la formación de palabras con el significado de un billón.

teralita *f.* Roca intrusiva del grupo de los gabros alcalinos.

terapeuta (gr. *therapeutés,* servidor) ***com.*** Persona que por profesión o estudio se dedica a la terapéutica. -2 ***adj.-com.*** Individuo de una secta religiosa que en los primeros siglos de la Iglesia observaban algunas prácticas del cristianismo.

terapéutica (b. l. *therapeutica,* tratados de medicina < gr. *therapeutik* < *therapeuo,* servir, cuidar) *f.* Parte de la medicina que tiene por objeto el tratamiento de las enfermedades: ~ ***ocupacional,*** tratamiento empleado en diversas enfermedades somáticas y psíquicas, que tiene como finalidad readaptar al paciente haciéndole realizar las acciones y movimientos de la vida diaria.

terapéutico, -ca *adj.* Relativo a la terapéutica.

terapia *f.* MED. Terapéutica.

-terapia (gr. *therapeia,* cuidado, curación) Elemento sufijal que entra en la formación de palabras con el significado de cuidado, curación.

terato- (gr. *teras, -atos,* monstruo) Elemento prefijal que entra en la formación de palabras con el significado de monstruo.

teratogénesis (*terato-* + *-génesis*) *f.* Estudio de las condiciones de producción y de desarrollo de las monstruosidades. ◇ Pl.: *teratogénesis.*

teratología (*terato-* + *-logía*) *f.* Estudio de las anomalías del organismo animal o vegetal.

teratológico, -ca *adj.* Relativo a la teratología.

teratoma *m.* PAT. Malformación con apariencia de tumor, ocasionado por el desarrollo de tejidos extraños en una región determinada.

terbio (de *Itterby,* pueblo de Suecia) ***m.*** Metal raro, trivalente. Su símbolo es *Tb*, su peso atómico 159 y su número atómico 65.
tercamente ***adv. m.*** Con terquedad.
tercelete ***adj.*** ARQ. ***Arco*** ~, el que en las bóvedas de crucería sube por un lado del arco diagonal hasta la línea media.
tercena (de *atarazana,* depósito) ***f.*** Almacén del Estado para vender por mayor efectos estancados. 2 *Ecuad.* Carnicería, puesto en que se vende carne.
tercenco, -ca ***adj.*** *Ar.* [oveja o carnero] Que tiene tres años.
tercenista ***com.*** Persona encargada de la tercena.
terceo ***m.*** *Murc.* Madero transversal sobre el que descansan las vigas.
tercer ***adj.*** Apóc. de *tercero*. 2 ~ ***mundo,*** conjunto de países, en general antiguas colonias de países europeos, en proceso de desarrollo económico y social.
tercera ***f.*** Reunión, en el juego de los cientos, de tres cartas seguidas del mismo palo. 2 Alcahueta (proxeneta). 3 MÚS. Intervalo que, cuando es mayor, comprende dos tonos. V. mediante.
SIN. *1* **Tercia.**
tercerear ***intr.*** p. us. Hacer oficio de tercero o mediador. -2 ***tr.*** *Ál.* Terciar.
tercería ***f.*** Oficio o cargo de tercero. 2 Depósito o tenencia interina de un castillo, fortaleza, etc. 3 DER. Derecho que deduce un tercero entre dos o más litigantes. 4 DER. Juicio en que se ejercita este derecho.
tercerilla (dim. de *tercera*) ***f.*** LIT. Terceto en versos de arte menor; **POESÍA.
tercerista ***com.*** Parte demandante de una tercería (derecho).
tercermundismo ***m.*** Conjunto de problemas y fenómenos del tercer mundo.
tercermundista ***adj.*** Perteneciente o relativo a los países del tercer mundo o al tercermundismo.
tercero, -ra (v. *terciario*) ***adj.-s.*** Que ocupa el último lugar en una serie ordenada de tres; **NUMERACIÓN. 2 Que media entre dos o más personas: ~ ***en discordia,*** el que media para zanjar una desavenencia. -3 ***m.*** Alcahuete (proxeneta). 4 Persona que no es ninguna de dos o más de quien se trata o que intervienen en un negocio o una cuestión judicial. 5 El que profesa la regla de la tercera orden de San Francisco, Santo Domingo o Nuestra Señora del Carmen. 6 GEOM. Parte que, junto con otras cincuenta y nueve iguales, forma el segundo de círculo.
SIN. *1* **Tercio, -cia; terciario,** tratándose de orden o grado. *2* y *4* **Medianero.** *5* **Terciario.**
tercerol (cat.) ***m.*** MAR. Cosa que ocupa el lugar tercero en el barco. 2 MAR. Faja de rizos de las velas latinas o de ciertas velas de trinquete, que reduce en un tercio su superficie.
tercerola (it. *terzaruolo*) ***f.*** Arma de fuego un tercio más corta que la carabina. 2 Barril de mediana cabida. 3 Flauta más pequeña que la ordinaria y mayor que el flautín. 4 fam. *y* burl. En los trenes, vagón de tercera clase.
tercerón, -rona ***m.*** *Colomb.* y *Perú.* desus. Descendiente de blanco y mulata.
terceto (tr. *terzetto*) ***m.*** Combinación métrica de tres endecasílabos; riman el primero con el tercero, quedando el segundo libre: ~ ***encadenado,*** aquel cuyo segundo verso rima con el primero y tercero del terceto siguiente; **POESÍA. 2 Tercerilla. 3 MÚS. Composición para tres voces o instrumentos. 4 MÚS. Conjunto de estas tres voces o instrumentos.
SIN. *3* y *4* **Trío.**
tercia (l. *tertia*) ***f.*** Medida de longitud (278,6 mms.; tercera parte de una vara). 2 Tercio (parte). 3 Segunda de las cuatro partes iguales en que los romanos dividían el día artificial y comprendía desde el fin de la hora tercera, a media mañana, hasta el fin de la sexta, a mediodía. 4 Una de las horas menores del oficio divino, la inmediata después de prima. 5 Tercera (reunión). 6 Tercera cava que se da a las viñas. 7 Pieza de madera de hilo, con escuadría de una *tercia* en la tabla y una cuarta en el canto. 8 BLAS. Grupo de tres fajas reducidas a un sexto de su ancho ordinario, y separadas por un espacio igual a su ancho. 9 ~ ***rima,*** tipo de composición poética formado por tercetos encadenados.
SIN. *6* **Rebina.**
terciado, -da ***adj.*** [azúcar] Que es un poco moreno. 2 [pan] Elaborado con dos tercios de harina de trigo y un tercio de harina de cebada o de centeno. 3 De tamaño intermedio, ni grande ni pequeño. 4 [toro] De tamaño mediano. 5 BLAS. V. escudo ~. -6 ***m.*** Espada de hoja ancha y corta. 7 Cinta algo más ancha que el listón. 8 Madero que resulta de dividir en tres partes una alfarjía.
terciador, -ra ***adj.-s.*** Que tercia o media.
terciana (l. *tertiana*) ***f.*** MED. Calentura intermitente que repite al tercer día. 2 ~ ***de cabeza,*** cefalea intermitente.
tercianario, -ria ***adj.-s.*** Que padece tercianas. 2 [calentura] Que se repite cada tercer día. 3 p. ext. [cosa] Que se repite cada tercer día. -4 ***adj.*** [comarca] Que las ocasiona. -5 ***f.*** Hierba labiada, lampiña, con hojas ovaladas y lanceoladas, ligeramente dentadas, y flores de color violeta azulado, dispuestas por parejas en las axilas de las hojas superiores *(Scutellaria galericulata).*
SIN. *1* **Aterciaпado.** *4* **Casida.**
tercianela (it. *terzanella*) ***f.*** Gro de cordoncillo muy grueso.
terciar (l. *tertiare*) ***tr.*** Poner [una cosa] atravesada al sesgo: ~ *la capa.* 2 Dividir [una cosa] en tres partes. 3 Equilibrar [la carga] repartiéndola a los dos lados de la acémila. 4 Dar la tercera reja [a las tierras de labor]. 5 Cortar [las plantas] por una tercia sobre la tierra. -6 ***intr.*** Mediar en algún ajuste o discordia: ~ *en el debate;* tomar parte igual en la acción de otro: ~ *entre dos.* 7 Completar el número necesario de personas para alguna cosa. 8 Llegar al número de tres, esp. la Luna cuando llega el tercer día. -9 ***prnl. impers.*** Venir bien una cosa, haber oportunidad para ella: *si se tercia, le hablaré del asunto; iremos cuando se tercie.* -10 ***tr.*** *Amér.* Echar agua [al vino, a la leche, etc.]. 11 *Argent., Colomb.* y *Méj.* Cargar a la espalda [una cosa]. ◇ En la acepción 9 se usa en infinitivo y en las terceras personas. ◇ ** CONJUG. [12] como ***cambiar.***
terciario, -ria (l. *tertiariu;* doble etim. *tercero*) ***adj.*** Tercero en orden o grado. 2 *Arco* ~, el hecho en las bóvedas formadas con cruceros. -3 ***adj.-m.*** Era geológica que sigue a la secundaria o mesozoica y precede a la cuaternaria, y terreno correspondiente a ella. 4 ***adj.*** Perteneciente o relativo al terciario. 5 Tercero (religioso).
SIN. *3* y *4* **Cenozoico.** REL. *3* Suele dividirse en **paleógeno** y **neógeno.** V. **Era.**
terciazón (de *terciar* la tierra) ***f.*** Tercera reja dada a las tierras.
tercio, -cia (l. *tertiu*) ***adj.*** Tercero. -2 ***m.*** Parte que, junto con otras dos, constituye un todo. 3 Parte del rosario. 4 Fardo con que se carga una acémila. 5 Nombre de los regimientos de infantería española de los siglos XVI y XVII. 6 Cuerpo militar de voluntarios. 7 División de la Guardia Civil. 8 Asociación de los armadores y pescadores de un puerto. 9 Parte más ancha de la media, que cubre la pantorrilla. 10 Botella de cerveza de tamaño mediano. 11 TAUROM. Parte concéntrica que, junto con otras dos, constituye el ruedo. 12 TAUROM. Etapa que en número de tres, varas, banderillas y muerte, compone la lidia. -13 ***m. pl.*** Miembros fuertes y robustos del hombre. -14 ***m.*** *And.* Porción de tierra adehesada o de labrantío que se pasta o siembra un año, y se deja descansar el siguiente. 15 *Can.* Barrilillo para niño. 16 *Cuba.* Fardo de tabaco en rama que pesa aproximadamente un quintal. 17 *S. Dom.* Yunta de bueyes que va entre la guía y el tronco.
SIN. *2* **Tercia, terzuelo.**
terciodécuplo, -pla ***adj.-m.*** Que contiene un número tres veces exactamente.
terciopelado, -da ***adj.*** Aterciopelado. -2 ***m.*** Tejido semejante al terciopelo.
terciopelero, -ra ***m. f.*** Persona que tiene por oficio trabajar los terciopelos.
terciopelo (*tercio,* tercero + *pelo*) ***m.*** Tela velluda y tupida, de seda o algodón formada por dos urdimbres y una trama. 2 En el lenguaje de la droga, opio. 3 *Amér.* Árbol de frutos pequeños *(Sloaena quadrivalvis).* -4 ***f.*** Serpiente venenosa de Sudamérica, de hasta 2,4 m. de longitud; se alimenta de roedores *(Bothrops atrox).*
SIN. *4* **Macagua.**
terco, -ca (orig. incierto; probl. del célt. **tercos*) ***adj.*** Pertinaz. 2 fig. Que es más difícil de labrar que lo ordinario en su clase. 3 *Ecuad.* Despegado, desamorado, desabrido.
SIN. *1* Serie intensiva: **voluntarioso, constante, tenaz, tesonero,** estimativos; **obstinado, porfiado, pertinaz, terco, terne, tozudo, testarudo, cabezón, cabezudo, cabezota, contumaz,** desestimativos.
tere ***adj.*** *Colomb.* Llorón, impertinente.
terear ***intr.*** *Argent.* Cantar las avecillas llamadas teros.
terebeco, -ca ***adj.*** *Hond.* Tembloroso.
terebenteno ***m.*** Hidrocarburo de aguarrás.
terebintáceo, -a ***adj.-s.*** Anacardiáceo.
terebintales ***f. pl.*** Orden de plantas dicotiledóneas, leñosas con hojas compuestas y flores hermafroditas, pentámeras y actinomorfas o zigomorfas; tienen un tejido secretor productor de esencias, aceites y resinas.
terebinto (l. *-nthus* < gr. *terébinthos*) ***m.*** Arbolillo anacar-

diáceo, de madera dura y compacta, que exuda una trementina blanca y olorosa *(Pistacia terebinthus)*.
SIN. **Albotín, cornicabra.**
terebra *f.* Aguijón u ovopositor de las hembras de los himenópteros.
terebrante (l., que taladra) ***adj.*** [dolor] Que produce sensación semejante a la que resultaría de taladrar la parte dolorida.
terebrátula *f.* Animal marino braquiópodo con el cuerpo cubierto por dos valvas articuladas. Vive en el Mediterráneo *(Terebratula vitrea)*.
terecina *f. P. Rico.* Vagoneta movida a mano us. para transportar dos o tres personas por la vía de un tren.
tereco ***m.*** *Ecuad.* Trasto, cachivache.
terédine *f.* Teredo.
teredo ***m.*** Broma, molusco bivalvo que perfora la madera.
teredón ***m.*** Terédine.
terenciano, -na (l. *-tianu*) ***adj.*** Relativo al poeta cómico latino Terencio (¿190?-159 a. C.).
tereniabín (ár. *terenchobín*) ***m.*** Substancia viscosa obtenida de un arbusto propio de Persia y Arabia; se usa como purgante.
SIN. **Maná líquido.**
tereque ***m.*** *Amér.* Tareco.
tereré (voz guaraní) ***m.*** *R. de la Plata.* Bebida hecha con la infusión en agua fría de la hierba mate.
teresa ***adj.-f.*** Monja carmelita descalza que profesa la reforma de santa Teresa (1515-1582). -2 *f. Extr.* Mantis religiosa.
teresiana *f.* MIL. Quepis.
teresiano, -na ***adj.*** Relativo a santa Teresa de Jesús (1515-1582). 2 Afiliado a la devoción de esta santa. 3 [hermana] De votos simples, perteneciente a un determinado instituto religioso. 4 Perteneciente o relativo a este instituto.
terete ***adj.*** p. us. Rollizo, duro y de carne fuerte.
tergal (de *poliester* + *galo*) ***m.*** Nombre patentado de una fibra textil sintética.
tergiversable ***adj.*** Que puede tergiversarse.
tergiversación (l. *-atione*) *f.* Acción de tergiversar. 2 Efecto de tergiversar.
tergiversador, -ra ***adj.-s.*** Que tergiversa.
tergiversar (l. *-ari* < *tergum,* espalda + *vertere,* volver) ***tr.*** Forzar [un argumento], relatar [un hecho] o repetir [las palabras de uno] deformándolas intencionadamente. 2 Trastocar, trabucar.
teriaca *f.* Triaca.
teriacal ***adj.*** Triacal.
teridofito, -ta ***adj.*** Pteridofito.
terina (voz haitiana) *f. S. Dom.* Palangana, aljofaina.
I) terio-, -terio (gr. *therion,* animal salvaje) Elemento prefijal y sufijal que entra en la formación de palabras con el significado de animal, bestia salvaje.
II) -terio (gr. *terion,* lugar) Elemento sufijal que entra en la formación de palabras con el significado de lugar. Se halla en voces de origen gr. como *cementerio, monasterio* y en algunas formadas modernamente: *falansterio, beaterio.*
terioterapia (*terio-* + *-terapia*) *f.* Tratamiento de las enfermedades de los animales.
terlenka *f.* Nombre patentado de una fibra textil sintética.
terliz (l. *trilice*) ***m.*** Tela fuerte de lino o algodón tejida con tres lizos. Se emplea pralte. como tela de colchones.
SIN. **Cotí, cutí.**
termal ***adj.*** Relativo a las termas. 2 [agua] Que brota del manantial a temperatura superior a la del ambiente.
termalismo ***m.*** Planificación y explotación de las aguas termales de un país.
termalización *f.* FÍS. Frenado de los neutrones rápidos producidos en la fisión del uranio para convertirlos en neutrones térmicos.
termanestesia (*termo-* + *anestesia*) *f.* Pérdida o disminución de la sensibilidad de la piel a las sensaciones de temperatura.
termas (l. *thermœ* < gr. *thermá*) *f. pl.* Caldas. 2 Baños públicos de los antiguos romanos.
termes ***m.*** Insecto isóptero que vive en sociedades jerárquicas muy organizadas; son muy perjudiciales ya que se alimentan de papel y madera (gén. *Termes; Calotermes* y *Reticulitermes)* ◇ Pl.: *termes.*
SIN. **Comején, termita, termite; anay** *(Filip.)*.
termia *f.* Cantidad de calor necesaria para que una tonelada de agua eleve su temperatura en 1° C. Su símbolo es *th*.
-termia (v. *termo-*) Elemento sufijal que entra en la formación de palabras con el significado de calor, temperatura: *hipotermia.*
térmico, -ca (gr. *thermós,* caliente) ***adj.*** Perteneciente o relativo al calor o a la temperatura. 2 ELECTR. [instrumento] Que da sus indicaciones en función del cambio de temperatura.
termidor (fr. *thermidor*) ***m.*** Undécimo mes del año según el calendario republicano francés.
terminable ***adj.*** Que tiene término.
terminacho (desp. de *término*) ***m.*** Voz vulgar, plebeya o malsonante. 2 Término raro para el que lo oye, bárbaro o mal usado: *el médico salió del paso con unos cuantos terminachos; me devanaba los sesos con los terminachos de aquel lenguaje desconocido.* ◇ También *terminajo.*
terminación (l. *-atione*) *f.* Acción de terminar. 2 Efecto de terminar. 3 Extremo, conclusión o parte final de una cosa. 4 GRAM. Última parte de una palabra, esp. la desinencia. 5 MED. Estado en que se halla el enfermo al empezar la convalecencia. 6 MÉTR. Letra o letras que determinan la asonancia o consonancia de unos vocablos con otros.
terminador, -ra ***adj.-s.*** Que termina.
terminajo ***m.*** Terminacho.
terminal (l. *ale*) ***adj.*** Final, último, que pone término a una cosa. 2 Que está en el extremo de cualquier parte de la planta: *yema ~; flores terminales.* 3 *f.* Conjunto de inmuebles que en los puertos y aeropuertos se destinan a viajeros y mercancías. 4 Extremo de una línea de transporte público. -5 ***m.*** ELECTR. Borne o hembrilla que se pone en el extremo de un conductor para facilitar las conexiones. 6 INFORM. Dispositivo que permite la entrada de los datos en el ordenador y la comunicación de los resultados del tratamiento.
terminante ***adj.*** Claro, concluyente.
terminantemente ***adv. m.*** De manera terminante.
terminar (l. *-are*) ***tr.*** Poner término [a una cosa], acabarla. 2 Acabar (dar el retoque final). -3 ***intr.-prnl.*** Tener término una cosa, acabar: *~ en punta.* 4 Entrar una enfermedad en su último período. -5 ***prnl.*** Ordenarse, dirigirse una cosa a otra como a su fin: *las cosas se terminan hacia su Creador.*
SIN. **Terminar** y **acabar,** pueden referirse al tiempo, al espacio o a una obra cualquiera: *el plazo termina,* o *acaba, el día 10; aquí termina,* o *acaba, el término municipal; el palo termina,* o *acaba, en punta; pronto terminaré,* o *acabaré, esta carta*; **rematar,** tiene los mismos usos, pero es vulg. aplicado al tiempo: *mañana remata el plazo.* Aplicado a una obra, significa darle los últimos toques: *remató una prenda de vestir*; **concluir,** no se emplea hablando de espacio: *la finca termina,* o *acaba* (no *concluye), en aquella loma*; **finalizar,** pertenece al estilo literario, o al administrativo: *la admisión de instancias finaliza este mes;* **ultimar** se refiere sólo a una obra o trabajo: *se ultima la construcción del puente; ultimar un asunto;* coincide con **rematar** (aunque es más lit.) en la acepción de dar a una obra los últimos toques; **finiquitar,** es propio de la lengua hablada fam. o popular.
terminativo, -va (de *término,* límite) ***adj.*** En filosofía escolástica, relativo al término u objeto de una acción.
terminista ***com.*** Persona que usa términos rebuscados.
término (l. *-nu*) ***m.*** Hito (poste). 2 Línea divisoria, fin o límite de una cosa en el espacio o en el tiempo: *el ~ de la vida, de una carrera; poner ~ a una cosa; ~* ***municipal,*** territorio sometido a la autoridad de un ayuntamiento. 3 Plazo o tiempo determinado: *~ perentorio; señalar un ~ de cinco años.* 4 Objeto, fin. 5 Palabra, esp. la que tiene un sentido rigurosamente peculiar en una ciencia o arte. 6 Modo de portarse o hablar: ***en buenos términos,*** de manera que evite la crudeza en la expresión; *eso, en buenos términos, es llamarse ignorante;* en relación amigable con una persona. 7 Punto final o estación terminal de una línea de transporte. 8 En pintura, cine, teatro, espacio o plano en que se considera dividida la escena en relación con el espectador. 9 fig. Grado de importancia que tiene lo que se expresa: *primer ~; último ~.* 10 *~* ***eclíptico,*** distancia de la Luna a uno de los nodos de su órbita. 11 ARQ. Sostén terminado por la parte superior en una cabeza humana. 12 GRAM. Elemento necesario en la relación gramatical. 13 LÓG. El sujeto y el predicado de un juicio; componente de un silogismo simple: *~* ***mayor,*** el más extenso, que hace de predicado en la conclusión; *~* ***menor,*** el menos extenso, que hace de sujeto en la conclusión; *~* ***medio,*** el de extensión media, que no entra en la conclusión. 14 MAT. Cantidad que compone un polinomio o forma una razón, una progresión o un quebrado: *~* ***medio,*** cantidad que resulta de sumar otras varias y dividir la suma por el número de sumandos; fig., arbitrio proporcionado para salir de una duda o componer una discordia; *contentarse con un ~ medio; ~* ***algebraico,*** producto indicado de factores numéricos y literales. 15 MÚS. Punto, tono. -16 ***m. pl.*** Condiciones con que se plantea un asunto o cues-

tión o que se establecen en un trato. 17 *Chile.* Palabra rebuscada o rimbombante.

SIN. *2* **Raya, demarcación,** la línea divisoria entre dos naciones, provincias, etc. REL. *13* v. **Silogismo.**

terminología *f.* Conjunto de términos, giros o modos de expresión, generalmente técnicos o cultos, característicos de determinada profesión, ciencia o materia o de un autor o libro concretos. V. vocabulario y nomenclatura.

SIN. **Tecnología,** la ~ exclusiva de una ciencia o arte.

terminológico, -ca *adj.* Perteneciente o relativo a los términos o vocablos propios de determinada profesión, ciencia o materia, y a su empleo.

terminólogo, -ga *m. f.* Persona especialista en terminología.

terminote (aum. de *término*) *m.* fam. Voz afectada o demasiadamente culta.

termiónico, -ca *adj.* FÍS. Perteneciente o relativo a la emisión de los electrones provocada por el calor. -2 *f.* FÍS. Ciencia que trata de la emisión de electrones por los cuerpos calientes.

termistor *m.* FÍS. Semiconductor consistente en una mezcla de óxidos de níquel y manganeso con cobre finamente dividido, y cuya resistencia es muy sensible a la temperatura.

I) termita (gr. *thermos,* caliente) *f.* Mezcla de limaduras de aluminio y un óxido metálico que, por inflamación, produce elevadísima temperatura.

II) termita, -te (l. *termes, -itis,* a través del fr.) *f.* Termes.

termitero, -ra *m. f.* Nido de termes.

I) termo (gr. *thermós,* caliente) *m.* Vasija formada por dos botellas, colocadas una dentro de la otra, entre las que se ha hecho el vacío, y que sirve para conservar la temperatura de las substancias que en ella se ponen, aislándolas del exterior.

II) termo *m.* fam. Termosifón.

termo-, -termo (gr. *thermós,* caliente) Elemento prefijal y sufijal que entra en la formación de palabras con el significado de calor, temperatura.

termoaislante (*termo-* + *aislante*) *adj.-s.* Substancia empleada como aislante térmico.

termoanalgesia (*termo-* + *analgesia*) *f.* Insensibilidad al dolor provocado por los estímulos de calor o de frío.

termocauterio (*termo-* + *cauterio*) *m.* Aparato para cauterizar por medio del calor.

termoclina (*termo-* + gr. *klino,* inclinar) *f.* Línea imaginaria que separa dos masas de agua de temperatura diferente.

termocompresor (*termo-* + *compresor*) *m.* Bomba de calor que sirve para vaporizar agua salada, jugos de frutas, etc. 2 MEC. Aparato que aprovecha la energía excedente para comprimir, por dos toberas sucesivas, otro vapor de baja presión.

termodinámica (*termo-* + *dinámica*) *f.* Parte de la física que trata la acción mecánica del calor.

termodinámico, -ca *adj.* Perteneciente o relativo a la termodinámica. 2 GEOL. [metamorfismo] Originado por la acción conjunta y simultánea del calor y la presión.

termoelasticidad (*termo-* + *elasticidad*) *f.* FÍS. Cualidad de los fenómenos térmicos que tienen lugar en los materiales sometidos a deformaciones elásticas.

termoelectricidad (*termo-* + *electricidad*) *f.* Electricidad producida por la acción del calor. 2 Parte de la física que trata de ella.

termoeléctrico, -ca *adj.* Relativo a la termoelectricidad: ***aparato*** **~**, aquel en que la acción del calor origina electricidad. 2 Perteneciente o relativo a la emisión de electrones por la materia, debido a la temperatura.

termoelemento (*termo-* + *elemento*) *m.* Dispositivo consistente en un termopar y un elemento calefactor dispuestos para medir pequeñas corrientes.

termoestable (*termo-* + *estable*) *adj.* Que no se altera fácilmente por la acción del calor. 2 [plástico] Que no pierde su forma por la acción del calor y de la presión.

termófilo, -la (*termo-* + *-filo* I) *adj.* BIOL. [organismo] Que para su desarrollo normal requiere temperaturas elevadas. 2 BIOL. ***Microorganismo*** **~**, aquel cuya temperatura óptima de desarrollo es superior a los 45 °C.

termoflax *m.* FOT. Procedimiento fotográfico para la copia de documentos mediante papel sensible al calor.

termofónico, -ca *adj.* [aparato] Que produce sonido por la acción del calor.

termófono (*termo-* + *-fono*) *m.* ELECTR. Generador de ondas sonoras, basado en las variaciones de temperatura que produce en una pieza metálica el paso de una corriente eléctrica.

termofotografía (*termo-* + *fotografía*) *f.* FOT. Fotografía de los cuerpos lograda impresionando sus radiaciones de calor o de ondas infrarrojas.

termogénesis (*termo-* + *-génesis*) *f.* Creación del calor. ◇ Pl.: *termogénesis.*

termógeno (*termo-* + *-geno*) *adj.* Que produce calor.

termógrafo (*termo-* + *-grafo*) *m.* Aparato que se utiliza para registrar los cambios de temperatura.

termoiónico, -ca *adj.* FÍS. Termiónico.

termolábil *adj.* QUÍM. Que tiende a descomponerse al ser calentado.

termólisis (*termo-* + *-lisis*) *f.* Desintegración de los compuestos químicos por medio del calor. ◇ Pl.: *termólisis.*

termología (*termo-* + *-logía*) *f.* Parte de la física que estudia el calor.

termológico, -ca *adj.* Relativo a la termología.

termoluminiscencia (*termo-* + *luminiscencia*) *f.* FÍS. Luminiscencia producida por el calor.

termomanómetro (*termo-* + *manómetro*) *m.* Instrumento que se utiliza en las calderas para medir la tensión del vapor.

termometría (*termo-* + *-metría*) *f.* Medición de la temperatura. 2 METEOR. Parte de la meteorología que estudia la acción del calor sobre la atmósfera.

termométrico, -ca *adj.* Relativo al termómetro o a la termometría.

termómetro (*termo-* + *-metro*) *m.* Instrumento para medir la temperatura, consistente en un tubo capilar de vidrio cerrado y terminado en un pequeño depósito que contiene una cierta cantidad de mercurio o alcohol cuyas variaciones de volumen acusadas por el nivel que el líquido alcanza en el tubo, se leen en una escala graduada: **~ *de máxima, de mínima*** y ***de máxima y mínima,*** los que dejan registrada respectivamente la temperatura máxima, la mínima, y la máxima y mínima; **~ *clínico,*** el de máxima y de precisión, para tomar la temperatura a los enfermos; **~ *centígrado,*** aquel cuya escala ha sido graduada dividiendo en cien partes la distancia entre las señales correspondientes a la temperatura del hielo fundente y la del agua en ebullición; **~ *de Réaumur,*** aquel en que dicha distancia está dividida en 80 grados; **~ *de Fahrenheit,*** aquel en que dicha distancia está dividida en 180 grados, numerados desde el 32 al 212; **~ *diferencial*** o ***termoscopio,*** el que mide pequeñas diferencias de temperatura; consiste en un tubo capilar doblado en ángulo recto por uno de sus extremos, que terminan en bolas, lleno de aire y con un líquido interpuesto entre las dos ramas; éste se mueve a uno u otro lado según esté más o menos caliente el aire encerrado en cada una de las bolas.

termonuclear (*termo-* + *nuclear*) *adj.* FÍS. [reacción] En que, mediante una gran elevación de temperatura, se produce la fusión nuclear de dos átomos ligeros, como los de hidrógeno, para una gran cantidad de energía: *explosión ~; bomba ~.*

termopar (*termo-* + *par*) *m.* Aparato que se utiliza para medir altas temperaturas. Se basa en la corriente eléctrica que se forma cuando se calienta una juntura de dos metales distintos.

termopausa (*termo-* + *pausa*) *f.* Zona de separación entre la ionosfera o termosfera y la exosfera.

termopila (*termo-* + *pila*) *f.* Grupo de termopares conectados en serie.

termoplástico, -ca *adj.* [materia] Que se plastifica por acción del calor. 2 [substancia plástica] Que resiste las altas temperaturas sin modificarse. -3 *m.* Plástico que se ablanda por la acción del calor y puede entonces moldearse mediante presión.

termopropulsado, -da *adj.* Que se mueve por termopropulsión.

termopropulsión (*termo-* + *propulsión*) *f.* Impulso de un cuerpo por medio de la energía desprendida sin transformación mecánica previa.

termopropulsivo, -va *adj.* Que actúa por termopropulsión.

termoquímica (*termo-* + *química*) *f.* Parte de la química que estudia las cantidades de calor que acompañan a las reacciones químicas.

termorregulación (*termo-* + *regulación*) *f.* Sistema de regular la temperatura automáticamente.

termorregulador *m.* Instrumento que se usa para regular la temperatura en los hornos, secaderos, etc.

termorreóstato (*termo-* + *reóstato*) *m.* Termorregulador de los hornos eléctricos.

termoscopio (*termo-* + *-scopio*) *m.* Termómetro diferencial.

termosfera *f.* Ionosfera.

termosifón (*termo-* + *sifón*) ***m.*** Aparato anejo a una cocina que sirve para calentar el agua que luego se distribuye mediante tuberías a los baños, lavabos, etc., de la casa. 2 Aparato de calefacción por medio del agua caliente.
termostable ***adj.*** Que no se descompone por acción del calor.
termostato, termóstato (*termo-* + *-stato*) ***m.*** Aparato que se conecta con una fuente de calor y que, mediante un artificio automático, mantiene constante una temperatura.
termotecnia (*termo-* + *-tecnia*) ***f.*** Técnica del tratamiento del calor.
termoterapia (*termo-* + *-terapia*) ***f.*** Empleo terapéutico del calor.
termovisión (*termo-* + *visión*) ***f.*** Sistema de televisión de rayos infrarrojos que capta las imágenes en la obscuridad.
terna (l. *terna,* triple) ***f.*** Conjunto de tres personas propuestas para que se designe de entre ellas la que haya de desempeñar un cargo o empleo. 2 Pareja de tres puntos, en el juego de dados. 3 Juego o conjunto de dados con que se juega. 4 TAUROM. Conjunto de tres diestros que alternan en una corrida. 5 *Ar.* Paño, trozo de tela cosido a otro igual.
ternada ***f.*** *Chile.* Terno de chaqueta, chaleco y pantalón.
ternar ***intr.*** Celebrar un sacerdote tres misas en un día.
SIN. **Trinar,** aunque tiene algún uso, la homonimia con otras aceps. de este verbo hace más aconsejable el empleo de *ternar*.
ternario, -ria (l. *-iu*) ***adj.*** Compuesto de tres elementos, unidades o guarismos. -2 ***m.*** Espacio de tres días dedicados a una devoción.
SIN. *1* **Trino.** *2* **Triduo.**
ternasco ***m.*** *Ar.* y *Logr.* Cordero lechal. 2 *Ar.* y *Logr.* Guiso preparado con la pierna o espalda de éste. 3 *Nav.* Cabrito, cría de la cabra.
terne (git. *terno,* joven) ***adj.-s.*** fam. Valentón. -2 ***adj.*** fam. Perseverante, obstinado. 3 fam. Fuerte, robusto de salud. -4 ***m.*** *Argent.* y *Bol.* Facón o navaja grande que usan los gauchos.
SIN. *2* v. **Terco.**
ternejal (de *terne*) ***adj.-s.*** fam. Valentón.
ternejo, -ja ***adj.*** *Ecuad.* y *Perú.* Enérgico, vigoroso.
ternejón, -jona ***adj.-s.*** Ternerón.
ternera (de *tierna*) ***f.*** Cría hembra de la vaca. 2 Carne de ternera o de ternero.
SIN. *1* **Chota, becerra, jata; novilla, magüeta,** de dos o tres años; **utrera,** de dos años.
terneraje ***m.*** *Amér.* Conjunto de terneros, la cría del ganado vacuno.
ternero (de *tierno*) ***m.*** Cría macho de la vaca: ~ ***recental,*** el de leche o que no ha pastado todavía
SIN. **Choto, becerro, jato; novillo, magüete,** de dos o tres años; **utrero,** de dos años.
ternerón, -rona (de *tierno*) ***adj.-s.*** fam. [pers.] Que se enternece con facilidad. -2 ***m.*** *Chile.* fam. Niño zangolotino.
terneza (de *tierno*) ***f.*** Ternura. 2 Requiebro (piropo): *decirle ternezas a una mujer.*
ternilla (dim. de *tierna*) ***f.*** Cartílago, esp. el que forma lámina. 2 *Cuba.* Costilla falsa del ganado vacuno. 3 *Chile.* Bozal que se pone a los terneros para impedir que mamen.
ternilloso, -sa ***adj.*** Compuesto de ternillas. 2 Parecido a ellas.
SIN. **Cartilaginoso.**
ternísimo, -ma ***adj.*** Superl. irreg. de *tierno.* ◇ INCOR.: *tiernísimo.*
terno (l. *ternu*) ***m.*** Conjunto de tres cosas de una misma especie. 2 Suerte de tres números en el juego de la lotería primitiva. 3 IMPR. Conjunto de tres pliegos impresos metidos uno dentro del otro. 4 Pantalón, chaleco y chaqueta de una misma tela. 5 Conjunto del oficiante y sus dos ministros en una misa mayor. 6 Vestuario exterior del terno, consistente en casulla y capa pluvial para el oficiante y dalmáticas para sus ministros. 7 Voto, juramento: *echar ternos.* 8 *Colomb.* y *Méj.* Juego de jícara y platillo, o de taza y plato pequeños. 9 *Cuba* y *P. Rico.* Aderezo de joyas compuesto de pendientes, collar y alfiler. 10 *Ecuad.* ~ ***sastre,*** vestido femenino, que consiste en falda y chaqueta.
SIN. *7* v. **Voto.**
ternura ***f.*** Calidad de tierno. 2 Requiebro. 3 Amor, afecto, cariño. 4 Calidad de las cosas que dan una sensación de dulzura.
SIN. **Terneza.**
tero (imitación del grito de esta ave) ***m.*** *Argent.* Ave zancuda cuyo nombre es imitativo de su canto, tiene un agudo espolón córneo en el encuentro de cada ala. Es mayor que el avefría de Europa y muy sedentaria *(Vanellus cayanensis).* 2 *Argent.* y *Urug.* fig. Gaucho vivo y arrestado.
SIN. *1* **Terotero, teruteru.**
terópodo (gr. *ther, -ros,* monstruo + *-podo*) ***adj.-m.*** Reptil del suborden de los terópodos. -2 ***m. pl.*** Suborden de reptiles saurios, fósiles, de gran tamaño.
terotero ***m.*** *Argent.* y *Bol.* Tero.
terpeno ***m.*** Nombre genérico de hidrocarburos cuyo género es el terebenteno; forman un grupo de aceites esenciales que se encuentran en muchas plantas.
terpina (der. del ing. *terpentine,* trementina) ***f.*** Derivado cristalizable de la esencia de trementina.
terpinol ***m.*** Substancia que resulta de tratar con un ácido el hidrato de terpina.
Terpsícore ***n. pr.*** MIT. Musa de la danza y del canto coral.
terquear ***intr.*** Mostrarse terco.
terquedad ***f.*** Calidad de terco. 2 Porfía molesta y cansada. 3 *Ecuad.* Despego, desvío, desabrimiento.
terquería, terqueza ***f.*** Terquedad.
terracota (it.) ***f.*** Arcilla modelada y endurecida al horno. 2 Escultura de arcilla cocida.
terrada ***f.*** Especie de betún.
terrado (de *tierra*) ***m.*** Azotea. 2 vulg. Cabeza.
terraja (orig. incierto; probl. del ár. *tarraha,* lo que se echa encima de algo) ***f.*** Tabla recortada para hacer molduras de yeso, estuco o mortero, corriéndola cuando la pasta está blanda. 2 Barra de acero con un agujero en medio, donde se ajustan las piezas que labran las roscas de los tornillos. 3 *Colomb.* Pájaro de lindos colores.
SIN. *1* y *2* **Tarraja.** REL. **Aterrajar, atarrajar,** labrar con la ~, vb., más propio, en ambas aceps. el primero que el segundo.
terraje ***m.*** Terrazo (renta).
terrajero ***m.*** Terrazguero. 2 *Extr.* Persona encargada de cobrar del arrendatario el terrazgo, que se paga en grano o especie.
terral (l. *-ale*) ***adj.-s.*** Viento que sopla de tierra. -2 ***m.*** *Perú* y *P. Rico.* Polvareda.
terramicina ***f.*** Antibiótico muy activo, que se obtiene a partir del cultivo de la bacteria actinomicetácea *Streptomyces rimosus.*
terranova ***m.*** V. perro de ~.
terraplén (fr. *terreplein*) ***m.*** Macizo de tierra con que se rellena un hueco o que se levanta con algún fin. 2 p. ext. Desnivel en el terreno con una cierta pendiente.
terraplenar ***tr.*** Rellenar de tierra [un hueco]. 2 Levantar un terraplén [en un terreno].
terráqueo, -a (l. *-eu* < *terra,* tierra + *aqua,* agua) ***adj.*** Que está compuesto de tierra y agua: *globo* ~.
terrario, terrarium ***m.*** Instalación adecuada para mantener vivos y en las mejores condiciones a ciertos animales, como reptiles, etc.
terrateniente (l. *terra,* tierra + *tenente,* que tiene) ***com.*** Dueño de tierras o fincas rurales extensas.
terraza (de *terrazo*) ***f.*** Jarra vidriada de dos asas. 2 Faja de terreno llano que forma escalón en un jardín o a la orilla de un río, lago, etc. 3 Espacio de una casa, descubierto y gralte. elevado. 4 Lugar en una acera situado frente a un café y destinado a colocar mesas. 5 Cubierta plana y practicable de un edificio, provista de barandas o muros. 6 BLAS. Montículo o porción de terreno que llena la punta del escudo, y sobre el que se dibujan seres humanos, animales, plantas o edificios. 7 vulg. Cabeza.
SIN. *3* **Terrado.**
terrazgo ***m.*** Pedazo de tierra para sembrar. 2 Renta que paga el labrador al dueño de una tierra.
SIN. *2* **Terraje.**
terrazguero ***m.*** Labrador que paga terrazgo.
SIN. **Terrajero.**
terrazo (l. *-aceu,* de tierra) ***m.*** PINT. Terreno representado en un paisaje. 2 Pavimento formado por piedrecitas o trozos de mármol aglomerados con cemento, y cuya superficie se pulimenta.
terrear ***intr.*** Dejarse ver la tierra en un sembrado. 2 *Ecuad.* Andar arrastrando los pies. 3 *Guat.* Lamer el ganado la tierra salitrosa.
terrecer (l. *terrescere*) ***tr.-prnl.*** Aterrar (abatir). -2 ***intr.*** *Ast.* y *León.* Sentir terror. ◇ ** CONJUG. [43] como ***agradecer.***
terregal ***m.*** *Méj.* Polvareda.
terregoso, -sa ***adj.*** [campo] Lleno de terrones.
terremoto (it. < l. *terrae motus,* movimiento de la tierra) ***m.***

Sacudida de la superficie terrestre debida a dislocaciones de su corteza, a explosiones volcánicas, etc.
SIN. **Temblor de tierra, sismo, seísmo** (científ.). REL. **Sísmico,** relativo al ~, adj.; **sismógrafo,** aparato que los registra; **sismología,** parte de la Geología que los estudia; **maremoto,** el seísmo que se produce en el fondo del mar y origina movimientos de las aguas; **epicentro,** punto de la tierra en que tiene su origen.
terrenal *adj.* Relativo a la tierra en contraposición de lo que pertenece al cielo.
SIN. **Terreno.**
terrenidad *f.* Calidad de terreno.
terreno, -na (l. *-nu*) *adj.* Terrestre (relativo a la tierra). 2 Terrenal. -3 *m.* Espacio de tierra; fig., ***ganar*** o ***perder*** ~, adelantar o atrasar en una cosa. 4 GEOL. Conjunto de masas minerales que tienen origen común o cuya formación corresponde a una misma época: ~ ***de transición,*** el sedimentario donde se han hallado fósiles primitivos. 5 fig. Esfera de acción en que pueden mostrarse las cualidades de las personas o cosas. 6 fig. Orden de materias o de ideas de que se trata. 7 fig. Campo de deportes.
térreo, -a (l. *terreu*) *adj.* De tierra. 2 Parecido a ella.
terrera *f.* Terreno escarpado desprovisto de vegetación. 2 Ave paseriforme de pequeño tamaño y plumaje pardo con listas obscuras *(Calandria cinerea).* 3 *Can.* y *P. Rico.* Casa de un solo piso.
terrero, -ra *adj.* Relativo a la tierra. 2 [vuelo de ciertas aves] Rastrero. 3 [caballería] Que levanta poco los brazos al caminar. 4 fig. Bajo y humilde. -5 *adj.-f.* Espuerta o cesta de mimbre usada para llevar tierra. -6 *m.* Terrado. 7 Montón de tierra o de broza. 8 Objeto que sirve de blanco. 9 Depósito de tierras acumuladas por la acción de las aguas. 10 Especie de plaza pública. 11 *Can.* Lugar donde la tierra está suelta. 12 *Murc.* Ribazo o margen elevada de un río.
terrestre (l. *-tre*) *adj.* Relativo a la tierra. 2 Relativo a la tierra en oposición al mar o al aire: *transporte* ~.
SIN. *1* **Terreno; telúrico,** si se trata de la Tierra como planeta; **terreno** o **terrenal,** en oposición al cielo.
terretremo *m. La Mancha* y *Murc.* rúst. Terremoto.
terrezuela *f.* Dim. de *tierra.* 2 Tierra de poco valor.
terribilidad (l. *-itate*) *f.* Calidad de terrible.
terribilísimo, -ma *adj.* Superl. de *terrible.*
terrible (l. *-ibile*) *adj.* Que causa terror. 2 Áspero de genio. 3 Atroz (muy grande). ◇ SUPERL.: *terribilísimo.*
terriblemente *adv. m.* Espantosa, violenta u horriblemente. 2 fam. Extraordinaria o excesivamente.
terriblez, terribleza *f.* Terribilidad.
terrícola (l.) *com.* Habitante de la tierra. -2 *adj.* [vegetal] Que vive en la tierra por oposición al que vive en el agua o en el aire.
terrier *adj.-m.* V. perro ~.
terrificar *tr.* Horrorizar. ◇ ** CONJUG. [1] como ***sacar.***
terrífico, -ca (l. *-cu*) *adj.* Que aterroriza.
SIN. **Terrorífico.**
terrígeno, -na (l. *-nu*) *adj.* Nacido de la tierra.
terrino, -na *adj.* De tierra.
territorial (l. *-ale*) *adj.* Relativo al territorio: *audiencia* ~.
territorialidad *f.* Calidad de territorial. 2 Condición de las cosas que, estando fuera del territorio de una nación, se consideran como formando parte de él.
REL. v. **Extraterritorialidad.**
territorialismo *m.* Fenómeno por el cual ciertas especies dividen su hábitat en territorios.
territorio (l. *-iu*) *m.* Extensión de tierra perteneciente a una nación, región, provincia, etc. 2 Término que comprende una jurisdicción. 3 ANAT. Zona o región del organismo humano, irrigada por una arteria, o inervada por un nervio. 4 ZOOL. Terreno o lugar concreto donde vive un determinado animal, o un grupo de animales relacionados por vínculos de familia y que es defendido frente a la invasión de otros congéneres. 5 *Argent.* Demarcación sujeta al mando de un gobernador.
SIN. *1* **Suelo.**
terrizo, -za *adj.* Hecho o fabricado de tierra. 2 [suelo] De tierra, sin pavimentar. -3 *m. f.* Barreño, lebrillo. 4 *And.* Era sin pavimentar.
terromontero *m.* Montoncillo, cerro o collado.
terrón *m.* Masa pequeña y apretada de tierra u otras substancias: ~ *de azúcar.* 2 Orujo que queda en los capachos después de exprimida la aceituna. -3 *m. pl.* Hacienda rústica, tierras labrantías.
terronazo *m.* Golpe dado con un terrón.
terronera *f. Colomb.* Pavor, terror.
terror (l.) *m.* Miedo extremo, pavor. 2 Persona o cosa que lo infunde. 3 Época de la revolución francesa; p. ext. se aplica a situaciones análogas en otros países y épocas.
SIN. v. **Miedo.**
terrorífico, -ca *adj.* Terrífico.
terrorismo *m.* Dominación por el terror. 2 Sucesión de actos de violencia ejecutados para infundir terror. 3 Forma violenta de lucha política, mediante la cual se persigue la destrucción del orden establecido o la creación de un clima de temor e inseguridad susceptible de intimidar a los adversarios o a la población en general.
terrorista *com.* Persona que practica el terrorismo. -2 *adj.* Perteneciente o relativo al terrorismo.
terrosidad *f.* Calidad de terroso.
terroso, -sa (l. *-osu*) *adj.* Que participa de la naturaleza y propiedades de la tierra. 2 Que tiene mezcla de tierra.
terruño (l. **terroneu*) *m.* Masa pequeña de tierra. 2 Comarca o tierra, esp. el país natal. 3 Terreno, esp. hablando de su calidad. 4 Tierra en la que se trabaja y de la que se vive.
tersar *tr.* Poner tersa [una cosa].
tersidad *f.* Tersura.
terso, -sa (l. *tersu,* frotado, limpio) *adj.* Limpio, bruñido. 2 fig. [lenguaje, estilo, etc.] Puro, limado, fluido.
tersura *f.* Calidad de terso.
tertel *m. Chile.* Capa de tierra muy dura que se halla debajo del subsuelo.
tertulia (orig. incierto) *f.* Conjunto de personas reunidas habitualmente para conversar o recrearse. 2 Lugar en los cafés destinado a mesas de juego. 3 Corredor en lo alto de los ant. teatros. 4 *Argent.* y *Cuba.* Luneta.
tertulianismo *m.* Doctrina de Tertuliano (155-¿220?), apologista cristiano nacido en Cartago.
tertulianista *adj.-com.* Partidario del tertulianismo.
tertuliano, -na, tertuliante, tertulio, -lia *adj.-s.* Que concurre a una tertulia.
SIN. **Contertulio.**
tertuliar *intr.* Estar de tertulia, conversar. ◇ ** CONJUG [12] como *cambiar.*
Teruel (los amantes de ~), famosa leyenda de los enamorados Isabel de Segura y Diego Marcilla, que murieron de amor. Desde el siglo XVI es muy popular y ha servido de tema a varias obras literarias. Se les cita a menudo como prototipo de fidelidad amorosa.
teruncio (l. *-iu* < *ter,* tres + *uncia,* onza) *m.* Ant. moneda romana (cuarta parte de un as).
teruteru *m.* Tero. -2 *adj. Amér. Merid.* Listo, vivo.
terzuela (dim. de *tercia*) *f.* Distribución que recibían los capitulares de algunas iglesias por asistir al coro a la hora de tercia.
terzuelo (dim. de *tercio*) *m.* Tercio (parte). 2 Halcón macho.
tesálico, -ca (l. *thessalicu*) *adj.-s.* Tesalio.
tesaliense, tesalio, -lia (l. *thessaliu*) *adj.-s.* De Tesalia, región del centro de Grecia. -2 *adj.-m.* Dialecto perteneciente al grupo eólico del griego común, hablado antiguamente en esta región.
tésalo, -la *adj.* Tesalio.
tesalonicense (l. *thessalonicense*) *adj.-com.* Tesalónico.
tesalónico, -ca *adj.-s.* De Tesalónica, hoy Salónica, c. de la ant. Macedonia.
tesar (del l. v. *tesus* < l. *tensus,* partic. de *tendere*) *tr.* MAR. Atirantar (poner tirante): ~ *un cabo;* ~ *una vela.* -2 *intr.* Andar hacia atrás los bueyes uncidos.
tesaurismosis (gr. *thesaurismos,* reserva + *-osis*) *f.* MED. Acumulación anormal en el organismo de substancias que normalmente no se depositan en ninguna parte del cuerpo humano. ◇ Pl.: *tasaurismosis.*
tesaurizar *tr.* Atesorar. ◇ ** CONJUG. [4] como ***realizar.***
tesauro *m.* Tesoro (diccionario).
tescal (mej. *texcalli*) *m. Méj.* Terreno cubierto de basalto de antiguas erupciones volcánicas.
tescalera *f. Méj.* Pedregal.
teschenita *f.* GEOL. Roca magmática intrusiva del grupo de los gabros alcalinos.
tesela (l. *tessella*) *f.* Pieza cúbica con que se forman los pavimentos de mosaico.
teselado, -da *m.* Pavimento formado con teselas.
Teseo *n. pr.* MIT. Hijo de Egeo, rey de Atenas. Libró de bandidos al territorio del Ática. Guiado por el hilo de Ariadna, venció al Minotauro de Creta. Como había ofendido gravemente a

Plutón, fue condenado en los infiernos a permanecer eternamente sentado. V. Hipólito.

tésera (l. *tessera*) *f.* Tablilla con inscripciones que usaron los romanos como contraseña, distinción honorífica o prenda de un pacto.

tesina *f.* Trabajo de investigación escrito, exigido en algunas Universidades o Facultades para poder acceder a los estudios conducentes al grado de doctor.

tesio *m.* Planta santalácea, de hojas estrechas, lanceoladas y flores blancas, agrupadas en inflorescencias a ambos lados del tallo *(Thesium pyrenaicum).*

tesis (gr. *thesis*) *f.* Proposición mantenida con razonamientos. 2 Trabajo de investigación, escrito, exigido para la obtención del grado de doctor. 3 Opinión de alguien sobre algo. 4 MÚS. Acento que corresponde a cada primer tiempo del compás. ◇ Pl.: *tesis.*

tesitura (it. *tessitura*) *f.* MÚS. Conjunto de los sonidos que son propios de cada voz o instrumento. 2 fig. Actitud o disposición del ánimo.

tesla *m.* Unidad de inducción magnética. Su símbolo es *T.*

tesmoforias *f. pl.* Fiestas que en honor de Deméter y Perséfone celebraban las mujeres atenienses.

teso, -sa (v. *tenso*) *adj.* Tieso. -2 *m.* Cima de un cerro. 3 Pequeña salida en una superficie lisa. 4 Colina baja que tiene alguna extensión llana en la cima. 5 *Can.* Solar amplio; descampado, llano.

SIN. *2* **Reteso,** es un teso pequeño, ligera elevación del terreno.

tesón (de *teso*) *m.* Firmeza, inflexibilidad.

SIN. **Empeño, constancia, voluntad.**

tesonería (de *tesón*) *f.* Pertinacia o terquedad.

tesonero, -ra *adj.* Que tiene tesón.

SIN. v. **Terco.**

tesorería *f.* Cargo y oficina del tesorero. 2 Parte del activo de un comerciante disponible en metálico.

tesorero, -ra *m. f.* Persona encargada de custodiar y distribuir los caudales de una colectividad. -2 *m.* Canónigo a cuyo cargo está la custodia de las reliquias y alhajas de una catedral.

tesoro (l. *thesauru;* gr. *thesaurós*) *m.* Cantidad de dinero, alhajas, etc., reunida y guardada. 2 Erario (fisco). 3 fig. Persona o cosa de mucho precio, o digna de estimación. 4 fig. Repertorio lexicográfico por orden alfabético en el que se recogen todas las palabras de una lengua, o de una época, extraídas de un corpus, lo más amplio posible, con las correspondientes definiciones y con citas, extraídas de ese corpus: ~ *de la lengua castellana.* 5 DER. Conjunto escondido de monedas o cosas preciosas, de cuyo dueño no queda memoria. 6 ECON. Denominación que recibe el Estado en cuanto agente de operaciones monetarias y financieras, como acreedor o deudor. 7 fig. *y* fam. Apelativo cariñoso, aplicado a personas o animales.

SIN. *4* v. **Diccionario.**

tespíades (l. *thespiades*) *f. pl.* Las musas, honradas en la c. de Tespias.

test (voz inglesa) *m.* Prueba empleada para evaluar grados de inteligencia, capacidad de atención, etc., en pedagogía, psicotecnia, etc. 2 Tipo de examen en el que hay que contestar con una palabra o una señal en la casilla que corresponda a la solución de la pregunta.

testa (it. < l.) *f.* Cabeza (parte del cuerpo). 2 ~ ***coronada,*** monarca. 3 Parte anterior de algunas cosas materiales. 4 fig. Entendimiento, capacidad y prudencia. 5 Tegumento exterior o envoltura de las semillas. 6 CONSTR. Cabeza de una viga. 7 ~ ***de dovela,*** cara de frente de una dovela.

testáceo, -a (l. *-eu*) *adj.* [animal] Que tiene concha; esp. los moluscos.

testación (l. *-atione*) *f.* Acción de testar. 2 Efecto de testar.

testada *f.* Testarada.

testado, -da *adj.* [pers.] Que ha muerto habiendo hecho testamento. 2 [sucesión] Que ha sido ordenada por testamento.

testador, -ra (l. *-atore*) *m. f.* Persona que hace testamento.

testadura *f.* Testación.

testaférrea, -ferro (del port. *testa de ferro*) *m.* El que presta su nombre en un negocio ajeno.

testal *f. Méj.* Bolita de masa con que se hace una tortilla.

testamentaría *f.* DER. Ejecución de lo dispuesto en un testamento. 2 DER. Conjunto de documentos que atañen a esta ejecución. 3 DER. Sucesión y caudal de ella durante el tiempo que transcurre desde la muerte del testador hasta que termina la liquidación. 4 DER. Juicio de los llamados universales, para inventariar, conservar, liquidar y partir la herencia. 5 DER. Junta de los testamentarios.

testamentario, -ria (l. *-iu*) *adj.* Relativo al testamento. -2 *m. f.* Persona encargada por el testador de cumplir su última voluntad.

SIN. *2* **Albacea, albacea testamentario, cabezalero.**

testamentifacción *f.* Facultad de testar.

testamento (l. *-tu*) *m.* Declaración que hace una persona de su última voluntad, disponiendo de sus bienes y asuntos para después de su muerte. 2 Documento en que consta en forma legal esta última voluntad: ~ ***político,*** declaración que algunos dirigentes políticos escriben antes de su fallecimiento, para indicar las líneas de la política que creen que se debe seguir después de su muerte, y para justificar su actuación; ~ ***abierto,*** el que se otorga de palabra o por minuta que ha de leerse ante testigos y que se protocoliza como escritura pública; ~ ***adverado,*** el que, según derecho foral, se otorga ante el párroco y dos testigos y se certifica o confirma con formalidades establecidas por el fuero, elevándose después a escritura pública; ~ ***cerrado,*** el cerrado y sellado que el testador presenta, ante testigos, a un notario, quien extiende sobre él un acta de suscripción auténtica; ~ ***ológrafo,*** el que el testador formaliza por sí mismo, escribiéndolo y firmándolo de su puño y letra sin intervención de testigo alguno. 3 ***Antiguo*** o ***Viejo Testamento,*** parte de la Biblia que comprende los escritos de Moisés y todos los demás anteriores a la venida de Jesucristo; ***Nuevo Testamento,*** parte de la Biblia que contiene los evangelios y otras obras canónicas posteriores al nacimiento de Jesucristo. 4 burl. *y* fig. Serie de resoluciones que por interés personal dicta una autoridad cuando va a cesar en sus funciones.

I) testar (l. *-ari*) *intr.* Hacer testamento. -2 *tr.* Tachar (borrar). 3 *Ecuad.* Subrayar lo escrito.

II) testar *intr.* Dar con la cabeza, atestar.

III) testar *tr.* Someter a un test [a alguien].

testarada *f.* Golpe dado con la testa. 2 Obstinación.

SIN. **Testada, testerada.**

testarazo *m.* Testarada (golpe). 2 Por ext., golpe, porrazo, encuentro violento.

testarear *intr. Amér. Central.* Picotear, cabecear la caballería. 2 *Amér. Central* y *Méj.* Darse cabezadas o trompadas las personas.

testarrón, -rrona *adj.-s.* fam. Testarudo.

testarronería (de *testarrón*) *f.* fam. Testarudez.

testarudez *f.* Calidad de testarudo. 2 Acción propia del testarudo.

testarudo, -da (de *testa*) *adj.-s.* Porfiado, terco, entestado.

SIN. v. **Terco.**

teste (l.) *m.* Testículo. 2 *Argent.* Grano de consistencia coriácea que sale en los dedos de las manos.

testear *tr. Amér.* Someter a un test [a alguien].

testera (de *testa*) *f.* Frente o principal fachada de una cosa. 2 Asiento en el coche en que se va de frente. 3 Adorno para la frente de las caballerías. 4 Parte anterior y superior de la cabeza del animal. 5 Pared del horno de fundición.

SIN. **Testero.**

testerada (de *testera*) *f.* Testarada.

testerazo *m.* Testarazo.

testerillo, -lla *adj. Argent.* [caballería] Que tiene una mancha horizontal blanca u overa en la frente.

testero *m.* Testera. 2 Macizo de mineral con dos caras descubiertas. 3 Trashoguero de la chimenea. 4 Pared de una habitación. 5 Cara vertical de una cerradura, con abertura para el paso de los pestillos.

testicular *adj.* Relativo a los testículos.

testículo (l. *-lu*) *m.* Glándula productora de espermatozoos.

SIN. **Dídimo; cojón,** vulg.; **criadilla, turma.**

testificación (l. *-atione*) *f.* Acción de testificar. 2 Efecto de testificar.

testifical *adj.* Relativo a los testigos.

testificante *adj.* Que testifica.

testificar (l. *-are*) *tr.* Probar de oficio [una cosa] con referencia a testigos o documentos auténticos. 2 Deponer como testigo en algún acto judicial: ~ *lo ocurrido.* 3 fig. Declarar con seguridad y verdad [una cosa]. ◇ ** CONJUG. [1] como ***sacar.***

SIN. **Atestiguar, testimoniar.**

testificativo, -va *adj.* Que declara con certeza y testimonio verdadero una cosa.

testigo (ant. *testiguar* < l. *testificare*) *com.* Persona que presencia una cosa o que da testimonio de ella: ~ ***de cargo,*** el que depone en contra de un procesado; ~ ***de descargo,*** el que depone en favor de él; ~ ***de vista*** u ***ocular,*** el que se halló presente en el caso sobre que atestigua; fig., persona que se constituye en vigilante para observar lo que se hace o acontece; ~ ***abonado,*** el que no tiene tacha legal; el que no pudiendo ratificarse, por haber muerto o hallarse ausente, es abonado por la justificación que se hace de su veracidad y de no tener tachas legales; ~ ***de conocimiento,*** el que conocido a su vez por el notario, asegura a éste sobre la identidad del otorgante; ~ ***de oídas,*** el que depone sobre un caso por haberlo oído a otros. -2 ***m.*** Cosa por la que se infiere la verdad de un hecho. 3 Hito de tierra que se deja a trechos en las excavaciones. 4 En los tramos de una vía de comunicación en los que circunstancialmente sólo se permite circular en una dirección, bastón u otro objeto que transporta el conductor del último de los vehículos que marchan en un sentido, para que su entrega al primero de los que aguardan para hacerlo en sentido contrario, señale el comienzo de este movimiento. 5 Extremo de una cuerda que, para indicar que está entera, se deja sin torcer. 6 Pieza de escayola u otro material adecuado que se coloca sobre las grietas de un edificio para comprobar su evolución. 7 BIOL. Parte del material viviente destinado a una experimentación. 8 DEP. En las carreras de relevos, objeto que en el lugar marcado intercambian los corredores de un mismo equipo, para dar fe de que la substitución ha sido correctamente ejecutada. 9 IMPR. Trozo de papel que se deja sin cortar al pie de una hoja para que acuse el tamaño original de los pliegos. -10 ***m. pl.*** Piedras que se arriman al lado de los mojones para señalar la dirección del límite del terreno amojonado. 11 Trozo del mismo metal que anda buscando el zahorí, y que lleva en la mano mientras practica la radiestesia.

testimonial (l. *-ale*) ***adj.*** Que se hace mediante testimonios; que constituye testimonio. -2 ***f. pl.*** Documento que hace fe de lo contenido en él. 3 Testimonio que dan los obispos de las buenas costumbres de un súbdito.

testimoniar (de *testimonio*) ***tr.*** Atestiguar. 2 Dar muestras de algo: *testimonió su condolencia.* ◇ ** CONJUG. [12] como ***cambiar.***

testimoniero, -ra ***adj.-s.*** Que levanta falsos testimonios. 2 Hazañero, hipócrita.

testimonio (l. *-iu*) ***m.*** Atestación o aseveración de una cosa: ***falso*** ~ o simplemente ~, falsa atribución de una culpa. 2 Prueba de la certeza de una cosa. 3 Instrumento legalizado en que se da fe de un hecho.

testimoñero, -ra ***adj.-s.*** Testimoniero.

testón (de *testa,* cabeza) ***m.*** Ant. moneda de plata de varios países y con distinto valor.

testosterona ***f.*** Hormona esteroidea que se segrega especialmente en el testículo, pero también, y en menor cantidad, en el ovario y en la corteza suprarrenal.

testudíneo, -a (l. *testudine,* tortuga) ***adj.*** Relativo a la tortuga, parecido a ella: *paso* ~.

testudo (l.) ***m.*** MIL. Máquina antigua con que se cubrían los soldados para arrimarse a las murallas. 2 Cubierta que formaban antiguamente los soldados alzando y uniendo los escudos sobre sus cabezas.

SIN. **Tortuga, galápago.** GRAM. En los clásicos se usa frecuentemente como femenino.

testuz (der. del l. *testu,* vasija de barro; a través del moz.) ***amb.*** En algunos animales, frente (parte de la cara). 2 En otros, nuca.

testuzo ***m.*** Testuz.

tesura (l. *tensura*) ***f.*** Tiesura.

teta (voz descriptiva) ***f.*** Órgano glanduloso y saliente que tienen los mamíferos y sirve en las hembras para la secreción de la leche. 2 Pezón (protuberancia). 3 Mogote (montículo). 4 Escorzonera. 5 ~ ***de vaca,*** merengue grande de forma cónica. 6 *Extr.* Zoqueta. 7 *Logr.* ~ ***de maestra,*** maestril.

SIN. *1* **Mama** y **ubre,** son denominaciones científicas o cultas, con las cuales se atenúa a veces el carácter demasiado popular de *teta*. Más corriente es todavía el empleo de *pecho* y *seno* como eufemismos, tratándose de la mujer.

tetada ***f.*** Leche que se mama de una vez.

tetamen ***m.*** vulg. Pechos de la mujer.

tetania ***f.*** Enfermedad producida por insuficiencia de la secreción de las glándulas paratiroides.

tetánico, -ca (l. *-cu*) ***adj.*** Relativo al tétanos.

tetanismo ***m.*** Tetania.

tétano, -nos (gr. *tétanos* < *teino,* tender) ***m.*** Enfermedad infecciosa caracterizada por la contracción convulsiva de los músculos voluntarios.

tetar ***tr.*** Atetar.

tetartoedro (gr. *tétartos,* cuarto + *-edro*) ***m.*** MINER. Forma cristalina que tiene la cuarta parte del número de caras del holoedro correspondiente.

tetelememe ***m.*** *Chile* y *Perú.* fam. Tonto, lelo.

tetepón, -pona ***adj.*** *Méj.* [pers.] Grueso y de baja estatura.

tetera ***f.*** Vasija para preparar y servir el té. 2 *And.* y *Amér.* Tetilla, especie de mamadera. 3 *Can.* Enfermedad de las ubres de cabras y vacas, que las deja secas o sin dar leche.

tetero ***m.*** *Amér.* Biberón.

teticiega ***adj.*** *Ar.* [res] Que tiene obstruidos los conductos de la leche de una teta.

tético, -ca ***adj.*** MÚS. Relativo al primer tiempo del compás y de la frase melódica que empieza en él.

teticoja ***adj.-f.*** *And.* Cabra que sólo tiene una ubre.

tetigonia (l. *tettigonia* < gr. *tettigónion*) ***f.*** Especie de cigarra menor que la común *(Tettigia orni).*

tetilla ***f.*** Dim. de *teta.* 2 Teta de los machos en los mamíferos. 3 Tetilla (pezón de goma). 4 Planta de la familia de las compuestas *(Carthamus coeruleus).* 5 Queso gallego, elaborado con leche de vaca, de forma cónica, pasta blanda y sabor ligeramente ácido y salado. 6 *Chile.* Hierba saxifragácea medicinal *(Tetilla hydrocotylaefolia).*

tetina (del fr. *tetine;* dim. de *teta*) ***f.*** Tetilla, especie de pezón de goma que se pone en el biberón.

Tetis ***n. pr. f.*** MIT. Nereida, esposa de Peleo y madre de Aquiles.

tetón (aum. de *teta*) ***m.*** Pedazo de la rama podada unido al tronco. 2 Racimo grande de abejas.

SIN. *1* **Uña.**

tetona ***adj.*** fam. Tetuda.

tetorras ***f. pl.*** vulg. Tetas grandes.

tetra- (gr. *tetra* < *téttara* < n. de *téttares,* cuatro) Elemento prefijal que entra en la formación de palabras con el significado de cuatro: *tetrasílabo.*

tetrabranquiado (*tetra-* + *branquia*) ***adj.-m.*** Animal de la subclase de los tetrabranquiados. -2 ***m. pl.*** Subclase de moluscos cefalópodos con la concha externa y dividida en varias cámaras internas, de las que el animal ocupa sólo la última; incluye especies fósiles, como los ammonites, y un género viviente: el nautilo.

tetrabrik ***m.*** Envase de cartón impermeabilizado para productos alimenticios líquidos.

tetraciclina ***f.*** Antibiótico muy activo, que se obtiene a partir del cultivo de la bacteria actinomicetácea *Streptomyces viridifaciens.*

tetracilíndrico, -ca (*tetra-* + *cilíndrico*) ***adj.*** De cuatro cilindros: *el coche tiene un motor* ~.

tetracordio (*tetra-* + *-cordio*) ***m.*** MÚS. Serie de cuatro sonidos que forman un intervalo de cuarta.

tétrada (gr. *tetra, -ados,* cuatro) ***f.*** Conjunto de cuatro seres o cosas estrecha o especialmente vinculados entre sí. 2 BIOL. Grupo de cuatro células que derivan, por dos divisiones sucesivas, de una misma célula madre.

tetradáctilo, -la (*tetra-* + *-dáctilo*) ***adj.*** Que tiene cuatro dedos.

tetradínamo, -ma (*tetra-* + gr. *dynamis,* fuerza) ***adj.*** BOT. Que tiene seis estambres, cuatro de ellos más largos que los dos restantes: *androceo* ~; *flor tetradínama.*

tetradracma (*tetra-* + *dracma*) ***m.*** Moneda antigua que valía cuatro dracmas.

tetraédrico, -ca ***adj.*** Relativo al tetraedro. 2 Que tiene esta forma.

tetraedrita ***f.*** Mineral que cristaliza en el sistema cúbico, de color negro o gris obscuro y brillo metálico.

tetraedro (*tetra-* + *-edro*) ***m.*** GEOM. Sólido de cuatro caras: ~ ***regular,*** aquel cuyas caras son triángulos equiláteros.

tetrafluoretileno ***m.*** QUÍM. Material aislante con una resistividad extremadamente alta y que es poco afectado por el calor o la humedad.

tetragonal ***adj.*** Que tiene cuatro ángulos. 2 CRIST. [sistema cristalino] De forma holoédrica con un eje principal cuaternario y cuatro binarios equivalentes dos a dos. 3 [forma] Perteneciente a este sistema.

tetrágono (l. -gr. *tetragonos* < *tetra-* + *-gono*) ***m.*** Cuadrilátero. -2 ***adj.-s.*** Polígono de cuatro lados y cuatro ángulos.

tetragrama (*tetra-* + *-grama*) ***m.*** MÚS. Conjunto de cuatro líneas paralelas y equidistantes, usado en la escritura del canto gregoriano.

tetragrámaton (de *tetra-* + gr. *gramma,* letra) ***m.*** Palabra compuesta de cuatro letras. 2 Por excelencia, nombre de Dios.

tetralogía (*tetra-* + *-logía*) ***f.*** Conjunto de cuatro obras dramáticas que los ant. poetas presentaban juntas en los concursos públicos. 2 MED. Lesión cardíaca congénita, de la aorta y de los ventrículos, que ocasiona la enfermedad azul. 3 MÚS. Conjunto de cuatro óperas.

tetrámero, -ra (gr. *tetrameres* < *tetra-* + *-mero*) ***adj.*** BOT. [verticilo] Formado por cuatro piezas. -2 ***adj.-m.*** Coleóptero del grupo de los tetrámeros. -3 ***m. pl.*** Antigua clasificación que incluye aquellos coleópteros cuyos tarsos están compuestos de cuatro artejos.

tetramorfo, -fa (*tetra-* + *-morfo*) ***adj.*** Que tiene cuatro formas cristalinas diferentes.

Tetramorfos ***n. pr.*** Conjunto de los símbolos de los cuatro evangelistas. Estos son, hombre: San Mateo, toro: San Lucas, león: San Marcos y águila: San Juan. ◇ Pl.: *Tetramorfos.*

tetramotor ***adj.-m.*** Cuatrimotor.

tetraodontiforme (*tetra-* + gr. *odons, -tos,* diente + *-forme*) ***adj.-m.*** Pez del orden de los tetraodontiformes. -2 ***m. pl.*** Orden de peces teleósteos tropicales, de tamaño variado aunque no muy grandes, pero de aspecto extraño. Su cuerpo suele estar cubierto de placas óseas; la cabeza es siempre muy grande, pero la boca pequeña; como el pez ballesta.

tetraplejía (*tetra-* + *-plejía*) ***f.*** MED. Parálisis conjunta de los cuatro miembros.

tetrápodo (*tetra-* + *-podo*) ***adj.-m.*** Vertebrado con dos pares de extremidades; como los anfibios, reptiles, aves y mamíferos.

tetráptero, -ra (*tetra-* + *-ptero*) ***adj.*** [insecto] Que tiene dos pares de alas.

tetrarca (*tetra-* + *-arca*) ***m.*** Señor de la cuarta parte de un reino o provincia. 2 Gobernador de una provincia o territorio.

tetrarquía (gr. *-chía*) ***f.*** Dignidad de tetrarca. 2 Territorio de su jurisdicción. 3 Tiempo de su gobierno.

tetras ***m. pl.*** Grupo de peces osteíctios cipriniformes de varios géneros, de pequeño tamaño y de gran valor ornamental. Son nativos de los ríos tropicales de Sudamérica.

tetrasílabo, -ba ***adj.-m.*** Cuatrisílabo.

tetrástico, -ca (gr. *-stichos,* de cuatro órdenes o series) ***adj.*** [combinación métrica] Que consta de cuatro versos.

tetrástilo, -la ***adj.*** ARQ. [templo o pórtico] Que tiene cuatro columnas de frente.

tetrástrofo, -fa (*tetra-* + gr. *strophé,* estrofa) ***adj.*** [composición] Que consta de cuatro estrofas; [estrofa] tetrástica: ~ ***monorrimo alejandrino,*** cuaderna vía.

tetravalente (*tetra-* + *-valente*) ***adj.*** Que tiene cuatro valores o cuádruple valor; QUÍM., Que tiene cuatro valencias.

tétrico, -ca (l. *-cu* < *Teter,* negro) ***adj.*** De una tristeza deprimente.

SIN. **Sombrío.**

tetrodo ***m.*** Válvula electrónica que consta de cuatro electrodos.

tetrosas ***f. pl.*** QUÍM. Grupo de monosacáridos con cuatro átomos de oxígeno en su molécula.

tetuaní ***adj.-s.*** De Tetuán, c. de Marruecos. ◇ Pl.: *tetuaníes.*

tetuda ***adj.*** [hembra] Que tiene muy grandes las tetas.

tetunte ***m.*** *Guat.* y *Hond.* Cosa grande y deforme, voluminosa y contrahecha. 2 *Amér. Central.* Tulpa.

teucali ***m.*** Teocali.

teucrio (gr. *téukiron*) ***m.*** Arbusto labiado de flores solitarias azuladas y fruto en nuez *(Teucrium fructicans).* 2 ~ ***montano,*** planta arbustiva labiada con las flores de color blanco amarillento *(Teucrium montanum).*

teucro, -cra (l. *-cru*) ***adj.-s.*** Troyano.

teúrgia (de *teo-* + gr. *érgon,* obra) ***f.*** Magia de los ant. gentiles mediante la cual pretendían ejercer influencia sobre los espíritus celestes.

teúrgico, -ca ***adj.*** Relativo a la teúrgia.

teúrgo ***m.*** Mago dedicado a la teúrgia.

teutón, -tona (l. *-ones,* pl.) ***adj.-s.*** De un pueblo de raza germánica que en el siglo II se estableció en las costas del mar Báltico. 2 Alemán.

teutónico, -ca ***adj.*** Relativo a los teutones. 2 Relativo a una orden militar y religiosa de Alemania y a los caballeros de la misma. -3 ***m.*** Lengua teutónica.

tex ***m.*** En la industria textil, unidad que sirve para numerar la masa de un hilo o mecha y que corresponde a la masa de un kilómetro de la misma materia cuando pese un gramo. ◇ Pl.: *tex.*

texcal ***m.*** *Méj.* Tescal.

texcalera ***f.*** *Méj.* Terreno de tescal.

textal ***m.*** *Méj.* Testal.

textil (l. *-ile*) ***adj.-s.*** Que puede tejerse. 2 Relativo al arte de tejer o a los tejidos: *industria ~; obrero ~; exportación ~.* ◇ INCOR.: *téxtil.*

texto (l. *textu* < *texere,* tejer, componer, escribir) ***m.*** Lo dicho o escrito por un autor o en una ley, a distinción de las glosas, notas o comentarios que sobre ello se hacen. 2 Todo lo que se dice en el cuerpo de la obra manuscrita o impresa, a distinción de las portadas, índices, etc. 3 Pasaje citado de una obra literaria; p. ant. sentencia de la Sagrada Escritura. 4 Libro de texto. 5 Grado de letra de imprenta, menos gruesa que la parangona y más que la atanasia. 6 Enunciado o conjunto de enunciados orales o escritos, que el lingüista o el filólogo somete a estudio.

textorio, -ria (l. *-iu*) ***adj.*** Relativo al arte de tejer.

textual ***adj.*** Propio del texto o conforme a él. 2 [pers.] Que autoriza sus pensamientos con textos. 3 Exacto, preciso.

textualista ***com.*** Persona que se atiene rígidamente a la letra de un texto o textos.

textualmente ***adv. m.*** De manera textual.

textura (l.) ***f.*** Disposición de los hilos en una tela. 2 Operación de tejer. 3 fig. Estructura de una obra de ingenio. 4 H. NAT. Manera como están dispuestas las partículas de un cuerpo o substancia.

SIN. *1* **Tejedura, tejido.**

texturizar ***tr.*** Tratar los hilos de fibras sintéticas para conferirles buenas propiedades textiles. ◇ ** CONJUG. [4] como ***realizar.***

teyo, -ya (l. *teiu*) ***adj.-s.*** De Teos, ant. c. de Jonia.

teyolote ***m.*** *Méj.* Piedra pequeña que usan los albañiles para rellenar los intersticios de piedras grandes.

teyú (voz guaraní) ***m.*** *R. de la Plata.* Tejú.

tez (probl. reducción de **atez* < *aptez* < l. *aptus,* perfecto) ***f.*** Superficie, esp. la del rostro humano.

SIN. V. **Piel.**

tezado, -da ***adj.*** Atezado.

tezontle ***m.*** *Méj.* Piedra volcánica porosa, resistente, de color rojo obscuro.

tezquite (mej. *tequixquitl*) ***m.*** *Méj.* Carbonato de sosa natural.

Th, símbolo químico del *torio.*

thalweg (al. *thal,* valle, y *weg,* camino) ***m.*** Línea del mayor declive de un valle por la cual van las aguas corrientes.

thenardita ***f.*** Mineral descubierto cerca de Aranjuez (Madrid), que cristaliza en el sistema rómbico y que se presenta en incrustaciones y eflorescencias de color grisáceo amarillento, rojizo, pardo o incoloras.

theta ***f.*** Letra del **alfabeto griego, de sonido semejante a la *z* española moderna. Se transcribe por *th.*

ti (l. *tibi,* dat. de *tu,* tú) ***pron. pers.*** Forma tónica en género masculino y femenino y en número singular, que siempre precedida de preposición se usa para todos los complementos: *a ~, hacia ~, para ~, de ~, en ~;* **PRONOMBRE PERSONAL. 2 Usado con la preposición *con* forma la voz *contigo.* 3 En el objeto directo e indirecto con la preposición *a* es a veces pleonasmático: *te escribe a ~.* 4 *Colomb.* Pronombre insultante.

Ti, símbolo químico del *titanio.*

tía (l. *thia* < gr. *theia*) ***f.*** Respecto a una persona, hermana o prima de su padre o madre. La primera se llama *carnal,* y la otra *segunda, tercera,* etc., según los grados. 2 Tratamiento de respeto que se da en los lugares a la mujer casada o entrada en edad. 3 fam. Mujer rústica y grosera. Tómase a menudo a mala parte. 4 fam. *y* vulg. Apelativo para designar a una compañera o amiga; se aplica cuando no se sabe el nombre de la persona o no se quiere decir. 5 Apelativo con que se designa a la mujer de quien se pondera algo bueno o malo. 6 fam. Ramera. 7 ***No hay tu ~,*** no tengas esperanzas.

I) tiaca ***f.*** Mujer excesivamente grande, o de muy buen ver.

II) tiaca ***f.*** *Chile.* Quiaca, árbol.

tialina ***f.*** Ptialina.

tialismo ***m.*** Ptialismo.

tiangue ***m.*** *Amér. Central* y *Perú.* Mercado pequeño, puestecito de venta.

tiánguez ***m.*** Tianguis.

tianguis (mej. *tianquitzli*) ***m.*** *Méj.* Mercado, feria, día destinado en un sitio para la venta y compra de los productos que se traen de fuera.

tiara (gr. *tiara* < gr. *tiára*) ***f.*** Gorro alto que usaban los antiguos persas. 2 Mitra alta, ceñida por tres coronas, usada por el Papa como insignia de su autoridad. 3 Dignidad de Sumo Pontífice.

tiatina *f. Chile.* Avena loca.

tibante *adj. La Mancha* y *Colomb.* Orgulloso, altanero, engreído.

tibar (ár. *tibr,* oro puro) *m.* V. oro de tíbar.

tibe *m. Colomb.* Corindón, piedra preciosa. 2 *Cuba.* Especie de esquisto que se usa para afilar instrumentos.

tiberino *adj.* Relativo al río Tíber.

tiberio *m.* fam. Ruido, confusión. 2 *Guat.* Parranda.

tibetano, -na *adj.-s.* Del Tíbet, región del sudoeste de China. -2 *adj.-m.* Lengua tibetobirmana, hablada en esta región.

tibetobirmano, -na *adj.-m.* Familia de lenguas chinotibetanas habladas en el centro y sudeste de Asia, que se divide en dos grupos: tibetano y birmano.

tibi *m. Perú.* Especie de golondrina de mar.

tibí *m. Amér.* Botón de quita y pon. 2 *Amér.* Gemelos para puños de camisa.

tibia (l.) *f.* desus. Flauta. 2 Hueso principal y anterior de la pierna del hombre y de la extremidad posterior de un animal, entre el tarso y la rodilla. 3 Artejo de los insectos, entre el tarso y el fémur.

tibiamente *adv. m.* De manera tibia.

tibiar *tr.-prnl.* p. us. Entibiar. -2 *prnl. Amér. Central* y *Venez.* Irritarse, amoscarse, enfadarse por poco tiempo. ◇ ** CONJUG. [12] como ***cambiar.***

tibiera *f. Venez.* Molestia, fastidio.

tibieza *f.* Calidad de tibio. 2 Falta de devoción y piedad.

tibio, -bia (l. *tepidu*) *adj.* Templado. 2 fig. Flojo, descuidado, poco fervoroso. 3 *Amér.* fam. Colérico, enojado, irritado. -4 *adj.-m. Amér. Central.* Brebaje de harina de maíz, azúcar y agua caliente.

tibio- (de *tibia*) Elemento prefijal que entra en la formación de palabras con el significado de tibia: *tibiotarso.*

tibioperoneo, -a (*tibio-* + *peroné*) *adj.* ANAT. Perteneciente o relativo a la tibia y al peroné.

tibiotarso (*tibio-* + *tarso*) *m.* ZOOL. Hueso formado por la unión de la tibia con la serie proximal de los huesos tarsianos, muy desarrollado en las aves.

tibiotarsiano, -na *adj.* ANAT. Perteneciente o relativo a la tibia y al tarso.

tibisí (voz indígena) *m. Cuba.* Planta silvestre gramínacea, a veces trepadora, que echa unas cañitas huecas, con sus nudos y cañutos largos y delgados *(Bambutia minor).*

tibor *m.* Vaso grande de barro, de China o del Japón, decorado exteriormente. 2 *Cuba.* Orinal. 3 *Méj.* vulg. En Yucatán, jícara.

tiborna *f. Extr.* Tostón, rebanada de pan, empapada en aceite.

tiburón (orig. incierto; probl. de una voz tupí; a través del port.) *m.* Pez marino seláceo escualiforme, muy voraz, de tres a cinco metros de largo, con el dorso gris azulado y el vientre blanco (gén. *Carcharodon).* 2 ~ ***de peinetas,*** cañabota. 3 fig. Persona voraz, en sentido recto y figurado: ~ *de los negocios.* 4 fig. *y* fam. Persona que logra de forma solapada cierto control sobre una entidad, asociación, etc.; infiltrado.

SIN. *1* **Lamia, marrajo, náufrago.**

tiburtino, -na (l. *-nu*) *adj.-s.* De Tibur, c. de la ant. Italia.

tic (fr. *tic,* voz descriptiva) *m.* Movimiento inconsciente habitual. 2 Onomatopeya con que se imita un sonido seco y poco intenso. ◇ Pl.: *tiques.*

tica *f. Hond.* Juego de muchachos.

tichela (voz brasileña) *f. Bol.* y *Perú.* Vasija en que se recoge el caucho según mana del árbol.

tichelina *f. Perú.* Tichela.

ticholo (port. *tijolo,* ladrillo) *m. Argent.* Ladrillo más pequeño que el común. 2 *Argent.* ant. Dulce de pasta de guayaba envuelto en hojas de plátano.

ticiano *adj.-s.* Color rubio rojizo usado por el pintor Tiziano (¿1490?-1576).

ticinense (l.) *adj.-s.* De Ticiano hoy Pavía, c. de la ant. Italia. 2 Paviano.

tico, -ca *adj.-s. Amér. Central.* fam. Costarricense.

ticónico, -ca *adj.* Relativo al sistema astronómico de Tycho Brahe (1546-1601). -2 *adj.-s.* Partidario de dicho sistema.

tictac *m.* Ruido acompasado que produce el escape de un reloj. ◇ Pl.: no se usa.

ticte *m. Ecuad.* Tiste. 2 *Ecuad.* Salvado de la jora con que se fabrica la chicha. 3 *Perú.* Tiste, verruga.

tiemblo (l. *tremulu*) *m.* Álamo temblón.

tiempla *f. Colomb.* Borrachera.

tiempo (l. *tempus*) *m.* Duración de las cosas sujetas a mudanza: ~ ***sidéreo,*** el que se mide por el movimiento aparente de las estrellas; ~ ***solar verdadero*** o simplemente ***verdadero,*** el que se mide por el movimiento aparente del Sol; ~ ***medio,*** el que se mide por el movimiento uniforme de un astro ficticio que recorre el Ecuador celeste en el mismo tiempo que el Sol verdadero la Eclíptica; ~ ***muerto,*** DEP., en baloncesto y otros deportes, breve suspensión temporal del juego solicitada por un entrenador cuando su equipo está en posesión del balón o el juego se halla detenido; ~ ***muerto,*** MEC., en reguladores y mecanismos de regulación, tiempo que transcurre entre la recepción de una señal u orden de modificación de la magnitud regulada y el momento en que, por efecto de dicha señal, obrará el órgano regulador; ~ ***de presencia,*** INFORM., intervalo durante el cual un trabajo determinado ha sido procesado en un ordenador; ~ ***compartido,*** INFORM., utilización simultánea de un mismo ordenador a través de múltiples terminales; ~ ***de acceso,*** INFORM., en gral., intervalo de tiempo entre el instante que se pide una información a un dispositivo de almacenamiento y aquél en que es servida en la forma adecuada; ~ ***de reacción,*** PSICOL., intervalo que media entre la reacción de un organismo y el estímulo que la provoca. 2 Época durante la cual vive una persona o sucede una cosa: *en ~ de Trajano.* 3 Estación (del año): ~ ***de pasión,*** LITURG., el que comienza en las vísperas de la domínica de pasión y acaba con las nonas del Sábado Santo; ~ ***pascual,*** el que comienza con las vísperas del Sábado Santo y acaba con la nona antes del domingo de la Santísima Trinidad. 4 Edad (tiempo vivido o transcurrido). 5 Oportunidad, coyuntura de hacer algo: *ahora no es ~;* ***a su ~,*** cuando llegue la ocasión oportuna de una cosa; ***a ~,*** en oportunidad; ***a un ~,*** simultánea o juntamente; ***con ~,*** anticipadamente o cuando aún es ocasión oportuna; ***de ~ en ~,*** a intervalos; ***fuera de ~,*** intempestivamente. 6 Porción de tiempo libre para hacer algo: *no tengo ~.* 7 Parte en que se divide la acción de una cosa: *los tiempos de una maniobra; los tiempos de un compás musical; los tiempos de un motor; los tiempos de la suerte de varas.* 8 Grado de velocidad a que debe ejecutarse una composición musical: ~ *lento;* ~ *moderado.* 9 Estado de la atmósfera en relación con los fenómenos meteorológicos: *hacer buen ~;* ***alzar*** o ***alzarse el ~,*** fig., serenarse; ***cargarse el ~,*** irse aglomerando las nubes. 10 ESGR. Golpe que a pie firme ejecuta el tirador para llegar a tocar al adversario. 11 FÍS. ~ ***de reverberación,*** en un auditorio, tiempo que ha de transcurrir para que el sonido se reduzca en una proporción determinada. 12 GRAM. Accidente del verbo por medio del cual se expresa la época relativa en que ocurre la acción. 13 GRAM. En los paradigmas verbales, división en que se agrupan, uniformada por una misma expresión temporal la variación de persona y número: *presente, pretérito y futuro;* ~ ***simple,*** el que se conjuga sin auxilio de otro verbo; ~ ***compuesto,*** el que se forma con el participio pasado del verbo que se conjuga y un tiempo del auxiliar *haber,* V. **verbo (uso de los tiempos). 14 MAR. Temporal duradero: *aguantar un ~.* 15 ***Adverbio de ~,*** v. adverbio. -16 ***loc. conj. temporal A ~ que,*** en el momento en que: *llegaron a ~ que anochecía.*

SIN. *5* v. **Ocasión.** *8* **Movimiento, tempo,** entre músicos predomina *tempo,* el cual recibe las siguientes denominaciones italianas, de menor a mayor velocidad: *largo, larghetto, lento, moderato, adagio, andantino, andante, allegretto, allegro, presto, prestísimo.* Sus variaciones se indican con las palabras *accelerando* y *ritardando.* FR. *Y si no, al ~,* o simplemente *al ~,* expresión elíptica para manifestar el convencimiento de que los sucesos futuros demostrarán la verdad de los que se dice.

tienda (b. l. *tenda*) *f.* Armazón de palos hincados en tierra y cubierta con telas o pieles, que sirve de alojamiento: ~ *de campaña.* 2 Toldo de los carros y de algunas embarcaciones. 3 Establecimiento de comercio al por menor: ~ *de comestibles;* ~ *de mercería.* 4 *Amér.* Aquella en que se venden géneros, pero nunca comestibles.

SIN. *3* **Almacén,** la ~ muy importante donde se venden géneros por lo común variados; **despacho,** aquella en que se venden determinados artículos, gralte. pocos en número: *despacho de leche, de pan;* **puesto,** de menos importancia que la tienda y a menudo ambulante; **barracón,** caseta de feria; **tenderete,** despect., es ambulante; **tenducho,** despect.

tienta (de *tentar*) *f.* Operación en que se prueba la bravura de los becerros. 2 Sagacidad o arte para averiguar una cosa. 3 Tientaguja. 4 CIR. Sonda (instrumento). -5 ***loc. adv. A tientas,*** a tiento.

tientaguja *f.* Barra de hierro para explorar el terreno en que se va a edificar.

tientaparedes (de *tentar* + *pared*) *com.* Persona que anda a tientas o a ciegas, moral o materialmente. ◇ Pl.: *tientaparedes.*

tientayernos *m.* Acigutre. ◇ Pl.: *tientayernos.*

tiento (de *tentar*) *m.* Ejercicio del sentido del tacto: ***a*** ~, por el tacto, fig., dudosamente; ***con*** ~, con cuidado, despacio, con tacto (ejercicio); ***tomar el*** ~, tantear. 2 ZOOL. Tentáculo. 3 Pulso (seguridad). 4 Miramiento y cordura en lo que se hace o emprende. 5 Balancín (palo). 6 fig. *e* irón. Golpe (encuentro repentino): *le dieron dos tientos;* ***dar un*** ~ ***al jarro*** o ***a la bota,*** fig., echar un trago. 7 Palo con que se guían los ciegos. 8 Varita que los pintores descansan por un extremo sobre el lienzo, para apoyar en ella la mano con que pintan. 9 ALBAÑ. Pellada de yeso con que se afirman las miras y los reglones. 10 MÚS. Ejercicio o prueba que hace el músico para comprobar la afinación del instrumento. -11 *m. pl.* Modalidad de baile flamenco en compás de tres tiempos y acompañamiento de guitarra. 12 Música y canto de este baile. -13 *m. Amér.* Tira delgada de cuero sin curtir.
SIN. *1* y *4* v. **Tacto.**

tiernamente *adv. m.* Con ternura o cariño.

tierno, -na (l. *teneru*) *adj.* Blando, delicado, flexible. 2 fig. Reciente, de poco tiempo: ***la tierna edad,*** la niñez. 3 fig. Propenso al llanto. 4 fig. Afectuoso, cariñoso. 5 *Chile, Ecuad.* y *Guat.* [fruto] Que no ha llegado a la sazón. -6 *m. f. Guat.* y *Nicar.* Niño o niña recién nacidos o de pocos meses. 7 *Guat.* y *Nicar.* p. ext. Niño o niña de menor edad entre los hijos de una familia. ◇ Superl.: *ternísimo*, no *tiernísimo.*

tierra (l. *terra*) *f.* Planeta del sistema solar, tercero en la proximidad al Sol, situado entre Venus y Marte. 2 Parte sólida de la superficie de nuestro planeta: ~ ***firme,*** continente o terreno sólido; ~ ***adentro,*** lejos de la costa; ***tomar*** ~, arribar a puerto; desembarcar; ~ ***de nadie,*** MIL., espacio situado entre los dos frentes de los ejércitos enemigos. 3 Territorio, región, patria: ***Tierra Santa,*** lugares de Palestina donde nació, vivió y murió Jesucristo. 4 fig. Conjunto de habitantes de un territorio: *apaciguar la* ~ *de Granada.* 5 Suelo, piso: *cayó a* ~. 6 El material más blando de los que forman la superficie terrestre, en oposición a roca viva, metales, etc.: ~ ***de batán,*** greda para desengrasar los paños; ~ ***de Holanda*** o ***de Venecia,*** ocre (óxido de hierro hidratado); ~ ***negra,*** mantillo. 7 Terreno dedicado al cultivo: ~ ***de pan llevar,*** la adecuada para la siembra de cereales; ~ ***de Promisión,*** la que Dios prometió al pueblo de Israel; fig., la muy fértil y abundante. 8 fig. *y* fam. Hachís de mala calidad. 9 ~ ***japónica,*** cato. 10 ELECTR. Suelo, considerado como polo y conductor eléctrico. 11 ELECTR. Conductor enterrado en el suelo que constituye una de las armaduras de un condensador. -12 *f. pl.* ***Tierras raras,*** lantánidos. 13 ***Tierras grises,*** podzol. 14 ***Tierras pardas forestales,*** suelo propio de las zonas templadas que ocupan los bosques caducifolios.
REL. *1* y *2* **Geografía, geotropismo, geometría,** nombres técnicos formados a partir de *geo.* FRS. *Dar en* ~ *con una persona* o *cosa*, derribarla; fig., deshacer las esperanzas que en ella se fundaban; *echar* ~ *a una cosa*, fig., hacer que no se hable más de ella; *perder* ~ *uno*, resbalar; levantarse del suelo a causa de una fuerza superior a su peso.

tierrafría *com. Colomb.* Habitante del altiplano, de clima frío.

tierral *m. Amér.* Polvareda, polvo muy grande.

tierrazo *m. S. Dom.* Polvareda.

tierrero *m. Amér.* Tierral.

tiesamente *adv. m.* Fuerte, firmemente.

tieso, -sa (v. *tenso*) *adj.* Que con dificultad se dobla o rompe. 2 Tenso, tirante. 3 fig. Terco, tenaz. 4 fig. Robusto de salud. 5 fig. Valiente, animoso. 6 fig. Afectadamente grave y circunspecto. -7 *adv. m.* Recia o fuertemente: *pisar* ~.
SIN. *1* **Rígido** e **inflexible,** voces más selectas. **Yerto,** se emplea pralte. tratando del cuerpo humano o animal, cuando la causa de la rigidez es el frío o la muerte. *1, 2, 3* y *7* **Tiesto.** *2* **Teso,** us. esp. en MAR.

tiesta (l. *testa*) *f.* Canto de las tablas que forman los fondos o tapas de los toneles.

Tiestes *n. pr.* MIT. V. Atreo.

I) tiesto (l. *testum*) *m.* Pedazo de vasija de barro. 2 Maceta (pie para ramillete). 3 *Chile* y *Urug.* Vasija, en general. 4 *Venez.* Budare.

II) tiesto, -ta *adj.* Tieso (rígido; tenso; terco). -2 *adv. m.* Tieso (reciamente).

tiesura (de *tieso*) *f.* Dureza o rigidez. 2 fig. Gravedad excesiva y afectada.
SIN. **Tesura.**

tifáceo, -a (gr. *typhe,* espadaña) *adj.-f.* Planta de la familia de las tifáceas. -2 *f. pl.* Familia de plantas monocotiledóneas, acuáticas de tallos cilíndricos, hojas alternas y lineares, flores desnudas en espiga y frutos en drupa.

tífico, -ca *adj.* Relativo al tifus. -2 *adj.-s.* Que tiene tifus.

tifingo, -ga *adj. Colomb.* De color negro subido.

tiflología (gr. *tiflós,* ciego + *-logía*) *f.* Parte de la medicina que estudia la ceguera y los medios de curarla.

tiflológico, -ca *adj.* Perteneciente o relativo a la tiflología o a los tiflólogos.

tiflólogo, -ga *m. f.* Especialista en tiflología.

I) tifo (gr. *typhos,* humo, estupor) *m.* MED. Tifus: ~ ***asiático,*** cólera morbo; ~ ***de América,*** fiebre amarilla; ~ ***de Oriente,*** peste bubónica.

II) tifo, -fa (emparentado con cat. *tip*) *adj.* fam. Harto, repleto.

tifoideo, -a (de *tifo* I + *-oideo*) *adj.* MED. Relativo al tifus o parecido a este mal. 2 Relativo a la fiebre tifoidea. -3 *f.* Fiebre tifoidea.

tifón (gr. *typhón,* torbellino) *m.* Manga (nube). 2 Huracán en el mar de la China. 3 MAR. Silbato de vapor o de aire comprimido, de sonido grave, potente y fácilmente modulable, apropiado para emitir señales en Morse.

tifus (v. *tifo I*) *m.* Fiebre continua contagiosa acompañada de gran postración, desórdenes cerebrales y erupción de manchas rojas en algunas partes del cuerpo. 2 PAT. ~ ***icterodes,*** fiebre amarilla. 3 fam. Conjunto de localidades de un teatro regaladas por la empresa y personas que las ocupan. ◇ Pl.: *tifus.*
SIN. *1* ~ **exantemático.**

tigana *f.* Ave zancuda de figura de pavo real, aunque más pequeña; tiene el pico más largo que la cabeza y su canto es un silbido lento y quejumbroso *(Euryfrigia helias).*

tigelina *f. Colomb.* Tichela.

tigmotropismo (gr. *thigma,* contacto + *tropismo*) *m.* Tropismo debido al contacto. Es propio de los tallos volubles.

tigra *f. Amér.* Tigre hembra. 2 *Amér.* Jaguar hembra.

tigre (l. *tigre* < gr. *tígris*) *m.* Mamífero carnívoro félido, propio de Asia, muy feroz, algo mayor que un león, y con el pelaje amarillento y rayado de negro *(Felis tigris).* 2 fig. Persona cruel y sanguinaria. 3 fig. *y* fam. Retrete, letrina. 4 *Amér.* Jaguar. 5 *Ecuad.* Ave de mayor tamaño que una gallina, de plumaje parecido a la piel del tigre. 6 *Colomb.* Porción de café negro ligeramente teñido con leche. 7 *Colomb.* y *Ecuad.* Bebida mezclada. 8 *S. Dom.* Golfo, pilluelo.
FRS. *Oler a* ~, oler mal.

tigrero, -ra *m. Amér.* Cazador de tigres; esp. el perro. -2 *adj. Argent.* Valiente.

tigresa *f.* Tigra, tigre hembra. 2 fig. *y* fam. Mujer atractiva, provocadora y activa en la conquista amorosa.

tigrillo *m. Amér.* Especie de zorro *(Urocyon virginianus).*

tigrito *m. Colomb.* y *Venez.* Calabozo.

tigrón *m.* Híbrido de tigre y leona. 2 *Venez.* Guapetón de oficio.

tigua *f. P. Rico.* Ave acuática más pequeña que el zaramagullón, de pico agudo y ojo amarillo *(Colyombus dominicus).*

tigüero *m. P. Rico.* Espata que envuelve la flor de la palma. 2 *P. Rico.* Vasija hecha de esta espata.

tigüilote *m. Amér. Central.* Árbol cuya madera se usa en tintorería *(Cordia alba).*

tija (fr. *tige* < l. *tibia*) *f.* Astil de la llave, entre el ojo y el paletón.

tijera (l. *tonsoria;* t. f. de *-iu,* de barbero) *f.* Instrumento para cortar, compuesto de dos hojas de acero, que pueden girar alrededor de un eje que las traba: *tijeras de barbero; tijeras de cocina;* ***tijeras de podar,*** podadera con forma de tijera, con las cuchillas cortas, una de las dos ramas termina en una cuchilla convexa, y la otra en una cóncava; ~ ***de jardinero,*** la de largas cuchillas cuyos brazos se prolongan en dos largos mangos de madera. Se usa gralte. en pl. 2 fig. Persona murmuradora: ***buena*** ~, persona hábil en cortar, muy murmuradora o que come mucho. 3 fig. Cosa compuesta de dos piezas cruzadas como la tijera (instrumento): *silla, catre de* ~. 4 Zanja de desagüe en tierras húmedas. 5 Pluma primera del ala del halcón. 6 Esquilador de ganado lanar. 7 Forma de saltar o llave en la lucha, esp. en lenguaje deportivo. 8 Lengua de la culebra. 9 vulg. Modo de robar billeteros o carteras, introduciendo en el bolsillo de la víctima los dedos índice y corazón. 10 DEP. En el juego del fútbol, patada que se da al balón agitando las piernas en el aire de modo que se amaga con una y se golpea con la otra. 11 TAUROM. Suerte de capa que se ejecuta citando al toro de frente, y teniendo la capa cogida con los brazos cruzados. -12 *f. pl.* Largueros que forman la escalera del carro. 13 Armazón de vigas que se atraviesa en el cauce de un río para detener las maderas que arrastra la corriente.

tijerada *f.* Tijeretada.

tijeral *m. Chile.* Tijera de la cubierta de un edificio.

tijerazo *m. Colomb.* y *P. Rico.* Tijeretada.

tijereta *f.* Dim. de *tijera.* 2 Zarcillo en los sarmientos de las vides. 3 Insecto dermáptero con el cuerpo aplanado y las alas pequeñas; el abdomen termina en un par de cercos transformados en pinzas que utiliza para intimidar o facilitar la cópula *(Folicula auricularia).* 4 DEP. Tijera (patada). 5 *Amér.* Nombre de varias aves palmípedas. 6 *C. Rica.* Catre plegadizo.

SIN. *2* **Cercillo.** *3* **Cortapicos.** FR. *Tijeretas han de ser,* expr. fam. con que se da a entender que uno porfía tenazmente.

tijeretada *f.* Tijeretazo.

tijeretazo *m.* Corte hecho de un golpe con las tijeras.

tijeretear *tr.* Dar tijeradas [a una cosa] esp. sin arte ni tino. 2 fig. Disponer uno según su arbitrio [en negocios ajenos]. 3 fig. Hacer un movimiento de vaivén en el aire, que tiene semejanza con el de las hojas de una tijera.

tijereteo *m.* Acción de tijeretear. 2 Efecto de tijeretear. 3 Ruido que hacen las tijeras movidas repetidamente.

tijerilla, tijeruela *f.* Dim. de *tijera.* 2 Tijereta (zarcillo). -3 *f. pl.* Planta papaverácea trepadora, de hojas bipinnadas; posee zarcillos ramificados; las flores son de color crema y se disponen en racimos *(Corydalis claviculata).*

tijuil *m. Amér. Central.* Pájaro conirrostro de color negro *(Crotophaga ani).*

tijuy *m. Venez.* Diablo.

tila (l. *tilia*) *f.* Tilo. 2 Flor del tilo. 3 Bebida antiespasmódica de flores de tilo en infusión.

tilbe *m. Argent.* Trampa para pescar; cesta de junco con una abertura.

tílburi (ing. *Tilbury,* n. del inventor) *m.* Coche con sólo dos ruedas grandes, ligero, sin cubierta y tirado por una sola caballería.

tilcuas *f. pl.* Harapos.

tildar *tr.* Atildar (poner tildes). 2 Tachar [lo escrito]. 3 Señalar con alguna nota denigrativa [a una persona]: ~ *de avaro.*

tilde (l. *titulu,* indicio, seña) *f.* Acento gráfico y rasgo que se pone sobre la *ñ* o sobre algunas abreviaturas, o signo análogo. 2 fig. Tacha (falta). 3 Cosa mínima.

tildón (aum. de *tilde*) *m.* Tachón (raya).

tile *m. Amér. Central.* Carbón, hollín.

tilia (l.) *f.* Tilo.

tiliáceo, -a (l. *tilia,* tilo) *adj.-f.* Planta de la familia de las tiliáceas. -2 *f. pl.* Familia de plantas dicotiledóneas, de hojas alternas con los nervios muy señalados; estípulas dentadas y caedizas; flores axilares de jugo mucilaginoso, y fruto capsular.

tiliales *f. pl.* BOT. Grupo taxonómico con categoría de orden, surgido de la separación de alguna familia del antiguo orden malvales.

tiliche *m. Amér. Central* y *Méj.* Baratija, cachivache. 2 *Amér. Central* y *Méj.* Buhonería.

tilichería *f. Amér. Central.* Buhonería.

tilichero, -ra *m. f. Amér. Central.* Buhonero. -2 *m. Amér. Central.* Bolsa o cajón donde se guardan baratijas o cosas semejantes.

tilico, -ca *adj. Bol.* y *Méj.* fam. Enclenque, flacucho.

tilín (onomat.) *m.* Sonido de la campanilla. 2 fig. ***Hacer*** o ***tener*** ~, caer en gracia; tenerla. 3 *And.* y *Méj.* ***En un*** ~, en un tris.

tilinches *m. pl. Méj.* Andrajos.

tilindajos *m. pl. Colomb.* Colgajos, andrajos.

tilingo, -ga (de *tilín*) *adj. Amér.* Memo. 2 *Argent.* Ñoño, ridículo. -3 *m. Venez.* Juego infantil en que se pone silencio a los concurrentes, so pena de cierta obligación.

tilinguear *intr. Argent.* y *Urug.* Comportarse como tilingo; decir tonterías, necedades.

tilintar *tr. Amér. Central.* Estirar [una cuerda].

tilinte *adj. Amér. Central.* Estirado, guapo, muy elegante. 2 *C. Rica* y *Hond.* Tirante, tenso, estirado. 3 *Hond.* Harto, repleto.

tilintear *intr.* Resonar la campanilla.

tilla (fr. *tille* < escand. ant. *thilia*) *f.* Entablado que cubre una parte de las embarcaciones menores. 2 *Can.* Trozo pequeño de madera empleado para hacer fuego y para cubrir techos en lugar de cielo raso.

tillado *m.* Entarimado.

tillar (de *tilla*) *tr.* Construir un entablado (suelo): ~ *una habitación.*

tillitas *f. pl.* MIN. Sedimentos de origen glaciar; conglomerados formados por fragmentos de tamaño muy variado con los bloques típicamente estriados, de matriz arcillosa.

tilma (mej. *tilmatli,* capa) *f. Méj.* Manta de algodón que llevan los hombres del campo a modo de capa.

tilo (l. *tilia,* probl. a través del fr. ant. *til*) *m.* Árbol tiliáceo de hojas acorazonadas y flores de color blanco amarillento, olorosas y medicinales; su madera es muy usada para talla y tornería *(gén. Tilia).* 2 *Argent.* y *Chile.* Tila, bebida, tisana. 3 *Colomb.* Yema floral del maíz.

SIN. **Teja, tila.**

tilonorrinco *m.* Ave paseriforme de Australia, que se caracteriza por construir, con ramas y hierbas, una especie de glorieta utilizada como centro de reunión y galanteo *(gén. Ptilonorhynchus).*

tilópodo *adj.-m.* Mamífero del infraorden de los tilópodos. -2 *m. pl.* Infraorden de mamíferos rumiantes desprovistos de pezuñas y con el aparato digestivo más sencillo que el resto de los rumiantes; como los camélidos.

tiloso, -sa *adj. Amér. Central.* Sucio, mugriento.

tiltil *m. Chile.* Almiar.

tiluche *m. Bol.* Hornero (pájaro). 2 *Bol.* fig. Inquieto.

timador, -ra *m. f.* Persona que tima.

tímalo (l. *thymallu* < gr. *thymallos*) *m.* Pez teleósteo clupeiforme de aguas dulces, frías y rápidas, parecido al salmón, de boca pequeña y cabeza aguzada, y que despide un olor parecido al del tomillo *(Thymallus vulgaris).*

SIN. **Timo.**

timar (orig. incierto) *tr.* Quitar o hurtar [algo] con engaño. 2 Engañar [a otro] con promesas. -3 *prnl.* fam. Hacerse guiños los enamorados.

I) timba *f.* fam. Partida de juego de azar. 2 Casa de juego. 3 *Amér.* Barriga hinchada. 4 *Cuba.* Dulce pastoso a modo de jalea, que se hace pralte. con jalea. 5 *Filip.* Cubo para sacar agua del pozo.

SIN. *2* **Chirlata,** la de ínfima especie; **garito.**

II) timba (probl. del ingl. *timber*) *f. Cuba.* Madero, alfarjía de grandes dimensiones.

timbal (*atabal tímpano*) *m.* MÚS. Tambor consistente en una caja metálica hemisférica, cubierta por una piel tirante. 2 Tamboril. 3 Pastel relleno. 4 Molde en que se hacen. 5 Membrana productora del sonido de la cigarra. 6 *Chile.* Pedazo de tela, pedrezuela o cosa parecida, atada a un hilo y pendiente de la cometa, para enredar el del contrario cuando se atacan. -7 *m. pl. Ant.* vulg. Valentía. 8 *Ant.* Pocos escrúpulos o ninguna delicadeza.

SIN. *1* y *2* **Atabal, témpano.**

timbalero, -ra *m. f.* Músico que toca los timbales.

SIN. **Atabalero.**

timbeque *m. Cuba.* Baile de negros. 2 *Cuba.* Guateque. 3 *Cuba.* Escándalo.

timbiriche *m. Méj.* Piñuela (planta). 2 *Méj.* Bebida refrescante que se hace de esta planta. 3 *Cuba* y *Venez.* Tendejón o tiendecilla de mala muerte.

timbirimba *f. Colomb.* Instrumento musical de los aborígenes. 2 *Méj.* y *Perú.* Timba (partida; garito).

timbo *m. Colomb.* Negro de pura raza africana. 2 *Hond.* Duende o aparición.

timbó (guaraní) *m. Argent.* y *Parag.* Árbol leguminoso muy corpulento; su madera se emplea para hacer canoas *(Enterolobium timbouva).* 2 *Hond.* Animal fantástico que figura en muchas leyendas autóctonas.

timbón, -bona *adj. Amér. Central* y *Méj.* Barrigudo.

timbrado, -da *adj.* ***Papel*** ~, el destinado a redactar ciertos documentos, que lleva una marca o sello oficial. 2 [voz] Que tiene un timbre agradable. 3 [pájaro] De color verdoso, amarillo o blanco y de canto fuerte y armonioso. 4 BLAS. [escudo] Provisto de timbre.

timbrador, -ra *m. f.* Persona que timbra. -2 *m.* Instrumento para timbrar.

timbrar *tr.* Poner el timbre [en el escudo de armas]. 2 Estampar un timbre (sello) [en un papel, documento, etc.].

SIN. *2* **Sellar.**

timbrazo *m.* Toque fuerte de un timbre.

timbre (fr. *timbre,* señal del correo; adaptación del gr. *tympanon,* tambor, disco) *m.* Insignia colocada encima del escudo de armas. 2 fig. Acción gloriosa: ~ *de gloria.* 3 Sello, esp. el que se estampa en seco. 4 Renta del Tesoro constituida por el importe de los sellos, papel sellado y otras imposiciones. 5 Aparato

de llamada compuesto de un macito que al ser movido por un resorte, la electricidad, etc., hace sonar una campana. 6 fig. Sonido característico de una voz o instrumento músico. 7 FÍS. Cualidad del sonido, resultante de la unión del tono fundamental con los hipertonos o armónicos.
SIN. *2* **Ejecutoria.** *6* **Metal,** el de la voz.
timbreo, -a (l. *thymbrœu*) ***adj.-s.*** De Timbra, c. de la Tróade.
timbrofilia ***f.*** Afición del timbrófilo.
timbrófilo, -la (de *timbre* + *-filo* I) ***adj.-s.*** Coleccionista de timbres impresos en papel sellado del Estado.
timbrología (de *timbre* + *-logía*) ***f.*** Conjunto de conocimientos concernientes a los timbres del papel sellado del Estado.
timbrólogo, -ga ***m. f.*** Persona versada en timbrología.
timbusca ***f.*** *Colomb.* y *Ecuad.* Sopa o caldo bastante fuerte, especie de sancocho mal sazonado. 2 *Colomb.* y *Ecuad.* fest. Alimento rústico o que se quiere calificar así.
timeleáceo, -a (l. *thymelœa* < gr. *thimos,* planta odorífera + *elaia,* olivo) ***adj.-f.*** Planta de la familia de las timeleáceas. -2 ***f. pl.*** Familia de plantas dicotiledóneas de hojas alternas u opuestas sin estípulas; flores en inflorescencias racimosas, terminales o axilares, con el receptáculo y el cáliz petaloideos y fruto en baya o cápsula.
timeleales ***f. pl.*** Orden de plantas dentro de las dicotiledóneas; antes se incluía dentro del orden mirtales.
-timia (gr. *thymos,* aliento, alma) Elemento sufijal que entra en la formación de palabras con el significado de inteligencia o espíritu.
timiama (gr. *thymiama,* perfume, incienso) ***m.*** Confección olorosa, reservada al culto divino entre los judíos.
tímidamente ***adv. m.*** Con timidez.
timidez ***f.*** Calidad de tímido.
tímido, -da (l. *-du*) ***adj.*** Temeroso, encogido y corto de ánimo.
SIN. v. **Medroso.**
I) timo ***m.*** Tímalo.
II) timo ***m.*** fam. Acción de timar. 2 fam. Efecto de timar. 3 vulg. Frase o muletilla que corre de boca en boca durante cierto tiempo.
III) timo (gr. *thymon,* lupia, bulto) ***m.*** Glándula endocrina situada detrás del esternón, muy desarrollada en los niños y que se atrofia o desaparece en la edad adulta.
timocracia (gr. *timokratia* < *timé,* honor + *-cracia*) ***f.*** Forma de gobierno en que ejercen el poder los ciudadanos más ricos.
timócrata ***adj.-com.*** Partidario de la timocracia.
timocrático, -ca ***adj.*** Relativo a la timocracia.
timol (der. del l. *thymu,* tomillo) ***m.*** Substancia blanca, cristalina, aromática y antiséptica que existe en el aceite de ciertas plantas, esp. del tomillo.
timón (**timone* < l. *temone*) ***m.*** Palo derecho que sale de la cama del arado en su extremidad. 2 Lanza del carro. 3 Pieza de madera o de hierro, articulada verticalmente sobre goznes en el codaste del buque para gobernarlo. 4 p. ext. Pieza similar de submarinos, aviones, etc. 5 Varilla que da dirección y sirve de contrapeso al cohete. 6 Constelación austral situada entre el Can Mayor y la Brújula. 7 fig. Dirección o gobierno de un negocio. 8 *Can.* Vara gruesa del pino, o tronco del pino joven. 9 *Amér.* Volante de un automóvil. 10 *Hond.* Contrapeso o tiento de los volatineros.
SIN. *3* y *4* **Gobernalle, gobierno.**
timonear ***intr.*** Gobernar el timón. -2 ***tr.*** *Colomb., Guat., Méj.* y *S. Dom.* Llevar un negocio, dirigir algo.
timonel (cat. *timoner*) ***m.*** El que gobierna el timón de la nave.
timonera (de *timón*) ***adj.-f.*** Pluma grande que tienen las aves en la cola. -2 ***f.*** MAR. Sitio donde se sentaba el pinzote.
timonería ***f.*** MAR. Varillaje.
timonero, -ra ***adj.*** Relativo al arado común o de timón. -2 ***m.*** Timonel.
timorato, -ta (l. *-tu*) ***adj.*** Que tiene el santo temor de Dios. 2 Tímido, indeciso, gazmoño.
timpa (fr. *tympe* < al. *tümpelstein*) ***f.*** METAL. Barra de hierro colado que sostiene la pared delantera del crisol de un horno alto.
timpánico, -ca ***adj.*** Relativo al tímpano del oído. 2 MED. [sonido] Producido por la percusión en ciertas cavidades del cuerpo cuando están llenas de gases.
timpanillo (dim. de *tímpano*) ***m.*** Tímpano pequeño que encaja detrás del principal en las prensas antiguas.
timpanítico, -ca ***adj.-s.*** Que padece timpanitis. -2 ***adj.*** Relativo a esta enfermedad.
timpanitis (gr. *tympanites* < *tympanon,* tambor) ***f.*** Distensión de alguna cavidad del cuerpo, esp. el abdomen, por acumulación de gases. ◇ Pl.: *timpanitis.*
timpanización ***f.*** Acción de timpanizarse. 2 Efecto de timpanizarse.
timpanizarse ***prnl.*** Experimentar timpanitis el vientre. ◇ **CONJUG. [4] como ***realizar.***
tímpano (l. *tympanu* < gr. *tympanon;* doble etim. ***témpano***) ***m.*** Tamboril. 2 MÚS. Instrumento de percusión compuesto de varias tiras sonoras de vidrio que se tocan con baquetas de corcho. 3 Espacio triangular que queda entre las dos cornisas inclinadas de un frontón y la horizontal de su base. 4 Superficie que queda delimitada por el ángulo de un gablete. 5 Superficie delimitada por el dintel de la puerta y las arquivoltas de una portada de iglesia. 6 Bastidor de las prensas ant. sobre el cual descansa el papel. 7 Membrana que limita el oído medio por fuera y lo separa del conducto auditivo externo. 8 Membrana que cierra exteriormente una tráquea dilatada en forma de ampolla y constituye el aparato auditivo de los insectos. 9 Fondo o tapa sobre el que se asienta la pipa o cuba.
SIN. *3* **Témpano.** *7* **Membrana del tímpano, tambor.**
timple ***m.*** *Can.* y *Murc.* Tiple, instrumento de cuerda, pequeño.
tina (l.) ***f.*** Tinaja (vasija). 2 Vasija grande, de forma de caldera o de media cuba que sirve para varios usos. 3 Alpechín. 4 Baño. 5 *And.* Balsa, media bota para vino. 6 *Cuba.* Recipiente de madera, alto. 7 *Chile.* Maceta para plantas de adorno. 8 *Venez.* Medio tonel.
SIN. *2* **Tino.**
tinacal ***m.*** *Méj.* Bodega o lugar destinado a los tinacos del pulque.
tinaco ***m.*** Tina pequeña de madera. 2 Alpechín. 3 *Amér.* Tinaja grande, de barro grueso y fuerte.
tinada ***f.*** Montón de leña. 2 Cobertizo para recoger el ganado.
SIN. *2* **Teinada, tenada, tena.**
tinado, tinador ***m.*** Tinada (cobertizo).
tinagero, -ra (ingl. *teenager*) ***adj.-s.*** *P. Rico* [pers.] Que tiene alrededor de quince años. ◇ HOMÓF.: *tinajero.*
tinaja (de *tina*) ***f.*** Vasija grande de barro cocido, mucho más ancha por el medio que por el fondo y la boca. 2 Líquido que cabe en una tinaja. 3 *Filip.* Medida de capacidad para líquidos, igual a 48 litros y 4 centilitros.
SIN. *1* **Tina.**
tinajería ***f.*** *And.* Tinajero, sitio donde se ponen las tinajas.
tinajero, -ra ***m. f.*** Persona que tiene por oficio hacer o vender tinajas. -2 ***m.*** Lugar donde se ponen o empotran las tinajas. 3 Armario en que se pone la piedra de filtrar el agua potable, la tinaja que la recibe y el cántaro. 4 *Murc.* y *Amér.* Sitio donde se tienen los cántaros y demás vasijas para el servicio de agua potable. ◇ HOMÓF.: *tinagero.*
tinajón ***m.*** Aum. de *tinaja.* 2 Vasija tosca parecida a la mitad inferior de una tinaja.
tinajona ***f.*** *Colomb.* Tinajón.
tinamaste ***m.*** *Amér. Central.* Piedra del fogón.
tinamiforme ***adj.-m.*** Ave del orden de los tinamiformes. -2 ***m. pl.*** Orden de aves americanas que vuelan con dificultad pero corren con destreza; como la perdiz americana.
tinamú ***m.*** Género de aves que se asemejan por ciertos caracteres a las avestruces, por otros a las gallináceas. Viven en América Meridional y Central. La especie *Timaus tao* es el macuco.
tinapá ***m.*** *Filip.* Pescado seco, ahumado.
tinca ***f.*** *Bol.* Asalto festivo que se hace a una casa con el fin de bailar o pedir aguinaldo. 2 *Chile.* Presentimiento. 3 *Perú.* Juego de bolos.
tíncal ***m.*** Borato natural hidratado de sosa.
tincana ***f.*** *Extr.* Columpio.
tincanque ***m.*** *Chile.* Papirotazo.
tincar (quechua *tincáni*) ***tr.*** *Argent.* y *Chile.* Dar un capirotazo [a una bola]. 2 ***tr.-intr.*** *Chile.* Dar el corazón, tener un presentimiento. ◇ ** CONJUG. [1] como ***sacar.***
tincazo ***m.*** *Amér.* Capirotazo.
tinción ***f.*** Acción de teñir. 2 Efecto de teñir.
SIN. **Teñido, teñidura.**
tinco, -ca ***adj.*** *Argent.* [animal] Que se roza las patas al andar.
tindalización ***f.*** Acción de tindalizar. 2 Efecto de tindalizar.
tindalizar ***tr.*** Esterilizar [una cosa] fraccionadamente por acción del calor y a temperaturas comprendidas entre 60 y 80 °C. ◇ ** CONJUG. [4] como ***realizar.***
tindalo ***m.*** *Filip.* Árbol de la familia de las leguminosas *(Eperua falcata).*

tindío *m. Perú.* Ave acuática semejante a la gaviota *(gén. Sterna).*
tinelar *adj.* Relativo al tinelo.
tinelero, -ra *m. f.* Persona que cuida y provee el tinelo.
tinelo (b. l. *tinellu* < l. *tinu,* jarro) *m.* Comedor de la servidumbre en las casas de los grandes.
tinera *f. Extr.* Piedra maestra que con otras dos forma la boca del horno doméstico. 2 *Sor.* Piedra de hogar adosada a la pared.
tinerfeño, -ña *adj.-s.* De Tenerife, archipiélago de las islas Canarias.
tingar *tr. Argent.* y *Ecuad.* Dar capirote o papirote [a alguien]. ◇ ** CONJUG. [7] como ***llegar.***
tingas *f. pl. Guat.* Molestias.
tingazo *m. Ecuad.* Papirotazo, acción y efecto de tingar. 2 *Ecuad.* Pequeño esfuerzo; causa cualquiera.
tinge *m.* Búho mayor y más fuerte que el común *(gén. Bubo).*
tingible *adj.* Teñible.
tingitano, -na (l. *-nu*) *adj.-s.* De Tingis, hoy Tánger, c. de la ant. África. 2 Tangerino.
tingladillo *m.* MAR. Disposición de las tablas de forro de algunas embarcaciones menores, cuando, en vez de juntarse por sus cantos, montan unas sobre otras, como las pizarras de los tejados.
tinglado (der. de *tinglar* < fr. ant. *tingler,* tapar con piezas de madera los huecos de un maderamen, de orig. escand.) *m.* Cobertizo. 2 Tablado armado a la ligera. 3 fig. Artificio, enredo, maquinación. 4 *Cuba.* Tablado en ligero declive donde cae la miel que purgan los panes de azúcar.
tinglar (v. *tinglado*) *tr. Chile.* Traspalar, montar parcialmente [una tabla sobre otra] como las tejas de un tejado.
tingle (fr. ant., varilla, de orig. escand.) *f.* Instrumento usado por los vidrieros para abrir las tiras de plomo y ajustarlas al vidrio.
tinglera *f. S. Dom.* Armazón sobre el que se coloca la cobija de una fábrica.
tingo, tingue *m. Ecuad.* Tincazo.
tinguiñazo *m. R. de la Plata.* Capirotazo.
tiniebla (l. *tebera niebla*) *f.* Falta de luz: *las tinieblas de la noche.* -2 *f. pl.* Suma ignorancia. 3 fig. Falta de luz en lo abstracto o moral. 4 LITURG. Maitines y laudes de los tres últimos días de la Semana Santa.
REL. Los derivados se forman del l. *tenebræ: tenebroso, tenebrario, entenebrecer.*
tinillo (dim. de *tino* II) *m.* Depósito donde se recoge el mosto que corre de la uva pisada en el lagar.
I) tino (orig. incierto, quizás de *atinar,* dar en el blanco) *m.* Hábito de acertar a tientas con las cosas que se buscan. 2 Acierto y destreza para dar en el blanco o para calcular a ojo una cosa. 3 fig. Juicio y cordura. 4 fig. Moderación, prudencia en una acción.
FR. *Sin* ~, sin tasa, sin medida: *comer sin tino* ~.
II) tino (l. *tinu*) *m.* Tina (vasija grande). 2 Depósito adonde el agua hirviendo va desde la caldera, en los lavaderos de lana. 3 Lagar. 4 *Logr.* Cuba grande de bodega.
III) tino (l. *tinu*) *m.* Durillo (arbusto).
tinoco *m. Pan.* Recipiente de hojalata donde se echan las basuras y desperdicios de la casa.
tinola *f. Filip.* Sopa con tropezones de gallina picada y calabaza.
tinoso, -sa (de *tino,* acierto) *adj. Colomb.* y *Venez.* Hábil, acertado.
tinque *m. Chile.* Capirotazo.
tinquear *tr. Argent.* Tincar.
tinquirre *m. C. Rica.* Cuchillo viejo y roto.
tinta (b. l. *tincta;* t. f. de *-tu,* tinto) *f.* Substancia de color, fluida o viscosa, para escribir, dibujar o imprimir: ~ *china;* ~ *de imprenta;* ~ ***simpática,*** aquella de la que sólo es visible lo escrito con ella cuando se le aplica el reactivo conveniente; ***saber de buena*** ~, fig., saber una cosa por conducto digno de crédito. 2 Líquido que segregan los calamares para protegerse tiñendo el agua. 3 Tinte (acción y efecto): ***media*** ~, la que se da a un fondo, del que modifica el tono, y sobre la cual se extiende el claro y el obscuro; tono intermedio entre el claro y el obscuro; fig., ***medias tintas,*** palabras o acciones vagas, dictadas por una excesiva cautela. -4 *f. pl.* Matices de color: *las tintas de la aurora.* 5 PINT. Mezcla de colores que se hace para pintar.
tintar (de *tinta*) *tr.* Teñir (dar otro color).
tinte *m.* Acción de teñir. 2 Efecto de teñir. 3 Color con que se tiñe. 4 Establecimiento donde se limpia o tiñe. 5 Barniz, cualidad que algo o alguien presenta muy superficialmente. 6 fig. Artificio con que se desfiguran cosas no materiales.
SIN. *1, 2* y *3* **Tintura.** *4* **Tintorería.**
tinterazo *m.* Golpe dado con un tintero.
tinterillada *f. Amér.* Embuste, acción propia de un tinterillo.
tinterillar *intr. Amér. Central* y *Colomb.* Litigar judicialmente.
tinterillo *m.* fig., fam. *y* desp. Empleado, cagatintas. 2 *Amér.* fig. *y* fam. Abogado de secano, leguleyo.
tintero *m.* Vaso o frasco de boca ancha, en que se pone la tinta de escribir; p. ext., cintas o tampones impregnados de tinta. 2 Depósito que en las máquinas de imprimir recibe la tinta. 3 Neguilla (mancha). 4 MAR. Zoquete de madera con varios huecos para conservar desleída la almagra. 5 MAR. Pieza metálica o de madera que presenta un orificio central destinado a albergar un eje, perno, etc.
FR. *Dejar una cosa en el* ~, fig., olvidarla u omitirla.
tintilla *f.* Vino tinto y dulce que se produce en Rota. 2 Variedad de vid, de sarmientos rojoparduzcos, y granos pequeños, redondos y negros.
tintillo (dim. de *tinto*) *adj.-s.* V. vino tintillo.
tintín *m.* Sonido de la campanilla, timbre, choque de copas, etc.
tintinar, -near *intr.* Producir el sonido del tintín.
tintineo *m.* Acción de tintinar. 2 Efecto de tintinar.
tintirintín *m.* Onomat. del sonido del clarín y otros instrumentos.
tinto, -ta (l. *tinctu*) Pp. irreg. de *teñir.* 2 *adj.* V. uva tinta, vino tinto. 3 *C. Rica* y *Hond.* Rojo obscuro. -4 *adj.-m. Colomb.* [café] Solo.
tintóreo, -a *adj.* Que es colorante: *planta tintórea; substancia tintórea.*
tintorera *f.* Mujer del tintorero. 2 Tiburón de gran tamaño y enorme voracidad, que puede llegar al canibalismo; tiene el cuerpo esbelto de color azul *(Prionace glauca).* 3 *P. Rico.* burl. Gabán viejo ya lavado y teñido.
tintorería *f.* Oficio de tintorero. 2 Tinte (establecimiento).
tintorero, -ra *m. f.* Persona que tiene por oficio teñir.
tintorro *m.* fam. Vino cubierto, tinto.
tintura (l. *tinctura*) *f.* Tinte (acción y efecto; color). 2 Líquido en que se ha disuelto una substancia colorante. 3 Disolución de una substancia medicinal en agua, alcohol o éter: ~ *de yodo.* 4 Afeite en el rostro. 5 fig. Noción superficial de algo.
SIN. *5* **Barniz.**
tinturar *tr.* p. us. Teñir (dar otro color). 2 fig. Informar sumariamente [a uno].
tinya (voz quechua) *f. Perú.* Entre los indios, cierto tamborcillo, instrumento musical.
tiña (l. *tinea,* polilla) *f.* Arañuelo que daña a las colmenas. 2 Afección contagiosa de la piel, debida a un parásito vegetal, que produce escamas, costras o la caída del cabello. 3 fig. Miseria, mezquindad. 4 *Chile.* Pillarse, juego infantil.
tiñería *f.* fam. Tiña (miseria).
tiñoso, -sa (l. *tineosu*) *adj.-s.* Que padece tiña. 2 Miserable, mezquino. 3 *Ar.* y *Áv.* fam. Que tiene buena suerte en el juego. 4 *Ast.* Escorpena.
tiñuela (dim. de *tiña*) *f.* Cuscuta parásita del lino. 2 Broma que empieza a atacar el casco de una embarcación.
SIN. *2* **Rascalino.**
tio- (gr. *theion,* azufre) Elemento prefijal que entra en la formación de palabras con el significado de azufre, us. para designar algunos compuestos orgánicos: *tiofénico.*
tío (l. *thiu* < del gr. *theios*) *m.* Respecto a una persona, hermano o primo de su padre o madre. El primero se llama *carnal,* y el otro *segundo, tercero,* etc., según los grados. 2 Tratamiento de respeto que se da en algunos lugares al hombre casado o entrado en edad. 3 fam. Persona digna de admiración: *¡qué* ~*! ¡vaya un* ~ *sabiendo matemáticas!* 4 fam. Persona cuyo nombre o condición se ignoran o no se quieren decir. 5 fam. Hombre despreciable: *no aguanto más a este* ~. 6 vulg. Apelativo equivalente a compañero, colega, amigo. 7 *Ar., Cast.* y *Extr.* Padrastro. 8 *Argent.* Negro viejo.
AUM. **Tiazo.**
tioalcohol *m.* QUÍM. Mercaptano.
tiofénico, -ca *adj.* QUÍM. Que está relacionado con el tiofeno: *núcleo* ~.
tiofeno (v. *tio-*) *m.* QUÍM. Compuesto parecido al benceno, pero que contiene azufre. Se encuentra en el alquitrán de hulla.
tión *m. Ar.* Hermano del heredero, que queda soltero en casa. 2 *Ar.* En gral. soltero.

tioneo (l. *Thyoneu* < *Thyone,* madre o nodriza de Baco) ***adj.*** Relativo al dios Baco.
tiónico, -ca ***adj.*** QUÍM. Relativo a una serie de ácidos oxigenados del azufre.
tiorba (it.) ***f.*** MÚS. Ant. instrumento de cuerda, parecido al laúd. 2 *And.* fam. Guitarra. 3 *Ar.* Chata, orinal de cama.
tiovivo ***m.*** Plataforma giratoria sobre la que se instalan caballitos, coches, etc., y sirve de diversión. ◇ Pl.: *tiovivos.*
SIN. **Caballitos.**
tipa (quechua) ***f.*** *Amér.* Árbol leguminoso, muy alto, de madera dura y amarillenta empleada en ebanistería *(Machaerium fertile).* 2 *Argent.* y *Urug.* Bolsa o cesta de cuero, hoja de palma, paja u otra materia.
tipaches ***m. pl.*** *Guat.* y *Salv.* Juego de las cuepas.
tipario ***m.*** Conjunto de los tipos de una máquina de escribir.
tiparraco, -ca ***m. f.*** desp. Tipejo.
tipear ***tr.-intr.*** *Amér.* Escribir a máquina.
tipejo, -ja (desp. de *tipo*) ***m. f.*** desp. Persona ridícula y despreciable.
tiperrita (del ing. *type writer*) ***f.*** *Cuba.* Mecanógrafa.
-tipia (de *tipo*) Elemento sufijal que entra en la formación de palabras denotando relación con la imprenta o con el arte de imprimir: *linotipia.* ◇ V. tipo-.
tipiadora ***f.*** desus. Máquina de escribir. 2 desus. Mecanógrafa.
tipicidad ***f.*** Calidad de típico. 2 DER. Elemento constitutivo de delito, que consiste en la adecuación del hecho que se considera delictivo, a la figura o tipo descrito por la ley.
tipicismo ***m.*** Tipismo.
típico, -ca (gr. *tipikós*) ***adj.*** Propio de un tipo, o que es tipo de algo. 2 Peculiar o característico: *costumbres típicas.*
tipidor ***m.*** *Ecuad.* Perforador para abrir panojas.
tipificación ***f.*** Acción de tipificar. 2 Efecto de tipificar.
tipificar ***tr.*** Presentar [una persona o cosa] las características [de una raza, una profesión, un género, etc. cualquiera] a que pertenece. 2 Ajustar varias cosas semejantes a un tipo o norma común. ◇ ** CONJUG. [1] como ***sacar.***
tipil ***m.*** *Argent.* Cesta hecha de jarilla.
tipismo ***m.*** Calidad de típico. 2 Conjunto de caracteres o rasgos típicos.
tiple (orig. incierto; probl. del ant. *triple*) ***m.*** La más aguda de las voces humanas. 2 Guitarrita de voces agudas. 3 Especie de oboe soprano, de dimensiones más reducidas que la tenora, empleado en la cobla de las sardanas. 4 MAR. Vela de falucho con rizos tomados. 5 MAR. Palo de una sola pieza. -6 ***com.*** Persona que tiene voz de tiple. 7 Persona que toca el tiple.
SIN. *2* **Discante.**
tiplear ***intr.*** *Colomb.* Expirar, perecer.
tiplido ***m.*** *Pan.* Grito especial agudo.
tiplisonante ***adj.*** Que tiene voz o tono de tiple.
tipo (gr. *typos*) ***m.*** Modelo ideal que reúne los caracteres esenciales de todos los seres de igual naturaleza. 2 Símbolo representativo de cosa figurada. 3 Ejemplo característico de una especie, género, etc. 4 Ejemplar individual sobre el que se basa la descripción de una nueva especie o género. 5 Personaje de una obra de ficción. 6 Conjunto de rasgos característicos: *el ~ de una persona;* figura o talle de una persona: *tiene buen ~.* 7 Letra o carácter de imprenta: ***altura del ~,*** distancia desde el pie a la superficie del ojo de la letra. 8 Hombre, individuo, frecuentemente con matiz despectivo. 9 ***Jugarse el ~,*** arriesgar la vida o la integridad personal. 10 ~ ***de cambio,*** precio de una moneda extranjera en moneda nacional que sirve de referencia para las transacciones comerciales entre dos países. 11 ~ ***de descuento,*** tanto por ciento que un establecimiento bancario retiene en los casos de efectos comerciales o letras de cambio. 12 ~ ***de interés,*** interés. 13 H. NAT. Categoría de clasificación entre el reino y el subtipo o la clase. 14 NUMIS. Figura principal de una moneda o medalla.
SIN. *1* **Arquetipo, prototipo.**
tipo-, -tipo (de *tipo*) Elemento prefijal y sufijal que entra en la formación de palabras con el significado de tipo, modelo y carácter de imprenta.
tipocromía (*tipo-* + *-cromía*) ***f.*** Impresión o tipografía en colores.
tipografía (*tipo-* + *-grafía*) ***f.*** Imprenta (arte; lugar). 2 Sistema de impresión con formas que contienen los tipos y grabados en relieve, los cuales, una vez entintados, se aplican directamente por presión sobre el papel.
tipográfico, -ca ***adj.*** Relativo a la tipografía.
tipógrafo, -fa (*tipo-* + *-grafo*) ***m. f.*** Operario que compone textos para la tipografía.
tipoí ***m.*** *Argent., Bol.* y *Parag.* Túnica desceñida, de distintos tipos de algodón, sin cuello ni mangas, que usaban las mujeres en las misiones del Paraná y del Uruguay, y que continúan usando las campesinas de las regiones guaraníticas. ◇ También *tipoy.*
tipolitografía (*tipo-* + *litografía*) ***f.*** Arte de reproducir litográficamente composiciones tipográficas, transportándolas a la piedra.
tipología (*tipo-* + *-logía*) ***f.*** Estudio y clasificación de tipos que se practica en diversas ciencias. 2 Ciencia que estudia los distintos tipos raciales en que se divide la especie humana. 3 MED. Ciencia que estudia los varios tipos de la morfología del hombre en relación con sus funciones vegetativas y psíquicas. 4 ~ ***lingüística,*** disciplina que compara las lenguas para clasificarlas y establecer entre ellas relaciones, genealógicas o no, según las afinidades de sus sistemas fonológicos, morfológicos y sintácticos, etc.
tipometría (*tipo-* + *-metría*) ***f.*** Medición de los puntos tipográficos.
tipómetro (*tipo-* + *-metro*) ***m.*** Instrumento para medir los puntos tipográficos.
tipoy (guaraní) ***m.*** Tipoí.
típula (l. *tippula*) ***f.*** Insecto díptero, semejante al mosquito, que se alimenta del jugo de las flores *(Tippula obracea).*
I) tique (arauc. *tuque*) ***m.*** *Chile.* Árbol euforbiáceo, con hojas cubiertas de escamillas de lustre metálico *(Agotoxieum punctatum).*
II) tique, tíquet, tiquete (ing. *ticket*) ***m.*** Billete, boleto, papeleta o cupón, que acredita ciertos derechos.
¡tiqui! *Chile.* Interjección que se usa repetida para llamar a las gallinas; pita, pita.
tiquicia ***f.*** *Amér. Central.* fest. Costa Rica, el país de los ticos.
tiquín ***m.*** *Filip.* Pértiga que se usa para dar impulso a las embarcaciones menores en los ríos.
tiquis miquis, tiquismiquis (l. macarrónico *tichi michi;* alterac. vulg. del l. *tibi, mihi,* para ti, para mí) ***m. pl.*** Escrúpulos vanos. 2 Expresiones ridículamente afectadas. 3 Discusiones o riñas frecuentes y sin motivo. -4 ***com.*** fam. Persona muy remilgada.
tiquismo ***m.*** *Amér. Central.* Costarriqueñismo.
tiquizque ***m.*** *Amér. Central.* Macal (planta).
tira (probl. cat. < fráncico *teri*) ***f.*** Pedazo largo y angosto de una cosa delgada. 2 Parte de un cabo que pasando por un motón se extiende horizontalmente. 3 Reunión de gente pesada. 4 Derecho que se pagaba en las escribanías por tomar el pleito que iba en apelación al tribunal superior. 5 vulg. Gran cantidad de una cosa; especialmente con el artículo *la: vino la ~ de gente.* -6 ***m.*** *Amér.* Policía, detective. -7 ***f. pl.*** *Chile.* desp. Trapos, ropas de vestir.
SIN. *1* **Cinta, lista.**
¡tira! *Argent.* y *P. Rico.* Interjección usada para espantar el ganado y para contenerlo o hacerlo andar. 2 *Colomb.* Voz para ahuyentar a los perros.
tirabala ***m.*** Taco (canuto).
tirabeque (cat. *tirabec*) ***m.*** Variedad de guisante que es mollar *(Pisum sativum).* 2 *Ál., Logr.* y *Nav.* Tirador que se compone de una horquilla y dos gomas unidas por una badana, tiragomas. 3 *Logr.* Variedad de judía larga, que se come verde.
tirabotas (de *tirar* + *bota*) ***m.*** Gancho de hierro para calzarse las botas. ◇ Pl.: *tirabotas.*
tirabraguero ***m.*** Correa tirante que mantiene en su sitio la ligadura que los hernistas ponen a los que están quebrados.
tirabrasas ***m.*** *La Mancha.* Barra de hierro para remover las brasas en los hornos. ◇ Pl.: *tirabrasas.*
tirabuzón (del fr. *tire-bouchon*) ***m.*** Sacacorchos. 2 fig. Rizo de cabello largo y pendiente en espiral. 3 DEP. Salto en el que el cuerpo del deportista imita con su movimiento la forma de un tirabuzón.
tiracantos ***m.*** fam. Echacantos. 2 *Logr.* Tiragomas. ◇ Pl.: *tiracantos.*
tirachinas, tirachinos ***m.*** Tirador (horquilla) ◇ Pl.: *tirachinas, tirachinos.*
tiracho ***m.*** *Perú.* Flecha que utilizan los chicos.
tiracol ***m.*** Tiracuello. 2 *Logr.* Baticola.
tiracuello ***m.*** Taholí (tira de cuero).
tiracuero ***m.*** despect. Zapatero de oficio.
tirada ***f.*** Acción de tirar. 2 Acción de imprimir. 3 Efecto de im-

primir. 4 Número de ejemplares de una edición: ~ ***aparte,*** impresión por separado de un artículo de revista o capítulo de una obra. 5 Lo que se imprime en un día. 6 Serie de cosas que se dicen o escriben de un tirón: ~ *de versos.* 7 Distancia que hay de un lugar a otro, o de un tiempo a otro. 8 *Chile.* Remesón, en las carreras de caballos. 9 *P. Rico.* Chasco, burla, engaño.
SIN. *2* y *3* **Tirado.** *4* **Separata,** ~ aparte. *7* **Tiramira.**

tiradera ***f.*** Flecha con punta de asta de ciervo, usada por los indios de América. 2 *Ar.* Clavo grande de hierro con una cadena para arrastrar maderos. 3 *Cuba.* Correa que sujeta las barras del vehículo al sillín del caballo. 4 *Amér. Central, Cuba* y *Chile.* Cinta o cordón con que se atan las mujeres las enaguas y los hombres los calzoncillos. 5 *Colomb.* Burla. 6 *Pan.* Mala disposición de ánimo contra una persona.

tiradero ***m.*** Puesto donde el cazador acecha.

tirado, -da ***adj.*** [cosa] Que abunda o que se da muy barato. 2 [buque] Que tiene mucha eslora y poca altura de casco. 3 Sencillo, fácil. 4 fam. [pers.] Que lleva mala vida, despreciable, que ha perdido la vergüenza. -5 ***m.*** Acción de tirar, esp. el oro. 6 Tirada (al imprimir).

tirador, -ra ***m. f.*** Persona que tira, esp. si es hábil. 2 Persona que estira. -3 ***m.*** Instrumento con que se estira. 4 Asidero, cordón, cadenilla, etc., de que se tira: ~ *de una puerta;* ~ *de una campanilla.* 5 Especie de tiralíneas. 6 Regla de hierro que usan los picapedreros. 7 Horquilla con mango, con dos gomas unidas por una badana, para disparar piedrecitas, perdigones, etc. 8 Prensista. 9 ~ ***de oro,*** artífice que lo reduce a hilo. 10 *Amér. Merid.* Cinturón ancho que usa el gaucho. -11 ***m. pl.*** *Amér. Merid.* Tirantes de los pantalones.
SIN. *7* **Tirabeque** (Ál., Logr., Nav.).

tirafondo ***m.*** Tornillo para asegurar en la madera algunas piezas de hierro. 2 MED. Sonda.

tirafuera ***m.*** Manga que se usa para pescar desde la orilla.

tiragomas ***m.*** *Ast., Logr., Sant.* y *Sor.* Juguete provisto de una tira de goma, que sirve para tirar piedrecitas. ◇ Pl.: *tiragomas.*
SIN. **Tirador, tirachinas.**

tiraje (fr. *tirage*) ***m.*** Acción de tirar o imprimir. 2 Efecto de tirar o imprimir. 3 Tirada, número de ejemplares de que consta una edición. 4 Acción de tirar o disparar. 5 Efecto de tirar o disparar. 6 Procedimiento para decorar las cubiertas de los libros encuadernados, en el que la placa se monta sobre la platina de la prensa de dorar. 7 FOT. Operación que consiste en sacar copias a partir de un negativo. ◇ Es GALIC.

tiralevitas ***com.*** fam. Adulador, pelotillero. ◇ Pl.: *tiralevitas.*

tiralíneas ***m.*** Instrumento de metal a modo de pinzas para trazar líneas de tinta. ◇ Pl.: *tiralíneas.*
SIN. **Delineador** (*Colomb., C. Rica* y *Perú*).

tiramiento ***m.*** Acción de tirar o estirar o extender. 2 Efecto de tirar o estirar o extender.

tiramillas ***com.*** fam. Rápido, veloz. ◇ Pl.: *tiramillas.*

tiramira ***f.*** Cordillera larga y estrecha. 2 Serie continuada de muchas cosas o personas. 3 Tirada (distancia).

tiramollar (cat. *tira-amolla*) ***intr.*** MAR. Tirar de un cabo que pasa por retorno, para aflojar lo que asegura.

tirana ***f.*** Ant. canción popular española, de movimiento moderado.

tiranamente ***adv. m.*** Tiránicamente.

tiranía (gr. *tyrannía*) ***f.*** Gobierno ejercido por un tirano. 2 fig. Abuso de poder o fuerza. 3 fig. Dominio excesivo de una pasión sobre la voluntad.
SIN. *2* **Despotismo.**

tiránicamente ***adv. m.*** De manera tiránica.

tiranicida (de *tirano* + *-cida*) ***adj.-com.*** [pers.] Que da muerte a un tirano.

tiranicidio (de *tirano* + *-cidio*) ***m.*** Muerte dada a un tirano.

tiránico, -ca (l. *tyrannicu*) ***adj.*** Propio de un tirano. 2 Relativo a la tiranía. 3 Tirano.

tiranización ***f.*** Acción de tiranizar. 2 Efecto de tiranizar.

tiranizar ***tr.*** Gobernar un tirano [un estado]. 2 fig. Dominar tiránicamente. ◇ ** CONJUG. [4] como ***realizar.***

tirano, -na (l. *tyrannu* < gr. *tyrannos*) ***adj.-s.*** [pers.] Que se apropia el poder supremo ilegítimamente, o que gobierna contra su derecho. 2 fig. [pers.] Que abusa de su poder o fuerza. -3 ***adj.*** fig. [pasión] Que domina el ánimo. -4 ***m.*** Ave paseriforme de América, de tamaño mediano y alas largas; se caracteriza por su habilidad en el vuelo; se alimenta de insectos y pequeños vertebrados *(Tyrannus tyrannus).*
SIN. *2* **Déspota.**

tiranta ***f.*** *And.* y *Colomb.* Madero que va de solera a solera, cogiendo el ancho del cuchillo en una armadura. -2 ***f. pl.*** *Colomb.* y *Méj.* Tirantes de los pantalones.

tirante (de *tirar*) ***adj.*** Tenso. 2 fig. Que está próximo a romperse: *relación, situación* ~. -3 ***m.*** En los arreos de una caballería, cuerda o correa para tirar del carruaje. 4 Tira elástica que suspende de los hombros el pantalón y otras prendas de vestir. 5 MEC. Pieza que soporta un esfuerzo de tensión: *los tirantes de una caldera.* 6 Pieza de la armadura de un tejado que impide la separación de los pares. 7 *Amér.* Gaceta de la cometa; ús. más en pl.
SIN. *3* **Tiro.**

tirantear ***intr.*** *Chile* y *Guat.* Tilintar. 2 *Chile* y *Guat.* Jugar con alguno al tira y afloja.

tirantez ***f.*** Calidad de tirante. 2 Distancia mínima entre los extremos de una cosa. 3 Dirección de los planos de hilada de un arco o bóveda. 4 fig. Falta de conformidad en las relaciones entre estados, clases sociales, partidos políticos, amistades, etc.

tirantillo ***m.*** Dim. de *tirante.* 2 Tira de cuero o tela, que mantiene en posición más o menos vertical la tapa de una maleta mientras está abierta. 3 CONSTR. Pieza de hierro, de sección redonda, destinada a sostener el tirante con otra igual.

tirapié ***m.*** Correa con que sujetan los zapateros el zapato al coserlo.

tirapo ***m.*** *S. Dom.* Pistola de juguete.

tirar (orig. incierto) ***intr.*** Hacer fuerza para traer hacia sí o para llevar tras de sí: ~ *de la cuerda;* ~ *con todas sus fuerzas.* 2 Atraer por virtud natural: *el imán tira del hierro;* fig, atraer por el afecto o la simpatía: *la patria tira siempre.* 3 fig. Torcer, dirigirse a otro lado: ~ *a, hacia,* o *por, la derecha.* 4 fig. Poner los medios disimuladamente para lograr algo: *tira a ser ministro.* 5 fig. Durar, mantenerse trabajosamente una persona o cosa: *el enfermo va tirando.* 6 fig. Tender, propender, inclinarse: *tira a mejorar;* asemejarse una cosa a otra: *tira a verde.* 7 Producir el tiro o corriente de aire a través de un conducto: *la chimenea no tira.* 8 Seguido de la preposición *de* y un nombre de arma o instrumento, sacar: ~ *de la espada.* 9 Esgrimir o manejar ciertas armas según arte: ~ *bien a la espada.* 10 Decorar la cubierta o el lomo de un libro mediante una placa grabada, montada en una prensa de dorar. 11 DEP. En ciclismo, pasar delante un corredor, forzando o manteniendo el ritmo. 12 TAUROM. Colocar defectuosamente las banderillas por no marcar en el momento oportuno, y salir precipitadamente de la suerte. 13 *Logr.* Seguir. -14 ***tr.*** Despedir de la mano [una cosa]: ~ *el libro;* arrojar [una cosa] en dirección determinada: *tiraba piedras a sus compañeros;* con voces que significan daño corporal, ejecutar la acción significada por estas voces: ~ *un pellizco, un mordisco;* ***tirarla de,*** fig., presumir de: *tirarla de guapo.* 15 Disparar [un arma de fuego]: ~ *un cañonazo;* ***intr.,*** ~ *al blanco;* ~ *a lo alto,* etc. 16 Derribar, echar abajo: ~ *una casa;* ~ *un árbol.* 17 fig. Malgastar el caudal o malvender la hacienda: ~ *el patrimonio.* 18 Estirar, extender: ~ *las cuerdas de la guitarra;* esp., reducir a hilo [un metal]: ~ *el oro en hebras muy finas.* 19 Hacer o marcar [líneas]: ~ *paralelas.* 20 Imprimir [un dibujo o texto]: ~ *un pliego;* ~ *un grabado.* 21 desus. Devengar, adquirir o ganar: ~ ***sueldo,*** salario. 22 Abandonar, desechar, arrojar una cosa a la basura. 23 *Amér.* Conducir, transportar, acarrear. -24 ***tr.-prnl.*** DEP. Lanzar con fuerza [un balón, pelota, bola, etc.] hacia la portería, canasta, etc., contrarias. -25 ***tr.-intr.*** En juegos en que se maneja un instrumento como carta, dado, etc., hacer uso de él un jugador para realizar la jugada. -26 ***prnl.*** Abalanzarse: *se tiró a él.* 27 Arrojarse: *tirarse a un pozo.* 28 Echarse, tenderse: *tirarse en la cama.* 29 fam. Poner en obra algo, hacer. 30 fam. Pasar, dejar transcurrir el tiempo [en cierto sitio o de cierta manera]: *se tiró todo el curso sin ir a clase.* 31 fam. Volcarse el diestro con el toro con el fin de facilitar la ejecución de la estocada. 32 vulg. Poseer sexualmente [a una persona]. 33 *Cuba.* Excederse, propasarse, abusar de una cosa.
SIN. *24* **Chutar, disparar.** FRS. *A todo* ~, a lo más, a lo sumo: *durará a todo* ~ *un mes.* ~ *de,* o *por largo,* gastar sin tasa, o calcular una cosa procurando pecar por exceso; *tira y afloja,* con prudencia y tino, o alternando el rigor con la suavidad.

tirata ***f.*** *Colomb.* fam. Burla, chasco, engaño.

tiratacos ***m.*** Taco (canuto de madera). ◇ Pl.: *tiratacos.*

tiratira ***f.*** *Colomb.* Melcocha, dulce elástico. 2 *Colomb.* Ligamento cervical del ganado vacuno. 3 *Colomb.* Cosa difícil de masticar.

tiratiros ***m.*** *Ál.* y *Nav.* Colleja, planta. ◇ Pl.: *tiratiros.*

tiratrillo *m. Ar.* y *Sor.* Balancín para enganchar el ganado que arrastra el trillo.
tiratrón *m.* ELECTR. Tubo de gas de cátodo caliente, en el que uno o varios electrodos de control facilitan el cebado de la corriente de ánodo.
tirela (de *tira,* lista) *f.* Tela listada.
tiricia *f.* vulg. Ictericia.
tiriguro *m. C. Rica.* Carambolo (árbol).
tirigüillo *m. S. Dom.* Eje común de los granos de palma cuando está libre de éstos; ús. para barrer.
tirijala *m. f. Can.* y *P. Rico.* Melcocha, dulce elástico.
tirilla *f.* Dim. de *tira.* 2 Tira de lienzo en el cuello de las camisas para fijar en ellas el cuello postizo. 3 *Can.* Listón empleado para hacer gallineros, jaulones de gallos. 4 *Chile.* Vestido hecho de andrajos. -5 *com. pl.* fig. *y* vulg. Persona pequeñaja y encanijada. 6 fig. *y* vulg. Persona de escasa importancia y presuntuosa.
tirillento, -ta *adj. Chile.* Harapiento.
tirintio, -tia (l. *tirynthiu*) *adj.-s.* De Tirinto, ant. c. de Peloponeso.
tirio, -ria (l. *tyriu*) *adj.-s.* De Tiro, ant. c. de la Fenicia. 2 fig. ***Tirios y troyanos,*** partidarios de opiniones opuestas.
tirironte *m. P. Rico.* Voz us. en canciones de cuna.
tirirú (voz guaraní) *m. Bol.* Orinal.
tiristor *m.* ELECTR. Nombre genérico para designar la familia de semiconductores de varias capas.
tirisuya *f. Perú.* Chirimía, instrumento músico.
tirita *f.* Dim. de *tira.* 2 FARM. Marca registrada de una tira de esparadrapo, de tamaños diversos, con un preparado especial en su centro, para desinfectar y proteger heridas pequeñas.
tiritaña (fr. *tiretaine*) *f.* Tela antigua de seda endeble. 2 fig. Cosa de poca entidad.
tiritar (onomat.) *intr.* Temblar de frío.
tiritera *f.* Temblor producido por el frío del ambiente o al iniciarse la fiebre.
tiritirí *m. Bol.* Baile popular de ritmo lento con inclinaciones de cabeza.
tiritón *m.* Estremecimiento del que tirita.
tiritona *f.* fam. Tiritera.
I) tiro *m. And.* Salamandra, batracio. 2 *And.* Gallipato, batracio.
II) tiro *m.* Acción de tirar. 2 Efecto de tirar. 3 Señal o impresión que hace lo que se tira. 4 Disparo o estampido de un arma de fuego: *le alcanzó un ~; se oyó un ~;* ***~ de gracia,*** el que se da para rematar al que está gravemente herido; ***ni a tiros,*** fig., ni aun con la mayor violencia. 5 Trayectoria descrita por el proyectil: ***~ oblicuo; ~ rasante; a ~,*** al alcance de un arma arrojadiza o de fuego; al alcance de los deseos de uno. 6 Cantidad de munición para cargar una vez el arma de fuego: *nos quedaban pocos tiros.* 7 Conjunto de las disciplinas deportivas o los ejercicios basados en hacer blanco con un arma: ***~ al blanco,*** deporte o ejercicio que consiste en disparar a un blanco con arma y lugar donde se practica; ***~ al plato,*** deporte o ejercicio que consiste en disparar a un plato especial al vuelo con escopeta y lugar donde se practica; ***~ de pichón,*** deporte o ejercicio que consiste en disparar con escopeta a un pichón al vuelo y lugar en donde se practica. 8 Corriente de aire que produce el fuego de un hogar. 9 Conjunto de caballerías que tiran de un carruaje. 10 Tirante (cuerda o correa). 11 Cuerda puesta en garrucha o máquina para subir una cosa. 12 Tramo de la escalera. 13 Longitud de una pieza de tejido. 14 Anchura de un vestido, de hombro a hombro, por la parte del pecho. 15 Holgura entre las perneras del pantalón. 16 desus. Pieza o cañón de artillería. 17 Vicio de las caballerías de apoyar los dientes en el pesebre con un ruido particular. 18 fig. Daño grave. 19 fig. Chasco o burla. 20 fig. Alusión desfavorable a una persona. 21 DEP. Lanzamiento hacia la portería, canasta, etc., contrarias, en los juegos que se practican con pelota, balón, bola, etc.: ***~ libre,*** en el juego del baloncesto, castigo a una personal que se efectúa lanzando directamente la pelota a la canasta contraria desde el borde de la zona, sin oposición de los defensores. 22 MIN. Pozo abierto en el suelo de una galería. -23 *m. pl.* Correas de que pende la espada: ***de tiros largos,*** fig., con vestido de gala; con lujo y esmero. -24 *m. Colomb.* Especie de lagarto *(Anolis binofatus).* 25 *Amér.* Tejo, bolita, canica. 26 *Chile.* En las carreras de caballos, espacio que éstos han de recorrer. 27 *Hond.* Senda por donde se arrastra la madera. -28 *m. pl. Argent.* Tirantes de los pantalones. 29 *Venez.* Argucias.
REL. *5* **Balística,** ciencia que estudia el movimiento de los proyectiles. SIN. *21* **Chut, disparo.**
tirocalcitonina *f.* Hormona segregada por la glándula tiroides, que tiene acción sobre el metabolismo del calcio y del fósforo.
tirocinio (l. *-iu*) *m.* Aprendizaje, noviciado.
tirohioideo, -a *adj.* ANAT. Perteneciente o relativo al cartílago tiroides de la laringe y al hioides: ***membrana tirohioidea,*** músculo o ligamento que une ambas estructuras.
tiroidectomía (de *tiroides + -ectomía*) *f.* CIR. Intervención quirúrgica consistente en extirpar total o parcialmente la glándula tiroides.
tiroideo, -a *adj.* Relativo al tiroides.
tiroides (gr. *thryoeidés,* semejante a una puerta) *adj.-m.* Glándula situada en la parte anterior y superior de la tráquea, cuyas hormonas influyen en el metabolismo y en el crecimiento. 2 Cartílago principal de la laringe. ◇ Pl.: *tiroides.*
REL. *1* **Tiroxina,** hormona del tiroides.
tiroidina *f.* Extracto de la glándula tiroides, de uso terapéutico.
tiroiditis *f.* Inflamación de la tiroides. ◇ Pl.: *tiroiditis.*
tirolés, -lesa *adj.-s.* De Tirol, región de Europa. -2 *m.* Dialecto hablado en el Tirol. 3 p. ext. Quincallero. -4 *f.* Baile rústico propio del Tirol, de movimiento moderado. 5 Música y canto de este baile.
I) tirón *m.* Aprendiz, novicio.
II) tirón *m.* Acción de tirar con violencia. 2 Efecto de tirar con violencia. 3 Método de robo en el que el ladrón se apodera del bolso u otro objeto tirando violentamente de él, dándose a la fuga. 4 ***De un ~,*** de una vez, de un golpe, sin interrupción.
tirona *f.* Red usada en el Mediterráneo para pesca sedentaria.
tironear *intr. Amér.* Atraer, arrastrar, dar tirones.
tironiano, -na *adj.* Perteneciente o relativo a Tirón (104-4 a. C.), liberto del gran orador Cicerón (106-43 a. C.). -2 *f. pl.* Notas inventadas por Tirón y usadas por los romanos similares a la actual taquigrafía.
tiroriro *m.* fam. Sonido de los instrumentos músicos de boca. -2 *m. pl.* fam. Estos mismos instrumentos.
tirotear (frecuent. de *tirar*) *tr.-prnl.* Disparar repetidamente armas de fuego portátiles contra personas o cosas: *las patrullas se tirotearon.* -2 *rec.* fig. Andar en dimes y diretes.
tiroteo *m.* Acción de tirotear o tirotearse. 2 Efecto de tirotear o tirotearse.
tirotomía (de *tiroides + -tomía*) *f.* CIR. Incisión quirúrgica de la glándula o el cartílago tiroides.
tirotoxicosis (de *tiroides + tóxico + -osis*) *f.* PAT. Estado anormal del organismo, producido por un aumento de secreción hormonal. ◇ Pl.: *tirotoxicosis.*
tirotropa *f.* Hormona, segregada por el lóbulo anterior de la hipófisis, cuya misión es estimular la secreción de las hormonas tiroideas.
tiroxina *f.* Hormona del tiroides que regula los procesos metabólicos.
tirreno, -na (l. *tyrrhenu*) *adj.* ***Mar ~,*** el comprendido entre Italia, Sicilia, Córcega y Cerdeña. -2 *adj.-s.* Etrusco.
tirria (probl. de *trr,* interj. que expresa despecho) *f.* Odio, ojeriza. 2 ant. Disgusto, enojo. 3 ant. Porfía repetida.
SIN. v. **Antipatía.**
tirrioso, -sa *adj.* Que contiene, denota o señala tirria.
tirso (gr. *thyrsos*) *m.* Vara enramada que servía de cetro a Baco. 2 Inflorescencia racimosa fusiforme.
tirulato, -ta *adj.* Turulato.
tirulillo *m. pl. Extr.* Dulce frito de sartén, hecho con harina y aceite.
tirulo *m.* Rollo de hoja de tabaco que forma la tripa del cigarro puro.
tisana (gr. *ptisane < ptisso,* machacar) *f.* Bebida medicinal que resulta de cocer en agua ciertas hierbas.
tisanuro (gr. *thysánouros < thysanos,* franja + *ourá,* cola) *adj.-m.* Insecto del orden de los tisanuros. -2 *m. pl.* Orden de insectos apterigotas, de pequeño tamaño, con el cuerpo en forma de zanahoria cubierto de escamas plateadas, antenas largas y tres apéndices abdominales también largos; como el lepisma.
tischar *tr. Bol.* Tincar.
tischelina *f. Perú.* Tichela.
tiseras *f. pl.* ant. *y* vulg. Tijeras.
tísico, -ca (gr. *phthisikós*) *adj.-s.* Que padece de tisis. -2 *adj.* Relativo a la tisis.
SIN. **Tuberculoso, hético.**
tisiógeno, -na (de *tisis + -geno*) *adj.* PAT. Causante o productor de tisis.

tisiología (de *tisis* + *-logía*) *f.* MED. Parte de la medicina que estudia y trata de la tisis. 2 MED. Parte de la medicina que estudia la tuberculosis pulmonar y su tratamiento.
tisiológico, -ca *adj.* MED. Perteneciente o relativo a la tisiología.
tisiólogo, -ga *m. f.* MED. Especialista en tisiología.
tisis (gr. *phthisis,* consunción) *f.* PAT. Enfermedad en que hay consunción gradual y lenta de un tejido, fiebre héctica y ulceración en algún órgano. 2 PAT. Tuberculosis pulmonar. ◇ Pl.: *tisis.*
SIN. *1* **Hectiquez.**
I) tiste (mej. *textli,* cosa molida) *m. Amér. Central* y *Méj.* Especie de pinole o bebida hecha de harina de maíz, con cacao y azúcar.
II) tiste (quechua *ticti* o *tijti,* verruga) *m. Bol.* Verruga que causan las espinas de la tuna al clavarse en el cutis de una persona.
tisú (fr. *tissu* < *tisser,* tejer) *m.* Tela de seda entretejida con hilos de oro y plata que pasan desde la haz al envés. ◇ Pl.: *tisúes.*
tisular *adj.* Perteneciente o relativo a los tejidos.
tisuria (gr. *phthisis,* consunción + *-uria*) *f.* Debilidad acusada por la excesiva secreción de orina.
I) tita *f.* Dim. fam. de *tía,* hermana del padre o de la madre de una persona.
II) tita *f.* Gusano sipuncúlido de color amarillento y aspecto reticulado, que tiene una trompa evaginable con cuatro tentáculos y vive enterrado en la arena; se utiliza para pescar *(Sipunculus nudus).*
titán (gr.) *m.* MIT. Gigante que pretendió asaltar el cielo. 2 Sujeto de gran poder que descuella en algún aspecto. 3 fig. Grúa gigantesca.
titanclinohumita *f.* Silicato que cristaliza en el sistema monoclínico, clase prismática. Se presenta en gránulos de color rojo y brillo vítreo o resinoso.
Titania *n. pr.* MIT Esposa de Oberón y reina de las hadas.
titánico, -ca *adj.* Relativo a los titanes. 2 fig. Desmesurado, excesivo: *esfuerzo ~.*
SIN. *1* **Titanio.**
I) titanio (de *Titan*) *m.* Metal pulverulento, infusible, de color gris de acero. Su símbolo es *Ti,* su peso atómico 48 y su número atómico 22. Se usa como desoxidante en aceros especiales. Tiene gran resistencia a la tracción y a la corrosión. Es muy ligero.
II) titanio, -nia (l. *-iu*) *adj.* Titánico (de titanes).
titanita *f.* Silicato que cristaliza en el sistema monoclínico, de color gris, pardo, verde amarillento o negro, y brillo resinoso o adamantino.
titear *intr.* Cantar la perdiz llamando a los pollos. -2 *tr. Amér. Merid.* Burlarse [de alguien], tomarlo de títere.
titeo *m.* Acción de titear la perdiz. 2 *Argent.* y *Bol.* Mofa, zumba.
títere (orig. incierto) *m.* Figurilla que, movida con algún artificio, imita los movimientos humanos: ***no dejar ~ con cabeza,*** causar el destrozo o el desbarajuste total de una cosa. 2 Sujeto ridículo, presumido o informal y casquivano. 3 Persona carente de energía o voluntad, a la que otros manejan fácilmente. 4 Idea fija que preocupa mucho. -5 *m. pl.* Diversión pública de volatines. 6 *Cuba.* Frailecito, pájaro. -7 *m. P. Rico.* Pilluelo, golfo.
titerero, -ra *m. f.* Titiritero.
titeretada *f.* fam. Acción propia de un informal.
titerista *com.* Titiritero.
tití (onomat. de la voz del animal) *m.* Mono platirrino, pequeño, de color ceniciento, cara blanca y nariz negra, propio de América del Sur *(Callithrix jacchus).* 2 ~ ***leonino,*** mono platirrino de unos 70 cms. de longitud y pelaje de color rojizo con reflejos dorados *(Leontocebus rosalia).* ◇ Pl.: *tities.*
titi *com.* vulg. Persona joven, especialmente mujer.
titiaro *adj.* [variedad de cambur] Que da el fruto pequeño.
titilación *f.* Acción de titilar. 2 Efecto de titilar.
titilador, -ra *adj.* Que titila.
titilar (onomat.) *intr.* Agitarse con ligero temblor, alguna parte del organismo animal. 2 Centellear con temblor ligero un cuerpo luminoso: *titilaban las estrellas.*
titilear *intr.* Titilar.
titileo *m.* Acción de titilar. 2 Efecto de titilar.
titímalo (gr. *tithymalos*) *m.* Lechetrezna: ~ ***árbol,*** arbusto euforbiáceo de tallos rojizos y gruesos y las hojas lanceoladas *(Euphorbia dendroides);* ~ ***espinoso,*** arbusto con espinas en las ramas bajas, las hojas pequeñas y lanceoladas *(Euphorbia spinosa).*
titimico, -ca *adj. Guat.* fam. Ligeramente embriagado.
titingó (voz africana) *m. Cuba.* Zaragata, alboroto.
titipuchal *m. Méj.* Abundancia de algo.
titiribí *m. Colomb.* Cardenal, ave.
titirimundi (de *tutilimundi* < it. dial. *tutti li mundi,* todo el mundo × *títere*) *m.* Mundonuevo. ◇ Pl.: *titirimundis.*
titiritaina *f.* fam. Ruido confuso de flautas u otros instrumentos. 2 p. ext. Bulla alegre.
titiritaje *m. La Mancha.* Tiritera.
titiritar (de *tiritar*) *intr.* Temblar de frío o de miedo.
titiritero, -ra *m. f.* Persona que trae o gobierna los títeres. 2 Volatinero.
SIN. **Titerero, titerista.**
I) tito *m.* Almorta. 2 Bacín (orinal). 3 *Ar.* Guisante. 4 *Murc.* Pollo de la gallina. 5 *Sal., Vallad.* y *Zam.* Hueso o pepita de la fruta.
II) tito *m.* Dim. fam. de *tío,* hermano del padre o de la madre de una persona.
Titono *n. pr.* MIT. Esposo de Aurora. Los dioses lo convirtieron en cigarra.
titubar (l. *titubare*) *intr.* Titubear.
titubeante *adj.* Que titubea.
titubear (l. *-bare*) *intr.* Oscilar, tambalearse al andar. 2 Vacilar o tropezar en la elección o pronunciación de las palabras. 3 fig. Sentir perplejidad en algún punto o materia.
SIN. v. **Vacilar.**
titubeo *m.* Acción de titubear. 2 Efecto de titubear.
titulación *f.* Acción de titular, en gral. 2 Efecto de titular, en gral. 3 Obtención de un título académico. 4 QUÍM. Acción de titular o valorar una disolución. 5 QUÍM. Efecto de titular o valorar una disolución.
titulado, -da, p. p. de *titular* II. 2 *adj.-s.* Persona que posee un título académico. 3 Título, persona que tiene derecho a una dignidad nobiliaria. 4 *Amér.* Supuesto, presunto.
titulador, -ra *adj.-s.* Que titula o sirve para titular.
I) titular *adj.* Que tiene algún título. 2 Que da su propio nombre por título a otra cosa. 3 Que ejerce profesión con cometido especial y propio: *juez ~.* -4 *adj.-f.* IMPR. Tipo de tamaño grande: ***letra ~,*** encabezado con grandes titulares. -5 *m.* Título que en un periódico, revista, etc., encabeza una información, compuesto en tipos de mayor tamaño. -6 *com.* Profesor numerario de Universidad de categoría inferior a la del catedrático. 7 DEP. Jugador que forma parte habitualmente de la alineación de su equipo.
II) titular (l. *-are*) *tr.* Poner título [a una cosa]. 2 QUÍM. Valorar una disolución. -3 *intr.* Obtener un título nobiliario. -4 *prnl.* Obtener una persona un título académico.
SIN. *1* **Intitular,** menos us.
titularización *f.* Acción de titularizar. 2 Efecto de titularizar.
titularizar *tr.* Dar [a algo] carácter titular. ◇ ** CONJUG. [4] como ***realizar.***
titulatura *f.* Conjunto de títulos que posee una persona, casa o entidad.
titulillo (dim. de *título*) *m.* Renglón en la parte superior de la página impresa, para indicar la materia de que se trata.
título (l. *-lu*) *m.* Designación distintiva de una obra escrita o impresa, o de cada una de sus partes. 2 Subdivisión de una ley o reglamento. 3 Nombre que expresa una dignidad nobiliaria: *~ de rey; ~ de conde.* 4 Persona que goza de una dignidad nobiliaria. 5 Lo que establece el derecho de uno a una distinción honorífica o a ejercer un empleo o profesión: *~ de nobleza; ~ de médico; a ~ de,* en cualidad de. 6 Documento que establece un derecho o que da fe de un crédito contra el estado o sociedad comercial: *~ de propiedad; ~ de deuda pública.* 7 fig. Cualidad, servicios que dan derecho a alguna cosa: *un ~ de gloria inmortal.* 8 Letrero o inscripción con que se indica el contenido, objeto o destino de otras cosas. 9 Causa, razón, motivo o pretexto. 10 QUÍM. ~ ***de una solución,*** relación entre el peso del cuerpo disuelto y el peso total de la solución.
REL. *3* Para los títulos nobiliarios, v. **noble.**
tiufado *m.* Jefe de un cuerpo de mil hombres en el ejército visigodo.
tiuque (arauc. *thiuque* o *chiuque*) *m. Argent.* y *Chile.* Ave de rapiña *(Milvago chimango).* 2 *Chile.* fig. Persona artera.
tixotropía (gr. *thixis,* tacto + *tropos,* vuelta) *f.* QUÍM. Propiedad del gel que, al ser agitado, pasa al estado líquido, volviendo por sí mismo al estado coloidal cuando se le deja en reposo.

tixotrópico, -ca *adj.* Que contiene mucha agua y se vuelve fangoso al comprimirlo, de manera que puede fluir: *arena tixotrópica.*
tiza (náhu. *tizalt*) *f.* Arcilla blanca para escribir en los encerados y para limpiar metales. 2 Compuesto de yeso y greda para untar la suela de los tacos de billar. 3 Asta de ciervo calcinada.
SIN. *1* **Clarión.**
tizana *f. Guadal.* Zaragalla, cisco, carbón vegetal muy menudo.
tizar *tr. Chile.* Diseñar, trazar, delinear. ◇ ** CONJUG. [4] como *realizar.*
tizate *m. Amér.* Tiza.
tizna *f.* Materia que puede tiznar.
tiznado, -da *adj. Amér.* Ebrio, borracho.
tiznadura *f.* Acción de tiznar o tiznarse. 2 Efecto de tiznar o tiznarse.
tiznajo *m.* fam. Tiznón. 2 Mancha con otras cosas semejantes.
tiznao *m.* Plato típico manchego a base de patatas, pimientos, cebollas, ajos y bacalao.
tiznar (de **tizonar*, der. de *tizón*) *tr.* Manchar [alguna cosa] con tizne, hollín, etc.; p. ext., manchar a manera de tizna con cualquier substancia. 2 fig. Deslustrar o manchar la fama [de alguno]. -3 *prnl. Amér. Central* y *Argent.* Emborracharse.
SIN. **Entiznar.**
tizne *amb.* Humo, hollín que hace la lumbre: *el ~ de la sartén.* -2 *m.* Tizón (palo). 3 *Logr.* Tizón, vicio del trigo.
tiznero, -ra *adj.* Que tizna.
tiznón (de *tizne*) *m.* Mancha de tizne.
tizo *m.* Pedazo de leña mal carbonizada.
tizón (l. *titione*) *m.* Hongo basidiomicete, negruzco, parásito del trigo y de otros cereales (gén. *Ustilago*). 2 Palo a medio quemar. 3 fig. Deshonra en la fama. 4 Parte de un sillar o ladrillo que entra en la fábrica: *a ~*, dejando la mayor dimensión del ladrillo perpendicular al paramento.
SIN. *1* **Nublo, quemadura, tizoncillo.** REL. **Añublo, niebla,** enfermedad que produce en los cereales.
tizona (n. de la espada del Cid) *f.* fig. *y* fam. Espada (arma).
tizonada *f.* Tizonazo.
tizonazo *m.* Golpe dado con un tizón. 2 fig. Castigo del fuego en la otra vida: *los tizones del infierno.*
tizoncillo *m.* Dim. de *tizón*. 2 Tizón (hongo).
tizonear *intr.* Componer los tizones, atizar la lumbre.
tizonera *f.* Carbonera que se hace con los tizos para acabarlos de carbonizar.
Tl, símbolo químico del *Talio.*
tlachichol *m. Méj.* Tenducho.
tlachique *m. Méj.* Pulque sin fermentar, recién sacado de la mata, en forma de aguamiel.
tlaco *m. Amér.* desus. Octava parte del real columnario.
tlacocol *m.* Jalapa, planta.
tlaconete *adj. Méj.* fig. Chaparro.
tlacopacle *m. Méj.* Aristoloquia, planta.
tlacote (probl. del mej. *tlacati*, nacer) *m. Méj.* fam. Divieso, furúnculo.
tlacoyo *m. Méj.* Tortilla en forma de cocol, con relleno de diversas cosas.
tlacuache *m. Méj.* Zarigüeya.
tlancuino, -na *adj. Méj.* Que carece de algunos dientes.
tlapa *m. Méj.* Higuerilla o ricino.
tlapalería (mej. *tlapalli*, color + *-ería*) *f. Méj.* Tienda en que se venden colores, aceites y útiles para pintar.
tlascal *m. Méj.* Tortilla o torta de maíz.
tlaspi *m.* Carraspique, planta.
tlaxcalteca *adj.-s.* De Tlaxcala, ciudad y estado de Méjico. -2 *adj.-m.* Lengua precolombina, hablada antiguamente en Méjico.
tlazol, tlazole (mej. *tlazolli*) *m. Méj.* Punta de la caña de azúcar y del maíz, que sirve para forraje.
tlemole (mej. *tletl*, fuego y *molli*, salsa) *m. Méj.* Salsa de chile con tomate.
Tm, símbolo químico del *Tulio.*
tmesis (gr. *tmesis*, corte) *f.* RET. Figura que consiste en cortar una palabra compuesta intercalando otra en medio, p. ej., *res vero publica*, en vez de *respublica vero.*
T.N.T., abreviatura de trinitrotolueno.
toa (der. de *toar*) *f. Amér.* Maroma o sirga.
toalla (germ. *thwahlia*) *f.* Lienzo para secarse la cara, manos, etc., después de lavarse: *tirar* o *lanzar la ~*, DEP., en boxeo, acción con la que el apoderado da por terminada la pelea por inferioridad física de su púgil; fig. *y* p. ext., acción de abandonar alguien una empresa por considerarse vencido. 2 Cubierta que se tendía en las camas sobre las almohadas.
SIN. **Hazaleja,** p. us.; **paño de manos.**
toallero *m.* Mueble para colgar toallas.
toalleta *f.* Dim. de *toalla*. 2 p. us. Servilleta.
toar (ing. *to tow*, remolcar) *tr.* Atoar (una nave).
I) toba (l. v. **tofa* < l. *tofus*) *f.* Piedra caliza muy porosa y ligera: *~ calcárea,* roca sedimentaria formada por la precipitación del carbonato cálcico disuelto en el agua; *~ volcánica,* roca ligera, de consistencia porosa, formada por la acumulación de cenizas u otros elementos volcánicos muy pequeños. 2 Sarro de los dientes. 3 fig. Capa o corteza que se cría en algunas cosas. 4 Cardo borriquero. 5 fam. Colilla. 6 fam. Golpe, puñetazo, guantada. ◇ HOMÓF.: *tova.*
SIN. *1* **Tosca, tufo.**
II) toba (guaraní, cara) *adj.-s.* Indígena perteneciente a diversas parcialidades que habitaban al sur del Pilcomayo, en Argentina. -2 *adj.* Perteneciente o relativo a estos indios. -3 *m.* Lengua, con varios dialectos, de estos indios, pertenecientes a la familia guaicurú. ◇ HOMÓF.: *tova.*
toballa (germ. *thwahlhja*) *f.* Toalla.
I) tobar *m.* Cantera de toba.
II) tobar *tr. Colomb.* vulg. Toar, remolcar [un barco].
tobera *f.* Abertura tubular por donde entra el aire en un horno o forja. 2 En los motores de reacción, parte posterior, por la que sale el gas de combustión. 3 Tubo de salida por el que termina el conducto de descarga de un fluido.
tobiano, -na *adj. Argent.* y *Chile.* [caballería] Que tiene la capa de dos colores a grandes manchas.
Tobías *n. pr.* BIBL. Libro del ant. Testamento. Se abrevia *Tob.* 2 Personaje bíblico que tuvo por compañero de viaje al arcángel san Rafael.
tobillera *f.* Calcetín elástico abierto por el talón y los dedos, que protege o sujeta el tobillo. 2 *Colomb.* Calcetín corto.
tobillero, -ra *adj.* Que llega hasta los tobillos.
tobillo (probl. l. v. **tubellu;* dim. de *tuber*, joroba, excrecencia) *m.* Protuberancia del peroné y de la tibia en el lugar donde la pierna se une con el pie.
SIN. **Maléolo.**
tobiza *m. Seg.* Arcilla endurecida que se talla para hacer hornillos y utensilios análogos.
tobo *m. Venez.* Balde o cubeta para echar o cargar agua.
toboba *f. C. Rica, Nicar.* y *Pan.* Especie de víbora (gén. *Bothrops*).
tobogán (fr. canadiense, de orig. algonquiano *tobogán, toboganne*) *m.* Especie de trineo bajo que descansa sobre patines, cubierto por una tabla curvada en uno de sus extremos. Sirve para deslizarse en la nieve o en planos inclinados. 2 Pista hecha en la nieve, por la que se deslizan a gran velocidad estos trineos. 3 Aparato en forma de pista inclinada, por la que descienden los niños, deslizándose. 4 Aparato similar que en las piscinas sirve para lanzarse al agua. 5 Rampa para el traslado de mercancías.
toboseño, -ña *adj.-s.* De Toboso, pueblo de Toledo.
toboso, -sa *adj.* Formado de piedra toba.
tobralco (monograma registrado de la casa *Tootal Broadhurst Lee Co.* de Manchester) *m.* Tejido de algodón parecido al percal.
I) toca (etim. dud., de una base hispánica *tauca;* o quizá del persa *taq*, velo) *f.* Prenda de tela con que se cubría la cabeza. 2 La de lienzo blanco usada por las monjas. 3 Tela ligera con que se hacen las tocas. 4 Casquete o sombrero de ala pequeña usado por las señoras. -5 *f. pl.* Socorro que se da en ciertos casos a la viuda o a las hijas de un empleado a su fallecimiento.
II) toca *m. f. C. Rica.* Tocayo.
tocable *adj.* Que se puede tocar.
SIN. v. **Tangible.**
tocada *f. Chile.* En las riñas de gallos, golpe fuerte que da un gallo a otro sin sacarle sangre.
tocadiscos (de *tocar* + *disco*) *m.* Aparato que consta de un platillo giratorio, sobre el que se colocan los discos fonográficos, y de un fonocaptor conectado a un altavoz. ◇ Pl.: *tocadiscos.*
I) tocado (de *tocar* II) *m.* Peinado y adorno de la cabeza, en las mujeres.
II) tocado, -da (de *tocar* I) *adj.* fig. Algo perturbado. 2 [fruta] Que ha empezado a dañarse. 3 DEP. [jugador] Afectado por alguna indisposición o lesión.
SIN. *1* v. **Loco.**

I) tocador (de *tocar* II) *m.* Especie de toca antigua. 2 Mueble con espejo para el aseo y peinado de una persona. 3 Aposento destinado a este fin. 4 Neceser.

II) tocador, -ra (de *tocar* I) *adj.-s.* Que toca: ~ *de guitarra.* -2 *m. And.* Templador, llave para templar algunos instrumentos de cuerda.

tocadura *f.* Tocado (adorno). 2 Herida o llaga que el roce continuado produce en alguna parte del cuerpo.

Tócame Roque (la casa de ~), comparación proverbial que significa desbarajuste, desorden en el que nadie se entiende. Es una tradición popular que tuvo expresión literaria en un sainete de Ramón de la Cruz (1731-1794).

tocamiento *m.* Acción de tocar I. 2 Efecto de tocar I. 3 fig. Llamamiento o inspiración.

tocante a (de *tocar* I) *adv.* En orden a, referente a.

I) tocar (l. v. *toccare,* de orig. onomat.) *tr.* Entrar en contacto una parte del cuerpo, esp. la mano [con una cosa], de manera que ésta impresione el sentido del tacto: *toco la llave; lo he tocado con el pie;* ~ *con el codo,* etc. 2 Llegar con la mano a una cosa sin asirla o alcanzarla con un instrumento: *lo toqué con el bastón.* 3 Tropezar ligeramente una cosa [con otra]; esp., dar suavemente la quilla del barco [en el fondo]. 4 Ensayar [el oro o la plata] en la piedra de toque. 5 Hacer sonar según arte [un instrumento] o hacer sonar [la campana u otro instrumento] para avisar: *el laúd no se toca hoy; abs.,* ~ *a muerto.* 6 Haber llegado el momento [de hacer algo]: ~ *a pagar.* 7 fig. Tratar superficialmente [una materia]: ~ *la cuestión de los aranceles; la cuestión de los aranceles no podía tocarse.* 8 fig. Conocer [una cosa] por la experiencia: *tocó los resultados de su imprevisión.* 9 fig. Estimular, persuadir, inspirar: *le tocó Dios el corazón.* 10 PINT. Dar toques o pinceladas sobre [lo pintado]. -11 *intr.* Pertenecer por algún título o ser de la obligación o cargo de uno: *tocaba a Isidora repartir el pan;* fig., *en lo que toca a la carta de amores.* 12 Pertenecer parte de una cosa que se reparte, o caer en suerte una cosa: *le toca la mitad; le tocó el premio gordo.* 13 Llegar de paso a un puerto. 14 Entrar una cosa en contacto con otra: ~ *en la tierra; prnl: las dos camas se tocan;* fig., *no quería* ~ *en puntos que no le estarían bien; toca en los límites de lo imposible.* 15 Importar, ser de interés: *le toca muy directamente.* 16 Ser uno pariente de otro: *Juan toca de cerca a Pedro.* ◇ ** CONJUG. [1] como *sacar.*

SIN. *1* **Palpar** y **tentar,** suponen intención de reconocer por el tacto, mientras que *tocar* puede ser voluntario o involuntario. FRS. *Estar tocada una cosa,* empezarse a podrir o dañar; *estar uno tocado de una enfermedad,* empezar a sentirla; estar afectado por alguna indisposición o lesión; *tocárselas uno,* huir. SIN. *5* **Sonar; tañer,** se siente hoy como algo arcaico, excepto si se trata de la campana; **pulsar,** us. para instrumentos de teclado o de cuerda (excepto los de arco). *11* y *12* **Corresponder.** *15* v. **Concernir.**

II) tocar (de *toca*) *tr.* Peinar y componer [a uno] el cabello. -2 *prnl.* Cubrirse la cabeza. ◇ ** CONJUG. [1] como *sacar.*

tocario, -ria *adj.-s.* De un pueblo de origen indoeuropeo que se estableció durante la Alta Edad Media en el Turquestán oriental, región del oeste de China. -2 *adj.-m.* Lengua del tronco indoeuropeo, hablada antiguamente en esta región.

tocasalva *f.* Salvilla.

tocata (it. *toccata*) *f.* Breve composición musical para órgano, piano, etc. 2 fig. Zurra, paliza. 3 fam. Tocadiscos.

tocateca *m. Venez.* Militar analfabeto.

tocateja (a ~) *loc. adv.* Al contado, al mismo tiempo que se compra. ◇ También *a toca teja.*

tocatoca *f. Chile.* Juego de muchachos en que se tiran unos a otros una pelota.

tocatorre *f. Ál.* Marro, juego de muchachos.

tocay *m.* Especie de mono chillón de Colombia.

tocayo, -ya (orig. incierto, quizá de la fr. ritual del matrimonio en Roma, *Ubi tu Caius, ibi ego Caia,* donde te llamen Cayo, a mí me llamarán Caya) *m. f.* Respecto de una persona, otra que tiene su mismo nombre.

SIN. **Homónimo,** se aplica a personas y cosas.

toche *m. Colomb.* y *Venez.* Pájaro conirrostro de plumaje amarillo y negro azulado *(Icterus melanopterus).* 2 *Colomb.* Serpiente venenosa, muy temida, que da grandes saltos cuando persigue a su presa *(Spilotes pullatus).*

tochedad *f.* Calidad de tocho. 2 Dicho o hecho propio de persona tocha.

SIN. v. **Grosería.**

tochimbo *m. Perú.* Horno de fundición.

tocho, -cha (orig. incierto) *adj.* Tosco, grosero. -2 *m.* Lingote de hierro. 3 Ladrillo de unos cinco cms. de grueso. 4 fam. Libro muy grande o de lectura pesada. -5 *f.* fam. Nariz. -6 *adj. Chile.* [gallo] Que tiene cortados uno o ambos espolones; [pers.] que tiene cortada la punta de uno o varios dedos. 7 *S. Dom.* [mosaico] Que deja huecos superficiales al colocarse junto a otros.

tochura *f.* Tochedad (dicho o hecho).

tocía *f.* Atutía.

tocila (quechua) *f. Ecuad.* Lazo hecho con una cuerda.

tocineras *com.* fig. *y* fam. Bobo, tonto.

tocinería *f.* Tienda donde se vende tocino.

tocinero, -ra *m. f.* Persona que tiene por oficio vender tocino. -2 *f.* Mujer del tocinero. 3 Tablón ancho donde se sala el tocino. 4 fig. *y* fam. Autobús de la Policía Nacional.

tocinillo *m.* Dim. de *tocino.* 2 Tocino del cielo.

tocino (l. hisp. **tuccinum lardum;* l. *tuccetum,* carne conservada en manteca, de orig. célt.) *m.* Carne gorda del puerco, esp. la salada: ~ ***entreverado,*** el que tiene hebras de magro; ~ ***saladillo,*** el fresco a media sal. 2 Lardo (del tocino). 3 Témpano de la canal del cerdo. 4 En el juego de la comba, saltos rápidos. 5 fam. Torpe, bobo. 6 ~ ***de cielo,*** dulce de yema de huevo y almíbar cuajados. 7 *Ar.* Cerdo. 8 *Cuba.* Arbusto trepador leguminoso *(Acacia paniculata).*

tocio, -cia *adj.* Tozo, enano; aplíc. esp. a una especie de roble.

I) toco (quechua *tojo*) *m. Perú.* Hornacina rectangular muy usada en la arquitectura incaica.

II) toco, -ca *m. f. Amér. Central.* Tocayo. -2 *m. Argent.* Especie de cedro indígena. 3 *Bol.* Taburete rústico. 4 *Venez.* Tocón o muñón. 5 *Argent.* vulg. Pedazo.

tococo *m. Colomb.* y *Venez.* Alcatraz, ave.

tococó *m. Bol.* Baile popular.

tocoferol *m.* Vitamina E.

tocofobia (gr. *tokós,* parto + *-fobia*) *f.* Temor morboso al parto.

tocología (gr. *tokós,* parto + *-logía*) *f.* Obstetricia.

tocólogo, -ga *m. f.* MED. Especialista en tocología.

SIN. v. **Comadrón.**

tocolotear *intr. Cuba.* Barajar los naipes.

tocomocho *m.* Billete de lotería, aparentemente premiado, que se emplea para estafar a alguien. 2 Timo cometido por este procedimiento.

I) tocón (orig. incierto; quizá célt.) *m.* Parte de tronco que queda unida a la raíz cuando cortan el árbol. 2 Muñón (de un miembro). 3 *La Mancha.* fig. *y* fam. Persona ruda e ignorante.

SIN. *1* **Chueca, troncón, tueca, tueco.**

II) tocón, -cona *adj. Colomb.* y *Venez.* Rabón, reculo. 2 *P. Rico* y *Venez.* Mogón, cuatezón. -3 *m. pl. P. Rico* y *S. Dom.* Cañón de la barba.

tocona *f.* Tocón de diámetro grande. 2 *Venez.* Metátesis de *cotona,* especie de jubón.

toconal *m.* Terreno donde hay muchos tocones. 2 Olivar formado de renuevos de tocones.

tocoquera *f. Venez.* Reunión escandalosa. 2 *Venez.* Garito, burdel.

tocororo (onomat. de su canto) *m. Cuba.* Ave trepadora de hermosos y variados colores *(Trogon temnurus).*

tocotín *m. Méj.* Antigua danza popular y canto que la acompaña.

tocotoco (onomat. de su grito) *m. Venez.* Pelícano, ave.

tocoyal *m. Guat.* Cordón grueso de lana de colores, que usan los indios para adornarse la cabeza.

tocte *m. Ecuad.* y *Perú.* Árbol maderable de nuez esférica más escabrosa y dura que la del nogal europeo. Es el nogal de América *(Juglans nigra).* 2 *Ecuad.* Fruto de este árbol.

tocto *m. Bol.* Guisado de arroz con carne.

tocuyo (probl. de *Tocuyo,* c. de Venez.) *m. Amér.* Tela burda de algodón.

todabuena, todasana *f.* Arbusto gutiferáceo de hojas opuestas y redondas, flores amarillas y fruto en baya carnosa *(Hypericum androsœmum).*

SIN. **Androsemo, castellar.**

todavía (*toda* + *vía*) *adv. t.* Denota que en un momento determinado sigue produciéndose algo, o que no se ha producido lo que se espera: *está durmiendo* ~; *no ha llegado* ~. -2 *adv. m.* Con todo eso, a pesar de ello: *es malo y* ~ *le quiero;* precediendo a las voces *más, menos, mejor,* etc., sirve para reforzar las comparaciones: *es* ~ *más aplicado que su hermano.* ◇ V. aún.

todero, -ra *adj. Venez.* Que sirve para todo.

todito, -ta *adj.* fam. Encarece el significado de todo: *se ha pasado todita la noche llorando.*
todo, -da (l. *totu*) *adj. pron.* Que se toma entero sin excluir nada: *se comió ~ el pan; cómelo ~; tú responderás por todos;* se usa en singular y sin artículo cuando al referirse al conjunto quiere señalar cada una de sus partes reales o posibles: *~ fiel cristiano; ~ delito;* se usa como neutro colectivo delante de los nombres propios de ciudad o nación: *~ Barcelona; ~ España;* pero cabe también la concordancia femenina: *toda Barcelona; toda España.* 2 Usado en plural, cada: *viene todos los meses.* 3 Usado en masculino singular, pondera el exceso de una calidad o circunstancia: *hombre pobre ~ es trazas.* 4 En correlación con *cuanto,* sirve para enlazar oraciones comparativas: *todas cuantas penas hasta hoy se han padecido.* -5 *adv. m.* Enteramente (uso poco recomendable). -6 *m.* Cosa entera: *el ~ es mayor que una parte.* 7 En las charadas, la palabra que da la solución. 8 FIL. Lo que puede ser descompuesto o dividido en sus partes. ◇ En la acep. 5 es gralte. GALIC. O CAT. su empleo como adverbio invariable: *danzas ~ profanas; llegó ~ borracho.*
SIN. *6* **Totalidad.** FRS. *Ante ~,* primera y principalmente; *así y ~,* a pesar de eso, aun siendo así; *a ~,* cuanto puede ser en su línea, a lo sumo: *a ~ correr; del ~, de ~ en ~, en ~ y por ~,* entera, absolutamente; *sobre ~,* con especialidad, principalmente; *y ~,* hasta, también (encareciendo mucho): *volcó el carro con mulas y ~.* Loc. conj. *A ~ esto* o *a todas éstas,* mientras tanto, entre tanto; *con ~, con ~ esto* o *eso,* no obstante, sin embargo. Fr. fig. *Hallárselo uno ~ hecho,* ser muy dispuesto y expedito; *ser uno el ~,* ser la persona más influyente o necesaria; *todos son unos,* todos están de acuerdo (suele tomarse a mala parte), loc. adj., *de todas, todas,* con seguridad, irremediablemente.
todopoderoso, -sa *adj.* Omnipotente. 2 p. ant. *El Todopoderoso,* Dios.
toesa (fr. *toise*) *f.* Ant. medida francesa de longitud (1.949 m.).
tofana (it. *Toffana,* n. de la supuesta inventora) *f. Agua ~,* antiguo veneno a base de arsénico.
tofo (l. *tofu,* toba) *m.* Nodo (tumor). 2 *Chile.* Arcilla blanca refractaria.
toga (l.) *f.* Vestidura exterior en forma de manto amplio y largo que llevaban los romanos sobre la túnica. 2 Vestido talar con mangas y esclavina, que, como insignia de su función, se ponen sobre el vestido los magistrados, abogados, catedráticos, etc.
togado, -da *adj.-s.* Que viste toga.
toilette (fr. *toilette*) *f.* GALIC. Por *tocado, traje* o *atavío,* según los casos. 2 Tocador, mueble donde uno se atavía. 3 Lavabo, cuarto de aseo, retrete. ◇ Se pronuncia *tualet.*
toisón (fr. *toison,* vellón) *m.* Orden de caballería instituida por Felipe el Bueno, duque de Borgoña (1396-1467). 2 Insignia de esta orden. 3 Persona condecorada con esta insignia. 4 ***Toisón de oro,*** toisón. ◇ En los clásicos, *tusón.*
tojal *m.* Terreno sembrado de tojos.
tojino (ant. *tohino* < probl. de **tufino;* dim. de *tufo* II) *m.* Pedazo de madera que se clava en una embarcación para asegurar las empuñiduras, evitar el balanceo de una cosa, servir de escala para subir o bajar, etc.
I) tojo (probl. orig. prerromano) *m.* Arbusto papilionáceo, espinoso y ramificado, con las hojas convertidas en espinas; las flores perfumadas, de color amarillo, son medicinales; los frutos son ovales y vellosos y las semillas venenosas *(Ulex europaeus).* 2 *Bol.* Calandria.
SIN. *1* **Abolaga, abulaga, aliaga, árgoma, aulaga, ulaga; escajo** *(Sant.).*
II) tojo, -ja *adj.-s. Bol.* Mellizo, gemelo.
tojosita *f. Cuba.* Especie de paloma silvestre, de pequeño tamaño *(Columba passerina).*
tol *m. Amér. Central.* Calabaza cortada por la mitad. 2 *Amér. Central.* Jícara, vasija grande.
I) tola (probl. aimara *ttloa*) *f. Amér. Merid.* Arbusto resinoso de la familia de las compuestas *(Baccharis tola).*
II) tola (del quechua *tola* o *tula*) *f. Ecuad.* Tumba en forma de montículo, perteneciente a los antiguos aborígenes.
tolano (der. del l. *toles,* hinchazón de las amígdalas) *m.* Pelillo corto que nace del cogote. -2 *m. pl.* Enfermedad que padecen las bestias en las encías.
tolda *f. Colomb., Ecuad.* y *P. Rico.* Toldo y tela que sirve para hacerlo. 2 *Colomb.* Toldo o cabaña. 3 *Colomb.* Cubierta que se pone en las embarcaciones menores para guarecerse de la lluvia. 4 *P. Rico.* Saca o costal grande de tela burda para liar granos o ponerlos a secar al sol. 5 *P. Rico* y *Urug.* Techo de lona de la carreta. 6 *Venez.* Cielo encapotado.
toldadura (de *toldar*) *f.* Toldo, colgadura, pabellón.
toldar (de *toldo*) *tr.* Entoldar.
toldería *f. Amér.* Campamento formado por toldos de indios.
toldilla (dim. del ant. *tolda,* alcázar de un buque) *f.* MAR. Cubierta parcial que tienen algunas embarcaciones a la altura de la borda desde el palo mesana al coronamiento de popa. 2 MAR. En los buques de guerra, cubierta superior que se extiende desde la torreta de popa al coronamiento.
toldillo *m.* Dim. de *toldo.* 2 Silla de manos cubierta. 3 *Amér.* Mosquitero, toldo o pabellón para protegerse contra los mosquitos.
toldo (probl. de la forma germ. *teld,* cubierta; a través del fr. ant. y dial.) *m.* Pabellón o cubierta de tela que se tiende para que dé sombra. 2 Entalamadura. 3 fig. Engreimiento, vanidad. 4 *Amér.* Cabaña de los indios hecha con pieles y rama. 5 *Amér.* Fuelle o capote de coches y automóviles. 6 *Colomb.* y *P. Rico.* Mosquitero.
SIN. *1* **Tendal, vela.** *3* v. **Envanecimiento.**
tole (l. *tolle,* quita, del *tolle eum,* del Evangelio) *m.* fig. Confusión y gritería popular. 2 Desaprobación general: *levantar el ~ contra una ley.* 3 fig. ***Tomar uno el ~,*** partir aceleradamente. 4 ***Tole, tole,*** rumor, murmuración: *corría un tole, tole sobre aquella familia.* 5 *Salv.* Jícara, vasija grande. 6 *Colomb.* vulg. Pista, orientación.
SIN. *4* **Rumor.**
toledano, -na *adj.-s.* De Toledo.
SIN. **Bolo** (fam.).
tolemaico, -ca *adj.* Relativo a Tolomeo (s. II d. C.) o a su sistema astronómico.
tolerabilidad *f.* Calidad o condición de tolerable.
tolerable (l. *-ile*) *adj.* Que se puede tolerar.
tolerablemente *adv. m.* De manera tolerable.
tolerado, -da *adj.* Autorizado, lícito.
tolerancia (l. *-ntia*) *f.* Acción de tolerar. 2 Disposición a admitir en los demás una manera de ser, de obrar o de pensar distinta de la propia, esp. en cuestiones y prácticas religiosas. 3 Diferencia que se consiente en la calidad o cantidad de las cosas contratadas o convenidas. 4 Máxima diferencia que se tolera entre el valor nominal y el valor efectivo en las características físicas y químicas de un producto. 5 Capacidad de una planta para resistir en condiciones adversas. 6 Capacidad del organismo para soportar dosis cada vez más elevadas de una droga en el uso continuado de la misma. 7 ***~ de cultos,*** derecho reconocido por la ley para celebrar privadamente actos de culto que no son los de la religión del Estado. 8 BIOL. Condición que permite a un organismo parasitado convivir con el huésped sin sufrir graves daños.
tolerante *adj.* Que tolera.
tolerantismo *m.* Opinión de los que preconizan el libre ejercicio de todo culto religioso.
tolerar (l. *-are*) *tr.* Soportar con indulgencia en los demás [una cosa que desaprobamos]. 2 Permitir [una cosa lícita] sin consentirla expresamente. 3 Resistir sin daño [la acción de una medicina, de un alimento, etc.]: *mi estómago no tolera la leche.*
SIN. **Sufrir,** en gral. *1* **Aguantar.**
toletari *m. Cuba.* Vigilante de policía.
toletazo *m. Can.* y *Ecuad.* Golpe dado con el tolete.
tolete (fr. *tolet,* de orig. germ.) *m.* MAR. Estaca pequeña y redonda, fijada en el borde de una embarcación, a la cual se ata el remo. 2 *Can.* y *Amér.* Garrote corto. 3 *Colomb.* Balsa, jangada. 4 *Cuba.* Trozo; pedazo de alguna cosa de forma cilíndrica. 5 *Ecuad.* Toletazo, golpe de tolete. 6 *Ant.* fest. Moneda de un duro. -7 *adj.-s. Can.* y *Cuba.* fig. *y* fam. Persona muy torpe y de cortos alcances.
SIN. *1* **Escálamo.**
toleteada *f. Can.* Paliza dada con el tolete.
toletear *tr. Colomb.* Partir en pedazos [alguna cosa].
toletero *m. Venez.* Camorrista, pendenciero.
toletole *m.* fam. Rumor, hablilla. 2 *La Mancha.* Trote continuado de una caballería. 3 *La Mancha.* fig. Manera equilibrada de desenvolverse una persona. 4 *Colomb.* y *Perú.* Tema, porfía. 5 *Venez.* Vida alegre y vagabunda.
tolillo *m. Colomb.* Ración de peces para hacer el sancocho.
tolimense *adj.-s.* De Tolima, dep. de Colombia.
tolinga *f. Méj.* Muerte.
tolita *f.* Substancia explosiva que se extrae de un derivado del tolueno.
tolla (de *tollo* II) *f.* Tremedal encharcado por las aguas subterráneas. 2 *Cuba.* Artesa para dar de beber a los animales.

tolladar *m.* Lugar de tremedales o tollas.
tollina (disimilación de *tonina*) *f.* fam. Zurra.
I) tollo (orig. incierto) *m.* Cazón. 2 Carne que tiene el ciervo junto a los lomos. 3 Mielga (pez). 4 *Can.* Tira en forma de látigo que resulta de cortar a lo largo el cazón. 5 *Can.* fig. Hombre flaco y correoso.
II) tollo (voz regional; relac. con el cat. *toll,* charca; probl. de orig. célt.) *m.* Hoyo o enramada donde se ocultan los cazadores. 2 Tolla. 3 *Ar.* Charco.
tollón *m.* Coladero (camino estrecho).
tolmera *f.* Terreno donde abundan los tolmos.
SIN. **Tormagal, tormellera, tormera.**
tolmo (var. de *tormo*) *m.* Peñasco aislado, semejante a un gran mojón.
SIN. **Tormo.**
tolo *m.* Templo griego de planta circular rodeado de columnas. 2 *Ast.* y *León.* Tolondro, chichón.
tolobojo *m. Guat.* Pájaro bobo.
tololoche *m. Méj.* Contrabajo, instrumento de cuerda.
tolón *m. And.* Tolano, enfermedad. 2 *Salv.* Especie de trompo sin punta de hierro.
toloncho *m. Colomb.* Tolete, trozo, pedazo.
tolondro, -dra, -drón, -drona (ant. *torondo* < b. l. *turundu* < l. *turunda,* buñuelo, bulto) *adj.-s.* Aturdido, desatinado. -2 *m.* Chichón.
SIN. *2* **Turumbón.**
tolonés, -nesa *adj.-s.* De Tolón, c. de Francia.
tolonguear *tr. C. Rica.* Mimar, acariciar.
tolosano, -na *adj.-s.* De Tolosa, nombre de diversas poblaciones.
tolstoyano, -na *adj.* Relativo al escritor ruso Tolstoy (1828-1910).
tolteca *adj.-s.* Pueblo mesoamericano que habitó en el Altiplano de Méjico. 2 Perteneciente o relativo a este pueblo. -3 *m.* Idioma del mismo.
tolú (de *Tolú,* c. de Colombia) *m.* Árbol resinoso terebintáceo, del cual se saca el bálsamo de su nombre *(gén. Myrospermum).*
tolueno *m.* QUÍM. Hidrocarburo líquido, semejante al benceno, que se utiliza en la fabricación de trinitrotolueno y en la preparación de colorantes y medicamentos.
toluidina *f.* Amina derivada del tolueno, parecida a la anilina.
toluol *m.* Tolueno bruto.
toluqueño, -ña *adj.-s.* De Toluca, cap. del estado de Méjico (Méjico).
tolva (probl. l. *tubula;* dim. de *tuba,* trompeta) *f.* Caja abierta por debajo en la que se echa el grano en los molinos para que vaya cayendo entre las muelas. 2 Parte superior en algunos cepillos y urnas, con una abertura para dejar pasar las monedas, papeletas, etc. 3 Recipiente en forma de cono o pirámide invertida, abierto por su parte inferior para dar salida a las substancias que se vierten en él. 4 MIN. Agregado cristalino caracterizado porque sus cristales presentan caras externas pero están huecos por dentro; como la halita.
tolvanera (**torvenera* < l. *turbine,* torbellino) *f.* Remolino de polvo.
toma *f.* Acción de tomar: ~ ***de conciencia,*** hecho de darse cuenta reflexivamente de un problema, cuestión, etc.; ~ ***de posesión,*** acto, gralte. solemne, por el que se hace efectivo el nombramiento de una persona para el ejercicio de un cargo. 2 Porción de alguna cosa tomada de una vez: *una ~ de quina.* 3 Data (orificio). 4 Lugar por donde se deriva una corriente de fluido o de electricidad: ~ ***de agua,*** acción de desviar el agua de una canalización para proceder a su uso; instalación llevada a cabo con este fin; ~ ***de aire,*** entrada de aire; ~ ***de corriente,*** enchufe; ~ ***de tierra,*** conductor que conecta una instalación eléctrica con tierra. 5 CINEM. Acción de fotografiar o filmar. 6 CINEM. Efecto de fotografiar o filmar. 7 MIL. Conquista por armas de una plaza. 8 *Can.* Medicación. 9 *Amér.* Acequia, cauce. 10 *Amér.* Presa, muro para desviar el agua de un cauce.
tomacorriente *m.* Toma de corriente eléctrica. 2 *Argent.* Enchufe, aparato para establecer una conexión eléctrica.
tomada *f.* Toma de una plaza. 2 *Amér. Merid.* Toma (acción y efecto).
tomadero *m.* Parte por donde se toma una cosa. 2 Data (orificio). 3 *Can.* Depósito natural de agua de lluvia.
tomado, -da *adj.* [voz] Algo ronca. 2 *Can.* y *Amér.* Borracho, bebido.
tomador, -ra *adj.-s.* Que toma. 2 Ladrón. 3 Bebedor, aficionado a la bebida. 4 COM. Persona a cuya orden se gira una letra de cambio. -5 *m.* IMPR. Rodillo de que disponen las máquinas de estampar, el cual se impregna de tinta para depositarla en la mesa. 6 MAR. Trenza de filástica, larga, con que se agarran las velas.
tomadura *f.* Toma (acción y porción). 2 Cantidad que, de una sola vez, se toma de algo. 3 fig. ~ ***de pelo,*** broma, chunga.
tomaína *f.* Ptomaína.
tomajón, -jona *adj.-s.* fam. *y* desus. Que toma con frecuencia o descaro.
SIN. **Tomón.**
tomar (orig. incierto; quizá del l. *autumare,* proclamar el derecho de uno a un objeto) *tr.* Coger o asir por la mano [una cosa], o cogerla por un medio cualquiera: *~ con, en,* o *entre, las manos; ~ tinta con la pluma;* p. ext., elegir entre varias cosas: *tome usted un libro de éstos;* comer y beber: *~ el desayuno;* entresacar o copiar: *~ de un autor un pensamiento.* 2 Ocupar o adquirir una cosa por la fuerza: *~ la ciudad;* ocupar un sitio para cerrar el paso: *~ el puente.* 3 Quitar o hurtar. 4 Hacer o ganar la baza en un juego de naipes. 5 Comprar (adquirir): *tomaré manzanas.* 6 Alquilar (tomar de otro): *~ un coche; ~ un palco.* 7 Contratar o ajustar [a una persona] para que preste un servicio: *~ un criado.* 8 Llevar [a uno] en su compañía: *tomaré a mi hermana.* 9 Contraer, adquirir: *~ un vicio.* 10 Recibir o aceptar [lo que le dan a uno]: *~ dinero prestado; tomo el libro que usted me ofrece.* 11 Recibir o entender [alguna cosa] en un sentido determinado: *~ una cosa en broma; ~ a pechos; ~ para sí.* 12 Considerar: *~ por ladrón; ~ por ofensa.* 13 Recibir los efectos [de alguna cosa], padeciéndolos: *~ frío.* 14 Recibir o imitar [los usos o cualidades] de otro: *~ el estilo; ~ los modales de alguno.* 15 Sobrevenir [a uno] de nuevo algún efecto o accidente: *tomarle a uno la risa* o *un desmayo.* 16 Dentro de las acepciones que le son propias, constituye el primer elemento de una serie de frases en las cuales predomina la significación del segundo componente: ~ ***un negocio,*** emprenderlo; ~ ***precauciones,*** precaverse; ~ ***bajo su protección,*** proteger; ~ ***resolución,*** resolver; ~ ***sobre sí,*** hacerse cargo; ~ ***fuerza,*** hacerse fuerte; ~ ***la libertad,*** libertarse, tomarse licencia; ~ ***la aguja,*** empezar a coser; ~ ***posesión,*** posesionarse. 17 Fotografiar, filmar. -18 *intr.* Encaminarse, tirar (torcer): *~ hacia,* o, *por la derecha.* -19 *prnl.* Cubrirse de moho u orín: *tomarse de orín con,* o *por, la humedad.* 20 Oscurecerse, cargarse de vapores o nubes la atmósfera, esp. por el horizonte. -21 *tr. Amér.* fam. Beber. 22 *Colomb.* Torear, chulear, molestar [a alguien].
FRS. *Tomarla con uno,* contradecirle y culparle en cuanto dice o hace, o tener tema con él; *~ uno una cosa por donde quema,* atribuir intención ofensiva o picante a lo que otro dice o hace. *¡Toma!,* interj. con que se da a entender la poca importancia de una especie; expresa también que uno se da cuenta de lo que antes no había podido comprender; señala como castigo aquello de que se habla: *¿no te dije que corrías peligro? Pues ¡toma! ~ el portante, el dos, las de Villadiego,* marcharse; *~ el pelo,* burlarse.
SIN. *1* v. **Asir.** *2* **Conquistar.**
Tomás (Santo ~) *n. pr.* Uno de los doce apóstoles, célebre por su incredulidad en la resurrección de Jesucristo, hasta que pudo tocar las llagas del Maestro. Ha quedado en la tradición como tipo de los que no se convencen hasta que palpan las cosas por sí mismos.
FR. *Ver y creer, como Santo Tomás.*
Tomás Carite *n. pr. S. Dom.* Personaje fantástico, prototipo del embustero.
tomata *f. Colomb.* fam. Burla, mofa.
tomatada *f.* Fritada de tomate. 2 Lanzamiento de tomates en señal de enfado o protesta.
tomatal *m.* Terreno en que abundan las tomateras. 2 *Guat.* Tomatera, planta.
tomatazo *m.* Aum. de *tomate.* 2 Golpe dado con un tomate.
tomate (mej.) *m.* Fruto de la tomatera. 2 Tomatera. 3 Juego de naipes parecido al julepe. 4 fig. Rotura en una media o calcetín. 5 fam. Complicación, trabajo. 6 fig. *y* fam. Jaleo, alboroto, barullo, enredo, lío.
tomatera *f.* Planta solanácea hortense que se cultiva por su fruto, que es una baya globosa, encarnada y jugosa *(Lycopersicum esculentum).* 2 fam. Vanidad, pedantería. 3 *Chile.* Embriaguez. 4 *Chile.* Fiesta desordenada en que se abusa del alcohol.
tomatero, -ra *m. f.* Persona que vende tomates. -2 *adj.* Propio para guisado con tomate: *pollo ~.* -3 *m. Can.* Tomatera (planta).
¡tomates! *Cuba.* Expresión de asombro o negación.

tomatesa *f. Méj.* Tomatera.
tomaticán *m. Chile.* Guiso o salsa de tomate.
tomatillo *m. Zam.* Variedad de guinda de exquisito sabor. 2 ~ *del diablo,* arbusto ramificado solanáceo, cubierto de espinas amarillas sobre hojas y tallo; las flores son de color violeta y los frutos son bayas de color amarillo *(Solanum sodomaeum).* 3 *Cuba* y *Chile.* Nombre de diversas plantas (gén. *Physalis, Solanum, Witeringia).*
tomatón *m. Chile.* Planta solanácea arbórea, con bayas parecidas al tomate *(Physalis peruviana).*
tomavistas (de *tomar + vista*) *com.* CINEM. Operador de fotografía. -2 *m.* Cámara fotográfica que se utiliza en cine o televisión. ◇ Pl.: *tomavistas.*
tomaza *f. Logr.* Planta semejante al tomillo pero menos olorosa.
tombía *f. Amér. Central.* Canasto, cuévano.
tómbola (it.) *f.* Rifa de objetos, gralte. organizada con fines benéficos. 2 Local en que se celebra.
tómbolo *m.* Banco de arena que une una isla con la costa.
tome *m. Chile.* Totora, especie de espadaña.
tomeguín *m. Cuba.* Pajarillo de plumaje verdoso y con una gola amarilla *(Passerina olivacea).*
tomento (l. *-tu*) *m.* Estopa basta que queda del lino después de rastrillado. 2 H. NAT. Vello suave de algunas plantas.
tomentoso, -sa *adj.* Que tiene tomento.
-tomía (gr. *tomós,* cortante, de *temno,* dividir, cortar) Elemento sufijal que entra en la formación de palabras con el significado de cortar, dividir.
tomillar *m.* Terreno poblado de tomillo. 2 Erial.
tomillo (dim. del ant. *tomo* < l. *thymu,* vulg. *tumu* < gr. *thymon*) *m.* Planta labiada perenne, muy olorosa, de flores pequeñas, blancas o róseas, agrupadas en cima *(Thymus vulgaris).* 2 ~ *salsero,* serpol. 3 ~ *blanco,* santónico (planta).
tomín (ár. *timín,* octava parte) *m.* Antiguo peso (596 mg., o sea doce granos; tercera parte de un adarme y octava de un castellano). 2 ant. Moneda de plata que se usaba en algunos países de América. 3 *Bol.* y *Colomb.* Peseta, moneda.
tomineja *f.* Pájaro mosca.
tomismo *m.* Sistema filosófico y teológico de santo Tomás de Aquino (1225-1274).
tomista *adj.-com.* Partidario del tomismo.
tomístico, -ca *adj.* Relativo a santo Tomás (1225-1274), o propio de él.
tomiza (b. l. **thomicia* < *thomix*) *f.* Soguilla de esparto.
tomo (l. *-mu* < gr. *tomos,* sección) *m.* Parte con paginación propia y encuadernada separadamente, en que suelen dividirse las obras extensas. 2 fig. Importancia, valor y estima. 3 fig. *De ~ y lomo,* de consideración o importancia; de mucho bulto y peso.
SIN. *1* **Volumen.**
-tomo (gr. *tomós,* cortante) Elemento sufijal que entra en la formación de palabras con el significado de cortante: *micrótomo.*
tomografía (del gr. *tomós,* sección + *- grafía*) *f.* Técnica radiográfica que permite obtener imágenes radiológicas correspondientes a una fina capa de un órgano, de una profundidad conocida.
SIN. **Planigrafía.**
tomográfico, -ca *adj.* Perteneciente o relativo a la tomografía.
tomón, -mona *adj.-s.* fam. *y* desus. Tomajón. 2 *Colomb.* Zumbón, que chulea.
tompeate (mej. *tompiatl*) *m. Méj.* Testículo. 2 *Méj.* Especie de zurrón tejido de palma, sumamente flexible.
tomuza *f. Venez.* Greña áspera de pelo.
ton *m.* Apócope de *tono*: *sin ton ni son,* sin motivo o causa.
ton-, v. tono-.
toná (de *tonada*) *f.* Modalidad de cante flamenco; es una de las creaciones gitano andaluzas más antiguas.
tonada (de *tono*) *f.* Composición métrica para cantarse. 2 Música de esta canción. 3 *Can.* y *Cuba.* Filfa, mentira. 4 *Amér.* Acento especial del habla; tonillo, dejo.
SIN. **Tono.**
tonadilla *f.* Dim. de *tonada.* 2 Comedia, sainete o acción con fragmentos cantados, muy en boga en el s. XVIII y que originó la zarzuela. 3 Canción y música alegres.
tonadillero, -ra *m. f.* Autor o cantante de tonadillas.
tonal *adj.* MÚS. Relativo al tono o a la tonalidad.
tonalidad (de *tono*) *f.* Sistema de sonidos que sirve de fundamento a una composición musical. 2 Relación de tonos en una pintura. 3 Matiz, gradación de color. 4 Cualidad de un receptor radioeléctrico que puede reproducir con la máxima fidelidad los sonidos graves y agudos.
SIN. **Tono.**
tonalita *f.* Variedad de diorita.
tonante *adj.* poét. Que truena. Apl. por antonomasia a Júpiter. 2 BLAS. [escudo] Que lleva llamas y humareda.
tonar (l. *-are*) *intr.* poét. Tronar o arrojar rayos. ◇ ** CONJUG. [31] como *contar.*
tonario (de *tono*) *m.* Libro antifonario.
tondero *m. Perú.* Baile popular propio de la costa. Lo bailan las parejas sueltas.
tondino *m.* ARQ. Astrágalo.
tondiz *f.* Tundizno.
tondo (it. *tondo;* aféresis de *rotondo,* redondo) *m.* ARQ. Adorno circular rehundido en un paramento. 2 Obra artística pintada o esculpida de forma redonda, semejante a un medallón. 3 Pintura o relieve de contorno circular.
tondoy *m. Perú.* Instrumento musical indio, formado por troncos huecos, que al ser golpeados con un mazo, transmiten sonidos a distancia.
tonel (fr. ant.) *m.* Cuba grande: ~ *de vino.* 2 Antigua medida de arqueo (cinco sextos de tonelada). 3 fig. *y* fam. Persona muy gorda. 4 fig. *y* fam. Borracho.
SIN. *1* **Barril, pipa.**
tonelada (de *tonel*) *f.* Unidad de peso o de capacidad para calcular el desplazamiento de los buques. 2 ~ *de peso,* unidad de peso, equivale a 20 quintales. 3 ~ *métrica,* unidad de peso, equivale a 1000 Kgs.; diez Qms. 4 Antigua medida de volumen para el arqueo de las embarcaciones (veintisiete arrobas y media; ocho codos cúbicos de ribera). 5 ~ *métrica de arqueo,* metro cúbico. 6 Derecho que pagaban las embarcaciones para la fábrica de galeones. 7 Tonelería (conjunto de toneles).
SIN. *1* **Salma.**
tonelaje (de *tonel*) *m.* Arqueo (cabida de una embarcación). 2 Derecho que pagaban las embarcaciones al empezar la carga en los puertos de la Península Ibérica e islas adyacentes. 3 Número de toneladas que mide un conjunto de buques mercantes. 4 Peso de un vehículo. 5 Cabida o capacidad de un vehículo de transporte.
tonelería *f.* Oficio del tonelero. 2 Taller del tonelero. 3 Conjunto o provisión de toneles.
tonelero, -ra *adj.* Relativo al tonel: *industria tonelera.* -2 *m. f.* Persona que tiene por oficio hacer toneles o venderlos.
tonelete *m.* Dim. de *tonel.* 2 Brial (us. por hombres). 3 En el teatro, traje ant. de hombre, con falda corta. 4 Falda o traje que sólo cubre hasta las rodillas. 5 Parte de la armadura en forma de faldetas aseguradas a la cintura y que llegan hasta las rodillas, defendiendo la parte inferior del tronco.
tonema *m.* LING. En la entonación, última fase de la curva melódica correspondiente al grupo fónico que caracteriza los diversos tipos del mismo.
tonga (v. *túnica*) *f.* Capa. 2 Tanda, tarea. 3 *Can.* y *Cuba.* Pila de cosas unas sobre otras. 4 *Amér.* Floripondio, arbusto. 5 *Colomb.* y *Perú.* Bebida que se hace del fruto del floripondio; brebaje, hechizo. 6 *Colomb.* Sueño, dormida. 7 *Cuba.* Estiva. 8 *Ecuad.* Fiambre que llevan los trabajadores, por la mañana, al lugar de trabajo.
tongada *f.* Capa. 2 Pila de cosas unas sobre otras.
REL. **Entongar,** vb., formar tongadas de algo.
tongo *m.* Trampa que hace el boxeador, el pelotari, o el jinete en las carreras de caballos, aceptando dinero para dejarse ganar; p. ext., trampa en el juego. 2 *Chile* y *Perú.* Sombrero hongo. 3 *Chile.* Bebida compuesta de dos partes de helado y una de aguardiente. 4 *Perú.* Asiento rústico. 5 *Perú.* Medida de superficie. -6 *adj. Méj.* Manco.
tongonearse *prnl. Amér.* Contonearse.
tongorí *m. R. de la Plata.* Anchura o menudo de la res.
tonicidad (l. *tonu,* tensión) *f.* Propiedad de tener tono (del cuerpo y vigor).
tónico, -ca (gr. *tonikós* < *tonós,* tensión) *adj.-m.* Que entona (el organismo). -2 *adj.* GRAM. Que se pronuncia acentuado: *vocal tónica; sílaba tónica.* -3 *adj.-f.* MÚS. Nota o grado inicial de un tono (escala musical). -4 *adj.-m.* En cosmética, loción ligeramente astringente para limpiar y refrescar el cutis, o para vigorizar el cabello. -5 *f.* Bebida gaseosa refrescante elaborada con extractos.
SIN. *2* **Acentuado.** CONTR. **Átono** o **inacentuado.**

tonificación *f.* Acción de tonificar. 2 Efecto de tonificar.
tonificador, -ra *adj.* Que tonifica.
tonificante *adj.-s.* Tonificador.
tonificar *tr.* Entonar (dar vigor). ◇ ** CONJUG. [1] como *sacar.*
tonillo *m.* Dim. de *tono*. 2 Tono monótono y desagradable. 3 Modo particular de acentuar los finales de las palabras algunas personas. 4 Tono o entonación reticente o burlona con que se dice algo.
SIN. *2* y *3* **Sonsonete, soniquete.**
tonina (l. v. **thunnina* < l. *thunnu,* atún) *f.* Atún. 2 Delfín (mamífero). 3 *Can.* Persona gorda.
tonino, -na *adj. P. Rico.* Alelado, pasmado. 2 *Méj.* [pers.] Que no tiene dedos.
tonito *m. Ecuad.* Música popular.
tonitrofobia (l. *tonitrus,* trueno + *-fobia*) *f.* Brontofobia.
tonitrufobia *f.* Tonitrofobia.
tono (l. *tonu* < gr. *tonós*) *m.* Grado de elevación de un sonido. 2 Modo particular de decir algo. 3 Carácter del estilo de una obra literaria: ***de buen*** o ***mal*** **~**, de buen o mal gusto. 4 Tonada. 5 Tonalidad: ***a*** **~**, al unísono. 6 Modo (urbanidad). 7 Intervalo mayor que media entre dos notas conjuntas de la escala diatónica. 8 Escala que se forma partiendo de una nota inicial diferente que le da nombre. 9 Estado del cuerpo o de una parte de él cuando cumple sus funciones con el debido vigor. 10 Energía, vigor, fuerza. 11 Vigor y relieve de una pintura.
FRS. *Es un hombre de buen* ~, de trato cortesano; *dar el* ~, dar la norma, el estilo; *darse* ~, darse importancia. SIN. *1* **Altura musical.** REL. *1* Según su tono, los sonidos pueden ser *agudos* o *altos* y *graves* o *bajos.*
tono- (gr. *tonós,* tensión) Elemento prefijal que entra en la formación de palabras con el significado de tensión, tono: *tonometría.*
tonó *m. C. Rica.* Capó.
tonometría (*tono-* + *-metría*) *f.* Examen de la presión interna del globo ocular por medio del dedo explorador o del tonómetro. 2 QUÍM. Método de análisis de las disoluciones, especialmente empleado para determinar las masas moleculares, fundado en las medidas de vapor.
tonómetro (*tono-* + *-metro*) *m.* Instrumento que sirve para examinar la presión interna del globo ocular.
tonsila (l. *tonsillœ*) *f.* Amígdala.
tonsilar *adj.* Relativo a las tonsilas.
tonsura (l.) *f.* Acción de tonsurar. 2 Efecto de tonsurar. 3 Sacramental por medio del cual el que lo recibe entra a formar parte de la clerecía. 4 Porción de cabello de la coronilla, que se corta en esta ceremonia.
tonsurado *m.* El que ha recibido la tonsura clerical.
SIN. **Clérigo, eclesiástico.**
tonsurando *m.* El que está próximo a recibir la tonsura clerical.
tonsurar *tr.* Cortar el pelo o la lana [a personas o animales]. 2 Dar [a uno] la tonsura clerical.
tontada *f.* Tontería [dicho o hecho].
tontaina *com.-adj.* fam. Persona tonta.
tontamente *adv. m.* Con tontería.
tontarra *adj.* fam. Tonto.
tontarrón, -rrona *adj.* Tontaina.
tontear *intr.* Decir o hacer tonterías. 2 fam. Coquetear, mantener relaciones amistosas o amorosas.
tontedad, tontera, tontería *f.* Calidad de tonto. 2 Dicho o hecho de tonto. 3 fig. Nadería.
SIN. *2* **Tontada, necedad.**
tontillo (de *tonelete*) *m.* Faldellín emballenado que usaban las mujeres para huecar las faldas.
SIN. **Sacristán.**
tontiloco, -ca *adj.* Tonto alocado.
tontina (de Lorenzo *Tonti,* 1630-1695, banquero italiano) *f.* Sociedad mutua cuyos miembros constituyen un fondo común para repartirlo en una época dada, con los intereses acumulados, entre los socios supervivientes.
tontito *m.* Picardía (conjunto). 2 *Extr.* Petirrojo. 3 *Chile.* Chotacabras.
tontivano, -na *adj.* Tonto vanidoso.
tonto, -ta (l. *[at]tonitu,* pasmado; doble etim. *atónito*) *adj.-s.* Falto o escaso de entendimiento o razón: ~ ***de capirote,*** muy necio e incapaz. 2 fam. Persona ingenua y sin malicia. 3 fam. Persona muy sentimental y que se conmueve fácilmente. 4 fam. Persona indiscreta, fastidiosa o pesada. 5 fam. Muy mimoso o cariñoso. Se emplea con los verbos *estar* o *ponerse*. 6 fam. Estúpido, sin sentido: *equivocación tonta.* 7 Referido al tiempo, inestable. 8 Hecho o dicho propio de un tonto. -9 *m.* Payaso. 10 Prenda femenina de vestir, muy amplia y holgada, que suelen usar las mujeres encintas. 11 *Amér.* Juego de naipes, llamado en España de la mona. 12 *Amér.* Barra corta de hierro de que se valen los ladrones para forzar las puertas. 13 *Chile.* Boleadoras. -14 *adj. Colomb.* [niño] Inquieto.
SIN. *1* **Papirote, zopenco, necio.** FRS. *A tontas y a locas,* desbaratadamente. *A lo* ~, loc. adv., como quien no quiere la cosa. *Hacer el* ~, hacer o decir tonterías; perder el tiempo. *Hacerse uno el* ~, aparentar que no advierte las cosas de que no le conviene darse por enterado. *Ponerse* ~ o *tonta,* mostrar petulancia, vanidad o terquedad.
tontolear *intr. Colomb.* Tontear.
tontorrón, -rrona *adj.* Tontarrón.
tontucio, -cia *adj.-s.* desp. Tonto; medio tonto.
tontuna *f.* Tontería.
tontuneco, -ca *adj.-s. Amér. Central.* Zopenco, tontaina.
tontura *f.* Tontuna.
tonudo, -da *adj. Argent.* vulg. Espléndido, lujoso, pomposo.
toña *f.* Tala (juego y husillo). 2 fam. Golpe, bofetada. 3 vulg. Borrachera. 4 vulg. Nariz. 5 *Ar.* Pan grande. 6 *Alic., La Mancha* y *Murc.* Torta amasada con aceite y miel.
toñeco, -ca *m. f. Venez.* Niño mimado.
toñequería *f. Venez.* Capricho de niño.
toñina *f. And.* y *Murc.* Atún, tonina.
toñino *m. And.* Caballa.
¡top! (ing. *to stop*) MAR. Voz de mando con que se indica el momento en que acaba de caer la arena de la ampolleta.
topa *f.* MAR. Motón de driza con que se izaban o subían las velas de las galeras. 2 *Guat.* Riña de gallos por vía de ensayo.
topa carnero (a ~) *loc. adv.* TAUROM. Sin exponer en la suerte de banderillas que se realiza cuando el toro no embiste y gazapea con la cabeza.
topacio (gr. *topázion*) *m.* Piedra fina, amarilla, muy dura; es el silicato fluorado de alúmina: ~ ***del Brasil,*** el amarillo rojizo, rosado o morado. 2 ~ ***ahumado,*** cristal de roca pardo obscuro. 3 ~ ***de Hinojosa*** o ***de Salamanca,*** cristal de roca amarillo. 4 ~ ***oriental,*** corindón amarillo.
SIN. *1* **Jacinto occidental.**
topada *f.* Topetada.
topadizo, -za *adj.* Encontradizo.
topador, -ra *adj.* Que topa. -2 *adj.-s.* Que quiere el envite del juego con poca reflexión. -3 *m. Guat.* Gallo preparado para amaestrar a los de pelea.
topar (onomat.) *tr.-intr.* Dar una cosa en movimiento [con otra] que halla en su camino: ~ *con, contra,* o *en, un poste;* fig., tropezar o embarazarse con algo: *topamos en muchas dificultades.* 2 Hallar casualmente [a una persona o cosa] o encontrar [lo que se anda buscando]: *topé a mi amigo en la calle.* 3 MAR. Unir al tope [dos maderos]. -4 *intr.* Topetar (dar con la cabeza). 5 Querer, aceptar el envite en el juego. 6 fig. Consistir, estribar: *la dificultad topa en esto.* 7 fig. Salir bien una cosa: *veremos si topa.* -8 *tr. Amér.* Echar a pelear dos gallos por vía de ensayo, con botas para que no se hieran. 9 *Chile* y *Perú.* Parar, arriesgar dinero al juego.
toparca (l. *toparcha* < gr. *toparches*) *m.* Señor de un pequeño estado compuesto de uno o muy pocos lugares.
toparquía (gr. *toparchía*) *f.* Señorío o jurisdicción del toparca.
topatopa *f. Chile* y *Perú.* Planta escrofulariácea *(Calceolaria).*
tope (fr. ant. *top,* cumbre, copete, de orig. germ.) *m.* Parte por donde pueden topar dos cosas. 2 Pieza circular que, al extremo de una barra horizontal, se pone en el exterior de los vagones de ferrocarril. 3 Pieza para detener el movimiento de un mecanismo. 4 Tropiezo. 5 Topetón. 6 fig. Reyerta, riña. 7 Punto difícil de una cosa. 8 CARP. Pieza de altura que sobresale de la parte superior del extremo del barco del carpintero, y que se utiliza para sujetar la pieza que se va a cepillar. 9 CARP. Placa metálica saliente de una cerradura, que limita el juego de un pestillo o cerrojo. 10 MAR. Extremo superior de cualquier palo. 11 MAR. Marinero que está de vigía en un sitio de la arboladura más alto que la cofa. 12 MAR. Punta del último mastelero: ***hasta el*** **~**, fig., enteramente, hasta donde se puede llegar. 13 MEC. Pieza montada generalmente en el extremo de un eje, destinada a soportar un esfuerzo axial. -14 *adj.* fig. Último, máximo, extremo: *fecha, cifra, precio* ~. -15 *m. Amér.* Hallazgo, encuentro de dos personas. 16 *Cuba, Ecuad.* y *S. Dom.* Pelea simulada de gallos. 17 *C. Rica.* Desfile de jinetes que suele celebrarse la víspera de comen-

zar las fiestas populares con corridas de toros. -18 ***com.*** *Colomb.* Variedad de ganado vacuno sin cuernos.

LOC. *A ~*, loc. adv., con que se denota la unión, juntura o incorporación de las cosas por sus extremidades, sin ponerse una sobre otra.

topeadura ***f.*** *Chile.* Diversión de los guasos que consiste en topear.

topear ***tr.*** *Argent.* y *Chile.* Empujar un jinete [a otro] para desalojarlo de su puesto.

topera ***f.*** Madriguera del topo.

topetado, -da ***f.*** Golpe que dan con la cabeza los toros, carneros, etc. 2 fig. Golpe que da uno con la cabeza. 3 fig. *y* fam. Encuentro o golpe de una cosa con otra. -4 ***adj.*** BLAS. [animal] Representado en acción de topar.

SIN. *1, 2* y *3* **Mochada, topada, topetazo.**

topetar, topetear (frec. de *topar*) ***tr.-intr.*** Dar con la cabeza [en alguna cosa]; esp., dar golpes con la cabeza los toros, carneros, etc. 2 Topar, chocar.

topetazo ***m.*** Topetada.

topetón ***m.*** Golpe de una cosa con otra. 2 Topetada. 3 *Guat.* y *Hond.* Pelea de gallos en que los jugadores aventuran dinero al gallo que les sale por sorteo. 4 *Cuba.* En el juego llamado arrancacamisa, dos cartas que forman pareja.

SIN. **Tope, topada, topetazo, choque.**

topetudo, -da ***adj.*** [animal] Que da topetadas.

topi ***m.*** Antílope africano de cabeza alargada y cuernos gruesos y anillados en forma de lira; su pelaje es de color pardo rojizo con manchas obscuras *(Damaliscus korrigum).*

topia ***f.*** *Venez.* Tulpa.

tópica ***f.*** Parte de la ant. Retórica que estudiaba los tópicos o lugares comunes como medio de expresión.

tópico, -ca (gr. *topikós* < *topos*, lugar) ***adj.*** Relativo a determinado lugar. -2 ***m.*** Medicamento externo. 3 RET. Expresión vulgar o trivial. -4 ***m. pl.*** Lugar común que la Retórica antigua convirtió en fórmula o cliché fijo y admitido o en esquema formal o conceptual, de que se sirvieron los escritores con frecuencia. -5 ***m.*** ANGLIC. Tema, asunto, cuestión. 6 *Amér.* Tema de conversación en general.

topil ***m.*** *Méj.* desus. Alguacil.

topillo ***m.*** *And.* Topo.

topinada ***f.*** fam. Acción propia de un topo (persona).

topinambo ***m.*** *Argent.* y *Bol.* Aguaturma.

topinambur ***m.*** *Argent.* y *Bol.* Aguaturma.

topinaria ***f.*** Talparla.

topinera ***f.*** Topera.

topino, -na ***adj.*** [caballería] Que tiene cortas las cuartillas y pisa con la parte anterior del casco. -2 ***m.*** *And.* Topo. 3 *Extr.* Rata de agua.

topiquero, -ra ***m. f.*** Persona encargada de la aplicación de tópicos en los hospitales.

topista (de *topar*) ***com.*** Ladrón que para penetrar en una casa, hace saltar la cerradura o las bisagras mediante una palanqueta que introduce entre la puerta y su marco.

topless (ing. *top*, parte superior y *-less*, menos) ***m.*** Modo de vestir una mujer, cuando deja los pechos desnudos en público. -2 ***adj.*** [mujer] Que practica el topless; [lugar] donde se practica. 3 ***En ~, loc. adv.***, con los pechos desnudos.

I) topo (l. *talpa*) ***m.*** Mamífero insectívoro, de pelaje muy fino; ojos pequeños, casi ocultos bajo la piel, y manos anchas con cinco dedos armados de fuertes uñas con las cuales abre galerías subterráneas, donde vive *(Talpa europœa).* 2 *~* ***de mar,*** crustáceo decápodo nadador, que se caracteriza porque en los fondos blandos excava galerías en las que se esconde *(Callianassa subterranea).* -3 ***m.-adj.*** fig. Persona que, por cortedad de vista o desatiento natural, tropieza con cualquier cosa. 4 fig. Persona de cortos alcances o que en todo yerra. 5 fig. Persona que, bajo un régimen político represivo, vive en reclusión, por temor a represalias. 6 fig. Infiltrado.

REL. *1* **Topera, topinera,** madriguera del topo.

II) topo (quechua *topu*) ***m.*** *Amér.* Alfiler grande. 2 *Amér. Merid.* Medida itineraria usada por los indios. 3 *Bol.* Volante hecho de fibra de palma con que juegan los niños. 4 *Venez.* Cerro o colina destacada.

topo- (gr. *topos,* lugar) Elemento prefijal que entra en la formación de palabras con el significado de lugar.

topocho, -cha ***adj.*** *Venez.* Rechoncho.

topografía (*topo-* + *-grafía*) ***f.*** Arte de describir y representar detalladamente la superficie de un terreno. 2 Conjunto de particularidades que presenta la superficie de un terreno.

topográficamente ***adv. m.*** De un modo topográfico.

topográfico, -ca ***adj.*** Relativo a la topografía: *carta topográfica.*

topógrafo, -fa (*topo-* + *-grafo*) ***m. f.*** Persona que por profesión o estudio se dedica a la topografía.

topología (*topo-* + *-logía*) ***f.*** Ciencia que se dedica al estudio de los razonamientos matemáticos, prescindiendo de los significados concretos.

topológico, -ca ***adj.*** MAT. Perteneciente o relativo a la topología.

topometría (*topo-* + *-metría*) ***f.*** Parte de la topografía concerniente a las medidas efectuadas sobre el terreno.

topón ***m.*** *Amér.* Topetón, topetazo.

toponear ***tr.*** *Colomb.* Topetar.

toponimia (*topo-* + *-onimia*) ***f.*** Estudio del origen y significación de los nombres de lugar. 2 Conjunto de los nombres de lugar de un país, época, etc.: *~ árabe de España.*

REL. Dentro de la toponimia caben subdivisiones como ***hidronimia*** (nombres de corrientes de agua, lagos, etc.), ***oronimia*** (de montañas, cerros, etc.). También es frecuente el uso de ***hidrónimo, orónimo*** y otros topónimos. SIN. **Toponomástica.**

toponímico, -ca ***adj.*** Perteneciente o relativo a la toponimia o a los nombres de lugar en general.

toponimista ***com.*** Persona dedicada al estudio de la toponimia.

topónimo (*topo-* + *-ónimo*) ***m.*** Nombre propio de lugar.

toponomástica ***f.*** Toponimia.

toporo ***m.*** *Venez.* Jícara o copa alargada.

topotaxia ***f.*** Respuesta o reacción de un organismo a un estímulo.

topotaxis (*topo-* + *taxis*) ***f.*** BIOL. Fenómeno táctico por el cual los organismos libremente móviles se agrupan en determinado lugar de la esfera de influencia del agente estimulante. ◇ Pl.: *topotaxis.*

topping (voz inglesa) ***m.*** Primera destilación atmosférica de los crudos petrolíferos. 2 Destilación practicada con el fin de eliminar los productos más volátiles de la substancia tratada.

toque ***m.*** Acción de tocar. 2 fig. Golpe dado a alguno. 3 Pincelada ligera. 4 Tañido: *~ de ánimas; ~ de diana.* 5 fig. Llamamiento, advertencia: *~ de atención; ~* ***de queda,*** medida que, en circunstancias excepcionales, prohíbe el tránsito o permanencia en las calles de una ciudad durante determinadas horas, generalmente nocturnas. 6 Piedra de toque. 7 Ensayo que se hace comparando el efecto que produce el ácido nítrico en dos rayas trazadas sobre una piedra dura, una con un objeto de metal y otra con una barrita de ley conocida. 8 Examen que se hace de algún sujeto. 9 Punto esencial de alguna cosa: *aquí está el ~ del negocio.* 10 *Bol.* Turno o vez.

toqueado ***m.*** Son o golpeo acorde que se hace con cualquier cosa.

toquería ***f.*** Conjunto de tocas. 2 Oficio del toquero.

toquero, -ra ***m. f.*** Persona que tiene por oficio hacer o vender tocas.

toquetear (frec. de *tocar*) ***tr.*** Tocar reiteradamente [una cosa]. 2 Tocar informalmente un instrumento musical. 3 vulg. Sobar.

toqueteo ***m.*** Acción de toquetear. 2 Efecto de toquetear.

toqui ***m.*** *Chile.* Cacique, caudillo mapuche.

toquilla (dim. de *toca*) ***f.*** Adorno que se ponía alrededor de la copa del sombrero. 2 Pañuelo, generalmente triangular, que se ponen las mujeres en la cabeza o al cuello, o el de punto que usan para abrigo. 3 Borrachera. 4 *Amér.* Palma muy fina que proporciona el material para fabricar sombreros de jipijapa *(Carludovica palmate).* 5 *Amér.* Sombrero hecho de palma toquilla.

Tor ***n. pr.*** MIT. En los pueblos germánicos, dios de la guerra, hijo de Odín.

tor ***m.*** Unidad de presión, equivalente a 1 mm. de mercurio; es la presión ejercida sobre su base por una columna de mercurio de 1 mm. de altura.

-tor, -tora, sufijo culto, equivalente al vulgar *-dor, -dora,* que entra en la formación de palabras expresando agente: *doctor, relator.*

I) tora (hebr. *thora*) ***f.*** Libro de la ley de los judíos. 2 Tributo que pagaban los judíos por familias.

II) tora (de *toro* I) ***f.*** Artificio de pólvora en figura de toro.

toracentesis (de *toraco-* + gr. *kéntesis,* punción) ***f.*** Punción que se efectúa en el tórax, a fin de evacuar los líquidos allí acumulados. ◇ Pl.: *toracentesis.*

torácico, -ca ***adj.*** Relativo al tórax.

toraco- (gr. *thórax,* coraza, tórax) Elemento prefijal que entra en la formación de palabras con el significado de tórax: *toracodinia.*

toracodinia (*toraco-* + gr. *odyne,* dolor) *f.* MED. Dolor en el pecho.

toracoplastia (*toraco-* + *-plastia*) *f.* CIR. Escisión de varias costillas practicada en dos o más etapas, para provocar la cicatrización de lesiones pulmonares.

toracotomía (*toraco-* + *-tomía*) *f.* CIR. Abertura quirúrgica de la cavidad torácica.

torada *f.* Manada de toros. 2 Bando de perdices machos. 3 *And.* p. ext. Manada de animales de cuernos.

toral (b. l. *torale*) *adj.* Principal, de más fuerza y vigor: ***arco*** *~*, v. arco ~. -2 ***m.*** MIN. Molde para formar barras de cobre, y barra formada en él.

tórax (gr. *thórax*) *m.* Pecho (del cuerpo humano y de cuadrúpedos o aves). 2 Cavidad del pecho. 3 Parte del cuerpo del insecto comprendida entre la cabeza y el abdomen. ◇ Pl.: *tórax.*

torbanita *f.* Variedad de carbón, de color gris o pardo.

torbellino (disimilación de *tobernino;* dim. del l. *turbo -inis*) *m.* Remolino de viento. 2 Masa de agua que da vueltas con rapidez, como un embudo. 3 fig. Abundancia de cosas que concurren a la vez. 4 fig. Persona demasiado viva e inquieta. 5 fig. Lo que dirige las acciones humanas: *el ~ de las pasiones.* 6 FÍS. En la mecánica de los fluidos, movimiento definido por una rotación de las partículas fluidas alrededor de un eje, con una velocidad inversamente proporcional a su distancia al mismo. 7 *Colomb.* Aire musical indígena compuesto de unas pocas notas repetidas.
SIN. *1* **Remolino.**

torbenita *f.* Mineral radioactivo del grupo de las micas de uranio, que cristaliza en el sistema tetragonal, de color verde y brillo nacarado.

torca *f.* GEOL. Embudo o sima circular originada por el hundimiento de una caverna.
SIN. **Dolina.**

torcal *m.* Terreno donde hay torcas.

torcaz (l. v. **torquaceu* < l. *torques,* collar) *adj.* V. paloma torcaz.

torcazo, -za (l. **torquace* < *torque,* collar) *adj.-f.* Paloma torcaz. 2 *Colomb.* fam. Tonto, bobo, mentecato, necio.

torce (l. *torque,* collar) *f.* Vuelta que da alrededor del cuello una cadena o collar. 2 Anillo de plumas blancas que tienen las palomas torcaces en el cuello.

torcecuello *m.* Ave piciforme de paso, que anida en los huecos de los árboles frutales *(Jynx torquilla).*

torcedero, -ra *adj.* Desviado de lo recto. -2 *m.* Instrumento con que se tuerce.

torcedor, -ra *adj.-s.* Que tuerce. -2 *m.* Huso con que se tuerce la hilaza. 3 fig. Cosa que ocasiona disgusto o pesar persistentes. -4 *f.* Máquina que efectúa la operación de torcer los hilos metálicos, en la fabricación de cables.

torcedura *f.* Acción de torcer. 2 Efecto de torcer. 3 Distensión de las partes blandas que rodean una articulación. 4 Desviación de un miembro u órgano de su dirección normal. 5 Aguapié (vino muy bajo).
SIN. *1* y *2* **Torsión, torcimiento; tuerce.** *3* y *4* **Detorsión, distorsión.**

torcelete *m.* ARQ. Nervio que, en las bóvedas de crucería, va desde el ábaco del capitel hasta las cadenas.

torcer (l. *torquere;* vulg. *torcere*) *tr.* Dar forma helicoidal [a un cuerpo], haciéndolo girar sobre sí mismo sujetando uno de sus extremos, o moviendo un extremo en sentido contrario al otro. 2 Encorvar o doblar [una cosa recta]; en gral., hacer que [una cosa] cambie su dirección o su posición normal o la dirección que lleva en un momento dado: *~ los ojos; el coche se torció hacia la cuneta; **intr.,** el camino tuerce a la derecha; ~ un brazo.* 3 fig. Mudar [la voluntad o el dictamen de alguno]; en gral., desviar [actos, cualidades, etc.]: *torceré sus intenciones; ~ la justicia.* 4 Elaborar [el cigarro puro], envolviendo la tripa en la capa. 5 fig. Dar diverso y siniestro sentido [a lo que lo tiene equívoco]: *~ el dictamen.* -6 ***prnl.*** Avinagrarse y enturbiarse el vino o cortarse la leche. 7 Dificultarse y frustrarse un negocio. 8 fig. Desviarse del camino recto de la virtud o de la razón. 9 fig. Dejarse un jugador ganar por su contrario, para estafar entre ambos a un tercero. 10 TAUROM. Desviarse el diestro de la rectitud del viaje al dar la estocada para matar. ◇ ** CONJUG. [54] como ***cocer;*** pp. reg.: ***torcido***; irreg.: ***tuerto***, usado sólo como adj. y subst.
FRS. *Torcer el gesto, el rostro, el hocico,* etc., expresar molestia o desagrado; *andar* o *estar torcido con uno,* estar enemistado con él. SIN. *1* **Retorcer,** intensivo.

torcho *m.* Tocho (lingote de hierro).

torcida *f.* Mecha de los velones, candiles, etc. 2 *And.* Ración diaria de carne que dan en los molinos de aceite al oficial que muele la aceituna. 3 *Can.* Especie de trenza hecha con tabaco fuerte en rama, que se pica en la mano para liarlo luego.

torcidamente *adv. m.* De manera torcida: *interpretar ~ un texto.*

torcido, -da *adj.* Que no es recto: *~ por la punta; ~ de cuerpo.* 2 fig. Que no obra con rectitud: *~ en sus dictámenes.* -3 ***m.*** Rollo de pasta de ciruela u otras frutas. 4 En algunas partes, torcedura, aguapié. 5 Hebra gruesa y fuerte de seda torcida. 6 Hilo de algodón de dos cabos y torsión regular. -7 ***adj.*** *Amér. Central.* Desafortunado, desacertado.

torcijón (de *torcer*) *m.* Retorcimiento. 2 Retortijón de tripas. 3 Torozón.

torcimiento (de *torcer*) *m.* Torcedura (acción y efecto). 2 Circunlocución inútil.

torculado, -da *adj.* De forma de tornillo.

tórculo (l. *-lu*) *m.* Prensa de tornillo.

torda *f.* Hembra del tordo.

tordella *f.* Especie de tordo más grande que el ordinario.

tórdiga *f.* Túrdiga.

tordilla, -lla (dim. de *tordo*) *adj.-s.* Tordo (color).

tordo, -da (l. *turdu*) *adj.-s.* Caballería que tiene el pelo mezclado de negro y blanco. -2 *m.* Ave paseriforme de cuerpo grueso, con el plumaje pardo verdoso en el lomo y blanco amarillento con manchas obscuras en el pecho y vientre *(Turdus philomelos)*: *~ **alirrojo**,* malvis; *~ **de agua**,* pájaro semejante al tordo que vive a orillas de los ríos. 3 Pez marino teleósteo perciforme, carnívoro, de pequeño tamaño, que presenta dimorfismo y dicroísmo sexual *(Symphodus ocellatus).* 4 *Amér.* Estornino.

toreador *m.* desus. El que torea.

torear *intr.-tr.* Lidiar [los toros]. 2 Echar los toros a las vacas. -3 *tr.* fig. Entretener las esperanzas [de uno] engañándole, o hacerle burla. 4 fig. Fatigar [a uno] llamando su atención a diversas partes. 5 fig. Conducir hábilmente un asunto que se presenta difícil o embarazoso. 6 fig. Evitar algo o a alguien. 7 *Argent.* y *Chile.* Azuzar [a un animal]. 8 *Ecuad.* Esquivar, evitar el golpe de [alguien]. -9 *intr. Argent., Bol.* y *R. de la Plata.* Ladrar el perro repetidas veces. 10 *Argent.* Provocar, dirigir insistentemente a alguien palabras que pueden molestarlo o irritarlo.

toreo *m.* Acción de torear. 2 Arte de torear. 3 *Méj.* Destilería clandestina de alcoholes y lugar donde se venden.

torería *f.* Gremio o conjunto de toreros. 2 Gallardía y buen hacer propio del torero. 3 *Amér.* Travesura, calaverada. 4 *Can.* y *Perú.* Gritería, ruido.

torerista *com.* Aficionado que concede en sus gustos preferencia al torero sobre el toro.

torero, -ra (l. *taurariu,* gladiador que lidiaba toros) *adj.* Relativo al toreo: *aire ~; sangre torera.* 2 fig. Airoso, altanero. -3 *m. f.* Persona que por oficio o afición acostumbra torear (lidiar). 4 *f.* Chaquetilla que no pasa de la cintura.
SIN. *2* **Diestro, lidiador;** desp. **maleta,** mal torero. *3* **Fígaro.**

torés (l. **torense* < *toru,* lecho) *m.* ARQ. Toro que asienta sobre el plinto de la base de la columna. ◇ Pl.: *toreses.*

toresano, -na *adj.-s.* De Toro, c. de Zamora.

torete *m.* Dim. de *toro.* 2 fig. Grave dificultad, asunto difícil de resolver. 3 fig. Novedad de que se trata en una conversación. 4 fig. *y* fam. Persona, particularmente niño, muy fuerte y robusto. 5 fig. *y* fam. Persona, particularmente niño, de genio fuerte y colérico.

toréutica *f.* Arte que consiste en trabajar y grabar los metales, la madera o el marfil.

torga *f.* Horca.

torgo *m. Extr.* y *Gal.* Tocón, cepa o raíz gruesa, o parte abultada de las ramas.

toril *m.* Encierro para los toros que han de lidiarse; esp., chiquero donde se encierra cada uno de los toros para salir al ruedo.
SIN. **Chiquero, encerradero, encierro.**

torilio *m.* Planta umbelífera de pequeño tamaño, provista de flores blancas en umbela y frutos con espinas curvadas *(Torilis arvensis).*

torillo *m.* Dim. desp. de *toro.* 2 Espiga que une dos pinas contiguas de una rueda. 3 Ave gruiforme parecida a la codorniz, de la que se diferencia por la presencia de unas manchas rojizas en el pecho rodeadas de puntos negros *(Turnix sylvatica).* 4 Pez marino teleósteo perciforme, de cuerpo alargado, comprimido lateralmente y con un característico apéndice dérmico plumiforme encima de cada ojo *(Blennius ocellaris)*. 5 ZOOL. Rafe (línea prominente). 6 *And.* Carozo.

torio (de *Tor*, dios de la mitología escandinava) ***m.*** Metal raro, infusible y radiactivo. Su símbolo es *Th*, su peso atómico 232,4 y su número atómico 90.

-torio, -toria, sufijo culto, equivalente al vulgar *-dero, -dera*, que entra en la formación de palabras significando aptitud activa o pasiva: *declaratorio, infamatorio.*

toriondez ***f.*** Calidad de toriondo.

toriondo, -da ***adj.*** [ganado vacuno] Que está en celo, esp. la vaca.

torista ***com.*** Aficionado que concede en sus gustos preferencia al toro sobre el torero

CONTR. **Torerista.**

torita ***f.*** Silicato hidratado de torio.

torito ***m.*** *Amér.* Variedad de orquídea *(Anguloa grandiflora)*. 2 *Chile.* Sombrajo de forma cónica; toldo o bastidor de lona. 3 *Chile.* Fío, pájaro. 4 *Argent., Parag., Perú* y *Urug.* Especie de escarabajo con un cuernecito en la frente. 5 *Amér. Central.* Baile nacional muy antiguo. 6 *Bol.* Baile popular representado por un hombre con máscara de animal vacuno. 7 *Cuba.* Partidita que se intercala en el juego, para variar o descansar. 8 *Cuba.* Especie de pez cofre que tiene dos espinas a manera de cuernos.

torloroto ***m.*** MÚS. Instrumento rústico de viento, parecido al orlo.

tormagal ***m.*** Tormellera.

tormellera ***f.*** Tolmera.

tormenta (l. *tormenta*, torturas, angustias; a través del fr. ant. *tormente*) ***f.*** Tempestad. 2 fig. Adversidad, desgracia. 3 fig. Violenta manifestación del estado de los ánimos enardecidos.

tormentar ***intr.*** desus. Padecer tormenta.

tormentario, -ria (l. *-iu*, máquina de guerra) ***adj.*** Relativo a las máquinas de guerra para expugnar o defender fortificaciones. -2 ***f.*** Artillería, esp. la antigua.

tormentera ***f.*** *P. Rico.* Aposento resguardado que queda debajo de la escalera.

tormentía (b. l. *-illa*) ***f.*** Tormentilla.

tormentila ***f.*** Tormentilla.

tormentilla ***f.*** Planta rosácea perenne, reptante, de base leñosa, hojas dentadas sin pecíolo, flores amarillas solitarias y rizoma rojizo que se usa como astringente *(Potentilla ercta)*.

SIN. **Sieteenrama, tormentía, tormentila.**

tormentín (fr. *tourmentin*) ***m.*** MAR. Mástil pequeño puesto sobre el bauprés.

tormento (l. *-tu*) ***m.*** Acción de atormentar o atormentarse. 2 Efecto de atormentar o atormentarse. 3 Angustia o dolor físico. 4 Dolor corporal que se causaba al reo para obligarle a declarar. 5 fig. Congoja o aflicción. 6 fig. Cosa que la ocasiona. 7 fam. Persona a la que se quiere. 8 ant. Máquina de guerra para disparar proyectiles.

SIN. *3* y *5* v. **Dolor.** *4* **Suplicio, tortura.**

tormentoso, -sa (de *tormenta*) ***adj.*** Que ocasiona tormenta: *tiempo ~*. 2 Que amenaza tormenta. 3 [buque] Que trabaja mucho contra la mar y el viento.

SIN. *1* **Proceloso,** lit; **tempestuoso.**

tormera ***f.*** Tolmera.

tormo (orig. incierto; probl. de un prerrom. **turmo-*, bulto) ***m.*** Tolmo. 2 Terrón de tierra. 3 Pequeña masa suelta de otras substancias.

torna ***f.*** Acción de tornar (devolver; regresar). 2 Obstáculo puesto en una reguera para cambiar el curso del agua. 3 *And.* Granzones que dejan los bueyes y todos los animales que consumen paja, y se echan a otros animales. 4 *Ar.* Remanso de un río. 5 *Logr.* Acción de dar vueltas la parva.

FR. *Volver las tornas*, corresponder una persona al proceder de otra; *volverse las tornas*, cambiar en sentido opuesto la marcha de un asunto.

tornaboda ***f.*** Día después de la boda. 2 Celebridad de este día.

tornachile ***m.*** *Méj.* Especie de chile o pimiento.

tornada ***f.*** Acción de tornar (regresar). 2 Repetición de la ida a un paraje. 3 Estrofa que se ponía al fin de ciertas composiciones poéticas provenzales. 4 VETER. Enfermedad producida en el carnero por el desarrollo de un cisticerco en la masa encefálica del animal.

SIN. **Tornadura.**

tornadera (de *tornar*) ***f.*** Horca para dar vuelta a las parvas.

tornadizo, -za ***adj.-s.*** Que se torna fácilmente, esp. el que cambia de opinión, partido, creencia.

SIN. **Veleidoso, tornátil.**

tornado (ingl.) ***m.*** Huracán en el golfo de Guinea. 2 Manga intensa y violenta de gran diámetro, en cuyo eje central existe una fuerte corriente vertical ascendente, capaz de elevar en el aire objetos pesados.

tornadura ***f.*** Torna (acción). 2 Tornada. 3 Pértica.

tornagallos ***m.*** BOT. Lechetrezna (planta). ◇ Pl.: *tornagallos.*

tornaguía ***f.*** Resguardo de la guía con que se expidió una mercancía.

tornajuma ***f.*** *S. Dom.* Malestar que se siente después de una borrachera.

tornalecho ***m.*** Dosel sobre la cama.

tornamenta ***f.*** *Amér. Central* y *Colomb.* Tronada.

tornamiento ***m.*** Acción de tornar o tornarse (mudar). 2 Efecto de tornar o tornarse (mudar).

tornapunta ***f.*** Jabalcón que enlaza los pares con el tirante de una armadura. 2 Puntal (madero). 3 Ménsula de balcón en forma de S. 4 MAR. Barras de hierro que llevan las mesas de guarnición encima de la portería.

tornar (l. *-are*, tornear) ***tr.*** Devolver (restituir). 2 Dar vuelta a la parva. -3 ***tr.-prnl.*** Mudar [a una persona o cosa] su naturaleza o estado: *la lluvia tornó el campo en un barrizal; **intr.**, la defensa tornó en acusación.* -4 ***intr.*** Regresar, volver: *~ de Galicia; ~ por el resto.* 5 Seguido de la preposición *a* y otro verbo en infinitivo, volver a hacer lo que éste expresa: *~ a leer.* ◇ Es antiguo en todas sus acepciones; su empleo es hoy exclusivamente literario.

FR. fig. *~ a las andadas*, reincidir en una cosa.

tornasol (probl. it. *tornasole*) ***m.*** Girasol (planta). 2 Reflejo o viso de la luz en materias tersas. 3 Materia colorante azul usada como reactivo para reconocer los ácidos que la tornan roja. 4 *Colomb.* Tucusito, pájaro.

tornasolado, -da (de *tornasol*) ***adj.*** Que tiene o hace tornasoles (reflejos). 2 fig. Servil, adulador. -3 ***m.*** Calidad de un tejido conseguida mediante un sistema de pinturas, que consiste en superponer diferentes tonalidades de un mismo color. -4 ***f.*** Mariposa que se caracteriza por presentar una vistosa irisación, según el ángulo de incidencia de la luz, sobre las alas *(Apatura iris)*.

tornasolar (de *tornasol*) ***tr.*** Hacer o causar tornasoles [en una cosa]. -2 ***prnl.*** Ponerse tornasolado.

tornátil ***adj.*** Hecho a torno. 2 poét. Que gira con facilidad. 3 fig. Tornadizo.

tornatrás ***com.*** desus. Descendiente de mestizos y con caracteres propios de una sola de las razas originarias, reaparecidos por atavismo. 2 *Méj.* desus. Descendiente de español y albina. 3 *Méj.* desus. Descendiente de notentiendo con india. 4 *Méj.* desus. Descendiente de mulato y mestiza. 5 *Méj.* desus. Descendiente de lobo e india. 6 *Méj.* desus. *~ **con pelo liso**,* descendiente de indio y cambuja. ◇ Pl.: *tornatrases.*

SIN. **Saltatrás.** *5* **Lobo.**

tornavía ***f.*** En los ferrocarriles, aparato giratorio que sirve para cambiar de vía los coches y las locomotoras.

tornaviaje ***m.*** Viaje de regreso. 2 Lo que se trae al regresar de un viaje.

tornavirón (fr.) ***m.*** Torniscón (golpe).

tornavoz (adaptación del cat. *tornaveu*) ***m.*** Sombrero del púlpito, concha del apuntador en los teatros, o cualquier cosa que recoge y refleja el sonido. 2 Bocina (para hablar de lejos). 3 Eco, resonancia. 4 ***Hacer** ~*, poner las manos ahuecadas junto a la boca para que la voz se oiga a distancia.

torneador, -ra ***m. f.*** Persona que tornea. 2 Tornero (hace obras al torno).

torneadura ***f.*** Viruta sacada de lo que se tornea.

torneante ***adj.-s.*** Que tornea.

tornear ***tr.*** Labrar o redondear [una cosa] al torno. 2 *Logr.* Dar vuelta a la parva. -3 ***intr.*** Dar vueltas alrededor o en torno. 4 Combatir o pelear en el torneo. 5 fig. Dar vueltas en la imaginación.

torneo ***m.*** Combate a caballo entre dos bandos opuestos. 2 Fiesta pública entre cuadrillas de caballeros armados que escaramuceaban alrededor de un palenque. 3 p. ext. Certamen. 4 Baile que se ejecutaba a imitación del torneo, supliendo las lanzas por varas. 5 Modorra de las reses lanares. 6 DEP. En diversos juegos o deportes, competición entre varios participantes.

SIN. *1, 2, 3* y *4* **Justa.**

tornería ***f.*** Establecimiento de tornero. 2 Oficio de tornero.

SIN. **Fustero,** p. us.

tornero, -ra *m. f.* El que tiene por oficio hacer obras al torno. 2 El que tiene por oficio hacer tornos. -3 *m. And.* Demandadero de monjas. -4 *f.* Mujer del tornero. 5 Monja destinada para servir en el torno.
SIN. *1* **Torneador.**
tornés, -nesa (b. l. *turonensis* < *Tours*) *adj.-s.* Moneda francesa que se fabricó en Tours: *sueldo ~; libra tornesa.* -2 *m.* Ant. moneda de plata (tres cuartillos de real). ◇ Pl.: *torneses, -as.*
tornillazo *m.* Media vuelta del caballo. 2 fam. Defección, abandono, deserción. 3 TAUROM. Derrote.
tornillería *f.* Conjunto de tornillos y piezas semejantes. 2 Fabricación de tornillos. 3 Fábrica de tornillos. 4 Tienda donde se venden.
tornillero (de *tornillo*) *m.* burl. Soldado desertor.
tornillo (dim. de *torno*) *m.* Cilindro de metal, madera, etc., con resalto helicoidal, que entra en la tuerca: *~ **de estrella*** o ***americano,*** el que en su cabeza tiene una cruz para introducir la punta del destornillador; *~ **micrométrico,*** el especial de paso extraordinariamente fino y preciso, usado en instrumentos de medida de precisión o para el ajuste de niveles de aparatos topográficos, etc.; *~ **sin fin,*** engranaje compuesto de una rueda dentada y un cilindro con resalto helicoidal; fig., ***apretar los tornillos,*** apremiar; ***faltarle a uno un*** ~ o ***tener flojo los tornillos,*** tener poco seso. 2 Clavo con resalto helicoidal. 3 CARP. Instrumento de hierro, acero o madera, formado por dos topes, uno corredizo o graduable, y el otro fijo, que sirve para sujetar las piezas recién encoladas, hasta que la cola se haya endurecido. 4 fig. Deserción del soldado. 5 *Amér. Central* y *Venez.* Planta bombácea de flores rojas *(gén. Helícteres).* 6 *Cuba.* Figura de danza. 7 *Méj.* Medida de pulque.
torniquete (fr. *tourniquet*) *m.* Palanca angular de hierro, para comunicar el movimiento del tirador a la campanilla. 2 Torno (máquina con brazos giratorios). 3 Instrumento quirúrgico para contener la hemorragia. 4 En tecnología textil, devanadera, aspa. 5 *Argent.* Tensor de alambre que se utiliza en las cercas. 6 *Cuba.* Mudanza de baile.
torniscón (de *tornar*) *m.* fam. Golpe dado con la mano. 2 fam. Pellizco retorcido.
SIN. *1* **Tornavirón.**
torno (l. *tornu* < gr. *tórnos*) *m.* Máquina simple consistente en un cilindro que se hace girar sobre su eje con una rueda o manubrio, y que actúa sobre la resistencia mediante una cuerda que se va arrollando al mismo. 2 Máquina que imprime un rápido movimiento de rotación a una pieza que a ella se sujeta, y a la que tornea con una cuchilla fija. 3 Máquina en que con el pie o por medio de una rueda, manubrio, etc., se hace que una cosa dé vueltas sobre sí misma: *~ de hilar; ~ de hacer cuerdas; ~ de alfarero.* 4 Instrumento eléctrico, con un brazo articulado, que emplean los dentistas en la limpieza y acondicionamiento de los dientes. 5 Instrumento usado en carpintería y herrería, compuesto de dos brazos paralelos, unidos por una barra con tuerca, la cual, al girar, los aprieta. 6 Tambor giratorio con tabique interior vertical y aberturas laterales, empotrado en el hueco de una pared, para pasar objetos de una parte a otra sin que se vean las personas que los dan o reciben, usado esp. en los conventos de clausura. 7 Máquina con varios brazos que giran sobre un eje para controlar el ingreso de personas a un local. 8 Freno de manubrio del carro o carruajes. 9 Vuelta alrededor. 10 Recodo de un río. 11 DER. Acción de pasar la adjudicación del remate, en los arrendamientos de rentas, al postor que ofrece mayores ventajas inmediatamente después de otro que lo tuvo primero y no dio, dentro del término, las fianzas estipuladas.
LOC. *En ~ a, de,* loc. adv. alrededor, acerca de; en cambio. SIN. *1* **Súcula.** *7* **Torniquete.**
I) toro (l. *tauru*) *m.* Mamífero rumiante bóvido, de un metro y medio de alto y dos y medio de largo; cabeza gruesa, armada de dos cuernos; piel dura con pelo corto, y cola larga, cerdosa hacia el remate. Es especie muy útil al hombre *(Bos taurus): ~ **de muerte*** o ***de lidia,*** el destinado a ser muerto en el redondel; fig., ***echarle*** o ***soltarle a uno el ~,*** decirle sin contemplación una cosa desagradable. 2 fig. *y* fam. *~ **corrido,*** sujeto difícil de engañar por su mucha experiencia. 3 *~ **mejicano,*** bisonte. 4 *~ **almizclado,*** mamífero rumiante parecido al bisonte, del que se diferencia por la cornamenta; presenta grandes cuernos aplanados, curbados hacia abajo, y tiene el pelaje espeso y largo, y de color castaño obscuro. Despide un fuerte olor a almizcle *(Ovibos moschatus).* 5 ASTRON. Tauro. 6 *Cuba.* Pez parecido al cofre *(gén. Ostración).* 7 *Chile.* Cuarto rústico donde se guarece el cuidador de una chacra. 8 *Chile.* Puesta suplementaria que se hace en el juego de rocambor. 9 *Chile.* En otros juegos, interregno que se dedica a tener una partida de monte. -10 *m. pl.* Fiesta o corrida de toros. Fr. fig. ***Ciertos son los toros,*** ser cierto algo que se temía o que se había anunciado.
REL. *1* **Torada,** manada de toros; **buey,** toro castrado; **vaca,** hembra del toro y su cría. *10* **Becerrada** y **novillada,** corrida de becerros y de novillos; **capea,** corrida de aficionados fuera de la plaza.
II) toro (l. *toru,* del gr. *toros*) *m.* Bocel (moldura de sección semicircular). 2 MAT. Cuerpo engendrado por el giro de un círculo alrededor de un eje que no pasa por su centro, pero que está situado en su mismo plano. 3 ELECTR. Anilla de ferrita ensartada en las mallas de una tela metálica que, junto con otras, constituye la memoria magnética de ciertas calculadoras y ordenadores electrónicos.
III) toro *m.* Vino procedente de la región de Toro (Zamora).
toroide *adj.* [bobina o transformador] Que tiene la forma de anillo cerrado.
torón *m.* QUÍM. Isótopo radiactivo del rodón.
toronja (ár. *toroncha*) *f.* Fruto del toronjo. 2 *Chile.* Toronjo.
toronjil *m.* Toronjina.
toronjina (ár. *toronchen*) *f.* Planta labiada de flores blancas en verticilos, las cuales, así como las hojas, se usan como tónico y antiespasmódico *(Melisa officinalis).*
SIN. **Melisa, abejera, cidronela.**
toronjo *m.* Árbol rutáceo parecido al pomelo, con frutos de 10 a 25 cms. de diámetro, comprimidos y con la corteza lisa de color amarillo claro *(Citrus maxima). 2* Pomelo (árbol). 3 Cidro.
SIN. *1* **Pampelmusa, pomelo.**
toroso, -sa (l. *-osu*) *adj.* Fuerte, robusto.
torozón (l. *tortione*) *m.* VETER. Enteritis de algunos animales, con dolores cólicos. 2 Movimiento violento que hacen cuando la padecen. 3 fig. Inquietud, desazón. 4 *Amér.* Trozo, pedazo.
SIN. **Torcijón, torzón.** REL. **Atorozonarse,** padecer torozones una caballería. SIN. **Torzonado,** adj., que los padece.
torpe (l. *turpe*) *adj.* Que no tiene movimiento libre o es tardo y pesado. 2 Desmañado. 3 Rudo. 4 Deshonesto. 5 Infame. 6 Feo, tosco.
torpear *intr. Chile.* Obrar torpemente.
torpedad *f.* Torpeza.
torpedeamiento *m.* Torpedeo.
torpedear *tr.* Atacar [un navío] lanzándole torpedos: *~ la escuadra enemiga; ~ un crucero.* 2 fig. Poner obstáculos [a algo o a alguien], estorbar.
torpedeo *m.* Acción de torpedear. 2 Efecto de torpedear.
torpedero, -ra *adj.-s.* [buque de guerra] Destinado a lanzar torpedos: *lancha torpedera.* 2 [avión de bombardeo] Adaptado para el lanzamiento de torpedos. -3 *m.* Especialista en la preparación y lanzamiento de los torpedos.
torpedista *m.* Marinero que se encarga de las maniobras que se han de realizar con los torpedos.
torpedo (l.) *m.* Pez seláceo rayiforme, dotado de un par de órganos eléctricos capaces de producir una conmoción a la persona o animal que lo toca *(Torpedo* sp.*).* 2 Máquina de guerra, fusiforme, submarina y dirigible, que contiene una carga explosiva y se lanza contra un buque lejano, al chocar con el cual explota. 3 Tipo de carrocería de automóviles descubiertos, equipada con capota plegable. 4 *Chile.* Cuadro del automóvil.
SIN. *1* **Tremielga, trimielga.** REL. *2* **Lanzatorpedos,** aparato que se emplea para lanzarlos.
torpemente *adv. m.* Con torpeza.
torpeza *f.* Calidad de torpe. 2 Acción o dicho torpe.
SIN. **Torpedad;** v. **Deshonestidad.**
tórpido, -da (der. del. l. *torpor,* entorpecimiento) *adj.* MED. Que reacciona con dificultad.
torpón, -pona *adj.* Algo torpe.
torponazo, -za *adj.* Muy torpe.
torpor (l.) *m.* MED. desus. Entorpecimiento.
torques (l.) *f.* Collar usado por los romanos como insignia o adorno. ◇ Pl.: *torques.*
torqui *com.* vulg. Drogadicto con síndrome de abstinencia.
torrado *m.* Garbanzo tostado.
SIN. **Tostón.**
torrar (l. *torrere*) *tr.* Tostar (secar).
torre (l. *turre*) *f.* Construcción cilíndrica o prismática, más alta que ancha, aislada o que sobresale de un edificio: *una ~ almenada; la ~ de una iglesia; la ~ Eiffel; ~ **albarrana,*** la separada de la línea de murallas de una fortificación, aunque unida a ésta

por un paso inaccesible al enemigo, o por un sistema fácilmente destruible para dejarla aislada como baluarte defensivo; ~ ***del homenaje,*** la más fuerte en que el castellano o gobernador juraba guardar fidelidad y defender la fortaleza; ~ ***de perforación*** (también *derrick),* estructura metálica, de varias decenas de metros de altura, que soporta el conjunto de los aparatos de perforación o de sondeo en un pozo de petróleo. 2 En el juego del ajedrez, pieza que, en número de dos por bando, se mueve paralelamente a los lados del tablero. 3 Reducto acorazado y guarnecido con uno o más cañones en la cubierta de los buques de guerra. 4 Villa, casa de campo. 5 Edificio, de viviendas o de oficinas, de gran altura. 6 Columna de destilación de una refinería de petróleo. 7 En las líneas de transporte de energía eléctrica, estructura metálica que soporta los cables conductores. 8 ~ ***de marfil,*** aislamiento del hombre que atiende sólo a la perfección de su vida y de su obra. 9 ~ ***de control,*** construcción existente en los aeropuertos, con altura suficiente para dominar las pistas y el área de aparcamiento de los aviones, en la que se encuentran todos los servicios de radionavegación y telecomunicaciones para regular el tránsito de aviones. 10 BLAS. Figura heráldica que representa una torre redonda y sin homenajes. 11 *Cuba* y *P. Rico.* Chimenea de una fábrica. 12 *Chile.* Juego que consiste en defender unos puestos llamados torres, que el bando contrario ataca, tratando de hacer avanzar una pelota.

SIN. *2* **Roque.**

torreado, -da ***adj.*** BLAS. [campo de un escudo] Sembrado de torres.

torrear *tr.* Guarnecer con torres [una fortaleza o plaza fuerte].

torrecilla *f.* MAR. Torre de los buques de guerra. 2 Molusco gasterópodo marino, sedimentívoro y comedor de algas, provisto de una concha univalva en forma de cono, de color amarillo o rojizo *(gén. Turritella).*

torrefacción (l. *torrefacere*) *f.* Tostadura.

torrefacto, -ta *adj.* Tostado: *café ~.*

torreja *f. Logr.* y *Amér.* Torrija (rebanada de pan). 2 *Chile.* Rodaja de cualquier fruta.

torrejón ***m.*** Torre pequeña.

torrencial *adj.* Parecido al torrente.

torrente (l.) ***m.*** Corriente de agua, rápida, impetuosa y no durable. 2 Curso de la sangre en el aparato circulatorio. 3 Fuerza violenta, rápida. 4 fig. Muchedumbre que afluye a un lugar. 5 ***A torrentes,*** a cántaros.

torrentera *f.* Lecho de un torrente.

torrentoso, -sa ***adj.*** *Amér.* Torrencial, dicho de los ríos y arroyos.

torreón ***m.*** Aum. de *torre.* 2 Torre grande, para defensa de una plaza o castillo. 3 *Venez.* Chimenea de una fábrica.

torrero ***m.*** El que cuida de una atalaya o faro. 2 El que cuida de una granja o torre.

torreta *f.* Dim. de *torre.* 2 MIL. Prominencia blindada donde se colocan las armas de una fortaleza, barco de guerra, avión de bombardeo, etc. Es gralte. orientable. 3 En telecomunicaciones, estructura situada en una parte elevada, y en la que se concentran los hilos de una red aérea.

torreznada *f.* Fritada abundante de torreznos.

torreznero, -ra ***adj.-s.*** fam. Holgazán y regalón.

torrezno (de *torrar*) ***m.*** Pedazo de tocino frito.

tórrido, -da (l. *-du*) ***adj.*** Muy ardiente o quemado. 2 GEOGR. ***Zona tórrida,*** la que se extiende de 23° 27' a ambos lados del Ecuador.

torrificado, -da ***adj.*** *Méj.* [café] Tostado.

torrija (de *torrar*) *f.* Rebanada de pan empanada en vino o leche, frita y endulzada. 2 fam. Borrachera. 3 vulg. Legaña.

torrontero, -ra ***m. f.*** Montón de tierra que dejan las avenidas impetuosas de las aguas.

torrontés ***adj.-s.*** Variedad de uva blanca de grano pequeño y hollejo delgado. 2 Relativo a la vid que la produce. ◇ Pl.: *torronteses.*

torrotito ***m.*** MAR. Bandera pequeña que los buques de guerra fondeados izan a proa los domingos y días de fiesta, y cuando están en puerto extranjero.

tórsalo ***m.*** *Amér. Central.* Larva, gusano.

torsiómetro (de *torsión + -metro*) ***m.*** Instrumento empleado en resistencia de materiales para medir la torsión de una barra metálica.

torsión (l. *torsio*) *f.* Acción de torcer o torcerse una cosa en forma helicoidal. 2 Efecto de dicha acción. 3 En la industria textil, característica de los hilos, que viene dada por el número de vueltas que presentan por unidad de longitud.

SIN. *1* y *2* **Torcedura.**

torso (it. < l. *thyrsu* < gr. *thyrsos*) ***m.*** Tronco del cuerpo humano. 2 Estatua falta de cabeza, brazos y piernas.

torta (l.) *f.* Masa de harina, de figura redonda o alargada, cocida a fuego lento. 2 fig. Masa reducida a figura de torta. 3 fig. Bofetada. 4 Plana mazorral que se guarda para distribuir. 5 vulg. Borrachera. 6 vulg. Trastazo. 7 IMPR. Paquete de caracteres de imprenta. 8 *Argent., Chile* y *Urug.* Tarta, pastel grande de forma gralte. redonda, relleno de frutas, crema, etc. 9 *C. Rica.* Aventura de mala ley. 10 *Ecuad.* Especie de judía grande y de hermosos colores, con que juegan los niños. 11 *Guat.* y *Nicar.* Tortilla de huevos.

FR. *Ni ~*, loc. adv. vulg., absolutamente nada; fig. *Costar la ~ un pan,* costar una cosa desmesuradamente o más de lo que se pensaba.

tortada *f.* Especie de torta grande rellena de carne, huevos, dulce, etc. 2 Tendel (capa de mortero).

tortazo ***m.*** fig. *y* fam. Bofetada. 2 fig. *y* fam. Accidente aparatoso.

tortear *tr. Chile.* Tablear (dar forma plana). 2 *Guat.* y *Méj.* Hacer la tortilla de [la porción de masa] palmoteando alternativamente sobre una y otra mano. 3 *Méj.* Aplaudir.

tortedad *f.* desus. Calidad de tuerto.

I) tortera (l. *tortu* < *torquere,* torcer) *f.* Rodaja en la parte inferior del huso que ayuda a torcer la hebra al hilar.

II) tortera (de *torta*) ***adj.-s.*** Cazuela de barro usada para hacer tortadas.

SIN. **Tartera.**

I) tortero ***m.*** Tortera (del huso). 2 Especie de lobanillo que se forma en la cabeza. 3 Gramarí.

II) tortero, -ra ***m. f.*** Persona que tiene por oficio hacer o vender tortas. -2 ***m.*** Cesta para guardarlas. -3 ***adj.*** *Bol.* Que tiene forma de disco.

torteruelo ***m.*** Variedad de alfalfa *(Medicago orbicularis).*

torticeramente ***adv. m.*** Contra derecho, razón o justicia.

torticero, -ra ***adj.*** Injusto.

tortícolis, torticolis (fr. *torticolis* < probl. it. *torticolli,* cuellos torcidos) ***m.*** Dolor de los músculos del cuello que obliga a tener éste torcido. ◇ Pl.: *tortícolis.*

tortilla *f.* Dim. de *torta.* 2 Fritada de huevo batido en forma de torta: *~ de cebolla.* 3 *Argent.* y *Chile.* Torta de masa de harina, cocida al rescoldo. 4 *Amér. Central* y *Méj.* p. ant. La que se hace de maíz. 5 *S. Dom.* Alimentos cocidos que se llevan en los viajes.

FR. fig. *Hacer ~ a una persona* o *cosa,* aplastarla o quebrantarla; *volverse la ~*, suceder algo contrario de lo que se esperaba o trocarse la fortuna.

tortillera *f.* vulg. Lesbiana.

tortillería *f. Guat.* y *Méj.* Sitio, casa o lugar donde se hacen o se venden tortillas.

tortillero, -ra ***m. f.*** *Amér.* Persona que hace o vende tortillas.

tortillo ***m.*** BLAS. Pieza redonda y de color.

tortis (de Baptista de *Tortis,* impresor veneciano del s. XV) V. Letra de *~.*

tortitas *f. pl.* Juego de niños que consiste en dar palmadas. ◇ Se usa generalmente con el verbo *hacer.*

tortol ***m.*** *Hond.* Acial.

tórtola (l. *turtur*) *f.* Ave columbiforme de plumaje gris rojizo *(Streptopelia turtur).* -2 ***adj.*** vulg. Ingenuo.

tortolear *tr.* Requebrar, adular. 2 *Colomb.* Matar, asesinar.

tortolera *f. Extr.* Tapadera de corcho que sirve para tapar la boca de los cántaros.

tortolilla *f. Cuba.* Culebrilla del volantín.

tortolina *f. Cuba.* Tortolilla.

tortolito, -ta ***adj.*** Atortolado, sin experiencia.

tortolo ***m.*** *P. Rico.* Gamarra.

tórtolo ***m.*** Macho de la tórtola. 2 fig. *y* fam. Hombre amartelado. -3 ***m. pl.*** Pareja de enamorados. -4 ***m.*** *Colomb.* Sujeto tonto, bobo.

tortor (l. *tortu,* retorcido) ***m.*** Palo o hierro con que se aprieta, dándole vueltas, una cuerda atada por sus dos cabos. 2 MAR. Vuelta que se da a la trinca que liga dos objetos. 3 *Cuba.* Acción de hacer girar varias veces una cosa. 4 *Perú.* Torcedor. 5 *P. Rico.* Gamarra.

REL. *2* **Atortorar,** vb., fortalecer un cabo con tortores.

tortosino, -na ***adj.-s.*** De Tortosa, c. de Tarragona.

tortozón ***adj.-s.*** Variedad de uva, de grano grueso y racimos grandes.

tortuca *f.* Pan de maíz.
tortuga (probl. fem. del b. l. *tartaruchus,* demonio, de orig. gr.) *f.* Reptil del orden de los quelonios, cuyo cuerpo está protegido por un caparazón de placas óseas, tiene patas cortas, cuello retráctil y mandíbulas sin dientes: ~ ***de mar,*** la adaptada a la vida acuática con las patas transformadas en aletas; ~ ***de tierra,*** la adaptada a la vida terrestre, con el caparazón gralte. muy convexo; ~ ***carey,*** la que tiene un caparazón de hasta 90 cms. de longitud y color amarillo jaspeado de negro, es marina y omnívora *(Eretmochelys imbricata);* ~ ***de las Galápagos,*** la marina y vegetariana, cuyo caparazón supera el metro de longitud *(Testudo nigrita);* ~ ***griega*** o ***de jardín,*** la terrícola y vegetariana que tiene un tubérculo o espolón en los muslos *(T. graeca).* 2 Testudo.
SIN. **Galápago.**
tortugo *m. P. Rico.* Árbol de 50 a 60 pies de altura, de madera sólida, propia para muebles y construcciones *(Sideroxylon pallidum; Bumelia pallidum).*
tortuguillo *m. P. Rico.* Árbol, variedad del tortugo *(Autirrohoea obtusifolia).*
tortuosamente *adv. m.* De manera tortuosa.
tortuosidad *f.* Calidad de tortuoso.
tortuoso, -sa (l. *-osu*) *adj.* Que tiene vueltas y rodeos. 2 fig. Solapado, cauteloso.
tortura (l.) *f.* Calidad de tuerto (de la vista). 2 Acción de torturar o atormentar. 3 fig. Dolor, aflicción grande. 4 DER. Cuestión de tormento.
SIN. *2* **Suplicio.** *3* **Dolor.**
torturador, -ra *adj.* Que tortura.
torturar *tr.* Atormentar. 2 Someter a tortura.
torunda *f.* Lechino (clavo). 2 Pelota de algodón envuelta en gasa, us. para cohibir las hemorragias leves durante las operaciones quirúrgicas.
toruno *m. Chile* y *Venez.* Buey que ha sido castrado después de los tres años. 2 *Amér. Central.* Toro reproductor, toro padre. 3 *Argent.* Macho ciclán.
torva (l. *turba,* confusión, tumulto) *f.* Remolino de lluvia o nieve.
torvisca *f.* Torvisco.
torviscal *m.* Terreno poblado de torviscos.
torvisco (l. *turbiscu*) *m.* Mata timeleácea de flores blanquecinas, cuya corteza sirve para cauterios *(Daphnœ gnidium).*
torvo, -va (l. *torvu*) *adj.* Fiero, airado y terrible.
torzadillo *m.* Especie de torzal, menos grueso que el común.
torzal (quizá der. del l. *torquere,* torcer) *m.* Cordoncillo de seda para coser o bordar. 2 fig. Unión de varias cosas que se hacen como hebra. 3 *Argent., Chile, Nicar., Parag.* y *Urug.* Lazo o maniota formado con una trenza de cuero.
torzón *m.* Torozón. 2 *Ecuad.* vulg. Meteorismo o timpanitis de los animales.
torzonado, -da *adj.* Que padece torzón.
torzuelo *m.* Halcón macho.
tos (l. *tusse*) *f.* Espiración brusca y ruidosa del aire contenido en los pulmones, producida por la irritación de las vías respiratorias o por la acción refleja de algún trastorno nervioso, gástrico, etc.: ~ ***ferina*** o ***convulsiva,*** la que da por accesos intermitentes; suelen padecerla los niños. ◇ Pl.: *toses.*
tosa *f.* Trigo chamorro. 2 *Can.* Hinchazón, cosa gorda y blanduzca.
tosca (de *tosco*) *f.* Toba (piedra). 2 Sarro de los dientes.
toscamente *adv. m.* De manera tosca.
toscano, -na (l. *tuscanu*) *adj.-s.* De Toscana, región de la Italia central. -2 *adj.* V. orden toscano. 3 Relativo al orden toscano. -4 *m.* Lengua italiana.
SIN. **Tusco.**
toscar *m.* Terreno donde abunda la tosca o piedra caliza.
tosco, -ca (l. v. **tuscu*) *adj.* Grosero, basto. -2 *adj.-s.* fig. Inculto, sin doctrina ni enseñanza. -3 *adj.-m.* Dialecto del albanés, hablado principalmente en el sur de Albania.
toscón *m. Can.* Piedra grande.
tosedera *f. Amér. Merid.* Tos continuada.
tosedor, -ra *adj.-s.* [pers.] Que padece de tos crónica o es propenso a toser.
tosegoso, -sa *adj.-s.* [pers.] Tosigoso (que padece tos).
toser (l. *tussire*) *intr.* Tener y padecer tos. 2 Competir una persona [con otra] en algo, esp. en valor: *no hay quien le tosa;* fig., ~ ***fuerte,*** echárselas de valiente.
toseta *f. Nav.* Trigo chamorro.
tosido *m. Amér.* Tosidura.
tosidura *f.* Acción de toser. 2 Efecto de toser.
tosigar (de *tósigo*) *tr.* Atosigar. ◇ ** CONJUG. [7] como ***llegar.***
tósigo (v. *tóxico*) *m.* Ponzoña. 2 fig. Angustia o pena grande.
SIN. *1* v. **Veneno.**
I) tosigoso, -sa (de *tósigo*) *adj.-s.* Envenenado, emponzoñado.
II) tosigoso, -sa (l. *tussicu*) *adj.-s.* [pers.] Que padece tos y opresión de pecho.
SIN. **Tosegoso.**
tosiguera (de *tos*) *f.* Tos pertinaz.
tosquedad *f.* Calidad de tosco.
tostación *f.* Operación de calentar al aire los minerales sulfurosos para convertirlos en óxidos. 2 Acción de calentar una substancia hasta desecarla u oxidarla sin carbonizarla. 3 Efecto de dicha acción.
tostada *f.* Rebanada de pan tostada y gralte. untada con manteca, miel, etc. 2 *Argent.* Lata III, tabarra.
FR. fig. *Dar,* o *pegar, a uno la* ~, hacer algo que redunde en perjuicio suyo o bien chasquearle, engañarle, etc.; *olerse la* ~, adivinar o descubrir algo oculto, como artimañas, trampas, etc.
tostadero, -ra *m.* Lugar donde se tuesta. 2 fig. Lugar donde hace mucho calor. -3 *f.* Útil o máquina que sirve para tostar.
tostadillo *m.* V. horno de tostadillo. 2 Vino ligero que se cría en varias regiones del norte de España.
tostado, -da, pp. de *tostar.* 2 *adj.* De color subido y obscuro. -3 *m.* Tostadura. 4 *Amér.* Alazán de color oscuro. 5 *Ecuad.* Maíz tostado. -6 *adj. Méj.* Voz insultante. 7 *Méj.* Fastidiado, molesto, disgustado.
SIN. *1* **Torrefacto.**
Tostado (el ~) *n. pr.* Sobrenombre de Alfonso del Madrigal (¿1400?-1455), obispo de Ávila, autor de numerosas obras; quedó en proverbio la comparación *Escribir más que el* ~.
tostador, -ra *adj.-s.* Que tuesta. -2 *m. f.* Instrumento o vasija para tostar: ~ *de café;* ~ *de pan.*
tostadura *f.* Acción de tostar. 2 Efecto de tostar.
SIN. **Torrefacción, tueste.**
tostar (l. *-are*) *tr.-prnl.* Secar [una cosa] a la lumbre sin quemarla hasta que tome color por haber desaparecido sus elementos volátiles o cambiado su textura. 2 fig. Calentar demasiado. 3 fig. Atezar el sol o el viento [la piel del cuerpo]. 4 TAUROM. Condenar a un toro por su mansedumbre a banderillas de fuego. 5 *Amér.* Zurrar, vapulear. 6 *Chile.* Continuar con ardor [lo que ya se ha empezado]. ◇ ** CONJUG. [31] como ***contar.***
SIN. *1* **Torrar; asar,** aunque a menudo coincide con **tostar,** aquél significa preparar carnes, pescados o frutas frescas a la acción directa del fuego o del aire caliente de un horno, sin llegar a secarlos, p. ej. las avellanas o una rebanada de pan se **tuestan** o **torran,** no se **asan. Turrar,** es tostar o asar en las brasas.
tostel *m. C. Rica.* Pastelillo, bizcocho.
tostelería *f. C. Rica.* Pastelería, dulcería.
I) tostón (de *tostar*) *m.* Torrado. 2 Tostada empapada en aceite nuevo. 3 Cosa demasiado tostada. 4 Trozo pequeño de pan frito, generalmente en forma de cubo, que se añade a las sopas, purés, etc. 5 Cochinillo asado. 6 Dardo con una vara tostada por la punta para endurecerla. 7 Lata III. 8 fig. *y* fam. Persona habladora y sin substancia. 9 *Murc.* Grano de maíz frito. 10 *Cuba* y *P. Rico.* Planta nictaginácea, de florecitas moradas *(Boerhaarea viscosa* y la especie *Trianthema monogyma).*
II) tostón (de *testón;* a través del port. *tostao*) *m.* Moneda portuguesa de plata (100 reis). 2 *Can.* Moneda que se usó con valor equivalente al de la peseta columnaria. 3 *Méj.* Moneda de plata de 50 centavos. 4 *Bol.* Melgarejo. 5 *P. Rico* y *S. Dom.* Rodaja frita de plátano verde. 6 *P. Rico.* Trasquiladura. 7 *S. Dom.* Sacudida que se da a la cometa para evitar la culebrilla.
tostonear *tr. P. Rico.* Recortar [el pelo] sin arte.
tota *m.* Mono cercopitécido de pelaje amarillento con matices verdes; la cara es negra con las cejas blancas *(Cercopithecus aethiops).* -2 *f. Chile.* Anzuelo para pescar jibias.
tota (a ~) *loc. adv. Chile.* Aupa, a cuestas.
total (l. med. *-ale* < l. *totu,* todo) *adj.* General, universal y que lo comprende todo en su especie. -2 *m.* MAT. Suma. 3 Totalidad, conjunto de todas las cosas o personas que forman una clase o especie. -4 *adv.* En resumen: ~, *que no vienes.*
totalidad *f.* Calidad de total. 2 Todo. 3 Conjunto: *la* ~ *de los vecinos.* 4 Período de discusión relativo a una ley o propuesta en que se examina lo esencial de su tendencia antes de pasar a los detalles.
totalitario, -ria *adj.* Que incluye la totalidad de las partes o atributos de una cosa, sin merma ninguna. 2 [régimen político]

Que concentra todo el poder en el Estado, con mengua de los derechos individuales; como el fascismo, el nacionalsocialismo, el comunismo y regímenes análogos.

totalitarismo *m.* Doctrina o sistema político totalitarios. 2 Carácter de lo que es totalitario.

totalitarista *adj.-com.* Partidario del totalitarismo. -2 *adj.* Totalitario.

totalización *f.* Acción de totalizar. 2 Efecto de totalizar.

totalizador, -ra *adj.* Que totaliza. -2 *m.* Órgano que en una máquina calculadora o sumadora, indica el total de una serie de operaciones. 3 DEP. En las carreras de caballos y de galgos, conjunto de aparatos que indican el número de apuestas generales y particulares, ganadores, etc.

totalizar *tr.* Determinar el total [de diversas cantidades]: *el coste de la obra puede totalizarse en 200.000 pesetas.* ◇ ** CONJUG. [4] como *realizar.*

SIN. v. **Sumar.**

totalmente *adv. m.* Enteramente, del todo.

totay *m. Amér.* Especie de palmera de fruto dulce *(Cocos tota).*

totazo *m. Colomb.* Reventón. 2 *Cuba.* Coscorrón. 3 *Colomb.* Golpe fuerte, esp. en la cabeza.

tote *m. Colomb.* Tronera, juguete de papel.

totear *intr. Colomb.* y *Venez.* Reventar, estallar.

tótem (voz de los indios de Norteamérica) *m.* Ser animado o inanimado, pero gralte. animal o vegetal, de quien cree descender la tribu y a la cual sirve al mismo tiempo de emblema y de nombre colectivo. 2 Símbolo o representación de un tótem. ◇ Pl.: vacilante entre *tótems* y *tótemes.*

totémico, -ca *adj.* Relativo al tótem.

totemismo *m.* Sistema de creencias basado en el tótem.

toti (voz indígena) *m. Cuba.* Pájaro de plumaje muy negro *(Agelaius humeralis).*

totilimundi *m.* Mundonuevo. ◇ Pl.: *totilimundis.*

totolate *m. C. Rica.* Piojillo de las aves.

totolear *tr. C. Rica.* fam. Tratar [a un niño] con mucho cariño y condescendencia, mimarlo.

totoloque *m.* Juego de los antiguos mejicanos, parecido al del tejo.

totomoxtle *m. Méj.* Hoja que envuelve la mazorca del maíz.

totonaco, -ca *adj.-s.* Gran tribu de Méjico, que habita hacia la costa del golfo. -2 *adj.* Perteneciente o relativo a este pueblo. -3 *m.* Lengua del mismo.

totonicapa *adj.-s.* De Totonicapán, c. y dep. de Guatemala.

totonicapanés, -pesa *adj.-s.* Totonicapa.

totonicapense *adj.-s.* Totonicapa.

totopo *m. Méj.* Totoposte.

totopó, -pona *adj. Guat.* Zopo, desmañado.

totoposte *m. Amér. Central* y *Méj.* Torta o rosquilla de harina de maíz, muy tostada.

totora (quechua) *f. Amér.* Especie de anea o espadaña a propósito para techos de ranchos *(gén. Thypha).*

totoral *m. Amér.* Paraje poblado de totoras.

totorecada *f. Amér. Central.* Simpleza, tontería.

totoreco, -ca *adj. Amér. Central.* Aturdido, atolondrado.

totoreño, -ña *adj.-s.* De Totora, c. de la prov. de Carrasco del dep. de Cochabamba (Bolivia).

totorero *m. Chile.* Paseriforme de pequeño tamaño, alas cortas, redondeadas, de color castaño y manchadas de negro, y el resto del cuerpo de color ocre *(Phleocryptes melanops).*

SIN. **Trabajador.**

totovía (onomat.) *f.* Cogujada. 2 Ave paseriforme de 15 cms. de longitud; tiene la parte dorsal del cuerpo de color pardo rojizo con estrías negras y la parte inferior blanca *(Lullula arborea).*

totuma (caribe *tutum,* calabaza) *f. Amér.* Totumo y su fruto. 2 *Amér.* Vasija hecha con ese fruto. 3 *Chile.* Chichón. 4 *Chile.* Postema. 5 *Chile* y *S. Dom.* Joroba. 6 *Perú* y *Venez.* Cholla, cabeza.

totumear *intr. Venez.* Recapacitar, cavilar.

totumo *m. Amér.* Güira. 2 *P. Rico.* Vasija hecha de este fruto.

tournedó (fr. *tournedos*) *m.* Turnedó.

tournée (voz francesa) *f.* Viaje de recreo. 2 Gira artística de un cantante, compañía de teatro, etc. ◇ Se pronuncia *turné.*

touroperador (del inglés *tour operator*) *m.* Empresa que comercializa viajes organizados. ◇ Se pronuncia *turoperador.*

tova *f.* Cogujada. ◇ HOMÓF.: *toba.*

tox-, v. toxico-.

toxemia (*tox-* + *-emia*) *f.* Presencia de una substancia tóxica en la sangre.

toxi-, v. toxico-.

toxicar *tr.* Atosigar. ◇ ** CONJUG. [1] como *sacar.*

toxicidad *f.* Calidad de tóxico.

tóxico, -ca (gr. *toxikón,* veneno; doble etim. *tósigo*) *adj.-m.* Substancia venenosa.

SIN. v. **Veneno.**

toxico-, toxi-, tox- (l. *toxicum,* veneno) Elemento prefijal que entra en la formación de palabras con el significado de tóxico, toxina, veneno.

toxicogénesis (*toxico-* + *-génesis*) *f.* BIOL. Proceso en virtud del cual algunas bacterias y otros organismos patógenos producen toxinas en el medio en que viven. ◇ Pl.: *toxicogénesis.*

toxicología (*toxico-* + *-logía*) *f.* Parte de la medicina que trata de los venenos, sus efectos y sus antídotos.

toxicológico, -ca *adj.* Relativo a la toxicología.

toxicólogo, -ga *m. f.* Especialista en toxicología.

toxicomanía (*toxico-* + *-manía*) *f.* Hábito patológico de intoxicarse con substancias que procuran sensaciones agradables o que suprimen el dolor.

SIN. **Drogadicción.**

toxicómano, -na *adj.-s.* Persona que padece toxicomanía.

toxígeno, -na (*toxi-* + *-geno*) *adj.* BIOL. Que produce toxinas.

toxiinfección (*toxi-* + *infección*) *f.* BIOL. Proceso patológico caracterizado como infección e intoxicación simultánea.

toxina (gr. *toxikón,* veneno) *f.* Substancia tóxica producida en el cuerpo de los seres vivos por la acción de los microorganismos.

SIN. **Virus,** toxina que contiene el agente productor de una enfermedad infecciosa.

toxoide (*tox-* + *-oide*) *m.* Toxina que ha perdido su poder nocivo, aunque no la capacidad de actuar como antígeno.

SIN. **Anatoxina.**

toxoplasma (gr. *toxon,* arco + *plasma,* formación) *m.* Protozoo parásito de muchos mamíferos, aves y reptiles.

toxoplasmosis (*toxoplasma* + *-osis*) *f.* Enfermedad infecciosa y contagiosa producida por los toxoplasmas. ◇ Pl.: *toxoplasmosis.*

toya *f. Bol.* Aro de cascabeles que los indios se ponen alrededor de las piernas para acompañar con su sonido ciertas danzas.

toz *f. Amér.* Ave pintada de varios colores, muy abundante en Yucatán.

toza *f.* Pedazo de corteza de ciertos árboles. 2 Pieza grande de madera labrada a esquina viva. 3 *Ar.* Tocón de un árbol. 4 *N. de Jaén* y *C. Real.* Yugo con que se uncen las mulas al arado.

tozal *m.* Cerro, cabezo.

I) tozo, -za *adj.* Enano o de baja estatura.

SIN. **Tocio.**

II) tozo *m.* Melojo, árbol.

tozolada *f.* Tozolón. 2 Costalada, caída de nuca.

tozolón *m.* Golpe dado en el tozuelo.

tozudez *f.* Calidad de tozudo.

tozudo, -da (del ant. *tozar*) *adj.* Obstinado, testarudo.

SIN. v. **Terco.**

tozuelo (dim. del ant. *tozo*) *m.* Cerviz gruesa, crasa y carnosa de un animal.

traba (l. *trabe,* viga, lintel; doble etim. *trabe*) *f.* Acción de trabar. 2 Efecto de trabar. 3 Lo que une y sujeta dos cosas entre sí. 4 Ligadura con que se atan los pies a las caballerías. 5 fig. Impedimento o estorbo. 6 Cuña con que se calzan las ruedas de un vehículo. 7 Palo delantero de la red de cazar palomas. 8 Pedazo de paño que une las dos partes del escapulario de ciertos hábitos monásticos. 9 CONSTR. Piedra delgada y plana, colocada de canto en una pared de mampostería. 10 DER. Embargo de bienes. 11 *And.* Palo que asegura el frente del arca dentro de la cual se mueve la piedra de la tahona. 12 *Can.* Pinza para tender la ropa. 13 *Chile.* Tabla que se ata a los cuernos de una res vacuna para impedir que entre en sitios donde puede hacer daño. 14 *Guat.* y *S. Dom.* Armazón de madera donde posan los gallos de pelea. 15 *P. Rico* y *S. Dom.* Conjunto de gallos de pelea. 16 *P. Rico.* Gallo de pelea.

SIN. *4* v. **Maniota.**

trabacuenta *f.* Error en una cuenta. 2 fig. Discusión, controversia o disputa.

SIN. **Trascuenta.**

trabadero (de *trabar*) *m.* Cuartilla (de las caballerías).

trabado, -da (de *trabar*) *adj.* [caballería] Que tiene blancas las dos manos, o la mano derecha y el pie izquierdo o viceversa. 2 fig. Robusto, nervudo. 3 GRAM. V. Sílaba trabada. -4 *adj.-s.*

BLAS. Animal con una traba entre las patas. 5 *Colomb.* Bizco. 6 *Méj.* Tartamudo.

CONTR. *3* **Libre** o **abierta,** la sílaba que termina en vocal, p. ej. las dos de la palabra *todo.*

trabador *m. And.* y *Chile.* Triscador.

trabadura *f.* Acción de trabar. 2 Efecto de trabar.

trabajadamente *adv. m.* Trabajosamente.

trabajadera *f. And.* En los pasos procesionales, cada travesaño de madera que los refuerzan de un costado a otro por debajo.

trabajado, -da *adj.* Cansado, molido del trabajo. 2 Lleno de trabajos. 3 [asunto, cosa, estilo literario] Que se ha realizado con mucho cuidado y detenimiento.

trabajador, -ra *adj.* Que trabaja. 2 Muy aplicado al trabajo. -3 *m. f.* Jornalero, obrero. -4 *m. Chile.* Totorero.

SIN. *2* **Laborioso.**

trabajar (l. v. **tripaliare,* torturar) *intr.* Aplicarse uno con desvelo física o mentalmente en la ejecución de alguna cosa o por conseguir algo: ~ *por distinguirse;* esp., ocuparse en un ejercicio o ministerio como función propia o como medio de ganarse la vida: ~ *de sastre;* ~ *a destajo;* ~ *en tal materia;* ~ *para comer;* p. ext., desarrollar su actividad los animales o las cosas: *estos bueyes trabajan mucho; la tierra trabaja con eficacia; su imaginación trabaja continuamente; la polea no trabaja.* 2 fig. Sufrir una cosa o parte de ella la acción de los esfuerzos a que se halla sometida: *esta cuerda trabaja mucho.* 3 Poner conato y fuerza para vencer alguna cosa: *su naturaleza trabaja en vencer la enfermedad.* -4 *tr.* Someter [una materia] a una acción continua y metódica para darle una forma: ~ *madera.* 5 Batir un preparado para aglutinar sus elementos. 6 Ejercitar y amaestrar [el caballo]. 7 fig. Tratar con esfuerzo y reiteración de convencer a alguien para que actúe como conviene. -8 *prnl.* Obligarse con empeño en la ejecución de alguna cosa.

trabajera *f.* fam. Incumbencia, trabajo molesto.

trabajo *m.* Acción de trabajar: ~ *físico* o *intelectual;* fig., ~ ***de zapa,*** el que se hace solapadamente para lograr algún fin; ***trabajos forzados*** o ***forzosos,*** aquellos en que se ocupa por obligación el presidiario. 2 Esfuerzo humano aplicado a la producción de riqueza: *las luchas entre el capital y el* ~; p. ext., *el* ~ *de los animales;* ~ *de una máquina.* 3 Obra: *los trabajos de defensa; exposición de trabajos.* 4 FÍS. Producto de la fuerza por la distancia que recorre su punto de aplicación y por el coseno del ángulo que forma la una con el otro. -5 *m. pl.* fig. Penalidades; miserias.

SIN. *1* y *3* **Labor.** REL. *5* **Trabajos de Hércules,** v. Hércules.

trabajosamente *adv. m.* Con trabajo o penalidad.

trabajoso, -sa *adj.* Que exige mucho trabajo. 2 Lleno de trabajos o penalidades. 3 *Amér.* Poco complaciente, exigente, desconfiado. 4 *Argent.* Remolón, mañero, remiso. 5 *Amér.* Molesto, enfadoso.

SIN. *1* **Laborioso.** *2* **Penoso.**

trabal (l. *-ale*) *adj.* [clavo] Ancho y largo para clavar trabes.

trabalenguas (de *trabar* + *lengua*) *m.* Palabra o frase difícil de pronunciar que suele proponerse como juego: *el cielo de Constantinopla está constantinopolizado, el desconstantinopolizador que lo desconstantinopolizare buen desconstantinopolizador será.* ◇ Pl.: *trabalenguas.*

trabamiento *m.* Acción de trabar. 2 Efecto de trabar.

trabanca *f.* Mesa formada por un tablero sobre dos caballetes, usado por los papelistas y otros operarios.

trabanco (dim. de *trabe*) *m.* Trangallo.

trabar *tr.* Echar trabas para unir [alguna cosa]; en gral., juntar, unir: ~ *una cosa con,* o *de, otra.* 2 Prender, agarrar, asir: *trabaron a los ladrones;* ***intr.,*** *este gancho no traba.* 3 Triscar (los dientes de la sierra). 4 Espesar o dar mayor consistencia [a un líquido o a una masa]. 5 fig. Dar principio [a una batalla, conversación, etc.]. 6 fig. Enlazar, concordar: ~ *discursos.* 7 Ligar una salsa. 8 fig. Impedir el desarrollo de algo o el desenvolvimiento de alguien. 9 CARP. Poner en contacto o entrecruzar dos o más piezas para formar unión. 10 CONSTR. Rellenar con mortero las juntas de una obra de albañilería, las piedras o los sillares. 11 DER. Embargar o retener [bienes o derechos]. -12 *prnl.* Pelear, contender: *trabarse con uno; trabarse de palabras.* 13 ***Trabársele a uno la lengua,*** trabucarse, tartamudear. 14 *Cuba.* Equivocarse un orador, perder el hilo de un discurso. 15 *S. Dom.* Contraer tétanos un recién nacido. -16 *tr. Cuba* y *Guat.* Engañar. 17 *Perú* y *P. Rico.* Amarrar. 18 *Perú.* Sujetar, atar [gallos].

SIN. *1* v. **Juntar.** *2* v. **Asir.** *5* **Entablar.**

trabazón (de *trabar*) *f.* Enlace de dos o más cosas. 2 Espesor o consistencia dada a un líquido o masa. 3 fig. Conexión de una cosa con otra.

trabe (v. *traba*) *f.* ARQ. Viga.

trábea (l.) *f.* desus. Vestidura talar de gala, de los antiguos romanos.

trabilla (dim. de *traba*) *f.* Pequeña tira de tela o cuero que sujeta los bordes del pantalón, polaina, etc., debajo del zapato. 2 Tira de tela que por la espalda ciñe a la cintura una prenda de vestir. 3 Punto que queda suelto al hacer media.

trabina *f. And.* Fruto de la sabina.

trabo *m. S. Dom.* vulg. Trabazón. 2 *S. Dom.* Tétanos de los recién nacidos.

trabón *m.* Aum. de *traba.* 2 Argolla de hierro, a la cual se atan por un pie los caballos. 3 Pieza de los lagares de aceite. 4 *Can.* Siete (rasgón). 5 *Guat.* Cuchillada, herida.

trabonar *tr.* Poner el trabón a una caballería.

trabonazo *m.* Paso que da una caballería trabada.

trabuca (de *trabuco*) *f.* Buscapiés que estalla al apagarse.

trabucación *f.* Acción de trabucar o trabucarse. 2 Efecto de trabucar o trabucarse.

trabucador, -ra *adj.-s.* Que trabuca.

trabucaire (cat.) *m.* Faccioso catalán armado de trabuco. -2 *adj.* desus. Valentón, animoso, osado.

trabucante *adj.* [moneda] Que tiene algo más del peso legal.

trabucar (cat. o prov.) *tr.-prnl.* Trastornar el buen orden [de una cosa]; esp., ponerla boca arriba o boca abajo: *trabucarse en la disputa.* 2 Pronunciar o escribir [unas palabras o letras] por otras. 3 fig. Trastocar y confundir [especies o noticias]. ◇ **CONJUG. [1] como ***sacar.***

trabucazo *m.* Disparo del trabuco y tiro dado con él. 2 fig. Pesadumbre o susto.

trabuco (prov. cat. *trabuc*) *m.* Máquina ant. de guerra para disparar piedras muy gruesas. 2 Arma de fuego más corta y de mayor calibre que la escopeta ordinaria: ~ ***naranjero,*** el de boca acampanada y gran calibre. 3 Taco, canuto de madera que se emplea en juegos. 4 Clase de cigarro puro. -5 *adj. Méj.* Estrecho, reducido.

SIN. *2* **Sofión.**

trabuquete (dim. de *trabuco*) *m.* Catapulta. 2 Traíña pequeña.

I) traca (v. *traque*) *f.* Serie de petardos o cohetes colocados a lo largo de una cuerda y que estallan sucesivamente. 2 Gran estampida final de los mismos.

II) traca (probl. del ing. ant. *strake;* a través del fr. ant. *estraque*) *f.* MAR. Hilada de la cubierta inmediata al contracarril.

tracal *m. Chile.* Vasija grande de cuero de buey, usada para llevar las uvas al lagar.

trácala *f. Amér.* Trampa, engaño. 2 *Cuba* y *Ecuad.* Grupo de individuos, pandilla.

tracalada *f. Amér.* Cáfila, multitud.

tracalero, -ra *adj. Amér.* Tramposo.

tracamandaca *f. P. Rico.* vulg. *y* fest. Matraca, burla.

tracamandanga *f. Colomb.* Tracamundana, trueque.

tracamundana *f.* Trueque de cosas de poco valor. 2 Alboroto, confusión, lío.

tracamundeo *m.* Tracamundana.

tracayá *f. Bol.* Tortuga acuática.

tracción (l. *tractione*) *f.* Acción de tender a mover una cosa hacia el punto de donde procede el esfuerzo. 2 Efecto de tender a mover una cosa hacia el punto de donde procede el esfuerzo. 3 Acción de arrastrar vehículos sobre una vía. 4 Efecto de arrastrar vehículos sobre una vía. 5 MEC. y METAL. Fuerza o par de fuerzas que actúan axialmente en un cuerpo y tienden a alargarlo.

SIN. *3* y *4* **Arrastre.**

trace *adj.-s.* Tracio.

tracería (de *trazo*) *f.* Decoración arquitectónica formada por figuras geométricas: ~ *trifoliada.*

traciano, -na *adj.-s.* Tracio.

tracias (gr. *thraskias* < *Thrax,* Tracia) *m.* Viento que corre entre el coro y el bóreas. ◇ Pl.: *tracias.*

tracio, -cia (l. *thraciu*) *adj.-s.* De Tracia, región del sudeste de Europa, que comprende zonas de Bulgaria, Grecia y Turquía. 2 De un pueblo indoeuropeo que se estableció en esta región en el segundo milenio a. C. -3 *adj.-m.* Lengua traciofrigia, hablada antiguamente en esta región.

SIN. **Odrisio, trace, traciano.**

traciofrigio, -gia *adj.-m.* Familia de lenguas del tronco indoeuropeo, habladas antiguamente en la península balcánica y en las costas occidentales del mar Negro; como el tracio y el frigio.

tracista *adj.-s.* Que dispone el plan de una fábrica. 2 fig. Que es fecundo en tretas y engaños.

tracoma (gr. *trachys,* áspero) *m.* MED. Conjuntivitis granulosa producida por un micrococo.

tracomatoso, -sa *adj.* Perteneciente o relativo al tracoma. -2 *adj.-s.* Persona que padece esta enfermedad.

tracto (v. *trecho*) *m.* Espacio que media entre dos lugares. 2 Lapso (espacio de tiempo). 3 Conjunto de versículos que se cantan o rezan antes del Evangelio en la misa de ciertos días. 4 BIOL. Haz de fibras nerviosas que tienen el mismo origen y la misma terminación y cumplen la misma función fisiológica. 5 BIOL. Formación anatómica que media entre dos lugares del organismo y realiza una función de conducción.
SIN. *1* y *2* **Trecho.**

tractocarril (de *tractor* + *carril*) *m.* Convoy de locomotora mixta, que puede andar sobre carriles o sin ellos.

tractor *m.* Máquina que produce tracción. 2 Vehículo automóvil cuyas ruedas o cadenas se adhieren fuertemente al terreno, y que se emplea para arrastrar arados, remolques, etc., o para tirar de ellos.

tractorar, tractorear *tr.* Labrar la tierra con tractor.

tractorista *com.* Persona que maneja un tractor.

tradescantia *f.* Planta commelinácea perenne de flores violáceas en ramilletes y hojas lineares *(Tradescantia virginiana).*

tradición (l. *-itione;* doble etim. *traición*) *f.* Transmisión oral de hechos históricos, doctrinas, composiciones literarias, costumbres, etc., hecha de generación en generación. 2 Lo que se transmite de este modo. 3 Doctrina, costumbre, etc., que prevalece de generación en generación. 4 DER. Entrega (acción): ~ *de una cosa vendida.*

tradicional *adj.* Relativo a la tradición.

tradicionalismo *m.* Doctrina filosófica que niega a la razón individual potencia para conocer las verdades morales, como la existencia de Dios, las cuales sólo podemos conocer por la fe o a consecuencia de una revelación primitiva transmitida por la tradición. 2 Sistema político que consiste en mantener o restablecer las instituciones antiguas en la organización del estado y sociedad. 3 Carlismo. 4 Amor o apego a las costumbres, ideas, normas, etc., del pasado.

tradicionalista *adj.-com.* Que profesa o es partidario del tradicionalismo. -2 *adj.* Relativo a esta doctrina o sistema. -3 *adj.-s.* Carlista. 4 Que se siente muy vinculado a las costumbres, ideas, etc., del pasado, y procura seguirlas.

tradicionalmente *adv. m.* Por tradición.

tradicionista *com.* Narrador, escritor o colector de tradiciones.

traducción (l. *traductione*) *f.* Acción de traducir: ~ ***automática,*** la que se hace por medio de máquinas especialmente construidas para tal fin; ~ ***directa,*** la que se hace de un idioma extranjero al idioma del traductor; ~ ***inversa,*** la que se hace del idioma del traductor a un idioma extranjero; ~ ***libre*** o ***literaria,*** la que, siguiendo el sentido del texto, se aparta del original en la elección de la expresión; ~ ***literal,*** la que sigue palabra por palabra el texto original; ~ ***simultánea,*** la que se hace oralmente al mismo tiempo que se pronuncia un discurso, conferencia, etc. 2 Efecto de traducir. 3 Obra del traductor. 4 Interpretación que se da a un texto. 5 BIOL. Etapa de la expresión génica en la que la información contenida en la molécula de ácido ribonucleico mensajero pasa a la de las proteínas. 6 RET. Figura que consiste en emplear dentro de la cláusula un mismo adjetivo o nombre en distintos casos, géneros o números o un mismo verbo en distintos modos, tiempos o personas.
SIN. *1, 2* y *3* **Versión.**

traducianismo (l. *traducere,* transmitir) *m.* Doctrina teológica según la cual las almas existían en germen en Adán y se perpetúan por vía de generación, como los cuerpos.
SIN. **Generacionismo.**

traducibilidad *f.* Calidad de traducible.

traducible *adj.* Que se puede traducir.

traducir (l. *traducere*) *tr.* ant. Convertir, mudar: *se ha traducido de cruel en benigno.* 2 Expresar en una lengua [lo que está expresado antes en otra]: ~ *al,* o, *en castellano;* ~ *del latín.* 3 Representar, expresar, interpretar: *tradujo sus sentimientos con frase conmovedora.* ◇ ** CONJUG. [46] como ***conducir.***
SIN. *2* **Verter, interpretar; trasladar** y **volver,** son algo anticuados; **vulgarizar, romancear, arromanzar,** traducir del latín a las lenguas vulgares; hoy de escaso uso. *3* **Interpretar.** REL. **Intérprete,** el que traduce de viva voz lo que se habla en otro idioma.

traductor, -ra (l. *-re*) *adj.-s.* Que traduce una obra o escrito. 2 En cibernética, órgano que recibe una señal en forma de una magnitud física, en función de la cual emite otra señal en forma de una magnitud física distinta. -3 *f.* INFORM. Máquina capaz de traducir la información contenida en los orificios de una ficha perforada, en signos que normalmente imprime en los bordes de esa ficha. 4 INFORM. Máquina que obtiene la traducción aproximada de textos simples de un idioma a otro.

traedizo, -za *adj.* Que se trae o puede traer.

traedor, -ra *adj.-s.* Que trae.

traer (l. *trahere*) *tr.* Transportar uno mismo [una cosa] al lugar en donde se halla: ~ *una carta de Francia consigo;* ~ *sobre sí;* transportarla por un medio cualquiera: ~ *un bulto en el coche;* v. llevar (transportar). 2 Atraer hacia sí: *la patria trae a sus hijos.* 3 Vestir, tener puesta [una cosa]: *traía,* o *llevaba, un traje muy rico;* ***prnl.,*** seguido de los advs. *bien, mal,* etc., vestirse: *tu hijo se trae muy bien.* 4 Causar, acarrear: *la ociosidad trae estos vicios.* 5 fig. Forma parte de algunas locuciones de significado diverso, matizándolas con su sentido dinámico peculiar: ~ ***razones, autoridades, ejemplos,*** alegar, aplicar razones, etc.; ~ ***a uno azorado, convencido,*** etc., azorarle, convencerle; ~ ***a la memoria,*** recordar; ~ ***un negocio en manos*** o ***entre manos,*** o ***traerse algo,*** andar haciéndolo; ~ ***a camino,*** separar de los vicios, etc.; ~ ***a uno a partido,*** persuadirle. 6 fr. fig. ~ ***a uno a mal*** ~, maltratarle o molestarle mucho; ***traérselas,*** que una cosa tiene más intención y malicia de lo que a primera vista parece; ***traerse y llevarse,*** chismear; ~ ***a uno arrastrado*** o ***arrastrando,*** fatigarle mucho. ◇ ** CONJUG. [88].

traeres (de *traer III*) ***m. pl.*** Atavío.

trafagador, -ra *m. f.* Persona que anda en tráfagos (negocios fatigosos).

trafagante *adj.-s.* El que trafaga.

trafagar (de *tráfago*) *intr.* Andar por varios países, correr mundo. 2 Traficar. 3 p. ext. Divagar con la imaginación o con el pensamiento. 4 Andar con mucho ajetreo, moviéndose constantemente de un lado para otro. ◇ ** CONJUG. [7] como ***llegar.***

tráfago (port. *trafego;* cat. *tràfec*) *m.* Conjunto de negocios o faenas que ocasiona mucha fatiga. 2 Tráfico. 3 Ajetreo, actividad intensa.

trafagón, -gona (de *trafagar*) *adj.-s.* fam. Persona que negocia con demasiada solicitud.

trafalgar *m.* Tela ant. de algodón, especie de linón ordinario.

trafallón, -llona *adj.* Que hace las cosas mal o las embrolla.

trafalmeja, -jas (probl. ár. *atraf alnes,* hombres de baja condición, × *almeja*) *adj.-com.* Persona bulliciosa y de poco seso.

trafasía *f. Perú.* Trapaza.

trafasista *com. Perú.* Trapacero.

traficación *f.* Tráfico.

traficante *adj.-s.* Que trafica (comercia).
SIN. v. **Comerciante.**

traficar (it. *trafficare*) *intr.* Comerciar, negociar: ~ *con su crédito.* 2 Hacer negocios no lícitos. 3 Trafagar (correr mundo). ◇ ** CONJUG. [1] como *sacar.*

tráfico (it. *traffico*) *m.* Acción de traficar: ~ ***de influencias,*** uso o aprovechamiento indebido de los conocimientos o informaciones obtenidas en el desempeño de un cargo público. 2 Circulación de vehículos por calles, caminos, etc.: ~ *ferroviario;* ~ *de la calle de Alcalá, del puerto.* 3 p. ext. Movimiento o tránsito de personas, mercancías, etc., por cualquier otro procedimiento de transporte.
SIN. *2* **Tránsito.**

trafulcar *tr.* Confundir, trabucar. ◇ ** CONJUG. [1] como ***sacar.***

tragaavemarías (de *tragar* + *avemaría*) *com.* fam. Persona devota que reza muchas oraciones. ◇ Pl.: *tragaavemarías.*

tragable *adj.* Que se puede tragar.

tragacanta (gr. *tragákantha* < *tragos,* macho cabrío + *ákantha,* espina) *f.* Tragacanto.

tragacanto *m.* Arbusto leguminoso de Asia, de cuyo tronco y ramas fluye una goma muy usada en farmacia y en la industria *(gén. Astragalus).* 2 Esta misma goma.
SIN. **Adraganto, alquitira, goma adragante, granévano.**

tragacete *m.* Arma arrojadiza ant. a manera de dardo.

tragadal *m. Colomb.* Lodazal, barrizal.

tragaderas *f. pl.* Faringe. 2 fig. Credulidad: *tener buenas* ~. 3 fig. Poco escrúpulo, facilidad para admitir o tolerar cosas inconvenientes.

tragadero *m.* Faringe. 2 Agujero que traga o sorbe algo. 3 Conducción subterránea para dar salida a las aguas de un estanque

o embalse. 4 MAR. Seno formado por dos olas consecutivas. -5 *m. pl.* Tragaderas (credulidad).
tragador, -ra *adj.-s.* Que traga. 2 Que come mucho.
tragagigantes *com.* Perdonavidas. ◇ Pl.: *tragagigantes.*
tragahombres *m.* fam. Perdonavidas. ◇ Pl.: *tragahombres.*
trágala (de las palabras *Trágala tú, servilón,* con que comenzaba el estribillo) *m.* Canción con que los liberales españoles zaherían a los absolutistas en el s. XIX. 2 fig. Aquello por lo cual se obliga a uno a soportar alguna cosa que rechaza.
tragaldabas *com.* fam. Persona muy tragona. 2 fig. Persona extremadamente crédula o indulgente. ◇ Pl.: *tragaldabas.*
tragaleguas *com.* fam. Persona que anda mucho y de prisa. ◇ Pl.: *tragaleguas.*
tragallón, -llona *adj. Chile.* Tragón, comilón.
tragalotodo *com.* fam. Tragaldabas. ◇ Pl.: *tragalotodo.*
tragaluz *m.* Ventana o claraboya, gralte. con derrame hacia el centro.
tragamallas *com.* fam. Tragaldabas. ◇ Pl.: *tragamallas.*
tragamillas *com.* fam. Tragaleguas. ◇ Pl.: *tragamillas.*
traganíquel *m. Colomb.* Traganíqueles.
traganíqueles *m. pl. P. Rico.* Tragaperras, vellonera.
tragantada *f.* El mayor trago que se puede tragar de una vez.
tragante *m.* METAL. Abertura en la pared superior de los hornos de cuba y los hornos altos. 2 *And.* Cauce por donde entra en las presas del molino la mayor parte del río. 3 *And.* En una cañería de evacuación, orificio colector de líquidos. 4 *And.* Cañón de la chimenea.
tragantón, -tona *adj.-s.* fam. Tragón.
SIN. v. **Comilón.**
tragantona *f.* fam. Comilona. 2 Acción de tragar haciendo fuerza. 3 fig. Violencia que se hace uno para creer una cosa extraordinaria.
traganudos *m. La Mancha.* Permuta de objetos similares y de poco valor, sin que cada permutante conozca el objeto del otro. ◇ Pl.: *traganudos.*
tragapán *m.* Narciso (planta).
tragapellas *com. Can.* Tragaldabas. ◇ Pl.: *tragapellas.*
tragaperras *f.* Caja de música que funciona mediante el peso de una moneda introducida en ella. -2 *adj.-f.* Máquina o mecanismo que se pone en marcha automáticamente al introducirle una o varias monedas, especialmente las de juego. ◇ Pl.: *tragaperras.*
tragar (orig. incierto; probl. del l. *drago,* monstruo devorador) *tr.* Hacer que [una cosa] pase de la boca al esófago; p. ext., comer mucho. 2 fig. Abismar la tierra o las aguas [lo que está en su superficie]. 3 Dar fácilmente crédito [a las cosas]. 4 Soportar o tolerar [cosa repulsiva]; disimular, no darse por entendido [de una cosa]. 5 Absorber, gastar: *el muro se tragó más piedra de la que se creía.* 6 TAUROM. Aguantar el diestro sin titubeo la acometida de la res. ◇ ** CONJUG. [7] como ***llegar.***
FRS. *Haberse uno tragado* o *tenerse tragada alguna cosa,* fig., estar persuadido de que una cosa ha de suceder; *no ~ a una persona* o *cosa,* sentir antipatía hacia ella. SIN. *1* **Engullir, pasar; ingerir, deglutir,** en expres. escogidas. *2* y *5* **Sorber.**
tragasables *com.* fam. Artista de circo que sigue las prácticas de los faquires. ◇ Pl.: *tragasables.*
tragasantos *com.* fam. *y* desp. Persona beata que frecuenta mucho las iglesias. ◇ Pl.: *tragasantos.*
tragavenado *m. Colomb.* y *Venez.* Serpiente no venenosa, que ataca, para alimentarse, al venado y a otros cuadrúpedos corpulentos *(Boa constrictor).*
tragavino *m.* Embudo para líquidos.
tragavirotes *m.* fam. Hombre serio y erguido en demasía. ◇ Pl.: *tragavirotes.*
tragazón *f.* fam. Glotonería, gula.
tragedia (l. *tragœdia* < gr. *tragoidia* < *tragos,* macho cabrío + *ado,* cantar) *f.* Obra dramática seria en que intervienen generalmente personajes ilustres y en la que el protagonista se ve conducido, por una pasión o por la fatalidad, a un desenlace funesto: *las tragedias de Sófocles.* 2 fig. Suceso funesto, desgraciado o lastimoso de la vida real. 3 Composición lírica destinada a lamentar sucesos infaustos. 4 Género trágico: *prefiero la ~ a la comedia.* 5 Canción de los gentiles en loor del dios Baco.
tragelar *tr.* Comer con exceso.
trágicamente *adv. m.* De manera trágica; desdichada y funestamente.
trágico, -ca (gr. *tragikós*) *adj.* Relativo a la tragedia. 2 fig. Infausto, muy desgraciado. -3 *adj.-s.* Actor que representa papeles trágicos. 4 Autor de tragedias.
tragicomedia (l. *tragicomœdia*) *f.* Obra dramática que tiene al par condiciones propias de los géneros trágico y cómico. 2 Obra jocoseria escrita en diálogo y no destinada a la representación teatral: *la ~ de Calisto y Melibea.* 3 fig. Suceso que mueve a risa y a piedad.
tragicómico, -ca *adj.* Relativo a la tragicomedia. 2 Jocoserio.
I) trago *m.* Porción de líquido que se bebe de una vez. 2 fig. Adversidad, infortunio. 3 *Colomb.* Copa de licor; p. ext., licor, bebida alcohólica.
FR. *A tragos,* poco a poco.
II) trago (gr. *tragos*) *m.* Prominencia de la oreja, situada delante del conducto auditivo.
tragón, -gona *adj.-s.* fam. Que come mucho.
SIN. v. **Comilón.**
tragonear *tr.* Tragar mucho y con frecuencia.
tragonería, tragonía *f.* fam. Vicio del tragón.
tragontina (l. *dracontiu,* dragontea) *f.* Aro (planta).
traguear *intr.* Tomar licor. -2 *prnl.* Achisparse.
traguetearse *prnl. Guat.* y *S. Dom.* Fragonear.
traición (v. *tradición*) *f.* Violación de la fidelidad debida. 2 DER. Delito cometido contra la patria por los ciudadanos, o contra la disciplina por los militares: ***alta ~***, la cometida contra la persona del soberano o contra el estado; ***a ~***, alevosamente.
SIN. **Prodición,** p. us.; **alevosía.**
traicionar *tr.* Hacer traición [a una persona, idea, doctrina, etc.]. 2 Ser [algo o alguien] el motivo del fracaso o fallo de un intento. 3 fig. *y* fam. Delatar uno, de manera involuntaria, una cosa que preferiría que permaneciera ignorada. 4 fig. *y* fam. Ser infiel un hombre a una mujer, o viceversa.
traicionero, -ra *adj.-s.* Traidor.
traída *f.* Acción de traer. 2 Efecto de traer: *~ de aguas.*
traído, -da *adj.* Gastado, usado, especialmente la ropa: *chaleco ~.*
traidor, -ra (l. *traditore*) *adj.-s.* Que comete traición. -2 *adj.* [animal] Taimado y falso. 3 Que implica y denota traición. 4 fig. *y* fam. [cosa] De apariencia inofensiva, pero dañino. 5 fig. *y* fam. [cosa] Que delata algo que se quería mantener secreto.
SIN. *1, 2* y *3* **Desleal, pérfido,** son gralte. menos intensos.
traidoramente *adv. m.* Alevosamente.
tráiler (ing. *triller*) *m.* ANGLIC. Avance de una película. 2 ANGLIC. Remolque de un camión; p. ext., camión que lleva dicho remolque.
traílla (l. v. **tragella* < l. *tragula* < *trahere,* llevar hacia sí; doble etim. *tralla*) *f.* Cuerda con que los cazadores llevan atado el perro. 2 Un par de perros atraillados. 3 Conjunto de traíllas unidas por una cuerda. 4 Tralla. 5 Aparato agrícola para allanar un terreno. 6 Cuerda con que algunas veces se echa el hurón en las madrigueras para tirar de él.
REL. **Atraillar,** vb., atar los perros con traílla. SIN. *5* **Robadera.**
traillar *tr.* Allanar [un terreno con la traílla]. ◇ **CONJUG. [15] como ***aislar.***
traína (der. del l. *trahere,* atraer, arrastrar) *f.* Nombre de varias redes de fondo, esp. la de pescar sardina.
SIN. **Trabuquete,** traína pequeña.
trainera *adj.-f.* Barca que pesca con traína, a veces empleada en competiciones deportivas.
traíña (de *traína*) *f.* Red muy espesa que se cala rodeando un banco de sardinas para llevarlas así a la costa.
SIN. **Trabuquete,** traíña pequeña.
traite (fr. < l. *tractu*) *m.* Percha (acción y efecto).
traja *f. Bol.* Sobrecarga.
trajano, -na *adj.* Relativo al emperador Trajano (53-117): *colonia trajana; columna trajana.*
traje (port. *traje* < b. l. *tragere* < l. *trahere,* traer) *m.* Vestido peculiar de una clase de personas o de los naturales de un país. 2 Vestido completo: *~ **de etiqueta,*** el usado en actos solemnes; *~ **de chaqueta,*** o simplemente *~*, vestido de hombre compuesto de chaqueta y pantalón, confeccionados con el mismo tipo de tela; *~ **de luces,*** el de seda, bordado de oro o plata, con lentejuelas, que se ponen los toreros para torear; *~ **sastre,*** vestido femenino de dos piezas: *falda* y *chaqueta; ~ **de noche,*** el de ceremonia, gralte. largo, de mujer; *~ **espacial,*** el utilizado por los astronautas en sus misiones de exploración en el espacio extraterrestre.
FR. Fig. *Cortar un ~ a una persona,* murmurar de ella. SIN. v. **Vestido.**
trajeado, -da *adj.* [pers.] Arreglado en el vestir: *muy ~; bien ~; mal ~.*
trajear *tr.-prnl.* Proveer de traje [a una persona].

trajín *m.* Acción de trajinar. 2 fig. *y* fam. Ajetreo, movimiento intenso en algún sitio, o gran actividad de alguien.
trajinante *m.* El que trajina (mercaderías).
SIN. V. **Comerciante.**
trajinar (l. v. *traginare* < l. *trahere*) *tr.* Acarrear [mercaderías] de un lugar a otro. -2 *intr.* Andar de un sitio para otro; moverse mucho. -3 *tr.-intr.-prnl.* vulg. Poseer sexualmente. 4 *Argent.* y *Chile.* Engañar [a alguien]. 5 *Chile.* Registrar, rebuscar, hurgar. 6 *Pan.* Fastidiar. -7 *prnl. Argent.* Encontrarse burlado.
trajinera *f. Méj.* Canoa grande de unos 8 m. de largo por 2 de ancho.
trajinería *f.* Ejercicio de trajinero.
trajinero *m.* Trajinante.
trajinista *adj. Argent.* y *P. Rico.* Buscavidas.
tralhuén *m. Chile.* Talgüén.
tralla (v. *traílla*) *f.* Cuerda más gruesa que el bramante. 2 Trencilla del extremo del látigo. 3 Látigo provisto de esta trencilla. 4 Cola de rata (pesca).
trallazo *m.* Golpe dado con la tralla. 2 Chasquido de la tralla. 3 DEP. Chut potente.
trama (l.) *f.* Conjunto de hilos que, cruzados con los de la urdimbre, forman una tela. 2 Especie de seda para tramar. 3 fig. Confabulación: *una ~ odiosa.* 4 Disposición interna, contextura, esp. el enredo de una obra dramática o novelesca. 5 fig. Florecimiento y flor de los árboles, esp. del olivo. 6 En fotograbado, cuadriculado muy fino, que se graba en una lente. 7 BIOL. Conjunto de elementos celulares o fibrilares que constituyen la armazón de un tejido. 8 IMPR. Filtro finamente cuadriculado o reticulado que se dispone ante la emulsión sensible en los procedimientos de similigrabado. 9 En televisión, conjunto de líneas exploradas de una vez antes de que el haz electrónico vuelva a su posición inicial.
SIN. *3* y *4* **Intriga.**
tramado, -da *adj. Amér. Central.* [pers.] Valiente; [animal] mañoso. 2 *Amér. Central.* Difícil, intrincado. -3 *m. Venez.* Joropo que se acostumbra bailar en la Pascua.
tramador, -ra *adj.-s.* Que trama [un enredo y los hilos de la trama]. 2 fig. Que dispone con astucia una mala acción.
tramar *tr.* Atravesar [los hilos de la trama] por entre los de la urdimbre. 2 Preparar con astucia o dolo [un enredo o traición]. 3 Disponer con habilidad [la ejecución de cualquier cosa complicada]. -4 *intr.* Florecer los árboles, esp. el olivo.
SIN. *2* **Urdir, maquinar.**
tramazón *f. Amér. Central.* Enredo; gresca.
trambucar *intr. Colomb.* y *Venez.* Naufragar. 2 *Venez.* Perder el juicio. ◇ ** CONJUG. [1] como *sacar.*
trambuluquearse *prnl. P. Rico.* Entre campesinos, trabucarse la lengua al hablar.
trambuque *m. Colomb.* Naufragio.
trámil (arauc.) *adj. Chile.* [pers.] Que le flaquean las piernas.
tramilla (dim. de *trama*) *f.* Bramante.
tramitación *f.* Acción de tramitar. 2 Efecto de tramitar. 3 Serie de trámites prescritos para un asunto.
tramitador, -ra *m. f.* Persona que tramita un asunto.
tramitar *tr.* Hacer pasar [un negocio] por los trámites debidos.
trámite (l., senda, atajo) *m.* Paso de una parte o cosa a otra. 2 Estados y diligencias que hay que recorrer en un negocio hasta su conclusión.
tramo (l. *trama*) *m.* Trozo de terreno separado de los demás por una señal cualquiera. 2 Parte de una escalera comprendida entre dos mesetas. 3 Parte de la estructura de una bóveda que tiene una relativa autonomía tectónica. 4 Parte en que está dividido un andamio, camino, etc. 5 Distancia entre dos soportes en una línea telegráfica. 6 fig. Trozo literario en el cual domina la misma idea.
tramojo (orig. incierto; quizá **tramuculu* < l. *trama*) *m.* Vencejo (lazo) de mies. 2 Trabajo, apuro: *paso unos tramojos.* 3 *Amér.* Trangallo, trabanco.
tramontana (l. *transmontana*) *f.* Norte (punto cardinal; viento). 2 fig. Vanidad.
tramontano, -na *adj.* Del otro lado de los montes. ◇ También *transmontano* y *trasmontano.*
tramontar (it. *tramontare*) *intr.* Pasar al otro lado de los montes: *el sol ha tramontado.* -2 *tr.-prnl.* Disponer que [uno] huya de un peligro. ◇ También *transmontar* y *trasmontar.*
tramoya (et. dud., quizá de un compuesto del l. *tremere*, temblar, y *modium*, fanega de grano) *f.* Máquina o conjunto de máquinas para efectuar en el teatro los cambios de decorado y efectos especiales. 2 fig. Enredo dispuesto con ingenio. 3 fig. Parte que permanece oculta en una acción o gestión.
SIN. *2* **Habilidad.**
tramoyar *tr. Perú* y *Venez.* Trampear.
tramoyero, -ra *adj. Guat.* y *P. Rico.* Tramoyista, tramposo.
tramoyista *com.* Persona que inventa, construye o maneja tramoyas. -2 *com.-adj.* Persona que usa de ficciones o engaños.
tramoyón, -yona *adj.* fam. Tramoyista (que usa de ficciones).
trampa (de orig. germ.) *f.* Artificio de caza formado por una tabla que cubre una excavación; p. ext., añagaza que sirve para capturar o matar animales o personas. 2 fig. Ardid para burlar a alguno. 3 Infracción maliciosa de las reglas de un juego o de una competición. 4 Contravención disimulada a una ley o convenio, y manera de eludirla con provecho propio. 5 Deuda cuyo pago se demora. 6 Puerta abierta en el suelo. 7 Tablero horizontal y levadizo en los mostradores de algunas tiendas. 8 Portañuela. 9 TECNOL. Dispositivo que permite interceptar partículas o radiaciones parásitas.
SIN. *1* **Armadija, -jo, callejo.**
trampal (de *trampa*, artificio) *m.* Atolladero, tremedal.
trampantojo *m.* Ilusión con que se engaña a alguno haciéndole ver lo que no es.
trampazo *m.* Última de las vueltas en el tormento de cuerda.
trampeador, -ra *adj.-s.* fam. Que trampea.
trampear (de *trampa*) *intr.* fam. Petardear (estafar). 2 Arbitrar medios para hacer más llevadera la penuria. -3 *tr.* fam. Engañar [a alguno] con artificio y cautela.
trampeo *m.* Caza mediante trampas y cepos.
trampería *f.* Acción propia del tramposo.
trampero, -ra *m. f.* Persona que pone trampas para cazar. -2 *adj. Guat.* y *Méj.* Tramposo. -3 *m. Chile.* Armadijo para cazar pájaros.
trampilla (dim. de *trampa*) *f.* Ventanilla en el suelo de una habitación para ver lo que pasa en el piso bajo. 2 Portezuela de la carbonera de un fogón de cocina. 3 en gral. Portezuela que se levanta sobre goznes colocados en su parte superior. 4 Portañuela.
trampista *adj.-com.* Tramposo (embustero).
trampolín (it. *trampolino*) *m.* Plano inclinado u horizontal en que toman impulso el gimnasta o el nadador para saltar. 2 Estructura al final de un plano inclinado desde la que realiza el salto el esquiador. 3 Persona o cosa de que uno se aprovecha para conseguir fines ulteriores.
tramposería *f. Amér.* Trampa, fullería.
tramposo, -sa (de *trampa*) *adj.-s.* Embustero, petardista, mal pagador. 2 Que hace trampas en el juego.
trampuliña *f. S. Dom.* Fraude, engaño.
tranca (voz prerrom; probl. de orig. célt.) *f.* Palo grueso y fuerte. 2 Palo grueso con que se aseguran puertas y ventanas cerradas. 3 vulg. Borrachera. 4 *Amér.* Tranquera (puerta rústica). 5 *P. Rico* y *S. Dom.* fest. Dólar, peso.
SIN. *1* v. **Palo.** REL. *2* **Atrancar**, asegurar puertas y ventanas con ~.
trancada *f.* Tranco (paso). 2 *Ar.* y *Argent.* Palo, garrotazo. 3 *Colomb.* Reprimenda. 4 *Cuba.* Bromazo, treta.
trancadero *m. S. Dom.* Cierre ruidoso y repentino de puertas.
trancahílo *m.* Nudo o lazo sobrepuesto para que estorbe el paso del hilo o cuerda por alguna parte. 2 *Can.* Cosido descuidado.
trancanil *m.* MAR. Serie de maderos fuertes tendidos para ligar los barcos a las cuadernas y al forro exterior.
trancaperros *m. Venez.* Riña, pelotera. ◇ Pl.: *trancaperros.*
trancar *tr.* Atrancar (asegurar). -2 *intr.* Atrancar (dar trancos). -3 *prnl. Chile.* Estreñirse, astringirse. 4 *Cuba* y *Venez.* Emborracharse. -5 *tr. Colomb.* Resistir con energía e incluso atacar. 6 *Venez.* Cerrar [la puerta] con llave. 7 *Colomb.* Reprender. 8 *Cuba.* Fastidiar en una mala acción o juego. ◇ ** CONJUG. [1] como *sacar.*
trancazo *m.* Golpe dado con una tranca o con cualquier otra cosa. 2 fig. Gripe. 3 *Cuba* y *P. Rico.* vulg. Trago de licor.
trance (del ant. *tranzar*, destruir; et. dud., quizá célt.) *m.* Momento crítico: *un ~ apurado.* 2 Último tiempo de la vida, próximo a la muerte: *último ~; ~ postrero; ~ mortal.* 3 Estado de suspensión de los sentidos durante el éxtasis místico. 4 Estado en que un médium manifiesta fenómenos paranormales. 5 DER. Apremio judicial contra los bienes de un deudor, para pagar con ellos al acreedor: *a todo ~*, resueltamente.
trancelín *m.* Trencillo (de sombrero).
trancha *f.* Hierro empleado para rebordear sobre él los cantos de la hojalata.

tranchete (fr. *tranchet,* de *trancher,* cortar) ***m.*** Chaira (cuchilla). 2 *And.* Hocino o navaja con esa forma, que sirve para cortar ramas.
trancho ***m.*** Saboga.
tranco ***m.*** Paso largo. 2 Umbral (de puerta). 3 Tramo, trozo de terreno. 4 fam. Puntadas largas, esp. al repasar la ropa. 5 *Extr.* Cerrojo. 6 *Murc.* Juego de la tala.
FRS. *A trancos,* de prisa y sin arte; *en dos trancos,* en brevísimo tiempo.
SIN. *1* **Trancada, zancada.**
trangallo (de *tranca;* port. *trangalho*) ***m.*** Palo que en tiempo de cría de la caza se pone pendiente del collar de los perros para que no puedan bajar la cabeza hasta el suelo.
SIN. **Taragallo, tarangallo, trabanco.**
tranquear ***intr.*** fam. Atrancar (dar trancos). 2 Remover, empujando y apalancando con trancas o palos.
tranquera ***f.*** Empalizada de trancas. 2 *Amér.* Especie de puerta rústica en un alambrado, hecha gralte. con trancas.
tranquero (de *tranco*) ***m.*** Piedra con que se forman las jambas y dinteles de puertas y ventanas. 2 *Chile.* Tranquera.
tranquijón ***m.*** *Guat.* y *Hond.* Paso malo en los caminos.
tranquil ***m.*** ARQ. Línea vertical o del plomo. V. arco por tranquil.
tranquilamente ***adv. m.*** De manera tranquila.
tranquilar (l. *tranquillare,* sosegar, calmar) ***tr.*** Señalar con dos rayitas cada una de las partidas de cargo y data de un libro de comercio, hasta donde iguala [la cuenta]. -2 ***tr.-prnl.*** Tranquilizar.
tranquilidad (l. *-ilitate*) ***f.*** Quietud, reposo, sosiego. 2 *P. Rico.* vulg. Amistad.
tranquilino, -na ***adj.*** *Méj.* Borracho.
tranquilizador, -ra ***adj.*** Que tranquiliza.
tranquilizante ***adj.*** Que tranquiliza. -2 ***adj.-s.*** Calmante, sedante.
tranquilizar (v. *tranquilar*) ***tr.-prnl.*** Hacer desaparecer la agitación, la inquietud [a una pers. o cosa]. ◇ ** CONJUG. [4] como ***realizar.***
tranquilla (dim. de *tranca*) ***f.*** fig. Especie que se suelta en la conversación para desorientar. 2 Pasador que se pone en una barra. 3 *And.* Tranquillo, modo o hábito especial de hacer una cosa con destreza.
tranquillar ***tr.*** *Can.* Atrapar, sorprender [a uno].
tranquillo ***m.*** fig. Hábito especial mediante el cual se hace una cosa con más destreza. 2 *And., Ar.* y *Murc.* Tranco, umbral de la puerta. 3 *And.* y *Murc.* Aldabilla o travesaño de madera con que se aseguran, después de cerradas, las puertas. 4 *Can.* Golpe o característica del andar de personas y animales.
tranquillón ***m.*** Mezcla de trigo y centeno.
SIN. **Morcajo.**
tranquilo, -la (l. *-illu*) ***adj.*** No agitado: *el mar estaba ~.* 2 Sin inquietud: *con ánimo ~.*
tranquilón, -lona ***adj.-s.*** Persona calmosa y que no se preocupa por nada. -2 ***m.*** Mezcla de trigo con centeno en la siembra y en el pan.
tranquiza ***f.*** *Méj.* fam. Tunda de trancazos, paliza.
trans- (prep. l. *trans*) Prefijo que entra en la formación de palabras con el significado de en la parte opuesta, del otro lado: *transatlántico, transpirenaico;* a través de: *transparente;* cambio o mudanza: *transformar.* 2 QUÍM. Designa el isómero geométrico en que los radicales se hallan situados a los lados opuestos del plano de un enlace doble o de un anillo alicíclico. ◇ Pierde la *s* precediendo a voces que empiezan con esta letra: *transubstancial.* El uso autoriza en muchas palabras la forma *tras.* Algunas veces se dice *tra: tramontano.*
transacción (l. *-actione*) ***f.*** Acción de transigir. 2 Efecto de transigir. 3 p. ext. Trato, convenio, negocio. 4 DER. Contrato mediante el cual las partes, haciéndose mutuas concesiones, evitan la provocación de un litigio, o ponen fin al ya comenzado.
transaccional ***adj.*** Relativo a la transacción.
transalpino, -na (l. *-nu*) ***adj.*** De las regiones del otro lado de los Alpes. 2 Relativo a ellas. ◇ También *trasalpino.*
transandino, -na ***adj.*** De las regiones del otro lado de los Andes. 2 Relativo a ellas. 3 Que atraviesa los Andes: *ferrocarril ~.* ◇ También *trasandino.*
transar ***intr.-prnl.*** *Amér.* Ceder, transigir.
transatlántico, -ca (*trans-* + *atlántico*) ***adj.*** De las regiones situadas al otro lado del Atlántico. 2 Relativo a ellas: *tráfico ~.* 3 Que atraviesa el Atlántico: *vuelo ~.* -4 ***m.*** Buque de grandes proporciones que hace la travesía del Atlántico o de otro gran océano o mar. ◇ También *trasatlántico.*
transbordador, -ra ***adj.*** Que transborda. -2 ***m.*** Barquilla suspendida en dos cables que marcha entre dos puntos. 3 Buque de grandes proporciones, destinado a transportar automóviles, vagones, etc., de una orilla a otra. 4 Puente transbordador. 5 ~ ***espacial,*** lanzadera. ◇ También *trasbordador.*
transbordar (de *trans-* + *bordo*) ***tr.*** Trasladar [efectos o personas] de un buque a otro, y, por extensión, de un vehículo a otro, o de una orilla de río a la otra; especialmente en el viaje por ferrocarril cuando el cambio se hace de un tren a otro. ◇ También *trasbordar.*
transbordo ***m.*** Acción de transbordar o transbordarse. 2 Efecto de transbordar o transbordarse. ◇ También *trasbordo.*
transcendencia (l. *-ntia*) ***f.*** Trascendencia.
transcendental ***adj.*** Trascendental.
transcendentalismo ***m.*** FIL. Apriorismo.
transcendente ***adj.*** Trascendente.
transcender (l. *-ere*) ***intr.*** Trascender. ◇ ** CONJUG. [28] como ***entender.***
transcontinental ***adj.*** Que atraviesa un continente.
transcribir (l. *bere*) ***tr.*** Copiar [un escrito]. 2 Transliterar, escribir con un sistema de caracteres [lo que está escrito en otro]. 3 Representar elementos fonéticos, fonológicos, léxicos o morfológicos de una lengua o dialecto mediante un sistema de escritura. 4 Arreglar para un instrumento [la música escrita para otro u otros]. ◇ También *trascribir.*
transcripción (l. *-ptione*) ***f.*** Acción de transcribir. 2 Efecto de transcribir. 3 Pieza musical transcrita. 4 DER. Formalidad consistente en la reproducción de un documento acreditativo de que su bien se halla inscrito en el correspondiente registro especial. ◇ También *trascripción.*
SIN. **Copia.**
transcripto, -ta (l. *transcriptu*) pp. de *transcribir.* ◇ También *trascripto.*
transcriptor, -ra ***adj.-s.*** Que transcribe.
transcrito, -ta, pp. irreg. de *transcribir.* ◇ También *trascrito.*
transculturación ***f.*** Influencia o difusión que ejerce una sociedad sobre otra de distinto desarrollo cultural.
transcurrir (l. *-rrere*) ***intr.*** Pasar, correr el tiempo: *~ los meses.* ◇ También *trascurrir.*
transcurso (l. *-su*) ***m.*** Paso del tiempo. ◇ También *trascurso.*
SIN. **Decurso.**
transductor ***m.*** TECNOL. Dispositivo que tiene la misión de recibir energía de una naturaleza eléctrica, mecánica, acústica, etc., y suministrar otra energía de diferente naturaleza, pero de características dependientes de la que recibió.
transepto (*trans-* + l. *septu,* sitio cerrado) ***m.*** Nave transversal de una iglesia que forma el brazo corto de una cruz latina.
transeúnte (l., que pasa de un lugar a otro) ***adj.-com.*** Que transita por un lugar. 2 [pers.] Que no reside sino transitoriamente en un sitio. -3 ***adj.*** Transitorio. 4 FIL. Que se produce por el agente de tal suerte que el efecto pasa o se termina fuera de él mismo.
SIN. *1* **Viandante.**
transexual (*trans-* + *sexual*) ***adj.-com.*** Persona de sexo anatómicamente incierto. 2 Persona tendente a sentirse del sexo opuesto; esp., la que mediante tratamiento hormonal o quirúrgico toma algunos caracteres del otro sexo.
transexualidad ***f.*** Calidad o condición de transexual.
transexualismo ***m.*** Transexualidad.
transfer ***m.*** Vino blanco espumoso natural, cuyo proceso de elaboración y crianza transcurre en la botella. -2 ***f.*** Máquina herramienta de piezas mecanizadas automáticamente.
transferencia (l. *-ferre,* transferir) ***f.*** Acción de transferir. 2 Efecto de transferir. 3 Operación bancaria que consiste en imponer una cantidad para ser abonada en otra cuenta corriente. 4 Documento que acredita esta operación. 5 ~ ***de crédito,*** operación que, según la ley, y sin aumentar el gasto total del presupuesto, varía la dotación de los distintos servicios. 6 MED. Vinculación afectiva, con frecuencia de carácter sexual, que se establece en los pacientes de curas psicoanalíticas con el médico que les trata, y que de ordinario perturba el proceso del tratamiento. ◇ También *trasferencia.*
transferible ***adj.*** Que puede ser transferido. ◇ También *trasferible.*
transferidor, -ra ***adj.-s.*** Que transfiere. ◇ También *trasferidor.*
transferir (l. *-ferre*) ***tr.*** Pasar [a alguno] de un lugar a otro para darle nueva estancia, o trasladar [la estancia de uno]: *~ a un*

prisionero de una parte a otra; ~ el domicilio. 2 Diferir, retardar: *~ un pago.* 3 Renunciar en otro [el derecho que se obtiene sobre una cosa]: *~ el dominio de una finca a,* o *en, otra persona.* 4 Extender o trasladar figuradamente [el significado de una voz]. 5 Remitir fondos bancarios de una cuenta a otra. 6 ESGR. Hacer ciertos movimientos con la espada. ◇ También *trasferir.* ◇ ** CONJUG. [35] como ***hervir.***
SIN. *3* **Transmitir, traspasar.**

transfigurable (b. l. *-abile*) ***adj.*** Que se puede transfigurar. ◇ También *trasfigurable.*

transfiguración (l. *-atione*) ***f.*** Acción de transfigurar o transfigurarse. 2 Efecto de transfigurar o transfigurarse; p. ant., la de Jesucristo en el monte Tabor, que se conmemora el 6 de agosto. ◇ También *trasfiguración.*

transfigurar (l. *-are*) ***tr.-prnl.*** Hacer cambiar de figura [a una pers. o cosa]. ◇ También *trasfigurar.*
SIN. v. **Cambiar.**

transfijo, -ja (l. *-fixu*) ***adj.*** Atravesado con un arma o cosa puntiaguda. ◇ También *trasfijo.*

transfixión (l. *-xione*) ***f.*** Acción de herir pasando de parte a parte; especialmente los dolores de Nuestra Señora. 2 CIR. Acción de transportar y cortar en un solo tiempo y de dentro a fuera los tejidos orgánicos. ◇ También *trasfixión.*
SIN. **Transverberación.**

transflor (de *transflorar*) ***m.*** Pintura, gralte. verde, sobre metal. ◇ También *trasflor.*

transflorar (l. *-florare,* traspasar) ***intr.*** Transparentarse (dejarse ver la luz). -2 ***tr.*** Transflorear. 3 Copiar [un dibujo] al trasluz. ◇ También *trasflorar.*

transflorear ***tr.*** Adornar [un objeto de metal] con transflor. ◇ También *trasflorear.*

transfocador ***m.*** CINEM. Zoom.

transformable ***adj.*** Que se puede transformar.

transformación (l. *-atione*) ***f.*** Acción de transformar o transformarse. 2 Efecto de transformar o transformarse. 3 BIOL. Fenómeno por el que ciertas células adquieren material génico de otras. 4 DEP. En rugby, jugada en la que se patea el balón para que pase por encima de la barra transversal y entre los postes de la portería tras un ensayo. 5 DEP. p. ext. En otros deportes de conjunto, jugada en la que se consigue un tanto en el lanzamiento de una falta. 6 ELECTR. Conversión de una corriente eléctrica en otra de frecuencia, tensión o intensidad diferentes. 7 LING. Operación que establece formalmente una relación sintáctica relevante entre dos frases de una lengua. 8 MAT. En una operación algebraica cualquiera, obtención de otra equivalente, aunque de forma distinta, por medio de una o de varias operaciones determinadas. ◇ También *trasformación.*
SIN. *1* y *2* **Metamorfosis.**

transformacional ***adj.*** LING. Perteneciente o relativo a las transformaciones de los elementos lingüísticos, según la gramática generativa.

transformador, -ra ***adj.-s.*** Que transforma. -2 ***m.*** Aparato que sirve para transformar una corriente eléctrica en otra de mayor tensión y menor intensidad, o al contrario. 3 Aparato que se emplea para modificar una imagen que se ha proyectado en otra. ◇ También *trasformador.*

transformamiento ***m.*** Transformación. ◇ También *trasformamiento.*

transformar (l. *-are*) ***tr.-prnl.*** Hacer cambiar [una cosa] de forma; fig., hacer mudar de porte o de costumbres [a una persona]. 2 Transmutar [una cosa] en otra. 3 fig. Perfeccionar [algo]. 4 DEP. En rugby y otros deportes, llevar a cabo una transformación. 5 MAT. ~ ***una ecuación,*** ponerla en términos distintos, pero equivalentes. ◇ También *trasformar.*
SIN. v. **Cambiar.**

transformativo, -va ***adj.*** Que tiene virtud para transformar. ◇ También *trasformativo.*

transformismo ***m.*** Doctrina biológica según la cual las especies animales y vegetales se transforman en otras, por influencia del medio u otras circunstancias. 2 Arte del transformista, actor o payaso.
SIN. *1* **Evolucionismo.**

transformista ***adj.*** Relativo al transformismo. -2 ***com.*** Partidario de esta doctrina. 3 Actor o actriz que hace cambios rapidísimos en sus trajes y en los tipos que representa.
SIN. *1* y *2* **Evolucionista.** *3* **Ilusionista.**

transfregar ***tr.*** Restregar [una cosa] con otra, manoseándola y revolviéndola. ◇ También *trasfregar.* ◇ ** CONJUG. [48] como ***regar.***

transfretano, -na (l. *fretu,* estrecho) ***adj.*** Que está al otro lado de un estrecho o brazo de mar. ◇ También *trasfretano.*

transfretar (l. *-are*) ***tr.*** Pasar [el mar]: *transfretamos el mar Tirreno.* -2 ***intr.*** Extenderse, dilatarse. ◇ También *trasfretar.*

tránsfuga ***com.*** Persona que huye de una parte a otra. 2 fig. Político que hace transfuguismo. ◇ También *trásfuga.*

transfuguismo ***m.*** Tendencia a pasar de un partido político a otro.

tránsfugo ***m.*** Tránsfuga. ◇ También *trásfugo.*

transfundición ***f.*** Transfusión. ◇ También *trasfundición.*

transfundir (l. *-dere*) ***tr.*** Hacer pasar [un líquido] de un recipiente a otro. 2 Comunicar [una cosa] sucesivamente a diversas personas. 3 Realizar una transfusión. ◇ También *trasfundir.*

transfusible ***adj.*** Que se puede trasfundir.

transfusión (l. *-usione*) ***f.*** Acción de transfundir. 2 Efecto de transfundir. 3 CIR. ~ ***de sangre,*** operación cuyo objeto es hacer pasar sangre de un individuo a otro. ◇ También *trasfusión.*

transfusionista ***com.*** Especialista en la práctica de transfusiones.

transfusor, -ra (l. *-usu,* transfundido) ***adj.-s.*** Que transfunde: *aparato ~.* ◇ También *trasfusor.*

transgangético, -ca ***adj.*** De las regiones situadas al norte del río Ganges. 2 Relativo a ellas.

transgénico, -ca ***adj.*** [animal] Concebido artificialmente mediante ingeniería genética.

transgredir (l. *transgredi*) ***tr.*** Violar (infringir): *~ un precepto; ~ una ley.* ◇ También *trasgredir.* ◇ Verbo defectivo; se usa sólo en los tiempos y personas que contienen la vocal *i: transgredía, transgrediré, transgrediendo.*
SIN. v. **Quebrantar.**

transgresión ***f.*** Acción de transgredir. 2 Efecto de transgredir: ~ ***marina,*** subida del nivel de las aguas respecto a los continentes, por aumento del nivel del mar o bien por hundimiento de los continentes. ◇ También *trasgresión.*
SIN. **Infracción.**

transgresivo, -va ***adj.*** Que implica transgresión.

transgresor, -ra (l. *-essor*) ***adj.-s.*** Que comete transgresión. ◇ También *trasgresor.*
SIN. **Infractor, traspasador.**

transiberiano, -na ***adj.*** Que atraviesa la región soviética de Siberia.

transición (l. *-itione*) ***f.*** Acción de pasar de un estado a otro. 2 Efecto de pasar de un estado a otro. 3 Modo de pasar de un razonamiento a otro. 4 Cambio repentino de tono o expresión. 5 Estado intermedio entre uno más antiguo y otro a que se llega en un cambio: *la ~ política en España.* 6 DEP. En el juego del baloncesto, jugada por la cual un equipo lleva el balón de su campo al contrario. 7 FÍS. ~ ***electrónica,*** en un átomo o molécula, paso de un electrón de un nivel de energía a otro.

transicional ***adj.*** Que pasa de un estado a otro.

transido, -da (del ant. *transir,* pasar, acabar, morir) ***adj.*** fig. Angustiado, acongojado: *~ de dolor.* 2 fig. Escaso y ridículo en el modo de portarse y gastar.

transigencia ***f.*** Condición del que transige. 2 Lo que se hace o consiente transigiendo.
SIN. *2* v. **Consentimiento.**

transigente ***adj.*** Que transige.

transigir (l. *-gere*) ***intr.*** Consentir en parte con lo que repugna, a fin de llegar a una concordia. ◇ ** CONJUG. [6] como ***dirigir.***
SIN. v. **Condescender.**

transilvano, -na ***adj.-s.*** De Transilvania, región de Rumanía.

transistor ***m.*** Aparato fundado en las propiedades semiconductoras del germanio y el silicio que, entre otros usos, tiene el de substituir a los tubos electrónicos. 2 p. ext. Aparato radiofónico que consta de transistores.

transistorizar ***tr.*** Dotar de transistores. ◇ ** CONJUG. [4] como ***realizar.***

transitable ***adj.*** [sitio] Por donde se puede transitar.

transitar (de *tránsito*) ***intr.*** Pasar por la vía pública. 2 Viajar haciendo tránsitos (paradas).

transitivamente ***adv. m.*** De forma transitiva.

transitivo, -va (l. *-vu*) ***adj.*** Que pasa o se transfiere de uno a otro. 2 GRAM. ***Verbo ~,*** el que tiene complemento directo. V. verbo.

tránsito (l. *-tu*) ***m.*** Acción de transitar, esp. las personas y vehículos por la vía pública: *calle de mucho ~;* ***de ~,*** de paso. 2 Muerte de las personas santas o de vida virtuosa. 3 Paso (de aves). 4 Lugar de parada y descanso en un viaje: ***hacer ~,*** parar en un tránsito. 5 Paso de un estado o empleo a otro. 6 Recorrido que efectúa un envío postal. 7 Núcleo urbano servido postalmente a través de una oficina importante. 8 En casas de comunidad, pasillo o corredor. 9 Fiesta que se celebra el 15 de agosto en honor de la muerte de la Santísima Virgen. 10 Paso de un tren por las vías de una estación sin detenerse en ellas. 11 ASTRON. Paso de un astro por el meridiano del lugar o por delante del disco aparente de otro.

transitoriamente *adv. m.* De manera transitoria.

transitoriedad *f.* Carácter de transitorio.

transitorio, -ria (l. *-tiu) adj.* Pasajero. 2 Caduco, perecedero. 3 ELECTR. [fenómeno] Que se manifiesta durante el tiempo de transición entre un estado o régimen de funcionamiento a otro.
SIN. *1* **Transeúnte,** p. us.

translación (l. *-atione) f.* Traslación.

translaticiamente *adv. m.* Traslaticiamente.

translaticio, -cia (l. *-itiu) adj.* Traslaticio.

translativo, -va (l. *-vu) adj.* Traslativo.

translimitación *f.* Acción de translimitar. 2 Efecto de translimitar. 3 Envío de tropas de una potencia al territorio de un Estado vecino.

translimitar (de *trans- + límite) tr.* Pasar inadvertidamente o mediante autorización previa [la frontera de un estado] sin ánimo de violar el territorio. -2 *tr.-prnl.* Traspasar [los límites de cualquier cosa o cuestión]. ◇ También *traslimitar.*

translinear (de *trans- + línea) intr.* DER. Pasar un vínculo de una línea a otra. ◇ También *traslinear.*

transliteración *f.* Acción de transliterar. 2 Efecto de transliterar.

transliterar (*trans-* + l. *littera,* letra) *tr.* Representar los signos de un sistema fonético o gráfico, mediante los signos de otro.

translucidez *f.* Calidad de translúcido.

translúcido, -da (l. *-du) adj.* [cuerpo] Que deja pasar la luz, pero que no permite ver lo que hay detrás de él. ◇ También *traslúcido.*
CONTR. **Transparente,** el que permite ver lo que hay detrás; **opaco,** el que no deja pasar la luz.

transluciente *adj.* Translúcido. ◇ También *trasluciente.*

translucir *prnl.-tr.* Traslucir. ◇ ** CONJUG. [45] como ***lucir.***

transmarino, -na (l. *-nu) adj.* De las regiones del otro lado del mar. 2 Relativo a ellas. ◇ También *trasmarino.*
SIN. **Ultramarino.**

transmediterráneo, -a (*trans- + mediterráneo) adj.* Que atraviesa el Mediterráneo. ◇ También *trasmediterráneo.*

transmigración (l. *-atione) f.* Acción de transmigrar. 2 Efecto de transmigrar. ◇ También *trasmigración.*
SIN. v. **Migración;** ~ de las almas: **metempsícosis.**

transmigrar (l. *-are) intr.* Emigrar (personas), esp. un pueblo o gran parte de él. 2 Según ciertas creencias, pasar un alma de un cuerpo a otro. ◇ También *trasmigrar.*

transmigratorio, -ria *adj.* Relativo a la transmigración.

transmisible (b. l. *-bile) adj.* Que se puede transmitir. ◇ También *trasmisible.*
REL. **Transmisibilidad,** calidad de ~.

transmisión (l. *-issione) f.* Acción de transmitir. 2 Efecto de transmitir. 3 Propagación de movimiento entre los órganos. 4 Dispositivo que propaga este movimiento. 5 Conjunto formado por todas las piezas que contribuyen a transmitir el movimiento del motor a las ruedas motrices de un automóvil. 6 Comunicación de un movimiento ondulatorio. 7 ~ ***del pensamiento,*** telepatía. 8 MEC. Órgano que sirve para comunicar el movimiento de una pieza o elemento mecánico a otro. -9 *f. pl.* En el ejército, servicio que se encarga de los enlaces. ◇ También *trasmisión.*

transmisor, -ra (l. *-issore) adj.-s.* Que transmite o puede transmitir. -2 *m.* Aparato que sirve para transmitir las señales eléctricas, telegráficas o telefónicas. 3 En radiocomunicación, conjunto de aparatos que convierten las corrientes oscilantes en ondas electromagnéticas.

transmitir (l. *transmittere) tr.* Hacer llegar [a alguien algún mensaje]: ~ *una noticia.* 2 Comunicar [una noticia por teléfono, telégrafo o cualquier otro medio de comunicación]: ~ *un telegrama.* 3 Difundir [una estación de radio y televisión la programación]: ~ *una radionovela.* 4 Contagiar [a otro enfermedades o estados de ánimo]. 5 Comunicar [el movimiento de una pieza a otra en una máquina]. ◇ También *trasmitir.*

transmontano, -na *adj.* Tramontano. ◇ También *trasmontano.*

transmontar *tr.* Tramontar. ◇ También *trasmontar.*

transmudación *f.* Transmutación. ◇ También *trasmudación.*

transmudar (v. *transmutar) tr.-prnl.* Trasladar (mudar). 2 Transmutar. 3 Trasegar un líquido. 4 fig. Reducir o trocar [los efectos] con persuasiones. ◇ También *trasmudar.*

transmundano, -na *adj.* Que está fuera del mundo. ◇ También *trasmundano.*

transmutabilidad *f.* Calidad de transmutable. ◇ También *trasmutabilidad.*

transmutable *adj.* Que se puede transmutar. ◇ También *trasmutable.*

transmutación (l. *-atione) f.* Acción de transmutar o transmutarse. 2 Efecto de transmutar o transmutarse. 3 ~ ***de los cuerpos,*** doctrina de los alquimistas que establecía la posibilidad de convertir unas substancias en otras, esp. en oro. 4 ~ ***radiactiva,*** en física nuclear, conversión de un núcleo en otro. 5 BIOL. Mutación cromosomática o estructural. 6 QUÍM. Conversión de un elemento en otro, espontánea o artificialmente. ◇ También *trasmutación.*

transmutar (l. *-are;* doble etim. *transmudar) tr.-prnl.* Convertir (mudar). ◇ También *trasmutar.*

transmutativo, -va *adj.* Transmutatorio. ◇ También *trasmutativo.*

transmutatorio, -ria *adj.* Que tiene virtud para transmutar. ◇ También *trasmutatorio.*

transnacional *adj.* Multinacional.

transoceánico, -ca *adj.* Del otro lado del océano: *tierras transoceánicas.* 2 Que atraviesa un océano.

transpacífico, -ca *adj.* Del otro lado del Pacífico. 2 Que atraviesa el Pacífico: *buque* ~.

transpadano, -na (l. *-nu* < *trans,* del otro lado + *Padu,* Po) *adj.-s.* [pers.] Que habita o está allende el río Po. ◇ También *traspadano.*

transparencia *f.* Calidad de transparente. 2 Diapositiva. 3 CINEM. Procedimiento técnico que permite rodar en los estudios escenas de exteriores. ◇ También *trasparencia.*

transparentarse *prnl.* Dejarse ver la luz u otra cosa a través de un cuerpo transparente. 2 Ser transparente un cuerpo. 3 fig. Clarearse una prenda de vestir. 4 fig. Dejarse adivinar alguna cosa no patente a través de otra que lo es: ~ *un propósito.* ◇ También *trasparentarse.*
SIN. **Clarearse.** *1* **Transflorar.**

transparente (de *trans-* + l. *parente,* que aparece) *adj.* [cuerpo] Que permite ver distintamente los objetos a través de su masa. 2 Translúcido. 3 fig. Que se deja adivinar sin manifestarse. -4 *m.* Tela o papel que, colocado a modo de cortina, sirve para templar la luz; ante una luz artificial, sirve para hacer aparecer en él figuras o letreros. 5 Ventana de cristales que ilumina y adorna el fondo de un altar. ◇ También *trasparente.*

transpirable *adj.* Que puede transpirar o transpirarse. ◇ También *traspirable.*

transpiración *f.* Acción de transpirar. 2 Efecto de transpirar. 3 Salida de agua que se efectúa a través de las membranas de las células superficiales de las plantas y esp. por los estomas. ◇ También *traspiración.*
SIN. *1* v. **Sudor.**

transpirar (*trans-* + l. *spirare,* exhalar) *intr.-tr.* Emitir una persona o animal a través de su piel [un líquido orgánico] o exhalar una planta [vapor de agua]. 2 fig. Sudar (una pared). 3 fig. Dejarse adivinar y conocer una cosa secreta. ◇ También *traspirar.*
SIN. *1* y *2* v. **Sudar.**

transpirenaico, -ca (*trans- + pirenaico) adj.* De las regiones del otro lado de los Pirineos. 2 Relativo a ellas. 3 Que atraviesa los Pirineos: *comercio ~; locomoción transpirenaica.* ◇ También *traspirenaico.*

transplantar *tr.* Trasplantar.

transplante *m.* Trasplante.

transpolar *adj.* Que pasa por un polo terrestre o sus proximidades.

transpondedor *m.* Repetidor de radio que transmite automáticamente señales identificables cuando recibe una interrogación adecuada.

transponedor, -ra *adj.-s.* Que transpone. ◇ También *trasponedor.*

transponer (l. *-ere) tr.-prnl.* Poner [a una persona o cosa] en lugar diferente. 2 Trasplantar. 3 Desaparecer alguna persona o cosa [detrás de algún objeto lejano]: ~ *la esquina.* -4 *prnl.* Ocultarse del horizonte el sol u otro astro. 5 Quedarse uno algo dor-

mido. ◇ También *trasponer*. ◇ ** CONJUG. [78] como *poner*.
SIN. *4* **Ponerse.**

transportación (l. *-atione*) *f.* Transporte (acción y efecto). ◇ También *trasportación*.

transportador, -ra *adj.-s.* Que transporta. -2 *m.* Círculo graduado para medir o trazar ángulos. 3 Mecanismo destinado al transporte continuo de materiales. ◇ También *trasportador*.

transportamiento *m.* Transporte (acción y efecto). ◇ También *trasportamiento*.

transportar (l. *-are*) *tr.* Llevar [una cosa] de un lugar a otro. 2 Portear. 3 MÚS. Trasladar [una composición] de un tono a otro. -4 *prnl.* fig. Enajenarse de la razón o del sentido. ◇ También *trasportar*.
SIN. *1* y *2* **Acarrear.**

transporte *m.* Acción de transportar. 2 Efecto de transportar: *el ~ de mercancías*. 3 Buque de transporte. 4 Acción de transportarse. 5 Efecto de transportarse. 6 Contrato bilateral en virtud del cual una parte se compromete mediante un precio, a poner en manos de otro determinada mercancía. 7 FISIOL. Paso de una substancia a través de una membrana, gracias al concurso de otra substancia. 8 GEOL. Desplazamiento de los materiales resultantes de la erosión, hasta la cuenca de sedimentación. 9 IMPR. Prueba litográfica obtenida a partir de la plancha matriz, que se utiliza para calcar sobre una nueva matriz la estampación original. -10 *m. pl.* Conjunto de medios destinados al traslado de personas, mercancías, etc. ◇ También *trasporte*.
SIN. *1* y *2* **Porte, acarreo.** *4* y *5* v. **Éxtasis.**

transportista *com.* Persona que tiene por oficio hacer transportes.

transposición *f.* Acción de transponer o transponerse. 2 Efecto de transponer o transponerse. 3 En un impreso, inversión de letras, páginas, etc. 4 Alteración del significado de un fenómeno religioso, dentro de la dinámica de la religión mientras se conserva su aspecto formal. 5 ELECTR. En un conductor múltiple, cambio de las posiciones respectivas de los distintos hilos para reducir las pérdidas por corrientes parásitas. 6 GRAM. Metátesis. 7 MAT. Operación de pasar un término de un miembro a otro, en una ecuación o desigualdad. 8 MED. Desviación de ciertos órganos del cuerpo. 9 MÚS. Traslación de un fragmento musical en una tonalidad distinta. 10 QUÍM. Reordenación molecular. 11 RET. Figura que consiste en alterar el orden normal de las voces en la oración. ◇ También *trasposición*.
SIN. *1* y *2* **Traspuesta.** *11* **Hipérbaton.**

transpositivo, -va (l. *-vu*) *adj.* Capaz de transponerse. 2 Relativo a la transposición. ◇ También *traspositivo*.

transpuesta *f.* Traspuesta.

transpuesto, -ta, pp. irreg. de *transponer*. Traspuesto.

transterminar (*trans-* + *terminar*) *tr.* Pasar [de un término jurisdiccional] a otro: *~ una provincia; ~ una capitanía*. ◇ También *trasterminar*.

transtiberino, -na (l. *-nu*) *adj.-s.* [pers.] Que, respecto de Roma, está al otro lado del Tíber. ◇ También *trastiberino*.

transubstanciación (l. ecl. *-tiatione*) *f.* Conversión total de una substancia en otra, especialmente la del pan y del vino en cuerpo y sangre de Jesucristo en la Eucaristía.

transubstancial *adj.* Que se transubstancia.

transubstanciar (*trans-* + *substancia*) *tr.* Convertir totalmente [una substancia] en otra: *~ el pan y el vino en cuerpo y sangre de Cristo*. ◇ ** CONJUG. [12] como *cambiar*.

transuránico *adj.-m.* Elemento químico obtenido artificialmente y cuyo número atómico es superior al del uranio.

transvasar (paras. de *trans-* y *vaso*) *tr.* Trasegar (mudar). ◇ También *trasvasar*.

transvase *m.* Acción de transvasar. 2 Efecto de transvasar. ◇ También *trasvase*.

transverberación (l. *-atione*) *f.* Transfixión: *la ~ del corazón de Santa Teresa*. ◇ También *trasverberación*.

transversal *adj.* Que se halla atravesado de un lado a otro. 2 Que lleva una dirección que corta a otra determinada: *calle ~; sección ~*. -3 *adj.-s.* Colateral (pariente). ◇ También *trasversal*.

transversalmente *adv. m.* En línea o dirección transversal.

transverso, -sa (l. *-su;* doble etim. *travieso*) *adj.* Colocado o dirigido al través. ◇ También *trasverso*.

tranvía (ing. *tramway*) *m.* Ferrocarril establecido en una calle o camino por donde pueden transitar al mismo tiempo vehículos ordinarios. 2 Coche de tranvía. 3 Tren tranvía.
REL. *2* **Jardinera,** el coche descubierto que se usa en verano. **Remolque,** coche que va remolcado por otro.

tranviario, -ria *adj.* Relativo a los tranvías. -2 *m. f.* Persona empleada en el servicio de tranvías.

tranviero *m.* Tranviario.

tranzadera *f.* Trenzadera.

I) tranzar (v. *truncar*) *tr.* Cortar, tronchar. 2 *Ar.* Rematar, en venta o arrendamiento público. ◇ ** CONJUG. [4] como *realizar*.

II) tranzar *tr.* Trenzar (hacer trenzas). ◇ ** CONJUG. [4] como *realizar*.

tranzón (de *tranzar* I) *m.* Parte en que, para su aprovechamiento, se divide un monte o un pago de tierras. 2 Terreno que, separado del ant. fundo, forma ya propiedad independiente.

I) trapa (v. *trampa*) *f.* MAR. Cabo para cargar una vela. -2 *f. pl.* Trincas con que se asegura la lancha dentro del buque.

II) trapa (onomat.) *f.* Ruido de los pies, o vocerío grande y alboroto de gente.

trapacear *intr.* Usar de trapazas.
SIN. **Entrapazar.**

trapáceo, -a *adj.-f.* Planta de la familia de las trapáceas. -2 *f. pl.* Familia de plantas mirtales dicotiledóneas que incluye hierbas acuáticas y anuales, con hojas flotantes en roseta y flores tetrámeras; el fruto es parecido a la castaña.

trapacería *f.* Trapaza.

trapacero, -ra *adj.-s.* Trapacista.

trapacete (l. *trapezita* < gr. *trapezítes,* banquero) *m.* Libro en que el comerciante o el banquero asienta las partidas.

trapacista *adj.-com.* Que usa de trapazas. 2 Que con astucias y mentiras pretende engañar a otro.

trapajería *f.* Montón de trapos.

trapajo *m.* Despect. de *trapo*.

trapajoso, -sa (de *trapo*) *adj.* Roto, desaseado. 2 Estropajoso (al hablar).

I) trápala (onomat.) *f.* Ruido y confusión de gente. 2 Ruido acompasado del trote o galopar de un caballo.

II) trápala (it. *trappola,* del mismo orden que *trampa*) *f.* Embuste, engaño. -2 *m.* Prurito de hablar. -3 *com.-adj.* fig. Persona parlanchina. 4 fig. Persona falsa y embustera.
SIN. *1* v. **Mentira.**

I) trapalear (de *trápala* I) *intr.* Meter ruido con los pies andando de un lado para otro.

II) trapalear (de *trápala* II) *intr.* Decir o hacer cosas propias de un trápala.

trapalero, -ra, trapalón, -lona *adj.* fam. Embustero, trápala.

trapatiesta *f.* fam. Riña, alboroto.

trapaza (fr. *trappe,* trampa) *f.* Artificio con que se defrauda a una persona en algún negocio. 2 El *bachiller Trapazas,* v. bachiller.

trapazar *intr.* Trapacear. ◇ ** CONJUG. [4] como *realizar*.

trape (fr. *draper,* poner colgaduras, disponer la ropa con elegancia) *m.* Entretela con que se armaban los pliegues de los vestidos. 2 *Chile.* Cuerda de lana.

trapeador *m. Amér.* Estropajo, aljofifa.

trapear *impers. Ast., Logr.* y *Sant.* Nevar. -2 *tr. Amér.* Limpiar [el piso de una casa]. 3 *Amér. Central.* Poner [a uno] como un trapo.

trapecial *adj.* GEOM. Relativo al trapecio. 2 GEOM. De figura de trapecio.

trapecio (gr. *trapezion* < *trápeza,* mesa de cuatro pies) *m.* Palo horizontal suspendido en sus extremos por dos cuerdas paralelas; sirve para ejercicios gimnásticos. 2 GEOM. Cuadrilátero que tiene paralelos solamente dos de sus lados. 3 Primer hueso de la segunda fila del carpo. 4 *adj.-m.* Músculo plano y triangular situado en la parte posterior del cuello y superior de la espalda del hombre, cuya función es la elevación y aducción del hombro y el giro e inclinación de la cabeza.

trapecista *com.* Persona que efectúa ejercicios gimnásticos en el trapecio.

trapense *adj.-m.* Religioso de la Trapa, orden de cistercienses reformados, fundada en 1662 en el Monasterio de la Trapa por el abad Rancé (1622-1700); es una de las más austeras de la Iglesia. -2 *adj.* Relativo a esta orden.

trapería *f.* Conjunto de muchos trapos. 2 Establecimiento del trapero. 3 *And.* Pañería, comercio de paños.

trapero, -ra *m. f.* Persona que tiene por oficio recoger o comprar y vender trapos y otros objetos usados. 2 *And.* Pañero. -3 *adj.* V. Puñalada *~*. -4 *f. Colomb.* y *P. Rico.* Trapería.

trapezoedro (gr. *trápeza,* mesa de cuatro patas + *-edro*) *m.* Forma cerrada constituida por seis, ocho, doce o veinticuatro caras dispuestas en dos mitades, superior e inferior, giradas una respecto a la otra. 2 MINER. Cristal formado por veinticuatro caras trapezoidales.

trapezoidal *adj.* GEOM. Relativo al trapezoide. 2 GEOM. De figura de trapezoide.

trapezoide (gr. *trapezoieidés* < *trápeza,* mesa de cuatro pies + *eidos,* forma) *m.* GEOM. Cuadrilátero que no tiene ningún lado paralelo a otro. -2 *adj.-m.* Segundo hueso de la segunda fila del carpo.

trapicar *intr. Chile.* Picar como ají. ◇ ** CONJUG. [1] como *sacar.*

trapicha *m.* vulg. Traficante de drogas.

trapichante *m. Colomb., Cuba* y *P. Rico.* Buscavidas.

trapichar *intr. Colomb., Cuba* y *P. Rico.* Trapichear. -2 *tr. Ecuad.* Sujetar [a uno] al tormento del trapiche.

trapiche (l. *trapete,* piedra de molino de aceite) *m.* Molino para extraer el jugo de algunos frutos de la tierra, esp. la caña de azúcar. 2 MIN. Molino para pulverizar minerales. 3 *Amér.* Armazón rústico, donde se fabrica azúcar. 4 *Ecuad.* Artificio de fusiles que hace la autoridad para torturar a los presos.

trapichear (de *trapiche*) *intr.* Buscar medios o recursos no siempre lícitos, para lograr algún objeto. 2 Comerciar al por menor. -3 *prnl.* fam. Ponerse o quitarse trapos, vestirse o desvestirse.

trapicheo *m.* fam. Acción y ejercicio de trapichear.

trapichero, -ra *m. f.* Persona que tiene por oficio trabajar en los trapiches. 2 *Colomb.* y *P. Rico.* Buscavidas.

trapiento, -ta (de *trapo*) *adj.* Andrajoso.

trapillo *m.* Dim. de *trapo.* 2 fig. Galán o dama de baja suerte. 3 Caudal pequeño. 4 ***De ~,*** con vestido casero.

trapío (de *trapo*) *m.* fig. Aire garboso de algunas mujeres. 2 fig. Buena planta de un toro de lidia. 3 fig. Codicia con que acomete. 4 desus. Velamen.

trapisonda (del n. del Imperio de *Trapisonda,* que aparece en los libros de Caballerías) *f.* Bulla o riña con voces o acciones. 2 Embrollo, enredo. 3 fig. *y* desus. Agitación del mar, formada por olas pequeñas.

trapisondear *intr.* fam. Armar con frecuencia trapisondas (embrollos).

trapisondista *com.* Persona que arma trapisondas.

trapista *m.* GALIC. Trapense. -2 *com. Argent.* Trapero, el que recoge trapos.

trapito *m.* Dim. de *trapo.* -2 *m. pl.* fam. Trapos, prendas de vestir. 3 Cosas, objetos de primer uso de cada persona.

trapo (l. *drappu*) *m.* Pedazo de tela viejo y roto. 2 Paño, trozo de tela que se usa para quitar el polvo, limpiar, etc. 3 Velamen: ***a todo ~,*** a toda vela. 4 Telón de un escenario de teatro. 5 Capote de brega. 6 Tela de la muleta del espada. 7 Copo grande de nieve. -8 *m. pl.* Prendas de vestir, esp. de la mujer.

FRS. *Soltar el trapo,* echarse a reír; ús. también en el sentido de echarse a llorar. *Poner* a uno *como un ~,* denostar, reprender con acritud; hablar mal de alguien.

traposiento, -ta *adj. Perú.* Andrajoso.

traposo, -sa *adj.* Andrajoso.

trapujear *intr. Amér. Central.* Contrabandear.

trapujero, -ra *adj.-s. Amér. Central.* Contrabandista.

trapujo, -ja *adj. Hond.* De contrabando.

traque (onomat.) *m.* Estallido del cohete. 2 Guía de pólvora fina que une las piezas de un fuego de artificio. 3 fig. *y* fam. Ventosidad con ruido. 4 ***A ~ barraque,*** a todo tiempo o con cualquier motivo.

traque-, v. traqueo-.

tráquea (gr. *tracheia arteria,* traquearteria) *f.* Conducto respiratorio, formado por anillos cartilaginosos, que empieza en la laringe y desciende por delante del esófago hasta la mitad del pecho, donde se bifurca formando los bronquios. 2 Pequeño tubo ramificado que forma el aparato respiratorio de la mayor parte de los animales artrópodos. 3 BOT. Vaso de una planta.

SIN. *1* **Caña del pulmón.** *1* y *2* **Traquearteria, asperarteria.**

traqueal *adj.* Relativo a la tráquea (conducto; tubo): *sistema ~.* 2 Que respira por medio de tráqueas (de artrópodo): *arácnido ~.* 3 Formado por tráqueas (vaso): *tejido ~.*

traquear (de *traque*) *intr.* Traquetear. -2 *tr. Can.* Entrenar a los luchadores y a los gallos de pelea para competir con sus rivales. 3 *Argent., C. Rica* y *Méj.* Recorrer y frecuentar [un sitio] las gentes, los animales, los vehículos. 4 *P. Rico* y *S. Dom.* Adiestrar. -5 *intr. P. Rico.* Beber licor. -6 *prnl. Venez.* Chiflarse, alucinarse.

traquearteria *f.* desus. Tráquea.

traqueida *f.* BOT. Vaso conductor del tejido leñoso de las plantas, formado por células que conservan tabiques transversales oblicuos y punteados.

traqueítis (*traque-* + *-itis*) *f.* MED. Inflamación de la tráquea. ◇ Pl.: *traqueítis.*

traqueo (de *traquear*) *m.* Traqueteo.

traqueo-, traque- (v. *tráquea*) Elemento prefijal que entra en la formación de palabras con el significado de tráquea.

traqueoscopia (*traqueo-* + *-scopia*) *f.* MED. Inspección del interior de la tráquea mediante un instrumento tubular provisto de una lámpara.

traqueotomía (*traqueo-* + *-tomía*) *f.* CIR. Abertura que se hace artificialmente en la tráquea para evitar la sofocación del enfermo.

traquetear (frec. de *traquear*) *intr.* Hacer ruido o estrépito. -2 *tr.* Agitar [una cosa] de una parte a otra. 3 fig. Frecuentar, manejar mucho [una cosa]. 4 *P. Rico* y *S. Dom.* Probar las cualidades [de una persona, animal o cosa].

SIN. *2* **Bazucar, bazuquear, zabucar.**

traqueteo *m.* Ruido continuo del disparo de los cohetes. 2 Movimiento de una persona o cosa que se golpea al transportarlo. 3 *Amér.* Ruido confuso y fuerte.

traquiandesitas *f. pl.* Rocas magmáticas efusivas compuestas por feldespato potásico y andesina que forman fenocristales.

traquibasaltos *m. pl.* Rocas magmáticas efusivas de aspecto parecido a los basaltos.

traquido (de *traque*) *m.* Estruendo causado por disparo de un arma de fuego. 2 Chasquido de la madera. 3 *Amér. Central* y *Chile.* Crujido o rumor.

traquita (gr. *trachys,* áspero al tacto) *f.* Roca volcánica muy ligera, dura y porosa, formada por feldespato y cristales de hornablenda o mica.

trarigüe (arauc. *tharin,* atar) *m. Chile.* Faja o cinturón.

trarilongo (arauc. *tharin,* atar + *lonco,* cabeza) *m. Chile.* desus. Cinta con que los indios se ceñían la cabeza.

traro (arauc. *tharu*) *m. Chile.* Ave de rapiña, de color blanquecino, salpicada de negro, con una especie de corona de plumas negras en la cabeza *(Carara vulgaris).*

I) tras (l. *trans*) *prep.* Expresa en general posterioridad en el espacio o en el tiempo. Significa: después de: *llevaba ~ de sí más de doscientas personas; ~ este tiempo vendrá otro mejor.* 2 Además: *~ de ser malo, es caro.* 3 fig. En busca, en seguimiento de: *se fue ~ los honores.* 4 Detrás de, en situación posterior: *~ una puerta.* -5 *m.* fam. Trasero.

SIN. v. **Detrás** y **además.**

II) tras, voz con que se imita el ruido de un golpe. Ús. esp. repetida para imitar los que se dan para llamar a una puerta.

tras-, v. trans-.

trasalcoba *f.* Pieza detrás de la alcoba.

trasalpino, -na *adj.* Transalpino.

trasaltar *m.* Sitio en las iglesias detrás del altar.

trasandino, -na *adj.* Transandino.

trasandosco, -ca *adj.-s.* Res de ganado menor que tiene algo más de dos años.

trasanteanoche *adv. t.* En la noche de trasanteayer.

trasanteayer, trasantier *adv. t.* El día inmediatamente anterior al de anteayer.

trasañejo, -ja *adj.* Tresañejo. 2 De más de tres años.

trasatlántico, -ca *adj.-s.* Transatlántico.

trasbarrás *m.* Ruido que produce una cosa al caer.

trasbocar *tr. Amér.* Vomitar. ◇ ** CONJUG. [1] como *sacar.*

trasbordador, -ra *adj.-s.* Transbordador.

trasbordar *tr.* Transbordar.

trasbordo *m.* Transbordo.

trasbotica *f.* Rebotica.

trasca (probl. l. v. **transica* < l. *transūcere,* hacer pasar por alguna parte) *f.* Correa fuerte de piel de toro, muy sobada, para hacer arreos. 2 *Ar.* Pescuño del arado. 3 *Logr.* Cerda que, después de haber criado, se engorda para la matanza.

trascabo *m.* Zancadilla (para derribar).

trascacho *m.* Paraje resguardado del viento.

trascantón *m.* Guardacantón (de calle). 2 Esportillero (mozo).

FR. *A ~,* impensadamente, por sorpresa.

trascantonada *f.* Guardacantón. 2 Serie de trascantones.

trascartarse *prnl.* Quedarse, en un juego de naipes, una carta detrás de otra.

trascartón *m.* Lance del juego de naipes.

trascendencia *f.* Penetración, perspicacia. 2 Cualidad de trascendente. 3 Existencia de realidades trascendentales. 4 Consecuencia de índole grave o muy importante. ◇ También *transcendencia.*

trascendental *adj.* De gran importancia o gravedad por sus probables consecuencias. 2 FIL. Según el pensamiento filosófico de Kant (1724-1804), [estudio] que tiene por objeto las formas, principios o ideas *a priori* en su necesaria relación con la experiencia. 3 Que es una condición *a priori* y no un dato de la experiencia. En oposición a empírico. 4 [principio empírico] Del que se hace un uso indebido cuando se aplica más allá de los fenómenos que puedan ser el objeto de una experiencia. ◇ También *transcendental.*

trascendentalismo *m.* Transcendentalismo.

trascendente *adj.* Que trasciende. 2 Que se eleva por encima de un nivel o de un límite dados; esp., que no resulta del juego natural de una cierta clase de seres o de acciones, sino que supone la intervención de un principio exterior y superior a éstos: *justicia inmanente y justicia* ~. ◇ También *transcendente.*

trascender *intr.* Exhalar olor vivo y penetrante. 2 Empezar a ser conocido algo que estaba oculto. 3 Hacer sentir sus efectos o tener consecuencias una cosa en lugar o medio distinto de aquel en que se produce. 4 FIL. Aplicarse a todo una noción que no es género, como acontece con las de unidad o ser. 5 FIL. En el sistema kantiano, traspasar los límites de la experiencia posible. -6 *tr.* Penetrar, averiguar [alguna cosa que está oculta]. ◇ También *transcender.* ◇ ** CONJUG. [28] como *entender.*
SIN. *1* y *6* **Oler.**

trascendido, -da *adj.* [pers]. Que trasciende o averigua con prontitud.

trascocina *f.* Pieza que está detrás de la cocina.

trascoda *m.* Trozo de cuerda de tripa que en los instrumentos músicos de arco sujeta el cordal al botón.

trascodificar *tr.* Cambiar de un código a otro. ◇ ** CONJUG. [1] como *sacar.*

trascolar (l. *trascolare*) *tr.-prnl.* Colar a través de alguna cosa; como tela, piel, etc. 2 fig. Pasar [desde un lado] al otro. ◇ **CONJUG. [31] como *contar.*

trasconejado, -da *adj. Can.* Perdido, extraviado; escondido.

trasconejarse (paras. de *tras-* + *conejo*) *prnl.* Quedarse la caza, esp. los conejos, detrás de los perros que la persiguen. 2 Quedarse el hurón en la madriguera por tener impedida la salida con el conejo que ha matado. 3 Extraviarse una cosa: *se me ha trasconejado tu libro.*

trascordarse (*tras-* + l. *cor, cordis,* corazón) *prnl.* Olvidar una cosa o confundirla con otra. ◇ ** CONJUG. [31] como *contar.*

trascoro *m.* Parte de las iglesias situada detrás del coro.

trascorral *m.* Sitio cercado y descubierto que hay en algunas casas detrás del corral. 2 eufem. Culo.

trascorvo, -va *adj.* [caballo o yegua] Que tiene la rodilla más atrás de la línea de aplomo.

trascribir *tr.* Transcribir.

trascripción *f.* Transcripción.

trascripto, -ta, -crito, -ta (l. *transcriptu*) Pp. irreg. de *trascribir.*

trascuarto *m.* Habitación que está detrás de la principal.

trascuenta *f.* Trabacuenta.

trascurrir *intr.* Transcurrir.

trascurso *m.* Transcurso.

trasdobladura *f.* Acción de trasdoblar. 2 Efecto de trasdoblar.

trasdoblar *tr.* Tresdoblar.

trasdoblo *m.* Número triple.

trasdós (fr. *extrados*) *m.* ARQ. Superficie exterior de un arco o bóveda. 2 ARQ. Pilastra que está inmediatamente detrás de una columna.

trasdosear (de *trasdós*) *tr.* ARQ. Reforzar [una obra] por la parte posterior.

trasechador, -ra *adj.-s.* Que trasecha.

trasechar (*tras-* + l. *sectari,* seguir) *tr.* Asechar.

trasegador, -ra *adj.-s.* Que trasiega.

trasegadura *f.* Trasiego.

trasegar (orig. incierto; quizá l. v. **transfricare* < l. *fricare,* fregar) *tr.* Trastornar, desordenar [las cosas] o mudarlas de un lugar a otro. 2 Mudar las cosas de un lugar a otro y en especial un líquido de una vasija a otra. 3 fig. Beber mucho [vino, licores, etc.]. ◇ ** CONJUG. [48] como *regar.*
SIN. *2* **Transvasar, trasvasar.** REL. **Trasiego,** acción y efecto de trasegar.

traseñalador, -ra *adj.-s.* Que traseñala.

traseñalar *tr.* Poner [a una cosa] distinta señal de la que tenía.

trasera *f.* Parte de atrás de un coche, una casa, etc.

trasero, -ra (de *tras*) *adj.* Que está detrás. 2 [carro cargado] Que tiene más peso detrás que delante. -3 *m.* Parte posterior del animal. 4 Culo, asentaderas. -5 *m. pl.* Ascendientes (familia).
SIN. *3* y *4* **Culo.**

trasferencia *f.* Transferencia.

trasferible *adj.-s.* Transferible.

trasferidor, -ra *adj.-s.* Transferidor.

trasferir *tr.* Transferir. ◇ ** CONJUG. [35] como *hervir.*

trasfigurable *adj.* Transfigurable.

trasfiguración *f.* Transfiguración.

trasfigurar *tr.* Transfigurar.

trasfijo, -ja *adj.* Transfijo.

trasfixión *f.* Transfixión.

trasflor *m.* Transflor.

trasflorar *tr.* Transflorar (adornar; copiar).

trasflorear *tr.* Transflorear.

trasfollado, -da (de *tras-* + l. *follere,* hincharse) *adj.* VETER. [animal] Que padece de trasfollos.

trasfollo *m.* VETER. Alifafe formado en el pliegue o parte anterior del corvejón.

trasfondo *m.* Lo que está o parece estar más allá del fondo visible, o detrás de la apariencia o intención de una acción.

trasformación *f.* Transformación.

trasformador, -ra *adj.-s.* Transformador.

trasformamiento *m.* Transformamiento.

trasformar *tr.-prnl.* Transformar.

trasformativo, -va *adj.* Transformativo.

trasfregar *tr.* Transfregar. ◇ ** CONJUG. [48] como *regar.*

trasfretano, -na *adj.* Transfretano.

trasfretar *tr.-intr.* Transfretar.

trásfuga *com.* Trásfugo.

trásfugo *m.* Tránsfuga.

trasfundición *f.* Transfundición.

trasfundir *tr.* Transfundir.

trasfusión *f.* Transfusión.

trasfusor, -ra *adj.-s.* Transfusor.

trasgo (orig. incierto; probl. del ant. *trasgreer* < l. *transgredi,* cometer infracciones) *m.* Duende (espíritu). 2 fig. Niño vivo y enredador.

trasgredir *tr.* Transgredir.

trasgresión *f.* Transgresión.

trasgresor, -ra *adj.-s.* Transgresor.

trasguear *intr.* Fingir las travesuras que se atribuyen a los trasgos.

trasguero, -ra *m. f.* Persona que trasguea.

trashoguero, -ra (de *tras* I + *foguero,* de fuego) *adj.* [pers]. Que se queda en casa, cuando los demás van al trabajo. -2 *m.* Losa o plancha que están detrás del hogar. 3 Leño grueso que, arrimado a la pared del hogar, conserva la lumbre.
SIN. *3* **Tuero.**

trashojar (paras. de *tras-* y *hoja*) *tr.* Hojear (un libro). ◇ HOMOF.: *trasojado.*

trashumación *f.* Trashumancia.

trashumancia *f.* Acción de trashumar. 2 Efecto de trashumar.

trashumante *adj.* [ganado] Que trashuma, a diferencia del *riberiego,* que permanece todo el año en el mismo lugar.
SIN. **Nómada.**

trashumar (*tras-* + l. *humus,* tierra) *intr.* Pasar el ganado con sus conductores desde las dehesas de invierno a las de verano, y viceversa. 2 *Logr.* Dar paso al agua de un río o acequia a otra.

trasiego *m.* Acción de trasegar. 2 Efecto de trasegar.

trasijado, -da (de *tras* I + *ijar*) *adj.* Que tiene los ijares recogidos a causa de no haber comido o bebido en mucho tiempo. 2 Que está muy flaco.

traslación *f.* Acción de trasladar o trasladarse. 2 Efecto de trasladar o trasladarse. 3 Traducción. 4 Dispositivo que sirve para conectar las líneas telegráficas unas con otras en las comunicaciones a distancias muy largas. 5 GRAM. Figura de construcción que consiste en usar un tiempo del verbo fuera de su significación habitual. 6 MEC. Movimiento de un cuerpo cuando todas sus partes siguen una dirección constante. 7 RET. Metáfora. ◇ También *translación.*
SIN. *4* **Enálage.**

trasladable *adj.* Que se puede trasladar.

trasladación *f.* desus. Traslación.

trasladador, -ra *adj.* Que traslada o sirve para trasladar.

trasladar (de *traslado*) *tr.-prnl.* Mudar [una cosa] de lugar. -2 *tr.* Hacer pasar [a una persona] de un puesto o cargo a otro de la misma categoría: ~ *a un funcionario de Sevilla a Cádiz.* 3 Hacer que [una junta, función, etc.] se verifique en un tiempo diferente de aquel en que debía verificarse. 4 fig. Expresar de manera comprensible para otros una idea, sentimiento, etc. 5 ant. Traducir (una lengua). 6 Copiar (el dictado): ~ *algo a alguien.*
SIN. *1* **Trasmudar;** V. **cambiar.**
traslado (l. *translatu;* pp. de *transferre,* trasladar) *m.* Acción de trasladar. 2 Efecto de trasladar. 3 Copia (reproducción textual). 4 DER. Comunicación que se da a una parte litigante de las pretensiones de la otra. 5 *Colomb.* Transferencia de crédito.
traslapar (de *tras-* y l. *lapis,* losa) *tr.* Cubrir total o parcialmente una cosa [a otra].
traslapo *m.* Solapo (a cubierto).
traslaticiamente *adv. m.* Con sentido traslaticio. ◇ También *translaticiamente.*
traslaticio, -cia *adj.* [sentido de un vocablo] Que expresa un significado distinto al de su acepción corriente. ◇ También *translaticio.*
SIN. **Figurado, trópico, tropológico.** CONTR. **Recto.**
traslativo, -va *adj.* Que transfiere: *título* ~ *de dominio.* ◇ También *translativo.*
traslato, -ta *adj.* Traslaticio.
traslimitar *tr.* Translimitar.
traslinear *intr.* Translinear.
trasloar *tr.* p. us. Alabar o encarecer [a una persona o cosa], exagerando y ponderando más de lo justo y debido.
traslúcido, -da, trasluciente *adj.* Translúcido.
traslucimiento *m.* Acción de traslucirse. 2 Efecto de traslucirse.
traslucir (l. *translucere*) *prnl.* Ser translúcido un cuerpo. -2 *prnl.-tr.* fig. Conjeturarse una cosa en virtud de algún antecedente o indicio: *traslucirse,* o ~, *un propósito.* ◇ ** CONJUG. [45] como *lucir.*
SIN. *2* **Trasvinarse, rezumarse.**
traslumbramiento *m.* Acción de traslumbrar. 2 Efecto de traslumbrar.
traslumbrar (paras. de *tras* I + *lumbre*) *tr.* Deslumbrar [a alguno] una luz viva que repentinamente hiere su vista. -2 *prnl.* Pasar o desaparecer repentinamente una cosa.
trasluz (*tras-* + *luz*) *m.* Luz que pasa a través de un cuerpo translúcido. 2 Luz reflejada de soslayo por un cuerpo. 3 *Al* ~, por transparencia. 4 *P. Rico* y *S. Dom.* Semejanza, parecido.
I) trasmallo *m.* Arte de pesca formado por tres redes.
II) trasmallo *m.* Virola de hierro con que se refuerza el cotillo del mazo que se usa para jugar al mallo.
trasmano *com.* Segundo en orden de ciertos juegos. -2 *loc. adv.* *A* ~, fuera del alcance de la mano; fig., fuera de lo corriente y frecuentado.
trasmañana *adv. t.* Pasado mañana.
trasmañanar *tr.* Diferir [una cosa] de un día para otro.
trasmarino, -na *adj.* Transmarino.
trasmatar *tr.* fam. Suponer uno que ha de tener más larga vida que [otro].
trasmediterráneo, -a *adj.* Transmediterráneo.
trasmigración *f.* Transmigración.
trasmigrar *intr.* Transmigrar.
trasminante *adj. Chile.* [frío] Intenso, penetrante.
trasminar (de *tras-* y *minar*) *tr.* Minar [la tierra] abriendo camino. -2 *tr.-prnl.* fig. Penetrar a través de alguna cosa un olor, un líquido, etc.
trasmisible *adj.* Transmisible.
trasmisión *f.* Transmisión.
trasmitir *tr.* Transmitir.
trasmochar *tr.* Podar [los árboles] excesivamente.
trasmocho, -cha (*tras* I + *mocho*) *adj.-m.* Árbol descabezado o cortado a cierta altura de su tronco para que produzca brotes. 2 Monte cuyos árboles han sido descabezados.
trasmonta *f.* Licor elaborado en el lagar, después del prensado, añadiendo orujo y agua a la uva.
trasmontana *f.* Tramontana.
trasmontano, -na *adj.* Tramontano.
trasmontar *tr.-intr.-prnl.* Transmontar.
trasmudación *f.* Transmudación.
trasmudamiento *m.* Transmudamiento.
trasmudar *tr.* Transmudar.
trasmundano, -na *adj.* Transmundano.
trasmundo *m.* La otra vida. 2 fig. Mundo fantástico o de ensueño.
SIN. **Ultramundo, ultratumba.**
trasmutable *adj.* Transmutable.
trasmutación *f.* Transmutación.
trasmutar *tr.* Transmutar.
trasmutativo, -va, trasmutatorio, -ria *adj.* Transmutativo.
trasnochada *f.* Noche anterior al día actual. 2 Vela o vigilia. 3 MIL. Sorpresa hecha de noche.
trasnochado, -da *adj.* Echado a perder, tras haber pasado una noche por ello. 2 fig. Desmejorado y macilento. 3 fig. Falto de novedad.
trasnochador, -ra *adj.-s.* Que trasnocha.
trasnochar (paras. de *tras-* + *noche*) *intr.* Pasar uno la noche o gran parte de ella velando sin dormir. 2 Pernoctar. -3 *tr.* Dejar pasar la noche [sobre un asunto]: *trasnochemos la solución.*
trasnoche, trasnocho *m.* fam. Acción de trasnochar en vela.
trasnombrar (l. *transnominare*) *tr.* Trastrocar los nombres [de las cosas].
trasnominación (l. *transnominatio*) *f.* Metonimia.
trasoír (*tras-* + *oír*) *tr.* Oír con equivocación o error [lo que se dice]. ◇ ** CONJUG. [75] como *oír.*
trasojado, -da (de *tras* I + *ojo*) *adj.* Ojeroso, macilento. ◇ HOMÓF.: *trashojado* (verbo).
trasoñar (*tras-* + *soñar*) *tr.* Imaginar equivocadamente o como un ensueño [alguna cosa]. ◇ ** CONJUG. [31] como *contar.*
SIN. V. **Ensoñar.**
trasordinario, -ria *adj.* desus. Extraordinario.
trasovada (de *tras-* y *aovado*) *adj.* BOT. Más ancho por la punta que por la base: *hoja* ~.
traspadano, -na *adj.-s.* Transpadano.
traspalar, -lear (de *tras-* + *pala*) *tr.* Pasar con la pala [una cosa] de un lugar a otro: ~ *trigo.* 2 fig. Mover [una cosa] de un lugar a otro. 3 *And.* Cortar la grama de las viñas a golpe de azadón.
traspaleo *m.* Acción de traspalear. 2 Efecto de traspalear.
traspantajo *m. Cuen.* Espantapájaros.
traspapelar (paras. de *tras-* + *papel*) *tr.-prnl.* Confundirse, desaparecer [un papel] entre otros: *se me ha traspapelado el documento.* -2 *prnl.* p. ext. Perderse o figurar en sitio equivocado cualquiera otra cosa.
trasparecer *intr.-prnl.* Dejarse ver una cosa al través de otra más o menos transparente. ◇ ** CONJUG. [43] como *agradecer.*
trasparencia *f.* Transparencia.
trasparentarse *prnl.* Transparentarse.
trasparente *adj.-s.* Transparente.
traspasable *adj.* Que se puede traspasar.
traspasación *f.* Acción de traspasar un derecho o dominio.
traspasador, -ra *adj.-s.* Transgresor.
traspasamiento *m.* Traspaso.
traspasar (*tras-* + *pasar*) *tr.* Pasar a la otra parte [de alguna cosa]: ~ *el arroyo.* 2 p. ext. Pasar [a una persona o cosa] hacia otra parte: ~ *a América.* 3 p. ext. Pasar [una cosa] de un sitio a otro: ~ *la mesa de la sala al comedor.* 4 Atravesar de parte a parte [alguna cosa] con una arma o instrumento. 5 fig. Hacerse sentir un dolor físico o moral con extraordinaria violencia: ~ *el corazón de dolor.* 6 Ceder, transferir a favor de otro [el derecho o dominio de una cosa]: ~ *un negocio a, o en, alguno.* 7 Transgredir, violar [una ley]. -8 *prnl.* p. ext. Exceder de lo debido en alguna circunstancia o negocio: *traspasarse en el trato.* -9 *intr.* p. us. Volver a pasar: *pasar y* ~.
SIN. *7* V. **Quebrantar.**
traspaso *m.* Acción de traspasar. 2 Efecto de traspasar. 3 Conjunto de géneros traspasados. 4 Precio de la cesión de estos géneros o de un local comercial o industrial. 5 fig. Aflicción, angustia. 6 Sujeto que la causa. 7 Ardid, astucia.
traspatio *m. Amér.* Segundo patio de las casas de vecindad que suele estar detrás del principal.
traspecho *m.* Huesecillo que guarnece por abajo la caja de la ballesta.
traspeinar *tr.* Volver a peinar ligeramente [lo que ya estaba peinado].
traspellar *tr.* Encajar en su marco la hoja o las hojas de una puerta, o poner cualquier cosa delante de lo que estaba abierto, para que deje de estarlo. 2 Cerrar (las partes de un cuerpo).
traspié (*tras-* + *pie*) *m.* Resbalón, tropezón. 2 Zancadilla (para derribar). 3 fig. Equivocación o indiscreción. ◇ Pl.: *traspiés.*

traspilastra *f.* Contrapilastra.
traspillado, -da *adj.-s.* Pobretón, desharrapado.
traspillar (de *tras* I + *pillar*) *tr.* Traspellar. -2 *prnl.* Desfallecer, extenuarse.
traspintar (de *tras-* + *pinta*) *tr.* En el juego, dejar ver con engaño la pinta [de un naipe] y sacar otro. -2 *prnl.* fig. Salir una cosa al contrario de como se esperaba.
traspintarse (de *tras-* + *pintarse*) *prnl.* Clarearse por el revés del papel, tela, etc., lo escrito o dibujado por el derecho.
traspirable *adj.* Transpirable.
traspiración *f.* Transpiración.
traspirar *intr.-prnl.* Transpirar.
traspirenaico, -ca *adj.* Transpirenaico.
trasplantable *adj.* Que puede trasplantarse.
trasplantación *f.* Trasplante.
trasplantador, -ra *adj.-s.* Que trasplanta. -2 *m.* Instrumento que se emplea para trasplantar. 3 Vehículo especial que sirve para transportar un árbol. -4 *f.* Máquina para trasplantar.
trasplantar (*tras-* + *plantar*) *tr.* Trasladar plantas del sitio en que están arraigadas y plantarlas en otro: ~ *de una parte a,* o *en, otra.* 2 Trasladar de un lugar a otro una ciudad, institución, etc. 3 CIR. Injertar [una porción de tejido vivo o un órgano] de un individuo a otro, o bien a otra parte del cuerpo del mismo individuo. -4 *tr.-prnl.* Hacer salir de un lugar o país a personas arraigadas en él, para asentarlas en otro. 5 Introducir en un país o lugar ideas, costumbres, técnicas, tipos de creación artística o literaria, etc., procedentes de otro. ◇ También *transplantar.*
SIN. *1* **Replantar, transponer.**
trasplante *m.* Acción de trasplantar. 2 Efecto de trasplantar. 3 CIR. Aplicación de una parte de tejido o de un órgano, tomados de una del mismo cuerpo o de otro. 4 Órgano trasplantado.
trasponedor, -ra *adj.-s.* Transponedor.
trasponer *tr.* Transponer. ◇ ** CONJUG. [78] como ***poner.***
traspontín *m.* Traspuntín. 2 fam. Trasero (de animal).
trasportación *f.* Transporte (acción y efecto).
trasportador, -ra *adj.-s.* Transportador.
trasportamiento *m.* Transporte (acción y efecto).
trasportar *tr.-prnl.* Transportar.
trasporte *m.* Transporte. 2 *P. Rico.* Instrumento músico de cinco cuerdas, mayor que la guitarra.
trasportín *m.* Traspuntín.
trasposición *f.* Transposición.
traspositivo, -va *adj.* Transpositivo.
traspuesta (v. *traspuesto*) *f.* Transposición (acción y efecto). 2 Repliegue o elevación del terreno que impide ver lo que hay al otro lado. 3 Fuga u ocultación de una persona. 4 Corral o dependencias traseras de una casa. ◇ También *transpuesta.*
traspuesto, -ta (l. *transpositu*) pp. irreg. de *trasponer.* ◇ También *transpuesto.*
traspunte (*tras-* + *apunte*) *m.* Apuntador que previene a cada lector cuando ha de salir a escena.
traspuntín (it. *strapuntino,* colchoncillo embastado) *m.* Colchoncito atravesado debajo de los colchones de la cama. 2 Asiento suplementario y plegadizo en algunos coches. 3 fam. *y* vulg. Trasero, asentaderas.
SIN. **Traspontín.**
trasquero, -ra *m. f.* Persona que tiene por oficio vender trascas.
trasquila *f.* Trasquiladura.
trasquilado *m.* fam. Tonsurado. ◇ Ús. sólo en la loc. adv. fig. y fam. *como ~ por iglesia,* que significa lo mismo que *como Pedro por su casa.*
trasquilador, -ra *m. f.* Persona que trasquila.
trasquiladura *f.* Acción de trasquilar o trasquilarse. 2 Efecto de trasquilar o trasquilarse.
SIN. *1* y *2* **Trasquilón.**
trasquilar (*tras-* + *esquilar*) *tr.* Cortar el pelo [a alguno] sin orden ni arte. 2 Esquilar. 3 fig. *y* fam. Menoscabar [una cosa].
trasquilimocho, -cha (de *trasquilado* + *mocho*) *adj.* fam. Trasquilado a raíz. -2 *m.* desus. Menoscabo, pérdida.
trasquilón *m.* fam. Trasquiladura. 2 fig. *y* fam. Dinero quitado con arte.
trasroscarse *prnl.* Pasarse de rosca. ◇ ** CONJUG. [1] como ***sacar.***
trastabillar *intr.* Trastrabillar.
trastabillón *m. Amér.* Tropezón, traspié.
trastada *f.* fam. Acción propia de un trasto; mala pasada.
SIN. **Jangada, trastería.**
trastazo (de *trasto*) *m.* fam. Porrazo.
I) traste (v. *trasto*) *m.* Resalto de metal o hueso colocado a trechos en el mástil de la guitarra u otros instrumentos parecidos, para modificar con la presión de los dedos la longitud libre de las cuerdas. 2 *And.* Vaso pequeño para catar el vino.
II) traste *m. And., Extr.* y *Amér.* Trasto, trebejo. 2 *And.* Enfermo, persona decaída de ánimo. 3 ***Dar uno al ~ con una cosa,*** destruirla, malbaratarla.
III) traste *m.* Trasero, asentaderas.
trasteado *m.* Conjunto de trastes de un instrumento músico.
trasteador, -ra *adj.-s.* Que trastea (revuelve).
trasteante *adj.* Diestro en trastear (pisar).
I) trastear (de *traste*) *tr.* Poner los trastes [a la guitarra u otro instrumento]. 2 Pisar [las cuerdas de los instrumentos de trastes].
II) trastear (de *trasto*) *intr.* Revolver o mudar trastos de una parte a otra. 2 fig. Discurrir con viveza y travesura. -3 *tr.* Dar el espada pases de muleta [al toro] para variar su posición, especialmente antes de entrar a matar. 4 fig. Manejar con habilidad [a una persona o un negocio].
trastejador, -ra *adj.-s.* Que trasteja.
trastejadura *f.* Trastejo.
I) trastejar (*tras-* + *tejar*) *tr.* Retejar.
II) trastejar (de *traste* II o *trasto*) *tr.* Recorrer o examinar cualquier cosa para aderezarla o componerla; repasar, arreglar o remendar alguna cosa.
trastejo *m.* Acción de trastejar. 2 Efecto de trastejar. 3 fig. Movimiento continuo y desconcertado.
trasteo *m.* Acción de trastear (al toro; manejar con habilidad). 2 *Amér.* Mudanza, cambio de trastos de un domicilio a otro.
trastería *f.* Muchedumbre o montón de trastos viejos. 2 fig. Trastada.
trasterminar *tr.* Transterminar.
trastero, -ra *adj.-m.* Pieza destinada a guardar trastos inútiles. -2 *m. Méj.* Alacena portátil. -3 *f. Logr.* Cuarto trastero. 4 *P. Rico.* vulg. Trastería.
trastesado, -da *adj.* Endurecido; tieso; esp. las ubres de los animales.
trastesar *tr.* Espaciar el ordeño de la oveja para retirarle la leche, con lo que la ubre se endurece.
trastesón *m.* Abundancia de leche que tiene la ubre de una res.
trastiberino, -na *adj.* [pers.] Transtiberino.
trastienda *f.* Aposento situado detrás de la tienda. 2 fig. Cautela, astucia. 3 *Chile* y *Méj.* fig. *y* fam. Asentaderas, trasero.
SIN. *1* **Rebotica.**
trastigar *tr. Ecuad.* Trasegar; rebuscar. ◇ ** CONJUG. [7] como ***llegar.***
trasto (l. *transtru,* travesaño, banco de remeros; doble etim. *traste*) *m.* desp. Mueble o utensilio doméstico, esp. si es inútil. 2 fig. Persona inútil o informal. 3 Bastidor de la decoración teatral. -4 *m. pl.* Armas de uso: *salieron los trastos a relucir.* 5 Utensilios de un arte: *los trastos de pescar.* 6 TAUROM. Muleta y estoque del matador: ***entregar los trastos,*** dar la alternativa.
trastocar *tr.* p. us. Trastornar, revolver. -2 *prnl.* Trastornarse, perturbarse la razón. ◇ ** CONJUG. [1] como ***sacar.***
SIN. *1* **Trabucar(se).**
trastón *m. Can.* Pequeña faja de terreno no cultivado que queda como tierra de nadie entre dos heredades.
trastornable *adj.* Que fácilmente se trastorna.
trastornador, -ra *adj.-s.* Que trastorna.
trastornadura *f.* Trastornamiento.
trastornamiento *m.* Trastorno.
trastornar (*tras-* + *tornar*) *tr.* Volver [una cosa] de abajo arriba o de un lado a otro. 2 Invertir el orden regular [de una cosa]. 3 fig. Inquietar, causar disturbios. 4 fig. Inclinar o vencer con persuasiones [el ánimo o dictamen de uno] haciéndole deponer el que antes tenía. 5 fig. Gustarle a uno sobremanera una cosa. 6 fig. Suscitar en otra persona un amor vehemente. -7 *tr.-prnl.* Peturbar el sentido: *este vino trastorna en seguida.* -8 *tr. Bol.* Transponer.
SIN. *1* **Trastocar, trabucar.**
trastorno *m.* Acción de trastornar o trastornarse. 2 Efecto de trastornar o trastornarse. 3 Desorden, desarreglo. 4 Alteración leve de la salud.
trastrabado, -da (*tras-* + *trabado*) *adj.* [caballería] Que tiene blancos la mano izquierda y el pie derecho o viceversa.
trastrabarse (*tras-* + *trabar*) *prnl.* Trabarse [la lengua].
trastrabillar (paras. de *tras-* + *traba*) *intr.* Dar traspiés o tropezones. 2 Tambalear, vacilar. 3 Tartajear, tartamudear.
SIN. **Trastabillar.**

trastrás (de *tras*) *m.* fam. El penúltimo en ciertos juegos. 2 Onomatopeya de ciertos sonidos uniformes.
trastrocamiento *m.* Acción de trastrocar o trastrocarse. 2 Efecto de trastrocar o trastrocarse.
trastrocar (*tras-* + *trocar*) *tr.-prnl.* Mudar el ser o estado [de una cosa]. ◇ ** CONJUG. [49] como *trocar.*
SIN. **Trabucar,** trastrocar o confundir ideas, palabras, sonidos; **trasnombrar,** tratándose de los nombres de las cosas.
trastrueco, -que *m.* Trastrocamiento.
trastulo (it. *trastullo*) *m.* Pasatiempo, juguete.
trastumbar *tr.* Dejar caer o echar a rodar [una cosa].
trasudación *f.* Acción de trasudar. 2 Efecto de trasudar. 3 MED. Acción de trasudar un líquido orgánico a través de las paredes del vaso en que se hallaba contenido. 4 MED. Efecto de dicha acción.
trasudadamente *adv. m.* Con trasudores y fatigas.
trasudado *m.* MED. Líquido no inflamatorio contenido en una cavidad serosa.
trasudar *tr.* Exhalar trasudor. 2 Empapar de sudor.
SIN. v. **Sudar.**
trasudor (*tras-* + *sudor*) *m.* Sudor tenue.
trasuntar (de *trasunto*) *tr.* Copiar [un escrito]. 2 Compendiar o epilogar [una cosa].
trasuntivamente *adv. m.* En trasunto. 2 Compendiosamente.
trasunto (l. *transumptu;* pp. de *transumere,* tomar de otro) *m.* Copia (reproducción textual). 2 Figura o representación que imita con propiedad una cosa.
trasvasar (paras. de *tras-* + *vaso*) *tr.* Transvasar.
trasvase *m.* Transvase.
trasvasijar *tr. Chile.* Trasvasar.
trasvasijo *m. Chile.* Trasiego de un líquido.
trasvenarse (paras. de *tras-* + *vena*) *prnl.* Extravenarse. 2 fig. Derramarse una cosa.
trasver (*tras-* + *ver*) *tr.* Ver [alguna cosa] a través de otra. 2 Ver mal y equivocadamente [alguna cosa]. ◇ ** CONJUG. [91] como *ver.*
trasverberación *f.* Transfixión.
trasversal *adj.* Transversal.
trasverso, -sa *adj.* Transverso.
trasverter (*tras-* + *verter*) *intr.* Rebosar un líquido. ◇ **CONJUG. [28] como *entender.*
trasvinar (paras. de *tras-* + *vino*) *tr.-prnl.* Rezumarse el vino de las vasijas. -2 *prnl.* fig. Traslucirse. 3 fig. Traspasar, trascender.
trasvolar (l. *transvolare*) *tr.* Pasar volando de un extremo al otro [de alguna cosa]. ◇ ** CONJUG. [31] como *contar.*
trata *f.* Tráfico de negros, que consistía en llevarlos a vender como esclavos, de las costas de África a América. 2 ~ *de blancas,* tráfico de mujeres de cualquier raza para forzar su prostitución.
tratable (l. *tractabile*) *adj.* Que se puede o deja tratar. 2 Cortés, accesible. 3 *Chile.* Transitable.
tratadista *com.* Autor que escribe tratados.
tratadística *f.* Conjunto de tratados referentes a una disciplina o a una época determinada.
tratado (l. *tractatu,* manejo, cultivo, estudio) *m.* Ajuste, convenio, esp. entre naciones. 2 Escrito o discurso sobre una materia determinada.
SIN. *1* **Pacto; trato** y **contrato,** se emplean entre particulares o entidades, pero no entre gobiernos.
tratador, -ra (l. *tractatore*) *adj.-s.* Que trata de un negocio o materia.
tratamiento (de *tratar*) *m.* Trato (acción y efecto). 2 Título de cortesía; como *merced, excelencia*; en gral., modo de dirigirse a otra persona: *tú, usted, vos.* 3 Vocativo de uso habitual en el coloquio, y referente a categoría social, edad, sexo, cualidades físicas o morales del interlocutor, con diversos matices de respeto o afecto. 4 Sistema de curación. 5 Modo de trabajar ciertas materias para su transformación: ~ *metalúrgico;* ~ *de textos,* proceso informático de textos escritos que permite su redacción, recomposición e impresión de acuerdo a ciertas reglas formales y tipográficas preestablecidas.
tratante *com.* El que se dedica a comprar géneros para revenderlos.
SIN. v. **Comerciante.**
tratar (l. *tractare*) *tr.* etim. Manejar una cosa, usar materialmente de ella. 2 Comunicar, relacionarse [con un individuo]: *trató a Juan; intr.,* ~ *con Juan; prnl., tratarse con Juan;* esp., tener relaciones amorosas. 3 Comunicar o relacionarse de una determinada manera [con un individuo] o asistirlo en tal forma: ~ *bien, mal, con cuidado,* etc., *a alguien;* seguido de la prep. *de,* dar tratamiento: *le trató de señoría, de tú, de usted;* o aplicar [a alguno] un calificativo, gralte. con intención despectiva o injuriosa: *le trató de loco.* 4 Manejar o gestionar [negocios], comerciar: ~ *la venta de una casa; intr., trató con fulano;* ~ *en lanas;* ~ *en ganado.* 5 Discurrir o disputar [sobre un asunto]: ~ *una materia difícil; intr.,* esp., ~ *de,* o *sobre,* o *acerca, del postulado de Euclides.* 6 QUÍM. Someter [una substancia] a la acción de otra: ~ *el hierro por,* o *con, el ácido sulfúrico.* 7 Someter a tratamiento médico. -8 *intr.* Con la prep. *de* e infinitivo, procurar, intentar, el logro de algún fin: ~ *de vivir bien.*
SIN. *4* v. **Comerciar.**
tratativa *f. Argent.* Negociación, acción de discutir o plantear problemas laborales.
tratero *m. Chile.* Destajista, destajero.
trato *m.* Acción de tratar o tratarse. 2 Efecto de tratar o tratarse. 3 Manera de tratar a alguna persona. 4 Tratado (título). 5 Tratamiento (convenio). 6 Ocupación del tratante.
LOC. *Trato doble,* simulación engañosa de amistad; ~ *de gentes,* experiencia y habilidad en la vida social; ~ *hecho,* fórmula con la que se da por definitivo un convenio o negocio.
trauma (gr. *trauma,* herida) *m.* Traumatismo.
traumar *tr.* Traumatizar.
traumático, -ca (gr. *-kós* < *trauma,* herida) *adj.* Relativo al traumatismo.
traumatismo (gr. *-mos,* acción de herir) *m.* CIR. Lesión de los tejidos por agentes mecánicos. 2 Perturbación psíquica ocasionada por un choque emocional.
traumatizante *adj.* Que traumatiza.
traumatizar *tr.* Causar trauma. ◇ ** CONJUG. [4] como *realizar.*
traumatología (gr. *traumathos,* herida + *-logía*) *f.* Parte de la medicina referente a los traumatismos y sus efectos.
traumatológico, -ca *adj.* Perteneciente o relativo a la traumatología.
traumatólogo, -ga *m. f.* Especialista en traumatología.
travelín (ing. *travelling*) *m.* CINEM. Desplazamiento de una cámara montada sobre ruedas con el fin de acercarla al objeto, alejarla de él o seguirle en sus movimientos. 2 CINEM. Plataforma móvil sobre la cual va montada dicha cámara.
traversa (l. *transversa,* oblicua; doble etim. *traviesa*) *f.* Madero que atravesando el carro, asegura el brancal. 2 MAR. Estay.
travertinos *m. pl.* Rocas sedimentarias de origen químico formadas en ambientes continentales; como grutas, lagos y ríos. Son unas piedras de construcción muy apreciada.
través (l. *transversu*) *m.* Inclinación o torcimiento: *al* ~, *de* ~, en dirección transversal. 2 fig. Desgracia, fatalidad. 3 ARQ. Pieza de madera en que se afirma el pendolón de una armadura. 4 FORT. Parapeto para defenderse de los fuegos enfilados. 5 FORT. Obra exterior para estorbar el paso en parajes angostos. 6 MAR. Dirección perpendicular a la de la quilla. -7 *loc. adv. A* ~ *de,* por intermedio de, por conducto de. -8 *loc. prep. Al,* o *a,* ~, por entre. ◇ Pl.: *traveses.*
REL. *4* y *5* **Travesía,** conjunto de traveses.
travesaña *f. La Mancha.* Travesaño de madera que une los varales del carro. 2 *Guadal.* Travesía, callejuela.
travesaño (de *travesar*) *m.* ARQ. Pieza que atraviesa de una parte a otra, en general. 2 Almohada que ocupa toda la cabecera de la cama. 3 DEP. En el fútbol, larguero horizontal de la portería. 4 MIN. Barra destinada a sostener una perforadora, que se fija de través en una galería. 5 *Cuba.* Traviesa de la vía férrea.
SIN. *2* **Travesero.**
travesar (l. *transversare*) *tr.-prnl.* p. us. Atravesar. ◇ ** CONJUG. [27] como *acertar.*
travesear (de *travieso*) *intr.* Andar inquieto y revoltoso de una parte a otra. 2 fig. Discurrir con ingenio y viveza. 3 fig. Llevar una vida desenvuelta y viciosa.
SIN. *1* **Enredar, trebejar.**
travesero, -ra *adj.* Que se pone al través. -2 *m.* Travesaño (almohada).
travesía (de *través*) *f.* Camino transversal. 2 Callejuela que atraviesa entre calles principales. 3 Parte de la carretera que está dentro de la población. 4 Distancia entre dos puntos de tierra o de mar. 5 Viaje por mar o por tierra; p. ext., viaje por tierra cuya trayectoria entre salida y llegada atraviesa una región, zona extensa, etc. 6 Viento perpendicular a la costa. 7 Cantidad que hay de pérdida o ganancia entre los que juegan. 8 Modo de estar una

cosa al través. 9 DEP. En natación, prueba de resistencia que se disputa en mar abierto, en las aguas interiores de un puerto, en lagos, etc. 10 FORT. Conjunto de traveses. 11 MAR. Paga que se da al marinero mercante por la navegación desde un puerto a otro. 12 *Argent.* y *Bol.* Región vasta, desierta y sin agua. 13 *Chile.* Viento del oeste. 14 *Guat.* Apuesta que hacen los galleros separadamente del valor de la pelea.

travesío, -a (de *través*) *adj.* [ganado] Que, sin trashumar, sale de los términos del pueblo donde mora. 2 [viento] De dirección lateral. -3 *m.* Sitio o terreno por donde se traviesa.

travestí, travesti *com.* Travestido.

travestido, -da (it. *travestito*) *adj.* Disfrazado o encubierto. -2 *adj.-s.* Persona que pertenece a un sexo por sus características morfológicas y actúa como si fuese del otro.

travestir *tr.-prnl.* Poner [a una persona] un disfraz propio de otra del sexo contrario. ◇ ** CONJUG. [34] como ***servir.***

travestismo *m.* Orientación sexual, generalmente propia de homosexuales, consistente en buscar el placer vistiéndose con ropas del sexo contrario.

travesura (de *travieso*) *f.* Acción de travesear. 2 Efecto de travesear. 3 fig. Viveza y sutileza de ingenio. 4 desus. Acción culpable. 5 Acción maligna o ingeniosa y de poca importancia, hecha por niños.

SIN. *5* **Diablura** y **trastada,** son intensivos.

traviesa (v. *traversa*) *f.* Travesía (distancia). 2 Madero o elemento metálico o de hormigón armado sobre que se asientan los rieles del ferrocarril. 3 Pieza que une los largueros del bastidor de los vagones de los ferrocarriles. 4 Lo que se juega además de la polla. 5 Apuesta que el que no juega hace a favor de un jugador. 6 Postura del cazador que se sitúa en el centro de la mancha que se bate. 7 ARQ. Cuchillo de una armadura para sostener un tejado. 8 ARQ. Pared maestra que no está en fachada ni en medianería. 9 MIN. Galería transversal.

travieso, -sa (v. *transverso*) *adj.* Puesto de través. 2 fig. Sutil, sagaz. 3 fig. Que se mueve continuamente. 4 fig. Inquieto y revoltoso. 5 fig. Que vive distraído en vicios, esp. en el de la sensualidad. 6 DER. Por vía transversal.

trayecto (l. *traiectu,* travesía, paso) *m.* Espacio que se recorre de un punto a otro. 2 Acción de recorrerlo. 3 ANAT. Recorrido de cualquier estructura anatómica alargada, y en especial de los vasos y nervios.

SIN. **Recorrido.**

trayectoria *f.* Línea descrita en el espacio por un punto que se mueve; esp., parábola de un proyectil. 2 fig. Curso que, a lo largo del tiempo, sigue el comportamiento de una persona o de un grupo social en sus actividades intelectuales, morales, artísticas, económicas, etc. 3 GEOM. y MEC. Curva descrita en el plano o en el espacio por un punto móvil, de acuerdo con una ley determinada. 4 METEOR. Derrota o curso que sigue el cuerpo de un huracán o tormenta giratoria.

traza (de *trazar*) *f.* Planta o diseño de una obra. 2 fig. Plan para realizar un fin. 3 fig. Invención, arbitrio, recurso. 4 fig. Modo, apariencias o figura de una cosa. 5 Intersección de una línea o de una superficie con un plano de proyección. 6 Eje de una carreta o ferrocarril. 7 ELECTR. Trayectoria descrita por el punto luminoso en las pantallas de rayos catódicos. 8 GALIC. Huella, vestigio, señal, rastro. 9 *Extr.* Gusanillo que se cría en la chacina. 10 *Amér.* Apariencia y figura de una persona. 11 *Venez.* Especie de polilla.

SIN. *1* **Trazado.**

trazable *adj.* Que se puede trazar.

trazado, -da *adj.* Con los adverbios *bien* o *mal*, [pers.] de buena o mala disposición o compostura de cuerpo. -2 *m.* Acción de trazar. 3 Efecto de trazar. 4 Traza (diseño). 5 Recorrido o dirección de un camino, canal, etc., sobre el terreno. 6 *Bol.* Machete de monte.

trazador, -ra *adj.-s.* Que traza o idea una obra. -2 *m.* QUÍM. Isótopo de un elemento que tiene una peculiaridad por la cual se puede determinar su paso a través de una serie de procesos: ~ ***radiactivo,*** isótopo radiactivo empleado como trazador.

trazar (l. v. **tractiare* < *trahere,* traer) *tr.* Hacer trazos. 2 Delinear la traza (diseño) para la realización [de alguna obra]. 3 fig. Discurrir y disponer los medios oportunos para el logro [de una cosa]. 4 fig. Describir, dibujar, exponer por medio del lenguaje [los rasgos de una pers. o asunto]. ◇ ** CONJUG. [4] como ***realizar.***

trazo *m.* Delineación de la traza de una obra. 2 Línea, raya, rasgo. 3 Parte en que se considera dividida la letra de mano: ~ ***magistral,*** el grueso de una letra. 4 PINT. Pliegue del ropaje. 5 *Venez.* Equivocación sufrida.

trazumar *intr.-prnl.* Rezumar.

trébede (l. *tripede,* que tiene tres pies) *f.* Habitación o parte de ella que, a modo de hipocausto, se calienta con paja. -2 *f. pl.* Aro o triángulo de hierro con tres pies, para poner vasijas al fuego.

trebejar (de *trebejo*) *intr.* Travesear, retozar.

trebejo (orig. incierto; quizá dim. de *trebe,* trípode) *m.* Instrumento, utensilio: *los trebejos de la cocina.* 2 Juguete con que uno se divierte. 3 Pieza del juego del ajedrez.

trebelear *intr. Venez.* Travesear, trebejar.

trebo *m. Chile.* Arbusto espinoso, muy ramoso, de numerosas florecitas amarillentas; su madera es de poco valor, pero su corteza tiene propiedades vulnerarias *(Trevoa trinervia).*

trébol (cat. *trêbol* < gr. *trphyllon,* de tres hojas) *m.* Planta leguminosa, papilionácea, de hojas casi redondas, pecioladas de tres en tres, que se usa como forraje *(Trifolium pratense).* 2 ~ ***hediondo,*** higueruela. 3 ~ ***oloroso,*** meliloto. 4 ~ ***de carretilla,*** planta leguminosa de folíolos trifoliados con manchas obscuras y flores en cabezuelas de color amarillo *(Medicago arabica).* 5 Adorno formado por tres lóbulos ordenados geométricamente. 6 Cruce de carreteras a varios niveles y con empalmes por curvas. 7 *Cuba.* Nombre de tres plantas *(Limanthemum grayanum; Euphatorium odoriforum; aromatisans).*

trebolado, -da *adj.-s.* Que tiene forma de trébol: *arco ~; cruz trebolada; hoja trebolada.*

trebolar *m.* Terreno cubierto de trébol.

trebolina *f. Can.* Aleluya (planta).

trece (l. *tredecim*) *adj.* Diez y tres; **NUMERACIÓN. 2 Decimotercio. -3 *m.* Guarismo del número trece. 4 Caballero de la orden de Santiago, de los trece nombrados para un capítulo general.

FR. *Estar* o *seguir en sus ~*, mantener algo con obstinación.

treceavo, -va *adj.* Parte que, junto a otras doce iguales, constituye un todo; **NUMERACIÓN.

trecemesino, -na *adj.* De trece meses.

trecén (de *treceno*) *m.* Decimotercia parte del valor de las ventas que se pagaba al señor jurisdiccional.

trecenario *m.* Número de trece días dedicado a un mismo objeto.

trecenato, -nazgo *m.* Oficio o dignidad de trece de la orden de Santiago.

treceno, -na *adj.* Decimotercio.

trecentista *adj.* Relativo al siglo XIV.

trecésimo, -ma *adj.* Trigésimo.

trecha *f.* Treta (artificio).

trechar (l. *tractare*) *tr.* Secar y prensar los pescados. Su uso es ant. y provincial.

trecheador *m.* El que trechea.

trechear *tr.* MIN. Transportar de trecho en trecho [una carga].

trechel (b. l. *triticeru* < l. *triticu,* trigo) *adj.-s.* Trigo marzal.

SIN. **Trigo tremés** o **tremesino.**

trecheo *m.* Acción de trechear.

trechera *f.* Pieza que sujeta el gobierno del molino de viento al fraile.

trecho (l. *tractu,* acción de tirar; doble etim. *tracto*) *m.* Espacio, distancia. 2 Trozo de terreno, campo o huerta. 3 fam. Parte de una cosa que se hace, o sucede, de manera progresiva. 4 ***A trechos,*** con intermisión de lugar o tiempo; ***de ~ a,*** o ***en, ~,*** de distancia a distancia, de tiempo en tiempo.

SIN. **Tracto; lapso,** tratándose del tiempo.

trechor *m.* BLAS. Orla estrecha.

trecientos, -as *adj.-s.* Trescientos.

tredécimo, -ma (l. *-mu*) *adj.* Decimotercio.

trefe (ár. *tarifun,* flojo, blando) *adj.* Ligero, flojo. 2 Falso, falto de ley.

trefilado *m.* Acción de trefilar. 2 Efecto de trefilar.

trefilador, -ra *adj.-s.* Que trefila. -2 *m. f.* Persona especializada en el trabajo de trefilar. -3 *f.* Máquina utilizada para el trefilado o estirado de metales.

trefilar *tr.* Transformar en hilo o alambre [un metal] pasándolo por la hilera.

trefilería *f.* Industria del alambre. 2 Acción de trefilar.

tregua (gót. *triggura,* tratado) *f.* Cesación temporal de hostilidades entre los beligerantes: ~ ***de Dios,*** la que antig. por iniciativa de la Iglesia, imponía la cesación en cierto número de días o períodos del año. 2 fig. Intermisión, descanso.

treílla *f.* Traílla.

treinta (l. *triginta*) *adj.* Tres veces diez; **NUMERACIÓN. 2 Trigésimo. -3 *m.* Guarismo del número treinta. 4 Juego de naipes en que, repartidas dos o tres cartas entre los que juegan, van estos pidiendo más para llegar a acercarse a treinta puntos, y no más, contando las figuras por diez y las demás cartas por lo que indican, excepto el as, que vale uno u once. 5 DEP. En el juego del tenis, segundo tanto de un juego, ganado por un jugador o pareja. ◇ INCOR. *treintiún, treintiseis*, etc., por *treinta y uno, treinta y seis*, etc.

treintaidosavo, -va (paras.) *adj.* Parte que, junto a otras treinta y una iguales, constituye un todo; **NUMERACIÓN. 2 *loc. adj. En* ~, [libro, folleto, etc.] que tiene el tamaño igual a la treintaidosava parte de un pliego.

treintaidoseno, -na (paras.) *adj.* Trigésimo segundo.

treintaitresino, -na *adj.-s.* De Treinta y Tres, c. y dep. del Uruguay.

treintanario *m.* Número de treinta días dedicados a un mismo objeto.

treintanudos *m. Can.* Centinodia *(Polygonum aviculare)*. ◇ Pl.: *treintanudos.*

treintañal (paras.) *adj.* Que es de treinta años o los tiene.

treintañero, -ra *adj.* Treintañal.

treintavo, -va *adj.-s.* Trigésimo (parte).

treintena *f.* Conjunto de treinta unidades. 2 Treintava parte de un todo.

treinteno, -na *adj.* Trigésimo.

treja *f.* Tirada por tabla o recodo para hacer ciertos lances en el juego de trucos.

tremadal *m.* Tremedal.

trematodo (gr. *trematódes,* con aberturas o ventosas) *adj.-m.* Gusano de la clase de los trematodos. -2 *m. pl.* Clase de gusanos platelmintos de cuerpo no segmentado, tubo digestivo ramificado y sin ano, con ventosas o ganchos para fijarse al cuerpo de su hospedador; como la duela.

tremble (fr. *tremblé*) *m.* IMPR. Filete ondulado que se usa en tipografía.

tremebundo, -da (l. *-du*) *adj.* Espantable, que hace temblar.

tremedal (l. *tremere,* temblar) *m.* Terreno pantanoso, abundante en turba, cubierto de césped y que retiembla cuando se anda sobre él.

SIN. **Tembladal; tolla** y **tollada; trampal,** ~ encharcado por las aguas subterráneas.

tremelales *m. pl.* Familia de hongos del orden de los basidiomicetes que se reproducen sexualmente, por basidiosporas, y asexualmente, por conidios.

tremendismo *m.* Corriente estética desarrollada en España durante el siglo XX entre escritores y artistas plásticos, caracterizada por un realismo exagerado.

tremendista *adj.* Que practica o manifiesta el tremendismo. 2 Aficionado a contar noticias extremas y alarmantes.

tremendo, -da (l. *-du*) *adj.* Terrible, formidable. 2 Digno de respeto. 3 Muy grande: *disparate* ~.

tremente *f.* IMPR. Filete de línea ondulada, empleado para orlas, división de composiciones tipográficas, etc.

trementina (l. *terebinthina;* f. de *-nu,* de terebinto) *f.* Resina semifluida que exudan los pinos, abetos, alerces y terebintos.

REL. **Aguarrás,** esencia de ~; **terpina,** derivado cristalizable de ésta.

tremer (l. *-ere*) *intr.* Temblar.

tremés (l. *trimense*) *adj.* Tremesino.

tremesino, -na *adj.* De tres meses: *trigo* ~, v. trigo marzal. ◇ También *tresmesino.*

tremielga *f.* Torpedo (pez).

tremís (l. *tremisse*) *m.* Ant. moneda castellana (tercera parte de un sueldo o de un castellano). 2 Ant. moneda romana (tercera parte de un sólido). ◇ Pl.: *tremises.*

tremó, -mol (fr. *trumeau*) *m.* Adorno, a manera de marco, que se pone en los espejos que están fijos en la pared. ◇ Pl.: *tremós* y *tremoles.*

tremolante *adj.* Que tremola.

tremolar (it.) *tr.* Enarbolar [los pendones, banderas, etc.] batiéndolos en el aire.

tremolina (de *tremolar*) *f.* Movimiento ruidoso del aire. 2 fig. Bulla, confusión de voces. 3 Torpedo (pez).

trémolo (it.) *m.* MÚS. Sucesión rápida de notas cortas iguales.

tremor (l.) *m.* lit. Temblor. 2 Principio del temblor.

tremoso, -sa *adj.* Tembloroso.

trémulamente *adv. m.* Con temblor.

tremulante, tremulento, -ta *adj.* Trémulo.

trémulo, -la (l. *-lu*) *adj.* Tembloroso: *luz trémula.*

tremuloso, -sa *adj.* desus. Tembloroso.

tren (fr. *train* < *trainer,* arrastrar) *m.* Conjunto de utensilios o máquinas empleadas para una misma operación: ~ *de artillería;* ~ *de dragado;* ~ *de viaje;* ~ ***de aterrizaje,*** en aeronáutica, conjunto de estructuras apoyadas en la armazón del fuselaje o de las alas, terminando por abajo en ruedas de neumáticos o, en casos especiales, esquís o patines, y que tiene por objeto facilitar el aterrizaje y despegue del avión; ~ ***de engranajes,*** conjunto de ruedas dentadas enlazadas unas con otras, que de esta forma coordinada transmiten un movimiento para un trabajo definido. 2 Serie de vagones enlazados unos con otros y arrastrados por una locomotora: ~ ***bala,*** el que circula a gran velocidad; ~ ***botijo,*** el organizado con motivo de un festejo popular; ~ ***correo,*** el que lleva la correspondencia; ~ ***expreso,*** el muy rápido que sólo conduce viajeros; ~ ***mixto,*** el que conduce viajeros y mercancías; ~ ***ómnibus,*** el que lleva carruajes de todas clases y para en todas las estaciones; ~ ***rápido,*** el que lleva mayor velocidad que el expreso; ~ ***sanitario,*** el que transporta heridos; ~ ***tranvía,*** el que se detiene en todas las estaciones y apeaderos del trayecto que recorre. 3 fig. Modo de vivir con mayor o menor lujo: ~ *de vida.* 4 ***Estar como un*** ~, fig. *y* fam., tener una persona un buen tipo. 5 FÍS. ~ ***de ondas,*** perturbación o conjunto de ondas, no continuas, sino con su principio y fin en el tiempo; puede darse en un campo eléctrico, campo magnético, presión, etc. 6 *Cuba.* Majadería. 7 *Guat.* Tráfago, trajín.

trena (l. *trina;* f. de *-nu,* triple) *f.* Banda que la gente de guerra usaba como cinturón o tahalí. 2 Plata quemada. 3 fam. Cárcel. 4 *Ar.* Bollo o pan de figura de trenza.

trenado, -da (de *trena*) *adj.* Dispuesto en forma de redecilla, enrejado o trenza.

trenca *f.* Palo que atraviesa la colmena para sostener los panales. 2 Raíz principal de una cepa. 3 Abrigo corto, con capucha y de tejido impermeable. 4 *And.* Garrote, tranca o estaca de olivo para plantar.

SIN. *1* **Cruz.** REL. *1* vb. **Entrencar,** poner las trencas en una colmena.

trencellín *m.* Trencillo (de sombrero).

trencería *f.* Manufactura de trenzas y trencillas.

trencilla (dim. de *trenza*) *f.* Galoncillo de seda, algodón o lana. 2 DEP. fam. Árbitro. 3 *Amér.* Nombre vulgar de varias plantas comunes.

trencillar *tr.* Guarnecer con trencilla: ~ *un vestido.*

trencillo (dim. de *trenza*) *m.* Trencilla. 2 Cintillo con que se solían adornar los sombreros.

SIN. *2* **Trancellín, trencellín.**

treno (gr. *threnos*) *m.* Canto fúnebre, lamentación. 2 p. anal. Lamentación del profeta Jeremías. 3 p. ext. *y* fam. Juramento, taco, reniego.

trente *amb. Sant.* Especie de horca o bieldo con los dientes de hierro.

trentino *adj.-m.* Dialecto perteneciente al grupo retorrománico central, hablado principalmente en la provincia italiana de Trento.

trenza (ant. *trena,* trenza × ant. *treça,* trenza) *f.* Enlace de tres o más ramales entretejidos: ~ *del pelo.* 2 Adorno empleado en arquitectura, consistente en pequeños filetes entrelazados. 3 *Argent.* Lucha cuerpo a cuerpo.

trenzadera *f.* Lazo que se forma trenzando una cuerda o cinta. 2 *Ar.* y *Nav.* Cinta de hilo.

SIN. **Tranzadera.**

trenzado (de *trenzar*) *m.* Trenza. 2 En la danza, salto ligero cruzando los pies. 3 Paso que hace el caballo piafando.

trenzadora *f.* Máquina que se utiliza para obtener productos muy variados, como cordones de zapatos, cuerdas, flecos, conductores o hilos telegráficos.

trenzar *tr.* Hacer trenzas: ~ *el cabello.* -2 *intr.* Hacer trenzados (en la danza; paso de caballo). -3 *prnl. Amér.* Enredarse, acalorarse en una discusión. -4 *rec. Amér.* Luchar dos personas cuerpo a cuerpo. ◇ ** CONJUG. [4] como ***realizar.***

SIN. *1* **Entrenzar, tranzar.**

treo (cat. *treu* < fr. ant. *tref,* de origen incierto) *m.* MAR. Vela cuadra con que las embarcaciones latinas navegan en popa con vientos fuertes.

I) trepa *m.* Acción de trepar I. 2 Efecto de trepar I. 3 Media voltereta dada apoyando la coronilla en el suelo. -4 *com.* Trepador, arribista. -5 *f. Extr.* Cruz de un árbol.

II) trepa *m.* Acción de trepar II. 2 Efecto de trepar II. 3 Guarnición que se echa al borde de ciertos vestidos. 4 Aguas de la superficie de algunas maderas labradas. 5 Astucia, malicia, engaño. 6 Castigo de azotes, patadas, etc. 7 PINT. Lámina de cinc, cartón, etc., utilizada como plantilla en ciertos sistemas de pintura. 8 En la industria textil, plantilla, para labores de estampado de telas, mediante pulverización de colorante.

trepadera *f. Cuba.* Juego de cuerdas que forman dos estribos y un cinto, de que se valen los muchachos para subir a las palmeras.

I) trepado *m.* Trepa (guarnición). 2 Línea de puntos taladrados a máquina que se hace en el papel. 3 Acción de trepar o agujerear. 4 Efecto de trepar o agujerear.

II) trepado, -da *adj.* Retrepado. 2 [animal] Rehecho y fornido.

trepador, -ra (de *trepar* I) *adj.* [planta] Que trepa: *rosal ~*. 2 [ciclista] Que sube con facilidad las cuestas. -3 *m.* Sitio por donde se trepa o se puede trepar. 4 Garfio que sirve para subir a los postes del telégrafo y otros análogos. 5 Ave paseriforme rechoncha, de cola corta y pico afilado, que trepa a los árboles sin usar la cola como soporte *(Sitta europaea)*. -6 *m. f.* Persona arribista. -7 *f.* IMPR. Máquina con que se realiza el trepado. 8 *Perú.* Mal olor de los pies.

trepajuncos *m.* Arandillo (pájaro). ◇ Pl.: *trepajuncos.*

trepanación *f.* Acción de trepanar. 2 Efecto de trepanar.

trepanar *tr.* CIR. Horadar [el cráneo u otro hueso] con el trépano.

trépano (b. l. *-nu* < gr. *trypanon,* taladro) *m.* Instrumento quirúrgico de corte, en forma de sierra, usado para horadar el cráneo u otro hueso. 2 MEC. En las taladradoras, herramienta que substituye a la broca cuando se trata de hacer taladros de gran diámetro. 3 MIN. Perforador (herramienta).

trepante *adj.-s.* Que trepa. 2 Que usa de trepas (astucias).

I) trepar (onomat.) *intr.-tr.* Subir [a un lugar] ayudándose de los pies y las manos. -2 *intr.* Crecer las plantas agarrándose a los árboles u otros objetos. 3 fig. *y* fam. Escalar, intentar subir a una posición económica, social, etc., más elevada.

SIN. **Encaramarse.**

II) trepar (v. *trépano*) *tr.* Taladrar, horadar [alguna cosa]. 2 Guarnecer [un objeto] con trepa.

treparriscos *m.* Ave paseriforme insectívora de cola corta, pico largo y curvado y plumaje gris con grandes manchas alares de color carmesí *(Tichodroma muraria)*. ◇ Pl.: *treparriscos.*

treparse *prnl.* Retreparse.

trepatroncos *m.* Herrerillo *(Parus cœruleus)*. ◇ Pl.: *trepatroncos.*

trepe (de *trepa,* castigo) *m.* fam. Reprimenda. 2 *C. Rica.* Insulto.

trepetera *f. Venez.* Algarabía.

trepidación (l. *-atione*) *f.* Acción de trepidar. 2 ASTRON. Balance aparente y casi insensible que los astrónomos antiguos atribuían al firmamento, de septentrión a mediodía, o al contrario.

trepidar (l. *-are*) *intr.* Temblar, estremecerse las cosas inanimadas. 2 *Amér.* Vacilar, dudar.

trépido, -da *adj.* Tembloroso.

treponema *f.* Bacteria espiroquetal productora de la sífilis *(Treponema pallida)*.

treque *adj. Venez.* Chistoso.

tres (l.) *adj.* Dos y uno; **NUMERACIÓN . 2 Tercero. -3 *m.* Guarismo del número tres. 4 Trío. 5 Naipe con tres señales: *el ~ de oros.* 6 *~ colas,* pez marino teleósteo de cuerpo alto y comprimido, de color rosa vivo, y con la aleta caudal profundamente escotada *(Anthias anthias)*. 7 *~ cuartos,* vestido más largo que un chaquetón y más corto que un abrigo. 8 *Ant.* Instrumento músico popular de tres cuerdas. 9 *Colomb.* Cierto baile popular. ◇ Pl.: *los treses.*

tresalbo, -ba *adj.* [caballería] Que tiene tres pies blancos. 2 *Perú.* desus. Descendiente de mestizo e india.

tresañal, tresañejo, -ja *adj.* Que tiene tres años. ◇ También *trasañejo.*

tresbolillo (a o **al ~)** *loc. adv.* Colocación de las plantas puestas en filas paralelas, de modo que las de cada fila correspondan al medio de los huecos de la fila inmediata, de suerte que forman triángulos equiláteros.

trescientos, -tas *adj.* Tres veces ciento; **NUMERACIÓN . 2 Tricentésimo. -3 *m.* Guarismo del número trescientos. ◇ También *trecientos.*

tresdoblar *tr.* Triplicar. 2 Dar [a una cosa] tres dobleces.

SIN. **Trasdoblar.**

tresdoble *adj.-s.* Triple.

tresillista *com.* Jugador de tresillo.

tresillo (dim. de *tres*) *m.* Juego de naipes entre tres personas, cada una de las cuales recibe nueve cartas; gana la que hace más bazas. 2 MÚS. Conjunto de tres notas de igual valor que se ejecutan en el tiempo correspondiente a dos de ellas, o bien conjunto de más de tres notas cuya suma de valores equivale al de las tres mencionadas. Se indica con un 3 colocado encima o debajo del tresillo. 3 Conjunto de un sofá y dos butacas. 4 Sortija con tres piedras que hacen juego. 5 *And.* Tiro de tres caballerías, dos en la lanza y una delante.

SIN. *1* **Calzón, emperrada,** ambos desus.

tresmesino, -na *adj.* Tremesino.

tresnal *m.* Conjunto de haces de mies apilados en forma de pirámide.

REL. **Atresnalar,** poner los haces en tresnales. SIN. **Garbera.**

trestanto *adv. m.* Tres veces tanto. -2 *m.* Cantidad triplicada.

treta (fr. *traite*) *f.* Artificio ingenioso para conseguir algún intento. 2 ESGR. Engaño que ejecuta el diestro para herir o desarmar a su contrario, o para defenderse. 3 *Argent.* Costumbre viciosa, mal hábito, maña.

tretero, -ra *adj.* desus. Astuto, taimado.

trezavo, -va *adj.-m.* Treceavo.

trezna *f.* Huella de un animal de caza mayor.

tri- (l.-gr.) Elemento prefijal que entra en la formación de palabras con el significado de tres.

tria *f.* Acción de triar. 2 Efecto de triar.

SIN. **Trío.**

triac *m.* ELECTR. Transistor en el que la corriente puede circular en ambos sentidos.

triaca (gr. *theriaké [antídotos],* remedio contra las mordeduras) *f.* Confección farmacéutica cuyo principal ingrediente era el opio. 2 fig. Remedio de un mal.

SIN. **Teriaca.**

triacal *adj.* De triaca, o que tiene alguna de sus propiedades.

SIN. **Teriacal.**

triache (fr. *triage,* de *trier,* triar) *m.* Residuos de granos de café requemados, quebrantados, etc.

triácido *m.* Cuerpo químico dotado de tres funciones ácidas.

tríada (l. *trias, -adis,* del gr. *trias, -ados,* trío, número tres) *f.* Grupo de tres.

tríade *f.* Tríada.

triádico, -ca *adj.* Perteneciente o relativo a la tríada.

trial *m.* Carrera de habilidad de motocicletas en terreno variado, fuera de carreteras y caminos.

triangulación *f.* Operación que consiste en elegir distintos puntos de una porción de la superficie terrestre y, considerándolos como vértices de triángulos, medir los elementos necesarios para determinar estos triángulos y poder fijar así la posición de los vértices y la distancia que los separa. 2 Conjunto de datos obtenidos mediante esta operación.

triangulado, -da *adj.* Dispuesto o trazado triangularmente.

I) triangular *adj.* De figura de triángulo o semejante a él. -2 *adj.-m.* ANAT. *Músculo ~*, pequeño músculo cutáneo de la cara. 3 *adj.-m.* DEP. Torneo en que compiten tres equipos o selecciones.

II) triangular *tr.* Dividir en triángulos, efectuar una triangulación: *~ un terreno.* 2 Dar [a una cosa] la forma de triángulo. 3 DEP. Efectuar [tres o más jugadores] pases cortos y precisos del balón, especialmente en el juego del fútbol.

triangularmente *adv. m.* En figura triangular.

triángulo, -la (l. *-lu*) *adj.* Triangular. -2 *m.* Figura formada por tres líneas que se cortan mutuamente, formando tres ángulos: *~ **acutángulo*** u ***oxigonio,*** el que tiene los tres ángulos agudos; *~ **obtusángulo*** o ***ambligonio,*** el que tiene obtuso uno de sus ángulos; *~ **rectángulo*** u ***ortogonio,*** el que tiene recto uno de sus ángulos; *~ **oblicuángulo,*** el que no tiene ángulo recto alguno; *~ **equilátero,*** el que tiene los tres lados iguales; *~ **escaleno,*** el que tiene los tres lados desiguales; *~ **isósceles,*** el que tiene iguales solamente dos lados; *~ **esférico,*** el trazado en la superficie de la esfera, esp. el formado por tres arcos de círculo máximo. 3 fig. Relación amorosa, sexual o emocional entre tres personas; esp., la formada por marido, mujer y amante de uno de los cónyuges. 4 MÚS. Instrumento de percusión, formado por una varilla metálica, doblada en forma triangular, que se hace sonar suspendida de un cordón y golpeándola con otra varilla. 5 ASTRON. *~ **austral,*** constelación situada cerca del polo; *~ **boreal,*** constelación situada entre Perseo y Piscis. 6 Artificio inventado por Orchell (1762-¿1825?) para demostrar la correlación de las vocales: *~ **de Hellwag*** (1827-1882), artificio del mismo fin que el anterior, aunque basado en principio distinto.

SIN. *2* **Trígono.**

triaquera *f.* Caja o bote para guardar triaca u otra droga medicinal.
triaquero, -ra *m. f.* desus. Persona que vende triaca y otras drogas.
triar (fr. *trier* < l. **tritare*) *tr.* Escoger, entresacar. -2 *intr.* Entrar y salir con frecuencia las abejas de una colmena muy poblada. -3 *prnl.* Clarearse una tela. 4 *Ar.* Cortarse la leche. ◇ **CONJUG. [13] como ***desviar.***
SIN. *1* v. **Escoger.**
triario (l. *triarii*) *m.* Soldado veterano que en la milicia romana formaba parte de un cuerpo de reserva.
trías *m.* GEOL. Terreno triásico.
triásico, -ca (gr. *trías,* conjunto de tres) *adj.-m.* Primer período de la era secundaria o mesozoica, y terreno a él correspondiente. -2 *adj.* Perteneciente o relativo este período.
triatómico, -ca (*tri-* + *atómico*) *adj.* [cuerpo] Que tiene tres átomos en cada molécula.
tríbada *f.* vulg. Lesbiana.
tribadismo *m.* vulg. Lesbianismo.
tribal *adj.* Tribual.
tribásico, -ca (*tri-* + *básico*) *adj.* Que tiene tres funciones básicas.
tribo- (gr. *tribein,* frotar) Elemento prefijal que entra en la formación de palabras con el significado de frote o rozamiento.
triboelectricidad (*tribo-* + *electricidad*) *f.* Electricidad que aparece por frotamiento entre dos cuerpos.
tribolio *m.* Insecto coleóptero de color pardo que vive en los graneros y despensas *(Gnathocerus cornutus).*
tribología (*tribo-* + *-logía*) *f.* Técnica que estudia el rozamiento entre los cuerpos sólidos, con el fin de producir mejor deslizamiento y menor desgaste de ellos.
triboluminiscencia (*tribo-* + *luminiscencia*) *f.* Luminiscencia de algunos minerales que aparece por frotamiento.
tribómetro (*tribo-* + *-metro*) *m.* Instrumento que sirve para medir el coeficiente de fricción por deslizamiento de los cuerpos.
tribraquio (*tri-* + gr. *brachys,* breve) *m.* En la poesía clásica, pie p. us. que constaba de tres sílabas breves.
tribu (l.) *f.* Agrupación en que se dividían algunos pueblos antiguos: *las doce tribus de Israel.* 2 Conjunto de familias nómadas que obedecen a un jefe: *las tribus salvajes de África.* 3 fig. y fam. Familia numerosa, pandilla, grupo. 4 H. NAT. Categoría de clasificación, no siempre usada, entre la familia y el género.
tribual *adj.* Relativo a la tribu.
tribuir *tr.* Atribuir. ◇ ** CONJUG. [62] como ***huir.***
tribulación (l. *-atione*) *f.* Congoja, aflicción, tormento. 2 Adversidad.
tríbulo (l. *-lu,* abrojo) *m.* Nombre que se da a varias plantas espinosas *(gén. Tribulus).* 2 Abrojo (planta; cardo).
tribuna (b. l.) *f.* Plataforma elevada, púlpito, etc., desde donde se lee o perora en las asambleas. 2 Galería destinada a los espectadores en estas mismas asambleas o en otros lugares públicos. 3 Ventana o balcón en el interior de algunas iglesias, y desde donde se puede asistir a los oficios divinos. 4 fig. Conjunto de oradores políticos de un país, de una época, etc. 5 ARQ. En la iglesia cristiana, galería abierta construida sobre las naves laterales, generalmente de igual anchura que ellas. En el arte románico servía para alojar a los peregrinos.
tribunado (l. *-atu*) *m.* Dignidad de tribuno. 2 Tiempo que duraba.
tribunal (l. *-ale*) *m.* Lugar destinado a los jueces para administrar justicia. 2 Ministro o ministros que administran justicia y pronuncian la sentencia: ~ ***Supremo,*** el más alto de justicia ordinaria, cuyos fallos no son recurribles ante otra autoridad; ~ ***Constitucional,*** órgano institucional, establecido en algunos estados para velar por el respeto a la Constitución, y procurar que las leyes se ajusten al espíritu de ésta. 3 Conjunto de jueces, de un examen, oposición, etc. 4 ~ ***de Cuentas,*** oficina central de contabilidad del Estado encargada de censurar las cuentas de todas sus dependencias. 5 fig. ~ ***de Dios,*** juicio que Dios hace a los hombres después de la muerte. 6 fig. ~ ***de la penitencia,*** sacramento de la penitencia, y lugar en que se administra.
tribunicio, -cia (l. *-itiu*) *adj.* Tribúnico. 2 Relativo al tribuno (orador): *elocuencia tribunicia.*
tribúnico, -ca *adj.* Relativo a la dignidad de tribuno.
tribuno (l. *-nu*) *m.* Magistrado elegido por el pueblo romano para defender sus derechos frente a las magistraturas patricias: ~ ***de la plebe,*** tribuno; ~ ***militar,*** oficial del estado mayor de una legión romana. 2 fig. Orador político muy elocuente.
tributable *adj.* Que puede dar tributo.
tributación *f.* Acción de tributar. 2 Tributo. 3 Régimen o sistema tributario.
tributante *adj.-s.* Que tributa.
tributar *tr.* Entregar el vasallo al señor en reconocimiento del señorío, o el súbdito al Estado para las atenciones públicas [cierta cantidad en dinero o especie]. 2 fig. Dar muestras [de obsequio, veneración, gratitud, etc.].
tributario, -ria (l. *-iu*) *adj.* Relativo al tributo. 2 Relativo al curso de agua con relación al río o mar adonde va a parar. -3 *adj.-s.* Que paga tributo.
SIN. *1* y *3* **Rentero.**
tributo (l. *-tu*) *m.* Lo que se tributa. 2 Censo (contrato). 3 Carga u obligación de tributar. 4 fig. Carga continua. 5 fig. Dedicación, expresión de cierto sentimiento favorable hacia uno: *un ~ de amor.*
SIN. **Tributo, contribución, impuesto,** es lo que se tributa al Estado o a corporaciones públicas; **carga** y **gabela,** pueden referirse a tributaciones por otros conceptos, como hipotecas, censos, etc.
tricahue (arauc. *thucau*) *m. Chile.* Loro o papagayo grande, de color verde *(Conurus cyanolysios).*
tricéfalo, -la (*tri-* + *-céfalo*) *adj.* Que tiene tres cabezas.
tricenal (l. *tricennale*) *adj.* Que se repite cada treinta años. 2 Que dura treinta años.
tricentenario *m.* Tiempo de trescientos años. 2 Fecha en que se cumplen trescientos años de algún suceso famoso. 3 Fiestas que se celebran por este motivo. 4 Que dura trescientos años, o lleva trescientos años de duración.
tricentésimo, -ma *adj.-s.* Parte que, junto con otras doscientas noventa y nueve iguales, constituye un todo; **NUMERACIÓN. -2 *adj.* Que ocupa el último lugar en una serie ordenada de trescientos.
tríceps (l.; doble etim. *tricipite*) *m.* ZOOL. Músculo que tiene tres porciones o cabezas: ~ ***branquial,*** el que al contraerse extiende el antebrazo; ~ ***espinal,*** el que está a lo largo del espinazo e impide que caiga éste hacia adelante; ~ ***femoral,*** el unido al fémur y la tibia y que al contraerse extiende con fuerza la pierna.
tricésimo, -ma (l. *-mu*) *adj.-s.* Trigésimo.
trichina *f.* Triquina.
triciclo (*tri-* + *-ciclo*) *m.* Vehículo de tres ruedas.
tricípite (v. *tríceps*) *adj.* Que tiene tres cabezas.
triclínico, -ca (*tri-* + gr. *klyno,* inclinar) *adj.* CRIST. [sistema cristalino] De forma holoédrica con el centro como elemento de simetría. 2 Perteneciente a este sistema.
triclinio (l. *-iu*) *m.* Lecho en que los griegos y romanos se reclinaban para comer. 2 Comedor de los ant. griegos y romanos.
tricloruro (*tri-* + *cloruro*) *m.* QUÍM. Cloruro que contiene tres átomos de cloro por uno de otro elemento.
trico- (gr. *thrix, trichós,* cabello) Elemento prefijal que entra en la formación de palabras con el significado de cabello: *tricología.*
tricocéfalo (*trico-* + *-céfalo*) *m.* Gusano filiforme que habita en el intestino grueso, se fija en la mucosa intestinal y se nutre de sangre; mide de tres a cuatro *mms (Trichocephalus dispar).*
tricofitosis (*trico-* + gr. *phyton,* planta + *-osis*) *f.* Tiña, enfermedad de la piel, causada por un hongo ascomiceto. ◇ Pl.: *tricofitosis.*
tricología (*trico-* + *-logía*) *f.* Parte de la dermatología que trata de las enfermedades del cabello.
tricólogo, -ga *m. f.* Médico dedicado esp. a la tricología.
tricoloma *m.* Seta de sombrero de color gris u obscuro; es comestible *(gén. Tricholoma).*
tricolor (*tri-* + *color*) *adj.* De tres colores.
tricónquido *adj.-s.* Ábside dividido en tres absidiolas.
tricóptero (*trico-* + *-ptero*) *adj.-m.* Insecto del orden de los tricópteros. -2 *m. pl.* Orden de insectos pterigotas con las alas cubiertas de escamas y aspecto similar a las mariposas; las larvas son acuáticas.
tricorne (l.; doble etim. *tricornio*) *adj.* poét. Que tiene tres cuernos.
tricornio *adj.* Tricorne. -2 *m.* Sombrero de ala dura y doblada formando tres picos, esp. el de la Guardia Civil española, que tiene dos puntas laterales, una a cada lado de la cabeza. 3 vulg. Número de la guardia civil.
tricot *m.* GALIC. Género de punto. 2 Tejido de punto fabricado con rayón, que se usa para vestidos y prendas de señora. 3 Vestido hecho de este tejido.

tricota *f. Argent.* Chaleco de punto. 2 *Perú.* Chaqueta de tricot, cerrada por delante.
tricotadora *f.* Tricotosa.
tricotar (del fr. *tricoter*) *intr.* Tejer, hacer punto a mano o con máquina tejedora.
tricotomía (gr. *tricha,* en tres + *-tomía*) *f.* H. NAT. División en tres partes. 2 Método de clasificación lógica en que las divisiones y subdivisiones tienen tres partes. 3 Aplicación de este método, división en tres.
tricotómico, -ca *adj.* Relativo a la tricotomía.
tricótomo, -ma *adj.* Que se divide en tres partes.
tricotosa *f.* Máquina para hacer tejido de punto.
tricromía (*tri-* + *-cromía*) *f.* Impresión tipográfica en tres tintas diferentes. 2 Selección y combinación de los tres colores fundamentales para reproducir los colores naturales por televisión.
tricúspide (*tri-* + *cúspide*) *adj.-f.* De tres cúspides o puntas. 2 ***Válvula*** **~**, la situada en el orificio auriculoventricular derecho del corazón.
tridacio (gr. *thridax,* lechuga) *m.* Especie de lactucario.
tridacna *f.* Molusco lamelibranquio del Océano Índico, de gran tamaño, que puede pasar de los dos quintales de peso *(Tridacua gigas).*
tridáctilo, -la (*tri-* + *-dáctilo*) *adj.* Que tiene tres dedos.
tridente (l.) *adj.* De tres dientes. -2 *m.* Cetro de Neptuno, en forma de fisga.
tridentífero, -ra *adj.* Que lleva tridente.
tridentino, -na (l. *-nu*) *adj.-s.* De Trento, c. tirolesa de Italia. -2 *adj.* Relativo al concilio ecuménico que se reunió en esta ciudad a partir de 1545.
tridimensional (*tri-* + *dimensional*) *adj.* Que tiene tres dimensiones, esp. la geometría euclidiana basada en las tres dimensiones que reconoce la intuición humana.
triduano, -na *adj.* De tres días.
triduo (l. *-uu*) *m.* Ejercicio devoto que dura tres días.
triedro (*tri-* + *-edro*) *adj.* V. ángulo ~.
trienal *adj.* Que se repite cada trienio. 2 Que dura un trienio.
trienio (l. *trienniu*) *m.* Período de tres años. 2 Incremento económico de un sueldo o salario correspondiente a cada tres años de servicio activo.
trieñal *adj.* Trienal.
triera *f.* Trirreme.
triestino, -na *adj.-s.* De Trieste (Italia). -2 *m.* Dialecto hablado en esta región.
trifásico, -ca *adj.* De tres fases; esp. el sistema de tres corrientes eléctricas de igual período e intensidad, que tienen cada una respecto de la siguiente una diferencia de fase igual a un tercio de período. -2 *m.* fig. *y* fam. Enchufe, influencia.
trifauce (l.) *adj.* poét. De tres fauces o gargantas.
trifenilmetano *m.* QUÍM. Derivado del metano empleado en la industria de materias colorantes.
trífido, -da (l. *-du*) *adj.* BOT. Partido en tres lóbulos o partes.
trifinio (l. *-iu*) *m.* Punto donde confluyen los términos de tres divisiones territoriales.
trifloro, -ra (*tri-* + *-floro*) *adj.* Que tiene tres flores.
trifoliado, -da *adj.* Que tiene tres hojas.
trifolio (l. *-iu*) *m.* Trébol. 2 ARQ. Motivo ornamental propio del estilo gótico, formado por tres lóbulos o porciones de círculo.
trifoliolado, -da *adj.* BOT. Que tiene tres folíolos, como la hoja de los tréboles.
trifora *f.* Ventana de tres huecos.
triforio (del l. *tres,* tres + l. *fores,* puerta exterior) *m.* ARQ. Galería que rodea el interior de una iglesia sobre los arcos de las naves y que suele tener triforas.
triforme (*tri-* + *-forme*) *adj.* De tres formas o figuras.
trifulca (orig. incierto) *f.* Aparato para mover los fuelles de los hornos metalúrgicos. 2 fig. Disputa, pelea.
trifurcación *f.* Acción de trifurcarse. 2 Efecto de trifurcarse.
trifurcado, -da (l. *-atu*) *adj.* De tres ramales, brazos o puntas.
trifurcarse *prnl.* Dividirse una cosa en tres ramales, brazos o puntas. ◇ ** CONJUG. [1] como *sacar.*
triga *f.* Carro de tres caballos. 2 Conjunto de tres caballos de frente que tiran de un carro.
trigal *m.* Terreno sembrado de trigo.
trigaza (de *trigo*) *adj.* [paja] Que proviene del trigo.
trigémino (l. *-nu* < *tris,* tres + *geminus,* gemelo) *adj.* Que ha nacido junto con otros dos. 2 Relativo al trigémino. -3 *m.* Quinto par de nervios craneales.
trigésimo, -ma (l. *-mu*) *adj.-s.* Parte que, junto con otras veintinueve iguales, constituye un todo; **NUMERACIÓN. -2 *adj.* Que ocupa el último lugar en una serie ordenada de treinta.
SIN. **Trecésimo, treinteno, tricésimo.** *1* **Treintavo.**
trigla (gr.) *f.* Salmonete.
tríglifo, triglifo (gr. *triglyphos* < *tris,* tres + *glypho,* esculpir) *m.* ARQ. Miembro arquitectónico en forma de rectángulo saliente, surcado por tres canales, que decora el friso del orden dórico desde el arquitrabe a la cornisa.
trigo (l. *triticu*) *m.* Género de plantas gramináceas, con espigas terminales de cuatro o más carreras de granos, de los cuales se saca, por trituración, la harina con que se hace el pan *(Triticum aestivum):* ~ ***aristado*** o ***raspudo,*** el que tiene aristas; ~ ***azul, azulejo, azulenco*** o ***moreno,*** variedad de álaga; ~ ***bastardo,*** planta graminácea anual pubescente o lampiña de hojas ásperas e inflorescencias aristadas *(Aegilops ovata);* ~ ***berrendo,*** variedad de trigo común, con manchas azules en el cascabillo; ~ ***cañihueco*** o ***cañivano,*** variedad de caña hueca muy apetecida por el ganado; ~ ***cascalbo,*** variedad de trigo fanfarrón con raspa blanca; ~ ***común,*** trigo candeal; ~ ***chamorro*** o ***desraspado*** (también *tosa),* especie de trigo mocho con el grano blanco; ~ ***fanfarrón,*** trigo de espigas largas y arqueadas que da mucho salvado y poca harina; ~ ***de Guinea,*** planta graminácea anual de hasta 3 m. de altura *(Sorghum bicolor);* ~ ***lampiño,*** el que carece de vello en las glumas florales; ~ ***marzal, trechel, tremés*** o ***tremesino,*** el que se siembra en primavera y fructifica en verano del mismo año; ~ ***mocho,*** el que no tiene aristas; ~ ***racimal*** o ***del milagro,*** variedad que da más de una espiga en el extremo de cada caña *(Triticum turgidum);* ~ ***vacuno,*** planta escrofulariácea pubescente y anual, de hojas delgadas y flores de color amarillo y púrpura, dispuestas en espigas cilíndricas *(Melampyrum arvense).* 2 Grano de trigo. 3 ~ ***sarraceno,*** alforfón. 4 fig. *y* fam. Dinero, caudal.
FR. fig. *Echar uno por esos trigos* o *por los trigos de Dios,* ir desacertado y fuera de camino; *no ser ~ limpio,* fig., no ser un asunto o la conducta de una persona tan intachable como parece; adolecer de un grave defecto.
trigón (v. *trígono*) *m.* MÚS. Ant. instrumento de cuerda, de figura triangular.
trigonal *m.* Sistema cristalográfico, que para muchos forma parte del hexagonal, y que incluye a siete clases de simetría.
trígono (gr. *trigonos,* triangular) *m.* ASTROL. Conjunto de tres signos del Zodíaco equidistantes entre sí. 2 GEOM. Triángulo.
trigonometría (gr. *trigonon,* triángulo + *metron,* medida) *f.* Parte de las matemáticas que trata de la resolución de los triángulos planos y esféricos por medio del cálculo.
trigonométrico, -ca *adj.* Relativo a la trigonometría.
trigrama (*tri-* + *-grama*) *m.* Palabra de tres letras. 2 Sigla que tiene tres caracteres.
trigueño, -ña *adj.-m.* Color del trigo; entre moreno y rubio. -2 *adj.* De color trigueño. 3 Mestizo.
triguera *f.* Planta gramínea muy parecida al alpiste. 2 Alondra. 3 *Sal.* Pinzón (pájaro).
triguero, -ra *adj.* Relativo al trigo. 2 Que se cría o anda entre el trigo: *espárrago ~.* 3 [terreno] Que tiene buenas condiciones para el cultivo del trigo. -4 *m. f.* Persona que trafica en trigo. -5 *m.* Criba para el trigo. 6 Ave paseriforme de 18 cms. de longitud, plumaje pardusco listado y pico rechoncho *(Emberiza calandra).* 7 *And., Ar., Nav.* y *Tenerife.* Gorrión. 8 *And.* Alondra. 9 *Can.* Papamoscas (pájaro).
trilateral *adj.* Trilátero.
trilátero, -ra (*tri-* + *-látero*) *adj.* De tres lados.
trile (arauc. *thili*) *m. Chile.* Pájaro negro con una mancha amarilla en el ala *(Turdus thilius).*
triles *m. pl.* vulg. Juego de apuestas callejero fraudulento que consiste en adivinar una carta entre tres que se manipulan.
trilingüe (l.) *adj.* Que tiene tres lenguas. 2 Que habla tres lenguas. 3 Escrito en tres lenguas.
trilita *f.* Trinitrotolueno.
triliteral *adj.* Trilítero.
trilítero (*tri-* + l. *littera,* letra) *adj.* De tres letras. 2 Que consta generalmente de tres consonantes; especialmente la raíz de las palabras de las lenguas semíticas.
trilito (*tri-* + *-lito*) *m.* Dolmen compuesto de dos piedras verticales que sostienen una tercera horizontal.
I) trilla (gr. *trigla*) *f.* Salmonete.
II) trilla (de *trillar*) *f.* Trillo. 2 Acción de trillar. 3 Tiempo en que se trilla. 4 *And., Chile* y *P. Rico.* fig. *y* fam. Tunda, paliza. 5 *Cuba* y *Méj.* Vereda. -6 *adj. P. Rico.* [café] Que se recoge del suelo y es de inferior calidad.

trillada *f. Méj.* Paliza dada a uno que está o se le tiene en el suelo.
trilladera *f.* Trillo. 2 *Ál., Logr., Nav.* y *Sor.* Tirante con que se ata el trillo a las caballerías.
trillado, -da *adj.* [camino] Muy frecuentado. 2 fig. Común y sabido. -3 *m. Cuba* y *P. Rico.* Vereda, atajo.
trillador, -ra *adj.-s.* Que trilla. -2 *f.* Máquina agrícola para trillar.
trilladura *f.* Acción de trillar. 2 Efecto de trillar.
trillar (l. *tribulare*) *tr.* Quebrantar [la mies] y separar el grano de la paja. 2 fig. Frecuentar [una cosa] continuamente o de ordinario. 3 fig. Maltratar, quebrantar. 4 *Cuba* y *P. Rico.* Afirmar [un camino].
trillizo, -za *adj.-s.* [pers.] Nacido de un parto de tres.
trillo (l. *tribulu*) *m.* Instrumento para trillar; consiste en un tablón con pedazos de pedernal o cuchillitas de acero. 2 *Can.* y *Amér.* Vereda, senda o camino angosto formado comúnmente por el tránsito.
SIN. *1* **Trilla, trilladera.**
trillón (de *tri-* y *-llón;* p. anal. con *millón*) *m.* Un millón de billones; se expresa por la unidad seguida de dieciocho ceros; **NUMERACIÓN.
trilobites (gr. *trílobos,* trilobulado) *m.* Artrópodo del grupo de los trilobites. -2 *m. pl.* Grupo de artrópodos trilobitomorfos fósiles. ◇ Pl.: *trilobites.*
trilobitomorfo, -fa *adj.* Perteneciente o relativo a las especies paleozoicas parecidas a las del género trilobites: *larva trilobitomorfa.* 2 *adj.-m.* Artrópodo del subtipo de los trilobitomorfos. -3 *m. pl.* Subtipo de artrópodos fósiles que incluía animales marinos cuyo cuerpo estaba cubierto por un grueso caparazón formado por tres lóbulos; como el trilobites.
trilobulado, -da *adj.* Que tiene tres lóbulos.
trilocular (*tri-* + l. *loculu,* lugar) *adj.* Que tiene tres celdas o cavidades.
trilogía (gr.) *f.* Conjunto de tres tragedias de un mismo autor presentadas a concurso en los juegos solemnes de la ant. Grecia. 2 Conjunto de tres obras dramáticas o novelísticas que tienen entre sí cierto enlace.
trilógico, -ca *adj.* Relativo a la trilogía.
trimarán *m.* Embarcación de vela que tiene un casco central y otros dos laterales más pequeños.
trimembre (l.) *adj.* De tres miembros.
trimensual *adj.* Que sucede o se repite tres veces al mes.
trimensuario *m.* Publicación trimestral.
trímero *adj.* [órgano u organismo] Que consta de tres partes o elementos semejantes.
trimestral *adj.* Que sucede o se repite cada tres meses. 2 Que dura tres meses.
trimestralmente *adv. m.* Por trimestres.
trimestre (l.) *adj.* Trimestral. -2 *m.* Espacio de tres meses. 3 Cantidad que se cobra o paga cada trimestre. 4 Conjunto de los números de un periódico publicados durante un trimestre.
trimétrico *m.* Grupo de simetría cristalográfica caracterizado porque los tres parámetros que determinan las caras son todos distintos entre sí.
trímetro (l. *-tru*) *adj.-s.* V. verso trímetro.
trimielga *f.* Torpedo (pez).
trimorfo, -fa (*tri-* + *-morfo*) *adj.* Que puede adquirir tres formas.
trimotor (*tri-* + *motor*) *adj.-s.* Avión propulsado por tres motores.
trimurti *f.* Trinidad de la religión brahmánica, formada por Brahma, principio creador, Siva, principio destructor, y Visnú, principio conservador.
trinacrio, -cria (l. *-iu*) *adj.-s.* De Trinacria, hoy Sicilia, isla del Mediterráneo. 2 poét. Siciliano.
trinado (de *trinar*) *m.* Trino (adorno musical). 2 Gorjeo (quiebro).
I) trinar (probl. onomat.) *intr.* MÚS. Hacer trinos. 2 Gorjear. 3 fig. Rabiar, impacientarse.
II) trinar *intr.* Ternar.
I) trinca (l. *trini,* tres) *f.* Junta de tres cosas de igual clase. 2 Conjunto de tres personas que se objetan recíprocamente en las oposiciones. 3 MAR. Cabo para trincar una cosa. 4 MAR. Ligadura dada a una cosa para asegurarla de los balances de la nave. 5 *Chile.* Juego del hoyuelo. 6 *Colomb.* y *Ecuad.* Conventículo, pandilla.
II) trinca (de *trincar* III) *f. Cuba* y *P. Rico.* Borrachera.
trincado *m.* Embarcación pequeña con el palo caído hacia popa y vela en forma de trapecio.
trincadura *f.* Lancha de dos palos, con velas al tercio.
trincaesquinas *m.* Parahúso. ◇ Pl.: *trincaesquinas.*
trincafía *f.* Atadura en espiral.
trincapiñones *m.* fam. Mozo de poco juicio. ◇ Pl.: *trincapiñones.*
I) trincar (v. *truncar*) *tr.* Partir o desmenuzar en trozos [alguna cosa]. ◇ ** CONJUG. [1] como ***sacar.***
II) trincar (orig. incierto) *tr.* Atar fuertemente [alguna cosa]. 2 Sujetar [a uno] con los brazos o las manos como amarrándole; fig. *y* pleb., matar. 3 vulg. Coger (tomar; apoderarse). 4 Arrestar (poner preso). 5 MAR. Asegurar o sujetar fuertemente con trincas [los efectos de a bordo]. -6 *intr.* MAR. Pairar. 7 *P. Rico.* No poder abrir la boca a causa de alguna afección o accidente. ◇ ** CONJUG. [1] como ***sacar.***
III) trincar (al. *trinken*) *tr.* fam. Beber [vino o licor]. ◇ ** CONJUG. [1] como ***sacar.***
trincha (en cat. *trinxa*) *f.* Ajustador de ciertas prendas para ceñirlas al cuerpo por medio de hebillas o botones.
trinchador, -ra *adj.-s.* Que trincha. 2 *Méj.* Mesa o mueble de comedor a propósito para trinchar y dividir en él las viandas.
trinchante *m.* El que corta las viandas en la mesa. 2 Trinchero, mueble de comedor. 3 Instrumento con que se afianza lo que se ha de trinchar. 4 Escoda. 5 *And.* Tenedor del cubierto de mesa.
trinchar (fr. ant. *trenchier*) *tr.* Partir en trozos [la vianda] para servirla. 2 fig. *y* fam. Disponer [de una cosa]; decidir [en algún asunto] con aire de autoridad.
trinche *m. Amér.* Tenedor para comer. 2 *Amér.* Trinchero, dicho del sitio donde se trincha: *mesa ~.*
trinchera (fr. *tranchée*) *f.* Excavación estrecha y larga para proteger a los soldados del fuego del enemigo. 2 Desmonte hecho en el terreno para un camino y con taludes por ambos lados. 3 Sobretodo impermeable. 4 TAUROM. Pase de adorno cambiado por bajo, realizado con la mano derecha. 5 *Méj.* Cuchillo en forma de media luna.
trinchero *adj.-m.* [plato] En el que se trinchan los manjares. -2 *m.* Mueble de comedor sobre el que se trinchan los manjares.
trinchete (fr. *tranchet*) *m.* Chaira (cuchilla). 2 *Colomb.* Cuchillo de mesa.
trincho *m. Colomb.* Parapeto, dique, defensa. 2 *Colomb.* Corral de piedra hecho a orilla de un río con el fin de que los peces se encierren en él.
trinchote *m. Extr.* Pinzón vulgar.
trincón *m.* vulg. Corrupto, prevaricador.
trineo (fr. *traineau* < *trainer,* arrastrar) *m.* Vehículo sin ruedas que se desliza sobre el hielo.
trinidad (l. *-itate*) *f.* Misterio de la fe católica, según el cual Dios es uno y trino, es decir, tiene una sola naturaleza aunque subsista realmente en tres personas distintas: Padre, Hijo y Espíritu Santo. 2 ***Orden de la ~,*** orden religiosa fundada por san Juan de Mata y san Félix de Valois en 1196, para la redención de los cautivos. 3 fig. Unión de tres personas en algún negocio.
trinitaria (der. del l. *-itas,* conjunto de tres por alusión a los tres colores de la flor) *f.* Planta violácea de jardín, con flores de corola irregular formada por cinco pétalos, cuatro superiores, imbricados y dirigidos hacia arriba, y el interior dirigido hacia abajo *(Viola tricolor).* 2 Flor de esta planta. 3 Hepática, hierba ranunculácea. 4 *Colomb., P. Rico* y *Venez.* Planta trepadora, espinosa, que se cultiva por sus bellas flores moradas o rojas *(Bouganvillea spectabilis).*
SIN. **Flor de la Trinidad, pensamiento.**
trinitario, -ria *adj.-s.* Religioso o religiosa de la orden de la Trinidad. 2 De Trinidad, c. de la prov. de Las Villas (Cuba). 3 De Trinidad, cap. del dep. de Flores (Uruguay).
trinitrotolueno *m.* Derivado del tolueno que constituye la tolita, explosivo muy potente.
I) trino, -na (l. *trinu*) *adj.* Que contiene en sí tres cosas distintas. 2 Ternario.
II) trino (voz onomatopéyica; como en ital. *trillo*) *m.* Gorjeo de los pájaros. 2 MÚS. Adorno musical que consiste en la sucesión rápida y alternada de dos notas conjuntas de igual duración.
trinomio (*tri-* + gr. *nómos,* partición) *m.* Expresión algebraica que consta de tres términos.
trinque (ing. *drink,* bebida) *m.* Vino de beber. 2 *Can.* y *Amér.* Aguardiente, licor en general.
trinquetada *f.* Navegación hecha con sólo el trinquete. 2 fig.

Temporada de penuria, período más o menos largo de mala suerte, que toca a alguien.
I) trinquete (it. *trinchetto*) *m.* MAR. Palo inmediato a la proa.2 Verga mayor que se cruza sobre el palo de proa. 3 Vela que se larga en ella. 4 fam. Persona muy alta.
II) trinquete (fr. *trinquet,* pala para jugar a la pelota) *m.* Juego de pelota cerrado y cubierto.
III) trinquete (de *trincar* II) *m.* Garfio que resbala sobre los dientes oblicuos de una rueda para impedir que ésta retroceda. 2 *And.* Aldabilla con que se aseguran las puertas.
trinquetilla (dim. de *trinquete* I) *f.* MAR. Foque pequeño y muy reforzado que se caza en mal tiempo.
trinqueval *m. Cuba.* Carro de dos ruedas us. para arrastrar maderas en el campo.
trinquilina *f. Colomb.* Triquiñuela, rodeo.
trinquis (de *trincar* III) *m.* Trago de vino o licor. ◇ Pl.: *trinquis.*
trintre *adj. Chile.* Crespo, con referencia a la pluma de ciertos pollos domésticos.
I) trío *m.* Tría.
II) trío *m.* MÚS. Terceto. 2 Conjunto de tres personas o cosas.
tríodo, -da *adj.* ELECTR. Relativo al tubo termoiónico de tres electrodos, muy importante en aparatos electrónicos.
Triones (l.) *n. pr.* Las siete estrellas principales de la Osa Mayor.
trionix *m.* Especie de tortuga de río *(*gén. *Trionyx).* ◇ Pl.: *trionix.*
triosa *f.* QUÍM. Monosacárido más simple. -2 *f. pl.* Grupo formado por estos compuestos.
SIN. *2* **Trisacáridos.**
trióxido (*tri-* + *óxido*) *m.* QUÍM. Cuerpo resultante de la combinación de un radical con tres átomos de oxígeno.
trip *m.* En el lenguaje de la droga, dosis de LSD. 2 Efectos producidos por el LSD, y, p. ext., por cualquier droga dura.
tripa (orig. incierto; quizá de *(d)estripar* < l. *extirpare,* arrancar) *f.* Intestino (porción del aparato digestivo). 2 vulg. Vientre. 3 Panza (de vasijas). 4 Relleno del cigarro puro. -5 *f. pl.* Laminillas que se encuentran en lo interior del cañón de las plumas de algunas aves. 6 Partes interiores de algunas frutas. 7 Lo interior de ciertas cosas. 8 Conjunto de documentos que componen un expediente administrativo, y a que se refiere el extracto de él.
SIN. *2* v. **Abdomen.** FR. fig. *Hacer uno de tripas corazón,* disimular el miedo, sobreponerse a las adversidades; *tener malas tripas,* ser cruel o sanguinario.
tripada *f.* Panzada (hartazgo).
tripanosoma *m.* ZOOL. Parásito del hombre y de los mamíferos, que produce varias enfermedades, entre ellas la del sueño.
tripanosomiasis *f.* MED. Enfermedad causada por el tripanosoma. ◇ Pl.: *tripanosomiasis.*
tripartición *f.* Acción de tripartir. 2 Efecto de tripartir.
tripartir (l. *-ere*) *tr.* Dividir [una cosa] en tres partes.
tripartito, -ta (l. *-tu*) *adj.* Dividido en tres partes, órdenes o clases. 2 [pacto] Celebrado por tres personas o entidades; esp. entre tres naciones.
tripastos *m.* Trispasto. ◇ Pl.: *tripastos.*
tripe (fr.) *m.* Especie de terciopelo basto de lana o esparto.
tripear *intr.* Comer con glotonería. 2 En lenguaje de la droga, tomar un ácido.
tripería *f.* Establecimiento del tripero. 2 Conjunto de tripas.
tripero, -ra *m. f.* Persona que tiene por oficio vender tripas o mondongo. -2 *m.* Paño para abrigar el vientre. -3 *adj.* fam. Tragón, voraz.
tripicallero, -ra *m. f.* Persona que tiene por oficio vender tripicallos.
SIN. **Casquero.**
tripicallos (*tripa* + *callos*) *m. pl.* Callo (guisado).
trípili *m.* MÚS. Tonadilla cantada y bailada en España a fines del S. XVIII.
tripinnado, -da (*tri-* + l. *penna,* pluma) *adj.* V. hoja tripinnada.
triplano (*tri-* + *-plano*) *m.* Aeroplano cuyas alas están formadas por tres planos superpuestos.
triple (l. *triplex*) *adj.-m.* [número] Que contiene a otro tres veces exactamente. 2 [cosa] Que va acompañada de otras dos semejantes para servir a un mismo fin. 3 ~ *seco,* licor de naranja de 30°-40°. 4 DEP. En el juego del baloncesto, enceste que vale tres puntos.
SIN. *1* y *2* **Tresdoble, trestanto, tríplice, triplo.**
tripleta *f.* Bicicleta que tiene tres asientos. 2 Grupo de tres personas o cosas.
triplete *m.* Objetivo fotográfico que consta de tres lentes.
tríplica *f.* DER. Respuesta a la dúplica.
triplicación (l. *-atione*) *f.* Acción de triplicar o triplicarse. 2 Efecto de triplicar o triplicarse.
triplicado *m.* Tercera copia de un escrito.
triplicar (l. *-are*) *tr.-prnl.* Multiplicar por tres: ~ *un número;* ~ *una cantidad.* -2 *tr.* Hacer tres veces [una misma cosa]. 3 DER. Responder a la dúplica. ◇ ** CONJUG. [1] como *sacar.*
SIN. *1* y *2* **Tresdoblar.**
tríplice (l.) *adj.* Triple.
triplicidad (l. *-itate*) *f.* Calidad de triple.
triplo, -pla (l. *plu*) *adj.-m.* Triple.
tripoca *f. Chile.* Especie de pato silvestre *(Querquedula maculirostris).*
trípode (gr. *tripous, -podos*) *amb.* Mesa, banquillo, etc., de tres pies. 2 Banquillo de tres pies en que daba la sacerdotisa de Apolo sus respuestas en el templo de Delfos. -3 *m.* Armazón de tres pies para sostener ciertos instrumentos.
trípol, -li (de *Trípoli,* ciudad del Líbano) *m.* Substancia silícea pulverulenta, procedente del caparazón de ciertas algas, empleada para pulimentar.
tripolino, -na *adj.-s.* Tripolitano.
tripolitano, -na *adj.-s.* De Trípoli, capital del Libia y ciudad del Líbano. -2 *adj.-m.* Dialecto mogrebí, hablado en el noroeste de Libia.
SIN. *1* **Tripolino.**
tripollas *f. pl.* Vientre de la merluza.
tripón, -pona *adj.-s.* fam. Tripudo. 2 *Méj.* Chivo pequeño, cría.
tripsina *f.* Fermento existente en el jugo pancreático, de acción semejante a la de la pepsina.
tríptico (gr. *tríptychos,* triplicado, plegado en tres) *m.* Tablita para escribir, dividida en tres hojas, de las cuales las laterales se doblan sobre la del centro. 2 Pintura, grabado o relieve dividido en igual forma. 3 Libro o tratado que consta de tres partes. 4 Documento que consta de tres hojas, y permite al automovilista pasar la frontera con su coche sin depositar garantía. 5 Conjunto de tres elementos.
triptongar *tr.* Pronunciar [tres vocales] formando triptongo. ◇ ** CONJUG. [7] como *llegar.*
triptongo (*tri-* + gr. *phthongos,* sonido) *m.* Conjunto de tres vocales que forman una sola sílaba.
tripudiar (l. *-are*) *intr.* Bailar (danzar). ◇ ** CONJUG. [12] como *cambiar.*
tripudio (l. *-iu*) *m.* Baile (acción; música).
tripudo, -da *adj.-s.* Que tiene tripa muy grande. 2 *La Mancha.* De Argamasilla de Alba (Ciudad Real).
SIN. *1* **Tripón.**
tripulación *f.* Conjunto de las personas dedicadas a la maniobra y servicio de una embarcación o vehículo aéreo.
SIN. **Equipaje,** hoy p. us.
tripulante *com.* Persona que forma parte de una tripulación.
tripular (del. l. *interpolare,* hacer reformas en algo) *tr.* Dotar de tripulación [a un barco o a un vehículo aéreo]. 2 Ir de tripulación [en un barco o vehículo aéreo]. 3 Conducir una nave o un avión. 4 *Chile.* Mezclar líquidos, chapurrar.
tripulina *f. Argent.* y *Chile.* Tremolina, bulla.
I) trique (voz onomatopéyica) *m.* Estallido leve. 2 *A cada* ~, a cada momento. 3 *Amér.* Juego de tres en raya. 4 *Chile.* Bebida refrescante que se hace con cebada tostada y triturada. 5 *Colomb.* Treta. -6 *m. pl. Méj.* Trastos, trebejos.
II) trique (voz araucana) *m. Chile.* Planta iridácea cuyo rizoma se usa como purgante *(Libertia ixioidea).*
triqueta *f.* BLAS. Figura compuesta por tres piernas dobladas y unidas por un extremo superior a una cabeza de mujer.
triquina (gr. *trichine* < *thix, trichós,* pelo) *f.* Gusano nematodo que vive enquistado en la carne del cerdo, de donde puede pasar al intestino del hombre y desarrollarse en él *(Trichinella spiralis).*
triquinosis *f.* Enfermedad ocasionada por la presencia de triquina en el organismo. ◇ Pl.: *triquinosis.*
triquiñuela *f.* fam. Rodeo, efugio, artería.
triquitinales *m. pl. Venez.* Trastos.
triquitraque *m.* Ruido como de golpes desordenados y seguidos. 2 Estos mismos golpes. 3 Rollo de papel con pólvora y atado en varios dobleces, de cada uno de los cuales resulta una pequeña detonación. 4 Buscapiés, cohete.
trirreactor (*tri-* + *reactor*) *adj.-s.* Avión propulsado por tres reactores.

trirreme (l. *trireme*) ***m.*** Galera ant. de tres órdenes de remos.
tris (voz onomatopéyica) ***m.*** Leve sonido de una cosa delicada al quebrarse. 2 Golpe ligero que produce este sonido. 3 fig. Porción muy pequeña; causa u ocasión levísima; poca cosa: *estuvo en un ~; no faltó un ~; al menor ~;* fig., ***en un ~***, a punto, en peligro inminente. ◇ Pl.: *tris.*
trisa (gr. *thrissa*) ***f.*** Sábalo.
trisacárido ***m.*** QUÍM. Triosa.
trisagio (gr. *-os* < *tris,* tres veces + *hagios,* santo) ***m.*** Himno en honor de la Santísima Trinidad.
trisar ***intr.*** Cantar o chirriar las golondrinas y otros pájaros. -2 ***tr.*** *Chile.* Hender, rajar levemente [el cristal o loza].
trisca (de *triscar*) ***f.*** Ruido que se hace con los pies en una cosa que se quebranta. 2 p. ext. Bulla o estruendo. 3 *Cuba.* Burla. 4 *S. Dom.* Risa burlona, de soslayo, pero perceptible.
triscado ***m.*** TECNOL. Acción de triscar los dientes de la sierra.
triscador, -ra ***adj.*** Que trisca. -2 ***m.*** Instrumento de acero para triscar (la sierra).
triscar (germ. *thriskan,* trillar) ***intr.*** Hacer ruido con los pies. 2 fig. Retozar, travesear. -3 ***tr.*** fig. Enredar, mezclar: *el viento trisca el trigo.* 4 fig. Torcer alternativamente y a uno y otro lado los dientes [de la sierra]. 5 *Cuba.* Burlarse [de una persona]. -6 ***intr.*** *Colomb.* Criticar, murmurar. ◇ ** CONJUG. [1] como ***sacar.***
SIN. *4* Trabar.
triscón, -cona ***adj.-s.*** *Colomb.* Criticón, murmurador. 2 *S. Dom.* Sujeto que ríe a menudo.
trisecar (*tri-* + l. *secare,* cortar) ***tr.*** Dividir [una cosa] en tres partes iguales: *~ un ángulo.* ◇ ** CONJUG. [1] como ***sacar.***
trisección ***f.*** Acción de trisecar. 2 Efecto de trisecar.
trisector, -ra ***adj.*** GEOM. Que triseca. -2 ***m.*** Mecanismo empleado para la trisección.
trisemanal ***adj.*** Que se repite tres veces por semana o cada tres semanas.
trisépalo, -la ***adj.*** BOT. Que tiene tres sépalos.
trisilábico, -ca ***adj.*** Trisílabo.
trisílabo, -ba (gr. *trisyllabus* < *tri-* + *sílaba*) ***adj.-m.*** De tres sílabas.
trisito ***m.*** *Colomb.* y *P. Rico.* Pizca, migaja.
trismo (gr. *trismós,* chirrido) ***m.*** MED. Rigidez espasmódica de los músculos de la mandíbula inferior.
trispasto (de *tri-* + gr. *spao,* tirar) ***m.*** Aparejo compuesto de tres poleas. ◇ También *tripastos.*
trisque ***m.*** Acción de triscar los dientes de la sierra. 2 Efecto de triscar los dientes de la sierra.
Tristán ***n. pr.*** Protagonista de una leyenda medieval. El rey Marcos de Cornualles envía a su sobrino Tristán en busca de Iseo la Bella (o Isolda), prometida del rey. En el viaje de vuelta, Tristán e Iseo beben una poción mágica que los une para siempre en trágico amor.
triste (l.) ***adj.*** Afligido, melancólico, apesadumbrado: *Juan está ~.* 2 De carácter melancólico: *Antonia es mujer muy ~.* 3 Que denota u ocasiona pesadumbre: *cara ~; noticia ~; habitación ~.* 4 Pesado o hecho con pesadumbre: *día ~; vida ~.* 5 Deplorable: *pronosticar su ~ fin.* 6 Doloroso, enojoso: *es ~ no poderlos ayudar.* 7 Insignificante, mísero, ineficaz: *~ consuelo; ~ recurso.* -8 ***m.*** ***Amér.*** Composición poética en décimas que se canta al son de la guitarra. ◇ En la acep. 7 suele ir antepuesto al substantivo: *un ~ empleado, un ~ soldado;* a diferencia de *un empleado ~, un soldado ~.*
SIN. **Sombrío,** para las aceps. 1 a 4; **tétrico,** intens. *2* **Saturnino.**
tristemente ***adv. m.*** Con tristeza.
tristeza (l. *tristitia*) ***f.*** Calidad de triste. 2 Enfermedad de los agrios, causada por un virus, y transmitida por algunos insectos o por los injertos. 3 Comalía, enfermedad de los animales, esp. del ganado. -4 ***f. pl.*** Sucesos tristes o desgraciados.
SIN. *1* **Mesticia,** latinismo, p. us.; **sentimiento, melancolía, murria** (fam.); v. **dolor.**
tristón, -tona ***adj.*** Un poco triste.
tristura ***f.*** Tristeza.
trisulco, -ca (l. *-cu*) ***adj.*** De tres puntas. 2 De tres surcos, canales o hendeduras.
tritíceo, -a ***adj.*** De trigo, o que participa de sus cualidades.
tritio ***m.*** Isótopo del hidrógeno de número de masa 3.
tritón ***m.*** MIT. Deidad marina a la que se atribuía figura de hombre desde la cabeza hasta la cintura, y de pez en el resto. 2 Anfibio urodelo acuático de cola comprimida, con una especie de cresta que se prolonga por encima del lomo *(Molge marmoratus).*
SIN. *2* **Salamandra acuática.**
tritono (*tri-* + *tono*) ***m.*** MÚS. Intervalo compuesto de tres tonos consecutivos.
tritóxido ***m.*** QUÍM. Trióxido.
triturable ***adj.*** Que se puede triturar.
trituración (l. *-atione*) ***f.*** Acción de triturar. 2 Efecto de triturar.
triturador, -ra ***adj.-s.*** Que tritura. -2 ***f.*** Aparato que se emplea para triturar minerales, rocas, etc.
triturar (l. *-are,* trillar las mieses) ***tr.*** Moler, desmenuzar [una materia] sin reducirla a polvo. 2 Mascar, ronzar. 3 fig. Moler, maltratar, molestar gravemente: *este sujeto me tritura.* 4 fig. Desmenuzar, rebatir [aquello que se examina]: *~ un argumento.*
triunfador, -ra (l. *-tore*) ***adj.-s.*** Que triunfa.
triunfal (l. *triumphale*) ***adj.*** Relativo al triunfo o con carácter de tal. 2 ARQ. V. arco ~.
triunfalismo ***m.*** Actitud u opinión exageradamente halagüeña que un individuo o una sociedad tienen de sí mismos, o de aquello que se anuncia o comenta. 2 Manifestación pomposa de esta actitud u opinión.
triunfalista ***adj.*** Perteneciente o relativo al triunfalismo. -2 ***adj.-com.*** [pers.] Que practica el triunfalismo.
triunfalmente ***adv. m.*** De modo triunfal. 2 fam. Pomposamente, ostentosamente.
triunfante ***adj.*** Que incluye o denota triunfo.
triunfantemente ***adv. m.*** Triunfalmente.
triunfar (l. *trimpuhare*) ***intr.*** En la antigua Roma, obtener y recibir los honores del triunfo, entrando solemnemente en la ciudad, el vencedor de los enemigos de la república. 2 Quedar victorioso, en la guerra o en cualquier contienda; tener éxito: *~ de los enemigos en la lid.* 3 Jugar del palo de triunfo en ciertos juegos de naipes. 4 Gastar mucho y aparatosamente.
SIN. *2* **Ganar, vencer.**
triunfo (l. *triumphu*) ***m.*** Acto solemne de triunfar (recibir honores). 2 Victoria. 3 fig. Lo que sirve de trofeo. 4 Acción de triunfar (gastar mucho). 5 Carta del palo preferido en ciertos juegos. 6 Burro (en naipes). 7 fig. Éxito feliz en un empeño dificultoso. 8 *Argent.* y *Perú.* Baile popular antiguo, muy vivo y con zapateado.
triunviral (l. *triumvirale*) ***adj.*** Relativo a los triunviros.
triunvirato (l. *triumviratu*) ***m.*** Magistratura de la antigua Roma en que intervenían tres personas. 2 Junta de tres personas.
triunviro (l. *triumvir*) ***m.*** Magistrado romano que en ciertas ocasiones gobernaba la república.
trivalencia ***f.*** Condición de trivalente.
trivalente (*tri-* + *-valente*) ***adj.*** Que tiene tres valores o triple valor. 2 QUÍM. Que tiene tres valencias.
trivalvo, -va ***adj.*** [molusco] Que tiene tres valvas.
trivial (l. *-ale*) ***adj.*** Relativo al trivio (división del camino). 2 fig. Vulgarizado, sabido de todos. 3 fig. Carente de toda importancia y novedad: *expresión ~.*
trivialidad ***f.*** Calidad de trivial (vulgarizado; carente de novedad). 2 Pensamiento o expresión trivial.
trivializar ***tr.*** Quitar importancia, o no dársela, a una cosa o un asunto. ◇ ** CONJUG. [4] como ***realizar.***
trivialmente ***adv. m.*** De manera trivial.
trivio (l. *triviu*) ***m.*** División de un camino en tres ramales y punto en que éstos concurren. 2 Antiguamente, conjunto de las tres artes liberales: gramática, retórica y dialéctica.
REL. *2* En unión del **cuadrivio** formaba las **siete artes liberales.**
-triz (l. *-trice*) Sufijo que entra en la formación del femenino de algunos nombres de agente acabados en *-tor* y *-dor: actor, actriz; emperador, emperatriz.*
I) triza (de *trizar*) ***f.*** Pedazo pequeño o partícula de un cuerpo: *hacer trizas un papel.*
II) triza ***f.*** MAR. Driza.
trizar (l. v. **tritiare* < l. *tritu,* triturado) ***tr.*** Destrizar (hacer trizas). 2 *Chile.* Trisar, rajar levemente. ◇ ** CONJUG. [4] como ***realizar.***
trocable ***adj.*** Que se puede trocar por otra cosa.
trocada (a la ~) ***loc. adv.*** Al revés.
trocadamente ***adv. m.*** Trocando las cosas.
trocadilla (a la ~) ***loc. adv.*** A la trocada.
trocador, -ra ***adj.-s.*** Que trueca.
trocaico, -ca (gr. *trochaikós*) ***adj.*** Relativo al troqueo. -2 ***adj.-m.*** Verso de la versificación clásica formado por siete pies, unos troqueos y otros espondeos o yambos.
trocamiento ***m.*** Trueque.
trocánter (gr. *trochanter* < *trochao,* girar) ***m.*** Prominencia en la extremidad superior del fémur para inserción de los múscu-

los. 2 Artejo de las patas de los insectos, entre la coxa y el fémur. ◇ Pl.: *trocánteres.*
trocantina *f. Venez.* Trocatinta, trueque.
I) trocar (fr. *trocart*) *m.* Instrumento de cirugía, a modo de punzón cilíndrico, con punta de tres aristas cortantes, revestido de una cánula.
II) trocar (orig. incierto) *tr.* Cambiar (permutar; mudar): ~ *una cosa con, en,* o *por, otra;* ~ *de papeles.* 2 Vomitar (devolver). 3 Equivocar, tomar o decir [una cosa] por otra: *este chico todo lo trueca.* 4 EQUIT. Hacer que una caballería al galope cambie de pie y mano. -5 *prnl.* Mudarse, variar de vida; mudarse, cambiarse enteramente una cosa. 6 Permutar el asiento con otra persona. -7 *tr. Chile.* Tratándose de objetos de culto católico, comprar. 8 *Perú.* Vender. ◇ ** CONJUG. [49].
trocatinta *f.* fam. Trueque o cambio equivocado o confuso.
trocatinte *m.* Color de mezcla o tornasolado.
troceado *m.* Acción de trocear. 2 Efecto de trocear. 3 Operación que consiste en cortar los troncos o ramas de los árboles en trozos o piezas más o menos regulares.
trocear *tr.* Dividir [una cosa] en trozos. 2 Inutilizar un proyectil abandonado haciéndolo explotar.
I) troceo *m.* Acción de trocear. 2 Efecto de trocear.
II) troceo (*troza* II) *m.* MAR. Cabo grueso, formado por lo común de cuero.
trocha (orig. incierto; probl. prerrom.) *f.* Vereda angosta y excusada. 2 Camino abierto en la maleza. 3 Rastro de las aves. 4 *Amér.* Anchura de la vía ferroviaria. 5 *Colomb.* y *Venez.* Trote. 6 *Venez.* Caminata, marcha. 7 *Venez.* Adiestramiento, ejercicio.
REL. **Atrochar,** vb., andar por trochas.
trochar *intr. Colomb.* y *Venez.* Trotar. -2 *tr. P. Rico.* Trozar. 3 *Cuba.* Abrir trocha, camino.
troche *m. Colomb.* Trote.
trochemoche (a ~) *loc. adv.* fam. Disparatada e inconsideradamente.
SIN. **A troche y moche.**
trociscar *tr.* Reducir [una cosa] a trociscos. ◇ ** CONJUG. [1] como *sacar.*
trocisco (l. *trochiskos*) *m.* FARM. Trozo que se hace de la masa de ciertas preparaciones medicinales.
trocla *f.* Polea.
tróclea (l. *trochlea,* polea) *f.* Órgano o parte de él comparable por su forma a una polea: ~ *femoral.*
troco (gr. *trochós,* rueda) *m.* Rueda (pez).
troco- (gr. *trochós,* rueda) Elemento prefijal que entra en la formación de palabras con el significado de rueda: *trocobalista.*
trocobalista (*troco-* + gr. *bállo,* lanzar + *-ista*) *f.* Catapulta antigua que se transportaba sobre ruedas.
trocoide (gr. *trochoeides*) *f.* Cicloide. -2 *adj.* ANAT. Relativo a la articulación en la que un cilindro óseo gira dentro de otro cilindro hueco, o sección cilíndrica, en los que encaja.
trócola *f.* Trocla.
trocolear *intr. Extr.* Producir ruidos un líquido al moverse en una vasija por no estar completamente llena.
trócolo *m.* En el lenguaje de la droga, cigarrillo de hachís o marihuana, porro.
trofeo (l. *trophœu*) *m.* Monumento, insignia de una victoria. 2 Despojo del enemigo vencido; p. ext., cabeza disecada de un ciervo, gamuza, etc., que se ha cazado. 3 Adorno formado por un grupo de armas colgadas en la pared. 4 fig. Victoria, triunfo. 5 fig. Objeto obtenido en señal de victoria o triunfo en una competición.
-trofia (v. *trofo-*) Elemento sufijal que entra en la formación de palabras con el significado de alimentación, estado de alimentación: *abiotrofia.*
trófico, -ca (de *trofo-*) *adj.* BIOL. Relativo a la nutrición.
trofo-, -trofo (gr. *trophé*) Elemento prefijal y sufijal que entra en la formación de palabras con el significado de alimento, alimentación: *trofoblasto, heterótrofo.*
trofoblasto (*trofo-* + *-blasto*) *m.* Capa celular que rodea a los blastómeros y que tiene como función la nutrición. 2 Nódulo embrionario que aparece en un óvulo de mamífero en segmentación.
trofología (*trofo-* + *-logía*) *f.* Tratado o ciencia de la nutrición.
trofólogo, -ga *m. f.* Especialista en trofología.
trofoneurosis (*trofo-* + *neurosis*) *f.* Atrofia por lesiones de los nervios de la región afectada. ◇ Pl.: *trofoneurosis.*
troglodita (gr. *troglodytes*) *adj.-com.* Hombre que habita en cavernas. 2 fig. Hombre bárbaro y cruel, o que es muy comedor. -3 *m. pl.* ZOOL. Género de pájaros dentirrostros.
SIN. *1* **Cavernícola.**
troglodítico, -ca *adj.* Relativo a los trogloditas.
trogoniforme *adj.-m.* Ave del orden de los trogoniformes. -2 *m. pl.* Orden de aves arborícolas y tropicales, de vistoso plumaje los machos, aunque vuelan con dificultad. Las patas presentan cuatro dedos, los dos primeros dirigidos hacia atrás y los restantes hacia delante; como el quetzal.
troica *f.* Especie de trineo ruso muy grande, tirado por tres caballos enganchados de frente.
troilita *f.* MINER. Variedad de pirrotina propia de los meteoritos.
troj, troje (orig. incierto; probl. gót. **thraúhs,* arca) *f.* Granero limitado por tabiques. 2 p. ext. Algorín (departamento).
SIN. **Panera.** REL. **Entrojar, atrojar,** vbs., guardar cereales en la troje.
troja *f. Amér.* Troj o troje. 2 *Colomb.* y *Venez.* Zarzo, camastro. 3 *Venez.* Barbacoa.
trojero, -ra *m. f.* Persona que cuida de las trojes.
SIN. **Horrero.**
trola (probl. fr. *drôle,* bribonzuelo; probl. de orig. neerl.) *f.* Engaño, mentira. 2 *Colomb.* Rebanada de jamón. 3 *Chile.* Pedazo de corteza de árbol, esp. cuando cuelga. 4 *Chile.* p. ext. Cosa que cuelga.
SIN. *1* v. **Mentira.**
trole (ing. *trolley*) *m.* Pértiga de hierro para transmitir a los tranvías eléctricos la corriente del cable conductor. 2 Mecanismo que permite la unión eléctrica entre un receptor móvil y un conductor aéreo, mediante un contacto que se desliza o rueda. 3 fam. Trolebús.
trolebús (trole + *bus*) *m.* Vehículo urbano de tracción eléctrica, sin raíles, que cierra circuito por medio de dos troles.
trolero, -ra *adj.-s.* fam. Mentiroso.
troli *m. And.* Mandil (delantal).
trolla *f. And.* Esparavel, tabla para tener la mezcla. 2 *Extr.* Nube peligrosa de agua y granizo. 3 *Chile.* Cierto juego de canicas.
trollista *m.* Ladrón de pisos.
tromb-, v. trombo-.
tromba (it. *tromba,* trompa) *f.* Manga (nube): ~ ***de aire,*** vendaval muy violento de diámetro muy reducido; ~ ***de agua,*** chubasco intenso, repentino y muy violento. 2 p. ext. Hecho o suceso brusco o violento.
trombastenia (*tromb-* + *astenia*) *f.* MED. Incapacidad de las plaquetas de cumplir su función, aunque el número de las mismas sea normal.
trombina *f.* Elemento de la sangre que se utiliza en los estados hemorrágicos.
trombo *m.* Coágulo de sangre, formado en los vasos o en el corazón.
trombo-, tromb- (gr. *thrombos,* coágulo) Elemento prefijal que entra en la formación de palabras con el significado de trombo, coágulo.
tromboangitis (*trombo-* + *angitis*) *f.* MED. Inflamación de la túnica íntima de un vaso sanguíneo, con producción de coágulo. ◇ Pl.: *tromboangitis.*
trombocito (*trombo-* + *-cito* I) *m.* Célula pequeñísima, carente de núcleo y de hemoglobina, que existe en la sangre y que contribuye a la coagulación de ésta cuando se extravasa.
SIN. **Plaqueta.**
tromboembolia (*trombo-* + *embolia*) *f.* MED. Oclusión de un vaso sanguíneo producida por el desprendimiento de un trombo, que actúa como un émbolo.
trombofilia (*trombo-* + *-filia* I) *f.* MED. Tendencia a la formación de trombos en los vasos sanguíneos.
tromboflebitis (*trombo-* + *flebitis*) *f.* Flebitis ocasionada por una trombosis séptica. ◇ Pl.: *tromboflebitis.*
trombón (it. *trombone*) *m.* MÚS. Instrumento músico de viento, de gran flexibilidad sonora: ~ ***de pistones,*** aquel en que la variación de las notas se obtiene por el juego combinado de tres pistones; ~ ***de varas,*** el de tubo movible para que pueda modificarse la longitud del instrumento y producir los diferentes sonidos. 2 Planta perenne amarilidácea con dos escapos florales de hojas lineares y acanaladas; las flores son amarillas *(Narcissus pseudonarcissus).* -3 *com.* Músico que toca el trombón.
tromboplastina *f.* Conjunto de substancias que hacen posible la transformación de la protrombina en trombina, e iniciar la primera fase de la coagulación.
trombosis *f.* Formación de un coágulo en los vasos, que produce la obstrucción de los mismos. ◇ Pl.: *trombosis.*

trompa (onomat.) *f.* Instrumento músico de viento, de tubo enroscado circularmente, cuyos sonidos se producen mediante el juego combinado de tres cilindros: ~ ***de caza*** (o *corneta de monte*), instrumento parecido al anterior, pero sin pistones. 2 Manga (nube). 3 Bohordo de la cebolla cortado que hacen sonar los muchachos soplando. 4 Especie de peón hueco, de metal, que suena al girar. 5 Prolongación muscular, tubular, larga y flexible de la nariz del elefante. 6 Hocico prolongado y flexible del tapir. 7 Aparato chupador contráctil de ciertos insectos. 8 fig. Nariz prominente. 9 fig. Instrumento que por ficción poética se supone que hace sonar el poeta épico al entonar sus cantos. 10 fig. *y* fam. Borrachera. 11 ANAT. ~ ***de Eustaquio,*** canal de comunicación entre la faringe y el oído medio; ~ ***de Falopio,*** oviducto de los mamíferos. 12 ARQ. Bóveda voladiza fuera del paramento de un muro. 13 FÍS. Máquina hidráulica para hacer el vacío. 14 FÍS. Aparato para producir la corriente de aire en una forja catalana. 15 ~ ***gallega,*** birimbao. -16 ***com.*** Músico que toca la trompa. -17 *f. And.* Joroba. 18 *Logr.* y *Murc.* Trompo, peón. 19 *Ar., Murc.* y *Amér.* Jeta; boca del hombre cuando tiene labios prominentes. 20 *Colomb.* y *Chile.* Botavaca.

trompada *f.* Trompazo (golpe de trompa). 2 fig. Puñetazo, golpazo. 3 Encontrón de dos personas. 4 Embestida de un buque contra otro o contra tierra. 5 En el lenguaje de la droga, aspiración profunda del humo del porro o de la pipa de kif.

SIN. *2* **Trompis.**

trompar ***intr.*** Jugar al trompo.

trompazo ***m.*** Golpe dado con el trompo. 2 Golpe dado con la trompa. 3 fig. Golpe recio.

SIN. *2* **Trompada.**

trompeadura *f. Amér.* Sucesión de trompadas.

trompear ***intr.*** Trompar. -2 ***tr.*** *Amér.* Dar trompadas. -3 ***prnl.*** fig. *y* fam. Emborracharse.

I) trompero, -ra ***m. f.*** Persona que tiene por oficio hacer trompos.

II) trompero, -ra (del ant. *trompar,* engañar) ***adj.*** desus. Que engaña: *amor* ~.

trompeta (fr. *trompette*) *f.* MÚS. Instrumento músico de viento, de metal, de sonido agudo, consistente en un tubo cilíndrico de curva doble, pabellón acampanado y boquilla cóncava. 2 Clarín (instrumento). -3 ***m.*** fig. Hombre despreciable. -4 ***com.*** Músico que toca la trompeta. -5 ***adj.*** fam. Borracho. -6 *f. Argent.* y *Bol.* Bozal de cuero que se pone a los terneros. 7 *Méj.* Borrachera. -8 ***adj.*** *Argent.* [res vacuna] Que sólo le queda un cuerno. -9 *f. pl.* Arbusto solanáceo, de hasta 5 m. de altura, de hojas vellosas y flores grandes de color blanco con los nervios verdosos *(Datura arborea).*

SIN. *3* **Trompetero.**

trompetada *f.* fam. Clarinada.

trompetazo ***m.*** Sonido destemplado o muy fuerte de la trompeta o instrumento análogo. 2 Golpe dado con una trompeta. 3 fig. Clarinada.

trompetear ***intr.*** fam. Tocar la trompeta.

trompeteo ***m.*** Acción de trompetear. 2 Efecto de trompetear.

trompetería *f.* Conjunto de varias trompetas. 2 Conjunto de registros del órgano que imitan el sonido de la trompeta.

trompetero, -ra ***m. f.*** Persona que tiene por oficio hacer trompetas. 2 Trompeta (músico). -3 ***m.*** Bucinador, músculo. 4 fig. *y* fam. Cigarrillo de hachís o marihuana de forma cónica. 5 Pez marino teleósteo signatiforme, de cuerpo oval, alto y comprimido, de color rosa dorado y el vientre plateado *(Macroraphosus scolopax).* 6 Agamí. 7 *Cuba* y *Venez.* Pez óseo que puede llegar a un metro de largo *(Fistularia tabaccaria).*

SIN. *5* **Centrisco, chocha de mar, pito real.**

trompetilla *f.* Dim. de *trompeta.* 2 Aparato en forma de trompeta que empleaban los sordos para percibir los sonidos, aplicándolo al oído. 3 Cigarro filipino, de forma cónica. -4 *f. pl.* Planta rubiácea de flores sentadas y tubulares de color rosado, dispuestas en ramillete sobre tallos florales que se ramifican en forma dicotómica *(Fedia cornucopiae).* 5 *Cuba, Méj.* y *P. Rico.* Silbido en señal de burla.

SIN. *2* **Corneta acústica.**

trompetista ***com.*** Trompeta (músico).

trompicadero ***m.*** Lugar donde se trompica.

trompicar (port. *tropicar;* * cast. *trompazo*) ***intr.*** Tropezar repetidamente. -2 ***tr.*** Hacer [a uno] tropezar repetidamente. 3 fig. Promover [a uno] sin derecho a un cargo u oficio. 4 Dar una trepa o media voltereta. ◇ ** CONJUG. [1] como ***sacar.***

trompicón ***m.*** Tropezón o paso tambaleante de una persona: *dar un* ~; ***a trompicones, loc. adv.,*** a tropezones, a empujones, a golpes; con discontinuidad, con dificultades. 2 Tumbo o vaivén de un carruaje. 3 Porrazo, golpe fuerte.

trompilla *f. Amér. Central.* Argolla para cerdos.

trompilladura *f.* Trompicón.

trompillar (*trompicar* × *atropellar*) ***tr.-intr.*** Trompicar.

trompillo ***m.*** *Venez.* Arbusto bixáceo, de madera rosada y flores dispuestas en racimos *(Caetia gazumaefolia).* 2 *Córd.* Tocón de jara.

trompillón (fr. *trompillon,* de *trompe,* trompa) ***m.*** ARQ. Dovela que sirve de clave en una trompa o en una bóveda circular.

trompis ***m.*** fam. Trompada (puñetazo). ◇ Pl.: *trompis.*

trompiscón ***m.*** *Venez.* Tropezón.

trompito ***m.*** *And.* fam. Garbanzo.

trompiza *f. Amér.* Riña, pelea a puñetazos.

trompo (de *trompa*) ***m.*** Peón (juguete). 2 Peonza. 3 Giro que da un automóvil sobre sí mismo por haber perdido el conductor el control del mismo. 4 Bolo (hombre ignorante). 5 vulg. Billete de mil pesetas. 6 Molusco gasterópodo marino de concha cónica y gruesa *(Calliostoma zizyphinum).* 7 *Chile.* Instrumento de forma cónica que se usa para abocardar cañerías.

trompón ***m.*** Aum. de *trompo.* 2 Aum. de *trompada* (puñetazo). 3 Narciso (planta). 4 ***Al,*** o ***de*** ~, sin orden ni concierto. -5 ***adj.*** *Colomb.* Bezudo.

trompudo, -da ***adj.*** *Murc.* y *Amér.* Jetudo, bezudo.

trona (ár. *natrón*) *f.* Carbonato de sodio cristalizado, que se halla formando incrustaciones en las orillas de ciertos lagos y ríos.

SIN. **Urao.**

tronada *f.* Tempestad de truenos.

tronado, -da ***adj.*** Deteriorado por defecto del uso. 2 Arruinado, empobrecido. 3 vulg. Loco, alocado.

tronador, -ra ***adj.*** Que truena. -2 *f.* Begonia, planta.

tronamenta *f. Amér. Central* y *Colomb.* Tronada.

tronar (l. *tonare*) ***impers.*** Sonar truenos. -2 ***intr.*** Despedir o causar ruido o estampido: *truena el cañón;* p. ext., hablar o escribir violentamente contra una persona o cosa: ~ *contra el vicio.* 3 fig. *y* fam. Blasfemar, jurar, decir desatinos. -4 ***prnl.*** fig. Perder uno su caudal, arruinarse: *tu tío se ha tronado.* 5 expr. ~ ***con uno,*** reñir con él, apartarse de su trato. -6 ***tr.*** *Méj.* Ejecutar [a alguien], fusilarlo, matarlo a tiros. 7 *S. Dom.* Matar, cuando lo hace la justicia. ◇ ** CONJUG. [31] como ***contar.***

SIN. *1* y *2* **Tonar,** poét.

tronazón *f. Amér.* Tronada, tempestad de truenos.

tronca (de *troncar*) *f.* Truncamiento. 2 Tocón de un árbol.

troncal ***adj.*** Relativo al tronco o procedente de él.

troncalidad *f.* DER. Principio jurídico, de tradición española, según el cual los bienes deben pasar, en la herencia por ley de una persona, a favor de la línea de parientes de que aquellos procedían.

troncar ***tr.*** Truncar. ◇ ** CONJUG. [1] como ***sacar.***

troncha *f. Amér.* Tajada, loncha, trozo. 2 *Amér.* fig. Ganga, buen destino.

tronchado ***adj.*** BLAS. V. escudo ~. 2 *And.* Jorobado.

tronchante ***adj.*** fam. Cómico, gracioso, que produce risa.

tronchar (de *troncho*) ***tr.-prnl.*** Partir o romper con violencia [un vegetal] o [el tronco, tallos o ramas] del mismo: *el viento tronchó el árbol, las ramas,* etc. 2 Partir o romper con violencia [cualquier cosa de figura parecida a la de un tronco o tallo]: ~ *un bastón, una barra.* 3 fig. Truncar, impedir que se realice una cosa. 4 fam. Rendir a alguien por cansancio. -5 ***prnl.*** ~ ***de risa,*** reír muy a gusto. 6 *Colomb.* Recalcarse un pie.

tronchazo ***m.*** Golpe dado con un troncho.

I) troncho (l. **trunculu;* dim. de *truncu,* tronco) ***m.*** Tallo de las hortalizas.

II) troncho, -cha ***adj.*** fam. *y* vulg. Persona muy torpe. 2 *Argent.* Trunco, truncado, mutilado. -3 ***m. f.*** *Argent.* Pedazo, trozo.

tronchón ***m.*** Queso de leche de cabra y oveja, elaborado en la zona de Maestrazgo (Castellón), de pasta consistente y fuerte sabor algo picante.

tronchudo, -da ***adj.*** [hortaliza] De troncho grueso o largo: *col tronchuda.*

tronco (l. *truncu*) ***m.*** GEOM. Cuerpo truncado, esp. parte de una pirámide o un cono comprendida entre la base y una sección transversal. 2 Tallo fuerte y macizo de los árboles y arbustos; fig., ***estar hecho un*** ~, estar privado del uso de los sentidos o de los miembros; estar profundamente dormido. 3 fig. Persona insensible o inútil. 4 Cuerpo humano o de cualquier animal, prescindiendo de la cabeza y las extremidades. 5 Conducto principal del que salen o al que concurren otros menores: ~ *arterial;* ~ *braquiocefálico,* el que nace del cayado aórtico y se bifurca en dos ramas, la subclavia y la carótida derecha; ~ *celíaco,* v. celíaco. 6 fig. Ascendiente común de dos o más ramas, líneas o familias. 7 vulg. Tratamiento amistoso, amigo, compañero. 8 Par de caballerías que tiran de un carruaje. 9 *Ecuad.* Troncho, tallo. 10 *Perú.* fam. Sol (moneda). ◇ En la acepción 7 se emplea también el f. *tronca.*

SIN. *4* **Torso,** el del cuerpo humano; **troncón.**

troncocónico, -ca *adj.* Que tiene forma de tronco de cono.

troncón *m.* Aum. de *tronco* (tallo fuerte). 2 Tronco (cuerpo humano). 3 Tocón (del árbol).

tronera (de *tronar*) *f.* Abertura para disparar con acierto y seguridad los cañones: *la ~ de un buque; la ~ de un parapeto.* 2 Ventana pequeña y angosta. 3 Agujero de la mesa de billar. 4 Papel plegado de modo que, al sacudirlo con fuerza, la parte recogida salga detonando. Es juguete de muchachos. -5 *com.* Persona desbaratada y de poco juicio.

SIN. *1* **Cañonera.** REL. *1* y *2* **Atronerar, tronerar,** vbs., abrir troneras.

tronerar *tr.* Atronerar.

tronga *f.* Manceba, mujer galanteada.

trónica (deformación de *retórica*) *f.* Hablilla, patraña, chisme.

tronido (l. *tonitru*) *m.* Estampido del trueno. 2 fig. Ruina, quiebra, suspensión de pagos. 3 Rumbo, pompa, ostentación.

tronío *m.* vulg. Tronido (rumbo).

tronitoso, -sa *adj.* fam. Que hace ruido semejante al trueno. 2 *Venez.* Parrandero.

trono (gr. *thrónos*) *m.* Asiento con gradas y dosel de que usan los monarcas y otras personas de alta dignidad, esp. en actos de ceremonia. 2 Tabernáculo colocado sobre el altar y en que se expone el Santísimo Sacramento. 3 Lugar en que se coloca la efigie de un santo cuando se le honra con culto solemne. 4 fig. Dignidad del rey o soberano. 5 fig. *y* fam. Retrete. -6 *m. pl.* Ángeles que forman el tercer coro de la suprema jerarquía angélica.

SIN. *1* **Solio.**

tronquero, -ra *adj. Argent.* [bestia] Que con otra forma un tronco.

tronquista *com.* Cochero que gobierna las caballerías de tronco.

tronzadera *f.* Tronzador (sierra).

tronzado *m.* Operación consistente en cortar en trozos maderos, barras, tubos metálicos, etc.

tronzador, -ra *adj.* Que tronza. -2 *m.* Sierra provista de un asa en cada extremo, empleada para cortar árboles por el tronco, o piezas enterizas, entre dos personas. 3 Máquina usada para tronzar troncos. 4 Sierra con dientes usada para cortar mármol y piedras duras. -5 *m. f.* Persona que se encarga del manejo de un tronzador (sierra y máquina).

SIN. *2* **Serrón.**

tronzar (de *tronzo*) *tr.* Dividir [alguna cosa]; hacerla trozos. 2 Hacer [en las faldas] unos pliegues iguales y muy menudos. 3 fig. Cansar, rendir de fatiga corporal. ◇ ** CONJUG. [4] como *realizar.*

tronzo, -za (l. **trunceu*) *adj.* [caballería] Que tiene cortadas una o entrambas orejas como señal de haber sido desechada por inútil.

tronzudo, -da *adj. P. Rico.* [pers.] Que está enojado con uno sin saber por qué.

tropa (fr. *troupe,* bandada de animales o de gente; probl. de orig. germ.) *f.* Turba, muchedumbre. 2 Gente militar. 3 Conjunto de soldados, cabos y sargentos. 4 Toque militar para que las tropas tomen las armas y formen. 5 *Amér.* Recua, manada. -6 *f. pl.* Conjunto de cuerpos que componen un ejército, división, guarnición, etc. 7 *Amér.* Cáfila de carretas dedicadas al tráfico. -8 *m. Amér. Central* y *Méj.* Plebeyo, mal educado, canalla. 9 *Cuba* y *Méj.* Perdido, calavera.

tropear *tr. R. de la Plata.* Disponer [el ganado] en tropas o partidas. -2 *intr. R. de la Plata.* Conducir estas tropas.

tropel (fr. ant. *tropel*) *m.* Movimiento acelerado, ruidoso y desordenado de varias personas o cosas. 2 Conjunto de cosas desordenadas. 3 Aceleramiento confuso: *de,* o *en,* ~, con movimiento acelerado y violento; yendo muchos y sin orden.

I) tropelía (de *tropel*) *f.* Aceleración desordenada. 2 Atropellamiento en las acciones. 3 Hecho ilegal. 4 Vejación, atropello.

SIN. *3* y *4* v. **Exceso.**

II) tropelía (ant. *eutropelía* < gr. *eutrapelía,* chiste, gracia) *f.* Arte mágica que muda las apariencias de las cosas. 2 Prestigio (engaño).

tropelista *com.* El que ejerce la tropelía (arte mágica).

tropeña *f. Ecuad.* Mujer del soldado, que suele acompañarlo en campaña.

tropeoláceo, -a (l. *tropœlu;* dim. de *tropœu,* trofeo) *adj.-f.* Planta de la familia de las tropeoláceas. -2 *f. pl.* Familia de plantas originarias de América, de fruto seco o en baya y flores cigomorfas, con el receptáculo alargado por detrás y formando con los sépalos posteriores una especie de espolón; como la capuchina.

tropeoleo, -a *adj.* BOT. Tropeoláceo.

tropera *f. Guat.* y *Venez.* Tropeña, soldadera.

tropero *m. Argent.* y *Urug.* Conductor de tropas, de carretas o de ganado vacuno.

tropezadero *m.* Lugar donde hay peligro de tropezar.

tropezador, -ra *adj.-s.* Que tropieza con frecuencia.

tropezadura *f.* Acción de tropezar.

tropezalona *adj. Perú.* [mujer] Veleidosa.

tropezar (ant. *entrepeçar* < l. v. **interpediare;* var. de *interpedire,* enredar) *intr.* Dar con los pies en un estorbo que pone en peligro de caer: ~ *con,* o *contra,* o *en, alguna cosa.* 2 Encontrar una cosa un estorbo que le impide avanzar: *el proyecto tropezó con dificultades;* o advertir uno los defectos o inconvenientes de una cosa: *tropecé en muchos errores.* 3 fig. Hallar casualmente una persona a otra. 4 fig. Reñir con uno u oponerse a su dictamen. 5 fig. Deslizarse en alguna culpa o faltar poco para cometerla: *en sus viajes tropezó varias veces.* -6 *prnl.* Rozarse las bestias una mano con otra. ◇ ** CONJUG. [47] como *empezar.*

SIN. *1* **Trompicar, trompillar,** tropezar repetidamente.

tropezón, -zona *adj.* Tropezador: *caballo ~.* -2 *m.* Tropezadura. 3 Tropiezo. 4 fig. *y* fam. Pedazo pequeño de jamón o vianda que se mezcla con las sopas o las legumbres.

FR. *A tropezones,* con impedimentos y tardanzas. SIN. *2* **Traspié.**

tropezoso, -sa *adj.* fam. Que se embaraza en la ejecución de una cosa.

tropical *adj.* Relativo a los trópicos. 2 Muy cálido. 3 Ampuloso, frondoso, exagerado.

tropicalización *f.* Dar el carácter propio de lo tropical [a cosas, ambientes, etc., que de por sí no lo tienen]. 2 TECNOL. Tratamiento que se da a un material o producto industrial para disminuir su sensibilidad a la acción de los climas tropicales.

trópico, -ca (gr. *tropikós,* que da vueltas, de *tropos,* vuelta) *adj.* Relativo al tropo (figurado). -2 *m.* ASTRON. Círculo imaginario menor paralelo al ecuador y que toca con la eclíptica en los solsticios: ~ *de Cáncer,* el que se encuentra en el hemisferio boreal; ~ *de Capricornio,* el que se encuentra en el austral. 3 Círculo imaginario menor que se considera en la Tierra en correspondencia con los trópicos de la esfera celeste.

SIN. *1* **Translaticio, tropológico.**

tropiezo *m.* Aquello en que se tropieza. 2 Lo que sirve de estorbo o impedimento. 3 fig. Falta o yerro. 4 fig. Causa de la culpa cometida. 5 fig. Persona con quien se comete. 6 fig. Dificultad en un negocio. 7 fig. Riña o quimera.

SIN. *3* **Tropezón.** *6* v. **Estorbo.**

tropilla *f. Amér.* Manada de bestias.

tropismo (gr. *tropos,* vuelta < *trepo,* girar) *m.* Tendencia de un organismo a reaccionar de una manera definida a los estímulos exteriores; especialmente la que experimentan en su crecimiento los órganos vegetales.

REL. Los tropismos reciben nombres especiales según el agente que los produce, p. ej. *geotropismo* (influencia de la gravedad), *fototropismo* (íd. de la luz), *ortotropismo* (íd. del excitante).

tropo (gr. *tropos* < *trepo,* girar) *m.* LITURG. Texto breve que, durante la Edad Media, se interpolaba en un texto litúrgico. Su desarrollo dialogado dio lugar al drama litúrgico. 2 RET. Figura que consiste en modificar el sentido propio de una palabra para emplearla en sentido figurado; como la metáfora, la metonimia y la sinécdoque.

I) tropo-, -tropo, -tropa (gr. *tropos* < *trepo,* girar) Elemento prefijal y sufijal que entra en la formación de palabras con el significado de giro, vuelta; orientado hacia, que gira hacia; que se fija o actúa en determinada dirección o con determinadas características.

II) -tropo, -tropa (v. *tropo-*) Elemento sufijal que entra en la formación de palabras con el valor de poseedor de determinadas propiedades físicas o químicas.

tropología (gr.) *f.* Lenguaje tropológico. 2 Mezcla de moralidad y doctrina en el discurso u oración.

tropológico, -ca *adj.* Figurado, expresado por tropos. -2 *f.* Doctrina moral.
SIN. *1* **Translaticio, trópico.**
tropopausa (de *troposfera* + gr. *pausis,* cesación) *f.* Zona de altitud variable comprendida entre la troposfera y la estratosfera.
troposfera (*tropo-* + gr. *sphaira,* esfera) *f.* Región de la atmósfera en contacto con la superficie de la tierra donde se producen los fenómenos meteorológicos.
REL. **Estratosfera,** región de la atmósfera que está sobre la troposfera.
troque (l. *trochu* < gr. *trochós,* rueda) *m.* Especie de botón que se forma en los paños cuando se van a teñir, para que se conozca después de salir del tinte qué color tuvo primero todo el paño.
troquel (orig. incierto) *m.* Molde empleado en la acuñación de monedas, medallas, etc.
SIN. **Cuadrado, cuño.**
troquelado *m.* Acción de troquelar. 2 Efecto de troquelar. 3 BIOL. Impronta, impregnación.
troquelar *tr.* Acuñar. 2 Recortar con troquel piezas de cuero, cartones, etc.
troqueo (l. *trochœu* < gr. *-aios*) *m.* Pie de la versificación clásica, una sílaba larga seguida de una breve. 2 Pie de la poesía española, una sílaba tónica seguida de otra átona
SIN. **Coreo.**
troquillo (gr. *trochilos*) *m.* Mediacaña (moldura cóncava).
trotacalles *com.* fam. Azotacalles. 2 fig. *y* fam. Prostituta. ◇ Pl.: *trotacalles.*
trotaconventos (de un personaje del Arcipreste de Hita, 1283-¿1350?) *f.* lit. Alcahueta. ◇ Pl.: *trotaconventos.*
trotada *f.* Carrera, trote.
trotador, -ra *adj.* Que trota bien o mucho.
trotamundos *com.* Persona aficionada a viajar y recorrer países. ◇ Pl.: *trotamundos.*
trotante *adj.* BLAS. [animal] Que tiene en alto el pie y la mano contrapuestos.
trotar (germ. *trotten,* correr) *intr.* Ir el caballo al trote. 2 Cabalgar una persona en un caballo que va al trote. 3 fig. Andar mucho o de prisa.
trote *m.* Modo de caminar de las caballerías moviendo a un tiempo pie y mano contrapuestos, arrojando sobre ellos el cuerpo con ímpetu: ~ ***cochinero,*** el corto y apresurado. 2 fig. Faena apresurada y fatigosa: *mi edad no es para andar en estos trotes.* 3 fig. Asunto dificultoso, complicado o irregular.
FRS. *Al,* o *a* ~, aceleradamente, sin sosiego. *Tomar uno el* ~, irse intempestivamente y con aceleración. *Para todo* ~, para uso diario: *vestido para todo* ~. SIN. *1* **Pasitrote,** trote corto.
trotear *intr.* Trotar.
trotinar *intr. Amér. Central.* Trotar.
trotón, -tona *adj.* [caballería] Que acostumbra a andar al trote. -2 *m.* Caballo (mamífero).
trotona (de *trotar*) *f.* Señora de compañía.
trotonería *f.* Acción continuada de trotar.
trotskista *adj.* Relativo al gobierno de Trotsky (1879-1940). -2 *adj.-com.* Partidario de las ideas de este político.
trotsko *adj.* fam. Trotskista.
troupe (voz francesa) *f.* Compañía ambulante de artistas de circo o de teatro. 2 Pandilla. ◇ Se pronuncia *trupe.*
trousseau (voz francesa) *m.* GALIC. Ajuar. ◇ Se pronuncia *trusó.*
trova *f.* Verso (palabra con ritmo). 2 Composición métrica que imita a otra en su método, estilo o consonancia. 3 Composición métrica escrita gralte. para canto. 4 Canción amorosa compuesta o cantada por los trovadores. 5 fig. *Cuba.* Filfa, mentira.
trovador, -ra (prov.) *adj.-s.* Que trova. -2 *m.* Poeta provenzal de la Edad Media que trovaba en lengua de oc. 3 Trovero (poeta popular). -4 *m. f.* Poeta, poetisa.
trovadoresco, -ca *adj.* Relativo a los trovadores: *lírica trovadoresca.*
trovar (prov. *trobar;* v. *trovador*) *intr.* Hacer versos; componer trovas. -2 *tr.* Imitar una composición métrica, aplicándola a otro asunto. 3 fig. Dar [a una cosa] diverso sentido del que lleva.
trovero, -ra (fr. *trouvère*) *m.* Trovador francés en lengua de oil. -2 *m. f.* Persona que improvisa y canta trovos. 3 Poeta popular, generalmente repentizador.
trovista *com.* Trovador.
trovo (de *trova*) *m.* Composición métrica popular, gralte. de asunto amoroso.
trox *f.* Troj. ◇ Pl.: *trox.*
troya *f. Amér.* Juego de trompos entre muchachos. 2 *Chile* y *Perú.* Juego de la tinca o boliche.
Troya (de *Troya,* la ciudad de la «Ilíada» de Homero, s. IX a. C.) ***Ahí, allí,*** o ***aquí, fue*** ~, fig., expr. con que se indica un acontecimiento desgraciado o ruidoso.
troyano, -na (l. *troianu*) *adj.-s.* De Troya, ant. c. del Asia Menor.
SIN. **Dárdano, ilíaco, iliense, teucro.**
I) troza (de *trozar*) *f.* Tronco aserrado por los extremos para sacar tablas.
II) troza (orig. incierto; probl. it. *trozza,* mugrón de vid) *f.* MAR. Conjunto del troceo y su aparejuelo.
trozar (l. v. **tortiare,* voltear, retorcer) *tr.* Romper [alguna cosa]; hacerla pedazos. 2 Dividir en trozas [el tronco de un árbol]. ◇ ** CONJUG. [4] como ***realizar.***
trozo (cat. *tros* < l. **tursu*) *m.* Pedazo de una cosa considerado aparte del resto: *un* ~ *de cielo despejado.* 2 MAR. Grupo de hombres de mar, adscrito a un distrito marítimo.
tru *P. Rico.* Voz que se usa repetida para llamar a los cerdos.
trúbila *f. Extr.* Tormenta.
truca *f. Perú.* vulg. Cambio, trueque.
trucaje (del fr. *trucage*) *m.* Acción de trucar. 2 Efecto de trucar. 3 CINEM. Técnica que permite obtener efectos especiales manipulando las imágenes filmadas.
trúcamelo *m. S. Dom.* Coxcojilla, juego infantil.
trucar (de *truque*) *intr.* Hacer el primer envite en el juego de este nombre y en el de billar. -2 *tr.* Disponer o preparar algo con ardides o trampas que produzcan el efecto deseado: ~ *el motor de un automóvil;* ~ *una fotografía.* -3 *prnl. S. Dom.* Huir, echar a correr. ◇ ** CONJUG. [1] como ***sacar.***
trucha (b. l. *tructa,* probl. de orig. célt.) *f.* Pez teleósteo clupeiforme, de carne muy sabrosa, propio de los ríos y lagos de montañas *(Salmo trutta).* 2 ~ ***de mar,*** reo II. 3 Cabria, grúa. 4 Hojaldre relleno de batata dulce y otros ingredientes. -5 *com.* Truchimán (persona astuta). -6 *f. Amér. Central.* Puesto o tiendecita portátil. 7 *Argent.* Boca cuyo labio inferior cuelga. 8 *Méj.* Chaira, chaveta.
REL. *1* **Lancurdia,** trucha pequeña.
truche *adj. Colomb.* Currutaco, elegante.
truchero, -ra *m. f.* Persona que pesca o vende truchas. 2 *C. Rica.* Buhonero, dueño de un tenducho o trucha. -3 *adj.* Relativo a las truchas y a sus criaderos, pesca, etc.
truchimán, -mana (ár. *torchamán,* intérprete; doble etim. *trujimán, trujamán, dragomán, drogmán*) *m. f.* ant. Trujamán. -2 *adj.-s.* fam. Persona astuta y poco escrupulosa.
trucho, -cha *adj. Amér. Central* y *Colomb.* Vivo, astuto, pícaro.
truchuela (ant. *trechuela,* de *trechar;* influido por el dim. de *trucha*) *f.* Bacalao curado más delgado que el común.
trucidar (l. *trucidare*) *tr.* Hacer pedazos [algo]. 2 Matar [a alguien].
truco (de *trucar*) *m.* Ardid o trampa que se utiliza para el logro de un fin. 2 Ardid o artificio para producir determinados efectos en el ilusionismo, en la fotografía, en la cinematografía, etc. 3 Lance del juego de billar que consiste en pegar con la bola propia a la del contrario y lanzarla por una tronera o por encima de la barandilla. 4 *And.* Vajilla. 5 *Ar.* y *Nav.* Cencerro boquiangosto. 6 *Argent.* Truque, juego de cartas. 7 *Bol.* y *Chile.* vulg. Golpe, puñada, trompada. -8 *m. pl.* Juego parecido al billar, que se ejecuta en una mesa con tablillas, troneras, barras y bolillo.
truculencia (l. *-ntia*) *f.* Calidad de truculento.
truculento, -ta (l. *-tu*) *adj.* Cruel, atroz, excesivo: *un cuadro* ~.
trué (de *Troyes,* ciudad de Francia) *m.* Especie de lienzo delgado y blanco.
trueco *m.* Trueque. 2 *A* ~ ***de,*** con tal que. 3 *Extr.* Trozo grueso de leña.
trueno (b. l. *tonu*) *m.* Ruido que sigue al rayo, debido a la expansión del aire al paso de la descarga eléctrica. 2 Estampido de tiro de cualquier arma o artificio de fuego. 3 fig. Joven atolondrado y alborotador. 4 *Colomb.* y *Venez.* Petardo, cohete ruidoso. 5 *Venez.* Fiesta escandalosa; orgía. -6 *m. pl. Venez.* Zapatos ramplones.
trueque *m.* Acción de trocar o trocarse: ***a,*** o ***en,*** ~, a cambio. 2 Efecto de trocar o trocarse. 3 Vuelta, o cambio que se devuelve al que, al hacer un pago, da dinero de más. ◇ La acepción 3 es de uso antiguado en España, pero vivo en algunas partes de América.
SIN. **Cambio, trocamiento, trueco.**

trufa (l. dialectal *tufer* < *tuber,* excrecencia) *f.* Variedad muy aromática de criadilla de tierra. 2 Bombón de forma redondeada relleno de nata, almendra, chocolate o cualquier otra cosa. 3 fig. Mentira, patraña.
trufador, -ra *adj.-s.* Que trufa o miente.
trufar *tr.* Rellenar de trufas [las aves y otros manjares]. -2 *intr.* Mentir, contar patrañas.
trufera *f.* Terreno en que se cultivan trufas.
truhán, -hana (célt. *trugant,* vagabundo, mendigo) *adj.-s.* ant. Bufón. 2 Malicioso, astuto, sinvergüenza, estafador.
REL. **Atruhanado,** con cualidades de truhán, adj. SIN. **Escurra.**
truhanada *f.* Truhanería.
truhanamente *adv. m.* A manera de truhán.
truhanear *intr.* Petardear (estafar). 2 Decir o hacer bufonadas, gestos y cuentos truhanescos.
truhanería *f.* Acción truhanesca. 2 Conjunto de truhanes.
truhanesco, -ca *adj.* Propio de truhán.
truimán, -mana *m. f.* ant. Trujamán.
truja *f.* Algorín (departamento). -2 *m.* vulg. Cigarrillo.
trujal (l. *torculare*) *m.* Prensa para las uvas o para la aceituna. 2 Molino de aceite. 3 Tinaja en que se prepara la barrilla para fabricar el jabón. 4 *Ar.* Estanque donde se elabora el vino, fermentado el mosto juntamente con el escobajo. 5 *Ar.* Lagar.
trujamán, -mana (v. *truchimán*) *m. f.* ant. Intérprete (persona). -2 *m.* El que por experiencia que tiene de una cosa sirve de consejero a otro.
trujamanear *intr.* Hacer oficio de trujamán. 2 Trocar unos géneros por otros.
trujamanía *f.* Oficio de trujamán.
trujano, -na *adj. Pan.* Truhán.
trujillano, -na *adj.-s.* De Trujillo, c. de Cáceres. 2 De Trujillo, cap. del dep. de la Libertad (Perú). 3 De Trujillo, estado de Venezuela.
trujillense *adj.-s.* De Trujillo, cap. del estado de Trujillo (Venezuela).
I) trulla (et. dud. o del l. *turbula,* alboroto; o del cat. *trull,* batahola, propte prensa de aceitunas) *f.* Bulla, jarana. 2 Turba (multitud). 3 *Colomb.* Broma, zumba. 4 *P. Rico.* Grupo de gente que sale en época de Navidad a pedir aguinaldo.
II) trulla (l.) *f.* Llana (herramienta).
trullada *f. Cuba* y *P. Rico.* Trulla, tropa, multitud de gente.
I) trullo (l. *truo*) *m.* Ave palmípeda, de cabeza negra y con moño, que se alimenta de peces.
II) trullo (b. l. **trullu* < l. *torculu,* prensa) *m.* Lagar con depósito inferior donde cae el mosto cuando se pisa la uva. 2 fig. *y* vulg. Cárcel, calabozo.
trumao (arauc. *thumaugh*) *m. Chile.* Tierra arenisca de rocas volcánicas.
trun *m. Chile.* Fruto espinoso de algunas plantas, que se adhiere al pelo o a la lana, como los cadillos.
truncadamente *adv. m.* Truncando las palabras o las frases.
truncado, -da *adj.* Roto, disminuido, esp. por la punta. 2 BLAS. [pieza, gralte. la cruz] Que está formado por rectángulos o cuadrados separados entre sí. 3 GEOM. [cilindro] Terminado por dos planos no paralelos. 4 ***Cono ~; pirámide truncada,*** tronco de cono o pirámide.
truncamiento *m.* Acción de truncar. 2 Efecto de truncar.
SIN. **Tronca.**
truncar (l. *-are;* doble etim. *tranzar, trincar, troncar*) *tr.* Cortar una parte [a alguna cosa], esp. la cúspide; cortar la cabeza [al cuerpo del hombre o de un animal]. 2 fig. Omitir algunas palabras [en un escrito]; dejar incompleto el sentido de [lo que se escribe o lee] por omisión de algunas palabras. 3 fig. Dejar incompleta [una obra]. -4 *tr.-prnl.* fig. Quitar [a uno] las ilusiones o esperanzas. ◇ ** CONJUG. [1] como ***sacar.***
SIN. **Troncar.**
truncho, -cha *adj. Colomb.* Rabón, trunco, tronzo.
trunco, -ca *adj.* Truncado, mutilado, incompleto.
truño *m. S. Dom.* Gesto de malhumor.
trupial *m.* Turpial.
truque (cat. *truc* < *trucar,* golpear) *m.* Juego de envite. 2 Juego variedad de la rayuela.
truquear *intr. Urug.* Jugar al truco.
truquero *m.* El que tiene a su cargo y cuidado una mesa de trucos. 2 *Bol.* El que cuenta los tantos en las canchas de pelota.
truquiflor *m.* Juego de naipes en que, además de los lances del truque, hay el de flor cuando se reúnen tres cartas seguidas del mismo palo.
trusa *f. Cuba.* Traje de baño.
trusas (fr. *trousses*) *m. pl.* ant. Gregüescos con cuchilladas, que se sujetaban a mitad del muslo.
trust (del ing. *trust*) *m.* Vasta asociación financiera de grandes industriales que trata de monopolizar una determinada industria.
trustee *m.* ANGLIC. Fiduciario.
trutro (del arauc. *tute*) *m. Chile.* Cuadril, muslo de ave. 2 *Chile.* fig. Muslo de las mujeres.
trutruca (arauc. *tuuca,* trompeta) *f. Chile.* Corneta larga, de coligüe.
tse-tsé *f.* Mosca africana portadora de la enfermedad del sueño *(Glossina palpalis).*
tu, tus *adj. poses.* Apócope de los posesivos *tuyo, tuya,* usado únicamente antes del nombre: *tu padre, tu madre; tus padres, tus tías.* ◇ Pl.: *tus.*
tú (l.) *pron. pers.* Forma de la 2ª persona para el sujeto en género masculino y femenino y en número singular; **PRONOMBRE PERSONAL. 2 ***A tú por tú,*** descompuestamente, sin modo ni respeto. 3 ***De tú por tú,*** tuteándose. 4 ***Hablar,*** o ***tratar, de tú a uno,*** tutearle.
tuareg *adj.-s.* De un pueblo beréber que habita el sur del Sáhara. -2 *adj.-m.* Dialecto beréber hablado principalmente en el sur del Sáhara.
SIN. *2* **Tamahaq.**
tuatara *m.* Reptil rincocéfalo de Nueva Zelanda con forma de lagarto, cuerpo de color pardo o gris y amarillento. Las extremidades son pentadáctilas, y presenta un tercer ojo en la frente *(Sphaenodon punctatus).*
tuatúa (voz indígena) *f. Cuba* y *P. Rico.* Árbol euforbiáceo, con hojas moradas, parecidas a las de la vid, y fruto del tamaño de la aceituna *(Jatropha gosypifolia).*
tuáutem (de las palabras l. *tu autem domine,* del Breviario) *m.* fam. Persona o cosa que se considera precisa. ◇ Pl.: *tuáutemes.*
I) tuba (l., trompeta) *f.* MÚS. Instrumento de viento de grandes proporciones y de sonoridad voluminosa y grave.
II) tuba (voz tagala) *f.* Licor filipino que se obtiene de algunas palmeras.
¡tuba! voz utilizada para llamar al perro.
túbano *m. Ant.* Cigarro.
tuberáceo, -a *adj.-f.* Hongo de la familia de las tuberáceas. -2 *f. pl.* Familia de hongos ascomicetes subterráneos; como la trufa.
tuberales *m. pl.* Tuberáceas.
tuberculado, -da *adj.* BOT. Provisto de tubérculos.
tubercúlide *m.* Lesión cutánea de origen tuberculoso.
tuberculina *f.* Preparación hecha con gérmenes tuberculosos, y utilizada en el tratamiento y diagnóstico de enfermedades tuberculosas.
tuberculización *f.* Infección de un organismo por la tuberculosis.
tuberculizar *tr.* Producir tubérculos. -2 *prnl.* Contraer la tuberculosis. ◇ ** CONJUG. [4] como ***realizar.***
tubérculo (l. *-lu;* dim. de *tuber,* tumor) *m.* BOT. Rizoma engrosado y convertido en órgano de reserva. 2 Pequeña prominencia de la corona de una muela. 3 Pequeña protuberancia que presenta el esqueleto cutáneo de ciertos animales. 4 MED. Producto morboso en la substancia de un órgano, redondeado, duro al principio y que luego se reblandece y se hace purulento.
tuberculosis (de *tubérculo*) *f.* Enfermedad originada por el bacilo de Koch, que puede afectar a todos los tejidos determinando la formación de tubérculos: ~ ***miliar,*** forma de la tuberculosis caracterizada por la diseminación extensa de pequeñas granulaciones tuberculosas en la masa del órgano afectado, especialmente el pulmón ◇ Pl.: *tuberculosis.*
SIN. **Tisis.**
tuberculoso, -sa *adj.* Relativo al tubérculo. 2 De figura de tubérculo. -3 *adj.-s.* Que tiene tubérculos. 4 Enfermo de tuberculosis.
SIN. *4* **Tísico.**
tubería *f.* Conducto de tubos para llevar líquidos o gases. 2 Fábrica, taller o comercio de tubos.
SIN. *1* **Cañería.**
tuberiforme (l. *tuber, -eris,* hinchazón + *-forme*) *adj.* [elaboración vegetal o animal] Que tiene forma de trufa.
tuberización *f.* Acción de transformar en tubérculos. 2 Efecto de transformar en tubérculos.
tuberosa (l.) *f.* Nardo.

tuberosidad *f.* Tumor, hinchazón. 2 Prominencia de un hueso. 3 Parte superior del estómago.
tuberoso, -sa (l. *-osu*) *adj.* Que tiene tuberosidades. 2 [raíz] Que parece un tubérculo.
tubiano, -na *adj. Urug.* Tobiano.
tubícola (de *tubo* + *-cola*) *adj.* [anélido] Que vive encerrado en tubos fijos en el fondo del mar.
tubifex *m.* Gusano oligoqueto de agua dulce que permanece enterrado en el fondo por su parte anterior; la posterior está en constante movimiento y es por donde realiza el intercambio gaseoso *(Tubifex tubifex).* ◇ Pl.: *tubifex.*
tubifloras *f. pl.* Orden de plantas dentro de las dicotiledóneas, caracterizado por presentar los pétalos y los sépalos soldados; las flores son hermafroditas y la mayoría cigomorfas.
tubímetro (de *tubo* + *-metro*) *m.* Instrumento utilizado para la medición del diámetro interior de los tubos.
tubo (l. *tubu*) *m.* Pieza hueca, gralte. cilíndrica, más larga que gruesa, de diversos materiales y usos: ~ ***de aspiración,*** el de entrada del agua a una bomba aspirante; codo de esta tubería; ~ ***de expulsión,*** el de salida del agua de una bomba impelente; ~ ***de ensayo,*** el de cristal, cerrado por uno de sus extremos, usado para los análisis químicos; ~ ***de escape,*** el que sirve para evacuar los gases producidos por una máquina de vapor o los quemados en un motor de combustión; ~ ***de rayos catódicos,*** el de vacío en el que el haz electrónico puede ser enfocado hacia una pequeña sección transversal de una pantalla luminiscente y puede ser variado de posición e intensidad para producir una imagen visual; ~ ***de rayos X,*** el de descarga en que hay una placa metálica frente al cátodo, generalmente de volframio, que al ser bombardeada por electrones, emite rayos X; ~ ***fluorescente,*** el de iluminación por descarga a través de argón y vapor de mercurio, cuyas paredes, de vidrio, están recubiertas de una substancia fluorescente. 2 Parte del organismo animal o vegetal constituida a modo de tubo: ~ ***intestinal,*** conjunto de los intestinos de un animal. 3 fam. Auricular del teléfono. 4 pop. Metro, ferrocarril metropolitano. ◇ HOMÓF.: *tuvo* (verbo).
FR. *Por un* ~, loc. adv., vulg., abundantemente, de manera exagerada.
tubu *adj.-m.* Lengua sahariana, hablada en el noroeste de Chad.
tubulado, -da *adj.* Que tiene forma de tubo.
tubular (l. *tubulu;* dim. de *tubu,* tubo) *adj.* Relativo al tubo. 2 Parecido a un tubo, o formado por tubos. 3 [neumático] Sin cámara de aire.
tubuloso, -sa *adj.* BOT. En forma de tubo.
tuc, *Ecuad.* Voz que se usa repetida para llamar a las gallinas.
¡tuca! *Urug.* Voz con que se azuza a los perros.
tucán (voz indígena del Brasil) *m.* Ave piciforme americana, de pico grueso, pero ligero y casi tan largo como su cuerpo (gén. *Ramphastos).* 2 Constelación austral situada cerca del polo.
tuce *m. Urug.* Corte de las crines de un animal.
tuche *m. Venez.* Residuo.
tucía *f.* Atutía.
tucinte *m. Hond.* Planta de la familia de las gramíneas *(Reana luxurians).*
tuciorismo *m.* Doctrina que recomienda atenerse en los puntos discutibles de moral a la opinión más segura y a la más estrecha y literal observancia de la ley.
tuciorista (l. *tutior,* más seguro) *adj.-com.* [pers.] Que sigue el tuciorismo.
I) tuco, -ca (gall. *toco*) *adj.-s. Ast.* Zuro o raspa de la mazorca de maíz. -2 *adj. Amér. Central, Bol., Ecuad.* y *P. Rico.* Manco o inútil de una mano o de algún dedo. -3 *m. Amér. Central, Bol., Ecuad.* y *P. Rico.* Trozo, tocón, muñón. 4 *Perú.* Especie de búho. -5 *m. f. Amér. Central.* Tocayo. 6 *Ecuad.* Nombre que se da esp. al plátano rollizo y a la madera. 7 *Pan.* Palo grueso y corto, us. como asiento. 8 *Salv.* Diente. 9 *Venez.* Escarpia de madera empotrada en las paredes de las caballerizas para amarrar las bestias.
II) tuco (quechua *tucú,* brillante) *m. Argent.* y *Bol.* Cocuyo, insecto.
III) tuco *m. Argent.* y *Urug.* Salsa de tomate frito con cebolla, orégano, perejil, ají, etc., con la que se acompaña o condimenta las pastas alimenticias que no se utilizan en sopas.
tuco-tuco *m.* Mamífero roedor de Sudamérica de color gris castaño, patas fuertes, con los dedos provistos de uñas robustas adaptadas a la excavación *(Ctenomys magellanicus).*
tucucho *m. Bol.* Globito henchido de aire.
tucumano, -na *adj.-s.* De Tucumán, c. o provincia de la Argentina.
tucungo, -ga *adj. Venez.* [bestia] De orejas caídas.
tucupense *adj.-s.* De Tucupita, cap. del territorio de Delta Amacuro (Venezuela).
tucupita *adj.-s.* Tucupense.
tucúquere *m. Chile.* Búho de gran tamaño *(Bubo magellanicus).*
tucura (guaraní) *f. Argent., Bol.* y *Parag.* Langosta.
tucusito *m. Colomb.* y *Venez.* Nombre genérico de varios pajarillos.
tucuso *m. Venez.* Chupaflor, especie de colibrí.
tucutuco *m. Amér. Merid.* Mamífero roedor semejante al topo. (gén. *Ctenomys).*
tucutucu *m. Colomb.* y *P. Rico.* Susto.
tucutuzal *m. Amér. Merid.* Terreno lleno de cuevas de tucutucos.
tudel (prov.) *m.* Tubo de latón encorvado que se adapta al fagot u otros instrumentos parecidos y a cuyo extremo libre se ajusta el estrangul.
tudelano, -na *adj.-s.* De Tudela, c. de Navarra o villa de Valladolid.
tudense *adj.-s.* De Túy, c. de Pontevedra.
tudesco, -ca (al. *teutch,* alemán) *adj.-s.* De cierto país de Alemania en la Sajonia inferior. 2 p. ext. Alemán. -3 *m.* Capote alemán.
tudor *adj.* ARQ. V. arco ~.
Tudor *n. pr.* Familia real inglesa, que reinó de 1485 a 1603. -2 *adj.-s.* Relativo a dicha familia o a su época.
tueca *f.* Tocón.
tueco *m.* Tocón. 2 Oquedad producida por la carcoma en las maderas.
tuera (ár. *tuwara* < gr. *fthorá,* muerte) *f.* Coloquíntida.
tuerca (orig. incierto; probl. alterac. del ant. *puerca*) *f.* Pieza con un hueco helicoidal, que ajusta en el filete de un tornillo.
SIN. **Matriz.**
tuerce *m.* Torcedura (acción y efecto). 2 *Amér. Central.* Mala suerte.
tuercebotas *com.* fam. Pelanas, persona sin importancia. ◇ Pl.: *tuercebotas.*
tuero (l. *toru,* moldura) *m.* Trashoguero (losa). 2 Leña (de los árboles). 3 *Extr.* Trozo de leño, tronco grande. 4 *Colomb.* y *Guat.* Juego del escondite.
tuerto, -ta (l. *tortu*) pp. irreg. de *torcer.* 2 *adj.-s.* Falto de la vista en un ojo. -3 *m.* Agravio (palabra o acción). -4 *m. pl.* Entuerto.
FRS. *A tuertas,* al revés u oblicuamente. *A* ~, contra razón, injustamente.
tuesta *f. Can., P. Rico* y *S. Dom.* Zurra, tunda. 2 *P. Rico* y *S. Dom.* Borrachera.
tueste *m.* Tostadura.
tuétano (var. del ant. *tútano,* de orig. onomatopéyico) *m.* Medula (de los huesos; del tallo). 2 fig. Intimidad de alguien o de algo.
FR. *Hasta los tuétanos,* hasta lo más íntimo y profundo. SIN. *1* **Caña;** ~ de vaca, **cañada.**
tufarada (de *tufo*) *f.* Olor vivo y fuerte que se percibe de pronto.
tufillas *com.* fam. Persona irritable.
I) tufo (v. *tifus*) *m.* Emanación gaseosa de las fermentaciones y combustiones imperfectas. 2 Olor molesto. 3 fig. Soberbia, vanidad: *tienes muchos tufos.* 4 fig. Olor (cosa sospechosa). 5 *Ecuad.* Resabio, sabor desagradable y extraño que se siente en una comida o bebida.
SIN. *1* y *2* **Vaho.**
II) tufo (fr. *touffe*) *m.* Porción de pelo que cae por delante de las orejas.
III) tufo (fr. *tuf* < l. *tofus*) *m.* Toba (piedra).
tufoso, -sa *adj. Salv.* y *Nicar.* Soberbio, vanidoso.
I) tugar *m. Chile.* Juego de niños, que consiste en buscar un objeto escondido guiándose por algunas indicaciones que le da el que lo escondió.
II) tugar (quechua *tugana*) *intr. Ecuad.* Arrullar. ◇ ** CONJUG. [7] como ***llegar.***
tugurio (l. *-iu*) *m.* Choza de pastores. 2 fig. Habitación mezquina.
SIN. **Chamizo.** *2* **Cuchitril.**
tui (guaraní) *m. Argent.* Loro pequeño.
tuición (l. *tuitione*) *f.* DER. Acción de guardar o defender. 2 DER. Efecto de guardar o defender. 3 ANGLIC. Enseñanza y honorarios que por ella se perciben.
tuina *f.* Especie de chaquetón largo y holgado.
tuitivo, -va (l. *tueri,* defender) *adj.* DER. Que guarda y defiende.

tuja *f. Bol.* Juego del escondite. -2 *f. pl. Guat.* Cobijas, mantas de dormir.
tujuré *m. Bol.* Mazamorra de maíz.
I) tul (fr. *tulle,* de la ciudad de *Tulle*) *m.* Tejido delgado y transparente de seda, algodón o hilo, de mallas poligonales.
II) tul *m. Amér. Central.* Tule (vasija).
tula *f. Chile.* Garza completamente blanca. 2 *Pan.* Vasija hecha de un calabazo entero. 3 *Can.* Voz empleada para llamar a gatos y gallinas.
tulanga *f. Cuba.* Dulce de maíz, leche y azúcar, en forma de torta.
tulcaneño, -ña *adj.-s.* De Tulcán, cap. de la prov. de Carchi (Ecuador).
Tule (l. < gr. *Thoule, Thyle*) *n. pr.* Entre los antiguos, el país más septentrional del mundo habitado.
tule (mej. *tollin* o *tullin*) *m. Méj.* y *Salv.* Planta cuyo tallo da fibras para hacer petates, sombreros y otros objetos de cestería fina *(Cyperus densiflora).* 2 *C. Rica.* Sombrero viejo y estropeado.
tulenco, -ca *adj. Amér. Central.* Enclenque, patojo.
tulífero *m.* Árbol papilionáceo de flores blancas dispuestas en racimos axilares; a partir de incisiones en su corteza se obtiene un líquido denso amarillo, llamado bálsamo de Tolú, de uso medicinal *(Myroxylon balsamum).*
tulio *m.* Elemento químico del grupo de las tierras raras. Su símbolo es *Tm*; su peso atómico 169,4 y su número atómico 69.
tulipa (turco *tulipant;* a través del fr. *tulipe*) *f.* Tulipán pequeño. 2 Pantalla de vidrio de forma parecida a la del tulipán.
tulipán (turco *tulipant*) *m.* Planta liliácea, bulbosa, de jardín, con flor única de perigonio acampanado y hermosos colores *(gén. Tulipa).* 2 Flor de esta planta.
tulipanero, tulipero *m.* Árbol magnoliáceo de América con las hojas de forma cuadrangular con escotaduras y flores de unos 7 cms. de diámetro *(Liriodendron tulipifera).*
tulivieja *f. C. Rica* y *Pan.* Coco, fantasma.
tullecer *tr.* Tullir (maltratar). -2 *intr.* Quedarse tullido. ◇ ** CONJUG. [43] como ***agradecer.***
tullidez *f.* Tullimento.
tullido, -da (ant. *tollido;* partic. del ant. *toller* < l. *tollere,* quitar) *adj.-s.* Que ha perdido el movimiento del cuerpo o de alguno de sus miembros.
SIN. **Impedido, paralítico, imposibilitado.**
tullidura *f.* Excremento de las aves de rapiña.
tullimiento *m.* Acción de tullir. 2 Efecto de tullir.
tullir (de *tullido*) *tr.* Maltratar [a uno], hacer que quede tullido. 2 Rendir a uno el cansancio. -3 ***prnl.*** Perder uno el uso y movimiento de su cuerpo o de parte de él. -4 ***intr.*** MONT. Arrojar el excremento las aves de rapiña. ◇ ** CONJUG. [41] como ***mullir.***
SIN. *3* **Entullecer(se).**
tulpa (quechua *tullpa,* piedra de fogón) *f. Amér. Central, Colomb., Ecuad.* y *Perú.* Piedra que, con otras dos, forma el fogón donde suele guisar la gente del campo.
SIN. **Jiné** *(Colomb.).*
tulunco *m. Guat.* Pedazo de algo. 2 *Guat.* Mazorca de maíz poco desarrollada.
I) tumba (l.) *f.* Sepulcro (para el cadáver). 2 Armazón en forma de ataúd para la celebración de las exequias. 3 Cubierta arqueada de ciertos coches. 4 Armazón a modo de túmulo, que se pone sobre el pescante en coches de gala.
II) tumba (de *tumbar*) *f.* Tumbo (vaivén violento). 2 Voltereta (vuelta ligera). 3 *Amér.* Corta, tala de árboles. 4 *Argent.* y *Chile.* Trozo de carne de mala calidad, hervida en agua y sal. 5 *Cuba.* Tambor africano. 6 *Cuba* y *S. Dom.* Tango o baile de negros.
tumbacuartillos *com.* fam. Persona que frecuenta mucho las tabernas. ◇ Pl.: *tumbacuartillos.*
tumbacuatro *m. Cuba.* Valentón, matasiete.
tumbadero *m. Cuba* y *P. Rico.* Lugar en que se hacen talas de árboles. 2 *Cuba* y *Méj.* Burdel, mancebía. 3 *Venez.* Corral destinado a la hierra del ganado menor.
tumbadillo (dim. de *tumbado*) *m.* MAR. Cajón que suele cubrir la escotadura de popa de la cubierta del alcázar en las embarcaciones menores. 2 *Bol.* Cielo raso, plafón. 3 *Colomb.* Saya, tontillo, ceñidor. 4 *Bol.* y *Colomb.* Caída que forman las enaguas, y también el bordado que suelen llevar en el ruedo.
tumbado, -da *adj.* De figura de tumba: *coche ~.* 2 IMPR. [composición tipográfica] Que no está perfectamente encuadrado. -3 *m. Ecuad.* Cielo raso de las habitaciones.
tumbaga (malayo *tembaga,* cobre) *f.* Aleación muy quebradiza de oro y cobre. 2 Sortija hecha de esta aleación.
tumbago *m. Argent.* y *Colomb.* Tumbaga.
tumbagón *m.* Aum. de *tumbaga.* 2 Brazalete de tumbaga.
tumbal *adj.* Relativo a la tumba.
tumbaollas *com.* fam. Persona glotona. ◇ Pl.: *tumbaollas.*
tumbar (voz descriptiva) *tr.* Derribar, hacer caer [a una pers. o cosa]. 2 fig. Turbar o quitar [a uno] el sentido: *el vino nos tumbó.* 3 fig. No aprobar [a alguien] en un examen. 4 MAR. Dar de quilla o a la quilla [a un barco]. V. quilla. -5 ***intr.*** Caer, rodar por tierra. 6 fam. Matar. -7 ***prnl.*** Echarse, esp. a dormir. 8 fig. Aflojar en un trabajo o desistir de él. -9 ***tr.*** *Colomb., Cuba* y *Méj.* Desmontar, cortar [los arbolados silvestres]. 10 *Ecuad.* Hacer tumbado, cielo raso.
SIN. *7* **Tenderse, echarse a la larga.**
tumbear *intr. Bol.* Andar de la Ceca a la Meca.
tumbesino, -na *adj.-s.* De Tumbes, c. y dep. del Perú.
tumbía *f. Amér. Central.* Canasto, cuévano.
tumbilla (dim. de *tumba I*) *f.* Armazón con un braserillo para calentar la cama.
I) tumbo (de *tumbar*) *m.* Vaivén violento. 2 Undulación de la ola del mar. 3 Undulación del terreno. 4 Retumbo, estruendo. 5 ~ ***de olla,*** uno de los tres vuelcos de la olla; caldo, legumbres y carne. 6 *Colomb.* Tarro, pote, jarro, etc. 7 *Ecuad.* Fruto de la pasionaria. -8 ***adj.*** *Colomb.* Desorejado, tronzo.
II) tumbo (gr. *tymbós,* túmulo) *m.* Libro grande de pergamino, donde las iglesias, monasterios y comunidades tenían copiados sus privilegios y demás escrituras.
I) tumbón (aum. de *tumba* I) *m.* Coche con cubierta de tumba. 2 Cofre con tapa de esta forma.
II) tumbón, -bona (de *tumbar*) *adj.-s.* fam. Socarrón. 2 fam. Perezoso, holgazán. -3 *f.* Clase de hamaca o silla extensible.
SIN. v. **Holgazán.**
tumefacción (l. *-factu;* supino de *-facere,* hinchar) *f.* Hinchazón (efecto).
SIN. v. **Inflación.**
tumefacto, -ta *adj.* Túmido, hinchado.
tumescencia *f.* Calidad de tumescente. 2 Hinchazón.
tumescente *adj.* Que se hincha, o que está hinchado.
túmido, -da (l. *-du*) *adj.* fig. Hinchado. 2 ARQ. V. arco túmido. 3 ARQ. [bóveda] Que está formada por arcos túmidos.
tumor (l.) *m.* Masa de tejido anormal que se forma en alguna parte del cuerpo: ~ ***benigno,*** aquel en el cual la proliferación celular no se extiende a otras partes del organismo y por sí mismo no llega a producir la muerte de quien lo padece; ~ ***maligno,*** aquel en el cual la proliferación celular se extiende a otras partes del organismo, y que no tratado adecuadamente, por sí mismo produce la muerte de quien lo padece.
SIN. **Tuberosidad.**
tumoración *f.* MED. Tumefacción, bulto. 2 Tumor.
tumoral *adj.* MED. Perteneciente o relativo a los tumores.
tumoroso, -sa *adj.* Que tiene tumores. 2 Que tiene aspecto o carácter de tumor.
tumulario, -ria *adj.* Relativo al túmulo: *inscripción tumularia.*
túmulo (l. *-lu*) *m.* Sepulcro levantado en la tierra. 2 Montecillo artificial con que se cubría una sepultura. 3 Armazón fúnebre que se erige para celebrar las honras de un difunto.
tumulto (l. *-tu*) *m.* Agitación desordenada y ruidosa en una multitud o reunión de personas: *en el teatro se produjo un gran ~;* fig., *el ~ de las pasiones, de los negocios.* 2 Motín.
tumultuar *tr.-prnl.* Levantar un tumulto: *~ al pueblo.* ◇ ** CONJUG. [11] como ***actuar.***
SIN. **Atumultuar.**
tumultuariamente *adv. m.* De manera tumultuaria.
tumultuario, -ria (l. *-iu*) *adj.* Tumultuoso.
tumultuosamente *adv. m.* De manera tumultuosa.
tumultuoso, -sa (l. *-osu*) *adj.* Que causa tumulto. 2 Que se efectúa sin orden ni concierto.
tun *m. Guat.* Especie de tambor de madera hueca. 2 *Guat.* Baile antiguo de los indios quichés. 3 *Amér.* Voz que se usa repetida para indicar los golpes de llamada a una puerta.
I) tuna (voz caribe) *f.* Nopal y su fruto. 2 ~ ***brava, colorada*** o ***roja,*** especie de nopal silvestre con más espinas que el ordinario y fruto de pulpa muy encarnada *(Opuntia vulgaris).* 3 *Colomb.* y *Guat.* Espina de la tuna. 4 *Bol.* Porción pequeña [de algo]. 5 *Bol.* Migaja de pan.
II) tuna (del ant. argot fr. *tune,* hospicio de los mendigos) *f.* Vida holgazana, libre y vagabunda: *correr uno la ~.* 2 Estudiantina.
SIN. *1* **Gandaya.**

tunal *m.* Chumbera. 2 Terreno poblado de nopales.
SIN. *2* **Nopaleda, nopalera.**
tunamil (mej. *tona* o *tonalli,* estío y *milli,* heredad) *m. Salv.* Maizal.
tunantada *f.* Acción propia de tunante (pícaro).
tunante, -ta *adj.-s.* Que tuna. 2 Pícaro, bribón, taimado. -3 *f.* Prostituta, ramera.
SIN. *1* y *2* **Tuno.**
tunantear (de *tunante*) *intr.* Tunear.
tunantería *f.* Calidad de tunante. 2 Tunantada.
tunantesco, -ca *adj.* Relativo a los tunantes o propio de ellos.
tunar *intr.* Andar de lugar en lugar en vida holgazana y libre.
tunarse *prnl. Colomb.* Clavarse una espina.
I) tunco *m. Amér. Central* y *Méj.* Cerdo (mamífero).
II) tunco, -ca *adj. Guat., Hond.* y *Méj.* Lisiado, mocho, manco. 2 *Guat.* Mutilado de algún miembro. -3 *m. Méj.* Pedazo de machete. 4 *Méj.* Muñón que resulta de la amputación de un miembro.
tuncuna (quechua) *f. Bol.* Coxcojilla, juego infantil.
I) tunda (de *tundir* I) *f.* Acción de tundir los paños. 2 Efecto de tundir los paños.
SIN. **Tundición, tundidura.**
II) tunda (de *tundir* II) *f.* fam. Castigo riguroso de palos, azotes, etc. 2 fig. *y* fam. Trabajo o esfuerzo que agota.
SIN. *1* v. **Zurra.**
tundear *tr.* Dar una tunda [a uno].
tundente (de *tundir* II) *adj.* Contundente.
tundición *f.* Tunda (acción y efecto).
tundidor, -ra *m. f.* Persona que tiene por oficio tundir (igualar). -2 *adj.-f.* Máquina de tundir (igualar).
tundidura *f.* Tunda (acción y efecto).
I) tundir (l. *tondere,* trasquilar, cortar) *tr.* Igualar con tijera el pelo [de los paños].
II) tundir (quizá del l. *-ere,* fregar, machacar) *tr.* fig. Castigar [a uno] con palos, azotes, etc. 2 fig. *y* fam. Agotar, rendir a uno el cansancio o un esfuerzo.
tundizno (de *tundir* I) *m.* Borra que queda de la tundidura.
SIN. **Tondiz.**
tundra (voz finlandesa) *f.* Pradera casi esteparia de las regiones polares.
tunduque *m. Chile.* Especie de ratón grande *(Ctenomys maulinus).*
tunear *intr.* Hacer vida de tunante (pícaro). 2 Proceder como tal.
SIN. **Tunantear.**
tunecí *adj.-s.* Tunecino.
tunecino, -na *adj.-s.* De Túnez o de Tunicia, ciudad y nación del norte de África, respectivamente. -2 *adj.-m.* Dialecto mogrebí, hablado en Tunicia
SIN. *1* **Tunecí.**
túnel (ing. *tunnel*) *m.* Paso subterráneo abierto artificialmente para establecer una comunicación a través de un monte, debajo de un río, etc. 2 ***Hacer un ~,*** DEP., en el juego del fútbol, hacer pasar el balón entre las piernas de un jugador contrario.
tunería *f.* Calidad de tunante o pícaro.
tunero, -ra *m. f. Amér.* Persona que tiene por oficio vender tunas. -2 *m. Colomb.* Zarzal, espinar. -3 *f. Can.* Chumbera. 4 *Guat.* y *Venez.* Matorral de tunas.
tunes *m. pl. Amér. Central* y *Colomb.* Pinitos o pasitos.
tungar *m.* ELECTR. Rectificador utilizado para corrientes muy intensas.
túngaro *m. Colomb.* Especie de sapo *(Bufo marinus).*
tungo, -ga *m. Chile.* Cerviz, testuz, esp. del animal vacuno. -2 *adj. Colomb.* Trunco, mocho.
tungro, -gra (l. *tungri*) *adj.-s.* De un ant. pueblo germano que se estableció entre el Rin y el Escalda, poco antes de la era cristiana.
tungsteno (sueco *tungsten,* piedra pesada) *m.* Metal de color gris de acero, muy duro, denso y difícil de fundir. Su símbolo es *Q,* su peso atómico 184 y su número atómico 74. Se usa en filamentos de lámparas eléctricas y en aceros magnéticos.
SIN. **Volframio.**
tungurahuense *adj.-s.* De Tungurahua, prov. del Ecuador.
tungús *adj.-s.* De un pueblo mogol que habita en el este de Siberia. -2 *adj.-m.* Conjunto de lenguas altaicas, habladas en el nordeste de Asia, que se divide en dos grupos: meridional y septentrional; como el manchú y el goldo, respectivamente.
túnica (l.; doble etim. *tonga*) *f.* Vestidura interior usada por los ant. romanos y griegos. 2 Vestidura exterior, amplia y larga. 3 Vestido de lana que usan los religiosos debajo del hábito. 4 Telilla pegada a la cáscara en algunas frutas y bulbos. 5 Membrana o capa de tejido que envuelve un órgano o parte del cuerpo. 6 Envoltura de los animales tunicados.
tunicado *adj.-m.* Animal del subtipo de los tunicados. -2 *m. pl.* Subtipo de animales procordados cuya cuerda dorsal se halla localizada en la cola, caracterizados además por segregar una túnica que los protege.
SIN. **Urocordado.**
tunicela (l. *-ella;* dim. de *tunica*) *f.* Túnica (vestidura interior). 2 Vestidura propia del subdiácono, a modo de dalmática. Generalmente hoy no se diferencia de ésta, excepto cuando la usa el obispo en los pontificales debajo de la casulla.
tunicina *f.* Substancia parecida a la celulosa, de que está formada la túnica de los animales tunicados.
túnico (de *túnica*) *m.* Vestidura amplia y larga usada en la Edad Media. 2 *Cuba* y *Guat.* Vestido de mujer. 3 *Amér.* Túnica que usan las mujeres. 4 *Chile.* Túnica de los religiosos.
tunicona *f. Guat.* desp. Persona que pretende aparentar lo que no es, incurriendo en ridiculeces.
tunjano, -na *adj.-s.* De Tunja, cap. del dep. de Boyacá (Colombia).
tunjo (chibcha *tuncho* o *zuncho*) *m. Colomb.* Objeto de oro hallado en las sepulturas de los indios. 2 *Colomb.* y *Cuba.* Higo de tuna.
I) tuno *m. And., Can., Colomb.* y *Cuba.* Higo chumbo.
II) tuno, -na (de *tunar*) *adj.-s.* Tunante. -2 *m.* Componente de una tuna o estudiantina, grupo musical de estudiantes.
tunoso, -sa *adj. Colomb.* Espinoso.
tunqui *m. Bol.* vulg. Gallo de roca, ave.
tunta *f. Bol.* Chuño blanco.
I) tuntún *m. Colomb.* y *Venez.* Especie de anemia.
II) tuntún (al o **al buen ~)** *loc. adv.* Sin reflexión ni previsión; sin conocimiento del asunto.
tuntuneco, -ca *adj. Amér. Central* y *P. Rico.* Tontaina.
tuntuniento, -ta *adj. Colomb.* Anémico.
tuntunita *f. Colomb.* Repetición fastidiosa.
tuñeco, -ca *adj. P. Rico* y *Venez.* Baldado, tullido, manco.
tuñuño *m. Pan.* Hombre mezquino, tacaño.
tupa *f.* Acción de tupir. 2 Efecto de tupir. 3 fig. Hartazgo. 4 *Chile.* Planta lobeliácea con flores grandes de color de grana *(gén. Lobelia).* 5 *Colomb.* Corrida, azoramiento.
tupamaro, -ra *adj.-s.* Miembro de la organización guerrillera y terrorista uruguaya Tupac Amaru.
tupaya *f.* Primate prosimio de Indochina, muy primitivo, con características próximas a los insectívoros; tiene costumbres arborícolas y es omnívoro *(Tupaia* sp.*).*
tupé (fr. *toupet*) *m.* Copete (penacho). 2 fig. Atrevimiento, desfachatez. ◇ Pl.: *tupés.*
tupelo *m.* Árbol caducifolio, originario del N. de América e introducido como ornamental en los jardines de Europa por su follaje otoñal rojo y amarillo brillante *(Nyssa sylvatica).*
tupí *adj.-s.* De un conjunto de tribus amerindias que habitan Brasil y las Guayanas. -2 *adj.-m.* Familia de lenguas precolombinas habladas por los tupís en estos territorios.
tupia *f. Colomb.* Presa de agua, azud. 2 *Colomb.* Hartazgo.
tupiar *tr. Colomb.* Fabricar tupias [en un río]. 2 *Colomb.* Obstruir el cauce [de una acequia]. ◇ ** CONJUG. [12] como ***cambiar.***
tupición *f. Amér.* fig. Confusión, turbación, empacho. 2 *Chile.* Acción de tupir. 3 *Chile.* Multitud de cosas. 4 *Bol.* y *Méj.* Espesura.
tupido, -da *adj.* Espeso (poco separado): *una tupida arboleda.* 2 fig. Obtuso, torpe: *entendimiento ~.* 3 *Can., Amér. Central* y *Perú.* Obstruido. 4 *Chile.* Abundante, copioso. -5 *adv. Amér.* Con frecuencia, con insistencia.
tupinambo (de *tupinambá,* nombre de un pueblo del Brasil) *m.* Aguaturma.
tupir (probl. onomat.) *tr.* Apretar mucho [una cosa] cerrando sus poros o intersticios. 2 *And.* fig. *y* fam. Llenar a alguien de improperios. -3 *prnl.* Hartarse de un manjar o bebida. 4 Ofuscarse la inteligencia por el cansancio. 5 *Amér.* Azorarse, correrse.
SIN. *1* **Entupir.**
tupitaina *f. Extr.* y *Sal.* Hartazgo, tupa.
tupitina *f. And.* Hartazgo, tupa.
tupizeño, -ña *adj.-s.* De Tupiza, c. de la prov. de Sur Chichas, dep. de Potosí (Bolivia).

tupo *m. Argent.* Recipiente de cuero para recoger miel. 2 *Ecuad.* Topo II, alfiler grande.
tuque *m. P. Rico.* Golpe dado en el corvejón de una persona que está de pie, para que doble la pierna.
tuqueque *m. Venez.* Nombre genérico de varios animales saurios *(Thecadactylus rapicaudus; Gonatodes albogularis,* etc.*).*
turanio, -nia *adj.-s.* Del Turán, región del sudoeste de la Unión Soviética, entre el mar Carpio y los montes Altái. -2 *adj.-m.* Altaico (familia de lenguas).
I) turba (fr. *tourbe;* fráncico **turba) f.* Materia combustible de aspecto terroso debida a la descomposición de restos vegetales en sitios pantanosos. 2 Mezcla que se usa como combustible.
II) turba (l.) *f.* desp. Multitud popular.
SIN. **Trulla.**
turbación (l. *-atione) f.* Acción de turbar. 2 Efecto de turbar. 3 Confusión, desorden.
SIN. *1* y *2* **Conturbación,** esp. en sentido moral. *3* **Perturbación.**
turbadamente *adv. m.* Con turbación o sobresalto.
turbador, -ra (l. *-atore) adj.-s.* Que causa turbación.
turbal (de *turba* I) *m.* Turbera.
turbamiento *m.* Turbación.
turbamulta (l. *turba,* desorden, confusión + *multa,* mucha) *f.* desp. Multitud confusa y desordenada.
turbante (turco *dulbend*) *m.* Tocado oriental que consiste en una larga faja de tela rodeada a la cabeza. 2 p. ext. Adorno parecido.
turbar (l. *-are) tr.-prnl.* Alterar o interrumpir la continuidad de una acción o estado: ~, o *turbarse, el trabajo;* ~, o *turbarse, el orden, el silencio;* ~ *a alguno en su reposo* o ~ *el reposo de alguno;* ~ *en la posesión de algo.* 2 fig. Alterar [el ánimo de alguno] de modo que no acierte a hablar ni a proseguir en su tarea: *la desgracia nos turbó el ánimo; el estudiante se turbó en el examen.*
SIN. *1* **Perturbar.** *2* En su uso prnl., **cortarse, embarazarse,** en el hablar.
turbativo, -va *adj.* p. us. Que turba o inquieta.
turbera *f.* Yacimiento de turba.
SIN. **Turbal.**
turbelario *adj.-m.* Gusano de la clase de los turbelarios. -2 *m. pl.* Clase de gusanos platelmintos de pequeño tamaño, marinos y libres; son depredadores, hermafroditas y el desarrollo es directo.
turbia (ant. *turbiar,* turbar) *f.* p. us. Estado del agua corriente enturbiada por arrastrar tierras.
turbiamente *adv. m.* De manera turbia y confusa.
turbidez *f.* Calidad de túrbido o turbio.
túrbido, -da *adj.* Turbio.
turbiedad *f.* Calidad de turbio.
turbieza (de *turbio*) *f.* Turbulencia. 2 Acción de enturbiar o de ofuscar. 3 Efecto de enturbiar o de ofuscar.
turbina (del l. *turbine,* remolino; a través del fr.) *f.* Motor hidráulico consistente en una rueda encerrada en un tambor y provista de paletas curvas sobre las cuales actúa la presión del agua que llega con velocidad de un nivel superior. 2 Máquina de vapor análoga a la turbina hidráulica. 3 Centrifugadora destinada a separar los cristales de azúcar de otros componentes de la melaza.
turbinar *tr.* Purificar el azúcar, utilizando para ello una turbina. 2 Aprovechar el agua de un río, el mar, o una presa, para mover una turbina acoplada a un alternador.
turbino *m.* Raíz del turbit pulverizada.
turbinto *m.* Árbol anacardiáceo de América meridional, que da una buena trementina y cuyas bayas, de ocho milímetros de diámetro, tienen un olor y sabor parecidos a los de la pimienta *(Schinus molle).*
SIN. **Lentisco del Perú, pimentero falso; molle.**
turbio, -bia (l. *turbidu*) *adj.* Mezclado o alterado por una cosa que obscurece o quita transparencia. 2 fig. Revuelto, dudoso, azaroso. 3 fig. Confuso. 4 fig. Deshonesto o de licitud dudosa. -5 *m. pl.* Hez (sedimento), esp. la del aceite. -6 *m. Venez.* Fenómeno marítimo que se manifiesta por el enturbiamiento durante varios días de las aguas del mar.
SIN. *1, 2* y *3* **Túrbido.**
turbión (l. *turbone,* remolino) *m.* Chaparrón con viento fuerte. 2 fig. Multitud de cosas que caen de golpe o que vienen juntas y violentamente.
SIN. *1* **Manga de agua.**
turbit (ár. *turbid*) *m.* Planta convolvulácea de la India, cuyas raíces se han usado como purgantes *(Operculina Turpethum).* 2 ~ *mineral,* sulfato de mercurio, de propiedades purgantes. ◇ Pl.: *turbites.*
REL. *1* La raíz pulverizada es el **turbino.**
turbo- (l. *turbo,* remolino) Elemento prefijal que entra en la formación de palabras con el significado de turbina; apl. a los nombres de aparatos provistos de turbina.
turboalternador (*turbo-* + *alternador*) *m.* Conjunto de un alternador eléctrico y de la turbina que lo mueve.
turbocompresor (*turbo-* + *compresor*) *m.* Turbina acoplada a un compresor centrífugo de alta presión, que se destina a la compresión de un fluido.
turbodinamo (*turbo-* + *dinamo*) *m.* Grupo formado por una turbina y una dinamo.
turbogenerador (*turbo* + *generador*) *m.* Generador eléctrico que comprende una turbina de vapor, directamente acoplada a él.
turbohélice *m.* Turbopropulsor.
turbomotor *m.* Turbina de vapor.
turbonada (ant. *turbón,* turbión) *f.* Fuerte chubasco acompañado de truenos. 2 *Argent.* Vendaval, viento fuerte.
turbopropulsor (*turbo-* + *propulsor*) *m.* Motor de un avión que comprende una turbina de gas unida a una hélice, mediante un reductor de velocidad.
turborreactor (*turbo-* + *reactor*) *m.* Motor de reacción que comprende una turbina de gas, cuya expansión por medio de toberas produce un efecto de propulsión por reacción.
turboventilador (*turbo-* + *ventilador*) *m.* Ventilador movido por una turbina.
turbulencia (l. *-ntia*) *f.* Alteración de las cosas claras y transparentes. 2 fig. Confusión o alboroto. 3 FÍS. Movimiento desordenado de un fluido en el cual las moléculas, en vez de seguir trayectorias paralelas, describen trayectorias sinuosas y forman torbellinos. 4 FÍS. Extensión en la cual un fluido tiene dicho movimiento.
turbulento, -ta (l. *-tu) adj.* Turbio. 2 fig. Confuso, alborotado. 3 FÍS. [corriente fluida] Que tiene turbulencias. -4 *adj.-s.* [pers.] Que promueve disturbios, discusiones, etc.
I) turca *f.* fam. Borrachera (efecto).
II) turca (arauc. *thurca*) *f. Chile.* Tapaculo, ave.
turco, -ca (turco *turc*) *adj.-s.* De un pueblo que, procedente del Turquestán, se estableció en el Asia Menor y en el este de Europa. 2 De Turquía, nación del sudoeste de Asia y del sudeste de Europa: *el gran* ~, el sultán de Turquía. -3 *adj.-m.* Variante lingüística moderna del osmanlí, hablada oficialmente en esta nación. 4 Conjunto de lenguas o dialectos turcomogoles, hablados principalmente en el sudoeste de la Unión Soviética y en Turquía; como el uguz y el chuvash. -5 *m.* fig. Vino no bautizado, sin agua. 6 *S. Dom.* Pastel de harina relleno con carne picada.
SIN. *1* y *2* **Otomano, osmanlí, turquesco, turquí** (inus.). *4* **Turcotártaro.**
turcomano, -na (persa *turcomán*) *adj.-s.* De un pueblo turco, de religión musulmana, que habita en zonas de la Unión Soviética, Afganistán e Irán. -2 *adj.-m.* Dialecto uguz, hablado principalmente en Turkmenistán, república del sur de la Unión Soviética.
turcomogol, -la *adj.-m.* Conjunto de lenguas altaicas, habladas en el centro y el oeste de Asia, que se divide en dos grupos: el turco y el mogol. 2 p. ext. Altaico (familia de lenguas).
turcople (gr. moderno *tourcópoulon*) *adj.-s.* Hijo de padre turco y madre griega.
turcotártaro, -ra *adj.-s.* De un pueblo turco que habita en Turkmenistán, república del sur de la Unión Soviética, y en el noroeste de China. -2 *adj.-m.* Turco (conjunto de lenguas).
turdetano, -na (l. *-nu*) *adj.-s.* De Turdetania, antigua región meridional de España.
túrdiga (probl. der. de *tortu,* torcido) *f.* Tira de pellejo.
SIN. **Tórdiga.**
turdión (fr. *tordion,* de *tordre,* torcer) *m.* Baile medieval, parecido a la gallarda, que consiste en la tercera y última parte de la alemanda. 2 Música de este baile.
túrdulo, -la (l. *-lu*) *adj.-s.* Habitante de una ant. reg. meridional de España. -2 *adj.* Relativo a los túrdulos.
ture *m. Colomb.* Instrumento músico indio, hecho de bambú. 2 *P. Rico* y *S. Dom.* Silla baja y tosca, de madera o cuero, con el respaldo caído hacia atrás.
tureca *f. C. Rica.* Trampa para cazar aves.
turega *f. Colomb.* Mazorcas de maíz atadas por la espata.
turerear *intr. Bol.* Repetir el eco. 2 *Bol.* Dar vueltas concéntricas.

turgencia *f.* Calidad de turgente.
turgente (l.) *adj.* lit. Abultado, hinchado; esp. el cuerpo humano o parte de él. 2 fig. [estilo] Elevado, pomposo. 3 MED. [humor] Que produce hinchazón.
turgescencia *f.* Condición de turgente.
turgescente *adj.* Hinchado por la afluencia de un humor.
túrgido, -da (l. *-du*) *adj.* poét. Turgente (abultado).
turibular *tr.* Incensar.
turibulario *m.* Turiferario.
turíbulo (l. *-lu* < *tus, turis,* incienso) *m.* Incensario.
turiferario (l. *-iu*) *m.* El que lleva el incensario. 2 fig. Lisonjero, adulador.
turífero, -ra (l. *-ifer*) *adj.* Que produce o lleva incienso.
turificación *f.* Acción de turificar. 2 Efecto de turificar.
turificar *tr.* Incensar. ◇ ** CONJUG. [1] como ***sacar.***
turión (l. *turione,* yema I) *m.* Brote que nace de un rizoma.
turismo *m.* Afición a viajar para visitar países y por recreo. 2 Organización de los medios conducentes a facilitar estos viajes. -3 ***adj.-m.*** Automóvil destinado al transporte de personas, con capacidad hasta nueve plazas, incluido el conductor.
turista (ing. *tourist*) ***com.*** El que viaja por turismo.
turístico, -ca *adj.* Relativo al turismo. 2 Que ofrece alicientes a los turistas.
turma (l.) *f.* Testículo. 2 ~ ***de tierra,*** criadilla de tierra.
turmalina (fr. *tourmaline,* probl. de orig. cingalés) *f.* Borosilicato de aluminio que se encuentra en las rocas eruptivas y metamórficas. Algunas de sus variedades se emplean para hacer polariscopios y otras en joyería.
SIN. **Chorlo.**
turmequé *m. Colomb.* Juego de origen indígena que consiste en lanzar tejos o discos metálicos, para introducirlos en bocines colocados a flor de tierra y enfrentados a una distancia aproximada de unos 30 metros.
túrmix (marca registrada) *f.* Batidora eléctrica. ◇ Pl.: *túrmix.*
turmódigo, -ga ***adj.-s.*** Pueblo de la Hispania antigua que habitaba en la actual región de Burgos. 2 De este pueblo. -3 *adj.* Propio o relativo a dicho pueblo.
turnar (fr. *tourner*) ***intr.-prnl.*** Alternar ordenadamente con otras personas en el disfrute de un beneficio, en el desempeño de un cargo o en cualquier trabajo. -2 *tr. Méj.* Remitir [una comunicación a otro departamento].
turnedó (fr. *tounedos*) *m.* Pieza de carne que se saca de los extremos del solomillo.
turnio, -nia *adj.* [ojo] Bizco. -2 ***adj.-s.*** Que tiene ojos turnios. 3 fig. Que mira con ceño.
turno *m.* Alternativa u orden sucesivo que se observa entre las personas que turnan.
SIN. **Tanda, vez.**
turolense ***adj.-s.*** De Teruel.
turón (probl. der. de *toro;* con influjo de ***hurón***) *m.* Mamífero carnívoro mustélido que despide olor fétido *(Putorius putorius).* 2 Comadreja.
turonense (l.) ***adj.-s.*** De Tours, c. de Francia.
turpén *m. S. Dom.* Individuo extraordinario en cualquier sentido.
turpial *m.* Ave paseriforme de América que tiene el plumaje de la parte anterior negro y el posterior y lateral amarillo, con blanco en el ala *(Icterus icterus).*
SIN. **Chillote, trupial.**
I) turquesa (orig. incierto; quizá del fr. ant. *turcais*) *f.* Molde, a modo de tenazas, para hacer bodoques o balas. 2 Molde en general.
II) turquesa (ant. *turqués,* de Turquía) *f.* Fosfato de aluminio con algo de cobre, muy duro, de color azul verdoso, susceptible de gran pulimento, que se usa en joyería. -2 ***adj.-s.*** Color azul verdoso o semejante al de la turquesa. -3 *adj.* De color turquesa.
SIN. *1* **Calaíta.**
turquesado, -da *adj.* Azul obscuro.
turquesco, -ca *adj.* Relativo a Turquía.
FR. *A la turquesca,* al uso de Turquía.
turquí (ár.) *adj.* inus. Turquesco. V. azul turquí. ◇ Pl.: *turquíes.*
turquino, -na *adj.* Turquí.
turra *f. Colomb.* Chito, juego.
turrada *f.* vulg. Pesadez. 2 *Guat.* Rodaja de pan tostado, con ajo y manteca.
turrar (l. *torrere*) *tr.* Tostar o asar [una cosa] en las brasas.
turril *m. Bol.* Ánfora o vasija grande.
turro, -rra *adj. Argent.* Imbécil, estúpido. -2 ***m. f.*** *Argent.* Persona que vive en concubinato. -3 *m. Colomb.* Piedra para jugar al chito, y el mismo juego.
turrón (orig. incierto; probl. der. de *tierra*) *m.* Masa de almendras, avellanas o nueces, tostadas y mezcladas con miel y otros ingredientes. 2 fig. Destino público o beneficio que se obtiene del Estado.
turronada *f.* CONSTR. Argamasa de cal y áridos gruesos.
turronería *f.* Establecimiento en que se vende turrón.
turronero, -ra ***m. f.*** Persona que tiene por oficio hacer o vender turrones.
turrumoto *m. Pan.* vulg. Rimero.
turrutín, -na ***adj.-s.*** *Colomb.* Chiquitín, pequeñuelo.
turubí *m. Argent.* Planta pequeña, aromática, de raíz medicinal *(gén. Jatropha).*
turulato, -ta (voz descriptiva) *adj.* fam. Alelado, estupefacto.
SIN. **Tirulato.**
turuleta *f. P. Rico.* Turulete.
turulete *m. P. Rico.* Cantar de cuna.
turulo *m. Colomb.* Chichón, turupe.
turullo *m.* Cuerno que usan los pastores para llamar y reunir el ganado.
turumba *f. Amér. Central.* Jícara, vaso. 2 *Amér.* ***Volverle a uno*** ~, tarumba.
turumbón *m.* Tolondrón (chichón).
turupe, turupo *m. Colomb.* Tolondrón, chichón.
turupial *m. Venez.* Trupial.
tururú *m.* En algunos juegos, reunir un jugador tres cartas del mismo valor. -2 *adj.* vulg. Loco, chiflado: *estar* ~. -3 ***adv.*** vulg. No, nada, ni hablar.
turuta *m.* MIL. fam. Corneta de un regimiento. -2 *adj.* fam. Loco, chiflado.
tus (No decir ~ ni mus) fr., fig. *y* fam., callar o guardar silencio; sin contradecir lo que se propone o pide.
¡tus!, voz para llamar a los perros: *¡tus, tus!*
I) tusa *f. And.* Hartazgo de algo. 2 *Amér. Merid.* y *Ant.* Carozo, zuro o mazorca de maíz después de desgranada. 3 *Amér. Central* y *Cuba.* Espata u hoja que envuelve a la mazorca del maíz. 4 *And.* y *Cuba.* Pajilla, cigarro. 5 *Chile.* Barbas de la mazorca del maíz. 6 *Chile.* Crines del caballo. 7 *Colomb.* Hoyo de viruela. 8 *Amér. Central* y *Cuba.* Mujer moralmente despreciable. 9 *Colomb., Pan.* y *P. Rico.* Ser despreciable, de baja ralea. 10 *Ecuad.* Susto, preocupación, sufrimiento. 11 *Ecuad.* Deseo vehemente de algo. 12 *Cuba.* fr. fig. ***Dar*** ~, salir corriendo.
II) tusa (der. de *pitusa*) *f. Cuba.* Pantalón vaquero.
III) tusa, expresión para llamar al perro.
IV) tusa *f.* Paliza, caminata o trabajo penoso.
tusanga *f. Venez.* Mazorca grande de maíz.
tusar (relac. con *tusón*) *tr. Ast.* y *Amér.* Trasquilar, esquilar. 2 *Guat.* fig. Murmurar, cortar.
tusca *f. Argent.* Arbusto espinoso, con cuyo fruto se hace aloja *(Acacia aroma).*
tusco, -ca (l. *tuscu*) ***adj.-s.*** Etrusco o toscano.
tusculano, -na (l. *-nu*) ***adj.-s.*** De Túsculo, ant. c. del Lacio.
tusilago *m.* Fárfara (planta).
tuso, -sa *adj. Colomb.* Picado de viruelas. 2 *P. Rico.* Rabón, sin rabo o con el rabo corto. 3 *Colomb.* y *P. Rico.* Pelón, trasquilado a ras.
tusón, -sona (l. *tonsione*) *m.* Vellón (lana; zalea). -2 *f. Amér. Central.* Ramera. -3 *adj. Amér. Central.* Rabón, colín. -4 ***m. f.*** Potro o potranca que no ha llegado a los dos años.
tuspa (quechua) *f. Ecuad.* Tulpa.
tustús *m. P. Rico.* Susto. 2 *P. Rico.* Movimiento acelerado del corazón a causa de miedo o pavor.
tútano *m.* desus. Tuétano. 2 *Hond.* Latigazo. 3 *Pan.* Pangador.
tute (it. *tutti,* todos) *m.* Juego de naipes en que se gana la partida si se reúnen los cuatro reyes o los cuatro caballos. 2 Reunión en este juego de los cuatro reyes o los cuatro caballos. 3 fig. Esfuerzo angustioso que se obliga a hacer a personas o animales en un trabajo o ejercicio: *dar un* ~. 4 fig. Acometida que se da a una cosa en su ejecución, acabándola.
tuteador, -ra *adj.* Que tutea.
tuteamiento *m.* Tuteo.
tutear (imitado del fr. *tutoyer*) ***tr.-rec.*** Hablar [a uno] de tú.
tutela (l.) *f.* Autoridad que, en defecto de la paterna o materna, se confiere para cuidar de la persona y los bienes de aquel que por menoría de edad, o por otra causa, no tiene completa capacidad civil. 2 Cargo de tutor. 3 fig. Protección. 4 DER. ~ ***da-***

tiva, la que se confiere por nombramiento del consejo de familia o del juez; ~ ***ejemplar,*** la que se constituye para curar de la persona y bienes de los incapacitados mentalmente; ~ ***legítima,*** la que se confiere por virtud del llamamiento que hace la ley; ~ ***testamentaria,*** la que se define en virtud de llamamiento hecho en el testamento de una persona facultada para ello.
SIN. *1* **Tutoría.**

tutelaje ***m.*** Acción de tutelar I. 2 Efecto de tutelar I.

I) tutelar ***adj.*** Que guía o protege. 2 DER. Relativo a la tutela.

II) tutelar ***tr.*** Encargarse de la tutela [de alguien]. 2 Ejercer la tutela. 3 Patrocinar [una obra, empresa, persona, etc.].

tuteo ***m.*** Acción de tutear.

tutía (ár.) ***f.*** Atutía.

tutilimundi (it. *tutti li mondi,* todos los mundos) ***m.*** Mundonuevo. 2 *Chile* y *P. Rico.* Todo el mundo, la generalidad de las personas. ◇ Pl.: *tutilimundis.*

tutiplén (a ~) (l. *totu plenu,* todo lleno) ***loc. adv.*** En abundancia. 2 A plena satisfacción.

tuto ***m.*** *Chile.* Muslo de ave. 2 ***loc.*** *Chile.* fam. ***Hacer ~,*** dormir.

tutor, -ra (l.) ***m. f.*** Persona encargada de la tutela de alguien. 2 Persona que ejerce las funciones que la legislación antiguamente señalaba al curador. 3 Rodrigón (caña). 4 fig. Defensor, protector. 5 Profesor encargado de orientar y aconsejar a los alumnos pertenecientes a un curso o a los que estudian una asignatura. 6 DER. ~ ***dativo,*** el nombrado por autoridad competente, a falta del testamentario y legítimo; ~ ***legítimo,*** el designado por la ley civil, a falta de tutor testamentario; ~ ***testamentario,*** el designado en testamento por quien tiene facultad para ello.
SIN. *1* y *2* **Guardador,** p. us.

tutorar ***tr.*** Poner tutores o rodrigones a las plantas.

tutoría ***f.*** Tutela (autoridad). 2 Cargo de tutor. 3 Tiempo dedicado por el profesor a ejercer de tutor.

tutriz (l. *tutrice*) ***f.*** Tutora.

tutti frutti (it.) ***m.*** Helado o dulce compuesto de varios frutos.

tutti quanti (it.) Todo el mundo.

tutu (quechua) ***m.*** *Ecuad.* Cañuto.

tutú ***m.*** Vestido típico de bailarina de danza clásica, consistente en un corpiño ajustado y una falda corta y vaporosa, generalmente de tul. 2 *Argent.* Ave de rapiña, de plumaje verde en el lomo, azul en el pecho y con manchas negras en la cabeza, alas y cola *(Prionites momota).* 3 *S. Dom.* Manjar de harina de maíz, leche de coco, azúcar y habichuelas rojas.

tutuca ***f.*** *Chile.* Trutruca, corneta india. 2 *Nicar.* Bulto. 3 *Nicar.* Chichón.

tutuma ***f.*** *Amér.* Totuma. 2 *Chile.* Chichón, bulto.

tutumito, -ta ***adj.*** *Colomb.* Turulato, lelo.

tutumpote ***m.*** *S. Dom.* irón. *y* desp. Mandamás, el que todo lo puede.

tutureco, -ca ***adj.*** *Hond.* Torpe, zopenco.

tuturuto, -ta ***adj.*** *Amér.* Turulato, lelo. 2 *Amér.* Borracho. 3 *Argent.* y *Chile.* Alcahuete. -4 ***f.*** *Argent.* Alborotadora.

tuturutú (voz onomatopéyica) ***m.*** Sonido de la corneta.

tuxleño, -ña ***adj.-s.*** De Tuxtla Gutiérrez, cap. del estado de Chiapas (Méjico).

tuxpaneco, -ca ***adj.-s.*** De Tuxpán, c. del estado de Veracruz (Méjico).

tuxpeño, -ña ***adj.-s.*** Tuxpaneco.

tuya (gr. *thyía*) ***f.*** BOT. Árbol conífero americano, de madera de mucha duración y resistencia, hojas escamosas y fragantes, y fruto en piñas pequeñas y lisas *(Thuja occidentalis).* 2 Madera de este árbol. 3 ~ ***articulada,*** alerce africano.

tuyo, tuya, tuyos, tuyas (l. *tuu*) ***adj.-pron. poses.*** Forma de 2ª persona que indica la cosa poseída por la persona que escucha. Como adjetivo se usa siempre detrás del nombre o se apocopa en *tu* si lo precede: ***tengo el libro ~,*** tu libro, como pronombre no acompaña al nombre y va siempre precedido del artículo: *el ~;* con la terminación del masculino singular se usa también como pronombre neutro: *lo ~ me interesa.* ◇ V. posesivo. ◇ Pl.: *tuyos, tuyas.*

tuyu ***m.*** *Chile.* Ñandú.

tuyuyú ***m.*** *Argent.* Especie de cigüeña que se encuentra junto a los grandes ríos de América Meridional *(Mycteria americana).*

tuza ***f.*** Mamífero roedor de América del norte, de pequeño tamaño y pelaje obscuro *(Geomys mexicanus).*

tweed (voz inglesa) ***m.*** Paño escocés de lana virgen, que se caracteriza por ser cálido, fuerte y resistente al desgaste, e impermeable. ◇ Se pronuncia *tuid.*

twist (voz inglesa) ***m.*** Baile de origen estadounidense que surgió en 1961 y que se caracteriza por un rítmico balanceo. ◇ Se pronuncia *tuist.*

I) U, u *f.* Vigésima segunda letra del **alfabeto español que representa gráficamente a la vocal alta o cerrada y posterior o velar. 2 *U,* símbolo químico del *uranio.* ◇ Pl.: *úes.*
II) u *conj. disyunt.* Se emplea en substitución de la conjunción *o* cuando precede inmediatamente a otra palabra que empiece por *o,* o por *ho.*
ubajay (guaraní *ibahai*) *m. Argent.* Árbol mirtáceo de fruto comestible *(Eugenia edulis).* 2 *Argent.* Fruto de este árbol.
ubangui *adj.-m.* Lengua sudanesa, hablada en la República Centroafricana y en el norte de Zaire.
ubaque *m. Colomb.* Viento del sur.
ube *m. Filip.* BOT. Planta de la familia de las dioscoráceas, que produce rizomas comestibles *(Dioscorea alata).*
ubérrimo, -ma (l. *-mu*) *adj.* Superlativo de *abundante* y *fértil.*
ubetense *adj.-s.* De Úbeda, c. de Jaén.
ubí (voz indígena) *m. Cuba.* Especie de bejuco de que se hacen canastas *(Vitis sicoides).*
ubicación (l. escolástico *ubicatione*) *f.* Acción de ubicar o ubicarse. 2 Efecto de ubicar o ubicarse.
ubicar (l. *ubi,* en donde) *intr.-prnl.* Estar en determinado espacio o lugar. -2 *tr. Amér.* Situar o instalar [a una persona o cosa] en determinado lugar. 3 *Perú.* Designar los partidos políticos [los candidatos a Diputaciones y Senadurías]. -4 *prnl. Argent.* Colocarse en un empleo. ◇ ** CONJUG. [1] como *sacar.*
ubicuidad *f.* Calidad de ubicuo. ◇ También *ubiquidad.*
SIN. **Omnipresencia.**
ubicuo, -cua (l. *ubique,* en todas partes) *adj.* Que está presente a un mismo tiempo en todas partes; díc. solamente de Dios. 2 fig. [pers.] Que todo lo quiere presenciar y vive en continuo movimiento.
SIN. **Omnipresente.**
ubio *m.* Yugo.
ubiquidad *f.* Ubicuidad.
ubiquitario, -ria (v. *ubicuo*) *adj.-s.* Individuo de una secta protestante que sostenía que el cuerpo de Jesucristo está presente en la Eucaristía, no en virtud de la transubstanciación, sino porque por su divinidad se halla presente en todas partes.
ubita *f. And.* Abubilla.
ubre (l. **ubere* < *uber*) *f.* Teta de la hembra, en los mamíferos. 2 Conjunto de ellas.
ubrera (de *ubre*) *f.* Excoriación en la boca de los niños a causa de la descomposición de la leche.
-ucar, sufijo que, combinado con *-uco,* entra en la formación de verbos: *besucar.*
ucase (ruso *ukáz,* der. de *ukasati,* indicar; a través del fr. *ukase*) *m.* Decreto del zar. 2 fig. Orden gubernativa injusta y tiránica.
uchepo *m. Méj.* Tamal de maíz tierno.
-ucho, -ucha, sufijo que entra en la formación de palabras con significado diminutivo o despectivo: *aguilucho (*de *águila); malucho (*de *malo).*
uchú (quechua) *m. Perú.* Guindilla (fruto).
uchuva *f. Colomb.* Fruta de uchuvo o capulí.
uchuvo *m. Colomb.* Capulí, árbol.
-uco, -uca, sufijo que entra en la formación de palabras con significado despectivo gralte: *hermanuco (*de *hermano), ventanuco (*de *ventana);* se combina con *-ar: abejaruco (*de *abeja).* 2 En *Sant.* es diminutivo y, a menudo, cariñoso: *el sabor de la tierruca.*
ucraniano, -na *adj.-s.* De Ucrania, república de la Unión Soviética.
ucranio, -a *adj.-s.* p. us. Ucraniano. -2 *adj.-m.* Lengua perteneciente al grupo eslavo oriental, hablada principalmente en la república soviética de Ucrania.
ucronía (gr. *ou,* no + *kronos,* tiempo) *f.* Utopía aplicada a la historia; historia reconstruida lógicamente de tal modo que habría podido ser y no ha sido.
ucubitano, -na *adj.-s.* De Úcubi, hoy Espejo, c. de la ant. Bética.
ucumari *m.* Especie de oso que vive en la cadena de los Andes desde Venezuela hasta Chile; tiene unas bandas blancas que le rodean los ojos, mientras el resto de su pelaje es negro *(Tremarctos ornatus).*
SIN. **Oso de anteojos.**
-udo, -uda, sufijo que entra en la formación de palabras denotando posesión en aumentativo: *barbudo (*de *barba), cabezudo (*de *cabeza).*
udo- (l. *udor,* lluvia) Elemento prefijal que entra en la formación de palabras con el significado de lluvia.
udómetro (*udo-* + *-metro*) *m.* Pluviómetro.
-uelo, -uela (l. *-olu*) V. -ico II, -ececico y -ecico.
-ueño, -ueña (l. *-oneu*) Sufijo que históricamente ha entrado en la formación de palabras como *risueño, halagüeño, pedigüeño.*
uesnorueste *m.* Oesnorueste.
uessudueste *m.* Oessudueste.
ueste *m.* Oeste. ◇ HOMÓF.: *hueste.*
uesudueste *m.* Oesudueste.
¡uf! (ár.) Interjección con que se denota cansancio o repugnancia.
ufanamente *adv. m.* Con ufanía.
ufanarse (de *ufano*) *prnl.* Engreírse, jactarse: ~ *con,* o *de, sus hechos.*
ufanía *f.* Calidad de ufano.
ufanidad *f.* desus. Ufanía.
ufano, -na (orig. incierto; probl. germ; relac. con el gót. *ufio,* abundancia, exceso) *adj.* Orgulloso, engreído. 2 fig. Satisfecho, contento. 3 Que obra con mucho desembarazo. 4 fig. [planta] Lozano.
ufo (a ~) (it.) *loc. adv.* p. us. De gorra.

ufología (de la sigla ing. *U.F.O.,* Unidentified Fliying Object + *-logía*) *f.* Estudio de los objetos voladores no identificados.
ufólogo, -ga *adj.-s.* Especialista en ufología.
ugarítico, -ca *adj.-s.* De Ugarit, antigua ciudad del oeste de Siria. -2 *adj.-m.* Lengua cananea, hablada antiguamente en esta ciudad.
ugetista (der. de las siglas del sindicato Unión General de Trabajadores) *adj.-com;* Propio o relativo a la UGT (Unión General de Trabajadores). 2 *com.* Persona afiliada a dicho sindicato.
-ugo, -uga, p. us. sufijo, variante de *-uco, -uca*, que entra en la formación de palabras con significación diminutiva: *pechuga (*de *pecho).*
ugre *m. C. Rica.* Árbol de tronco blanco y erguido, y frutos secos con aguijones *(Oncoba laurina).*
ugro, -gra *adj.-m.* Conjunto de lenguas ugrofinesas, habladas en el este de Europa y en el noroeste de Asia; como el húngaro, el vogul y el ostiako.
ugrofinés. -nesa *adj.* Relativo a los fineses y a otros pueblos de lengua semejante. -2 *adj.-m.* Conjunto de lenguas urálicas habladas en el noreste de Europa y en el noroeste de Asia, que se divide en dos grupos: el ugro y el finés.
SIN. *2* **Finoúgrio, finoúgro.**
uguilla *f. And.* Abubilla.
uguz *adj-s.* De un pueblo turco que habita en el sudoeste de la Unión Soviética. -2 *adj.-m.* Lengua turca, hablada antiguamente en este territorio, de la que proceden dialectos como el osmanlí, el azerí y el turcomano.
¡uh! Interjección con que se denota desilusión o desdén.
uigur *adj.-s.* De un pueblo turco que habita en el noroeste de China. -2 *adj.-m.* Dialecto del yagatay, hablado en este territorio.
uinapú *m. Ecuad.* Brebaje hecho de jora, que embriaga.
-ujar, sufijo que, combinado con *-ujo*, entra en la formación de verbos: *apretujar.*
ujier (fr. *huissier* < *huis* < l. *ostium,* puerta) *m.* Portero de estrados en un palacio o tribunal. 2 Empleado subalterno de algunos tribunales. ◇ También *hujier* y *usier* (ambos p. us.).
-ujo, -uja, sufijo que entra en la formación de palabras con significado despectivo o diminutivo: *blandujo (*de *blando);* puede combinarse con *-ón: blandujón.*
¡ujú! *P. Rico* y *Venez.* Interjección con que se denota desconfianza.
ukelele, ukulele *m.* Instrumento musical de cuatro cuerdas y un largo mástil, más pequeño que una guitarra.
ulaga *f.* Tojo (arbusto).
ulala *f. Bol.* Especie de cacto *(Cactus flageliformis).*
ulano (al. *uhlan,* lancero) *m.* Lancero de caballería en los ant. ejércitos austríaco, alemán y ruso.
úlcera (l., pl. de *ulcus, -eris*) *f.* MED. Solución de continuidad en la piel o en una mucosa que causa desintegración gradual de los tejidos y se acompaña ordinariamente de producción de pus. 2 Daño en la parte leñosa de una planta que se manifiesta por exudación de savia corrompida.
SIN. *1* **Llaga,** es el término gral.; **plaga,** p. us.
ulceración (l. *-atione*) *f.* Acción de ulcerar o ulcerarse. 2 Efecto de ulcerar o ulcerarse.
ulcerante *adj.* Que ulcera.
ulcerar (l. *-are*) *tr.-prnl.* Causar úlcera: *~ el brazo; ~ la piel.*
ulcerativo, -va *adj.* Que causa o puede causar úlceras.
ulceroso, -sa (l. *-osu*) *adj.* Que tiene úlceras. 2 Que presenta el aspecto de úlcera.
ulema (ár. *ulema,* sabios) *m.* Doctor de la ley mahometana, entre los turcos.
-ulento, sufijo de origen latino que entra en la formación de palabras expresando tendencia activa: *flatulento (*de *flato); corpulento (*de *cuerpo).*
ulerear *tr. Chile.* Estirar [la masa] con el ulero o rodillo.
ulero *m. Chile.* Rodillo, uslero.
ulfilano, -na *adj.* Perteneciente o relativo a un carácter de letra gótica, cuya invención se atribuye al obispo Ulfilas (311-383).
uliginoso, -sa (l. *-osu* < *uligine,* humedad de la tierra) *adj.* [terreno] Húmedo. 2 [planta] Que crece en terrenos húmedos.
-ullar, sufijo que, combinado con *-ullo, -ulla*, entra en la formación de verbos: *mascullar (*de *mascar).*
ullmannita *f.* Mineral de la clase de los sulfuros, que cristaliza en el sistema cúbico, de color gris y brillo metálico.
-ullo, -ulla, sufijo que entra en la formación de palabras con significación diminutiva despectiva: *ramulla (*de *rama); zorrullo (*de *zorro).*
ulluco (quechua *ullúcu*) *m. Bol., Ecuad.* y *Perú.* Planta salsolácea que produce un tubérculo comestible parecido a la patata *(Ullucus tuberosus).*
ulmáceo, -a (l. *ulmu,* olmo) *adj.-f* Planta de la familia de las ulmáceas. -2 *f. pl.* Familia de plantas dicotiledóneas que incluye árboles o arbustos de ramas alternas, hojas nervudas y aserradas, flores pequeñas en hacecillos y fruto seco en una sola semilla.
ulmaria *f.* Reina de los prados.
ulmén (arauc. *ghulmen*) *m. Chile.* Entre los indios araucanos, hombre rico, que por serlo es respetado e influyente.
úlmico, -ca *adj.* QUÍM. Perteneciente o relativo a un ácido obtenido por la descomposición de materias animales y vegetales.
ulmo *m. Chile.* Árbol siempre verde con flores blancas, de madera utilísima; es medicinal, y la cáscara se utiliza para curtir *(Eucryphia cordifolia).*
ulotricales *f. pl.* Orden de plantas dentro de las clorofíceas, al que pertenece la lechuga de mar.
ulpear *tr. Chile.* Comer o tomar ulpo.
ulpo (arauc. *ulpu*) *m. Chile* y *Perú.* Poleada hecha con harina tostada.
ulterior (l.) *adj.* Que está de la parte de allá de un sitio o territorio. 2 Que se dice, sucede o se ejecuta después de otra cosa: *recibí noticias ulteriores.*
SIN. *2* v. **Siguiente.**
ulteriormente *adv. m.* Después de un momento dado.
ultílogo *m.* Discurso puesto en un libro después de terminada la obra.
ultimación *f.* Acción de ultimar. 2 Efecto de ultimar.
ultimador, -ra *adj.-s.* Que ultima.
últimamente *adv.* Por último.
ultimar (l. *-are*) *tr.* Concluir [una obra o trabajo]; darle los últimos toques. 2 *Amér.* Matar.
SIN. v. **Terminar.**
ultimato *m.* Ultimátum.
ultimátum (l. *-are,* acabar) *m.* Última proposición, precisa y perentoria, que hace una potencia a otra, y cuya falta de aceptación debe causar la guerra. 2 Resolución definitiva. ◇ No suele usarse en plural.
ultimidad *f.* Calidad de último.
último, -ma (l. *-mu*) *adj.* Posterior a todos los demás en el espacio o en el tiempo: *Don Rodrigo fue el ~ rey de los godos; las últimas páginas de un libro; ~ de todos; ~ entre todos; ~ en la clase;* **por ~**, finalmente. 2 Remoto, escondido: *la ~ pieza de la casa.* 3 Más, excelente, superior. 4 [precio] Que se pide como mínimo o se ofrece como máximo. 5 Definitivo, no sujeto a cambios o modificaciones. 6 [fin, propósito] Que es el objetivo de nuestras acciones.
SIN. *1* **Postrero, postremo, postrimero.** *3* y *4* **Extremo.**
ultra (l.) *prep.* Además de. -2 *adj.-m.* Partido político extremista. -3 *com.* Militante de un partido político extremista: *los ultras protestaron ruidosamente.*
ultra- (l.) Elemento prefijal que entra en la formación de palabras con el significado de más allá, al otro lado de: *ultramar.* 2 Por extensión tiene también significación ponderativa: *ultrafamoso.*
ultracentrífuga *f.* Ultracentrifugadora.
ultracentrifugadora (*ultra-* + *centrifugadora*) *f.* Máquina que centrifuga a gran velocidad, usada para la separación de partículas microscópicas.
ultraconservador, -ra (*ultra-* + *conservador*) *adj.* Relativo a la tendencia política conservadora más radical. -2 *adj.-s.* Partidario de esa tendencia.
ultracorrección (*ultra-* + *corrección*) *f.* Establecimiento de una forma no etimológica, por analogía con otras, correctamente obtenidas: *el corredo de Bilbado.*
ultracorto, -ta *adj.* ELECTR. [onda, esp. radioeléctrica] Que tiene una longitud inferior al metro.
ultrafiltración (*ultra-* + *filtración*) *f.* QUÍM. Separación de partículas coloidales por filtración a través de un filtro coloidal o membrana semipermeable.
ultraísmo *m.* Corriente literaria basada en una renovación total del espíritu y la técnica poética, creada a principios de siglo por poetas españoles e hispanoamericanos.
ultraísta *adj.* Relativo al ultraísmo. -2 *adj.-com.* Partidario de él.
ultrajador, -ra *adj.-s.* Que ultraja.
ultrajante *adj.* Ultrajador.
ultrajar *tr.* Injuriar gravemente de obra o de palabra [a una persona o cosa]: *~ la región; ~ con apodos; ~ de palabra; ~ en la honra.*

ultraje (l. *ultra,* más allá de) ***m.*** Injuria grave de obra o de palabra.

SIN. v. **Insulto.**

ultrajoso, -sa ***adj.*** Que causa o incluye ultraje.

ultraligero (*ultra- + ligero*) ***m.*** Monoplano de reducido tamaño construido con materiales muy poco pesados.

ultramar (*ultra- + mar*) ***m.*** País o territorio colonial de allende el mar.

ultramarino, -na ***adj.*** Que está allende el mar. -2 ***adj.-s.*** Género traído de allende el mar, y esp. comestible que no se altera fácilmente: *tienda de ultramarinos.*

SIN. *1* **Transmarino.** *2* **Colonial,** *almacén de coloniales.*

ultramaro ***adj.*** V. azul ultramaro.

ultramicroscopia ***f.*** Método que permite observar directamente o en fotografía los objetos ultramicroscópicos.

ultramicroscópico, -ca ***adj.*** Tan pequeño que el microscopio por sí solo no basta para hacerlo visible.

ultramicroscopio (*ultra- + microscopio*) ***m.*** Sistema óptico que permite ver los objetos más pequeños que los que se perciben con el microscopio.

ultramoderno, -na (*ultra- + moderno*) ***adj.*** Moderno en extremo.

ultramontanismo ***m.*** Conjunto de doctrinas y opiniones favorables a la autoridad absoluta del Papa en lo concerniente a los asuntos eclesiásticos. 2 p. ext. Clericalismo, teocratismo político. 3 Conjunto de ultramontanos.

ultramontano, -na ***adj.*** Que está allende los montes. 2 Relativo al ultramontanismo. -3 ***adj.-s.*** Partidario de él.

ultramundano, -na ***adj.*** Que excede a lo mundano o está más allá.

ultramundo ***m.*** La otra vida; el trasmundo.

ultranza (a ~) (fr. *outrance*) ***loc. adv.*** A muerte; a todo trance, resueltamente.

ultrapasar (*ultra- + pasar*) ***tr.*** Sobrepasar, exceder [lo permitido, lícito o usual].

ultrapuertos (*ultra- + puerto*) ***m.*** Lo que está más allá o a la otra parte de los puertos. ◇ Pl.: *ultrapuertos.*

ultrarrápido, -da (*ultra- + rápido*) ***adj.*** Muy rápido.

ultrarrojo ***adj.*** Relativo a la parte invisible del espectro solar que se extiende a continuación del color rojo.

ultrasensible (*ultra- + sensible*) ***adj.*** Que es excesivamente sensible.

ultrasónico, -ca ***adj.*** Relativo a los ultrasonidos.

ultrasonido (*ultra- + sonido*) ***m.*** Vibración mecánica de frecuencia superior a la de las que puede percibir el oído.

ultrasonoterapia (de *ultrasonido + -terapia*) ***f.*** MED. Tratamiento mediante ultrasonidos, de algunas enfermedades como las de las articulaciones y las de los nervios, aprovechando sus efectos de vibración y térmicos.

ultratumba (*ultra- + tumba*) ***adv.*** Más allá de la tumba. -2 ***f.*** Lo que se cree o se supone que existe, material o espiritual, después de la muerte.

SIN. **Trasmundo, ultramundo.**

ultraviolado, -da ***adj.*** Relativo a la parte invisible del espectro solar que se extiende a continuación del color violeta.

ultravioleta ***adj.*** Ultraviolado.

ultravirus (*ultra- + virus*) ***m.*** Virus que contiene gérmenes patógenos invisibles, los cuales pasan a través de los filtros. ◇ Pl.: *ultravirus.*

úlula (l.) ***f.*** Autillo (ave).

ululación ***f.*** Acción de ulular. 2 Efecto de ulular.

ulular (l. *-are*) ***intr.*** Dar gritos o alaridos. 2 Hacer el viento un sonido semejante.

ululato (l. *-atu*) ***m.*** Grito, alarido.

ulva ***f.*** Género de algas clorofíceas, cuyo nombre vulgar es *lechuga de mar (*gén. *Ulva).*

umareo (aimara) ***m.*** *Perú.* Primer riego que se practica en un terreno.

umbela (l. *umbella,* quitasol) ***f.*** Inflorescencia en que los pedúnculos arrancan de un mismo punto y se elevan a igual altura: ***~ doble,*** aquella en que cada pedúnculo se ramifica formando una umbela secundaria. 2 Tejadillo, voladizo.

SIN. **Parasol.**

umbelales ***f. pl.*** Orden de plantas dentro de las dicotiledóneas, gralte. herbáceas con los tallos estriados, las hojas divididas y las flores en umbelas.

umbelífero, -ra (de *umbela + -fero*) ***adj.-f.*** Planta de la familia de las umbelíferas. -2 ***f. pl.*** Familia de plantas dicotiledóneas de hojas con pecíolo envainador, flores en umbela y fruto compuesto de dos aquenios; como el apio y el perejil.

SIN. *1* **Aparasolado.**

umbilicación ***f.*** PAT. Presencia de un pequeño hueco, o depresión, en la piel que cubre una lesión.

umbilicado, -da (l. *-atu*) ***adj.*** De figura de ombligo. 2 [cáliz o fruto] Que presenta una depresión comparable a la del ombligo.

umbilical (der. del l. *umbilicu,* ombligo) ***adj.*** Perteneciente o relativo al ombligo: ***cordón ~***, conducto largo y flexible, formado por una reunión de vasos sanguíneos que va del vientre del feto a la placenta.

umbo ***m.*** Parte de la concha de un molusco bivalvo.

umbráculo (l. *-lu*) ***m.*** Cobertizo para resguardar las plantas del sol.

umbral (l. *luminare* < *lumen,* luz; doble etim. *lumbral*) ***m.*** Parte inferior de la puerta, contrapuesta al dintel. 2 fig. Primer paso o entrada de cualquier cosa: *estar en los umbrales de la juventud.* 3 Madero atravesado en lo alto de un vano para sostener el muro que hay encima. 4 fig. Mínimo necesario para que un fenómeno sea perceptible. 5 GEOL. Elevación suave que separa dos valles o cuencas, tanto terrestres como oceánicas. 6 PSICOL. Intensidad mínima de estímulo para producir una sensación perceptible.

SIN. *1* **Tranco.** *1* y *2* **Limen,** lit. *1, 2* y *3* **Lumbral.**

umbralada ***f.*** *Colomb.* Umbral.

umbralado ***m.*** Vano asegurado por un umbral. 2 *Amér. Merid.* Umbral.

umbraladura ***f.*** *Ecuad.* Umbral.

umbralar ***tr.*** ARQ. Poner umbral [al vano de un muro].

umbrático, -ca (l. *-cu*) ***adj.*** Relativo a la sombra. 2 Que la causa.

umbrátil (l. *-ile*) ***adj.*** Umbroso. 2 fig. Que tiene sombra o apariencia de una cosa.

-umbre (l. v. *-umine* < l. *-udine*) Sufijo que entra en la formación de palabras con el significado de repetición, cantidad, dimensión: *muchedumbre, quejumbre, mansedumbre.*

umbrela ***f.*** Parte del cuerpo de la medusa que tiene forma de sombrilla.

umbría (de *umbrío*) ***f.*** Parte del terreno donde apenas toca el sol.

SIN. **Ombría** y **sombría.**

umbrío, -a (l. *umbra,* sombra) ***adj.*** Sombrío (lugar).

umbro, -a ***adj.-s.*** De un pueblo antiguo prerromano establecido en el centro de la península italiana. -2 ***adj.-m.*** Lengua itálica hablada por este pueblo.

umbroso, -sa (l. *-osu*) ***adj.*** Que tiene sombra (*sombrío*) o la causa.

umeche ***m.*** *Bol.* Cera vegetal.

un, una (el m. apóc. de *uno*) Según algunas teorías gramaticales, artículo indeterminado en género masculino y femenino; tiene singular y plural: *un libro; una casa; unos hombres; unas flores.* 2 Ús. enfáticamente para ponderar la personalidad: *¡un Avellaneda competir con un Cervantes!* ◇ V. uno y artículo.

una y una ***f.*** *P. Rico.* Baile campesino.

unalbo, -ba ***adj.*** [caballería] Que tiene calzado un pie o una mano.

unamuniano, -na ***adj.*** Relativo al escritor español Unamuno (1864-1936).

unánime (l. < *unu* y *animu,* ánimo) ***adj.*** [conjunto de personas] Que conviene en un mismo parecer. 2 Relativo a este parecer.

unánimemente ***adv. m.*** De manera unánime.

unanimidad (l. *-itate*) ***f.*** Calidad de unánime.

uncia (l.) ***f.*** Ant. moneda romana de cobre (duodécima parte del as). 2 DER. Entre romanistas, duodécima parte de la masa hereditaria.

uncial (l. *-ale,* de una pulgada) ***adj.-s.*** V. letra ~. 2 [sistema de escritura] Que empleaba dichas letras.

uncidor, -ra ***adj.-s.*** Que unce o sirve para uncir.

unciforme (l. *uncu,* garfio + *-forme*) ***adj.-m.*** Hueso de la segunda fila del carpo.

uncineño, -ña ***adj.-s.*** De Uncía, c. de la prov. de Bustillo del dep. de Potosí (Bolivia).

unción (l. *unctione*) ***f.*** Acción de ungir. 2 Extremaunción. 3 Gracia especial del Espíritu Santo, que mueve al alma a la virtud y perfección. 4 Devoción con que se expone una idea, se realiza una obra, etc. 5 MAR. Vela muy pequeña que llevan las lanchas pesqueras y que se iza cuando se arrían las otras. -6 ***f. pl.*** desus. Unturas de ungüento mercurial.

uncionario, -ria *adj.* Que está tomando las unciones o convaleciente de ellas. -2 *m.* Aposento en que se toman.
uncir (l. *iungere*) *tr.* Atar al yugo [un animal]: ~ *los bueyes al carro;* ~ *macho con mula.* ◇ ** CONJUG. [3] como *zurcir.*
SIN. **Enyugar.**
uncu (quechua) *m. Perú.* Especie de camiseta larga, o sotanilla.
undante (l.) *adj.* poét. Ondoso.
undecágono, -na *adj.-m.* Endecágono.
undécimo, -ma (l. *-mu*) *adj.-s.* Parte que, junto con otras diez iguales, constituye un todo; **NUMERACIÓN -2 *adj.* Que ocupa el último lugar en una serie ordenada de once.
SIN. *1* **Onceavo; onzavo.** *2* **Onceno.**
undécuplo, -pla (l. *-plu*) *adj.-s.* Que contiene un número once veces exactamente.
undisonante *adj.* Undísono.
undísono, -na (l. *-nu*) *adj.* poét. [agua corriente] Que causa ruido.
SIN. **Ondisonante.**
undívago, -ga (l. *-gu*) *adj.* poét. Que ondea como las olas.
-undo, -unda, sufijo que entra en la formación de adjetivos de origen latino: *rotundo, rubicundo.*
undoso, -sa (l. *-osu*) *adj.* lit. Ondoso.
undulación *f.* Acción de undular. 2 Efecto de undular. 3 FÍS. Ondulación (movimiento).
undulante *adj.* Ondulante.
undular (l. *undula,* ola pequeña) *intr.* Ondular (moverse).
undulatorio, -ria *adj.* Ondulatorio.
undulipodio *m.* Flagelo.
ungido *m.* Persona que ha sido signada con el óleo santo.
ungimiento *m.* Acción de ungir. 2 Efecto de ungir.
ungir (l. *-ere*) *tr.* p. us. Frotar [una cosa] con una materia pingüe, esp. con aceite. 2 Signar [a una persona] con óleo sagrado: ~ *por obispo.* ◇ ** CONJUG. [6] como ***dirigir.***
SIN. *1* **Untar.**
ungueal *adj.* ANAT. Perteneciente o relativo a las uñas.
ungüentario, -ria (l. *-iu*) *adj.* Relativo a los ungüentos o que los contiene. -2 *m.* El que tiene por oficio hacer ungüentos. 3 Sitio en que se guardan los ungüentos.
ungüento (l. *-tu*) *m.* Lo que sirve para ungir o untar. 2 Medicamento que se aplica al exterior, compuesto de sustancias grasas. 3 Compuesto de simples olorosos, usado antiguamente para embalsamar cadáveres. 4 fig. Cosa que ablanda el ánimo o la voluntad.
SIN. *4* **Unto.**
unguiculado, -da (l. *unguicula,* uña pequeña) *adj.* [animal] Que tiene los dedos provistos de uñas. 2 [pétalo] Que tiene uña.
unguis (l., uña) *m.* Hueso pequeño situado en el ángulo interno de la órbita del ojo. ◇ Pl.: *unguis.*
ungulado (l. *-atu*) *adj.-m.* Mamífero cuyas extremidades terminan en pezuña y de régimen vegetariano; como los perisodáctilos y artiodáctilos.
ungular *adj.* Relativo a la uña.
uni *f.* fam. Universidad.
uni- (l. *unus,* uno) Elemento prefijal que entra en la formación de palabras con el significado de uno, uno solo.
SIN. **Mono-.** CONTR. **Pluri-, multi-.**
uniáxico (*uni-* + l. *axis,* eje) *adj.* [cristal] Que sólo tiene un eje óptico.
unible *adj.* Que puede unirse.
únicamente *adv. m.* Sola o precisamente.
unicameral *adj.* [organización del Estado] Que tiene una sola cámara legislativa, a diferencia de *bicameral.*
unicaule (l. < *uni-* + *-caule*) *adj.* [planta] Que sólo tiene un tallo.
CONTR. **Multicaule.**
unicelular (*uni-* + *celular*) *adj.* Que consta de una sola célula.
CONTR. **Multicelular; pluricelular.** SIN. **Monocelular.**
unicidad *f.* Calidad de único.
único, -ca (l. *-cu*) *adj.* Solo y sin otro de su especie: ~ *en su línea;* ~ *entre mil;* ~ *para el objeto.* 2 fig. Singular, extraordinario.
SIN. *1* **Uno.**
unicolor (l. < *uni-* + *color*) *adj.* De un solo color.
SIN. **Monocolor, monocromo.** CONTR. **Multicolor, policromo.**
unicornio (l. *-neu*) *m.* Animal fabuloso de figura de caballo y con un cuerno recto en mitad de la frente. 2 Rinoceronte. 3 ~ ***de mar*** o ***marino,*** narval. 4 Marfil fósil de mastodonte. 5 Constelación austral situada entre Orión y la Hidra.
SIN. *1* **Monoceronte; monocerote.**
unidáctilo, -la (*uni-* + *-dáctilo*) *adj-s.* ZOOL. Que tiene un solo dedo.
unidad (l. *-itate*) *f.* Propiedad de lo que constituye un todo indivisible: *la* ~ *del alma.* 2 Propiedad de lo que constituye un todo formado de partes concordantes: ~ ***de acción, de lugar y de tiempo,*** en una obra dramática, el hecho de tener ésta una sola acción principal cuyas partes ocurran en el mismo lugar, sin intervalo de tiempo considerable. 3 Unicidad, en oposición a pluralidad: *la* ~ *de Dios.* 4 Cantidad elegida como término de comparación para medir las demás de su especie: ~ *de longitud;* ~ *de peso.* 5 MAT. El número entero más pequeño. 6 MIL. Fracción del ejército que puede obrar independientemente bajo las órdenes de un jefe.
unidamente *adv. m.* Juntamente.
unidimensional (*uni-* + *dimensional*) *adj.* Que sólo tiene una dimensión.
CONTR. **Multidimensional.**
unidireccional (*uni-* + *direccional*) *adj.* Que tiene o va en una sola dirección.
unido, -da *adj.* Que tiene unión. 2 [pers.] Que quiere mucho a otra persona o se compenetra con ella.
unidor, -ra *adj.* Que une.
unifamiliar (*uni-* + *familiar*) *adj.* Que corresponde a una sola familia.
unifax *m.* Sistema de transmisión a distancia de fotografías sin brillo. ◇ Pl.: *unifax.*
unificación *f.* Acción de unificar o unificarse. 2 Efecto de unificar o unificarse.
unificador, -ra *adj.-s.* Que unifica.
unificar (de *uni-* y l. *facere,* hacer) *tr.-prnl.* Hacer de [varias cosas] una o un todo. 2 Hacerlas uniformes. ◇ ** CONJUG. [1] como ***sacar.***
SIN. *1* **Adunar; aunar.**
unifilar *adj.* Que tiene un solo hilo.
unifoliado, -da *adj.* Que tiene una sola hoja.
uniformador, -ra *adj.* Que uniforma.
uniformar *tr.* Hacer uniforme [una cosa]. 2 Hacer uniformes [dos o más cosas]: ~ *una cosa a,* o *con, otra.* 3 Vestir [a alguien] con un uniforme.
SIN. *2* **Hermanar.**
uniforme (l.) *adj.* Que tiene la misma forma, manera de ser, intensidad, etc., en toda su duración o extensión: *vida* ~; *estilo* ~. 2 [cosa] Que tiene la misma forma [que otra]. -3 *m.* Vestido peculiar y distintivo que usan los individuos pertenecientes a un mismo cuerpo, colegio, etc.
SIN. **Monomorfo.** CONTR. **Multiforme; polimorfo.**
uniformemente *adv. m.* De manera uniforme.
uniformidad (l. *-itate*) *f.* Calidad de uniforme.
uniformizar *tr.* Mezclar suficientemente los componentes [de una masa] para que todas sus porciones tengan la misma composición. ◇ ** CONJUG. [4] como ***realizar.***
unigénito, -ta (l. *-tu,* de *unu,* único + *genitu,* engendrado) *adj.* [hijo] Único. 2 p. ant. ***El Unigénito,*** el Hijo de Dios.
unigrafía *f.* Contabilidad por partida simple.
unilateral (*uni-* + *lateral*) *adj.* Que se refiere solamente a una parte o a un aspecto de alguna cosa: *contrato* ~. 2 [manifestación o acto] Que sólo obliga al que lo hace. 3 BOT. Que está colocado solamente a un lado. 4 LING. [variante de sonido articulado] Cuya característica fisiológica es la emisión del aire por un solo lado de la boca.
CONTR. **Multilateral; plurilateral.**
unilateralmente *adv. m.* De manera unilateral.
unilineal (*uni-* + *lineal*) *adj.* Que consta de, o afecta a, una sola línea.
unimismar *tr.* p. us. Identificar, unificar.
uninervio, -a *adj.* V. hoja uninervia.
uninucleado, -da (de *uni-* + *núcleo*) *adj.* Mononuclear.
unión (l. *unione*) *f.* Acción de unir o unirse en sus diversas acepciones: ~ *del alma y el cuerpo;* ~ *entre hermanos;* ~ *matrimonial;* ~ *del oxígeno y del hidrógeno;* ~ *de dos partidos;* ~ *de los beneficios;* ~ *de la herida;* ~ *de dos sílabas;* ~ *a la comitiva.* 2 Efecto de unir o unirse. 3 Sortija compuesta de dos enlazadas. 4 *Chile.* Entredós de bordado o encaje.
SIN. *3* **Concordia.**
unionense *adj.-s.* De La Unión, prov. de Filipinas. 2 De La Unión, c. y dep. de El Salvador.
unionismo *m.* Conjunto de principios de los unionistas.
unionista *adj.* [partido, doctrina, etc.] Que mantiene o propaga cualquier idea de unión. -2 *adj.-com.* Partidario de esta idea.

uníparo, -ra (*uni-* + *-paro*) *adj.* Que da a luz un solo hijo: *género* ~.

unípede (l.) *adj.* De un solo pie.

unipersonal (*uni-* + *personal*) *adj.* Que consta de una sola persona. 2 Relativo a una sola persona. 3 GRAM. V. verbo ~.

unipolar *adj.* ELECTR. Que tiene un solo polo.

unir (l. *-ire*) *tr.* Juntar [dos o más cosas] entre sí, haciendo de ellas un todo: ~ *la hoja del cuchillo al mango* o *con el mango;* en gral., atar o juntar [cosas materiales o inmateriales]: ~ *dos sílabas;* ~ *las voces.* 2 Acercar física o moralmente [una cosa a otra] para que formen un conjunto y concurran al mismo fin: ~ *dos partidos;* ~ *en la comida el pan y la carne;* concordar [las voluntades o pareceres]: ~ *las opiniones.* 3 Mezclar o poner en contacto [dos o más substancias] para que se uniformicen o constituyan un nuevo cuerpo: ~ *el oxígeno con el hidrógeno.* 4 Agregar [un beneficio] a otro. 5 Casar III. 6 CIR. Cerrar [la herida]. -7 *prnl.* Convenirse varios para el logro de algún intento: *unirse en comunidad; unirse a,* o *con, los compañeros.* 8 Estar muy cercana o contigua una cosa de otra: *el jardín se une a la casa.* 9 Agregarse uno a la compañía de otro u otros: *me uní a mi hermano; unirse a la comitiva.*

SIN. *1, 2, 7* y *8* v. Juntar. *2* **Hermanar.**

unisex *adj.* Apto para ambos sexos: *moda* ~. ◇ Pl.: *unisex.*

unisexuado, -da *adj.* BIOL. Que tiene un solo sexo.

unisexual (*uni-* + *sexual*) *adj.* De un solo sexo: *flor* ~.

unisón *adj.* Unísono. -2 *m.* MÚS. Conjunto de dos o más voces o instrumentos, que interpretan al mismo tiempo la misma nota.

unisonancia (*uni-* + l. *sonare,* sonar) *f.* MÚS. Concordancia y condición de dos o más sonidos que tienen el mismo tono. 2 fig. Monotonía, persistencia del orador en un mismo tono de voz.

unisonar *intr.* Sonar al unísono dos o más voces o instrumentos. ◇ ** CONJUG. [31] como *contar.*

unísono, -na (l. *-nu*) *adj.* Que tiene el mismo tono que otra cosa. -2 *m.* MÚS. Trozo de música en que las varias voces o instrumentos suenan en idénticos tonos.

LOC. *Al* ~, en el mismo tono; fig., sin discrepancia, con unanimidad.

unitario, -ria (del l. *unitate,* unidad) *adj.-s.* Partidario del unitarismo. -2 *adj.* Que propende a la unidad o la conserva.

unitarismo *m.* Secta protestante que acepta la moral de Jesucristo, pero niega su divinidad, y no reconoce en Dios más que una sola persona. 2 Doctrina política favorable a la unidad y centralización. 3 Partido que profesa esta doctrina.

unitarista *adj.* Perteneciente o relativo al unitarismo. -2 *com.* Partidario del unitarismo.

unitivo, -va (l. *-vu*) *adj.* Que tiene virtud de unir.

univalente *adj.-s.* QUÍM. Monovalente.

univalvo, -va *adj.* [concha] De una sola pieza; [molusco] que tiene esta clase de concha. 2 [fruto] Cuya cáscara o envoltura no tiene más que una sutura.

universal (l. *-ale*) *adj.* Que comprende o es común a todos. 2 Que pertenece o se extiende a todo el mundo, a todos los países, a todos los tiempos. 3 p. us. [pers.] Versado en muchas ciencias. 4 DIAL. Lo que por su naturaleza es apto para ser predicado de muchos. -5 *m. pl.* En la filosofía medieval, las ideas generales, los conceptos, que Aristóteles (384-322 a. C.) había clasificado en cinco grupos: el género, la especie, la diferencia, lo propio y el accidente: ***el problema de los universales,*** la cuestión de si los universales tienen existencia propia (como afirma el realismo) o si sólo son productos del pensamiento humano (como sostiene el nominalismo).

SIN. *1* v. **General.** *2* **Cosmopolita,** se aplica al hombre y a las relaciones personales de los hombres de diferentes países entre sí: *hombre cosmopolita, ambiente cosmopolita*; **mundial** y **universal,** abarca cuanto está en el Universo, no sólo en la Tierra; **católico** y **ecuménico,** en su acep. etimológica, significan universal, pero se usan muy poco con este valor, fuera de lo religioso; **internacional,** es lo referente a todas las naciones consideradas como entidades separadas.

universalidad (l. *-itate*) *f.* Calidad de universal. 2 DER. En una herencia, conjunto de bienes y obligaciones del difunto.

universalísimo, -ma *adj.* LÓG. [género supremo] Que comprende otros géneros inferiores que también son universales.

universalismo *m.* Doctrina ética que afirma la comunidad humana o la humanidad como objeto en el que ha de realizarse la acción moral. 2 Doctrina o crencia según la cual todos los hombres pueden eventualmente salvarse. 3 Universalidad.

universalista *adj.-s.* Relativo al universalismo. -2 *adj.-com.* Partidario de él.

universalización *f.* Acción de universalizar. 2 Efecto de universalizar.

universalizar *tr.* Hacer universal [una cosa]. ◇ ** CONJUG. [4] como *realizar.*

universalmente *adv. m.* De manera universal.

universidad (l. *-itate*) *f.* Institución de enseñanza superior que comprende diversas escuelas denominadas facultades, colegios, institutos o departamentos, según las épocas y países, y que confiere los grados académicos correspondientes. 2 Edificio destinado a una universidad. 3 Universalidad.

REL. *1* El presidente de la universidad es el **rector,** que es a la vez jefe de los establecimientos docentes oficiales de su *distrito universitario*; **decano,** director de cada una de las facultades (v. facultad).

universitario, -ria *adj.* Relativo a la universidad. -2 *m. f.* Profesor, graduado o estudiante de universidad.

universo, -sa (l. *-su*) *adj.* Universal. -2 *m.* Mundo (lo creado). 3 Conjunto de individuos o elementos cualesquiera en los cuales se consideran una o más características que se someten a estudio estadístico.

univocación (l. *-atione*) *f.* Acción de univocarse. 2 Efecto de univocarse.

unívocamente *adv. m.* De manera unívoca.

univocarse *prnl.-tr.* Convenir en una razón misma [varias cosas]. ◇ ** CONJUG. [1] como *sacar.*

univocidad *f.* Calidad o condición de unívoco.

unívoco, -ca (*-cu*) *adj.-s.* Que tiene igual naturaleza o valor que otra cosa. 2 Que sólo puede tener una significación o tomarse en un sentido. 3 Que se refiere sólo a un aspecto. 4 LÓG. [término] Que con la misma significación se predica de varios individuos. 5 V. correspondencia unívoca.

¡unjú! *Ant.* y *Venez.* Interjección con que se denota ironía o desconfianza.

uno, una (l. *unu*) *adj.* [numeral cardinal] Que por adición da origen a todos los de la serie numérica; **NUMERACIÓN. 2 Que no está dividido en sí mismo; íntegro: *España una.* 3 [pers. o cosa] Identificado o unido materialmente con otro: *somos unos; es* ~ *con su arma.* 4 Idéntico, lo mismo: *esa razón y la que yo digo es una.* 5 Único (solo). -6 *adj. indef. pl.* Algunos: *unos años después.* 7 Antepuesto a número cardinal, poco más o menos: *valdrá unas mil pesetas.* -8 *pron. indef.* Con sentido distributivo se usa contrapuesto a otro: *el* ~ *leía, el otro estudiaba; unos leían, otros estudiaban.* 9 Se usa en singular con el verbo en tercera persona para significar impersonalmente el que habla: ~, o *una, no sabe qué hacer;* se usa en singular o en plural significando una o unas personas: ~ *lo dijo; unos lo contaron anoche.* -10 *m.* Unidad (cantidad). 11 Signo con que se expresa la unidad. 12 Individuo de cualquier especie. ◇ HOMÓF.: *huno, -na.*

FRS. *A una,* a un tiempo, unidamente: *uno a uno, de uno en uno* o *uno por uno,* separada o distintamente, por orden de personas o cosas; *uno a otro,* mutua o recíprocamente; *uno por otro,* trocando los términos; *en uno,* con unión o de conformidad, o juntamente; *uno tras otro,* sucesivamente o por orden sucesivo; *cada uno,* cualquier persona considerada individualmente; *uno con otro,* varias cosas tomadas en conjunto, compensándose entre sí; *uno con otro se venden a peseta; uno que otro,* algunos pocos de entre muchos; *uno de tantos,* uno cualquiera, sin ninguna calidad especial; *una y no más,* expr. con que se denota la resolución de no reincidir en alguna cosa. REL. *1* **Uni-,** es la forma que toma en composición: unicelular, unísono; **mono-,** prefijo gr. que toman muchas voces cultas y técnicas: *monótono, monocárpico.*

-uno, -una, sufijo que entra en la formación de palabras indicando pertenencia o relación: *frailuno (de fraile); boyuno (de buey).*

uno y una *m. P. Rico.* Una y una.

untada *f. Ál., Ar., Logr.* y *Nav.* Rebanada de pan con manteca, miel, etc.

untador, -ra *adj.-s.* Que unta.

untadura *f.* Acción de untar o untarse. 2 Efecto de untar o untarse. 3 Untura (materia).

untamiento *m.* Untadura (acción y efecto).

untar (l. v. *unctare* < l. *ungere,* untar) *tr.* Ungir [algo] con materia grasa: ~ *con,* o *de, aceite.* 2 fig. Sobornar [a uno] con dones o dinero. -3 *prnl.* Mancharse con materia untuosa. 4 fig. Quedarse con algo de lo que se maneja.

untaza *f.* Unto (gordura).

unto (l. *unctu* < *ungere,* untar) *m.* Materia pingüe a propósito para untar. 2 Craso o gordura del cuerpo animal. 3 Tocino y embutidos de los potes y cocidos. 4 esp. *y* fig. Ungüento. 5 *Amér.* Untadura. 6 *Chile.* Betún para el calzado.

untoso, -sa *adj.* Untuoso. 2 fig. Sobón.

untuosidad *f.* Calidad de untuoso.
untuoso, -sa (de *unto*) *adj.* Craso, pingüe y pegajoso.
untura (l. *unctura*) *f.* Untadura (acción y efecto). 2 Materia con que se unta.
uña (l. *ungula,* uña, garra) *f.* Lámina córnea y dura que nace y crece en las extremidades de los dedos: *cortarse las uñas.* 2 Pezuña: *a ~ de caballo,* a todo correr del caballo. 3 Gancho terminal del tarso de los insectos. 4 Cosa que recuerda por su forma a la uña de los dedos: *~ del alacrán,* punta de su cola. 5 Tetón. 6 Dátil (molusco). 7 *~ de caballo,* fárfara (planta). 8 *~ gata,* gatuña. 9 *~ de gato,* planta crasulácea de hojas carnosas y casi cilíndricas, y flores de color amarillo pálido o blanco verdoso en cimas arqueadas *(Sedum sediforme).* 10 Espina corva de algunas plantas. 11 Especie de dedal que usan las cigarreras para cerrar y doblar los extremos de los pitillos. 12 Pequeño buril en forma de rombo usado por los cerrajeros y grabadores en metal. 13 BOT. Angostura que tienen algunos pétalos en su parte inferior y que corresponde al pecíolo de la hoja transformada en pétalo. 14 MAR. Punta triangular en que rematan los brazos del ancla. 15 *Chile.* Araña venenosa.
REL. *1* **Unguiculado,** animal que tiene uña; v. **onico-,** tecn. FR. *Ser ~ y carne dos personas,* fig., ser muy amigas. *Tener una cosa en la ~,* saberla muy bien. *Ser largo de uñas,* tener inclinación al robo; *largo de uñas,* ladrón, ratero.
uñada f. Señal hecha con el filo de la uña. 2 Impulso dado a una cosa con la uña. 3 Arañazo.
uñado, -da *adj.* [cuadrúpedo] Con la pezuña de un esmalte distinto al del cuerpo.
uñagata *f.* Uña gata, gatuña (planta).
uñar *tr. Ecuad.* Robar cautelosamente.
uñarada *f.* Arañazo.
uñate *m.* Acción de apretar una cosa con la uña. 2 Efecto de apretar una cosa con la uña. 3 Juego de niños que se ejecuta impulsando con la uña un alfiler hasta cruzarlo con el contrario.
uñatear *tr. Bol.* Escamotear, hurtar.
uñera *f. Argent.* Matadura callosa en el lomo de la caballería.
uñero *m.* Inflamación en la raíz de la uña. 2 Herida que produce la uña cuando, al crecer viciosamente, se introduce en la carne.
uñeta *f.* Dim. de *uña.* 2 Cincel de boca ancha que usan los canteros. 3 CARP. Arrancaclavos pequeño, que se golpea con martillo. 4 *Chile.* Especie de plectro o dedal de carey de que usan los tocadores de instrumentos de cuerda. -5 *m. pl. Amér. Central* y *Colomb.* Ratero, largo de uñas.
uñetazo *m.* Uñada.
uñetear *tr. Chile.* Escamotar, hurtar.
uñí *m. Chile.* Murtilla.
uñidura *f.* Acción de uñir. 2 Efecto de uñir.
uñigal *adj. Argent.* Doñegal.
uñir *tr.* Uncir. ◇ ** CONJUG. [40] como *muñir.*
uñoperquén *m. Chile.* Planta campanulácea con flores blancas algo azuladas *(Wahleubrgia linarioides).*
uñoso, -sa *adj.* Que tiene largas las uñas. 2 [animal] Despeado.
uombat *m.* Mamífero marsupial de Tasmania y Australia, parecido a un pequeño oso, de color gris oscuro moteado de blanco *(Phascolomys ursinus).*
upa (quechua) *adj. Ecuad.* y *Perú.* Tonto, imbécil.
¡upa! (voz descriptiva) Voz para estimular a levantar algo o levantarse. ◇ También *¡aupa!*
upar *tr.* Aupar.
¡upé! *C. Rica.* Interjección que se usa al entrar en una casa para llamar a sus habitantes.
uperizar *tr.* Esterilizar un alimento mediante la inyección de vapor muy caliente: *leche uperizada.* ◇ ** CONJUG. [4] como *realizar.*
upite *m. Argent.* Ano de pájaro.
upupa *f.* Abubilla.
ura *f. Argent.* Gusano que se cría en las heridas de algunos animales.
-ura, sufijo que entra en la formación de nombres abstractos o concretos aplicado a adjetivos y verbos: *bravura* (de *bravo*); *montura* (de *montar*); *abertura* (de *abierto*).
urajear *intr.* Grajear.
uralaltaico, -ca *adj.-s.* Uraloaltaico.
urálico, -ca *adj.-m.* Familia de lenguas del tronco uraloaltaico, habladas en el noreste de Europa y el noroeste de Asia, que se divide en dos grupos: el ugrofinés y el samoyedo.
uralita *f.* Nombre registrado de una mezcla de cemento y amianto, con la cual se fabrican placas empleadas para cubiertas de construcción y otros usos.
uraloaltaico, -ca *adj.-s.* De la región comprendida entre los montes Urales y los montes Altái, en el centro de Asia. -2 *adj.-m.* Hipotético tronco lingüístico, constituido por el urálico y el altaico. ◇ También *uralaltaico.*
Urania *n. pr.* MIT. Musa de la Astronomía.
uránico, -ca *adj.* Relativo al uranio.
uránidos *m. pl.* Serie de elementos radiactivos naturales que incluye el uranio.
uranífero, -ra (de *uranio* + *-fero*) *adj.* Que contiene uranio.
uraninita *f.* Mineral radiactivo de la clase de los óxidos, que cristaliza en el sistema cúbico. Es de color negro, tiene brillo submetálico o graso y raya pardo obscuro. Cuando es compacta y amorfa se conoce por pecblenda.
I) uranio (de *Uranio*) *m.* Metal duro, muy denso, de color parecido al del níquel. Su símbolo es *U,* su peso atómico 238,5 y su número atómico 92. Tiene varios isótopos radioactivos. 2 *~ enriquecido,* metal fisionable en que la proporción de isótopo fisionable está aumentada con relación a su proporción natural.
II) uranio, -nia (gr. *ouranós,* cielo) *adj.* Relativo a los astros y al espacio celeste.
uranita *f.* Nombre común de los fosfatos de uranio.
urano *m.* QUÍM. Óxido natural del uranio.
urano- (gr. *ouranós*) Elemento prefijal que entra en la formación de palabras con el significado de cielo.
Urano (l. *-nu* < gr. *Ouranós*) *n. pr.* MIT. Personificación del cielo, padre de Saturno, del Océano, de Cronos, de los titanes y de los cíclopes. 2 Planeta mayor que la Tierra, cuya órbita se halla entre las de Saturno y Neptuno. Tiene ocho satélites.
uranografía (*urano-* + *-grafía*) *f.* Cosmografía.
uranógrafo, -fa *m. f.* Cosmógrafo; persona que profesa la uranografía o tiene en ella especiales conocimientos.
uranolito (*urano-* + *-lito*) *m.* Aerolito.
uranometría (*urano-* + *-metría*) *f.* Parte de la astronomía que trata de la medición de las distancias celestes.
uranoplastia (*urano-* + *-plastia*) *f.* MED. Operación plástica que consiste en cerrar una fisura de paladar.
urao (voz caribe) *m.* Trona.
urape *m. Venez.* Arbusto leguminoso *(Bauhinia multinervia).*
urato (de *urea*) *m.* Sal del ácido úrico.
urbanamente *adv.* Con urbanidad.
urbanidad (l. *-itate*) *f.* Cortesanía, buenos modales, cortesía, educación.
urbanificación *f.* Ordenación de un terreno según los principios del urbanismo.
urbanismo *m.* Conjunto de estudios, proyectos, etc., referentes a la urbanización o a las reformas y servicios urbanos.
urbanista *adj.* Relativo al urbanismo. -2 *com.* Persona que profesa el urbanismo.
urbanístico, -ca *adj.* Relativo al urbanismo. -2 *f.* Ciencia y arte del urbanismo.
urbanizable *adj.* Que se puede urbanizar.
urbanización *f.* Acción de urbanizar. 2 Efecto de urbanizar. 3 Terreno delimitado artificialmente para establecer en él un núcleo residencial urbanizado.
urbanizador, -ra *adj.-f.* Persona o empresa que se dedica a urbanizar terrenos.
urbanizar *tr.-prnl.* Hacer urbano [a uno]. -2 *tr.* Abrir calles [en un terreno] y dotarlas de servicios urbanos. ◇ ** CONJUG. [4] como *realizar.*
urbano, -na (l. *-nu* < *urbs,* ciudad) *adj.* Relativo a la ciudad: *vías urbanas; reformas urbanas.* 2 fig. Cortesano, de buen modo. -3 *m.* Individuo de la milicia urbana.
urbe (l.) *f.* Ciudad, esp. la muy populosa.
urca (fr. *hourque* < probl. del neerl. ant. *hulk*) *f.* Embarcación grande usada para el transporte. 2 Orca.
urce (l. *ulice*) *m.* Brezo.
urceolado, -da *adj.* BOT. [órgano vegetal] En forma de olla.
urceolaria *f.* Género de líquenes comunes en tierra y piedras, entre musgos o hierbas secas, de talo ceniciento verrugoso *(gén. Urceolaria* con varias especies*).*
urcéolo *m.* Órgano vegetal, en forma de saco o urna.
urchilla (moz. *orchilla,* de orig. incierto) *f.* Líquen que vive en las rocas marinas *(Roccela tinctoria).* 2 Color de violeta que se obtiene de esta planta.
urcitano, -na *adj.-s.* De Urci, ant. c. de la España Tarraconense, hoy El Chuche, barrio de Benahadux, en Almería. 2 Almeriense.

urdemalas (de *Pedro de Urdemalas,* personaje proverbial) ***m.*** Hombre cauteloso, enredador, mañero.
urdidera *f.* Urdidora. 2 Instrumento a modo de devanadera, donde se preparan los hilos para las urdimbres.
urdido *m.* TEXT. En la fabricación de tejidos, operación preparatoria que consiste en formar la urdimbre disponiendo paralelamente entre sí cierto número de hilos de igual longitud: ~ *de algodón.*
urdidor, -ra *adj.-s.* Que urde. -2 *f.* Urdidera (instrumento).
urdidura *f.* Acción de urdir. 2 Efecto de urdir.
urdiembre, urdimbre *f.* Estambre urdido. 2 Conjunto de hilos paralelos entre los que pasa la trama para formar la tela. 3 fig. Acción de urdir (maquinar).
urdir (l. *ordiri*) *tr.* Arrollar [los hilos paralelamente en la urdidera] que ha de pasar después al telar. 2 Maquinar y disponer cautelosamente [una cosa].
SIN. *2* **Tramar.**
urdu *adj.-m.* Lengua perteneciente al grupo indoario, variedad literaria del dialecto indostaní, hablada oficialmente en Paquistán.
urea (gr. *ouron,* orina) *f.* Substancia nitrogenada, cristalina y muy soluble que es el constituyente sólido más importante de la orina; $CO(NH_2)_2$: ***resinas de*** ~, resinas termoestables fabricadas calentando la urea juntamente con un aldehído. Son de color claro y translúcidas.
ureasa *f.* Enzima que se encuentra en diversas plantas y que hidroliza la urea.
uredinales *f. pl.* Orden de hongos basidiomicetes, parásitos de vegetales, que producen sus esporas bajo la epidermis del hospedador.
uredínea *f.* Hongo parásito de los vegetales. -2 *f. pl.* Orden de estos hongos.
ureico, -ca *adj.* Relativo a la urea.
ureido *m.* Compuesto derivado de la urea.
uremia (de *urea* + *-emia*) *f.* MED. Acumulación en la sangre de substancias que normalmente se eliminan en la orina.
urémico, -ca *adj.* Relativo a la uremia.
urente (l. *urere,* quemar, abrasar) *adj.* Que escuece, ardiente.
SIN. **Urticante.**
uréter (gr. *oureter*) *m.* [conducto] Que lleva la orina de los riñones a la vejiga.
urétera *f.* Uretra.
urético, -ca *adj.* Relativo a la uretra.
uretra (gr. *ourethra* < *oureo,* orinar) *f.* Conducto para expeler la orina fuera de la vejiga.
uretral *adj.* Urético.
uretritis *f.* MED. Inflamación de la uretra. 2 Blenorragia. ◇ Pl.: *uretritis.*
uretro- (de *uretra*) Elemento prefijal que entra en la formación de palabras con el significado de uretra: *uretrografía.*
uretrografía (*uretro-* + *-grafía*) *f.* MED. Estudio radiológico de la uretra.
uretrorragia (*uretro-* + *-rragia*) *f.* MED. Hemorragia de origen uretral.
uretroscopia (*uretro-* + *-scopia*) *f.* MED. Examen endoscópico de la uretra.
uretroscopio (*uretro-* + *-scopio*) *m.* MED. Instrumento que permite el examen endoscópico de la uretra.
uretrotomía (*uretro-* + *-tomía*) *f.* MED. Abertura quirúrgica de la uretra.
urgencia (l. *-ntia*) *f.* Calidad de urgente. 2 Falta apremiante de lo que es menester para algún negocio. 3 Actual obligación de cumplir una ley o precepto. 4 ***Sello de*** ~, el que se usa para franquear las cartas urgentes. 5 ***Declaración de*** ~, la que se hace oficialmente de las leyes, disposiciones, etc., que han de ser aprobadas con preferencia a las demás. 6 ***Servicio de urgencias*** o simplemente ~, conjunto de instalaciones que existen en los hospitales para atender los casos urgentes.
SIN. *1* **Perentoriedad; prisa; premura.** *2* **Precisión; necesidad.**
urgente *adj.* Apremiante, que ha de ejecutarse con prontitud. 2 [carta o telegrama] Que ha de ser enviado con preferencia y entregado al destinatario inmediatamente después de su llegada, para lo cual se paga tarifa especial.
SIN. **Perentorio.**
urgentemente *adv. m.* De manera urgente.
urgir (l. *-ere*) *intr.* Instar una cosa a su pronta ejecución. 2 Obligar actualmente la ley o el precepto. ◇ ** CONJUG. [6] como ***dirigir.***
urgoniense *adj.-m.* Relativo a la parte inferior de los terrenos cretáceos.
-uria (gr. *ouron*) Elemento sufijal que entra en la formación de palabras con el significado de orina: *polinuria.*
uriana *f. Venez.* Cedazo hecho de palma.
uribiense *adj.-s.* De Uribia, c. del dep. de La Guajira (Colombia).
uricemia (de *úrico* + *-emia*) *f.* Cantidad de ácido úrico en la sangre.
úrico, -ca (gr. *ourón,* orina) *adj.* Relativo al ácido úrico. 2 ***Ácido*** ~, substancia incolora y poco soluble que se halla en la orina. 2 Urinario (de la orina).
uridrosis *f.* MED. Presencia de urea o de ácido úrico en el sudor. ◇ Pl.: *uridrosis.*
urinal *adj.* Urinario (de la orina).
urinario, -ria (l. *urina,* orina) *adj.* Relativo a la orina. -2 ***m.*** Lugar para orinar, esp. el dispuesto para el público.
SIN. *2* **Meadero,** vulg.; **mingitorio.**
urinífero, -ra (l. *urina,* orina + *-fero*) *adj.* ANAT. [conducto] Que sirve para conducir la orina.
urinocultivo (l. *urina,* orina + *cultivo*) *m.* Cultivo, en medios apropiados, de los gérmenes presentes en una muestra de orina.
urna (l.) *f.* Vaso o caja que se usaba antiguamente para guardar dinero, los restos o cenizas de los cadáveres, etc. 2 Arquita usada para depositar las cédulas o números en los sorteos y votaciones secretas. 3 Caja de cristales planos para guardar dentro objetos preciosos, resguardados del polvo. 4 Ant. medida para líquidos (unos 12 l.; tercera parte de la metreta).
uro (l. *uru*) *m.* Animal salvaje muy parecido al bisonte *(Bison bonasus).*
I) uro- (gr. *ourón,* orina) Elemento prefijal que entra en la formación de palabras con el significado de orina.
II) uro-, -uro (gr. *ourá,* cola) Elemento prefijal y sufijal que entra en la formación de palabras con el significado de cola: *urodelo, anuro.*
urobilina (de *uro-* I + *bilis*) *f.* Pigmento biliario que forma parte de las substancias colorantes de la orina.
urocistitis (*uro-* I + *cistitis*) *f.* Inflamación de la vejiga. ◇ Pl.: *urocistitis.*
urocordado, -da *adj.-s.* Tunicado.
urodelo (*uro-* II + gr. *delos,* manifiesto) *adj.-m.* Anfibio del orden de los urodelos. -2 *m. pl.* Orden de anfibios de cuerpo largo, provisto de cola; como la salamandra.
urogallo *m.* Ave galliforme que vive en los bosques y da gritos semejantes al mugido del uro *(Tetrao urogallus).*
urogenital *adj.* Genitourinario.
urografía (*uro-* I + *-grafía*) *f.* Radiografía del riñón después de la inyección endovenosa de un producto yodado, opaco a los rayos X.
urología (*uro-* I + *-logía*) *f.* Parte de la medicina que trata de las enfermedades del aparato urinario.
urológico, -ca *adj.* Perteneciente o relativo a la urología.
urólogo, -ga *m. f.* Especialista en urología.
uromancia, -mancía (*uro-* I + *-mancia*) *f.* Supuesta adivinación por el examen de la orina.
urómetro (*uro-* I + *-metro*) *m.* Areómetro us. para averiguar la densidad de la orina.
uropatagio (*uro-* II + *patagio*) ZOOL. Parte del patagio de los murciélagos comprendida entre el rabo y las patas posteriores.
uropigio *adj.-m.* Arácnido del orden de los uropigios. -2 ***m. pl.*** Orden de arácnidos tropicales provistos de una glándula que segrega un líquido irritante.
uroscopia (*uro-* I + *-scopia*) *f.* MED. Inspección metódica de la orina.
urotropina *f.* QUÍM. Producto de condensación del formaldehído con amoníaco. Substancia cristalina, de fuertes propiedades antisépticas.
¡urpia! *Venez.* Interjección con que se denota ánimo.
urpila (quechua *urpí,* paloma) *f. Amér.* Paloma pequeña silvestre *(Columba picui).*
urque *m. Chile.* Papa de mala calidad.
urquinaza *f. Venez.* Ladrillo pulverizado para aplicarlo como materia colorante.
urraca (del n. pr. *Urraca,* por la propiedad que el ave tiene de parlotear como una mujer) *f.* Ave paseriforme de plumaje blanco en el vientre y negro iridiscente en el resto del cuerpo. Es domesticable y suele llevarse al nido objetos pequeños, esp. si son brillantes *(Pica pica).* 2 fig. *y* fam. Cotorra, persona muy habladora. 3 *Amér.* Ave semejante al arrendajo *(Cyanocitta cristata).*
SIN. *1* **Cotorra,** en algunas partes; **gaya; marica; pega; picaza; picaraza.**

-urro, -urra, v. -rro, -rra.
-urrón, -urrona, sufijo, combinación de *-urro* con *-ón*, que entra en la formación de palabras con significación despectiva: *santurrón*.
ursa *f.* ASTRON. Osa.
ursaonense (l.) *adj.-s.* De Ursao, hoy Osuna, ant. c. de la Bética.
úrsido (l. *ursu* + *-ído*) *adj.-m.* Mamífero de la familia de los úrsidos. -2 *m. pl.* Familia de mamíferos carnívoros adaptados al régimen vegetariano, plantígrados, de cabeza prolongada y cola corta, que comprende todos los osos.
ursón *m.* Mamífero roedor de América del Norte, de pelo largo, color pardo, y en el dorso posee espinas *(Erethizon dorsatum).*
ursulina (de Santa *Úrsula*, s. III) *adj.-s.* [religiosa] Que pertenece a la congregación agustiniana fundada por santa Ángela de Brescia (1474-1540), en el s. XVI, para la educación de niñas y cuidado de enfermos. -2 *f. pl.* Esta congregación.
urticáceo, -a (l. *urtica*, ortiga) *adj.-f.* Planta de la familia de las urticáceas. -2 *f. pl.* Familia de plantas dicotiledóneas que incluye hierbas de hojas sencillas, provistas de pelos que segregan un jugo urente; flores pequeñas generalmente unisexuales, y fruto en nuez o drupa; como la ortiga.
urticales *f. pl.* Orden de plantas dentro de las dicotiledóneas, plantas o hierbas, leñosas, con flores poco aparentes y, por tanto, anemófilas; el fruto es una nuez o una drupa.
urticante *adj.* Urente.
urticaria (l. *urtica*, ortiga) *f.* Enfermedad inflamatoria de la piel caracterizada por un escozor parecido al que producen las ortigas.
urú *m. Argent.* y *Parag.* Ave que se parece a la perdiz *(Ondontophorus capueira).*
urubú (guaraní) *m.* Especie de buitre grande americano *(Catharistes urubu).*
urucú (guaraní) *m. Argent.* y *Bol.* Bija o achiote.
uruguayismo *m.* Vocablo, giro o modo de hablar propio del Uruguay. 2 Amor o apego a las cosas características de Uruguay.
uruguayo, -ya *adj.-s.* De Uruguay, nación de América del Sur.
urunday, urundey (guaraní) *m. Amér.* Árbol terebintáceo cuya madera, de color rojo obscuro, se emplea en la construcción de buques y muebles *(Astronium Balansae).*
urutaú (guaraní) *m.* Ave caprimulgiforme americana, insectívora, cuyo grito es un prolongado clamor que termina semejando una carcajada; tiene costumbres nocturnas *(Nyctibius grandis).*
usa *f. S. Dom.* Sudadero de lujo.
usadamente *adv. m.* Según el uso y conforme a él.
usado, -da *adj.* Gastado y deslucido por el uso. 2 Habituado, práctico en alguna cosa. ◇ HOMÓF.: *husada.*
usador, -ra *adj.* Que usa.
usagre (gr. *psora agria*, tiña) *m.* Erupción pustulosa, que ataca a los niños durante la primera dentición. 2 Sarna del cuello del perro y otros animales domésticos. 3 Óxido que se forma en los cañones de las armas de caza.
SIN. *1* **Costra láctea.**
usanza *f.* Uso (ejercicio; modo; moda).
usar (l. v. **usare*) *tr.* Hacer servir [una cosa]: ~ *pluma estilográfica; intr.,* ~ *de enredos;* ~ *de mañas.* 2 Disfrutar uno [alguna cosa], sea o no dueño de ella: *uso la propiedad de mi hermano.* 3 Practicar [alguna cosa habitualmente], tener por costumbre: *uso salir de paseo.* 4 Acompañado de una de las palabras *empleo, oficio*, etc., ejercer: *uso el oficio de carpintero.* 5 Estar de moda, seguir un estilo, gusto, etc. ◇ HOMÓF.: *huso.*
SIN. *1* **Emplear, gastar.**
usarcé *com.* ant. Apóc. de *usarced.*
usarced *com.* ant. Contracción de *vuesarced*, vuestra merced.
-uscar, sufijo que, combinado con *-usco*, entra en la formación de verbos: *apañuscar (*de *apañar).*
-usco, -usca, v. -sco -sca.
uscoque *adj.-s.* De una tribu de origen esclavón que habita en Iliria, Croacia y la Dalmacia.
usencia *com.* ant. Contracción de *vuesa reverencia.*
useñoría *com.* desus. Contracción de *vueseñoría*, vuestra señoría.
userón *m.* Cría de ciervo de un año.
usgo *m.* Asco.
ushuaiense *adj.-s.* De Ushuaia, cap. de la prov. de Tierra de Fuego (Argentina).
usía *com.* Síncopa de *usiría*, vuestra señoría.
usier *m.* Ujier.
usillo *m. Ar.* Achicoria silvestre.
usina (fr. *usine) f. Argent., Bol., Colomb., Cuba, Chile. Nicar., Parag.* y *Urug.* Fábrica de gas o de energía eléctrica. 2 *Argent.* Estación de tranvía.
uslero *m. Sal., Vall.* y *Chile,* Palo cilíndrico de madera que se usa en la cocina para extender la masa de harina.
uso (l. *usu*) *m.* Acción de usar una cosa: ~ *de razón,* posesión del natural discernimiento adquirido luego de la primera niñez; *estar en buen* ~, no estar estropeada o inservible una cosa. 2 Ejercicio o práctica general de una cosa. 3 Modo habitual de obrar: *los antiguos usos.* 4 Moda. 5 DER. Derecho no transmisible a percibir de los frutos de la cosa ajena los que basten a las necesidades del usuario y de su familia. ◇ HOMÓF.: *huso.*
SIN. *2, 3* y *4* **Usanza.** *3* **Costumbre.**
ustaga *f.* Ostaga.
¡uste! Interjección ¡Oxte!
usted (de *vuestra merced*) *pron. pers.* Forma de 2.ª persona, usada como tratamiento de respeto y cortesía, para el masculino y el femenino; como sujeto pide verbo en 3.ª persona: ~ *es muy amable; ustedes dirán.* ◇ Pl.: *ustedes.* ◇ En el habla popular andaluza y de buena parte de Hispanoamérica, *ustedes* ha substituido a *vosotros* como plural de *tú*. Por esto se comete a menudo la incorrección de concertar *ustedes* con la 2.ª persona plural: *¿sabéis ustedes quién ha venido? si ustedes dos estáis conformes lo haré.*
ustible (l. *ustu*, quemado) *adj.* lit. *y* p. us. Que se puede quemar fácilmente.
SIN. **Combustible.**
ustilaginales *f. pl.* Orden de hongos parásitos de vegetales superiores.
ustión (l. *ustione*) *f.* p. us. Acción de quemar o quemarse.
SIN. **Combustión.**
ustorio (l. *ustor*, el que quema) *adj.* V. espejo ustorio.
usual (l. *-ale*) *adj.* Que común o frecuentemente se usa o practica. 2 [pers.] Sociable y de buen genio. 3 [cosa] Que se puede usar con facilidad.
SIN. *1* v. **General.**
usualmente *adv. m.* De manera usual.
usuario, -ria (l. *-iu*) *adj.-s.* Que usa ordinariamente una cosa. 2 DER. Que tiene el derecho de usar de la cosa ajena con cierta limitación.
usucapión (l. *-apione*) *f.* DER. Adquisición de un derecho mediante su ejercicio en las condiciones y durante el tiempo previstos en la ley.
usucapir (l. *-ere* < *usu*, uso + *capere*, tomar) *tr.* DER. Adquirir [una cosa] por usucapión. ◇ Verbo defectivo; se usa sólo en infinitivo.
usufructo (l. *-tu*) *m.* Derecho a disfrutar bienes ajenos con la obligación de conservarlos, salvo que la ley autorice otra cosa. 2 Utilidades, frutos o provecho.
usufructuar *tr.* Tener el usufructo [de una cosa]. -2 *intr.* Producir utilidad una cosa. ◇ ** CONJUG. [11] como *actuar.*
usufructuario, -ria *adj.-s.* Que usufructúa una cosa.
usuluteco, -ca *adj.-s.* De Usulután, c. y dep. de El Salvador.
usupuca (voz quechua) *f. Argent.* Pito (garrapata).
usura (l.) *f.* Interés que se lleva por el dinero o género prestado, esp. cuando excede del legal o normal. 2 fig. Provecho sacado de una cosa, esp. cuando es excesivo. 3 *Argent.* Ventaja.
SIN. **Logro.** *2* v. **Ganancia.**
usurar *intr.* Usurear.
usurariamente *adv. m.* Con usura.
usurario, -ria (l. *-iu*) *adj.* Relativo a los contratos y tratos en que hay usura.
usurear *intr.* Dar o tomar a usura. 2 fig. Ganar, esp. con exceso.
usurero, -ra *m. f.* Persona que presta con usura. 2 p. ext. Persona que en otros contratos obtiene lucro desmedido.
SIN. **Logrero, judío, hebreo.**
usurpación (l. *-atione*) *f.* Acción de usurpar. 2 Efecto de usurpar. 3 Cosa usurpada. 4 DER. Delito que se comete apoderándose con violencia o intimidación de inmueble o derecho real ajeno.
usurpador, -ra *adj.-s.* Que usurpa.
usurpar (l. *-are*) *tr.* Apropiarse injustamente [una cosa] de otro: ~ *una hacienda;* ~ *un cargo, una dignidad;* ~ *la gloria del vencedor.*
SIN. **Detentar,** es retener la posesión de lo usurpado.
usurpatorio, -ria *adj.* Que implica usurpación.
usuta (voz quechua) *f. Amér.* Ojota, especie de sandalia.

ut (tomado por Guido de Arezzo, 990-¿1050?, como las otras notas musicales, de las sílabas iniciales de la primera estrofa del himno a San Juan Bautista: *UT queant laxis - REsonare fibris - MIra gestorum - FAmli tuorum - SOLve polluti - LAbii reatum - Sancte Iohannes)* ***m.*** MÚS. Do.
I) uta *f. Logr.* Pieza cilíndrica de madera sobre la que se pone el dinero en el juego de la uta o chito. 2 *Logr.* Dicho juego.
II) uta (voz quechua) *f. Perú.* Enfermedad de úlceras faciales muy común en las quebradas hondas del Perú.
III) uta ***m.*** Lagarto de zonas áridas de California que se alimenta de insectos *(Uta* sp.*).*
utensilio (l. *-lia)* ***m.*** Lo que sirve para el uso manual y frecuente: *los utensilios de cocina.* 2 Instrumento manual para facilitar operaciones mecánicas: *los utensilios de un herrero.* 3 Auxilio que se debe dar al soldado alojado: *los utensilios comprenden cama, agua, sal, vinagre, luz y asiento a la lumbre.* 4 Lo que la administración militar suministra a los soldados: *los utensilios comprenden leño, aceite, camas,* etc.
SIN. *1* y *2* **Útil,** esp. en pl. *2* **Herramienta, trasto.**
uterino, -na ***adj.*** Relativo al útero. 2 V. hermano uterino.
útero (l. *-ru)* ***m.*** Matriz (órgano).
uticense (l.) ***adj.-s.*** De Útica, ant. c. de África.
utiel ***m.*** Vino procedente de la región de Utiel (Valencia).
I) útil (l. *-ile)* ***adj.*** Que produce provecho, fruto o interés: *~ a la patria.* 2 Que puede servir para un fin u objeto. 3 DER. Relativo al tiempo hábil de un término señalado por la ley o la costumbre. -4 ***m.*** Utilidad.
SIN. *1* y *2* v. **Apto.**
II) útil (fr. *outil,* del l. *utensilia;* cambiado en **usetilia;* por influjo de *usus)* ***m.*** Utensilio o herramienta; ús. esp. en plural.
utilería *f.* Conjunto de útiles o instrumentos que se usan en un oficio o arte. 2 Conjunto de objetos y enseres que se emplean en un escenario teatral o cinematográfico.
utilero, -ra ***m. f.*** Persona encargada de la utilería.
utilidad (l. *-itate) f.* Calidad de útil. 2 Provecho que se saca de una cosa. -3 *f. pl.* Ingresos que reporta el trabajo, el capital o el comercio.
SIN.*2* v. **Ganancia.**
utilitario, -ria ***adj.*** Que antepone a todo la utilidad. -2 ***adj.-m.*** Vehículo automóvil de bajo coste y fácil adquisición.
utilitarismo ***m.*** Doctrina ética que identifica el bien con lo útil, entendiendo por útil lo que aumenta la dicha o preserva de un dolor; pone como regla de las acciones humanas el principio de la utilidad individual o general. 2 ECON. Identificación del bien con la satisfacción de las necesidades.
REL. v. **Hedonismo.**
utilitarista ***adj.*** Relativo al utilitarismo. -2 ***adj.-com.*** Partidario del utilitarismo.
utilizable ***adj.*** Que se puede o debe utilizarse.
utilización *f.* Acción de utilizar. 2 Efecto de utilizar.
utilizador, -ra ***adj.-s.*** Que utiliza.
utilizar ***tr. prnl.*** Emplear útilmente [una persona o cosa]: *utilizarse con, de* o *en, alguna cosa; ~ un objeto.* ◇ ** CONJUG. [4] como ***realizar.***
utillaje (fr. *outillage)* ***m.*** Conjunto de útiles necesarios para una industria o actividad.
utillero, -ra ***m. f.*** DEP. Persona que se ocupa de cuidar de los instrumentos y equipamento de un equipo.
útilmente ***adv. m.*** De manera útil.
-uto, -uta, sufijo que entra en la formación de palabras con significación despectiva: *canuto (*de *caño).* 2 Sufijo que entra en la formación de numerosos latinismos procedentes de participios latinos en *-utus, -a, -um: absoluto.*
utopía, utopia (gr. *ou,* no + *topos,* lugar) *f.* Plan ideal de gobierno en el que todo está perfectamente determinado, como en la isla de Utopía, descrita por Tomás Moro (1478-1535). 2 fig. Plan o sistema halagüeño, pero irrealizable.
utópico, -ca ***adj.*** Relativo a la utopía. 2 Que cree en ella.
utopista ***adj.-com.*** Que traza utopías o es dado a ellas.
REL. m. **Utopismo.**
utoso, -sa ***adj.*** *Perú.* Atacado de uta.
utrero, -ra ***m. f.*** Novillo o novilla de dos años.
utrículo (l. *-lu,* odre pequeño) ***m.*** Pequeño saco o cavidad; celdilla. 2 Parte del laberinto membranoso del oído de donde salen los tres conductos semicirculares.
uturunco (etim. dud.; quizá quechua) ***m.*** *Bol.* Animal imaginario, especie de lagarto con dos cabezas.
uva (l.) *f.* Fruto de la vid: *~* ***abejar,*** variedad de grano grueso y hollejo duro que apetecen las abejas; *~* ***albarazada,*** variedad con el hollejo jaspeado; *~* ***ligeruela,*** uva temprana; *~* ***palomina,*** variedad negra, de racimos largos y ralos; *~* ***tinta,*** variedad de zumo negro que sirve para dar color a ciertos mostos. 2 Racimo de uvas. 3 *~* ***cana, canilla, de gato, de perro*** o ***de pájaro,*** hierba crasulácea que se cría en los tejados *(Sedum album).* 4 *~* ***de mar*** o ***marina,*** belcho. 5 *~* ***de raposa,*** hierba dioscoreácea que produce una baya pequeña roja y narcótica *(Tamus communis).* 6 *~* ***de Oregón,*** arbusto berberidáceo, de flores amarillas dispuestas en racimos terminales y el fruto en baya negra y pubescente *(Mahonia aquifolium).* 7 *~* ***de oso,*** gayuba. 8 *~* ***de zorro,*** planta liliácea de hojas grandes y flor única con cuatro piezas externas de color verdoso y cuatro internas de color amarillo; el fruto es una baya negra *(Paris quadrifolia).* 9 *~* ***espina,*** grosellero silvestre. 10 *~* ***lupina*** o ***verga,*** acónito. 11 *~* ***tamínea*** o ***taminia,*** estafisagria. 12 Baya del agracejo II. 13 Enfermedad que produce un tumorcillo en la úvula. 14 Especie de verruga pequeña que se forma en el párpado. 15 *Cuba* y *P. Rico. ~* ***de playa,*** fruto del uvero, del tamaño de una cereza, morado, jugoso y dulce. 16 fig. *y* fam. ***Mala ~***, mal genio; mala intención.
SIN. *3* **Siempreviva menor; vermicularia.** FR. *No entrar uno por uvas,* fig., no arriesgarse a intervenir en un asunto. *Estar uno hecho una uva,* estar borracho.
uvada *f.* Abundancia de uva.
uvaduz *f.* Gayuba.
uvaguemaestre ***m.*** Vaguemaestre.
uval ***adj.*** Parecido a la uva.
úvala *f.* Depresión de forma irregular formada por la unión de varias dolinas próximas, propias de los terrones kársticos.
uvate ***m.*** Conserva de uvas.
uvayema *f.* Especie de vid silvestre.
uve (*u* + *ve,* propte. *u* que tiene el oficio de *v*) *f.* Nombre de la letra *v.*
úvea (de *uva)* ***adj.-f.*** Cara posterior del iris.
uveal ***adj.*** Perteneciente o relativo a la úvea.
uveítis *f.* PAT. Inflamación de la túnica úvea. ◇ Pl.: *uveítis.*
uveral ***m.*** *Amér.* Lugar en que abundan los árboles llamados uveros.
uvero, -ra ***adj.*** Relativo a las uvas: *exportación uvera.* -2 ***m. f.*** Persona que tiene por oficio vender uvas. -3 ***m.*** *Amér.* Árbol silvestre, poligonáceo, que crece a orillas del mar, cuyo fruto es la uva de playa *(*gén. *Coccoloba).*
uviforme (de *uva* + *-forme)* ***adj.*** Que tiene forma de uva.
uvilla *f. Chile* y *Pan.* Especie de grosella *(*gén. *Ribes).*
uvillo ***m.*** *Chile.* Arbusto trepador fitolacáceo, con flores blancas o rosadas en racimos *(Ercilla volubilis).*
úvula (l., dim. de *uva,* uva) *f.* Lóbulo carnoso que pende de la parte media y posterior del velo palatino.
SIN. **Campanilla, galillo, gallillo,** us. como términos grales.; **úvula,** es tecnicismo.
uvular ***adj.*** [sonido] Que se articula en la úvula: *la* r *uvular francesa.*
uvularia *f.* Planta herbácea trepadora, de hojas ovales o lanceoladas, situadas en el extremo superior, y flores amarillas, solitarias o apareadas en el ápice de las ramas, provistas de un largo y colgante pedúnculo *(Uvularia grandisflora).*
uvuliforme (de *úvula* + *-forme)* ***adj.*** ANAT. [estructura] Que tiene aspecto parecido al de la úvula.
uxoricida (l. *uxor, -ris,* esposa + *-cida)* ***m.*** Persona que mata a su mujer.
uxoricidio (l. *uxor, -ris,* esposa + *-cidio)* ***m.*** Muerte causada a la mujer por su marido.
¡uy! Interjección ¡Huy!
uyama *f. Colomb.* Auyama.
uyanza *f. Colomb.* y *Ecuad.* Regalo que se hace por el estreno de un vestido.
uyuneño, -ña ***adj.-s.*** De Uyuni, c. de la prov. de Quijarro del dep. de Potosí (Bolivia).
-uzar, sufijo que, combinado con *-uzo,* entra en la formación de verbos: *carduzar.*
uzbego, -ga ***adj.-s.*** De un pueblo turco, que habita en Uzbekistán, república del centro de la Unión Soviética. -2 ***adj.-m.*** Dialecto del yagatay, hablado en esta república.
-uzco, -uzca, sufijo, del orden de *-usco,* que entra en la formación de palabras con significación despectiva: *blancuzco (*de *blanco).*
-uzo, -uza, sufijo que entra en la formación de palabras con significación despectiva: *carnuza (*de *carne); lechuzo (*de *leche).*

V, v *f.* Uve, vigésima tercera letra del **alfabeto español que representa gráficamente, como la *b*, a la consonante oclusiva, bilabial sonora. 2 *V*, cifra romana equivalente a cinco. 3 Símbolo del *vanadio*. 4 ELECTR. Símbolo del *voltio*. ◇ En español no existe la consonante fricativa, labiodental y sonora con que algunos quieren pronunciar lo representado con la *v*, por hipercorrección, afectación o moda extranjerizante.

vaca (l. *vacca*) *f.* Hembra del toro. 2 Carne de vaca o de buey. 3 Cuero de la vaca después de curtido. 4 ~ ***de San Antón***, mariquita (insecto coleóptero). 5 ~ ***marina***, dugón; manatí. 6 Dinero que juegan en común varias personas. 7 MAR. Depósito o aljibe de agua dulce para la bebida de la marinería. 8 *Argent., Cuba, Ecuad., Méj., Nicar., P. Rico* y *Venez.* Contrato en que las ganancias se reparten proporcionalmente a lo que cada individuo ha invertido. ◇ HOMÓF.: *baca*.

REL. *1* V. **buey y toro; vacuno, bovino,** referente a la vaca o a todo el ganado de su especie; **vacada,** manada o rebaño de este ganado; **vaquero, vaquerizo,** pastor; **vaquería,** establo; **ternero, -a, choto, -a, becerro, -a, jato, -a,** cría de la vaca, en gral.; **utrero, -a,** de dos años; **magüeto, -a, novillo, -a,** de dos o tres años; **eral,** novillo que no pasa de dos años; **desbecerrar,** vb., separar la vaca de su cría.

vacabuey *m. Cuba.* Árbol silvestre que crece en lugares pantanosos, de hojas ovales muy ásperas y flores blancas *(Curatella americana).*

vacaburra *f.* vulg. *y* desp. Persona de trato desagradable. 2 vulg. Persona o cosa excesivamente grande o desproporcionada.

vacación (l. *-atione*) *f.* Suspensión del trabajo o del estudio durante algún tiempo. 2 Tiempo que dura dicha suspensión; se emplea gralte. en pl.: *las vacaciones de verano.* 3 p. us. Acción de vacar un empleo o cargo. 4 p. us. Vacante (cargo).

SIN. *1* **Punto.**

vacacional *adj.* Propio o relativo a las vacaciones.

vacada *f.* Manada de ganado vacuno.

SIN. **Vaquería.**

vacancia (l. *-ntia;* doble etim. *vagancia*) *f.* Vacante (cargo).

vacante (l. Doble etim. *vagante*) *adj.-s.* [cargo, empleo o dignidad] Que está sin proveer. -2 *f.* desus. Vacación (tiempo). 3 Renta devengada en el tiempo que permanece sin proveerse un beneficio o dignidad eclesiástica. ◇ HOMÓF.: *bacante*.

SIN. *1* **Vaco, vacuo.**

vacar (l. *-are;* doble etim. *vagar*) *intr.* Cesar uno por algún tiempo en sus habituales negocios o trabajos: *vacaremos mañana.* 2 Quedar un empleo, cargo o dignidad sin persona que lo desempeñe: *vacará la plaza de portero.* 3 Dedicarse a un ejercicio determinado: ~ *al estudio.* 4 Carecer: *no vacó de misterio.* ◇ **CONJUG. [1] como ***sacar***. ◇ HOMÓF.: *bacará*.

vacaray (cast. *vaca* y guaraní *rai*, hijo) *m. Argent.* y *Urug.* Ternero nonato.

vacarí (ár. *bacarí*, boyal) *adj.* De cuero de vaca: *adarga* ~. ◇ Pl.: *vacaríes.*

vacatura *f.* Tiempo que está vacante un empleo.

vacceo, -a *adj.-s.* De una región de la España Tarraconense.

vaccíneo, -a, vaccínico, -ca *adj.* Relativo a la vacuna.

vaccinífero, -ra (l. *vaccinus,* vacuno + *-fero*) *adj.* Que actúa como vacuna.

vaccinioideo, -a (l. *vacciniu,* cierta planta tintórea) *adj.-s.* Planta ericácea, arbusto de hojas perennes, y fruto en bayas jugosas; como el arándano. -2 *f. pl.* Subfamilia de estas plantas.

vacíabarjas *com. La Mancha.* fam. Persona que come mucho, gralte. a costa ajena. ◇ Pl.: *vacíabarjas.*

vaciadizo, -za *adj.* Entre los vaciadores de metales, relativo a la obra vaciada. 2 [pers.] Hablador insubstancial.

vaciado *m.* Acción de vaciar (formar un objeto). 2 ARQ. Excavación. 3 Figura, adorno de yeso, estuco, etc., formado en el molde. 4 ARQ. Fondo en el neto del pedestal.

vaciador *m.* Que vacía. 2 Instrumento por donde o con que se vacía.

vaciamiento *m.* Acción de vaciar o vaciarse. 2 Efecto de vaciar o vaciarse. 3 Intervención quirúrgica que consiste en la eliminación de las porciones internas de un órgano, respetando su estructura externa.

vaciante *f.* Tiempo que dura el menguante de las mareas.

vaciar *tr.* Dejar vacío [algún recipiente, local, etc.]: ~ *una botella;* ~ *la sala.* 2 Sacar o verter [el contenido de un recipiente o cosa parecida]: ~ *agua en la calle.* 3 Formar un hueco [en algún cuerpo sólido]: ~ *un molde.* 4 Formar [un objeto] echando en un molde hueco metal derretido o una materia blanda. 5 Sacar filo en la piedra [a los instrumentos cortantes]. 6 fig. Exponer latamente [una doctrina]: ~ *las teorías de Newton.* 7 Trasladar [el contenido de un escrito] a otro escrito. 8 CIR. Practicar el vaciamiento quirúrgico en una región anatómica. 9 ELECTR. Disminuir el grueso de un cable por efecto del uso o de la tensión. -10 *intr.* Desaguar, los ríos y corrientes. 11 Menguar el agua en los ríos, en el mar, etc. -12 *prnl.* fig. *y* fam. Decir uno sin reparo lo que debía callar: *vaciarse de alguna cosa; vaciarse por la boca.* 13 *Méj.* Perder una tela su consistencia al lavarla. ◇ HOMÓF.: *bacía*. ◇ ** CONJUG. [13] como ***desviar***. En los clásicos la acentuación del presente era *vacio, vacias,* etc. Hoy se acentúa normalmente *vacío, vacías,* en el habla culta; en la vulgar no es raro acentuar *vacio, vacias,* etc.

SIN. *4* **Moldear.** *10* **Desembocar.**

vaciedad (l. *vacivitate*) *f.* fig. Sandez.

vaciero *m.* Pastor del ganado vacío.

vacilación (l. *-llatione*) *f.* Acción de vacilar. 2 Efecto de vacilar. 3 fig. Perplejidad.

vacilada *f. Méj.* fam. Juerga, jolgorio.

vacilador, -ra *adj. Méj.* Parrandero. 2 *Méj.* Algo embriagado, calamocano.
vacilante *adj.* Que vacila.
vacilar (l. *-llare*) *intr.* Moverse indeterminadamente una cosa. 2 Estar poco firme una cosa en su sitio o estado; oscilar ligeramente; temblar: *la mesa vacila; la luz vacila.* 3 fig. Titubear, estar uno perplejo, flaquear: *~ en la elección; tu memoria vacila; ~ entre la esperanza y el temor.* 4 *Guat.* y *Méj.* Emborracharse. 5 *Méj.* Parrandear. 6 *P. Rico.* Estar medio ebrio. -7 *tr.-intr.* vulg. Conversar con humor e ironía; divertirse a costa de alguien, tomar el pelo. ◇ HOMÓF.: *bacilar* (adj.) y *bacilo* (m.).
SIN. **Dudar,** cuando la vacilación es sólo intelectual: *~* o *dudar antes de elegir;* **hesitar,** es latinismo pedantesco inus., salvo en circunstancias muy especiales; **oscilar, fluctuar,** (esp. sobre un líquido), si el acto de vacilar se refiere pralte. al movimiento o a la acción; **balbucir, balbucear, titubear,** (esp. en el habla); **cespitar,** es un cultismo muy poco usado.
vacile *m.* vulg. Guasa, tomadura de pelo. 2 Individuo burlón o guasón.
vacilón, -lona *adj.* vulg. Burlón, guasón, bromista. 2 En el lenguaje de la droga, fumador asiduo. 3 *Guat.* y *Méj.* Parrandero. 4 *P. Rico.* Calamocano. -5 *m. Méj.* Fiesta, jolgorio.
vacío, -a (l. v. *vacivu;* l. *vacuu*) *adj.* Falto de contenido; no ocupado: *estómago ~; teatro ~;* ***de ~***, sin carga: *el carro volvió de ~.* 2 fig. Ocioso. 3 Hueco o sin la solidez correspondiente. 4 fig. Vano, presuntuoso. 5 [hembra] Que no tiene cría, en los ganados. 6 [sitio] Poco concurrido, sin gente. 7 fig. [obra literaria, filme, etc.] Superficial, insubstancial. -8 *m.* Movimiento de la danza española. 9 Vacante de un empleo. 10 Ijada (cavidad). 11 Cavidad. 12 fig. Falta de una persona o cosa que se echa de menos: *hacer el ~ a uno,* fig., hacer que los demás se aparten de él. 13 FÍS. Espacio que no contiene ninguna materia. 14 FÍS. Enrarecimiento hasta el mayor grado posible del aire u otro gas contenido en un recipiente cerrado. 15 *And.* En las bodegas vinícolas, tonelería que está sin caldo. -16 *adj. S. Dom.* [manjar] Que se come sin aditamento alguno. ◇ HOMÓF.: *bacía.*
SIN. *1* y *9* **Vacuo.**
I) vaco (de *vaca*) *m.* fam. Buey.
II) vaco, -ca (v. *vacuo*) *adj.* Vacante.
vacuencia (de *vacuo*) *f. S. Dom.* Necedad, simpleza. ◇ Ús. más en pl.
vacuente *adj. S. Dom.* Que dice vacuencias, necedades.
vacuidad (l. *-itate*) *f.* Calidad de vacuo. 2 fig. Carencia de contenido o significado: *la ~ de sus declaraciones.*
vacuna (de *vacuno*) *f.* Virus extraído de las pústulas originadas en la teta de las vacas por la vaccinia, y cuya inoculación preserva al hombre de las viruelas. 2 p. ext. Substancia que inoculada a un individuo le inmuniza contra una enfermedad determinada.
vacunación *f.* Acción de vacunar o vacunarse. 2 Efecto de vacunar o vacunarse.
vacunador, -ra *adj.-s.* Que vacuna.
vacunar *tr.* Aplicar una vacuna [a una persona o animal]. 2 fig. *y* fam. Proteger. 3 fig. Hacer pasar a uno por cierta experiencia que le prepare ante determinada adversidad o dolor.
vacuno, -na *adj.* Relativo al ganado bovino. 2 p. us. De cuero de vaca: *zapatos vacunos.* -3 *m.* Animal bovino.
vacunoterapia (de *vacuna* + *-terapia*) *f.* Profilaxia de las enfermedades infecciosas por medio de las vacunas.
vacuo, -cua (l. *vacuu;* doble etim. *vaco* y *vago*) *adj.* Vacío. 2 Vacante. -3 *m.* Vacío (cavidad).
vacuola (l. *vacuu,* vacío, hueco) *f.* Pequeña cavidad o espacio en una célula o en el tejido de un organismo, llena de aire o de jugo.
vacuolar *adj.* Parecido a una vacuola o perteneciente a ella.
vade (l. *vade,* anda, ven) *m.* Vademécum (cartapacio). 2 Mueble a modo de pupitre, con tapa inclinada, sobre la cual se escribe y en cuyo interior se guardan papeles, documentos, etc.
vadeable *adj.* Que se puede vadear.
vadeador *m.* Individuo que conoce bien los vados y sirve en ellos de guía.
vadear *tr.* Pasar [una corriente de agua] por un vado. 2 fig. *y* p. us. Vencer, sortear [una grave dificultad]. 3 fig. *y* p. us. Tantear o inquirir [el ánimo de uno]. -4 *prnl.* Manejarse, conducirse. ◇ HOMÓF.: *badea.*
vademécum (l. *vade,* anda, ven + *mecum,* conmigo) *m.* Libro o manual de poco volumen que contiene las nociones elementales de una ciencia o arte y que puede uno llevar consigo para consultarlo con frecuencia. 2 desus. Cartapacio en que llevan los estudiantes los libros y papeles. ◇ No se usa en plural.
SIN. *1* **Venimécum.** *2* **Vade.**
vadera *f.* Vado, esp. el ancho.
vado (l. *vadu*) *m.* Paraje de un río con fondo firme y poco profundo, por donde se puede pasar andando, en carruaje o a caballo. 2 En la vía pública, modificación de la acera y bordillo destinada exclusivamente a facilitar el acceso de vehículos a locales sitos en las fincas. 3 fig. *y* p. us. Expediente, remedio o alivio en las cosas que ocurren: *no hallar ~.* 4 desus. Tregua, espacio.
SIN. *1* **Esguazo.**
vadoso, -sa *adj.* [paraje] Que tiene vados.
vagabundaje *m.* Vagabundeo.
vagabundear *intr.* Andar vagabundo.
vagabundeo *m.* Acción de vagabundear. 2 Efecto de vagabundear.
vagabundería *f.* Vagabundeo. 2 Calidad de vagabundo. 3 *Amér. Central.* Vagancia.
vagabundez *f.* Vagabundeo.
vagabundo, -da (l. *-du*) *adj.* Que anda errante. -2 *adj.-s.* Holgazán que anda de un lugar a otro sin oficio ni beneficio.
SIN. **Vago.**
vagamente *adv. m.* De una manera vaga.
vagamundear *intr.* Vagabundear.
vagamundería *f. Amér.* Vagancia. 2 *Amér.* Poca vergüenza.
vagamundo, -da *adj.-s.* Vagabundo.
vagancia (V. *vacancia*) *f.* Acción de vagar (estar ocioso). 2 Cualidad de vago, poco trabajador. 3 Pereza, falta de ganas de hacer algo.
vagante *adj.* Vacante. 2 *Bol.* Terreno poco cultivado.
I) vagar *m.* Tiempo desembarazado y libre para hacer una cosa: *no tengo tanto ~.* 2 Espacio, lentitud, pausa: *lo hace con mucho ~.* ◇ HOMÓF.: *bagar.*
FR. *Andar de ~ uno,* desus., no tener qué hacer, estar ocioso.
II) vagar (v. *vacar*) *intr.* p. us. Tener tiempo y lugar suficiente para hacer una cosa. 2 Estar ocioso, sin oficio ni beneficio. ◇ ** CONJUG. [7] como ***llegar*** ◇ HOMÓF: *bagar, baga.*
III) vagar (l. *-ari*) *intr.* Andar una persona de una parte a otra sin especial detención en ninguna: *~ por el mundo.* 2 Andar libre y suelta una cosa sin el orden que debe tener. 3 Andar por un sitio sin hallar camino o lo que se busca. ◇ ** CONJUG. [7] como ***llegar.*** ◇ HOMÓF.: *bagar, baga.*
SIN. **Divagar, errar, vaguear.**
vagarosamente *adv. m.* De modo vagaroso.
vagarosidad *f.* Calidad de vagaroso.
vagaroso, -sa *adj.* Que vaga o que continuamente se mueve de una a otra parte: *céfiro ~.*
vagido (l. *-tu*) *m.* Llanto del recién nacido.
vágil *adj.* [organismo] De movimientos libres; opuesto a sésil.
vagin-, v. vagino-.
vagina (l. *vagina,* vaina; doble etim. *vaina*) *f.* Conducto que en las hembras de los mamíferos se extiende desde la vulva hasta la matriz. 2 BOT. Vaina ancha que envuelve algunas hojas.
vaginal *adj.* Relativo a la vagina.
vaginera *adj.-f.* Mujer que se dedica al tráfico de drogas, especialmente hachís, ocultándolas en su vagina.
vaginiforme (l. *vagina,* vaina + *-forme*) *adj.* Que tiene forma de vaina.
vaginismo *m.* Espasmo del músculo que forma las paredes vaginales.
vaginitis (*vagin-* + -itis) *f.* Inflamación de la vagina. ◇ Pl.: *vaginitis.*
vagino-, vagin- (de *vagina*) Elemento prefijal que entra en la formación de palabras con el valor de vagina.
vagneriano, -na *adj.* Wagneriano.
I) vago, -ga (v. *vacuo*) *adj.-s.* Vacío, desocupado, sin oficio. ◇ HOMÓF.: *baga* (n.), *baga* (v.), *bago.*
FR. *En ~,* sin firmeza ni consistencia; sin el sujeto u objeto a que se dirige la acción; fig., en vano.
II) vago, -ga (l. *vagu,* errante) *adj.* Vagabundo (errante); holgazán. 2 [cosa] Sin objeto o fin determinado. 3 Indeciso, indeterminado. 4 PINT. Vaporoso, ligero, indefinido. 5 ***Nervio ~***, neumogástrico. ◇ HOMÓF.: *baga* (n.), *baga* (v.), *bago.*
vago- (l. *vagu,* errante) Elemento prefijal que entra en la formación de palabras con el significado de nervio vago.
vagón (ing. *wagon,* vehículo, coche; a través del fr.) *m.* Carruaje de ferrocarril: *~* ***de platea,*** el que consta únicamente de una plataforma para el transporte de diversos materiales. 2 Carro gran-

de de mudanzas, para ser transportado sobre una plataforma de ferrocarril.
vagoneta *f.* Vagón pequeño y descubierto, para transporte.
vagotomía (*vago-* + *tomía*) *f.* CIR. Intervención quirúrgica consistente en seccionar el nervio vago con fines curativos.
vagotonía (*vago-* + gr. *tónos,* tensión) *f.* MED. Excitabilidad anormal del nervio vago.
vagra *f.* En arquitectura naval, listón flexible de madera que se coloca sobre las ligazones del buque para mantenerlas en la posición conveniente.
vaguada (orig. incierto; probl. de **vacuada* < *vacuo,* vacío) *f.* Línea que marca la parte más honda de un valle.
vagueación *f.* Inquietud o constancia de la imaginación. 2 desus. Acción de vagar.
vaguear (de *vago*) *intr.* Vagar III. 2 Holgazanear.
vaguedad *f.* Calidad de vago. 2 Expresión o frase vaga.
vaguemaestre (al. *Wagenmeister*) *m.* Oficial que cuidaba antig. en el ejército de la marcha de los equipajes.
SIN. **Uvaguemaestre.**
vaguería *f.* Calidad de vago. 2 Acción propia del vago.
vaguido, -da (del l. *vagu,* errante; doble etim. *vahído*) *adj.* p. us. Que padece vahídos. -2 *m.* p. us. Vahído.
GRAM. *Váguido,* en los clásicos. Esta acentuación se conserva en América.
vahaje *m.* Viento suave.
vahar *intr.* Vahear.
vaharada *f.* Acción de echar el vaho o aliento. 2 Efecto de echar el vaho o aliento. 3 Golpe de vaho, olor, calor, etc.
vaharera *f.* Boquera.
vaharina *f.* fam. Vaho, vapor o niebla.
vahear *intr.* Echar de sí vaho.
vahído (v. *vaguido*) *m.* Turbación breve del sentido por alguna indisposición.
vaho (ant. *bafo* < onomat. *baf*) *m.* Vapor que despiden los cuerpos en determinadas condiciones. 2 Aliento de personas o animales. 3 Tufo. -4 *m. pl.* Método curativo que consiste en respirar *vaho* con alguna substancia balsámica. ◇ HOMÓF.: *bao.*
SIN. *1* **Exhalación.**
vaída *adj.* ARQ. V. bóveda vaída.
vaina (v. *vagina*) *f.* Funda en que se guardan algunas armas o instrumentos de metal: *la ~ de la espada; la ~ de las tijeras.* 2 Pericarpio tierno de las legumbres y silicuas. 3 p. ext. Judía verde. 4 ANAT. Envoltura de un órgano, generalmente de estructura laminar, extendida en superficie, o tubular rodeando otra estructura. 5 BOT. En el pecíolo de ciertas hojas, expansión laminar que abraza al tallo. 6 MAR. Dobladillo con que se refuerza la orilla de una vela. 7 MAR. Jareta del canto vertical de una bandera por donde pasa la driza con que se iza. -8 *com.* fig. Persona despreciable. -9 *f. Amér.* fig. *y* fam. Contrariedad, molestia. 10 *Bol.* y *Guat.* Funda de cuero que se pone a los espolones de los gallos. 11 *Colomb.* Casualidad, azar. 12 *Colomb.* Reprimenda. -13 *adj.-m. Amér.* Fastidioso.
vainazas *com.* fam. *y* p. us. Persona floja, descuidada o desvaída. ◇ Pl.: *vainazas.*
vainero, -ra *m. f.* Persona que tiene por oficio hacer vainas (fundas).
vaineta *f. Huesca* y *Nav.* Judía verde.
vainetilla *f. Perú.* Contrariedad, molestia.
vainica (dim. de *vaina*) *f.* Deshilado muy sencillo. 2 Judía verde.
vainilla (dim. de *vaina*) *f.* Planta orquidácea americana de tallos largos y sarmentosos y fruto capsular muy aromático usado como condimento y en perfumería *(Vanilla planifolia).* 2 Fruto de esta planta. 3 Heliotropo que se cría en América. 4 p. us. Vainica. 5 En diversas regiones, judía verde.
vainillera *f.* Vainilla, planta.
vainillina *f.* Substancia olorosa que se extrae de la vainilla.
vainillón *m. Amér.* Vainilla (planta).
vainiquera *f.* Costurera que hace vainicas.
vainita *f. Amér.* Habichuela verde.
vaivén (de *ir* + *venir*) *m.* Movimiento alternativo de un cuerpo en dos sentidos opuestos. 2 fig. Variedad inestable o inconstancia de las cosas. 3 fig. Encuentro o riesgo que expone a perder lo que se intenta. 4 fig. Sacudida, movimiento brusco. 5 Sistema de arrastre de vagonetas por cable, con dos ramales, por los que las vagonetas llenas y las vacías se mueven en sentido contrario, simultáneamente y con movimiento alternativo. 6 MAR. Cabo delgado de dos o tres cordones que sirve para varios usos.
vaivenear *tr.* desus. Causar o producir vaivén.
vaivoda (eslavo *vaivod,* príncipe) *m.* Título que se daba a los soberanos de Moldavia, Valaquia y Transilvania y a los gobernadores de provincia en Polonia.
vajilla (l. v. *vascella;* f. de *-lu;* dim. de *vas,* vaso) *f.* Conjunto de utensilios y vasijas para el servicio de mesa.
SIN. **Vidriado.**
val *m.* Apóc. de *valle: Valderrobles;* se usa mucho en la composición. 2 *Murc.* Acequia o cauce por donde corren las aguas sucias de la población.
valaco, -ca *adj.-s.* De Valaquia, ant. principado que hoy forma parte de Rumanía. -2 *adj.* Relativo a la lengua romance hablada en ciertos territorios rumanos. -3 *m.* Lengua valaca.
valar (port. < l. *vallare* < *vallu,* empalizada) *adj.* Relativo al vallado, muro o cerca. ◇ HOMÓF.: *balar.*
valdense *adj.-com.* Sectario de Pedro de Valdo (c. 1140 - c. 1217), heresiarca francés que aspiraba a restituir la pobreza apostólica a la Iglesia y daba a todos los fieles el poder para ejercer el sacerdocio. -2 *adj.* Relativo a esta secta.
valdepeñas *m.* Vino de Valdepeñas. ◇ Pl.: *valdepeñas.*
valdepeñero, -ra *adj.-s.* De Valdepeñas, c. de Ciudad Real.
valdeteja *m.* Queso de cabra de pasta firme y sabor ligeramente picante, elaborado en la zona de Valdeteja (León).
valdivia *f. Colomb.* y *Ecuad.* Guaco (ave falcónida). 2 *Colomb.* Purgante venenoso.
valdiviano, -na *adj.-s.* De Valdivia, c. y prov. de Chile. -2 *m. Chile.* Guiso hecho con charqui, ajos, cebollas y pimienta.
I) vale (l. *vale,* consérvate bien) Expresión usada alguna vez en castellano para despedirse. 2 Voz que expresa asentimiento o conformidad.
II) vale (de *valer*) *m.* Documento por el que se reconoce una deuda u obligación. 2 Nota firmada que se da al que ha de entregar una cosa, para que después acredite la entrega. 3 Envite que con las primeras cartas se hace en algunos juegos de naipes.
III) vale *m. Amér.* Valedor, compañero.
valedero, -ra *adj.* Que debe valer, ser firme y subsistente.
valedor, -ra *m. f.* Persona que vale o protege a otra. -2 *m. Méj.* vulg. Compañero, amigote.
SIN. *1* **Protector, padrino.**
valedura *f. Méj.* Valimiento, privanza, favor. 2 *Cuba.* Barato, regalo en dinero que suele hacer en el juego el que gana al que pierde, o a otra persona.
valencia (b. l. *-ntia,* vigor, valor) *f.* QUÍM. Poder de combinación de un elemento, medido por el número de átomos de hidrógeno, cloro o potasio con que se combina o por el que puede sustituirse un átomo de dicho elemento. 2 BIOL. Poder de un anticuerpo para combinarse con uno o más antígenos. 3 LING. Capacidad combinatoria de las palabras.
REL. **Monovalente, bivalente, trivalente, tetravalente,** elemento o radical químico, según el número de valencias. SIN. *1* **Valoría.**
valencianidad *f.* Calidad o carácter de lo que es valenciano.
valencianismo *m.* Vocablo o giro propio del habla valenciana. 2 Carácter valenciano de una cosa: *el ~ de los cuadros de Sorolla.* 3 Regionalismo político valenciano. 4 Amor o apego a las cosas típicas de Valencia.
valenciano, -na *adj.-s.* De Valencia, antiguo reino y actual ciudad, provincia y región autónoma del este de España. -2 *adj.-m.* Dialecto perteneciente al grupo catalán occidental, hablado en el País Valenciano, menos la zona septentrional de Castellón. -3 *adj.-s.* De Valencia, cap. del estado de Carabobo (Venezuela). -4 *f. Argent.* Encaje fino de algodón. 5 *Hond.* y *Méj.* Refuerzo interior con que se guarnece por abajo la pierna del pantalón.
-valente QUÍM. Elemento sufijal que entra en la formación de palabras pospuesto a otro de valor numeral y que señala la valencia de un elemento o radical: *bivalente, monovalente, trivalente.*
valentía (de *valiente*) *f.* Esfuerzo, aliento, vigor. 2 Hazaña heroica. 3 Expresión arrogante o jactancia de las acciones de valor y esfuerzo. 4 Gallardía, arrojo.
valentiniano, -na *adj.-s.* Sectario de Valentín (m. en 161), heresiarca del s. II, fundador de una secta del gnosticismo, que admitía hasta treinta eones.
valentinita *f.* Mineral de la clase de los óxidos, que cristaliza en el sistema rómbico, incoloro o de color blanco grisáceo o amarillento y brillo adamantino.
valentino, -na *adj.* Valenciano: *concilio ~.*
valentísimo, -ma *adj.* Superl. de *valiente.* 2 Muy perfecto en un arte o ciencia.

valentón, -tona *adj.-s.* desp. Arrogante o que se jacta de guapo y valiente.
SIN. **Jaque, jaquetón, chulo, matamoros, matasiete, baladrón, terne, ternejal, perdonavidas, tragahombres, valiente.**
valentonada *f.* Jactancia, exageración del propio valor.
valentonería *f.* desp. Cualidad o acto de valentón.
I) valer (v. *valer II*) *m.* Valor, valía: *el ~ de este hombre no tiene precio.*
II) valer (l. *-ere*) *intr.* Tener una cosa un valor comparable al de otra cosa determinada; equivaler a: *una blanca vale dos negras.* 2 Tener una cosa por sí misma el valor que se requiere para algún efecto: *este sorteo vale; esta moneda no vale.* 3 Tener una cosa un precio determinado en representación de su valor: *vale cinco mil pesetas.* 4 Hablando de números, montar, importar: *el producto que buscamos vale quince.* 5 Tener una persona o cosa alguna cualidad que merezca estimación en sí misma o para la consecución o realización de algo: *fulano vale mucho; esta madera no vale para muebles.* 6 Tener una persona autoridad o poder: *el ministro vale para este fin.* 7 Redituar, fructificar: *la finca le vale una renta de cien mil pesetas;* fig., *la tardanza me valió un disgusto.* 8 Ser de eficacia o útil; amparar, proteger: *le valdrá conmigo el parentesco; el cielo nos valga; en aquel caso le valió el casco.* 9 Con el adv. *más*, y usado unipersonalmente, ser preferible: *vale más callar.* 10 En infinitivo y precedido del verbo *hacer*, como auxiliar, prevalecer: *hizo ~ sus derechos.* -11 *prnl.* Usar de una cosa o servirse útilmente de ella; recurrir al favor de otro para un intento: *valerse de alguno o de alguna cosa.* 12 Solucionar uno para sí mismo los problemas que se oponen a lo que pretende. ◇ HOMÓF.: *bale, balido* (del v. *balar*), *valido* (n.).◇ **CONJUG. [89].
FRS. *Valga lo que valiere*, loc. que expresa que se hace una diligencia con desconfianza; *valga* o *válgate*, expr. que con algunos nombres o verbos se usa como interjección de admiración, extrañeza, pesar, etc.
valerano, -na *adj.-s.* De Valera, c. del Estado de Trujillo (Venezuela). -2 *adj.* Relativo a dicha ciudad.
valeriana (probl. de *Valeria,* prov. de la Panonia romana) *f.* Hierba valerianácea de rizoma aromático que se usa como antiespasmódico *(Valeriana officinalis).* 2 ~ **griega,** planta polemoniácea de flores azules o blancas *(Polemonium caeruleum).*
valerianáceo, -a *adj.-f.* Planta de la familia de las valerianáceas. -2 *f. pl.* Familia de plantas dicotiledóneas que incluye hierbas o matas de hojas opuestas; flores pequeñas en corimbo, con el cáliz persistente y la corola cigomorfa, tubular o acampanada y fruto en aquenio; como la valeriana.
valerianato *m.* Sal o éster del ácido valeriánico.
valeriánico *adj.* Relativo a un ácido existente en la raíz de la valeriana, usado en farmacia.
valerosamente *adv. m.* Con valor, esfuerzo y ánimo. 2 Con fuerza y eficacia.
valerosidad *f.* Calidad de valeroso.
valeroso, -sa (de *valer*) *adj.* Eficaz, que puede mucho. 2 Valiente (esforzado). 3 Valioso.
valesia *m.* Árbol apocináceo de hasta 10 m. de altura, de hojas enteras, pecioladas y alternas y las flores dispuestas en ramilletes terminales *(Vallesia inedita).*
valetudinario, -ria (l. *-iu*) *adj.* Enfermizo.
valí (ár. *uali,* prefecto) *m.* Gobernador de una provincia de un estado musulmán. ◇ Pl.: *valíes.*
valía *f.* Valor, aprecio de una cosa: ***mayor ~***, plusvalía. 2 Valimiento (privanza). 3 Facción (parcialidad).
SIN. *1* **Valer.**
valiato *m.* Gobierno de un valí. 2 Territorio gobernado por un valí.
valichú *m. R. de la Plata.* Entre los indios, espíritu maligno.
validación *f.* Acción de validar. 2 Efecto de validar. 3 Firmeza, seguridad.
validadora *f.* Máquina de sellado automático para dar validez legal a un gran número de documentos.
válidamente *adv. m.* De manera válida.
validar (l. *-are*) *tr.* Dar validez [a una cosa].
validez *f.* Calidad de válido. 2 DER. Facultad de un acto jurídico para producir efectos en derecho, en conformidad con la ley.
valido, -da *adj.* Apreciado o estimado generalmente. -2 *m.* El que tiene privanza. ◇ HOMÓF.: *balido* (n.), *valido* (v.).
SIN. *2* **Privado, favorito.**
válido, -da (l. *-du*) *adj.* Firme, que vale legalmente. 2 Robusto, fuerte o esforzado.
valiente (l. *valente*) *adj.* Fuerte, robusto. 2 Eficaz, activo. 3 Excelente, primoroso, especial. 4 irón. Grande, excesivo: *¡~ amigo tienes!* -5 *adj.-s.* Esforzado, que tiene valor. 6 Valentón. -7 *adj.* [carne] Que tiene tendones. -8 *m.* Tendón que aparece en la carne. ◇ Superl.: *valentísimo.*
SIN. *5* **Valeroso.**
valientemente *adv. m.* De modo valiente.
valija (it. *valigia*) *m.* Maleta (cofre). 2 Saco de cuero, cerrado con llave, donde llevan la correspondencia los correos: ~ ***diplomática,*** la cerrada y precintada, que contiene la correspondencia oficial entre un gobierno y sus agentes diplomáticos en el extranjero y que, por su importancia, no se confía al servicio de correos. 3 El mismo correo.
valijero, -ra *m. f.* Persona que conduce las cartas desde la administración principal de correos a los pueblos que de ella dependen. 2 Funcionario que conduce la correspondencia diplomática. 3 *Parag.* Maletero del automóvil.
valimiento *m.* Acción de valer una cosa o valerse de ella. 2 Privanza. 3 Amparo, favor.
valioso, -sa *adj.* Que vale mucho, que tiene mucha estimación o poder. 2 Rico (adinerado).
valisneria *f.* Planta perenne hidrocaritácea, totalmente sumergida, con las hojas translúcidas y las flores unisexuales de olor blanco rosado *(Vallisneria spiralis).*
valisoletano, -na *adj.-s.* Vallisoletano.
valkiria *f.* Valquiria.
valla (l., pl. de *-llu,* estacada, trinchera) *f.* Valladar. 2 Cartelera situada a los lados o en las cercanías de los caminos, calles, etc., con fines publicitarios. 3 DEP. En atletismo, obstáculo que el atleta debe saltar a lo largo de algunas carreras. 4 *Can., Colomb.* y *P. Rico.* En la gallera, patio o sitio donde pelean los gallos. 5 *Colomb.* Portería de los juegos de pelota. 6 *Cuba.* Gallera.
valladar *m.* Vallado. 2 fig. Obstáculo.
valladear *tr.* Vallar II.
vallado (l. *-tu*) *m.* Cerco que se levanta para defender o delimitar un sitio e impedir la entrada en él. 2 *P. Rico.* fig. *y* burl. Campesino mal trajeado que viene al pueblo.
I) vallar (l. *-are*) *adj.* Valar. -2 *m.* Valladar.
II) vallar (l. **-iare*) *tr.* Cercar [un sitio] con vallado.
valle (l.) *m.* Espacio de tierra entre montes o alturas. 2 Cuenca de un río. 3 Conjunto de caseríos o aldeas situadas en un valle. 4 fig. Intensidad mínima en el desarrollo de una actividad o de un fenómeno.
REL. *1* **Vaguada,** línea que marca la parte más honda de un ~; **val,** se usa mucho en composición, sobre todo de nombres propios: *Valdepeñas, Valbuena.* CONTR. *4* **Pico.**
vallecaucano, -na *adj.-s.* De Valle del Cauca, dep. de Colombia.
vallegrandino, -na *adj.-s.* De Valle Grande, c. y prov. del dep. de Santa Cruz (Bolivia).
valle-inclanesco, -ca *adj.* Relativo al escritor español Valle Inclán (¿1869?-1936).
valleño, -ña *adj.-s.* De Valleño, dep. de Honduras.
vallico *m.* Ballico. 2 *Colomb.* Casulla del gramo de arroz.
vallino, -na *adj. Perú.* Relativo al valle.
vallisoletano, -na (l. *Vallisoletum,* Valladolid) *adj.-s.* De Valladolid.
SIN. **Valisoletano, pinciano, pucelano.**
vallista *com.* DEP. Deportista que compite en las carreras de saltos de vallas. 2 *Amér.* Habitante de un valle.
vallunco, -ca *adj. Amér. Central.* Rústico, burdo, basto, ranchero.
valluno, -na *adj.-s.* [pers.] Vallecaucano. 2 *Colomb.* p. ext. Vallunco.
valón, -lona (b. l. *wallu* < l. *gallu,* galo) *adj.-s.* [pers.] Del territorio comprendido entre el Escalda y el Lys. -2 *m.* Idioma valón; es un dialecto del ant. francés. -3 *f. Extr.* Collera para la labranza. -4 *m. pl.* Zaragüelles o gregüescos al uso de los valones. ◇ HOMÓF: *balón.*
valona *f.* Cuello grande y vuelto, usado antiguamente. 2 *Amér.* Crin convenientemente recortada que cubre el cuello de mulos y asnos. 3 *Méj.* Servicio, favor, ayuda. 4 *Méj.* Canción popular formada por recitativos sobre los tres acordes fundamentales, y cuyo origen quizás se halle en el canto flamenco.
valonar *tr. Amér.* Esquilar [una caballería].
valonarse *prnl. Amér. Central.* Inclinarse el que está a caballo para agarrar la cola del toro, o coger alguna cosa del suelo.
valor (l.) *m.* Cualidad o conjunto de cualidades de una persona o cosa, en cuya virtud es apreciada: *una estatua de gran ~.*

2 Alcance de la significación o importancia de una cosa: *el ~ de una palabra; el ~ de un acto.* 3 Cualidad del alma que mueve a acometer grandes empresas o arrostrar los peligros. 4 Usado en mala parte, osadía, desvergüenza: *tuvo el ~ de negarlo.* 5 Subsistencia y firmeza de algún acto. 6 Precio pecuniario, suma de dinero en que se aprecia una cosa: *el ~ de una hacienda.* 7 FIL. Realidad ideal por cuya participación las cosas adquieren cualidades que nos hacen estimarlas diversamente. Su jerarquización forma la escala de los valores: económicos, vitales, intelectuales, estéticos, éticos y religiosos: ***juicio de ~***, juicio en el que se atribuye un valor de manera subjetiva. 8 MAT. Determinación cuantitativa particular: ***valores de una variable,*** v. variable. 9 MÚS. Duración relativa de una nota según su figura. -10 ***m. pl.*** Títulos representativos de participación en haberes de sociedades, de cantidades prestadas, de fondos pecuniarios que son materia de operaciones mercantiles. 11 ***Valores declarados,*** moneda o billetes que se envían por correo, bajo sobre cerrado, y cuyo valor se declara para que el servicio de correos responda de su entrega.
SIN. *3* **Valer, valía,** tratándose de cualidades intelectuales o morales; **arrojo, valentía, coraje,** si se trata de afrontar peligros.REL. *7* **Axiología,** disciplina filosófica que estudia los valores.

valoración *f.* Acción de valorar. 2 Efecto de valorar. 3 Aprovechamiento, uso de algo. 4 QUÍM. Acción de valorar una disolución. Debe evitarse el galicismo *titulación.* 5 QUÍM. Efecto de valorar una disolución.

valorar, -rear *tr.* Determinar el valor [de una cosa]; ponerle precio. 2 Aumentar el valor [de una cosa]. 3 QUÍM. Determinar la composición exacta [de una disolución], para usarla en el análisis volumétrico o en la preparación de medicamentos. Deben evitarse los galicismos *titular* y *solución titulada.*
SIN. *1* **Valuar** y **evaluar,** aunque es más usado que ellos; **tasar** y **justipreciar,** suponen estimar exactamente el precio; **tallar,** se aplica pralte. en el campo: *tallar la cosecha. 2* **Avalorar** y **valorizar,** *avalorar* se extiende a los valores no materiales: *avalorar una mercancía; cualidades que avaloran a un hombre; valorizar* se limita a lo material: *valorizar un yacimiento mineral, unas tierras.* **Valorar** comprende los significados de todos estos verbos.

valoría (de *valor*) *f.* Valía, estimación. 2 QUÍM. Valencia.

valorización *f.* Valuación, avalúo.

valorizar *tr.* Valorar. 2 Aumentar el valor [de una cosa]. ◇ ** CONJUG. [4] como ***realizar.***

valquiria (al. *Walkyrien < Wal,* matanza + *küren,* elegir) *f.* Divinidad de la mitología nórdica que en los combates designaba los héroes que habían de morir y en el Valhalla les servía de escanciadora. 2 fig. Joven de los países nórdicos, rubia, alta y fuerte. ◇ También *valkiria.*

vals (al. *walzen,* dar vueltas) ***m.*** Baile de origen alemán en compás de tres por cuatro, ejecutado por parejas, de movimiento animado. 2 Música de este baile ◇ Pl.: *valses.*

valsar ***intr.*** Bailar un vals. 2 fig. Bailar en general.

valse ***m.*** *Amér.* Vals.

valseaguado, -da *adj. Venez.* Desmañado, desvaído.

valuación *f.* Valoración, evaluación.

valuador, -ra *adj.-s.* Que valora o valúa.

valuar ***tr.*** Valorar (determinar). ◇ ** CONJUG. [11] como ***actuar.***

valuto ***m.*** *Can.* Erial.

valva (l., puerta) *f.* BOT. Ventalla. 2 ZOOL. Pieza que constituye la concha de los moluscos lamelibranquios, de algunos cirrípedos y de los gusanos branquiópodos. 3 p. ext. Concha de una sola pieza de ciertos moluscos. 4 BOT. Parte plana de las tecas de las diatomeas. 5 MED. Lámina independiente que, con otra, forma una válvula. 6 Instrumento quirúgico, maleable o no, cuya misión es separar las vísceras.
REL. **Univalvo, -va, bivalvo, -va,** [concha o molusco] que tiene una o dos valvas.

valvasor (b. l. *vasvassor < vassus vassorum,* vasallo de vasallos + *vassus,* del cimbro *gwas,* mozo servidor) ***m.*** ant. Hidalgo, infanzón.

válvula (l. dim. de *valva,* puerta) *f.* Pieza que, colocada en una abertura de paso de un líquido o gas, cierra o abre esta abertura, gracias a un mecanismo, a diferencias de presión, etc.: *la ~ de la bomba;* ***~ de seguridad,*** la que se coloca en las calderas de las máquinas de vapor para que éste se escape automáticamente cuando su presión sea excesiva; ***~ de escape,*** v. escape; fig., ocasión, motivo o cosa a la que se recurre para desahogarse de una tensión, trabajo excesivo o de la monotonía de la vida diaria; ***válvulas de un motor de automóvil,*** las que sirven para cerrar los orificios de admisión y de escape; ***~ reguladora,*** obturador sometido a la presión de un resorte y cuyo movimiento, perpendicular al plano de asiento, sirve para regular el paso de un fluido. 2 Repliegue membranoso que impide el retroceso de los líquidos que circulan por los vasos del cuerpo de los animales: ***~ ileocecal,*** la que abre o cierra el paso del íleon al ciego. 3 Bombilla eléctrica de características especiales que desempeñaba funciones diversas en los aparatos de radiotelefonía. 4 ELECTR. Dispositivo que se intercala en un circuito y tiene diversas finalidades, tales como rectificador, amplificador, etc.
SIN. *1* **Ventalla.** *3* **Lámpara.**

valvular ***adj.*** Relativo a las válvulas. 2 Que tiene válvulas.

valvulitis (de *válvula + -itis) f.* MED. Inflamación de las válvulas del corazón. ◇ Pl.: *valvulitis.*

¡vamos! (forma arcaica de subjuntivo de *ir*) Interjección con que se denota un aviso u orden de movimiento o acción.

vampiresa *f.* fam. Mujer fatal, nefasta. 2 fam. Mujer que se enriquece por malos medios. -3 ***adj.-f.*** Actriz que desempeña papeles de seducción amorosa, especialmente en el cine.

vampirismo ***m.*** Crédito que se da a la existencia de los vampiros. 2 Codicia de los que se enriquecen por malos medios.

vampiro (servio *vampir*) ***m.*** Espectro o cadáver que, según el vulgo, va por las noches a chupar la sangre de los vivos. 2 Mamífero quiróptero americano que chupa la sangre de las personas y animales dormidos *(Desmodus rufus* y géneros afines*).* 3 fig. Hombre que se enriquece por malos medios.

vanadato ***m.*** QUÍM. Sal del ácido vanádico.

vanádico, -ca ***adj.*** QUÍM. [ácido] Que deriva del vanadio.

vanadinita *f.* Mineral de la clase de los vanadatos, que cristaliza en el sistema hexagonal, de color rojo, anaranjado, castaño o amarillo. Tiene brillo resinoso o adamantino y es frágil.

vanadio (de *Vanadis,* diosa de la mitología escandinava) ***m.*** Elemento de color y brillo parecido al de la plata, que aliado al acero le da gran dureza. Su símbolo es *V,* su peso atómico 51,2 y su número atómico 23.

vanagloria *f.* Jactancia del propio valer u obrar.

vanagloriarse ***prnl.*** Jactarse del propio valer u obrar: *~ de, o por, su estirpe.* ◇ ** CONJUG. [12] como ***cambiar.***

vanaglorioso, -sa ***adj.*** Jactancioso del propio valer u obrar.

vanamente *adv. m.* En vano. 2 Con superstición. 3 Sin fundamento. 4 Arrogantemente, con presunción.

vanarse (de *vano*) ***prnl.*** *Amér.* Malograrse algo, esp. un fruto, sin llegar a sazonarse.

vandalaje (*vandalismo × bandidaje*) ***m.*** *Amér.* Vandalismo, bandidaje.

vandálico, -ca (l. *-cu*) ***adj.*** Relativo a los vándalos o al vandalismo.

vandalismo (fr. *-isme*) ***m.*** Devastación propia de los ant. vándalos. 2 fig. Espíritu de destrucción.

vándalo, -la (l. *vandali*) ***adj.-s.*** De un pueblo de la ant. Germania que invadió la España romana junto con los suevos, los alanos y los silingos, constituyendo en ella un vasto reino que se extendió hacia la costa septentrional de África y ciertas islas del Mediterráneo; los vándalos se señalaron por su furia destructora. 2 Relativo a los vándalos. -3 ***m.*** fig. El que comete acciones vandálicas.

vandeano, -na ***adj.-s.*** Del territorio francés llamado *la Vendée.* 2 Relativo a los que, durante la Revolución, se levantáron en el oeste de Francia en defensa de la religión y la monarquía. -3 ***adj.*** Relativo a esta insurrección realista.

vanear ***intr.*** Hablar vanamente.

vanesa *f.* Mariposa de colores muy varios dispuestos en mosaico *(gén. Vanessa).*

vanguardia (ant. *avanguardia*) *f.* Parte de una fuerza armada que va delante del cuerpo principal. 2 fig. Conjunto de ideas, hombres, etc., que se adelantan a su tiempo en cualquier actividad: *~ literaria, ~ de la civilización;* ***de ~, loc. adj.,*** [movimiento, grupo, persona, etc.] partidario de la renovación, avance y exploración en el campo literario, artístico, político, ideológico, etc. -3 *f. pl.* Lugares, en los ribazos y orillas de los ríos, donde arrancan las obras de construcción de un puente o de una presa.
FR. *A ~*, el primero, en el punto más avanzado: *ir* o *estar a,* o *en, ~.*

vanguardismo ***m.*** Escuela o tendencia artística que tiene una intención renovadora, de avance y exploración.

vanguardista ***adj.*** Relativo al vanguardismo. -2 ***adj.-com.*** Partidario de él.

vanidad (l. *-itate*) *f.* Calidad de vano. 2 Fausto, pompa vana, ostentación. 3 Palabra inútil o vana. 4 Ilusión, ficción de la fan-

tasía. 5 Orgullo inspirado en un alto concepto de los propios méritos y en un vivo deseo de ser admirado y considerado.
SIN. *1* v. **Soberbia** y **envanecimiento**.
vanidoso, -sa ***adj.-s.*** Que tiene vanidad y la da a conocer.
vanilocuencia ***f.*** Verbosidad inútil e insubstancial.
vanilocuente, vanilocuo, -cua (l. *-quu*) ***adj.-s.*** Hablador u orador insubstancial.
vaniloquio ***m.*** Discurso inútil e insubstancial.
vanistorio ***m.*** fam. Vanidad ridícula y afectada. 2 Persona vanidosa.
vano, -na (l. *-nu*) ***adj.*** Falto de realidad, substancia o entidad. 2 Hueco, vacío, sin solidez. 3 [fruta de cáscara] Falto del meollo. 4 Inútil, infructuoso. 5 Arrogante, presuntuoso. 6 Sin fundamento: ***en*** ~, inútilmente; sin necesidad, razón o justicia. -7 ***m.*** ARQ. Parte del muro o fábrica en que no hay apoyo para el techo o bóveda.
SIN. *1, 2, 3, 4, 5* y *6* **Hueco, huero.**
vapor (l.) ***m.*** Gas en que se transforma un líquido o sólido absorbiendo calor; p. ant., el de agua. 2 Especie de vértigo o desmayo. 3 Buque de vapor. 4 Gas de los eructos. Más us. en pl. -5 ***m. pl.*** p. us. Accesos histéricos o hipocondríacos.
FR. *Al* ~, con gran celeridad. SIN. *1* **Hálito, vaho,** el ~ que una cosa arroja.
vapora ***f.*** fam. Lancha de vapor.
vaporable ***adj.*** Capaz de arrojar vapores o evaporarse.
vaporación ***f.*** Evaporación.
vaporadora ***f.*** *P. Rico.* Aparato para secar café por medio del vapor.
vaporar ***tr.*** Evaporar.
vaporario ***m.*** Aparato para producir vapor.
vaporear ***tr.*** Evaporar. -2 ***intr.*** Exhalar vapores.
vaporino ***m.*** *Chile.* Individuo que viaja en vapor para hacer negocio, comprando y vendiendo en los puertos y entre la gente que va a bordo. 2 *Pan.* Marinero de un vapor.
vaporización ***f.*** Acción de vaporizar o vaporizarse. 2 Efecto de vaporizar o vaporizarse. 3 Uso medicinal de vapores.
vaporizador ***m.*** Aparato para vaporizar. 2 Recipiente destinado a efectuar en él la vaporización.
vaporizar ***tr.-prnl.*** Hacer pasar o pasar [un cuerpo] del estado líquido al de vapor. 2 Dispersar [un líquido] en gotitas sumamente finas. ◇ ** CONJUG. [4] como ***realizar.***
SIN. *1* **Evaporizar.**
vaporoso, -sa (l. *-osu*) ***adj.*** Que despide vapores; que los contiene. 2 fig. Tenue, ligero.
vapulación ***f.*** Vapulamiento.
vapulamiento ***m.*** Vapuleo.
vapular (l. *-are*, recibir golpes) ***tr.-prnl.*** Vapulear.
vapuleador, -ra ***adj.-s.*** Que vapulea.
vapuleamiento ***m.*** Vapulamiento.
vapulear ***tr.-prnl.*** Azotar. 2 fig. Criticar [a uno].
vapuleo, vápulo ***m.*** Acción de vapulear. 2 Efecto de vapulear.
SIN. v. **Zurra.**
vaquear ***tr.*** Cubrir frecuentemente los toros [a las vacas]. 2 *Argent.* y *Bol.* Buscar [el ganado cimarrón]. -3 ***intr.*** *Colomb., Ecuad.* y *Pan.* Hacer rodeo el ganado; pastorear. 4 *Perú.* Faltar a clase los chicos.
vaqueira ***f.*** Composición poética provenzal antigua gallega. 2 Cierto género de canción.
vaqueo ***m.*** Práctica de caza mayor que consiste en esperar a ésta de madrugada, cortándole el camino a su encame diurno.
vaquería ***f.*** Vacada. 2 Lugar donde hay vacas o se vende su leche. 3 *Ant.* y *Perú.* Ordeñadero. 4 *Cuba* y *P. Rico.* Número de vacas cuya leche se destina para la venta. 5 *Méj.* Fiesta casera. 6 *Venez.* Caza con lazo. 7 *Venez.* Ojeo del ganado.
vaqueril ***m.*** Dehesa destinada al pasto de las vacas.
vaquerillos ***m. pl.*** *Méj.* Cantinas (bolsas) largas cubiertas de pieles de chivo muy us. por los jinetes.
vaqueriza ***f.*** Lugar donde se recoge el ganado mayor en el invierno.
vaquerizo, -za ***adj.*** Relativo al ganado bovino: *corral ~; pastor ~*. -2 ***m. f.*** Vaquero.
vaquero, -ra ***adj.*** Propio de los pastores de ganado bovino. -2 ***m. f.*** Pastor o pastora de reses vacunas. -3 ***m. pl.*** Pantalón de tela de algodón, gralte. de color azul, muy resistente, y con el cosido largo y muy visible. -4 ***adj.*** [prenda de vestir] Que se ha confeccionado con dicha tela. -5 ***m. f.*** *Perú.* Chico que falta a clases. -6 ***m.*** *Venez.* Látigo. -7 ***f.*** *Colomb.* y *Venez.* Silla de montar con un pico de acero donde el jinete coloca la punta de la soga que le sirve en las cacerías de ganado.
vaquerón ***m.*** *Venez.* Bote o bolsa de piel de res donde se deposita la cuajada en las queseras.
vaqueta (dim. de *vaca*) ***f.*** Cuero de ternera curtido. 2 Pez marino teleósteo perciforme, de tamaño pequeño, color pardusco, a veces con manchas azuladas, y de cuerpo oval algo rechoncho *(Symphodus mediterraneus)*. 3 *P. Rico.* Tira de cuero us. en las barberías para asentar la navaja. -4 ***m.*** *Cuba.* Individuo informal, trapacero. ◇ HOMÓF.: *baqueta.*
vaquetón, -tona ***adj.*** *Méj.* Descarado, atrevido. ◇ HOMÓF.: *baquetón.*
vaquetudo, -da ***adj.*** *Cuba.* Descarado, atrevido.
vaquilla ***f.*** *Amér.* Ternera de año y medio.
vaquillona ***f.*** *Amér.* Vaca nueva de dos o tres años.
vaquita ***f.*** Mariquita (insecto coleóptero). 2 ~ ***suiza,*** molusco gasterópodo marino que carece de concha; el cuerpo es de color blanco con manchas castaño obscuro, y posee dos tentáculos cefálicos *(Peltodoris atromaculata)*.
vara (l., travesaño) ***f.*** Ramo delgado, largo y sin hojas. 2 Palo largo y delgado: ~ ***larga,*** especie de pica para picar los toros. 3 Pieza larga de madera, paralela a otra igual, unida por uno de sus extremos al juego delantero de un carro, según su eje longitudinal, que sirve para enganchar la caballería (también ~ *alcándara*). 4 Bastón de mando: ~ *de alcalde;* fig., ~ ***alta,*** autoridad, ascendiente. 5 Garrochazo dado al toro por el picador. 6 Bohordo de algunas plantas. 7 Medida de longitud (835,9 mms.; cuarta parte del estadal): ~ ***cuadrada,*** cuadrado de una vara de lado. 8 Conjunto de 40 a 50 puercos de montanera, que puede cuidar un hombre vareándoles la bellota; en Extr. es el conjunto de cien cerdos ya engordados. 9 ~ ***de Jesé,*** nardo. 10 ~ ***de oro,*** planta compuesta perenne, de hojas oblongo-elípticas y flores amarillas en capítulos, que a su vez se agrupan en un racimo erecto. De ella se obtiene un colorante amarillo *(Solidago virgaurea)*.
SIN. *2* y *3* v. **Palo.** *4* **Pica.** LOC. ADJ. *De varas,* [caballería] que va entre las varas de un carruaje.
varactor ***m.*** ELECTR. Dispositivo semiconductor que se caracteriza por una variación de la capacidad en función de la tensión.
varada ***f.*** Acción de varar un barco. 2 Efecto de varar un barco. 3 Medición de los trabajos hechos en una mina al cabo de un período de labor. 4 Este mismo período, gralte. de tres meses, y ganancias que se reparten al terminar aquel. 5 Conjunto de jornaleros que en Andalucía trabajan en las faenas del campo bajo la dirección de un capataz. 6 Tiempo que duran estas faenas.
varadera (de *varar*) ***f.*** MAR. Palos que se ponen al costado de un buque como resguardo a la tablazón.
varadero ***m.*** Lugar donde varan las embarcaciones para resguardarlas o componerlas. 2 MAR. Plancha de hierro que sirve de protección del costado del buque, donde descansa el ancla.
SIN. *1* **Surtida.**
varado, -da ***adj.-s.*** BLAS. V. escudo ~. 2 *Amér.* [pers.] Que no tiene recursos económicos, o carece de ocupación fija. 3 *Amér.* Envarado, entumecido.
varadura ***f.*** Varada (acción y efecto).
varaescudo ***m.*** Rondel.
varal ***m.*** Vara muy larga y gruesa. 2 Palo redondo donde encajan las estacas que forman el costado del carro. 3 Madero entre los bastidores de los teatros, en el cual se ponen luces para alumbrar la escena. 4 fig. Persona muy alta. 5 MAR. Tablón rectangular de madera sobre el que roza la quilla de la embarcación al vararla. 6 *And.* En los pasos procesionales, barra de madera o metal que sobresale exteriormente por ambos extremos. 7 *Argent.* y *Urug.* Armazón de varales que en los saladeros sirve para tender al sol y al aire la carne de que se hace el tasajo.
varano ***m.*** Reptil saurio de grandes dimensiones; se encuentra en África, Asia Meridional y Australia *(*gén. *Varanus* con varias especies*)*.
varapalo ***m.*** Palo largo a modo de vara. 2 Golpe dado con palo o vara. 3 fig. Daño recibido en los intereses. 4 fig. Desazón grande.
SIN. *2* y *3* **Estacazo.**
varar (de *vara;* en b. l. *varare*) ***intr.*** Encallar la embarcación. 2 fig. Quedar detenido un negocio. 3 *Amér.* Quedarse detenido un vehículo por avería. -4 ***tr.*** Sacar a la playa [una embarcación]. 5 desus. Echar [un barco] al agua.
varaseto ***m.*** Cerramiento, enrejado de cañas y varas.
varayoc (cast. *vara* y el sufijo quechua *yoc*) ***m.*** *Perú.* Mandón en las comunidades indígenas.
varazo ***m.*** Golpe dado con una vara.
varazón ***f.*** *Chile.* Multitud de cosas.

varbasco (v. *verbasco*) ***m.*** Gordolobo. 2 *Extr.* Mezcla de torvisco y estiércol que constituye un veneno muy fuerte y se echa en el río para pescar.
vardasca ***f.*** Verdasca.
vardascazo ***m.*** Verdascazo.
várdulo, -la ***adj.-s.*** De una reg. de la ant. España Citerior, que comprendía algo más del actual territorio de Guipúzcoa.
vare ***m.*** *Ecuad.* Chasco, engaño, burla.
varea ***f.*** Acción de varear los frutos de ciertos árboles.
SIN. **Vareaje, vareo.**
vareador, -ra ***m. f.*** Persona que varea. -2 ***m.*** *Can.* Palo largo empleado para desprender los frutos altos, especialmente en la recogida de las almendras.
vareaje ***m.*** Acción de varear (medir). 2 Efecto de varear (medir). 3 Varea.
varear ***tr.*** Golpear [algo o a alguien] con vara; esp., derribar con vara [los frutos de ciertos árboles], herir o picar [a los toros] con vara. 2 Remover con un palo los granos para airearlos o para eliminar los insectos que contengan. 3 Medir [algo] con la vara, y p. ext., vender [algo] por varas. -4 ***prnl.*** fig. Enflaquecer. -5 ***tr.*** *Amér.* Ejercitar [los caballos].
varejón ***m.*** Vara larga y gruesa. 2 *And., Murc.* y *Amér.* Vardasca, vergueta. 3 *Colomb.* Especie de salvia, que goza de propiedades medicinales *(Vernonia odoratissima).*
varejonazo ***m.*** Golpe dado con un varejón.
varenga (escand. ant. *vrang,* cuaderna; a través del fr. *varangue*) ***f.*** MAR. Brazal (madero). 2 MAR. Pieza curva atravesada sobre la quilla para formar la cuaderna.
SIN. **Orenga.**
varengaje ***m.*** MAR. Conjunto de las varengas de una embarcación.
vareo ***m.*** Vareaje.
vareta ***f.*** Dim. de *vara.* 2 Palito untado con liga para cazar pájaros. 3 Lista de diferente color que el fondo de un tejido. 4 fig. Expresión picante con que se zahiere a alguien. 5 Indirecta. 6 Asta de ciervo varetón.
varetazo ***m.*** Golpe de lado que da el toro con el asta.
SIN. **Paletazo.**
varete ***m.*** *C. Rica.* Verdugo, roncha.
varetear ***tr.*** Formar varetas [en un tejido].
varetón ***m.*** Ciervo joven, cuya cornamenta tiene una sola punta.
varga (orig. prerrom., quizá celta) ***f.*** Parte más pendiente de una cuesta.
varganal ***m.*** Seto formado de várganos.
várgano (l. *virga,* rama) ***m.*** Palos dispuestos con otros para construir una empalizada.
vargueño ***m.*** Bargueño.
varí ***m.*** Primate lemúrido que vive en los bosques de Madagascar, donde se le considera como sagrado. Se le reconoce por los largos pelos que adornan sus orejas y descienden a modo de collarín por los lados de la garganta *(Prosimia variegata).* 2 *Chile.* Ave de rapiña diurna *(Circus cinereus).*
varia (l.) ***m. pl.*** Conjunto bibliográfico de obras de distintos temas.
variabilidad ***f.*** Calidad de variable.
variable (l. *-bile*) ***adj.*** Que varía o puede variar. 2 Inestable, inconstante y mudable. 3 GRAM. [palabra] Cuya desinencia puede variar. -4 ***f.*** INFORM. Información identificada por un nombre o una dirección que puede tomar un valor, o un conjunto de valores, en un dominio dado, en el curso del desarrollo de un programa. 5 MAT. Símbolo que designa un conjunto de números y representa indistintamente a cada uno de ellos. Estos números se llaman *valores de la ~*, y su conjunto *campo de variabilidad.*
variablemente ***adv. m.*** De manera variable.
variación (l. *-atione*) ***f.*** Acción de variar. 2 Efecto de variar. 3 BIOL. Diferencia entre los hijos de una sola pareja. 4 MAT. Cambio de valor de una magnitud o de una cantidad. 5 MÚS. Imitación melódica, con modificaciones tonales y rítmicas, de un tema.
variado, -da (l. *-atu*) ***adj.*** Que tiene variedad. 2 De varios colores.
variamente ***adv. m.*** De un modo vario.
variancia (de *variante*) ***f.*** MAT. Media de las desviaciones cuadráticas de una variable aleatoria, referidas al valor medio de ésta.
variante ***adj.*** Que varía. -2 ***f.*** Forma con que se presenta una voz. 3 Variedad o diferencia de lección que hay en los ejemplares o copias de un códice o libro. 4 Desvío o ramal de un camino o carretera. 5 En las quinielas de fútbol, resultado en que empata o pierde el equipo propietario del campo. 6 *Colomb.* Atajo, vereda. -7 ***f. pl.*** Conjunto de legumbres maceradas en vinagre, como pepinillos, cebollitas, coliflor, zanahorias, etc.
variar (l. *-are*) ***tr.*** Hacer o volver diferente [una cosa] de lo que antes era: *~ un vestido.* 2 Dar variedad [a series sucesivas de actos o cosas]: *conviene ~ sus actividades.* -3 ***intr.*** Cambiar una cosa en algún aspecto, modificarse: *el tiempo ha variado; hemos variado de,* o *en, opinión.* 4 Ser una cosa diferente de otra: *este argumento varía.* 5 MAR. Hacer ángulo la aguja magnética con la línea meridiana. ◇ ** CONJUG. [13] como ***desviar.***
SIN. *3* v. **Cambiar.**
varice, várice (l.) ***f.*** MED. Dilatación permanente de una vena. ◇ Se emplea gralte. en pl.
SIN. **Variz.**
varicela (l. mod. *varicella,* varice pequeña; como dim. del b. l. *variola,* viruela) ***f.*** Enfermedad contagiosa caracterizada por una erupción parecida a la de la viruela benigna.
SIN. **Viruela loca.**
varicocele (de *varice* + *-cele*) ***m.*** MED. Tumor formado por la dilatación de las venas del escroto y del cordón espermático.
SIN. **Cirsocele.**
varicoso, -sa (l. *-osu*) ***adj.*** Relativo a las varices. -2 ***adj.-s.*** Que tiene varices.
variedad (l. *-etate*) ***f.*** Calidad de vario. 2 Diferencia dentro de la unidad. 3 Mudanza o alteración. 4 Variación. 5 H. NAT. Grupo que, con otros, divide algunas especies y que se distinguen entre sí por ciertos caracteres muy secundarios. -6 ***f. pl.*** Espectáculo formado por varios números de índole diversa.
varietal ***adj.*** [vino] Con aromas característicos de la cepa.
varietés (fr.) ***f. pl.*** GALIC. Variedades (espectáculo).
varilarguero ***m.*** Picador (de toros).
varilla ***f.*** Dim. de *vara.* 2 Vara larga y delgada. 3 Pieza metálica que, con otras, forma la armazón del abanico, del paraguas, etc. 4 fam. Hueso que, con otro, forma la quijada. -5 ***f. pl.*** Bastidor en que se ponen los cedazos para cerner. -6 ***f.*** *Chile.* Arbusto, variedad del palhuén. 7 *Méj.* Conjunto de mercancías de un buhonero. 8 *Venez.* Prueba que se hace con los caballos de carrera para saber cuál es el más ágil. 9 *Venez.* Molestia, contrariedad. -10 ***f. pl.*** *Colomb.* Tétano en los niños.
varillaje ***m.*** Conjunto de varillas (pieza metálica). 2 Armadura de las construcciones en obras de hormigón armado. 3 Conjunto de varillas utilizadas en los trabajos de sondeo para realizar la exploración de terrenos.
I) varillar ***m.*** *Chile.* Paraje donde abundan las varillas (arbusto).
II) varillar ***tr.*** *Venez.* Ejercitar [los caballos], adiestrarlos.
varillero, -ra ***adj.*** *Venez.* [caballería] Adiestrado para la carrera. 2 *P. Rico.* [pers.] Que se las da de valiente, de gracioso. 3 *Méj.* Buhonero.
vario, -ria (l. *variu*) ***adj.*** Diverso o diferente. 2 Inconstante o mudable. 3 Indiferente o indeterminado. 4 Que tiene variedad o está compuesto de diversos adornos o colores. -5 ***adj. pl.*** Algunos, unos cuantos. -6 ***m. pl.*** Conjunto de libros, folletos, hojas sueltas o documentos de distintos autores, materias o tamaños, reunidos en tomos, legajos o cajas. ◇ HOMÓF.: *bario.*
SIN. *2* v. **Inestable.**
variólico, -ca ***adj.*** Varioloso.
variolita ***f.*** GEOL. Roca ígnea de grano fino y composición básica.
varioloide (b. l. *variola* + *-oide*) ***f.*** Viruela atenuada y benigna.
varioloso, -sa ***adj.*** Relativo a la viruela. -2 ***adj.-s.*** Virolento.
variopinto, -ta (it. *variopinto*) ***adj.*** Que ofrece diversidad de colores o de aspecto. 2 Multiforme, mezclado, diverso, abigarrado.
varita ***f.*** Dim. de *vara.* 2 *~* ***de San José,*** malva real. 3 *~* ***mágica*** o ***de virtudes,*** la que usan los jugadores de manos atribuyéndole virtudes mágicas y la que en los cuentos infantiles llevan las hadas, magos, etc., para realizar sus prodigios. ◇ HOMÓF.: *barita.*
varitero ***m.*** Porquero que varea las bellotas de que se alimentan los cerdos.
variticas ***f. pl.*** *Venez.* Vueltas continuas dadas por una persona girando sobre sí misma.
variz ***f.*** Varice.
varón (l. *varone,* fuerte, esforzado) ***m.*** Criatura racional del sexo masculino. 2 Hombre que ha llegado a la edad viril. 3 Hombre de respeto, autoridad u otras prendas. 4 MAR. Cabo o cadena que, con otro, permite gobernar cuando se ha perdido la caña del timón. 5 *Chile.* Madero largo, grueso y sólido. ◇ HOMÓF.: ***barón.***
SIN. *1* **Hombre.**

varona *f.* p. us. Mujer. 2 Mujer varonil.
varonesa *f.* p. us. Varona (mujer).
varonía *f.* Calidad de descendiente de varón en varón.
varonil *adj.* Relativo al varón. 2 Esforzado, valeroso y firme.
SIN. **Viril.** *2* **Masculino.**
varonilmente *adv. m.* De manera varonil, esforzadamente.
SIN. **Virilmente.**
varraco *m.* Verraco.
varraquear *intr.* fam. Verraquear.
varraquera *f.* fam. Verraquera.
varsoviana *f.* Baile polaco, variante de la mazurca. 2 Música de este baile.
varsoviano, -na *adj.-s.* De Varsovia, c. de Polonia.
varvas *f. pl.* Sedimentos de origen glaciar formados por arcillas y arena que se depositan en estratos de poca potencia.
vasallaje *m.* Condición del vasallo. 2 fig. Sujeción, rendimiento. 3 Tributo pagado por el vasallo.
vasallo, -lla (célt. **vassallos,* semejante a un criado < *vassos,* servidor) *m. f.* Persona sujeta a un señor con vínculo de dependencia y fidelidad a causa de un feudo. -2 *adj.* Súbdito. 3 fig. [pers.] Que reconoce a otro por superior o depende de él.
vasar (de *vaso*) *m.* Anaquelería que, sobresaliendo en la pared, sirve para poner platos, vasos, etc. ◇ HOMÓF.: *basar.* ◇ Dim: *vasarillo,* en vez de *vasarcillo.*
SIN. **Vasera.**
vasco, -ca (de *vascón*) *adj.-s.* Vascongado. 2 De una parte del territorio francés comprendido en el departamento de los Bajos Pirineos. -3 *m.* Vascuence (lengua). ◇ HOMÓF.: *basca.*
vascófilo, -la (*vasco* + *-filo* I) *m. f.* Persona aficionada al vascuence y entendida en él.
vascólogo, -ga (*vasco* + *-logo*) *m. f.* Persona versada en estudios vascos, particularmmente los relacionados con la lengua vasca.
vascón, -cona (l. *-one*) *adj.-s.* De la Vasconia, reg. de la España Tarraconense.
vascongado, -da *adj.-s.* De alguna de las provincias de Álava, Guipúzcoa y Vizcaya. -2 *m.* Vascuence (lengua).
vascónico, -ca *adj.* Relativo a los vascones.
vascuence (l. *vasconice*) *adj.-m.* Lengua emparentada con las del tronco caucásico, hablada principalmente en el País Vasco. -2 *m.* fig. Lo que de tan confuso no se puede entender.
SIN. *1* **Vasco, vascongado, éuscaro, eusquero.**
vascular (l. *-ariu*) *adj.* Relativo a los vasos de los animales o plantas. 2 Formado por vasos (tubos).
vascularización *f.* ANAT. Presencia y disposición de los vasos sanguíneos y linfáticos en un tejido, órgano o región del organismo.
vasculitis *f.* PAT. Inflamación aguda o crónica de uno o varios vasos sanguíneos. ◇ Pl.: *vasculitis.*
vasculopatía (l. *vasculum,* vaso pequeño + *-patía*) *f.* Enfermedad de los vasos sanguíneos en gral.
vasculoso, -sa *adj.* Vascular.
vasectomía (l. *vasu,* vaso + *-ectomía*) *f.* CIR. Corte parcial o total de los canales deferentes para conseguir la esterilización masculina.
vaselina (ing. *vaseline;* formado con el al. *wasser,* agua y el gr. *élaion,* aceite) *f.* Substancia amarillenta, semisólida y translúcida, que se obtiene del petróleo y se usa como lubricante y para hacer ungüentos. 2 fig. Cautela, cuidado y prudencia al comunicar una información o noticia desagradable para el que la recibe: ***poner ~***, suavizar una situación. 3 DEP. En algunos deportes, jugada que consiste en lanzar el balón, suavemente y con una marcada parábola, por encima de uno o varios jugadores contrarios.
vasera *f.* Vasar. 2 Caja en que se guarda el vaso. 3 Salvilla grande y con asa, para llevar los vasos.
vasija (dim. de *vaso*) *f.* Receptáculo para contener líquidos o cosas destinadas a la alimentación. 2 Conjunto de cubas o tinajas en las bodegas.
vasijero *m.* Especie de armario de cocina para colocar vasijas.
vasillo (l. *vascellu;* dim. de *vas,* vaso) *m.* Celdilla (casilla). 2 *And.* y *Extr.* Cascarilla del trigo y de la cebada. 3 *And.* Vaina del garbanzo.
vaso (l. *vasu*) *m.* Receptáculo destinado a contener un líquido, esp. el cilíndrico que sirve para beber. 2 Líquido que cabe en un vaso. 3 Bacín (orinal). 4 Casco de las caballerías. 5 Embarcación y especialmente su casco. 6 Obra de escultura en forma de jarrón que colocada sobre su pedestal sirve para decorar edificios, jardines, etc. 7 desus. Hueco de algunas cosas. 8 ASTRON. Copa (constelación). 9 BOT. Tubo formado por una serie de células superpuestas que han perdido las paredes de separación. 10 ZOOL. Tubo o canal por donde circula un líquido orgánico. 11 *Logr.* Colmena. 12 *S. Dom.* División de un potrero o dehesa.
SIN. *9* **Tráquea.** REL. *10* **Vascular,** relativo a los vasos.
vasoconstricción (*vaso* + *constricción*) *f.* PAT. Disminución del calibre de un vaso por contracción de sus fibras musculares.
vasoconstrictor *adj.-s.* Que contrae los vasos sanguíneos.
vasodilatación (*vaso-* + *dilatación*) *f.* PAT. Aumento del calibre de un vaso por relajación de sus fibras musculares.
vasodilatador *adj.-s.* Que dilata los vasos sanguíneos.
vasomotor, -ra (*vaso* + *motor*) *adj.* Relativo al movimiento regulador de los vasos sanguíneos: *nervios vasomotores.* 2 [agente o nervio] Que actúa sobre ese movimiento.
vasopresina *f.* Hormona segregada por el lóbulo posterior de la hipófisis y sintetizada por el hipotálamo que estimula la reabsorción del agua.
SIN. **Adiuterina.**
vástago (probl. de b. l. *bastum,* palo) *m.* Ramo tierno de un árbol o planta. 2 fig. Persona descendiente de otra. 3 Pieza en forma de varilla que sirve para articular o sostener otras piezas. 4 Barra para dar movimiento el émbolo o transmitir el suyo a algún mecanismo. 5 *Amér.* Tallo del plátano.
SIN. *1* **Sierpe, verdugo,** el que brota de las raíces leñosas; **vestugo,** el del olivo; **renuevo, retoño, rebrote, hijuelo,** el que brota después de cortada la planta.
vastagosa *f. Colomb.* Balsa o embarcación formada por tallos del plátano.
vastaguera *f. Colomb.* Terreno plantado de plátanos.
vastedad (l. *-itate*) *f.* Dilatación, anchura.
vástiga *f.* Vástago (renuevo).
vasto, -ta (l. *-tu*) *adj.* Dilatado, muy extenso. ◇ HOMÓF.: *basto.*
vate (l.) *m.* Adivino. 2 Poeta. ◇ HOMÓF.: *bate* (m.), *bate* (v.).
vaticanista *adj.-s.* Relativo a la política del Vaticano. -2 *adj.-com.* Partidario de esta política.
vaticano, -na (l. *-nu*) *adj.* Relativo al monte Vaticano. 2 Relativo al Vaticano, estado en que reside el papa. 3 Relativo al papa o a la corte pontificia. -4 *m.* El Vaticano, la corte pontificia.
vaticinador, -ra (l. *-atore*) *adj.-s.* Que vaticina.
SIN. **Provicero.**
vaticinar (l. *-ari*) *tr.* Pronosticar, profetizar.
SIN. v. **Adivinar.**
vaticinio (l. *-iu*) *m.* Predicción, adivinación.
vatídico, -ca (l. *vate,* profeta + *dicere,* decir) *adj.* Relativo al vaticinio. -2 *adj.-s.* Vaticinador.
vatímetro (de *vatio* + *-metro*) *m.* Aparato para medir los vatios.
vatio (de *Wat,* 1736-1819, mecánico escocés) *m.* Unidad de potencia eléctrica, igual a la potencia capaz de hacer el trabajo de un julio en un segundo. 2 ~ ***por hora,*** unidad de energía eléctrica, que representa el trabajo realizado por un vatio en una hora.
vato, -ta *adj.-m.* ANAT. ~ ***interno,*** músculo de la cara anterior e interna del muslo cuya función es extender la pierna.
vatro *m. Chile.* Batro.
vaupense *adj.-s.* De Vaupés, comisaría de Colombia.
I) vaya (it. *baia*) *f.* Burla, chasco.
SIN. v **Burla.**
II) ¡vaya! Interjección con que se denota sorpresa, aprobación, leve enfado, o sirve para excitar o contener. Úsase también repetida.
ve *f.* Nombre de la letra *v.* ~ *doble,* la letra *w.* ◇ HOMÓF.: *be* (n.), *ve* (del v. *ir*), *ve* (del v. *ver*).
vecera, -ría *f.* Manada de ganado perteneciente a un vecindario: *vecería de puercos.* 2 Alternancia de buenas y malas cosechas.
vecero, -ra (l. *vicariu* < *vice,* vez) *adj.-s.* [pers.] Que tiene que ejercer por turno un cometido concejil. -2 *adj.* [planta] Que un año da mucho fruto, y poco o ninguno otro. -3 *m. f.* Parroquiano (cliente). 4 Persona que aguarda turno para una cosa.
vecinal (l. *vicinale*) *adj.* Relativo al vecindario o a los vecinos.
vecindad (l. *vicinitate*) *f.* Calidad de vecino. 2 Conjunto de personas que viven en una misma casa o en un mismo barrio. 3 Vecindario (conjunto). 4 Cercanías de un sitio.
vecindario *m.* Conjunto de vecinos de una población. 2 Lista, padrón de los vecinos de un pueblo. 3 Vecindad (calidad).
vecino, -na (l. *vicinu* < *vicu,* barrio, lugar) *adj.-s.* Persona que habita con otros en un mismo pueblo, barrio o casa. 2 Per-

sona que tiene casa y hogar en un pueblo y contribuye a las cargas de éste. 3 Persona que ha adquirido derecho de vecindad en un pueblo. 4 fig. Cercano, próximo, inmediato: ~ *al*, o *del, palacio.* 5 Parecido, coincidente.

vectación (l. *-atione*) *f.* Acción de caminar en un vehículo.

vector (l. *vector,* que conduce) *adj.* V. radio vector. -2 *adj.-m.* TECN. [agente] Que transporta algo de un lugar a otro. -3 *m.* Representación geométrica de la magnitud vectorial; p. ext., segmento de recta, contado a partir de un punto del espacio, en una dirección determinada y en uno de sus sentidos. 4 BIOL. Agente que transmite el germen de una enfermedad de un huésped a otro. 5 FIL. Acción proyectiva que tiene cualidad e intensidad variables.

NOMENCLATURA *3 Vectores libres* son aquellos que conservan su módulo, dirección y sentido. Pueden estar aplicados en cualquier punto del espacio. *Vectores deslizantes*, los que conservan su módulo, dirección, sentido y recta de aplicación. Pueden tener su origen en cualquier punto de esta recta. *Vectores fijos*, los que tienen determinados su módulo, sentido y punto de aplicación.

vectorial *adj.* Relativo al vector. 2 [magnitud] Que actúa en un sentido y dirección determinados, por ej., peso, movimiento, fuerza.

I) veda *f.* Acción de vedar. 2 Efecto de vedar. 3 Espacio de tiempo en que está vedado cazar y pescar. 4 fig. *y* p. ext. Prohibición de realizar un determinado tipo de actividad.

SIN. *1* y *2* **Prohibición.**

II) veda (sánscrito *veda,* ciencia, conocimiento) *m.* Libro sagrado primitivo de los hindúes. Son los siguientes: *Himnos védicos,* que exaltan la fuerza de la naturaleza; el *Vedanta,* sistema filosófico del brahmanismo; el *Brahmana,* colección de himnos sagrados y oraciones; y cuatro colecciones menores de preceptos y rezos; el *Rigveda,* el *Samaveda,* el *Yajurveda* y el *Atharuaveda.*

vedado *m.* Terreno acotado donde está prohibido entrar o cazar.

vedamiento *m.* Veda (acción y efecto).

vedar (l. *vetare*) *tr.* Prohibir [una cosa] por ley o mandato. 2 Impedir, estorbar [algo].

vedegambre (l. *èmedicamine*) *m.* Planta liliácea de flores blancas o verdosas en panoja y rizoma oficinal *(Veratrum album).*

REL. **Cebadilla,** raíz del ~ en polvo; **veratrina,** alcaloide que se halla en la raíz. SIN. **Eléboro blanco, veratro.**

vedeja (v. *vedija*) *f.* Guedeja.

védico, -ca *adj.* Relativo a los vedas. -2 *adj.-m.* V. sánscrito védico.

vedija (l. *viticula,* zarcillo; dim. de *vitis,* vid; doble etim. *vedeja* y *guedeja*) *f.* Mechón de lana. 2 Verija. 3 Pelo enredado en cualquier parte del cuerpo del animal. 4 Mata de pelo enredada y ensortijada.

SIN. *1* **Vellón.**

vedijero, -ra *m. f.* Persona que recoge la lana de caídas cuando se esquila al ganado.

vedijoso, -sa, vedijudo, -da *adj.* Que tiene el pelo en vedijas.

vedismo *m.* Religión contenida en los vedas.

veduño *m.* Viduño.

veedor, -ra (del ant. *veer,* ver) *adj.-s.* Que ve o mira con curiosidad las acciones de los demás. -2 *m.* ant. El que tiene por oficio reconocer o inspeccionar determinadas cosas.

veeduría *f.* Cargo u oficio de veedor. 2 Oficina del veedor.

vega (probl. del prerrom. *baika,* terreno regable, der. de *ibai,* río) *f.* Tierra baja, bien regada y fértil. 2 *Cuba.* Terreno sembrado de tabaco. 3 *Chile.* Terreno muy húmedo. 4 *Ecuad.* Terreno movedizo formado en los recodos de los ríos.

Vega *n. pr.* Estrella de primera magnitud en la constelación de la Lira.

vegetabilidad *f.* Calidad de vegetal.

vegetable (l. *-abile*) *adj.-s.* desus. Vegetal.

vegetación (l. *-atione*) *f.* Acción de vegetar. 2 Efecto de vegetar. 3 Conjunto de vegetales propios de un paraje o terreno, o existentes en él. 4 MED. Formación carnosa de la superficie de las heridas, de la piel o de las mucosas.

vegetal (der. culto del l. *vegetare,* vivificar y *vegetus,* vivaz) *adj.* Que vegeta. 2 Relativo a las plantas. -3 *m.* Ser orgánico viviente que carece de sensibilidad y de movimiento voluntario. 4 ANGLIC. Verdura.

SIN. *3* **Planta.** REL. **Botánica,** parte de la H. NAT. que estudia los vegetales; **flora,** conjunto de las especies vegetales de un país.

vegetalista *adj.-s.* Vegetariano.

vegetar (l. *-are*) *intr.-prnl.* Crecer y desarrollarse las plantas. 2 Vivir una persona con vida meramente orgánica. 3 p. anal. Vivir perezosamente y sin cuidados. ◇ HOMÓF.: *vejete.*

vegetarianismo *m.* Régimen alimenticio en el que se suprime el consumo de la carne, y a veces de todos los alimentos de origen animal.

vegetariano, -na (fr. *végétarien*) *adj.-s.* Persona dada al vegetarianismo. -2 *adj.* Relativo a este régimen alimenticio.

vegetativo, -va *adj.* Que vegeta o tiene vigor para vegetar. 2 BIOL. Perteneciente o relativo a las funciones de nutrición o reproducción: *aparato* ~.

vegoso, -sa *adj. Chile.* [terreno] Que se conserva siempre húmedo.

veguer (v. *vicario*) *m.* Magistrado que en Aragón, Cataluña y Baleares ejercía la misma jurisdicción que el corregidor en Castilla. 2 En Andorra, cada uno de los dos delegados de las soberanías protectoras.

veguería *f.* Veguerío (territorio).

I) veguerío *m.* Territorio a que se extendía la jurisdicción del veguer.

II) veguerío *m. Cuba.* Lugar de muchas vegas.

veguero, -ra *adj.* Relativo a la vega. -2 *m. f.* Persona que cultiva una vega. -3 *m.* Cigarro puro hecho de una hoja.

vehemencia (l. *-ntia*) *f.* Calidad de vehemente.

vehemente (l.) *adj.* Que mueve o se mueve con ímpetu y violencia. 2 Que se siente o se expresa con viveza. 3 [pers.] Que obra de modo irreflexivo, y a sus impulsos y sentimientos.

vehementemente *adv. m.* De manera vehemente.

I) vehicular *adj.* Propio o relativo a los vehículos.

II) vehicular *tr.* Transmitir, difundir, comunicar.

vehículo (l. *-lu*) *m.* Medio para transportar personas o cosas: ~ *espacial,* nave espacial. 2 fig. Lo que sirve para conducir o transmitir fácilmente una cosa.

veimarés, -resa *adj.* Weimarés.

veintavo, -va *adj.-m.* Veinteavo.

veinte (l. *viginti*) *adj.* Dos veces diez; **NUMERACIÓN 2 Vigésimo (ordinal). -3 *m.* Guarismo del número veinte. -4 *loc. adv.* fig. *A las* ~, a deshora. -5 *m. Chile* y *Méj.* Moneda de plata o cobre de 20 centavos.

REL. Los tecn. **icosaedro** (veinte caras) e **icosígono** (veinte angulos), proceden del gr. *eikosí.*

veinteavo, -va *adj.* Vigésimo.

veintén *m.* ant. Moneda española de oro (escudo de veinte reales).

veintena *f.* Conjunto de veinte unidades.

veintenar *m.* Veintena.

veintenario, -ria *adj.* Que tiene veinte años.

veintenero (de *veintén*) *m.* Sochantre, en ciertas iglesias.

veinteno, -na *adj.* Vigésimo. 2 Veintavo.

veinteñal *adj.* Que dura veinte años.

veinteocheno, -na *adj.* Veintiocheno.

veinteseiseno, -na *adj.* Veintiseiseno.

veintésimo, -ma *adj.-s.* Vigésimo.

veinticinco *adj.* Veinte y cinco; **NUMERACIÓN 2 Vigésimo quinto. -3 *m.* Guarismo del número veinticinco. 4 *Pan.* Tono especial de la mejorana.

veinticuatreno, -na *adj.* Relativo al número veinticuatro. 2 Vigésimo cuarto.

veinticuatría *f.* Cargo u oficio de veinticuatro.

veinticuatro *adj.* Veinte y cuatro; **NUMERACIÓN 2 Vigésimo cuarto. -3 *m.* Guarismo del número veinticuatro. 4 ant. Regidor de ayuntamiento en algunas ciudades de Andalucía.

veintidós *adj.* Veinte y dos; **NUMERACIÓN 2 Vigésimo segundo. -3 *m.* Guarismo del número veintidós.

veintidoseno, -na *adj.* Vigésimo segundo.

veintinueve *adj.* Veinte y nueve; **NUMERACIÓN 2 Vigésimo nono. -3 *m.* Guarismo del número veintinueve.

veintiocheno, -na *adj.* Vigésimo octavo.

veintiocho *adj.* Veinte y ocho; **NUMERACIÓN 2 Vigésimo octavo. -3 *m.* Guarismo del número veintiocho.

veintiséis *adj.* Veinte y seis; **NUMERACIÓN 2 Vigésimo sexto. -3 *m.* Guarismo de número veintiséis. ◇ Pl.: *veintiséis.*

veintiseiseno, -na *adj.* Relativo al número veintiséis. 2 Vigésimo sexto.

veintisiete *adj.* Veinte y siete; **NUMERACIÓN 2 Vigésimo séptimo. -3 *m.* Guarismo del número veintisiete.

veintitantos, -tas *adj.* Entre veinte y treinta.

veintitrés *adj.* Veinte y tres; **NUMERACIÓN 2 Vigésimo tercio. -3 *m.* Guarismo del número veintitrés. ◇ Pl.: V. *tres.*

veintiún *adj.* Apóc. de *veintiuno*, que se antepone siempre al substantivo: ~ *libros.*

veintiuna *f.* Juego de naipes o de dados en que gana el que hace veintiún puntos o se acerca más a ellos sin pasar.
veintiuno, -na *adj.* Veinte y uno; **NUMERACIÓN 2 Vigésimo primero. -3 *m.* Guarismo del número veintiuno. ◇ V. *veintiún.*
vejación (l. *vexatione,* agitación, sacudida) *f.* Acción de vejar. 2 Efecto de vejar.
vejador, -ra *adj.-s.* Que veja.
vejamen (l. *vexamen,* conmoción) *m.* Vejación. 2 p. us. Reprensión festiva o satírica. 3 Discurso o composición poética de índole burlesca que se pronunciaba en las universidades y academias.
vejaminista *com.* Sujeto encargado del vejamen (discurso).
vejaminoso, -sa *adj. Perú* y *P. Rico.* Vejatorio.
vejancón, -ona *adj.-s.* fam. *y* desp. Persona muy vieja.
vejar (l. *vexare*) *tr.* Molestar, perseguir [a uno]. 2 p. us. Dar vejamen [a uno].
vejarano, -na *adj. Amér.* Vejancón.
vejatorio, -ria *adj.* Que veja o puede vejar: *condiciones vejatorias.*
vejerano, -na *adj. Cuba.* Vejancón.
vejestorio *m.* desp. Persona vieja.
vejeta *f.* Cogujada.
vejete *adj.-s.* Dim. irón. de *viejo.* ◇ HOMÓF.: *vegete* (del v. *vegetar*).
vejez *f.* Calidad de viejo. 2 Senectud. 3 fig. Achaques, manías, actitudes propias de la edad de los viejos. 4 fig. *y* p. us. Narración de una cosa muy sabida. 5 Cosa vieja y desusada en general.
SIN. *2* **Ancianidad,** voz respetuosa que se emplea sólo tratando de personas.
vejiga (l. *vesica*) *f.* Saco membranoso en el cual va depositándose la orina segregada por los riñones. 2 Saco membranoso en los animales lleno de un líquido o de un gas: ~ *natatoria.* 3 Ampolla (vejiga). 4 Viruela (pústula). 5 ~ ***de perro,*** alquequenje. 6 Bolsita formada en cualquier superficie y llena de aire u otro gas o de un líquido. 7 Bolsita de tripa de carnero en que se conservaba un color para la pintura al óleo.
REL. *1* **Vesical,** relativo a la vejiga, adj: *cálculo vesical. 2* **Vesicante,** que produce vejigas o ampollas en la piel.
vejigante *m. P. Rico.* Máscara que representa cualquier figura ridícula.
vejigatorio, -ria *adj.-m.* Emplasto de substancias irritantes puesto para levantar vejigas.
vejigazo *m.* Golpe dado con una vejiga llena de aire u otra cosa.
vejigón, -gona *m. Colomb.* Enfermedad del ganado producida por la bacteria de Chaveau. -2 *adj. Venez.* Gordo, hinchado.
vejigoso, -sa *adj.* Lleno de vejigas.
vejiguilla *f.* Dim. de *vejiga.* 2 Vesícula (ampolla). 3 Alquequenje.
I) vela (de *velar I*) *f.* Acción de velar (no dormir): ***en*** ~, sin dormir. 2 Tiempo que se trabaja por la noche: *pasamos las velas leyendo.* 3 Asistencia por horas o turnos delante del Santísimo Sacramento. 4 Centinela nocturno. 5 Cilindro de alguna materia grasa con torcida en el eje para alumbrar. 6 p. us. Romería. -7 *f. pl.* fig. *y* fam. Mocos que cuelgan de la nariz, esp. de los niños. -8 *f. Amér. Central.* Velorio. 9 *Méj.* Reprimenda.
Fig. *No darle a uno ~ en un entierro,* no darle intervención en un asunto. SIN. *1* **Trasnochada, velación, velada, vigilia.** *5* **Candela; bujía,** si es de estearina o de cera blanca.
II) vela (l. *vela;* pl. de *velum*) *f.* Lona fuerte formada gralte. por diversos trozos cosidos, que se amarra a las vergas de un barco para recibir el viento y hacer adelantar la nave: ~ ***al tercio,*** la de forma trapezoidal suspendida a un tercio de la longitud de la verga; ~ ***de abanico,*** la formada por dos o más piezas cortadas al sesgo; ~ ***de cruz,*** la cuadrada o trapezoidal envergada en vergas que se cruzan sobre el mástil; ~ ***de cuchillo,*** la envergada en nervio o percha colocada en el plano longitudinal del buque; ~ ***de estay,*** la de cuchillo izada en un estay; ~ ***latina,*** la triangular envergada en entena; ~ ***mayor,*** la principal que va en el palo mayor; ***dar*** ~ o ***hacerse a la*** ~, o ***largar las velas,*** salir del puerto para navegar. 2 fig. Barco de vela. 3 Toldo para hacer sombra. 4 fig. Oreja del caballo y de otros animales cuando la ponen erguida por recelo u otro motivo 5 ***loc. adv. A toda*** ~, muy aprisa.
III) vela *f. And.* Vuelta, voltereta.
velacho (de *vela*) *m.* Gavia del trinquete. 2 *Amér. Central.* Tenducho.
I) velación *f.* Vela (acción).
II) velación (l. *-atione*) *f.* Ceremonia que consiste en cubrir con un velo a los cónyuges en la misa nupcial celebrada inmediatamente después del casamiento.
LOC. *Cerrarse,* o *abrirse, las velaciones,* empezar o terminar la época en que permite la Iglesia se velen los desposados.
velada (de *velar I*) *f.* Vela (acción). 2 Reunión nocturna de varias personas: ~ *musical.*
velado, -da (de *velar III*) *m. f.* p. us. Marido o mujer legítimos. -2 *adj.* Cubierto por un velo. 3 Sordo: *voz velada.* 4 [imagen fotográfica] De claridad deficiente. 5 [vino] Que tiene sus características encubiertas por el alcohol y la glicerina.
velador, -ra (de *velar II*) *adj.-s.* Que vela. 2 Persona que cuida de alguna cosa. -3 *m.* Candelero, gralte. de madera. 4 Mesita de un solo pie, gralte. redonda. 5 *Can.* y *Amér.* Mesa de noche. 6 *Méj.* Bomba de cristal que se pone a ciertas lámparas. -7 *f. Méj.* Vela de parafina que se enciende en homenaje a los santos. 8 *Méj.* y *Urug.* Lámpara o luz portátil que suele colocarse en la mesita de noche.
veladura (de *velar III*) *f.* PINT. Tinta transparente para suavizar el tono de lo pintado. 2 FOT. Técnica para obscurecer o colorear la película fotográfica o cinematográfica mediante iluminación artificial. 3 fig. Disimulo, eufemismo.
¡velahí! (de *ve lo ahí*) Interjección ¡Velay!
velaje, velamen *m.* Conjunto de velas de una embarcación.
SIN. **Trapo.**
I) velar *adj.* Que vela u obscurece. 2 Relativo al velo del paladar. -3 *adj.-s.* Consonante que se articula en la parte posterior de la cavidad bucal; p. ej.: *g, j, k.*
II) velar (v. *vigilia*) *intr.* Estar sin dormir el tiempo destinado para el sueño. 2 Continuar trabajando después de la jornada ordinaria. 3 Cuidar solícitamente: ~ *por la salud de uno;* ~ *en defensa de los intereses;* ~ *sobre los precios.* 4 Persistir el viento durante la noche. 5 MAR. Manifestarse sobre la superficie del agua algún escollo peligroso. -6 *tr.-intr.* Asistir por horas o turnos delante del Santísimo Sacramento [cuando está manifiesto o en el monumento]. -7 *tr.* Hacer centinela durante la noche: ~ *la guardia.* 8 Asistir de noche [a un enfermo o a un difunto]. 9 fig. Observar atentamente [una cosa]: ~ *el paso de las estrellas.* 10 *Amér.* Pedir con la mirada y con cierto alelamiento. 11 *Guat.* Pegotear.
III) velar (l. *are* < *velum,* velo) *tr.-prnl.* Cubrir con un velo: ~ *la cara.* 2 Celebrar la ceremonia de las velaciones [de los cónyuges]. 3 En fotografía, borrarse [la imagen] por la acción indebida de la luz. -4 *tr.* fig. Cubrir, disimular [una cosa]: ~ *un cuadro de espanto.* 5 PINT. Dar veladuras.
SIN. *4* v. **Ocultar.**
velarización *f.* FON. Desplazamiento del lugar de articulación de un sonido hacia la parte posterior de la boca, o zona del velo del paladar.
velarizar *tr.-prnl.* FON. Dar articulación o resonancia velar a vocales o consonantes no velares; convertir en velar el sonido que antes no lo era. ◇ ** CONJUG. [4] como ***realizar.***
velarte *m.* Paño negro, tupido y lustroso, que se usaba para prendas de abrigo.
velatorio *m.* Acto de velar a un difunto.
SIN. **Velorio,** esp. si es el difunto un niño.
¡velay! Interjección que se usa para confirmar un dicho o hecho. 2 *Amér.* He aquí, hele aquí.
velazqueño, -ña *adj.* Relativo al pintor Velázquez (1599-1660).
veleidad (l. escolástico *veleitate*) *f.* Voluntad antojadiza o deseo vano. 2 Inconstancia, ligereza.
veleidoso, -sa *adj.* Inconstante, mudable, tornadizo.
SIN. v. **Inestable.**
velejar *intr.* Valerse de las velas en la navegación.
I) velería *f.* Tienda donde se venden velas de alumbrar.
II) velería *f.* Arte de hacer velas para embarcaciones. 2 Taller donde se hacen velas y se realizan trabajos relacionados con el aparejo de las embarcaciones.
I) velero, -ra (de *vela I*) *adj.-s.* Persona que asiste a velas y romerías. -2 *m. f.* Persona que tiene por oficio hacer o vender velas de alumbrar.
II) velero, -ra (de *vela II*) *adj.-m.* Embarcación muy ligera o que navega mucho. -2 *m. f.* Persona que tiene por oficio hacer velas para buques. -3 *m.* Buque de vela. 4 Especie de medusa, con el flotador en forma de vela, de unos 8 cms. de diámetro y de color azulado *(Velella velella).* 5 Avión planeador con características aerodinámicas que le permiten aprovechar las corrientes ascendentes para recuperar la altura perdida durante el vuelo.
SIN. *4* **Velilla.**

veleta (it. *veletta*) *f.* Pieza giratoria que colocada en lo alto de un edificio sirve para indicar la dirección del viento. 2 Plumilla que los pescadores de caña ponen sobre el corcho para conocer cuándo pica el pez. 3 Banderola de la lanza de los soldados de caballería. -4 ***com.*** fig. Persona inconstante y mudable.
SIN. **Gobierna.**
velete ***m.*** Velo delgado.
veleto, -ta ***adj.*** [toro o res] De alta cornamenta.
¡veley! *Chile.* Interjección ¡Velay!
velicación (l. *vellicatione*) *f.* Acción de velicar. 2 Efecto de velicar.
velicar (l. *vellicare*) ***tr.*** MED. Punzar [en alguna parte del cuerpo] para dar salida a los humores. ◇ ** CONJUG. [1] como ***sacar.***
velicomen (ant. al. *Willekommen,* bienvenida) ***m.*** p. us. Copa grande para brindar.
velífero, -ra (de *velo* + *-fero*) ***adj.*** ZOOL. Que tiene velo.
velilla *f. Albac., And., León* y *La Mancha.* Cerilla, fósforo.
I) velillo (de *vela I*) ***m.*** *And.* Velilla, cerilla.
II) velillo (de *vela II*) ***m.*** Dim. de *velo*. 2 Tela muy sutil, tejida con hilo de plata.
velintonia *f.* Secuoya.
vélite (l.) ***m.*** Soldado de la ant. infantería ligera romana.
velívolo, -la (l. *-lu*) ***adj.*** poét. Velero, que navega a toda vela.
veliz ***m.*** *Méj.* Maleta de mano.
vellera *f.* ant. Mujer que tiene por oficio quitar el vello a otras.
vellido, -da ***adj.*** Velloso.
vello (l. *villu*) ***m.*** Pelo corto y suave que nace en algunas partes del cuerpo humano. 2 Pelusilla de algunas frutas o plantas. ◇ HOMÓF.: *bello.*
SIN. *2* **Lanosidad, pelo, pelusa, tomento.**
vellocino (l. v. **velluscinu* < l. *vellus -eris,* vellón) ***m.*** Vellón (lana). 2 Zalea.
I) vellón (l. *vellu*) ***m.*** Toda la lana de carnero u oveja que, esquilada, sale junta. 2 Zalea. 3 Guedeja de lana.
SIN. *1* y *2* **Tusón.**
II) vellón (fr. *billon,* lingote, de *bille,* tronco) ***m.*** Liga de plata y cobre con que antig. se labraba moneda. 2 ant. Moneda de cobre. 3 *P. Rico.* Moneda de 5 ó 10 centavos. 4 *Pan.* Moneda de 5 centavos.
vellonera *f. P. Rico* y *S. Dom.* Máquina tragaperras.
vellonero, -ra ***m. f.*** Persona que en los esquileos recoge los vellones.
véllora (l. *vellu*) *f.* Mota en el revés de los paños.
vellorí, -rín (probl. del cat. **velludi* < l. *villu,* vello) ***m.*** Paño entrefino de color pardo o de lana sin teñir. ◇ Pl.: *velloríes* y *vellorines*. También *villorín.*
vellorio, -ria ***adj.*** Pardusco, apl. a la caballería de piel parecida a la de la rata, con algunos pelos blancos.
vellorita (der. del l. *villu*) *f.* Maya (planta). 2 Primavera (planta). 3 Cólquico.
vellosidad *f.* Abundancia de vello.
SIN. BOT. **Pubescencia.**
vellosilla *f.* Hierba compuesta, de flores amarillas con pedúnculos vellosos *(Hieracium pilosella).*
SIN. **Pelosilla, pelusilla.**
velloso, -sa (l. *villosu*) ***adj.*** Que tiene vello: ~ *de cuerpo;* ~ *en los brazos.*
SIN. BOT. **Pubescente, vellido, tomentoso.**
velludillo ***m.*** Felpa o terciopelo de algodón, de pelo muy corto.
SIN. **Veludillo.**
velludo, -da ***adj.*** Que tiene mucho vello: ~ *de cuerpo;* ~ *en los brazos.* -2 ***m.*** Felpa o terciopelo.
SIN. *2* v. **Terciopelo.**
vellutero, -ra (de *velludo*) ***m. f.*** Persona que tiene por oficio trabajar en seda, esp. en felpa.
velmez (ár. *melbeç*) ***m.*** Vestidura que se usaba debajo de la armadura.
velo (l. *velu*) ***m.*** Tela destinada a ocultar algo a las miradas, esp. prenda de tela delgada con que las mujeres se cubren la cabeza o el rostro. 2 Lienzo blanco con que se cubre a los esposos en la misa de velaciones. 3 Parte del vestido de las religiosas que cubre su cabeza: ***tomar el*** ~, profesar una monja. 4 Trozo de tul o gasa con que se guarnecen y adornan algunas mantillas por la parte superior. 5 Humeral (paño). 6 Aparejo para pescar. 7 fig. Cosa ligera que cubre más o menos otra. 8 fig. Lo que impide el conocimiento de una cosa. 9 ~ ***del paladar,*** pliege muscular y membranoso suspendido del margen posterior del paladar, que separa parcialmente la boca de la faringe.
FRS. *Correr* o *echar un* ~ *sobre alguna cosa,* callarla, ocultarla, olvidarla. *Correr* o *descorrer el* ~, manifestar, descubrir lo que estaba obscuro u oculto. SIN. *2* **Yugo.**
velocidad (l. *-itate*) *f.* Relación entre el espacio recorrido y el tiempo empleado en recorrerlo: ~ ***de crucero,*** la media que mantiene un vehículo automóvil, barco o avión en un recorrido largo. 2 Cualidad de un movimiento de efectuarse en un tiempo relativamente corto; cualidad del móvil que lo efectúa. 3 MEC. Posición motriz del cambio de velocidades.
SIN. *2* **Rapidez.**
velocímetro (l. *veloce,* veloz + -metro) ***m.*** Contador de velocidad.
velocipédico, -ca ***adj.*** Relativo al velocípedo.
velocipedismo ***m.*** Deporte de los velocipedistas.
velocipedista ***com.*** Persona que anda en velocípedo.
velocípedo (l. *veloce,* veloz + *-pedo*) ***m.*** Vehículo ligero con dos o tres ruedas que mueve por medio de unos pedales el que va montado en él.
velocista ***com.*** Atleta que participa esp. en carreras de velocidad.
velódromo (l. *veloce,* veloz + *-dromo;* a través del fr. *vélodrome*) ***m.*** Lugar destinado para carreras en bicicleta.
velomotor (l. *veloce,* veloz + *motor*) ***m.*** Ciclomotor.
I) velón (de *vela I*) ***m.*** Lámpara de metal, para aceite común, con uno o varios mecheros, que se sostiene sobre un pie y termina con un asa. 2 *Amér.* Vela de sebo o de cera más grande que la ordinaria.
SIN. **Candelero.**
II) velón, -lona ***adj.*** *Colomb., Ecuad.* y *S. Dom.* Que pide con la mirada. 2 *Amér. Central.* Gorrón II.
velonero, -ra ***m. f.*** Persona que tiene por oficio hacer o vender velones. -2 *f.* Repisa para colocar el velón u otra luz.
I) velorio (de *velar I*) ***m.*** Reunión para esparcimiento celebrada durante la noche en las casas de los pueblos. 2 Velatorio, esp. cuando el difunto es un niño. 3 *Ant., Argent.* y *Ecuad.* fig. Fiesta muy poco concurrida, desanimada. 4 *Venez.* Ventorrillo.
II) velorio (de *velar II*) ***m.*** Ceremonia de tomar el velo una religiosa.
velorta *f.* Vilorta.
velorto ***m.*** Vilorto. 2 *Extr.* Sarmiento, tallo de la vid.
veloz (l. *veloce*) ***adj.*** Dotado de velocidad (cualidad). 2 Ágil y pronto en el movimiento o en lo que se ejecuta o discurre.
SIN. *2* **Rápido. presto.**
velozmente ***adv. m.*** De manera veloz.
veludillo ***m.*** Velludillo.
veludo ***m.*** Velludo (felpa).
vena (l.) *f.* Vaso sanguíneo que, naciendo de la unión de los capilares de los distintos órganos y tejidos, lleva la sangre al corazón: ~ ***ácigos,*** la que pone en comunicación la cava superior con la inferior; ~ ***basílica,*** una de las del brazo; ~ ***cardíaca*** o ***coronaria,*** la que corona la aurícula derecha del corazón; ~ ***cava,*** la mayor del cuerpo, una superior que recoge la sangre de la mitad superior del cuerpo, y otra inferior que la recoge de los órganos situados debajo del diafragma; ~ ***porta,*** la formada por la reunión de las procedentes del bazo, el estómago y el intestino y que se capilariza de nuevo al llegar al hígado; ~ ***subclavia,*** la que se extiende desde cada una de las clavículas hasta la vena cava superior; ~ ***suprahepática,*** la que va del hígado a la cava inferior; ~ ***yugular,*** la que hay a uno y otro lado del cuello.; 2 ~ ***de agua,*** conducto natural por donde circula el agua en el interior de la tierra. 3 Filón. 4 Nervio de una hoja. 5 Faja de tierra o piedra interpuesta entre masas de distinta naturaleza. 6 Lista o raya de distinto color que tienen ciertas piedras o maderas. 7 Inspiración poética: *estar uno en* ~, fig., estar inspirado para componer versos o para realizar algo. 8 Disposición favorable: *coger a uno de* ~. 9 Impulso súbito o irrazonable: *darle a uno la* ~. 10 ~ ***de loco,*** genio inconstante o voltario.
REL. *1* **Venoso,** perteneciente a las venas, adj.; varios términos médicos se forman sobre el gr. *fleps, flebós: flebitis, flebotomía.* SIN. *3* y *6* **Veta.**
venable ***adj.*** Venal (vendible).
venablo (l. *-bulu* < *venari,* cazar) ***m.*** Lanza corta y arrojadiza.
FR. *Echar venablos,* fig., prorrumpir en expresiones de cólera.
venación (l. *-tione*) *f.* ant. *y* lit. Caza. 2 ZOOL. y BOT. Disposición de las venas de una hoja o del ala de un insecto.
venada *f.* fam. Ataque de locura.

venadear *tr. Guat.* Matar [a una persona] en sitio despoblado. -2 *intr. Guat.* Cazar venados.
venadero *m.* Querencia (sitio) de los venados. -2 *adj. Colomb.* y *Ecuad.* [perro] Que es utilizado en la caza de venados.
venado (l. *-atu,* caza) *m.* Ciervo. 2 *Ecuad.* fig. Contrabando.
venaje *m.* Conjunto de venas de agua y manantiales que dan origen a un río.
I) venal *adj.* Relativo a las venas.
II) venal (l. *-ale* < *venu,* venta) *adj.* Vendible, expuesto a la venta. 2 fig. Que se deja sobornar.
SIN. *1* **Venable.** *2* **Sobornable.**
venalidad (l. *-itate*) *f.* Calidad de venal II.
venático, -ca *adj.-s.* fam. Que tiene vena de loco.
venatorio, -ria (l. *-iu*) *adj.* Relativo a la montería.
SIN. **Cinegético.**
vencedero, -ra *adj.* Sujeto a vencimiento en fecha determinada.
vencedor, -ra *adj.-s.* Que vence.
SIN. **Victorioso, triunfante, ganador.**
I) vencejo (l. **vincilia* < *vincire,* atar) *m.* Lazo o ligadura con que se atan las mieses.
SIN. **Tramojo.**
II) vencejo (de *oncejo*) *m.* Ave apodiforme insectívora, de cola larga y ahorquillada, parecida a la golondrina *(Apus apus).*
SIN. **Oncejo.**
vencer (l. *vincere*) *tr.* Rendir o sujetar [al enemigo o contrario], esp. en lucha guerrera: *los romanos vencieron a los cartagineses; vencido de,* o *por, los enemigos; venció a su contrincante en las oposiciones.* 2 *abs.* Salir uno victorioso o salir con el intento o efecto en una contienda: *en Cannas venció Aníbal; ha vencido en las oposiciones; ~ a, con,* o *por, traición.* 3 p. ext. Aventajarse o exceder en competencia o comparación [con otros]: *le vence en bravura.* 4 Sujetar o rendir [las pasiones o afectos], y análogamente, sufrir o llevar con paciencia [un dolor o trabajo]: *mi padre vence estos días difíciles.* 5 Superar [las dificultades o estorbos]; esp., subir o superar [la altura o aspereza de un camino]. 6 Atraer o reducir una persona [a otra] de modo que siga su dictamen o deseo. 7 Ser [uno] rendido o dominado por causas físicas o morales: *le venció el frío, el dolor.* -8 *tr.-intr.-prnl.* Ladear, torcer o inclinar [una cosa]: *el camino vence a,* o *hacia, la izquierda.* -9 *intr.* Cumplirse un plazo o término: *la letra ha vencido.* 10 p. ext. Quedar anulado un contrato o hacerse exigible una deuda u obligación por cumplirse la condición fijada para ello. -11 *intr.-prnl.* Refrenar o reprimir los ímpetus del genio o de la pasión. -12 *tr. Colomb.* Desplomar [a alguien]. -13 *prnl. Chile.* Gastarse por el uso alguna cosa y resultar por eso ineficaz. ◇ ** CONJUG. [2] como ***mecer.***
SIN. *1, 2* y *3* **Ganar, triunfar** (intr.).
vencetósigo *m.* Planta asclepiadácea de raíz medicinal y olor parecido al del alcanfor *(Cynanchum vincetoxicum).*
SIN. **Berza de perro, hirundinaria.**
vencible (l. *vincibile*) *adj.* Que puede vencerse.
vencida *f.* Sólo en las frases: ***a las tres,*** o ***a la tercera, va la ~***, con perseverancia, a la tercera vez que se repite un esfuerzo, suele lograrse lo que se desea, se emplea también para amenazar al que no se le quiere perdonar una tercera falta: ***ir,*** o ***llevar, de ~***, estar a punto de ser vencida una persona o concluida una cosa.
vencimiento *m.* Acción de vencer. 2 fig. Acción de cumplirse el plazo de una deuda, de una obligación: *el ~ de una letra.* 3 Hecho de ser vencido: *la victoria de unos, el ~ de los otros.* 4 fig. Inclinación o torcimiento de una cosa material.
venda (l. v. *benda,* banda < germ. *binda*) *f.* Tira de lienzo para ligar un miembro o sujetar los apósitos. 2 Faja que, rodeada a las sienes, usaban los reyes como adorno distintivo. 3 Tira de lienzo, franela, etc., con que se envuelven las patas de los caballos.
FR. *Tener una ~ en los ojos,* no querer ver la verdad.
I) vendaje *m.* CIR. Ligadura hecha con vendas o piezas de lienzo adecuadas para sujetar una parte del cuerpo o sostener un apósito.
II) vendaje (de *vender*) *m.* p. us. Comisión de venta. 2 *Amér.* Yapa o adehala.
vendar *tr.* Atar o cubrir con una o varias vendas [una parte del cuerpo]. 2 fig. Poner un impedimento o estorbo al conocimiento para que no aprecie las cosas como son.
vendaval (fr. *vent d'aval,* viento de abajo) *m.* Viento fuerte que sopla del sur, con tendencia al oeste. 2 p. ext. Viento duro que no sea temporal declarado.
vendedera *f.* Mujer que tiene por oficio vender.
vendedor, -ra *adj.-s.* Que vende.
vendehúmos *com.* fam. Persona que ostenta privanza con un poderoso, para vender su favor. ◇ Pl.: *vendehúmos.*
vendeja *f.* Venta pública y común, como en feria. 2 desus. Conjunto de mercancías destinadas a la venta.
vendema *f. Logr.* Vendimia.
vendemar *tr. Logr.* Vendimiar.
vender (l. *-ere*) *tr.* Traspasar a otro la propiedad [de lo que uno posee] a cambio de una cantidad de dinero convenida: *~ una cosa a,* o *en, tal cantidad.* 2 Tener a disposición del público [mercaderías] para el que las quiera comprar. 3 Sacrificar al interés material [cosas que tienen valor moral]: *~ la honra; ~ la justicia.* 4 Faltar uno a la fe o amistad que debe [a otro]; traicionar: *vendió a su amigo.* -5 *prnl.* Dejarse sobornar. 6 Ofrecerse a todo riesgo y costa en favor de otro: *me vendo por vosotros.* 7 Decir o hacer uno inadvertidamente algo que descubre lo que quisiera tener oculto: *aquel gesto le vendió.* 8 Seguido de la prep. ***por,*** atribuirse uno condición o calidad que no tiene: ***venderse por*** *sabio.*
FRS. *Estar vendido uno,* estar uno en conocido peligro entre gente sin conciencia o muy hábil y sagaz; *~ cara una cosa a uno,* hacer que le cueste mucho trabajo el conseguirla; *venderse uno caro,* prestarse con gran dificultad al trato.
vendí *m.* Certificado de venta, extendido por el vendedor. ◇ Pl.: *vendíes.*
vendible (l. *-ibile*) *adj.* Que se puede vender o está de manifiesto para venderse.
vendimia (l. *vindemia*) *f.* Recolección de la uva. 2 Tiempo en que se hace. 3 fig. Provecho abundante que se saca de cualquier cosa.
vendimiador, -ra (l. *vindemiatore*) *m. f.* Persona que vendimia.
vendimiar (l. *vindemiare*) *tr.* Recoger el fruto [de las viñas]. 2 fig. Disfrutar [una cosa], esp. cuando es con violencia o injusticia. 3 fig., fam. *y* p. us. Matar (quitar la vida). ◇ ** CONJUG. [12] como ***cambiar.***
vendimiario *m.* Primer mes del año, según el calendario republicano francés.
vendo (de *venda*) *m.* Orillo del paño. -2 *m. pl. Albac., And., Cuen., La Mancha* y *Murc.* Zorros para sacudir el polvo.
venduta *f. Cuba.* Verdulería, tienda pequeña de frutas y verduras. 2 *Amér.* Vendeja, baratillo. 3 *P. Rico.* fig. Venta traicionera o fraudulenta.
vendutero, -ra *m. f. Amér.* Corredor de vendutas.
veneciano, -na *adj.-s.* De Venecia, ciudad y región del noreste de Italia.
SIN. **Véneto.**
venencia *f.* Especie de bombillo para sacar pequeñas cantidades de vino que contiene una bota.
venenífero, -ra *adj.* poét. Venenoso.
veneno (l. *-nu*) *m.* Substancia que, introducida en el organismo animal, ocasiona la muerte o graves trastornos. 2 fig. Cosa que puede causar un daño a la salud o a la moral. 3 Afecto de ira, rencor, etc. 4 *And.* y *Can.* Niño malo.
SIN. *1* **Tósigo, tóxico,** para sus diferencias con **veneno,** v. **envenenar. La ponzoña** no se estima gralte. como productora de efectos fulminantes, sino que está más cerca de la idea de corrupción o podredumbre nociva. **Toxina** es substancia tóxica producida en un ser vivo por la acción de un microorganismo. REL. **Toxicología,** parte de la medicina que trata de los venenos.
venenosidad *f.* Calidad de venenoso.
venenoso, -sa (l. *-osu*) *adj.* Que contiene veneno.
SIN. **Tóxico, ponzoñoso; deletéreo,** se dice gralte. de los gases y vapores.
I) venera (l. *veneria,* concha de Venus) *f.* Concha semicircular de dos valvas, con dos orejuelas laterales y catorce estrías radiales. Es la concha que llevaban los peregrinos. 2 Cruz que los caballeros de las órdenes militares llevaban colgada al pecho. 3 ARQ. Motivo ornamental formado por una valva convexa parecida a la concha de peregrino. 4 BLAS. Concha semicircular con estrías.
SIN. *1* **Pechina.** *2* **Concha.**
II) venera *f.* Venero (manantial).
venerable (l. *-abile*) *adj.* Digno de veneración, de respeto. 2 Tratamiento aplicable a los prelados. -3 *adj.-s.* Primer título que la Iglesia concede a los que mueren con fama de santidad. -4 *m.* Presidente de una logia masónica.
SIN. *1* **Venerando.**
veneración (l. *-atione*) *f.* Acción de venerar. 2 Efecto de venerar.

venerador, -ra (l. *-atore*) ***adj.-s.*** Que venera.
venerando, -da, Venerable (digno).
venerar (l. *-ari*) ***tr.*** Dar culto [a Dios, a los santos o a las cosas sagradas]. 2 Respetar en sumo grado [a una persona o cosa].
venéreo, -a (l. *-eu,* de Venus) ***adj.*** Relativo a la sensualidad o al acto de la generación. -2 ***adj.-m.*** [mal] Que ordinariamente se contagia por este acto.
venereología (*venéreo* + *-logía*) ***f.*** Parte de la medicina que estudia las enfermedades venéreas.
venereológico, -ca ***adj.*** MED. Perteneciente o relativo a la venereología.
venereólogo, -ga ***m. f.*** MED. Especialista en venereología.
venero (de *vena*) ***m.*** Manantial de agua. 2 MIN. Criadero. 3 Raya o línea horaria en los relojes de sol. 4 fig. Origen y principio de donde procede una cosa.
SIN. *1* **Venera II.**
véneto, -ta (l. *-tu*) ***adj.-s.*** De un pueblo indoeuropeo que se estableció en el este de Europa en el segundo milenio a. C. 2 Veneciano. -3 ***adj.-m.*** Lengua itálica hablada antiguamente en Venecia.
venezolanismo ***m.*** Vocablo, giro o modo de hablar propio de los venezolanos. 2 Amor o apego a las cosas características de Venezuela.
venezolano, -na ***adj.-s.*** De Venezuela, nación de América del sur.
vengable ***adj.*** Que puede o debe ser vengado.
vengador, -ra ***adj.-s.*** Que venga o se venga.
venganza ***f.*** Satisfacción que se toma del agravio o daño recibidos, esp. causando otro daño. 2 desus. Castigo, pena.
SIN. **Vindicta,** esp. en la expr. *vindicta pública.*
vengar (v. *vindicar*) ***tr.-prnl.*** Tomar satisfacción [de un agravio o daño]: *~ una ofensa; vengarse de una ofensa en el ofensor.* ◇ ** CONJUG. [7] como ***llegar.***
SIN. **Vindicar** (lit.).
vengativo, -va ***adj.*** Inclinado a tomar venganza de cualquier agravio o daño.
SIN. **Vindicativo** (lit.).
venia (l.) ***f.*** p. us. Perdón de la ofensa o culpa. 2 Licencia para ejecutar una cosa. 3 Saludo que se hace inclinando la cabeza. 4 *Amér.* Saludo militar.
SIN. *2* v. **Consentimiento.**
venial (l. *-ale,* perdonable) ***adj.*** Que se opone levemente a la ley o precepto, y por eso es de fácil remisión: *pecado ~.*
venialidad ***f.*** Calidad de venial.
venialmente ***adv. m.*** De modo venial.
venida ***f.*** Acción de venir. 2 Regreso. 3 Avenida (creciente). 4 fig. Ímpetu, prontitud o acción inconsiderada. 5 ESGR. Acometimiento mutuo por todo el tiempo que dura el lance hasta entrar el montante.
SIN. *2* v. **Retroceso.**
venidero, -ra ***adj.*** Que ha de venir o suceder. -2 ***m. pl.*** Sucesores.
SIN. *1* **Futuro.**
venimécum (l. *veni,* ven + *mecum,* conmigo) ***m.*** p. us. Vademécum (libro). ◇ No se usa en plural.
venir (l. *-ire*) ***intr.*** Caminar una persona o moverse una cosa de allá para acá: *la luz viene del sol; ~ a casa, ~ hacia aquí.* 2 Llegar una persona o cosa donde está el que habla: *vino a verme a Madrid; vino de Sevilla, con un criado.* 3 Comparecer una persona ante otra: *quiero que venga.* 4 Acercarse o llegar el tiempo en que una cosa ha de acaecer: *el mes que viene.* 5 Traer origen o tener dependencia una cosa de otra: *viene de linaje de traidores; la palabra «venir» viene del latín;* inferirse, deducirse: *de tal postura viene tal conclusión; su conducta viene de su mala educación.* 6 Pasar el dominio o uso de una cosa de unos a otros: *le vendrá de su padre una hacienda.* 7 Presentarse o iniciarse: *las ideas vienen a la mente; la razón viene a los niños;* empezar a mover un afecto o pasión: *~ gana, deseo, de estudiar.* 8 Con los adverbios *bien, mal,* etc., ajustarse, acomodarse: *el vestido le viene bien;* darse o producirse: *la cebada viene bien en este campo.* 9 Con las preposiciones *a, en, con, de* y *sobre* y ciertos nombres o verbos, forma loc. diversas en que se traduce siempre la significación de movimiento o actividad hacia acá o hacia el momento presente. Con la prep. *a:* ***~ a paz,*** llegar a conformarse; ***~ al caso,*** volver al asunto; ser oportuno; ***~ a morir,*** suceder lo que se esperaba; ***~ a dar, ~ a llamar, ~ a correrse,*** hacerse después de esfuerzo, tiempo, etc., lo que indican los infinitivos; ***~ a las manos,*** llegar a reñir; ***~ o venirse, al suelo,*** llegar a caer; ***~ a la memoria,*** llegar a recordar; ***~ a menos,*** caer en un estado inferior, deteriorarse; ***~ a noticia,*** llegar a información; con la prep. *en:* ***vengo en decretar,*** he resuelto decretar; ***vengo en conocimiento,*** he llegado a saber; ***vengo en deseo,*** me ha tomado el deseo; ***~ en ello,*** llegar a comprender; con la prep. *con:* ***~ o venirse, con chismes, fanfarrias, historias,*** acercarse haciendo lo que indican los nombres; con la prep. *de:* ***~ de molde,*** ser oportuno; con la prep. *sobre,* caer: *~ sobre la huerta;* fig., acontecer: *mil desdichas vinieron sobre él.* -10 ***prnl.*** p. us. Perfeccionarse por medio de la fermentación: *venirse el vino.* -11 ***loc. adv. En lo por ~,*** en lo sucesivo, en lo futuro. -12 ***auxiliar*** En muchos casos de la acep. 9, se desposee de su significación propia y pasa a ser verbo auxiliar. Seguido de la prep. *a* + infinitivo, expresa acción que se dirige a su término: *vengo a coincidir con usted; veníamos a estar de acuerdo;* de aquí proviene el sentido aproximativo de frases verbales como *viene a costar 100 pesetas* (poco más o menos), *el argumento viene a ser el siguiente* (aproximadamente); seguido de gerundio denota acción durativa que se acerca hacia un momento dado: *venía solicitando este empleo; se lo vengo diciendo desde hace un año; ~* + partic.: con sentido pasivo, equivale a *ser, estar* + partic: *los cambios de temperatura vienen motivados por los vientos,* por *los cambios de temperatura están motivados por los vientos.* ◇ HOMÓF.: *bienes, vino* (n.), *bino* (v.). ◇ GALIC.: *venir de,* por acabar de. ◇ **CONJUG. [90].
FRS. *~ clavada una cosa a otra,* serle adecuada o conveniente. *Venirle a uno ancha,* o *muy ancha, una cosa,* ser excesiva para su capacidad o mérito. *~ rodada una cosa,* suceder casualmente de modo favorable. *Venirse uno a las buenas,* darse a buenas, cesar en la oposición y resistencia.
venosclerosis (de *vena* + *-sclerosis*) ***f.*** MED. Endurecimiento de una vena debido al engrosamiento de sus paredes. ◇ Pl.: *venosclerosis.*
venoso, -sa (l. *-osu*) ***adj.*** Relativo a la vena. 2 Que tiene venas.
venta (l. *vendita;* pl. de *-tu,* venta) ***f.*** Acción de vender. 2 Efecto de vender. 3 Cesión mediante un precio convenido: *contrato de ~.* 4 ***~ pública,*** almoneda. 5 Antigua posada en los caminos o despoblados. 6 fig. Sitio desamparado y expuesto a las injurias del tiempo. 7 *Chile.* Puesto en que durante las fiestas se venden comestibles y bebidas.
SIN. *5* v. **Fonda.**
ventada ***f.*** Golpe de viento.
ventaja (del ant. *aventaja* < *ab ante,* delante) ***f.*** Lo que da superioridad en cualquier cosa: *la ~ de la experiencia; le dio una ~ de diez puntos en el juego.* 2 Sobresueldo. 3 Provecho, beneficio. 4 *P. Rico.* Dulce de harina de trigo y miel o azúcar.
ventajear ***tr.*** *Amér.* Aventajar, tomar ventajas. 2 *Amér.* En sentido peyorativo, sacar ventaja mediante procedimientos reprobables o abusivos.
ventajero, -ra ***adj.-s.*** *Amér.* [pers.] Que de todo quiere sacar ventaja, aun en perjuicio de otros o por medios ilícitos.
ventajismo ***m.*** *Amér.* Calidad de ventajista.
ventajista ***adj.-com.*** Jugador de ventaja. 2 Persona que en todos sus asuntos abusa de la ventaja que las circunstancias le dan.
SIN. **Ganguero, ganguista.**
ventajosamente ***adv. m.*** De manera ventajosa.
ventajoso, -sa ***adj.*** Que tiene ventaja o la reporta.
ventalla (l. *ventum,* viento) ***f.*** Válvula de una máquina. 2 Parte en que se divide por sus suturas el pericarpio de una legumbre o silicua.
SIN. *2* **Valva,** BOT.
ventalle ***m.*** Abanico. 2 Pieza movible del casco que cerraba la parte delantera del mismo.
ventana (der. de *viento*) ***f.*** Abertura más o menos elevada sobre el suelo practicada en una pared para dar luz y ventilación. 2 Hoja u hojas de madera o de cristales con que se cierra esa abertura. 3 Nariz (orificio). 4 ***~ oval, ~ redonda,*** los dos orificios que en el oído ponen en comunicación la caja del timbre con el laberinto. 5 En gral., abertura. 6 Babera móvil. 7 IMPR. Ausencia de impresión, conseguida mediante la interposición de un trozo de papel u otro cuerpo entre la forma y el pliego de la impresión.
FR. *Tirar una cosa por la ~,* fig., desperdiciarla, malgastarla.
ventanaje ***m.*** Conjunto de ventanas. 2 Disposición de las ventanas de un edificio. 3 Conjunto de los elementos de que se compone una ventana.
ventanal ***m.*** Ventana grande.
ventanazo ***m.*** Golpe recio dado al cerrarse una ventana. 2 Acción de cerrar violentamente las ventanas.

ventanear *intr.* fam. Asomarse a la ventana con frecuencia.
ventaneo *m.* fam. Acción de ventanear.
ventanero, -ra *adj.-s.* [mujer] Que ventanea; [hombre] que mira demasiado hacia las ventanas. -2 *m.* El que tiene por oficio hacer ventanas. 3 *Can.* Viento fuerte, huracanado.
ventanico *m.* Ventanillo.
ventanilla *f.* Dim. de *ventana.* 2 Abertura pequeña practicada en una pared o tabique para despachar, cobrar, pagar, etc. 3 Nariz (orificio). 4 Abertura provista de cristal que tienen en sus costados los coches, vagones del tren y otros vehículos. 5 Abertura rectangular, tapada con un papel o material transparente, que llevan algunos sobres para ver la dirección del destinatario, escrito en la misma carta. 6 En una cámara o proyector, lugar en que se dispone la película.
ventanillo *m.* Dim. de *ventano.* 2 Postigo pequeño de puerta o ventana. 3 Ventanilla o abertura en la puerta exterior de una casa para ver quién llama sin franquear la entrada. 4 Trampilla (ventanilla).
SIN. *3* **Mirilla.**
ventano *m.* Ventana pequeña.
ventar *impers.* Ventear (soplar). -2 *tr.* Ventear (los animales). ◇ ** CONJUG. [27] como ***acertar.***
ventarrón *m.* Viento muy fuerte.
venteado, -da *adj. Perú.* Exageradamente presumido.
venteadura *f.* Efecto de ventearse. 2 Defecto de un material, consistente en la formación de poros u oclusiones de aire en su seno, como en los materiales fundidos, cocidos en hornos, etc.
venteamiento *m.* Alteración producida en el vino por la acción del aire.
ventear *impers.* Soplar el viento o hacer aire fuerte. -2 *tr.* Tomar algunos animales el viento husmeando [alguna cosa]. 3 Sacar [una cosa] al viento para enjugarla o limpiarla. 4 fig. Andar indagando y averiguando [una cosa]: ***abs.***, *hay mujeres que siempre ventean.* -5 ***prnl.*** Rajarse o henderse una cosa. 6 Levantarse ampollas en medio de la masa de las tejas o ladrillos al cocerse. 7 Alterarse o estropearse el tabaco y otras cosas por la acción del aire. 8 Ventosear. -9 *tr. Amér. Central* y *Méj.* Poner el hierro del comprador [al ganado que se vende]. 10 *Colomb.* y *P. Rico.* Echar aire con el aventador, aventar. -11 ***prnl.*** *Amér.* Envanecerse. 12 *Amér.* Andar mucho tiempo fuera de casa una persona.
SIN. *1* y *2* **Ventar.**
venteril *adj.* Propio de venta o de ventero.
I) ventero, -ra *adj.* Que ventea.
SIN. **Ventor, ventoso.**
II) ventero, -ra *m. f.* Persona encargada de una venta (posada).
venticuatrino *adj. Perú.* Perdulario.
ventilación (l. *-atione*) *f.* Acción de ventilar o ventilarse. 2 Efecto de ventilar o ventilarse. 3 Abertura para ventilar un aposento. 4 Corriente de aire que se establece al ventilarlo.
SIN. **Oreo.**
ventilador (l. *-atore*) *m.* Aparato con un motor situado axialmente o con palas vetiladoras capaz de proporcionar un fuerte flujo de aire paralelo al eje del motor. 2 Abertura dejada hacia el exterior en una habitación, para renovar el aire sin necesidad de abrir puertas ni ventanas.
ventilar (l. *-are*) *tr.* Hacer circular el aire [en algún sitio]; esp., hacer entrar el aire del exterior para expeler el viciado. 2 Agitar [una cosa] en el aire; exponerla al viento. 3 fig. Controvertir o dilucidar [una cuestión o duda]. 4 fig. Hacer que trascienda al público un asunto privado o íntimo. -5 ***prnl.*** fig. Renovar alguien su aspecto, ideas o pensamientos, que ha mantenido inalterables. -6 *tr.* fig. Matar, asesinar.
SIN. v. **Airear.**
ventisca *f.* Borrasca de viento, o viento y nieve, que suele ser más frecuente en los puertos y gargantas de los montes. 2 Viento fuerte, ventarrón.
SIN. **Nevasca.**
ventiscar *impers.* Nevar con viento fuerte. 2 Levantarse la nieve por la violencia del viento. ◇ ** CONJUG. [1] como ***sacar.***
ventisco *m.* Ventisca.
ventiscoso, -sa *adj.* Relativo al tiempo y lugar en que son frecuentes las ventiscas.
ventisquear *impers.* Ventiscar.
ventisquero *m.* Ventisca. 2 Altura de los montes más expuesta a las ventiscas. 3 Sitio de los montes, donde se conserva la nieve y el hielo. 4 Masa de nieve o hielo reunida en este sitio.
SIN. *3* **Nevero, helero; glaciar** (científ.).
ventola *f.* MAR. Esfuerzo que hace el viento contra un obstáculo.
ventolera (de *ventola*) *f.* Golpe de viento recio y poco durable. 2 Molinete (juguete). 3 fig. Vanidad, soberbia. 4 fig. Pensamiento o determinación inesperada y extravagante.
ventolina (dim. de *ventola*) *f.* MAR. Viento leve y variable. 2 *Chile.* Ventolera.
ventor, -ra *adj.* Ventero (que ventea).
ventorrero *m.* Sitio alto y despejado, muy combatido de los vientos.
ventorrillo *m.* Ventorro. 2 Bodegón en las afueras de una población. 3 *Amér.* Tenducho.
ventorro *m.* desp. Venta (posada) pequeña o mala. 2 *P. Rico.* Tenducho.
ventosa (l.) *f.* Abertura para dar paso al viento. 2 Tubo para la ventilación de las atarjeas. 3 Órgano de ciertos animales que les permite adherirse a los objetos mediante el vacío. 4 Pieza cóncava de material elástico que queda adherida por presión a una superficie lisa al producirse el vacío en su interior. 5 CIR. Vaso o campana que se aplica sobre la piel, después de haber enrarecido el aire en su interior, para producir una irritación local. 6 CONSTR. Abertura practicada en un muro grueso para dejar escurrir el agua acumulada detrás de él.
ventosear *intr.* Expeler del cuerpo los gases intestinales.
SIN. **Ventearse, peer(se).**
ventosidad (l. *-itate*) *f.* Calidad de ventoso o flatulento. 2 Gases intestinales esp. cuando se expelen.
ventoso, -sa (l. *-osu*) *adj.* Que contiene viento o aire. 2 Flatulento. 3 Ventero (que ventea). 4 Relativo al día, tiempo o sitio en que hace aire fuerte. -5 *m.* Sexto mes del año, según el calendario republicano francés.
ventrada *f. Argent.* Ventregada.
ventral (l. *-ale*) *adj.* Relativo al vientre: *aleta ~*.
ventrecha (l. **ventriscula*) *f.* Vientre de los pescados.
ventrechado, -da *adj.* Que tiene un color plateado y obscuro, como el del vientre de los pescados.
ventregada *f.* Conjunto de animalitos que han nacido de un parto. 2 Abundancia de cosas que vienen juntas de una vez.
ventrejón (der. l. *vĕntre*) *m. And.* Trigo a punto de espigar.
ventrera *f.* Faja que aprieta el vientre. 2 Armadura que cubría el vientre. 3 Cincha del caballo.
ventricular *adj.* Relativo al ventrículo.
ventriculitis *f.* PAT. Proceso inflamatorio de un ventrículo, principalmente de los cerebrales o los cardíacos. ◇ Pl.: *ventriculitis.*
ventrículo (l. *-lu*) *m.* Cavidad en un órgano; esp. la inferior del corazón que, en número de dos, envía la sangre a las arterias. 2 Cavidad del encéfalo que, en número de cuatro, contiene el líquido cefalorraquídeo. 3 ~ ***de Morgagni,*** espacio que queda entre las cuerdas vocales verdaderas y falsas.
ventriculografía (*ventrículo* + *-grafía*) *f.* MED. Examen radiológico de los ventrículos cerebrales tras la inyección de una substancia gaseosa, a través del canal raquídeo, gralte. por punción lumbar.
ventril (de *vientre*) *m.* Pieza de madera que equilibra la viga en los molinos de aceite.
ventrílocuo, -cua (l. *-quu* < *ventre,* vientre + *loqui,* hablar) *adj.-s.* Que tiene el arte de la ventriloquia. ◇ INCOR.: *ventríloco.*
ventriloquia *f.* Arte que tienen algunas personas de modificar su voz de manera que parezca venir de lejos e imitar otros tonos y sonidos. ◇ INCOR.: *ventriloquía.*
ventrisca *f.* Ventrecha.
ventrón *m.* Aum. de *vientre.* 2 Túnica muscular que envuelve el estómago de ciertos rumiantes.
ventroso, -sa *adj.* Ventrudo.
ventrudo, -da *adj.* Que tiene mucho vientre.
ventrullo (der. l. *vĕntre*) *m. And.* Trigo a punto de espigar.
ventura (l., pl. de *-ru,* porvenir) *f.* Felicidad. 2 Contingencia o casualidad. 3 Peligro. 4 Buena o mala suerte.
FRS. *A la buena ~*, sin objeto ni designio, a lo que depare la suerte. *Por ~*, quizá.
venturado, -da *adj.* Afortunado.
venturanza *f.* Felicidad.
venturero, -ra (de *ventura*) *adj.* Que anda vagando pero dispuesto a trabajar en cualquier cosa. 2 Afortunado. -3 ***adj.-s.*** Aventurero.
venturina (it.) *f.* Variedad de cuarzo que lleva en su masa laminillas de mica.

venturo, -ra (l. *-uru;* p. f. de *venire,* venir) *adj.* Que ha de venir o suceder.
venturosamente *adv. m.* De manera venturosa.
venturoso, -sa *adj.* Afortunado.
vénula *f.* Vena pequeña.
venus *f.* Desnudo escultórico de mujer con que se quiere representar a la diosa Venus. 2 Estatuilla prehistórica femenina de pequeñas dimensiones elaborada en piedra, marfil o hueso. 3 Género de moluscos lamelibranquios *(gén. Venus).* 4 p. us. Deleite sensual. ◇ Pl.: *venus.*
Venus *n. pr.* MIT. Diosa del amor y de la hermosura. 2 Planeta cuya órbita está comprendida entre las de Mercurio y la Tierra. 3 fig. Mujer muy hermosa.
SIN. *1* **Afrodita.**
venusiano, -na *adj.* Perteneciente o relativo al planeta Venus.
I) venusino, -na *adj.-s.* De Venusia, antigua ciudad de Italia; p. ant., el poeta Horacio.
II) venusino, -na *adj.* poét. Perteneciente o relativo a la diosa Venus.
venustez, venustidad *f.* p. us. Hermosura perfecta o muy agraciada; esp. del cuerpo de la mujer.
venusto, -ta (l. *-tu,* de Venus) *adj.* Hermoso, agraciado. 2 Relativo a la diosa Venus o a lo que ella simboliza.
vepso, -sa *adj.-m.* Lengua baltofinesa, hablada en el oeste de la Unión Soviética.
I) ver (v. *ver II*) *m.* p. us. Sentido de la vista. 2 Parecer o apariencia de las cosas: *tener buen ~.*
FR. *A mí, tu, su, ver,* según el parecer de uno.
II) ver (l. *videre*) *tr.* Percibir la imagen que la luz reflejada por un objeto forma en la retina y, en consecuencia, percibir [los objetos materiales] por el sentido de la vista; *abs, los ciegos no ven; ~ por un agujero.* 2 Observar, examinar: *veamos este detalle.* 3 Someterse a examen, a control de parte de un técnico, experto, etc.: *quiero que me vea un médico.* 4 Comprobar, averiguar: *lo veremos en seguida; veamos si la conclusión es exacta; voy a ver si ha venido ya.* 5 Ser testigo de un hecho, de un acontecimiento: *lo vi con mis propios ojos; ellos no han visto la guerra.* 6 Mirar con atención, reflexionar: *veamos este problema; ve si esto te conviene.* 7 Juzgar: *es su manera de ~ las cosas.* 8 Prever, presentir, prevenir: *estoy viendo que no llegará.* 9 Seguido de la preposición *de* y un infinitivo, tratar de realizar lo que éste indica: *veremos de subir por este lado.* 10 DER. Asistir los jueces a la discusión oral [de un pleito o causa]. -11 *tr.-prnl.* Visitar, encontrar [a alguien]: *he visto a Juan; me he visto con Juan.* -12 *prnl.* Ser perceptible o patente: *se ve bien; el colorido no se ve; se ve que no lo dirán.* 13 Mirarse, contemplarse: *verse en un espejo.* 14 Hallarse uno en un estado o situación: *verse pobre, agasajado,* etc. 15 Estar o hallarse en un sitio o lance: *cuando se vio en el puerto, no cabía de gozo.* ◇HOMÓF.: *be* (n.), *ve* (n.), *ve* (v. *ir*), *ben* (n.), *bese* (v. *besar*). ◇ **CONJUG. [91].
SIN. *2* **Mirar.** FRS. *Allá veremos,* o *veremos,* duda de que se realice algo. *Veremos,* expresión con que se difiere la resolución de una cosa. *A más ~,* o *hasta más ~,* expresión familiar de despedida. *A ~,* expresión con que se pide una cosa que se ha de examinar. Úsase como interj. para manifestar extrañeza. *A ~,* veamos, expr. con que se denota la determinación de que se patentice la certidumbre de alguna cosa. *Ni quien tal vio.* Se usa para reforzar la negación de algo. *No ser visto ni oído. Ni visto ni oído,* expr. que indica la presteza con que se hizo o desapareció una cosa. *Te veo,* o *te veo venir,* expr. con que advertimos a uno que adivinamos su intención. *Verse y desearse uno,* costarle mucho trabajo o fatiga ejecutar o conseguir una cosa. ~ venir, esperar para la resolución de una cosa un suceso futuro. *Ya se ve,* expr. para manifestar asentimiento.
I) vera (quizá del port. *beira,* probl. de orig. prerrom.) *f.* Orilla. -2 *loc. prep.* fam. *A la ~ de,* junto a, al lado de.
II) vera *f.* Árbol americano medicinal, semejante al guayaco *(Zygophyllum arboreum).* 2 Madera de este árbol, muy dura y utilizada para piezas de mecánica y en ebanistería.
veracidad (l. *-itate*) *f.* Calidad de veraz.
veracruzano, -na *adj.-s.* De Veracruz, estado de Méjico.
verada *f. Venez.* Eje de la inflorescencia de la caña brava.
veragua *f. Pan.* Puntos negros o manchas menudas que salen en la ropa a causa de la humedad.
veraguarse *prnl. Amér. Central* y *Colomb.* Llenarse de veraguas la ropa, apulgararse.
veragüense *adj.-s.* De Veraguas, prov. de Panamá.
veralca (arauc. *weralca*) *f. Chile.* Piel de guanaco que se usa como alfombra o sobrecama.
veranada *f.* Temporada de verano respecto de los ganados. 2 *Argent.* Pastos destinados al ganado en verano.
veranadero *m.* Sitio donde en verano pastan los ganados.
veranar *intr.* Veranear.
veranda (it.) *f.* Galería o balcón cubierto y cerrado con cristales; mirador.
veraneante *adj.-com.* Que veranea.
veranear *intr.* Ir a pasar el verano en alguna parte.
veraneo *m.* Acción de veranear. 2 Efecto de veranear. 3 Veranero.
veranero *m.* Sitio donde algunos animales pasan el verano. 2 *Ecuad.* Pardillo, pájaro. -3 *adj. Amér.* Veraniego.
veraniego, -ga *adj.* Relativo al verano. 2 [persona] Que, en verano, suele ponerse flaco o enfermar. 3 fig. Ligero, de poco fuste.
SIN. *1* **Estival,** es voz escogida; **estivo,** es sólo de uso lit.
veranillo *m.* Dim. de *verano.* 2 Tiempo breve de calor en otoño: *~ de San Martín.* 3 *Amér. Central.* En la temporada de lluvias, días en que no llueve.
verano (l. v. *veranum tempus,* der. del l. *ver,* primavera) *m.* Estío. 2 En el Ecuador, temporada de sequía que dura unos seis meses.
verapacense *adj.-s.* De Alta Verapaz, dep. de Guatemala. 2 De Baja Verapaz, dep. de Guatemala.
veras (l. *-ru,* verdadero) *f. pl.* Realidad, verdad en las cosas que se dicen o hacen: ***de ~,*** con verdad. 2 Eficacia, fervor con que se ejecutan o desean las cosas. ◇ Pl.: *veras.*
verascopio (l. *verax,* veraz + *-scopio*) *m.* Estereoscopio dispuesto para ver por transparencia fotografías en cristal.
veratrina (de *veratro*) *f.* Alcaloide cristalino y tóxico contenido en la raíz del vedegambre.
veratro (l *-tru*) *m.* Vedegambre.
veraz (l. *verace*) *adj.* Que dice o profesa siempre la verdad.
SIN. v. **Sincero.**
verba (l. *verba;* pl. de *-bu,* palabra) *f.* Labia, locuacidad.
verbal (l. *-ale*) *adj.* Relativo a la palabra o que se sirve de ella: *memoria ~; expresión ~.* 2 Que se hace de palabra y no por escrito: *juicio ~.* 3 Relativo al verbo: *desinencias verbales.* 4 [palabra] Que se deriva de un verbo; p. ej., de *andar, andador, andadura.*
SIN. *2* **Oral.**
verbalismo *m.* Propensión a dar, en el razonamiento o en la enseñanza, más importancia a las palabras que a los conceptos.
verbalista *adj.-s.* Relativo al verbalismo.
verbalizar *tr.* Expresar [algo] mediante la lengua. ◇ ** CONJUG. [4] como ***realizar.***
verbalmente *adv. m.* De palabra.
verbasco (l. *-cu*) *m.* Gordolobo.
verbena (l.) *f.* Planta verbenácea, de flores terminales en espigas largas y delgadas *(Verbena officinalis).* 2 Velada de regocijo popular que se celebra en la víspera de ciertas festividades: *~ de la Paloma, ~ de San Antón.*
SIN. *1* **Hierba sagrada.**
verbenaca *f.* Gallocresta (planta labiada).
verbenáceo, -a *adj.-f.* Planta de la familia de las verbenáceas. -2 *f. pl.* Familia de plantas dicotiledóneas, de tallos y ramos generalmente cuadrangulares, hojas opuestas y verticiladas, flores en racimo, cima, espiga o cabezuela y fruto en cápsula o drupa; como la verbena.
verbenear *intr.* fig. Hormiguear, bullir, agitarse una cosa. 2 Abundar, multiplicarse en un paraje personas o cosas.
verbenero, -ra *adj.* Relativo a las verbenas (veladas). -2 *m. f.* Persona que trabaja en espectáculos, tiendas, puestos de comida o bebida, festejos, etc., en una verbena.
verberación (l. *-atione*) *f.* Acción de verberar. 2 Efecto de verberar.
verberar (l. *-are*) *tr.* Azotar, fustigar. 2 fig. Azotar el viento o el agua [en alguna parte].
verbigracia (l. *verbi gratia*) Por ejemplo.
I) Verbo (l. *-bu*) *m.* Segunda persona de la Santísima Trinidad.
II) **verbo (l. *-bu,* palabra) *m.* Palabra. 2 Voto (expresión). 3 Parte de la oración o del discurso que tiene formas personales adaptadas a las circunstancias de voz, modo, tiempo, número y persona, y formas no personales, infinitivo, gerundio y participio, con los caracteres del nombre, el adverbio y el adjetivo respectivamente. En las formas personales el verbo expresa por sí solo o con las palabras que le acompañan, un juicio acerca del sujeto: *~* ***activo,*** verbo transitivo; *~* ***auxiliar,*** el que sirve para

VERBO

USO DE LOS MODOS

Indicativo. Acción estimada, por parte del que habla, como real, con existencia objetiva. Se usa en oraciones independientes o subordinadas: *Los niños juegan en el jardín; Me han dicho que los niños juegan en el jardín.*

Subjuntivo. El que habla sólo atribuye a la acción que enuncia existencia en su propia mente, pero no en la realidad objetiva. Considera a las acciones como dudosas o posibles *(subjuntivo potencial),* necesarias o deseadas *(subjuntivo optativo).* He aquí el cuadro general de sus empleos principales:

			El verbo principal expresa
Subjuntivo	potencial	I en oraciones subordinadas	a) Duda o desconocimiento. b) Temor y emoción. c) Posibilidad.
		II en oraciones independientes	
	optativo	III en oraciones subordinadas	a) Necesidad subjetiva, o voluntad. b) Necesidad objetiva.
		IV en oraciones independientes	

EJEMPLOS

I a) *Dudo que vuelva; Ignoraba que hubiese venido.*
b) *Temo que no haya remedio; Siento que no me escriba.*
c) *Es posible que llueva; Era poco probable que nos viesen.*
II *Quizá no lo sepan; Tal vez nos hubieran ayudado.*
III a) *Deseaba que me dejasen tranquilo; Os prohíbo que volváis por aquí.*
b) *Es necesario que el todo sea mayor que cada una de sus partes; Era preciso que hablásemos del asunto.*
IV *¡Ojalá llueva! ¡Viva el alcalde!*

Imperativo. Es una forma directa del subjuntivo optativo de deseo: *¡Ven! ¡Entrad pronto!* En oraciones negativas se emplea el subjuntivo: *¡No vengas! ¡No entréis!* Es incorrecto, por tanto, decir: *¡No entrad! No comprad sin visitar esta casa,* en vez de *no entréis, no compréis.*

Para las formas no personales del verbo, véanse los cuadros gramaticales **gerundio, infinitivo** y **participio.**

formar tiempos compuestos, *haber*, o la voz pasiva, *ser*, o ciertas formas modales no incluidas en los paradigmas: *deber, soler, ir, quedar*; ~ ***copulativo,*** verbo substantivo; ~ ***defectivo,*** el que sólo se conjuga en determinados modos, tiempos o personas: *abolir, aplacer*; ~ ***factitivo,*** verbo o perífrasis verbal cuyo sujeto hace hacer la acción: *dar miedo, horrorizar*; ~ ***frecuentativo,*** el que expresa una acción reiterada: *bastonear, berrear, repasar*; ~ ***impersonal,*** verbo o forma verbal que se usa sin referencia a sujeto alguno. Se usa en la 3ª persona del singular o del plural: *se dice, dicen, hay.* Entre ellos se cuentan los *unipersonales;* ~ ***intransitivo,*** el que en la expresión del juicio no reclama el complemento directo: *ser, crecer, nacer*: ~ ***irregular,*** el que se conjuga alterando ya las letras radicales, ya las terminaciones de su paradigma, ya las dos a la vez; ~ ***neutro,*** verbo intransitivo; ~ ***pasivo,*** el que se conjuga en la voz pasiva; ~ ***pronominal,*** el que se conjuga acompañado de un pronombre átono de la misma persona que el sujeto: *me peino, péinate*; ~ ***recíproco,*** verbo que expresa, por medio de un pronombre átono, cambio mutuo de acción entre dos o más personas: *se tutean*; ~ ***reflexivo*** o ***reflejo,*** el que tiene por complemento el mismo sujeto expresado por medio de un pronombre átono: *me arrepiento, péinate, nos caemos*; ~ ***regular,*** el que se conjuga de acuerdo con su paradigma sin alterar las letras radicales ni las terminaciones; ~ ***substantivo,*** verbo intransitivo *ser* y sus similares: *parecer, estar, quedar*, etc., cuando afirman la existencia o se usan en función de cópula; ~ ***transitivo,*** el que exige un complemento directo, el cual se construye sin preposición, aunque en español reclama en ciertos casos la preposición *a*; ~ ***unipersonal,*** el que sólo se aplica en el infinitivo y en la 3ª persona del singular: *llover, alborear.* ◇ V. compuesto, derivado, parasintético, primitivo y simple.

verborragia (l. *verbum,* palabra + *-rragia) f.* fam. Verborrea.

verborrea (l. *verbum,* palabra + *-rrea) f.* fam. Verbosidad excesiva.

verbosidad (l. *-itate) f.* Abundancia de palabras en la locución.
SIN. **Locuacidad;** v. **labia.**

verboso, -sa (l. *-osu*) ***adj.*** Abundante de palabras.

verdacho ***m.*** Arcilla teñida naturalmente de verde por el silicato de hierro.

verdad (l. *veritate*) ***f.*** LÓG. Adecuación del pensamiento a la cosa: *el error es opuesto a la ~.* 2 LÓG. Corrección del pensamiento, cualidad del juicio que no se puede negar racionalmente. 3 MOR. Conformidad de lo que se dice con lo que se siente o se piensa; veracidad: ***faltar a la ~,*** mentir; ***decirle a uno cuatro verdades,*** fig., decirle sin rebozo la verdad sobre sus defectos. 4 Realidad.
FRS. *A decir ~,* o *a la ~,* con toda certeza y seguridad. *De ~,* de veras; a la verdad. *En ~,* verdaderamente. *Bien es ~,* o *~ es que,* expr. con que se contraponen dos cosas para indicar que una no estorba a la otra, o para exceptuarla de una regla general.

verdaderamente ***adv. m.*** Con toda verdad. 2 A la verdad.

verdadero, -ra ***adj.*** Que contiene verdad. 2 Real, efectivo. 3 Ingenuo, sincero. 4 Veraz.
SIN. *3* y *4* v. **Sincero.**

verdagueriano, -na ***adj.*** Relativo al poeta catalán Mosén Jacinto Verdaguer (1845-1902).

VERBO (continuación)

USO DE LOS TIEMPOS

I. Indicativo

PRESENTE: actual	*Leo este libro* (ahora mismo).
habitual	*Me levanto a las siete* (por costumbre, no ahora).
histórico	*Colón descubre América en el año 1492* (por *descubrió).*
futuro	*El domingo vamos de excursión* (por iremos).
de mandato	*Sales a la calle y me compras el periódico* (sustituye al imperativo).
PRETÉRITO IMPERFECTO: acción durativa	*Era la primavera* (con verbos imperfectivos).
acción reiterada	*Las niñas saltaban a la comba* (con verbos perfectivos).
coexistente	*Le saludé cuando iba a la escuela* (los verbos pretéritos coinciden).
conato	*Salía cuando tú llegaste* (acción pasada que no se consuma).
cortesía	*Quería pedirte un favor* (la realización depende del interlocutor).
PRETÉRITO INDEFINIDO: (Pretérito perfecto simple) pasado absoluto	*Salió el tren; La industria prosperó mucho.*
PRETÉRITO PERFECTO: (Pretérito perfecto compuesto): pasado relacionado con el presente	*Ha salido el tren; La industria ha prosperado mucho.*
PRETÉRITO PLUSCUAMPERFECTO: pasado inmediatamente anterior a otro pasado	*Mirábamos las casas que habían construido en aquel barrio.*
PRETÉRITO ANTERIOR: pasado inmediatamente anterior a otro pasado	*Cuando hubo pagado se marchó.*
FUTURO IMPERFECTO (Futuro): acción venidera absoluta	*Volveremos otro día.*
de mandato	*No matarás.*
de probabilidad	*Serán las 12* (supongo que son).
sorpresa	*¡Si será tonto!*
FUTURO PERFECTO: futuro anterior a otro futuro	*Cuando llegues habremos cenado.*
CONDICIONAL: futuro del pasado	*Dijo que volvería* (cuando *dijo,* la acción de volver era futura).
de probabilidad	*Tendría 50 años* (supongo que los tenía).
condicional (apódosis)	*Si tuviese dinero compraría esta casa.*
de cortesía	*Me gustaría verlo otra vez.*
CONDICIONAL PERFECTO: futuro del pasado, pero con anterioridad a otra acción	*Aseguraban que cuando volviésemos habrían terminado su tarea.*
probabilidad	*Habría cumplido 50 años* (supongo que los había cumplido).
de cortesía	*Habría querido hablar usted.*

verdal ***adj.*** [fruta] Que tiene color verde aún después de maduro: *ciruela ~*. 2 Relativo al árbol que lo produce.
SIN. **Verdejo.**

verdasca ***f.*** Vara o ramo delgado, ordinariamente verde.
SIN. **Vardasca.**

verdascazo ***m.*** Golpe dado con una verdasca.
SIN. **Vardascazo.**

verde (l. *viride*) ***adj.-m.*** Color parecido al de la hierba fresca; es el cuarto del espectro solar y se puede obtener mezclando el amarillo y el azul: *color ~ mar;* ***~ esmeralda,*** color parecido al del mar, al de la esmeralda. -2 ***adj.*** De color verde. 3 [árbol, leña o legumbre] Que aún no está seco. 4 Que aún no está maduro: *fruta ~*. 5 fig. Que está en sus principios: ***en mis años verdes,*** en mi juventud. 6 fig. Libre, obsceno. -7 ***m.*** Follaje (conjunto). 8 Hierbas segadas en verde para alimento del ganado. 9 Sabor áspero del vino. 10 fam. Billete de mil pesetas. 11 fam. Guardia civil. 12 Simpatizante o militante de los partidos ecologistas. 13 ~ ***montaña*** o ***de tierra,*** carbonato de cobre terroso, de color verde claro. 14 *Argent.* y *Urug.* Mate (bebida). 15 *Argent.* Pasto. 16 *Colomb.* y *Ecuad.* p. ant. Plátano verde. 17 *P. Rico.* Campo, como oposición a pueblo o ciudad.
SIN. *6* **Colorado, subido de color.** FR. *Poner ~ a uno,* denostarlo, censurarlo duramente.

verdea ***f.*** Vino de color verdoso.

verdear ***intr.*** Mostrar una cosa color verde; tirar un color a verde. 2 Empezar a brotar las plantas en los campos o las hojas en

VERBO (continuación)

II. Subjuntivo

EQUIVALENCIA DE LOS TIEMPOS DE SUBJUNTIVO CON LOS DEL INDICATIVO:

Indicativo	Subjuntivo	
Creo que *llega*	No creo que	*llegue*
Creo que *llegará*	No creo que	
Creo que *llegó*	No creo que	*llegara* o *llegase*
Creí que *llegaba*	No creí que	
Creía que *llegaría*	No creía que	
Creo que *ha llegado*	No creo que	*haya llegado*
Creo que *habrá llegado*	No creo que	
Creía que *había llegado*	No creía que	*hubiera* o *hubiese llegado*
Creía que *habría llegado*	No creía que	

Los futuros *llegare* y *hubiere llegado* se emplearon con alguna frecuencia en los clásicos, pero apenas tienen uso en la lengua moderna.

El significado temporal de las formas del subjuntivo es, por lo tanto, el siguiente:

Subjuntivo	Indicativo
Presente	Presente y futuro.
P. Imperfecto	Pretérito indefinido, P. imperfecto y condicional.
Pretérito perfecto	Pretérito perfecto y futuro perfecto.
P. Pluscuamperfecto	P. pluscuamperfecto y condicional perfecto.

los árboles. -3 ***tr.*** En algunas partes, coger [la uva o la aceituna]. 4 *Murc.* Recolectar los pimientos verdes aún, para la venta. -5 ***intr.*** *Argent.* y *Urug.* Tomar mate. 6 *Urug.* Pastar los animales.
SIN. *2* **Verdecer, reverdecer.**

verdeceladón, verdeceledón (fr. *vert-céladon*) ***adj.-m.*** Color verde claro que se da a ciertas telas. -2 ***adj.*** De color verdeceladón.
SIN. **Celedón.**

verdecer (b. l. *viridiscere*) ***intr.*** Reverdecer, verdear, vestirse de verde la tierra o los árboles. ◇ ** CONJUG. [43] como ***agradecer.***

verdecillo ***m.*** Ave paseriforme de 12 cms. de longitud, pico rechoncho y plumaje amarillento listado con el obispillo de color amarillo muy vivo *(Serinus serinus).*

verdegal ***m.*** Terreno donde verdea un sembrado.

verdegambre ***m.*** Planta liliácea de hojas dispuestas en verticilos de tres unidades y flores blancas por dentro y verdosas por fuera; las raíces despiden un olor muy desagradable. Es una planta muy venenosa *(Veratrum album).* 2 ~ ***azul,*** acónito.

verdegay (fr. *vert gai,* verde alegre) ***adj.-m.*** Color verde claro. -2 ***adj.*** De color verdegay.

verdeguear ***intr.*** Verdear.

verdejo, -ja ***adj.*** Dim. de *verde.* 2 Verdal: *uva* ~.

verdel ***m.*** Estornino (pez).

verdemar ***adj.-m.*** Color verde mar. -2 ***adj.*** De color verdemar.

verdemontaña ***m.*** Verde de montaña. 2 Color verde claro hecho de este mineral.

verdeo ***m.*** Recolección de las aceitunas antes de que maduren para consumirlas aderezadas o encurtidas.

verderol ***m.*** Verderón (pájaro). 2 Berberecho.

I) verderón (l. *vireone* × *verde*) ***m.*** Ave paseriforme cantora, del tamaño de un gorrión con el plumaje verdoso *(Carduelis chloris).* 2 vulg. Billete de mil pesetas.
SIN. *1* **Verdecillo, verderol, verdezuelo, verdón.**

II) verderón ***m.*** Berberecho.

verdete (dim. de *verde*) ***m.*** Cardenillo. 2 Color verde claro hecho con acetato o carbonato de cobre.

verdevejiga ***m.*** Compuesto de hiel de vaca y sulfuro de hierro. -2 ***adj.-m.*** Color verde obscuro. -3 ***adj.*** De color verdevejiga.

verdezuelo ***adj.*** Dim. de *verde.* -2 ***m.*** Verderón (pájaro).

verdial ***adj.-s.*** *And.* Variedad de aceituna alargada que se conserva verde aun madura. -2 ***m. pl.*** Baile popular de Andalucía, parecido al fandango, de probable origen morisco. 3 Música y canto de este baile.

verdín ***m.*** Color verde de las plantas que no han llegado a la sazón. 2 Estas mismas plantas. 3 Capa verde formada por ciertas plantas criptógamas en lugares húmedos y en la superficie de aguas estancadas. 4 Cardenillo. 5 *Guat.* Pájaro de color verde y hermoso aspecto.
SIN. *1* **Verdoyo.**

verdina ***f.*** Verdín (color).

verdinal ***m.*** Fresquedal.

verdinegro, -gra (de *verde* + *negro*) ***adj.-m.*** Color verde obscuro. -2 ***adj.*** De color verdinegro.

verdino, -na ***adj.*** Muy verde o de color verdoso. -2 ***m.*** *Guat.* Pájaro americano, conirrostro.

verdinoso, -sa ***adj.*** Cubierto de verdín.
SIN. v. **Mohoso.**

verdiñal ***adj.*** [pera] Verdal.

verdiseco, -ca ***adj.*** Medio seco.

verdolaga (l. *portulaca;* a través del moz. **berdolaca*) ***f.*** Planta portulacácea de hojas carnosas pequeñas y ovaladas, que se comen en ensalada *(Portulaca oleracea).* 2 ~ ***marina,*** arbusto quenopodiáceo, con las hojas carnosas y de color blanco plateado, y las flores verdosas dispuestas en espigas *(Halimione portulacoides).*

verdón ***m.*** Verderón (pájaro). 2 *Cuba.* Mariposa, pájaro.

verdor ***m.*** Color verde vivo de las plantas. 2 Color verde. 3 Temporada en que florece la planta del azafrán. 4 fig. Vigor, lozanía. 5 fig. Edad de la mocedad.
SIN. *1* **Verdura.**

verdoso, -sa ***adj.*** Que tira a verde.

verdoyo ***m.*** Verdín (color).

verdugada ***f.*** Verdugo (hilada).

verdugado (de *verdugo*) ***m.*** Falda que llevaban las mujeres debajo de las basquiñas para ahuecarlas.

verdugal ***m.*** Monte bajo que, después de quemado o cortado, se cubre de vástagos (ramas).

verdugazo ***m.*** Golpe dado con un vástago (ramo).

VERBO (continuación)

III. Correspondencia de los tiempos en la oración subordinada
(Véase USO DE LOS MODOS)

1.º VERBO SUBORDINADO EN INDICATIVO: Puede usarse cualquier tiempo en el verbo subordinado, tanto si el principal está en presente como si está en pasado o futuro:

Dice, ha dicho
Decía, dijo, había dicho
Dirá, habría dicho, diría, habría dicho
} que Juan *viene, venía, vino, ha venido, había venido, vendrá, habrá venido, vendría, habría venido.*

Excepción: Los verbos de percepción sensible necesitan coexistir temporalmente con su subordinado, a no ser que se altere el significado de verbo principal: *veo que llueve; veía, ví, había visto que llovía; veré que llueve* (presente futuro), *lloverá.*

2.º VERBO SUBORDINADO EN SUBJUNTIVO:

a) Con verbos de voluntad, el subordinado puede hallarse en cualquier tiempo posterior al del verbo principal: *Me mandaron que estudie, que estudiase* (pero no que *hubiese estudiado,* por ser anterior a *mandaron*).
b) Con los demás verbos en presente o futuro, el subordinado puede hallarse en cualquier tiempo: *No creo, no creeré que venga, que viniese, que haya venido, que hubiese venido.* Si el subordinante está en pasado, el subordinado debe hallarse también en pasado (imperfecto o pluscuamperfecto): *No creí, no creía, no había creído que viniese, que hubiese venido.*

NOTAS:
La Real Academia Española en su *Esbozo de una nueva gramática de la lengua española* ha modificado la nomenclatura de algunos tiempos verbales. En este cuadro se incluye entre paréntesis la nueva terminología.
El modo potencial desaparece, y sus tiempos: *potencial simple* y *potencial compuesto* se denominan *condicional* y *condicional perfecto,* respectivamente.
La nueva terminología es la recomendada por el Ministerio de Educación y Ciencia para su empleo en la Educación General Básica.
En los cuadros de la conjugación del DICCIONARIO, figura, además, la terminología del gramático Andrés BELLO, vigente en algunos países hispanoamericanos.

verdugo (de un der. del l. *viride,* verde) ***m.*** Vástago (ramo). 2 Estoque muy delgado. 3 Azote de materia flexible. 4 Roncha que levanta un verdugo (azote). 5 Ministro de justicia que ejecuta las penas de muerte. 6 fig. Persona muy cruel o cosa que atormenta mucho. 7 Pasamontañas. 8 Alcaudón. 9 Aro de sortija. 10 Verdugado. 11 ARQ. Hilada horizontal de ladrillo en una fábrica de otro material. -12 ***adj.-m.*** *Cuba.* Color bermejo obscuro jaspeado del ganado vacuno.
SIN. *5* **Mochín; ejecutor de la justicia, oficial, sayón.**
verdugón ***m.*** Verdugo (vástago; roncha). 2 *Amér.* Rotura de la ropa. 3 *Argent.* y *Bol.* Arruga que hace el calzado; bulto molesto para el pie.
verduguillo ***m.*** Dim. de *verdugo.* 2 Especie de roncha que se levanta en las hojas de algunas plantas. 3 Navaja estrecha para afeitar. 4 Verdugo (estoque). 5 Arete (adorno). 6 Listón estrecho en forma de mediacaña.
verdulería ***f.*** Tienda de verduras. 2 fig. *y* fam. Calidad de verde o libre, obscenidad.
verdulero, -ra (ant. *verdurero,* der. del l. *viridis,* verde) ***m. f.*** Persona que tiene por oficio vender verduras. -2 ***f.*** fig. Mujer grosera y malhablada.
SIN. *2* **Rabanera.**
verdura ***f.*** Verdor (color de planta). 2 Hortaliza, esp. la que se come cocida. 3 Representación pictórica del follaje en decoraciones, tapices, etc. 4 Calidad de verde (obsceno).
verdusco, -ca ***adj.*** Que tira a verde obscuro.
vereco, -ca ***adj.*** *Guat.* fest. Bisojo.
verecundia (l.) ***f.*** lit. Vergüenza.
verecundo, -da ***adj.*** lit. Vergonzoso (que se avergüenza).
vereda (b. l. *vereda* < l. *veredus,* caballo de posta) ***f.*** Camino angosto, formado gralte. por el tránsito de peatones y ganados: ***meter por,*** o ***en*** ~, encaminar o reducir a las personas, negocios, etc., que andan desacertados. 2 Despacho que lleva el veredero. 3 Camino que hacen los regulares por determinados pueblos para predicar en ellos. 4 *Ál.* y *Logr.* Azofra. 5 *Amér.* Acera de las calles. 6 *Colomb.* Zona de una parroquia rural o municipio.
veredero (l. - *iu*) ***m.*** Mensajero que se enviaba con despachos para notificarlos en un lugar o en varios de un mismo camino.
veredicto (latinización del ingl. *verdict*) ***m.*** Definición sobre un hecho dictada por el jurado. 2 p. ext. Parecer, dictamen, juicio emitido reflexiva y autorizadamente.
veredón ***m.*** *Argent.* Acera muy ancha.
I) verga (l. *vírga,* vástago, rama; doble etim. *verja*) ***f.*** Miembro genital de los mamíferos. 2 Arco de acero de la ballesta. 3 Palo delgado. 4 Tira de plomo con ranuras en los cantos, que sirve para asegurar los vidrios de las ventanas. 5 MAR. Percha a la cual se asegura el grátil de una vela.
II) verga ***adj.*** V. uva verga.
vergajazo ***m.*** Golpe dado con un vergajo.
vergajeada ***f.*** *Ecuad.* Azotaina.
vergajear ***tr.*** *Ecuad.* Azotar.
vergajo ***m.*** Verga del toro que, seca y retorcida, se usa como látigo. 2 p. ext. Azote corto de materia flexible.
SIN. *1* **Nervio de buey.**
vergé ***adj.*** V. papel vergé.
vergel (prov. ant. *vergier* < l. v. *viridiarium* < l. *viridarium*) ***m.*** Huerto con flores y árboles frutales.
SIN. v. **Jardín.**
vergelero ***m.*** p. us. El que tiene a su cargo un vergel.
vergeta ***f.*** Vergueta. 2 BLAS. Palo más estrecho que el ordinario.
vergeteado ***adj.*** BLAS. [escudo] Dividido en diez o más palos.
verglás ***m.*** Capa de hielo muy fina y transparente, que cubre el suelo o la superficie de los cuerpos sólidos.
vergonzante ***adj.*** Que por vergüenza procede de modo encubierto: *pobre* ~.
vergonzosamente ***adv. m.*** De modo vergonzoso.
vergonzoso, -sa ***adj.*** Que causa vergüenza. -2 ***adj.-s.*** Que se avergüenza con facilidad. -3 ***m.*** Especie de armadillo. -4 ***f.*** Arbusto mimosáceo caducifolio de hojas espinosas y las flores de color rosado dispuestas en ramilletes *(Mimosa pudica).*
SIN. *2* **Verecundo,** lit.
verguear ***tr.*** p. us. Golpear o sacudir [una pers. o cosa] con verga o vara.
vergüenza (v. *verecundia*) ***f.*** Deshonor humillante, oprobio: *se cubrió de* ~ *con semejante acción.* 2 Turbación del ánimo causada por una falta cometida, por una humillación recibida, o por sentirse objeto de la atención de alguien. 3 Encogimiento o cortedad para ejecutar una cosa. 4 Pundonor: *hombre de* ~. 5 Ex-

posición pública de un reo: *sacar a la* ~. -6 *f. pl.* Órganos de la generación.

SIN. *2* **Encogimiento, cortedad, corrimiento, empacho,** serie intensiva; **rubor, sonrojo, bochorno, sofoco, sofocón,** cuando hace enrojecer. Los dos últimos pueden ser producidos también por la ira, el cansancio, etc. *4* **Lacha,** And. y Ar.

vergueta (dim. de *verga*) *f.* Varita delgada. ◇ También *vergeta.*

verguetеado *adj.* V. papel vergueteado o vergé.

verguío, -a (de *verga*) *adj.* Flexible y correoso; esp. la madera.

verguiza *f. Ecuad.* Azotaina.

veri *m. Chile.* Grasa y mugre de la lana de oveja.

vericueto (*peri-* var. de *per-* + *cueto,* cerro, voz ant. de orig. desconocido) *m.* Lugar áspero, alto y quebrado, por donde se anda con gran dificultad.

verídico, -ca *adj.* Que dice verdad. 2 Que la incluye. 3 Verosímil, con gran probabilidad de ser verdadero.

SIN. v. **Sincero.**

verificabilidad *f.* p. us. Calidad de verificable. 2 FIL. Procedimiento para averiguar si un enunciado o proposición es verdadero o falso.

verificación *f.* Acción de verificar o verificarse. 2 Efecto de verificar o verificarse. 3 Examen de la verdad de una cosa. 4 Salir cierto o verdadero lo que se pronosticó.

verificador, -ra *adj.-s.* Que verifica. 2 esp. [pers.] Que tiene a su cargo comprobar la buena marcha de los contadores de gas, agua, electricidad, etc. -3 *f.* Máquina de fichas perforadas, usada para controlar la exactitud del trabajo realizado por la perforadora de fichas.

verificar (b. l. *verificare,* hacer verdadero) *tr.* Probar [que una cosa de la que se dudaba] es verdadera. 2 Comprobar o examinar [la verdad de una cosa]. -3 *tr.-prnl.* Realizar, efectuar [alguna cosa prevista de antemano]: ~ o *verificarse la boda, el eclipse,* etc. -4 *prnl.* Salir cierto o verdadero lo que se pronosticó. ◇ ** CONJUG. [1] como *sacar.*

verificativo, -va, Que sirve para verificar una cosa.

verigüeto *m.* Molusco lamelibranquio, uno de los mariscos más sabrosos *(Venus verrucosa).*

verija (l. *virilia*) *f.* Pubis (parte del vientre). 2 *Ast.* Muslo. 3 *Extr.* y *Amér.* Ingle, ijar.

SIN. *1* **Vedija.**

verijón, -jona *adj. Méj.* Perezoso.

veril (de *vera*) *m.* MAR. Orilla o borde de un bajo, sonda, placer, etc. 2 Curva de nivel submarino.

verilear *intr.* Navegar por un veril.

veringo, -ga *adj. Colomb.* Desnudo, en cueros.

verinquearse *prnl. Colomb.* Desnudarse.

verisímil (l. *-ile* < *veru,* verdadero + *simile,* semejante) *adj.* Verosímil.

verisimilitud (l. *-udo*) *f.* Verosimilitud.

verismo *m.* Sistema estético que señala lo verdadero como fin de la obra de arte; especialmente la novela realista italiana del s. XIX. 2 Cualidad de lo que representa o relata las cosas con verdad.

verista *adj.* Relativo al verismo. -2 *adj.-com.* Partidario de él.

verja (v. *verga*) *f.* Enrejado que sirve de puerta, ventana o cerca.

SIN. **Enverjado, rejado.**

verjurado *adj.* V. papel verjurado o vergé.

verme (l.) *m.* Lombriz intestinal. ◇ Ús. especialmente en pl.

vermenear *intr. P. Rico.* Moverse larvas o gusanos dentro del agua.

vermi- (l. *vermis,* gusano) Elemento prefijal que entra en la formación de palabras con el significado de gusano.

vermicida (*vermi-* + *-cida*) *adj.-m.* Vermífugo.

vermiculado, -da *adj.* ARQ. [adorno] De forma irregular, como roeduras de gusanos.

vermicular (l. *vermiculu,* gusanillo) *adj.* Que tiene vermes. 2 Que se parece a los gusanos o participa de sus cualidades. 3 V. apéndice vermicular.

vermicularia *f.* Uva cana.

vermifobia (*vermi-* + *-fobia*) *f.* Helmintofobia.

vermiforme (*vermi-* + *-forme*) *adj.* De figura de gusano. 2 V. apéndice vermiforme.

vermífugo, -ga (*vermi-* + *-fugo*) *adj.-m.* MED. Que mata las lombrices intestinales.

SIN. **Vermicida, antihelmíntico.**

verminoso, -sa (l. *-osu*) *adj.* Perteneciente o relativo a las enfermedades ocasionadas por los gusanos o acompañadas de la presencia de gusanos.

vermis (voz latina) *m.* Parte media del cerebelo, entre los dos hemisferios. ◇ Pl.: *vermis.*

vermú, vermut (al. *wermuth,* ajenjo) *m.* Licor aperitivo compuesto de vino blanco, ajenjo y otras substancias amargas y tónicas. 2 p. ext. Aperitivo, conjunto de bebidas y tapas que se toman antes de las comidas. -3 *f.* Función de cine o teatro por la tarde, celebrada con horario anterior al de las sesiones acostumbradas. ◇ Pl.: *vermús.*

vernación *f.* BOT. Disposición en que están las hojas en una yema, antes de abrirse ésta.

vernáculo, -la (l. *-lu*) *adj.* Propio del país: *idioma* ~.

vernal (l. *-lu*) *adj.* Relativo a la primavera: *equinoccio* ~.

SIN. **Primaveral.**

vernier (de Pedro *Vernier,* 1580-1637, geómetra francés) *m.* Nonio. ◇ Pl.: *vernieres.*

vero (l. *varius,* manchado de varios colores) *m.* Marta cebellina, piel. -2 *m. pl.* BLAS. Esmaltes que cubren el escudo en figura de campanillas alternadas, unas de plata y otras de azur, representadas con líneas rectas, bien con las bocas opuestas *(contraveros),* bien con las puntas opuestas a las bocas *(veros en punta).* También pueden representarse con curvas *(veros en ondas).*

verolís *m. C. Rica.* Especie de caña o junco muy delgado, duro y liso.

veronense *adj.-s.* Veronés.

veronés, -nesa *adj.-s.* De Verona, c. de Italia.

verónica (de *Verónica,* n. pr.) *f.* Planta escrofulariácea, de hojas opuestas, elípticas y vellosas, y flores azules en espigas axilares *(Veronica officinalis).* 2 TAUROM. Lance que consiste en esperar el torero la acometida del toro, teniendo la capa extendida con ambas manos enfrente de la res. 3 *Chile.* Manto negro que usan las mujeres.

SIN. *1* **Té de Europa.**

veroniquear *intr.* TAUROM. Torear por verónicas.

verosímil (v. *verisímil*) *adj.* Que parece verdadero y puede creerse. ◇ También *verisímil.*

verosimilitud *f.* Calidad de verosímil. ◇ También *verisimilitud.*

verraco (l. v. **verr* + *accu* < l. *verres*) *m.* Cerdo padre. 2 *Colomb.* Carnero padre, morueco. 3 *Cuba.* Cerdo que se vuelve montaraz. -4 *adj. Perú.* Rubio y de ojos azules. ◇ *1* También *varraco.*

verraquear (de *verraco*) *intr.* fig. Gruñir o dar señal de enojo. 2 Llorar un niño con rabia y continuamente. ◇ También *varraquear.*

verraquera *f.* fam. Lloro rabioso y continuado de los niños. ◇ También *varraquera.*

verraquero *m. Cuba.* Perro de fino olfato, esp. adiestrado en cazar verracos o jabalíes.

verriondez *f.* Calidad de verriondo.

verriondo, -da *adj.* [animal, esp. puerco] Que está en celo. 2 Que está marchito, o mal cocido y duro, especialmente las hierbas o cosas parecidas.

verroja *f. And.* Colmillo del jabalí.

verrón *m.* Verraco.

verrucaria *f.* Planta erecta y anual boraginácea, con las hojas ovales y vellosas, y las flores de color blanco o lila *(Heliotropium europaeum).*

verruga (l. *verruca*) *f.* Excrecencia cutánea formada por la dilatación de las papilas vasculares y el endurecimiento de la epidermis que las cubre. 2 Abultamiento que la acumulación de savia produce en algún punto en la superficie de una planta. 3 fig. Persona o cosa molesta y fastidiosa. 4 Tacha, defecto. 5 *Amér. Central.* Ganga, prebenda. 6 *Amér. Central.* Ahorro, hucha.

SIN. *1* **Cadillo,** p. us.

verrugato *m.* Pez marino teleósteo perciforme, parecido a la corvina, de cuerpo alargado, con un barbillón pequeño en la mandíbula como una verruga *(Sciaena cirrosa; Umbrina c.).* 2 *Cuba.* Pez parecido al ronco *(Corvina rencus).*

verrugo *m.* Hombre tacaño y avaro.

verrugosidad *f.* Calidad de verrugoso. 2 Verruga cutánea.

verrugosis *f.* Estado caracterizado por la presencia de verrugas múltiples. ◇ Pl.: *verrugosis.*

verrugoso, -sa (l. *-osu*) *adj.* Que tiene muchas verrugas.

versación *f. And.* Modo de hablar, gralte. referido al que habla mal. 2 *Argent.* Destreza, habilidad. 3 *Argent.* Calidad de versado.

versado, -da (de *versar*) *adj.* Práctico, instruido: ~ *en las matemáticas.* -2 *f. Amér.* desp. Composición en verso, más o menos larga.

VERSIFICACIÓN CLÁSICA

A diferencia del verso castellano, el latino o griego se funda en la cantidad prosódica, de suerte que un número de sílabas largas [—] y breves [⏑], combinados en determinadas condiciones, da lugar a un verso. Éste se compone de pies métricos, —nombre dado a un grupo de dos, tres o cuatro sílabas de cantidad determinada— o de metros.
Los pies más frecuentes en la métrica clásica son:

PIES

Pies fundamentales
(con posibilidad de crear ritmo)

Yambo	⏑—
Troqueo	—⏑
Dáctilo	—⏑⏑
Anapesto	⏑⏑—
Baquio	⏑——
Crético	—⏑—

Pies secundarios
(sin posibilidad de crear ritmo, alternan con los fundamentales)

Pirriquio	⏑⏑
Espondeo	——
Tribraco	⏑⏑⏑
Moloso	———
Proceleusmático	⏑⏑⏑⏑

La agrupación de los pies como unidad rítmica, da lugar al metro. Los metros clásicos más frecuentes son:

METROS

Coriambo	—⏑⏑—
Dicoreo	—⏑—⏑
Diyambo	⏑—⏑—
Dispondeo	————
Docmio	⏑——⏑—
Glipodocmio	—⏑—⏑—
Jónico *a maiore*	——⏑⏑
Jónico *a minore*	⏑⏑——

Los versos más corrientes que resultan de la debida combinación de estos pies y metros son los siguientes:

VERSOS

Ritmo yámbico

Trímetro yámbico	⏓— |⏑— || ⏓— |⏑— || ⏓ — |⏑⏓
Senario yámbico	⏓— | ⏓ — | ⏓— | ⏓— | ⏓— |⏑⏓
Coliambo	⏓— |⏑— || ⏓— |⏑— || ⏓ — | —⏓
Eneasílabo alcaico	⏓— |⏑— || —— |⏑— | ⏓

Ritmo coriámbico

Ferecracio	⏓⏓ | —⏑⏑— | ⏓
Gliconio	⏓⏓ | —⏑⏑— |⏑⏓
Asclepiadeo menor	⏓⏓ | —⏑⏑— | —⏑⏑— |⏑⏓
Asclepiadeo mayor	⏓⏓ | —⏑⏑— | —⏑⏑— | —⏑⏑— |⏑⏓
Decasílabo alcaico	—⏑⏑| —⏑⏑— |⏑—⏓
Endecasílabo alcaico	⏓—⏑—— || —⏑⏑— |⏑⏓
Endecasílabo sáfico	—⏑—⏓ | —⏑⏑— |⏑—⏓

versal (de *verso,* por emplearse en las iniciales de los versos) ***adj.-f.*** IMPR. V. letra mayúscula.
versalilla, -ta ***adj.-f.*** V. letra versalita.
versallesco, -ca ***adj.*** Relativo a Versalles, palacio y sitio real cercano a París. 2 Relativo a las costumbres de la corte francesa en el siglo XVIII. 3 fam. Que es afectadamente cortés: *lenguaje ~; modales versallescos.*
versar (l. *-are*) ***intr.*** Etim., dar vueltas alrededor. 2 fig. Tratar de tal o cual materia un libro, un discurso, etc. -3 ***prnl.*** Hacerse uno práctico o perito en una cosa. -4 ***intr.*** *Cuba* y *P. Rico.* Versificar.
versátil (l. *-ile*) ***adj.*** Que se vuelve o puede volver fácilmente. 2 fig. De genio voluble e inconstante. 3 [dedo de las aves] Que puede girar hacia atrás o hacia delante para colocarse así en su posición opuesta a los restantes. ◇ INCOR.: por *dúctil, polifacético, capaz.*
SIN. v. **Inestable.**
versatilidad ***f.*** Calidad de versátil.
versear ***intr.*** desp. Versificar.
versería ***f.*** Conjunto de versos II.
versícula (de *versículo*) ***f.*** Lugar donde se ponen los libros de coro.
versiculario ***m.*** El que canta los versículos. 2 El que cuida de los libros de coro.
versículo (l. *-lu;* dim. de *versu,* verso, renglón) ***m.*** Breve división de ciertos libros, esp. de la Sagrada Escritura. 2 Oración breve formada por una frase y la respuesta, que se dice esp. en las horas canónicas. 3 Verso de un poema escrito sin rima ni metro fijo y determinado, en especial cuando el verso constituye una unidad de sentido.
versificación (l. *-atione*) ***f.*** Acción de versificar. 2 Efecto de versificar. 3 Arte de versificar.
SIN. **Metrificación.** *3* **Métrica.**
versificador, -ra (l. *-tore*) ***adj.-s.*** Que hace versos.
versificar (l. *-are*) ***intr.*** Hacer versos. -2 ***tr.*** Poner en verso: *~ una leyenda.* ◇ ** CONJUG. [1] como ***sacar.***

VERSIFICACIÓN CLÁSICA (continuación)

Ritmo trocaico

Tetrámetro trocaico cataléctico ⏕ ⏑ | ⏕ ⏒ || ⏕ ⏑ | ⏕ ⏒ || ⏕ ⏑ | ⏕ ⏒ || ⏕ ⏑ | ⏓

Septenario trocaico ⏕ ⏒ | ⏕ ⏒ | ⏕ ⏒ | ⏕ ⏒ | ⏕ ⏒ | ⏕ ⏒ | ⏕ ⏑ | ⏓

Ritmo dactílico

Hexámetro dactílico — ⏕ | — ⏕ | — ⏕ | — ⏕ | — ⏕ | — ⏓
Pentámetro dactílico — ⏕ | — ⏕ | — || — ⏑ ⏑ | — ⏑ ⏑ | ⏓
Adonio — ⏑ ⏑ | — ⏓

La combinación de varios versos da lugar a numerosas estrofas

versión (l. *versu* < *vertere,* tornar, volver) *f.* Traducción (acción y efecto). 2 Modo que tiene cada uno de referir un mismo suceso. 3 Adaptación de una obra (producción del entendimiento) al teatro, al cine, a la televisión o a la música. 4 Operación para cambiar la postura del feto que se presenta mal para el parto.
versista *com.* Versificador. 2 desp. Persona que tiene prurito de hacer versos.
I) verso (l. *versu*) *m.* Palabra o conjunto de palabras sujetas a un ritmo cuyas leyes varían según los tiempos e idiomas; constituye una unidad rítmica dentro de la estrofa. Empléase en sentido colectivo, por contraposición a prosa: *comedia en ~*. 2 Versículo.
VERSOS DE LA POESÍA CLÁSICA: *acataléctico*, el que tiene cabales todos sus pies. *cataléctico*, el que le falta una sílaba al fin, o en el cual es imperfecto alguno de los pies; *anapéstico*, el compuesto de anapestos o análogos; *coriámbico*, el compuesto de coriambos; *dactílico*, el compuesto de dáctilos; *espondaico*, el hexámetro que tiene espondeos en determinados lugares; *yámbico*, el compuesto de yambos; *ropálico*, aquel en que cada palabra tiene una sílaba más que la precedente; *trímero*, el compuesto de tres o seis pies; OTROS VERSOS: *amétrico*, el que no se sujeta a una medida fija de sílabas; *agudo*, el que termina en palabra aguda; *llano,* el que termina en palabra llana o grave; *blanco, libre* o *suelto,* el que no forma con otro consonancia ni asonomia; *quebranto,* el cuatrisílabo cuando alterna con otros más largos; *de arte mayor,* el dodecasílabo que consta de dos de redondilla menor: cualquiera de los que pasan de ocho sílabas; *de arte menor,* el de redondilla mayor o menor: cualquiera de los que no pasan de ocho sílabas; *de redondilla mayor,* el octosílabo; *de redondilla menor,* el hexasílabo; *hiante,* el que tiene hiatos. Según el número de sílabas se llaman *bisílabo, tri-, tetra-* o *cuadri, penta-, hexa-, hepta-, octo-, enea-, deca-, endeca-, dodeca-, tridecasílabo;* el de catorce sílabas, *alejandrino.*
II) verso *m.* Pieza ligera de la artillería antigua.
III) verso *adj.* [folio, plana de un libro] Vuelto. 2 TRIG. V. seno verso.
versolari *m., Ar.* y *Prov. Vascas.* Coplero, improvisador de versos.
versta *f.* Medida itineraria rusa (1,067 kilómetros).
versus (l.) *prep.* Contra, en lenguaje forense. ◇ Es ANGLIC. e INCOR. su empleo por *frente a: capitalismo versus socialismo.*
vértebra (l.) *f.* Hueso corto que articulado con otro forma la columna vertebral.
SIN. **Espondilo,** tecn.
vertebrado, -da *adj.* Que tiene vértebras. -2 *adj.-m.* Animal del subtipo de los vertebrados. -3 *m. pl.* Subtipo de animales cordados dotados de un esqueleto interno, óseo o cartilaginoso, con columna vertebral, que incluye cinco clases: peces, anfibios, reptiles, aves y mamíferos.
vertebral *adj.* Relativo a las vértebras.
vertebrar *tr.* fig. Dar consistencia y estructura internas; dar organización y cohesión.
vertedera (de *verter*) *f.* Especie de orejera para voltear la tierra levantada por el arado.
vertedero *m.* Sitio a donde o por donde se vierte algo, esp. escombros, basuras, etc.
SIN. **Derramadero, escombrera.**
vertedor, -ra *adj.-s.* Que vierte. -2 *m.* Conducto para dar salida al agua. 3 Librador (cogedor). 4 MAR. Achicador (cucharón).
vertello (l. *-ere,* girar) *m.* MAR. Bola de madera que, ensartada junto con otras en un cabo, forma el racamento.
verter (l. *-ere*) *tr.* Hacer salir de un recipiente y esparcir o pasar a otro recipiente [un líquido o cosas como la sal, la harina, etc.]: *~ el agua del cántaro al suelo, en el jarro.* 2 Inclinar [un recipiente] o volverlo boca abajo para que salga su contenido. 3 Traducir (a otra lengua). 4 fig. Emitir [máximas o conceptos] con la intención de sugerir algo desagradable. -5 *intr.* Correr un líquido por una pendiente: *el agua vierte hacia el torrente, el río, el mar.* ◇ ** CONJUG. [28] como ***entender*** ◇ INCOR. las formas *vertir, virtió, virtieron*, etc.
vertibilidad (l. *-itate*) *f.* Calidad de vertible.
vertible (l. *-bile*) *adj.* Que puede mudarse (cambiar).
vertical (l. *-ale*) *adj.* Perpendicular al plano del horizonte. 2 Que organiza el poder, político o sindical, tomando las decisiones en los mandos superiores y transmitiéndolas hacia la base: *sindicato ~*. -3 *adj.-f.* V. línea vertical. 4 En figuras, dibujos, escritos, impresos, etc., línea, disposición o dirección que va de la cabeza al pie. -5 *m.* Semicírculo máximo que se considera en la esfera celeste perpendicular al plano del horizonte.
verticalidad *f.* Calidad de vertical.
verticalismo *m.* Organización vertical del poder.
verticalista *adj.* Propio o relativo al verticalismo. -2 *adj.-com.* Partidario del verticalismo.
verticalmente *adv. m.* De un modo vertical.
SIN. **A plomo.**
vértice (l., cumbre, punto culminante) *m.* Punto en que concurren los dos lados de un ángulo o las caras de un ángulo poliedro. 2 Punto de una curva en que ésta se encuentra con su eje. 3 Cúspide (de pirámide). 4 Parte más elevada de la cabeza humana.
verticidad (de *vertice,* remolino) *f.* Capacidad o potencia de moverse a varias partes o alrededor.
verticilado, -da *adj.* Dispuesto en verticilos: *hoja verticilada.*
verticilo (l. *-illu*) *m.* Conjunto de tres o más hojas, ramos, inflorescencias u órganos florales dispuestos en un mismo plano alrededor de un eje.
vertiente (de *verter*) *amb.* Declive por donde corre o puede correr el agua. -2 *f.* CONSTR. Pendiente de una cubierta. 3 *Amér.* Manantial, fuente. 4 fig. Aspecto, punto de vista.
vertiginosidad *f.* Calidad de vertiginoso.
vertiginoso, -sa (l. *-osu*) *adj.* Relativo al vértigo. 2 Que causa vértigo. 3 Que padece vértigo.
vértigo (l. *vertigo* < *vertere,* girar) *m.* Trastorno nervioso que produce al enfermo la sensación de que los objetos que le rodean tienen movimiento giratorio u oscilatorio. 2 Turbación del juicio, repentina y gralte. pasajera, ramo de locura. 3 fig. Apresuramiento anormal de la actividad de una persona o colectividad. 4 fig. Sensación semejante al mareo producida por una impresión muy fuerte.
vertimiento *m.* Acción de verter o verterse. 2 Efecto de verter o verterse.

vesania (l.) *f.* Demencia, furia. ◇ INCOR.: *vesanía.*
vesánico, -ca *adj.* Relativo a la vesania. -2 *adj.-s.* Que padece de vesania.
SIN. *2* v. **Loco.**
vesical (l. *vesica*) *adj.* Relativo a la vejiga.
vesicante *adj.-m.* Substancia que produce ampollas en la piel.
SIN. v. **Rubefaciente.**
vesicatorio, -ria *adj.* Que provoca la formación de vesículas.
vesícula (l.) *f.* MED. Ampolla pequeña en la epidermis, llena gralte. de líquido seroso. 2 Pequeña cavidad membranosa en el cuerpo del animal: ~ *biliar; vesículas traqueales.* 3 BOT. Pequeña cavidad llena de aire en los tejidos de una planta.
SIN. *1* **Vejiguilla.**
vesicular *adj.* De forma de vesícula. 2 Perteneciente o relativo a una vesícula, en especial la vesícula biliar.
vesiculoso, -sa (l. *-osu*) *adj.* Lleno de vesículas.
vesivilo *m. Cuen.* y *Murc.* Vestiglo, fantasma, visión.
veso *m* TECNOL. Pincel de pelo de turón, empleado para trabajos de acabado fino; esp. para extender los colores en las piezas de cerámica.
vespasiana (fr. *vespasienne*) *f. Argent.* y *Chile.* GALIC. Urinario, mingitorio. 2 *Perú.* Sillón de brazos con el asiento horadado.
vesperal *m.* Libro que contiene los cantos de vísperas y completas. -2 *adj.* Relativo a la tarde.
véspero (l. *-ru* < gr. *hésperos*) *m.* El planeta Venus como lucero de la tarde. 2 Últimas horas de la tarde, anochecer.
vespertillo *m.* Murciélago.
vespertina (l.) *f.* Acto literario que se celebraba por la tarde en las universidades. 2 Sermón que se predica por la tarde.
vespertino, -na (l. *-nu*) *adj.* Relativo a las últimas horas de la tarde. 2 [astro] Que transpone el horizonte después de ponerse el Sol. -3 *m.* Vespertina (sermón). 4 Diario de la tarde. 5 *Colomb.* Función teatral o de cine que se celebra por la tarde.
véspido *adj.-m.* ZOOL. Insecto de la familia de los véspidos. -2 *m. pl.* Familia de insectos himenópteros que se caracterizan por una profunda muesca en forma de luna creciente en los ojos y por la extensión hacia atrás del pronoto; como la avispa.
Vesta *n. pr.* Diosa romana del hogar (entre los griegos *Hestia*). En su templo, que simboliza el hogar de la ciudad, ardía el fuego sagrado cuya conservación estaba a cargo de las vestales. -2 *m.* ASTRON. El cuarto asteroide que fue conocido y descubierto por Olbers (1758-1840) en 1807.
vestal (l. *-ale*) *adj.* Relativo a la diosa Vesta. -2 *adj.-s.* Doncella romana consagrada a la diosa Vesta.
veste (l.) *f.* poét. Vestido.
vestfaliano, -na *adj.-s.* De Vestfalia, reg. de Alemania.
vestíbulo (l. *-lu*) *m.* Atrio o portal en la entrada de un edificio. 2 Sala que da paso a las demás piezas de la casa. 3 Sala próxima a la entrada en los hoteles importantes. 4 ANAT. Cavidad central del laberinto óseo del oído interno.
vestidero *m. Ecuad.* Vestuario.
vestido (l. *-itu*) *m.* Lo que sirve para cubrir el cuerpo humano. 2 Conjunto de piezas que sirven para este uso. 3 Prenda de vestir exterior femenina formada por una sola pieza. 4 *And.* Cascarilla del trigo.
SIN. *2* **Vestimenta, vestuaria, indumentaria, indumento,** sugieren cierta solemnidad; **vestidura** y **ropaje,** implican también solemnidad y se refieren sólo a las prendas exteriores; **vestido** o **traje,** es como usualmente se denomina el conjunto de prendas exteriores; **sayo,** es hoy anticuado, y sólo se conserva en algunas frs. proverbiales, como *cortar a uno un sayo; remienda tu sayo y pasarás tu año*; **ropa,** es el conjunto de prendas interiores y exteriores. REL. **Indumentaria,** estudio histórico del vestido. FR. fig. *Cortar un* ~ o *un traje*, a una persona, murmurar de ella.
vestidor (de *vestir;* calco del ing. *dressing-room*) *m.* Dependencia doméstica para arreglarse, tocador.
vestidura (l. *-tura*) *f.* esp. en pl. Vestido que, sobrepuesto al ordinario, usan los sacerdotes y sus ministros para el culto divino. 2 Vestido. ◇ Ús. especialmente en pl.
vestigial *adj.* Escasamente desarrollado.
vestigio (l. *-iu*) *m.* Huella (señal del pie). 2 Señal, memoria que queda de una cosa destruida o pasada: *los vestigios de la civilización romana.* 3 fig. Indicio por donde se infiere algo.
vestiglo (l. *besticulu;* dim. de *bestia,* bestia) *m.* Monstruo fantástico horrible.
vestimenta (l. *vestimenta;* pl. de *-tu,* vestido) *f.* Vestido. 2 Vestidura (de sacerdote).
vestir (l. *-ire*) *tr.-prnl.* Cubrir [el cuerpo propio o el de otra pers.] con el vestido: *me visto; visto a mi hijo;* p. anal., *tr.,* facilitar [a alguno] el vestido o el dinero para comprarlo: *visto a mis criados;* hacer los vestidos [para otro]: *este sastre viste a mi hermano.* -2 *tr.* Llevar [tal o cual vestido]: *visten toscos sayales; intr.,* con la preposición *de*, llevar un vestido en tal o cual forma: ~ *de blanco, de etiqueta.* 3 Guarnecer o cubrir [una cosa] con otra: ~ *de acero una puerta.* 4 fig. Exornar [una especie] con galas retóricas: *ha vestido su petición con bellas palabras;* disfrazar o disimular [la realidad de una cosa]: ~ *las malas acciones;* dar [al porte o apariencia exterior] los aspectos de una pasión del ánimo: *vistió su rostro de severidad;* ~ ***el cargo,*** tener una persona la apariencia adecuada para el puesto que ocupa. -5 *intr.-prnl.* Ir vestido: ~, o *vestirse bien;* ~ *a la moda; vestirse con lo ajeno.* -6 *intr.* Ser una prenda, o la materia, o el color de ella, a propósito para el lucimiento de una persona: *la seda viste mucho.* -7 *prnl.* Cubrir la hierba los campos; la hoja los árboles; el pelo o la pluma los animales, etc.: *el prado se viste de flores; tr., las flores visten el prado.* 8 Cubrir una cosa a otra: *el cielo se viste de nubes.* 9 p. us. Dejar la cama el que ha estado enfermo. 10 Aparentar alguna cualidad o estado: *vestirse de importancia, de humildad.* ◇ ** CONJUG. [34] como ***servir.***
vestón (voz francesa) *m.* Americana, chaqueta.
vestuario (l. *vestiariu*) *m.* Vestido (conjunto de piezas). 2 Conjunto de trajes necesarios para una representación escénica. 3 Parte del teatro donde se visten los actores. 4 p. ext. Toda la parte interior del teatro. 5 Uniforme de los individuos de tropa. 6 Lo que en algunas comunidades eclesiásticas se da a sus individuos, en especie o dinero, para vestirse. -7 *m. pl.* En los campos de deportes, piscinas, etc., local destinado a cambiarse de ropa.
vestugo *m.* Vástago (ramo) del olivo.
vesubiano, -na *adj.* Relativo al Vesubio. 2 p. ext. Volcánico.
veta (l. *vitta,* faja, lista) *f.* Franja o lista de una materia que se distingue de la masa en que se halla interpuesta: ~ *de tierra caliza.* 2 Vena (filón; en piedra o madera). 3 Cinta de algodón, hilo o lana. 4 Propensión a alguna cosa que se menciona: ~ *de loco.* 5 fig. ***Descubrir la ~ de uno,*** enterarse de sus inclinaciones o designios. 6 *Perú.* Entre mineros, emanación de gases de los terrenos metalíferos. ◇ HOMÓF.: *beta.*
vetado, -da *adj.* Que tiene vetas.
vetar *tr.* Poner el veto [a una ley].
vetazo *m. Ecuad.* Latigazo.
veteada *f. Ecuad.* Azotaina.
veteado, -da *adj.* Que tiene vetas.
vetear *tr.* Señalar o pintar vetas [en una cosa]. 2 *Ecuad.* Azotar con cordel [a alguien].
veteranía *f.* Calidad de veterano.
veterano, -na (l. *-nu* < *vetus,* viejo) *adj.-s.* Militar experto en su profesión por haber servido mucho tiempo. 2 fig. Antiguo y experimentado en cualquier profesión. -3 *m. f. Chile* y *Méj.* Viejo, anciano.
veterinaria *f.* Disciplina que estudia las enfermedades de los animales.
SIN. **Albeitería.**
veterinario, -ria (l. *-iu* < *veterinæ,* bestias de carga) *adj.* Perteneciente o relativo a la veterinaria. -2 *m. f.* Persona que por su profesión o estudio se dedica a la veterinaria.
SIN. **Albéitar, mariscal,** p. us.
vetisesgado, -da *adj.* Que tiene las vetas al sesgo.
vetiver *m.* Planta gramínea tropical de cuyos rizomas aromáticos se extrae un aceite usado en perfumería *(Vetiveria zizanioides).* 2 Raíz de esta planta.
vetiza *f. Ecuad.* Azotaina.
veto (l. *veto,* vedo o prohíbo) *m.* Derecho que tiene una persona o corporación para vedar una cosa; esp. un jefe de estado para impedir un proyecto de ley: ~ *presidencial.* 2 p. ext. Acción de vedar. 3 p. ext. Efecto de vedar.
SIN. *2* y *3* **Prohibición.**
vetón, -na (del pl. l. *Vettones*) *adj.-s.* Pueblo prerromano de la antigua Lusitania que habitaba parte de las actuales provincias de Zamora, Salamanca, Ávila, Cáceres, Toledo y Badajoz. 2 Individuo de este pueblo. -3 *adj.* Perteneciente o relativo a este pueblo.
vetoso, -sa *adj. Perú.* [terreno metalífero] Del que se desprenden compuestos gaseosos.
vetulio, -lia *adj. Ecuad.* Muy viejo.
vetustez *f.* Calidad de vetusto.
vetusto, -ta (l. *-tu* < *vetus,* viejo) *adj.* Muy antiguo, de mucha edad.
vexilología (l. *vexillum,* estandarte + *-logía*) *f.* Disciplina que

estudia las banderas, pendones y estandartes. 2 Coleccionismo de banderas.

vexilólogo, -ga *adj.-s.* Persona versada en vexilología.

vez (l. *vice*) *f.* Caso en que tiene lugar un acto o acontecimiento susceptible de repetición: *vino dos veces; otra ~ no te valdrá; nevó tres veces este año.* 2 Tiempo u ocasión determinada: *~ hubo que se quedó en la calle.* 3 Tiempo u ocasión de hacer una cosa por turno u orden: *le llegó la ~ de entrar.* 4 Realización de un suceso o una acción en momentos y circunstancias distintos: *la primera ~ que vi el mar.* 5 Vecera.

FRS. *A la de veces* o *a las veces,* en alguna ocasión o tiempo, como excepción de lo que comúnmente sucede. *A la ~,* simultáneamente; *alguna ~,* en una que otra ocasión; *a su ~,* por orden sucesivo y alternado, por su parte; *a veces,* por orden alternativo, a las veces; *de una ~,* con una sola acción, con una palabra o de un golpe definitivamente; *de una ~ para siempre,* definitivamente; poniendo resueltamente todos los medios para lograr algo; *de ~ en cuando,* de cuando en cuando; *tal cual ~* o *una que otra ~,* en rara ocasión o tiempo; *tal ~,* quizá; loc. conj., *cada ~ que,* siempre que. *En ~ de,* en substitución de otra persona o cosa, al contrario; lejos de. *Hacer las veces de uno,* ejercer sus funciones, supliéndole o representándole. *Tomarle a uno la ~,* adelantársele. *Una ~ que,* después que; es INCOR. sin *que.*

veza (l. *vicia*) *f.* Arveja.

vezar *tr.-prnl.* Acostumbrar. ◇ ** CONJUG. [4] como ***realizar.*** ◇ HOMÓF.: *bezar.*

vía (l.) *f.* Camino (tierra hollada): *~ de comunicación; ~ **pública,*** calle, plaza o lugar por donde transita el público; *~ **férrea,*** ferrocarril. 2 Terreno explanado en el que se asientan los carriles de un ferrocarril: *el tren parte de la ~ seis.* 3 Par de carriles sobre los cuales puede correr un ferrocarril, tranvía, etc. 4 Dirección que ha de seguir un correo: *~ Francia.* 5 Calzada construida para la circulación rodada de todo tipo de vehículos. 6 fig. Camino (modo). 7 Ordenamiento procesal: *~ **contenciosa,*** procedimiento judicial ante la jurisdicción para el caso, en oposición al administrativo; *~ **ejecutiva,*** procedimiento para hacer un pago judicialmente, procurando antes convertir en dinero los bienes del obligado; *~ **gubernativa,*** procedimiento seguido ante la administración activa, sirve de antecedente a la vía contenciosa; *~ **sumaria,*** forma abreviada o de carácter meramente posesorio. 8 MED. Conducto para las funciones fisiológicas: *vías respiratorias: **por ~ oral; loc. adj. adv.,*** [medicamento] que se administra por la boca y acción de administrarlo así. 9 Rumbo, dirección en general. En complementos circunstanciales sin preposición, indica la ruta que se sigue en un viaje o el camino o medio de transmisión de mensajes e imágenes: *salió ~ Barcelona; televisión ~ satélite.* 10 *~ **de agua,*** rotura por donde entra agua en la embarcación. 11 *~ **húmeda*** y ***seca,*** QUÍM., procedimientos analíticos consistentes, el primero en disolver el cuerpo objeto de análisis, y el segundo en someterlo a la acción del calor. 12 ***Vía Láctea*** o ***camino de Santiago,*** galaxia en que está comprendido el sistema solar, visible como una faja luminosa que atraviesa el cielo de N. a S. 13 ***Cuaderna ~,*** estrofa compuesta de cuatro alejandrinos monorrimos. -14 ***loc. adj.*** fig. *y* fam. ***De ~*** estrecha, que es mediocre en su especie. -15 ***f. pl.*** Medios de que se sirve la divina Providencia: *las vías del Señor son impenetrables.*

SIN. *1 v.* **Calle.** *13* **Tetrástrofo alejandrino monorrimo.** FR. *En vías,* en curso, en trámite, en camino.

viabilidad *f.* Calidad de viable.

viabilizar *tr.* Hacer viable [algo]. ◇ ** CONJUG. [4] como ***realizar.***

viable (fr. *viable < vie,* vida) ***adj.*** Que puede vivir. 2 fig. Que tiene probabilidades de llevarse a cabo. ◇ INCOR. por *transitable,* puesto que no viene de *vía,* sino de *vida.*

viacheñuo, -ñua *adj.-s.* De Viacha, c. de la prov. de Ingaví del dep. de La Paz (Bolivia).

vía crucis (loc. l., literalmente camino de la cruz) ***m.*** Camino señalado con representaciones de los pasos de la Pasión de Jesucristo. 2 Conjunto de catorce representaciones de dichos pasos. 3 Ejercicio piadoso en que se conmemoran los pasos del Calvario. 4 Libro en que se contienen los rezos de este ejercicio. 5 fig. Aflicción continuada que sufre una persona. ◇ Pl.: *vía crucis.*

SIN. **Calvario.**

viada *f.* MAR. Arrancada.

viadera (de *vía*) *f.* Pieza de madera de los telares ant. para colgar los lizos y gobernar el tejido.

viador, -ra (l. *viatore,* viajero, caminante) ***m.*** TEOL. Criatura racional que está en esta vida y aspira y camina a la eternidad.

viaducto (l. *via,* camino + *ductu,* conducido; a través del ing. *viaduct*) ***m.*** Obra a manera de puente, para el paso de un camino o calle sobre una hondonada.

viajador, -ra *m. f.* Viajero (persona).

viajante *adj.-s.* Que viaja. -2 ***com.*** Dependiente comercial que hace viajes para negociar.

viajar *intr.* Hacer viaje: *~ en tren.* 2 Hacer de viajante. 3 Ser transportada una cosa de un lugar a otro: *las mercancías viajan por cuenta y riesgo de la compañía.* 4 fig. Hallarse bajo los efectos de drogas alucinógenas. -5 ***tr.*** Recorrer un viajante [diversas localidades] para vender [una mercancía]: *~ las provincias de Levante; ~ calzado, ferretería.*

viajata *f.* fam. Caminata (viaje corto).

viajazo *m. C. Rica.* Regaño. 2 *C. Rica.* Machetazo. 3 *Venez.* Azotazo.

I) viaje (v. *viático*) ***m.*** Ida de una parte a otra, esp. cuando se va a lugar notablemente distante. 2 Camino por donde se hace. 3 Carga que se lleva de una vez de un lugar a otro. 4 Libro en que un viajero relata lo que ha visto. 5 Agua conducida por cañerías para el consumo de una población. 6 Estado de alucinación causado por estupefacientes. 7 MAR. Arrancado o velocidad de una embarcación. 8 *Amér. Central.* Reprimenda.

SIN. *1* **Travesía,** si es por mar. REL. v. **Turismo.**

II) viaje ***m.*** Corte sesgado que se da a alguna cosa; como las piezas de madera o los paños de las velas. 2 fam. Acometida inesperada, y por lo común a traición, con arma blanca y corta. 3 fam. Movimiento de la mano del plato a la boca para comer. 4 ARQ. Esviaje. 5 TAUROM. Cornada del toro.

viajero, -ra ***adj.*** Que viaja. -2 ***m. f.*** Persona que hace un viaje, esp. largo. 3 Persona que viaja en un transporte público. 4 El que relata los viajes que ha realizado. 5 *Chile.* Viajante de comercio. 6 *Chile.* Criado de una chacra encargado de ir a caballo a hacer los mandados.

SIN. *2* **Pasajero,** esp. si viaja por mar.

I) vial (l. *-ale*) ***adj.*** Relativo a la vía. -2 ***m.*** Calle de árboles u otras plantas.

II) vial (del ingl. *vial*) ***m.*** Frasquito destinado a contener un medicamento inyectable, del cual se van extrayendo las dosis convenientes.

vialidad *f.* Calidad de vial I. 2 Conjunto de servicios relacionados con las vías públicas. 3 Calidad de transitable: *la ~ invernal de las carreteras.*

vianda (b. l. **vivanda* < l. *vivenda,* comida) *f.* Sustento de los seres humanos. 2 Comida que se sirve a la mesa. 3 *Cuba* y *P. Rico.* Frutos y tubérculos comestibles que se suelen poner cocidos o fritos en la mesa. 4 *Argent.* y *Urug.* Fiambrera para guardar y transportar la comida.

viandante ***com.*** Persona que va de camino o que pasa lo más del tiempo por los caminos. -2 ***adj.-com.*** Peatón (que anda a pie)

SIN. **Transeúnte.**

viandero, -ra *m. f. Cuba* y *P. Rico.* Vendedor de viandas, es decir, de frutos o tubérculos que se comen guisados.

viaraza (ant. nombre de un ave agorera de aspecto aturdido) *f.* Flujo de vientre. 2 Acción brusca e irreflexiva. 3 *And.* Costumbre maniática. 4 *Argent., Colomb., Guat.* y *Urug.* Acción inconsiderada y repentina.

viario, -ria ***adj.*** Relativo a la vía.

viaticar ***tr.*** Administrar el viático [a un enfermo]. ◇ ** CONJUG. [1] como ***sacar.***

viático (l. *-cu < vía,* camino; doble etim. *viaje*) ***m.*** p. us. Prevención de lo necesario para un viaje. 2 Subvención que percibe un diplomático, funcionario, etc., para trasladarse al punto de su destino. 3 En la liturgia cristiana, sacramento de la Eucaristía, que se administra a los enfermos que están en peligro de muerte.

víbora (l. *vipera*) *f.* Serpiente venenosa de unos 50 cms. de largo, cabeza triangular y piel gris con manchas negras *(gén. Vipera).* 2 fig. Persona maldiciente. 3 Pez marino teleósteo perciforme con aguijones venenosos, de color pardo amarillento con manchas más obscuras en una hilera longitudinal, que vive en los fondos arenosos enterrado hasta los ojos *(Trachinus radiatus).* 4 *And. ~ **volante,*** especie de coleóptero de una pulgada de longitud, de color pardo rojizo, de antenas muy largas. 5 *Argent., Parag.* y *Urug. ~ **de la cruz,*** yarará. 6 *Cuba.* Planta crasulácea, de flores colgantes. 7 *Méj.* Cinturón donde se guardan monedas.

REL. **Viperino, vipéreo,** relativo a la víbora o con alguna de sus cualidades.

viborán *m. Amér. Central.* Arbusto medicinal, cuyo tallo segrega un jugo lechoso de propiedades vomitivas y vermífugas *(Asclepias curassavica).* ◇ También *viborana.*
viborana *f. Amér. Central.* Viborán.
viborear *intr. Argent.* y *Urug.* Caracolear, serpentear. 2 *Cuba* y *Méj.* Marcar los naipes para conocerlos.
viborera *f.* Planta boraginácea bienal de hojas lanceoladas y de flores azules dispuestas en inflorescencias piramidales densas *(Echium vulgare).*
viborezno, -na *adj.* Relativo a la víbora. -2 *m.* Cría de la víbora.
vibración (l. *-atione*) *f.* Acción de vibrar. 2 Efecto de vibrar. 3 Movimiento de una partícula de un cuerpo vibrante durante un período. 4 CONSTR. Procedimiento de compactación del hormigón, consistente en someter este durante el fraguado a una elevada oscilación mecánica. 5 FON. Movimiento repetido de los órganos de las cavidades productoras del sonido que crea una onda sonora al salir el aire.
vibrado *adj.* [hormigón] Previamente sometido a vibración.
vibrador, -ra *adj.* [dispositivo] Que vibra o hace vibrar. 2 *m.* Consolador eléctrico.
vibráfono (de *vibrar* + *-fono*) *m.* Instrumento musical formado por placas metálicas vibrantes.
vibrante *adj.* Que vibra. -2 *adj.-s.* FON. Sonido cuya pronunciación se caracteriza por un rápido contacto oclusivo, simple o múltiple, entre los órganos de la articulación.
vibrar (l. *-are*) *intr.* Moverse rápidamente las partículas de un cuerpo elástico con movimiento alterno a uno y otro lado del punto de equilibrio, o la totalidad de un cuerpo por efecto de este movimiento: *el diapasón vibra.* 2 fig. Conmoverse. -3 *tr.* Dar un movimiento semejante [a cualquier cosa delgada y elástica]: *~ un resorte.* 4 p. ext. Dar [a la voz] un sonido trémulo. 5 Agitar en el aire [la pica, la lanza, etc.]; arrojar con ímpetu y violencia [una cosa que vibre]: *Júpiter vibra los rayos.* 6 Calentar [un líquido] sin que llegue a hervir, aunque su superficie se agite levemente.
vibrátil *adj.* Capaz de vibrar. 2 BIOL. Propio o relativo al movimiento que efectúan o que provocan aquellas células que poseen numerosos cilios.
vibratorio, -ria *adj.* Que vibra o es capaz de vibrar. 2 Constituido por vibraciones: *movimiento ~.*
vibrión *m.* Bacteria en forma de coma, dotada de movimiento ondulatorio.
vibrisa (del b. l. *vibrissæ,* porque al ser arrancadas vibra su raíz) *f.* ANAT. Pelo situado en las ventanas de la nariz de muchos mamíferos, como en el hombre, o en la cara de los animales, como en el gato, y a veces en manos y pies, como en carnívoros, roedores, etc. 2 Pluma sensorial de la base del pico o de alrededor de los ojos. 3 Cerda próxima a los ángulos superiores de la cavidad bucal de los dípteros. 4 BOT. Pelo sensorial de una planta insectívora, como la dionea.
SIN. **Pelo tactil.**
vibroscopio (de *vibrar* + *-scopio*) *m.* FÍS. Instrumento que sirve para estudiar las vibraciones de los cuerpos sonoros.
viburno *m.* Arbusto caprifoliáceo de hojas ovales, lanuginosas por el envés, y flores blanquecinas y olorosas *(gén. Viburnum).*
vicaria (de *vicario*) *f.* Segunda superiora en algunos conventos de monjas. 2 *Cuba.* Hierba doncella.
vicaría (l.) *f.* Oficio o dignidad de vicario. 2 Oficina o tribunal en que se despacha el vicario: ***pasar por la ~***, fig., casarse. 3 Territorio de la jurisdicción del vicario.
vicarial *adj.* Propio o relativo al vicario o a la vicaría.
vicariato *m.* Vicaría (oficio; territorio). 2 Tiempo que dura el oficio de vicario.
vicario, -ria (l. *-tu* < vice, vez, alternativa; doble etim. *veguer*) *adj.-s.* Que asiste a un superior en sus funciones o lo substituye: *el ~ de la parroquia;* ***~ apostólico,*** prelado que en representación de la Santa Sede gobierna un territorio de religión mixta, no dotado aún de regular jerarquía eclesiástica; ***~ capitular,*** eclesiástico elegido para el gobierno de una sede vacante; ***~ de Jesucristo,*** el Papa; ***~ del Imperio,*** dignidad del imperio romano y del sacro romano imperio; ***~ general,*** eclesiástico que asiste al obispo en sus funciones, y que gralte. gobierna la diócesis durante su ausencia; ***~ general castrense*** o ***de los ejércitos,*** el que como delegado apostólico ejerce la jurisdicción eclesiástica sobre los dependientes del ejército y armada. -2 *m. f.* Persona que en las órdenes regulares tiene las veces y autoridad de alguno de los superiores. -3 *m.* Juez eclesiástico nombrado y elegido por los prelados para que ejerza sobre sus súbditos la jurisdicción ordinaria. -4 *m. pl.* Leche de gallina.
vice- (l. *vicis,* vez, alternativa) Elemento prefijal que entra en la formación de palabras con el significado de vez, alternativa: *vicecónsul.* En algunos casos pierde la *e* final *(vizconde)* y en otros asimila la *c* a la consonante siguiente *(virrey).* ◇ Es inseparable, y por tanto INCOR. *vice-decano, vice-secretario,* etc.
vicealmiranta *f.* Segunda galera de una escuadra.
vicealmirantazgo *m.* Dignidad de vicealmirante.
vicealmirante (*vice-* + *almirante*) *m.* MIL. Oficial general de la armada, inmediatamente inferior al almirante; equivale a general de división en el ejército de tierra.
vicecanciller *(vice-* + *canciller) m.* El que hace las veces de canciller. 2 Antiguo título del canciller o cardenal presidente de la cancillería apostólica.
vicecancillería *f.* Cargo de vicecanciller. 2 Oficina de vicecanciller.
viceconsiliario, -ria *m. f.* Persona que hace las veces de consiliario.
vicecónsul (*vice-* + *cónsul*) *m.* Funcionario inmediatamente inferior al cónsul.
viceconsulado *m.* Empleo o cargo de vicecónsul. 2 Oficina de este funcionario.
vicecristo *m.* desus. Vicediós.
vicediós *m.* desus. Título que se da al Papa como representante de Dios en la tierra.
vicegerencia *f.* Cargo de vicegerente.
vicegerente (*vice-* + *gerente*) *com.* Persona que hace las veces de gerente.
vicegobernador, -ra (*vice-* + *gobernador*) *m. f.* Persona que hace las veces de gobernador.
vicejefe (*vice-* + *jefe*) *com.* Persona que hace las veces del jefe.
vicenal (l. *vicennale*) *adj.* Que sucede o se repite cada veinte años. 2 Que dura veinte años.
vicense *adj.-s.* Vigitano.
Vicente *n. pr.* En el dicho pop.: *¿Dónde vas Vicente? - Donde va la gente.* Aplícase a los que, sin juicio propio, se dejan guiar por el ajeno.
vicentino, -na *adj.-s.* De San Vicente, c. y dep. de El Salvador.
vicepresidencia *f.* Cargo de vicepresidente.
vicepresidente, -ta (*vice-* + *presidente*) *m. f.* Persona que hace las veces de presidente o presidenta.
viceprovincia (*vice-* + *provincia*) *f.* Agregado de casas o conventos de ciertas religiones, no erigido en provincia, pero que hace las veces de tal.
viceprovincial *adj.* Relativo a una viceprovincia. -2 *com.* Persona que gobierna una viceprovincia.
vicerrector, -ra (*vice-* + *rector*) *m. f.* Persona que hace las veces de rector o de rectora.
vicesecretaría *f.* Cargo de vicesecretario. 2 Oficina del vicesecretario.
vicesecretario, -ria (*vice-* + *secretario*) *m. f.* Persona que hace las veces de secretario o secretaria.
vicésima (l.) *f.* Impuesto de la vigésima parte sobre ciertos bienes de la ant. Roma.
vicesimario, -ria (l. *-u*) *adj.* Relativo a la vicésima.
vicésimo, -ma *adj.-s.* Vigésimo.
vicetesorero, -ra (*vice-* + *tesorero*) *m. f.* Persona que hace las veces de tesorero o tesorera.
vicetiple *f.* Corista, cantante.
viceversa (de *vice-* + l. *versa,* vuelta) *adv. m.* Invirtiendo el orden de dos términos; al contrario o por lo contrario. -2 *m.* p. us. Cosa, dicho o acción al revés de lo que lógicamente debe ser o suceder.
vichaco *m. Venez.* Medida que, para medir cacao, equivale a 27 libras; para café, a 28 libras, y para maíz, a 30 libras.
vichadense *adj.-s.* De Vichada, comisaría de Colombia.
vichadero *m. Argent.* Mangrullo, atalaya.
vichador *m. Amér.* Espía, explorador.
vichaense *adj.-s.* Vichadense.
vichar (port. *vigiar,* vigilar) *tr. Amér.* Espiar, avizorar, acechar.
viche *adj. Colomb.* Biche, en cirne. 2 *Méj.* Desnudo o pelado, sin pelo.
vichear *tr. Argent.* y *Bol.* Vichar.
vichi (quechua) *m. Perú.* Vaso de barro cocido de boca ancha con una especie de pico.
vichoco, -ca *adj. Argent.* y *Chile.* [pers]. Que por debilidad no puede apenas moverse.

VICIOS DE DICCIÓN

En todas las lenguas de intensa tradición literaria existe un número mayor o menor de usos que las personas cultas rechazan como incorrectos por distintos motivos. Estas incorrecciones, que van más allá de lo que el habla culta tolera, se llaman *vicios de dicción.* He aquí una lista de algunos vicios de dicción frecuentes en español moderno.

PRONUNCIACIÓN

VULGARISMOS: Excesiva abertura de la *e* del diptongo *ei,* hasta sonar *ai: sais* (seis), *raina* (reina). — Conversión de *e* en *i* cuando va unida a las vocales *a, o: rial* (real), *pior* (peor), *trailo* (tráelo); mayor es todavía el vulgarismo cuando el contacto de las dos vocales proviene de la pérdida de una consonante intermedia: *paice* (parece), *piazo* (pedazo). — Conversión de *o* en *u* en contacto con *a,* directo o por pérdida de consonante intermedia: *aura* (ahora), *soldau* (soldado), *lau* (lado). — Desarrollo de *g* ante el dipongo *ue* inicial de la palabra: *güerto* (huerto), *güevo* (huevo). — Conversión de *bue, vue* en *güe: güeno* (bueno), *guëlta* (vuelta). — Sonidos de más o de menos: *asín* (así), *muncho* (mucho), *abceso* (absceso), *superticioso* (supersticioso); *discreción* (discreción). — Exageración al pronunciar: *aztor* (actor), *ekcétera* (etcétera); *azderir* (adherir), *azhesión* (adhesión). V. **sílaba.** — Asimilaciones, disimilaciones, metátesis y cambios de consonantes: *poblema* (problema), *trempano* (temprano); *cocreta* (croqueta); *dentrífico* (dentífrico); *Grabiel* (Gabriel); *cónyugue* (cónyuge). — *V* y *B* se pronuncian en español igual, siempre *b.*

FALSA ACENTUACIÓN: *pais, baul, bilbaino,* por país, baúl, bilbaíno; *périto* por perito; *telégrama* por telegrama; *patina* por pátina; *carácteres* por caracteres; *adecúe, evacué* por adecue, evacue; *élite, cénit, cábila, futil, tactil* por (elite, cenit, cabila, fútil, táctil); *sútil* por sutil.

CACOFONÍA: Acumulación descuidada de sonidos iguales o semejantes: *cada cual coma con su compañera.* En prosa deben evitarse las consonancias o asonancias.

MORFOLOGÍA

PLURALES FALSOS: *Cafeses, pieses, sofases, cualos, cualas,* por cafés, pies, sofás, cuales; *sis, nos,* por síes y noes; *as, is, ous, us,* por aes, íes, oes, úes. El plural de *e* es *es.*

DESINENCIAS INCORRECTAS: Terminar en *s* la 2.ª persona singular del pretérito indefinido: *dijistes, conocistes, fuistes,* por dijiste, conociste, fuiste. — Uso vulgar de *-is,* por *-éis: sabís, tenís* por sabéis, tenéis; de *-eis* por *-is: veneis* por venís; *querráis* por queráis; *ves* por ve tú; *díceselo* por díselo.

INCORRECCIONES EN LA CONJUGACIÓN: *Andé* (por anduve); *haiga, vaiga* (por haya, vaya). — Empleo de la forma *-ra* del imperfecto de subjuntivo, en vez de cualquier pretérito, por afectar arcaísmo o falsa elegancia: *el discurso que ayer pronunciara el ministro* (por pronunció). *Andara, trayera, dormió, adherió, conduciera, riyó, friyó, satisfaciera, proviniente* por anduviera, trajera, durmió, adhirió, condujera, rió, frió, satisficiera, proveniente.

CONFUSIÓN DE PREFIJOS Y FORMACIÓN DE DERIVADOS FALSOS: *Expontáneo* por espontáneo; *expléndido* por espléndido; *coloridad* por colorido; *primeridad* por primicia; *antidiluviano, extrovertido, carnecería, cotidianeidad, cuatriplicar* por antediluviano, extravertido, carnicería, cotidianidad, cuadruplicar.

vichy (fr. *vichy*) *m.* Tejido fino de algodón con hilos de colores vivos y sólidos que forman listas y cuadros.
vicia (v. *veza*) *f.* Arveja. 2 Semilla de esta planta.
viciar (l. *vitiare*) *tr.-prnl.* Dañar o corromper física o moralmente: *~ el aire;* esp., corromper [las buenas costumbres]. -2 *tr.* Falsear o adulterar [los géneros]; p. ext., falsear [un escrito], fig., torcer [el sentido de una proposición]. 3 Anular, quitar validez [a un acto]: *el dolor con que se otorgó vicia este contrato.* -4 *prnl.* Entregarse uno a los vicios: *viciarse con el,* o *del, trato de alguno.* 5 Enviciarse (aficionarse demasiado). 6 Torcerse, combarse una superficie. ◇ ** CONJUG. [12] como ***cambiar.***
SIN. *1* v. **Consentir** y **pervertir.**
****vicio** (l. *vitiu*) *m.* defecto físico, imperfección, esp. la que altera algo en su esencia: *~ de conformación, de pronunciación.* 2 Frondosidad excesiva y perjudicial: *los sembrados llevan mucho ~.* 3 Hábito de obrar mal; demasiado apetito de una cosa, que incita a usar de ella con exceso: *el ~ de beber en demasía.* 4 Libertad excesiva, libertinaje: *vivir en el ~.* 5 Mimo (excesiva condescendencia): ***de ~***, fam., sin necesidad o motivo; ***quejarse*** o ***hablar de ~***, estupendo, admirable: *hice un examen de ~.* 6 GRAM. ~ ***de dicción,*** incorrección o defecto en el empleo del idioma. ◇ HOMÓF. *bicio.*
viciosamente *adv. m.* De manera viciosa.
vicioso, -sa *adj.* Que tiene algún vicio: *razonamiento ~.* 2 Vigoroso y fuerte, esp. para producir. 3 Abundante, provisto, deleitoso. -4 *adj.-s.* Dado al vicio: *hombre ~; es un ~.* 5 fam. Niño excesivamente consentido.
vicisitud (l. *vicissitudo*) *f.* Sucesión de unas cosas a otras muy diferentes. 2 Alternativa de sucesos prósperos y adversos. 3 Accidente, contrariedad, suceso adverso que puede afectar la marcha o desarrollo de algo.
vicisitudinario, -ria *adj.* Que acontece por orden sucesivo o alternativo.
víctima (l.) *f.* Persona o animal destinado al sacrificio. 2 fig. Persona que se expone a un grave riesgo en obsequio de otra. 3 fig. Persona que sufre por culpa ajena o por causa fortuita.
victimar *tr.* Asesinar, matar.
victimario (l. *-iu*) *adj.* Asesino. -2 *m.* Entre los ant. gentiles, el que asistía al sacerdote en el sacrificio, encendiendo el fuego y atando o sujetando las víctimas.

VICIOS DE DICCIÓN (continuación)

LÉXICO

BARBARISMO: Véase cuadro gramatical correspondiente a esta palabra.

IMPROPIEDAD: Empleo de una palabra en acepción que no es la suya: *discernir* un premio, por *otorgar, conceder* (*discernir* significa separar). — La palabra *orden* es femenina cuando significa *mandato* (en los cuarteles se lee *la orden* del día); es masculina como *sucesión ordenada* (*el orden* de los factores). Por eso en las asambleas se tratan los asuntos siguiendo *un orden,* y es incorrecto decir: *se discutió la orden del día.* — *Destornillarse de risa* es impropiedad por *desternillarse* (romperse las ternillas). También es impropiedad usar *asequible* en lugar de *accesible; adoptar* por *adaptar; comentar* por *contar;* confundir *ingerir* con *injerir; caer* con el significado de «*tirar, derribar*»; *cesar* como transitivo (*cesar a alguien*), dígase *destituir; competir* por *competer; desapercibido* en vez de *inadvertido; detentar* con el significado de *ocupar, desempeñar;* confundir *especies* con *especias* (condimento); usar *infestar* por *infectar.*

MOMONOTONÍA Y POBREZA: Repetición de las mismas palabras por desconocimiento de sinónimos y matices de la expresión. — Empleo de voces o giros que no significan con precisión lo que se quiere decir; p. ej.: abuso del verbo *hacer* con complemento, en lugar del verbo propio: *hacer una casa* (construir), *hacer oración* (orar), *hacer versos* (escribir, componer), *hacer un viaje* (viajar), *hacer una alfombra* (urdir, tejer, etc.).

Tema, temática, a lo largo y a lo ancho, clarificar, credibilidad, cuestionar, en el marco de, en profundidad, experimentar, filosofía, impacto, inicio, dar luz verde, normativa, paquete de medidas, poner de manifiesto, por la vía de, bajo el prisma de, producir, realizar, ser objeto de, situar, tener efecto, y otras muchas más, son palabras y giros que repiten constantemente los medios de comunicación y empobrecen nuestra lengua.

VULGARISMOS: *nuevecientos* por novecientos; *inapto* por inepto; *naide* por nadie; *disgresión* por digresión; *istancia* por instancia; *transitor* por transistor; *diabetis* por diabetes; *análises* por análisis; *redículo* por ridículo; *diferiencia* por diferencia; *discreccional* por discrecional; *emprestar* por prestar; *ileíble* por ilegible.

SINTAXIS

ANFIBOLOGÍA: Véase cuadro gramatical correspondiente a esta palabra.

CONCORDANCIA: Véase cuadro gramatical correspondiente a esta palabra.

SOLECISMO: Es la denominación general que designa las incorrecciones sintácticas. Ejemplos: *Ayer fue detenido un individuo sospechoso, cuyo individuo dijo llamarse N.,* en vez de *el cual dijo* (desconocimiento del valor posesivo de *cuyo*). — Preposiciones *a por* precedidas de verbo de movimiento: *voy a por agua, vengo a por vosotras,* en lugar de *voy por agua, vengo por vosotras.* — *La regalaron una bicicleta,* por *le regalaron* (empleo incorrecto de *la* como complemento indirecto). — No hay que abusar de las frases del tipo *Un asunto a tratar,* en vez de *un asunto por, para* o *que,* tratar. — *Anteriormente a* no debe desplazar a *antes* o *con anterioridad a.* — *A la mayor brevedad* es incorrecto por *con la mayor brevedad.* — *Pienso de que..., dijo de que...* (dequeísmo) son expresiones incorrectas, sobra ese *de* ante la proposición de complemento directo: *pienso una cosa* es igual que *pienso que miente.* — La estructura *como muy + adjetivo* o *adverbio* sin un significado de modo, comparación o aproximación: *es como muy moderno.* — *Deber + infinitivo* y *deber + de + infinitivo* (*Esto debe ser así / Esto debe de ser así*) no son sinónimas. *Deber + infinitivo* significa obligación, o voluntad de que sea como se dice; *deber + de + infinitivo* indica suposición o probabilidad. — *Encima mío, delante mío, detrás mío* es solecismo por *encima de mí, delante de mí, detrás de mí.* — Demuestra pobreza de vocabulario o de recursos sintácticos el abuso de la estructura *no + substantivo: la no conformidad,* equivale a *la disconformidad.* — Infinitivo con valor de imperativo: *sentarse, comeros* por sentaos, comeos. — *No venid,* en vez de *no vengáis.* — *Habían personas* en vez de *había personas* (empleo incorrecto al verbo impersonal *haber* concertado con el complemento siguiente. — *Me se, te se* por se me ha roto, te se... — *Me dé la cuenta* por deme la cuenta.

victo (l. *victu*) ***m.*** p. us. Sustento diario.
¡víctor! (l. *victor,* vencedor) Interjección ¡Vítor!
víctor ***m.*** Vítor.
victorear ***tr.*** Vitorear.
I) victoria (l. *victoria* < *victor,* vencedor) ***f.*** Acción de vencer o ganar en una guerra, lucha, etc. 2 fig. Vencimiento de los vicios o pasiones. 3 *Amér. Merid.* ~ ***regia,*** ninfácea gigantesca, de grandes flores blancas con el centro rojo; sus hojas forman discos de hasta dos metros de diámetro. Crece en las aguas tranquilas, y una sola planta llega a ocupar una superficie de cien metros cuadrados. En Argentina y Bolivia se la designa con el nombre de *irupé (Victoria regia).*
SIN. *1* y *2* **Triunfo.**
II) victoria (de *Victoria,* 1819-1901, reina de Inglaterra) ***f.*** Coche con dos asientos, abierto y con capota.
victorial ***f.*** Planta liliácea perenne de hojas elípticas y flores blanco-verdosas al principio y amarillentas más tarde, dispuestas en inflorescencias globulares *(Allium victorialis).*
victoriano, -na ***adj.*** Relativo a la Reina Victoria de Inglaterra (1819-1901) o a su época.
victoriosamente ***adv. m.*** De un modo victorioso.
victorioso, -sa (l. *-osu*) ***adj.-s.*** Que ha conseguido una victoria. -2 ***adj.*** Perteneciente o relativo a la acción en que se consigue.
SIN. *1* **Vencedor, triunfante, ganador.**
victrola (de *Victor Talking Machine Co.*, firma comercial fabricante) ***f. Amér.*** Fonógrafo de motor eléctrico, tocadiscos.
vicuña (voz quechua) ***f.*** Mamífero rumiante camélido, parecido a la llama, con el cuerpo cubierto de pelo largo y fino *(Lama vicunna).* 2 Pelo de este animal. 3 Tejido hecho con este pelo y, posteriormente, algunas imitaciones fabricadas con lana fina y algodón.
vid (l. *vite*) ***f.*** Arbusto vitáceo, sarmentoso y trepador, de hojas palmeadas con lóbulos dentados, flores muy pequeñas y fruto en bayas redondeadas y jugosas, agrupadas en racimos *(Vitis vinifera):* ~ ***silvestre*** (también *labrusca),* la no cultivada, cuyos frutos son pequeños y de sabor agrio.
REL. **Viña, viñedo,** tierra plantada de vides; **viñador, viñadero,** el que la cultiva; **viticultura** o **ampelografía,** ciencia del cultivo y aprovechamiento de la vid; **viticultor, vitícola,** deriv.; **cepa,** tronco de la vid, y p. ext. toda la planta.

vida (l. *vita*) *f.* Fuerza interna substancial mediante la cual obra el ser que la posee. 2 Carácter que distingue a los animales y vegetales de los demás seres y se manifiesta por el metabolismo, crecimiento, reproducción y adaptación al medio ambiente: *~ animal, ~ vegetal.* 3 Estado de actividad de un órgano o ser orgánico: *un cuerpo sin ~, la ~ de las células; **perder la ~**,* morir; ***a ~***, respetando la vida: *no dejar hombre a ~.* 4 fig. Expresión, viveza: *ojos de mucha ~.* 5 Unión del alma y el cuerpo. 6 Espacio de tiempo que transcurre desde el nacimiento hasta la muerte; p. ext., duración de las cosas: *~ corta, larga; **de por ~***, por todo el tiempo de la vida; ***en mi,*** o ***tu,*** o ***su, ~***, nunca; ***en ~***, durante ella. 7 Existencia del alma después de la muerte: *la otra ~, la ~ futura; **mejor ~** o **~ eterna,*** bienaventuranza; ***pasar a mejor ~***, morir en gracia de Dios; p. ext., morir. 8 Modo de vivir: *~ activa, ~ de soltero; darse buena ~; abrazar la ~ religiosa; ~ **airada,*** vida desordenada y viciosa. 9 Alimento necesario para vivir; medios de subsistencia: *ganarse uno la ~; la carestía de la ~; **hacer por la ~***, comer. 10 fig. Cosa que contribuye o sirve al ser o conservación de otra. 11 desus. Estado de la gracia y proporción para el mérito de las buenas obras. 12 Cosa que origina suma complacencia. 13 Ser humano. 14 Biografía: *escribir la ~ de alguien; **la ~ y milagros de alguno,*** su modo de vivir, mañas y travesuras. 15 fig. Aleluya (estampita). 16 fig. Actividad de un organismo social. 17 fig. Animación, vitalidad de un cuadro, de un relato, de una persona, etc.
REL. Las voces cultas o técnicas derivan del l. *vita (vital, vitamina)* o del gr. *bios (biología, biógrafo).* FR. *¿Qué es de tu, su,* etc., *~?* expr. fam. de salutación que se emplea con una persona a la que hace algún tiempo que no se ve.

vidala *f. Argent.* Villancico criollo.

vidalita (de *vida* + dim. quechua *lla* o *la* + termin. posesiva de la primera pers. *-i: vidalai,* vidita mía) *f. Amér.* Canción popular, por lo general amorosa y triste.

vide, voz verbal latina que significa *ve* o *mira* y se emplea en los escritos precediendo a la indicación de lugar o página que ha de verse para encontrar alguna cosa.
SIN. **Véase.**

videncia (l. *videntia,* visión) *f.* Clarividencia (penetración).

vidente (l., que ve) *adj.-s.* Que ve. -2 *m.* Profeta. ◇ HOMÓF.: *bidente.*

video- (l. *video,* yo veo) Elemento prefijal que entra en la formación de palabras con el significado de elemento o sistema de transmisión por televisión; relacionado con la vista.

vídeo *m.* Lo relativo a la imagen. 2 Técnica de grabación, en soporte magnético, de la imagen y del sonido, y su reproducción, *~ **comunitario,*** el sistema de vídeo que, por medio de cables u otro procedimiento, se dedica a la reproducción simultánea en una barriada o ciudad de un mismo videocasete. 3 Aparato que sirve para grabar y reproducir imágenes mediante dicha técnica.

videoarte (*video-* + *arte*) *m.* Práctica artística llevada a cabo mediante el recurso a la tecnología propia del vídeo.

videocámara *f.* Sistema compuesto por un tomavistas y un magnetoscopio portátil.

videocasete (*video-* + *casete*) *f.* Casete en la que se pueden grabar y reproducir imágenes.

videocinta (*video-* + *cinta*) *f.* Cinta magnética en que se graban imágenes con los mismos sistemas que se emplean en la televisión.

videoclub (*video-* + *club*) *m.* Lugar en el que se pueden alquilar e intercambiar videocasetes ya grabadas, según unas normas establecidas.

videoconferencia (*video-* + *conferencia*) *f.* Conferencia efectuada mediante el videoteléfono.

videocontrol (*video-* + *control*) *m.* Control mediante circuito cerrado de televisión [en un espacio determinado].

videodisco (*video-* + *disco*) *m.* Disco en el que se pueden grabar y reproducir imágenes.

videoedición *f.* Conjunto de procedimientos seguidos para la impresión o sobreimpresión de títulos y rótulos en una grabación de vídeo.

videófono *m.* Videoteléfono.

videofrecuencia (*video-* + *frecuencia*) *f.* Frecuencia empleada en la transmisión de imágenes.

videojuego (*video-* + *juego*) *m.* Aparato que permite simular sobre una pantalla de rayos catódicos diversos juegos y entretenimientos. 2 Juego presentado a través de dicho aparato.

videomagnético, -ca (*video-* + *magnético*) *adj.* Relativo a la grabación en cinta magnética de imágenes.

videoteca (*video-* + *-teca*) *f.* Colección de grabaciones de vídeo. 2 Lugar donde se guardan.

videotelefonía *f.* Sistema de comunicación mediante videoteléfono.

videoteléfono (*video-* + *teléfono*) *m.* Aparato telefónico con una pantalla en la que aparece la imagen del interlocutor.
SIN. **Videófono.**

videoterminal (*video-* + *terminal*) *m.* INFORM. Terminal de un elaborador electrónico, que consta de un quinescopio en el cual se visualizan las informaciones provenientes del elaborador, un teclado que permite interrogar los archivos contenidos en la memoria y, a veces, un lápiz electrónico que permite modificar las informaciones visualizadas.

videotex (ingl. *videotex*) *m.* Transmisión de textos informatizados a través de la red telefónica y que aparecen en una pantalla para su lectura. ◇ Pl.: *videotex.*

vidicón *m.* Vidiconoscopio.

vidiconoscopio (de *vidicón* + *-scopio*) *m.* Tubo analizador para la toma de vistas de televisión, utilizado en algunas cámaras.

vidorra *f.* fam. Vida holgada y placentera.

vidorria *f. Amér.* desp. Vida arrastrada y triste.

vidriado, -da *adj.* Vidrioso (quebradizo). -2 *m.* Operación de vidriar. 3 Barro o loza con barniz vítreo. 4 Este barniz. 5 Vajilla.

vidriar *tr.* Dar [a las piezas de barro o loza] un barniz que, fundido al horno, se vitrifica. -2 *prnl.* fig. Ponerse vidriosa una cosa. ◇ ** CONJUG. [12] como ***cambiar.***

vidriera *f.* Bastidor con vidrios con que se cierran puertas y ventanas. 2 Pintura sobre vidrio, con esmalte, recortando las piezas de acuerdo con las necesidades de la figuración representada y uniéndolas finalmente entre sí por medio de varillas de plomo. 3 Cristal del escaparate de una tienda. 4 *Argent.* Arbusto que crece en los terrenos salitrosos *(Suaeda divaricata).* 5 *Cuba.* Puesto en el interior de los cafés o en los soportales, donde se vende tabaco, cerillas, etc.

Vidriera (el licenciado ~) *n. pr.* Protagonista de la novela cervantina de este título. Se suele aplicar este nombre a la persona maniática que cree que su salud peligra gravemente.

vidriería *f.* Arte del vidriero: *~ artística.* 2 Taller donde se labra y corta el vidrio. 3 Tienda donde se venden vidrios.

vidriero, -ra *m. f.* Persona que tiene por oficio trabajar en vidrios o venderlos. 2 Persona que coloca vidrios en las ventanas.

vidrio (l. *vitreu,* vítreo) *m.* Substancia transparente o translúcida, dura y frágil a la temperatura ordinaria, que se obtiene fundiendo una mezcla de sílice con potasa o sosa y pequeñas cantidades de otras bases, y a la cual pueden darse distintas coloraciones mediante la adición de óxidos metálicos. 2 Objeto de vidrio. 3 fig. Cosa muy delicada y quebradiza. 4 Asiento del coche en que se va de espaldas al tiro. 5 fig. Persona de genio muy delicado y que fácilmente se desazona y enoja. 6 ***Pagar los vidrios rotos,*** cargar la culpa ajena. 7 *Amér.* Cristal de las ventanillas del automóvil.
REL. *1* **Hialotecnia, hialurgia, vidriería,** arte de fabricar y trabajar el vidrio; **vítreo,** de vidrio o que tiene sus propiedades; **vitrificar,** convertir en vidrio, vb.

vidriola (de *vidrio*) *f.* Hucha, alcancía.

vidriosidad *f.* fig. Calidad de vidrioso. 2 fig. Propensión a enojarse.

vidrioso, -sa *adj.* Quebradizo como el vidrio. 2 fig. [piso] Resbaladizo por haberse helado. 3 [material] Que debe manejarse con gran tiento. 4 [pers.] Que fácilmente se resiente o desazona. 5 [ojo] Que se vidria por la cólera, enfermedad grave o muerte.

vidual (l. *-ale*) *adj.* Viudal.

vidueño, viduño (l. **vitoneu* < *vitineu,* de vid) *m.* Variedad de vid.
SIN. **Veduño.**

vidurria *f. Argent.* fam. Vidorra, vida regalada.

vieira *f. Gal.* Concha de peregrino, molusco lamelibranquio *(Pecteu jacobaeus).*

vieja *f.* Pez marino teleósteo perciforme, de cuerpo oblongo, color gris azulado o violáceo marcado de verde, rojo, pardo o amarillo, con un solo diente corrido en cada mandíbula. Su carne es muy apreciada *(Sparisoma cretense).* 2 Pez marino teleósteo perciforme, de figura alargada y comprimida, cabeza grande y con tentáculos cortos sobre las cejas; muy voraz y de carne poco apreciada *(gén. Blennius).* 3 *Chile.* Buscapiés, cohete. 4 *Cuba.* Última mano de un juego. 5 *Méj.* Colilla de cigarro. 6 *Venez.* Plátano asado y frito con manteca de cerdo.

viejales *com.* fam. Persona vieja, esp. de carácter alegre y dicharachero. ◇ Pl.: *viejales.*

viejera *f. Ar., Nav.* y *P. Rico.* Cosa vieja o inservible. 2 *P. Rico.* Vejez.

viejito *m. Can.* Tolano, pelo del cogote.

viejo, -ja (l. v. *veclu* < l. *vetulu;* dim. de *vetus,* viejo) *adj.-s.* [pers.] De mucha edad. 2 [pers.] Que ya no es joven. -3 *adj.* p. ext. [animal] De mucha edad. 4 Antiguo, del tiempo pasado. 5 Que no es reciente ni nuevo. 6 Deslucido, estropeado por el uso. -7 *m. And.* y *Can.* Tolano, pelo del cogote. -8 *adj. Amér.* Voz de cariño que se aplica a los padres, los cónyuges entre sí, etc.
SIN. *1* **Anciano,** indica respeto por parte del que habla; **vejete,** es dim. y desp.; **vejestorio,** expresa burla o desprecio; **provecto,** como adj. alude exclusivamente a la edad sin otros matices. REL. *1* y *2* **Senil,** relativo al viejo o a la vejez. SIN. *4* **Vetusto** (intens.).

viena *f.* Pan de Viena.

vienense (l. *viennense*) *adj.-s.* De Viena, c. de Francia. 2 Vienés.

vienés, -nesa *adj.-s.* De Viena, c. de Austria. -2 *m.* Pastelito de chocolate y confitura.

viento (l. *ventu*) *m.* Corriente de aire, producida en la atmósfera por causas naturales: ***vientos alisios,*** los fijos que soplan de la zona tórrida con inclinación al nordeste o al sudeste, según el hemisferio en que reinan; ~ ***altano,*** el que alternativamente corre del mar a la tierra y viceversa; ~ ***aparente,*** el que actúa sobre las velas, el cual es el vector resultante de la suma del viento real que sopla sobre el agua y del relativo, debido al movimiento del yate; ~ ***etesio,*** el que se muda en tiempo determinado del año; ~ ***maestral*** o ***mistral,*** el que viene de la parte intermedia entre el poniente y la tramontana; ~ ***marero,*** el que viene del mar; ~ ***terral,*** el que viene de la tierra; ***refrescar el*** ~, aumentar su fuerza; ***sacar el*** ~, cambiar repentinamente de dirección. 2 Rumbo: *la rosa de los vientos;* fig., ***a los cuatro vientos,*** en todas direcciones, por todas partes. 3 Aire atmosférico: *bolsa llena de* ~. 4 Olor que como rastro deja una pieza de caza. 5 Olfato de ciertos animales. 6 fam. Ventosidad. 7 Cuerda atada a una cosa para mantenerla derecha: *los vientos de la chimenea.* 8 Huelgo entre la bala y el ánima del cañón. 9 Hueso que tienen los perros entre las orejas. 10 Aire a presión que se inyecta en un horno. 11 fig. Cosa que mueve o agita el ánimo con violencia o variedad. 12 fig. Vanidad y jactancia. 13 MAR. Cable con que se sujetan las plumas y puntales de carga. 14 Cuerda para sujetar una tienda de campaña. 15 *And.* MIN. Dirección de un filón. 16 *Pan.* y *P. Rico.* Dolor reumático.
REL. *1* **Veleta,** instrumento para marcar su dirección; **anemómetro,** para determinar su velocidad; **ventarrón,** viento muy fuerte, además de los nombres que recibe el viento según su dirección, otros, como éste, proceden de su fuerza o de otras características; **ventada,** golpe de viento; **ventolera,** golpe de viento recio y poco durable; **vendaval,** viento duro sin llegar a **borrasca** o temporal declarado; **ventisca,** borrasca de viento y nieve; **ventolina,** viento leve y variable en el mar; **brisa,** viento suave que en las costas sopla del mar durante el día y de la tierra durante la noche; **huracán** y **ciclón,** cuando el viento es fuerte y gitatorio. FRS. *Como el* ~, velozmente; fig., *contra ~ y marea,* arrastrando inconvenientes y dificultades; ~ *en popa,* con prosperidad; fig., *correr malos vientos,* ser adversas las circunstancias. *Beber los vientos por algo,* desearlo con ansia y hacerlo todo para lograrlo.

vientre (l. *ventre*) *m.* Cavidad del cuerpo que contiene el estómago y los intestinos. 2 Región exterior del cuerpo correspondiente al vientre (cavidad). 3 Conjunto de las vísceras contenidas en el vientre (cavidad). 4 Feto. 5 Panza (de vasija). 6 fig. Cavidad grande e interior de una cosa. 7 DER. Criatura humana que no ha salido del claustro materno. 8 FÍS. En los cuerpos vibrantes, la parte central de la porción comprendida entre dos nodos. En los vientres es máxima la amplitud de las oscilaciones. 9 IMPR. Corte, margen lateral y exterior de una página. 10 MAR. Parte central de la obra viva de un buque. 11 METAL. Parte central y más ancha de un alto horno en la que se produce la carburación del hierro.
SIN. *1* y *2* v. **Abdomen.** *3* **Bandullo.**

viernes (l. *Veneris dies,* día de Venus) *m.* Sexto día de la semana: ***comer de*** ~, comer de vigilia. ◇ Pl.: *viernes.*

vierteaguas *m.* Resguardo con que, para escurrir las aguas llovedizas, se cubren los salientes de los paramentos, la parte baja de las puertas exteriores, etc. 2 Reborde en forma de pequeño canal para recoger el agua del techo por encima de las puertas del coche. 3 CARP. Dispositivo para impedir la entrada de agua de lluvia por entre los intersticios de una obra de carpintería. ◇ Pl.: *vierteaguas.*

vietnamita *adj.-s.* Del Vietnam, nación del sudeste de Asia. -2 *adj.* Relativo a este país. -3 *adj.-m.* Lengua austroasiática, hablada en esta nación. -4 *f.* fig. Multicopista rudimentaria y manual que se utiliza, sobre todo, para confeccionar propaganda clandestina.

vietnamizar *tr.* Hacer que [los habitantes de un lugar] luchen por sus propios intereses, como hicieron los norteamericanos al final de la Guerra del Vietnam (1964-1975).

viga (orig. incierto; probl. del l. *biga,* tronco de dos caballerías que tiran de un carro) *f.* ARQ. Madero largo y grueso para formar techos y sostener las fábricas: ~ ***maestra,*** ARQ., la que, tendida sobre pilares o columnas, sostiene las cabezas de otros maderos o sustenta cuerpos superiores del edificio. 2 Barra de hierro de igual uso que la viga (madero). 3 Pieza que en algunos coches antiguos enlazaba el juego delantero con el trasero. 4 Prensa compuesta de un gran madero horizontal que puede girar alrededor de uno de sus extremos. 5 Porción de aceituna molida, que se pone cada vez debajo de la viga. ◇ HOMÓF.: *biga.*
SIN. *1* **Trabe.**

vigencia *f.* Calidad de vigente.

vigente (l.) *adj.* [ley, costumbre, etc.] Que está en vigor y observancia.

vigesimal *adj.* Relativo al sistema de contar de veinte en veinte.

vigésimo, -ma (l. *-mu*) *adj.-s.* Parte que, junto con otras diecinueve iguales, constituye un todo; ** NUMERACIÓN -2 *adj.* Que ocupa el último lugar en una serie ordenada de veinte.
SIN. **Vicésimo.** *1* **Veinteavo.** *2* **Veinteno.**

vigía (port.) *f.* Atalaya (torre). 2 Acción de vigiar. 3 MAR. Escollo que sobresale en el mar. -4 *com.* Persona destinada a vigiar.

vigiar (port. < l. *vigilare*) *tr.* Velar o cuidar de hacer descubiertas desde un lugar adecuado. ◇ ** CONJUG. [13] como ***desviar.***

vigilancia (l. *-tia*) *f.* Acción de vigilar. 2 Efecto de vigilar. 3 Servicio ordenado y dispuesto para vigilar. 4 BLAS. Piedra que sostiene la grulla con su pata diestra.

vigilante (l.) *adj.* Que vigila. 2 Que vela (está sin dormir). -3 *com.* Persona encargada de velar por algo.

vigilar (l. *-are;* doble etim. *velar*) *intr.-tr.* Velar [sobre una persona o cosa], o atenderla cuidadosamente: ~ *en defensa de la ciudad;* ~ *por el bien público;* ~ *sobre sus súbditos.*

vigilativo, -va *adj.* Que no deja dormir.

vigilia (l.; doble etim. *vela*) *f.* Acción de estar en vela. 2 Falta de sueño o dificultad de dormirse. 3 Trabajo intelectual, esp. el que se ejecuta de noche: *el libro es el fruto de sus vigilias.* 4 Víspera (día que antecede). 5 Víspera de una festividad religiosa. 6 Comida con abstinencia de carne: *día de* ~; *comer de* ~. 7 Oficio de difuntos que se reza o canta a manera de vigilia (de una festividad). 8 Parte que, junto con otras, constituye la noche para el servicio militar.
SIN. *1* **Vela, velación, trasnochada.**

vigitano, -na *adj.-s.* De Vich, ciudad de Barcelona.
SIN. **Vicense, ausetano.**

vigor (l. *-re*) *m.* Fuerza activa del cuerpo o del espíritu. 2 Viveza o eficacia de las acciones y tendencia a aumentar el desarrollo de esta viveza. 3 Fuerza de obligar en las leyes, o duración de las costumbres. 4 fig. Expresión enérgica en las obras artísticas.

vigorar *tr.* Vigorizar.

vigorizador, -ra *adj.* Que da vigor.

vigorizar *tr.* Dar vigor [a una pers. o cosa]. 2 fig. Infundir ánimo o valor [a uno]. ◇ ** CONJUG. [4] como ***realizar.***
SIN. **Avigorar,** p. us.; **vigorar.**

vigorosamente *adv. m.* De manera vigorosa.

vigorosidad *f.* Calidad de vigoroso.

vigoroso, -sa (l. *-osu*) *adj.* Que tiene vigor. 2 Realizado con vigor. 3 [vino] Que tiene cuerpo y fuerza.

vigota *f.* MAR. Especie de motón.

viguería *f.* Conjunto de vigas de un edificio.
SIN. **Envigado.**

vigués, -guesa *adj.-s.* De Vigo, c. de Pontevedra.

vigueta *f.* Dim. de *viga.* 2 Madero de escuadría variable. 3 Barra de hierro laminado, destinada a la edificación.

vihuela (v. *viola*) *f.* MÚS. Ant. instrumento de cuerda, parecido a la guitarra.

vihuelista *com.* Persona que toca la vihuela.

vijúa *f. Colomb.* Sal gema.

vikingo, -ga (escand. e ing. *viking*) *adj-s.* De un pueblo de navegantes escandinavos que entre los siglos VIII y XI realizaron correrías y depredaciones por las islas del Atlántico y por casi toda Europa Occidental. -2 *adj.* Perteneciente o relativo a los vikingos: *barco* ~.

vil (l. *vile*) *adj.* Bajo, despreciable. -2 *adj.-com.* Persona que falta a la confianza que en ella se pone.
SIN. *1* v. **Malo.**
vilano (l. *villu,* pelo) *m.* Penacho de pelos o escamitas, procedentes del cáliz que corona el fruto de muchas plantas compuestas. 2 Flor del cardo.
SIN. **Milano.** *2* **Gavilán.**
vilca (aimara *willca*) *f. Perú.* Corredor con enramada.
vileza *f.* Calidad de vil. 2 Acción o expresión vil (despreciable).
vilico (l. *villicu*) *m.* Capataz o mayordomo de una granja, entre los romanos.
vilificar *tr.* ANGLIC. Vilipendiar. ◇ ** CONJUG. [1] como *sacar.*
vilipendiador, -ra *adj.-s.* Que vilipendia.
vilipendiar (b. l. *-dere* < *vilis,* vil + *pendere,* estimar) *tr.* Despreciar [una cosa], denigrar [a una pers.]. ◇ ** CONJUG. [12] como *cambiar.*
vilipendio *m.* Desprecio, denigración de que es objeto una persona o cosa.
vilipendioso, -sa *adj.* Que causa vilipendio.
villa (l.) *f.* Casa de recreo, gralte. en el campo. 2 Población que tiene algunos privilegios: ~ *inestable, Argent.,* eufem., conjunto de chabolas. 3 Consistorio (ayuntamiento; lugar). 4 *Argent.* ~ *miseria,* conjunto de chabolas. ◇ HOMÓF.: *billa.*
villaclareño, -ña *adj.-s.* De Santa Clara, cap. de la prov. de Las Villas (Cuba).
Villadiego *n. pr.* fig. *Tomar las de* ~, ausentarse impensadamente; esp., huir de un riesgo o compromiso.
villagodio *m.* Gran chuleta de entrecot.
villaje (b. l. *villaticu* < l. *villa,* casa de campo) *m.* Pueblo pequeño.
SIN. **Villar.**
villalón *m.* Queso de la zona de Villalón (Valladolid) elaborado con leche de oveja, de pasta blanda y consumo fresco.
villamaninita *f.* Mineral de la clase de los sulfuros, que cristaliza en el sistema cúbico, de color negro, verdoso y brillo metálico.
villamayor *m.* Queso de oveja, elaborado en Castilla la Vieja, de pasta mantecosa.
villanada *f.* Acción propia de villano.
villanaje *m.* Gente del estado llano en los lugares. 2 Calidad del estado de los villanos, como contrapuesta a la nobleza.
villanamente *adv. m.* De manera villana.
villancejo (de *villano*) *m.* Villancico.
villancete *m.* Villancico.
villanchón, -chona *adj.-s.* desp. Villano, tosco.
villancico (de *villano*) *m.* Composición poética popular con estribillo, esp. la de asunto religioso que se canta en las iglesias en Navidad y otras festividades.
villanciquero, -ra *m. f.* Persona que compone o canta villancicos.
villanería *f.* Villanía. 2 Villanaje.
villanesca *f.* Antiguo baile rústico parecido a la seguidilla. 2 Música y canto de este baile.
villanesco, -ca *adj.* Relativo a los villanos: *traje, estilo* ~.
villanía (de *villano*) *f.* Bajeza de nacimiento, condición o estado. 2 fig. Acción ruin. 3 fig. Expresión indecorosa.
villano, -na (l. *-nu* < l. *villa,* casa de campo) *adj.-s.* Vecino del estado llano en una villa o aldea, a distinción de noble o hidalgo. -2 *adj.* fig. Rústico o descortés. 3 fig. Ruin, indigno. -4 *m.* Baile español de los s. XVI y XVII. 5 Música de este baile.
villar (b. l. *villare*) *m.* Villaje. ◇ HOMÓF.: *billar.*
villarán *m. P. Rico.* Baile jíbaro.
villareño, -ña *adj.-s.* De Las Villas, prov. de Cuba.
villarriqueño, -ña *adj.-s.* De Villarrica, cap. del dep. de Guairá (Paraguay).
villavicencio, -cia *adj.-s.* Villavicenciuno.
villavicenciuno, -na *adj.-s.* De Villavicencio, cap. del dep. de Meta (Colombia).
villavicense *adj.-s.* Villavicenciuno.
villazgo *m.* Calidad o privilegio de villa. 2 Tributo que se imponía a las villas como tales.
villería *f. Sant.* Comadreja.
villero *m. Ar.* Pueblo de escaso vecindario. 2 *P. Rico. Sombrero* ~, el de paja ordinario.
villoría (l. *villa,* casa de campo) *f.* Casería.
villorín *m.* Vellorí.
villorrio (de *villa*) *m.* desp. Población pequeña y poco urbanizada.
vilmente *adv. m.* De manera vil.
vilo (en ~) *loc. adv.* Suspendido; sin el fundamento o apoyo necesarios. 2 Con indecisión, inquietud y zozobra.
vilordo, -da (l. *bis,* dos veces + *luridu,* pálido, lívido) *adj.* Perezoso, tardo.
vilorta (orig. incierto; probl. prerrom.) *f.* Aro hecho con una vara de madera flexible. 2 Abrazadera de hierro que sujeta al timón la cama del arado. 3 Arandela (anillo metálico). 4 Juego en que, con el vilorto, se lanza por el aire una bola de madera que ha de pasar a través de una fila de estacas. 5 Vilorto (clemátide). ◇ En la 2ª acep. se escribe también *belorta.*
SIN. **Velorta.**
vilorto (orig. incierto; probl. prerrom.) *m.* Especie de clemátide. 2 Vilorta (aro). 3 Palo grueso a modo de raqueta, usada para jugar a la vilorta.
SIN. **Velorto.**
vilos *m.* Embarcación filipina de dos palos.
vilote *adj. Argent.* y *Chile.* Cobarde.
vilque (quechua *huirqui;* o *wirki,* cangilón de boca grande) *m. Argent.* Tinaja grande para lavar o guardar el maíz o el trigo.
viltrotear *intr.* fam. y p. us. Corretear, callejear.
viltrotera *adj.-f.* p. us. Mujer que viltrotea.
vimana *f.* Torre piramidal de los templos indios.
vimbre (l. **vimine*) *m.* Mimbre.
vimbrera *f.* Mimbrera.
vina *f.* Instrumento músico de cuerda, parecido a la cítara, utilizado en la India.
vinagrada *f.* Refresco compuesto de agua, vinagre y azúcar.
vinagrar *tr. Colomb.* Avinagrar, agriar.
vinagre (cat.) *m.* Líquido agrio y astringente, producido por la fermentación acética del vino: ~ *de yema,* el de en medio de la cuba o tinaja, considerado como de mejor calidad. 2 fig. Persona de genio áspero y desapacible.
REL. *1* **Avinagrar, acetificar,** convertir el vino en vinagre.
vinagrera *f.* Vasija destinada a contener vinagre para el uso de la mesa. 2 Acedera. 3 *Amér.* Agriera, acedía de estómago. -4 *f. pl.* Utensilio para el servicio de mesa, con dos o más frascos para el aceite y vinagre.
SIN. *4* **Angarillas, aceitera, alcuza, taller.**
vinagrería *f.* Fábrica de vinagre.
vinagrero, -ra *m. f.* Persona que tiene por oficio hacer o vender vinagre.
vinagreta (cat.) *f.* Salsa compuesta de aceite, cebolla y vinagre.
vinagrillo *m.* Dim. de *vinagre.* 2 Vinagre de poca fuerza. 3 Cosmético compuesto de vinagre, alcohol y esencias aromáticas. 4 Vinagre aromático para aderezar el tabaco en polvo. 5 *Murc., Argent., Bol., Chile* y *Perú.* Aleluya (planta). 6 *S. Dom.* y *Venez.* Bilimbín.
vinagrón *m.* Vino repuntado y de inferior calidad.
vinagroso, -sa *adj.* De gusto agrio, semejante al del vinagre. 2 De genio áspero y desapacible.
vinajera *f.* Jarrillo con el que, junto a otro, se sirve en la misa el vino y el agua. -2 *f. pl.* Conjunto de ambos jarrillos y la bandeja donde se colocan.
vinal *m. Argent.* Algarrobo arborescente *(Prosopis ruscifolia).*
vinapón *m. Perú.* Especie de cerveza fabricada con maíz.
vinar *adj.* Vinatero, relativo al vino.
vinariego, -ga *m. f.* Vinícola.
vinario, -ria (l. *-iu*) *adj.* Vinatero (relativo al vino). ◇ HOMÓF.: *binario.*
vinatera *f.* MAR. Cordel que sirve para mantener amadrinados cabos o perchas.
vinatería *f.* Comercio de vinos. 2 Tienda en que se vende vino.
vinatero, -ra *adj.* Relativo al vino: *industria vinatera.* -2 *m. f.* Persona que trafica con el vino.
vinaza (l. *vinacea* < *vinu,* vino) *f.* Vino inferior sacado de los posos y las heces. 2 *Logr.* Orujo prensado de las uvas.
vinazo *m.* Vino muy fuerte y espeso.
vincapervinca (l.) *f.* Planta apocinácea, de hojas siempre verdes, flores azules y frutos formados por dos folículos divergentes *(Vinca minor).*
vincha (quechua *uíncha*) *f. Amér.* Apretador, cinta o pañuelo con que se ciñe la cabeza o se sujeta el pelo.
vinchuca (quechua *uihchúcucc,* que cae arrojado) *f. Amér.* Insecto, especie de chinche con alas, cuya picadura es dolorosa *(Reduvius infestans).* 2 *Chile.* Rehilete, especie de flechilla.
vinculable *adj.* Que se puede vincular.

vinculación (l. *-atione*) *f.* Acción de vincular o vincularse. 2 Efecto de vincular o vincularse.
vinculante *adj.* Que vincula.
I) vincular *tr.* Sujetar [los bienes] a vínculo para perpetuarlos en empleo o familia determinados. 2 p. ext. Atar o fundar [una cosa] en otra: ~ *las esperanzas en el favor.* 3 fig. Someter la suerte o el comportamiento de alguien o de algo a los de otra persona o cosa. 4 fig. Sujetar a una obligación. -5 *tr.-prnl.* Perpetuar o continuar [una cosa o el ejercicio de ella]: *los lazos de amistad se vincularon.*
II) vincular *adj.* Relativo al vínculo.
vínculo (l. *-lu* < *vincire,* atar) *m.* Unión o atadura de una cosa con otra: ~ *matrimonial.* 2 DER. Sujeción de unos bienes o del ejercicio de ciertos derechos al goce de determinados sucesores, con prohibición de enajenarlos.
vindicación (l. *-atione*) *f.* Acción de vindicar o vindicarse. 2 Efecto de vindicar o vindicarse.
vindicador, -ra *adj.-s.* Que vindica.
vindicar (l. *-are;* doble etim. *vengar*) *tr.-prnl.* Vengar. 2 Defender o exculpar [al que se halla calumniado]: ~, o *vindicarse, de la injuria.* 3 DER. Reivindicar. ◇ ** CONJUG. [1] como ***sacar.***
vindicativo, -va *adj.* Vengativo. 2 Que vindica (defiende): *discurso* ~.
vindicatorio, -ria *adj.* Que sirve para vindicar.
vindicta (l.) *f.* Venganza. 2 ~ ***pública,*** acción de reclamar el castigo de un culpable, para que sirva de ejemplo.
vinel *m. Perú.* Hoja del vinal.
vinería *f. Amér.* Vinatería.
vínico, -ca *adj.* Relativo al vino: *alcohol* ~.
vinícola (l. *vinu,* vino + *-cola*) *adj.* Relativo a la fabricación del vino. -2 *com.* Persona que posee viñas y es práctico en su cultivo.
SIN. *2* **Vinariego.**
vinicultor, -ra (l. *vinum,* vino + *-cultor*) *m. f.* Persona que se dedica a la vinicultura.
vinicultura *f.* Elaboración de vinos.
viniebla (**bisnegla* < **besnégula;* b. l. **bisligula* < l. *bis lingua;* o quizá de *ovis ligula,* lengüecita de oveja) *f.* Cinoglosa.
vinífero, -ra (l. *vinum,* vino + *-fero*) *adj.* Que produce vino.
vinificación *f.* Conjunto de operaciones realizadas en el proceso de elaboración de los vinos, a partir de la uva.
vinillo *m.* Dim. de *vino.* 2 Vino muy flojo.
vinilo *m.* QUÍM. Derivado del etileno por pérdida de un átomo de hidrógeno.
vino (l. *vinu*) *m.* Zumo de uvas fermentado; esencialmente es una solución acuosa de alcohol etílico con pequeñas cantidades de éteres, ésteres, azúcar y materias colorantes: ~ ***abocado*** o ***embocado,*** el que no es seco ni dulce, pero agradable al gusto por su suavidad; ~ ***clarete,*** especie de vino tinto algo claro; ~ ***de cabezas,*** aguapié; ~ ***de cava,*** el espumoso que ha sido sometido a elaboración y crianza especiales; ~ ***de dos orejas,*** el fuerte y bueno; ~ ***de dos, de tres hojas,*** el de dos, de tres años; ~ ***de mesa,*** el más común y ligero, que se bebe durante la comida; ~ ***de solera,*** el añejo, usado para dar vigor al nuevo; ~ ***generoso*** o ***de postre,*** el más fuerte y añejo que el vino común; ~ ***noble,*** el que tiene una crianza mínima de dos años; ~ ***peleón,*** el muy ordinario; ~ ***rosado,*** el que tiene este color; ~ ***seco,*** el que no tiene sabor dulce; ~ ***tintillo,*** el poco subido de color; ~ ***tinto*** o ***cubierto,*** el de color obscuro. 2 p. ext. Zumo. ◇ HOMÓF.: *vino* (v.), *bino* (v.).
FRS. fig. *Bautizar* o *cristianizar, el* ~, echarle agua; *dormir uno el* ~, dormir mientras dura la borrachera; *tener uno mal* ~, ser pendenciero en la embriaguez. REL. **Enológico, enólogo, enotecnia,** derivados de **enología,** ciencia de la vinicultura, formada del gr. *oinós.*
vinolencia (l. *-tia*) *f.* Exceso en el beber vino.
vinolento, -ta (l. *-tu*) *adj.* Que bebe vino con exceso.
vinorama *f. Méj.* Aromo, árbol leguminoso.
vinosidad (l. *-itate*) *f.* Calidad de vinoso.
vinoso, -sa (l. *-osu*) *adj.* Que tiene las propiedades o apariencias del vino. 2 Vinolento.
vinote (aum. de *vino*) *m.* Residuo que queda en la caldera del alambique después de destilado el vino.
vintén (port. *vintem,* moneda imaginaria) *m. Urug.* Moneda de níquel de 1 y 2 céntimos de peso.
viña (l. *vinea*) *f.* Terreno plantado de vides.
FRS. fig. *Ser una* ~ *una cosa,* producir muchas utilidades; *tener una* ~, tener una ocupación lucrativa y de poco trabajo.
viñadero *m.* Viñador (guarda).
viñador, -ra *m. f.* Persona que cultiva las viñas. -2 *m.* Guarda de una viña.
viñal *m. Argent.* Viñedo.
viñamarino, -na *adj.-s.* De Viña del Mar, c. de la prov.; de Valparaíso (Chile).
viñatero, -ra *adj. And.* y *Amér.* Viñador.
viñedo *m.* Terreno plantado de vides.
viñero, -ra *m. f.* Persona que tiene heredades de viñas.
viñeta (fr. *vignette* < *vigne,* viña, porque al principio estos adornos representaban racimos y pámpanos) *f.* Adorno puesto en el principio o fin de los capítulos, o como orla de una página. 2 Dibujo o escena humorística impresa en un libro, periódico, etc., que se acompaña de un texto o comentario. 3 Logotipo (dibujo o símbolo). 4 IMPR. Plancha o grabado de medias tintas, en las que el fondo va difuminándose.
SIN. *2* **Tira.**
viñetero *m.* IMPR. Armario para guardar los moldes de las viñetas.
I) viola (prov.; doble etim. *vihuela*) *f.* MÚS. Instrumento músico de cuerda y arco, de la misma figura del violín, pero de mayor tamaño y de sonoridad melancólica y penetrante; ~ ***de amor,*** la que tiene siete cuerdas de tripa y debajo de cada una de ellas otra de metal, afinada al unísono de las primeras y que vibra por resonancia al pasar el arco por la superior. 2 *com.* Músico que toca la viola.
II) viola (l.) *f.* Violeta. 2 *Ar.* Alhelí.
violáceo, -a (l. *-ceu*) *adj.* Violado. -2 *adj.-f.* Planta de la familia de las violáceas. -2 *f. pl.* Familia de plantas dicotiledóneas, de hojas alternas y festoneadas, flores axilares, de cinco pétalos, generalmente hermafroditas y con fruto en cápsula; como la violeta.
violación (l. *-atione*) *f.* Acción de violar. 2 Efecto de violar.
violado, -da *adj.-m.* Color parecido al de la violeta; es el séptimo del espectro solar y se puede obtener mezclando el azul y el rojo. -2 *adj.* De color violado.
SIN. **Violáceo.**
violador, -ra *adj.-s.* Que viola.
violales *f. pl.* Orden de plantas dentro de las dicotiledóneas, herbáceas, de flores aisladas, hermafroditas y zigomorfas.
I) violar (de *viola* II) *m.* Terreno plantado de violetas.
II) violar (l. *-are*) *tr.* Infringir, quebrantar [una ley o precepto]. 2 Tener acceso por fuerza [con una mujer]. 3 Profanar [un lugar sagrado]. 4 fig. Ajar o deslucir [una cosa].
SIN. *1* v. **Quebrantar.**
violencia (l. *-tia*) *f.* Calidad de violento. 2 Acción violenta. 3 Acción de violentar o violentarse. 4 Efecto de violentar o violentarse. 5 Acción de violar II.
violentamente *adv. m.* De manera violenta.
violentar *tr.* Obligar, forzar [a una persona o cosa] por medios violentos. 2 fig. Entrar [en una parte] contra la voluntad de su dueño: ~ *un retiro.* 3 fig. Dar interpretación torcida [a lo dicho o escrito]. -4 *prnl.* fig. Vencer uno su repugnancia a hacer alguna cosa: *violentarse a,* o *en, algo.* 5 fig. Molestarse, enojarse.
violento, -ta (l. *-tu*) *adj.* Que está fuera de su natural estado, situación o modo. 2 Que obra con ímpetu y fuerza. 3 [acción] Que se realiza con ímpetu y fuerza. 4 Relativo a lo que hace uno contra su gusto, por ciertos respetos y consideraciones. 5 [genio] Impetuoso e iracundo. 6 Falso, torcido; esp., la interpretación que se da a lo dicho o escrito. 7 Que se ejecuta contra el modo regular o fuera de justicia. 8 Propio o relativo a una situación o posición embarazosa en que puede hallarse una persona.
violero (de *viola I*) *m.* Constructor de instrumentos de cuerda. 2 Mosquito (insecto).
violeta (fr. *-lette* < fr. ant. *viole* < l. *viola*) *f.* Planta violácea de tallos rastreros, hojas con largo pecíolo, flores cigomorfas moradas o blancas, de suave olor, y fruto en cápsula *(Viola odorata).* 2 Materia colorante, de este color. 3 Flor de esa planta. -4 *adj.-m.* Violado. -5 *f.* ~ ***de agua,*** planta primulácea con hojas sumergidas, pinnadas con los segmentos lineares y flores color lila con el centro amarillo *(Hottonia palustris).*
SIN. *1* **Viola.**
violetera *f.* Vendedora de violetas.
violetero *m.* Florero pequeño.
violeto (de *violeta*) *m.* Peladillo.
violín *m.* MÚS. Instrumento músico de cuerda y arco, el más pequeño y agudo de los de su clase. Por su sonoridad y perfeccionada técnica constituye el instrumento más importante de la orquesta. -2 *com.* Violinista: ***primer*** ~, violinista que hace los solos

en una orquesta. -3 ***m.*** Soporte para apoyar la mediana en el juego del billar. 4 TAUROM. Manera de derribar toros llevando la garrocha cruzada sobre el cuello del caballo. 5 *Venez.* Mal olor de la boca.
violina *f.* vulg. Borrachera.
violinista ***com.*** Músico que toca el violín.
SIN. **Rascatripas,** desp.
violle ***m.*** Unidad de intensidad luminosa, equivalente a la que da en dirección normal 1 cm.[2] de platino a la temperatura de fusión.
violón (it. *violone*) ***m.*** MÚS. Contrabajo. 2 *S. Dom.* Prisión preventiva. 3 *Venez.* Mal olor de la boca.
FR. *Tocar el ~*, decir o hacer tonterías, pasar ocioso el tiempo.
violoncelista ***com.*** Violonchelista.
violoncelo ***m.*** Violonchelo.
violonchelista ***com.*** Músico que toca el violonchelo.
violonchelo (it. *violoncello*) ***m.*** MÚS. Instrumento músico de cuerda y arco, de la misma forma que el contrabajo, pero más pequeño, que se toca estando el ejecutante sentado.
vipéreo, -a (l. *-eu*) ***adj.*** Viperino.
viperino, -na (l. *-nu*) ***adj.*** Relativo a la víbora. 2 fig. Que tiene sus propiedades: *lengua vipérea*, maldiciente, insidiosa. 3 *f.* Planta leguminosa mejicana (*Zornia diphylla*).
vira (orig. incierto; probl. del fr. ant. *vire* < l. v. **veria* < l. *verua*, dardos) *f.* Saeta delgada y de punta aguda. 2 Tira que, para dar fuerza al calzado, se cose entre la suela y la pala. 3 *And.* Última capa de pescado que se coloca en el envase. 4 *Murc.* Franja con que las mujeres adornan los vestidos. 5 *Can.* Naipe preliminarmente descubierto que en algunos juegos determinará el palo que ha de valer como triunfo.
SIN. *2* **Cerquillo.**
viracho, -cha ***adj.*** *Chile.* Bisojo.
viracocha (del quechua *Wirakocha*, nombre de un dios de la mitología incaica) ***m.*** Entre los incas, conquistador español.
virada *f.* Acción de virar (mudar de dirección o de rumbo). 2 Efecto de dicha acción.
virador ***m.*** Líquido empleado en fotografía para virar. 2 MAR. Calabrote u otro cabo grueso para varios usos. 3 MAR. Cabo que sirve para guindar y echar abajo los masteleros.
virago (l.) *f.* Mujer varonil.
viraje ***m.*** Acción de virar (mudar de dirección; en fotografía). 2 Efecto de dicha acción. 3 fig. Cambio de orientación en las ideas, intereses, conducta, actitudes, etc. 4 FOT. Tratamiento para virar fotografías.
viral ***adj.*** Propio o relativo a un virus: *infección ~*. -2 ***m. pl.*** Orden de plantas dentro de las microbiatotes, virus endoparásitos obligados, al carecer de metabolismo por sí mismos.
virar (probl. célt. **viro;* a través del fr. *virer;* o del port. *virar*) ***intr.*** Mudar de dirección en su marcha un automóvil, aeroplano, etc. 2 fam. Volver, dar vuelta. 3 fig. Evolucionar, cambiar de ideas o de manera de actuar. 4 MAR. Cambiar de rumbo o de bordada: *~ a*, o *hacia, la costa; ~ en redondo*. -5 ***tr.*** FOT. Someter [el papel impresionado] a la acción de un líquido para fijar el color de la imagen o hacerle tomar otro color. 6 MAR. Dar vueltas [al cabrestante] para levar las anclas o suspender pesos.
viratón (fr. ant. *vireton*) ***m.*** Virote o vira grande.
viravira (quechua *huirahuira*) *f.* *Amér.* Hierba lanuda, usada como vulneraria y febrífuga *(Ganphallium viravira)*.
virazón (port. *viração*) *f.* Viento que en las costas sopla de la parte del mar durante el día, alternando con el terral, que sopla de noche. 2 Cambio repentino de viento. 3 fig. Viraje repentino en las ideas, conducta, etc. 4 *Colomb.* fig. Persona ágil y diligente.
víreo (l.; doble etim. *virio*) ***m.*** Oropéndola.
virgen (l. *virgine*) ***com.-adj.*** [pers.] Que no ha tenido relaciones sexuales. -2 *f.* p. ant. María Santísima, Madre de Dios. 3 Imagen de María Santísima. 4 Título que da la Iglesia a las santas mujeres que conservaron su virginidad. 5 Pie derecho que, con otro, en los lagares guía el movimiento de la viga. 6 ASTRON. Virgo. -7 ***adj.*** Que no ha tenido artificio en su formación: *cera, aceite ~*. 8 fig. Intacto: ***tierra ~***, la que nunca ha sido cultivada. 9 [cosa] Que está en su primera entereza y no ha servido aún para aquello a que se destina.
virgiliano, -na ***adj.*** Relativo al poeta Virgilio (70-19 a. C.), o parecido a cualquiera de sus dotes o calidades.
virginal (l. *-ale*) ***adj.*** Relativo a una virgen. 2 fig. Puro, incólume. -3 ***m.*** MÚS. Especie de espineta.
virgíneo, -a (l. *-eu*) ***adj.*** Virginal.
virginia ***m.*** Tabaco virginiano. 2 Tejido de algodón, similar a la cretona.
virginiano, -na ***adj.-s.*** De Virginia, uno de los estados de América del Norte.
virginidad (l. *-itate*) *f.* Entereza corporal de la persona virgen. 2 fig. Pureza, candor.
SIN. *1* **Doncellez, integridad.**
virginio ***m.*** *Can.* Cigarrillo fuerte de tabaco negro.
virgo (l.) ***adj.-s.*** Virgen. -2 ***m.*** Himen.
Virgo (l.) ***n. pr.*** Sexto signo o parte del zodíaco que el Sol recorre aparentemente en el último tercio del verano. 2 Constelación zodiacal situada entre la Libra y el León, y cuya estrella principal es Espiga.
SIN. **Virgen.**
virguería *f.* fam. Habilidad extremada. 2 Cosa excelente y extraordinaria; delicada, exquisita: ***hacer virguerías***, tener gran habilidad en hacer alguna cosa.
virguero, -ra ***adj.*** fam. Muy bueno, extraordinario. -2 ***m. f.*** fam. Persona que hace virguerías.
vírgula (l.) *f.* Vara pequeña. 2 Rayita muy delgada. 3 Vibrión que ocasiona el cólera morbo. 4 Virgulilla.
virgulilla *f.* Signo ortográfico en figura de coma o rasguillo, como el apóstrofo, la cedilla, la tilde de la *ñ*. 2 Rayita o línea corta y muy delgada.
vírico, -ca ***adj.*** Viral.
I) viril (ant. *beril*) ***m.*** Vidrio o campana muy transparente con que se protegen algunas cosas dejándolas a la vista. 2 Custodia pequeña que se pone dentro de la grande.
II) viril (l. *-e*) ***adj.*** Varonil.
virilidad (l. *-itate*) *f.* Calidad de viril. 2 Edad viril.
virilismo ***m.*** Distrofia femenina relacionada con perturbaciones endocrinas, que provoca la aparición de caracteres sexuales masculinos.
virilizarse ***prnl.*** Adquirir una mujer caracteres sexuales masculinos. ◇ ** CONJUG. [4] como ***realizar.***
virilmente ***adv. m.*** Varonilmente.
virina *f.* *Filip.* Guardabrisa (fanal).
viringo, -ga ***adj.*** *Colomb.* Desnudo, pelado, sin pelo.
virio (v. *víreo*) ***m.*** Oropéndola.
viripotencia *f.* Cualidad de viripotente, vigoroso.
viripotente ***adj.*** Vigoroso, potente. 2 Relativo a la joven casadera.
virol (fr. *virole* < l. *viriola*, brazalete) ***m.*** BLAS. Perfil circular de la boca de la bocina y de otros instrumentos semejantes.
virola (fr. *virole* < l. *viriola* < dim. de *viria*, aro; voz de orig. célt.) *f.* Abrazadera de metal que se pone en algunos instrumentos, como navajas, espadas, etc. 2 Anillo de hierro colocado en la extremidad de las garrochas, para que la púa no penetre excesivamente en la piel del toro. 3 Contera de bastón, paraguas, etc. 4 En los relojes, casquillo interior de la espiral de un volante, fijado por fricción al eje del mismo. 5 *Argent.* y *Urug.* Rodaja de plata con que se adornan los arreos del caballo.
virolento, -ta ***adj.-s.*** Que tiene viruelas. 2 Señalado de ellas.
SIN. *1* **Varioloso.**
viroleño, -ña ***adj.-s.*** De Zacatecoluca, cap. del dep. de La Paz (El Salvador).
virolo, -la ***adj.*** fam. Bizco, bisojo.
virología *f.* Estudio de los virus.
virológico, -ca ***adj.*** Propio o relativo a la virología.
virólogo, -ga ***adj.-s.*** Especialista en virología.
virón ***m.*** *And.* Pedazo de cuero con que se remienda la suela de un zapato. 2 *P. Rico.* Virada.
viroque ***m.*** fam. Bizco.
virosis (de *virus*) *f.* Enfermedad cuyo origen se atribuye a virus patógenos. ◇ Pl.: *virosis.*
virotada *f.* *Venez.* fam. Necedad, majadería.
virotazo ***m.*** Golpe dado con el virote.
virote (aum. de *vira*, saeta) ***m.*** Especie de saeta guarnecida con un casquillo. 2 Hierro largo que se colgaba de la argolla sujeta al cuello de ciertos esclavos. 3 Vara cuadrangular de la ballestilla. 4 fig. Mozo soltero, ocioso y preciado de guapo. 5 Hombre erguido y demasiadamente serio. 6 Punta que por broma solía hacerse en el vestido de alguno, introduciendo parte de él en un anillo de esparto o cuerda. 7 *Logr.* Tallo nuevo de la vid. 8 *And.* Cepa de tres años. 9 *Colomb.* y *Venez.* Tonto, zoquete.
virotillo (dim. de *virote*) ***m.*** ARQ. Péndola pequeña (de una armadura).
virotismo ***m.*** Entono, presunción.

virreina *f.* Mujer del virrey. 2 La que gobierna como virrey.
virreinal *adj.* Relativo al virrey, la virreina o el virreinato.
virreinato *m.* Dignidad, cargo de virrey. 2 Tiempo que dura su cargo. 3 Distrito gobernado por un virrey.
virreino *m.* Virreinato.
virrey (de *vice-* + *rey*) *m.* El que, con este título, gobierna en nombre y con autoridad de rey. ◇ Pl.: *virreyes.*
virtual (der. del l. *virtus,* fuerza, virtud) *adj.* Que puede producir un efecto; especialmente en oposición a actual, efectivo o real. 2 Práctico, en oposición a teórico. 3 Implícito, tácito. 4 FÍS. Que tiene existencia aparente y no real: *imagen ~.*
virtualidad *f.* Calidad de virtual.
virtualmente *adv. m.* De un modo virtual. 2 Tácitamente, implícitamente. 3 Casi, a punto de, en la práctica, en la realidad.
virtud (l. *virtute*) *f.* Capacidad de producir un efecto determinado: *la ~ medicinal de una planta; en ~ de,* a consecuencia o por resultado de. 2 Disposición habitual del alma para las acciones conformes a la ley moral: *~ **cardinal,*** cada una de las cuatro (prudencia, justicia, fortaleza y templanza) que son como el fundamento de todas las virtudes morales; *~ **moral,*** aquella cuyo objeto son las acciones morales del hombre; *~ **teologal,*** cada una de las tres (fe, esperanza y caridad), cuyo objeto directo es Dios. 3 Castidad. -4 *f. pl.* Espíritus angélicos cuyo nombre indica fuerza indomable para cumplir las operaciones divinas. Forman el quinto coro.
virtuosamente *adv. m.* De manera virtuosa.
virtuosismo (de *virtuoso*) *m.* Alarde de técnica de un arte, esp. de la música.
virtuoso, -sa (l. *-osu*) *adj.* Que practica la virtud: *hombre ~.* 2 Inspirado por la virtud: *acción virtuosa.* -3 *m. f.* Persona, esp. músico, que sobresale en la técnica de su arte.
virueco, -ca *adj. Pan.* Torcido.
viruela (b. l. **variola* < l. *varu,* pústula) *f.* Enfermedad contagiosa, febril, caracterizada por una erupción de pústulas con costras que, al caer, acostumbran dejar un hoyo en la piel. 2 Pústula producida por esta enfermedad: ***viruelas confluentes,*** las que aparecen juntas en gran cantidad; ***viruelas locas*** (también *payuelas),* las que no tienen malignidad y son pocas y ralas. 3 fig. Granillo que sobresale en la superficie de ciertas cosas: *viruelas del papel.* 4 *~ **loca,*** varicela.
SIN. *2* **Vejiga.** REL. **Varioloso, virolento,** relativo a la viruela, o que la padece.
viruji *m.* fam. Aire fresco.
virulé (a la ~) (fr. *bas roulé*) ***loc. adv.*** Forma de llevar la media arrollada en su parte superior. 2 Desordenado de mala traza. 3 Estropeado, torcido o en mal estado: *tener el ojo a la ~.* 4 Chiflado.
virulencia (l. *-tia*) *f.* Calidad de virulento.
virulento, -ta (l. *-tu* < *virus,* veneno) *adj.* Ponzoñoso, maligno, ocasionado por un virus. 2 Que tiene pus. 3 fig. [lenguaje] Sañudo o mordaz.
SIN. *2* **Purulento.**
virulilla *m. Cuba.* Tipo insignificante.
viruñas *m. pl. Colomb.* Diablo.
virus (l.) *m.* p. us. Humor maligno. 2 MED. Agente infeccioso, comúnmente invisible y filtrable, de naturaleza mal conocida. 3 fig. Moralmente, lo que es origen de contagio. ◇ Pl.: *virus.*
virusa *f. Colomb.* Viruta; cosa de poco valor.
viruta (orig. incierto; probl. der. del prov. *viróut*) *f.* Hoja delgada que se saca con el cepillo al labrar la madera o los metales. -2 *m.* fam. Carpintero.
vis cómica (l. *vis,* fuerza) *f.* Fuerza cómica, comicidad. ◇ Pl.: no se usa.
visa *f. Amér.* Visado.
visado *m.* Acción de visar y diligencia que se pone en el documento que se visa; esp. la que los cónsules estampan en los pasaportes.
visaje (fr. *visage*) *m.* Gesto (ademán; movimiento).
visajero, -ra *adj.* Gestero.
visar (fr. *viser*) *tr.* Autorizar [un documento, certificación, etc.] poniéndole el visto bueno. 2 Dirigir la visual [a un lugar]: *los artilleros visaron la cumbre de la montaña.* ◇ HOMÓF.: *bisar.*
víscera (l.) *f.* Entraña.
visceral *adj.* Relativo a las vísceras. 2 [impresión, sentimiento, etc.] Intenso, profundo y arraigado: *odio ~.*
visceralidad *f.* Sentimiento profundo e incontrolado.
I) visco (l. *viscu,* goma, resina) *m.* Liga (materia viscosa).
II) visco *m. Argent.* Árbol leguminoso de buena madera, cuya corteza se usa como curtiente *(Acacia visco).*
viscosa *f.* Producto que se obtiene mediante el tratamiento de la celulosa con una solución de álcali cáustico y bisulfuro de carbono, utilizado para la fabricación de fibras textiles.
viscosidad *f.* Calidad de viscoso. 2 Materia viscosa. 3 Resistencia que ofrece un fluido al movimiento relativo de sus moléculas.
viscosilla *f.* Rayón viscosa, fibra textil artificial, de calidad inferior a la seda.
viscosímetro *m.* Instrumento destinado a medir la viscosidad.
viscoso, -sa (l. *-osu*) *adj.* Pegajoso. 2 FÍS. [fluido o líquido] Que posee viscosidad.
visear *tr.* p. us. Vislumbrar, adquirir una visión imperfecta [de algo].
visera (de *visar*) *f.* Parte movible del yelmo que cubre y defiende el rostro. 2 Ala pequeña de las gorras, chacós, etc., para resguardar la vista. 3 En los automóviles, ala movible colocada sobre el cristal delantero, generalmente en número par, para proteger al chófer y acompañante de los rayos del sol. 4 Anteojera de las guarniciones de las caballerías. 5 En las tiendas de campaña, trozo de tela destinado a proteger la entrada. 6 Garita desde donde el palomero observa el movimiento de las palomas. 7 *And.* Tronera del puesto del cazador de perdiz con reclamo. 8 *And.* Alero.
visibilidad (l. *-itate*) *f.* Calidad de visible. 2 Grado de transparencia de la atmósfera, que hace más o menos visibles los objetos.
visibilizar *tr.* Visualizar o hacer visible [lo que no aparece normalmente a la vista]: *~ las bacterias en las preparaciones microscópicas por medio de substancias colorantes.* ◇ ** CONJUG. [4] como ***realizar.***
visible (l. *-bile*) *adj.* Que se puede ver: *~ a,* o *entre,* o, *para todos.* 2 Manifiesto, evidente. 3 [pers.] Que llama la atención por alguna singularidad.
SIN. *2* **Patente, claro, ostensible.**
visiblemente *adv. m.* De manera visible.
visigodo, -da (b. l. *-othu* < germ. *west,* oeste + b. l. *gothi,* los godos) *adj.-s.* De una parte del pueblo godo que, después de diversas incursiones por Grecia, Italia y las Galias, invadió España hacia la mitad del s. V y fundó en ella un reino autónomo. -2 *adj.* Visigótico.
visigótico, -ca *adj.* Relativo a los visigodos.
visillo (dim. de *viso*) *m.* Cortinilla.
visión (l. *visione*) *f.* Acción de ver. 2 Efecto de ver. 3 Contemplación inmediata y directa sin percepción sensible. 4 Ilusión que nos representa como reales cosas que sólo existen en nuestra mente. 5 Persona fea y ridícula. 6 *~ **beatífica,*** acto de ver a Dios, en el cual consiste la bienaventuranza.
visionado *m.* Acción de visionar.
visionar *tr.* Creer o figurarse que son reales las cosas inventadas. 2 Ver [imágenes cinematográficas o televisivas], en esp. de modo crítico.
visionario, -ria *adj.-s.* Que ve visiones (ilusiones).
visionudo, -da *adj. Méj.* Ridículamente vestido.
visir (ár. *uacir*) *m.* Ministro de un soberano musulmán. 2 ***Gran ~,*** primer ministro del sultán de Turquía. ◇ Pl.: *visires.*
visirato *m.* Cargo o dignidad de visir. 2 Tiempo que dura este cargo.
visita *f.* Acción de visitar: *hacer una ~;* fig., *~ **de médico,*** la de corta duración. 2 Inspección, examen, reconocimiento: *~ de cárceles; ~ **pastoral,*** la del obispo a las iglesias de su diócesis; *~ **al Santísimo Sacramento,*** estación (ante el altar). 3 Persona que visita: *recibir las visitas.* 4 Casa en que está el tribunal de los visitadores eclesiásticos. 5 ant. Especie de esclavina adornada y de diversas formas usada por las señoras. 6 *Perú* y *P. Rico.* Lavativa, jeringa.
visitación (l. *-atione*) *f.* desus. Visita (acción). 2 p. ant. Visita de la Virgen María a su prima Santa Isabel, y fiesta que en su memoria celebra la Iglesia el 2 de julio.
visitador, -ra (l. *-tore*) *adj.-s.* Que visita frecuentemente. -2 *m.* Juez, ministro o empleado encargado de hacer visitas de inspección. -3 *m. f.* Persona que presenta a los médicos los productos de un laboratorio farmacéutico y las novedades terapéuticas. 4 Persona, esp. funcionario público, que suele hacer visitas de inspección y reconocimiento.
SIN. *1* **Visitero.** *2* **Inspector.**
visitadora *f. Amér.* Lavativa, jeringa.
visitante *adj.-s.* Que visita. 2 DEP. Que juega en el terreno de su contricante. -3 *m.* fig. *y* fam. Piojo.
visitar (l. *-are*) *tr.* Ir a ver [a uno en su casa] por cortesanía u otro motivo. 2 p. anal. Ir [a un templo] por devoción; acudir

frecuentemente [a un lugar]. 3 Ir el médico [a casa del enfermo]. 4 Informarse personalmente [de una cosa]; esp., realizar actos de inspección o reconocimiento yendo [a los lugares] los jueces, autoridades civiles o eclesiásticas, etc. 5 p. anal. Registrar en las aduanas [las mercaderías] para el pago de los derechos. 6 Ir [a algún país, población o lugar, para conocerlos]. 7 TEOL. Enviar Dios [a los hombres algún especial consuelo o trabajo] para su mayor merecimiento. -8 *prnl.* Acudir a la visita el preso para hacer alguna petición. 9 *Amér.* Hacerse ver por un médico.

visiteo *m.* Acción de hacer o recibir muchas visitas.

visitero, -ra *adj.-s.* fam. Visitador (que visita).

visitón *m.* Aum. de *visita*. 2 Visita muy larga y enfadosa.

visivo, -va *adj.* Que sirve para ver: *potencia visiva.*

vislumbrar (l. *vix,* apenas + *luminare,* alumbrar) *tr.* Ver [un objeto] confusamente por la distancia o falta de luz. 2 fig. Conjeturar por leves indicios [una cosa inmaterial].

vislumbre *f.* Reflejo o tenue resplandor, por la distancia de la luz. 2 fig. Leve semejanza de una cosa con otra. 3 Indicio, conjetura o sospecha: *tener vislumbres de una cosa.* 4 fig. Corta o dudosa noticia.

SIN. *3* v. **Barrunto.**

visnaga, Biznaga (planta).

Visnú *n. pr.* Uno de los dioses del brahmanismo.

viso (l. *visu,* facultad de ver, aspecto) *m.* Reflejo de algunas cosas que parecen ser de color distinto del suyo propio: *hacer visos un tejido.* 2 fig. Apariencia; fig., ***a dos visos,*** con dos intentos distintos. 3 Destello luminoso que despiden algunas cosas heridas por la luz: ***de*** ~, de importancia: *persona de* ~. 4 Forro de color, o prenda de vestir que se pone debajo de una tela clara para que por ella se transparente. 5 Lugar alto desde donde se ve y descubre mucho terreno. ◇ HOMÓF.: *viso* (v.).

visogodo *adj.-s.* p. us. Visigodo.

visón (fr. *vison*) *m.* Mamífero carnívoro mustélido, parecido a la marta *(Mustela lutreola).* 2 Piel de este animal. 3 Prenda hecha de pieles de este animal.

visor *m.* Accesorio de la máquina fotográfica para visar el objeto que se quiere fotografiar. 2 Aparato de televisión, de dimensiones muy reducidas, acoplado a la cámara tomavistas, en el cual el operador puede observar la imagen captada, con el fin de corregir posibles defectos. 3 Telescopio astronómico secundario. 4 MAT. Con respecto a un vector dado, otro vector que se toma como unidad, el cual, estando fijo en el origen, tiene la misma dirección y el sentido que el dado.

visorio, -ria (l. *-iu*) *adj.* Relativo a la vista y que sirve como instrumento para ver. -2 *m.* Visita o examen pericial.

SIN. *2* **Visura.**

víspera (l. *vespera,* tarde) *f.* Día que antecede inmediatamente a otro determinado. 2 fig. Cosa que antecede a otra, y en cierto modo la ocasiona. 3 Inmediación a una cosa que ha de suceder. -4 *f. pl.* División del día entre los ant. romanos, que correspondía al crepúsculo de la tarde. 5 Parte del oficio divino que ant. solía decirse hacia el anochecer. Comprende, en el oficio romano, cinco salmos, antífonas, capítulo, himno, versículos, Magnificat y oración final.

SIN. *1* y *2* **Vigilia,** esp. la que antecede a una festividad religiosa.

vista *f.* Facultad de ver: *el sentido de la* ~; *perder la* ~; ***~ cansada,*** la del présbite; ***~ corta,*** la del miope; ***~ de lince,*** fig., la muy aguda y penetrante; ***doble*** ~, fig., telepatía. 2 Ojo (órgano de la visión) o conjunto de ambos ojos: *torcer,* o *trabar, la* ~ *al mirar.* 3 Acción de ver. 4 Vistazo. 5 Lo que se ve desde un punto: *la* ~ *que se descubre desde allí es espléndida.* 6 Cuadro o estampa que representa un lugar: *una* ~ *de Venecia.* 7 Parte de una cosa que no se oculta a la visión: ***las vistas de una camisa,*** puños, cuello y pechera. 8 Apariencia o relación de unas cosas con otras: *tener buena* o *mala* ~ *una cosa; a* ~ *de la nieve el cisne es negro.* 9 fig. Intento o propósito: ***en ~ de,*** en consideración a. 10 Encuentro en que uno se ve con otro: *hasta la* ~; ***a la*** ~, luego, al punto; pagadero a su presentación: *librar una letra a la* ~. 11 fig. Sagacidad para ver una cosa o descubrir algo que otros no ven. 12 DER. Actuación en que se relaciona ante el tribunal, con citación de las partes, un juicio o incidente, para dictar el fallo. -13 *f. pl.* Aberturas de un edificio: *casa con vistas al mar.* -14 *m.* Empleado de aduanas que tiene a su cargo el registro de los géneros.

FRS. y LOC. *A primera* o *a simple* ~, ligeramente y de paso. *A* ~ *de,* en presencia de; en paraje donde se pueda ver; en consideración; *a* ~ *de pájaro,* desde un punto elevado. *Comerse,* o *tragarse, con la* ~ *una persona* o *cosa,* mirarla airadamente o con grande ansia. *Con vistas a,* loc. prep., con la finalidad de, con el propósito de. *Conocer de* ~ *a uno,* conocerle por haberse visto alguna vez. *Dar* ~ *a una cosa,* avistarla. *Hacer uno la* ~ *gorda,* fingir que no ve una cosa.

vistazo *m.* Ojeada. 2 ***Dar un*** ~, reconocer algo superficialmente y a bulto.

vistear *intr. Argent.* y *Urug.* Ejercitar la vista en quites rápidos de manos y arma blanca. 2 *Argent.* y *Urug.* Simular una lucha entre dos personas. 3 *Venez.* Tener amenazada a una persona.

vistillas *f. pl.* Lugar alto desde el cual se descubre mucho terreno.

visto, -ta (l. *vistu;* por *visu*) pp. irreg. de *ver.* 2 *adj.* Pasado de moda, llevado por mucha gente. 3 DER. Fórmula con que se da por terminada la vista pública de un negocio. 4 DER. Parte de la sentencia, resolución o informe que precede gralte. a los considerandos. 5 ~ ***bueno,*** fórmula que se pone generalmente abreviada, V° B°, al pie de ciertos documentos para autorizarlos. 6 ***No*** ~ o ***nunca*** ~, extraordinario en su línea. 7 ***Bien*** o ***mal*** ~, que se juzga bien, o mal, de una acción o cosa; [pers.] que merece, o no, la aprobación de las gentes: *su acción está muy bien* ~; *es un hombre mal* ~. -8 ***loc. conj.*** ~ ***que,*** pues que, una vez que.

vistosamente *adv. m.* De manera vistosa.

vistosidad *f.* Calidad de vistoso.

vistoso, -sa (de *vista*) *adj.* Que atrae mucho la atención. 2 desus. Ciego, fingido, gralte. para mendigar.

visturía *f. Guat.* Oficina de registro en las aduanas, pralte. en las fronteras terrestres.

visual (l. *-ale*) *adj.* Relativo a la vista como medio para ver. -2 *f.* Línea recta que se considera tirada desde el ojo del espectador hasta el objeto. 3 INFORM. Dispositivo de presentación consistente en un osciloscopio catódico: ~ ***gráfico,*** el que permite presentar dibujos; ~ ***gráfico conversacional,*** consola de visualización provista de teclado, lápiz electrónico y otros dispositivos que permiten el diálogo del usuario con el ordenador por intermedio de la pantalla catódica. 4 INFORM. Pantalla catódica de este dispositivo en la cual aparecen los datos procedentes de un ordenador.

visualidad (b. l. *-litate*) *f.* Efecto agradable producido por varios objetos vistosos.

visualización *f.* Acción de visualizar. 2 Efecto de visualizar.

visualizador *m.* Dispositivo de salida de un elaborador electrónico, sobre el que los resultados de la elaboración son presentados con tiempos de espera nulos o inapreciables: ~ ***alfanumérico,*** sobre el que vienen presentados sólo caracteres alfabéticos, numéricos y signos especiales; ~ ***gráfico,*** sobre el que también pueden ser representados diagramas y figuras; ~ ***óptico interactivo,*** el gráfico provisto de pluma luminosa y usado como dispositivo de ingreso en un elaborador electrónico al permitir la interacción directa entre el hombre y el elaborador.

visualizar *tr.* Hacer visible [lo que normalmente no aparece a la vista]: *el oscilógrafo visualiza el movimiento ondulatorio;* ~ *una lesión interna por medio de la radiografía.* 2 Representar mediante imágenes. 3 Hacer que aparezcan en una pantalla los resultados del tratamiento de una información. 4 Hacer comprensible [un concepto abstracto] con imágenes, esquemas, etc. 5 Imaginar con rasgos visibles [algo que no se tiene a la vista]. ◇ ** CONJUG. [4] como ***realizar.***

visura *f.* Examen visual de una cosa. 2 Visorio (visita pericial).

vitáceo, -a *adj.-f.* Planta de la familia de las vitáceas. -2 *f. pl.* Familia de plantas dicotiledóneas, generalmente leñosas, trepadoras, de hojas palmeadas, flores pequeñas y fruto en baya; como la vid.

vital (l. *-ale*) *adj.* Relativo a la vida. 2 fig. De suma importancia o trascendencia: *cuestión* ~. 3 Que posee un gran impulso o energía para actuar, desarrollarse o vivir.

vitalicio, -cia (de *vital*) *adj.* Que dura desde que se obtiene hasta el fin de la vida. 2 Que disfruta de un cargo vitalicio: *senador* ~. -3 *m.* Póliza de seguro sobre la vida. 4 Pensión duradera hasta el fin de la vida del perceptor.

vitalicista *com.* Persona que disfruta de una renta vitalicia.

vitalidad (l. *-itate*) *f.* Calidad de tener vida. 2 Actividad, eficacia de las facultades vitales. 3 fig. Fuerza expansiva de un texto, discurso, etc.

vitalismo *m.* Doctrina biológica y filosófica que explica todas las funciones de los seres vivos como el producto de un principio especial, de una fuerza vital esencialmente distinta de las fuerzas físicas, químicas y mecánicas. De esta manera el vitalismo afirma una antítesis irreductible entre naturaleza orgánica e inorgánica, entre procesos mecánicos y vitales, entre cuerpo y alma.

vitalista *adj.* Relativo al vitalismo. -2 *adj.-com.* Partidario del vitalismo.
vitalización (de *vitalizar*) *f.* Acción de vitalizar. 2 Efecto de vitalizar.
vitalizar *tr.* Comunicar fuerza o vigor [a un organismo, corporación, sistema, etc.]. ◇ ** CONJUG. [4] como ***realizar.***
REL. **Vitalización,** f.
vitamina (l. *vida,* vida + *amina*) *f.* Substancia indispensable para la vida, que el organismo es incapaz de producir, por lo cual debe ingerirse con los alimentos, y cuya ausencia en la alimentación habitual ocasiona determinadas enfermedades.
NOMENCLATURA Se las designa con las letras del alfabeto: *vitamina* A, B, C, D, etc. REL. **Avitaminosis,** falta de vitaminas en la alimentación.
vitaminado, -da *adj.* [droga o alimento] Que lleva incorporadas determinadas vitaminas.
vitamínico, -ca *adj.* Relativo a las vitaminas. 2 Que contiene vitaminas.
vitaminoterapia (de *vitamina* + *-terapia*) *f.* MED. Tratamiento de las enfermedades mediante vitaminas.
vitando, -da (l. *-du* < *vitare,* evitar) *adj.* Que debe evitarse. 2 Odioso, execrable.
vite *m. Colomb.* MIN. Lodo que queda en las baterías o en los molinos después de triturar el material aurífero.
vitela (l. *vitella;* dim. de *vitula,* ternera) *f.* Piel de vaca o ternera, adobada y muy pulida. 2 *Colomb.* Estampa que representa a Cristo, la Virgen o los santos.
REL. **Avitelado,** adj., parecido a la vitela.
vitelino, -na *adj.* Relativo al vitelo. -2 *f.* Membrana que contiene la yema del huevo. 3 Bilis de tono amarillo obscuro. 4 QUÍM. Fosfoproteína que se halla en la yema del huevo.
vitelo (l. *vitellu,* yema de huevo) *m.* Citoplasma del huevo de los animales.
viti- (l. *vitis,* vid) Elemento prefijal que entra en la formación de palabras con el significado de vid.
vitícola (*viti-* + *-cola*) *adj.* Relativo a la viticultura. -2 *com.* Viticultor.
viticultor, -ra (*viti-* + *-cultor*) *m. f.* Persona perita en la viticultura. 2 Persona que se dedica a la viticultura.
SIN. **Vitícola, vitivinícola, vitivinicultor.**
viticultura (*viti-* + *-cultura*) *f.* Cultivo de la vid. 2 Arte de cultivar la vid.
vitíligo *m.* PAT. Lesión de la piel en la que aparecen zonas blancas, por falta de pigmentación.
vitivinícola (*viti-* + *vinícola*) *adj.* Relativo a la vitivinicultura. -2 *com.* Vitivinicultor.
vitivinicultor, -ra *m. f.* Viticultor.
vitivinicultura (*viti-* + *vinicultura*) *f.* Viticultura.
vitiviti *m. Colomb.* Mazamorra de maíz fermentado. 2 *Colomb.* Manjar insubstancial.
vito *m.* Baile popular de Andalucía, muy animado y movido, en compás de tres por ocho. 2 Música y canto de este baile.
vitola (orig. incierto) *f.* Plantilla para calibrar balas de cañón o de fusil. 2 Marca o medida que diferencia los cigarros puros por su tamaño. 3 Regla de hierro para medir las vasijas en las bodegas. 4 fig. Traza o facha de una persona. 5 MAR. Escantillón en que se señalan las medidas de los herrajes necesarios para construir un barco.
vitolfilia (de *vitola* + *-filia* I) *f.* Costumbre de coleccionar vitolas de cigarros puros.
¡vítor! (l. *victor,* vencedor) Interjección con que se aplaude a una persona o acción.
vítor *m.* Función pública en que se aclama a uno. 2 Cartel público en que se elogia a una persona por alguna hazaña.
vitorear *tr.* Aplaudir con vítores [a una persona o acción].
vitoria *f. Colomb.* Chilacayote.
vitoriano, -na *adj.-s.* De Vitoria.
vitral (fr. *vitrail*) *m.* Vidriera de colores.
vitre (de *Vitré,* ciudad de Bretaña) *m.* MAR. Lona muy delgada.
SIN. **Brin.**
vítreo, -a (l. *-eu*) *adj.* De vidrio, o que tiene sus propiedades. 2 Parecido al vidrio: ***brillo*** ~, el que presentan ciertos minerales, semejante al del vidrio.
vitrificable *adj.* Fácil o capaz de vitrificarse.
vitrificación *f.* Acción de vitrificar o vitrificarse. 2 Efecto de vitrificar o vitrificarse.
vitrificar (l. *vitrum,* vidrio + *-ificar*) *tr.* Convertir en vidrio [una substancia]. 2 Hacer que [una cosa] adquiera las apariencias del vidrio. 3 Recubrir [un entarimado] con una capa de materia plástica, a fin de protegerlo y darle brillo. 4 Fundir al horno el vidriado de las piezas de loza o de alfarería. ◇ ** CONJUG. [1] como ***sacar.***
vitrina (fr. *vitrine* < l. *vitru,* vidrio) *f.* Armario o caja con puertas o tapas de cristales, para tener objetos expuestos a la vista; escaparate.
vitriolar *tr.* Someter [algo] a la acción del vitriolo.
vitriólico, -ca *adj.* Relativo al vitriolo, o que tiene sus propiedades.
vitriolo (l. medieval *vitriolu* < *vitru,* vidrio) *m.* Sulfato: ~ ***azul*** (también *piedra lipis*), el de cobre; ~ ***blanco,*** el de zinc; ~ ***de plomo,*** anglesita. 2 ***Aceite de*** ~, ácido sulfúrico.
vitro- (l. *vitrus,* vidrio) Elemento prefijal que entra en la formación de palabras con el significado de vidrio.
vitrocemento (l. *vitru,* vidrio + *cemento*) *m.* CONSTR. Estructura hecha de ladrillos de vidrio transparente y muy resistente, incrustados en una armazón de cemento armado, y que se utiliza para la construcción de cubiertas, tejados, terrazas, paredes, etc., para dejar pasar la luz.
vitrocerámica (*vitro-* + *cerámica*) *f.* TECNOL. Materia semejante a los productos cerámicos, que se obtiene con técnicas de vidriado y está constituida por microcristales dispersos en una fase vítrea residual.
vitualla (l. *victualia,* víveres) *f.* Conjunto de cosas necesarias para la comida: *las vituallas del ejército.* 2 Abundancia de comida y, sobre todo, de menestras o verdura.
SIN. *1* **Víveres, provisiones de boca.**
vituallar *tr.* Avituallar.
vítulo marino (l. *-lu,* ternero + *marino*) *m.* Foca.
vituperable (l. *bile*) *adj.* Que merece vituperio.
vituperación (l. *-atione*) *f.* Acción de vituperar. 2 Efecto de vituperar.
vituperador (l. *-tore*) *adj.-s.* Que vitupera.
vituperante *adj.* Que vitupera.
vituperar (l. *-are*) *tr.* Censurar, desaprobar [a una pers., acción o cosa].
vituperio (l. *-iu*) *m.* Baldón. 2 Censura, desaprobación.
vituperioso, -sa, -roso, -sa *adj.* Que incluye vituperio.
viuda (l. *vidua*) *f.* Planta dipsacácea de jardín, de flores en racimos acabezuelados, de color morado, casi negro, con las anteras blancas (variedad de *Sacabiosa maritima).* 2 Flor de esta planta. 3 ~ ***del paraíso,*** ave paseriforme de 15 cms de longitud y cola larga y vistosa; se reproduce de forma parasitaria, al poner los huevos en otros nidos *(Steganura paradisea).* 4 ~ ***negra,*** araña cuyo cuerpo mide alrededor de 1 cm. de longitud; su veneno es muy peligroso, y en algunos casos mortal *(Latrodectes mactans).*
viudal (l. *viduale*) *adj.* Relativo a la viudez.
SIN. **Vidual.**
viudedad (l. *viduitate,* viudez) *f.* Pensión o haber pasivo que percibe el cónyuge superviviente mientras permanezca en estado de viudez. 2 Viudez. 3 *Ar.* y *Nav.* Usufructo de aquellos bienes del caudal conyugal, que durante su viudez goza el consorte sobreviviente.
viudez *f.* Estado de viudo o viuda.
viudita *f.* Ave psitaciforme, con el lomo, las alas y la cola de color gris blanquecino *(Taenioptera maesta).* 2 Mono platirrino de las selvas amazónicas, de unos 45 cms. de longitud; el pelaje es de color castaño con un collar blanco en el cuello *(Callicebus torquatus).* 3 *Cuba.* Cometa con flecos.
viudo, -da (l. *viduu*) *adj.-s.* Persona a quien se le ha muerto su cónyuge y no se ha vuelto a casar. -2 *adj.* [ave] Apareada para criar, que pierde la compañera. -3 *f. Colomb.* Cocido que se prepara gralte. con pescado fresco. 4 *Ecuad.* y *Perú.* Fantasma en forma de mujer. 5 *Guat.* Pieza de carne de vaca.
REL. **Viudal** o **vidual,** relativo al viudo o a la viuda.
viura *f.* Variedad de uva blanca muy utilizada en la elaboración de vinos de Rioja, Navarra, etc.
SIN. **Macabeo.**
¡viva! Interjección con que se denota alegría y aplauso.
vivac (al. suizo *biwacht*) *m.* Vivaque. ◇ Pl.: *vivaques.*
vivace (it.) *adj. adv. m.* MÚS. [movimiento] Animado y rápido.
vivacidad (l. *-itate*) *f.* Calidad de vivaz. 2 Viveza (esplendor).
vivalavirgen *m.* Hombre ligero de cascos, despreocupado. -2 *com.* fam. Persona vividora y desaprensiva, vivales. ◇ No tiene pl.
vivales *com.* fam. Pillo, fresco, pícaro. ◇ Pl.: *vivales.*
vivamente *adv. m.* Con viveza o eficacia. 2 Con propiedad o semejanza.

vivandero, -ra (fr. *vivandier*) ***m. f.*** Persona que vende víveres a los militares en marcha o en campaña.
vivaque (v. *vivac*) ***m.*** Refugio de alta montaña. 2 DEP. En montañismo, campamento ligero para pasar la noche. 3 MIL. Guardia principal en las plazas de armas, a la cual acuden todas las demás a tomar el santo. 4 MIL. Campamento militar de noche al raso. ◇ También *vivac.*
vivaquear ***intr.*** Acampar de noche las tropas al raso. 2 Pasar la noche al raso [una persona o grupo de ellas].
I) vivar (l. *-ariu;* doble etim. *vivero*) ***m.*** Conejera. 2 Vivero de peces.
SIN. **Vivera.**
II) vivar (de *viva*) ***tr.*** *Amér.* Vitorear, aclamar.
vivaracho, -cha ***adj.*** fam. Muy vivo de genio; travieso, alegre.
vivariense ***adj.-s.*** De Vivero, c. de Lugo.
vivario ***m.*** Lugar destinado a conservar animales vivos de pequeño tamaño.
vivaz (l. *vivace*) ***adj.*** Que vive mucho tiempo. 2 Eficaz, vigoroso. 3 Agudo, perspicaz. 4 BOT. [planta] Que tiene órganos aéreos son anuales y cuyas raíces viven varios años.
SIN. *1* **Vividor.** *4* **Perenne.**
¡vive! Interjección de juramento; con algún nombre o con una palabra que lo sustituya: *¡Vive Dios! ¡Vive Cribas!*
vivencia ***f.*** Hecho de experiencia que se incorpora a la personalidad del sujeto. 2 Acto psíquico.
vivencial ***adj.*** Perteneciente o relativo a las vivencias.
vivera ***f.*** Vivar.
viveral ***m.*** Vivero (terreno).
víveres (l. *vivere;* a través del fr. *vivres;* o del it. *viveri*) ***m. pl.*** Provisiones de boca: *compré los ~ en el mercado; los ~ para una plaza fuerte.*
I) vivero (v. *vivar*) ***m.*** Terreno adonde se transplantan, desde la almáciga, los arbolillos, para recriarlos. 2 Lugar donde se mantienen dentro del agua peces, moluscos, etc. 3 fig. Semillero (origen).
SIN. *2* **Vivar.**
II) vivero ***m.*** Lienzo fabricado en Vivero, c. de Lugo.
vivérrido ***adj.-m.*** Mamífero de la familia de los vivérridos. -2 ***m. pl.*** Familia de mamíferos carnívoros de costumbres parecidas a las de los mustélidos, pero de caracteres anatómicos distintos; como la jineta y la mangosta.
viveza ***f.*** Prontitud en las acciones o agilidad en la ejecución. 2 Ardimiento en las palabras. 3 Agudeza de ingenio. 4 Dicho ingenioso. 5 Gracia en la mirada. 6 Esplendor, lustre, esp. de los colores. 7 p. us. Acción desconsiderada. 8 p. us. Palabra irreflexiva.
SIN. *6* **Vivacidad.**
vivianita ***f.*** Mineral de la clase de los fosfatos, que cristaliza en el sistema monoclínico; siendo incoloro, por alteración meteórica se vuelve de color azul a verde; su brillo es vítreo o nacarado.
vividero, -ra ***adj.*** [lugar] Que puede habitarse.
vividizo ***m.*** *Méj.* fam. Gorrista, gorrón.
vivido, -da ***adj.*** Perteneciente o relativo a lo que en las obras literarias parece producto de la inmediata experiencia del autor.
vívido, -da (l. *-du*) ***adj.*** Lleno de vida, intenso. 2 Agudo, de pronta comprensión. 3 Capaz de suscitar la imagen de lo que describe o narra.
vividor, -ra ***adj.-s.*** Que vive. 2 Persona laboriosa que busca medios de vida. -3 ***adj.*** Vivaz (que vive). -4 ***m. f.*** Persona que vive a expensas de los demás.
vivienda (l. *vivenda;* t. f. de *-du;* p. f. pas. de *vivere,* vivir) ***f.*** Morada, habitación. 2 desus. Modo de vivir.
SIN. *1* v. **Habitación.**
viviente (l. *vivente*) ***adj.-s.*** Que vive. 2 *Ecuad.* Trabajador en la finca rústica del propietario, sujeto a ciertos derechos y deberes.
vivificación (l. *-atione*) ***f.*** Acción de vivificar. 2 Efecto de vivificar.
vivificador, -ra (b. l. *-atore*) ***adj.*** Que vivifica.
vivificante ***adj.*** Vivificador.
vivificar (l. *-are*) ***tr.*** Dotar de vida [a una cosa]. 2 Hacer más viva, más animada [una cosa], fortalecerla. ◇ ** CONJUG. [1] como *sacar.*
SIN. *2* **Revivificar, avivar, reavivar.**
vivificativo, -va ***adj.*** Capaz de vivificar.
vivífico, -ca (l. *-cu*) ***adj.*** Que incluye vida o nace de ella.
vivijagua (voz indígena) ***f.*** *Ant.* Hormiga grande muy voraz, perjudicial a las plantas *(Atta insularis).* ◇ En opinión de varios lexicógrafos debe escribirse *bibijagua.*
vivíparo, -ra (l. *-ru* < *vivus,* vivo + *-paro*) ***adj.*** [animal] Que tiene su desarrollo embrionario en el interior del cuerpo de la madre. 2 BOT. [planta] Que en lugar de semillas y frutos produce órganos de multiplicación vegetativa, como yemas adventicias, bulbos, etc.
I) vivir (v. *vivir II*) ***m.*** Conjunto de los medios de subsistencia: *tengo un modesto ~.* 2 loc. ***De mal ~,*** de mala vida.
II) vivir (l. *-ere*) ***intr.*** Tener vida: *vive por milagro.* 2 Durar con vida: *vivió setenta años;* fig., durar una persona en la memoria, después de muerta: *su recuerdo vivirá eternamente;* en gral., durar cualquier cosa en la memoria o en la consideración: *aquellos momentos viven en nosotros;* p. anal., durar las cosas: *este jarro aún vive.* 3 Mantener la vida o ser alimentado: *vivo de mi trabajo; vive de pan;* pasar o llevar cierta clase de vida: *~ a su gusto, en paz, con los padres;* portarse o conducirse durante la vida: *~ bien, mal, santamente;* estar de cierta manera: *~ descuidado; ~ ignorante de algo.* 4 En infinitivo y precedido de verbos como enseñar, saber, etc., acomodarse a las necesidades sociales: *no saben ~.* -5 ***intr.-tr.*** Habitar o morar: *~ sobre la haz de la tierra; ~ en una casa durante diez años; ~ en Madrid.*
EXPR. *¿Quién vive?* expr. con que el soldado que está de centinela pregunta quién es el que llega; *~ para ver,* expr. con que se manifiesta la extrañeza que causa algo que no se esperaba. SIN. *2* v. **Durar.**
vivisección (l. *vivus,* vivo + *sección*) ***f.*** Disección de los animales vivos.
vivisector, -ra ***adj.-s.*** Que realiza vivisecciones.
vivismo ***m.*** Sistema filosófico de Luis Vives (1492-1540).
vivista ***adj.*** Relativo a Luis Vives. -2 ***adj.-com.*** Partidario del sistema filosófico del mismo.
vivo, -va (l. *vivu*) ***adj.-s.*** Que tiene vida: *los vivos y los muertos.* -2 ***adj.*** [fuego, llama, etc.] Encendido. 3 fig. Que subsiste en toda su fuerza: *la ley está viva.* 4 fig. Intenso, fuerte: *sentimiento muy ~; color muy ~.* 5 fig. Muy expresivo. 6 fig. Sutil, ingenioso; tomado a mala parte, astuto. 7 fig. Diligente, pronto y ágil. 8 fig. Perseverante, durable en la memoria. 9 ARQ. [arista o ángulo] Muy agudo. -10 ***m.*** Borde, canto de alguna cosa. 11 Cordoncillo o tira de tela cortado al sesgo, que se cose en los bordes de las prendas de vestir. 12 VETER. Especie de usagre de los animales. 13 VETER. Ardínculo.
FRS. *Dar* o *herir en lo ~,* dar o herir en lo más sensible o lastimable. *A lo ~* o *al ~,* con la mayor viveza y expresión. *Vivito y coleando,* fig. y fam., que se creía muerto y está con vida.
vizcacha (quechua *uiscacha*) ***f.*** Mamífero roedor de la pampa argentina, parecido a la liebre y con cola larga *(Lagostomus trichodactylus).*
vizcachera ***f.*** *Amér. Merid.* Madriguera de la vizcacha. 2 *Argent.* Leonera (aposento). 3 *Chile.* Saquillos de suela que se llevan a cada lado del borrón y que forman parte del equipo militar.
vizcainada ***f.*** Acto o dicho propio de vizcaínos. 2 esp. Falta de concordancia en las palabras.
vizcaíno, -na ***adj.-s.*** De Vizcaya. -2 ***m.*** Uno de los ocho principales dialectos del vascuence.
vizcaitarra ***adj.-com.*** Partidario de la independencia o autonomía de Vizcaya.
vizcondado ***m.*** Título de vizconde. 2 Territorio sobre que radicaba este título.
vizconde, -desa (de *vice-* + *conde*) ***m. f.*** Título nobiliario inferior al de conde. -2 ***m.*** Persona que el conde ponía por teniente o sustituto con sus veces y autoridad. -3 ***f.*** Mujer del vizconde. -4 ***adj.*** fam. Bizco.
viznaga ***f.*** Biznaga (planta).
vocablo (l. *-bulu*) ***m.*** Palabra, como expresión de una idea. 2 Representación de esa palabra. 3 ***Jugar del ~,*** hacer juegos de palabras.
SIN. **Voquible,** irón. o burl.; **palabra.**
vocabulario (l. med. *-iu*) ***m.*** Diccionario. 2 Conjunto de las palabras de un idioma o dialecto. 3 Conjunto de las palabras de una lengua que se emplean en un ámbito geográfico determinado, en una ciencia, arte, oficio, etc., o que utiliza preferentemente un autor. 4 Catálogo o lista de palabras ordenadas con arreglo a un sistema determinado, con las explicaciones necesarias. 5 fig. *y* fam. Persona que dice o interpreta la mente o dicho de otro.
vocabulista ***com.*** Autor de un vocabulario. 2 Persona dedicada al estudio de los vocablos.
SIN. **Diccionarista, lexicógrafo.**

VOCALES

SIPNOSIS DE LA EVOLUCIÓN DE LAS VOCALES LATINAS EN ESPAÑOL

VOCALES LATINAS

En latín clásico las vocales podían ser breves o largas: ă, ā; ĕ, ē; ĭ, ī; ŏ, ō; ŭ, ū. Para la transformación histórica importa la cantidad por naturaleza, no por posición.

El latín vulgar convertía las diferencias de cantidad en diferencia de timbre, haciendo abiertas todas las breves y cerradas todas las largas:

Lat. clásico	ă	ā	ĕ	ē	ĭ	ī	ŏ	ō	ŭ	ū
Lat. vulgar	ą	ạ	ę	ẹ	į	ị	ǫ	ọ	ų	ụ

El latín vulgar posterior reduce a siete las diez vocales clásicas de la manera que expresa el cuadro siguiente. De esta fase parten las lenguas romances.

VOCALES ROMANCES

Tónicas

Latín clásico	Latín vulgar	Romance	Ejemplos
ă ā	a	a	făcis > *haces;* pătre > *padre;* prătu > *prado.*
ĕ æ	ę	ie	tĕnet > *tiene; bĕne > bien;* quæro > *quiero.*
ē ĭ œ	ẹ	e	plēnu > *lleno;* pīlu > *pelo;* tĭmet > *teme;* fœdu > *feo.*
ī	i	i	venīre > *venir,* fīcu > *higo.*
ŏ	ǫ	ue	pŏrta > *puerta;* rŏta > *rueda.*
ō ŭ	ọ	o	hōra > *hora;* cŭppa > *copa;* lŭtu > *lodo.*
ū	ụ	u	fūmu > *humo;* ūnu > *uno.*

OBSERVACIONES. — La **a** seguida de yod (*i, e,* en hiato, consonante palatal) se junta con ella para dar **e:** laicu > *lego,* basiu > *beso,* area > *era,* sufijo *-ariu* > *-ero,* factu > *hecho,* mataxa > *madeja.* — Seguida de **u** forma **o:** causa > *cosa.*

La **ŏ** seguida de yod no diptonga en *ue* y permanece como en latín: nŏcte > *noche,* fŏlia > *hoja.*

Átonas

INICIALES. — Permanecen todas como en latín vulgar, excepto *ĭ, ŭ,* que cambian, respectivamente, en *e, o;* amicŭ > *amigo,* recitare > *rezar,* mĭnutu > *menudo,* rīparia > *ribera,* collocare > *colgar,* sŭperbia > *soberbia,* mūtare > *mudar.*

PRETÓNICAS. — Suelen perderse, con excepción de la **a:** paradisu > *paraíso,* verecundia > *vergüenza,* septimana > *semana,* honorare > *honrar,* *consutura > *costura.*

POSTÓNICAS. — Desaparecen por regla general: generu > *yerno,* anima > *alma,* humeru > *hombro, colaphu* > *golpe.*

FINALES. — La **a** se conserva: rosa > *rosa.* La **e** y la **i** se reducen a *e:* consuetudine > *costumbre,* martis > *martes.* La **e** se pierde cuando va precedida de alguna de las consonantes **t, d, n, l, r, s, c,** p. ej.: virtute > *virtud,* movere > *mover,* fine > *fin,* luce > *luz.* La **o** y la **u** se reducen a *o:* quæro > *quiero,* dŏminu > *dueño.*

vocación (l. *-atione,* llamamiento) ***f.*** Inspiración con que Dios llama a algún estado, esp. al de religión. 2 Inclinación a cualquier estado, profesión o carrera. 3 Advocación.
SIN. *1* **Llamamiento.**

vocacional ***adj.*** Relativo a la vocación.

vocacionalidad ***f.*** Calidad de lo vocacional.

****vocal** (l. *-ale*) ***adj.*** Relativo a la voz: *cuerdas vocales, concierto* ~. -2 ***com.*** Persona que tiene voz en una junta o consejo. -3 ***f.*** Sonido de una lengua que se produce por la simple vibración de las cuerdas vocales y que adquiere un timbre determinado según la posición de los órganos movibles de la boca, sin que le acompañe ninguno de los ruidos característicos de las consonantes: ~ ***abierta,*** aquella en cuya pronunciación queda la lengua a mayor distancia del paladar que en otras vocales o en otras variantes de la misma vocal; son vocales abiertas en español *a, e, o*; ~ ***cerrada,*** aquella en cuya pronunciación queda la lengua a menor distancia del paladar que en otras vocales o en otras variantes de la misma vocal; son vocales cerradas en español ***i, u***. 4 Letra que representa a un sonido vocal. En español son: *i, e, a, o, u.* 5 ~ ***larga,*** ~ ***breve,*** las de sílaba larga o breve, respectivamente. 6 ~ ***fuerte,*** vocal abierta. 7 ~ ***débil,*** vocal cerrada. 8 ~ ***nasal,*** la que se pronuncia dejando escapar por la nariz parte del aire espirado.

vocálico, -ca ***adj.*** Relativo a la vocal.

vocalismo ***m.*** Sistema de vocales de una lengua.

vocalista ***com.*** Persona que une su voz a la de los instrumentos.
SIN. **Cantante.**

vocalización ***f.*** MÚS. Acción de vocalizar. 2 MÚS. Efecto de vocalizar. 3 En el arte del canto, todo ejercicio que se ejecuta valiéndose de cualquiera de las vocales, al efecto de formar y dar agilidad y flexibilidad a la voz. 4 Pieza de música propia para vocalizar. 5 GRAM. Transformación histórica de una consonante en vocal: la *l* de *salce* en *sauce.*

vocalizador, -ra ***adj.*** Que vocaliza.

vocalizar ***intr.*** Solfear sin nombrar las notas. 2 Efectuar ejercicios de vocalización (en canto). 3 Articular con la debida distinción las vocales, consonantes y sílabas de las palabras. 4 Añadir vocales a los textos en lenguajes que ordinariamente escriben sólo las consonantes; como el árabe. -5 ***prnl.*** GRAM. Transformarse históricamente una consonante en vocal. ◇ ** CONJUG. **[4]** como ***realizar.***

vocalmente ***adv. m.*** Con la voz.

vocativo (l. *-vu*) *m.* GRAM. Caso de la declinación en que va la palabra que sirve para invocar, llamar o nombrar a una persona o cosa personificada.
voceador, -ra *adj.-s.* Que vocea (da voces). -2 *m.* Pregonero. -3 *m. f.* Vendedor de periódicos.
vocear *intr.* Dar voces. -2 *tr.* Publicar o manifestar con voces [una cosa]: *los vendedores vocean los periódicos;* p. anal. *y* fig., manifestar [algo muy vivo] las cosas inanimadas: *la sangre de Abel vocea el crimen de Caín.* 3 fig. *y* fam. Publicar [algo que sería más discreto o delicado callar]. 4 Llamar [a uno] dándole voces. 5 Aplaudir o aclamar [a alguno] a voces. 6 fig. Alabarse uno públicamente, esp. divulgando [un beneficio hecho a otro]. ◇ HOMÓF.: *bocear.*
SIN. *1* **Gritar; vociferar, chillar, desgañitarse,** intensivos.
vocejón *m.* Voz muy áspera y bronca.
voceo *m.* Acción de vocear. 2 Efecto de vocear.
voceras *com.* fam. Boceras.
I) vocería *f.* Cargo de vocero.
II) vocería *f.* Vocerío.
vocerío *m.* Gritería.
vocero *m.* El que habla en nombre de otro. 2 desus. Abogado.
vociferación (l. *-atione*) *f.* Acción de vociferar. 2 Efecto de vociferar.
vociferador, -ra (l. *-tore*) *adj.-s.* Que vocifera.
vociferante *adj.* Vociferador.
vociferar (l. *-are*) *intr.* Hablar a grandes voces. -2 *tr.* Publicar ligera y jactanciosamente [una cosa].
vocingleo *m.* Vocinglería.
vocinglería *f.* Calidad de vocinglero. 2 Ruido de muchas voces.
vocinglero, -ra (probl. del l. v. *vociferarius* × ant. *jinglero,* vocinglero) *adj.-s.* Que da muchas voces o habla muy recio. 2 Que habla mucho y vanamente.
SIN. *1* **Clamoroso.**
vodca *amb.* Vodka.
vodevil (fr. *vaudeville*) *m.* Género de comedia ligera, gralte. de asunto algo escabroso.
vodka (voz rusa) *amb.* Aguardiente de centeno, cebada o maíz, de graduación muy alta, originario de los países de la Europa oriental.
vogul *adj.-s.* De un pueblo ugrofinés que habita en el este de los montes Urales. -2 *adj.-m.* Lengua ugra, hablada en este territorio.
voivoda *m.* Alto dignatario militar o civil, en los países balcánicos y en Polonia.
volada *f.* Vuelo a corta distancia. 2 Vez que se ejecuta. 3 *Ar.* y *Seg.* Ráfaga de viento. 4 *Ecuad.* Trampa o ratería. 5 *Can.* y *Amér. Central.* Entre reporteros, noticia inventada. 6 *Argent.* fig. Lance, ocasión favorable. ◇ HOMÓF.: *bolada.*
voladera *f.* Paleta de la rueda hidráulica. 2 *And.* Molinete (juguete).
voladero, -ra *adj.* Que puede volar. 2 fig. Que pasa o se desvanece ligeramente. -3 *m.* Precipicio (despeñadero).
voladito, -ta *adj.* IMPR. Volado (tipo).
voladizo, -za *adj.-m.* Salidizo.
volado, -da *adj.* IMPR. Relativo al tipo de menor tamaño colocado en la parte superior del renglón. 2 fam. Echado al aire: *un beso ~.* 3 ARQ. [parte de un edificio] Que sobresale del muro o pared que lo sostiene, sin tener ningún otro soporte. -4 *m.* Bolado. 5 *Amér. Central.* Rumor, dicho, cuento. 6 *Argent., Parag., Urug.* y *Venez.* Volante, faralá de los vestidos. 7 *Méj.* Juego de las chapas. 8 *Nicar.* Negocio de moralidad dudosa. -9 *adj. Méj.* Chiflado, enamorado. ◇ HOMÓF.: *bolada.*
volador, -ra *adj.* Que vuela. 2 Que está pendiente, de manera que el aire lo pueda mover. 3 Que corre o va con ligereza. -4 *m.* Cohete. 5 Pez marino teleósteo beloniforme, de aletas pectorales muy desarrolladas que le permiten elevarse sobre el agua y dar pequeños vuelos *(Dactilopterus volitans).* 6 Molusco cefalópodo comestible, parecido al calamar, pero de tamaño mayor y de sabor menos delicado. 7 *And.* y *P. Rico.* Molinete (juguete). 8 *Amér. Merid.* Árbol lauráceo corpulento cuya madera se emplea para construcciones navales *(Lagetta lintearia).* 9 *Amér. Central* y *Colomb.* Molinete (juguete). -10 *f. Cuba.* Volante o rueda grande. 11 *Guat.* Bofetada. -12 *adj. Ecuad.* Ingenioso. -13 *m. f.* Cometa (armazón).
SIN. *2* **Volandero.** *5* **Pez volante.**
voladura (l. *-tura*) *f.* Acción de volar (ir y hacer estallar en el aire). 2 Efecto de dicha acción.
volamiento *m. Méj.* Chifladura.
volandas (en ~) *loc. adv.* Por el aire o levantado del suelo. 2 fig. Rápidamente.
volandera *f.* Arandela (anillo metálico). 2 Rodaja de hierro colocada en los extremos del eje del carro, para sujetar las ruedas. 3 Piedra voladora. 4 Muela (de molino). 5 fig. Mentira (expresión). 6 IMPR. Tableta delgada que entra en el rebajo y por entre los listones de la galera.
volandero, -ra *adj.* Volantón. 2 Volador (que pende). 3 fig. Casual, imprevisto. 4 fig. Que no hace asiento en ningún lugar.
volandillas (en ~) *loc. adv.* En volandas.
volando (ger. de *volar*) *adv.* fam. Inmediatamente.
volanta *f.* Volante (coche).
volante (l.) *adj.* Que no tiene asiento fijo: *ronda ~.* -2 *m.* Semiesfera pequeña de goma o corcho, con plumas que le dan aspecto de flecha, para jugar al bádminton. 3 Juego hecho con él. 4 Rueda de gran diámetro cuya masa en rotación sirve para regular la marcha de un motor, dispuesto con el embrague en un cárter, entre el motor y el cambio de velocidad. 5 Rueda que sirve de control de dirección en los automóviles. 6 p. ext. Deporte automovilístico. 7 Anillo provisto de dos topes que, movidos por la espiral, regulariza el movimiento de un reloj. 8 Máquina donde se colocan los troqueles para acuñar. 9 Hoja de papel en que se manda un aviso, orden, etc. 10 Parte de una hoja de talonario o de un libro matriz, destinada a ser arrancada. 11 Guarnición rizada, plegada o fruncida con que se adornan prendas de vestir o de tapicería. 12 Pantalla movible y ligera. 13 DEP. Centrocampista. 14 *Amér.* ant. Coche semejante al quitrín, con varas largas y ruedas de gran diámetro. 15 *Amér.* Timón. 16 *Argent.* Manubrio, control de dirección de máquinas. 17 *Argent.* Conductor de automóviles, esp. si son de carreras. 18 *Perú.* fam. Frac.
SIN. *2* **Rehilete, volantín.**
volantín, -tina *adj.* Volante (sin asiento fijo). -2 *m.* Especie de cordel, con uno o más anzuelos, para pescar. 3 *Amér.* Cometa pequeña de papel. 4 *Bol.* Cohete. 5 *Colomb., Ecuad.* y *Hond.* Voltereta, vuelta. 6 *Méj.* Juego simbólico y popular heredado de los aztecas. 7 *Méj.* Tiovivo.
volantón, -tona *adj.-s.* [pájaro] Que empieza a volar. 2 *Ecuad.* Vagabundo.
SIN. *1* **Volandero.**
volantusa *f. Amér.* Ramera.
volantuzo, -za *adj. Perú.* Cuidadoso del buen vestir. 2 *Perú.* Badulaque.
volapié *m.* TAUROM. Suerte que consiste en herir de corrida el espada al toro cuando éste se halla parado. 2 Modo de correr algunas aves ayudándose con las alas. 3 Tratándose del paso de un río, etc., modo de andar trabajosamente.
volapuk *m.* Idioma compuesto artificialmente con elementos latinos, alemanes y esp. ingleses, por el alemán Schleyer (1831-1912), que en 1879 lo propuso como lengua universal.
volar (l. *-are*) *intr.* Ir o moverse por el aire las aves, insectos, etc., agitando sus alas: *~ de rama en rama.* 2 Elevarse en el aire y moverse en él, un aparato propulsado por un motor: *~ por alto; ~ en un trimotor.* 3 Elevarse en el aire y moverse por él un globo, una cometa u otro objeto impulsado por el viento: *prnl., volarse un papel.* 4 fig. Ir por el aire [una cosa] arrojada con gran violencia. 5 fig. Caminar o ir con gran prisa: *el tren volaba;* transcurrir rápidamente: *el tiempo vuela;* p. anal., hacer las cosas con gran prontitud o ligereza: *ha escrito el libro volando.* 6 fig. Desaparecer [una persona o cosa] rápida e inesperadamente. 7 fig. Sobresalir fuera del paramento de un edificio: *el tejado vuela sobre el jardín.* 8 fig. Propagarse con celeridad una especie entre muchos. 9 expr. *~* ***al cielo,*** morirse un niño. -10 *tr.* fig. Hacer saltar o estallar [en el aire alguna cosa], esp. por medio de una substancia explosiva. 11 Irritar, picar [a uno]; esp., *prnl.,* encolerizarse, perder los estribos: *aquella pregunta me voló.* 12 IMPR. Levantar [una letra o signo] de modo que resulte volado. 13 MONT. Hacer que [el ave se levante] para tirar a ella: *el perro voló la perdiz;* soltar [el halcón] para que persiga el ave de presa. 14 *Amér. Central.* Acompañado de un substantivo, indica una acción continuada, o que requiere esfuerzo sostenido: *~* ***bala,*** tirotear; *~* ***ojo,*** espiar. 15 *Méj.* Entusiasmar, gralte. engañando. 16 *Méj.* Entre reporteros, inventar noticias. -17 *tr.-prnl. Méj.* Enamorar, por vía de diversión. ◇ ** CONJUG. [31] como ***contar.***
volata *m.* germ. Ladrón excarcelado. 2 Expresidiario.
volate *m. Colomb.* y *Venez.* Enredo. 2 *Colomb.* Multitud de cosas.
volateo (al ~) *loc. adv.* Tirando el cazador a las aves mientras vuelan.
SIN. **Al vuelo.**

volatería (der. del l. *volatu,* vuelo) ***f.*** Caza de aves hecha con otras, adiestradas para ello. 2 fig. Multitud de especies que vagan en la imaginación. 3 Conjunto de diversas aves. 4 fig. *y* p. us. Modo de adquirir o de hallar una cosa contingentemente y como al vuelo: ***de ~***, contingentemente y como al vuelo. 5 *Ecuad.* Conjunto de fuegos artificiales que gastan en una fiesta. 6 *Ecuad.* Tienda o fábrica de fuegos artificiales.
volatero ***m.*** Cazador de volatería. 2 *Ecuad.* Cohete.
volátil (l. *-le*) ***adj.-s.*** Que vuela o puede volar. 2 fig. Mudable, inconstante. 3 Relativo a las cosas que se mueven ligeramente y andan por el aire. 4 QUÍM. [substancia] Que tiene la propiedad de volatilizarse.
volatilidad ***f.*** QUÍM. Calidad de volátil.
volatilizable ***adj.*** Que se volatiliza.
volatilización ***f.*** Acción de volatilizar. 2 Efecto de volatilizar.
volatilizar (de *volátil*) ***tr.-prnl.*** Hacer pasar al estado de vapor o gas [un cuerpo sólido o líquido]. -2 ***prnl.*** fam. Desaparecer alguna cosa: *el dinero se volatilizó.* ◇ ** CONJUG. [4] como ***realizar.***
SIN. v. **Evaporar.**
volatín (ant. *buratín* < it. *burattino* × *volteador*) ***m.*** Volatinero. 2 Ejercicio del volatinero. 3 *Cuba* y *P. Rico.* Planta caparidácea de flores amarillas *(Gynandropsis pentaphylla).* -4 ***adj.*** *Guat.* Borracho.
volatinero, -ra (de *volatín*) ***m. f.*** Persona que anda y voltea por el aire o sobre una cuerda o alambre, y hace otros ejercicios semejantes.
SIN. **Titiritero, volatín, volteador; equilibrista, funámbulo,** cuando hace los ejercicios sobre una cuerda o alambre.
volatizar ***tr.-prnl.*** Volatilizar. ◇ ** CONJUG. [4] como ***realizar.***
volcador ***m.*** Mecanismo elevador de materias a granel constituido por una vagoneta que, tirada por un torno, asciende por una vía basculando automáticamente y volcando su contenido al llegar al final.
volcán (port. *volcão* < l. ***Vulcanu,*** dios del fuego) ***m.*** Abertura en la tierra por donde salen de tiempo en tiempo materias ígneas, vapores, etc. 2 fig. El mucho fuego o la violencia del ardor. 3 fig. Pasión ardiente. 4 *Amér.* Torrente de verano, aludes de agua, barro, árboles y cantos rodados. 5 *Colomb.* Derrumbadero, precipicio. 6 *Guat., Hond.* y *P. Rico.* Montón. 7 *P. Rico.* Ruido confuso y fuerte.
FR. fig. *Estar sobre un ~*, estar amenazado de un gran peligro. REL. *1* **Plutonismo.**
volcanada ***f.*** *Chile.* Bocanada de aire y también tufarada de olor. 2 *Guat.* Montón.
volcancito ***m.*** *Amér.* Especie de volcán pequeño, que despide lodo caliente.
volcánico, -ca ***adj.*** Relativo al volcán. 2 fig. Ardiente, fogoso.
volcanismo ***m.*** GEOL. Ciencia que estudia los volcanes.
volcanización ***f.*** Génesis de rocas volcánicas o eruptivas.
volcanología ***f.*** Vulcanología.
volcanólogo, -ga ***m. f.*** Vulcanólogo.
volcar (l. v. **volvicare* < l. *volvere*) ***tr.*** Inclinar hacia un lado o invertir [un objeto o recipiente] de modo que caiga o se vierta el contenido de él. Tratándose de carruajes, ***intr.:*** *el carro volcó en la cuesta.* 2 Turbar [a uno la cabeza] un olor fuerte: *ese perfume me vuelca.* 3 fig. Hacer mudar de parecer [a uno]. 4 fig. Molestar [a uno] con zumba hasta irritarle. -5 ***prnl.*** Inclinarse decididamente hacia un bando, grupo u opinión; entregarse a un trabajo o idea. ◇ ** CONJUG. [49] como ***trocar.***
volea ***f.*** Palo labrado a modo de balancín para sujetar en él los tirantes de las caballerías delanteras. 2 Voleo (golpe).
volear (de *vuelo*) ***tr.*** Golpear [una cosa] en el aire para impulsarla: *~ la pelota.* 2 Sembrar a voleo: *~ el trigo.* 3 *Colomb.* Lanzar, arrojar. ◇ HOMÓF.: *bolear.*
voleibol ***m.*** Balonvolea.
volemia ***f.*** Volumen de sangre circulante en el organismo.
voleo ***m.*** Golpe dado en el aire a una cosa antes que caiga al suelo. 2 Movimiento rápido de la danza española, consistente en levantar un pie de frente lo más alto posible. 3 Bofetón que hace rodar por el suelo a quien lo recibe. 4 ***Al ~***, v. sembrar al voleo. ◇ HOMÓF.: *boleo.*
LOC. *Al ~*, loc. adv. fig. y fam., de manera arbitraria, sin criterio. *De un ~*, loc. adv. fig. y fam., de forma rápida, de un golpe. SIN. *1* **Volea.**
volframato ***m.*** QUÍM. Sal del ácido volfrámico.
volfrámico, -ca ***adj.*** QUÍM. [ácido] Que deriva del volframio.
volframio (al. *wolframio*) ***m.*** Tungsteno.
volframita ***f.*** Volframato de hierro y manganeso que se presenta en cristales monoclínicos negroparduscos asociados con minerales de estaño.
volición (l. *volo,* quiero) ***f.*** FIL. Acto de la voluntad.
volitar (l. *-are*) ***intr.*** lit. Revolotear.
volitivo, -va ***adj.*** FIL. Relativo a los actos y fenómenos de la voluntad.
volován (fr. *vol-au-vent*) ***m.*** Pastel de pasta de hojaldre que va relleno de alimento, como marisco, pescado, pollo, etc.
volovelista ***com.*** Deportista que practica el vuelo a vela o vuelo sin motor.
volquearse ***prnl.*** Revolcarse o dar vuelcos.
volqueta ***f.*** *Colomb.* y *Ecuad.* Volquete.
volquetazo ***m.*** fam. Vuelco.
volquete (cat. *bolquet*) ***m.*** Carro formado por un cajón que se puede vaciar girando sobre el eje. 2 Camión automóvil para el mismo uso. ◇ Debe proscribirse el ANGLIC. innecesario *dumper.*
volquetero ***m.*** Conductor de un volquete.
volsco, -ca (l. *volsci*) ***adj.-s.*** De un ant. pueblo del Lacio.
volt (de *Volta,* 1745-1827, físico italiano) ***m.*** Voltio, en la nomenclatura internacional. ◇ El plural de esta nomenclatura sería *volts*, pero es preferible y más usual la forma española *voltio, voltios.*
volta ***f.*** MÚS. Vuelta, repetición.
I) voltaico, -ca ***adj.-m.*** Conjunto de lenguas sudanesas, habladas en Alto Volta.
II) voltaico, -ca ***adj.*** V. arco voltaico.
voltaíta ***f.*** Mineral de la clase de los sulfatos, que cristaliza en el sistema cúbico, de color azulado, verdoso o graso.
voltaje ***m.*** Potencial eléctrico, expresado en voltios.
voltámetro (de *Volta,* 1745-1827, físico italiano + *-metro*) ***m.*** FÍS. Aparato para la descomposición electrolítica, consistente en un vaso de vidrio, atravesado en su fondo por dos alambres de platino puestos en comunicación con dos reóforos.
voltamperio ***m.*** Unidad de medida de la potencia eléctrica aparente.
voltariedad ***f.*** Calidad de voltario.
voltario, -ria (de *vuelta*) ***adj.*** Versátil (de genio voluble). 2 *Chile.* Voluntarioso, caprichoso, obstinado. 3 *Chile.* Acicalado, peripuesto.
SIN. *1* v. **Inestable.**
volteada ***f.*** *Argent.* Acción campera de cortar el ganado para separar las reses, mediante el correr y dar vuelta del jinete en campo abierto.
volteado, -da ***adj.*** *Colomb.* Tránsfuga.
volteador, -ra ***adj.*** Que voltea. -2 ***m. f.*** Persona que voltea con habilidad. -3 ***f.*** Máquina que revuelve el heno, una vez segado, con el fin de favorecer su secado.
voltear ***tr.*** Dar vueltas [a una persona o cosa]: *~ la honda.* 2 Poner [una cosa] al revés de como estaba: *~ el armario;* p. ext., trastrocar o mudar [una cosa] a otro estado o sitio. 3 Construir [un arco o bóveda]. -4 ***intr.*** Dar vueltas una persona o cosa por ajeno impulso o con arte, como lo hacen los volteadores. -5 ***tr.*** *Amér.* Derribar, tumbar, echar por tierra. 6 *Argent., Chile, Méj.* y *Urug.* Derramar, volcar. -7 ***intr.*** *Argent., P. Rico* y *S. Dom.* Andar de una parte a otra para averiguar algo. 8 *Colomb., Méj.* y *P. Rico.* Volver: *me volteó la espalda.* -9 ***tr.-prnl.*** *Amér.* Hacer que [otra persona] cambie de parecer. -10 ***prnl.*** *Venez.* Ser una mujer infiel. 11 *Colomb., Chile, Méj.* y *P. Rico.* Cambiar de partido político.
voltearepas ***m.*** *Amér.* Tornadizo, versátil. ◇ Pl.: *voltearepas.*
voltejear ***tr.*** Voltear (poner al revés). 2 Navegar de bolina, virando de vez en cuando para ganar el barlovento.
volteo ***m.*** Acción de voltear. 2 Efecto de voltear. 3 Ejercicio de equitación. 4 *P. Rico.* Reprensión.
voltereta ***f.*** Vuelta del cuerpo en el aire, generalmente apoyando la cabeza y dándose impulso con las piernas o los brazos. 2 Lance de varios juegos de naipes en el que se descubre una carta para saber qué palo ha de ser triunfo. 3 fig. Transformación brusca, cambio rápido: *la situación política dará una ~.*
SIN. *1* **Cabriola, pirueta, tumbo.** *2* **Vuelta.**
volterianismo ***m.*** Espíritu de incredulidad o impiedad, manifestado con burla o cinismo. 2 Filosofía de Voltaire (1694-1778) y sus seguidores.
volteriano, -na ***adj.-s.*** [pers.] Que, a la manera de Voltaire (1694-1778), afecta incredulidad o impiedad cínica y burlona. -2 ***adj.*** Que la denota o implica. 3 Perteneciente o relativo a Voltaire o al volterianismo. -4 ***adj.-s.*** Partidario de Voltaire o de su doctrina.

volteta *f.* Voltereta.
voltijear *intr.* GALIC. Revolotear.
voltímetro (de *voltio* + *metro*) *m.* Aparato para medir en voltios la diferencia de potencial eléctrico entre dos puntos de un circuito.
voltio (de *Volta,* 1745-1827, físico italiano) *m.* Unidad de fuerza electromotriz, equivalente a la diferencia de potencial que, aplicada a un conductor cuya resistencia sea un ohmio, produce una corriente eléctrica de un amperio.
voltizo, -za *adj.* p. us. Retorcido, ensortijado. 2 fig. *y* p. us. Versátil (de genio voluble).
volubilidad (l. *-itate*) *f.* Calidad de voluble.
voluble (l. *-bile*) *adj.* Que fácilmente se puede mover alrededor. 2 fig. Versátil (de genio). 3 BOT. [tallo] Que crece formando espiras alrededor de los objetos.
SIN. *2* v. **Inestable.**
volumen (l., libro arrollado) *m.* Cuerpo material de un libro. 2 Corpulencia, bulto de una cosa. 3 fig. Importancia o magnitud de un hecho, negocio o asunto: *una empresa de* ~. 4 Intensidad de la voz o de otros sonidos. 5 GEOM. Espacio ocupado por un cuerpo. 6 GEOM. En particular, medida de este espacio. 7 NUMIS. Grosor de la moneda o medalla. 8 QUÍM. ~ ***atómico,*** volumen ocupado por un átomo gramo del elemento de que se trate.
SIN. *1* **Tomo,** en gral., aunque cabe reunir dos o más tomos para formar un solo volumen, o descomponer un tomo en varios volúmenes. *2* **Tamaño.** *5* **Solidez.**
volumetría *f.* Medida del volumen, esp. de un edificio. 2 FÍS. y MAT. Ciencia que se ocupa de la determinación y medida de los volúmenes. 3 QUÍM. Procedimiento de análisis cuantitativo, basado en la medición del volumen de reactivo que hay que gastar hasta que se produce determinado fenómeno en el líquido analizado.
volumétrico, -ca *adj.* Relativo a la medición de volúmenes. 2 Relativo a la volumetría.
voluminoso, -sa *adj.* Que tiene mucho volumen.
voluntad (l. *-tate*) *f.* Potencia del alma en cuya virtud tendemos en sentido positivo o negativo hacia los objetos propuestos por el conocimiento intelectual: ~ ***de hierro,*** la muy enérgica e inflexible. 2 Acto de esta potencia. 3 Libre albedrío o determinación: ***a*** ~, cuando o como se quiera. 4 Intención determinada, gana o deseo de hacer una cosa o de que otros la hagan: ***última*** ~, la expresada en testamento. 5 Consentimiento o aquiescencia. 6 Afición, afecto o benevolencia: ***ganarse la*** ~ ***de uno,*** captar su benevolencia; ***mala*** ~, enemiga; ***zurcir voluntades,*** alcahuetear. 7 Decreto o determinación de Dios.
voluntariado *m.* Alistamiento voluntario para el servicio militar. 2 Conjunto de soldados voluntarios. 3 p. ext. Conjunto de personas inscritas voluntariamente para realizar un cometido.
voluntariamente *adv. m.* De manera voluntaria.
voluntariedad *f.* Calidad de voluntario. 2 Determinación de la propia voluntad por mero antojo.
voluntario, -ria (l. *-iu*) *adj.* Que nace de la voluntad: *acto* ~. 2 Que se hace sin estar obligado a ello: *renuncia voluntaria.* 3 Voluntarioso. 4 TAUROM. [toro] Que acude con prontitud a las citas. -5 *m.* Soldado que se alista libremente en el ejército. -6 *m. f.* Persona que se presta voluntariamente a hacer algo. -7 *f. Colomb.* Mujerzuela soldadera.
SIN. *1* v. **Espontáneo.**
voluntariosamente *adv. m.* De manera voluntariosa.
voluntarioso, -sa *adj.* Que por capricho quiere hacer siempre su voluntad. 2 Que hace las cosas con voluntad constante: *estudiante* ~.
voluntarismo *m.* Doctrina psicológica, opuesta al intelectualismo, que considera a la voluntad como la actividad esencial del alma humana, de la cual dependen todas las demás y esp. las intelectivas. Sus principales representantes son Wundt (1832-1920) y Paulsen (1846-1908). En algunos pensadores, como Schopenhauer (1788-1860), el voluntarismo ha llegado a ser una doctrina metafísica que considera a la voluntad como la esencia propia, no sólo de nuestro propio ser, sino de todas las cosas.
voluptuosamente *adv. m.* De manera voluptuosa.
voluptuosidad *f.* Complacencia en los deleites sensuales. 2 Clase de placer.
voluptuoso, -sa (l. *-osu*) *adj.* Que inclina a la voluptuosidad o la hace sentir. -2 *adj.-s.* Dado a los placeres o deleites sensuales.
voluta (l.) *f.* ARQ. Adorno de figura de espiral en los capiteles de los órdenes jónico y compuesto. 2 fig. Espiral. 3 Molusco de gran tamaño y hermosas vueltas de espiras adornadas con tubérculos, espinas y otras producciones (gén. *Voluta).*
volva *f.* BOT. Velo tenue que suele envolver algunos hongos.
volváceo, -a *adj.* ANAT. Que tiene forma de bolsa.
volvaria *f.* Seta con el sombrero pardusco; sus láminas son blancas en un principio y con el tiempo se vuelven asalmonadas *(Volvaria speciosa).*
volvedera *f.* Herramienta que se emplea para dar vueltas a la mies.
volvedor, -ra *adj. Argent.* y *Colomb.* [caballería] Que se vuelve a la querencia. -2 *m. Colomb.* Adehala.
volver (l. *-ere*) *tr.* Dar vuelta (movimiento) [a una cosa]: ~ *la hoja del libro, la mesa, el colchón,* etc.; p. anal., entornar o cerrar [la ventana, puerta, etc.]; dar la segunda reja o vuelta [a la tierra]; rechazar o enviar por repercusión o reflexión: *la pared vuelve la voz;* restar [la pelota]; despedir, rechazar [un regalo o don], haciéndolo restituir al que lo envió. 2 Dirigir, encaminar [una cosa] hacia otra: ~ *el corazón a Dios; los ojos hacia la puerta.* 3 Devolver, restituir: *le vuelvo el libro;* p. anal., corresponder, pagar: ~ *un favor;* dar el vendedor al comprador [la vuelta (dinero sobrante)]; poner nuevamente [a una pers. o cosa] al estado que antes tenía: *volvió el libro al estante.* 4 Mudar, cambiar: *volvió el agua en vino; **prnl.**,* cambiar de aspecto o estado: *volverse blanco, tonto;* mudar el haz [de las cosas]: ~ *un vestido al revés;* hacer [a uno] mudar de dictamen: *le volvimos enseguida; **prnl.**, se volvió fácilmente.* 5 Traducir (en una lengua). 6 Vomitar (por la boca). -7 ***intr.-prnl.*** Regresar (al lugar): ~ *a casa, de la aldea, por tal camino.* -8 ***intr.*** Con la prep. *a* y otro verbo en infinitivo, repetir lo que antes se ha hecho: ~ *a salir, a empezar;* análogamente, reanudar el hilo de una historia, tema o negocio: ~ *a lo convenido, a la cuestión.* 9 Restituirse a su sentido o acuerdo el que lo ha perdido por accidente; tranquilizarse, reflexionar: ~ *en sí de un desmayo;* ~ *sobre sí, a su ser.* 10 Construido con la prep. *por*, defender o patrocinar la persona o cosa de que se trata: ~ *por sus hijos, por la verdad.* 11 Torcer o dejar el camino o línea recta: *habrá que* ~ *a la izquierda.* -12 ***prnl.*** Acedarse, dañarse o torcerse ciertos líquidos. 13 Inclinar el cuerpo o el rostro en señal de atención, o dirigir la conversación a determinados sujetos. ◇ ** CONJUG. [32] como ***mover.*** Partic. irreg.: ***vuelto.***
FRS. ~ *a nacer uno en tal día*, haberse librado de un grave peligro. ~ *loco a uno*, confundirlo con diversidad de especies inconexas; envanecerle de modo que parezca sin juicio. ~ *uno por sí*, defenderse; restaurar con las buenas acciones el crédito que había perdido. ~ *uno sobre su acuerdo*, mudar de opinión o parecer. Tratándose de autoridades o corporaciones, tomar otro acuerdo que altera el espíritu del primero. *Volverse uno atrás*, no cumplir la promesa o la palabra; desdecirse. *Volverse uno contra otro*, perseguirle o serle contrario. *Volverse uno loco*, perder el juicio; fig., manifestar excesiva alegría o estar dominado por un afecto vehemente. SIN. **Tornar** (lit.), de las aceps. 2 a 4 y 7 a 10.
volvible *adj.* Que se puede volver.
volvo (l. *volvere,* resolver) *m.* Íleo.
volvocales *f. pl.* Orden de algas dentro de las clorofíceas, provistas de una mancha ocular roja. Suelen formar colonias heteromorfas.
volvox *m.* Alga clorofícea de agua dulce que vive formando colonias en las que los individuos están unidos entre sí por comunicaciones protoplasmáticas que forman una intrincada red *(Volvox globator).* ◇ Pl.: *volvox.*
vólvulo *m.* Volvo.
vómer (l., reja de arado) *m.* Hueso impar de la cabeza, que contribuye a formar el tabique medio de la nariz.
vómica *f.* MED. Absceso formado en el interior del pecho y en que el pus llega a los bronquios y se evacua como por vómito.
vomicina *f.* Brucina, alcaloide procedente de la nuez vómica.
vómico, -ca (l. *-cu* < *vomere*, vomitar) *adj.* Que motiva o causa vómito. 2 V. nuez vómica.
vomipurgante *adj.-s.* MED. [medicamento] Que promueve el vómito y las evacuaciones del vientre.
vomipurgativo, -va *adj.-s.* Vomipurgante.
vomitadera *f. Colomb.* y *Guat.* Vómito.
vomitado, -da *adj.* fig. [pers.] Desmedrado o descolorido. -2 *m.* Materia del vómito.
vomitador, -ra *adj.-s.* Que vomita.
vomitar (l. *-are*) *tr.* Arrojar uno violentamente por la boca [lo contenido en el estómago]. 2 Manchar la ropa con vómito. 3 fig. Arrojar de sí una cosa [algo que tiene dentro]: *los cañones vomitan fuego.* 4 fig. Proferir [injurias, maldiciones, etc.]. 5 fig.

Revelar uno [lo que tiene secreto y se resiste a descubrir]. 6 fig. *y* fam. Restituir uno [lo que retiene indebidamente en su poder].
SIN. *1* **Devolver, volver, rendir** (eufem.); **trocar, arrojar, provocar** (vulg. o fam.); **gormar** (ant.); **lanzar; revesar;** MONT. **rejitar.**
vomitel *m. Cuba* y *P. Rico.* Arbusto de hermosas flores de color anaranjado subido *(Cordia calocea).*
vomitera *f.* fest. Vómitos.
vomitivo, -va *adj.-m.* [medicamento] Que provoca el vómito.
SIN. **Emético,** MED.
vómito (l. *-tu*) *m.* Acción de vomitar. 2 Lo que se vomita. 3 ~ ***negro*** o ***prieto,*** fiebre amarilla; ~ ***de sangre,*** hemoptisis.
vomitón, -tona *adj.* [niño de teta] Que vomita mucho.
vomitona *f.* fam. Vómito grande.
I) vomitorio, -ria (l. *-iu*) *adj.-s.* Vomitivo.
II) vomitorio (l. *-ia;* pl. de *-iu*) *m.* Abertura de los circos o teatros ant. por donde entraban y salían las gentes. 2 p. ext. Lo mismo en los estadios, plazas de toros, etc.
¡voo! Interjección que se emplea para dirigir una caballería.
voquible *m.* irón. Vocablo.
vorace *adj.* poét. Voraz.
voracear *tr. Argent.* Desafiar [a alguien] a grandes voces.
voracidad (l. *-itate*) *f.* Calidad de voraz. 2 Hambre (intensivo).
vorágine (l.) *f.* Remolino impetuoso que hacen en algunos parajes las aguas. 2 fig. Pasión desenfrenada o mezcla de sentimientos muy intensos. 3 fig. Aglomeración confusa de sucesos, de gentes o de cosas en movimiento.
voraginoso, -sa (l. *-osu*) *adj.* [sitio] En que hay vorágines.
voraz (l. *vorace* < *vorare*, devorar) *adj.* [animal] Muy comedor y de apetito ansioso: *comían con hambre ~;* fig., *codicia ~, usurero ~.* 2 fig. Violento, pronto en consumir una cosa: *fuego ~.*
SIN. *1* v. **Comilón.**
vorazmente *adv. m.* Con voracidad.
vormela (al. *Würmlein*) *f.* Mamífero carnicero mustélido, parecido al hurón, propio del norte de Europa *(gén. Vormela).*
-voro (de la 1ª persona del pres. de indic. l. *voro* < *vorare*) Elemento sufijal que entra en la formación de palabras con el significado de devorar, alimentarse, destruir.
vórtice (l.) *m.* Torbellino. 2 Centro de un ciclón.
SIN. Y REL. v. **Remolino** y **huracán.**
vorticela (l. *vortice,* vórtice) *f.* Protozoo ciliado de cuerpo acampanado con un pedúnculo contráctil mediante el cual se fija a las plantas acuáticas *(Vorticella* sp.*).*
vortiginoso, -sa (der. del l. *vortigine*) *adj.* Relativo al movimiento en remolino del aire o del agua.
vos (l.) *pron. pers.* Forma de 2 persona usada como tratamiento en género masculino y femenino y en número singular y plural; se usa precedida de preposición en los complementos. 2 Como sujeto pide verbo en plural, pero concierta en singular con el adjetivo que se le refiere: *vos, señor* (o *señora*) *sois caritativo* (o *caritativa*)*; trabajo para vos, os busco a vos.* ◇ Esta forma de tratamiento, muy general en lo antiguo, hoy sólo tiene uso en España en tono elevado para dirigir la palabra a Dios o a los santos o en poesía. En el habla popular de gran parte de la América hispana sustituye al pronombre *tú* como tratamiento de confianza; pero el habla culta tiende a evitar este uso.
vosear *tr.* Dar [a una pers.] tratamiento de vos.
SIN. **Tratar de vos.**
voseo *m.* Costumbre de vosear. 2 esp. Empleo hispanoamericano de *vos* por *tú.*
vosotros, -tras (*vos* + *otros*) *pron. pers.* Forma de la 2ª persona para el sujeto en género masculino y femenino y en número plural; se usa con preposición en los complementos. 2 En el objeto directo e indirecto con la preposición *a* es con frecuencia pleonástico: *os busco a vosotros; os escribo a vosotros.* ◇ Para el complemento directo o indirecto sin preposición se usa la forma *os.* ◇ En Andalucía e Hispanoamérica se emplea generalmente *ustedes* por *vosotros.*
votación *f.* Acción de votar. 2 Efecto de votar. 3 Conjunto de votos emitidos. 4 Sistema de emisión de votos: ~ ***nominal,*** la que se hace llamando a cada votante por su nombre; ~ ***ordinaria,*** la que se hace poniéndose unos votantes de pie y permaneciendo otros sentados, o alzando o dejando de alzar la mano; ~ ***secreta,*** la que tiene lugar de manera que no permita averiguar la identidad del votante.
votador, -ra *adj.-s.* Que vota. -2 *m. f.* Persona que tiene el vicio de jurar (echar reniegos). ◇ HOMÓF.: *botador.*
SIN. *2* **Jurador.**
votante *adj.-s.* Que vota.
votar (l. *-are*) *intr.-tr.* Hacer voto a Dios o a los santos: *votaron a San José; ~ un cirio a la Virgen.* 2 Echar votos o juramentos. 3 Dar uno su voto o decir uno su dictamen en una reunión o cuerpo deliberante: *~ con la mayoría, por alguno en el pleito.* 4 Proponer [algo] para aprobarlo por votación. ◇ HOMÓF.: *botar* (v.), *bota* y *bote* (n.); *boto* (n. y adj).
SIN. *2* **Jurar.**
votiak *adj.-m.* Lengua permia, hablada al oeste de los montes Urales.
votivo, -va (l. *-vu;* doble etim. *bodigo*) *adj.* Ofrecido por voto o relativo a él.
I) voto (l. *votu*) *m.* Promesa hecha a Dios, a la Virgen o a un santo, ya sea por devoción, ya sea para el caso de obtener determinada gracia. 2 Promesa hecha a Dios y que en número de tres (*~ de pobreza, ~ de castidad, ~ de obediencia*) constituyen el estado religioso y tiene admitidas la iglesia. 3 Expresión execratoria, blasfema o irreverente con que se demuestra ira. 4 Deseo, gralte. del bien de otro: *hago votos por tu felicidad.* 5 Exvoto. 6 En una asamblea o elección, manifestación de la voluntad de cada uno en orden a la adopción de un acuerdo o a la designación de la persona o personas que hayan de ser elegidas: ~ ***activo,*** facultad de votar que tiene el individuo de una corporación; ~ ***consultivo,*** dictamen que dan algunas corporaciones o personas autorizadas a los que han de decidir un negocio; ~ ***cuadragesimal,*** el que hacen en algunas órdenes los religiosos, de observar todo el año la misma abstinencia que en cuaresma; ~ ***de amén,*** fig. *y*, fam., el de la persona que se conforma siempre y ciegamente en el dictamen ajeno; esta misma persona; ~ ***de calidad,*** el que por ser de persona de mayor autoridad, decide la cuestión en caso de empate; ~ ***de castigo,*** desaprobación que dan los partidarios de una fuerza política a sus dirigentes, votando en unas elecciones a otro partido; ~ ***de censura,*** desaprobación de la cámara al gobierno, o de una asamblea a sus dirigentes; ~ ***de confianza,*** aprobación que da una cámara a la actuación de un gobierno en determinado asunto, o autorización que se da a uno para que efectúe libremente una gestión; ~ ***informativo,*** el que no tiene efecto ejecutivo; ~ ***particular,*** dictamen que uno o varios individuos de una comisión presentan diverso de la mayoría; ~ ***secreto,*** el que se emite de modo en que no aparezca el nombre del votante; ~ ***simple,*** promesa hecha a Dios sin solemnidad exteriorde derecho; ~ ***solemne,*** el que se hace públicamente con las formalidades de derecho, como sucede en la profesión religiosa. 7 Facultad de votar (dar su voto). ◇ HOMÓF.: *boto, voto* (v.).
SIN. *3* **Palabrota, verbo, ajo, taco, terno,** por lo gral. cuando se trata de una expresión grosera o malsonante; **reniego, blasfemia, juramento,** si es irreverente o pecaminosa. *6* **Sufragio.**
II) voto, -ta *adj.-m.* Lengua baltofinesa, hablada en el oeste de la Unión Soviética.
votri *m. Chile.* Planta de hojas carnosas *(Samienta repeus).*
voyován *m. Colomb.* y *Cuba.* Manera equitativa de verificar un trueque o un negocio cualquiera. 2 *Colomb.* Chanchullo, gatuperio.
voz (l. *voce*) *f.* Sonido que, en el hombre y ciertos animales, produce el aire expelido de los pulmones al hacer vibrar las cuerdas vocales: ***ahuecar la ~,*** abultarla para hacerla más imponente; ***alzar*** o ***levantar la ~ a uno,*** hablarle sin respeto o de manera descompuesta; ***a ~ en cuello*** o ***en grito,*** gritando; ***a media ~,*** con voz menos fuerte que de ordinario. 2 p. ext. Sonido que producen ciertas cosas inanimadas: *la ~ del mar, la ~ del viento.* 3 Grito: *dar voces, pedir a voces;* ***dar una ~ a uno,*** llamarle desde lejos. 4 Sonido particular o tono correspondiente a las notas en la voz del que canta o en los instrumentos: *~ aguda; ~ grave; ~ de tenor; ~ de tiple;* ***segunda ~,*** la que acompaña a una melodía entonándola gralte. una tercera más baja; ~ ***cantante,*** parte principal, gralte. melódica, de una composición; fig., ***llevar la ~ cantante,*** ser la persona que se impone a las demás en una reunión, o que dirige un negocio; ~ ***angélica,*** ~ ***celeste,*** registro del órgano. 5 Aptitud para cantar: *tener ~, estar en ~.* 6 fig. Fama o rumor; opinión o parecer: *corrió la ~ de que llegaba tropa;* ***a una ~,*** unánimemente. 7 Acción del espíritu que nos hace sentir o conocer alguna cosa como si algo nos hablase: *la ~ de la razón; la ~ de la conciencia.* 8 fig. Facultad de hablar, aunque no de votar en una asamblea. 9 fig. Voto o dictamen dado en una junta o asamblea. 10 GRAM. Vocablo, palabra como medio de expresión: *una ~ arcaica;* ***de viva ~,*** de palabra y no por escrito. 11 GRAM. Accidente gramatical que expresa si

el sujeto del verbo es agente o paciente: ~ *activa,* ~ *pasiva;* ~ ***media,*** en la conjugación griega y de otras lenguas arias, equivalente a la forma reflexiva del español. -12 ***loc. adv.*** MAR. ***A la*** ~, al alcance de la voz.
REL. *1* **Vocal**, relativo a la voz.
vozarrón, -ona ***m. f.*** Voz muy fuerte y gruesa.
voznar ***intr.*** Graznar.
vual (fr. *voile*) ***m.*** Tejido ligero de seda o rayón.
SIN. **Vuela.**
vudú ***m.*** Conjunto de creencias y prácticas religiosas, que incluye fetichismo, culto a las serpientes, sacrificios rituales y empleo del trance como medio de comunicación con sus deidades, procedente de África.
vuecelencia, ant. síncopa de *vuestra excelencia.*
vuecencia, síncopa de *vuecelencia.*
vuela ***m.*** Vual.
vuelco ***m.*** Acción de volcar o volcarse. 2 Efecto de volcar o volcarse. 3 Movimiento con que una cosa se vuelca (inclina). 4 fig. ***Tener un*** ~ ***el corazón,*** tener el presentimiento de una cosa.
vuelillo ***m.*** Adorno de encaje u otra tela ligera, en las bocamangas de algunos trajes.
vuelo ***m.*** Acción de volar: *el* ~ *de un águila;* ***levantar el*** ~, echar a volar; fig., elevar uno el espíritu o la imaginación; engreírse; ***tirar al*** ~, tirar al ave que va volando; ***tocar,*** o ***echar,*** ***a*** ~ ***las campanas,*** tocarlas todas a un tiempo, volteándolas y dejando sueltos los badajos. 2 Espacio que se recorre volando sin posarse: ***de,*** o ***en, un*** ~, sin detención, prontamente. 3 Trayecto que recorre un avión, haciendo o no escalas, entre el punto de origen y el destino; trayecto que recorre un cohete. 4 Conjunto de plumas que en el ala del ave sirve pralte. para volar. 5 Amplitud de un vestido en la parte que no se ajusta al cuerpo: *el* ~ *de una falda;* fig., ***cortarle los vuelos a uno,*** cortarle las alas. 6 Vuelillo. 7 Arbolado de un monte. 8 ARQ. Parte saliente de una fábrica. 9 DEP. ~ ***sin motor*** o ~ ***a vela,*** deporte de navegación aérea con un velero, aprovechando las corrientes de aire; ~ ***libre,*** modalidad deportiva del vuelo sin motor realizado con un ala delta.
SIN. *8* **Proyectura.**
vuelta (l. **volvita*) ***f.*** Movimiento de una cosa alrededor de un punto, o girando sobre sí misma, hasta invertir su posición primera, o hasta recobrarla de nuevo: *dar una* ~ *a la tortilla;* ***media*** ~, acción de volverse de modo que el cuerpo quede de frente hacia la parte que estaba antes a la espalda; ~ ***de campana,*** la completa en sentido vertical que da una persona, un avión, etc; ***a la*** ~ ***de,*** al cabo de: *a la* ~ *de pocos años;* ***a vueltas,*** cerca o casi; ***a vueltas de,*** además de; ***no hay que darle vueltas,*** expr. para indicar que es inútil continuar algo. 2 Circunvolución de una cosa alrededor de otra a la cual se aplica: *la faja le daba tres vueltas;* fig., ***dar cien vueltas a uno,*** aventajarle mucho. 3 Curvatura en un camino: *la carretera da muchas vueltas;* ***buscar a uno las vueltas,*** acechar la ocasión para dañarle; ***coger a uno las vueltas,*** adivinar sus propósitos, conocer su carácter, para conseguir el fin propuesto. 4 Serie circular de puntos en las medias. 5 Mudanza de las cosas. 6 fig. Acción o expresión áspera: ***ponerlo a uno de*** ~ ***y media,*** injuriarlo. 7 Zurra (paliza). 8 Regreso: *ida y* ~; ***a la*** ~, al volver; ***de*** ~, en volviendo; ***a*** ~ ***de correo,*** por el correo inmediato. 9 Dinero sobrante de un pago efectuado con una cantidad superior a la debida: *55 pts. de* ~. 10 fig. Parte de una cosa opuesta a la que se tiene a la vista: ***no tener*** ~ ***de hoja una cosa,*** ser incontestable. 11 Repetición de una cosa. 12 Labor que se da a la tierra. 13 Voltereta (en juegos). 14 Curva de intradós de una bóveda. 15 Paseo corto: *dar una* ~. 16 Devolución de una cosa a quien la tenía o poseía. 17 Tela sobrepuesta en la extremidad de las mangas u otras partes de ciertas prendas de vestir. 18 DEP. En ciclismo y otros deportes, carrera en etapas en torno a un país, región, comarca, etc. 19 MIN. Destello de luz que despide la plata en el momento en que termina la copelación. 20 MÚS. Retornelo.
SIN. *1* **Giro.** *8* v. **Retroceso.** *9* **Cambio.** *10* **Envés, revés.**
vueltero, -ra ***adj.*** *Argent.* Difícil en su trato.
vuelto, -ta, pp. irreg. de *volver.* 2 ***adj.*** [folio o plana de un libro o cuaderno] Que, abierto, cae a la izquierda del que lee. -3 ***m.*** *Can.* y *Amér.* Vuelta, cambio, dinero sobrante de un pago.
CONTR. *2* **Recto.** SIN. *2* **Verso.**
vueludo, -da ***adj.*** [vestidura] Que tiene mucho vuelo.
vuelvepiedras ***m.*** Ave caradriforme zancuda, de pico duro y macizo, y plumaje negro en la parte dorsal y blanco en la ventral *(Arenaria interpres).* ◇ Pl.: *vuelvepiedras.*
vuesarced, ant. síncopa de *vuestra merced.*
vueseñoría, ant. síncopa de *vuestra señoría.*
vuestro, -tra (l. v. *vostru, -tra*) ***adj.-pron. poses.*** Forma de 2ª persona en número plural en cuanto a los poseedores, y singular o plural en cuanto a la cosa poseída: ~ *padre; las obras vuestras; estos libros son los vuestros; he visto a vuestra hermana.* 2 Por ficción o por tratamiento de *vos* el uso autoriza que pueda entenderse un solo poseedor: *vuestra majestad es generoso.* 3 En la forma femenina del singular se usa como tratamiento aplicado a una sola persona. En este caso la concordancia del verbo y adjetivo obedece al sentido y no al tratamiento: *vuestra majestad es generoso.* ◇ Pl.: *vuestros, vuestras.*
vulcanicidad ***f.*** FÍS. Fenómenos geológicos y meteorológicos ocasionados por la acción de los volcanes en la superficie de la tierra.
vulcanio, -nia (l. *-iu*) ***adj.*** Relativo a Vulcano o al fuego.
vulcanismo ***m.*** Plutonismo.
vulcanista ***adj.-s.*** Plutonista.
vulcanita ***f.*** Ebonita.
vulcanización ***f.*** Acción de vulcanizar. 2 Efecto de vulcanizar.
vulcanizador ***m.*** Dispositivo empleado para vulcanizar.
vulcanizar (l. *vulcanu,* fuego) ***tr.*** Combinar azufre [con caucho o gutapercha] para darles mayor elasticidad, impermeabilidad y duración. ◇ ** CONJUG. [4] como ***realizar.***
Vulcano ***n. pr.*** MIT. Dios del fuego y de la metalurgia, hijo de Zeus y Hera y marido de Venus. Entre los griegos, *Héfestos.*
vulcanología (v. *volcán* + *logía*) ***f.*** Parte de la Geología que estudia los fenómenos volcánicos.
vulcanólogo, -ga ***m. f.*** Especialista en vulcanología.
vulgacho ***m.*** desp. Ínfimo pueblo, vulgo.
vulgar (l. *-are*) ***adj.*** [pers.] Relativo al vulgo. 2 Común, general. 3 Que no tiene especialidad particular en su línea. 4 [lengua] Que se habla por el vulgo, en contraposición a la lengua culta; LING., la romámica hablada, frente al latín.
SIN. *2* v. **General.**
vulgarejo, -ja ***adj.*** *Ecuad.* Persona o cosa vulgar.
vulgaridad (l. *-itate*) ***f.*** Calidad de vulgar (del vulgo). 2 Cosa vulgar que carece de novedad e importancia.
vulgarismo ***m.*** Dicho o frase, esp., usados por el vulgo. 2 GRAM. Históricamente, palabra de formación romance, en contraposición al cultismo.
vulgarización ***f.*** Acción de vulgarizar. 2 Efecto de vulgarizar.
vulgarizador, -ra ***adj.-s.*** Que vulgariza.
vulgarizar ***tr.*** Hacer vulgar o común [una cosa]; esp. hacer asequible al vulgo [una ciencia o una materia técnica cualquiera]. 2 Traducir [un escrito] a la lengua común o vulgar. -3 ***prnl.*** Darse uno al trato de la gente del vulgo o portarse como ella. ◇ **CONJUG. [4] como ***realizar.***
SIN. v. **Divulgar.** *3* **Aplebeyarse.**
vulgarmente ***adv. m.*** De manera vulgar. 2 Comúnmente.
vulgata (l., divulgada) ***f.*** Versión de la Sagrada Escritura, auténticamente recibida por la Iglesia.
vulgo (l. *-gu*) ***m.*** El común de la gente popular. 2 Conjunto de personas que en cada materia no conoce más que la parte superficial. -3 ***adv. m.*** Vulgarmente.
vulnerabilidad ***f.*** Calidad de vulnerable.
vulnerable (l. *-bile*) ***adj.*** Que puede recibir lesión, física o moralmente.
vulneración (l. *-atione*) ***f.*** Acción de vulnerar. 2 Efecto de vulnerar.
vulnerar (l. *-are* < *vulnu,* herida) ***tr.*** fig. Dañar, perjudicar: *con sus reticencias vulneró la honra de aquella dama.* 2 Quebrantar [la ley, precepto, etc.].
vulneraria ***f.*** Planta leguminosa, pubescente, con hojas pinnadas, blancas en el envés, verdes en el haz, y cabezuelas florares gralte. amarillas *(Anthyllis vulneraria).*
SIN. **albaida; algaida.**
vulnerario, -ria (l. *-iu*) ***adj.-s.*** DER. [clérigo] Que ha herido o matado a otra persona. 2 [remedio] Que cura las heridas.
vulpécula, vulpeja (l. *vulpecula;* dim. de *vulpes,* zorra) ***f.*** Zorra (mamífero).
vulpino, -na (l. *-nu*) ***adj.*** Relativo a la zorra. 2 fig. Que tiene sus propiedades. -3 ***m.*** Carricera.
vultuosidad ***f.*** Hinchazón del rostro.
vultuoso, -sa (l. *-osu* < *vultus,* rostro, expresión) ***adj.*** MED. [rostro] Abultado por congestión.

vultúrido, -da *adj.-m.* Ave de la familia de los vultúridos. -2 *m. pl.* Familia de aves rapaces falconiformes, de garras no retráctiles, con el cuello y cabeza generalmente desnudos; como el buitre.
vulturno (l. *-nu,* del río italiano de este nombre) *m.* Bochorno (aire caliente).
vulva (l.) *f.* Partes que rodean y constituyen la abertura externa de la vagina.
vulvaria *f.* Planta quenopodiácea, de hojas ovaladas, gris pálidas, flores diminutas verdes, y que despide un característico olor a pescado en mal estado *(Chenopodium vulvaria).*
vulvario, -ria *adj.* Perteneciente o relativo a la vulva.
vulvitis (de *vulva* + *-itis*) *f.* MED. Inflamación de la vulva. ◇ Pl.: *vulvitis.*
vúmetro (ingl. *vumeter* < *vu,* volumen + *-metro*) *m.* Instrumento que se emplea en las emisoras de radiodifusión y televisión para apreciar visualmente la amplitud de la modulación y regularla con objeto de que ciertos sonidos intensos no tengan en el receptor un volumen excesivo.

W, w *f.* Uve doble, letra que no pertenece propiamente al **alfabeto español y que aparece en voces de origen extranjero; en las palabras incorporadas a nuestra lengua se substituye por *v: vagón, vatio;* en las palabras de origen alemán la *w* representa a la consonante fricativa, labiodental y sonora: *Wagner, wagneriano, Westfalia;* y en las de origen inglés a una *u* o la secuencia *gu: twist, Windsor, Washington, whisky.* 2 Símbolo químico del *volframio*. 3 Símbolo del vatio.
wad *m.* MIN. Mineral de manganeso.
wagneriano, -na *adj.* Perteneciente o relativo Wagner (1813-1883) o a su escuela musical. -2 *adj.-s.* Partidario de la música de Wagner.
wagon-lit *m.* Coche cama.
waláchica *f.* Fase más reciente de la orogenia alpina.
Walhalla *n. pr.* MIT. En la mitología escandinava, morada de los héroes muertos en la guerra, y donde se bebe el hidromiel escanciado por las walkirias.
walkie-talkie (voz de origen ing.) *m.* Aparato receptor y transmisor de ondas de radio que puede ser transportado por una sola persona y funcionar mientras ésta camina.
walkiria, walquiria *f.* Valquiria.
walkman (del ing.) *m.* Reproductor estereofónico portátil de casetes, que sólo se puede oír mediante auriculares.
walón, -ona *adj.-s.* Valón.
wamba (nombre comercial) *f.* Calzado de tela con suela de goma.
wapití *m.* Ciervo de América del norte de mayor tamaño que el europeo *(Cervus canadensis).*
warrant (ing.) *m.* Documento en que se hace constar que una persona ha depositado mercancías en un almacén fiscal.
washingtoniano, -na *adj.-s.* De Washington, c. de los EE.UU. de América. -2 *adj.* Perteneciente o relativo a esta ciudad.
Wassermann (reacción de ~) *n. pr.* Procedimiento de análisis de la sangre para el diagnóstico de la sífilis.
wat *m.* Nombre del vatio en la nomenclatura internacional. ◇ Pl. tolerado: *wats.*
wáter, water-closet (voz inglesa) *m.* Retrete, excusado.
waterpolista *com.* Deportista que practica el waterpolo.
waterpolo *m.* Deporte acuático olímpico que se practica entre dos equipos de siete jugadores que tienen que introducir un balón en la portería contraria, impulsándolo con las manos, mientras se nada.
wau *f.* En lingüística, nombre que se da a la *u* considerada como semiconsonante explosiva, posterior a una consonante, o bien como semivocal implosiva, posterior a una vocal.
wavelita *f.* MIN. Fosfato de aluminio hidratado.
Wb, símbolo químico del *weber*.
weber *m.* ELECTR. Unidad de flujo magnético, de símbolo Wb., igual al flujo que al atravesar una espira produce una fuerza electromotriz de un voltio si se anula uniformemente en un segundo.
wéber *m.* FÍS. Nombre del weberio en la nomenclatura internacional.
weberio *m.* FÍS. Unidad de flujo de inducción magnética en el sistema basado en el metro, el kilogramo, el segundo y el amperio.
weimarés, -resa *adj.-s.* De Sajonia-Weimar o de su capital Weimar (Alemania). ◇ También *veimarés.*
wellingtonia *f.* Secuoya.
wélter (ing. *welter-weight*) *adj.-m.* DEP. Peso (categoría) del boxeo, superior al superligero, que comprende a los deportistas que pesan hasta 66,678 kgs. (los profesionales) ó 67 kgs. (los aficionados).
REL. V. **Peso.**
welwitschiales *f. pl.* Orden de plantas dentro de las gnetófitas, de una única especie, *Welwitschia bainesii*, protegida.
western (voz inglesa) *m.* Género cinematográfico que sitúa la acción en el marco del oeste norteamericano durante la época de su colonización y que se caracteriza por su dinamismo y la presencia de personajes tipo como el indio, el vaquero, el shérif, etc. 2 Película de este género.
westfaliano, -na *adj.-s.* De Westfalia, región de Alemania. -2 *adj.* Relativo a la paz de Westfalia.
Wh, símbolo del vatio-hora.
whisky (voz inglesa) *m.* Güisqui.
whist (voz inglesa) *m.* Juego de naipes conocido desde el s. XVIII, precursor del bridge.
wiclefismo *m.* Doctrina de Wiclef (1324-1384), reformador religioso inglés, que negaba la transubstanciación.
wiclefista *adj.* Relativo a Wiclef (1324-1394). -2 *adj.-com.* Partidario de sus doctrinas.
wínchester *m.* Fusil de repetición.
windsurf (voz inglesa) *m.* DEP. Tabla especial sobre la que se coloca una vela que dirige el deportista para deslizarse sobre el agua.
windsurfing (voz inglesa) *m.* Deporte náutico del windsurf.
windsurfista *adj.-com.* [pers.] Que practica el windsurfing.
winteráceo, -a *adj.-s.* Planta antofita magnolial de interés filogenético, pues tiene el leño formado sólo por traqueidas, como las gimnospermas. -2 *f. pl.* Familia de estas plantas.
wolfram, wolframio (de *Wolfram*) *m.* Volframio.
wolframita *f.* Mineral que cristaliza en el sistema monoclínico, de color negro o pardo y brillo submetálico o resinoso.
wolfsbergita *f.* Mineral de la clase de los sulfuros, que cristaliza en el sistema rómbico, de color gris o negro y brillo metálico.
wollastonita *f.* Mineral de la clase de los silicatos que cristaliza en el sistema triclínico, de color blanco, gris o rosado o también incoloro. Tiene brillo vítreo o nacarado.
wulfenita *f.* Mineral que cristaliza en el sistema tetragonal, de color amarillo, anaranjado o rojo y brillo vítreo o adamantino.

X, x ***f.*** Equis, vigésima cuarta letra del **alfabeto español que equivale a una *s* cuando va delante de una consonante: *excelente, explosión, extraño;* y a *gs* si va entre vocales: *axioma, examen, óxido.* 2 *X*, cifra romana equivalente a diez. 3 Suple en lo escrito a un nombre que no se quiere dar a conocer. 4 MAT. Signo con que se representa una incógnita. 5 Símbolo químico del *xenón*.

xana ***f.*** En la mitología popular asturiana, ninfa de las fuentes y de los montes. ◇ La *x* se pronuncia como prepalatal fricativa sorda.

xantelasma (*xanto-* + gr. *élasma,* lámina) ***m.*** PAT. Xantoma localizado en los párpados, y que puede extirparse mediante tratamiento quirúrgico.

xanto- (gr. *xanthós,* amarillo) Elemento prefijal que entra en la formación de palabras con el significado de amarillo. ◇ También *janto-*.

xantocón (v. *xanto-*) ***m.*** Mineral de la clase de los sulfuros, que cristaliza en el sistema monoclínico, de color amarillo, anaranjado o rojo y brillo adamantino o nacarado.

xantocromía (*xanto-* + *-cromía*) ***f.*** PAT. Coloración amarillenta exagerada de la piel y mucosas.

xantofíceas (*xanto-* + *-fíceo*) ***f. pl.*** Clase de algas dentro de los xantófitos, verdes amarillentas, unicelulares, algunas con undulipodios que les permiten ser móviles; la mayoría son de agua dulce.

xantofila (*xanto-* + *-filo* III) ***f.*** Pigmento amarillo de ciertas células vegetales.

xantófitos (*xanto-* + *-fito*) ***m. pl.*** Tipo de algas constituido por la clase de las xantofíceas.

xantoma (*xanto-* + *-oma*) ***m.*** PAT. Depósito de colesterol que puede observarse en la piel, huesos y tendones, en forma de nódulos.

xantomatosis ***f.*** PAT. Conjunto de las enfermedades del metabolismo de los lípidos, que se caracterizan por la formación de xantomas. ◇ Pl.: *xantomatosis.*

xara (ár.) ***f.*** Ley mahometana derivada del Alcorán.

Xe, símbolo químico del *xenón*.

xeno- (gr. *xenos,* extraño, extranjero) Elemento prefijal que entra en la formación de palabras con el significado de extraño, extranjero.

xenoblástico, -ca (*xeno-* + gr. *blastós,* germen) ***adj.*** GEOL. [roca] Que presenta cristales irregulares, mal formados.

xenocristal (*xeno-* + *cristal*) ***m.*** GEOL. Cristal englobado en una masa pero que no se ha originado a partir de ella.

xenofilia (*xeno-* + *-filia* I) ***f.*** Simpatía a los extranjeros.

xenofobia (*xeno-* + *-fobia*) ***f.*** Odio a los extranjeros.

xenófobo, -ba ***adj.*** Que siente xenofobia.

xenogamia (*xeno-* + *-gamia*) ***f.*** BIOL. Fertilización cruzada.

xenón ***m.*** Elemento gaseoso e inerte, que se encuentra en el aire en pequeñas cantidades. Su símbolo es *Xe* o *X*, su peso atómico 131,3 y su número atómico 54.

xenotima ***f.*** Mineral radiactivo de la clase de los fosfatos, que cristaliza en el sistema tetragonal, de color amarillento, rojizo o castaño y brillo graso.

xerez ***m.*** Jerez.

xero- (gr. *xerós,* seco) Elemento prefijal que entra en la formación de palabras con el significado de seco.

xerocopia (*xero-* + *copia*) ***f.*** Copia fotográfica obtenida por medio de la xerografía; fotocopia.

xerocopiar ***tr.*** Reproducir en copia xerográfica. ◇ ** CONJUG. [12] como ***cambiar.***

xerófilo, -la (*xero-* + *-filo* I) ***adj.*** [planta] Que vive en un hábitat seco y presenta una serie de modificaciones como adaptación al mismo, por ejemplo, poder almacenar agua en su parénquima.

xerofítico, -ca (*xero-* + *-fito*) ***adj.*** Xerófilo.

xerófito, -ta ***adj.*** Xerofítico.

xeroftalmía (*xero-* + *oftalmía*) ***f.*** Desecación de la córnea del ojo, con pérdida de la visión.

xerografía (*xero-* + *-grafía*) ***f.*** Sistema electrostático, que se utiliza para imprimir en seco. 2 Fotocopia obtenida por este procedimiento.

xerografiar ***tr.*** Reproducir fotográficamente por medio de la xerografía; fotocopiar. ◇ ** CONJUG. [13] como ***desviar.***

xerográfico, -ca ***adj.*** Relativo a la xerografía. 2 Obtenido mediante la xerografía.

xerógrafo, -fa ***m. f.*** Persona que tiene por oficio la xerografía.

xerorradiografía (*xero-* + *radiografía*) ***f.*** Procedimiento que substituye las placas radiográficas por una chapa sobre la que se deposita, por medio de una capa de resina, una fina capa de selenio.

xerosfera (*xero-* + gr. *sphaira,* esfera) ***f.*** Ambiente climático típico de los desiertos.

xerostomía (*xero-* + *-stomía*) ***f.*** PAT. Sequedad de la boca por falta de saliva.

xi (gr.) ***f.*** Decimocuarta letra del **alfabeto griego equivalente a la *x*.

xifoideo, -a ***adj.*** Relativo al apéndice xifoides.

xifoides (gr. *xiphoeidés* < *xiphos,* espada + *eidós,* forma) ***adj.-s.*** Cartílago en que termina el esternón. ◇ Pl.: *xifoides.* SIN. **Mucronata, paletilla.**

xilariales ***m. pl.*** Orden de hongos que producen cuerpos fructíferos (peritecios), al que pertenece el moho rojo del pan.

xileno ***m.*** QUÍM. Compuesto orgánico parecido al tolueno, que se encuentra en el alquitrán de hulla.

xilo- (gr. *xylon,* madera) Elemento prefijal que entra en la formación de palabras con el significado de madera.
xilófago, -ga (*xilo-* + *-fago*) ***adj.*** [insecto] Que roe la madera.
xilófito, -ta (*xilo-* + *-fito*) ***adj.-s.*** BOT. Planta leñosa que posee una cantidad perceptible de tejidos lignificados.
xilofonista ***com.*** Músico que toca el xilófono.
xilófono (*xilo-* + *-fono*) ***m.*** MÚS. Instrumento de percusión, compuesto de una serie de varillas de madera de diferente longitud, que se tocan con dos macillos de madera. ◇ INCOR.: *xilofón.*
xilografía (*xilo-* + *-grafía*) ***f.*** Arte de grabar en madera. 2 Impresión tipográfica hecha con planchas de madera grabadas.
xilográfico, -ca ***adj.*** Relativo a la xilografía.
xilógrafo, -fa ***m. f.*** Persona que graba en madera. -2 ***m.*** p. us. Aparato que se usa para grabar sobre madera.
xiloideo, -a ***adj.*** Parecido a la madera.
xiloidina ***f.*** QUÍM. Resultante del ácido nítrico sobre las materias vegetales.
xilópalo ***m.*** Madera fosilizada cuyas moléculas orgánicas se han substituido por sílice que se ha dispuesto igual que aquellas, por lo que conserva su estructura.
xilórgano (*xilo-* + gr. *órganon*) ***m.*** MÚS. Ant. instrumento de percusión parecido al xilófono.
xilotila ***f.*** Hidrosilicato de magnesia y hierro que imita la madera fósil.

Y, y *f.* I griega o *ye*, vigésima quinta letra del **alfabeto español que representa gráficamente a la consonante fricativa, palatal y sonora, salvo cuando va a final de palabra como último elemento de un diptongo o triptongo, en cuyo caso equivale a una *i: rey, buey, hoy, doy.* 2 Símbolo químico del *itrio*.

y (l. *et*) ***conj. copul.*** Une en la oración términos que hacen el mismo oficio gramatical: *una casa moderna y cómoda;* une oraciones que expresan hechos sucesivos o simultáneos, aunque algunas veces, según el significado de las oraciones unidas, denota entre ellas oposición o consecuencia: *le llamé y no vino; nieva y hace frío de verdad;* empléase en principio de período o cláusula enlazando idealmente con algo supuesto, para dar énfasis a lo que se dice: *¡y si no llega a tiempo! ¿y si fuera otra la causa?;* precedida y seguida de una misma palabra denota idea de repetición indefinida: *días y días,* o la diferenciación: *hay hombres y hombres.* ◇ Se convierte en *e* antes de *i, hi.* V. e II.

ya (l. *iam*) ***adv. t.*** Denota: en un tiempo pasado: *ya hemos hablado de esto;* en la actualidad: *ya es pobre;* finalmente, por último: *ya es preciso tomar medidas;* luego, inmediatamente: *ya voy;* ahora, concediendo a la vez lo que nos dicen: *ya entiendo;* sin que pase mucho tiempo: *ya nos veremos.* -2 ***conj. distrib.*** Ahora, u ora: *ya en la milicia, ya en las letras.* -3 ***conj. condic. Si ya,*** si; siempre que: *haré cuanto quieras, si ya no me pides cosas impropias.* -4 ***loc. conj. No ya,*** no solamente: *no ya en las letras, sino en las armas.* -5 ***loc. conj. caus.*** o ***consec. Ya que,*** una vez que, puesto que: *ya que lo habéis querido, aguantad.* -6 ***loc. ¡Pues ya!*** por supuesto, ciertamente. Us. a menudo en sentido irónico.

yaacabó ***m.*** *Argent., Colomb., Ecuad.* y *Venez.* Guaco (ave falcónida).

yaba (voz indígena) *f. Cuba.* Pangelín.

yabirú (guaraní) ***m.*** Ave ciconiforme de América del Sur, parecida a la cigüeña *(Jabiru mycteria).* ◇ También *jabirú.*

yabuna *f. Cuba.* Gramínea de hojas muy ásperas *(Ramen yabuna).*

yac ***m.*** Yak.

yacal (voz tagala) ***m.*** *Filip.* BOT. Árbol de la familia de las dipterocarpáceas, de madera muy apreciada para construcciones y muebles. 2 Madera de este árbol.

yacamar ***m.*** vulg. Pájaro de América tropical.

yacaré (guaraní) ***m.*** Cocodrilo americano de hasta 2,5 m. de longitud, hocico plano y coloración negruzca *(Caiman latirostris).*

yacedor ***m.*** Mozo que lleva las caballerías a yacer.

yacente (l. *iacente*) ***m.*** MIN. Cara inferior de un criadero.

yacer (l. *-iacere*) ***intr.*** Estar echada o tendida una persona. 2 Estar un cadáver en la fosa o en el sepulcro. 3 Existir o estar real o figuradamente una persona o cosa en un lugar: *aquel manuscrito yace sepultado.* 4 Pacer de noche las caballerías en el campo. 5 Tener trato carnal con una persona. ◇ ** CONJUG. [92].

yacija (l. v. **jacilia;* pl. de *jacile,* lecho) *f.* desp. Cama o cosa en que se está acostado. 2 Sepultura (hoyo y monumento).

yacimiento (de *yacer*) ***m.*** Sitio donde se halla naturalmente una roca, un mineral o un fósil.

yacio ***m.*** *Venez.* Árbol productor de caucho *(*gén. *Hevea).*

yaco ***m.*** *Perú.* Nutria.

yactura (l. *iactura*) *f.* Quiebra.

yacu ***m.*** *Bol.* Planta crucífera comestible.

yacú ***m.*** *Argent.* Chachalaca.

yacuchupe ***m.*** *Perú.* Plato criollo.

yacuibeño, -ña ***adj.-s.*** De Yacuiba, c. de la prov. de Gran Chaco del dep. de Tarifa (Bolivia).

yacumama *f. Amér. Merid.* Anaconda.

yacumeño, -ña ***adj.-s.*** De Yacuma, prov. del dep. de El Beni (Bolivia).

yacutinga *f. R. de la Plata.* Ave, especie de yacú *(Pipile yacutinga).*

yacutoro ***m.*** *R. de la Plata.* Chachalaca (ave).

yagatay ***adj.-m.*** Lengua turca, hablada antiguamente en el sudoeste de Siberia y en el noroeste de China, de la que proceden el uzbego y el uigur.

yagé ***m.*** *Colomb.* Ayahuasca, brebaje.

yagruma *f. Cuba.* Yagrumo.

yagrumo ***m.*** *P. Rico* y *Venez.* Árbol que crece hasta 20 metros, de hojas grandes, como de un pie o más, que son verdes por encima y blancas plateadas por debajo *(Dendropanax micans).*

yagua (voz indígena) *f.* Jagua (árbol). 2 *Ant.* y *Venez.* Palma real. 3 *Ant.* y *Venez.* Tejido fibroso que rodea la parte más tierna y elevada de la palma, del cual se desprende naturalmente todas las lunaciones, y sirve para varios usos, pralte. para techos y paredes de bohíos.

yaguacil ***m.*** *S. Dom.* Cubierta que tiene el racimo de la palma real.

yagual ***m.*** *Amér. Central* y *Méj.* Rodete para llevar pesos sobre la cabeza. 2 *Méj.* Cernedor, torno.

yaguana *f. Argent.* Vasija para hacer hervir leche.

yaguané ***m.*** *Amér. Merid.* Mofeta. -2 ***adj.*** *Amér. Merid.* [ganado] Que tiene el pescuezo y los costillares de color diferente al resto del cuerpo, es decir, parecido al mustélido de su nombre.

yaguar ***m.*** Jaguar.

yaguareté ***m.*** *R. de la Plata.* Jaguar. ◇ También *jaguareté.*

yaguarondi ***m.*** Mamífero carnívoro félido de Sudamérica, de hasta 60 cms. de longitud, más 35 cms. de la cola, y pelaje gris pardo *(Felis yaguarondi).*

yaguarú ***m.*** *R. de la Plata.* Coipo.

yaguarundí ***m.*** *Argent.* Yaguareté.

yaguasa *f. Amér. Central.* Ave anseriforme de unos 50 cms. de longitud, especie de pato silvestre, más pequeño que el común *(Dendrocygna arborea).*
yaguré *m. Amér.* Mofeta (mamífero).
yai *m.* Pajarito cantor, de plumaje gris y pico amarillo *(Clorospiza aldutanei).*
yaichihue *m. Chile.* Planta bromeliácea *(Tillandsia humilis).*
yaicuaje *m. Cuba.* Árbol sapindáceo, con flores blancas en racimo *(Exothea paniculata).*
yainismo *m.* Jainismo.
yaíta *adv. Venez.* Dim. vulg. de *ya.*
yaití (voz indígena) *m. Cuba.* Árbol euforbiáceo, delgado, de madera obscura y resistente *(Sebastiana albicans).*
yajá *m. Argent.* Chajá.
yak (voz tibetana) *m.* Gran bóvido de las altas montañas asiáticas, de pelaje lanoso y ondulado, que forma grandes rebaños *(Bos grunniensis).* ◇ También *yac.*
yakuto, -ta *adj.-s.* De Yakutsk y de Yakutia, ciudad y república del nordeste de la Unión Soviética, respectivamente. -2 *adj.-m.* Lengua turca hablada en Yakutia.
¡yalo! *Pan.* y *P. Rico.* Voz que en el juego del escondite dice el chico ya escondido para advertir que ya se puede empezar el juego.
yamao *m. Cuba.* Árbol meliáceo; tiene hojas con folíolos oblongos que sirven de pasto al ganado *(Trinchilia* s.e.d.*).*
yámbico, -ca (gr. *iambikós*) *adj.* Relativo al yambo. ◇ También *jámbico.*
yambo (l. *iambu* < gr. *iambos*) *m.* Pie de la poesía clásica formado por una sílaba breve y una larga; **VERSIFICACIÓN CLÁSICA. 2 Árbol mirtáceo, cuyo fruto, parecido a una manzana pequeña y muy dulce, es la pomarrosa *(Eugenia jambos).*
yambú *m. Cuba.* Baile afrocubano.
yambul *m. P. Rico.* Dulce de harina de trigo, yema de huevo y azúcar.
yana (voz indígena) *f. Cuba.* Especie de mangle; árbol combretáceo de tronco tortuoso *(Conocarpus erecta).*
yanacón, -cona (quechua *yanacuna*) *m. f. Amér.* Indio arrendatario o aparcero.
yanacona *adj.-com.* Indio que estaba al servicio personal de los españoles en ciertos países de América meridional. 2 Servidor de los grandes Estados, entre los incas. 3 *Argent., Bol.* y *Perú.* Yanacón.
yanaconaje *m. Perú.* Conjunto de yanacones. 2 *Perú.* Yanaconazgo.
yanaconazgo *m. Perú.* Contrato entre el yanacón y el hacendado.
yanaconizar *tr. Perú.* Dividir [un fundo] en parcelas para distribuirlas entre yanacones. ◇ ** CONJUG. [4] como ***realizar.***
I) yanca *f. Chile.* Capa arcillosa que separa el filón de la roca estéril.
II) yanca *adj. Nicar.* Yanqui.
yanga *adj. Argent.* Desmañado, abandonado.
yangüés, -esa *adj.-s.* De Yanguas (Salamanca).
yanilla *f. Cuba.* Árbol silvestre que crece en las ciénagas del litoral *(Schmidelia commina).*
yanqui (ing. *yankee*) *adj.-s.* Norteamericano. ◇ Pl.: *yanquis.* ◇ En su origen esta denominación se aplicaba sólo a los habitantes de Nueva Inglaterra, y p. ext. a los de todos los estados del N. En español ha pasado a ser sinónimo (con cierto matiz desp.) de estadounidense en gral.
I) yantar (l. *-iantare,* almorzar) *tr.* ant. Comer (tomar alimento).
II) yantar (de *yantar* I) *m.* Tributo que pagaban los habitantes de los pueblos para el mantenimiento del soberano y del señor cuando transitaban por ellos. 2 Prestación enfitéutica que antig. se pagaba en especie, y hoy en dinero, al poseedor del dominio directo de una finca. 3 ant. Manjar, vianda.
yanyurén *m. S. Dom.* Individuo de gran tamaño. 2 *S. Dom.* Pie grande.
yapa (quechua) *f. Amér.* Añadidura, adehala. 2 *Amér.* Parte exterior del lazo que termina con la argolla. 3 *Amér.* Azogue que se añade al mineral argentífero, para trabajarlo más fácilmente. ◇ También *llapa.*
yapador, -ra *adj. Perú.* Persona generosa al yapar.
yapar *tr. Amér.* Añadir la yapa [al precio o pago]. 2 *Argent.* Agregar a un objeto otro de la misma materia o que sirve para el mismo uso. ◇ También *llapar.*
yape *m. Venez.* Sarapia. 2 *Venez.* Semilla de este árbol que sirve para aromatizar el rapé, perfumar las roperías, etc.
yapero, -ra *adj. Perú.* [pers.] Que exige yapas.
yapingacho *m. Ecuad.* Rapingacho, tortilla de patatas.
yapok *m.* Mamífero marsupial acuático con los pies palmeados; se alimenta de peces y cangrejos de agua dulce *(Chronectes minimus).*
yapú (guaraní) *m.* Ave paseriforme de América del Sur, de color negro, con abdomen y rabadilla castaño rojizos y cola amarilla *(gén. Cassinus).*
yapururo *m. Venez.* Flauta de bambú de un metro de largo, de sonido agradable, us. por los indígenas. 2 *Venez.* Baile indígena del Alto Orinoco.
yaqué *m. Méj.* y *R. de la Plata.* Chaqué.
yáquil *m. Chile.* Arbusto rámneo espinoso cuyas raíces se usan como jabón *(Colletia ferox).*
yaracuyano, -na *adj.-s.* De Yaracuy, estado de Venezuela.
yarará (guaraní) *f. Amér. Merid.* Serpiente de gran tamaño, muy venenosa *(Bothrops brasiliensis).*
yaraví (quechua *harauí,* canto triste) *m. Amér.* Canto indígena profundamente triste y monótono.
yarda (ing. *yard*) *f.* Medida inglesa de longitud (91 cms.).
yare *m. Amér. Central* y *Venez.* Jugo venenoso que se extrae de la yuca amarga. 2 *Venez.* Masa de la yuca dulce con la que se hace el casabe.
yareta *f. Amér.* Llareta (planta umbelífera).
yarey (voz indígena) *m. Ant.* Palma que se emplea para tejer sombreros *(Inodes causiarum).* 2 *Cuba* y *S. Dom.* Sombrero hecho con esta palma.
I) yaro *m.* Aro (planta).
II) yaro *m. Urug.* Indio que habitaba en la costa oriental del Uruguay, al sur del río Negro. -2 *adj.* Perteneciente o relativo a estos indios.
yaruma *f. Colomb.* y *Venez.* Moriche, palmera.
yarumba *f. Pan.* y *Perú.* Yaruma.
yarumbo *m. Colomb.* Yaruma.
yasar *intr. Logr.* Salirse de madre un río, desbordarse.
yatagán (voz turca) *m.* Sable curvo usado por los orientales.
yátaro *m. Colomb.* Tucán, ave.
yatay (guaraní) *m. R. de la Plata.* Palmera de palmito comestible; con el fruto se fabrica aguardiente, y con la fibra de sus hojas se tejen sombreros *(Cocos yatay).*
yate (ing. *yacht*) *m.* Embarcación de gala o de recreo.
yautía (voz indígena) *f. Ant.* Planta común, cuya raíz es muy estimada como comestible *(Xanthosoma sagittaefolium).*
yaya (voz indígena) *f. Amér.* Dolor insignificante. 2 *Amér.* Herida pequeña; cicatriz. 3 *Amér. Central* y *Colomb.* Llaga. 4 *Cuba* y *P. Rico.* Árbol anonáceo de madera flexible y fuerte, que se utiliza para bastones, horcones, etc. *(gén. Oxandra).* 5 *Cuba.* Palo us. a manera de bastón. 6 *Pan.* Tormento, picota, situación difícil. 7 *Perú.* ZOOL. Especie de ácaro *(Tetronychus molestissimus).*
yayero, -ra *adj. Cuba.* Entremetido. -2 *m. f. Cuba.* Persona que lleva el tono en los bailes populares, batiendo palmas y cantando al mismo tiempo.
yayo, yaya *m. f. Ar.* y *Levante.* Abuelo, abuela.
yaz *m.* Jazz.
Yb, símbolo químico del *iterbio.*
ye *f.* Nombre de la letra *y.*
yecla *m.* Vino procedente de la región de Yecla (Murcia).
yeco *m. Chile.* Especie de cuervo marino *(Graculus brasilianus).*
yedra (l. *hedera*) *f.* Hiedra.
yegua (l. *equa*) *f.* Hembra del caballo. 2 *Amér. Central.* Colilla de cigarro. -3 *adj. Chile.* Enorme, muy grande: *me llevé un disgusto ~.* 4 *Amér. Central* y *P. Rico.* Estúpido, bruto. 5 *Chile.* [mujer] Ordinaria, altanera y pendenciera.
SIN. *1* **Potra,** desde que nace hasta que muda los dientes de leche; **potranca,** la que no pasa de tres años.
yeguada *f.* Rebaño de ganado caballar. 2 *Amér. Central* y *P. Rico.* Burrada, disparate.
yeguar *adj.* Relativo a las yeguas.
yeguarizo *m. Amér. Merid.* Yeguada, manada de yeguas. -2 *adj.* Caballar.
yegüería *f.* Yeguada.
yegüerío *m. Amér. Central* y *P. Rico.* Yeguada.
yegüerizo, -za *adj.* Yeguar. -2 *m.* Yegüero. 3 *Colomb.* Yeguada, manada de yeguas.
yegüero, -ra *m. f.* Persona que guarda o cuida las yeguas. -2 *m. Colomb.* Yeguada, manada de yeguas. -3 *adj. Colomb.* Pendenciero.
yeísmo *m.* Pronunciación de la *elle* como *ye.*

yeísta *adj.* Relativo al yeísmo. -2 *adj.-com.* [pers.] Que practica el yeísmo.
yeito *m. Urug.* Maña, destreza. 2 *Urug.* Movimiento, actitud o gesto mal hechos.
yelmo (germ. *helm*) *m.* Parte de la armadura que cubre y defiende la cabeza y el rostro. Se componía de *morrión, visera* y *babera*. 2 ~ ***erizado,*** molusco gasterópodo provisto de una concha de hasta 10 cms. de longitud, con grandes tubérculos sobre las espiras. Se utiliza para la fabricación de objetos de adorno *(Cassidaria echinophora).* 3 BLAS. Timbre del escudo en forma de casco. 4 ZOOL. En algunas especies, abultamiento parecido a un casco, situado en la base del pico superior.
yema (l. *gemma*) *f.* Rudimento de brote en que los extremos aún no se han desarrollado y las hojas se hallan imbricadas unas sobre otras: ~ ***axilar,*** la que nace en la axila de una hoja; ~ ***lateral,*** la axilar que nace en los flancos de la axila; ~ ***terminal,*** la que se halla en el extremo del vástago y origina su crecimiento. 2 Masa esferoidal amarilla, formada por el vitelo, que ocupa la parte central del huevo del ave. 3 Dulce hecho con azúcar y yema de huevo. 4 fig. Medio de una cosa: ~ *del invierno.* 5 fig. Lo mejor de una cosa. 6 ~ ***del dedo,*** parte de la punta de él, opuesta a la uña. 7 BIOL. El más pequeño de los dos corpúsculos que resultan de dividirse una célula por gemación. 8 *And.* Mosto que se obtiene con la primera presión de la uva.
SIN. *1* **Botón, gema, gromo, grumo.** REL. **Gemación,** reproducción por yemas (H. NAT.).
yemení *adj.-s.* Del Yemen del Norte y del Yemen del Sur, naciones del sudoeste de la península de Arabia.
SIN. **Yemenita.**
yemenita *adj.-s.* Yemení. -2 *adj.-m.* Sabeo (lengua).
yen *m.* Unidad monetaria del Japón. ◇ Pl.: *yenes.*
yeral *m.* Terreno sembrado de yeros.
yerba (l. *herba*) *f.* Hierba. 2 Mate II.
yerbajo *m.* Desp. de *hierba.*
yerbal *m. Amér.* Herbazal. 2 *Amér.* p. ant. Plantación de hierba mate. 3 *Amér.* Receptáculo en que se deposita el mate.
yerbatero, -ra *adj.* Relativo a la yerba mate. -2 *m. f. Amér.* Curandero. 3 *Amér.* Vendedor de yerba. 4 *Argent.* y *Bol.* Persona que se dedica a la explotación de la yerba mate.
yerbazo *m. Colomb.* Pócima perjudicial para la salud, que a veces dan los yerbateros o curanderos.
yerbear *intr. Argent.* y *Urug.* Tomar mate.
yerbera *f. Argent.* Vasija en que se echa el mate.
yerbero, -ra *adj.-s. La Mancha.* [pers.] Que a hurtadillas arranca y se lleva hierba de los bancales. 2 *Can.* Curandero. -3 *m. Ecuad.* Herbazal.
yerbilla *f. Guat.* Tela de algodón fabricada en el país, hecha a cuadros menudos de diferentes colores.
yerbizo *m. Extr.* Cerdo que nace a principios de primavera.
yerbonal *m. Colomb.* Herbazal.
yerbuno *m. Ecuad.* Herbaje, conjunto de hierbas que se crían en los prados.
yermar *tr.* Dejar yermo [un lugar, campo, etc.].
yermo, -ma (b. l. *eremu* < gr. *éremos*) *adj.* Inhabitado. -2 *adj.-s.* Inculto (sin cultivo). -3 *m.* Terreno inhabitado.
yerna *f. P. Rico, S. Dom.* y *Colomb.* Nuera.
yernera *f. Argent.* Hacha de poco filo.
yerno (l. *generu*) *m.* Respecto de una persona, marido de su hija.
yernocracia *f.* fam. Nepotismo.
yeros (l. v. *eru* < l. *ervum*) *m. pl.* Hierba leguminosa que se cultiva para alimento del ganado *(Ervum ervilia).* 2 Fruto de esta hierba. ◇ HOMÓF.: *hieros.* ◇ También *hieros.*
SIN. **Alcarceña, ervilla, herén, yervo.**
yerra *f. Amér.* Herradero. 2 *Amér.* Fiesta que se celebra con motivo del herradero.
yerro (de *errar*) *m.* Falta o delito cometido por ignorancia o malicia: ~ ***de imprenta,*** errata. 2 Equivocación por descuido o inadvertencia. ◇ HOMÓF.: *hierro.*
SIN. v. **Error.**
yersey, yersi *m. Amér.* Jersey (chaqueta y tejido).
yerto, -ta (de *inertare,* quedar inerte) *adj.* Tieso, rígido o áspero: *el cadáver está ~; quedó ~ de frío.*
SIN. v. **Tieso.**
yervo (l. *ervu*) *m.* Yero.
yesal, yesar *m.* Terreno abundante en mineral de yeso que se puede beneficiar. 2 Cantera de yeso o aljez.
SIN. **Aljezar, yesera.**
yesca (l. *esca,* comida, alimento, por serlo del fuego) *f.* Materia seca y muy inflamable preparada gralte. con la pulpa de un hongo *(Polyporus fomentarius).* 2 fig. Cosa que excita una pasión o la sed. 3 fig. Lo que está sumamente seco y dispuesto a encenderse. -4 *f. pl.* Lumbre. -5 *f. Ecuad.* Deuda. 6 *Ecuad.* y *P. Rico.* Corteza fibrosa del coco, cuando está seca.
yesera *f.* La que tiene por oficio fabricar o vender yeso. 2 Yesar.
yesería *f.* Establecimiento donde se fabrica o vende yeso. 2 Obra hecha de yeso. 3 Sistema decorativo que se obtiene tallando o grabando formas diversas sobre una superficie enlucida.
SIN. **Aljecería.**
yesero, -ra *adj.* Perteneciente o relativo al yeso. -2 *m. f.* Persona que tiene por oficio fabricar o vender yeso. 3 Persona que hace guarnecidos de yeso.
SIN. **Aljecero.**
yeso (l. *gypsu* < gr. *gýpsos*) *m.* Sulfato de calcio hidratado, que, deshidratado por la acción del fuego y molido, se endurece rápidamente si se le amasa con agua; se emplea en la construcción y en escultura: ~ ***de moldear,*** el de fraguado muy rápido. 2 Obra de escultura vaciada en yeso.
SIN. *1* **Aljez,** mineral de yeso.
yesón *m.* Cascote de yeso.
SIN. **Aljezón.**
yesoso, -sa *adj.* De yeso o parecido a él. 2 Abundante en yeso: *terreno ~.*
yesque *m. Colomb.* Gancho de hierro, fijo en la punta de un palo, para colgar y descolgar objetos.
yesquero *adj.* V. cardo, hongo ~. -2 *m.* El que tiene por oficio fabricar o vender yesca. 3 Encendedor que utiliza la yesca como materia combustible. 4 Esquero. 5 *Argent.* Eslabón. 6 *Perú.* Caja destinada por los jugadores a llevar la yesca.
yeta (it. *getta*) *f. Argent.* y *Urug.* Mala suerte.
yetar *tr. Urug.* Aojar, fascinar [a alguien].
yeti (voz tibetana) *m.* Ser gigantesco parecido al hombre que, según la leyenda, habita en las nieves del Himalaya.
ye-yé *adj.-s.* Género de música con acompañamiento vocal y baile correspondiente, de moda durante los años sesenta. 2 Moda y comportamiento propios de la juventud de esa época.
yeyunitis (de *yeyuno* + *-itis*) *f.* MED. Inflamación del yeyuno. ◇ Pl.: *yeyunitis.*
yeyuno (l. medieval *ieiunu,* intestino) *m.* Sección del intestino delgado que principia en el duodeno y acaba en el íleon.
yezgo (b. l. *educu,* voz de orig. célt.) *m.* Planta herbácea caprifoliácea, semejante al saúco, pero de olor fétido y con las hojuelas más estrechas y largas y provistas de estípulas *(Sambucus ebulus).* 2 ~ ***espigado,*** hierba de San Cristóbal.
SIN. *1* **Actea, cimicaria, ébulo.**
yiddish *m.* Lengua de los judeoalemanes. ◇ También *jiddish.*
yimba *f. Argent.* Menudo de ave, donde se contiene el excremento.
yiu-yitsu (voz japonesa) *m.* Sistema de lucha sin armas, a base de golpes. ◇ También *jiu-jitsu.*
ylang-ylang *m.* Cananga.
yo (l. *ego*) *pron. pers.* Forma de la 1ª persona para el sujeto en género masculino y femenino y en número singular. 2 *m.* FIL. Sujeto pensante y consciente de las propias modificaciones, en oposición al mundo o naturaleza exterior en general.
SIN. *1* **Un servidor, una servidora,** expr. de modestia o humildad en el habla usual. *Nosotros* por *yo* se emplea como plural de modestia en libros o escritos. *Nos* en lugar de *yo* es plural mayestático usado por reyes y papas en edictos, decretos, etc.
yocalla (aimara) *m. Bol.* Chico callejero, muchacho o criado de una casa.
Yocasta *n. pr.* MIT. Madre de Edipo.
yod *f.* En lingüística, todo sonido de *i, y,* o consonante palatal, que cierra el timbre de las vocales precedentes.
yodación *f.* QUÍM. Substitución de átomos de hidrógeno por otros de yodo.
yodado, -da *adj.* Que contiene yodo.
yodargirita *f.* Mineral de la clase de los halogenuros que cristaliza en el sistema hexagonal, de color gris o amarillo y brillo graso.
yodato *f.* QUÍM. Sal del ácido yódico.
yodhídrico, -ca *adj.* QUÍM. Perteneciente o relativo al ácido formado por yodo e hidrógeno.
yódico, -ca *adj.* QUÍM. [compuesto] Obtenido por oxidación del yodo.
yodismo *m.* Intoxicación producida por el yodo.

yodo (gr. *iodés,* violado < *ion,* violeta) ***m.*** Metaloide halógeno, sólido, cristalino y brillante, que fácilmente desprende vapores de color azul violeta. Su símbolo es *I*, su peso atómico 126,92 y su número atómico 53.
yodo- (de *yodo*) Elemento prefijal que entra en la formación de numerosos términos químicos denotando la presencia de yodo.
yodoformo (de *yodo- + fórmico*) ***m.*** Compuesto de yodo, hidrógeno y carbono, que se usa como antiséptico, CH_2.
yodurado, -da ***adj.*** Que contiene yoduro. 2 Que está cubierto o revestido por una capa de yoduro.
yodurar ***tr.*** Impregnar de yoduro. 2 Transformar en yoduro.
yoduro ***m.*** Compuesto de yodo y otro elemento o radical.
yoga ***m.*** Doctrina filosófica hindú, que se basa en las prácticas ascéticas, el éxtasis, la contemplación y la inmovilidad absoluta, para llegar al estado perfecto. 2 Sistemas que se practican modernamente para obtener mayor eficacia de la concentración anímica mediante procedimientos análogos a los que usan los yoguis en la India.
yogui, yoghi ***m.*** Asceta hindú que alcanza la perfección mediante la práctica del yoga. -2 ***com.*** Persona que practica alguno o todos los ejercicios físicos del yoga.
yoguismo ***m.*** Práctica del yoga.
yogur (bulg. *yoghurt*) ***m.*** Leche fermentada. 2 vulg. *y* fig. Coche blanco de la policía. ◇ Pl.: *yogures.*
yogurtera ***f.*** Aparato electrodoméstico para la preparación del yogur.
yoi ***m.*** vulg. En el lenguaje de la droga, porro, cigarrillo de hachís o marihuana.
yol ***m.*** *Argent.* y *Chile.* Yole.
yola (fr. *yole,* voz de orig. germ.) ***f.*** Embarcación ligera movida a remo y vela.
yole ***m.*** *Argent.* y *Chile.* Árguenas de cuero para el acarreo de frutos.
yolillo ***m.*** *C. Rica.* Palmera pequeña que da un fruto parecido al del corojo *(Raphia tacdijera).*
yoltamal ***m.*** *Nicar.* Bollo formado de elote y queso molidos, envuelto en la misma hoja del maíz y cocido al vapor en ollas de barro.
yomogó (chibcha) ***m.*** *Colomb.* Entre campesinos, primicia de las patatas.
yomomo ***m.*** *Bol.* Especie de tremedal.
yonqui (del ingl. *junkie*) ***com.*** En el lenguaje de la droga, toxicómano que consume drogas duras.
yopo ***m.*** *Colomb.* y *Venez.* Niopo.
yoquey, yoqui (del ing. *jockey*) ***m.*** Jinete profesional de las carreras de caballos. ◇ También *jockey.*
yoreño, -ña ***adj.-s.*** De Yoro, c. y dep. de Honduras.
yoruba ***adj.-m.*** Lengua sudanesa perteneciente al grupo guineo, hablada principalmente en el sur de Nigeria.
yos ***m.*** *C. Rica.* Planta euforbiácea que segrega un jugo lechoso y cáustico usado como liga para cazar pájaros *(gén. Sapium).*
yotaleño, -ña ***adj.-s.*** De Yotala, c. de la prov. de Oropeza, del dep. de Chuquisaca (Bolivia).
yoyó, yoyo ***m.*** Juguete hecho de dos tapas redondas unidas por una pieza que permite enrollar un cordón en medio de ellas. ◇ La acentuación es vacilante: en España predomina su uso como voz aguda; en las Antillas es preferentemente llana.
yperita (de *Ypres,* lugar donde se usó por vez primera, durante la Primera Guerra Mundial) ***f.*** Gas asfixiante utilizado por los alemanes.
ýpsilon ***f.*** Ípsilon.
yterbio ***m.*** Iterbio.
ytrio ***m.*** Itrio.
yubarta ***f.*** Mamífero cetáceo de hasta 15 m. de longitud, con enormes aletas pectorales y el cuerpo cubierto de nudosidades *(Megaptera novaeangliae).*
yuca (voz haitiana) ***f.*** Planta liliácea americana de hojas ensiformes, flores blancas en panícula, y raíz gruesa, de la que se saca una harina alimenticia *(Manihot; Jatropha; Yucca aloifolia).* 2 *Amér.* Nombre vulgar de algunas especies de mandioca. 3 *Amér. Central* y *Bol.* fig. Embuste. 4 *Ecuad.* Juego de chicos que consiste en ir separando, uno por uno, a cuantos se encuentran fuertemente asidos uno detrás de otro, a un palo o a cualquier otra cosa. 5 *Hond.* fig. Noticia desagradable. 6 *P. Rico* y *S. Dom.* fig. Pobreza.
yucal ***m.*** Terreno plantado de yucas.
yucatanense ***adj.-s.*** Yucateco.
yucateco, -ca ***adj.-s.*** De Yucatán, estado de Méjico.
yuchán ***m.*** *Argent.* Palo borracho amarillo.
yucuma ***f.*** *Bol.* Redecilla a manera de bozal que se pone a los burros trajineros de heno.
yucuta ***f.*** *Colomb.* y *Venez.* Mañoco desleído en agua.
yudo ***m.*** Deporte de origen japonés consistente en una lucha cuerpo a cuerpo, de carácter defensivo, en la que se intenta vencer aprovechando la fuerza y el impulso del contrario en beneficio propio. ◇ También *judo.*
yudogui ***m.*** Traje amplio y de lona fuerte con el que se practica el yudo.
yudoka ***com.*** Persona que practica el yudo. ◇ También *judoka.*
yugada (de *yugo,* por la pareja de bueyes unidos con él) ***f.*** Espacio de tierra de labor que puede arar una yunta en un día.
SIN. **Jobada, jubada, huebra, yunta.**
yugar ***intr.*** *Argent.* y *Urug.* Vivir a costa de trabajos pesados. 2 *Argent.* y *Urug.* Trabajar mucho. ◇ ** CONJUG. [7] como ***llegar.***
yuglandáceo, -a ***adj.*** BOT. Juglandáceo.
yugo (l. *-iugu*) ***m.*** Instrumento de madera al cual se uncen las mulas o los bueyes, y en el que va sujeta la lanza del carro, el timón del arado, etc. 2 fig. Ley o dominio superior que obliga a obedecer. 3 Carga pesada, prisión o atadura: ***sacudir el ~***, librarse de opresión o dominio. 4 Velo (lienzo blanco). 5 En la ant. Roma, especie de horca por debajo de la cual hacían pasar, sin armas, a los enemigos vencidos. 6 Armazón de madera de la que cuelga la campana. 7 ELECTR. Componente, formado por material magnético y bobinas, que abraza el cuello de un tubo de rayos catódicos y sirve para mandar la desviación del haz electrónico. 8 MAR. Tablón endentado en el codaste que forma la popa del barco. 9 *Colomb.* Cierto guiso.
REL. *1* **Uncir** o **enyugar,** atar al yugo un animal. *2* **Subyugar,** sujetar al yugo.
SIN. **Jubo.**
yugoeslavo, -va ***adj.-s.*** Yugoslavo.
yugoslavo, -va ***adj.-s.*** De Yugoslavia, nación del sudeste de Europa. ◇ También *yugoeslavo.*
yugrumo ***m.*** *P. Rico* y *Venez.* Árbol que crece hasta 20 m. de altura, de hojas grandes, como de un pie o más, que son verdes por encima y blancas plateadas por debajo *(Dendropanax micans).*
yuguero (de *yugo*) ***m.*** Mozo que labra la tierra con una yunta.
SIN. **Yuntero.**
I) yugular (l. *iugulare* < *iugulu,* garganta) ***adj.*** Relativo a la garganta: *vena ~*. -2 ***f.*** Pieza de la armadura antigua que defiende la cara y el cuello y se ata por debajo de la barba.
II) yugular ***tr.*** Degollar. 2 fig. Dominar, detener el desarrollo [de un negocio, proyecto, etc.]. 3 fig. Detener súbita o rápidamente una enfermedad por medios terapéuticos.
yumbo, -ba ***adj.-s.*** Indio salvaje del oriente de Quito. 2 Perteneciente o relativo a dichos indios.
yumeca ***m.*** *Colomb.* y *Pan.* Chumeca.
yunca (quechua) ***f.*** *Ecuad.* Tierra caliente. 2 *Ecuad.* La costa.
yunga (del quechua *yunca*) ***adj.-s.*** Natural de los valles cálidos que hay a un lado y otro de los Andes. 2 Antigua lengua del norte y centro de la costa peruana. -3 ***m.*** *Perú.* Persona oriunda de la costa del país. -4 ***m. pl.*** *Perú.* Valles cálidos que hay a un lado y otro de los Andes. 5 *Ecuad.* Caballo de buena raza.
SIN. *2* **Mochica.**
yungas ***f. pl.*** *Amér. Merid.* Valles calientes de estos países.
yungueño, -ña ***adj.-s.*** De Norte Yungas, prov. del dep. de La Paz (Bolivia).
yunque (l. v. *incudine* < l. *incus*) ***m.*** Prisma de hierro acerado que utilizan los herreros encajado en un tajo de madera, o que llevan consigo los segadores para reparar la guadaña. 2 Pieza del martillo pilón o de otra máquina que, apoyada en el suelo, recibe los golpes. 3 fig. Persona firme y paciente en las adversidades. 4 fig. *y* p. us. Persona muy perseverante en el trabajo. 5 Huesecillo existente en el oído medio.
yunta (l. *iuncta;* pp. f. de *iungere,* unir, juntar) ***f.*** Par de animales que sirven en la labor del campo o en los acarreos. 2 Yugada. 3 *Méj.* Medida de superficie. 4 *P. Rico, Urug.* y *Venez.* Gemelos, juego de dos botones iguales. Más us. en pl.
SIN. *1* **Par.**
yuntería ***f.*** Conjunto de yuntas. 2 Paraje donde se recogen.
yuntero (de *yunta*) ***m.*** Yuguero.
yunto, -ta (l. *iunctu*) ***adj.*** Junto: *ir yuntos los surcos.* -2 ***adv. m.*** De modo que los surcos estén juntos: *arar ~*.
yunza ***f.*** *Perú.* Diversión y baile de cholos.

yupatí *m.* Pequeño marsupial de pelaje obscuro que vive en los bosques sudamericanos desde Nicaragua hasta la Argentina *(Metachirus nudicaudatus).*
yuppie (del ing. *young professional people*) ***adj.-s.*** Perteneciente o relativo al grupo social integrado por jóvenes profesionales muy activos, de formación universitaria, de altos ingresos económicos e ideología conservadora. -2 ***com.*** Miembro de dicho grupo. ◇ Se pronuncia *yupi.*
yuquear *tr. Perú.* Buscar la yuca silvestre de [los despoblados].
yuquerí (guaraní) ***m.*** *Argent.* Planta del género de las mimosas, con fruto parecido al de la zarzamora *(Acacia bonariensis).* 2 Fruto de esta planta.
yuquero ***m.*** *Colomb.* Persona que cultiva yuca o negocia con su fruto.
yuquilla *f. Cuba* y *P. Rico.* Sagú, planta *(Marantha allonya).* 2 *Ant.* y *C. Rica.* Cúrcuma. 3 *Venez.* Planta acantácea *(Ruellia tuberosa).*
yuraguano ***m.*** *Cuba.* Miraguano. 2 Fruto de esta palmera.
yurak ***adj.-m.*** Lengua perteneciente al grupo samoyedo septentrional, hablada en el noroeste de Siberia.
yuré ***m.*** *C. Rica.* Especie de paloma pequeña *(Scafardilla inca).*
yurro ***m.*** *C. Rica.* Manantial, ojo de agua.
yurui ***m.*** *Venez.* Especie de pollera (andadores) suspendida por tres ramales del extremo de una vara flexible que se mantiene fija por el otro extremo.
yuruma *f. Venez.* Medula de una palma con la que hacen los indios una especie de pan.
yurumí ***m.*** *Amér.* Oso hormiguero.
yurumo ***m.*** *P. Rico.* Yagrumo.
yuscaranense ***adj.-s.*** De Yuscarán, cap. del dep. de El Paraíso (Honduras).
yusera (de *yuso*) *f.* Piedra circular o conjunto de dovelas que sirve de suelo en el alfarje de los molinos de aceite.
yusión (l. *iussione,* acción de mandar) *f.* DER. Acción de mandar. 2 DER. Mandato, precepto.
yusivo, -va (del lat. *iussus;* p.p. del lat. *iŭbere*) ***adj.*** GRAM. Que expresa un mandato o una orden, esp. el modo subjuntivo.
yuso (b. l. **iusu* < l. *deorsu*) ***adv. l.*** ant. Abajo.
SIN. **Ayuso.** CONTR. **Suso, asuso.**
yuta *f. Chile.* Babosa, molusco.
yute (ing. *jute*) ***m.*** Planta tiliácea tropical que se cultiva por la fibra textil que se obtiene de sus tallos *(Corchorus capsularis; C. olitorius).* 2 Materia textil que se obtiene de esta planta. 3 ~ ***chino,*** planta malvácea de hojas acorazonadas y flores amarillas, también cultivada para la obtención de fibras empleadas en la industria textil *(Abutilon theophrasti).*
SIN. *3* **Abutilón, malva índica, malvavisco de la India.**
yutear *tr. Argent.* Agarrar [animales] por la cola.
yuto, -ta (quechua, perdiz chica) ***adj.*** *Argent.* y *Bol.* Rabón, sin cola. -2 ***m.*** *Argent.* Barrilete o cometa sin cola.
yuxta- (l. *iuxta*) Elemento prefijal que entra en la formación de palabras con el significado de junto.
yuxtalineal (*yuxta-* + *lineal*) ***adj.*** [traducción] Que acompaña a su original. 2 [cotejo de textos] Dispuesto a dos columnas de modo que se correspondan línea por línea.
yuxtaponer (*yuxta-* + *poner*) ***tr.-prnl.*** Poner [una cosa] junto a otra. ◇ ** CONJUG. [78] como ***poner.***
yuxtaposición *f.* Acción de yuxtaponer o yuxtaponerse. 2 Efecto de yuxtaponer o yuxtaponerse. 3 Modo de crecer, propio de los minerales. 4 GRAM. Sucesión de oraciones sin palabras que expresen el enlace.
REL. *3* **Intususcepción,** es su opuesto, por referirse al modo de crecer propio de los seres vivos.
yuxtapuesto, -ta (pp. de *yuxtaponer*) ***adj.*** GRAM. Relativo a las oraciones unidas por simple yuxtaposición.
yuyal ***m.*** *Amér.* Terreno cubierto de yuyos.
yuyero, -ra (de *yuyo*) ***adj.*** *Argent.* Aficionado a tomar hierbas medicinales. -2 ***m. f.*** Curandero que receta pralte. hierbas.
yuyo, -ya (quechua *yúyu,* hortaliza) ***adj.*** *Amér. Central.* Que tiene ampollas o granos en los pies. -2 ***m.*** *Amér. Central.* Vejiga o ampolla que se forma entre los dedos de los pies. 3 *Amér. Central.* Yerbajo, hierba inútil. 4 *Colomb.* Masa hecha de hojas frescas, us. como cataplasma. 5 *Chile.* Jaramago. -6 ***m. pl.*** *Perú.* Hierbas tiernas y comestibles. 7 *Colomb.* y *Ecuad.* Hierbas que sirven de condimento.
yuyón, -yona ***adj.*** *Perú.* [pers. o cosa] Insípido.
yuyuba *f.* Azufaifa.
yuyuscar (quechua) *tr. Perú.* Desherbar. ◇ ** CONJUG. [1] como ***sacar.***

Z

Z, z *f.* Zeta o zeda, vigésima sexta, y última, letra del **alfabeto español que representa gráficamente a la consonante fricativa interdental y sorda. ◇ La Real Academia Española también considera correcta la pronunciación predorsal seseante de algunas zonas del español.
za- (de *sub,* debajo) Prefijo, forma vulgar de *sub-*, que entra en la formación de palabras con el significado de debajo. Toma también la forma *zam-*.
¡za!, voz para ahuyentar a los perros y otros animales.
zabarcera *f.* p. us. Mujer que tiene por oficio revender comestibles por menudo.
zabazala (ár. *sahib as-sala*) *m.* Encargado de dirigir la oración pública en la mezquita.
zabazoque *m.* Almotacén.
zabida, -la (ár. *çabira*) *f.* Áloe.
zábila *f.* Áloe.
zaborda *f.* Zabordamiento.
zabordamiento *m.* Acción de zabordar. 2 Efecto de zabordar.
zabordar (de *za-* + *abordar*) *intr.* Encallar un barco en tierra.
zabordo *m.* Zaborda.
zaborrero, -ra *adj. Ál.* y *Nav.* [obrero] Que trabaja mal y es chapucero.
zaborro *m.* p. us. Hombre o niño gordinflón. 2 *Ar.* Yesón, cascote de yeso. -3 *adj. Logr.* Rudo.
zabra (ár. *závrac*) *f.* Buque ant. de dos palos, de cruz, usado en el Cantábrico.
zabucar *tr.* desus. Bazucar. ◇ ** CONJUG. [1] como ***sacar.***
zabuir *intr. Colomb.* y *P. Rico.* Zambullir.
zabullida *f.* Zambullida.
zabullidor, -ra *adj.* Zambullidor.
zabullidura *f.* Zambullidura.
zabullimiento *m.* Zambullidura.
zabullir *tr.-prnl.* Zambullir. ◇ ** CONJUG. [41] como ***mullir.***
zabuqueo *m.* Bazuqueo.
zaca *f.* MIN. Zaque grande usado para el desagüe de las minas.
zacapaneco, -ca *adj.-s.* De Zacapa, c. y dep. de Guatemala.
zacapela, -lla *f.* p. us. Riña, contienda ruidosa.
zacapín *m.* Mozo encargado de cortar y preparar el forraje para las caballerías.
Zacarías *n. pr.* Profeta del Ant. Testamento y libro que contiene sus profecías. Se abrevia *Zach.* o *Zac.*
zacatal *m. Amér.* Pastizal.
zacate (mej. *zacatl*) *m. Amér. Central* y *Méj.* Nombre de varias gramíneas útiles como alimento del ganado *(gén. Andropogon, Chrisopogon* y *Panicum).* 2 *Méj.* Estropajo.
zacatear *tr. Guat.* Echar zacate [al ganado].
zacateca *m. Cuba.* Sepulturero. -2 *m. pl. Cuba.* Revoltoso, entremetido.
zacatecano, -na *adj.-s.* [pers.] Zacateco.
zacateco, -ca *adj.-s.* De Zacatecas, c. y estado de Méjico.
zacatecoluqueño, -ña *adj.-s.* De Zacatecoluca, cabecera del dep. de La Paz (El Salvador).
zacateda *m. S. Dom.* Alteración de *zacateca* en su acepción de sepulturero.
zacatillo *m. C. Rica.* fam. Dinero.
zacatín (ár. *çacatín,* ropavejero) *m.* Plaza o calle donde se venden ropas. 2 *Colomb.* Saque (establecimiento).
zacatón *m. C. Rica, Méj.* y *Nicar.* Hierba alta de pasto.
zacear (fact.) *tr.* p. us. Ahuyentar con la voz ¡za!: ~ *al perro.* -2 *intr.* Cecear (pronunciar *s* como *c*).
SIN. *1* **Zalear.**
zaceo *m.* Acción de zacear (cecear). 2 Efecto de zacear (cecear).
zaceoso, -sa *adj.* Que zacea (cecea).
zacuara *f. Perú.* Punta de la caña brava.
zacuín *m. Guat.* Rebusca.
zadorija *f.* Álsine.
¡zafa! (de *zafar,* quitar, desembarazar) *Ant., Ecuad.* y *Perú.* Voz para ahuyentar a los perros o despedir de mala manera a una persona.
zafa *f. And., La Mancha* y *Murc.* Jofaina.
zafacoca *f. And.* y *Amér.* Alboroto, zafarrancho, pendencia. 2 *Méj.* Azotaina.
zafacón (de orig. incierto) *m. P. Rico* y *S. Dom.* Cubo de la basura. 2 *P. Rico* y *S. Dom.* fig. Persona sucia.
zafada *f.* Acción de zafar o zafarse (desembarazar).
zafado, -da, pp. de *zafar.* 2 *adj. And., Can.* y *Amér.* Atrevido, descarado. 3 *Argent.* Vivo, despierto, gracioso.
zafadura *f.* Acción de zafar o zafarse. 2 Efecto de zafar o zafarse. 3 *Amér.* Dislocación, luxación.
zafaduría *f. Argent., Chile, Parag.* y *Urug.* Desvergüenza.
zafanarse *prnl. Amér. Central.* Desasirse, soltarse.
zafante *adv. m. Ant.* A excepción de.
I) zafar *tr.* p. us. Adornar, guarnecer [una cosa].
II) zafar (ár. *zaha,* irse, alejarse) *tr.* MAR. Desembarazar, quitar [los estorbos de una cosa]. -2 *prnl.* Escaparse o esconderse para evitar un encuentro o riesgo: *zafarse de una persona.* 3 fig. Excusarse de hacer una cosa; librarse de una molestia: *zafarse de un compromiso.* 4 Salirse del canto de la rueda la correa de una máquina. 5 *Amér.* Dislocarse. -6 *intr. Amér.* Incurrir en un desliz. 7 *Argent.* y *P. Rico.* Faltar a otro, no guardarle respeto. -8 *tr. Colomb.* Exceptuar, excluir.
zafarí (ár. *çafarí*) *adj.* Relativo a una variedad de higo, muy dulce y tierno.
SIN. **Zaharí, zajarí.**
zafariche (ár. *çahrich,* estanque) *m.* Cantarera.
zafarrancho (de *zafar* II y *rancho*) *m.* Acción de desembara-

zar una parte de la embarcación, disponiéndola para determinada faena: ~ *de limpieza.* 2 Efecto de dicha acción. 3 fig. Riza. 4 Riña.
zafiamente *adv. m.* Con zafiedad.
zafiedad *f.* Calidad de zafio.
SIN. v. **Grosería.**
zafio, -fia (ár. *chafī*) *adj.* Tosco, inculto, grosero. 2 *Perú.* Desalmado.
zafir *m.* Zafiro.
zafíreo, -a *adj.* Zafirino.
zafirina (l. *sapphirina*) *f.* Calcedonia azul.
zafirino, -na (l. *sapphirinus*) *adj.* De color de zafiro.
zafiro (probl. ár. *alcafir* × l. *sapphiru* < gr. *sáppheiros*) *m.* Piedra fina, variedad azul del corindón. 2 ~ *blanco,* corindón incoloro y transparente. ◇ INCOR.: *záfiro.*
I) zafo, -fa (de *zafar*) *adj.* MAR. Libre, desembarazado. 2 fig. *y* p. us. Libre, sin daño: *salió* ~ *del juego.*
II) zafo *adv. m. Colomb.* vulg. Salvo, excepto.
zafón *m.* Zahón.
I) zafra (ár. *çafr,* vaso vacío) *f.* Vasija de metal en que se ponen a escurrir las medidas para el aceite. 2 Vasija de metal para guardar el aceite.
II) zafra *f.* Sufra. 2 *R. de la Plata.* Aprovechamiento y venta del ganado o de sus productos.
III) zafra (port. *safra* < probl. ár. vulg. *sáfra,* turno de riego) *f.* Cosecha de la caña dulce. 2 Fabricación del azúcar de caña, y p. ext., del de remolacha. 3 Tiempo que dura esta fabricación.
IV) zafra *f.* MIN. Escombro (de una mina).
zafrán *m.* Azafrán.
zafre (v. *zafiro*) *m.* Óxido de cobalto mezclado con cuarzo con que se da color azul a la loza y al vidrio.
zafrero *m.* MIN. Trechador de zafras.
zaga (ár. *çaca,* retaguardia) *f.* Parte posterior de algunas cosas. 2 Carga que se acomoda en la trasera de un carruaje. 3 DEP. Línea de defensa de un equipo. -4 *m.* El postrero en el juego. -5 *loc. adv. A la, a,* o *en,* ~, atrás o detrás.
I) zagal (ár. vulg. *zagal,* joven animoso) *m.* Muchacho adolescente, mozo: *un* ~ *robusto.* 2 Pastor mozo a las órdenes del rabadán. 3 Mozo que ayudaba al mayoral en los coches de camino.
II) zagal (b. l. *sagellu* < l. *sagu,* sayo) *m.* Zagalejo.
zagala (de *zagal* I) *f.* Muchacha soltera. 2 Pastora joven.
zagalejo (de *zagal* II) *m.* Refajo que usan las lugareñas.
zagalón, -lona (aum. de *zagal* I) *m. f.* Adolescente.
zagua *f.* Arbusto quenopodiáceo barrillero *(Salsola longifolia).*
SIN. **Salado negro.**
zagual (ing. *shovel*) *m.* Remo corto con pala plana que no se apoya en la embarcación. 2 *Chile.* Albañal, atarjea.
zaguán (ár. *ostouan,* voz de orig. indoeuropeo) *m.* Pieza cubierta a modo de vestíbulo en la entrada de una casa.
zaguanete *m.* Dim. de *zaguán.* 2 Aposento de palacio donde está la guardia del príncipe. 3 Escolta de guardia que acompaña a pie a las personas reales.
zaguero, -ra (de *zaga*) *adj.* Que va en zaga. 2 [carro] Que lleva exceso de carga en la parte de atrás. -3 *m.* DEP. Jugador que se coloca detrás en el juego de pelota. 4 DEP. Jugador de la defensa de un equipo.
zagüí *m. Argent.* Especie de mono pequeño *(Hapale leonina).*
zagüía (ár. *zawiya,* ermita) *f.* En Marruecos, especie de ermita en que se halla la tumba de un santón.
zahareño, -ña (ár. *çahra,* desierto) *adj.* [pájaro] Bravo, difícil de amansar. 2 fig. Desdeñoso, intratable.
SIN. *1* **Arañero.**
zaharí *adj.* Zafarí. ◇ Pl.: *zaharíes.*
zaharrón (der. del ár. *sahr,* acción de burlarse) *m.* Moharracho.
zahén (ár. *ziyén,* nombre de la familia real de Tremecén) *adj.* Relativo a una dobla de oro finísima que usaron los moros españoles (dos ducados).
zahena *f.* Doble zahén.
zaheridor, -ra *adj.-s.* Que zahiere.
zaherimiento *m.* Acción de zaherir.
zaherir (l. *faciem ferire,* herir en la cara) *tr.* Reprender [a uno] dándole en rostro con alguna acción o beneficio. 2 Mortificar [a uno] con reprensión maligna. ◇ ** CONJUG. [35] como *hervir.*
SIN. **Satirizar, motejar.**
zahína (l. *sagina*) *f.* Planta gramínacea, de granos mayores que los cañamones, que se usan para alimento de las aves y para hacer pan *(Sorghum bicolor).* 2 Grano de esta planta. -3 *f. pl.* Gachas o puches de harinas que no se dejan espesar.
SIN. *1* **Adacilla, alcandía, ardurán, daza, maicillo, maíz de Guinea** o **morocho, melca, sahína, sorgo.**
zahinar *m.* Terreno sembrado de zahína.
SIN. **Alcandial, sahinar.**
zahón (orig. incierto; probl. prerrom.) *m.* Calzón de cuero o paño con perniles abiertos atados a los muslos: *los zahones de los cazadores.*
SIN. **Delanteras, zafón.**
zahonado, -da *adj.* [pies y manos de una res] Que tienen distinto color por delante.
zahondar (de *za-* + l. *fundare* < *fundo,* fondo) *tr.* Ahondar [un hoyo] en la tierra. -2 *intr.* Hundirse los pies en ella.
zahora (ár. *çahor,* comida nocturna) *f.* Comilona o merienda de amigos.
zahorar *intr.* Celebrar zahoras.
zahorí (ár. *zahorí,* geomántico) *com.* Persona a quien el vulgo atribuye la propiedad de ver lo que está oculto, esp. veneros de agua subterránea y yacimientos minerales. 2 fig. Persona perspicaz y escudriñadora. ◇ Pl.: *zahoríes.*
zahorra (v. *saburra*) *f.* Lastre (peso).
zahuate (mej. *zahuatl,* sarna) *m. P. Rico.* Perro ordinario y flaco.
zahúrda (orig. incierto; probl. der. del ant. *çahordar,* revolcarse en el lodo) *f.* Pocilga.
zahúrna *f. Colomb.* Zambra, bullicio.
zaida (ár. *çaida,* pescadora) *f.* Ave gruiforme de la familia de las grullas, de unos 97 cms. de altura, y con grandes mechones de plumas blancas detrás de cada ojo *(Anthropoides virgo).*
zaino, -na (orig. incierto; probl. del ár. *hain,* traidor) *adj.* Traidor, falso. 2 [caballería] De color castaño oscuro. 3 [res] De color negro. -4 *loc. adv. A lo,* o *de,* ~, al soslayo: *mirar de* ~.
zainoso, -sa *adj. Chile.* Zaino, apl. a la persona falsa.
zaite *m. Salv.* Aguijón.
zajarí *adj.* Zafarí. ◇ Pl.: *zajarís.*
zajón *m.* Zahón.
zalá (ár. *çala*) *f.* Azalá. ◇ Pl.: *zalaes.*
zalagarda (orig. incierto; quizá del fr. ant. *eschargarde*) *f.* Emboscada. 2 fig. Lazo para cazar animales. 3 Astucia maliciosa para engañar a otro. 4 Escaramuza (entre soldados). 5 fig. Alboroto repentino, reyerta, pendencia.
zalama *f.* Zalamelé.
Zalamea (Alcalde de ~) V. Crespo (Pedro).
zalamelé (ár. *çalam,* salutación) *m.* Zalamería.
zalamería *f.* Demostración de cariño afectada y empalagosa.
SIN. **Zalema.**
zalamero, -ra (de *zalama*) *adj.-s.* Que hace zalamerías. 2 Cariñoso, empalagoso.
zálamo *m. Can.* y *Extr.* Bozal de los perros.
zalea (ár. *çaleha,* pelleja) *f.* Cuero de oveja o carnero curtido, de modo que conserve la lana. 2 *Méj.* y *P. Rico.* Pelliza para cubrir el aparejo de la bestia.
SIN. **Pelleja, vellón, tusón, zaleo.**
I) zalear *tr.* Arrastrar o menear con facilidad [una cosa], como sacudiendo una zalea.
II) zalear (de *¡za!*) *tr.* Zacear (ahuyentar).
zalema (v. *zalama*) *f.* Reverencia en muestra de sumisión. 2 Zalamería. 3 Variedad de uva, utilizada en la elaboración de vinos blancos de mesa y generosos.
SIN. *2* v. **Fiesta.**
zalenco, -ca *adj. Colomb.* Renco. 2 *Venez.* Patojo.
zalenquear *intr. Colomb.* Renquear.
zaleo *m.* Acción de zalear. 2 Zalea. 3 Tela vieja o destrozada.
zallar (probl. del prov. *salh,* izar) *tr.* Hacer rodar o resbalar [una cosa] hacia la parte exterior de la nave.
zalles *m. pl. Bol.* Moles de piedra muy grandes que a veces forman varias extensiones de cerros.
zalmedina (ár. *çahil- almedina,* jefe de la ciudad) *m.* Magistrado que había antig. en Aragón.
zaloma *f.* Saloma.
zalona *f. And.* Vasija grande, de barro, de boca ancha y con una o dos asas.
zam-, v. za-.
zamacuco, -ca (ár. *çamacuc*) *m. f.* Persona tonta y bruta. 2 Persona solapada, que calla y hace su voluntad. -3 *m.* fig. Embriaguez o borrachera.
zamacueca (orig. incierto) *f. Amér. Merid.* Baile popular de

Chile, de música lenta, en compás de seis por ocho, que termina con un zapateado vivo; se baila por parejas y con figuras que consisten en vueltas y cortesías. 2 Música y canto de este baile.

zamanca *f.* fam. Somanta.

zamarra (probl. vasc. *zamarra,* propte. el vellón del ganado lanar; doble etim. *chamarra*) *f.* Especie de chaqueta hecha de piel con su lana o pelo. 2 Piel de carnero. 3 Masa redonda de hierro esponjoso que se obtiene en los hornos de pudelar.
SIN. *1* **Pellico,** zamarra de pastor; **zamarro.**

zamarrear (de *zamarra*) *tr.* Sacudir a un lado y otro [la res o presa asida con los dientes] como hacen los lobos, perros, etc. 2 fig. Tratar mal [a uno trayéndolo con violencia o a golpes] de una parte a otra. 3 fig. Apretar [a uno en la disputa] poniéndolo en apuro.

zamarreo *m.* Acción de zamarrear.

zamarreón *m.* Zamarreo.

zamarrico (dim. de *zamarro*) *m.* Zurrón de zalea.

zamarrilla (dim. de *zamarra*) *f.* Planta labiada de flores blancas o encarnadas en cabezuelas vellosas *(Tencrium polium).*
SIN. **Polio.**

zamarro (de *zamarra*) *m.* Zamarra (chaqueta). 2 Piel de cordero. 3 Calzón ancho, hecho con cuero de borrego y de chivo. 4 fig. Hombre tosco, lerdo, pesado. 5 Hombre astuto, pícaro, bribón. -6 *m. pl. Amér.* Especie de zahones o pantalones holgados, de piel o de caucho, que se usan para montar a caballo.

zamarronear *tr. Chile* y *Ecuad.* Zamarrear. 2 *Chile* y *Ecuad.* Reprender.

zamba *f. Argent.* Zamacueca. 2 *Argent.* Samba.

zambacueca *f. Chile.* Zamacueca.

zambada *f. Perú.* Conjunto de zambos (mulatos).

zambahigo *adj.-s.* Zambaigo.

zambaigo, -ga *adj.-s. Méj.* desus. Descendiente de indio y negra. 2 *Méj.* desus. Descendiente de chino e india. 3 *Méj.* desus. Descendiente de cambujo (albarazado y negra) e india. 4 *Méj.* desus. Descendiente de indio y barnocina. 5 *Méj.* desus. Descendiente de indio y loba. 6 *Méj.* desus. Descendiente de indio y zamba.

zambaje *m. Venez.* Piel muy curtida y suave que se emplea en la confección de zamarros.

zambaleño, -ña *adj.-s.* De Zambales, prov. de Filipinas.

zambarco (port. *sambarca*) *m.* Correa ancha que ciñe el pecho de las caballerías de tiro. 2 Francalete.

zambardo *m. Argent.* Chiripa, en el juego de billar. 2 *Argent.* y *Chile.* Torpeza, avería, estropicio. 3 *Chile.* Individuo torpe, que hace estropicios.

zambate *m. Hond.* Humita.

zambayo, -ya *adj.-s. Méj.* desus. Zambaigo.

zambe *m. Venez.* Antiguo baile popular y su tonada.

zambear *tr. Perú.* desp. Tildar [a una persona] de zambo.

zambeque *m. Cuba* y *Venez.* Zambra, barullo. -2 *adj. Cuba.* Tonto, necio.

zambequería *f. Cuba.* Tontería, necedad.

zamberío *m. Perú.* Zambada.

zámbigo, -ga (gr. *sakambós*) *adj.-s.* Zambo.

zambiloco *m. Colomb.* Trompo saltador.

zambiricuco, -ca *adj.-s. Perú.* fam. [pers.] Que a pesar de ocupar cierta posición social denota su origen humilde.

zambís *adj.-s. Perú.* desus. Descendiente de cambujo (indio y negra) y zambo (negro y mulata). 2 *Perú.* Zambo.

zambo, -ba (orig. incierto; probl. del l. v. *strambu,* bizco, de forma irregular) *adj.-s.* Persona que tiene juntas las rodillas y separadas las piernas hacia fuera. -2 *m.* Mono americano de cola prensil *(Ateles hybridus).* -3 *adj.-s. Amér.* Descendiente de negro e india. 4 *Colomb., Méj., Perú* y *Venez.* desus. Descendiente de negro o de cualquiera de sus mezclas (mulato, tercerón, cuarterón, quinterón) con india. 5 *Perú.* desus. Descendiente de negro y mulata. 6 *Perú.* desus. Descendiente de negro y cuarterona. 7 *Cuba, Méj.* y *Perú.* desus. ~ ***prieto,*** descendiente de negro y zamba. 8 *Guat.* [pers.] De color rojo que tira a morado. 9 *Venez.* Color rojo obscuro de los gallos. 10 *Venez.* De grandes o hermosas proporciones.

zamboa *f.* Naranjo amargo.

zambomba (onomat.) *f.* Instrumento músico rústico formado por una especie de vasija de forma cilíndrica, cerrada por un extremo con una piel tensa, que tiene en el centro, bien sujeto, un carrizo, que, frotado con la mano, produce un sonido fuerte y monótono.

¡zambomba! fam. Interjección con que se manifiesta sorpresa.

zambombazo *m.* Porrazo, golpazo. 2 Explosión, estampido.

zambombo *m.* fig. *y* fam. Hombre grosero y tosco.

zamborondón, -dona *adj.* Zamborotudo.

zamborotudo, -da, zamborrotudo, -da *adj.* fam. Tosco, grueso, mal formado. -2 *adj.-s.* fig. *y* fam. Que hace las cosas toscamente.

I) zambra (ár. *zamra,* flauta) *f.* Fiesta morisca o gitana con bulla y baile. 2 fig. Algarada, ruido.

II) zambra (ár. *çamatiya*) *f.* Especie de barco morisco.

zambrera *f. Venez.* Bronca.

zambrote *m. Amér. Central.* Revoltijo, baturrillo.

zambucar *tr.* Esconder rápidamente [una cosa] entre otras. ◇ ** CONJUG. [1] como ***sacar.***

zambuco *m.* fam. Acción de zambucar. 2 fam. Efecto de zambucar.

zambuila *f. Cuba.* Plátano verde frito en pedazos.

zambuir *intr. Colomb., Ecuad.* y *P. Rico.* Zambullir.

zambullida *f.* Zambullidura. 2 Treta de la esgrima. ◇ También *zabullida.*

zambullidor, -ra *adj.* Que zambulle o se zambulle. -2 *m. Colomb.* Somorgujo, ave. ◇ También *zabullidor.*

zambullidura *f.* Zambullimiento.

zambullimiento *m.* Acción de zambullir o zambullirse. 2 Efecto de zambullir o zambullirse. ◇ También *zabullidura, zabullimiento.*

zambullir (probl. alterac. del ant *sobollir* < l. *sepelire* × l. *sepultus*) *tr.* Meter [a una pers. o cosa] debajo del agua con ímpetu: ~, o *zambullirse, en el agua.* -2 *prnl.* fig. Esconderse en alguna parte o cubrirse con algo. 3 fig. Introducirse de súbito en alguna actividad o asunto. ◇ ** CONJUG. [41] como ***mullir.*** ◇ También *zabullir.*
SIN. *1* **Zampuzar.**

zambullo *m.* Bacín grande. 2 Acebuche. 3 *Murc.* Hombre tosco, grueso y comilón. 4 *Cuba.* Barril cubierto us. para la limpieza de las letrinas. 5 *Cuba.* Persona sucia, asquerosa. 6 *Perú.* Aparato que sirve para depositar excrementos.

zambullón *m. Colomb.* y *Ecuad.* Zambullida.

zambumbia *f. Hond.* Instrumento musical de origen africano. 2 *Méj.* Revoltijo, mezcla, confusión.

zamburiña *f.* Molusco bivalvo con una concha de hasta 8 cms. parecida a la concha de peregrino *(Chlamys varia).*

zambutir *intr. Guat.* y *Salv.* Zambullir.

zamorana *f.* DEP. En el fútbol, golpe que un portero da al balón con el codo, habiendo colocado antes el brazo en jarras.

zamorano, -na *adj.-s.* De Zamora. -2 *m.* Queso de oveja elaborado en Zamora, de pasta consistente, añejo, con profundo aroma y sabor fuerte.

zamoreño, -ña *adj.-s.* De Santiago-Zamora, prov. del Ecuador.

zampa *f.* Estaca que se clava en un terreno para hacer un zampeado.

zampabodigos, zampabollos *com.* fam. Zampatortas. ◇ Pl.: *zampabodigos, zampabollos.*

zampalimosnas *com.* burl. Pobre que anda pidiendo por todas partes. ◇ Pl.: *zampalimosnas.*

zampalopresto *m. And.* Salsa que se aplica para recalentar sobras de carne o de pescado. Se hace friendo en aceite, cebolla, perejil y harina, agregando luego agua y especias.

zampapalo *com.* fam. Zampatortas.

zampar (orig. incierto; quizá voz descriptiva) *tr.* Meter [una cosa en otra de prisa y de suerte que no se vea]. 2 Comer descompuesta y excesivamente [alguna cosa]. 3 Asestar, propinar. -4 *prnl.* Meterse de golpe en alguna parte: *zamparse en la sala.*
SIN. *1* **Zampuzar.** *2* v. **Comer.**

zampatortas *com.* fam. Persona que come con exceso y brutalidad. 2 Persona falta de capacidad y buena crianza. ◇ Pl.: *zampatortas.*

zampeado (de *zampear*) *m.* ARQ. Firme de cadenas de madera y macizos de mampostería para edificar sobre terrenos falsos.
SIN. **Emparrillado.**

zampear (de *zam-* + l. *pede,* pie) *tr.* ARQ. Afirmar [el terreno] con zampeados.

zampón, -pona *adj.-s.* fam. Comilón, tragón.

zampoña (l. v. **sumponia* < l. *symphonia* < gr.) *f.* MÚS. Instrumento rústico de viento, a modo de flauta, o compuesto de varias flautas. 2 Pipiritaña. 3 fig. *y* fam. Dicho trivial o sin substancia.
SIN. *1* **Caramillo.**

zampullín *m.* Somormujo pequeño, de trasero romo, y cuello y pico cortos *(Podiceps ruficollis).*

zampuzar (l. **subputeare*) ***tr.*** Zambullir (debajo del agua). 2 fig. Zampar (meter). ◇ ** CONJUG. [4] como ***realizar.***
zampuzo ***m.*** Acción de zampuzar. 2 Efecto de zampuzar.
zamuro ***m.*** *Colomb.* y *Venez.* Aura (ave). 2 *Venez.* Baile de pantomima.
zanahoria (ár. vulg. *safunariya*) ***f.*** Planta umbelífera, de raíz fusiforme, amarilla o rojiza, jugosa y comestible *(Daucus carota).* 2 Esta misma raíz. 3 ~ ***bastarda,*** planta umbelífera espinosa de hojas carnosas y flores dispuestas en umbelas blancas *(Echinophora spinosa).* -4 ***adj.-s.*** *Argent.* fam. Simple, tonto. -5 ***m.*** *Argent.* Pinche, ayudante humilde.
SIN. *1* **Azanoria; acenoria** (vulg.). La zanahoria silvestre, **dauco.**
zanahoriate ***m.*** Azanahoriate.
zanate (mej. *tzanatl*) ***m.*** *Amér.* Ave paseriforme cantora, de color café ceniciento *(Quiscalus macrourus).*
zanca (b. l. < probl. del persa ant. *zanga,* pierna) ***f.*** Pierna larga de las aves desde el tarso hasta la articulación del muslo. 2 fig. Pierna del hombre o de un animal, esp. cuando es larga y delgada. 3 ARQ. Madero inclinado que sirve de apoyo a los peldaños de una escalera. 4 *And.* Alfiler grande.
zancada (de *zanca*) ***f.*** Paso largo.
SIN. **Trancada, tranco.**
zancadilla (dim. de *zancada*) ***f.*** Acción de cruzar uno su pierna con la de otro para derribarle. 2 fig. Ardid con que se procura perjudicar a uno.
SIN. *1* **Trascabo, traspié.**
zancadillear ***tr.*** Poner la zancadilla [a alguien].
zancado ***adj.*** Relativo al salmón delgado y que ha puesto ya sus huevos.
zancajear (de *zancajo*) ***intr.*** Andar mucho y aceleradamente.
SIN. **Zanquear.**
zancajera ***f.*** Parte del estribo del coche, donde se pone el pie.
zancajiento, -ta ***adj.*** Zancajoso.
zancajo (desp. de *zanca*) ***m.*** Calcáneo. 2 Parte del pie donde sobresale el talón. 3 fig., fam. *y* p. us. Zancarrón (hueso). 4 fig. Parte del zapato o media que cubre el talón. 5 fig., fam. *y* p. us. Persona de mala figura.
zancajoso, -sa (de *zancajo*) ***adj.*** Que tiene los pies torcidos hacia afuera. 2 Que tiene grandes zancajos o descubre rotos los de sus medias. 3 [caballo] Que tiene los corvejones anormalmente juntos.
zancarrón (aum. de *zanca*) ***m.*** fam. Hueso de la pierna descarnado. 2 fig. *y* fam. Hueso grande y descarnado, esp. de las extremidades. 3 fig., fam. *y* p. us. Hombre flaco, viejo y desaseado. 4 fig. *y* fam. El que enseña ciencias o artes de que entiende poco.
SIN. *2* **Zancajo.**
zancaslargas ***f.*** Cigüeñuela. ◇ Pl.: *zancaslargas.*
zanco (de *zanca*) ***m.*** Palo alto y dispuesto con sendas horquillas, en que se afirman los pies, para andar por lugares pantanosos o hacer ejercicios gimnásticos. 2 Parte inferior del faldón de la armadura de un tejado. 3 Raíz aérea que poseen ciertas plantas, especialmente los árboles de los manglares, y que, partiendo de las ramas, e hincándose en el suelo, ayuda a sostener la planta. 4 CONSTR. Madero rollizo o puntal que forma la parte principal de su andamio. 5 MAR. Palo que se pone en la cabeza de los masteleros cuando se quitan los mastelerillos de juanete. 6 *Ast.* Zueco, zapato con suela de madera.
LOC. fig. *En zancos,* en posición muy elevada y ventajosa. SIN. *1* **Chanco.**
zancón, -cona (de *zanca*) ***adj.*** fam. Zancudo (de zancas largas). 2 *Amér.* [traje] Demasiado corto. 3 *Amér. Central.* Desgarbado y larguirucho. -4 ***m.*** *Venez.* Joven, adolescente, hablando de seres animados.
zancudero ***m.*** *Amér. Central, Ant., Méj.* y *Venez.* Nube de mosquitos.
zancudo, -da ***adj.*** Que tiene las zancas largas. -2 ***adj.-f.*** Ave, gralte. de ribera o pantano, que tiene muy largos los tarsos; como la grulla. -3 ***m.*** *Amér.* Mosquito.
zandía ***f.*** Sandía.
zanfona ***f.*** Zanfonía.
zanfonía (v. *sinfonía*) ***f.*** Ant. instrumento músico de cuerda, que se tocaba haciendo dar vueltas con un manubrio a un cilindro armado de púas.
zanfoña ***f.*** Zanfonía.
zanga ***f.*** Juego de naipes parecido al cuatrillo. 2 *And.* Palo largo, que lleva otro más corto articulado con una correa y sirve para varear las encinas.
zangala ***f.*** Tela de hilo muy engomada.
zangamanga ***f.*** fam. *y* p. us. Treta, ardid.
zángana ***f.*** Mujer floja, desmañada y torpe.
zanganada (de *zángano* II) ***f.*** fam. Impertinencia, inoportunidad.
zangandongo, -ga ***f.*** Zangandullo.
zangandullo, -lla, -dungo, -ga (de *zángano* II) ***m. f.*** Persona inhábil, desmañada, holgazana.
zanganear (de *zángano* II) ***intr.*** Andar vagando de una parte a otra sin trabajar. 2 fam. Decir o hacer cosas inconvenientes o inoportunas.
zanganería ***f.*** Calidad de zángano (holgazán).
zángano (probl. de *zang,* onomat. del zumbido del abejorro y del zángano) ***m.*** Macho de la abeja reina. 2 fig. Hombre holgazán que se sustenta de lo ajeno. 3 Hombre flojo, desmañado y torpe.
SIN. *1* **Abejón.**
zangarilleja (de *zangarullón*) ***f.*** fam. *y* p. us. Muchacha desaseada y vagabunda.
zangarrear (ant. *zongorroar,* onomat.) ***intr.*** fam. Rasguear sin arte la guitarra. 2 *And.* fig. Zamarrear, sacudir.
zangarria ***adj.-s.*** Trompo saltador.
zangarriana (port. *zangorriana,* embriaguez) ***f.*** VETER. Comalía. 2 fig. Dolencia periódica y leve. 3 fig. Tristeza, disgusto. 4 *Cuen.* y *Nav.* Galbana, dejadez.
zangarro ***m.*** *Hond.* Trapiche provisional para caña de azúcar. 2 *Méj.* Changarro, tendejón.
zangarullón ***m.*** fam. Zangón.
zango (quechua *zancu*) ***m.*** *Amér.* Especie de puré preparado con yuca o plátano, o con harina de maíz tostado. 2 *Colomb.* fig. Guisado duro y pegajoso.
zangolotear ***tr.*** fam. Mover continua y violentamente [una cosa]. -2 ***intr.*** fig. Moverse una persona de una parte a otra sin concierto ni propósito. -3 ***prnl.*** Moverse ciertas cosas por estar flojas o mal encajadas.
zangoloteo ***m.*** fam. Acción de zangolotear o zangolotearse. 2 fam. Efecto de zangolotear o zangolotearse. 3 *Can.* Baile desordenado.
zangolotino, -na ***adj.*** fam. V. niño ~.
zangón (de *zancón*) ***m.*** Muchacho alto, desvaído y ocioso.
SIN. **Zangarullón.**
zangotear ***tr.*** fam. Zangolotear.
zangoteo ***m.*** fam. Zangoloteo.
zanguanga ***f.*** Ficción de una enfermedad para no trabajar: *hacer la ~.* 2 fig. Lagotería.
zanguangada ***f.*** Hecho o dicho propio del zanguango.
zanguango, -ga (de *zangón*) ***adj.-s.*** Indolente, embrutecido por la pereza. -2 ***m. f.*** fam. Persona alta y desvaída. 3 Persona mal educada o falta de gracia. -4 ***m.*** Zanguayo. 5 Plato típico manchego, a base de moje de patatas, bacalao, tomates y pimientos, y aderezado con ajo, aceite y nueces.
zanguaraña ***f.*** *Perú.* Nombre que dan los negros a la marinera (baile).
zanguayo (de *zangón*) ***m.*** Zangón que se hace el simple.
zanichelliáceo, -a ***adj.-f.*** Planta de la familia de las zanichelliáceas. -2 ***f. pl.*** Familia de plantas monocotiledóneas, helobiales, acuáticas sumergidas, con las flores unisexuales y pequeñas.
zanja (orig. incierto) ***f.*** Excavación larga y angosta en la tierra. 2 *Amér.* Arroyada o surco producido por el agua corriente. 3 *Ecuad.* Cerca, vallado.
zanjar ***tr.*** Abrir zanjas [en un terreno]. 2 fig. Resolver de modo expeditivo [un asunto]. ◇ Impropio por *conciliar, componer: ~ las desavenencias.*
SIN. *2* v. **Resolver.**
zanjear ***tr.*** *Ant., Colomb.* y *Guat.* Abrir zanjas [en un terreno].
zanjón ***m.*** Zanja grande y profunda por donde corre el agua. 2 *Argent., Cuba, Chile* y *Parag.* Despeñadero (declive alto).
zanqueador, -ra ***adj.-s.*** Que anda zanqueando. 2 Que anda mucho.
zanqueamiento ***m.*** Acción de zanquear.
zanquear (de *zanca*) ***intr.*** Torcer las piernas al andar. 2 fig. Zancajear.
zanquilargo, -ga ***adj.-s.*** fam. Que tiene largas las zancas o piernas.
zanquilla, -ta ***f.*** Dim. de *zanca.* -2 ***com.*** fig. Persona muy pequeña o con las piernas delgadas y cortas.
zanquituerto, -ta ***adj.-s.*** fam. Que tiene tuertas las zancas.
zanquivano, -na ***adj.-s.*** fam. Que tiene largas y muy flacas las piernas.

I) zapa (it. *zappa*) *f.* Pala herrada de la mitad abajo, con un corte acerado, que usan los zapadores. 2 Excavación de galería o de zanja.
II) zapa (del ant. *zapo,* var. de *sapo*) *f.* Lija (piel seca). 2 Piel labrada que forma grano como la lija. 3 Labor que en obras de metal imita los granitos de la lija.
zapador *m.* Soldado destinado a obras de excavación.
SIN. **Gastador.**
zapallada *f. Argent.* Chiripa, acto afortunado y casual. 2 *Colomb.* Dicho inconsiderado y tonto.
zapallo (quechua *sapallu*) *m. Amér.* Nombre de numerosas especies de calabazas. 2 *Argent.* y *Chile.* Chiripa, fortuna inesperada. -3 *adj. Amér. Central* y *Colomb.* Soso, bobalicón. 4 *Ecuad.* [pers.] Muy gordo.
zapallón, -llona *adj. Amér.* Gordinflón.
zapapico *m.* Herramienta a modo de pico con dos bocas, una puntiaguda y la otra de corte angosto.
SIN. **Azadón de peto** o **de pico, piqueta.**
zapar *intr.* Trabajar con la zapa (pala). 2 p. ext. Excavar en algún sitio.
zaparrada *f.* Zarpazo.
zaparrastrar *intr.* fam. Llevar arrastrando los vestidos: *ir zaparrastrando.*
zaparrastroso, -sa *adj.-s.* fam. Zarrapastroso.
zaparrazo *m.* Zarpazo.
zapata (orig. incierto) *f.* Calzado que llega a media pierna. 2 Pedazo de cuero que se pone debajo del quicio de la puerta para que no rechine. 3 Parte de la raíz del olivo que queda al descubierto. 4 Pez marino de cuerpo oval, cabeza grande, color rosa vinoso punteado de azul sobre el dorso y los flancos, y que puede alcanzar 1 m. de largo *(Sparus ehrembergii; S. caeraleosticus).* 5 Chapa o ensanchamiento dispuesto en los pies de un trípode para evitar que, al apoyarse en el suelo, se hinquen en éste. 6 Solera sobre la que descansa un pie derecho. 7 Dispositivo mediante el cual un tractor eléctrico recoge la corriente de un raíl conductor. 8 Superficie de fricción renovable de un freno, o sea, las partes de éste que se oprimen contra la superficie interna del tambor. 9 MAR. Tablón protector que se clava en la cara inferior de la quilla. 10 MAR. Pedazo de madera que se pone en la uña del ancla. 11 *Colomb., Cuba* y *P. Rico.* Zócalo de fábrica en que se apoya una pared de madera. 12 *Chile.* Telera del arado.
SIN. *5* **Dado.**
zapatazo *m.* Golpe dado con un zapato. 2 fig. Golpe dado contra cualquier cosa que suena. 3 fig. Caída y ruido que resulta de ella. 4 fig. Golpe que las caballerías dan con el casco, cuando, al sentarlo con fuerza, resbala violentamente. 5 MAR. Sacudida y golpe fuerte que da una vela.
zapateado *m.* Baile, en general sin acompañamiento instrumental y para un solo bailarín, que lo ejecuta con diversos ritmos, percutiendo vigorosamente los tacones de los zapatos en el suelo. 2 Música de este baile.
zapateador, -ra *adj.-s.* Que zapatea.
zapatear *tr.* Golpear [alguna cosa] con el zapato. 2 Dar golpes [en el suelo] con los pies descalzos; esp., ***abs.,*** acompañar al tañido siguiendo el compás con los pies y dando palmadas. 3 Golpear el conejo rápidamente [la tierra con las manos] al huir. 4 Toparse o alcanzarse [las manos] la caballería cuando anda o corre. 5 fig. Traer [a uno] a mal traer. 6 ESGR. Dar o señalar uno muchos golpes [a su contrario con el botón o zapatilla]. -7 *intr.* Moverse el caballo aceleradamente sin mudar de sitio. 8 MAR. Dar zapatazos las velas. -9 *prnl.* fig. *y* p. us. Tenerse firme con alguno en alguna contienda.
zapateo *m.* Acción de zapatear. 2 Efecto de zapatear.
zapatería *f.* Establecimiento donde se hacen o venden zapatos. 2 Oficio de zapatero.
zapatero, -ra *adj.* [legumbre] Que se encrudece al echar agua fría en la olla cuando se está cociendo. 2 [manjar] Que se pone correoso por estar guisado con demasiada anticipación. -3 *m. f.* Persona que tiene por oficio hacer o vender zapatos: ~ ***remendón,*** el que los compone. 4 Que no hace ninguna baza en el juego: *quedarse* ~. 5 *Logr.* Persona que hace las cosas de su oficio con muy poca perfección. -6 *m.* Insecto hemíptero que se desliza a gran velocidad sobre la superficie de las aguas mediante las largas patas centrales *(Gerris lacustris).* 7 *Extr.* Libélula. 8 Pez marino teleósteo de unos 25 cms. de largo, plateado, de cola ahorquillada y muy abierta, que vive en los mares de América tropical *(Chorinemus quiebra).* -9 *adj.-f.* Aceituna añejada y de mal gusto.
zapateta *f.* Golpe dado en el pie o zapato, brincando al mismo tiempo. 2 Cabriola (brinco). -3 *f. pl.* Golpes que se dan con el zapato en el suelo en ciertos bailes.
zapatica *f. Can.* Santateresa.
zapatiesta *f.* Riña, alboroto, trapatiesta.
zapatilla (dim. de *zapato*) *f.* Zapato ligero, gralte. de comodidad o abrigo para estar en casa. 2 Calzado especial para practicar determinados deportes: *una* ~ *de tenis.* 3 Casco de los animales de pata hendida. 4 Pedazo de ante que en los instrumentos músicos de viento se pone debajo de la pala de las llaves. 5 Forro del botón que tienen en la punta los floretes y las espadas negras. 6 Rasgo horizontal que suelen llevar por adorno los trazos y rectos de las letras. 7 Pieza de cuero, goma, etc., que sirve para mantener herméticamente adheridas dos partes diferentes, que están en comunicación, como cañerías, grifos, depósitos, etc. 8 Suela del taco de billar. 9 Zapata del freno en una bicicleta. 10 ~ ***de la reina,*** pamplina (planta). 11 *Bol.* y *Colomb.* Juego de niños. 12 *Chile.* Tablita de madera a la que se amarran los gallos de pelea. 13 *Venez.* Pihuela para tener atados todos los gallos.
SIN. *1* **Servilla.**
zapatillazo *m.* Golpe dado con una zapatilla.
zapatillero, -ra *m. f.* Persona que tiene por oficio hacer o vender zapatillas.
zapatito *m.* Dim. de *zapato.* 2 ~ ***de dama,*** planta orquidácea con tres o cuatro hojas ovales y flores grandes y vistosas, en forma de zapatilla de color rojizo con el labelo amarillo *(Cypripedium calceolus).* 3 ~ ***de la Virgen,*** planta papaverácea con las hojas divididas y las flores con un espolón *(Sarcocapnos enneaphylla).*
zapato (v. *zapata*) *m.* Calzado que no pasa del tobillo, con la suela de cuero y lo demás de piel, fieltro, etc.: ***zapatos papales,*** los que se calzan sobre los que se traen de ordinario.
zapatón *m.* Aum. de *zapato.* 2 *Amér.* Chanclo o zapato de goma. -3 *adj. Cuba.* Que está duro, correoso. -4 *m. pl. Cuba* y *S. Dom.* Cuchillas de acero encorvadas imitando espolones, que se ponen a los gallos de pelea.
I) zapatudo, -da *adj.* Que tiene los zapatos muy grandes o de cuero fuerte. 2 Relativo al animal muy calzado de uña. 3 *Cuba* y *P. Rico.* [manjar] Que se pone correoso por estar frito con demasiada anticipación.
II) zapatudo, -da *adj.* Asegurado o reforzado con una zapata.
¡zape! (voz descriptiva) Interjección para ahuyentar a los gatos. 2 Denota también extrañeza, miedo o precaución.
zapear *tr.* Espantar [al gato] con la interjección ¡zape! 2 Dar zape en ciertos juegos de naipes. 3 fig. *y* fam. Ahuyentar [a uno]. 4 *Pan.* y *Perú.* Espiar, acechar.
zapera *f. Venez.* Riña, alboroto.
zaperoco *m. Venez.* Zambra, enredo.
zapo, -pa *adj. Pan.* y *Perú.* Pícaro, astuto. -2 *m. Murc.* Gusano de seda que no hila el capullo.
zaporro, -rra *adj. Colomb.* y *Venez.* Enano.
zapotal *m.* Terreno en que abundan los zapotes.
zapotazo *m. Guat.* y *Méj.* Batacazo, golpe.
zapote (mej. *tzapotl*) *m.* Árbol americano de unos 10 m. de altura, de fruto comestible y una semilla gruesa, negra y lustrosa *(gén. Vitellaria).* 2 Fruto de este árbol. 3 Árbol americano sapotáceo, de unos 20 m. de altura, flores blancas en umbelas, fruto drupáceo aovado con pulpa rojiza muy suave y azucarada; de su tronco se extrae el chicle *(Manilkara zapota).*
SIN. **Sapote.** *3* **Chicozapote** (árbol y fruto).
zapoteca *adj.-s.* Pueblo amerindio que habitó en la parte oriental del actual estado mejicano de Oaxaca.
zapotera *f.* Mujer que tiene por oficio vender zapotes. 2 Lugar destinado a conservarlos para que maduren.
zapotero *m.* Zapote (árbol).
zapotillo *m.* Zapote. 2 *S. Dom.* Balata (árbol).
zapoyol (náhu. *tzapotl,* zapote, y *yolotl,* corazón, semilla) *m. Amér. Central* y *Méj.* Hueso o semilla del zapote.
zapoyolito *m. Amér. Central.* Ave trepadora, especie de perico muy pequeño *(Botogenis tovi).*
zapupe *m. Amér.* Especie de pita, cultivada por la fibra de sus hojas *(Agave zapupe).*
zapuyul *m. Guat.* Zapoyol.
zapuzar *tr.* Chapuzar. ◇ ** CONJUG. [4] como ***realizar.***
zaque (ár. *zac*) *m.* Odre pequeño. 2 fig., fam. *y* p. us. Persona borracha.
zaquear *tr.* Trasegar [un líquido] de un zaque a otro. 2 Transportar [un líquido] en zaques.

zaquizamí (ár. *çacfiçamé,* tablazón del techo) ***m.*** Desván, gralte. a teja vana. 2 Cuarto pequeño, poco limpio y desacomodado. 3 desus. Enmaderamiento de un techo. ◇ Pl.: *zaquizamíes.*
zar, -rina (ruso *tsar* < l. *cœsar*) ***m. f.*** Título del emperador de Rusia. -2 ***m.*** Soberano de Bulgaria. -3 ***f.*** Esposa del zar. ◇ También *czar, czarina.*
zara (ár. *dzora,* maíz) ***f.*** Maíz.
zarabanda (orig. incierto) ***f.*** Ant. baile que se usó en Europa durante los siglos XVI y XVII, de movimiento vivo. 2 Música y canto de este baile. 3 fig. Cosa que causa ruido estrepitoso, alboroto o molestia. 4 *Guat.* Diversión pública de indios y negros. 5 *Méj.* Zurra, tunda.
zarabandista ***adj.-com.*** Que baila, canta o tañe la zarabanda. 2 Que compone coplas para esta música. 3 fig. [pers.] Alegre y bullicioso.
zarabando, -da ***adj.*** Zarabandista.
zarabutear ***tr.*** fam. Zaragutear.
zarabutero, -ra ***adj.-s.*** fam. Zaragutero.
zaracear (l. *circiu,* cierzo) ***impers.*** p. us. Neviscar y lloviznar con viento.
zaragalla ***f.*** Carbón vegetal menudo.
zaragata (port.) ***f.*** fam. Gresca, alboroto, tumulto. 2 Zalamería. Más us. en plural. -3 ***m.*** El que entre un número y otro de circo efectúa payasadas, entorpeciendo el trabajo de los demás. -4 ***adj.-com.*** fam. Zalamero.
zaragate ***com.*** *Amér.* Persona despreciable, zascandil. 2 *Cuba.* Zalamero. 3 *Méj.* Truhán simpático.
zaragatear ***intr.*** Hacer zalamerías.
zaragatero, -ra ***adj.-s.*** fam. Aficionado a zaragatas.
zaragatona (ár. *bazarcatona,* semilla de algodón) ***f.*** Hierba plantaginácea, cuyo pixidio contiene numerosas semillas pequeñas, de las cuales se extrae una substancia mucilaginosa *(Plantago psillium).* 2 Semilla de esta planta.
SIN. *1* **Arta de agua, coniza, hierba pulguera** o simplte **pulguera, zargatona.**
zaragocí ***adj.*** V. ciruela zaragocí. ◇ Pl.: *zaragocíes.*
zaragocista ***adj.*** Propio o relativo al Zaragoza C. F. -2 ***adj.-com.*** Partidario de dicho club.
zaragozano, -na ***adj.-s.*** De Zaragoza.
zaragüelles (ár. *çarauil,* calzones) ***m. pl.*** Especie de calzones anchos y afollados en pliegues. 2 fig. Calzones muy anchos, largos y mal hechos. 3 Planta gramínácea de cañas débiles y flores en panoja compuesta de espiguillas colgantes.
zaragutear ***tr.*** fam. *y* p. us. Hacer [cosas] con atropellamiento.
SIN. **Zarabutear.**
zaragutero, -ra ***adj.-s.*** fam. Que zaragutea.
zarajo ***m.*** *Cuen.* Tripa de cordero lavada, enrollada alrededor de un palo o caña, y frita.
zaramagullón ***m.*** Somorgujo.
zarambeque (de *zambra* I) ***m.*** Tañido y danza alegre y bulliciosa, frecuente entre los negros.
zarambote ***m.*** *Venez.* Revoltillo.
zarambutear ***tr.*** *Cuba.* Zarandar, mover.
zaramullo ***m.*** *Amér.* Zascandil. 2 *Bol.* Disparate. -3 ***adj.*** *Amér. Central* y *Colomb.* Remilgado, presumido. 4 *Ecuad.* y *S. Dom.* Bromista, festivo.
zaranda (orig. incierto; probl. onomat.) ***f.*** Criba. 2 Cedazo rectangular con fardo de red de tomiza, usado en los lagares. 3 Pasador metálico para colar jalea. 4 *Venez.* Trompo, juguete. 5 *Venez.* Trompa de música.
zarandador, -ra ***m. f.*** Persona que limpia el grano con la zaranda.
zarandajas (alterac., por influjo de *zaranda,* de *serondajas* < ant. *serondo,* tardío < l. *serotinu*) ***f. pl.*** Cosas menudas, sin valor.
zarandalí ***adj.*** *And.* V. Palomo ~.
zarandar ***tr.*** Limpiar [el grano o la uva] pasándolos por la zaranda. 2 Colar [el dulce] con la zaranda. 3 fig. Mover [una cosa] con ligereza y facilidad. 4 fig. *y* p. us. Separar de lo común [lo especial y más precioso].
SIN. **Azarandar, zarandear.**
zarandear ***tr.*** Zarandar. -2 ***prnl.*** fig. Ajetrearse, azacanarse. 3 Contonearse. 4 Burlarse de uno, tratarle sin consideración. -5 ***tr.*** *Argent., Guat., Méj., Nicar.* y *Urug.* Ridiculizar e insultar a una persona en público. 6 *Ecuad.* Mortificar [a alguien].
zarandeo ***m.*** Acción de zarandear o zarandearse. 2 Efecto de zarandear o zarandearse.
zarandero, -ra ***m. f.*** Zarandador.
zarandillo (dim. de *zaranda*) ***m.*** Zaranda pequeña. 2 fig. Persona viva y ágil.
zarando, -da ***adj.*** *Colomb.* Calamocano. 2 *Venez.* Ligero de cascos. -3 ***m.*** *Colomb.* y *Ecuad.* Trompo que baila mal.
zarandunga ***f.*** *S. Dom.* Fiesta, jarana.
zarapatel ***m.*** Especie de alboronía.
zarape ***m.*** Sarape.
zarapinto ***m.*** Planta crucífera, de hojas dentadas, flores pequeñas blancas o lilas en cabezuelas, y frutos casi redondos con alas *(Iberis amara).*
zarapito (alterac. del ant. *zarapico,* de orig. incierto) ***m.*** Ave caradriforme del tamaño de un gallo, con pico largo, delgado y encorvado por la punta *(Numenius arquatus).* 2 *Logr.* Garapito.
SIN. *1* **Sarapico.**
zarapullo ***m.*** *Venez.* Torta de almidón de yuca.
zaratán (ár. *çaratán,* cangrejo) ***m.*** Cáncer de los pechos, en la mujer. 2 *And.* Ataque, convulsión. 3 *Guat.* y *Hond.* Triquina, enfermedad de los cerdos.
zarataniento, -ta ***adj.*** *Guat.* Sarnoso.
zarate ***m.*** *Hond.* Sarna.
zaratita ***f.*** MINERAL. Mineral de la clase de los carbonatos, que cristaliza en el sistema cúbico, de color verde esmeralda.
zaraza (v. *zarzahán*) ***f.*** Tela de algodón, muy ancha, muy fina y con listas o flores estampadas. 2 *Colomb.* Tela burda, tosca.
zarazas (orig. incierto; probl. del ant. *çeraza,* ungüento curativo, der. de *cera*) ***f. pl.*** Veneno para matar perros y otros animales.
zarazo, -za ***adj.*** *And.* y *Amér.* Sarazo.
zarazón, -zona ***adj.*** *Guat.* Zarazo. 2 *Guat.* Calamocano.
zarcear ***tr.*** Limpiar [los conductos y las cañerías] introduciendo en ellos unas zarzas largas. -2 ***intr.*** Entrar el perro en los zarzales para buscar la caza. 3 fig. Andar de una parte a otra cruzando con diligencia un sitio.
zarceño, -ña ***adj.*** Relativo a la zarza.
zarceo ***m.*** *Cuba* y *P. Rico.* Discusión confusa.
zarcero, -ra ***adj.-s.*** V. perro ~. -2 ***m.*** Ave paseriforme de pequeño tamaño, insectívora, cuyo plumaje es de color gris pardo con matices verdes por encima y amarillo vivo por debajo *(Hippolais polyglotta).*
zarceta ***f.*** Cerceta (ave).
zarcillitos (dim. de *zarcillo*) ***m. pl.*** Tembladera (planta).
I) zarcillo (l. *circellu,* circulito) ***m.*** Pendiente (arete). 2 Hoja o brote modificado en forma de filamento voluble, que sirve a ciertas plantas para trepar. 3 Señal con que se marca el ganado y que consiste en un corte que se da en la oreja para que quede colgando un pedazo. 4 *Chile.* Manojillo de plumas menudas que tienen algunas aves, esp. las gallinas, a cada lado de la cara, en forma de arete. 5 *Chile.* ***De ~,*** de bracete o de bracero. -6 ***m. pl.*** TAUROM. Banderillas.
SIN. *2* **Cirro.** En la vid, **cercillo, tijereta.**
II) zarcillo (l. v. **sarcellu* < l. *sarculu*) ***m.*** Almocafre.
zarco, -ca (ár. *zarca,* mujer de ojos azules) ***adj.*** De color azul claro: *ojos zarcos; aguas zarcas.* 2 *Argent.* [animal] De ojos albinos. 3 *Bol.* [pers.] Que tiene ojos de color distinto uno de otro. 4 *Chile.* [ojo] Que tiene una nube. 5 *Guat.* [pers.] De raza blanca.
zarevitz (ruso *tsarevitz*) ***m.*** Hijo del zar, esp. el primogénito. ◇ Pl.: *zarevitz.* ◇ También *czarevitz.*
zargatona ***f.*** Zaragatona.
zariano, -na ***adj.*** Relativo al zar: *majestad, potestad zariana.* ◇ También *czariano.*
zarigüeya (guaraní *sarigweya*) ***f.*** Mamífero marsupial americano, de aspecto parecido a una rata, con el hocico alargado y la cola prensil *(Didelphys marsupialis).* 2 Piel curtida de este animal.
SIN. *1* **Rabopelado.**
zarismo ***m.*** Forma de gobierno absoluto, propio de los zares.
zarista ***adj.*** Relativo al zar o a la época de los zares. -2 ***adj.-com.*** Partidario del zar o del zarismo.
zarja ***f.*** Azarja.
I) zarpa ***f.*** Acción de zarpar. 2 Mano con dedos y uñas de ciertos animales: *la ~ del león.* 3 vulg. Mano del hombre. 4 Cazcarria.
II) zarpa (de *escarpa*) ***f.*** ARQ. Parte que en la anchura de un cimiento excede a la del muro levantado sobre él.
zarpada (de *zarpa*) ***f.*** Golpe dado con la zarpa.
zarpanel ***adj.*** ARQ. Carpanel.
zarpar (it. ant. *sarpare,* de orig. incierto) ***tr.-intr.*** Levar anclas, hacerse a la mar: *la escuadra zarpó del puerto.* -2 ***intr.*** Partir o salir embarcado.
zarpazo ***m.*** Zarpada. 2 Batacazo.
SIN. **Zaparrada, zaparrazo.**

zarpe *m. Amér.* Acción de zarpar. 2 *Amér.* Efecto de zarpar.
zarpear *tr.-prnl. Amér. Central* y *Méj.* Salpicar de barro, llenar de zarpas o cazcarrias. 2 *Méj.* Rociar, salpicar.
zarposo, -sa *adj.* Que tiene zarpas o cazcarrias.
zarracatería *f.* Halago fingido.
zarracatín (ár. *çarraquí,* regatón) *m.* fam. *y* p. us. Regatón que compra barato y vende caro.
zarramplín (de *ramplón*) *m.* Hombre chapucero, de poca habilidad. 2 Pelagatos, pobre diablo. 3 Entrometido, chisgarabís.
zarramplinada *f.* fam. Desacuerdo del zarramplín.
zarrapastra *f.* fam. Cazcarria. -2 *com.* Zarrapastroso.
zarrapastrón, -trona *adj.-s.* fam. *y* p. us. Que anda muy zarrapastroso.
zarrapastrosamente *adv. m.* fam. Con desaliño y desaseo.
zarrapastroso, -sa (de *zarrapastra*) *adj.-s.* fam. Desaliñado, desaseado.
SIN. **Zaparrastroso.**
I) zarria (vasc. *za(h)ar*) *f.* Cazcarria. 2 Pingajo, harapo.
II) zarria *f.* Tira de cuero que se mete entre los ojales de la abarca para asegurarla con la calzadera.
zarriento, -ta *adj.* Que tiene zarrias I.
zarrioso, -sa *adj.* Lleno de zarrias.
zarza (orig. incierto; probl. prerrom.) *f.* Arbusto rosáceo de tallos sarmentosos provistos de aguijones; hojas de cinco folíolos, flores blancas o róseas y fruto en eterio de drupas *(Rubus fruticosus).* 2 *Ál.* ~ ***lobera,*** escaramujo, rosal silvestre.
SIN. **Barza** (Ar.), **arto, artos, cambronera, espino negro, zarzaneda, zarzón.**
zarzagán *m.* Cierzo flojo pero muy frío.
zarzaganillo *m.* Dim. de *zarzagán.* 2 Cierzo que causa tempestades.
zarzahán (ár. *zardahana;* doble etim. *zaraza*) *m.* Tela de seda, delgada como el tafetán, con listas de colores.
zarzal *m.* Terreno poblado de zarzas.
SIN. **Barzal, balsar.**
zarzaleño, -ña *adj.* Parecido al zarzal, o relativo a él.
zarzamora *f.* Fruto de la zarza. 2 Zarza.
SIN. *1* **Mora.**
zarzaneda *f.* Zarza.
zarzaparrilla (*zarza* + *parrilla,* dim. de *parra*) *f.* Arbusto saxifragáceo de Sudamérica que se cultiva por sus frutos comestibles *(Ribes punctatum).* 2 Arbusto liliáceo americano, de tallos delgados y volubles y raíces cilíndricas y fibrosas *(Smilax aristolochiaefolia).* 3 Depurativo o bebida refrescante preparado con esta planta. 4 *Argent.* y *Cuba.* Planta trepadora medicinal distinta de la anterior, aunque también del género *Smilax.*
zarzaparrillar *m.* Terreno poblado de zarzaparrillas.
zarzaperruna *f.* Escaramujo (rosal y fruto).
zarzarrosa *f.* Escaramujo (planta y flor).
zarzo *m.* Tejido plano hecho con cañas, varas o mimbres. 2 Conjunto de piezas de madera con que se cierran los carros y las carretas por delante y por detrás. 3 *Colomb.* Desván, zaquizamí. 4 *Ecuad.* Instrumento de viento, de agudo sonido metálico, muy parecido al barítono.
zarzón *m.* Zarza.
zarzoso, -sa *adj.* Que tiene zarzas. 2 Espinoso.
zarzuela (del sitio real de la *Zarzuela*) *f.* Género teatral y musical, en el que alternan partes cantadas y habladas: ~ ***grande,*** la extensa, generalmente en tres actos. 2 Obra perteneciente a este género. 3 Letra o música de la misma obra. 4 Plato consistente en varias clases de pescado y marisco condimentado con una salsa.
REL. *1* **Género chico,** nombre general de las zarzuelas en un acto, a menudo dividido en varios cuadros.
zarzuelero, -ra *adj.* Perteneciente o relativo a la zarzuela.
zarzuelista *com.* Persona que describe o compone zarzuelas.
¡zas! (onomat.) Sonido de un golpe, o del golpe mismo. Indica también la brusquedad con que se hace una cosa, o la rapidez con que sucede algo.
zascandil (de *¡zas! candil,* fr. que se pronuncia cuando en una bronca alguien apaga el candil) *m.* fam. Hombre despreciable, ligero y enredador. 2 Hombre que va de un lado a otro sin hacer nada de provecho. 3 desus. Golpe repentino o acción pronta e impensada que sobreviene.
zascandilear *intr.* Portarse como un zascandil.
zascandileo *m.* Acción de zascandilear. 2 Efecto de zascandilear.
zata, zatara (ár. *xahtora,* barca) *f.* Especie de balsa para transportes fluviales.
zatico, -llo (dim. de *zato*) *m.* El que, en palacio, tenía el cargo de cuidar el pan y alzar las mesas. 2 desus. Zato.
zato (vasco *zati,* pedazo) *m.* p. us. Pedazo, mendrugo de pan.
zazo, -za *adj.* p. us. Tartajoso.
zazoso, -sa *adj.* Zazo.
zebra *f.* Cebra.
zeda (l. *zeta* < gr.) *f.* Nombre de la letra *z.*
SIN. **Ceda** y **zeta.**
zedilla (dim. de *zeda*) *f.* Cedilla.
zegrí *adj.-com.* Cegrí.
zegris *f.* Mariposa diurna con las alas de color blanco y amarillo, que, a diferencia de otras especies afines, tiene una sola generación anual *(Zegris euphem).*
zéjel (ár.) *m.* Composición estrófica, de la métrica popular hispanoárabe, propagada también a la poesía castellana. Se compone de un estribillo inicial temático y de un número variable de estrofas compuestas de tres versos monorrimos seguidos de otro verso de rima constante igual a la del estribillo. ◇ Pl.: *zéjeles.*
zelandés, -desa *adj.-s.* De Zelanda, provincia de Holanda.
SIN. **Celandés.**
zelayense *adj.-s.* De Zelaya, departamento del nordeste de Nicaragua.
SIN. **Costeño.**
zen *adj.-m.* Secta religiosa budista que renuncia a toda especulación intelectual y profundización cognoscitiva.
zendavesta (zendo *zanti,* conocimiento + *avesta,* doctrina de Zoroastro, 660-¿583? a. C.) *m.* Avesta en zendo, es decir, parafraseado del avéstico al **alfabeto pehlevi.
zendo, -da (del pelvi *zand,* comentario del avesta) *adj.-m.* Paráfrasis del Avesta en alfabeto pehlevi.
zenit *m.* Cenit.
zeolita *f.* Ceolita.
zepelín (del conde de *Zeppelin,* 1838-1917, su inventor) *m.* Globo dirigible.
zeque *m. Bol.* Licor que ha perdido su fuerza.
zeta (gr.) *f.* Sexta letra del **alfabeto griego. 2 Zeda. -3 *m.* fam. Coche de la policía.
zeugma (gr., yugo, lazo) *f.* Figura de construcción que consiste en sobrentender un verbo o un adjetivo cuando se repite en construcciones homogéneas y sucesivas: *Era seco de carnes, enjuto de rostro, gran madrugador,* etc. ◇ También *ceugma.*
SIN. **Adjunción.**
zeuma *f.* Zeugma.
Zeus *n. pr.* MIT. Dios supremo del Olimpo, hijo de Cronos y marido de Hera, identificado por los romanos con Júpiter.
zifio *m.* Mamífero cetáceo odontoceto, de unos 8 m. de longitud y uno o dos pares de dientes *(Ziphius cavirostri).*
zigo-, v. cigo-.
zigodáctilo, -la *adj.* Cigodáctilo.
zigodonto, -ta *adj.* Cigodonto.
zigofiláceo, -a *adj.* BOT. Cigofiláceo.
zigomático, -ca *adj.* Cigomático.
zigomorfo, -fa (*zigo-* + *-morfo*) *adj.* BOT. Cigomorfo.
zigosis *f.* BIOL. Cigosis.
zigotaxis *f.* Cigotaxis.
zigoto *m.* BIOL. Cigoto.
zigozoospora *f.* BIOL. Cigozoospora.
zigurat *m.* Construcción caldea o babilónica, en forma de torre escalonada con terraza, que se hallaba en los templos.
zigzag (fr. < probl. del al. *zickzack*) *m.* Serie de líneas que forman alternativamente ángulos entrantes y salientes. ◇ Pl.: *zigzagues* o *zigzags.*
zigzaguear *intr.* Andar, moverse o extenderse en zigzag.
zigzagueo *m.* Acción de zigzaguear. 2 Efecto de zigzaguear.
zinc (al. *Zinc*) *m.* Cinc. ◇ Pl.: *cines* o *zines.*
zinco-, v. cinco-.
zincografía *f.* Cincografía.
zíngaro *m.* Cíngaro.
zingiberáceo, -a *adj.* BOT. Cingiberáceo.
zinguizarra *f. Venez.* Riña, alboroto.
zinnia *f.* Familia de plantas compuestas y hojas opuestas, originaria de Méjico *(Zinnia elegan).*
zinwaldita *f.* Mica que cristaliza en el sistema monoclínico, de color blanco grisáceo, amarillo, negro o pardo, con brillo vítreo o nacarado.
zíper (ing. *zipper*) *m. Amér.* ANGLIC. Cremallera.
zipizape *m.* fam. Riña ruidosa o con golpes.

zircón *m.* Circón.
zirconio *m.* Circonio.
ziriano, -na *adj.-m.* Lengua permia, hablada al oeste de los montes Urales.
¡zis, zas! (onomat.) fam. Voz con que se expresa repetición de un golpe. 2 Zigzag.
Zn, símbolo químico del *cinc.*
zoantropía (gr. *zoon,* animal + *-antropía*) *f.* Monomanía en que el enfermo se cree convertido en un animal.
zoca (de *zoco* II) *f.* Plaza. 2 *Ar.* y *Nav.* Cepa o tocón. 3 *And.* y *Amér.* Retoño que da el tocón después de cortada la caña de azúcar. 4 *Colomb.* Renuevo del tronco del árbol del café.
zócalo (it. *zòccolo,* der. del l. *soccus,* especie de pantuflo) *m.* Preparación a base de pan de arroz o de gelatina. 2 ARQ. Cuerpo inferior de un edificio, para elevar los basamentos a un mismo nivel. 3 ARQ. Friso (faja). 4 ARQ. Miembro inferior del pedestal. 5 ELECTR. Portalámparas fijo que tienen los aparatos electrónicos, para enchufar en ellos las lámparas o tubos electrónicos. 6 ELECTR. Parte fija o base de los enchufes, cortocircuitos, etc., en cuyas hembrillas penetran las clavijas. 7 IMPR. Tarugo de madera o metálico, sobre el cual se montan los fotograbados o clisés para ponerlos al mismo nivel que los tipos. 8 *Argent.* Especie de pedestal. 9 *Méj.* Parte central de la plaza mayor, en algunas poblaciones.
SIN. *2* **Suela.** *4* **Zoco.**
zocatearse *prnl.* Ponerse zocato un fruto.
zocato, -ta *adj.-s.* fam. Zurdo. -2 *adj.* [fruto] Que se pone acorchado y amarillo. 3 *And.* [fruto] Que está encorvado: *pepino ~.* 4 *Cuba, P. Rico* y *Venez.* [fruto o tubérculo] Que se pone como hinchado a causa de las aguas. -5 *f.* Chatarra que, atacada con vinagre, da un tinte utilizado para teñir el cuero.
zoclo (l. *socculu*) *m.* Zueco, chanclo.
I) zoco (l. *soccu*) *m.* Zueco. 2 ARQ. Zócalo.
II) zoco (ár. *soq,* plaza, mercado) *m.* En Marruecos, mercado.
III) zoco, -ca *adj.-s.* fam. *y* p. us. Zurdo. 2 *Colomb.* y *P. Rico.* Soco. -3 *m. Colomb.* y *P. Rico.* Estante de madera que sostiene el cuerpo inferior de un edificio. 4 *Salv.* Carraspera, tos.
zocolar *tr. Amér.* Desmalezar, hacer una roza ligera [en un terreno].
zocotroco *m. Amér.* Cosa grande, pedazo informe. 2 *Amér.* Persona grande y pesada.
zocotrollo *m. Bol.* Zocotroco.
zodiacal *adj.* Relativo al Zodíaco: *estrellas zodiacales.*
zodíaco (gr. *zodiakós*) *m.* Zona de la esfera celeste, de 16° de anchura, ocho a cada lado de la eclíptica, dividida en doce partes iguales, llamadas *signos del ~.* 2 Representación material del zodíaco. ◇ También *zodiaco.*
zoecio *m.* BIOL. Envoltura que rodea un zooide individual.
zoético, -ca *adj.* Relativo a la vida de los animales.
zofra (ár. *çofra*) *f.* p. us. Especie de tapete o alfombra morisca. 2 *Murc.* Sufra.
-zoico, -zoica (gr. *zoikos,* relativo al animal) Elemento sufijal que entra en la formación de palabras con el significado de animal. ◇ V. *zoo-.*
zoidiofilia (gr. *zoidion,* animalillo + *-filia* I) *f.* Polinización por los animales.
zoilo (de *Zoilo,* s. IV a. C., sofista griego) *m.* Crítico presumido, maligno, censurador o murmurador de las obras ajenas.
zoisita *f.* Silicato que cristaliza en el sistema rómbico, de color gris, gris verdoso, pardo o amarillento y de brillo vítreo o nacarado.
zoísmo (de *zoo-* + *-ismo*) *m.* Conjunto de características que determinan la clasificación de un organismo vivo entre los animales.
zoizo *m.* Suizo.
zolesco, -ca *adj.* Relativo al escritor francés Emilio Zola (1840-1902).
zoleta *f.* Dim. de *zuela.*
zolle *f. Ar.* y *Nav.* Pocilga.
zollipar *intr.* fam. *y* p. us. Sollozar hipando.
zollipo *f.* fam. *y* p. us. Sollozo con hipo.
zolocho, -cha *adj.-s.* fam. *y* p. us. Mentecato, aturdido.
zoltaní *m.* Soltaní. ◇ Pl.: *zoltaníes.*
zoma *f.* Cabezuela (harina).
zombi, zombie *com.* Muerto reanimado mediante un rito mágico. -2 *adj.* fig. Atontado.
zompancle *m. Méj.* Planta leguminosa, de madera blanca y flor roja, comestible. Es muy empleada en tierra caliente para sombrear el cacao y el café *(Enythrina coralloide).*
zompantle *m.* Zompancle.
zompo, -pa *adj.-s.* Zopo. 2 Torpe, tonto. -3 *m. La Mancha.* Trompo, peón.
zompopera *f. Amér. Central.* Hormiguero de zompopos.
zompopo *m. Amér. Central.* Hormiga de cabeza grande, que se alimenta de las hojas de las plantas *(Atta cephalote).* -2 *adj. Amér. Central.* Tontón, simplón.
-zón, sufijo, forma vulgar de *-ción,* que entra en la formación de palabras: *comezón, trabazón, tablazón.*
zona (gr. *zone,* ceñidor, faja) *f.* Lista o faja. 2 Extensión considerable de terreno. 3 p. ext. Demarcación establecida a ciertos efectos: *~ **azul**,* conjunto de calles en el interior de una población, en las cuales los vehículos sólo pueden aparcar por un tiempo determinado durante el día; *~ **batial**,* parte del mar comprendida entre los 200 y los 1000 metros de profundidad; *~ **de ensanche**,* la que en la cercanía de las poblaciones está destinada para que se extiendan la edificación y los servicios urbanos; *~ **franca**,* ECON., espacio acotado, de libre comercio, regulado legalmente por las instituciones fiscales de un país, en el interior del cual no rigen los derechos de aduana vigentes para el resto del territorio nacional; *~ **fiscal**,* aquella en que rigen preceptos excepcionales en materia de tributos; *~ **neutra**,* espacio que separa los polos de un imán; *~ **polémica**,* aquella en que para defensa de una plaza o fortificación se establecen excepciones legales y gubernativas; *~ **urbana**,* casco de población; *~ **verde**,* terreno que en una ciudad se destina a arbolado o parques. 4 Parte en que, con otras cuatro, se considera dividida la superficie de la Tierra por los trópicos y los círculos polares: *~ **glacial**,* la comprendida dentro de un círculo polar; *~ **templada**,* la comprendida entre un círculo polar y un trópico; *~ **tórrida**,* la comprendida entre ambos trópicos y dividida por el ecuador en dos partes iguales. 5 Afección caracterizada por una erupción vesicular acompañada de gran ardor. 6 DEP. Parte de un campo de baloncesto más próxima a las canastas, en forma de trapecio o rectángulo. 7 DEP. Infracción que comete un jugador de baloncesto al permanecer más de tres segundos dentro de esa parte del campo sin estar en posesión del balón. 8 DEP. Sistema defensivo en el que los jugadores de un equipo cubren el terreno de juego por áreas. 9 GEOL. Conjunto de caras de un cristal cuyas aristas son paralelas entre sí. 10 GEOM. Parte de la superficie de la esfera, comprendida entre dos planos paralelos.
SIN. *5* **Fuego pérsico, zoster.**
zonación (de *zona*) *f.* En biogeografía, distribución de animales y vegetales en zonas o fajas según factores climáticos, como la altura, profundidad, humedad, etc.
zonal *adj.* Que tiene zonas transversales coloreadas.
zoncear *intr. Amér.* Tontear.
zoncera *f. Amér.* Zoncería, sosera.
zoncería *f.* Sosería.
zoncha (mej. *tzontli,* cabeza) *f. Amér. Central.* Cabeza, esp. cuando está rapada.
zonchiche *m. Amér. Central* y *Méj.* Zopilote.
zonda *m. Argent.* y *Bol.* Viento cálido e impetuoso de la región andina.
zonificar (de *zona* + *-ificar*) *tr.* Dividir [un terreno] en zonas. ◇ ** CONJUG. [1] como ***sacar.***
zoniforme (de *zona* + *-forme*) *adj.* Que tiene forma de zona o franja.
zonote *m. Méj.* Cenote.
zonte *m.* Zontle.
zontear *tr. Amér. Central.* Desorejar [un animal]. 2 *Amér. Central.* Romper el asa [de una vasija].
zontle (mej. *tzontli,* cuatrocientos) *m. Méj.* Unidad para medir leña, equivalente a 400 leños divididos en 20 bultos de 20 leños cada uno.
zonto, -ta *adj. Amér. Central.* Desorejado.
zonzaina *adj. Guat.* Tonto, necio.
zonzamente *adv. m.* Con zoncería.
zonzo, -za (voz descriptiva) *adj.-s.* [pers.] Soso. 2 Ave zonza o tonta.
zonzoreco, -ca *adj. Amér. Central.* Tonto, necio.
zonzoreno, -na *adj. Amér. Central.* Soso, tonto.
zonzoriano, -na *adj. Salv.* Zonzoreno.
zonzorrio, -rria *adj. Argent.* Zonzoreno.
zonzorrión, -rriona *adj.-s.* fam. Muy zonzo.
zoo *m.* Abreviatura de parque zoológico.

zoo-, -zoo (gr. *zoon,* animal) Elemento prefijal y sufijal que entra en la formación de palabras con el significado de animal: *zoología; protozoo.*
zoobiología (*zoo-* + *biología*) *f.* Biología del mundo animal.
zoofagia *f.* Calidad de zoófago.
zoófago, -ga (*zoo-* + *-fago*) *adj.* Que se alimenta de materias animales: *insecto* ~.
zoofilia *f.* Amor por los animales.
zoófilo, -la (*zoo-* + *-filo* I) *adj.-s.* Que ama a los animales.
zoófito (*zoo-* + *-fito*) *m.* Animal que tiene aspecto de planta. -2 *m. pl.* ZOOL. Última de las cuatro grandes divisiones zoológicas, en la clasificación de Cuvier (1769-1832), que comprendía los animales que tienen aspecto de plantas.
zoofitología (*zoo-* + *fitología*) *f.* Parte de la zoología que estudia los zoófitos o celentéreos.
zooflagelado *adj.-m.* Zoomastigino.
zoofobia (*zoo-* + *-fobia*) *f.* Temor enfermizo que se siente ante ciertos animales.
zoofórico, -ca *adj.* ARQ. Que sostiene una figura de animal.
zoóforo (de *zoo-* + *-foro*) *m.* ant. Friso del entablamento, en el que figuraban animales.
zooftirio (de *zoo-* + der. del gr. *ftheir,* piojo) *m.* ZOOL. Anopluro.
zoogameto *m.* H. NAT. Gameto móvil.
zoogenia (*zoo-* + *-genia*) *f.* Parte de la zoología que estudia el desarrollo de los animales.
zoogeografía (*zoo-* + *geografía*) *f.* Ciencia que estudia la distribución geográfica de los animales.
zoografía (*zoo-* + *-grafía*) *f.* Parte de la zoología que tiene por objeto la descripción de los animales.
zoográfico, -ca *adj.* Relativo a la zoografía.
zoógrafo, -fa *m. f.* Persona que por profesión o estudio se dedica a la zoografía.
zooide *m.* ZOOL. Individuo que forma parte de un cuerpo con organización colonial y cuya estructura es variable, según el papel fisiológico que deba desempeñar en el conjunto.
zoólatra *adj.* Que adora a los animales.
zoolatría (*zoo-* + *-latría*) *f.* Adoración, culto de los animales.
zoolito (*zoo-* + *-lito*) *m.* Parte petrificada del cuerpo de un animal.
zoología (*zoo-* + *-logía*) *f.* Parte de la historia natural que trata de los animales.
zoológico, -ca *adj.* Relativo a la zoología. -2 *m.* V. parque ~.
zoólogo, -ga *m. f.* Persona que por profesión o estudio se dedica a la zoología.
zoom (voz inglesa) *m.* Objetivo fotográfico que permite el cambio de planos mediante una distancia focal continuamente variable. ◇ Se pronuncia *zun.*
zoomastigino *adj.-m.* Protozoo del tipo de los zoomastiginos. -2 *m. pl.* Tipo de protozoos provistos de uno o muchos undulipodios; pueden ser libres o parásitos.
SIN. **Zooflagelado.**
zoometría (*zoo-* + *-metría*) *f.* Estudio de las dimensiones de los animales.
zoomorfismo (*zoo-* + *-morfismo*) *m.* Acción de dar a algo forma de animal.
zoomorfo, -fa (*zoo-* + *-morfo*) *adj.* Que tiene forma de animal.
zoónimo *m.* LING. Nombre de animal.
zoonosis (de *zoo-* + der. del gr. *nosos,* enfermedad) *f.* MED. Enfermedad propia de los animales, que a veces se comunica a las personas. ◇ Pl.: *zoonosis.*
zoopaleontología (*zoo-* + *paleontología*) *f.* Rama de la paleontología que estudia los animales fósiles.
zooplancton (*zoo-* + *plancton*) *m.* Conjunto de organismos exclusivamente animales que forman parte del plancton.
zoopsia (*zoo-* + *-opsia*) *f.* Visión alucinante de los animales que causan miedo.
zoosemiótica (*zoo-* + *semiótica*) *f.* Disciplina que estudia los sistemas de comunicación de los animales.
zoospermo (*zoo-* + gr. *sperma,* simiente) *m.* Espermatozoide.
zoospora (de *zoo-* + *-spora*) *f.* BOT. Espora que no está cerrada en un quiste, y en cuya superficie lleva órganos filiformes a modo de cilios o flagelos que le sirven para nadar.
zoosporangio (de *zoo-* + *esporangio*) *m.* BOT. Esporangio que origina zoosporas.
zootaxia (*zoo-* + gr. *taxis,* orden) *f.* Ordenación o clasificación metódica del reino animal.
zootecnia (*zoo-* + *-tecnia*) *f.* Arte de la cría de los animales domésticos.
zootécnico, -ca *adj.* Relativo a la zootecnia.
zootomía (*zoo-* + *-tomía*) *f.* Anatomía de los animales.
zootómico, -ca *adj.* Relativo a la zootomía.
zootoxina (*zoo-* + *toxina*) *f.* Toxina o veneno de origen animal, como los de ciertos ofidios, escorpiones, arácnidos, etc.
zoótropo (*zoo-* + gr. *tropos,* vuelta) *m.* desus. Aparato o juguete consistente en una serie de figuras colocadas en el interior de una caja cilíndrica giratoria, las cuales, vistas a través de unas rendijas del aparato, al girar éste producen la ilusión óptica de una sola figura que se mueve.
zopas *com.* burl. Persona que cecea mucho. ◇ Pl.: *zopas.*
SIN. **Ceceoso, zopitas.**
zope *m.* Zopilote. 2 *Méj.* Tortilla pequeña y gruesa.
zopenco, -ca (de *zopo*) *adj.-s.* Tonto, abrutado.
zopetero *m.* Ribazo.
zopilote (náhu. *tzopílotl,* de *tzotl,* inmundicia, y *piloa,* colgar) *m.* Ave falconiforme americana, de unos 60 cms. de longitud, con el cuerpo de color negro y pardo rojizo oscuro en las regiones desnudas de la cabeza y el cuello *(Coragyps atratus).*
SIN. **Iribú, jote.**
zopilotera *f. Amér. Central.* Partida de zopilotes. 2 *Amér. Central.* Grupo de gente codiciosa.
zopilotillo *m. C. Rica.* Pájaro que se alimenta de insectos *(Crotophaga sulcirostri).*
zopisa (gr. *zopissa*) *f.* Brea. 2 Resina de pino.
zopitas *com.* burl. Zopas. ◇ Pl.: *zopitas.*
zopo, -pa (orig. incierto, probl. onomat. del ruido que hace el lisiado al andar) *adj.* [pie o mano] Contrahecho. 2 [pers.] Que tiene contrahechos pies o manos.
SIN. **Zompo.**
zoque *m.* Gazpacho muy espeso, propio de Málaga. 2 *Guat.* Tos persistente que ataca a ciertos animales.
zoqueta *f.* Especie de guante de madera para resguardar la mano izquierda de los cortes de la hoz al segar.
zoquete (probl. del ár. *suquet,* desperdicio) *m.* Taco que queda sobrante al labrar un madero. 2 fig. Pedazo de pan grueso e irregular. 3 Hombre de mala traza, pequeño y gordo. -4 *adj.-com.* Persona ruda y tarda para entender.
SIN. **Tarugo.** *4* **Zote, marmolillo, zopenco.**
zoquetear *tr. Colomb.* y *P. Rico.* Tratar [a uno] como a un zoquete. -2 *intr. Cuba* y *Pan.* Decir necedades; hacer el zoquete.
zoquetero, -ra *adj.-s.* p. us. Que se mantiene de los zoquetes de pan que recoge.
zoquetudo, -da (de *zoquete*) *adj.* Basto o mal hecho.
zorcico (vasco *zortzico,* octava) *m.* Baile popular en compás de cinco por ocho, propio de las provincias vascongadas. 2 Música y canto de este baile.
zorenco, -ca *adj. Amér. Central.* Soso, tonto.
zorito, -ta *adj.* Zurito.
zoroástrico, -ca *adj.* Perteneciente o relativo al zoroastrismo.
zoroastrismo (de *Zoroastro,* 660-¿583? a. C., supuesto fundador de la religión persa) *m.* Mazdeísmo.
zorollo (l. *cereolus,* de color de cera) *adj.* Blando, tierno. 2 Que no ha llegado a madurar por completo. 3 [trigo] Que se siega antes de su completa madurez.
zorongo *m.* Pañuelo doblado que llevan a la cabeza los aragoneses y navarros. 2 Moño ancho y aplastado. 3 Baile popular de Andalucía, de movimiento muy vivo. 4 Música y canto de este baile.
I) zorra (quizá vasc.) *f.* Mamífero carnívoro cánido, de hocico estrecho, orejas derechas y cola larga y gruesa *(Vulpes vulpes).* 2 Hembra de esta especie. 3 fig. Mujer astuta y solapada. 4 Borrachera. 5 Constelación boreal situada entre Hércules y Pegaso.
SIN. *1* y *2* **Raposa, vulpécula, vulpeja.**
II) zorra (l. *saburra,* lastre) *f.* Carro bajo y fuerte para transportar grandes pesos. 2 *Argent.* Vagoneta.
III) zorra (de *zorra* I) *f.* fig. *y* fam. Ramera.
zorral *adj. Amér. Central* y *Colomb.* Inoportuno. 2 *Ecuad.* Displicente, porfiado.
zorrastrón, -trona (aum. desp. de *zorra*) *adj.-s.* Pícaro, astuto y cauteloso.
zorreado, -da *adj.* [caza] Que percibe el peligro y se aleja cautelosamente de él. -2 *f. Chile.* Batida que se da a los zorros.
zorrear *intr. Chile.* Perseguir o cazar zorros con jaurías.
zorrera *f.* Cueva de zorros. 2 fig. Azorramiento. 3 fig. Habitación llena de humo.
SIN. *1* **Raposera.**

zorrería *f.* Astucia y cautela de la zorra. 2 fig. Astucia y cautela del que busca su utilidad en lo que hace.
SIN. **Raposería.**

I) zorrero, -ra *adj.-m.* Perro raposero. -2 *adj.* Astuto, capcioso. -3 *m.* Persona encargada de limpiar de alimañas los bosques.
SIN. *1* **Zorro.** *3* **Alimañero.**

II) zorrero, -ra (l. *saburrariu* < *saburra,* lastre) *adj.* Relativo a la embarcación pesada en navegar. 2 fig. Que se retrasa en seguir a los demás.

zorrilla *f.* Vehículo que se desliza sobre los carriles y se destina a la inspección de la vía férrea.

zorrillo, -lla *m. Amér.* Mofeta (mamífero). 2 *Méj.* Dulce de leche cortada. -3 *adj. Méj.* Remolón, disimulado, medroso. 4 *Méj.* Tonto.

zorrino *m. Argent.* y *Bol.* Mofeta.

I) zorro *m.* Macho de la zorra. 2 ~ ***azul*** (o *raposo ferrero*), zorro propio de los países glaciales, cuyo pelaje espeso, largo, suave y de color gris azulado, es muy estimado en peletería. 3 fig. Hombre que afecta simpleza o insulsez, especialmente para no trabajar: ***hacerse el*** ~, aparentar ignorancia o distracción. 4 El muy taimado y astuto. 5 Piel de la zorra, curtida de modo que conserve el pelo. 6 ~ ***marino,*** tiburón de hasta 6 m. de largo, provisto de una larga aleta caudal asimétrica, con la cual efectúa fuertes movimientos para entontecer a sus víctimas *(Alopias vulpinus).* -7 *m. pl.* Utensilio para sacudir el polvo, formado por tiras de orillo, piel, etc., puestas en un mango. -8 *m. Amér.* Mofeta (mamífero). 9 *Chile.* Harina de trigo tostado, con miel o arrope.
SIN. *1* y *2* **Raposo.**

II) zorro, -rra *adj.* V. Perro raposero.

zorrocloco *m.* fam. *y* p. us. Hombre que parece bobo, pero que no se descuida en su provecho. 2 fam. Arrumaco. 3 *Can.* Marido de una parturienta en los días siguientes al parto. 4 *La Mancha* y *Murc.* Especie de nuégados en forma de canutillos.
SIN. *2* v. **Fiesta.**

zorronglón, -glona *adj.-s.* fam. Que hace refunfuñando las cosas que le mandan.

zorrullo *m.* Zurullo.

zorruno, -na *adj.* Relativo a la zorra.
SIN. **Raposuno, -na.**

zorrupia *f.* vulg. Prostituta.

zorullo *m. P. Rico.* Sorullo.

zorzal (onomat.) *m.* Ave paseriforme de unos 22 cms. de longitud, con el plumaje de color pardo, salvo en el pecho, que es amarillento con manchas pardas *(Turdus philomelus).* 2 Pez teleósteo de unos 20 cms. de largo, cabeza grande y lisa y hocico puntiagudo. Es de color más o menos obscuro según las estaciones del año, y se cría en mares de España *(Labrus turdus).* 3 *And.* Ladrón de aceitunas. -4 *adj.-s.* fig. Astuto, sagaz. 5 *Amér.* Tonto, papanatas. 6 *P. Rico.* [chico] Inquieto y revoltoso.
SIN. *2* **Merlo.**

zorzalada *f. Chile.* Inocentada, necedad.

zorzalear *tr. Chile.* Sablear, sacar dinero [a alguien] fingiendo un apuro.

zorzaleño, -ña (de *zorza*) *adj.* V. aceituna zorzaleña.

zorzalero, -ra *m.* Cazador de zorzales. -2 *adj. Chile.* Sablista, gorrón.

zorzalino, -na *adj. Chile.* Placentero, deleitoso.

zoster (gr.) *f.* Zona (afección).

zostera *f.* Planta angiosperma vivaz marina que vive totalmente sumergida; sus hojas son acintadas *(Zostera marin).*

zote (orig. incierto, probl. voz descriptiva) *adj.* Zoquete (persona).

zozobra *f.* Acción de zozobrar. 2 Efecto de zozobrar. 3 Oposición de los vientos que ponen al barco en riesgo de naufragar. 4 fig. Inquietud, aflicción, congoja. 5 Lance del juego de los dados.

zozobrar (l. **subsuprare* < *sub,* debajo + *supra,* encima) *intr.* Peligrar la embarcación por la fuerza y contraste de los vientos. 2 fig. Estar en gran riesgo y muy cerca de perderse una cosa; sentir gran vacilación y acongojarse en un trance difícil. -3 *intr.-prnl.* Perderse o irse a pique: ~ *en la tormenta.* -4 *tr.* Hacer zozobrar: *el capitán zozobra el barco; zozobraré el negocio.*
SIN. *2* **Naufragar.**

zozobroso, -sa *adj.* Intranquilo, lleno de zozobra.

Zr, símbolo químico del *circonio.*

zúa *f.* Azud.

zuaca *f. C. Rica.* Burla o broma pesada. 2 *Chile.* Especie de calzado de mayor tamaño que el zueco. 3 *Méj.* Azotaina.

zuavo (beréber *zuaua,* tribu argelina) *m.* Soldado argelino de infantería al servicio de Francia. 2 Soldado francés uniformado como el anterior.

zubia (ár. *xuba,* arroyo) *f.* Lugar por donde corre mucha agua.

zubinché *m. Méj.* Aromo, árbol leguminoso.

zucarino, -na *adj.* Sacarino.

zucucho *m. Cuba.* Sucucho.

zucurco *m. Chile.* Planta umbelífera de flores amarillas y fruto con cuatro alas *(Mulinum crassifolium).*

zuda *f.* Azud.

zudañez, -eza *adj.-s.* De Zudáñez, c. y prov. del dep. de Chuquisaca (Bolivia).

zueca *f. Chile.* Zueco, galocha.

I) zueco (v. *zoco*) *m.* Zapato de madera de una pieza. 2 Zapato de cuero con suela de corcho o de madera. 3 En oposición al coturno, significa el estilo llano de la comedia.
SIN. *1* **Almadreña, madreña, zoclo, choclo, chanclo, zoco.**

II) zueco, -ca *adj.-s. Albac.* y *Cuen.* Zurdo, zocato. -2 *adj. Colomb.* Patojo.

zuela *f.* Azuela.

-zuelo, -zuela, v. -ico II, -ececico y -ecico.

zuiza *f. Amér. Central.* Suiza.

zulacar *tr.* Cubrir [una cosa] con zulaque. ◇ ** CONJUG. [1] como ***sacar.***

zulaque (ár. *çulaca,* betún) *m.* Betún en pasta para tapar las juntas de los arcaduces y para otras obras hidráulicas.
SIN. **Azulaque.**

zulaquear *tr.* Zulacar.

zuliano, -na *adj.-s.* De Zulia, estado de Venezuela.

zulindá *m. Argent.* Suindá.

I) zulla (ár. *sullach*) *f.* Hierba leguminosa que sirve de pasto para el ganado *(Hedysarum coronarium).*

II) zulla (l. *suilla,* de *sus,* puerco) *f.* fam. *y* p. us. Excremento humano.

zullarse *prnl.* p. us. Hacer uno sus necesidades. 2 fam. Ventosear.

zullenco, -ca *adj.* fam. *y* p. us. Que ventosea con frecuencia e involuntariamente o no puede contener la cámara.

zullón, -llona *adj.-s.* fam. *y* p. us. Zullenco. -2 *m.* Follón (ventosidad).

zulo *m.* Agujero o pequeña habitación oculta que se usa para esconder a alguien o algo.

zulú *adj.-s.* De un pueblo negroafricano que habita en el sudeste de África. 2 fig. [pers.] Inculto, salvaje. -3 *adj.-m.* Lengua perteneciente al grupo bantú meridional, hablada en el sudeste de África. ◇ Pl.: *zulúes.*

zumacal, -car *m.* Terreno plantado de zumaque.

zumacar *tr.* Adobar [las pieles] con zumaque. ◇ ** CONJUG. [1] como ***sacar.***

zumacaya *f.* Martinete (ave).

zumaque (ár. *çumac*) *m.* Arbusto anacardiáceo, cuya corteza contiene mucho tanino y se emplea como curtiente *(Rhus coriaria).* 2 Madera de este árbol, de fácil pulimento, que puede teñirse mediante tratamiento, empleada en marquetería. 3 Piel curtida con el tanino de dicho árbol. 4 fam. Vino de uva.
SIN. *1* **Rus.**

zumaya (orig. incierto, quizá del ár. vulg.) *f.* Martinete. 2 Autillo (ave). 3 Chotacabras.

zumba *f.* Cencerro grande. 2 Bramadera (juguete). 3 fig. Vaya, chanza ligera. 4 *Amér.* Tunda, zurra. 5 *Guat.* y *Méj.* Tira de papel o de pergamino que se pega a la cuerda en la parte superior de la cometa. 6 *Méj.* Borrachera.
SIN. *3* v. **Burla.**

zumbador, -ra *adj.* Que zumba. -2 *m.* Timbre eléctrico que al funcionar produce un zumbido sordo. -3 *f.* Lengüeta vibratoria, que, al entrar en vibración a causa de las sucesivas interrupciones de un circuito de corriente continua, genera una nota que sirve para indicar la frecuencia de la corriente excitadora. -4 *m. Amér.* Bramadera (juguete). -5 *f. Salv.* Especie de culebra. 6 *Venez.* Barranco en las inmediaciones de una vivienda rústica, donde se arroja la basura.

zumbambico *m. Colomb.* y *Ecuad.* Bramadera (juguete).

zumbar (onomat.) *intr.* Hacer una cosa ruido continuado y bronco. 2 Producirse un zumbido dentro de los oídos. 3 fig. *y* fam. Estar una cosa tan inmediata que falte poco para llegar a ella: *le zumban los setenta años.* -4 *tr.* fam. Dar [un golpe]; cau-

sar [un daño]: *le zumbó una bofetada.* 5 *And.* y *Sal.* Azuzar. -6 *tr.-prnl.* fig. Dar broma o chasco [a uno]: *zumbarse de las majaderías.* -7 *tr. Amér.* vulg. Arrojar, lanzar, echar fuera. -8 *intr. Ant.* y *Colomb.* Desparecer, irse con presteza. -9 *prnl. Cuba.* Desmedirse, propasarse. 10 *P. Rico.* Tirarse, arrojarse, abalanzarse.
SIN. *1* **Rebumbar,** zumbar la bala del cañón. FR. *¡zumbando!,* expr. fam., con rapidez, decisión, energía, etc.

I) zumbel (de *cimbel*) *m.* Cuerda que se arrolla al peón para hacerle bailar.

II) zumbel *m.* fam. *y* p. us. Expresión exterior de semblante ceñudo.

zumbido *m.* Acción de zumbar. 2 Efecto de zumbar. 3 fam. Golpe o porrazo dado a alguien.

zumbilín *m. Filip.* Venablo arrojadizo.

zumbo, -ba *m.* Zumbido. 2 Cencerro de gran tamaño. 3 *Amér. Central* y *Colomb.* Calabazo, vasija. -4 *adj. Méj.* Borracho.

zumbón, -bona (de *zumbar*) *adj.-s.* Cencerro que lleva el cabestro y que suena más fuerte que los demás. 2 fig. Que frecuentemente anda burlándose.

zumel *m. Chile.* Calzado popular semejante a las botas de potro.

zumiento, -ta *adj.* Que arroja zumo.

zumilla *f. Nav.* Cimbel de paloma empleado para cazar palomas torcaces.

zumillo *m.* Dim. de *zumo.* 2 Dragontea. 3 Tapsia, planta.

zumo (gr. *zomós,* a través del ár. vulg. o del l. v.) *m.* Líquido que se extrae de las flores, hierbas, frutos, etc. 2 fig. Utilidad y provecho que se saca de una cosa.
SIN. **Jugo.**

zumoso, -sa *adj.* Que tiene zumo.

zuna (ár. *çunna*) *f.* Ley tradicional mahometana, sacada de los dichos y sentencias de Mahoma (h. 570-632). 2 *Ast.* Manía. 3 *Ast.* y *Sant.* Resabio, mala maña o falsía de una caballería. 4 *Sant.* fig. Perfidia o mala intención de una persona.

zunchar *tr.* Reforzar [una cosa] con zunchos.

zuncho (orig. incierto) *m.* Abrazadera o anillo de metal, usado como refuerzo. 2 Refuerzo metálico, gralte. de acero, para juntar y atar elementos constructivos de un edificio en ruinas. 3 CONSTR. Armadura helicoidal en una columna de hormigón armado.
SIN. *1* **Suncho; fleje,** cuando tiene forma de cinta.

zuncuya *f. Hond.* Cierta fruta de sabor agridulce.

zungo, -ga *m. f. Colomb.* Persona de raza negra.

zuniacá *f. Bol.* Maíz cocido con almendra o maní tostado.

zunteco *m. Hond.* Especie de avispa negra.

zunzún (onomat.) *m. Argent., Cuba* y *P. Rico.* Pajarillo, especie de colibrí pequeño *(Chlorostilbon maugei).*

zuñido *m.* Acción de zuñir I. 2 Efecto de zuñir I. 3 Zumbido, especialmente de oídos.

I) zuñir *tr.* Igualar los plateros las desigualdades y asperezas de la filigrana, frotándola contra una pizarra.

II) zuñir (de la onomat. *zuñ*) *intr.* Zumbar, especialmente los oídos.

zuño (gr. *skynion*) *m.* Ceño (fruncimiento).

zupia (orig. incierto) *f.* Poso del vino. 2 Vino turbio por estar revuelto con el poso. 3 Líquido de mal aspecto y sabor. 4 fig. Lo más inútil y despreciable de cualquier cosa. 5 *Bol.* y *Venez.* Aguardiente de mala calidad.
SIN. *1* v. **Sedimento.**

zuque *m. Colomb.* Golpe, porrazo.

zural *m. Colomb.* Red extensa de acequias naturales.

zurano, -na *adj.* Zuro II.

zurcidera *f.* Zurcidora.

zurcido *m.* Unión o costura de las cosas zurcidas.
REL. **Corcusido, culcusido,** zurcido mal hecho.

zurcidor, -ra *adj.-s.* Que zurce.

zurcidura *f.* Acción de zurcir. 2 Efecto de zurcir. 3 Zurcido.

zurcir (l. *sarcire*) *tr.* Coser [la rotura de una tela] de modo que la unión resulte disimulada; suplir con puntadas entrecruzadas [lo que falta en el agujero de un tejido]. 2 fig. Unir sutilmente [una cosa] con otra. 3 fig. Combinar [varias mentiras] para dar apariencia de verdad a lo que se relata. ◇ ** CONJUG. [3].
SIN. *1* **Recoser.** REL. *1* **Corcusir,** zurcir mal.

zurdazo *m. Amér.* Golpe dado con la mano izquierda. 2 DEP. En el juego del fútbol, disparo con la pierna izquierda.

zurdear *intr. Argent., Colomb., Méj.* y *Nicar.* Hacer con la mano izquierda lo que generalmente se hace con la derecha.

zurdera, zurdería *f.* Calidad de zurdo.

zurdirse *prnl. Guat.* Meterse, introducirse.

zurdo, -da (probl. de orig. prerrom.) *adj.-s.* Que usa de la mano izquierda del modo y para lo que las demás personas usan la derecha. -2 *f.* fig. Mano izquierda. -3 *adj.* Relativo a la mano zurda. 4 *A zurdas,* con la mano zurda; fig., al contrario de como se debía hacer. 5 fig. *No ser ~,* ser hábil, inteligente y experimentado.
SIN. *1* **Zocato, zoco.**

zurdoso, sa *adj.* fam. Zurdo.

zurear (de *zuro*) *intr.* Hacer arrullos la paloma.

zureo *m.* Acción de zurear. 2 Efecto de zurear.

zurito, -ta *adj.* Zuro (palomo).

zuriza *f.* Suiza (contienda).

I) zuro (l. *suberu*) *m.* Raspa de la mazorca de maíz después de desgranada. 2 *Albac., And., Ar., La Mancha* y *Murc.* Corcho del alcornoque.

II) zuro, -ra (probl. de *zur,* voz con que se llama a la paloma) *adj.* [palomo] Silvestre.
SIN. **Zurano.**

zurra *f.* Acción de zurrar las pieles. 2 Continuación del trabajo en cualquier materia. 3 fig. Reyerta, pendencia, riña. 4 Castigo, paliza, tunda. 5 Sangría (bebida).
SIN. *4* **Capuana,** desus.; **manta, somanta, azotaina, panadera, pega, felpa, solfa, solfeo, sotana, tentadura, tocata; tollina, vapuleo, vuelta, zurribanda.**

zurracapote *m.* Bebida popular que en varias regiones de España se hace con vino y diversos ingredientes.

zurradera *f.* Instrumento para zurrar las pieles.

zurrado *m.* fam. Guante.

zurrador, -ra *adj.-s.* Que zurra. -2 *m. f.* Persona que tiene por oficio zurrar las pieles.

zurrapa (relac. con el port. *surro,* sucio, de orig. prerrom.) *f.* Brizna o sedimento formado en el poso de los líquidos. 2 fig. Cosa vil y despreciable. 3 fig. *y* p. us. Muchacho desmedrado y feo. -4 *f. pl. And.* Requesón.

zurrapelo *m.* fam. *y* p. us. Rapapolvo.

zurrapiento, -ta, zurraposo, -sa *adj.* Que tiene zurrapas.

zurrar (orig. incierto; quizá prerrom.) *tr.* Curtir y adobar [las pieles]. 2 fig. Castigar [a uno] esp. con azotes o golpes; traer [a uno] a mal traer en una riña. 3 fig. Censurar [a uno] con dureza.
FR. *Zurra, que es tarde,* expr. fam. con que se zahiere la impertinente insistencia de uno.

zurrarse (v. *zurrapa*) *prnl.* p. us. Irse de vientre uno involuntariamente. 2 fig., fam. *y* p. us. Estar poseído de un gran temor o miedo.

zurria *f. Amér. Central* y *Colomb.* Zurra, azotaina. 2 *Colomb.* Multitud.

zurriaga (quizá del l. v. **excorrigiata,* der. de *corrigia,* correa) *f.* Zurriago. 2 Pez marino de cuerpo muy alargado, de color blanquecino, y que tiene el hábito de introducirse y vivir en la cavidad visceral de las holoturias *(Carapus dentatus).* 3 *And.* Alondra. 4 *Extr.* Mujer de vida licenciosa.

zurriagar *tr.* Dar [a una pers.] zurriagazos. ◇ **CONJUG. [7] como *llegar.*

zurriagazo *m.* Golpe dado con el zurriago o con otra cosa flexible. 2 fig. Desgracia o mal suceso inesperado. 3 fig. Mal trato o desdén de quien no se esperaba.

zurriago (de *zurriaga*) *m.* Látigo con que se castiga. 2 Correa con que los muchachos hacen bailar la peonza. 3 fig. Hombre torpe y de poco valor.

zurriar *intr.* Zurrir. ◇ ** CONJUG. [13] como *desviar.*

zurribanda *f.* fam. Zurra o castigo con muchos golpes. 2 Pendencia, riña.
SIN. *1* **Escurribanda.**

zurriburri *m.* p. us. Sujeto vil y despreciable. 2 Conjunto de personas de la ínfima plebe o de malos procederes. 3 Barullo, confusión.
SIN. **Churriburri.**

I) zurrido (de *zurrir*) *m.* Sonido bronco, desapacible y confuso.

II) zurrido (de *zurrar*) *m.* Golpe, esp. con palo.

zurrión *m. And.* Abejorro.

zurrir *intr.* Sonar bronca y confusamente una cosa.
SIN. **Zurriar.**

zurrón *m.* Bolsa grande de pellejo o cuero, como la usada por los pastores. 2 Bolsa formada por las membranas que envuelven el feto y el líquido que le rodea. 3 Cáscara primera y más tierna en que están encerrados algunos frutos. 4 Quiste (membrana). 5 Armuelle silvestre *(Chenopodium bonus-henricus).* 6 *And.* fig. Joroba. 7 *Zam.* Capullo en que se encierra la larva de la lagarta.
SIN. *3* **Raspa.**

zurrona *f.* fam. Mujer perdida y estafadora.
zurronada *f.* Lo que cabe en un zurrón.
zurronero *m.* Cazador furtivo.
zurrucatuna *f.* Plato de bacalao deshilachado, y patatas rehogadas con pimentón.
zurrumba *f.* Bramadera, juguete.
zurruscarse *prnl.* Zurrarse. ◇ ** CONJUG. [1] como ***sacar.***
zurrusco *m.* fam. Churrusco. 2 *Murc.* Viento frío muy penetrante.
zurubí *m. Argent.* Pez de agua dulce, especie de bagre *(gén. Platystoma).*
zurubio *m. Can.* Miedo, pánico.
zurullo (orig. incierto) *m.* Pedazo rollizo de materia blanda. 2 p. ext. *y* fam. Mojón (excremento). 3 fig. Miedo, pánico. SIN. *1* y *2* **Zorrullo.**
zurumato, -ta *adj. Méj.* Zurumbático, lelo.
zurumbático, -ca *adj.* p. us. Lelo, pasmado, aturdido.
zurumbo, -ba *adj. Guat.* Zurumbático, lelo.
zurupeto *m.* fam. Corredor de bolsa no matriculado. 2 Intruso en la profesión notarial.
zuta *f. Sant.* Peto (herramienta).
zutano, -na (de *citano* × *fulano*) *m. f.* Voz usada como complemento o en contraposición de fulano y mengano, en la misma acep. que éstos y siempre después del primero y antes o después del segundo.
zutuhil *adj.-s.* Zutujil.
zutujil *adj.-s.* Parcialidad indígena que vive al sur del lago Atitlán, en Guatemala. -2 *adj.* Perteneciente o relativo a estos indios y su idioma. -3 *m.* Lengua que hablan estos indios de la familia maya.
¡zuzo! Interjección ¡Chucho!
zuzón (quizá del l. *senecione*) *m.* Hierba cana. ◇ También *suzón.*
zwinglianismo *m.* Doctrina predicada por Zwinglio (1484-1531) en Suiza, y cuyos partidarios se unieron luego con los de Calvino (1509-1564) y Lutero (1483-1546).
zwingliano, -na *adj.* Partidario del zwinglianismo. 2 Relativo a él.